陈 先 达 文 集

第1卷

走向历史的深处

马克思历史观研究

中国人民大学出版社 北京师范大学出版社

代　序

人道七十古来稀，
而今八十小弟弟。
但教漫步能敲键，
老马仍不惜毛蹄。

先　达

2005 年 12 月

于宜园守拙斋

前　　言

人类在改造世界中探索着其中的奥秘，无论是自然领域还是社会领域都是这样。人类思想史上的许多发现，犹如夏夜的群星，闪烁着智慧的光辉，其中最明亮的一颗，是马克思创立的历史唯物主义。它发现了人类社会发展的一般规律，揭开了长期覆盖在社会机体上的帷幕。无怪乎恩格斯于 1883 年 3 月 17 日站在生死与共的亡友墓前发表著名的悼亡演说时，突出地评价了马克思创立唯物史观的划时代的历史功绩，誉其为马克思一生中的第一个伟大发现。

马克思主义是包括哲学、经济学和科学社会主义理论在内的统一整体。但在马克思主义哲学中，唯物史观确实集中而鲜明地表现了马克思的独创性和突出贡献。辩证法和认识论的某些原理，可以在马克思的先驱者们那里找到初始形态：古希腊就出现了朴素唯物主义和辩证法的思想，而且黑格尔在历史上第一次以唯心主义形式阐述了辩证法的基本规律，18 世纪法国唯物主义者和费尔巴哈则确立了本体论和认识论的唯物主义原则。在社会领域则不同。尽管人类也进行了长期的探索，而且有某些唯物主义观点的萌芽，但从总体上说都是唯心主义的。在社会历史领域中不像在自然领域和认识领域那样，可以通过倒转、剔除、清洗、补充来形成新的理论，而必须通过总结全部人类优秀文化遗产，重新研究历史和现实，揭示从未被发现过的历史自身的规律。从被繁芜复杂的意识形态、动机和偶然性层层包裹的历史表层走向历史的深处，是一个更为艰巨的任务。

社会科学完全可以成为像自然科学一样精确的科学。要做到这一点，首先必须定性准确，即对历史的宏观规律有一个科学的理解。社会有机体不同于生物机体，它有自己特有的规律。社会中的各个系统虽然有自己的特殊结构和功能，但它们相互联系，构成一个不可分割的整体。不把握社会发展规律，不分析社会现象的性质和复杂的因果关系，就根本不可能认识社会。但人类对社会的认识不能停留在定性分析上，凡是有可测定量的地方应该进行定量分析。随着世界范围内科技革命的兴起，系统论、控制论、信息论，以及数学方法渗入社会科学领域，为精确把握社会现象量的规定性提供了条件。自然科学和社会科学的相互渗透是一种进步趋势，哲学工作者应该面向世界，面向当代，总结科技革命的新成果。自然科学的成就，不会降低而只会更加丰富和证实唯物史观的科学性。任何自然科学方法都不能取代唯物史观。实证主义和经验主义的方法，历史证明是不可取的。

梅林说："历史唯物主义并不是一个封闭的、以最后真理为其终点的体系。"① 这个意见无疑是卓越的。唯物史观不是问题解答，它不能为复杂多变的历史提供现成的答案，但为人们找到正确的答案提供了科学的理论和方法。无论认识历史的手段和工具怎样进步，第一次发现唯物史观，把唯心主义从历史领域驱逐出去永远是矗立在人类认识途程中的一块界碑。马克思是普罗米修斯，他用唯物史观之光，照亮了长期在黑暗中摸索的社会历史领域。

马克思和恩格斯，是两个人又是一个人。他们各有自己的特色和风格，但又是同一种思想体系的共同创始人。恩格斯在 1845 年春与马克思在布鲁塞尔再度合作之前，通过自己的探索得出了与马克思相同的结论。本书是专门探讨马克思的，但我们永远不会忘记恩格斯对创立和捍卫唯物史观作出的历史贡献。

---

① ［德］梅林：《保卫马克思主义》，25 页，北京，人民出版社，1982。

目　录

导　言　人类对历史规律的探索

卢梭曾感叹过："人类的各种知识中最有用而又最不完备的，就是关于'人'的知识。"① 确实如此。人类最关心的是自己，但在很长的历史时期内最不了解的也是自己。狭小的生产规模和剥削阶级的偏见限制了人们的历史眼界。人们深入到自然的内部，但在社会生活中却停留在历史的表层。可是历史自身以及人们对历史的认识都不会停止。正如对自然界一样，在社会领域中人们也在不断地探索。马克思创立的唯物史观，就是人类对历史探索的最光辉的结晶。

一

人类是从自然开始自己的唯物主义哲学历程的。自然唯物主义和历史唯物主义相距很近，但又很遥远，用中国的成语"咫尺天涯"来形容是颇为恰当的。

它们距离很近，因为它们具有相同的唯物主义原则。历史唯物主义关于社会存在决定社会意识的论断，同一般唯物主义关于存在决定意识的原则是一致的。似乎只要加以引申、扩充、推导，就可以跨进历史唯物主义的大门。

实际上它们的距离又很遥远。对自然的唯物主义认识，早在古希腊就开始了。他们把物质性的始基作为宇宙万物的根源，以最朴素的形式表达

---

① ［法］卢梭：《论人类不平等的起源和基础》，62页，北京，商务印书馆，1962。

了对世界物质统一性的看法。但从自然唯物主义通向历史唯物主义的道路，荆棘丛生，崎岖坎坷，人类经历了两千多年的探索，这是多么艰巨遥远的途程！

为什么会这样？其中一个主要原因在于社会不是自然的简单延伸，它有自己特殊的表现形式和规律，必须进行专门研究。列宁关于历史唯物主义同自然唯物主义在理论原则上一致性的论断①，从逻辑上说是完全正确的。但只有在历史唯物主义创立以后才能看出它们之间的联系，因而列宁的论断是对既成事实的概括。在此之前，这种联系是隐蔽的。两千多年中，唯物主义哲学家中并不乏聪敏才智之士，但没有一个人能从唯物主义原则中逻辑地推导出历史唯物主义结论。

在自然界中，人们看到的是物质和运动；而在社会领域，看到的是人的意志和行为。社会是人类活动的产物。在这个领域中进行活动的是有意识、有激情、怀着各自目的的人。但人们的目的并不都能产生预期的结果，它表现为一连串的偶然性，而且具体的历史事件具有不可重复的单一性。社会生活所呈现的这种主体性、单一性、随机性的特点，成为横跨在自然和社会之间的"活动翻板"。即使是比较坚定的唯物主义者，当他们把视线由自然转向社会，一进入到社会历史领域，几乎都是被这块活动翻板翻向了唯心主义的深渊。列宁曾经总结人们对历史的认识，指出以往一切历史理论有两个主要缺点：第一，以往一切历史理论，至多是考察了人们历史活动的思想动机，而没有考察产生这些动机的原因，没有发现社会关系体系发展的客观规律性，没有看出物质生产发展程度是这种关系的根源；第二，以往一切历史理论恰恰都没有说明人民群众的活动。这也就是说，以往一切历史理论都停留在人们的主观动机上，而且是伟大人物的主观动机。列宁总结的以往历史理论的根本缺点，是同社会在主体意识中所呈现的表面特征相一致的。

正因为这样，对自然的唯物主义认识早于对社会的认识。如果说在本

---

① "一般唯物主义认为客观真实的存在（物质）不依赖于人类的意识、感觉、经验等等。历史唯物主义认为社会存在不依赖于人类的社会意识。在这两种场合下，意识都不过是存在的反映，至多也只是存在的近似正确的（恰当的、十分确切的）反映。"（《列宁选集》，2版，第2卷，332页，北京，人民出版社，1972）

体论和认识论方面，曾经历唯物主义的几种形式，历史领域则不同。在唯物史观产生之前，唯心主义在这个领域中一直处于统治地位。但不能由此得出结论说，历史观没有发生过形态的变化，更不能说人类以往对历史的认识毫无建树，只是一连串谬误。正如同客观历史自身一样，人类对历史的认识也是进步的。

就与马克思关系密切的西方文化传统而言，早在希腊罗马时代，就出现了诸如希罗多德、修昔底德、波里比阿、毕克托、老加图、萨鲁斯特、李维、塔西佗、普鲁塔克等著名历史学家，写了关于古代希波战争、伯罗奔尼撒战争，以及关于希腊、罗马历史的著作。他们力图保存人类已达到的成就，不致湮没无闻，而且努力探求某些历史事件的原因，这表现了人类对自身活动的兴趣和关注。就他们对历史的认识来说，不少人没有摆脱神的束缚。他们相信天命，把上帝看成是主宰国家兴亡、人世变迁、民族盛衰荣辱的最高力量。

用超自然的意志和力量来解释历史发展和社会生活的神学历史观，在中世纪处于支配地位。他们把古代的某些神学历史观点发展成为一个体系。正如恩格斯所说的："中世纪是从粗野的原始状态发展而来的。它把古代文明、古代哲学、政治和法律一扫而光，以便一切都从头做起。它从没落了的古代世界承受下来的唯一事物就是基督教和一些残破不全而且失掉文明的城市。其结果正如一切原始发展阶段中的情形一样，僧侣们获得了知识教育的垄断地位，因而教育本身也渗透了神学的性质。政治和法律都掌握在僧侣手中，也和其他一切科学一样，成了神学的分支，一切按照神学中通行的原则来处理。"① 从奥古斯丁到阿奎那都是神学历史观的积极鼓吹者，他们宣扬人间的一切秩序都是由神安排的，都决定于天意，除非得到神的帮助和启发，人永远不能全面了解有关人类自己的事情。这种神学历史观，用天意、天命、命运把历史自身的必然性和现实的因果关系变成神学的宿命论。

人类对历史的认识是受历史本身制约的，随着资本主义关系的逐步孕育，特别是由于地理大发现，极大地拓展了人们的历史视野。文艺复兴时

① 《马克思恩格斯全集》，中文1版，第7卷，400页，北京，人民出版社，1959。

期开始的资产阶级人道主义思潮，标志着从神到人的转折。他们逐步摒弃了神学历史观，把天国的历史变成世俗的历史，不是从神的意旨而是从人自身中探究历史的秘密，力图把神学的必然性变成历史的必然性，提出探讨历史的规律问题，这是一个巨大的进步。

古希腊的希罗多德被尊为“历史之父”，意大利17世纪的思想家乔·维科则被拉法格称为“历史哲学之父”。正是维科在他的《关于民族共同性的新科学原理》、《论合理的世界秩序的统一原则》等著作中，提出了探求历史发展的共同规律。

维科虽然没有完全摆脱神学历史观的局限，但不像他们那样直接用神的意志来解释历史。他说：“一切有思想的人都不会惊奇哲学家曾努力试图认识上帝所创造的自然界，而这个认识本来只有上帝才能做到，相反地却轻视社会界的研究，这个认识人是可以达到的，因为社会是人创造的。”① 神创造了自然界，也只有神才能认识自然界；社会领域不同，社会是人创造的，也是人能认识的。维科关于自然和社会区分的观点当然是不科学的，但他强调人能认识自己创造的社会，这同从奥古斯丁到阿奎那的神学历史观的传统是不同的。

维科的一个巨大功绩在于，他强调了历史规律的共同性。人类历史尽管纷纭复杂，但不管他们的种族起源和地理环境如何，仍存在着一个统一的、一切民族在各个时代都要经历的过程。他说：“有一个理想的永久的历史存在着，一切民族的历史总是要通过它的，他们不论是从野蛮、半开化还是从粗野状态出发，总是要达到文明。”② 正因为维科排除神对历史的干预，他强调了各种社会力量的斗争在社会发展中具有重要意义。

当然，维科对历史规律的认识，并没有达到唯物主义的理解。他没有能力从社会自身寻找它的内在规律，而是采用同人类个体发育相类比的方法提出他的社会发展理论。正如任何个体发育都经历童年、青年、成年一样，人类社会的发展也经历同样的过程。人类社会的童年是神的时代，这

---

① ［意］维科：《新科学原理》，转引自［法］拉法格：《思想起源论》，20页，北京，生活·读书·新知三联书店，1963。

② 同上书，21页。

时没有国家，服从祭司，完全受宗教观念的统治；人类社会的青年是英雄时代，这是贵族统治的时代；而人类社会的成年则是凡人时代，这是民主共和国或保障资产阶级自由的代议制君主国家的时代。维科的政治倾向性是很明显的。他把凡人时代看成是人类社会发展的最高阶段，完全是为新兴资产阶级的政治理想作论证的。但维科既然按照个体发育进程来描绘历史必定陷入困境：或者人类社会像人类个体一样，在经历了童年、青年、成年之后走向死亡；或者每一代人又重新开始自己的生命历程，这样周而复始，构成生命不断的洪流。维科选择后者，认为人类社会在经历了三个发展阶段之后，又重新开始同样的进程，这样人类历史便陷入了循环，在封闭的圆圈里来回倒腾。

法国启蒙学派又前进一步，他们深入到人与环境相互关系问题的探讨。人类借以生存的环境分两类：一是自然环境，另一是社会环境。认识的顺序是从人与自然环境的关系开始的。

孟德斯鸠的《论法的精神》就试图从人类社会都不可缺少的自然环境中寻找社会发展的规律。他在《论法的精神》序言中说，他的任务不在于非难各国存在的各种制度，而在于阐明它们。尽管社会法规是各种各样的，但它们既不是纯粹偶然的，也不是取决于专断行为，而是有其共同规律的。任何民族的历史都是共同原则的个别表现，研究者的任务就在于探求这些共同原则。

其中一条共同性的原则，就是各种不同的国家制度、法律形式决定于人类社会所依存的自然环境，诸如气候、地理形势、土壤等。孟德斯鸠非常重视气候，他认为寒冷的气候造就健康和勇敢的人，炎热的气候则造就软弱和怯懦的人；南方民族常常沦为奴隶，而北方民族则能够保护自己的自由。因此孟德斯鸠认为，奴役制度同气候性质的关系是密不可分的。一些国家实行专制制度、多妻制度、奴役妇女的制度，而另一些国家实行共和制、一夫一妻制，这都是由气候决定的。即使是宗教信仰也取决于气候，不适合本国气候的宗教，在本国是不能维持下去的。佛教之所以产生于印度，原因在于这里气候炎热。过度炎热的气候使人委靡疲惫，趋向于静净无为。

孟德斯鸠还认为，国家制度决定于地理形势即领土的大小。狭小的领土适宜共和制，大小适中的领土适宜君主制，广袤的领土则适宜专制制度。亚洲幅员辽阔的领土，成为建立庞大专制帝国的前提。孟德斯鸠用领土规模来解释当时欧亚国家形式的差别。欧洲由于其天然领土的划分，形成了一些不大不小的基于法治的君主制国家，如果改变了这种国家形式，则它们必然趋于衰败；反之，亚洲辽阔的天然领土则适宜建立庞大的专制帝国，如果把统一的帝国分割为一些较小的单位，则必然与国家的天然领土划分相矛盾。

孟德斯鸠还强调社会制度对土壤的依赖关系。在他看来，不种土地的民族比农业民族享有更大的自由，因为土壤适宜种植的民族专注于农业，不关心自己的自由。而且从军事角度说，肥沃的地方易攻难守。不适宜农业的多山国家，易于防守，而且也不会成为征服的目标。土壤贫瘠，迫使人们进行艰苦劳动，培养他们勇敢耐战的精神。得到自然恩赐，能从自然界中获得一切的民族，则使人柔弱、懒惰、怯懦。而且土壤条件不同，政权形式也不同：居住山地的人坚决主张平民统治，平原上的人要求由一些上层人物领导的政体，近海的人则希望一种由二者混合的政体。

地理环境对人类社会的影响无疑是存在的。特别是在人类社会的早期，生产力水平很低，这种影响尤其明显。但地理环境并不是社会发展的决定力量。一些曾经创造了高度文明的民族没落了，而另一些落后的民族和地区，后来又站在了历史发展的前列。它们各自的地理环境并没有发生重大的变化。改变缓慢的地理环境，不能成为社会迅速变化的原因，这是显而易见的。事实必然会迫使人们把视线从外部环境转向人类社会自身。

法国唯物主义完成了这一步，从人与自然环境的关系进到人与社会环境的关系。他们不是从土壤、气候、地形等外部因素，而是从人的意见和社会环境的相互作用中探讨社会的发展。例如爱尔维修反对笛卡儿的天赋观念，彻底发挥洛克的唯物主义原则，认为人是环境的产物，人的一切都是社会环境的结果。可是爱尔维修并不理解社会生活的本质。他把社会环境看成是一定的政治制度和法律制度，认为各族人民的性格和智慧随着政府形式的改变而变化；即使同一个民族，它们之所以有时崇高，有时低劣，有时稳定，有时变化，有时勇敢，有时胆怯，原因在于政府的形式不同。因此当爱尔维修解释为什么不同时期有不同的社会环境时，他又回到人自身，从人的主观意见中寻找社会环境的决定因素。在他看来，只要有真正天才的立法者，就能制定出好的法律，从而创立一个好的政府，而无知产生的是有缺点的法律，有缺点的法律造成恶习的发展并引起社会灾难。

法国唯物主义者关于人与环境相互关系的论断显然是矛盾的，但这种矛盾，同说水在鲸上、鲸在水上的矛盾不一样。法国唯物主义的历史观中所包含的这种矛盾，不是不能自圆其说的逻辑矛盾，而是表现人们积极探索所碰到的一种理论矛盾。要走出这种相互论证的困境，必须进一步探索。

复辟时代的法国历史学家基佐、梯叶里、米涅表现出某种摆脱这种矛盾的倾向，他们试图走出相互作用的圈子，把着眼点开始移向环境的方面。基佐在《法国史概论》中说："大部分著作家、学者、历史学家或政论家企图以某一社会的政治制度来解释这个社会的特定的状态，它的文明的程度或种类。假如从研究社会本身开始，以便认识和理解它的政治制度，这将更加聪明些。制度在成为原因之前，先是结果；社会先创造它们，然后在它们影响之下开始变化；不要按照政府的形式来判断人民的状况，而应该首先研究人民的状况以便判断它的政府应该怎样和能够怎样。"基佐还据此提出来："社会，它的成分，按其社会地位而不同的各个人的生活式样，各人不同的阶级关系——总之人们的公民生活——无疑地，这是希望知道各民族过去如何生活的历史学家及希望知道他们过去如何被统治的政论家所应首先注意的第一个问题。"①

复辟时代的历史学家的历史观有两点突破性的意见：第一，他们已不像法国唯物主义那样从人的意见中寻找政治制度的依据，而是用财产关系来解释政治制度。例如基佐就是根据上面提到的原则研究西罗马灭亡后出现的状况，认为要研究这段历史，理解它们的政治制度，应该研究社会中不同阶层及其相互关系；而要知道这些不同阶层及其相互关系，必须研究土地关系的性质。第二，他们已经看到了阶级斗争，基佐、梯叶里、米涅对英国和法国历史的研究，都透过各种宗教斗争和党派斗争，看到了资产

---

① 转引自［俄］普列汉诺夫：《论一元历史观之发展》，15页，北京，生活·读书·新知三联书店，1961。

阶级反对贵族的阶级斗争。

但复辟时代的历史学家并没有达到唯物史观。它向前迈进了一步，提出把财产关系作为政治制度的依据，从而走出了环境与人的意见相互作用的圈圈，但并没有最终解决这个矛盾。当复辟时代的历史学家企图回答财产关系的起源，回答为什么不同时期有不同的财产关系，它又援引人性来作为答案。这样，它虽然迈出了环境与意见这个小圈子，但仍停留在用人性来解释历史这个大圈子里面。普列汉诺夫曾正确地总结了这一点。他说："面对着财产关系的来源问题，复辟时代的法国历史学家们，谁大概都会如基佐一样，以或多或少机智地引用'人的天性'来摆脱困难。"并且指出："把'人的天性'看做解决一切法权、道德、政治、经济领域内'棘手事件'最高裁判者的观点，十九世纪的著作家完全是从上世纪的启蒙学者那里继承来的。"①

历史观能否进一步发展，取决于能否突破用人性来解释历史的范式。以人性来解释历史，无疑包含着不可解决的矛盾：不变的人性怎样能成为变动不居的历史的原因呢？如果人性也是变化的，那人性变化的原因又是什么呢？法国启蒙学派、复辟时代的历史学家、19 世纪三大空想社会主义者，都在这个泥潭里扑腾。黑格尔看到了这个矛盾，并力图解决这个矛盾。他不是在人性之中，而是在人性之外，在他所虚构的绝对观念中寻找历史的动力，用绝对观念的自我发展来描绘历史。黑格尔关于历史规律性的观念是卓越的。它把自维科以来开始探求的历史发展规律的观点系统化了，但也神秘化了。人们在黑格尔关于地理环境，关于历史必然性和偶然性，关于恶（情欲）在历史中的作用，关于历史人物作用的论述中，都可以看到前人的影子。但只有像黑格尔这样的天才人物，才能用思辨的逻辑把它们编织在绝对观念自我发展之网中。

黑格尔把历史看成是有规律的过程。黑格尔之后所面临的问题，是走出他所设置的迷宫，把理念的规律真正变成历史自身发展的规律。这不是纯粹思维的要求，而是时代的使命。完成这个伟大历史任务的不是别人，

① 转引自［俄］普列汉诺夫：《论一元历史观之发展》，23 页，北京，生活·读书·新知三联书店，1961。

正是马克思。

二

如果没有马克思，会出现唯物史观吗?

如果马克思早出生或晚出生一个世纪，唯物史观的创立会相应提前或推迟吗?

如果……其实我们可以提出一系列“如果”，但历史面对的是既成事实，它应该是分析，而不是假设。

毫无疑问，唯物史观同它的创始人马克思是融为一体的。马克思个人的天才智慧、崇高品德、丰富学识、穷根究底的探索精神，以至个人的经历、语言风格，都必然使他的论述唯物史观的著作带有自己的特色。但唯物史观并不是源自马克思的头脑，而是时代的产物。对唯物史观产生具有决定意义的是历史本身，而不是个人。

恩格斯晚年在同符·博尔吉乌斯讨论历史的必然性和偶然性的相互关系时认为，恰巧某个伟大人物在一定时间出现于某一国家，这当然纯粹是一种偶然现象。但是，如果我们把这个人除掉，那时就会需要有另外一个人来代替他，并且这个代替者是会出现的。对于唯物史观的创立来说同样如此。恩格斯说：“如果说马克思发现了唯物史观，那么梯叶里、米涅、基佐以及1850年以前英国所有的历史学家就证明，已经有人力求做到这一点，而摩尔根对于同一观点的发现表明，做到这点的时机已经成熟了，这一观点**必**将被发现。”① 梅林也发表了同样的看法，他认为：“唯物主义历史观也服从于它自己所制定的那个历史运动规律。它是历史发展的产物；在较早的时代，它是不会被任何最有天才的头脑凭空想出来的。只有达到一定高度时，人类历史才能揭开它自己的秘密。”②

当人类进入资本主义时代以后，各个国家，特别是生产发达的毗邻地区之间的相互交往和相互影响，是闭关自守的封建社会所无法比拟的。如果说，德国古典哲学已经超出了德国一个国家的范围，是作为法国革命的

---

① 《马克思恩格斯选集》，1版，第4卷，507页，北京，人民出版社，1972。

② ［德］梅林：《保卫马克思主义》，3页。

德国理论，那唯物史观更是如此。唯物史观和整个马克思主义一样，它不仅是德国的产物，而且是包括英国、法国在内的欧洲许多国家的共同产物。资本主义时代所特有的矛盾的激化，是唯物史观产生的宏观环境。

资本主义时代有两个重大事件，从经济上说是从英国开始的工业革命，它的转折点是1825年；从政治上说是从1789年开始的法国资产阶级革命，它的转折点是1830年。

从18世纪中叶开始，英国开始了工业革命，发明了蒸汽机和棉花加工机，逐步用机器生产代替手工操作，以机器生产的大工业取代了工场手工业，极大地促进了生产力的发展。恩格斯把工业革命称为“狂飙时期”，他说：“当革命的风暴横扫整个法国的时候，英国正在进行一场比较平静的但是威力并不因此减弱的变革。蒸汽和新的工具机把工场手工业变成了现代的大工业，从而把资产阶级社会的整个基础革命化了。工场手工业时代的迟缓的发展进程变成了生产中的真正的狂飙时期。”①

工业革命并不是英国出现的偶然现象，而是资本主义时代的特征。它或迟或早地以各种方式发生于其他资本主义国家。阿尔温·托夫勒把它描述为一种“浪潮”——第二次浪潮。确实，工业革命是一次巨大的冲击。它摧毁了以农业和手工业为基础的生产方式，创造了新的生产方式，改变了社会结构和阶级结构，并冲击了传统观念和思维方式，为唯物辩证地考察历史提供了客观可能性。

以农业和手工业为基础的生产方式，规模狭小，限制了人们的眼界。而以大机器生产为基础的资本主义生产方式则不同，它不仅形成了统一的国内市场，使各个生产部门联系成为一个整体，显示了生产的社会性，而且形成了世界市场。由于世界市场的开拓，密切了各个国家之间的联系。生产规模的扩展也伴随着眼界的扩展，人们有可能超出地区的狭隘性、民族的狭隘性，从宏观角度对各国的经济、历史、文化进行比较性的探讨。

以农业和手工业为基础的生产方式的特点是发展缓慢。生产者的全部技能和生活源泉集中在自己的“手”上，集中在自己的劳动“经验”上，

① 《马克思恩格斯选集》，1版，第3卷，301页，北京，人民出版社，1972。

生产工具的变革会使他们丧失原有的劳动技能和经验，原封不动地保持旧的生产方式是他们生存的首要条件。以大机器生产为基础的资本主义生产方式不同，竞争以铁的规律迫使他们运用科学，改进生产工具，否则无法生存。“生产的不断变革，一切社会关系不停的动荡，永远的不安定和变动，这就是资产阶级时代不同于过去一切时代的地方。”① 因此在小生产基础上形成的心理状态是害怕变化，容易产生凝固、守旧、崇尚传统的思维方式，而在大工业急剧变化中形成的社会心理和思维方式则相反。

在以农业和手工业为基础的生产方式中，历史发展的真正动因，经济同它的政治和阶级斗争之间的联系，既隐蔽又混乱，为一些中间环节所掩盖。以法律形式规定的地位等级区分掩盖了阶级划分的实质；宗教的、伦理的动机往往遮住了政治斗争的经济实质。而在以大工业为基础的生产方式中，这种联系简单化了。资本主义生产方式以公开的、无耻的、直接的、露骨的剥削，代替原来由宗教幻想和政治幻想掩盖着的剥削。在这里，任何政治斗争都是非常明显地围绕经济利益展开的，政治权利不过是用来实现经济利益的手段。资本主义社会盛行的利己主义、拜金主义的社会意识，以最卑陋的、粗糙的、赤裸裸的形式，每时每刻都迫使人们感受到经济在社会生活中的关键地位。

以大工业为基础的资本主义生产具有不同于以往生产方式的特点，但它的显露是一个过程。只有随着资本主义生产方式的发展并处于统治地位之后，才使原来潜伏的矛盾发展为强烈的对立。1825 年爆发的生产过剩的经济危机，以其惊人的外在表现，引导人们注意到资本主义生产方式的内在矛盾。

这是资本主义世界的第一次危机，它震动了整个英国。当时英国的许多报刊，如《泰晤士报》、《绅士杂志》、《年鉴》都竞相报道了这次危机：威廉斯银行倒闭，伦敦几家商号——伊韦雷特·沃克公司、西克斯·史奈斯公司倒闭，“各式各样的人纷纷提取存款”，“战战兢兢地等候新的破产消息”；它们报道了工人失业加剧，无数台纺织机停止运转，“目前的失业和贫困现象是最近三十年来所没有过的”，“景况凄惨万分，穷人濒于饿

---

① 《马克思恩格斯选集》，1 版，第 1 卷，254 页，北京，人民出版社，1972。

死，各阶层居民都苦于时运不济”；它们还报道了“忍饥挨饿的失业工人被逼得走投无路，以致爆发了公开的暴动”。当时在布拉克本、阿克林顿、普雷斯顿、克利瑟罗、罗奇德耳、曼彻斯特、布腊德弗德、约克郡都发生了骚乱和暴动。①

如果说1825年是经济的转折点，那1830年则是政治的转折点。这两者是紧密联系的。梅林在《中世纪末期以来的德国史》中说：“从1830年起，世界历史上出现了一个新的转捩点，出现了近代无产阶级具有世界历史意义的斗争。”② 这个意见无疑是正确的。

1830年是个转折点，是无产阶级和资产阶级矛盾由次要矛盾上升为主要矛盾的转折点。从1789年到1830年7月，法国资产阶级经历了革命、复辟、革命的曲折过程，最终确立了自己的统治，从此以后开始了无产阶级和资产阶级直接搏斗的阶段。

法国工人阶级曾经积极参加推翻波旁王朝的斗争，但胜利果实为资产阶级所独占。工人没有获得实际利益，处境日益恶化，引起工人的普遍不满。著名的匈牙利作曲家菲列涅茨·李斯特曾在一封信里描绘过他到里昂的亲身感受。他说：“一到里昂就陷入一种骇人听闻的苦难和令人难以忍受的贫困环境之中，使我非常激动，深感世道不公，心里充满了无法形容的悲痛”；“老年人不得安宁，青年人毫无希望，儿童也没有一点欢乐！大家一同都挤在臭气熏天的贫民窟内”；“连从未见到母亲嘴角上挂过笑容的孩子们也要俯身在织机上操作，用浑浊的目光注视着他们手指下现出供达官贵人的仔崽们玩赏的阿拉伯式图案或花纹”③。里昂工人终于在1831年11月和1834年4月，两次举行大规模的武装起义，参加的不仅有织工，还有泥瓦工、细木工、皮鞋匠、印花工等。里昂工人起义宣告了第三等级时代的结束，无产阶级不再是反对自己敌人的敌人，而是和昔日的盟友战斗。

里昂工人起义失败后不久，英国工人掀起了宪章运动；德国工人发生

---

① 参见《国际共产主义运动史文献史料选编》，第一卷，3～5页，北京，中国人民大学出版社，1983。

②③ 同上书，27页。

了西里西亚起义。这是欧洲无产阶级觉醒的标志，无产阶级已作为一支独立的政治力量大踏步地登上斗争舞台。

恩格斯非常重视无产阶级同资产阶级斗争，把它看成是唯物史观产生的决定性条件。他说："当自然观的这种变革只能随着研究工作提供相应的实证的认识材料而实现的时候，一些在历史观上引起决定性转变的历史事实已经老早就发生了。1831 年在里昂发生了第一次工人起义；在 1838—1842 年，第一次全国性的工人运动，即英国的宪章派运动，达到了自己的最高点。无产阶级和资产阶级间的阶级斗争一方面随着大工业的发展，另一方面随着资产阶级新近取得的政治统治的发展，在欧洲最发达的国家的历史中升到了首要地位。"①

成熟的理论同成熟的阶级关系是相适应的，这条原则对于历史观同样是适用的。当无产阶级和资产阶级矛盾上升为主要矛盾并展开激烈斗争，当英国、法国工人走上街头奋起反对资产阶级，这不仅揭穿了资产阶级政治经济学关于资本和劳动利益一致，关于自由竞争必将带来普遍协调和全民幸福的学说是一种谎言，而且也标志着以唯心史观为指导的英法空想社会主义的幻灭。不理解物质利益，不理解任何基于物质利益的阶级斗争，否认物质生产在社会发展中的决定作用的唯心史观，同资本主义社会阶级斗争的现实是矛盾的。正因为这样，"新的事实迫使人们对以往的全部历史作一番新的研究"②，结果导致唯物史观的发现。

由此可见，唯物史观在 19 世纪 40 年代发现不是偶然的，它和 1825 年出现的经济危机、1830 年出现的阶级斗争新局面是密切结合在一起的。如果我们把这种时代条件看成是唯物史观产生的宏观环境，那德国莱茵地区资本主义的迅速发展和阶级矛盾激化是中观环境，而马克思的家庭情况和周围环境，则是微观环境。其中起决定作用的是时代条件。

但要真正理解唯物史观产生的历史条件，仅仅叙述历史背景是不够的，还必须把握马克思是如何适应时代要求的。历史选择了马克思，但更重要的是马克思理解了历史，他真正把握了时代，反映了无产阶级的要求和愿望，把客观历史自身所蕴涵的可能性，变成对历史的科学意识。黑格

---

①② 《马克思恩格斯选集》，1 版，第 3 卷，65、66 页。

尔从唯心主义观点出发揭示了哲学和时代的关系。他说："哲学的任务在于理解存在的东西，因为存在的东西就是理性。就个人来说，每个人都是他那时代的产儿。哲学也是这样，它是被把握在思想中的它的时代。"①

唯物史观同它的历史条件之间的联系不是简单的反映和被反映的关系，它们之间联系的机制是复杂的。仅靠感官的接触，是不可能唯物辩证地理解社会生活的本质的。要真正把握历史过程的本质和动因，把握历史发展的一般规律，必须深入到社会内部进行分析、解剖、研究。这是一种艰巨的科学劳动。没有动力，没有激情是不可想象的。马克思尽管贫病交加，备受迫害，但以"入地狱"的精神执著地探索就是最好的证明。

我们应该重视科学研究的主体在创立理论中的作用，但不能由此得出结论说，没有马克思就没有唯物史观。动力来自哪里？来自历史条件本身，来自每个时代所特有的尖锐矛盾。这种矛盾在理论形态上表现为问题，即时代要求。马克思的天才之处在于，他面对现实，敏锐地抓住了时代所提出的问题，并给予了科学的回答。问题——时代的矛盾；动机——解决矛盾的主观意图；科学答案的谜底——存在于时代本身。问题自身都蕴涵着对问题的解决，关键在于研究。所以唯物史观产生的客观条件是时代，它是马克思自觉地适应已经登上政治舞台的无产阶级斗争的需要，透过发展到一定高度的资本主义外在化的矛盾对历史规律的理论意识。或者套用黑格尔的话说，它是在思维中被把握的它的时代。

三

时代以其自身的矛盾迫使人们注意，并规定人们认识可能达到的范围和界限，但它不能自发地产生任何理论。理论创造是精神生产，它有自己的特殊规律。其中一条重要的规律是，任何理论思维都必须以它的先驱者提供的思想资料作为前提。这表现了人类认识的继承性和连续性。

唯物史观有它的理论来源。困难并不在于列举马克思以前人类对历史认识所取得的成就，而在于马克思是如何对它们进行批判吸收的。正如同被埋藏在地下的矿产不构成现实的财富一样，未被研究过的理论不能作为

① ［德］黑格尔：《法哲学原理》，12页，北京，商务印书馆，1961。

马克思的历史理论的来源。梅林在《论历史唯物主义》中曾论述过德国浪漫历史学派和历史唯物主义的关系问题。浪漫历史学派的著名代表人物拉维涅-佩吉朗1838年在《运动规律和历史规律》中说过："真正的社会科学的进步迄今还是那样微小，是由于各种不同经济形式没有被好好地划分清楚，因为人们没有认识到各种不同经济形式组成着整个社会和国家组织的基础。人们忽视了，生产、产品分配、文化、文化传播、国家立法和国家形式，完全都是从经济形式中得到它们的内容和发展的；那些极重要的社会因素不可避免地产生于经济形式和经济形式的适当使用，一如产品是生产力的相互配合作用的结果一样，并且凡是显现社会病态的地方，照例都可以从社会形式和经济形式间的矛盾中找到它的根源。"① 这段酷似历史唯物主义的论述，乍看起来会被误认为是马克思历史观的来源。梅林为此曾请教过恩格斯，得到的是否定的回答。恩格斯告诉梅林："马克思在波恩和柏林居住期间，读了亚当·弥勒的著作和冯·哈勒先生的《复兴》等等，他只是以相当轻蔑的口吻评论这些作品，认为这些是庸俗的、辞藻华丽而夸夸其谈的作品，这些作品是模仿法国浪漫主义者约瑟夫·德·梅斯特尔和红衣主教博纳德的作品而写成的。即使他碰到了像您从拉维涅-佩吉朗著作中所引证的那些话，当时也绝不会给他留下任何印象，纵然他一般已经懂得了这些人想说的是什么。马克思当时是黑格尔派，对他来说，这个地方纯属异端邪说；对政治经济学，他还一无所知，因而'经济形态'一词对他根本没有任何意义。所以上述地方，**即使**他有所闻，也一定是一个耳朵进，一个耳朵出，不会在记忆里留下什么明显的痕迹。但是，我不认为在马克思1837年至1842年间读过的那些浪漫学派历史学家的著作中，可以找到这类东西的影子。"②

由此可见，唯物史观的来源应该是确实为马克思批判吸收了的东西。它的根据是马克思自己的著作，特别是他的读书笔记。马克思从大学时代就养成了做笔记的良好习惯，不仅有选择地摘录原文，并加以评注。马克思的《波恩笔记》、《柏林笔记》、《克罗茨纳赫笔记》、《巴黎笔记》、《伦敦

① 转引自［德］梅林：《保卫马克思主义》，10页。
② 《马克思恩格斯全集》，中文1版，第38卷，480页，北京，人民出版社，1972。

笔记》，都为我们提供了马克思如何吸收人类文化遗产的珍贵资料。荷兰阿姆斯特丹国际社会史研究所收藏的马克思手稿和读书笔记目录表明，马克思阅读范围从古希腊罗马到19世纪40年代，包括哲学、经济学、政治、历史、宗教、道德、文学、艺术史等等极其广泛的领域。从中我们可以看到唯物史观来源的特点。

第一，对人类全部优秀文化遗产的批判继承。

列宁反对把马克思主义看成是故步自封、僵化不变的封闭体系的观点，强调马克思主义不是宗派主义，丝毫也没有离开世界文明发展的大道："马克思主义这一革命无产阶级的思想体系赢得了世界历史性的意义，是因为它并没有抛弃资产阶级时代最宝贵的成就，相反地却吸收和改造了两千多年来人类思想和文化发展中一切有价值的东西。"① 这一论断，同样适用于唯物史观。

唯物史观的直接与间接来源是多渠道的。马克思研究过古希腊罗马哲学，特别是钻研过亚里士多德、德谟克利特、伊壁鸠鲁，以及斯多葛主义、怀疑论，阅读了大量有关著作的残篇，并做了笔记。研究过历史，特别是法国革命史。研究过资产阶级启蒙学者的政治学说，特别是孟德斯鸠和卢梭的国家理论。钻研过法国18世纪唯物主义和复辟时代历史学家的著作。研究过德国古典哲学、英国古典政治经济学和19世纪三大空想社会主义者以及他们的先驱和后裔的著作。的确如列宁所说的，"凡是人类社会所创造的一切，他都用批判的态度加以审查，任何一点也没有忽略过去"②。

在考察多渠道的来源时还应该注意到同时代人的影响。在科学探讨中相互影响的启发作用是不可忽视的。恩格斯在论述费尔巴哈始终停留在下半截唯物主义而没有达到唯物史观时，是把他蛰居穷乡僻壤过着农民式的孤陋寡闻的生活作为一个重要原因的，"这种生活迫使这位比其他任何哲学家都更爱好社交的哲学家从他的孤寂的头脑中，而不是从和他才智相当

① 《列宁选集》，2版，第4卷，362页，北京，人民出版社，1972。

② 同上书，347页。

的人们的友好或敌对的接触中得出自己的思想”①。马克思不同。处在沸腾政治生活旋涡中的马克思，不仅研究人类的文化遗产，而且重视同时代人的成就。马克思就承认恩格斯、赫斯等人对自己的影响。恩格斯的《政治经济学大纲》对马克思的启发是公认的。

第二，对19世纪西欧社会理论的综合吸收。

列宁肯定马克思主义是两千多年人类优秀文化遗产的结晶，但又特别强调德国古典哲学、英国古典政治经济学、19世纪三大空想社会主义思潮，认为“马克思是十九世纪人类三个最先进国家中三种主要思潮的继承人和天才的完成者”。这两者并不矛盾，而是进一步强调了马克思主义来源中的最主要之点，因为它们凝结着到19世纪上半叶为止人类思想的最高成就。就唯物史观来说，它不单纯是来源于德国古典哲学，比如说，它还吸收了法国复辟时代历史学家的合理思想。就其主要来源说，它是德国古典哲学、英国古典政治经济学、19世纪三大空想社会主义思潮综合作用的结果。

黑格尔哲学是唯物史观的重要来源。这似乎很难理解。唯心主义历史观怎么能成为唯物史观的来源呢？其实并不奇怪。正如同马克思主义来源于非马克思主义一样，唯心主义历史观可以孕育出唯物主义历史观。精神生产不同于肉体生产。以基因为遗传物质的人种的延续是同种相生，而理论思维则可以通过对前人提供的思想的吸收、消化、再创造，形成新的学派和新的理论。恩格斯曾经明确地说过，黑格尔“是第一个想证明历史中有一种发展、有一种内在联系的人，尽管他的历史哲学中的许多东西现在在我们看来十分古怪，如果把他的前辈，甚至把那些在他以后敢于对历史作总的思考的人同他相比，他的基本观点的宏伟，就是在今天也还值得钦佩。在《现象学》、《美学》、《哲学史》中，到处贯穿着这种宏伟的历史观，到处是历史地、在同历史的一定的（虽然是抽象地歪曲了的）联系中来处理材料的。这个划时代的历史观是新的唯物主义观点的直接的理论前提”②。没有辩证法，唯物史观的产生是不可想象的。黑格尔关于历史必

---

① 《马克思恩格斯选集》，1版，第4卷，227页。

② 《马克思恩格斯选集》，1版，第2卷，121页，北京，人民出版社，1972。

然性的观点，关于劳动是人自我实现和自我创造的观点，关于矛盾是事物发展动力的观点，等等，对于马克思揭示历史自身的辩证过程无疑起了良好的引导作用。

费尔巴哈的历史观是唯心主义和形而上学的。可是他倡导的唯物主义的人本主义哲学，在当时为唯物主义历史观的产生创造了有利的条件。这不仅在于费尔巴哈唯物主义的本体论和认识论，缩短了马克思由唯心主义转向唯物主义的距离，而且他关于人的实在性的观点，关于人与自然统一的观点，关于人的本质存在于团体之中的观点，为马克思架设了一座从绝对观念通向现实的人及其历史的桥梁，因为“依靠从黑格尔那里继承来的理论武器，是不能理解这些人的经验的物质的行为的”①。特别是费尔巴哈对宗教的批判，从人的本质异化中寻找宗教的根源，叩击了通过分析宗教根源而通向唯物史观的大门。正如马克思所说的：“由于费尔巴哈揭露了宗教世界是世俗世界的幻想，在德国理论面前就自然而然产生了一个费尔巴哈所没有回答的问题：人们是怎样把这些幻想‘塞进自己头脑’的？这个问题甚至为德国理论家开辟了通向唯物主义世界观的道路。”② 事实正是这样。人们在马克思的早期著作中不难发现，马克思是如何通过分析宗教的世俗基础而达到唯物史观的。

唯物史观是哲学，但它的来源不限于哲学。正如亲缘繁殖不利于种的发育一样，一种创造性的哲学理论一定会突破从哲学到哲学的局限。唯物史观的创立，就广泛吸收了非哲学领域中的成就。在这里，对英国古典政治经济学和 19 世纪三大空想社会主义思潮的改造起了重要作用。

英国古典政治经济学重视生产，把整个经济学的研究从流通领域转向生产领域；它们创立的劳动价值论不仅具有纯经济学的意义，而且包含着哲学意义，是以经济学的形式对劳动作为主体自我创造能力的肯定；它们还从经济学的角度对资本主义社会的阶级关系作了分析，虽然它们的着眼点停留在分配方式，没有揭示阶级划分的实质，但从经济学而不是从法权角度来分析阶级无疑是一个进步。而且历史唯物主义的许多重要范畴，例如生产方式、社会经济形态、生产力、生产关系、经济基础、上层建筑，

①② 《马克思恩格斯全集》，中文 1 版，第 3 卷，261 页，北京，人民出版社，1960。

等等，并不是借自德国古典哲学，而是建立在对政治经济学研究的基础上。

19 世纪三大空想社会主义者的历史观是唯心主义的，但也包含某些合理的因素。圣西门在《一个日内瓦居民给当代人的信》中，了解到法国革命是阶级斗争，并且不仅是贵族和市民等级，而且是贵族、市民等级和无财产群众之间的阶级斗争，这在 1802 年是极为天才的发现。圣西门还宣布政治是关于生产的科学，并预言政治将完全为经济所包容，以萌芽的状态表述了经济状况是政治制度基础的思想。傅立叶的著作虽然包含许多神秘的东西，但也包含许多真正有价值的东西，是对社会进行系统思考的一种社会哲学。傅立叶关于合理制度下每个人都应该根据自己兴趣劳动的观点，关于劳动与享受应一致的观点，特别是把社会历史划分为蒙昧、宗法、野蛮、文明四个阶段的历史发展观，比起黑格尔按绝对观念自我发展来划分历史的强制结构要合理得多。欧文关于人的性格是先天组织和人在一生特别是发育时期所处的环境这两方面相结合的产物的观点，关于应该合理安排环境以使人的性格和智慧得到全面发展的观点都是富有启发性的。

由上可见，正如马克思主义各个组成部分是统一的整体一样，唯物史观的理论来源也不是单一的。马克思的先驱者们在哲学、经济学、政治学领域所取得的成就形成了一种综合力量，一种理论的合力。如果说，英国、法国的资本主义生产方式的高度发展，弥补了德国经济落后的缺陷，形成了有利于唯物史观产生的时代条件，那我们同样可以说，马克思的先驱者们各自在不同领域所取得的成就，起到了相互补充的作用，形成了有利于唯物史观产生的理论环境。

第三，理论和实际的结合。研究重点的转移。

马克思对先驱者们思想的批判吸收不是一次完成的，而是一个过程。马克思不可能一开始就接触到人类多方面的文化成就，而是随着他在实际生活中所碰到的理论难题，不断扩大自己的视野和研究范围。只要稍微考察一下马克思的读书笔记和研究重点的变化，就能大致勾画出马克思的思想发展和唯物史观形成的脉络。当马克思于 1837 年开始转向黑格尔，参加青年黑格尔运动时，他阅读了黑格尔的全部著作和他的弟子们的大部分著作；当马克思批判普鲁士专制制度和宗教，为自我意识和自由作论证时，他着力钻研古希腊罗马哲学；当马克思主编《莱茵报》碰到他所不熟悉的关于共产主义的争论时，他转向研究空想社会主义者的著作；当马克思退出《莱茵报》，集中力量解决他在编辑《莱茵报》时所碰到的苦恼问题——市民社会与国家的关系问题，清算黑格尔的国家观时，他研究费尔巴哈的著作，大力研究历史，研究资产阶级启蒙学者的政治理论；当他转向解剖市民社会，他从哲学转向政治经济学，大量阅读有关经济学的著作。当然，这个过程不是直线的、一次性的，而是反复的。例如马克思在写作《资本论》时，又重新回过头来研究黑格尔的著作，特别是他的逻辑学。

唯物史观产生的历史条件和理论来源表明，它是一种阶级性和科学性相结合的历史观。唯物史观是适应无产阶级的阶级斗争需要产生出来的，有着强烈的阶级性；但它不是像西方某些学者所说的仅仅是阶级的意识形态，是一种辩护论，即为某一阶级利益作论证的工具。唯物史观广泛地吸收了人类优秀的文化遗产，是真实地揭示了历史自身规律的科学历史观。阶级性和科学性的统一是唯物史观的特点，也是它的优点。即使阶级结构和阶级关系发生彻底变化，唯物史观作为人类优秀文化遗产的结晶，将继续保持它的科学价值。

唯物史观的产生有它的历史条件和理论来源，这个论断不仅适用于唯物史观的创立，而且适用于唯物史观的发展。如果说历史上某种哲学由于被奉为官方哲学而陷于停滞和枯萎的话，随着无产阶级胜利而处于指导地位的唯物史观不会遭遇同样的命运。理论和实践相一致的原则保证了它的无限生命力。它重视新的历史条件，不断研究新时代提出的新问题；它重视多渠道的理论来源，不断吸收各门社会科学和自然科学的新成果。如果只注重创立时期的历史条件，而忽视当代的历史条件；只注重当时的理论来源，而忽视新的理论来源，把唯物史观变成一个与时代无关的、封闭的思想体系，肯定是错误的。

四

唯物史观的发展是一部永远不会终结的历史。人类自身创造历史又不断加深对历史的认识。马克思和恩格斯逝世后，拉法格、梅林、拉布里奥拉、列宁、普列汉诺夫以及以毛泽东为主要代表的中国共产党人都在理论和实践上对发展唯物史观作出了贡献。邓小平提出建设有中国特色的社会主义理论，把唯物史观创造性地运用于社会主义建设实践。相对于整个唯物史观发展史，马克思创立唯物史观的时期是短暂的。但这是一个极其重要的阶段，它确立了唯物史观的一些基本范畴和根本观点。要正确回答理论和现实向唯物史观提出的种种问题，都离不开对马克思创立唯物史观的思维进程和基本观点的研究。这种“探源”，或叫发生学的方法是很重要的。

例如对唯物史观是否过时这个问题的回答，就必须研究马克思为什么创立唯物史观。西方有些学者认为，马克思的“各种理论都打着维多利亚时代资本主义的烙印”，马克思用以研究社会和历史的一般模型已经失去了价值。还有的学者虽然承认马克思的历史功绩，但强调马克思主义是旧的第二次浪潮，即工业革命的产物，认为今天用马克思主义来诊断高技术社会的内部结构，如同在电子显微镜的时代仍用放大镜一样。这都是把进一步运用和发展唯物史观的条件同创立唯物史观的条件对立起来，没有弄清唯物史观之所以是科学历史观的根据。

唯物史观创立于 19 世纪 40 年代，标志着唯物史观创立的经典著作《德意志意识形态》写于 1845 年到 1846 年，同处于世界科技革命浪潮的当代相比，无论就生产力的发展来说，还是就科学技术的进步来说，都显然不同。但马克思创立唯物史观并不是作为预言家，企图把以后全部人类发展史的丰富多彩的内容，塞进一个固定不变的历史图式中，详尽地描绘未来；而是作为科学家，把以往用神的意旨、绝对观念、人的本性和意志来解释历史的形形色色的唯心主义、形而上学和循环论，从这个领域中驱逐出去，为研究人类社会和历史提供基本的科学理论和方法。对于完成这个任务来说，分析 19 世纪 40 年代无产阶级登上政治舞台的阶级状况，以及资本主义生产发展到一定高度所提供的材料，是完全可以做到的。迄今为止，无论生产力和科学技术怎样发展，没有任何证据能驳倒唯物史观关于物质资料生产是社会存在和发展的基础的理论，关于生产力是社会发展最终决定因素的理论，关于阶级结构取决于经济结构的理论，关于科学技术是生产力的理论，关于生产力和生产关系、经济基础和上层建筑辩证运动的理论，等等；相反倒是离开唯物史观，对科技发展中所呈现的生产力结构的变化、产业结构的变化、生产管理制度的变化、家庭结构的变化，以及人们的生活方式、价值观念、文化心理的变化就不可能作出正确的解释。尽管在唯物史观之后，特别是近几十年出现过不少关于社会历史的理论，其中有些确实提出了一些问题和可供借鉴的思想，但没有一个学派能超过或取代唯物史观。它们像走马灯似的生命周期就是极好的证明。不能把唯物史观适用的范围和它创立的历史条件对立起来，因为它揭示了人类社会历史的本质和最根本的规律。唯物史观的内容要丰富和发展，研究的课题要更新，但必须沿着马克思已经开辟了的方向前进，另找“出路”是没有出路的，历史一再昭示了这一真理。

又如对唯物史观的本质的理解，也不能离开这段时期历史的研究。马克思创立唯物史观的过程，是从批判宗教、国家和法着手，逐步深入到探讨它的物质根源，发现了物质资料生产方式的决定作用。这是一个从上层建筑现象进到研究经济基础的过程。这不仅同人的认识总是从结果进到原因的认识规律相符合，而且同马克思创立唯物史观的历史任务——把唯心史观驱逐出去是相联系的。马克思当时全力捕捉的是要找到决定整个社会面貌和社会发展，合理地解释各种上层建筑现象的物质力量，因而没有时间和机会去着重论述问题的另一方面。但马克思从来没有否认上层建筑各种因素的相互联系以及它们对经济基础的反作用。马克思和恩格斯的全部著作证明了这一点。把唯物史观曲解为只承认经济因素起决定作用的庸俗“经济决定”论，是有意无意地忽视马克思创立唯物史观时期的历史特点。

再如从马克思创立唯物史观的思维逻辑进程来看，它经历了从异化到异化劳动，再从异化劳动到全面创立唯物史观的过程。这同马克思从上层建筑入手，到逐步深入到劳动和生产领域，发现历史的“终极原因”的过程是相一致的。这是个连续的、艰苦的理论探索过程，其中包含着矛盾和自我扬弃。恰如其分地估计每一步所取得的成就、问题以及发展方向，历史地、具体地分析马克思的思维进程，有助于我们比较正确地理解异化、人道主义这些世界上争论的重大理论问题。

马克思理论活动的特点，并不是从抽象地研究人的本质、异化这些范畴开始的。马克思的视线凝注的是现实，开始是德国的现实，紧接着是法国和英国的工人运动。马克思曾经把自己理论活动的特点，同青年黑格尔派中的某些人，特别是施蒂纳作过对比。他说："在'施蒂纳'那里，'共产主义'是从寻找'**本质**'开始的"，事实上"共产主义是用实际手段来追求实际目的的最实际的运动，它只是在德国，为了反对德国哲学家，才会稍为研究一下'本质'问题"①。这当然不是说，马克思不重视有关异化和人的本质问题。事实正好相反，在创立唯物史观的过程中，马克思从对宗教、国家、法的批判到转向对市民社会的解剖，转向对"谋生劳动"和异化劳动的分析，都没有离开这个问题。这不难理解。在确定的历史前提下开始理论探索的马克思的思维进程，表现了历史的连续性和理论传统的力量。这当然不是马克思的"不幸"。如果没有从文艺复兴逐步开始的从神到人的过程，很难想象马克思在短短几年之内就能从抽象的人进到现实的人，进到人的物质生产活动。马克思继承了历史的传统又突破了传统，把对人类社会和历史的研究，其中包括对人、人的本质和资本主义社会异化劳动的分析置于唯物史观的基础之上，这是关键所在。把所谓青年马克思同老年马克思对立起来，或者把唯物史观归结为抽象人道主义，或者认为历史唯物主义不主张任何一种人道主义，都是片面的。

在马克思主义中，哲学、经济学、科学社会主义理论是不可分割，融为一体的。在唯物史观的创立时期，这一点表现得尤为显著。马克思并不是为了构造一种历史哲学而创立唯物史观，他是在为无产阶级寻求彻底解放的道路，科学地论证无产阶级历史使命过程中逐步形成自己的历史理论的；同样，如果马克思不突破德国古典哲学的思辨传统，始终停留在纯哲学的范围内，不从哲学转向经济学的研究，那马克思最多无非是富于思辨的黑格尔式的马克思，而不能成为新的科学体系的创始人。反过来说，唯物史观为创立无产阶级的经济学和社会主义理论提供了科学的理论和方法。它们之间不是单线的链式的因果关系，而是相互促进、相互补充的复杂过程。

我们决不应该忘记马克思主义是一个统一整体，去掉其中任何一个部

---

① 《马克思恩格斯全集》，中文1版，第3卷，236页。

分，都会使整体丧失它原有的性质。例如在当今世界上关于资本主义发展前途的争论，都直接或间接集中到它的理论基础——唯物史观。如果唯物史观不是科学历史观，如果历史像西方某些学者所说是无规律、无方向的，纯属自我设计或选择，或者说在资本主义社会之后不是社会主义社会，而是后工业社会、超工业社会、信息社会、技术电子社会等等，那么，不仅马克思关于社会主义革命的理论会失去客观规律的依据，而且人类对历史和社会的认识又要重新陷入宿命论、唯意志论的深渊。

任何历史都是现代史，这是克罗齐的“名言”。我们当然不同意这种相对主义，但得承认科学地反映历史真实性是不容易的，理论思维史尤其如此。不一定是有意歪曲，仅仅是资料不全、功力不深，就足以得出错误的结论。再现马克思创立唯物史观的历程是一个严肃的困难的任务，需要共同努力。在理论研究中，良好的愿望可以取得谅解，但不能成为自己掩饰错误的借口。我期待同志们的批评指正。

第一章　对宗教的批判
——通向实际生活的大门。论自我意识和自由

历史不会重演，但往往有许多惊人的相似之处。在西欧历史上延续很久的从神到人的过程，在德国以浓缩的形式再现。这个运动在德国虽然不像历史上那样波澜壮阔，充满献身精神，但也自有其特殊的功绩。它为年轻的马克思敞开了通向实际政治斗争的大门。

反宗教的斗争由来已久。无论在意大利、英国、法国还是德国，那都是一种政治性质的斗争。但用异化的观点来批判宗教，这是德国哲学思维的产物。可同样把宗教看成是异化现象，黑格尔、费尔巴哈、鲍威尔的说法又各有特点。马克思曾经参加青年黑格尔运动。他在柏林大学时期与青年黑格尔派的首要人物布·鲍威尔有师生之谊，交往密切。马克思开始把自我意识看成人的本质，并用以批判宗教。他的博士论文《德谟克利特的自然哲学和伊壁鸠鲁的自然哲学的差别》和关于伊壁鸠鲁哲学的一系列笔记表现了这个特点。这说明马克思继承了德国古典哲学思辨的辩证法传统，突出了人的自我意识。

第一节　自我意识原则的确立——由人的机械性到人的能动性的思辨表现

从文艺复兴时期逐步兴起的资产阶级人道主义，发展到法国唯物主义，在关于人的问题上无疑包含着一个矛盾：它们一方面要求提高人在社会中的地位，系统地发挥了以自然权利为依据的关于自由、平等、博爱的学说；另一方面它们又以其机械论的观点否定人的主体地位，贬低人，甚

至把人看成是机器。

恩格斯在评论英国从霍布斯开始的机械论倾向时就指出了这一点。机械论者把一切运动归结为机械运动，甚至把人的一切情欲都看成无非是既有开始又有结束的机械运动，因此恩格斯说："唯物主义开始憎恨起人类来了。既然唯物主义要克服自己的对手，即憎恨人类的、不要肉体的唯灵论，并且是在后者自己的范围内予以克服，它就只好抑制自己的情欲而变成禁欲主义者。"①

机械论的观点，同人的能动性是对立的。如果说英国唯物主义具有这种特点，法国唯物主义同样是这样。导致法国机械唯物主义一派产生的笛卡儿，在他的物理学的范围内表现了这种倾向，提出了动物是机器的思想。拉美特利进一步发挥了这个原则，提出了人是机器，并为此写了一本著作，书名就是《人是机器》。在拉美特利看来，人的身体是一架会自己发动自己的机器，一架永动机的活生生的模型；人并不是用什么更贵重的材料捏出来的，自然只用了一种同样的面粉团子，它只是以不同的方式变化了这面粉团子的酵料而已。所以人与动物相比，无非是多几个齿轮，多几个弹簧，脑子和心脏更接近，供血更充足而已。狄德罗也发表过类似的看法。他在《达朗贝和狄德罗的谈话》中，以争辩的形式强调教黄雀唱歌的手风琴、黄雀以及它们与人之间没有根本不同：教黄雀唱歌用的手风琴是木头做的，人是肉做的，黄雀是肉做的，音乐家是一种结构不同的肉做的。它们全都有同一的来源、同一的构造、同一的机能和同一的目的。这种看法，反对唯灵论、二元论和各种宗教神秘主义，坚持世界物质统一性的原则，自有某种合理成分，但却抹杀了人的特殊本质。

由法国唯物主义到德国古典哲学唯心主义的转变，具有双重性质：从哲学基本问题的解决来看是一种退步，由唯物主义过渡到唯心主义；可是从辩证法和形而上学的对立来看却是一种进步，由机械论过渡到辩证论。马克思对德国古典哲学的辩证法成就是很赞赏的，他说："被法国启蒙运动特别是 18 世纪的**法国唯物主义**所击败的 17 世纪的**形而上学**，在**德国哲**

---

① 《马克思恩格斯选集》，1 版，第 3 卷，383 页。

学中，特别是在19世纪的**德国思辨哲学**中，曾有过**胜利的和富有内容的复辟**。”①

德国古典哲学的辩证法同古希腊素朴辩证法相比，有一个特点，它主要不是本体论的辩证法，即关于客观世界自身的辩证法，而是唯心主义的思辨的辩证法。从康德开始，经过费希特到黑格尔，尽管对“主体”的看法不完全一样，可以区分为主观唯心主义和客观唯心主义，但它们的共同特点是强调精神的作用，因而改变了旧唯物主义把人看成机器的机械论观点，从唯心主义方面把主体的创造作用提到首位。这样，至少在两个方面产生了“富有内容”的成果：

第一，由客体到主体。旧唯物主义不仅把物质世界，把认识对象看成是纯粹的客体，而且把人也看成是客体。他们看不到人同其他客观事物的本质区别，否定了人的主体地位。德国古典哲学的一个成就是找到了有别于客体、创造客体的主体。虽然在费希特的“自我创造非我”、黑格尔的“实体即主体”等命题中，自我与主体都是脱离物质的精神，但却以颠倒的形式暗含着人的主体地位。

第二，由被动到能动。与上一点相联系，旧唯物主义强调的是人的被动性，把人看成是一架必须由自然来叩击才能发声的钢琴。它坚持了唯物主义的反映论，但这种消极的、直观的反映论，使人在客观世界中处于一种被动的地位，剥夺了人的创造生机。德国古典哲学的思辨辩证法把这种关系倒过来了，它们把客体看成是被动的、消极的，而把主体即精神看成是积极的、能动的、自我创造的东西。

以鲍威尔为代表的青年黑格尔派的自我意识的哲学，是在德国思辨哲学传统的基础上产生的。它既是以黑格尔哲学为依据，又是对这种哲学的某种偏离。

德国古典哲学发展到黑格尔哲学，达到了唯心主义辩证法的高峰。黑格尔一方面以其关于绝对观念的学说，逻辑地、思辨地表达了主体的能动作用，但又把自然和人作为实体和自我意识的范畴统摄于绝对观念之中，从而把人与自然看成是绝对观念实现自己内在必然性的工具。青年黑格尔

① 《马克思恩格斯全集》，中文1版，第2卷，159页，北京，人民出版社，1957。

派对此是不满意的。他抓住了黑格尔的自我意识，把它由从属的地位上升为主体。本来，强调自我意识的作用，更接近于表达人在整个世界中的地位，但是由于鲍威尔把自我意识从作为人的属性，变成脱离自然，脱离人的独立主体，变成世界、天空和大地万物的唯一创造者，从而回到了费希特的主观唯心主义。

确实，哲学思维的发展不是直线的，而是无限地近似于一串圆圈，近似于螺旋的曲线：18世纪的法国唯物主义，击败了17世纪关于意志自由的形而上学学说；而德国的思辨哲学又否定了法国唯物主义，复活了17世纪的形而上学；黑格尔否定了费希特的主观唯心主义，转向客观唯心主义；而以鲍威尔为代表的青年黑格尔派，从黑格尔出发返回到费希特的主观唯心主义。马克思是从参加青年黑格尔运动开始自己的理论活动和政治活动的，起初也强调自我意识的作用。马克思否定鲍威尔把自我意识同实体对立起来的做法，但并没有返回自我意识与实体统一的绝对观念，而是在吸收黑格尔合理思想的基础上，逐步达到人与环境的统一的观点，即把握现实的人和现实的人类，从而真正阐明了人在自然和社会中的作用和地位，对人的能动作用给予了科学的表述。当然达到这一点要经历一个过程，马克思的博士论文只是有征兆意义的良好开端。

第二节　马克思对自我意识哲学的探讨

把伊壁鸠鲁主义、斯多葛主义和怀疑论视为自我意识的哲学，源自黑格尔，他在《精神现象学》和《哲学史讲演录》中都是这样论述的。但是黑格尔轻视这些学派，按照黑格尔的体系，它们处在仅仅高出于感性确定性的阶段。虽然从意识形态发展史的角度看，其中包含合理的因素，但他对这些学派的轻视，不符合青年黑格尔派争取自由的时代精神。

作为青年黑格尔运动的参加者，马克思对这些学派怀有浓厚的兴趣。他不同意把亚里士多德以后的哲学看成是希腊哲学的衰亡，充分评价了它们对于希腊哲学史和一般希腊精神的重大意义，并且强调：“只是现在，伊壁鸠鲁派、斯多葛派和怀疑派体系为人理解的时代才算到来了。”①

---

① 《马克思恩格斯全集》，中文1版，第40卷，286页，北京，人民出版社，1982。

在马克思看来，伊壁鸠鲁、斯多葛派和怀疑论者，“是自我意识哲学家”，并且认为，“这些体系合在一起形成自我意识的完备结构”。马克思对这种“自我意识”的哲学体系的钻研，主要是反对普鲁士专制制度的政治需要。正如他后来在给拉萨尔的信中所说：“在古代的哲学家中……伊壁鸠鲁（尤其是他）、斯多葛派和怀疑论者，我曾**专门**研究过，但与其说出于哲学的兴趣，不如说出于［政治的］兴趣。”① 可是在理论上，这又是德国思辨辩证法确立的原则——主体性和能动性——的继续深化。在马克思分析德谟克利特自然哲学和伊壁鸠鲁自然哲学差别的博士论文中，对自我意识的能动作用给予了充分的估计。

1. 反对机械决定论

在必然性和偶然性的相互关系问题上，德谟克利特和伊壁鸠鲁正好是相互对立的。德谟克利特的原子学说着重的是自然科学的经验知识，因此它强调的是必然性。在他看来，偶然性同强有力的思维是敌对的，人们虚构出偶然这个幻影，表明他们束手无策。与此相反，在伊壁鸠鲁的哲学中，原子不是物质世界的物理模型，而是个别自我意识的象征，因此他否认必然性，强调偶然性，正如马克思说的：“偶然是伊壁鸠鲁派居支配地位的范畴。”②

正因为德谟克利特注重必然性，因而他重视实在的可能性，因为必然性是以存在着一系列的条件、原因、根据作为中介，通过实在可能性推演出来的；而伊壁鸠鲁则强调作为实在可能性反面的抽象可能性，因为实在可能性力求证明的是客体的必然性和现实性，而抽象可能性感兴趣的不是被说明的客体，而是作出说明的主体。它只要求说明这对象是可能的，是可以想象的。凡是抽象可能的东西，凡是可以想象的东西，它就不会妨碍思维着的主体，不会成为它的障碍物。由此可见，伊壁鸠鲁感兴趣的不是对象本身，不是自然知识，而在于求得“自我意识的宁静”。

很显然，把必然性和偶然性对立起来，各执一端，是两种片面性。但马克思在这种对立中，倾向于伊壁鸠鲁，原因在于伊壁鸠鲁否定必然性，

---

① 《马克思恩格斯全集》，中文1版，第29卷，527页，北京，人民出版社，1972。

② 《马克思恩格斯全集》，中文1版，第40卷，130页。

目的是反对机械决定论，为自由争取地盘。伊壁鸠鲁认为，必然性是命运，它阻碍通向自由的道路，相信必然性甚至比相信关于神灵的神话更糟，因为神话还留下个希望，即由于求神而得到神的保佑，而命运却是铁面无情的必然性。生活在必然性中是不幸的，是命运的奴隶。所以伊壁鸠鲁派颂扬他们的老师拯救了他们，使他们“获得了自由”。当然，马克思并不否认必然性，他按照黑格尔的观点承认自然是有理性的，并表现出试图正确解决必然与自由关系的思想萌芽。

2. 偏离直线就是自由意志

原子偏斜运动是伊壁鸠鲁哲学的特点，是它同德谟克利特自然哲学的一个根本区别。马克思认为，原子偏离直线并不是偶然出现在伊壁鸠鲁哲学中的规定，而是贯穿于他的整个哲学之中的。它打破了机械决定论和盲目必然性的支配，因为“‘偏离直线’就是‘自由意志’”①。

在马克思看来，如果原子只有直线运动，那就是把原子只看做空间的一个点，只有空间的规定性，缺乏自我运动的原则。而伊壁鸠鲁在承认直线运动的同时，还提出偏离直线的运动，从而赋予原子以能动的原则，使“运动被设定为自我规定”。因为斜线运动是对直线运动的否定和扬弃，而在斜线运动这种否定中又包含肯定，即与原子有关系的定在不是别的东西，而是它本身。同样是一个原子，由于偏斜而发生众多原子的相互排斥和碰撞。正是由于原子的排斥、冲击、碰撞，才形成世界。正如马克思所形象地描绘的：“就像宙斯是在库列特的嘈杂的战争舞蹈声中长大的一样，在这里，世界就是在原子的斗争声中形成的。”② 所以马克思同意卢克莱修关于偏斜运动打破了“命运的束缚”的论断，并且认为只有偏斜运动才表述了原子的真实的灵魂，即自我意识的绝对性和自由。

马克思很重视伊壁鸠鲁原子偏斜说所包含的追求自由的象征，但是不同意他把自由看成是脱离外界的自我意识的宁静。马克思对原子偏斜说作了进一步的发挥。原子偏离直线的运动表明，原子只有扬弃自己的相对存在即直线运动，同他物发生关系（原子碰撞），才实现了原子概念。人也

---

① 《马克思恩格斯全集》，中文1版，第40卷，121页。

② 同上书，123页。

是一样。一个人只有与另一个人发生关系，这个人才不再是自然的产物。要使自己成为作为人的人，就必须打破自身相对的定在，即自我封闭和隔离，同另一个人发生关系。马克思强调伊壁鸠鲁的原子偏斜说改变了原子王国的整个内部结构，认为排斥是自我意识的最初形式，都包含这个意思。所以在马克思看来，孤立主体的内心自由，“是脱离定在的自由，而不是在定在中的自由”①，真正的自由在于人与人的交往之中。

3. 自我意识转化为实践力量

正如把伊壁鸠鲁哲学视为自我意识哲学一样，马克思也把青年黑格尔派看成自我意识的哲学。所以青年黑格尔派同黑格尔哲学的关系，无非是被实现的哲学体系同体现着它的进展的精神承担者，同个别的自我意识的关系。青年黑格尔派反对黑格尔体系，实际上只是实现了这个体系的个别环节，即自我意识。

马克思也强调自我意识，但和鲍威尔不同，他不是回到费希特的主观唯心主义，不是局限于自我意识自身，而是着重自我意识与外界的统一。自我意识作为一种精神力量，它必然要表现为意志，转向外界。正如马克思所说：“一个本身自由的理论精神变成实践的力量，并且作为一种意志走出阿门塞斯的阴影王国，转而面向那存在于理论精神之外的世俗的现实——这是一条心理学的规律。”② 马克思这时对实践的理解仍然是客观唯心主义的，把实践看成是理论的，是以观念为根据批判地衡量个别存在和特殊的现实。但是通过实践范畴的中介，建立起自我意识与世俗现实的关系，并提出了世界的哲学化和哲学的世界化的问题，认为哲学正是在世界化即转化为行动的过程中，才能消除自己体系的内在缺陷和错误。由此可见，实践范畴的引入，遏制了把自我意识导向唯意志论的方向，为正确理解主观能动作用开辟了道路。

第三节 宗教是自我意识的异化。人性高于神性

异化，是青年黑格尔派广泛使用的范畴。当时参与青年黑格尔运动，

① 《马克思恩格斯全集》，中文1版，第40卷，228页。

② 同上书，258页。

与博士俱乐部的成员经常集会的马克思，很显然也接受了这种思潮的影响。他在《关于伊壁鸠鲁哲学的笔记》和博士论文中，都曾运用异化这个范畴来分析伊壁鸠鲁和德谟克利特自然哲学的差别，特别是分析伊壁鸠鲁反宗教的无神论思想。虽然马克思这时对异化的看法还是唯心主义的，但这对全面了解他的思想发展进程仍然是有意义的。

马克思在分析伊壁鸠鲁的原子论时，提出了概念的异化问题。他认为按照伊壁鸠鲁的观点，原子是没有特性的。说原子有特性，是同原子的概念相矛盾的。因为特性都是变化的，特性就意味着变化，而原子却是不变的。可是在逻辑上却必须把原子看成是有特性的。为感性空间所分离的，由于偏斜运动而互相排斥的众多原子，它们彼此之间以及它们同自己的纯本质（即原子概念）之间不是直接符合的，而是各不相同，具有质的差异性。正是“由于有了质，原子就获得同它的概念相矛盾的存在，就被设定为**外在化了的、同它自己的本质不同的定在**”①。

马克思赞扬伊壁鸠鲁，说他把原子概念中所包含的本质与存在的矛盾客观化了。由于单个原子具有质，原子就和它的概念相背离，于是从具有质的规定性的原子的相互排斥以及与排斥相联系的凝集里，就产生出现象世界。很显然，如果没有存在与本质矛盾的客观化，现象世界就无从产生。这样，原子从本质世界进入现象世界，成为具有多种关系的现象世界的负荷者，而现象世界则成为原子概念的外在形式。正因为这样，伊壁鸠鲁把现象世界和本质世界结合在一起，而德谟克利特没有看到原子概念中包含本质与现象的矛盾。他或者把它们混为一谈，看不到这两者之间的差别；或者把它们割裂开来，使现象降低为主观的假象。所以马克思强调：“只有在伊壁鸠鲁那里现象才被理解为现象，即理解为本质的异化，这种异化本身是在它的现实性里作为异化表现出来的。”② 毫无疑问，马克思把现象世界看成是原子概念的异化，完全是按照黑格尔的观点来解释伊壁鸠鲁，但是从马克思的思想发展过程来看，在这里第一次提出了存在与本质的矛盾问题，并把它作为异化的一个重要内容。

---

① 《马克思恩格斯全集》，中文1版，第40卷，218页。

② 同上书，231页。

马克思在《关于伊壁鸠鲁哲学的笔记》中还提出了自然的异化问题。自然是人类赖以生存的条件，是人类不可能离开的生活源泉。但在生产力极其低下的情况下，自然成为人们崇拜的对象，特别是人们无法解释的一些自然现象，如电闪雷鸣、日月盈蚀等等，转变成为恐惧的对象。人们往往设想在自然现象后面有一种超自然的力量。人对自然的这种依附关系就是一种异化，正如马克思所说："对自然的任何关系本身同时也就是自然的异化。"①

在自然的异化中，马克思特别注重伊壁鸠鲁关于人与天的关系，反对天体崇拜的思想。

对于天体的崇拜，是许多希腊哲学家遵从的一种崇拜。毕达哥拉斯派、柏拉图、亚里士多德都是如此。这种崇拜同宗教观念是结合在一起的。因为人们把最高的处所——天体划给神，看做是神居住的地方。无论是当时所谓异邦人还是希腊人，凡是相信神的存在的人莫不如此。在他们看来，神是不死的，天体也是不死的，因此神住在天上。这样，天体的运动、位置、亏蚀、升起、降落等等，都是受一个至高无上、永不毁灭的存在物的支配和安排。这个最高存在物，就是神。

伊壁鸠鲁反对整个希腊民族的世界观，即反对天体崇拜。他认为人心最大的不安，起源于人们相信天体是有福祉的和不可毁灭的；他反对对天体现象的神学目的论解释，认为关于日月出没的学说，关于星辰的位置和亏蚀的学说本身并不包含有关幸福的特殊根据，只不过因为人们看到这些现象但又不认识不理解这些现象，感到恐惧罢了。因此对伊壁鸠鲁来说，只要排除宗教的解释，对天体的任何解释都是可以接受的，关键在于排除掉人们对天体现象的恐惧，并使自己从恐惧中解放出来。

在马克思看来，要排除自然的异化，排除人对自然的恐惧和依赖，必须承认自然是有理性的，"当我们承认自然是有理性的时候，我们对它的依附关系就不复存在"②。但是理性有两种：一种是所谓自觉的理性，即神；一种是黑格尔的理性，即宇宙精神。马克思当时是站在黑格尔的立场

① 《马克思恩格斯全集》，中文1版，第40卷，174页。

② 同上书，173页。

上，并力图从黑格尔哲学中得出无神论的结论："只有当自然被认为完全摆脱了自觉的理性，本身被看做是理性的时候，它才完全成为理性的财产。"① 把自然看做是理性的体现，当然是唯心主义的，但包含合理的因素——自然的发展是一个必然的、有规律的过程。只要承认并理解自然的理性，就可以摆脱对自然的恐惧和崇拜，从而消除自然的异化。

在博士论文中，马克思发挥了彻底的战斗无神论的思想，而这种思想的一个主要根据，是当时青年黑格尔派关于宗教是自我意识异化的论点。

神是人创造的，这个看法是相当古老的。但是从朴素的拟人观到异化说，经历了一个相当长的发展过程。古代对神的看法是朴素的、直观的。它强调的是"形似"，而不是"神似"，但它包含着一个深刻的思想：信仰者所敬奉的神的形象，是人们按照人的样子创造出来的。

18 世纪法国启蒙学派的无神论思想要彻底得多，深刻得多，丰富得多，但它的一个中心思想仍然是神是由人创造的。不过它已不限于从神的形象来进行论证，而是深入到人们关于神的观念、神的特性以及人们对神的态度。例如霍尔巴赫就认为，神无非是"夸大了的人"，人们"所设想的这些看不见的东西与他们自己之间的各种关系永远是人的关系"。人们所采取的那些对待神的行为，尊敬、恐惧、谄媚，实际上是借自同自己既害怕又想讨好的某个同类打交道时所采取的行为。所以霍尔巴赫说，人们对神的崇拜，"亦即他对待一个神的行为体系，是必然符合于他为神创造出来的那些概念的，正如这个神本身是按照他自己的感觉方式塑造出来的一样"②。

德国哲学家关于宗教是人的本质异化的学说，吸收了历史上关于神是人创造的合理思想。同以往简单地把宗教看成是一种欺骗不同，德国哲学从人的本质异化中去探索宗教，把宗教看成一种必然的现象。但同样是把宗教看成异化，费尔巴哈和鲍威尔的说法不同，这取决于对人的本质的不同看法。当时正处于黑格尔思想影响下的马克思，比较倾向于鲍威尔的观点，把宗教看成是自我意识的异化，并用以驳斥各种关于上帝存在的证明。

---

① 《马克思恩格斯全集》，中文 1 版，第 40 卷，173～174 页。
② 《西方哲学原著选读》，下卷，198 页，北京，商务印书馆，1982。

马克思把神的作用和神的存在区分开来。就神具有一种真实的、人格的存在而言，它是非存在。因为每个国家、每个民族都有自己的神，当你把你信仰的神带到信仰另一种神的国度里去时，你就会发现这个神不存在。一定的国家对于外来的特定的神来说，同理性的国家对于一般的神来说一样，都是神停止其存在的地方。可是就神的作用而言，就它作为凌驾于人之上并影响人的行为的力量而言，一切神，无论异教的还是基督教的神，都具有一种真实的存在。古代的摩洛赫曾经主宰一切，德尔斐的阿波罗曾经是希腊人生活中的一种真正力量，这说明关于神的观念对人类生活有着巨大的影响。

正因为神是非人格的存在，因此任何对神存在的证明，“不外是对人的本质的自我意识存在的证明，对自我意识存在的逻辑说明”①。在马克思看来，最直接的存在是自我意识，而神是自我意识的异化。因此所有关于神存在的证明，无非是对人自身关于神的观念的证明，这正好证明的是自我意识的分裂。所以在这种意义上，一切对神的存在的证明，都是对神不存在的证明，都是对一切关于神的观念的驳斥。

但是马克思当时决不只是对鲍威尔的某些思想深有同感的一个普通的青年黑格尔分子。他采纳了宗教是自我意识异化的论点，但不以此为限，而是进一步从世界、自然和人自身考察了宗教产生的原因。他强调因为自然安排得不好，所以神才存在；因为无理性的世界存在，所以神才存在；因为思想不存在，所以神才存在。换言之，只要按照理性原则来安排世界，安排自然，并使自我意识符合理性，神的观念就不会存在。这样，马克思就同鲍威尔不完全一致了。他没有把扬弃宗教问题局限于自我意识范围，而是扩展到世界和自然的安排问题，这就为他以后真正从唯物主义观点来考察宗教和宗教根源确定了一个大致的方向。

人与神的关系，在人类历史上曾经是政治生活和意识形态领域中的一个重大问题。马克思在博士论文的附录中，专门论述了人与神的关系，批评普鲁塔克对伊壁鸠鲁无神论的攻击。

马克思在人与神关系的问题上，并不是一开始就把它们对立起来，相

① 《马克思恩格斯全集》，中文1版，第40卷，285页。

反是强调它们的一致性。例如，他在 1835 年写的关于宗教问题的作文，专门论述了人与神一致的必要性，他说："我们的心、理性、历史、基督的道都响亮而令人信服地告诉我们，和基督一致是绝对必要的，没有这种一致我们就不能够达到自己的目的，没有这种一致我们就会被上帝抛弃，而只有上帝才能够拯救我们。"① 这当然不能说明马克思是一个虔诚的教徒，但说明他也受到传统的宗教道德观的影响。在参加青年黑格尔运动后，马克思赞同青年黑格尔派的观点，把自我意识看成人的本性，认为人高于神，人性高于神性："不应该有任何神同人的自我意识相并列"，"人的自我意识具有最高的神性。"② 这个论断，极其明显地表现了马克思反对宗教和封建制度的政治立场和理论观点。

在人与神的关系问题上，从古希腊一直到中世纪，占主导地位的是把神置于人之上。这不仅是指教会的权势、僧侣的地位，而且在意识形态中，神也具有至高无上的权威。许多哲学家和神学家都竭力论证神的伟大和人的渺小，神应该统治人。例如安瑟伦就宣称："轻视自己的人，在上帝那里就受到尊重。不顺从自己的人，就顺从了上帝。可见，你应当把自己看得微小，这样，在上帝眼中，你就是大的；因为你愈是为人间所蔑视，你就愈是得到上帝的珍视。"③ 托马斯·阿奎那也公开宣称神学高于哲学，一切科学都应服从神学的观点，因为神学的确实性"来源于上帝的光照"，"是不会犯错误的"；"神学所探究的，主要是超于人类理性的优美至上的东西，而其他科学则只注意人的理性所能把握的东西"；而从目的来说，神学的目的"在于永恒的幸福，而这种永恒的幸福则是一切实践科学作为最后目的而趋向的目的"④。这样，神剥夺了人认识真理的权利，剥夺了人的世俗生活的权利和乐趣。

文艺复兴时期兴起的人道主义思潮，标志着从神到人的转折。从早期的人道主义者皮科、斐微斯、爱拉斯谟、蒙台涅倡导人的自由与尊严，到法国启蒙学派以自然权利为根据的关于自由、平等、博爱的学说，就人与

① 《马克思恩格斯全集》，中文 1 版，第 40 卷，820 页。

② 同上书，190 页。

③ 《西方哲学原著选读》，上卷，260～261 页，北京，商务印书馆，1981。

④ 同上书，59、197 页。

神的关系来说，他们都是强调以人为中心，人应该高于神。例如，但丁就说："人的高贵，就其许多的成果而言，超过了天使的高贵。"① 彼特拉克公开要求享受人间的幸福，他说："我不想变成上帝，或者居住在永恒中，或者把天地抱在怀抱里。属于人的那种光荣对我就够了。这是我祈求的一切，我自己是凡人，我只要求凡人的幸福。"② 莎士比亚更是热情地赞美人："人是多么了不起的一件作品！理想是多么高贵！力量是多么无穷！仪表和举止是多么端正，多么出色！论行动，多么像天使！论了解，多么像天神！宇宙的精华！万物的灵长！"③ 卢梭强调应该研究人，他说："我觉得人类的各种知识中最有用而又最不完备的，就是关于'人'的知识。"④ 突出人而不是突出神，把人置于神之上，这是资产阶级人道主义的一个巨大历史功绩。

马克思的博士论文，继承了历史上把人置于神之上的传统。他强调自我意识具有最高的神性，就是把人置于神之上。马克思在博士论文中赞扬伊壁鸠鲁，称他为"最伟大的希腊启蒙思想家"，正由于他在神统治一切的时代，敢于抬起凡人的眼睛，向天挑战，与之抗争，"责备那些认为人需要天的人"；敢于否定天的永恒性，把自我意识凌驾于天之上，使"自己的声音压倒天上的雷鸣，遮住闪电的光辉"。

在马克思看来，人与神可以有两种不同的关系：一种是在神面前畏畏缩缩，浑身颤抖，卑屈地低声下气的人；另一种是"身穿鲜艳服装，腾空飞舞"，对神无所畏惧的人。前者是受普鲁塔克宗教思想束缚的人，而后者是信奉伊壁鸠鲁、卢克莱修无神论思想的人，他们比信神者更道德，更自由。马克思说："那一味喜欢为自己操心，而不用自己的力量去建设整个世界，做世界的缔造者的人，正受到精神的诅咒，被开除教籍，不过这是从相反的意义上说的；他被赶出教堂并且失去了永恒的精神快乐，于是也不得不以想象中的个人幸福来哄骗自己，夜里梦见自己。"⑤ 正因为马

---

①② 《从文艺复兴到十九世纪资产阶级文学家艺术家有关人道主义人性论言论选辑》，3、11页，北京，商务印书馆，1966。

③ ［英］莎士比亚：《哈姆雷特》，61页，北京，作家出版社，1956。

④ ［法］卢梭：《论人类不平等的起源和基础》，62页。

⑤ 《马克思恩格斯全集》，中文1版，第40卷，112页。

克思把人置于神之上，因此他认为哲学高于神学。哲学研究的首要基础是勇敢的自由精神，使人们获得自我意识，而宗教则意味着自我意识的丧失。

当时由青年德意志运动转向青年黑格尔运动的恩格斯，也推崇自我意识。他在反对谢林的非理性主义和蒙昧主义时，把自我意识诗意般地比作永生不灭的“不死鸟”。他说：“观念，人类的自我意识也就是那只奇异的凤凰，它用世界上最宝贵的东西筑起自焚的柴堆，从化旧事物为灰烬的火焰中恢复了青春，重新冉冉升起。”①

毫无疑问，当马克思强调自我意识，把宗教看成自我意识的异化，是一种唯心主义历史观。但通过突出自我意识把人看成能动的主体，比起把人看成受自己的自然本性支配的纯客体，比起把人看成一部机器，更容易通向历史的真理。

第四节　自由是精神存在物的类本质。自由的种与类

对宗教的批判，只是通向实际生活的大门。同作为神学家的鲍威尔的不同之处在于，马克思没有把眼睛只是盯住宗教，而是关注着最紧迫的现实问题。

马克思把眼光转向尘世生活，首先碰到的就是关于出版自由问题。这是当时德国政治斗争中的一个迫切的现实问题，它反映了日益发展的资本主义经济同封建专制制度之间的矛盾。特别是普鲁士政府于 1841 年 12 月 24 日颁布新的书报检查令之后，矛盾更为突出。在德国，争取出版自由成为争取一切自由的前提。没有出版自由，其他自由都将成为泡影。但我们在这里着重探讨的不是政治方面，即马克思反对书报检查制度，抨击普鲁士专制制度的革命民主主义趋向，而是哲学方面，即马克思在论述出版自由的立论根据中所反映的关于人的本质的异化观点。

自由问题，是任何一国资产阶级在反对封建制度，争取自己统治权的过程中必然提出的普遍问题。但在不同的国家，由于经济发展水平和阶级斗争状况的差异，必然呈现出不同的特点。例如在资本主义经济高度发展

---

① 《马克思恩格斯全集》，中文 1 版，第 41 卷，268 页，北京，人民出版社，1982。

的英国，更多地是从经济角度提出自由问题，如贸易自由；而在阶级斗争比较典型比较尖锐的法国，则更多地是论述政治自由。自由、平等、博爱是法国资产阶级争取建立自己统治的革命口号。而在德国，自由问题被移入精神领域，变成了思维、理性、意识的属性，变成了一个认识论和伦理学的问题。虽然德国古典哲学的自由观，曲折地反映了德国资产阶级的要求，但终究被限制在思维领域。

德国古典哲学就它的哲学路线说，不同于18世纪法国启蒙学派。但它作为德国资产阶级革命的导言，对英国和法国已经争得的自由还是向往的。因此自由的原则，同样成为德国古典哲学的重要原则。黑格尔在他的《哲学史讲演录》中就把卢梭看成是“德国哲学的两个出发点”之一，认为卢梭的自由原则，“提供了向康德哲学的过渡，康德哲学在理论方面是以这个原则为基础的”①。实际上康德是很怯懦的，他把自由与必然、道德法则和自然法则，作为依赖于经验的感性存在物的人同作为精神存在物的人对立起来，把自由问题限制在作为认识和伦理主体的人自身，把意志自由作为伦理学的第一个公设。他说：“如果没有……一种唯一有先天实践力量的名实相符的自由，则道德法则便不可能成立，因而也就不能依此法则诿罪于人了。”② 也就是说，如果没有意志自由，人不是自由地遵循道德的呼声，那么道德律就失去了根据和意义。

费希特由于法国革命的影响，也强调自由的意义。他写的《向欧洲诸侯夺回思想自由权》，把思想自由看成人的不可转让的权利，君主无权限制人民的思想自由。但费希特根据他唯心主义的世界观，把自由看成是“自我”的特性，从而把自由问题变成一个思辨哲学问题。

黑格尔从客观唯心主义立场来观察自由问题，认为自由是精神的本性。物质的实体是重力或者地心吸力，而精神的实体或者本质是自由。精神的一切属性都是从自由而得以成立，一切都是取得自由的手段，一切都在追求自由和产生自由。所以黑格尔说：“‘自由’是‘精神’的唯一

---

① ［德］黑格尔：《哲学史讲演录》，第4卷，234页，北京，商务印书馆，1978。

② 《从文艺复兴到十九世纪资产阶级哲学家政治思想家有关人道主义人性论言论选辑》，632～633页。

真理。”①

在黑格尔看来，人类的历史是对自由的意识的历史。历史的发展无非是自由意识的进展。东方人还不知道的精神的本质，不知道人之为人的本质在于自由，因而他们不自由。他们只知道一个人的自由，即专制君主的自由；罗马人只知道少数人的自由，而不知道人人自由。只有德意志才知道人类之所以为人类是绝对自由。所以黑格尔把对自由的意识看成是历史的动力，看成是划分世界历史的尺度和研究历史的方式。他说：“多少世纪，多少千年以来，这种自由之感曾经是一个推动的力量，产生了最伟大的革命运动。”②

黑格尔对自由的看法是客观唯心主义的，但有其合理的因素。他没有把自由看成是凝固不变的，而是从世界历史发展过程中来把握自由，把历史和社会的进步同人类自由意识的进展联系起来，不是从个人的角度，而是从整个历史和社会角度来看待自由。特别是黑格尔反对把自由与必然对立起来，认为自由是对必然性的认识的观点无疑是辩证的。

生活在有着哲学传统的德国的马克思，在 1842 年前后对人和人的本质的看法，基本观点没有超出黑格尔唯心主义的范围。

什么是人？马克思认为，人是“精神存在”物，是“具有理性的生物”，或者像他后来给卢格的信中指出的，“人是能思想的存在物”③。这当然不是说，马克思不承认人的肉体的自然实在性，而是着重强调人与动物的根本区别在于动物的行为是受盲目的本能支配的，而人却是有理性的生物，人的行为是受制约本能活动的理性支配的。用有无理性来区分人与动物，从一个侧面来说是正确的，但把它作为唯一的、决定性的区别却是唯心主义的。人们可以根据意识、理性、宗教信仰或者其他为人所特有的东西来区别人与动物，但真正把人与动物区分开来的是物质资料生产。马克思当时还是停留在理性的范围，并没有真正找到人与动物的决定性的分界线。

---

① ［德］黑格尔：《历史哲学》，55 页，北京，生活·读书·新知三联书店，1956。

② ［德］黑格尔：《哲学史讲演录》，第 1 卷，52 页，北京，生活·读书·新知三联书店，1956。

③ 《马克思恩格斯全集》，中文 1 版，第 1 卷，409 页，北京，人民出版社，1956。

马克思当时强调人的一般本性。他说："难道存在着植物和星辰的一般性质而不存在**人类的一般**性质吗？"① 这种所谓一般本性就是自由，"自由是全部精神存在的类的本质"②。对人的本性的这种看法，是以理性作为区分人与动物标准的必然结果，因为理性的根本属性就是自由，自由是"**合乎理性的**本质"③。因此以理性为尺度，同以自由为尺度是一回事。所以马克思有时又以自由作为区分人与动物的分界线，人能自由地实现自由，"不然，建筑师同海狸的区别就只在于海狸是披着兽皮的建筑师，而建筑师则是不披兽皮的海狸"④。可见，对什么是人的本性的认识同对什么是人的认识是密不可分的。当把人看成是自然存在物，必然强调人的自然本性；当把人看成精神存在物，必然强调人的精神本性。只有把人看成社会存在物时，才可能把握人的社会本性。

很显然，马克思当时对人和人类本性的理解是唯心主义的。自由并不是精神的自由。不能把自由归结为自我意识的自由、思维的自由、理性的自由。对不合理现实的反抗，并不是对人类自由本性的自觉意识，而是由现实的社会关系决定的。奴隶社会的奴隶被看成会说话的工具，被剥夺了一切权利；农奴制度下的农奴被束缚在土地上，没有人身自由、迁徙自由，也没有任何政治权利，但他们并没有提出争取自由的口号。他们通过怠工、逃亡，甚至起义来反抗统治者，这并不是由于他们意识到自己自由的本性，而是由他们实际的阶级地位决定的。真正以自由为斗争口号，把自由看成人类本性是资本主义经济关系的产物，是对发展资本主义经济关系必须挣脱封建制度枷锁和束缚的一种自觉意识。当时马克思还不可能达到这个高度，但在他对人的本性的唯心主义理解中，包含着一些合理因素。

马克思把自由看成是精神（理性）的特性，认为每一个人不仅有权表露自己的精神面貌，而且有权采用自己的风格，即表现方式。"风格就是人"，它构成人的精神的个体性的形式。因此，出版自由和书报检查制度

---

① 《马克思恩格斯全集》，中文1版，第1卷，116页。
② 同上书，67页。
③ 同上书，101页。
④ 同上书，77页。

的根据是完全不同的。出版自由是思想自由的体现。由于自由是人所固有的，所以出版自由的权利是不能剥夺的；相反，普鲁士的书报检查制度是不自由的体现，是违背人的本性的。出版自由的反对者反对的不仅是出版的自由，"在**出版自由**上他驳斥的是**人的自由**"①。马克思在这里是以人的本性为尺度来衡量书报检查制度和出版自由，就其政治倾向来说是革命的，而就历史观来说则是唯心主义的。但值得注意的是，马克思还从主客体关系的角度论述了自由的问题，认为自由的表现不仅是主体的权利，也是客体的权利。他说："同一个对象在不同的个人身上会获得不同的反映，并使自己的各个不同方面变成同样多不同的精神性质；如果我们撇开一切**主观的东西**即上述情况不谈，难道**对象本身的性质**不应当对探讨发生一些即使是最微小的影响吗？……当对象欢笑的时候，探讨难道应当严肃吗？当对象悲痛的时候，探讨难道应当谦逊吗？因此，你们就像损害主体的权利那样，也损害了客体的权利。"②

正因为马克思考虑到主客体的关系，因此没有把自由看成孤立主体的内在特性。如果把自由看成主体的内在特性，必然把注意力集中于"自我"，从而把自我与环境，人的内在本性和外在条件割裂开来，对立起来。马克思不是这样。他一方面强调自由是人的类本性，另一方面又强调主体的相互交往对自由的制约性。早在博士论文中，马克思就不同意伊壁鸠鲁把自由仅仅看成主体（作为自我意识象征的原子）的内在特性，指出："抽象的个别性是脱离定在的自由，而不是在定在中的自由。"③ 在关于莱茵省议会的辩论的第一篇论文中，马克思批判德国的自由主义派，指责他们所谓"把自由从现实的坚实土地上移到幻想的太空就是尊重自由"，相反把关于自由的理想"同日常的现实的任何接触都看成是亵渎神明"④ 的观点。在马克思看来，在德国，自由之所以一直是一种幻想的和伤感的愿望，原因之一正在于此。到 1844 年年初，马克思更明确地看到，人的自由不是动物式的纯自然状态的"自由"。德国的某些自由主义者向往自然

① 《马克思恩格斯全集》，中文 1 版，第 1 卷，51 页。
② 同上书，8～9 页。
③ 《马克思恩格斯全集》，中文 1 版，第 40 卷，228 页。
④ 《马克思恩格斯全集》，中文 1 版，第 1 卷，84 页。

状态下的自由，这是到原始森林中去寻找人类的自由的历史。马克思嘲笑地问道："假如我们自由的历史只能到森林中去找，那么我们的自由历史和野猪的自由历史又有什么区别呢?"①

而且马克思虽然强调自由是人的本性，但他面对的是现实，他看到在普鲁士专制制度下只有少数人才享有自由。在他看来，自由确实是人所固有的东西，没有一个人反对自由，如果有的话，最多也只是反对别人的自由。例如那些出版自由的反对者，正是在反对自由的同时实现自己的自由。问题是他们把自由看成仅仅是个别人物和个别等级的属性，用特殊等级的特殊自由，反对人类本性的普遍自由。他们所谓的自由，实际上是一种等级特权。马克思的立论根据还是人的本性，但他通过自由与特权、个体自由与普遍自由的对立，看到等级对立。

为了反对把出版自由降低为行业自由，使写作活动摆脱金钱的束缚和引诱，马克思提出了自由的类和种的关系问题。马克思把普遍自由即人类的自由本性称为类，而把各式各样的具体自由，例如行业自由、财产自由、信仰自由、出版自由、审判自由等看成"**没有特定名称的一般自由**的不同**种**"②。一方面，自由的各种形式之间相互制约，只要某一种自由成为问题，整个自由都成为问题。因此自由的特殊形式不仅是特殊问题，而且是"特殊范围内的一般问题"③；另一方面，各种自由形式之间又相互区别。自由的每一特定的范围就是一定范围的自由，各受自己的规律支配。出版自由属于精神自由问题，出版物是个人表现其精神存在的最普遍方法。它看重的是理性，而不是书报检查官的意志。不能把出版自由列入以单纯牟利为目的的资产阶级行业自由的范围。马克思说："你受你的范围的规律支配，同样，我也愿意受自己的范围的规律支配。你所认为的自由对我说来是完全不自由；因为把木匠这一行手艺的自由换之以哲学家的自由，未必能使他满足。"④ 马克思关于自由的类和种的观点仍带有思辨的性质，但他提出各种自由有自己的适用范围和规律，这朝具体地分析自由迈进了一步。

---

① 《马克思恩格斯全集》，中文1版，第1卷，454页。
② 同上书，85页。
③ 同上书，95页。
④ 同上书，86页。

马克思这段时期关于自由的观点，具有鲜明的革命民主主义色彩，它的矛头是针对普鲁士专制制度的。马克思认为，德国由于它的专制制度，因而发展缓慢，思想也很贫乏。它培养了一批头戴呆板的假发，学究气十足，抱着毫无价值的烦琐的学位论文横亘在人民同精神、生活同科学、自由同人之间的特权人物。由于专制制度和反动的书报检查，德国哲学更具有思辨色彩，因为它不能也不敢公开表露自己的观点。正如马克思所说："当时著作界中唯一还有生命跳动的领域——哲学思想领域，已不再说德国话，因为德意志的语言已不再是思想的语言了。精神所用的语言是一种无法理解的神秘的语言，因为被禁止理解的事物已不能用明白的语言来表达了。"因此他认为："书报检查制度无疑给德意志精神的发展带来了不可弥补的惨重损失。"①

第五节　私有者的利益同人道的对立

当年青的马克思从出版自由问题转向抨击莱茵省议会关于林木盗窃法的辩论时，他开始从精神领域进入物质利益的领域，从代表人类精神本性的要求，转向自觉地为政治上和社会上备受压迫的贫苦群众的物质利益辩护。但从历史观来说，他的观点基本上还是唯心主义的，虽然包含一些重要思想的萌芽。

在马克思看来，封建专制制度就某种意义上说不是人的社会，而是"**精神的动物世界**，是被分裂的人类世界"，它同人类世界是相反的。② 因为在封建等级制度下，人像被塞进中药铺的药斗一样，每个人都属于一个固定的等级。这同动物生下来就属于一定的种一样。动物实际生活中唯一的平等形式，是同种动物的平等，是这个种本身的平等，而不是属的平等。动物的属只在不同种动物的敌对关系中表现出来，这些不同种的动物在相互斗争中来确定自己的特别的属性。同样，在封建等级制度下，平等只是种（即同一等级）的平等，而不是属（即人）的平等。在种与种（即等级）之间存在激烈斗争。如果说动物是作为自然存在物的动物界，那等

① 《马克思恩格斯全集》，中文1版，第1卷，45页。

② 参见《马克思恩格斯全集》，中文1版，第1卷，142页。

级制社会则是一种精神动物界。普鲁士就是这样一种社会。莱茵省议会企图把农民捡拾枯枝列为盗窃，通过颁布所谓林木盗窃法来加重对农民的掠夺，“他们所要求的不是法的人类内容，而是法的动物形式”①，即把法变成动物界一个种掠夺另一个种的手段。马克思以人的名义对普鲁士专制制度的不法行为进行抗争。

在莱茵省议会的辩论中，有些人借口在他们地区的森林里，常有人先把幼树砍伤，待树枯死后捡拾枯枝，因而主张把捡拾枯枝列为盗窃，马克思斥责这种观点是“为了幼树的权利而牺牲人的权利”。如果这条提案被通过，必然会把许多不是存心违法的人投入犯罪、贫困和耻辱的地狱。马克思大声疾呼，认为这样做“胜利的是木头偶像，牺牲的却是人!”② 林木占有者“拿一块木头换得了曾是人的那种东西”，即为了树木而剥夺“除自身以外一无所有”的“生命”、“自由”和“人道”③。

同莱茵省议会为了树木而牺牲人的做法相反，马克思宣称，“人应该战胜林木占有者”，即莱茵省的居民应该战胜林木占有者的等级代表，应该责成他们代表全省的普遍利益。为什么莱茵省的议会会制定这种“牺牲人”的林木盗窃法呢？马克思探讨了私人利益和立法者的本质外化的问题。

林木是林木占有者的财产。林木盗窃法是维护林木占有者的利益的。“利益是没有记忆的，因为它只考虑自己。它所念念不忘的只是一件东西，即它最关心的东西——自己。”④ 按照要求，真正的立法者除了反对不法行为以外，不应该有任何动机，他们“应该以最伟大的人道精神”⑤ 制定出公正的法律预防犯罪，避免由环境造成的过错变成罪行。可是当立法者把私人利益作为最终目的，作为立法根据，他们就会把一切触犯他私人利益的人看成图谋不轨的可怕的恶徒，把法律规定的罪行和惩罚、被告的生命“降低到**私人利益的物质手段**的水平”⑥，企图通过颁布法律来对付他

① 《马克思恩格斯全集》，中文1版，第1卷，143页。
② 同上书，137页。
③ 同上书，172页。
④ 同上书，163页。
⑤ 同上书，148页。
⑥ 同上书，176页。

们。正如同哑巴并不因为人们给了他一个喇叭就会说话一样，私人利益也并不因为被推上立法者的王位就能制定公正的法律。相反，由于私人利益成为立法的动机和根据，因而立法者的本质发生异化，他们制定的法律不可能是人道的。正如马克思所说："私人利益总是怯懦的，因为那种随时都可能遭到劫夺和损害的身外之物，就是它的心和灵魂。有谁会面临失去心和灵魂的危险而不战栗呢？如果自私自利的立法者的最高本质是某种非人的、外在的物质，那么这种立法者怎么可能是人道的呢？"① 这就是说，立法者已丧失了自己人的本质，他的心和灵魂，就是某种非人的物质——私人的物质利益。

因此马克思认为，私人利益同人道是对立的。因为他们采取一切手段来维护自己的利益，而不顾及这些手段的性质。例如在德国的特利尔地区，原来统治者为了捍卫自己的利益，极力宣扬宗教，用加强宗教感情来维护自己的利益；后来采用对犯人缩减口粮、强迫劳动的方法来迫使他们就范。"代替祷告、信赖和赞美诗的是面包和水，是监狱和林中的强迫劳动！过去，省议会为了在天堂中给莱茵省居民准备好一个栖身之所，曾多么不吝惜华丽的辞藻呀！而现在它又多么不厌其烦地说些好听的话，为的是把整个莱茵省的居民用刑棍驱赶到林中去做强迫劳动而只给他们一点面包和水——就是荷兰的种植场主对他的黑奴也不会想到这样做。这一切证明了什么呢？只证明了一点：谁不想做人道者，谁就容易成为圣者。"② 可见，宗教的反人道行为同实际生活中的反人道行为是一致的、相互补充的。

马克思把剥削者的私人利益和人道对立起来，看到这种私人利益必然具有的反人道的性质。例如他把枯枝看成是自然的赐予，看成是自然对穷人的怜悯。自然界也有贫富：一方面是脱离了有机生命而被折断了的枯树枝；另一方面是根深叶茂的枝干。人间的贫富同自然界的贫富是"同病相怜"的。如果根深叶茂的树干属于林木所有者的话，那枯树枝，即自然界的贫穷则应该是贫民的财产。所以马克思说："在自然力的这一作用中，

---

① 《马克思恩格斯全集》，中文1版，第1卷，149～150页。

② 同上书，176页。

贫民感到一种仁慈的、比人类力量还要人道的力量。代替特权者的偶然任性而出现的，是自然力的偶然性，这种自然力夺取了私有制永远也不会自愿放手的东西。正如富人不应该要求大街上的施舍物一样，他们也不应该要求**自然界的这种施舍物**。"① 人类社会是夺不足以补有余，而自然力是夺有余以补不足，在一种人靠另一种人为生的封建制度下，似乎天道是比人道更可亲的力量。当然马克思并没有把自然人格化，也没有认为自然有自觉的意图，但他从自然中直接引申出有利于穷人的习惯法的思想，显然受到法国启蒙学派关于自然权利思想的影响。

马克思对私人利益是鄙视的，说它是"下流的唯物主义"，认为"没有比自私的逻辑更恶劣的东西"②。他虽然要求在私人利益和普遍利益发生冲突的场合下，私人利益的代表应该毫不犹豫地服从普遍利益，但实际情况正好相反。私人利益既没有祖国，没有全省，也没有共同精神，甚至没有乡土观念，它唯一的目的就是自己的物质利益。所以马克思说："在西伯利亚也像在法国一样，林木仍然是林木，在堪察加也像在莱茵省一样，林木占有者仍然是林木占有者。因此，林木和林木占有者本身如果要颁布法律的话，那么这些法律之间的差别将只是它们颁布的地方和书写的文字不同而已。"③ 尽管马克思在道德上、感情上对私人利益表示愤慨，但在理论上已开始看到物质利益的作用。

如果说马克思在此之前，例如在关于莱茵省议会辩论的第一篇文章中，还是把出版自由看成是精神的要求，那在此之后，例如在《摩塞尔记者的辩护》中，则开始把出版自由问题和物质利益问题结合起来，强调"要求出版自由的**必然性**是从摩塞尔河沿岸地区的贫困状况的**特性**中产生的"④。因为自由报刊既是社会舆论的产物，又能制造舆论，唯有自由报刊才能化私人利益为普遍利益，使摩塞尔沿岸地区的贫困状况成为普遍注意和普遍同情的对象，因此"对自由报刊的需要是实际需要"。这比起单纯从精神本性来考察问题前进了一步。

---

① 《马克思恩格斯全集》，中文1版，第1卷，147页。
② 同上书，160页。
③ 同上书，180页。
④ 同上书，216页。

第二章　在克罗茨纳赫对历史的研究。从批判宗教到探讨国家

马克思从批判宗教入手，通过抨击书报检查令和林木盗窃法，逐步抓住了上层建筑最核心的问题——国家。这个问题在当时的普鲁士，既是尖锐的现实问题又是重大的理论问题。不在这个问题上突破，马克思就无法前进。正是在克罗茨纳赫，马克思通过对历史的研究，写下了《黑格尔法哲学批判》，初步批判了黑格尔唯心主义观点，在市民社会和国家的关系问题上获得了突破性的进展。

但马克思对这个问题的认识经历了一个过程。即使在《黑格尔法哲学批判》中，我们通过马克思对国家问题的分析，可以看到他在人、人的本质、异化观点问题上具有双重性质，它既包含马克思思想的进展，也有费尔巴哈人本主义的杂质。马克思当时正处在“脱毛”的过程之中。

第一节　用人的眼光观察国家。人性国家与非人性国家

正如同对历史的看法经历了从神到人的转变一样，对国家的看法也经历了这样的过程。资产阶级人道主义思潮在国家问题上的一个重大进步，就在于它反对神学国家观，力图从人的观点来看待国家。

从神的观点来观察国家的神权政治论，在相当长的一个时期处于支配地位。它们从神的旨意中引出国家的起源、性质和使命，鼓吹君权神授、教权高于政权、君主服从教皇。例如奥古斯丁在《神国论》中就竭力鼓吹这种理论。他把教会说成是神国，是上帝的王国，而把国家说成是世俗国家，认为神国应该高于世俗国家。一切权力来自上帝。教会是上帝在地上

的代表，因此国家必须服从教会。皇帝的任务是替教会服务，保护教规和消灭“异端”。托马斯·阿奎那把亚里士多德的某些哲学原理同奥古斯丁的神学理论融合在一起，鼓吹国家是按照上帝的旨意建立起来的，它的治理原则和秩序都来自上帝；同样，人的自然法和人的实在法来自永恒的上帝立法，即反映神的自然法的要求。这种僵死的神学教条，蔑视人的尘世生活和合理的要求，把神置于人之上，并堵死了正确揭示国家的本质和起源的道路。

资产阶级人道主义兴起的一个重要变化，就是用人的眼光来观察国家。正如同哥白尼打破地球中心说，向神学的教条挑战，使自然科学开始从神学束缚下解放出来一样，用人的眼光观察国家，也是在社会领域中驱逐神学，力图使对国家问题的解释摆脱神学的羁绊。马克思是很重视这个转变的。他说：“差不多和哥白尼的伟大发现（真正的太阳系）同时，也发现了国家的引力定律：国家的重心是在它本身中找到的。”还说：“马基雅弗利、康帕内拉和其后的霍布斯、斯宾诺莎、胡果·格劳修斯，以及卢梭、费希特、黑格尔等都已经用人的眼光来观察国家了，他们是从理性和经验中而不是从神学中引申出国家的自然规律。”①

马克思把黑格尔归入用人的眼光来观察国家之列，决不意味着黑格尔和卢梭等人的国家观没有区别。事实上马克思的上述论述中所提到的作者，国家观并不一致。例如格劳修斯、霍布斯、卢梭是属于社会契约论者，认为国家是人们相互订立契约的产物；而黑格尔则强调国家是伦理观念的现实，“是作为显示出来的、自知的实体性意志的伦理精神”。他还说：“国家是绝对自在自为的理性东西”，“国家是在地上的精神，这种精神在世界上有意识地使自身成为实在”②。因此，同契约论者相反，黑格尔强调单个人本身的利益并不是人们相互结合的最后目的。就国家和个人的关系来说，国家的使命并不是保证和保护所有权和个人自由，而是个人“只有成为国家成员才具有客观性、真理性和伦理性”③。尽管有这种区

① 《马克思恩格斯全集》，中文1版，第1卷，128页。
② ［德］黑格尔：《法哲学原理》，253、258页。
③ 同上书，254页。

别，但是它们共同的特点是从人的本性（理性和自由）中引出国家的需要，排斥神的干预。它不是把神置于人之上，而是把人置于神之上，人的本性和需要成为解释国家的重心。黑格尔的绝对观念是一种客观精神，似乎与人无关，实际上它无非是把人的理性抽象化，变成与人相脱离的东西。因此黑格尔的国家观，也属于用人的眼光来观察国家，不过是以绝对观念的形式出现而已。

马克思在《莱茵报》时对国家的看法，基本上属于黑格尔的唯心主义观点。他虽然把国家应该是什么和实际是什么区分开来，但却没有陷入应有和现有的绝对对立。相反，他以此为据来猛烈抨击普鲁士的专制制度，并通过对真正的国家的憧憬，表现出激进的政治态度。

国家的本质是什么？在马克思看来，“国家应该是政治的和法的理性的实现”①。因此理性是国家的本质和基础。国家既然是合乎理性的社会存在，它的真正社会作用和教育自己成员的办法，应该是使他们成为国家的成员，把个人的目的变成大家的目的，把粗野的本能变成道德的意向，把天然的独立性变成精神的自由，使个人和整体生活打成一片，使整体在每个人的意识中得到反映。也正因为国家的本质是理性自由的体现，因此它对每一个国家成员应该是一视同仁的，例如对所谓被控盗窃林木的人就应该以国家的态度来对待他们，“国家应该把森林条例违反者看做一个人，一个和它心血相通的活的肢体，看做一个应该保卫祖国的战士，一个法庭应倾听其发言的证人，一个执行着社会义务的集体中的一员，一个神圣的家主，而最主要的是应该把他看做国家的一个公民。国家不能轻率地撤销自己某一成员的这一切职能，因为只要国家把一个公民变成罪犯，它就是砍断自身的活的肢体”②。也正因为国家是理性的体现，因此它同政府机构、官员是不同的。虽然专制的政府机关可以自诩为体现了国家的理性，实际上它们歪曲了国家的本性，它们的思想方式不是国家的思想方式，而是政府官员的思想方式，是同国家的本质相对立的。真正的国家应该支持公民起来反对这种政府机构，“即使公民

① 《马克思恩格斯全集》，中文1版，第1卷，14页。
② 同上书，149页。

起来反对国家机构，反对**政府**，**道德的国家**还是认为他们具有**国家的思想方式**”①。唯心主义的国家观，使马克思并没有真正理解国家的本质，理解国家同政府机构、官吏之间的真实联系。

国家和法是密切联系的。没有不依靠国家来实施的法律，也没有不以法律形式来行使国家职能的国家。同对国家本质理想化的看法相一致，马克思也把真正的法律看成是“反映自由的肯定存在”②，即以法律的形式来肯定和承认自由。法律不应该是妨碍自由、压制自由的手段，恰恰相反，法律是肯定的、明确的、普遍的规范。在这些规范中自由的存在具有普遍的、理论的、不取决于个别人的任性的性质。所以马克思对法律发表了一个概括性的看法：“法典就是人民自由的圣经。”③

真正的国家、真正的法律，是一种尺度、一种标准，是判明一个国家及其法律是否具有现实性的准绳。在马克思看来，实际的事物是各不相同的、变化的，它不能成为衡量理性的尺度，而只有理性才是衡量事物的尺度。以理性为尺度，在国家问题上就是以国家概念为尺度。他说：“**真正的**国家、**真正的**婚姻、**真正的**友谊都是牢不可破的，但任何国家、任何婚姻、任何友谊都不完全符合自己的概念。”④ 正如同在自然界，某一个有机体不再符合自己的职能时，它的解体和死亡就自然而然地到来一样，当一个国家离开了国家的观念时，它是否值得继续存在下去就成为世界历史必须解决的问题了。马克思以此为据，提出了人性国家与非人性国家的问题。

与国家概念相一致的国家是真正的国家。所谓符合概念、符合理性、符合人性是一致的，因为理性和自由既是国家概念的内涵，又是人的本性的根本内容。当马克思说，“哲学所要求的国家是符合人性的国家”⑤，指的就是实现理性自由的国家。反之，“不实现理性自由的国家就是坏的国家”⑥，也就是非人性的国家。同样，真正的法律，是“合乎理性的准则”，即符合“自由的本质”的法律。哪里的法律真正地实现了自由，哪

---

① 《马克思恩格斯全集》，中文1版，第1卷，17页。
②③ 同上书，71页。
④ 同上书，184页。
⑤ 同上书，126页。
⑥ 同上书，127页。

里的法律才是真正的法律。压制自由，即违反人的本性的法律不是真正的法律，而是对非法行为的公开认可。因此真正法律与形式上的法律的区别，就是“任性和自由间的差别”①。

马克思关于以人性为尺度区分人性国家与非人性国家、真正的国家与坏的国家的理论和方法，从根本上说是唯心主义的，没有摆脱抽象人道主义历史观的影响。但马克思的看法中，有两个方面很值得注意。

第一，同黑格尔为普鲁士国家辩护，认为它是伦理观念实现的看法相对立，马克思从黑格尔的前提中得出相反的结论：普鲁士专制制度不符合国家的概念，不是真正的国家。例如，从普鲁士政府企图制定林木盗窃法，把农民捡拾枯枝列为盗窃来看，它不是以国家的身份和根据国家的精神来对待一切成员，它不是按照自己的理性和普遍性而行动。普鲁士国家名为国家，实际上违背了国家的本质，脱离常规，变成林木占有者的奴仆和工具。整个国家机关都成为林木占有者的耳、目、手、足，为林木占有者的利益探听、窥视、估价、守护、逮捕和奔波。这样，左右普鲁士国家灵魂的并不是理性和自由，而是私人利益。这种由普遍利益的体系降低为私人利益的国家，与国家的概念是不符合的。

普鲁士专制国家不是真正的国家，还因为它作为“国家支柱的并不是自由的理性，而是信仰”②，即把国家建立在宗教的基础上，把宗教（基督教）的特殊本质作为国家的准则。这是把政治原则和基督教原则、宗教和世俗、国家和教会混为一谈。在一个国家里可以有不同的教派，国家不应该排斥一种宗教或推行一种宗教。如果这样，这种所谓国家不是国家，而是同国家本质相抵触的教会。

普鲁士的法律也不是真正的法律，它不符合法律的本性，即保证和实现自由。实际上普鲁士“**政府所颁布的法律本身就是这些法律使之成为法律的那种东西的直接对立面**”③。例如普鲁士专制政府实行的书报检查令，它是以惩罚自由为目的的，因此在马克思看来，它虽然具有法律的形式，

① 《马克思恩格斯全集》，中文1版，第1卷，75页。
② 同上书，14页。
③ 同上书，18页。

但“不是法律，而是警察手段，并且还是**拙劣的警察手段**”①。马克思立论的根据是唯心主义的，但他对真正国家、真正法律的向往，反映了他对专制制度的抨击和憎恨，对美好制度的追求。

第二，更加重要的是，马克思并没停止在普鲁士专制制度不符合国家概念的范围内，而是力求探讨产生这种背离的根源，提出了私人利益的问题。马克思认为，私人利益是极端利己的，它既没有祖国，没有全省，也没有共同的精神，甚至连乡土观念也没有。私人利益的代表一旦变成国家权威的代表，处于立法的地位，必然导致实际的国家和法同它的概念相背离。他在发表于《莱茵报》上的《论普鲁士等级委员会》一文中说：“在真正的国家中是没有任何地产、工业和物质领域作为这一类粗陋的物质成分同国家协议的；在这种国家中只有**精神力量**。”并且认为：在真正的国家里，“占主导地位的不是物质，而是形式，不是没有国家的自然，而是国家的自然，不是**没有自由的对象**，而是**自由的人**”②。马克思虽然对私人利益决定国家和法表示愤慨，但不能不承认这个事实。这促使他开始把视线转向物质利益问题，为以后正确解决这个问题规定了一个方向。

第二节　人是一切社会组织的本质。人的社会特质和肉体特质

马克思既然提出用人的眼光来考察国家，必然注意世俗历史的研究。在 1843 年 3 月退出《莱茵报》编辑部后，马克思在克罗茨纳赫对历史进行了研究，留下了五本《克罗茨纳赫笔记》。马克思的研究很广泛，从公元前 6 世纪到 19 世纪 30 年代，涉及法国、英国、德国、瑞典、波兰等许多国家。马克思对各国历史进行比较，并注重研究财产关系，财产关系和政治形式、国家形式的更迭等许多问题。这些研究对于马克思批判黑格尔唯心主义的国家观，探讨国家的本质是非常重要的。

马克思在写于 1842 年 6 月的《第 179 号“科伦日报”社论》中，把黑格尔同马基雅弗利、霍布斯、卢梭等人并提，都归入从人的观点考察国

① 《马克思恩格斯全集》，中文 1 版，第 1 卷，74 页。
② 《马克思恩格斯全集》，中文 1 版，第 40 卷，344～345 页。

家之列。随着马克思转向费尔巴哈并深入地探究人类历史后，他发现，尽管黑格尔比18世纪的法国启蒙学派更具有辩证法的思想，但他对国家的看法并没有真正做到从人的观点来进行考察，而是一种“逻辑的泛神论的神秘主义”。

在黑格尔看来，现实的理念即绝对观念是按照一定的原则和抱着一定的目的进行活动的。理念变成了独立的主体。家庭、市民社会对国家的现实关系，变成理念所具有的想象的内部活动，变成理念在运动过程中从自身把家庭、市民社会分离出来。因此，对黑格尔来说，重要的不是在国家中寻找人的活动，而是寻找所谓“奥秘的部分”，即“在国家中寻找逻辑概念的历史的再现”。

在谈到国家制度和各种不同权力、职能、活动领域的划分的时候，黑格尔从“有机体”这个概念出发，认为政治制度是一种有机体，所以它的各个不同方面、各种不同权力的划分不是机械的，而是相互联系的。黑格尔把国家政治制度的各个环节变成抽象的逻辑环节，而各个环节之间的关系必须是合乎理性的，因此国家政治制度按照理念的本性把自己分为三种实体性的差别：立法权、行政权、王权。立法权是规定和确定普遍物的权力；行政权是使各个特殊领域和个别事件从属于普遍物的权力；而王权则是把被区分出来的各种权力集中于统一的个人，它是君主立宪制的顶峰和起点，是理念的化身，体现了意志的最后决断。

由此可见，在黑格尔那里，国家的产生、职能、各种制度的内在联系，都是以理念为依据的。尽管黑格尔的国家观，无非是资产阶级政治实践的德国版，但仍被认为导源于理念。正如马克思在评述黑格尔的观点时所说：“国家制度是合乎理性的，只要它的各个环节都能消融在抽象逻辑的环节中。国家区分和规定自己的活动不应根据自己特有的本性，而应根据概念的本性，这种概念是抽象思想所固有的被神秘化了的动力。因此，国家制度的理性是抽象的逻辑，而不是国家的概念。我们得到的不是国家制度的概念，而是概念的制度。不是思想适应于国家的本性，而是国家适应于现成的思想。”①

---

① 《马克思恩格斯全集》，中文1版，第1卷，267页。

黑格尔也讲到人与人的活动，但它被看成是从属于理念活动的。黑格尔不是从现实的人引申出国家，而是从国家引申出现实的人；不是把国家看成是人的最高现实，而是把君主看成是“理念的定在”，是“国家的最高现实”。

黑格尔为什么要推崇理念而贬低人呢？这并不意味黑格尔背离了资产阶级人道主义的历史传统。事实上，黑格尔幻想在德国条件下再现法国革命取得的某些成果。问题在于，黑格尔不同意用人性解释历史的资产阶级人道主义历史观，而是力图在人性之外，即在他虚构的绝对观念中去寻找这个规律，从而把历史看成是有规律的过程，而人和人的活动则变成理念实现自己内在目的的工具。黑格尔之所以这样做，首先是因为他想给抽象的实体、理念写传记，于是人的活动等等在他那里就一定变成其他某种东西的活动和结果；其次是因为黑格尔想使人的本质作为某种想象中的单一性来单独活动，而不是使人在其现实的人的存在中活动，因此全部确实的经验的存在，都被思辨地转化为理念的各个环节。

当时已开始转向费尔巴哈，接受费尔巴哈唯物主义的人本主义思想影响的马克思，对黑格尔的客观唯心主义观点从怀疑、动摇发展到批判。他反对黑格尔把家庭、市民社会和国家看成“理念的各种规定”，而是强调它们是“人的存在”的各种社会形式，“人的本质的实现”、“人的本质的客体化”。所以同黑格尔把理念视为国家的内在奥秘相反，马克思提出“人永远是这一切社会组织的本质”① 的论断。也就是说，各种社会形式并不是理念的规定和环节，而是作为现实主体的人的“固有的质”，它表现了人的现实普遍性。如果没有各种社会形式，人就是一种抽象，是一种非现实的存在，是一个光秃秃的概念。很显然，马克思把家庭、市民社会和国家看成人的各种组织形式，看成人的现实存在，比起把它们看成理念的各个环节，变成纯思辨的逻辑范畴要合理得多，更接近于揭示问题的本质。但是马克思关于一切社会组织的本质是人，是人的本质的客体化的提法，同他后来在 1845 年春关于人的本质是一切社会关系的总和的论断相比，显然是不成熟的。它的卓越成就，与其说是命题的内容本身，不如说

① 《马克思恩格斯全集》，中文 1 版，第 1 卷，293 页。

是它显示的超越黑格尔唯心主义的方向。

人是一切社会组织的本质，很显然打上了费尔巴哈人本主义的印记。如果说费尔巴哈把神学还原为人学，认为宗教的秘密在于人，宗教的本质在于人的本质，那马克思这时也认为，各种社会形式、社会组织的本质在于人，是人的本质的客体化。但与费尔巴哈相比，马克思有一些地方已超过了他。

第一，马克思把家庭、市民社会和国家看成人的存在的社会形式，看成人的社会现实，其中包含着反对把人看成是离开社会的纯自然存在物的观点。实际上马克思在半年后提出的关于人不是抽象地栖息在世界之外的东西，人就是人的世界，就是国家、社会的论断，就是上述思想的深化和发挥。

第二，黑格尔是鄙视人民的。他认为如果没有君主、没有政府、没有法庭、没有官府，则人民只是没有规定性的抽象。马克思指出，按照这种观点，“好像并不是人民构成现实的国家似的”。实际上，“国家是抽象的。只有人民才是具体的”①。现实的人、现实的人民是国家的“现实的基础”。就人与国家制度的关系来说，“不是国家制度创造人民，而是人民创造国家制度”②。这样，黑格尔从国家出发，把人变成主体化的国家，而马克思则把国家变成客体化的人。但是马克思并没有把人看成孤立的个体，“**人格**脱离了人，自然就是一个抽象，但是人也只有在自己的类存在中，只有**作为人们**”③，才能是现实的存在。

第三，更重要的是，马克思在论述国家职能与人的活动的关系，批判黑格尔关于国王世袭制的理论时，对人的社会特质和生理特性的问题进行了初步的分析，显露了马克思不同于费尔巴哈人本主义的新趋向。

黑格尔虽然站在客观唯心主义立场把国家看成是理念的体现，按照理念的纯逻辑要求来分析国家的职能和活动，但作为一个伟大思想家他不能不看到，社会领域终究是人的领域，全部社会活动就其可见的方面来说明

---

① 《马克思恩格斯全集》，中文1版，第1卷，279页。
② 同上书，281页。
③ 同上书，277页。

显地表现为人的活动，因此黑格尔在《法哲学原理》中也承认，国家的职能和活动“同负责运用和实现它们的个人发生联系”。但黑格尔强调，使个人和国家职能联系起来的不是“这些人的个人人格，而只是这些人的普遍的和客观的特质”，所以国家职能和个人的联系，是“以外在的和偶然的方式”① 发生的。在中世纪，国家的职能和权力被视为私有财产，官职既可出卖，也可继承，例如从前法国的议会席位，英国军队中到一定等级为止的军职均可以出卖。黑格尔强调个人同国家职能和权力的联系是外在的、偶然的，是指个人拥有处理国家事务的权力，或者说行使国家职能，并不是由于他们天生具有这样的权力，而只是由于他们的客观特质，即个人的特殊的能力、才干、品质，并且必须经过教育和特殊职能的训练。黑格尔的这种看法具有反封建的一面。

但黑格尔哲学的立足点是客观唯心主义的。他纯逻辑地、抽象地考察国家的职能和活动，把它同理念结合在一起，而不是同人的活动结合在一起。马克思反对黑格尔这个看法。在马克思看来，国家的职能和活动不是体现理念的内在要求，而是人的职能。国家只有通过个人，即通过担任公职的个人才能发挥作用。国家的职能和活动同个人的联系，不是外在的和偶然的，而是内在的和必然的。因为人是一切社会组织的本质，国家是人的本质的实现，人的本质的客体化，是人的活动和存在的方式。马克思的看法虽然包含费尔巴哈人本主义的东西，但他从人的活动角度来考察国家，比黑格尔把国家置于纯理念领域要合理得多。特别是马克思在阐述这个问题时，提出了关于人的两种特性（肉体特性和社会特性）的问题，指出，人的本质“不是人的胡子、血液，抽象的肉体的本性，而是人的社会特质”。当他论述国家职能和活动同个人相联系时，强调“不是和**肉体的**个人发生联系，而是和**国家的**个人发生联系”，“和个人的**国家特质**发生联系”，因为国家的职能只不过是“人的社会特质的存在和活动的方式”②。所以对人的认识，“应该按照他们的社会特质，而不应该按照他们的私人特质来考察他们”③。

---

①［德］黑格尔：《法哲学原理》，293 页。

②③《马克思恩格斯全集》，中文 1 版，第 1 卷，270 页。

马克思在探讨王位世袭制时，继续发挥了关于人的社会特质和肉体特质的观点。

黑格尔根据国家的职能和活动必须同个人相联系的看法，证明国家应该由一个人来代表它本身的统一，这个人就是君主。所以君主是“人格化的主权”，是“脱胎为人的主权”。整个“国家理性”和“国家意识”，就体现在这个单一的、排除其他一切人的君王身上。因此“国王是不同于自己的整个类，不同于其他一切人的特殊的人”，“它被看做理念的定在”①。

国王为什么是世袭的呢？在黑格尔看来，如果认为王位世袭即自然继承是为了预防在王位出缺时发生派系倾轧，这只是把结果当做原因，不是根据国家的理念自身，而是把某种外在于他自身之外的东西当做根据；同样，如果认为君主可以通过选举产生，因为君主所照料的是人民的事务和利益，所以应由人民选举，只有通过这种委任才产生统治的权力，这种看法是“肤浅的”。实际上，“君主选举制倒不如说是各种制度中最坏的一种”②。黑格尔不是求助于客观历史本身，而是从国王的概念中推论出王位世袭制的，他认为：“王位世袭制乃是包含在王权概念中的环节”③。

这就是说，国王的儿子注定是国王，肉体的出生使某个人成为国家最高职务的化身。正如动物生来就有它的地位、性情、生活方式等等一样，人的出生，使得某个人同国家要职结合在一起。这是把人的社会特质和肉体特质混为一谈。出生只是赋予人以个人的存在，首先只是赋予他以生命，使他成为自然的个人；而国家的职能和权力，是社会产物，不是自然的个人的产物，所以人的肉体特性和社会特质，或者说，个人的出生和作为特定的社会地位、特定的社会职能的承担者之间并不存在直接的同一性，不是直接吻合的。正如马克思所说：“我生下来就是人，这和社会是否承认无关，可是我生下来就是贵族或国王，这就非得到大家的公认不可。只有公认才能使这个人的出生成为国王的出生；因此，使人成为国王的不是出生，而是大家的公认。如果出生和所有其他的规定都不相同，能

① 《马克思恩格斯全集》，中文1版，第1卷，267、294、293页。

② ［德］黑格尔：《法哲学原理》，304页。

③ 同上书，308页。

直接赋予人一种特定的社会地位，那么这就等于说**人的肉体**能使人成为**某种特定**社会职能的承担者。**他的肉体**成了他的**社会**权利。在这种体系中，**人的形体素质**或**人体的素质**（说得更清楚些就是：肉体的自然的国家成员的素质）竟使特定的即最高的社会地位成为**由出生所注定的特定肉体的地位**。"①

在这里，马克思明确地把人的肉体特性（出生）和社会特质（社会地位）区分开来。毫无疑问，人通过出生获得生命，获得肉体的存在，但这并不是他们获得某种社会权利的内在原因和根据。长子继承制（包括王位的继承）是一种政治制度，它是以私有财产为根据的。正如马克思所说："在以**长子继承制**做保障的国家制度中，**私有财产**是国家政治制度的保障。表现在长子继承制中，这种保障就是**特殊**种类的私有财产。**长子继承制**只是**私有财产和政治国家**之间的普遍关系的特殊存在形式。长子继承制是私有财产的**政治**意义，是政治意义即普遍意义上的私有财产。这样一来，国家制度在这里就成了**私有财产的国家制度**。"② 所以马克思批评黑格尔，他只是证明了君主一定是生出来的，但是他没有证明出生使君主成为君主。如果像黑格尔所说，一个人被注定为君主，是通过直接的自然的方式，是由于肉体的出生，那么王权、君主的尊严就应当被认为是由于出生而得到的东西。这样一来，在国家最高层作出决断的不是理性，而只是肉体的本性，出生像决定牲畜的特质一样决定了君主的特质。人和动物没有区别：马生下来是马，国王生下来是国王。马克思嘲笑说："人由于出生就注定成为君主，这如同关于圣母马利亚的圣灵妊娠的教条一样，很少有可能成为形而上学的真理。"③

第三节 政治国家的异化和人的本质的二重化

马克思在《黑格尔法哲学批判》中对国家问题的探讨，是从揭露人的自我异化的神圣形象到非神圣形象，从批判宗教和神学到批判政治和国家

---

① 《马克思恩格斯全集》，中文1版，第1卷，377页。
② 同上书，380页。
③ 同上书，286页。

的转折。马克思吸收了费尔巴哈在《基督教的本质》中的重要思想，结合自己在《莱茵报》时期的切身经验和理论思考，特别是通过在克罗茨纳赫期间对历史的研究，分析了政治国家和市民社会的关系。

黑格尔把家庭和市民社会看做国家概念的领域，认为精神把自身分为这两个领域，目的是要超出这两个领域而使自身成为自为的无限的现实精神。马克思反对这种看法。他区分了政治国家和非政治国家。所谓非政治国家，马克思也称之为物质国家，实际上是指市民社会。他进一步论证了市民社会和政治国家的关系。马克思指出："国家的理性对国家材料在家庭和市民社会中间的分配没有任何关系。国家是从家庭和市民社会之中无意识地偶然地产生出来的。家庭和市民社会仿佛是黑暗的天然的基础，从这一基础上燃起国家的火炬。"这样，市民社会被看成是基础，政治国家的产生并不是理念的神秘力量的作用，而是一种无意识的即客观的过程。

马克思肯定了政治国家对家庭和市民社会的依存性，或者说同一性，并且揭示了两者的相互分离，即"统一性内部的异化方面"。黑格尔也承认这一点，认为作为普遍利益体系的国家同作为特殊利益体系的家庭和市民社会之间存在矛盾。但他力图通过中介来调和这种对立，断言"国家的力量在于它的**普遍的最终目的**和**个人特殊利益**的统一"。而马克思则发挥了异化的方面，并结合对历史的研究，从历史发展的顺序考察了政治国家同市民社会相异化的过程。

在马克思看来，在古代希腊奴隶社会，国家制度本身同现实的人民生活是一致的，即政治国家同市民社会之间存在"实体性统一"。国家并没有采取凌驾于各阶级之上的虚幻的共同体的形态。贵族、自由民是政治等级，具有政治特权，国家的公共事务是他们的私人事务，政治国家本身是市民的生活和意志的真正的唯一的内容。而到中世纪，即在封建社会中，这种政治国家和市民社会的同一达到"顶峰"。市民社会的一般等级成为政治意义上的等级。农奴主、农奴、封建庄园、手工业行会，也就是说，财产、商业、社会团体和每一个人都有确定的政治地位，市民社会领域是政治领域。正如马克思所说的："黑格尔自己也承认，**中世纪**就是他所说的同一的顶峰。在那时**市民社会的一般等级**和**政治意义上的等级**是同一的。中世纪的精神可以表述如下：市民社会的等级和政治意义上的等级是同一的，因为市民社会就是政治社会，因为市民社会的有机原则就是国家的原则。”①

资本主义社会不同。市民社会和政治国家的“同一已经消失了”，它们成为“两个完全不同的领域”，表现为政治国家同市民社会的分离。

资本主义社会的产生和发展，使中世纪的政治等级变成社会等级，也就是说，他们丧失了政治特权和政治性质。它们在市民社会中的等级地位和它们在政治国家中的地位不是吻合的。不管属于什么等级（阶级），形式上都具有同样的“平等”权利。这样，市民社会中的成员在政治意义方面脱离了自己的等级，脱离了自己在私人生活中的实际地位。即使你一无所有，完全依靠出卖劳动力为生，在法律上，国家仍承认你同腰缠万贯的富翁具有同样的政治权利。因而每一个人在财产、教育、信仰方面的差别，似乎成为一种外在的、非本质的规定，而他的唯一的规定就是：他是“人”，是国家成员。在这种转变中，法国的资产阶级革命起了突出的作用。按照马克思当时的看法，只有法国大革命才完成了从政治等级到社会等级的转变，使市民社会的等级差别失去了原来的政治意义，变成不具有政治特权的社会差别。

这样一来，政治国家同市民社会发生了异化。在资本主义社会，各个阶级之间在实际生活中是不平等的，而在政治生活中却似乎是平等的。在私人生活中，统治的是个人主义原则，每个人变成了独立的“原子”，个人的生存是最终目的，劳动、活动只是一种手段；而在政治生活中，每个人都是国家的“公民”，是社会存在物。政治国家似乎是超阶级的、凌驾于敌对利益之上的共同体，是一种与市民社会相脱离的、与市民社会无关的彼岸的存在。正如马克思所说：“在人民生活的各个不同环节中，政治国家即国家制度的形成是经历了最大的困难的。对其他领域说来，它是作为普遍理性、作为彼岸之物而发展起来的。”而“政治国家的彼岸存在无非就是要确定它们这些特殊领域的异化。**政治制度**到现在为止一直是**宗教的领域**，是人民生活的**宗教**，是同人民生活现实性的**人间存在**相对立的人民生活普遍性的上天。政治领域是国家中的唯一国家领域，是这样一种唯

① 《马克思恩格斯全集》，中文1版，第1卷，334页。

一的领域，它的内容同它的形式一样，是类的内容，是真正的普遍物，但因为这个领域同别的领域相对立，所以它的内容也成了形式的和特殊的。就现代的意思讲来，**政治生活**就是人民生活的**经院哲学**。**君主制**是这种异化的完整的表现，**共和制**则是这种异化在它自己的领域内的否定”①。马克思在这里把政治国家同宗教相比较，把它看成是政治生活中的宗教领域。正如同人把自己的本质异化为神，异化为全知全能、慈悲博爱的上帝一样，在政治领域中，人们把资产阶级的国家看成是平等的天国，是同人民现实生活相对立的另一个“上天”。这就是异化。实际上，国家是由市民社会决定的。资产阶级国家并不是平等的天国，而是一个阶级压迫另一个阶级的工具。它之所以具有“平等的”外表，似乎撇开了财产、教育、信仰的差别而赋予人们以普遍的公民权，正是为了巩固和维护实际上的不平等。

在资本主义社会，国家同市民社会相异化，同时也就是人的本质的二重化。统一的人被分裂为二：既是国家的公民又是市民社会的成员。这两重身份，由于国家和市民社会的异化而彼此分离。正如马克思所分析的：“市民社会和国家彼此分离。因此，国家的公民和作为市民社会成员的市民也是彼此分离的。因此，人就不能不使自己**在本质上二重化**。作为一个**真正的市民**，他处在双重的组织中，即处在**官僚组织**（这种官僚组织是彼岸国家的，即不触及市民及其独立活动的行政权在外表上和形式上的规定）和**社会组织**即市民社会的组织中。但是在后一种组织中，他是作为一个**私人**处在国家之外的；这种组织和政治国家本身没有关系。”② 例如一个工人，在政治国家中，他作为一个公民享有法律给予的形式上的平等权利；而在市民社会，即私人经济生活领域，他可以穷得一无所有。他的所谓平等的政治权利同他的实际不平等状况是背离的，是一幅讽刺画。

这种情况同中世纪不一样。马克思把中世纪称为“人类史上的动物时期”。封建社会的等级制度，不仅表现了社会内部的分裂，“而且还使人脱离自己的普遍本质，把人变成直接受本身的规定性所摆布的动物”③。按

① 《马克思恩格斯全集》，中文1版，第1卷，283页。

② 同上书，340页。

③ 同上书，346页。

照马克思当时的看法，就是说人丧失了自己的本质而降低到动物的水平。正如同动物的自然本性决定动物的习性和它们在自然界中的地位一样，人的肉体出生和血缘关系决定他们的社会地位和政治权利。封建社会的固定的等级制度，使得贵族生下来是贵族，而平民则永远是平民，人变成了由自身自然规定性所摆布的动物。其实，封建社会的等级特权和世袭制度是一种社会制度，它是由土地私有制决定的。血缘关系在等级制和世袭制中的纽带作用本身，就是私有财产制度的要求和表现，而不是决定于人的自然本性。这一点，马克思在批评黑格尔关于王权（君主世袭制）时已经作了阐述。

在资本主义社会，血缘关系并不能赋予人们以政治特权。但是由于政治国家同市民社会相脱离，它存在另一种异化。这就是马克思所说的："我们的时代即**文明时代**，却犯了一个相反的错误。它使人的**实物**本质，即某种仅仅是**外在的**，物质的东西脱离了人，它不认为人的内容是人的真正现实。"① 人的经济生活（包括劳动），被看做是纯粹私人生活的领域，被看做是与人的本质无关的东西，而抽象的政治上的平等权利，则被看成是人作为社会存在物的根本特性。其实，真正使人成为人的正好是市民社会，是人进行的经济活动。马克思当时还没有非常明确、非常清晰地表述这个看法，但是他提出人的实物本质、人的内容是人的"真正现实"的观点，显示了探讨人的本质的新方向，并潜在地蕴涵着关于异化劳动思想的某些因素。

马克思不仅分析了政治国家同市民社会相异化的问题，还分析了政治制度本身的异化问题。在分析前一个问题时，马克思着重分析了政治国家同物质国家（市民社会），如何从实体性的统一到相互脱离的过程；而在分析后一个问题时，马克思着重研究了各种政治制度的形式，如君主制、贵族制、共和制同民主制的关系，从它们与民主制的关系中探讨了国家政治形式的异化问题。

在马克思看来，国家是人的客体化。正如不是宗教创造人而是人创造宗教一样，不是国家制度创造人民，而是人民创造国家制度。民主制正体

---

① 《马克思恩格斯全集》，中文1版，第1卷，346页。

现了这个原则。他说："在民主制中，**国家制度本身**就是**一个**规定，即人民的自我规定。在君主制中是国家制度的人民；在民主制中则是人民的国家制度。民主制是国家制度一切形式的猜破了的**哑谜**。在这里，国家制度不仅就其本质说来是**自在**的，而且就其**存在**、就其现实性说来也日益趋向于自己的现实的基础、**现实的人**、**现实的人民**，并确定为人民**自己**的事情。国家制度在这里表现出它的本来面目，即人的自由产物。"还说："在民主制中，不是人为法律而存在，而是法律为人而存在；在这里**人的存在**就是法律，而在国家制度的其他形式中，人却是**法律规定的存在**。"①

正因为这样，马克思推崇民主制，把它作为国家制度的类概念，而把其他形式的国家制度看做"种"，以民主制来衡量其他国家制度。马克思把民主制和其他政治制度的关系，比喻为基督教和其他宗教的关系。基督教是道地的宗教，是神化了的人，因而是一切宗教的实质。民主制也是一样，它是人的客体化，因而是一切国家制度的实质。但是在其他政治形式中，例如在君主制中，创造了国家的人民，反而从属于他们的政治制度和法律规定，这是一种"完成了的异化"。

政治国家同市民社会相异化，国家制度同人的类本质相异化必须消除。历史任务就是要使政治国家从彼岸世界返回到实在世界，即恢复这种统一，而民主制就是这种制度。这里所说的民主制不是资产阶级民主制。资产阶级民主制不仅没有消除异化，相反加深了这种异化。马克思心目中的民主制，是恢复普遍性（政治国家）与特殊性（市民社会）的真正统一，恢复人与国家的统一，使国家制度、法律不是同人相对立，而是成为"人民的自我规定和特殊内容"；它消除人的本质的二重化，真正使人成为"社会化了的人"。很显然，马克思关于民主制的这种设想，是一种朦胧的、尚不清楚的对未来社会的向往。

怎样才能消除人的本质的二重化？怎样才能扬弃政治国家同市民社会的异化？谁能担起这个历史重任呢？马克思在完成了《黑格尔法哲学批判》之后，沿着这条思路继续前进。

---

① 《马克思恩格斯全集》，中文1版，第1卷，281页。

第三章　探讨无产阶级解放的道路。异化论和社会革命论的结合

在马克思创立唯物史观的过程中，他于 1843 年在克罗茨纳赫对历史的研究具有重要的意义。这个研究成果，不仅被吸收到《黑格尔法哲学批判》中，有助于马克思初步解决市民社会和国家的关系；而且在《论犹太人问题》和《〈黑格尔法哲学批判〉导言》中得到应用。马克思通过对法国资产阶级革命史和人权宣言的研究，发现了资产阶级政治解放的局限性，提出了人类解放的问题。这说明，唯物史观的形成不是孤立的，它是同马克思探求无产阶级彻底解放的途径和历史使命密切联系在一起的。

马克思这时并没有达到唯物史观，而是用异化的观点来论述他的社会革命理论。以人是人的最高本质为依据，把人类解放理解为把人的世界和关系还给人自己，无疑带有费尔巴哈人本主义的烙印。但我们应该看到，马克思借助于类、类本质、个体和类的统一等惯用术语，不仅阐述了有关人类解放和无产阶级使命的问题，而且探讨了宗教的世俗基础，发现了私有财产和金钱的作用，提出消灭使人受奴役的客观关系，朝唯物史观的方向又前进了一步。

第一节　政治动物——市民社会成员——人

人通过劳动创造了自身，使自己同其他动物区分开来，这是人在物种方面的一次飞跃；人又通过消灭私有制和改造旧的生产关系，自觉地调整生产，使自己摆脱无政府状态，摆脱生存竞争，使自己从动物的生存条件进入到真正人的生存条件，这是一次更大的飞跃。马克思主义创始人在后

期曾经多次阐述过的这个思想，在早期它曾以萌芽的形态存在着。但不同的是后来经过严格科学论证的思想，在早期则带有人本主义的色彩。

马克思在《黑格尔法哲学批判》中运用异化的观点来考察中世纪的历史，认为封建的等级制度使人脱离自己的普遍本质，把人变成直接受本身的规定性所摆布的动物。所以马克思把中世纪说成是“人类史上的**动物时期**，是人类动物学”①。马克思把这个原则运用于德国时，认为当时处在专制制度下的德国是庸人世界，即政治动物世界。在这种制度下，被统治者不是人，而是像繁殖出来的马匹一样，完全成了他们的主人的附属品；而那些被称为主人的人也不是人，他们同被他们奴役的人一样是庸人，他们像动物一样，唯一的希求是生存和繁殖。这正是动物的特征。

正因为专制制度是政治动物世界，因此在这种制度下人们之间的关系不是真正的人与人的关系，而是动物之间的关系，它依靠兽性来维持，而且必然和人性是不相容的。所以马克思说，“专制制度的唯一原则就是轻视人类，使人不成其为人”，“哪里君主制的原则是天经地义的，哪里就根本没有人”②。显然，这些并不是对专制制度的实质的科学论述，而是以人的名义进行的道义上的抨击。

马克思尖锐地抨击了当时的资产阶级自由派，他们一方面“宣称要使人成为人”，另一方面又保留专制制度，企图在德国“实现法国大革命所取得的成果”。这是不可能的。当时德国的新皇帝比起他的父亲威廉三世虽然在表面上要自由些，实际上只是以此来掩盖它的专制本质。随着新皇帝实行的一些高压措施，“自由主义肩上的华丽斗篷掉下来了，极其可恶的专制制度已赤裸裸地呈现在全世界的面前”③。因此要从政治动物世界过渡到民主的人类世界，必须摧毁旧世界的基础。

究竟什么是人的世界呢？马克思当时对法国资产阶级革命是很向往的。在刚刚退出《莱茵报》不久，他在1843年3月和5月给卢格的信中赞扬荷兰，“一个最寻常的荷兰人也比一个最伟大的德国人强，因为不管

① 《马克思恩格斯全集》，中文1版，第1卷，346页。
② 同上书，411页。
③ 同上书，407页。

怎样他总算是一个公民”。并且把法国资产阶级革命同专制制度对立起来，专制制度使世界“**不成其为人的世界**”，而“法国大革命”则是“使人复活”①。

可是经过在克罗茨纳赫的一段时期的研究以后，马克思的看法发生了变化。原来他认为法国大革命“使人复活”，后来却发现，资产阶级革命不仅没有使人复活，反而使人的实物本质脱离了人，不承认人的内容是人的真正现实，因此，他提出要区分“人的统治和私有制的统治”②。法国资产阶级革命确立的是私有制的统治，它并没消除异化，相反却把异化推向极端。它复活的不是人，而是市民社会的成员。发生这个观点变化的关键，是马克思在克罗茨纳赫对历史，特别是对法国革命史的研究。

法国资产阶级革命的影响是巨大的，它代表一个时代。当时德国的理论界对法国革命的经验、成果、口号是非常注意的，但有两种不同的倾向：一种是黑格尔、费希特、谢林这些哲学家。他们在青年时代向往法国革命，羡慕它的成果。他们把法国的革命实践，变成德国式的理论，用抽象的、晦涩的哲学观念反映发展资本主义的要求。但是他们对法国大革命由欢呼到恐惧，对雅各宾党人怀着憎恨和厌恶。在他们看来，法国大革命太过分了。马克思则不同。当时正在探讨德国“向何处去”的马克思，在研究历史时非常注意法国革命的经验。他不仅阅读了法国资产阶级革命家的社会政治著作，而且着重研究了法国革命的历史。他阅读了路德维希《近五十年历史》、雅克·夏尔·巴约《对斯塔尔男爵夫人遗著的批判性分析》、维·瓦赫斯穆德《革命时代的法国史》、什·拉克雷特尔《复辟后的法国史》、卡·兰齐措勒《论七月革命的原因、性质和后果》，还阅读了吉伦特党人让·巴蒂斯特·路韦的回忆录、罗兰夫人《对后世的呼吁》、蒙特盖雅《论法国和布拉班特的革命》以及1789年的《人权宣言》和1793年的宪法。马克思通过研究肯定法国革命的世界历史意义，但也看到它的社会和政治方面的局限。这样，马克思发现资产阶级革命只是政治解放，它并没有使人由政治动物变成真正的人，而是变成市民社会的成员。马克

① 《马克思恩格斯全集》，中文1版，第1卷，407、410页。
② 同上书，417页。

思借与鲍威尔辩论关于犹太人的解放问题的机会，全面地阐述了自己研究的成果。

鲍威尔完全是按照唯心主义异化观来解决犹太人问题的。第一，他把犹太人解放问题归结为神学问题，把宗教解放看成政治解放的前提。在鲍威尔看来，犹太人要在基督教国家获得解放，必须要求基督教国家放弃它的宗教偏见。可是犹太人既然坚持自己的宗教信仰，那他们有什么权利要求别人放弃宗教信仰呢？基督徒和犹太人最顽强的对立形式是宗教对立，为了消灭这种对立，无论是对力图获得政治解放的犹太人，还是对应该解放别人从而使自己获得解放的基督教国家来说，都必须各自放弃自己的宗教信仰。第二，消除宗教信仰，就是复归于自我意识。他认为基督教和犹太教是人类精神发展的不同阶段，如果把人本身看成蛇，那这两种宗教形式就是从人自身蜕掉的不同蛇皮，达到这种认识，犹太人和基督徒的关系就不是宗教关系而是人与人的关系："只有当犹太人和基督徒放弃那种使他们分离并陷于永久孤立的特殊本质，承认人的普遍本质并把它看成是真正本质的时候，他们才能被看成是人。"①

马克思的看法不同。他认为德国这个所谓基督教国家，是一个专制制度的国家。在这个国家里，"实际上发生作用的不是**人**，而是人的**异化**。唯一发生作用的人，即**国王**，是与众不同的存在物，而且还是被宗教神化了的、和天国与上帝直接联系着的存在物"②。由于宗教精神并没有成为世俗精神，而是与政治密切结合的，因此在德国，对宗教的批判是其他一切批判的前提。

但这并不等于说，放弃宗教信仰是政治解放的前提。这是两个不同的问题。就思想领域来说，反宗教的斗争间接地是反对宗教所维护的旧世界的斗争，从对宗教的批判可以发展为对政治的批判，正如马克思所说："人的自我异化的**神圣形象**被揭穿以后，揭露**非神圣形象**中的自我异化，就成了为历史服务的**哲学**的迫切**任务**。于是对天国的批判就变成

---

① 转引自［法］科尔纽：《马克思恩格斯传》，第Ⅰ卷，594页，北京，生活·读书·新知三联书店，1963。

② 《马克思恩格斯全集》，中文1版，第1卷，433～434页。

对尘世的批判，对**宗教的批判**就变成对**法的批判**，对**神学的批判**就变成对**政治的批判**。”① 可是彻底废除宗教是另一回事。事实上政治解放并不是以每一个人放弃宗教信仰为前提，而是国家摆脱一切宗教，废除国教和宗教特权。当国家从国教中解放出来，国家作为一个国家不再维护任何宗教，而去维护国家自身的时候，国家才按照自己的规律，用合乎国家本质的方法，使国家从宗教中解放出来。因此政治解放即资产阶级革命，只是使宗教从公法范围转到私法范围，成为个人的信仰。

政治解放没有消除宗教异化，也不可能消除这种异化。在私人生活领域中，一个人可以是宗教徒，而在政治领域中，由于废除国教和宗教特权，他被看成是不管宗教信仰如何与其他人一律平等的公民。这样，通过政治解放而达到的并不是完整的人，而是人的分裂。人被分裂为犹太教徒和公民、新教徒和公民。不仅如此，人还分裂为商人和公民、短工和公民、地主和公民，等等。总之，人在市民社会中是一种身份，而在政治领域中又是一种身份。这种情况表明，在资本主义私有财产的统治下，人过着天国和尘世的双重生活。在市民社会中，人作为私人，作为同其他人相对立的利己主义者，过着尘世的生活；而在政治领域中，人作为公民，过着符合自己“类本质”的天国生活。马克思深刻地分析了这种矛盾。他说：“在政治国家真正发达的地方，人不仅在思想中，在意识中，而且在**现实**中，在**生活**中，都过着双重的生活——天国的生活和尘世的生活。前一种是**政治共同体**中的生活，在这个共同体中，人把自己看做**社会存在物**；后一种是**市民社会**中的生活，在这个社会中，人作为**私人**进行活动，把别人看做工具，把自己也降为工具，成为外力随意摆布的玩物。政治国家和市民社会的关系，正像天和地的关系一样，也是唯灵论的。”② 这样，当人作为真实的个人，他缺乏普遍性，不是作为类存在物；而当他在政治生活中作为类存在物，他又失去了实在的个人生活，是虚假的、非实在的普遍性。

国家从宗教得到解放，并不等于现实的人从宗教得到解放。政治解放

① 《马克思恩格斯全集》，中文1版，第1卷，453页。
② 同上书，428页。

不仅没有使人摆脱宗教信仰，相反，它自身就蕴涵着产生宗教信仰的基础。在马克思看来，在思维领域中人把自己的类本质异化为上帝，同政治领域中人把自己的本质异化为国家是一致的。前者是后者的反映。只要个体和类的对立存在，只要人还没有真正成为类存在物，宗教就必然存在。他说："政治国家的成员之所以信奉宗教，是由于个人生活和类生活、市民社会生活和政治生活的二元性；他们信教是由于人把处于自己的现实个性彼岸的国家生活当做他的真实生活；他们信教是由于宗教在这里是市民社会的精神，是人们相互脱节和分离的表现。"①

可见，政治解放并没有使人从政治动物变成真正的人。虽然从文艺复兴以来的资产阶级人道主义者都把人作为出发点和归宿，但马克思认为，这并不是真正的人，而是利己主义的人，是市民社会的成员。用马克思自己的话来说，"这是无教化、非社会的人，偶然存在的人，本来面目的人，被我们整个社会组织败坏了的人，失掉自身的人，自我排斥的人，被非人的关系和势力控制了的人，一句话，还不是**真正的**类存在物"②。

基于上述认识，马克思对鲍威尔关于人权的观点进行了批判。按照鲍威尔的看法，犹太人只要还是犹太人并坚持自己的宗教信仰，就不能获得人权。人要获得一般人权，必须牺牲信仰的特权。鲍威尔把资产阶级的所谓人权，看成是人的一般本质的体现，它与犹太人的特殊本质是对立的。

马克思的看法相反。资产阶级所谓一般人权分为两个部分，一部分是属于政治自由的范畴，即所谓公民权，它的主要内容是参加政治共同体、参加国家活动的权利；另一部分是所谓人权，即信仰自由、人身、权利和财产不受侵犯，等等。这里所说的人，就是市民社会的成员，所谓人权，就是市民社会成员的权利。这些权利，不仅不符合人的本质，相反脱离了人的本质。它不仅没有超越利己主义，相反是保障利己主义。正如马克思所说："任何一种所谓人权都没有超出利己主义的人，没有超出作为市民社会的成员的人，即作为封闭于自身、私人利益、私人任性、同时脱离社会整体的个人的人。在这些权利中，人绝不是类存在物，相反地，类生活本身即社会却是个人的外部局限，却是他们原有的独立性的限制。把人和

①② 《马克思恩格斯全集》，中文1版，第1卷，434页。

社会连接起来的唯一纽带是天然必然性，是需要和私人利益，是对他们财产和利己主义个人的保护。"① 可见，资产阶级政治解放所达到的积极成果，并没有使人从政治动物跃进到真正的人，而是转变为市民社会的成员。要解决这个矛盾，要消除个体和类的分裂，必须进行人类解放。

第二节　把人的世界和人的关系还给人自己

要使人从市民社会的成员变成真正的人，必须反对人的自我异化的极端表现，把异化出去了的人的世界和人的关系还给人类自己。这是马克思当时分析政治解放和人类解放相互关系时得出的结论。

在马克思看来，犹太人不放弃宗教信仰仍有权要求政治解放。但犹太人的解放问题，并不是政治解放所能解决的。实际上犹太人由于掌握财富，他们已经用犹太人的方式解放了自己。尽管德国信奉犹太教的犹太人在政治权利方面受到极大的限制，被法律剥夺了担任国家公职的权利，可是犹太人在实际政治生活中却发挥着重大的作用。这一点鲍威尔自己也承认。例如他在《犹太人问题》中说："在维也纳只被容许存在的犹太人，却凭自己的金钱势力决定着整个帝国的命运。在德国一个最小的邦中可能是毫无权利的犹太人，却决定着全欧的命运。各种同业公会和行帮虽然排斥犹太人，或者还在冷淡他们，但工业却在傲慢地嘲笑这些中世纪组织的固执。"② 但鲍威尔用唯心主义观点看待这个问题，认为犹太人在理论上没有政治权利，实际上却有很大权力的情况是"虚假的"。其实，犹太人实际上的政治权力同他的政治权利之间的矛盾，是政治和金钱势力之间的矛盾。虽然在人们的观念中，政治权力凌驾于金钱之上，实际情况却相反，政治权力是金钱势力的奴隶。所以马克思说："犹太人用犹太人的方式解放了自己，他们解放了自己不仅是因为他们掌握了金钱势力，而且因为金钱通过他们或者不通过他们而成了世界势力。"③

犹太教同市民社会是相适应的。犹太教的基础并不在于宗教本身。它

---

① 《马克思恩格斯全集》，中文1版，第1卷，439页。

② 转引上书，446～447页。

③ 同上书，447页。

有世俗基础，这就是实际需要、自私自利。犹太人的世俗偶像是生意人，而他们的世俗上帝是金钱。实际需要、自私自利、金钱同时也是市民社会的原则，因此，市民社会从自己内部不断产生犹太人。从历史必然性的观点看，犹太人作为市民社会的特殊组成部分，它的继续存在不是违背历史，而是顺乎历史。这样，犹太人的解放，就其最终结果来说，就是人类从犹太人中获得解放，即人类从做生意，从金钱势力下解放出来。

马克思正是在探讨犹太教和现实的犹太人的关系，探讨犹太教的世俗基础时，论述了他对异化的看法。同《黑格尔法哲学批判》相比，马克思这时从政治国家同市民社会相异化，开始转向市民社会自身。既然实际需要、自私自利是市民社会的原则，而实际需要和自私自利最集中地表现为对金钱的需要，因此马克思着重分析了金钱，把金钱的统治看成人的自我异化的极端表现。

在马克思看来，金钱或者说货币是人的本质的异化。"钱是从人异化出来的人的劳动和存在的本质；这个外在本质却统治了人，人却向它膜拜。"① 钱是最高的神，在它面前一切神都相形见绌。当时还缺乏深刻经济学研究的马克思，对货币的起源、本质、职能，对货币在商品经济中的地位和作用还不能进行科学的概括，而是沿用异化的概念进行解释。但值得注意的是，马克思并没有把货币看成自我意识的异化，而是把它和人的劳动联系在一起，和人的活动和产品联系在一起，这包含着由异化上升到异化劳动的最简单的萌芽。

马克思把货币作为一般等价物的经济现象，翻译为哲学语言，认为钱蔑视人所崇拜的一切东西并把它变成商品，它成为代表一切事物的普遍价值，因此它剥夺了整个世界，包括自然界和人类世界本身的价值。在私有财产和金钱的统治下，人们并不尊敬自然，相反却蔑视和贬低自然，因为自然界，从动物到植物，都成了财产，成了人们力图占有的对象。同样，在这种情况下，人们也蔑视理论、艺术、历史，蔑视作为自我目的的人自身。一切成了商品，甚至连宗族延续的关系、男女关系都成了生意的对象，妇女也成了买卖的对象。这样，在金钱统治下，人们的产品和活动受

---

① 《马克思恩格斯全集》，中文1版，第1卷，448页。

着自己异化的本质——金钱的支配。而且也只有这样，人们才能实际进行活动、实际创造物品。这种异化“撕毁人的一切类联系，代之以利己主义和自私的需要，把人的世界变成互相隔绝互相敌对的个人的世界”①。这就叫人的世界和人的关系同人相脱离。

马克思深入到犹太教的世俗基础，从而看到基督教和犹太教在宗教形式上是对立的，实际上却是统一的。追求实际需要、自私自利和崇拜金钱的犹太精神，随着市民社会的完成而达到顶点，而市民社会只有基督教世界才能完成。马克思用具有思辨色彩的哲学语言表达了这个看法：“基督教起源于犹太教，又还原为犹太教”，“基督教是高尚的犹太教思想，犹太教是基督教的卑鄙的功利的运用”，“犹太人是实际的基督徒，而实际的基督徒又成了犹太人”②，等等。这就是说，基督教徒在思维领域中崇拜上帝，而在实际生活中追求的还是金钱。福音传道本身、基督教传教士的职位都变成了商品，教会职位是一个赚钱的行业。商人和传教士可以互相转化。经商失败了可以做传教士，传教士手中有了钱也可以弃职经商。而犹太人崇拜金钱，把金钱变成了上帝，变成了凌驾于一切神之上的至高无上的神。但不同的是，基督教是唯灵论的，它把人们对尘世生活的追求和需要引向天国，把人的本质异化为上帝；而犹太教则把天国的上帝，变成尘世生活的上帝——金钱。正是在这种意义上，马克思认为虽然基督教作为完整的宗教在理论上完成了人从自身和自然界的自我异化，而犹太教则“把异化了的人、异化了的自然界，变成**正在异化**的对象、变成奴隶般地屈从于利己主义的需要、屈从于生意的买卖对象”③。

异化是应该消除的，这一点马克思是赞同费尔巴哈的。但费尔巴哈消除的仅仅是宗教的异化，把异化了的人的类本质还给人自己，并以此作为消除一切社会弊病的途径。就这一点说，鲍威尔把放弃宗教信仰作为政治解放的前提，并没有超出费尔巴哈的范围。马克思不同。他把消除宗教异化分成两个不同层次的问题：一个是国家摆脱宗教，即消灭宗教特权、废除国教，这是资产阶级革命力图解决也能解决的问题。法国和北美的经验

---

①② 《马克思恩格斯全集》，中文1版，第1卷，450页。

③ 同上书，450～451页。

证明了这一点。另一个是人类彻底摆脱宗教异化，这不是政治革命所能解决的问题，而必须消灭宗教的世俗基础。宗教这种颠倒的世界观的存在，表明产生宗教的世界本身是颠倒的。因此不仅要把被异化为宗教的人的类本质还给人自己，而且要把全部被异化了的人的世界和人的关系还给人自己，即在一切领域中消除个体感性存在和类存在的矛盾，消除在市民社会中彼此孤立，追求个人私利的利己主义状态。只有现实的个人不仅在政治生活中成为类存在物，而且在他们的个人生活中，即在自己的劳动和相互关系中也成为类存在物，才使现实的个人由市民社会的成员变成真正的人。这就是人类解放。所以马克思说："哲学把受僧侣精神影响极深的德国人变成人，这就是解放**全体人民**。"①

第三节　无产阶级只有通过人的完全恢复才能获得彻底解放

马克思对黑格尔法哲学的批判，是对最系统、最丰富、最完整的德国国家哲学和法哲学的批判。这种批判是针对德国，但又不限于德国。一方面，对德国现状的批判，也就是对英国、法国各先进国家的过去的批判。这些似乎过去了的东西仍然压抑着这些国家，构成了现代国家的隐蔽的缺陷；另一方面，这种批判超出了政治解放的水平，而是从更高的即所谓真正的人的问题出发。这个问题不仅关系到德国，而且关系到整个世界。马克思说："一旦**现代的**政治社会现实本身受到批判，即批判一旦提高到真正的人的问题，批判就超出了德国 status quo［现状］。"②

马克思在这里提出的不是一个旧问题，不是德国能否实现英国和法国曾经发生过的政治解放问题，而是一个全新的问题，即"德国能不能实现一个［原则高度的］实践，即实现一个不但能把德国提高到现代各国的**现有水平**，而且提高到这些国家即将达到的**人的高度**的**革命**"③ 的问题。马克思当时是肯定这一点的。

什么叫真正人的革命？什么叫人的高度的革命？政治解放算不得这种

① 《马克思恩格斯全集》，中文1版，第1卷，461页。
② 同上书，457页。
③ 同上书，460页。

革命。虽然资产阶级人道主义者以人的代表自居，虽然马克思也曾经把法国大革命看成是人的复活，但现在他发现，政治解放一方面把人变成了公民，另一方面又把人变成利己的、独立的个人。这不是整个社会的解放，而是市民社会中一部分人的解放；这不是使人全部占有自己的本质，而是使人丧失自己的本质。真正人的革命是人类解放，它着力恢复人类被异化的本质。所以马克思说："德国唯一**实际**可能的解放是从宣布人本身是人的最高本质**这个**理论出发的解放。"还说："对宗教的批判最后归结为**人是人的最高本质**这样一个学说，从而也归结为这样一条**绝对命令：必须推翻**那些使人成为受屈辱、被奴役、被遗弃和被蔑视的东西的**一切关系**。"①

"人是人的最高本质"是费尔巴哈的观点，是一个反神学反宗教的命题。第一个"人"是指类，第二个"人"是指现实的个体，实际上也就是说，类是个体的本质。按照宗教神学的学说，上帝是在人之外的至高无上的人格存在，而费尔巴哈把这个观点翻过来了，神是人的类本质的异化，因此人的上帝不应该在人之外，而应该是人自身。他明确地说："对人来说，人就是上帝。"费尔巴哈把神学还原为人本学，从人自身中寻找神的秘密，但他关于个体和类的矛盾学说，并不能真正给宗教以科学解释。

马克思当时是肯定费尔巴哈这个命题的，但不是在完全相同的意义上重复这个命题。马克思看到了费尔巴哈的弱点。第一，费尔巴哈以人创造了宗教而不是宗教创造人作为批判宗教的理论根据，但他把人抽象化，看成是自然存在物，而马克思认为，"**人**并不是抽象的栖息在世界以外的东西。人就是**人的世界**，就是国家，社会"②。例如马克思在《论犹太人问题》中分析犹太人的本质时强调，"现代犹太人的本质不是抽象的本质，而是高度的经验本质，它不仅是犹太人的狭隘性，而且是社会的犹太人狭隘性"③。第二，马克思看到，人是人的最高本质的命题，在费尔巴哈那里是对宗教批判的"最后归结"，没有超出人与神对立的范围，而马克思强调在德国对宗教的批判已经结束，必须从间接的政治斗争转向直接的政

① 《马克思恩格斯全集》，中文1版，第1卷，467、460～461页。

② 同上书，452页。

③ 同上书，451页。

治斗争，推翻那些使人成为受屈辱、被奴役、被遗弃和被蔑视的东西的一切关系，用马克思的话来说，这就是“**从根本上**开始进行革命”，“消灭**一切**奴役制”①。尽管如此，以“人是人的最高本质”为依据对人类解放的论证，是不完善的。它从人的世界和人的关系同人相异化、压抑人、使人不能实现自己本质出发引申出革命的要求，带有人本主义色彩。

马克思在《〈黑格尔法哲学批判〉导言》中的最重大成就，是关于无产阶级历史使命的论述。马克思把无产阶级看成是人类解放的“心脏”、“物质武器”，是人类有实际可能获得解放的关键所在。

马克思在从德国来到巴黎以后，同正义者同盟的领袖以及法国秘密工人社团的领袖们交往，并参加过工人集会，对现代无产阶级有了直接的感性认识，特别是在理论上有了更为深刻的认识。马克思已经认识到无产阶级同资本主义社会，同现代工业的内在关系，指出无产阶级是“非市民社会阶级的市民社会阶级”，“一个表明一切等级解体的等级”。无产阶级是市民社会阶级，因为它是在资本主义社会内部的一个阶级，例如德国的无产阶级就是随着德国资本主义工业的发展而形成起来的；它又是非市民社会阶级，因为它是“被彻底的锁链束缚着的阶级”，同代表市民社会的资产阶级是对立的；认识到无产阶级同私有财产发生全面的矛盾，因此它的最根本原则是要求否定私有财产；认识到无产阶级和人类解放的一致性，无产阶级只有解放全人类才能解放自己，等等。同时，马克思也分析了德国的阶级斗争状况，把德国的资产阶级同法国的资产阶级进行了对比。他指出，在德国，“当诸侯同帝王斗争，官僚同贵族斗争，资产者同所有这些人斗争的时候，无产者就开始了反对资产者的斗争。资产阶级还不敢按自己的观点来表述解放思想，因为社会情况的发展以及政治理论的进步已经说明这种观点是陈旧的，或者至少是成问题的”②。因此在法国，资产阶级曾经扮演解放者的角色，而在德国，只有无产阶级由于“它的**直接**地位、**物质**需要、**自己的锁链**强迫”③，具有解放全人类的需要和能力。

① 《马克思恩格斯全集》，中文1版，第1卷，467页。
② 同上书，465页。
③ 同上书，466页。

但是我们也应该看到，马克思对无产阶级的阶级地位和作用的分析，还不是建立在对资本主义生产方式分析的基础上，而是从人性异化的角度来论述的。在马克思看来，无产阶级之所以可能和必须担负这个伟大的任务，是因为“它本身表现了人的**完全丧失**，并因而只有通过**人的完全恢复**才能恢复自己”①。无产阶级在资本主义社会中的生活条件、状况和地位，同无产阶级作为人的本性是对立的。无产阶级已经丧失了合乎人性的东西，只有重新占有自己的本质，才能获得彻底解放。

马克思在同卢格辩论1844年德国西里西亚织工起义的意义和根源时，驳斥了卢格贬低西里西亚工人起义，高度评价了德国工人阶级的革命精神，论述了社会主义必须通过革命，必须推翻旧政权和消灭旧的关系。但是马克思同时继续发挥了他关于异化的观点。在马克思看来，1789年的法国资产阶级革命之所以爆发，是由于人们离开了政治共同体，即在政治上处于孤立和无权的状况，所以这个革命是政治解放，它的任务是消灭这种情况，使人在政治领域中成为类存在物。而无产阶级革命则不同。工人离开的共同体完全不同于政治共同体，即不是一般政治上的无权，而是丧失了自己人的本质。马克思说：“**工人自己的劳动**迫使他离开的那个共同体就是**生活**本身，也就是物质生活和精神生活、人的道德、人的活动、人的快乐、**人的**实质。**人的实质**也就是人的**真正的共同体**。”正因为人比公民以及人的生活比政治生活的意义更为深邃，所以马克思把无产阶级革命称为“人对非人生活的抗议”②。

马克思把异化和社会革命论结合在一起，对政治解放和人类解放的问题作了富有内容的阐述。但是仅仅从消除人的本质的异化的观点来考察，并不能真正科学地揭示这两者的辩证关系，揭示它们相互联系和相互区别的客观经济依据。马克思指出政治解放的局限性是对的，但是认为德国实现政治革命是乌托邦，认为德国“能够一个**觔斗**就不仅越过自己本身的障碍，而且越过现代各国面临的障碍”③，直接从事人类解放的观点是不成

---

① 《马克思恩格斯全集》，中文1版，第1卷，466页。

② 同上书，487、488页。

③ 同上书，462页。

熟的。事实上，在马克思全面创立唯物史观后不久，他就改变了原来对政治解放（资产阶级革命）和人类解放（无产阶级革命）关系的看法，阐述了无产阶级在资产阶级革命中的地位和作用，指出资产阶级反对封建等级和反对君主专制的革命运动会加速无产阶级革命运动的进展，无产阶级"不仅能够而且应当参加**资产阶级革命**，因为这个革命是**工人革命**的前提。但是工人丝毫也不能把资产阶级革命当做自己的**最终目的**"①。

无论是历史上还是当代西方，都有一些学者抓住马克思关于类、类本质和消除人的本质同人相异化的观点，把马克思说成是"真正社会主义"者。这是不正确的。马克思早就驳斥了这种看法。他在谈到《论犹太人问题》和《〈黑格尔法哲学批判〉导言》时说过，在这两篇文章中"所见到的一些习惯用的哲学术语，如'人的本质'、'类'等等，给了德国理论家们以可乘之机去不正确地理解真实的思想过程并以为这里的一切都不过是他们的穿旧了的理论外衣的翻新"②。毫无疑问，马克思这时的某些论述，由于费尔巴哈的影响，带有人本主义色彩，因而同以费尔巴哈人本主义为依据的"真正社会主义"有某些类似之处，但更重要的是应该看到，马克思诉诸无产阶级，反对爱的说教，主张通过武器的批判，彻底废除私有制和全面改造旧的关系，这就从根本上不同于"真正社会主义"。当然，马克思彻底清除费尔巴哈人本主义的影响需要一个过程，其中一个关键因素是转向政治经济学的研究。

---

① 《马克思恩格斯全集》，中文1版，第4卷，347页，北京，人民出版社，1958。
② 《马克思恩格斯全集》，中文1版，第3卷，261～262页。

第四章　哲学和经济学研究的结合。从异化到异化劳动

如果说1843年在克罗茨纳赫对历史的研究，使马克思初步确定了市民社会和国家的关系，并看到了人类解放的必要性，那1844年在巴黎从事的经济学研究，则促使马克思解剖市民社会本身，从对上层建筑异化现象的分析深入到经济基础。这样，在短短三年内，马克思在两个领域——历史和经济中展开自己的研究，经历了从宗教——国家和法——市民社会的过程。没有经济学的研究，唯物史观的创立是不可想象的。

马克思在巴黎所做的笔记——《巴黎笔记》，除了有关历史和社会主义思潮的研究外，最中心的内容是关于经济学的。马克思阅读了斯密、李嘉图、萨伊、西斯蒙第、斯卡尔培克、穆勒、特拉西、舒尔茨、麦克库洛赫、布阿吉尔贝尔等人的著作，并作了摘要和评注。这是马克思研究经济学的早期阶段，它的特点是提出异化劳动的理论，并用以批判资产阶级经济学，对它们提供的事实和结论进行新的解释。与《1844年经济学哲学手稿》紧密联系的《詹姆斯·穆勒〈政治经济学原理〉一书摘要》，在《巴黎笔记》中占有突出地位，它是分析劳动异化的重要著作。

第一节　研究经济领域中的异化。试图确立解释各个经济范畴的方法论原则

已经转到无产阶级立场，并把人类解放作为无产阶级伟大使命的马克思，对于资产阶级研究经济学的立场和方法是不满意的。虽然马克思当时还没有形成自己特有的范畴，还是从资产阶级政治学提供的事实、材料和

范畴出发，但他着力揭示经济领域中的异化现象，并力图找到能阐明政治经济学各个范畴的根本原则。这导致马克思提出异化劳动的理论。

马克思关于异化劳动观点的提出，当然有它的哲学基础，这就是德国古典哲学逐步形成的关于异化的理论，但马克思突破了它们的思辨传统，着眼于经济事实的分析，认为异化劳动理论是批判资产阶级政治经济学，解决资产阶级政治经济学所不能解决的问题的有效武器。

在19世纪40年代，私有制问题是个带根本性的理论和实际问题。无论是正在兴起的工人运动或各种社会主义思潮，都提出了这个问题。马克思在到巴黎之前，在他评论莱茵省议会辩论的某些文章中，通过对物质利益问题的探讨已间接涉及这个问题；而在《共产主义和奥格斯堡〈总汇报〉》的论战文章中，他明确肯定无产阶级要求占有中等阶级的财产的必然性和合理性。退出《莱茵报》后在克罗茨纳赫钻研历史时，马克思对所有制及其形式对政治机构的影响的材料十分注意，并在《黑格尔法哲学批判》中通过对长子继承制的分析，对私有财产以及私有财产和国家政治制度的关系作了某些论述。因此当马克思转向经济学研究时，他对资产阶级政治经济学把私有制的存在作为一个既成事实，竭力为资本主义私有制辩护的立场是持反对态度的。马克思在关于萨伊著作摘录的评注中就批评了资产阶级政治经济学的这个根本局限，指出："私有制是政治经济学不予论证的一个事实，但是这个事实却是政治经济学的基础。没有私有制就没有私有者，而政治经济学就其实质而言乃是一门发财致富的科学。没有私有制也就没有政治经济学。因而整个政治经济学是建立在一个没有必然性的事实基础上。"①

究竟怎样才能说明私有制的历史性呢？是不是把它同劳动结合起来考察就能解决这个问题呢？历史经验证明不能。例如英国哲学家洛克正是从人的劳动属于人推论出个人占有符合人类本性因而是合理的、永恒的结论。他说："人将他从自然界创造的和赋予他的物体中取得的东西，和自己的劳动融合在一起，和某种不可分离的属于他的东西融合在一起，从而使这种东西成为自己的财产。当他从自然界赋予他的那种共同占有的财富

① 《马克思恩格斯全集》，国际版第1版（德文版），第1部分第3卷，449页。

中取得某种东西的时候，那么，由于他自己的劳动，他就把某种东西加在这一对象上，这就排除了其他人的共同权利。”①

英国古典政治经济学虽然创立了劳动价值论，把私有财产的本质从纯客体变成人的劳动，但这并不妨碍他们把私有财产当成既成事实，把资本、土地、劳动的分离当成前提。因为他们把劳动仅仅看成是谋生的手段，而把劳动者对原料追加的价值分解为利润、地租，把工资看成是有利于增加国民财富的合理的、自然的分配方式。他们不去探究什么样性质的劳动才形成私有财产，而是以私有财产为前提，把资本家的利益当做确定工资和资本利润之间关系的最后根据。

马克思不同，他着力探讨私有财产的起源。当马克思还没有全面创立自己的唯物史观，还没有发现生产力和生产关系辩证运动规律之前，异化劳动理论是他对私有制进行历史考察的理论和方法。他把私有财产看成是历史性的现象，是一种异化，“从**外化劳动**这一概念，即从**外化的人**、异化劳动、异化的生命、**异化的**人这些概念得出**私有财产**这一概念”②。正是对私有财产起源的探讨，使马克思由异化转向异化劳动。

从英国古典政治经济学创始人威廉·配第开始，到它的完成者大卫·李嘉图，英国古典政治经济学的一个最高成果是劳动价值论。李嘉图克服了配第、斯密劳动价值论中的不彻底性和混乱，对商品价值决定于劳动时间这一规定，作了十分明确和透彻的规定。但是从 1823 年李嘉图逝世以后，英国古典政治经济学的劳动价值论一方面被它的继承者所庸俗化，另一方面一些空想社会主义者力图从劳动价值论中得出有利于工人的结论：既然劳动创造价值，那一切产品应归劳动者所有。例如英国的空想社会主义者布雷就说过：“只有劳动才创造价值……每个人对于他用正当劳动所获得的一切东西都有不容置疑的权利。如果他占有了他自己的劳动果实，那么他对其他人并没有做出任何不公正的行为；因为他丝毫没有侵犯别人这样做的权利……一切关于高贵和低贱以及主人和雇佣工人的概念，都是由于忽视基本原则因之而产生的财产不平等所引起的。”因此布雷认为，

---

① ［英］约翰·洛克：《哲学著作选集》，俄文版，第 2 卷，19 页，1960。

② 《马克思恩格斯全集》，中文 1 版，第 42 卷，100 页，北京，人民出版社，1979。

“在公正的交换”制度下，“一切产品的价值都会由**它们的生产费用**的**全部总和**来确定，并且**相等的价值经常会换得相等的价值**”①。而工人和资本家之间的关系是违背劳动价值论的，“工人和资本家之间的全部交易纯粹是一幕滑稽剧：实际上，在大多情况下这无非是一种无耻的**抢劫**而已”②。这种从空想社会主义观点来应用劳动价值论的努力，曾引起一些人从右边来否定劳动价值论。例如1832年约·卡泽诺就宣称：“说劳动是财富的唯一源泉，看来是一个错误而又危险的学说，因为它不幸给某些人以口实，他们主张一切财产属于工人阶级，而其他人所获得的部分是对工人的掠夺和欺诈。”③

马克思不仅不同意试图从劳动价值论中引申出有利于工人的结论，而且也批评劳动价值论自身。在马克思看来，劳动价值论虽然以劳动是生产的真正灵魂为出发点，但它并没给劳动者提供任何东西，而是给私有财产，给有产者提供了一切。因此马克思着力揭示劳动的异化性质，以异化劳动的理论来批评英国古典政治经济学的劳动价值论。

马克思批评劳动价值论，当然不是否认生产费用和价值之间存在某种联系，而是批评李嘉图撇开竞争和供求关系，把生产费用作为决定价值的唯一因素，他认为这是不可允许的抽象。他在评论穆勒关于铸币（金和银）的价值像所有其他商品的价值一样是由生产费用来调节的观点时指出：“穆勒——完全和李嘉图学派一样——犯了这样的错误：在表述**抽象规律**的时候忽视了这种规律的变化或不断扬弃，而抽象规律正是通过变化和不断扬弃才得以实现的。如果说，例如生产费用最终——或更准确些说，在需求和供给不是经常地即偶然地相适应的情况下——决定价格（价值），是个**不变的**规律，那么，需求和供给的不相适应，从而价值和生产费用没有必然的相互关系，也同样是个**不变的规律**。的确，由于需求和供给的波动，由于生产费用和交换价值之间的不相适应，需求和供给只是暂时地相适应，而紧接着暂时的相适应又开始波动和不相适应。这种**现实的**

① 转引自《马克思恩格斯全集》，中文1版，第4卷，111页。
② 转引上书，112页。
③ 转引自［英］米克：《劳动价值学说的研究》，137页，北京，商务印书馆，1979。

运动——上面说到的规律只是它的抽象的、偶然的和片面的因素——被现代的国民经济学家歪曲成偶性、非本质的东西。”① 马克思强调供求关系和竞争对价格的影响，强调规律起作用的条件的思想是深刻的，但把价值和交换价值分离开来，从价值向市场价格转化的条件性和存在各种因素的作用，得出生产费用和价值没有必然的相互关系的结论，从而认为劳动价值论是把抽象的、偶然的和片面的东西提升为规律的看法，包含着对它的最基本原则的否定。

马克思还深刻揭示了劳动价值论的内在矛盾，以此证明企图从劳动价值论引申出有利于工人阶级的结论是不可能的。按照资产阶级政治经济学劳动创造价值的理论，劳动的全部产品本来属于工人，可实际上工人通过工资得到的只是产品中最小的、没有它就无法生存的部分，他们得到的不是作为人而是作为工人，不是作为人类繁殖而是作为再生产工人的必不可少的部分。按照资产阶级政治经济学，一切产品都是死的劳动，资本无非是积累的劳动，因此一切东西都可用劳动来购买，可实际上工人的劳动远不能购买一切东西，相反他必须出卖自己。按照资产阶级政治经济学，劳动是用来增大自然产品的价值的唯一东西，可实际上懒惰的土地所有者的地租和忙碌的资本家的利润占有产品的绝大部分，他们对工人发号施令，处处占上风，过着养尊处优的神仙般的生活。按照资产阶级政治经济学，劳动是唯一不变的物价，可实际上再没有什么比劳动价格更受供求的影响，更具有偶然性了。总之，资产阶级政治经济学以劳动为出发点的价值理论同它为资产阶级利益辩护的立场之间，以及劳动价值论的理论原则和现实之间是根本矛盾的。因此以劳动价值论为依据的社会主义只能是一种空想。实际上在马克思看来，问题不在于确定劳动量与价值量之间的量的关系，而在于分析劳动的性质，即揭示这种劳动是一种异化劳动。作为创造一切产品的劳动和劳动者的处境之间的对立，“这个表面的矛盾是异化劳动同自己本身的矛盾”。在这种意义上可以说，资产阶级古典政治经济学的劳动价值论为有产者提供了一切，而马克思提出异化劳动的理论则是力图探讨无产者贫困的根源，为无产者

---

① 《马克思恩格斯全集》，中文1版，第42卷，18页。

的利益作论证。

在马克思看来，整个资产阶级政治经济学，从斯密经过萨伊到李嘉图，他们的学说越彻底，越真实，越是积极地、自觉地在人的异化方面比他们的先驱者走得更远。

资产阶级政治经济学按照自己的理论，必然把既无土地又无资本的工人，仅仅看成劳动者，看成劳动的机器，而不是看成人。因此无产阶级最低的和唯一的必要工资就是工人在劳动期间的生活费用以及使工人种族不至灭绝的养家糊口的费用。在他们眼里，工人只是劳动的动物，是仅仅有最必要的肉体需要的牲畜。一笔钱重要的不是能养活多少工人，而是能带来多少利润。

马克思在分析李嘉图关于总收入和纯收入的观点时，就尖锐抨击了资产阶级政治经济学这种蔑视无产者的立场。在李嘉图看来，工资属于生产费用，是支出，而只有纯收入即地租和利润的增加才是有意义的；越是减少工人，越是能增加纯收入，这对国家是有利的，这鲜明地表现了敌视工人的立场。马克思指出："由于政治经济学否定总收入的一切意义，也就是否定撇开过剩不论的生产和消费的量，从而否定生活本身的一切意义，所以它的抽象达到了伪善的极点。由此可以毫不掩饰地说：（1）政治经济学关心的完全不是国家利益，不是人，而仅仅是纯收入、利润、地租；这些就是国家的最终目的。（2）人的生活本身没有什么价值。（3）工人阶级的价值简单地说就是必要的生产费用，他们受雇用仅仅是为了纯收入，即为了资本家的利润和土地所有者的租金。他们自己仍然是而且必定是劳动机器，只要对这些机器花费一些维持其运转所必需的资金就够了。"①

马克思还批评李嘉图学派撇开一切偶然的、实在的东西，把经济规律看成是"平均数"。在马克思看来，只着重"平均数"，是撇开人，撇开人的实际生活状况而着重考察物质的抽象运动，从而把私有财产在现实中所经历的物质过程变成了一般的、抽象的公式。所以马克思认为："平均数是对个人的真正侮辱、诽谤。"并且说："李嘉图派所关心的是一般规律。

① 《马克思恩格斯全集》，国际版第1版（德文版），第1部分第3卷，514～515页。

至于这种规律如何实现，千百万人是否因此而破产，这对规律和政治经济学家来说是完全无关紧要的。"① 马克思关于劳动价值论是一种敌视人的学说，是在承认人（人的劳动）的假象下实现对人的彻底否定的评论，同样表现了这种看法。

总之，在马克思看来，资产阶级政治经济学是同人相对立的。"人性是在政治经济学之外，非人性是在政治经济学之中"，马克思的这个评论，是对这种经济学说的总的评价。但这并不是资产阶级政治经济学理论本身的过错，更不是李嘉图的过错。资产阶级政治经济学是资本家的"科学自白"，是现代资本主义工业在意识中的反映，因此它越真实、越彻底，就越把人的异化看成是自然的、合理的。

马克思正是在批判资产阶级政治经济学的过程中，针对它的根本立场、方法和结论，提出了自己的关于异化劳动的理论。在马克思看来，经济学研究不能像古典经济学派一样以私有制的永恒性，以资本、地产、劳动三者的分离为前提，竭力掩盖异化；相反，必须弄清楚私有财产的本质和起源，"弄清楚私有制，贪欲同劳动、资本、地产三者的分离之间的本质联系，以及交换和竞争之间、人的价值和人的贬值之间、垄断和竞争等等之间、这全部异化和**货币**制度之间的本质联系"②。

从经济学的理论和方法来说，也不能像古典经济学派那样，用贪欲以及贪婪者之间的战争即竞争解释一切经济现象。相反，马克思紧紧抓住私有财产和异化劳动，借助这两个因素来阐明政治经济学的一切范畴，把商业、竞争、资本、货币等等看成是这两个基本因素的特定的、展开了的表现。

由此可见，当马克思由上层建筑进到经济基础，转向解剖市民社会，批判资产阶级政治经济学，他必然由异化过渡到异化劳动。这是一个重大转折。马克思突破了仅仅从量的规定性来考察劳动，深入分析了劳动的性质，对资本主义生产方式的特征和无产阶级同资产阶级的对抗获得了许多有价值的认识。但异化劳动理论并不是一个科学形态，它包含着费尔巴哈

① 《马克思恩格斯全集》，国际版第1版（德文版），第1部分第3卷，557页。
② 《马克思恩格斯全集》，中文1版，第42卷，90页。

人本主义的东西，不能成为整个政治经济学的理论和方法。马克思以后思想的发展将会证明这一点。

第二节　人是社会联系的主体。真正的社会与异化的社会

我们曾经说过，西欧的人道主义思潮发展到18世纪法国唯物主义无疑包含着一个矛盾：18世纪唯物主义一方面继承了人道主义传统，强调人是出发点和归宿，提出了以人的自然权利为基础的关于自由、平等、博爱的学说，另一方面在哲学上又发展了机械论，否定了人的主体地位，把笛卡儿关于动物是机器的论点发挥为人是机器的理论。德国古典哲学关于异化学说的一个贡献，就是在唯心主义形式下恢复人的主体地位。但只有马克思才能逐步科学地解决这个问题。

在《詹姆斯·穆勒〈政治经济学原理〉一书摘要》（以下简称《摘要》）中，马克思在论述异化时明确指出，人是“社会联系的主体”，并且强调他所说的人不是概念，不是撇开了现实个人的抽象一般，而是“现实的、活生生的、特殊的个人”①。离开这种个人的所谓人是不存在的。

在马克思看来，这种现实的个人不是单独的、彼此孤立的，而是“总体存在物”，用费尔巴哈的术语说，也就是“类存在物”。但是费尔巴哈虽然认为人是类存在物，人的本质只是包含在团体之中，包含在人与人的统一之中，但他强调的是两性的需要。而马克思在这里把人看成“总体存在物”，强调的是彼此对对方劳动产品的需要，即在生产过程中，人的活动和产品的相互补充。生产活动就是社会性的活动。正如马克思指出的：“不论是生产本身中人的活动的**交换**，还是**人的产品**的**交换**，其意义都相当于**类活动**和类精神——它们的真实的、有意识的、真正的存在是**社会的**活动和**社会的**享受。”②

正因为人是“总体存在物”，或者说是类存在物，所以马克思提出，“**人的**本质是人的**真正的社会联系**”③。请注意，这里强调的是人的社会联系，而不是自然的联系，即不是人作为一个物种的联系。马克思突破了把

① 《马克思恩格斯全集》，中文1版，第42卷，25页。

②③ 同上书，24页。

人看成是自然的类，人的本质是共同的类特性的抽象的费尔巴哈的局限，而着重人的社会联系。从人的自然特性着眼，形式上是类，实际上是彼此孤立的个体；而着眼于人的社会联系，虽然实际看到的是个体，但本质上是总体，即社会存在物，因为在人的社会联系之外，任何一个个体都不可能存在。如果说马克思在《黑格尔法哲学批判》中还是从个人与国家的联系方面强调人的社会特质，而在这里他已经开始转向生产，强调人的本质是人在生产和交换过程中的社会联系。

因此，马克思所说人的真正社会联系既不是纯粹感情关系，也不是观念上的联系，而是实实在在的客观关系。它是在人们为了满足自己的物质需要，积极实现自己社会本质的过程中形成的。马克思明确指出：“**真正的社会联系**并不是由反思产生的，它是由于有了个人的**需要**和**利己主义**才出现的，也就是个人在积极实现其存在时的直接产物。”① 所谓利己主义之类的提法不确切，这里与道德无关，但意思是清楚的，即人的社会联系是在生产中，在人的活动中形成的。

马克思关于现实的个人是主体的观念，强调人的生产创造了人的社会联系，强调人的社会性，强调人的本质是社会本质，这比起黑格尔和费尔巴哈是一个重大的进步。黑格尔把绝对观念看成是异化的主体。费尔巴哈虽然把人看成是异化的主体，但他所说的人是离开一定历史条件和生产关系的自然存在物。从黑格尔的绝对观念到费尔巴哈的自然的人再到马克思的现实的人，是从唯心主义到旧唯物主义再到历史唯物主义过渡的一些关节点。

但现实的人是主体不能是一个抽象的命题，而应该是在思维中再现客观历史过程的具体的多样性的统一。因此这个命题所能达到的科学水平，取决于对历史规律本身的探讨和正确处理历史领域中的主体和客体的关系。马克思当时还不可能达到这个高度，这突出地表现在他对人的本质和生产的相互关系的看法上。

处于思想形成过程的马克思，在理论上还不是浑然一体，不是非常严密完整，而是包含着矛盾。马克思一方面强调人的本质是在积极生产满足

① 《马克思恩格斯全集》，中文1版，第42卷，24页。

人需要的产品中形成的，另一方面又以人的本质为尺度，提出“我们的生产同样是反映我们本质的镜子”① 的论断。这个提法，同他后来提出的人的本质在其现实性上是一切社会关系的总和的科学命题大相径庭。

人的社会联系是客观的、必然的。它的存在是不以人的意志为转移的。这一点马克思是非常强调的。“有没有这种社会联系，是不以人为转移的。”② 但是这种联系具有什么性质，究竟是采取异化的形式还是人的形式，这取决于与人的本质相符合的程度。

什么是异化的社会？按照马克思当时的说法，“只要人不承认自己是人，因而不按照人的样子来组织世界，这种**社会联系**就以**异化**的形式出现”，因此异化的社会就是人“同自己固有的本质相异化”③ 的社会。

在异化的社会，“不是**人的本质**构成我们彼此为对方进行生产的纽带”④。生产具有明显的功利主义和自私自利的性质，它的目的就是占有。我是为自己而不是为你生产，正如同你是为自己而不是为我生产一样。我们彼此生产的东西，对对方并没有直接的关系。这意味着我们的生产并不是为了作为人的人即社会的人而生产，我们每个人都把自己的产品看成是自己的物化的私利。

生产最终是为了需要，产品是要消费掉的。因此一个生产者的产品必然是另一个人的需要和欲望的对象。可是尽管我的产品是你的需要和欲望的对象，你并不因此就有权支配我的产品。我的产品并不承认你的需要，并不承认人的本质，而只承认你的产品。你的需要，你的意愿，你的意志对我的产品来说是软弱无力的。因此我们彼此承认的是物的权利，而不是人的权利。交换是彼此占有对方产品的中介。人们的交往、联系都是通过物，物与物的关系压倒了人与人的关系。你只有提供物，才能占有物，这个原则是不能违背的，所以马克思说：“我们彼此进行交谈时所用的唯一可以了解的语言，是我们的彼此发生关系的物品。我们不懂得人的语言了，而且它已经无效了；它被一方看成并理解为请求、哀诉，从而被看成

① 《马克思恩格斯全集》，中文1版，第42卷，37页。
② 同上书，24页。
③ 同上书，24、29页。
④ 同上书，34页。

屈辱，所以使用它时就带有羞耻和被唾弃的感情；它被另一方理解为**不知羞耻或神经错乱**，从而遭到驳斥。我们彼此同人的本质相异化已经到了这种程度，以致这种本质的直接语言在我们看来成了对**人类尊严的侮辱**，相反，物的价值的异化语言倒成了完全符合于理所当然的、自信的和自我认可的人类尊严的东西。”①

这样一来，人被降低到物的工具和手段的水平。你为了占有我的产品必须生产自己的产品，反过来也是一样。我们彼此不是把对方看做人，而是看做生产彼此需要的产品的工具和手段。在这种情况下，人的价值发生贬值。人的价值不在于人自身，而在于我们拥有的物，我们根据彼此占有的物来相互估价：“对我们来说，我们**彼此的**价值就是我们彼此拥有的物品的**价值**。因此，在我们看来，一个人本身对另一个人来说是某种**没有价值的**东西。”②

在异化的社会里，并不存在真正的人与人的关系，而是私有者对私有者的关系。正是对私有财产特殊的占有，使人们既相互区别又相互联系起来。每个人正是通过放弃自己的特殊占有物，才能取得别人的特殊占有物，这样使两个私有者发生联系的不是人自身，而是物的特殊性质，是他们各自拥有的私有财产；在确认私有权的同时，彼此转让自己的私有财产的一部分。因此在这种社会里，两个私有者的社会的联系或社会的关系，“表现为私有财产的相互外化”。通过外化的私有财产，人们彼此占有的不再是自己劳动的产品，而是别人的产品；各人的劳动产品与自己相脱离，而成为别人的占有物；而且彼此都把对方看成另一种私有财产的代表。人与人的关系，表现为物与物的关系的异化形式。

马克思把异化的社会同他所设想的真正的社会对立起来，并在《摘要》中对异化社会的特点作了一个总结性的哲学概括：“**人**自身异化了以及这个异化的人的**社会**是一幅描绘他的**现实的社会联系**，描绘他的真正的类生活的讽刺画；他的活动由此而表现为苦难，他个人的创造物表现为异己的力量，他的财富表现为他的贫穷，把他同别人结合起来的**本质的联系**

---

① 《马克思恩格斯全集》，中文1版，第42卷，36页。

② 同上书，37页。

表现为非本质的联系，相反，他同别人的分离表现为他的真正的存在；他的生命表现为他的生命的牺牲，他的本质的现实化表现为他的生命的失去现实性，他的生产表现为他的非存在的生产，他支配物的权力表现为物支配他的权力，而他本身，即他的创造物的主人，则表现为这个创造物的奴隶。”①

马克思之所以批判资产阶级政治经济学，正因为他认为资产阶级政治经济学肯定异化社会，把这一切都视为正常的现象。资产阶级政治经济学以交换和贸易的形式来探讨人们的社会联系和人的类生活。在他们看来，人天生是私有者，社会从来就是商业社会。例如特拉西认为，“社会是一系列的相互交换”，亚当·斯密则认为，“社会是一个商业社会。它的每一个成员都是商人”。所以马克思批评他们把人同人的关系变为私有者同私有者的关系，并以此为出发点，“把社会交往**的异化**形式作为**本质的**和**最初的**形式、作为同人的本性相适应的形式”②。

如果说，异化的社会是与人的本质相背离的社会，那真正的社会则是与人的本质相符合的社会，是人承认自己是人，并按照人的样子组织起来的社会。在这种社会里，人作为社会存在物的本性得到了高度的实现。他们之间的联系，不再采取货币、交换、贸易的异化形式；他们彼此的产品，不再是支配自己和支配对方的权力，不再是等价物的代表，而是满足作为人的人的需要。人的本质成为彼此为对方进行生产的纽带。“人的语言”代替了“物的价值的异化语言”。正如同对异化社会的论述一样，马克思在《摘要》中对真正的社会也从哲学角度作了一个概括。他说：“假定我们作为人进行生产。在这种情况下，我们每个人在自己的生产过程中就**双重地**肯定了自己和另一个人：(1) 我在我的**生产**中物化了我的**个性**和我的个性的**特点**，因此我既在活动时享受了个人的**生命表现**，又在对产品的直观中由于认识到我的个性是**物质的**、**可以直观地感知的**因而是**毫无疑问的**权力而感受到个人的乐趣。(2) 在你享受或使用我的产品时，我**直接**享受到的是：既意识到我的劳动满足了**人的**需要，从而物化了**人的**本质，又创造了与另一个**人的**本质的需要相符合的物品。(3) 对你来说，我是你

①② 《马克思恩格斯全集》，中文1版，第42卷，25页。

与类之间的**中介人**，你自己意识到和感觉到我是你自己本质的补充，是你自己不可分割的一部分，从而我认识到我自己被你的思想和你的爱所证实。(4) 在我个人的生命表现中，我直接创造了你的生命表现，因而在我个人的活动中，我直接**证实**和**实现**了我的真正的本质，即我的**人的本质**，我的**社会的本质**。”①

马克思关于真正社会和异化社会的论述，包含许多深刻的思想，例如关于异化是暂时的、历史性的观点，关于在私有制下人与人的关系表现为物与物的关系，以及在真正社会中生产的目的是满足需要，等等，实际上是以还不明确、清晰的哲学术语表达了他对两种社会制度——资本主义社会与共产主义社会对立的天才猜测。但是从论证的根据和方法来看，那还不是完全科学的，明显地带有费尔巴哈人本主义的印记。马克思当时还不知道，不是人的本质物化为社会关系，而是人的社会关系形成人的本质。被看成是与人的本质相异化或相一致的社会关系，对于每个时代的生产力而言，各有其产生和存在的合理根据。以人的本质为尺度来划分异化社会和真正社会，并不能科学地解释社会，而容易流为道义上的谴责。

第三节 “谋生劳动”中的异化。论货币和信贷

在《摘要》中，马克思对异化劳动问题作了初步阐述。虽然国内外对《摘要》同《1844年经济学哲学手稿》(以下简称《手稿》)中的第一手稿成文时间的先后有不同看法，但从内容来看，《摘要》主要是分析一般商品生产劳动(即所谓谋生劳动)，特别是由自然经济转入商品生产后出现的劳动异化情况，其中虽然也涉及由一般商品生产发展到资本主义生产以后的劳动与资本的关系，但那并非重点。这同《手稿》以无产阶级和资产阶级为中心来展开对异化劳动的论述是不同的。从历史和逻辑两方面来说，《摘要》和《手稿》是相互衔接的，前者是后者在理论上和材料上的准备。

马克思在《摘要》中有不少地方是复述穆勒的观点，但他把它们纳入异化劳动理论之中，把劳动异化看成是随着商品生产和交换逐步发展起来

① 《马克思恩格斯全集》，中文1版，第42卷，37页。

的历史过程。

马克思认为，在野蛮的、未开化的状态下，人以自己的直接需要量作为生产的尺度，即生产直接满足自己需要的东西。人们生产的东西不多于他直接需要的东西，需要的界限也就是生产的界限。马克思的这个看法不全面。其实并不是需要量决定生产量，而首先是生产决定需要，贫乏的需要显然是由落后的生产造成的，虽然需要也必然反作用于生产。但这里与问题有关的倒不是如何辩证分析生产和需要的关系问题，而是马克思用异化的观点考察这个问题，认为在需要与供给正好相抵的情况下，生产的直接目的就是自己的需要，不存在产品之间的交换，因而不存在异化，即不存在劳动产品与劳动者相脱离的现象。

当有了剩余产品以后，情况开始发生变化。虽然在"**外化的**私有财产的粗糙形式"即偶然的以物易物的交换中，劳动是劳动者的直接生活来源，是他个人存在的积极实现，但同时，劳动者又以自己产品的余额去换取另一个人的产品余额。这样，通过交换，劳动部分地成了收入的来源，从而使劳动的目的和性质开始发生了变化。劳动产品不再是完全为了生产者个人的需要，而是"作为**价值**，作为**交换价值**，作为**等价物**来生产的"①。表面上，剩余产品是彼此为对方的需要而生产的，实际上，彼此都是以自己的剩余产品占有对方的产品，而且力图多占有对方的产品。

马克思看到交换是一种社会联系、社会关系，但他认为这不是人作为人的相互关系，而是私有财产同私有财产的关系，是私有财产的相互外化。交换所呈现的相互补充、相互满足需要只是一种假象，而它的实质是相互掠夺和相互欺骗。因此，马克思强调以物物交换表现的社会联系同人的真正的社会关系是对立的。他说："**交换**或**物物交换**是社会的、类的行为，社会的联系，社会的交往和人在**私有权**范围内的联合，因而是外部的、**外化的**、类的行为。正因为这样，它才表现为**物物交换**。因此，它同时也是同**社会的**关系的对立。"②

如果说在剩余产品的相互交换中，异化还只是局部的，那么在谋生劳

① 《马克思恩格斯全集》，中文1版，第42卷，28页。

② 同上书，27页。

动中，人的劳动则变成了一种异化劳动。

所谓谋生劳动，既不是直接满足自己的需要，也不是剩余产品的偶然交换，而是以交换为目的的生产劳动。这实际上指的是商品生产。由偶然交换转变为谋生劳动是必然的。个人的需要是多方面的，而生产者完成的产品则是单方面的，个人不可能制造自己所需要的一切，因此人的劳动必然越来越成为谋生劳动，即以出卖自己的产品为中介来获取生活资料。马克思开始考察的主要是这种劳动中的异化现象。他说："**在谋生的劳动中**包含着：（1）劳动对劳动主体的异化和偶然联系；（2）劳动对劳动对象的异化和偶然联系；（3）工人的使命决定于社会需要，但是社会需要是同他格格不入的，是一种强制，他由于利己的需要、由于穷困而不得不服从这种强制，而且对他来说，社会需要的意义只在于它是满足他的直接需要的来源，正如同对社会来说，他的意义只在于他是社会需要的奴隶一样；（4）对工人来说，维持工人的个人生存表现为他的活动的**目的**，而他的现实的行动只具有手段的意义；他活着只是为了谋取**生活**资料。"① 马克思这里分析的四个方面，同他在《手稿》中概括的异化劳动的四种规定既有联系又有区别。从基本立足点来看它们是一致的，这就是对劳动的看法。劳动是人的"自由的生命表现"，是人的"真正的、活动的财产"、"生活的乐趣"，等等，而谋生劳动之所以是一种异化，因为它不是劳动者的天然禀赋和精神目的的实现，而是为了生存，为了获取生活资料。它不是出于内在的必然性（对劳动爱好的天性），而是出于外在的偶然的需要（生存）。所以这种劳动对劳动者来说，不是一种自我"享受"，而是一种"痛苦"。这些思想后来在《手稿》中继续得到发挥。但不同的是，马克思关于谋生劳动异化的论述，重点是分析通过商品生产和交换所形成的个人与社会的对立：个人成为社会需要的奴隶（劳动者选择什么样的劳动、生产什么样的产品取决于社会的需要，而不是表现劳动者的天赋和爱好），社会需要成为个人生存的手段。而马克思在《手稿》中对异化劳动的分析，重点是揭示无产者和资产者的对抗关系，揭示无产者的劳动和产品为资产者所占有。

① 《马克思恩格斯全集》，中文1版，第42卷，28～29页。

马克思关于谋生劳动中异化现象的论述，明显地受到费尔巴哈人本主义的影响，把由商品生产和交换所形成的社会联系同人的本质对立起来。但它的积极意义在于用辩证法的观点考察经济的发展，描述了从自然经济→一般商品生产→资本主义商品生产的过程，并且把经济领域中的异化看成是一种历史性的现象，是随着以私有制为基础的商品生产和交换逐步发展起来的，这实际上是力图探究异化劳动的起源。

异化劳动理论是马克思当时研究经济学的一个根本性理论和方法。马克思在《摘要》中对货币和信贷的分析，就表现了这种哲学特色。

马克思对穆勒称货币为交换媒介的看法是赞赏的，认为他“非常成功地用一个概念表达了事情的本质”。但马克思不满足于这一点，而是从货币作为交换媒介中引出异化。他认为，货币的本质，首先不在于财产通过它转让，而在于中介人的产品。以货币为中介，表明人的劳动和产品并不是相互满足需要，而是取得货币，人的社会行为（生产）成为货币的属性。人的愿望、活动以及同其他人的关系，受货币力量的支配，货币成为真正的上帝，人处于奴隶的地位。所以马克思说，在货币中“表现出异化的物对人的全面统治”。

在《手稿》关于货币的片段中，马克思的基本观点同这个看法是一致的，但更加展开。马克思从货币的职能中来分析异化。他当时还没有全面研究货币的多种职能，而是着重分析它的一种职能即作为流通手段的职能。货币具有购买一切东西、占有一切对象的特性。有了货币，我的愿望、需求就能从观念的东西变为现实的东西；没有货币，即使你有需要也是非现实的、不能实现的。以货币为基础的需要，是一种有效的需要；而以人的本性为基础的需要，是一种无效的需要。只有货币才是需要和对象之间、人的生活和生活资料之间的“牵线人”。这样，本来作为手段（流通手段）出现的货币，变成了目的——人生的目的，追求货币成了生活的目标。什么都有限度，只有货币没有限度。无度就是货币的尺度，无限量就是货币的量。

货币的这种普遍购买的特性，使人和自然的性质发生了颠倒。它可以化美为丑、化丑为美，化敌为友、化友为敌，把忠贞变成背叛、把背叛变成忠贞，把爱变成恨、把恨变成爱，把德行变成恶行、把恶行变成德行，把奴隶变成主人、把主人变成奴隶，把愚蠢变成明智、把明智变成愚蠢。因此马克思说："货币作为现存的和起作用的价值概念把一切事物都混淆和替换了，所以它是一切事物的普遍的**混淆**和**替换**，从而是颠倒的世界，是一切自然的性质和人的性质的混淆和替换。"①

马克思由分析货币进入到分析信贷。如果说货币的中介作用使人发生异化，信贷的出现似乎扬弃了这种异化，使人重新处在人与人相互信任的关系之中。马克思指出："这种扬弃异化、人向自己因而也向别人**复归**，仅仅是一个**假象**"，事实上信贷不仅没有扬弃异化，而且是"**卑劣的**和**极端的**自我异化"②。

富人贷款给穷人，这是极少有的。即使这样，也并不表明人对人的信任。因为对富人来说，穷人的生命本身、他的才能和他的努力工作都是偿还债务的保证。因此，债权人把穷人的死亡看做是最坏的事情，因为它使他丧失了资本和利息。这说明在这种信贷中，富人并不是从人的角度，而是用货币对穷人进行估价。同样，富人之所以贷款给富人，也并不因为他是人，而是因为他是富人，是代表某种财富。因此，在这里，信贷是便于交换的媒介，即被提高到纯粹观念形式的货币本身。

由此可见，在信贷中，货币并没有被取消，而是人本身变成了货币，代替金属货币或纸币成为交换媒介。形式上，信贷使交换媒介从它的物质形式返回到人，但不是作为人的人，而是作为某种资本和利息存在的人。因此在信贷中，"构成**货币**灵魂的物质、躯体的，是我自己的个人存在、我的肉体和血液、我的社会美德和声誉，而不是货币、纸币。信贷不再把货币价值放在货币中，而把它放在人的肉体和人的心灵中"③。正因为这样，伪造货币需要材料，而骗取信贷只用自己的人格就行了，人把自己变成了"赝币"。

马克思关于货币和信贷的分析，从经济学的角度看，提出了不少深刻的思想。他研究了私有财产、交换和货币的关系，论述了私有财产产生货

---

① 《马克思恩格斯全集》，中文1版，第42卷，155页。
② 同上书，21页。
③ 同上书，23页。

币的必然性，研究了货币和价值的关系，指出货币“是作为价值的价值的现实存在”。马克思还批判了货币主义和资产阶级古典政治经济学的货币观，认为前者是对货币的“粗糙的盲目信仰”而后者是“精致的盲目信仰”。他还分析了信贷在加深资本家和工人之间、大资本家和小资本家之间对立时的作用，等等。但是由于马克思把货币和信贷看成是人的本质的异化，因而偏重于否定性的估价，而没有着重揭示商品生产、交换、货币、信贷在人类社会中的进步作用，这表明运用异化作为分析经济现象的理论和方法的局限。

第五章　异化劳动理论的全面阐述。雇佣劳动中的异化

马克思在《手稿》中，对异化劳动的理论作了最完备的论述。《手稿》中不仅有一个由编者题为“异化劳动”的片段专门论述这个问题，实际上从第一手稿的工资、利润和地租，到第三手稿对黑格尔的辩证法和整个哲学的批判，都直接或间接论述了异化劳动的问题。完全可以说，异化劳动理论是马克思当时分析社会问题和经济现象的一个基本理论和方法。

但和对穆勒《政治经济学原理》的评注相比，《手稿》有一个重大特点，即在《手稿》里分析的劳动已经不是一般商品生产劳动，而是资本主义制度下的雇佣劳动，无产阶级和资产阶级（资本和劳动）的对立，是《手稿》中分析异化劳动的核心。在《手稿》中，马克思是在分析了工资、利润和地租之后集中地探讨了异化劳动的各种规定，初步地揭示了这种劳动的性质及其所包含的对抗关系。马克思试图从劳动本身探求资本主义制度下无产阶级“非人化”的原因。

第一节　无产阶级贫困的根源在于劳动的雇佣性质

随着资本主义生产方式的产生和处于统治地位，生产迅速发展带来的并不是普遍富裕，而是产生了一个极端贫困的工人阶级。和耸入云霄的高大建筑同时兴起的是贫民窟，一个国家两个世界。工人阶级的状况，是资本主义社会一切灾难的最尖锐最露骨的表现，引起了各种社会主义者的关怀和注意。马克思和恩格斯更是如此。

恩格斯着重实际调查。他从 1842 年 11 月自德国到英国之后，经过

21个月的实地观察和亲身交往，搜集了完备的并为官方的调查所证实的材料，对英国的无产阶级状况进行了深入的研究。用恩格斯自己的话说，《英国工人阶级状况》“这本书里所叙述的，都是我看到、听到和读到的”①。而马克思开始则比较着重于哲学的思考。他在《〈黑格尔法哲学批判〉导言》中，用“人的完全丧失”这种极其哲学化的概括来描绘德国无产阶级的状况。在从哲学转向经济学研究的开始，“人的完全丧失”仍然是马克思考察无产阶级状况和地位的根本原则，但他力图利用资产阶级政治经济学所提供的理论和事实，用经济学的材料来说明这个问题。

资产阶级政治经济学着力论证资本主义私有制比封建所有制优越，对资本主义制度下的各种消极后果，对无产阶级的贫困和悲惨处境采取漠视态度。它们把无产阶级的贫困生活，看成增进国民财富的必要的、合理的条件，从而对无产阶级的恶劣处境作了有利于资产阶级的解释。因此，它们只强调劳动的积极方面，抹杀劳动的消极方面，掩盖资本主义工厂制度给工人带来的损害。而马克思不同，他在肯定劳动的积极作用的同时，提出了异化劳动的理论，着力揭示资本主义制度下无产阶级的地位和状况，探求对无产阶级非人化原因的解释。所以在《手稿》中关于异化劳动的理论，是和马克思力求认识资本主义制度的劳动性质、无产阶级的处境和前景密切联系的。

在资本主义制度下，劳动处在与资本和地产相脱离的地位。这表明了劳动者的处境，表明他们是既无资本又无地租，只靠劳动，而且是靠被分工肢解的片面劳动为生的人。整个资产阶级政治经济学以这种分离为出发点，并且认为资本生产利润，土地生产地租，劳动生产工资，从而掩盖了劳动的异化性质，歪曲了利润和地租的来源。马克思当时还没有形成剩余价值的理论，没有明确地指出利润和地租都是来源于工人的劳动，活的劳动不仅创造了工资，而且也创造了利润、利息和地租。但是马克思已经看到，资本、地租和劳动三者的分离对工人来说是致命的。由于这种分离，工人完全处于对资本和地产的依赖地位。他们只有通过出卖自己，才有可

---

① 《马克思恩格斯全集》，中文1版，第2卷，278页。

能实现劳动和生产资料（资本和地产）的暂时结合。因此在资本主义条件下，工人永远是商品，“工人的生存被归结为其他任何商品的存在条件”，完全受供求规律支配。工人的生存取决于社会的需求，而需求取决于资本和地产的运动。如果工人的供给大大超过需求，就会有一部分工人沦为乞丐或饿死。因此工人不仅要为物质的生活资料而斗争，而且要为谋求工作，即为实现自己劳动的可能性和手段而斗争。

也正因为工人是商品，由于经济规律本身的作用，他们在资本主义制度下永远不可能摆脱贫困。这是马克思分析资本主义生产发展不同时期工人状况时得出的重要结论。

亚当·斯密并不否认，当社会财富处于衰落状态，工人所受的痛苦最大，“没有一个阶级像工人阶级那样因社会财富的衰落而遭受深重的苦难”。由于社会需求的减少，工人会大量失业，工资下降；而当社会繁荣，财富持续增长时，工资不断提高，工人状况会继续改善。按照这种观点，工人贫困的原因并不取决于他们的社会地位和劳动性质，而取决于生产发展水平。资本主义生产越发展，工人就会越富裕。这样，无产阶级和资产阶级的利益就是一致的。

马克思反驳这种论调。在站在无产阶级立场的马克思看来，虽然在财富增长的社会中，对工人的需求超过了供给，从而有利于工资的提高。但工资的提高引起了工人的过度劳动，他们越是想多挣钱，就越是牺牲自己，完全放弃一切自由来替贪婪者从事奴隶劳动，缩短了工人的寿命；而且社会财富的增进，意味着资本积累的扩大，工人的劳动产品越来越多地集中在资本家手中，工人越加依赖于资本，所以即使在对工人最有利的社会状态中，工人的结局也必然是由于劳动过度而早死，沦为机器、资本的奴隶。因此贫困化是工人不可避免的命运。正如马克思说的：“在社会的衰落状态中，工人的贫困日益加剧；在财富增进的状态中，工人的贫困具有错综复杂的形式；在达到繁荣顶点的状态中，工人的贫困持续不变。”①

马克思还摘引了舒尔茨的《生产运动》、查·劳顿的《人口和生计问

① 《马克思恩格斯全集》，中文1版，第42卷，53页。

题的解决办法》、欧·毕莱的《论英法工人阶级的贫困》、康·贝魁尔的《社会经济和政治经济的新理论，或关于社会组织的探讨》等著作中提出的某些论点和统计材料，借以论证自己对工人阶级处境的看法。

为什么工人在资本主义制度下不可避免地会贫困化、非人化呢？为什么社会财富的增加并不能改变工人的处境呢？马克思由此进入到对劳动性质的分析，指出："在社会财富增进的状态中，工人的沦亡和贫困化是他的劳动的产物和他生产的财富的产物。就是说，贫困从现代劳动本身的**本质**中产生出来。"① 所谓现代劳动的本质，就是资本主义的雇佣劳动。不过马克思在《手稿》中没有使用这个纯经济学的概念，而是使用更哲学化的概念——异化劳动，也就是说，只有异化劳动才会使工人为别人创造财富而为自己创造贫困。

马克思从资本主义制度下无产阶级状况出发进入到分析劳动的性质，又从对劳动性质的分析来阐明无产阶级的状况，把对劳动和劳动者的考察紧密结合在一起。马克思在《黑格尔法哲学批判》中分析市民社会等级特点时已经指出："**被剥夺了一切财产**的人们和**直接**劳动即具体劳动的**等级**，与其说是市民社会中的一个等级，还不如说是市民社会各集团赖以安身和活动的基础。"② 把直接从事劳动作为劳动等级的根本特征，这个论点在《手稿》中得到了充分的体现。马克思越是深入分析劳动者的状况，越是揭示出这种劳动的令人可憎的被迫性质；越是暴露资本主义制度下劳动的强制性，越是揭示出无产阶级的处境和地位。马克思据此尖锐抨击了资产阶级政治经济学把劳动和劳动者分开的做法。它们只研究劳动而不研究劳动者，不关心劳动者的处境；它们推崇劳动而贬低劳动者，把劳动者视为生产工具。马克思指出："国民经济学不考察不劳动时的工人，不把工人作为人来考察；它把这种考察交给刑事司法、医生、宗教、统计表、政治和乞丐管理人去做。"还说："国民经济学不知道有失业的工人，不知道有处于劳动关系之外的劳动人。小偷、骗子、乞丐，失业的、快饿死的、贫穷的和犯罪的劳动人，他们都是些在**国民经济学看来**并不存在，而只有在

---

① 《马克思恩格斯全集》，中文1版，第42卷，55～56页。

② 《马克思恩格斯全集》，中文1版，第1卷，345页。

其他人眼中，在医生、法官、掘墓人、乞丐管理人等等的眼中才存在的人物；他们是一些在国民经济学领域之外游荡的幽灵。”① 从劳动到劳动者，不仅表明了马克思创立的政治经济学的鲜明的阶级性，而且也提供了从劳动中探求劳动者处境的方法。这种方法开始是不成熟的，但却预示了从劳动中来理解历史的线索。

第二节　自由自觉的活动是人的类本质。真正的劳动和异化的劳动

马克思关于异化劳动的思想是他转向经济学研究的成果，是德国古典哲学的思辨哲学同马克思自身进行的经济研究相融合的产物。马克思关于异化劳动的思想，不同于黑格尔和费尔巴哈的思辨的异化理论，但这时仍保留有德国古典哲学异化论的特点，即从主体的本质以非人的方式同人相对立的角度来论述异化。

异化理论同主体和客体的关系问题是密切结合在一起的。异化问题有个主体问题，即谁异化？有个客体问题，即异化成什么？根据异化的主体，我们可以区分为精神异化论、人本主义异化论、劳动异化论，而根据异化的客体，根据异化的表现和产物，可以判断一个哲学家对社会的态度和认识。从黑格尔到费尔巴哈，都是把异化问题同主、客体关系联系在一起的。黑格尔在《精神现象学》中论述异化，就是阐述主体如何分裂出客体，又如何扬弃客体回到主体的思辨运动；费尔巴哈在《基督教的本质》中对宗教异化的揭露，最根本的也是论述主体如何将自己的本质对象化为神。马克思反对把异化弄成抽象的主体和客体的关系，但在异化劳动理论还没有上升为唯物史观之前，他同样是从主体和客体的关系角度来论述异化的。马克思明确地指出：“人不仅像在意识中那样理智地复现自己，而且能动地、现实地复现自己，从而在他所创造的世界中直观自身。”② 因此，每一种异化理论都有其相适应的关于主体及其本质的理论。从黑格尔经费尔巴哈到马克思关于异化观念的演变，突出地表现在对异化主体和人

① 《马克思恩格斯全集》，中文1版，第42卷，56、105页。
② 同上书，97页。

的本质的认识的变化上。

黑格尔的异化理论是客观唯心主义的精神异化论，这集中地表现为他以绝对观念作为异化的主体。在黑格尔看来，实体即主体。绝对观念是与任何人类思维无关的、独立自存的实体，但它又是主体，它是唯一能动的创造性的力量，而客体是被动的、消极的，只是被用来确证主体的。因此整个异化和异化扬弃的过程，就是绝对观念自我对象化又返回自身的不停息的旋转过程。绝对观念，是整个过程的承担者和主体。

基于这种看法，黑格尔把自我意识看成人的本质。正如马克思指出的："**人的本质，人**，在黑格尔看来是和**自我意识**等同的。因此，人的本质的一切异化都**不过是自我意识的异化**。"① 正因为黑格尔把自我意识看成人的本质，因而全部人类纷杂的现实都被看成自我意识的特定形式，是自我意识的规定性，在私有制社会中真实存在的客观的异化现象，被融解于自我意识之中。

其实人的意识与自我意识并无绝对界限，并不是两种不同的意识。当主体以外物为对象，这种认识称为意识，即对在自身之外的对象的意识；当主体以自我为对象，即为自我意识。所以说到底，自我意识的本质就是意识，不过是一种能意识到自身的意识。一般动物不是能动的、自觉的主体，它有某些心理活动或意识现象，但没有自我意识。从这个角度说，自我意识确是人的一个特点，但它不是人的本质，不是人之所以为人，之所以区别于其他动物的本质规定。正是根据这一点，马克思批评黑格尔，说在他那里，"自我意识的异化没有被看做人的本质的**现实**异化的**表现**，即在知识和思维中反映出来的这种异化的表现。相反地，**现实的**即真实地出现的异化，就其潜藏在**内部最深处的**——并且只有哲学才能揭示出来的——本质说来，不过是真正的、人的本质即**自我意识**的异化的**现象**"②。

费尔巴哈人本主义的异化论，对主体和人的本质有其独特的看法。同黑格尔相反，费尔巴哈不是把自我意识，而是把作为感性存在物的人当做主体，认为自我意识不能离开人，是人的自我意识，提出了"主体在人"的命题。这就把头足倒立的黑格尔哲学颠倒过来。但是费尔巴哈的异化理

①② 《马克思恩格斯全集》，中文1版，第42卷，165页。

论仍然是关于人的本质异化和复归的理论。在费尔巴哈看来，人是个体和类的统一。任何现实的个人，都是肉体的、经验的、感性的存在物，但又是类存在物，因为任何个体都不可能孤立地、单独地存在，彼此相互需要。而把诸多个体联系在一起的类本质，就是每个个体所固有的共同的自然属性的抽象。因此费尔巴哈的类，并不是社会；类本质并不是人的社会本质，而是人的自然本质。所谓神的本质是人的本质的异化，正是指作为主体的人的自我分裂，即把自己的本质对象化为一个独立于人的精神实体。正因为费尔巴哈所说的人是离开一定历史条件的纯感性存在物，因此是抽象的人；他所说的类本质是一种抽象的本质。建立在这种人及其本质基础上的异化理论，从历史观来看仍然是唯心主义的。

马克思关于异化劳动的理论，无论对主体还是对人的本质的看法，都发生了重大的变化。

在《手稿》中，马克思在着力寻求异化的现实的主体。他从这个角度对经济学说史进行了总结。尽管马克思当时对英国古典经济学派的劳动价值论持否定态度，但他从开始于重农学派、完成于李嘉图的关于劳动创造价值的理论中，看到了抽象的哲学意义，即把财富的主体本质移入劳动中。在马克思看来，那些把私有财产仅仅看成是物，看成是对象性的本质的货币主义和重商主义是拜物教，而实际上，“私有财产的**主体本质**，作为自为的活动、作为**主体**、作为**个人**的**私有财产**，就是**劳动**”①。但英国古典经济学派并没有真正发现主体，他们把劳动和劳动者分开，只研究劳动而不研究劳动者。

英国古典经济学派重视劳动而敌视人；费尔巴哈发现了人而不懂劳动；黑格尔虽然把劳动看做人的本质，但他把劳动理解为抽象的精神劳动，即哲学思维活动。马克思不同，在《手稿》中，作为异化主体的既不是黑格尔的绝对观念和费尔巴哈的自然的人，也不是纯经济学形态上的劳动一般，而是具体的人，即从事物质资料生产的劳动者。马克思从这种性质的劳动中看到了异化，从异化中看到了劳动，而从异化劳动中看到了主体——劳动者。

---

① 《马克思恩格斯全集》，中文1版，第42卷，112页。

马克思把从事物质生产的劳动者作为主体，但只要仍然把异化作为根本的理论和方法，就必然要从探求主体的本质着手来说明异化。马克思当时并没有完全摒弃这个传统。他以人的本质为中介，从区别人与动物的活动方式来论述人的本质，并进而与资本主义制度下的雇佣劳动相对照，从而把真正的劳动与异化劳动对立起来。

马克思当时是把人作为一个“种”来考察的，着力揭示它的“类”特性即类本质。马克思认为，“一个种的全部特性、种的类特性就在于生命活动的性质”①。人的生命活动方式同其他动物的生命活动方式不同。动物和它的生命活动是直接同一的，它的全部特性就体现在它的生命活动之中。动物不能把自己同自己的生命活动区别开来。而人不同，人的生命活动方式是一种有意识的活动，而不是无意识的本能活动。人使自己的生命活动本身变成自己的意志和意识的对象，也就是说，人的活动是自觉的，受自己的意识支配的。所以马克思说：“人的类特性恰恰就是自由的自觉的活动。”② 这种自由自觉活动的集中表现就是劳动。劳动按其本性来说应该是自由自觉的。

马克思关于异化劳动理论虽然没有摆脱从主体的本质角度来论述异化的思辨传统，把资本主义的雇佣劳动视为同人的本质相对立的异化劳动，但它的立足点是经济事实，而不是纯逻辑的推演。马克思反复强调他是“从**当前的**经济事实出发”，并且说自己的结论是“通过完全经验的以对国民经济学进行认真的批判研究为基础的分析得出的”③。所以马克思把对异化劳动的逻辑分析和对经济事实的分析看成是不可分的。他说：“我们已经从经济事实即工人及其产品的异化出发。我们表述了这一事实的概念：**异化的、外化的**劳动。我们分析了这一概念，因而我们只是分析了一个经济事实。”④

什么样的经济事实使马克思得出异化劳动的结论呢？马克思分析了资本主义制度下，工人同自己的产品，同自己的劳动的关系，以及工人同资

①② 《马克思恩格斯全集》，中文1版，第42卷，96页。
③ 同上书，90、45页。
④ 同上书，98页。

本家的关系。

工人同自己产品的关系，这是最直接、最容易感触到的客观事实。在资本主义社会里，产品是劳动者生产出来的，但他并不能占有这些产品。相反，工人生产的财富越多，他的产品的力量和数量越大，他就越贫穷。工人创造的商品越多，他就越变成廉价的商品。马克思非常愤慨地指出："工人生产得越多，他能够消费的越少；他创造价值越多，他自己越没有价值，越低贱；工人的产品越完美，工人自己越畸形；工人创造的对象越文明，工人自己越野蛮；劳动越有力量，工人越无力；劳动越机巧，工人越愚钝，越成为自然界的奴隶。"①

马克思发现工人同自己劳动产品的关系，是同一个异己对象的关系，正如宗教中的人和神的关系一样。在宗教中，人奉献给上帝的越多，留给自身的东西越少。同样在雇佣劳动中，工人同产品的关系也是如此。他生产的产品越多，他亲手创造出来反对自己的、异己的对象世界的力量越强大，他的内部世界就越贫乏，归他所有的东西就越少。这个事实表明，劳动者所生产的对象，即劳动的产品，作为一种异己的存在物，作为不依赖于生产者的力量，同作为生产主体的劳动者相对立。

但是马克思看到，在劳动产品和劳动者的关系中，包括对象化和异化这两个不同的方面。任何产品都是劳动创造出来的，因此任何产品都是固定在对象中，物化为对象的劳动。劳动的实现就是对象化，这是任何社会进行物质生产的共同特性。没有对象化的劳动是不可想象的。但对象化并不必然发生异化。把对象化和异化结合在一起的纽带是资本主义私有制。在私有制的条件下，对象化和异化不是两个互不相关的过程，而是同一个过程（生产过程）的两个方面。劳动的对象化，不仅是劳动者创造出产品，创造出一个一个外部存在物，而且是创造出一个同他相对立的、异己的独立力量，这就是异化。马克思特别强调这种条件性。只有"在被国民经济学作为前提的那种状态下"，也就是在私有制的前提下，"劳动的这种实现表现为工人的**失去现实性**，对象化表现为**对象的丧失和被对象奴役**，

① 《马克思恩格斯全集》，中文1版，第42卷，92～93页。

占有表现为**异化、外化**”①。所以对象化不同于异化，对象化只有在一定条件下才发生异化。在西方发达的资本主义国家，伴随生产力的高度发展、科学技术的进步，更加暴露出它的弊病，工人的失业和社会道德的沦丧，根本原因并不在于对象化，即不在于生产的发展，而在于私有制本身。

马克思从产品的异化，即劳动产品同劳动者的关系，进而考察了劳动的异化，考察了劳动和劳动者的关系。在马克思看来，资本主义制度下的异化，不仅表现在结果上，表现在劳动产品上，而且表现在生产行为中，表现在生产活动中。产品是生活的结果。劳动产品的异化，无非是劳动本身异化的总结。如果工人不是在生产行为中使自身异化，就不会有劳动产品同劳动者相异化。这样，马克思就从分析劳动产品与劳动者的外在关系，转向分析主体自身——劳动者同自己劳动的关系。

从主体角度考察，劳动本来是人的本质，是人所特有的意志自由和创造力的体现。可是在雇佣劳动中，劳动对工人来说是外在的东西，是不属于他的本质的东西。他们不是自愿的，而是被迫的，被强制劳动。这是一种自我牺牲、自我折磨的劳动。因此劳动者在劳动中并不感到幸福，而是感到不幸；并不是自由地发挥自己的肉体和精神力量，而是使自己的肉体受到损伤。劳动者在不劳动的时候如释重负，而在劳动时反而如坐针毡，感到不痛快。

从形式上来看，资本主义制度下的雇佣劳动是一种“自由劳动”。资产者并不是通过政治的强迫，或用棍棒迫使工人劳动；就工人与资本家的关系而言，也没有人身依附关系，不像奴隶或农奴属于某一个主人。实际上雇佣劳动是不自由的劳动。它不是直接的政治强迫，而是间接的经济强迫；不是棍棒纪律，而是饥饿纪律。工人虽然不属于某一个资本家，但它属于整个资产阶级。因此工人劳动不是满足爱好劳动的天性，而是满足劳动以外的其他各种需要，即作为生存手段。只要肉体的强制或其他强制一停止，人们就会像逃避瘟疫那样逃避劳动。结果，人在实现自己的动物机能——吃、喝、繁殖时，才觉得自己是自由活动；而在真正实现人所特有的机能，即从事任何动物都没有的劳动机能时，反而觉得自己不过是动

① 《马克思恩格斯全集》，中文1版，第42卷，91页。

物。所以马克思认为，由于劳动异化，发生了一个颠倒："动物的东西成为人的东西，而人的东西成为动物的东西。"①

由于马克思把劳动者看成主体，因而把劳动同劳动者相异化称为自我异化，因为这里所论述的是工人同自己活动的关系。在这里，异化的不是在主体之外的东西，而是主体自身："工人**自己的**体力和智力，他个人的生命，就是不依赖于他、不属于他、转过来反对他自身的活动。"② 而劳动产品同工人的关系属于"物的异化"，是工人同它的产品，同他的生产对象的关系，而不是同生产行为的关系。马克思把"自我异化"放在重要地位。在《论犹太人问题》中，马克思就提出了"物的异化就是人的自我异化的实践"的观点，不过当时是指宗教和货币；而在《手稿》中，马克思继续发挥了这个观点，认为物的异化是自我异化的实现。没有劳动同劳动者相异化，就不会有劳动产品同劳动者相异化，劳动产品统治劳动者的这种物的异化，是生产过程中工人自我异化的结果。

马克思看到，异化问题不单是人与物（产品异化）的关系问题，也不单纯是自我异化（劳动异化）的问题。孤立的个人无所谓异化。异化问题不能离开人与人的关系。因为在社会中，"人的异化，一般地说人同自身的任何关系，只有通过人同其他人的关系才得到实现和表现"③。因此物的异化和自我异化，都不能离开人与人相异化。

事情很显然，如果劳动产品对劳动者说来是异己的，是作为统治劳动者的异己力量，那它到底属于谁呢？如果劳动者自身的活动不属于他自己，而是一种异己的、被迫的活动，那到底是谁强迫他？马克思极其深刻地回答了这个问题："如果劳动产品不属于工人，并作为一种异己的力量同工人相对立，那么，这只能是由于产品属于**工人之外的另一个人**。如果工人的活动对他本身来说是一种痛苦，那么，这种活动就必然给另一个人带来**享受**和欢乐。不是神也不是自然界，只有人本身才能成为统治人的异己力量。"④ 所以物对人的统治、工人自身的劳动对自己的统治，归根到

---

① 《马克思恩格斯全集》，中文 1 版，第 42 卷，94 页。
② 同上书，95 页。
③ 同上书，98 页。
④ 同上书，99 页。

底是人对人的统治。这样，马克思从直接的、肉眼能感触到的产品不属于工人的事实入手，转而分析处于生产过程中的主体自身——劳动者同自己劳动的关系，并进而揭示了人与人相异化，即资产者无偿地占有劳动者的剩余产品和剩余劳动的剥削关系。

本来，在资本主义制度下，工人的产品和劳动不属于工人，而为资产者所占有这是客观事实。但马克思不满足于叙述这些事实，而是解释这些事实。当时还没有完全摆脱费尔巴哈人本主义思想影响的马克思，以“人的本质”为中介，用人的本质异化的理论来进行解释，提出了“人的类本质同人相异化”的命题，既以它作为对物的异化和自我异化的概括，又以它作为过渡到人与人相异化的中间环节。

当然，马克思在《手稿》中，对“类”、“类本质”的看法不同于费尔巴哈。马克思把自由自觉的活动看成人的类本质，把生产看成人的能动的类生活，而把通过实践创造对象世界，改造自然界，看成对人是有意识的类存在物的证明。但马克思当时的立足点是人与动物的区别，因此他着力揭示人的生产同动物的所谓生产的对立：“动物也生产。它也为自己营造巢穴或住所，如蜜蜂、海狸、蚂蚁等。但是动物只生产它自己或它的幼仔所直接需要的东西；动物的生产是片面的，而人的生产是全面的；动物只是在直接的肉体需要的支配下生产，而人甚至不受肉体需要的支配也进行生产，并且只有不受这种需要的支配时才进行真正的生产；动物只生产自身，而人再生产整个自然界；动物的产品直接同它的肉体相联系，而人则自由地对待自己的产品。动物只是按照它所属的那个种的尺度和需要来建造，而人却懂得按照任何一个种的尺度来进行生产，并且懂得怎样处处都把内在的尺度运用到对象上去；因此，人也按照美的规律来建造。”① 这些论述无疑包含许多深刻的思想。但它忽视了劳动的最基本的功能，把劳动看成是不受肉体需要制约的内在需要，是自我实现、自我创造的自由自觉的活动，并以此作为衡量现实劳动的标准。这并没有达到对劳动的科学理解。

马克思正是从“**异化劳动**的已有的两个规定推出它的第三个规定”②，

① 《马克思恩格斯全集》，中文1版，第42卷，96～97页。

② 同上书，95页。

即把物的异化和自我异化归结为人的类本质同人相异化。因为劳动产品的异化，同时也意味着工人用以实现自己的劳动，在其中展开劳动活动并生产出产品的自然界同人相异化，异化劳动从人那里夺走了他的生产对象。而劳动的异化，则意味着人的自我活动和自由活动被贬低为手段，被贬低为维持人的肉体生存的手段。因此物的异化和劳动异化，从主体来看，也就是人的类本质同人相异化。马克思说：“**人的类本质**——无论是自然界，还是人的精神的、类的能力——变成人的**异己的**本质，变成维持他的**个人生存的手段**。异化劳动使人自己的身体，以及在他之外的自然界，他的精神本质，他的**人的**本质同人相异化。”① 这样，人丧失了人作为人的本质，即降低为动物，降低到以生产作为维持肉体生存手段的水平。

马克思还用人的类本质同人相异化来说明人同人相异化：“人同他的类本质相异化这一命题，说的是一个人同他人相异化，以及他们中的每个人都同人的本质相异化。”② 很显然，人既然丧失了自己的类本质，那人同人的关系就不是真正的人同人的关系，而是一种异化的关系。这样，马克思就对以工人的劳动产品和劳动为资产者所占有为客观根据的人与人相异化，进行了思辨的阐述。

由上可见，马克思关于异化劳动的理论，通过分析劳动产品同劳动者的关系、劳动者同自己劳动的关系，以及有产者和无产者的关系，揭示了资本主义制度下劳动的雇佣性质，揭示了资产者同无产者之间的剥削和被剥削的关系。这比起着重对劳动进行量的分析的英国古典经济学派的“劳动价值论”，无疑是一个巨大的进步。但它的哲学解释又包含着费尔巴哈人本主义的东西。

马克思关于异化劳动的理论，没有完全摆脱从人的本质来论述异化的德国古典哲学的传统，即使这种本质被规定为自由自觉的活动——劳动。但由于马克思从经济事实出发，因此他在《手稿》中不像德国古典哲学那样，把异化弄成抽象的主客体关系，而是把它具体化，运用异化概念来揭示劳动者同劳动产品，同自己的体力和智力的关系问题。马克思说：“异

① 《马克思恩格斯全集》，中文1版，第42卷，97页。

② 同上书，98页。

化既表现为**我的**生活资料属于**别人**，**我**所希望的东西是我不能得到的、**别人的**所有物；也表现为每个事物本身都是不同于它本身的**另一个东西**，我的活动是**另一个东西**，而最后——这也适用于资本家——则表现为一种**非人的**力量统治一切。”① 这里所说的“我”，显然是指无产者，而“别人”则是指资产者。马克思关于异化劳动理论的实质，是同揭露资本主义私有制密切结合在一起的。因此《手稿》中所说的异化，虽然仍以人的本质为中介，但它最根本的内容是指工人自己的物质活动和精神活动及其产物，变成支配和统治自己的异己力量。这是资本主义社会所特有的现象。我们拒绝把异化作为根本的理论和方法，但并不反对把异化作为表述资本主义社会某些特定现象（包括某些规律性现象）的概念。

从马克思关于异化劳动理论的客观依据来看，我们探讨异化问题必须注意：

第一，异化是一种客观现象，并不是主体的体验，并不是像弗洛伊德学派所认定的那样，是人的本能和文明之间不可避免的紧张状态，是由于文明压抑人的本能冲动而产生的心理变态。马克思把资本主义制度下的异化，看成是“**现实的**即真实地出现的异化”，是“**现实生活**的异化”②。

第二，异化和主体的活动有关，是人的物质活动和精神活动及其产物对人的支配。因此异化问题和人的行动必须服从客观规律不是一回事。人的行为要达到预期目的必须服从和遵循客观规律，这是适用于任何社会的普遍认识规律。在人与规律之间，人的行为和意志必须服从规律，而不是相反。这一点无论是认识了规律还是不认识规律都一样。不同的是，认识了规律是自觉地服从规律，而不认识规律，则是被迫服从。人对规律的认识和运用，总是经历从被迫服从到自觉服从，这就是从必然到自由的过程。人不能穷尽对规律的认识，但不能说永远处于异化状态。

第三，异化和矛盾不能混同。异化是矛盾，但矛盾不等于异化。异化是矛盾的一种表现，是在一定条件下由主体及其创造物所形成的特定的主客体矛盾。如果把异化和矛盾等同起来，不仅取消了异化的特殊内容，而

---

① 《马克思恩格斯全集》，中文1版，第42卷，141页。

② 同上书，165、121页。

且曲解了矛盾的本质。矛盾双方的关系是又对立又统一的关系，而不是异化的关系，不是矛盾的一方异化出矛盾的另一方。不能由矛盾的普遍性推论出异化的普遍性。

第四，异化是在一定历史条件下产生的。它是有条件的，而不是无条件的；是暂时的，而不是永恒的。认为任何社会、文化、历史时期都不可避免地发生异化，把异化看成是人类的普遍命运的观点是悲观的。

马克思在分析资本主义制度下的异化问题时，不仅讲到无产者，也讲到有产者。认为异化所表现出的"非人的力量统治一切"，"也适用于资本家"。但是马克思是把有产者和无产者区分开来的。马克思指出："凡是在工人那里表现为**外化、异化的活动**的，在非工人那里都表现为**外化、异化的状态**。"① 工人是生产者，所以工人的异化集中表现在他的活动中，即从事被迫的、不自愿的劳动，并不断生产出与自身相对立的产品。而资产者也处于异化的状态，因为他们同样受商品、货币的支配。资本家的命运取决于自己商品在市场的命运。在竞争中，其中有的人必然陷于贫困和破产。而且马克思还指出："工人在生产中的**现实的、实践的态度**，以及他对产品的态度，在同他相对立的非工人那里表现为**理论的**态度。"② 在这里，马克思揭示了英国古典政治经济学的资产阶级性质，强调它所表述的不是真正劳动的规律，而是异化劳动的规律。它们把资本主义生产中所存在的异化，即劳动产品与劳动者相对立、劳动与劳动者相对立，以及资产者占有无产者的剩余劳动和产品，上升为理论，论证这种状况的合理性。这表明资产者对待异化劳动的理论态度，同工人的实际态度是完全对立的。

更加重要的是，马克思已经看到，资本主义虽然是异化的社会，但处在这个社会中的有产者和无产者的情况是不同的："凡是工人做的对自身不利的事，非工人都对工人做了，但是，非工人做的对工人不利的事，他对自身却不做。"③ 有产者并不是资本主义制度的受害者，而是得利者。他们虽然也受物的力量的支配，但生产产品和占有产品，出卖劳动（力）和占有别人的劳动是不能相提并论的。马克思后来在《神圣家族》中继续

①②③ 《马克思恩格斯全集》，中文1版，第42卷，103页。

发挥了这个思想。

由上可见，异化劳动理论虽然并不完全科学，但它的全部批判锋芒是指向资本主义制度，着力揭示了无产阶级在资本主义制度下的雇佣地位。

第三节 私有财产和异化劳动。资本主义制度下异化的多种表现

马克思把私有财产和异化劳动看成是两个最基本因素，认为可以借助于它来阐明国民经济学的一切范畴，“其中每一个范畴，例如商业、竞争、资本、货币，不过是这两个基本因素的**特定的、展开了的表现**而已”①。但从私有财产和异化劳动之间的关系来说，异化劳动则是更根本的东西。马克思以异化劳动为中心，展开了对私有财产以及其他经济范畴的批判性探讨。

马克思在《手稿》中非常注意研究私有财产问题。这是很容易理解的。如前所说，在19世纪40年代，这是一个带根本性的问题。当时的工人运动已经提出了这个问题，各种社会主义学说也直接或间接地涉及这个问题。早在《莱茵报》时期，马克思在《共产主义和奥格斯堡〈总汇报〉》的论战文章中，根据英国和法国的工人运动的事实，提出了无产阶级要求占有中等阶级财产的合理性问题。后来在《论犹太人问题》中分析人类解放问题时，又涉及私有财产问题。但都没有提出私有财产的本质和起源问题。而马克思在从哲学转向政治经济学之后，在《手稿》中探讨了这个问题。

在马克思看来，整个资产阶级政治经济学是建立在私有制的基础上，它们把私有制看做是一个不需要论证的前提，作为既成事实，“国民经济学从私有财产的事实出发，但是，它没有给我们说明这个事实”②。可是，英国古典政治经济学的劳动价值论，承认劳动创造价值，从而把私有财产的本质转向主体自身。“由于私有财产体现为人本身，而人本身被认为是私有财产的本质，因而在人之外并且不依赖于人的财富，也就是只以外在

① 《马克思恩格斯全集》，中文1版，第42卷，101页。

② 同上书，89页。

方式来保存和保持的财富被扬弃了，换言之，财富的这种**外在的、无思想的对象性**就被扬弃了”，“以前是人**之外的存在**、人的实际外化的东西，现在仅仅变成了外化的行为，变成了外在化”①。因此按照劳动价值论的理论逻辑，私有财产不应该是永恒的，而是有起源的。为了摆脱这个困境，资产阶级古典政治经济学把产品与商品混为一谈，把劳动的一般本质和它的特殊形式（雇佣劳动）混为一谈，从而掩盖资本主义制度下劳动的异化性质，把私有制永恒化。

马克思把劳动和异化劳动区别开来，着重研究异化劳动和私有财产的关系，力图揭示私有财产的起源。在马克思看来，私有财产和异化劳动是相互作用、互为因果的关系。私有财产是异化劳动的产物，又是劳动借以外化的手段，是这一外化的实现。私有财产发展到最后的、最高的阶段，即资本主义私有制阶段，充分显露了这种相互作用的秘密。在资本主义社会，劳动发生异化的原因当然在于私有制，在于资本、地产、劳动三者的分离；反过来，私有制又是劳动的凝结物，它是异化劳动的积累。马克思当时还没有形成剩余价值的概念，也没有创立关于资本积累的学说，但他通过对人与人相异化的分析，已经看到工人的劳动和产品为资本家占有的事实，并且看到，工人在生产过程中，不仅生产出产品，生产出自己产品同自己的对立、自己的劳动同自己的对立，而且还生产出另一个人即资本家同自己产品的关系（占有产品）、同自己劳动的关系（占有劳动），以及资本家同工人的关系。换言之，资本主义生产不仅是物质资料的生产，而且是私有财产关系的再生产。所以马克思说：“通过**异化的、外化的劳动**，工人生产出一个跟劳动格格不入的、站在劳动之外的人同这个劳动的关系。工人同劳动的关系，生产出资本家（或者不管人们给雇主起个什么别的名字）同这个劳动的关系。从而，**私有财产**是**外化劳动**即工人同自然界和自身的外在关系的产物、结果和必然后果。”②

可是，力图揭示私有制起源的马克思，并不满足于这种相互作用，而是从相互并存走向因果性的探讨，因此在异化劳动和私有财产究竟谁产生

① 《马克思恩格斯全集》，中文1版，第42卷，112、113页。

② 同上书，100页。

谁的问题上，马克思肯定是异化劳动产生私有财产，而不是相反。他说："诚然，我们从国民经济学得到作为**私有财产运动**之结果的**外化劳动**（**外化的生命**）这一概念。但是对这一概念的分析表明，与其说私有财产表现为外化劳动的根据和原因，还不如说它是外化劳动的结果，正像神**原先**不是人类理性迷误的原因，而是人类理性迷误的结果一样。后来，这种关系就变成相互作用的关系。"①

马克思给自己提出了一个自己当时无法解答的难题。如果异化劳动先于私有财产并产生私有财产，那么劳动在最初为什么会发生异化呢？思想敏锐、穷根究底的马克思当然不会回避这个问题，并且明确地提出这个问题："我们已经承认**劳动的异化、外化**这个事实，并对这一事实进行了分析。现在要问，**人**怎么使他的**劳动外化、异化**？这种异化又怎么以人类发展的本质为根据呢？"马克思没有具体回答这个问题。按照马克思当时的经济学水平，也不可能科学地、详细地解开这个谜。但他为解决这个问题指出了一个总的方向："我们把**私有财产的起源**问题**变为异化劳动**同人类发展的关系问题，也就为解决这一任务得到了许多东西。"②

人们不难发现，当马克思从相互作用中考察异化劳动和私有财产关系时，陷于循环论证，异化劳动产生私有财产，私有财产产生异化劳动；而当马克思摆脱这种循环论证，力求探讨私有财产的起源时，认为私有财产的根源在于异化劳动时，又没有完全摆脱人的自我异化的总框子。在马克思看来，那种认为私有财产是在人之外的东西，而只有在谈到劳动时才是直接谈到人本身的看法是不对的。实际上这两者都是谈到人自身。私有财产是异化劳动的产物，而异化劳动又是人的本质异化的表现，所以从私有财产的主体本质来看，实际上就是人的自我异化，"**物质的**、直接**感性的**私有财产，是**异化了的**、**人的生命的**物质的、感性的表现"③。这样，马克思按照自己的思维进程，合乎逻辑地把私有财产的起源问题，转变为异化劳动和人的发展的关系问题，只要从人的发展过程中弄清人的劳动何以

① 《马克思恩格斯全集》，中文1版，第42卷，100页。
② 同上书，102页。
③ 同上书，121页。

发生异化，也就能弄清私有财产为什么会产生，因为私有财产无非是异化劳动的凝结物。

很显然，这种回答，比起马克思后来直接从生产力的发展水平，从分工和交换的发展来论证私有财产的起源，当然是不成熟的。但是马克思从异化劳动中来探讨私有财产的起源，包含许多合理的因素：

第一，私有制不是永恒的，而是有起源的。这就提出了英国古典经济学派讳莫如深的问题，并为以后着手解决这个问题扫除了一个重大障碍。

第二，私有财产不是与人无关的物，而是劳动的产物。所谓异化劳动产生私有制的论点，清洗掉它的思辨成分，包含着必须从劳动中探求它的起源的思想。

第三，异化劳动产生的根源，不在人之外，而在人类发展本身之中，应该从人的发展过程中探求异化劳动的原因。

如果摒弃以人的本质为中介，摆脱“人的自我异化——异化劳动——私有财产”这个框架，直接考察异化劳动的物质根源，考察劳动的发展水平和私有财产产生的关系，确实会为“解决这一任务得到了许多东西”。

马克思在《手稿》中对异化的分析不限于异化劳动，而是以它为中心，展开了对资本主义制度下若干经济范畴的分析。

马克思通过对私有财产和异化劳动的研究，揭示了资本主义工资的性质，批判希望通过提高工资来根本改善工人阶级状况的观点，批判蒲鲁东把工资平等看成革命目标的观点。

在马克思看来，资本主义制度下的“工资和私有财产是同一的”，是“劳动异化的必然后果”。资本主义的工资就意味着劳动的异化：第一，工人自己创造的产品自己不能占有，而是从劳动产品中拿出一部分来还给工人，这就叫工资。因此这种工资，就意味着无偿地占有工人的一部分产品。第二，在工资中，劳动本身不表现为目的本身，而是表现为工资的奴仆。也就是说，劳动的目的在于挣工资，而不是人的生命活动的内在需要。根据对工资性质的分析，马克思认为，强制提高工资，无非是给奴隶以较多的报酬，而不能使工人获得人的身份和尊严。在资本主义制度下，工资水平的高低并不能改变劳动的雇佣性质，正如古代奴隶市场的奴隶，无论价格高低始终是奴隶一样。因此在资本主义制度下，不能根据工资水平的高低来判断劳动的性质。仅仅着眼于提高工资，不能解决工人的根本问题，不能使他们成为“人”。至于蒲鲁东设想的工资平等，大家领取同样的工资，无非是把资本主义制度下工人和自己劳动的关系，变成一切人同劳动的关系，所有的人成为领取同等工资的人，而社会被理解为抽象的资本家。这样，蒲鲁东的工资平等设想，是试图在经济异化范围内克服经济异化，这是空想。

正因为马克思把工资看成是异化劳动的表现，所以他主张消灭工资。他说：“工资是异化劳动的直接结果，而异化劳动是私有财产的直接原因。因此，随着一方衰亡，另一方也必然衰亡。”① 1844 年的马克思，还没有形成按劳分配的思想，也没有形成关于共产主义发展两阶段的思想，对于消灭私有制以后个人消费品分配采取何种形式的问题，并没有提出来。马克思关于工资是异化劳动结果的论断是针对资本主义的。不能认为社会主义社会采取工资制度，就表明劳动力仍然是商品，劳动仍然是异化劳动。作为按劳分配形式的社会主义工资，同资本主义的工资性质是根本不同的。

马克思也借助私有财产和异化劳动来揭示资本的本质。按照斯密的说法，资本就是积累的劳动。按照马克思关于异化劳动的理论，资本并不是资本家个人劳动的积累，而是异化劳动的积累。也就是说，资本家不可能依靠自己的劳动，而是依靠剥削别人的劳动才成为资本家。资本是异化劳动的凝结。

资本家为什么有权占有别人的劳动和产品呢？这种权力是建立在什么基础上的呢？按照萨伊的观点，根据成文法，继承权的问题是法律问题。但继承权只能规定财产由谁继承的问题，而不能赋予资本对别人劳动产品的私有权。对工人劳动和产品的支配权是资本的特性。资本家拥有这种权力并不是由于他的个人的或人的特性，而只是由于他是资本的所有者。资本家的权力，就是他的资本的权力，是他拥有的资本所具有的不可抗拒的购买权力。因此资本对于工人来说是一种异己力量，资本家利用资本来行使他对劳动的支配权；而且资本的权力不仅支配劳动者，也“支配着资本

① 《马克思恩格斯全集》，中文 1 版，第 42 卷，101 页。

家本身”。因此在资本的统治下，人是消费和生产的机器。人是微不足道的，而产品则是一切。

马克思在论述地租问题时，也讲到异化问题。马克思认为，封建的土地占有已经包含有土地作为某种异己力量对人们的统治。一方面，农奴是土地的附属物，终身被束缚在土地上；另一方面，长子继承权享有者，也属于土地。形式上看，是长子继承了土地，实际上是土地继承了长子。这样，农奴和长子都是土地的附属物，都属于土地。私有财产的统治，从历史上看，是从土地开始的。土地占有是私有财产的基础。土地作为一种异己力量对人的统治，实际上是私有财产的统治。

但是在封建领主制下，地产的统治并不直接表现为单纯的资本的统治。当土地完全卷入私有财产的运动而成为商品，封建领主的土地所有制转变为资本主义所有制时，异化得到进一步发展。一方面，地产以资本的形式对工人阶级进行统治，农业工人不是依附于土地，而是从属于资本；另一方面，它也对土地所有者进行统治。因为地产一旦卷入竞争，它像任何其他商品一样受竞争规律支配。它时而增加，时而减少，不断由一个人手中转入另一人手中。这样，土地所有者必然随着资本的运动而升降浮沉。所以马克思说，随着地产变成商品，“中世纪的俗语‘没有无主的土地’被现代俗语‘金钱没有主人’所代替。后一俗语清楚地表明了死的物质对人的完全统治”①。

马克思在分析私有财产关系时也着力揭示其中存在的异化现象。

马克思分析了两种资本：一种是资本家的资本，一种是工人的资本。一无所有的工人怎么会有资本呢？工人的资本就是他的人自身。因此工人的资本，就它的主观形态来说是工人本身，就它的客观形态来说是劳动。但是工人的资本和资本家的资本不同，它是一种活的因而是贫困的资本。只要他一瞬间不劳动，失业，劳动对他来说就不成其为资本，他便失去了自己的利息——工资。因此在资本主义制度下，人不是作为人，而是作为工人而存在。作为工人，他只具有对他是异己的资本所需要的那些人的特性，即通过劳动来维持自己肉体的生存。因此工人一旦没有工作，不劳

① 《马克思恩格斯全集》，中文1版，第42卷，85页。

动，就不成为工人。而工人不成为工人，他就失去了生存权，他就会贫困、饿死、被人埋葬。所以在资产阶级经济学家的眼里，工人不是人，而是机器，工资就是保持车轮运转而加的润滑油，是机器的维修费和保养费，而工人的死亡、更替，如同设备的更新。

马克思还分析了在资本主义私有制下生产的异化性质。它不是把人作为人，而是"当做**商品**、当做**商品人**、当做具有**商品**的规定的人生产出来"。这种商品人，虽然具有自我意识和自我活动，但不是人，而是商品，是"**精神上**和肉体上**非人化的**存在物"①。

马克思深入私有财产的本质，揭示出资本和劳动的对立是私有财产的最根本关系。从劳动者来说，他进行的生产活动，是一种对自身，对人和自然界，对自由自觉的活动来说完全是异己的活动。在这种生产中，人是"作为单纯的劳动人"。他们通过劳动不是创造自身，而是"每天都可能由他的充实的无沦为绝对的无，沦为他的社会的因而也是现实的非存在"②。资本主义的雇佣劳动制像魔鬼一样，它是要用人血来祭祀的。工人是生产者，是与资本和地产相分离的劳动者，所以是"无"。但当他刚刚投入生产时，还是精神和肉体饱满的"充实的无"，而在劳动中，他受到摧残和损害，不断沦为"绝对的无"，沦为"非存在"，像我们在《啊！野麦岭》中看到的那些年轻的缫丝女工一样。事情确实像马克思摘录的毕莱《论贫困》中所说："大工业城市如果不是时时刻刻都有健康人，新鲜的血液不断从邻近农村流入，那就会在短期内失去自己的劳动人口。"

马克思在资本主义社会的需要、生产和分工中也看到了异化。

人的需要当然有自然基础。但需要的内容和水平并不取决于人的自然本性和欲望，而是取决于生产。人的需要表现为社会需要。生产和再生产不仅生产出满足需要的产品，也不断生产出对产品的新的需要，而需要反过来又推动生产。

社会主义生产和资本主义生产的目的是不同的。马克思认为，在社会主义社会，人的需要是丰富的、多方面的，而生产的目的是逐步满足人的

---

① 《马克思恩格斯全集》，中文1版，第42卷，105页。

② 同上书，106页。

丰富的需要，因此某种新的生产方式和新的生产对象，是“人的本质力量的新的证明和人的本质的新的充实”。

而在资本主义私有制的条件下，正好相反。资本主义生产的直接目的不是满足需要，而是追逐利润。“每个人都千方百计在别人身上唤起某种新的需要，以便迫使他作出新的牺牲，使他处于一种新的依赖地位，诱使他追求新的享受方式，从而陷入经济上的破产。”正因为这样，资本主义社会生产的产品越多，意味着与人相对立、压制人的物的力量越大：“随着对象的数量的增长，压制人的异己本质的王国也在扩展，而每一个新产品都是产生相互欺骗和相互掠夺的新的**潜在力量**。”① 一种新产品的出现，是资本家压倒竞争者，争夺市场，获取利润的手段。

需要的异化，表现为私有制不能把粗陋的需要变成人的需要，而是幻想、奇想、怪想，是单纯的享乐，使人“成为非人的、过分精致的、非自然的和臆想出来的欲望”的奴隶。正像宦官对于君主曲意奉承，并力图用卑鄙的手段来刺激君主的麻痹了的享乐能力一样，工业宦官即资本家也是一样。他们把需要作为把苍蝇诱向粘竿的弱点，以便诱取“黄金鸟”，即掏空消费者的口袋。所以马克思说：“工业的宦官投合消费者的最下流的意念，充当他和他的需要之间的牵线人，激起他的病态的欲望，窥伺他的每一个弱点，然后要求对这种殷勤的服务付报酬。”②

在资本主义社会，除了富人的需要外，还有穷人的需要。需要的异化在于它一方面生产出富人的稀奇古怪的需要和满足需要的资料的精致化，另一方面又生产出穷人牲畜般的野蛮化、粗糙化、简单化的需要。出不起昂贵的房租，只有住地下室，人又退回到洞穴中。光线、空气，甚至连动物的最简单的爱清洁的习性，都不再成为人的需要了。马克思在叙述工人的贫困生活时愤怒地指出：“人不仅失去了人的需要，甚至失去了**动物**的需要。”“他的任何一种感觉不仅不再以人的方式存在，而且不再以**非人的**方式因而甚至不再以动物的方式存在。”③ 工人贫乏的需要，连动物都

---

① 《马克思恩格斯全集》，中文1版，第42卷，132页。
② 同上书，133页。
③ 同上书，134页。

不如。

马克思极其深刻地看到，富人的需要和穷人的需要是同一个问题的两个方面。正是需要和满足需要的资料的增长，同时造成需要的丧失和满足需要的资料的丧失。而作为资本家科学自白的资产阶级政治经济学，把这种需要中的异化看成正常的，并极力为它辩护。它把工人的需要归结为维持最必需的、最可怜的肉体生活，并把这样的生活"宣布为**人的**生活和**人的**存在"，而且把尽可能贫困的生活当做计算标准，实际上是"把工人变成没有感觉和没有需要的存在物"。

需要中的异化现象，实际上是由生产方式决定的不同生活方式。有产者的生活方式，他们的衣、食、住、行，他们的各种享受，无论就质和量来说，都是工人无法相比的。马克思通过对富人需要和穷人需要的鲜明对比，揭示了资本主义制度下资产者和无产者的两极分化。当然，和一百多年以前相比，当代西方工人的生活状况，同资本主义工业发展初期不完全一样，因为整个社会生活水平发生了变化。但是不能由此得出结论说，西方工人的需要和对需要的满足同资产者趋于一致。贫困的起点线可以变化，但失业和贫困现象是资本主义制度不可消灭的伴侣。马克思对需要中异化现象分析的积极意义正在于此。

马克思对货币的分析也是颇具特色的。关于货币作为异化的表现，我们结合《詹姆斯·穆勒〈政治经济学原理〉一书摘要》已经分析过，在这里我们要指出的是，从人的本质的异化角度来分析货币，必然会陷入对货币的道德评价。把世界颠倒、道德沦丧、人与人的关系淹没在利己主义冰水之中的原因归之于货币，并归之于人的本质的异化，不能认为是科学的分析。只要有商品，就必然有货币。金、银的特殊地位，不是人的本质的异化，也不取决于人的主观意志，而是由商品内部不以人们主观意志为转移的客观规律决定的。货币的出现是商品生产矛盾的必然结果，是一种进步。它打破了以物易物的交换在空间、时间和个人需要方面的限制，促进了商品流通，有利于社会的发展。但它并没有解决商品生产矛盾，反而加深了矛盾。所谓货币的罪恶，并不是来源于货币本身，而是根源于私有制。因此，所有制不同，货币的作用和性质是不一样的。

对待货币有两种不同的态度：一种是站在自给自足的小农经济的立场

上，企图限制商品生产，排斥货币，把货币看做万恶之源，以为只要取消了货币，人民就可以返璞归真，民风淳厚，解决一切社会弊病。中国封建社会某些朝代提倡的重农抑商政策就反映了这种观点。有的甚至主张取消货币，认为“民心动摇，弃本逐末，耕者不能半，奸邪不禁，原起于钱”。魏晋的名士们鄙视货币，口不言钱，称之为阿堵物，以示清高。

马克思当然不同，他是从社会主义立场上抨击资本主义的弊病。但由于当时用异化作为根本的理论和方法，因而对货币的作用不能达到高度的科学分析。容易只看到它的消极方面，陷入道德的评价。

在《手稿》中，马克思对资本主义制度下无产阶级的处境和地位的分析，对无产阶级和资产阶级对抗矛盾的分析，对资本主义制度下某些经济现象的分析达到了新的高度。但要真正科学地分析资本主义生产方式，就不能单纯针对它的恶果，而必须探究它的原因。要做到这一点，就必须突破人的本质异化和复归的圈子，过渡到创立唯物主义历史观。

第六章　异化劳动理论的内在矛盾。向唯物史观过渡的必要性和必然性

由异化上升到异化劳动，无疑是马克思思想发展过程中的一次重大转折。但异化劳动理论还不等于唯物史观，它包含着内在矛盾。当马克思把真正的劳动看成人的本质，着眼于主体自身，就不能完全摆脱用人的本质异化和复归来描绘历史的旧模式；当马克思摒弃以人的真正本质为依据，把异化劳动看做是一种客观历史现象，着眼于分析劳动中形成的客观关系——人与自然、人与人的关系，必然引导马克思把社会发展看做是自然历史过程，研究历史自身发展的内在规律，从而走向历史唯物主义。在《手稿》中，这两种倾向同时存在，表现了马克思思想形成过程中的矛盾性与复杂性。但占优势的趋势是向唯物史观发展，这与马克思开始研究经济学是密切联系的。而且对黑格尔的辩证法中的积极因素的批判吸收，在唯物史观的形成中起了不可低估的作用。

第一节　异化劳动理论中的人本主义因素

马克思关于异化劳动的理论，高出于黑格尔和费尔巴哈的异化理论。它包含着唯物史观的因素，但又不等于唯物史观。其中残留着费尔巴哈人本主义的东西，而且在一定程度上包含有一切以异化作为根本理论和方法所特有的共同缺陷。

以人的本质为尺度，用人的本质异化来解释历史，必然不是把重心放在研究客观的历史过程，而是探求人的本质，力求找到一种永恒的、固定不变的、规定人之所以为人的本质，并以此作为历史的起点。当人类社会

发展到一定阶段，人的固有本质同人相异化，造成了人的客观存在同人的本质相对立。历史的根本内容是人的存在与本质的矛盾；历史的终极目的是使人重新获得自己异化了的本质，重新占有自己的本质。

“复归”论，这是以人的本质异化为前提的必然结论。黑格尔如此，他以绝对观念的自我异化开始，而以客体复归于主体，达到主客体的统一为结局；鲍威尔如此，它把宗教看成人的自我意识的异化而扬弃宗教，就是使宗教意识复归于人的自我意识；费尔巴哈也是如此，他以宗教是人的类本质的异化开始，而以人重新占有自己的类本质，达到完善的、真正的人为结束。尽管对于人的本质的规定不一样，但这种异化了的本质都必须复归于主体自身，则是它们共同的结论。异化和复归，构成异化理论的不可分离的两个环节。因此用人的本质异化的理论来解释和描绘历史，按照它自身的逻辑，势必把人类历史纳入人——非人——人的图式之中，使历史笼罩上神秘的思辨色彩，真实的历史变成人的本质的历史的“倒影”。

很显然，这样来考察历史，必须把注意力集中在探求主体——人的本质，而把客观规律排斥在自己的视野之外。在历史发展中，人的本质处于首要的、支配的地位。一切为了实现人的本质，一切必须符合人的本质。这样，整个人类社会的根本矛盾，并不是生产力和生产关系的矛盾（在阶级社会，它表现为阶级矛盾），而是人的存在和人的本质的矛盾。当人完全丧失了自己的本质，丧失了一切合乎人性的东西，这种矛盾就达到了自己的顶点，然后就开始了人的本质复归的历史进程。这种历史观，不仅曲解了历史发展的动力，而且歪曲了历史的进程。人类的历史不是人的本质异化和复归的历史。把人的本质与存在相一致作为历史的起点，把奴隶社会、封建社会、资本主义社会看成是人的本质的异化，而把未来的共产主义社会看成人的本质的复归，这是虚构的三段式。实际上原始社会并不是人类的黄金时代，不是伊甸园；而阶级社会也不是人类的没落、人性的泯灭。如果说反对中世纪的斗争，曾经限制人们的视野，把中世纪看做历史的中断和倒退，忽视中世纪所获得的巨大进步，同样，如果不用正确的历史观来分析资本主义社会的历史作用，也会产生这样的后果。实际上，人类的历史是发展的。各种生产方式的更替，代表了历史的进步方向。虽然其中包含着矛盾，包含局部的倒退，但总的趋势是向前的。无论是生产的发展、科学的进步还是道德的变化都是如此。即使从劳动者的经济状况和政治地位来说，从没有人身自由而被当做生产工具的奴隶，到半依附的农奴，再到近代产业工人，也是不断改变的。

马克思1844年对历史的看法，不能与上述历史观混同。但是处在正在形成唯物史观过程中的马克思，还不可能完全摆脱传统思想的影响。当他用异化作为理论和方法来考察历史的时候，明显地带有思辨的烙印。在《手稿》中，这比较集中地表现在马克思对共产主义的看法上。

马克思是密切结合私有财产的扬弃来论述他的共产主义的，这是他的卓越之处。但是他对问题的论述方法，仍然是以主体的本质为根据的。他说："**共产主义**是**私有财产**即**人的自我异化的积极的**扬弃，因而是通过人并且为了人而对**人的**本质的真正**占有**；因此，它是人向自身、向**社会的**（即人的）人的复归。"① 在另一个地方他还更详细地谈到这个问题，说："**私有财产**不过是下述情况的感性表现：人变成了对自己说来是**对象性的**，同时变成了异己的和非人的对象；他的生命表现就是他的生命的外化，他的现实化就是他失去现实性，就是**异己的**现实。同样，私有财产的积极的扬弃，也就是说，为了人并且通过人对人的本质和人的生命、对象性的人和人的**产品**的**感性的**占有，不应当仅仅被理解为**直接的**、片面的**享受**，不应当仅仅被理解为**占有**、**拥有**。人以一种全面的方式，也就是说，作为一个完整的人，占有自己的全面的本质。"②

在上述论述中，马克思以人的本质为依据，把私有财产归于人的自我异化，即人的本质与人相对立。这种看法，在1844年左右是一贯的。在《〈黑格尔法哲学批判〉导言》中，马克思视宗教为人的自我异化的神圣形象，而把法、国家看成是人的自我异化的非神圣形象。在《手稿》之后不久的《神圣家族》中，马克思认为资产阶级和无产阶级"同是人的自我异化"。《手稿》虽然把私有财产的研究，从单纯作为物的形态转向创造物的主体，转向人的劳动，但它转向的是作为人的理想的本质，是摆脱了生产关系的制约、不具有质的规定性的劳动。囿于主体自身，从人的本质中

① 《马克思恩格斯全集》，中文1版，第42卷，120页。
② 同上书，123页。

（即使把人的本质定义为自由自觉的活动）无法弄清为什么人会发生自我异化，而自我异化又为什么会产生私有财产、阶级、国家。把自我异化当做根据，实际上是把必须论证的事实作为前提。按这种思维方式来说，同费尔巴哈把宗教归于人的自我异化的路子有某些相似之处。可这只是走了一半路程。如果不从人的本质转向分析形成和决定人的本质的社会，不从社会中探求异化的根源，而停留在人自身，就跳不出人本主义的圈子。所以真正科学的历史观，应该从一定的社会经济时期出发，把研究的重心从人的本质的自我异化，转移到研究社会发展的规律上来，这样，才能真正给予人的本质以科学解释，并弄清异化的原因。

以人的本质为据，把私有财产制度看做是人的本质的异化，必然把各种私有制形态下的特殊矛盾，一概归之为非人的生存条件同人的固有本性的矛盾。人的本性成为判断社会关系和社会制度的标准，一种制度的优劣，依据它同人的本性是否符合来衡量。其实，这种尺度是一种主观的、任意的尺度。以其为标准，只能各是其是，各非其非。英国古典经济学家和资产阶级启蒙学派认为封建制度违反人的本性，只有资本主义制度才是最好的制度，它符合人的自私本性；而空想社会主义者则认为资本主义制度压抑人的本性，而只有共产主义制度才符合人的善良本性。每一个人都可以根据自己对人的本性的理解，设想一种完美的制度，完全排除了对历史的客观研究。至今西方仍然有些人坚持这种看法。他们认为资本主义私有制的进步作用，正在于它符合、承认和肯定人的自私本性，充分发挥了人的自私本性，极大地激发了人们追求私利的激情，从而推进了生产力的发展和科技的进步。这实际上是把人的所谓本性（自私的情欲），看做社会发展的动力。在他们看来，不是私有制产生私有观念，而是私有观念产生私有制；资本主义的历史进步性不在于它符合生产力的发展要求，而是符合人的自私本性；不是由于资本主义的商品生产产生资本主义竞争，而是人的自私情欲激励他们舍命拼搏。其实，竞争是商品生产的规律。资本主义的竞争是资本主义商品生产的规律，是不以人们意志为转移的经济规律，而不是人性的规律。资本主义私有制及其商品生产的规律支配人们的行为，反映在人们的意识中，表现为对私利的追求。正如后来恩格斯在1847年所指出的：**“为了不致溃灭，**资产阶级就要一往直前，每天都要增加资本，每天都要降低产品的生产费用，每天都要扩大商业关系和市场，每天都要改善交通。世界市场上的竞争驱使它这样做。"①

当然，社会主义企业也应该提倡竞争，因为社会主义经济是有计划的商品经济，它不能取消商品生产的一般规律。但在社会主义社会，就竞争的目的、性质、范围和手段来说，它们都不同于资本主义。毫无疑问，社会主义中的竞争同个人的物质利益有密切关系，但对物质利益的关心不等于个人主义。我们提倡正确处理国家、集体、个人的关系。在社会主义社会，劳动者对自己物质利益的关心并不是根源于人的自私本性，而是由生产力发展水平和分配方式决定的。把物质利益和人的所谓自私本性混为一谈，正如把爱情和纵欲、消费和浪费混为一谈一样，始终找不到正确的分界线。

我们认为异化劳动理论中包含有人本主义因素，并不在于马克思这时使用了人的、非人的、非人化等形容词来抨击资本主义。作为对资本主义制度的控诉，在一定场合，这些用语强化了情感色彩。问题在于，马克思关于异化劳动的理论，包含着把资本主义制度下的矛盾看成是人的存在和本质的矛盾，即工人的生存条件同他的人类本性的矛盾，表现了以人的本质为尺度来衡量社会制度是否合理的倾向。如果停留在这个范围内，最多只能对资本主义制度进行有声有色的道义谴责，而不能作出科学的说明。沿着这个理论逻辑，必然会把私有财产的扬弃，看成是由非人向人的转化，即人重新占有自己丧失了的本质，向人自身、向社会人（作为人的人）的复归。

诚然，马克思关于他所理解的共产主义的表述，包含许多深刻的思想，例如他反对粗陋的平均共产主义把扬弃私有财产看成是平分私有财产，反对把物质的直接占有视为生活和生存的唯一目的，强调人的全面发展；批判平均共产主义把扬弃私有财产看成是否定一切物质文明和精神文明，鼓吹贫穷的、没有需求的禁欲主义，强调应该自觉地保存以往发展的全部财富，使人的本质得到充实，即人作为一个完整的人，全面占有自己的本质。可是由于马克思以人的本质的自我异化为前提，因此把扬弃私有

① 《马克思恩格斯全集》，中文1版，第4卷，65页。

财产和人的全面发展，纳入了人的本质复归的图式之中。人自身，或者说人真正作为人应该是这样，可是在私有财产制度下，人的本质发生了异化，人不能占有自己的本质，更不用说全面占有自己的本质，因而个体和类，存在和本质之间是矛盾的。只有扬弃私有财产，消除自我异化的共产主义，才能解决这些矛盾，使人真正占有而且是全面地占有自己的本质，人由非人成为人，成为完整的人。这样一来，扬弃私有制就不是由于生产力的高度发展，而是基于人的本质复归的要求；不是在新的生产关系基础上形成人的新的本质，而是全面占有在私有制下无法实现的人作为人的自身本质；不是生产的高度发展、消除旧的分工要求人的全面发展，而是人作为人就应该全面发展。历史发展的客观规律，变成了人的本质的异化和复归的规律。这当然不能认为是科学的历史观。

第二节　超越费尔巴哈，向历史唯物主义前进

事物都是包含矛盾的，思想领域也是一样，特别是对当时从德国古典哲学传统中脱颖而出的马克思来说更是如此。异化劳动理论的成就和局限就极其明白地表现了这一点。

尽管对费尔巴哈的影响有不同的评价，但这种影响的存在是毋庸置疑的。马克思和恩格斯本人有过多次明确的论述。直到 1844 年，马克思还没有完全摆脱这种影响。人们不仅在《手稿》中可以看到对费尔巴哈过高的评价，而且可以看到在对某些问题的论述中保留的费尔巴哈的印痕。无怪乎 1844 年 8 月，马克思在给费尔巴哈的一封信中赞扬他的《未来哲学的基本原理》和《路德所说的信仰的本质。对〈基督教的本质〉的补充》，说“在这些著作中，您给社会主义提供了哲学基础，而共产主义者也就立刻这样理解了您的著作”①。

但马克思并不是纯粹的费尔巴哈派。到 1844 年，马克思的异化劳动理论虽然仍保留有费尔巴哈的影响，但也正是这种理论成为马克思过渡到唯物主义历史观的重要环节。

似乎很难理解，为什么同一种理论可以把相互矛盾的东西结合在一

① 《马克思恩格斯全集》，中文 1 版，第 27 卷，450 页，北京，人民出版社，1972。

起？其实并不奇怪。当马克思囿于主体自身，从人的内在需要中分析劳动，就不能摆脱以人的本质异化和复归来描绘历史的思辨传统；当马克思把劳动作为社会存在和发展的基础，深入到现实的劳动过程中去分析各种关系，就会通向历史唯物主义。马克思说过："思辨终止的地方，即在现实生活面前，正是描述人们的实践活动和实际发展过程的真正实证的科学开始的地方。"①《手稿》的重要成就正在于，马克思把劳动的异化看做一种客观的社会现象，深入到资本主义的经济过程内部，深入到私有制的内部，比较深刻地理解了生产劳动在人的自我形成中的作用，人与自然、人与人以及自然与社会的关系，从而打通了走向唯物主义历史观的道路。

费尔巴哈也自称"共产主义者"，但他的所谓共产主义是以人本主义为根据的。他从人是个体和类的统一出发，强调人是类存在物，他们彼此相互需要，相互交往，因此共产主义蕴涵在人的本质之中。马克思不同。他虽然在《手稿》中把共产主义看成是人的本质的复归，但不是直接从人的本质中，而是深入到私有制内部，从私有财产运动的规律中引出共产主义。当马克思说，整个共产主义运动，"必然在**私有财产**的运动中，即在经济中，为自己既找到经验的基础，也找到理论的基础"② 时，他就初步扭转了用人的本质来论证共产主义，为社会主义从空想到科学的发展找到了一个支撑点。

马克思牢牢地抓住资本主义私有制，把无产者和有产者的对立理解为劳动和资本的对立。马克思分析了历史，认为在古罗马、土耳其虽然也存在有产者和无产者的对立，但它不是由资本主义私有制所产生的对立，因而表现为穷人和富人的对立。古代的无产者不养活社会，而是靠社会养活，它是附着在社会机体上的赘瘤和废渣。而近代无产者不同，它是由资本主义私有制产生的。它同有产者的对立，表现为劳动与资本的对立：一方面是被财产排除的劳动，即本身不占有生产资料，但却创造财富的无产者，另一方面是作为劳动之排除的资本，即自己不劳动，但却是劳动凝结物、能支配和占有别人劳动的资本。这是资本主义私有制包含的内在矛

---

① 《马克思恩格斯全集》，中文1版，第3卷，30～31页。

② 《马克思恩格斯全集》，中文1版，第42卷，120～121页。

盾。因此资本主义私有制既是产生有产者和无产者矛盾的根源，又是这种矛盾得以解决的内在根据。

马克思根据资本主义私有制自身运动的规律，进而分析了资本主义社会阶级关系简单化的趋向，即社会日益分裂为无产阶级和资产阶级两大阶级。在工业中，中间等级不断分化；在农业中，土地所有者变为极普通的资本家，使原来作为封建所有制财产的土地、地租，失去了自己等级的差别而变成资本和利息，因而农业和工业一样，也表现为资本和劳动的对立。正如马克思所说："资本家和靠地租生活的人之间、农民和工人之间的区别消失了，而整个社会必然分化为两个阶级，即**有产者**阶级和没有财产的**工人**阶级。"① 阶级关系的简单化，也就是阶级斗争的尖锐化。原来为复杂的等级制度所掩盖、所冲淡的阶级斗争，现在直接表现为无产阶级和资产阶级两大阶级的对立，"劳动和资本的这种对立一达到极限，就必然成为全部私有财产关系的顶点、最高阶段和灭亡"②。

马克思还根据私有财产运动的规律，分析了农村的情况。由于大地产的资本主义化，它给土地所有者带来最大限度的地租，给农场主带来最大限度的资本利润，而农业劳动者即农业工人的工资被压低到最低限度。而且由于竞争规律的作用，一部分土地所有者和租地农场主破产，沦为无产阶级，而已经很低的农业工人的工资，为了经得起市场竞争，被进一步降低。马克思由此得出结论，这种情况"必然导致革命"③。

正因为马克思把资本主义私有制看成是无产阶级和资产阶级对立的根源，因而反对不触及资本主义私有制，希望通过提高工资来改善工人状况的做法。马克思把这称为"改良主义"。毫无疑问，经济斗争是必要的，通过斗争迫使资本家提高工资，能在一定范围、一定程度上改善就业工人的生活，但不能根本改变工人的处境。只要存在资本主义私有制，无产阶级就会始终处于雇佣劳动的地位。马克思的这个看法至今仍然是有效的。无论当代资本主义社会的发展表现出什么新特点，无论随着生产高度机械

---

① 《马克思恩格斯全集》，中文1版，第42卷，89页。
② 同上书，106页。
③ 同上书，87页。

化、自动化和信息化使劳动条件和内容发生了多大的变化，也无论白领工人的比重怎样增加，只要仍然是以资本主义私有制为基础，它的基本阶级结构就不会发生根本性的变化。工人阶级仍然是被雇佣的阶级。无产阶级和资产阶级的差别和对立依然存在，矛盾并没有解决。

马克思对平均共产主义的批判，也是以对资本主义私有制的认识为根据的。平均共产主义是社会主义思想史上最早出现的社会主义形式。它们不是要求消灭资本主义私有制，而是重新分配私有财产，因而它们并没有超出私有制，而是私有财产关系的普遍化、完成和彻底表现。它们否定物质文明和精神文明，极力想把一切不能作为私有财产由一切人所占有的东西加以摧毁，企图用强力抹杀天赋，否定个性，否定文化，鼓吹贫穷、粗野、禁欲。这种平均共产主义，不仅没有超过资本主义私有制的水平，甚至没有达到资本主义私有制的水平。它们并没有真正占有资本主义私有制，而是一种倒退。

在马克思看来，资本主义私有制包含物质和精神上的富有和贫困这两个矛盾着的对立面。积极扬弃私有制，决不是否定人类创造的物质文明和精神文明。贫穷决不是社会主义。要从资本主义私有制下所创造的东西中，发现形成新社会所需要的全部材料。应该前进，而不是倒退。“共产主义决不是人所创造的对象世界的即人的采取对象形式的本质力量的消逝、抽象和丧失，决不是返回到违反自然的、不发达的简单状态去的贫困。”①

也正因为马克思把共产主义和积极扬弃私有制结合在一起，因而提出了共产主义行动的问题。和一切空想社会主义、真正的社会主义相反，马克思不是把共产主义的实现只看做宣传、呼吁，而是看做革命。他明确指出：“要消灭私有财产的**思想**，有共产主义**思想**就完全够了。而要消灭现实的私有财产，则必须有**现实的**共产主义行动。”② 诉诸实践、诉诸革命、诉诸行动，这是马克思的重要结论。

在马克思关于异化劳动的理论中，也蕴涵着历史唯物主义的因素。这

① 《马克思恩格斯全集》，中文1版，第42卷，175页。
② 同上书，140页。

就是马克思把劳动的异化作为一种客观的经济现象来分析时，涉及许多重要问题，例如劳动的作用问题，劳动过程中人与自然、人与人的关系问题，经济异化和意识形态中异化的关系问题，等等。马克思通过对异化劳动的分析，初步确定了一条从劳动中寻找对历史、对社会解释的道路。

什么是历史？马克思说："**整个所谓世界历史**不外是人通过人的劳动而诞生的过程，是自然界对人说来的生成过程。"他还强调，"历史本身是**自然史**的即自然界成为人这一过程的一个**现实**部分"，"历史是人的真正的自然史"①，等等。马克思的这些思想，同他对异化劳动过程的分析是不可分的。

在异化劳动中，虽然存在自然与人的对立、人与人的对立，人还没有成为真正的人。但人成为人，是全部历史的结果，是通过人类的全部活动，其中包括以异化的形式把自己的劳动能力全部发挥出来的结果。这种看法，虽然没有完全摆脱人本主义的局限，但包含合理的思想：第一，马克思把劳动和历史结合在一起，认为人类历史就是人通过人的劳动而创造的；第二，自然与社会是不可分的。人类历史，无非是人类改造自然、占有自然的过程，是自然成为人的自然的过程。因此马克思批评了那种只重视宗教、政治、艺术、文学，把这些看成是人的真正活动，而轻视物质生产劳动的错误倾向。

马克思虽然把私有财产看做人的自我异化，但没有停留在这一点，而是进一步分析了私有财产制度和生产的关系以及物质生产同精神生产的关系。马克思说："私有财产的运动——生产和消费——是以往全部生产的运动的**感性**表现，也就是说，是人的实现或现实。宗教、家庭、国家、法、道德、科学、艺术等等，都不过是生产的一些**特殊的**方式，并且受生产的普遍规律的支配。"② 马克思把资本主义私有制看成是以往全部运动的感性表现，不仅表明了它的历史性，而且从生产过程本身来探求它的根源；同样，马克思把政治上层建筑和各种意识形态看成是受物质生产一般规律支配的、被决定的因素，也就找到了它的真实根源。虽然直接用物质

① 《马克思恩格斯全集》，中文1版，第42卷，131、128、169页。

② 同上书，121页。

生产来解释整个上层建筑而没有深入到生产过程的内在结构和各种要素的不同功能，仍然是比较笼统的。还缺乏对物质生产决定精神生产的机制和过程的科学的说明，但整个方向是对头的。

马克思当时还没有形成社会形态的概念，也没有建立关于社会形态的学说，但马克思由此探讨了私有财产的运动，摸索到社会发展的两个重要环节。马克思在关于地租、关于私有财产关系的分析中，探讨了资本主义战胜封建主义、资本战胜地租、动产战胜不动产的必然性。他认为，由于商品经济渗入封建的土地所有制，土地变为商品，必然引起土地的重新分割和集中，而这样必然导致资本主义类型的大地产，即资本主义大农业的产生。无论封建土地所有者怎样拼命挣扎，都逃脱不了这个结局。另外，由于农村的破产，农业人口流入城市，转移到工业领域，扩大了工业资本的势力，有利于资本主义战胜封建主义。所以马克思说："从**现实的**发展进程中必然产生出**资本家**对**土地所有者**的胜利，即发达的私有财产对不发达的、不完全的私有财产的胜利"，并且断言，任何阻止这种发展趋势的企图，都是"完全白费力气"①。

马克思还把由资本主义向共产主义发展，看做对下一段历史来说是现实的、必然的环节。私有制不是永恒的。人为了实现自己的生命活动即劳动，"曾经需要**私有财产**"，而"现在需要消灭私有财产"②。

马克思的上述论述，勾画了人类发展的粗略轮廓：封建社会→资本主义社会→共产主义社会。虽然它是不完全的，但却把握了人类历史发展的最重要阶段，并展示了人类发展的前景。

在《手稿》中，马克思还没有形成关于社会存在和社会意识相互关系的原理，但他在分析私有财产的运动时，在很大程度上接近了这个原理。例如，马克思在分析经济学说史时，不是把由重商学派到重农学派再到英国古典经济学派的发展看成纯思维过程，而是看成社会本身发展在经济理论领域中的反映。他在评价重农学派的重要思想家魁奈时说，重农学派直接地就是封建所有制在国民经济学上的解体；而在论述亚当·斯密、李嘉

---

① 《马克思恩格斯全集》，中文1版，第42卷，110页。

② 同上书，148页。

图时，认为英国古典经济学派是私有财产的现实机能和现实运动的产物，是现代资本主义工业的产物。英国古典经济学派理论上的矛盾，是资本主义工业本身内在矛盾的反映。在分析资本主义的货币拜物教时，马克思把古希腊的自然拜物教和货币拜物教区分开来，因为它们的社会条件不一样。他说："拜物教徒的感性意识不同于希腊人的感性意识，因为他的感性存在还是不同于希腊人的感性存在。"① 这里使用的是感性存在和感性意识的提法，但它所表达的思想是非常清楚的：存在决定意识。

马克思还直接分析了人的意识同社会生活、社会共同体的关系。他反复强调，"我的**普遍**意识不过是以**现实**共同体、社会存在物为**生动**形式的那个东西的**理论**形式"。并不是人的意识决定人的社会存在，而是相反，"作为**类意识**，人确证自己的现实的**社会生活**，并且只是在思维中复现自己的现实存在"②。所以马克思反对把思维和存在对立起来，强调："思维和存在虽有**区别**，但同时彼此又处于**统一**中。"③

此外，马克思把宗教的异化看成是发生在人的内心深处的意识领域，而劳动的异化是发生在现实生活中，是经济的异化。异化的扬弃包括这两个方面。但问题并不像费尔巴哈所说的，扬弃宗教的异化是解决一切社会问题的途径。恰好相反，马克思提出"**私有财产**的积极的扬弃"，"是一切异化的积极的扬弃"④ 的论断，表明了马克思对经济因素在社会发展中的地位的看法。

对资本主义制度下异化劳动的分析，还推进了马克思对阶级和阶级斗争的认识。现代社会存在阶级和阶级斗争并不是马克思的首创。在马克思之前，资产阶级古典经济学家从经济上对各个阶级进行过一定的分析。《手稿》中引用过不少资产阶级经济学家关于工资、利润、地租的言论。资产阶级古典经济学派虽然包含许多合理的东西，但当它们把利润作为资本的收入、地租作为土地的收入、工资作为劳动的收入时，掩盖了地租和利润的来源，从而歪曲了资本主义社会阶级关系的实质。马克思当时虽然

---

① 《马克思恩格斯全集》，中文1版，第42卷，139页。
② 同上书，122、123页。
③ 同上书，123页。
④ 同上书，121页。

还没有形成剩余价值的理论，但他通过对劳动产品与劳动者相异化、劳动与劳动者相异化，揭示了劳动者的产品、劳动为资本家所占有的事实。所以马克思认为，在资本主义私有制的社会，资产阶级的统治表现为资本的统治，“所有者和劳动者之间的关系必然归结为剥削者和被剥削者的经济关系”①。

资产阶级经济学家把资本主义社会看成和谐的有机体，而马克思则强调各阶级之间的对立性。资本家和土地所有者凭着资本与土地，占有劳动产品的大部分，而“剩余部分即工人在最好的情况下挣得的部分，只有这么多：如果他有四个孩子，其中两个必定要饿死”②。因此在资本主义社会围绕各自的经济利益展开了斗争。正如马克思所概括的：“在国民经济学中，我们到处可以看到，各种利益的敌对性的对立、斗争、战争被认为是社会组织的基础。”③

费尔巴哈是唯物主义者，但历史在他的视野之外。当费尔巴哈考察历史时，他陷入了唯心主义。费尔巴哈停留在对人的本质作人本主义研究的范围内，截断了自己通向科学理解人类社会的道路。马克思不同，他当时虽然没有完全摆脱费尔巴哈的影响，但他着重社会经济现象自身的分析，抓住资本主义私有制和它的根本矛盾，分析资本主义私有财产运动的规律并从中引出结论。这就使他在许多方面突破了费尔巴哈的局限，并为以后科学地理解人的本质，彻底摒弃和清算费尔巴哈开辟了新的航道。

第三节　对黑格尔异化观的批判改造，探讨历史的辩证运动

马克思是从黑格尔出发，经过费尔巴哈走向创立马克思主义的。马克思开始吸收费尔巴哈的唯物主义来批判黑格尔的思辨唯心主义，又借助于黑格尔的辩证法来克服费尔巴哈的形而上学和直观性。这样，马克思离费尔巴哈越远，离黑格尔反而越近，似乎又回到了起点，其实是在更高的基础上对黑格尔的辩证法进行了唯物主义的改造。

---

① 《马克思恩格斯全集》，中文1版，第42卷，84页。
② 同上书，54页。
③ 同上书，76页。

人们往往容易把历史唯物主义仅仅理解为唯物主义，而忘记了辩证法。这是片面的。历史唯物主义就包括历史的辩证法，它是对人类社会发展的辩证规律的揭示。没有辩证法，就不可能产生历史唯物主义。马克思在形成自己的唯物主义历史观的过程中，曾批判地吸收和改造德国古典哲学，特别是黑格尔的辩证法。恩格斯说过："唯物主义历史观及其在现代的无产阶级和资产阶级之间的阶级斗争上的特别应用，只有借助于辩证法才有可能。"①

在黑格尔哲学中，对马克思最具有吸引力的是辩证法，而不是烦琐的思辨和纯概念的演绎。也正是由于辩证法的力量，使马克思在1837年由讨厌黑格尔逐步转向黑格尔，并在一篇未完成的著作《克莱安泰斯，或论哲学的起点和必然性》中，效法黑格尔，力图通过概念本身、宗教、自然、历史这些神性的表现"从哲学上辩证地揭示神性"。马克思在《关于伊壁鸠鲁的笔记》中，热情赞扬辩证法和它不可阻挡的力量："辩证法是内在的纯朴之光，是爱的慧眼，是不因肉体的物质的分离而告破灭的内在灵魂，是精神的珍藏之所。"他还把辩证法比作"急流"，"它冲毁各种事物及其界限，冲垮各种独立的形态，将万物淹没在唯一的永恒之海中"②。一切都在运动、变化，绝对凝固的东西是没有的。

马克思对黑格尔唯心主义辩证法的批判和改造，不是从自然界，而是从社会领域开始的。同费尔巴哈过分注重自然而过少地注重政治不一样，马克思非常注重社会现实。他在《黑格尔法哲学批判》中对黑格尔唯心主义辩证法的批判，集中在市民社会同政治国家的关系问题上，也就是集中在马克思在《莱茵报》时期所遇到的最苦恼的问题上。这既是对黑格尔唯心主义辩证法的批判，也是对他的唯心主义历史观的批判。黑格尔把市民社会和家庭看成是国家的概念领域，使理念变成主体，从而使家庭和市民社会同国家的现实关系变成了理念自身的关系。马克思把市民社会和国家的关系倒过来，不仅具有一般的唯物主义意义（把被黑格尔颠倒的主语和谓语的关系再颠倒过来），而且提出了历史唯物主义的一个重要原则。马

---

① 《马克思恩格斯选集》，1版，第3卷，377～378页。
② 《马克思恩格斯全集》，中文1版，第40卷，144、144～145页。

克思正是围绕市民社会和国家的矛盾，以及市民社会内部和国家内部的各自矛盾，展开了对矛盾的论述，批判黑格尔通过中介来调和矛盾的理论，提出了区分同一本质内部和不同本质之间矛盾的有关矛盾类型的学说，特别是强调要研究客观对象自身的矛盾，“对现代国家制度的真正哲学的批判，不仅要揭露这种制度中实际存在的矛盾，而且要**解释**这些矛盾；真正哲学的批判要理解这些矛盾的根源和必要性，从它们的**特殊**意义上来把握它们。但是，这种**理解**不在于像黑格尔所想象的那样到处去寻找逻辑概念的规定，而在于把握特殊对象的特殊逻辑”①。

在《手稿》中，马克思力求贯彻自己提出的这条原则，把握特殊对象（资本主义私有制）的特殊矛盾，揭示这些矛盾，并理解这些矛盾的根源和必然性。马克思把经济学的研究和矛盾的分析结合在一起。深入地分析资本主义的经济，有助于理解和揭示它的内在矛盾；而抓住资本主义社会的内在矛盾，又促进了马克思的经济学研究。正是通过解剖“市民社会”，马克思进一步展开了对黑格尔唯心主义辩证法的批判和继承，在一定程度上发现了历史的辩证法。

马克思在 1844 年重新回到批判地改造黑格尔唯心主义辩证法的问题上来，同他的经济学的研究是密切联系的。马克思不仅看到英国古典经济学的理论基础是唯心主义的，这些经济学家用贪欲以及贪婪者之间的战争即竞争来解释资本主义的经济现象，而且使用的方法也是不科学的。他们把应当论证、探讨的东西，例如私有制、分工和交换之间的关系等等，当成永恒的既成事实，而不去研究它们是怎样产生、发展的；他们把必然性和偶然性对立起来，完全用偶然的外部情况说明竞争，而不阐明“这种似乎偶然的外部情况在多大程度上仅仅是一种必然的发展过程的表现”；他们把竞争和垄断、同业公会和营业自由、封建所有制和地产分割绝对对立起来，而“不理解运动的相互联系”，看不到后者是前者发展的必然结果。而且英国古典经济学中的一些人，强调土地所有者和资本家同整个社会利益的一致性，掩盖工人和资本家的对抗性矛盾。

和英国古典经济学派不同，受到德国古典哲学辩证法熏陶的马克思，

① 《马克思恩格斯全集》，中文 1 版，第 1 卷，359 页。

其思维方法是辩证的。他着力探求私有制的起源和发展，分析私有制的内在矛盾，并历史地考察劳动者和生产资料如何由直接或间接的统一发展到对立的过程。马克思也不是把资本主义制度看成和谐的有机体，而是揭示资本主义制度下人与自然、人与人、对象化与自我确证、自由和必然、个体和类、存在和本质之间的矛盾，并把私有制的积极扬弃，看成是这些矛盾的解决。马克思的这些论述都被归纳在他的异化劳动的理论中。因此异化劳动理论除了费尔巴哈人本主义的影响外，还包含着对客观矛盾的分析。一旦消除了费尔巴哈人本主义的东西，这些辩证的因素就会同历史的唯物主义结合在一起。

当时正在对黑格尔辩证法进行唯物主义改造，并力图运用到自己经济学研究中去的马克思，对以鲍威尔为代表的青年黑格尔派的态度是非常不满意的。青年黑格尔派牢牢抓住黑格尔哲学体系中的自我意识不放，把它作为自己哲学的前提。他们的双脚仍然站在黑格尔唯心主义的泥潭里，甚至是逐字逐句重复黑格尔的观点。他们极力回避青年黑格尔派同它的诞生地——黑格尔唯心主义哲学的关系，“对于我们如何对待黑格尔**辩证法**这一**表面上看来是形式的**问题，而实际上是**本质的**问题，则完全缺乏认识”①。特别是在费尔巴哈发表了他的重要著作《关于哲学改造的临时纲要》和《未来哲学原理》之后，他们仍然死抱着黑格尔的唯心主义不放，搬弄黑格尔的词句来反对费尔巴哈对黑格尔的批判。到 1844 年，这些青年黑格尔派分子还不了解“现在已经到了同自己的母亲即黑格尔辩证法批判地划清界限的时候”②。他们号召批判，但把批判矛头指向唯物主义，指向无产阶级群众，而对自己信奉的黑格尔唯心主义哲学完全是一种非批判的态度。

马克思当时对费尔巴哈在黑格尔问题上的态度也并不是毫无保留的。马克思赞扬费尔巴哈，赞扬费尔巴哈对黑格尔的严肃批判，并吸收了他的思想。但马克思看到费尔巴哈在辩证法问题上有点简单化，例如他把黑格尔对否定之否定的看法，仅仅归结为宗教——哲学——宗教哲学这样一个

① 《马克思恩格斯全集》，中文 1 版，第 42 卷，156 页。

② 同上书，157 页。

三段式，而忽视了它所蕴涵的丰富内容和普遍性。正如马克思所说："费尔巴哈把否定的否定**仅仅**看做哲学同自身的矛盾，看做在否定神学（超验性等等）之后又肯定神学的哲学，即同自身相对立而肯定神学的哲学。"① 费尔巴哈虽然发现了黑格尔唯心主义哲学的本质（颠倒存在和思维的关系），但并没有因此就结束了对黑格尔哲学辩证法批判分析的必要性。

正因为如此，到1844年写作《手稿》时，马克思认为，"对**黑格尔的辩证法**和整个哲学的剖析，是完全必要的，因为这样的工作还没有完成"②。

同1843年不一样，马克思这时选择了《精神现象学》作为批判对象。因为批判的重点是黑格尔的整个哲学和唯心主义辩证法，而不是某一个具体问题，如《黑格尔法哲学批判》中所涉及的问题那样。因此最适合于作为分析批判对象的，自然是被看做黑格尔哲学诞生地和秘密的《精神现象学》。另一方面，马克思在1844年提出了异化劳动理论，把它作为中心展开了对资本主义私有制和雇佣劳动的分析。要把异化劳动理论同德国古典哲学的唯心主义异化理论区分开来，必须分析《精神现象学》，因为正是在这本书中，黑格尔论述了关于绝对观念的自我异化和扬弃的思辨理论。马克思在《手稿》中通过分析《精神现象学》，既揭露了黑格尔异化观的唯心主义本质，又肯定了其中包含的积极成果，推进了对历史进程辩证性质的认识。

在马克思写于1844年11月的《黑格尔现象学的结构》的笔记中，第一条就指出："自我意识代替人。主体——客体。"③ 这是对《精神现象学》中关于异化理论的唯心主义性质的最概括的表述。

主体——自我意识，客体——自我意识外化所创立的"物相"。这是黑格尔关于绝对观念自我对象化和扬弃异化的图式在历史领域的表现。因此，由异化而产生的主体—客体的对立，并不是人同他所创造的真实对象的对立，而是抽象思维同现实的感性在思想范围内的对立。例如，当黑格

① 《马克思恩格斯全集》，中文1版，第42卷，158页。
② 同上书，46页。
③ 同上书，237页。

尔在《精神现象学》中把财富、国家权力看做异化现象时，这并不是指客观实在的财富和国家权力，而只是就它的思想形式而言，即把它们当做纯粹范畴来对待。自我意识之所以要创立对象，无非是为了通过主体→客体，客体→主体的过程，来达到自我实现和自我认识。所以主体是能动的，而客体是被动的；主体是积极的，而客体是消极的。对象对意识来说，是正在消逝的。它的被设立，是为了证实主体的创造力。扬弃异化，就是扬弃它的对象性，使客体重归于主体。因此在黑格尔的《精神现象学》中，“全部**外化历史**和外化的整个**复归**，不过是抽象的、绝对的思维的**生产史**，即逻辑的思辨的思维的**生产史**”①。这种异化观当然是唯心主义的。但它以抽象的形式强调主体的创造作用，强调通过主体和客体相互对立和扬弃对立而使主体得到发展的思想，对于辩证地理解历史（人与环境、历史领域中的主体与客体）还是富有启发性的。

马克思看到，黑格尔的异化观以精神异化的形式抓住人的异化并主张扬弃异化，因而包含着批判的因素。例如在《精神现象学》中，就包含着对宗教、国家、市民社会等整个领域的批判的要素。但是黑格尔的批判主义并不是革命的、实践的批判主义，而是徒有其表的虚假的批判主义。这是由他的异化观的唯心主义性质决定的。正如马克思所指出的：“在《现象学》中，尽管已有一个完全否定的和批判的外表，尽管实际上已包含着那种往往早在后来发展之前就有的批判，黑格尔晚期著作的那种非批判的实证主义和同样非批判的唯心主义——现有经验在哲学上的分解和恢复——已经以一种潜在的方式，作为萌芽、潜能和秘密存在着了。”②

这种非批判的、虚假的批判主义主要表现在：第一，黑格尔所说的扬弃异化，并不是真正通过实际活动来改变对象，而是把它归结为在纯思维中进行的认识运动，即从对象自身认识到它的主体本质。所以在黑格尔哲学中，对宗教、国家、法的扬弃，不是指现实的宗教、国家、法，而是已经成为知识对象的教义学、国家学、法学，而在现实生活中，宗教、国家

① 《马克思恩格斯全集》，中文1版，第42卷，161页。
② 同上书，161～162页。

和法依然存在。正如马克思所深刻揭露的："这种思想上的扬弃，在现实中没有触动自己的对象。"① 第二，黑格尔不仅没有真正扬弃异化，而且由于把对象化和异化混同，实际上为异化的存在作了辩护。在黑格尔看来，对象化是自我意识实现自己、认识自己的必然环节。自我意识首先要把自己对象化出去，然后才能通过扬弃客体的对象性回到主体自身，这就是异化和异化的扬弃。这个过程也就是自我意识的自我确证的过程。因此，对异化的扬弃，就是对异化作为自我意识异在的肯定。比如说，"一个认识到自己在法、政治等等中过着外化生活的人，就是在这种外化生活本身中过着自己的真正的、人的生活"②。这完全是为普鲁士封建国家制度和法律辩护，否定彻底改变这种制度的必要性。

但是马克思也从两个方面肯定了黑格尔唯心辩证法的合理因素。一个是劳动在人类历史发展中的作用问题，另一个是人类历史发展的辩证图景问题。马克思把蕴涵在黑格尔唯心主义哲学中的某些合理因素清洗、引申、发挥，更接近了对历史辩证过程的把握。

马克思指出，"黑格尔站在现代国民经济学家的立场上。他把**劳动**看做人的**本质**，看做人的自我确证的本质"，并且强调黑格尔"抓住了**劳动的**本质，把对象性的人、现实的因而是真正的人理解为他**自己的劳动**的结果"。可另一方面又说："**人的本质，人**，在黑格尔看来是和**自我意识**等同的。""黑格尔唯一知道并承认的劳动是**抽象的精神的**劳动。"③

既然黑格尔把自我意识看成是人的本质，那又为什么说他把劳动看做人的本质？既然黑格尔只承认精神劳动，那为什么又说他抓住了劳动的本质呢？这两种似乎矛盾的说法，表明了马克思对黑格尔哲学唯心主义本质的认识和自己从中看到的积极意义。

黑格尔对劳动的作用是有认识的。他在《实在哲学》、《精神现象学》、《法哲学原理》中对劳动的作用都有论述。特别是在《精神现象学》中对主奴关系的分析，认为主人因为脱离劳动而变成奴隶的奴隶，奴隶因为从

① 《马克思恩格斯全集》，中文1版，第42卷，174页。
② 同上书，172页。
③ 同上书，163、165、168页。

事劳动而重新发现了自己，成为主人的主人的论证，是极为深刻的。但是我们要指出的是，马克思在这里所说的黑格尔把劳动看做人的本质，主要不是指上述思想，而是指黑格尔把自我意识看做人的本质，是在抽象形式下把劳动看做人的本质。自我意识的自我对象化和异化，又扬弃异化回到主体，在这过程中使主体得到确证和发展，实际上是描绘人的自我产生和劳动的本质。人正是通过劳动对象化和异化，并不断克服劳动异化而使主体（人）自身得到发展的。只要把黑格尔的自我意识换成人，把黑格尔的自我设置、自我扬弃的抽象行动变成人的实际劳动，把自我意识的异化和扬弃异化换成劳动的异化和扬弃异化，那一切都颠倒过来了，我们得到的是人通过自己的劳动而自我产生的实际过程。所以马克思说，黑格尔是在抽象的范围内把劳动理解为人的自我产生的行动，由于他颠倒了思维和存在的关系，因此这个过程，“**仅仅**具有**形式的**性质，因为它是抽象的，因为人的本质本身仅仅被看做**抽象的**、**思维的**本质，即自我意识”①。马克思卓越之处在于，他从黑格尔的唯心主义外壳中看到合理的内核，看到他以自我意识的异化和异化扬弃的思辨形式，曲折地表达了人通过劳动而发展自己的历史过程。马克思不是在叙述黑格尔，而是在改造黑格尔。

马克思还肯定了黑格尔的历史辩证法的思想。同费尔巴哈把否定之否定仅仅看成是否定神学又肯定神学的思辨游戏不同，马克思看到它的合理性和普遍性。黑格尔以自我意识作为历史的主体，因而脱离了现实的人和现实的历史，但他对自我意识异化和扬弃异化经历否定之否定过程的看法，反映了人的实际历史过程。但是由于黑格尔脱离了现实的主体（人）和现实的历史（人的实际劳动），因而把人的实际活动抽象化、神秘化了，这是它的荒谬的地方，但有它的合理之处，这就是为历史运动“找到**抽象的**、**逻辑的**、**思辨的**表达”②。

马克思还肯定否定之否定的普遍性。黑格尔把人的内容丰富的、活生生的、感性的、具体的活动，纳入否定之否定的图式，因而抽象掉它的一切内容，变成一种抽象的形式。这当然是唯心主义的。但作为一种逻辑范

① 《马克思恩格斯全集》，中文1版，第42卷，175页。
② 同上书，159页。

畴、思维形式，这种抽象是合理的。经过抽象后它变成普遍的、适合一切内容的形式。正如马克思所说："这就是普遍的，抽象的，适合任何内容的，从而既超脱任何内容同时又正是对任何内容都通用的，脱离**现实的**精神和**现实的**自然界的**抽象形式**、思维形式、逻辑范畴。"① 马克思当时所说的普遍性，还是就黑格尔哲学体系范围内说的，指它适用于逻辑学、自然哲学、精神哲学，是黑格尔构造体系的杠杆，还不可能把否定之否定作为自然、社会和思维的普遍客观规律，像恩格斯后来在《自然辩证法》和《反杜林论》中所概括的那样。但马克思把黑格尔的否定之否定，看成适用任何内容的纯逻辑形式，就在一定程度上肯定了它的普遍性。

黑格尔的异化观是唯心主义的，但包含某些积极因素。对它的批判改造，对于马克思形成历史辩证法的思想是十分有益的。

① 《马克思恩格斯全集》，中文1版，第42卷，176页。

第七章　人与自然　人与社会

在《手稿》中，马克思赞扬费尔巴哈，认为只有费尔巴哈才开始了自然主义和人本主义的批判。马克思有时也自称为完善的或彻底的自然主义和人本主义，用它来表示自己对共产主义和某些哲学问题的看法。毫无疑问，在人、自然、社会的某些问题上，马克思当时仍残留有费尔巴哈的影响，但又超过了费尔巴哈。这些与费尔巴哈不同的思想，构成了马克思向唯物主义历史观前进的积极因素。

第一节　自然的客观实在性。异化自然与人化自然

费尔巴哈哲学的特点是自然主义和人本主义。他强调自然的客观实在性，把自然看成是物质的、感性的存在物；强调人是自然的产物，是自然的一部分。费尔巴哈在人与自然统一的基础上建立起自己的哲学，把人连同作为人的基础的自然当做哲学唯一的、普遍的、最高的对象。推崇人，推崇自然，表现了费尔巴哈反对宗教、反对思辨唯心主义的战斗精神。但费尔巴哈把人与自然的关系，看成是两个自然物之间的关系，看成自然界同自身的关系，因而并不能真正科学地弄清楚人与自然的相互关系。

费尔巴哈强调自然的客观实在性，把它同黑格尔的绝对观念对立起来。当他把自然界看做是第一性的实体、非发生的永恒的实体，“没有了自然，人格性，‘自我性’、意识就是无，换句话，就成了空洞的、无本质

的抽象物"① 时，他是坚持唯物主义的。但费尔巴哈把自然界看成直观的对象，而不是实践的对象。他继承了斯宾诺莎的"自因说"，只是从自然自身来把握自然，而把人类的实践活动排除在人与自然界的关系之外。

1844年的马克思，当然承认自然的客观实在性。但他关于异化劳动的理论，增加了一个新的因素，这就是把自然界作为劳动对象来考察。在马克思看来，劳动的根本内容就是对象化，即劳动者把自己的本质力量凝结在产品之中，而对象化必须以自然的客观实在性为前提。"没有**自然界**，没有**感性的外部世界**，工人就什么也不能创造。它是工人用来实现自己的劳动、在其中展开劳动活动、由其中生产出和借以生产出自己的产品的材料。"② 因此马克思把劳动者同劳动产品的关系，同时也看成是人与自然的关系，"是工人同感性的外部世界、同自然对象这个异己的与他敌对的世界的关系"③。马克思通过他的异化劳动理论，把自然界作为劳动的对象，纳入到劳动过程中来考察。

正因为马克思把自然界作为实践对象来考察，因此他对黑格尔唯心主义的主客体统一理论的批判，比起费尔巴哈要深刻得多。费尔巴哈虽然用自然来对抗绝对观念，强调自然的客观实在性，但由于他把自然同人的劳动分离开来，因此对这种自然界的理解是抽象的，"被抽象地孤立地理解的、被固定为与人分离的**自然界**，对人说来也是**无**"④。而马克思则从主客体辩证统一的观点来肯定对象的客观性。

在马克思看来，人作为主体，在他之外存在着不依赖于他的对象。这些对象是他的需要的对象，是表现和确证他的本质力量所不可缺少的对象。主体（人）只有凭借现实的、感性的对象才能表现自己的生命。比如说，饥饿是一种人的自然需要，为了使饥饿得到消除，他需要在他之外的自然界，在他之外的对象。画饼是不能充饥的。即使是聊以充饥的最粗糙的食肴，也是一种物质性的存在。后来在《神圣家族》中批判青年黑格尔

---

① 《费尔巴哈哲学著作选集》，下卷，122页，北京，生活·读书·新知三联书店，1962。

② 《马克思恩格斯全集》，中文1版，第42卷，92页。

③ 同上书，94页。

④ 同上书，178页。

派的绝对主观性，否定客观性的唯心主义谬论时，也曾以爱情为例来说明这个问题。所以马克思说："一个存在物如果在自身之外没有自己的自然界，就不是**自然**存在物，就不能参加自然界的生活。一个存在物如果在自身之外没有对象，就不是对象性的存在物。"①

马克思不仅从主体的角度来把握客体，把自然界看成是人的劳动和欲望的对象，是在主体之外存在的客观对象，而且也从客体的角度来把握主体，把主体看成是受制约的感性存在物。

马克思同意费尔巴哈的看法，认为人是自然存在物。人是现实的、有形体的、有血有肉的站在稳固的地球上，同自然界进行交换的物质实体。但人是有生命的自然存在物，因此它是能动的存在物。人所具有的生命力、自然力在人身上表现为对对象的欲望和追求，所以人又是一个有激情的存在物；可是另一方面，人作为自然的、肉体的、感性的存在物，和其他动物和植物一样，又是受不依赖于他的客观对象制约和限制的存在物，是一种受动的存在物。在马克思看来，人有两种自然：人自身的自然，这就是人的肉体存在及其特性，他称之为人的"有机身体"；另一种是人之外的自然，而在人之外、不依赖于人而存在的自然界，他称之为人的"无机身体"。

马克思正是根据人的客观实在性，展开了对黑格尔的批评。

在黑格尔看来，人是非对象性的存在物，即不依赖于客观对象。因为人的本质是自我意识，一切对象都是自我意识设立的。扬弃异化，就是扬弃对象性，使对象重新回到自我，合并于自我意识。人成了既无自身的自然界（肉体），又无对象（外在自然界）的怪物，成为没有肉体的灵魂。所以马克思一针见血地指出，在黑格尔那里，"人被看成**非对象性的、唯灵论的**存在物"②。

毫无疑问，人具有自我意识。但自我意识是人的自我意识，它依赖于人的物质特性。自我无非是对人的抽象。每一个人都是自我，人的眼睛，人的耳朵，人的每一个感官都具有自我这种特性，而自我意识则是人的自

① 《马克思恩格斯全集》，中文1版，第42卷，168页。

② 同上书，164页。

然界即人的各种感官的质，离开了人的自然界（各种感官），则没有自我意识。正因为这样，马克思强调，“人的**感觉**、激情等等不仅是在〔狭隘〕意义上的人类学的规定，而且是真正**本体论的**本质（自然）肯定”①。也就是说，人通过自己的感官直接感受到在人之外的客观世界，活生生的感性世界，因为每一种感觉都有相应的对象存在，例如与视觉相应的是存在光波，与听觉相应的是存在声波。正是客观世界自身的特性，决定了不同的感受方式。不仅如此，人通过自己感官肯定对象世界的存在，反过来也就是肯定主体自身，肯定人自身是一种对象性的感性存在物。

如果仅仅到此为止，那马克思并没有超过费尔巴哈。马克思的卓越之处在于，他不仅反对唯灵论，反对把人和自我意识等同的唯心主义观点，强调人是对象性的自然存在物，而且强调人是一种特殊的自然存在物，即作为人的自然存在物：“人不仅仅是自然存在物，而且是**人的**自然存在物，也就是说，是为自身而存在着的存在物，因而是**类存在物**。”②

“类存在物”，这是费尔巴哈的用语。马克思沿用了这个术语，但赋予了它不同的内容：

第一，费尔巴哈认为，人并不是彼此无关的、孤立的个体，而是类，是同属于人这个类。人之所以是类存在物，不仅在客观上同属于一个类，有共同的本质（类本质），而且能意识到这一点，即能超出自己个体的局限性，意识到自己、他人——即我之外的你，同属于人这个类。因此人不仅能以个体为对象，而且以类为对象。马克思不同。马克思也承认人是有意识的，他把类看做自己的本质，或者说把自身看做类存在物。但人之所以是类存在物，最根本的是由于劳动。马克思反复强调，“有意识的生命活动把人同动物的生命活动直接区别开来。正是由于这一点，人才是类存在物”。还说：“通过实践创造**对象世界**，即**改造**无机界，证明了人是有意识的类存在物”；“正是在改造对象世界中，人才真正地证明自己是**类存在物**”③，等等。这表明马克思已经感觉到，在劳动中，人不仅同自然界发

① 《马克思恩格斯全集》，中文1版，第42卷，150页。
② 同上书，169页。
③ 同上书，96、97页。

生关系，而且人与人之间发生一定的关系。在这个关系之外，任何单独的、孤立的个人是不能进行劳动的，因此“生产是人的能动的类生活”。虽然马克思当时对劳动的看法还是比较抽象的，但从劳动中而不是从类意识中寻找人作为类存在物的根据，这个方向是正确的。

第二，在费尔巴哈那里，人作为自然的感性存在物和作为类存在物是完全同一的。人作为类存在物的共同本质——类本质，就是人作为自然存在物的共同属性，是单个人相互联系的纯自然属性。马克思不同。当然马克思并不否认人的自然属性，他在批判唯灵论、批判宗教时强调了这一点。但他认为人是作为人的自然存在物，也就是说人的自然属性不同于其他动物的自然属性，它是属于人的，是社会化了的自然属性。例如人的吃、喝、性行为对于人来说是“真正的人的机能”。虽然它和动物的饮食、繁殖有某些共同的东西，但却表现了人的特点。只有脱离人的其他活动，并清洗掉它的社会的、时代的特性，“使它们成为最后的和唯一的终极目的，那么，在这种抽象中，它们就是动物的机能”①。

马克思正是根据这种辩证统一的观点，批评了平均共产主义的公妻制的主张。马克思认为，男女之间的关系，两性之间的关系，是人和人之间的直接的、自然的、必然的关系。在这种关系中，人同自然界的关系直接就是人和人之间的关系，反过来说，人和人之间的关系就是人同自然界的关系。对异性的需要，这是自然的规定，但这是人的自然规定，因此通过这种关系可以判明人的整个发展程度，判明人的自然行为在何种程度上成了人的行为。公妻制，无非是拿妇女当做共同淫乐的牺牲品和婢女对待，表现了人在对待自身方面的无限的退化，使人降低到动物的水平。

马克思从人是人的自然存在物的角度来考察人与自然的关系，因而在一定程度上克服了费尔巴哈把人与自然的关系单纯看成自然界与自身的关系，看成有生命的自然物与无生命的自然物之间的关系的弱点。

马克思肯定，从肉体生活来说，人和动物一样都依赖自然界。而且人较之一般动物更高级，他赖以生活的自然界越广阔，他对自然界的依赖就越大。如果说，牛只要有水有草就能生活的话，人就不行。而且社会越发

---

① 《马克思恩格斯全集》，中文1版，第42卷，94页。

展，人对自然的依赖越大。古代有没有石油无所谓，而在工业化的社会中，石油变成人的生命线。人不能离开自然，人在肉体上只有依靠自然才能生活。从精神生活来说，人也不能离开自然界，因为自然界既是自然科学的对象，又是艺术的对象。所以马克思说："自然界，就它本身不是人的身体而言，是人的**无机的身体**。人靠自然界**生活**。这就是说，自然界是人为了不致死亡而必须与之不断交往的、人的**身体**。所谓人的肉体生活和精神生活同自然界相联系，也就等于说自然界同自身相联系，因为人是自然界的一部分。"① 马克思用自然界是人的无机身体和人是自然界的一部分，来强调人对自然的依赖，人同自然之间不可分离的密切联系。很显然，马克思继承和肯定了费尔巴哈自然主义中的唯物主义原则。

当然，马克思不限于此。把人看成自然界的一部分，并非马克思的独创。从自然科学角度说，赫胥黎的《人类在自然界的位置》一书中，从比较解剖学、发生学、古生物学等方面，详细阐述了人类和动物的关系，确定了人类在动物界的位置，首次提出了人、猿同祖论；从哲学上说，费尔巴哈的哲学反复强调的正是人是自然的一部分，人与自然的统一。马克思在1844年的独特之处在于，他从历史发展的角度来论述人与自然的关系，通过对自然从异化到人化的考察，把劳动作为根本因素包括在人与自然的统一之中。

自然的人化与自然的异化是相应的。这两者都和人的劳动相联系的。异化自然同异化劳动、人化自然和真正人的劳动是不可分的。

在异化劳动中，自然与人是相对立的。自然作为人的存在的条件，它本来应该给劳动者既提供劳动资料又提供生活资料，可是在异化劳动中，工人越是通过自己的劳动占有外部的、感性的自然界，他们越是成为自己对象的奴隶。感性外部世界即自然界，不为他们提供劳动对象，也不为他们提供维持肉体生存的生活资料，而是作为资本同他们相对立。因此劳动者要使自然界成为劳动对象，使二者结合在一起，只有通过异化劳动这种形式。而扬弃私有财产，人变成真正的人，劳动成为真正的劳动，自然界就由异化的自然成为人化的自然。自然和人的对立被扬弃了，自然界不再

---

① 《马克思恩格斯全集》，中文1版，第42卷，95页。

是作为资本使人与人相脱离，而是作为现实的劳动对象成为人与人之间联系的纽带。人们不难发现，马克思在这里关于异化自然和人化自然的论述，同他关于人的本质的异化与复归的看法是一致的，前者是后者的一部分。可是如果只停留在这个范围内，我们就会把马克思关于人化自然的思想看成费尔巴哈人本主义的再版，不能作出正确的评价。马克思在这个问题上的合理之处在于，他联系人的活动来考察异化自然和人化自然以及由前者到后者的转化，从而把自然纳入人类历史范围来考察。

自然界本身无所谓异化不异化的问题。自然的异化，是就自然和人的关系来说的，它与人类的活动有关。因此在异化劳动中呈现的人与自然的关系包括两个方面：一方面是自然以资本的形态对人的奴役，另一方面是人对自然的改造，使自然打上人的烙印。正如马克思所说："在人类历史中即在人类社会的产生过程中形成的自然界是人的**现实的**自然界；因此，通过工业——尽管以**异化**的形式——形成的自然界，是真正的、**人类学的**自然界。"①

在这个意义上，自然的异化也就是自然的人化，异化的自然是真正人类学的自然。与人类活动紧密联系的自然，是"人的产品"、"历史所创造的自然界"。从人类活动角度来把握自然界，不仅是唯物辩证法的认识论，而且是唯物主义历史观的一个重要思想。后来马克思在《德意志意识形态》中用历史的自然继续阐发了这个思想。他说：我们"周围的感性世界决不是某种开天辟地以来就已存在的、始终如一的东西，而是工业和社会状况的产物，是历史的产物，是世世代代活动的结果"②。不从历史发展的角度来理解人类的自然界，人与自然界的关系就会成为难以揭开的谜。

在马克思看来，不仅异化的自然是历史的产物，是人类活动的产物，而自然的真正的"人化"，即扬弃自然与人的对立，也"只有通过人类的全部活动、只有作为历史的结果才有可能"③。人，作为真正的人，是自己劳动的结果；自然，作为人化的自然，也是自己劳动的结果。

---

① 《马克思恩格斯全集》，中文1版，第42卷，128页。
② 《马克思恩格斯全集》，中文1版，第3卷，48页。
③ 《马克思恩格斯全集》，中文1版，第42卷，163页。

尽管马克思的某些论述仍然带有人本主义的烙印，但把劳动纳入人与自然的关系之中，这是一个重要成就。只有通过劳动才能把人和自然界的关系，同其他动物和自然界的关系区分开来。

动物与自然的关系是直接的。动物是自然的一部分，它以自身作用于自然。人与自然的关系以劳动为中介，所以是间接的。人不仅借助于生产工具来改造自然，而且可以利用自然力量作用于自然。这表现了人所特有的主观能动作用。例如蚯蚓会松土，这不是蚯蚓的主观能动性，而是它的生物习性，而人利用蚯蚓这种生物习性改良土壤，则表现了人特有的主观能动性。

动物依赖自然，适应自然，而人则通过劳动改造自然，使自然适应人的需要。人不是等待自然的赐予，而是向自然索取。驯养比狩猎，栽培比采摘更能表现人类劳动的特点。

动物活动的范围是受自然规定的。它在一定范围内活动，不试图越出这个范围。人不同。人不断扩大自己活动的范围。人的活动范围并不纯粹受自然制约，而是在很大程度上取决于生产和科学水平。随着生产和科技的发展，人不断扩大自己活动的领域。人类进入宇宙空间就是一种证明。

正因为人与自然的关系不同于动物，因此也包含着一种危险，这就是破坏自然。动物本身就是自然界，是生态平衡的组成部分。人不同。人可能盲目地破坏这种平衡。因此人类对自然的改造，应该形成有利于人类自身的生存和发展的条件，而不是破坏这些条件，应该保护和改进自己生存的环境，而不是破坏环境。

在当今世界上，科学技术的发展突飞猛进，人们对自然的改造无论在深度和广度上都是以往无法比拟的。但是如果凭科技新成就对自然采取掠夺态度，违反自然规律，必然使人与自然的矛盾激化。近几十年来，工业发展带来的环境污染和公害，已引起了人们的迫切关心和注意。无论是在比利时的马斯河谷工业区，美国的多诺拉镇，英国的伦敦，日本的四日市、富山县以及熊本县的水俣镇都发生过因公害而引起多人死亡和疫病的事件。特别是 1984 年 12 月，美国的一家跨国公司——联合碳化物印度公司，在印度中央邦首府帕博尔因毒气外溢而造成 20 多万人伤亡的大悲剧，更是使世界震惊。当然不能由此得出结论说，我们应该反对科技发展，反对改造自然，回到自然状态去。美国“恢复自然运动”组织主张，自然进程不应受到破坏，甚至不让孩子上学、穿衣服，提倡吃生肉，虽然这种思潮曲折地反映了人们对资本主义现实的抗议，但它不符合时代进步的趋向。这关键是个社会制度问题，此外还应该开展人类生态学的研究，努力探索人与自然的关系及其规律，在改造自然过程中达到积极平衡。

马克思关于劳动是人与自然统一的纽带的观点是卓越的。他不是把自然界看做直观对象，而是看做人类劳动的对象，强调人通过生产，使自然界表现为人的作品和现实，表现为“人的类生活的对象化”，从自然界的变化中看到了人类的力量。但不能由此得出结论说马克思否认自然的客观实在性，并把列宁同马克思对立起来。

列宁在《唯物主义和经验批判主义》中，专门论述了在人类出现以前自然界是否存在的问题，明确指出，在地球上没有也不可能有人类和任何生物的状况下，地球早已存在了，这同马克思的论断丝毫不矛盾。列宁反对的是马赫和阿芬那留斯，反对的是“原则同格”，因此他强调的是客体方面，地球在人类出现之前就存在；马克思所论述的是人类出现之后人与自然的相互作用问题，因此他强调的是主体方面，人对自然的改造作用。他们论述的角度是不一样的。列宁并不否定人类出现后，人对自然的改造作用；反过来说，马克思在 1844 年也并不否定地球在人类出现之前就存在。即使在论述人与自然的相互作用时，马克思也强调自然的客观实在性，他反对宗教创世说，反对黑格尔把扬弃异化说成是扬弃对象的唯心主义观点都说明了这一点。

第二节 人的社会本性。社会的人与非社会的人

在人与社会关系的问题上，1844 年时，马克思还没有形成生产关系的范畴，还不理解生产关系的总和构成社会，而且是构成一个处于一定历史发展阶段的社会。他以人的本质为尺度，把未来的社会主义社会称为“社会”，而把以私有制为基础的资本主义社会称为“非社会”。但是，马克思在分析由非社会的人到社会的人的转变，特别是所谓“社会状态”下的人与社会关系时，包含着许多积极的合理的因素。

人是什么，在马克思看来，人不仅是单独的个体，而且是类存在物，

是社会存在物。在《黑格尔法哲学批判》、《论犹太人问题》、《〈黑格尔法哲学批判〉导言》、《评"普鲁士人"的〈普鲁士国王和社会改革〉一文》中，马克思一再阐述了这个看法。1844年《手稿》的重大区别是，马克思由于经济学的研究，把劳动看成是人的本质，因而把人的社会性同劳动结合在一起。在劳动中，人不仅与自然界发生联系，而且人与人也要发生联系。单独的个人是不可能劳动的。所以马克思认为，无论是生产中人的活动的交换，或人的产品的交换都是一种"类活动"。人在劳动中，注定要发生不以个人意志为转移的社会联系。

可问题在于，这种社会联系是不是真正人的社会联系，要取决于它和人的社会本性是否一致。在私有制下，人进行生产的目的只是为了占有。生产不仅是功利主义的（满足需要），而且是个人主义的、自私自利的（满足个人的需要）。这种生产不是人的本质的对象化，而是他的直接的、自私自利的需要的物化。所以在私有制下，生产不是社会的生产，不是为了人的需要的生产。表面上，人们生产是彼此满足需要，实际上是彼此排斥对方对自己产品的占有。因此，马克思认为，资产阶级社会并不是与人的本性相一致的真正的共同体，它不是社会而是非社会。

马克思以此为据展开了对资产阶级政治经济学的批判。资产阶级政治经济学把交换和贸易看成是人的类生活、真正的人的生活，从而把社会看成是一系列的相互交换，看成是一个商业社会，每一个成员都是商人。"在国民经济学家看来，**社会是资产阶级社会**，在这里任何个人都是各种需要的整体，并且就人人互为手段而言，个人为别人而存在，别人也为他而存在。"① 马克思认为这实际上是把社会交往的异化形式作为同人的本性相适应的形式。

资产阶级政治经济学从维护资本主义私有制出发，把资本主义私有制及其运动形式看成永恒不变的，从而把一切社会归结为资产阶级社会；而马克思从反对资本主义私有制出发，认为资产阶级社会是非社会。这表现了两种立场的对立。但马克思的看法中，明显地带有费尔巴哈人本主义的东西。人的本质被作为衡量的尺度，凡是与人的本性相一

---

① 《马克思恩格斯全集》，中文1版，第42卷，144页。

致的称为社会，反之，则是非社会。这种观点，与其说是经济学的分析，不如说是道德的评价。个人主义、自私自利被看成是人丧失社会性的表现。因此，在马克思看来，资产阶级社会不是社会，而是市民社会，作为市民社会成员的人不是类存在物，而是脱离社会整体的个人。在这里，把人和社会连接起来的唯一纽带是私人利益，是对他们自己的财产和利己主义的个人的保护。自私自利和人的社会性是对立的。“在私有权关系的范围内，社会的权力越大，越多样化，人就变得越**利己**，越没有社会性。”①

马克思关于资产阶级社会是非社会，资产阶级社会的人是非社会的人的论断，同他关于人按其本性来说是社会存在物的论断是矛盾的。马克思当时用来“解决”这个理论矛盾的出路是关于人的本质异化的理论。人按其本性应该是社会存在物，可是在私有制下，由于异化，人的关系成为非人的关系，人的本质成为非人的存在，因而人不能实现自己的类本质，而是丧失了自己固有的本质。这样，人的个体和类、存在和本质的对立，也就是应有（人应该是什么）和现有（人实际上是什么）的对立，是人与非人的对立。这种思维方法，仍然没有摆脱费尔巴哈人本主义的特色。

如果摒弃以异化作为根本理论和方法，应该说，资产阶级社会并不是非社会，而是社会形态中的一种形态；资产阶级社会中，人并没有丧失社会性，相反，它比起以往的社会，例如比以血缘关系为纽带的原始社会，以农业生产为基础的奴隶社会、封建社会，更具有社会性。发达的商品关系和货币关系，不仅扫除了封建壁垒，形成了统一的国内市场，而且通过国际贸易形成世界市场。这一点，后来在《共产党宣言》中作了深刻的论述：“不断扩大产品销路的需要，驱使资产阶级奔走于全球各地。它必须到处落户，到处创业，到处建立联系。”还说：“资产阶级，由于开拓了世界市场，使一切国家的生产和消费都成为世界性的了。”②“物质的生产是如此，精神的生产也是如此。各民族的精神产品成了公共的财产。民族的

---

① 《马克思恩格斯全集》，中文1版，第42卷，29页。

② 《马克思恩格斯选集》，1版，第1卷，254页。

片面性和局限性日益成为不可能，于是由许多种民族的和地方的文学形成了一种世界的文学。"① 资本主义生产的社会性，把人更加紧密地结合在一起。

马克思关于资本主义制度是"非社会"的论断，以不科学的术语触摸到他当时还不清楚的资本主义制度下私人劳动和社会劳动的矛盾。在资本主义社会，劳动是社会性的劳动，每个私有者的劳动都是提供给社会的，是社会总劳动的一部分。可是每个商品生产者又是私有者，劳动产品是属于他自己的，这种劳动又是私人劳动。因此在资本主义私有制下，人的劳动并不直接表现为社会劳动。它以货币为中介，通过交换才使私人劳动表现为社会劳动。人并没丧失自己的社会性，并没有成为彼此孤立的存在物，只不过是人与人的关系总是同物结合，作为物与物的关系出现，因而掩盖了人与人的关系。孤立的、原子般的个人，只是这种联系所呈现的虚假的外观。

正是基于这种对社会和非社会的看法，马克思在 1844 年把自己对社会的理解同费尔巴哈的类联系在一起。他在给费尔巴哈的信中说："建立在人们的现实差别基础上的人与人的统一，从抽象的天上下降到现实的地上的人类概念——如果不是**社会**的概念，那是什么呢!"② 这里所说的社会，也就是《手稿》中所说的扬弃了私有制的社会，即马克思当时理解的共产主义。这是人的类本质的实现，或者说是人向自身、向社会的人、向真正作为人的人的复归。这也是马克思在 1844 年以前所说的个体和类的矛盾的解决。类已不再作为同个体相对立的力量，人已经把人的世界和人的关系还给人自己，无论在劳动中还是在政治生活中，都作为真正的类存在物。

我们不仅要看到异化劳动理论中的人本主义因素——人的类本质的异化与复归，而且应该看到其中的合理因素。马克思关于人重新占有自己的本质、成为社会存在物之后发生一系列变化的思想，包含着对所有制和人、人与社会、自然与社会以及共产主义制度下主体与客体相互关系的重

① 《马克思恩格斯选集》，1 版，第 1 卷，255 页。
② 《马克思恩格斯全集》，中文 1 版，第 27 卷，450 页。

要论述。

马克思紧紧抓住资本主义私有制，把人重新占有自己的本质同积极扬弃私有制结合在一起，并把私有财产的扬弃看成是包括上层建筑领域在内的一切异化扬弃的前提。这就抓住了资本主义社会问题的关键。因此马克思原来打算在《手稿》中着重研究一下私有财产同真正人的和社会的财产关系的问题。所谓真正人的和社会的财产，指的就是扬弃私有财产以后所建立的所有制。这种所有制究竟具有何种形式，马克思当时还不可能知道，但提出了用一种财产关系（所有制的法律用语，实际上指的是所有制）代替另一种财产关系，这同把私有制永恒化的资产阶级古典政治经济学，同主张平均占有私有财产的平均共产主义是迥然不同的。

特别是马克思提出了联合的问题。他通过对地产分割的分析，指出地产的分割是地产垄断的否定。但这种否定，改变的只是垄断的形式——土地的集中与分散，而没有改变垄断的本质——土地私有制。要防止土地重新回到更加丑恶的垄断形态，就必须消灭土地私有制，实行联合。“联合一旦应用于土地，就享有大地产在经济上的好处，并第一次实现分割的原有倾向——平等。同样，联合也就通过合理的方式，而不再借助于农奴制度、老爷权势和有关所有权的荒谬的神秘主义来恢复人与土地的温情脉脉的关系，因为土地不再是买卖的对象，而是通过自由的劳动和自由的享受，重新成为人的真正的自身的财产。”① 马克思关于联合的思想，指出了一条同土地私有制发展的不同道路。至于这种联合究竟采取何种形态，我们不能苛求马克思，这是只能由社会主义实践本身解决的问题。

马克思还触摸到人与生产、人与社会的关系。在私有制下，劳动者通过生产不仅把自己作为商品生产出来，而且再生产出资本家对劳动和产品的占有，因此，人通过劳动生产出肉体和精神上退化的人。而在积极扬弃了私有财产的前提下，我们可以看到，“人如何生产人——他自己和别人”。产品不再是劳动的异化，而是体现了劳动者自身的个性；它不再是

① 《马克思恩格斯全集》，中文1版，第42卷，85～86页。

交换价值，而是直接用来满足别人的需要，人们彼此为对方生产，即为社会而生产。正是在扬弃了私有制的生产活动中，人与社会达到了统一，“**正像**社会本身生产**作为人的人**一样，人也**生产**社会”①。

也正因为扬弃了私有制，“活动和享受，无论就其内容或就其**存在方式**来说，都是**社会的**，是**社会的**活动和**社会的**享受”②。这不仅是指许多人联合在一起从事的集体的、共同的劳动表现为社会的活动，即使从事一种极少和别人交往的活动，例如科学研究，仍然是从事社会的活动。因为不仅科学活动所需要的材料，甚至思想家用来进行活动的语言，都是社会的产物，而且在这种社会中，科学研究的目的就是为了社会，而不是个人。

因此在私有制下，社会同个人是对立的。社会作为类的力量，是同个人相异化的力量；类生活（包括经济、政治、意识领域），是作为一种与个人生活相对立的抽象的普遍性。而扬弃了私有制后，情况发生了变化。“首先应当避免重新把‘社会’当做抽象的东西同个人对立起来。个人**是社会存在物**。因此，他的生命表现，即使不采取**共同的**、同其他人一起完成的生命表现这种直接形式，也**是社会生活的**表现和确证。”③

在私有财产统治下，自然界作为资本为一部分人所占有，而与劳动者相对立；它没有体现人的社会本质，而是体现人的异化的本质；人通过改造自然，不是彼此联系，而是相互隔离。而扬弃了私有制，自然和人的关系发生了根本的变化：“自然界的**人的**本质只有对**社会的**人说来才是存在的；因为只有在社会中，自然界对人说来才是人与**人联系的纽带**，才是他为别人的存在和别人为他的存在，才是人的现实的生活要素；只有在社会中，自然界才是人自己的**人的**存在的**基础**。只有在社会中，人的**自然的**存在对他说来才是他的**人的**存在，而自然界对他说来才成为人。”只有扬弃私有制之后，人才能真正不是把自然界作为单纯谋生手段，而是通过改造自然来发展自己的全面才能，即消除了自然和人相异化，所以马克思说：

①② 《马克思恩格斯全集》，中文1版，第42卷，121页。
③ 同上书，122～123页。

“**社会**是人同自然界的完成了的本质的统一，是自然界的真正复活，是人的实现了的自然主义和自然界的实现了的人道主义。”①

马克思还从扬弃私有制的角度，考察了主体——人——的感受能力的变化。他说：“不言而喻，**人的**眼睛和原始的、非人的眼睛得到的享受不同，人的**耳朵**和原始的耳朵得到的享受不同，如此等等。”还说：“社会的人的**感觉不同于**非社会的人的感觉。”② 这里所说的原始的、非人的、非社会的人是同一个意义，指的是私有制度下的人即丧失了自己社会本性的人；所谓人的、社会的人指的是扬弃了私有制的人，即作为复归了自己社会本性的人。这种划分当然是不科学的。但其中合理之处在于，马克思不是单纯从人的感官生理结构，而是从扬弃私有制，从未来社会客体和主体的相互关系中考察人的感觉的变化。

在私有制的条件下，作为主体的人变得“愚蠢而片面”。他的一切肉体和精神的感觉都贫困化了，只有一种感觉即拥有或占有；而作为客体的自然界也只表现为纯粹的效用，它被当做资本，或作为吃、喝、穿、住的生活资料。这种人是“非社会的人”。他虽然有耳朵，但没有音乐感，不能感受音乐的旋律；虽然有眼睛，但没有美感，不能感受形式的美。“囿于粗陋的实际需要的**感觉**只具有**有限的**意义”，“忧心忡忡的穷人甚至对最美丽的景色都**没有什么感觉**；贩卖矿物的商人只看到矿物的商业价值，而看不到矿物的美和特性；他没有矿物学的感觉”③。

扬弃了私有财产，主体和客体及其相互关系发生了根本的变化。主体是社会的人，即真正作为人的人；而客体不再是异己的对象，而是真正人的对象。人通过自己的视觉、听觉、嗅觉、味觉、触觉、思维、直观、感觉、愿望、活动、爱来占有对象，但不是简单的占有、拥有，也不是直接的、片面的享受和消费，而是通过对人自己创造的产品，对对象性的人和人的产品的感性占有，全面发展和丰富自己的本质。正是在这个过程中，作为主体的人的感性的丰富性，如感受形式美的眼睛、具有音乐感的耳

---

① 《马克思恩格斯全集》，中文1版，第42卷，122页。
② 同上书，125、126页。
③ 同上书，126页。

朵，才逐步发展和产生出来。正是在这种意义上，马克思说："私有财产的扬弃，是人的一切感觉和特性的彻底**解放**。"①

马克思把积极扬弃私有制看成是由所谓非社会的人到社会的人转变的决定性环节，并把积极扬弃私有制同人的全面发展，同资本主义私有制度下各种弊病的消除，同人与自然、人与社会新型关系的建立结合在一起，表现了对经济因素作用的充分估计。但他把积极扬弃私有制看成是符合人的本质的要求，并把个人主义和利己主义当成资本主义是"非社会"的根据，表明对什么是社会、什么是人的本质以及它们的相互关系的理解，还没有达到唯物史观的水平。

第三节　由实践范畴到劳动范畴。论自然科学在社会发展中的作用

马克思 1844 年《手稿》的一个重要成就，是把劳动、生产同实践结合在一起，突破了把实践仅限于理论批判的范围，赋予实践以感性的物质的内容。这为马克思铺设了一条通过分析人的物质生产活动来发现历史发展规律的道路。

在德国古典哲学中，黑格尔是以唯心主义形式强调实践和劳动作用的著名代表人物。他在《精神现象学》中，把劳动看做是主体通过创立客体、扬弃客体、达到主体自身的自我实现、自我确证的环节；而在《逻辑学》中，他通过对认识过程的分析，把实践看成是走向绝对真理，达到主体与客体统一的环节。黑格尔对实践和劳动的理解同他关于主体的能动作用的认识是一致的。但由于黑格尔把主体看成是绝对观念，客体是绝对观念的异化，主体同以自然和社会表现出来的客体的对立，无非是意识和自我意识的不同形式，是在纯思维范围内的对立，因此作为主体能动性的表现，以及把主体和客体联系起来的实践和劳动，并不是感性的物质活动，而是一种抽象的精神的活动。

黑格尔死后，他的学生们不满意黑格尔哲学的纯思辨性质，力图从思想转到行动，提出了行动哲学。首先提出这个问题的是老年黑格尔派米希

---

①《马克思恩格斯全集》，中文 1 版，第 42 卷，124 页。

勒的学生奥古斯特·冯·切什考夫斯基。他在1838年发表了《历史学引论》，宣称今后哲学要“成为一种实践的哲学，更确切地说，要成为实践活动的哲学，‘实践’（praxis）的哲学，对社会生活施加直接影响的并且在具体活动范围内发展未来的哲学”①。但切什考夫斯基并没有超出唯心主义的范围。他把实践只看做是理论的批判，而不是实际改造社会的革命活动，认为纯粹的理论批判就能改变现存制度。随后，写了《行动的哲学》的青年黑格尔派赫斯以及鲍威尔，都没有超出把实践理解为理论批判自身的范围。例如鲍威尔在《微弱灵魂的自白》中就说过，“迄今为止，我们一直认为理论就是实践”②。

马克思对实践的看法经历了一个发展过程。这个过程，同马克思整个世界观的转变和发展是密切联系的。

当马克思还是站在黑格尔立场上时，他对实践的看法是唯心主义的。他在《德谟克利特的自然哲学和伊壁鸠鲁的自然哲学的差别》的博士论文和准备材料中，论述了哲学和世界的关系，强调哲学不应该是为了认识而注视外部世界，而是作为一个登上舞台的人物，直接与世界发生关系：“一个本身自由的理论精神变成实践的力量，并且作为一种意志走出阿门塞斯的阴影王国，转而面向那存在于理论精神之外的世俗的现实——这是一条心理学的规律。”可是在马克思当时看来，理论转化为实践并不是表现为人的实际活动，而是表现为理论自身的批判，所以他说：“哲学的实践本身是理论的。正是批判从本质上衡量个别存在，而从观念上衡量特殊的现实。”③ 这种所谓实践，仍然停留在理论范围，并不能改变现实。

当马克思完成了从唯心主义到唯物主义、从革命民主主义到共产主义的转变时，对实践的看法发生了一个重大的变化。他已不再把实践局限在思维范围，把理论批判本身看成是实践，而是把实践看成是革命斗争。他认为自己对黑格尔法哲学的批判是对过去政治意识形式的理论批判，经过

① 转引自［英］戴维·麦克莱伦：《青年黑格尔派与马克思》，12页，北京，商务印书馆，1982。

② 转引自［波］维茨·罗森：《布鲁诺·鲍威尔和卡尔·马克思》，190页，北京，中国人民大学出版社，1984。

③ 《马克思恩格斯全集》，中文1版，第40卷，258页。

这个批判之后不能再局限在理论本身，而必须“集中于只用一个办法即通过实践才能解决的那些课题上”。马克思给自己提出一个问题：“德国能不能实现一个〔原则高度的〕实践，即实现一个不但能把德国提高到现代各国的**现有水平**，而且提高到这些国家即将达到的**人的高度**的**革命**呢？”他当时认为可以做到。但不能仅仅依靠理论批判，而必须依靠革命实践：“批判的武器当然不能代替武器的批判，物质力量只能用物质力量来摧毁。”① 这样，马克思就把实践和理论区分开来了，把实践看成解决社会问题的物质性的力量。

当马克思在巴黎开始研究经济学以后，他把劳动、生产和实践结合在一起，从而发现了人类最基本的实践活动。他通过分析人与自然的关系，揭示了人类实践活动的特点，并通过对劳动的分析，把自然史、人类史以及人类认识的发展统一起来。只要马克思深入到劳动过程内部，就能最终找到一条摒弃人本主义，通向历史唯物主义的道路。

劳动表明，人的实践活动是物质性活动。它以存在客观对象为前提，并作用于对象。不包含对象性的活动，就不可能是真正的实践活动。而从主体来说，人之所以能通过实践改造自然，为自己创造一个对象世界，因为人自身就是有血有肉的客观存在物，而不是自我意识。作为人与自然统一基础的劳动，是人与自然之间的物质交换。所以马克思强调，人之“所以能创造或设定对象，只是因为它本身是被对象所设定的，因为它本来就是**自然界**。因此，并不是它在设定这一行动中从自己的‘纯粹的活动’转而**创造对象**，而是它的**对象性的**产物仅仅证实了它的**对象性**活动，证实了它的活动是对象性的、自然存在物的活动”②。

劳动表明，人的实践活动是社会性的活动即“类活动”。按照马克思当时的说法，生产就是人的能动的类生活，正是在改造对象世界的劳动中，“人才真正地证明自己是类存在物”。如果人作为纯自然存在物，他们只能作为孤立的个体，或者作为动物似的群体同自然发生关系。这种所谓劳动，实际上是动物的生命活动，而不是人的实践活动。人在改造自然过

① 《马克思恩格斯全集》，中文1版，第1卷，460页。
② 《马克思恩格斯全集》，中文1版，第42卷，167页。

程中，一方面同自然进行物质交换，另一方面人们相互之间交换自己的劳动和产品。在社会之外，不可能发生人和自然的关系。

劳动表明，人的实践活动是有意识有目的的活动。动物的活动是一种本能活动。即使动物的生命活动也可以表现出目的性，但这是长期自然选择的结果，是对环境的适应，而不是作为主观形态存在于动物自身。人的活动不同。人使自己的劳动变成自己的意志和意识的对象。人在改变客观的无机界的同时，也在实现自己的目的，使在劳动过程开始时存在于观念中的东西，变成一种物质形态的结果。

由上可见，马克思对劳动过程和要素的分析，揭示了实践的最本质的特征，即实践是人类改造客观世界的感性的物质活动。

当然，马克思当时强调的是人自身的自然力量、人的本质力量，而没有分析生产工具的作用。实际上，人的劳动主要不是借助于自己的天然器官，而是借助于生产工具作用于劳动对象。人并没有适应自然环境的特殊器官。就人自身的体力、耐力、速度、灵敏而言，并不见得比其他动物高明。但人能制造生产工具，借助于生产工具来改造自然，把不利的自然条件改造为有利于人类生存和发展的自然条件。离开了制造生产工具，对劳动的分析是不完善的。

自然有自己的历史。在没有人类的参与下，自然同样是发展变化的。但是人通过劳动建立的人与自然的联系，在长期发展过程中，从深度和广度上把无限广阔的自然界，一部分一部分地纳入人类活动的范围，把纯粹的自然变成历史的自然，使自然打上了人的烙印。正是劳动，建立了人与自然、自然与社会之间的现实的历史关系。

如果说，人通过劳动把自然变成历史的自然，那人类的历史就是自然的历史。不是在人与自然的关系之外，而是在人与自然的关系之中，人类创立了社会，形成了自身的发展史。自然界对人的生成过程，也就是人类历史的形成过程。这两者统一的基础就是劳动。人类历史的最根本内容是物质资料生产的历史，也就是人类改造自然，从自然界获取人类生活资料的历史。从历史中排除人与自然的关系，也就没有人类的历史。

人类的历史是人改造自然的历史，同时也是人改造自身的历史。因为人在改造自然的过程中，不断使自己得到改造。这不仅包括改变人的各种社会关系，而且包括改造人的认识能力。从马克思来说，对于前一种改变（社会关系的改变），没有着重论述，当时还没达到这种水平，但对人通过劳动而使主体发生的变化，马克思作了非常精辟的阐述。

马克思也承认人是自然的一部分，但他强调人是通过劳动而创造自身。正如一切自然物必须产生一样，人也有自己的产生活动即历史，这个历史不是人的生物学史，而是社会发展史。因此人的感觉的形成，离不开社会，离不开人的劳动。他强调五官感觉的形成是以往全部世界历史的产物，强调劳动对象化在形成丰富的人的感觉中的作用。

特别是马克思根据当时生产发展的情况，着重指出了工业的作用。他说："**工业**的历史和工业的已经产生的**对象性**的存在，是一本**打开了的关于人的本质力量的**书，是感性地摆在我们面前的人的**心理学**。"① 这里所说的工业是广义的，指全部人类的活动即劳动。马克思把劳动史和劳动产品同人的认识发展结合在一起，把劳动产品看成是人们直接可以感触到的认识是非常深刻的。整个人类认识史表明，新劳动产品的出现，特别是现代知识密集的产品的换代升级，不仅表现了生产力的发展水平，而且也表现了人类认识水平的深化。每一种新的劳动产品的出现，都同时表明人类认识的进步。对劳动和劳动产品，不能仅仅从它的效用，即满足人的物质需要的角度来考察，把它同主体自身认识能力的发展割裂开来。"如果**心理学**还没有打开这本书即历史的这个恰恰最容易感知的、最容易理解的部分，那么这种心理学就不能成为内容确实丰富的和**真正的**科学。如果科学从人的活动的如此广泛的丰富性中只知道那种可以用**'需要'**、**'一般需要'**的话来表达的东西，那么人们对于这种**高傲地**撇开人的劳动的这一巨大部分而不感觉自身不足的科学究竟应该怎样想呢?"② 马克思这段话，总结了历史上各种认识理论的根本缺陷，而且为科学的认识论奠定了基础。

正因为马克思把劳动看成是人发展自己和形成人类历史的决定因素，因而非常重视实践在人类认识中的作用。正是在《手稿》中，马克思把实践摆在首要地位，指出，"理论难题的解决""是实践的任务并以实践为中

①② 《马克思恩格斯全集》，中文1版，第42卷，127页。

介”，“真正的实践”“是现实的和实证的理论的条件”①。马克思还明确反对把解决理论上的对立仅仅限于认识领域，仅仅看成是理论问题，主张首先将其看成是一个实践问题，即由社会自身的发展来解决的问题：“**理论的**对立本身的解决，**只有**通过**实践**方式，只有借助于人的实践力量，才是可能的；因此，这种对立的解决决不只是认识的任务，而是一个**现实**生活的任务。”② 以往历史上的哲学之所以不能解决这个问题，根本原因在于它们没有越出思维领域，把解决理论对立仅仅看做是理论自身的任务，而不是诉诸实践。

马克思重视劳动，因而非常重视自然科学。马克思当时虽然还没有把自然科学看成是生产力，但对自然科学在社会生活中的作用，给予了充分估计。

马克思批判了自然科学和哲学的对立。到 19 世纪中叶，自然科学展开了大规模的活动并且占有不断增加的材料，但从中世纪经院哲学开始的哲学与自然科学的对立并没有解决。哲学对自然科学是疏远的，正像自然科学对哲学是疏远的一样。过去一些哲学家所建立的自然哲学，虽然企图把它们结合起来，但只不过是离奇的幻想。它们不是从自然科学中揭示自然界的联系，而是用幻想的联系代替现实的联系。尽管在以往的自然哲学中，也包含一些合理的猜测，但终究是一种思辨的哲学体系，并不是哲学与自然科学的真正结合。谢林、黑格尔都是这样。

马克思肯定了自然科学的效用和启蒙作用。确实，从文艺复兴以来，自然科学在反对宗教和教会的斗争中，发挥了战斗作用。不少伟大的自然科学家，以自己的发现向教会挑战，被送上了火刑场和异端裁判所。但是马克思强调，不能把自然科学的作用仅仅限于此。事实上，自然科学通过工业“日益**在实践上**进入人的生活，改造人的生活，并为人的解放作准备，尽管它不得不直接地完成非人化”③。马克思极其深刻地看到，在资本主义制度下自然科学的发展和进步包含着内在矛盾：一方面，它直接地

---

① 《马克思恩格斯全集》，中文 1 版，第 42 卷，139 页。
② 同上书，127 页。
③ 同上书，128 页。

完成“非人化”，也就是说，自然科学的资本主义应用，服务于加强对工人的剥削，提高了剥削率，强化了资本对劳动的竞争能力；另一方面，自然科学的发展，它在生产中的应用，促进了生产的发展，提高了工人的文化水平和技能，为人类解放准备了物质基础。

马克思的这个重要思想，对于我们正确认识发达资本主义国家的科技革命和社会革命的相互关系具有指导意义。近几十年来，以微电子技术、生物工程、光导纤维、新材料、新能源、海洋开发、宇宙航行等新技术为标志的科技革命正在兴起。特别是西方发达的资本主义国家表现得更为明显，正在形成一股浪潮。科技革命的发展必然要改变生产力的技术结构、产业结构、劳动的条件和内容，影响到人的价值观念、日常生活、文化教育。按照马克思主义的观点，我们不同意科技革命会导致资本主义社会各种矛盾的自然消失，会造成一个普遍富裕的、各阶级趋于“一体化”社会的理论。科技革命代替和取消不了社会革命。科技革命，虽然给一些发达的资本主义国家带来了相对的稳定和繁荣，但从长远来看，它的资本主义的应用，不仅不会缓和，而是会加剧发达资本主义国家和不发达国家之间、各垄断组织之间、资本和劳动之间的矛盾。科技本身不会也不能自动解决资本主义社会的各种基本矛盾，而只是为解决这些矛盾提供了更充分的物质基础。同样，我们也反对违背历史潮流，把科技革命和历史进步对立起来的理论。西方发达资本主义国家所暴露的社会弊病，如犯罪、吸毒、道德堕落、人与人的关系更加疏远等，并不是直接来自科技的发展，而是根源于社会制度本身。不区分科技本身和它的社会应用方式，把资本主义社会的弊病归于科技革命，掩盖了问题的实质。

更为深刻的是，马克思指出：“自然科学往后将包括关于人的科学，正像关于人的科学包括自然科学一样：这将是一门科学。”① 如果说在19世纪40年代这还是预言的话，在现代，自然科学和社会科学的相互渗透已经成为一种现实。许多边缘学科、交叉学科的出现，正在不断缩小自然科学和社会科学之间的距离。

---

① 《马克思恩格斯全集》，中文1版，第42卷，128页。

第八章　《1844年经济学哲学手稿》的理论特色和历史地位

由异化上升到异化劳动，是马克思思想发展的一个转折。集中阐述了异化劳动思想的《1844年经济学哲学手稿》，在唯物主义历史观的形成中占有重要地位。但从《手稿》发表以来的半个多世纪中，围绕这本著作展开了世界范围内的持久激烈的争论。这不仅反映了马克思主义在当今世界政治生活中的重要地位，也表明各种学派力图从马克思自己的著作中寻找重新解释马克思主义的“根据”。正确评价《手稿》，特别是全面地估计异化劳动理论，对于正确理解马克思的唯物主义历史观的形成过程是非常重要的。

第一节　《手稿》的主题和它的哲学论证

《手稿》为什么会成为争论的中心？是不是因为它早，属于早期著作？不完全是。梅林在1902年编辑出版的《马克思恩格斯遗著》中，收集了马克思、恩格斯19世纪40年代的著作，并第一次公布了马克思的博士论文《德谟克利特的自然哲学和伊壁鸠鲁的自然哲学的差别》。博士论文完成于1841年，早于《手稿》。另外，在1927年第一次发表的《黑格尔法哲学批判》，写于1843年，也早于《手稿》。

是不是因为它不成熟？也不完全是。《手稿》是马克思基本上完成两个转变之后的著作。其中虽然包含一些不成熟的东西，但也包含许多重要思想。同1844年以前相比，马克思的思想是朝唯物史观前进，而不是后退。

《手稿》之所以成为争论的中心，除了客观原因外，还在于《手稿》的理论特色本身。《手稿》以异化劳动作为基本理论和方法，因而它的主题和对主题的哲学论证之间存在着不相适应的矛盾，从而给从各种不同观点来解释马克思主义留下了回旋的余地。

在马克思主义形成过程中，《手稿》是比较集中，比较系统地阐述关于异化和人的问题的著作。但是《手稿》的主题，并不是关于这两个问题的抽象思辨，而是关于无产阶级的阶级地位和人类解放道路的论述。如果说，在1843年的《黑格尔法哲学批判》中，马克思力图揭示的是“国家之谜”，解决使他感到苦恼的关于市民社会同国家的关系问题，那在1844年的《手稿》中，则是转向解剖市民社会，试图从经济中，从私有制本身及其积极扬弃中，寻求无产阶级处于非人地位的原因和解放的途径，用马克思的话说，就是解决“历史之谜”。

马克思在《手稿》中是很重视这个主题的。他当时虽然是从资产阶级古典政治经济学提供的前提出发，采用了它的语言和它的规律，但他“超出国民经济学的水平”，提出了两个问题：第一，把人类的最大部分归结为抽象劳动，这在人类发展中具有什么意义？这实际上是关于资本主义制度下无产阶级的地位和使命问题。第二，希望通过提高工资来改善工人阶级状况，或者像蒲鲁东主张的把工资平等看做革命目标的改良主义，究竟犯了什么错误？这实际上是关于无产阶级的革命目标和获得彻底解放的途径问题。所以，《手稿》研究的并不是抽象的“人”，而是无产者和资产者两大阶级的对抗。马克思关于资本主义私有制的本质是资本和劳动，即有产者和无产者的对立，而且是“敌对性的相互对立”的论述，关于资本、地租和劳动三者的分离对工人来说是有害的、致命的分离的论述，关于无论资本主义生产处于衰落或繁荣时期，工人都不可能摆脱贫困的论述，以及关于异化劳动的诸种规定，都着力于揭示资本主义制度下无产者和有产者的对抗，揭示无产阶级的处境和地位。正是无产阶级是马克思当时倾注全部注意力的中心。

在《手稿》中，马克思也并不是把抽象“人”的解放，而是把无产阶级的彻底解放作为目的。《手稿》中论述了全人类解放，但把它看成是解决资本和劳动的对抗，彻底扬弃私有制的结果，而不是凌驾于无产阶级解放之上的一种目标。马克思明确地指出："社会从私有财产等等的解放、从奴役制的解放，是通过**工人解放**这种**政治**形式表现出来的，而且这里不仅涉及工人的解放，因为工人的解放包含全人类的解放；其所以如此，是因为整个人类奴役制就包含在工人同生产的关系中，而一切奴役关系只不过是这种关系的变形和后果罢了。"①

但是，使《手稿》具有特色的与其说是主题，不如说是对主题的哲学论证。从《德法年鉴》开始就探讨这个主题，《手稿》并没有偏离《德法年鉴》的路线，而是沿着原有的思想进一步向前发展的。但是，1844 年出现了一个新的因素，这就是马克思转向政治经济学的研究，大量阅读了英法经济学家的著作。已经基本上完成了两个转变，正在进一步寻求对共产主义进行科学论证的马克思，不满意古典经济学的立场和方法，不满意它们对私有制和对工人的态度，也不满意各种各样的空想社会主义学说。但究竟用什么作为武器来批判国民经济学和资本主义私有制，批判各种空想社会主义学说呢？传统的思想因素和 1844 年出现的新因素处于矛盾的状况：一方面，马克思求助于经济学，从经济事实出发，揭示了资本主义私有制的本质及其矛盾；另一方面，他又求助于传统的哲学范畴，对经济事实进行哲学的思考。

马克思在《手稿》序言中也说明了这一点。尽管关于费尔巴哈对马克思影响的大小、深度、时限有着不同的看法，但是人们很难否认，1844 年即马克思写作《手稿》的时期，虽然他在很多方面超出了费尔巴哈，但仍然存在费尔巴哈的影响。他说："整个实证的批判，从而德国人对国民经济学的实证的批判，全靠**费尔巴哈**的发现给它打下真正的基础。"② 他还特别提到费尔巴哈的《关于哲学改造的临时纲要》和《未来哲学原理》，认为它们是"继黑格尔的《现象学》和《逻辑学》以后包含着真正理论革命的……著作"③。此外，马克思还把赫斯的几篇论文，同样列为"内容丰富而**有独创性的**著作"④。无论是黑格尔的《精神现象学》，还是费尔巴哈的《关于哲学改造的临时纲要》和《未来哲学原理》，或者是赫斯的著

① 《马克思恩格斯全集》，中文 1 版，第 42 卷，101 页。
②③④ 同上书，46 页。

作，关于人的本质及其异化都是其重要内容。

毫无疑问，马克思是重视对私有制即货币制度的分析的，他在《手稿》中给自己规定的目标就是“必须弄清楚私有制，贪欲同劳动、资本、地产三者的分离之间的本质联系，以及交换和竞争之间、人的价值和人的贬值之间、垄断和竞争等等之间、这全部异化和**货币**制度之间的本质联系”①。但是由于马克思的唯物史观正在形成中，他还不懂得人和人的本质对生产关系的依赖性，相反以人的本质作为判定经济关系合理性的根据，用区分真正的人和异化的人、真正的社会和异化的社会、真正的劳动和异化的劳动来批判国民经济学和资本主义私有制，表达他关于无产阶级解放，即对真正的人、真正的社会、真正的劳动的理想的追求。

马克思在总结经济学说史上罗德戴尔、马尔萨斯同李嘉图、萨伊关于奢侈和节约的争论时，指责国民经济学，把它看做是“资本家的**科学**自白”，因为它敌视工人，不把工人当人。马克思说，国民经济学“把工人的活动归结为最抽象的机械运动；于是他说，人无论在活动方面还是在享受方面再没有别的需要了；因为他**甚至**把这样的生活都宣布为**人的**生活和**人的**存在”②。

正因为在资本主义制度下工人是非人，丧失了人的一切特性，他的唯一活动或者说唯一特性就是劳动；正因为国民经济学肯定和维护工人的非人地位，把工人变成没有感觉和需要的存在物，“把作为某种非存在物的人变为本质”③，所以它是敌视人的学说。在马克思看来，整个国民经济学，从亚当·斯密经过萨伊到李嘉图、穆勒，发展得越彻底，越敌视人，因为他们总是积极地和自觉地在人的异化方面比他们的先驱者走得更远。

同真正的人与异化的人相联系，马克思发挥了关于真正的社会与异化的社会的论点。

真正的社会，是人作为人，按照人的样子来组织的社会。在这种社会里，作为人与人之间联系纽带的是人的本质，而不是商品、货币。也就是

① 《马克思恩格斯全集》，中文1版，第42卷，90页。
② 同上书，134页。
③ 同上书，114页。

说，每一个人的生产，都是为了满足“人的需要”，创造与另一个人的本质的需要相符合的物品，人们彼此重视的是“人自身”，“人的价值”，而不是物，不是人所拥有的“物的价值”。相反，当时在马克思看来，以商品、货币作为中介的资本主义社会，是一种异化的社会。因为在这里一切社会联系都必须通过交换，通过商品和货币，它重视物的价值，而蔑视人的价值。人与人之间彼此进行交谈的语言是物的语言，而不是人的语言。

马克思非常重视劳动，把劳动作为历史的发源地和人的自我创造的力量，是《手稿》的巨大成就。但是《手稿》在现实的劳动之外，设想了一种与人的本性相一致的真正的劳动，并用以与异化劳动相对立。在马克思看来，作为自由自觉的活动——劳动，是人的种的特性，人的生命的特性，或者叫做类的特性、类的本质。因此，只有出于人的内在的必然性，作为自我享受，并直接满足另一个人的本质需要的劳动，才是真正的劳动，而出于外在的、偶然需要的劳动，作为谋生手段的劳动是一种与人的本质相异化的劳动即异化劳动。在马克思看来，国民经济学的错误，正在于它们把劳动看做谋生手段，并且极力掩盖资本主义私有制下的劳动异化的性质。

不难发现，马克思关于真正的人和异化的人、真正的社会和异化的社会、真正的劳动与异化的劳动的对立的思想，并以前者为尺度来衡量后者是不科学的。他对商品、货币的看法也表明他的思想不成熟。但在《手稿》中，马克思的上述论证是服从主题的。马克思通过对异化的人、异化的社会、异化的劳动的分析，力图揭示无产阶级在资本主义制度下的阶级地位和劳动的雇佣性质，而用真正的社会、真正的人、真正的劳动来描绘他对未来社会的憧憬。《手稿》关于积极扬弃私有制才能解放自己和全人类的主题是正确的，但它的哲学论证是不完善的、有局限的。

第二节　对《手稿》的不同理解

必须承认，《手稿》是一本难度很大的著作。对于《手稿》中的论述有不同的理解是正常的，可以通过讨论求得一致的意见。特别是由于《手稿》的主题和论证不是截然分开的，而是交织在一起相互渗透的，更增加了理解的困难。但我们不同意以《手稿》作为重新解释马克思主义的根据，把青年马克思和老年马克思对立起来。

20 世纪 30 年代初《手稿》刚刚发表，西方某些学者力图以它作为重新解释马克思主义的根据。除了《手稿》1932 年德文版的出版者齐·朗兹胡特外，马尔库塞也宣扬这种观点，他说："这部手稿可能把关于历史唯物主义甚至整个'科学社会主义'理论的起源和最初含义的讨论置于新的基础之上。"① 经过第二次世界大战直至现在，这种观点并没有消失而是流传得更广泛。埃·蒂尔在为《手稿》1950 年科伦版所写的评注中，特别强调"马克思的原文使人无须较晚期著作的帮助，就可以对马克思本人所理解的马克思主义究竟是什么这一点有一个最好的、有根据的概念"②。1953 年，齐·朗兹胡特在重新出版《卡尔·马克思早期著作集》的序言中，仍然坚持这种观点，说《手稿》的发表，"对马克思的理解获得了崭新的意义"，并且说通过恩格斯、列宁"固定下来的，不仅对马克思主义者而且对反马克思主义者都具有权威意义的马克思的全部观点，现在完全改观了。对马克思直到三十岁为止的著作所作的更加全面的考察使人可以清楚地看出，以前的解说者们使马克思的精神世界的全部财富陷入什么样的局限性和'唯物主义的'贫乏状况之中"③。他们无视《手稿》的主题，各取所需，力图以《手稿》为据来重新解释马克思主义。

用抽象人道主义原则来重新解释马克思主义，这是西方流行的一种主要倾向。无论是两个马克思的制造者还是某些统一论者，都力图把马克思主义全部纳入抽象人道主义范围。

马克思主义并不笼统地反对人道主义，而是反对抽象人道主义，反对离开资本主义社会固有的经济和政治矛盾，把实现"人"的本质看成是历史最终目标的抽象人道主义的历史观。而西方某些学者强调的正是这一点。他们片面地抓住《手稿》哲学论证中的人本主义因素，把人的本质及其实现作为《手稿》的主题和核心，认为手稿是"从哲学观念出发，直接

---

① 转引自《〈1844 年经济学哲学手稿〉研究（文集）》，298 页，长沙，湖南人民出版社，1983。

② 转引自［苏］Л. Н. 巴日特洛夫：《哲学中革命变革的起源》，7 页，北京，中国社会科学出版社，1981。

③ 转引自《〈1844 年经济学哲学手稿〉研究（文集）》，124 页。

经过人的自我异化（资本和劳动）达到人的自我实现，达到‘无阶级社会’”。还说：“历史的目的不是‘生产资料的社会化’，即通过‘剥夺剥削者’消除‘剥削’如果不同时是‘人的实现’，这一切都是没有意义的。”① “人的实现”，这就是他们对《手稿》的总结性的评论。

马尔库塞更是明确地发挥了这种看法。他说：“马克思在《经济学哲学手稿》的两个地方提出了对人的存在的总体性作了概要的关于人的本质的规定”，并且说它是“马克思进行批判和创立理论过程的真正基础”，“只有在如此牢靠的基础上（单纯经济论据或政治论据是无法动摇这种基础的稳固性的），才会产生关于革命的历史条件及其承担者的问题：关于阶级斗争和无产阶级专政的理论。任何批判如果只是研究这种理论而不去分析这种理论的真正基础，都会不得要领，抓不住关键”②。

把人的本质及其实现作为历史的目的，作为全部马克思主义的基础，从而把马克思主义说成是一种抽象人道主义，这不仅是 20 世纪 30 年代初某些社会民主党人的观点，也是当代某些“马克思学”的特征。弗洛姆就力图把马克思主义纳入西方人道主义的体系之中。他反复强调，马克思主义哲学，“来源于西方人道主义的哲学传统，这个传统从斯宾诺莎开始，通过十八世纪法国和德国的启蒙运动哲学家，一直延续到歌德和黑格尔，这个传统的本质就是对人的关怀，对人的潜在才能得到实现的关怀”③。

毫无疑问，《手稿》中包含关于人的本质及其实现的论点。但问题在于：它是不是构成《手稿》的核心？特别是，能不能根据它来重新解释马克思主义，把马克思主义说成是关于人的本质及其实现的理论？回答应该是否定的。

在我们看来，《手稿》对主题论证的依据，主要是经济事实，即对私有制以及资本和劳动矛盾的分析。马克思分析了农业中土地所有者、租地农场主和农业工人之间的矛盾，指出这种矛盾的激化“必然导致革命”；分析了工业中无产者和资产者的矛盾、大资本和小资本的矛盾，揭示了资

---

① 转引自《〈1844 年经济学哲学手稿〉研究（文集）》，285、294 页。

② 转引上书，311、327 页。

③ 转引自《西方学者论〈一八四四年经济学—哲学手稿〉》，15 页，上海，复旦大学出版社，1983。

本主义生产方式由于其内在矛盾“趋向必不可免的灭亡”。即使不借助人的本质及其实现的哲学论证，并不妨碍马克思所揭示的资本主义经济事实以及从中引出上述结论。但是，由于马克思刚刚开始研究经济学，还没有摆脱费尔巴哈的影响，这正表明了他当时的理论局限。

马克思把共产主义看成是人的本质的“实现”、“占有”或“复归”的论证是不科学的，但他关于只有消灭私有制才能使人的感觉和特性得到彻底解放，使人得到全面发展，才能满足人的全面的需要等等思想是积极的、有价值的。马克思以后在唯物史观基础上继续发挥了这些论点。认为只有经济分析才是马克思主义，把马克思主义说成是反对任何意义上的人道主义甚至是反人道主义，这是错误的。彻底消灭私有制的社会主义革命，保障绝大多数人民的最根本利益，采用一切措施来消除和防止反人道的现象，它的人道性质是任何资产阶级人道主义所不可比拟的。但是，用抽象人道主义原则来解释马克思主义的朗兹胡特、迈耶尔、马尔库塞、弗洛姆等人强调的并不是在革命地改造环境的过程中使人得到改造，而是把人的本质及其实现作为历史的目的，作为马克思主义的实质和基础，这样，包括自然、社会和人类思维发展最一般规律的马克思主义，变成了仅仅关于实现人的本质的思辨学说。马克思主义被纳入了抽象人道主义的范围，变成了人道主义中的一个派别。这就会导致混淆两种思想体系的原则界限。

一切求之于人的本质，一切为了实现人的本质，从人的本质异化和复归中引出历史的目的和革命的要求，这是一种历史唯心主义。在这个基础上不可能建立科学社会主义，只能导致“真正社会主义”。与马克思大体同时代的赫斯的思想发展证实了这一点。

在19世纪40年代的德国，由于国内资本主义发展带来的弊病和英法空想社会主义的传播，当时青年黑格尔派中的激进分子转向社会主义。但是他们不能科学地论证社会主义，而是把德国古典哲学特别是费尔巴哈关于人的本质异化和复归的理论，同英国、法国的空想社会主义结合在一起。赫斯就是这样。他把社会主义看成能消除个体和类的矛盾，使人重新获得自己丧失了的本质。

和仅仅重视宗教的费尔巴哈不同，赫斯非常重视货币的作用，但他的基本理论仍然是费尔巴哈的。他把货币看成是人的本质的异化，正如在宗教中，人的本质异化为上帝一样，在尘世生活中，人的本质异化为货币。他在《论货币的本质》中，反复强调的是这个论点。他说："人的对象性的环境在天国就是上帝，超人的财富，而在尘世就是人之外的、非人的、可以摸得着的财富，东西，财产，即脱离了生产者即它的创造者的产品，交往的抽象本质，货币。"① 人为什么会发生这种异化？在赫斯看来，因为人处于孤立状态，他们要彼此交往必须要有借以交往，或者说在他们之间起中介作用的手段："因为人自身是非人，就是说没有联合起来，所以人必须在自身之外，即在非人的、超人的存在物中寻找能够把他们联合起来的东西。没有这种非人的交往手段，人就根本不能进行交往"，这种手段就是货币。而正是货币剥夺了人及其最崇高的生活和活动的价值，社会生活的价值，使其表现为僵死的量，谁拥有货币越多，谁就越有价值，"货币是表现为数目的人的价值"。

赫斯正是从货币是人的本质异化的观点出发，抨击了资本主义制度下的自由、平等、人权。他认为资本主义通过把人作为单个的个体，通过宣告人权来表明人的独立性和分离。这是用间接的奴隶制代替古代的直接奴隶制。这种奴隶制使一切人成为自由的和平等的，实际上是使他们孤立化并加以杀害。

在赫斯看来，有货币的地方不可能有与人的本性相符合的自由。因为人为了获得生存的手段即获得货币，必须出卖自己的生命，出卖自己的自由的生活活动，以便糊口度日。因而只有出卖自己的自由，才可以买到个体生存的权利。不仅无产者是这样，资产者也是这样。在货币这种异化形式下，人不能自由地实现自己的生活，不能进行创造，而是为了挣得货币，因此每一个人都变成食人者、猛兽、吸血鬼。所以赫斯认为，"在从最自然的爱情、两性的交往，直到整个知识界的思想交流，没有金钱就寸步难行的地方；在除了被变卖、被拍卖的人以外没有其他实际的人的地方；在为了能活下去每一次心跳都必须先加以变卖的地方"，只能是人的非人化。

---

① ［德］赫斯：《论货币的本质》，载《国际共运史研究资料》，第7期，195页，北京，人民出版社，1982。

赫斯考察这些问题的立场，完全是根据费尔巴哈关于个体和类矛盾、异化就是人的类本质同人相异化的人本主义理论，不过运用的领域不同。

在赫斯看来，个体和类应该是统一的。类，即个人生活活动的相互交换、交往，个体力量的相互激发，是个体的现实本质。个体不可能不实现、不使用、不行使、不运用他们的力量，如果他们在相互交往中不相互交换其生命活动，就不可能生存。自然界的动物，当个体和类即自我保存和自我生产发生矛盾时，会为了类生活而牺牲个体。例如母鸡为了保护小鸡免遭袭击而拼死搏斗；人也是这样。这说明，自然界始终只关心自我生产，关心维持类生活，维持真正的生命活动。而人的异化就在于："个体被提升为目的，类被贬低为手段，这是人的生活和自然生活的根本颠倒。"而在资本主义制度下，正是这样。

赫斯从这种观点出发，把资本主义社会的矛盾看成是个体和类的矛盾。一方面是个体的类本质，即交往的发展；另一方面是人的孤立化，人们之间为了个体的生存相互斗争，把类作为手段，而正是在斗争中，彼此消耗自己的力量，所以他认为，"如果我们不向共产主义过渡，我们就会彼此使对方毁灭"。可是怎样才能实现这种过渡呢？赫斯根据费尔巴哈的哲学，把爱作为解决个体和类的矛盾的手段："在我们所达到的这个发展阶段，如果我们不彼此在爱情中联合起来，那么我们就只能更厉害地互相剥削，互相吞噬。用不了像那些没有头脑的自由派所说的几百年，用不了几十年，成百倍地增长了的劳动力将把必须靠这些劳动力的劳动为生的人的绝大多数推入贫困的深渊，因为这些人手将变得没有价值；而极少数从事资本积累的人如果事先不倾听爱和理性的声音或者向暴力让步，就将沉湎于奢侈丰裕的生活，并且在可鄙的贪图享受的生活中灭亡。"

由上可见，赫斯正是从人的类本质的异化中引出共产主义的必要性。他向所有的人（包括穷人和富人）呼吁，以爱作为手段来解决个体和类的矛盾，以达到复归人的本质的目的。历史证明这种理论是不科学的，也是走不通的。如果把马克思主义的社会主义革命论，重新安放在人的本质的异化和复归的基础上，把社会主义看成是实现人的本质，就是从科学社会主义倒回到"真正社会主义"。

与用抽象人道主义原则解释马克思主义密切联系的，是用道德原则来解释马克思主义，即把科学社会主义变成伦理社会主义。

凡是不以客观历史规律为根据，而是以“人的本质”为依据，必然强调社会主义的伦理动机，向人的本性、理智、良心呼吁。例如亨·德曼就强调，马克思主义“决不是非伦理的”，“它明确地认为黑格尔关于历史是最高道德的实现的观点具有伦理的目标”，不同的“只是把道德的实现场所由意识转移到存在”；强调《手稿》中“关于‘感觉’的学说（需要和利益来自感觉）无非就是把伦理学的评价纳入人的需要。人本身有他的标准和目的”，“人根据天赋来评价当时的‘环境’，这种天赋不是由这种环境决定，而是属于人的本性并引导人去面对自己的使命”。正因为这样，所以他认为《手稿》“比马克思的其他任何著作都更清楚得多地揭示了隐藏在他的社会主义信念背后，隐藏在他的一生的全部科学创作的价值判断背后的伦理的、人道主义的动机”①。

这种观点虽然是20世纪30年代初提出来的，但影响是很大的，至今西方一些所谓马克思主义研究者，还是按照这个看法来解释马克思主义。例如，罗·塔克尔就认为，《手稿》表明，马克思“并不是一个他想成为的那种分析社会学家，而首先是一个道德学家或宗教思想家之类的人。认为‘科学社会主义’是一个科学体系的旧观点，日益让位于认为它实际上是一个伦理的和宗教的观点体系的观点”②。毕果也断言，《手稿》中的“马克思主义政治经济学就是伦理学”，它并不包含对资本主义社会客观规律的分析，而只是“对人在经济世界中的地位的分析”③，是一种人对现实世界道德要求的体系。而M.吕贝尔更是直截了当地宣称，“马克思是通过伦理的使命而达到无产阶级运动的。他不是通过长期的研究而把握了社会主义革命的物质的、历史的条件和可能性之后才‘科学地’达到社会主义的”④。

---

① 转引自《〈1844年经济学哲学手稿〉研究（文集）》，369、348页。

② 转引自［苏］泰·伊·奥伊则尔曼：《马克思的〈经济学—哲学手稿〉及其解释》，119页，北京，人民出版社，1981。

③ 转引自［苏］Л.Н.巴日特洛夫：《哲学中革命变革的起源》，15页。

④ 转引自［苏］泰·伊·奥伊则尔曼：《马克思的〈经济学—哲学手稿〉及其解释》，120～121页。

这种说法是错误的。这里有三个不同的问题：第一，道德因素在马克思的思想转变中的作用，第二，《手稿》中经济分析和道德评价的关系，第三，《手稿》能不能成为把马克思主义伦理化的依据。从历史过程来看，这三个问题与马克思唯物史观的形成是密切联系的。

人是有思想、有感情的社会存在物。任何客观条件的作用必须通过人的头脑，表现为行为的动机、愿望。处在同样的历史条件下，并不是每个人的认识都能达到同样的深度和广度。一个人的主观状态，他的价值观和崇高的道德理想，对于认识具有重要的影响。

出生于比较开明的知识分子家庭，生活在当时德国先进的莱茵地区，青少年时代受到法国启蒙学派和人道主义道德影响的马克思，无疑具有很高的精神境界。他在中学毕业时写的《青年在选择职业时的考虑》这篇毕业考试论文，虽然主题是很常见的，一个即将跨出中学大门的青年所面临的问题——如何选择职业，但从他考虑这个问题的角度看，我们可以看到关于人类的幸福、人的尊严、个人道德上的自我完善等传统人道主义道德规范和理想的启蒙作用。

年轻的马克思认为，青年在选择职业时必须考虑两个方面：一个是选择一种最能使人高尚起来，使自己的活动和一切努力具有崇高的品质，即使自身完美的职业；另一个是选择一种能给我们提供广阔场所来为人类进行活动，接近共同目标即完美境地的职业。前者是个人自身的完美，后者是同时代人的完美，即人类的幸福。马克思强调的是这两者的结合，并把人类的幸福摆在首位。①

马克思也重视人的尊严。在他看来，“尊严就是最能使人高尚起来、使他的活动和他的一切努力具有崇高品质的东西，就是使他无可非议、受到众人钦佩并高出于众人之上的东西”②。而且马克思是把人的尊严和人的行为的自主性结合在一起的，“能给人以尊严的只有这样的职业，在从事这种职业时我们不是作为奴隶般的工具，而是在自己的领域内独立地进行创造”③。符合人类尊严的职业和最高的职业不能混同。在世俗的眼里，

① 参见《马克思恩格斯全集》，中文1版，第40卷，6～7页。

②③ 同上书，6页。

最有利可图、最有社会地位的职业是最高的职业，但从事这种职业的人，可以没有自主性，成为职业的奴隶。独立地创造，是人类尊严的标志。

年轻的马克思，充满了作为人的优越感。他在献给燕妮的诗集《爱之书》中，就有一首诗题为《人的自豪》。这不单纯是一个热恋中的青年，对自己心爱的人咬耳倾诉衷情的激情诗，而是表达了他在《青年在选择职业时的考虑》一文中对人的尊严的观点。他蔑视趋炎附势，粪土貌似巨人的权贵：

对那青云直上的一班人，
难道我也应当叫好奉承？
对这浮华加贪婪的生活，
难道我也应当俯首屈服？

巨人们，侏儒们！你们算什么？
还不是堆堆没有生命的石料！
我心灵之火不会献给你们，
我不屑用眼光朝你们一瞟。①

马克思在诗中还傲然地向世界挑战，虽然很可能是由于爱情和婚姻的波折，对重视名门而鄙视平民的世俗偏见和传统的愤怒，但是也表达了马克思把人看成是尘世生活的上帝，是真正的创造者的思想：

面对着整个奸诈的世界，
我会毫不留情地把战挑，
让世界这庞然大物塌倒，
它自身扑灭不了这火苗。

那时我就会像上帝一样，
在这宇宙的废墟上漫步；
我的每一句话都是行动，
我是尘世生活的造物主。②

---

① 《马克思恩格斯全集》，中文1版，第40卷，665页。
② 同上书，668～669页。

使我们感到惊异的并不是上述思想的深度，因为人类幸福和个人的完善、人的自豪和尊严，是那个时代已经达到的成就；而是在于这些出自一个尚未成年的少年。这不仅反映了马克思的深邃的精神世界和出众的才华，而且表明，他的道德水平的起点是高的。

但是，不能由此得出结论，马克思以后的全部思想，只是用经过筛选过的材料来论证他的道德理想，用价值判断来代替科学判断。事实上，一个高尚的道德理想，可以成为个人行为的动机，成为使他与同时代的人相比，具有更大的实现某种任务的可能性，但不能成为一种科学理论产生的最终原因。马克思主义是科学，它关于彻底消灭剥削，实现共产主义的理论，是包括哲学、政治经济学和科学社会主义在内的完整的严密的科学体系。这种学说不是马克思的个人道德理想的实现，更不可能是他少年时代理想的实现，而是在批判地继承人类优秀文化遗产，总结世界无产阶级革命经验基础上产生的。推动马克思发生两个转变并创立马克思主义的并不是自己的道德理想，而是他积极参加了当时的实际斗争和进行艰巨的科学研究。马克思所肩负的历史任务是要把社会主义由空想变成科学，而这个过程的特点，正好是要排除各种各样的空想社会主义学说，其中包括以公平、正义等道德观念作为论证社会主义根据的学说。

1844年初，马克思开始研究政治经济学，它的一个重大成果是前面分析过的《手稿》。能说《手稿》中的社会主义是伦理社会主义吗？不能。《手稿》中确实包含着道德评价和道德谴责，它讲到了资本主义私有制度下人的价值和人的贬值、物的世界的增值和人的世界的贬值，论述了货币作为中介所引起的是非颠倒和道德沦丧，抨击了资产阶级国民经济学对人的漠视，等等。但是《手稿》中关于资本主义必然为更高的社会形态所代替的依据，主要是建立在经济分析的基础上。马克思并不是把人作为伦理的主体，把人与人之间的关系只看成是道德的关系，而是强调“所有者和劳动者之间的关系必然归结为剥削者和被剥削者的经济关系”，并且把经济利益上的敌对性的对立、斗争看成是社会组织的基础。① 事实证明，马

① 参见《马克思恩格斯全集》，中文1版，第42卷，84、76页。

克思是把社会主义看成是私有财产的矛盾及其运动的结果，而不是单纯作为一种伦理要求。

从《手稿》中阐述的关于经济和道德的关系来看，马克思也是排斥“伦理社会主义”的。他在《手稿》中把道德同宗教、家庭、国家、法等等并列，作为受生产的普遍规律支配的因素，并且明确反对把道德当做评价经济现象的依据。例如他在驳斥米歇尔·舍伐利埃，指责李嘉图讲政治经济学撇开了道德时指出，“李嘉图使国民经济学用它自己的语言说话。如果说这种语言不合乎道德，那么这不是李嘉图的过错。当米歇尔·舍伐利埃讲道德的时候，他撇开了国民经济学；而当他研究国民经济学的时候，他又必然实际上撇开了道德”①。由于经济和道德属于两个领域，各有不同的尺度，可能发生矛盾，但它们在根本上是一致的：“如果国民经济学同道德的关系不是任意的、偶然的因而无根据的和不科学的，如果它不是装装样子的，而是被设想为本质的，那么这种关系就只能是国民经济学规律同道德的关系。”事实上，“国民经济学和道德之间的对立本身不过是一种**假象**，它**既是**对立，同时又不是对立。国民经济学不过是**以自己的方式**表现着道德规律”②。这就是说，每个社会的道德内容同经济基础从根本上说是一致的。

当然，唯物史观的创立是一个艰苦的探索过程，不是一蹴而就的。不仅在《手稿》之前，即使在《手稿》之中，都存在着明显的不成熟之处。正如我们在关于《手稿》的主题和对主题的论证中所指出的，马克思把异化的社会、异化的人、异化的劳动同真正的社会、真正的人、真正的劳动对立起来，残留着费尔巴哈人本主义的影响，经济的分析和道德上的评价有时混在一起。但是不能认为《手稿》是伦理社会主义，因为《手稿》虽然不完善，但它着眼于经济分析，并且强调整个共产主义运动，“必然在**私有财产**的运动中，即在经济中，为自己既找到经验的基础，也找到理论的基础”③，这就从根本上否定了伦理社会主义。

特别要指出的是，不能根据《手稿》论证中的不成熟之处，把它作为

---

①② 《马克思恩格斯全集》，中文 1 版，第 42 卷，137 页。

③ 同上书，120～121 页。

马克思主义伦理化的根据。《手稿》并不是马克思主义的完成形态，而是正在形成过程的标志。随着唯物史观的全面创立，《手稿》的缺点得到克服。例如在《德意志意识形态》中，马克思完全从生产关系和生产力的矛盾冲突中引出共产主义，并且明确地指出，“共产主义者根本不进行任何道德说教”，“共产主义者不向人们提出道德上的要求，例如你们应该彼此互爱呀，不要做利己主义者呀等等”①。后来恩格斯为马克思《哲学的贫困》所写的德文版序言中，专门讲到这个问题，他说马克思不是把他的共产主义建立在道德感的基础上，“而是建立在资本主义生产方式的必然的、我们眼见一天甚于一天的崩溃上”②。道理很清楚，以抽象的道德要求作为根据，全部剥削制度、全部以阶级对抗为基础的社会，以及它由一种剥削生产方式向另一种更高的剥削生产方式的发展都必须遭到唾弃。这完全违反了历史的辩证法。

我们反对用道德原则来解释马克思主义，反对把马克思主义变成道德戒律，但并不否定道德理想的意义。马克思主义有自己的伦理学，有自己的道德原则，其中包括社会主义人道主义的道德原则。但是道德原则，并不是马克思主义的理论基础，而是刚好相反。

由于异化劳动理论在《手稿》中占有重要地位，因而从《手稿》发表以后，特别是第二次世界大战以后，异化成为广泛争论的问题。

异化问题作为一个学术问题当然可以讨论。特别是从马克思主义发展史角度说，研究异化概念在唯物史观形成过程中的作用和演变是有意义的。从异化上升到异化劳动是唯物史观形成中的一个环节，离开了对这个过程的探讨，很多问题说不清楚。但是不能用异化观点来解释马克思主义，把全部马克思主义说成是一种异化理论。而这一点恰好是在西方比较流行的观点。例如，伊波利特就说：“从黑格尔和费尔巴哈那里借用来的异化概念，是整个马克思主义思想的基本概念和源泉。我认为，从这个概念出发，把人的解放规定为人在历史过程中反对人的本质的一种异化（不管这种异化采取什么形式）的积极斗争，就可以最好地说明整个马克思主

① 《马克思恩格斯全集》，中文1版，第3卷，275页。

② 《马克思恩格斯全集》，中文1版，第21卷，209页，北京，人民出版社，1965。

义哲学，理解马克思的主要著作《资本论》的结构。”① 卡尔维兹在《卡尔·马克思的思想》中完全是重复这个观点，把异化范畴看成是没有任何变化的一以贯之的东西。他说：“马克思早在青年时代就从黑格尔接受下来的异化这一哲学范畴，构成他的成熟时期的这一巨著的骨架。”还说：“马克思把异化问题转移到了政治经济学领域。《资本论》不外是包括经济思想领域的异化在内的根本异化的理论。”②

问题不仅涉及《资本论》，而且关系到整个马克思主义理论的性质问题。例如，吕贝尔在《卡尔·马克思。思想发展史概论》中就宣称，《手稿》中的异化概念是“掌握和理解这位经济学家和社会学家后来全部著作的钥匙”③。弗洛姆也认为，“要理解马克思，最重要的是看到写《经济学哲学手稿》时的青年马克思和写《资本论》时的老年马克思怎样始终把异化概念作为自己思想的中心点”④。

上述把异化作为理解马克思主义的“钥匙”、“中心”，从异化中引出马克思主义经济学和社会主义革命学说，把马克思主义变成一种关于异化的理论的意见很难令人同意。如果这样，马克思主义就不是一种科学学说，而是建立在黑格尔和费尔巴哈异化概念上的纯粹思辨结构。谁都知道，马克思用了40年时间写作《资本论》，着力揭示资本主义生产方式的规律；用了毕生精力探求无产阶级彻底解放的理论。这些研究都是以客观事实为依据，建立在对大量材料概括的基础上的。

用异化来解释马克思主义，容易导致用人的异化来掩盖资本主义制度下无产阶级和资产阶级的矛盾，用人的本质异化和复归的理论来代替马克思主义的社会革命论。例如弗洛姆就断言：“马克思相信，工人阶级是最异化的阶级，因此要从异化中解放出来必然要从工人阶级的解放开始。马克思的确没有预见到异化已经变成大多数人的命运，特别是那部分愈来愈多的居民的命运，这部分人主要不是与机器打交道，而是与符号和人打交

---

① 转引自［苏］泰·伊·奥伊则尔曼：《马克思的〈经济学—哲学手稿〉及其解释》，126～127页。

② 转引上书，129页。

③ 转引自《〈1844年经济学哲学手稿〉研究（文集）》，395页。

④ 转引上书，394页。

道。说起来，职员、商人和行政官吏在今天的异化程度，甚至超过熟练的手工劳动者的异化程度。”因此，弗洛姆得出结论说：“在今天，全人类都成了它自己创造出的核武器的囚犯，成了同样是它自己创造出的政治制度的囚犯。”①

事实上，在《手稿》中，马克思关于异化劳动的思想同黑格尔、费尔巴哈的异化观是不同的。马克思不仅由异化上升到异化劳动，而且始终把批判锋芒指向资本主义制度。马克思以资本主义私有制为对象，以资本和劳动的对抗为中心，通过工人同自己产品、同自己的劳动的对立，以及工人和资本家的关系，揭示无产阶级在资本主义制度下的非人地位。而且从异化到异化劳动只是马克思的思想发展过程中的一个片段，把它从总体中孤立出来是不恰当的。

第三节 《手稿》的历史地位

任何一门科学都包括两个方面：历史和理论。化学有化学理论，也有化学史，物理学有物理理论，也有物理学史，其他如生物学、医学、天文学、地质学等等无不如此。因为每门科学既有自己特有的范畴、规律，又有发现这些规律的过程。从认识史的角度说，没有没有历史的科学，也没有没有科学的科学史。

马克思主义也是如此，它既有理论又有历史。马克思主义哲学史，无非是马克思主义哲学原理创立、发展的过程。离开了马克思主义哲学原理，也就没有马克思主义哲学发展史。反过来说，马克思主义哲学原理，无非是马克思主义创始人和继承人，以及众多的马克思主义者总结自然科学和革命实践经验，长期进行理论探索和研究的结晶。如果不经历创立、成熟、发展的过程，就不可能有科学的马克思主义原理的出现。所以马克思主义哲学原理和它的历史是不可分的。可以这样说，马克思主义哲学史就是马克思主义哲学原理，不过是以历史形态出现的原理，即处于形成过程中的原理；而马克思主义哲学的每一个范畴、原理，都包含着马克思主义哲学史，因为它们都不是一次形成的，而是经历了一个过程。

---

① 转引自《西方学者论〈一八四四年经济学—哲学手稿〉》，68 页。

但它们之间有区别。例如要研究马克思如何创立唯物史观，必须再现马克思的思想从不成熟到成熟的发展过程。它有着严格的历史顺序性和精确的时间观念。而原理不同，它撇开历史认识过程中的偶然因素，撇开不成熟的东西，只讲它已经规律化的东西，即它的根本范畴和规律。在原理中已经规律化的认识，在历史中必须作为过程，而在历史中作为过程的东西，在原理中必须凝结为概念、范畴、规律。这样就产生了一个矛盾：在原理中作为不成熟的东西而被摒弃的，在历史中必须保留。否则，就不能说明马克思的思想发展进程。

我们正是从这个观点出发来评价《手稿》的。毫无疑问，《手稿》并不是一部完全成熟的著作，其中包含着马克思后来摒弃或彻底改造了的观点，但也包含着许多重要思想。把《手稿》放在整个历史过程中来考察，无论它的成熟和不成熟之处，对于说明马克思的思想发展都是重要的。

我们在前面指出了《手稿》的不成熟之处，但并不贬低它的意义。在马克思主义形成过程中，《手稿》无疑是一部重要作品，它既不是对以前发展阶段的偏离，也不是一个天才思想家的灵感迸发和转瞬即逝的火花，而是马克思的思想发展过程中的必然环节：它标志着从《莱茵报》开始的两个转变的基本结束，又是进一步创立包括三个组成部分在内的马克思主义思想体系的开端。

《手稿》是在前一阶段已经达到的成就的基础上前进的，特别是继续发挥了《论犹太人问题》和《〈黑格尔法哲学批判〉导言》中的重要论点。马克思在谈到《手稿》的内容时说："在《德法年鉴》上，我也十分概括地提到过本著作的要点。"① 但是比起在《德法年鉴》上发表的文章，《手稿》向前跨进了一步。这是指不仅在思想深度上，在某些问题的阐述上，而且在马克思主义发展史上产生了一些具有重要意义的变化。

马克思向唯物主义和共产主义的转变同马克思主义科学体系的创立，是相互联系又相互区别的两个阶段。马克思的两个转变中，就孕育着创立马克思主义思想体系的重要前提和因素，但还不是这种创立过程的本身。

马克思并不是为了创立思想体系而从事理论活动的。但把社会主义由

① 《马克思恩格斯全集》，中文1版，第42卷，46页。

空想变成科学，这是一项包括几个理论领域的任务。历史的经验以及马克思本人的经验都表明，如果仅仅局限于哲学领域，这个任务是无法完成的。《手稿》的意义在于，它改变了由英国古典政治经济学、德国古典哲学和法国空想社会主义所表现的三者分离状态，试图把政治经济学、哲学、科学社会主义学说结合在一起，形成一个相互论证、相互补充的整体。当然，这种结合开始是不完整的、不完善的，而且包含着矛盾，但它却预示了一个新的方向。

西方有些学者把这种结合的过程看成是倒退，力图倒转这种进程，拆散这种结合。他们把政治经济学从马克思主义中驱逐出去，单纯回到哲学，回到被大大缩小了、歪曲了的哲学即所谓"人学"，把马克思主义变成一种关于人的本质、人的价值的纯伦理的抽象思辨，而且居然以《手稿》为据。事实上，《手稿》的特点和重要意义正好在于结合，而不是分离。

马克思在《手稿》中继续发挥了他在《德法年鉴》中提出的主题，但把这种论证开始转移到经济学的基础上。这就为他在 1842 年《共产主义和奥格斯堡〈总汇报〉》中提出的寻求对共产主义的"理论论证"，真正找到了一个坚实基础。我们重视哲学作为世界观和方法论的指导作用，但社会主义革命的必然性存在于经济之中。正如恩格斯所说："一切社会变迁和政治变革的终极原因，不应当在人们的头脑中，在人们对永恒的真理和正义的日益增进的认识中去寻找，而应当在生产方式和交换方式的变更中去寻找；不应当在有关的时代的**哲学**中去寻找，而应当在有关的时代的**经济学**中去寻找。"①

社会主义革命的必然性根源于经济，同社会主义革命仅仅是经济革命是不一样的。把社会主义革命看成是与人无关的纯客观过程是不对的。彻底扬弃私有制，改造旧的经济关系，必然包括人的革命，即创造一代新人，使人得到全面发展，可是这种相互作用的基础和最终原因存在于经济事实之中。《手稿》的论证尽管还存在人本主义的弱点，但它是以经济事实为根据的，是马克思转向从经济上论证共产主义的重要环节。因此我们

① 《马克思恩格斯选集》，1 版，第 3 卷，307 页。

反对无视《手稿》的经济学特点，把它仅仅归结为关于“人”的哲学著作。例如弗洛姆就反复强调：“马克思的《经济学—哲学手稿》”是“一部论述他关于人、异化、解放等等概念的主要哲学著作”，“马克思的目标就是社会主义，它是建立在他关于人的学说之上”，“是从他关于人的概念中推导出来的”①，等等，这样就把《手稿》置于曾在德国流行的“真正社会主义”同样的水平。

《手稿》中存在着人本主义因素，但它的发展趋势是历史唯物主义而不是人本主义。马克思当时虽然没有完全意识到自己同费尔巴哈的重大分歧，但实际上在许多重要观点上都超出了费尔巴哈。《手稿》进一步发展了从《黑格尔法哲学批判》开始提出的关于市民社会决定国家的原理，在解剖市民社会，即对资本主义私有财产制度和国民经济学的批判中，形成了许多重要思想，例如，马克思关于劳动是人的本质，是人与动物的根本区别的观点，关于整个历史不外是人通过人的劳动而诞生的过程的思想；并开始触摸到生产关系——人的异化，只有通过人同他人的关系才得到实现和表现；并试图分析社会的结构，即物质生产对全部上层建筑各种形态的决定作用，等等。特别重要的是，马克思还强调了历史的辩证法。他反对古典经济学派“不理解运动的相互联系”，把竞争与垄断、营业自由与同业公会、地产的分割与大地产对立起来的形而上学方法，也不满意黑格尔的唯心主义辩证法，因为“他只是为那种历史的运动找到**抽象的、逻辑的、思辨的**表达”②。马克思在《手稿》中，用矛盾的观点分析私有财产的本质，揭示无产者和有产者的对立，分析资本和劳动由直接或间接的统一到对立的历史过程，分析资本主义制度下的各种矛盾及其解决的途径，以及把人类社会向共产主义的发展看成是否定之否定的过程，等等，尽管有的地方带有思辨的痕迹，但表现了力图从现实的历史本身寻找辩证法的趋向。

《手稿》中无疑也包含一些不成熟的东西。这是很容易理解的。马克思的哲学思想、经济学思想、科学社会主义思想的发展不是绝对平衡的。

---

① 转引自《西方学者论〈一八四四年经济学—哲学手稿〉》，23、69 页。

② 《马克思恩格斯全集》，中文 1 版，第 42 卷，90、159 页。

到1844年写作《手稿》时，马克思对哲学进行了近十年的研究，而对政治经济学的研究却刚刚开始。因此，当马克思试图把它们结合在一起时，不可能立即形成一个完整的、严密的、逻辑上一贯的整体，而必然包含着矛盾和不相适应的地方。但往后的发展并不是对《手稿》的消极否定。它虽然在理论和方法上摒弃了《手稿》中的某些观点，但包含了《手稿》已经取得的成就，是沿着《手稿》开辟的从生产劳动中寻找历史根源的方向前进的。不找到这个立足点，就不可能有唯物史观的全面建立。我们要始终记住，马克思是个严肃的学者，是殚精竭虑的热情探索者。马克思的成熟思想不是一次完成的。不管《手稿》的发现带有多大的偶然性，但从它包含的内容来说，它是马克思思想发展过程的一个必然环节。离开了《手稿》和异化劳动的理论，我们是无法理解马克思如何创立唯物史观的。

第九章　对鲍威尔异化观的批判。论历史和群众

在《手稿》的序言中，马克思已经表示准备对以鲍威尔为代表的青年黑格尔派进行批判。这个愿望，是以和恩格斯合著《神圣家族》来实现的。这部论战性著作，是马克思和恩格斯合作的第一部著作，是这两位未来的无产阶级革命导师40年共同战斗的开始。

在《神圣家族》中，我们仍不难发现费尔巴哈的影响，但和《手稿》相比，关于人的本质异化和复归的思想已不占有中心地位。《神圣家族》进一步推进了《手稿》中所蕴涵的历史唯物主义因素，对什么是历史、历史的发源地、人民群众的伟大作用、物质利益等问题都作了论述。特别是通过对蒲鲁东经济思想的剖析，接近形成了生产关系的思想。恩格斯晚年充分肯定《神圣家族》在唯物史观形成中的作用，他说："对抽象的人的崇拜，即费尔巴哈的新宗教的核心，必须由关于现实的人及其历史发展的科学来代替。这个超出费尔巴哈而进一步发展费尔巴哈观点的工作，是由马克思于1845年在《神圣家族》中开始的。"①

第一节　从黑格尔到鲍威尔。对鲍威尔非批判唯心主义异化观的清算

历史是复杂的。同一个阶级，在不同的国家里是不完全一样的，它呈现出由生产方式发展的水平和文化传统制约的民族特性。德国的资产阶级

① 《马克思恩格斯选集》，1版，第4卷，237页。

就不同于法国的资产阶级。法国的资产阶级为了自身的利益，奋力拼搏，大声疾呼，用剑和笔进行战斗，而德国的资产阶级委靡怯懦，畏首畏尾，但却擅长于抽象思维。在法国，一切理论问题都是社会问题；而在德国，一切社会问题都是哲学问题。人变成了自我意识，对理想的追求变成了"良心"，变成了软弱无力的"绝对命令"，而卢梭以战斗的姿态对私有财产、权力、道德异化现象的抨击，在德国古典哲学的手中变成了抽象的主客观关系的对立。德国古典哲学只是用抽象的思维活动伴随了现代各国的发展，而没有积极参加这种发展的实际斗争。异化理论的哲学化，是在德国古典哲学，特别是在黑格尔的手中完成的。

费希特把主观唯心主义发展到荒谬的地步，走向了死胡同。黑格尔不能再沿着主观唯心主义的道路前进，转向了客观唯心主义。他发挥了费希特主体性的观念，提出了"实体即主体"的命题，把绝对观念作为异化的主体。他说："一切问题的关键在于：不仅把真实的东西或真理理解和表述为实体，而且同样理解和表述为主体。"① 并且简明扼要地指出："实体本身就是主体。"②

把无人身的理性——绝对观念作为主体，把整个自然、社会和历史发展的各个环节看成是这种主体的异化，似乎是荒谬的、背理的，违反常识的，可这是黑格尔的唯心主义辩证法所要求的。既然黑格尔把整个宇宙看成发展、变化的，这种变化必然要有个承担者；既然全部认识是深入对象的内容，同时又是返回自身，那认识的一切内容无非是主体"自己对自己的反思"③。这样一种统摄一切、自身蕴藏着一切的主体，只能是观念性的东西，才能使黑格尔放开缰索，在思辨的王国中驰骋。正如马克思所说："这个过程必须有一个承担者、主体；但主体首先必须是一个结果；因此，这个结果，即知道自己是绝对自我意识的主体，就是**神，绝对精神**，就是**知道自己并且实现自己**的**观念**。"④ 黑格尔正是在把绝对观念作为主体的基础上，建立起自己庞大的客观唯心主义体系。

---

① ［德］黑格尔：《精神现象学》，上卷，10页，北京，商务印书馆，1979。
② 同上书，36页。
③ 同上书，11页。
④ 《马克思恩格斯全集》，中文1版，第42卷，176页。

黑格尔当然不可能唯物主义地看待异化。他是哲学史上第一个从唯心主义立场详尽地论述异化的哲学家。他把异化和主体联系在一起，规定了唯心主义异化概念最根本的含义，即从主体中分裂出客体，客体则与主体相矛盾。他说："实体作为主体"，"是单一的东西的分裂为二的过程或树立对立面的双重化过程"①。"自我意识把它自己的人格外化出来，从而把它的世界创造出来，并且把它创造的世界当做一个异己的世界看待。"②

由主体异化出来的客体是一种运动，因而主体本身不可能是固定的。主体不是直接的，而是表现为自身反映运动。像宗教那样，把上帝当做主体，当做一种永恒的东西，这不是真正的主体，而只是一种"揣测中的主体"，"一个毫无意义的声音，一个空洞的名称"③。因为这种永恒的、毫无内容的、静止的主体，"不仅不是主体这个概念的现实，而且甚至于使现实成为不可能的，因为揣测把主体当做静止的点，但现实却是自身运动"④。因此在黑格尔看来，主体就是运动，就是过程。主体异化为客体，是主体自身内容的展开。我们越是深入客体，越是返回主体，因为在现实世界中所认识的，正是这个世界的思想内容，也就是那种使世界成为绝对观念的逐渐实现的东西。

绝对观念作为主体是不断运动的，是"在自身内部的纯粹的、**不停息**的旋转"⑤。而这种运动，是通过否定的形式来实现的。因此，异化和异化的扬弃，实际上就是否定之否定的过程。例如作为主体的绝对观念，外化为对象性的自然和社会，这就是对自身的一种否定；而对象性的存在，使绝对精神感到不自由，"因为它不复把对方看成是它自己〔的一部分〕；对方的本质在它看来乃是一个他物，外在于它自身，它必定要扬弃它的外部存在"⑥，实际上就是对"否定"再进行否定，回到主体自身。这样，主体和客体的同一就不是像谢林那样僵死的、直接的同一，而是辩证的同一。其实，整个黑格尔的体系都是按照这个结构建立起来的。例如在他的

① ［德］黑格尔：《精神现象学》，上卷，11页。
② ［德］黑格尔：《精神现象学》，下卷，42页，北京，商务印书馆，1979。
③④ ［德］黑格尔：《精神现象学》，上卷，14页。
⑤ 《马克思恩格斯全集》，中文1版，第42卷，176页。
⑥ ［德］黑格尔：《精神现象学》，上卷，126页。

《逻辑学》中，先是把逻辑范畴一个一个看成是否定，即人的思维的外化，然后又把它们看成否定的否定，即看成这种外化的扬弃，看成人的思维的现实性的表现。

在黑格尔的异化观中，否定之所以成为运动的环节和推动力量，是因为他辩证地看待否定，把否定和肯定即保存结合在一起。肯定自身就包含否定，不包含否定的肯定，就是与自身的绝对同一，它不包含任何发展的契机和因素；否定中也包含肯定，离开肯定的否定，就是自身的毁灭、发展的中断。这种肯定和否定的结合就是扬弃。黑格尔批判了那种抽象的否定观，说这是把“统一体分裂为死气沉沉的、单纯地存在着而不对立着的两极端。并且这两方面并不相互地通过意识彼此有所予、有所取，反之只是各自让对方自由自在，互相毫不相干地把对方当做‘物’。它们的行动是抽象的否定，不是意识的否定，意识的扬弃是这样的：它保存并且保持住那被扬弃者，因而它自己也可以经得住它的被扬弃而仍能活下去”①。

黑格尔的异化理论尽管包含着深刻的辩证法，但它有两个根本性的弱点：第一，黑格尔把绝对观念作为主体，实际上是把“无眼、无牙、无耳、无一切的思维”，“只在思维中运动的思维”② 作为主体。这是违背科学，与常识大相径庭的。第二，黑格尔的异化理论虽然包含着批判的因素，但由于它的唯心主义本质，这种异化的扬弃并没有触动自己的对象，而只是范畴的运动。因此，这种对异化的扬弃，形式上是批判的，但实际上是非批判的，是对现存异化形态的维护。由此，以后异化理论演变的趋势，沿着两个方向发展，主要代表是费尔巴哈和鲍威尔。

按照梅林的说法，费尔巴哈和鲍威尔“两人之间也存在着很大的差别。他们不是肩挨肩，而是背对着背站着的。鲍威尔纺着唯心主义的纱线，直到它在他手上断掉为止；费尔巴哈则公开地与这种哲学决裂，跨出了最终战胜它的初步”③。

不是肩挨着肩，而是背对着背，这非常形象地表达了费尔巴哈和鲍威

① ［德］黑格尔：《精神现象学》，上卷，127页。
② 《马克思恩格斯全集》，中文1版，第42卷，178页。
③ ［德］梅林：《保卫马克思主义》，261页。

尔在哲学路线上的关系。而其中一个最重要的表现，就是沿着两个不同的方向来发挥黑格尔的异化理论。在哲学史上，正是费尔巴哈第一个把异化理论同人本主义结合起来。

费尔巴哈首先在异化主体问题上，根本扭转了唯心主义方向，提出了“主体是人”[1] 的判断。他把自己的观点同德国古典哲学的唯心主义传统对立起来，明确指出：“这个哲学并不将斯宾诺莎的实体、康德和费希特的自我、谢林的绝对同一性、黑格尔的绝对精神等抽象的、仅仅被思想的或被想象的本质当做自己的原则，而是将**现实的**毋宁说最最现实的本质，真正最实在的存在：人，即最积极的现实原则当做自己的原则。”[2]

费尔巴哈把人，把感性的、肉体的、拥有各种需要的人作为主体，是针对黑格尔。因为被黑格尔作为主体的绝对观念，无非是把人的理性、思想、观念独立化，脱离了人，变成一种不依赖人的精神实体。这完全是颠倒了存在和思维的关系。正如费尔巴哈所指出的：“在黑格尔看来，思维就是存在，思维是主体，存在是宾词。”[3] 费尔巴哈在主体问题上的一个巨大功绩，正在于把被黑格尔颠倒了的主客体关系重新颠倒过来。费尔巴哈把这种颠倒看成是通向真理的道路，看成是对哲学进行改造的根本原则：“我们只要经常将宾词当做主词，将主体当做客体和原则，就是说，只要将思辨哲学颠倒过来，就能得到毫无掩饰的、纯粹的、明显的真理。”[4]

费尔巴哈关于人是主体的论断，也是针对鲍威尔的。鲍威尔作为青年黑格尔派，是以黑格尔哲学改革派的面目出现的，可是他并没有超出黑格尔的范围。他把异化主体从绝对观念变成自我意识，无非是在思辨哲学的圈子里打转转。在费尔巴哈看来，真正要进行哲学改革，必须首先把主体变过来，而不能是用新瓶子装旧酒。他说：“一种新的原则，经常是带着一个新的名称出现的，就是说，它将一个名称（指人——引者）从低级的、从属的地位中提升到君主的地位，将它当成最高的称号。”他责备鲍

---

① 《费尔巴哈哲学著作选集》，上卷，247 页，北京，三联书店，1962。

② 《费尔巴哈哲学著作选集》，下卷，13～14 页。

③ 《费尔巴哈哲学著作选集》，上卷，144 页。

④ 同上书，102 页。

威尔说："如果将新哲学的名称'人'这个名词翻译成自我意识，那就是以旧哲学的意义解释新哲学，将它又推回到旧的观点上去。因为旧哲学的自我意识是与人分离的，乃是一种无实在性的抽象。人才是自我意识。"① 这就是说，自我意识是人的意识，只有人才有自我意识，把离开了人的自我意识上升为主体，仍然是旧哲学的翻版。

和费尔巴哈相反，鲍威尔片面地抓住并彻底发挥黑格尔关于自我意识的理论。黑格尔虽然强调理念，但赞扬自我意识，例如他认为反对现状、反对信仰、反对数千年来一切权威势力的法国哲学的一个特点，就是反对与自我意识格格不入的东西，不能与自我意识共存的东西，或者说自我意识不能在其中找到自己的东西。鲍威尔抓住黑格尔体系中的这一个环节，把自我意识作为主体，认为它是一切历史的创造者："世界的唯一力量是自我意识，而历史除了是自我意识的变易和发展外，没有任何别的意义。"② 自我意识创造了世界、创造了差别、创造了天地万物。因此，鲍威尔把自我意识和实体对立起来，并凌驾于实体之上，认为"实体只不过是瞬息即逝的火焰，而'自我'则在这火焰里把自己的局限性和有限性烧掉。运动的完成不是实体，而是自我意识；自我意识是真正无限的"③。只有自我意识是对斯宾诺莎的实体之谜的解答，是真正的原因自身。

正因为鲍威尔认为自我意识是主体，而实体只是自我意识的异化，它体现了自我意识的局限性和有限性，是不稳定的、转瞬即逝的东西，但是实体的存在对自我意识来说是一种异己的力量，是限制自我意识进一步发展的障碍，所以在他看来，整个发展过程，无非是自我意识创造客体，又不断扬弃客体的过程。在这一过程中，"运动不是由实体完成的，而是由自我意识完成的，自我意识才是真正无限的，它把实体的普遍性当做自己的本质包摄于自身"④。所以鲍威尔的异化理论，是一种从自我意识回到自我意识的理论。

鲍威尔正是以这种异化理论来批判宗教的。我们说过，黑格尔也把宗

① 《费尔巴哈哲学著作选集》，上卷，117页。
② 转引自［法］科尔纽：《马克思恩格斯传》，第Ⅰ卷，327页。
③ 转引自［波］维茨·罗森：《布鲁诺·鲍威尔和卡尔·马克思》，77页。
④ 转引自［法］科尔纽：《马克思恩格斯传》，第Ⅰ卷，328页。

教看成是一种异化，但是他扬弃这种异化的目的不是为了过渡到无神论，彻底消灭宗教，而是达到用理性把握宗教，也就是说，用宗教哲学来代替宗教。从这方面说，作为青年黑格尔派的鲍威尔比黑格尔要激进，多少发挥了黑格尔异化理论中所包含的批判色彩。

在鲍威尔看来，宗教是自我意识的异化，是一种恐惧心理、压抑心理，即不仅不相信人类、类、自我意识，而且连上升为自我意识的普遍性的勇气都没有的那种压抑感情的表现，是精神的贫乏和空虚。因此，在福音书中，自我意识实际上是同自己发生关系。尽管它发生了异化，变成了极其滑稽的模拟品，但毕竟是人同自身，即同自我意识发生关系。

鲍威尔认为，宗教是一种束缚人的力量。人把自己的普通力量当做一种异己的力量同自己相对立，面对这种力量，他胆战心惊，蔑视自己，把救世主当做自己存在的保证。实际上所谓启示录，无非是人关于自己使命的自我欺骗的说法；所谓赎罪，无非是要人为了未来幸福的空头许诺而忍受现实的痛苦。这就是说，为了我们未来的幸福，我们必须在现实生活中受苦受难；为了要赎罪，我们必须事先变成罪人，变成无法挽救、无可救药的罪人。这种说教，等于要使人得救先把他杀死一样荒唐。

宗教这种异化形式，就是要使人变成消极的、贫穷的、可怜的和不幸的人。人工像装饰得绚丽多彩供献祭用的牲畜一样，把自己作为祭品奉献给了宗教力量。这种宗教形式欺骗了他，使他不知道这种不幸。例如奥古斯丁就公然宣称，由于人的生命短暂和渺小，因此人在什么制度下生活，是完全无所谓的，因为人反正肯定要死。鲍威尔驳斥了这种论点。他指出宗教想要避开人间的苦难，仅仅出租天堂，实际上宗教关于上界和下界的范畴，关于上界对下界拥有无上权威的范畴，关于上界在干涉下界时发生的奇异变化的范畴，以及人要服从上界权力的范畴，所有这一切都是宗教意识为了创造自己的世界所必需的东西。鲍威尔主张扬弃宗教，回到自我意识，从而通向了无神论。

毫无疑问，鲍威尔运用异化理论批判宗教是积极的，对宗教的研究作出了贡献。但是由于他的异化理论的唯心主义的性质，他日益丧失了青年黑格尔运动初期反宗教斗争的进步性，成为“危险的敌人”。

鲍威尔否定实体，假定在任何领域中都不存在实体，实际上就是否定任何有别于思维的存在，有别于主体的客体，否定人自身以及人之外的自然界。剩下的只是唯一的、无所寄托的自我意识，这个没有躯体、没有肉体的灵魂。这样，鲍威尔之流非常憎恨对象这个概念。因为，对象意味着感性的客体，意味着人之外的存在，这与无限的、普遍的自我意识是不相容的："**对象**！可怕得很！没有比**对象**更可憎、更鄙俗、更群众的了——a bas〔打倒〕对象！绝对的主观性。"① 布鲁诺·鲍威尔的弟弟埃德加·鲍威尔对爱情的评论极其明显地反映了这个特征。对他来说，爱情是灾祸，是妖魔，它激起了他的仇恨、愤怒，因为爱情是最唯物主义的。爱情是人的情欲，它是发生在现实的感性世界和现实的个人身上的。它需要有一个主体，真实的主体，它也需要有一个对象，真正感性的对象，所以爱情真正教会人相信自身之外的实物世界，它不仅把人变成了对象，而且把对象变成了人。而青年黑格尔派反对感性的对象，反对把爱情看成是对感性对象的追求。他们脱离感性世界和感性对象，用唯心主义异化观抽象地研究爱情，"把'**爱情**'作为特殊的本质和人分割开来，并使它本身成为独立存在的东西。通过这样一个简单的过程，通过谓语到主体的这一转变，就可以把人所固有的一切规定和表现都批判地改造成**怪物**和**人类本质的自我异化**。"② 这里的批判，同《手稿》中以饥饿来论证满足饥饿的对象的客观实在性一样，基本上没有超出费尔巴哈的水平。但值得注意的是，马克思通过爱情是一个人把另一个人变成自己迷恋的外在客体这一日常事实，强调"对象的重要性"，而不是单纯强调自我。

鲍威尔既然把自我意识当做主体，因而把批判看成是自我意识所固有的特性。因为自我意识要扫除任何阻止它发展，摧毁一切妨害它回到自身的障碍，必须不断地进行批判。所以鲍威尔的批判，同他宣扬的自我意识一样，是一种脱离真正主体的超验的存在，是一种唯灵论的废话。

但是，鲍威尔心里也明白，批判总是要通过人来进行的，因此，他们标榜自己是批判的代表，是批判的化身，是批判的批判，而群众是怠惰的、非批判的，是批判的死对头。这样，鲍威尔异化理论中所包含的批判性，从矛头指向宗教，完全转变为同广大群众相对立了。

---

①② 《马克思恩格斯全集》，中文1版，第2卷，24页。

鲍威尔从他的唯心主义异化论出发，把批判限制在纯思维的范围内，只承认一种批判即理论的批判。这种所谓批判根本不触动、不改变现实的对象，而只是一种纯思维的活动。这样一来，消除异化是理论批判的任务。所谓改造社会，被归结为批判的批判的大脑活动。这充分表明，他们号称批判，实际上是恶性发展了黑格尔异化观中的非批判因素，即不把扬弃异化看成是实际改变对象，而是看成纯思辨的运动。根据这种观点，资本主义私有制、资本、雇佣劳动并不是资本主义社会的现实，而只是一些范畴。只要他们在思想中取消了这些范畴，就改变了现实。例如只要他们在思想中消除了雇佣劳动的想法，不再认为自己是雇佣工人，那他们就不是被雇佣的工人；只要他们从思想中铲除了资本这个范畴，也就消除了真正的资本。一切祸害并不存在于资本主义社会的现实，而只存在于工人的思维中，因此关键在于工人应该放弃任何实际政治活动，而专注改变自我。只要在意识中改变"自我"，就能改变自己的地位。正如马克思所说："**绝对的批判**从黑格尔的'**现象学**'中至少学会了一种技艺，这就是把**现实的**、**客观的**、**在我身外**存在着的链条变成**只是观念的**、只是**主观的**、只是**在我身内**存在着的链条，因而也就把一切**外部的**感性的斗争都变成了纯粹观念的斗争。"① 正如堂吉诃德同风车作战一样，鲍威尔号召工人把改造社会变成改变自我。

英国的宪章运动、法国里昂工人的起义早已驳斥了这种谎言。他们奋起斗争并组织各种团体，这就表明，曼彻斯特和里昂的工人非常痛苦地感到存在和思维、意识和生活之间的差别。他们知道，私有财产、资本、货币、雇佣劳动以及诸如此类的东西，不是范畴，而是工人自我异化的十分实际、十分具体的产物。工人不可能用纯粹的思维即单靠一些议论就摆脱自己的主人和自己实际所处的屈辱的地位，要使自己不仅能在思维中，在意识中，而且在实际生活中真正成为人，必须行动，即用实际和具体的斗争来消灭这些东西。

马克思是革命者。他不仅批判鲍威尔把工人改变资本主义的革命行动变成纯粹的思辨，也反对欧仁·苏在《巴黎的秘密》中宣扬的改良主义。

---

① 《马克思恩格斯全集》，中文1版，第2卷，105页。

这种改良主义“既保证**工人**的福利，又**不损害富人的财产**，它用互相倾慕、互相感激的**纽带把**这**两个阶级联系在一起**，从而**永远**保证国家的安宁”①。在马克思看来，小说中所宣扬的抽象的善恶观念，使主人公鲁道夫微服巡行，游侠仗义，挽救好人，惩罚恶人，这是一种“用**赏善罚恶**的方法来维护社会的新理论”。实际上赏善罚恶制度是“社会等级差别的神圣化，是奴隶般的屈辱状况的完整表现”②。

马克思主张用革命运动来消灭资本主义的异化，并且认为，无产阶级能担负起这个任务。他对无产阶级的地位、任务的分析比起《手稿》又前进一步，更多地显示出历史唯物主义分析的色彩。

在《神圣家族》中，有两点仍保留有人本主义的影响：

第一，认为“有产阶级和无产阶级同是人的自我异化”。这个提法不科学。离开了资本主义生产方式，从人的自我异化出发，显然不能科学地理解无产阶级和资产阶级产生的根源、对立的实质以及这种对立消灭的必然性。实际上只有从历史发展自身，把无产者和资产者的对立看成是生产方式和交换方式一系列变化的产物，才能给予科学的解释。

第二，关于资本主义私有制和人性的对立问题。马克思指出，资产阶级政治经济学把私有制关系当做合乎人性的合理的关系，而蒲鲁东的功绩正在于永远结束了这个看法。他认真地对待资本主义经济关系合乎人性的外观，把它同违反人性的现实尖锐对立起来，从而把资本主义私有制看成是真正违反人性的。马克思根据这个看法，分析了无产阶级的人类本性和资本主义私有制的对立，认为在资本主义制度下，无产阶级身上实际上已完全丧失了一切合乎人性的东西，甚至完全丧失了合乎人性的外观，资本主义的生活条件，对无产阶级来说，达到了违反人性的顶点，因此无产阶级的人类本性，同公开地、断然地、全面地否定这种本性的状况之间是矛盾的。这种以无产阶级的人类本性为尺度来衡量资本主义私有制的观点，没有完全摆脱人本主义的影响。

但是在《神圣家族》中，除了上述观点外，对无产阶级的分析是着重

---

① 《马克思恩格斯全集》，中文1版，第2卷，251页。

② 同上书，239、240页。

资本主义制度本身的分析，是着力揭示无产阶级的经济地位并由此引出他的历史使命。马克思指出："问题不在于目前某个无产者或者甚至整个无产阶级把什么**看做**自己的目的，问题在于**究竟什么是无产阶级**，无产阶级由于其本身的**存在**必然在历史上有些什么作为。它的目的和它的历史任务已由它自己的生活状况以及现代资产阶级社会的整个结构最明显地无可辩驳地预示出来了。"① 正是通过分析现代资产阶级社会的结构和无产阶级的生活状况，马克思从资本主义社会结构自身，而不是从外部（抽象的类本性与经济关系的对立），阐述了无产阶级的历史使命，从而初步显示了历史唯物主义原则的科学性和革命性。

同鲍威尔等人不同，马克思不是在无产阶级和资产阶级对立之外寻找它们对立的前提和根据，而是把它们看成是私有制的产物。正是资本主义私有制制约着无产阶级和资产阶级，使它们成为统一体中两个对立的方面。更深刻的是马克思看到，只把无产阶级和资产阶级看成是统一整体的两个方面是不够的，问题在于这两个方面中的每一个方面在对立中究竟占有什么样的确定的地位。正因为地位不同，资产阶级不可能消灭贫困，不可能消灭无产阶级，它力图维护私有制，因而也必然保持自己的对立面——无产阶级；而无产阶级要消灭自身，即消灭自身作为一无所有的阶级，必须消灭私有制，消灭使自己成为无产阶级的根本原因。因此无产阶级表现为资本主义社会内部的否定因素，它力图改变现状，而资产阶级则表现为肯定因素，它力图维持现状。因此，无产阶级和资产阶级的不同特性和愿望，取决于它们不同的经济地位。

这种分析，有利于刷清异化理论中的人本主义因素。马克思当时虽然仍然把无产阶级和资产阶级看成人的自我异化，但根据它们不同的阶级地位，强调它们之间的差别："有产阶级在这种自我异化中感到自己是被满足的和被巩固的，它把这种异化看做**自身强大**的证明，并在这种异化中获得人的生存的**外观**。而无产阶级在这种异化中则感到自己是被毁灭的，并在其中看到自己的无力和非人的生存的现实。"②

---

① 《马克思恩格斯全集》，中文 1 版，第 2 卷，45 页。

② 同上书，44 页。

马克思对劳动的看法也发生了一个变化。在《手稿》中，马克思着重论述了异化劳动的消极方面，它给劳动者造成的肉体的和精神的创伤。而在《神圣家族》中，马克思则强调了近代工业劳动使无产阶级受到教育和培养，说无产阶级“不是白白地经受了**劳动**那种严酷的但是能把人锻炼成钢铁的教育的”①。确实，在资本主义大工业中的无产阶级，比起手工业工人、行会帮工或者个体农民来说是不同的。他们经受近代工业劳动的锻炼，有较强大的组织性、战斗性和团结性。

马克思还触及历史规律的客观性和主观因素的相互关系问题。马克思肯定，“私有制在自己的经济运动中自己把自己推向灭亡”，这是“不以它为转移的、不自觉的、同它的意志相违背的、为客观事物的本性所制约的发展”。可是，资本主义不会自行灭亡，“只有通过无产阶级**作为**无产阶级——这种意识到自己在精神上和肉体上贫困的贫困、这种意识到自己的非人性从而把自己消灭的非人性——的产生，才能做到这点”②。无产阶级是历史给资本主义作出判决的执行人，但如果他们缺乏自我认识是不能实现这个任务的。马克思赞扬当时英、法的无产阶级，因为“英法两国的无产阶级中有很大一部分人已经**意识到**自己的历史任务，并且不断地努力使这种意识达到完全明显的地步”③。

马克思根据对无产阶级在现代资产阶级社会结构中地位的分析，明确指出：“无产阶级能够而且必须自己解放自己。”但同鲍威尔把无产阶级解放归于纯粹思维活动的唯心主义论断相反，马克思强调必须消灭产生无产阶级的客观条件，“如果它不消灭它本身的生活条件，它就不能解放自己”④。

按照列宁的说法，在《神圣家族》中马克思几乎已经形成了关于无产阶级革命作用的观点。而这些观点的形成，同马克思对资本主义社会结构进行唯物辩证的分析是分不开的。尽管其中仍然残留有人本主义的东西，但从资本主义社会自身来探求无产阶级的历史使命和解放道路，这个方向

---

① 《马克思恩格斯全集》，中文1版，第2卷，45页。

② 同上书，44页。

③④ 同上书，45页。

无疑是正确的。

第二节　物质生产是历史的发源地

在《手稿》中，马克思已经指出整个所谓世界历史不外是人通过人的劳动而诞生的过程，对劳动在人类历史中的作用作了概括性的论断。《神圣家族》继续沿着这个方向前进，对历史的发源地、历史的基本内容，以及如何认识历史都作了进一步的论述。

在《神圣家族》中，马克思提出了历史发源地问题。这是历史观中的一个根本性的问题，历来的唯心主义者都没有正确解决过这个问题。

黑格尔把绝对观念看成历史的发源地，整个历史无非是绝对观念自我发展的历史，人类仅仅是绝对观念发展的有意识或无意识的承担者。人们能直接看到的经验的、明显的历史，是那看不见的、深奥的、思辨的历史的体现。对现实的人来说，人类历史变成了在彼岸世界的精神历史。

鲍威尔虽然批判宗教，但也没有把天国的历史变成世俗的历史。他敌视自然，拒绝研究自然和工业，把自我意识看成是历史的发源地，认为自我意识是历史的唯一力量。历史除了自我意识的变异和发展之外没有任何别的意义。

马克思反对这种唯心主义历史观，强调物质生产的作用。他说："难道批判的批判以为，只要**它从**历史运动中排除掉人对自然界的理论关系和实践关系，排除掉自然科学和工业，它就能达到即使是才**开始**的对历史现实的认识吗？难道批判的批判认为，它不去认识（比如说）某一历史时期的工业和生活本身的直接的生产方式，它就能真正地认识这个历史时期吗？诚然，唯灵论的、**神学的**批判的批判仅仅知道（至少它在自己的想象中知道）历史上的政治、文学和神学方面的重大事件。正像批判的批判把思维和感觉、灵魂和肉体、自身和世界分开一样，它也把历史同自然科学和工业分开，认为历史的发源地不在尘世的粗糙的**物质**生产中，而是在天上的云雾中。"①

马克思的这段论述，包含两个重要的思想：

---

① 《马克思恩格斯全集》，中文1版，第2卷，191页。

第一，没有人同自然的关系就没有人类历史，历史的根本内容是人类改造自然的活动。这是《手稿》已经论述过的。但马克思进一步把它发展为历史的发源地问题，明确地提出历史的发源地不是在天上的云雾中（纯粹精神领域），而是在尘世的物质生产中。这样，马克思就把物质生产纳入历史观中，作为历史考察的中心之点，从而为真正揭开历史发展的规律开辟了道路。

第二，马克思提出了研究历史的根本理论和方法。研究政治史、文学史、宗教史当然都是很重要的。但对于真正认识某一个历史时期来说，最根本的不是研究它的意识形态，而是研究它的生产方式。只要充分认识这个历史时期的社会经济状况，对一切历史现象，比如这个时期的思想和观念，都能给予合理的说明。

在《神圣家族》中，马克思抨击了鲍威尔对《论犹太人问题》一文的反驳，重新就犹太人问题同他展开了论战。马克思不仅重申了他在《论犹太人问题》中的观点，而且提出了如何观察历史的方法问题。他说："犹太精神是**依靠**历史、**通过**历史并且**同**历史**一起**保存下来和发展起来的，然而，这种发展不是神学家的眼睛，也不是在**宗教学说**中所能看到的，而只有世俗人的眼睛，只有在**工商业的实践**中才能看到。"① 所谓"神学家的眼睛"和"世俗的眼睛"，实际上是两种历史观。神学家的眼睛，是鲍威尔唯心主义异化论的历史观，把犹太教和基督教看成是自我意识异化的两个阶段；而"世俗的眼睛"则是唯物史观的方法，着重考察工商业的实践，这种方法，同马克思强调的认识某一个历史时期必须认识它的生产方式是一致的。

根据这种观点，马克思驳斥鲍威尔把犹太人问题看成宗教问题，而且仅就宗教角度观察宗教的方法。马克思认为，鲍威尔只了解犹太精神的宗教本质，而不了解这一宗教本质的世俗的现实的基础，因而把宗教意识当做某种独立的实质来反对。按照马克思的看法，现实的世俗的犹太精神，因而宗教的犹太精神，是由现今的市民社会生活不断产生出来的，并且在资本主义货币制度中获得了高度的发展。离开了对工商业发展的历史考

① 《马克思恩格斯全集》，中文1版，第2卷，140页。

察，就不能理解犹太人问题的实质。所以马克思说："鲍威尔先生之所以用**宗教**和**神学**的方式来考察**宗教**和**神学**问题，就是因为他把现代的'宗教'问题看做'**纯宗教的**'问题。"①

鲍威尔还把国家和宗教对立起来，他不去研究现代国家对于宗教的真正关系，而是幻想一个消灭宗教和神学工具的现代国家。这是脱离现代国家的经济基础来考察国家，企图把国家变成"批判神学的心愿的执行者"。马克思从经济基础同国家的关系来考察国家，认为资产阶级国家不会取消宗教，相反承认宗教信仰自由。这同它的经济基础是一致的。他说："正如古代国家的**自然基础**是奴隶制一样，**现代国家**的**自然基础**是市民社会以及市民社会中的**人**，即仅仅通过私人利益和**无意识的**自然的必要性这一纽带同别人发生关系的独立的人，即自己营业的**奴隶**，自己以及别人的**私欲**的奴隶。现代国家就是通过**普遍人权**承认了自己的这种自然基础。而它并没有创立这个基础。现代国家既然是由于自身的发展而不得不挣脱旧的政治桎梏的市民社会的产物，所以，它就用**宣布人权**的办法从自己的方面来承认自己的出生地和自己的基础。"② 可见，希图现代国家反对神学和宗教，取消宗教信仰自由，无异于要它起来反对自己的出生地和基础，这显然是用"神学家的眼睛"来看国家，根本不知国家为何物！

国家必须适应自己经济基础的需要。马克思总结了法国 1789 年以后革命的经验，通过罗伯斯庇尔、圣茹斯特失败的悲剧说明了这一点。罗伯斯庇尔、圣茹斯特之所以遭到死亡，因为他们混淆了以真正奴隶制为基础的古代民主共和国和以资产阶级社会为基础的民主代议制国家的区别。一方面，他们以人权的形式承认和批准现代资产阶级社会，即工业的、笼罩着普遍竞争的、以追求个人私利为目的的社会；另一方面，他们又想仿照古代国家的形式建立这个社会的政治首脑，并取缔这个社会所固有的各种生命表现。结果，他们自己被送上了断头台。马克思批评他们不懂得资产阶级社会的人"不会是古代共和国的人，正像他的**经济**状况和**工业**状况不

---

① 《马克思恩格斯全集》，中文 1 版，第 2 卷，142 页。
② 同上书，145 页。

是**古代的**一样”①。企图在现代资产阶级经济状况和工业条件下，出现古代罗马人及其政治机构，完全弄错了时代。在这一点上，拿破仑比他们清楚。他已经了解到现代国家的真正本质，已经懂得，资产阶级社会的无阻碍的发展、私人利益的自由运动等等是这种国家的基础。但是拿破仑还是把国家看做目的本身，“而把市民生活仅仅看做司库和他的不能有**自己的意志的下属**”②。只要资产阶级社会的最重要的物质利益（即商业和工业）一和他的政治利益发生冲突，就毫不珍惜它们，结果同样是遭到失败。

马克思还对资产阶级社会中人的社会性问题作了论述。如果说在《手稿》中，马克思把资产阶级社会中的人看成是非社会的人，认为由于利己主义，人在市民生活中丧失了自己的社会性，只是在政治生活中作为类存在物。在《神圣家族》中，马克思在批评鲍威尔把市民社会的成员看成单个的原子，只是通过国家才联合起来的观点时，恰好否定了这个看法。

马克思强调，市民社会的成员根本不是什么原子。原子的特性就在于它没有任何属性，和外界没有任何必然的联系。可是市民社会的成员不同。他们虽然是利己主义者，但不是和任何东西无关的、自满自足的、没有需要的独立的原子。他的每一种感觉都迫使他相信世界和他以外的其他人的存在。人的需要，只有通过他们之间的联系才能得到满足。“由此可见，正是**自然的必然性、人的特性**（不管它们表现为怎样的异化形式）、**利益**把市民社会的成员彼此连接起来。他们之间的**现实的**联系不是**政治**生活，而是**市民**生活。因此，把市民社会的**原子**彼此连接起来的不是**国家**，而是如下的事实：他们只是在**观念**中、在自己的**想象**这个**天堂中**才是**原子，而在实际上**他们是和原子截然不同的存在物，他们不是**神类的利己主义者**，而是**利己主义的人**。”③ 因此，在资产阶级社会中，不仅在政治生活中人作为类存在物，而且在市民社会中也是一样。只是由于摆脱了中世纪特权的桎梏，每个人获得了最大的自由，因而似乎是分离的、独立的，实际上通过经济生活而彼此联系在一起。

《神圣家族》不仅把物质生产看成历史的发源地，而且揭示了人与历

①② 《马克思恩格斯全集》，中文1版，第2卷，156、157页。
③ 同上书，154页。

史的关系，批判了鲍威尔的历史目的论的观点。

鲍威尔把所谓真理置于历史之上，而把历史置于人之上。在他看来，现实的人类个体仅仅是历史达到自己目的的工具，而历史又是真理达到自我意识的过程。这样，历史有着确定的目的，即为了证明真理。这是一种目的论的观点。从前的目的论者认为，植物所以存在，是为了给动物充饥，动物之所以存在，是为了给人类充饥，而在鲍威尔看来，人为了历史而存在，而历史则为了证明真理而存在。

历史并不具有自己的目的。目的性是人的活动的特点。历史作为客观过程，各种现象之间存在着因果关系。这种确定的，不断重复的因果联系，表现为历史的必然性。这种历史的必然性，并不存在于人的活动之外，而存在于人的活动之中。所以马克思说："**历史什么事情**也没有做，它'并不拥有**任何**无穷尽的丰富性'，它并'没有**在任何**战斗**中**作战'！创造这一切、拥有这一切并为这一切而斗争的，不是'历史'，而正是**人**，现实的、活生生的人。'历史'并不是把人当做达到**自己**目的的工具来利用的某种特殊的人格。历史**不过是**追求着自己目的的人的活动而已。"①历史是人的历史，而且是现实的、活生生的人的历史。颠倒人与历史的关系，把历史变成抽象的主体，而人变成历史实现自己目的的工具，历史必然性的观念就会被神秘化为历史宿命论。

马克思把物质资料生产看成历史的发源地，从而有可能进一步探讨人们在物质生产过程中的相互关系。正是在《神圣家族》中，马克思通过对蒲鲁东关于"平等占有"的批评，接近了自己整个体系的基本思想——关于生产关系的思想。

作为小资产阶级代表的蒲鲁东，对资本主义私有制是极力抨击的。但力图以"平等占有"来反对资本主义私有制，使每个人都平等地占有私有财产，以此来消灭生产资料同人相脱离。这表明蒲鲁东并没有摆脱私有制，而是企图在私有制的范围内来克服私有制，以平均占有的形式来实现人对实物世界的重新占有。

平等占有能消灭异化吗？不能。正如马克思所指出的："'**平等**占有'

---

① 《马克思恩格斯全集》，中文1版，第2卷，118页。

是政治经济的观念，因而还是下面这个事实的异化表现：**实物是为人的存在，是人的实物存在**，同时也就是**人为他人的定在**，是他**对他人的人的关系，是人对人的社会关系**。蒲鲁东**在**政治经济的异化**范围内**来克服政治经济的异化。”① 这个论断的深刻之处在于，马克思看到，对物的平等占有，并不是人与物的关系，而是通过物来实现的人与人的关系。在私有制条件下，人与人的社会关系采取了物化形式，表现为物与物的关系。可见，人对物的平等占有，表明人同人仍然是作为私有者之间的关系。发现物与物的关系下掩盖着人与人的社会关系，这是从异化劳动走向创立唯物史观的重要一步。

第三节　历史和群众。物质利益的作用

唯物主义历史观是沿着两个方面发展的：一方面是通过劳动揭示物质资料生产的作用，发现社会关系体系发展的客观规律性；另一方面是从肯定人的主体地位，发现人民群众的伟大作用。这两个方面是相互联系的。在《神圣家族》中，马克思和恩格斯从物质资料生产是历史发源地的观点出发，驳斥了鲍威尔蔑视群众的唯心史观，对人民群众的伟大历史作用作了深刻的论述。

鲍威尔一伙极力抬高自我意识的作用，贬低物质生产的意义。他们无视劳动者是物质财富创造者这一事实，断言工人什么也没有创造，据说“为了创造一切，就需要某种比工人的意识更强有力的意识”。在他们看来，只有他们的思想创造物才是有意义的，才算是“一切”，而工人的劳动是“平凡的工作”，是“始终是为了满足他们自己的需要的某种单一的工作”。他们把抽象的思辨活动，置于物质生产活动之上。《神圣家族》驳斥了这种“疯话”。他们说：“批判的批判什么都没有创造，工人才创造一切，甚至就以他们的精神创造来说，也会使得整个批判感到羞愧。英国和法国的工人就很好地证明了这一点。”②

鲍威尔一伙把真理同群众对立起来。他们以嘲笑的口吻说，群众以为

① 《马克思恩格斯全集》，中文1版，第2卷，52页。
② 同上书，22页。

自己占有许多不言而喻的真理，实际上真理与群众无关。真理是自己论证自己，群众既不能认识真理，也不能占有真理。这样，真理和群众是对立的："它不是面向经验的人，而是面向**'心灵的深处'**，它为了成为**'真正被认识了的'**真理，不去影响居住在英国的地下室中或是法国库房的阁楼里的人的**粗糙的躯体**，而是通过他的整个唯心主义的肠道'徐徐伸展'。"① 群众是愚昧的，拥有真理的是"批判的批判"者们，全部真理都埋藏在他们的唯心主义肠道之中。实际上鲍威尔一伙是贫乏的，他们除了说一些空洞的、最简单的、不言而喻的东西而外，对真理一无所知，而最终会把握历史真理的是一切"真理的精华"——人类自己。

鲍威尔一伙还把群众和历史进步对立起来，他们不是把群众看成历史的动力，而是看成历史的阻力。说什么"到现在为止，历史上的一切伟大的活动之所以**一开始**就是不成功的和没有实际成效的，正是因为它们**引起了**群众的**关怀**和**唤起了**群众的**热情**"②。在他们看来，只有思想才是历史发展的决定力量。

和鲍威尔的论断相反，马克思从物质生产是历史发源地出发，强调物质利益在历史中的作用。推动人们起来斗争的不是抽象的思想原则，而是现实的物质利益。例如在法国的资产阶级革命中，起决定作用的不是自由、平等、博爱的口号，而是资产阶级的物质利益。这些口号所起的动员与鼓舞作用，正在于它反映了这种物质要求。"**'思想'**一旦离开**'利益'**，就一定会使自己出丑。"③

至于就广大非资产阶级群众来说，他们的热情之所以和资产阶级革命进程成反比，正在于资产阶级的革命原则，并不代表他们的实际利益，不是他们自己的革命原则，因而仅仅是暂时的热情和表面的热情而已。

同样，判断一种革命成功与否也离不开物质利益。法国资产阶级革命对资产阶级来说是成功的，它获得了实际效果，最终满足了资产阶级的物质要求和政治要求。只有对那些非资产阶级的劳动群众来说，革命才是不成功的。因为他们获得解放的现实条件同资产阶级是根本不同的。所以同

---

①② 《马克思恩格斯全集》，中文1版，第2卷，102页。

③ 同上书，103页。

鲍威尔一伙的看法相反，法国革命之所以不成功不是因为它引起了群众的关怀和唤起了群众的热情，倒是因为它并不包括全体居民，而只代表特殊的、有限的群众，因而广大群众的热情只是暂时的、表面的。马克思由此得出一个重要结论："历史活动是群众的事业，随着历史活动的深入，必将是群众队伍的扩大。"① 把对历史主体活动的认识提到规律性认识的高度。

鲍威尔一伙关于群众是消极的、精神空虚的物质因素，而精神、批判则是积极因素的观点，无非是黑格尔历史观的漫画式的完成，而黑格尔的历史观又不过是关于精神和物质、上帝和世界相对立的基督教宗教哲学的思辨表现。马克思用来同这种历史观相对抗的并不是关于人的本质异化和复归的观点，而是关于物质生产是历史的发源地、人民群众是历史创造者的历史唯物主义观点。这是《神圣家族》不同于《手稿》的重要之点。从此以后，马克思深入到历史发源地内部，通过揭示物质资料生产方式运动的规律，踏上了全面创立唯物主义历史观的进程。

---

① 《马克思恩格斯全集》，中文1版，第2卷，104页。

第十章　由“异化劳动”到全面确立唯物史观的理论准备

在《神圣家族》中，费尔巴哈的影响虽然大为减小，但仍存在对费尔巴哈的“崇拜”；异化虽然不是作为处于主导地位的方法，但仍然残存以人的本质作为衡量资本主义生产关系尺度的观点。可是在《德意志意识形态》中，马克思从赞扬费尔巴哈到批判费尔巴哈，全面创立唯物主义历史观，摒弃了对异化的人本主义解释。从《神圣家族》到《德意志意识形态》为期甚短，不到一年，这个转变似乎很难理解，其实不是偶然的。马克思早期思想的特点是变化急剧。当时正处于探索过程中的马克思，思想正如汹涌澎湃的大海。他从巴黎到达布鲁塞尔以后，一方面继续深入研究政治经济学，另一方面继续研究哲学，弄清了费尔巴哈哲学的主要缺点。马克思在1845年春写的《评弗里德里希·李斯特的著作〈政治经济学的国民体系〉》和《关于费尔巴哈的提纲》为我们从经济学和哲学两个方面提供了这种转变的理论线索。

第一节　对生产力和生产关系辩证关系原理的初步接近

在唯物史观的创立中，马克思对经济学的深入研究起了重大作用。如果说1844年初马克思在巴黎开始的经济学研究，使他摆脱德国古典哲学的思辨传统，由异化上升到异化劳动，发现了劳动在形成人类历史中的决定作用，打通了一条通向唯物主义历史观的道路，那1845年初马克思到达布鲁塞尔以后继续经济学研究，则为由异化劳动转向全面确立唯物史观作了理论准备。完全可以说，马克思由异化到异化劳动再到全面创立历史唯物主义，同政治经济学的研究是分不开的，而目的则在于寻求对共产主义学说的科学论证。

马克思是在1845年2月初，由于法国政府的迫害而移居布鲁塞尔的。在这里，马克思继续进行在巴黎开始的政治经济学研究，阅读了大量的政治经济学著作。他还同恩格斯专程到过伦敦和曼彻斯特实地考察和进行文献研究。这里我们只着重分析一下马克思对德国经济学家弗·李斯特于1841年出版的《政治经济学的国民体系》第一卷的评论，看看马克思是如何开始接近生产力和生产关系规律的。

弗里德里希·李斯特是德国资产阶级庸俗经济学家。他为适应德国资产阶级发展工业，保护国内市场，防止英国竞争的需要，提倡保护关税制度，反对自由贸易。他的《政治经济学的国民体系》第一卷，就是专门论述国际贸易、贸易政策和德国关税制度的。他强调德国保护关税的必要性，并吹嘘自己要对政治经济学中流行的国际贸易理论、贸易政策理论的错误实质和原因进行研究。可是李斯特极力掩盖他的理论的实质，仿佛他不是代表德国资产阶级追求财富，独占国内市场，力图使德国的工业达到英国的繁荣程度的愿望，而是为了所谓国家的利益："他害怕谈他所渴求的恶的交换价值，而谈生产力；他害怕谈竞争，而谈国家生产力的国家联合；他害怕谈他的私利，而谈国家利益。"①

恩格斯和马克思不约而同地都打算批判李斯特。恩格斯在1844年11月给马克思的信中谈到，他要写"反对李斯特的小册子"。这本小册子的写作目的同他正在着手写的《英国工人阶级状况》是一样的。《英国工人阶级状况》直接控诉的是英国资产阶级，但它打的是麻袋，指的是驴子，即德国资产阶级，说明德国资产阶级和英国资产阶级一样，只是在榨取方面不那么勇气十足，不那么彻底，不那么巧妙而已。而评李斯特的小册子，则是要揭露德国资产阶级保护关税的实质。

恩格斯和马克思对李斯特的批判有个分工。恩格斯从实际方面来批判李斯特，阐明他的经济体系的实际结论。恩格斯于1845年2月15日在爱北斐特的演说就是这样。他详细考察了实行保护关税制度所引起的各种可

---

① 《马克思恩格斯全集》，中文1版，第42卷，240页。

能性，但它必然导致无产阶级贫困，从而引起革命。恩格斯说：“详细考察的结果完全证实了我在最初根据竞争所作的概括性的说明，即**社会革命**将是我们现在的社会关系在任何条件和任何情况下必然引起的后果。正如我们可以有把握地从已知的数学公理中得出新的定理一样，我们也可以有把握地从现存的经济关系和政治经济学的原理中得出社会革命即将到来的结论。”①

和恩格斯不同，马克思着重对李斯特的理论前提进行批判。他揭露了李斯特唯心主义的生产力观，揭露了他在关心生产力的幌子下对财富的追求，并通过分析现代工业和生产力的关系，朝着揭示历史发展的最基本规律的方向前进。

德国的资产者和英、法资产者一样是追求工业财富的。但英国和法国的资产阶级通过他们的经济学家公开表达这种要求，他们把财富奉为神明，并在学术上也无情地把一切献给财富。而德国资产阶级追求财富又否认财富。它为自己创造了一种与世俗的法国和英国的经济学完全不同的“理想化的”经济学，创造了一种新的财富理论，以便证明他们追求财富是有道理的。他们用空虚的、浅薄的、伤感的唯心主义，层层包裹它那最卑鄙、最龌龊的追求财富的市侩精神。李斯特的政治经济学就是这种理论。

李斯特把生产力和交换价值对立起来，把生产力看成是一种精神力量，以此来表明，他追求的不是非精神的物质财富，不是交换价值，而是精神本质，即无限的生产力。正如马克思所揭露的：“生产力表现为一种无限高于交换价值的本质。这种力量要求具有内在本质的地位，交换价值要求具有暂时现象的地位。这种力量表现为无限的，交换价值表现为有限的；前者表现为非物质的，后者表现为物质的；我们在李斯特先生那里看到了所有这些对立。因此，力量的超感觉世界便代替了交换价值的物质世界。”②

事实上，生产力并不是独立的精神本质，并不是一种不可捉摸的“幽

① 《马克思恩格斯全集》，中文1版，第2卷，624页。

② 《马克思恩格斯全集》，中文1版，第42卷，261页。

灵”，而是一种物质力量。马克思指出，只要翻一下任何一本统计材料就可以看到，那里谈到水力、蒸汽力、人力、马力，所有这些都是生产力。虽然资产阶级统计学把人同马、蒸汽、水全部都充当力量的角色，表现了对人的蔑视，但它却“破除了美化‘生产力’的神秘灵光”，表明生产力是一种实实在在的物质力量。

德国资产者照样想发财，想赚钱，但却反对交换价值、物质财富，似乎只关心生产力。李斯特说：“国家必须牺牲物质的力量以便赢得精神的或社会的力量。保护关税是为了唤起工业力。”还说：“财富的原因同财富本身是完全不同的东西；同财富本身相比，创造财富的力量是无比重要的。”这完全是虚伪的。马克思说：“李斯特先生装腔作势，似乎他不顾恶的交换价值，处处为了生产力本身而关心生产力。”①

从形式上看，交换价值、货币，似乎总是外在目的，而生产力似乎是人自己本性中产生的目的，即目的本身。因此，关心生产力就是关心人自身。实际上德国资产阶级关心的还是自己的物质财富。

难道德国的资产者、工厂主关心工人发展他们的一切才能，发挥他们的生产能力，使他们像人一样从事活动因而同时发展人的本性吗？不是的。在他们看来，如果弯腰驼背，四肢畸形，某些肌肉的片面发展和加强能使工人更有生产能力，那么这种弯腰驼背，四肢畸形，片面的肌肉运动就是一种生产力。如果工人的精神空虚比充沛的精神活动更富有生产能力，那么工人的精神空虚就是一种生产力。如果一种职业的单调使工人更有能力从事这项职业，那单调就是一种生产力。因此所谓生产力，无非是“致富的手段”、“致富的生产力”。所以马克思嘲笑德国资产阶级，说他们声称自己“猎取的不是非精神的物质财富，不是恶的有限的**交换价值**，而是**精神本质**，无限的**生产力**。当然，这种精神本质会导致以下的情况：‘**市民**’借此机会把世俗的交换价值装满自己的口袋”②。

李斯特把创造财富的力量同财富本身区分开来，以此表示对人的重视。实际上结果和原因是不可分的。结果的性质包含在原因之中，原因中

---

① 《马克思恩格斯全集》，中文1版，第42卷，263页。
② 同上书，250页。

包含有结果所具有的某种规定性。资产者把无产者不是看做人，而是看做创造财富的力量，这种对人的“赞扬”，就是对人的“贬低”。要是资产者认为使用人力不如使用牲畜、机器更有利，他们会毫不犹豫地以牲畜和机器来代替人。李斯特把自己的观点同英国古典政治经济学区分开来，认为后者是建立在交换价值的基础上，而自己是建立在生产力的基础上。其实他们本质上是一致的。如果说英国古典政治经济学把人看成交换价值是把人变成物，那李斯特所谓的生产力理论，把人看成是创造财富的原因，这并不是把人作为真正的主体，而是作为为资产阶级创造财富的机器。

所以马克思认为，生产力并不是精神力量，而是物质力量，不能离开社会制度抽象地考察生产力。他说：“在现代制度下，生产力不仅在于它也许使人的劳动更有效或者使自然的力量和社会的力量更富于成效，而且它同样还在于使劳动更加便宜或者使劳动对工人来说**生产效率更低了**。因此，生产力从一开始就是由交换价值决定的。”① 这就充分说明，在资本主义制度下，生产力的发展不仅表明人的劳动更富有成效，而且意味着对工人剥削的加强。马克思后来一再强调这一点。他在写于 1864 年的《国际工人协会成立宣言》中指出，在资本主义社会，“劳动生产力的任何新的发展，都不可避免地要加深社会对比和加强社会对抗”②。

和《手稿》相比，马克思在评论李斯特的观点时对劳动的分析前进了一步。在《手稿》中，马克思撇开了劳动借以实现的形式，从主体的本质角度来考察劳动，把劳动定性为自由的自觉的活动，而在这里则着重指出：“谈论自由的、人的、社会的劳动，谈论没有私有财产的劳动，是一种最大的误解。‘劳动’，按其本质来说，是非自由的、非人的、非社会的、被私有财产所决定的并且创造私有财产的活动。”③

毫无疑问，《手稿》把劳动规定为有意识有目的的活动，并从人与自然进行物质交换的角度来考察劳动，是认识的一种进展。它把握了人与动物的根本区别，并揭示了不以任何社会形式为转移，或者说适用于一切社

① 《马克思恩格斯全集》，中文 1 版，第 42 卷，263 页。
② 《马克思恩格斯选集》，1 版，第 2 卷，130 页。
③ 《马克思恩格斯全集》，中文 1 版，第 42 卷，254～255 页。

会形式的劳动的根本特性——对象化。但它有一个局限，仅仅从这种劳动中看不出人类在其中发生的一定历史阶段的生产关系，并容易导致把现实的劳动看成是和作为人类本性的劳动相对立的异化劳动。从劳动按其本性来说应该如何来衡量资本主义制度下的劳动，虽然也可以给予谴责和揭露，但终究限制了对它的科学理解。可以撇开各种劳动形式概括出劳动的一般特点，但劳动的性质不能从劳动一般，而必须从它借以实现的形式（一定的生产关系）得到说明。当马克思强调资本主义制度下的劳动是被私有财产所决定并创造私有财产的活动，这就从人的本性（真正的劳动）同人的本性的异化（异化劳动）的对立，转向劳动本身，把劳动同劳动借以实现的形式结合起来考察，朝发现生产力（人与自然的关系）和生产关系（人与人的关系）的矛盾运动规律前进了一步。

马克思在对资本主义工业的分析中已开始接近这一点。他认为可以从完全不同的观点来看待工业。一种是从肮脏的买卖利益的观点，即资产阶级的观点来看待工业。例如德国的资产阶级就以忌妒的目光盯着英国高度发展的工业，也想在国内达到这个高度。他们挥舞着保护关税的皮鞭以便向自己的民族灌输“工业教育”的精神，其目的当然是资产阶级的利益。另一种观点是把工业的发展看成是为自己创造人的生活条件，为人的生存奠定基础。因此，必须把现代工业制度同它违反自己意志而无意识地创造的生产力区分开来。不能把对工业生产力的赞美，变成对资产阶级的赞美，对资本主义私有制度的赞美。马克思说：“工业用符咒招引出来（唤起）的自然力量和社会力量对工业的关系，同无产阶级对工业的关系完全一样。今天，这些力量仍然是资产者的奴隶，资产者无非把它们看做是实现他的自私的（肮脏的）利润欲的工具（承担者）；明天，它们将砸碎自身的锁链，表明自己是会把资产者连同只有肮脏外壳（资产者把这个外壳看成是工业的本质）的工业一起炸毁的人类发展的承担者，这时人类的核心也就赢得了足够的力量来炸毁这个外壳并以它自己的形式表现出来。明天，这些力量将炸毁资产者用以把它们同人分开并因此把它们从一种真正的社会联系变为（歪曲为）社会桎梏的那种锁链。”① 这段深刻的论述，

① 《马克思恩格斯全集》，中文1版，第42卷，258～259页。

把资本主义工业的生产力同它借以活动的条件（私有制）划分开来。它把私有制称为“锁链”、“外壳”、“桎梏”，而把工业生产力的发展看成是“砸碎”、“炸毁”这些“锁链”、“桎梏”的力量，并把无产阶级看成能掌握这些生产力，并用同它相适的形式表现出来的“人类的核心”。这种从资本主义工业自身的内部矛盾（工业生产力和它借以活动的形式）引出的革命结论，比起从人的本质和存在的矛盾引出的结论，无疑更接近《德意志意识形态》即将全面创立的历史唯物主义。

第二节　社会生活的本质。实践观与历史观的结合

与《评弗里德里希·李斯特的著作〈政治经济学的国民体系〉》一文的手稿大体同时，马克思还写下了对费尔巴哈哲学的十一条纲领性的意见。这就是著名的《关于费尔巴哈的提纲》（以下简称《提纲》）。如果说对李斯特的评论，从一个侧面表明马克思如何通过经济学的研究接近历史唯物主义，那对费尔巴哈的评论，则是从新世界观的高度总结了到 1845 年春的重要成果。

《提纲》有两个重大变化：第一，就马克思同费尔巴哈的关系来说，已经从颂扬费尔巴哈到批判费尔巴哈。马克思以批判费尔巴哈作为发挥自己理论的主要形式，这表明他最后离开了这个“中间环节”，走向全面创立辩证唯物主义和历史唯物主义；第二，与此相联系，马克思最终清除了费尔巴哈关于人的本质的异化和复归的人本主义影响。他从自我异化进到社会的分裂，从人的类本质进入到分析社会关系的总和，并科学地揭示了社会生活的本质和各种意识形态的物质根源。但《提纲》的出现不是偶然的，更不是马克思思想发展过程的“断裂”。只要仔细研究《提纲》，人们不难发现许多重要思想，在此以前以萌芽形式分散地、零碎地包含在从《黑格尔法哲学批判》开始的一系列著作，特别是《手稿》和《神圣家族》中。但这些天才的思想与费尔巴哈人本主义的影响是交织在一起的。而《提纲》则不同。它针对费尔巴哈和旧唯物主义的根本缺点，以格言的形式概括了自己到 1845 年春所达到的思想深度，是马克思以前思想精华的提炼。

实践观点是贯穿《提纲》的核心。马克思不仅把实践引入认识论，更

重要的是把它引入历史观。实践观与历史观的结合，这是《提纲》的一个显著特色。从把劳动作为人的本质到作为社会生活的本质，从人类实践活动中来考察人类社会，终于敞开了唯物主义历史观的大门。所以恩格斯在1888年把《提纲》称为“包含着新世界观的天才萌芽的第一个文件”，而到1893年更具体地称之为“历史唯物主义的**起源**”①。

社会的本质是什么？在1845年春以前，马克思并不是十分明确的。例如他在1844年的《手稿》中，就把社会看成是和人的本质相符合的共同体，因此社会的概念是指扬弃了私有制的状态，而私有制社会则被看成是非社会。在《提纲》中，马克思以实践的观点考察社会，揭示了各种社会形式的共同本质。他说：“社会生活在本质上是**实践的**。”② 马克思的这个结论是高度浓缩的，它蕴涵着一些重要的历史唯物主义原则：

第一，揭示了社会的起源和基础。社会和自然不同。自然界虽然通过人类的活动也发生变化，但自然界存在的基础在于自身，它不依赖人类而存在。社会不同，社会生活在本质上是实践的，它是人类活动的产物。社会的起源并不像契约论者所主张的由于契约，而是由于劳动。劳动创造了人，同时也创造了人类社会。这两者是一致的。因此社会是人类活动的领域，是以一定的物质生产活动为基础而组织起来的有机结构。没有物质资料生产，就没有人类社会。

第二，揭示了社会生活的基本内容。作为人类最基本的实践活动的物质生产是社会存在的基础，但不是社会生活的唯一内容。除了生产活动外，人们还进行政治活动，在阶级社会中它主要表现为阶级斗争，而在非阶级社会，则表现为参与管理公共事务的社会活动；人们还进行科学、艺术的实验和创造活动。总而言之，社会生活在本质上是实践的，它包含各种形式的实践活动。没有多种形式的实践活动，社会生活是难以想象的。

第三，揭示了社会发展规律的特点。自然规律和社会规律有共同性，但又各有特点。自然规律是自然自身的规律，无论人类参与与否，自然界

---

① 《马克思恩格斯全集》，中文1版，第21卷，412页；第39卷，24页，北京，人民出版社，1974。

② 《马克思恩格斯选集》，1版，第1卷，18页。

都按它固有的规律发展。而社会是人类活动的领域，它的基本内容是各种形式的实践活动，因此社会规律并不存在于人的实践活动之外，而是存在于其中，表现为一种最终决定人类行为结局的力量。尽管每个人都怀有自己的目的和愿望，但他们在活动中所形成的客观关系及其发展方向却是不以个人意志为转移的。例如商品是人类生产出来的，但商品生产出来以后进入流通领域，它不是依据人的意志，而是按照自身的规律（价值规律）在运动。

正因为社会生活本质上是实践的，所以马克思强调“凡是把理论导致神秘主义方面去的神秘东西，都能在人的实践中以及对这个实践的理解中得到合理的解决”①。

认识来源于实践既是马克思主义认识论的根本原则，也是唯物主义历史观的根本原则，虽然考虑问题的角度不同，但它们的原则是一致的。马克思和恩格斯随后不久在《德意志意识形态》中，把历史唯心主义定性为“从观念出发来解释实践”，而把历史唯物主义定性为“从物质实践出发来解释观念”②，这都表现了对实践在历史观中的作用的重视。

用实践解释观念，在历史领域中就是用人们的社会存在，即物质生产过程来解释各种意识形态。任何模糊的、怪诞的、神秘的意识形态，它的“秘密”不在于意识形态自身，而在于人的实践之中。只要科学地分析每个时代的实践活动，特别是物质生产活动，就能对初看起来不可理解的现象作出合理的解释。

马克思还在批评费尔巴哈的宗教观时，从人的自我异化过渡到分析社会的自我分裂。从人进到人的社会，这是一个重要进展。

费尔巴哈从宗教的自我异化，从世界被二重化为宗教的、想象的世界和现实的世界这一事实出发，致力于把宗教世界归结于它的世俗基础。在费尔巴哈看来宗教无非是人的自我异化，是人的本质同人相脱离：“人在宗教中将他自己的隐秘的本质对象化。这样就必然证明，上帝跟人的这种对立、分裂——这是宗教的起点——乃是人跟他自己的本

① 《马克思恩格斯选集》，1版，第1卷，18页。
② 《马克思恩格斯全集》，中文1版，第3卷，43页。

质的分裂。"① 因此费尔巴哈所说的宗教的世俗基础，并不是社会，而是人，抽象的人，所以马克思说，"世俗世界在费尔巴哈那里仍然不过是些**词句**"②。

和费尔巴哈不同，马克思没有停留在宗教是人的自我异化的水平上，而是力求探讨费尔巴哈所没有回答的问题：人为什么会把宗教幻想塞进自己的头脑？马克思早在1842年就认为，宗教本身是没有内容的，它的根源不在天上，而是在人间。后来在1843年和1844年研究犹太人问题时，马克思反复强调，现代犹太人的生活不能以他们的宗教来解释；相反，犹太教的生命力只能用虚幻地反映在犹太教中的市民社会的实际基础来解释。1845年春的《提纲》更进了一步，马克思不仅指出："'宗教感情'本身是**社会的产物**"，并且提出了社会矛盾问题，强调："世俗的基础使自己和自己本身分离，并使自己转入云霄，成为一个独立王国，这一事实，只能用这个世俗基础的自我分裂和自我矛盾来说明。因此，对于世俗基础本身首先应当从它的矛盾中去理解，然后用排除这种矛盾的方法在实践中使之革命化。"③ 很显然，马克思这里所说的世俗基础不是抽象的人和人的类本质，而是现实的社会。马克思虽然没有明确指出社会的内在矛盾是什么，但他肯定"世俗基础"自身包含矛盾，并提出通过排除社会矛盾来消灭宗教的基础，较之仅仅用人的本质的异化来解释宗教是完全不同的。

实践是人类认识的目的，这不仅是认识论的命题，同样是历史唯物主义的重要原则。当马克思说，哲学家们只是用不同的方式解释世界，而问题在于改造世界，它的重点并不是指自然，而是指社会。马克思当时全力倾注的是变革社会，使它"在实践中受到革命改造"。他后来在《德意志意识形态》中继续发挥了这个论点。马克思批评费尔巴哈，说他"和其他的理论家一样，只是希望达到对**现存**事实的正确理解，然而一个真正的共产主义者的任务却在于推翻这种现存的东西"。还说："对**实践**的唯物主义

① 《费尔巴哈哲学著作选集》，下卷，60页。
② 《马克思恩格斯全集》，中文1版，第3卷，261页。
③ 《马克思恩格斯选集》，1版，第1卷，17页。

者，即**共产主义者**说来，全部问题都在于使现存世界革命化，实际地反对和改变事物的现状。”① 如果把实践问题仅仅限制在认识论范围，而排除在历史观之外，那唯物主义历史观就会向唯心主义历史观转化。

历史经验证明，不理解实践在人类社会生活中作用的历史观只能是唯心主义的历史观。18 世纪法国启蒙学派虽然提出了人是环境和教育的产物的命题，但由于他们不懂得环境的改变和人的活动的一致性，不懂得正是在革命的实践中，人在改变环境的同时也改变了自己，因而始终跳不出理性支配世界的唯心主义圈子。费尔巴哈也是如此。马克思在《提纲》中批评费尔巴哈，说他仅仅把理论活动看做是真正人的活动，鄙视实践，不了解革命实践活动的意义，这不仅是指他的认识论，更主要的是指他的人本主义的历史观。仅就认识论而言，费尔巴哈对实践在认识中的作用还多少发表过一些合理的意见，所以列宁在《唯物主义和经验批判主义》中说：“费尔巴哈和马克思、恩格斯一样，在认识论的基本问题上也向实践作了在舒尔兹、费希特和马赫看来是不能容许的‘跳跃’。”甚至认为：“费尔巴哈把人类实践的总和当做认识论的基础。”② 可是一超出认识论范围而进入历史领域，费尔巴哈完全陷入唯心主义。这是容易理解的。如果说不懂实践在认识中的作用仍然可以是唯物主义者，那在历史领域中则不可能。因为社会生活在本质上是实践的，不理解实践（特别是物质资料生产）在社会生活中的作用，也不可能真正把握人与自然、人与人的关系，从而对社会及其发展规律不可能达到科学的理解。马克思说：“**直观的**唯物主义，即不是把感性理解为实践活动的唯物主义，至多也只能做到对‘市民社会’的单个人的直观。”③ 这就是对费尔巴哈之所以陷入历史唯心主义的总结性评论。

第三节　人的现实本质是一切社会关系的总和

“人的本质是一切社会关系的总和”是《提纲》中的一个根本性的命

---

① 《马克思恩格斯全集》，中文 1 版，第 3 卷，47、48 页。
② 《列宁选集》，2 版，第 2 卷，141、142 页。
③ 《马克思恩格斯选集》，1 版，第 1 卷，18 页。

题。它标志着1845年春，马克思对人与社会关系的认识所达到的新高度。

在《神圣家族》中，马克思还把费尔巴哈的人称为以自然为基础的现实的人，赞扬他以此为根据完成了对宗教的批判，并拟定了对黑格尔的思辨哲学批判的要点。几个月以后，在《提纲》中马克思批判了费尔巴哈从孤立的个体中探求人的本质的观点，转而面向人的社会关系的总和。

所谓人的本质问题，不能简单归结为从个体（每个人）中寻求人的共同本性问题。把这个问题局限在个别（具体的人）和一般（作为人的人）的范围里，就不能突破人本主义的狭隘眼界。对历史唯物主义来说，探求人的本质，从根本上说就是研究人和社会的关系问题。

费尔巴哈人本主义历史观的局限正在于，他撇开人的社会关系和历史进程，企图从孤立的个体中探求人的本质，把人的本质归结为个体和类的关系问题。尽管费尔巴哈把人看成有血有肉的感性存在物，实际上这种不属于任何社会，在社会之外的人类个体是不存在的，因而建立在这种个体基础上的类，以及把个体结合在一起的类本质，当然是非现实的。在费尔巴哈那里，人类个体、类、类本质都是一些空洞的概念。

在1845年的《提纲》之前，马克思对人和人的本质的看法同费尔巴哈已经存在分歧。马克思在《黑格尔法哲学批判》中强调人的社会特质；在《〈黑格尔法哲学批判〉导言》中强调人不是抽象的栖息在世界之外的东西，人就是人的世界，就是国家，就是社会；在《手稿》中把劳动看成人的本质，等等，都是这种分歧的表现。但是，在1845年春之前，在个体和类的矛盾，以及异化表现为人的类本质同人相对立的问题上，马克思仍然保留有费尔巴哈的影响。

自觉地清除费尔巴哈的影响，是从《提纲》开始的。针对费尔巴哈的观点，马克思提出了“人的本质并不是单个人所固有的抽象物。在其现实性上，它是一切社会关系的总和”的著名论断。这个论断不仅对人的本质给予了科学规定，更重要的是摒弃了费尔巴哈关于个体、类、类本质的观点，为全面创立唯物主义历史观清除了最后的障碍。

第一，马克思关于人的本质的论断，摒弃了费尔巴哈式的人类个体的观点。毫无疑问，现实的人都表现为个体，离开了个体，人必然是一个不可捉摸的抽象存在。但人们直观中的人类个体，并不是彼此孤立的。彼此无关的人类个体只存在于想象之中，不是现实的人。以这种人类个体作为出发点，只能是人本主义的。

人是社会存在物，这一点马克思在《提纲》之前就论述过。但人的社会性，不单是人不能离开社会，而且在于任何人都是生活在一定的社会形态之中。《提纲》强调的正是这一点。马克思在批评费尔巴哈关于"个体"的观念时指出，费尔巴哈"所分析的抽象的个人，实际上是属于一定的社会形式的"①。

任何个人都是属于一定社会形式的个人。但社会不是个人的简单集合，而是表示这些现实个人的彼此发生的那些联系和关系的总和。因此，属于一定社会形式的个人，是处于一定的社会结构之中的。例如，在阶级社会中，个人——集团（阶级）——社会是统一的，个人属于一定的集团（阶级），而各个集团（阶级）构成特定的社会。所以人类社会的关系是个人——集团——社会，而不是个体——亚种——类，马克思后来把后一个公式称为对历史科学的"奚落"。个人问题的解决，归根结底取决于他所属的阶级的命运；而某个阶级的前途，取决于社会形式的变化。在资本主义社会中，某个工人可以成为资本家，由一无所有变成百万富翁，但整个无产阶级的解放不可能依靠每个工人的发财致富来解决。实际上，工人的前途依靠整个无产阶级的解放，而无产阶级解放，取决于整个社会问题的解决。头足倒置是错误的。

第二，马克思关于人的本质的论断，摒弃了费尔巴哈关于个体和类的观点，把人与人的关系从个体和类转变为人与社会的关系。

在《提纲》之前，马克思对费尔巴哈的"类"的认识并不明确。他有时把它同社会相提并论，这在 1844 年 8 月 11 日致费尔巴哈的信中表现得很明显。人作为社会存在物和作为类存在物似乎是可以相互代替的。1845 年的《提纲》消除了这种混乱。

社会同类的概念是不同的。"类"强调的是个体的自然同一性，它对个体是一视同仁的，而社会则是积极活动的个人之间的全部联系和关系。马克思所说的全部社会关系的总和，指的就是社会。他在《雇佣劳动与资

① 《马克思恩格斯选集》，1 版，第 1 卷，18 页。

本》中明确地指出了这一点，说：“**生产关系总合起来就构成为**所谓**社会关系**，构成为所谓**社会**，并且是构成为一个处于**一定历史发展阶段**上的社会，具有独特的特征的社会。”①

如果说把人作为个体和类的关系，在生理学、解剖学、体质人类学范围内允许的话，用以考察社会则不行。把人从个体和类的关系变成人与社会的关系，对于历史观是非常重要的。从前一种观点出发，必然把研究的重点集中在探求个体的类本质，即寻找个体的永恒不变的本质；从后一种观点出发，必然是研究人与人之间的关系，即社会及其发展规律。从类的观点来考察人类个体，只能看到抽象的同一性——人就是人，他们的差异是同一个类中的差异：性别、肤色、年龄，等等。而从社会的角度来考察人，则能看到它的社会属性。特别是在阶级社会中，看到他的阶级属性。如果在阶级对立社会中，仅仅看到奴隶主与奴隶、资本家和工人、地主与农民都是人，当然不是唯物史观。

难道人作为人来说没有共同的人性吗？亲子之情、男女之爱、友谊、同情、对美的追求不是在任何时代、任何民族、任何国家都能发现嘛！当然，我们珍重人的美好的感情，那些为人们所赞扬、为诗歌小说所传诵的撼人心魂、催人泪下的东西。但我们应该知道，这些并不是每个人所固有的属性的抽象，而是在社会中形成的。它不是人作为类的特性，而是人作为社会存在物的特性。因此，随着社会的变化，人性是会改变的。

从生物学的角度看，人虽然同属一个类，但由于人是社会存在物，在阶级社会中存在不同阶级和政治集团利益的对立，人往往不是按照“类”的态度对待人。人与人（同类）的关系有时还不如人与动物（异类）的关系亲密。这一点连费尔巴哈都不否认。他在《黑格尔哲学批判》中说：“难道人对动物的关系只是一种专制的关系吗？被遗弃和被放逐的人岂不是在动物的忠诚中找到一点东西来补偿自己同胞的忘恩负义、阴谋诡计和背信弃义吗？对于他的受了损伤的心灵，动物岂不是一种调解的医治力吗？”② 屠格涅夫著名的短篇小说《木木》中所描绘的农奴主对农奴以及

① 《马克思恩格斯选集》，1版，第1卷，363页。

② 《费尔巴哈哲学著作选集》，上卷，46～47页。

农奴对狗的关系就迥然不同。在西方某些城市中，不少人喜欢养所谓“宠物”，尤其是养狗成风。因为人情太薄，转而爱狗。在专门埋葬狗的坟墓中，有的墓志铭上刻着：“这里埋着我的爱犬吉尔，比起我的三位丈夫，它对我更加忠实。”有的刻着：“在我孤独和痛楚的一生中，你是我忠诚的伴侣和唯一的朋友。”还有的刻着：“人不断使我失望，你永远给我以温暖。”五花八门，不一而足。这并不是故作惊人的消闲之笔，而是愤世嫉俗。我当然不是说，人与动物之间不可以建立感情，人不应该爱动物而应该虐待动物，而是说那种爱狗甚于爱人，一面是狗餐厅、狗旅馆、狗医院、狗礼服，而另一面是有人无家可归、难以为生，这种对宠物有情而对人无情的现象是社会病态。这种现象仅仅从人是类的观点，而不从唯物史观的观点来分析是无法理解的。

第三，根据前面两点，马克思完全摒弃了费尔巴哈从孤立的个体中探求人的本质，把人的本质理解为类、理解为每个个体内在所固有的，把所有的个体自然地联系在一起的共同性，而是从人与社会的关系，把人摆在一定的社会形式中，作出了人的本质在其现实性上是一切社会关系总和的科学结论。

或许有的人会说，人的本质是人作为人的质的规定性，它适用于每个人，只能是类本质。比如劳动是人的本质，它并不取决于社会关系的变化，是永恒不变的；人是社会存在物也是这样，它适用于每一个时代、每一个人，只要是人就必然是社会存在物。所以，与其说人的本质是一切社会关系的总和，不如说它是个体所共有的根本属性。

的确，马克思在《手稿》中把劳动看做人的类特性，看做人与动物的根本区别。人能进行有意识有目的的劳动，而一般动物是本能的活动；人是社会存在物，而一般动物是自然存在物。可是问题在于：一窝蜜蜂实际上是一只蜜蜂。蜜蜂的类的特性，也就是个体的特性。人不同。劳动和社会性不是人类个体所固有的特性，并不是因为每个人都能进行劳动，人才是劳动的动物；并不是因为每个人都是社会存在物，人才是社会存在物。恰好相反，人作为孤立的个体，并不具有这些特性。劳动和社会性不是也不可能是人类个体固有的属性的抽象，不是类特性，而是人的社会特性。它概括的是人类社会存在的基础和任何个人都属于一定的社会形式这一客观事实。因此，仅仅从个体和类而不从人与社会的关系来看，是无法理解人作为人的特性的。

马克思把劳动作为人的本质，作为人与动物的根本区别的思想是深刻的，但把劳动看做人固有的类特性，反映了费尔巴哈关于个体和类关系思想的影响。《提纲》不同，它摒弃了类本质的提法。但人的本质是一切社会关系的总和并不是对劳动作为人的本质的否定，而是沿着这个方向的进一步前进，深入到劳动过程内部，从社会关系中找到人的现实本质，从人与动物的区别进入到人与人的区别。

社会是人的活动的产物，但任何现实的个人又都属于一定的社会形式。社会是一种环境——社会环境，它是制约和形成人的思想和行为的客观条件。任何人的思想、才能、观念的形成，都离不开他们所处的社会。原始社会的人不同于奴隶社会，资本主义社会的人不同于社会主义，以及同一社会形态下人们之间的差异性，其原因不在于人的肉体特性，而在于作为一切社会关系总和的社会本身。无论个人怎样看待自己，怎样设想自己超时代，超历史，实际上都是当时各种社会关系的产物。因此，在实践活动中，随着各种社会关系的改变，人的本质也发生变化。

《提纲》是马克思批判费尔巴哈，全面创立唯物史观的理论准备和纲要。它最终突破了个体和类的框框，从人的类本质转向人的社会，从而真正使对人的认识达到了科学高度。

第十一章　唯物主义历史观的全面创立

马克思在《提纲》中批评费尔巴哈从抽象的人类个体中探求人的本质的观点，把个体和类的问题转变为人与社会的问题。马克思思想的进一步深化是要深入到社会内部，揭示它的发展规律。这个任务是在《德意志意识形态》中实现的。

马克思以批判鲍威尔、施蒂纳、费尔巴哈的形式，总结并进一步发展了在此以前所取得的成就，论述了人类社会存在的前提和基础，人类社会的结构和演变，从横断面（社会结构）和纵断面（社会形态的更替）对人类社会作了科学的分析。马克思彻底清算了费尔巴哈人本主义的影响和残余，完成了从异化劳动理论到唯物史观的飞跃。

第一节　出发点转移的完成。劳动从作为人的内在本质到作为社会存在的基础

要全面创立唯物主义历史观，必须找到一个正确的出发点。《德意志意识形态》的一个巨大成就，就是彻底批判了费尔巴哈抽象的人和施蒂纳的“唯一者”，科学地阐明了唯物史观的前提，揭示了物质资料生产在人类社会发展中的决定作用。

究竟什么是马克思主义的出发点，这是一个有争议的问题。我以为要比较正确地解决这个问题，必须区分事实判断与价值判断，弄清出发点的含义。

就主体与客体的关系来说，存在两种关系：一种是主体的认识在何种

程度上反映了客体，即在主体的认识中是否包含不依赖于主体的客体内容。要真正正确地反映现实，必须从客观对象出发，尽可能客观地把握对象自身发展的规律。这属于事实判断。另一种是主体为什么认识客体，这种认识在何种程度上符合主体自身的利益与愿望。这属于价值判断。前一种要解决的是客观对象“是什么”，后一种要解决的是“为了什么”。这两者之间有联系，但也有区别。符合主体自身利益与愿望的判断，不一定都是科学的判断。

就人类来说，任何一种认识都与自身的利益不可分，或者说都是为了人类自己。自然科学如此，社会科学也如此。不同的是，自然科学没有阶级性，它的事实判断与价值判断之间是一致的；而在对社会的认识中，价值判断渗入到事实的认识，为了狭隘的阶级利益，往往会掩盖事实，歪曲真理。而只有马克思主义才达到二者高度的一致。

马克思主义的产生，是适应无产阶级斗争需要的。就马克思主义的目的来说，它当然是为了无产阶级和人类的解放。由于无产阶级利益与社会发展规律的一致性，这个目的本身成为马克思能正确认识人类社会的必要条件，但不是它之所以是科学理论的根据。马克思主义要成为科学，必须正确地反映历史规律自身。

就人类对历史的认识来说，它大体上经历了神学历史观、资产阶级人道主义历史观、唯物主义历史观。就各种历史观的主观目的来说，它们都是为了自己阶级的利益。神学历史观是为了奴隶主和封建主的利益，人道主义历史观就其起源来说是为了革命的资产阶级的利益，而唯物主义历史观则是为了无产阶级和全体劳动者的利益。因此从最抽象的意义上说都是为了人，与人类无关的事，是不会引起人们的注意和兴趣的。即使是神学历史观，形式上是为了神，实际上还是为了人，为了奴隶主和封建主的利益。

我们这里所讨论的出发点，是就事实判断说的，即如何认识历史，如何认识历史自身的规律，达到对历史的科学认识。在这种意义上，不同的历史观有不同的出发点。神学历史观以神为出发点，以神的意旨作为解释历史变迁和各种社会现象（如富贵贫贱、生死祸福）的最终依据。资产阶级人道主义历史观以人为出发点，即用抽象的人性作为衡量社会的尺度和解释历史的依据。从神学历史观到人道主义历史观的转变，最根本的是出发点的转变，即解释历史的指导原则的变化。毫无疑问，资产阶级人道主义有巨大的历史功绩，仅就历史观而言，突出人而不是突出神，从人自身而不是从神的意旨中寻找历史发展的动力，就是朝揭开历史之谜的方向迈出了重大的一步。但就其对历史的认识来说，仍然在唯心主义的范围内。

价值判断会渗透并影响到对事实的判断。资产阶级人道主义以抽象的人为出发点，虽然在一定程度上反映了事实（历史是人创造的，而不是神创造的），但主要取决于它的阶级利益。新兴资产阶级为了实现自己的目的，广泛争取同盟者，必然要把自己的利益说成是全体成员的利益。正如《德意志意识形态》所指出的："每一个企图代替旧统治阶级的地位的新阶级，就是为了达到自己的目的而不得不把自己的利益说成是社会全体成员的共同利益，抽象地讲，就是赋予自己的思想以普遍性的形式，把它们描绘成唯一合理的、有普遍意义的思想。进行革命的阶级，仅就它对抗另一个阶级这一点来说，从一开始就不是作为一个阶级，而是作为全社会的代表出现的；它俨然以社会全体群众的姿态反对唯一的统治阶级。"①

另一方面，资产阶级人道主义取决于资产阶级革命的特点。封建社会和教会统治的政治实践和理论原则，是轻视人、蔑视人，使人不成其为人。按照神学历史观，在神面前，所有的人无贤愚不肖，都是生而有罪的。他们鼓吹，"轻视自己的人，在上帝那里就受到尊重"，"你应当把自己看得很微小，这样，在上帝眼中，你就是大的"，"愈是为人间所蔑视，你就愈是得到上帝的珍视"②，如此等等。在封建专制君主面前，所有的人无贵无贱，都是臣民。或者像恩格斯所说的，人人平等，就是说大家都等于零。因此，面临反对封建制度和教会统治的新兴资产阶级，在观念形态上必然强调以人为出发点和归宿，用人来对抗神，用人权来对抗君权，以便完成自己反对封建制度、确立资产阶级统治的历史使命。马克思正是从这个角度对资产阶级人道主义高扬"人"的旗帜的原因作了分析。他说："为什么市民社会的成员称做'人'只是称做'人'，为什么他的权利

① 《马克思恩格斯全集》，中文1版，第3卷，54页。

② 《费尔巴哈哲学著作选集》，下卷，53页注②。

称为**人权**呢？这个事实应该用什么来解释呢？只有用政治国家和市民社会的关系，政治解放的本质来解释。"①

所谓"人的觉醒"、"人的发现"，是先进资产阶级对自身利益的意识，它要求扫除人身依附的等级制度、特权制度，满足尘世的欲望。这在一定程度上代表了其他被压迫阶级的利益和要求。因此，资产阶级人道主义越是把人抽象化，以"人"的名义抗争，就越是把人与神的对立、广大被统治者和专制制度的对立推向极端，使它们之间的矛盾尖锐化、公开化，并使自己对宗教和专制制度的抨击具有浓郁的情感色彩，起了重要的启蒙作用，而且对培育比封建主义进步的政治观点、道德观点、美学观点和文艺创作起到"发酵"作用。在几百年中，在许多领域中产生过一批多才多艺学识渊博的巨人，留下了不少感人至深的名篇佳作，这是人类文化的一笔宝贵财富。

资产阶级人道主义虽然把出发点由神转到人，但它包含着不可解决的矛盾。

从理论上说，它以人性作为历史的尺度，认为历史的发展动力在于人类善良的天性或理性。可是永恒不变的人性怎么能成为变动不居的历史的原因呢？人道主义历史观必然在历史和人性相互关系的难题中徘徊。实际上，资产阶级人道主义者所开创的由神到人的转移，只是由神性进到人性，而没有达到现实的人，因此它不可能科学地说明历史。正如恩格斯后来在批判泛斯拉夫主义的宣言中所指出的，"人道"、"自由"、"平等"、"博爱"、"独立"，"这些字眼固然很好听，但在历史和政治问题上却**什么也证明不了**"②。仅仅借助于人类的天性，而不着力于探求历史的客观基础，必然把历史本身发展的客观规律排斥在自己的视野之外。

从实践上说，资产阶级人道主义的阶级性同它以人为出发点的抽象原则之间存在深刻的矛盾。在理论上，它从抽象的人和人性出发，提倡尊重一切人的权利、尊严、价值，宣扬普遍的自由和平等；但在实践上，它是

① 《马克思恩格斯全集》，中文1版，第1卷，437页。
② 《马克思恩格斯全集》，中文1版，第6卷，325页，北京，人民出版社，1961。

从资产阶级的利益出发，追求的是资产阶级的自由和权利，维护的是有产者的尊严和价值。开始时，这种矛盾是潜在的、尚未显露的。反对封建专制制度和教会统治的共同利益，超过了隐藏在“人”后面的阶级对立。可是当资产阶级由被压迫阶级变为统治阶级，资本主义制度代替了封建制度，资产阶级人道主义的理论和实践之间的对立就极其明显地暴露出来了。资本主义社会的现实同抽象人道主义原则完全相反：“商业日益变成欺诈。革命的箴言‘博爱’在竞争的诡计和嫉妒中获得了实现。贿赂代替了暴力压迫，金钱代替了刀剑，成为社会权力的第一杠杆。初夜权从封建领主手中转到了资产阶级工厂主的手中。”① 早期的资产阶级人道主义者确实怀着真诚的动机、满腔的热情、美妙的理想，自以为是在为“人”的一切而奋斗，但它的实际结果却是一部分人对另一部分人的统治和压迫。这种观念中的起点和实际终点之间的对立，是历史发展规律本身所决定的，不以任何人的意志为转移。

以抽象的人为出发点是资产阶级人道主义的共同点。从 14 世纪意大利开始萌发的人文主义思潮，经过 18 世纪法国的启蒙学派，到 19 世纪的德国变为一种更为抽象的关于人的哲学理论。费尔巴哈的人本主义就是资产阶级人道主义的一种特殊形态。在德国哲学发展的链条中，费尔巴哈是作为黑格尔的对立面出现的。因此在费尔巴哈的哲学中，人本主义和自然观的唯物主义是不可分的。费尔巴哈的唯物主义是人本主义的，即以人为中心来展开关于肉体与精神、存在和思维统一的论述；费尔巴哈的人本主义是唯物主义的，即以人的感性实在性为前提。因此，同以往的唯物主义相比，费尔巴哈的唯物主义具有人本主义的特色；而同以往的人道主义相比，则更具有唯物主义色彩。

但作为历史观来说，费尔巴哈的人本主义同以往资产阶级人道主义一样都是把人抽象化。这是不可避免的，因为费尔巴哈在德国的条件下再现了从神到人的过程，始终在人与神的对立中考察人。他自己说过：我所有的著作，“只有一个目的、一个意志和思想、一个主题。这个主题正是宗教和神学，以及与之有关的一切东西”。还说：“我的主要对象是基督教，

① 《马克思恩格斯选集》，1 版，第 3 卷，298 页。

是宗教——它是人之直接对象、直接本质。”① 为了反对非人格的精神实体上帝和黑格尔的绝对观念，费尔巴哈强调人的感性实在性，并把人的本质看成是“类”，是单个人的固有物的抽象。所谓“人是人的最高本质”是一个反宗教的命题，是向神学贬低人、蔑视人的教义的挑战。对人来说，人就是上帝。人的至高无上的本质不是存在于人之外的神，而应该是人自身。

以人本主义形态出现的费尔巴哈人道主义有它的独特之处，他融合了欧洲资产阶级人道主义传统和德国古典哲学的异化观点，提出了关于人的本质的异化和复归的理论，使人道主义和异化成为一个问题的两个方面：异化表现为人的本质与人相脱离，人变成非人，变成上帝的奴仆，变成利己主义者；扬弃异化，就是使人重新占有自己的本质，使非人成为真正的人。费尔巴哈公开声明这一点，他否定“神学和宗教的荒诞的、虚幻的本质，为的是肯定人的实在的本质”，使人“从基督徒转变为人，转变为完全的人”②。这样，费尔巴哈关于人的本质异化和复归的理论，使以人作为出发点的抽象人道主义原则得到更加思辨的哲学论证。

如果以抽象的人为出发点，反映了反对封建制度和宗教神学的资产阶级革命的特点，那对代表无产阶级的马克思主义来说，要科学地揭示社会发展的规律，则必然要摒弃这种理论出发点。

无产阶级负有不同于资产阶级的历史使命。资产阶级的利益要求它掩盖自己革命的性质，而无产阶级则要求揭示自己革命的性质；资产阶级把对立阶级化为抽象的人，而无产阶级要求从“人”的背后看到阶级；资产阶级把自己的特殊利益冒充为普遍利益，而无产阶级要求在“普遍利益”的空泛议论中看到无产阶级和资产阶级利益的根本对立。因此，无产阶级如果不摆脱以抽象的人为出发点的人道主义历史观，不揭开覆盖在对立阶级之上的含情脉脉的面纱，它只能是一个自在的阶级而不能成为一个自为的阶级。马克思主义正是适应这种需要而产生的一种科学理论。

无产阶级作为独立政治力量登上历史舞台，资本主义社会阶级关系的

① 《费尔巴哈哲学著作选集》，下卷，507、27页。

② 同上书，525、786页。

日益简单化，以及阶级斗争极其明显地围绕物质利益而展开，这些客观事实要求马克思对以抽象的人为出发点的人道主义历史观进行重新研究，为找到新的出发点提供了必要性和可能性。但唯物主义历史观是一种科学理论，它的创立必须经过思维着的头脑，即进行艰苦的理论探索。这个过程，就是逐步清除费尔巴哈影响的过程。

在19世纪40年代的德国，在黑格尔哲学解体过程中对马克思影响最大的哲学家是费尔巴哈。这种影响包含相互联系又相互区别的两个方面：一个是人本主义中包含的唯物主义的影响，另一个是人的本质的异化和复归的理论的影响。前一种影响，有助于马克思摆脱黑格尔的唯心主义，批判和改造黑格尔的辩证法；后一种影响，使马克思的历史观在一个时期内还不能完全摆脱人的本质的异化和复归的图式，对无产阶级的地位和使命的论证还带有人本主义的色彩。

即使是处在费尔巴哈的影响之下，马克思同费尔巴哈一开始也存在分歧，他一直在寻求新的出发点。自从在《黑格尔法哲学批判》中论述了市民社会决定国家的思想以后，马克思逐步转向解剖市民社会，并研究政治经济学。特别是在作为经济学研究初步成果的《手稿》中，他把劳动看成人的本质，看成是人与动物的根本区别，并论述了劳动在人的自我形成中的作用，这是一个重大进展，它为马克思从劳动中寻找新的出发点开辟了道路。但《手稿》对劳动的分析有着明显的局限。它从主体（人）本质角度分析劳动，把劳动看成是自由自觉的活动，是人的类本质，而把现实的劳动看成同人的类本质相对立的异化劳动。在人的本质与异化劳动的对立中来考察劳动，必然限制对劳动作用的科学的认识。

在《德意志意识形态》中，马克思把物质资料生产作为人类社会存在的基础。他抛弃了把劳动看做人的天性，看做人的内在目的以及把劳动和维持人的肉体生存对立起来的观点，科学地分析了物质资料生产在人类社会中的决定作用，从而为唯物主义历史观最终找到了正确的出发点。他说："我们不是从人们所说的、所想象的、所设想的东西出发，也不是从只存在于口头上所说的、思考出来的、想象出来的、设想出来的人出发，去理解真正的人。我们的出发点是从事实际活动的人，而且从他们的现实生活过程中我们还可以揭示出这一生活过程在意识形态上的反射和回声的发展。甚至人们头脑中模糊的东西也是他们的可以通过经验来确定的、与物质前提相联系的物质生活过程的必然升华物。”① 还说：“我们开始要谈的前提并不是任意想出的，它们不是教条，而是一些只有在想象中才能加以抛开的现实的前提。这是一些现实的个人，是他们的活动和他们的物质生活条件，包括他们得到的现成的和由他们自己的活动所创造出来的物质生活条件。因此，这些前提可以用纯粹经验的方法来确定。”② 这不仅是对费尔巴哈的批判，也是对自己以前哲学信仰的清算。

第一，马克思用现实的个人来取代费尔巴哈的生物学的人类个体。费尔巴哈的人类个体是不属于任何社会形式的，而马克思所说的现实的个人不是与世隔绝、离群索居的人，而是受生产力和交往形式制约，在一定的物质条件下进行物质生产的人。

第二，马克思用人的感性活动来取代费尔巴哈仅仅把人看成是感性对象。费尔巴哈虽然强调人的感性实在性，但他从来没有看到真实存在着的、活动着的人，而是停留在抽象的人上。所以马克思批评他说：“费尔巴哈谈到的是‘人自身’，而不是‘现实的历史的人’。”③ 马克思不同。他强调自己所说的人是从事实际活动的人，是人的感性活动，而不单纯是人的感性存在。

第三，在人的活动中，马克思摆在首位的是物质生产活动，他明确指出：“这种活动的基本形式当然是物质活动，它决定一切其他的活动，如脑力活动、政治活动、宗教活动等。”④ 因为“人们为了能够‘创造历史’，必须能够生活。但是为了生活，首先就需要衣、食、住以及其他东西。因此第一个历史活动就是生产满足这些需要的资料，即生产物质生活本身”⑤。他强调：“任何历史观的第一件事情就是必须注意上述基本事实的全部意义和全部范围，并给予应有的重视。”⑥

---

① 《马克思恩格斯全集》，中文1版，第3卷，30页。
② 同上书，23页。
③ 同上书，48页。
④ 同上书，80页。
⑤ 同上书，31页。
⑥ 同上书，32页。

同自然界不一样，社会是人类活动的领域。社会中的一切都是人参与的。但是对这个事实，可以进行两种不同的哲学概括。一种是把人变成摆脱一切客观制约性的抽象主体，变成一个概念——“人”。例如施蒂纳就是这样。他把人当成全部历史的积极主体，可是在他那里，人只是概念、观念的另一个名称而已。这种所谓人不可能参与任何实际活动，也不可能创造历史，而只是在哲学家头脑中游荡的幽灵。这是对客观事实的错误概括。马克思在批判施蒂纳时指出：“决不是人这个神圣概念，而是处在现实交往中的现实的人创造了经验关系，只是在后来，在事后，人们才把这些关系虚构、描绘、想象、肯定、确认为‘人’这一概念的启示。”①

《德意志意识形态》唯物辩证地解决了历史领域中的主体和客体关系。现实的、从事实际活动的人是历史的主体。各种社会关系是人们相互活动的产物。因此，历史不单纯是为人们活动提供的舞台，而就是人们活动本身。可是就局部来说，它又为每一代人提供活动的客观环境。这个环境是确定的、既成的、给予的。所以，从总体说，人既是能动的又是受制约的，既是剧作者又是剧中人。马克思说：“历史的每一阶段都遇到有一定的物质结果、一定数量的生产力总和，人和自然以及人与人之间在历史上形成的关系，都遇到有前一代传给后一代的大量生产力、资金和环境，尽管一方面这些生产力、资金和环境为新的一代所改变，但另一方面，它们也预先规定新的一代的生活条件，使它得到一定的发展和具有特殊的性质。由此可见，这种观点表明：人创造环境，同样环境也创造人。”② 因此，历史唯物主义从来不脱离人类活动的历史环境来考察人，而是把人的创造作用、能动作用的发挥置于现实的基础之上。

历史唯物主义把人的物质资料生产作为自己的出发点决不是排斥对人的研究。没有人的物质生产活动，正如没有物质生产的人一样是不可思议的。但历史唯物主义反对把抽象的人作为出发点，孤立地探讨人和人的本性。社会不是个人的简单总和，也不是可以随便装入任何一种人的容器，而是以生产关系总和为基础的特定的经济形态。不是人的本质决定生

---

① 《马克思恩格斯全集》，中文1版，第3卷，258页。

② 同上书，43页。

产方式的性质，而是有什么性质的生产方式才会有什么样的人。人是什么样，“这同他们的生产是一致的——既和他们生产**什么**一致，又和他们**怎样**生产一致。因而，个人是什么样的，这取决于他们进行生产的物质条件”①。历史证明，正因为唯物主义历史观确立了新的出发点，才使对人的认识达到了新的科学高度。

第二节　深入到生产过程内部。从研究个体和类的矛盾到发现社会自身的规律

出发点的转变是具有划时代意义的转变。当马克思完全转到新的出发点后，他就彻底抛弃了以人的本质作为衡量历史尺度的观点，转而分析客观生产过程本身，发现了生产力和生产关系运动规律，并在此基础上揭示了社会的内在结构和社会形态的更替。正如马克思自己所说：“这种历史观就在于：从直接生活的物质生产出发来考察现实的生产过程，并把与该生产方式相联系的、它所产生的交往形式，即各个不同阶段上的市民社会，理解为整个历史的基础；然后必须在国家生活的范围内描述市民社会的活动，同时从市民社会出发来阐明各种不同的理论产物和意识形式，如宗教、哲学、道德等等，并在这个基础上追溯它们产生的过程。”马克思还强调，只有从物质资料生产出发，才“能够完整地描述全部过程”以及“描述这个过程的各个不同方面之间的相互作用”②。不难设想，如果没有这种出发点，关于生产力和生产关系、经济基础和上层建筑、社会存在和社会意识、阶级和阶级斗争、国家与革命等一整套历史唯物主义学说，是根本建立不起来的。

在1845年春之前，马克思还存在着费尔巴哈人本主义的影响，尤其是在社会形式和人的本质的相互关系问题上。一方面，他在某些论述中把家庭、市民社会、国家看做人的本质的实现，看做人的本质的客观化，因而现实的社会关系成了主体（人）内部所固有的质；另一方面，他用人的本质作为衡量人的存在即各种社会关系是否合理的尺度，把不合理的现实

---

① 《马克思恩格斯全集》，中文1版，第3卷，24页。

② 同上书，42～43页。

看成是人的本质同人相异化。《提纲》第六条把这个颠倒过来了。既然人的现实本质是由社会关系的总和决定的，那就不能把人的本质同形成它的社会关系对立起来。可是社会关系又是由什么决定的呢?《提纲》没有回答这个问题。《德意志意识形态》继续发挥和深化了在批判李斯特的政治经济学中所获得的认识，抛弃了把社会矛盾看成是社会关系压抑和歪曲人的本质，人的本质和人相异化的观点，从社会生产过程自身寻找原因。

马克思深入到生产过程内部，从人与自然、人与人的关系中展开了他关于生产力和生产关系相互关系的论述。尽管这两重关系在《手稿》中均已涉及，但表述和深度都是不同的。《手稿》中人与自然的关系表现为人的本质力量的对象化；而人与人的关系表现为人的本质的异化。这双重关系均以人的本质为中介，而在《德意志意识形态》中着眼的是生产过程本身。马克思指出，生产过程表现为双重的关系：一方面是自然关系，另一方面是社会关系。在人与自然的关系中，已经不是局限于人的本质力量，即人所具有的感官力量、人的情感、人的欲望对象化为产品，而是运用生产工具，自然产生的生产工具特别是文明创造的生产工具改造自然以满足自己生活资料的需要。而人与人的关系也不仅仅是异化借以表现的形式，而是一种社会关系，是人们在生产过程中共同活动的物质交往和物质联系："社会关系的含义是指许多个人的合作，至于这种合作是在什么条件下、用什么方式和为了什么目的进行的，则是无关紧要的。"①

马克思不仅更科学地规定了生产过程的两个方面，而且进一步揭示了它们之间的关系。他说："人们对自然界的狭隘的关系制约着他们之间的狭隘的关系，而他们之间的狭隘的关系又制约着他们对自然界的狭隘的关系。"② 这就是说，生产力和生产关系是相互制约、相互促进的。但是在这种相互作用中，最终起决定作用的是生产力："人们所达到的生产力的总和决定着社会状况。"随着生产力的发展，"已成为桎梏的旧的交往形式被适应于比较发达的生产力，因而也适应于更进步的个人自主活动类型的

① 《马克思恩格斯全集》，中文1版，第3卷，33页。
② 同上书，35页。

新的交往形式所代替；新的交往形式 à son tour〔又〕会变成桎梏并为别的交往形式所代替”①。

在这里，我们不想论述生产力和生产关系规律本身以及马克思关于生产关系概念是如何形成的，而是要着重论述，马克思从物质资料生产出发揭示出生产力和生产关系辩证运动规律，是怎样解决自己以前遗留的问题，从而建立起唯物主义历史观的。

第一，历史的本质和动力。

从《手稿》中马克思把历史看成是人通过人的劳动而诞生的过程，到《神圣家族》中提出历史的发源地和历史无非是人类追求自己的目的的活动，虽然有所前进，但都没有解决历史究竟是如何发展的问题。

在《德意志意识形态》中，马克思从生产力的总和决定社会状况出发，强调始终要把人类的历史同工业和交换的历史联系起来研究和探讨，把历史看成是物质资料生产方式发展和变化的历史。在马克思看来，历史不外是各个世代依次更替，在整个历史发展过程中构成一个有联系的交往形式的序列，“由于这些条件在历史发展的每一阶段上都是与同一时期的生产力的发展相适应的，所以它们的历史同时也是发展着的、为各个新的一代所承受下来的生产力的历史”②。

也正因为这样，人类的历史由狭隘地区性的历史变成世界历史，是由生产力发展决定的。只是随着生产力的发展，才使得各个民族相互影响的活动范围愈来愈扩大，原始的闭关自守的状态被打破，人们之间的普遍交往才得以逐步建立。“由此可见，历史向世界历史的转变，不是‘自我意识’、宇宙精神或者某个形而上学怪影的某种抽象行为，而是纯粹物质的、可以通过经验确定的事实，每一个过着实际生活的、需要吃、喝、穿的个人都可以证明这一事实。”③

历史发展的动力，并不是某种存在于历史之外或凌驾于历史之上的东西，而就在历史之中，在于构成历史发展的基础和内容的生产方式的内在

---

① 《马克思恩格斯全集》，中文1版，第3卷，33、81页。

② 同上书，81页。

③ 同上书，52页。

矛盾。马克思明确指出："按照我们的观点，一切历史冲突都根源于生产力和交往形式之间的矛盾。"① 马克思这一重要论断，揭示了历史发展的"机制"，即物质资料生产方式是如何起作用的。它不仅回答了是什么，而且回答了为什么。

生产关系必须适合生产力的性质和水平。马克思在驳斥用军事占领来解释古代世界向封建主义过渡时论述了这一点，强调一切都取决于被征服民族的生产力状况。"定居下来的征服者所采纳的社会制度形式，应当适应于他们面临的生产力发展水平，如果起初没有这种适应，那么社会制度形式就应当按照生产力而发生变化。"② 因此，罗马帝国灭亡后，奴隶制向封建制过渡的决定力量，归根到底是由生产力发展决定的。

马克思还看到，当某种生产关系还能促进生产力发展，并未成为生产发展障碍时，它是不会被消灭的。他说："私有财产是生产力发展一定阶段上必然的交往形式，这种交往形式在私有财产成为新出现的生产力的桎梏以前是不会消灭的，并且是直接的物质生活的生产所必不可少的条件。"③ 如果不根据生产力发展的要求，而是按照主观意志来任意改变生产关系，最终是达不到目的的。年轻的马克思当时就看到了这一点，表明他的历史观已臻于成熟。

社会领域是人的领域。生产力和生产关系的矛盾必然通过人与人的关系表现出来。在阶级社会中，它表现为阶级斗争，而阶级斗争最尖锐的表现是革命。因此，在阶级社会中，阶级斗争和社会革命是不可避免的，它的必然性存在于经济事实之中。正如马克思所指出的："生产力和交往形式之间的这种矛盾每一次都不免要爆发为革命，同时也采取各种附带形式——表现为冲突的总和，表现为各个阶级之间的冲突，表现为意识的矛盾、思想斗争等等、政治斗争等等。"④ 这样，马克思就进一步揭示了生产力和生产关系的矛盾作为社会发展决定力量是如何实现的。生产关系并不会自动适应生产力发展的要求。生产关系无论怎样腐朽落后，都是受到

---

①② 《马克思恩格斯全集》，中文1版，第3卷，83页。
③ 同上书，410～411页。
④ 同上书，83页。

统治阶级全力维护的。在阶级社会中，排除阶级斗争和社会革命，历史的发展是不可想象的。

但革命的基础并不是生产力发展的绝对水平。仅仅横向的比较，即用一个国家的生产力发展高度同另一个国家比较，撇开具体的历史环境，撇开各不同国家的国情，无法理解革命发展的不平衡性，无法理解为什么革命往往不是在生产力发展水平最高，而是在生产力发展并不发达的国家首先发生。马克思在强调一切历史冲突都根源于生产力和交往形式之间的矛盾时，并没有把它绝对化。他说："对于某一国家内冲突的发生来说，完全没有必要等这种矛盾在这个国家本身中发展到极端的地步。由于同工业比较发达的国家进行广泛的国际交往所引起的竞争，就足以使工业比较不发达的国家内产生类似的矛盾。"① 马克思把德国和英国相比，从生产力发展水平来说，德国落后于英国；就所有制来说，资本主义私有制在德国比在英国进步。可是，德国的资产阶级既遭到封建贵族的反对，又害怕新兴的无产阶级，腹背受敌，矛盾复杂尖锐。马克思寄希望于德国，认为德国的革命当时会早于英国。这个期望没有实现，但马克思分析问题的方法仍然是很有教益的。中国革命的胜利证明了这一点。

第二，社会的多层次结构和各种因素的相互关系。

马克思从物质资料生产中区分出生产力和生产关系两个方面并揭示了它们之间的辩证联系，从而揭示了社会的结构。马克思从生产力、生产关系、上层建筑的相互联系中来分析社会，并且指出："三个因素——生产力、社会状况和意识——彼此之间可能而且一定会发生矛盾。"②

这比起 1845 年以前，例如在《手稿》中直接用生产来解释上层建筑更加科学化、精确化。从物质生产中寻找上层建筑现象的根源，这个方向是正确的，但不能到此为止。仅仅用物质资料生产不能说明，为什么在资本主义国家生产的发展并没有改变上层建筑的性质，为什么有的生产水平低的国家比生产水平高的国家具有更先进的社会制度和道德面貌，或者为什么生产水平大体相同的国家具有不同的社会制度，如此等等。在《德意

① 《马克思恩格斯全集》，中文 1 版，第 3 卷，83 页。

② 同上书，36 页。

志意识形态》中，马克思通过划分生产力、生产关系（当时主要称为交往形式）、上层建筑，把生产关系作为既受生产力制约又制约政治的和观念的上层建筑的中介环节，使上述问题得到科学的解答。

马克思所揭示的社会有机体的结构的规律，是把社会作为一个完整系统来对待的。他把社会看成各种因素相互作用的整体，并分析了各种因素的独特功能。马克思并不是机械的因果决定论者。他不仅论述了生产力──→生产关系──→上层建筑的各环节的因果关系，也看到了上层建筑──→生产关系──→生产力的反作用。但是马克思不同于仅仅用相互作用这个抽象概念，把各种因素并列起来，否定历史领域中因果规律的多因素论的观点。

第三，社会发展是自然历史过程。

这个问题，马克思在《手稿》中已经提到，他说："历史是人的真正的自然史。"① 但是这个论断与其说是指历史发展的规律，不如说是指历史的内容，即历史是人改造自然的过程，是自然界成为人这一过程的现实部分。相反，从社会形态更替的角度看，由于马克思当时还没有完全摆脱费尔巴哈关于人的本质异化和复归理论的影响，对于社会形态更替的实质和规律性并没有达到科学的认识。

尽管人们对《德意志意识形态》中把所有制形式划分为部落所有制、古代公社所有制和国家所有制、封建的或等级的所有制、资产阶级所有制，以及共产主义所有制的理解不一致，但有一点是肯定的，即由于马克思发现了生产力和生产关系运动规律，揭示了社会的多层次结构，说明了由于生产力的发展，如何由一种社会形态过渡到另一种更高级的社会形态，因而不仅提供了划分各种社会形式的客观标准，而且完全有科学根据把这种更替看成是不以人们意志为转移的客观过程。马克思关于社会经济形态的学说，揭示了社会发展的动因和机制，从而把唯心主义从历史领域中驱逐出去。

西方有些历史学家和社会学家，否认历史发展的规律性，否定历史决定论，鼓吹非决定论。在他们看来，社会现象不同于自然现象，前者是单

---

① 《马克思恩格斯全集》，中文1版，第42卷，169页。

一的、个别的、不重复的、偶然的，无规律可循。他们说："相信一定的规律性是社会发展的基础，认为这种规律的知识提供预见的可能性，从而给政治家明确规定其活动的范围，对于这种信仰，像迷信一样，应该被拒绝。"① 按照这种看法，根本不可能存在具有客观意义的社会历史科学。"历史是现代的历史。"每一个人都是按照自己的观点和需要，重新塑造历史。在他们眼里，马克思关于社会经济形态的学说，是一种机械的"宿命论"。

具体的历史事件是单一的、不会重复的，但社会现象是有重复性的。1871年的普法战争只有一次，但战争作为社会现象是不断出现的；1789年的法国大革命不会重复，但在阶级社会中，革命是不可避免的。罗伯斯庇尔、丹东在历史上不会有第二个，但个人在历史上的作用问题会一再出现。同样，尽管任何一个国家、民族都有自己的特点，有独特的语言、文化传统、历史状况，有不同的历史人物和事件，但任何一个社会都是建立在一定的生产方式的基础上，并有与其相适应的政治的和观念的上层建筑。生产力决定生产关系，并以生产关系为中介，最终制约着全部上层建筑，这是稳定的、不断重复的本质联系。这就是规律，支配整个人类社会的普遍规律。

马克思关于社会经济形态的学说并不否定历史发展的多样性。每一个国家都有自己特定的历史环境、地理环境、文化传统和民族心理，因而状况各不相同。同样是封建社会，中国就不同于欧洲，也不同于印度。在欧洲是封建领主土地所有制占统治地位，在中国是封建土地所有制占统治地位，而在印度则土地为村社所有。欧洲从封建社会中孕育出资本主义社会；而中国封建社会长期停滞，最后陷入半封建半殖民地；而对于俄国，马克思后来甚至认为俄国的农村公社，存在非资本主义道路发展的可能性，这一切取决于历史条件。马克思反对把西欧资本主义发展的典型形式，看成是一切民族不管历史环境如何都注定不可避免的道路。历史不是操着同样步伐前进的阅兵式。但也不能由此得出结论说，历史发展没有一

---

① 转引自［苏］Н. И. 德里亚赫洛夫、В. И. 拉津等编：《历史唯物主义范畴》，246页，北京，北京师范大学出版社，1984。

般规律，各个国家、民族的发展是截然不同的、多元的。尽管各个民族发展的历史顺序，可以出现跳跃、局部倒退、社会变态，但都是受唯物史观所揭示的一般规律支配的。物质资料生产是社会存在和发展的基础，社会是在社会内部各种因素相互作用中发展的。所谓“自我调节”只是相对的，资本主义社会不可能是万古长存的。这是颠扑不破的真理。

社会发展是可以预测的，当然不像预见日食、月食那样准确。社会生活中各种偶然因素的作用，比自然界要复杂得多。在唯物史观的指导下，并运用近代自然科学的一些方法，如系统方法、控制论、信息论和数学统计，对科技发展和社会生活的各个侧面进行定性定量的分析，对社会发展的趋势，有可能作出近似正确的判断。具体的历史事件是很难预料的，但历史发展的趋势是可以预见的，尽管历史自身的发展会不断修正已有的结论。完全否认历史预见的可能性，是以否定历史发展规律为依据的，这是不可知主义在历史领域中的表现。

由上可见，如果不从探讨主体自身的内在本质，探求人的本质与社会存在矛盾，转向分析客观生产过程，揭示生产过程内部生产力和生产关系的矛盾，并以此为据，对社会的横断面（社会结构）和纵断面（社会形态的更替）作出科学的分析，唯物史观是不可能建立的。

唯物史观的确立，使马克思彻底清除了原先残留的费尔巴哈人本主义的影响。

马克思抛弃了把劳动作为人的本质和作为维持人类生存手段对立起来的观点。在《手稿》中，他把维持肉体生存作为人的非人化的、人降低到动物水平的标志，而在《德意志意识形态》中，马克思则肯定：“任何人类历史的第一个前提无疑是有生命的个人的存在。因此第一个需要确定的具体事实就是这些个人的肉体组织，以及受肉体组织制约的他们与自然界的关系。”① 毫无疑问，劳动具有多种功能，它包括创造人自身，发展人的才能以及带来快感（劳动时的愉快）等等，但在任何社会中，都不能把维持人类生存排除在劳动目的之外。即使到了共产主义社会，劳动不再作为个人谋生的手段，但它的一个根本目的仍然是为了满足整个社会不断

① 《马克思恩格斯全集》，中文1版，第3卷，23页。

增长的物质和文化需要。劳动的其他功能的发挥和实现都建立在这个最基本的功能之上。所以马克思在批评费尔巴哈的人本主义时是把这一点包括在内的。他说："这种活动、这种连续不断的感性劳动和创造、这种生产，是整个现存感性世界的非常深刻的基础，只要它哪怕只停顿一年，费尔巴哈就会看到，不仅在自然界将发生巨大的变化，而且整个人类世界以及他（费尔巴哈）的直观能力，甚至他本身的存在也就没有了。"①

马克思也摒弃了《手稿》中把真正的人与异化的人对立起来的做法，按照他发现的生产力和生产关系矛盾运动的规律，对人与非人重新进行了新的解释："'人的'这一正面说法是同某一生产发展的阶段上**占统治地位**的一定关系以及由这种关系所决定的满足需要的方式相适应的。同样，'非人的'这一反面说法是同那些想在现存生产方式内部把这种统治关系以及在这种关系中占统治地位的满足需要的方式加以否定的意图相适应的，而这种意图每天都由这一生产发展的阶段不断地产生着。"② 通俗地说，当生产关系适应生产力要求，人们对这种生产关系表示满意的时候就说它是"人的"；而当生产关系严重阻碍生产力发展，使整个社会发生危机，形成不利于人类发展的环境时就说它是非人的、违反人性的。马克思作了个比喻：从大海里运到库弗尔格拉班的鲸鱼，生存环境发生了变化，如果鲸鱼有意识的话，它也会把这种由不顺利的环境所造成的境遇说成是和自己的本性相矛盾的。所以马克思说："哲学家们关于现实的人不是人这一荒谬的判断，只是实际上存在于人们的关系和要求之间的普遍矛盾在抽象范围之内的最普遍最广泛的表达。"③

人的、非人的，人性的、非人性的这些用语并不是不可用，要一概排斥，问题在于它的哲学基础。如果撇开社会内在矛盾，以人的固有本性为尺度，把一切罪恶现象看成人性的异化的观点，是人本主义的。如果按照历史唯物主义观点，把它看成是按照公认的道德准则对人们行为的评价，则表现的是人们对某一行为的赞成或反对的态度。我们在斥责法西斯时经

① 《马克思恩格斯全集》，中文1版，第3卷，50页。
② 同上书，508页。
③ 同上书，505页。

常使用“灭绝人性”，而在赞扬一个人的高尚行为时就使用“符合人性的行为”，等等。这是两种不同的情况。因此应该把关于人的人本主义哲学观点和道德规范区分开来。后来恩格斯在《诗歌和散文中的德国社会主义》一文中驳斥格律恩曲解歌德时专门作了这种区分。他说：“由于歌德自己时常在比较夸张的意义上使用‘人’和‘人的’这些字眼，格律恩先生就轻而易举地把歌德变成了‘人的诗人’。歌德使用这些字眼自然仅仅是指当时的人们以及后来的黑格尔所使用的那种意义而言，那时，‘人的’这个词主要是用在同异教的和基督教的野蛮人相对立的希腊人身上，是指远在费尔巴哈赋予这些术语以神秘的哲学内容之前所使用的那种意义而言。这些字眼，特别是在歌德那里，大多具有一种完全非哲学的、肉体的意义。”① 我们之所以要引证这段话，是为了说明研究马克思的思想发展，重要的是观点的变化，而不能拘泥于用语。即使在《德意志意识形态》之后，马克思还使用过无愧于人类本性之类的提法，这决不表明他的观点同1845年春之前相比没有变化。有些争论，正是由于没有区分哲学观点和普通用语引起的。

第三节　对异化问题的新认识。从用异化解释分工到从分工中探求异化

随着由异化劳动理论过渡到全面确立唯物史观，异化在马克思思想中的地位和作用发生了根本性的变化。唯物史观成为马克思分析和研究社会历史的唯一指导原则。只有坚持唯物史观，才能对异化现象作出科学的解释。

异化论并不是德国的特产，开始也不是一种抽象的思辨理论，而是作为试图对社会现象的解释而萌发的。从历史上看，它的出现同文艺复兴时开始逐步兴起的资产阶级人道主义有着思想上的血缘关系。新兴资产阶级倡导以人为出发点，把自由、平等、尊严、价值看成人的本性，人的不可剥夺的天赋权利，对以奴役代替自由，特权代替平等，人的权利和尊严遭到践踏的封建制度进行了抨击。但为什么人会丧失自己固有的权利，会丧

① 《马克思恩格斯全集》，中文1版，第4卷，255页。

失人作为人的尊严和本性呢？异化作为一种社会历史观，就是从解答这个“难题”中产生出来的。卢梭虽然没有使用异化这个概念，但他用权力转让说来回答所谓非人性的现实同人性的对立，就包含后来异化理论的萌芽。

作为资产阶级的启蒙思想家，卢梭是一个资产阶级人道主义者。他的社会契约学说同他的人道主义是结合在一起的。卢梭提倡“爱一切的人，甚至爱那些轻视人民的人”，“人，是绝对不能说人类的坏话的”①；他尖锐抨击封建制度、专制政府“使人类受屈辱，使‘人’这个字丧失了尊严”，是一个“既不公平而又荒谬的政府制度”②。在卢梭看来，人本来是自由的、自主的人，可是在当时的社会里，人不仅受整个自然界的支配，而且特别是受同类的支配，失去自由。放弃自由，就是“放弃人类的资格，就是放弃人类的权利”，“这样的一种弃权是不合人性的”③。卢梭所要探讨的，正是人为什么会违背自己的本性，“转让”即异化自己的本性呢？他说：“人生来是自由的，但却无往不在枷锁之中”，“这种变化是怎样形成的？我不清楚。什么才能使这种变化成为合法的？我自信能够解答这个问题”④。

在卢梭看来，人类为了摆脱自然状态，相互订立契约，决不是要转让自己的自由，相反是力图保障自己的自由。在自然状态中，由于不利于人类生存的种种障碍超过了每个个人自我保存的力量，单纯的自然状态不能继续，如果不改变生存方式，就会被消灭，因此人们“要寻求一种结合的形式，使它能够以全体共同的力量来防御和保护每个结合者的人身和财富；而同时与全体相结合的每个个人又只不过是在服从自己本人，并且仍旧是像以往一样的自由”⑤。因此，卢梭认为，主权是不可分割、不可转让的，“主权既然不外是公意的运用，所以就永远不可转让，主权既然只

① ［法］卢梭：《爱弥尔》，上卷，311页，北京，商务印书馆，1978。

② ［法］卢梭：《民约论（社会契约论或政治权利原理）》（以下简称《社会契约论》），121页，北京，法律出版社，1958。

③ 同上书，13页。

④ 同上书，6页。

⑤ 同上书，19～20页。

能是集体的生命，所以就只能由自己来代表自己，权力可以转让，但是意志则不可以转让”①。据此，他批评了霍布斯关于臣民必须放弃主权，绝对服从元首的君主专制论，嘲笑这种理论像把人变成一群群的牛羊一样，“每群有每群的首领，首领之所以保护他们，只是为了要吞掉他们”②。

可是，理论终究是理论，事实是比理论更强有力的。按照卢梭的社会契约论，人民没有转让自己的主权，官吏是人民的公仆，政府是主权者的执行者，它应该按照公意而活动。只要主权者愿意，他就可以限制、修改或收回托付的权力。而事实上，国家和政府凌驾于主权者之上，剥夺了主权者的自由，成了“他们的主人”。卢梭看到这种矛盾，指出这种“滥用职权及蜕化”的不可避免的趋向：“迟早总有一天君主终于会压制主权者，并破坏了社会的契约。这是政治体的内在的不可避免的弊病，它从政治体一产生起，就在不停地使政治体趋向毁灭，正如意志与死亡最后会毁灭人的身体一样。”正是从政府篡夺主权那个时刻起，社会契约就破坏了，这样他们的服从就不是一种义务，而是被迫的。卢梭在这里描述的“转让”，就是封建社会的权力异化，是同人类订立契约时的愿望完全背离的。

任何一种理论都必须有其立论的根据。完全从思辨的角度看，异化状态必然以非异化状态为前提，两相对照，形成一幅对当时现实评价的图案。卢梭就是这样。他设想出两种人：“自然人”和“文明人”，即自然状态和文明社会，从它们的对比中，说明他关于社会契约的理论。这种方法，对以后关于人和非人的异化理论，不能说没有影响。

在卢梭看来，在原始的自然状态下，人的生活只是按照自己的本性，服从自己的天性。“自然人”满足于自己粗陋的小屋，局限于用荆刺和鱼骨缝制兽皮衣服，用羽毛和贝壳来装饰自己。他们过着自由、健康、善良和幸福的生活，没有我们文明社会那些可怕的后果。这种看法在当时是很普遍的，并没有什么特别的地方。马克思说过：“18 世纪流行过的一种臆想，认为自然状态是人类本性的真正状态。当时有人想用肉眼去看人的思

① ［法］卢梭：《民约论（社会契约论或政治权利原理）》（以下简称《社会契约论》），35 页。

② 同上书，8、109 页。

想，因此就创造了**自然状态的人**的形象——巴巴盖诺，他们纯朴得居然用羽毛去遮盖自己的身体。在18世纪最后几十年间，曾经有人这样想：**自然状态的人**是具有非凡的才智的，捕鸟者到处都在模仿易洛魁人和印第安人等的歌唱法，以为用这种圈套就能诱鸟入网。所有这些奇谈怪论都是以这样一种真实思想为根据的，即**原始**状态只是一幅描绘人类**真正**状态的纯朴的尼德兰图画。"①

但是，联系到卢梭的异化思想的萌芽，这种关于自然状态描述的新颖之处在于，它树立了一个评价现实的尺度。卢梭心里也很清楚，这种自然状态是不真实的，他反复把它称为"基于人的本性的推理"。他说："不应当把我们在这个主题上所能着手进行的一些研究认为是历史真相，而只应认为是一些假定的和有条件的推理。这些推理与其说是适于说明事物的真实来源，不如说是适于阐明事物的性质，正好像我们的物理学家，每天对宇宙形成所作的那些推理一样。"② 卢梭实际上是把自己关于自然状态的论述，看成如自然科学中的假设一样。他之所以需要这个假设，是因为"我们必须对这种状态具有正确的观念，才能很好地判断人类现在的状态"③。可见醉翁之意不在酒。卢梭是托古喻今，抒发自己对当时现实的愤懑和对自由、平等的向往。因此他并不无条件地赞美自然状态，要求回到自然状态。他驳斥了认为"必须毁灭社会，取消'你的'和'我的'这种区别，再返回森林去和熊一起生活"的观点。明确地指出，我们"再不能以野草和橡子充饥，既不能没有法，也不能没有首领"④。卢梭不是眷恋过去，而是着眼未来。他不把改变现实（扬弃异化）看成是复归于自然状态，这种观点是辩证的。

卢梭比较全面地看到了契约社会同主权者的意愿相背离的状况。除了上面曾谈到的权力异化，即政府的篡权和蜕化外，他还对道德、财产的问题进行了论述。

使卢梭头角崭露，获得极大声誉的第一篇著作，是《论科学与艺术》

---

① 《马克思恩格斯全集》，中文1版，第1卷，97页。
② ［法］卢梭：《论人类不平等的起源和基础》，71页。
③ 同上书，64页。
④ 同上书，166页。

的应征论文，主题是论述科学与艺术的复兴是否有助于敦风化俗的问题。在这篇获得法国第戎科学院奖金的论文中，卢梭断然否认科学与艺术的进步能促进和完善道德，相反，它败风坏俗，戕伐德行，使道德堕落。他说："我们的灵魂正是随着我们的科学和我们的艺术之臻于完美而越发腐败"，"随着科学与艺术的光芒在我们的地平线上升起，德行也就消逝了"①。卢梭还列举了许多科学与艺术发达的民族，由于腐败而被"野蛮"民族征服的例子作为根据，其中特别谈到了封建制度下的中国，他说："在亚洲就有一个广阔无垠的国家，在那里文艺之为人尊崇摆在国家尊荣的第一位。如果各种科学可以敦风化俗，如果它们能教导人们为祖国而流血，如果它们能鼓舞人们的勇气，那么中国人民就应该是聪明的、自由的而且是不可征服的。然而，如果没有一种邪恶未曾统治过他们，如果没有一种罪行他们不曾熟悉，如果无论大臣们的见识还是法律所号称的睿智，或者那个广大帝国的众多居民，都不能保障他们免于愚昧而粗野的鞑靼人的羁轭的话，那么他们的那些文人学士又有什么用处呢？他们所满载的那些荣誉又能得到什么结果呢？结果不就是充斥着奴隶和为非作歹的人吗？"②

作为一个资产阶级的启蒙主义者，本应提倡科学，颂扬文化，卢梭的言论似乎是"出轨"。但卢梭关于科学技术的进步与道德的反比例关系，决不单纯是愤世嫉俗之言，而是看到了当时道德领域的异化现象：一方面是科学、技术的进步，另一方面是世态炎凉、道德败坏，人与人之间充满了疑虑、猜忌、冷酷、戒备、仇恨与奸诈。卢梭看到了这种矛盾，但没有正确理解这种矛盾。的确，卢梭也力图在这两者之间寻找一个中间环节，这就是奢侈。他说："奢侈很少是不伴随着科学与艺术的，而科学与艺术则永远不会不伴随着奢侈"，"当生活日益舒适、工艺日臻完美、奢侈开始流行的时候，真正的勇敢就会削弱，尚武的德行就会消失；而这些仍然是科学和艺术在暗中起作用的结果"③。科学进步──→奢侈──→道德堕落，这

① ［法］卢梭：《论科学与艺术》，11页，北京，商务印书馆，1963。
② 同上书，13～14页。
③ 同上书，18、22页。

就是卢梭的公式。我们当然不能责怪卢梭不懂得对象化和异化的区别，没有真正理解科学技术与道德之间的关系，这是由他的历史观的局限性决定的。相反应该说，卢梭以睿智的思想和敏锐的目光，看到了这种矛盾，看到了道德领域的异化现象，提出了问题，这是极其深刻的。

特别是卢梭对私有制非常重视。例如在讲到私有制和道德关系时，他说："一方面是竞争和倾轧，另一方面是利害冲突，人人都时时隐藏着损人利己之心。这一切灾祸，都是私有财产的第一个后果。"① 在谈到权力异化时，也是同私有财产联系在一起的。正是由于产生了私有制，富人通过对穷人的欺骗，订立契约，产生了社会和法律，"它们给弱者以新的桎梏，给富者以新的力量；它们永远消灭了天赋的自由，使自由再也不能恢复；它们把保障私有财产和承认不平等的法律永远确定下来，把巧取豪夺变成不可取消的权利；从此以后，便为少数野心家的利益，驱使整个人类忍受劳苦、奴役和贫困"②。

"在没有私有制的地方是不会有不公正的。"③ 卢梭引用洛克的话，表达了自己的重要结论。虽然卢梭对私有制起源的看法，没有摆脱唯心主义的束缚，但是他强调"冶金术和农业这两种技术的发明，引起了这一巨大的变革"④，这应该说是天才的思想。

由上可见，卢梭的社会政治理论中包含某些合理的思想，特别是历史辩证法，但是用异化（权力转让）来说明社会，终究是一种唯心主义历史观。

德国古典哲学把异化变成一种思辨理论。尽管各个哲学家对人的本质的说法不同，但都包含一个共同内容，即用人的本质的异化来解释非人性的现实（如宗教、国家）同人的本质的对立。马克思开始也是沿着这条路起步的，但逐步摒弃了这种方法，特别是从《德意志意识形态》开始，发生了根本性的变化。

在《德意志意识形态》中，马克思批判了施蒂纳的唯心主义的异化

---

① ［法］卢梭：《论人类不平等的起源和基础》，125页。
② 同上书，128～129页。
③ 同上书，119页。
④ 同上书，121页。

观。这种批判是《手稿》、《神圣家族》对黑格尔和鲍威尔异化观批判的继续。但不同的是，在上述著作中马克思还没有完全摆脱费尔巴哈的影响，他在批判唯心主义异化观的同时，在一些地方仍然保留有人的本质同人相异化的观点，用人的自我异化来解释无产阶级和资产阶级的对立。而对施蒂纳的批判，完全是建立在唯物史观基础上的。

施蒂纳形式上抛弃了费尔巴哈抽象的人，而强调作为"唯一者"的"我"。实际上施蒂纳的"我"并不是以经验的、实在的个人为基础的，而是摆脱了一切关系的"我"。这种"我"仍然是抽象的人的别名而已。施蒂纳正是以这种"我"为基础，展开了他的唯心主义异化观。他把一切有别于我的东西称为"非我"。这种"非我"有各种名称，它可以表现为纯逻辑的概念，例如"自在的存在"、"异在"，也可以表现为具体观念，例如人民、国家等等。重要的倒不是施蒂纳对非我的表述，而是他把一切都弄成与我相对立的非我，而非我就是异于我的东西，因此非我对我的关系就是异化关系。这样，施蒂纳把一切现实的关系和现实的个人都预先宣布为异化的，把这些关系和个人都变成关于异化的完全抽象的名词。所以马克思批判施蒂纳时指出："他的任务不是从现实个人的现实异化和这种异化的经验条件中来描绘现实的个人，他的做法又是：用关于异化、**异物**、**圣物**的空洞思想来代替一切纯经验关系的发展。"①

很显然，马克思并不是一般地反对使用异化这个概念，而是反对把异化弄成空洞的名词。他用现实个人的现实异化来代替人的异化，用研究产生异化的经验条件来代替抽象的主客体对立。例如，在《德意志意识形态》中，马克思通过对旧的分工和异化相互关系的探讨，科学地揭示了私有制条件下异化的本质和起源，走出了《手稿》循环论证的"困境"，并使对生产力和生产关系辩证运动规律的认识进一步具体化。

在《手稿》中，马克思通过对英国古典政治经济学的研究，初步接触到分工问题。他摘录了亚当·斯密、萨伊、斯卡尔贝克、穆勒有关分工和交换的某些言论并作了评论，认为关于分工的本质，"国民经济学家们是

① 《马克思恩格斯全集》，中文1版，第3卷，317页。

讲得极不明确和自相矛盾的"①。

马克思当时由于刚刚研究经济学，对于分工的认识也并不十分清楚。他说："**分工**是关于异化范围内的**劳动社会性**的国民经济学用语。换言之，因为**劳动**不过是人的活动在外化范围内的表现，不过是作为生命外化的生命表现，所以**分工**也无非是人的活动作为**真正类活动**——或**作为类存在物**的**人的活动**——的**异化的、外化的**设定"，是"**作为类活动**的**人的活动**这种**异化的和外化的形式**。"② 说分工是劳动社会性的表现当然是正确的。人的社会性，从根本上说是劳动的社会性。如果劳动可以彼此无关地进行，人们之间就不会建立物质交往关系。分工表明人的劳动是社会性的劳动，在劳动中借助于分工以及与分工紧密联系的交换，人们处于相互联系之中。而且马克思当时也注意到英国古典经济学派对分工的看法，例如分工提高劳动的熟练程度，增加社会产品，但又限制单个人的能力并使之退化；人的才能的差别与其说是分工的原因，不如说是分工的结果；分工和交换可以形成社会生产力，等等，这对于马克思深入分析分工都有积极作用。但是把分工看成是异化劳动的表现，用异化来解释分工，并没有真正揭示分工的原因和本质。

在《德意志意识形态》中，马克思紧密联系生产力和生产关系来分析分工，并从旧的劳动分工中分析异化。

分工是由生产力发展水平决定的。一个民族的生产力发展水平，最明显地表现在该民族分工的发展上。马克思指出："任何新的生产力都会引起分工的进一步发展。"③ 人类从根据性别、体力自发地形成的分工，发展到工商业劳动同农业劳动的分离、商业劳动和工业劳动的分离，以及同一个劳动部门共同劳动的个人之间愈来愈细致的分工，都是根源于生产力的发展。

分工还与生产关系密切联系。分工发展的各个不同阶段，同时也就是所有制的各种不同形式。马克思说："分工从最初起就包含着劳动**条件**、

---

① 《马克思恩格斯全集》，中文1版，第42卷，144～145页。

② 同上书，144页。

③ 《马克思恩格斯全集》，中文1版，第3卷，24页。

劳动工具和材料的分配，因而也包含着积累起来的资本在各个私有者之间的劈分，从而也包含着资本和劳动之间的分裂以及所有制本身的各种不同的形式。”① 马克思在分析各种所有制形式的划分和更替时，着重指出它们都是与分工的一定水平相适应的。

因此，在马克思看来，在以往的社会中，生产力、生产关系、上层建筑之间之所以必然发生矛盾，正因为存在旧式的分工。因为分工不仅促进了生产力发展，有剩余产品，而且通过生产工具和产品的分配，使一部分人占有另一部分人的产品，这样物质活动和精神活动、享受和劳动、生产和消费发生分裂。所以马克思说：“要使这三个因素彼此不发生矛盾，只有消灭分工。”② 这里所说的消灭分工，当然指的是与私有制相联系的旧式分工。

正是基于这种认识，马克思不再把异化看成是人的自我异化、人的类本质同人相脱离，而是根源于生产方式。他说：“在一定的、当然不以意志为转移的**生产方式**内，总有某些异己的、不仅不以分散的个人而且也不以他们的总和为转移的实际力量统治着人们”，并且明确指出这种力量是“通过交往而形成的力量，从而个人的行为转化为社会关系，转化为某些力量，决定着和管制着个人”③。而在生产方式中，马克思突出地分析了分工，把自发形成的分工看成是产生异化的根源，因为只要分工还不是出于自愿，而是自发的，那么人本身的活动对人说来就成为一种异己的、与他相对立的力量，不是人驾驭着这种力量，而是这种力量驱使着人。

正是由于分工，人的社会活动固定化，每个人被限制在一定的特殊的活动范围内。这个范围是强加于他的，他不能超出这个范围：“他是一个猎人、渔夫或牧人，或者是一个批判的批判者，只要他不想失去生活资料，他就始终应该是这样的人。”④ 个人屈从于分工，屈从于他被迫从事的某种活动，虽然能提高劳动的熟练程度，但却使人的发展片面化、畸形化。脑力劳动和体力劳动的对立，使得一部分人只运用体力而另一部分人

① 《马克思恩格斯全集》，中文1版，第3卷，74～75页。

② 同上书，36页。

③ 同上书，273～274页。

④ 同上书，37页。

只运用脑力。城乡的对立，把一部分人变为受局限的城市动物，而把另一部分人变成受局限的乡村动物。生产越发展，分工越发达，人的活动越是被局限在狭小的范围。分工促进了生产的发展，最终为人的全面发展创造了条件，但在一定的历史时期内又是一种奴役人的力量。

分工和交换是不可分的。处于某种固定活动范围的个人，他们之间是通过交换发生联系，使私人劳动转化为社会劳动。这样，劳动者同自己的产品相脱离，彼此占有对方的产品，劳动逐步转变为谋生劳动，并且从简单商品生产中孕育和产生了资本主义的商品生产。人们的活动愈来愈受市场力量的支配。马克思说："单独的个人随着他们的活动扩大为世界历史性的活动，愈来愈受到异己力量的支配，受到日益扩大的、归根到底表现为**世界市场**的力量的支配。"① 商品经济代替自然经济，标志着历史的进步。商品生产越发达意味着生产水平越高。但是建立在高度发达的分工和交换基础上的资本主义商品生产，形成了一种人们无法控制、盲目的市场力量，商品生产者的命运受商品和货币的支配。

个人力量由于分工而转化为物的力量，还表现在社会生产力的形成。个人的力量是分散的、彼此对立的，通过分工和协作，通过个人的交往和相互联系才能成为真正的力量，即社会生产力。这种力量在私有制条件下，表现为一种完全不依赖于各个个人并与他们分离的东西，是与各个个人同时并存的特殊世界。人们不能自觉地充分控制、利用生产力，反而为它所控制。正如马克思所指出的："受分工制约的不同个人的共同活动产生了一种社会力量，即扩大了的生产力。由于共同活动本身不是自愿地而是自发地形成的，因此这种社会力量在这些个人看来就不是他们自身的联合力量，而是某种异己的、在他们之外的权力。关于这种权力的起源和发展趋向，他们一点也不了解；因而他们就不再能驾驭这种力量，相反地，这种力量现在却经历着一系列独特的、不仅不以人们的意志和行为为转移的，反而支配着人们的意志和行为的发展阶段。"②

由此可见，并不是异化劳动导致分工，而是分工导致劳动的异化。生

---

① 《马克思恩格斯全集》，中文1版，第3卷，41～42页。

② 同上书，38～39页。

产力的提高——分工的发展——私有制的产生，这是《德意志意识形态》描述的历史的进程。

当然，马克思这里所说的分工，是与私有制相结合的旧式分工。这种分工把人终生束缚在某一种职业上，导致人的片面发展，并通过交换逐步形成由商品、货币、资本支配人的物的世界。社会主义社会仍然存在分工，存在交换，存在商品和货币，但社会主义的商品生产是有计划的商品生产，社会主义的分工、交换、商品、货币反映的是社会主义生产关系。我们大力发展社会主义的商品经济，自觉地运用价值规律和供求关系来调节生产，逐步使交换、生产及其相互关系重新受自己支配，这同资本主义社会盲目受市场力量和供求关系的统治是不同的。

第四节　从实现人的本质到人的全面发展

历史唯物主义根本不同于结构主义。它从物质资料生产方式出发，揭示社会发展的内在规律，但非常重视对人的问题的研究。

任何一种有影响的理论，都可能受到来自不同方面的批评。列宁关于从左边和右边对康德、杜林、狄慈根的批判的论述是发人深省的。列宁说："马克思和恩格斯经常'轻蔑地谈论'不好的社会主义者，但是应当从中看出：他们的本意是要求正确的科学的社会主义学说，而不是要求从社会主义飞到资产阶级观点上去。马克思和恩格斯经常斥责**不好的**（主要是反辩证法的）唯物主义，但他们所根据的是更高级、更发展的辩证**唯物主义**，而不是休谟主义或贝克莱主义。"①

我们坚决反对站在封建主义立场上来反对资产阶级人道主义，否定它的历史进步性和某些合理因素。马克思主义摒弃以人为出发点的抽象人道主义的历史观，但并不抛弃资产阶级人道主义中的合理因素。正如作为无神论的马克思主义，十分珍惜欧洲教堂和敦煌石窟中以宗教为题材的著名壁画和雕塑，但把它限制在艺术领域一样，马克思主义反对的是以抽象的人作为出发点，但并不否定资产阶级人道主义在政治、道德、美学、艺术领域所取得的某些成就。资产阶级曾经是被压迫阶级，它在反对封建制度

① 《列宁选集》，2版，第2卷，244页。

中提出的某些口号，反映了社会发展的进步趋势。以为批判以抽象的人为出发点，就可以不必关心人，对人冷漠无情；批判抽象的自由、平等、博爱，批判抽象的人的价值、尊严，就可以不讲人格和尊严，不讲自由、平等；批判抽象人道主义，就可以不要任何意义上的人道主义，这是不正确的。社会主义社会是人道的社会，社会主义社会处理人与人之间的关系应该包含社会主义的人道主义原则。

“无情未必真豪杰。”一个真正的革命者，应是富有人情味的，尤其是热爱人民的。马克思就是这样。他对亿万劳动者怀有最真挚的同情和爱。他贫病交加，屡遭迫害，以毕生精力为无产阶级和全人类解放探求真理。但马克思并不以自己的人道主义情感作为立论的根据，正如妙手回春的圣医不以对病人的感情代替诊断一样。在《德意志意识形态》中，马克思批判了以实现人的本质作为历史最终目的的“真正社会主义”者，但他在唯物史观的基础上，对个人自由和全面发展的问题给予了极大的注意。

“真正的社会主义”是德国 19 世纪 40 年代流行的小资产阶级空想社会主义。他们用德国古典哲学，特别是费尔巴哈关于人的本质异化和复归的理论来理解法国的空想社会主义文献。他们用人的本质来判断一切，把货币、雇佣劳动等等看成是人的本质的异化，而把社会主义看成是实现人的本质的要求。例如，海尔曼·泽米希在《共产主义、社会主义、人道主义》中就把有产者和无产者看成是人的本质的异化，而把社会主义看成是对人的本质真正认识的必然结果。他说：“现在我们的社会如此野蛮化了，有些人（食利者）像野兽一样贪婪地向他人的劳动产品猛扑，让自己的固有本质由于游手好闲而腐化；这一情况的必然结果是：另一些人（无产者）被迫像机器一样地生产，他们的财产（他们所固有的人的本质）之所以丧失，并不是由于游手好闲，而是由于过度的疲劳。”“对人的本质的认识所产生的自然的、必然的结果已经是真正的人类生活。”① 鲁道夫·马特伊在《社会主义的建筑基石》中也宣称：“承认人类平等，承认每个人生存的权利，是以对共同的、人人共有的人的本性的意识为基础的。”②

① 转引自《国际共运史研究资料》，第 7 期，226、228 页。
② 转引上书，237 页。

1845 年春以前，特别是在《手稿》中，马克思在某些方面也残留有人的本质异化和复归的论证方式。《德意志意识形态》以生产力和生产关系相互作用的规律为依据，对施蒂纳以及“真正社会主义”展开了批判。这同时也包含对自己以往哲学信仰的某种清算。

马克思摒弃了把共产主义看成是实现人的本质，是人的本质复归的观点。他说：“在‘施蒂纳’那里，‘共产主义’是从寻找‘**本质**’开始的”，“而共产主义是用实际手段来追求实际目的的最实际的运动”①。共产主义是交往形式的产物，它的最深刻根源在于资本主义生产方式之中：“生产力在其发展的过程中达到这样的阶段，在这个阶段上产生出来的生产力和交往手段在现存关系下只能带来灾难，这种生产力已经不是生产的力量，而是破坏的力量。与此同时还产生了一个阶级，它必须承担社会的一切重负，而不能享受社会的福利，由于它被排斥于社会之外，因而必然与其余一切阶级发生最激烈的对立；这个阶级是社会成员中的大多数，从这个阶级中产生出必须实行根本革命的意识，即共产主义的意识，这种意识当然也可能在其他阶级中形成，只要它们认识到这个阶级的状况。”② 后一句话，实际上是对出身于非工人阶级，但清楚地认识到工人阶级状况和使命的知识分子作用的肯定。这种生产方式矛盾——阶级对立——共产主义意识的论证方式，完全是唯物史观的。

马克思特别强调生产力发展的重要性。只有生产力的巨大增长和高度发展，才能壮大无产阶级力量并促使无产阶级和资产阶级的矛盾激化；同样，生产力的高度发展也是保证社会主义成为一个真正富裕社会的绝对必需的实际前提。否则，所谓平等，只能是贫穷的普遍化，而贫穷并不是社会主义。

马克思重视个人自由问题，但他反对施蒂纳从人的概念中引出自由，认为自由的程度取决于它是否符合人的概念的观点。自由并不是人的本质或类本性，而是具体的历史的概念，它取决于生产方式。马克思说：“人们每次都不是在他们关于人的理想所决定和所容许的范围之内，而是在现

① 《马克思恩格斯全集》，中文 1 版，第 3 卷，236 页。
② 同上书，77～78 页。

有的生产力所决定和所容许的范围之内取得自由的。"① 这个论断，无论是对自然还是对社会都是非常深刻的。

就人与自然的关系来说，人对自然规律的认识和利用依赖于生产力发展的水平。随着生产力发展，人类从自然界日益获得更多的自由。

就人与社会的关系来说，情况当然要复杂些。个人在社会领域中获得何种程度的自由发展的可能性，直接依赖于生产关系的性质。人不能离开社会，只有在集体中才可能有个人自由。可是有两种不同的集体。一种是虚假的共同体，或者像马克思所说的冒充的集体，例如在阶级社会，个人自由，只有对那些在统治阶级范围内发展的个人来说才是存在的。他们之所以有个人自由，因为他们属于这个阶级的成员；相反，对于被统治阶级成员来说，不仅不能保证他们的个人自由，而且是一个新的桎梏。为什么会是这种情况呢？直接原因是阶级的划分，可阶级的划分是与一定的生产水平相适应的。所以马克思认为，在社会领域中，自由问题归根结底也离不开生产力发展水平。他说："作为过去取得的一切自由的基础的是有限的生产力；受这种生产力所制约的、不能满足整个社会的生产，使得人们的发展只能具有这样的形式：一些人靠另一些人来满足自己的需要，因而一些人（少数）得到了发展的垄断权；而另一些人（多数）经常地为满足最迫切的需要而进行斗争，因而暂时（即在新的革命的生产力产生以前）失去了任何发展的可能性。由此可见，到现在为止，社会一直是在对立的范围内发展的，在古代是自由民和奴隶之间的对立，在中世纪是贵族和农奴之间的对立，近代是资产阶级和无产阶级之间的对立。"② 阶级对立限制了被压迫阶级的自由，使自由成为狭隘的、仅仅是一部分人拥有的东西。

马克思并不反对自由，而是反对以牺牲一部分人为代价的所谓自由，他认为每个人的自由发展应该是一切人的自由发展的条件。为此必须消灭旧社会的生存条件，消灭个人隶属于一定阶级的现象，建立新的联合体，即共产主义，"在真实的集体的条件下，各个个人在自己的联合中并通过这种联合获得自由"。而要做到这一点，必须以"发达的生产力为基础"③。

---

①② 《马克思恩格斯全集》，中文1版，第3卷，507页。

③ 同上书，84、85页。

个人全面发展的可能性和必要性，同样根源于生产方式。在以往历史上，个人屈从于旧的分工是与一定的生产力水平以及生产关系的性质相适应的。虽然资本主义生产力的高度发展要求劳动者具有一定的科学知识和文化水平，以便适应资本主义工业发展的需要和资本转移。“劳动变换律”要求劳动者具有多种技能，但资本主义私有制和阶级对立，终究限制了个人多方面发展的可能性。而共产主义生产方式代替资本主义生产方式为人的全面发展开辟了道路：“只有在这个阶段上，自主活动才同物质生活一致起来，而这点又是同个人向完整的个人的发展以及一切自发性的消除相适应的。同样，劳动转化为自主活动，同过去的被迫交往转化为所有个人作为真正个人参加的交往，也是相互适应的。”①

当然，人的全面发展也是相对的。所谓消灭个人屈从于分工，主要是消灭以往存在的体力劳动与脑力劳动的对立、城乡对立，以及劳动和享受、生产和消费的分离，消灭个人被迫从事某种劳动的状况，而不是取消一切分工。分工是生产力发展和生产社会化的必然要求。马克思关于在共产主义社会里，任何人都没有特定的活动范围，每个人都可以在任何部门内发展，社会调节着整个生产，因而使我有可能随自己的心愿今天干这个，明天干那个，上午打猎，下午捕鱼，傍晚从事畜牧，晚饭后从事批判，但并不因此就使我成为一个猎人、渔夫、牧人或批判者的设想是理想化的。但是在共产主义条件下，人们不是被迫，而是按照各自的爱好、心愿、才能从事某种劳动，而且由于非生产时间的延长，人们有时间和精力在任何部门内发展，培养和发挥自己的各种才能。这种共产主义新人，是由共产主义生产关系的性质和高度发达的生产力决定的。

马克思从物质资料生产方式出发来考察人的全面发展，摒弃了把人的全面发展看成是人的本质实现的观点。他在批评费尔巴哈时指出：“哲学家们在已经不再屈从于分工的个人身上看见了他们名之为‘人’的那种理想，他们把我们所描绘的整个发展过程看做是‘人’的发展过程，而且他们用这个‘人’来代替过去每一历史时代中所存在的个人，并把他描绘成历史的动力。这样，整个历史过程被看成是‘人’的自我异化过程，实际

① 《马克思恩格斯全集》，中文1版，第3卷，77页。

上这是因为，他们总是用后来阶段的普通人来代替过去阶段的人并赋予过去的个人以后来的意识。由于这种本末倒置的做法，即由于公然舍弃实际条件，于是就可以把整个历史变成意识发展的过程了。”① 马克思在《德意志意识形态》中把这种本末倒置的做法完全倒过来了，他不是研究抽象的人和人的抽象本质，而是研究实际条件，即人们的物质资料生产活动，并在这个基础上研究现实的人及其现实本质，从而对个人自由和全面发展的问题作了科学的论述。

① 《马克思恩格斯全集》，中文1版，第3卷，77页。

第十二章　唯物史观和工人运动的结合。对资本主义社会史和社会结构的卓越分析

《德意志意识形态》只是标志着对唯物史观原理的全面阐述，而不是唯物史观发展史的终结。出版商虽然能阻止这本巨著的出版，使珍珠掩埋在尘土里，但却封锁不了思维着的头脑，不能夺去马克思已经获得的成就。相反，在《德意志意识形态》之后，马克思带着新的历史观点登上了更广阔的政治舞台。

如果说在《德意志意识形态》中，马克思的视线还是专注于德国，通过清算自己的旧的哲学信仰，批判在德国像瘟疫般流行的“真正社会主义”来确立自己的理论的话，那在大体上完成了创立唯物史观的艰巨工程之后，马克思面临的任务是，在工人中宣传自己的观点，使欧洲无产阶级相信自己的观点正确，反对当时严重影响工人运动的各种错误思潮。这就开始了唯物史观和工人运动相结合的光辉时期。

在《哲学的贫困》中，马克思通过批判蒲鲁东的经济观点和哲学观点，进一步推进和发挥了《德意志意识形态》中确立的某些原理。特别是在《共产党宣言》中，马克思运用唯物史观分析资本主义社会的结构，为世界工人阶级制定了一个科学纲领。《共产党宣言》是运用唯物史观研究近代史，即资本主义产生和发展史的卓越典范。它无可辩驳地证明，唯物史观一旦应用于现实，就能发挥出无穷的威力。

第一节　社会整体观和历史发展的终极原因

马克思是一个孜孜不倦的学者，又是一个伟大的斗士。他一生都在和

各种错误思潮的斗争中坚持和发展自己的科学理论。当马克思清算了“真正社会主义”后，他与蒲鲁东的斗争处在突出的地位。

蒲鲁东自有他的历史地位，但从科学理论上看他是拙劣的。这个法国人，在他的同胞面前似乎是擅长德国思辨的哲学家，而在德国人面前又俨然是卓越的经济学家。其实他两者都不是。对于1844年就同他交往，既精通德国古典哲学又熟悉英法古典政治经济学的马克思来说，“蒲鲁东先生彻头彻尾是个小资产阶级的哲学家和经济学家”①。蒲鲁东在1846年出版的《经济矛盾体系，或贫困的哲学》，就是以唯心史观为核心，把黑格尔的辩证法和李嘉图的劳动价值论庸俗化的赝品。

马克思在1846年12月28日致巴·瓦·安年柯夫的信中，随后又在《哲学的贫困》中，对蒲鲁东的经济观点、哲学观点、改良主义的社会政治观点进行了驳斥，并在论战中正面阐发了一系列重要理论，其中最主导的就是唯物史观。梅林推崇《哲学的贫困》，认为“这部书不但是马克思生活上的一个里程碑，而且也是科学史上的一个里程碑”②。他的主要着眼点也是唯物史观。

马克思在驳斥蒲鲁东把相互联系的各种经济关系看成仅仅是前后相继的关系时强调，“每一个社会中的生产关系都形成一个统一的整体”③。这种社会整体观，即把社会各个组成要素看成是相互制约的整体观念是非常重要的，也是极其深刻的。蒲鲁东把同一社会中的各种社会关系，按照时间的顺序排列，片面强调它们在时间上的先后序列，而抹杀它们同时并存的相互依赖、相互制约的关系。这种单线的、按时间顺序的排列，实际上是把统一的社会的各个方面分割开来，变成由一个产生另一个的不同社会阶段。统一的、有机的社会立体结构，变成分裂的、没有生命活力的平面图。这是对人类社会有机体的歪曲。马克思在批评蒲鲁东时指出：“谁用政治经济学的范畴构筑某种思想体系的大厦，谁就是把社会体系的各个环节割裂开来，就是把社会的各个环节变成同等数量的互相连接的单个社

---

① 《马克思恩格斯全集》，中文1版，第27卷，487～488页。

② ［德］梅林：《马克思传》，159页，北京，人民出版社，1972。

③ 《马克思恩格斯全集》，中文1版，第4卷，144页。

会。其实，单凭运动、顺序和时间的逻辑公式怎能向我们说明一切关系同时存在而又互相依存的社会机体呢？”①

马克思把社会看成一个统一整体，但并不认为构成社会的各种因素仅仅是相互依存的具有同等作用的独立系统。马克思在考察社会时，反对停留在各种因素相互作用的抽象图式上，而是划分不同层次的关系，并着力探求历史发展的决定性因素。

蒲鲁东是历史唯心主义者。他无视历史的客观现实性，否认适应时间顺序的现实历史，把抽象的逻辑范畴看成现实历史的基础，认为现实的经济关系是经济范畴的化身。这样一来，客观的历史只不过是逻辑范畴这种底布上的花纹而已。

马克思反对这种看法。在马克思看来，经济范畴并不是独立的实体，而是存在于科学思维中的一种逻辑结构。它是派生的，而不是原生的。它是生产关系的理论表现，即科学抽象。并不是经济关系适应和体现经济范畴，事情应该倒过来。人们在生产过程中，既生产生产关系，又按照自己的社会关系创造了相应的原理、观念和范畴。因此，经济范畴在思维着的头脑中的秩序，应该反映生产关系的内在联系。否则，无论逻辑范畴的秩序排列得怎样井井有条，也无非是一个非常无秩序的头脑中的所谓秩序而已。这种秩序不是科学体系，而是虚构。

经济范畴的逻辑体系不是绝对独立的封闭系统，而是依存于生产关系的，那生产关系又决定于什么？马克思并没有在生产关系和经济范畴之间来回兜圈子，而是由生产关系更深一层进到生产力。马克思说：“社会关系和生产力密切相联。随着新生产力的获得，人们改变自己的生产方式，随着生产方式即保证自己生活的方式的改变，人们也就会改变自己的一切社会关系。手工磨产生的是封建主为首的社会，蒸汽磨产生的是工业资本家为首的社会。”② 并且明确地指出生产力和生产关系不仅仅是相互依存的函数关系，而且存在着因果关系，生产力是最终的决定性因素：“生产方式、生产力在其中发展的那些关系并不是永恒的规律，而是同人们及其

① 《马克思恩格斯全集》，中文1版，第4卷，145页。
② 同上书，144页。

生产力发展的一定水平相适应的东西，人们生产力的一切变化必然引起他们的生产关系的变化。”① 马克思在致安年柯夫的信中反复强调了这一点。虽然生产力决定和制约生产关系是一个复杂的过程，它的内在机制还有待深入研究，但这种因果联系无疑是存在的。整个人类历史的发展都证实了这一点。

生产力决定生产关系，并和生产关系处于不可分割的联系之中，但生产力自身又形成一个相对独立的系统。在《手稿》中，马克思提出的人的本质力量的概念中蕴涵着生产力的内容，即人自身所具有的自然力，如欲望、激情、劳动能力是一种对象化的力量。在《德意志意识形态》中，马克思强调了生产工具的作用，并把生产工具区分为自然产生的生产工具（如耕地、水，等等）和文明创造的生产工具（各种劳动工具）；在《哲学的贫困》中，马克思除了生产工具外，还特别强调了作为劳动的主体——工人的作用，指出：“在一切生产工具中，最强大的一种生产力是革命阶级本身。”② 这样，人和工具构成生产力系统的两个基本因素。

但生产力并不是人和工具的机械组合，而是一种有机结构。仅仅是人加工具只是可能的生产力，而不是现实的生产力。在现实的生产过程中，生产力都是以一定的结构方式存在。这种结构可以区分为社会结构和技术结构。社会结构是人与工具结合的社会方式，即所有制和分工、协作。技术结构是生产工具的性质和劳动者运用工具的水平，例如在手工劳动中，是劳动者使用工具，劳动者的经验和技能是生产力水平的一个标志；而在机器生产中，是工人操作和控制机器，科学技术直接转化为生产力。因此，即使具有同样的生产工具，但由于社会结构和技术结构的不同，生产力的水平也是不一样的。生产力是不断发展的，因而生产力诸因素的结构方式也是不断变化的。劳动者在劳动过程中的作用也不断改变，由运用体力到更多运用智力，由直接参与生产到控制和监督机器，但不能由此得出结论，马克思关于人是生产的主体，最强大的一种生产力是工人阶级自身的论断过时了。事实上，无论机器人怎样取代劳动者的直接劳动，它也不

① 《马克思恩格斯全集》，中文1版，第4卷，155页。
② 同上书，197页。

是生产的主体，而是生产工具，它是劳动者同生产对象之间的中介。科技革命改变的是生产力的技术结构，它没有也不可能改变人的主体地位。

马克思把社会看成以生产方式内在矛盾为基础的有机统一整体。这种观点同西方社会学中的社会有机论是迥然不同的。西方某些社会学派虽然也把社会看成是有机体，但按照生物有机体的概念来理解人类社会，把人类社会看成生物机体那样的自我调节系统，并把社会的各种制度，同生物的器官和功能相比拟。例如，哈佛大学的社会学家 E. O. 威尔逊就把社会学同生物学结合起来，用新达尔文进化论来解释社会生活，把生物进化的原则直接运用于社会。自然选择、生存竞争成为解释社会进化的重要原则。毫无疑问，人类社会是有机生命发展的结果和最高形式，是自然界的特殊部分。人，从人类学的观点看，同样有个适应自然环境的问题。但人和其他动物不同，它不是消极依赖自然，也不是改变身体结构来适应自然，而是通过劳动来改变自然，使自然适应人类生存的需要。因此，社会规律不同于支配生物学的规律，社会有机体也不同于生物有机体。社会自身就包含着运动和发展的契机和源泉。社会有机体是矛盾的统一体，它的基础是生产方式的内在矛盾，而不是人对自然的生物学的适应。

这样，在马克思的历史观中，在马克思对历史的考察中，社会矛盾处于主导地位。社会发展是在解决社会自身的矛盾中不断前进的。马克思在评论资本主义社会时说："资产阶级运动在其中进行的那些生产关系的性质绝不是一致的单纯的，而是两重的。"① 并且进一步指出："当文明一开始的时候，生产就开始建立在级别、等级和阶级的对抗上，最后建立在积累的劳动和直接的劳动的对抗上。没有对抗就没有进步。这是文明直到今天所遵循的规律。到目前为止，生产力就是由于这种阶级对抗的规律而发展起来的。"② 因此，任何以对抗为基础的社会形态的自我调节的功能，都只能是有限的。虽然它可以通过各种社会控制器（政治的、法律的和道德的）来进行调节，但这只是矛盾的缓和，而不是矛盾的消失。当社会矛盾激化到一定量度，社会失控，制动阀失灵，任何调节都无济于事。过分

① 《马克思恩格斯全集》，中文 1 版，第 4 卷，155 页。
② 同上书，104 页。

夸大社会自我调节的功能，把西方资本主义国家的相对稳定绝对化，是只看到暂时的平静而看不到潜伏的暗流。

马克思批判了蒲鲁东的形而上学历史观。蒲鲁东自诩为辩证法家，以卖弄黑格尔辩证法而自豪，实际上是个形而上学者。他把资本主义经济范畴机械地划分为好的和坏的两个方面，力图通过辩证综合来保留好的方面，消除坏的方面，自以为这就是辩证运动。其实，这不是运动，而恰好是运动的终结。蒲鲁东把这种矛盾调和论运用于政治领域，把社会平衡绝对化。正如马克思所说："他完全像一个政治上的空论家，想把国王、众议院、贵族院一并当做社会生活的构成部分，当做永恒的范畴。他只是寻求一个新公式，以便把这些力量平衡起来。"① 马克思还根据辩证历史观批判了资产阶级人道派和博爱派，他们否认矛盾，"愿意保存那些表现资产阶级关系的范畴，而不要那种构成这些范畴的实质并且同这些范畴分不开的对抗"②。

马克思把社会看成是包含内在矛盾的有机体，并从社会结构角度研究这个有机体。生产关系是一种结构——人类相互结合的方式；生产力是一种结构——生产工具和人以一定方式的结合；同样，全部上层建筑，其中包括各种意识形态都有其特殊的存在方式。但马克思并不把社会结构看成是纯粹的形式，而是看成人类活动的存在方式。马克思反对黑格尔把人看成绝对观念自我实现的工具的观点，也反对蒲鲁东把人看成原理、原则、范畴自我运动的工具的观点，它只不过是黑格尔观点的庸俗化的翻版。马克思认为，蒲鲁东的观点是一种天命论，神秘的天命论，天命成为他用来拖引全部经济范畴自我运动的火车头。

马克思强调，历史是人类活动的产物。我们考察历史，考察每个时代的历史现实，不应该撇开人类活动，把人当成历史的消极工具，而应该把人"既当成剧作者又当成剧中人物"③。这是《哲学的贫困》中提出的重要思想，是唯物辩证地考察历史中主客体关系的根本原则。

---

① 《马克思恩格斯全集》，中文1版，第27卷，486页。

② 《马克思恩格斯全集》，中文1版，第4卷，157页。

③ 同上书，149页。

人是历史的剧作者。举凡人类社会的一切，无一不是人类自身活动的产物。生产关系是人类相互作用的产物，生产力是人类改造自然的能力；其他如科学、文学、艺术，都是人类自身的创造物。没有人类活动，历史是无法想象的。

可人又是剧中人。也就是说，就人类活动的方式来说他是主动的，但它的后果不是可预期的，行为是受制约的。正如戏剧中的角色的性格、行为、结局，受到剧中情节（剧中人物的相互关系）制约一样，人的活动有其被动的一面。每代人都是在既成的历史条件下活动，历史舞台是由我们上一代人的活动所形成的。它是既成的、给予的。存在主义极力鼓吹"自由选择"，实际上这种选择是有一定限度的。

马克思问道："人们能否自由选择某一社会形式呢？决不能。"社会形式都是与既成的生产力水平和性质相适应的。"在人们的生产力发展的一定状况下，就会有一定的交换和消费形式。在生产、交换和消费发展的一定阶段上，就会有一定的社会制度、一定的家庭、等级或阶级组织，一句话，就会有一定的市民社会。有一定的市民社会，就会有不过是市民社会的正式表现的一定的政治国家。"①

人们能自由选择生产力吗？也不能。"人们不能自由选择**自己的生产力**——这是他们的全部历史的基础，因为任何生产力都是一种既得的力量，以往的活动的产物。所以生产力是人们的实践能力的结果，但是这种能力本身决定于人们所处的条件，决定于先前已经获得的生产力，决定于在他们以前已经存在、不是由他们创立而是由前一代人创立的社会形式"②。

因此，社会发展有自己的规律，这个规律是不以人们的意志为转移的。个人的行为是有目的、有意识的，可是由人的行为所形成的历史自身是无目的、无意识的。对于人的行为来说，我们可以问为了什么；而对社会历史来说，不能问为了什么，而只能问为什么。社会现象之间的联系不是目的性的联系，而是因果性联系。尽管每个人的社会行为体现人的目

① 《马克思恩格斯全集》，中文1版，第27卷，477页。
② 同上书，477～478页。

的，可是社会现象相互作用的结果却往往超出或违反人的目的。对社会历史的研究，不是探求历史的目的性，而是发现历史自身的规律性。当然，人不是规律的奴隶，这对于历史领域同样是适用的。但要利用规律，必须服从规律。不受规律制约的主体，只是想象中的“自我”，它既不能思维，也不能行动。

确实，人既是剧作者又是剧中人，在形而上学头脑看来是一个咬不开的“硬核桃”。对于蒲鲁东是这样，对于当代西方某些攻击唯物史观是经济唯物主义、历史宿命论者来说也是这样。

第二节 历史和人性。历史评价的尺度

正如生产方式一样，每个时代的意识形态也有自己的特征。从 14 世纪逐步兴起的抽象人道主义历史观，广泛渗透到文学、艺术、道德领域，并在很长时期内处于支配地位。蒲鲁东对历史的看法，并没有跳出这个圈子，尽管他力图用抽象平等观来解释李嘉图学说，从中引出有利于劳动者的结论。

蒲鲁东在《贫困的哲学》的前言中，假定上帝的存在，设想宇宙之内有一种不可知的力量在引导着星群和原子，并使整个宇宙转动起来，甚至断言自己“需要有关上帝的这个假设来树立社会科学的权威”，实际上蒲鲁东并不允许上帝干涉尘世生活。和历史上的人道主义者一样，在人与神的问题上，蒲鲁东强调的是人与神的对立：“上帝是和人类相矛盾的，正如慈善是和正义矛盾的；圣德是完善的理想，是和可完善性相矛盾的；王权是立法权力的理想，是和法律相矛盾的等等。”因此他提出：“为了医治盲目信仰，不是把人类和上帝看成同一的东西——这等于在社会经济方面肯定共有共享，在哲学方面肯定神秘主义和原有状态——而是给人类证明，如果有一个上帝的话，上帝是人类的仇敌。”①

蒲鲁东公开宣称：“我不反对人道主义，我继承人道主义。”② 并且摒弃他在《贫困的哲学》前言中提出的关于上帝存在的假设，认为，“从今

---

① ［法］蒲鲁东：《贫困的哲学》，第 1 卷，371、380 页，北京，商务印书馆，1961。

② 同上书，371 页。

以后，如果再次描述神学的假设，这等于在科学上重新后退。唯一应该重视的是社会，是人”①。为了表示自己所说的人道主义不同于抽象人道主义，蒲鲁东甚至批评认为人性天生丑恶的性恶论，批评卢梭认为人性善良而社会与文明使人堕落的论点，反对把人设想为脱离现实的抽象存在物的做法，认为“这就是放弃了真实性来抓住一个影子，就是说，真正的人并不是实际的人，就是说，要得到真正的人，人类的理想必须超时间，到永恒中去”②。

其实，蒲鲁东并没有超出抽象人道主义历史观的范围。他用人及其需要来阐述自己的价值理论，但我们只要仔细考察一下便会发现，蒲鲁东的人和需要烙上了明显的抽象人性论的印记。

蒲鲁东非常重视价值理论，认为“价值是经济结构的基石”，“是政治经济学的基本观念，也是它的主要范畴”③。他在《贫困的哲学》中用了整整一章（第二章）来阐述价值的矛盾，并由此展开了他对全书的论述。蒲鲁东把价值分为三种：使用价值、交换价值、综合价值（即社会价值）。使用价值在自相矛盾的推动下产生了交换价值，使用价值和交换价值相互渗透、相互吸收，又产生了综合价值。而使用价值过渡到交换价值的动力，是需要。

在蒲鲁东看来，人的需要是多方面的，但是，“由于我所需要的许多东西在自然界里为数有限或者根本没有，因此我不得不去协助生产我所缺少的东西，可是，由于我不能单独生产这么多的东西，所以我就会向别人，即向各行各业中我的合作者建议，把他们所生产的一部分产品同我所生产的产品交换。所以，我特别保证我自己产品的数量始终超过我所能消费的数量；同样，我的同辈们，他们也保证他们各自产品的数量也超过他们使用的数量。这项不言而喻的契约通过商业作用完成了”④。按照这里所阐述的思维进程，作为出发点的是一些同社会隔绝处于孤立状态的个人，这些鲁滨逊式的个人具有多种需要，然后从这些需要中引申出分工，

① ［法］蒲鲁东：《贫困的哲学》，第1卷，370页。
② 同上书，374页。
③ 同上书，62、107页。
④ 同上书，63页。

从分工中引申出交换。可问题在于：离开了物质资料生产，离开了分工和交换，孤立的个人为什么拥有多种需要？这些需要怎样产生出来的呢？蒲鲁东以这种需要为出发点，是重新回到以自然的人和人的自然本性为出发点的老路。

马克思并不否认人的需要问题的重要性。从唯物史观中排除人的需要，等于从社会领域中把人驱逐出去，这是不可想象的。人作为血肉之躯，同其他动物有某些共同点即维持肉体生存的需要。在《手稿》中，马克思就肯定了这一点。他说："**饥饿**是自然的**需要**；因而为了使自己得到满足、得到温饱，他需要在他之外的**自然界**、在他之外的**对象**。"① 但人的自然需要是人化即社会化了的需要，无论就其内容和满足需要的方式来说，都取决于生产发展的水平，是社会历史发展的产物。

特别重要的是，在社会历史发展进程中，人不断产生新的需要。它不是取决于人的自然本性，而是新的生产条件和生活条件的产物。生产不断生产出对产品的需要。因此对需要的研究，不能从孤立的人的自然本性出发，而必须研究生产，研究分工和交换发展的水平，才能说明人的多种需要是如何产生的，这些需要又如何反作用于生产；并且应该研究生产关系，研究人在生产关系中的不同地位，才能说明各种人为什么有不同的需要。所以在《哲学的贫困》中，马克思驳斥了蒲鲁东从抽象的需要出发的观点，强调需要是由人的"社会地位来决定，而社会地位却又取决于整个社会组织。当然，工人买马铃薯和妇女买花边这两者都是根据本人的意见行事的。但是他们意见的差别就是由于他们在社会上所处的地位不同，而这种社会地位的差别却又是社会组织的产物"。马克思还提出一个问题："需要的整个体系究竟是建立在意见上还是建立在整个生产组织上？"他明确回答说："需要往往直接来自生产或以生产为基础。"②

如果说，需要并不取决于人的本性，而是依赖生产发展水平的话，交换也同样是如此。蒲鲁东用个人向别人的建议来解释交换的起源是历史唯心主义的。他根本无法说清楚，"这位鲁滨逊怎么会突然想到向

---

① 《马克思恩格斯全集》，中文1版，第42卷，168页。

② 《马克思恩格斯全集》，中文1版，第4卷，86～87、87页。

‘他的合作者’提出这种建议，而这些合作者又怎么会毫无异议地就接受了这个建议”①。其实，交换并不起源于个人为满足自己多种需要而向别人提出的建议，而是取决于生产和分工的水平。交换有自己的历史，它经历过不同的阶段。曾经有一个时期，例如在中世纪，当时交换的只是剩余品，即生产超过消费的过剩品，只有到了资本主义社会，才使一切产品都处于商业范围之内，甚至连德行、爱情、信仰、知识和良心都成了买卖的对象。

蒲鲁东还从抽象人性论的观点来看待竞争。

蒲鲁东对竞争的看法，自有其独特和卓越之处。他看到资本主义竞争的消极方面，竞争产生贫困，酿成内战，毁灭自由，制造纠纷，败坏道德，但也肯定了竞争的积极作用，肯定了竞争的必要性。他认为，只要一种产品仅由唯一的制造商出售，这种产品的真实价值永远是一个秘密，或者由于生产者的隐瞒，或者由于不注意把成本降低到最低限度或无法把成本降低到最低限度，因此生产的特权对于社会是一种真正的损失，工业的公开和劳动者的竞争一样，都是一种需要，所有想象出来的和可能想象到的计划都不能脱离这个规律。蒲鲁东还提出一种假定来说明竞争的必要性。他说：“假如颁布一道法令，说从 1847 年 1 月 1 日起人人的劳动和工资都有保障，那么工业上的极端紧张状态立即就会转变为严重的停滞。工业里的热烈紧张情况将立刻继之以无止境的松懈，真实价值将迅速地跌到通货额面的价格以下，硬币尽管刻着国王画像和印鉴，也将遭到和大革命时代所发行的纸币同样的命运，商人将提高价格，减少货物，我们在贫困的地狱里又将下降一层，而竞争却只是贫困地狱里的第三层的情形。”②蒲鲁东还同傅立叶主义者就未来社会主义社会是否存在竞争展开了辩论。按照傅立叶主义者的看法，有一种竞争是有益的、值得赞扬的、合乎道德的，是足以开阔胸襟、提高思想的，是高尚、大度的，这是竞赛；另一种是有害的、不道德的、不友好的，以仇恨、杀害为能事，意存嫉妒的，利己主义的竞争。因此，竞赛同竞争是不同的。蒲鲁东不同意这种看法。他

① 《马克思恩格斯全集》，中文 1 版，第 4 卷，79 页。
② ［法］蒲鲁东：《贫困的哲学》，第 1 卷，186 页。

说："有人说，竞赛不是竞争。我首先要指出，这种虚伪的区别只是表现在原则所发生的不同效果上，这就使人相信实际上有两个原则，被人混为一谈。"他明确宣称："竞赛不是别的，就是竞争。"①

蒲鲁东没有否定竞争的积极作用，并且预言社会主义社会仍然存在竞争，这是富有启发性的。但他把竞争机械地划分为好坏两个方面，力图消除竞争坏的方面，保留好的方面，这种观点是形而上学的。特别是蒲鲁东不把竞争看成商品生产特有的经济现象，而是把它看成永恒的范畴，力图从人的永恒不变的本性中寻找竞争的根源。他说：竞争是"社会经济的原理、命运的法规、人类灵魂的要求"，"人生是一场持久不息的战争，对需要品的战争，对自然的战争，对同类的战争，因而也是对自己的战争"②。蒲鲁东用这种观点来解释反对中世纪的同业公会、行会和商会，反对各种封建特权，提倡自由竞争的法国资产阶级革命。这种把竞争归结为"人类灵魂"的内在要求的观点，是一种抽象的人性论。

马克思在《哲学的贫困》中驳斥了蒲鲁东对竞争的看法。他说："蒲鲁东先生不懂得，竞争的形成同18世纪人们的现实发展有联系，他把竞争变成 in partibus infidelium［在真正现实以外的］**人类灵魂**的某种必然要求。"③ 特别是马克思反驳蒲鲁东颠倒历史和人性，把竞争看成人的永恒不变的本性的观点，提出了"整个历史也无非是人类本性的不断改变"④ 的著名论断。

竞争不是根源于人的利己主义本性，而是商品经济所固有的经济现象。这个秘密，只有在商品生产发展到它的最高阶段——囊括一切的资本主义商品生产才最终暴露出来了。在资本主义的市场经济中，竞争是不以人们意志为转移的客观规律，它与人的个性无关。无论是道德高尚还是卑劣，善良还是心狠手辣，贪婪还是慷慨；也无论是男人还是女人，是血气方刚的年轻人还是饱经风霜的老者，只要不是自甘破产，在资本主义的市场经济中必然要进行竞争。这是资本增值的要求。毫无疑问，从主体来考

---

① ［法］蒲鲁东：《贫困的哲学》，第1卷，184页。

② 同上书，188、192页

③ 《马克思恩格斯全集》，中文1版，第4卷，175页。

④ 同上书，174页。

察，资本主义竞争必然通过对私人利益的自我意识，它表现为贪婪、贪欲、对利润的追求，一句话，表现为极端的利己主义，即蒲鲁东所说的“人类灵魂”的内在要求。实际上这种所谓人性是历史的折光，正如铸币是在模子中被浇灌出来的一样。因此，在社会主义的商品经济中虽然存在竞争，但在主体意识中不再表现为贪欲、贪婪和极端的利己主义，而是对社会主义经济规律的自我意识，即对社会主义经济效益和整体利益的自觉追求，而直接经营者的局部和个人利益，归根结底包含在集体利益之中。这不是人性的转变而是历史的转变，是生产关系变化的结果。

马克思还批判了蒲鲁东以抽象的平等观念作为衡量历史尺度的唯心主义观点。

从认识的主体来说，衡量事物必须有一个尺度，对历史的评价也是这样。但对历史的评价不能是一个单纯的价值尺度，即客观历史现象对于认识主体（阶级和个人）的利益和需要符合的程度，而最根本的是历史规律自身。因此历史评价的尺度，从根本上说是对历史的看法，即突出地表现了历史观的性质。

作为小资产阶级思想代表的蒲鲁东是矛盾的化身，在历史观中也是如此。他极力反对用抽象的道德观点来评价经济关系，反对在“各种经济问题里不断渗入博爱、慈善、牺牲精神”，他把友爱、慈善、牺牲精神斥为“神秘主义”①，但他实际上并没有跳出唯心史观的圈子。他说：“社会的秩序是建立在严正的公平上面，绝不是建立在四海一家、舍己为人、爱人如己的天国情感上面，今天有不少可敬的社会主义者殚精竭虑要在人民中间掀起这一类情感。”② 用公平、正义来取代爱人如己、舍己为人，正如把公尺换成英寸一样，丝毫不改变问题的本质。

蒲鲁东早在1840年出版的《什么是所有权》中，就以公平为根据对所有权进行了抨击。“财产就是盗窃”这一具有极大鼓动性的口号，是对资产阶级政治经济学视为永恒神圣的东西的挑战。尽管蒲鲁东对资本主义制度的丑恶流露出深刻而真诚的激愤，但他的立论根据是错误的。以公

① ［法］蒲鲁东：《贫困的哲学》，第1卷，232页。
② 同上书，86页。

平、正义为尺度来抨击资本主义私有制，对资本主义私有财产产生的历史必然性及其被取代的原因，一点也没有作出科学的说明。正如恩格斯所说："蒲鲁东在其一切著作中都用'公平'的标准来衡量一切社会的、法权的、政治的、宗教的原理，他摒弃或承认这些原理是以它们是否符合他所谓的'公平'为依据的。"① 这不是解释历史，而是对历史的羞辱，全部人类私有制的历史都被"公平"的扫帚扫进垃圾堆，以准备欢迎平等天国的到来。

蒲鲁东的上述观点，在他1846年出版的《贫困的哲学》中得到进一步发挥。不同的是他在这里从经济学的角度，把他的平等观和价值理论结合在一起，企图平均主义地解释李嘉图的劳动价值论，引申出建立以平等交换为基础的新社会的结论。他反复强调，"平等是我们唯一的准绳，也是我们的理想"②。并且把平等看成是交换的平等，是价值内所蕴涵的矛盾的消除，所以他说："价值尺度或价值比例的学说，请大家注意，就是平等的学说。"③ 只要一切生产者都严格按照所谓的正确的比例性关系进行生产，并以公平的价格进行交换，即以等量劳动的产品换取同等数量劳动的产品，社会就能建立在公平、正义的基础上。这一天一定能到来。正如一个旅行家在倾斜蜿蜒的路上从深谷登上顶峰，坚毅、勇敢、不屈不挠地沿着曲折的道路，以坚定的步伐向着它的目标稳步前进一样，历史在经历了不平等之后，正朝着平等、公平的目标前进。

蒲鲁东以公平、正义、平等为衡量历史的尺度，同以抽象的理性或以善恶观念为尺度一样，都同属于抽象人性论的历史观，只是表现形式不同而已。这是一种主观的尺度。它要求历史应该符合自己的道德观念和法权观念。它探讨的不是历史是什么，而是它应该是什么。他自以为为历史找到了一个永恒不变的尺度，实际上人们的善恶观念、正义与非正义、公平与不公平的法权观念是极其相对的、不断变化的。而它们变化的根据，正是它用以衡量的对象自身。

① 《马克思恩格斯全集》，中文1版，第18卷，306页，北京，人民出版社，1964。
② ［法］蒲鲁东：《贫困的哲学》，第1卷，109页。
③ 同上书，86页。

衡量即比较。衡量历史就是比较历史。因此评价历史的尺度，必须反映历史发展的真实进程。人类的历史首先是生产方式发展的历史。因此衡量历史进步的尺度只能是生产和生产方式的发展，以及与之相应的社会、政治、文化、科学、教育的发展，而不能是抽象的人性，不能是永恒不变的道德观念和法权观念。马克思在《哲学的贫困》中以工厂制度为例说明了这一点。他说："工厂一出现就表现出一些迥非慈善的行为。儿童在皮鞭下面工作；他们成了买卖的对象，有人为弄到儿童同孤儿院订立了合同。所有关于徒工制度的法律一概废除，因为，用蒲鲁东先生的话来说，再也用不着**综合的**工人了。最后，自1825年起，一切新发明几乎都是工人同千方百计地力求贬低工人特长的企业主进行冲突的结果。在每一次多少有一点重要性的新罢工之后，总要出现一种新机器。而工人则很少在机器的应用中看到他们的权利的恢复，或如蒲鲁东先生所说，他们的**复原**。"① 但是在马克思看来，这是一种历史的进步，这种进步是不能用公平、正义的抽象观念冲刷掉的。因此，他批评蒲鲁东不了解工厂制度的革命方面，竟建议工人向后倒退："蒲鲁东先生没有超出小资产者的理想。为了实现这个理想，他除了让我们回到中世纪的帮工或者至多中世纪的手工业者师傅的地位以外，没有想出更好的办法。"② 事情的结局必然是这样。以抽象的平等观念为尺度，必然对以往的历史怀着诗情画意般的眷恋之情，而对未来的向往（平等的再度到来），也只是一幅以已经失去的平等为蓝图的理想化的图画而已。

马克思在1846年批判蒲鲁东之后，在1847年又同卡尔·海因岑展开了论战。马克思批判了海因岑的唯心史观，继续发挥了他在《哲学的贫困》中取得的成果。

海因岑过去是个自由派小官吏。早在1844年就曾幻想过法律范围内的进步，力图在宪法范围内实现某种改革。他由于出版《普鲁士的官僚制度》一书而被迫离开德国，在瑞士结识了卢格。通过卢格，他接受了费尔巴哈的抽象人道主义、黑格尔的唯心主义以及施蒂纳思想的影响。海因岑

---

① 《马克思恩格斯全集》，中文1版，第4卷，169页。

② 同上书，172页。

的历史观是唯心主义的。

海因岑由自由派转向激进派。他把美国革命的传统和法国 1793 年的传统，同自己从共产主义者那里剽窃来的革命措施结合在一起，要求在德国建立起类似瑞士的德意志共和国。为了使他幻想建立的德意志共和国更加光荣，海因岑把它嵌进卢格化的费尔巴哈的人道主义的框子里，宣布这个共和国是即将到来的"人的王国"。海因岑还梦想在不改变生产方式和交换方式的前提下，人们可以任意改变和自动调整财产关系和继承权，并宣扬道德是历史的尺度，鼓吹应该把社会建立在高尚、正义、道德这些永恒真理的基础上。

海因岑的历史观同马克思创立的唯物史观是对立的。1847 年 9 月，海因岑在《德意志——布鲁塞尔报》发表文章对共产主义者进行攻击，恩格斯立即回敬了一篇《共产主义者和卡尔·海因岑》，对他进行了驳斥。海因岑又抛出了《共产主义者的"一个代表"》，对恩格斯进行粗暴的谩骂。为此，马克思写了《道德化的批判和批判化的道德》一文。这不是一般的论战性文章，也不单纯是为了击退海因岑对恩格斯的进攻。如果仅仅为此，海因岑的文章是不值得认真回答的。马克思是借此机会，通过对海因岑文章中所表现的道德化的批判和批判化的道德，以及他所提出的"使社会人道化"的药方的分析，对历史观的一些重大问题，如历史的道德评价问题、人性问题作了正面的阐述。

马克思驳斥了海因岑把历史和道德对立起来，把历史的发展看成道德上背弃的观点。在马克思看来，历史是不断前进的。一切发展，不管其内容如何，都可以看做一系列的不同发展阶段，它们以一个否定另一个的方式彼此联系着。发展必然包含否定，即否定已经过时的陈旧形式。如果以陈旧的道德观点来衡量历史，把历史的发展，把新事物对旧事物的否定说成是背弃，是极其荒谬的。

历史自身的发展，必然引起价值观念、道德观念的变化。道德标准和内容不同，评价显然是不同的。在先进阶级看来是道德的、高尚的，而在没落阶级看来则是不道德的、卑劣的。特别是历史处于急剧变革时期，"世风日下"、"人心不古"、"道德沦丧"之类的贬语，往往成为没落阶级反对变革的伦理根据。所以马克思强烈抨击海因岑把发展说成是道德上的背弃的观点，把他说成是“道德高尚的庸人”。马克思说：“**背弃！**批判化的庸人可以丝毫不懂这个词的含义而用这个词来辱骂任何一种发展；他可以郑重其事地把自己无发展能力的发育不全完全相反地说成是道德上的十全十美。例如各国人民的宗教幻想把无罪的时代、黄金时代列在**史前时期**（当时还根本没有任何历史发展，因此也没有任何否定、任何背弃），从而辱骂了整个**历史**。”① 执著地以陈旧的道德标准来衡量历史，量出的不是历史，倒是自己道德的卑劣——对过时的社会关系的维护。

马克思还反对海因岑颠倒财产关系和政治权力关系，用所谓公平、正义为尺度来衡量财产关系的观点。海因岑把资本主义制度下的财产关系，即一个人拥有一切，而另一个人一无所有归结为是否公平的问题，“归结为类似的简单的良心问题和关于公平的词句”②。

其实，财产问题不是公平和正义的问题，不是道德问题，而是与某一阶级的物质利益密切相关的“切身问题”。随着生产的发展，在不同的历史条件下，财产问题的表现形式是极不相同的。例如，在英国和法国的资产阶级革命中，财产问题的实质归结为给竞争以广阔的自由和消灭一切封建财产关系，即封建领地、行会、垄断等等，因为这些关系在16世纪至18世纪时期变成了工业发展的桎梏，因而废除封建的财产关系，是资产阶级的切身利益问题。同样，在无产阶级革命时代，要求废除资产阶级的财产关系，关系到工人阶级的切身利益。财产问题是个重大的社会问题。从经济领域逃到道德领域，即使把自己道德愤怒的重炮全部发射出来，也丝毫不能对财产关系的实质和解决途径作出科学的说明。

更为荒谬的是，海因岑认为，“财产关系的不公平全靠权力来维持”。他只强调问题的一面，政治权力对财产关系的维护；而看不到一定的政治权力是在所有制关系基础上产生的，它的性质、职能和作用的限度，归根结底取决于经济关系。正如马克思所指出的：“如果资产阶级从政治上即利用国家权力来‘维持财产关系上的不公平’，它是不会**成功**的。‘财产关系上的不公平’以现代分工、现代交换形式、竞争、积聚等等为前提，决

① 《马克思恩格斯选集》，1版，第1卷，169页。
② 同上书，174页。

不是来自资产阶级的政治统治，相反，资产阶级的政治统治倒是来自这些被资产阶级经济学家宣布为必然规律和永恒规律的现代生产关系。”① 无论资产阶级国家怎样实行调节，怎样使管理“科学”化，它都无法永远维持资本主义的财产关系。它能暂时缓和矛盾，但不能解决矛盾。只要实行社会主义革命的经济条件逐步孕育成熟，资产阶级政治统治大厦倾覆的时刻就会到来。

马克思还驳斥了海因岑用人性来消融阶级斗争的抽象人性论。海因岑攻击共产主义者制造阶级斗争，唆使人们相互反对。他说：“我在自己的革命宣传中没有犯‘共产主义者的局限性’的毛病——不面向人们，只面向‘阶级’，**唆使**不同‘行业’的人们互相反对。这是因为我承认‘人性’不总是以‘阶级’或‘钱包的大小’为转移的‘可能性’。”②

这是一连串的谬误。

阶级对立并不是钱包大小的问题，更不是各行业之间的争吵。职业分工不是阶级划分。钱包大小纯粹是数量上的差别，它可以是同一阶级内部的区别；同样，阶级差别并不是建立在行业的基础上。分工在同一阶级内部造成不同的工种。至于说单独的个人并不总是以他所属的阶级为转移，这当然很可能。各阶级之间的某些成员可以相互投入对方的阵营，特别是历史变革的时代尤其如此。例如，在法国资产阶级革命时期，少数贵族转到第三等级。但这个事实，并不能改变阶级斗争的实质。因为少数觉醒了的贵族背叛了自己阶级，并不是超出阶级斗争，而是投向当时的革命阶级——资产阶级反对腐朽贵族阶级的斗争。

海因岑抹掉一切阶级差别，强调共同的人性，硬要彼此对立的阶级消失在人性之中。这当然是幻想。正如马克思所指出的：“如果海因岑先生认为，以不以自己意志为转移的**经济**条件作为存在的基础并因这些条件而彼此处于极尖锐的对抗中的**各阶级**，可以靠一切人们所固有的‘人性’这个属性而越出本身存在的现实条件，那么，**某一个**君主要靠自己的‘人性’而使自己超出自己的‘君主的权力’，超出自己的‘君主的行业’该

① 《马克思恩格斯选集》，1版，第1卷，171页。

② 转引上书，182页。

是多么容易呵！”① 海因岑企图建立一个既不代表资产阶级也不代表无产阶级，而是以“人类”为目的的政党——“人们的党”，可见抽象人性论已经把他引导到何等荒谬的地步。

海因岑关于“使社会人道化”的处方，也集中暴露了他的唯心史观。他反对法国资产阶级革命，认为公安委员会和支持他们的雅各宾派是一些惨无人道的暴徒，而把自己所设想的使社会人道化的措施，说成是建立一个“为了人”、“为了好人”、“为了人道的人”的“最好共和国”的道路。而这些措施中最关键的一条，就是在合乎道德正义感的基础上合理地对财产关系进行调整。

在海因岑看来，资本主义财产关系是不合理的。许多人一无所有，甚至没有起码的必需品，而另外一些人搜刮衣不蔽体的无产者，像贵族一样手中积累起千千万万的不义之财。要使社会人道化，人人拥有的东西既不太多，也不太少，因而必须对每一个公民的最低限度财产作出保证，也对他的最高财产限额作出规定。海因岑就是用这种公平的道德尺度解决了全部经济矛盾，使社会人道化。这表明他一点也不懂政治经济学。马克思认为，资本主义私有制不是一种简单的关系，而是资产阶级生产关系的总和。其中最根本的是阶级关系。因此消灭私有制，意味着消灭阶级，根本改变资产阶级生产关系。这是一种巨大的历史性的变化，是全部社会活动的产物。把这种伟大变革，归结为通过合乎道德地对财产关系的自觉调整，的确是海外奇谈。无怪乎马克思嘲笑他说：“伟大的卡尔·海因岑开的‘使社会人道化’的药方，应当归功于‘印加族’和康培的儿童读物。”② 即用来哄哄孩子们的东西。

第三节　生产关系和阶级关系。对阶级斗争物质基础的探讨

马克思不仅批判蒲鲁东，批判海因岑，密切注意工人运动中的错误思潮，并且重视在工人中的宣传活动，正面向工人阐述自己创立的科学观

① 《马克思恩格斯选集》，1版，第1卷，183页。
② 同上书，189页。

点。《雇佣劳动与资本》就是马克思在德意志工人协会的几次讲演。虽然这本书是1849年4月以连载的形式发表在《新莱茵报》上，但就它的基本思想来说属于1847年。

唯物史观的创立同马克思从事经济学研究是分不开的。这一点，在《手稿》、《德意志意识形态》、《哲学的贫困》中都表现得很明显。《雇佣劳动与资本》虽然属于19世纪40年代的著作，有个别地方与他1859年以后写的著作中的论点不同，而且从较晚的著作来看，有些用语和整个语句是不妥当的，甚至是不正确的，如把出卖劳动力和出卖劳动相混同，但它是马克思第一次正面地、通俗地宣传和阐述自己的经济观点，特别是把经济观点和唯物史观结合在一起，通过更切近地考察"资产阶级的生存及其阶级统治和工人的奴役地位所依为基础的经济关系本身"、"详述构成现代阶级斗争和民族斗争的物质基础的**经济关系**"①，对什么是社会、生产关系和阶级关系以及阶级对抗的实质作了有经济学根据的论述，进一步深化了唯物史观的一些重要思想。

当我们考察任何一种社会时，我们所看到的是极其多种多样的人的活动和关系的庞大网络。它光怪陆离，使人眼花缭乱。但只要深入进去，我们可以发现这种种复杂纷乱的关系，大体上划为两类：人与自然的关系、人与人的关系，而把这两类关系串联起来的核心、基础，是物质资料的生产。正如马克思说的："人们在生产中不仅仅同自然界发生关系。他们如果不以一定方式结合起来共同活动和互相交换其活动，便不能进行生产。为了进行生产，人们便发生一定的联系和关系；只有在这些社会联系和社会关系的范围内，才会有他们对自然界的关系，才会有生产。"② 因此，物质资料生产是整个社会大厦借以建立起来的骨骼和底层建筑。

马克思抓住了整个社会的决定性环节。与以往历史上把社会同国家等同起来，或把社会看成是家庭的扩大，或把社会看成个人的简单集合的形形色色的社会观不同，马克思从人的多种活动中划出生产活动，从人的各种关系中划出生产关系，从而把握了社会的本质。他说："**总之**，各个人

① 《马克思恩格斯选集》，1版，第1卷，351、350页。
② 同上书，362页。

借以进行生产的社会关系，即**社会生产关系，是随着物质生产资料、生产力的变化和发展而变化和改变的。生产关系总合起来就构成为**所谓**社会关系**，构成为所谓**社会**，并且是构成为一个处于**一定历史发展阶段**上的社会，具有独特的特征的社会。古代社会、封建社会和资产阶级社会都是这样的生产关系的总和，而其中每一个生产关系的总和同时又标志着人类历史发展中的一个特殊阶段。”① 马克思这段精辟论述，既揭示了各种社会的共同本质，又揭示了它的特殊本质。但无论它的共同性还是特殊性，都离不开对生产关系自身的分析。这当然不意味着只要研究生产关系的总和就可以把一个社会面貌概括无遗，而不必考察其他各种关系，如政治关系、道德关系、家庭关系、思想关系，等等，而只是说要理解什么是社会，并从总体上把握社会的性质和面貌，必须研究它的社会关系的总和，除此以外，别无他途。

正因为马克思抓住了生产关系，所以他对人与物的考察都上升到新的科学高度，而不是停留在抽象的人本主义和拜物教的水平上。他在驳斥脱离生产关系把黑奴同黑人混为一谈时指出：“黑人就是黑人。只有在一定的关系下，他才成为**奴隶**。纺纱机是纺棉花的机器。只有在一定的关系下，它才成为**资本**。脱离了这种关系，它也就不是资本了，就像**黄金**本身并不是**货币**，砂糖并不是砂糖的**价格**一样。”② 这种看法，同《手稿》相比，显然是一个重大进展。

在《手稿》中，马克思把人与人相异化看成是人的类本质同人相脱离，由于异化人丧失了自己人的本质。在这里，马克思强调生产关系的制约性。黑人之所以成为奴隶，是由一定的生产关系造成的。因此，考察黑人之所以沦为奴隶的原因，不是探求他的人的本性，而是研究特定历史阶段的生产关系。只有在一定的社会联系和社会关系的范围内，才能对这种社会现象作出科学的解释。

同样，就资本的实体表现形式来说，它包括原料、劳动工具和各种生活资料，是一种物的形态，但它的本质是一种社会关系。因为构成资本的

---

① 《马克思恩格斯选集》，1 版，第 1 卷，363 页。

② 同上书，362 页。

生产资料、劳动工具和原料，都是在一定的社会条件下，在一定的生产关系中生产和积累起来的，并在一定的社会联系和社会关系中进行新的生产。任何物质生产的最终产品必然表现为物，表现为若干物质产品的总和，但其中反映了产品借以进行生产的关系的性质。这是一种社会属性，与产品的自然属性无关。尽管资本的实体形态可以变化，如以棉花生产代替羊毛，以大米代替小麦，以轮船代替铁路，但丝毫不会改变资本的性质。所以马克思说："**资本**也是一种社会生产关系。这是**资产阶级的生产关系**，是资产阶级社会的生产关系。"① 离开了社会关系来考察的物，不属于唯物史观中的"物"。

在社会中，人既然处于一定的社会联系和社会关系之中，那么就不是孤立的。虽然我们直观到的人都是个体，实际上人是群体，它形成各种不同的集团。在阶级社会中，这种大的社会集团就是阶级。阶级这种社会集团，不同于以血缘为基础的家庭关系，也不同于以地域为基础的邻里关系，而是按照人们在生产关系中的不同地位结合起来的集团。有什么样的生产关系，就有什么样的阶级关系。生产关系的性质和结构，决定社会的阶级结构。在《雇佣劳动与资本》中，马克思抓住这个根本之点，对构成资本主义社会的最基本的阶级关系进行了考察。

工人是劳动者，劳动是工人本身的生命活动，是工人本身的生命的表现，但并不是任何劳动者都是工人。按照马克思的说法，劳动并不向来就是雇佣劳动，劳动（力）并不向来就是商品。奴隶不是把自己的劳动力出卖给奴隶主，正如耕牛不是向农民卖工一样。奴隶连同自己的劳动力一次而永远地出卖给奴隶主了。奴隶是商品，可以在奴隶市场拍卖，从一个所有者手里转到另一个所有者手里。奴隶本身是商品，而他的劳动力却不是他的商品。农奴是土地的附属物，替土地所有者生产果实。农奴虽然把一部分劳动力出卖给土地所有者，他不仅取不到报酬，而且还要缴纳贡赋。工人不同。他不属于任何私有者，也不属于土地，是"自由"的。他可以而且必须出卖自己，并且是零碎地出卖自己，把自己每日生命中的若干小时出卖给资本家。这是一种摆脱了人身依附关系、形式上"自由"的劳

① 《马克思恩格斯选集》，1版，第1卷，363页。

动者。

同样，资本家是私有者，但不是任何私有者都是资本家。奴隶主、封建领主是私有者，但他们同自己的奴隶、农奴并不存在商品交换关系。资本家之所以是资本家，不仅在于他是生产资料的所有者，而且在于他通过商品关系，使工人的活的劳动替积累起来的劳动充当保存和增值的手段。

正如磁场的南极和北极一样，雇佣劳动与资本，即工人和资本家彼此制约，不可分离。它们是同一个生产关系的产物，是各自按照自己在生产关系中的不同地位而形成的两个对立的社会集团。因此，工人同资本家的关系不是个人对个人的关系，而是一种阶级关系。尽管资本家和工人的关系总是通过单独的个人来表现，但他们并不是作为个人，而是作为特定阶级的成员进行交往的。正如马克思所指出的："工人只要愿意，就可以离开雇用他的资本家，而资本家也可以随意辞退工人，只要工人使他不能再获得利益或者不能使他获得预期的利益，他就可以辞退。但是，工人是以出卖劳动①为其工资的唯一来源的，如果他不愿饿死，就不能离开**整个购买者阶级即资本家阶级。工人不是属于某一个资产者，而是属于整个资产阶级**；至于工人给自己寻找一个雇主，即在资产阶级中间寻找一个买主，那是工人自己的事情了。"② 当代资产阶级大力宣传"爱厂如家"，极力培植工人对资本家的家庭般的感情和关系，虽然能一时模糊阶级关系，但改变不了这种关系。资本永远不会成为劳动的代表，要在它们两者之间建立一致的感情和关系，确实比猛虎和羔羊媾和还难。

马克思不仅从生产关系中找到了资本家和工人存在的根据，而且找到了彼此对抗的根源，即它们相互斗争的物质基础。马克思通过对工资和利润关系的分析，发现了资本家和工人的对立是根本利益的对立，并驳斥了各种关于资本家和工人利益一致的观点。

马克思当时虽然还没有区分劳动和劳动力，也没有形成剩余价值的概念，把工资看成是劳动价格。但他已经看到，工资是工人的劳动的收入，它同依靠资本收入的利润是对立的。这种对立的突出表现是工资和利润的

---

① 在 1891 年版本中，"劳动"改为"劳动力"。

② 《马克思恩格斯选集》，1 版，第 1 卷，355～356 页。

反比例关系。

马克思把工资区分为名义工资还是实际工资。名义工资是劳动（力）的货币价格，实际工资是用工资实际交换所得到商品量。问题不仅在于，名义工资的增加可以掩盖实际工资的下降；而且在于，无论是名义工资还是实际工资，都不能完全表达工资所包含的各种对比关系，因为工资首先是由它同资本家的利润的对比关系来决定的。即使实际工资不变，甚至增加，但工人的工资同它所创造的利润相比仍然是下降了，社会财富在资本和劳动之间的分配更加不平衡。“**工资和利润是互成反比的**。”[①] 因为资本所占的份额即利润的增加，意味着劳动所得的份额即工资的减少，反之亦然。利润增加多少，工资就降低多少，而利润降低多少，则工资就增加多少。这是一种对抗性矛盾，所以马克思说：“即使我们单只在**资本和雇佣劳动的关系这个范围**内观察问题，也可以知道**资本的利益和雇佣劳动的利益是截然对立的**”[②]。

马克思还驳斥了各种抹杀资本和劳动对立的理论。这些观点虽然是一百多年以前流行的，但马克思的批判仍然具有重要的理论和现实意义。在当今世界上，被马克思驳斥过的观点，以各种各样的形式重复出现。特别是因为资本主义处于相对和平和稳定时期，这些观点具有一定的迷惑性。

第一，“资本长得越肥，它的奴隶也吃得越好”[③]。按照这种看法，资本与劳动的利益是一致的，生产资本的增长和工资的增长是相互协调的。马克思驳斥这种看法。他强调指出，生产资本愈增加，分工和采用机器的范围就愈扩大。分工和采用机器的范围愈扩大，工人之间的竞争就愈激烈，他们的工资就愈减少。特别是由于生产资本的增加和竞争的激烈，迫使资本家以日益扩大的规模使用既有的巨大的生产资料，为此而动用一切信贷机构，使经济危机愈来愈频繁。在危机中，正如古代奴隶成为奴隶主人的殉葬品一样，大批工人由于失业、饥饿而成为危机的殉葬物。

不错，随着生产资本的增加和生产力的发展，整个社会的财富、社会

---

① 《马克思恩格斯选集》，1版，第1卷，370页。

② 同上书，371页。

③ 同上书，373页。

需要和社会享受也会增长。工人得到的消费品的质量和数量，同以往相比可以发生变化。但这不能证明资本和劳动利益的一致性。正如马克思所说："我们的需要和享受是由社会产生的，因此，我们对于需要和享受是以社会的尺度，而不是以满足它们的物品去衡量的。因为我们的需要和享受具有社会性质，所以它们是相对的。"① 例如，一座小房子不管怎样小，在周围的房屋都是这样小的时候，它是能满足人们对住房的要求的，但一旦在小房子近旁耸立起一座宫殿，这座小房子就缩成可怜的茅舍模样了。因此，即使生产发展，工人所能得到的东西，比起资本家，比起一般社会发展水平来，仍然不是增加而是降低了。"所以，一方面工人的收入在资本迅速增加的情况下也有所增加，可是另一方面横在资本家和工人之间的社会鸿沟也同时扩大。"② 所谓资本迅速增加对工人有好处的论点，无非是说，工人为资本家增加的财富愈多，落到自己嘴里的残羹剩饭就愈多。这是奴隶生活的"改善"。一个觉悟了的工人决不会颂扬自己的奴隶地位。

第二，"因采用机器而成为多余的工人可以在**新的**工业部门里找到工作"③。事实并非这样。失业是资本主义制度不可避免的现象。在新的劳动部门找到工作并不都是被解雇的工人，而往往是新进入劳动力市场的青年工人。即使是被认为能大量吸收劳动力的机器制造业，也因为日益多方面的采用机器而排挤工人。况且工人的队伍还从其他阶层破产的人中得到补充。这样，伸出来乞求工作的手像森林似的愈来愈稠密，而这些手本身则愈来愈瘦。正如流动着的水需要一个"水库"一样，资本主义社会劳动力的流动也需要一个"人库"——失业大军。现在同样如此。以为在所谓"夕阳工业"中被排挤出来的工人，在所谓"朝阳工业"——新兴行业——中都能找到工作，这不过是个神话而已。

第三，"资本家所得利润的增加也可能是由于改进了劳动工具，采用了利用自然力的新方法等等"④。这就是说，不是劳动创造价值，而是新的生产工具和科学技术的应用创造了价值，为资本家创造了更多的利润。

① 《马克思恩格斯选集》，1版，第1卷，368页。
② 同上书，372页。
③ 同上书，378页。
④ 同上书，370页。

马克思早就反驳了这个论点。他说："改进机器，在生产中采取利用自然力的新方法，使得在一定的劳动时间内，用同样数量的劳动和资本可以创造出更多的产品，但绝不是创造出更多的交换价值。""不管资本家阶级即资产阶级（一个国家的也好，整个世界市场的也好）相互之间分配生产所得的纯收入的比率如何，这个纯收入的总额归根到底只是活劳动加到全部积累起来的劳动上去的那个数额。"① 无论科学技术怎样发展，自动化也罢，信息化也罢，它改变的是工人劳动中体力和智力支出的比重，但推翻不了劳动是价值唯一源泉的科学结论。因而资本主义制度下科技在生产中的应用，虽然促进了生产并有利于社会进步，但它并没有减轻剥削而是强化了剥削。

由此可见，资产阶级和无产阶级的对立，是根源于资本主义生产关系的本质，通过利润和工资对抗关系表现出来的物质利益的对立。这是任何一种徒托空言的道德说教都解决不了的对立。这是唯物史观的观点，它同从历史中排除物质利益，排除基于物质利益对立的阶级斗争的唯心史观是迥然不同的。

第四节　唯物史观是《共产党宣言》的核心

《共产党宣言》是马克思、恩格斯为共产主义者同盟制定的科学纲领，写于 1847 年 12 月至 1848 年 1 月。它高度凝结了到 19 世纪 40 年代末期，马克思和恩格斯在哲学、经济学、科学社会主义学说上已经取得的重大成就，其中特别是唯物史观。

恩格斯一再指出，《共产党宣言》中始终贯彻的基本思想是唯物史观。意大利的第一个马克思主义者安东尼奥·拉布里奥拉也强调这一点。他在纪念《共产党宣言》的著名论文中说："这一著作的中枢、实质和决定性特点完全贯穿着新的历史观。它赋予这一著作以生气，并在这一著作中部分地得到了阐明和发挥。由于有了这一历史观，共产主义不再是一种希望，一种思念，一种回忆，一种猜想，一种出路，它第一次恰当地表现为意识到它的必然性，也就是意识到它是结束或解决当前阶级斗争的

① 《马克思恩格斯选集》，1 版，第 1 卷，371 页。

办法。”① 的确，在《共产党宣言》中，马克思卓越地应用了唯物史观来研究全部近代历史，分析资本主义社会的结构。他摒弃了抽象的道德原则、天赋的权利、永恒的理性以及公平、正义、平等之类的永恒真理，从历史本身来阐述历史的规律。《共产党宣言》极其生动地、鲜明地、无可辩驳地显示了唯物史观的科学性和实践性，表明它是唯一科学的历史观和方法论。

马克思紧紧把握住，每一历史时代的主要的经济生产方式与交换方式以及必然由此产生的社会结构，是该时代政治的和精神的历史赖以确立的基础。他从物质资料生产方式的变化中寻找资产阶级产生和发展的根据，指出：“现代资产阶级本身是一个长期发展过程的产物，是生产方式和交换方式的一系列变革的产物。”②

马克思在探求为什么从中世纪的农奴中会产生初期城市的城关居民，又为什么从这个市民等级中发展出最初的资产阶级分子时，始终以经济为主导线索，把它同生产的发展、需求的增加、世界市场的扩大密切结合在一起。现代大工业代替工场手工业，蒸汽和机器代替手工工具，工业中的百万富翁，整批整批产业大军的首领——现代资产者代替原来工业的中间等级，其原因盖出于此。特别值得提出的是，马克思注意到了地理因素的作用。他肯定了美洲的发现、绕过非洲的航行，对资本主义在西欧发展的重要意义。但和地理环境决定论不同，马克思不是把地理环境视为既成的，从外面决定社会的因素，而是从社会发展的角度来考察地理因素的作用。美洲和绕过非洲航路的发现之所以可能，之所以能起到促进资本主义发展的作用，是因为它适应新兴资产阶级开辟新的活动场所的需要。并不是地理条件，而是工业的发展建立了由美洲的发现所准备好的世界市场。

马克思并没有忽视政治的作用，但马克思坚持唯物史观，认为政治势力的扩张和经济实力的强大是分不开的。资产阶级在其发展过程中的每一个阶段，与它的经济地位相符合，大体上有相应的政治成就。例如，它在

---

① ［意］安·拉布里奥拉：《关于历史唯物主义》，5页，北京，人民出版社，1984。
② 《马克思恩格斯选集》，1版，第1卷，252页。

封建领主统治下是被压迫的等级，在意大利和法国的城市公社里是武装的和自治的团体，在工场手工业时期，它是等级制君主国或专制君主国中同贵族抗衡的势力，甚至是大君主国的主要基础。当然，经济与政治之间发展不是绝对平衡的，它们之间会存在矛盾。但是资产阶级在经济上统治社会和在政治上被统治的状况不会长久，最终经济势力会摧毁过时的政治势力。一旦资产阶级建立起大工业和世界市场，它就会打掉封建贵族头上的王冠，跻身于所谓资产阶级共和国的朝堂，成为独自掌权的统治者。

马克思在反驳当时资产阶级对共产主义的种种责难时，运用唯物史观分析了资本主义社会的结构。

资本主义社会不是建立在一般的所有制的基础上，而是建立在阶级对立、一部分人对另一部分人剥削的资本主义私有制的基础上。资本主义社会的教育制度、家庭关系以及宗教的、道德的、哲学的、政治的、法的观念都是与这种关系相适应的。

当有人把消灭资产阶级教育说成是消灭一切教育时，马克思反驳了这种看法。他强调，教育是由社会决定的，是由人们借以进行教育的那种社会关系决定的。资产阶级教育，对绝大多数人来说只不过是把人训练成机器。同样，家庭关系的性质依赖于社会关系。在资本主义社会，现代的资产阶级的家庭是建筑在资本上面，建筑在私人发财上面；而无产者的一切家庭联系，则由于大工业的发展而遭到破坏，他们的子女日益成为买卖对象和劳动工具。资本主义社会中的所谓自由，归根结底是属于资产阶级生产关系内的自由，是自由竞争在思想领域的折光。以生产资料私有制为核心的资本主义生产关系，像一道普照的光，它照射在资本主义社会的各个领域，使它带有自己特有的色彩。所以马克思说："人们的观念、观点和概念，一句话，人们的意识，随着人们的生活条件、人们的社会关系、人们的社会存在的改变而改变。"① 他在回答把资产阶级关于自由、教育、法等观念同资本主义社会相分裂的人时说："你们的观念本身是资产阶级的生产关系和所有制关系的产物，正像你们的法不过是被奉为法律的你们这个阶级的意志一样，而这种意志的内容是由你们这个阶级的物质生活条

① 《马克思恩格斯选集》，1版，第1卷，270页。

件来决定的。"①

马克思对资本主义社会采取一概否定的态度吗？没有。马克思把共产主义革命看成是同传统的所有制关系（私有制）、传统的观念（私有制观念）实行最彻底的决裂，因而着重强调资本主义社会的弊病是完全可以理解的，但他对资本主义社会的分析不仅是唯物主义的，而且是辩证的。唯物主义历史观自身就包含着辩证法，即对待历史的历史主义态度。列宁赞扬《共产党宣言》"极其透彻鲜明地叙述了新的世界观，叙述了包括社会生活在内的彻底的唯物主义，叙述了辩证法这一最全面最深刻的发展学说"②。

马克思肯定"资产阶级在历史上曾经起过非常革命的作用"③。恩格斯认为，这个评价"十分公正"④。从历史发展过程来考察，资本主义制度对人类历史的发展起过重大的积极作用。

第一，"资产阶级在它的不到一百年的阶级统治中所创造的生产力，比过去一切世代创造的全部生产力还要多，还要大"⑤。的确，资本主义社会代替封建社会，大大解放了生产力。自然力的征服、机器的采用、化学在工业和农业中的应用、轮船的行驶、铁路的通行、电报的发明、整个整个大陆的开垦，蕴藏在社会劳动中的生产能力，确实像释放了的普罗米修斯。当时的资产阶级是进步的阶级，而其中处于首要地位的是工业资产阶级。

第二，资产阶级开始了"世界化"的过程。它使乡村屈服于城市，使农业民族屈服于工业民族，企图"按照自己的面貌为自己创造出一个世界"⑥。

资产阶级在发展工业的同时，创立了巨大的城市，使城市人口比农村人口大大增加。这是一个农村破产，城市掠夺农村的充满欺诈的痛苦过

---

① 《马克思恩格斯选集》，1版，第1卷，268页。
② 《列宁全集》，中文1版，第21卷，30页，北京，人民出版社，1959。
③ 《马克思恩格斯选集》，1版，第1卷，253页。
④ 同上书，249页。
⑤ 同上书，256页。
⑥ 同上书，255页。

程。但就它的客观作用来说，使很大一部分居民摆脱了乡村生活的愚昧状态，卷入了工业文明的激流。历史注定了人类通向“天堂”必须经过“炼狱”的煎熬。

资产阶级也开始了开拓世界市场的十字军远征。它的武器不仅是大炮，更主要的是价格低廉的商品。资产阶级并不是传播科学和“文明”的和平使者，资本主义的殖民史，是充满血与火的丑恶史。但它无意中打破了过去那种地方的和民族的自给自足和闭关自守状态，加强了各民族的物质交往和精神交往，使民族的片面性和局限性日益成为不可能。因此，资本主义的兴起开辟了真正的“世界史”。从历史发展的进程看，这是一种时代的进步。

第三，资产阶级以自己的价值观念代替过时的封建价值观念。资产阶级在它已经取得了统治的地方，破坏了一切封建的、宗法的和田园诗般的关系。它轰碎了世代同居的大家庭结构，撕下了罩在家庭关系上的温情脉脉的面纱，把这种关系变成了纯粹的金钱关系。它使金钱变成一切的价值尺度，把封建的伦理观念淹没在利己主义打算的冰水之中。它扫除了“万般皆下品，唯有读书高”的封建士大夫的观念，把历来被视为令人尊敬的读书人变成了被出钱雇佣的劳动者。

资产阶级还发展了自由竞争的观念，这是由他们的生产关系决定的。守旧，墨守成规，恐惧变革，原封不动地保持旧的生产方式是小生产者的特点，而资产阶级除非使生产工具，从而使生产关系以至全部社会关系不断地革命化，否则就不能生存下去。正如马克思着力描绘的，“生产的不断变革，一切社会关系不停的动荡，永远的不安定和变动，这就是资产阶级时代不同于过去一切时代的地方”①。

相反相成是宇宙最普遍的规律，任何评价都是相比较而言的。资产阶级的历史进步性、革命作用，离不开它对封建制度的关系。资产阶级战胜封建阶级，是理性战胜迷信、科学战胜愚昧、资产阶级法权战胜封建特权、自由竞争战胜封建行会、积累战胜挥霍、贪财欲战胜享乐欲的斗争。但是资产阶级的进步性中包含着不可抗拒的矛盾，因为资本主义代替封建

① 《马克思恩格斯选集》，1版，第1卷，254页。

制度是一种剥削制度代替另一种剥削制度，是“用公开的、无耻的、直接的、露骨的剥削代替了由宗教幻想和政治幻想掩盖着的剥削”①。

马克思的伟大之处在于，他是对资产阶级进行历史的评价，而不是无原则的颂扬。说明过去是为了说明现在。马克思从资产阶级产生、发展和必然灭亡的全过程来考察资产阶级，把它的历史作用看成是整个过程的一个环节。这是真正的历史主义，是彻底的历史辩证法。正是依据这种历史观，马克思通过对资本主义自身包含的内在矛盾的分析，得出了“资产阶级的灭亡和无产阶级的胜利是同样不可避免的”② 结论。

《共产党宣言》中的唯物主义历史观，还极其鲜明地表现在马克思对各种社会主义思潮的批判之中。这不仅是一种政治学说对另一种政治学说的批判，而且是两种历史观的对立。

各种社会主义都必然要抨击资本主义，这是它们之所以被称为社会主义思潮的共同特征。但它们的立场和出发点不同，因而用以评价资本主义社会的尺度不一样。其实这不是衡量对象的尺度，倒是自我衡量的尺度。从这个尺度中，我们看到的不是历史的真实过程，而是形形色色的、倒退的唯心主义历史观。

封建的社会主义和小资产阶级的社会主义，是一种倒退的历史观，它用封建的或小资产阶级的尺度来衡量资本主义的生产方式。被资产阶级击败了的封建贵族，为了激起同情，装作关心工人阶级，声讨资产阶级。但在他们那种“半是挽歌，半是谤文；半是过去的回音，半是未来的恫吓”③ 的文章中，他们夸耀的是封建的剥削方式的优越，他们的剥削方式如何不同于资产阶级的剥削方式。他们把革命无产阶级的出现，作为资本主义必须倒回封建制度的根据。小资产阶级的社会主义“是用小资产阶级和小农的尺度去批判资产阶级制度的”④。他们被大工业排挤，不断被抛到无产阶级的队伍中。虽然他们有时也能精辟地分析现代生产关系的矛盾，但他们企图恢复旧的生产资料和交换手段，从而恢复旧的所有制关系

① 《马克思恩格斯选集》，1 版，第 1 卷，253 页。
② 同上书，263 页。
③ 同上书，274 页。
④ 同上书，276 页。

和旧的社会，或者企图重新把现代的生产资料和交换手段硬塞到已被它们突破的旧的所有制关系的框子里去。上述两种社会主义思潮的政治意义是不同的，但从历史观看都是申公豹的脑袋，朝后转。

批判的空想的社会主义和共产主义的政治意义和历史意义不同。这些体系的创始人在许多方面是革命的，他们著作中所包含的批判成分，提供了启发工人觉悟的极为宝贵的材料，他们关于未来社会的积极主张和实际措施，有许多是有价值的天才猜测。但从历史观来说，他们彻底发挥了18世纪法国启蒙学派的理性主义，思维着的悟性成了衡量一切的唯一尺度，人的头脑以及通过它的思维发现的原理，要求成为一切人类活动和社会结合的基础。正如《共产党宣言》在批判他们的历史观时指出的："社会的活动就要由他们个人的发明活动来代替，解放的历史条件就要由幻想的条件来代替，无产阶级的逐步组织成为阶级就要由他们特意设计出来的社会组织来代替。在他们看来，今后的世界历史不过是宣传和实施他们的社会计划的历史。"①

特别值得注意的是，马克思把德国的或"真正的"社会主义，看成是"关于真正的社会、关于实现人的本质的无谓思辨"②。马克思批评他们以人的本质为尺度的历史观，批评他们把货币关系看成"人的本质的外化"，把批判资产阶级国家看成是"抽象普遍物的统治的废除"，批评他们自称"不代表无产者的利益，而代表人的本质的利益，即一般人的利益"③，等等。这是在《德意志意识形态》之后，马克思对以人的本质为尺度，用人的本质异化和复归来衡量历史，解释社会主义的明确表态。

第五节　掌握阶级社会历史的钥匙

恩格斯把阶级斗争称为伟大的历史规律，认为阶级斗争对于阶级社会的历史，与能量守恒定律的发现对自然科学的意义一样，并把阶级斗争看成是理解全部阶级社会历史的钥匙。《共产党宣言》在唯物史观方面的一

① 《马克思恩格斯选集》，1版，第1卷，282页。
② 同上书，277页。
③ 同上书，278页。

个突出贡献，正在于它通过总结历史，特别是资本主义社会揭示了这条规律，并在 1848 年达到了当时历史条件所允许的高度。

阶级斗争的发现并不是马克思的首创。马克思曾经肯定英国古典经济学派对阶级作过经济的分析，肯定法国复辟时代的历史学家看到了阶级斗争并用以理解法国的历史。马克思把梯叶里称为“法国历史编纂学中的阶级斗争之父”。但他们都无法同马克思相比。只有马克思才从每一历史时代的生产方式和交换方式以及由此产生的社会结构出发来考察阶级和阶级斗争，把阶级斗争理论变成一种科学的历史观和方法论。这当然要经历一个过程。从在《莱茵报》为贫苦农民辩护，到《德法年鉴》阐述无产阶级历史使命，经过《手稿》、《神圣家族》、《德意志意识形态》到《共产党宣言》，越来越深化。虽然《共产党宣言》中个别论断不完善，但它从历史和现实两个方面对阶级斗争作了分析，既提供了阶级斗争史的宏伟画卷，又提供了对资本主义社会阶级斗争特点的缜密描绘，为人类认识扑朔迷离的历史和现实指出了一条主导线索。

马克思从历史发展的角度，对阶级斗争进行了纵向的考察，指出：“到目前为止的一切社会的历史都是阶级斗争的历史。”① 这个论断后来被马克思和恩格斯所更正。在 1847 年底撰写《共产党宣言》时，社会的史前状态，全部成文史以前的社会组织，几乎还完全没有人知道。后来，普鲁士的奥·哈克斯特豪森（1792—1866）发现了俄国的土地公有制，毛勒（1790—1872）证明了这种所有制是一切条顿族的历史发展所由起始的社会基础，而且人们逐渐发现，土地公有的村社是从印度起到爱尔兰止各地社会的原始形态。特别是杰出的美国学者摩尔根（1818—1881）发现了民族的真正本质及其对部落的关系，揭示了原始共产主义社会的内部组织的典型形式，表明只有随着原始公社的解体，社会才开始分裂为各个独特的、终于彼此对立的阶级。

《共产党宣言》中上述论断的失误，并不影响马克思对阶级斗争的分析。事实证明，马克思对阶级斗争的历史考察取得了重大成就：

第一，马克思指出：“自由民和奴隶、贵族和平民、领主和农奴、行

① 《马克思恩格斯选集》，1 版，第 1 卷，250 页。

会师傅和帮工，一句话，压迫者和被压迫者，始终处于相互对立的地位，进行不断的、有时隐蔽有时公开的斗争，而每一次斗争的结局都是整个社会受到革命改造或者斗争的各阶级同归于尽。”① 在这里，马克思极其简明扼要地揭示了社会结构和阶级结构的关系——每一种社会形态都有其特有的基本阶级；揭示了处于彼此对立的阶级关系的实质——压迫者和被压迫者；揭示了使整个社会受到革命改造的动力——阶级斗争；揭示了阶级斗争的规律——矛盾的激化有个过程，从隐蔽的斗争到公开的斗争，等等。

第二，马克思区分了阶级和等级，揭示了阶级划分的等级特征。他说：“在过去的各个历史时代，我们几乎到处都可以看到社会完全划分为各个不同的等级，看到由各种社会地位构成的多级的阶梯。”② 例如，在古代奴隶社会，有贵族、骑士、平民、奴隶；在封建社会的中世纪，有封建领主、陪臣、行会师傅、帮工、农奴。阶级和等级不能等同。阶级是由人们在社会关系中不同的经济地位决定的，而等级则是法律规定具有不同身份和权利的集团。在奴隶社会和封建社会，几乎每一个阶级内部都有各自独特的等第。森严的等级制度使整个社会呈现出一个等级的梯形结构，掩盖了阶级关系。马克思关于阶级和等级的区分及其联系，使人们从等级区分中看到阶级，又从阶级区分中看到等级，对奴隶社会和封建社会复杂的隶属关系，有一个明确的、清晰的阶级图景。

第三，马克思揭示了阶级社会意识形态的共同特征。按照马克思的说法，到目前为止的一切社会的历史都是在阶级对立中运动的，而各个时代又各有自己特殊的阶级关系，这是差异性。“但是，不管这种对立具有什么样的形式，社会上一部分人对另一部分人的剥削却是过去各个世纪所共有的事实。因此，毫不奇怪，各个世纪的社会意识，尽管形形色色、千差万别，总是在某种共同的形式中运动的，这些形式，这些意识形式，只有当阶级对立完全消失的时候才会完全消失。”③ 马克思为我们提供了用阶级观点考察意识形态发展史的指导线索，阐明了为什么社会意识形态的某

①② 《马克思恩格斯选集》，1版，第1卷，251页。
③ 同上书，271页。

些形式，以及宗教观念、私有观念会转变成一种根深蒂固的“传统”。这不是植根于人性的共同性，而是因为私有制和阶级压迫是几千年来社会共同的历史环境。

马克思不仅纵向地考察了历史上的阶级斗争，而且着重分析了资本主义社会阶级斗争的现实。马克思密切地结合资本主义生产方式的内在矛盾对资本主义社会阶级斗争的特征、规律和必然结局，作了历史唯物主义的分析。

马克思认为，从封建社会灭亡中产生出来的现代资产阶级社会并没有消灭阶级对立，但他强调资本主义社会“用新的阶级、新的压迫条件、新的斗争形式代替了旧的”①。对这种新的阶级、新的压迫条件、新的斗争形式的研究，构成了马克思主义关于资本主义社会阶级斗争理论特有的内容。

资本主义社会的阶级关系，摆脱了以往奴隶社会和封建社会的等级特征，直接表现为阶级对立。而且资本主义的阶级关系也日益简单化，“整个社会日益分裂为两大敌对的阵营，分裂为两大相互直接对立的阶级：资产阶级和无产阶级”②。以前的中间等级不断分化。由于经不起较大资本家的竞争，中间等级的下层，即小工业家、小商人和小食利者，手工业者和农民，补充到无产阶级队伍中来。阶级关系的简单化，意味着社会矛盾的尖锐化。

马克思还通过全面分析资产阶级社会各阶级的状况，确定了无产阶级的革命地位。他区分了无产阶级和流氓无产阶级，指出流氓无产阶级是旧社会最下层中消极的腐化的部分，他们有时也被无产阶级革命卷到革命的洪流中来，但由于他们的整个生活状况，他们更甘心于被人收买，去干反动的勾当。他还分析了中间等级，即小工业家、小商人、手工业者、农民的状况，揭示了它们同资产阶级的矛盾，以及它们具有革命和保守的两面性质。马克思指出：“在当前同资产阶级对立的一切阶级中，只有无产阶级是真正革命的阶级。其余的阶级都随着大工业的发展而日趋没落和灭亡，无产阶级却是大工业本身的产物。”③ 马克思的论断是针对当时资本

---

①② 《马克思恩格斯选集》，1版，第1卷，251页。

③ 同上书，261页。

主义生产比较发达的西欧各国说的。对于农业人口占全国大多数的中国来说，作为无产阶级同盟军的农民的革命力量和作用是不能低估的。

马克思还通过对无产阶级反对资产阶级所经历的不同阶段的分析，揭示了无产阶级从自在阶级转变为自为阶级的规律。无产阶级反对资产阶级，是由最初的个别工人，然后是某一工厂的工人，然后是某一地方的某一劳动部门的工人，逐步发展成全国性的斗争；由分散的、无组织的斗争，发展到组织成阶级，创立政党；由捣毁机器、烧毁工厂，发展到意识到自己的根本利益，夺取政权。这是各国工人运动的普遍性的规律。不同的是马克思主义诞生以后，可以大大缩短这个过程，并不是每一个国家都必须重复西欧工人运动所走过的漫长道路。

在《共产党宣言》中，从发生学的角度说，马克思还没有认识到阶级的产生是与生产发展的一定阶段相联系的，把以往全部人类史看成阶级斗争史。但马克思已经看到，阶级不是永远存在的，当无产阶级利用自己的政治统治，一步一步地夺取资产阶级的全部资本，把一切生产工具集中在国家即组织成为统治阶级的无产阶级手里，并且尽可能增加生产力的总量，阶级差别是会消失的："代替那存在着阶级和阶级对立的资产阶级旧社会的，将是这样一个联合体，在那里，每个人的自由发展是一切人的自由发展的条件。"① 马克思把"尽可能快地增加生产力的总量"作为阶级消灭的重要条件，并把无产阶级上升为统治阶级看成是向无阶级社会过渡的思想是极其深刻的，它已经包含后来1852年给约·魏德迈信中的著名论点。

《共产党宣言》关于阶级和阶级斗争的理论，就其基本观点来说至今仍然是正确的。虽然第二次世界大战以后，特别是近几十年来主要资本主义国家科技迅速发展，使阶级关系呈现某些新特点，但它没有驳倒而是证明了马克思关于阶级和阶级斗争的理论。

按照马克思的观点，生产关系决定阶级结构，每一个社会都有为它的生产关系决定的基本阶级。当然在资本主义社会，各阶级或同一阶级的各阶层之间，其成员不是固定不变的。特别是当代生产力的迅速发展和竞争

---

① 《马克思恩格斯选集》，1版，第1卷，273页。

的加剧，这种流动性变得越来越明显，但不能以此来抹杀资本主义社会的阶级对立。事实上，在资本主义社会，同一阶级内部的职业、工种的流动要比各阶级之间的流动大得多。即使是阶级成员之间的某些流动性，不可能也不会导致社会阶级结构的改变。在以资本主义私有制为基础的资本主义社会，必然存在资产阶级和无产阶级的对立和斗争。用个别工人爬上百万富翁的地位，作为每一个工人都可以通过“流动”而上升到资产阶级地位的橱窗，无非是用一种抽象可能性来掩盖现实的阶级对立。

资本主义社会的阶级关系趋向简单化，日益分裂为两大阶级对立的规律并没有改变。西方所流传的资本主义社会“中间阶级”化，并通过这条道路泯灭阶级对立的观点是不符合事实的。毫无疑问，科技的发展会改变产业结构和职业结构，例如单纯从事体力劳动的“蓝领”工人的减少，熟练技术工人即所谓“白领”工人的增加，以及由于管理现代化和科学化而出现的经理阶层，等等，都是一种新的社会现象，应该研究。但不能用职业的种类来代替阶级的划分，单纯的收入、文化程度都不是划分阶级的根据。把被雇佣的、收入较好的体力劳动者和脑力劳动者从工人阶级中划分出来是没有科学根据的。科技发展没有改变资本主义社会的基本阶级结构及其发展的总趋势。资本家是生产资料的所有者（不管他们是否直接经营和管理企业），工人是被雇佣的劳动者（不管他们收入多少、文化水平高低、属于何种工种）。生产自动化减少对蓝领工人的需求，但增加白领工人的数目。企业的分散和规模的缩小“裁减”工人，但整个社会生产的发展又不断“创造”工人。资本主义生产的发展就是工人队伍的扩大，这是铁的规律，是无法改变的。

1848 年 2 月《共产党宣言》的发表，向全世界公开宣告了马克思主义的诞生。《宣言》是部不朽的著作。它当然不可能穷尽对资本主义的认识，但它所提供的科学历史观和方法论，至今仍然是我们分析当代资本主义社会的指导原则。

第十三章　1848年革命和唯物史观的发展。马克思对法德革命经验的总结

《共产党宣言》发表的时候，欧洲正掀起一场革命的暴风雨。它席卷欧洲大陆，直至俄国边境。这是资产阶级性质的革命，但不是以往法国资产阶级大革命的翻版。无论是阶级力量的配置，革命面临的任务，还是在政治舞台上活动的人物和政党，都具有自己时代的特性和风貌。马克思亲身参加了这次革命。这不仅是马克思生平事业中最突出之点，而且构成了唯物史观发展的重要阶段。

如果说在《共产党宣言》中，马克思着重探讨的是他那个时代的“近代史”，即资本主义社会如何在封建社会母胎中孕育和发展的过程，那马克思发表在《新莱茵报》的重要政论和《1848至1850年的法兰西阶级斗争》、《路易·波拿巴的雾月十八日》等著作则研究的是“现代史”，即解释和阐述“当时发生的政治事件”。马克思通过总结法国和德国的革命经验，在有关社会革命问题、阶级斗争和国家问题、社会发展中的主观因素和客观因素的辩证关系问题，以及如何评价历史人物等问题上进一步发展了历史唯物主义。马克思对当时刚刚发生、正在发生、尚未发生的事件的分析、判断和预测，不仅表现了他的天才洞察力，而且雄辩地证实了唯物史观作为科学历史观和方法论的认识价值。

第一节　1848年革命和抽象人道主义原则的破灭

从当时的欧洲来说，法国是政治斗争最尖锐、最典型、最激烈的国家。1848年法国的二月革命，成为点燃德国、奥地利、匈牙利、捷克革

命烽火的“信号弹”。

法国的二月革命是资产阶级性质的革命，是工业资产阶级反对金融贵族专横统治的革命。巴黎工人参加了这次革命，但资产阶级独占了胜利果实。以临时政府名义实行统治的并不是工人们期待的“社会共和国”，而是以路易·勃朗和阿尔伯为装饰品的资产阶级专政。

马克思关注的不只是二月革命的资产阶级性质，而是它的意识形态的幻想。二月革命的旗帜是自由、平等、博爱，似乎彼此对立的资产阶级和工人阶级在博爱的号召下共同战斗。博爱——这就是二月革命所宣告的，用大号字母写在巴黎的三角墙上、写在每所监狱上面、写在每所营房上面的口号。人们仿佛又回到了法国的1789年，向后倒退了半个世纪。其实1848年的二月革命不同于1789年的法国资产阶级革命。1789年的革命并不只是法国的革命，而是欧洲范围的革命，它不是社会中某一阶级的胜利，而是宣告了欧洲新社会的政治制度的胜利，资本主义社会对封建社会的胜利。而就世界范围来说，它不仅反映了法国的要求，而且反映了世界的发展趋势。这是一个时代的进步。当时，自由、平等、博爱是进步的旗帜，是动员一切被压迫阶级起来共同战斗的旗帜。1848年的革命不同。资产阶级不仅反对封建制度，而且感受到无产阶级强大的威胁。资产阶级腹背受敌。它想利用人民作为国王的避雷针，又想利用国王作为人民的避雷针。它在自由、平等、博爱的旗帜下动员无产阶级起来为其火中取栗，又随时准备镇压胆敢提出自己要求的无产者。

法国由二月革命发展到六月革命证实了这一点。当资产阶级在二月革命取得政权后，战场上只剩下无产阶级和资产阶级。资产阶级积极筹建自己的武装，并以救济失业为名把大批工人赶向国家工场。当工人试图捍卫自己争得的权利时，资产阶级就以武力镇压。在巴黎无产阶级的六月起义中，无产阶级受到残酷的迫害，1.1万多人被屠杀，2.5万多人被监禁、流放和服苦役，巴黎淹没在血泊之中。事实表明，“博爱”只有在资产阶级和无产阶级利益结合在一起的时候，只有在无产阶级不威胁资产阶级利益的范围内才存在。一当无产阶级敢于作为一个具有自己利益和要求的单独阶级来反对它的时候，它就会把“‘自由，平等，博爱’这句格言代以毫不含糊的‘步兵，骑兵，炮兵’”①。

这不是法国资产阶级的特性，而是时代条件决定的。德国资产阶级更是如此。当法国发生二月革命时，德国也发生了三月革命。但是被革命送上了国家政权高峰的资产阶级，立即同德国封建势力妥协，倒转头来镇压无产阶级。如果说在法国，资产阶级只是在二月革命之后，在清除了阻碍本阶级进行统治的一切障碍之后，才以反革命首领的面貌出现，而在德国，资产阶级甚至连自己的公民自由和自己的统治所必需的起码条件都没有取得就成了封建制度的尾巴。在法国，资产阶级以暴君身份出现，并实行了自己的反革命，而在德国，资产阶级则以奴婢的身份出现，并为自己暴君的利益而实行反革命。在法国，资产阶级取得了胜利之后制伏了人民，而在德国，资产阶级为了不让人民胜利而自己甘愿受人摆布。比起1789年的法国资产阶级，比起自己的祖先，这些“不肖”子孙们只不过是侏儒而已。

怎么可能期待1848年的资产阶级，认真地举起自由、平等、博爱的旗帜，联合无产阶级共同战斗呢？当卢格说“在整个地球上，还未曾有过比1848年更伟大的革命”时，恩格斯揭示了1848年革命的“人道”口号的实质。他说：

> “按它的原则来说是最人道的”——因为这些原则是由抹杀最对立的利益而产生的。
>
> “按它的法令和公告来说是最人道的”——因为这些法令和公告是欧洲一切空虚的头脑中产生出来的关于博爱的幻想和关于友爱的多情的词句的撮要。
>
> “按它的表现来说是最人道的”——这些表现就是波兹南的屠杀和野蛮行为、拉德茨基的杀人放火的勾当、巴黎六月胜利者的野兽般的残暴行为、克拉柯夫和布拉格的屠杀、普遍的军阀统治，简单地说，就是在今天，在1848年9月1日，“表现”为这个革命的全貌的一切卑鄙行为，由于这一切卑鄙行为，4个月来所洒的鲜血，比1793

① 《马克思恩格斯选集》，1版，第1卷，640页。

年和1794年所洒的鲜血的总和还要多。

“人道的”卢格先生！①

按照马克思的看法，在1848年仍然沉醉于1789年的口号是时代的幻觉；那些拘泥于法国资产阶级革命的所谓革命者，是一些学究；那些迷信“阶级和平”，为人民向资产阶级乞求施舍，并用冗长的博爱说教来对无产阶级进行催眠的小资产阶级社会主义者，是一些空谈家。他们丧失了记忆，丧失了时代感：“大多数人有充分的权利嘲笑那些犯了时代错误，不断重复fraternité（博爱）词句的可怜的空想家和伪善者。因为这里的问题正是要抛掉这种词句以及由这个词句的模棱两可的含义所产生的幻想。”②

历史自身是最强有力的。尽管二月革命时巴黎的无产阶级沉醉在宽大仁慈的普遍博爱气氛中，尽管拉马丁把临时政府称为“消除各阶级间所存在的可怕误会的政府”，但当拉马丁的欢乐焰火变成卡芬雅克的炮火，巴黎在燃烧、呻吟、流血的时候，无产阶级终于从“博爱”的幻想中惊醒过来。正如马克思所总结的：“在这些失败中陷于灭亡的不是革命。陷于灭亡的是革命前的传统的残余，即那些尚未发展到尖锐阶级对立地步的社会关系的产物；陷于灭亡的是革命政党在二月革命以前没有摆脱的一些人物、幻想、观念和方案，这些都不是**二月胜利**所能使它摆脱的，只有一连串的**失败**才能使它摆脱。”③ 无产阶级得到的是霰弹，失去的是幻想。这是一次胜利，以血的代价获得的胜利。街垒战中的失败，从摆脱旧的传统观念的意识形态的胜利中得到加倍的补偿。

马克思根据1848年革命的经验，特别是1848年至1851年法国所经历的政治演变，对意识形态的产生、传统意识形态的社会功能及其变化，以及精神生产的特点作了论述。这些都大大丰富了唯物史观。

1848年的二月革命，资产阶级传统的意识形态——抽象的人道主义原则，构成人们行为的幻想动机，这不是偶然的。人们都是在既定历史条

① 《马克思恩格斯全集》，中文1版，第5卷，425页，北京，人民出版社，1958。
② 《马克思恩格斯选集》，1版，第1卷，302页。
③ 同上书，393页。

件下进行活动的。这种条件不仅是物质条件，而且包括传统观念。正如马克思所总结的："一切已死的先辈们的传统，像梦魇一样纠缠着活人的头脑。当人们好像只是在忙于改造自己和周围的事物并创造前所未闻的事物时，恰好在这种革命危机时代，他们战战兢兢地请出亡灵来给他们以帮助，借用它们的名字、战斗口号和衣服，以便穿着这种久受崇敬的服装，用这种借来的语言，演出世界历史的新场面。例如，路德换上了使徒保罗的服装，1789—1814 年的革命依次穿上了罗马共和国和罗马帝国的服装，而 1848 年的革命就只知道时而勉强模仿 1789 年，时而又模仿 1793—1795 年的革命传统。"①

意识形态的传统是一种巨大的力量。但它在不同的历史条件下作用是不同的。处于上升时期的资产阶级代表人物，如卡米尔·德穆兰、丹东、罗伯斯庇尔、圣茹斯特、拿破仑这些英雄人物，他们都穿着罗马的服装，讲着罗马的语言，但他们的目的是实现当代的任务，即解除束缚新兴资产阶级发展的桎梏和建立新的社会制度，并为法国资产阶级社会在欧洲大陆上创造一个符合时代要求的适当环境。他们之所以把目光转向罗马，是为了从罗马共和国的高度严格的传统中，找到实现资产阶级历史使命所必需的理想、艺术形式和幻想，掩盖自己革命的狭隘的资产阶级性质，以便把自己的热情保持在伟大历史悲剧的高度。这不是蓄意欺骗，而是真实的信仰。当他们中的一些人被送上断头台时，仍然充满自我牺牲精神和英雄气概，真诚地相信自己是为全人类而献身。可见，在资产阶级革命上升时期，使死人复活是为了赞美新的斗争，为了提高想象中的某一任务的意义。当革命目的达到以后，必然从形式到内容都创立与新的经济基础相应的意识形态："新的社会形态一形成，远古的巨人连同一切复活的罗马古董——所有这些布鲁土斯、格拉古、普卜利科拉、护民官、元老以及凯撒本人就都消失不见了。冷静务实的资产阶级社会把萨伊、库辛、鲁瓦埃-科拉尔、本扎曼·孔斯旦和基佐当做自己真正的解释者和代言人；它的真正统帅坐在营业所的办公桌后面，它的政治首领是肥头大耳的路易十八。资产阶级社会完全埋头于财富的创造与和平竞争，竟忘记了古罗马的幽灵

---

① 《马克思恩格斯选集》，1 版，第 1 卷，603 页。

曾经守护过它的摇篮。"①

这并不难理解。资本主义社会终究不是奴隶社会。资产阶级终究不是奴隶主贵族。尽管新兴资产阶级掀起的"文艺复兴"运动，可以从古希腊罗马被湮没的文献中发现自己需要的瑰宝；尽管通过传统和教育承受了这些情感和观点的人，会以为这些情感和观点就是他的行为的真实动机和出发点，实际上决定某个阶级的意识形态的是它们赖以生存的物质条件和所有制形式。马克思在分析正统派和奥尔良派之所以对立时指出："在不同的所有制形式上，在生存的社会条件上，耸立着由各种不同情感、幻想、思想方式和世界观构成的整个上层建筑。整个阶级在它的物质条件和相应的社会关系的基础上创造和构成这一切。"② 这个重要论断，提供了对意识形态的实质和起源的科学理解。

马克思强调任何一种意识形态，从它的来源和反映的内容来说，都同一定的阶级和所有制形式相联系，但就它的创造者和信奉者的实际地位来说，并不一定都是这个阶级的成员。这是精神生产的一个重要特点。精神生产是一个相对独立的部门。从事精神生产的脑力劳动者、著作家可以来自不同的阶级。他们为各阶级"制造"理论、观点、意识形态，使反映特定阶级的心理、情绪、需求系统化，理论化。使它成为某个阶级代表的不是他原来的阶级出身，而是它的产品——精神产品，是它的精神产品中所反映的实际阶级利益和要求。马克思在分析 1848 年法国革命中的小资产阶级民主派时特别论述了这一点。他说："不应该认为，所有的民主派代表人物都是小店主或小店主的崇拜人。按照他们所受的教育和个人的地位来说，他们可能和小店主相隔天壤。使他们成为小资产阶级代表人物的是下面这样一种情况：他们的思想不能越出小资产者的生活所越不出的界限，因此他们在理论上得出的任务和作出的决定，也就是他们的物质利益和社会地位在实际生活上引导他们得出的任务和作出的决定。一般说来，一个阶级的**政治代表**和**著作方面的代表人物**同他们所代表的阶级间的关

---

① 《马克思恩格斯选集》，1 版，第 1 卷，604 页。

② 同上书，629 页。

系，都是这样。”①

某个阶级的社会意识形态的作用不是固定不变的，随着它所依存的阶级的物质利益和地位的变化，它的作用是不同的，有不同的社会功能。在1789年法国资产阶级革命时期，自由、平等、博爱是革命的旗帜、进步的旗帜。尽管以抽象普遍形态出现的人道主义原则，仍然是虚幻的，但它的社会功能是革命的。它在一定程度上反映了被压迫的劳动者的利益、愿望和要求，动员他们起来同封建制度斗争。而在1848年革命中，它起到钝化和掩盖无产阶级和资产阶级对立的作用，或者像马克思所说的“把无产阶级的狮子催眠入睡”② 的作用。意识形态功能的这种变化，反映的是阶级关系和矛盾的变化。

更为深刻的是，马克思敏锐地看到，并不是自由、平等、博爱、人道的原则背叛了资产阶级，而是胜利了的资产阶级背叛了自己最初的理想。当他们能继续使用“人道”为借口，能利用抽象的自由、平等、博爱来维护自己的利益时，他们不会放弃这些口号③：一旦他们感到这些威胁到他们的利益时，他们就会断然摒弃它。正如马克思所说：“资产阶级正确地了解到，它为反对封建制度而锻造出来的各种武器都倒过来朝向它自己了，它所创造的一切教育手段都转过来反对它自己的文明了，它创造的所有的神都离弃了它。”④ 对资产阶级来说，一切侵犯和不利于它的统治的东西都是坏的，“不管它是在为人类的痛苦感伤地哭泣，不管它是在宣扬基督的千年王国和博爱，也不管它是在用人道主义态度漫谈精神、教育和

---

① 《马克思恩格斯选集》，1版，第1卷，632页。

② 同上书，300页。

③ 马克思在19世纪60年代多次揭露资产阶级利用人道、自由等口号进行斗争的策略。他在《华盛顿与西方列强》一文中说：“事实上，1856年的宣言在慈善的词句后面隐藏着很大的不人道。它原则上把战争从各国人民的战争变成了各国政府的战争。它赋予财产以不可侵犯性，但是对人却不给予这种不可侵犯性。它为贸易挡住了战争恐怖，从而使工商业阶级可以无视这种恐怖。此外，不言而喻，1856年宣言的人道借口只是给欧洲观众看的，和神圣同盟的宗教借口完全一样。”（《马克思恩格斯全集》，中文1版，第15卷，452页，北京，人民出版社，1963）；在《英国的人道与美国》一文中还说：“人道在英国像自由在法国一样，现在已经成了 traders in politics［政治商人］的一种输出品了。”“英国贵族和他们的大臣们却非常热心地监督正在进行战争的美国北方人的‘人道’，比监察官卡托监督罗马公民的德行更为热心！”（同上书，538页）

④ 《马克思恩格斯选集》，1版，第1卷，644页。

自由，或是在空泛地臆造一切阶级的协调和幸福的制度"①。由此可见，对抽象人道主义原则社会功能的分析，还必须区分的是资产阶级及其政客们的蓄意欺骗或斗争策略，还是没有摆脱唯心主义历史观的进步人士对资本主义不人道制度的抗议。

1848年的革命经验和教训表明，无产阶级需要有自己的意识形态。它不仅要代表无产阶级的利益和愿望，而且要科学地反映客观历史进程。如果说资产阶级革命可以穿着罗马人的服装上演革命的戏剧，无产阶级则不能，它要弄清楚自己在资本主义社会的地位和使命。正如马克思所指出的："十九世纪的社会革命不能从过去，而只能从未来汲取自己的诗情。它在破除一切对过去的事物的迷信以前，是不能开始实现自身的任务的。从前的革命需要回忆过去的世界历史事件，为的是向自己隐瞒自己的内容。十九世纪的革命一定要让死者去埋葬他们自己的死者，为的是自己能弄清自己的内容。从前是辞藻胜于内容，现在是内容胜于辞藻。"② 无产阶级肯定人类的一切优秀文化遗产，包括资产阶级取得的一切成就，但它坚决打破僵化的、陈旧的历史传统的枷锁；它经常回顾以往的历史足迹，但把目光朝向未来；它不托古改制，而是坚定地双足站在现实的基础上。这就是无产阶级，这就是无产阶级的意识形态。

第二节　历史进步与社会变革。社会革命的必然性与必要性

社会革命问题既是一个历史观问题，又是一个现实的社会问题。可以说，马克思在思想转变过程中一直在探索这个问题。到《共产党宣言》时，马克思已经从新的历史观对社会革命的问题作过原则的论述。例如在《德意志意识形态》中，马克思已看到一切历史冲突都根源于生产力和交往形式的矛盾；这种矛盾的激化都不免要爆发革命。他还强调，"历史的动力以及宗教、哲学和任何其他理论的动力是革命，而不是批判"。在《哲学的贫困》的结尾，马克思以高昂激情的语言论述社会进化和政治变

---

① 《马克思恩格斯选集》，1版，第1卷，644页。

② 同上书，606页。

革的关系。至于《共产党宣言》这个伟大的纲领，完全可以说是无产阶级的革命宣言书，它通过对资本主义生产方式的内在矛盾和无产阶级与资产阶级对立的分析，宣告了无产阶级革命的目的，并制定了无产阶级政党在革命中的策略和措施。但到《共产党宣言》发表为止，马克思并没有亲眼目睹革命，也没有亲身参加过一次革命。真正使马克思有机会从唯物史观高度来检验和发展自己的社会革命论的，正是他亲身参加的1848年革命。恩格斯曾强调这一点。他说："研究和说明革命震动和被镇压下去的原因，从历史的观点上说，也有极重要的意义。"①

和自然领域相比，社会领域的变化是比较显著的。从人类进入奴隶社会以后，在整个阶级社会中，被压迫者的骚动和起义、政权的更替和易手，是凭直观都能觉察到的事实，因而人们往往把视线集中在政治斗争领域，把革命仅仅看成是政权的更迭，看成是单纯的政治革命，而不能探索革命的深刻经济根源和全部丰富蕴涵。马克思突破了这个狭隘眼界。毫无疑问，任何一个革命的最主要问题是国家政权问题。国家政权从一个阶级手里转到另一个阶级手里，是革命首要的基本的标志。但并不是任何政权的易手都能称为革命。真正的政治革命都应该是社会革命。它是特定阶级以夺取政权为中介，破坏旧的生产关系巩固新的生产关系，破坏旧的上层建筑巩固新的上层建筑的政治行动。因此革命是社会的变革，它最深刻的根源存在于社会矛盾自身。波澜壮阔的1848年革命就是这样的革命，但是一次失败的革命。把这次革命的发生归咎于少数人的恶意煽动，或者完全从少数领袖人物的偶然动机、优点、缺点、错误或变节中去寻找失败的原因都是唯心主义的。马克思运用唯物史观从发生革命的国家的总的社会状况和生活条件中，探求革命必然爆发又必然失败的原因，并驳斥了形形色色的唯心史观。

法国发生二月革命并演变为六月革命不是偶然的。法国从1789年革命以后，经历了40年的空前尖锐的斗争，但到1848年二月革命的前夜，掌握统治权的不是资产阶级，而只是它的一个集团：银行家、交易所大王、铁路大王、煤矿和森林的所有者以及与他们有联系的那部分土地所有

① 《马克思恩格斯选集》，1版，第1卷，501页。

者，即所谓金融贵族。因此工业资产阶级同金融贵族存在矛盾。与此同时，无产阶级和资产阶级也存在矛盾。这些矛盾都错综复杂地交织在一起。金融贵族的统治引起了强烈的不满，特别是1845年至1846年两个具有世界意义的经济事件的发生，即由于马铃薯病虫害和农业歉收所引起的物价暴涨，以及英国工商业总危机对法国的影响，加深了人民的普遍不满，使不平的怨言发展成武装起义，终于爆发了二月革命。但在二月街垒战中产生的临时政府，归根结底是代表资产阶级的政府。无产阶级被迫在六月重新拿起了武器，但结果是遭到失败。在马克思看来，法国的二月革命和六月革命是有其深刻的经济根源的，而它失败的必然性也存在于经济之中。他说："在这种普遍繁荣的情况下，即在资产阶级社会的生产力正以在资产阶级关系范围内一般可能的速度蓬勃发展的时候，也就谈不到什么真正的革命。只有在**现代生产力**和**资产阶级生产方式这两个要素**互相**矛盾**的时候，这种革命才有可能。"① 按照马克思的分析，1848年资产阶级社会关系的基础还是那么巩固，任何阻止资产阶级发展的企图都必然会被这个基础碰得粉碎。但只要产生革命的经济条件酝酿成熟，革命终究是会到来的。**"新的革命，只有在新的危机之后才有可能。但是新的革命的来临，像新的危机的来临一样，是不可避免的。"**②

同法国一样，德国的三月革命及其随后的演变，取决于德国社会的总的状况和阶级结构。正是德国资本主义生产方式的发展，决定资产阶级必然要反对封建制度；而先天发育不良的资本主义经济，又决定了德国资产阶级如此委靡、畏缩、胆怯。但即使没有法国二月革命的诱发，德国自身内部的经济矛盾和政治矛盾的发展也必然会爆发革命。

马克思不仅从资本主义生产方式同封建生产方式的矛盾，以及资本主义生产方式自身的矛盾中来分析1848年革命的必然性，并且在《新莱茵报·政治经济评论》杂志上发表的评论基佐和格·弗·道梅尔小册子的书评中，对用唯心主义观点来曲解1848年革命的理论进行了驳斥。

基佐是法国复辟时代的著名政治家和历史学家。他在历史理论方面的一个杰出贡献，是研究了阶级和阶级斗争。可就是这样一位"ancien

①② 《马克思恩格斯选集》，1版，第1卷，488页。

régime［旧制度］下最聪明的人物”、“天才历史学家”，却被1848年二月革命“弄得昏头昏脑”，“以致完全不能理解历史”①。他在1850年出版的《英国革命为什么成功？英国革命史讨论》的著作中，对革命作了完全唯心主义的解释。他从自己原来主张过的阶级和阶级斗争理论向后倒退，认为“一切革命都是由于少数不满足于一般自由的捣乱者的恶意和宗教狂热而引起的”②。法国之所以发生二月革命应归咎于法国人的品性，“只是由于法国人品质恶劣，才使得1830年的七月王朝经历了18年艰苦岁月后终于遭到了可耻的破产，使它不能像1688年以来的英国王朝那样维持很久”③。他还把资产阶级共和国看成“不过是一些野心勃勃、狂热冲动和心怀恶意的人所搞出来的名堂”④。基佐为法国失去各种政治力量的平衡而痛惜，他非常羡慕“充满平静安宁、田园诗意”的英国，其实英国社会的阶级矛盾也达到了尖锐的程度，“正在展开极为尖锐的冲突和极为深刻的变革”⑤。这一切都表明，曾经用阶级斗争观点考察资产阶级反对封建阶级革命的理论家们，再也不能客观地对待资本主义社会的阶级斗争的现实。反对封建制度的革命是必然的，而反对资产阶级的革命则是偶然的，是破坏政治平衡的恶意煽动。这就是他们的结论。无怪乎马克思说，“不但les rois s'en vont［国王要滚蛋］而且les capacités de la bourgeoisie s'en vont［资产阶级的天才人物也要滚蛋］”⑥。

在《评格·弗·道梅尔〈新时代的宗教。创立综合格言的尝试〉》中，马克思驳斥了道梅尔的唯心史观。道梅尔把1848年革命看成是“民众越规行为”，是“社会的下层阶级对上层阶级的嫉妒、愤怒和渴慕”，“是‘粗野’反对‘文明’的斗争”⑦。这样，他就不是用各阶级的生活条件来解释阶级斗争和社会革命，而是把革命产生的原因归结为某些心怀恶意的人玩弄阴谋诡计，利用群众的卑鄙本能，唆使他们反对有教养的阶级。道

① 《马克思恩格斯全集》，中文1版，第7卷，247页。
② 同上书，250页。
③ 同上书，247页。
④ 同上书，250页。
⑤ 同上书，251～252页。
⑥ 同上书，253页。
⑦ 同上书，237、238页。

梅尔把基于物质利益的阶级斗争，变成了“文明”与“野蛮”的道德和文化的斗争。

同样荒谬的是，道梅尔把宗教凌驾于革命之上，认为革命是没有实效的，只有创立新的宗教才能改变世界。他说：“只有通过新的宗教才能产生全新的世界秩序和关系。宗教能作出多大贡献，基督教和伊斯兰教就可以作为这方面的例证。抽象的单独的政治是软弱无能和毫无效果的，1848年开展的革命运动就可以非常明显地证明这一点。”[①] 这完全是对历史的无知。事实上并不是新的宗教产生了新的世界秩序，恰好相反。例如就基督教来说，它是古代“世界秩序”瓦解以后产生的，是这种瓦解的表现，而不是瓦解的原因。马克思在分析了社会变革与宗教变迁的关系之后指出：“非常明显，随着每一次社会制度的巨大历史变革，人们的观点和观念也会发生变革，这就是说，人们的宗教观念也要发生变革。”[②] 人们不是在宗教中，而是在社会的经济生活中，找到了社会变革的最终秘密。

社会革命最深刻的根源存在于社会基本矛盾之中。它是这种矛盾极端激化的外部表现，又是这种矛盾得以解决的社会手段。社会革命的巨大社会功能，正在于它借助革命暴力，通过群众斗争的形式，使和平时期长期积累起来的矛盾得到解决，从而推动社会发展。正是在这个意义上，马克思说：**“革命是历史的火车头。”**[③]

一切反动阶级的代表人物都诋毁社会革命。他们把旧制度缓慢发展时期视为正常的社会秩序，而把社会革命看成是社会病态，破坏了生产力的发展。这当然是错误的。

毫无疑问，社会革命当然包含着破坏。它破坏旧的生产关系，破坏旧的上层建筑，破坏过时的陈旧观念，一句话，破坏旧的社会秩序。而且在革命战争中，生产力也会遭到不同程度的破坏。但革命的本质不是单纯的破坏，而是建设。它巩固和确立新的生产关系和上层建筑，为生产力的迅速发展创造了一个有利的经济和政治条件。革命确实是社会进步和政治进

① 转引自《马克思恩格斯全集》，中文1版，第7卷，239页。
② 同上书，240页。
③ 《马克思恩格斯选集》，1版，第1卷，474页。

步的强大发动机，它使一个民族在这种剧烈震动时期五年就走完在普通环境下一百年还走不完的途程。从阶级社会的历史发展中排除社会革命，无非是要把社会这个活的有机体变成僵化的木乃伊，从而使自己的阶级统治永世长存。历史自身的变革和震荡一再击碎了这个梦想。马克思从历史观的高度使无产阶级自觉意识到这一规律，强化自己的革命意识，这是一个伟大的功绩。

马克思还通过总结法国1789年的资产阶级革命到1848年欧洲革命的历史经验，区分了资产阶级革命的两种类型。尽管由于经济和政治发展水平不同，在1848年革命中，法国资产阶级革命同德国资产阶级革命各有特点，但它们都属于同资产阶级早期革命不同类型的革命。

在法国1789年的革命中，资产阶级是实际领导革命的进步阶级。当时相互更替掌握政权的是一些越来越革命的党派。立宪派统治以后是吉伦特派的统治；吉伦特派统治以后是雅各宾派的统治。它们一个比一个更激进。“每当某一个党派把革命推进得很远，以致它既不能跟上，更不能领导的时候，这个党派就要被站在它后面的更勇敢的同盟者推开并且送上断头台。革命就这样沿着上升的路线行进。”①

1848年的革命不同。不仅软弱的德国资产阶级在三月革命后背叛了自己的同盟者，即使是比较坚定的法国资产阶级，在取得二月革命的胜利果实后，同样掉过头来镇压无产者。在法国，一些越来越温和甚至反动的集团掌握了政权，它们在保护私有制、家庭、宗教和秩序的口号下，不断地排挤比自己激进的派别。“革命就这样沿着下降的路线行进。二月革命的最后街垒还没有拆除，第一个革命政权还没有建立，革命就已经这样开起倒车来了。”②

在资产阶级长期进行的夺取政权和巩固政权的斗争中，资产阶级革命按照上升和下降两条相反的路线发展，这不是偶然的。它是由资本主义生产方式逐步处于支配地位，以及由此引起的阶级关系和阶级力量对比的变化所决定的。在资产阶级面前，站着一个衣衫褴褛、满怀怨恨、坚强有力的无产阶级，使资产阶级感到畏惧。资产阶级不可能向前推进革命。小资

①② 《马克思恩格斯选集》，1版，第1卷，625页。

产阶级民主派也不可能单独进行革命。但马克思从 1848 年革命中，看到了另一种可能性，即无产阶级把民主革命进行到底并使它转变为社会主义革命。这就是马克思关于不断革命的思想。马克思在《1848 年至 1850 年的法兰西阶级斗争》、《中央委员会告共产主义者同盟书》中阐述了这个重要思想。虽然马克思关于不断革命的思想在当时的条件下并没有实现，但马克思关于资产阶级民主革命和社会主义革命的辩证关系，无产阶级在民主革命和社会主义革命中的斗争策略的思想都极其深刻，为列宁和毛泽东在领导俄国革命和中国革命中所继承、运用和发展。

第三节　对国家问题的历史唯物主义的考察

国家问题是政治学的问题，但如何考察和认识国家的本质是个历史观的问题。国家问题是政治斗争的枢纽。马克思非常重视国家问题，它是马克思创立唯物史观的一个突破点。正是通过清算和批判黑格尔的唯心主义国家观，马克思打开了通向唯物史观的大门。

早在《莱茵报》时期，马克思在《摩塞尔记者的辩护》中就反对用掌权人物的个人意志来解释国家，强调必须研究决定国家本质的各种关系的客观本性。在《黑格尔法哲学批判》中，马克思批判了黑格尔的国家学说，提出了市民社会决定国家的原理，为唯物史观奠定了第一块基石。而在《德意志意识形态》中，马克思完全达到了对国家本质的唯物主义理解。他不仅揭示了以普遍利益形态出现的国家是虚假的共同体，并且用阶级斗争的观点总结了国家制度演变的实质，强调国家内部的一切斗争，如民主政体、贵族政体、君主政体相互之间的斗争，争取选举权的斗争等等，归根结底是各个不同阶级之间的斗争。马克思的这些论断，包括对以往特别是法国历史经验的总结，缺乏现实经验的检验和论证。1848 年欧洲革命的经验填补了这个重要空白。特别是从中总结出来的关于打碎资产阶级国家机器和无产阶级专政历史使命的论述，把马克思主义国家学说推进到一个新阶段。

政治制度是在一定的社会经济基础上建立起来的上层建筑的核心。它既包括政权的阶级属性，也包括统治阶级借以实现自己统治的形式。马克思通过总结 1848 年革命的经验，对后一方面，即资产阶级政治制度形式的演变的实质作了深刻的论述。马克思从阶级斗争和阶级力量对比的变化中考察资产阶级的国家制度，坚持彻底的历史唯物主义原则。

马克思把法国的二月革命时期，即从 1848 年 2 月 24 日到 5 月 4 日（从路易-菲力普被推翻到制宪会议开幕），称为革命的序幕、普遍联欢的喜剧。这个时期仓猝建立的政府是临时政府，各个阶级的代表，如王朝反对派、共和派的资产阶级、民主共和派的小资产阶级和社会主义民主派的工人，都在二月政府中临时取得了位置。虽然每个政党都按照自己的观点来解释这个临时政府，例如夺取了二月革命胜利的工人把它宣布为社会共和国，实际上这个所谓临时政府是资产阶级性质的政府。但由于阶级力量对比关系，临时政府就其构成成分来说表现为共同推翻七月王朝的各个阶级间的妥协和分享胜利果实。

当巴黎无产阶级陶醉于二月革命的胜利，沉湎于“社会共和国”的幻想中时，反对无产阶级的势力进行集结和组合，并对无产阶级发动进攻。马克思把这段时期，即从 1848 年 5 月 4 日制宪国民议会的召开到 12 月 10 日路易·波拿巴当选总统称为纯粹的资产阶级共和派专政。制宪国民议会公然宣布建立共和国，但不是无产阶级在二月街垒战中幻想的社会共和国，而是资产阶级共和国：“国民议会所宣告成立的、唯一合法的共和国，不是一种反对资产阶级制度的革命武器，而是对资产阶级制度实行的一种政治改造，是重新在政治上加强资产阶级社会的一种改造——简言之，就是**资产阶级共和国**。”① 在六月无产阶级起义者尸骨堆上建立的资产阶级共和国，无非是全体资产阶级借人民的名义进行的统治，它的任务是巩固资本统治和奴役劳动者。因此由被幻想为“社会共和国”的临时政府到资产阶级共和国，表明阶级关系和阶级力量对比的变化，无产阶级由同盟者变成敌对者，由二月革命的胜利者变成六月起义的失败者。

但是纯粹的资产阶级共和派专政为时不久。资产阶级共和派由于对无产阶级的镇压，以及推行的损害小资产阶级和农民的税收和财政政策，所以在同拥护君主政体的保皇派的斗争中处于劣势。路易·波拿巴当上了总统，并通过政变最终登上了皇帝宝座，恢复了帝制。由议会制的资产阶级

① 《马克思恩格斯选集》，1 版，第 1 卷，413 页。

共和国倒回到帝制不是偶然的，它反映了资产阶级对人民的恐惧："本能告诉他们，共和制虽然完成了他们的政治统治，同时却破坏着这一统治的社会基础，因为他们现在必须面对各个被奴役的阶级并且直接和它们斗争，不能用王冠作掩护，不能用相互之间以及和王权之间的次要斗争来转移全国的视线了。由于感觉到自己软弱无力，他们才不得不在他们阶级统治的完备的条件面前退缩下来，力图返回到那些不大完备、不大发达、因而危险也较少的阶级统治的形式上去。"① 并不是保皇主义的回忆和对旧王朝的依恋促使帝制的恢复，而是现实的阶级利益的需要。大地主和大资产阶级需要王冠，需要在王冠下实现自己的统治。至于王冠没有戴在波旁王室或奥尔良王室的头上，而是为科西嘉人路易·波拿巴所篡夺，这并没有改变事情的本质。

马克思把1848年法国革命时期资产阶级专政的政治形式的变化，同对革命的下降路线的分析结合在一起。从二月革命的"社会共和国"到议会制的资产阶级共和国，再到路易·波拿巴的第二帝国，这种政治形式的变换不已，是阶级斗争借以进行的场所，又是阶级斗争的结果。每种政治形式都是阶级力量对比变化的凝聚物。马克思通过总结法国1848年革命经验，使他先前提出的关于市民社会决定国家的原理得到进一步的深化，找到了由市民社会向国家领域过渡的"中介"。

马克思还通过总结法国革命的经验，揭示了资产阶级国家政权的发展规律：

第一，官僚化和军事化。资产阶级国家是在封建国家的基础上发展起来的。它进一步发展了专制君主制所开始的中央集权制，并扩大了政府权力的容量、属性和帮手的数目。例如在法国，在君主专制时代就形成了一个庞大的官僚机构和军事机构，有复杂而巧妙的国家机器，有50万人的官吏队伍和50万人的军队。资产阶级革命胜利后并没有消灭这个官僚机器，相反还进一步官僚化和军事化，以便实现自己的统治。如果没有军队、警察、监狱、官僚，没有庞大的行政机构和军事力量，资产阶级就不可能实现自己的专政。资本主义社会是以阶级对抗为基础的。阶级利益的

① 《马克思恩格斯选集》，1版，第1卷，630页。

对立和少数人对多数人的统治这一根本性质，决定了资产阶级国家政权的官僚化和军事化的必然趋势。

第二，限制议会权力，扩大行政权力。在资产阶级反对封建专制制度的斗争中，议会起了进步的作用。但当资产阶级确立自己的统治权后，议会成为资产阶级实现统治的形式。它和行政权相结合，都是资产阶级国家机器的组成部分。在法国二月革命以后成立的制宪国民议会，从成立之日起，就反对无产阶级，以实现资产阶级的统治为目的。但资产阶级专政的真正力量并不是议会，而是行政权力。它的全部政策的实施和制定都是在政府内部进行的。资产阶级国家发展的规律，是尽量扩大行政权力，限制议会权力，力图把议会降低为资产阶级专政的装饰品和清谈馆。例如在当时的法国，行政权力支配着 50 万以上的官吏，管制、控制、指挥、监视着整个社会，它无处不在、无所不知；而议会只是依靠辩论生存的场所，尽管议员们“在国民议会讲坛上热情奔放，大发议论”，实际上“非常无能”。为此，马克思批评了“议会迷”，即迷信议会，把议会放在行政权力之上，认为议会可以控制和支配行政权的人。他说：“1848 年以来，在全欧洲大陆上流行着一种特殊的病症，即**议会迷**，染有这种病症的人就变成幻想世界的俘虏，失去一切理智、一切记忆，失去对外界世俗事物的一切理解。”① 这当然不是说，无产阶级应该拒绝议会斗争，而是说应该弄清资产阶级议会的本质，弄清议会斗争的条件和局限。

第三，民主的扩大与缩小。尽管资产阶级专政可以采取不同的国家形式，但不能由此得出结论说，“争取国家形式的斗争似乎是空洞的、幻想的和毫无意义的”。事实上，对无产阶级的革命来说，“不掩盖社会矛盾，不用强制的因而是人为的办法从表面上制止社会矛盾的国家形式才是最好的国家形式。能使这些矛盾进行公开斗争，从而获得解决的国家形式才是最好的国家形式”②。这种政治形式就是资产阶级的民主共和国。因为它提供的自由和民主，有利于宣传、训练、组织无产阶级进行斗争。

资产阶级的自由和民主，尽管是狭隘的、残缺不全的，但比起封建专

① 《马克思恩格斯选集》，1 版，第 1 卷，665 页。

② 同上书，303 页。

制制度是一个巨大的进步。资产阶级自身的发展需要自由和民主，但它又给了无产阶级一种反对自身的武器。马克思在《路易·波拿巴的雾月十八日》中指出："资产阶级正确地了解到，它为反对封建制度而锻造出来的各种武器都倒过来朝向它自己了，它所创造的一切教育手段都转过来反对它自己的文明了，它创造的所有的神都离弃了它。它了解到，一切所谓的市民自由和进步机关，都侵犯它的**阶级统治**，并且既威胁它的社会基础，又威胁它的政治上层。"① 这样，资产阶级一方面宣布自由与民主，另一方面又心惊胆战地提防无产者对它的"利用"，因而尽量限制和缩小自由。例如法国1848年的宪法规定，人身、出版、言论、结社、集会、教育和信教等等自由，是法国公民的绝对权利，然而它总是加上一个附带条件，说明它只有在不受他人同等权利和公共安全或法律限制时才允许享有这种权利。"宪法的每一节本身都包含有自己的对立面"，"在一般辞句中标榜自由，在附带条件中废除自由"②。而且资产阶级完全可以保证"公共安全"（实际上是资产阶级社会的安全）或触犯法律为名，剥夺他人享有的自由。因此资产阶级力图限制和缩小人民享有的自由和民主权利，无产阶级则反其道而行之。这种斗争构成了无产阶级和资产阶级斗争的一个重要方面。

更加深刻的是，马克思通过对法国1848年革命中资产阶级专政的政治形式的更迭，特别是路易·波拿巴政变后政权更加官僚化和军事化的分析，在《路易·波拿巴的雾月十八日》这部光辉著作中得出了一个对无产阶级革命至关重要的结论。马克思认为，以往的一切革命都是使官僚化的国家机器更加完备，而不是把它毁坏。法国1848年争夺统治权的各个政党，都是力图夺取现成的政权，把这个庞大的国家机构的夺得视为自己胜利的主要战利品，而无产阶级革命的任务是打碎资产阶级的国家机器。关于打碎资产阶级国家机器的论点是马克思主义国家学说中的基本结论，它科学地解决了如何用无产阶级专政代替资产阶级专政的问题。

马克思关于打碎资产阶级国家机器的论断，不是唯意志论、无政府主

---

① 《马克思恩格斯选集》，1版，第1卷，644页。
② 同上书，616页。

义，而是建立在唯物史观的基础上，是以对资产阶级国家的本质分析为依据的。马克思反对的是资产阶级国家机器的高度官僚化和军事化，反对的是它极力维护少数人的利益而对劳动人民进行镇压的阶级属性，而不是反对国家作为国家所具有的某些共同特征。例如马克思认为打碎国家机器丝毫也不危及中央集权制。官僚政治所实行的中央集权制是还受封建制度累赘的一种低级的粗糙的形态。“现代社会所需要的国家中央集权制，只能在和封建制度斗争中锻炼出来的军事官僚政府机器的废墟上建立起来。”① 无产阶级专政国家的中央集权制是以广泛的民主为基础的，是民主和集中相结合的制度。

再如，打碎资产阶级国家机器，决不是全盘否定资产阶级国家在执行某种社会职能中所积累的行政经验和管理经验。国家是阶级压迫的工具，但又执行某种管理和干预经济的社会职能。这两者是相互结合、相互渗透的。阶级统治以执行某种社会职能为基础，而在管理中又体现着一定的阶级利益。以往的一切国家都是这样。马克思 1853 年在《不列颠在印度的统治》一文中，对于古代亚洲各国政府举办公共工程，经营河谷灌溉，注重水利的经济职能作了论述。同样，现代资产阶级国家也必须执行某种社会职能和经济职能。无产阶级在打碎资产阶级国家机器后，在加强自身政权的建设过程中，应该总结、分析和吸收以往的经验。

无产阶级专政是新型国家。作为国家来说，它当然包括镇压职能，即对敌人的专政。但镇压职能并不是无产阶级政权的唯一职能，它必须执行经济职能和其他社会管理职能，以便为将来向共产主义社会过渡创造条件。马克思从来没有把无产阶级专政当做目的自身。马克思是在《1848 年至 1850 年的法兰西阶级斗争》中第一次明确提出无产阶级专政这个概念的。正是在这里，马克思同时规定了无产阶级专政的任务：“这种专政是达到**消灭一切阶级差别**，达到消灭这些差别所由产生的一切生产关系，达到消灭和这些生产关系相适应的一切社会关系，达到改变由这些社会关系产生出来的一切观念的必然的过渡阶段。”②

① 《马克思恩格斯选集》，1 版，第 1 卷，699 页。
② 同上书，479～480 页。

后来在1852年3月5日致约·魏德迈的信中，马克思进一步归纳了自己从唯物史观角度对1848年革命所作的总结，并把它看做是自己的独特贡献。他说："无论是发现现代社会中有阶级存在或发现各阶级间的斗争，都不是我的功劳。在我以前很久，资产阶级的历史学家就已叙述过阶级斗争的历史发展，资产阶级的经济学家也已对各个阶级作过经济上的分析。我的新贡献就是证明了下列几点：(1) **阶级的存在**仅仅同**生产发展的一定历史阶段**相联系；(2) 阶级斗争必然要导致**无产阶级专政**；(3) 这个专政不过是达到**消灭一切阶级**和进入**无阶级社会**的过渡。"① 在这里，不仅从理论上初步纠正了《共产党宣言》中把以往一切历史都看成阶级斗争史的提法，强调阶级的存在与生产发展的内在联系，论述了无产阶级专政产生和消亡的必然性，并重申无产阶级专政的历史使命是通过彻底消灭一切阶级差别而过渡到无阶级社会。

在一定历史阶段内，无产阶级的国家政权当然应该巩固，这是全体人民的根本利益所在。但它不能依靠无限制地扩大政府机构的组织、权限和容量，也不是片面强化专政职能。要科学地研究社会主义国家机器运转的机制和功能，进行科学决策和科学管理，高效率地发挥它的各种社会职能，以便大力发展生产力，促进物质文明和精神文明的建设。所谓政权即镇压之权，是历史唯心主义的国家观。其实即使是剥削阶级的国家，也不可能单纯依靠暴力来维持自身的生存。马克思在分析1848年欧洲革命时，针对当时法国和德国资产阶级借助于暴力镇压无产阶级的情况得出一个结论："刺刀尖碰上了尖锐的'经济'问题会变得像软绵绵的灯芯一样。"② 尽管当时欧洲没有像马克思所期待的那样发生无产阶级革命，但马克思的这个论点本身是历史唯物主义的。

第四节　历史的主体与客体。历史人物的评价

革命，是各个阶级及其政治代表最积极的活动时期。登上政治舞台前台表演的各种人物，既有叱咤风云的革命斗士，也有阴险诡诈的政客；既

① 《马克思恩格斯全集》，中文1版，第28卷，509页，北京，人民出版社，1973。
② 《马克思恩格斯选集》，1版，第1卷，317页。

有推动历史发展青史留名的英雄，也有阻碍历史发展遗臭万年的奸佞。各个阶级及其代表人物之间的复杂斗争，他们的兴衰胜负，构成了一组组具有戏剧效果的历史画面。

1848年的法国革命就是这样。当时各个阶级都积极活动着，有在六月革命中被镇压下去的无产阶级，有自以为稳操胜券的资产阶级，有勇于言辞而怯于行动的小资产阶级，有在闭塞落后的小块土地上挣扎的小农，也有一心图谋复辟旧王朝的大地主和大资产阶级。有各种代表人物，有代表工人的布朗基、巴尔贝斯、拉斯拜尔，有代表小资产阶级的赖德律-洛兰，也有号称代表工人实际上是小资产阶级社会主义者的路易·勃朗，还有以沽名钓誉者、议员、银行家和律师为代表的，聚集在巴黎《国民报》周围的资产阶级政治人物，他们的首领是卡芬雅克、马拉斯特。但历史似乎在嘲弄人们，经历过革命洪流冲洗的法国，最后却落入了路易·波拿巴手中。路易·波拿巴1848年12月被选为总统，1851年12月2日发动政变，解散立法议会。一年以后，他仿效他的伯父复辟帝制，登上了皇帝的宝座。

路易·波拿巴的政变，像晴天霹雳一样震惊了整个政治界。有的人出于道义的愤怒而大声谴责，但所有的人都只感到惊异，而没有人理解问题的实质。例如1852年出版的维·雨果的《小拿破仑》和蒲鲁东的《从十二月政变看社会革命》，都说明了这一点。

雨果对路易·波拿巴进行谴责，对他进行了尖刻和俏皮的抨击，但他没有能力分析法国的阶级状况，不理解使路易·波拿巴的政变获得成功的条件，而把政变只看做个人的暴力行为。似乎路易·波拿巴完全凭借个人的意志和力量，在一天之内，就改变了法国的历史面貌。雨果着力揭露波拿巴的冒险家的丑恶本质，但他却没有觉察到，当他片面渲染这个阴谋家表现了世界历史上空前强大的个人主动作用时，他就不是把这个人写成小人物而是写成伟大的英雄。

与雨果相反，蒲鲁东在《从十二月政变看社会革命》中陷入了纯客观主义。他竭力从历史自身寻找政变的因果联系，把政变描绘成一种历史必然性，是以往历史发展的结果。路易·波拿巴变成了历史必然性的傀儡和工具。这样，蒲鲁东“对这次政变所作的历史的说明，却不知不觉地变成了对政变主人公所作的历史的辩护”①。

在当时众多的评述路易·波拿巴政变的著作中，只有马克思写于1852年的《路易·波拿巴的雾月十八日》才真正作了卓越的历史唯物主义的分析。马克思既分析了当时阶级斗争的状况，分析了二月革命以后法国历史的全部进程以及由此造成的条件和态势，把路易·波拿巴的活动放在确定的历史背景下，又考察了他的个人品质，考察了他施展的流氓手段和全部阴谋诡计，这样就弄清楚了究竟是什么原因，“使得一个平庸而可笑的人物有可能扮演了英雄的角色”②。

《路易·波拿巴的雾月十八日》是一部重要的历史唯物主义著作，按照恩格斯的说法，“是一部天才的著作”③。马克思通过对刚刚发生的政变所作的透彻分析和预测，对历史观中的一些重大问题，例如主体与客体的关系问题，以及如何评价历史人物的问题作了卓越的阐述。

正如在认识论领域中一样，历史观中同样存在主体与客体的关系。它们是交叉的、叠合的，但又不完全等同。从主体来说，作为认识的主体和历史主体是同一个主体，即实践着的、现实的人；从客体来说，不仅历史的客体是认识的对象，而且作为认识和改造对象的自然界，通过物质资料生产变成历史的因素，变成人与人之间相联系的纽带。没有自然界，当然也没有人类社会，没有人类发展的历史。但它们考察的角度不一样。认识论着重研究的是主体认识的规律，即主体通过什么样的认识过程、途径和方法，达到对客体的真理性认识，而历史观着重研究的是人类活动所创造的客体——社会——自身的规律。在认识论中，我们不能抽象地说没有主体就没有客体，而在历史观中则完全可以说，没有人类的活动就没有社会和历史。但不能由此得出结论，历史领域没有客体，只有主体，只有人及其活动。马克思在《路易·波拿巴的雾月十八日》中的全部分析，正是从唯物辩证地解决历史领域中的主客体关系入手。他深刻地指出：“人们自己创造自己的历史，但是他们并不是随心所欲地创造，并不是在他们自己选定的条件下创造，而是在直接碰到的、既定的、从过去承继下来的条件

---

①② 《马克思恩格斯选集》，1版，第1卷，599页。

③ 同上书，601页。

下创造。”①

“人们自己创造自己的历史”，这就是说，马克思肯定人是历史的主体。创造历史的既不是绝对观念，也不是天命与神意，而是人类自己。人类以自己的活动谱写了自己的“历史之歌”。

马克思还对作为历史创造主体的人进行了分析。同着重探讨人的思维结构、认识结构的认识论不同，唯物史观分析的是人的社会结构。马克思在总结法国 1848 年至 1851 年的历史时，分析了各个不同阶级、不同政党和派别，各种不同类型的人物。不仅揭示了阶级、政党及其代表人物间的关系，而且揭示了它们在历史发展中的不同地位和作用。这样，“人是历史主体”的论断并没有使真实的历史淹没在抽象的哲学原则之中，使历史丧失自己的个性，相反，它使历史在人的活动中真正显示出自己的时代特色和真实内容。

历史是人自己创造的，但人并不能随心所欲地创造历史。尽管人们的一切活动都必须经过思维着的头脑，它表现为热情、欲望、意志和目的，但人的行为和动机有着社会制约性。这种制约人的行为和动机的条件，就是社会环境，它是人们借以活动的历史舞台。在这些条件中，归根结底起首要决定作用的是经济条件，即物质资料生产方式，其次是政治条件，即由生产方式决定的阶级结构和政治制度，以及存在于人们头脑中的意识传统。对于每一代人来说，这些条件不是自我设计的，而是前一代人活动的结果。它是既成的、给予的、继承的。人们不能自由选择生产力和生产关系，也不能主观确定阶级结构，连已死的先辈们的意识传统，也像梦魇一样纠缠着活人的头脑。

马克思充分肯定人的历史主体地位，肯定人的创造力，但又科学地揭示了人的思想和行为的制约性，研究了那制约历史发展进程的一般规律。历史规律并不存在于人的行为之外，而是存在于人的行为之中。它通过无数的单个意志和行为的相互冲突、相互矛盾为自己开辟道路。马克思的历史观是唯物辩证的，他把人的主体地位和历史规律的客观性结合在一起，既反对宿命论又反对唯意志论。

---

① 《马克思恩格斯选集》，1 版，第 1 卷，603 页。

马克思在《路易·波拿巴的雾月十八日》中，正是从上述历史观的高度，通过对路易·波拿巴这种人物的产生、历史作用，政变获得暂时成功的原因以及结局的预测，表达了马克思对如何分析和评价历史人物的基本看法。

马克思在分析法国1848年至1850年阶级斗争时说过，“如爱尔维修所说的，每一个社会时代都需要有自己的伟大人物，如果没有这样的人物，它就要创造出这样的人物来”①。马克思的这个论断，不仅适用于对历史起进步作用的伟大人物，也适用于那些阻碍历史发展的反面人物。路易·波拿巴就是这样。虽然他不可一世，趾高气扬，但他对自己成为历史“必要人物”的真正原因并不理解，片面夸大自己。马克思一针见血地指出：“波拿巴的作用日益增长是当时的环境造成的，而他本人却相信，这仅仅是由于他的名字有魔力和他一贯模仿拿破仑的缘故。”②

马克思所说的环境，是指社会环境，即法国1848年的阶级斗争，以及革命沿着下降路线所形成的政治态势。法国的菲力普王朝被二月革命推翻了，接着无产阶级在六月起义中遭到残酷镇压，但资产阶级共和派和小资产阶级民主派又为代表大地主大资产阶级的秩序党所击败。法国处在不停的政治动乱之中。资产阶级发出了“没有终结的恐怖，还不如令人恐怖的终结”的惊叫。由于他们感到自己软弱无力，他们宁愿放弃资产阶级共和国的统治形式，“力图返回到那些不大完备、不大发达、因而危险也较少的阶级统治的形式上去”③。路易·波拿巴这样的人物正符合他们的需要。

历史人物的产生取决于时代的需要，因此他必然具有他那个时代和阶级的特性。在研究历史人物时，比较研究是可以的，但必须反对肤浅的历史对比，即撇开每个历史人物的时代和阶级特性，仅仅抓住某些表面的相似之点。由于阶级斗争以及阶级斗争的经济条件的差别，由这种斗争所产生的政治人物之间必然是不同的。马克思特别强调了这一点。他说：“我

① 《马克思恩格斯选集》，1版，第1卷，450页。
② 同上书，496页。
③ 同上书，630页。

希望，我这部著作对于清除那种流行的——特别是现今在德国流行的——关于所谓**凯撒主义**的书生用语，将会有所帮助。在作这种肤浅的历史对比时，人们忘记了最主要的一点，即在古代的罗马，阶级斗争只是在享有特权的少数人内部进行，只是在自由富人与自由穷人之间进行，而从事生产的广大民众，即奴隶，则不过为这些斗士充当消极的舞台台柱。……由于古代阶级斗争同现代阶级斗争在物质经济条件方面有这样的根本区别，在由这种斗争所产生的政治人物之间，也就不能比坎特伯雷大主教与祭司长撒母耳之间有更多的共同点了。”①

马克思在对1848年法国革命中的人物，特别是对路易·波拿巴的分析中始终坚持这种唯物辩证的方法。他处处揭穿路易·波拿巴刻意模仿他的伯父，把拿破仑的名字作为戴在自己头上的花环的诡计和幻想，强调他们之间的差别。马克思发挥了黑格尔的一个历史观点。黑格尔认为，一切伟大的世界历史事变和人物，可以说都出现两次，马克思补充说，第一次是作为悲剧出现，第二次是作为笑剧出现。例如在法国资产阶级革命中，两度出现拿破仑称帝，第一次是伯父拿破仑第一，第二次是侄儿拿破仑第三，相隔近半个世纪。时代不同，他们的历史地位和作用也就迥然不同。尽管侄儿冒充伯父，终属两类人物。拿破仑第一是革命的资产阶级的代表，是旧的封建制度的摧毁人。他的统治是暴虐的，但比起被他打倒的王公贵族来说却要平和得多。他企图以战争的形式巩固和推行资本主义制度，他摧毁了神圣罗马帝国，传播了拿破仑法典。拿破仑第一的失败是英雄末路，是一出悲剧；而拿破仑第三则是害怕彻底进行反封建革命的资产阶级代表，他缩小和剥夺革命已经取得的民主成果，阻止革命向有利于劳动者的方向发展。路易·波拿巴的称帝，只不过是历史的笑料而已。

路易·波拿巴政变获得成功，并不像雨果所说的是由于他个人发挥了空前强大的主动作用，而是客观条件造成的。在这些条件中，除了各派政治力量在相互斗争中遭到削弱，行政权空前扩大，议会权力破产，路易·波拿巴把行政权集中在自己手里外，还由于他得到法国人数最多的小农的支持。马克思指出：“由于各个小农彼此间只存在有地域的联系，由于他们

① 《马克思恩格斯选集》，1版，第1卷，599～600页。

利益的同一性并不使他们彼此间形成任何的共同关系，形成任何的全国性的联系，形成任何一种政治组织，所以他们就没有形成一个阶级。因此，他们不能以自己的名义来保护自己的阶级利益，无论是通过议会或通过国民公会。他们不能代表自己，一定要别人来代表他们。他们的代表一定要同时是他们的主宰。"① 由于拿破仑是法国资产阶级大革命中的代表人物，是封建制度的反对者，这一历史传统在法国农民中间造成一种迷信，以为一个名叫拿破仑的人将会把一切失去的福利送还他们。对伯父的回忆、眷恋，使小农对侄儿产生幻想和期待。当然，路易·波拿巴并不代表革命的农民，而是保守的农民。他代表的不是农民的开化，而是农民的迷信；不是农民的理智，而是农民的偏见；不是农民的未来，而是农民的过去。但是法国小农在当时的政治态度，却成为保证波拿巴政变获胜的重要条件。

马克思并没有把客观条件和个人作用对立起来，他重视波拿巴个人的一些特性对于他承担的角色起着重要的作用。马克思分析了这个人的政治品质和道德品质，使人们看到，由波拿巴而不是别人充当这个角色不是没有个人原因的。马克思把波拿巴称为"流氓无产者阶级的首领"、"肮脏人物"、"老奸巨猾的痞子"，说他"不是一个夜间决定白天要干什么的人，而是一个白天作决定却在夜间采取行动的人"②。马克思描绘了波拿巴纵横捭阖、用腊肠和烧酒收买社会渣滓的卑鄙伎俩。道德问题，对于一个普通人来说只是一个个人品质问题，而对于历史人物来说却是可以在历史上打上烙印的重要因素，正如婚姻对普通人纯属私事，而欧洲历史上的政治联姻却是个重大政治问题一样。唯物史观并不拒绝对历史人物个人品质甚至心理的分析，但它不局限于道德的评价，而注重它的历史意义。马克思肯定个人的作用，包括他所具有的各种品质的作用，但个人作用的大小和性质取决于它同历史规律的关系。任何个人都无法改变历史的规律。马克思指出："如果皇袍终于落在路易·波拿巴身上，拿破仑的铜像就将从旺多姆圆柱顶上被推下来。"③ 历史最终证实了马克思的预言。

---

① 《马克思恩格斯选集》，1版，第1卷，693页。
② 同上书，658页。
③ 同上书，599页。

第十四章 唯物史观和经济学研究的深入结合。对资本主义社会形态的系统分析

世界近代史上规模最大范围最广的欧洲 1848 年革命终于结束了。无产阶级虽然没有实现马克思关于不断革命的设想，但在革命中受到了锻炼，他们转向筹建组织，积蓄力量。1848 年革命以后，资本主义开始了相对稳定的发展时期。

马克思于 1849 年下半年到达资本主义世界中心伦敦。从硝烟弥漫的德国的街垒战中，马克思转向了另一个阵地，在英国博物馆的阅览室中恢复了因革命而中断的经济学研究。这是一次艰苦卓绝的战斗。他力图通过对资本主义经济形态的系统剖析，揭示必然导致资本主义灭亡的客观规律。除了继续关心和领导工人运动，为《纽约每日论坛报》写作政论外，马克思几乎以全力从事《资本论》的创作。无论是疾病、贫困，还是家庭的不幸，都没有迫使马克思搁笔。他为我们留下了卷帙浩繁的经济学手稿，出版了《资本论》第一卷。马克思完成了第二个伟大发现——剩余价值学说，并通过经济学的研究丰富和发展了唯物史观。

第一节 唯物史观的新发展

马克思的思想发展史证明，唯物史观和经济学研究是分不开的。唯物史观为科学地研究经济学确立了理论和方法，而经济学的研究又丰富和推动了唯物史观的发展。经济学研究深入时期往往是唯物史观发展时期。例如，马克思 1844 年在巴黎研究经济学的成果，汇集到《手稿》和《神圣家族》中；1845 年在布鲁塞尔对经济学的研究，反映在《德意志意识形

态》、《哲学的贫困》和《共产党宣言》中。

但是，直至1848年，马克思还没有对资本主义社会形态进行全面的、连贯的、系统的分析，而是为这一伟大工程准备构件。在《手稿》中，马克思分析了私有制的财产关系的本质、劳动的异化性质，但偏重于分配关系，通过工资、利润、地租的分析来揭示有产者和无产者的关系；在《共产党宣言》中，马克思虽然分析了资本主义社会的结构，它的生产关系和阶级关系，以及资产阶级的家庭、教育、法，等等，但这种分析还是原则的、粗线条的。真正把资本主义社会形态作为活的有机体，将它的全部生产关系以及它所固有的阶级对抗的具体表现，将维护资产阶级统治的资产阶级政治上层建筑，将资产阶级的自由平等之类的思想，将资产阶级的家庭关系和盘托出，用严密的逻辑体系把它再现出来的是伟大著作《资本论》。

可以说，马克思是穷毕生之精力从事《资本论》的创作的。在1848年以前所取得成就的基础上，马克思在19世纪50年代全面开始了准备工作。定居伦敦之后不久，马克思就把注意力转向研究政治经济学的基本理论，研究国民经济学说史和资本主义世界的现实状况，从资产阶级经济学家的著作、官方文件和期刊中搜集材料，作了摘录和评注，这就是关于经济学的《伦敦笔记》。以后马克思又陆续写作了《资本论》的几部草稿：《经济学手稿（1857—1858）》、《经济学手稿（1861—1863）》、《经济学手稿（1863—1865）》，并于1859年正式出版了《政治经济学批判》第一分册。马克思在创立无产阶级政治经济学的同时，深化和丰富了唯物史观。其中《政治经济学批判》的著名《导言》和《序言》，在唯物史观发展史上具有极其重要的意义。

按时间顺序，《导言》先于《序言》。《导言》是1857年8月底到9月中旬写的。① 它是专门论述政治经济学的对象和方法的，但同样是一篇哲

① 关于导言的写作日期，学术界有不同看法。例如苏联学者巴加图利亚就不同意《马克思恩格斯全集》确定的日期。他说："正如研究所表明，原先确定《导言》的写作时间为8底（23日）至9月中，这是没有充分根据的。马克思大概在不晚于8月底的几天之内就写完了它。"这个问题对考据学来说也许是重要的，但对理论来说，前后相差半个月并无实质性的意义。

学著作。除了研究方法和叙述方法、历史方法和逻辑方法、抽象与具体、分析和综合这些有关认识论和辩证逻辑的问题外，还专门论述了历史唯物主义的重大问题。

在《导言》中，马克思着重论述了物质资料生产的问题。他对生产的社会性、生产的一般与特殊形式、生产关系内诸因素的相互关系，以及物质资料生产对精神生产的制约性及其相互矛盾问题的阐述，概括地、鲜明地表达了唯物史观对物质资料生产的本质和作用的看法，并批判了卢梭、斯密、李嘉图、巴师夏、凯里、蒲鲁东等人的历史唯心主义观点。

物质资料的生产是人类社会存在的基础，这是马克思创立唯物史观以来一贯坚持的观点。通过19世纪五六十年代对经济史和社会史的研究，马克思更是坚定了这个看法，任何一个民族，如果停止劳动，不用说一年，就是几个星期，也要灭亡，这是每一个小孩都知道的。但是马克思并不满足揭示这个事实，而是对这个事实进行哲学的分析。

在马克思看来，一切生产都是个人在一定社会形式中并借助这种社会形式而进行的对自然的占有。生产当然离不开个人，但生产并不是个人的生产。马克思说："人是最名副其实的社会动物，不仅是一种合群的动物，而且是只有在社会中才能独立的动物。孤立的一个人在社会之外进行生产——这是罕见的事，偶然落到荒野中的已经内在地具有社会力量的文明人或许能做到——就像许多个人不在一起生活和彼此交谈而竟有语言发展一样，是不可思议的。"① 正因为生产始终是社会性的生产，因而进行生产的个人只能是社会性的个人。并不是人的本性决定生产的社会性，而是生产的社会性决定人不可能孤立存在。生产的社会性是理解人的本性的入口。

马克思根据这个根本观点批评卢梭的社会哲学，批评他关于通过契约来建立天生独立的主体之间的相互关系和联系的社会契约论。实际上人们的相互关系，并不是通过个人的契约，而是在生产过程中形成的。马克思也批评了斯密和李嘉图，批评他们不理解生产的社会性，把单个的孤立的渔夫和猎人当做考察生产的出发点，这种观点应归入18世纪鲁滨逊故事

① 《马克思恩格斯选集》，1版，第2卷，87页。

的毫无想象力的虚构。可是到了 19 世纪，美国的经济学家凯里、法国的巴师夏和蒲鲁东，又把这种 18 世纪的荒诞无稽的观点重新引进经济学中来，企图以此来对他们不知道历史来源的经济关系的起源作历史哲学的说明。这表明，马克思在《导言》中对生产社会性的论述，无论对历史观还是对经济学都是十分必要的。

这是一个根本性的观点，在马克思创立和推进唯物史观的过程中，他不断地回到这个问题上来。在很多年以后，他在一篇关于阿·瓦格纳的政治经济学教科书的书评中又强调了这个问题。瓦格纳在他的教科书第一卷中论述国民经济学的一般理论时，离开社会生产抽象地谈论人、需要和价值，把价值看成是人的自然愿望，因为人要清楚地了解外部财物同他的需要的关系就必须估价，正是通过估价，财物或外界物被赋予价值。马克思一针见血地指出："'**人**'？如果这里指的是'一般的人'这个范畴，那么他根本没有'任何'需要；如果指的是孤立地站在自然面前的人，那么他应该被看做是一种非群居的动物；如果这是一个生活在不论哪种社会形式中的人——瓦格纳先生就是这样假设的，因为他的'人'，虽然没有受大学教育，但至少会说话——那么出发点是，应该具有社会人的一定性质，即他所生活的那个社会的一定性质，因为在这里，生产，即他**获取生活资料的过程**，已经具有这样或那样的社会性质。"① 很显然，离开了生产的社会性，这一切都是无法理解的。

马克思还肯定了从总体上对作为社会存在基础的物质生产进行研究的必要性。任何生产，都是一定社会发展阶段上的生产，但生产的一切时代总有某些共同标志、共同规定，没有它们，任何生产都是不可能进行的。通过比较，抽象出生产的一般特点，对于我们认识生产的共同本质是有价值的。马克思说："**生产一般**是一个抽象，但是只要它真正把共同点提出来，定下来，免得我们重复，它就是一个合理的抽象。"② 例如，任何物质资料生产都包含主客体关系，"主体是人，客体是自然，这总是一样的"③。这是一种人和自然之间的过程，是人以自身的活动来引起、调整

① 《马克思恩格斯全集》，中文 1 版，第 19 卷，404～405 页，北京，人民出版社，1963。
②③ 《马克思恩格斯选集》，1 版，第 2 卷，88 页。

和控制人和自然之间的物质交换的过程。这种物质交换是人类社会的永恒的自然条件，是人类社会生活的一切社会形式所共有的。

但我们不能只“见到统一，就忘记本质的差别”。必须研究“生产的一般规定在一定社会阶段上对特殊生产形式的关系”，即研究“生产关系的全部历史”。例如生产工具，这是生产的一般条件。没有生产工具，没有过去的、积累下来的劳动，任何生产都是不可能的。但生产工具作为资本，却不是普遍的、永恒的自然关系，不是主体与客体联系的必然环节。只有在一定的生产形式中，才能使生产工具，使过去积累下来的死的劳动成为资本。因此，马克思说：“一切生产阶段所共同的、被思维当做一般规定而确定下来的规定，是存在的，但是所谓一切生产的**一般条件**，不过是这些抽象要素，用这些要素不可能理解任何一个现实的历史的生产阶段。”① 这是一个极其重要的方法论原则，无论对经济学还是对哲学都是适用的。我们不仅要研究生产一般，研究生产中人与自然的关系，而且要研究生产借以实现的特定形式，研究每个阶段人与人的关系的具体形态。把生产中的统一与差别、一般与特殊割裂开来，只讲生产一般而不探讨每个历史阶段的特殊的生产形式，必然把“生产一般”这种合理抽象变成什么也说明不了的僵死的教条。

生产不是个人孤立的行为，而是社会性质的生产，这集中地表现在生产是包含着生产（狭义的）、分配、交换、消费各个环节的复杂的经济过程。马克思深入到生产过程的内部揭示各个环节之间的辩证联系，进一步确立了把生产关系看成有机整体的唯物史观的观点。

整体观，这是唯物史观的一个重要观点。任何一个复杂的事物，都包含着各个部分，构成统一整体。自然界如此，社会领域同样如此。在《哲学的贫困》中，马克思已经指出：“每一个社会中的生产关系都形成一个统一的整体。”② 在《导言》中，马克思重申了这个观点，指出：“不同要素之间存在着相互作用。每一个有机整体都是这样。”③ 但经过十几年的

① 《马克思恩格斯选集》，1版，第2卷，91页。
② 《马克思恩格斯全集》，中文1版，第4卷，144页。
③ 《马克思恩格斯选集》，1版，第2卷，102页。

潜心研究之后，马克思没有停留在一般原则上，而是进一步确定了构成统一整体的各个环节的具体内容和作用是如何实现的。

马克思是重视消费的，他全面论述了生产与消费的辩证关系。他分析了生产与消费辩证同一性的三种表现，肯定了消费对生产的积极意义。产品在消费中才得到最后完成。例如，一条铁路，如果没有通车、不被磨损、不被消费，它只是可能性的铁路；一间房屋无人居住，事实上就不成其为现实的房屋。产品不同于单纯的自然对象，它在消费中才证实自己是产品，才成为产品。而且消费创造出新的生产的需要，因而创造出生产的观念上的内在动机。但是，在这两者的相互作用中，起首要作用的是生产，生产为消费提供材料、对象，规定消费方式（消费的质与量以及生活方式），通过生产出来的产品引起消费者的需要。而且“生产活动是实现的起点，因而也是实现的居于支配地位的要素，是整个过程借以重新进行的行为”①。合理的消费有利于生产，而离开生产发展水平，片面地追求高消费只能妨碍生产，并导致消费的萎缩。

马克思对生产与分配、生产与交换的分析，就其指导思想和方法来说，同对生产与消费的分析是一样的，都看到各种因素的相互作用，但又不陷于多因素论，而是贯彻生产归根结底起决定作用的原则。马克思在讲到分配时，强调：“分配的结构完全决定于生产的结构，分配本身就是生产的产物，不仅就对象说是如此，而且就形式说也是如此。”② 至于作为生产以及由生产决定的分配和消费之间的媒介的交换，或者是直接包含在生产之中，或者是由生产决定。

通过对生产中各个环节的分析，马克思作了一个重要总结。他说：“我们得到的结论并不是说，生产、分配、交换、消费是同一的东西，而是说，它们构成一个总体的各个环节、一个统一体内部的差别。生产既支配着生产的对立规定上的自身，也支配着其他要素。过程总是从生产重新开始。交换和消费不能是起支配作用的东西，那是自明之理。分配，作为产品的分配，也是这样。而作为生产要素的分配，它本身就是

① 《马克思恩格斯选集》，1版，第2卷，97页。
② 同上书，98页。

生产的一个要素。因此，一定的生产决定一定的消费、分配、交换和**这些不同要素相互间的一定关系**。当然，生产**就其片面形式来说**也决定于其他要素。”① 在唯物史观发展史上，马克思的这个论断，使人们对物质资料生产过程各种因素的相互关系及其运转机制有了较为清晰的图景。

在作了上述分析之后，马克思着手分析物质资料生产在整个社会中的作用。他在《导言》第四部分列了一个准备论述的问题的要目：生产、生产资料和生产关系、生产关系和交往关系、国家形式和意识形式同生产关系和交往关系的关系、法的关系、家庭关系。马克思虽然并没有按照这个提纲展开自己的观点，但他提出了许多重要看法，例如，关于生产力的概念和生产关系的概念的辩证法问题，关于生产力和交往关系在军队中的表现问题，关于文化史（宗教史和政治史）同现实的历史的关系问题，关于历史的必然性和偶然性的关系问题，关于交通工具对历史变为世界史的影响问题，等等。其中特别是关于物质生产的发展同艺术生产的不平衡关系问题，这是唯物史观中的一个极其重要的问题。

马克思认为，艺术发展的一定的繁荣时期，决不是同社会的一般发展成比例的，因而也决不是同仿佛是社会组织的骨骼的物质基础的一般发展成比例的。在艺术本身的领域内，某些有重大意义的艺术形式只有在艺术发展的不发达阶段才是可能的，例如希腊神话就是如此。任何神话都是用想象和借助想象以征服自然力，支配自然力，把自然力加以形象化，因而随着这些自然力实际上被支配，神话也就消失了。在资本主义时代，不可能再产生那种具有划时代意义的古典史诗和希腊神话，它们能给我们以艺术享受，并且在某些方面还是一种规范和高不可及的范本。这并没有推翻唯物史观，因为古希腊的史诗和神话，“同它在其中生长的那个不发达的社会阶段并不矛盾。它倒是这个社会阶段的结果，并且是同它在其中产生而且只能在其中产生的那些未成熟的社会条件永远不能复返这一点分不开的”②。

---

① 《马克思恩格斯选集》，1版，第2卷，102页。

② 同上书，114页。

马克思还强调，“进步这个概念决不能在通常的抽象意义上去理解”①。因为物质生产和精神生产不是绝对平衡的。资本主义社会生产力的高度发展，并不一定在文学艺术领域中带来相应的进步。相反，资本主义生产同某些精神生产部门如艺术和诗歌会发生对抗。当代西方的现实证实了马克思的论断。当然这并不是说在资本主义社会中，文学艺术不可能取得任何进展，而只是说物质生产和精神生产之间不是简单的直线联系，而要经过一系列中介，因此它们之间的发展不是完全同步的。那种把唯物史观曲解为庸俗的经济决定论的观点是完全错误的。

如果说，《导言》着重探讨的是生产的社会性和生产关系的结构，那写于 1859 年的著名的《序言》则不同，它是从宏观上对唯物主义历史观进行总体性的概括。

在马克思的思想发展过程中，对唯物主义历史观有过两次概括性的总结。一次在《德意志意识形态》中，它是对到 1846 年为止所取得的成就的总结；另一次是在《序言》中，它是对到 1859 年为止所取得的成就的总结，其中特别是包括 1848 年革命的经验和 19 世纪 50 年代，尤其是 1857 年至 1858 年经济学研究的成果。我们只要比较研究一下这两次总结，就可以看到马克思在唯物史观方面的进展。

在《德意志意识形态》中，马克思在概述唯物史观时指出：“这种历史观就在于：从直接生活的物质生产出发来考察现实的生产过程，并把与该生产方式相联系的、它所产生的交往形式，即各个不同阶段上的市民社会，理解为整个历史的基础；然后必须在国家生活的范围内描述市民社会的活动，同时从市民社会出发来阐明各种不同的理论产物和意识形式，如宗教、哲学、道德等等，并在这个基础上追溯它们产生的过程。”②

可是，到 1859 年，在《序言》中对唯物史观的论述要更为完整和精确。马克思在扼要地叙述了自己探索唯物史观的过程之后，说：“我所得到的、并且一经得到就用于指导我的研究工作的总的结果，可以简要地表述如下：人们在自己生活的社会生产中发生一定的、必然的、不以他们的

① 《马克思恩格斯选集》，1 版，第 2 卷，112 页。
② 《马克思恩格斯选集》，1 版，第 1 卷，43 页。

意志为转移的关系，即同他们的物质生产力的一定发展阶段相适合的生产关系。这些生产关系的总和构成社会的经济结构，即有法律的和政治的上层建筑竖立其上并有一定的社会意识形式与之相适应的现实基础。物质生活的生产方式制约着整个社会生活、政治生活和精神生活的过程。不是人们的意识决定人们的存在，相反，是人们的社会存在决定人们的意识。社会的物质生产力发展到一定阶段，便同它们一直在其中活动的现存生产关系或财产关系（这只是生产关系的法律用语）发生矛盾。于是这些关系便由生产力的发展形式变成生产力的桎梏。那时社会革命的时代就到来了。随着经济基础的变更，全部庞大的上层建筑也或慢或快地发生变革。在考察这些变革时，必须时刻把下面两者区别开来：一种是生产的经济条件方面所发生的物质的、可以用自然科学的精确性指明的变革，一种是人们借以意识到这个冲突并力求把它克服的那些法律的、政治的、宗教的、艺术的或哲学的，简言之，意识形态的形式。我们判断一个人不能以他对自己的看法为根据，同样，我们判断这样一个变革时代也不能以它的意识为根据；相反，这个意识必须从物质生活的矛盾中，从社会生产力和生产关系之间的现存冲突中去解释。无论哪一个社会形态，在它们所能容纳的全部生产力发挥出来以前，是决不会灭亡的；而新的更高的生产关系，在它存在的物质条件在旧社会的胎胞里成熟以前，是决不会出现的。所以人类始终只提出自己能够解决的任务，因为只要仔细考察就可以发现，任务本身，只有在解决它的物质条件已经存在或者至少是在形成过程中的时候，才会产生。大体说来，亚细亚的、古代的、封建的和现代资产阶级的生产方式可以看做是社会经济形态演进的几个时代。资产阶级的生产关系是社会生产过程的最后一个对抗形式，这里所说的对抗，不是指个人的对抗，而是指从个人的社会生活条件中生长出来的对抗；但是，在资产阶级社会的胎胞里发展的生产力，同时又创造着解决这种对抗的物质条件。因此，人类社会的史前时期就以这种社会形态而告终。”① 在这里，马克思没有使用《德意志意识形态》中的“市民社会”、“交往形式”等概念，而是采用生产方式、生产力和生产关系、经济基础和上层建筑、社会形态、社会

① 《马克思恩格斯选集》，1版，第2卷，82～83页。

经济形态等范畴，对人类社会发展的基本规律，作了高度凝练的概括。

《序言》的最大成就是整体观。这不仅是社会现象的整体观，而且是规律的整体观。它不是孤立地、分别地，而是从它们相互作用的总体中来论述社会发展规律。它既揭示了每一条规律的独特内容和作用，又揭示了它们的相互联系和中介。没有一条规律能够离开其他规律单独起作用。马克思着重揭示其中一个因素的变化如何导致另一个因素的改变，从而引起社会形态的演变。这是一连串的连环套。为了把握某一规律，我们可以在观念上打碎这个整体，着重其中的一个侧面，但在实际社会生活中它们是不可分割地交织在一起的。因此，马克思把人类社会看成十分复杂并充满矛盾，由各种规律综合起作用的历史过程。

但是，马克思并没有停留在抽象的相互作用和相互联系的空泛议论中。在《序言》中，马克思紧紧把握住相互制约的各种因素中的决定性环节，从这个环节着手，展开了环环相扣的考察。马克思把生产关系划为社会结构，发现了社会现象的重复性和常规性，特别是他把生产关系归结为生产力的高度，找到了历史发展的最主要的决定因素。抓住了生产力，就抓住了社会历史发展中的决定环节。只有分析某一时期生产力的状况，才能找到某种生产关系存在和变化的依据；也只有生产力才提供区分生产关系是否适应的客观尺度。离开了生产力和生产关系的矛盾，就不能理解经济基础和上层建筑如何会发生冲突，就不能理解社会革命最深刻的根源。一句话，只有抓住生产力，把生产关系归结于生产力的高度，才能有可靠的根据把社会形态的发展看做自然历史过程。马克思关于社会发展辩证法的理论是建立在唯物主义基础上的。抽去了生产力最终起决定作用的原则，就会通过貌似辩证法的多因素相互作用的理论而重新陷入唯心主义。

《序言》在唯物史观发展史上的作用是巨大的，但它带有自己时代的特点，即马克思对唯物史观探讨的阶段性特征。《序言》从生产力着眼，顺向考察了生产力→生产关系→上层建筑→社会革命→社会形态的更迭，但没有进行逆向的考察。马克思从来没有否定上层建筑和生产关系对于生产力的作用，但当时的重心并没有放在这里。这是时代的要求，而不是理论的缺陷。

第二节 社会形态和人

在唯物史观发展史上，马克思主义创始人倾注全力分析过的主要是两种社会形态：一个是原始氏族社会，另一个是资本主义社会。前者的代表作，是恩格斯根据摩尔根的著作和马克思的笔记所写的《家庭、私有制和国家的起源》，后者是马克思的《资本论》。这两者是相互衔接的。如果说《起源》着力揭示私有制、阶级、国家是如何产生的话，那《资本论》则是通过资本主义社会的解剖，说明它们必然消亡。马克思是把资本主义社会作为对抗社会的最后一个社会形态来分析的。

《资本论》研究的对象不是抽象的人，而是社会形态。正如马克思在《资本论》第一版序言中所说："我要在本书研究的，是资本主义生产方式以及和它相适应的生产关系和交换关系。"① 马克思通过对资本主义生产过程、流通过程以及生产总过程的分析，以逻辑的形式，把资本主义生产方式的产生、发展和灭亡的趋势作为自然历史过程再现出来。但不能由此得出结论说，《资本论》把人的活动排斥在经济规律之外。马克思说："人本身是他自己的物质生产的基础，也是他进行的其他各种生产的基础。"②没有人，没有人与自然界的物质交换，也就不存在人类社会，更无所谓社会发展规律。马克思对资本主义社会形态的分析当然没有离开主体，离开人的物质生产活动，但他着重考察的不是生产过程中人与人的意志关系，他们各自的愿望和追求，而是在生产过程中形成的不依赖人们意志的客观关系，这些关系如何按照自身的规律发展。无论是对由商品到货币到资本转化的分析，对由简单商品生产到资本主义商品生产的分析，对由简单协作到手工工场，再到资本主义工厂生产的分析，以及绝对剩余价值和相对剩余价值的生产、剩余价值的分割和转化形态的分析，马克思没有一次求助于人的抽象本质，而是严格地依据生产力的发展及与其相适应的生产关系来论述它的客观进程。马克思通过物与物的关系来揭示人与人的关系。

① 《马克思恩格斯全集》，中文1版，第23卷，8页，北京，人民出版社，1972。

② 《马克思恩格斯全集》，中文1版，第26卷第1册，300页，北京，人民出版社，1972。

因此在《资本论》中对人的分析，始终坚持从社会出发，把人放在一定的社会形态中，作为一定生产关系的担当者来考察。从社会的角度来分析人，这是马克思的历史理论的根本原则。

在作为《资本论》的第一个草稿的1857年至1858年的手稿中，马克思对三种社会形态下人的发展问题进行了分析。马克思指出："人的依赖关系（起初完全是自然发生的），是最初的社会形态，在这种形态下，人的生产能力只是在狭窄的范围内和孤立的地点上发展着。以**物的**依赖性为基础的人的独立性，是第二大形态，在这种形态下，才形成普遍的社会物质交换，全面的关系，多方面的需求以及全面的能力的体系。建立在个人全面发展和他们共同的社会生产能力成为他们的社会财富这一基础上的自由个性，是第三个阶段。第二个阶段为第三个阶段创造条件。因此，家长制的，古代的（以及封建的）状态随着商业、奢侈、**货币**、**交换价值**的发展而没落下去，现代社会则随着这些东西一道发展起来。"① 在这里人们不难看出，马克思坚持的是唯物史观原则，生产力决定生产关系，生产关系总和所构成的社会状态决定个人的状况。

在古代，进行生产的个人从属于一个较大的整体：父系氏族、母系氏族，后来是从属于由氏族间的冲突和融合而产生的各种形式的公社。每个人都是作为某一部落体或共同体的成员。"这种个人具有为组成这种共同体所需的相应品质"②，如特有的"直观的宗教"、个人的"狭隘性"、原始社会的人的意识和观点，等等。这些当然不是来源于人的本质，而是"和有限的而且是原则上有限的生产力的发展相适应"③。

如果说，最初人表现为种属群、部落群、群居动物，由血缘关系为纽带而集合的共同体，那么随着生产和交换的发展，它使群的存在成为不必要，并使之解体，出现了人的孤立化的现象。过去，血缘关系使个人成为一定的狭隘人群的附属物，而后来，摆脱了自然联系的个人，仿佛成了彼此孤立的社会"原子"。其实，这种孤立的个人并不是历史的起点，而是

---

① 《马克思恩格斯全集》，中文1版，第46卷（上），104页，北京，人民出版社，1979。

② 《马克思恩格斯全集》，中文1版，第46卷（下），35页，北京，人民出版社，1980。

③ 《马克思恩格斯全集》，中文1版，第46卷（上），497页。

历史的结果。它是旧的以血缘关系为纽带的共同点破灭的产物。到了18世纪，这种孤立的个人观点发展到高峰。其实，“产生这种孤立个人的观点的时代，正是具有迄今为止最发达的社会关系的时代”①。高度发展的资本主义商品生产，更加强化了人与人的联系。一个人的需要可以而且必须用另一个人的产品来满足，反过来也是一样。尽管他们彼此毫不相识，漠不关心，甚至在观念上彼此敌视，但在生产上和需要上的差别，使得他们必然处在一定的社会关系之中。不过这种联系客体化在商品和货币之中，因而人与人的关系以物为中介，被物的关系掩盖着。实际上，“物的依赖关系无非是与外表上独立的个人相对立的独立的社会关系，也就是与这些个人本身相对立而独立化的、他们互相间的生产关系”②。

由此可见，资本主义社会形态下所出现的独立个人，是挣脱了以血缘为纽带的共同体，摆脱了人身依附、人身束缚的狭隘关系的表现，但它仍然处于一定的社会关系之中。资本主义制度呈现如下矛盾：一方面，人们之间的联系比历史上任何社会都更加紧密；另一方面，人们在观念上、在情感上又彼此隔膜、疏远、孤立。这种状况当然不是由于人性的变化，而是根源于生产的社会性和占有的私有性之间的矛盾，即根源于资本主义生产方式的本质。

正因为马克思把人放在一定的生产关系之中，从社会的角度来分析人，因此在《资本论》中，马克思对人的考察紧紧抓住资本主义的生产关系。他说：“我决不用玫瑰色描绘资本家和地主的面貌。不过这里涉及的人，只是经济范畴的人格化，是一定的阶级关系和利益的承担者。我的观点是：社会经济形态的发展是一种自然历史过程。不管个人在主观上怎样超脱各种关系，他在社会意义上总是这些关系的产物。”③ 在谈到资本家和工人的区分时，马克思强调：“这种生产方式的主要当事人，资本家和雇佣工人，本身不过是资本和雇佣劳动的体现者，人格化，是由社会生产过程加在个人身上的一定的社会性质，是这些一定的社会生产关系的产物。”④

① 《马克思恩格斯全集》，中文1版，第46卷（上），21页。
② 同上书，111页。
③ 《马克思恩格斯全集》，中文1版，第23卷，12页。
④ 《马克思恩格斯全集》，中文1版，第25卷，995页，北京，人民出版社，1974。

马克思的上述论断，包含着非常丰富的思想。

第一，人是一定阶级关系和利益的承担者。这里当然指的是阶级社会。在这种社会里，个人是一定阶级关系和利益的承担者，他们各有自己的阶级隶属和特殊利益。他们之间最本质的关系是阶级关系。某一阶级的个人，可以从一个阶级转到另一个阶级（如个别工人上升为资本家，资本家破产而沦为工人，从而改变了自己的阶级地位和利益），但阶级的区分并不会因个别成员的流动而自我消灭。阶级结构是相对稳定的。以私有制为基础的某种特定类型的生产关系，必然有与其相适应的基本阶级结构，以及与一定的阶级划分相结合的个人。个人属于一定阶级，是阶级社会无可否认的客观事实。没有任何阶级归属、没有任何特殊利益，游离阶级之外的“个人”是不存在的。

第二，人是经济范畴的人格化。某一个人并不因为他是资本家才拥有资本，而是因为他占有资本才成为资本家。同样，并不因为他是工人才出卖劳动力，而是因为出卖劳动力才成为工人；高利贷者之所以是高利贷者，在于他以货币作为获取利息的资本，不拥有货币资本的高利贷者天底下是没有的。因此，一个人是什么，或说他的社会特质是什么并不取决于他的自然属性，而是表现他所依存的社会关系或经济形式的规定性。在资本主义生产关系之外，并不存在资本家和雇佣工人的划分。这种区分是同雇佣劳动和资本结合在一起的，是个人的社会存在方式。

马克思的这个论断，同黑格尔以及把黑格尔庸俗化的蒲鲁东是截然不同的。蒲鲁东把经济范畴看成来源于无人身的理性，把全部经济活动看成经济范畴的自我运动，马克思早在《哲学的贫困》中已经批判了这个观点。马克思这里所说的经济范畴不是观念形态，而是生产关系，是在生产和交换过程中形成的客观的和实际的关系，这种关系决定人们的社会特质。例如，马克思关于商品在流通中形成的关系对人的影响就是这样分析的。他说：“商品所有者只是以商品监护人的身份进入流通过程。在这个过程中，他们彼此以买者和卖者的对立形式出现，一个是人格化的糖块，另一个是人格化的金。糖块一变成金，卖者也就变成买者。这种特定的社会身份，决不是来自人的个性，而是来自以商品这个特定形式来生产产品的人们之间的交换关系。”①

正因为资本家是人格化的资本，所以资本家作为人所具有的某些重要特性，并不是源自抽象的人性，而是反映资本的特性。例如，与依靠地租为生的封建贵族所特有的闲散、懒惰、寄生、奢侈不同，资产者狂热地追求价值的增值、绝对的致富欲和利己主义，以及在经营中所表现的精打细算和不墨守成规的进取精神，根源于资本主义生产方式。自由竞争作为外在的强制规律支配着每一个资产者，他必须依靠积累不断扩大资本才能维持自己的资本。资产者的个人特性如果不符合资本的特性，他就不能成为一个“好”的资本家，就必然破产。

第三，人是各种社会关系的产物。自然界并没有创造奴隶主和奴隶、资本家和工人，并没有创造各种各样的人物。是人类自己创造了自己。物质资料的生产和再生产，不仅生产物质产品、再生产生产关系，而且再生产出人类自身。这不仅是指人口的再生产，而且是指作为生产关系承担者的个人的再生产，即再生产出处于一定生产关系的个人。早在1844年马克思就看到了这一点。他在《手稿》中强调，资本主义生产不仅生产产品，而且把人当做商品人，当做具有商品的规定性的人，当做精神上和肉体上非人化的存在物生产出来。在《资本论》中马克思始终坚持这个基本观点。无论是对资本家、工人、地主，还是对产业资本家、商业资本家、借贷资本家的描述，都是和他们在生产关系中所处的地位，即同资本、雇佣劳动、地租、工业资本、商业资本、借贷资本紧密结合在一起的。他着力揭示的不是人的永恒不变的本性，而是生产关系所形成的个人的社会特质。

马克思把人摆在一定的社会形态下来考察，因而他关于共产主义社会人的全面发展的理论，完全建立在唯物史观的基础上。个人的全面发展不是全面实现人的本质，也不是基于抽象人道主义原则的道德理想，而是新的物质资料生产方式必然创造出与其相适应的一代共产主义新人。这是历史发展的客观规律。只是在观念形态上，它才表现为关于人的发展的理想和愿望。

① 《马克思恩格斯全集》，中文1版，第13卷，85页，北京，人民出版社，1962。

马克思反复强调："全面发展的个人……不是自然的产物，而是历史的产物。"① 还说："个人的全面性不是想象的或设想的全面性，而是他的现实关系和观念关系的全面性。……要达到这点，首先必须使生产力的充分发展成为**生产条件**，使一定的**生产条件**不表现为生产力发展的界限。"②

首先是生产力的充分发展。资本主义作为社会发展的一个形态来说，它的重大历史功绩正在于形成了普遍的社会物质交换、多方面的需求以及比较发达的生产力。虽然资本主义社会的劳动分工，压抑了工人的全面生产志趣和才能，人为地培植工人片面的技巧，使人片面和畸形地发展，但科学技术在生产中的运用，提高了对工人文化水平的要求。各种工艺学校、农艺学校、职业学校是在大工业基础上发展起来的。它表明生产力的巨大发展，自身蕴涵着体力劳动和脑力劳动结合的客观要求和趋向。而且生产力的发展和自由竞争，不断导致资本和劳动的分配，它需要能适应不断变动的劳动要求的人，要用那种把不同社会职能当做互相交替的活动方式的全面发展的个人，来代替只是承担一种社会局部职能的局部个人。在资本主义条件下，劳动变换律是一种盲目起作用的规律。它给工人带来灾难，但却自发地、强制地打破把工人束缚在某一种劳动部门的局限。

当然，仅仅有生产力的发展还不够，还必须变革生产关系。资本主义社会虽然有较发达的生产力，但它是以阶级对抗为基础的社会。工人的职业教育以培养熟练的技术工人为限，生产力的提高不会导致缩短必要劳动时间，而是裁减工人。资本主义生产关系不仅妨碍生产力的发展，而且也妨碍生产力自身蕴涵的客观趋势的实现。

马克思关于个人全面发展的论断，不是根据理想的人塑造出来的，而是来自对资本主义生产方式的分析。他从资本主义生产力的高度发展和客观趋势中，看到了未来共产主义社会中个人全面发展的必要性和可能性。那时，由于生产力的极大发展和阶级的消灭，"**群众的剩余劳动**不再是发展一般财富的条件，同时，**少数人的非劳动**不再是发展人类头脑的一般能力的条件。于是，以交换价值为基础的生产便会崩溃，直接的物质生产过

---

① 《马克思恩格斯全集》，中文1版，第46卷（上），108页。
② 《马克思恩格斯全集》，中文1版，第46卷（下），36页。

程本身也就摆脱了贫困和对抗性的形式。个性得到自由发展，因此，并不是为了获得剩余劳动而缩减必要劳动时间，而是直接把社会必要劳动缩减到最低限度，那时，与此相适应，由于给所有的人腾出了时间和创造了手段，个人会在艺术、科学等等方面得到发展”①。

由上可见，马克思是把人放在社会中，从社会形态的变化来考察人的变化。从最初狭隘的人，到资本主义社会片面发展的人，再到共产主义社会个性全面发展的人，是由物质资料生产方式发展所决定的。当然不能由此得出结论说，与一定生产方式相适应的人，是被动地、自发地形成的。事实上，人们在创立新的生产方式，形成新的生产力和生产关系的过程中，同时使主体自身得到改变。而且上层建筑的各个环节，特别是教育制度对改变主体自身起着重大作用。但人类究竟如何塑造自己，它的客观可能性、必要性和所能达到的限度，归根结底取决于生产力发展水平和生产关系的性质，而不是思想家们苦思冥想构思出来的理想人的类型。这是唯物史观的基本观点，也是《资本论》考察人的发展的根本理论和方法。

第三节　对资本主义社会异化现象的再考察

在马克思的唯物史观理论发展过程中，有一个令人瞩目的现象，这就是，从马克思的博士论文和博士论文准备材料，到1844年写的《手稿》，异化理论越来越突出；而从《德意志意识形态》确立唯物史观，批判青年黑格尔派和“真正社会主义”者的唯心主义异化理论以后，在相当长的一段时间内，他不再使用异化概念。可是在《资本论》的几个草稿，如《经济学手稿（1857—1858）》、《经济学手稿（1861—1863）》、《经济学手稿（1863—1865）》中，又大量出现异化概念。即使正式出版的《资本论》，仍然多处使用异化概念并对商品、货币、资本的拜物教进行了论述。一度消失的异化概念重新出现在马克思的经济著作中。马克思的思想似乎经历了一个圆圈：由异化劳动上升到唯物史观之后，又返回到它原来的起点异化理论。这种现象使人感到困惑并引起激烈的争论。

仅仅根据马克思在《资本论》和它的准备著作中仍然使用异化概念，

① 《马克思恩格斯全集》，中文1版，第46卷（下），218～219页。

就断言异化是马克思主义的核心，是马克思一以贯之的思想，而根本不考察它的发展和变化，这是一种形式主义的做法。问题的关键并不在于马克思的后期著作是否出现过异化概念，而在于他究竟是在什么意义上使用这个概念？马克思分析资本主义制度的根本理论和方法究竟是历史唯物主义还是异化理论？撇开这些根本性的问题而只停留在现象上，得不出正确的结论。

马克思从《德意志意识形态》由异化劳动理论上升到唯物史观之后，不再把异化作为根本的理论和方法。在《资本论》及其准备著作中，虽然仍使用异化概念，但它的根本理论和方法是唯物史观（当然也包括辩证唯物主义）。马克思 1858 年所写的《〈政治经济学批判〉导言》，1859 年所写的《〈政治经济学批判〉序言》，是专门论述政治经济学的对象和方法的，可以说是马克思写作《资本论》的指导思想，但其中没有一句话讲到异化。如果异化理论真的是后期全部经济著作的根本方法，马克思是不可能一字不提的。相反，在《导言》，特别是《序言》中，人们看到的是对历史唯物主义的经典表述。这不是偶然的。正如恩格斯在讲到马克思的经济学研究时所说："德国的经济学本质上是建立在**唯物主义历史观**的基础上的，后者的要点，在本书的序言中已经作了扼要的阐述。"①

我们只要把《手稿》同《资本论》及其草稿稍加比较就可以看到这一点。1844 年《手稿》是由异化上升到异化劳动的重要著作。马克思通过对劳动的研究，不仅探索到历史唯物主义的某些重要思想，而且对私有财产的本质，对工资、利润、地租以及货币等经济问题发表了深刻的看法。但是，由于马克思当时撇开了劳动借以实现的社会形式，把劳动作为人的类本质，而把资本主义制度下工人的劳动看成是人的本质的异化，从而把资本主义制度看成是与人的类本质相对立的制度。这样来考察资本主义制度，虽然也能提出尖锐的批判和谴责，但对资本主义生产方式的本质，它的产生和灭亡的客观经济根据并没有达到科学的理解，没有完全摆脱人的本质的异化和复归的框架。

或许有的同志会说，完全可以撇开劳动借以实现的社会形式来考察劳

---

① 《马克思恩格斯选集》，1 版，第 2 卷，116～117 页。

动，因为劳动是自然界和人之间的物质交换的一般条件，它是一切社会的人所共有的，并不依赖于某一特定的社会形式。其实这是两个不同的问题：一个是关于作为劳动的劳动的一般要素问题，这是任何性质的劳动所共有的。正如我们可以抽象出“生产一般”一样，我们也可以抽象出劳动一般。它研究的是在劳动过程中，主体（人）如何通过劳动资料作用于劳动对象。这种研究是必要的。在《资本论》及其草稿中，马克思曾多次论述这个问题。另一个问题是，撇开劳动的社会形式，把真正的劳动看成是人的本质，并以此作为衡量和评价现实劳动的尺度，这是属于历史观的问题。事实证明，离开了劳动借以实现的社会形式以及这种社会形式存在的依据，不可能对劳动的性质作出正确的评价。

《资本论》及其草稿不同，它的指导思想是《〈政治经济学批判〉序言》中所阐述的历史唯物主义原则。它不是从人的类本质的异化，而是从生产力和生产关系的相互联系中来考察经济现象的。在使用异化概念较多的《经济学手稿（1857—1858）》中，作为指导原则的正是这个根本规律。例如在《货币》章中，马克思的分析就不同于1844年的《手稿》。在1844年的《手稿》中，马克思把货币看成是“**人类的**外化的**能力**”，货币的神力包含在“它的**本质**中，即包含在人的异化的、外化的和外在化的**类本质**中”①。而在1857年至1858年的《手稿》中，马克思则着重从与商品、价值形式的联系中考察货币的本质和职能。他批评蒲鲁东及其信徒达里蒙的“劳动货币”论，分析了商品的价值和使用价值及其矛盾，强调货币是产品的商品形式发展的必然结果。马克思说：“作为价值，商品是**货币**。”“商品的交换价值，作为同商品本身并列的特殊存在，是**货币**，是一切商品借以互相等同、比较和计量的那种形式，是一切商品向之转化，又由以转化为一切商品的那种形式，是一般等价物。”② 因此，货币并不是人的类本质的异化，而是生产发展的结果。如果没有生产和交换的发展，没有产品生产向商品生产的转化，就不会有货币。

同样，在《资本》章中马克思考察资本，也是着眼于生产力的发展。

① 《马克思恩格斯全集》，中文1版，第42卷，153页。
② 《马克思恩格斯全集》，中文1版，第46卷（上），85、86页。

他说："新的生产力和生产关系不是从**无**中发展起来的，也不是从空中，又不是从自己产生自己的那种观念的母胎中发展起来的"，"以资本和雇佣劳动为基础的生产，不仅在形式上不同于其他生产方式，而且也要以物质生产的全面变革和发展为前提"①。马克思以土地所有制为例说明这个问题。旧式的土地所有者向现代租地农场主的转变，无论取得收入的形式还是劳动者得到报酬的形式都发生了改变，但"这不是形式上的区别，而是以（农业）**生产方式**本身的**全面改造**为前提的，因而前提条件是以产业、商业和科学的一定发展，简言之，以生产力的一定发展为基础的"②。

至于《资本论》，更是运用和发展唯物史观的光辉典范。马克思在《资本论》中，把资本主义社会形态看做是自然历史过程，从资本主义生产方式的内在矛盾中，揭示了它的产生、发展和必然灭亡的规律。马克思完全不借助于人的本质异化和复归的理论，而是紧紧把握住生产关系，并把生产关系归结于生产力的高度。列宁在同俄国民粹派米海洛夫斯基的论战中，特别强调了《资本论》中的两个归结的指导原则，把《资本论》对资本主义社会形态的全面剖析看成是唯物史观的光辉证明。

事实上，从19世纪50年代开始，马克思经济学研究的最大成果是创立剩余价值理论，而它的理论和方法论原则是唯物史观。在《资本论》和它的准备著作中运用的异化概念，是对已经用唯物史观和剩余价值学说所揭示的资本主义生产关系对抗性质的描述。把异化作为根本理论和方法是不可能达到这种高度的。可以这样说，没有唯物史观和剩余价值学说就没有《资本论》，也不可能理解马克思用异化概念来描述的生产关系的对抗性质。因此，我们认为，把马克思的唯物史观的形成过程概括为从异化上升到异化劳动，再从异化劳动上升到全面创立唯物史观是恰当的。

在19世纪50年代和60年代的几个经济学手稿和《资本论》中重新引入异化概念，并不意味着马克思绕过《德意志意识形态》，返回到1844年的《手稿》。问题不仅是异化在马克思主义中的地位发生了变化，而且它的内容也发生了改变。在1844年，马克思通过分析异化劳动的规定性，

---

① 《马克思恩格斯全集》，中文1版，第46卷（上），235页。

② 同上书，234页。

揭示了劳动产品和劳动自身同劳动者的对立、人与人的对立，但他把这种对立看成是人的类本质同人相脱离，并从中推论出人与人的对立。尽管马克思已经看到了资本和劳动的对抗关系，但对异化的这种看法仍留有费尔巴哈的印记。

《资本论》及其准备著作和1844年的《手稿》不完全一样。它虽然吸收了后者通过异化分析所取得的经济学和哲学成就，但清除了它的人本主义烙印。在这里，马克思不是通过劳动产品和劳动自身同主体的关系来探求人的本质的异化，而是研究资本主义生产关系的特征，研究资本主义生产关系如何通过物并表现为物的关系，形成了物对人统治的假象。

马克思把资本主义社会看成是以物的依赖为基础的社会形态。人们在生产过程中形成的社会关系，以物为中介，表现为物与物的关系。商品、货币、资本，就其实物形态来说都表现为物，但它们的本质并不是物，而是被体现在物中的一定的社会生产关系。物并不会奴役人。例如，机器并不会剥削工人，只有机器为资本家所占有，作为资本才会奴役工人。所以马克思说："关键不在于**物化**，而在于**异化**，外化，外在化，在于巨大的物的权力不归工人所有，而归人格化的生产条件即资本所有，这种物的权力把社会劳动本身当做自身的一个要素而置于同自己相对立的地位。"① 还说："工人丧失所有权，而物化劳动拥有对活劳动的所有权，或者说资本占有他人劳动——两者只是在对立的两极上表现了同一关系——这是资产阶级生产方式的基本条件，而决不是同这种生产方式毫不相干的偶然现象。"② 马克思通过对资本主义制度下劳动的异化、劳动条件与劳动者的分离、资本与劳动的对立、科学的应用给劳动者带来的社会后果的分析，处处揭示的是资本主义的生产关系的本质及其对抗性质。商品拜物教、货币拜物教、资本拜物教是资本主义生产关系物化的客观特征，而庸俗政治经济学的"三位一体"的公式（土地—地租、资本—利息、劳动—工资），只停留在现象上，极力掩盖剩余价值的来源，把人与人的关系还原为物与物的关系。

---

① 《马克思恩格斯全集》，中文1版，第46卷（下），360页。

② 同上书，361页。

以物化形式表现的生产关系对人的奴役，是资本主义生产关系的特性。它既是生产力发展到一定程度，形成了普遍物质交换和社会联系的产物，又是生产力发展水平还不足以彻底改变生产关系的表现。它是必然的，但不是永恒的。它的最终根源存在于物质生产方式之中，而不是人的类本质同人相脱离。马克思特别强调了这一点。他在谈到资本主义社会中的异化现象时说："这种颠倒的过程不过是**历史的**必然性，不过是从一定的历史出发点或基础出发的生产力发展的必然性，但决不是生产的某种**绝对**必然性，倒是一种暂时的必然性，而这一过程的结果和目的（内在的）是扬弃这个基础本身以及过程的这种形式。"① 不运用唯物史观来分析资本主义社会形态，不分析资本主义社会的生产力和生产关系，所谓物对人的奴役会变成一种神奇的力量，变成神秘莫测、无法解开的"死结"。

第四节　对俄国农村公社的研究。社会形态更替的顺序性和跳跃性

关于社会发展的阶级性以及由一种社会形态向另一种社会形态过渡的规律性问题，是马克思历史观的最重要内容。早在《手稿》中，马克思已经触摸到历史发展的两个重要环节：由不动产到动产和由资本主义私有制社会到私有制的扬弃。这是以不太清晰的概念，表述了由封建社会到资本主义社会，以及由资本主义社会到社会主义社会转变的问题。

真正对世界历史过程各社会形态进行具体划分，第一次提出社会形态更替学说的是《德意志意识形态》。马克思根据所有制形式，划分了部落所有制、古代公社所有制和国家所有制、封建所有制、资产阶级所有制以及共产主义所有制，并根据他第一次揭示的生产力和交往形式相互作用的规律，粗略地勾画了各种社会形态的基本特征，以及它们更替的内在机制。在《经济学手稿（1857—1858)》中，马克思对资本主义生产以前的各种形式进行了专门的论述。在1859年的《〈政治经济学批判〉序言》中，马克思把以往全部研究成果概括为一个公式："大体说来，亚细亚的、

① 《马克思恩格斯全集》，中文1版，第46卷（下），361页。

古代的、封建的和现代资产阶级的生产方式可以看做是社会经济形态演进的几个时代。”① 马克思关于社会形态的历史划分与演变的论断，表明他把人类历史发展看成是有规律的前进运动。

问题是，马克思关于五种社会形态依次演变的规律性是不是各个国家和民族都必须经历的全部过程？到《资本论》第一卷出版为止，马克思还没有正面作出回答。这个问题是在19世纪70年代后半期到80年代初解决的。

《资本论》对资本主义社会形态作了缜密的剖析，它主要是以当时工业最发达最典型的英国作为范例。但马克思的研究并不限于英国。《资本论》第一卷出版后，马克思广泛地研究了许多国家的经济情况，其中特别是俄国。为了能够对俄国经济发展作出准确的判断，年已半百，工作繁忙的马克思还学会了俄文，通过俄国官方公布的统计材料和学者的著作，对俄国的农村公社，对俄国1861年的改革及其后果作了研究。马克思这段时期的研究，从两个方面进一步丰富和发展了唯物史观。

第一，属于同一社会形态的国家各有自己的特点。

马克思按照物质资料生产方式来划分历史阶段，把世界历史的发展归纳成几种形态，从而揭示了社会现象的重复性和常规性，但他并不否认各国的特点。例如，在1857年至1858年的经济学手稿和《〈政治经济学批判〉序言》中，马克思提出亚细亚生产方式，强调了古代东方许多国家生产方式的特点问题。后来在《资本论》第三卷中，马克思把这种分析上升为一般的理论原则，指出：“相同的经济基础——按主要条件来说相同——可以由于无数不同的经验的事实，自然条件，种族关系，各种从外部发生作用的历史影响等等，而在现象上显示出无穷无尽的变异和程度差别，这些变异和程度差别只有通过对这些经验所提供的事实进行分析才可以理解。”② 历史完全证明了马克思这个科学判断。同样属于封建社会形态，中国不同于欧洲；同样属于资本主义社会形态，英国、美国、日本各有其特点。研究每个国家和民族的历史，不能忽视这种特殊性。

---

① 《马克思恩格斯选集》，1版，第2卷，83页。

② 《马克思恩格斯全集》，中文1版，第25卷，892页。

但是，对民族特殊性的研究，并不能否定马克思关于社会形态的学说。这种特殊性是在同一社会形态下的特性，它们必然有许多共同的本质的东西，而且是受唯物史观所揭示的一般规律所支配的。所以马克思在论述差异性的同时，强调："任何时候，我们总是要在生产条件的所有者同直接生产者的直接关系——这种关系的任何形式总是自然地同劳动方式和劳动社会生产力的一定的发展阶段相适应——当中，为整个社会结构，从而也为主权和依附关系的政治形式，总之，为任何当时的独特的国家形式，找出最深的秘密，找出隐蔽的基础。"① 同中有异，异中有同，这是历史辩证法的重要原则。

第二，社会形态更替顺序性中的跳跃性。

不仅从横断面看，同一社会形态的各个国家和民族有其特殊性，而且从纵断面看，从历史发展过程来看，社会形态的更替也会有其特殊性。世界历史发展的一般规律，并不排斥各个国家或民族历史发展的特点。马克思对俄国农村公社发展前景的分析，对这个问题作了重要分析。

1877 年俄国《祖国纪事》杂志第十期，发表了民粹主义思想家米海洛夫斯基的文章《卡尔·马克思在尤·茹柯夫斯基先生的法庭上》，对《资本论》作了错误解释。为此，马克思写了一封致《祖国纪事》杂志编辑部的信，第一次就俄国究竟是"首先摧毁农村公社以过渡到资本主义制度呢，还是与此相反，发展它所特有的历史条件，就可以不经受资本主义制度的一切苦难而取得它的全部成果"② 的问题发表意见。马克思采取的是严格的科学态度，不是从抽象的原则出发进行简单的肯定或否定，而是把"条件"就在首位③，用以作为考虑两种可能性的根据。他说："如果俄国继续走它在 1861 年所开始走的道路，那它将会失去当时历史所能提供给一个民族的最好的机会，而遭受资本主义制度所带来的一切极端不幸

① 《马克思恩格斯全集》，中文 1 版，第 25 卷，891～892 页。

② 《马克思恩格斯全集》，中文 1 版，第 19 卷，129 页。

③ 马克思说："极为相似的事情，但在不同的历史环境中出现就引起了完全不同的结果。如果把这些发展过程中的每一个都分别加以研究，然后再把它们加以比较，我们就会很容易地找到理解这种现象的钥匙；但是，使用一般历史哲学理论这一把万能钥匙，那是永远达不到这种目的的，这种历史哲学理论的最大长处就在于它是超历史的。"（同上书，131 页）

的灾难。”①

上述信件没有寄出。几年以后，俄国革命者维·伊·查苏利奇代表俄国革命者，请求马克思就俄国农村公社的命运和俄国历史发展前景，特别是世界各国由于历史必然性都必须经过资本主义阶段的理论发表看法。马克思写了回信，并为回信拟过三个草稿，对1877年的论点作了更详细的发挥和论述。

马克思坚持历史的辩证法，把俄国农村公社发展前景问题同它所处的环境结合起来，而不是孤立考察农村公社自身。因此他认为，《资本论》对资本主义社会形态的分析，既不包括赞成俄国农村公社有生命力的论据，也不包括反对农村公社有生命力的论据，关键在于条件：“或者是它所包含的私有制因素战胜集体所有制因素，或者是后者战胜前者。一切都取决于它所处的历史环境……*a priori*［**先验地**］说，二种结局都是可能的，但是，对于其中任何一种，显然都必须有完全不同的历史环境。”②

正是根据这个原则，马克思并不否认俄国非资本主义道路的可能性，条件是无产阶级革命。“如果革命在适当的时刻发生，如果它能把自己的一切力量集中起来以保证农村公社的自由发展，那么，农村公社就会很快地变成俄国社会复兴的因素，变为使俄国比其他还处在资本主义制度压迫下的国家优越的因素。”③ 后来在《共产党宣言》1882年的俄文版序言中，马克思重申了这个看法，如果俄国革命将成为西方无产阶级革命的信号而双方互相补充的话，俄国的土地公共所有制的俄国公社便能成为共产主义发展的起点。

马克思也指出了另一种可能性，而且是现实的可能性，这就是公社的解体，资本主义在俄国的发展。因为在当时的俄国农村，已经产生一个由比较富裕的农民组成的农村中等阶级，而且国家的勒索、商人的劫掠、地主的剥削和高利贷者从内部的破坏，使公社面临瓦解的危险：“威胁着俄

① 《马克思恩格斯全集》，中文1版，第19卷，129页。

② 同上书，435页。

③ 同上书，441页。

国公社生命的不是历史的必然性，不是理论，而是国家的压迫，以及渗入公社内部的、也是由国家靠牺牲农民培养起来的资本家的剥削。”①

历史终于实现了后一种可能性。俄国在 1861 年废除了农奴制以后，资本主义，首先是工业资本主义得到了发展。俄国最终没有绕过资本主义发展阶段，而是以自己特有的形式再现了资本主义发展的一般规律。

但不能由此得出结论说，马克思晚年关于俄国非资本主义道路发展可能性的设想是错误的、没有意义的。事实正好相反，马克思关于俄国历史前景的推测，包含着历史发展阶段跳跃性的思想，是对他创立的五种社会形态学说的补充。中国革命的胜利以及我国许多少数民族的发展，证明马克思论断的正确性。

问题是不能像某些西方学者那样，把马克思关于历史发展的跳跃性同他关于社会形态更替的一般规律对立起来，以前者否定后者，认为各国的历史发展如瓶坠地，碎片四溅，没有确定的方向。这是一种非决定论的历史观。正如列宁后来所指出的：“世界历史发展的一般规律，不仅丝毫不排斥个别发展阶段在发展的形式或顺序上表现出特殊性，反而是以此为前提的。”②

第一，马克思关于社会形态的划分是完全正确的。旧中国的半封建半殖民地社会不是独立的社会形态，而是资本主义和封建主义相结合的变种。至于西方所谓“信息社会”、“后工业社会”，也不是什么独立的社会形态，仍然是资本主义社会。共产主义社会以后的发展，我们不知道，也不可能知道，这并不重要。重要的是，迄今为止，尽管我们可以发现某种社会形态的变种，但没有一种社会形态超出马克思发现的五种社会形态之外。

第二，马克思关于世界历史发展的顺序性是正确的。尽管并不是每一个国家和民族都完整地依次演进，但它的发展方向同世界历史总的顺序是一致的。某一个国家发展的顺序是原始社会到奴隶社会，而另一个国家则以奴隶社会为起点，由奴隶社会“发展”到原始社会；某一个国家的资本主义社会是在封建社会母胎中孕育成熟的，而另一个国家则是封建社会在

① 《马克思恩格斯全集》，中文 1 版，第 19 卷，446 页。
② 《列宁选集》，2 版，第 4 卷，690 页。

资本主义社会母胎中孕育成熟。这种事是不可设想的，从来没有过。历史发展是曲折的，甚至会出现暂时的倒退，但发展的进程是定向的。一个国家的历史发展可以超越某一历史阶段，但它的历史运行的线路，不可能是同马克思揭示的历史规律相反的逆向运动。

第三，马克思关于生产方式内在矛盾及其运动规律的揭示是完全正确的。五种社会形态演变理论的核心内容，是揭示了生产力对生产关系的制约作用，以及由于生产力的发展最终导致一种社会形态过渡到另一种更高的社会形态。某一个国家由于内外条件越过某一历史阶段，并不证明上述规律失效，而是以一种特殊方式实现这一规律。历史发展阶段（即以某种生产关系处于支配地位的社会形态）可以超越，但它所达到的生产力是不能空缺的。如果说社会形态的更迭可以发生跳跃的话，那生产力的相应发展是必不可少的，在封建社会生产力水平的基础上建立和巩固社会主义社会是不可想象的。当马克思设想俄国有可能避免资本主义发展阶段时，指的是它的所有制形式而不是生产力水平和科技成就。在马克思看来，由于俄国农村公社和西方资本主义生产是同时代的东西，“这使得它不必服从资本主义的 modus operandi［活动方式］”，“有可能不通过资本主义制度的卡夫丁峡谷，而享用资本主义制度的一切肯定成果”①。可见，从世界历史范围来看，把世界历史作为一个整体来看是不能越过某一历史阶段的，而某一国家或某一民族发生的局部超越，是因为它们所处时代生产力的高度发展，使得它们有可能在人类已经达到的生产力水平上迎头赶上。

世界历史发展的统一性和多样性的统一，这才是完整的唯物辩证的历史观。至于西方某些人根据所谓历史发展的“多线”论，否定资本主义最终会被社会主义所代替，寻找所谓第三条道路，这是明显地渗透着阶级利益的资本主义辩护论。社会主义革命已经证明，并将继续证明这种理论是错误的。

第五节　马克思晚年的“人类学”笔记和对史前社会的探讨

19 世纪下半叶，当恩格斯把全部精力投入《自然辩证法》和《反杜

---

① 《马克思恩格斯全集》，中文 1 版，第 19 卷，436、438 页。

林论》的写作，致力于阐述辩证唯物主义自然观和把马克思主义系统化时，马克思则致力于原始社会和东方社会的研究。他写于1879年至1881年间的五个读书笔记：《柯瓦列夫斯基〈公社土地占有制，其解体的原因、进程和结果〉一书摘要》、《摩尔根〈古代社会〉一书摘要》、《梅恩〈古代法制史讲演录〉一书摘要》、《拉伯克〈文明的起源和人的原始状态〉一书摘要》、《菲尔〈印度和锡兰的雅利安人村社〉一书摘要》，就是这类研究的见证。上述马克思致俄国《祖国纪事》杂志编辑部和查苏利奇的信中所发挥的理论，不是偶然迸发的天才火花，而是这种研究，特别是对东方土地公社制度研究的结晶。

国内外学者都非常注意研究马克思主义和人类学的关系，强调人类学在马克思主义形成和发展中的特殊作用。有的学者甚至认为，马克思的思想发展路线是从早期的哲学人类学到晚年的经验人类学。其实，这些被称为人类学笔记的摘要，既不是哲学意义上的人类学（人本学），也不单纯是社会学意义上的人类学，而是历史研究，是马克思运用历史唯物主义对原始社会和东方社会的历史研究。它的研究对象不是人自身，而是社会。它研究前资本主义社会形态，特别是原始社会发展的规律性。

马克思终生致力于资本主义社会研究。他以40年时间从事《资本论》的准备和写作。马克思也很重视对前资本主义社会形态的探讨，这是更深刻地剖析资本主义社会所必需的。可是由于史料的缺乏，在很长一段时间内，马克思对史前人类社会的状况并不十分清楚。

在《德意志意识形态》中，马克思把部落所有制作为人类历史发展的第一种所有制形式，实际上是把它作为人类的史前状态。他描述了这时的状况，说："社会结构只局限于家庭的扩大：父权制的酋长、他们所管辖的部落成员以及奴隶。隐蔽地存在于家庭中的奴隶制，只是随着人口和需求的增长，随着同外界往来的扩大而逐渐发展起来的。"① 还说："家庭中的奴隶制是最早的所有制"，"在那里妻子和孩子是丈夫的奴隶"②。很显然，当时在马克思看来，部落所有制中隐蔽地存在着家庭奴隶制，社会结

① 《马克思恩格斯全集》，中文1版，第3卷，25页。

② 同上书，36～37页。

构是父权制，它是家庭的扩大。这说明马克思对母权制和父权制、个体家庭和氏族、公有制和奴隶制的区分和关系还不清楚，把家内奴隶制看成历史的最早的社会形态。

在《经济学手稿（1857—1858）》中，马克思对资本主义生产以前的各种形式进行了研究。在谈到亚细亚的所有制形式时，马克思说："在这种土地所有制的第一种形式中，第一个前提首先是自然形成的共同体：家庭和扩大成为部落的家庭，或通过家庭之间互相通婚［而组成的部落］，或部落的联合。""人类素朴天真地把土地看做**共同体的财产**，而且是在活劳动中生产并再生产自身的共同体的**财产**。每一个单个的人，只有作为这个共同体的一个肢体，作为这个共同体的成员，才能把自己看成**所有者**或**占有者**。"① 正因为这样，马克思在1859年的《〈政治经济学批判〉序言》中把亚细亚生产方式看做社会发展的第一个形态，用以取代《德意志意识形态》中的部落所有制，认为亚细亚的、古代的、封建的和现代资产阶级的生产方式是社会经济形态演进的几个时代。这说明，马克思开始了解到土地公有制是历史的起点，是人类最早的所有制关系。

但是，到这时为止，马克思对原始社会的状况仍不甚了解。不仅马克思如此，当时整个学术界对原始社会状况尚缺乏研究。

重要的转折是19世纪60年代。巴斯蒂恩《历史上的人类》、梅恩《古代法》、巴霍芬《母权论》、麦克伦南《原始婚姻》、泰勒《人类的原始历史》、拉伯克《文明的起源和人的原始状态》、摩尔根《血亲制度》和《古代社会》，等等，在十多年内相继出版，对原始社会的家庭、婚姻、氏族、母权制和父权制进行了研究。

其中特别是摩尔根《古代社会》具有重要的科学价值。摩尔根通过自己长期广泛的调查研究，发现了原始社会的社会结构，证明母系氏族是原始社会的基本单位，阐明了家庭形式的演变规律，表明了家庭形式和婚姻形式在原始社会中的作用，说明了私有制的产生导致专偶制家庭的产生和文明社会的建立。恩格斯说："关于人类原始史，直到1877年，摩尔根才

① 《马克思恩格斯全集》，中文1版，第46卷（上），472页。

给我们提供了理解这一历史的关键。”① 马克思对《古代社会》一书十分重视。他在摘要中，改变了摩尔根原著的体系结构，剔除其中的错误观点，对有价值的东西作了详细的摘录。马克思通过研究《古代社会》和其他著作，比较深入地研究了原始社会，填补了他自己科学研究中的一项空白。

马克思肯定原始社会血缘关系的客观性。他在驳斥格罗特把血缘关系看做观念关系时说：“亲爱的先生！不是**观念的**，是**物质的**，**用德语说**是**肉欲的**！”② 血缘关系和亲属制度不同，这一点摩尔根看到了，他认为家庭是一个能动的要素，它从来不是静止不动的，而亲属制度是被动的，它把家庭经过一个长久时期所发生的进步记录下来，并且只有当家庭已经根本变化了的时候，它才发生根本变化。马克思肯定摩尔根的这一看法并作了进一步的发挥，他说，同样，政治的、宗教的、法律的以至一般哲学的体系，都是如此。这样，马克思把血缘关系在原始社会中的作用放在一个突出的地位。

马克思也改变了自己以往对原始社会中个体家庭和氏族关系以及母权制和父权制的序列的看法。原来认为，一夫一妻制的个体家庭先于氏族，氏族是家庭的集合体，是家庭的扩大；历史上最早出现的是父权制家庭，家庭成员奴隶般地处于父权支配下。通过研究，马克思吸收了摩尔根的合理思想，肯定原始社会的基本单位是氏族，而不是个体家庭；氏族先于个体家庭。母系氏族先于父系氏族。马克思在驳斥格罗特把罗马家庭的特征套到荷马时代的希腊家庭时说：“按起源来说，氏族要早于专偶制和对偶制家庭；它是和普那路亚家庭大致同时的东西，但是这些家庭形式没有一个是氏族的基础。”他说：“氏族一旦产生，就继续是社会制度的单位。”③

马克思还通过对原始社会的研究，论述了国家的起源和实质。他在驳斥梅恩时说：“不幸的**梅恩本人也根本不知道**：在存在**国家**（在原始公社

---

① 《马克思恩格斯选集》，1版，第3卷，50页。
② 《马克思恩格斯全集》，中文1版，第45卷，503页，北京，人民出版社，1985。
③ 同上书，645、646页。

等之后）——即**政治上**组织起来的社会——的地方，国家决不是**第一性的**；它不过**看来**如此。”在讲到道德时，他又说：“以‘**道德的**’形式存在而论，它们始终是派生的，第二性的，决不是**第一性**的。”①

马克思还摒弃了在《手稿》中把共产主义看成人性复归的观点，而着重强调它是在更高阶段上重复原始共产主义社会的特征：“**社会的瓦解，即将成为以财富为唯一的最终目的的那个历程的终结，因为这一历程包含着自我消灭的因素**……这（即更高级的社会制度）**将是古代氏族的自由、平等和博爱的复活，但却是在更高级形式上的复活。**”②

人的个性的发展，并不是人的本质的要求和自我实现，而是受经济条件制约的。马克思结合原始社会及其解体的历史深刻地阐明了这个道理。他说：“先是个性摆脱最初**并不是专制的桎梏**（如傻瓜梅恩所理解的），**而是群体**即原始共同体的**给人带来满足和乐趣的纽带**——从而是**个性**的片面发展。但是只要我们分析这种个性的内容即它的**利益**，它的真正性质就会显露出来。那时我们就会发现，这些利益又是一定的社会集团共同特有的利益，**即阶级利益等等**，所以这种个性本身就是阶级的个性等等，而它们最终全都以**经济条件**为基础。”③ 这说明马克思晚年的“人类学”笔记，同抽象的人本主义是风马牛不相及的。

此外，马克思通过对原始社会组织结构的研究，发现土地公有制是原始社会的共同特征，而土地私有制是文明时代的特征。这就接近突破以往认为人类全部历史都是阶级斗争史的看法。

马克思 1883 年 3 月 14 日逝世了。他的许多光辉思想来不及成书，后来都被吸收到恩格斯的《家庭、私有制和国家的起源》中，成为整个马克思主义体系的组成部分。

※　　※　　※

马克思沿着人类探索历史规律的道路前进。他以毕生的精力从事研究，终于透过历史的表层——人们的意识和自我意识，走向历史的深处，

---

① 《马克思恩格斯全集》，中文 1 版，第 45 卷，645、646 页。

② 同上书，398 页。

③ 同上书，646～647 页。

发现了支配人类社会发展的一般规律。

马克思主义是在斗争中发展的。与无产阶级革命道路的曲折性相一致，马克思主义的发展和传播也经历了高潮和低潮。在马克思主义中，唯物史观遭受的非难和攻击特别多。某些资产阶级学者和西方“马克思学”，或者把唯物史观歪曲为庸俗经济决定论、抽象的异化和人本主义理论；或者企图用技术决定论、多因素论、心理决定论等等来代替和补充唯物史观。历史最终会证明这一切都是徒劳的，马克思在历史领域中所取得的伟大成就是决不会丧失的。马克思揭示了历史的真理，但并没有结束真理的历史，我们应该沿着马克思开辟的道路前进。

图书在版编目（CIP）数据

陈先达文集．第1卷，走向历史的深处：马克思历史观研究/陈先达著．—北京：中国人民大学出版社，2015.9
ISBN 978-7-300-21842-7

Ⅰ.①陈… Ⅱ.①陈… Ⅲ.①陈先达-文集②马克思主义哲学-历史唯物主义-研究 Ⅳ.①B-53

中国版本图书馆CIP数据核字（2015）第212004号

陈先达文集　第1卷
走向历史的深处
——马克思历史观研究
Zouxiang Lishi de Shenchu

出版发行	中国人民大学出版社		
社　　址	北京中关村大街31号	**邮政编码**	100080
电　　话	010－62511242(总编室)		010－62511770(质管部)
	010－82501766(邮购部)		010－62514148(门市部)
	010－62515195(发行公司)		010－62515275(盗版举报)
网　　址	http://www.crup.com.cn		
	http://www.ttrnet.com(人大教研网)		
经　　销	新华书店		
印　　刷	涿州市星河印刷有限公司		
开　　本	160 mm×230 mm　16开本	**版　　次**	2015年11月第1版
印　　张	22.5 插页3	**印　　次**	2015年11月第1次
字　　数	342 000	**定　　价**	1580.00元（全14册）

陈 先 达 文 集

第2卷

马克思和马克思主义

中国人民大学出版社 北京师范大学出版社

目　录

1. 论马克思与马克思主义

——纪念马克思逝世 120 周年

马克思和马克思主义不可分。马克思是马克思主义的创造者，没有马克思就没有以马克思命名的马克思主义。但马克思主义与马克思又不能等同。马克思是具体的个人，是伟大的革命家和思想家；而马克思主义是一个科学的思想理论体系。马克思像所有人一样会逝世，而马克思主义却依然存在和发展。我们对马克思的评价是历史的，像评价所有杰出人物一样，着眼于他的历史贡献；而对马克思主义的评价应该是当代的，像对待所有思想体系一样，着眼于它的当代价值和适用性。当代西方有些学者蓄意在这两者间制造混乱。他们或者把两者完全等同，以马克思逝世已有 120 年之久为理由，着力于宣扬“马克思主义过时论”；或者着力于马克思与马克思主义的对立，故意孤立地抬高马克思以贬低马克思主义，宣扬当代马克思主义是对马克思的歪曲和篡解。这两种思潮都是我们所不能接受的。

一、马克思的思想依然光辉灿烂

马克思是马克思主义的创造者（当然包括恩格斯，这里专论马克思）。他的伟大历史功绩不在于他能解决后人遇到的所有问题，而在于他解决了他的前人没有解决的问题，而且为后人继续前进开辟了通向新的真理的道路。正像列宁说的，“**沿着**马克思的理论的**道路**前进，我们将愈来愈接近客观真理（但决不会穷尽它）；而**沿着任何其他的道路**前进，除了混乱和谬误之外，我们什么也得不到”①。

马克思是伟大的思想家和革命家。马克思年轻时就头角崭露，为友辈所推崇。1841 年当马克思刚跨出大学校门投身社会时，赫斯在给朋友的信中就赞扬马克思，说他无论在思想上或在哲学精神的发展上都不仅超过了施特劳斯，而且超过了费尔巴哈。还说，你想象一下，卢梭、伏尔泰、费尔巴哈、莱辛、海涅和黑格尔结合成一个人，这样就可以使你得到一个关于马克思博士的概念。

马克思经过一生殚精竭虑艰苦卓绝的科学研究和亲自领导无产阶级斗争的实践，在他 1883 年逝世时已经攀登到当时人类对历史规律和资本主义社会发展规律认识的高峰。恩格斯在马克思墓前的演说中，对马克思的两个伟大发现给予高度评价，称赞马克思是“当代最伟大的思想家”，是“科学巨匠”。

马克思并非高官政要，也非财可敌国的亿万富翁。他一生穷困，连爱子夭折都无钱安埋。就是这样一个人，他逝世时惊动了整个欧洲，不少报刊发表社论和文章对他表示敬意；不少工人组织对他表示哀悼。在相隔一个多世纪以后的今天，在英国马克思被公选为千年伟人之一。为什么？在人类历史上为穷人说话表示哀怜的思想家并不少，唯有马克思不是用怜悯，不是用眼泪，不是用抽象人道主义原则表示同情和抚慰，而是真正用科学理论揭示他们的处境和获得自身解放的途径。马克思是用真理征服世界，用真理改造世界。这个真理就是他所创立的马克思主义。

马克思创立马克思主义的时代是 19 世纪 40 年代。这时，虽然资本主义生产方式已经产生，在英国有相当程度的发展，但从整个西欧来说资本主义仍然处于发展的早期。马克思虽然生活于自由资本主义阶段，但他探讨的问题并不限于自由资本主义而是关于整个资本主义社会向何处去的问题，关于无产阶级和人类解放的问题，因而是对人类社会和资本主义社会规律性的探讨。正是这些规律性的认识，为马克思主义的继续发展奠定了科学的基础。

其实，真正的理论认识与现实并非亦步亦趋，而一定具有前瞻性和预

① 《列宁选集》，3 版，第 2 卷，103～104 页，北京，人民出版社，1995。

见性。西方资本主义社会发展到19世纪中叶，资本主义社会的矛盾已经引起思想家的关注和研究。在马克思之前的西方空想共产主义与社会主义思潮，已对如何认识资本主义社会的本质问题、资本主义社会向何处去的问题以及人类解放问题做过思考，但由于经济学、哲学、社会主义思想处于分离状态，没有科学的经济学观点和科学的世界观与方法论指导，这种社会主义理论始终未能跨出空想阶段。如何从哲学、经济学和社会主义思想相结合的高度，以科学的世界观为指导，以对资本主义社会的经济分析为依据并从中引出有关资本主义社会变革和人类走向社会主义的科学结论，这是摆在新理论创造者面前的任务。马克思突破了以往思想家的理论局限，扩大了思考无产阶级和人类解放问题的理论领域和视界。马克思充分地利用了前人的成就，批判地继承了英国古典政治经济学、法国空想社会主义和德国古典哲学的重要成果，把它凝结为一个整体，用以解决无产阶级和人类面临的实践和理论问题。这种理论创新，就是以他的名字命名的马克思主义。

马克思主义是马克思（与恩格斯一道）在自由资本主义时代，于19世纪40年代创立的。为什么至今仍然具有生命力？根本之点在于，它产生于自由资本主义时代，可它研究的主题是无产阶级和人类解放问题，它研究的对象是作为社会形态的资本主义而不是资本主义的某一阶段。因此，它的结论是关于整个资本主义社会形态和无产阶级解放的具有规律性的结论。马克思主义既是时代的产儿，又是时代和历史前进的指南。

我们只要读一读马克思发表在《德法年鉴》上的致卢格的信，以及《论犹太人问题》和《〈黑格尔法哲学批判〉导言》这两篇早期文章，就能知晓马克思和恩格斯创立新的学说的目的和使命。恩格斯1845年1月20日致马克思的信对这一点说得非常清楚。他说，“目前首先需要我们做的，就是写出几本较大的著作，以便给许许多多非常愿意干但自己又干不好的一知半解的人以一个必要的支点”①。

正因为马克思肩负着无产阶级和人类解放的历史使命从事写作，因而科学性是它的首要要求。他不是停留在资本主义的表层，不是对资本主义

① 《马克思恩格斯全集》，第27卷，18页，北京，人民出版社，1972。

社会现象进行简单的描述，而是着力于通过现象把握资本主义社会发展的本质和规律。这样，他终生从事艰苦的大量的科学研究工作，并取得了划时代的成就。恩格斯说过，“马克思在他所研究的每一个领域，甚至在数学领域，都有独到的发现，这样的领域是很多的，而且其中任何一个领域他都不是浅尝辄止”①。自由资本主义阶段的认识条件，可能会给马克思和恩格斯对材料的运用和理论视域带来某些限制，但从根本上说不会影响他们对人类社会和资本主义一般规律的探求。一般存在于个别之中。在资本主义社会早期暴露出来的社会矛盾中，包含着它的发展规律和往后发展的趋向。这是马克思主义虽然诞生于自由资本主义阶段但至今仍然适用的一个最重要原因。

我们可以通过对马克思主义三个组成部分的分析来说明这一点。例如在马克思主义政治经济学中，马克思用 40 年时间从事对资本主义社会经济的研究，其成果《资本论》是人类经济思想史上最伟大最具科学性的著作。历史上还没有一本著作像《资本论》这样对一个社会形态的经济运行规律分析得如此透彻鲜明而科学。马克思关于劳动二重性和商品二重性的理论；关于劳动价值论和剩余价值的理论；关于雇佣劳动和资本的理论；关于资本主义的基本矛盾——生产的社会性和生产资料私人占有的矛盾等等，并不因为资本主义社会由自由资本主义发展为国家垄断资本主义阶段而消失其科学性和理论价值。恩格斯在整理《资本论》第三卷时已经看到资本主义发展的某些新变化，如股份制的问题、托拉斯和垄断组织的问题，因而出现社会资本对私人资本的扬弃，出现对资本主义无计划状态的某些克服。但是他强调，这种转化仍然是在资本主义限制之内，因此这种转化并没有克服财富作为社会财富的性质和作为私人财富的性质的对立，而只是在新的形态上发展了这种对立，国家垄断资本主义仍然是资本主义。这种变化也没有根本改变马克思和恩格斯关于资本主义社会基本矛盾的理论、劳动价值论和剩余价值理论。认为在当代劳动价值论已为知识价值论所取代，剩余价值理论已为利润是组织管理生产报酬的理论所取代，国家的干预已彻底消除生产无政府状态和经济危机，新的中产阶级已经消

① 《马克思恩格斯选集》，2 版，第 3 卷，776～777 页，北京，人民出版社，1995。

除了无产阶级和资产阶级的对立等等说法，都是非科学的。实际上，科学技术在生产中作用的提升，并不是劳动价值论的失效，而是对劳动价值论正确性的证明。因为科学技术研究本身是一种复杂的高级的劳动，创造价值的是科技劳动而不是被物化的各种生产设备。各种最先进的设备本身并不创造价值，而是价值的转移。劳动价值论（包括脑力劳动对价值的创造）是正确的。剩余价值在资本主义社会中仍然是存在的，仍然是多出于必要劳动而为资本所占有的部分，没有这一部分就没有利润。创造剩余价值的仍然是劳动（包括科技劳动），而不是科技本身和各种先进设备。在经济全球化的时代，资本主义国家的跨国公司，并没有消除生产的社会化和生产资料私人占有（虽然它以股份制的形式存在）之间的矛盾，而是在世界范围内扩大了这种矛盾。因而我们说，马克思主义的经济学说仍然是有生命力的。

拿社会主义理论来说，它的最根本的内容并不是马克思恩格斯关于未来社会特征的描述，而是社会主义由空想到科学的转变，即把社会主义建立在现实的基础上，建立在对资本主义基本矛盾分析的基础上，从而揭示资本主义社会进一步发展的趋向和社会主义代替资本主义的必然性。较之空想社会主义以人性为基础，马克思主义的两个必然性的理论是科学的，因为它是建立在对资本主义社会矛盾的分析基础之上的，至今没有失效。而且马克思恩格斯在论述“两个必然”以后，还提出了“两个决不会”的论断，即无论哪一个社会形态，在它所能容纳的全部生产力发挥出来以前，是决不会灭亡的；而新的更高的生产关系，在它的物质存在条件在旧社会的胎胞里成熟以前，是决不会出现的。“两个必然”和“两个决不会”的结合，构成了一个关于社会主义代替资本主义的完整的科学的理论，这个理论是对当今西方发达资本主义国家状况最具说服力的解释。马克思恩格斯当时关于未来社会主义某些特征的描述，如关于由国家掌握全部生产资料的问题，关于商品生产和计划经济的问题，关于分配方式的问题，等等，都是以资本主义高度发展为前提的，是从两种社会形态本质特征的角度论述的。它并不是每一个国家革命完成后立即实行的行动纲领，而是一种追求的社会理想。至于社会主义首先在落后的东方国家实现，并在实践中具有许多超出甚至不同于马克思恩格斯当时所设想的情形，这完全正常。毛泽东说过，“马克思活着的时候，不能将后来出现的所有的问题都看到，也就不能在那时把所有的这些问题都加以解决。俄国的问题只能由列宁解决，中国的问题只能由中国人解决”①。因此马克思和恩格斯由于历史条件限制所不可避免的局限，并不影响他们关于社会主义理论整体的科学性质。

我们现在距离马克思生活的年代虽然有一个多世纪，时代特征和面对的主题发生了变化，但这个变化并没有改变马克思肩负的历史使命。历史是大尺度的，我们仍然在以不同方式实践马克思提出的伟大理想。在这个过程中，马克思的思想和理论仍然是我们的旗帜。当代科学技术的发展，当代的社会实践，没有也不可能有任何证据来推翻马克思的基本理论。由上可见，因马克思逝世已 120 年而否认马克思主义是完全徒劳的。

二、马克思主义的发展没有止境

马克思创立马克思主义的功绩彪炳千秋，永载史册。学习马克思本人的原著应该是我们学习马克思主义的重要途径。恩格斯总是教导德国的一些青年马克思主义者，要学习马克思的原著，不要借助于第二手材料。这对于正确理解马克思的原本思想而不是经过三棱镜折射之光观察马克思的思想更加可靠。

可当问题涉及的不是对原著某段话的解读，而是马克思和马克思主义的关系时，应该承认马克思的理论只是为马克思主义奠定了基础，而不能代替整个马克思主义。列宁在《我们的纲领》中曾经深刻地阐明了这一点。他说：“我们决不把马克思的理论看作某种一成不变的和神圣不可侵犯的东西；恰恰相反，我们深信：它只是给一种科学奠定了基础，社会党人如果不愿落后于实际生活，就**应当**在各方面把这门科学推向前进。”②马克思逝世后的 120 年，马克思主义的各国的后继者们，根据自己的实践经验从各个不同方面创造性地发展了这种思想体系。可以说，马克思主义理论是一个不断发展着的活的机体。

---

① 《毛泽东文集》，第 8 卷，5 页，北京，人民出版社，1999。
② 《列宁选集》，3 版，第 1 卷，274 页，北京，人民出版社，1995。

首先是马克思自己，他从创立学说的一开始就旗帜鲜明地反对“竖起任何教条主义的旗帜”，极力反对把他们的思想教条化，因而从来不否认自己的某些论断过时的可能性。例如，马克思、恩格斯在《共产党宣言》1872年德文版序言中明确指出：“由于最近25年来大工业有了巨大发展而工人阶级的政党组织也跟着发展起来，由于首先有了二月革命的实际经验而后来尤其是有了无产阶级第一次掌握政权达两月之久的巴黎公社的实际经验，所以这个纲领现在有些地方已经过时了。”在讲到《宣言》中关于对待各反对党的态度时也说：“虽然在原则上今天还是正确的，但是就其实际运用来说今天毕竟已经过时，因为政治形势已经完全改变”①。他们也承认自己有过预测的失算，例如恩格斯说他在19世纪40年代，曾根据1825—1842年间的事变进程，预言资本主义工业大危机的周期为5年，“但是1842年到1868年的工业历史证明，实际周期是十年，中间危机只具有次要的性质，而且在1842年以后日趋消失”②。至于恩格斯逝世前在马克思的《1848至1850年的法兰西阶级斗争》一书的著名导言中的自我批评，非常坦率，非常诚恳。马克思和恩格斯宣称自己的某个论断过时，预测失效，甚至某些论断存在错误，这种自我审视、自我批判的精神，充分表现了马克思主义创始人实事求是的科学精神和与时俱进的理论品格。

人类都是在一定条件下认识事物的。条件所达到的水平，往往是认识的界限。因此，马克思的某些论断的过时或预测的失效是完全正常的，符合人类认识规律的。但是承认马克思个别论断的过时不同于“马克思主义过时论”。后者不是针对马克思和恩格斯的某个具体论断和个别结论，而是针对整个马克思主义科学体系，宣布整个马克思主义体系已经过时。他们认为马克思创立马克思主义时，各种理论都打着维多利亚时代资本主义的烙印，认为马克思主义是第二次浪潮即工业革命时期的产物，现在是信息社会，是后工业社会，现在再使用马克思主义，就像在电子显微镜时代还使用旧式的放大镜一样。这种种说法，都是从根本上反对和取消马克思

---

① 《马克思恩格斯选集》，2版，第1卷，249页，北京，人民出版社，1995。
② 《马克思恩格斯选集》，2版，第4卷，424页，北京，人民出版社，1995。

主义。

理论的发展也是辩证的，可以说相反相成。凡是追求永远不变的最终体系的理论，反而或迟或早“寿终正寝”，而正因为马克思和恩格斯敢于宣布自己的某个论断过时和错误，从而在总体上保证了这种学说的科学性和生命力。“问渠那得清如许，为有源头活水来。”群众的实践经验和科学技术的发展，无产阶级革命家和马克思主义理论家的活动，不断为这个理论机体注入生命活力。而马克思自己的思想就是整个马克思主义的源头活水。梅林在讲到马克思时说，“马克思不是神，也不是半神，他也不是教皇那样的无过失者。他是一个从根本上扩大了人类的认识限度的思想家”①。恩格斯和列宁都强调马克思主义者要以马克思的态度对待马克思主义。可以说，这就为创造性地对待马克思主义，永远保持马克思主义生命力树立了一个光辉典范。

马克思主义产生于19世纪中叶，它却具有最重要的当代价值，是任何思想体系和学说无可取代的，原因还在于马克思之后有更多的马克思主义者在实践中推进马克思主义。马克思之后比起马克思生前，他的信奉者、实践者和以马克思主义为指导思想的政党遍及全世界。仅就中国来说，由毛泽东思想到邓小平理论，再到“三个代表”重要思想，就是马克思主义中国化的光辉历史。马克思主义中国化既是把马克思主义的普遍真理运用于中国的过程，又是中国革命以及社会主义建设和改革的经验创造性地上升为马克思主义的过程。马克思主义的中国化创造性地推进了马克思主义的发展。我们不能把马克思与他的后继者割裂开来，对立起来。马克思主义的生命力在于它的创造性，在于其与时俱进的理论品格。1883年马克思逝世以来的120年，是社会主义由理论变为现实的时期，也是马克思主义大发展的时期。不仅马克思恩格斯的某些过时的论断，某些没有实现的预测，某些判断的失误，在后继者的实践和理论发展中得到了克服和解决，而且根据各国的实践经验，根据当代科技新成就，马克思主义还创造性地向前推进了。因而把马克思主义在马克思逝世后120年间的伟大发展剔除在马克思主义科学体系之外，实际上就是把马克思恩格斯的思想

① ［德］梅林：《保卫马克思主义》，301页，北京，人民出版社，1982。

变成教条，这本身就是一种理解上的错误。所以要正确理解马克思主义在当代的生命力问题，就必须充分把握马克思主义与时俱进的理论品格，不能把视线只是停留在马克思创立马克思主义时的范围之内。

既然马克思主义是发展着的理论，那么马克思主义后继者与它的创立者的思想理论之间的关系就是复杂的，既有继承的一面，又有发展的一面；既是一脉相承，又有新的创造。马克思之后的马克思主义，必然会遇到马克思没有遇到过的新情况、新问题，因而会做马克思没有做过的事，说马克思没有说过的话。这才能叫理论创新。毛泽东说过，全世界自古以来，没有任何学问、任何东西是完全的，是再不向前发展的。邓小平也强调，“绝不能要求马克思为解决他去世之后上百年、几百年所产生的问题提供现成答案”①。江泽民在十六大报告中也特别强调：“我们一定要适应实践的发展，以实践来检验一切，自觉地把思想认识从那些不合时宜的观念、做法和体制的束缚中解放出来，从对马克思主义的错误的和教条式的理解中解放出来，从主观主义和形而上学的桎梏中解放出来。要坚持马克思主义基本原理，又要谱写新的理论篇章；要发扬革命传统，又要创造新鲜经验。善于在解放思想中统一思想，用发展着的马克思主义指导新的实践。”如果一切以马克思的本本为依据，以马克思的话作为衡量是不是马克思主义的标准，我们就不是马克思主义而变成教条主义者了。这是与马克思主义与时俱进的本性背道而驰的。

三、马克思主义前途光明

马克思逝世以后的后马克思时代，是马克思主义大发展时期，也是马克思主义的高潮与低潮交错的时期。亚洲并非马克思主义的原发区，但它在亚洲得到重大发展。继十月革命后中国革命的胜利，以及亚洲其他国家革命的胜利，使马克思主义曾红遍半个世界，可谓霞光满天。可 20 世纪 80 年代以来，以苏东剧变为标志，马克思主义发展在一定程度上陷入困境。由于苏联解体和东欧剧变，与社会主义制度崩溃和逆转相伴随，马克思主义的威信受到极大的打击。在苏东剧变后，西方一些政治家弹冠相

① 《邓小平文选》，第 3 卷，291 页，北京，人民出版社，1993。

庆，欢呼共产主义的崩溃和没落。自由主义一时成为最流行最时髦的思潮。

但是马克思主义并没有被打倒，也不可能被打倒。不仅马克思主义在中国的改革开放中得到创造性发展，而且在世界上不少马克思主义者和左派人士从苏东剧变的打击下重新集结，总结经验，探讨发展的前景和方式。1998 年在巴黎召开的马克思主义国际会议和《共产党宣言》发表 150 周年时召开的国际会议，都表明世界并没有忘记马克思，没有抛弃马克思主义。

事实上，马克思主义仍在世界政治生活和思想领域中发挥它的重大作用。西方马克思主义在不断变化。世界上出现了各种名称的马克思主义学派。当然，西方马克思主义并非一个统一的学派，它们的理论视野和理论风格迥异。可是苏东剧变后，它们的政治态度很值得注意。西方马克思主义在它开始产生时，是以反对传统马克思主义，特别是苏联式的马克思主义为主要特征的，可在苏东剧变后，其中有些人却采取维护马克思主义的立场，反对把苏联模式的社会主义失败说成是马克思主义的失败。因而我们对各种不同旗号的西方马克思主义的观点和政治立场应该采取具体分析的态度，既不能一概赞同，也不能简单拒绝。

此外，在当代西方社会思潮中，后现代主义甚为活跃。后现代主义是资本主义社会自身矛盾的产物，是对资本主义社会现代化中消极方面抗议的理论表现。它在批评资本主义现代性的过程中，往往援引马克思主义对资本主义的批判，从而表现出对马克思主义的某种程度的接近。但它们的根本观点与马克思主义并不相同。然而，后现代主义的这种表现不是“作秀”，而是表明在当代任何对资本主义的批判，都不可能无视马克思主义的伟大成就。其实，说得极端一些，人们从当代西方发达资本主义国家的政府，更不用说自称实行第三条道路的政府推行的政策，如劳资政策、社会福利和社保政策、税收政策以及调节两极对立的政策中，都可以看到社会主义国家存在的影响，看到马克思主义对资本主义社会矛盾批判的作用，都能看到马克思主义的影响。

事情正像德里达在《马克思的幽灵》中所说的，我们都是马克思的幽灵即处在马克思的阴影之下，我们不能没有对马克思的回忆。在当代世界，不仅马克思主义的坚决拥护者，即使是马克思主义的形形色色的反对者，都绕不开马克思。可以说，全世界都受到马克思思想的影响。然而在当代，马克思主义不像1848年时的欧洲共产主义那样是一个幽灵，而是一个在思想理论领域和现实政治生活中，最具真理性最有影响力的学说。

尽管如此，与20世纪上半叶相比，马克思主义总体上还是处于低潮。但这种情况只是前进中的曲折。当代世界经济全球化的趋势，不仅促进了生产力的发展和各国的世界性交往，同时也把资本主义社会的生产社会化和生产资料私人占有之间的矛盾，通过经济全球化而变为一种具有世界性质的矛盾；把发达资本主义国家内部的贫富矛盾，扩大为世界范围内的富国与穷国的矛盾。这更有利于人们重新认识马克思主义理论的真理性，有利于世界人民对新的更公正更合理的社会主义制度的追求和选择。

当今世界，虽然以美国为代表的发达资本主义仍然处于主导地位，但世界并非别无选择。事实上，尽管当今社会主义发展处于困难时期，但中国社会主义改革的巨大成就已向世界表明，社会主义的前景是光明的，马克思主义是当代世界真正能给世界人民解放以精神支持和理论指导的科学学说。当然，这要经过较长时间的资本主义世界矛盾激化过程，经过长期的工人阶级组织和教育的过程，需要世界各国的马克思主义队伍的各自重新集结和壮大，需要群众革命意识的重新觉醒，需要各国马克思主义者与本国实际相结合，不断推进马克思主义的新发展。如果用毛泽东当年说的“前途是光明的，道路是曲折的”来描述马克思主义的前景，我认为非常恰当。

马克思逝世已经120年了。经历了这120年波澜壮阔风云变幻的历史考验，马克思依然是世人心目中伟大的思想家和革命导师；他所创立的马克思主义依然是我们时代的旗帜，依然是最具生命力和创造力的理论思想。黑格尔说过，“伟大的灵魂——哲学史上的英雄们的身体，他们在时间里的生活，诚然是一去不复返了，但他们的著作（他们的思想，原则）却并不随着他们而俱逝”①。历史上不少著名思想家的思想不死，因为它通过文字物化为著作，可以为后人研究、吸收、借鉴。

① ［德］黑格尔：《哲学史讲演录》，第1卷，42页，北京，商务印书馆，1956。

这里特别需要指出的是，马克思与其他对历史和现实发生影响的思想家不同，那些历史上对人类思想有长期影响的思想家，他们的学说、理论一般都是在思想领域中，没有变成也不可能变成一种改造社会的运动，更没有千千万万的实践者和最广泛的群众支持，而马克思是永远的马克思，因为他所创立的学说在世界许多地方为群众所掌握，变为一种改造世界的物质力量，在实践中传播，在实践中发展，而不是只存在于图书馆中，存在于典籍中待人阅读和研究。马克思永远是“活着”的马克思，虽然他在120年前就安葬在伦敦海格特公墓中；尽管马克思创立的马克思主义产生于19世纪40年代，但它具有的真理性认识是任何时候都不能被推翻的。真理无新旧，可以有古老的真理也可以有最新的谬误。邓小平和江泽民一再强调“老祖宗不能丢”的原因正在于此。马克思的英名由于他所创立的马克思主义而不朽；马克思主义也由于他的后继者的不断发展而永葆青春。

（原载《中国特色社会主义研究》，2003（2））

2. 马克思主义产生的历史必然性

在人类历史上，曾经出现过各种各样的思想学派和理论体系，但像马克思主义这样代表全世界劳动人民的根本利益、同群众和实践密切结合、把严格的科学性和坚定的革命性高度结合在一起的学说是从来没有的。19世纪40年代马克思主义的产生，是人类思想史上的伟大变革。

为什么年轻的马克思、恩格斯能创立马克思主义？仅仅因为他们聪颖过人吗？当然不是。马克思和恩格斯的先驱者们都是才气横溢、光芒四射的人物。恩格斯就说过黑格尔和圣西门是“两个最有天才的人物”①，还赞扬黑格尔是“奥林帕斯山上的宙斯”②。使马克思和恩格斯超出他们先驱者的，不只是他们个人的智慧和才能，而主要是他们所处的时代。

任何一种新的社会思想和理论，只有当社会物质生活发展提出新任务时才能产生出来。毛泽东同志指出：“由于欧洲许多国家的社会经济情况进到了资本主义高度发展的阶段，生产力、阶级斗争和科学均发展到了历史上未有过的水平，工业无产阶级成为历史发展的最伟大的动力，因而产生了马克思主义的唯物辩证法的宇宙观。”③ 这一科学论断不仅概括了马克思主义哲学的产生，而且对于概括整个马克思主义的产生也是适用的。

---

① 《马克思恩格斯全集》，第20卷，593页，北京，人民出版社，1971。

② 《马克思恩格斯选集》，第4卷，214页，北京，人民出版社，1972。

③ 《毛泽东选集》，2版，第1卷，300页，北京，人民出版社，1991。（文章发表后在被其他书收入时，对注释按照当时的新版本做了调整，因此出现发表时间在先，引用文献版本在后的情况。下同。）

马克思和恩格斯都是德国人，但马克思主义“并不是**专属**德国的产物，而同样是国际的产物”，“科学社会主义的产生，一方面必需有德国的辩证法，但是同时也必须有英国和法国的发展了的经济关系和政治关系。德国的落后的经济和政治条件——四十年代初比现在还落后得多——最多只能产生社会主义的讽刺画”①。实际上，马克思主义是当时西欧几个主要资本主义国家所固有的内在矛盾——社会化生产和资本主义占有制的矛盾，以及无产阶级和资产阶级的矛盾激化的产物。

英国是恩格斯和马克思活动的重要国家，资本主义生产有着高度发展。18 世纪中期，英国从蒸汽机和棉花加工机开始的产业革命，使得机器生产逐步代替了手工操作，以机器生产的大工业代替了工厂手工业，社会生产力得到了迅速的发展。棉纺织业是当时英国工业的重要部门，在 1771—1795 年输入英国的籽棉平均每年不到 500 万磅，而到 19 世纪 40 年代初输入不下 6 亿磅。羊毛加工业、麻纺工业、蚕丝加工业发展都极为迅速。铁的生产，1740 年不过 1.7 万吨，而到 1834 年就达 70 万吨。煤炭生产猛增，当时英格兰和苏格兰的许多煤矿正在开采，仅诺森伯兰和德勒穆的煤矿每年就有 500 万吨以上出口，使用工人四五万人。其他如锡矿、铜矿、铅矿也在加紧开采。生产的发展促进了运输的发展。1830 年建造的从利物浦到曼彻斯特的第一条铁路通车，从此以后，一切大城市彼此都用铁路联系起来。蒸汽不仅在陆路交通工具方面引起了革命，而且使水路交通工具也有了新的面貌。从 1811 年第一艘轮船在克莱德河下水后，到 1836 年停泊在英国海湾中的轮船总计已达 500 艘以上。英国是当时世界上生产最发达的国家。

法国是马克思早期活动的重要国家。同英国相比，法国资本主义发展水平比较低一些，但经过资产阶级革命和拿破仑统治时期，无论是工业还是农业，资本主义都得到了很大的发展。特别是七月王朝时期，法国产业革命发展迅速，工业中已广泛采用机器生产。1830 年，全国蒸汽机只有 600 多架，到 1847 年增加到 4 800 多架。1830 年工业用煤为 170 万吨，到 1847 年增加到 550 多万吨。铁的开采量，1832 年只有 70 万吨左右，到

① 《马克思恩格斯全集》，第 19 卷，346～347 页，北京，人民出版社，1963。

1847年增加到160多万吨。交通运输的发展也极为迅速，例如铁路，1831年只有30多公里，而1847年竟达1 500公里左右。

随着资本主义生产的高度发展，资本主义生产方式所固有的内在矛盾——社会化生产和资本家占有之间的矛盾日趋激化。经济危机就是这种矛盾的表现。从1825年发生第一次危机以来，资本主义国家周期性地受到危机的冲击。在危机中，商业停顿、市场盈溢、产品滞销、银根奇紧、信用停止、工厂关门，好像是发生了社会大瘟疫。这就说明，资本主义生产关系和生产力的矛盾尖锐化，因而生产力起来反抗资本主义生产关系，反抗作为资产阶级及其统治的存在条件的所有制关系。这种矛盾本身就孕育着解决矛盾的手段，蕴含着从科学理论上予以阐述的可能性。

当然，那时德国的情况同英、法还不完全一样。从政治上说，德国包括着30多个具有封建专制的独立邦，还没有统一；从经济上说，当时普鲁士以及整个德意志仍然是个带有封建性的农业国家。但是19世纪初，在一些地区行会制度和封建束缚已被废除，有些已被削弱，资本主义发展有了较好的条件。到19世纪20年代，资本主义工业已有显著增长。特别是莱茵和威斯特伐里亚地区，工业生产已逐步采用机器，成为资本主义工业的先进地区。而且在19世纪30年代，成立了德意志关税同盟，促进了工业的发展。19世纪初，全德国只有少数工厂，到40年代初，仅普鲁士就有蒸汽机1 100多架，大小手工工场和工厂78 000多家。交通运输发展也非常迅速。普鲁士在1835年开始修筑铁路，到1845年干线已达2 000多公里，并创办了汉萨汽船公司和汉堡——美洲汽船公司。德国资本主义发展虽然较晚，但是“对于某一国家内冲突的发生来说，完全没有必要等这种矛盾在这个国家本身中发展到极端的地步。由于同工业比较发达的国家进行广泛的国际交往所引起的竞争，就足以使工业比较不发达的国家内产生类似的矛盾”①。因此，德国生产力发展水平虽然不如英国和法国，但资本主义生产方式所固有的内在矛盾，它的内在弊病同样呈现出来了。

随着资本主义社会生产力和生产关系矛盾的激化，无产阶级和资产阶级的矛盾也尖锐起来了。无产阶级已经从早期自发地反对个别企业主、破

① 《马克思恩格斯全集》，第3卷，83页，北京，人民出版社，1960。

坏机器的斗争，发展到有组织的、大规模的政治罢工。19 世纪 40 年代，在当时几个主要资本主义国家所出现的工人起义和工人运动，开辟了无产阶级反对资产阶级斗争的新纪元。

法国 1830 年的七月革命，结束了波旁王朝的统治。法国工人曾积极参加这一斗争，期望建立共和制度，使自己能获得政治权利，改善自己的困难处境。但实际上正好相反，波旁王朝被推翻了，无产阶级和劳动人民的生活不仅没有改善，而且更加恶化了，从而引起工人的普遍不满。1831 年 11 月和 1834 年 4 月，在里昂爆发了大规模的工人起义。这是无产阶级觉醒的标志。它带着自己的政治要求大步登上政治舞台，把斗争矛头转向资产阶级。

几乎是紧接着法国里昂工人起义失败不久，英国工人掀起了宪章运动。这是在西欧发达的资本主义工业国家，工人阶级走上独立政治道路的又一个鲜明标志。

成百万工人和劳动群众参加的宪章运动，是工人运动史上声势浩大的政治运动。它虽然不像里昂起义那样直接拿起武器，但斗争矛头同样是指向资产阶级的政治统治。恩格斯高度评价了宪章运动，说："在宪章主义旗帜下起来反对资产阶级的是整个工人阶级，他们首先向资产阶级的政权进攻，向资产阶级用来保护自己的这道法律围墙进攻。"① 后来列宁也赞扬英国的宪章运动是"世界上第一次广泛的、真正群众性的、政治上已经成型的无产阶级革命运动"②。

在马克思和恩格斯的祖国，工人运动也开始兴起。当时德国的矛盾是错综复杂的，既有资本主义与封建势力的矛盾，又有无产阶级同资产阶级的矛盾。由于英、法无产阶级和资产阶级的对抗日益尖锐，德国的资产阶级胆小如鼠，它们宁愿同封建势力妥协，共同反对无产阶级。德国的无产阶级受到资产阶级和封建势力的双重压迫，因而从 19 世纪 20 年代起，工人罢工和反对统治阶级的活动日益频繁。1820 年有图灵根的工人起义；1830 年有莱茵区和萨克森的工人起义；19 世纪 40 年代初，在柏林、伦兹

---

① 《马克思恩格斯全集》，第 2 卷，516 页，北京，人民出版社，1957。
② 《列宁全集》，2 版，第 36 卷，292 页，北京，人民出版社，1985。

堡都爆发了罢工事件。

1844年6月的西里西亚织工起义，是当时无产阶级和资产阶级矛盾进一步尖锐化的必然结果。这次起义的规模虽然不及里昂起义和宪章运动，但它是德国无产阶级觉醒的重要标志。它十分明确地反对私有制，反对资本主义剥削。马克思对这次起义评价很高，认为“法国和英国的工人起义**没有一次**像西里西亚织工起义那样具有如此的**理论性**和**自觉性**”，“西里西亚起义**一开始**就恰好做到了法国和英国工人在起义**结束**时才做到的事，那就是意识到无产阶级的本质”①。

随着无产阶级和资产阶级矛盾的尖锐化，随着工人运动的兴起，工人的组织也相继出现。1840年，英国成立了宪章派全国协会，称为宪章党，这是近代第一个工人政党。德国也出现了最初的一些工人组织，1834年在巴黎成立了德国流亡者第一个秘密组织——“被压迫者同盟”，后来“被压迫者同盟”发生分化，1836年创立了“正义者同盟”。1837年由布朗基领导成立了“四季社”，1839年5月12日“四季社”在巴黎发动的起义失败后，“正义者同盟”遭到严重打击，转移到伦敦，1840年2月7日在伦敦成立了一个公开的工人教育协会。工人组织的出现，是工人摆脱分散性、自发性，作为一种独立政治力量的重要表现。

无产阶级作为独立的政治力量登上历史舞台，工人运动的兴起，要求把社会主义由空想变成科学。这是时代提出的伟大任务，但是，把社会主义由空想变成科学，这是一个全面的、综合性的任务。它必须以辩证唯物主义和历史唯物主义世界观为指导，以对资本主义生产方式的经济剖析为基础，全面地分析资本主义社会的阶级状况、无产阶级的地位和历史使命。因而作为无产阶级意识形态的马克思主义，必然是包括哲学、政治经济学和科学社会主义在内的统一整体。

时代的需要孕育着可能。问题本身包含着问题解决的因素。资本主义生产方式矛盾的激化，无产阶级登上历史舞台，不仅提出了在哲学、经济学、社会主义学说方面实行变革的必要性，而且提供了产生统一的马克思主义学说的可能性。

---

① 《马克思恩格斯全集》，第1卷，483页，北京，人民出版社，1956。

马克思主义哲学，特别是历史观方面的变革，就是同资本主义社会矛盾的激化密切联系的。资本主义社会不仅明显地呈现出社会是个有机体，暴露了社会的内在矛盾和辩证运动，而且由于撕去一切宗法的、宗教的含情脉脉的面纱，赤裸裸地显示了物质利益的作用。恩格斯在列举了里昂起义、宪章运动，以及无产阶级和资产阶级矛盾激化所引起的一系列变化之后，说："新的事实迫使人们对以往的全部历史作一番新的研究，结果发现：以往的**全部**历史，都是阶级斗争的历史；这些互相斗争的社会阶级在任何时候都是生产关系和交换关系的产物，一句话，都是自己时代的**经济**关系的产物；因而每一时代的社会经济结构形成现实基础，每一个历史时期由法律设施和政治设施以及宗教的、哲学的和其他的观点所构成的全部上层建筑，归根到底都是应由这个基础来说明的。这样一来，唯心主义从它的最后的避难所中，从历史观中被驱逐出来了，唯物主义历史观被提出来了，用人们的存在说明他们的意识而不是象以往那样用人们的意识说明他们的存在这样一条道路已经找到了。"①

同样，生产方式的发展制约着经济学发展的水平。英国古典政治经济学是在资本主义生产方式同封建生产方式斗争中产生的，反映了资本主义生产方式上升时期的情况。随着资本主义内在矛盾和阶级斗争的激化，事实日益令人信服地证明：资产阶级经济学关于资本和劳动的利益一致，关于自由竞争必将带来普遍协调和全民幸福的学说完全是撒谎；并且以越来越多的经济事实，使从理论上揭示资本主义生产方式的本质，即无偿地占有剩余价值成为可能。

特别是19世纪40年代的历史条件，解决了空想社会主义所不能解决的两大问题：为什么资本主义必然为社会主义所代替？这个任务由什么力量来完成？资本主义生产方式自身矛盾的尖锐化，无产阶级作为独立政治力量登上历史舞台，就蕴藏着对这些问题的回答。

成熟的理论是和成熟的阶级关系相适应的。马克思主义哲学、政治经济学、科学社会主义虽然各有特点，但从根本上说，它们是从不同角度，对资本主义社会的生产方式、社会结构、阶级关系的概括和总结。因此，

---

① 《马克思恩格斯选集》，第3卷，66页，北京，人民出版社，1972。

使得在上述三个方面都同样有可能达到科学水平，从而为包括三个组成部分在内的、完整的马克思主义体系的产生奠定了客观基础。

但是，经济条件并不能自发地产生任何思想学说，理论思维还必须从已有的思想材料出发。人类认识如同接力赛跑一样，后人是在前人已经取得的成就基础上前进的。从理论本身说，马克思主义的诞生同当时德国、英国、法国形成的特殊理论环境是密切不可分的。正如列宁所说的："马克思学说是人类在19世纪所创造的优秀成果——德国的哲学、英国的政治经济学和法国的社会主义的当然继承者。"①

马克思和恩格斯好学敏求，知识渊博，广泛涉猎过各种部门的学问。例如马克思就精通希腊罗马的古典文学，钻研过历史，特别是法国革命史，研究过资产阶级启蒙学者的政治学说。毫无疑义，这些对于他们创立马克思主义起了重要作用。但就马克思主义的来源说，主要是德国古典哲学、英国古典政治经济学、19世纪三大空想社会主义。因为这些都凝结着到19世纪上半叶为止人类思想的最高成就。马克思和恩格斯不仅吸取了先驱者们所取得的科学成就，更重要的是解决了由他们提出而没有解决的问题。完全可以说，马克思主义的诞生，是人类思想精华合乎逻辑地发展的必然结果。

德国古典哲学产生于18世纪末到19世纪初，从康德经过费希特、谢林，一直到黑格尔和费尔巴哈。其中主要是黑格尔和费尔巴哈是马克思主义哲学的重要来源。列宁在概括马克思主义创始人同德国古典哲学关系时指出，马克思和恩格斯是"离开黑格尔走向费尔巴哈，又**超过**费尔巴哈走向历史（和辩证）唯物主义"；还说："在马克思那里有很多**新东西**，他感兴趣的只是**从**黑格尔和从费尔巴哈**继续**前进，**从**唯心主义辩证法**向**唯物主义辩证法前进。"② 列宁的总结，深刻地揭示了德国古典哲学在马克思主义哲学形成中的地位和作用。

乔治·威廉·弗里德里希·黑格尔（1770—1831），是德国伟大的唯心主义辩证法家。他尖锐地批判了形而上学观点，肯定事物的普遍运动和

① 《列宁全集》，2版，第23卷，41～42页，北京，人民出版社，1990。
② 《列宁全集》，2版，第55卷，293页，北京，人民出版社，1990。

发展，认为永恒不变的东西是没有的。黑格尔在《精神现象学》、《逻辑学》、《精神哲学》中，从唯心主义立场出发表述了这种发展观念。恩格斯高度评价了黑格尔的这种思想，指出："黑格尔第一次——这是他的巨大功绩——把整个自然的、历史的和精神的世界描写为一个过程，即把它描写为处在不断的运动、变化、转变和发展中，并企图揭示这种运动和发展的内在联系"①。

黑格尔是历史上第一个以唯心主义的形式，系统地阐述了辩证法基本规律的人。其中特别是通过矛盾的产生、发展和转化，阐述了对立统一规律。黑格尔认为矛盾是普遍的、无所不在的。他说："事实上无论在天上或地上，无论在精神界或自然界，绝没有象知性所坚持的那种'非此即彼'的抽象东西。"他还驳斥了形而上学观点，"说矛盾不可设想，那是可笑的"②。

更加深刻的是，黑格尔把矛盾看做是一切事物发展的动力。他明确指出："运动不过就是矛盾的表现"③，"运动就是实有的矛盾本身"④，等等。把运动和矛盾联系起来，把矛盾看做运动发展的内在源泉，这是黑格尔的光辉贡献。

黑格尔对辩证法虽然作出了重大突破，但从根本上说，他的辩证法是不科学的，也是不彻底的。他只承认自然界在空间的多样性，而否认它在时间的发展；他把普鲁士王国看做历史发展的顶点，把自己的哲学看做认识的终结。他的辩证法的光辉，集中表现在概念的纯逻辑的推演中。这充分说明，黑格尔的辩证法在它原有的形态下是完全不适用的。

马克思和恩格斯并没有原封不动地搬用黑格尔的辩证法，而是进行了根本改造。正如列宁所说的，对黑格尔哲学"必须揭示、理解、拯救、解脱、澄清"⑤，"马克思和恩格斯就做到了这一点"⑥。

在黑格尔的辩证法中，留下了两个根本性的矛盾，而马克思主义的辩

---

① 《马克思恩格斯选集》，第 3 卷，63 页。
② ［德］黑格尔：《小逻辑》，258 页，北京，商务印书馆，1980。
③ ［德］黑格尔：《逻辑学》，下卷，66 页，北京，商务印书馆，1976。
④ 同上书，67 页。
⑤ 《列宁全集》，2 版，第 55 卷，117～118 页。
⑥ 同上书，118 页。

证唯物主义，正是在解决这两大矛盾中前进的。第一是解决了黑格尔把运动和运动着的物质对立起来的矛盾，把唯物主义和辩证法相结合，创立了唯物辩证法；第二是解决了黑格尔哲学中的辩证法前提同形而上学结论的矛盾，克服了黑格尔辩证法的不彻底性，创立了包括自然、社会和人类思维在内的，适用于过去、现在和未来的彻底辩证法，“这种辩证哲学推翻了一切关于最终的绝对真理和与之相应的人类绝对状态的想法”，“除了发生和消灭、无止境地由低级上升到高级的不断的过程，什么都不存在”①。

马克思和恩格斯对黑格尔唯心主义哲学的批判，开始是受到费尔巴哈哲学的影响和启发。费尔巴哈是德国古典哲学的最后一位代表，也是青年黑格尔派中的杰出一员。他充当了马克思、恩格斯克服黑格尔唯心主义，走向辩证唯物主义和历史唯物主义的桥梁和纽带。

路德维希·费尔巴哈（1804—1872）的伟大功绩，是他在反对神学和唯心主义的斗争中，根本改变了唯心主义的统治地位，恢复了唯物主义的权威。

费尔巴哈是从批判神学转向唯物主义的，对宗教的批判，是费尔巴哈人本主义哲学的重要部分。他尖锐地抨击了宗教所宣扬的上帝，认为人们所幻想的上帝，实际上就是人类自己的特性，上帝的本质是人的本质的异化。

费尔巴哈还用清醒的唯物主义哲学，代替了沉醉的唯心主义思辨。他坚持了唯物主义原则，坚定地认为，世界是物质的，自然界不依赖于意识而独立存在；人和自然界是统一的。他还批判了不可知主义，坚持了唯物主义的可知论。他充分信赖人的感官，强调自然界中没有人类不能用自己的五官来感知的属性和性质。“人的感官不多不少，恰恰在世界的全体中认识世界之用。”②

但是，费尔巴哈的唯物主义有着严重的缺陷。他虽然生长在富有辩证思维传统的德国，出生在黑格尔之后，但他的哲学同 18 世纪的法国唯物主义一样是形而上学的。他突破了黑格尔的唯心主义体系，但不是扬弃它，而是把精华与糟粕一起丢掉，如同把婴儿连同脏水一道泼掉一样。只

① 《马克思恩格斯选集》，第 4 卷，213 页。
② 《费尔巴哈哲学著作选集》，下卷，630 页，北京，三联书店，1962。

有马克思和恩格斯才从德国唯心主义哲学中拯救了自觉的辩证法，并把它转变为唯物主义的自然观和历史观。

费尔巴哈哲学的另一个重大缺陷是唯心主义历史观。他否定上帝存在的思想是光辉的，但整个批判是从人本主义出发的。费尔巴哈对宗教批判的重大意义，并不在于他把问题解决到什么程度，重要的是他提出了问题，从而为进一步发展开辟了道路。马克思和恩格斯指出："由于费尔巴哈揭露了宗教世界是世俗世界的幻想……在德国理论面前就自然而然产生了一个费尔巴哈所没有回答的问题：人们是怎样把这些幻想'塞进自己头脑'的？这个问题甚至为德国理论家开辟了通向唯物主义世界观的道路"①。正是马克思、恩格斯天才地回答了这个问题。他们探讨了宗教的世俗基础，并且研究了国家与市民社会的关系，从而迈出了创立历史唯物主义的决定性的一步。从《黑格尔法哲学批判》开始，经过《德法年鉴》上的重要论文到《德意志意识形态》，就是沿着这条道路前进的。

社会历史是曲折的，人类认识史也是一样。从黑格尔到费尔巴哈包含着二重性：既是前进又是后退。从黑格尔的唯心主义思辨到费尔巴哈的唯物主义，无疑是进步；但从黑格尔的辩证法到费尔巴哈的形而上学，又是倒退。因而马克思和恩格斯在费尔巴哈哲学基础上继续前进时，有一定程度上的"复归"，即从黑格尔的辩证法中吸收积极因素，从而创立了同黑格尔和费尔巴哈有本质区别的科学世界观。

马克思和恩格斯在创立自己的经济学说时，批判地吸收了以往的，特别是英国古典政治经济学的优秀成果，并向前推进了这个学说，引起了整个经济学说的革命变革。

从英国古典政治经济学的创始人威廉·配第（1623—1687）开始，到它的完成者大卫·李嘉图（1772—1823），英国古典政治经济学的最积极成果是劳动价值论。李嘉图克服了配第、斯密劳动价值论中的不彻底性和混乱，对商品价值决定于劳动时间这一规定，做了十分清楚的、透彻的表述和发展。马克思和恩格斯批判地吸收了英国古典政治经济学关于劳动是价值的唯一源泉、关于劳动一般等积极因素，科学地论述了商品二重性、

① 《马克思恩格斯全集》，第3卷，261页。

劳动二重性，论述了价值形态的发展，创立了科学的、逻辑上一贯的马克思主义的劳动价值论。正如列宁所指出的："亚当·斯密和大卫·李嘉图通过对经济制度的研究奠定了**劳动价值论**的基础。马克思继续了他们的事业。他严密地论证了并且透彻地发展了这个理论。"①

剩余价值学说是马克思经济理论的基石。从思想发展史的角度看，剩余价值学说的创立，是英国古典政治经济学中劳动价值论的合乎逻辑的发展。因为自从他们提出劳动是价值的源泉这个原理以后，就不可避免地产生一个问题：既然商品的价值决定于劳动时间，那资本家的利润是从哪里来的？不论是资产阶级经济学者或是空想社会主义者都企图对这个问题作出有科学根据的答复，但都徒劳无功，直到最后才由马克思做了解答。

剩余价值学说是马克思主义的独创，但它也不是凭空产生的，而是吸收了古典政治经济学的一些积极成果。马克思在经济学说方面的先驱者们虽然没有剩余价值这个概念，但他们通过对剩余价值的具体形态——地租、利润、利息的研究，提供了一些宝贵的思想。只有马克思和恩格斯才科学地研究了剩余价值的生产和实现，研究了绝对剩余价值和相对剩余价值，研究了剩余价值及其表现形态，创立了科学的剩余价值论，使在黑暗中摸索的经济学领域，从此得到了阳光的照耀。

19 世纪的三大空想社会主义者的思想是科学社会主义的重要来源。恩格斯明确指出："德国的理论上的社会主义永远不会忘记，它是依靠圣西门、傅立叶和欧文这三位思想家而确立起来的。"②

这些伟大的空想社会主义者，在资本主义制度刚刚确立的时候，就揭露了这个制度的许多弊病。他们对资本主义社会现象的讽刺和鞭挞，淋漓尽致，妙趣横生，提供了启发工人觉悟的极为宝贵的材料；另一方面，他们在对资本主义制度批判的基础上，各自拟订了社会改革的方案。他们的方案当然是空想的，但通过对未来社会的设想，提出了许多积极主张，例如，关于消灭旧的社会分工，消灭城乡、工农、脑力劳动和体力劳动的差

① 《列宁全集》，2 版，第 23 卷，46 页。
② 《马克思恩格斯全集》，第 18 卷，566 页，北京，人民出版社，1964。

别，关于教育与生产劳动相结合，关于未来国家职能的猜测等等思想，这些都有利于科学社会主义理论的形成。

总之，德国古典哲学、英国古典政治经济学和三大空想社会主义形成了 19 世纪上半叶欧洲特殊的理论环境。它们在理论上取得的成就和存在的错误，已经解决的问题和未解决的问题，正面和反面的经验，都是孕育马克思主义诞生的肥壤沃土。

理论思维是个复杂的过程。马克思主义的三个组成部分，并不是分别地、互不相关地来源于德国古典哲学、英国古典政治经济学和 19 世纪三大空想社会主义。正如马克思主义三个组成部分是统一整体一样，马克思的先驱者们的学说以不同的方式，对马克思主义的各个组成部分直接或间接地起着作用。完全可以说，它们的作用不是孤立的，而是综合的、相互渗透的，是一种“合力”。正如当时英国、法国的资本主义生产方式的高度发展，“弥补”了德国经济落后的缺陷一样，它们各自在某一个理论领域取得的高度成就，对于马克思主义的产生起到了相互补充的作用。

马克思主义哲学不仅来源于德国古典哲学；而且批判地改造英国古典政治经济学和三大空想社会主义，对辩证唯物主义和历史唯物主义世界观的形成也起了极其重要的作用。

马克思主义哲学的创立，同马克思和恩格斯对英国古典经济学的批判和改造是密切联系着的。历史唯物主义的基本范畴——生产力、生产关系、生产方式、社会经济形态，以及关于物质资料生产在社会发展中的决定作用，关于社会存在决定社会意识、经济基础决定上层建筑等一系列重要原理，都不是直接来源于德国古典哲学，而是建立在对政治经济学研究的基础上。马克思正是在移居巴黎以后，阅读大量的英国古典经济学派的著作，初步研究了经济学之后，才真正创立了历史唯物主义。而唯物史观的形成和发展，又反过来加深和完善了马克思和恩格斯对辩证唯物主义有关问题的研究。

对 19 世纪三大空想社会主义学说的批判和改造，也促进了马克思主义哲学的变革。马克思不满意空想社会主义搞的各种“实际试验”，而是寻求共产主义的“理论论证”。马克思把哲学的研究和人类解放结合在一起，认为哲学是人类解放的“头脑”，而无产阶级是人类解放的“心脏”。这样，就使马克思主义哲学突破了德国古典哲学的思辨传统，变成革命的、实践的哲学。

同样，马克思主义政治经济学也不仅仅来源于英国的古典政治经济学。如果没有对德国古典哲学的精深研究，不把辩证法和唯物主义结合起来，马克思和恩格斯在经济领域中的变革也是不可能的。

英国古典政治经济学家的世界观是形而上学的，历史观是唯心主义的。他们把资本主义的秩序、把各种经济范畴看成人性的体现，是永恒不变的。而马克思、恩格斯在 19 世纪 40 年代初着手研究经济学时，虽然哲学观点正在形成过程中，但思维方法是辩证的，而且有了历史唯物主义的若干因素。正是从德国古典哲学中吸收的宝贵遗产，使马克思和恩格斯从一开始就与英国古典政治经济学的研究方法根本不同。他们研究私有财产的起源，并且联系到私有制来研究各个经济范畴，因而为在政治经济学领域中实现根本变革，从世界观和方法论上提供了条件。

如果说对德国古典哲学的改造，为研究政治经济学提供了世界观和方法论，那么对 19 世纪三大空想社会主义学说的改造，对无产阶级伟大历史使命的论述则规定了马克思主义经济学的研究目的和方向。空想社会主义者把社会主义建立在理性的基础上，而马克思和恩格斯则把社会主义建立在现实的基础上，即建立在科学地把握资本主义经济规律的基础上。推动马克思和恩格斯从事经济学研究的不是单纯的理论兴趣，而是他们由革命民主主义转向共产主义的实际需要。英国古典政治经济学论证资本主义制度比封建制度优越，为资本主义私有制辩护；而马克思和恩格斯吸收了 19 世纪三大空想社会主义对资本主义制度弊病的抨击，因而他们研究经济学的立足点是要论证资本主义制度的暂时性、过渡性，揭示它的产生、发展和灭亡的规律。

科学社会主义也不仅仅是来源于 19 世纪三大空想社会主义者，马克思、恩格斯把社会主义由空想变成科学，是同他们批判地改造德国古典哲学和英国古典政治经济学不可分割地结合在一起的。

没有德国古典哲学，科学社会主义就难以产生。恩格斯公开宣称：“我们不仅继承了圣西门、傅立叶和欧文，而且继承了康德、费希特和黑格尔”①。并且明确指出：“如果不是先有德国哲学，特别是黑格尔哲学，那末德国科学社会主义，即过去从来没有过的唯一的科学社会主义，就决不可能创立。”② 当然，科学社会主义并不是从德国古典哲学中推论出来的。直接以德国古典哲学为依据的共产主义学说，即哲学共产主义，仍然是思辨的，不科学的。德国古典哲学对科学社会主义形成的作用，最集中地表现在它为用正确的世界观和方法论原则来分析社会主义问题，提供了积极因素。

同样，剩余价值的发现，是确立科学社会主义的另一个重要理论前提。马克思从1844年着手研究政治经济学后，开始抛弃对共产主义的人本主义论证，力图从经济学角度来证明共产主义的必然性，而剩余价值的发现揭露了资本主义生产方式的本质和秘密，揭示了无产阶级和资产阶级对抗的最深刻的根源，揭示了无产阶级在资本主义制度下的地位，从而形成了完整的社会主义思想体系。毫无疑问，英国古典经济学的重大成就，特别是劳动价值论，大大缩短了马克思和恩格斯研究经济学的过程，特别是发现剩余价值的过程。

当然，马克思主义同它的三个来源之间的关系是复杂的、充满矛盾的。马克思和恩格斯并不是一开始就对他们先驱者们的学说有高度认识，能区分出精华和糟粕，而是经历了一个探讨、清理、吸收的过程，并且对待三个来源的态度也不完全一样。例如对英国古典政治经济学，开始时基本上是否定的，把英国古典政治经济学和资产阶级庸俗经济学混为一谈，都称之为发财致富的科学，特别是对英国古典政治经济学的最重要的思想——劳动价值论，持否定态度；对德国古典哲学的态度，总的说来不同于对英国古典政治经济学，但即使同样是德国古典哲学，对黑格尔和费尔巴哈的态度也不一样。对黑格尔哲学，马克思开始是厌恶的，讨厌它的思辨性；可是对费尔巴哈哲学的“解放作用”，马克思和恩格斯一开始就是欢迎的。此外，马克思在《莱茵报》工作时，对于当时在德国流传的法国空想社会主义和共产主义是表示反对的；而在移居法国之后，深入研究了

① 《马克思恩格斯全集》，第19卷，347页。

② 《马克思恩格斯全集》，第18卷，565页。

空想社会主义的著作，看到了他们在幻想的外壳中所包含的天才思想的闪光。可见，马克思和恩格斯同他们先驱者的关系，有的开始否定多一些，有的开始肯定多一些，恰如其分地把继承和批判结合起来，取其精华，去其糟粕，是有一个过程的。

19 世纪上半叶，自然科学领域中也有许多重大发现。虽然马克思、恩格斯在创立马克思主义时，主要精力是放在哲学、政治经济学和社会主义学说的探讨上，而不是从事自然科学的研究，但是，自然科学的伟大成就，显示了形而上学的荒谬性和整个自然界的辩证性。这种理论气氛和时代背景，有利于他们吸收德国古典哲学的优秀成果——辩证法，克服旧唯物主义形而上学的局限性。

19 世纪 40 年代的历史条件，理论成就是共同的条件。但马克思和恩格斯与自己同时代的某些人物相比，具有双重优越性：比起工人活动家，他们具有高度的理论素养；而比起那些青年黑格尔派的理论家，他们则具有强烈的实践愿望和经验。马克思和恩格斯不是蛰居书斋的学者，而是投身革命洪流的斗士。这样，他们既继承了人类优秀的遗产，又抓住了时代的脉搏，解决了人类所面临的迫切任务，从而成为马克思主义学说的创始人。

马克思和恩格斯的思想史，是马克思主义基本原理的产生、发展、成熟的历史，也是马克思主义三个组成部分相互促进，相互论证的历史。以毕生精力为无产阶级和全人类解放而斗争的马克思和恩格斯，给我们留下了无与伦比的思想财富。恩格斯就很注意这方面的研究。他不仅亲自撰写了《卡尔·马克思》这篇论文，而且在许多重要著作，特别是在再版马克思和自己的著作的序言中，对马克思主义的许多重要原理的形成和革命活动做了深刻的论述。列宁也为我们树立了杰出的榜样。他在《卡尔·马克思（传记和马克思主义概述）》、《弗里德里希·恩格斯》以及《马克思主义的三个来源和三个组成部分》、《马克思学说的历史命运》等一系列文章中，对马克思主义的来源、形成和发展做了科学概括，并提出了许多研究马克思主义史的方法论原则。梅林、普列汉诺夫等人，在这方面也各自作出了不同程度的贡献。在我国，特别是党的十一届三中全会以后，对马克思主义史的研究已引起了广泛的兴趣和注意。在当前条件下，深入研究和认真学习马克思和恩格斯的思想史是非常必要的。

认真学习马克思和恩格斯的思想史，能使我们深刻理解马克思主义的阶级性和实践性。他们的思想发展过程表明，马克思主义是适应无产阶级阶级斗争的需要，为解决无产阶级肩负的伟大历史使命而产生的。因此，随着无产阶级阶级斗争的发展，随着无产阶级所面临的迫切问题，在统一的马克思主义体系中，往往某个组成部分在不同时期被提到了首要地位。1848年以前，马克思主义哲学的形成特别突出，1848年以后，马克思主义政治思想的发展占据重要地位，50年代和60年代，马克思主义的经济学说获得了充分的发展和完善，而到了巴黎公社革命失败以后，捍卫马克思主义，击退资产阶级和小资产阶级思想家对马克思主义的攻击，进一步把马克思主义系统化，则成为当时的中心任务。马克思主义发展的这种特点充分说明，马克思主义是无产阶级的学说，是同工人运动和无产阶级的革命斗争紧密结合在一起的，要对马克思做出任何人都能接受的解释，是根本办不到的。

认真学习马克思和恩格斯的思想史，能使我们学会全面地、准确地把握马克思主义的科学体系。马克思主义不是一些现成原理、结论的汇编，而是一个有机的统一整体。不仅三个组成部分之间是统一的，而且每个原理的提出，都是同当时的历史条件结合在一起的，并随着实践的发展而不断丰富。在马克思和恩格斯的思想史中，我们不仅能学到马克思主义的重要结论，更重要的是学习他们如何得出这些结论，发展这些结论的方法。这样，我们就可以逐步掌握马克思主义的立场、观点、方法，总结新经验，解决新问题，既坚持原则，又防止思想僵化。列宁在《国家与革命》中使用的就是这种科学方法。他通过马克思主义史的研究，历史地考察了马克思和恩格斯关于国家理论的发展，从而全面地、准确地论述了国家问题，粉碎了在国家问题上的各种机会主义论调。

认真学习马克思和恩格斯的思想史，能够使我们坚定马克思主义信念，抵制各种错误思潮。历史表明：马克思主义是一门科学，它继承了人类全部优秀文化遗产，并且经受了革命风暴的检验；马克思和恩格斯的思想，也是逐步成熟的；在创立马克思主义的过程中，马克思和恩格斯并肩战斗，相互合作，又在不同的方面，各自做出了特殊的贡献。那种所谓恩格斯和马克思的对立，所谓青年马克思同老年马克思的对立，所谓马克思主义的“危机”等等，都是完全违背历史事实的。

无产阶级伟大导师马克思逝世已经一百年了。在他逝世后的一个世纪中，马克思主义跨出了欧美，传到亚洲、非洲、拉丁美洲，遍及全世界。毫无疑问，马克思和恩格斯并没有结束真理，而是为我们继续认识真理指明了方向，我们要坚定地沿着他们开拓的道路前进。

（《马克思恩格斯思想史》前言，上海，上海人民出版社，1982）

3. 试论马克思主义的本质、结构和功能

马克思主义是一种科学体系。尽管人们对马克思主义可以提出各种解释，但马克思主义的本质并不取决于人们的理解，而是决定于它的客观内容。深入地探索这个问题，对于坚持和发展马克思主义是有益的。

一、什么是马克思主义

在当今世界上，几乎所有标榜马克思主义的学派均自称为马克思主义，而且是真正的马克思主义。可是，它们的观点不同，甚至相互对立，彼此指责，争论不休。这就提出一个问题：究竟什么是马克思主义？

如果说，只有坚持马克思和恩格斯的所有观点，奉行“凡是”原则的才是马克思主义，那么马克思主义必然终止于1883年或1895年。按照这种标准，列宁主义不属于马克思主义，因为列宁确实在一些方面突破了马克思恩格斯的论点，用某些新的原理代替某些旧的原理。这样看待马克思主义，就是把马克思主义看做一个历史范畴，如同亚里士多德主义、黑格尔主义一样，只存在于历史上某一个时期。事实上，马克思主义是一个在现实中仍然起作用的思想体系。马克思主义按其本性而言永远是当代的。凡是马克思和恩格斯没有说过的就不是马克思主义的看法，是僵死的教条主义论断。

可我们又不能奉行“凡不是”原则，把任何背离、反对马克思和恩格斯根本观点的学派划入马克思主义之中。如果某一学派有自己独特的哲学观点和政治主张，可以明确亮出自己的牌子，不必挤入马克思主义的行

列。弗洛伊德主义就是弗洛伊德主义，存在主义就是存在主义。弗洛伊德马克思主义、存在主义马克思主义，正如圆的方、铁的木一样是自相矛盾的。我们如果承认它们也是马克思主义，是马克思主义中的一个学派，那就无异于承认，任何学派都可以自称为马克思主义，只要它们乐意这样做。这不是马克思主义的发展，而是马克思主义的解体。

半个多世纪以来，从西方到东方，对什么是马克思主义，可以说是存在长期的、激烈的争论。

例如，卢卡奇在《什么是正统的马克思主义?》中认为，衡量是不是马克思主义的标准是方法。即使改变了马克思的一切结论、原理，只要仍然坚持辩证法，就是坚持马克思主义，而且是正统的马克思主义。卢卡奇承认原理的可变性，不拘泥于某一原理，自有其合理之处，但如果摒弃了马克思主义的一切原理，马克思主义的方法从何而来?更何况辩证法本身有各种不同的形态。仅仅坚持辩证法，也可能是个黑格尔主义者。

美国的宾克莱教授又树立了另一种标准。他把马克思主义看成是一种价值学说，认为判断是否坚持马克思主义的标准在于是否坚持马克思的道德理想。他说："马克思对于我们今天的吸引力乃是一个道德的预言，人们如果根据人类价值考察现在社会上的种种事实，然后根据自己的发现而行动，以使我们的世界成为一个一切人都能变成更有创造性和更为自由的地方，这样我们就是忠于马克思。"①

人们看到，从20世纪30年代马克思的《1844年经济学哲学手稿》全文发表以后，逐步兴起了一个重新解释马克思主义的浪潮。有的理论家们把马克思主义看成是人道主义中的一个派别，提倡人道主义的马克思主义；有的把异化理论看成是马克思主义的核心，提倡异化论的马克思主义；还有的强调马克思主义的伦理性质，宣扬伦理学的马克思主义。其他诸如弗洛伊德马克思主义、存在主义马克思主义、结构主义马克思主义、现象学马克思主义、生态学马克思主义，名目繁多，不胜枚举。人们通过理论家的三棱镜看到的，与其说是马克思主义，不如说是马克思主义的肢解与变形。

---

① ［美］宾克莱：《理想的冲突》，106页，北京，商务印书馆，1983。

问题在于：究竟存不存在客观的、本来如此的马克思主义，还是每个时代、每个学派都可以有自己的马克思主义？有的学者断然否定前者，赞同后者。例如美国社会学家赖特·米尔斯在《马克思主义者》中明确说："马克思没有得到人们的统一认识。我们根据他在不同的发展阶段写出的书籍、小册子、论文和书信对他的著述作出什么样的说明，要取决于我们自己的利益观点，因此，这些说明中的任何一种都不能代表'真正的马克思'。"① 他还特别强调，"人们对马克思的确没有一个统一的认识；每一个研究者必须通过自己的努力去认识马克思。"② 有多少个研究者，就有多少个马克思主义，这是西方某些学者的得意之论。在这个充满唯认识论主义的命题下，什么是马克思主义似乎变成一个形而上学的问题。对这个问题的探求，纯属无谓之举。这是完全错误的。

我们并不否认对马克思主义理解的多样性和差异性。但马克思主义作为一种科学体系，它的内容并不决定于人们的主观理解，而是取决于它的科学本性。在这个问题上，美国学者海尔布隆纳在《马克思主义：赞成和反对》一书中的看法还是比较客观的。

海尔布隆纳不否认当代存在对马克思主义的多种解释，但他强调存在一种客观的马克思主义。他说："我确信马克思主义思想，或者说得更精确些，马克思的著述所激发的思想（我们合称之为'马克思主义'），是有一个可以得到公认的共同点的。"海尔布隆纳把这个共同点归结为四条：（1）对待认识的辩证态度；（2）唯物史观；（3）依据马克思的社会分析而得出的关于资本主义的总的看法；（4）对社会主义的信奉。③ 尽管具体标准可以讨论，但他认为马克思主义作为马克思主义应该有一个共同的、客观的标准的看法是值得重视的。

我们应该把什么是马克思主义和我认为什么是马克思主义区分开来。否则，坚持马克思主义就变成了各行其是的空话。

对什么是马克思主义的问题，我们可以从两个角度来考察：一是它的

---

①② ［美］米尔斯：《马克思主义者》，39页，北京，商务印书馆，1965。

③ 参见［美］海尔布隆纳：《马克思主义：赞成和反对》，4页，北京，中国社会科学院情报研究所，1982。

缔造者，二是它的内容。

马克思主义当然离不开它的创立者。列宁说过：“**马克思主义**是马克思的观点和学说的体系。”[①] 这是从它的创立者的角度来定义的。列宁强调的是，马克思主义是马克思（当然也包括恩格斯）的观点和学说，也就是说，不能把自己的虚构、附加、解释强加给马克思和恩格斯。而且强调马克思主义是马克思的观点和学说的体系，而不是全部著作或言论的总和。

可是又不能仅仅从它的创始人角度来定义马克思主义。在马克思和恩格斯逝世后，马克思主义在无产阶级革命和社会主义建设实践中继续得到丰富和发展。不能把马克思和马克思主义完全等同起来。马克思主义是马克思创立的，但不专属马克思。因此，马克思主义作为一个科学体系，它研究的是整个客观世界以及社会形态的更替和无产阶级革命和建设的规律，它的最根本使命就是指导无产阶级和广大群众的社会主义革命和共产主义建设。

根据以上分析，我们可以说，马克思主义是由马克思和恩格斯创立的，为他们后继者所发展的，以反对资本主义、建设共产主义为最终目标的科学理论体系。从这个意义上说，马克思主义就是科学共产主义学说。如要从马克思主义学说中，抽去了它对资本主义的科学批判，放弃了社会主义革命目标而又自称为马克思主义者，这是对马克思主义的最大嘲弄。

二、马克思主义科学体系的特征

马克思主义究竟是什么性质的思想体系，是单纯的科学体系还是批判体系？是仅仅在自身基础上不断完善的封闭体系还是不断与外界接触，与其他思想体系碰撞、交流的开放体系？我们究竟如何看待马克思主义？这是一个非常重要的问题。

首先，马克思主义是一种革命性与科学性相统一的理论。

同历史和现实中任何学派相比，马克思主义具有最强大的、不可遏止的吸引力。它从 19 世纪 40 年代西欧工人运动中的一个小小学派，发展到

① 《列宁选集》，2 版，第 2 卷，580 页，北京，人民出版社，1972。

席卷全球，成为当今信奉者最多、力量最强、影响最大的思想体系，根本原因在于：它把科学性和革命性内在地和不可分割地结合在这个理论本身中。

马克思主义的革命性集中表现在它的彻底批判精神。马克思主义的全部著作都贯穿着这种精神。马克思的《资本论》及其手稿的副标题就是政治经济学批判，即以批判的态度考察资本主义经济制度及其经济理论。早在青年时代他就宣布："新思潮的优点就恰恰在于我们不想教条式地预料未来，而只是希望在批判旧世界中发现新世界"。并公开申明**"要对现存的一切进行无情的批判"**[①]。马克思主义的这种批判性，表现在它反对那种把旧制度、旧事物看成凝固不变的理论，反对一切为旧制度辩护的学说。它用彻底辩证法的观点来观察资本主义制度，从经济、政治、思想各方面多层次地揭露资本主义制度的矛盾和对抗，考察它的产生和演变，说明它的暂时性和改变为更高的社会形态的必然性。

有人说，马克思主义的批判精神只适用于对资本主义，而对社会主义和马克思主义自身，它则是非批判的，是一种保守的、自我辩护的理论。这显然是一种误解。

批判性，这是马克思主义的本质特征。它同样适用于社会主义社会。马克思主义从来不把社会主义社会看成凝固的，不需要调整和改革的社会；也从来不把社会主义社会存在的一切都混同于社会主义，在社会主义社会中显然存在与社会主义本性格格不入的社会现象。凡是存在的都是合理的，这不是马克思主义的思维方式。马克思主义以批判的态度思考社会主义的问题，也就是说，它不断地进行总结和反思，摈弃错误的、过时的政策和措施，真正探求适合本国特点的社会主义模式和道路。

马克思主义以批判态度对待各种维护剥削阶级利益的学说。它始终坚持党性原则，捍卫马克思主义理论的纯洁性，反对各种曲解和攻击马克思主义的学说。同时，它也以批判的态度对待自己。恩格斯和列宁都提出过以马克思的态度对待马克思的问题。这种态度，就是一种非教条化的、批判的态度，即反对把自己的理论看成是"顶峰"，敢于用新的原理代替个

---

① 《马克思恩格斯全集》，第1卷，416页。

别已经过时的旧的原理。马克思主义正是通过这种批判精神，保持自身的纯洁性和生命活力。

批判精神问题，是关系到我们究竟需要什么样的马克思主义：是敢于坚持真理、坚持批判精神的革命的马克思主义，还是是非不分、调和折中的温顺的马克思主义。这不单纯是马克思主义者的形象问题，而是关系到马克思主义的本质问题。在以往的一段时期内，迫于资产阶级自由化泛滥所形成的政治压力和舆论压力，理论界的导向是倾斜的。真正敢于以马克思主义观点来评价和分析当代中国社会思潮中的是非得失的人不多。马克思主义的利剑尘封土掩，一度失去了它的批判精神。毛泽东在1938年抗日战争开始不久便指出："如果我们党有一百个至二百个系统地而不是零碎地、实际地而不是空洞地学会了马克思列宁主义的同志，就会大大地提高我们党的战斗力量，并加速我们战胜日本帝国主义的工作"①。这个论断至今仍然具有迫切的现实意义。我们需要重新组织马克思主义理论工作队伍。我们党需要大批在理论战线上始终创造性地坚持马克思主义，发挥马克思主义的批判精神，反对资产阶级自由化的理论战士。

马克思主义的批判精神表明，它是一种批判理论。但它的批判性是同科学性相结合的。马克思主义同时是一种科学理论。就它的理论来源说，它批判地继承了人类文化遗产中的优秀成果；就它的内容说，它是以事实为根据，以规律为对象，深刻地揭示了自己研究对象的规律性；就它的验证来说，它以实践作为检验真理的唯一标准。实践具有双重功能：既可证实也可证伪。它通过预期目的实现证明其正确性；也通过预期目的的一再失效证明它的错误。马克思主义把自己的理论建立在实践的基础上，是马克思主义作为科学真理的最可靠保证。

西方有些学者竭力反对马克思主义是科学理论的论断。它们创造了种种曲解马克思主义的理论，其中最流行的一种是把马克思主义宗教化，企图以此来贬低马克思主义。例如，科拉科夫期基说："马克思主义发挥了一种宗教的作用，它的功效具有一种宗教的性质。但它是一种漫画式的、伪造形式的宗教，因为它把它那世俗末世学充作了宗教神话所不想自封的

① 《毛泽东选集》，2版，第2卷，533页，北京，人民出版社，1991。

科学论体系。”① 存在主义者卡缪认为，马克思主义学说“是把最有价值的批判方法和最成问题的空想救世论混合在一起”②。罗·塔克尔声称，《1844年经济学哲学手稿》表明，马克思“不是他想成为的那种社会分析学家，而首先是一个道德学家或宗教思想家”③。罗素则把共产主义信仰同佛教、印度教、基督教、伊斯兰教同列为世界上的各大宗教，认为它们“全是虚假而有害的”④。

把马克思主义说成宗教学说是蛊惑人心的荒谬类比。马克思主义关于共产主义的美好理想，同神学家们宣扬的“千年王国”是根本不同的。马克思主义是彻底无神论的，它反对任何宗教学说。宗教尽管是被压迫生灵的叹息，是对现实苦难的抗议，是无情世界的感情，但它使人沉迷于关于自己处境的幻想，而不是教人抛弃需要幻想的处境。把马克思主义比做宗教，就是彻底否定它的科学性与革命性。

其次我们还应该看到，马克思主义体系具有开放的性质。在历史上，凡是企图建立一个完整体系的思想家，都力图把自己的观点和学说凝固化，把它说成是最终的、最后的绝对真理。即使像黑格尔这样伟大的辩证法家也不例外。

西方某些学者也力图把马克思主义，特别是把恩格斯描绘为封闭体系的构建者。例如麦克莱伦在《马克思以后的马克思主义》中，就把恩格斯看成是黑格尔封闭体系的仿造者。他说：“老黑格尔建立的体系与恩格斯在自然科学的基础上把马克思主义系统化的倾向之间确实存在某些相似之处。”⑤ 还说：恩格斯“把马克思主义勾画成像苏联（及其他国家的）辩证唯物主义教科书那样的教条式的形而上学体系”⑥。

封闭体系是同马克思主义的本性不相容的。早在1843年马克思致卢

① 转引自［美］丹尼尔·贝尔：《第二次世界大战以来的社会科学》，132～133页，北京，社会科学文献出版社，1988。

② 徐崇温主编：《存在主义哲学》，412～413页，北京，中国社会科学出版社，1986。

③ ［美］罗·塔克尔：《卡尔·马克思——他的思想从哲学到神话的发展》，英文版，2页。

④ ［英］罗素：《我为什么不是基督教徒》，8页，北京，商务印书馆，1982。

⑤ ［英］戴维·麦克莱伦：《马克思以后的马克思主义》，12页，北京，中国社会科学出版社，1986。

⑥ 同上书，6页。

格的一封信中，他就公开声明反对树立任何教条主义的旗帜，嘲笑那种认为一切谜语的答案都在哲学家们的写字台里，愚昧的凡俗世界只需张开嘴来接受绝对科学的烤松鸡的看法。后来恩格斯在《反杜林论》中，对企图创造最终真理体系的德国大学生们，尤其是对杜林进行过猛烈的批判。在恩格斯看来，如果人类在某个时候达到只需运用永恒真理，而不必再发现新的真理的地步，那就意味着历史和认识已经停止在一点上，这是非常荒谬的。他说："包罗万象的、最终完成的关于自然和历史的认识的体系，是和辩证思维的基本规律相矛盾的"①。

就马克思主义同客观世界的关系而言，它不是自我观照，而是面对实际，面对世界，即同自己时代的现实世界接触并相互作用。不仅马克思主义诞生时如此，而且全部马克思主义发展史就是一部理论和实践相统一的历史。马克思主义永远注视现实，关心和研究自己时代提出的最迫切的问题。可以说，马克思主义科学体系中的基本原理和重要命题，都如同张开着的口袋，它随时准备通过概括新的经验使它得到发展和充实。

就马克思主义同其他非马克思主义学派的关系而言，它不是离开世界文明发展大道的宗派主义体系。马克思和恩格斯在创立马克思主义时，批判地吸收了他们先驱者们的宝贵遗产。在马克思主义创立以后，它也要不断地吸收同时代的自然科学和社会科学研究的新成果。即使是在当代对待现代西方哲学，我们也不能采取简单拒斥态度，而是要在批判它们错误的同时，对它们提出的重要问题和某些有启发性的思想进行认真研究，借以扩大自己的视野。每一代的马克思主义者，如果忽视对同时代的理论成果的批判考察，把自己同整个时代的文化背景和社会思潮隔离开来，就会由孤立而走向枯萎。

马克思主义体系的开放性质还表现在，它正确对待自己，从不故步自封，自诩为终极真理。马克思主义的接力棒，代代相传，任何一代人都没有达到终点，而是处于过程之中。从这个意义上说，马克思主义是未完成的思想体系，它的发展永远不会终结。

最后，马克思主义是创造性的科学，它的生命力在于它的创造性。

---

① 《马克思恩格斯选集》，第 3 卷，64 页。

历史经验证明，凡是以终极真理自诩的思想体系，正如同希图万世一系的封建王朝一样无不走向没落。马克思主义的命运如何？它会不会重蹈历史上某些思想家的覆辙？不会，根本保证在于，马克思主义自觉地植根于实践中，随着实践的发展而发展。马克思主义持久的生命力在于创造性。

作为马克思主义创始人的马克思和恩格斯，终其一生都在不断地总结新经验，没有停止过创造性的研究。例如在《共产党宣言》1872 年德文版序言中，他们根据 1848 年革命，特别是 1871 年巴黎公社经验指出："由于最近二十五年来大工业已有很大发展而工人阶级的政党组织也跟着发展起来，由于首先有了二月革命的实际经验而后来尤其是有了无产阶级第一次掌握政权达两月之久的巴黎公社的实际经验，所以这个纲领现在有些地方已经过时了。特别是公社已经证明：'工人阶级不能简单地掌握现成的国家机器，并运用它来达到自己的目的。'"① 以实践经验为依据公开宣布自己某个论点已经过时，表现了马克思和恩格斯对待自己理论的彻底科学态度。

正因为马克思主义植根于实践之中，强调创造性，因此后继有人。历史上不少学派，随着缔造者的逝世而逐步走向没落。马克思主义不会如此，它有着最广大的群众性的实践基础。在马克思和恩格斯生前，特别是死后，涌现了一批又一批马克思主义者，他们对发展和推进马克思主义作出了程度不同的贡献。

创造性是马克思主义的根本特征，但有些西方学者把教条化说成是马克思主义发展的不可避免的命运。例如麦克莱伦说："马克思要求他的追随者们不仅要去解释世界，而且要改造世界。但他们在这方面愈是获得成功，马克思主义就愈是倾向于成为一种群众运动的教条。"② 他还武断地宣称："马克思主义对它的亿万追随者们成了一种单纯是信仰的东西，对他们来说，它可以为最后胜利提供保证，正因为如此，它成了一种日益与马克思原来思想大相径庭的东西，演化成一种与异端观念——正如人们所

① 《马克思恩格斯选集》，第 1 卷，229 页。
② ［英］戴维·麦克莱伦：《马克思以后的马克思主义》，2 页。

常说的修正主义——相对立的教条主义思想体系。”①

我们并不否认，马克思主义在其发展过程中，存在着被教条化的危险和倾向。特别是在无产阶级取得政权以后，由于单纯依靠行政权力和行政命令来推行马克思主义，比较容易犯简单化和教条化的错误。但这并不是必然的，不可克服的。社会主义实践最具有创造性，也最需要创造性。仅仅搬用马克思主义的一般原则或别国的模式，都很难建成具有本国特色的社会主义制度。亿万人民建设社会主义的实践活动，可以一次又一次地打破教条化的僵局，把马克思主义向前推进。

马克思主义必须同各国实际情况相结合，这是防止教条主义的最有效的途径和方法，但是强调创造性，强调与各国实际情况相结合，会不会使马克思主义发生所谓“变形”，即它的后继者离缔造者的原来思想越来越远？西方不少学者鼓吹这一点。例如他们认为，“随着马克思主义重心东移，以农民为基础的、绝非无产阶级的中国革命的成功，显而易见地表明，与马克思本人思想的联系正变得愈来愈远”②。

这是一个很复杂的问题。从纵的角度看，一个学派的后继者同它的创始人的理论之间会出现差别。如儒家经过汉唐、宋明的演变，显然不一样；从横的角度看，同一种思想体系在其他国家的传播，也会发生变化，如佛教传入中国后与印度的佛教不完全相同。

马克思主义的发展与传播，当然也离不开每个时代的特点以及各个国家的经济政治状况和文化传统。但这和意识形态的变化不能简单类比。如果说，以往思想领域中发生的意识形态变化，往往表现为特定阶级的思想家们，为适应新的政治需要而对原来的思想体系进行改造、重构，而马克思主义的发展则被纳入人类对真理认识的范围，它表现为科学知识的新的积累，马克思主义的后继者们沿着它的缔造者开辟的真理道路前进，它更加接近客观真理，而不是远离客观真理。

三、马克思主义科学体系的结构

这是关于马克思主义科学体系的构成问题。列宁在《马克思主义的三

---

① ［英］戴维·麦克莱伦：《马克思以后的马克思主义》，2页。

② 同上书，4页。

个来源和三个组成部分》的著名论文中，明确地把马克思主义哲学、政治经济学和社会主义学说列为马克思主义的“三个组成部分”，并与其来源相结合，对各自的内容做了扼要的论述。列宁论述的突出之处是，联系到无产阶级伟大的历史使命，把其中任何一个组成部分作为总体的构成部分来论述。

有的学者或研究者总是问：马克思主义为什么是三个组成部分，而不是四个，或五个组成部分？为什么文艺学、伦理学、美学、思维学不能是组成部分？为什么不能按其他标准，例如按规律起作用的范围，把马克思主义组成部分划为关于一般规律的部分，关于特殊规律的部分？等等。我们应该明确，当我们说马克思主义包括三个组成部分时，我们的立足点是马克思主义发展史的既成事实，而不是它的抽象可能性，它应该包括什么，可能包括什么。马克思主义可以运用于指导各门科学，人们完全可以找到几条理由把它们重新包括在马克思主义科学体系结构之中，可这只是有些学者的个人看法，而不是历史事实。马克思主义科学体系的结构，是由无产阶级的伟大历史使命和马克思主义理论自身的内在逻辑决定的。离开了这个基点，只能陷于烦琐的争论。

无产阶级要由自在的阶级变为自为的阶级，必须建立起与自身阶级地位和使命相适应的科学理论形态。尽管在马克思主义诞生之前，英国、法国、德国在理论领域中都取得了重大成就，但其中没有任何一种理论符合无产阶级的利益和愿望，符合无产阶级完成自己伟大历史使命的需要。英国古典政治经济学是经济学说中的重大成就，但企图从劳动价值论中引申出有利于工人阶级的结论，只能是空想社会主义，如英国空想社会主义者布雷所表明的；批判的空想的社会主义和共产主义的信徒们蜕变为反动的宗派，蜕变为兜售包治百病的社会庸医表明，19 世纪三大空想社会主义的作用同历史的发展成反比；至于直接从费尔巴哈的哲学中孕育出来的，只能是像赫斯那样的“真正社会主义”者。无产阶级需要新的理论。这种理论不仅要克服英国、法国、德国的民族片面性（政治经济学、社会主义学说、哲学的分离），而且要获得科学的形态。可是要使社会主义学说由空想变为科学，这是一个涉及多门学科的综合性任务，仅仅限于社会主义学说自身是办不到的。只有以辩证唯物主义和历史唯物主义为指导，以对资本主义生产方式内在矛盾分析为依据，才有可能科学地阐明无产阶级在资本主义社会中的地位、使命和获得彻底解放的途径。因此适应无产阶级斗争需要产生的理论形态——马克思主义，必然是包括哲学、政治经济学、科学社会主义理论在内的统一整体。

马克思主义科学体系结构还决定于它自身的内在逻辑。恩格斯在《反杜林论》的"概论"中，通过总结人类思想史，深刻地揭示了马克思主义科学体系结构的内在逻辑。他在叙述了马克思在哲学和政治经济学领域中的划时代功绩之后说："这两个伟大的发现——唯物主义历史观和通过剩余价值揭破资本主义生产的秘密，都应当归功于**马克思**。由于这些发现，社会主义已经变成了科学"①。

马克思主义科学理论自身，需要哲学，特别是需要一种不仅能说明世界，而且能改造世界的新型哲学。马克思是非常重视哲学的。他在《〈黑格尔法哲学批判〉导言》中，把哲学看成是无产阶级解放的"头脑"、"精神武器"，是宣布德国人类解放的"高卢雄鸡"。

政治经济学是马克思主义的理论基础。马克思主义是科学体系，而不是思辨体系。马克思主义学说的理论内容来自经济分析，而不是来自哲学的演绎或推导。马克思主义之所以科学，正在于它以事实为依据，如实地揭示了资本主义社会的内在矛盾、运行机制和规律。完全可以说，没有对资本主义社会的经济分析，就没有马克思主义。

在马克思主义科学体系中，处于核心地位的是科学社会主义理论。从广义上说，马克思主义就是科学社会主义，因为无产阶级的彻底解放和历史使命，集中地表现了马克思主义的目的、任务和使命。马克思主义哲学和政治经济学，归根到底都服务于这个根本目的。

由此可见，在马克思主义科学体系中，哲学是世界观和方法论的指导原则，政治经济学是哲学通向实际生活（对资本主义社会的剖析）的中介，而关于无产阶级解放运动的性质、条件和使命的社会主义理论则是运用哲学分析经济事实引出的结论。这三者之间，即它的世界观和方法论原则，对资本主义经济的理论分析以及由此得出的结论之间，在理论上和逻

---

① 《马克思恩格斯选集》，第3卷，67页。

辑上是严密的、完整的、一贯的。它们相互渗透、相互补充，构成统一的马克思主义学说。社会主义理论一旦离开马克思主义哲学和马克思主义政治经济学，就会蜕变为平均共产主义或空想社会主义；反之，离开了马克思主义哲学指导，离开了社会主义革命和社会主义建设，所谓马克思主义政治经济学必然会跌入资产阶级政治经济学的怀抱。同样，如果无视无产阶级肩负的伟大历史使命、无视社会经济现象，特别是对新出现的经济现象的分析，马克思主义哲学就会重新回到烦琐的、脱离生活的经院哲学。把马克思主义中的任何一个组成部分同整体割裂开来，都会使它丧失自己原有的性质，并导致对整个马克思主义科学体系的曲解。

不仅马克思主义科学体系的结构是由无产阶级实践需要决定的，而且它也是在实践过程中形成和成熟的。同黑格尔不同，马克思和恩格斯并没有预先规定自己的思想体系的结构。《精神现象学》是黑格尔体系的秘密和诞生地，在这部成书于 1806 年的著作中，黑格尔大体上规划了自己整个体系的结构。马克思和恩格斯并不是埋头书斋的学者，他们并不是按照事先构思的体系来进行体系的创造，而是根据实践的需要，在解答现实问题的进程中，使自己的理论臻于完善和成熟。

马克思和恩格斯是从接受德国古典哲学开始自己的理论活动的，这是由德国的历史背景和文化背景决定的。马克思的博士论文《德谟克利特的自然哲学和伊壁鸠鲁的自然哲学的差别》，恩格斯的《谢林论黑格尔》、《谢林和启示》、《谢林——基督哲学家》都是典型的哲学论文。马克思和恩格斯理论思维进程的起点是哲学。但同自己德国的哲学先驱者不同的是，他们并没有停留在哲学领域。正在为无产阶级解放锻造武器的马克思和恩格斯意识到，不应当从人们的头脑中，而应当在经济中寻找社会变革的终极原因，共产主义运动只能在私有财产运动中，即在经济中，为自己既找到经验的基础，也找到理论的基础，并逐步转向政治经济学的研究。

这种转变对于马克思主义科学体系的创立具有决定性的意义，而且都是由实践需要推动的。我们可以马克思为例来说明这个问题。马克思第一次转向政治经济学的研究，主要是在 1844 年 3 月《德法年鉴》停刊之后。马克思在巴黎钻研英、法两国一些经济学家的著作，并做了摘录笔记。这就是著名的《巴黎笔记》。其中特别是《1844 年经济学哲学手稿》（以下简称《手稿》）尤为重要。《手稿》试图把哲学、政治经济学、社会主义学说结合在一起，可以看做是马克思主义科学体系的雏形。尽管《手稿》并不成熟，但它通过分析私有财产的运动，试图从经济学角度来论证共产主义，迈出了社会主义由空想到科学的决定性的一步。第二次比较集中研究政治经济学，是 1845 年春移居布鲁塞尔后。马克思在布鲁塞尔继续他在巴黎开始的研究，大量阅读了政治经济学的著作，并与恩格斯一道到英国进行实地考察，并在曼彻斯特的切特姆图书馆对一些经济学著作进行了研究。马克思的经济学研究成果，凝结在他与恩格斯合著的《德意志意识形态》中。这部重要著作，不仅彻底清算了费尔巴哈，全面确立了唯物史观，并且以生产力和生产关系矛盾运动规律为据考察了社会主义革命的必然性和必要性，从而把对社会主义的理论论证建立在唯物史观和经济分析的基础上，使《手稿》初步确立的马克思主义科学体系得到进一步深化和科学化。欧洲 1848 年革命中断了马克思的经济学研究。革命失败后，马克思于 1849 年 8 月到达伦敦，再次开始了经济学的研究工作。自此以后，可以说马克思以主要精力从事《资本论》的准备和写作。马克思不仅留下了大量的《资本论》草稿，而且生前出版了《资本论》第一卷。《资本论》是伟大的经济学著作，也是最重要的哲学著作，或者像列宁所说的是“大写的逻辑”。特别重要的是，《资本论》逻辑地再现了资本主义产生、发展和灭亡的历史进程，令人信服地证明了资本主义私有制被剥夺的历史必然性。《资本论》以对资本主义生产关系的经济分析为中心，把哲学、政治经济学和科学社会主义结合在一起，是对马克思主义科学体系最深刻、最全面的论证。

我们应该从整体上把握马克思主义科学体系，看到马克思主义各个组成部分之间的内在的、不可分割的联系。历史经验证明，把马克思主义各个组成部分对立起来，是围绕马克思主义斗争的一个重要方面。

第二国际后期的理论家们，极力把哲学从马克思主义中驱逐出去，否认马克思主义有自己的哲学基础，主张用康德主义、马赫主义来补充马克思主义。例如考茨基就声称：“我并不把马克思主义理解为任何哲学，而是把它理解为一种实验科学，即一种特殊的社会观。”还说：“马克思主义没有宣布任何哲学，而是宣布了所有哲学的终结。”他还宣布，唯物史观

"不仅同马赫、阿芬那留斯有联系，而且同许多其他哲学也有联系"①。伯恩施坦则竭力割断马克思主义的科学社会主义同它的经济学说和哲学学说的内在联系，否定社会主义社会是经济发展的必然结果，而是从人性冲动中产生的伦理要求。他公开宣称："给社会主义提供纯粹唯物主义的论证，既是不可能的，也是不必要的。"②

如果说，第二国际后期的理论家们企图通过否定马克思主义哲学来否定马克思主义科学体系的话，当代西方马克思主义和西方学者则相反，企图把马克思主义仅仅归结为哲学，而且归结为被大大缩小了的人本主义和异化理论。美国的社会学家、政治哲学家 D. 贝尔在《关于异化的辩论》中论述过这种趋势。他说："今天在英国和法国，人们对马克思的兴趣围绕着异化这个主题。人们不是把马克思当作一个经济学家或政治理论家，而是把他当作揭示异化的第一个哲学家。"③ 马克思只是一个哲学家，是一个人道主义的、异化理论的哲学家。马克思主义的全部核心范畴是人性、人道、异化之类。这就是某些西方马克思主义者眼中的马克思主义。

一些西方学者也有类似的看法。例如美国富兰克林—马歇尔学院哲学系教授路·宾克莱在《理想的冲突》一书中也宣扬这种观点。他认为，马克思的经济理论已为凯恩斯所超过；马克思关于中产阶级的消灭和资产阶级与无产阶级斗争的预言，关于资本主义必然为社会主义所代替的预言已被证明不正确，唯一留下的只是一种道德价值学说。所以他公开宣称，"把马克思当作一个哲学家、预言家或一个新现世宗教的创始人，或者甚至当作一个'价值立法者'，我们就可以对马克思的重要性认识得更清楚一些"④。还说："作为我们选择世界观时的一位有影响的预言家的马克思永世长存，而作为经济学家和历史必然道路的预言家的马克思已经降到只能引起历史兴趣的被人遗忘的地方。"⑤ 马克思完全被肢解了。作为包括

① 转引自［南］弗兰尼茨基：《马克思主义史》，第1卷，533页，北京，人民出版社，1986。

② ［德］伯恩施坦：《社会主义的前提和社会民主党的任务》，255页，北京，三联书店，1973。

③ 转引自陆梅林，程代熙编选，《异化问题》，下册，1页，北京，文化艺术出版社，1986。

④ ［美］宾克莱：《理想的冲突》，96页。

⑤ 同上书，106页。

哲学、政治经济学和科学社会主义学说在内的完整科学体系的马克思主义，只剩下哲学。马克思主义被割断了与无产阶级革命运动的联系，变成传布预言的无害的神圣偶像。

英国学者佩里·安德森说："马克思这位历史唯物主义的创始人，不断从哲学转向政治和经济学，以此作为他的思想的中心部分，而1920年以后涌现的这个传统的继承者们，却不断地从经济学和政治学转回到哲学——放弃了直接涉及成熟马克思所极为关切的问题。"① 应该说，这是从一个侧面对马克思主义科学体系的形成及其在当代遭遇的客观评述。

四、马克思主义的功能

功能问题是指马克思主义的效用问题。如何看待马克思主义，是坚持还是否定马克思主义的指导作用，这是关系到无产阶级能否实现自己的伟大历史使命、关系到马克思主义在当代命运的问题。我们不仅要正确理解马克思主义的功能，而且要研究马克思主义发挥功能的机制和条件，以求充分实现马克思主义的指导作用。

任何一种哲学和社会的思想体系，一般说来都具有双重功能：认识功能和价值功能。认识功能是指它能够为人类提供某种客观知识；价值功能是指它反映特定主体的利益与愿望。这两种功能之间的关系是复杂的。它们可以部分吻合，也可以相互矛盾甚至对立。例如当资产阶级处于上升时期，其思想体系的认识功能与价值功能存在某种一致性，因此反映资产阶级利益的英国古典政治经济学具有一定的科学性。可是，当资产阶级处于统治地位，特别是它与被压迫无产阶级的矛盾激化后，越是符合资产阶级需要的社会学说越不具有科学性。

马克思主义也具有双重功能。不同的是，马克思主义的认识功能与价值功能是一致的。恩格斯说过："科学愈是毫无顾忌和大公无私，它就愈加符合于工人的利益和愿望"②。无产阶级的根本利益要求，它必须科学地认识世界，才能找到彻底解放的途径。我们必须正确处理这两种功能之

① ［英］安德森：《西方马克思主义探讨》，68～69页，北京，人民出版社，1981。
② 《马克思恩格斯选集》，第4卷，254页。

间的关系。忽视其中任何一种功能，都会妨碍马克思主义的指导作用。

马克思主义是一个科学体系，具有巨大的认识功能。它通过揭示自然、社会和人类思维的最普遍规律，揭示资本主义产生、发展和灭亡的规律，以及无产阶级革命的一般规律，在哲学、政治经济学和科学社会主义领域提供客观的、真理性的认识，并且为人类提供伟大的认识工具，开辟了人类认识真理的无限可能性。

更重要的是，马克思主义的认识功能并不局限于认识自身，而是突出地表现为实践功能。如果说，以往的哲学和社会学说寻求的是解释世界的话，马克思主义则着力于改造世界。在马克思主义中，正确认识世界的目的在于改造世界，把实践排斥在认识功能之外，是对马克思主义认识功能的曲解。

在马克思主义认识功能问题上存在两种错误的看法。

一种是教条主义，把马克思主义看成是包医百病的“莫里逊药丸”。其实，马克思主义不是教条，它并不提供对一切问题的现成答案。从马克思主义的经典著作中找不到当代问题的现成答案，这不能责怪马克思，只能责怪自己对马克思主义科学本性的无知。早在十月革命以前，列宁就曾经嘲笑过俄国某些马克思主义者从马克思著作中寻找对俄国革命领导权答案的做法，是“把马克思主义庸俗化”、是“对辩证唯物主义的嘲笑”。他说：“资本主义这种或那种类型的发展的因素有可能无穷地复杂地结合在一起，只有不可救药的书呆子才会单单引证马克思关于另一历史时代的某一论述来解决当前发生的独特而复杂的问题”①。企图直接从马克思主义经典著作中寻找当代问题的现成答案，是把马克思主义由科学变成启示录。

可是，由于马克思主义经典著作不能提供现成答案而蔑视甚至否定马克思主义的认识功能，更是错误。不提供现成答案，不是它的弱点，正是它的优点，是它战无不胜的力量之所在。自诩为包含一切答案的学说，不是科学，而是神学。我们只能按照马克思主义体系的科学本性期待它做它所能做的事，而不能要求它做它不能做的事。马克思主义的科学功能，正

① 《列宁选集》，2版，第1卷，159页，北京，人民出版社，1972。

在于它提供的不是万古不变的结论，而是正确解决问题的方法。正如恩格斯说的："马克思的整个世界观不是教义，而是方法。它提供的不是现成的教条，而是进一步研究的出发点和供这种研究使用的方法"①。

马克思主义既是科学体系又是无产阶级的意识形态。马克思主义的价值功能集中地表现在它作为意识形态的本性之中。马克思主义具有鲜明的阶级倾向性，自觉地捍卫和反映无产阶级和全体劳动者的利益，在意识形态领域中，批判和反对各种敌对的学说和思想体系。

对马克思主义功能的考察，离不开它的实际效用。人们不难看到，自马克思主义诞生以来的一个半世纪，它在动员、宣传、组织工人群众，创建各国工人政党，领导无产阶级革命和社会主义建设中，既发挥指导人们正确认识世界和改造世界的科学世界观与方法论作用，又起着把各种错误理论和学说，从工人运动中不断排挤和清除出去的作用。一部马克思主义史，既是无产阶级及其政党的实践史，又是意识形态斗争史。马克思主义是在反对各种外部和内部的资产阶级、小资产阶级意识形态斗争中发展和传播的。

在当代，马克思主义的双重功能都受到挑战和曲解。

西方某些学者极力否定马克思主义的科学功能，大力鼓吹"马克思主义过时"论。他们把马克思主义说成是第二次浪潮的产物，今天运用马克思主义，正如同在电子显微镜时代仍使用放大镜一样。这种说法是错误的。马克思主义中最具生命力的不是它的个别论断或预言，而是它对客观规律的揭示。它在认识中的有效性在于它的真理性。它当然没有结束真理，但为人类认识新的真理提供了一个支撑点。更重要的是，世界是发展的，马克思主义也是发展的。凝固不变的马克思主义同变动不居的客观现实的矛盾，是西方学者们头脑中虚构的矛盾。这种虚构是违反马克思主义的辩证本性的。

西方某些学者也反对马克思主义的价值功能，极力鼓吹意识形态的"终结"或"淡化"。他们把科学同意识形态对立起来，指责马克思主义是"制度化的意识形态"。

---

① 《马克思恩格斯全集》，第39卷，406页，北京，人民出版社，1974。

其实，科学性同意识形态并不是绝对对立的。有各种各样的意识形态。马克思和恩格斯在《德意志意识形态》中对德意志意识形态的批判，是对当时以费尔巴哈、鲍威尔和施蒂纳为代表的德国哲学和“真正社会主义”的批判，而不是对所有意识形态的否定。作为特定生产关系基础上产生出来的各种思想、观点总和的意识形态，是一种客观的社会现象，问题是它的性质。马克思主义也是一种意识形态，但它是科学的意识形态。

在我们的时代，并不存在意识形态的“终结”或“非意识形态化”。各种意识形态的对立仍然是激烈的。尽管生态问题、核试验问题引起了全人类的关注，但这并不说明它是超国家、超民族、超阶级的问题。从政治家们对这些问题的认识及其解决途径中，人们不难看到不同意识形态的对立。

当今世界的政治局势有所缓和，不同社会制度之间的联系和交往比以往密切，但意识形态的斗争并没有停止。帝国主义并没有放弃根本改变社会主义制度的目的和政策。他们企图通过不断的意识形态的渗透，以期“不战而胜”。马克思主义必须发挥它的意识形态功能，对各种敌对的意识形态进行必要的、有说服力的批判和斗争。

特别是在已经取得政权的社会主义国家，必须坚持马克思主义的指导，充分发挥它在整个社会生活中的调控和导向作用。这是关系到社会主义国家的前途和命运的重大问题。放弃马克思主义指导，任凭资产阶级自由化思潮泛滥，必然断送社会主义。

马克思主义的功能与功能的发挥是不同的，在东方一些国家已经取得革命的胜利，可在西方却处于革命的沉寂时期；一些社会主义国家已经成功地把马克思主义运用于夺取政权的斗争，可在社会主义建设中却仍然在摸索。这是不是说，马克思主义已丧失它的功能呢？不是，关键是我们对发挥功能的机制问题尚缺乏正确的理解。

马克思主义作为科学体系，它的普遍原则是放之四海而皆准的，既适用于东方也适用于西方，既可以指导社会主义革命也可以用以指导社会主义建设，但马克思主义的效用，并不单纯取决于它的普遍原则，而是这些原则的实际应用。因此，马克思主义的功能能否发挥，除去其他客观条件外，就马克思主义自身而言，必须解决以下几个问题：

首先，必须有一批具有高度理论修养和实践经验的马克思主义者。马克思主义的效能的发挥，在很大程度上依赖于马克思主义者的类型与水平。自马克思主义诞生以来，出现了几代马克思主义者，他们的情况是各不相同的。历史经验证明，以列宁为代表的俄国马克思主义者，以毛泽东为代表的中国马克思主义者，对于成功地应用马克思主义于俄国和中国革命，起了关键性的作用。

其次，必须了解国情。马克思主义功能的发挥，取决于在何种程度上把马克思主义同各国的实际情况结合起来。在马克思主义及其实际效果之间，存在一系列中间环节（如对国情的了解，实际政策的制定、政策的执行情况，等等）。其中任何一个环节的失误，都可能达不到预定目的。

再次，必须进行创造性的科学研究。马克思主义是科学，要求我们必须以科学态度对待它。把马克思主义运用于东方、运用于西方、运用于社会主义革命和社会主义建设，必然会遇到许多新问题，这就要求我们进行艰苦的科学研究和探索。

最后，必须善于总结经验。充分发挥马克思主义的功能，是一个包含反复实践和失败的过程。历史是大尺度的。仅仅根据一次或短期的失误就否定马克思主义的指导功能是错误的。马克思主义并不能保证人们不犯错误，但它为人们指出一条由错误走向成功的道路。

围绕马克思主义的本质和功能的争论将会是长期的。但我们坚信列宁的论断：“**遵循着**马克思的理论的**道路**前进，我们将愈来愈接近客观真理（但决不会穷尽它）；而**遵循着任何其他的道路**前进，除了混乱和谬误之外，我们什么也得不到”①。历史将会一再证明这个伟大的真理。

（原载《教学与研究》，1989（5、6））

① 《列宁选集》，2版，第2卷，143页。

4. 恩格斯与马克思主义

正当人类即将进入20世纪时，恩格斯却与世长辞了。我们现在又处在世纪转换的交叉点上。恩格斯逝世后的一百年，马克思主义经历了在实践中获得伟大胜利的喜悦，也遭受着血与火的考验。一百年中，马克思主义风雨兼程、高潮起伏，使我们更加看到她的创造力和生命力。在恩格斯逝世一百周年之际，高举马克思主义旗帜，在建设有中国特色的社会主义道路上奋勇前进的中国人民，对这位文明世界中最卓越的学者和现代无产阶级的导师、这位最可尊敬的革命老人怀着深深的敬意。

一、在当代要坚持和发展马克思主义，就必须捍卫恩格斯

恩格斯和马克思是两个人，又是一个人。从理论角度来说，他们是一个人，是同一学说、同一理论、同一主义的共同创造者。用列宁的话来说就是，“他们两人始终过着充满紧张工作的共同精神生活”，他们“共同创立科学社会主义”①。

在人类思想史上，由两个人终生合作，共同创造同一种学说的情况是绝无仅有的。在西方，亚里士多德主义的创始者是亚里士多德，黑格尔主义的创始者是黑格尔；在东方也一样，儒家学说的创始人是孔丘，墨家的创始人是墨翟。当然，同一种学说可以有多个代表人物，可以有信仰者、追随者和传人，形成不同的学派。但这种学说的首创者始终是一个，是某

---

① 《列宁选集》，3版，第1卷，94页。

一个人的“一家之言”。

马克思主义则与此不同。它是由马克思、恩格斯相互合作历时数十年共同创立的学说。由志同道合才智相埒的两位旷世奇才作为同一种学说的创立者，看似偶然，似乎是微不足道的历史细节，实际上却包含着马克思主义发展史上的深刻意义。

第一，马克思和恩格斯虽然家庭出身和个人经历不同，但处于相同的历史条件和时代背景，具有相同的政治信仰。对于他们来说，创立马克思主义是为无产阶级获得解放锻造理论武器，而不是单纯为了著书立说。早在 1845 年，恩格斯在写给马克思的一封信中就非常准确地表达了这一点。恩格斯在信中对共产主义书刊在德国的传播和共产主义小组逐个建立表示高兴，但对缺乏科学理论表示忧虑，他对马克思说：“目前首先需要我们做的，就是写出几本较大的著作，以便给许许多多非常愿意干但自己又干不好的一知半解的人以一个必要的支点”①。可以说，马克思和恩格斯的全部著作都是直接或间接服务于这个根本目的：给无产阶级和人类解放以“必要的支点”。共同的政治目的使马克思和恩格斯牢固地结合在一起，生死与共，风雨同舟。

第二，马克思主义是一个科学体系。马克思和恩格斯在著作中提出和创立的不是一种仅仅为他们两人所赞同的看法、观点或意见，而是一种科学学说，是对于被研究对象的规律的揭示。马克思和恩格斯长达四十年的共同合作建立在科学的基础上：尊重科学、探索规律，而不是单纯的意见一致。以意见为依据的一致是暂时的，是不可能持久的。

第三，马克思主义科学体系包括哲学、政治经济学和科学社会主义各方面的内容，在其中任何一个领域的新发现，都要求付出艰巨的劳动。马克思和恩格斯是“共创互补”的关系，正是他们的共同创造和各自的特殊贡献，才使马克思主义科学体系的诞生成为历史事实。

历史的必然性和各种偶然机遇，使恩格斯同马克思一道成为马克思主义的创始人。这是历史的事实。正因为如此，力图改变这个事实，创造马克思和恩格斯对立，也就成了长期以来反对马克思主义的一种常见和惯用

① 《马克思恩格斯全集》，第 27 卷，18 页。

的手法。

制造马克思和恩格斯对立的神话，从 19 世纪 40 年代就已经出现了。19 世纪末德国资产阶级教授保尔·巴尔特，后来的伯恩施坦、海德门都鼓吹这种观点。从 20 世纪 20 年代的卢卡奇、科尔什一直到一些当代的西方马克思学家们调门越唱越高，他们力图把马克思和恩格斯的关系说成是“私交”，竭力冲淡、抹杀他们政治和理论观点的一致性。有的学者，例如法国的吕贝尔，不仅否认恩格斯和马克思共同创造马克思主义，而且根本否认有马克思主义，把马克思主义说成是恩格斯的伪造，是由恩格斯的脑袋中构想出来的。诸如此类的论调，不胜枚举。

项庄舞剑，意在沛公。制造马克思和恩格斯对立的神话、反对恩格斯的根本目的还是为了反对马克思主义。所谓马恩对立，无非是青年马克思和老年马克思对立的另一种说法而已。不过马恩对立论更具有蛊惑性和虚伪性，他们扬马抑恩以示客观和公正，把实际的政治目的和尖锐的意识形态斗争，隐藏在烦琐的学术考证和比较研究之中。英国《新左派评论》的主编安德森，在《西方马克思主义探讨》中对这种现象的产生及其实质曾作过比较深刻的分析：“事实上，西方马克思主义是以对恩格斯的哲学遗产发生决定性的双重批驳而开始的，——这种批驳是由科尔什和卢卡奇分别在《马克思主义与哲学》和《历史与阶级意识》两书中进行的。从那时以后，西方马克思主义实际上所有思潮，——从萨特到科莱蒂，从阿尔都塞到马尔库塞——一般都反对恩格斯后来的著作。然而，一旦恩格斯的贡献被认为不屑一顾，马克思本身的遗产的局限性就显得比以前更明显，对它加以补充也就更成为当务之急了。”①

正因为马恩对立是两个马克思对立的翻版，因此所有对恩格斯的指责，往往都借助于曲解马克思早期的两个手稿：《1844 年经济学哲学手稿》和《关于费尔巴哈的提纲》。

西方马恩对立论者以《1844 年经济学哲学手稿》（下称《手稿》）为所谓的依据，把马克思说成是“人本主义的马克思主义”，而把恩格斯说成是“科学主义的马克思主义”。他们把统一的马克思主义科学体系，曲

---

① ［英］安德森：《西方马克思主义探讨》，78 页。

解为包括两种相互对立体系的杂拌儿。他们对马克思主义科学体系的这种看法，是西方思潮中科学主义与人本主义对立的折光。

早在《手稿》刚刚全文公布时，朗兹胡特就强调，随着《手稿》的发表，“对马克思的理解获得了崭新的意义”，通过恩格斯、考茨基、伯恩施坦、卢森堡，最后通过列宁而固定下来的，不仅对马克思主义者而且对反马克思主义者都具有权威意义的马克思的全部观点，现在完全改观了。所谓“完全改观”，就是发现马克思是所谓的人道主义的马克思主义。至于塔克尔则更加明确、更加露骨地宣扬两种马克思主义的对立。他把《手稿》称为“马克思本人的马克思主义”，认为这种马克思主义同恩格斯称为唯物主义历史观或科学社会主义的那种马克思主义有很大区别。在西方，效颦者不乏其人。把马克思称为“人类中心论”者、把恩格斯称为“自然中心论者”的观点，成为颇为流行的时尚。

我们不必列举马克思对自然和自然科学的热情关怀和深刻研究，也不必争辩恩格斯对无产阶级和人类彻底解放的倾心关注，更不必论述《手稿》的本质。《手稿》虽然保留有费尔巴哈人本主义的烙印，但它的最主要之点是通过扬弃私有制，消除异化，为无产阶级和人类解放寻找一条道路。我们这里需要澄清的是关于马克思主义科学体系的本质问题。把马克思主义归结为人道主义或科学主义都是曲解，马克思主义体系包含着科学与价值的统一。

马克思主义体系是无产阶级解放的理论，它包含着对人的自由和人的全面发展、人类彻底解放的追求。但马克思主义从来都不把自己说成是所谓“人”的代表，而是作为当时已经历史地产生的无产阶级利益的代表；它也不是从资本主义制度下“人”的处境出发，而是从无产阶级和劳动者在资本主义制度下的处境和地位出发；它不是寻求所谓“人”的解放道路，而是寻求无产阶级解放的道路。马克思和恩格斯一致认定，只有首先解放无产阶级，彻底改变资本主义剥削制度，才能使人类获得解放。他们不是脱离无产阶级解放去寻找一般人的解放，而是把无产阶级解放作为人类解放的必经之路。因此马克思、恩格斯对无产阶级和劳动者的关怀，才是真正对资本主义制度下人的处境的关怀。这不仅是因为无产阶级和劳动者是资本主义社会中人口的大多数，而且是因为只有解放无产阶级才能解放全人类。首先是解放无产阶级，这是马克思主义和抽象人道主义关于人的解放理论的一个重要分界线。

马克思主义又是科学体系。马克思主义关于人类解放的理论，不是建立在公平、正义、人道、自由、良心等道德范畴的基础上，而是以客观规律为依据。在马克思主义体系中，任何一个组成部分都包含着对规律的揭示：马克思主义的经济学说，是研究支配资本主义社会的生产和分配规律的科学，它包含揭示资本主义经济制度的本质和运行的一系列规律和范畴；马克思主义的社会主义是科学社会主义，它是以资本主义社会基本矛盾和社会形态更替的规律为依据的，正如恩格斯说的，现代社会主义必获胜利的信心，正是基于这个以或多或少清晰的形象和不可抗拒的必然性印入被剥削的无产者的头脑中的、可以感触到的物质事实，而不是基于某一个蛰居书斋的学者的关于正义和非正义的观念①；马克思主义哲学同样是以客观规律为内容的。不少论者把哲学与科学绝对对立起来，认为哲学不是科学，它只是一种意见、一种看法、一种信仰。这种说法不全面。哲学当然不同于实证科学，但哲学的内容和观点的确有真理和谬误、正确和错误、科学和不科学之分。把哲学仅仅视为价值体系，看做哲学家的意见和信仰，实际上是把全部哲学看成一锅粥。其实任何有成就的哲学体系，都或多或少包含着对宇宙、对社会、对人生的某种规律性的观点。使某种哲学体系能长久留传、为后人所继承和吸收的正是这些规律性的观点，而不是那些转瞬即逝的纯属个人主观臆断的见解。马克思主义哲学是以自然科学、社会科学、思维科学的知识为依据的，是对它们的概括和总结。因此在马克思主义哲学中，无论是自然观、历史观、人生观，都包含着对对象的规律性的揭示。没有规律，就没有马克思主义哲学。

所以，马克思主义体系是科学与价值的统一。它以规律为依据，但不是唯科学主义。它反对所谓的“价值中立”论，反对隐藏或削弱自己学说的阶级性，毫不掩饰自己对无产阶级和全人类解放的价值追求；它把无产阶级和全人类解放作为最高目标，但反对以人为出发点和归宿的抽象人本主义，而是从客观规律中探索人类解放的条件、可能性和途径。科学判断

---

① 参见《马克思恩格斯选集》，2 版，第 3 卷，501 页。

中蕴含价值判断、价值判断以科学判断为依据，这就是马克思主义体系的本质特征。其实，对科学性和价值性统一的追求，在《手稿》中就已见端倪。只是由于历史的局限，当时还没有达到这种统一。

也有不少论者以《关于费尔巴哈的提纲》（下称《提纲》）为据，宣称马克思的哲学是“实践唯物主义”、恩格斯的哲学是“辩证唯物主义”，并攻击恩格斯是“独断论的”、“形而上学的”旧唯物主义者。从卢卡奇、科尔什到南斯拉夫的实践派以及原东欧的一些“新马克思主义”者都在不同程度上以各种方式鼓吹这种观点。他们中的不少人也许是想重建马克思主义哲学，但他们对恩格斯的抨击，通过摧毁辩证唯物主义建立起的哲学绝不可能是马克思主义哲学，而只能是马克思当年轻蔑地称之为“跳蚤”的东西。

我们并不一般地反对把马克思主义哲学称为实践唯物主义。马克思和恩格斯对自己创建中的哲学曾用过多种名称：科学的唯物主义、现代唯物主义、新唯物主义、实践的唯物主义、共产主义的唯物主义以及辩证的自然观和历史观等等。我们也非常赞同深入研究实践在马克思主义哲学中的地位，以及实践在辩证唯物主义本体论、认识论、历史观中的作用，以便进一步推进马克思主义哲学的发展。对原有的辩证唯物主义和历史唯物主义体系进行改进或重新安排的探讨是有益的。但我们反对在恢复实践唯物主义的名义下制造马恩对立，排斥、摈弃辩证唯物主义和历史唯物主义的基本原理。争论的关键不是名称，而是实质，即关于马克思主义哲学的一些重大理论问题。改变或抛弃了这些原理，无论怎样称呼，都只能是名存实亡。

人类所面对的世界，当然是包括人和人类在内的世界。所谓世界观，并不是对排除人的纯物质世界作直观的考虑，而是通过正确理解人与世界的关系来把握世界的客观性，把握人的主体地位和实践的意义。人与世界的关系既包括人与自然的关系，也包括人与社会的关系。分歧的焦点，集中在人与自然的关系问题上。

在人与自然关系的问题上，无论是马克思还是恩格斯都非常重视实践的作用。但马克思从来没有因此而否认世界的客观实在性和自然界的优先地位。实践的作用是改变世界，而不是从主体中创造一个世界。人类化的自然是无限世界的有限世界，它随着人类实践的深化而不断扩展，但任何时候都会留下一个人类尚未实践的世界，它的存在为人类实践和认识的深化提供了无限可能性。把这个无限的客观世界的存在排除在哲学视野之外，就从根本上违反了实践观点，因为实践和认识在这里被绝对化、凝固化和静止化了。不能把马克思的哲学说成是以人为中心，以实践为半径，在无限世界中划出的一个小小的圆圈，把人的实践范围之外的世界称之为无，把承认人的实践范围之外的物质世界说成是“拜物教”。如果是这样的话，马克思的实践唯物主义就变成了在实践掩盖下的唯心主义。

在人与自然关系的问题上，马克思当然重视人的主体地位。所谓从主体角度把握客体也就是把自然界作为人的感性活动、人的实践的对象来理解。这里讲的是人对自然的改造。我们面对的世界，是部分地打上了人的烙印的世界。不从主体角度而仅仅从客体角度去考察客体，就不可能理解由实践活动所造成的对象的变化。《提纲》第一条对费尔巴哈和一切旧唯物主义的批判，是对旧唯物主义直观性的批判，而不是对唯物主义本身的批判。人在实践中面对的是一个客观的、不依人的意志为转移的独立存在的世界，它有着自己的客观规律。人要在实践中达到预期的目的，就必须认识自然规律，服从自然规律。在改造世界的实践中，我们应该坚持观察的客观性，坚持从实际出发、实事求是的原则，而不能宣扬从主体出发。人的愿望、目的、要求能否实现，取决于能否正确处理主体和客体关系，而不是片面弘扬的主体性。

至于把恩格斯说成是独断论者、旧唯物主义者是不值一驳的。任何不怀偏见的人，只要读一读《反杜林论》、《自然辩证法》、《费尔巴哈论》就可以明白这一点。

《提纲》是恩格斯 1888 年作为自己著作《费尔巴哈论》的附录公之于世的。恩格斯高度赞扬《提纲》，称之为包含着“新世界观的天才萌芽的第一个文件”。这个评价是科学的，分寸得当。他既指出《提纲》伟大的理论价值在于创立了一种新的哲学形态，同时又指出它是“第一个文件”、是“新世界观的萌芽”，因为它还没有包括日后日益丰富的关于世界的物质本性和辩证运动规律、关于认识过程和规律、关于社会结构和社会形态更替的规律等许多马克思主义哲学的基本原理。本来，马克思主义哲学是以实践为基础对世界唯物辩证的把握。硬要把实践观点和唯物辩证观点对立起来是错误的。恩格斯在天之灵如果有知，对于把他发现并由他发表的《提纲》作为反对他的根据，一定会诧异万分。

围绕马克思和恩格斯相互关系的争论，是现今意识形态斗争的一大特色。这一争论至今仍没有结束。可以断言，只要围绕马克思主义的斗争存在，形形色色的马恩对立论就会一再出现。所以要坚持和发展马克思主义，就必须保卫恩格斯。这是历史赋予当代马克思主义者的使命。

二、对马克思主义的卓越贡献

如果从理论上来说马克思和恩格斯是一个人的话，那么，从历史角度来看，他们则是两个人。在马克思主义发展史上，马克思和恩格斯都各有其独特的地位。

恩格斯非常谦虚，总是把自己放在马克思之后，甘愿处于“第二提琴手”的地位。他对生前的马克思无限热爱，对死后的马克思无限信仰。马克思的光辉，似乎遮住了恩格斯高大的身躯。其实，马克思和恩格斯是“共创互补”的关系。他们既是马克思主义的共同缔结者，又各有自己的特殊成就和贡献。列宁说得非常正确：“不研读恩格斯的**全部**著作，就不可能理解马克思主义，也不可能完整地阐述马克思主义。”①

恩格斯对马克思主义的形成、创立和完善的贡献是多方面的。恩格斯在马克思主义史上第一个从社会主义观点对资本主义经济制度的主要现象进行了考察；第一个论述了无产阶级不只是一个受苦的阶级，而且是能够自己解放自己的阶级；第一个全面研究了自然辩证法和军事辩证法；第一个用马克思主义观点论述了家庭、私有制和国家的起源，如此等等。但其中最突出的是对马克思主义系统化的贡献。正是在这个问题上，恩格斯受到西方某些理论家的攻击责难。他们诬称恩格斯是马克思主义的“伪造者”，指责恩格斯炮制了一个僵化的马克思主义体系。就连戴维·麦克莱伦都有类似的看法。他在《马克思以后的马克思主义》中批评恩格斯“把马克思主义勾画成像苏联（及其他国家的）辩证唯物主义教科书那样的教

① 《列宁全集》，2版，第26卷，94～95页，北京，人民出版社，1988。

条式的形而上学体系”，还说，“老黑格尔建立的体系与恩格斯在自然科学的基础上把马克思主义系统化的倾向之间确实存在某些相似之处”①。

马克思主义要不要系统化？该不该系统化？当然应该。

一种科学的学说，必然是一种系统、逻辑上首尾一贯、各种观点之间有一种内在的不可抗拒的理论联系的学说，而不是零碎的、无条理的、充斥内在逻辑矛盾的理论杂拌儿。体系化是一种学说科学性的标志，它不仅要求内容真实，而且要求结构合理。

从19世纪40年代马克思主义开始创立起，经过30多年的发展和丰富，马克思、恩格斯在许多重要著作中发表了自己的多方面的看法，但还没有机会进行连贯的、系统的论述。当时，马克思正埋头于《资本论》的写作。是历史给予了恩格斯一个难得的机遇，他利用对杜林全面进攻的反击写了《反杜林论》这一伟大著作，从宏观上对马克思主义各个组成部分的基本观点及其内在联系做了一个比较连贯的论述，从而完成了时代提出的马克思主义系统化的使命。

在《1844年经济学哲学手稿》中，马克思已经涉及了处于萌芽中的马克思主义的各个部分，但他是以异化劳动为中心把哲学、政治经济学和社会主义学说结合在一起，而且各个部分不均衡、不连贯。《反杜林论》则与之不同。它以社会主义由空想到科学发展为线索，以唯物史观和剩余价值学说为主要内容，科学地揭示了它们之间的不可分割的联系。这种内在的理论联系必然会使马克思主义成为一个整体，而且也只能是一个整体。

当然，马克思主义各个组成部分之间可以有相对独立性，可以成为专门研究的对象，但却绝不能彼此割裂。其中任何一个部分都是整体的部分，具有总体规定的特性。一旦离开整体，丧失了马克思主义哲学和政治经济学的指导和论证，社会主义学说就只能是空想；如果经济学说不以唯物史观为指导、不以建设社会主义为总体目标，而是鼓吹私有化，那就不是马克思主义的政治经济学；同样，如果马克思主义哲学不与社会主义建设的实践相联系，不能发挥巩固和论证社会主义必然性的功能，脱离实

① ［英］戴维·麦克莱伦：《马克思以后的马克思主义》，12页。

际，那就是思辨哲学。马克思主义中的任何一个组成部分，都内在地包含着对其他部分内容的吸收、应用和论证。《反杜林论》之所以是一个整体，就在于它在分篇论述中始终保持了各种论点之间的联系性和一致性。

在马克思主义的系统化中，自然辩证法学说的创立，无疑是恩格斯的一个划时代的独特贡献。

人类对世界的认识是从自然开始的：从对自然的本性及其普遍规律的探索，逐步走向研究社会及其规律。马克思、恩格斯创立马克思主义的思想历程，同人类的认识道路是一致的。他们不可能在唯心主义自然观的基石上，建立起唯物主义历史观的大厦。在着手建立唯物主义历史观之前，他们对自然的物质本性是深信无疑的——这是他们之前多少代哲学家们早已解决了的问题。因此，马克思和恩格斯从社会着手，致力于唯物主义历史观的建立。

可自然界是人类赖以存在的基础，人与自然的关系是人类永恒的、不可须臾离开的基本关系。对于完整的、科学的马克思主义来说，把这个广大的、极其重要的领域放弃在自己理论视野之外是不可想象的。如果说费尔巴哈的局限是把历史放逐在哲学思考之外，那么，马克思、恩格斯则在确立了唯物主义历史观之后，再度从社会走向自然。从马克思主义系统化的角度来看，这完全是必要的。没有关于自然的唯物辩证观点，马克思主义体系是不完整的，也是不可能建立起来的。只是上半截的唯物主义是没有先例的、做不到的。离开了自然辩证法以及唯物史观，就必然会导致马克思主义政治经济学和科学社会主义学说的倾覆。因此自然辩证法问题并不是局限于对自然的理解，而是关系到整个马克思主义科学体系的科学性和完整性问题。

西方马克思主义和西方马克思学家们，不遗余力地攻击恩格斯关于人与自然的关系和自然界辩证运动的观点。他们不顾恩格斯关于人与自然关系的许多精辟论述，硬把恩格斯说成是自然主义者、直观唯物主义者。他们特别卖力地否定自然界的辩证运动，只承认实践辩证法、人学辩证法，而否定自然辩证法。

这些学者生活在现代，可他们的哲学思维和哲学智慧却还远不如古代希腊人和中国人。古代希腊人承认世界的辩证运动：万物皆流，无物常住。他们用“人不能两次踏进同一条河流”形象地表明了宇宙的变化。“飘风不终朝，骤雨不终日”，“一生二、二生三、三生万物”，这些充满哲理的智慧，都表达了对宇宙万物的辩证理解。如果自然界不是辩证地运动，那么宇宙的生生息息、万物的生长就是不可理解的。

当然，自然辩证法的反对者们可以顽固地认为，辩证法是主客体关系，只存在社会领域，自然界自身的运动不叫辩证法。其实，不管人们如何称呼都无法改变一个事实，即自然界自身存在矛盾、运动、变化。世界上没有任何人能有这种力量，即使是“上帝”，也不能把辩证法从自然界中驱逐出去。

三、创造性地推进马克思主义

当马克思坐在安乐椅上溘然长逝时恩格斯也已进入老年。恩格斯的晚年是他一生中璀璨的一页。他肩负历史重任和亡友嘱托，单独领导欧洲工人运动和从事《资本论》第二、三卷的整理与出版工作。此外，恩格斯还不断推出新著，并为马克思和自己的著作写了许多具有重大理论价值的再版序言、前言并写了许多通信阐述马克思和自己的思想。更加令人敬佩的是，恩格斯晚年充满了创造精神，他不断总结新经验，提出新问题，以创造性的态度对待自己的学说和已有的结论。

恩格斯坚决反对把马克思主义教条主义化。面对 19 世纪末德国的一些马克思主义者“用学理主义和教条主义”态度对待马克思主义，以为只要背熟马克思主义结论，就足以应付一切错误思潮，以及随后德国青年派把历史唯物主义当做现成公式、当做标签贴到一切事物上去的错误态度，恩格斯不断强调，马克思主义不是教条，而是行动的指南，“马克思的整个世界观不是教义，而是方法。它提供的不是现成的教条，而是进一步研究的出发点和供这种研究使用的方法”①。

恩格斯以一个伟大理论家的科学良心，坦率地宣称自己以往的著作存在某些理论不足。例如，恩格斯在 1893 年致梅林的信中讲到他们以往对上层建筑，特别是意识形态对经济基础的反作用强调不够时，认为马克思

① 《马克思恩格斯全集》，第 39 卷，406 页。

和他自己在这方面都有同样的过错。这就是最后都把重点放在从作为基础的经济事实中探索出政治观念和其他思想观念以及由这些观念所制约的行动，而忽略了另一方面，即意识形态对经济基础的反作用。恩格斯在他关于历史唯物主义的一些著名通信中对这一方面的许多重要问题都做了创造性的论述。

更为令人感动的是，恩格斯非常严谨，以批判性眼光审视自己的著作，承认自己著作中的某些观点不妥甚至已经过时。他曾经拒绝再版《政治经济批判大纲》，认为其中有些观点不成熟。他还在《英国工人阶级状况》1892 年德文第二版序言中宣称：这本书里所描写的情况，至少就英国而言，现在在很多方面都已成为过去。强调本书在哲学、经济和政治方面的总的理论观点，和他现在的观点绝不是完全一致的。恩格斯还承认，在本书中他把工业大危机的周期算成了 5 年，但是 1842—1868 年的工业历史表明，这种周期实际上是 10 年，而且从 1868 年起情况又有了改变。这种严于责己的精神，是以追求真理的态度对待真理的追求。

晚年恩格斯对待自己的著作，尤其是早期著作中的不足、缺点和错误的态度，为我们树立了一个如何对待马克思和恩格斯著作的榜样。马克思主义是由马克思和恩格斯创立、为他们的后继者所发展的科学理论体系，而不是马克思、恩格斯全部著作的言论总和。并非马克思、恩格斯著作中的每一个判断、每一句话都是不可改变的真理。西方流行的脱离马克思主义科学体系和基本原理，抓住其中的片言只语，尤其是抓住早期著作中的某些论断，进行所谓的注释、解读，实际上是对马克思主义科学体系的肢解。所谓两个马克思的对立、马克思和恩格斯的对立，都是以这种方法论为依据的。他们不是从马克思主义科学体系整体性的高度来阅读和把握马克思、恩格斯的著作，而是采取攻其一点、不及其余的方法来进行所谓马克思主义的重构。同以严肃态度审视自己著作的思想巨人恩格斯相比，这些自以为思想新颖实际上却是曲解马克思主义的做法都是理论上的"侏儒"。

对资本主义社会的研究，是马克思、恩格斯终身关注的热点，是马克思主义科学体系的重要组成部分。可以说，没有关于资本主义社会的理论，就没有可能也没有必要创立马克思主义。马克思、恩格斯把对无产阶级彻底解放的可能性、条件和道路的探索，建立在对资本主义社会剖析的基础上。马克思逝世之后，恩格斯在整理《资本论》第二、三卷的过程中继续从事这种研究。不同的是，在恩格斯晚年，资本主义正处于和平发展时期，自由资本主义正在向垄断资本主义转变，资本主义出现了许多新特点。尽管这些仍然是处于萌发状态，但高瞻远瞩、思想敏锐的恩格斯已密切地注视到了这种变化。他发现一些部门的大工业家联合成为一个卡特尔，甚至成立国际卡特尔，有些部门还形成了垄断全部生产的大股份公司。卡特尔、托拉斯的出现表明，资本主义的垄断正在逐渐取代自由竞争处于支配地位，国家越来越加强并有可能对经济进行一定的调控。

与资本主义发展的特点相联系，无产阶级革命斗争的策略也必然要发生改变。资本主义处于和平发展时期，工业生产力的迅速发展显示：欧洲的经济和政治矛盾还远没有成熟到可以铲除资本主义生产方式的程度。资本主义仍然具有很大潜力，无产阶级的革命时机并未成熟。恩格斯据此修改了自己过去对欧洲革命的估计，调整了斗争策略，提出了暴力革命和和平过渡两种可能性问题，提出了利用资本主义议会制度和普选权进行斗争的问题，从而大大地推进了马克思主义关于资本主义和无产阶级革命的理论。

关于未来社会主义的理论，恩格斯更加强调反对空想社会主义，反对把凝固不变的方案强加给未来社会的人们。恩格斯指出，未来的社会主义社会，是一个不断变化和改革的社会；未来的分配方式，应由未来的社会生活状况决定，而不是永恒不变的；未来社会的人口生产如何调节，应由未来社会的人自己决定。恩格斯对社会主义采取一种实事求是的态度，坚定地相信未来从事社会主义实践的人们有能力解决自己面临的问题，而不应预先用一些规定去束缚他们的手脚。这种态度是科学的、明智的，符合马克思主义的世界观和方法论，它将使社会主义学说永远保持它的生命力和适度的灵活性。

恩格斯于 1895 年 8 月 5 日逝世。他没有保留骨灰，也没有留下墓地，但他对人类和无产阶级的杰出贡献，为自己浇铸了永恒的丰碑。

（原载《教学与研究》，1995（4））

5.《1844年经济学哲学手稿》和马克思主义

一

究竟什么是真正的马克思主义？至今仍然争论不休。南斯拉夫哲学家弗兰尼茨基把这个问题作为马克思主义思想史必须回答的最重要问题："究竟是存在一种本来如此的马克思主义呢，还是马克思的思想也遭到了任何伟大思想相同的命运：各个时代都结合本身的问题和形势看到这一思想的不同方面，更有甚者，个别人不仅用它来说明时代的反映，而且用它来说明自身的能力。马克思主义思想史至少应当回答其中最重要的问题，并尽可能作出说明。"①

美国的赖特·米尔斯早就作出了回答，但是非常错误的回答。他认为根本不存在客观的马克思主义，而存在的只是各人心目中的马克思主义。他在《马克思主义者》这部书中说："马克思在1883年去世时留下的著作是比较芜杂的，他没有在任何地方完整地和系统地总结过自己的思想。而且，马克思的不少著作都是同别人进行论战的文字，其中有许多今天只剩下了一点点历史意义。正如大多数复杂的思想家一样，马克思并没有得到人们的统一认识。我们根据他在不同的发展阶段写出的书籍、小册子、论文和书信对他的著述作出什么样的说明，要取决于我们自己的利益观点，因此，这些说明中的任何一种都不能代表'真正的马克思'。""人们对马

---

① ［南］弗兰尼茨基：《马克思主义史》，第1卷，17页。

克思的确没有一个统一的认识：每一个研究者都必须通过自己的努力去认识马克思。”①

还有些学者抱怨现在的马克思主义是被歪曲了的马克思主义。例如在弗洛姆看来，在一切著名的思想家中没有一个人像马克思这样完全被后代所曲解。他在《在幻想锁链的彼岸》这本小册子中，既赞扬马克思又推崇弗洛伊德，甚至把马克思放在弗洛伊德之上，但对当代马克思主义持否定态度。他说：“马克思是一位具有世界历史意义的人物，就这点而言，弗洛伊德是不能与马克思相提并论的。关于这个事实，我们无需再作任何解释。然而，令人深感遗憾的是，在几乎占世界三分之一的土地上传播的是一种被歪曲了和被贬低了的‘马克思主义’。”②

一些西方学者声称，他们要研究的是真正的马克思，是马克思自己的马克思主义。罗·塔克尔就明确说：“我们把马克思主义理解为马克思的思想。我们研究的对象是马克思本人的马克思主义。”③

各人有自己的马克思，这种多元马克思来自两个马克思，而两个马克思则来自围绕《1844年经济学哲学手稿》（以下简称《手稿》）的争论。1932年当《手稿》刚刚全文公布时，亨·德曼把这部著作称为“新发现的马克思”，并提出了两个马克思的问题。他说：“要么就是这个人道主义的马克思属于马克思主义，这样就必须彻底修正考茨基的马克思主义和布哈林的马克思主义；要么就是这个人道主义的马克思不属于马克思主义，这样就会有一个人道主义的马克思主义，人们可以用它来反对唯物主义的马克思主义。”④

这样，整个马克思主义史似乎呈现出由一到二、由二到多的图景：

一个马克思主义──→两个马克思（青年马克思和老年马克思）──→多元马克思（各人有自己心目中的马克思）

---

① ［美］米尔斯：《马克思主义者》，39页。

② ［德］弗洛姆：《在幻想锁链的彼岸》，10页，长沙，湖南人民出版社，1986。

③ ［美］罗·塔克尔：《卡尔·马克思——他的思想从哲学到神话的发展》，英文版，1页。

④ 《〈1844年经济学哲学手稿〉研究（文集）》，348～349页，长沙，湖南人民出版社，1983。

其实，这只是浮现在深流表面的泡沫，而不是马克思主义发展史的实质。整个马克思主义的发展，经历了从理论到运动，从运动到制度的过程。马克思主义战胜了工人运动中的其他流派，成为处于统治地位的指导思想，并突破了西欧地区性的界限，传播全世界。而上述状况，只是总的前进过程中的局部曲折。

两个马克思神话的出现具有时代的特征。弗洛姆就强调，尼采说过上帝死了，1914 年以后所发生的一切情况表明：人死了。人道主义传统崩溃了。只有甘地、爱因斯坦、斯威夫特等少数几个人继承了人道主义的传统精神。他特别批判斯大林，说在俄国，“斯大林创立了一个恐怖的制度，其野蛮残酷性比纳粹分子有过之无不及”①。

胡克同弗洛姆持有同样的看法，而且更加直接明确地把批评矛头针对社会主义国家。他说：“假如他（马克思）今天还活着的话，看到他的社会理想在一些自命为‘人民民主’和‘共产主义’社会的一些国家里成为荒唐可怕的漫画，他无疑把自己称为另一种人。他要这样做不仅为了抗议语义上的凌辱，也是要在他自己的社会主义社会理想与目前的共产主义的实际之间划一道极其明显的界线。”②

谁也不会否认，在社会主义国家建立以后的某个时期，由于阶级斗争环境的特殊和法制尚不健全，特别是主观估计的错误，有可能发生不适当的过火的行为。但这是局部的、暂时的，一经发现能够很快得到纠正。正如一个人的错误会使他更老练一样，社会主义国家的痛苦经历并不根本改变它的制度本质，而是使它更完善更成熟。社会主义制度代表绝大多数劳动人民的根本利益，它所蕴含的社会主义人道主义精神是任何资产阶级人道主义所无法比拟的。两个马克思神话的出现是一石二鸟：既针对社会主义国家的现实又针对马克思主义理论，企图用青年马克思、真正的马克思，或者说人道主义的马克思来融解和钝化马克思主义，并丑化和诋毁社会主义制度。

以《手稿》为据创造两个马克思，在理论上是说不通的。《手稿》写

① ［德］弗洛姆：《在幻想锁链的彼岸》，172 页。
② ［美］胡克：《从黑格尔到马克思》，英文版，2 页。

于1844年，它具有马克思主义形成时期的特点。《手稿》处在马克思思想发展的交叉点上：它既是从《莱茵报》时期开始的两个转变的基本完成，又是马克思进一步创立包括哲学、政治经济学和科学社会主义学说在内的科学体系的开端。比起《莱茵报》、《德法年鉴》上的文章，它向前推进了一步，它以经济学为中介，开始对资本主义社会进行实证的、经验的分析，并进一步推进了某些历史唯物主义原理；可是比起《关于费尔巴哈的提纲》、《德意志意识形态》以及其后的著作来又不完全成熟。在《手稿》中主题与论证、哲学论证和经济学论证还未形成有机统一整体。所谓人道主义的马克思，是片面地夸大费尔巴哈人本主义残余而制造的虚假形象。

两个马克思是神话，多元马克思更是谎言。应该把什么是马克思主义同我们认为什么是马克思主义区分开来。在当代，有着各种旗号的马克思主义，人们对马克思主义的解释五花八门、名目繁多。但马克思主义作为一种科学并不取决于人们的解释，而是取决于它自身固有的内容。科尔施在1950年写的《关于今天马克思主义的十个论点》中说："要把马克思主义学说作为一个整体重新建立起来并且恢复它原来作为工人阶级社会革命理论的作用的一切企图，今天已证明是反动的乌托邦。"① 这种说法，完全否定了科学的马克思主义存在的必要性和可能性。

相比之下，海尔布隆纳的看法要正确些。他承认存在着各种旗号的马克思主义，它们对马克思主义作出了互相抵触的种种解释。有的把马克思的著作原封不动地加以捍卫，有的要把马克思的著作几乎全部加以改变；有的认为资本主义的情况基本上如马克思所云，有的认为《资本论》已过时；有的想突破禁区，涉足宗教和精神分析领域，有的认为这些只不过是资产阶级的邪门歪道；有的骄傲地自诩为正统派，另外则有人认为马克思主义已蜕化为意识形态。确实是歧见杂陈，众说纷纭。但是海尔布隆纳并没有因此否认存在一种客观的、本来意义的马克思主义，或者说是真正的马克思的马克思主义。他说："我确信马克思主义思想，或者说得更精确些，马克思的著述所激发的思想（我们合称之为'马克思主义'），是有一

① ［德］科尔施：《关于今天马克思主义的十个论点》，载《论据》，1959（16）。

个可以得到公认的共同点的。”① 海尔布隆纳把这些共同点归结为四点：对待认识本身的辩证态度，唯物史观，依据马克思的社会分析而得出的关于资本主义的总的看法，对社会主义的信奉。这些标准本身是可以争辩的，但海尔布隆纳强调作为马克思主义的马克思主义应该有一个共同标准的看法是正确的。

究竟什么是马克思主义？还是列宁说的对：“**马克思主义**是马克思的观点和学说的体系。”② 这个定义内涵非常深刻。它强调马克思主义是马克思（当然也包括恩格斯）的观点和学说。尽管人们可以对马克思主义进行各种解释，可以把自己的理论、看法、理解附会在马克思身上，但并不因此就能够制造出各种马克思。马克思只有一个，这就是作为马克思主义创始人的马克思，离开了马克思主义的马克思，是虚构的马克思；离开了马克思的观点和学说的马克思主义，是打引号的马克思主义。列宁的定义还强调马克思主义不是马克思的全部言论和著作的总和，而是他的观点和学说的体系。马克思主义表现在他的著作之中，但任何一本著作都不能等同于马克思主义。马克思主义是贯穿马克思和恩格斯全部著作中的根本观点和学说。特别重要的是，列宁还强调马克思主义是体系。在马克思主义的科学体系中，它的世界观、方法论原则同它的基本经济理论之间以及它们同关于无产阶级革命的条件和目的的全部结论之间，在理论上和逻辑上是严密的、完整的、一贯的。它们相互渗透，相互促进，构成统一的完整的马克思主义科学体系。从历史角度说，把马克思从其发展的某一阶段孤立出来；从逻辑角度说，把马克思主义某一学说甚至某一句话同整体割裂开来，都是对马克思主义的曲解。所谓两个马克思、多元马克思是哈哈镜中的马克思，是真正马克思主义的讽刺画。

二

恩格斯与马克思对立的论调由来已久，但《手稿》的发现和出版，仿

---

① ［美］海尔布隆纳：《马克思主义：赞成和反对》，4页。

② 《列宁选集》，2版，第2卷，580页。

佛给这种陈旧的谎言以新的论据。朗兹胡特在重新出版的马克思早期著作序言中强调，随着《1844年经济学哲学手稿》的发表，“对马克思的理解获得了崭新的意义”，“通过恩格斯、考茨基、伯恩施坦、卢森堡，最后通过列宁而固定下来的，不仅对马克思主义者而且对反马克思主义者都具有权威意义的马克思的全部观点，现在完全改观了”①。塔克尔把这种观点表述得更为明确、更为露骨。他把《手稿》称之为“马克思本人的马克思主义”，认为这种马克思主义“同马克思的合作者弗里德里希·恩格斯称为‘唯物主义历史观’或者又称为‘科学社会主义’的那种成熟的马克思主义有很大的区别”②。

按照西方某些“马克思学”代表人物的说法，真正的马克思主义是以《手稿》为代表的马克思主义；而成熟时期的马克思主义是恩格斯伪造的。因此马克思主义发展有两条对立的路线：一条是继承青年马克思的路线，这是人本主义路线；另一条是恩格斯、考茨基、伯恩施坦、列宁的路线，这是机械决定论的路线。这两条路线的对立，就是马克思和恩格斯的对立，特别是作为《反杜林论》、《自然辩证法》作者的恩格斯同作为《手稿》作者的马克思的对立。

一些作者公开攻击恩格斯，说恩格斯在帮助马克思主义从最初的唯物史观发展成一种僵硬的、包罗万象的思想体系方面，起了决定性作用；甚至说恩格斯错误地把他自己那些不同于并且低劣于马克思的思想说成是马克思主义。

更加荒谬的是，有的人根本不承认世界上存在马克思主义，认为马克思主义是恩格斯伪造的，是恩格斯主义。例如法国的吕贝尔就是这种观点的鼓吹者。他在《恩格斯是马克思主义的创始人》这篇文章中，不仅公然提议摈弃“马克思主义”这个概念，并且把马克思和恩格斯共同创立马克思主义这个论断说成是“20世纪的神话”。他说：“马克思主义不是马克思的思想方式的独特产物，而是由恩格斯的脑袋构思出来的。如果说‘马

① ［德］齐·朗兹胡特：《卡尔·马克思早期著作集》，斯图加特版，5页，1953。

② ［美］罗·塔克尔：《卡尔·马克思——他的思想从哲学到神话的发展》，英文版，1页。

克思主义’这个名词包含有一种理论上可以理解的内容的话，那么责任不在马克思，而在恩格斯。”①

其实，马克思和恩格斯是一个人又是两个人。

从逻辑角度分析，马克思和恩格斯是一个人，因为他们是同一种理论的共同缔造者，是一种主义、一种理论。

从历史角度分析，马克思和恩格斯是两个人。如果说马克思开始更多凭借德国古典哲学，而恩格斯则更多凭借政治经济学；马克思开始注意的是法国革命史，而恩格斯则关注 19 世纪 40 年代英国的现实。马克思以毕生精力解剖资本主义社会，创作《资本论》，恩格斯则在一段时期内从事自然科学的研究，创立了辩证唯物主义的自然观，并以军事辩证法的开创者载入史册。马克思不是恩格斯，恩格斯也不是马克思。他们是两个人，各有自己独特的贡献和风貌。

西方马克思学的某些人，把马克思和恩格斯的历史性差别夸大为理论上的对立。也就是说，在应该把马克思和恩格斯看成一个人，即同一种理论的共同创造者的地方，他们把马克思和恩格斯看成两个人，即两种理论，两种主义。项庄舞剑，意在沛公，所谓恩格斯是马克思主义的伪造者，所谓不同于马克思主义的恩格斯主义之类指责，真正的目的还在于马克思主义，企图把马克思主义当作恩格斯的“赝品”反对掉。可见，马克思和恩格斯的对立是两个马克思对立的另一种表现形式。

以《手稿》为据制造马克思和恩格斯的对立，正如以其为据虚构出两个马克思一样，它表达的是不是事实，而是作者的愿望。从这种对立中我们看到的不是真实的马克思和恩格斯，而是虚构者自己。我们以《手稿》同恩格斯两本重要著作进行比较就可以看到这一点。

《手稿》写于 1844 年，恩格斯与其相当的著作是发表于 1844 年初的《政治经济学批判大纲》。后者对前者起了重要的推动和影响作用。马克思自己明确地提到这一点。他在《手稿》的序言中，除了肯定先驱者们的思想启发作用外，还强调了同时代人的相互影响。他列举了三个人，其中就有恩格斯和他的《政治经济学批判大纲》。

---

① 参见《吕贝尔论卡尔·马克思》，英国剑桥大学出版社，1981。

马克思非常赞赏恩格斯的这部著作并进行了认真的研究，《巴黎笔记》中保存的《弗里德里希·恩格斯“国民经济学批判大纲”一文摘要》就是证明。马克思对恩格斯文章的主要论点做了极其扼要的摘录。

《手稿》明显受到《大纲》的影响。虽然《手稿》并没有包括《大纲》的全部经济学内容，也没有按大纲摘录要点的顺序来展开自己的论述，但在如何对待私有财产，如何评价资产阶级政治经济学，以及关于资本和劳动的分离和由资本主义经济分析中引出革命的结论等方面都是一致的。这说明《手稿》和《大纲》一样，都是站在社会主义立场上对资产阶级政治经济学和资本主义社会经济制度进行批判的著作。

差别性当然存在。《手稿》以异化劳动理论作为基本的理论和方法，从人的本质的异化与复归的视角考察私有财产及其扬弃，明显受到费尔巴哈人本主义的影响。但不能因此把马克思和恩格斯对立起来。在 1845 年他们在布鲁塞尔再度合作之前，各自通过独立的研究达到了相同的结论。和马克思不完全一样，恩格斯没有明显地经历从异化到异化劳动再从异化劳动上升到唯物史观的过程，但他们同样走过一条从黑格尔出发，经过费尔巴哈走向新世界观的道路。只要读一读恩格斯 1844 年初关于英国状况的一组文章，人们不难发现其中关于人的本质异化的思想，只是不如马克思那样强烈。好像两幅大体相同的画，一幅是浓墨重泼，另一幅是轻描淡写。

正如马克思一样，恩格斯的早期思想也不是完全成熟的。而这个不成熟性，就其内容来说，与马克思相似。1871 年恩格斯在给威廉·李卜克内西的一封信中，反对重新发表《政治经济学批判大纲》：“现在把《德法年鉴》上我的那篇旧文章重新刊载在《人民国家报》上是无论如何不行的。这篇文章**已经完全过时**，而且有许多不确切的地方，只会给读者造成混乱。加之它还完全是以黑格尔的风格写的，这种风格现在也根本不适用。这篇文章仅仅具有历史文件的意义。”① 这不仅是严于责己的过谦之词，它反映了恩格斯对自己思想发展的看法。无论是马克思还是恩格斯，在早期思想中都存在由其母腹中脱胎而来的“鳃弧”。所以从横断面考察，

① 《马克思恩格斯全集》，第 33 卷，209 页，北京，人民出版社，1973。

即从马克思和恩格斯在 1844 年左右的思想考察，根本不存在什么对立的问题。

从纵向考察来说也是如此。西方马克思学指责恩格斯伪造马克思主义，主要是指《反杜林论》、《自然辩证法》等著作，并把它们同《手稿》截然对立起来。其实，《反杜林论》可以看做马克思和恩格斯的共同作品。马克思不仅亲自写了《〈批判史〉论述》这一章，而且听恩格斯朗读过全书。《自然辩证法》虽然在马恩生前未发表，但恩格斯在 1873 年 5 月 30 日致马克思的信中概述了自己关于自然辩证法的构想，并取得马克思的完全同意。在马克思逝世以后发表的《家庭、私有制和国家的起源》，多处引用马克思的《摩尔根〈古代社会〉一书摘要》的批语，实际上是执行马克思的遗言，完成他未竟之业。至于《路德维希·费尔巴哈和德国古典哲学的终结》同马克思的《关于费尔巴哈的提纲》、《资本论》第二版的跋，以及马克思和恩格斯合著的《德意志意识形态》等是一致的。可以说，恩格斯在马克思生前或逝世后出版的书中，找不出一本是不同于马克思主义的所谓恩格斯主义的著作。

当然，《反杜林论》不同于《手稿》，这种情况另当别论。它表明的不是马克思和恩格斯的个人对立，而是马克思主义发展过程中的阶段性差异。

《反杜林论》无疑比《手稿》成熟。《手稿》是对包括哲学、政治经济学、社会主义学说在内的马克思主义的第一次阐述。它的基本理论和方法是异化劳动理论，它并没有创立科学的马克思主义体系，而只是朝这个方向前进的开端。《反杜林论》则不同，它不再借助于人的本质异化和复归的理论，而是把关于社会主义革命的历史必然性和必要性，关于无产阶级历史使命的论述，建立在唯物史观和剩余价值理论基础上，从而真正使马克思主义各个组成部分形成一个逻辑严密的科学体系。

《反杜林论》在宏观上对马克思主义的三个组成部分，在微观上对每一部分的主要观点做了连贯的、有内在联系的论述。在马克思主义史上，把马克思主义系统化的正是恩格斯，这是他的特殊功绩。把系统化说成是伪造马克思主义，完全是颠功为罪。

三

《手稿》全文公布如巨石投水，产生了强烈的反响。它不仅提出了如何看待马克思主义的问题，而且把如何对待马克思主义的问题推到人们的面前。究竟是根据《手稿》重新解释马克思主义，还是坚持和发展马克思主义，半个多世纪以来，围绕这个问题一直存在激烈的争论。

某些西方学者鼓吹以《手稿》为据对马克思主义进行新的解释。例如马尔库塞就说："这部手稿可能把关于历史唯物主义甚至整个'科学社会主义'理论的起源和最初含义的讨论置于新的基础之上"[①]，明确提出要根据《手稿》来"审查对后来完成的批判所作的流行的解释，而不是相反，从后来的阶段出发去解释这一批判的最初形式"[②]。弗洛姆也主张根据整个马克思和他的人本主义哲学对马克思做重新解释。

我们并不否认，在新的实践经验的基础上，人们对马克思主义的某个原理或论断，可以进行再认识、再理解、再解释。但重新解释论者指的并不是这个。他们针对的是整个马克思主义，以传统叛逆者的姿态出现，力图打碎所谓被伪造的僵化了的马克思主义体系。他们或者用抽象的人道主义理论、异化理论、道德原则来解释马克思主义，甚至用弗洛伊德主义、存在主义来解释马克思主义。与其说他们在解释马克思主义，倒不如说是用马克思主义词句来解释他们自己。他们名为解释，实际上按照一定的政治利益和需要对马克思主义进行重新构建。

我们反对以《手稿》为据来重新解释马克思主义。正如巴黎大学教授埃·博蒂热利正确指出的："1844 年马克思的思想与它的最终形式相差还很远，《手稿》不是已经完成了的思想的体现，而是弄清那些在许多方面正处于摸索阶段的思想的见证。"[③] 以《手稿》为据，就是把马克思主义的成熟形态拉回到 1844 年。这不是前进，而是倒退。

作为真正马克思主义者所面临的问题，不是对马克思主义的重新解

① 《〈1844 年经济学哲学手稿〉研究（文集）》，28 页。
② 同上书，29 页。
③ 同上书，284 页。

释，而是如何结合实际坚持和发展马克思主义。

从《手稿》发表以后，特别是第二次世界大战以来，世界形势确实发生了很大的变化。在资本主义社会，科技革命的迅速发展，对产业结构、就业结构、工人阶级结构，以及劳动方式、生活方式、剥削方式、价值观念都发生了重大影响；社会主义国家，也正在进行改革，各自在寻求适合本国的建设社会主义道路。马克思主义者面临着许多新的理论问题和实际问题。

面对这种情况，马克思主义“过时”论甚嚣尘上。例如有的认为，马克思主义的各种理论打着“维多利亚时代资本主义的烙印”；有的认为，马克思主义是第二次浪潮，即工业革命的产物，今天仍然坚持马克思主义，正如同在电子显微镜时代仍然使用放大镜一样落后。宾克莱的看法也不例外。他说：“自从马克思去世以后，历史进程本身已经表明他所预言的革命并没有发生。社会润滑剂，如社会保险、失业补助、缩短工时、改善劳动环境等，已经使工厂主与工人之间的摩擦减少了。在经济比较发达的西方世界，通过投票箱甚至通过诉诸正义、公平这些资产阶级的价值而逐步进化，一般人的命运已在逐渐得到改善。”他由此得出结论，马克思主义“已经降低到只能引起历史兴趣的被人遗忘的地步”①。

其实，马克思主义关于资本主义的理论、关于资本主义必然为社会主义所代替的理论，最有生命力的并不是基于当时条件对某些国家前景的预言，而是对资本主义社会形态的基本矛盾的分析。迄今为止，尽管资本主义社会产生了一些新的特点，但没有任何材料证明马克思主义关于资本主义社会基本矛盾及其发展趋势的分析已经过时。海尔布隆纳比较公正地指出：“只要资本主义存在着，我就不相信我们能在任何时候宣布他（马克思）关于资本主义内在本性的分析有任何错误。”②

马克思主义不是封闭的体系。在马克思主义看来，没有任何一种学说，包括马克思主义自己在内是由“终极”真理构成的。人类不可能穷尽对客观真理的认识，总是不断创造，不断前进。马克思主义的全部生命力在于它的创造性。它永远注视现实、关心和研究自己时代提出的最迫切的

① ［美］宾克莱：《理想的冲突》，106页。
② ［美］海尔布隆纳：《马克思主义：赞成和反对》，62页。

问题，总结新经验，作出新的回答，不断把马克思主义向前推进。

创造性发展马克思主义和重新解释马克思主义是根本不同的。前者与坚持马克思主义是结合在一起的，它强调的是马克思主义普遍真理与实际相结合，沿着马克思主义开辟的道路前进；后者是企图通过重新解释来根本摒弃马克思主义。

埃·博蒂热利说："《手稿》无疑是一部天才的著作，在社会主义已经变成现实的时候，可以对它进行多方面的研究。"① 这个意见是对的。我们反对用《手稿》来重新解释马克思主义，但我们可以站在马克思主义立场上来研究《手稿》。重要的不是解释、更不是用各种现代资产阶级哲学来附会马克思的观点，而是通过对《手稿》的深入研究发现马克思早期思想发展的规律性，并发掘其中被遗漏被疏忽的重要思想。尽管《手稿》像被挖过无数个洞的矿山，但仍有待深入开采。我们深信：全面地、客观地、认真地研究《手稿》，有助于廓清半个多世纪以来西方马克思学散布的马克思主义的迷雾。

（原载《中国人民大学学报》，1988（1））

① 《〈1844年经济学哲学手稿〉研究（文集）》，284页。

6. 论《1844年经济学哲学手稿》的科学因素和价值因素

马克思仍然活着。甚至可以说，在伦敦海格特公墓中安息的马克思，比生前备受贫困和疾病折磨在大英博物馆埋头著述的马克思，更使反动统治者寝食不安。在当今世界上，马克思无所不在。马克思逝世以后的一百多年中，围绕马克思主义展开的范围广泛持久的争论，就是马克思仍然活着的证明。英国的 R. G. 柯林武德说过一段颇有见解的话："对某种学说进行激烈的论战，乃是争论中的学说在作者的环境中形象高大、甚至对他本人具有强大的吸引力的一种确实的无误的标志。"①

在理论领域中，书即是人。思想家的理论和观念被对象化在他的著作之中。马克思著作本身，给人类留下了许多宝贵财富，但还没有一本书像《1844年经济学哲学手稿》（以下简称《手稿》）这样引起如此激烈的争论。《手稿》回答的是"历史之谜"，可是《手稿》自身似乎也变成了个谜——"科学之谜"。

像需要敲打才会起火的燧石，真理也只有在各种思想碰撞中才能闪光。围绕《手稿》的争论仍在继续。研究《手稿》对于坚持和发展马克思主义来说，无疑是一个重要课题。

一、《手稿》是什么性质的书？

（一）捕捉时代的根本问题

人类认识的进展就是不断解决老问题和提出新问题。任何一本有价值

① ［英］R. G. 柯林武德：《历史的观念》，24页，北京，中国社会科学出版社，1986。

的书，都包含提出问题和对问题的回答。它的价值，取决于提出问题的大小以及答案中所蕴含的真理性颗粒。即使暂时没有找到正确的答案，能提出问题就是一种历史的功绩。《手稿》正是一本捕捉住时代的根本问题并试图给予正确回答的书。

资本主义社会取代封建社会是一个巨大的历史进步。但以生产资料私有制为基础的资本主义社会，日益暴露出它的各种弊病。自从资本主义生产方式产生，特别是在它居于统治地位之后，对资本主义社会的抨击始终存在。但在马克思以前，没有一个理论家能正确地提出资本主义时代的根本问题，当然也找不到答案。

封建阶级站在封建贵族的立场上来抨击资本主义。他们企图倒转历史车轮，重新返回到封建社会。例如，代表法国世袭大地主利益的波旁王朝长系的正统派，抓住资本主义社会出现的某些问题，把自己的图谋复辟说成是维护劳动者的利益，使他们不受资产者的剥削。英国的作家和历史学家托马斯·卡莱尔在《过去和现在》这部著作中也表达了这种观点。他虽然淋漓尽致地揭露了资本主义的种种弊端，但把倒回封建社会作为解决资本主义社会矛盾的答案。

小资产阶级由于自己地位的局限，也不可能正确提出资本主义社会的根本问题。他们虽然猛烈抨击资本主义，但颂扬小生产而反对资本主义大工业，企图恢复旧的过时的所有制关系，把资本主义社会拖回被理想化了的小生产方式中去。在他们看来，只要保证小生产者的独立，把社会经济重心放在小生产上，资本主义社会的矛盾就可以消除。

资产阶级的“人道学派”和“博爱学派”，虽然对无产阶级的苦难表示“关怀”和“同情”，但根本否认资本主义社会的对抗矛盾。他们既安抚工人要他们好好劳动，又劝告资产者节制自己的剥削热情。一句话，他们要资本主义社会，但不要它的弊病；要资产者，但不要使资本主义社会瓦解和革命化的无产者。他们把缓和和掩盖矛盾，当作矛盾的解决。

19 世纪三大空想社会主义者的巨大历史功绩，是提出了人类解放的问题。但由于历史条件的局限，他们把无产阶级仅仅看做社会的溃疡，把人类解放和无产阶级解放对立起来，因而对问题的提法和解决仍然是抽象的、空想的。

马克思是在德国开始自己的理论活动的。他开始注视的是德国的现实，但不局限于德国的现实，很快把视线转向英国和法国的斗争。马克思说过："如果想从德国的 Status quo［现状］本身出发，即使采取唯一适当的形式——否定的方式，结果依然要犯**时代上的错误**。甚至对于我国政治现状的否定，也都成了现代各国的历史储藏室中布满灰尘的史实。即使我否定了敷粉的发辫，我还是要同没有敷粉的发辫打交道。即使我否定了 1843 年的德国状况，但按法国的年代来说，我也不会是处在 1789 年，更不会是处在现代的焦点了。"①

马克思超越了德国的现实，超越了 1789 年法国资产阶级革命的现实，把视线集中在他那个时代的"焦点"。在 1842 年写的《共产主义和奥格斯堡〈总汇报〉》中，马克思看到一无所有的等级要求占有中等阶级的一部分财产，已成为曼彻斯特、巴黎和里昂大街上引人注目的事实，共产主义是当前时代的重要问题。在 1844 年初发表在《德法年鉴》的两篇文章中，马克思提出了人类解放的问题，并认定无产阶级是人类解放的物质力量。

《手稿》是沿着这条路线前进的，但不同的是，马克思这时已开始经济学的研究。在批判地研究政治经济学的基础上，马克思以经济学语言提出了无产阶级的历史地位、使命和解放途径问题。

马克思所提出的问题，不仅是他那个时代的根本问题，而且贯穿于整个资本主义社会。在当代，西方发达资本主义国家的工人阶级生活状况发生了很大的变化，科学技术在生产中日益显示出它的强大作用。无产阶级是不是当代资本主义社会发展的积极力量？科技革命是缓和还是加剧了资本主义社会的矛盾？无产阶级彻底解放的途径何在？这是人们普遍关心的问题。事实证明，历史的进展并没有勾销马克思在《手稿》中提出的问题，而是使它变得更加突出。这也是《手稿》举世瞩目的一个重要原因。

（二）寻求新的答案

问题同对问题的回答是不可分的。没有问题就没有答案，但问题提

---

① 《马克思恩格斯全集》，第 1 卷，453～454 页。

得正确不见得答案一定对。整个人类认识史表明，对同一问题可以有不同的回答，从而形成不同的学派。即使一个思想家在其发展过程中，对同一问题的回答也可以变化，这表现为认识的深化或转折。《手稿》不仅提出了问题，而且努力探求新的答案，成为创立马克思主义科学体系的开端。

马克思主义并不是马克思个人的自我表现或自我创造，而是资本主义生产方式处于统治地位的产物。每个时代都蕴含着特有的根本矛盾，这种矛盾在主体意识中表现为该时代的重大问题。阿克顿勋爵说："要研究问题，不要研究时代。"① 这种说法是片面的。没有离开时代的问题，也没有不存在任何问题的时代。研究问题就是研究它的时代，而把握时代就要研究时代的问题。马克思主义是在解决资本主义所特有的问题中产生的，它的成熟程度的标志集中地表现在对问题的分析和回答中。

在 1843 年 10 月底到达巴黎之前，马克思在德国期间着力回答的问题是德国"往何处去"的问题。马克思认为，包括当时各种改革家在内，对这个问题普遍存在糊涂观念，没有正确的答案。他说："虽然对于'从何处来'这个问题没有什么疑问，但是对于'往何处去'这个问题却很糊涂。姑且不谈普遍地存在于各种改革家的观念中的那种混乱状态，就是他们中间的每一个人，也都不得不承认他对未来没有明确的概念。"② 其实，马克思自己对这个问题的回答也不是很清楚的。正如当时具有民主主义思想的人一样，马克思昂首翘望的是经过 1789 年革命的法国，把法国资产阶级革命称为"使人复活"的革命，力图在德国实现法国大革命所取得的成果，以自由的制度代替专制制度，建立一个共和国。可是经过在克罗茨纳赫时期对历史，特别是对法国革命史的研究，马克思认识到法国大革命以资本主义私有制代替封建制度，它复活的不是人，而是市民社会成员。法国的道路并不是德国的出路。

到达法国巴黎之后，经过一定时期的观察、研究和接触，马克思所要回答的不是德国往何处去的问题，而是德国获得人类解放的可能性问题。

---

① ［英］R. G. 柯林武德：《历史的观念》，318 页。

② 《马克思恩格斯全集》，第 1 卷，415 页。

他满怀激情地问道："试问：德国能不能实现一个 à La hauteur des principes［原则高度的］实践，即实现一个不但能把德国提高到现代各国的**现有水平**，而且提高到这些国家即将达到的**人**的**高度**的**革命**呢?"① 马克思的回答是肯定的。德国不应该是按照法国士兵步伐操练的笨拙普鲁士士兵。它期待的不是法国已经达到的，而是即将达到的。德国唯一实际可能的解放不是政治解放，而是人类的解放。这种解放的可能性在于，德国已开始形成一个被彻底的锁链束缚着的阶级——无产阶级。这是马克思的《论犹太人问题》和《〈黑格尔法哲学批判〉导言》两篇文章的主题思想。

可是到这时为止，马克思主要是从德国的角度提出问题，答案也是关于德国的。虽然马克思高瞻远瞩，在特殊问题的回答中包含着一般，即关于人类解放和无产阶级历史使命的思想，但终究具有浓厚的德国色彩。特别是马克思这时还未研究经济学，以宣布人本身是人的最高本质作为理论出发点的哲学推论，代替了对经济事实的分析。哲学思维成为普照之光。

从《手稿》开始发生了一个显著的变化。《手稿》是马克思在1844年春《德法年鉴》停刊后，集中研究经济学的重要成果。《手稿》中的大部分内容是关于经济学的。苏共马列研究院把这部《手稿》定名为《经济学哲学手稿》是正确的，它反映了《手稿》自身的客观内容。正因为马克思突破了纯哲学的领域，从哲学研究转向经济学的研究，因此《手稿》提出的是新的问题，寻找的是新的答案。

《手稿》提出的问题已跨出了德国一国的范围。正如前面所说的，它问的不是德国向何处去，而是人类向何处去。它从人类历史发展的角度，提出了资本主义时代的普遍问题：无产阶级的历史地位和彻底解放的途径问题。如果不研究经济学，不研究资本主义制度下的资本、地租和劳动者三者的分离，不研究资本主义私有财产的本质和无产阶级贫困的根源，就不可能提出对资本主义社会具有普遍意义的问题。

同样，马克思对问题的回答，主要建立在经济学研究成果的基础上。他在《手稿》序言中，嘲笑布·鲍威尔这类"不学无术的评论家"，

① 《马克思恩格斯全集》，第1卷，460页。

空谈纯粹的批判，强调自己进行的是“实证的批判”，是以经济事实为依据的。他说：“我用不着向熟悉国民经济学的读者保证，我的结论是通过完全经验的以对国民经济学进行认真的批判研究为基础的分析得出的。”①

马克思把视线转向经济的分析。他认为整个共产主义革命运动，“必然在**私有财产**的运动中，即在经济中，为自己既找到经验的基础，也找到理论的基础”②。他分析了工业中无产者和资产者的矛盾、大资本和小资本的矛盾；分析了农业中的土地所有者、租地农场主和农业工人之间的矛盾，认为资本主义工业必然以垄断和竞争的形式走向破产，而当农业完全资本主义化后，也必然以同样的形式走向不可避免的灭亡。“劳动和资本的这种对立一达到极限，就必然成为全部私有财产关系的顶点、最高阶段和灭亡。”③ 这是《手稿》的一个重要结论。马克思把“谜底”放在经济中，从社会经济发展中寻找答案，这是一个具有方向性意义的变化。

《手稿》不单纯是经济学著作，也是一部哲学著作。它涉及认识论、辩证法、历史观等广泛的哲学领域。特别是它把对资产阶级政治经济学的批判和经济问题的研究同对它们的哲学思考融合在一起，力图从哲学角度对共产主义问题进行论证。

《手稿》的一个新趋向，是无论研究经济问题还是哲学问题都是同寻求时代问题的新答案紧密联系的。马克思以无产阶级的历史地位和彻底解放的途径为轴心，初步地把哲学、政治经济学和社会主义学说结合在一起，为创立马克思主义的科学体系迈出了重要的一点。霍泽利茨在评论《手稿》时说：“这一手稿看来是马克思的第一部研究经济学问题的著作，它是经济关系尚未定型为独立领域，而同哲学、政治和社会心理学问题直接联系起来加以考察的著作。虽然马克思研究经济学问题的其他著作也包含有丰富的非经济的，特别是历史的和社会学的材料，但这一手稿可能是

① 《马克思恩格斯全集》，42卷，45页，北京，人民出版社，1979。

② 同上书，120～121页。

③ 同上书，106页。

涉及社会科学最广泛的范围，并且是马克思所有著作中将他的思想联成一体的著作。”① 这个意见无疑包含合理的因素。

包括哲学、政治经济学和科学社会主义理论在内的马克思主义科学体系，并不是先验的逻辑结构，而是马克思在寻求对资本主义时代根本问题新答案中逐步形成的。必须以辩证唯物主义和历史唯物主义为指导，以对资本主义生产方式运动规律的经济分析为依据，才能科学地阐明无产阶级在资本主义社会中的地位、使命和获得彻底解放的途径。全部答案的谜底在经济之中，但对这谜底的揭示，又离不开正确的哲学指导。《手稿》是预示着马克思主义一体化的雏形。

（三）在探索中前进

《手稿》究竟是马克思主义著作还是前马克思主义著作，是成熟的著作还是不成熟的著作？人们总喜欢这样提出问题，也期望明确地回答这个问题。这是抽象的悟性思维方式，而不是辩证的理性思维方式。它着重的是结果，而不是过程。按照这种思维模式，我们必然陷入非此即彼的困境。

马克思主义是科学体系。但作为完整的、科学的马克思主义体系并不是以既成的形态出现的，而是经历了一个过程。这个过程的客观进程就是马克思主义形成史，而从主体来考察，表现为马克思的持续的科学活动。科学活动的特点是探索，没有探索就没有科学。

《手稿》并不是孤立的著作，它是马克思科学探索过程中的一个重要环节。正如任何创造性的科学活动一样，它不可能完全撇开传统——无论是积极的或消极的；也不会局限于传统。离开传统就没有前进的立足点，没有突破就没有创新。因此处于马克思主义形成时期的《手稿》，新旧理论和观念的交织和冲突是不可避免的。离开了发展过程，仅仅在《手稿》中寻章摘句，必然各取所需，执其一端，得出截然相反的结论。

无论是从宏观角度还是微观角度，我们都可以发现《手稿》具有探索性的特点。

① 转引自［苏］阿·伊·马雷什：《马克思主义政治经济学的形成》，96 页，成都，四川人民出版社，1981。

宏观考察是把《手稿》作为一个总体来考察。《手稿》是由三个手稿组成的未完成著作，它包括一些摘要、评述和独立的阐发。它在结构上可能是不完整的，但这并不妨碍我们在理论上把它看成一个整体，因为三个手稿是由一个总的根本问题串起来的。

问题是判断一本著作的重要依据。一本著作的成熟程度和价值，最重要的是看它是否提出了前人没有提出过的新问题，以及这个问题是现实的还是虚幻的，是主要的还是次要的？提不出任何问题的著作，在理论天平上的读数是零。

我们说不能把《手稿》评价为非马克思主义的著作，因为它提出了整个资本主义时代的根本问题，即无产阶级的地位和彻底解放的途径问题。英国古典经济学派不可能提出这个问题。德国古典哲学家们不可能提出这个问题，尽管19世纪三大空想社会主义者关于人类解放的理论中蕴含着这个问题，但他们并没有清楚明确地提出这个问题。这个问题是马克思毕生着力解决的问题，是马克思主义之所以是马克思主义的决定性因素。

这个总问题，决定了《手稿》中的经济学观点不同于英国古典政治经济学派。尽管亚当·斯密、李嘉图是古典经济学派的泰斗，学识渊博，成就卓著，而马克思当时年仅二十几岁，在经济学研究方面刚刚起步，但就其取得的成就而言，已经开始超出英国古典经济学派。原因在于，英国古典政治经济学派是为论证资本主义制度的进步性和合理性服务的，而马克思却力图从经济学的研究中探求无产阶级贫困的原因和获得彻底解放的根据。站的高度不同，理论视野的广度和深度也必然不同。因此在英国古典政治经济学派自以为有答案的地方，马克思总是不断地发现问题。

同样，《手稿》中的哲学观点也不同于德国的古典哲学。马克思曾深受黑格尔和费尔巴哈的影响，《手稿》中的费尔巴哈的影响还是明显的。但是由于马克思致力解决资本主义制度的根本问题，使得马克思突破了德国思辨哲学的局限，把哲学问题同无产阶级解放问题结合在一起。如果说，德国古典哲学喜欢幽静孤寂、闭关自守并醉心于淡漠的自我直观的话，那么马克思着力创造的是一种实践的哲学，使它由理论精神变成实践的力量，由面对自我转向面对自我之外的世俗的现实。在《手稿》中，马克思关于辩证法问题、认识论问题、历史观问题的阐述，都贯穿着消灭异化，扬弃私有制，使人类获得彻底解放的内容。

可是《手稿》又不是一部完全成熟的著作。它对自己所提问题的回答还没有达到科学形态，而是表现为一种探索。这并不难理解。提出问题和对问题的正确回答不是同步的。从人类认识史来看，总是问题在前，而科学的答案往往要经历一个或长或短的过程，有的长达几十年、几百年、几千年。即使是当时处于思想急剧变化，殚精竭虑进行研究的马克思也不会违背这个认识规律。

同《德意志意识形态》以后的著作相比，《手稿》对问题的回答是不成熟的。它一方面求助于经济学，力图在私有财产的运动中探求共产主义革命的理论和经验根据，另一方面又求助于人的本质，把私有财产的产生和消灭，纳入人的本质的异化和复归的图式之中。恩格斯在谈到自己的《英国工人阶级状况》一书时说过："几乎用不着指出，本书在哲学、经济和政治方面的总的理论观点，和我现在的观点绝不是完全一致的。1844年还没有现代的国际社会主义，从那时起，首先是并且几乎完全是由于马克思的功绩，它才彻底发展成为科学。……正如人的胚胎在其发展的最初阶段还要再现出我们的祖先鱼类的鳃弧一样，在本书中到处都可以发现现代社会主义从它的祖先之一即德国古典哲学起源的痕迹。"① 恩格斯对于自己1844年思想的评价，同样也适用于1844年写作《手稿》的马克思。

从微观角度考察，《手稿》包括哲学、经济学、社会主义各方面的理论。它内容丰富，涉及多方面的问题。各个领域的成熟程度也不是一致的。简单用成熟或不成熟来进行判断，很难概括它的全部内容。

马克思生长在富于哲学思维传统的德国。到1844年，他已经进行多年的哲学研究。马克思站在黑格尔和费尔巴哈的肩上，他继承了黑格尔和费尔巴哈，又超过了黑格尔和费尔巴哈。这种关系在《手稿》中有明显的表现。在《手稿》中，马克思提出和阐发了许多具有深刻思想的哲学命题。可是就经济学的研究而言，马克思还属于起步阶段。马克思在《手稿》中从古典政治经济学提供的各个前提出发，采用了它们的语言和规律，它的最重要成果表现为对经济学的哲学思考，从中得出不同于古典政

---

① 《马克思恩格斯选集》，第4卷，276页。

治经济学的政治结论。

即使就每个领域而言，它包含着许多命题和判断。它们的成熟程度也不一样。有的是科学命题，有的是旧的理论观念的残痕，也有的是兼而有之：旧的术语中包含着新的内容。

因此在《手稿》中，问题和答案之间，哲学、政治经济学、社会主义思想之间，以及它们各自的内部并没有浑然一体，而是存在某种矛盾。这不是逻辑矛盾，它是处于探索过程中的必然表现。马克思在克服矛盾中前进。

二、《手稿》研究中的两个极端：唯价值论和唯科学主义的对立

（一）《手稿》中的科学因素和价值因素

同历史和现实中的任何学派相比，马克思主义具有强大的、不可遏止的吸引力。它从19世纪40年代西欧工人运动中的一个小派别，发展成为当今世界无产阶级和进步人类的指导思想。根本原因在于，马克思主义是一种科学性和革命性高度结合的学说。

马克思主义是科学的理论，无论是马克思主义哲学，还是马克思主义的经济学说和社会主义学说，无不排除主观臆断和无知妄说，以确凿的事实为依据，以规律为对象，着力揭示所研究对象自身的客观发展趋势。无规律即无科学，马克思主义科学性的客观依据正在于它是对规律的揭示。

马克思主义又是革命的批判的理论。客观规律有趋向而无目的。规律性的联系是因果联系，而不是目的性的联系，它的内容不受人的主观意图支配。但作为客观规律反映的马克思主义不同。它代表无产阶级的利益和愿望，反映了无产阶级对待资本主义制度的态度和评价（尽管这种态度和评价在无产者那里，不是理论的，而是表现为对资本主义剥削怀有本能反抗情绪的社会心理）。因此在整个马克思主义科学体系中包含着价值因素，即包含着从无产阶级的立场、利益、愿望、目的出发的对资本主义制度的抨击和评价。

在马克思主义中，科学因素和价值因素是统一的。马克思和恩格斯的价值取向，不仅不妨碍他们进行科学的、实事求是的研究，相反给予这种研究以动力和目的。马克思和恩格斯怀着对无产者的同情，对剥削者的愤

怒而忘我地进行探索。他们越是代表无产者的利益，越是需要冷静地、科学地研究现实，正如恩格斯说的："科学愈是毫无顾忌和大公无私，它就愈加符合于工人的利益和愿望"①。在这里，关键在于无产者利益同整个历史发展方向的一致性，使得它有可能把科学判断和价值判断结合在一起。

《手稿》代表的是马克思主义形成过程的一个阶段，它以萌芽的形式包含着即将诞生的马克思主义的上述基本特征。

《手稿》还包含科学的因素。首先，《手稿》强调以事实为根据。马克思把自己对资本主义经济制度和国民经济学的批判称为"实证的批判"②。在这里，"经验的"、"实证的"，显然是同德国古典哲学的"思辨的"、"抽象的"思维方法相对立的。

德国古典哲学是一种思辨哲学。特别是它的主要代表黑格尔更是这样。对黑格尔说来，"作为出发点的事实并不是被当做事实本身来看待，而是被当做神秘主义的结果"③。因此他极力探究的不是事物本身的逻辑，而是逻辑本身的事物；不是用逻辑来论证事物，而是用事物来论证逻辑。通过思辨的方式把握理念自身的逻辑，这是黑格尔哲学最高的目的。

《手稿》不同，它突破了德国古典哲学的思辨传统，把立足点转移到对人们的实际活动，特别是经济活动分析的基础上来。马克思对私有财产、异化劳动的分析，对工资、资本、利润、地租的分析，对需要、生产、分工、货币的分析，都是对实实在在的人们的经济活动的分析。马克思力图从这种分析中引出自己的结论。千真万确，"思辨终止的地方，即在现实生活面前，正是描述人们的实践活动和实际发展过程的真正实证的科学开始的地方"④。马克思正是通过经济中介，找到了一条哲学通向社会生活的道路。它开始摒弃德国的思辨传统，着力于创立一种描述人们的实践活动并能在实践中受到验证的、具有实证科学性质的理论。这种理论就是马克思主义。

---

① 《马克思恩格斯选集》，第 4 卷，254 页。
② 《马克思恩格斯全集》，第 42 卷，46 页。
③ 《马克思恩格斯全集》，第 1 卷，253 页。
④ 《马克思恩格斯全集》，第 3 卷，30 页。

其次，《手稿》强调必然性。同黑格尔着力揭示理念的必然性相反，马克思强调的是经济的必然性。他批评英国古典政治经济学派把私有财产在现实中所经历的物质过程，放进一般的、抽象的公式，然后又把这些公式当作规律，而不理解“这些规律是怎样从私有财产的本质中产生出来的”；他还批评这些人用贪欲和贪婪者之间的竞争来解释资本主义社会的一切经济现象，而且用外部的偶然情况来说明竞争，而不懂得竞争的必然性。他说：“竞争无孔不入，人们却用外部情况来说明。国民经济学也根本没有告诉我们，这种似乎偶然的外部情况在多大程度上仅仅是一种必然的发展过程的表现”①。

马克思在《手稿》中处处着力于揭示经济的必然性。例如他强调在资本主义私有制下，资本在少数人手中的积累是资本的自然趋向，是一种必然性；在资本主义商品生产中，封建地产的商品化，即以资本的形式对工人进行统治是资本运动的规律；再如对资本主义代替封建主义，资本主义社会日益分裂为无产者和有产者两大阶级，私有制的产生及其消灭等等的分析，都提到历史必然性的高度。

最后，《手稿》的科学因素还表现在它开始对社会主义进行经济学的论证，力图把社会主义置于现实的基础之上。

19 世纪三大空想社会主义者都是一些天才人物。他们对资本主义社会的抨击和揭露，鞭辟入里、惟妙惟肖，但他们是一些空想主义者。他们不把社会主义看成历史发展的必然产物，资本主义经济内在矛盾的必然结果，而是看成适合人类天性、适合理性和道德的制度，是理性和正义要求的表现。他们没有对社会主义的历史必然性进行科学论证，也找不到实现社会主义的力量和道路。在他们那里，社会主义始终是海市仙山、空中楼阁。

《手稿》不同，它开始把对社会主义必然性和无产阶级历史使命的论证转移到现实的基础上，即对资本主义私有制及其内在矛盾分析的基础上。马克思从私有财产运动中探求社会主义革命运动的经验基础和理论基础，并深入到私有财产的主体本质、私有财产的内在矛盾中，发现扬弃资

---

① 《马克思恩格斯全集》，第 42 卷，89～90 页。

本主义私有财产制度的力量和途径。

《手稿》中又包含价值论的因素。人们谈《手稿》，无不感受到青年马克思对无产者的深情，对资本主义制度的抗议和谴责。

马克思批判英国古典政治经济学派的劳动价值论，说它是在承认人的假象下对人的彻底否定。它表面上尊重劳动，承认人，人的独立性，人的自我活动，但由于它把劳动看成是谋生手段，看成是谋生劳动，既贬低了人，也贬低了劳动。

马克思还批判英国古典政治经济学家的工资论。在马克思看来，认为最低的和唯一必要的工资额是工人在劳动期间的生活费用和延续后代的费用，就是把工人仅仅当成劳动的动物，当作仅仅有最必要的肉体需要的牲畜。

因此马克思愤怒地指责英国古典政治经济学派忘记了人。他说："国民经济学不考察不劳动时的工人，不把工人作为人来考察；它把这种考察交给刑事司法、医生、宗教、统计表、政治和乞丐管理人去做。"还说："国民经济学不知道有失业的工人，不知道有处于劳动关系之外的劳动人。小偷、骗子、乞丐，失业的、快饿死的、贫穷的和犯罪的劳动人，他们都是些在**国民经济学看来**并不存在，而只有在其他人眼中，在医生、法官、掘墓人、乞丐管理人等等的眼中才存在的**人物**；他们是一些在国民经济学领域之外游荡的幽灵"①。

马克思还从作为劳动主体的无产者的利益出发，对资本主义私有制、资本主义生产和劳动进行了抨击。

资本主义私有制极大地损害了无产者的利益。尽管资本主义社会生产较之封建社会有极大的发展，但无产者不仅不能满足自己的需要，相反，丧失了自己作为人的起码的需要。"**明亮的**居室，曾被埃斯库罗斯笔下的普罗米修斯称为使野蛮人变成人的伟大天赐之一，现在对工人说来已不再存在了。光、空气等等，甚至**动物**的最简单的爱清洁习性，都不再成为人的需要了。**肮脏**，人的这种腐化堕落，文明的**阴沟**（就这个词的本意而言），成了工人的**生活要素**。完全**违反自然的**荒芜，日益腐败的自然界，

① 《马克思恩格斯全集》，第42卷，105页。

成了他的**生活要素**。他的任何一种感觉不仅不再以人的方式存在，而且不再以**非人的**方式因而甚至不再以动物的方式存在。”① 资本主义私有制使工人非人化。

资本主义生产同工人的利益也是敌对的。它不仅把人当作商品，当作商品人，当作具有商品规定的人生产出来，而且是当做精神上和肉体上非人化的存在物生产出来。在资本主义生产中，工人的地位同机器一样无非是生产工具，工资与其他生产工具的保养和维修费具有相同的意义。因此资本主义生产对于生产者来说，无非是一种异己的活动，劳动者的血肉不断地被这种生产吮吸，致残或过早地死亡。的确，大工业城市如果不是时刻都有健康的、新鲜的血液从邻近的农村流入，就会在短期内失去自己的劳动人口。

正因为这样，雇佣工人从事的是一种与自己的本性相对立的异化劳动。在这种劳动中，物的世界的增殖同人的世界的贬值成正比。劳动为富人生产财富，但为自己生产了赤贫；劳动创造了宫殿，但给自己创造的是贫民窟；劳动创造了美，但使自己变成畸形。因此，劳动不是发展劳动者的个性和才能，相反使劳动主体的才能受到压抑，个性受到限制，人性受到扭曲。

价值判断在社会理论中是不可避免的。在阶级社会中，社会理论总是要反映特定阶级或集团的利益、要求和愿望，其中必然包含从主体角度出发的对事物的态度和评价。任何一种理论视角都是受阶级关系和利益制约的。马克思主义不是客观主义。它反对所谓不偏不倚的、貌似公正的超阶级立场，公开申明自己的阶级性。马克思主义对资本主义私有制、对雇佣劳动、对资本主义社会的态度和评价，当然要反映无产阶级在资本主义制度下的实际地位，代表它的利益和愿望。

《手稿》的局限性并不在于它包含价值因素，而在于科学判断与价值判断并没有达到高度结合。价值判断应该以科学判断为依据，可是在《手稿》中，它们是彼此脱离的。这个矛盾，弗兰尼茨基已经看到了。他在《马克思主义史》中说：“在分析《经济学哲学手稿》中看到，马克思的观

① 《马克思恩格斯全集》，第42卷，133～134页。

点包含着一个‘矛盾’：一方面是人的原则，人是自由的实体，具有创造者的个性；另一方面自然的发展和自然历史的发展具有决定性。”①

在科学判断中，马克思以事实为依据，以规律为对象，力求科学地揭示对象自身的客观趋势。

在价值判断中，马克思以人自身、人的本性为尺度。用真正的人来衡量现实的人，用真正的劳动来衡量现实的劳动、用真正的社会来衡量现实的社会，从而陷入了“应有”和“现有”的对立。

《手稿》中，存在两种立足点（以事实为依据和以人的本质为依据）、两种思维方法（经验的、实证的和抽象的、思辨的）的矛盾。这种矛盾的具体表现就是科学判断和价值判断的矛盾。

（二）“顶峰”论——唯价值论的必然结论

在对《手稿》的评价中，人们可以看到唯价值论和唯科学主义两种明显的对立的倾向。这是同西方广泛传播的人本主义和科学主义思潮相适应的。这并不奇怪。评价的尺度从来都是历史性的。任何评价都受时代和阶级的制约，并反映一定时期处于支配地位的思潮。

“顶峰”论，这是《手稿》评价中的一种主要倾向。凡鼓吹抽象人本主义的思潮和学派，都直接或间接宣扬这种观点。它们片面地夸大《手稿》的价值思想，把价值论同科学论对立起来，把《手稿》论证方法的缺点提升为基本的理论和方法，力图把马克思主义变成一种单纯的价值理论。

当《手稿》于 1932 年第一次发表时，朗兹胡特和迈尔就宣称：“新发表的手稿表明马克思的观点已达到了完善的高度。”② 亨·德曼也说：“马克思的成就顶峰是在 1843 年和 1848 年之间。不管人们对他后来的著作的评价多么高，但是在这些著作中却表现出创作力的某种衰退和削弱，即使作了最英勇的努力，也并不总是能克服这一点。”③ 这种看法当然是荒谬的。构成马克思一生最伟大功绩的两大发现——唯物史观和剩余价值学

---

① ［南］弗兰尼茨基：《马克思主义史》，第 1 卷，258 页。
② 《〈1844 年经济学哲学手稿〉研究（文集）》，285 页。
③ 同上书，374 页。

说，都是在《手稿》以后才完成的。仅此一点，就足以证明“顶峰”论完全不符合马克思主义发展史的历史真实。

我们感兴趣的与其说是上述论点，不如说是它的论据。朗兹胡特、迈尔、德曼、马尔库塞之所以如此推崇《手稿》，并不是建立在对《手稿》全面的科学分析基础上，而是片面强调其中的价值因素。德曼就明确地说：“马克思在《手稿》中或广义地说在他的1843年和1846年之间的著作中揭示了价值感觉和价值判断，而这二者是他后来的全部工作——也包括他的科学工作——的基础，并且也使他后来的全部工作有了真正的意义。不管人们怎样考虑这种价值判断和价值感觉的表述的思想结构和它们在历史唯物主义中的体系性的地位，这二者说明了产生马克思的马克思主义的动机，从而也说明了这种马克思主义的目的和意义。”①

这里得出了两个结论：

第一，在《手稿》中，价值判断是全部科学判断的基础。马克思主义的目的、意义和产生的原因是由价值判断决定的。马尔库塞也是这种看法。他明确提出：“这部手稿可能把关于历史唯物主义甚至整个‘科学社会主义’理论的起源和最初含义的讨论置于新的基础之上。”②

第二，《手稿》表明了马克思全部价值判断的内在动因。用德曼的话说就是：“这部著作比马克思的其他任何著作都更清楚得多地揭示了隐藏在他的社会主义信念背后，隐藏在他一生的全部科学创作的价值判断背后的伦理的、人道主义的动机。”③

如此说来，《手稿》之所以是全部马克思思想发展的顶峰，是因为它把价值判断作为科学判断的基础，而把人道主义动机作为价值判断的基础。这样一来，马克思主义根本不是科学，而是建立在人道主义原则基础上的价值学说。这是用新康德主义和抽象人本主义来曲解《手稿》，并进而歪曲整个马克思主义。用一个哲学家的话来说，他们对《手稿》的赞

---

① 《〈1844年经济学哲学手稿〉研究（文集）》，374页。
② 同上书，298页。
③ 同上书，348页。

扬，是“要在拥抱中窒息马克思主义”。其实，被他们视为精华的东西是《手稿》的局限，而被他们当作创作力衰退和削弱的东西则是马克思主义的实质所在。事情与他们的论断正好相反。

从唯价值论（包括伦理价值和宗教价值）的观点来评价《手稿》的看法是有相当影响的。至今西方不少所谓马克思主义的研究者，还是按这个观点来评价《手稿》。例如，罗·塔克尔就认为，《手稿》表明，马克思“不是他想要成为的那种社会分析家，而宁可说是一个道德学家，或者类似宗教思想家的人。认为‘科学社会主义’是一个科学体系的旧观点，越来越让位于认为按其核心来说是一个伦理的和宗教的思想体系的看法”①。毕果也断言，《手稿》中的“马克思主义政治经济学就是伦理学”，它并不包括对资本主义社会客观规律的分析，而只是“对人在经济世界的地位的分析”，是一种人们对现实世界道德要求的体系。波佩尔也说，马克思的“影响的秘密在于它的道德的号召力，他对资本主义制度的批判主要以一个道德的批评而发生效力”②。

法兰克福学派把马克思主义的科学性与革命性分裂开来。在他们看来，马克思主义的本质在于它的批判性，即对现实的革命态度，而不是科学分析。他们虚构了马克思主义发展史，把它说成是从批判性到科学性的转移过程。他们主张恢复马克思主义理论的批判性，并把自己的社会哲学理论称之为社会批判理论。这种不以科学分析为依据的所谓纯粹的批判理论，实际上是一种唯心主义的价值理论。

力图把马克思主义和弗洛伊德结合起来的法兰克福学派的重要成员埃·弗洛姆对《手稿》的评价，也是从抽象的人本主义原则出发，把马克思主义归结为一种对现实的不满和抗议。他在《关于人的概念》中反复强调：“与许多存在主义者的思想一样，马克思的哲学也代表一种抗议，抗议人的异化，抗议人失去他自身，抗议人变成物。这是一股反对西方工业化过程中人失去人性而变成自动机器这种现象的潮流。”还说：“马克思的

---

① ［美］罗·塔克尔：《卡尔·马克思——他的思想从哲学到神话的发展》，英文版，2页。

② ［法］毕果：《马克思主义和人道主义》，142页，巴黎，1957。

哲学是一种抗议；这种抗议中充满着对人的信念，相信人能够使自己得到解放，使自己的潜在才能得到实现。”①

把马克思主义作为一种价值观念的看法，在美国富兰克林马歇尔学院哲学系教授路德·宾克莱的《理想的冲突》中得到了比较集中的阐述。他在其著作中探讨了西方的价值观念的变化，把弗洛伊德、弗洛姆、克尔恺郭尔、尼采、萨特、卡尔·巴尔特、保罗·蒂利希同马克思并列为当代最有影响的人物。宾克莱认为，马克思的经济理论已为凯恩斯所超过，马克思关于中产阶级的消灭和对资产阶级与无产阶级之间的不可避免的阶级斗争的预言，关于共产主义社会出现的预言都已被证明是错误的，作为经济学家和历史必然道路的预言家的马克思已经被人遗忘，“我们对马克思主义发生兴趣，主要在于把它看做我们现在世界中的一个有竞争性的价值体系”②。所以宾克莱不是把马克思当作一个科学家，而是“当作一个哲学家、预言家或一个新现世宗教的创始人，或者甚至当作一个‘价值立法者’”③。他强调马克思“对资本主义的谴责主要是根据他对这种制度下受痛苦的工人的同情”，反对资本主义社会“把一项重视物的价值远胜于重视人的价值的道德准则强加在工人头上”④。

我们并不否认《手稿》中的价值判断。《手稿》对资本主义私有制度下人的价值和人的贬值、物的世界的增值和人的世界的贬值的揭示，对货币作为中介所引起的是非颠倒和道德沦丧的抨击，对资产阶级国民经济学漠视人的严厉指责，以及对资本主义生产把人当做肉体和精神退化的商品人生产的控诉，都包含着对资本主义私有制和劳动的评价和谴责。但西方马克思主义和某些资产阶级学派无视《手稿》中科学价值和价值判断的矛盾，以《手稿》中的价值判断为据，企图把马克思主义说成是单纯的价值体系，甚至是道德价值和宗教价值体系，从根本上否定马克思主义的科学性，这当然是错误的。

马克思主义不是单纯的伦理价值体系，而首先是科学体系。马克思和

① 转引自《西方学者论〈1844年经济学哲学手稿〉》，15页，上海，复旦大学出版社，1983。
② ［美］宾克莱：《理想的冲突》，90页。
③ 同上书，96页。
④ 同上书，100页。

恩格斯无疑具有崇高的道德理想和高尚的道德品质，他们憎恨剥削制度，对无产者抱有最深最厚的同情，但是马克思主义并不是由一些道德原则构成的。马克思主义反对道德化的批判。马克思主义对资本主义私有制的揭露、抨击和评价，对资本主义必然为社会主义所代替的论断，不是建立在人道、公平、正义、平等、博爱等抽象道德原则基础上，而是以对社会发展规律和资本主义内在矛盾分析为依据。价值判断的真理性不在于它自身，而在于它是否以科学判断为基础，是否符合辩证唯物主义反映论的基本原则。

把马克思主义说成是宗教价值更是荒谬的。对共产主义当然也有个信仰问题，但科学信仰和宗教信仰是根本不同的。前者是科学，后者是宗教。科学求助于理性，宗教求助于迷信；科学求助于事实，宗教求助于盲从；科学要求在实践中检验并发展自己的结论，宗教只要求信仰自己的结论。马克思主义是彻底科学的，它反对任何迷信和盲从。事实证明，各种宗教所许诺的天堂永远是镜花水月，而马克思主义关于彻底消灭资本主义剥削制度，建立新的社会制度的伟大理想已经在一部分地区变成现实，并将继续变成现实。

（三）“离马克思最远的马克思”——对《手稿》的彻底否定

两极相通，这一规律在思想领域中同样起作用。同片面推崇《手稿》，把马克思主义变成单纯的价值体系的人本主义思潮相反，阿尔都塞走向了另一个极端。

阿尔都塞有些看法是很有见地的。他说：“三十年来《手稿》一直处在马克思的保卫者和反对者之间进行论战的前沿阵地上。”① 他还分析了20世纪50年代中期以后思想领域中斗争的状况。说：“对斯大林主义者的‘教条主义’的批判，普遍地被共产主义知识分子当作一种‘解放’。这种‘解放’产生了一种具有深远影响的意识形态反应，即‘自由’和‘伦理’倾向，它自发地重新发现了‘自由’、‘人’、‘属人的人’和‘异化’等陈旧的哲学论题。这种意识形态的倾向在马克思的早期著作中寻找

① 转引自《西方学者论〈1844年经济学哲学手稿〉》，15页。

理论依据。"① 这些说法都在一定程度上反映了客观事实。但阿尔都塞把历史看成是无主体的过程，把科学和意识形态对立起来，否定科学的功利性质，摒弃价值判断，从而得出《手稿》中的马克思是"离马克思最远的马克思"的结论。《手稿》从人本主义的顶峰被推向了结构主义的深谷。

事出有因，阿尔都塞对《手稿》的否定性评价不是偶然的，因为他的哲学观点同《手稿》是不同的。阿尔都塞在《手稿》中看到的正是自己要反对的东西。

"人始终是主体"②，这是《手稿》中的一个重要论点。马克思反对黑格尔把绝对观念当作主体，把人作为绝对观念实现自己目的工具的观点，使现实的人上升到历史主体的地位。马克思强调，整个所谓世界历史不外是人通过人的劳动而诞生的过程，是自然界对人说来的生成过程。人通过实践为自己创造了一个对象世界，使自然界表现为人的作品和现实。

相反，阿尔都塞强调"历史是无主体的过程"。他把社会看成是一个各个成分相互依存的有结构的整体，考察社会，就是考察各结构之间的关系，因此他非常重视社会形态、生产力、生产关系、上层建筑、意识形态等表示社会结构的概念。阿尔都塞在《关于真正人道主义的补记》中就明确地宣称："从科学的角度看，人这个概念是无用的，这并非因为它的抽象，而且是因为它的不科学。为了思考社会的实在和社会关系总和的实在，我们必须来一次彻底的转移，不仅是位置的移动（从抽象到具体），而且是概念的转移（更换基本概念!）。"③

其实，问题不仅在于概念，而在于如何看待人在历史发展中的地位。在阿尔都塞看来："生产关系的结构决定生产者占据的地位和具有的功能。就他们是这些功能的承载者来说，他们从来也只不过是这些地位的占据者，因此真正的'主体'（就过程构成性主体来说）不是这些地位占据者或功能承载者，尽管存在所有现象，真正'主体'也不是素朴人类学的给定物的显明性，不是具体个人或真正的人，而是这些地位如功能的界定与

---

① 转引自《西方学者论〈1844年经济学哲学手稿〉》，16页。

② 《马克思恩格斯全集》，第42卷，130页。

③ 转引自《西方学者论〈1844年经济学哲学手稿〉》，203页。

分配，真正‘主体’是这样一些界定者与分配者：生产关系（以及政治和意识形态的社会关系）。然而因为这都是些‘关系’，它们就不能在范畴中被想像为主体。”① 这样，人只是生产关系功能的载体，不具有任何主动性，是被决定的。历史的变化是社会结构的自身的变化。人完全被排除在历史领域之外。阿尔都塞反对用人道主义观点考察历史自有其正确之处，但由此推向极端，宣扬无主体的历史过程是完全错误的。

阿尔都塞把科学和意识形态对立起来。在他看来，“意识形态是具有独特逻辑和独特结构的表象体系”，“是一切社会总体的有机部分”，“没有意识形态的种种表象体系，人类社会就不能生存下去。人类社会把意识形态作为自己呼吸的空气和历史生活的必要成分而分泌出来”②。因此意识形态不是对现实的描绘，不提供科学的认识工具。《手稿》主张的是费尔巴哈人本主义，属于非科学的意识形态阶段。

阿尔都塞还把科学同它的社会价值即功能视同冰炭，似乎是不可调和的。在他看来，意识形态是为一定的阶级利益服务的，属于价值判断，“在意识形态中，实践的和社会的职能压倒理论的职能（或认识的职能）”③。在阶级社会中，意识形态是统治阶级根据自己的利益调整人类对其生存条件的关系所必需的接力棒和跑道。在无阶级社会中，意识形态是所有人根据自己的利益体验人类对其生存条件的依赖关系所必需的接力棒和跑道。科学不同，它没有阶级性，是不受阶级利益支配的客观认识活动。《手稿》以人的本质为尺度对资本主义制度的抨击，明显地反映了无产阶级的利益和愿望，是意识形态而非科学。其实，任何科学都包括认识功能和社会功能。科学总是有效用的，虽然并不是任何有用的学说都是科学。将人的利益问题从科学中驱逐出去，把超阶级、非功利作为科学性的根据，必然曲解马克思主义的本质。

阿尔都塞根据自己关于科学和意识形态的对立，认为马克思的思想发展经历了一个从意识形态到科学的转变过程。他把这种转变称为“认识论

① ［法］阿尔都塞：《保卫马克思主义》，214页，北京，人民出版社，1982。
②③ 同上书，201页。

断裂”。这个“断裂”发生在1845年，它的代表作是《关于费尔巴哈的提纲》和《德意志意识形态》。《手稿》属于“断裂”前的代表作，它的理论框架是费尔巴哈型的，因此就时间来说，它虽然离作为马克思的马克思很近，但就理论体系来说，则距离最远。“离马克思最远的马克思”，这就是阿尔都塞用结构主义观点考察马克思主义得出的关于《手稿》的结论。

真理和谬误是可以相互交织的。阿尔都塞强调马克思早期思想经历过根本性的转折，强调唯物史观同以抽象的人的本质为理论基础的人本主义历史观的对立，无疑有合理的因素，但他对《手稿》的彻底否定则是只见树木不见森林。

美国社会学家阿尔温·古尔德纳在他出版于1980年的《两种马克思主义：理论发展中的矛盾和异例》中看到了这个矛盾，但得出了不正确的结论。他把马克思主义分作两种：科学的马克思主义和批判的马克思主义，认为它们都是真正的马克思主义，因为马克思的马克思主义中一开始就包含这两方面的内容，所以批判的马克思主义和科学的马克思主义实际上是原来没有区分的马克思主义在结构上的变异，是为了减少原来马克思主义中真正存在的矛盾而产生出来的。其实在马克思主义中，科学判断和价值判断应该是统一的。《手稿》中存在的科学判断和价值判断之间的矛盾，正是《手稿》不完全成熟的表现。因此在《手稿》的评价中，取其一端是错误的。至于把科学判断与价值判断对立起来的所谓科学的马克思主义和批判的马克思主义并不是真正的马克思主义，而是对马克思主义的曲解。

同片面推崇《手稿》或贬低《手稿》不同，比较有启发性的评价，是把《手稿》放在历史过程考察。例如爱尔温·麦茨克在《人和历史》中谈到《手稿》时说：“我们在这一原稿中抓住了根，扎得很深的根，而马克思的全部思想就从这些根汲取力量——以至把力量输送到思想之树的枝梢。《手稿》的这种根基的性质并没有由于《手稿》没有问世而有所减弱，而是得到证实。黑格尔的思想也完全类似，它先是生长在地下，而且我们已经学会从它那里看出：这种表面上看不见的长生物包含着多么大的、内部产生的和广泛发挥作用的力量，以及对黑格尔哲学论著的全面理解是怎样从这种生长物那里发展起来。"[①] 苏联学者列·尼·巴日特诺夫也强调《手稿》是马克思主义哲学变革的起源。他在《哲学中革命变革的起源》这本书中在评价《手稿》时说："《1844 年经济学哲学手稿》使我们找到了哲学中革命变革的起源。他在《手稿》中第一次根据对政治经济学的认真批判，为他往后在阐发自己的世界观方面所做的工作奠定了唯物主义的基础，制定了他后来许多宏伟理论工作计划。"[②]

麦茨克把马克思同黑格尔类比，暗示《精神现象学》同黑格尔的关系，与《手稿》同马克思主义的关系有着相似性。正如《精神现象学》作为黑格尔主义的发源地和秘密一样，《手稿》对马克思主义的形成也起着同样的作用。其实，这两者的关系是不完全一样的。《精神现象学》是黑格尔主义的真正诞生地和秘密，因为它作为黑格尔唯心主义哲学的导言，以其唯心主义的主客观统一理论为整个黑格尔客观唯心主义哲学奠定了基础，成为黑格尔唯心主义体系的雏形，而《手稿》不同，它具有过渡性质，既包括许多天才思想的萌芽，包括进一步发展的基础，也包括马克思后来摒弃的观点。在这个意义上，与其说《手稿》是马克思主义的秘密，毋宁说只有马克思主义才揭示了《手稿》的秘密。但从方法论来说，从起源角度来考察《手稿》才能给予比较正确的评价。

正如任何思想史一样，马克思的思想发展也可以区分为不同阶段。历史本来就包含阶段，无阶段即无历史。任何阶段都有自己的特点。例如《手稿》属于马克思思想发展的早期阶段，因此对先驱者们的思想的吸收和改造占有显著的地位。这一时期，肯定会有一些来不及消化和不完全吸收的东西。关键在于马克思的态度。例如在《手稿》中，马克思对英国古典政治经济学、各种空想社会主义学说以及黑格尔的唯心主义哲学持批判态度，并力图创造一种包括从哲学和政治经济学对社会主义进行论证的统一学说。这可以看做创立马克思主义学说的开端。

更加重要的是，我们要把握马克思的思想发展趋向。采取简单的二分

---

① 杜赛根：《马克思主义研究》，第 2 辑，4 页，1957。

② ［苏］列·尼·巴日特诺夫：《哲学中革命变革的起源》，130 页，北京，中国社会科学出版社，1981。

法，把马克思的思想截然划为不成熟和成熟两个阶段，无助于深入理解马克思的思想史。事实上，在不成熟的著作中可以包含很多天才思想的萌芽；而在成熟著作中也可能包括某些判断的失误。历史研究的任务，重要的是分析过程，即马克思的思想如何由不成熟到成熟的发展。只有把《手稿》放在整个马克思主义发展过程中来考察，把握《手稿》中重要思想的来龙去脉及其发展的主导趋向，才不至于在各种错误的评价中犹豫徘徊。

（原载《中国人民大学学报》，1987（6））

7. 马克思异化理论的两次转折

在马克思《1844年经济学哲学手稿》（以下简称《手稿》）发表以来的半个世纪中，围绕异化问题的争论是激烈的：褒贬不一，毁誉互见，有的把异化理论看成是马克思早期不成熟的表现，有的强调异化是马克思一以贯之的思想①。异化理论在一些人手中成了一块调色板，各自用以塑造自己的“马克思”。

实际上，马克思关于异化的理论是动态的，而不是静态的；是复合的，而不是单一的。《手稿》中关于异化劳动的理论，是对异化问题最完备的论述；但它既不是起点也不是终点，至少从《黑格尔法哲学批判》起有一个演变过程，其中经历了两次重大转折。只要我们不为现象所迷惑，而是深入到内部，就可以捕捉到马克思的思想发展线索。这是一个活生生的、包含矛盾的过程。这个过程是不能简单地塞进“非此即彼”的框子里的。

---

① 这是两种具有代表性的流行观点：T. H. 奥伊则尔曼说：“只有当人们同异化范畴的整个观点分道扬镳，才能克服这种‘本质先于存在论的倾向’”［载《哲学译丛》1981（6）］；J. 伊波利特说：“从黑格尔和费尔巴哈那里借用来的异化概念，是整个马克思主义的基本概念和源泉。我认为，从这个概念出发，把人的解放规定为人在历史过程中反对人的本质的一切异化的积极斗争，就可以最好地说明整个马克思主义哲学，理解马克思的主要著作《资本论》的结构”（转引自［苏］奥伊则尔曼《马克思的〈经济学—哲学手稿〉及其解释》，126～127页，北京，人民出版社，1981）。

一、从异化到异化劳动

异化在卢梭、霍布斯那里是作为社会问题提出来的。德国古典哲学把它纳入了思辨领域，变成了抽象的哲学问题。在黑格尔哲学解体过程中，青年黑格尔派运用异化观点批判宗教、批判国家，特别是莫泽斯·赫斯把异化问题同货币和私有财产问题联系在一起，表现出一种把异化问题重新引向现实的趋向。

但青年黑格尔派由于固有的弱点并未走到这一步。在他们停止的地方，马克思继续前进，由揭露“自我异化的神圣形象”到“揭露非神圣形象”，即由上层建筑深入到经济基础，提出了关于异化劳动的理论。由异化到异化劳动，从“针对副本”到“针对原本”，构成了马克思异化理论的第一次重大转折。

马克思 1843 年在克列茨纳赫总结、消化其《莱茵报》时期的经验，他根据自己的切身感受，把国家问题提到首位，因此，马克思的异化理论，从国家问题开始，是不难理解的。他在《黑格尔法哲学批判》中，除了批判黑格尔颠倒主语和谓语，从而把被颠倒了的市民社会和国家的关系重新颠倒过来以外，还运用异化范畴来分析了国家和国家制度的演变。他指出：“政治国家的彼岸存在无非就是要确定它们这些特殊领域的异化。……**君主制**是这种异化的完整的表现，**共和制**则是这种异化在它自己的领域内的否定”①。很显然，在这里异化的内涵还比较狭窄、比较贫乏，思想深度基本上没有超出费尔巴哈对宗教批判的水平，只是对它的比附和移植。

随着马克思对历史的钻研，特别是对法国资产阶级革命经验的总结，他在《论犹太人问题》和《〈黑格尔法哲学批判〉导言》中对异化的论述前进了一步，马克思提出了自我异化和物的异化的关系问题，揭示了异化的非神圣表现——货币和私有财产，找到了消灭异化的决定力量——无产阶级，论述了消灭异化的途径——批判的武器和武器的批判；特别是第一次提出了类似劳动异化的观点，“钱是从人异化出来的人的劳动和存在的

---

① 《马克思恩格斯全集》，第 1 卷，283 页。

本质；这个外在本质却统治了人，人却向它膜拜”①。马克思这时关于异化的论述，包含着多样性的、具有发展力的幼芽。但整个说来，由于马克思还未着手经济学的研究，他对异化的论述局限于哲学角度。虽然这些论述开始涉及私有财产和货币问题，但这主要是受到空想社会主义学派对私有制抨击和赫斯《论金钱的本质》的影响，并不是建立在自身研究经济学的基础上的。因此，这些论点缺乏严格的经济学论证，天才的闪光交织着思辨的印痕。

由异化到异化劳动的转折点，是 1844 年 3 月。当《德法年鉴》像一颗闪烁的流星引起思想界注意旋即停刊以后，马克思开始着手经济学的研究，大量阅读了英国古典经济学派及其弟子们的著作。德国是富于哲学思维传统的，它的弱点是过于思辨。马克思由哲学转向政治经济学，突破了德国哲学的思辨传统，这是马克思思想发展的重要一环。马克思转向经济学以后的第一部代表性著作是未完成的《手稿》，而它的思想结晶则是关于异化劳动的理论。

马克思在关于经济学的巴黎笔记摘要，特别是在《詹姆斯·穆勒〈政治经济学原理〉一书摘要》中，开始对异化劳动问题做了比较深入的探讨。具有高度哲学素养的马克思根据资产阶级经济学所揭示的事实，研究了货币和信贷中的异化问题，从历史发展的角度考察了异化劳动的起源问题，详细分析了异化劳动的表现，即劳动对劳动主体的异化和偶然联系、劳动对劳动对象的异化和偶然联系、工人的使命决定于社会的需要、劳动作为维持生存的手段，等等。这包含了《手稿》中的一些重要论点。但在这里主要考察的还是一般商品生产中的异化劳动问题。

全面阐述异化劳动理论的著作是《手稿》。它研究的不是一般商品生产，而是资本主义的商品生产；剖析的不是两个私有者的交换关系，而是无产者和资产者在生产中的关系。因此《手稿》中的异化劳动不是一般的商品生产劳动，而是雇佣劳动。马克思在论述了工资、利润、地租之后，集中地阐述了异化劳动，深刻地揭示了其中包含的阶级对抗。马克思在《手稿》中对异化劳动的种种分析，如工人同自己产品的关系、同自己劳

① 《马克思恩格斯全集》，第 1 卷，448 页。

动的关系、同其他不生产的人的关系等等，实质上是对资本主义生产方式的解剖。

异化劳动在马克思早期思想中有着重要的地位和作用。如果说《手稿》是创立包括哲学、政治经济学和科学社会主义在内的完整的马克思主义体系的开端，那么异化劳动的理论则是当时把这三者统一起来的集结点。这是因为，劳动的关系具有多面性。就劳动和资本的关系说，它反映的是资本主义制度下无产阶级和资产阶级的对抗，对这个矛盾的分析构成科学社会主义的根本内容；就劳动是人的本质，就劳动在人的认识和历史中的作用来说，它属于哲学范围；就劳动与商品、货币等的关系来说，它属于经济学的范围。在《手稿》中，马克思以人的主体性原则为主导，以异化劳动为中心，对劳动展开了多角度的探讨。

发现历史的真正主体——现实的人，这是异化劳动理论在哲学上的重大成就。

从人类认识史来看，异化问题的出现，表现了人们对主客体关系认识的深化①。任何异化都必须有主体——谁异化，必须有客体——异化成什么。根据哲学家确定的异化主体，可以判断其异化理论的性质；根据他们确定的异化客体，可以判断其对异化认识的深度和广度。从异化引入哲学后，人们都是从主客体关系来考察它的。马克思也是如此。他说："人不仅象在意识中那样理智地复现自己，而且能动地、现实地复现自己，从而在他所创造的世界中直观自身"②。当然，异化问题中的主客体关系同哲学基本问题不能混同。作为异化客体的，包括精神性的产品。而且自古以来，任何哲学家都必须解决哲学基本问题，但并不都懂得异化。从认识层次说，异化表示人们从物质和意识、存在和思维的关系，深入到探讨人同自己的

---

① 任何实践活动都必须有三项：主体、客体、联系主客体之间的桥梁——实践。异化不是独立项，而是在一定条件下主客体联系的特定方式：主体创造了客体，客体反过来支配主体压抑主体。因此，马克思在《手稿》的一个边注中把消除异化看成是改变这种主客体关系的结构："只有当物按人的方式同人发生关系时，我才能在实践上按人的方式同物发生关系。"（《马克思恩格斯全集》，第42卷，124页注②）

② 《马克思恩格斯全集》，第42卷，97页。

行为和产品之间的关系。异化范畴的辩证性，正在于它把异化的客体归之于主体，看成是主体自身的产物，从而突出了主体的能动作用。从黑格尔、费尔巴哈到马克思异化观的变化，突出地表现在异化主体的变化上。

黑格尔的异化观是唯心主义的，而不是人本主义的。在黑格尔那里，作为异化主体的是绝对观念。在他看来，绝对观念是唯一能动的、创造性的力量，而物质是被动的、消极的。黑格尔并不重视人。他用自我意识来代替人，把复杂多样的人类现实当作自我意识的特定形式，当作自我意识的规定性。马克思在剖析黑格尔的异化主体时指出："这个过程必须有一个承担者、主体；但主体首先必须是一个结果；因此，这个结果，即知道自己是绝对自我意识的主体，就是**神**，**绝对精神**，就是**知道自己并且实现自己**的**观念**"①。并且指出：绝对观念是"作为使自己**外化**并且从这种外化返回到自身的、但同时又使外化回到自身的**主体**"②。整个异化和异化的扬弃，无非是绝对观念"在自身内部的纯粹的、不停息的旋转"。黑格尔的主体也是一架发了疯的钢琴，但却弹出了美好的乐章，它以抽象的、神秘的形式强调了主体的能动作用，从而为真正的主体——现实的人的现实活动找到了纯逻辑的、思辨的表达。

黑格尔用自我意识代替人，而费尔巴哈则用人来代替自我意识。费尔巴哈的异化观是唯物主义的人本主义异化观。正像马克思所说的那样，只是从费尔巴哈才开始了实证的人道主义的和自然主义的批判。从黑格尔的异化观到费尔巴哈的异化观的转变具有两重性：既是前进，又是后退。从异化的主体看，由黑格尔的绝对观念到费尔巴哈的感性的、作为自然存在物的人，这是前进，是从唯心主义过渡到唯物主义。可是同黑格尔相比，费尔巴哈的主体被夺去了能动的、创造性的生机，并且失去了广阔的活动场所。我们知道黑格尔的异化包括自然、社会、人类精神的各个领域；费尔巴哈则局限于宗教和哲学，他对宗教和思辨哲学的批判虽有许多鞭辟入里之见，但终究限制了人们对异化多种形式的认识，从这方面说，又是后退，是从辩证法走向形而上学。总之，费尔巴哈使异化主体物质化了，但也贫困化了；他发现了自然界的皇冠——人，但没有找到历史的真正主体。

---

①② 《马克思恩格斯全集》，第 42 卷，176 页。

马克思在着力寻求异化的真正主体。在《手稿》中，他从这个角度对经济学说史进行了总结。尽管马克思当时对劳动价值论持否定态度，可他从开始于重农学派、完成于英国古典经济学派的关于劳动创造价值的理论中，看到了抽象的哲学意义，即把财富的主体本质移入劳动中。但这些经济学家并没有真正发现主体，他们把劳动同劳动者分开，从纯经济学的角度研究劳动，把劳动者仅仅看做人手，而不是**人**手。因此，马克思批评他们的学说“无宁说是**敌视人的**”，“在承认人的假象下，无宁说不过是彻底实现对人的否定而已”①。

英国古典经济学派重视劳动而忽视了人；费尔巴哈发现了人而不懂劳动；黑格尔虽然把**劳动**看做人的本质，但他只知道并承认一种劳动，即抽象的精神的劳动；只有马克思关于异化劳动的理论才廓清了笼罩在历史主体上的迷雾。

在马克思的《手稿》中，作为主体的既不是黑格尔的绝对观念和费尔巴哈的自然的人，也不是纯经济学形态上的劳动一般，而是具体的人，即在社会领域中结合成一定生产关系从事物质资料生产的劳动者。马克思从这种劳动中看到了异化，从异化中看到了劳动，而从异化劳动中看到了主体——劳动者②。

马克思关于异化劳动的理论，使1844年《手稿》无论在历史观还是在认识论上都高出于费尔巴哈的人本主义。

马克思透过对异化劳动的剖析，肯定了物质资料生产在社会发展中的决定作用：“宗教、家庭、国家、法、道德、科学、艺术等等，都不过是生产的一些**特殊的**方式，并且受生产的普遍规律的支配”③；肯定了劳动

---

① 《马克思恩格斯全集》，第42卷，113页。

② 这实际上是对象化、异化和异化主体三者的关系问题。马克思从私有制下的劳动即对象化中看到了异化：“对象化表现为**对象的丧失和被对象所奴役**，占有表现为**异化、外化**”。从异化中看到了劳动：异化不是纯思维活动，不是主观的心理状态，“财产、资本、金钱、雇佣劳动以及诸如此类的东西远不是想像中的幻影，而是工人自我异化的十分实际、十分具体的产物”（《马克思恩格斯全集》，第2卷，66页）。从异化劳动中看到了劳动者：“当我们问劳动的本质关系是什么的时候，我们问的是**工人**同生产的关系”（《马克思恩格斯全集》，第42卷，93页）。

③ 《马克思恩格斯全集》，第42卷，121页。

是人的本质："有意识的生命活动把人同动物的生命活动直接区别开来"①；揭示了人类历史的最根本内容："**整个所谓世界历史**不外是人通过人的劳动而诞生的过程，是自然界对人说来的生成过程"②。马克思把劳动引入历史，为历史观找到了坚实的基础。

这些历史唯物主义重要论点的形成，对于马克思确立自己辩证唯物主义认识论有着重要意义。长期以来，我们偏重于历史唯物主义对辩证唯物主义的依赖性，把前者看成是后者的推广和运用。实际上，它们的形成过程是相互渗透、相互促进的。《手稿》表明，要从费尔巴哈人本主义向辩证唯物主义认识论跨进一步，就离不开唯物主义历史观。认识无非是人的认识，不深刻地把握人的本质就不可能建立科学的认识论。毛泽东同志在《实践论》中开宗明义地指出："马克思以前的唯物论，离开人的社会性，离开人的历史发展，去观察认识问题，因此不能了解认识对社会实践的依赖关系，即认识对生产和阶级斗争的依赖关系。"③ 例如，实践的观点是马克思主义认识论的首要和基本的观点，是马克思主义认识论的基石；而马克思把实践引入认识论，同他对人的本质的科学理解，即把劳动看成是人和动物的分界线是一致的。马克思主义是一元论。马克思重视生产劳动在社会生活中的作用，与重视实践在认识中的作用是同一个问题的两个方面，不过一则见之于历史观，一则见之于认识论。事实证明，认识论的科学水平受到历史观的制约。当马克思还信奉黑格尔唯心主义哲学时，他把实践理论化，强调"哲学的实践本身是理论的"④。当他开始转变到唯物史观的立场上时，他从政治形态上把理论和实践区分开来，指出："批判的武器当然不能代替武器的批判，物质力量只能用物质力量来摧毁"⑤。而只有在《手稿》里，由于马克思深刻地把握了物质生产在历史发展中的作用，把握了人的本质，他第一次以哲学形态明确地概括了实践在认识中的作用：实践"是现实的和实证的理论的条件"，"**理论的**对立本身的解

① 《马克思恩格斯全集》，第42卷，96页。
② 同上书，131页。
③ 《毛泽东选集》，2版，第1卷，282页。
④ 《马克思恩格斯全集》，第40卷，258页，北京，人民出版社，1982。
⑤ 《马克思恩格斯全集》，第1卷，460页。

决，**只有**通过**实践**方式，只有借助于人的实践力量，才是可能的”①。

由于马克思强调物质生产在历史上的作用，因此他把研究工业史作为认识论的重要内容，认为工业的历史和工业的产品是感性地摆在我们面前的认识论。工业的发展和新产品的出现，反映了人类认识的深化。高傲地撇开人类劳动的这一巨大部分——工业史，技术史和自然科学，是不可能建立真正内容丰富的、科学的认识论的。马克思的唯物史观的形成，也改变了旧唯物主义认识论关于认识对象的观念。他指出，自然界并不是与人类实践无关的客体，在人类历史——人类社会的产生活动——中生成着的自然界是人的**现实的**自然界；因此，通过工业而形成——尽管以一种**异化的**形式——的那种自然界，才是真正的、**人类学的**自然界。马克思还以历史唯物主义观点研究了作为异化劳动感性表现的私有财产如何使人的感受力贫困化了，使人变得“愚蠢而片面”，从钱孔里观察世界，“一切情欲和一切活动都必然湮没在**发财欲**中”。只有废除私有财产，才能使人的感觉和特性“彻底**解放**”②。

异化劳动理论也凝结了马克思的经济研究成果。从异化到异化劳动不是异化范畴的纯逻辑演绎，而是以经济学研究为中介的一次飞跃。马克思反复强调，他是从“现有的经济事实出发的”，他的“结论是通过完全经验的以对国民经济学进行认真的批判研究为基础的分析得出的”③。的确，马克思所分析的是人们每时每刻都能切身体验到的确凿、严酷的事实。资产阶级经济学家看到了一些事实，甚至描写了这些事实，可并不完全理解这些事实。马克思把德国古典哲学的优秀成果和经济学的研究相结合，使之升华为异化劳动的理论。

整个国民经济学把私有财产作为既成形态，作为不必探讨的前提，也没有提供一把理解土地、资本同劳动分离的根源的钥匙。因此，他们对经济现象的解释，从世界观来说是唯心主义的，“**贪欲以及贪婪者之间的战争即竞争**，是国民经济学家所推动的唯一的车轮”④。

---

① 《马克思恩格斯全集》，第42卷，127页。
② 同上书，124页。
③ 同上书，45页。
④ 同上书，90页。

相反，马克思不是把应当说明的东西当作事实，而是要对事实加以说明。他给自己提出的任务是："弄清楚私有制，贪欲同劳动、资本、地产三者的分离之间的本质联系，以及交换和竞争之间、人的价值和人的贬值之间、垄断和竞争等等之间、这全部异化和**货币**制度之间的本质联系"①。因此，马克思把资本主义制度下的异化劳动作为考察的中心，研究了异化劳动的各种表现、私有制的本质、私有制和异化劳动的关系，研究了需要、分工、生产、货币中的异化现象。马克思在这里涉及的经济领域如此宽广，以至于我们可以说这些研究包括马克思后来论述的关于商品拜物教、货币拜物教、货币的职能、生产和分工、生产和需要等一系列重要经济思想的胚胎。由于马克思通过异化劳动找到了历史的主体，因而在资产阶级经济学家只看到物与物的关系的地方，他看到了人与人的关系。如果像恩格斯那样，把亚当·斯密叫做国民经济学上的路德，那么我们就可以把马克思称为经济学上的无神论者，他的关于异化劳动的理论，揭开了经济现象中拜物教的神学帷幕。

异化劳动理论也是马克思当时批判资产阶级国民经济学的武器。他看到了劳动价值论的内在矛盾：按照国民经济学，劳动创造价值，劳动的产品本应属于工人，可是工人通过工资得到的只不过是用以养家糊口的一小部分；按照国民经济学，资本无非是积累的劳动，一切产品都是死的劳动，因而都可以用劳动购买，可是实际上工人的劳动不能买到任何东西，相反他必须出卖自己；按照国民经济学，劳动创造价值，可是创造价值的工人饥寒交迫，而不劳动的土地所有者和资本家却养尊处优、优游岁月，过着神仙般的生活。总而言之，"国民经济学虽然以劳动是生产的真正灵魂这一点出发，但是它没有给劳动提供任何东西，而是给私有财产提供了一切"②。这个矛盾何在？马克思发现，这个矛盾并不在劳动本身，而在于劳动的性质，即在于异化劳动之中，"这个表面的矛盾是**异化劳动**同自身的矛盾"③。由此可见，马克思当时对劳动价值论的否定不是消极的，

---

① 《马克思恩格斯全集》，第 42 卷，90 页。
② 同上书，100 页。
③ 同上书，101 页。

而是积极的。异化劳动是对劳动价值论的扬弃，是从英国古典经济学的劳动价值论过渡到创立剩余价值理论的重要环节。

异化劳动理论也凝结了马克思关于共产主义的设想。他把共产主义看成是**“私有财产即人的自我异化的积极的扬弃”**，看成是对资本主义制度下存在各种异化现象这种“历史之谜的解答”①。把积极扬弃私有财产看成是共产主义主要内容，这一天才发现，使马克思超出了平均共产主义和空想社会主义的水平。

马克思透过对异化劳动和私有财产关系的分析，看到了无产阶级采用革命这种政治形式来消灭私有财产、消灭奴役制，不仅是解放自己，而且也是解放全人类。他说：“从异化劳动同私有财产的关系可以进一步得出这样的结论：社会从私有财产等等的解放、从奴役制的解放，是通过**工人解放**这种**政治**形式表现出来的，而且这里不仅涉及工人的解放，因为工人的解放包含全人类的解放；其所以如此，是因为整个人类奴役制就包含在工人同生产的关系中，而一切奴役关系只不过是这种关系的变形和后果罢了。”②

由上可见，马克思关于异化劳动的理论是非常丰富的。它贯穿于哲学、政治经济学和科学社会主义的各个领域，凝集了马克思到1844年的重大成就。

二、从“个体和类的矛盾”到发现“生产力和生产关系的冲突”

这个转折比前一个转折更为深刻。马克思从异化到异化劳动，是朝这个方向迈出了决定性的一步，但并没有完全摆脱费尔巴哈从人自身、从人的个体和类的矛盾来论述异化的影响。这两个转折是同一过程相互联系的两个阶段，而它的交错线就是关于异化劳动的理论。

马克思异化理论的源头与其说来自黑格尔，不如说来自费尔巴哈。因此，马克思异化思想的发展，同整个马克思的早期思想相比，有着自己的特点。从总体上说，马克思开始面向黑格尔，后来转向费尔巴哈，最后大

① 《马克思恩格斯全集》，第42卷，120页。
② 同上书，101页。

大地超过前人，创立了自己的新的世界观。而在异化问题上，他开始接受的是费尔巴哈的影响，在1844年的《手稿》中，马克思才注重黑格尔的异化观。他透过其神秘的外壳，看到了黑格尔作为推动原则和创造原则的否定辩证法的伟大之处；从黑格尔把人的自我创造看做一个过程，把对象化看做非对象化、看做外化和外化的扬弃中吸收了合理的内核。这两种思想流程似乎是逆向的，实际上却是统一的。马克思关于异化思想的发展——由费尔巴哈转向改造黑格尔的异化观——是总体中的一个片断，它说明马克思在经由费尔巴哈走向新世界观的过程中有着某种程度上的复归，即在唯物主义基础上重新估价黑格尔的辩证法。

个体和类的矛盾是费尔巴哈人本主义异化观的核心。他正是用人的类本质同人相异化来批判宗教，反对思辨哲学，并把解决类本质同人相异化的矛盾看做是消除社会弊病的途径。马克思在欢呼费尔巴哈的思想解放作用时，接受了费尔巴哈的影响，他的异化理论就是从这里起步的。

在马克思清算黑格尔的第一部著作《黑格尔法哲学批判》中，我们可以看到对费尔巴哈这一观点的运用。马克思把政治领域比做宗教领域，说它是人民生活的宗教，是同人民的尘世存在相对立的人民生活的普遍性的上天，说政治国家和市民社会的对立是个体和类的矛盾，是人的类本质同人相异化。他说："政治领域是国家中的唯一国家领域，是这样一种唯一的领域，它的内容同它的形式一样，是类的内容，是真正的普遍物"①。这就是说，在国家领域，社会成员通过共同的政治活动而成为社会存在物，而在市民社会中，个人的生存变成自己的目的。正如人把自己的类本质异化为宗教一样，人在政治生活中也把自己的类本质异化为虚幻的共同体——国家。

马克思在《德法年鉴》上的两篇著名论文中关于政治解放和人类解放的论述，其中一个主导思想就是沿着解决个体和类的矛盾这一思路展开的。

马克思认为，政治解放，即资产阶级革命并不是彻底的解放，因为它并没有解决个体和类的矛盾，相反加深了这个矛盾。资产阶级革命获得胜

① 《马克思恩格斯全集》，第1卷，283页。

利的国家，一方面把人变成公民，变成法人，即人在政治领域中成为有主权的人；另一方面把人变成市民社会的成员，变成利己主义的、独立的个人。这种人是无教化的、非社会的人，失掉了自身的人，自我排斥的人，被非人的关系和势力控制了的人，一句话，还不是真正作为类存在物。所以，马克思把资产阶级的人权分为两部分：一部分是政治权利，即公民权，这是参加国家共同体的权利，是同别人一起才能行使的权利；另一部分是同公民权不同的所谓人权，即作为市民社会成员的权利，例如财产权，这是“脱离了人的本质和共同体的利己主义的人的权利”①。这两种权利的区分正是个体和类的矛盾的反映，只有人类解放才能解决这个矛盾。人类解放不仅在政治生活中使人成为类存在物，而且在经济生活中也使人成为类存在物。正如马克思所概括的：“只有当现实的个人同时也是抽象的公民，并且作为个人，在自己的经验生活、自己的个人劳动、自己的个人关系中间，成为**类存在物**的时候……人类解放才能完成。”②

正是在寻求解决个体和类的矛盾时，马克思的思想发生了远远超出费尔巴哈的重大变化。他不仅突破了费尔巴哈的民主主义局限，提出了人类解放问题；而且发现，要使人类解放，必须解决市民社会的问题，使人从私有财产和金钱下解放出来。马克思的《手稿》就是沿着这个方向前进的。

《手稿》的突出成就，就是不再从人自身、从个体和类的矛盾中探求异化，开始把着眼点转移到经济分析、转移到对资本主义生产方式剖析的基础上。马克思把私有制看成是共产主义的理论和经验的基础，把各阶级利益的敌对看成是阶级社会结构的基础，把劳动和资本对立的激化看成是私有制必然灭亡的内在根据。无论是对异化劳动的根源、表现的分析，还是对异化的扬弃的预言，都是以经济分析为依据的。年轻的马克思虽然思维敏捷、才智过人，但他并不是先知，而是殚精竭虑的探索者，他要不断消化和清洗从历史传统中吸取的东西。事实上在《手稿》中，仍然残留着费尔巴哈关于个体和类的矛盾这一观点的痕迹。马克思对人的类本质的看

① 《马克思恩格斯全集》，第1卷，437页。

② 同上书，443页。

法不同于费尔巴哈，但还是把类本质和人相异化看成异化劳动的表现之一；而且在解释共产主义时，即使降低了个体和类的矛盾的地位，把它和人与自然之间、人和人之间、存在和本质、对象化和自我确证、自由和必然的矛盾并列为历史之谜，还是把共产主义说成是“人向自身、向**社会的**（即人的）人的复归”①。这是解决个体和类的矛盾的观点的另一种表述。

处于急剧变化过程中的马克思，在《手稿》中对这个问题的看法并不是一致的，他在许多地方否定了这种观点。他说：“应当避免重新把‘社会’当作抽象的东西同个人对立起来。个人**是社会存在物**。因此，他的生命表现，即使不采取**共同的**、同其他人一起完成的生命表现这种直接形式，也**是社会生活的**表现和确证”②。并且明确指出，“人的个人生活和类生活并不是**各不相同的**”③。人是社会存在物。人不会因为异化而成为非社会存在物，成为彼此孤立的“社会原子”。发生异化的不是个体丧失社会性，而是把人们结合在一起的社会关系成为统治人的力量。

我们重视《手稿》在马克思主义发展史中的地位，充分估价异化劳动理论的成就，但也要看到它的不足之处。我们不应该做马克思思想研究中的考古学家。把未发表的手稿放在正式出版的著作之上，把青年时代的著作放在后来的著作之上，像挖出土文物一样去“发掘”马克思自己否定了的看法，未必正确。我们应该做比较解剖学家，通过分析、比较，探求马克思的思想是如何不断完善、不断成熟的。

自觉地彻底清除费尔巴哈的影响，是从1845年的《关于费尔巴哈的提纲》开始的。马克思同费尔巴哈把人的本质理解为“类”，理解为一种内在的、无声的、把许多个人纯粹自然地联系起来的共同性相对立，明确提出“人的本质并不是单个人所固有的抽象物，实际上，它是一切社会关系的总和”④ 这一著名论断。这无疑是针对费尔巴哈关于个体和类的观点的。这样，马克思就根本扭转了从个体中、从人自身中寻求人的本质的方向，从而把对人的本质的研究置于现实的基础上，即从对社会关系的分析

---

① 《马克思恩格斯全集》，第42卷，120页。

② 同上书，122～123页。

③ 同上书，123页。

④ 《马克思恩格斯全集》，第3卷，5页。

中探求人的本质。而在《德意志意识形态》中，马克思进一步找到了决定社会关系的力量——生产力，在人类思想史上第一次发现了生产力和生产关系辩证运动的规律，并对社会结构和社会形态更替的规律做了比较明确的表述。

毫无疑问，《德意志意识形态》是在《手稿》的基础上前进的，它吸收了《手稿》中许多重要观点，但在异化问题上也发生了根本性的变化。马克思清洗了残留的人的类本质和人相异化的观点，明确指出，“按照我们的观点，一切历史冲突都根源于生产力和交往形式之间的矛盾”①。这一根本转折带来了许多重要观点的变化。

马克思继续发挥了劳动是人的本质、是人与动物根本区别的观点，但抛弃了把劳动看做人的天性、看做人自身的目的以及把劳动和维持人类生存对立起来的观点。马克思在《德意志意识形态》中看到：“人们为了能够‘创造历史’，必须能够生活。但是为了生活，首先就需要衣、食、住以及其他东西。因此第一个历史活动就是生产满足这些需要的资料，即生产物质生活本身。”② 在任何社会中，劳动本身不是目的，而是人类生存的手段。问题在于谁占有生产资料，劳动果实属于谁。即使到了共产主义，劳动不再作为个人谋生的手段，但它的目的仍然是为了满足整个社会不断增长的物质和文化需要。

马克思也改变了对社会形式和人的本质相互关系的看法。当马克思仍然保留费尔巴哈的影响时，他把社会关系看成人的本质的体现、人的本质的客体化。他在《黑格尔法哲学批判》中，明确地表述了这个观点：“如果在考察家庭、市民社会、国家等等时把人的存在的这些社会形式看做人的本质的实现，看做人的本质的客体化，那末家庭等等就是主体内部所固有的质。”③ 这样一来，全部人类的社会结构及其变化就不是决定于生产力的发展，而是根源于人的类本质的自身展开。抽象的“人”成了主词，而现实的社会关系成了主词中包含的宾语，一切都潜在于“人”的本质之

① 《马克思恩格斯全集》，第3卷，83页。
② 同上书，31页。
③ 《马克思恩格斯全集》，第1卷，293页。

中。《关于费尔巴哈的提纲》第六条把这种被颠倒的关系颠倒过来了。而在《德意志意识形态》中他做了进一步的展开："每个个人和每一代当作现成的东西承受下来的生产力、资金和社会交往形式的总和，是哲学家们想像为'实体'和'人的本质'的东西的现实基础"①；并且尖锐批判了把人的社会关系看成人的本质产物的观点，"一切人所共有的关系在这里成了'人的本质'的产物、人的**本性**的产物，而实际上，这些关系像对于平等的意识一样是历史的产物"②。整个历史证明，人的本质不是永恒不变的，即使是与人俱存的自然本性——饮食男女，也是随着生产力的发展和生产关系的改变而不断丰富和发展的。只有根本无视茹毛饮血和山珍海味、架木为巢和摩天大楼、群婚制和一夫一妻制的重大差别，才能把它们概括为永恒不变的吃、住、性。只要稍微正视一下它的内容，就可以看到它对生产方式发展的依赖性。

马克思也抛弃了以人的本质作为评价社会尺度的观点。以人的本质为尺度，不可避免地带有道德评价的色彩。我们并不否认道德评价。对剥削制度的义愤无疑是一种高尚的情操。没有批判的激情，就没有激情的批判。道义上的谴责，从人类历史看，往往是引向从科学上把握的先导。但从世界历史角度看来正确的东西，在理论上未必正确。因此，马克思在发现了生产力和生产关系的辩证规律之后，重新解释了他使用的"人的"、"非人的"这些用语，使之科学化："'人的'这一正面说法是同某一生产发展的阶段上**占统治地位**的一定关系以及由这种关系所决定的满足需要的方式相适应的。同样，'非人的'这一反面说法是同那些想在现存生产方式内部把这种统治关系以及在这种关系中占统治地位的满足需要的方式加以否定的意图相适应的，而这种意图每天都由这一生产发展的阶段不断地产生着。"③

人生活在一定环境中，而环境又是由人的活动改变的。构成社会环境的最根本内容是物质资料生产方式和矗立其上的全部上层建筑。人的类本

---

① 《马克思恩格斯全集》，第3卷，43页。
② 同上书，566页。
③ 同上书，508页。

质和人相异化这一论断，是个人与实际生活条件冲突的神秘化的表述，说到底无非是腐朽的生产关系严重阻碍生产力的发展，使整个社会发生危机，形成了不利于人类发展的环境。马克思打了一个生动的譬喻："从大海里运到库弗尔格拉班的鲸鱼，如果它具有意识的话，当然会把这种由'不顺利的环境'所造成的境遇说成是和鲸鱼的本性相矛盾的"①。我们不能再回过去按照人本主义观点来看待"真正的人"和"异化的人"、"人"和"非人"这些范畴，不能在现实的人之外去寻找一种"完全的人"、"真正的人"、"类本质和个体相一致的人"。费尔巴哈认为："人，完善的，真正的人……一般的人只是那一点也不排除本质上属于人的东西的人。"②马克思发现了这种观点在理论上的虚弱性，所以他说："哲学家们关于现实的人不是人这一荒谬的判断，只是实际上存在于人们的关系和要求之间的普遍矛盾在抽象范围之内的最普遍最广泛的表达。"③

《手稿》把消灭异化和废除私有制结合在一起，这是个重大突破；而在《德意志意识形态》一书中，马克思根据他发现的生产力和生产关系辩证运动的规律，做了更深刻的论证，提出了生产力的问题，把"生产力的巨大增长和高度发展"作为消灭异化的实际前提。他强调指出："如果没有这种发展，那就只会有**贫穷**的普遍化；而在**极端贫困**的**情况下**，就必须重新开始争取必需品的斗争，也就是说，全部陈腐的东西又要死灰复燃"④。

马克思对生产力和生产关系辩证运动规律的发现，丝毫也不贬低人的地位和作用。这是因为，生产力是人的生产能力，生产关系是人的相互关系。离开人的生产方式，如同离开生产方式的人一样，都是不可思议的。因此揭示这条规律，并不排除对人和异化问题的研究，而是把这种研究全部转移到历史唯物主义轨道上。

哲学应该研究人，但研究人的哲学不一定都是科学的哲学。对迷信可以采取科学的态度，对科学可以采取迷信的态度。研究梦的人不一定是痴

① 《马克思恩格斯全集》，第3卷，506页。
② 《费尔巴哈哲学著作选集》，上卷，184页，北京，三联书店，1959。
③ 《马克思恩格斯全集》，第3卷，505页。
④ 同上书，39页。

人说梦，而研究天象的却可以搞占星术。问题在于如何研究。现代外国哲学中的存在主义、人格主义、弗洛伊德主义等等就是例证。

“我们研究的是现实的人。”的确，我们都力求这样做。人只有一种——现实的人，抽象的人和现实的人不是两种人，而是研究人的两种观点和方法。因此，从研究的趋向中，就可以判明立足点是抽象的人还是现实的人。

马克思对现实的人做过明确的界说：“现实的人即生活在现实的实物世界中并受这一世界制约的人”①。因此要研究现实的人，就必须研究人的社会，研究制约人的各种社会关系。列宁说得很对：“唯物主义的社会学者把人与人间一定的社会关系当作自己研究的对象，从而也就是研究真实的**个人**，因为这些关系是由个人的活动组成的”②。凡是撇开人的社会关系去追求人的永恒价值、永恒不变的本质，从人自身中引出人的价值、权利等等，就是研究抽象的人。这种“人”根本不存在。资产阶级人道主义的“人”是市民社会的成员；费尔巴哈的“‘人自身’，实际上是‘德国人’”。整个历史和资本主义社会的现实都证明，“天赋人权”只是一种理论，而不是事实；人并不具有同等的价值、权利和尊严。当然凡是现实的不一定是合理的。但彻底改造不合理现实的客观依据，应该是人的社会和社会的人，而不能求之于永恒不变的人性。

共产主义不是人性的复归。共产主义的新人，“不是自然的产物，而是历史的产物”③。人性的复归是美好的文学语言，糟糕的哲学语言。一代新人的培养，不能依靠向内用力，唤醒人的潜在的良知良能；而应当在改变各种不适应的社会关系的同时，从外面灌输马克思主义，进行精神文明的教育。在人的问题上，我们应该坚持马克思在《德意志意识形态》中确立的观点。当前人们对人性复归的追求，是对“文化大革命”政治严寒极端厌恶的思想折光。尽管抽象人道主义的温言暖语能给心灵带来暂时的慰藉，但不见得是增强肌体、愈合创伤的良药。

---

① 《马克思恩格斯全集》，第2卷，245页。
② 《列宁全集》，2版，第1卷，368页。
③ 《马克思恩格斯全集》，第46卷上，108页，北京，人民出版社，1979。

在《德意志意识形态》中，马克思驳斥了青年黑格尔派对他在《德法年鉴》中的文章的曲解，批判施蒂纳不从现实的个人的现实异化和异化产生的经验条件中来研究现实的人，而是"用关于异化、**异物**、**圣物**的空洞思想来代替一切纯经验关系的发展"①。但是，马克思反对的是唯心主义和人本主义的异化观，并没有抛弃自己确立的异化劳动理论，而是清除了附在上面的费尔巴哈杂质。马克思在《政治经济学批判》、《经济学手稿》和《资本论》等著作中继续发挥了《手稿》中关于物的异化、劳动异化、人和人相异化的思想，从生产到流通，从资本、剩余价值、商品、货币中都看到了异化现象，并论述了异化问题；但不是从个体和类的矛盾出发，而是把它看成是由生产力所制约的生产关系，是由工人死的劳动物化的、支配和制约工人的一种物质力量。

马克思的异化观的两次转折，经历了从异化的客体进到主体，又从主体回到客体——分析经济关系——的过程。在这个演变中，马克思为我们留下了许多宝贵思想。正如人们不会抛弃世代取得的生产力一样，在理论领域中，人们也不会抛弃已经取得的真理性认识。重要的是，我们要防止把整个发展过程中的某一个片断孤立起来而加以膨胀、扩大，应力求全面把握马克思关于异化的理论。

（原载《中国社会科学》，1982（2））

---

① 《马克思恩格斯全集》，第3卷，317页。

8. 评费尔巴哈在马克思早期思想中的地位和作用

一

马克思早期（即 1846 年《德意志意识形态》写作和 1847 年建立“共产主义者同盟”之前）思想同成熟期思想相比有一个重要特点：主要不是结合工人运动和无产阶级革命的经验，验证、发挥和发展自己的理论，而是偏重于对他们先驱者们思想的吸收、改造和批判。因此同费尔巴哈的关系，是马克思早期思想中的一个重要问题。这当然不是说，以后就没有关系了。

马克思的《1844 年经济学哲学手稿》（以下简称《手稿》）在 20 世纪 30 年代初全文发表后，西方开始了对马克思早期思想中关于人道主义的研究，浪潮越卷越大。在这种思潮中，存在两股完全相反的趋向：一种是以存在主义为代表的资产阶级哲学和各种“马克思学”，它们根据马克思早期思想中的费尔巴哈因素，企图以人道主义来钝化、歪曲、溶解马克思主义，使马克思主义人道主义化；另一种是马克思主义理论工作者，从维护社会主义法制和民主，巩固和发展社会主义出发，对社会主义制度下的个人地位、价值、全面发展，以及个人和集体的关系进行严肃的理论探讨。这是两个不同范围的问题。我们要反对把马克思主义人道主义化，但不能拒绝对人的问题进行马克思主义的研究。

资产阶级在历史上起过非常革命的作用。资产阶级人道主义就是这种革命性的理论表现：它不是被压迫生灵的叹息，而是对使人受屈辱的现实的抗议；它不是双手合十的哀求，而是无情的鞭挞；它不是使人升入天国的幻想，而是幻想在人间建立天国。他们关于“人”所说的一切，越是采取抽象的、普遍的形式，越是富有“弹性”，似乎具有“永恒”的价值。实际上，资产阶级人道主义的立足点是个人。这种以个人主义为核心、以个性解放为主要内容的人道主义，有着明显的时代和阶级局限。无产阶级终究不同于上升时期的资产阶级，马克思主义终究不能归结为人道主义。因此，我们考察费尔巴哈在马克思早期思想中的作用，必须区分什么是马克思主义、什么是费尔巴哈主义，紧紧地把握住由费尔巴哈向马克思主义的前进运动。

二

费尔巴哈在马克思的两个转变中，起了纽带和桥梁作用。马克思开始是借助于费尔巴哈，批判和改造黑格尔的唯心主义辩证法的。早在1845年《〈英国工人阶级状况〉序言》中，恩格斯就指出这一点：“在公开拥护这种改造的人们当中，几乎没有一个不是通过费尔巴哈对黑格尔哲学的克服而走向共产主义的。”① 过了40多年以后，恩格斯在《路德维希·费尔巴哈和德国古典哲学的终结》的序言中重申了这个观点。② 列宁也曾经概括过马克思的思想发展道路，指出马克思是由黑格尔出发，经过费尔巴哈，走向新的共产主义。③

正因为黑格尔是出发点，费尔巴哈是桥梁，因此马克思早期，对待黑格尔和费尔巴哈的态度不一样。寻找一个出发点，总要经过摸索。马克思对黑格尔，在波恩大学和刚到柏林大学时是厌恶的。他不喜欢黑格尔的“稀奇古怪的调子”，嘲笑他的思辨性。只是在参加博士俱乐部，结识青年黑格尔派分子鲍威尔、鲁滕堡之后，才转向黑格尔，决心“再次钻进大海”。而对费尔巴哈则不同，1841年费尔巴哈的《基督教的本质》一出版，马克思就热烈欢呼它的解放作用。这是因为当时黑格尔哲学解体，一

---

① 《马克思恩格斯全集》，第2卷，279页。
② 参见《马克思恩格斯选集》，第4卷，207～208页。
③ 参见《列宁全集》，2版，第55卷，293页。

些青年黑格尔分子力图摆脱黑格尔的唯心主义，但又找不到出路，陷于极大矛盾之中，费尔巴哈为他们指明了一条道路。这就叫桥梁作用。如人过河，苦于无船，忽然发现一座桥，其兴奋是难以形容的。因此在马克思早期著作中吸收费尔巴哈的思想来批判黑格尔，完全是可以理解的。

费尔巴哈搭起了一座唯物主义之桥。马克思吸收了费尔巴哈唯物主义的基本内核。这是毫无疑义的。可是我们往往忽略了费尔巴哈的人本主义的作用，把人本主义仅仅看成是对唯物主义的肤浅、不确切的表述。费尔巴哈的人本主义是唯物主义，但并不是所有的唯物主义都是人本主义。应该说费尔巴哈的人本主义是战斗的唯物主义，是 19 世纪 40 年代唯物主义的最大成就。它不仅恢复了唯物主义的权威，而且在反对宗教，反对思辨哲学的斗争中，以人来代替自我意识，以人的本质来代替神的本质，重新确立了人在哲学中的地位。马克思继承了这个传统。从费尔巴哈抽象的人过渡到现实的人，构成马克思早期思想发展的一条基本线索。

费尔巴哈对马克思的思想影响，主要是从 1841 年开始的。恩格斯晚年曾回顾了这段历史，生动地描绘了这个过程。① 当然，1841 年的影响还是比较微弱的。就马克思来说，从《博士论文》到《莱茵报》时期，黑格尔的唯心主义观念还是占主导地位的；恩格斯反对谢林的斗争，也是站在黑格尔唯心主义立场上的。但是，费尔巴哈的《基督教的本质》，比施特劳斯的《耶稣传》前进了一步。它不是在黑格尔体系的范围内，而是突破了黑格尔的体系，站在唯物主义立场看待宗教，这为马克思以后的思想发展提供了最初的逻辑起点："由于费尔巴哈揭露了宗教世界是世俗世界的幻想……在德国理论面前就自然而然产生了一个费尔巴哈所没有回答的问题：人们是怎样把这些幻想'塞进自己头脑'的？这个问题甚至为德国理论家开辟了通向唯物主义世界观的道路"②。

马克思是在主编《莱茵报》时，开始自己的两个转变的。他在《莱茵报》时接触到的客观现实，同他自己头脑中的黑格尔的观念发生了矛盾，而焦点是国家问题。马克思根据黑格尔的看法，把国家看成是理性的体

---

① 参见《马克思恩格斯选集》，第 4 卷，218 页。
② 《马克思恩格斯全集》，第 3 卷，261 页。

现。而实际上普鲁士国家竭力维护林木所有主的利益，并使摩塞尔地区农民陷于贫困破产。为了解决使他苦恼的这个问题，马克思于1843年在克罗茨纳赫写了《黑格尔法哲学批判》，第一次批判了黑格尔的国家观。这本著作不仅书名同费尔巴哈在1839年写的《黑格尔哲学批判》极为类似，而且马克思使用的论点和方法，也明显地反映了费尔巴哈的影响。

费尔巴哈认为唯心主义的思辨哲学同神学一样，都是颠倒了主语和谓语的关系，他致力于把这种颠倒的关系颠倒过来。马克思受到这一论断的启发，并把它运用于考察市民社会和国家的关系，批判黑格尔的国家观。他说："假如黑格尔从作为国家基础的现实的主体出发，那末他就没有必要神秘地把国家变成主体。"① 还说："黑格尔把谓语、客体变成某种独立的东西，但是这样一来，他就把它们同它们的真正的独立性、同它们的主体割裂开来。……神秘的实体成了现实的主体，而实在的主体则成了某种其他的东西，成了神秘的实体的一个环节。正因为黑格尔不是从实在的对象……出发，而是从谓语、从一般规定出发……于是神秘的理念便成了这类体现者。"②

马克思在批判黑格尔鼓吹君主立宪制，否定人民主权时，运用了费尔巴哈关于人创造宗教的论点，说："正如同不是宗教创造人而是人创造宗教一样，不是国家制度创造人民，而是人民创造国家制度。"③

在马克思对黑格尔法哲学进行批判时，也运用了费尔巴哈关于异化的概念。不同的是，不是用于考察宗教，而是用以考察国家。他说："政治国家的彼岸存在无非就是要确定它们这些特殊领域的异化"④。"**君主制**是这种异化的完整的表现"⑤。按照马克思当时的观点，国家也是一种异化。正如宗教是人创造的、反过来奴役人一样，国家也是如此。国家就是人民政治生活中的宗教领域。马克思对国家的看法，同费尔巴哈对宗教的批判，有相似之处。

《德法年鉴》时期，马克思完成了两个转变。所谓完成转变，也是相

---

① 《马克思恩格斯全集》，第1卷，272页。
② 同上书，273页。
③ 同上书，281页。
④⑤ 同上书，283页。

对的。主要是马克思在《德法年鉴》的文章中，提出了人类解放，即社会主义革命问题，论述了无产阶级的伟大历史使命。诉诸革命、诉诸无产阶级，这是马克思完成转变的根本标志。但如果就对这些问题的论证来说，仍然有着费尔巴哈的烙印。

在《论犹太人问题》中，马克思区分了政治解放和人类解放。政治解放，是指资产阶级革命，马克思心目中的典型是法国；人类解放，是指社会主义革命。当时马克思还没有从事政治经济学的研究，还不可能从客观经济本身来论证这两种革命的区别和衔接，而是把它们看成消除人的异化的不同阶段："**任何**一种解放都是把人的世界和人的关系**还给人自己**。"[①]但政治解放是不彻底的，它没有消除人的类本质同人相异化，相反它加深了这种异化，因为它"一方面把人变成市民社会的成员，变成**利己的、独立**的个人，另一方面把人变成**公民**，变成法人"[②]。而且只有人类解放才能解决这个矛盾，使个人在自己的劳动中、在个人关系中，"成为**类存在物**"[③]。

在《〈黑格尔法哲学批判〉导言》中，马克思提出了无产阶级伟大历史使命，这是一个重大突破。但是当时还不是从无产阶级的经济地位，而是以无产阶级"表现了人的**完全丧失**，并因而只有通过**人的完全恢复**才能恢复自己"[④] 为论据的。

"德国唯一**实际**可能的解放是从宣布人本身是人的最高本质**这个**理论出发的解放。"[⑤] 马克思这一概括，从一个侧面反映了马克思和费尔巴哈的思想联系。人是人的最高本质，是费尔巴哈用以对抗宗教的人本主义命题。马克思做了进一步的发挥。既然人是人的最高本质，要使人成为人，"**必须推翻**那些使人成为受屈辱、被奴役、被遗弃和被蔑视的东西的**一切关系**"[⑥]。马克思从费尔巴哈的命题中，引出了革命的结论。

1844年的《手稿》是马克思思想发展中的一部重要著作。它既标志着马克思从办《莱茵报》开始的两个转变的基本结束，又是马克思创立包

---

①②③ 《马克思恩格斯全集》，第1卷，443页。
④ 同上书，466页。
⑤ 同上书，467页。
⑥ 同上书，461页。

括三个组成部分在内的科学体系的开始。在这部著作中，马克思对费尔巴哈是高度赞扬的。他说："只是从**费尔巴哈**才开始了**实证的**人道主义的和自然主义的批判。费尔巴哈越不喧嚷，**他的**著作的影响就越扎实、深刻、广泛而持久；费尔巴哈著作是继黑格尔的《现象学》和《逻辑学》以后包含着真正理论革命的唯一著作。"①

这种过誉之词不是偶然的。它不仅出于对布鲁诺·鲍威尔之流贬低、抵制费尔巴哈的抗议和批判，确实也反映了马克思当时的思想状况。马克思从克罗茨纳赫来到巴黎，在开始着手研究政治经济学时，仍然保留有费尔巴哈的影响。这在《手稿》和关于经济学的巴黎笔记中，都有不同程度的反映。

在政治经济学研究方面，马克思当时认为："整个实证的批判，从而德国人对国民经济学的实证的批判，全靠**费尔巴哈**的发现给它打下真正的基础"②。的确，马克思在《詹姆斯·穆勒〈政治经济学原理〉一书摘要》和《手稿》中，虽然提出了异化劳动的范畴，并详细分析了异化劳动的各个方面，但仍然保留了费尔巴哈关于人的族类本质同人相异化的观点，并用以分析资本主义的各个经济范畴。例如马克思分析资本主义生产时，就说在这里，"不是**人的本质**构成我们彼此为对方进行生产的纽带"③。"我们彼此同人的本质相异化已经到了这种程度，以致这种本质的直接语言在我们看来成了对**人类尊严的侮辱**，相反，物的价值的异化语言倒成了完全符合于理所当然的、自信的和自我认可的人类尊严的东西。"④

在《手稿》中，马克思对共产主义的论述，同样保留有费尔巴哈的痕迹。马克思已经开始研究经济学，他已经发现了阶级和阶级对立的经济根源，分析了私有制的运动，并断言"整个革命运动必然在**私有财产**的运动中，即在经济中，为自己既找到经验的基础，也找到理论的基础"⑤，可同时又把共产主义表述为消灭人的本质和人相异化，"是通过人并且为了人而对**人的**本质的真正**占有**"⑥，"是人向自身、向**社会的**（即人的）人的

---

①② 《马克思恩格斯全集》，第42卷，46页。
③ 同上书，34页。
④ 同上书，36页。
⑤ 同上书，120～121页。
⑥ 同上书，120页。

复归”①。这是马克思在《德法年鉴》中提出的人类解放是消除个体和类之间矛盾论点的继续。

在 1844 年的《手稿》中，马克思对资本主义生产方式的经济分析，交织着费尔巴哈人本主义的影响，以及对经济范畴的道德评价，虽然是瑕不掩瑜，但确实反映了马克思早期思想不够成熟的特点。

三

在理论思维中，传统同样是一个巨大力量。它既是进一步发展的起点，又可能转变为发展的障碍，关键在于如何对待它。马克思不仅善于继承传统，而且勇于创新，突破传统。

马克思是崇拜费尔巴哈的，但他并不是一个纯粹的费尔巴哈派。早在 1842 年 3 月 20 日和 1843 年 10 月 13 日给卢格的信中，马克思就对费尔巴哈的宗教观点和自然主义提出了异议。②

更重要的是在对人的看法上，马克思接受了费尔巴哈的影响，但又同时不断地摆脱这种影响，因此在马克思的早期著作中，费尔巴哈的烙印和马克思天才的思想闪光是相互矛盾地交织在一起，而总的趋势是由费尔巴哈抽象的人过渡到现实的人。这个过程，也就是马克思第一个伟大发现——唯物主义历史观的形成和创立的过程。

在《德法年鉴》的文章中，费尔巴哈的影响是重要的。但就是在这里，马克思在转述了费尔巴哈关于人创造了宗教，而不是宗教创造人的论点之后，含蓄地、未加点名地对他进行了批评，指出：“**人**并不是抽象的栖息在世界以外的东西。人就是**人的世界**，就是国家，社会”③。并且在论述人类解放的条件、任务，以及哲学的任务时，不是笼统地论述一般的“人”，而是形成了明确的“无产阶级”这个概念。

1844 年的《手稿》是一个重大转折。恩格斯说：“对抽象的人的崇拜，即费尔巴哈的新宗教的核心，必须由关于现实的人及其历史发展的科

---

① 《马克思恩格斯全集》，第 42 卷，120 页。
② 参见《马克思恩格斯全集》，第 27 卷，424、442～443 页。
③ 《马克思恩格斯全集》，第 1 卷，452 页。

学来代替。这个超出费尔巴哈而进一步发展费尔巴哈观点的工作，是由马克思于 1845 年在《神圣家族》中开始的。”① 这是可以理解的。《手稿》是恩格斯逝世后很久才整理出版的。由于马克思开始从哲学转向经济学的研究，使马克思在对人的本质的认识上前进了一步。

马克思当时仍沿用了费尔巴哈关于“人是类存在物”的提法，但赋予了新的内容。在马克思看来，人之所以是类存在物，不是由于自然属性的共同性，而是由于生产劳动：“有意识的生命活动把人同动物的生命活动直接区别开来。正是由于这一点，人才是类存在物。”② 还说：“通过实践创造**对象世界**，即**改造**无机界，证明了人是有意识的类存在物，也就是这样一种存在物，它把类看作自己的本质，或者说把自身看作类存在物。”③

马克思抓住了人与动物的根本区别在于生产劳动，从而正确处理了人与社会、人与自然的关系。

人是社会性的动物，因为生产本身就是社会性活动。人的劳动和消费，“无论就其内容或就其**存在方式**来说，都是**社会的**，是**社会的**活动和**社会的**享受”④。不仅物质生产是这样，即使从事脑力劳动，如科学研究之类，形式上是个人的，实际上是社会性的活动。因为不仅活动所需要的材料，甚至进行活动的语言本身，都是作为社会的产品。所以马克思强调说：“个人**是社会存在物**。因此，他的生命表现，即使不采取**共同的**、同其他人一起完成的生命表现这种直接形式，也**是社会生活的**表现和确证。”⑤

马克思抓住了人的社会本质，也正确地解决了人与自然的关系。费尔巴哈虽然反复强调自然是感性存在物，人是自然的一部分，但并不真正理解人与自然的关系。马克思肯定人无论从物质生活，还是精神生活都依赖无机自然界，而且人较之动物越是万能，这种依赖的范围越广阔。但是，马克思强调了人对自然的改造作用，提出了自然界的人化问题，即人们通过生产，使自然界表现为人的作品和现实，表现为“人的类生活的

① 《马克思恩格斯选集》，第 4 卷，237 页。

②③ 《马克思恩格斯全集》，第 42 卷，96 页。

④ 同上书，121～122 页。

⑤ 同上书，122～123 页。

对象化”。

但是直到《神圣家族》，马克思在批判和清算黑格尔和青年黑格尔派时，虽然在许多地方已经超出了费尔巴哈，但他并没有充分意识到这种分歧。相反，往往沿用和借助费尔巴哈作为批判的武器。

1845年初，马克思迁居布鲁塞尔后，发生了根本的变化。马克思写了著名的关于费尔巴哈的十一条提纲，恩格斯在《路德维希·费尔巴哈和德国古典哲学的终结》的序言中，称之为《关于费尔巴哈的提纲》。尔后马克思和恩格斯的研究都突出费尔巴哈，这说明原来推动马克思同青年黑格尔派决裂、为他提供思想武器和理论酵母的费尔巴哈，已成为进一步发展的障碍。正是从《关于费尔巴哈的提纲》开始，马克思抛弃了以前对费尔巴哈的过高评价，并针对费尔巴哈把人的本质理解为“类”，理解为一种内在的、无声的、把许多个人纯粹自然地联系起来的共同性的观点，提出了人的本质“是一切社会关系总和”的著名论断。随着人们在社会关系中所处的地位的变化，随着生产关系在历史长河中的变化，人的本质也不断发生变化，这就排除了永恒不变的人性，把对人的本质的理解，建立在历史唯物主义的基础上。

不久，马克思、恩格斯写了篇幅巨大、内容丰富的《德意志意识形态》。其中，最富有成果的是关于费尔巴哈的部分，把《提纲》中的论点发挥成完整的历史唯物主义体系。

应该看到，《德意志意识形态》既是对当时德国的青年黑格尔派的批判，也是马克思恩格斯的“自我批判”，是对自己“从前的哲学信仰的清算”①。因此，我们当前在研究马克思关于人的学说时，必须记住费尔巴哈只是“中间环节”。我们应该站在《德意志意识形态》的高度，回顾和总结马克思的思想发展。

哲学应该研究人，这当然正确。其实何止哲学，伦理学、社会学、心理学、医学、文学都要研究人。唐诗名句：“春潮带雨晚来急，野渡无人舟自横。”说的是无人，实际上是有人，至少春潮、急雨、野渡、孤舟的画面，表现了主体（作者）对客体（特定环境）的感受。

---

① 《马克思恩格斯选集》，第4卷，207页。

但仅仅说哲学要研究人，并不足以说明它的科学性。

黑格尔的哲学以绝对观念为对象，形式上是唯心的，但内容是现实的。他通过绝对观念的发展，研究了道德、伦理、法、家庭、市民社会、国家，等等。

费尔巴哈把人作为出发点，形式上是现实的，但关于这个人生活在其中的世界根本没有谈到，因而内容是贫乏的。18 世纪的启蒙学者，例如狄德罗甚至说：人是唯一的点，一切事物必须从这一点出发而又复归于这一点。可是在历史领域中，他们终究还是唯心主义的。关键在于如何研究。

《德意志意识形态》中关于这一点讲得很清楚："我们不是从人们所说的、所想像的、所设想的东西出发，也不是从只存在于口头上所说的、思考出来的、想像出来的、设想出来的人出发，去理解真正的人。我们的出发点是从事实际活动的人"①。还说，历史唯物主义的"前提是人，但不是某种处在幻想的与世隔绝、离群索居状态的人，而是处在一定条件下进行的、现实的、可以通过经验观察到的发展过程中的人"②。因此，要研究人必须研究人的现实活动（即物质资料生产），研究人的各种关系（经济关系、政治关系、思想关系），以及研究支配它的客观规律。

《德意志意识形态》的伟大之处，正在于它从现实的人出发，进而揭示了物质资料生产在社会生活中的作用，揭示了生产力和生产关系辩证运动的规律，揭示了经济基础与上层建筑的辩证关系，研究了阶级斗争、革命和国家。正如马克思、恩格斯自己概括的："这种历史观就在于：从直接生活的物质生产出发来考察现实的生产过程，并把与该生产方式相联系的、它所产生的交往形式，即各个不同阶段上的市民社会，理解为整个历史的基础；然后必须在国家生活的范围内描述市民社会的活动，同时从市民社会出发来阐明各种不同的理论产物和意识形式，如宗教、哲学、道德等等，并在这个基础上追溯它们产生的过程"③。如果把历史唯物主义所阐述的基本规律排除在"人"的研究之外，就有可能重蹈费尔巴哈人本主

①② 《马克思恩格斯全集》，第 3 卷，30 页。

③ 同上书，42～43 页。

义的覆辙。

在马克思主义奠基人的早期著作中，关于人类解放的思想打上了费尔巴哈的烙印。在他们当时看来，一种制度的优劣，是依据它同人的本质异化和符合的程度来衡量的。因此马克思说：“**任何**一种解放都是把人的世界和人的关系**还给人自己**。”① 恩格斯也发表了同样的看法。他在《英国状况——评托马斯·卡莱尔的“过去和现在”》中说：“历来总是提出这样的问题：神是什么？德国哲学这样回答问题：神就是人。人只须要了解自己本身，使自己成为衡量一切生活关系的尺度，按照自己的本质去估价这些关系，真正依照人的方式，根据自己本性的需要，来安排世界，这样的话，他就会猜中现代的谜了。”②

人性不能是历史的尺度，我们只能以历史来解释人性，而不能以人性来解释历史。以人性为尺度，只能是主观的、任意的，唯心主义的历史观。英国古典经济学家和18世纪的启蒙学者认为资本主义私有制是最好的制度，它符合人的自私本性；而空想社会主义则认为共产主义最美好，它符合人的善良本性。每一个哲学家都可以根据自己对人性的设想，来判断哪一种制度是适合或不适合人的本性，完全排除了对历史的客观研究。

以生产力作为衡量生产关系的准绳，提供了判断历史的客观根据。马克思从一切社会关系中划分出生产关系，并把生产关系归结为生产力的高度，从而把整个历史看做是自然历史过程，把社会科学提高到了科学水平。因此毫不奇怪，当马克思和恩格斯在《德意志意识形态》中，揭示了生产关系和生产力的辩证规律后，改变了自己原来的看法，把根据人的本质判断一切，同从实际出发，根据实际存在的人们的关系来观察一切作为两种对立的观点，并对格律恩信奉的“人的本质是人的本质和万物的尺度”③ 的观点进行了批判。

所谓“共产主义是人性的复归”这个命题，不是对共产主义的科学表述，而是以费尔巴哈人本主义为根据的。马克思后来抛弃了这个看法。

---

① 《马克思恩格斯全集》，第1卷，443页。

② 同上书，651页。

③ 《马克思恩格斯全集》，第3卷，576页。

人类的历史不是人性异化和复归的历史。原始社会（人的本质和存在一致）——奴隶社会、封建社会、资本主义社会（人性异化）——共产主义（人性复归），这样一个三段式，似乎符合否定之否定规律。但三段式并不是真理性认识的必然标志。否定之否定规律不是构造图式的“拐杖”。人类社会的历史是生产方式的发展史。各种生产方式的更替是向上发展的。虽然其中包括局部的倒退，但总的趋势是向前的。无论生产的发展、科学文化的进步、道德面貌的变化都是如此。即使从劳动者的地位来说，从没有人身自由的奴隶到半依附的农奴、农民，到大工业中的工人，也是不断改变的。原始社会不是“黄金时代”。在私有制的条件下，虽然各个领域中逐步出现异化现象，但随着生产力发展，随着人类改造和征服自然力和社会自身能力的加强，人的本质日益显示它的丰富性。共产主义社会的一代新人，它的全面发展的本质是新的生产关系和高度发展生产力的产物，它有待于培养和教育，而不是“复归”。原始社会的人的本质，并不是黑格尔哲学中的绝对观念，它自身并不包含未来共产主义社会人的丰富本质。马克思在《手稿》中关于异化劳动的分析，最根本的是揭露了资本主义雇佣劳动制的实质和资产者与无产者的对抗矛盾。而这种异化的根源不是人性，不是人的本质与人相异化，而是存在于确凿的经济事实之中。

共产主义不是人性的复归。共产主义者要求消灭私有制、消灭阶级，改变旧的分工，使人得到全面发展，是适应高度社会化的生产力发展要求而不是基于“人性”。马克思和恩格斯在《德意志意识形态》中，完全抛弃了早期对共产主义论证的人本主义烙印，明确指出：“建立共产主义实质上具有经济的性质”①。还说：“现代的个人必须去消灭私有制，因为生产力和交往形式已经发展到这样的程度，以致它们在私有制的统治下竟成了破坏力量，同时还因为阶级对立达到了极点”②。并嘲弄了那种把“深信‘人’，‘纯粹的、真正的人’似乎是世界历史的最终目的”③ 作为论据的“真正社会主义”者。

---

① 《马克思恩格斯全集》，第3卷，79页。

② 同上书，516页。

③ 同上书，576页。

* * *

马克思恩格斯是非常公正的。即使随着他们思想成熟，对费尔巴哈的评价相应地发生变化，但还是充分肯定了他的功绩。正如马克思晚年以眷恋的心情谈到黑格尔这位“伟大老人”一样，恩格斯晚年也怀着崇敬的心情，肯定在欧洲狂风暴雨时期，费尔巴哈对他们的巨大影响。我们肯定费尔巴哈的历史地位，但不回到费尔巴哈。

（原载《哲学研究》，1981（8））

9. 论马克思对费尔巴哈的超越

一、费尔巴哈与马克思的思想转变

在意识形态领域，一种新的学派或思潮，当它在传统思想母腹中孕育成熟破壳而出时，往往表现为对传统的“叛逆”和“亵渎”。在 19 世纪 30—40 年代的德国，费尔巴哈和马克思对黑格尔的关系就是如此。费尔巴哈以《黑格尔哲学批判》、马克思以《黑格尔法哲学批判》开始了自己的思想历程。不同的是，费尔巴哈通过与黑格尔决裂，创立了人本主义与自然主义相结合的哲学；而马克思则在费尔巴哈已达到的成就基础上继续前进。

费尔巴哈对马克思思想的影响是公认的。在德国古典哲学中，费尔巴哈是除黑格尔之外对马克思影响最大的哲学家。他是马克思走向创立自己世界观的桥梁和中介。不经历费尔巴哈这个环节，直接从黑格尔的思想中孕育出马克思是根本不可能的。

马克思究竟从什么时候开始接受费尔巴哈的影响，这是一个有争议的问题。恩格斯认为是 1841 年《基督教的本质》一书出版时；有的学者认为，马克思的博士论文中的无神论思想，以及马克思对伽桑狄曲解伊壁鸠鲁无神论的批判，表明他在 1841 年以前就已经受到了费尔巴哈的影响；有的学者则从马克思的《评普鲁士最近书报检查令》以及发表在《莱茵报》的评论中看到费尔巴哈某些思想的痕迹。这些说法都有一定的道理，因为马克思接受费尔巴哈思想的影响不可能是突然的，当然会有一个过程。

马克思是从参加青年黑格尔运动开始自己的理论活动的。这个过程，也就是马克思处理自己同黑格尔与费尔巴哈关系的过程。马克思从作为博士俱乐部的成员参与青年黑格尔运动到与青年黑格尔派决裂，正是从黑格尔出发经过费尔巴哈走向新世界观创立的过程。在这个过程中，黑格尔与费尔巴哈的影响并不是前后相继，而是出现了某些交叉。因此，在马克思基本上站在黑格尔立场的著作中，发现个别费尔巴哈观点的“侵入”并不难理解。

如果从费尔巴哈的影响取代黑格尔的角度来看，那它的开始应该是《黑格尔法哲学批判》。

《黑格尔法哲学批判》是一部未完成的手稿，但它在马克思思想发展史上占有重要地位。它表明马克思同黑格尔公开决裂，朝着辩证、历史的唯物主义方向前进。

《黑格尔法哲学批判》的中心问题是国家问题，是对黑格尔《法哲学原理》第261～313节有关国家问题的批判性考察。推动马克思这样做的原因，是他在《莱茵报》工作时遇到的重大经济和政治问题，是他的政治斗争实践经验。尽管他在关于林木盗窃法和为摩塞尔记者辩护的文章中，仍然信奉黑格尔的学说，并以它作为武器为贫苦农民进行辩护。在马克思看来，国家是普遍利益的代表、是理性的体现，而法律则是人民自由的圣经，国家理所当然地要维护穷人的利益。“国家不但有把事情办得符合于自己的理性、自己的普遍性和自己的尊严的手段，而且也有把事情办得适合于被告公民的权利、生活条件和所有权的手段，——国家义不容辞的职责就是拥有这些手段并加以运用。”① 可是，马克思在记者生涯中接触到的事实和积累的政治经验却告诉他，普鲁士国家绝不是理性的实现，而是沦为富人的工具，它考虑的是富人的利益。这个矛盾怎么解决？《黑格尔法哲学批判》正是对这个使马克思“感到苦恼”问题的回答。

《黑格尔法哲学批判》所达到的水平，显然高于费尔巴哈。

就主题而言，马克思在《黑格尔法哲学批判》中关注的是费尔巴哈所

---

① 《马克思恩格斯全集》，第1卷，154页。

忽视的政治问题。马克思在1843年3月13日动身到克罗茨纳赫之前在科伦给卢格的一封信中谈到费尔巴哈时说过："费尔巴哈的警句只有一点不能使我满意，这就是：他过多地强调自然而过少地强调政治。然而这一联盟是现代哲学能够借以成为真理的唯一联盟。"① 马克思从总体上肯定费尔巴哈，只有一点不满意，而马克思正是在这一点上完全弥补了费尔巴哈的缺陷。

就理论深度而言，马克思关于市民社会决定国家的观点，是以往的法学和哲学，包括费尔巴哈在内都未曾提供的新的观点。

马克思在《黑格尔法哲学批判》中所达到的高度，并不是简单地来源于费尔巴哈的影响，而是从现实和历史两个方面进行研究和探索的结果。他不仅通过《莱茵报》时期的经验，着手研究物质利益问题，还注意研究历史，大量阅读了有关英国、法国、德国、美国、意大利、瑞典、波兰历史的著作，特别是有关法国资产阶级革命史的著作。

可是费尔巴哈的积极作用同样是不可忽视的。人们只要仔细阅读《黑格尔法哲学批判》，就可以明显地发现费尔巴哈重要著作《关于哲学改造的临时纲要》和《未来哲学原理》的影响。

第一，《黑格尔法哲学批判》的主题是国家问题，但又不限于国家问题。马克思把国家问题和对黑格尔思辨哲学的批判结合在一起，也就是说，把对黑格尔的法哲学和逻辑学的批判融为一体。

费尔巴哈在《纲要》和《原理》中反复论证黑格尔的思辨哲学是神学，他说："黑格尔的逻辑学，是理性化和现代化了的神学，是化为逻辑学的神学。"② 他还批判黑格尔把客观事物化为逻辑范畴，指出："在黑格尔哲学中，对一切事物也是作二次考察：先作为逻辑学的对象，然后又作为自然哲学和精神哲学的对象。"③

在《黑格尔法哲学批判》中，马克思对黑格尔哲学体系性质的断定，显然吸收了费尔巴哈的上述看法。马克思把黑格尔唯心主义的国家观称为"逻辑的泛神论的神秘主义"，是集法哲学和黑格尔全部哲学的神秘主义之

① 《马克思恩格斯全集》，第27卷，442～443页。
②③ 《费尔巴哈哲学著作选集》，上卷，103页。

大成。①

像费尔巴哈在《纲要》中批评黑格尔认为世界上一切事物都可以“在神圣的逻辑学的天国里再现”一样，马克思也批评黑格尔把法哲学变成了应用逻辑，变成了对逻辑学的补充。因为黑格尔关注的不是事物本身的逻辑，而是逻辑本身的事物，不是用逻辑来论证国家，而是用国家来论证逻辑。②

第二，在马克思关于市民社会决定国家的论断中，也可以看到费尔巴哈思想的积极作用，费尔巴哈发现了黑格尔思辨哲学的本质是颠倒了主语和谓语的关系，并致力于把这种颠倒的关系颠倒过来。他认为：“我们只要经常将宾词当作主词，将主体当做客体和原则，就是说，只要将思辨哲学颠倒过来，就能得到毫无掩饰、纯粹的、显明的真理。”③

在市民社会与国家关系的问题上，马克思运用了费尔巴哈的颠倒方法。他批评黑格尔“头足倒置”，把理念变为“独立的主体”，而把市民社会变为“理念的谓语”。马克思以自己的政治实践经验和理论研究为依据，致力于把黑格尔颠倒了的关系颠倒过来，终于在这个重大问题上取得了突破性的进展。

第三，“人是一切社会组织的本质”，这是马克思用来对抗黑格尔把绝对理念作为主体，把人连同市民社会、家庭、国家作为绝对观念自我发展环节的命题。在马克思看来，市民社会、家庭和国家并不是理念的规定，而是人的存在的各种形式，是“人的本质的实现”和“客体化”。马克思还受到费尔巴哈关于是人创造宗教而不是宗教创造人的观点启发，并把它运用到人与国家关系问题上：正如同不是宗教创造人而是人创造宗教一样，不是国家制度创造人民，而是人民创造国家制度。④“人是一切社会组织的本质”的论断，显然脱胎于费尔巴哈关于宗教的秘密在于人、是人的本质对象化的观点，它比起黑格尔把一切归之于理念要合理得多。

第四，费尔巴哈对《黑格尔法哲学批判》一书的影响还突出地表现在

---

① 参见《马克思恩格斯全集》，第1卷，250页。

② 参见上书，253页。

③ 《费尔巴哈哲学著作选集》，上卷，102页。

④ 参见《马克思恩格斯全集》，第1卷，263页。

异化概念上。尽管异化这个概念在《关于伊壁鸠鲁哲学的笔记》和《博士论文》中已经偶尔出现，但马克思较多地运用异化概念来分析问题还是从《黑格尔法哲学批判》开始的，而且，明显地具有费尔巴哈异化观的色彩，不同的是费尔巴哈用以揭示宗教的秘密，而马克思则用以揭示国家的本质。

马克思认为政治制度到现在为止一直是宗教的领域，是人民生活的宗教，正如人在宗教生活中把自己的本质异化为神，创造了一个全知全能慈悲博爱的上帝一样，在政治生活中，人把自己的本质异化为国家，把国家看成是人人平等的天国，实际上它是凌驾于人之上并支配人的官僚组织，这就是一种异化。

马克思发表在《德法年鉴》上的两篇文章——《论犹太人问题》和《〈黑格尔法哲学批判〉导言》，是代表马克思完成思想转变的重要文献。的确，马克思在文章中提出的人类解放问题、无产阶级担负解放人类的伟大历史使命问题，不仅鲍威尔不可能比拟，而且也远远超出费尔巴哈的眼界。但即使如此，人们还是不难发现，马克思对这些观点的论证方式，明显地受到了费尔巴哈人本主义哲学的影响。

任何一种解放都是把人的世界和人的关系还给人自己。① 这是《论犹太人问题》借以论述政治解放与人类解放区别与联系的重要根据。马克思把这两种解放看成消除人的本质同人相异化的不同阶段。马克思肯定政治解放，即资产阶级阶段革命的巨大意义，它使个人变成公民，获得宗教信仰自由，但政治解放并没有消除人的本质同人相异化，相反，它还加深了这种异化。它一方面把人变为公民，另一方面又把人变成利己主义者。只有人类解放才能真正把人的被异化了的世界和关系还给人类自己，使人成为真正的人。

马克思继续发挥了费尔巴哈关于个体和类的矛盾的观点。在马克思看来，在资本主义私有制下，个体和类是矛盾的。作为利己主义者的个人"绝不是类存在物"。类，即政治共同体变成了维护个人维护利己主义的手段。所谓人类解放就是个体和类的矛盾的解决：只有当现实的个人同时也

① 参见《马克思恩格斯全集》，第1卷，443页。

是抽象的公民，并且作为个人，在自己的经验生活、自己的个人劳动、自己的个人关系中间，成为类存在物的时候，只有当人认识到自己的“原有力量”并把这种力量组织成为社会力量因而不再把社会力量当做政治力量跟自己分开的时候，只有到了那个时候，人类解放才能完成。①

马克思在《论犹太人问题》中对金钱异化的论述与费尔巴哈关于宗教的论述有相似之处，即都是把异化看成人的本质同人相脱离，认为钱是从人异化出来的人的劳动和存在的本质；这个外在本质统治了人，人却向它膜拜。马克思从对宗教、国家的批判转向分析货币，并提出劳动异化问题，这是一个重大进步，但却并没有完全摆脱从人的本质与人相脱离看待异化的人本主义异化观的烙印。

至于马克思对犹太人及犹太教的世俗基础的分析和抨击，人们从费尔巴哈的《基督教的本质》中可以发现与其相似的论述。

在《〈黑格尔法哲学批判〉导言》中，有两点非常引人注意。

第一，马克思明确宣布，德国唯一实际可能的解放是从宣布人本身是人的最高本质这个理论出发的解放。② 这说明在 1843 年末或 1844 年初，马克思曾把费尔巴哈的人本主义作为争取人类解放的理论依据。

人是人的最高本质是费尔巴哈反宗教的命题。他在《基督教的本质》中论述人是人的最高本质；还说，对人来说，人就是上帝。马克思发挥了这个命题，并从中引出革命的结论，既然人的最高本质就是人，要使人真正成为人，就必须推翻那些使人成为受屈辱、被奴役、被遗弃和被蔑视的东西的一切关系。③ 马克思号召直接向普鲁士专制制度开火，作为向真正的人的革命的过渡。

第二，《〈黑格尔法哲学批判〉导言》的最大成就，是论述了无产阶级的伟大历史使命，也就是说，抓住了整个马克思主义学说的最主要之点。可是马克思当时还不可能对无产阶级的地位和作用进行经济学的分析，而是从人的本质异化角度来进行论述。在马克思看来，在资本主义社会中，

① 参见《马克思恩格斯全集》，第 1 卷，443 页。
② 参见上书，467 页。
③ 参见上书，461 页。

无产阶级的生活条件、生活状况和社会地位，同他们作为人的本性是不符合的，它本身表现了人的完全丧失，并因而只有通过人的完全恢复才能恢复自己。① 无产阶级必须重新占有自己的本质，并且能够占有自己丧失了的本质。正是无产阶级作为人的本质的异化，决定了它的历史使命。

其实，马克思的思想已经突破了费尔巴哈的狭隘眼界。他关于人类解放和无产阶级历史使命的观点是站在时代高度的新的突破。但也不能否认，马克思在探索的过程中，从费尔巴哈的理论中得到了启发和推动。

二、《1844 年经济学哲学手稿》中的人本主义和自然主义影响

费尔巴哈对马克思的影响力，是由隐到显、由弱到强的。如果把《黑格尔法哲学批判》作为费尔巴哈对马克思影响明显加强的转折点，那么《1844 年经济学哲学手稿》（下称《手稿》）则是处在费尔巴哈影响的高峰期。

但是，《手稿》不能看成是单纯费尔巴哈影响的产物。《手稿》的主题是沿着《德法年鉴》的文章向前发展的，是《论犹太人问题》和《〈黑格尔法哲学批判〉导言》提出的人类解放和无产阶级历史使命问题的深化。马克思把原来主要放在哲学基础上的论证，转向经济学的论证。“我用不着向熟悉国民经济学的读者保证，我的结论是通过完全经验的以对国民经济学进行认真的批判研究为基础的分析得出的。”② 马克思关于异化劳动的理论、关于共产主义的理论主要建立在对私有财产制度的本质和资本与劳动关系分析的基础上。马克思在《手稿》中的一个著名论断：“社会从私有财产等等的解放、从奴役制的解放，是通过**工人解放**这种**政治**形式表现出来的，而且这里不仅涉及工人的解放，因为工人的解放包含全人类的解放；其所以如此，是因为整个人类奴役制就包含在工人同生产的关系中，而一切奴役关系只不过是这种关系的变形和后果罢了”③。这充分显示了马克思的思想所达到的高度。在《手稿》中，马克思在历史观、认识

① 参见《马克思恩格斯全集》，第 1 卷，466 页。
② 《马克思恩格斯全集》，第 42 卷，45 页。
③ 同上书，101 页。

论和辩证法方面提出了许多重要命题，完全超出了费尔巴哈的眼界。

事情似乎很矛盾：一方面，《手稿》是马克思在受费尔巴哈影响到高峰期写的；另一方面，《手稿》又是马克思从《博士论文》开始到1844年秋取得的最大成就。《手稿》是当时为止内容最深刻、最丰富的著作。其实这并不矛盾，因为《手稿》是在费尔巴哈人本主义和自然主义已经取得的成就基础上前进的。它固然包含某些不成熟的东西，但在对费尔巴哈基本观点和某些范畴的运用中，又往往按照自己的观点加以改造创作。

在《手稿》中，马克思非常赞扬费尔巴哈。他说："德国人对国民经济学的实证的批判，全靠**费尔巴哈**的发现给它打下真正的基础。"① 马克思还称赞"费尔巴哈著作是继黑格尔的《现象学》和《逻辑学》以后包含着真正理论革命的唯一著作"②。书中还不止一次地提到《关于哲学改造的临时纲要》和《未来哲学原理》这两部著作。在写作《手稿》时期，马克思在给费尔巴哈的一封信中再次赞扬费尔巴哈说："您的两部著作《未来哲学》和《信仰的本质》尽管篇幅不大，但它们的意义，却无论如何要超过目前德国的全部著作。"③

马克思说，德国人对经济学的批判研究是依靠费尔巴哈的发现打下基础的。赫斯的《金钱的本质》就属于这类著作，他是运用费尔巴哈关于异化理论来研究货币、研究私有制的德国人。当然，他没有纠正而是更加恶化了费尔巴哈的人本主义，他的经济分析变成了费尔巴哈关于借助爱的宗教解决个体和类矛盾学说的证明。恩格斯当然也属于马克思所说的德国人之列。恩格斯在《英国状况·十八世纪》中对私有制的分析不同于赫斯，但也运用了费尔巴哈关于异化的观点作为批判私有制的根据。他说，在私有制下，金钱成了世界的统治者，人已经不再是人的奴隶，而变成了物的奴隶，人在金钱统治下的完全异化，必然要过渡到如今已经逼近的时刻，那时，人将重新掌握自己。④

马克思自己当然也属于他所说的德国人。在《手稿》中，马克思对国

---

①② 《马克思恩格斯全集》，第42卷，46页。

③ 《马克思恩格斯全集》，第27卷，450页。

④ 参见《马克思恩格斯全集》，第1卷，664页。

民经济学的批判、对共产主义的论证、对黑格尔唯心主义哲学的批判，都明显地受到了费尔巴哈人本主义和自然主义的影响，有些地方甚至是费尔巴哈观点的论述和改写。

创立异化劳动理论无疑是《手稿》的一大成就。在《手稿》中，马克思借助异化劳动理论来揭示资本主义和劳动的对抗关系，揭示资本主义制度下商业、竞争、资本、地租、工资、货币等范畴的本质。异化劳动理论高于费尔巴哈的异化理论，但却并未摆脱费尔巴哈从人的本质角度论述异化的束缚。马克思接受了费尔巴哈的关于异化是人的类本质同人相分离这个总观点。他在论述异化劳动的四种表现时，把劳动产品与人相异化、劳动与人异化，归结为人的类本质与人相异化，并从人的类本质与人相异化引出人与人的异化。这种以人的本质为依据来论述异化的观点即来自费尔巴哈。

而且，马克思在论述异化劳动时一再引用费尔巴哈关于神和人的关系作为比喻。在论述产品异化时，他用“人奉献给上帝的越多，他留给自身的就越少”来说明工人同自己劳动产品的异化关系。在论述工人劳动的异化性质、工人的劳动不属于他自己是一种异化现象时，他又用在宗教中，人的幻想、人的头脑和人的心灵的自己活动对个人发生作用不取决于个人，而是作为神灵的活动同个人相对立为佐证。

在阐述异化劳动理论中，马克思直接运用了费尔巴哈的许多重要范畴。其中有的是在原意上使用的；有的是两种不同含义并用；有的则完全赋予了新的内容。例如在个体和类的关系上，马克思沿用费尔巴哈把个人生活作为目的、类作为手段视为异化的观点；关于人是类存在物，有时在费尔巴哈的原意上使用。他说：“人是类存在物，不仅因为人在实践上和理论上都把类——自身的类以及其他物的类——当作自己的对象；而且因为——这只是同一件事情的另一种说法——人把自身当作现有的、有生命的类来对待，当作**普遍的**因而也是自由的存在物来对待。”① 这种说法，与费尔巴哈在《基督教的本质》和《未来哲学原理》中关于人是能意识自己和对象的类，人是普遍的、不受限制的自由存在物，所以是类存在物的

① 《马克思恩格斯全集》，第42卷，95页。

说法是一样的。可是在更多情况下，马克思是在新的含义中使用“类存在物”这个范畴的。如说，“正是在改造对象世界中，人才真正地证明自己是**类存在物**”①，“通过实践创造**对象世界**，即**改造**无机界，证明了人是有意识的类存在物”② 等等。至于类本质、类生活、对象化和异化等范畴的含义，则与费尔巴哈完全不同。费尔巴哈把理性、意志和爱作为人的类本质，而马克思则把劳动视为人的类本质；费尔巴哈把两性关系视为人的类生活，是人类生命延续活动的根本内容，马克思则把生产劳动看做人的类生活，是人类生产生命的活动，是人类生命延续的保证。费尔巴哈在宗教范围内运用对象化和异化，视对象化和异化为一体；而马克思则在劳动范围，在工人与自己的产品和活动关系上使用这两个范畴，并严格区分了对象化和异化。

在人与自然的关系上，马克思当然超越了费尔巴哈。马克思把劳动引入人与自然的关系中，把自然界看做人的劳动对象，把经过人类改造过的自然界看成是真正人类学的自然界，这都是极其卓越的思想。在人与自然的关系上，马克思吸取了费尔巴哈自然主义的合理因素，但也有某些不准确的提法。例如，马克思承认自然界的客观性和优先地位，承认工人没有自然界就无法劳动，强调人对自然界的某些依赖性，无论是物质生活、精神生活都不能离开自然界。“人靠自然界**生活**。这就是说，自然界是人为了不致死亡而必须与之不断交往的、人的**身体**。所谓人的肉体生活和精神生活同自然界相联系，也就等于说自然界同自身相联系，因为人是自然界的一部分。”③ 这是对费尔巴哈自然主义中积极因素的吸取。可是当马克思说，人和人之间的直接的、自然的、必然的关系是男女之间的关系；说人的第一个对象——人，就是自然界，等等，则又保留了费尔巴哈自然主义中的某些糟粕。

在对共产主义的论证中，马克思从私有财产的运动中来考察共产主义的必然性，把共产主义看成私有财产的积极扬弃，使他超越了以往一切空想社会主义和以费尔巴哈哲学为基础的“真正社会主义”学说。但马克思

---

① 《马克思恩格斯全集》，第42卷，97页。
② 同上书，96页。
③ 同上书，95页。

在《手稿》中对共产主义的看法又明显地存在着人本主义和自然主义的影响。他说，共产主义是私有财产即人的自我异化的积极的扬弃，因而是通过人并且为了人而对人的本质的真正占有；因此，它是人向自身、向社会的（即人的）人的复归。这是以人的本质为依据，把私有财产说成是人的自我异化，把共产主义看成是人对人的本质的重新占有，是复归人的本质，这种论证方法和费尔巴哈关于宗教的本质和扬弃宗教的途径是一样的。

在这个问题上，马克思当时的认识还不是很清晰的。他把共产主义说成是人对自己的类本质的重新占有，反映了他对费尔巴哈对类的看法抱着赞同的态度。这样，我们就很容易理解，为什么马克思在1844年8月11日给费尔巴哈的信中赞扬费尔巴哈的《未来哲学原理》等著作“给社会主义提供了哲学基础”，说：“建立在人们的现实差别基础上的人与人的统一，从抽象的天上下降到现实的地上的人类概念，——如果不是**社会**的概念，那是什么呢！”① 此处所说的社会概念，不是通常社会学上所说的社会，而是特指共产主义，即人重新占有了自己类本质的社会。

马克思还直接用自然主义和人本主义来表述共产主义，他说：“共产主义，作为完成了的自然主义，等于人道主义，而作为完成了的人道主义，等于自然主义”②。这是把自然主义、人道主义、共产主义三者视为一体。所谓完成了的自然主义，是指完善的或者说实现了的自然主义。在马克思看来，在异化条件下，人的自然主义并没有实现，因为自然以资本和私有财产的形式同人相对立。自然主义的完成和实现，意味着人与人的矛盾、个体和类的矛盾的解决。这种完成了的人道主义同时也是自然主义，因为只有在这种条件下人才可能真正解决人与外部自然以及人与自身自然的冲突，实现人与自然的统一。达到了这一点，就是共产主义，马克思把共产主义看成是私有制条件下人与自然冲突、人与人矛盾冲突的解决，是合理的、积极的，但把共产主义塞进自然主义和人道主义框子里并没有科学地揭示出共产主义学说的本质。

---

① 《马克思恩格斯全集》，第27卷，450页。

② 《马克思恩格斯全集》，第42卷，120页。

马克思同黑格尔、费尔巴哈的关系是互补的。马克思借助费尔巴哈来批判黑格尔，又借助黑格尔来克服费尔巴哈的缺陷。《手稿》中对黑格尔的批判，不少地方都曾借助于费尔巴哈的人本主义和自然主义中的合理因素。

马克思在《手稿》中对黑格尔的看法超过费尔巴哈。如果说费尔巴哈打烂了黑格尔体系，马克思则从中看到了思想闪光。马克思批评费尔巴哈不理解黑格尔的辩证法的本质，强调黑格尔辩证法的合理之处，但是在一些基本观点上，马克思还是吸取了费尔巴哈对黑格尔批判的合理之处。

马克思肯定费尔巴哈的人本主义和自然主义哲学的三个伟大功绩，即揭示了黑格尔思辨哲学的本质、创立了真正的唯物主义和以人与人的社会关系作为理论基本原则的现实的科学，用人与自然作为哲学的出发点以对抗黑格尔的绝对观念，而且在一些具体观点上吸取和发挥了费尔巴哈的看法。例如，关于黑格尔哲学的本质，马克思沿用费尔巴哈的看法，认为黑格尔的整个哲学体系不过是哲学精神的展开本质，是哲学精神的自我对象化和异化；吸收了费尔巴哈对黑格尔把自我意识看成人的本质的批判；吸收了费尔巴哈对黑格尔把自我意识看成人的本质的批判；吸收了费尔巴哈关于没有肉体存在就不拥有关于肉体的感觉的观点，强调自我意识是人的自然界即人的眼睛等等的质，而并非人的自然界是自我意识的质；吸收了费尔巴哈关于人是对象性存在物的观点，强调人只有凭借现实的、感性的对象才能表现自己的生命，非对象性的存在物是非存在物。特别是在批判黑格尔颠倒主词和宾词，即颠倒主体和客体问题上，马克思坚持的是费尔巴哈对黑格尔的批判路线。

马克思对黑格尔《精神现象学》的批判，当然不限于上面的论点。马克思在批判中发挥了许多重要的思想。但是我们不能不承认，费尔巴哈的人本主义和自然主义中的合理因素，确实有助于马克思对黑格尔的批判改造。

三、哲学改革的纲领：《关于费尔巴哈的提纲》

盛极必衰，这是普遍规律。处在费尔巴哈影响高峰期的《手稿》，也是费尔巴哈影响减弱的转折点。马克思和恩格斯的第一部合著《神圣家族》就已经证明了这一点。半年以后，即马克思由巴黎移住布鲁塞尔后的1845年春，马克思在一个笔记本中写下了著名的《关于费尔巴哈的提纲》，由赞扬费尔巴哈到全面批评费尔巴哈。其思想转变之迅速，令人惊奇。

这似乎是马克思思想发展历史上的一个谜。怎么可能在半年内发生这么大的变化呢？其实这并不奇怪。只要深入到马克思思想发展的深层，把这个转变放在马克思思想发展过程来考察，这个谜就可以迎刃而解。

第一，从1843年写作《黑格尔法哲学批判》到《手稿》以及《神圣家族》，马克思当时的主要批评对象是黑格尔的思辨唯心主义哲学。因为处在和青年黑格尔派决裂中的马克思，为了批判以鲍威尔等人为代表的青年黑格尔派，必然要深入到青年黑格尔派的"出生地"和"母亲"黑格尔。在对青年黑格尔派鲍威尔和黑格尔的批判中，当时最好的思想武器和同盟者是费尔巴哈。因为费尔巴哈与黑格尔以及鲍威尔一伙，不是肩并肩而是背对背地站着，观点是对立的。马克思要批判青年黑格尔派和黑格尔本人，就必然要借助费尔巴哈。马克思在《手稿》的序言中，对鲍威尔非难费尔巴哈、卖弄黑格尔哲学范畴进行了抨击，极其明确地表达了他为什么要赞扬费尔巴哈的原因——"只有费尔巴哈才开始了实证的人道主义和自然主义的批判"，也就是说只有费尔巴哈才开始用自然和人来对抗以绝对观念为核心的黑格尔思辨哲学。要彻底粉碎青年黑格尔派的唯心主义、要深入批评黑格尔思辨哲学体系，当然要和费尔巴哈站在一边。但是《神圣家族》出版后，对鲍威尔的斗争已经宣告结束了，于是矛盾就开始转变为马克思如何对待自己的"旧的哲学信仰"，即如何处理自己同费尔巴哈的关系。

第二，从政治活动的角度来考察，1844年前后，马克思当时与鲍威尔争论的是关于犹太人问题、关于政治解放和人类解放的关系问题。他认为，"在德国，对**真正的人道主义**说来，没有比**唯灵论**即**思辨唯心主义**更危险的敌人了"①。到1845年马克思和恩格斯的观点开始在知识分子，特别是在德国西部的知识分子中传播，并与有组织的工人发生联系。可就在

① 《马克思恩格斯全集》，第2卷，7页。

这时，“真正社会主义”在德国却像瘟疫般流行开来。“真正社会主义”是以费尔巴哈的人本主义为哲学基础的，他们把费尔巴哈的人本主义和英、法空想社会主义结合在一起，大力宣扬“爱”，企图通过爱来恢复已经破坏了的个体和类的统一。而要反对“真正社会主义”，就必然要深入到它的哲学基础。因此，对“真正社会主义”的批判，把对费尔巴哈影响的清算推到了历史的前台。

第三，我们还必须看到，这个表现上突然的一百八十度的大转弯，是前一段时期积累的结果。突然中蕴藏着必然。到《手稿》为止，马克思受费尔巴哈影响的加强和他们之间观点分歧的加深是齐头并进的。我们强调马克思从来不是纯粹的费尔巴哈派，指的就是这个意思。

如果说，1842 年马克思在致卢格的信中，虽然讲到他和费尔巴哈在关于宗教的一般本质问题上存在争论，但强调“这个争论不涉及原则，而是涉及对它的理解”①，那么到了 1843 年在《黑格尔法哲学批判》中就不同了。马克思进入到费尔巴哈很少注意的政治领域，开始阐述历史唯物主义原则。在《德法年鉴》的文章中，马克思不仅通过揭示宗教的世俗根源来表达与费尔巴哈不同的宗教观，而且含蓄地不指名地批评了费尔巴哈。他在论述费尔巴哈关于是人创造宗教而不是宗教创造人的观点后说：但人并不是抽象的栖息在世界以外的东西。人就是人的世界，就是国家，社会。② 至于《手稿》，费尔巴哈的痕迹浓重，可马克思与费尔巴哈的分歧也最为明显。马克思不仅批判费尔巴哈不理解黑格尔辩证法的本质，强调费尔巴哈并没有结束对黑格尔批判的必要性，而且在许多重要观点上都完全超出了费尔巴哈的视野。例如在人、人的本质、对象化和异化、实践、人与自然、人与社会、历史的本质等问题上，马克思都提出了自己的新的看法。可见，《关于费尔巴哈的提纲》的出现不是马克思思想发展的断裂，更不是灵机一动的偶然产物，而是经历了一个积累过程。它以高度浓缩的格言形式，把以前处于萌芽中的、分散的、零散地包含在许多著作中的思想予以比较系统的、集中的、更为精确的论述。

---

① 《马克思恩格斯全集》，第 27 卷，424 页。
② 参见《马克思恩格斯全集》，第 1 卷，452 页。

马克思不是赞扬费尔巴哈的人本主义，而是予以批判。马克思批评费尔巴哈把人的本质理解为“类”，理解为一种内在的、无声的、把许多个人纯粹自然地联系起来的共同性的观点，强调人的本质并不是单个人所固有的抽象物，在其现实上是一切社会关系的总和。马克思终于走出了费尔巴哈关于个体和类的栅栏，从人与社会的关系来考察人的本质。在《德意志意识形态》中，马克思指出，人是什么样，“这同他们的生产是一致的——既和他们生产**什么**一致，又和他们**怎样**生产一致。因而，个人是什么样的，这取决于他们进行生产的物质条件”①。这是对费尔巴哈类本质观点的进一步的批判。

马克思不再赞扬费尔巴哈的自然主义，而是对之予以批判。在《关于费尔巴哈的提纲》中，马克思指出从前一切唯物主义，包括费尔巴哈的唯物主义的主要缺点是：对事物、现实、感性，只是从客体的或者直观的形式去理解，而不是把它们当做人的感性活动、当做实践去理解，不是从主体方面去理解。在《德意志意识形态》中，马克思进一步批判了费尔巴哈的这个缺点，说费尔巴哈对感性世界的“理解”一方面仅仅局限于对这一世界的单纯的直观，另一方面则仅仅局限于单纯的感觉。费尔巴哈不懂得，人们周围的感性世界绝不是某种开天辟地以来就已存在的、始终如一的东西，而是工业和社会状况的产物，是历史的产物，是世世代代活动的结果。这样，马克思和费尔巴哈之间原来暗含的在人与自然关系问题上的分歧便突出了出来。

在异化问题上，马克思反对费尔巴哈的人本主义异化观。他通过抨击“真正社会主义”者格律恩，着重批评了费尔巴哈关于人的本质与人相异化的观点，格律恩把宗教、货币、雇佣劳动等等都说成是人的本质的异化。

在宗教问题上，马克思指出了费尔巴哈的弱点。费尔巴哈致力于把宗教归结为它的世俗基础，可是对于为什么世俗基础自身会发生分裂和矛盾，并从而产生宗教这一事实却并没有给予说明。

马克思的批评是针对费尔巴哈的，但又不限于费尔巴哈，而是对包括

① 《马克思恩格斯选集》，2版，第1卷，68页。

费尔巴哈在内的哲学，特别是旧的唯物主义的批评。马克思说："哲学家们只是用不同的方式**解释**世界，而问题在于**改变**世界。"① 这一总结性的论断，把对费尔巴哈的批评，提高到新旧哲学分界线的地步。正是在这种意义上，《关于费尔巴哈的提纲》实际上是马克思变革哲学的纲领。

在 1845 年春的《关于费尔巴哈的提纲》以及不久的《德意志意识形态》中，马克思开始批判费尔巴哈，但这并未降低费尔巴哈在哲学史上的地位和贡献。

费尔巴哈是 19 世纪上半叶哲学革命的倡导者，他在 1842 年写了《改革哲学的必要性》，提出了哲学改造的必要性问题，竭力主张适应时代要求进行哲学革新。他说："只有那种适应时代的要求，符合人类的利益的哲学变革才可能是不可避免的、真正的变革。"② 费尔巴哈为了改革哲学还提出了一个纲领，这就是《关于哲学改造的临时纲要》，并以此为依据，写了一本系统论述自己哲学观点的著作《未来哲学原理》。费尔巴哈的哲学改革是针对神学和黑格尔思辨唯心主义的，他用人本主义和自然主义来取代神和绝对观念。费尔巴哈的改革，是马克思之前德国古典哲学中的一次具有重要意义的转折。恢复唯物主义地位的光荣属于费尔巴哈。

马克思虽然转向批判费尔巴哈，但却并没有否定他的成就。马克思批判费尔巴哈的人本主义，但并没有忽视对人的问题的研究；马克思批判抽象人道主义的历史观，但并没有一般地否定人道主义的伦理意义和道德价值；马克思批评费尔巴哈的自然主义，但仍然肯定自然界的客观性和优先地位；马克思批判费尔巴哈的人本主义异化观，但后来在唯物史观的基础上，仍然用异化来表示资本主义制度下工人与劳动产品、与生产资料的对抗关系。即使是在宗教问题上，马克思指出了费尔巴哈的弱点，同时又肯定了他的巨大功绩。因为费尔巴哈对宗教的批判尽管没有回答问题但却提出了问题：人们是怎样把宗教幻想"塞进自己头脑"的？这个问题，为马克思和恩格斯开辟了通向新的世界观的道路。

马克思依靠费尔巴哈，但又超出了费尔巴哈。马克思站在费尔巴哈的

---

① 《马克思恩格斯选集》，2 版，第 1 卷，61 页。

② 《费尔巴哈哲学著作选集》，上卷，94 页。

肩膀上。恩格斯说："对抽象的人的崇拜，即费尔巴哈的新宗教的核心，必定会由关于现实的人及其历史发展的科学来代替。"① 正是马克思摆脱了从古典人道主义到费尔巴哈的抽象人道主义传统，真正创立了关于人的科学学说。

（原载薛克诚等主编：《人的哲学》，北京，中国人民大学出版社，1992）

① 《马克思恩格斯选集》，2版，第4卷，241页。

10. 马克思在历史观上的伟大变革*

一种思想体系对历史影响的深度和广度，同它所蕴含的真理性成正比。随着岁月的流逝，不少风行一时的理论学说失去了昔日的光辉，可是，马克思主义却与时俱进，日益显示出它的真理的威力。在马克思长眠于海格特公墓以来的一百年中，马克思主义越出了欧美，以雷霆万钧之势磅礴于全世界。

马克思对人类的贡献是无法估量的。他在许多领域中都取得了重大成就，其中特别是唯物主义历史观的创立，揭开了历史之谜，在人类历史观上实现了一场根本性的变革。

一

正如自然界有自己的秘密一样，社会历史也有自己的谜。各种历史观，都是一定历史条件下的思想家从自己的立场出发对历史之谜提供答案。马克思揭开了覆盖在人类社会机体上的帷幕，提供了一个同以往历史观根本不同的科学答案。

人们对自然现象的科学认识早于对社会的认识。当人类由于生产实践的需要开始揭示某些自然现象的规律时，而对自身活动的认识还处在浓重的神学迷雾之中。用超自然的意志和力量来说明历史发展和社会生活的神学历史观，在相当长的一个时期内处于支配地位，“神”是人们回答历史

---

* 本文是与靳辉明同志合写的。

之谜的总答案。例如，奥古斯丁宣扬上帝不仅是自然秩序的创造者，而且是社会秩序的创造者。托马斯·阿奎那宣称：除非得到较高神灵的帮助和启发，人就永远不能全面了解有关人类的一切事情。文艺复兴时期开始的人道主义思潮，使人们对社会的认识出现了一个从神到人的转折。

人道主义思潮虽然很广泛，涉及哲学、道德、文艺、美学各个领域，但贯穿其中最核心的是一种政治思想。人道主义者关于人的尊严、权利和价值，关于人的本性的理论，从实质上说，是要求建立一个与他们设想的人性相适应的社会。在他们看来，美好的社会，美好的国家，美好的制度，应该是同人性相一致的。从早期人道主义者皮科、蒙台涅等倡导人的自由与尊严，到法国启蒙学派根据自然权利而断定自由、平等、博爱是人的本性的理论，都是为在封建母胎中逐步孕育成熟的资本主义制度作舆论准备。他们自以为是按照人性来建立制度，实际上是按照他们追求的制度来构思人性。而这两者——他们追求的制度和对人性的理解——都是历史的产物。

当然，资产阶级人道主义曾经是进步的思潮。几百年中，在许多领域产生过不少学识渊博的巨人，留下了许多感人至深的名篇佳作。人道主义者把人与神对立起来，以人为中心，倡导以人作为出发点和归宿，就是力图摆脱神学的羁绊，把天国的历史变成世俗的历史。卢梭说："我觉得人类的各种知识中最有用而又最不完备的，就是关于'人'的知识。"① 他自己就致力于这种研究。突出人而不是突出神，从人本身探究人类历史和社会制度的根据，这是历史观的一个重大变化，正如恩格斯所说："这是一次人类从来没有经历过的最伟大的、进步的变革"②。

但是，人道主义者只是迈出了从神到人的一步，他们并没有对历史提供真正科学的答案。就像古代的炼金术士寻找"哲人之石"一样，他们把人性看做是解释人类社会一切现象的"哲人之石"。尽管各种人道主义派别赋予人性以不同的内涵，从而使人道主义具有多种色彩，但它们共同的特点是把人性作为历史的尺度。人性既是一切合理事物之所以合理的标

① ［法］卢梭：《论人类不平等的起源和基础》，62页，北京，商务印书馆，1962。
② 《马克思恩格斯选集》，第3卷，445页。

准，又是一切不合理事物之所以不合理的标准。人性是最高审判官。人道主义开创的由神到人的转折，对于上升时期的资产阶级是足够的，因为它所面临的仅仅是其自身的政治解放问题。封建特权和人身依附关系束缚了劳动力的自由流动，妨碍了商品的平等交换；资产者虽然拥有资财，但作为暴发户而被排斥在上流社会之外，为那些夸耀自己的“族徽”、“谱系”的封建贵族所鄙视。资产者有“财权”，但缺少“人权”，痛感缺少作为“人”的价值和尊严，即与他们的经济地位相适应的各种权利。因此，在争取自身解放的斗争中，他们必然要求把人的价值、尊严，人的自由、平等权利提到首位，而且为了论证它们的合理性，把它们归结为人的本性。

每个时代都有自己的特殊问题。从资本主义生产方式最后确立自己的统治起，这种所谓符合人性的制度却是一幅令人失望的讽刺画。尽管如此，19 世纪三大空想社会主义者依然把人性作为历史现象的最后答案，认为人类完全没有实现自己的天性。他们在政治上超过了法国启蒙学派，而在历史观上却没有摆脱传统的束缚，还是处在从神性到人性的阶段。

历史经验证明，只是从人与神的对立角度来看待人，就不能跳出抽象人性论的圈子，费尔巴哈就是一个显著的例子。他的人本主义是人道主义的一种特殊形态，他以人来对抗神，把神的本质归结为人的本质，显示了他的人本主义哲学的战斗性。但正因为他停留在人与神的对立，而没有进入到考察人与人的关系，因而没有突破抽象人性论的壁障。恩格斯说：“费尔巴哈的‘人’是从上帝引伸出来的，费尔巴哈从上帝进到‘人’，这样，他的‘人’无疑还戴着抽象概念的神学光轮。”①

以人性作为历史的尺度，包含着不可解决的矛盾：不变的人性怎么能成为变动不居的历史的原因呢？如果人性是变化的，那人性变化的原因是什么？人道主义的历史观始终在这个困难的迷宫里徘徊。强调人、强调以人作为出发点和归宿的人道主义者，反而变得不能理解人。卢梭就有这样的感叹，他说：“在某种意义上说，正因为我们努力研究人类，反而变得更不能认识人类了。”②

---

① 《马克思恩格斯全集》，第 27 卷，12～13 页。

② ［法］卢梭：《论人类不平等的起源和基础》，62 页。

唯心主义辩证法家黑格尔看到了这个矛盾，并力图解决这个矛盾。他把历史看做是个有规律的过程，为走出这个迷宫指明了一条出路。但他不是在现实中，而是在他虚构的绝对观念中去寻找这个规律。因此，他没有也不可能真正解决这个矛盾。

真正打开这个连环锁，揭破历史之谜的是马克思。这当然不是偶然的。历史之谜的答案存在于历史本身。正如恩格斯所说："在以前的各个时期，对历史的这些动因的探究几乎是不可能的，因为它们和自己的结果的联系是混乱而隐蔽的，在我们今天这个时期，这种联系已经非常简单化了，因而人们有可能揭开这个谜了"①。

二

马克思是在19世纪40年代的德国开始自己的理论活动的，因此，在他思想形成的一定阶段上有一个很重要特点，就是唯物主义历史观的萌芽同费尔巴哈人本主义观点相交错。但是，他通过自己的理论探索，终于找到了摆脱这种理论困境的出路。这就是，他把研究的基点放在探讨"人的世界"，揭露"市民社会"的秘密上，通过对人的劳动和物质生活的探讨，逐步过渡到唯物主义历史观，而其中的关键，是关于生产关系思想的形成。社会生产关系的思想，是马克思同以往一切哲学家对人和社会认识的根本分水岭。

唯物主义历史观的形成过程，经历了萌芽、接近和全面制定三个既相区别、又相联系的阶段。这些阶段的划分，是以生产关系思想的成熟程度为标准的。

在《莱茵报》时期，马克思开始还是把理性自由视为人的本性，把国家看做人类理性的体现和普遍利益的代表。但是，社会生活的推动和对物质利益的初步探讨，使他已开始感到考察国家生活时，不能"用当事人的意志来解释一切"，而必须重视**"各种关系的客观本性"**②。不久，马克思在对黑格尔法哲学进行批判时，明确提出，不是国家决定市民社会，相反地，市民社会才是决定国家的产生及其本质的真实基础。这里所谓"市民

---

① 《马克思恩格斯选集》，第4卷，245页。

② 《马克思恩格斯全集》，第1卷，216页。

社会”，也就是马克思所说的“物质的生活关系的总和”①。将物质关系作为国家政治制度和法的现实基础，无疑具有开创新世界观的意义，然而，马克思这时还没有把生产关系从物质关系的总和中划分出来，作为决定其余一切关系的最基本的关系。

马克思在《1844年经济学哲学手稿》（以下简称《手稿》）中，通过对资本主义条件下人的劳动活动的分析，认识到劳动者同自己劳动产品的异化，就在于人们生产活动本身。而劳动的“自我异化”和劳动产品的异化，又导致人与人相异化。事情很显然，如果劳动产品和劳动者自己的活动，不再属于他自己，那么，一定属于有别于他的“另一个存在物”。这个存在物既不是自然界，也不是上帝，只能是占有这些劳动、并享有这些产品的“人”。在资本主义条件下，这个人就是资产者。马克思在这里，实际上是以萌芽的形式表述了一个极为重要的唯物主义历史观的原理：一定方式的生产活动，不可避免地会产生一定的社会关系。

接着，马克思在《神圣家族》中，对上述认识做了初步的理论概括，他认为，财产关系和占有关系，是基于物质利益之上的人们社会关系的物化形式，是“**人的实物存在**”，同时也是“**人为他人的定在**”，是“**人对人的社会关系**”②。尽管这种表述比较晦涩，但说明马克思这时已经“接近”唯物主义历史观的基本思想，即社会生产关系的思想。

1845—1846年，马克思在《德意志意识形态》中全面制定了唯物主义历史观的基本原理。他科学地揭示了社会结构和社会形态及其发展规律，把社会看成是受生产力制约、以生产关系为基础的有结构的有机体。这里的实质性进展，首先是在先前所达到的认识基础上形成了生产关系的科学概念。他不再从“人的本质”出发，而是直接考察物质生产活动的基本内容，阐明生产关系存在和更替的客观必然性。他通过对交往、交往关系、交往形式和所有制形式的分析，揭示了这些关系之间的内在联系，清楚地认识到，人们的精神交往不过是“人们物质关系的直接产物”③，而在各种

---

① 《马克思恩格斯选集》，第2卷，82页，北京，人民出版社，1972。
② 《马克思恩格斯全集》，第2卷，52页。
③ 《马克思恩格斯全集》，第3卷，29页。

物质关系中生产关系又是最基本的，它不仅是政治制度和“国家的现实基础”[①] 而且也是“一切实际的财产关系的真实基础”[②]。这样，马克思就从人们的各种社会关系中划分出了决定其他一切关系的最基本和最原始的关系，即社会生产关系。尽管马克思这时所使用的术语还不确定，有时用交往形式，有时用所有制形式，间或也使用生产关系，但他已经把握住了生产关系概念的实质和基本内容。几个月后，他在批判蒲鲁东时，把上述思想凝结于生产关系的概念之中，达到了术语同其所表达内容的完全一致。

生产关系概念的形成，不仅对生产力诸因素结合的方式和性质有了更为科学的认识，而且使得有可能揭明生产过程本身的内在结构，即生产力和生产关系的统一。我们知道，生产力的概念，在马克思以前的古典经济学家那里就已经开始提出和研究了。他们之所以注重生产力的问题，是由于资本主义工业发展的需要。但生产关系问题始终是他们不可逾越的界限。因此，古典经济学家不能真正理解由生产力和生产关系统一构成的生产过程，不懂得物质生产对整个社会历史发展的决定作用。

马克思突破了古典经济学派的这种历史的和阶级的局限，看到了生产本身的两重性。他指出，只要进行生产，便立即表现为双重的关系：一方面是人与自然的关系；另一方面是人与人的关系。它们是同一生产过程的两个有机联系着的方面。无论在哪个时代，都不能离开生产力去考察生产关系，反之亦然。就是说，必须将两者视为矛盾的统一体。当然，在两者相互制约关系中，生产力归根到底起着最终的决定作用。马克思深刻地表述了生产关系一定要适合生产力发展状况这一社会历史的最一般规律，并指出，历史过程，就是在生产力基础上生产关系发展的进程。科学地揭破历史之谜，这是马克思在1845—1846年所获得的最宝贵的思想成果。

唯物主义历史观是在摈弃“抽象的人”转而研究现实的人，即研究他们的活动和物质生活条件的过程中逐步确立起来的。它的产生同人的问题的科学解决是一致的。因此，不能说，唯物主义历史观不包括人，不关心人，不研究人，恰恰相反，正是随着唯物主义历史观的形成，才把人的研究

① 《马克思恩格斯全集》，第3卷，377页。
② 同上书，421页。

置于科学的基础之上，为人类的解放指明了真正的出路。人是什么，不能从“人自身”、“人的特性”中寻求答案，只能研究他们的生产活动和社会关系。每个个人和每一代当作现成的东西承受下来的生产力和生产关系的总和，是哲学家们想象为“人的本质”的东西的现实基础。如果离开这个基础，那么“人”只能是观念的别名而已。不论把唯物主义历史观归纳为人本主义，还是认为唯物主义历史观“排斥人”、“忽略人”、“反人道”，都是毫无根据的。

三

唯物主义历史观是政治经济学和科学社会主义的哲学基础。当马克思保留有费尔巴哈人本主义思想影响时，他的政治经济学学说和社会主义理论都带有思辨的烙印。只有唯物主义历史观的创立，才最终在这两个领域中引起了根本性的变革。

1844年初，马克思在刚着手研究政治经济学时，还推崇费尔巴哈，认为“整个实证的批判，从而德国人对国民经济学的实证的批判，全靠**费尔巴哈**的发现给它打下真正的基础”①。的确，“人”是马克思当时批判资产阶级政治经济学的一个基本范畴。他指责资产阶级经济学家忽视人，不把工人当人。他说：“国民经济学把**无产者**，即既无资本又无地租，只靠劳动而且是片面的、抽象的劳动为生的人，仅仅当作**工人**来考察，因此，它才会提出这样一个论点：工人完全和一匹马一样，只应得到维持劳动所必需的东西”②。他批判李嘉图说：“在李嘉图看来，人是微不足道的，而产品则是一切。”③ 人性在政治经济学之外，非人性在政治经济学之中，这就是马克思当时对资产阶级政治经济学总结性的评语。

毫无疑问，马克思以“人”的名义对资产阶级政治经济学的批判，表达了对无产阶级处境的无限同情和对资本主义现实的抗议。同时，他对诸如私有制、资本、工资、利润、生产、分工、需要和货币等问题，也发表了很多深刻的见解。但是我们不能不看到，在政治经济学的研究中，从“人”出发还是从生产方式出发，是两种理论、两种方法。从生产方式出

---

① 《马克思恩格斯全集》，第42卷，46页。
② 同上书，56页。
③ 同上书，72页。

发，可以对各种经济关系存在的必然性和历史性给予科学的解释，而从“人”出发，必然把资本主义制度（包括各种剥削形态）下各种经济关系及其规律看做是“非人”的，看做是与“人的本质”相对立的，则不能作出科学的说明。例如，马克思当时否定劳动价值论，其中一个很重要的原因，就是认为把劳动作为价值的量度，是把人从主体的地位降低到创造财富工具的地位，是在承认人的假象下，对人的彻底否定。这样，就把经济规律问题和道德评价问题混在一起，以后者否定了前者。不能把政治经济学变成道德学说，不能以“人”的名义或者根据所谓人的本性，来判断各种经济形式的合理性和必然性。总之，马克思由于费尔巴哈人本主义的影响，还不能真正确定政治经济学的研究对象和科学方法。要做到这一点，必须全面确立唯物主义历史观。

马克思正是由于发现了生产力和生产关系辩证运动的规律，把整个社会的发展看成是一个自然历史过程，形成了唯物主义历史观，从而奠定了无产阶级政治经济学的理论基础。马克思不再把各种经济关系看成“人的本质”的体现，不再根据“人的本质”实现的程度来判断经济形式，而着眼于经济过程本身的分析，在与生产力发展的水平相互联结中来考察各种生产关系。他指出：“人们借以进行生产、消费和交换的经济形式是**暂时的和历史性的**形式。随着新的生产力的获得，人们便改变自己的生产方式，而随着生产方式的改变，他们便改变所有不过是这一特定生产方式的必然关系的经济关系”①。

马克思在形成了生产关系这个范畴以后，就把现实的生产关系作为政治经济学的研究对象。他在著名的《〈政治经济学批判〉导言》中就是这样论述的。而在《经济学手稿（1857—1858)》中，他不再是简单地把资本主义社会的各种经济关系看成是真正“类生活”的讽刺画，而是根据他创立的唯物主义历史观进行认真的分析。至于在《资本论》中，马克思更是这样。他不是诉诸人性，而是像一个生理学家进行解剖一样，从资产阶级社会里最简单、最普通、最常见、最平凡的商品入手，揭示了资本主义社会的矛盾，令人信服地证明了它的必然灭亡。当然，马克思充满了对无

① 《马克思恩格斯选集》，第4卷，322页。

产阶级的深厚感情，怀着对资本主义剥削制度的仇恨，但是他并不用感情代替科学。他对资本主义制度的抨击，都是以经济分析为依据的，而不是从抽象的道德原则出发。《资本论》中也讲到人，但不是在资产者和无产者之外的一般的“人”，不是设定为判断资本主义制度是否合理的“人”，而是经济范畴的人格化，是一定的阶级和利益的承担者。

同样，唯物主义历史观的创立，是社会主义由空想到科学的理论前提。社会主义学说究竟应该建立在什么基础上，这是一个根本性的问题。如果把社会主义看成是实现“人的本质”，那重点当然应该是研究“人自身”，研究“人的本质”，从“人的本质”中引出社会主义；如果把社会主义制度看成是客观的历史必然性，那就应该研究社会，研究社会历史规律。正如列宁说的：“社会主义学说正是在它抛弃关于合乎人类天性的社会条件的议论，而着手唯物地分析现代社会关系并说明现今剥削制度的必然性的时候盛行起来的”①。

马克思在《手稿》中，认为整个共产主义运动“必然在**私有财产**的运动中，即在经济中，为自己既找到经验的基础，也找到理论的基础”②。马克思分析了农业中土地所有者、租地农场主、农业工人之间的矛盾，指出这种矛盾的激化，“必然导致革命”；分析了工业中劳动和资本的矛盾、大资本和小资本的矛盾，揭示了资本主义生产方式“趋向必不可免的灭亡”。但是在这里，马克思把共产主义看成是个体和类的矛盾的解决，看成是人“占有自己的本质”，这种表述显然还残留着费尔巴哈人本主义的痕迹。

社会主义学说成熟的程度同唯物主义历史观发展的水平是密切联系的。正是由于马克思全面创立了唯物主义历史观，揭示了历史之谜，他才发现共产主义必然性根源于资本主义生产方式的内在矛盾。他说：“共产主义和所有过去的运动不同的地方在于：它推翻了一切旧的生产和交往的关系的基础，并且破天荒第一次自觉地把一切自发产生的前提看作是先前世世代代的创造，消除这些前提的自发性，使它们受联合起来的个人的支

① 《列宁选集》，2版，第1卷，51页。

② 《马克思恩格斯全集》，第42卷，120～121页。

配。因此，建立共产主义实质上具有经济的性质，这就是为这种联合创造各种物质条件，把现存的条件变成联合的条件。”① 而且他明确指出：“共产主义对我们说来不是应当确立的**状况**，不是现实应当与之相适应的**理想**。我们所称为共产主义的是那种消灭现存状况的**现实**的运动。”② 马克思把共产主义制度和共产主义运动区分开来，把共产主义运动看成是改变资本主义现实的革命实践，而把共产主义制度看成是这个运动的最终结果，这就排除了从人的本性中引出共产主义的人本主义结论。

* * *

马克思、尤其是恩格斯逝世以后，唯物主义历史观不断地遭受到攻击和歪曲。然而，它从没有像近半个世纪来引起人们这样的“关注”。

从 20 世纪 30 年代开始，西方某些学者就着手制造“两个马克思”的对立，即把早期的“人道主义者马克思”和晚期的“唯物主义者马克思”对立起来，认为青年马克思关心人的问题，“作了解决人的存在问题的极大尝试”，然而，马克思没有始终如一地坚持自己的原则，“科学共产主义的哲学——‘人本学基础’随着《共产党宣言》的问世而中断了”。他们将马克思从探讨“人的本质”转向研究社会经济关系，斥之为对自己最初理想的“背叛”，对人的“废黜”，是向另外的方向“蜕变”。但是，通过制造两个马克思的对立来否定马克思主义，并不能达到他们的目的，因为正好是成熟的马克思不仅在理论上，而且在实践上，都深刻地影响着当代社会生活的各个领域。于是，西方有的学者转而倡导两个马克思的“统一论”，主张“只有一个马克思”，认为青年马克思在 1844 年的《手稿》中所表述的关于人的主题，贯穿于马克思的所有著作之中。在他们看来，马克思进行批判的武器，始终是“人的本质”和异化的学说，所依据的“客观事实”，是资本主义社会中人的遭遇和人性的丧失。因此，马克思的学说，似乎只有用来论证消灭人性异化，使“人的本质”得到实现的“彻底的人本主义学说”。其实，无论是把青年马克思同成熟马克思对立起来，还是将两者“统一”起来，其目的都在于把“人”作为马克思学说的“中

① 《马克思恩格斯全集》，第 3 卷，79 页。

② 同上书，40 页。

心”和“基础”，以便把马克思主义归结为人本主义，用所谓“人学辩证法”取代根源于生产力和生产关系矛盾运动的历史辩证法，用“人本学历史观”代替唯物主义历史观。

西方某些学者之所以制造“两个马克思”、热衷于宣传“青年马克思”，是因为在马克思早期著作中确实存在可被他们利用的东西。马克思那时就洞见到：“当时由于这一切还是用哲学词句来表达的，所以那里所见到的一些习惯用的哲学术语，如‘人的本质’、‘类’等等，给了德国理论家们以可乘之机去不正确地理解真实的思想过程并以为这里的一切都不过是他们的穿旧了的理论外衣的翻新”①。时隔一百几十年，事实表明，马克思的担心并不是多余的。毋庸讳言，马克思的思想在其形成时期不仅在术语上，而且在观点上，都明显地留有费尔巴哈人本主义的痕迹。问题不在于回避这个事实，而要像列宁所说的那样，研究“马克思如何接近自己的整个‘体系’的基本思想——即如何接近生产的社会关系这个思想”②。就是说，这一研究，不能脱离马克思思想形成的真实过程，把某一时期出现的理论现象从产生它的特定阶段游离出来，而要紧紧抓住牵动马克思思想体系发生根本变化的那些实质性问题。一百多年来的历史表明，唯物主义历史观是颠扑不破的真理。只有坚持唯物主义历史观，才能把马克思开创的共产主义事业不断推向前进。

（原载《红旗》，1983（6））

---

① 《马克思恩格斯全集》，第3卷，261～262页。

② 《列宁全集》，2版，第55卷，13页。

11. 马克思通向历史主体的道路

德国哲学家恩斯特·卡西尔在《人论》中强调，认识自我乃是哲学探究的最高目标。他还引用蒙田关于世界上最重要的事情是认识自我的名言作为自己观点的论证。

"上穷碧落下黄泉"，人类认识的触角已伸向宇宙的各个领域，难道反而不需要研究人类自己吗？人类当然要认识自我，这是毫无疑义的。问题在于如何研究。如果认为一切存在于主体之中，认识主体蕴含全部认识的秘密，审美主体蕴含全部美学的秘密，道德主体蕴含全部道德的秘密，而历史主体则囊括全部历史的秘密，一切求之于主体，我们又会重新陷入唯心主义。

马克思说："人不仅象在意识中那样理智地复现自己，而且能动地、现实地复现自己，从而在他所创造的世界中直观自身"①。对人的本质和主体素质，对人的创造力和思维力的研究，必须通过对他们物化的对象、他们的劳动创造物的考察。离开了人创造的世界，离开了他们所依存和生活其中的社会现实，历史的主体就是一种没有任何规定性的抽象物。越是要把握每个时代的主体，就越是要深入客体，深入到该时代的物质生产和文化创造之中。把主体作为孤立的、封闭的系统，就主体研究主体，只能走唯心主义内省法的老路。马克思的最大功绩，是打破了历来唯心主义把历史的研究局限在主体的范围内，局限在人的愿望、动机、目的范围内，

---

① 《马克思恩格斯全集》，第42卷，97页。

从主体进入到客体，发现了物质资料生产方式及其运动规律，才真正对历史主体的作用作出了科学的回答。

一、对主体的抽象认识：从自我意识到人是人的最高本质

从文艺复兴开始的资产阶级人道主义原则，发展到启蒙学派的时候，陷入了一个矛盾的困境。一方面法国的启蒙学派在政治观点、伦理观点上彻底发挥了人道主义原则，把关于人的价值和尊严的理论，系统地发展为以“自由、平等、博爱”为口号的完整学说；另一方面，在哲学上、在世界观方面，他们又陷入了机械论，否定、贬低了人的主体地位，片面地强调人是环境的产物，甚至把人看做是机器。所以，马克思在评论英国从霍布斯开始的机械论时，说他们憎恨人类，把人的一切欲望、思维都解释为一种机械运动。

德国古典哲学的最大成就是它的辩证法。它不同于古代朴素辩证法的地方，就在于它不单纯是本体论的辩证法，它强调主客体关系。所以德国古典哲学实际上是以唯心主义形式强调了人的主体地位，这样使人从完全被动转向主动，由单纯的客观转向主体，这是德国古典哲学的一个很大的功劳。马克思就是在这样的历史背景下开始自己的理论活动的。他开始强调的是自我意识。最显著的是马克思在他的博士论文中推崇伊壁鸠鲁的原子偏斜的学说，推崇偶然性，强调自我意识高于神性，看重自我意识的作用。因为自我意识是人的一个特点，只有人，不仅可以意识到对象，而且可以意识到自我，只有人才有自我的概念。所以，强调自我意识的作用，实际上是以唯心主义形式强调人的主体地位。这种对主体的认识，仍然是抽象的、唯心主义的。

马克思对主体的抽象认识，反映在自由这个问题上。自由是一个大问题，它是任何一个资产阶级在反对封建制度的斗争中必然要提出的问题。但在不同的国家，对问题的提法不一样。比如英国多是从经济角度讲贸易自由，交换自由。在阶级斗争比较尖锐的法国，又多从政治角度、从人的权利的角度提到自由，“自由、平等、博爱”是法国资产阶级革命的口号。而德国则更多地从精神角度、思维角度、理性角度提出这个问题，也就是思维自由、精神自由，把自由变为一个认识论问题和伦理学问题。所以从

康德到黑格尔，主要从哲学角度讲这个问题。黑格尔讲过一句很有名的话：物体的本质是什么？是重心和地心吸力。那精神的本质是什么？就是自由。自由是精神的本质，是精神的唯一真理。马克思开始没有完全摆脱德国古典哲学的传统，也是从精神角度提出自由问题。所以马克思在1842年前后，在对作为历史主体的人和人的本质的看法上没有完全摆脱德国唯心主义传统。马克思当时认为，人是精神存在物，是理性存在物。他在给卢格的一封信中讲到：人是思想的存在物。从原则上来讲，好像不错，人是有思想的，是有理性的。但是就把理性和精神作为人和动物的分界线来说，并没有完全摆脱唯心主义的框框。正因为马克思把人看成是精神存在物，所以认为人的最一般的本性就是自由，“自由是全部精神存在的类的本质”①。这说明马克思当时停留在主体自身，不是从客观关系中，而是从主体自身探求人的本质。自由当然是一个重要问题，但是，从历史观角度来看，自由不能归结为人的精神本性。在我看来，自由不属于人性的范畴。就自由作为一种决断能力而言，它取决于人们对必然性的认识和运用；就自由作为一种行动选择的权利而言，它取决于社会制度，有明显的时代的制约性。比如说，奴隶社会的奴隶被看做是会说话的工具，被剥夺了一切权利，农奴制度下的农奴也是这样，他们被束缚在土地上面，没有人身自由，没有迁徙的自由。但是奴隶和农奴并没有提出争取自由的口号。他们可以怠工，可以逃亡，甚至举行起义暴动，这并不是由于他们意识到自由是人的本性，而是由他们的实际阶级地位和阶级利益决定的。把自由作为政治斗争口号，把自由看做是人的本质，是资本主义经济关系的产物，是资本主义经济关系的发展必然要摧毁封建束缚的一种自觉的意识。所以从历史的角度看，如果说民主是一种国家制度的话，自由也是一种制度，它是通过制度来保证的。所以马克思当时把自由看做是人的精神的类本质的命题，从历史的主体的角度看，还是抽象的。但从政治角度看，以自由是人的精神本质作为根据来反对当时的专制制度，它是积极的、革命的，是革命民主主义的。马克思就是这样确认的：自由是人的类本性，是人的精神本质，所以出版自由是符合人的本性的，而出版检查是

① 《马克思恩格斯全集》，第1卷，67页。

一种不自由的制度，是违反人的本性的，所以普鲁士政府不仅仅是反对出版自由，实际上是反对人的自由本性。

当马克思接受了费尔巴哈的影响之后，提出了人是人的最高本质的问题。从整个历史观来说，马克思当时还是从主体的抽象本质的角度，即从人应当是作为人一种尺度和标准，对当时的制度进行抨击，还没有完全进入到从客体自身的矛盾中寻找它的自我否定的根据，寻找一个社会解体的客观根据。马克思当时提出了政治动物——市民社会成员——人，这样一个历史发展图式。按照马克思当时的看法，人就应该是人，可是在专制制度下，比如在中世纪，人并不是人，人是一种政治动物。马克思把中世纪历史叫做人类学的动物学时期，或者叫人类动物学。什么意思？因为动物的特点是，马生下来就是马，牛生下来就是牛，老鼠生下来就是老鼠，同种相生。封建时期人也是这样，贵族生下来就是贵族，平民生下来就是平民。人的身份、地位、等级，完全按照血缘关系来决定，这和动物界不是一样吗？所以按照马克思的观点，当时的普鲁士德国完全是一个庸人的世界，是一个政治动物的世界，不仅是被统治的老百姓还没有达到人的地位，即使是统治别人的人也不是人。他们的唯一特性就是生存和繁殖，而这正是动物的本能。那么究竟什么是人的世界呢？马克思对当时法国的资产阶级革命比较向往，所以他把法国资产阶级革命称为使人从政治动物上升为人的革命，使人复活的革命。可是马克思在退出《莱茵报》以后，通过在克罗茨纳赫研究历史，特别是研究法国革命的历史，看到了法国资产阶级革命只是一场政治革命，它并没有使人真正复活。法国资产阶级革命只不过使人从政治动物上升到市民社会的成员，变成一个利己主义者的个人。要真正使人从市民社会的成员过渡成为人，马克思提出要把同人相异化的人的世界和人的关系还给人类自己。被异化了的世界和人的关系，马克思当时主要指的是私有制和货币。而真正能够担负这个任务的是谁？马克思认为是无产者。因为无产者完全丧失了合乎人性的东西，丧失了自己作为人的一切特性，即现实社会同无产者的人的本性处于一种尖锐对立的状态，所以无产者只有使所有的人变成人，才能使自己得到解放。很显然，马克思用政治解放和人类解放的提法表达了他对资产阶级革命和社会主义革命区别的看法。但由于马克思还囿于主体自身没有转向解剖市民社会，从客体自身揭示它的发展规律，因而从历史观来说还没有达到科学的水平。

二、异化劳动理论：从主体进入客体的中介

马克思从主体转向客体，最集中的是通过政治经济学的研究，通过解剖市民社会来实现的。1844年，马克思研究经济学的一个重要成果，是关于异化劳动的理论。异化劳动理论无论从历史的主体和历史的客体来说，都起到双重的职能。一方面它使马克思对主体的认识深化了，即主体不是抽象的自我意识、抽象的理性，而是劳动，是从事物质生产的劳动者。从客体角度来说，马克思通过对异化劳动的分析，特别是通过人与产品的关系、人与劳动的关系以及人与人的相互关系的分析，走向了分析生产过程自身的客观关系。但是异化劳动理论自身，也包含着弱点和缺陷，包含着某些费尔巴哈的痕迹、烙印。最根本的是没有完全摆脱以人的本质为尺度来作为评价社会发展的尺度的观念。

第一，马克思提出了关于人是社会联系的主体的概念，并且区分了所谓真正的社会和异化的社会。马克思在1844年写的《詹姆斯·穆勒〈政治经济学原理〉一书摘要》的评注中，明确地提出了一个命题：人是社会联系的主体，并强调这里所说的不是概念，不是撇开了现实的个人的一般抽象，而是现实的、活生生的、特殊的个人。在马克思看来，这种现实的、活生生的个人，并不是彼此孤立的，而是总体存在物。费尔巴哈费强调人是类存在物，人的本质包含在团体之中，包含在人与人的统一之中，但费尔巴哈强调的是两性的需要。马克思强调人是总体的存在物，是彼此对对方劳动产品的需要，在人的活动过程中，人的活动和产品是彼此互相补充的。所以马克思说："不论是生产本身中人的活动的**交换**，还是**人的产品**的**交换**，其意义都相当于**类活动**"①。而且马克思特别强调人的本质是人的社会联系，就是说人的联系不是作为物种的自然联系，而是一种社会联系。从形式上看，费尔巴哈虽然强调人是一个类，可是由于忽视了人的社会联系，实际上在直观上看到的只是个体。而马克思强调人的社会联

---

① 《马克思恩格斯全集》，第42卷，24页。

系，尽管从直观上看人是个体，实际上是总体的存在物，每一个人都不能离开了总体，都不能孤立地、单独地存在。马克思所强调的人的真正的社会联系，既不是纯粹的性爱上的联系，也不是单纯的观念上的联系，而是实实在在的一种客观关系。这种客观关系是在人们为了满足自己的物质需要，实现自己的生存过程中形成的。

马克思在1844年还只是刚刚研究经济学，虽然提出了人的本质是人的社会联系这样一个重要的命题，但并没有形成一个完整的体系。关于人的本质和物质生产的关系，马克思当时认为“生产同样是反映我们本质的镜子”①，而不是像1845年《关于费尔巴哈的提纲》中讲的，人的本质是一切社会关系的总和。这两种提法刚好是相反的，为什么这样说呢？在马克思看来，人的社会联系是客观的，这种联系究竟是什么性质？究竟是一种异化的形式，还是一种人的形式呢？这取决于它与人的本质相符合的程度。生产是反映人的本质的一面镜子的论断，还是把人的本质看做衡量社会联系究竟是异化的还是人化的一种尺度。马克思根据这一点，提出了两种社会，一种是作为异化的社会，一种是真正的人的社会。

什么叫异化了的社会呢？按照马克思当时的说法，只要人不承认自己是人，因而不是按照人的样子来组织世界，这种社会联系就是以异化的形式出现的。所以马克思得出一个结论，所谓异化了的社会就是同人的本质相异化的社会。在这个所谓异化了的社会里面，不是以人的本质作为构成相互联系的纽带，而且人们的物质生产具有明显的功利主义和自私自利的性质。每个人生产的目的就是占有，我是为我自己生产，你是为你自己生产，我们彼此生产东西并不发生直接的关系。无论在任何社会中，生产的最终目的都是消费，每个人的产品必然是别人的需要和欲望的对象。可是尽管你对我的产品有需要有欲望，但是并没有给你一种权利可以占有我的产品，正像我对你的产品有需要和欲望，并不因此就有权力占有你的产品一样。因为我们彼此并不承认对方的欲望和需要，我的产品只承认你的产品，你需要占有我的产品，就必须用东西来跟我交换，所以交换是沟通彼此产品的中介。也就是我的产品并不承认你作为人的权利，而是承认物的

① 《马克思恩格斯全集》，第42卷，37页。

权利，你只有用产品与我交换才能占有我的产品。所以人的一切社会联系，都是以物为中介的。马克思说，在这种社会里，物与物的关系压倒了人与人的关系。你只有提供物，才能占有我的物，这是一个不容违背的原则。我们彼此在这个社会中交往的语言是物的语言，而不是人的语言。如果你不提供物，想占有我的物，那就被理解为乞讨，是违背人的尊严的。这样一来，人就降低到作为工具和手段的水平，也就是你为了占有我的产品，就必须自己生产产品，我为了占有你的产品，我也要生产产品。我们彼此不是把对方作为人看待，而是作为生产彼此所需要的产品的工具和手段来看待。生产帽子的人的价值在于他生产了帽子，生产鞋子的人的价值在于他生产了鞋子。马克思说，在这种情况下，人的价值发生了贬值，因为人的价值已不在于人自身，而在于人所拥有的物。所以马克思说："对我们来说，我们**彼此的**价值就是我们彼此拥有的物品的**价值**。因此，在我们看来一个人本身对另一个人来说是某种**没有价值的**东西。"① 在这样一个异化的社会中，人与人的关系是私有者和私有者的关系，并不存在一种人和人的关系。正是对私有财产的特殊占有形式，使人彼此既相互联系，又相互区别。每个人只有放弃一部分私有财产，才能占有别人的私有财产，只有放弃一部分物才能占有一部分物，这就是交换关系。所以人与人发生的关系并不是以人的本质为纽带，而是以物为中介，通过交换，人们占有的已经不是自己的劳动产品，而是彼此占有对方的劳动产品。因而马克思作出这样的结论：在这样一种社会里，人与人的关系表现为物与物的关系。这样一种社会联系，是一幅描述人的真正社会联系的讽刺画。

如果说异化的社会是与人的本质相背离的社会，那么，真正的社会是什么社会呢？应该是与人的本性相符合的社会，也就是人承认自己是人的社会，按照人的样子组织起来的社会。在这种社会中，人们之间的联系不再以物为中介，不再采取货币、商品交换的形式，也就是每个人生产的产品，不成为一种占有、支配别人的权利，而成为满足别人需要的一种手段。在这种情况下，人的语言代替了物的语言。

马克思关于真正的社会与异化社会的论断和分析，当然包括了许多深

---

① 《马克思恩格斯全集》，第42卷，37页。

刻的思想，如关于异化的暂时性和历史性的观点，关于在私有制条件下人与人的关系表现为物与物的关系的观点。以及关于在真正的社会中，生产直接满足需要的观点。他是以不太明确的语言，表述了资本主义社会形态与未来的共产主义社会形态的区别。但是，他以人的本质作为一种尺度、一种标准来衡量异化的社会和真正社会的观点的本身，并没有达到唯物史观的水平。

第二，马克思在1844年的《手稿》里提出了自由自觉的劳动是人的类本质和区分真正的劳动和异化的劳动的问题。异化理论总是和主体客体关系分不开的。异化讲的是主体问题，谁在异化，什么东西异化，也有客体问题，异化成什么。所以从黑格尔到费尔巴哈再到马克思，都存在主客体关系问题。马克思在1844年的《手稿》里一个很重要的成就，就是对历史主体的看法发生一个很重要的变化，他已经不再把它看做是抽象的自我意识、抽象的理性，而是提出了劳动的问题。古典经济学派的劳动价值论虽然看到了劳动，看到了劳动是财富的本质，但是忽视了人。费尔巴哈虽然强调了人，但是忽视了劳动。黑格尔虽然强调了劳动，但是他把劳动看成为一种纯粹的精神活动。只有马克思才真正把劳动和人结合在一起，把具体的人，从事物质生产的劳动者作为历史的主体，这是一个很重要的变化。但是，从当时马克思的思想来看，他还没有完全摆脱把人作为一个种来考察，他着力强调的是人这个类的特性。马克思当时提出一个重要看法：一个种的全部特性在于他的生命活动的性质。人这个种和其他动物的种的区别在于他的生命活动的方式不同。其他动物的生命活动是一种本能的无意识的活动。动物不可能把自己的生命活动作为自己的对象，它的生命活动和种的存在是直接同一的，而人的生命活动方式是一种有意识的活动。这就是人可以使自己的生命活动变成自己的意识对象，也就是人的活动是一种有意识的活动。这种自觉的有意识的活动的最高表现就是劳动。所以劳动是一种自由的自觉的活动。马克思根据劳动按其本性来说，应该是一种“自由的自觉的活动”① 的尺度，划分出两种劳动：一种是异化了的劳动，一种是真正的劳动。凡是出于人的内在需要，自由自觉地进行活

① 《马克思恩格斯全集》，第42卷，96页。

动，就是真正的劳动；凡是单纯作为一种谋生手段而被迫地进行的劳动，特别是不能发展自己的才能而又使自己的精神和肉体都受到摧残的劳动，就叫异化劳动。马克思的这个观点，当然有他正确的方面，但也没有完全达到唯物史观的水平，因为他离开了劳动的形式从人的本性的角度来考察问题。在整个《手稿》里，关于异化劳动的论述是很丰富的，不仅对主体的认识加深了，也通过对客体的认识，通过关于人与产品的关系、人与劳动的关系、人与人的关系、私有财产的本质、资本和劳动的关系以及分工、需要、生产、货币等一系列经济现象的分析，开始触及到生产关系。

马克思通过异化劳动这个中介过程，在唯物主义历史观方面提出了许多丰富的思想。但也有不足之处，主要是他以人的本质作为衡量、区分真正社会与异化社会，真正的劳动与异化劳动的尺度，这种尺度最多只是一种价值的判断，没有达到对历史自身的科学认识。因为以人的本质为尺度必然会产生这样的问题，在考察历史的时候不是考察历史自身的过程，而是寻找一个人们共有的本质，以这种本质为尺度和标准来衡量这个社会。当社会与人的本质相对立时，就说它是异化的社会，当它和人的本质相一致的时候，就说是真正的社会。这样的说法，必然是以异化作为开始，以复归作为结束。

复归问题，在德国古典哲学中是一个比较普遍的问题，只要讲到人的本质的异化，都要讲到这个问题。异化和复归变成两个轮子，一个是前提，一个是结论。只要从人的本质异化开始，必然以复归结束。这样考察历史，必然把重点摆在探求人的本质，而不是探求历史自身的规律，把历史自身的规律放在人的视野之外。在整个历史研究中，人的本质问题摆在首要地位，一切为了实现人的本质，一切都必须符合人的本质。整个社会的矛盾，根本不是什么生产力和生产关系的矛盾，不是阶级矛盾，而是人的本质和存在的矛盾，当这种矛盾达到了顶点以后，然后再复归，人再重新占有丧失的本质。这样一种历史观，很难说是科学的。马克思的 1844 年《手稿》中的历史观不能和上述德国古典哲学的观点等同，他在《手稿》中有许多重要思想，有很多包含着历史唯物主义的东西。但就异化劳动的根本理论的方法这一点来说，他并没有完全摆脱这个框架，即人的本质的异化复归这个框架，特别表现在他对共产主义的看法上。马克思讲：

“**共产主义**是**私有财产**即**人的自我异化的积极的**扬弃，因而是通过人并且为了人而对**人的**本质的真正**占有**；因此，它是人向自身、向**社会的**（即人的）人的复归”①。马克思把共产主义和扬弃私有制联系起来，这是科学的、正确的。但是把共产主义看做是人向自身的复归，我认为还没有达到对共产主义科学论证的水平。以人的本质为尺度，就不可能有科学的历史观，因为每个人都可以根据自己对人的本质的理解设计一个完美的社会，而完全排除了对历史自身的客观研究。到现在为止，西方还有这样的看法，认为西方的资本主义制度是好的，它符合和肯定了人的自私的本性，充分发挥了人的自私的本性；极大地激发了人们的积极性，从而推进了生产力的发展，推进了科学的进步。好像不是私有制度产生了私有观念，而是私有观念产生了私有制。按照这种看法，资本主义的历史进步意义不在于它符合了生产力发展的要求，而是符合了人的自私的本性，不是资本主义商品生产产生了资本主义竞争的规律，而是人的自私的欲望激励他们去拼命地拼搏，也就是说资本主义的竞争规律不是商品经济的规律，而是人性的规律。按我们的看法，资本主义竞争规律是资本主义商品生产的规律。这种规律反映在人们的意识之中，表现为对私利的自觉意识和追求。

在《手稿》中我们可以发现一个矛盾状况：一方面通过对劳动的分析，加深了对主体的认识，另一方面仍然保留了人本主义的痕迹。那么《手稿》的历史意义在哪里？在于它通过对劳动的分析，打开了通向唯物史观的大门。随着马克思思想的发展，他的重点不断从抽象的主体转向客体自身的分析，通过劳动进入到对生产过程的分析。与《手稿》大体同时，1844 年 10 月至 1845 年初马克思、恩格斯写了《神圣家族》一书，提出了两个重要论点：第一个是物质生产是全部历史的发源地。在《手稿》中马克思已开始提出这个问题，说世界历史不过是人通过人的劳动而诞生的过程。马克思沿着这个方向发展，进一步提出物质生产是历史的发源地，对历史的基本内容以及如何认识历史的问题做了进一步的论述。历史的发源地问题在历史观中是个很重要的问题，历来的唯心主义者都没有解决这个问题。黑格尔把绝对观念作为历史的发源地，整个历史无非是绝

---

① 《马克思恩格斯全集》，第 42 卷，120 页。

对观念的自我发展。鲍威尔把自我意识看做是历史的发源地。马克思在批评鲍威尔和青年黑格尔派时，强调物质生产的作用。他认为，只要你从整个历史运动过程中排除了人同自然的关系，排除了自然科学和工业，就无法认识历史。人们认识历史，实际上是认识某一个历史时期的工业和生活本身的直接生产方式。所以历史的发源地不是神圣的天国，而在于粗糙的物质生产之中。

马克思关于历史发源地的论点，提出了两个很重要的思想：其一，没有人同自然的关系就没有历史。因为历史的一个很重要的内容，就是人改造自然的活动。马克思这一论点，把几千年来一直被历史学家、理论家所轻视的物质生产纳入了历史观之中，作为历史观最核心的问题，为真正确立历史自身的规律开辟了道路。其二，是提出了研究历史的一个带根本性的理论方法问题。就是说，研究一个社会，当然要研究它的政治、文学、宗教等问题，但对于认识某一个历史时期来说，最重要的是研究它的物质资料生产方式。他反对了青年黑格尔派、鲍威尔的历史目的论、历史宿命论的观点。按鲍威尔的观点，历史把人当作实现自己目的的工具，而历史的目的又是为了实现真理的原则，所以真理高于历史，而历史又高于人。马克思嘲笑说，从前的目的论认为，植物之所以存在是为了给动物吃，动物之所以存在是为了给人吃。鲍威尔把这个观点用于历史之中，人之所以存在是为了充当历史的工具，历史之所以存在，是为了实现真理的要求。这完全是一种历史神秘主义，是一种历史目的论。历史并不具有自己的目的，目的是人类活动的特点。历史作为客观过程来说，各种现象之间的联系是一种因果联系，这种确定的、不断重复着的多因素的因果联系，表现为历史的必然性。历史的必然性并不存在于人的活动之外，而存在于人的活动之中。所以马克思说：历史是什么事情也没有做，历史并不是把人当作达到自己目的的工具来利用的某种特殊的人格。实际上在整个历史过程中活动着的是人，历史只不过是追求自己目的的人的活动而已。人是主体，你若把人看做是历史的工具的话，历史就具有一种神秘的性质。

马克思当时一方面研究了物质资料生产是历史的发源地，另一方面也对主体进行了研究。在《神圣家族》里，马克思提出了一个著名的命题：历史活动是群众性的事业，随着历史活动的深入，必将是群众队伍的扩大。这就把历史唯物主义对群众的主体作用的理解提高到规律性认识的高度。

三、对社会发展过程自身的分析

马克思在《德意志意识形态》里，深入到生产过程内部，从人与自然的关系，人与人的社会关系展开了对社会发展规律的探求。1845年，马克思在评李斯特的国民经济学体系中开始接触到生产力和生产关系的问题。对生产力与生产关系的规律的揭示并在其基础上建立全部唯物史观，这是《德意志意识形态》最根本的内容。尽管人与自然的关系和人与人的关系问题，在1844年的《手稿》中已开始接触，但无论从它的表达和深度，还是从它的科学性来说都是不一样的。《手稿》讲到人与自然的关系，强调的是人的本质力量的对象化，而讲到人与人的关系时，把它表述为人的本质的异化。所以《手稿》的一个特点，是以人的本质为中介的。而在《德意志意识形态》中不同，他直接着眼的是生产过程本身。马克思说：生产过程“表现为双重关系：一方面是自然关系，另一方面是社会关系”①。在人与自然的关系中，已不仅局限于人的本质力量的对象化，即人所具有的一种感性的力量，人的激情，人的欲望对象化的产品，而是强调人以生产工具（这种生产工具分为两种，一种是自然产生的生产工具，如风力、水力、自然力，还有一种是文明所创造的各种生产工具）为中介作用于自然，改造自然，满足自己生活资料的需要。在人与人的关系中也不是局限于异化这一表现形式，而是强调社会关系是人们在生产过程中发生的物质交往和物质交换关系。所以马克思说：“社会关系的含义是指许多个人的合作，至于这种合作是在什么条件下、用什么方式和为了什么目的进行的，则是无关紧要的”②。

在《德意志意识形态》里面，马克思不仅科学地分析了生产过程的两个方面，即人与自然的关系，人与人的社会关系，而且进一步探讨了这两者之间的关系。他指出：人对自然界的狭隘的关系，制约着他们自己之间的狭隘的关系。反过来说，人与人之间的狭隘的关系，又制约着他们对自

---

①② 《马克思恩格斯选集》，第1卷，34页。

然的狭隘的关系。这实际上是说，生产力和生产关系是相互制约着的，但在这种相互制约的关系中，最终起决定作用的是生产力。马克思说："人们所达到的生产力的总和决定着社会状况"①。

马克思是如何通过发现生产力和生产关系解决了1846年以前所遗留下来的问题，从而建立了唯物史观的呢？

第一，关于历史的本质和动力问题。在1844年的《手稿》里，马克思已经把历史看成是人通过人的劳动而诞生的过程，在《神圣家族》中则提出了物质资料的生产是历史的发源地。但是却没有解决历史是如何发展的。在《德意志意识形态》中，马克思从生产力的总和决定社会状况这一原则作为出发点，强调始终要把人类的历史同工业和交换的历史联系起来考察，也就是要把整个历史看做是物质资料生产方式发展和变化的历史。在马克思看来，历史不外乎是各个时代的历史更替的有联系的序列。历史本身的变化，历史由狭隘的地区性历史变成世界历史，就是由于生产力的发展的结果，由于生产力的发展，各民族的相互交往不断扩大，才有可能打破原来闭关自守的状况。历史发展的动力在哪里？按照马克思的说法，历史发展的动力并不是存在于历史之外，或者凌驾于历史之上，而就存在于历史之中。尽管我们可以把社会发展的动力看做是一个系统，有各种因素在起作用，但是其中最根本性的东西是构成历史发展的基础和内容的生产方式的内在矛盾自身。马克思明确指出，一切历史冲突都是根源于生产力和交往形式之间的矛盾。马克思这一论断，揭示了整个历史发展的最重要的基础，也就是整个物质资料生产方式究竟是怎样起作用的问题。

马克思在《德意志意识形态》中还提出了一个很重要的思想：革命的基础并不是生产力发展的绝对水平。仅仅横向比较，用一个国家生产力发展的高度同另一个国家生产力发展的高度来比较，完全抛开整个历史环境和各个国家的国情，是无法理解革命发展的不平衡，特别是无法理解很多革命往往是在生产力比较落后的国家中发生的。所以，他在强调一切历史冲突的根源在于生产力和生产关系的矛盾的时候，并没有把这一点绝对化。他指出：对于某一个国家的内部冲突的发生来说，完全没有必要等这

① 《马克思恩格斯选集》，第1卷，34页。

种矛盾在这个国家本身发展到极端的地步，由于同工业比较发达的国家所进行的广泛的国际交往引起的竞争，就足以使工业比较不发达的国家产生类似的矛盾。马克思当时以德国和英国相比，从生产力发展的绝对水平来说，德国落后于英国，可是马克思寄希望于德国。认为虽然就生产力水平来说，德国落后于英国，但是就各种错综复杂的矛盾来说，德国比英国更尖锐，所以革命有可能在德国发生。虽然这个预言最终没有实现，革命没有在德国发生，而是在俄国发生了，但是马克思这种考虑问题的方法，对我们还是很有启发的。现在经常提到这个问题：为什么美、英生产力水平那么高也没有发生革命，偏偏生产力水平低的国家发生革命？马克思在《〈政治经济学批判〉序言》中指出：当一种社会形态的生产关系对生产力的发展还有余地的时候它不会灭亡。有的理论家把它称之为“极限理论”。因为整个社会机制是很复杂的，生产关系有一定的自我调节力量，而国家作为政权力量也可在一定范围内调节生产，因而可以起到缓和矛盾，延迟革命爆发的作用。

第二，关于社会的多层次结构和各种因素的相互作用问题。马克思当时提出了三层关系，一是生产力，二是交往形式即生产关系，三是意识形态、上层建筑。这三者之间，交往形式是个中间环节。对生产力来说它是生产关系，对上层建筑来说它是基础。这三个因素彼此之间可能而且一定会发生矛盾。马克思在这里提出的这样的结构方式，比《手稿》前进了一步，《手稿》是比较笼统地用物质生产直接解释整个上层建筑结构，还没有分出各种层次来。而在《德意志意识形态》里，他已经把社会看成是一个多层次的结构。但是马克思当时比较强调的是唯物主义方面，生产力决定生产关系，生产关系形成了基础，决定上层建筑，而相反的一条线强调的较少，如整个上层建筑怎么作用于生产关系，并通过生产关系作用于生产力。这是由当时的历史使命和历史任务所决定的。

第三，关于社会形态的变化是一个自然的历史过程的问题。尽管理论界对马克思在《德意志意识形态》里把所有制形式区分为部落所有制、古代公社所有制或国家所有制、封建的或者等级的所有制、资产阶级所有制以及共产主义所有制，以及它们究竟代表什么样的社会形态理解不一样，但有一点可以肯定，即由于马克思发现了生产力和生产关系运动的规律，揭示了社会多层次的结构，说明了生产力的发展如何导致由一种社会形态向另一种社会形态的变化，因而有科学的根据把社会形态的发展看做是一个自然的历史的过程。当前对这个问题也存在着争论，即多线论与单线论的问题。有人认为马克思讲的五种社会形态的变化，原始社会、奴隶社会、封建社会、资本主义社会、共产主义社会这五种形态的变化，并不是社会发展的唯一的形式。另外还有一条线，比如中国就没有经过资本主义社会，蒙古缺少得更多。马克思晚年给查苏利奇的信里谈到了俄国有可能利用公社绕开资本主义发展，直接过渡到社会主义。所以现在有人提出，马克思讲的那种历史发展，即五种社会形态的变化，不是唯一的形式。历史发展是多线的，多元的。我认为，马克思揭示的社会形态变化的一般运动规律，在各个民族可以表现它的特点。有的国家就没有完全经历资本主义社会，但是社会发展的方向不可能在非洲是由原始社会过渡到奴隶社会，而在亚洲是由奴隶社会过渡到原始社会。马克思所提示的五种生产方式的依次更替的变化，总的方向是个普遍性的规律，它并不排斥各个民族的特点。但这些特点总是在这个总的方向的基础上的特点，而不能是相反的逆向运动。所以简单地把单线论和所谓多线论对立起来不一定合适。

马克思揭示了历史客观过程自身运动的规律，并没有忽视、排斥对主体自身的研究。马克思在《德意志意识形态》中对人的全面发展的问题，给予了比较充分的注意。但是，他有一个观点的改变，即原来把人的全面发展看做是全面地实现人的本质，而在《德意志意识形态》以后，把人的全面发展看做是物质资料生产发展本身所带来的一种结果和要求。在以往的历史上，个人屈从于旧的分工，那种片面发展，是和一定的生产力发展水平相适应的。随着生产力的发展，对人的发展要求也是不一样的。资本主义和生产力的发展，就要求劳动者具有一定的科学技术水平，要求工人比农奴具有更高的文化水平。由于资本不断转移，所以工人职业也要不断变换，这就要求工人比中世纪的手工业行会的工人具有更高的技能，马克思称之为“劳动变换律”。所以，没有生产力的发展，什么“全面发展”，“多面手”都是空的。但是，由于资本主义自身生产关系的特点，终究限制了人的全面发展的可能性。马克思说：只有彻底消灭了资本主义所有制，过渡到共产主义，才有可能真正使人的活动成为自主的活动，使个人从原来屈从于片面分工的人向完整的人过渡。所以马克思在《德意志意识形态》中把人的全面发展和整个生产方式联系在一起，和生产力发展的要求联系在一起，而不是像以前那样把它看成为实现人的本质的要求，这两个立足点是不同的。

从《神圣家族》到《德意志意识形态》时间很短，马克思的整个思想发生了很大变化，好像是非常偶然的。西方有各种各样说法，阿尔都塞提出断裂论；还有西方一个资产阶级社会学者提出"策略论"，就是讲马克思原来讲人的本质异化是为了讨好那些哲学家，后来那些哲学家不理他了，他也就不要这个理论了。实际上并不是偶然的。从《神圣家族》过渡到《德意志意识形态》，有两个环节：一个是经济学研究，一个是哲学的研究。经济学研究的主要成果，就是马克思写的《评弗里德里希·李斯特的著作〈政治经济学的国民体系〉》。在这篇文章中，马克思开始接近对生产力和生产关系的理解。哲学研究的成果突出地反映在《关于费尔巴哈的提纲》(以下简称《提纲》) 中。《提纲》总结了马克思到 1845 年春的哲学成就。通过这两条线才能理解马克思怎样从异化理论过渡到全面创立唯物史观的环节。

《评弗里德里希·李斯特的著作〈政治经济学的国民体系〉》是从经济学角度表现了马克思如何接近唯物史观，《提纲》则更多地从哲学角度表现了马克思如何接近唯物史观。首先，马克思以批评费尔巴哈的方式来表述自己的理论，这说明马克思最终离开了费尔巴哈。其次，马克思在《提纲》中最终清除了费尔巴哈关于人的本质的异化和复归的人本主义影响。《提纲》表明，他从人的自我异化进入到社会自身的分裂，从对人的类本质的分析进到对人的社会关系的分析，科学地揭示了社会生活在本质上是实践的。但是《提纲》的出现不是偶然的，其中一些重要论点在此之前就比较零碎地、陆陆续续出现了，《提纲》是以总结的形式凝结了这四五年所达到的成就。大家知道，实践的观点是《提纲》的核心。《提纲》不仅把实践作为认识论的范畴，更重要的是把它引入到历史观，所以实践观和历史观的统一是《提纲》的重要特色。从把劳动作为人的本质到作为社会生活的本质，从人的实践活动中来考察人类社会，最终敞开了唯物史观的大门。所以恩格斯不仅把《提纲》称为包含着新世界观的天才萌芽的第一个文件，而且在 1893 年的一封信中，直接地把《提纲》称作历史唯物主义的起源。

《提纲》第六条提出了一个根本性的命题，人的本质是社会关系的总和。它标志着马克思在 1845 年对人与社会的关系的认识达到的新的高度。所谓人的本质问题，不能简单地归结为从个体中寻求人的共同本性问题。把各个问题局限在个别和一般的关系问题，就很难突破人本主义狭隘的界限。历史唯物主义探求人的本质问题，从根本上来说不是探求个体和类的关系问题，而是探求人与社会的关系问题。费尔巴哈人本主义历史观的局限性正好表现在他撇开人的社会关系和历史进程，希图从孤立的个体中探讨人的本性，把人的本质归为个体和类的关系。尽管费尔巴哈再三声明，把人看成是有血有肉的感性存在物，实际上这种不存在于任何社会形态中的、在社会之外的个体是不存在的，在这种个体基础上所建立的类和类的本质，也只是一些空洞的概念。在《提纲》以前，马克思对人的本质的看法与费尔巴哈已经有了分歧，但当时还保留了费尔巴哈的影响，真正自觉地清除费尔巴哈的影响，还是从《提纲》开始。针对费尔巴哈的观点，马克思提出了“人的本质并不是单个人所固有的抽象物。在其现实性上，它是一切社会关系的总和”① 的著名论断。这不只是对人的本质问题给予了科学的解释，而且抛弃了费尔巴哈关于个体和类的观点，为全面创立唯物史观扫清了最后的障碍。现分几点来说明。

第一点，马克思关于人的本质的论断，摒弃了费尔巴哈式的关于人的观念。费尔巴哈虽然也承认人是类存在物，但由于他把类看做是人的自然的共同属性，因而人名义上是类，实际上是彼此缺乏社会联系和社会关系的孤立的个体。马克思在批评费尔巴哈个体观念时指出：费尔巴哈“所分析的抽象的个人，实际上是属于一定的社会形式的”②。但是社会并不是个人的简单的集合，而是表示这些个人的彼此发生的社会联系和社会关系的总和。属于一定社会形式的个人，总是处于一定的社会结构之中。比方说，在阶级社会中，个人总是属于一定集团的，而一定阶级总是构成一定的社会形态。个人、阶级、社会三者是统一的。由于每个人都处于一定的

①② 《马克思恩格斯选集》，第 1 卷，18 页。

社会结构之中，属于一定的社会集团，所以个人问题的最终解决，在阶级社会中，总是取决于它所依附的那个阶级的命运，而整个阶级问题的解决又取决于整个社会问题的解决，而不能头足倒置。

第二点，马克思关于人的本质的论断，摒弃了费尔巴哈关于个体和类的观点，把对人的考察从个体和类的关系转变为人与社会的关系。在《提纲》之前，马克思对费尔巴哈的类的认识也并不完全清楚，有时类和社会是混在一起用的，从《提纲》以后，消除了这种混乱。社会的概念同类的概念是不相同的，类的概念强调的是个体的自然属性的同一性，所以类对个体是一视同仁的，你属于我这个类，你就必然具有我这个类的特点。而社会是人们进行活动的全部联系和关系的总和。马克思在《雇佣劳动和资本》中讲：生产关系总和起来，构成所谓社会关系，并且构成处于一定的历史发展阶段上的社会，具有自己独特特点的社会。把人与人的关系从个体和类的关系变成人和社会的关系，对历史观来说是至关重要的。从前一种观点出发，必然把重点集中在探讨个体和类的本质，寻求个体的一种永恒不变的共同属性；从后一种观点出发，必然把重点摆在人与人之间的社会关系和它的发展规律。从类的观点来考察个体，只能看到他的抽象的同一性和自然属性的差异性，而看不到他的社会属性，特别在阶级社会中，很难看到他的阶级属性。在阶级社会中对人的考察，如果只有高一点和矮一点、男的和女的差别，很难说是历史唯物主义。在阶级社会里，同类的关系有时反而不如异类的关系，人受了气，受了同胞的欺负往往到动物中去寻找温暖。屠格涅夫的小说《木木》就是这样，农奴主和农奴的关系，远不如农奴和狗的关系。木木对狗非常爱，可是农奴主对农奴很残酷。

第三点，马克思完全摒弃了费尔巴哈从孤立的个体探求人的本质，而从人与社会关系着眼，作出了人的本质实际上是社会关系总和的结论。有些同志提出：人的本质是人作为人的规定性，它应该适用于每一个个体，所以只能是类本质。比如劳动是人的本性，它并不取决于社会关系的变化。人的社会性也是这样的，人是社会的存在物，也适用于每一个时代。所以，与其说人的本质是社会关系的总和，不如说人的本质是个体所具有的共同属性。从形式上看，好像是这样。其实恰好相反，人作为单个的个体，并不具有劳动的本性，也并不具有社会性。所以劳动也好，人的社会性也好，不是每个个体的固有属性的抽象。劳动之所以是人的本质，因为只有在社会中才能劳动，劳动是社会存在的基础。这里确实有个方法问题。一提到社会性，也是这样，它并不作为任何一个个体都是社会存在物的概括，而是作为任何个体都不能离开社会这样一个事实的概括。正如人的本性是爱，因为每个人都有爱，所以抽象为人都有爱。其实离开了社会，人就不具有爱的特性。离开了夫妻关系就没有夫妻之爱，离开父子关系就没有父子之爱，爱是社会关系的产物。社会形成一种环境，它制约和形成人们的思想和行为，任何人的思想、才能、观念的形成，都不可能离开它所处的社会。无论你个人怎么看待自己，设想自己是超时代的、超历史的，实际上都是当时各种社会关系的产物。因此随着社会关系的变化，人的本性也是发展变化的，只有死的抽象是不变的。有人认为，只要有人，两性总是要繁殖，总是要吃饭，总是要生存，这一点是不变的。其实只要稍微前进一步就会发现，无论是两性繁殖也好，生存也好都具有时代特征。两性生存的特征表现为婚姻制度的变化，家庭结构的变化。至于人类生存的消费方式、生活方式更是变化的。只有把一切都抽象掉了，才能说吃和繁殖不变。如果抽象到这种程度，那人和动物是一样的。以上是马克思通过清算费尔巴哈全面创立唯物史观的理论准备和一个纲要，最重要的一点是彻底突破了个体和类的关系，从人的类本质转向人类社会，这就使马克思对主体的认识，对人的认识达到了一个新的高度。

四、历史主体和客体的辩证关系：人既是剧作者，又是剧中人

在《德意志意识形态》以后，马克思在很多重要著作中总是把历史的客观规律和人的主体作用结合起来考察。例如在《哲学的贫困》中，马克思把整个社会看成是一个包含着矛盾的有机体，即反对黑格尔把人看做是绝对观念自我实现的工具的观点，也反对蒲鲁东把人看做是原理、原则、范畴、自我运动的工具的观点，认为蒲鲁东的这种观点只不过是黑格尔哲学的最庸俗的翻版，是一种神秘的天命论。马克思强调，历史是人类活动的产物，考察历史，考察每个历史时代的现实，不应该撇开人类的活动，而应该把人既看做是剧作者，又看做是剧中人。还是马克思在《哲学的贫困》中提出的重要原则。人是历史的剧作者，也就是说，凡人类社会的一

切无一不是人类自身活动的产物，生产关系是人类在生产过程中形成的相互关系，生产力是人类改造自然的能力，其他如科学、艺术、文学等等，都是人类自身的创造。可是人又是剧中人，就人类活动方式来说，他是主动的，但就其后果来说，并不是预期的。人类的活动，不是绝对自由的，而是受制约的，就像在一台戏里的角色一样，剧中人的性格、行为、结局要受剧情，即剧中人相互关系的制约。每一个时代的人都是在既成的历史条件下活动的，每一代人活动的历史舞台，是由我们上一代的活动构筑形成的。也就是说历史舞台是一个既成的、给予的东西。所以人有可选择的一面，也有不可选择的一面。马克思在《哲学的贫困》中讲到有不可选择的一面。人们不能自由地选择某一种社会形式，也不能自由选择自己的生产力。社会的发展有自己的规律，这个规律是不以人们的意志为转移的。个人的行为是有目的的，有意识的，可是由人们的行为所形成的历史的自身，是无目的无意识的。对于个人的行动可以问为了什么，而对于历史则只能问为什么。因为客观历史现象之间的联系是因果性联系，而不是目的性的联系，所以尽管每个人的行为、行为方式体现了人的目的，可是社会现象互相作用的结果，却往往超出或违反人的目的。所以列宁讲：历史最容易开玩笑，你本来想走到这个房间，结果却走到那个房间去了。当然，人可以利用规律，但你必须承认规律、服从规律，不受规律制约的主体，只是想象中的自我，不是真实的、实在的、活动着的人。所以马克思提出人就是剧作者，又是剧中人，很形象地表达了人的主体地位和客观规律之间的唯物辩证的关系。

后来，马克思对 1848 年革命、特别是对路易·波拿巴政变进行了非常深刻的分析，对唯物辩证的历史观做了非常天才的运用。

革命（即使是资产阶级 1848 年革命）是各个阶级及其政治代表人物活动最积极的时期。在革命时期登上政治舞台的有各种各样的人物，既有叱咤风云的革命斗士，也有搞阴谋诡计的政客；既有推动历史前进的正面英雄，也有阻碍历史前进的反面人物。也就是说，在革命时期，各个阶级以及他们代表人物之间的复杂斗争，他们之间的兴衰成败，构成了一组非常具有戏剧性的历史画面。1848 年法国革命就是这样。当时，在历史舞台活动的有在 1848 年 6 月被镇压的无产阶级，有取得胜利的资产阶级，又有比较动摇的小资产阶级，还有比较闭塞落后、被束缚在小块土地上的小农，也还有一心想复辟的七月王朝的大地主、大资产阶级。不仅有各种各样的阶级，而且有各种各样的代表人物。有代表工人的布朗基，有代表小资产阶级的赖德律-洛兰，有号称代表工人阶级、实际上代表小资产阶级的路易·勃朗。按照马克思的说法，当时还有一些银行家，一些议员等等。各个阶级各种代表人物都在进行斗争，最后结果政权却落到波拿巴手里。拿破仑 1848 年被选为总统，1851 年 12 月 2 日发生政变，解散立宪议会；一年后复辟帝制，做了皇帝。

路易·波拿巴的政变，按照马克思的说法，像晴天霹雳一样震动了法国，有人出于道义进行谴责，有人感到惊讶，但没有人对政变作出历史唯物主义的解释。1852 年出了两本书，一本是雨果写的《小拿破仑》，另一本是蒲鲁东写的《从十二月政变看社会革命》，这两本书表现了两种倾向，一个着眼主体，一个着眼客体。雨果对路易·波拿巴进行了尖锐的抨击和谴责，但却没有能力分析法国的阶级状况，不理解路易·波拿巴政变获得成功的条件。他把政变看做路易·波拿巴完全凭借个人的意志和力量，在一夜之间就改变了整个法国的历史。所以马克思说：雨果这样着力地揭露波拿巴这样一个冒险家和阴谋家的嘴脸，实际上是把这个小人物写成大人物，好像他是凭借个人的意志就把整个法国的历史改变了。

蒲鲁东在《从十二月政变看社会革命》这本书里走向一种纯客观主义的倾向。他极力从历史自身寻找政变的原因，把政变描写成一种历史的必然性，是以往历史的结果。这样，路易·波拿巴就变成了历史必然性的工具和傀儡。按照马克思说法，蒲鲁东对政变历史所作的说明，不知不觉地变成了对路易·波拿巴的辩护，他只不过是历史实现自己意志的工具。

马克思在 1852 年写的《路易·波拿巴的雾月十八日》一书，既考虑到客观，又考虑到主观，对波拿巴个人进行了唯物辩证的分析。马克思分析了当时阶级斗争的状况，分析了法国二月革命以后法国的全部历史活动的过程，然后把路易·波拿巴放在整个历史背景下，考察了他个人的品质，他所施展的各种阴谋诡计。这样才弄清楚了是什么原因使这样一个平庸可笑的人物扮演了这样一个英雄角色。马克思在《路易·波拿巴的雾月十八日》里，首先提出了一个很重要的命题：“人们自己创造自己的历史，但是他们并不是随心所欲地创造，并不是在他们自己选定的条件下创造，而是在直接碰到的、既定的、从过去承继下来的条件下创造。”① 他肯定了人们创造自己的历史，也就是肯定人是历史的主体。人类以自己的行动谱写了自己的历史之歌。但是人们不能随心所欲地创造历史，尽管人们的一切活动都必须通过人的大脑，表现为一种热情、欲望、意志、目的，但是人的行为和动机都是有着社会制约性的。这种制约人的行为的动机的条件，就是社会环境，或者叫做历史舞台。而在这个历史条件中，归根到底起决定作用的是经济条件，即物质资料的生产方式，除此之外，还有政治条件，也就是阶级结构和政治结构以及存在于人们头脑中的思维传统、意识传统和已死的先辈的思想。经济条件、政治条件和意识形态的传统力量，构成了一个人的历史活动舞台，人们就在这种历史舞台上进行创造活动的。所以不可能随心所欲地进行创造。马克思从这个原则出发，对于路易·波拿巴这种人物的产生，对他的历史作用，对政变为什么能获得暂时成功的分析，以及对波拿巴整个前途的预测，都充分体现了唯物史观的威力。

马克思引用爱尔维修那句话：“每一个社会时代都需要有自己的伟大人物”②。这个论断，不仅适用于正面人物，同样也适用于在历史上起过重大作用的反面人物。路易·波拿巴的出现就是这样。马克思指出：“波拿巴的作用日益增长是当时的环境造成的。”③ 什么环境把一个渺小的人物变成一个貌似强大的伟大人物？马克思说：是由于法国 1848 年的阶级斗争，特别是 1848 年以后法国革命沿着下降路线的态势所造成的。因为法国的七月王朝被二月革命推翻了，接着无产阶级又被资产阶级镇压下去了，资产阶级共和派很快又被保守党人击败了，整个革命是沿着下降路线发展的。当时处于一片混乱。资产阶级报纸上发表一种恐怖的叫声：没有终结的恐怖，还不如令人恐怖的终结。资产阶级感到自己被保守党打败了，宁愿放弃资产阶级共和国的形式，建立一个虽不太完备、不太发达，

① 《马克思恩格斯选集》，第 1 卷，603 页。
② 同上书，450 页。
③ 同上书，496 页。

但对他们自己来说危险较小的那样一种传统形式。路易·波拿巴正符合他们的这种需要。所以路易·波拿巴的出现是整个法国革命沿着下降路线产生的一种必然结果。历史人物的产生决定于时代的需要，所以他们必然具有他们那个时代的特点。我们在研究历史人物时，进行比较当然可以，但简单的类比是不可以的。马克思在分析路易·波拿巴时，处处都揭露他仿效他的伯父拿破仑第一，好像他和他的伯父是一样的人。但马克思处处揭露他，强调他们之间的差别性。马克思发挥了黑格尔一个重要观点，黑格尔认为：一切伟大的世界历史事变和人物，可以说都出现两次。马克思补充说："第一次是作为悲剧出现，第二次是作为笑剧出现"①。比如在法国资产阶级革命中，两度出现拿破仑称帝。第一次是伯父——拿破仑第一，第二次是他的侄儿——拿破仑第三，相隔半个世纪。但由于时代不同，他们的历史地位和作用也就迥然不同。拿破仑第一是资产阶级革命的代表，是旧的封建制度的摧毁人，所以拿破仑第一的统治虽然也很残暴，但比起被推翻的封建贵族还是要温和得多。拿破仑第一企图以战争的形式来推行和巩固资本主义制度，他摧毁了神圣的罗马帝国，传播了拿破仑法典。所以拿破仑的失败是英雄末路，是英雄的失败，是一幕悲剧。而他的侄儿拿破仑第三，害怕彻底进行资产阶级革命，他极力缩小资产阶级革命的成果阻止革命向有利于劳动者的方面发展，他也复辟称帝，结果也失败了。他的失败不是英雄的末路，而是历史的笑柄。

路易·波拿巴政变获得成功，并不像雨果所写的那样，纯粹是由于波拿巴发挥了个人力量的作用，而是客观条件造成的。在这些条件中，除了各种政治势力在互相斗争中遭到削弱之外，还由于当时行政权力空前扩大。议会权力的破产，特别是波拿巴得到了法国小农的支持，所以他的政变获得了成功。马克思当时着重分析了客观条件，政治态势。这样的客观条件使这样一个渺小的人物变成伟大的人物。但是马克思没有用客观条件的分析代替对拿破仑个人的分析。相反，马克思非常重视对他个人的特性、品质，对他的历史作用的分析。马克思着重分析了路易·波拿巴个人的政治品质，把他叫做流氓无产者的首领，叫做老奸巨猾的痞子。马克思

① 《马克思恩格斯选集》，第1卷，603页。

说这个家伙从来就不是个晚上考虑问题白天干的人，而是个白天考虑问题晚上干的人，即专门搞阴谋诡计的人。他用腊肠烧酒收买士兵。他并不单单是历史的傀儡、工具。道德问题对于一个普通人来说只是一个个人品质问题，但对于一个历史人物来说，则是可以对历史打上烙印的重要因素。所以历史唯物主义并不拒绝对个人道德品质、政治品质的分析，但不是单纯地进行道德评价，而是着重研究他的历史意义。

从以上分析可以看出，马克思既分析了客观条件，分析了阶级斗争的态势，又分析了拿破仑的个人品质，很全面。但无论拿破仑个人作用有多大，他都不能违背历史规律。因为当时整个法国，经过1789年的革命，是朝着资产阶级民主制度发展，而不是朝着君主制发展。所以尽管拿破仑使了不少阴谋诡计，企图复辟帝制，但终究是要失败的。马克思在波拿巴复辟帝制之前就指出："如果皇袍终于落在路易·波拿巴身上，拿破仑的铜像就将从旺多姆圆柱顶上被推下来"①。这以后不到一年，历史证明了马克思的论断。

（原载《历史唯物主义研究》，1987（1））

---

① 《马克思恩格斯选集》，第1卷，703页。

12．马克思对人与自然关系的实践把握

地理环境决定论，是人与自然关系问题上的片面的自然主义理论。它的必然结论是历史宿命论和机械决定论。贯穿《河殇》全部历史观基础的正是这种理论。撰稿者们鼓噪一时吵吵嚷嚷地宣扬的那种悲观的、宿命的、极端民族虚无主义的“黄色文明”理论，是人与自然关系理论上的一次大倒退。

人与自然关系的实际状况是变数。它的理论形态也是如此。东方和西方、农业社会和工业社会对人与自然关系的看法具有明显的时代和民族特色。东方神秘的“天人合一”观念对陷入生态困境的西方人正在重新放射出迷人的光辉。但真正对人与自然关系给予科学阐述的，既不是自然主义也不是人本主义，既不是地理环境决定论也不是片面的“自然改造”论，而是唯物辩证地处理人与自然关系的马克思主义理论。它的核心是对人与自然关系的实践把握。马克思把自然界纳入人的活动范围来考察，在人与自然关系问题上提供了既不同于旧唯物主义又不同于唯心主义的新的思维方式。

一、理论视角的转换

人是从自然界分化出来的。自然界是人生存的首要和基本的来源。人对自然界的依赖如此密切，以至一切崇拜和神化都是从处理人与自然的关系开始的。最早的宗教是自然拜物教。最早的意识是自然意识，即对周围自然界牲畜般服从的动物性意识。最早的艺术是对自然的模仿和描述。最

早的哲学是自然哲学。最早的哲学家是自然哲学家。可以说，原始宗教，神话，艺术，哲学，就其起源来说都离不开人与自然的关系。

人类虽然是从自然开始自己认识历程的，但在很长的时期内并没有找到人在自然界中的位置，也没有找到从哲学高度观察人与自然关系的适当角度。

哲学从其童年时代起，一切唯物主义的共同点是承认自然界的客观实在性，或者说世界的物质统一性。它们毫不怀疑自然界先于人并在人的意识之外的存在，努力探求自然界的本质或本原，以便从自然本身说明自然。它们就自然界考察自然，以便达到按照世界的本来面目认识世界。这种观点有其正确的一面，特别是对以自然规律为对象的自然科学来说是非常重要的。恩格斯在评论 18 世纪上半叶自然科学状况时说："当时哲学的最高荣誉就是：它没有被同时代的自然知识的狭隘状况引入迷途，它——从斯宾诺莎一直到伟大的法国唯物主义者——坚持从世界本身说明世界，而把细节方面的证明留给未来的自然科学。"①

旧唯物主义在人与自然关系问题上的缺点也是很显然的。它们推崇作为自然的自然，而不懂得历史的自然，即处于一定历史进程和文化环境中并打上了人的烙印的自然；它们也不懂得自然的历史，不懂得自然界由于人的参与而发生的变化。它们把自然与人的活动分离开来，一边是自然，一边是人，采取的是人与自然二元化的原则。它们坚持唯物主义，但陷入了形而上学。

从康德开始的德国古典哲学可以说是人与自然关系上的一次视角的转换。同以往唯物主义仅仅从客体把握自然不同，它们从主体方面把握客体，也结束了认为自然界没有任何历史的观念。但德国古典哲学以"先验自我"，"绝对观念"名义确立的主体，是无人身的主体。从这种主体出发来把握客体，只能使客体笼罩上神秘的主体性。无怪乎在青年黑格尔派那里，人与自然的现实问题变成了抽象的实体和自我意识的问题。

费尔巴哈不满意德国古典唯心主义哲学对人与自然关系的思辨改革，从绝对观念转向人，把人与自然从绝对观念的依附地位提升为哲学的最高

① 《马克思恩格斯选集》，第 3 卷，449 页。

原则，强调人与自然的统一。但这种统一不是以实践为中介的认识论的统一，而是本体论的统一，是以人和自然的客观本性为基础的统一，即人是自然的人，自然是作为人的自然存在基础的自然。这种统一的最高成就是自然主义和人本主义。费尔巴哈克服了德国古典哲学的唯心主义缺点，但忽视了从康德到黑格尔在主体性问题上取得的成就。他恢复了唯物主义的王位，同时也复活了它们的缺点：仅仅从客体角度考察客体，甚至把人也变成了仅仅是感性对象。费尔巴哈尽管使人摆脱神学的和唯心主义的羁绊，但并没有真正确立人的主体地位，在人与自然关系的把握上陷入了同旧唯物主义一样的困境。

这样，在人与自然的关系问题上，我们在人类思维史上看到的是两种思维方式：客体性原则和主体性原则。它们彼此对立，形同冰炭。在抽象的对立中，使其中包含某些真理性的认识变成了谬误。

马克思主义克服了客体性原则与主体性原则的二律背反。它既不是片面推崇客体，也不是片面迷恋主体。之所以能达到这个高度，关键在于，马克思把自然作为人的劳动对象纳入人的活动范围来考察。

在劳动中，自然界已丧失了它往昔的地位，它既不是自然拜物教徒眼中那个神秘莫测、人们对之顶礼膜拜的神物，也不仅仅是旧唯物主义眼中那种仅仅作为不依赖人而独立自存的物质。自然界是人们的劳动对象，是人们借以获得生产资料和生活资料的来源。借助于劳动，人与自然关系转变以实践为中介的主客体关系。

劳动包括对客体性原则的认可，因为没有无对象的劳动。劳动并没有否定自然的客体性。人们要在劳动中达到预期目的，必须承认自然的先在性和实在性，并力求按照自然的本来面目认识自然界。但劳动打破了旧唯物主义的那种硬化的、僵死的客体性原则，包含从主体角度把握客体的合理性和必要性。

同样，劳动包含对主体性原则的认可，因为没有无主体的劳动。但劳动中的主体，已经不可能是德国古典唯心主义哲学中的无人身的主体，而是现实的从事劳动的人，是受劳动对象、劳动条件和劳动工具、劳动方式制约的主体。因此，我们同样承认从客体角度把握主体的合理性和必要性。劳动的实际过程是人与自然的物质交换，哲学中以实践为中介的主客体相互关系的理论，是对这种过程的抽象。所以实践的视角，不是片面的主体性原则，也不是片面的客体性原则，而是以扬弃的形式包括这两者。

在著名的《1844年经济学哲学手稿》（以下简称《手稿》）中，马克思揭示了人与自然的多层次关系，第一次把它区分为实践关系、认识关系、审美关系。

就肉体生活来说，人与动物一样都依赖自然界。而且人比动物越是高明，越是具有能动性，人对自然界的依赖越广泛越深刻。人与动物的区别不在于是否依赖自然界，而在于这种依赖方式。自然界是人的活动对象，是人赖以生活的源泉，但人是以人的方式依赖自然界，即通过劳动建立起同自然的改造和被改造关系。马克思在讲到人与自然关系时强调："从实践领域说来，这些东西也是人的生活和人的活动的一部分。人在肉体上只有靠这些自然产品才能生活，不管这些产品是以食物、燃料、衣着的形式还是以住房等等的形式表现出来"。还说："在实践上，人的普遍性正表现在把整个自然界——首先作为人的直接的生活资料，其次作为人的生命活动的材料、对象和工具——变成人的**无机的**身体。"①

实践关系是人与自然的首要的基本的关系。这种关系根本改变了人与自然关系的性质。动物与它的生存环境是单纯的依存关系，适应关系。这是自然界内部的关系，是一种自然物与另一种自然物的关系。自然本身规定了动物的活动范围，动物从不试图越过这个范围。动物区系本身就是自然环境的一部分，是整个自然生态链条中的一个环节。而人与自然的实践关系，使人处于能动者和创造者的地位。

人与自然的关系还包括认识和被认识关系。马克思说："从理论领域说来，植物、动物、石头、空气、光等等"，是"自然科学的对象"②。马克思当时还专指自然科学，没有对人与自然的认识关系进行全面论述。但说明马克思已经意识到不能把人与自然的关系仅仅归结为实践关系。从原始的图腾崇拜、宗教神话到近代的自然科学的发展都证明马克思的论断，自然界是人的主要认识对象，人不仅在实践着，而且在认识着。

此外，与自然科学相并列，马克思还强调植物、动物、石头、空气、

①② 《马克思恩格斯全集》，第42卷，95页。

光，总之自然界也是“艺术的对象”。这是颇为耐人寻味的。毫无疑问，艺术也是一种认识，但它是与自然科学不同的另一种形式的认识。艺术和科学各有不同的认识功能和社会功能。尽管自然界既是自然科学的对象，也是艺术的重要对象，但艺术不是对自然界的实证性认识，而是一种审美关系，是人与自然关系的一种审美价值判断。

实践关系、认识关系、价值关系，在人与自然交往中并不是互不相关、彼此并列，而是同时并存、相互渗透的。只有从抽象思维的角度才能把它们彼此剥离开来单独考察。其中，最根本的关系当然是实践关系，而认识关系和价值关系是被实践关系决定和制约的，并且是实践关系的内在要素。它们是在实践关系的基础上产生的，并渗透和影响整个实践过程。但在实践过程中，认识关系和价值关系方向相反。认识追求的是真理，它要求主体的观念、认识应该符合客体；价值追求的是效用，它要求客体符合主体的利益和愿望。认识和价值的矛盾是在实践中不断解决又不断产生的。从人与自然关系中排除认识和价值关系，人的实践活动就降低为动物的本能行为。

理论视角的转换，是哲学形态的变化。马克思从实践角度把握人与自然的关系，对自然、社会、人的问题的认识带来了根本性的变化。

自然变成可理解的自然。从实践的角度把握自然界，可以看到人类周围的感性世界是人的活动的产物，是已死去的和活着的文明的见证人。旧唯物主义的自然本体论、自然先在论的错误并不在于它坚持自然的客观实在性，坚持自然界先于人类而存在。相信这些正是唯物主义之所以是唯物主义的关键所在。它们的错误在于撇开人类的实践活动考察自然，因而无力解释由于人的参与而引起的地球表面、气候、植物界、动物界以及人类本身的变化。它们把自然界移到人的活动范围之外，或者说从自然界中排除人的活动，从而把现实的自然界变成不可理解的神秘自然界。

社会变成可理解的社会。劳动创造了人，创造了人类社会。人类社会的经济结构、政治结构是在劳动基础上形成的。劳动的确是打开人类社会奥秘之门的钥匙。

人们往往认为，只有人与人的关系才属于社会之中的关系，而人与自然的关系属于社会之外的关系。这是一种空间观念引起的理论错觉。其实，人与自然关系同样是人类社会的一种基本关系。没有这种关系，人类社会就不存在。因此只有正确理解人与自然的关系，才能真正把握人类社会历史的本质。

马克思一再批评历史唯心主义者企图从社会历史中排除人与自然的关系。他在《手稿》中说："历史是人的真正的自然史"；还说："只有自然主义能够理解世界历史的行动。"这里所说的"自然史"、"自然主义"都在于强调人与自然的关系是社会中的基本关系，正是这种关系赋予人类社会以客观的物质内容。事情很显然，从社会历史中排除人与自然的关系等于排除劳动，这意味着历史的中断和社会的灭亡。

如果说上述看法在《手稿》中还是一种暗示的话，在《神圣家族》中则非常明确。马克思在批判青年黑格尔派时以责问的口吻说："难道批判的批判以为，只要它**从**历史运动中排除掉人对自然界的理论关系和实践关系，排除掉自然科学和工业，它就能达到即使是才**开始**的对历史现实的认识吗?"马克思的回答是否定的。排除人与自然的关系是把历史同物质生产、同劳动分开，实际上是认为"历史的发源地不在尘世的粗糙的**物质**生产中，而是在天上的云雾中"①。

在《德意志意识形态》中，马克思和恩格斯继续批判青年黑格尔派和费尔巴哈把人对自然界的关系从历史中排除出去，制造自然界和历史之间的对立。的确，从社会中把人与自然的关系驱逐出去，意味着把社会看成是一个不需要与自然进行能量和信息交换的独立的、封闭的结构。这样的社会，在地球上从来没有存在过，也不可能存在。

这样，人变成可理解的人。人是什么，不可能从孤立的个体，或从人的内在本性中得到说明，只有人的历史，特别是人的劳动史才能揭示人的本质。单纯的生物进化无法解释从猿到人的转变；自然选择，也无法说明社会的形成及其演变。人的变化不可能由人的生理因素得到解答。从茹毛饮血的原始人到现代人的变化，人的才能、智力、素质、思维能力的增长，不是人的内在潜力的自我实现，而是劳动的结果，是全部人类劳动及其创造的文化的积淀或内化的结果。人的历史，无非是人通过劳动而自我

---

① 《马克思恩格斯全集》，第2卷，191页。

创造的历史。

二、自然界——人的作品和现实

“生产是人的能动的类生活。通过这种生产，自然界才表现为**他的**作品和他的现实”①。马克思的这一著名论断，是他考察人与自然关系视角转换的一个重要结论。它突破了古代自然哲学囿于自然自身，就自然探索自然的封闭式的旧本体论的局限性，由对客观自然本身的探索，转向注视人与自然关系的研究。

人对人与自然关系的看法是受它的实际关系决定的。尽管当人从自然界分化出来后就逐步迈开了改造自然的步伐，但在初期，人类对自然的改造和影响力是极其微弱的。水平低下的生产力，使人不可能把自然界看成人的作品和现实，相反人像婴儿依赖母亲那样依赖自然。这就是马克思所说的人对自然牲畜般的服从，这时，自然界作为一种完全异己的、有无限威力的和不可制服的力量与人相对立。此时，人同自然的关系，类似动物和自然的关系。图腾崇拜和原始宗教所蕴含的社会意义，就是这种关系的反映。例如图腾崇拜表明的是人对自然界的极其狭隘的依赖关系。原始人之所以崇拜某一种动物，把它当做自己的祖先和保护者，是因为这些动物确实是他们赖以为生的源泉。有的学者看到了这种秘密。例如《人·偶像和上帝》的作者就说：“在自然和集体面前显得软弱无力的原始人，把自己跟他的动物祖先，跟自己的图腾等同起来，通过复杂的并经常是备受折磨的仪式，归根到底扩大着他对自然和社会环境的依赖。”②

从14世纪逐步孕育成熟的资本主义生产方式，促进了生产力的发展，展示了人对自然的改造力量，开始了人的觉醒。可是，在很长的一段时期内，资产阶级人道主义思潮处于非常矛盾的境地。资产阶级人道主义者反对封建专制制度和宗教对人的藐视，但并不真正懂得人的创造能力。他们强调的是人的生存与生活的价值和意义，而不是人改造自然和驾驭自然的能力。他们尽管赞美人，认为没有人的地球，正如没有星星的夏夜一样乏

① 《马克思恩格斯全集》，第42卷，97页。

② 《人·偶像和上帝》，见《文化与宗教》，7页，北京，中国社会科学出版社，1983。

味沉闷，可当涉及人与自然的实际关系时，他们强调的是人对自然的片面服从。而且把本来是属人的东西，如情欲、激情，都看成是既有开始也有结束的机械运动。在他们看来，人和自然一样，都受某种类似机械力的那种同一的动力支配。

到19世纪上半叶，资本主义社会创造的生产力，比过去一切世代创造的全部生产力还要多，还要大，充分显示了人对自然的改造力量，才有可能使哲学家们清楚地看到自然界的人的本质，即把自然界作为人的作品和现实。

马克思在《经济学手稿（1857—1858）》中，非常精辟地论述了这一点。他说："只有资本才创造出资产阶级社会，并创造出社会成员对自然界和社会联系本身的普遍占有。由此产生了资本的伟大的文明作用；它创造了这样一个社会阶段，与这个社会阶段相比，以前的一切社会阶段都只表现为人类的**地方性发展**和**对自然的崇拜**。只有在资本主义制度下自然界才不过是人的对象，不过是有用物；它不再被认为是自为的力量；而对自然界的独立规律的理论认识本身不过表现为狡猾，其目的是使自然界（不管是作为消费品，还是作为生产资料）服从于人的需要"①。只有生产力的发展才能导致人与自然关系问题上观念的变革，使人从对自然的崇拜转向对自然的利用；从自为的自然转向为我的自然。马克思1844年关于自然界是人的作品和现实的论断，不单纯是智慧的结晶，而是时代的产物。它是马克思对自己时代人与自然实际关系的哲学反思。

自然界是人的作品和现实的论断，是彻底无神论的。它使冷冷苍穹，昊昊皇天，从幽冥莫测至高无上的地位，降低为人能够改造，能够控制，能够利用的物质世界。人用双手改造了自然，也从自然界中驱走了神。

自然界是人的作品和现实的论断，也是彻底辩证的。它使人从自然的强制力量中解放出来，处于能动者、创造者的地位。纯自然的自然界提供的是它可能提供的东西；而作为人的作品和现实的自然界提供的是人所需要的东西。人工培植的动植物品种，各种合成材料，就其效用而言对人更有价值。人不仅是自然的"奴仆"，也是自然的"主人"。作为人的作品和

① 《马克思恩格斯全集》，第46卷上，393页。

现实的自然界，证实的正是人与自然的辩证关系。

要使自然界成为人的作品，当然离不开人的意志。但是人并不是单凭意志做到这一点的。人是通过生产，而且也只有通过生产才能使自然界表现为人的作品和现实。因此，这一过程是人通过物质生产把自然因素纳入人类历史领域的过程。作为人的作品和现实的自然界，不是人的活动“射程”之外的自然界，而是处于人的活动范围之内的自然界；不是作为自然的自然，而是作为历史的自然。

一个社会发展的水平和速度，会受到它赖以生存的自然条件的影响。过分优越的自然条件会麻痹人的力量，而不适宜生存的过分恶劣的自然环境会扼杀人的创造力。但具有关键意义的并不是既成的自然条件，而是人在何种程度上能把自然界改造得符合自己的需要。从这个角度看，人与自然的关系的确存在挑战与应战的关系。真正有创造力的民族并不是自然条件得天独厚的民族，而是能把不利条件变为有利条件艰苦创业的民族。《河殇》的作者们，把中华民族的灿烂文化归功于黄河乳汁的哺育，而把近代的落后归咎于黄河乳汁的干涸，是对中国历史的嘲弄。

自然界变成人的作品和现实的过程，是变纯自然为人类生存条件的过程，也是人类社会的形成和发展的过程。如果离开了人把自然界变成自己的作品和现实，仅仅把社会看成人的集合体，看成是类，就无法理解社会的本质。仅仅根据“类”的概念，我们可以把任何动物的群体称之为社会。这样做，除了玩弄“社会”这个概念外，并不能揭示动物群体的生物学特质。没有物质生产，就没有社会。

从生产关系角度看，作为人的作品和现实的自然界，永远是同一定的所有制形式分不开的。任何所有制都是一种关系，首先是人对自然界及其产品的占有关系。

从生产力角度看，作为人的作品和现实的自然界是人类生产力的凝结、转化，又是人类生产力的扩张。社会生产力，不是既成的自然力，而是一种社会力量，它是人类改造自然过程中形成和发展起来的。从原始的打磨石器、青铜器，到机器的出现，到当代的高科技，它所显示的正是越来越广泛地把自然界变成人的作品和现实的过程。

这是一个无止境的，有限和无限相结合的辩证过程。

就人与自然的关系而言，人在特定时期的活动范围是有限的，但不能不断超越自己原来的活动范围，向新的领域拓展。就产品而言，它不限于生产某一类产品，而是不断生产新产品；就劳动对象而言，它不断把自然界变成自己的对象。正如马克思所说："动物只生产自身，而人再生产整个自然界"①。在认识领域，不可能划定一个认识的禁区；同样，在实践领域，也不可能划定一个非实践领域。尽管人类当前的自然科学和实践范围仍以地球为中心；但超出地球而进入宇宙空间的号角已经吹响了。历史日益证明，"人再生产整个自然界"的论断是完全正确的。

人把自然界变成自己的作品和现实，也就是把自然界变成自己的无机身体。马克思一再强调，人把自然界"变成人的**无机**身体"。还说："自然界，就它本身不是人的身体而言，是人的**无机的身体**。人靠自然界**生活**。这就是说，自然界是人为了不致死亡而必须与之不断交往的、人的**身体**。"②

后来在《经济学手稿（1857—1858）》中，马克思在批评蒲鲁东对财产起源问题的错误观点时一再发挥了这个观点。他说："正象劳动的主体是自然的个人，是自然存在一样，他的劳动的第一个客观条件表现为自然，土地，表现为他的无机体"③。

在讲到财产的本质时，马克思强调："**财产**最初无非意味着这样一种关系：人把他的生产的自然条件看作是属于他的、看作是自己的、看作是**与他自身的存在一起产生的前提**；把它们看作是他本身的**自然前提**，这种前提可以说仅仅是他身体的延伸。其实，人不是同自己的生产条件发生关系，而是人双重地存在着：主观上作为他自身而存在着，客观上又存在于自己生存的这些自然无机条件之中"④。

"人的双重存在"，也就是说人有两个身体：一个是人的有机身体，即人自身的自然存在，人的头脑、血肉、四肢；另一个是人的无机身体，即人之外的自然界。可是，就时间说，自然界在人出现之前就已经存在；就

① 《马克思恩格斯全集》，第42卷，97页。

② 同上书，95页。

③ 《马克思恩格斯全集》，第46卷上，487页。

④ 同上书，491页。

空间说，自然界的绝大部分处在人的活动范围之外，它并不依存于人。因此，作为人的无机身体的自然界，并不是泛指一般自然界，而是指通过人的活动被改造过的自然界，它是人的另一个“我”。因此，自然界作为人的无机身体，同自然界作为人的作品和现实是同一个思想的不同表述。

三、自然的客观实在性

从自然界是人的作品和现实中，能够得出马克思否定自然的客观实在性，排斥一切存在于人之外的自然的结论吗？不能。认为马克思彻底否定唯物主义本体论的看法，或者是误解，或者是曲解。

哲学从以本体论为中心，逐步转向认识论的研究，是哲学意识的进步。但本体论问题并不因此就消失了。某个哲学家或哲学学派可以不着重研究本体论，但不能绕开本体论。可以说，关于世界的本质问题、关于存不存在客观世界问题无处不在，它或明或暗地渗透到一切哲学命题或哲学判断之中，死死缠住哲学家们的头脑。即使是宣称摒弃一切本体论问题，把哲学归结为语言和逻辑的分析哲学，也并没有逃避掉本体论问题。马克思早说过：“哲学家们只要把自己的语言还原为它从中抽象出来的普通语言，就可以认清他们的语言是被歪曲了的现实世界的语言，就可以懂得，无论思想或语言都不能独自组成特殊的王国，它们只是现实生活的表现。”①

人与自然的关系问题研究的重点是关系，但离不开实体，没有无实体的关系。人与自然的关系问题本身就包括本体论问题。要科学阐述和正确处理人与自然的关系，必须弄清人与自然的本性。不了解自然本身“是如何”，不可能提出它“应如何”的问题。黑格尔非常清楚这一点。他说：“理智的工作在于认识这世界是如此，反之，意志的努力即在于使得这世界成为应如此。”②

的确，马克思的《手稿》论述的重心是放在从主体角度把握客体，即人如何通过劳动为自己创造一个对象世界上。不过其中有些论述含意模

① 《马克思恩格斯全集》，第3卷，525页。

② ［德］黑格尔：《小逻辑》，420页。

糊，容易引起争议，例如，在谈到自然科学和艺术的对象时，强调自然界是人的意识的一部分，是人的精神的无机界；而在另一处又说，“被抽象地孤立地理解的、被固定为与人分离的**自然界**，对人说来也是**无**”①。

其实，对这些引文只要不停留在表面的引证上，而是深入到马克思的思想深处，我们便能得出如下正确结论：

第一，马克思强调的是精神生产的特点。在物质生产中，人通过劳动为自己创造一个对象世界，因而自然界是作为人的“物质无机界”；而在精神生产中，自然科学和艺术是对自然界的观念的把握，是在头脑中对自然界进行加工、消化，因而是“人的精神无机界”、是“人的意识的一部分”。这里所说的“精神无机界”、“人的意识一部分”，显然不是否定自然界的客观性，而是对自然科学和艺术特点的不太确切的表述。

第二是马克思对黑格尔的批判。在黑格尔看来，自然界是绝对观念的自我异化。当绝对观念在纯逻辑中经历了全部过程之后，必须自我扬弃，从自身中释放出自然界。否则，必须在纯逻辑中再一次重复全部抽象过程。在黑格尔的哲学中，作为与自然界相对立的主体是绝对观念，而不是人。人与自然是绝对观念发展中的不同环节，它们是彼此分离的。正是针对黑格尔这个观点，马克思说了这段著名的话，强调在他的体系中，自然界是无。

人永远是在人与自然关系的系统中把握自然。这个关系之外的自然界，对人说来是尚未认识之物，但不能说是非存在物——无。我们应该区分自在之物和为我之物。承不承认自然的客观实在性问题属于本体论问题；自在之物向为我之物的转化问题属于认识论问题。这二者不可分。如果不承认自然界的客观实在性，就不存在自在之物向为我之物转化的问题；反之，如果自在之物不向为我之物转化，客观世界永远处于认识和实践范围之外，这个所谓客观世界就变成了神秘之物，成为永远不可把握的 X。现实的自然界，是作为人的实践和认识对象的自然界；即使目前尚未进入人的活动范围之内，它总是一部分一部分地被纳入人的活动之中。这是个无止境的过程。因此，黑格尔的自然界——与人相脱离的自然界，是

① 《马克思恩格斯全集》，第 42 卷，178 页。

无，或者用马克思的话说，是“抽象的自然界”，“是自然界的思想物”。

在《手稿》中，马克思对自然的客观性问题进行了多方面的论证。

马克思把自然界作为劳动对象来考察，通过对象化的劳动肯定自然界的优先地位和客观实在性。马克思明确指出：“没有**自然界**，没有**感性的外部世界**，工人就什么也不能创造。它是工人用来实现自己的劳动、在其中展开劳动活动、由其中生产出和借以生产出自己的产品的材料。”① 这里讲的既是经济学又是哲学。马克思关于自然客观实在性的观点，是对物质生产中各个要素关系的哲学概括。

马克思通过驳斥宗教创世说肯定自然的客观实在性。在他看来，人的实践活动，使得“关于某种**异己的**存在物、关于凌驾于自然界和人之上的存在物的问题，即包含着对自然界和人的非实在性的承认的问题，在实践上已经成为不可能”②。马克思还援引地质学和生物学的材料来论证自己的观点，认为大地创造说，受到构造地质学的致命打击；而自然发生说，是对创世说的实际驳斥。

马克思还特别强调非理性因素（感觉、激情、欲望）对确证唯物主义本体论的意义，认为，“人的**感觉**、激情等等不仅是在［狭隘］意义上的人类学的规定，而且是真正**本体论的**本质（自然）肯定”③。人的欲望的对象是作为不依赖于他的对象而存在的。人们通过消费（吃、喝）既是对对象的扬弃，又是对对象的肯定。没有人之外的自然界，人的任何一种情欲都无法满足。这个观点，在《神圣家族》中继续得到发挥。人的“**世俗的**胃也每天都提醒他在他**以外**的世界并不是**空虚的**，而真正是把他**灌饱**的东西”④。在另一处讲到爱情时，认为爱情是非批判的，非宗教的唯物主义者，因为爱情至少承认被爱者是感性的对象，是自己之外的存在，“爱情第一次真正地教人相信自己身外的实物世界，它不仅把人变成对象，甚至把对象变成了人”⑤。

《手稿》的论证不足之处也是很明显的。它把实践证明、无神论证明、

① 《马克思恩格斯全集》，第 42 卷，92 页。
② 同上书，131 页。
③ 同上书，150 页。
④ 《马克思恩格斯全集》，第 2 卷，154 页。
⑤ 同上书，24 页。

感性证明不分主次地混在一起。其中感性证明源于费尔巴哈。费尔巴哈在《未来哲学原理》中曾经说过:“证明有物存在,并没有别的意义,只不过是证明有一种不只是被思想的事物存在。然而这个证明是不能从思维本身中汲取出来的”①,“只有通过感觉,一个对象才能在真实的意义之下存在”②。实证科学的证明,来自当时已有的科学成就和观点。真正具有独创性的是实践证明,即通过劳动证明自然的客观实在性。在《关于费尔巴哈的提纲》中,马克思把实践证明提到首位,从而彻底廓清了费尔巴哈的影响。

在人类出现之前的自然界、在人的活动范围之外的自然界,它的客观性问题对于一个没有被唯心主义弄昏头脑的人是容易理解的。问题是作为人的作品和现实的自然界,在何种意义上仍然是客观的?

毫无疑问,作为人的作品和现实的自然界(物质产品和被改造过的自然环境),同纯粹的、尚未被人的活动改造过的自然界相比,当然有自己的特点。例如,后者先于人而存在,是人存在的前提,它只提供它可能提供的东西;前者是人的活动产物,它提供的是人所需要的东西。因此,它的存在方式和形态,凝聚了人的目的和愿望,打上了人的烙印,反映了一个民族和时代达到的生产力和科技水平。

承认作为人的作品和现实的自然界是非常重要的。它是社会和自然的交往领域。从哲学上说它打破了三个封闭性。一是打破了人的封闭性。马克思不再从孤立的、封闭的单个人自身寻找人的永恒本质,而是从人与自然的关系中、从人的活动中考察人的本质的变化。二是打破了社会的封闭性。如果撇开了人对自然的改造来考察社会,势必把社会看成是孤立的封闭系统。这种不与自然界进行物质、能量、信息交换的社会既不可能产生、也不可能存在下去。就人类生存而言,人不能离开自己创造的自然界;就人类社会的发展、文明的创造而言,同样不可能离开自己创造的自然界。可以说,同纯粹自然相比,作为人的作品和现实的自然界是人的更为现实更为切近的基础。三是打破了自然的封闭性。当然,自然是相对独立的系统,但是自然界作为人的作品和现实,意味着它在人的参与下

① 《费尔巴哈哲学著作选集》,上卷,155页。
② 同上书,166页。

发生变化。

但是，被纳入人的活动范围之内的自然界，并没有因此而改变它的客观本性。

作为人的作品和现实的自然界仍然是物质世界。无论它表现为生产工具、劳动资料、劳动产品，或者表现为人们生存的自然环境，都是物质的具体存在形态。人们通过劳动把一种物质形态改变为另一种形态。自然界的物质并没有消失，而是以新的形态继续存在于现存的感性世界之中。

作为人的作品和现实的自然界，作为人的创造物的自然界，当然体现了人的目的，打上了主体的烙印。但人要实现自己的目的，必须符合自然规律。我们可以迫使自然界做符合人类需要的事，但不能迫使自然界做违背自己本性的事。我们所说的创造奇迹，实际上是对自然奥妙的揭示，使可能性变成现实，而不是从虚无中创造出物质。

（原载《高校社会科学》，1989（5））

13. 论社会与自然之关系

社会是人与自然关系的中介。人不是作为生物学的个体或群体，而是以社会成员的资格同自然相交往。在一定意义上可以说，社会与自然的关系，无非是从人的活动方式和组织形式角度来把握的人与自然的关系；而人与自然的关系，无非是从物质交换角度来把握的社会与自然的关系。这两种关系是重叠的、不可分割的。离开社会来考虑人同自然的费尔巴哈主义是错误的，但企图把自然完全溶解于社会之中的新马克思主义者则走向了另一个极端。

一、自然对社会的影响及其方式

就自然考察自然，始终是自然界内部各种物质运动形态的关系，永远走不出自然界的自身的范围。人类社会的出现，赋予了自然界另一种性质，即作为人类社会生存的环境和条件。社会物质生活条件、自然环境、生态环境等等概念，表达的不单纯是自然的客观特性，而是它对社会的功能。自然界中的诸要素之所以具有社会生存环境的意义，它的作用的性质和程度，存在于社会和自然的相互关系之中。

社会对自然存在某种程度的依赖关系。任何一个社会都有自己的生存空间。它所在地区会有不同的地形、土壤、水系、矿藏、动植物系，等等，它们必然会以各种方式对社会发生作用。例如古代埃及文明、巴比伦文明、印度文明、中国文明同尼罗河流域、两河流域、印度河与恒河流域、黄河流域存在着某种联系。问题是如何看待社会与自然相互关系的性质和作用方式。从古希腊时期的希波克拉底起就开始了关于社会和自然相互关系的探索。后来，博丹、孟德斯鸠、黑格尔在这方面都作出过不同的贡献。但真正科学解决这个问题的是创立了唯物史观的马克思和恩格斯。

自然条件对社会的影响究竟表现在哪里？

社会领域是人的领域，人们最容易看到的是人的生理特性和心理特性对自然环境的依赖关系，因而开始考虑的视角和着力点是自然环境对人的种族特征和心理特征的作用。希波克拉底就是这种观点的首创者，他强调自然环境对人的体质特征和性格的决定作用。的确，人的种族特征和民族性格同自然条件的联系是存在的。认识到这一点，应该说是社会理论的一个进步。

可是，社会终究不是人的总和，而是表现为社会结构，即一定的经济制度及矗立其上的上层建筑的总体性存在。探讨自然和社会的关系，最重要的是探讨自然环境与社会制度的关系。文艺复兴以后，哲学家们的注意力，已从自然环境⟶人（人的生理特征和心理特征），进入到自然环境⟶社会制度的关系。例如，16 世纪法国的政治思想家和社会学家让·博丹认为，社会是不依赖于人的意志而在自然环境的影响下形成的。他强调古代雅典的三种不同的地理环境决定了三种不同形式的政府。法国的思想家孟德斯鸠，系统发挥了博丹的思想理论。他在《论法的精神》中，就试图从人类社会不可缺少的自然环境中寻求社会问题的答案，认为各种不同的国家制度、法律形式决定于人类社会所依存的自然环境。

其实，上述考察问题的方式并不是对立的，而是递进的。博丹、孟德斯鸠并不否认自然环境对人的生理和心理的制约作用，相反，以它为中介，找到一条自然环境决定国家制度和法律制度的通道，即自然环境⟶人的生理和心理特征⟶国家制度和法律形式。

要真正科学地理解社会与自然的关系，必须打破只看到自然对社会作用的片面的自然主义的思维模式，应该充分估计它们之间的相互作用，特别是要找到社会和自然相互作用的纽带。人类社会同外部自然界最直接、最密切的接触点是劳动。社会和自然的相互作用以及自然条件对社会的影响的性质和作用的大小，都是发生在物质资料生产过程之中，而不是发生在物质生产过程之外。

在这方面迈出重要一步的应推黑格尔。他在《历史哲学》中辟有专章“历史的地理基础”讨论这个问题。黑格尔重视地理环境的作用，他说：“助成民族精神的产生的那种自然的联系，就是地理的基础。”① 但是，黑格尔反对片面估计地理环境的作用：“我们不应该把自然界估量得太高或太低：爱奥尼亚的明媚的天空固然大大地有助于荷马史诗的优美，但是这个明媚的天空决不能单独产生荷马。而且事实上，它也并没有继续产生其他的荷马。”②

黑格尔卓越之处还在于，他把地理环境的作用同人的生产活动联系起来，并考察了不同地区的生产特点以及它同社会状况的联系。尽管黑格尔把地理环境作为绝对观念自我实现的舞台，但他突破自然环境与人的生理和心理联系的狭隘范围，进入到分析地理环境与生产活动的关系，这是富于启发性的思想闪光。

科学地解决社会和自然关系问题的当然是马克思和恩格斯。他们创立的唯物史观，把物质资料生产方式作为整个社会存在和发展的基础，从而避免了任何抽象人本主义、自然主义、唯心主义的片面性，对社会与自然相互作用的原因和方式作出了回答。

马克思和恩格斯从来肯定地理环境对社会的作用。他们在《德意志意识形态》中，已经提出了要“深入研究各种自然条件——地质条件、地理条件、气候条件以及人们所遇到的其他条件”③ 的问题。他们强调：“任何历史记载都应当从这些自然基础以及它们在历史进程中由于人们的活动而发生的变更出发。”④

马克思在论述亚细亚生产方式时，曾经强调作为游牧部落共同体的变化对外部自然环境的依赖性：“一旦人类终于定居下来，这种原始共同体就将依种种外界的（气候的、地理的、物理的等等）条件，以及他们的特殊的自然习性（他们的部落性质）等等，而或多或少地发生变化。”⑤

马克思在《资本论》中论述产品向商品转化时，曾经强调：“不同的

①② ［德］黑格尔：《历史哲学》，123 页，北京，三联书店，1956。

③ 《马克思恩格斯全集》，第 3 卷，23 页。

④ 同上书，23～24 页。

⑤ 《马克思恩格斯全集》，第 46 卷上，472 页。

公社在各自的自然环境中，找到不同的生产资料和不同的生活资料。因此，它们的生产方式、生活方式和产品，也就各不相同。这种自然的差别，在公社互相接触时引起了产品的互相交换，从而使这些产品逐渐变成商品。”①

恩格斯在《奥地利末日的开端》中，对南德落后进行过分析。早在中世纪的后半期，意大利、法国、英国、比利时以及德国的北部和西部都已纷纷摆脱了封建的野蛮状态，而德国的一部分却落后于西欧的发展水平。为什么？恩格斯说：“资产阶级文明沿着海岸、顺着江河传播开来。内地，特别是贫瘠而交通阻塞的山区就成了野蛮和封建的避难所。这种野蛮特别集中于远离海洋的南部德意志和南部斯拉夫区域。这些远离海洋的地方因阿尔卑斯山脉而跟意大利的文明隔绝，因波希米亚山脉和莫拉维亚山脉而跟北德意志的文明隔绝”②。这就是说，远离海洋和大山阻隔、交通阻塞，成为南德意志落后的又一个重要原因。

可是从马克思主义观点看来，地理环境对社会的作用究竟是决定性的还是非决定性的？它如何起作用，即起作用的方式和机制是怎样的？

在根本不适合人类生存的星球上，不可能存在人类社会；一次大地震或火山爆发，可以永远埋藏一座城市；没有草原，不可能发展畜牧业；远离海洋，不可能有发达的航海事业。诸如此类的例子我们可以举出一大堆。这些能说明地理环境的决定作用吗？不能。

当我们考察地理环境在社会发展中的作用时，我们是在对社会进行总体性的哲学思考。我们要回答的不是作为生物学的人究竟在什么样的自然条件下能够生存的问题，而是一个社会制度的性质、面貌，它发展的根本动力是由什么决定的问题。

一次大地震或火山爆发固然可以毁灭一个城市，但自然灾害终究是暂时的、偶然起作用的因素。真正决定社会生存的、决定社会性质和面貌的是物质资料生产。任何一个社会，只要停止生产，社会就会毁灭。正是在生产中，形成了不同的生产方式，并在它的基础上建立起相应的上层建

① 《马克思恩格斯全集》，第23卷，390页，北京，人民出版社，1972。
② 《马克思恩格斯全集》，第4卷，517页，北京，人民出版社，1958。

筑。社会的发展，归根到底是生产的发展。年复一年的简单再生产，意味着社会的停滞；而不断地扩大再生产，意味着社会的进步。生产的发展，推动了科学与文化的进步，带动了整个社会。

地理环境对社会发展的作用是间接的，它必须通过生产起作用。劳动是人与自然的物质交换器，它不断把外部自然环境转换为社会的内在要素，转变为劳动对象、劳动原料、生产工具，从而使自然条件在生产过程中并通过生产对整个社会发挥作用。

在社会发展中，地理环境的作用是个变数。它的作用的性质、大小依存于生产力和科技水平。在这个意义上可以说，自然对社会的影响并不是自然的产物，而是社会的产物，例如，海洋曾经是一个国家的天然边界的屏障，随着造船工业的发展，它转变为加强联系、沟通文化贸易的通道，而且对一个国家和民族的文化发展起到重要作用。《河殇》作者们尽情讴歌的"蓝色文明"并不是来自大海，而是来自生产力和科技的发展。

从历史发展角度看，地理环境在人类社会早期的作用是比较大的，但不能由此得出结论，科学技术与地理环境在社会发展中的作用是逆向运动：科学技术的作用越来越大，地理环境的作用越来越小，是趋向于零的无限进程。其实，科技发展改变的是地理环境中不同因素的作用，而不是否定地理环境的作用。如果说，资本主义工业的发展使古代不被重视的煤成为重要能源的话，那随后的工业发展使石油变得更为重要。在当代，原子技术的发展把铀矿的重要性推到前端。生产力和技术的发展可以弥补、减少对某种自然条件的依赖性，又可增加对另一些条件的依赖性。因此，地理环境作为社会物质生活条件，作为人与自然物质交往的领域是永恒起作用的因素，绝不会趋向于无，问题是要对这种作用给予科学的估计。

二、人与自然关系的社会制约性

自然界既是不依赖人的意识而存在的客观实在，又是人的作品和现实。作为前者，它反抗人的意志的任意"欺凌"，按照自己固有的规律运行；作为后者，它必须满足人的需要，实现人的目的和愿望。这二者之间的矛盾，集中地表现为人同自然的冲突和协调。

冲突与协调，是人与自然的两重性关系。人类社会的发展进程，不能简单地描绘成从协调走向冲突，或者从冲突走向协调，而是始终在协调和冲突的矛盾中前进。但是生产力发展水平不同、社会制度和社会组织形式不同、文化背景不同，使人与自然的冲突和协调具有鲜明的时代特征。

人与自然有两种不同类型的冲突与协调。

就冲突而言，一种是自然环境的恶劣，如资源的缺乏、气候极端寒冷或酷热，不适宜人类的生存和发展；另一种是人类自己活动破坏了自己的生存环境，使原来适宜于人类生存的环境变为不适应于人的生存。第一种冲突与生产力水平低下相联系，第二种冲突则与生产力的一定发展相联系。为了克服第一种类型的冲突，人们必须发展生产力，改变人的生存环境，迫使自然提供人类需要的东西；可是生产力的发展，缓解了第一种类型的冲突，又可能导致第二种类型的冲突，即由于生产力发展带来的环境的破坏，使本来适宜于人类生存的环境恶化，丰富转向匮乏，有利变成不利。

就人与自然的协调来说，也有两种类型的平衡。一种是自然生态系统没有受到外力的破坏和干扰，凭借自身自我调节而保持的平衡，这是原生的自然生态系统的平衡。在这种平衡中，人处于依赖和服从自然的地位。尽管也可能出现某些破坏自然环境的情况，但自然界通过自我调节，很快地恢复人与自然的平衡状态。另一种是不断地改变原生的生态系统的平衡，通过人对自然的积极干预和改造，创造了一个适合人类生存的生态环境，这是人工生态系统的平衡。

原始文明，并不是人与自然和谐共处的“黄金时代”。从第一种类型的冲突说，人与自然的矛盾非常尖锐。生活资源的匮乏、气候的变化无常、疾病的袭击、野兽的侵扰，使原始人类处于非常艰苦的境地。只是由于生产力水平极其低下，因而由于生产力的发展而带来的生态平衡的破坏是极小的。所谓人与自然的和谐，是人对自然绝对依赖的一种假象。其实，这时自然与其说是人的宽厚的生母，不如说是刻薄的继母，它既哺育人类又极其凶狠。

当人类由采集经济和狩猎经济进入到农业文明后，人与自然的关系发生了很大的变化。人的生存状况，已经不是取决于自然提供的资源（野生的动植物），而是取决于自己的劳动（耕作）。当然，人仍然依赖自然，对农业来说，再没有比土壤气候、水源更重要的了。但这种依赖存在于生产过程之中，而不是生产过程之外。自然界作为劳动对象和条件进入到人的实践领域。人已经不是等待自然的恩赐，而是向自然索取。

就人与自然关系说，农业生产在空间方面明显地具有地区局限性。人们在缺乏广泛交往的情况下，在狭小的生产规模范围内与自然发生关系。而在时间方面是有明显的周期性。农业生产的季节性，决定人与自然的关系以一定节奏不断重复。

无论是东方还是西方，在农业劳动基础上人类创造了灿烂的物质文明和精神文明。古代巴比伦文明、埃及文明、希腊罗马文明、中国文明、印度文明，都是与农业生产密切联系的。尽管在农业生产中，耕作如果自发进行，而不是有意识地加以控制，毁林开荒，水土流失，也会导致相反的结果，如马克思所列举的波斯、美索不达米亚以及希腊等地那样，但整个说来，人与自然平衡的破坏是局部的、地区性的，而且自然凭借自我调节的力量使失去的平衡得到修复。人们从自己的生产活动中得到的主要不是惩罚和报复，而是生存和发展。因此在农业劳动中，人与自然的关系比较协调，温情脉脉，农民对土地的感情达到宗教虔诚的地步。以土地为中介的人与人的奴役关系，为人与自然的“田园诗”般的关系所掩盖。中国古代诗歌中不少浸透着对自然的眷恋之情。“稻花香里说丰年，听取蛙声一片”所陶醉的正是这种境界。

西方从 14 世纪前后开始，以机器生产为特征的资本主义工业文明逐步兴起，并以加速度方式向前发展，使人与自然的关系呈现出新的形态。

作为人与自然中介的，已经不是简陋的手工工具，而是机器体系。人们凭借机器，大大增强了改造自然的力量。特别是大工业生产，第一次使自然科学直接为生产过程服务，科学技术能变为直接的生产力，更增加了人类控制自然改造自然的能力。与此相适应，人们的观念逐步发生变化，科学和理性代替了迷信和特权，对人和主体性的崇拜压倒了工业化初期的机械论观点。几乎在每一个工业化国家，环境污染问题都已初见端倪，但人们醉心于自然力的被征服、机器的采用、化学在工业和农业中的应用、轮船的行驶、铁路的通行、电报的使用、整个整个大陆的开垦、河川的通航。总而言之，仿佛用法术从地下呼唤出来的生产力的发展，使人们对自身的力量充满了信心，完全忽视了自然对人的可能报复。

20 世纪 70 年代开始，新的科技革命极大地提高了人类控制自然、改造自然的能力，开拓越出了地球的界限，飞向宇宙空间。但同时使原来处于隐蔽状态的人与自然的矛盾急剧尖锐化，使人类面临着一系列全球性问题，诸如沙漠化日益严重，森林遭到严重砍伐，野生动物大量灭绝，世界人口急剧增长，饮水资源越来越少，渔业资源日益枯竭，河水严重污染，大量使用农药的危害，地球温度上升，酸雨现象发展，等等。70 年代初，B. 沃德、R. 迪博曾总结联合国环境会议的内容，反映世界几十位专家对生态危机的忧虑，出版过一本题为《地球只有一个》的著作，向人们敲起了警钟。后来国际人道主义问题独立委员会组织有关专家编写的《正在消失的森林——森林滥伐给人类带来的后果》、《正在侵蚀土地的沙漠——人类的失误所造成的种种后果》，呼吁人们关注对滥伐森林造成的生态环境的恶化。人们热情讴歌的科学技术，似乎变成了“魔盒”。人们正在为自己的成就而苦恼。

自然对人的惩罚，原因并不在于自然，而在于人类自己。是人对自然的掠夺态度和行为造成的。自然的反抗向人类表明，人不可能单纯以征服者、统治者的身份君临自然，而必须把自然当做平等的伙伴。在人与自然的关系中，片面强调主体的作用、强调主体的愿望和需要，根本不顾及自然的客观本性及其规律，往往事与愿违、适得其反。可以说，人类对自然的最早依赖，导致对自然的原始崇拜；人类改造自然能力的不断强化，导致人们意识的觉醒和对人的主体地位的推崇。可是生态环境的恶化，迫使人们再次把视线从后方转向自然。人们从实践中体会到，人不仅要了解“自我”、了解人、了解人的需要，而且应该了解自然、了解自然的需要。这当然不是否定人的主体地位，而是反对片面地抽象地夸大主体的作用，真正把人的主体能动作用建立在客观规律的基础上。

人与自然不仅存在改造和被改造关系，还存在价值关系，即被改造的自然对人类的实际效用及其评价。人与自然关系的实质是人与自己生存环境的关系，因此人对自己活动的性质及其成果的评价，要看它是否有利于自身的生存和发展。单纯迫使自然提供更多的产品，而不考虑这种增产的负效应，特别是它的长远影响，这是人类改造自然活动中的短期行为。全部人类史，特别是工业发展史表明，自然界不仅是生产资料和生活资源的来源，而且是人类栖息之所，如果人用双手为自己创造一个不适宜自身生存的环境，这将是人类的“自戕”。

这当然不是说，原始的生态平衡是绝对的、不可打破的。事实上，生产力的发展，特别是近代工业的突飞猛进，不断地打破原有的平衡，建立新的生态平衡。问题是在当代的科技革命中，旧的平衡的破坏并没有导致新的平衡的建立，而是越来越倾斜，从而引发了全球性的生态危机。

学者们在探讨人与自然关系问题时记起了马克思和恩格斯。的确，关于自然报复问题，恩格斯曾经指出过，他说：“如果说人靠科学和创造天才征服了自然力，那末自然力也对人进行报复，按他利用自然力的程度使他服从一种真正的专制，而不管社会组织怎样。”① 他还警告人们不要忘乎所以，视自然为无物，“我们不要过分陶醉于我们对自然界的胜利。对于每一次这样的胜利，自然界都报复了我们”②。马克思年轻的时候，在他的《1844年经济学哲学手稿》中，把扬弃人与自然的冲突作为他的理想社会的状态，并且强调人应该从人的角度，以人的方式对待自然，而不能单纯把自然作为提供资源的仓库。用马克思自己的话说，这就是：“需要和享受失去了自己的**利己主义**性质，而自然界失去了自己的纯粹的**有用性**，因为效用成了**人的**效用。”③ 自然界变为人的效用，即人不再像动物那样只仅仅借助自然界满足自己的肉体需要，而是同时为自己创造一个赏心悦目、适宜生存的优美环境。人已经不再简单是自然征服者，而是把社会进步同自然环境优化结合起来，促使人与自然共同进化，协调发展，形成人—社会—自然系统的良性循环。

我们不能离开社会制度来考察人与自然的关系。当我们把生态危机说成是全球问题时，只是就它一定程度的普遍性，特别是就它的危害的深度和广度而言，而不是说它超越一切社会制度。环境污染有着工业发展带来的某种共性，但更重要的是社会制度问题。生态危机的实质也不是一个人

---

① 《马克思恩格斯选集》，第2卷，552页。
② 《马克思恩格斯选集》，第3卷，517页。
③ 《马克思恩格斯全集》，第42卷，124～125页。

的危机问题，仅仅依靠人道主义的呼吁是解决不了这个问题的。恩格斯在讲到协调人与自然关系时说过："要实行这种调节，单是依靠认识是不够的。这还需要对我们现有的生产方式，以及和这种生产方式连在一起的我们今天的整个社会制度实行完全的变革"①。当所谓全球问题和共同利益成为一种潮流时，重新提起恩格斯这段名言是非常必要的。

三、"新马克思主义"的自然概念

社会和自然在人类实践基础上相互作用。自然日益人化，社会不断向自然扩展和延伸。但社会和自然的界限不会泯灭。社会不可能"吞并"自然，也永远不可能推翻自然的客观实在性和优先地位。人们不断开拓自然领域，但又永远留下一个无限的、未知的自然界。"新马克思主义"以批判直观的、机械的唯物主义为号召，竭力曲解马克思主义关于社会和自然相互关系的理论，力图通过"恢复"所谓马克思的自然概念找到"重建"马克思主义的根据。这方面的代表性著作，是法兰克福学派的 A. 施米特的《马克思的自然概念》。

但施米特并不是开创者而是继承者。重新考察马克思的自然概念的首创者是卢卡奇。他在《历史和阶级意识》中，把人与自然的关系纳入主客体理论的框架之中，强调自然界作为客体是依赖于主体的，是为人所影响和改造过的客体，因此在马克思的思想中，"自然界是社会范畴"。认为在社会发展的一定阶段上的自然，是自然同人所形成的一定关系，是自然同人以某种方式所进行的物质交换。因此，就形式、内容、范围和对象来说，自然始终是由社会决定的。卢卡奇强调社会对自然的影响和改造是正确的，但他忽视了自然界的先存性和客观性，抽去了人类社会产生和存在的物质基础。

卢卡奇的观点明显地同马克思主义的观点是相悖的，因为它导致否定马克思的唯物主义本体论原则，因而遭到一些人的反对。卢卡奇后来对自己的观点做过一番再认识。特别是在他的晚年著作《社会存在本体论》中，引人注目地改变了看法，承认社会存在本体论必须以一般本体论为前

① 《马克思恩格斯选集》，第 3 卷，519 页。

提，因为从历史上说，总是先有无机生命，从中产生出有机生命，然后再产生我们的人类社会。因此，只有承认自然的客观实在性，承认自然本体论，才能为社会本体论找到一个牢固的、现实的基础。

同否定与人相脱离的自然界相联系，卢卡奇理所当然地否定自然辩证法，只承认以主客体关系为核心的社会辩证法，并且提出了马克思和恩格斯在自然观上对立的问题。

卢卡奇的影响是巨大的。尽管卢卡奇后来对自己的观点做过“自我批评”，实际上在新马克思主义者看来，这种批评是被迫的、言不由衷的。他们并不理会卢卡奇后期的“转变”，而是着力抓住他早期关于人与自然关系的观点。马尔库塞、阿多尔诺、霍克海默均曾受到卢卡奇的影响。其中特别是施米特的《马克思的自然概念》，可以说是对卢卡奇早期观点的展开和论证。

施米特继承卢卡奇关于自然界是社会范畴的观点。他详细地阐述了人与自然以社会为中介，人与社会以自然为中介的看法，反对唯物主义的本体论，反对把自然界看成是客观的、不依赖于人而存在的观点。他的专著的第一章第一节就是论述马克思唯物主义的非本体论性质。在施米特看来，马克思所说的自然只是“人的活动的物质”；马克思绝不是在无中介的意义上，即不是从本体论的意义理解自然的客观实在性，把自然界看成是外在于人的现实。自然界在生产过程中作为劳动对象这一事实，在施米特那里，被解释成自然界始终与人的活动不可分。人与自然的有条件的、相对的关系，变成了无条件的、绝对的关系。

人们在《马克思的自然概念》中可以看到，施米特的观点不很彻底，陷于不可解决的自相矛盾之中。施米特一方面引证马克思关于自然界优先地位、关于自然及规律客观性的观点；另一方面又否定唯物主义本体论原则，认为：“由于物质实在和人相关联的相对性，因而不仅它处于‘为他存在’时，即使处于‘自在存在’时，也都和本体论原理不相容。”①

施米特在几个问题上混淆不清。

1. 自然的客观性和人与自然关系的社会性是两个不同的问题。人与

---

① ［德］施米特：《马克思的自然概念》，24页，北京，商务印书馆，1988。

自然的关系是在实践中形成的，因此它始终是一种社会性的历史性的关系。这种关系之所以是社会性的，因为它不是孤立的个人同自然的关系，而是处于一定的社会关系之中并结成一定的社会集团的人同自然的关系。这种关系之所以是历史性的，因为它是个变数，随着生产力的发展和科技的进步而不断变化。因此，人只有在一定的社会关系和社会联系之中，才能与自然发生关系。分开来看，我们可以划分为人与自然、人与社会两种不同性质的关系，实际上，人—社会—自然是一个整体。而上述两种关系，是人—社会—自然大系统中相互联系、相互渗透的不同侧面。

可是，自然的客观性是另一种性质的问题。是指自然自身是否具有物质性、客观性、对象性的问题。强调人与自然关系的社会性，不能否定自然的客观性，相反应该以此为前提。只有首先承认自然界存在于人之外，才有可能进入人与自然关系之中。这就是人们对自然界的改造过程，这个过程永远不会结束。在人与自然的现实关系之外，始终存在一个无限的自然界。这个未知的、尚未进入人的活动范围的自然界，在一定意义上，比已知的、作为人的活动对象的自然界更为重要。从人类的实践和认识来说，总是要从已知进到未知，总要向尚未开发的领域进军。无穷的探索、创造、开拓，这是人的活动的本质。如果否定人之外的自然界，不仅堵死了通向未知世界的道路，而且也否定了人与自然的现实的关系。没有人的活动范围之外的自然界，永远不可能有人的活动范围之内的自然界！

施米特反复强调，马克思把自然和一切关于自然的意识都同社会的生活过程联系起来，只有通过作为中介的实践，人才能认识并有目的地利用物质运动形式。这当然是正确的。每一时代的人，都是按照他们的自然科学水平，处在一定的文化背景下来认识自然，都有自己特有的关于世界的自然图景。很显然，古代人同现代人、东方人和西方人的自然观是不完全相同的，它们明显地具有时代的、甚至民族的特性。可是，不能以此证明自然是社会范畴，是依存于主体的。

自然和自然观是不同的。人们面对的是同一个自然，但他们描绘自然界的图景却是多样的。我们不能由此得出结论，有多少种自然观就有多少个自然界。不能由认识的差异性和历史性推论出世界的非实在性。正如游览中山公园，一千个游客可以写出感受迥异的千篇游记，但不能说有一千个中山公园。普通人根据日常生活经验都知道，中山公园只有一个，不同的不是人们眼前的中山公园，而是人们眼中（观察中）的中山公园。人们绝不会由于对中山公园风景的感受不同而否认中山公园只有一个。自然界和自然图景的关系不也是如此吗！

或许会有人说，此例不妥。自然界并不是人们静观的对象；人们的实践活动渗透到对象世界中，构成现有感性世界的基础，没有人，没有人的实践活动就没有现存世界。因此，自然界的存在依赖于人，用施米特的话说，“只有在以有意识的主体创造的人类历史为前提的时候，才谈得上自然历史。自然历史是人类历史溯往的延长”①。

2. 按照这种看法，不是社会是自然的延伸，倒是自然是社会的延伸；不是社会的存在以自然为基础，倒是自然的存在以社会为基础。这是把以实践为中介的自然和社会的相互渗透，看成了自然对社会的片面依赖。这种观点很难与人们已知的科学和常识协调。自然界在没有任何生命之前早已存在。人通过改造自然而形成人类社会。没有自然界，没有人类借以生存和生产的自然界，社会不可能存在。人对自然的改造是以自然的客观性为前提。每个时代的人都在改造或者说创造自己的自然界；每个时代的自然界都是该时代人的本质力量的对象化，它像一面镜子，映照出每个时代的社会性质和生产水平、科技水平。可是要记住，这只是自然界的一部分，而不是全部自然界。我们面对的、被实践改造过的人的世界是自然界的一部分；而不能倒过来说，整个世界是人的世界的一部分。

施米特的观点还有一个不足之处，他把马克思关于社会与自然关系的哲学思考同他的经济学研究完全混为一谈。施米特强调他的《马克思的自然概念》这部书，不同于一般的解释马克思思想的哲学著作，更多地参照了马克思中、后期的经济著作，如《资本论》及其手稿。这当然是个优点。可是，他忘记了这二者之间的差别。

施米特根据马克思对生产过程的经济学分析，认为马克思把自然界看成从最初起就是和人的活动相关联的。只要自然界尚未被加工时，它在经济学意义上就是毫无价值的。的确，被埋藏在地下的、尚未开采的煤矿，

---

① ［德］施米特：《马克思的自然概念》，39页。

并不构成现实的财富，不形成现实的生产力；可是从哲学上说，并不能因为它在经济上无价值，就是无——非存在。

哲学有自己独特的思考方法。哲学并不依据自然界是否进入生产过程来判断它的客观性质，而是从世界本质的角度进行宏观考察。对马克思来说，自然界的物质是总体概念，它包括整个自然界。是否进入劳动过程，改变的只是物质的表现形态，如金矿——黄金——首饰，而不是从虚无中创造出物质来。尚未进入劳动过程的自然界，在经济学上是无价值的；可在哲学上却是有原则意义的。历来哲学中各种派别的争论，其中一个重要问题就是这个问题。

关于是否存在自然辩证法，是正统马克思主义和新马克思主义争论的又一焦点。

从卢卡奇到施米特，强调历史辩证法，强调社会与自然的相互作用，当然是合理的。可是因此否定自然自身的辩证发展则走到另一个极端。否定自然辩证法，整个自然界的变化就是一个无法解决的难题。从自然界中驱逐辩证法，意味着宇宙中的一切运动都得停止；新马克思主义者们企图凭借哲学思辨完成连“上帝”都无法做到的事。

对于新马克思主义者来说，否定自然辩证法必然导致对恩格斯的批判。的确如此，施米特就从否定自然辩证法，进而论述马克思和恩格斯的对立。他批评说：“恩格斯试图把辩证法既扩大到人类以前的自然界去，也扩大到人的外部自然界中。”还说：“马克思和晚年的恩格斯相反，总是慎重地谈自然的‘自体’，他有关自然的一切议论都和每个社会相应达到的占有自然的特定阶段相关联。”他还批评所有赞成自然辩证法的人。都是“想返回到恩格斯思想那里去”①。

关于马克思和恩格斯的对立问题是一个世界性的话题。这个争论在不断重复，看起来还会继续下去。这不是一个纯学术问题。新马克思主义者试图以此为突破口，为他们重建马克思主义找到根据。只要我们全面分析马克思和恩格斯的著作，特别是恩格斯的《反杜林论》、《自然辩证法》、《路德维希·费尔巴哈和德国古典哲学的终结》等著作，不难得出合乎事

① ［德］施米特：《马克思的自然概念》，206页。

实的结论。

新马克思主义关于社会与自然关系的论述，自有它们的特点。它们强调实践，强调人的主体作用，反对机械的、直观的唯物主义，有其合理之处。但它们否定自然的客观存在性，否定自然辩证法，片面强调自然对社会的依赖性，走向了另一个极端。没有自然的社会，这就是把自然溶化于社会之中的必然结论。

（原载《高校社会科学》，1990（1））

14. 评资产阶级人道主义的出发点

《1844 年经济学哲学手稿》（以下简称《手稿》）发表以来的半个世纪，被马克思摒弃了的资产阶级人道主义有着某种程度的复活。似乎马克思主义和形形色色的人本主义都可以在以人为出发点的资产阶级人道主义原则中找到“汇合点”。这是一种错觉，时代的错觉，理论的错觉。

资产阶级人道主义有不可否认的历史功绩。但所谓人道主义在当代的“活动”，同它的先驱者相比，既不是代表新制度的朝霞，也不是妩媚景色的落日余晖，而是一种理论上的逆转。对于资产阶级人道主义者的各种不同政治倾向应该区别对待。但在理论原则上，我们应该坚持胡乔木同志在《关于人道主义和异化问题》中的精辟分析，宣传和实行社会主义人道主义，反对资产阶级人道主义。

一、资产阶级人道主义以人为出发点的历史必然性和内在矛盾

所谓抽象人道主义，并不是超出资产阶级和社会主义人道主义之外的另一种人道主义，而就是资产阶级人道主义。资产阶级人道主义就它的阶级属性来说，是资产阶级利益的要求和反映，就它的理论表现形式来说，是一种抽象的人道主义。它自认为不是代表资产阶级，而是代表“人”。它以人作为出发点，并从中引申出所谓人的价值和目的、权利和尊严，引申出自由、平等、博爱的要求，把这些说成是与人俱存的共同人性的根本内容。这种把人、人性和一系列具有鲜明时代和阶级特征的政治权利和道德规范说成是超历史超阶级的理论体系，就是一种抽象人道主义。

马克思说过一句非常精辟的话："每个原理都有其出现的世纪。"① 不仅某种理论体系的内容和阶级属性，而且它采取什么形态都可以从该时代的实际生活过程本身得到合理的说明。资产阶级人道主义采取以人作为出发点的抽象形态，不仅因为新兴资产阶级为了达到自己的目的，不得不把自己的利益说成是社会全体成员的共同利益，赋予自己的思想以普遍性的形式，而且在于它所担负的历史使命的特点。

在神面前，所有的人无贤愚不肖，都是罪人，都是上帝的奴仆；在封建专制君主面前，所有的人无贵无贱，都是臣民。马克思在反对书报检查制度时说过："我们大家都服从检查制度，就像专制政体下面人人一律平等一样，这当然不是从承认我们每个人的价值的意义上来说，而是从我们大家都无价值的意义上来说。"② 恩格斯到老年还强调这一点："在暴君面前人人平等，就是说大家都等于零"③。正因为封建社会和宗教统治在政治实践与理论原则上的表现，是轻视人、蔑视人、使人不成其为人，因此面临反对封建制度和教会统治的新兴资产阶级，在观念形态上必然强调以人作为出发点和归宿，用人来对抗神，用人权来对抗君权。因此资产阶级人道主义以人作为出发点是自己世纪的产物，具有时代的特色。马克思在《论犹太人问题》中就是这样分析的。他说："为什么市民社会的成员称做**'人'**，只是称做**'人'**，为什么他的权利称为**人权**呢？这个事实应该用什么来解释呢？只有用政治国家和市民社会的关系，政治解放的本质来解释。"④

这种从人出发，把人和人性抽象化的人道主义，对于当时资产阶级完成自己的使命，与其说是缺点，不如说是优点，与其说是短处，不如说是长处。它越是把人抽象化，以"人"的名义讲话，就越是把人与神的对立、广大被统治者同封建专制制度的对立（即所谓人性和兽性的对立）推向极端，使这种矛盾尖锐化、公开化和典型化，并使自己对宗教和专制制度的抨击具有浓郁的情感色彩。我们可以举"人的价值在于人自身"为

---

① 《马克思恩格斯选集》，第 1 卷，113 页。
② 同上书，90 页。
③ 《马克思恩格斯选集》，第 3 卷，180 页。
④ 《马克思恩格斯全集》，第 1 卷，437 页。

例。这个被误认为是马克思主义的原理，实际上是资产阶级人道主义的命题。文艺复兴初期的人道主义者蒙台涅对这个命题做了妙趣横生的论证：马的价值在于马自身，在于它的力量和速度，而不在于它的装备；剑的价值在于剑自身，而不在于剑鞘；人的价值在于人自身，而不在于他有一大队扈从，一座美丽的宫殿。我们之所以把一个人看得比另一个人高，是因为连木屐也计算在内。但台座并非雕像。实际上，国王和农民、贵族和奴隶、行政长官和平民、富人和穷人的差别“只是在裤子上而已”，也就是说都是人。这显然是反对封建等级制度和门阀制度，为资产阶级争取平等权利做论证的，但可以引起其他非统治阶级的共鸣。因此以人作为出发点的抽象人道主义对当时同它有着某些共同利益的其他被压迫阶级起来斗争，起着一定的启蒙和动员作用，而且对培育比封建主义进步的政治观点、道德观点、美学观点和文艺创作起到“发酵”的作用。

但是资产阶级人道主义的阶级性和它以人作为出发点的抽象原则之间存在着深刻的理论和实践的矛盾。马克思、恩格斯把这种矛盾叫做“用以表达市民的利益的形式和这些利益本身之间的假象的矛盾”①。在理论上，它从抽象的人和人性出发，提倡尊重一切人的权利、尊严和价值，宣扬普遍的自由和平等；但在实践上，它是从资产阶级的利益出发，追求的是资产阶级的自由和权利，维护的是私有者的尊严和价值。在它大写的“人”字后面，隐藏的是渺小的资产者。起初，这种矛盾是隐藏的，尚未显露的。反对宗教和封建专制制度的共同斗争，超过了隐藏在“人”后面的阶级对立。一种倾向掩盖了另一种倾向。可是当资产阶级夺取了政权，攻守易势之后，资产阶级人道主义的理论和实践之间的对立极其明显地暴露出来了。资本主义社会的现实同抽象人道主义原则正好相反：“商业日益变成欺诈。革命的箴言‘博爱’在竞争的诡计如嫉妒中获得了实现。贿赂代替了暴力压迫，金钱代替了刀剑，成为社会权力的第一杠杆。初夜权从封建领主手中转到了资产阶级工厂主的手中。”② 尽管早期的资产阶级人道主义者，确实怀着真诚的动机、满腔的热情、美妙的理想，自以为是

① 《马克思恩格斯全集》，第3卷，213页。

② 同上书，298页。

在为“人”的一切而奋斗，但它的实际结果只能是一部分人对另一部分人的统治和压迫。这种观念中的起点和实际终点之间的对立，是历史发展规律本身所决定的，不依任何人的意志为转移。正因为在人是出发点的原则中包含着这种内在的矛盾，因此资产阶级人道主义在政治实践中的胜利，必然以理论上的彻底破产作为补偿。

历史是复杂的。同一个阶级，由于生产发展水平和历史传统不同，在不同的国家会呈现出不同的特点。当英、法资产阶级已经庆祝自己在政治上的胜利，并“从狡猾的理论过渡到最无耻的实践”的时候，德国的资产阶级还在封建的小邦制度下挣扎。在英国和法国行将结束的事物，在德国才刚刚开始。因此在西欧已经耗尽了自己最后一点积极性的抽象人道主义，在德国似乎又获得了新生。可德国终究是德国。虽然由于反封建专制制度和反宗教的斗争的需要，它拿起历史上以人作为出发点的资产阶级人道主义作为武器，以人来对抗神，以人权来对抗君权，但对英、法无产阶级力量壮大感到恐惧的德国资产阶级，胆小，怯懦，无复当年英、法资产阶级奋力拼搏的革命勇气。因此从 14 世纪意大利开始萌发的人道主义思潮，经过 18 世纪法国的启蒙学派，到 19 世纪的德国变为一种更为抽象的关于人的哲学理论。资产阶级人道主义在反对封建制度斗争中提出的一些尖锐政治口号和建立资产阶级共和国的要求，淹没在关于人的本质的异化和复归的理论之中。费尔巴哈的人本主义就是典型的例子。

费尔巴哈人本主义是资产阶级人道主义的一种特殊形态。人（以及自然）是费尔巴哈哲学的出发点和中心。在德国哲学发展的链条中，费尔巴哈是作为黑格尔的对立面出现的。因此在费尔巴哈的哲学中，人本主义和自然观的唯物主义是不可分的。费尔巴哈的唯物主义是人本主义的，即以人为中心来展开关于肉体和精神、存在和思维关系的论述；费尔巴哈的人本主义是唯物主义的，即以人的感性实在性作为前提。同以往的唯物主义相比，费尔巴哈唯物主义具有人本主义色彩；而同以往的人道主义相比，则更具有唯物主义色彩。

但作为一种历史观来说，费尔巴哈的人本主义同历史上的人道主义是一样的。他在德国的条件下再现了早期资产阶级从神到人的过程，始终在人与神的对立中来考察人。他自己说过：我所有的著作“只有一个目的、一个意志和思想、一个主题。这个主题正是宗教和神学，以及与之有关的一切东西”①。他说：“我的主要对象是基督教，是宗教——它是人之直接对象、直接本质。”② 因此费尔巴哈为了同非人格的精神实体（上帝和绝对观念）相对立，强调人是有血有肉的感性实在物，并把人的本质看成是“类”，是单个人的固有物的抽象。所谓“人是人的最高本质”是向神学的挑战，是一个反宗教的命题。用普通的话说，就是人的上帝不应该是人之外的非人格的神，而应该是人的自身；人不应该爱神，而应该爱人。费尔巴哈明确指出：“对人来说，人就是上帝”，“如果人的本质就是人所以认为的至高本质，那么，在实践上，最高的和首要的基则，也必须是人对人的爱”③。所以“人是人的最高本质”这个命题一旦离开了人与神对立的范围，把它作为观察人与人关系的根本原则，就会蒸发掉它最后一点合理性。费尔巴哈正是这样，他从中引出“博爱”。这种关于抽象的人、抽象的类本质以及抽象的爱的观点，是一种唯心主义历史观。

但以人本主义形态出现的费尔巴哈人道主义有它独特之处。在德国古典哲学之前，异化只是在转让意义上使用的普通的经济学和法学名词，还没有和人道主义相结合。而费尔巴哈融合了历史上抽象人道主义传统和德国古典哲学的异化观点，提出了关于人的本质的异化和复归的理论，使异化和人道主义成为一个问题的两个方面：异化表现为人的本质与人相脱离，使人变成非人，变成上帝的奴仆，变成利己主义者；扬弃异化，就是使人重新占有自己的本质，使非人成为真正的人，完全的人。费尔巴哈公开声明这一点，他否定“神学和宗教的妄诞的、虚幻的本质，为的是肯定人的实在本质”④，使人“从基督徒转变为人，转变为完全的人”⑤。这样，费尔巴哈关于人的本质异化和复归的论述，使以人作为出发点的抽象人道主义原则得到更为思辨的哲学论证。

费尔巴哈的人道主义，同历史上的资产阶级人道主义一样，包含着深

① 《费尔巴哈哲学著作选集》，下卷，507 页。
② 同上书，21 页。
③ 同上书，315 页。
④ 同上书，525 页。
⑤ 同上书，786 页。

刻的理论和实践的对立。在理论上，费尔巴哈推崇人，把爱看成是人的类本质，提倡互爱；而在实际生活中，这种所谓爱，“表现在战争、争吵、诉讼、家庭纠纷、离婚以及一些人对另一些人的最高限度的剥削中”①。因此费尔巴哈以“类”、“类本质”为核心的人道主义和它的先驱者一样，表面上它适用于一切时代，一切民族，一切情况，实际上它在任何时候和任何地方都是不适用的，不可实行的。它和康德的绝对命令一样软弱无力，只是一种空谈。

以人作为出发点所包含的这种理论和实践的对立，不取决于个人的品质，而是这种理论本身所固有的。即使把这个原则同社会主义结合在一起，也不可能解决这个矛盾，而只能更加暴露这个矛盾。在马克思以前和他同时代存在过两次这种结合。一次在英国和法国，这就是 19 世纪三大空想社会主义；一次在德国，这就是“真正社会主义”。当然，这两种社会主义思潮如巨人之于侏儒，历史地位是不一样的，但说明了同一个道理：以人作为出发点对社会主义同样是不能实行的。只要从抽象的人和人性出发，把社会主义的建立说成是抽象人的解放，不是寄希望于无产阶级，而是面对一切人，不是诉诸革命，而是求之于人的本性和良心，这种所谓社会主义，只能是一种根本不能实现的空想。因此空想社会主义证明的不是抽象人道主义的普遍适用性，正好是它的破产。

面对以人作为出发点的抽象人道主义同现实的对立，只有两种抉择：或者是尊重阶级社会的现实，摒弃以人作为出发点的抽象原则，或者固守这种原则，置现实于不顾。19 世纪中叶出现的一些既劝告富人，又抚慰穷人，力图补缀、粉饰资本主义制度的所谓人道派，博爱派，把早期资产阶级人道主义的“真诚的幻想”，变成一种自觉的伪善，就是这种矛盾发展的必然结果。马克思和恩格斯走的是另一条路。他们彻底摒弃以人作为出发点的唯心主义历史观，寻找新的出发点，使理论原则符合现实。

二、新出发点的探索，马克思主义的诞生

如果以人为出发点，对资产阶级人道主义是一种历史必然性，那么对

---

① 《马克思恩格斯选集》，第 4 卷，236 页。

马克思主义来说，摒弃这种出发点同样是一种历史的必然性。

无产阶级负有不同于资产阶级的历史使命。资产阶级的利益要求它掩盖自己革命的性质，而无产阶级则要求揭示自己革命的性质；资产阶级把阶级对立化为抽象的人，而无产阶级要求从“人”的背后看到阶级；资产阶级把自己的特殊利益冒充为普遍利益，而无产阶级要求在“普遍利益”的空泛议论中看到无产阶级和资产阶级利益的根本对立。因此无产阶级不摆脱以人为出发点的抽象人道主义，不揭开覆盖在对立阶级之上的温情脉脉的面纱和各种幻想，它只能是一个自在的阶级而不能成为一个自为的阶级。马克思主义正是适应这种需要而产生的一种科学理论。同以人为出发点的唯心主义历史观相对立，它转向分析人类的物质资料生产活动，揭示了历史发展的客观规律，从而把对无产阶级解放斗争的性质、条件和目的的分析置于现实的基础之上。没有这种出发点的转移，就不可能有科学的马克思主义。列宁把马克思和恩格斯毕生的伟大功绩概括为，“教会了工人阶级自我认识和自我意识，用科学代替了幻想”①。指的正是马克思主义教导工人阶级摆脱一切关于人的抽象思辨，不要从人的本性，而是从资本主义生产方式中认识自己的地位和使命。

无产阶级作为独立政治力量登上历史舞台，资本主义社会阶级关系的日益简单化，以及阶级斗争极其明显地围绕物质利益而展开，这些客观事实迫使人们对以人为出发点的抽象人道主义历史观进行重新研究，为找到新的出发点提供了必要性和可能性。但唯物主义历史观是一种科学理论，它必须经过思维着的头脑，即进行艰苦的理论探索。因此在马克思主义形成过程中残留着费尔巴哈的影响，完全符合人类认识的规律。如果据此制造两个马克思的对立，把 1845 年以前的马克思塑造成为一个抽象人道主义者；或者甚至用人是出发点来重新解释马克思主义都是不正确的。为了真实地揭示马克思寻找新的出发点的历史进程，揭示抽象人道主义的历史观和唯物主义历史观的对立，回顾一下马克思同费尔巴哈的关系是十分必要的。

费尔巴哈和但丁不同。但丁既是中世纪最后一位诗人，又是新时代最

① 《列宁选集》，2 版，第 1 卷，87 页。

初的一位诗人。费尔巴哈不是新世界观的开拓者，而是标志着德国古典哲学的终结。但费尔巴哈自有它特殊的历史功绩。在 19 世纪 40 年代的德国，在黑格尔哲学解体的过程中，费尔巴哈是对马克思影响最大的一位哲学家。这种影响包含两个相互联系但相互矛盾的方面：一个是人本主义中包含的唯物主义的影响，另一个是人的本质的异化和复归的唯心主义历史观的影响。前一种影响有助于马克思摆脱黑格尔的唯心主义，批判和改造黑格尔的辩证法；后一种影响使马克思的历史观在一个时期内还不能完全摆脱人的本质异化和复归的图式，对无产阶级的地位和使命的论证带有人本主义的色彩。例如他认为，任何一种解放都是把人的世界和人的关系还给人自己、无产阶级之所以成为人类解放的心脏，是因为它表现了人的完全丧失，只有通过人的完全恢复才能恢复自己，以及在《手稿》中把共产主义看成是人对自己本质的全面占有，是向作为人的人的复归，等等，就是这种影响的反映。

但从总体来说，马克思当时并不是一个以人为出发点的抽象人道主义者。事实上在一开始，在如何看待人的问题上他就同费尔巴哈有分歧。例如在受费尔巴哈影响较深的《黑格尔法哲学批判》中，马克思在反驳黑格尔为君主世袭制辩护时强调，国王的儿子成为国王并不是由于他的出生，由于他的肉体特性。国王是要出生的，但出生并不是他成为国王的根据。马克思由此得出一个重要结论，人的本质“不是人的胡子、血液、抽象的肉体的本性，而是人的**社会特质**”①。随后不久，马克思在为这部著作写的导言中，在肯定费尔巴哈把神还原为人的前提下，批判了他的缺点，指出“人并不是抽象的栖息在世界以外的东西。人就是**人的世界**，就是国家，社会”②。即使以人们最喜欢引用的《1844 年经济学哲学手稿》为例，也说明马克思并不是一个抽象的人道主义者。马克思在《手稿》中并不是以人作为出发点，而是全力捕捉无产者和资产者两大阶级的对抗。马克思极力驳斥了关于地产、资本、劳动三者利益一致的谎言，揭示了它们“敌对性的相互对立”。马克思还强调资本家拥有对劳动及劳动

---

① 《马克思恩格斯全集》，第 1 卷，270 页。
② 同上书，452 页。

产品的支配权，“并不是由于他的个人的或人的特性，而只是由于他是资本的**所有者**”①。

以1845年春写于布鲁塞尔的《关于费尔巴哈的提纲》为标志，马克思进入了全面创立唯物史观、彻底清算费尔巴哈人本主义的时期。在《关于费尔巴哈的提纲》、《德意志意识形态》、《致巴·瓦·安年柯夫》、《哲学的贫困》、《道德化的批判和批判化的道德》、《雇佣劳动与资本》以及《共产党宣言》中，马克思对唯物史观的前提、实质和基本规律，人及人的本质对生产关系的依存关系做了详尽的论述。这些都是读者十分熟悉的，根本用不着列举。

总之，无论是在事实上还是逻辑上，马克思都不是以人作为出发点的。他从评论书报检查制度、批判宗教、批判法律、批判国家转向解剖市民社会，终于发现物质资料生产方式是人类社会存在的基础和决定力量。而费尔巴哈关于人的本质异化和复归理论的烙印，只是在探索过程中留下的“鳃弧”，而不是最终结论。

如果说到1848年2月《共产党宣言》发表时为止，马克思通过清算费尔巴哈和“真正社会主义”以及各种空想社会主义，从理论上对以人为出发点的抽象人道主义的历史观进行批判，那么在1848年以后，马克思主要是结合工人运动，从实践上对以人为出发点的抽象人道主义的政治口号的虚伪性进行了抨击。

革命是最无情的，它能将一切徒托空言的理论击得粉碎。1848年法国的六月革命表明，资产阶级所说的自由、平等、博爱，掩盖的是劳动和资本的殊死搏斗。当无产阶级企图尝试兑现资产阶级以“人”的名义所允诺的权利时，得到的只能是“步兵、炮兵、骑兵”。马克思那些总结1848—1851年革命经验、批判以人为出发点的抽象人道主义的著名篇章，是我们不应该忘记的。

由此可见，无产阶级的发展和壮大，根本改变了阶级关系。历史越过了以抽象人道主义为旗帜的资产阶级革命时代，跨进了以马克思主义为斗争旗帜的无产阶级革命时代。新的阶级、新的斗争，必然要求新的世界观

① 《马克思恩格斯全集》，第42卷，62页。

和新的理论。忘记了这个根本差别，重复以人为出发点的抽象人道主义，至少是缺乏时代感。正如马克思说的："大多数人有充分的权利嘲笑那些犯了时代错误，不断重复 fraternité（博爱）词句的可怜的空想家和伪善者。因为这里的问题正是要抛掉这种词句以及由这个词句的模棱两可的含意所产生的幻想。"①

历史不是人创造的吗？生产活动、阶级斗争，以及一切社会活动哪一样能离开人？为什么说以人为出发点是错误的？

历史是人创造的。同自然领域不一样，社会是人类活动的领域。社会中的一切都不能没有人的参与，这是毋庸置疑的。可是对这种事实，可以进行两种不同的哲学概括。一种是把人变成摆脱一切客观制约性的抽象主体，变成一个概念——"人"。例如施蒂纳就是这样。他"把（人），当作全部过去历史的积极的主体"，可是在他那里，"'**人**'只是**概念**、**观念**的另一个名称而已"②。这种所谓的人不可能参与任何实际活动，也不可能创造历史，而只是在哲学家头脑中游荡的"幽灵"，是对客观事实的错误概括。正如马克思说的："决不是人这个神圣概念，而是处在现实交往中的现实的人创造了经验关系，只是在后来，在事后，人们才把这些关系虚构、描绘、想像、肯定、确认为'人'这一概念的启示"③。

只有历史唯物主义才唯物辩证地解决了历史领域中的主客体关系。现实的、从事实际活动的人是历史的主体。各种社会关系是人们相互活动的产物。但对历史来说，人既是剧作者又是剧中人，既是能动的又是受动的。马克思说过："人们自己创造自己的历史，但是他们并不是随心所欲地创造，并不是在他们自己选定的条件下创造，而是在直接碰到的、既定的、从过去承继下来的条件下创造。"④ 因此历史唯物主义从来不脱离人类活动的历史舞台（既成的生产力和生产关系，以及由其所制约的政治结构和思想传统）来考察人，而是把人的创造作用、能动作用置于现实的基础之上。

---

① 《马克思恩格斯选集》，第 1 卷，302 页。
② 《马克思恩格斯全集》，第 3 卷，332 页。
③ 同上书，258 页。
④ 《马克思恩格斯选集》，第 1 卷，603 页。

以人为出发点的命题，是作为同“传统的”马克思主义相对立，作为弥补传统马克思主义的“缺点”、“空白”而提出来的。这些同志把历史领域中主体和客体对立起来，认为研究社会结构和发展规律，研究阶级斗争，是把人淹没在规律之中，是非人的哲学。这样他们作为出发点的，只能是不属于任何社会结构、任何集团、不受客观规律支配的人。这种人只能是一个抽象的人的概念。

“我说的是现实的人”。可问题是人的现实性和实际活动，正在于它属于一定的社会形态和社会结构。离开了奴隶制的生产方式，就没有奴隶主和奴隶的区分；离开了资本主义生产方式，就没有资产阶级和无产阶级的区分。只有在社会之外，它才是什么社会特性也不具有的“人”。而这种“人”，正好是非实在的、抽象的人。费尔巴哈把人看成是有血有肉的感性对象够实在吧，可马克思批评他把人抽象化。为什么？因为费尔巴哈“没有从人们现有的社会联系，从那些使人们成为现在这种样子的周围生活条件来观察人们”，因此他“从来没有看到真实存在着的、活动的人，而是停留在抽象的‘人’上”①。由此可见，如果真心诚意要研究现实的人，就不能以人为出发点，而必须研究人的社会；反之，以人作为出发点，就找不到通向活生生的现实世界的道路。所以当恩格斯总结费尔巴哈失败的教训，作出“达到‘人’的真正道路是与此完全相反的”重要论断时，就包含这种深刻的历史经验。

或许有的同志会问：社会是人的社会，以人为出发点和分析社会为什么要对立起来？毫无疑问，社会是人的社会，人是社会的人，这二者是统一的。没有人的社会，正如没有社会的人一样都是不可想象的。但不能由此得出结论，以人作为出发点和以决定整个社会性质、结构和面貌的物质资料生产方式为出发点可以相互代换，正如数学公式一样。社会不是个人的简单相加，也不是可以随便装入任何人的容器，而是以生产关系总和为基础的特定的经济形态。不是人的本性决定社会性质，而是有什么样的社会才会有什么样的人。人是什么样，“这同他们的生产是一致的——既和他们生产**什么**一致，又和他们**怎样**生产一致。因而，个人是什么样的，这

① 《马克思恩格斯全集》，第3卷，50页。

取决于他们进行生产的物质条件”①。因此只能通过分析社会来把握人，而不能以人作为出发点来把握社会。如果说以人为出发点可以理解社会，因为人的性质就体现了社会的性质，那我们从前门扔掉的东西，从后门又进来了。我们分析的不是人自身，而是人的社会，这实际上是对以人为出发点的否定。

理论自身有它不可抗拒的逻辑，它的结论往往是始料所不及的。当列宁说，在“由一整块钢铸成的马克思主义哲学中，决不可去掉任何一个基本前提、任何一个重要部分，不然就会离开客观真理”② 时，是从正面说的，只要舍弃马克思主义基本前提就会曲解马克思主义；而他说，“一爪落网，全身被缚”③ 时，又是从反面说的，只要接受资产阶级哲学的前提，就会沿着斜坡一直往下滚。主张以人为出发点的同志是在进行新的探讨，可是只要接受了抽象人道主义的这个基本前提，必然把注意力集中在探讨“人自身”。以人为出发点，以人的本质异化为中介，以人重新占有自己的本质即人性复归为归宿，这是一环扣一环的。这种从人到人的哲学，始终是在抽象人道主义历史观的迷宫中徘徊。

似乎用不着特别强调，摒弃以人为出发点绝不是排斥对人的研究。马克思主义理论本身已经证明了这一点。不同的是，马克思主义没有把人从社会中游离出来，孤立地探讨人和人的本性，而是在更宽广的领域，通过研究人的历史和人的社会，探讨了各个不同历史时期的人的经济关系、政治关系和思想关系，解决了千百年来众说纷纭的“人性之谜”。历史上论述人的著作汗牛充栋，其中虽不乏一得之见的名篇佳作，但试问有哪一个学派和理论，像马克思主义这样，对人与社会、人与自然、人的本质和生产关系、人的主观能动性和客观规律性、杰出人物与人民群众、集体与个人做过这样深入的研究和达到如此科学的高度？西方“马克思学”所谓“人学空白”之类的指责，无非是说马克思主义对人的观点不符合他们自己的胃口而已。如果这叫“空白”，那可以斩钉截铁地说：这个空白不能

① 《马克思恩格斯全集》，第3卷，24页。
② 《列宁全集》，2版，第18卷，382页，北京，人民出版社，1988。
③ 同上书，353页。

填补。这正是唯物主义历史观不同于抽象人道主义历史观的关键所在。

三、对资产阶级人道主义的两种批判，社会主义人道主义的出发点

批判资产阶级人道主义，就是反人道主义。这个推论不能成立。任何一种有影响的理论，在意识形态领域中都可能受到来自不同方面的批评。列宁关于从左边和右边对康德、杜林、狄慈根的批判的总结是发人深省的。列宁说："马克思和恩格斯经常'轻蔑地谈论'不好的社会主义者，但是应当从中看出：他们的本意是要求正确的科学的社会主义学说，而不是要求从社会主义飞到资产阶级观点上去。马克思和恩格斯经常斥责**不好的**（主要是反辩证法的）唯物主义，但他们所根据的是更高级、更发展的辩证**唯物主义**，而不是休谟主义或贝克莱主义。"① 我们不能因为曾有人从封建主义立场上否定资产阶级人道主义的历史进步性和某些合理因素，而根本放弃对它进行批判的权利。马克思主义是从无产阶级立场出发，批判抽象人道主义的唯心主义历史观，揭示它的内在矛盾的，目的是更好地实行和宣传社会主义人道主义。这是两种不同性质的批判，不能因噎废食。

反对以人为出发点，就是主张对人冷漠无情。这是对资产阶级人道主义实质的一种错误理解。正如历史上曾经发生过的把唯心主义理解为对崇高道德理想的追求和信仰，把唯物主义理解为酗酒、肉欲、贪婪，抬高唯心主义贬低唯物主义一样，有些人不是把以人为出发点的资产阶级人道主义看成是一种理论形态，首先看成一种唯心主义历史观，而是简单地把它看成一种实践，看成对人的同情和爱。这样一来，作为社会存在物的人与人之间相互联系的情感纽带，如爱、同情、友谊，等等，完全混同于人道主义的世界观。

我们并不否认，历史上某些资产阶级人道主义者对劳动者怀有真诚的同情。也不否认，即使在当今世界上，除了把人道主义作为斗争策略和口号，作为装饰自己的花环和反对社会主义武器的政客外，确有一些真诚的

---

① 《列宁全集》，2版，第18卷，244页，北京，人民出版社，1988。

人道主义者。由于资产阶级人道主义的抽象性，它往往被看成是无情世界的感情，看成是对资本主义社会反人道现象的抗议。但我们应该看到，以人为出发点的抽象人道主义是一种历史观，由于它宣扬抽象的同情、良心和普遍的爱，必然丧失对现实的人，即亿万劳动者的处境和出路的真正热情和关怀。这种所谓对“人”的爱，往往变成一种伤感的、自作多情的空话。

马克思不是心怀济世的救世主，而是伟大的无产阶级革命家；马克思主义不是劝世箴言，而是科学理论。马克思无疑怀有对亿万劳动者的最真挚的同情和友爱，但不以此作为立论的根据，正如妙手回春的圣医，并不以对病人的情感代替诊断一样。把摒弃以人为出发点，对社会经济形态进行严格缜密的科学剖析说成“冰冷冷”是错误的。用爱的词句拼凑起来的缠绵悱恻的甜言蜜语，并不是真正的温暖。萤火虫不是北斗。卖火柴女孩手中的几根火柴可以带来微弱的光和热，但不是照明前进道路的火炬。只有马克思主义才真正代表亿万劳动人民的根本利益。马克思贫病交加，屡遭迫害，但以毕生精力为无产阶级和全人类解放探求真理。一百多年来，在全世界、在中国，多少共产党人和革命者，为了实践马克思主义伟大理想，牺牲在战场上、刑场上。这是以人作为出发点的人道主义者能够比拟的吗?

马克思主义是人道主义最高体现的提法，似乎是尊重马克思主义，实质上贬低曲解了马克思主义。不管加上什么限定，被体现的东西总是高于体现的东西，前者是根本内容，后者是这些内容借以表现的形式。事实上马克思主义同资产阶级人道主义是两种根本对立的思想体系，不能相互包含。马克思主义从根本上摒弃以人为出发点的抽象人道主义的历史观，但并不抛弃资产阶级人道主义中的一切合理的东西。正如作为无神论的马克思主义，十分珍惜欧洲教堂和敦煌石窟中以宗教为题材的著名壁画和雕塑而又把它限制在艺术领域一样，马克思主义批判抽象人道主义历史观同样并不否认它们在政治、道德、艺术领域所取得某些成就。资产阶级曾经是被压迫阶级，它在反对封建制度斗争中提出的某些口号，反映了社会发展的进步趋势。以为批判抽象的自由、平等、博爱，批判抽象的人的价值、尊严，就可以不讲人格和尊严，不讲自由、平等，这是误解。马克思主义把抽象人道主义的历史观和作为伦理原则的人道主义区分开来，把其中某些合理因素，经过批判改造吸收到社会主义人道主义中。

社会主义人道主义同资产阶级人道主义是根本不同的。

第一，社会主义人道主义不是世界观，而是以马克思主义为指导的处理人与人关系的一种规范，或者说是处理人与人关系的人道原则。它的出发点不是抽象的人，不是类意识，即意识到你和我是一个类——都是人。比如我们对俘虏实行革命人道主义，就不是以“人”为出发点的。如果从“人”这个原则出发，那么对顽抗到底和放下武器就该实行同样的政策，因为他们都是人。这样，我们就不能提倡英勇杀敌。为什么对顽敌要消灭对俘虏要优待呢？因为人是具体的。俘虏是丧失了与人民为敌的能力的人，因此对他们应该实行革命人道主义政策。这样做，有利于瓦解敌军，加速夺取全国革命的最后胜利。所以我们的革命人道主义的俘虏政策同时又是坚定的无产阶级政策。

第二，社会主义人道主义是理论和实践相一致的。同“不断宣扬仁义道德，又不断将它们破坏”① 的资产阶级人道主义相反，社会主义人道主义是现实的、可行的处理人与人关系的原则。这不仅因为新的生产关系已经建立，而且还在于它在理论上摒弃了以人为出发点的抽象原则，把实行社会主义人道主义同正确区分两类矛盾、同无产阶级专政结合在一起，从而为切实消除残留的反人道现象，真正实行社会主义人道主义提供了可靠的保证。

第三，社会主义人道主义不是最高的原则，而是起码的原则，不是唯一的原则，而是原则之一。例如救死扶伤是革命人道主义原则，对于犯人和罪人同样应该给予治疗。但如果把医院救人同法院杀人（判处死刑）对立起来，把社会主义人道主义变为最高的、唯一的原则，就会转化为抽象人道主义。

* * *

新的生产关系和社会主义制度的建立，根本改变了人与人的关系，因而处理人与人关系的社会主义人道主义原则已成为实践着的现实的原则。

---

① 《马克思恩格斯全集》，第 4 卷，322 页。

但我们并不忽视，由于种种原因我们的社会还存在着虐待妇女、残杀女婴等反人道现象。我们在批判抽象人道主义的同时，要认真学习乔木同志的重要文章，既批判把马克思主义人道主义化的错误倾向，又要肃清在处理人与人关系上的各种“左”的错误，宣传和实行社会主义人道主义，大力推进我国的社会主义物质文明和精神文明的建设。

（原载《哲学研究》，1984（3））

15. 评西方马克思学的“新发现”

一个伟大思想家逝世以后，由于发现他生前未发表的著作而引起争论在历史上不乏先例，但像马克思《1844年经济学哲学手稿》（以下简称《手稿》）这样引起世界范围广泛持久激烈的争论是罕见的。其中最令人注目的是有些人声称在《手稿》中发现了“真正的”马克思主义，他们按照自己的观点解释《手稿》，企图重新塑造马克思主义。这就是西方马克思学喧嚣不已的所谓对马克思主义的“新发现”。因此正确分析《手稿》，对于坚持马克思主义是至关重要的。

一、《手稿》的主题和对主题的论证

在马克思主义形成过程中，《手稿》是比较集中、比较系统地阐述关于异化和人的问题的著作。但《手稿》的主题，并不是关于这两个问题的抽象思辨，而是关于无产阶级的阶级地位和人类解放道路的论述。如果说，在1843年的《黑格尔法哲学批判》中，马克思力图揭示“国家之谜”，从而解决使他感到苦恼的关于市民社会同国家的关系问题的话，那么在1844年的《手稿》中，则已开始转向解剖市民社会，试图从经济中、从私有制本身及其积极扬弃中，寻求无产阶级处于非人地位的原因和无产阶级解放的途径，用马克思的话说，就是解决“历史之谜”。

马克思在《手稿》中是很重视这个主题的。他当时虽然是从资产阶级古典政治经济学提供的前提出发，采用了它的语言和它的规律，但他已“超出国民经济学的水平”，提出了两个问题。第一，把人类的最大部分归结为抽象劳动，这在人类发展中具有什么意义？马克思当时还未形成劳动二重性的理论，他所说的“抽象劳动”，指的是与生产资料（资本和地产）相分裂、单纯作为谋生手段的劳动。这个问题实际上是关于资本主义制度下无产阶级的地位和对人类的使命问题。第二，希望通过提高工资来改善工人阶级状况，或者像蒲鲁东主张的把工资平等看做革命目标的改良主义，究竟犯了什么错误？这实际上是关于无产阶级的革命目标和获得彻底解放的途径问题。所以，《手稿》并不是以抽象的“人”，而是以无产者和资产者两大阶级的对抗作为出发点的。马克思关于资本主义私有制本身所包含的对立是资本和劳动，即无产者和有产者的对立，而且是“敌对性的相互对立”的论述，关于资本、地租和劳动三者的分离对工人来说是有害的致命的分离的论述，关于资本主义生产无论怎样繁荣，工人都不可能摆脱贫困的论述，以及关于异化劳动的诸种规定，都着力于揭示资本主义制度下无产者和有产者的对抗，揭示无产阶级的处境和地位。无产阶级正是马克思当时倾注全部注意力的中心。

在《手稿》中，马克思并不是以抽象“人”的解放，而是以无产阶级的彻底解放作为目的。《手稿》论述了全人类解放，但把这看成是通过无产阶级的政治革命，彻底解决资本和劳动的对抗，积极扬弃私有制的结果，而不是凌驾于无产阶级解放之上的一种虚幻的目标。马克思明确地指出：“社会从私有财产等等的解放、从奴役制的解放，是通过**工人解放**这种**政治**形式表现出来的，而且这里不仅涉及工人的解放，因为工人的解放包含全人类的解放；其所以如此，是因为整个人类奴役制就包含在工人同生产的关系中，而一切奴役关系只不过是这种关系的变形和后果罢了”①。

使《手稿》具有特色的与其说是主题，不如说是对主题的论证。从《德法年鉴》开始，这个主题贯穿马克思的全部著作。但是在马克思思想发展的不同阶段，特别是随着唯物史观和剩余价值学说的创立，对这个问题的论证是不一样的。《手稿》的一个特点在于：它一方面以私有制为基础，从经济事实出发；另一方面又求助于人的本质，把历史的发展纳入了人的本质的异化和复归的思辨图式中，因此对无产阶级的地位和彻底解放

① 《马克思恩格斯全集》，第 42 卷，101 页。

的论证，带有人本主义的烙印。

很显然，“异化劳动”是马克思概括经济事实和论述无产阶级解放的重要范畴。整个《手稿》，除了由编者题为《异化劳动》的片断外，几乎从第一手稿的工资、利润、地租到第三手稿对黑格尔的辩证法和整个哲学的批判，都贯穿了关于异化劳动的论述。马克思把异化劳动作为探讨私有制产生，探讨资本、地租、劳动三者分离根源的钥匙，并且把各个经济范畴，例如商业、竞争、资本、货币看成是私有制和异化劳动这两个基本因素的展开。与此相联系，马克思论述了他对人和人的本质的观点。在《手稿》中，异化劳动问题与人的本质问题是密切联系的。劳动异化表现为人的本质以非人的存在与人相对立，异化的扬弃表现为人获得了自己全面的本质。当然，在马克思关于异化劳动的论述中，包含许多重要的思想，它后来发展为历史唯物主义和剩余价值学说，但也包括后来摒弃了的观点。因此探讨《手稿》时，应该把《手稿》的主题和对主题的论证、把经济事实和对经济事实的哲学解释区分开来。

《手稿》以异化劳动为中心来论述它的主题，这不是偶然的。

任何一个思想家都是在特定的社会环境下从事活动的，都不可能摆脱传统思想的影响，即使像马克思这样伟大的人物也不例外。在德国，从黑格尔到费尔巴哈，以及当时的青年黑格尔派分子，都运用异化这个范畴。特别是费尔巴哈关于人的本质的异化学说，成为批判宗教的重要论据，有着重大影响。应该说，关于人和人的本质异化的学说，很适宜于表达人们对当时制度的不满和抨击。这对于正在探索自己的道路的马克思，当然是一个重要思想武器。

事实上，在《手稿》之前，马克思在《莱茵报》和《德法年鉴》上发表的文章中，就运用了异化这个范畴。他指责莱茵省议会的那些自私自利的立法者制定林木盗窃法，是把自己的人的本质异化为“某种非人的、外在的物质”。他在《论犹太人问题》和《〈黑格尔法哲学批判〉导言》中，也把无产阶级的非人化，即无产阶级丧失了自己人的本质，只有通过人的完全恢复才能恢复自己作为论证人类解放的重要根据。

《手稿》不是对《德法年鉴》的偏离，而是沿着原有的思想进一步向前发展的。但是，1844 年出现了一个新的因素，这就是马克思转向政治经济学的研究，大量阅读英、法经济学家的著作。当时已经基本实现由唯心主义到唯物主义，由革命民主主义到共产主义的转变，正在进一步寻求对共产主义进行科学论证的马克思，不满意古典经济学的立场和方法，不满意它们对私有制和对工人的态度，也不满意各种各样的空想社会主义学说。但究竟用什么作为武器来批判国民经济学和资本主义私有制，批判各种空想社会主义学说呢？传统的思想因素和1844年出现的新因素处于矛盾状态。马克思还在一定程度上求助于传统的哲学范畴对经济事实进行概括和思考。

尽管现在理论界关于费尔巴哈对马克思影响的大小、深度、时限有着不同的看法，但很难否认1844年，即马克思写作《手稿》的时期，虽然他在很多方面超出了费尔巴哈，但仍然存在费尔巴哈的影响。在《手稿》序言中马克思明确指出：“整个实证的批判，从而德国人对国民经济学的实证的批判，全靠**费尔巴哈**的发现给它打下真正的基础”①。他特别提到费尔巴哈的《关于哲学改造的临时纲要》和《未来哲学原理》，认为它们是“继黑格尔的《现象学》和《逻辑学》以后包含着真正理论革命的唯一著作”②。此外，马克思还把赫斯的几篇论文列为“内容丰富而**有独创性的**著作”③。无论是黑格尔的《精神现象学》，还是费尔巴哈的《纲要》和《原理》，或是赫斯的著作，关于人的本质及其异化都是重要内容之一。

毫无疑问，马克思是重视对私有制即货币制度的分析的。他在《手稿》中给自己规定的目标就是“必须弄清楚私有制，贪欲同劳动、资本、地产三者的分离之间的本质联系，以及交换和竞争之间、人的价值和人的贬值之间、垄断和竞争等等之间、这全部异化和**货币**制度之间的本质联系”④。但由于马克思的唯物史观正在形成中，还未弄清人和人的本质对生产关系的依赖性，因而并没有始终坚持上述原则，相反以人的本质作为判定经济关系合理性的根据，用区分真正的人和异化的人、真正的社会和异化的社会、真正的劳动和异化的劳动来批判国民经济学和资本主义私有制。

①②③ 《马克思恩格斯全集》，第42卷，46页。
④ 同上书，90页。

马克思把资本主义制度下工人实际存在的状况同“人”进行比较。在他看来，工人不是作为人而存在，而是已经丧失了人的一切特性，变成了抽象的活动和胃。马克思对由于交不起房租，被迫住在没有新鲜空气、没有阳光的地下室，仿佛又回到穴居时代的伦敦工人的困苦处境非常愤怒。他大声疾呼地说，工人的“任何一种感觉不仅不再以人的方式存在，而且不再以**非人的**方式因而甚至不再以动物的方式存在”①。

马克思指责国民经济学只把工人当作劳动者而不当作人。“国民经济学不知道有失业的工人，不知道有处于劳动关系之外的劳动人。小偷、骗子、乞丐，失业的、快饿死的、贫穷的和犯罪的劳动人，他们都是些在**国民经济学看来**并不存在，而只有在其他人眼中，在医生、法官、掘墓人、乞丐管理人等等的眼中才存在的**人物**；他们是一些在国民经济学领域之外游荡的幽灵”②。

马克思在总结经济学说史上罗德戴尔、马尔萨斯同李嘉图、萨伊关于奢侈和节约的争论时，指责国民经济学，把它看做是“资本家的**科学**自白”，因为它敌视工人，不把工人当人。马克思说，国民经济学“把工人的活动归结为最抽象的机械运动；于是他说，人无论在活动方面还是在享受方面再没有别的需要了；因为他**甚至**把这样的生活都宣布为**人的**生活和**人的**存在”③。

在马克思看来，在资本主义制度下，工人丧失了人的一切特性成为非人，他的唯一活动或者说唯一特性就是劳动，这是严酷的事实，问题是对这一事实持什么态度。国民经济学肯定和维护工人的非人地位，把工人变成没有感觉和需要的存在物，“把作为某种非存在物的人变为本质”④，所以它是敌视人的学说。整个国民经济学，从亚当·斯密经过萨伊到李嘉图、穆勒，发展得越彻底，就越敌视人，因为他们总是积极地和自觉地在人的异化方面比他们的先驱者走得更远。

与真正的人和异化的人相联系，马克思发挥了关于真正的社会与异化

---

① 《马克思恩格斯全集》，第42卷，134页。

② 同上书，105页。

③ 同上书，134页。

④ 同上书，114页。

的社会的论点。在马克思当时看来，真正的社会，是人作为人，按照人的样子来组织的社会。在这种社会里，作为人与人之间联系纽带的是人的本质，而不是商品、货币。也就是说，每一个人的生产，都是为了满足“人的需要”，创造与另一个人的本质的需要相符合的物品，人们彼此重视的是“人自身”、“人的价值”，而不是物，不是人所拥有的“物的价值”。相反，以商品、货币作为中介的资本主义社会是一种异化的社会。因为在这里一切社会联系都必须通过交换，通过商品和货币。这种社会重视物的价值，而蔑视人的价值。人与人之间彼此进行交谈的语言是物的语言，而不是人的语言。马克思说：“我们彼此进行交谈时所用的唯一可以了解的语言，是我们的彼此发生关系的物品。我们不懂得人的语言了，而且它已经无效了；它被一方看成并理解为请求、哀诉，从而被看成**屈辱**，所以使用它时就带有羞耻和被唾弃的感情；它被另一方理解为**不知羞耻**或**神经错乱**，从而遭到驳斥。我们彼此同人的本质相异化已经到了这种程度，以致这种本质的直接语言在我们看来成了对**人类尊严的侮辱**，相反，物的价值的异化语言倒成了完全符合于理所当然的、自信的和自我认可的人类尊严的东西。”①

马克思还根据这一点批判国民经济学，指责它把社会交往的异化形式作为本质的和最初的形式，作为同人的本质相适应的形式。例如，特拉西认为，社会是一系列的相互交换，是通过交换而相互结合的运动；亚当·斯密把社会看成是商业社会，它的每一个成员都是商人。马克思反驳这种观点。他斥责资产阶级国民经济学不去研究真正人的相互联系形式，反而把作为私有者之间的联系当作正常的形式，这种联系实际上并不符合人的本质，而是“一幅描绘他的**现实的社会联系**，描绘他的真正的类生活的讽刺画”②。

马克思非常重视劳动。把劳动作为历史的发源地和人的自我创造的力量，是《手稿》的巨大成就。但《手稿》在现实的劳动之外，设想一种与人的本性相一致的真正的劳动，并用以与异化劳动相对立。在马克思看

---

① 《马克思恩格斯全集》，第42卷，36页。
② 同上书，25页。

来，作为自由自觉的活动——劳动，是人的种的特性，人的生命的特性，或者叫做人的类的特性、类的本质。因此，只有出于人的内在的必然性、作为自我享受，并直接满足另一个人的本质需要的劳动才是真正的劳动，而出于外在的、偶然需要的，作为谋生手段的劳动是一种与人的本质相异化的劳动，即异化劳动。在马克思看来，国民经济学的错误，正在于它们把劳动看做谋生手段，并且极力掩盖资本主义私有制下劳动异化的性质。

严酷的经济事实变成了哲学语言，而哲学思辨中又充满了确凿的经济事实；以经济分析为前提的主题沉淀在对主题具有人本主义色彩的哲学论证之中。但只要认真分析就不难发现，马克思关于真正的人和异化的人、真正的社会和异化的社会、真正的劳动和异化的劳动的对立是服从《手稿》的主题的。马克思通过对异化的人、异化的社会和异化的劳动的分析，力图揭示无产阶级的阶级地位和劳动的雇佣性质，而用与人类本质相一致的真正的社会、真正的人、真正的劳动来描绘他对未来社会的憧憬。《手稿》的主题，即关于资本主义制度下无产阶级的阶级地位以及只有通过“现实的共产主义运动”积极扬弃私有制才能使人类获得彻底解放的思想是正确的，而对这个主题的哲学论证是不完善的。

二、所谓对马克思主义的“新发现”

20 世纪 30 年代初《手稿》刚刚发表，西方一些学者就开始了这种“发现”。除了《手稿》1932 年德文版的出版者齐·朗兹胡特外，马尔库塞也竭力宣扬这种观点，他说，“这部手稿可能把关于历史唯物主义甚至整个‘科学社会主义’理论的起源和最初含义的讨论置于新的基础之上”①。经过第二次世界大战直至现在，这种调子如夏日蛙鸣，此唱彼和，越唱越欢。埃·蒂尔在为《手稿》1950 年科伦版所写的评注中写道：“马克思的原文使人无须较晚期著作的帮助，就可以对马克思本人所理解的马克思主义究竟是什么这一点有一个最好的、有根有据的概念。”② 1953 年，齐·朗兹胡特在重新出版的《卡尔·马克思早期著作集》的序言中说《手

① 《〈1848 年经济学哲学手稿〉研究（文集）》，298 页。
② ［苏］列·尼·巴日特洛夫：《哲学中革命变革的起源》，7 页。

稿》的发表，“对马克思的理解获得了崭新的意义”，还说通过恩格斯、列宁“固定下来的，不仅对马克思主义者而且对反马克思主义者都具有权威意义的马克思的全部观点，现在完全改观了。对马克思直到 30 岁为止的著作所作的更加全面的考察使人可以清楚地看出，以前的解说者们使马克思的精神世界的全部财富陷入什么样的局限性和‘唯物主义的’贫乏状况之中”①。总之，他们的所谓“新发现”，根本无视《手稿》的主题，而是各取所需，“六经注我”，鼓吹重新解释马克思主义。

把马克思主义人道主义化 这是重新解释马克思主义的一种主要倾向。无论是“两个马克思”的创造者，还是某些“统一论”者，都企图把马克思主义全部纳入人道主义的范围，宣扬一种所谓人道主义的马克思主义。

这些作者片面强调《手稿》论证方法中的人本主义因素，把人的本质及其实现作为《手稿》的主题和核心，认为《手稿》是“从哲学观念出发，直接经过人的自我异化（资本和劳动）达到人的自我实现，达到‘无阶级社会’”②。还说：“历史的目的不是‘生产资料的社会化’，即通过‘剥夺剥削者’消除‘剥削’，如果不同时是‘人的实现’，这一切都是没有意义的。”③“人的实现”，这就是他们对《手稿》的总结性的评论。

马尔库塞更是明确地发挥了这种看法。他说，“马克思在《经济学哲学手稿》的两个地方提出了对人的存在的总体性作了概述的关于**人的本质的规定**”④，并且说它是“马克思进行批判和创立理论过程的真正基础”，“只有在如此牢靠的基础上（单纯经济论据或政治论据是无法动摇这种基础的稳固性的），才会产生关于革命的**历史条件及其承担者**的问题：关于阶级斗争和无产阶级专政的理论。任何批判如果只是研究这种理论而不去分析这种理论的真正基础，都会不得要领，抓不住关键”⑤。

把人的本质及其实现作为历史的目的，作为全部马克思主义的基础，从而把马克思主义说成是一种抽象人道主义，这不仅是 20 世纪 30 年代初

---

① 《〈1844 年经济学哲学手稿〉研究（文集）》，124 页。
② 同上书，285 页。
③ 同上书，294 页。
④ 同上书，311 页。
⑤ 同上书，327 页。

某些社会民主党人的观点，也是当代某些“马克思学”的特征。弗洛姆就力图把马克思主义纳入西方人道主义的体系之中。他反复强调，马克思主义哲学“来源于西方人道主义的哲学传统，这个传统从斯宾诺莎开始，通过18世纪法国和德国的启蒙运动哲学家，一直延续到歌德和黑格尔，这个传统的本质就是对人的关怀，对人的潜在才能得到实现的关怀”①。

毫无疑问，《手稿》中包含关于人的本质及其实现的论点，但它不是《手稿》的主题，也不是对主题的唯一论证，根本不能以它为据来重新解释马克思主义，从而把马克思主义说成是关于人的本质及其实现的理论。在我们看来，《手稿》对主题论证的客观依据，主要是经济事实，即对私有制以及资本和劳动矛盾的分析。马克思分析了农业中土地所有者、租地农场主和农业工人之间的各种矛盾，指出这些矛盾激化的结果“必然导致革命”；分析了工业中无产者和资产者的矛盾，指出资本主义生产方式由于其内在矛盾一定会“走向必不可免的灭亡”。马克思关于“劳动和资本的这种对立一达到极限，就必然成为全部私有财产关系的顶点、最高阶级和灭亡”② 的重要论断表明，即使不借助人的本质及其实现的论证，也不妨碍马克思揭示资本主义经济事实并从中引出上述结论。

马克思把共产主义看成是人的本质的“实现”、“占有”或“复归”的论证是不科学的，但他关于只有消灭私有制才能使人的感觉和特性得到彻底解放、才能使人得到全面发展、才能满足人的全面的需要等等思想是积极的、有价值的。马克思后来在唯物史观基础上继续发挥了这些论点。把马克思主义说成是只注意经济分析的纯“科学主义”，对人冷漠无情，甚至是什么反人道的等等，完全是危言耸听。彻底消灭私有制的社会主义革命，保障绝大多数人民的最根本利益，是任何资产阶级人道主义所不可比拟的。但是把马克思主义人道主义化的朗兹胡特、迈耶尔、马尔库塞、弗洛姆等人强调的并不是在革命地改造环境的过程中使人得到改造，而是把人的本质及其实现作为历史的目的、作为马克思主义的实质和基础，这样，包括自然、社会和人类思维发展最一般规律的马克思主义，变成了仅

---

① 《西方学者论〈1844年经济学哲学手稿〉》，15页。

② 《马克思恩格斯全集》，第42卷，106页。

仅是关于人的本质的思辨学说，变成了同历来人道主义传统——对人的能力的实现的关心——一致的所谓人道主义学说。马克思主义被纳入了人道主义的范围，变成了人道主义中的一个派别。这完全混淆了两种思想体系。把人作为出发点和归宿，一切求之于人的本质，一切为了实现人的本质，把全部社会矛盾和阶级矛盾归结为不合理的现实同人的本质的矛盾，从人的本质中引出所谓“革命”要求、引出历史的目的和趋向，这实际上是一种历史唯心主义观点，同马克思主义是根本对立的。

把马克思主义伦理化 与马克思主义人道主义化密切联系的，是把马克思主义伦理化，即把科学社会主义变成伦理社会主义。例如亨·德曼就断言，马克思主义“决不是非伦理的”，《手稿》中“关于‘感觉’的学说（需要和利益来自感觉）无非就是把伦理学的评价纳入人的需要。人本身有他的标准和目的”，“人根据天赋来评价当时的‘环境’，这种天赋不是由这种环境决定，而是属于人的本性并引导人去面对自己的使命”①。所以他认为《手稿》“比马克思的其他任何著作都更清楚得多地揭示了隐藏在他的社会主义信念背后，隐藏在他的一生的全部科学创作的价值判断背后的伦理的、人道主义的动机”②。

这种观点虽然是20世纪30年代初提出来的，但影响很大，至今西方一些所谓马克思主义研究者，还是按照这个看法来解释马克思主义。例如，罗·塔克尔就认为，《手稿》表明，马克思“并不是一个他想成为的那种分析社会学家，而首先是一个道德学家或宗教思想家之类的人。认为‘科学社会主义’是一个科学体系的旧观点，日益让位于认为它实际上是一个伦理的和宗教的观点体系的观点”③。毕果也断言，《手稿》中的“马克思主义政治经济学就是伦理学”，它并不包含对资本主义社会客观规律的分析，而只是“对人在经济世界的地位的分析”④，是一种人对现实世界道德要求的体系。而M. 吕贝尔更是直截了当地宣称：“马克思是通过伦理的使

① 《〈1844年经济学哲学手稿〉研究（文集）》，369。

② 同上书，348页。

③ ［苏］奥依则尔曼：《马克思的〈经济学—哲学手稿〉及其解释》，119页，北京，人民出版社，1981。

④ ［苏］列·尼·巴日特洛夫：《哲学中革命变革的起源》，15页。

命而达到无产阶级运动的。他不是通过长期的研究而把握了社会主义革命的物质的、历史的条件和可能性之后才‘科学地’达到社会主义的。”①

马克思无疑具有高尚的道德品质和道德理想。由于家庭教育和周围环境的影响，年轻的马克思热情似火、爱憎分明，怀有为人类幸福而献身的崇高理想。他的中学毕业作文《青年在选择职业时的考虑》就表现出这一点。这种精神境界，对于生活在19世纪40年代、面对各种尖锐社会矛盾的马克思来说，更容易促使他同情无产者，憎恨剥削制度。但推动马克思的立场和世界观转变的并不是这种道德理想，而是他积极参加了当时的实际斗争和进行艰巨的科学研究。一种崇高的道德理想可以构成人的行为的重要因素，但不能成为一种学说之所以科学的理论根据。马克思所肩负的历史任务是要把社会主义由空想变成科学，而这个过程的特点，正好是要排除各种各样的空想社会主义学说，其中包括以公平、正义等道德观念作为根据的社会主义学说。

1844年初，马克思开始研究政治经济学，它的一个重大成果是《手稿》。能说《手稿》中的社会主义是伦理社会主义吗？不能。《手稿》中确实包含着道德评价和道德谴责，它讲到了资本主义私有制度下的人的价值和人的贬值、物的世界的增殖和人的世界的贬值，论述了货币作为中介所引起的是非颠倒和道德沦丧，抨击了资产阶级国民经济学对人的漠视，等等。但是《手稿》中关于资本主义必然为更高的社会形态所代替的依据，主要是建立在经济分析的基础上。马克思并不是把人作为伦理的主体，把人与人之间的关系只看成是道德的关系，而是强调“所有者和劳动者之间的关系必然归结为剥削者和被剥削者的经济关系”②，认为经济利益上的敌对性的对立、斗争是资本主义社会组织的基础，并且发现整个共产主义运动，“必然在**私有财产**的运动中，即在经济中，为自己既找到经验的基础，也找到理论的基础”③。事实证明，马克思把社会主义看成私有财产的矛盾及其运动的结果，而不是单纯作为一种伦理要求。

从《手稿》中阐述的关于经济和道德的关系来看，马克思也是排斥

① ［苏］奥依则尔曼：《马克思的〈经济学—哲学手稿〉及其解释》，120～121页。
② 《马克思恩格斯全集》，第42卷，84页。
③ 同上书，120～121页。

“伦理社会主义”的。他在《手稿》中把道德同宗教、家庭、国家、法等等并列，作为受生产的普遍规律支配的因素，并且明确反对把道德当作评价经济现象的依据。例如他在驳斥米歇尔·舍伐利埃指责李嘉图讲政治经济学撇开了道德时指出：“李嘉图使国民经济学用它自己的语言说话。如果说这种语言不合乎道德，那么这不是李嘉图的过错。当米歇尔·舍伐利埃讲道德的时候，他就撇开了国民经济学；而当他研究国民经济学的时候，他又必然实际上撇开了道德。”由于经济和道德属于两个领域，各有不同的尺度，可能发生矛盾，但它们在根本上是一致的：“如果国民经济学同道德的关系不是任意的、偶然的因而无根据的和不科学的，如果它不是**装装样子**的，而是被设想为**本质的**，那么这种关系就只能是国民经济学规律同道德的关系”，事实上，“国民经济学和道德之间的对立本身不过是一种**假象**，它**既是**对立，同时又不是对立。国民经济学不过是**以自己的方式**表现着道德规律”①。这就是说，每个社会的道德内容同经济规律从根本上说是一致的。

当然，社会主义由空想到科学是一个艰苦的探索过程。不仅在《手稿》之前，即使在《手稿》之中，也存在着明显的不成熟之处。正如我们在上面所指出的那样，马克思把异化的社会、异化的人、异化的劳动同真正的社会、真正的人、真正的劳动对立起来，残留着费尔巴哈人本主义的影响，经济的分析和道德上的评价有时混在一起。但要指出的是，不能根据《手稿》论证中的不成熟之处，把它作为马克思主义伦理化的根据。《手稿》并不是马克思主义的完成形态，而是正在形成过程的标志。随着唯物史观的全面创立，《手稿》的缺点得到克服。例如在《德意志意识形态》中，马克思完全从生产关系和生产力的矛盾冲突中引出共产主义，并且明确地指出，“共产主义者根本不进行任何**道德**说教”，“共产主义者不向人们提出道德上的要求，例如你们应该彼此互爱呀，不要做利己主义者呀等等”②。后来恩格斯为马克思的《哲学的贫困》所写的德文版序言中特别强调了这一点。无视《手稿》的基本趋向、无视全部马克思主义的著

① 《马克思恩格斯全集》，第42卷，137页。
② 《马克思恩格斯全集》，第3卷，275页。

作，把道德原则看做马克思主义的基础是不符合实际的。

我们反对马克思主义的伦理化，反对把马克思主义变成一种劝世箴言，但并不否认其道德理想的意义。把马克思后来的严格的科学分析，说成是抛弃了早期的道德理想，丧失了对人的热情，这当然是一种诬蔑。马克思主义是科学，但是可以转化为一种道德力量——为共产主义而奋斗的崇高道德理想。它越是科学，便越是给予这种理想以坚实的基础。而且马克思对资本主义剥削制度的揭露，对于无产阶级和劳动者的阶级地位和处境的科学分析，也包含着一种激励被压迫者起来斗争的巨大道义力量。这同把康德的"人是目的"奉为金科玉律，把实现"人的价值"作为理论基础的伦理社会主义是迥然不同的。

把马克思主义异化理论化　异化劳动理论的确在《手稿》中占有重要地位，而且马克思后来在《经济学手稿（1857—1858）》和《资本论》（特别是第一卷和第四卷）中，仍然使用过异化概念。但是问题的关键不是马克思后来曾多少次使用过异化概念，并不是一个统计学的问题，而是如何正确地考察异化范畴在马克思主义发展中的地位及其演变。

从《手稿》发表以后，异化问题成为时兴的主题，甚至产生了所谓"异化热"。在这股热潮中，确实存在着一种倾向，即把全部马克思主义理论说成是一种异化的理论。例如伊波利特就说："从黑格尔和费尔巴哈那里借用来的异化概念，是整个马克思主义思想的基本概念和源泉。我认为，从这个概念出发，把人的解放规定为人的历史过程中反对人的本质的一切异化（不管这种异化采取什么形式）的积极的斗争，就可以最好地说明整个马克思主义哲学，理解马克思的主要著作《资本论》的结构。"①卡尔维兹在《卡尔·马克思的思想》中完全是重复这个观点，把异化范畴看成是没有任何变化的一以贯之的东西。他说："马克思早在青年时代就从黑格尔接受下来的异化这一哲学范畴，构成他的成熟时期的这一巨著的骨架。"他说："马克思把异化问题转移到了政治经济学领域。《资本论》不外是包括经济思想领域的异化在内的根本异化的理论。"②

---

① ［苏］奥依则尔曼：《马克思的〈经济学—哲学手稿〉及其解释》，126页。
② 同上书，129页。

问题不仅涉及《资本论》，而且关系到整个马克思主义理论的性质问题。例如，吕贝尔在《卡尔·马克思。思想发展史概论》中就宣称，《手稿》中的异化概念是“掌握和理解这位经济学家和社会学家后来全部著作的钥匙”①。弗洛姆也鼓吹：“要理解马克思，最重要的是看到写《经济学哲学手稿》时的青年马克思和写《资本论》时的老年马克思怎样始终把异化概念作为自己思想的中心点。”②

关于异化在马克思主义中的地位问题，完全可以讨论，但我们反对的是西方某些学者把异化作为理解马克思主义的“钥匙”、“中心”，把全部马克思主义变成一种关于异化的理论。这种倾向的实质是通过推崇异化理论，把马克思主义变成来源于黑格尔和费尔巴哈的异化概念的纯思辨体系，从而阉割马克思主义的科学性和革命性，并力图用“人”的异化来掩盖资本主义制度下无产阶级和资产阶级对抗的事实，把无产阶级的解放问题变成抽象的“人”的解放问题，借以反对马克思主义关于无产阶级革命的理论。例如弗洛姆就断言：“马克思相信，工人阶级是最异化的阶级，因此从异化中解放出来必然要从工人阶级的解放开始。马克思的确没有预见到异化已经变成大多数人的命运，特别是那部分人数愈来愈多的居民的命运，这部分人主要的不是与机器打交道，而是与符号和人打交道。说起来，职员、商人和行政官吏在今天的异化程度，甚至超过熟练的手工劳动者的异化程度。”因此，弗洛姆得出结论说：“在今天，全人类都成了它自己创造出的核武器的囚犯，成了同样是它自己创造出的政治制度的囚犯。”③ 特别是他们通过扩大异化概念，把矛头引向社会主义，鼓吹社会主义制度自身是产生异化的根源，是在经济、政治、思想上发生全面异化的社会。在他们看来，“全面的、客观的异化，对于任何一个工业社会（不管它是资本主义还是社会主义）来说，都是适用的”，他们攻击驳斥社会主义异化论是“教条主义”，是“不使用异化概念来认识和阐述他们自己生活于其中的某些社会现象”④，等等。这是对《手稿》中异化劳动理

① 《〈1844年经济学哲学手稿〉研究（文集）》，395页。

② 同上书，394页。

③ 《西方学者论〈1844年经济学哲学手稿〉》，67～68页。

④ 《异化是社会科学的概念》，载《哲学译丛》，1983（4）。

论的曲解。

在《手稿》中，马克思关于异化劳动的思想同黑格尔、费尔巴哈的异化观是不同的。马克思不仅由异化上升到异化劳动，而且服从整个《手稿》的主题，即为无产阶级历史使命和人类解放的问题进行论证。因此，尽管异化劳动理论中存在费尔巴哈的影响，如人的类本质同人相脱离，以及由此引出人与人相异化，但它的矛头始终指向资本主义制度。马克思以资本主义私有制为对象，以资本和劳动的对抗为中心，通过工人同自己的产品、同自己的劳动的关系以及工人和资本家的关系，揭示出无产阶级在资本主义制度下的非人地位和资产者对工人的剥削和掠夺："如果劳动产品不属于工人，并作为一种异己的力量同工人相对立，那么，这只能是由于产品属于**工人之外的另一个人**。如果工人的活动对他本身来说是一种痛苦，那么，这种活动就必然给另一个人带来**享受**和欢乐。不是神也不是自然界，只有人本身才能成为统治人的异己力量。"①

正因为马克思把异化劳动看成是资本主义制度下工人与资本家的对抗关系，因此强调异化的历史性、过渡性，反对把异化永恒化。马克思不同意黑格尔把对象化和异化混为一谈的观点，认为对象化只有在一定条件下才发生异化。他在《手稿》中指出："劳动的产品就是固定在某个对象中、物化为对象的劳动，这就是劳动的**对象化**。劳动的实现就是劳动的对象化。在被国民经济学作为前提的那种状态下，劳动的这种实现表现为工人的**失去现实性**，对象化表现为**对象的丧失和被对象奴役**，占有表现为**异化**、**外化**。"② 在差不多同时期写的《詹姆斯·穆勒〈政治经济学原理〉一书摘要》中，马克思仍然强调这一点："劳动是我**真正的**、**活动的财产**。在私有制的前提下，我的个性同我自己疏远到这种程度，以致这种**活动**为我所**痛恨**，它对我来说是**一种痛苦**，更正确地说，只是活动的**假象**。"③ 所以马克思认为，异化劳动对于资本主义社会是一种"**历史的**必然性"，"但决不是生产的某种**绝对**必然性，倒是一种暂时的必然性"④。

① 《马克思恩格斯全集》，第42卷，99页。
② 同上书，91页。
③ 同上书，38页。
④ 《马克思恩格斯全集》，第46卷下，361页，北京，人民出版社，1980。

也正因为这样，马克思在《手稿》中，是把资本主义和社会主义作为两种根本不同的社会对立起来论述的。马克思指出：“在社会主义的前提下，人的需要的**丰富性**，从而某种**新的生产方式**和某种新的生产**对象**具有何等的意义：**人的**本质力量的新的证明和**人的**本质的新的充实。在私有制范围内，这一切却具有相反的意义。每个人都千方百计在别人身上唤起某种**新的**需要，以便迫使他作出新的牺牲，使他处于一种新的依赖地位，诱使他追求新的**享受**方式，从而陷入经济上的破产。每个人都力图创造出一种支配他人的、**异己的**本质力量，以便从这里面找到他自己的利己需要的满足”①。资本主义社会是以劳动异化为基础的全面异化的社会，而社会主义社会由于积极扬弃私有制，消除了劳动者与生产资料和劳动产品的分离，因而消灭了异化劳动和异化的最深刻根源。这是将近一个半世纪以前，马克思看到的人类社会发展的远景。

马克思从异化到异化劳动，再到全面创立唯物史观和剩余价值学说，这是思想深化的过程。由于《手稿》中关于异化劳动的论述，包含着资本主义制度下劳动者的产品同劳动者相分离、劳动（力）作为商品、被迫劳动等等经济事实，因此马克思在《资本论》中继续使用异化来描述劳动者同自己产品的关系、同自己劳动的关系、同劳动条件的关系，但不再把这种分离看成是人的本质同人相异化，而是由生产力决定的生产关系对人的奴役。不使用异化概念并不妨碍《资本论》的科学性，相反，没有唯物史观和剩余价值学说则绝不会有《资本论》。异化不是《资本论》的中心概念，而是对已经用唯物史观和剩余价值学说阐明的经济事实的描述。

社会主义社会是从旧社会脱胎而来的，而且由于国际和国内资产阶级思想的影响，当然会存在一些弊病，应该用唯物史观和马克思主义关于共产主义发展阶段学说实事求是地进行分析和研究。如果抽象掉马克思关于异化劳动所包含的资本主义的对抗关系，倒转马克思思想发展的进程，从异化劳动回到抽象的异化范畴，甚至回到黑格尔和费尔巴哈的异化观，用以作为观察和分析社会主义社会的根本理论和方法，从社会主义制度自身、从亿万从事社会主义建设的劳动者的自身活动中来寻找所谓“异化”

① 《马克思恩格斯全集》，第42卷，132页。

的根源，这不仅会引起理论混乱，而且会导致极端有害的政治结论。西方有些学者以其特有的政治敏锐性看到这种扩大异化概念的实质。例如，B. 阿格尔就说："正式地说，在国家社会主义社会中不可能存在异化，因为生产资料在法律上是归工人所有的。但是，借助马克思早期的异化理论，可以发展出一种较广泛的、包括社会主义劳动过程具有非人化性质的异化概念。马克思主义人道主义者坚决主张，马克思认为异化从根本上是人们对自己的劳动生活、自己的集体、自己劳动的产品和工具失去控制的结果。异化不单是指资本家对生产资料的私人占有，而是指凡是使人对自己的生产活动失去控制的任何社会安排。通过扩大异化概念，马克思主义人道主义者为他们对国家社会主义的批判奠定了基础。"① 这段话很值得持"社会主义异化"论的同志们深思。

重新解释马克思主义，即按照某种意图和理论原则来曲解马克思主义，使其适合于自己的需要，这并不是新的动向。冰冻三尺，非一日之寒。事实上在1932年《手稿》全文发表以前，就存在把马克思主义伦理化、人道主义化的苗头。例如伯恩施坦就提出社会民主党需要一个康德，声称新唯物主义即马克思主义原则上坚决拥护康德的观点；考茨基在他的《唯物主义历史观》中，也把"向自由上升"、"向伦理上升"、"向人道上升"，看成是"历史过程的目标"。所以《手稿》刚一公布，正是社会民主党人朗兹胡特、迈尔、德曼等人首先发难，提出马克思主义人道主义化、伦理化的问题，这是很容易理解的②。不同的只是，这样来解释马克思主义，后来逐步发展成为广泛的思潮，并得到许多哲学流派，如新恩格尔主义、存在主义、新弗洛伊德主义、新托马斯主义以及名目繁多的各种人本主义的呼应。

我们指出了《手稿》论证中的局限性，驳斥了以《手稿》为据重新解释马克思主义的各种观点，但并不贬低《手稿》的意义。在马克思主义思

---

① 《马克思主义人道主义问题（译文集）》，309～310页，西安，陕西人民出版社，1982。

② 德曼就承认并不是因为《手稿》的发表才产生这种看法。他说："我感到，我同1844年的马克思所以一致，不是因为我要放弃我对现代马克思主义的实际态度，而是因为这一态度得到了证实。"[《〈1844年经济学哲学手稿〉研究（文集）》，375页]

想形成过程中，《手稿》无疑是一部重要作品，它是马克思的思想发展过程中的必然环节：既标志着从《莱茵报》开始的两个转变的结束，又是进一步创立包括三个组成部分在内的马克思主义思想体系的开端。在纯逻辑形态中被剔除的东西，在历史形态中则是必不可少的。《手稿》中包含的宝贵思想及其局限，从历史角度看都是有意义的。关于《手稿》在马克思主义史中的地位问题，应另文专论，这里不再赘述。

在我们国家，马克思主义史的研究是一门新兴学科。几年来，我们不少同志对马克思主义史，其中包括对《手稿》的研究做了一些有益的工作。但值得注意的是，由于西方马克思学的影响，存在着一种错误倾向。有的同志不是历史地考察《手稿》，而是以《手稿》“为据”，热衷于宣传抽象的人道主义、抽象的人的价值和尊严，甚至鼓吹“社会主义异化”论，宣扬社会主义在经济、政治、思想上发生全面异化。这不是马克思主义的态度。我们应该批评和防止这种倾向，使整个马克思主义史的研究，沿着正确的方向前进。

（原载《中国社会科学》，1984（1））

16. 哲学人本主义与民主社会主义

在当代，马克思主义主要受到来自两个方面的挑战：从政治角度说，来自民主社会主义；从哲学角度说，来自抽象人本主义。哲学人本主义和民主社会主义是两种不同的思潮，但在当代它们又是相互结合的。可以说，抽象人本主义是民主社会主义的哲学基础，而民主社会主义则是抽象人本主义思潮在工人运动和社会主义国家改革实践中的政治归宿。

按历史顺序，人本主义思潮早于民主社会主义。从 14 世纪末的人文主义到当代哲学人类学，经历了 500 多年的演变。而民主社会主义思潮，从第二国际末伯恩施坦算起不到 100 年；从第二次世界大战结束以后再度兴起不到 50 年；从它成为社会主义国家中的巨大政治力量并频频得手至今也只有几年。可是抽象人本主义思潮的长期传播，对于民主社会主义的滋长和流行所起的舆论先导和思想土壤作用是不容忽视的。

一、近代西方人本主义思潮的特点

整个西方人道主义发展史，可以划分为向上和向下两个大阶段。尽管近百年来也出现过个别的著名的人道主义思想家，但作为一种社会思潮，从总体上说是处于向下阶段。而向上和向下转折的关键人物是费尔巴哈。

费尔巴哈之后，哲学朝着两个方向发展：一个是由马克思和恩格斯创立的马克思主义哲学，它肯定人道主义的历史进步性，但对人道主义的历史观持批评态度；另一个是西方非马克思主义方向，这是一个包括各种学派的、非统一的社会思潮，其中占主导倾向的是人本主义思潮。

近代西方哲学人本主义思潮，派别林立，分歧很大，但它们有着某种一致性，因而同属于人本主义思潮。近代人本主义思潮与古典人道主义有着某种联系和相似性，它们都强调哲学以人为对象，强调人是出发点和归宿，特别是对人的存在的意义，人的价值、尊严，以及人的自由、个性表示了极大的关注和兴趣。

但是近代西方哲学中的人本主义思潮，并不是历史上古典人道主义简单的延伸。它们是在不同的历史条件下出现的，具有不同的社会内涵和使命。在一定程度上，甚至可以说它是古典人道主义原则的某种偏离和扭曲。与前者相比，近代人本主义思潮有明显的不同于古典人道主义的特点。

在历史上，人道主义同理性主义是孪生兄弟，人道主义者赞美理性，崇拜理性。理性是其旗帜、批判现实的武器和尺度。一切都必须在理性法庭上受到审判。美国哲学家布兰夏德就认为，对理性的信仰在广泛意义上说是希腊时代以来，西方文化的一个重要组成部分，是“西方哲学的主要传统”。

可是，从 19 世纪中叶开始的人本主义思潮，它的特点是非理性主义。尽管它们表现形式各异，但都贬低和蔑视理性，推崇非理性因素。唯意志主义的叔本华、尼采推崇的是人的意志和欲望。叔本华就认为，人的理性、人的知识，只是表面现象，在其背后起支配作用的是盲目的欲望和意志，理性的目的不在于理性自身，而是满足欲望的手段；尼采也极力反对理性，他非常激烈地抨击任何肯定理性和辩证思维的哲学家，认为哲学的迷误，就在于不把逻辑和理性范畴看成用来使世界适应有用目的的手段，而误认为可以在其中找到真理的标准，实在的标准。其他人本主义者，如生命哲学既反对理性，也反对感性，强调直觉，认为只有凭借直觉才能使主体自身和对象自身包含的独一无二的、难以表达的东西相吻合。生命哲学所鼓吹的神秘的生命冲动，就是一种非理性的欲望和意志，存在主义所宣扬的个人的情绪和感受，如焦虑、绝望、恐惧，等等，都是不能为理性所说明，为思维所把握的主观体验，是一种非理性的因素。弗洛伊德主义的非理性倾向也是非常明显的。它把性本能和性冲动作为原始的内驱力置于意识之上，就是明白无误的非理性主义倾向。

由理性主义转向非理性主义是近代人本主义不同于古典人道主义的特点，这为许多哲学家所公认。卢卡奇在其出版于20世纪50年代初的《理性的毁灭》一书中，就着重考察了德国哲学由理性主义到非理性主义的转变。在这部篇幅巨大的著作中，卢卡奇对谢林、叔本华、克尔恺郭尔、狄尔泰、齐美尔、尼采、海德格尔、雅斯贝斯以及新康德主义、社会达尔文主义和法西斯主义进行了评述，他认为，“非理性主义是对人类思维辩证发展的一种纯粹反动形式”。从理性主义到非理性主义，“属于德国历史最耻辱的一页”。卢卡奇号召，“恢复理性”、“重建理性”。英国哲学家霍布豪斯也说，一度被认为是理性的保护人和鼓吹者的哲学，它自身就沾染了非理性主义的倾向，它最后将把人说成是一种非理性的动物，而现代哲学家则是这种非理性动物的先驱。

这种转变，是经过长期酝酿的产物。休谟和康德就已经开始了对传统理性主义的挑战，休谟以其不可知主义和怀疑主义，否定对因果性必然性进行理性把握和逻辑论证的可能性，把因果观念看成心理习惯，从而把心理因素置于逻辑因素之上。康德则着力于揭示理性的矛盾，认为当理性企图越出现象而探求物自体时，必然陷入二律背反，为信仰留下地盘。尽管黑格尔企图挽救理性主义，但他创立的以绝对观念为基础的客观唯心主义体系，把理性由人的本质变成一种独立的、客观的理念，更加为理性主义的危机埋下了祸根。

人的确有非理性因素，应该研究，应该重视，研究人而不研究人的非理性因素是片面的。古典人道主义重视理性是它的优点，但它忽视了非理性因素。美国学者戴维·埃伦基尔德在他写的《人道主义的僭越》一书中，指责人道主义是宗教，因为它们盲目地颂扬理性，信仰理性力量，实际上我们既不能控制自己的心灵和肉体，也没有控制环境。我们承认非理性主义的客观作用，它把人们的注意力吸引到长期被忽视的非理性因素，如意志、生命、欲望的研究，但我们只能用理性来对待非理性因素，而不能用非理性主义对待理性。一句话，对待非理性因素的态度应该是理性的。

古典人道主义在历史观上是唯心主义的，但在自然观方面一般是主张唯物主义的，它们承认自然界的物质本体。英国唯物主义和法国18世纪唯物主义都是典型代表。近代人本主义思潮主张以人为本，实际上是以人的“意志”、“生命”、“人格”、“人的主观性”作为世界的本体，因而一般在自然观上也重新回到了唯心主义。至于西方那种以“实践为本”的所谓“实践唯物主义”本质上是人本主义的变种。

古典人道主义是反宗教的，由泛神论逐步演变为无神论。人道主义之所以产生，同反对中世纪宗教神学是密切联系的。因此从 14 世纪开始的人文主义到德国的费尔巴哈，对宗教的批判越来越激烈。相反，近代西方人本主义思潮越来越与宗教神学相融合。不仅作为基督教哲学流派的新托马斯主义、人格主义，露骨地宣扬人道主义与神道主义的结合，试图借助上帝的力量来实现人道主义，保证人的价值、自由和尊严，即使是生命哲学、唯意志主义哲学、存在主义，也由于悲观厌世，苦闷彷徨，无法自遣而向信仰主义靠拢。

更重要的是，古典人道主义倡导科学，是理性、科学、人道的统一。它们帮助自然科学摆脱神学的桎梏，并且借助科学的力量来达到反对宗教神学的目的。许多自然科学家同时是人道主义者，他们在反对宗教与教会的斗争中，被送上了火刑场和宗教裁判所的法庭。可是，近代人本主义思潮是与科学主义相对立的一个派别。它们否认对自然认识的意义和科技进步的意义，把科学与人生绝对对立起来，单纯强调自然科学不能解决世界的本质和人生的真谛，只有对人进行人本主义的探讨，才能从对外在世界和自然界的探求转向人的内在世界。特别是科技革命迅速发展与资本主义制度下人的异化现象齐头并进，人的紧张、焦虑和失落感的加强，更加强化了它们反对自然科学进步的倾向。

古典人道主义是西方文化的一个重要传统。近代人本主义以继承古典人道主义自居，广泛渗入到各个意识形态领域，是一个影响广泛的社会思潮。在当代考察重要的政治问题和理论问题，对作为文化背景和思想土壤的人本主义思潮的影响，应该十分注意。

二、马克思主义人本主义化的趋向

在西方哲学人本主义思潮的兴起和传播中，马克思主义人本主义化趋向特别引人注意。这种趋向的出现并不难理解。马克思主义作为无产阶级的理论，它是一种阶级的意识形态；可它不可能脱离它赖以产生和活动的文化背景。在西方哲学思潮和马克思主义的相互碰撞中，马克思主义人本主义化思潮的出现，是必然的，不可避免的。

在马克思主义人本主义化的历程中，有两件事不容忽视：一件是，与舍勒创建哲学人类学大体同时，卢卡奇发表《历史和阶级意识》，在创建西方马克思主义途程中迈出了决定性的一步。卢卡奇不同于舍勒；西方马克思主义也不等同于哲学人类学。但卢卡奇在《历史和阶级意识》中阐发的关于人和物化（异化）的思想，对于人的主体地位过分强调，搭起了由马克思主义通向哲学人类学的第一块跳板。另一件事是，1932 年《1844 年经济学哲学手稿》（以下简称《手稿》）的全文发表。兰德曼说："马克思《巴黎手稿》的发现，正好及时切合了哲学人类学的兴起。"① 《手稿》中关于人、人的本质和异化的理论，似乎为马克思主义人本主义化提供了理论和事实依据。其实并非如此。马克思主义的人本主义化趋向，是一种以人本主义思潮为文化背景的政治现象。马克思主义哲学人本主义化同马克思主义的社会主义学说的人本主义化（其中包括伦理社会主义和民主社会主义的复苏）是紧密连在一起的。

《手稿》是马克思早期的一部重要著作，它比较集中比较系统地表达了马克思对人和异化问题的看法。在整个马克思主义的著作中，类似的著作是绝无仅有的。但《手稿》并不是立足于抽象人的本性的人本主义著作，而是力图把政治经济学、哲学、社会主义理论融为一体的关于无产阶级革命和人类解放的学说。它试图从经济中，从私有财产的本质及其矛盾中寻找异化劳动的根源和扬弃异化的途径，但它的哲学论证的确打上了人本主义烙印。

其实在《手稿》发表之前，从 19 世纪末开始，伯恩施坦和奥地利马克思主义已经力图从康德主义角度来解释马克思主义。1932 年，《手稿》的全文发表，只是为早已开始萌发的用抽象人本主义原则重新解释马克思主义的趋向提供了借口和所谓依据。

当《手稿》公布时，德国社会民主党人朗兹胡特和迈耶尔非常敏锐地

① ［德］兰德曼：《哲学人类学》，71 页，北京，工人出版社，1988。

抓住了《手稿》中的人本主义因素。他们在自己编辑出版的《历史唯物主义·卡尔·马克思早期著作集》中全文刊登了《手稿》，并专门为《手稿》写了一篇重要的、影响极大的前言，开创了用人本主义解释马克思主义的先河。

这两位德国社会民主党的作者，非常推崇《手稿》，把它摆在马克思和恩格斯的一切著作之上，称之为“真正的马克思主义的启示录”、“马克思的中心著作”。他们认定，《手稿》同黑格尔的《精神现象学》不同，是一本从人本主义，即从人的内部状态来理解人和历史的著作，《手稿》的问世，势必会改变人们对马克思主义的标准概念，从而对论证新马克思主义的观点具有决定性意义。

朗兹胡特和迈耶尔强调，《手稿》的核心是人的本质异化和复归的理论。马克思在《手稿》中借助自我异化范畴来解释历史和现实。历史的真正目的不是废除私有财产，而是人的本质的实现。他们说，历史的目的不是生产资料的社会化，如果剥夺剥削者，消灭剥削，而不同时是人的实现，这一切都是毫无意义的。他们依据《手稿》，认为人不应当是诸社会关系的产物，相反，人对人以及人对自身的关系只应当决定于人作为人的本性。

在同一年，比利时的社会民主党人亨·德曼也发表了《新发现的马克思》一文，同朗兹胡特和迈耶尔的看法相呼应。他公开宣称，《手稿》比马克思的任何著作都更清楚得多地揭示了隐藏在他的社会主义信念背后，隐藏在他一生的全部科学创作的价值判断背后的伦理的人道主义的动机。德曼认为，马克思主义早期思想属于人道主义的马克思主义，明确地提出了“人道主义的马克思主义”这一概念，用以表达他依据《手稿》所重建的马克思主义，并把它同晚期的老年马克思对立起来。

德曼之所以强调《手稿》是人道主义的马克思主义，因为在他看来，《手稿》关于共产主义的论证是人道主义的，而不是经济学的。共产主义是由人的激情和需要产生的，并非历史自身的规律。社会主义作为最终目的是人对非人化的抗议，是人为了实现人的东西而进行的斗争，是一种人道主义目的。德曼还强调，人是根据天赋来评价环境的。人的这种天赋不是由环境决定的，而是属于人的本性。正是人的本性引导人去实现自己的使命。

20 世纪 30 年代由德国社会民主党人开始的马克思主义人本主义化思潮，还是处于萌发时期，希特勒的上台和德国法西斯主义的崛起，以及不久爆发的第二次世界大战，把一切理论问题都推在一边。战争和苦难吸引了人的全部注意力。战争中断了马克思主义人本主义化的进程。

可是随着战争的结束，马克思主义人本主义化的浪潮又逐渐兴起。资本主义，特别是发达资本主义经济的复苏和发展，科技的进步，更加强了人与人的疏远化和压抑感。资本主义的文化、文明、科技似乎在窒息个人的自由和创造力。社会现实和各种矛盾，往往引导一部分具有激进思想的理论家们重新回到马克思，特别是回到马克思的早期著作。可是与 20 世纪 30 年代初期的情况不同。如果说，30 年代初期的社会民主党的一些理论家们，力图从马克思的著作中寻找对马克思主义的新的解释；那么在 50 年代以后，一些以资本主义制度批判者自诩的学派，则是力图把自己的哲学观点同马克思主义结合起来，从而使马克思主义人本主义化具有多种色彩。

存在主义的马克思主义，是第二次世界大战以后开始出现的马克思主义人本主义化中的一个颇有影响的思潮。尽管存在主义作为一种哲学思潮，早在第一次世界大战以后就已经形成，然而存在主义与马克思主义的结合，却是第二次世界大战结束以后的事。1947 年，法国存在主义的著名代表梅洛-庞蒂在《人道主义和恐怖》中，初步表露了把存在主义和马克思主义融合的倾向。

但真正坚持把马克思主义和存在主义结合起来，举起存在主义的马克思主义旗帜的还是萨特，他在 1957 年发表的一组题为《存在主义与马克思主义》的文章中，特别是在 1960 年出版的《辩证理性批判》中，对存在主义和马克思主义结合的问题进行了论证。

在萨特看来，存在主义是一种人道主义，它以人为出发点和归宿；而马克思主义内部存在一个人学的空场，患了人学贫血症。马克思主义如果不把人作为它的基础而重新纳入自身之中，就会变成一种非人的哲学。这两者的结合对双方都是不可少的。存在主义只有在马克思主义这块沃土上才能形成，而马克思主义只有把存在主义包含于自身才不会停滞和僵化。

这种马克思主义，并不是按照马克思主义原则来修改存在主义，而是用存在主义来修改马克思主义，实际上是马克思主义人本主义化的一种形态。真正的马克思主义者，从来不承认存在主义的马克思主义是马克思主义。

在马克思主义人本主义化的思潮中，法兰克福学派中的一些理论家们宣传的弗洛伊德的马克思主义别具特色。如果说，存在主义的马克思主义，是一些激进的知识分子对高度工业化下个人自由的丧失，个人苦闷、忧虑、恐惧、失落感的宣泄和愤怒，那么，弗洛伊德的马克思主义，则是对晚期资本主义高科技下人的异化的抨击，认为这是过度文明对人的压抑。它们借用马克思的异化概念解释弗洛伊德的性压抑理论，又借用弗洛伊德的性压抑理论来解释马克思的异化学说，力图把马克思主义和弗洛伊德学说结合起来，寻求发达资本主义下人与社会矛盾及其解决途径的新解释。

弗洛伊德的马克思主义的倡导者们，无论是赖希、弗洛姆都赞扬马克思的早期思想，赞扬马克思学说的批判精神，他们并不一般地反对马克思主义关于社会存在决定社会意识、经济基础决定上层建筑的历史唯物主义理论，但认为由于在社会存在与社会意识、经济基础与上层建筑之间缺少中介，因而无法说明它们是如何转化以及如何相互作用的，而弗洛伊德的学说可以弥补这个缺陷。为此他们提出了“性格结构”理论，认为性格结构是社会因素和心理因素相互作用的产物，是把握和理解社会存在和社会意识、经济基础和上层建筑相互作用的钥匙。通过性格结构的分析，不仅可以看到马克思关于经济基础决定上层建筑的学说，以及弗洛伊德关于人格结构和性压抑学说的正确性，而且可以看到意识形态如何被凝结和内化为性格结构从而影响和作用于经济基础和社会存在。

在弗洛伊德的马克思主义思潮中，马尔库塞是十分引人注目的人物。早在 20 世纪 30 年代，当《手稿》刚刚发表时，他就写了《论历史唯物主义的基础》一文，对马克思主义进行人本主义的论证，强调《手稿》可能把关于历史唯物主义甚至整个科学社会主义理论的起源和最初含义的讨论置于新的基础之上，即置于人本主义基础上。

可是从 50 年代开始，马尔库塞开始转向弗洛伊德，企图把马克思主义和弗洛伊德主义结合起来。他的《爱欲与文明》、《单向度的人》等重要著作，非常明显地表现了这种倾向。

正如存在主义和马克思主义无法结合一样，弗洛伊德主义和马克思主义也不可能融合在一起，因为它们在如何考察人、人的本质以及人与社会的关系问题上，在理论观点上是根本对立的。

马克思主义人本主义化思潮，不仅在西方资本主义国家流传，还渗透到东方。无论是南斯拉夫的“实践派”，波兰的“哲学人类学派”、捷克的“存在人类学派”，还是匈牙利的“布达佩斯学派”，从其哲学观点上说，都是马克思主义人本主义化的鼓吹者。

三、抽象人本主义的当代政治实践——民主社会主义

一种重要的哲学思潮绝不会局限于纯哲学范围，它必然会渗透到其他意识形态领域，特别是会影响到政治实践。我们的时代是由资本主义向社会主义过渡的时代。如何看待由资本主义向社会主义转变的问题，始终是当代意识形态和政治斗争的重大问题。所谓民主社会主义，并不是科学社会主义在发达资本主义国家的运用和发展，而是以抽象人本主义原则考察社会主义的理论和实践。民主社会主义和科学社会主义是对立的，从哲学基础来说，这种对立是唯物史观和抽象人本主义历史观的对立。

首先，抽象人本主义片面鼓吹以人为出发点，把价值判断和科学判断对立起来。在社会主义的理论和实践中，它表现为否定由资本主义向社会主义过渡是客观的规律，而认为社会主义仅仅是一种人们追求的价值目标。

倡导回到康德的第二国际首脑人物伯恩施坦就持有这种看法。他虽然自称是社会主义的信奉者，但反对把社会主义看成是以历史规律为依据的一种社会制度，而是强调应该把社会主义视为从人的本性中生出的伦理要求，是一种伦理公设。伯恩施坦在与卢森堡的论战中明确宣称，社会主义的胜利并不取决于它的内在的经济必然性，试图对社会主义提供唯物主义的论证，既没有必要，也没有可能。作为第二国际最具影响的奥地利马克思主义中的一些人，也是以抽象人本主义观点来看待社会主义。他们反对把社会主义的实现置于历史必然性的基础之上，而是强调社会主义是以承认人的一般价值为前提的道德理想。在他们看来，只有把社会主义作为一

种理想、作为一种价值、作为一种信仰和追求，才能调动人们的积极性，而历史必然性的观念会阻碍人们的努力。

第二次世界大战结束以后，民主社会主义在这个根本问题上完全继承伯恩施坦的观点。无论是著名的社会党国际的《法兰克福宣言》，还是德国社会民主党的《齐根海因声明》和《哥德斯堡纲领》，其中一个主导观念都是反对把由资本主义向社会主义过渡看成是历史的必然性，而是以不同的形式强调社会主义是一种价值目标，是自由、公正、互助等各种基本价值的实现。民主社会主义的理论家们把关于社会主义必然代替资本主义的观念，称之为“历史的乌托邦”，他们强调社会民主党把社会主义作为自己的政治目标，不是根据经济发展的必然趋势，而是为了“人的尊严”。托马斯·迈尔在《民主社会主义的三十个论点》中，对科学社会主义与民主社会主义进行了对照，非常突出地强调这个区别。他说，科学社会主义强调，“社会主义是由于历史必然性而出现的历史时期”，“社会主义是历史规律产生的必然性”，“社会主义是注定要崩溃的资本主义的历史遗产”；而民主社会主义则认为，“社会主义是一种道义的必然性，它为所有那些因不公正的社会条件而处于不利地位的人服务”①。

在当代，某些原来社会主义国家的一些政治家和理论家们也宣扬这种看法。他们把关于工人阶级历史使命、关于无产阶级专政和关于社会主义革命不可避免性和必然性的观点视为“需要根本修改的教条”。他们公开声明“放弃”那种认为历史不以各种政治力量的意志为转移，似乎不可避免地要发展到社会主义和共产主义这一最终目标的观点，认为这种观点是空想。有的理论家公然为伯恩施坦关于“运动就是一切，最终目标是微不足道的”公式翻案，认为早就应该“为这句名言”“恢复名誉”。他们强调：“社会主义永远是一个过程，是一种运动。”他们以反对“固定模式”为借口，把社会主义必然代替资本主义的客观规律，把社会主义社会的本质特征统统当作“教条”反对掉。

科学社会主义并不否认对社会主义的价值判断，但把科学判断摆在首

① ［德］托巴斯·迈尔：《民主社会主义的三十个论点》，见《论民主社会主义》，45页，北京，东方出版社，1982。

位，并且把价值判断建立在科学判断的基础上。列宁曾经说过，马克思“不限于评论现代制度，评价和斥责这个制度，他还对这个制度作了科学的解释”①。他还反复强调：“马克思和恩格斯在他们的科学著作中，最先说明了社会主义不是幻想家的臆造，而是现代社会生产力发展的最终目标和必然结果。”② 否定历史必然性，否定最终目标，就没有关于社会主义的科学判断。把社会主义建立在现实的基础上，即建立在历史规律基础上，是社会主义由空想变为科学的关键。没有历史必然性的观念，没有关于社会主义必然取代资本主义的科学判断，仅仅停留在自由、公平、正义的价值判断范围内，社会主义永远无法摆脱空想的困境。

马克思自己思想的发展就证明了这一点。马克思关于社会主义代替资本主义的观点也经历了由价值判断到科学判断的过程。

马克思在《论犹太人问题》和《〈黑格尔法哲学批判〉导言》中，提出了人类解放和无产阶级伟大历史使命问题。这是最重大的成就。可是就当时马克思对问题的论证来看，马克思对人类解放和无产阶级历史使命的论述，还不是建立在对资本主义生产方式的经济分析上，而是以人的本质为依据的价值判断。马克思当时说：“德国唯一**实际**可能的解放是从宣布人本身是人的最高本质**这个**理论出发的解放。”③ 无产阶级之所以必须解放人类，是因为无产阶级丧失了人的本性，他们的经济地位和生活状况同他们作为人的本性是对立的，无产阶级只有解放全人类，即只有通过人的完全恢复才能彻底解放自己。

1843年3月《德法年鉴》停刊以后，马克思开始致力于经济学研究。马克思写了著名的巴黎笔记，其中包括《1844年经济学哲学手稿》。在《手稿》中，马克思关于社会主义必然代替资本主义的论述，既有科学判断也有价值判断，问题是这两者并没有有机地结合在一起。

在《手稿》中，马克思以经济分析为依据，对社会主义代替资本主义的必然性进行了科学的分析。马克思抓住了资本主义私有制，认为共产主

① 《列宁全集》，2版，第1卷，127页。
② 同上书，86页。
③ 《马克思恩格斯全集》，第1卷，467页。

义运动“必然在**私有财产**的运动中，即在经济中，为自己既找到经验的基础，也找到理论的基础”①。马克思高瞻远瞩，分析鞭辟入里，他明确断言：“劳动和资本的这种对立一达到极限，就必然成为全部私有财产关系的顶点、最高阶段和灭亡。”② 可是马克思关于社会主义必然代替资本主义的价值判断，还是以人的本质为尺度，把共产主义看成是无产阶级重新占有自己异化了的本质，看成是人向自身、向作为人的人的复归。

真正解决科学判断和价值判断的矛盾是从《德意志意识形态》开始的。它彻底摒弃和批判以抽象的人和人的本性为历史尺度的观点，深入到作为社会存在基础的生产方式内部，揭示了支配社会形态更替的普遍规律——生产力和生产关系矛盾运动的规律，并运用这个规律分析资本主义生产方式，指出，“现代的个人**必须**去消灭私有制，因为生产力和交往形式已经发展到这样的程度，以致它们在私有制的统治下竟成了破坏力量，同时还因为阶级对立达到了极点”③。

至于《资本论》，更是把关于社会主义必然代替资本主义的论断，建立在科学基础上的典范。马克思完全是从资本主义生产方式内部矛盾，以无可怀疑的事实和无可辩驳的逻辑力量，证明了资本主义的必然灭亡。马克思分析资本主义，正如一个生理解剖学家对待自己的解剖对象一样，务求符合对象的本来面目。恩格斯在谈到《资本论》时说过：“这里所涉及的不是鼓动性的词句，而是严密的科学结论。任何人，不管他对社会主义采取什么态度，都不能不承认，社会主义在这里第一次得到科学的论述”④。

历史必然性并不是纯逻辑的抽象。反对社会主义必然代替资本主义规律的人，把这个必然性说成宿命论，是完全错误的。

社会主义必然代替资本主义的规律是客观的。它并不是存在于人的头脑中、存在于逻辑抽象中，而是存在于资本主义生产方式的本质及其运行机制之中。资本主义生产方式是社会主义必然代替资本主义的历史规律的

---

① 《马克思恩格斯全集》，第 42 卷，120～121 页。
② 同上书，106 页。
③ 《马克思恩格斯全集》，第 3 卷，516 页。
④ 《马克思恩格斯全集》，第 16 卷，411～412 页，北京，人民出版社，1964。

物质载体。只要资本主义生产方式存在，它的内在矛盾和运行的总方向，必然是朝向社会主义。因为生产力的社会化是资本主义社会的必然趋势，而且随着科技发展日益社会化，与此相适应，必然要求生产关系的社会化，其中特别是把由少数人占有生产资料和社会财富变为由整个社会占有生产资料和社会财富。恩格斯曾经把资本主义社会中交通、邮政、电报、铁路的国有化，看成是生产力社会化要求生产关系社会化的象征。尽管这个矛盾在资本主义范围内是不可能解决的，但“它包含着解决冲突的形式上的手段，解决冲突的线索”①。世界上没有任任力量能够阻止资本主义社会生产力日益扩大的社会化进程，因而也不可能阻止社会主义代替资本主义的客观必然性。必然性的实现是结果而不是原因，是终点而不是起点。只有脱离整个资本主义发展的历史过程，脱离资本主义生产方式及其运行机制，才会把社会主义代替资本主义的必然性说成是宿命论。

认为承认社会主义代替资本主义的历史必然性，会削弱人们的斗志，只有把社会主义看成是价值目标，才能调动人们的积极性，这无非是重弹把人的主观能动性同客观规律性对立起来的陈词滥调。科学社会主义承认社会主义代替资本主义的历史必然性，同时又强调要充分发挥工人阶级和劳动人民的革命积极性。社会规律不同于自然规律，它必须通过人们的活动才能实现。马克思主义关于政党的理论，关于阶级斗争和社会革命的理论和策略，关于群众、阶级、政党、领袖的理论，都科学而周密地考虑到工人阶级的觉悟和组织程度，工人阶级政党的成熟程度，它所采取的策略和政策是否正确，甚至领袖人物的个人品质和性格，都会对革命的进展和结局发生重大影响。历史经验证明，在关键时刻领袖人物的动摇和背叛，就有可能造成革命的失败。如此重视人的主观能动性的科学社会主义学说，怎么能说是妨碍人们去斗争呢？事情正好相反，片面强调把社会主义作为价值目标的民主社会主义，才真正妨碍广大工人阶级和劳动者广泛地持久地进行反对资本主义，争取社会主义的斗争。因为不以历史必然性为依据的所谓价值目标，是无法实现的。一个不能实现的目标尽管可能成为一时的动员口号，但缺乏把整个阶级发动起来、组织起来的动员力量和凝

① 《马克思恩格斯选集》，第3卷，318页。

聚力量。

正因为社会主义代替资本主义的必然性是通过人们的活动来实现的，它必然充满斗争：国际斗争和国内斗争。社会主义革命不同于以往的任何革命。尽管资产阶级革命胜利后，也存在不同制度长期并存的局面。例如当资产阶级在英、法取得胜利后，它们周围特别是其他地区仍然是封建社会甚至更落后的制度。但它们之间的矛盾并不尖锐。因为资产阶级革命是以私有制为基础的政权更替。资产阶级的胜利，并没有妨碍封建贵族俯拾从工商业之树掉下来的金苹果，没有堵死它们转变为资产阶级的可能性。因此资产阶级革命的胜利，并没有严重威胁到其他国家封建制度的生存，一般也不会遭到国内封建阶级长期的殊死的反抗。社会主义革命则不同。就无产阶级和资产阶级的关系来说，社会主义革命确实是一场生死搏斗。社会主义革命在一国或少数几个国家的胜利，不仅会遭到国内被推翻阶级的持续顽强的反抗，而且会遭到国际资本主义势力的各种方式的进攻。散布在强大资本主义世界环抱中的社会主义国家，在斗争中受到挫折，甚至发生逆转是完全可能的。但这并不能改变历史总的规律和走向。在发生演变的国家，随着一个新的被养肥的资产阶级的出现，必然伴随着一个重新沦为被雇佣者的无产阶级，已经初步解决的矛盾再度出现，在新的条件下开始了新的斗争，历史似乎重新回到起点。尽管斗争是艰苦的，代价是重大的，但教训是深刻的，前途是光明的。以国际形势的风云突变来否定社会主义代替资本主义的历史必然性，这无论如何都是站不住脚的。

科学社会主义并不否定价值判断。从价值角度评价两种社会制度是完全必要的。当我们说社会主义制度比资本主义制度优越，其中不仅有科学判断也有价值判断。我们可以根据广大劳动者在社会主义社会中的地位，根据社会主义国家对劳动者的关心和尊重，根据社会主义社会特有的公平原则，社会主义人道主义原则，社会主义的自由、民主和平等，对两种社会制度进行比较。广大的革命者为社会主义事业而献身，其中当然包括抗议资本主义剥削制度的不合理，追求一个没有剥削和压迫的美好社会的价值目标。可问题是，不能以价值判断取代甚至否定科学判断。仅仅把社会主义作为价值目标，否定社会主义的客观依据，必然重蹈伦理社会主义的覆辙。

科学社会主义强调合目的性和合规律性的统一，价值判断和科学判断的统一。价值判断应以科学判断为依据。任何一个稍有马克思主义常识的人都知道，并不是因为实行了所谓公平原则才是社会主义，而是只有社会主义才能保障社会公平原则；并不是因为实现民主的、人道的原则才是社会主义，而是只有坚持社会主义才能保障社会主义民主和社会主义人道主义原则的实现。自由、民主、平等、人道并不是社会借以存在的基础；相反，它们的性质和能否实现是取决于经济制度和政治制度。把一些抽象的道德规范当作评价社会制度的唯一价值尺度，是植根于人本主义历史观的政治幻觉。

其次，人本主义宣扬以人为出发点，把人是万物的尺度奉为最高原则。坚持这种哲学观点的民主社会主义，必然强调社会主义制度是以人为中心的制度，是人道的制度，是把全人类利益和价值摆在优先地位的社会制度，并由此得出结论，社会主义不应使用暴力，应该对其他世界观和社会制度采取所谓容忍态度。这就把一个尖锐的问题摆在人们面前：社会主义制度的本质究竟是什么？它是不是一种非阶级的甚至是超阶级的社会制度？

在阶级社会中，任何社会形态的更替，同时也是阶级关系的大变动。奴隶社会过渡到封建社会，是奴隶主的统治让位于封建主的统治；而封建社会过渡到资本主义社会，则是资产阶级的统治取代了封建主阶级的统治。一个阶级在社会中的统治地位，表明这个制度代表着它的经济和政治利益。

社会主义社会，是无产阶级和全体劳动者当家做主的社会。社会主义社会集中代表全体劳动者的利益，而不是“一切人”的利益，更不是所谓“人”的利益。无产阶级最终目标是解放全人类，但它必须首先通过无产阶级解放这种政治形式，必须经历一个无产阶级专政时期。抽象地鼓吹社会主义社会应以“人为中心”，是“人的社会”，完全抹杀了社会主义社会仍然存在着的阶级斗争，抹杀了无产阶级专政的必要性，抹杀了社会主义制度的阶级本质。

社会主义社会当然要关心人，但它关心的不是抽象的人，不是不属于任何阶级和集团的所谓“人”，而是包括脑力劳动者在内的全体劳动者。

马克思恩格斯当年曾尖锐抨击过德国“真正社会主义”者的这种论调，说他们“所关心的既然已经不是实在的人而是‘人’，所以它就丧失了一切革命热情，它就不是宣扬革命热情，而是宣扬对于人们的普遍的爱了”①。的确，在民主社会主义那里，社会主义理论已经沦为宣扬博爱的基督教教义，无怪乎有些人把自己的社会主义和基督教视为一体。

社会主义当然也要讲民主，讲人道主义。而且社会主义民主、社会主义人道主义是资本主义虚假的民主和所谓人道主义无法比拟的。社会主义国家在实践中，如何完善社会主义民主，如何贯彻社会主义人道主义原则，的确走过一些弯路，有许多经验值得总结。但绝不能充当跪倒在牧师面前的罪人的角色，以抽象地宣扬“民主”和“人道”，来控诉社会主义制度、控诉无产阶级专政。

最后，民主社会主义也抨击资本主义制度的某些不公平、不合理，宣称要按社会主义原则来改造资本主义社会。但以人本主义为哲学基础的民主社会主义，反对革命，特别是反对暴力革命，鼓吹按照自由、平等、团结、互助的基本价值目标来改造资本主义社会，并且把这种改造看成是一个漫长的、渐进的，在资本主义范围内开始并完成的过程。这不是革命，而是彻头彻尾的改良主义。它们醉心的是所谓“资本主义制度的人道化”，即在维护资本主义私有制和根本政治制度的前提下，通过较广泛的社会福利措施，改善工人的处境。这与其说是变革资本主义，不如说是巩固和维护资本主义。早在一百五十年前，马克思在批判那些企图使资本主义人道化的“博爱派”和“人道派”时说过：“博爱论者以为，他们是在严肃地反对资产者的实践，其实，他们自己比任何人都更象资产者。”② 我看，这用在当代一些民主社会主义者身上是挺合适的。

在社会主义社会，以人本主义为哲学基础的民主社会主义也倡导改革。但它们离开了巩固和完善社会主义制度，抽象地宣扬把人视为社会进步的最终目的，视为最高价值，因而把社会主义改革看成是经济、政治、文化各个领域的所谓人道化过程。事实证明，在“社会主义人道化”的口

---

① 《马克思恩格斯全集》，第 3 卷，537 页。
② 《马克思恩格斯选集》，第 1 卷，121 页。

号下，沉渣泛起，一切陈旧的东西都死灰复燃。

抽象人道主义原则，从来没有实现过，也不可能实现。在资产阶级上升时期，人道主义是一种进步思潮，但它的政治理想，它梦寐以求的自由、平等、博爱的王国，在欢庆资产阶级胜利的焰火中毁灭。所以恩格斯说："和启蒙学者的华美约言比起来，由'理性的胜利'建立起来的社会制度和政治制度竟是一幅令人极度失望的讽刺画。"① 连在资本主义上升时期都没有实现的东西，当代资本主义反而能实现人道化，岂非咄咄怪事。

在社会主义社会，抽象人道主义原则同样不可能实现。把"社会主义人道化"奉为改革方针，只能有利于帝国主义推行和平演变。在一个社会主义国家，背离马克思主义关于阶级斗争和无产阶级专政理论，长期宣传抽象人道主义，其后果是难以想象的。一旦风云变幻，不少人会失去辨别能力。历史以血的经验昭示人们：正如在资本主义社会，自由、平等、博爱会变为骑兵、步兵、炮兵一样，在社会主义社会，抽象的民主可以转化为专制，人道会转化为恐怖和镇压。

（原载《中国人民大学学报》，1991（3））

① 《马克思恩格斯选集》，第3卷，298页。

17. 论“两个必然性”
——兼评民主社会主义的哲学基础

在马克思主义的科学体系中，最使资产阶级及其理论家们感到恐惧和烦恼的，是关于资本主义必然灭亡和社会主义必然胜利的理论。因为关于“两个必然性”的理论，以铁的历史规律为依据向全世界宣告：资本主义灭亡和社会主义胜利同样是不可避免的。尽管资产阶级理论家们把马克思比之为上帝，把“两个必然性”讽刺为宗教中的“末日审判”，但规律终究是骂不倒的。

当然，历史不是由纯粹必然性组成的暗淡画面，而是曲折多姿、风云变幻。当前国际形势中出现的暂时的局部的逆转，只是使“两个必然性”的实现更为曲折和复杂，而不可能根本改变历史的走向。我们应该深入探讨“两个必然性”的客观依据，坚定社会主义信念，反对和批评曲解“两个必然性”理论基础的错误理论。

一、“两个必然性”的客观依据

资本主义社会的发展和对资本主义社会的抨击是形影相随的。可是从最初的空想社会主义者莫尔和康帕内拉，到 19 世纪三大空想社会主义者圣西门、傅立叶、欧文，都没有解决甚至没有提出过资本主义社会为什么必然灭亡，社会主义社会为什么必然代替资本主义社会的客观依据问题。他们对资本主义制度的批判，针对的是结果而不是原因。激情多于理性，幻想压倒科学。即使是处于科学社会主义诞生前夜的 19 世纪批判的空想社会主义者也没有突破这个局限。他们谴责资本主义制度不公平、不人道，梦想用移民试验的办法来实现自己的社会理想。他们的历史观停留在抽象人道主义的范围，把社会主义理想建立在自由、公平、正义、人道原则的基础上。

马克思和恩格斯的伟大功绩，并不是提出了社会主义问题。社会主义无论是作为一种理论、理想或者行为目标，在他们之前已存在很久了。他们的创造性贡献，是把社会主义由空想变为科学。而这一转变的关键是指出了“两个必然性”，并充分地科学地揭示了它的客观依据。

列宁反复强调的正是这一点。他说：“马克思和恩格斯的具有世界历史意义的伟大功绩，在于他们用科学的分析证明了资本主义必然崩溃，必然过渡到不再有人剥削人现象的共产主义。”① 列宁还对科学社会主义和以往一切空想社会主义的理论基础进行了比较分析，强调科学社会主义完全是新东西。它之所以是新的东西，就是因为它“以对资本主义制度的这种**客观**分析证明了资本主义制度变为社会主义制度的**必然性**”②。

必然性的观念是哲学观念，但“两个必然性”的理论并不是基于哲学的推论，而是植根于历史过程本身。科学社会主义是建立在现实的基础上，即建立在对资本主义生产方式分析的基础上。两个必然性所表现的历史趋向，深深植根于资本主义生产方式内在矛盾的本性之中。的确，任何社会变迁和政治变革的终极原因，不应当在人们的头脑中，在人们对永恒的真理和正义的日益增进的认识中去寻找，而应当在生产方式和交换方式的变更中去寻找；不应当在有关的时代的哲学中去寻找，而应当在有关的时代的经济学中去寻找。科学社会主义不是哲学共产主义，它的基础不是抽象的哲学原则，而是对资本主义生产方式的经济学分析。离开了对资本主义生产方式的经济剖析，就不可能找到“两个必然性”及其客观依据。

可是经济学的分析不可能离开哲学的指导。在马克思主义产生之前，英国古典政治经济学也曾在一定程度上对资本主义的经济和阶级结构作过分析，但得出的是相反的结论。它们不是把资本主义社会视为历史上的过渡阶段，而是把它看做是社会生产的绝对的和最后的形式。而马克思和

① 《列宁选集》，2版，第3卷，603页，北京，人民出版社，1972。

② 《列宁选集》，2版，第1卷，25页。

恩格斯用以剖析资本主义生产方式的解剖刀是辩证的、历史的唯物主义，它以生产力和生产关系矛盾运动规律为指导，从社会形态演变的高度，深入到资本主义生产方式矛盾内部，从资本主义生产方式的肯定方面看到它的否定方面，从它的存在中看到它的必然灭亡。马克思发表于1859年的《〈政治经济学批判〉序言》，可以说是科学地揭示“两个必然性”的客观依据和理论依据，把马克思主义的哲学、政治经济学和科学社会主义的最根本结论结合在一起的卓越典范。

二、几点争论

在当代，围绕科学社会主义关于“两个必然性”理论，一直存在激烈的争论。有的学者认为，自十月革命以后，社会主义革命都是在经济比较落后的国家取得胜利，这说明“两个必然性”的依据并不存在于经济之中。这种看法是不对的。

马克思主义关于“两个必然性”的理论，是以社会经济形态的基本矛盾及其更替为依据的。它的根本之点在于强调，社会主义作为一种社会形态（准确地说应该是共产主义）是资本主义社会形态基本矛盾的产物，是以资本主义社会形态内生产力的高度发展为前提的。社会主义形态不可能在封建社会形态的母胎中孕育成熟。如果世界上根本没有出现资本主义社会，人类没有经历资本主义发展阶段，在地球上就不可能出现社会主义制度。所以从世界历史的角度看，在第一次世界大战以后开始出现社会主义国家，并没有违背“两个必然性”的理论。因为从时代来说，人类社会已经进入到帝国主义阶段。这是对人类社会形态演变的总体观点、全局观点，或者可以称之为世界史的观点。

至于世界资本主义体系首先从哪个国家开始突破，这是另一个问题。革命总是首先从统治力量薄弱，矛盾尖锐的地区首先取得胜利的。比较彻底的资产阶级革命并不是首先在资本主义最早萌发的意大利，也不是在资本主义经济发展较高的英国，而是在法国。1789年的法国大革命，在资产阶级革命中是无与伦比的。同样，社会主义革命并没有首先发生在资本主义发达的西方，而是在资本主义不太发达或很不发达的俄国与中国取得胜利，这与“两个必然性”的理论并不矛盾：第一，把俄国和中国放在世界历史总体中考察，俄国和中国的革命是在世界进入帝国主义时代以后发生的。第二，俄国的资本主义已经有相当的发展。列宁的名著《俄国资本主义的发展》已经做过充分的论述。中国没有经历独立的资本主义阶段，但在世界资本主义总体系中的中国，资本主义经济同样得到一定程度的发展，或者是帝国主义在华经济，或者是帝国主义卵翼下的买办资产阶级经济，或者是民族资本主义经济。总之，中国共产党领导的革命，并不是在封建社会的母胎中孕育出来的，而是以资本主义的一定发展为前提的。第三，从革命的主观力量来说，俄国和中国都很强大。中国的资产阶级虽然很软弱，但却有一个比较集中，特别能战斗的无产阶级。这个强大的无产阶级并不是从天上掉下来的，它是资本主义经济（帝国主义的、买办资产阶级的、民族资本主义的）发展的必然产物。

马克思主义关于“两个必然性”的理论，把社会生产力看成最终起决定作用的因素，但并不把生产力的绝对水平看成是否应该革命的标志。马克思主义是从生产力和生产关系、经济基础和上层建筑的矛盾运动中考察社会经济形态的更替的。一个资本主义国家，即使生产力发展水平较高，但只要生产关系还有容纳生产力发展的余地，只要它的上层建筑特别是国家政权还能正常地发挥它的调控机能，它就不会立即灭亡。相反，一个国家即使生产力水平不太高，但腐朽的生产关系严重阻碍生产力的发展，僵死腐败的政权窒息了社会最后一点活力，不推翻这个政权，不改变这种生产关系，整个民族和社会就会在这种窒息中毁灭。毛泽东在《中国社会各阶级的分析》中对旧中国的这种状况进行了科学的剖析。何况在相互联系的世界体系中，“对于某一国家内冲突的发生来说，完全没有必要等这种矛盾在这个国家本身中发展到极端的地步。由于同工业比较发达的国家进行广泛的国际交往所引起的竞争，就足以使工业比较不发达的国家内产生类似的矛盾”①。

由上可见，把中国放在整个资本主义世界体系中考察，中国革命完全符合“两个必然性”的规律。只是由于中国的具体情况，使这个必然性的实现带有中国的特点。毛泽东关于新民主主义革命的理论，邓小平关于建

① 《马克思恩格斯全集》，第3卷，83页。

设有中国特色的社会主义的理论，都为中国找到了一条实现“两个必然性”规律的具体道路。

第二次世界大战结束以后，特别近几十年来，西方发达资本主义国家的科技发展迅速，经济稳定，革命沉寂，因此不少西方理论家们断言，马克思主义关于“两个必然性”的理论已经完全失效。

宾克莱在《理想的冲突》中说：“自从马克思去世以后，历史进程本身已经表明他所预言的革命并没有发生。社会润滑剂，如社会保险，失业补助，缩短工时，改善劳动环境等，已经使工厂主和工人之间的摩擦减少了。在经济比较发达的西方世界，通过投票箱，甚至诉诸正义、公平这些资产阶级的价值而逐步进化，一般人的命运已在逐步得到改善。”因此他认为，马克思的“两个必然性”已经过时，“作为历史必然道路的预言家的马克思则已经降到只能引起历史兴趣的被人遗忘的地步”①。

马尔库塞在《单向度的人》中，虽然对资本主义持批判态度，但他的关于工人与资本主义制度一体化、工人阶级已同资本家同化，工人阶级已分享资本主义制度的成果，没有任何革命欲望的观点，实际上也是对“两个必然性”的否定。

美国社会学家米尔斯更是非常卖劲地鼓吹这种一体化的理论。他说：“在先进的资本主义社会中，工资劳务者变为‘无产阶级先锋队’的事例是不多见的，他们并没有成为任何时代性革命变化的动因。在很大程度上，他们已经同民族资本主义合为一体，——在政治上、经济上和心理上都是如此。在这样合并后，他们便在资本主义内部形成了一个依赖性的而不是独立的变因。”②

在米尔斯看来，“两个必然性”是一种虚构，马克思设想的资本主义向社会主义过渡不可能发生。他说：“从封建主义到资本主义以及从资本主义到社会主义的序列，是马克思的理论和预言的巨大历史框架。但我们现在却必须对它加以修正：从先进的资本主义社会中，并没有产生出任何

① ［美］宾克莱：《理想的冲突》，106页。
② ［美］米尔斯：《马克思主义者》，128页。

一种可被认为是马克思的社会主义。"① 米尔斯很清楚，只要推翻了马克思关于社会经济形态更替的规律，也就可以轻而易举地摈弃"两个必然性"的理论。

我们并不否认近几十年来资本主义制度的某些变化，例如劳动条件的变化和就业工人生活状况的改善，等等。但是马克思主义关于"两个必然性"的理论，是以资本主义社会形态的基本矛盾为依据的，而不是单纯建立在工人的生活状况上。恩格斯在《英国工人阶级状况》中所描绘的工人悲惨处境可以改变，但资本主义社会的基本矛盾并不会消失。谁敢断言，在当今发达资本主义国家已经不存在私人占有；谁敢断言，无产阶级已经不是被雇佣阶级。事实上，同早期资本主义相比，生产社会化和私人占有的矛盾不是缓和而是更尖锐了；无产阶级和资产阶级的差距不是缩小而是更扩大了。发达资本主义国家的统治者，可以通过从落后地区和国家获得的高额利润来缓和矛盾；可以通过采取各种社会保障政策来调节矛盾，但资本主义制度的基本矛盾依然存在。

资本主义社会的成熟、发达和富裕，同它的必然灭亡并不是对立的。尽管某些发达资本主义国家仍然存在着发展生产力的潜力，并没有完全丧失创造力量，但它们注定要为更高的社会形态所代替，因为它们所固有的基本矛盾随着它们的成就而不断激化。在资本主义世界中，一切都是相反相成的。它创造了摩天大楼，也同时创造了用硬纸板和铅皮搭成的贫民窟；它发明了许多消灭细菌的新药，可又不断滋生从吸毒到同性恋等新的社会病，科技与生产力的发展以道德沦丧作为代价，艾滋病的产生和传播并不能单纯归结为自然原因。的确，资本主义社会是所有以阶级对抗为基础的社会中最具创造力的社会，又是最冷酷、最令人憎恶的社会。所有人们能看到的弊病，都是资本主义社会最深层的矛盾——资本主义社会基本矛盾的表征和结果。因而资本主义社会生产力和科技的发展，只会加剧资本主义的破坏力，从而使它更接近死亡。

这种看法不仅是共产党人的看法，西方某些进步的、正直的学者也都不讳言资本主义社会的内在矛盾。例如在《美国社会问题》这部著作中，

---

① ［美］米尔斯：《马克思主义者》，134页。

作者把美国的社会问题分为结构性和过失性两大类，详细地分析了美国的两极分化、种族歧视、吸毒、同性恋、政府滥用职权和家庭结构的解体等一系列问题。美国社会充满了矛盾。美国的确很富裕，但它只是富人的天堂，而对于生活在贫困线以下的人来说，则是失望和怨恨。工人阶级，特别是觉悟了的工人阶级，不会由于生活的某种改善而安心于被雇佣、被剥削的地位；贫困和失业者不会满足施舍式的保障。资本主义越发达，越是预示由整个社会共同占有生产资料和把生产成果转归整个社会共同享有，不仅是可能的而且是必要的。

发达资本主义国家的寿命还有多长，这无法预料。马克思主义并不是算命先生。但关键问题是，不能把资本主义社会看成是最终的社会形态，变暂时的相对稳定为绝对的巩固。历史的衡量标准是大尺度的。我们的时代正处在由资本主义向社会主义过渡的时代。这是一个相当长的时期。根据几年或几十年的资本主义世界的状况企图推翻马克思主义关于“两个必然性”的论断，不是近视就是偏见。

至于有的政治家和理论家利用社会主义在实践中的挫折和困难，宣扬共产主义的“大失败”，期待“不战而胜”，以此来证明马克思主义关于“两个必然性”理论的失效也是徒劳的。马克思主义关于“两个必然性”的理论揭示的是历史发展的趋势和规律，它并不排斥发展过程的曲折性和反复性，并不排斥偶然性，相反以其作为自己实现的形式和补充。社会主义社会这种人类历史的根本转折，不可能没有倒退、没有旋涡、没有挫折、没有反复。处在比较强大的、发达的资本主义世界环境中，落后国家开始的社会主义革命和建设所遇到的困难将是可想而知的。但如果真正发生逆转，随着新的资产阶级的出现，必将同时出现一个被雇佣的工人阶级；随着资产阶级重新处于统治地位，必将伴随着无产阶级处于被统治地位。已经解决了的矛盾重新开始，“两个必然性”的规律将在改变了的条件下重新起作用。事情仅仅是揭开帷幕，并没有结束。把起点当作终点、序幕当作谢幕，是历史的错觉。

三、社会主义仅仅是价值目标吗？

如果说，马克思主义关于“两个必然性”的理论，揭示了资本主义自身发展的规律和通过无产阶级革命活动实现这个规律的条件和机制，民主社会主义则不同。

科学社会主义和民主社会主义的对立，不能简单归结为要不要讲民主和人道问题。似乎民主社会主义强调民主、人道，而科学社会主义则相反。事实上，我们主张社会主义民主，但不赞同民主社会主义；主张社会主义人道，但不赞同人道社会主义。原因在于，民主社会主义不是从“两个必然性”的角度，从历史发展的角度来考察社会主义，而是把社会主义建立在抽象人道主义原则的基础上，仅仅把它作为一种价值目标。尽管社会党国际的宣言，以及某些社会党纲领原则上都宣布按照社会主义要求改造资本主义，实际上它们对社会主义制度的本质和资本主义转变为社会主义的理由的认识，完全是以抽象人道主义为依据的。

在民主社会主义看来，社会主义根本不是以公有制为基础的社会制度，而是自由、民主、人道、公正、互助原则的实现。人们追求社会主义，并不是由于历史规律的要求，而是因为它是符合人类本性的价值目标。例如，德国社会民主党 1947 年 8 月《齐格海因声明》中公开宣称，“自马克思以来的历史进程，揭露了只从经济角度进行观察的片面性”。“社会民主党把人的思想自由和道德责任也看作是对历史进程起塑造作用的因素。社会民主党为实现自己的最后政治目标而斗争，但它不仅仅是根据经济发展的趋向或出于物质的目的性原因，而是为了人的尊严。”① 它们否定对社会主义的历史唯物主义论证，把它称之为“历史的乌托邦”，强调社会主义的“道德必然性”。社会民主党著名的哥德斯堡纲领，把自由、公正、互助确定为民主社会主义的基本价值，宣称社会民主党“致力于建立一种符合这些道德观念的生活秩序”。在后来修改的纲领中仍然坚持把社会主义看成是价值的观点，强调：“民主社会主义的基本价值——自由、公正和互助，是我们估量政治现实的准绳，是衡量一个新的更好的社会制度的尺度。”②

---

① 《战后德国社会民主党信奉的民主社会主义的思想渊源和主要特征》，见《当代西欧社会民主党的理论与实践》，123 页，哈尔滨，黑龙江人民出版社，1988。

② 同上书，154 页。

我们并不否定从价值评价角度比较资本主义和社会主义两种制度的合理性，也不否定社会主义革命过程中伦理动机的重要性。在社会主义社会中，社会主义的公平原则、正义原则、人道原则是资本主义社会所不可比拟的，这是无可置疑的。问题是，民主社会主义把科学与价值割裂开来，否定“两个必然性”，否定历史发展规律，把社会主义建立在抽象的道德原则基础上。它们不是立足于历史规律和如何通过人们的活动来实现规律的要求，而是诉诸人们的道德观念、诉诸人们的理智和良心。这无异于把社会主义推向遥远的、永远不可实现的未来。

的确，民主社会主义从来没有打算在发达资本主义国家中通过革命手段、更不用说通过暴力革命来建设社会主义。它们既然把社会主义看成是一种价值目标，必然认定社会主义是可以在资本主义制度范围内通过改良逐步实现的渐进过程，是资本主义制度人道化的过程。其实，这不是社会主义，而是只要资本主义的“好处”不要其弊端的理想化的资本主义制度而已。这当然是一种幻想。

社会主义国家在改革中，同样要坚持科学社会主义。在社会主义七十多年的实践中，并没有出现两种社会主义制度：一种是专制的极权的社会主义；一种是人道的、民主的社会主义。前一种社会主义制度，无非是现实社会主义社会的漫画化和讽刺画，是利用社会主义实践中的某些缺点和失误而对社会主义制度极力加以丑化；后一种所谓社会主义，则是由于不能正确地对待历史经验而走向另一个极端的虚构。

社会主义社会当然需要扩大和完善社会主义民主；需要坚持、宣传和贯彻社会主义人道主义原则。但是不能抽象地宣扬社会主义应该以人为出发点，用人道、民主来定义社会主义，把抽象的人道和民主当作社会主义的最本质特征和最高目标。

社会主义改革，实际上仍然是“两个必然性”规律起作用的过程。社会主义制度通过自我完善，找到一条在自己国家中最终战胜资本主义、建设社会主义的具体道路。这是一个充满矛盾和斗争的过程。不可能只讲民主不讲专政，特别是在经济落后的国家进行社会主义建设，没有巩固的强大的无产阶级专政是无法立足的；同样也不可能只讲人道主义不讲阶级斗争。社会主义的最高目标是消灭阶级、消灭剥削制度，它必然会损害和触犯一部分人的利益，遭到他们的对抗和反对。因此纯粹民主和抽象人道原则，不应该也不可能实行。

科学社会主义和民主社会主义的哲学基础不同，它们的着眼点也完全不一样。科学社会主义以历史唯物主义为依据，强调历史的必然性，因此着眼于客观规律。它重视无产阶级的主体地位，但把无产阶级放在一定的历史条件下来阐述它的彻底解放的道路和可能性。恩格斯曾经精辟地阐述科学社会主义的本质。他说："完成这一解放世界的事业，是现代无产阶级的历史使命。考察这一事业的历史条件以及这一事业的性质本身，从而使负有使命完成这一事业的今天受压迫的阶级认识到自己行动的条件和性质，这就是无产阶级运动的理论表现即科学社会主义的任务。"① 由此可见，科学社会主义不是关于人、人的本性的异化和复归，关于最美好、最理想的社会制度应该是什么的理论，而是通过对资本主义社会形态的剖析，阐述无产阶级的伟大历史使命以及完成这一使命的条件的科学理论。在科学社会主义理论中，价值判断服从科学判断。而以抽象人道主义为理论基础的民主社会主义，否认历史客观规律和"两个必然性"，把道德价值视为最高目标和历史尺度。历史似乎在捉弄人，民主社会主义重新回到了空想社会主义，但已经没有空想社会主义曾经享有过的荣誉与地位。

四、历史的经验值得注意

马克思和恩格斯一生不断地反对各种空想社会主义，特别是作为它们哲学基础的抽象人道主义的历史观。马克思和恩格斯 19 世纪 40 年代对以赫斯为代表的"真正社会主义"的批判，核心问题就是应该用什么样的历史观看待社会主义的问题。

赫斯是德国"真正社会主义"的代表。他不能科学地论证社会主义代替以私有制为基础的资本主义制度的必然性，而是把英法的空想社会主义和费尔巴哈人本主义结合在一起，力图用费尔巴哈关于人的本质的异化和复归来阐述自己的社会主义观点。赫斯以爱作为解决社会矛盾的手段，以

① 《马克思恩格斯选集》，第 3 卷，323 页。

人的本质作为历史的尺度，以人道主义作为最终目标，把实现社会主义的必要性归结为人道主义要求。

这种观点似乎充满了感情，但极端有害。马克思和恩格斯给予了批判。他们说，“真正社会主义”“所关心的既然已经不是实在的人而是**‘人’**，所以它就丧失了一切革命热情，它就不是宣扬革命热情，而是宣扬对于人们的普遍的爱了”①。他们在《共产党宣言》中给予了更猛烈的抨击，说“真正社会主义”是德意志各邦专制政府用以吓唬资产阶级的“稻草人”，是政府用来镇压工人的毒辣皮鞭和枪弹的“甜蜜的补充”②。

如果说，《德意志意识形态》对“真正社会主义”的批判，对唯物史观的论述，是从理论上宣告用抽象人道主义历史观作为社会主义理论基础的破产，那么1848年六月起义的被镇压，则是从实践上宣告用抽象人道主义历史观作为社会主义革命旗帜的破产。马克思在总结六月起义经验时，曾辛辣地讽刺那些用自由、平等、博爱口号为工人向资产阶级乞求施舍，用冗长的博爱说教为无产阶级催眠的小资产阶级社会主义者。马克思说：“大多数人有充分的权利嘲笑那些犯了时代错误，不断重复fraternité（博爱）词句的可怜的空想家和伪善者。因为这里的问题正是要抛弃这种词句以及由这个词句的模棱两可的含意所产生的幻想。”③

后来，恩格斯在1859年为马克思的《政治经济学批判》一书写书评时，讲到唯物史观对论证社会主义的意义，着重指出：“新的世界观不仅必然遭到资产阶级代表人物的反对，而且也必然遭到一群想靠**自由**、**平等**、**博爱**的符咒来翻转世界的法国社会主义者的反对”④。

究竟用什么世界观来论证社会主义，这个斗争在马克思和恩格斯生前一直存在。在19世纪70年代中期，在反对杜林及其一伙时，马克思在致左尔格的一封信中就抨击过一帮不成熟的大学生和过分聪明的博士，说：“这些人想使社会主义有一个‘更高的、理想的’转变，就是说，

① 《马克思恩格斯全集》，第3卷，537页。
② 《马克思恩格斯选集》，第1卷，279页。
③ 同上书，302页。
④ 《马克思恩格斯选集》，第2卷，118页。

想用关于正义、自由、平等和博爱的女神的现代神话来代替它的唯物主义的基础"①。

尽管马克思和恩格斯的态度非常明确，可是恩格斯逝世以后，以伯恩施坦为代表的第二国际修正主义者，其中包括所谓奥地利马克思主义者，又重新回到马克思和恩格斯生前着力反对的观点上来。他们极力否定从历史唯物主义观点来观察社会主义，力图用抽象人道主义原则，特别是伦理原则来进行论证。

伯恩施坦信奉新康德主义。他反对把社会主义看成是一种历史必然性，而是把它看做一种伦理公设，是从人类存在的本性中产生的伦理要求。他在同卢森堡的论战中明确地宣称，自己并不认为社会主义胜利要取决于它的内在的经济必然性，认为给社会主义提供纯粹唯物主义的论证，既是不可能的，也是不必要的。奥地利马克思主义者中的一些人也持类似的观点。他们力图使科学社会主义伦理化，变为伦理社会主义。他们反对从历史必然性的观点看待社会主义，认为社会主义是以承认人的一般价值为前提的，是以人为目的的一种道德理想。似乎认为社会主义符合规律就会妨碍人们去追求，而把社会主义作为价值、作为一种理想，就可以调动人们的积极性。这仍然是重复把人的能动性同客观规律视为不相容的老调。

列宁反对第二国际修正主义的一个重要方面，就是反对他们否定唯物史观，重新回到抽象人道主义历史观的立场上，反复强调"两个必然性"的客观依据。列宁说："科学社会主义是以资本主义使生产社会化这一事实为依据的。"② 还说："社会主义学说正是在它抛弃关于合乎人类天性的社会条件的议论，而着手唯物地分析现代社会关系并说明现今剥削制度的必然性的时候盛行起来的"③。

马克思、恩格斯、列宁对"两个必然性"的科学论证和他们对抽象人道主义历史观的批判，有助于我们正确理解科学社会主义和民主社会主义

① 《马克思恩格斯选集》，第4卷，417页。
② 《列宁全集》，2版，第25卷，53页，北京，人民出版社，1988。
③ 《列宁选集》，2版，第1卷，51页。

在历史观上的对立。当今发达资本主义国家的民主社会主义思潮有其特点，但就它们的世界观基础来说，非常明显地重复经典作家们曾经批判过的错误观点。

民主社会主义企图使社会主义人道主义化有其深刻的经济的、政治的原因。但不可忽视的是，它与两个传统有不可分割的联系：一个是欧洲的文化传统，一个是第二国际社会民主党的传统。

从欧洲文化传统看，人道主义源远流长，影响深远。它从 14 世纪萌芽，经过法国启蒙哲学，一直流传至今。不同的是，从 14 世纪到 19 世纪 40 年代，属于上升路线；古典人道主义有其进步性和卓越贡献；它尊重理性、尊重科学。可是从 19 世纪 40 年代马克思主义产生以后，古典的人道主义转变为非理性主义的唯心主义、人本主义。从 20 世纪 20 年代开始，以德国哲学人类学家舍勒为代表，开始兴起了哲学人类学的浪潮。从古典人道主义到当代哲学人类学表明，抽象的人道主义原则影响是根深蒂固的。民主社会主义直言不讳地自称继承了人道主义传统，可是它已经没有古典人道主义那种革命性和进步性。用抽象人道主义历史观来论证社会主义，对于科学社会主义来说不是前进，而是倒退。

另一个传统是第二国际后期社会民主党的传统，也就是伯恩施坦、奥地利马克思主义的传统。民主社会主义否定历史规律的客观性，否定“两个必然性”的理论依据和客观依据，宣称社会主义是一种价值目标，并从人的伦理要求出发来论证社会主义的必要性和合理性。这种考察问题的观点和思路，同伯恩施坦以及奥地利马克思主义者是一脉相承的。

对于一种思潮来说，传统是重要的，但同样重要的是现实的思潮的影响。从 1932 年马克思的《1844 年经济学哲学手稿》全文发表以后，在西方逐步兴起了一股把马克思主义人本主义化的思潮。开始是社会民主党的理论家们，后来某些共产党人以及西方一些理论家也参加了这个“大合唱”。他们强调马克思的社会主义理论背后的人道主义和伦理动机，强调共产主义是人的本质的复归，如此等等。把马克思主义人本主义化的思潮，显然对民主社会主义的社会主义观有着毋庸置疑的影响。

在理论领域中我们同样应该有反潮流的精神。资本主义的相对稳定和社会主义遭受挫折，使得一些人对“两个必然性”的理论发生怀疑和动摇，但历史规律终究是不以人们的意志为转移的。前途是光明的，道路是曲折的，这依然是我们的结论。

（原载《中国人民大学学报》，1991（3））

18．社会制度与人权

一、人权观念的是非颠倒

当代，在西方某些政治家和理论家的观念中，人权问题上的是非显然是颠倒的。

争取人权本来是革命的旗帜。例如，处于上升时期的资产阶级就是以争取人权为号召反对专制制度的。无产阶级也利用人权口号，例如马克思就把“要求人权和公民权”列入1864年《国际工人协会的宣言和临时章程》和1866年《国际工人协会章程和条例》中。我们党在民主革命过程中，也提出过保障人权的主张，提出保障人民的言论、出版、集会、结社、信仰、居住等各项权利问题。可现在，争取人权的口号，变成了顽固坚持资产阶级自由化的人用来反对社会主义和无产阶级专政的武器，革命的口号变成反对革命的口号。这是第一个大颠倒。

国家要独立，民族要解放，这是十月革命特别是第二次世界大战以来的进步潮流。争取国家的独立和生存权，是争取人权的首要内容，它的矛头是针对帝国主义殖民政策的，是反帝的旗帜。可现在，“人权外交”是推行帝国主义强权政治的政策。一些人高唱“人权高于主权”、“人权无国界”，在“人道主义干涉”的幌子下实现其侵略和颠覆野心。他们嘴上唱的是人权，心中想的是霸权，手中挥舞的是强权。反帝的口号变成了掩盖帝国主义扩张的口号。这是又一个大颠倒。

这两个颠倒不是偶然的。十月革命以后的几十年中，社会主义由一国到多国的胜利，出现了一系列社会主义国家，无产阶级和劳动人民成为当权者，使得人权问题上的斗争“攻守易势”。其中特别是由于发达资本主义国家，尤其是某个超级大国在经济和军事上处于优势的政治格局，使得它可以肆无忌惮地充当世界宪兵的角色，它的舆论武器就是人权，堂而皇之的侵略口号就是“人道主义干涉”。

西方有个著名的政治家，在他那本名为《大失败》的著作中，极其坦率地露骨地亮出了他们如此热衷人权问题的底牌。他说：倡导尊重人权影响巨大，意义深远，可加速共产主义衰亡进程。人权是现今时代最有吸引力的政治观念。西方大声疾呼尊重人权，已使所有共产党国家处于守势。可见，人权问题，说到底是个社会问题，是拥护什么样的制度，反对什么样的制度的问题。资产阶级在上升时期争取人权的斗争，实质上是争取建立资本主义制度的斗争，无产阶级争取人权的斗争，是争取建立社会主义制度的斗争。当代围绕人权的斗争，核心问题是社会主义和资本主义两种制度的斗争。

我们反对帝国主义及其思想家们在人权问题上的颠倒，但并非否定人权概念和人权问题的重要性和必要性，人权并不是资产阶级的专利品，正如自由、民主一样。关键在于正确认识人权和社会制度的关系，划清两种人权观的界限。

二、两种人权观，两种历史观

人权问题上的斗争是政治斗争，但又存在理论斗争，无产阶级和资产阶级两种人权观，就其哲学基础来说，是历史唯物主义和抽象人本主义历史观的对立。

为什么西方某些人鼓吹“人权高于主权”、“人权无国界”？因为在他们看来人是高于一切的。“人道主义干涉”的必要性就在于，人是目的，是最高价值。为了人，为了所谓保护人权可以对别国内政进行干涉。可见，资产阶级人权观是以抽象的人和人权为理论依据的。分歧的焦点首先集中在关于人权的本质上。

究竟什么是人权？

按照抽象人本主义观点，人权是人作为人的权利，人有人权，这是天经地义的。因而人权是超时代、超国界的。1776 年美国的《独立宣言》和 1789 年法国的《人权宣言》都宣称，一切人生来都是平等的，享有不可侵犯的天赋人权。直到 1948 年《世界人权宣言》也还是认为，人权是一种无论被承认与否都在一切时间和场合属于一切人的权利，人们仅凭自己作为人类一员的身份就可以享有这些权利，而不论相互之间有任何实际差异。尽管上述文件都是重要的历史文件，但这种人权观在理论上是错误的。至于当代西方某些理论家们竭力宣扬的抽象人本主义人权观，已完全丧失了它的历史进步性，沦为一种政治骗局。

人权的本质突出地表现在人权的历史之中。历史证明，在阶级社会历来是少数人的人权，人权从来不属于一切人，而只属于处于统治地位的人。难道奴隶和农奴享有与奴隶主和领主同样的权利吗？难道资本主义制度下的无产者能享有与资本家同样的权利吗？难道殖民地半殖民地国家的人民能享有与帝国主义国家公民同样的权利吗？不错，奴隶社会的法律也规定任意打死别人的奴隶应赔偿若干钱，这与其说是保护奴隶的人权，不如说是保护奴隶主的特权。人权属于一切人，这根本不符合历史事实。

按照唯物主义历史观，人权不是人作为人而是人作为特定社会成员的权利。人权是以法律形式表现的个人同国家的关系。一个社会的人权状况，极其鲜明地表现了这个国家的社会经济制度和政治制度，表现了各阶级的相互关系及其社会地位。例如我国国务院新闻办公室公布的《中国的人权状况》白皮书，通过新中国建立后人权状况的根本变化，以无可辩驳的事实表明了中国社会制度的变化，表明了社会各阶级相互关系的变化。

马克思正是从以法律形式规定的个人同社会的相互关系的角度来揭示资产阶级人权的。他说：“**政治国家的建立**和市民社会分解为独立的**个人**——这些个人的关系通过**权利**表现出来，正像等级行会制度的人的关系通过**特权**表现出来一样”①。这就是说，资产阶级社会的人权同封建社会的特权一样，都是以法定权利的形式表现的阶级关系。不同的是，资产阶级把自己的权利称之为人权，它表现为一种超阶级的普遍权利，表现为人作为一种“类”的权利，表现为属于一切人的权利，而特权表现为一种非

---

① 《马克思恩格斯全集》，第 1 卷，442 页。

普遍的、属于特定阶级的权利。其实，资产阶级的人权也是一种特权，以人权为掩护的特权——资产阶级的特权。由于资产阶级人权采取普遍权利形式，从而掩盖了它的阶级本质。

由于资产阶级人权观是以抽象的人为依据的，因此引出一系列不同于以唯物史观为依据的政治结论：

1. 按照抽象人本主义观点，人权是人作为人的不可剥夺的权利，因此人权是全人类的共同价值。它的内容和标准是绝对的、永恒的、普遍的。西方的某些政治家和理论家们正是把他们的人权观念作为全世界必须遵守的普遍价值。

按照历史唯物主义观点，人权是人作为社会成员的权利，因此人权的内容和标准是受特定的社会经济和政治制度决定，并由一个国家和民族的传统文化和价值观念影响的。因此不存在绝对的、永恒的、普遍适用的人权观念。人权是有国界的。人权国界的规定并不取决于主观意志，因为国家是以一定生产关系为基础的政治实体，有着不同的经济政治制度和文化传统。正如抽象的人是被普遍化了的资产者，抽象的人性是被普遍化了的资产阶级人性一样，在当代被作为普遍价值的人权观念，无非是被普遍化了的美国的人权观念。如果说在资产阶级早期，把特殊作为一般是一种真诚的幻想，而在当代则是一种极度的狡诈。

当然，历史唯物主义并不否认人权内容的某些共同性。人权观的对立，并不是人权内容和标准的绝对对立。如各国关于公民权的某些规定，关于社会成员个人的自由、安全、言论、出版、信仰的权利的某些规定，以及关于保护妇女、儿童、残疾人的某些规定，都可以有某些相似、相同之处。因此人权有其国际性的一面，也有可能在某些方面缔结人权的国际公约。可是，这些相同或相似性，并不是根源于人性的共同性，根源于我们都是人因而都有作为人的权利的起码要求这一抽象人本主义原则，而是根源于社会的要求，根源于社会的共同性。例如，为什么资产阶级的人权观和人权内容有共同性呢？按恩格斯的说法，这是“由于人们不再生活在象罗马帝国那样的世界帝国中，而是生活在那些相互平等地交往并且处在差不多相同的资产阶级发展阶段的独立国家所组成的体系中，所以这种要求就很自然地获得了普遍的、超出个别国家范围的性质，而自由和平等也很自然地被宣布为**人权**”①。同样，不同社会制度的国家在人权内容规定上也可以有某些共同点，可以缔结一些国际性的公约，这也不能用人性来解释，用我们都是人，是生活在同一地球的人之类的人本主义原则来解释，而只能从社会发展来解释。社会主义制度高于资本主义制度，因此人权观念和人权规定是不同的。可是高出于资本主义的社会主义社会，并不会也不能摒弃资本主义社会已经取得的成果。例如它用人权来代替特权，并以立法的形式承认公民权和个人在人身、安全、言论、信仰等方面的某些权利。社会主义制度的建立并不是取消这些权利，而是要把由少数人享受的权利变为大多数人的权利，把口头上的、虚假的、残缺不全的权利变为真实的、公平的、有保障的权利。这样，两种不同的社会制度在人权内容的规定上可能存在某些共同点，但这不是抽象的共性。这种共性存在于特殊性之中，即使是对某些类似规定，不同的国家对它们的内容、外延如司法保障也是不同的。因此人权的国际方面以及人权国际公约的制定和解释，往往会发生分歧甚至斗争。

2. 抽象人本主义从人性出发，把自由、平等、博爱看成是人的本性，因而在他们的人权观中把政治权利——各种各样的所谓自由，放在首位，作为人权的核心。之所以如此，是因为资产阶级提出人权要求时，他们已经是资产者，在经济上已经超过了封建贵族，他们有的是金钱，缺少的是身份和权利。对他们来说，经济方面的生存权已经解决了，他们要求的是政权，与政权密切联系的自由、民主权，以及利用政权保证他们的安全和财产的权利。他们贬低生存权，表明他们是地道的资产者。

按照历史唯物主义观点，物质资料的生产方式是社会存在和发展的基础，其中特别是生产资料所有制问题是核心问题。各种自由权的法律规定属于上层建筑，它的性质和适用范围取决于经济基础。对于无产阶级来说，首先要解决经济基础问题，解决生产资料的所有权的问题，才有可能真正保证并发展各种政治权利。这是一个生存权的问题，是一个关系到国家和民族是否生存和独立的问题。历史唯物主义按照解决衣食住行、解决生活问题是从事其他一切活动的基础的原则，把生存权放在首位。不解决

① 《马克思恩格斯选集》，第3卷，145页。

生存权问题，其他一切都是空话。饿着肚子空谈自由、民主，不是蓄意欺骗就是政治傻瓜。

3. 按照抽象人本主义观点，人是出发点和归宿，是一切价值中的最高价值。因此人权是至高无上的，人权高于主权。

按照历史唯物主义观点，根本不存在抽象的人，也不存在属于这种人的所谓人权。马克思说过："**人**并不是抽象的栖息在世界以外的东西。人就是**人的世界**，就是国家，社会。"① 因此，社会和国家是现实人的存在方式。人都是生活在一定的社会结构之中，生活在一定的国家制度之中。因此，一个国家的主权是人权的首要内容。主权和人权并不是彼此可以分割的，甚至对立的，而是不可分的。任何一个社会的成员，离开了他们生活其中的国家的主权，谁来实现和保证自己的人权呢？饱受帝国主义侵略和压迫之苦的中国人民对此是深有体会的。

4. 人本主义所宣扬的一般的人，实际上是作为资产者的个人，他们把资产者的人提升为一般的人。因此资产阶级人权观的核心是个人权利观，片面强调个人权利，把个人人权置于集体人权之上，这同资本主义社会的性质是一致的。资本主义社会是以资本主义私有制为基础的社会，社会成员就人与人的关系说，是彼此独立的类似原子式的存在，他们彼此的联系是以物为中介，而通过商品和货币关系形成的一个相互联系的社会整体。对于资产者来说，最重要的是个人，个人是上帝，而集体则沦为达到个人目的的手段。个体和类的关系是颠倒的。所以马克思说资产阶级人权，是"利己主义的人的权利"，是"**市民社会的成员**的权利"②，资产阶级人权的功能，是对私有财产和利己主义个人的保护。

按照历史唯物主义关于个人和集体相互关系的观点，任何无产者个人的解放，必须依赖整个阶级的解放。社会主义社会是以公有制为主体的社会，在社会主义社会，任何个人的发展，个人权利的实现，都只有在集体中并依赖集体的发展才有可能。无产阶级革命的胜利必须依靠集体。社会主义社会的建立、巩固和发展，也必须依靠集体的力量。因此，同以私有

① 《马克思恩格斯全集》，第1卷，452页。
② 同上书，437页。

制为基础的资本主义社会不同，社会主义社会反对个人至上，重视集体人权是完全合理的，是符合无产阶级彻底解放全人类的使命和社会主义的本质的。但唯物史观并不否定个人人权，更不以集体人权来妨碍和损害个人人权的实现，而是把两者正确地结合起来。社会主义国家以法律形式规定个人的权利和义务，规定个人应享的权利和个人对国家和社会承担的责任，就是正确处理个人与集体人权关系的体现。

由此可见，历史唯物主义和抽象人本主义的对立绝不是无谓之争，正是在两种历史观的基础上建立起两种人权观，并从中引出根本不同的政治结论。

三、两种人权发展的规律

按照抽象人本主义观点，人权是人作为人的权利，与社会无关，人权的根据在于人自身。按照历史唯物主义观点，人权是人作为社会成员的权利，因此他们享有的人权，无论就性质、内容、外延，以及司法保障来说都决定于社会制度。社会主义和资本主义是两种社会制度，因此有两种不同的人权发展规律。

争取人权是资产阶级反对封建专制制度的战斗口号。资产阶级的先驱者们是普遍人权的真诚捍卫者和追求者。他们把憧憬中的资本主义制度看成是自由、平等、博爱的天国，是实现普遍人权的伊甸园，可是资本主义制度的诞生、壮大和发展，恰好是对普遍人权理想的否定和践踏。

难道在资本主义原始积累中对农民的掠夺，把他们变成失去土地的流浪者，例如英国发生过的“羊吃人”，是对人权的尊重吗？

难道美国在确立资本主义制度的过程中，对印第安人灭绝种族的杀戮，是对人权的尊重吗？

难道资本主义在其发展过程中，推行炮舰政策，到处寻找殖民地和市场，用枪炮杀戮别国人民，是对人权的尊重吗？

当然不是，资本主义的历史是血与火的历史。资本来到世间，的确每个毛孔都沾满了鲜血。这样，资产阶级先驱者们关于普遍人权的许诺，独立宣言和人权宣言的规定，同资本主义制度自身的历史和现实就是矛盾的。恩格斯曾经深刻揭示这个矛盾：“和启蒙学者的华美约言比起来，由

'理性的胜利'建立起来的社会制度和政治制度竟是一幅令人极度失望的讽刺画"。"商业日益变成欺诈。革命的箴言'博爱'在竞争的诡计和嫉妒中获得了实现。贿赂代替了暴力压迫，金钱代替了刀剑，成为社会权力的第一杠杆。初夜权从封建领主手中转到了资产阶级工厂主的手中。"①

当资本主义越过了它的野蛮的原始积累阶段，进入到当代所谓发达的、文明的资本主义制度，是否实现了他们先驱者们的普遍人权的理想呢？没有，也不可能。

资本主义制度的本质同普遍人权的许诺是根本矛盾的。资本主义制度是以私有制为基础的，这就决定它必然划分为资产者和无产者、剥削者和被剥削者，使普遍人权成为根本不可能。普遍人权是以抽象的人为依据的，而现实存在的是阶级。只有傻瓜才会相信：一个除了嘴巴一无所有的人，同拥有电台、电视、报纸和出版社的人具有同样的言论自由权，一个不名一文的人同能花几千万、几亿元竞选的人拥有同等的被选举权，一个流浪街头的人同雇得起保镖的人具有同样的人身安全保障。

不错，资本主义越发展，越成熟，各种各样关于人权的立法越来越多。可是，它们的立法与司法之间、议会和行政之间是分离的。人权立法尽管可以越来越多，可是并不能真正付诸实践。

在资本主义社会，劳动者也可以具有某些权利，但是必须有一个先决条件：服从资本主义法律。你服从我的法律，我给你以人权，这是一种"卖身"契约。服从资本主义法律，意味着永远维护资本主义私有制，维护资本主义政权，这是在"人权"掩盖下的奴役权。恩格斯在讲到资本主义自由时说过："政治自由是假自由，是一种最坏的奴隶制；这种自由只是徒具空名，因而实际上是奴隶制。政治平等也是这样。"② 在人权问题上道理是一样的。

从法律意识的角度看，发达资本主义国家采取立法方式来保障人权，其中不乏可借鉴之处，但资本主义制度绝不是普遍人权的保护者，不是"人权卫士"，资本主义制度本身决定普遍人权的观念是虚伪的，决定资本

① 《马克思恩格斯选集》，第3卷，298页。
② 《马克思恩格斯全集》，第1卷，576页。

主义制度越发展离他们先驱者们的“普遍人权”的理想越远。以“人权”起家的资本主义制度践踏人权，这就是资本主义社会人权发展的规律。

在社会主义社会，人权也有自己的发展规律。如果说，资本主义社会的发展是越来越背离他们先驱者们的人权理想，社会主义社会则正好相反，社会主义社会越发展，越成熟，离马克思恩格斯的科学社会主义，离彻底消灭阶级、消灭剥削，使每个人的自由发展成为一切人的自由发展的条件的理想越近。

社会主义作为一个崭新的社会制度，它的发展不可能是一帆风顺的。由于法制不健全，由于少数干部的素质不高，或者由于一时决策的失误，也有可能发生一些侵犯人权的事例。这是社会主义社会处在幼年时期很难完全避免的，并不反映社会主义制度的本质。恩格斯说：“我们的目的是要建立社会主义制度，这种制度将给所有的人提供健康而有益的工作，给所有的人提供充裕的物质生活和闲暇时间，给所有的人提供真正的充分的自由。”① 社会主义社会出现过的某些失误，完全可以依靠社会主义制度来克服。社会主义社会具有自我完善的能力，党的十一届三中全会以来的历史充分证明了这一点。

当然，在我们这样一个社会主义商品经济不够发展，文盲相当多的国家，应该进行树立社会主义人权意识的宣传和教育。我们相信，随着社会主义改革的深化，随着生产力发展和人民文化水平的提高，我国关于人权的立法会越来越广泛，越来越完善；广大人民尤其是干部，社会主义人权意识会越来越强，人民会享有更高层次更广泛的人权。

两种社会制度决定了两种人权状况。只有坚持社会主义制度，坚持改革开放，广大人民的人权才有保证。这是两种人权发展规律的必然结论。

（原载《求是》，1992（7））

① 《马克思恩格斯全集》，第21卷，570页，北京，人民出版社，1965。

19. 社会制度与人道主义原则

“共产主义是极权制度。”从第一个社会主义国家诞生起，这种攻击就不绝于耳。最近，西方有一个人在一本叫做什么《大失败》的著作中又大肆重复这种攻击，并以新世纪先知的口吻预言共产主义“极权”制度的溃败，鼓吹向社会主义国家大力输出抽象的人道主义等西方的价值观念，以推行其“和平演变”的图谋。

社会主义和资本主义是当今世界上两种主要社会制度。一个明明是资产阶级专政的国家，被美化为“自由世界”，是实现普遍人权的“天国”；一个明明是为绝大多数劳动人民服务的社会主义国家，却被说成是“极权统治”，是对人道主义原则的践踏。对于这种颠倒必须予以驳斥。

一、评价社会主义制度的尺度是生产方式的性质而不是抽象的人性

我们究竟如何判断社会主义制度，是根据生产方式的性质呢，还是以抽象的人和人性为尺度？两种理论，两种答案。以抽象的人和人性为尺度，只能曲解社会主义制度的本质。

“自私是人的本性”。社会主义社会强调集体主义，强调个人的社会责任，违反人性。

“自由是人的本性”。社会主义社会提倡党性，强调社会主义的舆论导向，是反对出版自由、创作自由，违反人性。

“人是人的最高价值”。社会主义社会实行无产阶级专政，重视阶级斗

争，是不尊重人的普遍价值、权利和尊严，违背人性，等等。

所有这些“理由”的共同立足点是抽象人道主义，即以抽象的人和人性为出发点，以人的普遍价值、权利、尊严作为评价一个社会的尺度。它要求社会发展应该符合自己关于人和人性的概念，而不是把自己关于人和人性的理论建立在现实历史的基础上。这是一种主观唯心主义的历史观。如果这个尺度能成立，全部人类历史就是一堆应该被扫除的垃圾。因为迄今为止，没有任何一种社会制度是同它们关于抽象的人和人性观念相符合的。

恩格斯早就说过，用“人道”、“正义”、“自由”、“平等”、“博爱”这些概念，不可能科学地说明社会历史。在历史唯物主义看来，人类社会历史首先是生产发展史，一种社会制度的性质是由它借以建立的占主导地位的生产方式决定的。因此，衡量社会进步的主要尺度是生产方式的发展以及与其相适应的社会、政治、文化、科学、教育的进步。人类社会的进步，最集中地表现为社会形态的更替。社会主义社会是共产主义的低级阶段，与资本主义社会相比，它处在社会发展序列的更高水平上。尽管由于社会主义革命首先是在经济比较落后的国家取得胜利，生产力水平同发达资本主义相比仍然较低，但这并不改变社会主义社会在人类社会发展序列中的位置。因为归根到底，社会主义社会最终要创造出比资本主义社会更高的劳动生产率。

社会形态的更替是由人来实现的。社会形态的发展包含着人的发展。在古代，由于生产水平低下，人的生产能力只是在狭隘的范围内和孤立的地点上发展，因此个人缺乏独立性。而在资本主义社会形态下，由于商品生产的发展和普遍交往关系，个人摆脱了人身依附关系。不过人的真正全面发展，只有在共产主义社会形态下才可能实现。

社会的进步同时也是人的进步。但这种人不是游离于生产关系之外的一般的人，而是属于一定的社会结构和集团的人。因此迄今为止人的进步，是通过阶级关系的变化来实现的，从统治阶级序列来说，它表现为奴隶主阶级——→地主阶级——→资产阶级；从被统治阶级序列来说，它表现为奴隶阶级——→农民阶级——→工人阶级。在这种阶级关系的演变中包含着人的发展和进步，但是这种进步包含着矛盾。正如在动物的发展中，类的发展往往要牺牲某些个体一样，在人类阶级社会中，一部分人的发展往往以牺牲和遏制另一部分人的发展为前提。因此，在阶级社会中，从来就没有适用于每一个社会成员的普遍的人的权利和尊严。

我们当然也可以从另一个侧面，即通过考察社会主义社会人的地位的角度来评价这个社会制度，但这种人不是抽象的人，而是现实的人，即从事物质资料生产的体力和脑力劳动者。我们考察的不是社会主义社会在何种程度上实现了人的本性，而是劳动人民在社会中的实际地位。正是在社会主义社会，原来受压迫受剥削的广大工人和农民获得了解放，成为新社会的主人，他们的才能有了充分发挥的机会和场所。在社会主义社会，有多少普通劳动者的子弟受到高等教育，进入了科学的殿堂，成为各行各业的专家，这是任何社会都无法比拟的。如果要说人权，要说人的价值和尊严，可以说，只有社会主义制度才能使占人口绝大多数的人真正获得做人的权利，真正获得人的尊严和价值。不过这不是人性的自我实现，而是由于社会制度的变革所带来的劳动人民实际地位的变化。

评价尺度问题，说到底，是立场、观点、方法问题。我们不可能期望顽固反对社会主义的理论家和政治家们会采用另一种评价尺度，正如不可能期望他们放弃私有财产一样。运用抽象人性为尺度，量出来的不是社会主义制度的本质，倒是顽固反对社会主义制度的人的自己的尺寸——对社会主义制度的仇视和偏见。

二、资本主义社会并不是人道的天堂

资本主义社会取代封建社会是一次变革，但是资本主义社会是阶级对抗社会的最后一个形态，它把阶级社会的矛盾以新的形式推到极端。

把资本主义社会说成是自由、平等、博爱的王国，这对早期人道主义者说来是真诚的幻想，对当代西方反动的资产阶级政治家和理论家来说是无耻的谎言，而对我们国家鼓吹“全盘西化”的“精英”们来说则是为反对社会主义制度制造“口实”。

资本主义制度的先驱者们的确怀有人道主义理想。他们反对轻视人、践踏人的封建专制制度，渴望实现人的价值、权利和尊严。他们倡导的人文主义运动和启蒙运动曾经起过进步作用。但在革命后建立起来的资本主义制度并不是人道主义的天国，而是理性和人道原则的讽刺画。贿赂代替了暴力压迫，金钱代替了刀剑，商业变成欺诈，而博爱为充满诡计和嫉妒的竞争所取代。

我们只要比较一下法国 1789 年革命和 1848 年革命就可以看到这种变化。1789 年法国资产阶级革命是在自由、平等、博爱旗帜下进行的革命，是资本主义社会对封建社会的胜利。可是 1848 年 6 月，当法国无产阶级准备享受一下自由、平等权利的时候，资产阶级就把自由、平等、博爱毫不含糊地变成步兵、骑兵、炮兵。并不是自由、平等、博爱、人道的原则背叛了资产阶级，而是胜利了的资产阶级背叛了自己的诺言和理想。

资本主义早期的人道主义理想和现实的矛盾，在资本主义制度确立后开始暴露出来了。经过一百多年的演变，资本主义制度同它的先驱者的理想距离越来越远。

毫无疑问，资本主义带来了生产力和科技的迅速发展，但这种发展，对劳动者说来意味着新的压迫和新的剥削。马克思说过："在我们这个时代，每一种事物好像都包含有自己的反面。我们看到，机器具有减少人类劳动和使劳动更有成效的神奇力量，然而却引起了饥饿和过度的疲劳。新发现的财富的源泉，由于某种奇怪的、不可思议的魔力而变成贫困的根源。技术的胜利，似乎是以道德的败坏为代价换来的。随着人类愈益控制自然，个人却似乎愈益成为别人的奴隶或自身的卑劣行为的奴隶。"① 就我们的时代来说，现代工业，现代科技同现代贫困和各种反人道现象之间的结合，更加鲜明地暴露了资本主义制度的本质。

在资本主义国家，人与人之间的冷淡、矛盾、疏远化也同早期资产阶级人道主义的理想相反。人的失落感、孤独感、忧虑普遍滋长。西方国家不少大城市的人喜欢豢养所谓宠物，尤其是养狗成风。在专门埋葬狗的坟墓前，有的墓志铭上刻着"在我孤独和痛楚的一生中，你是我忠诚的伴侣和唯一的朋友"，"人不断使我失望，你永远给我以温暖"之类的愤世嫉俗的词句。这既是对世态炎凉、人情淡薄的资本主义社会的愤懑，也是对资本主义制度的抨击。

---

① 《马克思恩格斯选集》，第 2 卷，78～79 页。

西方社会弊端很多，不少人专门论述过这个问题。在这方面，弗洛姆写的《健全的社会》很值得一读。尽管他的理论立足点不对，是站在弗洛伊德主义的立场上，以抽象的人性为依据来抨击资本主义的，但也对当代资本主义社会各种反人道的现象做了分析。弗洛姆指出："自 20 世纪以来，19 世纪习以为常的那些资本主义剥削方式差不多被淘汰。但这并不能掩盖一个事实，即 19 世纪和 20 世纪的资本主义都奠定在一个原则之上，即人把人作为工具，这也是一切阶级社会所具有的原则。"① 弗洛姆当然不可能找到建立一个健全的社会的途径，但他的抨击表现了人们对当今发达资本主义制度的不满。

资本主义越发达，矛盾越深，弊端越多。我们可以美国为例。美国是最发达的资本主义国家，被视为"自由世界"的橱窗。所谓"全盘西化"，实际上是全盘美国化。的确，美国生产力高，科技发达，国家富裕。可美国是人道主义的天堂吗？不是。连美国有识之士自己也不承认。乔恩·谢泼德和哈文·沃斯合著的《美国社会问题》一书，就指出正是在最富裕的美国存在严重的分化，数以百万计的儿童经常面临饥饿的威胁。作者引用了著名经济学家保罗·萨缪尔森的《经济学》书中的一段话："如果我们把美国人的经济收入比做用孩子们玩的积木做成的一个'金字塔'，每一层积木代表一千美元的差距，那末，这座积木'金字塔'将会比法国巴黎的埃菲尔铁塔还要高得多。坦率地说，我们大部分人，按照我们的经济收入全在离地面仅一码的最底层。"② 可见，美国的富裕并不属于每一个人，而是属于一小部分人。

美国也不是平等的天国。虽然美国的《独立宣言》宣称"所有人生而平等"，其实这是一条从来没有实行过的空话。美国的种族歧视非常严重。黑人及其他有色人种在参政、就业、受教育等各个方面都受到不公正的待遇。雷诺德·李斯曼在《美国社会的不平等》中说："在美国，作为一个黑人意味着你继承了先辈们在生活的各个方面所遭受的不平等待遇。"③

---

① ［德］弗洛姆：《健全的社会》，19 页，北京，中国文联出版公司，1988。
② 转引自《美国社会问题》，29 页，太原，山西人民出版社，1987。
③ 转引自上书，71 页。

在美国，人与人的疏远化达到这种程度，以致婚姻、家庭都如同儿戏，一些城市离婚数目几乎与结婚数目相等。《美国社会问题》的作者非常忧虑，说过些年以后，结婚证书就像狗的许可证一样买来买去，最长也就是保持一年时间，没有法律会限制换一条狗或买几条狗。你看，在人类历史上被讴歌的以感情为基础的爱情和婚姻被降低到动物的水平。其他如吸毒、暴力、凶杀、同性恋以及虐待妇女、儿童和老人等问题同样困扰着美国。

在贫富悬殊，种族歧视，各种社会问题丛生的社会，谈论普遍的人权，谈论所有人的价值、权利和尊严，岂不是有点痴人说梦吗?

这一点也不奇怪。人道主义原则能否实行并不是建立在人对自身本性认识的基础上，而是依赖于人与人相互关系的性质。资本主义社会是以私有制为基础的社会。资本主义私有制所造成的人剥削人的关系，使得按人道主义原则处理人与人的关系成为不可能。早在 1842 年马克思在关于林木盗窃法辩论的文章中就揭示了私有者利益同人道主义原则的矛盾，认为二者是对立的。两年以后，马克思在《1844 年经济学哲学手稿》中对异化劳动的分析，对劳动者非人状况的分析，都是与对私有制的分析相结合的。在《工资》中，马克思还不无讽刺地指出："资本家的人道就在于以尽可能低的价格购买尽可能多的劳动。"①

由此可见，资本主义私有制是资本主义社会一切罪恶的最终根源，其中包括不断产生各种反人道现象。在阶级矛盾尖锐化的情况下，普遍的自由、平等、博爱是一句空话。不，有时比空话更坏。因为它可能成为揩拭屠刀的圣水，人民心灵创伤的止痛剂。它赢得弱者的眼泪，但强化了统治者的权力。尽管在当代不乏真诚的人道主义者，他们同情劳动者，抨击资本主义的罪恶，可是如果期望在保存资本主义制度的条件下实行普遍的人道主义原则，无非是 20 世纪的"玫瑰梦"，永远不可能实现。

三、只有社会主义才能真正实现人道主义伦理原则

我们反对抽象的人道主义，但并不抽象地反对人道主义。马克思主义

① 《马克思恩格斯全集》，第 6 卷，638 页，北京，人民出版社，1961。

肯定历史上人道主义的积极成果，但反对人道主义的历史观，反对把人道主义原则变成超历史、超时代的“绝对命令”。在马克思主义者看来，只有建立社会主义制度，才能为真正贯彻和实现人道主义伦理原则，创造历史性前提和可靠保障。

从经济上说，社会主义社会是以公有制为主体的社会。它消灭了剥削制度和剥削阶级，消灭了劳动者与生产资料相分离的状况。新的社会关系，使人与人的关系不再是淹没在利己主义冰水之中的金钱关系，而是平等互助的新型的社会主义关系。资本主义国家的工人的工资比我们劳动者的工资收入高，但他们处于被雇佣的地位。价格再高的奴隶仍然是奴隶，不具有人的身份和尊严。而在社会主义国家，尽管工资暂时不太高，但不再是雇佣劳动者，而是社会和国家的主人。

从政治上说，无产阶级专政的国家政权，运用法律和其他手段，保障劳动者的合法权益，对各种侵害人民利益，其中包括各种反人道的行为进行斗争。因而它最遭资产阶级及其代言人的忌恨，一些人常以人道名义进行攻击。第二国际的考茨基曾经攻击无产阶级专政是鞑靼式的“野蛮专政”，鼓吹社会主义政权的“人道化”。在当今西方，丑化无产阶级专政，已成为他们推行“和平演变”的主要方法。

无产阶级专政的国家政权同任何国家政权一样是阶级压迫阶级的工具，而不是仁慈的机关。但无产阶级专政与社会主义人道原则并不矛盾。奴隶主国家对待奴隶，地主阶级国家对待农民，特别是对在起义中失败的奴隶与农民的镇压是极端残暴的。资产阶级国家在这方面也不逊色。1848年法国的六月革命、1871年的巴黎公社，无产阶级革命在失败后都遭到疯狂的镇压。与此相反，无产阶级对待自己的敌人并不像自己的敌人那样野蛮。马克思在总结巴黎公社经验时谈到无产阶级掌握政权下的阶级斗争，他说：“公社并不取消阶级斗争，工人阶级正是通过阶级斗争致力于消灭一切阶级，从而消灭一切阶级统治……但是，公社提供合理的环境，使阶级斗争能够以最合理、最人道的方式经历它的几个不同阶段。”① 无产阶级专政是绝大多数劳动者对一小撮敌人的专政，它没有必要、也用不

① 《马克思恩格斯选集》，第2卷，416页。

着采取残暴的方式来对待已经被打败的敌人。

从意识形态上说，在社会主义国家，马克思主义在意识形态领域处于指导地位。它以科学的世界观和人生观教育群众，提倡共产主义道德，提倡和宣传社会主义人道主义原则。在思想理论领域，对资产阶级和封建的意识形态，包括宣扬凶杀、暴力、恐怖、色情的书刊影视进行必要的批判，加强社会主义精神文明建设，以利于贯彻和实行社会主义人道主义原则。

历史经验证明，只有社会主义制度的建立，才使得人类第一次有可能运用政权的力量，在全社会范围内，认真地而不是敷衍地，实际地而不是口头地，具体地而不是抽象地宣传、贯彻和实行社会主义人道主义伦理原则。

毋庸讳言，社会主义社会的现实同它的理论原则之间存在着一定的距离。就社会主义人道主义而言，社会主义国家在某个时期或某些方面出现过违背社会主义人道主义原则的现象。但社会主义原则同现实之间的矛盾是与资本主义社会原则同现实的矛盾完全不同的。资产阶级启蒙主义的人道理想同资本主义制度现实之间的矛盾是由资本主义制度的本质决定的，因此随着资本主义制度的产生、发展和成熟，这种矛盾越来越尖锐。而在社会主义社会中，这种现象是同社会主义制度的本质相对立的，也是社会主义制度不完善、不成熟的表现。随着社会主义社会的发展和完善，这种差距逐步缩小。因此社会主义社会的发展过程，是马克思恩格斯的科学社会主义理论，是无数革命先烈的伟大理想逐步得到实现的过程。

社会主义社会还存在某些“阴暗面”，这不难理解。社会主义社会仍在实践之中。尽管从社会主义在一国胜利开始迄今已七十多年，但对于这个具有世界历史意义的变革来说时间并不算太长。资本主义社会代替封建社会，仅就欧洲而言，从 14 世纪开始到 19 世纪经过几个世纪的准备和孕育；资产阶级在英国、法国等国取得政权以后，资本主义制度又经过一个多世纪调整、修补和曲折发展。而且在当今世界上，发达的、成熟的资本主义国家仍然屈指可数。为什么社会主义社会在发展中就不允许发生挫折和失误呢！

我们是在一个经济落后、旧的传统很深的大国进行社会主义建设的。

我们有过顺利，也有过挫折和失败。但一切真诚的、不怀偏见的人都可以看到，40年来，中国共产党始终依靠自身的力量，纠正错误，包括平反冤假错案，揭露林彪、“四人帮”的法西斯专制主义，使社会主义的公平和正义原则得到实现。

在我们国家，阶级斗争还在一定范围内存在，尤其是意识形态领域的斗争仍然很激烈。各种不人道行为，包括拐卖妇女和儿童的事不断发生。在治理整顿深化改革中我们应该注意社会主义人道主义伦理原则的宣传和教育。我们要发展社会主义商品生产，但不能把等价交换当作处理人与人关系的普遍准则；我们提倡生产中的竞争，但不能把社会主义社会中的人际关系变成尔虞我诈、你死我活的斗争；我们反对平均主义，但不能摈弃社会主义原则，不能放弃对老人、妇女、儿童、残疾人员的照顾。我们应该通过改革，增强人与人之间的凝聚力，使社会主义人道主义原则得到进一步贯彻。

（原载《教学与研究》，1990（2））

20. 马克思主义是不可战胜的

1883 年 3 月 14 日马克思逝世，他长眠在伦敦海格特公墓已经 110 年了。完全可以说，逝世后的马克思，比生前贫病交加在大英博物馆埋头著述的马克思，更令整个旧世界震惊和苦恼。一百多年来，无产阶级革命运动的兴起，一系列社会主义国家的建立，以及意识形态领域中旧的经济学说、政治学说、哲学学说受到的冲击，无一不与马克思主义的产生和传播密切相关。可以说，在我们这个地球上，马克思的影响无所不在。

19 世纪是马克思主义产生和传播的时期；20 世纪上半叶是马克思主义在实践中胜利的时期；从 20 世纪下半叶起马克思主义遇到了越来越严重的挑战，特别是 80 年代末苏联和东欧地区的风云突变，更令旧秩序的维护者们欣喜若狂，频频举杯庆贺马克思主义的“死亡”。

可是，连稍有远见的西方人士都不这样看。《华尔街日报》记者迈尔斯在苏东事件一年后，发表了《马克思的影响不容忽视》的专文；俄罗斯的《莫斯科新闻报》不久前发表专题报道《幽灵再度在俄罗斯游荡》。这表明，真正的共产主义战士并没有被吓倒，马克思主义也没有从此销声匿迹。困难当然存在，这种困难类似春天到来之前的漫长的冬夜。美国克罗拉多大学教授 M. 马拉布尔在《改造美国的马克思主义》中说“我们必须敢于具有历史的想象力，敢于做马克思主义者。如果我们能够这样，1989—1990 年的所谓的社会主义的死亡，总有一天会像凤凰那样将其自身转化为新生”。

对，我们要敢于做马克思主义者。

马克思主义不可能被消灭，这绝不是无根据的空言呐喊。只要世界上存在资本主义，只要资本主义依然是资本主义，马克思主义就有其存在的根据和最牢靠的基础。因为马克思主义是为消除资本主义的弊端而产生的。19世纪40年代，马克思和恩格斯之所以创立马克思主义、之所以能创立马克思主义，就是因为当时资产阶级、小资产阶级的社会主义和批判的空想的社会主义不符合无产阶级的利益，也缺乏科学性。如今已过了一百几十年，资本主义比起它的早期，尽管发生了变化，出现了许多新特点，但最基本的一条是：资本主义依然是资本主义，它的社会基本矛盾、基本阶级关系并没有改变。彻底批判资本主义，对资本主义生活方式的本质、运行机制和前景做了透彻分析的马克思主义，至今依然有效。有资本主义存在的条件下，企图“消灭”科学地揭示了资本主义弊端的马克思主义，无异于梦想。

只要存在资本主义，社会主义作为一种制度和理想就不会消失。苏联和东欧地区的变化是社会主义在某些国家遭到的挫折，而不是作为社会形态的社会主义的消失。匈牙利前总理福克·耶诺在一次谈话中说：“马克思主义、马克思的思想并没有失败，失败的是我们的实践。”的确，社会主义在苏联和东欧的失败不是科学社会主义理论的失败，而是实践的失败。失败的原因不是马克思主义失灵，而恰好是违背了马克思主义。

在由资本主义向社会主义转变的大的历史时期，在这个很长很长的时期中，某些地区、某些国家的社会主义在实践中遭到挫折，发生逆转，并不意味着科学社会主义理论和社会主义制度的失败。只要存在资本主义的两极分化，存在剥削、贫困和不公平，就会有对消灭剥削和压迫、对共同富裕理想的追求。社会主义是资本主义发展的必然归宿，人类社会总会经历或长或短的时间以各种方式进入社会主义。这是任何人都无法改变的。

马克思主义不可能被消灭，但它必须发展，必须使之符合当代的实际需要，成为当代的马克思主义。这就要求我们必须把马克思主义和本国实际结合起来，在结合中创造性地推进马克思主义。我们要反对西方马克思主义企图重新解释马克思主义的重构方法。乔治·莱尔西说：“摆脱马克思著作中的困境，既不需要对马克思学说的本意是什么进行独断的肯定，也不需要对马克思主义进行根本的和系统的修改，而只需要用同样的要素建立起新的平衡，这些要素有的是含蓄地存在于马克思著作中，有的只是通过马克思思想的一般逻辑推导出来的。摆脱困境也需要变化一下所强调的重点，排除不适宜的解释成分。”① 西方马克思主义抓住马克思和恩格斯著作中的个别范畴或片言只语，建构起一个同马克思主义根本不同的所谓“马克思主义”，这不是发展，而是肢解。我们要坚持马克思主义，坚持马克思主义同各国实际情况相结合。邓小平同志关于建设有中国特色的社会主义的理论，就是创造性地推进马克思主义的卓越典范。这个理论不仅证明了马克思主义的无比威力，而且以其实践极大地提高了社会主义制度的威望。社会主义在九百六十万平方公里土地上展现的勃勃生机，最生动地证明了马克思主义是不可战胜的，社会主义制度是有生命力的。

马克思主义是在斗争中发展的。在其生命发展的征程中，遇到各种各样的困难是不可避免的。马克思主义的发展从来就不是一帆风顺的，但就整个马克思主义发展历史而言，困难只是暂时的。困难能够克服，而且一定会克服。因为只要有困难，就一定会找到解决困难的办法。因此，马克思主义在遇到大的挫折之后，接踵而来的必定是它的大发展。19 世纪末，列宁主义的产生，正是这种规律性的表现。

列宁是在伯恩施坦等人制造的所谓马克思主义危机中登上政治舞台的。列宁坚持和捍卫马克思主义，勇敢地回击了第二国际修正主义者们的挑战。当 1899 年伯恩施坦抛出了他的那本《社会主义的前提和社会民主党人的任务》时，正在流放中的列宁便在《俄国社会民主党人抗议书》中进行了义正词严的抗议；接着又在《我们的纲领》中更加明确地把批判矛头对准第二国际修正主义。但是列宁并不是重复马克思和恩格斯的结论，而是创造性地向前推进马克思主义。列宁说：“我们决不把马克思的理论看作某种一成不变的和神圣不可侵犯的东西；恰恰相反，我们深信：它只是给一种科学奠定了基础，社会党人如果不愿落后于实际生活，就**应当**在各方面把这门科学推向前进。我们认为，对于俄国社会党人来说，尤其需要**独立地**探讨马克思的理论，因为它所提供的只是总的**指导**原理，而这些

① ［英］乔治·莱尔因：《重构历史唯物主义》，15 页，北京，中国社会科学出版社，1991。

原理的应用**具体地说**，在英国不同于法国，在法国不同于德国，在德国又不同于俄国。”① 正因为列宁采取的是向前推进、独立探讨、具体应用的态度，所以他最终克服了第二国际修正主义制造的种种困难，创造性地发展了马克思主义，并赢得了十月革命的伟大胜利。

我们现在面对的困难不同于列宁的那个时代。从20世纪50年代开始，从第二次世界大战创伤中复原过来的主要资本主义国家发展迅速。新的科技革命的出现和经济的繁荣，似乎是资本主义的“第二个春天”又到来了。而社会主义国家固守旧的体制，没有适应科技革命、生产力发展的要求进行及时的改革；特别是从1956年赫鲁晓夫全盘否定斯大林，逐步演变为全盘否定马克思主义之后，社会主义在政治上和道义上都被推上了资本主义的审判台。在重新审视资本主义和社会主义的相互关系以及社会主义建设的经验教训时，发生了对马克思主义的怀疑、动摇和背弃。尤其是原来号称马克思主义实际是教条主义者的人们，以一个跪倒在上帝面前忏悔的罪人的姿态来攻击马克思主义。

历史不会重复，但规律性的现象却可以是相似的。在资本主义处于和平发展，革命暂时处于沉寂时期，动摇、背叛会一再出现，但这只是历史发展过程中的片断，而不是总体。历史的最终结局必将是社会主义社会代替资本主义社会，而不是相反。由这一规律决定，马克思主义是不可战胜的。

马克思是人而不是神，是科学家而不是预言家。时代的发展会越来越出现马克思未曾见过、未曾预料到的现象，这毫不奇怪。认识新现象、解决新问题是马克思主义后继者们的任务。邓小平关于建设有中国特色的社会主义理论，就是科学社会主义在当代的发展。但为这门科学奠定了基础的是马克思，他的功绩是永远不朽的。

（原载《真理的追求》，1993（3））

① 《列宁选集》，3版，第1卷，274～275页。

21. 实施马克思主义理论研究和建设工程的迫切性和重要意义

《中共中央关于进一步繁荣发展哲学社会科学的意见》的决定，是一项关系全面建设小康社会，开创中国特色社会主义事业新局面，实现中华民族伟大复兴的战略性决策。在坚决贯彻党中央指示的同时，我们思想理论工作者面临的重大任务，就是要充分认识进一步繁荣哲学社会科学的重要性，繁荣哲学社会科学必须坚持马克思主义的指导作用。因此，实施马克思主义的理论研究和建设工程是繁荣哲学社会科学的一项极为重要的工作。实施马克思主义理论研究和建设工程，在繁荣哲学社会科学的整个事业中，具有全局性、方向性的意义。

一、哲学社会科学在中国特色社会主义建设中的作用是无可替代的

我们党是以马克思主义为指导的党，深知哲学社会科学在无产阶级革命事业和社会主义建设事业中的作用。在民主革命时期，我们党领导下的哲学社会科学，对于传播马克思主义、对于实现马克思主义中国化和对于新民主主义革命的胜利做出了重要贡献。在全国胜利以后，由于处于执政地位，我们党对作为上层建筑意识形态重要组成部分的哲学社会科学的地位和作用非常重视。但毋庸讳言，在这方面我们也有经验和教训。在新中国成立初的院系调整中，我们不适当地取消了一些通过改造教学内容而可以继续保留和发展的系科，如社会学、人口学、政治学、心理学，等等；而在“文化大革命”中，哲学社会科学学科的教学和研究，处于停顿、曲

解和思想理论混乱的状态。随着改革开放的逐步深入，我们的哲学社会科学处于不断繁荣之中，恢复了过去取消的系科，新建了许多新学科，哲学社会科学的教学和科研队伍不断壮大，经费逐年增加。可以说，哲学社会科学的发展处于繁荣时期。可是由于工业化进程对自然科学、新技术的需要和市场经济的利益导向，出现了重理工轻人文社科、重实用轻基础的倾向。这种思潮成为不少家长、考生以及社会的一种较普遍的心理状态和价值追求。这显然不利于哲学社会科学的繁荣与发展。

不少人对这种情况的危害性缺乏理论的自觉性。实际上，我们五十多年成功的社会主义建设在很大程度上来自哲学社会科学，而灾难也来自对哲学社会科学的蔑视。新中国成立后的前二十多年，我们由于对什么是社会主义和如何建设社会主义，对中国的国情和所处的发展阶段，对世界的政治、经济发展的状况缺少理论性和实证性的哲学社会科学研究，走了不少弯路。十一届三中全会以来，哲学社会科学对于党的思想路线的重新确立和指导思想的丰富发展，对于用马克思列宁主义、毛泽东思想、邓小平理论和“三个代表”重要思想武装全党、教育干部和人民，对于深化三大规律性的认识，对于推动改革开放和促进三大文明协调发展，对于弘扬民族精神和社会主义精神文明建设做出了重要贡献。

在全面建设小康社会的宏伟事业中，我们当然要依靠自然科学和技术，但同时也要繁荣和发展哲学社会科学，真正认识江泽民同志在多次讲话中关于哲学社会科学与自然科学同样重要观点的重大意义。我们应该充分认识到哲学社会科学在全面建设小康社会中起到无可替代的作用，因为它是人们认识世界、改造世界的重要工具，可以帮助我们真正把握人类社会发展规律、社会主义发展规律和执政党的发展规律，提高我们的执政能力、理论水平、思维水平。我们的社会在改革中迅速发展，但也存在着问题和矛盾。这些问题涉及经济、政治、文化诸多领域，涉及社会生活的方方面面。这些问题的解决，需要哲学社会科学的多种学科，包括交叉学科和各类新学科来共同努力，需要对重大社会问题进行全局性、战略性、前瞻性的研究。没有这种研究和清晰的理论分析，重大决策就会缺乏理论依据，干部缺乏行动的依据，群众缺乏信心依据；而且充分认识繁荣哲学社会科学在精神文明建设中的重大作用，有助于提高全民的思想道德素质和人文素质，有助于培养爱国主义和集体主义精神，有助于以科学态度培养民族精神。

我们应该承认，在哲学社会科学领域我们取得了重大进步，但与我们的时代和我们正在从事的社会主义建设实践的要求相比，无论是研究内容、成果转化、评价机制、学科的建设和人才的培养，还是社会科学的管理体制和经费的投入等等，都还存在着很大的差距。我们如果对哲学社会科学的战略地位、繁荣哲学社会科学的迫切性没有认识，哲学社会科学与自然科学比翼双飞的格局久久不能形成，在社会心理和政策层面的实际操作中，仍然是重理工轻人文，重应用轻基础，这就会严重阻碍社会主义建设的发展。由此可见，党中央把进一步繁荣发展哲学社会科学作为建设中国特色社会主义的一项重大任务的决策，是非常英明的。

哲学社会科学的繁荣发展，离不开哲学社会科学工作者。当前，全面建设小康社会、繁荣哲学社会科学是作为建设中国特色社会主义的一项重大任务提出来的。我们作为社会主义社会的哲学社会科学工作者，应认识到我们在繁荣哲学社会科学中承担的历史使命和历史责任。可是由于哲学社会科学工作是个体性的研究和写作方式，往往容易把自己的工作看成是纯个人的。这门学科是我的专业、是我的爱好、是我的兴趣，这本书、这篇文章是我的作品，一句话，我们从事的工作，是好是坏，有成就无成就都只属于我个人。这种看法是不对的。既然哲学社会科学属于上层建筑，是整个社会分工的一部分，我们在这个领域中工作，就对社会负有责任。所以我们的工作具有双重性，既是个人的，又是社会的。我们既要对自己负责，把它看成自己的专业，争取更大的成就，更要对社会负责，把它看成是社会主义事业的组成部分，是以自己的专业为社会主义服务的。我们的文章、著作，我们站在课堂上讲课，都必须具有社会责任感和使命感，这样才能有利于哲学社会科学的繁荣发展。

二、必须坚持马克思主义的指导地位

哲学社会科学具有双重性质。从社会结构的角度看，它属于上层建筑，具有意识形态的特性，因此在阶级社会中超阶级的、所谓价值中立的哲学社会科学是没有的。列宁说过，“建筑在阶级斗争上的社会是不可能有‘公正的’社会科学的”。“期望在雇佣奴隶制的社会里有公正的科学，正像期望厂主在应不应该减少资本利润来增加工人工资的问题上会采取公正态度一样，是愚蠢可笑的。”① 但这只是问题的一方面。另一方面，哲学社会科学可以积累某些具有客观规律性的知识，只是这些知识的多少，以及它的解释和应用会受到阶级利益的制约。在阶级社会，例如，在资本主义社会，一个人在哲学社会科学研究中的成就，既取决于他在多大程度上能摆脱对统治阶级利益的依赖，以追求真理为目标，也取决于他们在研究中采用的理论和方法，这属于世界观和方法论问题。前者是他们作为科学家的良知，后者是他们的理论水平。这样，在阶级社会中，哲学社会科学的发展总是处在科学性与价值性的矛盾之中。我们可以看到，在马克思列宁主义产生以前，哲学社会科学既积累了人类知识的财富，又存在着剥削阶级的偏见和谬误。我们党强调要进一步繁荣和发展哲学社会科学，强调哲学社会科学与自然科学同等重要，有一个前提，这就是要发展为社会主义服务、为我们全面建设小康社会服务的哲学社会科学。为此，它们必须具有科学性，是科学性与价值性两者的结合。

我们不否认马克思主义产生以前或以后，即使在当代西方，在哲学和社会科学领域的各学科中曾经取得或现在还在某些部门取得某些成就，但对我们社会主义建设而言，我们不能无条件无区别地沿用或引进西方的东西，而要在吸收人类全部优秀成果包括资本主义社会的积极成果的基础上，建立与社会主义制度相适应的具有中国特色的哲学社会科学学科。为此，我们强调在社会主义社会，哲学社会科学必须以马克思主义为指导。在哲学社会科学的指导思想问题上，我们只能搞一元化，不能搞多元化，即以马克思主义为指导是我国繁荣发展哲学社会科学的根本保证。

为什么我们强调马克思主义的指导作用呢？

第一，只有以马克思主义为指导，才能保证我国哲学社会科学沿着正确的方向前进。按照马克思主义的观点，社会主义国家中的哲学社会科学属于社会主义上层建筑，它必须为社会主义服务，必须为通过改革完善、发展和促进社会主义服务。任何背离这种方向的所谓繁荣和发展都是不利

---

① 《列宁选集》，3版，第2卷，309页。

于甚至是破坏社会主义的。只有以马克思主义为指导，才能充分发挥哲学社会科学对社会主义的积极作用。长期以来有这样一种说法：西方哲学社会科学发达，是因为它们强调“学以致思”，是超越功利的纯学术研究，所以往往会有创造性的成就；而中国强调“学以致用”，是功利主义的，因而不可能出大哲学家大思想家。我以为这种说法是片面的。马克思主义强调理论为实践服务，走的就是学以致用的道路。学以致思和学以致用不是绝对对立的。哲学社会科学要真正出高质量成果，要真正为社会主义发展提出具有全局性、前瞻性、战略性的见解，必须深入实际、潜心研究，一思、二思、三思；急功近利、不动脑筋、不研究，是不可能出精品力作的，如果不以“学以致用”为目的，搞经院哲学、脱离实际、闭门造车，也不是真正的致思，这种所谓致思无非是天马行空，不着边际的幻想，于科学、于实际都无所裨益。只有以马克思列宁主义为指导，才不因致用而废思，因致思而废用，真正按照哲学社会科学的发展规律和功能来指导哲学社会科学，保证它按照正确的道路前进。

第二，以马克思主义为指导，才能有科学的立场、观点和方法。江泽民同志在关于哲学社会科学的多次讲话中特别强调要运用马克思主义的立场、观点、方法来进行哲学社会科学的研究，要以“三个代表”重要思想来统领我们的哲学社会科学。如果我们的哲学社会科学研究不以马克思主义为指导，就会因立场、观点和方法错误而走入死胡同。

哲学社会科学研究有立场问题，可能有些论者不以为然，似乎一讲立场就是提倡阶级斗争，就是“左”。这当然是误解。撇开社会主义初级阶段在一定范围内仍然存在阶级和阶级斗争、在一些重大政治问题上仍然需要用阶级分析的方法不说，我以为在哲学社会科学研究中仍然有个立场问题。这就是研究成果和研究目的，有个为谁说话、为谁服务的问题。在我们国家，一切有价值的有益的哲学社会科学研究，都应该站在社会主义立场、站在人民大众的立场。

立场不对，认识肯定不会正确，可立场对了，认识也不一定正确或一定完全正确。因为要认识正确，不仅立场要对，而且还有个观点问题。观点可以强化、弱化、虚化立场，或者使原本正确的立场僵化，束缚我们的眼界。而且，立场问题和思维方法不可分。这就是为什么我们强调辩证法是马克思主义中具有决定意义的东西，强调具体问题具体分析是马克思主义活的灵魂的道理所在。马克思主义的立场、观点、方法之间是有区别的，但它们之间是相互渗透、相互影响、彼此融为一体的。只有强调以马克思主义为指导，才能有正确的立场、观点、方法。江泽民同志在与中国人民大学师生座谈时，特别强调这个问题。他说，希望大家坚持用马克思主义的立场、观点和方法来指导哲学社会科学的发展。没有正确的理论指导，没有科学的世界观和方法论，哲学社会科学就没有正确的政治方向，就难以发展。

第三，坚持马克思主义指导，哲学社会科学才能解放思想、实事求是、与时俱进，才能推进理论联系实际和理论创新。从当代国外与国内的情况来看，与自然科学和技术革命相比，哲学社会科学的发展是相对滞后的；与自然科学所达到的科学性和规律性的认识相比，哲学社会科学的科学化进程是十分艰苦的。我们要努力建设哲学社会科学创新体系，积极推动学术观点创新、科学体系创新和科学研究方法创新。这一切必须以辩证唯物主义和历史唯物主义为指导。如果背离了认识与实践的辩证唯物主义关系，就弄不清哲学社会科学发展的立足点是什么，为什么应该以我们正在研究的问题为中心，从而使哲学社会科学的繁荣和发展流于空喊。

毫无疑问，在哲学社会科学的研究中，不同的学科有自己的一些特殊的方法，具体方法是多样的，但作为繁荣发展哲学社会科学的指导思想是一元的，是否以马克思主义为指导，事关我们整个哲学社会科学事业的发展方向，是重中之重。

三、实施马克思主义理论研究和建设工程

我们所强调的作为指导的马克思主义是发展着的具有创造性的马克思主义，而不是僵死的教条化的马克思主义。当代中国马克思主义理论工作者面临的一个重大任务，就是要在实践“三个代表”重要思想、全面建设小康社会的过程中，对理论和实践中提出的若干重大的马克思主义基本理论问题进行研究，以便以创造性的马克思主义来指导我们的社会主义建设事业，包括繁荣发展哲学社会科学的伟大事业。

从当代世界来看，由于苏联解体和东欧剧变，马克思主义在世界范围

内处于低潮，可在中国不同。在马克思主义指导下，中国取得了民主革命的胜利，马克思主义在中国的理论和实践上取得了伟大成就，产生了邓小平理论和“三个代表”重要思想，充分显示了马克思主义的生命力。可是我们在马克思主义基本理论的研究方面，仍然面临诸多问题，亟待通过实施马克思主义理论研究和建设工程来加以解决。

在《共产党宣言》发表后的一个半世纪的世界变化中，我们要根据世界形势的变化和面临的问题，对马克思主义基本理论进行研究和审视。中国特色社会主义的伟大事业，充分证明了马克思主义基本原理的正确性，同时也面临着许多新的问题。对马克思主义基本理论进行深入的研究，不仅有助于党和政府的科学决策，而且也有助于从理论高度对干部和群众进行思想理论教育。总而言之，我们要坚持中国特色社会主义道路，坚持改革开放，坚持四项基本原则，坚持哲学社会科学发展的正确方向和指导原则，就必须加强对马克思主义基本理论的研究；否则，就很难巩固马克思主义在意识形态中的指导地位。

马克思主义是一个博大精深，经历了一个半多世纪发展的科学理论体系。因此，马克思主义基本理论研究的范围，既包括马克思主义发展史的问题，也包括作为这一科学体系中最重要的组成部分的问题。当然这两者不可分。理论的研究往往会回溯到历史中去寻找马克思和恩格斯的论断。但我们要在研究马克思主义发展史的同时，更要加强对现实问题的研究，加强对马克思主义中国化的三大成果的研究，特别是对邓小平理论和“三个代表”重要思想理论体系自身的研究，以及它们与马克思列宁主义、毛泽东思想的继承和发展关系。在基本理论研究中，马克思主义哲学、政治经济学和社会主义学说的若干重大问题及其当代价值的研究应该占有重要地位。

当然，我们对马克思列宁主义基本理论的研究，要立足现实，以现实问题为中心，因为我们面对的一切重大的实际问题都与马克思主义基本理论密切相关。例如，在哲学领域，坚持辩证唯物主义和历史唯物主义，正确阐述“三个代表”重要思想的哲学基础，正确处理马（马克思主义哲学）中（中国哲学）西（西方哲学）关系，反对当代形形色色的非理性主义和唯心主义思潮；在经济学领域，根据中国特色社会主义建设的经验，从理论上解决社会主义市场经济中一系列新问题，及其与马克思主义经济学基本理论的继承发展关系问题；在科学社会主义中，理解什么是社会主义和如何建设社会主义，以及社会主义的本质、前景、发展道路等等。

立足实践、立足变化中的实践，也包括变化着的世界状况。在对马克思主义基本理论的研究中，我们应该具有世界性眼界，要充分考虑世界的变化和科学技术革命的状况，要充分吸取西方学术成果中的有价值的因素。我们应该把西化问题和正确对待西方学术成就的问题区别开来。

在马克思主义基本理论研究中最困难的是区分哪些是必须坚持的基本原理，哪些是后人对马克思主义经典文本的错误理解和不适当的附加，哪些个别论断是过时的。这些问题的研究必须立足实践，而不是凭主观想象来认定哪些要坚持，哪些已经过时。没有实践经验，人们不可能凭空提出问题。例如，许多关于社会主义的新观念，从所有制到分配、从计划到市场都是碰到现实以后才发现马克思主义经典作家原有的论断的时代局限性。这个问题的研究应该以现有的实践经验为依据，以马克思主义中国化的伟大成果为指导，既熟悉马克思主义经典文本，又熟悉当代现实；要以创造性的态度来对待马克思主义，自觉地把思想从对马克思主义错误的和教条式的理解中解放出来。在理论与实际相结合的研究中，我们一定能在哲学社会科学理论体系、学术观点、科学研究方法的创新方面，取得突破性成果。

马克思主义基本理论建设是一个宏大的工程。理论研究当然是重要的，但它还包括新教材建设、管理体制的改革、科学的评价机制和标准的建立，特别是哲学社会科学队伍的培养。在一切事业中，人才是最重要的。可以说，只有培养政治强、业务精、学风正，用马克思主义武装起来，立足中国、面对世界、学贯中西的思想家和理论家，造就一批理论功底扎实、勇于开拓进取的学科带头人和年富力强、政治和业务素质好、锐意进取的理论骨干，我们的哲学社会科学事业才能得到繁荣和发展。

（原载《教学与研究》，2004（4））

22. 马克思主义的指导地位不能动摇
——论指导思想一元化与多种思想并存问题

我国正处在社会主义初级阶段。由传统计划经济体制向市场经济体制的转型对社会生活各个领域产生并且会继续产生深刻的影响。经济领域多种经济成分的同时并存和共同发展，思想意识形态领域多种文化与多种思想的并存和相互作用，是不依人们意志为转移的客观现实。如何从唯物史观关于经济基础与上层建筑关系的角度正确认识市场经济条件下文化与思想多样性的必然性，认识坚持马克思主义指导思想一元化的必要性和可能性，认识这种相互作用的合力可能导致的趋向，无疑是极其重要的理论问题。恩格斯说过，要“善于从理论上思考”，“只有清晰的理论分析才能在错综复杂的事实中指明正确的道路”。

一、社会主义意识形态领域一个具有战略意义的任务

正确认识和妥善处理指导思想一元化与多种思想并存问题，不仅是关系意识形态导向、关系有中国特色社会主义文化建设的问题，而且是关系社会主义改革前途和命运的具有全局性战略性意义的问题。如果否认社会主义时期思想存在的多样性，坚持指导思想的一元化就失去了理论依据和事实依据，加强党的思想政治工作也会成为无的放矢的空头口号；相反，如果否认指导思想的一元化，多种思想并存的状态就会演变为消解主流意识形态的思想斗争甚至是激烈的斗争，成为社会不稳定因素。在指导思想一元化和多种思想并存问题上，任何片面性都是极其有害的。在这方面，新中国成立五十年来特别是改革开放二十多年中，我们积累了丰富的经

验，也有过深刻的教训。

随着中国人民革命的胜利，马克思主义由一个政党的指导思想转变为整个社会的处于支配地位的指导思想。这是由社会性质的变化和中国共产党执政地位的确立决定的。但这并不意味着马克思列宁主义、毛泽东思想是唯一的意识形态。事实上，由于社会意识同社会存在发展的不平衡规律的作用，由于当时的阶级状况和国际环境的影响，思想领域中的多样性和矛盾是很显然的。毛泽东在《关于正确处理人民内部矛盾的问题》中，对意识形态领域中的斗争状况、两类矛盾的性质和处理的方针等问题有过精辟的论述。这是马克思主义著作中直接论述社会主义时期意识形态问题的宝贵著作。

我们现在的状况与四十多年以前相比有了重大变化。我们国家的生产力得到高度发展，作为国家指导思想的马克思主义由于国力强盛处境比新中国成立初期有了很大的改善，但思想领域中的多样性也更为明显。可以说，我们当前是新中国成立以来经济发展最为迅速的时期，也是思想领域最为活跃的时期。指导思想一元化的强化并不排斥思想多样化，也不可能排斥。因为这是思想领域中的“客观”现实，是不以人的意志为转移的。经过改革开放以来对社会主义建设尤其是思想建设经验的总结，我们已经不会重复以阶级斗争为纲，把思想中的多样性问题全部归结为意识形态中两条路线斗争的简单化错误。但是，思想多样性的性质是各不相同的。

首先，从文化形态层面看，有多种文化形态同时并存。不仅存在中（中国传统文化）、西（西方文化）、马（以马克思主义为指导的社会主义文化）之分，而且还存在民族文化、地区文化和社区文化、城镇文化、企业文化、校园文化等等之间的差异性问题。除高雅文化外，在我们社会中还存在大众文化。文化的确是多样的。

其次，从意识形态层面看，存在马克思主义和反马克思主义、社会主义和反社会主义的思想斗争。在我们国家的整个社会主义建设过程中，这种性质的斗争并没有停止过。只是根据国际和国内的斗争态势有时缓和有时激烈。应该承认，改革开放以来的 20 年，我们与资产阶级自由化的较量就属于这种性质的斗争。就目前来说，这方面的思想动向仍值得注意。各种各样的反对马克思主义、反对社会主义、否定中国革命的成就、丑化和污蔑无产阶级领袖人物的言论在报刊、图书出版物中时有所见。虽然不是主流，但其危害性是不容忽视的。

再次，从世俗层面即从群众的思想观念层面看，显然存在先进和落后的区别。特别是由于经济成分和经济利益多样化，社会生活方式多样化，社会组织形式多样化，就业岗位和就业方式多样化，群众中思想状况更趋复杂。在世界观、人生观和价值观方面，个人主义、拜金主义、享乐主义以及其他腐朽思想的冲击力还是比较大的。所谓道德滑坡，所谓理想、信仰、信念危机都属于这个领域。这个领域涉及群众、涉及日常生活和个人行为，是一个非常宽大而重要的领域。

当然，上述区分不是绝对的。它们之间并没有一条不可逾越的鸿沟，可能会相互渗透、相互影响。例如我们与法轮功的斗争就涉及不同方面的问题。就与法轮大法的斗争来说显然是马克思主义与反马克思主义的斗争，属于意识形态中两条路线的斗争；就参与法轮功练习的一般群众来说，属于思想教育问题；就法轮功以气功为幌子来说，就有一个辨别气功与伪气功，辨别传统文化中的精华与糟粕的问题，这是属于传统文化的问题。任何一级领导特别是意识形态部门的领导，任何一个马克思主义理论工作者和思想政治工作者，都应该正视思想多样性存在的事实，对处理指导思想一元化和多种思想并存的关系，对各种不同思想矛盾的性质及其可能的相互影响关系以及不同的处理方针、方法，都应该认真研究，绝不能简单化，不能掉以轻心。

二、市场经济条件下经济成分多样性与指导思想一元化问题

毫无疑义，随着社会主义市场经济的确立，以公有制为主体多种经济成分共同发展的经济格局，必然会对思想领域中的态势产生极大影响。反映不同所有制关系、不同利益主体的思想的出现和滋长是必然的、不可避免的。经济成分的多样化必然带来思想的多样化。在不同所有制基础上，会出现不同的思想意识，这是一种规律性现象。马克思说过：“在不同的占有形式上，在社会生存条件上，耸立着由各种不同的、表现独特的情感、幻想、思想方式和人生观构成的整个上层建筑。”不承认或者轻视这个事实，就不是一个马克思主义者，不是一个历史唯物主义者。

但不能由此得出结论，经济成分的多样化必然带来指导思想的多元化。这种看法并不符合历史唯物主义关于经济基础与上层建筑、社会存在与社会意识辩证关系的理论。一个社会处于支配地位的思想并不取决于所有制关系的多种构成，而是取决于社会形态的性质和处于统治地位的所有制关系。

自从进入阶级社会以后，迄今没有一个社会是以单一所有制为基础的社会形态。在所有制上纯而又纯的社会是没有的。但这并没妨碍任何社会都有一种思想处于支配地位。道理还是马克思说得对，“占统治地位的思想不过是占统治地位的物质关系在观念上的表现，不过是以思想的形式表现出来的占统治地位的物质关系”。我国当前虽然存在多种所有制，但从社会形态看是属于社会主义性质的社会，尽管还是初级阶段。公有制的主体地位，人民民主专政的政权性质，共产党的执政地位，作为这种经济关系和政治关系在观念形态上的反映，只能是马克思主义而不能是任何其他阶级的或其他非马克思主义性质的意识形态在社会和国家生活中处于支配地位。认为社会主义市场经济的多种所有制结构必然产生多元化的指导思想，是一种肤浅的推论。

据说市场经济是一种自由经济，它要求自由、平等，天生与社会主义处于支配地位的马克思主义是对立的。自由主义才是适应并能推进市场经济的意识形态。这种说法，貌似有理，实属无理。因为市场经济并不是一种独立的经济形态，而是社会化生产的资源和劳动力的一种配置方式，它总是与一定的社会基本经济制度相结合的。市场经济自身并不能直接决定人们的思想，参与市场经济活动的人们的思想直接决定于他们自身所处的所有制关系和在社会中的经济地位。作为市场经济活动中的主体，他们是带着由他们的所有制和财产关系决定的思想参与市场经济活动的。把市场经济活动的参与者设定为无道德意识、无意识形态倾向的“经济人”是抽象的假定。事实上，当人们参与市场经济活动时，就是一个活生生的具体的具有不同思想倾向和道德面貌的人。作为市场经济活动主体参与者的特性和品质，是由他们所依存的基本经济制度和在生产关系中所处的不同地位决定的，而且必然会受到整个社会大环境的影响。

不仅如此，市场经济活动中的自由、平等，与人们在整个经济和政治生活中是否享有真正的自由和平等是不能等同的。因为市场经济中的自由与平等并不是一种社会制度。当马克思说商品是天生的平等派，市场经济要求自由与平等时，并没有把市场经济中要求的自由和平等泛化，而是针对以超经济剥削为基础的封建制度说的，是就市场经济活动的特性说的。市场经济中的交换是自由的（劳动力已摆脱人身依附关系，资本已摆脱土地的局限）、是平等的（价值法则是铁的法则，按等价原则而不是按其他非经济的原则进行交换）。但是在这个范围内也只有在这个范围内才有市场经济所要求的自由、平等。试图在市场经济范围外把自由、平等变为普遍原则就会走向它的反面。正如马克思说的，在市场经济中通行的自由、平等交换的这一进程背后，在深处进行的完全是不同的另一些过程，在这些过程中个人之间表面上的平等和自由就消失了。根本原因是由于资本主义社会是以资本主义私有制为基础的社会，它的自由和平等不能超出市场经济活动范围变为一种全社会的、人人享有自由、人人享有平等的普遍原则。

在我们国家，市场经济体制比起传统的计划经济体制无疑给予经济活动的参与者以更大的自由和平等权利。因而市场经济对于发挥人的主动性、积极性，发挥人的创造才能，挖掘人的潜在才能具有重大的推动力。但并不能由于实行市场经济而改变马克思主义在我们国家中的指导地位，代之以自由主义的指导原则，或者把自由、平等原则抽象化和泛化，重新举起资产阶级启蒙时代的旗帜。因为在我们国家，市场经济是与社会主义基本经济制度相结合的，它不是独立于社会主义基本经济制度之外的一种体制，而是社会主义社会通过长期摸索为自身找到的一种有效的资源和劳动力配置方式。不同性质的市场经济在运作方式和作用上具有某些共性，但都必然要受到它所依存的基本制度的制约。在社会主义社会，市场经济必须为社会主义解放和发展生产力服务，为坚持、完善和优化社会主义制度服务。把市场经济活动中具有特定内涵的自由和平等原则引申为社会主义的抽象普遍原则，无异于否定了社会主义制度和政权的性质。其实，这种引申在事实上无论是对资本主义社会还是对社会主义社会都是不可能的，至多是一种理论空论或隐含某种目的的政治诉求。

作为一种社会目标，社会主义当然要求自由、平等。但这不是市场经济意义上的资本与劳动力交换的自由，也不是贯彻等价交换原则意义上的平等。社会主义的自由与平等，是与实现社会主义和共产主义目标不可分的。这种自由与平等在存在私有制、存在雇佣劳动、存在贫富对立状态下是不可能实现的。在《德意志意识形态》中马克思说过，共产主义“是个人独创和自由的发展不再是一句空话的唯一的社会”。后来在《共产党宣言》中，马克思曾对共产党人追求的自由做过一个经典的表述：“代替那存在着阶级和阶级对立的资产阶级旧社会的，将是这样一个联合体，在那里，每个人的自由发展是一切人的自由发展的条件。”至于马克思主义的平等，最终归结为消灭阶级和阶级对立。这是遥远的未来的目标，是世世代代共产党人应努力为之终生奋斗的理想。我们这样说，绝不是否定市场经济自由、平等原则的进步意义，特别是对参与经济活动的人的主体作用发挥的积极作用。我们这里着重要指出的是，根据市场经济交换中的自由、平等原则鼓吹自由主义、鼓吹指导思想多元化于理无据、于事无凭。

还有一种说法对社会主义中指导思想一元化问题也容易发生误导。据说搞市场经济就不能提倡集体主义，只能倡导个人主义。只有个人主义才是与市场经济相适应的指导原则。这种把市场经济等同于个人主义完全是在制造理论混乱。市场经济是经济运行的方式，而个人主义是属于世界观和人生观方面的问题，是一种处理个人与他人（包括集体、民族、国家）利益的一种伦理原则。在市场经济活动中，当然有利益导向，人们在市场活动中都会尽可能追求自己的最大利益。但个人利益并不等于个人主义。作为处理个人利益与集体利益的一种态度和方式，个人主义在任何情况下都把个人利益放在集体利益和国家利益之上，是对待自己利益的一种利己主义态度。事实上，人们在市场经济活动中的道德观念，主要取决于他们所处生产关系的性质和个人道德自律的水平。市场经济是以货币为中介的经济活动，有助长无限度追求金钱的个人动机的可能性，但并不必然如此，人人如此。即使在资本主义社会的市场经济活动中，个人固然在经济活动中追求最高效益，可是致富以后回报社会，向教育和公益事业大量无私奉献的情况并不罕见。这能说凡市场经济的参与者必定是唯利是图的个人主义者吗？资本主义市场经济尚且如此，在以公有制为主体的社会主义市场经济建设中，进行集体主义教育，有效地防止个人主义的滋长和蔓延，就不仅是可能的，而且是应该的。江泽民同志针对农村承包经营后出现的新情况说："农村搞家庭联产责任制以后，仍然要讲集体利益和集体主义。"认为计划经济要求集体主义，市场经济要求个人主义，这种说法是以形而上学机械论的观点看待经济与道德的关系，完全抹杀了两者之间的界限。

三、驳"文化专制主义"

所有不赞成指导思想一元化而提倡指导思想多元化的理论家们，都把以马克思主义思想为指导斥之为"文化专制主义"，这是一种蛊惑人心的口号。

在阶级社会中指导思想的一元化，可以是文化专制主义的，也可以不是文化专制主义的，其实现方式可以是多样的。

例如，在封建社会中，无论是在中国还是在欧洲中世纪，它的指导思想一元化都是与文化专制主义不可分的。在中国自汉代采取"罢黜百家，独尊儒术"以后，儒家就一直处于独尊地位，任何反对儒家学说、非难孔子的思想都是不允许的，会受到迫害。"非圣非法"是杀头的罪名，明代思想家李贽的遭遇就是如此。在西方中世纪，宗教思想处于统治地位，正如恩格斯说的，教会信条是任何思想的出发点和基础，法学、自然科学、哲学，这一切都由其思想是否符合教会的教义来决定。在当时，受宗教裁判所迫害的思想家的名单也是成串的。

可是在资本主义社会，指导思想一元化原则的实现方式，则可以披上自由主义的外衣，各种思想并存的状况和自由度，是前资本主义社会所没有的。即使是马克思主义和其他反对、批评资本主义社会的激进思潮，仍然允许其存在，允许其宣传，允许在课堂上讲授。但是，任何反对私有制，主张社会变革的思想，绝不允许处于支配地位，不允许上升为资本主义社会的主流意识形态。资本主义社会的统治者，同封建社会的统治者不同，他们一般不是用暴力直接维护其指导思想的一元化原则，而是通过他们所掌握的全部舆论工具和宣传工具，来宣传自己的意识形态，使它成为资本主义社会处于支配地位的意识形态。资产阶级思想在资本主义社会中的确是普照之光。马克思说："在资本主义生产占统治地位的社会内，非资本主义的生产者也受资本主义观念支配。”事实上，资本主义社会自由的外表并不可能改变资本主义社会的指导思想一元化的本质。

社会主义社会不同于资本主义社会。在我们国家，应该坚定地旗帜鲜明地坚持指导思想一元化的原则，坚决维护马克思主义、毛泽东思想和邓小平理论在整个社会，尤其是在意识形态中的指导地位。这是关系到我们选择什么样的社会发展道路，以什么理论指导原则治党治国治军，用什么思想来教育我们青年一代的根本原则问题。社会主义社会中指导思想绝不能多元化。指导思想多元化，从根本上说就是排斥马克思主义，因为在多元化的原则下，马克思主义不可能处于“一元”的地位。指导思想的多元化原则对于社会主义社会是极其危险的。庄子曾说过一段很有意思的话：“夫道不欲杂，杂则多，多则扰，扰则忧，忧而不救。”这段话用在指导思想多元化问题上很有启发意义。对社会主义而言，指导思想的多元化，必然会扰乱人们的思想，导致社会主义自身的崩溃。

对于一个社会形态而言，指导思想的一元化是必然的。但它是否合理呢？在我看来，衡量指导思想一元化的合理性，并不单纯取决于思想本身，而取决于它所依存和维护的社会制度自身的合理性和进步性。这涉及社会制度的必然性和价值问题。一个社会制度即使是剥削制度，当它处于上升时期，有利于社会生产力发展和社会进步时，为它辩护和论证的处于支配地位的思想，就是合理的和进步的。当这个社会制度已经开始腐朽并将为另一个更高的社会制度所取代时，无论是采取何种方式（专制主义的或自由主义的）来维护指导思想的一元化原则，都是在阻碍社会进步，是不合理的。在社会变革中，对处于主导地位的传统观念的批判甚至亵渎往往表现为思想进步，原因就在于此。

在我们社会中，指导思想一元化的合理性，在于社会主义制度的进步性和合理性。正因为我们党坚持马克思主义、毛泽东思想、邓小平理论的指导地位，才促进了生产力发展，代表了先进文化的发展方向，代表了劳动人民的根本利益。新中国成立 50 年来，我们国家生产力的发展，综合国力的提高，文化的繁荣，无不表明这一点。这是连外国人都不得不承认的。国外有学者发表文章说，自 20 世纪 50 年代以来，中国人均收入增长了 7 倍，居世界第二位。在本世纪的最后 30 年，中国的生活水平提高了

6 倍。对中国社会具有如此巨大推动作用的马克思主义，理所当然地应该处于指导地位。近百年来，在中国社会中没有任何一种理论和思想能起到马克思主义的这种作用。

在社会主义社会，指导思想一元化原则最受诟病的是有人说马克思主义阻碍了中国文化学术的发展与繁荣，新中国成立 50 年来没有出现“大家”。诸如此类的论调不绝如缕。这种说法是不公平的。其实就文化领域来说，我们国家的进步也是非常巨大的。在 20 世纪的上半期，旧中国的文化事业和出版事业的发展是很缓慢的。虽然也出了几个高水平的人物，但寥若晨星，在总体上还是比较冷落的。新中国成立以后的 50 年中，自然科学和技术的飞速发展不用说，即使在人文社会科学方面，我们学科之齐全，规模之宏大，专业人才的人数之众，出版的著作种类之多，也是旧中国不可企及的。我们有不少中青年学者在各个领域中已崭露头角。当然，我们在专业的设置、人才的培养方法，以及较为宽松的良好的学术环境和学术空气的形成等方面都有待进一步改进。但不能以新中国成立后没有所谓大师级人物为理由来反对指导思想的一元化原则。说实在的，学者的声名往往在身后，谁能说在我们大批中青年学者中就没有超过前人的俊才呢?

在我们国家，坚持指导思想一元化的原则，既不是像封建社会那样采取所谓文化专制主义，也不是像资本主义那样采取所谓自由主义方针，而是按照社会主义原则，根据各种不同的情况，采取不同的方针。

在文化问题上，我们正确处理多种文化形态的相互关系问题，提倡“和而不同”。我们坚持马克思主义的指导地位，但充分吸取中国和西方文化的优秀成果，提倡各种文化的互补和融合，以创造具有中国特色的社会主义新文化。我们扶植高雅文化，正确引导具有娱乐性和商业性的大众文化，不断提高大众文化的品位又不削弱大众文化自身的特性。

在意识形态层面，我们采取的是不破不立的方针。提倡积极的思想斗争，划清马克思主义和反马克思主义的界限。在重大原则上，在有关马克思主义指导思想问题上，必须旗帜鲜明。不能认为这就是什么文化专制主义，是什么反对言论自由，反对学术自由。列宁早就说过，维护这个具有起码理解力的人都认为正确的理论，反对毫无根据的攻击，反对败坏这个理论的企图，这绝不等于敌视任何批评。

在群众性的思想意识层面上，我们加强思想政治工作，采取疏导方针，以理服人，以情动人，进行多种形式的耐心说服工作。

至于在学术问题上，我们党历来提倡“百花齐放，百家争鸣”的方针。“双百方针”是我们党和毛泽东同志制定的繁荣社会主义文化和科学事业的正确方针。尽管在这个方针的贯彻过程中，我们有过这样那样的错误，但是我们始终把这个方针作为繁荣社会主义文化的根本原则。因为我们确信，通过“双百方针”的贯彻，通过正确处理指导思想的一元化和多种思想并存的关系，既有利于巩固马克思主义的指导地位，又有利于文化事业的发展。

四、思想理论工作者的历史使命

马克思主义在社会主义的指导地位，是不能仅仅通过宪法和法律来保证的。宣布马克思主义的指导地位是一回事，马克思主义真正能够牢固地在思想领域中处于指导地位是另一回事。社会主义时期，多种思想并存的状况提醒我们，在意识形态领域中，必须强化阵地意识。思想政治这个阵地，马克思主义不去占领，非马克思主义、反马克思主义的东西，就必然会去占领。当年，列宁说的或者是资产阶级思想体系，或者是社会主义思想体系，对于社会主义思想体系的任何轻视和任何脱离，都意味着资产阶级思想体系的加强的著名教导，我看至今仍然是有效的。

对于已经取得政权的社会主义国家来说，阵地意识是至关重要的。在某种意义上甚至可以说是事关社会主义事业成败兴衰的一个重要问题。苏联的解体和社会主义制度的挫折的教训，很明显地表明了这一点。苏联在意识形态领域中，从理论混乱发展到公开指责马克思主义，到明文取消马克思主义的指导地位，最终导致社会主义政权的丧失。这是个较长的过程，这个过程与思想阵地一步一步丧失是密切相联系的。这一点西方人看得比我们还清楚。布热津斯基在其著作中就曾踌躇满志地讲过这一点。前苏联的一位移居欧洲的哲学家，在俄罗斯《真理报》上发表的一篇题为《苏联解体的教训——意识形态领域中的背叛和溃败》的文章中详细地分析过这个过程。他认为，取消和摧毁作为社会主义国家意识形态的马克思主义，以及西方意识形态充斥俄罗斯的意识形态空间，是导致苏联解体的重要原因。作者明确提出，绝没有意识形态的真空。相反，在不少人的头脑里装满了西方的意识形态垃圾和革命前的意识形态垃圾场中的陈旧破烂货。

我们中国的情况当然不同。改革开放以来二十多年中，邓小平同志和以江泽民为核心的党的第三代中央领导集体，一再强调马克思主义的指导地位，强调阵地意识，强调两手抓，两手都要硬。邓小平提出坚持四项基本原则，在反对“左”的错误思潮的同时也密切注意来自右的方面的思想冲击，维护了马克思主义的指导地位，维护了毛泽东思想的伟大旗帜。

所有的马克思主义理论工作者，思想政治工作者，以及人文社会科学工作者，我以为都应该把坚持阵地意识，坚持指导思想一元化的原则，作为自己的使命。这是一种使命意识或者说是一种历史责任感。有了这种意识，就会以严肃的科学的态度对待马克思主义。

要具有使命意识，就必须相信邓小平断言的“马克思主义是打不倒的”。无可讳言，马克思主义在经历了 20 世纪上半叶震撼世界的重大胜利以后，下半叶陷入了某种困境。特别是苏东剧变以后，一些反马克思主义的政治家和理论家们，频频举杯，庆贺马克思主义的“死亡”。可是稍有远见的西方资产阶级政治家们并不这样乐观。事实也是如此。自从苏东剧变以后，西方多次举行规模巨大的有关马克思主义、有关社会主义、有关《共产党宣言》的讨论会。1999 年在评选过去 1 000 年影响最大的思想家中，马克思位居榜首。这表明马克思主义仍然具有征服世界、影响世界的巨大理论力量。马克思主义的力量是真理的力量，马克思主义以其科学性与价值性相统一的科学思想体系，对世界进步人类具有无限的吸引力。只要世界上仍然存在着资本主义，存在着剥削、压迫和不公正，马克思主义就是永存的。中国是一个具有 12 亿人口的大国，我们正在建设有中国特色社会主义道路上向前迈进，在中国坚持马克思主义的指导地位，坚持马克思主义阵地，就会对世界争取进步的人类产生极大的鼓舞，这也是历史赋予我们的神圣使命。

无论何种社会形态，要真正保持自己思想具有支配地位，就必须有自己的思想理论队伍。意识形态领域的工作，始终是一个社会维护自己的生存和正常运转的重要部分。在中国的封建社会中，全部教育的核心就是以儒家学说来教育受教育者，并培养继承和宣传儒家学说的大大小小的“儒生”。其实，资产阶级也是非常注意培养自己的理论工作队伍的。马克思说过，当资产阶级掌握了国家政权，他们就会把意识形态阶层看做自己的亲骨肉，到处按照自己的本性，把他们改造成为自己的伙计。历史已经证明了这一点。在资本主义的长期统治中，资产阶级在思想理论领域中，培养了数目巨大的各种各样的有利于维护资本主义统治的思想家、理论家、宣传家。资产阶级决不会搞非意识形态化，也不可能非意识形态化。它总是牢牢控制各种宣传工具和舆论阵地。无怪当年葛兰西曾提出资本主义社会的文化领导权问题，试图以夺取资产阶级的文化领导权作为夺取政权的突破口。

取得了政权的社会主义国家，要维护自己的统治，坚持自己思想的指导地位，必须培养一支马克思主义的理论队伍和思想政治工作队伍。毛泽东、邓小平多次强调这一点。江泽民同志也反复强调，建设有中国特色的社会主义不仅需要一大批忠诚于马克思主义的治党、治国、治军的干部，而且需要有一批忠诚于马克思主义的理论骨干。他还号召要“培养一代又一代马克思主义理论家”。这是极具远见卓识的战略措施。没有一代又一代的马克思主义理论工作者，马克思主义在国家生活中的主导地位是难以维持的。因为马克思主义在社会主义社会中的主导地位，并不是注定不可改变的，它是要通过一代又一代的具有阵地意识、具有历史使命意识、具有高度的理论素养和实践经验的马克思主义理论工作者和思想政治工作者来完成的。对于这些人来说，马克思主义不仅是一种职业，而且应该是一种信仰，是信仰和职业的统一。一个马克思主义理论工作和思想政治工作者，必须坚定地信仰马克思主义，必须把信仰的力量、自身的人格力量和理论自身的真理力量结合在一起。

马克思主义是时代的产物。马克思主义必须与时俱进。没有时代意识，就弄不清什么是马克思主义，如何坚持马克思主义。没有时代意识，所有关于阵地意识、关于历史使命的种种议论都是空话。

指导思想的一元化绝不是简单地固守马克思主义原来的基本原则所能达到的。马克思主义必须是创造性的马克思主义，必须面对时代的新问题，提出解决问题的新思路、新办法。毛泽东说过，“教条主义的‘马克思主义'并不是马克思主义，而是反马克思主义的”。他非常重视马克思主义的创造性，强调“任何国家的共产党，任何国家的思想界，都要创造新的理论，写出新的著作，产生自己的理论家，来为当前的政治服务，单靠老祖宗是不行的。”毛泽东自己就是马克思主义发展史上最具创造性的卓越人物之一。邓小平同志也是这样。邓小平理论是当代中国的马克思主义，是马克思主义在中国的第二次飞跃。

江泽民同志面对当代的特点和我国的历史新时期，也一再强调“创新是一个民族的灵魂”。马克思主义同样需要创新。而且马克思主义理论创新为其他领域创新提供世界观和方法论的基础。在当代世界经济全球化大背景下，在国内确立社会主义市场经济体制的情况下，一个社会主义国家如何在积极参与世界性的经济活动中，坚持社会主义道路，坚持马克思主义在社会中的指导地位，这是一个对世界社会主义运动具有普遍意义的问题。当代中国的马克思主义理论工作者，应该深入地创造性地研究当代世界和国内提出的一些迫切的重大的理论问题。

从思想政治工作角度看，同样应该具有时代意识，应该着眼于时代的特点和要求。面对广大群众新出现的思想“纽扣”、思想“死结”，面对世界信息的网络化和各种各样的思想、理论、消息可以空前迅速和快捷传播的新情况，尤其是面对在改革开放时期成长起来具有开放思想容易趋向新潮的青年一代，板起面孔说教不行，要有理、有据，站得住，驳不倒。春风化雨式的润物无声的教育最能动人、最能感人。为此我们应该在思想政治工作的内容、形式、方法、手段、机制等方面进行新的探索。列宁在俄国新经济政策开始时就明确指出：老式的宣传毫无用处，我们需要在实践中去表明应该如何建设社会主义。整个的宣传工作都应该建立在经济建设的政治经验之上。创造性地进行思想政治工作，找到各种适合不同对象的教育方法，这本身就是马克思主义理论创新的一个部分。没有有力的富有成效的思想政治工作，再正确的马克思主义理论也很难发挥它的群众性效果。理论只有为群众所掌握才能变为物质力量。轻视思想政治工作不能算是真正的马克思主义理论工作者，不重视思想政治工作的领导不能认为是一个成熟的领导。

我们党是一个经历过长期斗争善于总结正反经验的党。我们党充分认识到已经取得政权的社会主义国家的意识形态工作的重要性，认识到坚持马克思主义指导思想一元化对社会主义精神文明建设和有中国特色社会主义文化建设的决定性意义。江泽民同志在全国党建理论讨论会上的重要讲话号召我们，必须更加重视学习马克思主义，宣传马克思主义，应用马克思主义。只要我们坚持党的基本路线，坚持用邓小平理论教育全党、全体干部和全国人民，坚持正确处理指导思想一元化与多种思想并存的关系，在即将到来的新世纪中，我们党在意识形态领域就肯定能始终代表先进文化的前进方向，就肯定能建设成一个始终作为“三个代表”的先进的无产阶级政党，从而在各种合力的相互作用中始终牢牢地把握社会主义方向。

（原载《前线》，2000（11））

23. 论中国化的马克思主义

江泽民同志在庆祝建党八十周年大会上的讲话（下称“七一”讲话）中指出：“以毛泽东同志为核心的第一代中央领导集体和以邓小平同志为核心的第二代中央领导集体，带领我们党坚持把马克思列宁主义基本原理同中国具体实际紧密结合，形成了毛泽东思想、邓小平理论。这两大理论成果，是中国化了的马克思主义，既体现了马克思列宁主义的基本原理，又包含了中华民族的优秀思想和中国共产党人的实践经验。”这一崭新的论断，既是对马克思主义发展规律的高度概括，也是对中国共产党 80 年历史经验的高度总结，它从根本上揭示了中国化的马克思主义的实质及其产生的规律。中国化的马克思主义是马克思主义中国化的历史结晶和升华，是马克思主义与时俱进理论品格最显著最集中的体现。

一、中国化的马克思主义产生的历史必然性

当马克思主义在欧洲诞生的时候，中国于鸦片战争后开始沦为半殖民地半封建社会；当马克思主义在欧洲和北美工人运动中传播的时候，中国人正在向西方国家寻求资产阶级革命的道理。中国人不知道马克思主义，可是马克思恩格斯却关注着中国。我们从马克思的《中国革命和欧洲革命》、《英人在华的残暴行动》、《鸦片贸易史》，以及恩格斯《波斯和中国》、《俄国在远东的成功》等文章中，都可以感受到年轻的无产阶级解放新理论的创造者们对中国人民命运的关怀、同情和期待。这是鸦片战争以后的第一个 80 年。可是，当中国的先进分子接受了马克思

主义以后，当中国共产党走上了把马克思主义的普遍真理与中国实践相结合的道路以后，中国的面貌，中国的前途和命运，发生了根本的变化。这就是中国共产党成立以后的80年的光辉历史。在这80年中，毛泽东思想、邓小平理论和江泽民“三个代表”学说是马克思主义中国化的三大里程碑。

在中国共产党领导中国人民波澜壮阔的80年斗争中，中国化的马克思主义是引导中国革命和建设走向胜利的根本保证，是中国革命和社会主义建设的指路明灯，也是马克思主义发展史上最光辉的篇章。中国化的马克思主义作为马克思列宁主义与中国具体实际相结合的产物，它的产生具有历史必然性，它既源于马克思主义理论本质的内在要求，又深深扎根于中国革命和建设实践的客观需要之中。

马克思主义不同于以往任何一种学说的地方在于，它是有史以来唯一自觉地以改造世界为己任的学说，实践性是它的根本特性。马克思主义这一鲜明的特点，决定了它可能而且必然要求理论随着实际生活的发展而不断地发展，必须适时地变换自己存在的理论形态，充实进新的理论内容，以各具特色的历史形式而存在。换句话说，马克思主义的最大特征，就在于它是和不同历史条件下的具体实际紧密结合在一起的，在于它具有与时俱进的理论品格。因此，“在分析任何一个社会问题时，马克思主义理论的绝对要求，就是要把问题提到**一定的**历史范围之内；此外，如果谈到某一国家（例如，谈到这个国家的民族纲领），那就要估计到在同一历史时代这个国家不同于其他各国的具体特点”①。马克思主义要在中国发挥作用，它一方面要解决中国的实际问题，通过解决中国的实际问题实现其改造世界的历史使命，因而它必须了解中国的独特国情，研究中国社会的实际矛盾，提出中国式的解决方案；另一方面，它要为中国人民所掌握，变成中国人民进行革命和建设的物质力量，就必须改变自己的理论形态，实现其形式的民族化，“代之以新鲜活泼的、为中国老百姓所喜闻乐见的中国作风和中国气派”②。一句话，就是马克思主义必须与中国具体实际相

① 《列宁选集》，3版，第2卷，375页。

② 《毛泽东选集》，2版，第2卷，534页。

结合。马克思主义不可战胜的强大力量及其创造性正是存在于这种结合之中。不结合就不能发挥马克思主义的威力，不结合就不能真正解决中国社会所面临的实际问题。

更重要的是，马克思主义中国化也是中国革命和社会主义建设、改革实践的客观需要。“一切划时代的体系的真正的内容都是由于产生这些体系的那个时期的需要而形成起来的。”① 中国化的马克思主义也不例外。十月革命一声炮响，给在黑暗中摸索的中国人送来了马克思列宁主义。然而，由于具体历史条件和社会问题的差异，在中国这样一个经济文化相对落后的东方大国，如何使马克思主义发挥其应有的作用，解决中国的现实问题，马克思主义经典作家的本本上没有也不可能有现成的理论答案，已有的实践没有也不可能提供任何既成的先例可循，摆在人们面前的唯一出路就是，必须从现有的国情出发，把马克思主义基本原理与中国具体实际相结合，推动马克思主义的中国化，不断实现理论上的创新。

中国共产党 80 年的革命、建设与改革的历史表明：解决中国的时代课题，没有马克思列宁主义的指导不行，但是不根据中国革命、建设与改革的具体情况创造性地运用马克思列宁主义更不行。

以毛泽东同志为代表的中国共产党人正是在总结和吸取历次革命斗争的经验教训的基础上，从中国的具体国情出发，果断地提出建立农村革命根据地，实行工农武装割据的方针政策，从而才开创了农村包围城市、武装夺取政权的新型革命道路，创立了新民主主义革命理论，指导中国革命取得了胜利。进入社会主义建设时期，毛泽东同志又根据中国的国情对社会主义建设道路进行了一系列有益的探索。因此，毛泽东思想的诞生作为中国马克思主义发展史上第一次历史性飞跃，从根本上说是中国革命和建设实践的必然产物。

“文化大革命”结束以后，中国向何处去的时代性问题又一次摆在人们面前。邓小平同志坚持马克思列宁主义基本原理，从社会主义初级阶段的实际出发，在总结我国社会主义建设正反两方面历史经验的基础上，在研究其他社会主义国家兴衰成败的历史经验和世界形势的基础上，提出了

① 《马克思恩格斯全集》，第 3 卷，544 页。

一系列切实可行的改革开放的方针政策，才成功地解决了中国社会主义建设和发展所面临的一系列问题，极大地推动了中国社会的全面发展和进步。邓小平理论紧紧抓住“什么是社会主义，怎么建设社会主义”这个首要的基本问题，初步解决了在中国这样一个人口众多、经济发展很不平衡的大国如何建设社会主义的问题。邓小平理论实现了马克思列宁主义与中国具体实际相结合的第二次历史性飞跃，把中国化的马克思主义推进到了一个新阶段。

在中国社会主义改革和建设取得伟大成就并不断深化的20世纪90年代，特别是跨入新的世纪以后，中国面对的根本性的、具有全局性的问题究竟是什么？全力捕捉住这个问题，需要高瞻远瞩，需要世界性眼光，需要高水平的马克思主义理论素养。“什么是共产党，怎样建设共产党”就是这样一个带根本性、全局性的时代课题。江泽民同志的“七一”讲话特别是关于“三个代表”的学说，就是围绕这个具有根本性、全局性的理论和实践问题而展开的。它以保持并发展党的先进性为核心，科学地阐明了中国共产党的立党之本、执政之基、力量之源，从根本上回答了在新的历史时期“什么是共产党，怎样建设共产党”的时代课题。“三个代表”学说既体现了马克思列宁主义的基本原理，又以新的实践经验丰富和发展了马克思列宁主义特别是邓小平理论，因而是中国化的马克思主义的最新发展，是马克思主义中国化的一个新的里程碑。

中国革命、建设和改革不能没有马克思主义；马克思主义创造和发展也不能遗忘东方的大国——中国。马克思主义只有中国化才能发挥其革命性的本质作用，而中国革命、建设和改革只有以中国化的马克思主义为指导才能真正获得成功。中国共产党80年来的革命、建设和改革的实践进程充分说明：正是中国共产党人把马列主义基本原理与中国具体实际相结合，创造性地运用马克思主义，使马克思主义具有了它应有的中国特色、中国气派，即形成了中国化的马克思主义，制定出符合中国国情的正确的路线、方针、政策，才使中国革命、建设和改革不断取得胜利。

二、中国化的马克思主义既是马克思主义的，又是中国的

江泽民同志在“七一”讲话中指出，中国化的马克思主义“既体现了

马克思列宁主义的基本原理，又包含了中华民族的优秀思想和中国共产党人的实践经验”。在这里，江泽民同志从理论、实践、文化传统的三个相互联系的侧面，科学地揭示了中国化的马克思主义得以产生的前提和要素。这是对中国化的马克思主义内涵的新的科学概括，因而大大提高了人们对中国化的马克思主义科学内涵的认识。

中国共产党人自从接受马克思主义以后，就毫不动摇地坚持马克思主义。在任何情况下都坚持马克思主义，是中国化的马克思主义的一个根本特点和优点。这是中国革命、建设和改革虽经种种挫折、磨难、危险，最终都能化险为夷、柳暗花明的一个根本保证。以毛泽东同志为核心的党的第一代领导集体，一直非常重视马克思主义理论学习。在抗日战争开始时，毛泽东同志在《中国共产党在民族战争中的任务》中，号召“一切有相当研究能力的共产党员，都要研究马克思、恩格斯、列宁、斯大林的理论”，并且提出了马克思主义中国化的问题。毛泽东同志领导的延安整风运动，就是一次全党的普遍的马克思主义教育运动。

邓小平同志明确地宣称他是一个马克思主义者，并语重心长教导全党“老祖宗不能丢”。当苏东剧变，全世界进步人士都为之沮丧震惊之时，邓小平同志以无产阶级革命家的伟大气魄向全世界宣告，马克思主义是打不倒的，世界上相信马克思的人会越来越多。

以江泽民同志为核心的党的第三代领导集体，在邓小平同志逝世以后，继续高举邓小平理论伟大旗帜，牢牢坚持马列主义、毛泽东思想。江泽民同志在“七一”讲话中指出：“马克思主义的基本原理任何时候都要坚持，否则我们的事业就会因为没有正确的理论基础和思想灵魂而迷失方向，就会归于失败。”江泽民同志的“七一”讲话本身就是一篇当代马克思主义的光辉文献，是运用马克思主义的基本理论解决我们面临的新问题的时代典范。

“旗帜就是方向，旗帜就是形象”。中国化的马克思主义，始终沿着马克思列宁主义的方向前进，始终坚持不懈地高举马克思列宁主义的旗帜，坚持共产主义理想信仰，坚持社会主义的道路。中国改革开放最成功的一条，正如邓小平同志所说，就是“没有丢马克思，没有丢列宁，也没有丢毛泽东”①。

但是，坚持马克思列宁主义不等于死守马克思、恩格斯、列宁的具体结论。中国化的马克思主义是创造性的马克思主义，它与马克思列宁主义一脉相承，但又是用新的理论和观点丰富和发展了马克思列宁主义。之所以能达到这个高度，是因为中国化的马克思主义是以中国实践为依据，是中国共产党实践经验的总结和升华。

中国共产党人在自己的国家进行革命、建设和改革，它面对的是自己国家实际存在的、特有的问题，它寻找的只能是适合自己并能解决自己国家问题的途径和方法。毫无疑义，它应该立足于本国的实践，重视并总结自己的经验。中国化的马克思主义正是马克思列宁主义与中国具体实际相结合的产物。中国共产党用自己的经验丰富和发展了马克思主义，中国共产党人在民主革命、社会主义革命和社会主义建设、改革中的实践经验构成了中国化的马克思主义的主体内容。我们从中国共产党三代领导集体提出的新观点和新理论中，看到的不仅是他们如何创造性地应用马克思主义的，而且能看到他们是如何总结中国经验的。逻辑的东西与历史的东西是不可分的。完全可以说，中国化的马克思主义，同时也是以理论形态表现的中国革命和建设的经验，即包含了老祖宗没有说过的新话。

在民主革命时期，以毛泽东同志为核心的党的第一代领导集体，以马克思主义为指导，从中国革命多次失败中总结经验，终于找到了在中国夺取政权的新道路。这是对马克思主义的重大贡献。毛泽东同志关于中国民主革命的一系列新观点新理论是用无数烈士的鲜血和生命铸就的。邓小平理论则凝结了中国社会主义革命和建设时期的经验。在邓小平同志关于社会主义本质，关于以经济建设为中心，关于贫穷不是社会主义，关于两手抓、两手都要硬等等新的理论创造中，看到的是中国社会主义建设和改革的历史进程，因此，邓小平理论是以理论形式呈现出来的中国社会主义建设和改革史。

中国革命、建设与改革的经验不仅包括成功的经验也包括失败的教

① 《邓小平文选》，第3卷，369页。

训，二者都是中国化的马克思主义的宝贵精神财富。正是有了“城市中心论”的失败，才有了对“农村包围城市”革命道路的自觉选择；正是有了灾难深重的“文化大革命”的惨痛教训，才有了后来中国的全面改革和开放。邓小平同志在谈到有中国特色的社会主义理论的创立时，总是把它与中国共产党的历史经验教训联系起来，他说：“我为什么讲这个历史？因为我们现在的路线、方针、政策是在总结了成功时期的经验、失败时期的经验和遭受挫折时期的经验后制定的。”① 他一再强调说，“我们改革的内容为什么那么广泛深刻呢？因为我们有‘文化大革命’的教训”②。

由此可见，立足于中国共产党自身的实践，及时总结经验教训并加以概括和升华，是中国化的马克思主义形成的关键途径。20 世纪的 40 年代，《关于若干历史问题的决议》使中国共产党对中国革命规律的认识从必然王国进入到自由王国，毛泽东思想成为全党全国人民的共识；到了 80 年代，《关于建国以来党的若干历史问题的决议》的起草，使中国人民对时代主题的转换有了一个更准确的把握，邓小平理论的创立则成为历史的必然；而江泽民同志的“七一”重要讲话，可以说是对中国共产党成立前后两个 80 年特别是对后一个 80 年经验的总结，从而把马克思主义中国化的历史进程继续向前推进。

马克思主义能够在中国传播、生根并最终中国化，这不是偶然的。旧中国虽然经济落后，可中国是一个文化大国，有历史悠远、内涵丰富的优秀文化遗产。“天下为公”的大同思想，“实事求是”的唯物主义精神，“一物两体”的辩证思维方法，等等，在几千年中国思想史上绵延不断，成为中国人最可贵的精神财富。中国人特有的文化土壤，对于中国共产党人接受马克思主义并把马克思主义中国化提供了有利的条件。因而以中国传统文化的内容作原材料去构筑马克思主义理论，是中国化的马克思主义的一个独具的特点。毛泽东同志非常重视中国的文化传统，曾提出过从孔夫子到孙中山都要给予总结的指示。在毛泽东、邓小平阐释马克思主义的经典著作中，对中国古代哲学家的思想以及中国的历史典

---

① 《邓小平文选》，第 3 卷，234 页。

② 同上书，264 页。

故、成语、谚语的应用得心应手，它们从不同的方面和角度丰富和发展了马克思列宁主义的内容，也使中国化的马克思主义具有了中国人民喜闻乐见的形式。

中国传统文化不仅为中国化的马克思主义理论的创立提供了素材和原材料，而且也以它独特的实践智慧给中国化的马克思主义的创新提供了启迪，成为中国化的马克思主义理论创新的又一理论支点。别的不说，仅仅"实事求是"这一条中国成语，被毛泽东同志提炼为马克思主义哲学的最根本范畴，集中表达辩证唯物主义和历史唯物主义的精髓之后，就成为马克思主义中国化的通灵宝玉。从这一意义上说，没有"实事求是"，就没有中国化的马克思主义。

中国化的马克思主义既是马克思主义的，又是中国的。就它的基本原理说是马克思主义的，可是就它的实践经验和文化传统来说，又是中国的，是中国革命和社会主义建设、改革经验的结晶，是中华民族优秀思想和文化的结晶。离开了马克思主义基本原理，它就不是马克思主义；可离开了中国革命和社会主义建设、改革经验，离开了中国文化的优秀传统，它就不是中国的。因此，中国化的马克思主义是马克思主义的创造性发展，也是中国传统文化在新的形态下的延续。

三、江泽民"三个代表"学说开辟了中国化的马克思主义新境界

马克思主义中国化是一个长期的历史进程。作为马克思主义中国化的结晶与升华的中国化的马克思主义，其发展也是无止境的。以江泽民同志为核心的党的第三代领导集体承续以邓小平同志为核心的党的第二代领导集体肩负的历史重任和中国人民的殷切期望，沿着马克思主义中国化的道路继续前进。江泽民同志的"七一"讲话，特别是其中浓笔重墨系统论述的"三个代表"学说，就是马克思主义中国化的新的里程碑，开辟了马克思主义中国化的新境界。

在中国革命、建设和改革的 80 年中，党中央三代领导人是在不同的时期，着力于捕捉自己面临的不同任务，以其中的根本问题为核心，提出一系列新观点和新方法的。一个创造性的马克思主义者必须提出新问题，

进而作出新答案。以毛泽东同志为核心的党的第一代领导集体，最根本的是解决了中国如何革命，如何夺取政权的问题。以邓小平同志为核心的党的第二代领导集体面对的是“什么是社会主义，如何建设社会主义”的问题。“文化大革命”以后，面对中国向何处去，特别是在苏联解体、东欧剧变，社会主义受到严重挫折时，这是一个关系到中国前途和命运的至高无上的问题。以江泽民同志为核心的党的第三代领导集体在国际国内形势发生深刻变化的历史关头，当务之急和最为根本的就是围绕“什么是共产党，怎样建设共产党”这个重大时代课题，着眼于不断增强党的拒腐防变和抵御风险的能力，不断提高党的执政水平和领导能力，带领人民不断开拓前进并立于不败之地。江泽民“三个代表”光辉学说的提出，就是对党当前所面临的这个重大时代课题的科学回答。

以江泽民同志为核心的党的第三代领导集体之所以能开辟马克思主义中国化的新境界，关键是坚持了马克思主义与时俱进的理论品格。历史经验证明，正是由于毛泽东同志和邓小平同志等老一辈革命家的不断创新，我们才摆脱了教条迷信的束缚，找到了解决中国革命和社会主义建设问题的正确答案。在邓小平同志逝世以后，以江泽民同志为核心的党的第三代领导集体，把马克思主义基本原理同中国的具体实际和时代特征相结合，大胆创新，提出了一系列新思想、新观点、新举措，在理论与实践上全面发展了邓小平理论。“三个代表”学说就是这种理论创新的集中体现和最新成果。

历史将越来越证明“三个代表”学说的重大意义。国际共产主义运动中，许多曾经盛极一时的执政党先后衰败了，有的被人民所抛弃。究其原因，根本的一条就在于不能始终做到“三个代表”。中国共产党能否保持自身的先进性以及能存在多久，也取决于能否始终按照“三个代表”的要求，不断加强自身的建设。从社会主义实践看，把“三个代表”写在自己的旗帜上，不仅是对马克思主义理论的创造性发展，而且是社会主义事业长兴不衰、不可战胜的根本保证。无论是在马克思主义理论史上，还是在社会主义政党史上，特别是执政党史上，这都是一种独创。

“三个代表”学说不仅第一次把党的建设与推动社会主义建设、人类社会发展的根本性力量——先进社会生产力、先进文化与最广大人民的根本利益全方位地联系起来，从一个全新的角度揭示了党的先进性的基础、灵魂和本质，而且第一次把“始终代表中国先进文化的前进方向”作为党的先进性的重要标志，把文化建设从党的工作的一个方面提升到党的性质、宗旨和任务的层次上来，这是突破常规思维最具有创造性的体现之一。

江泽民同志非常重视马克思主义的创造性问题。特别随着改革开放的深入，我们会遇到许多前所未有的新问题，必须有新思路，新方法。是用新的眼光进行具体的历史的分析，还是把马克思主义的个别结论教条化，采取简单的方法看问题和解决问题，是对我们的一个重大考验。正如江泽民同志在“七一”讲话中强调的，在此情况下，“如果不顾历史条件和现实情况的变化，拘泥于马克思主义经典作家在特定历史条件下、针对具体情况作出的某些个别论断和具体行动纲领，我们就会因为思想脱离实际而不能顺利前进，甚至发生失误”。

马克思主义中国化的过程，是一个充满复杂思想矛盾和实践矛盾，存在着与各种错误倾向特别是与教条主义进行斗争的过程。在民主革命时期，毛泽东同志反对过教条主义和经验主义，特别是反对教条主义。邓小平同志曾经领导和支持关于实践是检验真理唯一标准的讨论，着力反对“两个凡是”，大力提倡解放思想、实事求是。在当前深入学习江泽民同志的“七一”讲话，贯彻和落实“三个代表”学说，特别是学习“七一”讲话中提出的与传统观点不同的新观点新论断时，提倡创造性思维，反对对马克思主义的教条主义理解，以马克思主义态度对待马克思主义，就显得更为迫切，尤为必要。当然，人们对新的思想观点的认识和接受也有一个过程。当年毛泽东同志关于“农村包围城市”道路的思想，也有一些人不理解，甚至嘲笑是“山沟里的马克思主义”；邓小平同志倡导联产承包责任制的时候，同样也有一些人不理解，表示怀疑，然而最终结果是这些人在实践面前都改变了观点。真理性的东西是最有说服力的。关于“三个代表”学说和“七一”讲话中一系列新观点的真理性，已经而且会继续为实践所证明。

历史是一面镜子，也是一部教科书。马克思主义中国化的80年进程包含着丰富的经验，它证明马克思主义新境界的开辟是一个永无止境的过程。只要我们紧紧抓住当今社会的时代性课题，以江泽民同志“三个代表”学说及“七一”讲话精神为指导，坚持马克思主义基本理论，立足中国实践，继承中国优秀文化传统，坚持理论创新，中国共产党人就一定能够把中国化的马克思主义继续向前推进。

（原载《求是》，2002（4））

24. 论与时俱进与理论创新

一、时代精神的体现

马克思说过，“每个原理都有其出现的世纪”。一种思想理论的核心观念往往是它的时代精神的凝结。毛泽东对中国传统实事求是观念的新的诠释，是反对党内错误路线，反对教条主义的伟大成果，是烈士们用鲜血书写的教训，是为我们党确立的正确思想路线；邓小平关于解放思想和实事求是的理论，深刻总结了国际和国内社会主义建设的正反两方面的经验教训，反对两个凡是，为用新的理论和观念来进行有中国特色的社会主义建设开辟了道路；而江泽民在纪念建党80周年的“七一”讲话中，在北戴河的“8·7”讲话中，在今年人民大学的“4·28”讲话中，特别是今年在中央党校省部级干部“5·31”讲话中，多次论述与时俱进的问题。与时俱进，成为“三个代表”重要思想的重要部分。“三个代表”重要思想既是与时俱进的卓越典范，又是实践“三个代表”、开拓创新的指导原则。正如当年毛泽东的实事求是，邓小平的解放思想、实事求是一样，与时俱进也是一个具有鲜明的时代特征和现实针对性的理论概念。它深刻地揭示了在经济全球化浪潮的世界格局中，处于全面建设小康社会，加快推进社会主义现代化建设的中国共产党人对马克思主义理论，对我们在社会主义改革已经取得的成就所应该采取的正确态度。

在我们以与时俱进的精神努力开创建设有中国特色社会主义事业中，

理论创新具有重要作用。在当代中国改革开放建设有中国特色社会主义的实践的语境中，与时俱进不是一个普通的成语，而是马克思主义的理论品质和以马克思主义为指导的共产党人的政治品质的概括。

从历史角度看，事物都是发展的。例如，文学有文学史，哲学有哲学史，任何学术都有发展史。有历史就有发展，有发展就会有新的学派，新的学说，新的思想的出现。从历史发展过程看，也呈现出一种与时俱进的态势。但这不是我们所说的作为一种理论品质的与时俱进，这只是一种客观的历史状态，是由时代变迁和社会制度更替所产生的思想体系的更替。这可以看成是思想领域中的自然历史过程，是社会存在与社会意识、经济基础与上层建筑相互关系规律作用的表现。可是作为处于这种历史过程系列的各种学说本身来说，并不具有与时俱进的理论品质。相反它们认为自己的学说和理论是最完善的，是不会被推翻或被代替的。例如黑格尔，他是辩证法大师，他的几大本《哲学史讲演录》就是讲哲学发展的。他说哲学史是死人的战场，是一个体系打倒一个体系的战场，没有不变的哲学体系。可当轮到自己却认为自己的哲学是顶峰，是对绝对真理的终极认识，到他这里就是最高真理。其实不止黑格尔这样，历史上所有以建立完整体系为最高目的的哲学家都以创造绝对真理者自居。哲学是发展的，哲学体系是更替的，可哲学家却自以为自己的哲学是永远不变的。

从传统文化角度看，与时俱进是我们民族的优良传统。从我国的《周易》，从我国著名思想家的著作中特别是主张变法的思想家的著作中，我们可以发现主张变革创新，主张“不期修古，不法常可”一类的充满辩证智慧的光辉思想。可是从政治实践看，所有主张变革的都是针对过去遗留的东西，即针对前朝的旧的规章制度，即所谓不“法先王”，可对自己建立起来的制度很少主动改革的，因为这涉及统治者自身的利益。因此在历史上很少以自己确立的制度为改革对象的“与时俱进”。即使有，也很少有成功的，往往以悲剧而告终。统治者的利益和局限决定它必然如此。

很显然，历史自身的变化规律和客观现实，我们传统文化中关于与时俱进的思想，都能给我们以启发。但是江泽民倡导的与时俱进具有新的时代特征。这就是它体现的是马克思主义的理论品格，体现的是马克思主义政党的自我革新的革命精神。

与时俱进是马克思主义的理论品质。它不同于黑格尔的辩证法，只要求别人的思想要与时俱进而自封为顶峰。马克思主义认为自己的理论就是不断发展的理论。一部马克思主义的历史就是发展的历史。这个历史不是简单地从真理走向真理的历史，而是包括以新的原理代替旧的原理，包括真理的完善和不断丰富的历史，包括各个国家的马克思主义者根据自己面对的实际创造性地发展马克思主义的历史。所以与时俱进，首先是马克思主义理论本身要与时俱进，要以新的发展的马克思主义来指导发展的实践。马克思主义与一切停滞保守和教条主义是不相容的。所以与时俱进不只是马克思的一个原理，而且是马克思主义的理论品质，是它的本性，一旦丧失这个本性，马克思主义就不成其为马克思主义了。

从政治实践看，与时俱进是中国共产党人的自我革命精神。它针对的不是旧制度遗留下来的东西，而是自己建立起来的制度。不仅是新中国成立后，自己建立起来的计划经济体制，而且包括不断完善正在建立的制度。例如在经济方面，要根据解放和发展生产力的要求，进一步深化对公有制为主体，多种所有制经济共同发展这一基本经济制度含义的认识，在实践中不断完善这一制度；在政治体制方面，要发展社会主义民主，建设社会主义政治文明，在坚持四项基本原则前提下，继续积极稳妥地推进政治体制改革。可见，与时俱进在当代中国，既是针对我们自己的理论又是针对我们自己亲手建立的制度的。自己创造的制度自己亲手把它改变，没有革命精神是做不到的，因为制度的改革包括利益的调整。只有以代表广大人民的根本利益为己任，没有自己的特殊利益的共产党人才可能这样做。

对于一个政党特别是作为无产阶级代表的共产党，是否能与时俱进是有关盛衰兴亡的问题。在国际共产主义运动中，有一些曾经是声名卓著具有重大影响力的大党，由于未能提出适合时代发展、适合本国实际的斗争策略，失去群众的支持，终于解体或变为在政治生活中没有重大作用缺少战斗力的小组织；有的共产党已经执政，可是由于不能与时俱进，不能创造性地运用马克思主义，提出适合本国建设社会主义的新的理论和路线，结果以夺取政权开始，以丧失政权告终。

我们党取得政权以后，以史为鉴，非常重视反腐防变，避免李自成的悲剧，这完全正确，显示了毛泽东高瞻远瞩的眼界和丰富的历史知识。但是毛泽东过分估计来自敌对阶级对政权颠覆的危险，一直紧绷阶级斗争的弦，强调巩固无产阶级专政、巩固社会主义制度，最后发展为以阶级斗争为纲。任何有关改革不合理的制度、不合理的规章，任何有关健全社会主义民主和自由的意见，都纳入阶级斗争范围，从而窒息了社会主义自我改革和完善的活力。形式上社会主义制度很稳定，但发展缓慢，人民生活贫困，隐患重重。改革开放以来，邓小平提倡解放思想、实事求是，提出新的理论，采取一系列有利于解放和发展生产力增强综合国力的新的路线、方针、政策，使社会主义的稳定与改革、发展得到最好的结合。如果没有与时俱进的精神状态，拘泥于马克思主义经典作家的个别词句，就不可能有今天中国这样的局面。江泽民关于“三个代表”的重要思想，就是高举邓小平理论旗帜，以与时俱进的姿态进行的卓越的理论创新，通过代表先进生产力发展要求，坚持先进文化发展的前进方向，代表广大群众的根本利益，为社会主义高速发展找到了活力，为社会主义制度的稳定找到了可靠的广泛的群众性基础，从而有利于解决“提高拒腐防变和抵御风险能力这两大历史课题”。这样，中国历史上王朝兴亡的周期率问题，国际共产主义运动中社会主义国家的兴亡问题，才能从理论和实践两个方面得到有效的答案。

二、理论创新的动力

与时俱进与创新不可分。不创新就谈不上与时俱进，不与时俱进就不可能创新。创新包括理论创新、制度创新、技术创新。对一个政党特别是执政党来说，理论创新是最关键的。

历史证明，单纯的观念变革或新的理论学说，不足以引起社会变革，但社会变革必须有理论变革的参与并以理论变革为先导。理论创新问题是我们继续高举邓小平理论伟大旗帜，全面贯彻“三个代表”要求的关键。只有理论创新才能使我们的事业不停顿，才能用发展的马克思主义指导发展的实践。理论要创新必须有与时俱进的精神，这两者是不可分的。与时俱进是理论创新的观念动力，而理论创新则是与时俱进的理论成果。没有与时俱进的观念就不可能进行理论创新，而没有创新则与时俱进变为一句空话或套话。

理论创新是非常艰巨非常困难的。因为哲学社会科学的理论特别是马克思主义理论，是对规律性认识的高度凝结。它一经实践检验就具有真理性和稳定性。真正经得起时间考验的理论创新必须是对原先规律性认识的丰富和发展或对新的规律的认识，也包括对以往理论中的不完善或错误的校正。

就马克思主义理论创新来说，我以为粗略地可以分为三种不同的状况。

一种是原创性的理论创新。这是马克思主义发展中的第一次提出的新理论、新观点。例如列宁关于社会主义可以在一国胜利的理论，关于俄国的新经济政策的理论，等等；毛泽东关于中国民主革命的道路，关于社会主义社会基本矛盾的理论，等等；邓小平关于社会主义本质的理论，关于中国社会主义改革的一系列重大理论，关于一国两制的理论，等等。

另一种是马克思主义与具体情况相结合，在应用中的发展。原理虽然是马克思主义的基本原理，但在实际应用中得到创造性的发展。这两种情况不能对立，因为第一种情况也是与马克思主义的实际应用相联系，但得出的原理本身具有原创性；而第二种情况是基本原理虽非原创，但它的应用具有原创性并得出一系列新的观点和新的结论。例如江泽民关于“三个代表”的重要思想就是杰出的范例。至于有人说“三个代表”重要思想不具有原创性，它与马克思主义既然是一脉相承的就谈不上创造性。对马克思主义创造性的这种看法是纯学理性的，忘记了马克思关于“哲学家们只是用不同的方式解释世界，而问题在于改变世界”的教导。

一脉相承，是马克思主义发展的特点。在历史上曾出现过各种学派，但它的后继者往往不是一脉相承而是“离经叛道”。例如黑格尔之后是新黑格尔主义，可新黑格尔主义背离了黑格尔的最主要思想。康德之后有新康德主义，新康德主义完全抛弃了康德的唯物主义方面的思想。而马克思主义发展的历史是一脉相承的，即它的最根本原则是一致的，属于同一种思想体系。即马克思主义的后继者们根据新的情况新的任务创造性地运用马克思主义基本原理，得出适合本国实际的结论，这就是原创性。这是马克思主义政党独具的原创性即理论与实践相结合的原创性。这种原创性对以改造世界为己任的马克思主义政党是至关重要的，没有这种原创性，在无产阶级革命和社会主义建设事业中就没有任何胜利的指望。可一脉相承并不排斥它的发展。一脉相承是指基本原则的相似性，可作为一个思想体系又是具有生命的不断发展的活的机体。没有发展就会因僵化而死亡。

有人说“三个代表”有什么原创性？其中每一条都是马克思主义的基本原理。这是按照考察一般思想学说的原则来考察马克思主义。事实上在马克思主义的原创性中最重要的是实践的原创性。发展生产力、坚持先进文化和代表群众根本利益的思想是马克思主义题中应有之义，也理所当然地应该是共产党的奋斗目标。可实际上，把代表发展和解放生产力的要求，代表坚持先进文化前进方向，代表人民的根本利益写在旗帜上作为纲领，把原来只是作为理论原则和共产党人伟大理想的东西，变为实际行动，使全党的奋斗目标，全国人民的努力的方向全部凝集在它上面，从而为我们民族的伟大复兴，为社会主义的再度辉煌找到了一条正确的道路。如果我们考虑到“文化大革命”，考虑到我们经历过20年“左”的路线的干扰，我们更能体会“三个代表”重要思想的理论价值和实践价值。何况“三个代表”重要思想并不是马克思主义原理的复述，而是立足于中国正处于社会主义初级阶段，从我国面临的实际情况出发提出的，其中每一条都包括一系列重大理论和实际问题。正是在“应该”坚持“三个代表”和“如何”坚持“三个代表”的论述中，最充分地体现了马克思主义与时俱进的特色。离开了中国实际，离开了我们正在做和如何做的实践，只是着眼于哪句话在哪里说过，是不可能理解“三个代表”重要思想在马克思主义发展史上的地位和价值的。

再一种理论创新，是广大哲学社会科学工作者在自己专业范围内提出有理论和实践创新意义的新见解，不同程度地对推进我国的马克思主义理论作出贡献。当然不能认为只有党的领导人才能创新，而哲学社会科学工作者只能宣传、解释、复述。但是我们应该承认，哲学社会科学工作者由于自己工作性质和专业的范围，当然不具备处于领导地位特别是处于全党全国领导地位的党的领导人的那种实际经验和把握全局性问题的战略眼光。在马克思主义发展史上，参与实际活动的无产阶级的领袖型人物和具有创新精神的理论家的合一毫不奇怪。整个运动和斗争要求他们必须如此才能胜任他们的地位，而他们所处的地位，他们的见识和经验又使他们具有这种可能性。可是，以马克思主义为指导的哲学社会科学工作者，完全可能在自己专业范围内对某些问题提出创造性见解，为党和政府的正确决策，为在总体上发展马克思主义提供有价值的见解。事实上，改革开放二十多年来，我们广大哲学社会科学工作者，特别是经济学家的见解包括不同意见的争论，对于邓小平理论的形成，对于“三个代表”重要思想，都直接或间接具有某种作用。江泽民强调与时俱进，对我国广大哲学社会科学工作者寄予重大期望和嘱托。

就我们哲学社会科学工作者而言，没有人会说不要与时俱进，不要创新。可真正能做到与时俱进是很不容易的。要真正在理论创新方面有所建树，我们应该有一个正确的哲学社会科学研究观念。

第一，理论创新必须与求真相结合。离开求真，所谓创新往往是奇谈怪论；离开创新，求真往往是反复嚼别人嚼过的烂馍。求真是科学，求新是创造。这两者必须统一。就马克思主义理论研究来说，求真与求新问题，就是我们一再讨论的坚持与发展的问题。马克思主义的基本原理不能违背，这就是邓小平、江泽民一再教导的老祖宗不能丢；可马克思主义又必须要发展，不能年复一年地念一本经，总得有新问题、新观点、新思路，这就叫开拓马克思主义的新境界。开拓就是理论创新。

如果马克思主义不具有与时俱进的品质，就不可能由毛泽东思想中生发出邓小平理论，也不可能由邓小平理论中生发出“三个代表”重要思想。这就是马克思主义中国化进程中表现出来的与时俱进的品质。同样，“三个代表”重要思想也不是凝固不变的，它同样要与时俱进。江泽民总书记在中央党校省部级干部进修班毕业典礼的“5·31”讲话中，就提出在新世纪新阶段，发展要有新思路，改革要有新突破，要有新局面，为此在贯彻“三个代表”重要思想中，我们必须以与时俱进的精神解决一系列重大理论和实际问题。例如，如何深化基本经济制度的含义的认识和完善这一基本经济制度，如何从根本上消除发展生产力的体制性障碍，如何在经济全球化浪潮中，坚持先进文化发展的前进方向，如何在当前出现利益大调整，新的阶层的出现与下岗职工同时并存的条件下代表最广大群众的利益，等等。有些人心存疑虑甚至忧虑，我们需要从理论和事实上给予最有力的分析和说明。

在马克思主义的坚持与发展方面，一个最令人困惑的难题是，我们能不能拉出一个清单，哪些是不能动的，哪些是可以动的即可以推翻的？我以为这种提问是一种抽象的思维方式，这种清单是任何人都难以列出的。因为马克思主义只有在实践中才有坚持与发展的问题。当中国还没有进行改革或者改革没有深入到一定程度时，我们不可能对马克思和恩格斯关于社会主义胜利后的商品生产、市场经济和计划经济问题提出新的看法。是实践把这个问题摆在建设者面前，促使人们重新思考；是苏联解体和中国社会主义发展缓慢和人民贫困，促使人们重新考虑社会主义的本质问题。是“文化大革命”和20年“左”的干扰，使人们对阶级斗争观点的看法变得更理性和科学。可是我们又不能简单以我们的现实来作为对马克思主义理论评价的标准。我们不能认为大规模的阶级斗争在中国已经结束，在其他国家马克思主义的阶级斗争观点也不适用了①，不能认为当社会主义在发达资本主义国家取得胜利后，它对计划与市场问题的处理，对商品、货币问题的处理，对先富与后富关系的处理应该与中国一模一样。马克思主义是国际性的学说，它不是针对某一个国家或某个局部地区的地区性学说。它提供的是一般性原则，可是它的应用必须是具体的，在一个国家适用不一定适用另一个国家。反之，在一个国家不适用不等于在另一个国家也不适用。因此，马克思主义的坚持与发展问题绝不能离开与本国实际相结合这个根本原则抽象地议论，否则永远是一笔扯不清的糊涂账。

第二，理论创新要正确处理传统与当代的关系，应该立足现实，继承传统。这是理论创新与技术创新的一个根本性的不同之点。技术创新可以采取跨越方式，可以不管传统。有了新的技术可以不要旧的技术，有了新的生产工具可以不要旧的生产工具。哲学社会科学不一样。例如哲学，我们不能说当代人的哲学智慧一定超过前人。事实上中外历史上那些大家，孔子、老子、庄子、苏格拉底、柏拉图、亚里士多德、康德、黑格尔，都是智慧超群的人物。所以，技术的发展是取代性的，而哲学社会科学的知

---

① 俄罗斯《对话》杂志2001年第12期发表的一篇文章中说“千万不可轻视阶级斗争的作用，阶级斗争贯穿于人类整个历史，在今天全球化形势下也绝未消灭”（载《国外理论动态》）。

识是积累性的。这就决定哲学社会科学的发展必须继承历史遗产，必须回头看。在西方，往往回到希腊罗马。在中国往往回到孔孟老庄。这样在哲学社会科学特别是哲学中，往往容易发生重史轻论，重文本轻现实的倾向。所以哲学社会科学要与时俱进，进行理论创新，就要正确处理传统与当代关系，既不能忽视历史上的优秀文化遗产，又不能背负历史重担，为传统的惰性力量所压倒。

哲学社会科学最根本的是要立足现实，是当代人站在当代人的立场上为了当代人的实际需要进行研究。就我们中国当代的哲学社会科学工作者而言，就应该增强贯彻“三个代表”要求的自觉性和坚定性，以“三个代表”作为衡量我国哲学社会科学性质、方向和水平的根本尺度。有人或许会忧虑，这样是否会大大限制了哲学社会科学研究的范围和课题的广泛性。我以为不会。以“三个代表”为指导和只研究“三个代表”是不同的。就马克思主义理论说，就不少社会科学的部门说，当然应该研究贯彻“三个代表”重要思想过程中提出的问题，为党和政府的决策提供理论依据。这是马克思主义在当代中国的生长点，当然这种研究并不都是对既定政策的解释，也可以是对某种政策可行性的论证。所以这种研究在一定意义上是具有全局性、战略性、前瞻性的研究。这没有降低马克思主义研究的学术水平，而是真正使它处在世界马克思主义研究的前列。

当然哲学社会科学还有不少部门属于专业性很强的学科，或者属于历史性的学科，例如各种学说史、中外历史，等等。我们不可能要求它们研究“三个代表”或直接为研究“三个代表”重要思想服务，以“三个代表”来限制它的研究领域和课题。可是，在我们国家任何学术研究即使是纯学术的，或对以往历史的研究，都应该贯彻古为今用，洋为中用的方针，吸收中外文化传统中的优秀遗产，有利于整个民族的人文素质的培养和提高，这就是在自己专业范围内坚持先进文化的前进方向，符合最广大人民的最根本利益的体现。因此，从这个角度说，在我们国家任何有学术价值、对人民有益的哲学社会科学研究工作不能也不应该违背“三个代表”重要思想。

第三，理论创新必须有正确的价值导向，正确处理哲学社会科学和市场经济的关系。科技一般没有这个问题，技术本身在市场经济压力下要不断更新。任何一个企业技术落后就会在竞争中垮台。技术要更新，科学也要不断起着技术更新的前导作用。市场经济下的利益驱动，是推动科技创新的强大动力。可很难指望市场经济的利益驱动直接推动哲学社会科学的发展。在市场经济条件下，电视、冰箱，可以很快进行技术更新，不断换代升级；可在市场经济驱动下绝不可能压出一个伟大的哲学家和思想家，压出一个传世之作。相反，人们的头脑越是为物质利益所驱动，哲学社会科学就越容易走向邪路。急功近利，粗制滥造，文抄公和各种编书能手与草台班子会应运而生。这不是哲学社会科学的繁荣而是学术腐败的表现。

可是我们哲学社会科学工作者不可能无视市场经济的存在和影响。不能说市场经济不利于哲学社会科学的发展。事实上它有利于更多的资金投向哲学社会科学事业，有利于出版业的发展和文化产业的繁荣。而且市场经济中存在的种种理论和实际问题，可以成为哲学社会科学研究的重大课题。问题是市场经济中的物质利益的驱动力不可能直接推动哲学社会科学的发展，也不应该成为哲学社会科学研究的导向。哲学社会科学的立足点要更高一些，要考虑到民族的利益、国家的利益而不单纯是自己的口袋。我们要记住马克思的教导，有幸从事科学研究工作的人，应该把它作为为人类谋利益的工具。这才是一个真正科学工作者的气度、胸怀和良知。“板凳须坐十年冷，文章不写一句空”。这是科学精神，不是市场精神。从事研究，没有正确的价值导向，投机取巧，只能是学术泡沫，不可能进行理论创新。

与时俱进，既是我们民族的优良传统，又是我们的时代精神。我们的哲学社会科学工作者坚持与时俱进的学风，就一定能站在我们时代理论创新的前列。

（原载《中国特色社会主义研究》，2002（4））

25. 处在世纪转换中的马克思主义

人类正面临世纪的交替。从 19 世纪中叶诞生的马克思主义，经历了 20 世纪的风风雨雨，即将进入它的第三个世纪。

迄今为止，还没有哪一种学说像马克思主义这样深刻地改变了并继续在改变世界。一个多世纪以来，无产阶级的觉醒和革命浪潮的澎湃、一系列社会主义国家的相继建立、帝国主义主宰世界的旧格局的打破，都与马克思主义的产生和广泛传播紧密相连。马克思主义如同普照之光，不管人们愿意与否，谁也无法否定它的存在和影响。就连西方理论家也不得不承认：马克思主义是现代世界上的强大因素，是对我们世界的命运发生决定性影响的政治能量。

当前，社会主义运动的确出现了曲折。但如果认为马克思主义从此就消失了、没有了、失败了，则是完全错误的。邓小平同志在视察南方的重要谈话中，在强调以经济建设为中心，抓紧有利时机，加快改革开放步伐的同时，也批驳了马克思主义“消失”论和“失败”论。我们坚信，世界上赞成马克思主义的人是会多起来的，因为马克思主义是科学真理。真理可以蒙难，但真理归根结底是不可战胜的。

马克思主义的命运如何？社会主义的命运如何？社会主义革命和建设的成功与挫折、前进与逆转的历史，尤其是邓小平同志重要谈话中对这些经验的总结，就包含着这个问题的答案。

一、夺取政权胜利的启示

以十月革命为起点，马克思主义在实践中的胜利是由理论变为现实的巨大飞跃。这是马克思主义大发展时期。革命最需要创造，革命自身就是创造。

世界上没有任何一个国家的无产阶级，可以原封不动地按照马克思和恩格斯的本本取得胜利。马克思主义的巨大威力存在于与实际情况相结合中。无产阶级革命的胜利，是创造性马克思主义的胜利。俄国革命和中国革命都无可辩驳地证明了这个真理。

列宁是从反对第二国际伯恩施坦主义及其在俄国的变种开始登上政治舞台的，但列宁并不因为反对修正主义而对马克思主义采取教条主义态度。列宁反复强调："我们决不把马克思的理论看作某种一成不变的和神圣不可侵犯的东西；恰恰相反，我们深信：它只是给一种科学奠定了基础，社会党人如果不愿落后于实际生活，就**应当**在各方面把这门科学推向前进。"①

列宁把马克思主义分为两类，用他自己的话来说，一类是"像马克思这样的马克思主义者"，即创造性的马克思主义；另一类是"自命的马克思主义者"即教条主义者。列宁把那种只知搬用本本、拘泥于马克思的片言只语的人划为这一类。列宁说："他们都自称马克思主义者，但是对马克思主义的理解却迂腐到无以复加的程度。马克思主义中有决定意义的东西，即马克思主义的革命辩证法，他们一点也不理解。"②

列宁并没有死守马克思恩格斯以西欧发达生产力和阶级关系为依据的关于社会主义革命同时胜利的论断，也没有把俄国跨越"卡夫丁峡谷"，由农村公社直接向社会主义过渡可能性的分析教条化。他始终立足于俄国的现实，从俄国已走上资本主义道路又苦于资本主义发展不足的实际情况出发，创造性地应用马克思主义。列宁写出了《社会民主党在民主革命中的两种策略》等一系列著作，找到了一条在俄国具体实践马克思主义的

① 《列宁选集》，3版，第1卷，274页。

② 《列宁选集》，3版，第4卷，775页，北京，人民出版社，1995。

道路。

中国革命的胜利，是十月革命之后马克思主义在另一个更加落后、人口众多、情况更为复杂的东方大国的胜利。中国革命的胜利，再一次证明马克思主义与本国实际相结合的必要性和重要性。以毛泽东为代表的中国共产党人创造性地运用马克思列宁主义，找到了一条在中国具体实践马克思列宁主义的道路。

在领导中国革命的过程中，毛泽东非常注意反对教条主义，反对20世纪20年代后期和30年代前期在国际共产主义运动和我们党内一度盛行的把马克思列宁主义教条化、把共产国际决议和苏联经验教条化的错误。毛泽东写于1930年的重要著作《反对本本主义》，矛头就是针对这种倾向的。毛泽东说："马克思主义的'本本'是要学习的，但是必须同我国的实际情况相结合。我们需要'本本'，但是一定要纠正脱离实际情况的本本主义。"①

世界上两个大国——俄国和中国——的革命都证明，无产阶级要取得夺取政权斗争的胜利，不仅要坚持马克思主义，还特别要善于创造性地坚持马克思主义，把马克思主义的基本原理转变为可以在本国进行操作的路线、方针、政策、措施。正因为这样，马克思主义的实践必然具有民族特色。例如，在俄国是城市武装起义，在中国是搞农村武装割据；在俄国是反对资产阶级，在中国是联合民族资产阶级；在俄国对资产阶级实行剥夺，在中国实行赎买；在俄国建立的是无产阶级专政，在中国是人民民主专政，如此等等，各具特点。

夺取政权的斗争，是千百万人以自己的生命和鲜血进行的殊死斗争，是最具创造性的斗争。任何把马克思主义教条化的错误，其结果都只能是失败。中国民主革命中的三次"左"倾路线的恶果就是明证。可以说，夺取政权的斗争是血的斗争，敌人用机枪大炮不断清醒革命者的头脑，使他们懂得，要想取得胜利，就必须走马克思主义与本国实际情况相结合的道路。

---

① 《毛泽东选集》，2版，第1卷，111～112页。

二、社会主义遭受挫折的教训

十月革命之后，在几十年内相继成立了不少社会主义国家。社会主义革命的胜利如凯歌行进，使整个世界震惊。可从 20 世纪下半叶开始，一些国家在社会主义建设中出现了各种困难。特别是 80 年代末，某些原社会主义国家的风云突变，又一次使世界震惊。社会主义运动出现曲折的原因是复杂的、多方面的，但其中一个不可忽视的重要原因，就是在取得政权以后的社会主义建设中，没有解决好马克思主义与本国实际相结合的问题，没有找到一条适合本国的建设社会主义的道路。

无产阶级夺取政权以后，共产党成为执政党，马克思主义上升为整个社会的指导思想。这种根本性的变化有可能带来相互对立的两种效应。一方面，处于执政地位的共产党，利用掌权后的一切有利条件，始终坚持马克思主义，特别是在人民群众投身的社会主义实践中创造性地推进马克思主义。在新的条件下，继续走夺取政权以前坚持的马克思主义与本国实际相结合的道路。另一方面，也可能面临教条化的危险。处于执政地位的党，不是立足本国实际，在结合上狠下工夫，而是过分依赖行政权力，把马克思和恩格斯关于社会主义的理论构想，作为可以原封不动立即实施的现实。两种做法，两种结果。

毛泽东在领导中国社会主义建设中，同样倡导马克思主义必须与本国实际情况相结合。毛泽东的《关于正确处理人民内部矛盾的问题》和《论十大关系》，都表现出一种力图按照中国实际建设社会主义的构想。他公开宣布"一切国家的好经验我们都要学，不管是社会主义国家的，还是资本主义国家的"。还说，学习有两种态度。一种是教条主义的态度，不管我国情况，适用的和不适用的，一起搬来。这种态度不好。另一种态度，学习的时候用脑筋想一下，学那些和我国情况相适合的东西，即吸取对我们有益的经验，我们需要的是这样一种态度。①

可是 1956 年以后，党的八大的正确路线却没有得到贯彻，毛泽东在《关于正确处理人民内部矛盾的问题》和《论十大关系》中提出的某些构

---

① 参见《毛泽东著作选读》，下册，798 页，北京，人民出版社，1986。

想也没有付诸实践。“人民公社化”运动和此后不久展开的“文化大革命”，打断了按照中国实际建设社会主义的进程。力图在低生产力水平基础上建设起单一的公有制，建立完全的计划经济体制，把按劳分配、商品生产、货币关系通通看做是资产阶级的，期望尽快地消灭，这种按照纯而又纯的模式进行社会主义建设的“左”的做法，极大地损害了社会主义事业。

邓小平同志对创造性地推进马克思列宁主义、毛泽东思想的贡献是巨大的。邓小平同志恢复了党的实事求是的传统，强调要按实际情况办事。邓小平同志关于建设有中国特色的社会主义的一系列论述，以及以此为理论根据的党的基本路线，是马克思列宁主义与中国实际相结合的卓越典范。党的十一届三中全会以来，特别是20世纪80年代末，尽管国际风云变幻，国内少数资产阶级自由化“精英”们鼓噪不已，但我国社会稳定、经济发展、人民生活水平不断提高，充分显示了马克思列宁主义与实际相结合的无穷威力。

俄国在十月革命以后，当初步站稳脚跟时，列宁立即结束战时共产主义转向推行新经济政策。这表明了列宁在思考如何根据俄国的实际情况推进科学社会主义理论的问题。列宁在逝世前的最后几年提出了不少在落后国家建设社会主义的富于启发的思想。可惜列宁旧伤复发，逝世过早，宏图难展。

继列宁之后，斯大林领导苏联是有功的。他把俄国由一个落后的农业国变为工业国，由弱国变为一个军事强国。可是，斯大林更多的是凭借政权的力量，依靠刚刚摆脱剥削翻身做主的群众的巨大政治热情。斯大林并没有解决好科学社会主义理论与俄国实际情况相结合的问题，没有找到一条巩固社会主义制度，加快经济发展，迅速改善广大群众生活水平的道路。斯大林在处理公有制和私有制、计划与市场、产品经济与商品经济关系问题上，拘泥于马克思恩格斯关于社会主义成熟形态的论断。斯大林在生产力不太发达的情况下，力图实现马克思恩格斯关于成熟社会主义形态的基本特征，结果必然陷于某种程度的空想。

马克思和恩格斯的科学社会主义理论，他们关于社会主义本质特征的概括，是以资本主义社会生产力的高度发展、社会化大生产和充分发达的商品经济为前提的。他们的理论舍弃了一切民族特点和各种例外，着重从社会形态交替角度来考察社会主义，把它看成是在资本主义母胎中孕育成熟并由其产生的更高的社会形态。在马克思和恩格斯关于社会主义的理论中，提倡以公有制代替资本主义私有制，当然要消灭以私有制为基础的资本主义的市场经济、资本主义的商品和货币关系，这在他们关于社会主义的科学理论体系中，是合乎逻辑的、首尾一贯的。可是，马克思和恩格斯关于社会主义本质特征的概括，是作为理论化的社会形态的模式，而不是每一个社会主义国家的现实存在形式。各个国家由于生产力的状况和文化传统不一样，正如夺取政权时一样，其社会主义建设也肯定各有特色。

如果说，斯大林没有解决好马克思主义和本国实际情况相结合的问题、如何在俄国实践科学社会主义的基本原则问题，那么在他之后，则逐步走向了另一个极端：在批判斯大林主义和斯大林模式的口号下，把马克思主义也当做教条主义来反对。从没有结合好到放弃结合，放弃马克思主义，最后则公开走向取消和反对马克思主义。

一个社会主义大国，一个曾经被西方所畏惧的军事大国，一夜之间就被风刮倒了，究竟是为什么？人们可以从各个角度探究原因，但其中有一点很明显，这就是一个已经夺取政权的社会主义国家，如果不善于创造性地坚持马克思主义，从结合中找到一条在本国迅速发展生产力、提高群众生活、巩固社会主义舆论阵地的道路，在激烈的斗争和竞争中，就不易巩固，甚至会遭到失败。因为不结合，就不能发挥马克思主义的威力和效能，马克思主义的力量及其创造性正存在于结合之中；不结合，就不能建立起与本国情况相适应的经济政治体制，就无法迅速提高广大人民的生活水平，不能充分显示社会主义制度的优越性和力量。人们不是根据社会主义原理，而是根据社会主义国家经济、政治和人民群众生活状况来衡量社会主义制度的。他们要求把理论上的马克思主义变为实践中的马克思主义，把口头上的马克思主义变为生活中的马克思主义。一个社会主义国家如果真正创造性地运用了马克思主义，按照马克思主义原则去治党（党的建设）治国（廉政建设），发展经济，改善人民的生活，就会无往而不胜；否则，就会酿成历史的大悲剧。无产阶级由取得政权到失去政权的教训是非常深刻的。

三、运动危机和“理论危机”

马克思主义理论发生危机的论调由来已久；20世纪80年代末风云突变，这种论调更是不胫而走。实际上这种说法是蓄意混淆马克思主义运动中出现的危机和所谓的理论危机，企图以社会主义出现的曲折来否定马克思主义。

其实，当代社会主义运动中出现的反复，并不是马克思主义的理论危机，而是实际运动的危机。这种危机的实质并不表明马克思主义理论的错误或过时，而恰好是因为某些执政党或它们的领导者由不能创造性地运用马克思主义，逐步走向背弃马克思主义，背弃社会主义方向而造成的挫折和暂时的失败。

列宁是严格区分马克思主义运动危机和所谓理论危机的。列宁承认在第二国际后期，由于伯恩施坦主义的出现，马克思主义的革命运动出现了危机。可是要克服危机，走出低谷，不是抛弃马克思主义，而是要坚持马克思主义，特别是要创造性地坚持马克思主义。列宁把所谓“马克思主义的危机”，看做是“重复资产阶级下流文人无聊的议论”①。但他也指出，马克思主义运动内部存在极深的瓦解和混乱，各种各样的动摇，一句话，就是马克思主义运动的极端严重的**内部**危机。

或许会有人提出反驳：怎么能把马克思主义理论和运动分开呢？20世纪80年代末社会主义运动中的重大挫折，难道不是证明科学社会主义理论是乌托邦吗？

任何稍微客观一点的观察家都可以看到，不可能要马克思主义理论为社会主义运动的曲折负责。因为当代社会主义运动危机的一个重要原因，并不是由于坚持马克思主义，而是由于不善于创造性地坚持马克思主义而最终导致背弃马克思主义。它证明的不是科学社会主义的错误，而是民主社会主义的破产。原苏联的一些理论家也已经认识到了这一点。有一位学者写道：“造成当前灾难的不是马克思主义之过，而是那些‘马克思主义者’的政治家、行政首长、管理人员和社会学家之过。是他们不懂马克思

① 《列宁选集》，3版，第1卷，266页。

主义，是他们把社会主义从科学变为某种内容上随意解释、形式上变来变去的东西，是他们把国家资本主义的方法偷换为奉若神明的小资产阶级治国之道。”①

我们反对以马克思主义运动中的曲折为依据宣扬马克思主义理论危机。但无可否认，前者对后者具有不可忽视的影响。历史经验证明，马克思主义的命运是与无产阶级革命紧密相连的，十月革命之后，则与社会主义国家的巩固与发展不可分割。当无产阶级革命处于高潮之际，社会主义国家相继建立，马克思主义理论阵地扩大，威信倍增，信仰者增多；反之，当无产阶级革命处于低潮时，社会主义国家出现困难和挫折，马克思主义阵地会缩小，队伍发生分裂，不坚定者会动摇。因而可以说，马克思主义理论的运行轨迹，表现为以无产阶级革命（包括社会主义国家的状况）为轴心的曲线运动。

所谓的马克思主义理论危机是革命遭遇挫折的映现。最早的“危机”发生在第二国际后期，伯恩施坦、考茨基以及以麦克斯·阿德勒、卡尔·伦纳、奥托·鲍威尔等为代表的奥地利“马克思主义者”在资本主义处于相对稳定时期公开举起了修正主义旗帜。

就马克思主义发展而言，所谓危机仅仅是整个过程的一个片断，是前进中的暂时逆转，它能克服，而且一定会克服。因为只要现实提出的问题是真实而非虚假的，就一定会由创造性的马克思主义作出回答。因此在所谓危机之后，接踵而来的必然是马克思主义的大发展。在克服第二国际后期的危机中，列宁对马克思主义的创造性发展就是这种规律的表现。

列宁主义的胜利和十月革命极大地提高了马克思主义的威信，扩大了马克思主义的影响和阵地。发源于欧洲的马克思主义通过十月革命的纽带，传播到亚洲，特别是为世界大国中国所接受。

以十月革命为起点，马克思主义在东方和西方的际遇不尽相同。十月革命胜利形成的马克思主义高潮在西方发达资本主义国家并未得到继续，第二国际后期的伯恩施坦主义以民主社会主义形式继续蔓延和传播。

在东方，马克思主义取得了伟大胜利。第二次世界大战后，东欧一系

---

① 载《苏联科学院通报》，1990（5）。

列社会主义国家建立，亚洲也出现了社会主义国家。特别是1949年中国革命的胜利，如大海中喷薄而出的朝阳，极大地提高了马克思主义的威望。

在20世纪前半期，马克思主义在东方的伟大胜利及其对西方的冲击波，抑制了各种各样的非科学社会主义思潮。可在理论领域中，社会主义国家的一个重要教训是，正如在经济上与资本主义世界缺少交往处于对峙状态一样，在理论领域也是划河为界，对西方理论家们提出的问题采取简单批判或拒斥态度。我们缺乏对当代资本主义的深入研究，也缺少对西方思潮的认真探讨。当20世纪下半叶，特别是80年代，西方思潮如决堤之水涌向某些社会主义国家时，教条主义的马克思主义无力回击，而没有创造性也就没有批判力和战斗力。用教条式的态度对待马克思主义，用马克思主义经典作家的片言只语束缚手足的幼稚的、“左”的做法，必然会走向反面。这是一条重要的、同时也是血的教训。

四、要在结合中创造而不是重建

在中国是另一种情况。社会主义制度在邓小平同志倡导的改革开放中得到自我完善。我国综合国力的增强和人民生活水平的提高，初步显示了社会主义制度的优越性。中国改革开放所取得的成就，以无可辩驳的事实表明创造性马克思主义的无穷威力。

我们正处在20世纪的最后一个十年。马克思主义在中国改革中又一次胜利，预示着它的未来前景。就世界范围来说，挫折只可能是暂时的。因为马克思主义承担的伟大历史使命并没有结束，世界正在期待着马克思主义对自己面临问题的回答。对于马克思主义来说，这既是挑战，又是创造性地推进马克思主义的最好时机。

发达资本主义国家正处在所谓的“黄金”时期。从第二次世界大战结束以后，特别是进入20世纪下半叶，兴起了科技革命的浪潮。资本主义国家的经济发展，革命运动沉寂。可是，科技革命并没有消融资本主义社会固有的基本矛盾。尽管西方某些理论家们力图推翻马克思主义的社会发展理论，鼓吹人类社会的前景是所谓“后工业社会”、“信息社会”和“电子技术社会”，借以否定社会主义代替资本主义的必然性和必要性。其实，资本主义社会的科技进步并不等于社会进步。在当代发达资本主义国家，经济发展与各种社会问题的尖锐化同时并存。经济、政治与文化之间的矛盾和失衡，必然会激起广大劳动者的不满与反抗。尽管西方各种各样消除资本主义社会弊病的社会学说很多，但经过尝试以后，人们通过自己切身的经验还会重新回到马克思主义上来，回到创造性地运用马克思主义、寻找出一条在发达资本主义国家实践社会主义的道路上来。

"西方马克思主义"中的某些人，希望从发达资本主义国家的状况中找到一条实践马克思主义的道路，这有其合理的一面。十月革命，终究是马克思主义在一个落后的东方国家的胜利，它不可能原封不动地搬到西方。可"西方马克思主义"的最大失误是，它们不是立足于把马克思主义与发达资本主义国家的实际结合起来，坚持马克思主义的基本原理，在实际应用中推进和发展它，而是力图重建马克思主义。

重建马克思主义，实际上就是在反对所谓恩格斯主义、列宁主义名义下反对马克思主义。英国学者乔治·莱尔因在《重构历史唯物主义》一书中直言不讳地宣称，所谓重建就是不用教条的传统马克思主义立场来对待马克思、恩格斯，而是特别注意在马克思和恩格斯的著作中能找到的同教条的传统的马克思主义截然不同之处，以及解决这一问题的必要性。

在西方理论家看来，复兴马克思主义的唯一道路就是重建："摆脱马克思著作中的困境，既不需要对马克思学说的本义是什么进行独断的肯定，也不需要对马克思主义进行根本的和系统的修改，而只需要用同样的要素建立起新的平衡，这些要素有的是含蓄地存在于马克思著作中，有的是透过马克思思想的一般逻辑推导出来的。摆脱困境也需要变化一下所强调的重点，排除不适宜的解释成分。"① 一句话，重建就是把马克思主义"放到一种新的形式中"②。

"西方马克思主义"，从卢卡奇、葛兰西、柯尔施到当代"西方马克思主义"中的不少派别，都是以反对传统马克思主义为号召，鼓吹重建。他们或者是抓住马克思主义哲学的重要范畴，如实践、主体性，加以片面的夸大或曲解，从而形成与所谓传统马克思主义根本不同的"马克思主义"

---

① ［英］乔治·莱尔因：《重构历史唯物主义》，2页。

② 同上书，15页。

体系；或者采用西方哲学观点如弗洛伊德主义、存在主义、结构主义来解释马克思主义。这种所谓的重建，与其说是发展，不如说是肢解。

真正的创造性发展，不能只是停留在理论自身，而是应该勇敢地面对当代资本主义的现实。马克思和恩格斯是资本主义最猛烈的抨击者，又是资本主义最实事求是的科学研究者。马克思以能否充分吸收资本主义文明的肯定成果作为俄国跨越“卡夫丁峡谷”的条件。马克思以40年时间写作的《资本论》，就是马克思主义创始人以科学态度对待资本主义的确证。列宁的《俄国资本主义的发展》是研究俄国资本主义的状况的，而《帝国主义论》则是在新的历史条件下对资本主义发展到垄断阶段的研究。列宁强调：“我们不能设想，除了建立在庞大的资本主义文化所获得的一切经验教训的基础上的社会主义，还有别的什么社会主义。”① 可是在十月革命以后，由于帝国主义的封锁和禁运，处于强大资本主义包围中的社会主义国家，被迫处于孤立状态。但我们在理论上也有失误，这就是缺乏对当代资本主义的深入研究，只看到社会主义和资本主义相互对立的一面，而看不到它们相互联系的一面，奉行两个平行市场的理论，把社会主义国家从整个世界中孤立起来。在世界已经连成一体、历史早已变为世界的历史的当代，随着时间的推移，这种做法越来越丧失在与资本主义世界相互接触、相互竞争中阔步前进的时机。

真正的马克思主义者敢于面对当代资本主义现实。马克思和恩格斯对自由资本主义的分析、列宁对帝国主义的分析，是我们研究当代资本主义的基本理论和方法论依据，但这并不能代替我们对当代资本主义新特点的研究。深入探索资本主义的新发展，把握当代资本主义的基本特征和发展规律，对当代发达资本主义社会的经济政治结构、阶级关系及其历史走向作出科学的回答，必然会创造性地推进马克思主义。

对于中国理论工作者来说，尤其重要的是研究邓小平同志关于建设有中国特色的社会主义理论和最近的重要谈话，研究党的以经济建设为中心，坚持四项基本原则，坚持改革开放的基本路线，总结十一届三中全会以来改革开放的实践经验和邓小平同志对马克思主义的创造性发展。

---

① 《列宁全集》，2版，第34卷，252页，北京，人民出版社，1985。

马克思和恩格斯承担的伟大任务，是把社会主义由空想变为科学。他们天才地完成了历史赋予的使命，成为新的社会主义学说的缔造者。列宁、毛泽东和其他社会主义国家的开创者们面对的伟大任务，是把社会主义由理论变为现实。他们实践了马克思恩格斯的伟大理论，又进一步发展了这个理论。而当历史进入到 20 世纪 80 年代以后，当代马克思主义者面对的伟大任务，是如何改革由自己的一手建立起来的、已开始不适应生产力发展的旧的经济体制和政治体制，解放生产力，使社会主义制度得到完善和巩固。这是科学社会主义产生 150 年后遇到的新课题。

改革开放不仅关系到社会主义的命运，也关系到马克思主义在当代的命运。不坚持改革开放，社会主义制度的优越性得不到发挥，就有可能在斗争中被击败；不坚持改革开放，不解决社会主义发展所面临的问题，马克思主义就会停滞。

改革不仅是解放生产力，也是解放思想，使理论摆脱过时观念的束缚。如何建设有中国特色的经济政治文化体制，如何处理社会主义社会中的公有制和其他经济成分的关系，按劳分配和其他分配形式的关系，计划与市场的关系以及其他一系列问题，既是实践问题又是重大理论问题。正是在解决这些问题的过程中，马克思主义在与中国实际相结合中得到了创造性的发展。

社会主义在一些地方遭到挫折，但在中国的改革中却呈现出旺盛的生命力。从历史发展来看，社会主义归根结底是会战胜资本主义的。社会主义遇到的挫折是暂时的，只要经受过锻炼、吸取了教训的革命人民坚持把马克思主义同本国实际相结合，就一定会促使社会主义向着更加健康的方向发展。一位美国教授预言："我们必须敢于塑造一种历史的现象，敢于做一个马克思主义者。如果我们这样做，那么社会主义在 1989—1990 年间所谓的死亡，终有一天将像不死鸟一样死而复生。"①

是的，只要世界上仍然存在资本主义私有制，存在剥削和压迫，就不可能阻止人们对消灭剥削、消灭压迫，对共同富裕理想的追求。有资本主义社会，就一定会产生与其相继而行的社会主义社会。无论是在社会主义

---

① ［美］《每月评论》，第 42 卷，1991（8）。

国家的改革中还是在资本主义社会的革命中，马克思主义都是不可战胜的。20 世纪上半叶马克思主义胜利的历史，在创造性的马克思主义实践中，在 21 世纪将会再度出现。邓小平同志的南方谈话是一个伟大的战略部署，它不仅规划了我国社会主义的美好前景，也为在世界上充分显示社会主义制度的优越性、创造性地发展马克思列宁主义指明了道路。

（原载《高校理论战线》，1992（4））

26. 马克思主义在当代的新课题

在以公有制为主体、多种所有制同时并存的情况下，如何通过市场经济来建设社会主义精神文明，这是当代中国的马克思主义面对的新课题。邓小平的伟大之处正在于他不仅把市场经济与社会主义结合在一起，而且把它与社会主义精神文明建设结合在一起。如何根据邓小平建设有中国特色的社会主义理论，在社会主义市场经济条件下加强精神文明建设，这是时代赋予我们理论工作者的重大使命。

一、道德建设：社会主义精神文明建设的必由之路

社会主义思想道德集中体现着精神文明建设的性质和方向，道德建设是社会主义精神文明建设群众化、实践化、普遍化的必经之路，它涉及各行各业，涉及每个人。群众的道德状况，是判断一个社会文明程度的重要尺度。

道德建设不能仅限于道德自身。道德建设的成效，一是取决于指导思想，二是取决于社会状况。我们重视道德但不是唯道德论者，因此在道德建设中必须正确处理一些与道德建设有关的重大理论和实际问题。其中一个关键问题是正确处理物质文明与精神文明的关系。

（一）社会主义市场经济条件下的道德建设

我们是在社会主义市场经济条件下进行道德建设，而不是仅仅建设市场经济的道德；因此，我们的道德建设不能仅仅以市场经济为尺度，而是要与我们的基本的社会主义经济制度和政治制度相适应。市场关系在道德

领域的泛化，人与人的全部关系都以等价交换为纽带，只能导致道德危机。当然这不是说，我们国家的道德建设可以无视社会主义市场经济存在的客观现实，可以绕开市场经济、甚至与市场经济相对立，而是说社会主义道德要具有培养人的共同理想、高尚人格和人的行为规范的功能，就必须具有普遍的社会主义性质，而不能仅仅局限在市场经济的范围内。社会主义道德建设既要适应社会主义市场经济，又要超越市场经济；不适应是抽象的理想主义，不超越是狭隘的实用主义。

我以为，在这个问题上的一个重要误区，是脱离社会主义基本制度来谈论建立与市场经济相适应的道德。有些人把为人民服务、集体主义说成是计划经济的道德，而把功利主义、等价交换、个人利益原则说成是市场经济的道德，这是不对的。新中国成立以来我们只有一种社会主义，而没有两种社会主义。过去是社会主义现在仍然是社会主义，我们经历的是由计划经济体制到确立市场经济体制的过渡。我们的市场经济是社会主义的，是从属于我们的基本制度的，不存在社会形态的变化，因此以为人民服务为核心、以集体主义为原则的道德，过去适用，现在也同样适用。这种道德原则在市场中，具体化为诚实守信、公平竞争的行业道德，它有利于规范市场行为，促进市场发展的完善。不能把社会主义道德与等价交换绝对对立起来，这是两回事。经济领域中存在道德问题，是因为经济领域中活动的主体是人，但道德是用来衡量人的行为的，而不是用来评价经济的。经济的尺度不能是道德。所以马克思说，经济与道德是两个不同的领域，各有自己的尺度。等价交换是经济尺度，为人民服务是道德尺度，它们在社会主义市场经济中完全可以结合，为人民服务原则在市场经济的范围内通过等价交换、遵守行业道德得到实现。社会主义市场经济没有与社会主义道德相对立的特殊道德，它实行的就是社会主义道德；但社会主义道德可以有不同层次。我们鼓励和支持一切有利于解放和发展社会主义社会生产力的思想道德，一切有利于国家统一、民族团结、社会进步的思想道德，一切有利于追求真善美、抵制假丑恶、弘扬正气的思想道德，一切有利于履行公民权利和义务、用诚实劳动争取美好生活的思想道德。但如果认为既然是市场经济就应该提倡拜金主义，提倡个人主义，那是对社会主义市场经济本质的错误理解。

在研究市场经济与道德建设的关系时，人们往往注重市场经济运行机制对道德的效应，而忘记了一个最重要的问题，即社会主义市场经济的内容。社会主义市场经济的积极作用在于，它以解放生产力，发展生产力，消灭私有制，消灭剥削，最终达到共同富裕为目标。发展生产力有利于全民族的道德水平的提高，因为富裕与文明、贫困与落后之间有着十分密切的关系。即使在社会主义社会，生产力的低下也会使一切陈旧腐朽的东西死灰复燃。因此在社会主义市场经济运行中，要始终坚持以公有制为主体和先富帮后富、走共同富裕道路的方针。邓小平非常强调这一点，他说："在改革中，我们始终坚持两条根本原则，一是以社会主义公有制经济为主体，一是共同富裕。"① 还说："社会主义的目的就是要全国人民共同富裕，不是两极分化。"② 因此，社会主义市场经济与道德建设的关系就离不开以公有制为主体和共同富裕的方针。如果推行私有化，推进两极分化，当然会妨害社会主义道德建设。所以，要研究市场经济与道德建设的关系，就必须把握社会主义基本制度对市场经济的制约性。如果市场经济的活动始终沿着社会主义方向前进，即有利于巩固以公有制为主体和共同富裕的道路，它对社会主义道德的积极作用就是无可置疑的。反过来说，我们的道德建设紧紧抓住以为人民服务为核心，以集体主义为原则，反对拜金主义和个人主义，就会有利于社会主义市场经济运行有序化，在发展经济的同时遏制市场机制的弱点和消极面，在成熟的市场经济条件下建立良好的道德秩序。

（二）为人民服务和集体主义

为人民服务和集体主义并不是新的原则，在无产阶级革命中，或者在社会主义社会的非市场经济关系中，这两条原则容易理解，可我们面临的问题是，如何把它与社会主义市场经济结合起来。

分工与交换是市场经济的共同性，但为人民服务则不能被归结为分工与交换。尽管在资本主义市场经济中，分工与交换具有相互服务的功能，可以相互满足对方需要，但我们却不把它称为为人民服务。因为资本主义

① 《邓小平文选》，第3卷，142页。
② 同上书，110~111页。

市场经济是以货币为中介的关系，它直接追求的是利润，而不是为人民服务，服务只是达到目的的手段。可能他们的服务态度很好，真是以顾客为上帝，可仍然不能称之为为人民服务，因为它的目的是掏上帝的口袋。这是由生产关系的本性决定的。

在社会主义市场经济条件下，我们也存在分工、交换。由于我们的生产关系发生了变化，我们的社会是社会主义社会，因此我们的职业和岗位为为人民服务提供了可能性，但这还不等于就是为人民服务。因为你完全可能会以一种错误的态度去对待自己的工作，不仅不为人民服务，而且利用这个岗位，利用这个职业来坑害本应服务的对象。如果以为只要在分工中占有一个岗位就是为人民服务，那就无所谓行业不正之风，也无所谓职业道德问题。现在占了岗位为自己服务的情况太多了，对于这种人来说，任何一个行业和岗位都是卡住别人脖子的手段。

为人民服务是道德原则，而且是社会主义乃至共产主义的道德原则，它的核心是以人民利益为最高原则。它是共产党人和革命者的价值理想和行为规范。毛泽东之所以写《为人民服务》这篇文章来纪念张思德，正是为了表扬他通过平凡的岗位表现出的为人民利益而工作的精神。这种精神并不是高不可攀，在社会主义条件下，只要尽心尽力搞好本职工作，遵守职业道德就是为人民服务。因为我们是社会主义国家，是人民当家做主的国家。这种新的社会关系决定了我们的分工的性质，以及做好本职工作的道德意义。所以在理解为人民服务的道德原则时，既不能抽去它的灵魂，将之变与一种单纯的职业分工，又不能把它神秘化，视为高不可攀、永远无法达到的境界。

在市场经济条件下，如何对待集体主义和个人主义也是如此。不能认为市场经济天生就排斥集体主义而只能提倡个人主义。这是把个人主义混同于个人利益、集体主义混同于集体利益的错误看法。

个人主义与集体主义问题之所以称得上是“主义”，在于它们是人们对待个人利益与集体利益的态度和处理方法，而不是这种利益本身。个人利益与集体利益属于利益范畴，它是一种客观的受生产关系制约的利害关系。由于生产关系的性质不同，所以个人利益与集体利益的内涵也不同。例如，在以私有制为基础的社会中，个人利益对于被剥削者个人来说是至关重要的，而以国家和社会利益面目出现的往往是统治者利益。这是一种虚假的集体，是以牺牲被剥削者的个人利益为代价的所谓集体主义，实际上是一种专制主义。在资本主义刚刚兴起时，个人主义之所以具有一定的积极作用，正在于它反对的是以国家利益面目出现的封建专制主义。可是在社会主义社会，生产关系发生了变化，个人与集体的关系不是剥削者与被剥削者的关系，而是社会主义社会的公民与代表全体人民的国家之间的关系。因此，在社会主义社会强调个人主义的积极作用，是弄错了时间和地点。

在社会主义社会中，个人主义的错误并不是因为它维护个人利益，而在于它在处理个人利益与集体利益的关系时，只强调个人利益，甚至为了个人利益不惜危害集体利益。这种个人主义不仅危害集体，成为害群之马，而且最终还会危害自身。许多个人主义者的身败名裂，足以为训。所谓“机关算尽太聪明，反误了卿卿性命”讲的就是这种人。

社会主义的集体主义同样是一种主义，但它并不反对个人利益，而是一种要求正确对待个人利益与集体利益关系的态度。它反对为谋求个人利益而损害集体利益，要求正确认识到社会主义集体利益中包含个人利益，集体越发展越有利于个人利益的获得和巩固。它不仅不以个人利益来损害集体利益，而且当个人利益和集体利益发生矛盾时，为了集体利益可以牺牲个人利益。从长远来说，这种牺牲不仅有利于集体，而且有利于个人，因为个人暂时牺牲的利益会由于集体的发展而得到补偿。即使个人得不到播种后的收获，也会由我们的（包括牺牲者自己的）后人得到，这就是前人栽树、后人纳凉。前人栽树后人纳凉，也是集体利益包含个人利益的一种形式。

社会主义市场经济并不排斥个人利益，相反，它还为积极投身市场的个人谋取正当的个人利益提供了前所未有的机遇。但这并不是说，在社会主义市场经济中活动的个人，只是为个人利益而拼搏的经济人，可以置国家和社会利益于脑后。我们不可能要求所有的人都在道德上正确处理个人利益和集体利益的关系，但我们不仅要进行道德教育，要求在市场经济中活动的社会主义企业和个人树立社会主义道德，而且还要借助法律手段，以法的形式来维护国家和集体利益，对于以谋取个人不正当利益而损害国家和集体利益者根据情节绳之以法。在市场经济中，法律同样具有指导人们正确处理个人利益和集体利益道德关系的功能，只不过它是他律而不是自律。

（三）市场经济中的义利之辨与功利主义

义利之辨在中国是个古老的道德问题，功利主义则是西方资本主义市场经济条件下最为盛行的道德理论。在社会主义市场经济中，如何处理义利关系、如何看待功利主义都变成了具有重要理论和现实意义的问题。

在义利问题上，儒家是重义的，但它也并不是在任何意义上都是轻利的；问题是什么样的利。儒家所说的义，是君臣大义、民族大义、父子大义，而利则是个人的私利，因此当然强调重义轻利。在义利选择之间，小人喻于利，即只知追求私利，而君子则知道以义节利。孔子并不否认利，他说，“富贵可求也，虽执鞭之士，吾亦为之”；可是当利妨碍义时，则不为。他说：“富与贵是人之所欲也，不以其道得之，不处也；贫与贱是人之所恶也，不以其道得之，不去也”。当义利两者处于尖锐对立时则应舍生取义。这种以义节利的观点从抽象意义上来说是对的，可是由于它的义的内容是封建的纲常伦理，因而对于劳动者不利，代表的是封建统治者的利益。这种义利观在宋明理学中发展到存天理灭人欲的地步，当然应该反对。

从理论上来说，以义节利、义利统一的观点是正确的。但我们说的利，不仅是个人利益，更重要的是国家和民族的利益。这种利益的理论表达，就是义。马克思主义理论是科学性与价值性相统一的学说，它的科学性也可以说是无产阶级的大义所在，而它的价值性则是它的大利所在。不讲利，就不是马克思主义，因为马克思主义理论和政党就是为无产阶级和全体人民利益而奋斗的。但无产阶级的利之所以能得到保证，是由于它符合历史的规律，是由义来论证和保证的。越是坚持马克思主义，越有利于无产阶级和全体人民，反之，越为无产阶级和全体人民的利益而奋斗，也就越符合马克思主义。从整体上来说，社会主义的义和利是统一的。社会主义既维护集体利益也保障个人的合理利益，这就是它的义之所在；假如置广大群众利益于不顾，就不是一个马克思主义者。在社会主义条件下，所谓义与利的矛盾，最根本的表现为代表整体利益的义与个人的利益和眼前利益的矛盾。以义节利，就是在这两者不能兼顾的情况下，我们提倡个人利益服从集体利益，眼前利益服从长远利益。

马克思主义者是重视利益问题的，认为理论离开利益就会出丑。特别是在市场经济活动中，口不言利是虚伪的，也是不可能的。利益原则是市场经济中不依人的意志为转移的客观现实。但能不能说，我们的社会主义道德是功利主义的或以功利主义为基础的？我认为不能。我们重视利益问题，但在道德问题上我们不主张功利主义。

众所周知，毛泽东在延安文艺座谈会上的著名讲话中使用过“革命功利主义”这个名称，但它是用来反对为艺术而艺术，反对文艺脱离群众，反对那种为资产阶级服务但又自命清高的文学艺术的，是解决文艺为什么人的问题。毛泽东的革命功利主义实际上是为人民利益、为无产阶级利益而奋斗的原则，这种道德本质上是共产主义的道德，它与以个人利益为核心的功利主义是迥然不同的。毛泽东反驳论敌的话不能成为马克思主义主张功利主义的根据。

市场经济中的利益多元化以及市场经济中的利益驱动是不能否认的，以合法的手段追求自己的利益也不违反现行法律和道德，但这并不等于说，在道德导向上我们应该提倡功利主义。这是两回事。功利主义本质上是以个人主义为核心的、以追求个人利益为行为的最终目标的道德，因此以功利主义为导向的必然结果只能是个人主义泛滥。相反，社会主义道德是以为人民服务为核心、以集体主义为原则的道德。当然，它并不取消和排斥个人利益，但它以义节利，不提倡把个人利益放在首位。

功利主义的伦理观与社会主义道德是不能结合的，因为这是两种不同的道德原则。功利主义强调的是个人利益，因此当个人利益和集体利益发生矛盾时，只能以牺牲集体利益为代价，而社会主义道德则要求发生矛盾时个人要服从集体。这两种道德都各自包括与自己的原则相一致的对个人与集体利益关系的处理原则。如果说，我们的功利主义是毛泽东的革命功利主义，那就不存在功利主义与奉献精神相结合的问题，因为革命功利主义自身就包含这种奉献精神，否则就不是毛泽东所说的为人民利益和为共产主义而奋斗的革命功利主义。如果提出社会主义市场经济中的道德应以功利主义为基础，把它与奉献精神结合，那就注定了这种功利主义只能是边沁、休谟的以个人利益为核心的功利主义。

千万不要把个人利益的正当性和功利主义的伦理正确性混为一谈。社会主义市场不排斥对个人利益的追求，但反对把功利主义亦即以自己的个人利益为目标作为社会主义市场经济的道德原则，或作为社会主义道德的基础。

社会主义市场经济有利于培养自立意识、竞争意识、效率意识、开拓精神，这对经济的发展和人的才能的发挥具有重大的推动作用。但不能说自立、竞争、效率、开拓就等于善，相反要使这种精神有利于社会发展和人的完善，就必须受道德制约。我们可以以竞争为例。竞争意识，可能是道德的也可能是不道德的，可以是合法的也可以是不合法的。自然界有竞争，物竞天择，优胜劣汰；社会领域也存在竞争，但社会领域中的竞争，不能简单地等同于自然：胜利了是好的，失败了就是应该淘汰的。在市场经济中有可能坏的挤垮了好的，在商业中假冒伪劣排挤名牌的事是屡见不鲜的。因此在社会中竞争必须有章法，不能放任自流，要反对不合理的竞争，提倡合理竞争，要用法律道德手段来使竞争合理化。只有这种竞争才是真正有利于人类社会的进步。体育是最具竞争性的，可体育中最有规章、最重视体育道德。要正确处理自立与立人、竞争与协作、效率与公平、开拓与守法的关系，仅仅依靠市场经济的自发调节是痛苦的、漫长的，而且代价极大，因此必须要有道德的干预。

二、坚持马克思主义的指导地位：社会主义精神文明建设的思想保证

如果说道德建设是社会主义精神文明建设的必由之路，那么坚持马克思主义的指导地位就是社会主义精神文明建设的思想保证。思想建设对道德文化建设具有导向作用，对沿着什么方向来建设精神文明具有决定意义。思想建设说到底就是要坚持马克思列宁主义、毛泽东思想、邓小平建设有中国特色社会主义理论，用正确的世界观、人生观、价值观引导、塑造、培育、鼓舞人的问题。在当前要完成这个任务，要从思想和理论上解决几个难点：

（一）正确理解马克思主义的本质，准确领会邓小平的理论

我们不能由社会主义市场经济中运行主体的多样性，导出意识形态的多元化。在意识形态中，我们坚持指导思想的一元化，这是由我们的社会主义的基本经济制度和政治制度决定的。有什么样的所有制形式就会有什么样的意识形态，这符合唯物史观；但哪种意识形态处于指导地位，它取决于基本的经济和政治制度，取决于哪个阶级处于统治地位，这同样是唯物史观。在我们国家市场经济中的多种经济成分并存与指导思想一元化之所以能结合起来，关键在于我们的市场经济是社会主义市场经济，是受社会主义基本经济制度制约的。

在社会主义市场经济条件下，坚持马克思主义的指导地位是完全必要的和可能的。可当前一个重要问题是，对什么是马克思主义的理解存在原则分歧。有些论者按照西方解释学的方法把马克思和恩格斯的著作称为文本，认为各个国家、各个学派、各个人对马克思主义解读都是不同的，因而马克思主义是各种各样的。在你看来是真马克思主义的，在我看来是假的，反之亦然。如果这种看法能成立，那么坚持马克思主义、划清马克思主义和反马克思主义的界限就是一句不能兑现的空话。

应该承认，在很长一段时间内我们对什么是马克思主义没有弄清楚。但这并不是说，我们对什么是马克思主义基本原理根本不清楚，而是说我们对在不同条件下如何运用马克思主义、对马克思主义的创造性和实践性不清楚，往往以教条主义态度来对待马克思主义。

从什么是马克思主义来看，无论是哪个国家或个人，只要自称马克思主义者，自称信奉马克思主义，那就不能把与马克思主义基本原则相违背的观点称为马克思主义。基本原理是一样的，只要坚持自己是马克思主义者，就必须坚持辩证唯物主义和历史唯物主义的世界观，坚持马克思主义对资本主义的批判立场和态度，坚持最终要用社会主义和共产主义来代替资本主义。如果用唯心主义和形而上学代替唯物主义和辩证法、用历史唯心主义代替历史唯物主义，颂扬、维护和巩固资本主义，用各种方法来反对社会主义的理想和为这个理想而进行的实践运动，那不管你叫它什么主义都行，但绝不能称它为马克思主义。因为它在根本上违背了马克思主义的立场、观点、方法，违背了为无产阶级和全体人民彻底解放而奋斗的基

本目标。

当然，马克思主义基本原理的应用则是多样的。应用的多样性，不是马克思主义的多元性。因为从应用中得出的结论尽管不同，但它有利于灵活地实现基本原则而不是违背这些原则。比如在中国实行农村包围城市的路线是马克思主义的，它用适合中国国情的方式实现了马克思主义主张的无产阶级要获得解放，第一步必须夺取政权的理论。不掌握政权就不可能进行社会变革，革命的根本问题是政权问题，这是马克思主义的基本原理。至于是暴力的还是和平的、是议会斗争还是议会内与议会外斗争相结合，则要视情况而定。正如对资本主义私有制是剥夺还是赎买，甚至公有化后重新发展一部分私有制，这都应根据国情和生产力状况决定。马克思主义基本原则是无产阶级要夺取政权并利用它解放和发展生产力，最终消灭私有制、消灭剥削，达到共同富裕，使人得到全面发展，至于达到这些目标的方式则是灵活的、多样的。

邓小平建设有中国特色的社会主义理论是对马克思列宁主义、毛泽东思想的创造性发展，是当代中国的马克思主义。创造性是马克思主义的根本属性。要坚持马克思主义就必须发展马克思主义。邓小平说过："绝不能要求马克思为解决他去世之后上百年、几百年所产生的问题提供现成答案。列宁同样也不能承担为他去世以后五十年、一百年所产生的问题提供现成答案的任务。真正的马克思列宁主义者必须根据现在的情况，认识、继承和发展马克思列宁主义。"①

邓小平的思想的理论意义和实际意义是无法估量的，但我们应该正确理解邓小平建设有中国特色的社会主义理论是当代中国马克思主义的提法，科学准确地理解这个论断。这绝不是说马克思主义、列宁主义、毛泽东思想都只是存在于历史上的传统的马克思主义。当代中国马克思主义的论断是强调邓小平的理论是马克思主义在当代中国的应用和发展，在这里当代和中国是时间和地域概念，而不是对马克思主义的分类，似乎马克思主义可以区分为两种，一种是当代的马克思主义，一种是传统的马克思主义，而传统当然是过时的或者是部分过时的东西。从传统与当代这个角度

---

① 《邓小平文选》，第3卷，291页。

来观察，必然是强调以往的观点哪些过时、哪些不再适用，从而导致把邓小平的理论与马克思列宁主义、毛泽东思想对立起来，结果也就难以准确地理解邓小平的理论，妥善处理马克思列宁主义、毛泽东思想、邓小平理论这三者的关系。如果强调马克思主义基本原理的普遍性和正确性，强调邓小平理论是马克思主义与中国当代实际的符合，那看问题的视角就是考察邓小平如何运用马克思主义普遍原理并创造性发展这些原理的。马克思列宁主义、毛泽东思想、邓小平建设有中国特色的社会主义理论是同一个科学思想体系，是一脉相承的。邓小平在 1986 年答美国记者迈克·华莱士问时强调："我是个马克思主义者。我一直遵循马克思主义的基本原则。"①

（二）文化建设中的人文精神与世俗精神

市场经济中大众文化的出现引发了关于人文精神与世俗精神的争论。这个争论的问题虽然肇始于对文学中玩世趋利精神的批评，但却绝不仅限于文学，而是关系到市场经济条件下整个文化建设的导向问题。

有的人欢呼世俗精神，似是而非地把所谓世俗精神与市场经济下的大众文化和文化市场混为一谈。其实他们所说的世俗精神是以大众文化形式出现的以消解神圣化为目的的文化，即反对以往的革命传统和反对马克思主义独占意识形态局面的文化。他们认为无论在西方或中国，世俗化的主要意思都是消解神圣化，即宗教或宗教的伦理道德与人们的日常世俗生活脱钩，世俗政治与教会权力脱钩，民间政治经济文化活动不再与一种神圣的精神价值相关联，人们不再到生活之外去寻找生活的合法化依据。他们把当代的中国混同于文艺复兴时期的西方，明确表示，当前以消遣娱乐为本体的大众文化在客观上具有消解政治文化与正统意识形态的功能。他们认为，中国的世俗化还远远不够，西方的世俗化已经成功地完成了消解神圣化的使命，而中国文化世俗化还远没有完成其消解神圣化的任务。他们认为中国世俗化才十多年，过分强调它的消极面是不符合事实的。很显然，这种以消解正统文化或者说消解马克思主义意识形态为目的的世俗文化，绝不是社会主义的大众文化。社会主义的大众文化当然要注意文化的

① 《邓小平文选》，第 3 卷，173 页。

娱乐性、休闲性、趣味性，要为群众喜闻乐见，反对只讲政治不讲艺术，反对概念化或公式化。但我们绝不能允许以说说笑笑的方式来消解主流意识形态即马克思主义和在非政治化口号下搞政治。

一些人之所以欢呼世俗化，是以为随着市场经济的发展，可以通过温和的渐进的方式达到他们想要的解构马克思主义的目的。很显然，实行市场经济，提倡大众文化，在他们看来并不是为了实现社会主义，并不是继续革命未竟事业，而是消解主流文化，反对马克思主义的准宗教教条，达到以前自由化精英们所没有达到的目的的方式。这当然是无望的期待。但它也从反面教育了我们，一定要把社会主义大众文化与消解主流文化、反对马克思主义意识形态的所谓世俗化区分开来，防止把文化市场变为文化垃圾。

其实，人文精神问题的提出，并不是针对世俗化或市场经济中的大众文化，而是针对市场经济泛化所带来的道德滑坡和价值观念的混乱，针对那种鼓吹逃避崇高、嘲笑理想和玩世不恭的市井情绪。问题并不在于泛泛地谈论人文精神，而在于我们需要什么样的人文精神。如果鼓吹抽象人本主义、抽象的唯道德主义，把它与物质利益和市场经济对立起来，当然不对。我们需要的人文精神是用高尚的共产主义与社会主义的理想与情操，用以为人民服务为核心、以集体主义为原则的道德理想来教育我们的人民和青年；这种人文精神同科学精神同样都是我们所必需的。

（三）正确总结苏联教训、反腐倡廉与坚持马克思主义

有人说，苏联的解体和垮台，说明马克思主义已经过时。我的看法则恰好相反，苏联的垮台无可辩驳地证明马克思主义是不可违背的，谁违背马克思主义，谁就会受惩罚。

苏联解体的原因何在，当然有经济没有搞好的问题，但不能简单地说经济没有搞好是导致其失败的唯一原因。应该看到，苏联70年社会主义建设取得了巨大的成就。沙皇俄国是经济极为落后的国家，1913年其工业总产值只相当于美国的6.9%，而到1985年戈尔巴乔夫上台时，苏联工业总产值已相当于美国的80%，综合经济实力由革命前欧洲第四位、世界第五位跃为欧洲第一位、世界第二位，成为仅次于美国的另一个超级大国。这既表明社会主义制度的优越性，也表明了马克思主义关于以社会

主义代替资本主义制度的必要性和合理性论断的正确性。苏联的问题是在20世纪70年代以后新科技革命条件下，如何应用马克思主义关于生产关系必须适合生产力的规律，调整克服旧体制的缺点以适应新的科技革命的要求。可是，他们采取的办法是根本背弃马克思主义，宣扬抽象人道主义和私有化方针。他们不是对原有的体制进行改革，而是采取私有化的休克疗法把它整死。苏联解体的一个最重要原因，是在改革旧体制过程中，采取了一条背离马克思主义和社会主义的路线，结果使得本来可以改正的错误变成了无可挽回的崩溃。

只要看看我们中国的情况就知道，中国改革前的经济发展速度也不理想，“文化大革命”后的1978年经济处于崩溃的前夕。人民的生活也很困难，三年自然灾害时期更是苦不可言，可人心却并未动摇。因为人民相信党、相信社会主义、相信困难是暂时的。应该说，我们改革前的体制与苏联相似，而人民的生活水平则要比苏联低得多，面对的困难并不比苏联小。我们的改革之所以能取得如此大的成就，原因是邓小平坚持创造性的马克思主义，采取社会主义制度自我完善的方法进行改革。指导思想不同，结果完全不同。可见问题的实质不是原来的矛盾怎么样，而是看你如何解决这些矛盾。坚持马克思主义的立场、观点、方法，坚持实事求是和解放思想，这就是与苏联体制差不多、而经济实力和生活水平远不如苏联的中国在改革中取得成就的秘密所在。

我们难以否认在我们国家有不少人对马克思主义、对政治越来越冷淡，任何一个生活在我们社会中的人都无法否定这一点。原因当然很多，但最根本的一条是政治腐败。腐败现象的泛化与马克思主义的指导地位是不能共存的。这是夺取政权以后面临的新问题，是毛泽东称之为进京赶考的问题。在夺取政权时，马克思主义主要是用来对付统治阶级的，它的批判锋芒是针对别人的。不按马克思主义道理办就不能取得政权，马克思主义教导不要脱离群众，这容易做到，因为脱离群众，没有钱没有粮，甚至没有命；不要搞特权容易做到，因为无多少特权可享受，况且要特权就没有可能取得政权；要实事求是也比较容易做到，因为敌人天天用飞机轰炸来教导我们要实事求是。可掌权以后，这些教员全没有了，有的就是自己手中的权力，因此如何对待自己手中的权力也就变成了无产阶级生死攸关的问题。以有权不用过期作废的态度对待权力只能导致腐败，因为我们的权力是人民给的，当然应该为人民服务，只有这样才会使群众相信马克思主义。对于少数腐败分子，马克思主义是紧箍咒、绊脚石，碍手碍脚。如果说在革命时期官越大危险越大，担子越重，而胜利后对一些人来说官越大可能福也就越大。这些腐败分子以这种态度对待手中的权力，他们会以什么态度对待马克思主义也就不问可知。所以哪里腐败，哪里就不会搞马克思主义，最多是假马克思主义。贾谊《过秦论》讲攻守异势，毛泽东讲进京赶考，这都是深刻的道理。所以要进行思想建设，我认为必须坚定地反对腐败。邓小平非常注重这个问题，他提出“一手抓改革开放，一手抓惩治腐败”是第三代领导集体的当务之急。以江泽民为核心的党中央正在遵照邓小平的指示着力解决这个问题。这是关系到党、关系到社会主义生死存亡的大问题。只有在建设精神文明的过程中，同时加强反腐败的力度，重新树立马克思列宁主义、毛泽东思想的威信，树立邓小平建设有中国特色的社会主义理论在中国人民尤其是青年中的崇高威望，社会主义才会有可靠的政治和思想基础。我相信以马克思主义为指导的中国共产党，一定能越过历史进程中的重重关碍，以苏联为镜，在邓小平建设有中国特色的社会主义理论的指引下迈步前进。

（原载《教学与研究》，1997（3））

27.《共产党宣言》的当代价值

《共产党宣言》（以下简称《宣言》）是屹立在人类历史上的一座丰碑。它既是马克思主义诞生和公开问世的标志，又是无产阶级向世界公开宣布自己的目的和意图、由自在走向自为的标志。自《宣言》发表以来人类历史已历经了150年的惊涛骇浪。马克思主义也已由西欧的一个小小学派变为具有世界影响的理论，无产阶级政党遍及全世界，社会主义国家陆续出现在地球上。统一的资本主义世界被撕开了大大的裂口，人们看到了历史的曙光。但历史是在曲折中前进的，苏联解体和东欧剧变，使人们对马克思主义的命运、对社会主义的命运怀着深深的忧虑。我们坚信，历史可能步履蹒跚，可能暂时倒退，但前进的步伐绝不会停止。中国人民正在从事的建设有中国特色社会主义的伟大事业，预示着《宣言》的光辉是永存的。

一、从《宣言》看什么是马克思主义和如何对待马克思主义

究竟什么是马克思主义？这是摆在所有真正的马克思主义者面前的一个重大原则问题，也是一个被弄得极其混乱的问题。西方有些学者强调："马克思主义对不同的人意味着不同的东西，从而是一个支撑着异质追求者的不连续的运动。"也有人说："马克思主义思潮中涌现的每一个新的代表人物，从不同程度上来说，都是一个马克思主义者。"他们用西方解释学的观点来看待马克思主义，认为马克思和恩格斯的著作只是文本，对此如何解释取决于阅读者的理解。这样，他们就把马克思主义当成了可供随

便剪裁的布料。这当然是对马克思主义的肢解。马克思主义是由马克思和恩格斯创立的。一种学说的后继者，可以发展它的创立者的观点，包括抛弃某些陈旧过时的结论和补充新的原理，但绝不能违背它的基本原理和根本宗旨。我们只要认真阅读《宣言》，就能比较清楚地找到一个弄清什么是马克思主义的立脚点。

恩格斯在《宣言》1883 年的德文版序言中指出，贯穿《宣言》的指导思想是唯物主义历史观关于社会形态的理论，即每一历史时代的经济生产以及必然由此产生的社会结构，是该时代政治和精神的历史的基础。恩格斯由此阐述了马克思主义的阶级斗争理论，即以社会生产方式和经济结构为依据，并以阶级斗争作为资产阶级社会摆脱剥削和压迫的必经之路。这种阶级斗争理论是唯物史观的重要组成部分，也是《宣言》的指导原则。《宣言》的中心思想和意图是很清楚的，这就是关于两个必然性的理论，即资本主义必然灭亡、社会主义必然胜利的理论。马克思恩格斯在联合署名的《宣言》1882 年的俄文版序言中，强调《宣言》的任务是"宣告现代资产阶级所有制必然灭亡"。《宣言》1890 年的德文版序言，只有恩格斯一人署名，他再次强调宣言的根本思想是"宣告现代资产阶级所有制必然灭亡"。《宣言》第一节"资产者和无产者"以无可辩驳的事实和铁的逻辑，宣告"资产阶级的灭亡和无产阶级的胜利是同样不可避免的"。

在马克思恩格斯的全部著作中，《宣言》是篇幅较小但影响最大的著作。它可以被看做是其全部成熟著作的纲领和红线，是理解什么是马克思主义的关键。马克思恩格斯的全部著作就是为实现《宣言》中的两个必然性、为实现无产阶级的彻底解放而进行的理论研究：马克思主义哲学是无产阶级解放的头脑、是无产阶级认识世界和改造世界的思想武器，马克思主义的经济学说是理解资本主义生产方式的本质、理解资产阶级和无产阶级对立的经济基础及对立的解决的经济学依据，而马克思主义的社会主义学说则是运用马克思主义哲学分析资本主义经济形态所引出的社会主义会最终取代资本主义的社会政治结论。假若从马克思主义的著作中剔除《宣言》的中心思想，改变它的目的和意图，马克思主义就不成其为马克思主义。

从实践中来看也是如此。马克思恩格斯一生活动的核心就是为无产阶级的解放而斗争，他们组织第一国际、第二国际指导欧美的建党和工人运动就都是为这个根本目标而积蓄力量。恩格斯在马克思的墓前所作的演说准确而精辟地概括了这位无产阶级最卓越领袖的光辉一生，他说，马克思毕生的真正使命，就是以这种或那种方式参加推翻资本主义社会及其所建立的国家设施的事业，参加现代无产阶级的解放事业。① 恩格斯讲的是马克思，实际上也包括他自己，包括一切真正的马克思主义者。当代西方的所谓马克思主义派别，有不少都是脱离工人运动、脱离政治斗争，而一味沉迷于把马克思主义和西方某种哲学进行结合。严格说来，他们不是马克思主义者而是马克思主义的研究者。非无产阶级的、非政治性的马克思主义，只能是马克思主义的讽刺画。我历来就不同意把《1844年经济学哲学手稿》置于《宣言》之上作为无产阶级奋斗的目标。《宣言》的指导思想是唯物史观，而《1844年经济学哲学手稿》的指导思想则是异化理论；《宣言》以共产主义为目标，而《1844年经济学哲学手稿》则追求人性的复归。如果不是以《宣言》而是以《1844年经济学哲学手稿》为蓝本来解读马克思主义，其结果必然是把马克思主义人本主义化。

《宣言》是马克思主义的纲领性著作，它以简洁凝练的文字，以纲领的形式，通过对资本主义的经济和阶级关系的分析，论证了两个必然性，指明了无产阶级获得解放的道路。但《宣言》创作于马克思主义刚刚诞生的时期，故它具有明显的时代特色，它提出的许多策略性措施也具有地域性和时效性。马克思恩格斯完全是以一种创造性的态度来对待自己的理论的。他们在1872年的德文版序言中强调，《宣言》的原理的实际运用，正如《宣言》中所说的那样，随时随地都要以当时的历史条件为转移，所以第二章末尾提出的那些革命措施根本没有特别的意义。他们还直言不讳地宣布某些观点过时了，认为由于最近25年来大工业有了巨大发展而工人阶级的政党组织也跟着发展起来，由于首先有了二月革命的实际经验而后为尤其是有了无产阶级第一次掌握政权达两月之久的巴黎公社的实际经验，所以这个纲领现在有些地方已经过时了。他们打算根据1847年《宣言》起草以后的经验写个导言补充《宣言》。马克思恩格斯肯定《宣言》

---

① 参见《马克思恩格斯选集》，2版，第3卷，777页。

的基本原理是正确的，同时也承认《宣言》的运用要以当时的历史条件为转移，《宣言》的某些具体措施和结论可能过时并应根据新的经验予以发展。这是马克思恩格斯为我们树立的一种以马克思主义态度对待马克思主义的卓越典范。

从马克思恩格斯对待《宣言》的态度，我们可以体会到当今一些人鼓吹的马克思主义过时论是错误的。如果把马克思主义看成是答案、是结论，当然有个过时问题。因为随着时间条件的变化，根据当时、当地条件而得出的结论和答案是变化的。任何伟大的马克思主义者，包括马克思恩格斯本人在内，都不可能为他们逝世以后的问题准备现成的答案。当代所有关于马克思主义过时论的论据，都是建立在对马克思主义的错误理解上的。

马克思主义是一个创造性的、开放的科学思想体系。从马克思恩格斯创立时的马克思主义体系来看，它包括两个不同的部分：一部分是根据当时的实践（包括自然科学和社会科学成就）直接概括的经过验证的理论，如辩证唯物主义哲学理论和关于资本主义生产方式的本质和基本矛盾、关于价值和剩余价值的理论；另一部分，尽管包含具有科学性的基本原则，但却是没有经过实践检验、属于推测和假设的理论。例如，关于无产阶级如何取得政权、关于夺取政权后采取何种措施尽快提高生产力水平以及社会主义基本特征等理论。马克思恩格斯当时只能从西方资本主义现实出发去考虑无产阶级取得政权的方式，只能从与西方现实资本主义对立的角度去逻辑地考察社会主义的基本特征。所谓公有制与私有制的对立、计划经济与市场经济的对立、按劳分配与按资分配的对立，讲的是抽象形态中的两种社会形态的对立性。至于在建立现实社会主义过程中，在特定条件下也可能出现亦此亦彼同时并存的局面，则不在他们的思考之列，因为当时的现实并没有提出这个问题。因此，马克思主义的体系始终是处于发展之中的，而不是封闭的体系。列宁和毛泽东则根据本国特点，各自大大发展了马克思主义。至今，西方发达资本主义国家的马克思主义者仍在就发达国家如何革命的问题进行探索。而邓小平根据经济文化落后的中国的实践经验，在对什么是社会主义和如何建设社会主义的问题进行了创造性研究之后，提出了有中国特色的社会主义理论，从而把马克思主义发展到一个新的阶段。马克思主义中凡是经过实践检验的原理，都应该不断根据新的实践经验和科学成就予以丰富和发展，凡属原来未经检验未经实践的原理则应该根据新的实践和新的经验去验证、补充和纠正，即用新的原理去代替过时的、旧的原理。一部马克思主义史就是不断创造性地发展和运用新的原理去代替个别旧的原理的过程。这与马克思主义过时论是截然不同的。马克思主义过时论是针对整个马克思主义说的。就马克思主义作为科学理论而言它永远不会过时，因为它是以实践为源头活水、不断与时俱进的。会过时的是个别原理，而个别原理的过时也正是整个马克思主义科学学说永具活力的保证。

在考察马克思主义科学体系时，我们不仅要区分经过检验和未经检验的原理，还要区分马克思主义的基本原理和具体结论。经过检验的基本原理是对规律的把握，它可以被丰富但却不会过时，如马克思主义关于世界的物质性和发展的辩证规律的认识、关于历史发展规律的认识、关于资本主义生产方式的本质和资本主义基本矛盾的认识、关于资本主义最终会为更高的社会形态即社会主义所取代的认识等等。列宁说马克思主义之所以万能是因为它是正确的，毛泽东说马克思主义是放之四海而皆准的普遍真理，都是从普遍规律角度讲的。至于马克思主义经典作家根据特定时间、地点就某个问题作出的结论并不是不可改变的。例如，马克思恩格斯曾指望 1848 年的德国发生革命，并断言德国革命面临人类解放的前景，可后来的德国革命却很快就遭到了失败。事实证明，由于条件变化或其他原因，马克思恩格斯的某些预言和论断失效是不足为怪的。我们应该从马克思主义创立的角度来考察马克思恩格斯的某些论断。马克思恩格斯所处的时代仍然是资本主义上升时代，可是由于历史赋予他们的使命是为资本主义必然被社会主义所取代进行理论论证，因而他们着重揭示的是革命即将到来的前景，强调资本主义丧钟已经敲响，从而对革命前景过于乐观，对资本主义的潜力和自我调整的可能性缺乏足够的估计。因此，马克思恩格斯当时关于革命前景的考察，明显具有时代和地区性的局限。但这并不能损害马克思主义的指导作用和威信，因为正是马克思恩格斯一再强调，他们的理论不是教条，而是观察问题的方法。对马克思主义原理的应用，应该依时间、地点、条件的不同而不同。他们不仅在《宣言》的序言中这样强调，在其他许多地方也都是一再强调这一点。例如，恩格斯在致考茨基的信中曾批评杰维尔关于《资本论》书评的缺点，说："他把马克思认为只在一定条件下起作用的一些原理解释成绝对的原理。杰维尔忽视了这些条件，因此那些原理本身就成为不正确的了"①。毛泽东、邓小平都强调理论联系实际。江泽民在十五大报告中也强调要着眼于马克思主义理论的运用，着眼于对实际问题的理论思考，着眼于新的实践和新的发展。所以，马克思主义在本质上就包括如何对待马克思主义的问题。不知道什么是马克思主义，就不知道如何对待马克思主义。反过来，不知道如何正确对待马克思主义，把经典著作中的片言只语、一些具体结论、一些尚未经检验的推理和预测当成永恒不变的原则，也就弄不清什么是马克思主义。

二、是乌托邦，还是科学社会主义学说？

自《宣言》发表以来特别是近几十年来，西方的政治家和理论家们不断地对马克思主义关于两个必然性的理论进行攻击。他们指责马克思主义对资本主义的批判性分析是反对工业社会的浪漫主义，指责关于资本主义必然过渡到社会主义的理论是乌托邦。不仅社会科学家们这样说，就连研究自然科学哲学的学者如卡尔·波普尔、拉卡托斯，也都在自己的著作中指责马克思主义是乌托邦工程，指责马克思主义关于资本主义必然为社会主义所取代的预言失效。国内有的学者也是同样的腔调，宣称马克思主义的共产主义理想是乌托邦。这种种论调是不值一驳的。任何人都能从马克思的著作中看到他对大工业、对科学技术发展、对资产阶级的历史进步作用的肯定。例如，在《1844年经济学哲学手稿》中，马克思就强调工业家战胜封建土地所有者以及工业战胜农业是历史的进步，并批评说浪漫主义者为此流下的感伤的眼泪是我们所不取的。马克思主义反对的是资本主义剥削制度而不是资本主义工业本身。至于把建立在唯物史观和剩余价值理论基础上的科学社会主义学说说成是乌托邦，这是已经重复过多少年的陈词滥调！真正值得认真研究的不是论敌的攻击，倒是为什么西方发达资本主义国家没有发生革命，为什么已经革命的苏联东欧社会主义国家夭折

① 《马克思恩格斯全集》，第36卷，98页，北京，人民出版社，1975。

了革命，而中国采取以公有制为主体多种所有制经济共同发展的方针，并通过社会主义市场经济的途径来建设有中国特色的社会主义却获得了成功，考察所有这些现实，能够说明马克思主义的社会主义理论、关于两个必然性的理论并未失效。

1. 为什么西方没有实现两个必然性?

西方发达资本主义国家的相对稳定和经济成就，是西方一些理论家否定马克思主义关于两个必然性理论的主要依据。他们说，被马克思恩格斯宣判死刑的西方资本主义世界并没有敲响丧钟，相反仍然在发展，社会主义革命首先发生在落后的东方国家而不是马克思恩格斯预期的首先发生在西欧发达资本主义国家。可是他们中没有人敢于断言，没有发生革命就等于永远不革命。除了少数人如美国学者弗朗西斯·福山鼓吹资本主义永恒论外，没有人敢于打保票。事实上，革命发生与否、资本主义世界首先从哪里突破，这取决于革命的主客观条件；而资本主义是否会被社会主义所取代，则取决于资本主义社会固有的基本矛盾。革命的形势是变化的，因此马克思恩格斯关于革命爆发的国家和地区的可能性判断是变化的，但这并不影响马克思主义关于社会主义终究取代资本主义的规律性论断的科学性。在《宣言》以及其他著作，尤其是《资本论》、《反杜林论》等著作中，马克思恩格斯着力揭示资本主义社会的生产的社会性和资本主义私人占有之间的矛盾，以及由此产生并决定的无产阶级与资产阶级的矛盾，指出这种矛盾的激化必然会导致资本主义社会的变革。在1859的《〈政治经济学批判〉序言》中，马克思补充了一句关键性的话：无论哪一个社会形态，在它所能容纳的全部生产力发挥出来以前，是绝不会灭亡的。这样，马克思关于两个必然性的论断就更为科学和全面。

不可否认，西方发达资本主义国家在20世纪特别是第二次世界大战结束以后的半个世纪中，在科技革命和经济发展方面取得了很大成就，但资本主义社会仍然是资本主义社会，它的基本矛盾仍然存在。美国学者R.L. 海尔布隆纳在《马克思主义：赞成和反对》一书中说，我对马克思关于资本主义是什么的分析所持的态度要肯定得多……这个从简单商品开始的对资本主义的分析，我认为是我们所见过的最值得注意和最发人深省的敏锐思维之一，“只要资本主义存在着，我就不相信我们能在任何时候宣布他关于资本主义内在本性的分析有任何错误”。事实的确如此。当代西方发达资本主义国家不断调整所有制结构以适应和容纳生产力的发展，例如以个人和家族形式存在的私有制变为在更大规模上以股份制形式存在的社会资本，但资本主义社会的社会资本不同于社会主义的公有制，它是资本主义社会的社会资本。股份制并没有改变资本主义所有制的性质而是改变了它的存在和运行方式。因此在现代资本主义大企业、大垄断集团、跨国公司中，资本主义生产方式固有的基本矛盾和阶级关系仍然存在，只是它有更大的容纳力和自我调整力量。当代发达资本主义社会面临两种困境：一种是生活困境，一种是生存困境。就无产者和资产者的关系而言，当代资本主义仍然存在贫困和失业，而且即便是就业工人也仍然存在相对贫困问题。当代资本主义社会还出现了早期资本主义所没有的新的困境，这就是人的生存困境。当代全球问题最重要的根源和突出表现是在发达资本主义国家道德观念和价值观念的混乱，过度消费和人与人之间关系的冷漠也是触目惊心的。资本主义社会的确是以往社会中发展最快、成就最为显著的社会，同时却又是最冷酷、最令人憎恶的社会。摩天大楼与无家可归者同时并存，新药的出现和各种社会疾病齐头并进。有识之士和进步学者都看到了这种社会中存在的弊端和痼疾。爱因斯坦在《为什么需要社会主义?》一文中以一个科学家的良知历数了资本主义私有经济的各种弊病后说：“我认为，摧残人是资本主义的最大罪恶。我们的教育制度深受其害”；“我相信只有一种办法可以消灭这种邪恶的灾祸，那就是建立社会主义经济”。在西方发达资本主义国家，各种社会主义派别的出现、各种抨击资本主义弊病的书籍的流行，都说明人们对现存的资本主义制度怀着不满，在探求更好更合理的制度。而这种最合理的制度则只能是社会主义。资本主义社会的社会资本的出现，指出了一条解决矛盾的线索，即不能停留在资本主义的社会资本的范围内，而要真正转变为以全体人民为主体的社会的“社会资本”即社会主义公有制。这让我们想起当年恩格斯从资本主义邮政和铁路国有化中所看到的象征意义和途径。

2. 为什么已经实现两个必然性的苏联、东欧会发生逆转?

在 20 世纪的一头一尾，两件震撼世界的大事都与俄国不可分。一是十月革命，红旗升起，一是苏联解体，红旗落地。前者使西方惊恐，后者使其额手称庆。苏东剧变更激发了某些政治家和理论家们对马克思主义的攻击。他们把苏东事件看成是马克思主义的科学社会主义理论的失败，耸人听闻地宣称马克思主义正在死亡，鼓吹苏东剧变是历史的进步，如此等等。

十月革命绝不是少数革命家们的阴谋。马克思恩格斯关于两个必然性的论断首先在经济落后的俄国得到实现，是由第一次世界大战后的态势决定的。资本主义世界的链条必然是在矛盾最集中、最脆弱的环节被突破的。十月革命是列宁把马克思主义与俄国实际相结合，在俄国统治者不能照旧统治、人民不愿照旧生活下去的条件下发动的。十月革命的必然性存在于当时的历史条件和布尔什维克领导的群众革命活动之中。苏联社会主义的失败并没有使十月革命成为多余的。巴黎公社的存在只有 72 天，但正如马克思恩格斯所说的那样，巴黎公社的原则是永存的。十月革命成果的存在差不多有 72 年，它的历史意义更是不可估量的。十月革命开辟了人类历史的新纪元，从此世界从整体上看已经进入了由资本主义向社会主义过渡的时代；十月革命创造了一个强大的苏联，从而大大增强了挫败德国法西斯统治世界的野心；特别重要的是十月革命的胜利鼓舞了世界上被压迫民族和被压迫人民的革命的信心和决心并提供了有益的经验。在近百年世界历史上，像十月革命这样影响整个人类历史进程的历史事件是罕见的。

但是十月革命的必然性并不能保证它的成果的永恒性，不能保证不会发生逆转。夺取政权和巩固政权是不同的。无产阶级取得政权以后面临如何建设、如何治国的问题。斯大林在帝国主义列强的包围下，为了迅速发展经济采取了高度集中的计划经济体制，实行工业化和农业集体化，这在当时是必要的、有成效的。苏联在斯大林逝世后进行改革，纠正斯大林时期的某些过左的、错误的政策，改变过于集中的计划体制，这也是必要的。问题是在苏联全盘否定斯大林以后，断续沿着否定列宁、否定马克思主义、否定社会主义基本制度的斜坡一直往下滑，最后宣布共产党自行解散，宣布取消马克思主义的指导。这种结果是众所周知的。事实很清楚，斯大林时期形成的体制后来被凝固化为一种僵化体制只是蕴含着失败的可能性，而正是其后的错误路线和政策才使本来可纠正的错误变成了无可挽回的失败。任何一个有理论良心的人都能看到，苏东的失败不是马克思主义的失败，而是背弃马克思主义的失败，不是科学社会主义的失败，而是人道的、民主主义的社会主义的失败。

在历史上，一种新的生产方式代替旧的生产方式往往要经历反复曲折的过程。苏联和东欧原有的社会主义国家的失败绝不是社会主义的灭亡，因为这只是一个国家或一个地区的失败，而社会主义则是世界性的事业，是人类历史发展中的一个阶段。何况，失败和挫折对于整个社会主义事业的顺利发展还会带来积极有益的教训和经验。关于这一点，邓小平在南方谈话中曾作过令人鼓舞的有远见的论断："从一定意义上说，某种暂时复辟也是难以完全避免的规律性现象。一些国家出现严重曲折，社会主义好像被削弱了，但人民经受锻炼，从中吸收教训，将促使社会主义向着更加健康的方向发展。因此，不要惊慌失措，不要认为马克思主义就消失了，没用了，失败了。哪有这回事！"①

3. 两个必然性在中国如何实现？

在中国，两个必然性的理论已经实现并正在继续实现，但它是以中国的方式实现的，具有中国的特色。在当代中国，邓小平理论是马克思主义发展的新阶段，它与马克思列宁主义、毛泽东思想是一脉相承的。我们从中国实现两个必然性的实践过程中可以非常清晰地观察到这一点。

中国革命不是像马克思恩格斯当年设想的在发达资本主义条件下开始的革命，而是在经济政治落后的半封建半殖民地的东方大国开始的革命。以毛泽东为代表的中国马克思主义者，坚持马克思恩格斯确立的共产主义理想，采取与中国实际相符合的路线和方针来实现"两个必然性"。毛泽东把中国革命分成两步走，并首先通过采取工农武装割据，用农村包围城市的战略路线，取得了民主革命的伟大胜利。民主革命的胜利只是两个必然性实现的前半段，用毛泽东的话说就是万里长征走完了第一步。更艰难的是巩固政权和建设社会主义。毛泽东反对那种主张先发展资本主义、等资本主义充分发展以后再进行革命的错误思想，他的新民主主义论可以说是马克思恩格斯社会革命理论在中国的创造性发展。中国革命终于

① 《邓小平文选》，第3卷，383页。

取得了胜利并在一段时期内大大推进了生产力的发展。但在很长一段时期内，以阶级斗争为纲的错误指导思想大大延缓并阻碍了中国生产力的发展，破坏了中国社会的稳定和凝聚力。

邓小平关于社会主义本质的理论，把解放生产力和发展生产力放在首位，初步确立了什么是社会主义和如何建立社会主义的科学理论，为在中国完全实现两个必然性并为将来实现共产主义的伟大理想开辟了一条正确的道路。

每种社会形态都必然伴随有它的生产方式的特点。在资本主义社会，农业必然要工业化，成为现代化的农业；这是资本主义这种社会形态对人类社会的贡献。但是工业化不等于资本主义化，不等于后工业化的国家必须走全盘西化的道路。马克思曾说过，工业化的国家显示着非工业化国家的未来。这说明，工业化并不是资本主义特有的，由农业社会走向工业化是人类发展的普遍必经过程，只是西方比东方早一步走向工业化，而且是以资本主义的社会形态实现这个历史使命的。但后工业化国家并不是注定要走西方的道路，如中国就是以社会主义社会形态实现由农业社会向工业社会过渡的。实际上，工业化、市场经济、民主法治、科学都应该是以工业为基础的社会的特点。社会主义同样要实行工业化，因为没有大工业的基础是不可能建设社会主义的。同样，社会主义也需要实行市场经济，这是社会化大生产的经济运行的客观要求。工业化不等于西化，可西方资本主义先走了一步，因此它的成就与缺点、经验与教训，可以从正反两方面为我们提供有益的东西。资本主义与社会主义终究是前后相继的两种社会形态，不能只看到它们的对立而忘记它们由大生产所产生的某些共同性。在资本主义高度发展基础上产生的社会主义应该吸取和改造资本主义的已有成就，没有经过资本主义阶段的社会主义国家，更应该注意吸收资本主义的成就。这既包括由社会化大生产决定的具有普遍意义的东西，也包括为资本主义社会所特有但经过改造可以借用的东西。恩格斯说过，没有奴隶制就没有社会主义，这个道理应用到彼此连接的社会主义与资本主义两种社会形态的关系上更是不言而喻的。邓小平所谓的“要害是姓‘社’还是姓‘资’的问题”的论断，其重要理论价值正在于要我们解放思想，不要把头脑拴在社会主义与资本主义绝对对立的思维框架之中；我们绝不能把它曲解为普遍指导原则。邓小平的论断与马克思指出的要跨越资本主义的“卡夫丁峡谷”就必须吸收资本主义的积极成果的意义是一样的。要超过资本主义就必须利用资本主义，这就是辩证法。

在无产阶级取得政权以后，特别是经过一段时期以后，如何处理社会主义社会的矛盾问题，就成了社会主义事业成败的关键。马克思恩格斯肯定社会主义是变化着的、需要改革的社会，但他们没有社会主义实践，因而不可能具体论述这个问题。斯大林不承认社会主义有矛盾，最后他的后继者们把社会主义存在的矛盾当成社会主义没有生命力而加以抛弃。毛泽东思想的巨大贡献之一是关于社会主义社会基本矛盾的学说。尽管毛泽东本人在实践上没能完全正确处理社会主义社会的矛盾，但这个学说本身却为社会主义制度的改革和自我完善，为坚持社会主义方向同时又改革其凝固的体制规定了可能性和界限。邓小平继承和发展了毛泽东关于社会主义基本矛盾的理论。毛泽东注重调整生产关系以及不断扩大公有制，而邓小平则着重发展生产力，强调应以是否有利于生产力的发展来调整所有制结构，主张以公有制为主体多种所有制经济共同发展；毛泽东在上层建筑领域中注重意识形态斗争，而邓小平则把重点放在科教兴国和精神文明建设上。尤其重要的是，邓小平把社会主义生产力和生产关系的矛盾放在市场经济条件下来调节，从而为社会主义经济注入了生机和活力。

时代在发展，社会在前进。一百五十年来，形形色色反对《宣言》的人物和理论不断出现，但都成为历史的残渣陈迹，唯有马克思恩格斯以及《宣言》仍然光芒四射，继续指引人类朝着美好的未来前进。

（原载《教学与研究》，1998（2））

28．论马克思主义的生命力

在马克思主义理论课教学中，一些学生产生了这样一种疑问：为什么历史上一些思想家的思想随着时代的变迁和发展会过时，而马克思主义作为产生于19世纪40年代的理论，却至今仍适用，不会过时？本文拟从以下几个方面对此问题作出分析。

一、应该区分马克思主义创立的历史条件和它的历史使命与研究主题

马克思主义创立于19世纪40年代。资本主义生产方式产生以后到此时在西欧英、法、德处于一定的发展水平。英国已经开始工业革命，成为当时世界生产力最为发达的国家；法国在大革命以后，资本主义生产也有很大的发展。马克思恩格斯的出生地德国莱茵河地区资本主义也有一定的发展。但整个说，资本主义仍然处于发展的早期。在自由资本主义阶段创立的马克思主义，在资本主义进入国家垄断资本主义阶段还适用吗？这个疑问的关键，在于不知道马克思主义创立的历史条件和它肩负的历史使命与研究主题之间的区别。学生们对这个问题理解的困难主要来自对这两者的混淆。

马克思恩格斯虽然生活于自由资本主义阶段，但他们探讨的问题并不限于自由资本主义而是关于整个资本主义社会向何处去的问题，关于无产阶级和人类解放的问题，因而是对人类社会和资本主义社会规律性的探讨。我们只要读一读马克思发表在《德法年鉴》上的致卢格的信，以及

《论犹太人问题》和《〈黑格尔法哲学批判〉导言》这两篇早期文章，就能非常清楚马克思恩格斯创立新的学说的目的和使命。恩格斯在 1845 年 1 月 20 日致马克思的信中对这一点说得非常清楚。他对马克思说："目前首先需要我们做的，就是写出几本较大的著作，以便给许许多多非常愿意干但自己又干不好的一知半解的人以一个必要的支点"①。

正因为马克思恩格斯肩负着无产阶级和人类解放的历史使命从事写作，因而科学性是它的首要要求，他们不是停留在资本主义的表层，不是对资本主义社会现象的描述，而是着力于通过现象把握资本主义社会发展的本质和规律。这样，他们终生从事艰苦的大量的科学研究工作，并取得了划时代的成就。恩格斯说过："马克思在他所研究的每一个领域，甚至在数学领域，都有独到的发现，这样的领域是很多的，而且其中任何一个领域他都不是浅尝辄止"②。自由资本主义阶段的认识条件，可能会给马克思恩格斯对材料的运用和理论视域带来某些限制，但从根本上说不会影响他们对人类社会和资本主义一般规律的探求。一般存在于个别之中。资本主义社会早期暴露出来的社会矛盾中包含着它的发展规律和往后发展的趋向。这是马克思主义虽然诞生于自由资本主义阶段但至今仍然适用的一个最重要的原因。

我们可以通过对马克思主义三个组成部分的分析来说明这一点。例如在马克思主义政治经济学中，关于商品二重性和劳动二重性的理论，关于劳动价值论和剩余价值的理论，关于雇佣劳动和资本的理论，关于资本主义的基本矛盾——生产的社会性和私人占有的矛盾的理论等等，并不因为资本主义后来进入到国家垄断阶段而消失其科学性和理论价值。恩格斯在整理《资本论》第三卷时已经看到资本主义发展的某些新变化，如股份制的问题、托拉斯和垄断组织的问题，因而出现社会资本对私人资本的扬弃，出现资本主义无计划状态的某些克服。但是，他强调，这种转化仍然是在资本主义限制之内，因此这种转化并没有克服财富作为社会财富的性质和作为私人财富的性质的对立，而只是在新的形态上发展了这种对立。

① 《马克思恩格斯全集》，第 27 卷，18 页。

② 《马克思恩格斯选集》，2 版，第 3 卷，776～777 页。

国家垄断资本主义仍然是资本主义，虽然它有一些新的特点，但这些特点并没有根本改变马克思恩格斯关于资本主义社会基本矛盾理论，关于劳动价值论和剩余价值理论。认为在当代劳动价值论已为知识价值论所取代，剩余价值理论已为利润是组织管理生产报酬的理论所取代，国家的干预已彻底消除生产无政府状态和经济危机，新的中产阶级已经消除了无产阶级和资产阶级的对立等等说法，都是非科学的。实际上，科学技术在生产中的作用的提升，并不是劳动价值论的失效，而是劳动价值论正确性的证明。因为科学技术研究本身是一种复杂的高级的劳动，创造价值的是科技劳动而不是被物化的各种生产设备。各种最先进的设备本身并不创造价值，而是价值的转移。劳动价值（包括脑力劳动对价值的创造）是正确的。剩余价值在资本主义社会中仍然是存在的，仍然是多出于必要劳动而为资本所占有的部分。没有这一部分就没有利润。创造剩余价值的仍然是劳动（包括科技劳动）而不是科技本身和各种先进设备。在经济全球化的时代，资本主义国家的跨国公司，并没有消除生产的社会化和生产资料私有（虽然它以股份制的形式存在）之间的矛盾，而是在世界范围扩大了这种矛盾。因而我们说，马克思主义的经济学说仍然是有生命力的。

就科学社会主义理论来说，它的最根本的内容并不是马克思恩格斯关于未来社会特征的描述，而是社会主义由空想到科学的转变，即把社会主义建立在现实的基础上，建立在对资本主义基本矛盾分析的基础上，从而揭示了资本主义社会进一步发展的趋向和社会主义代替资本主义的必然性。较之空想社会主义以人性为基础，马克思主义的“两个必然”的理论是科学的，因为它是建立在对资本主义社会矛盾的分析上的，至今没有失效。而且马克思恩格斯在论述“两个必然”以后，还提出了“两个决不会”的论断，即：无论哪一个社会形态，在它所能容纳的全部生产力发挥出来以前，是决不会灭亡的；而新的更高的生产关系，在它的物质存在条件在旧社会的胎胞里成熟以前，是决不会出现的。“两个必然”和“两个决不会”的结合，构成了一个关于社会主义代替资本主义的完整的科学的理论，这个理论是对当今西方发达资本主义国家状况最具说服力的解释。马克思恩格斯当时关于未来社会主义某些特征的描述，如关于由国家掌握全部生产资料的问题，关于商品生产和计划经济的问题，关于分配方式问题，等等，他们都是以资本主义高度发展为前提的，是从两种社会形态本质特征的角度论述的。它并不是每一个国家实现革命后立即实行的行动纲领而是一种追求的社会理想。至于社会主义革命首先在落后的东方国家实现，并在实践中具有许多超出甚至不同于马克思恩格斯当时所设想的措施，这完全正常。毛泽东说过："马克思活着的时候，不能将后来出现的所有的问题都看到，也就不能在那时把所有的这些问题都加以解决。俄国的问题只能由列宁解决，中国的问题只能由中国人解决。"① 因此，马克思恩格斯由于历史条件限制所不可避免的局限，并不影响他们关于社会主义理论整体的科学性质。

马克思主义哲学仍然是我们时代不可超越的哲学，这一点在西方连萨特都承认。因为马克思主义哲学是对自然、社会和人类思维最一般规律的揭示，是不能推翻的。有人说，既然哲学是时代精神的精华，那我们时代变了，为什么马克思主义哲学不能过时呢？这种说法，有双重误解。一方面，哲学作为时代精神的精华，并不会因为时代的改变而丧失其对人类的价值。例如历史上许多对人类有贡献的哲学家的思想，并不会因为时代改变而由精华变为"糟粕"。具体到马克思主义哲学，我们现在距离马克思生活的年代虽然有一个多世纪，时代特征和面对的主题发生了变化，但这个变化并没有改变马克思主义肩负的历史使命。历史是大尺度的。我们仍然在以不同方式实践马克思恩格斯提出的伟大理想。在这个过程中，马克思主义包括它的哲学仍然是我们的旗帜。当代的科学技术的发展，当代的社会实践，没有也不可能有任何证据，来推翻马克思主义哲学的一条根本性的原理。由上可见，因马克思主义诞生于自由资本主义时代而否认它当代的适用性是错误的。

二、应该区分马克思文本中某个论点的过时和"马克思主义过时"论

我们强调马克思主义的适用性，并不否认马克思恩格斯的某个论断可能过时。但要把它和"马克思主义过时"论区分开来。

---

① 《毛泽东文集》，第8卷，5页。

马克思主义过时论是针对整个马克思主义科学体系说的，是一种反对马克思主义的错误理论；至于说马克思恩格斯文本中的某些论断过时，这完全可能。马克思恩格斯自己也从不讳言这一点，相反着力强调自己的某个论断因为客观情况变化而过时。例如，马克思恩格斯在《共产党宣言》1872 年德文版序言中就明确指出，由于最近 25 年来大工业有了巨大发展而工人阶级的政党组织也跟着发展起来，由于首先有了二月革命的实际经验而后来尤其是有了无产阶级第一次掌握政权达两月之久的巴黎公社的实际经验，“所以这个纲领现在有些地方已经过时了”。在讲到《共产党宣言》中关于对待各反对党的态度时也说，“虽然在原则上今天还是正确的，但是就其实际运用来说今天毕竟已经过时，因为政治形势已经完全改变”①。他们也承认自己有过预测的失算，例如恩格斯说他在 19 世纪 40 年代，曾根据 1825 年到 1842 年间的事变进程，预言资本主义工业大危机的周期为 5 年，“但是 1842 年到 1868 年的工业历史证明，实际周期是十年，中间危机只具有次要的性质，而且在 1842 年以后日趋消失。从 1868 年起情况又改变了”②。恩格斯逝世前在关于马克思的《1848 至 1850 年的法兰西阶级斗争》一书的著名导言中的自我批评，非常坦率，非常诚恳。马克思恩格斯宣称自己的某个论断过时，预测失效，甚至某些论断存在错误，这种自我审视、自我批判的精神，充分表现了马克思主义创始人实事求是的科学精神和与时俱进的理论品质。理论的发展是辩证的，可以说相反相成。正因为敢于宣布自己的某个论断过时和错误，从而在总体上保证了这个理论体系的科学性。宣布永远不包含任何错误或失误的理论，不是科学而是神学。

马克思主义过时论不同，它不是针对马克思恩格斯的某个论断，而是针对整个马克思主义科学体系，宣布马克思主义已经过时。他们认为马克思主义的各种理论都打着维多利亚时代资本主义的烙印，认为马克思主义是第二次浪潮即工业革命时期的产物，现在是信息社会，是后工业社会，现在再使用马克思主义，就像在电子显微镜时代还使旧式的放大镜一样。

---

① 《马克思恩格斯选集》，2 版，第 1 卷，249 页。
② 《马克思恩格斯选集》，2 版，第 4 卷，424 页。

这种种说法，都是从根本上反对和取消马克思主义。我们要向学生讲清楚，我们承认马克思恩格斯文本中某个论断或预测的过时的可能性，但要坚决批判“马克思主义过时”论。

三、要充分理解马克思主义与时俱进的理论品质及其功能

我们考虑马克思恩格斯创立的马克思主义在今天的适用性问题，绝不应该把马克思恩格斯与他们的后继者割裂开来，对立起来，只就马克思恩格斯来谈论马克思主义。实际上，马克思主义的生命力在于它的创造性，在于其与时俱进的理论品质。马克思是 1883 年、恩格斯是 1895 年逝世的，把他们逝世后一百多年的马克思主义发展史看成空白来谈论马克思主义的适用性问题，这种思维方法是错误的。马克思主义学说是发展着的学说，马克思恩格斯的后继者与他们是一脉相承的。马克思恩格斯逝世后的一个多世纪，是社会主义由理论变为现实的时期，是马克思主义大发展的时期，仅就中国来说，由毛泽东思想到邓小平理论，到“三个代表”重要思想，就是一部马克思主义中国化的光辉历史。不仅马克思恩格斯的某些过时的论断，某些没有实现的预测，某些判断的失误，完全可以在后继者的实践和理论发展中得到克服和解决，而且马克思主义被创造性地向前推进了。把马克思恩格斯的继承者与马克思恩格斯对立起来，实际上就是把马克思恩格斯的思想变成教条，这本身就是一种理解上的错误。所以要正确理解马克思主义在当代的生命力问题，必须充分把握马克思主义与时俱进的理论品质。这就是我们党经常提出的坚持和发展的问题。

我们还应该正确认识马克思主义的功能。所谓马克思主义在当代的适用性问题，不是对号入座，也不是说它是包括当代一切问题现成答案的“圣典”。有人总喜欢问，马克思主义哪些原理是普遍的不可违背的，能不能列一个清单？这样我们就能容易地坚持马克思主义。如果这样，那坚持马克思主义比解一个一元一次方程式数学题还容易，何至于存在那么多失误？这样提问题本身就是违背马克思主义的。马克思恩格斯一再强调，他们的理论不是必须背得烂熟并加以机械重复的教条，他们的学说不是教义而是方法。因此对真正坚持马克思主义的人来说，最重要的是理论联系实际，用马克思主义的立场、观点和方法分析面对的实际问题，从而得出解

决问题的正确结论，这是实事求是、解放思想、与时俱进、开拓创新的态度。我们应该在实践中坚持和发展马克思主义，学会在实践中运用马克思主义，学会在实践中区分哪些应该坚持哪些应该扬弃。离开实践预先列清单的想法是教条主义的思维方式。这当然不是说，我们不需要坚持任何东西，不是的。例如，我们应该坚持马克思主义的立场、观点和方法，坚持四项基本原则，坚持“三个代表”重要思想。我们之所以要坚持是因为它们是经实践反复证明了的真理。所以我们应该树立以实践为标准来确定我们应该坚持的马克思主义的基本原则。

四、从马克思主义认识论高度来回答

在经过上面的分析以后，我们最后应该把问题提到马克思主义认识论的高度来进行总结，以便对学生进行一次马克思主义世界观和方法论的教育。我们要告诉学生，一种历史上产生的思想体系或学说在当代是否还有价值，最根本的是取决于它自身包含的真理性，而不是取决于它产生的时间的长短先后。如果以马克思主义产生于 19 世纪就不能适用于今天，那产生于 18 世纪的学说应该如何看？依此类推，产生于 17、16 世纪或更早的学说岂不是一文不值吗？这种看法，实际上一笔勾销了人类的认识史。事实上，一种学说的价值和作用取决于它所包含的真理性内容或它所提供的知识和智慧，而不能以出现时间的长短先后来衡量。

人文社会科学方面的知识不同于生产工具和生产技术。生产工具和技术属于工具性的。人类有了新的生产工具可以不再需要旧的过时的生产工具，有了新的更先进的技术可以取代旧有的生产效率低的技术。可人文社会科学知识不同，它只要是具有真理性或能给人类的智慧以启迪都具有存在的价值。人文社会科学知识是积累性的而不是取代性的。这就是为什么中国传统文化例如儒家的创始人孔子，距今已两千多年，可我们仍然可以从他的思想中吸取智慧和教训；同样古希腊罗马的哲学距今也已两千多年了，可恩格斯在《自然辩证法》中，赞扬古希腊哲学家的天才智慧，并说我们现在讨论哲学问题还要不断回到那些天才哲学家们的观点。可见，判断一种思想和学说的价值不能抽象地以时间长短来衡量。

历史和现实中有两类哲学家，一类是对人类长期起影响作用的思想家。像西方的苏格拉底、柏拉图、亚里士多德、康德、黑格尔，等等；在中国，如孔子、老子、庄子、范缜、朱熹、王阳明，等等，都是以不同方式对人类思想长期起作用的哲学大家。哲学家会死，但是他的思想不会死，因为它通过文字对象化为著作，可以为后人研究、吸收、借鉴。黑格尔说过："伟大的灵魂——哲学史上的英雄们的身体，他们在时间里的生活，诚然是一去不复返了，但他们的著作（他们的思想，原则）却并不随着他们而俱逝。"①

还有另一类思想家，他们的作用是短期的。有的如夏夜的流星，虽然红过一阵，但很快消失。有的如朝生暮死的虫子，转眼就完了。当今西方有些哲学思潮如同走马灯，你方唱罢我登台。这种思想对人类文化的积极贡献不多甚至没有，只能算是一种流行思潮，如同流行歌曲一样，唱一阵就过去了。

在所有对历史和现实发生长期影响的思想中，在当今应该首推马克思恩格斯创立的马克思主义。马克思主义的产生是人类思想史上的一次革命性的变革，它在哲学、经济学和社会主义思想方面的贡献是无与伦比的。马克思主义产生虽然距今已有一个多世纪，但至今没有任何主义和思想体系能与其相比。原因正在于它的辩证唯物主义和历史唯物主义世界观的科学性，在于它的经济学说和社会主义学说对资本主义经济运行规律和内在矛盾的科学揭示，在于它对资本主义社会发展必然趋向的科学揭示。马克思主义学说中对人类社会和资本主义社会的规律性认识，马克思主义学说中的真理性内容，是它虽然产生于19世纪仍然对当代具有指导意义的根本原因所在。真理性的认识是任何时候都不能推翻的。真理无新旧，可以有古老的真理也可以有最新的谬误。邓小平和江泽民一再强调"老祖宗不能丢"的认识论根据正在于此。

大家知道，后现代主义者德里达最近出版了一本书《马克思的幽灵》。他说我们都是马克思的幽灵即处在马克思的阴影之下，意思是说都受马克思的影响，还说我们不能没有对马克思的回忆。这种说法是有道理的。在当今世界，不仅马克思主义的坚决拥护者，即使是马克思主义的形形色色

① ［德］黑格尔：《哲学史讲演录》，第1卷，42页。

的反对者，都绕不开马克思。可以说，全世界都受到马克思思想的影响。不同的是马克思主义已不是一个幽灵，不像 1848 年时的欧洲共产主义一样，而是一个在思想理论领域在现实政治生活中，最具真理性最具影响力的学说。对于我们来说，重要的是使自己的思想从对马克思主义的错误的和教条式的理解中解放出来，从主观主义和形而上学的桎梏中解放出来，以创造性态度对待马克思主义，谱写马克思主义的新篇章。

（原载《思想理论教育导刊》，2003（2））

29. 马克思主义与人文学科建设

社会是个有机体，是多种因素的辩证统一。这不仅需要自然科学和技术科学来直接推动生产的发展，而且需要哲学社会科学来认识和把握人类社会和人自身，提高人对社会规律的认识，提高人的精神境界。哲学社会科学的最主要作用，用我们中国的古话来说就是修、齐、治、平。而其中人文学科无论是对社会历史的认识，还是对人自身的思想修养和道德境界的提高都是十分重要的。所谓科学精神与人文精神正是人类在认识和改造自然、社会以及人自身过程中形成的两种价值体系和思维方式。它们本应该是互补的，而不是相互排斥的，可应该却并不等于事实。

在以农业生产方式为基础的社会中，人文学科处于教育的主导地位。随着大工业的发展和现代化的迅速推进，人文学科由于它的非生产性、非营利性和非直接实用性，其主导地位逐步被自然科学和技术科学所取代。尤其是在市场经济条件下，从事人文学科研究和教学的职业缺乏吸引力，往往成为人文学者的个人兴趣和价值追求，因而人文学科发生危机是必然的。在我看来，西方思想领域所谓科学主义与人文主义的双峰对峙、所谓人文精神的危机，并不是科学技术发展的结果——自然科学和技术本身并不排斥人文精神，而是资本主义制度和它的市场经济片面追求经济效益的表现。在西方，随着所谓“人类困境”问题的提出和人文精神的危机，人们逐步认识到人文学科的重要性，因此，人文学科在危机中逐渐出现一定程度的复苏。但我可以断言，在资本主义现代制度的范围内，他们先辈们所曾创立的人文主义的高峰已经如水东去，不可再回。当哲学家说人死了时，就是在悲观的眼神中，目睹了资本主义制度下人文精神锐退的预言和感叹。

我们是社会主义国家，我们致力于社会主义现代化建设，当然要发展科学技术，提倡科学精神，反对伪科学。但我们绝不能轻视人文学科，不能忽视人文精神的教育。我们应该吸取西方在资本主义现代化进程中出现的重理工轻人文、科学主义与人文主义思潮对立的历史教训。毋庸讳言，在我们确立和培育社会主义市场经济过程中，西方资本主义现代化进程中存在的人文学科危机在我们这里已初露苗头，这很值得注意。人文学科之所以受到冷落，最重要的一个原因就是市场导向引起的反面效应。但同样不应忽视的是我们对人文学科的科学性与价值性关系的看法。我们有的论者太过于强调人文学科的非科学性，认为人文学科只是学者们的个人意见、观点、看法，是个人特殊的生命体悟，是不可重复的，所以人文学科不是科学，也无所谓科学与不科学的问题，它只属于价值判断。如果的确如此，那么人文学科对于人类又有什么价值？国家为什么花那么多钱办人文学科？出版社为什么花钱出版人文图书？难道仅仅是为了请一些专家学者来发表自己独特的见解和个人的生命体悟吗？如果根本不管这些见解的是非对错、高下优劣，岂不是在基本理论和价值观念方面制造混乱和发生导向错误吗？

把人文学科的价值性与科学性绝对对立起来，片面强调人文学科的价值性，这实际上是重复新康德主义以及西方当代解释学中的某些错误观点。当然，人文学科不同于实证科学，不能用自然科学标准来要求人文学科，要求它数学化、公式化、定量化。人文学科的科学精神，我以为最主要的是反对认识主体的“理解”、“重读”、“破译”的主观性和随意性，强调人文学科应该以事实为依据、以规律为对象、以实践为标准，使人文学科成为坚持真善美、反对假恶丑的学科。

人文学科的最根本功能是对人，尤其是对青年一代的培养和塑造。人文学科直接面对的是本系科的学生，这是有限的，而它间接面对的则是整个社会，是整个青年的人文知识的教育。我们进行的社会主义革命是伟大的革命，它的伟大之处不仅在于对社会的改造，而且在于在改造自然与社会的同时改造人自身，即培养一代新人。这种人不仅要有很高的政治思想素质，而且要有很高的文化素质。我们要使年轻一代不变为目光短浅的实用主义者、狭隘的功利主义者，甚至拜金主义、个人主义者，就必须进行人文知识的教育。如果我们的年轻一代学人不善于进行哲学思维，对历史尤其是我们近百年的历史的认识一团漆黑，缺乏道德修养和审美情趣、缺乏较好的语言文字能力，那么他们在任何一个领域都不可能有突出的成就，而且即使掌握了某种科学技能，也只能是工匠而不可能成为卓有成就的科学工作者。我们的各级干部尤其是中高级领导干部，如果缺乏人文学科知识，就不可能成为好的工作者，更不用说成为卓越的政治家。人文学科的投资不可能立竿见影，但它的功效是逐步地长期地显现的。它通过对国民素质，尤其是青年一代学人素质的培养，来影响整个社会的进步和发展。我们应该充分认识到人文学科在加强社会主义精神文明建设中的重要作用，它对弘扬民族传统文化和吸取世界优秀文化成果、对人们精神境界的提升、对提高人们的思想道德文化素质、对巩固和发展社会主义意识形态都有着举足轻重的作用。

中国传统文化具有深厚的人文精神传统，中国的哲学与西方哲学不完全相同。我们没有明显经历过本体论、认识论、方法论的重点转移，也不像西方那样出现过单独以本体或以认识、方法为对象的哲学家。尽管中国传统哲学中包含有丰富的本体论、认识论和辩证法的思想，但它最突出的特点是对人生和人格道德理想的培育，是对天人之际与人际和谐的追求。在中国，文史哲是融为一体的。司马迁的《史记》是史学中的千古绝唱、不朽之作，可《史记》的不朽，不仅在于它的文学价值和史学价值，而且在于它“究天人之际，通古今之变”的哲学价值，《史记》中不少名篇佳作都集中表现了作者的历史哲学。同样，屈原的《天问》、柳宗元的《天对》、刘禹锡的《天论》也都既是文学又是哲学；苏轼的《前赤壁赋》和《后赤壁赋》深沉忧郁，充满庄子的哲学思想；毛泽东《沁园春·雪》中的名句“惜秦皇汉武，略输文采，唐宗宋祖，稍逊风骚，一代天骄，成吉思汗，只识弯弓射大雕。俱往矣，数风流人物，还看今朝”，讲述历史，品评人物，肯定英雄，歌颂人民，是历史、文学、哲学的完美结合。特别是中国传统文化中的理想主义、人文主义和理性主义，是一笔非常宝贵的财富，我们应该认真发掘吸取。

当然，人文精神具有时代特性，可以说是一种时代精神，但却不是超时代的抽象原则。西方文艺复兴时期的以个性解放为目的，以自由、平等、博爱为口号的人文主义精神与中国传统文化中以社会为本位，以仁爱为核心，以修身、治心、睦人、亲亲、尊尊为目的的人文精神是有区别的。至于在社会主义社会中，我们提倡的人文精神，当然要吸取东西方文化中人文精神的积极成果，但不能混同。我们讲的人文精神是要提高全民族的道德素质，用爱国主义、集体主义、社会主义来教育人民，加强社会公德、职业道德、家庭道德的教育，引导人们树立有中国特色的社会主义的理想和正确的世界观、人生观、价值观。我们绝不能把人文精神与所谓的世俗精神对立起来，我们并不提倡永恒不变的人文精神、提倡抽象的“人”和“人性”，而是要用社会主义的理想和信仰、用社会主义的道德规范、用对人类共同富裕的追求来教育人民，并纠正和防止市场行为中出现的某些道德滑坡和价值失落现象。鼓吹人文精神与世俗精神联手来“消解主流意识形态”、来“解构”所谓的“宗教和准宗教教条”，实际上是用抽象人道主义与拜金主义来反对马克思主义。在这种意义上，任何关于人文精神与世俗精神的召唤，都是我们所不能同意的。

在人文学科的建设中，必须坚持以马克思列宁主义、毛泽东思想和邓小平同志建设有中国特色的社会主义理论为指导，澄清人文学科中以及环绕人文精神问题的某些理论混乱。否则人文学科就很难出精品力作，很难在建设有中国特色的社会主义的伟大事业中发挥它的应有作用。

我们是社会主义国家，人文学科是具有中国特色的社会主义文化、是社会意识形态的主要部分。人文科学虽不等于政治，但却也绝不能脱离无产阶级政治，我们要反对“非意识形态化”、“非政治化”、文科知识分子的“边缘化”等理论。按照这种理论，人文科学只能走入死胡同。

我们之所以强调马克思主义在人文学科中的指导地位，是因为只有马克思主义为我们提供了科学的世界观和方法论。对于人文学科而言，用什么样的世界观和方法论来进行研究是至关重要的。在历史学科中史料固然重要，但更重要的是历史观。如果否认历史事实的客观性，片面强调历史事实是价值判断；否认历史的规律性，片面强调主体的选择，那就不可能有科学的历史学。我们可以看到，有的学者不是从既成的历史事实出发来研究历史、探究历史的动因和规律，而是把对历史的研究建立在一连串假设的基础上。“如果没有辛亥革命，沿着维新变法的路子走中国早就富强了。”何以证明？没有事实，只有“如果”。可历史是不能假设的，历史面对的是既成事实，正因为在封建制度框架内变法行不通，才发生了辛亥革命；正因为中国资产阶级不可能领导彻底的革命，才发生了无产阶级领导的新民主主义革命和社会主义革命。这就是事实、明明白白的历史事实，在这些事实背后潜伏着历史的必然性。可见，没有正确的历史观就不可能把历史学变成科学。我们的文学研究，无论是搞文艺评论还是文艺创作，都必须学习辩证唯物主义和历史唯物主义，文学不能离开人，但要正确描述人，就必须先理解人，这是个哲学问题。现在文学领域中存在的某种性泛滥，把以两性为基础的爱情描述变为在“爱”的幌子下的性展览、性发掘、性泛化，从艺术的天堂坠入黄色的魔窟。因此，提倡与科学精神相结合的人文精神，充分发挥人文学科在整个社会主义建设，尤其是在精神文明建设中的作用，就显得十分重要。

（原载《教学与研究》，1997（5））

30. 进一步认识“三个代表”思想的理论价值和实践价值

江泽民同志的“七一”讲话，是立足当代现实，面向世界，放眼未来，总揽全局的关于中国共产党的建设，关于有中国特色社会主义建设的纲领性文件。特别是它的灵魂和核心思想——“三个代表”的学说，是中国共产党80年经验的总结，是国际社会主义运动正反两方面的经验的总结，是我们新世纪建党、建国，建设社会主义的指导方针。我们的各种报刊、各种宣传媒体，对“三个代表”重要思想做了充分的宣传。全党、全国人民都在认真学习和实践“三个代表”重要思想。我自己也在不断地学习，以更深刻地把握“二个代表”学说的伟大理论价值和实践价值。

有少数同志，特别是个别理论界的同志对“三个代表”学说在理论上的“创造性”认识不够。他们认为，“三个代表”中的三条是马克思、恩格斯、列宁、毛泽东和邓小平的一贯思想，是马克思主义最基本的原则，是众所周知的基本原理，不具有“原创性”。至多不过是过去三个原则是分开说的，现在是连在一块说、一块讲，并非首创。因为所谓“原创性”应该是独创性、唯一性，是前所未有的。我认为，这种认识是极其错误的和有害的，是我们深刻体会“三个代表”学说的一大障碍。

“原创性”，是考虑思想史、学说史的一个重要原则。在考察哲学史、经济学史，或者其他学说史时，某个思想是谁第一次提出来的，考察它的渊源，找到原创者，理清它的来龙去脉，这是非常必要和重要的。但是，对马克思主义发展史来说，特别是对以马克思为指导的无产阶级政党来说，学说史意义上的理论原创性并不是判断其理论价值和实践价值的唯一标准。

当然，对于马克思主义思想史来说原创性也是重要的。因为马克思主义是由马克思和恩格斯创立的，由他们的后继者所发展的学说。在发展中肯定会提出一些新的原理从而具有理论上的原创性。例如，毛泽东提出的农村武装割据、农村包围城市，三大法宝、三大优良作风，游击战争中的战略战术，新民主主义理论，人民民主专政理论，关于正确处理人民内部矛盾的思想；邓小平关于社会主义本质理论，关于计划与市场关系的理论，关于一国两制的思想，等等，都具有理论的原创性。

可是马克思主义理论发展史的原创性不同于一般学说史。它是马克思主义基本原理在实践中应用中的创造性发展。从原理本身来看并非独创和唯一的，是老祖宗的，但是它所针对的情况、针对的现实问题则是新的，它与具体实际相结合，创造性地解决面临的实际问题，而且提出了解决问题的新观点新思路新方法，这同样是一种独创性或者原创性。这种原创性，对以改造社会为己任的无产阶级政党来说，对马克思主义与时俱进的理论品格来说更为重要。马克思、恩格斯一贯重视无产阶级政党和各国马克思主义者的这种实践的首创精神。他们从来不用自己的理论束缚后人的手脚，而是让他们面对自己时代的问题，自己解决这些问题。

1881 年荷兰社会民主党曾打算把社会党人如果夺取政权，为了保证社会主义的胜利他们在政治和经济方面首要的措施应是什么的问题，提交给苏黎世国际社会党人代表大会讨论。马克思对之给以批评。他在给斐·多·纽文胡斯的信中说：这个问题“在我看来提得不正确。在将来某个特定的时刻应该做些什么，应该**马上**做些什么，这当然完全取决于人们将不得不在其中活动的那个既定的历史环境”①。马克思的这一立场与他 1872 年在《共产党宣言》德文版序言中所讲的是一样的。他指出，《共产党宣言》中所阐述的一般原理整个说来直到现在还是完全正确的，但是这些原理的实际应用，随时随地都要以当时的历史条件为转移。可以说，在马、恩看来，无产阶级政党理论和实践的原创性、独创性，正表现在不是以教条主义的态度对待他们的学说，而是把他们的理论看做是基本原则和观察

① 《马克思恩格斯选集》，2 版，第 4 卷，643 页。

问题、分析问题、解决问题的基本方法，面对自己时代的实际问题，从实践中找到一条正确的道路。

当然，理论创新和实践创新，或者说理论原创性和实践的原创性是不可分割的。对中国共产党人来说，理论的原创性，最根本的就是马克思主义与中国相结合，或者说就是马克思主义的中国化。中国化的马克思主义就是马克思主义中国化的光辉理论结晶。离开了实践的原创性就不可能有理论的原创性。例如，毛泽东的《实践论》、《矛盾论》、《关于正确处理人民内部矛盾的问题》等等著作，就其基本原则来说是马克思主义的基本原理。其中关于实践与认识的关系，关于对立统一规律，关于社会中存在矛盾的观点，都是马克思、恩格斯曾经论述过的。可是它们又是具有实践原创性和理论原创性的著作。因为毛泽东把马、恩关于矛盾、关于实践和认识、关于社会矛盾等问题的论述结合中国的实践经验、结合中国社会矛盾给以理论分析，并提出了解决中国实际问题和矛盾的方法。这实际上就是马克思主义中国化的过程，是马克思主义与中国实际相结合并产生中国化的马克思主义的过程。中国化的马克思主义就是既具有实践原创性又具有理论原创性的理论。

我认为对“三个代表”学说的考察，也应该具有这样的理论视角，要从马克思主义中国化的角度认识它的理论价值和实践价值，不能单纯拘泥于这一条或那一条原理哪一个经典作家说过，哪一本经典著作中有过，单纯做纯学理的考察。其实，“三个代表”学说的内涵是非常丰富的，并不只是三条基本原理，而是每一条原理中都以中国实际和问题为中心，提出了一系列新观点和解决中国问题的新措施。因此我们应该立足当代，结合实际，把“三个代表”学说作为一个整体，并充分掌握每一条的具体内容来考察它对当代中国社会主义建设，特别是对中国共产党的建设所具有的理论价值和实践价值：

第一，在“三个代表”学说中，就每一条看，的确是马克思主义的基本原则，也是 80 年来我们党一贯为之奋斗的方针和理想。“三个代表”学说中的每一条都不是原创性的理论，而是对马克思主义基本理论的继承。这表明马克思主义发展的一个鲜明特点就是一脉相承，表明“三个代表”学说在理论上是坚持马克思主义基本原理的。可是这种一脉相承并不能遮盖“三个代表”学说的理论创造性和它的当代价值。这是因为，马克思主义理论是一个科学体系，它包含哲学、经济学、科学社会主义等各方面的原理。在马克思主义的基本原理中，究竟把什么放在首要地位，这本身就需要有一种立足现实、审时度势的理论创造，尤其在当代需要一种世界性眼光。从马克思主义的创造性应用看，的确在不同的历史条件下，需要突出和强调马克思主义理论的不同方面。这一点列宁在其著名的《论马克思主义历史发展中的几个特点》中讲得明白，他说：根据具体的社会政治形势的改变，根据任务的变化，“马克思主义这一活的学说的**各个不同**方面也就**不能不**分别提到首要地位”[①]。在革命时期，阶级斗争学说、革命和战争的学说会提到首位；在夺取政权以后的一定时期内，巩固政权、强化无产阶级专政的学说会提到首位。所以，尽管“三个代表”学说是马克思主义的基本原则，但作为一种理论原则与作为一种实践原则、特别是结合其中每一条原则所包含的现实的具体内容，它的现实的理论价值和实践价值与存在于著作中是不同的。

第二，“三个代表”学说是对我们党所面临的历史任务的理论概括。它关系到我们民族的命运，我们社会主义的命运，具有很强的时代性和现实针对性。

从国际形势来看，我们正处在经济全球化的浪潮中。经济全球化是把“双刃剑”，具有双重作用。对发达资本主义国家来说是其资本的扩张，可以更大地拉开富国与穷国之间的差距。对发展中国家来说，参与世界经济全球化过程也可能带来发展的机遇，但机遇与挑战是并存的，特别是在加入 WTO 后，我们将面临更加严峻的挑战。如果我们党不能代表中国先进生产力发展的要求、代表中国先进文化前进的方向、代表中国最广大人民的根本利益，就有可能丧失经济全球化提供的发展机遇。对一个民族来说，发展的机遇是非常宝贵的。古代中国是一个强大的发达的封建大帝国，但当西方掀起文艺复兴运动时，我们从明代中叶以后却逐渐变得落后，特别盲目排外的大清帝国，使我们一次次错过了发展的机遇。今天，能否落实“三个代表”，是关系到中华民族能否自立于世界民族之林的问

① 《列宁选集》，3 版，第 2 卷，279 页。

题，是关系到民族的兴衰的大事。代表一般的生产力不行，必须是代表“先进”的生产力；代表一般的文化不行，必须是代表“先进”的文化。当然，先进生产力既有横向比较问题，又有纵向比较问题；先进文化既包括科技文化，又包括人文文化。所以在当代按照“三个代表”学说来建设，是中华民族伟大复兴之路。

从社会主义运动发展的情况看，苏联解体，东欧剧变之后，世界社会主义运动面临巨大挑战。过去我们讲，只有社会主义才能救中国，现在国外有的人讲，只有中国才能救社会主义。这是世界进步人类对中国共产党的迫切期待。的确，一个具有 13 亿人口的东方社会主义大国，如果有高度发展的先进生产力和先进文化，如果人民能够过上富裕的物质生活和精神文化生活，就能充分显示社会主义制度的优越性，可以改变一些人对社会主义的看法，重新确立起对社会主义的信心和信念。这可以说是对马克思主义社会主义理论和实践的最大贡献。

可是能不能完成中华民族的历史重托，能不能不辜负世界人民的期待，关键是我们的党。从我们党自身的状况来看，实践“三个代表”学说是中国共产党人继续保持和发挥先进性的必由之路。中国共产党人经过 28 年革命战争的考验，又经过 50 年执政的考验。客观地讲，在前一个考验面前，我们是好样的，是优秀的，是合格的。可是在后一个考验中，在执政的考验中，某些共产党员做得并不令人十分满意，蜕化变质的人不少。毛泽东早在进城时就讲，不要当李自成，要全党认真学习《甲申三百年祭》；在七届二中全会上又敲了警钟。可是在市场经济环境下，党的建设问题显得更为重要。“三个代表”学说的最重大理论价值和实践价值，就是它解决了建设一个什么样的党，怎样建设党这个关乎党的兴衰成败，关乎民族复兴，关乎中国社会主义前途和命运的大问题。

一个政党和一个人一样，寿命有长有短。一个人的寿命决定于他的生理机能，一个政党的寿命则决定于它的阶级性和社会职能。任何一个政党，即使是曾经非常进步的政党，一旦与先进生产力的发展要求相背离、与先进文化的前进方向相背离、与最广大人民的根本利益相背离，就会被社会发展、被人民所抛弃。近代中国历史发展中，有多少政党最终都进了坟墓，被历史所淘汰；国际共产主义运动中，许多曾经盛极一时的党派都先后衰败了，被人民所抛弃。究其原因都在于不能始终做到“三个代表”。中国共产党能否保持自身的先进性、能否担负民族复兴和社会主义复兴的重任，取决于能否始终按照“三个代表”学说的要求，不断加强自身的建设。江泽民同志讲“三个代表”是“立党之本、执政之基、力量之源”是一点也不错的。

所以，从社会主义理论特别是执政党建设的理论和实践看，“三个代表”学说的提出的确是一种独创，至今还没有哪一个社会主义国家把它写在自己的旗帜上，写在党的纲领上，并作为社会主义建设道路的导航器，作为新时期加强党的建设的根本方针。要真正认识“三个代表”学说的理论和实践价值，必须像江泽民同志所讲的那样，思考这个问题，要紧密结合国内外形势的变化，紧密结合我国生产力的最新发展和经济体制深刻变革的实际，紧密结合人民群众对物质文化生活提出的新的发展要求，紧密结合我们党员干部队伍发生的重大变化。

（原载《前线》，2002（2））

31. 实践“三个代表”的两个理论问题

江泽民同志“三个代表”的思想博大精深，具有鲜明的时代特征、很强的现实针对性和卓越的理论创造性。要正确理解“三个代表”思想，需要在理论上下苦功；要认真实践“三个代表”思想，需要决心，恒心，信心。不在理论和实践相结合上认真学习和贯彻“三个代表”思想，就容易水过地皮湿，不深不透，不痛不痒，没有实效。在当前，我以为有两个重大理论问题应该在思想上明确：一个是在当代中国谁能做到“三个代表”？另一个是如何做到“三个代表”？

一、谁能做到“三个代表”

我听到一些人议论，“三个代表”思想我双手赞成，谁不赞成发展先进生产力？谁不希望发展先进文化？谁不愿意自己的根本利益能得到满足？问题在于：谁是先进生产力的代表？是比尔·盖茨式的人物，是科技人员、白领工人，还是共产党官员？是陷入困境的国有企业，还是欣欣向荣的私营企业和外资企业？谁是先进文化的代表？是文学家、艺术家、歌星影星，还是普通的文艺工作者？是共产党人还是文化工作者？国有企业的一些工人在下岗，私营企业、民营企业则在安排工人就业，究竟谁能代表人民群众的根本利益？这些问题都是很尖锐的，但应该给予有说服力的分析和说明。

毫无疑问，比尔·盖茨式的人物、科技人员，在先进生产力的发展中发挥着重要作用。没有高度发达的科学技术，就没有先进生产力，这是不错的。可是在中国，能够为社会主义生产力的发展开辟道路，创造一个适宜于科学技术发展的政治、经济环境的是谁？能够把广大科技人员的积极性、主动性和创造性充分调动、组织起来的是谁？只有中国共产党。中国共产党 80 年特别是领导中国人民近 20 多年来改革开放的历史雄辩地证明了这一点。没有中国共产党，就没有一个安定、适宜的环境，就没有科教兴国的政策，就没有科学技术的飞速发展。只有中国共产党才代表着中国先进生产力的发展要求，其他任何一个政党、任何一个组织和个人都没有这种力量。

先进文化也是这样。艺术家、文学家的作用非常重要，他们是文化战线上的“兵”。可是在中国，通过改革为文化的发展提供经济和政治的动力，为先进文化的发展指出正确方向，通过“双百方针”把广大文化工作者的积极性、主动性和创造性组织、调动起来的是谁？也是中国共产党。没有社会主义经济和政治制度，没有正确的文化方针和政策，文化是不可能按照先进的方向自发地前进的。只有中国共产党才把代表先进文化前进方向的要求写在自己的旗帜上。从中国共产党成立之日在中国大地上宣传马克思主义，批评封建主义、帝国主义和殖民主义的旧文化到社会主义新时期建设社会主义文化都证明了这一点。没有中国共产党的领导，就不可能荡涤文化领域中的污泥浊水和各种文化垃圾。

一个乐队、一支军队都需要指挥者。在我们国家，工人、农民、知识分子、比尔·盖茨式的人物，作家、艺术家、歌唱家，等等，他们都是先进生产力、先进文化的组成部分和力量，按照江泽民同志讲的就是有中国特色社会主义的建设者，但不是“代表”。把他们组织起来、调动起来，指挥他们朝着先进方向前进，使他们成为先进生产力和先进文化的组成部分的是中国共产党。所以，“代表”是个政治范畴，指的是整个社会前进的领导者和组织者。在当代中国只有中国共产党才能担负起这个关系到中华民族复兴的伟大历史重任。

也有人说，你看共产党中一些党员干部以权谋私，受贿、腐败的官员不在少数，从人大常委会副委员长到省长、副省（部）长，还有党的某一组织整个烂掉的，这怎么能做到“三个代表”？我认为要正确看待这些问题，也必须首先弄清“代表”的确切含义，是指某个共产党员、某个党组织，还是指整个中国共产党的理论、路线、纲领、方针、政策和各项工作？显然只能是后者。作为其中一员的某个党员，作为其中一部分的某个党组织可能腐化、堕落，但“三个代表”思想强调的是，中国共产党通过自己的理论、路线、纲领、方针、政策和各项工作代表先进生产力发展的要求、先进文化前进的方向、最广大群众的根本利益。江泽民同志“七一”讲话对“三个代表”思想的论述，始终抓住并强调的就是这些最根本的东西。

我们的理论是马列主义、毛泽东思想和邓小平理论，这是“三个代表”思想的理论基础；我们的路线是“一个中心，两个基本点”，这是实现“三个代表”的保证；我们的纲领是最高纲领和最低纲领的统一，我们立足于中国会相当长时间处于社会主义初级阶段的国情，但又始终不忘共产主义的远大理想和目标；我们的方针是社会主义物质文明和精神文明一起抓，两手都要硬；我们的各项工作都要以三个“有利于”为标准。在当代中国，离开了党的理论、路线、纲领、方针、政策和各项工作，“三个代表”就会流为空谈。

有人会问，如果党风不正，党员腐败，甚至党的组织腐败，所谓路线、方针、纲领、政策谁来执行，不都落空了吗？这话不错。这正是问题的关键所在，是实践“三个代表”、加强和改进党的作风的关键所在。正因为有些党员腐败，有些党的组织丧失战斗力，才有党的建设的问题，才有实践“三个代表”，要求党组织、要求党员做到“三个代表”的问题。否则，一切都好，何必提出“三个代表”思想，何必提出整顿和改进党的作风问题？党的十五届六中全会专门讨论党的作风建设问题，就是为了真正落实、实践“三个代表”。所以我认为，党内存在的腐败现象、存在个人的或集团性的腐败，不是不能实践“三个代表”的理由，而恰恰是应该实践“三个代表”以加强党的建设、改善党的形象、改进党的作风的理由。任何事物都是相反相成的。正因为有病，所以才吃药；而不能从有病推论出不必吃药或吃药无用。这在逻辑上是混乱的。从结果上讲，有两种循环：一种是恶性循环，由于存在腐败，因而不能坚持“三个代表”；由于不能坚持“三个代表”，所以更加腐败。一种是良性循环，由于实践“三个代表”，改善了党的形象，因而能有效地反对和克服某些党员和党组织的腐败习气；由于克服了腐败，改进了党的作风，所以能更好地坚持和实践“三个代表”。我们要力争实现良性循环，防止和克服恶性循环。我们相信以江泽民同志为核心的中国共产党有能力有魄力有办法通过实践“三个代表”实现党风的良性循环。

还有人问，“三个代表”思想能坚持到底吗？因为江泽民同志讲的是我们党要“始终”代表。“始终”两个字很重要。“始”的情况很清楚，中国共产党建立的时候，它的根本目标就是为了实现中国人民的根本利益、推动中国先进生产力和先进文化的发展。“终”是需要认真研究的问题。“终”是什么意思？“终”就是永不变色的意思，不能像苏联及东欧国家那样半途而废。我们如何保证这个“终”？如何保证我们党永远坚持“三个代表”？世界上半途而废的共产党、工人党并不少见，苏联、东欧社会主义的失败也证明了这一点。中国共产党 80 年来是“三个代表”，何以保证或证明 100 年后仍然是“三个代表”呢？80 年证明不了 100 年，正如不能由昨天太阳出来证明明天太阳一定出来一样。其实，太阳明天会出来并不是由昨天出来推论出来的，而是由地球物理学规律来决定的。同样，我们也不是简单地由以往的 80 年推论以后的 100 年甚至更长的时间。我们是从中国共产党 80 年奋斗历史经验的总结中得出规律性结论。我们不是历史宿命论，也不是机械决定论，而是科学的辩证决定论。并没有一个神秘的力量在共产党之外支配着共产党，它的兴衰成败完全在于党自身的状况。如果不坚持“三个代表”思想，任腐败滋生蔓延，那蜕化变质的危险就是极其现实的。相反，如果着力于党的建设，坚定地实践“三个代表”，就能跳出历史的周期率。历史经验证明，执政比夺权更容易产生腐败。因此，对共产党来说，掌权比夺权时更应该严格治党。在保持先进性与“三个代表”之间存在着内在的辩证关系。只有保持先进性才能实践“三个代表”，反过来说，只有真正坚持“三个代表”才能保持党的先进性。“三个代表”不是从“先进性”这个抽象概念中产生的，而是在社会主义实践中经过正反两方面经验的锤炼、提炼而成的。我们党通过自身的历史，通过国际社会主义运动曲折前进的历史非常清醒地认识到这个问题的重要性，并加以认真实践，这就是我们始终能坚持“三个代表”思想的理论和事实依据。

其实上面提到的种种问题，归结到一点，就是如何将“三个代表”思想真正落到实处。如果我们能够在实际工作中切实做到“三个代表”，就能充分显现出它的理论价值和实践力量。少数人对此所持的种种疑虑就会消失。

二、如何做到“三个代表”

如何正确实践“三个代表”思想？这之中涉及的问题，更为困难，也更为复杂。既涉及一些深层的理论问题，也涉及一些尖锐的现实问题。可是，不从理论上弄清这些问题，我们就难以在认识上准确地掌握“三个代表”思想，就会影响“三个代表”思想的贯彻落实。恩格斯说过：“只有清晰的理论分析才能在错综复杂的事实中指明正确的道路”①。

先说代表先进生产力发展要求的问题。这个问题包括两个方面：一个是发展生产力尤其是先进生产力的要求；一个是先进生产力发展自身的要求。发展生产力的要求很清楚，因为生产力是社会发展的决定力量，生产力发展了，社会才能发展，才能提供丰富的物质和文化产品。社会发展的最终决定力量，归根到底取决于生产力的发展。这没有疑义。可是当今中国，生产力发展的要求是什么？认识上往往分歧很大。有的人说，在当今中国，生产力发展要求实行私有化，因为实践证明公有制不符合生产力发展的要求，私有化才能推进生产力的发展。有的人则说，生产力发展的要求是制止继续私有化，反对不断缩小国有制在国民经济中的比重，认为国有比重下降不利于生产力的发展。这是两种截然对立的看法。从分配角度看，公平与效率的矛盾十分突出。有人说，收入差距还应该拉大，这样才有利于生产力的发展。有的则认为，收入差距再拉大必然导致两极分化，这不利于生产力的发展。从政府职能上看，有人主张政府干预经济，加强宏观调控，有人则反对政府干预和调控，主张一切问题均由市场自行决定。

在如何代表先进文化的前进方向问题上，矛盾也很突出。这里不仅存在市场经济条件下利益原则与文化建设中的价值原则的矛盾，高雅文化与

① 《马克思恩格斯全集》，第 37 卷，283 页，北京，人民出版社，1971。

大众文化的矛盾，传统与现代化的矛盾，文化全球化与民族文化的矛盾，文化主旋律与文化多样化的矛盾；而且更为重要的是在市场经济条件下如何实现人人都有受教育的权利和享受文化的权利。当学费昂贵、文化消费昂贵，只有少数人消费得起时，我们的文化政策、教育政策如何才能代表先进文化前进的方向呢？

至于如何代表人民群众的根本利益问题，情况就更复杂了。在以往的任何时期，群众的根本利益是非常明确的。利益关系很简单、很明确。抗日战争时期，打败日本帝国主义、夺取抗日战争的胜利是中华民族的根本利益。为此任何牺牲都是值得的。解放战争时期，打败三大敌人，推翻三座大山，打倒蒋家王朝，解放全中国，为此而流血牺牲的就是革命烈士。反对什么，拥护什么，是很明确的。唯独在改革开放时期，利益关系极为复杂。谁失利？谁得利？谁付出代价？不能说都是很清楚的，都是很合理的。改革的沉重负担，有时候会落在一些基层群众的头上。面对这种情况，有些人不明白到底为什么要改革？为谁改革？改革的对象是谁？从而影响了群众参与改革的积极性。这是 20 多年来的改革不同于以往任何一次革命的特点。这样，改革中群众的根本利益与目前利益，一部分人的利益与另一部分人的利益的矛盾有时候就很突出。由于劳动的性质、就业方式、收入分配等条件的变化，不同地区、不同部门、不同职业、不同方面的群众的具体利益与长远利益之间往往存在矛盾，这种矛盾有时候还非常尖锐。在这样的情况下，党如何更好地代表人民群众的根本利益和不同群体的具体利益，如何按照“注重效率、维护公平”的原则处理好效率与公平的关系，确实是一个关系到如何落实“三个代表”的大问题。

在市场经济条件下，分配上的差距是必然的、不可避免的。西方实行的是：把效率交给市场，把公平交给税收，把灵魂交给上帝。实际上在私有制条件下，真正的公平是不可能的。我们既然搞市场经济，就必须承认收入的差别，但我们实行的是注重效率、维护公平的原则。人为的公平只能导致普遍的贫穷。我们通过健全社会保障体系、合理的税收制度来防止两极分化。特别重要的是我们要坚持“发展是硬道理”的方针。只有坚持以经济建设为中心，发展生产力，增强综合国力，国强民富，先富帮后富才能使公平问题、教育问题、文化权利的共享问题的解决落到实处。

而要发展生产力，就不能撇开生产关系，不能撇开所有制问题。生产力是不可能离开生产关系单独发展的。毫无疑问，私有化既不符合我们的社会主义制度，也不符合生产力发展的要求。社会主义公有制的优越性是不能否定的。全世界实行私有制的国家有多少，全世界搞市场经济的国家又有多少，但其中有几个能达到美国、日本的水平？在我们国家确立市场经济体制后，一定程度地发展私营经济和个体经济对我国经济发展确实起到了促进作用。但须明白，正是因为这是在社会主义国家，在以公有制为主体的原则下，有一个真正代表人民利益的政府，有一个有效的宏观调控机制，才使得在全世界许多国家经济处于不景气的情况下，私营经济和个体经济能在中国发挥出它们的能量和作用。我们不能撇开社会主义国家的作用，撇开社会主义公有制的作用，去抽象地谈论私营经济和个体经济的作用。在一个有十多亿人口、经济原本落后的中国如果全面实行私有化，实行自由主义的经济政策，可以肯定地说，个体、私营经济和市场经济体制会失去它的神奇效力，至多是和世界上其他一直实行这种制度的不发达或发展中国家一样，甚至还不如它们。旧中国的历史是不能忘记的。我们党的路线和政策是完全正确和富有成效的。这就是建设有中国特色的社会主义。只有社会主义能救中国，这是中国 80 年的历史经验。至于如何科学理解、有效实践社会主义，这需要一个过程。这个过程中的挫折、失败，只能引导我们正确坚持社会主义而不是抛弃社会主义。这些问题在邓小平同志关于社会主义的理论中已经得到创造性的解决。我们要时刻牢记：我们的市场经济是社会主义市场经济，我们的私营经济和个体经济是在公有制主导下的经济。我们关于生产力发展，关于文化建设，关于人民群众利益的问题等等，都绝不能离开社会主义基本制度自我完善这个立足点和根本点。

所有我们上面提到的问题，从深层看其实都是涉及我国社会主义初级阶段的社会基本矛盾和人民内部矛盾如何处理的问题，从实践看则是关系到如何贯彻党的“一个中心，两个基本点”的基本路线，如何贯彻以公有制为主体多种经济同时发展的基本政策问题。这些问题的解决和回答，都不能离开党的基本理论、基本路线、方针和政策。当前最重要的是要认真学习“七一”讲话，深入学习江泽民同志关于“三个代表”的一系列论述，掌握“三个代表”思想的丰富内涵和精髓，并把它落实到党的路线、方针、政策和各项工作中去。只有坚决实践“三个代表”，才能加深对“三个代表”思想的理解。

（原载《前线》，2002（6））

32. 从社会制度考察和理解“三个代表”重要思想

胡锦涛总书记在“三个代表”重要思想理论研讨会上的讲话，要求广大党员和干部对“三个代表”重要思想的时代背景、实践基础、科学内涵、精神实质和历史地位的认识上达到新的高度。这个指示对将“三个代表”重要思想的学习引向深入，非常重要，非常及时。

一、划清理论界限，准确理解“三个代表”重要思想

要达到对“三个代表”重要思想认识的新高度，首先要做到准确理解。如果理论界限不清，就会阻碍对“三个代表”重要思想的把握。例如有人说，“三个代表”重要思想的内容古已有之；任何一个社会的统治者都关心发展生产，提倡发展生产，都希望发展教育和文化，也都期盼国强民富；中国历来重视农耕，提倡民本思想，倡导国以民为本，民以食为天。还有人说，在当今世界最符合“三个代表”要求的是西方发达资本主义国家，特别是美国，它们具有最发达的科学技术，真正代表当今世界的先进生产力，他们重视发展文化，而且教育和文化事业都比我们发达，人民生活水平高、生活富裕，社会福利和社会保障制度健全。意思是，如果要说“三个代表”的话，最有资格的是西方发达国家及其执政党的福利主义政策。这种种说法的错误在于把“三个代表”重要思想看成是一般提高生产、普及教育和建立社会保障和社会福利体系之类的措施，从而曲解“三个代表”重要思想的科学内涵和本质。

“三个代表”重要思想强调的是代表先进生产力发展的要求，而不是

一般的发展生产；强调代表先进文化的前进方向，不是一般的发展文化和普及教育；强调代表广大人民的根本利益，是指建设中国特色社会主义，逐步实现人的全面发展，最终过渡到共产主义社会，而不仅仅是建立社会保障体系之类的公共管理或社会福利事业。可以说，提高生产，发展教育和建立一定的社会福利和社会保障制度，在发达资本主义国家可能做到，但它们永远不可能提出和实践共产党人倡导的“三个代表”，因为二者是两种不同的社会制度、两种不同的思想体系。

西方发达资本主义国家，由于科学技术的发展可以迅速提高生产水平，可以形成当今世界比较发达的先进生产力，但它不可能代表先进生产力发展的要求。它可以在资本主义制度允许和有利的范围内对生产关系作某些调整，以容纳生产力的发展，但绝不会改变生产关系的资本主义性质。

就文化来说也是如此。“三个代表”重要思想强调的是坚持先进文化的前进方向。西方资本主义社会在它们取代封建社会时是代表先进文化前进方向的。可是随着资本主义社会取代封建社会，上升为统治阶级后，资产阶级的启蒙主义文化便由理性主义转向非理性主义；由自然观的唯物主义的人道主义转向抽象的唯心主义的人本主义；由崇尚科学转向崇尚宗教。至于发展到当代，醉心于物质享受，追求感官满足的资本主义社会，各种畸形的荒唐的垃圾文化比比皆是。这就是说，资产阶级曾经是先进文化的代表，但并不能代表先进文化的前进方向，无力进一步推动文化朝非资本主义文化方向发展，它的阶级利益把文化死死地禁锢在资本主义的范围内。

至于代表广大人民利益，在资本主义社会更是不可能的。这是一个贫富对立两极分化的社会，是劳动与资本对立的社会，是一个冷酷无情的金钱万能的社会。在发达资本主义社会，由于阶级矛盾的激化和长期的工人运动，为缓和矛盾和求得社会稳定，它可以用纳税人的钱建立社会保障体系和社会福利体系，其目的是维护社会稳定而不是为了穷人的利益。资本主义制度的本质是代表一部分人的利益，而与广大人民的根本利益是对立的。尽管比起奴隶社会的奴隶和封建制度下的农民，资本主义制度下工人的生活状况和生存条件得到不同程度的改善。即使与资本主义社会早期的工人相比，当今西方发达资本主义社会的工人的生活条件也有很大的变化。可是工人仍然是雇佣劳动者，是被剥削者。当资本主义社会基本矛盾激化时，这种阶级对立会更为尖锐和激烈。以为西方发达资本主义社会科技发达，生产力水平高，也能实现“三个代表”，纯属海外奇谈。物质生产是社会存在和发展的基础，任何社会停止劳动哪怕是几星期都无法生存，这是人类社会发展的普遍规律。在阶级社会中，尽管任何社会的统治者从国家职能和自身利益出发都关心发展生产，可是只要生产力与生产关系矛盾尖锐化，他们都会利用一切手段甚至暴力维护旧的生产关系和所有制关系，维护旧的上层建筑和旧的文化，从而严重阻碍生产力发展。

二、“三个代表”重要思想体现的是新型的社会关系

“三个代表”重要思想与以马克思主义为指导的中国共产党立党为公，执政为民的本质和中国特色社会主义制度的优越性不可分，与我们面临的时代特点和肩负的民族复兴和社会主义复兴的使命不可分。由于历史的原因，我们现在仍属于发展中国家，生产力与科学技术，平均国民收入，社会保障体系，与某些西方发达资本主义国家仍有距离。但重要的不是差距本身，而是处于执政地位的中国共产党认识到了这种差距，而且正在以中国化的马克思主义为指引竭力改变这种差距，以新的姿态自立于世界民族之林。胡锦涛总书记说：“‘三个代表’重要思想反映了我国最广大人民的共同愿望，体现了当今世界和中国发展的时代精神，显示了马克思主义科学理论的强大力量，是全党全国人民在新世纪新阶段团结奋斗的共同的思想基础。”这正是“三个代表”重要思想的力量所在。

首先，“三个代表”重要思想的提出显示了马克思主义科学理论的强大力量。“三个代表”重要思想，既表现了马克思主义基本原理的生命力，又表现了它的与时俱进的创造力。

从时代性来看，20 世纪 90 年代以来，冷战结束以后的国际局势的变化更为激烈和深刻。和平与发展的主题虽然没有变化，但霸权主义和强权政治有新表现，恐怖主义危害上升；经济全球化的趋势在曲折中发展，科技进步日新月异，以经济为基础，科技为先导的综合国力竞争更为激烈。世界某些社会主义国家的失败也是当代世界特征的一个重要方面。按照马

克思主义的观点，要在这样的国际形势下，能够防范任何风险和世界性的突发事件，自立于世界民族之中，只有真正以先进生产力为基础、以先进文化为引导、不断使广大人民的物质和文化需求得到满足，我们的社会主义国家才能真正固若金汤，即使国际风云变幻、强手如林，我们仍然能乘风破浪，朝既定目标前进。

从实践性看，它立足于变化着的中国实际，继续沿着毛泽东、邓小平所坚持的马克思主义中国化的道路前进。马克思主义中国化实际上是双化，是理论和实践的互动：既是用马克思主义的普遍真理作为立场、观点、方法来“化解”中国问题的过程，又是中国的实践经验上升为马克思主义理论从而“深化”马克思主义理论的过程。毛泽东思想和邓小平理论都最充分表现了这种双化的特性。“三个代表”重要思想也是一样的。它毫不含糊地坚持马克思主义的普遍原理，坚持走马克思主义中国化的创新道路。“三个代表”的理论依据是马克思主义的普遍原理，其历史依据和现实依据，是我们自己的经验和教训的总结。离开了中国共产党人的奋斗历史，离开了中国的国情、党情和民情，就不可能有“三个代表”重要思想的产生。

从理论思维来看，它最充分表现了马克思主义特有的与时俱进的理论创新能力。在马克思主义发展史上，每次重大的理论跃进都表现了创造者的理论勇气和高度的卓越的理论思维能力。因为创新不仅需要敢于突破前人，还需要有善于总结经验的创造性的理论思维，达到规律性的认识。列宁、毛泽东、邓小平以及其他马克思主义发展史上著名的理论家都是理论勇气和创新思维相结合的卓越典范。“三个代表”重要思想中所凝结的实事求是，解放思想和与时俱进的精神以及一系列新思想、新观点、新论断，以及对三大规律认识的高度，就是敢于创新的理论勇气和善于创新的理论思维的光辉结合。它既凝结了中国共产党人的集体智慧，也表现了对这一思想的创立作出了卓越贡献的江泽民同志敢于创新的理论勇气和思维创新能力。

其次，“三个代表”重要思想是对社会主义国家执政党历史使命的理论自觉。它既进一步回答了什么是社会主义和如何建设社会主义的问题，更创造性地回答了建设什么样的党和怎样建设党的问题。执政党的建设问题，是关系社会主义的命运，关系社会主义事业成败兴亡的问题。毛泽东当年在延安回答黄炎培先生提出的历史周期率问题，进北京时讲的赶考问题，一直是处于执政地位的共产党面对的严峻问题。“三个代表”重要思想对党所处的历史方位的科学判断，是对执政党的历史使命和党的建设问题的科学回答。

或许有的同志会说，从马克思主义理论角度看，“三个代表”的内容并不是新的原理。这只说对了一半而且是并非最重要的一半。只要把“三个代表”重要思想放在马克思主义发展史，放在中国共产党80多年的奋斗史进程中来考察，我们就可以看到，“三个代表”重要思想由原理上升为党的指导思想的重大意义及其内容的丰富和发展。

毫无疑问，“三个代表”重要思想的最基本原则，在马克思和恩格斯的著作中讲过，属于马克思主义特别是历史唯物主义的基本原理；可这还是一般理论原则。从中国共产党革命斗争历史来说，在民主革命时期它与中国实际相结合，成为中国化的马克思主义——毛泽东思想的重要内容和中国共产党人的奋斗目标。我们从毛泽东同志的许多著作，例如《新民主主义论》、《论联合政府》等著作中可以知道，中国共产党人革命的目的，就是解放先进生产力，发展生产力，反对半封建半殖民地的封建主义与帝国主义文化，建立中华民族的新文化，即民族的科学的大众的文化。就为中国人民利益奋斗而言，可以说无论是反对日本帝国主义的抗日战争还是推翻三座大山，解放全中国的革命战争，都是符合人民根本利益的。可是，在民主义革命时期，在革命和战争年代，重点不可能是发展生产力，而是改变旧的生产关系及矗立其上的反动政权，为发展和解放生产力开辟道路；也不可能根本改善和提高人民生活，相反，革命和战争要求人民作出牺牲，必要时打烂坛坛罐罐。新中国成立以后，情况发生了根本转折，人民翻身当家做主，中国共产党成为执政党，在社会主义改造和建设过程中，无论在发展经济和改善人民生活方面都取得了很大成绩，可是由于“左”的思想的干扰，片面强调以阶级斗争为纲，我们在一段时期内生产力发展缓慢，生活资料匮乏，人民生活处于贫困状态。邓小平倡导改革开放，提倡一个中心两个基本点的路线，代表先进生产力发展要求，改变经济基础和上层建筑中与生产力发展不相适合的各种制度和环节，通过使一部分人先富起来的方针来逐步使全国人民富裕起来。这实际上是在实践中贯彻“三个代表”的思想，只是没有用这个提法。以江泽民为主要代表的中国共产党人，集中全党智慧，总结了中国共产党长期奋斗的历史经验，改革开放以来特别是十三届四中全会以来的治党、治国、治军的经验，高屋建瓴，以创造性的马克思主义理论勇气，明确提出“三个代表”的思想，并以其为红线，以我们已经做的和正在做的事情为中心，提出了一系列相互联系的新观点、新思想和新论断，使其成为一个以“三个代表”作为理论概括的科学理论体系，并在党的十六大确定为党的指导思想，成为党的宗旨和纲领。这样，“三个代表”思想，就由马克思主义的一般原理上升为党的宗旨和纲领，上升为党的指导思想。

“三个代表”重要思想与马克思列宁主义、毛泽东思想、邓小平理论一道确定为党必须长期坚持的指导思想，表明了社会主义改革开放时期党的指导思想与时俱进的特点。在改革开放继续深化的过程中，我们党的建设的确面临许多新问题，如面对改革开放形成的新阶层，如何处理党的阶级性和群众基础的问题，共产党如何以发展为执政兴国第一要务及立党为公、执政为民问题，其中特别是在市场经济和改革开放条件下，如何保持党的先进性问题，如何反对党内存在的严重腐败问题。在我党 6 000 万党员中，绝大多数是改革开放以后入党，大批年轻的党员干部走上各级领导岗位，党的建设成为制约改革开放前进的关键。正因为这样，“三个代表”重要思想被确定为必须长期坚持的指导思想，作为保持党的先进性，作为全党各级领导“对人对事”，即改造客观世界和改造主观世界的尺度，解决了社会主义建设中一个最重大的问题，即为真正立党为公，执政为民，为防腐拒变保持党的先进性，找到了最有效的理论武器。没有社会主义改革时期执政党的建设问题，就不会形成“三个代表”重要思想。

最后，“三个代表”重要思想与社会主义社会的自我完善，社会主义社会的稳定、改革和发展是互动关系。只有在党的路线、纲领、方针、政策和各项工作中贯彻和实践“三个代表”，才能真正以发展为第一要务，加速社会主义的全面发展，保持稳定，深化改革，推进中国特色社会主义事业，实现全面建设小康社会的宏伟目标。苏联解体、东欧剧变时，广大群众袖手旁观漠然置之，表现出对“社会主义”的一种冷淡态度，根本上就是因为他们的政策和措施阻碍经济发展，群众生活贫困，这种官僚化的脱离群众的所谓“社会主义”，不符合群众的根本利益。经验证明，一个社会主义国家对原有阻碍生产力发展的体制不改革，不改善群众生活，不以符合最广大人民的根本利益为衡量一切政策的最高标准，违背与时俱进的原则，迟早会失败的。从这个角度说，“三个代表”重要思想是社会主义克敌制胜自我完善的新的三大法宝。

坚持社会主义道路，维护社会主义根本制度，对于正确贯彻和实践“三个代表”重要思想至关重要。没有社会主义制度的保证，所谓贯彻“三个代表”都会变为一句空话。所以，邓小平提出的是一个中心两个基本点。以改革来促发展，以坚持四项基本原则来保证改革的社会主义方向。“三个代表”重要思想中内在地包含着坚持社会主义道路的原则。

在实践“三个代表”重要思想和坚持社会主义道路的互动关系中，不能把“三个代表”重要思想抽象化，不仅要从理论上弄清什么是“三个代表”，还要弄清如何实践“三个代表”。因为是否正确理解和贯彻“三个代表”，关键在于在实践“三个代表”时要坚持党的路线、纲领、方针、政策。如果认为当代代表先进生产力的只能是民营企业，而公有制是阻碍生产力发展的；认为分配差距越大，动力越大，甚至说发展先进生产力——靠大款，发展先进文化——靠大腕，如果这样，摒弃社会主义原则，那就是名为实践“三个代表”，实为背离“三个代表”。

“三个代表”重要思想具有鲜明的马克思主义的社会主义的特征。它在社会主义制度下才可能实现，它体现的是社会主义制度的优越性和共产党的先进性。抽象掉它产生的社会基础和阶级基础，把它变为任何社会都能奉行的普遍原则，就从根本上曲解了“三个代表”重要思想的科学内涵和本质。

（原载《中国高等教育》（半月刊），2003（17））

33. 论马克思主义在巩固和完善社会主义制度中的指导地位

历史是最丰富最生动的教科书，它以其自身的客观矛盾和问题，不断地迫使人们去思考和探索。处在20世纪末的当代中国理论工作者，就面对一个令人十分困惑和震惊的问题，这就是：在无产阶级夺取政权时起过决定性指导作用、作为共产党指导思想的马克思主义，在无产阶级取得政权以后，在社会主义条件下，反而逐渐遭到冷遇、排斥、否定，最终导致一部分人民政权的丧失和社会主义制度的自我毁灭。世界上某些社会主义国家的历史演变就是这样。我们国家的情况则与此不同。十一届三中全会以来，邓小平同志在倡导改革开放的同时，一贯强调要坚持四项基本原则，并亲自发动过反对资产阶级自由化的斗争。但是在我们国家淡化马克思主义的倾向和思潮仍然存在。这种倾向如果任其发展，是非常危险的。人们迫切希望在落实十四届四中全会关于加强党的组织建设任务的同时，加强党的思想建设和理论建设，牢固树立马克思主义在社会主义事业中的指导地位和作用。

为什么马克思主义在革命斗争中的胜利会转变为对马克思主义自身的否定？如何才能真正发挥马克思主义的指导作用和功能？这是个重大的理论问题，也是个需要迫切解决的实际问题。世界社会主义革命和社会主义发展的历史提供了正反两方面的经验，我们应该重视对这些经验和教训的总结。本文只是从马克思主义发展史的角度，从马克思列宁主义、毛泽东思想、中国特色的社会主义理论这三种提法中所蕴含的实际意义，来揭示如何才能真正发挥马克思主义的指导作用和功能，避免社会主义历史悲剧的重演。

一、列宁主义、毛泽东思想蕴含的实际意义——在推进马克思主义中发挥马克思主义的指导作用

只有以马克思主义为指导无产阶级才有可能夺取政权，这是已为俄国革命、中国革命以及其他社会主义国家革命所证明了的真理。无产阶级革命是一场意志、力量、信仰的斗争。无产阶级在夺取政权时一无所有，它最重要的依靠就是马克思主义：依靠马克思主义来制定正确的战略和策略，依靠马克思主义来统一革命队伍的步伐和思想。马克思主义在无产阶级夺取政权时的地位和作用非常突出。邓小平同志说过："如果我们不是马克思主义者，没有对马克思主义的充分信仰，或者不是把马克思主义同中国自己的实际相结合，走自己的道路，中国革命就搞不成功，中国现在还会是四分五裂，没有独立，也没有统一。对马克思主义的信仰，是中国革命胜利的一种精神动力。"① 他还说："为什么我们过去能在非常困难的情况下奋斗出来，战胜千难万险使革命胜利呢？就是因为我们有理想，有马克思主义信念，有共产主义信念。"②

为什么在夺取政权时马克思主义如此生气勃勃，起着决定性的指导作用，而在取得政权以后，反而慢慢地出现了马克思主义信仰危机、出现了马克思主义威信下降的趋势？这里的关键问题并不在于马克思主义本身，而在于马克思主义的应用，即马克思主义是否与本国实际相结合。俄国十月革命的胜利是以列宁为首的布尔什维克，把马克思主义与俄国实际情况相结合，从而找到了一条在俄国不通过农村公社而是通过城市斗争武装夺取政权的道路。列宁的《社会民主党在民主革命中的两种策略》以及其他一些著作就充分显示了马克思主义与实际结合的力量。同样，在中国，以毛泽东为首的中国共产党人，把马克思列宁主义与中国实际相结合，也找到了一条在中国夺取政权的道路。从《中国的红色政权为什么能够存在》到《新民主主义论》，显示了马克思主义中国化的力量。事实证明，马克

---

① 《邓小平文选》，第3卷，63页。

② 同上书，110页。

思主义是否能发挥作用和作用大小，取决于它与现实相结合的程度。要真正发挥马克思主义的指导作用，就必须经历一个再创造的过程，这就是运用马克思主义基本原理，通过对本国国情和传统的深入了解和分析，从中引出具有本国特色的路线、方针和政策，即具体解决“怎么办”的问题。

可以说，列宁主义的诞生意味着以列宁为代表的俄国马克思主义者，在创造性地运用马克思主义的过程中，解决了如何发挥马克思主义的指导作用和功能问题；毛泽东思想的诞生意味着以毛泽东为代表的中国马克思主义者，在创造性地运用马克思列宁主义的过程中，解决了在中国如何发挥马克思列宁主义的指导作用和功能问题。马克思主义的基本原理尽管是放之四海而皆准的普遍真理，但如果仅仅停留在本本上，不同俄国和中国革命实际相结合，不具体转化为关于俄国革命和中国革命的理论，不转化为在实际斗争中具有可操作性的方针和政策，马克思主义在夺取政权时就不可能发挥它的指导作用。马克思主义在俄国革命中衍生为列宁主义、在中国革命实践中衍生出毛泽东思想，这正是马克思主义在夺取政权中发挥出它的巨大指导作用和功能的“秘密”或者说“关键”所在。

二、由教条主义倾向走向彻底背弃马克思主义——社会主义失败的惨痛教训

在无产阶级夺取政权以后，在社会主义革命和建设中，马克思主义应该处于何种地位，从理论上来说，这是个已经解决了的问题。毛泽东说：领导我们事业的核心力量是中国共产党，指导我们思想的理论基础是马克思列宁主义。这就明确地指出了在社会主义社会，党的领导、马克思主义指导思想、社会主义制度的巩固和发展是三位一体的，可以说是“一荣俱荣，一枯俱枯”。如果党的领导地位丧失，马克思主义的威信就会动摇，就会发生信仰危机，社会主义制度就不可能巩固；同样，如果马克思主义不占统治地位，党的领导也会落空，社会主义制度也会随之而灭亡；反过来说，如果社会主义制度的优越性没有发挥出来，社会主义没有搞好，生产力不发展，人民生活没有较大的改善，党的领导和马克思主义的威信就也都会受到损害。如何在这三者的辩证统一中加强和完善党的领导、发挥马克思主义的指导作用、通过改革完善社会主义制度，这是摆在我们面前

的一个重要课题。

苏联解体和东欧剧变是社会主义运动史上的重大事件，它比起巴黎公社的失败，影响要大得多。巴黎公社范围小，时间短，外临强敌，敌我力量悬殊；而苏联、东欧的剧变，则是在社会主义政权存在半个世纪甚至70多年之后的自我解体，因此非常值得深思。

全世界都关注这一重大事变，有各种不同政治色彩和理论观点的人都从各自的立场进行了总结。西方一些政治家和理论家们都力图通过苏东事件把矛头指向马克思主义和科学社会主义。

有的人把马克思主义和社会主义对立起来，把马克思主义说成是恩格斯制造出来的教条主义。他们公开宣称自己同革命、同无产阶级专政、同阶级斗争毫不相干，同生产资料和交换资料的社会化毫不相干。他们自称找到了一条社会主义道路，“这条道路不是别的，正是当代的人道主义”。“马克思主义正在死亡，马克思主义已经死亡！社会主义现在活着，将要活下去，并将发展壮大”①。这就是他们从苏东事件中得出的结论。不要马克思主义，就不可能有真正的社会主义。世界上自称的社会主义国家为数甚多，但事实却证明，反对马克思主义的所谓社会主义，往往是掩盖极端专制、极端贫困、极端落后的遮羞布，它与科学社会主义毫无共同之处。

西方某些民主社会主义的鼓吹者，把苏联和东欧事件看成是马克思主义的社会主义的失败、民主社会主义的胜利，鼓吹“民主社会主义仍然是推动进步的历史运动”，“民主社会主义的运动承担着为新型的进步充当辩护人和组织者的历史任务”②。还有的人则宣称：“用共产主义的理论建立起来的社会制度的衰亡，加上西方共产党的不可逆转的危机，标志着这一历史阶段的结束。因此，社会民主党就成为唯一传播社会主义思想的重要力量。”③ 其实，在社会民主党执政的国家，并没有建立社会主义社会。执政的社会民主党企图在保存私有制的基础上，通过社会保障和税收，建

① ［俄］戈尔巴乔夫等著：《未来的社会主义》，451页，北京，中央编译出版社，1994。
② 同上书，33页。
③ 同上书，123页。

立起一个所谓公平、平等、自由、人道的福利国家的幻想，并没有实现，也不可能实现。只要保存资本主义私有制度，就存在两极分化，就存在剥削和贫困。通过税收和社会保障，可以局部缓和但却不能解决这个基本矛盾。事实上，民主社会主义在发达资本主义国家只是稍微向前挪动一步的改良的资本主义；而在社会主义国家则是倒向资本主义的桥梁和通道。在一个推行全部私有化、审判和迫害共产党人的国家，既不可能有民主，更不可能有社会主义。

苏联和东欧剧变的原因很复杂，但至少有两点是不能忽视的。

第一，社会主义制度没有搞好，生产力没有大发展，人民生活没有很大的改善。这是非常重要的原因。邓小平同志在 1990 年 3 月，针对当时的国际状况说："世界上一些国家发生问题，从根本上说，都是因为经济上不去，没有饭吃，没有衣穿，工资增长被通货膨胀抵消，生活水平下降，长期过紧日子。"①

可是造成这种情况的原因，却不能简单归之于社会主义制度的公有制。从斯大林执政到斯大林逝世不到三十年，中间还经历了一次世界大战，真正搞建设只有二十多年，苏联从一个落后的农业国变为一个国防力量强大、科技发达、使美国也感到威胁的超级大国，其发展速度不能说不快。这一点连西方政治家都承认："在斯大林领导下，苏联的确发展成为一个重要的工业大国。它的大量人口的确从农村流到了城市。一个制度化的，由中央全面控制的社会主义体制形成了。而苏联的经济也一直以比较高的速度持续增长。"② 这当然不是说，斯大林没有错误。斯大林时期过分集中的计划体制，忽视轻工业和农业，以及政治上的肃反扩大化之类，都为苏联的进一步发展制造了障碍。可真正拉大而不是缩小苏美差距的时期却是 20 世纪七八十年代一直延续到 90 年代。这个责任不能简单归于斯大林，归于公有制和社会主义制度。苏美差距拉大，恰好是在"纠正错误"的口号下彻底自我否定的结果。

第二，从教条主义倾向走向彻底背弃马克思主义。任何一种社会制

---

① 《邓小平文选》，第 3 卷，354 页。

② ［美］布热津斯基：《大失败》，35 页，北京，军事科学出版社，1989。

度，都有与自己的经济基础相适应的意识形态。它是这种社会制度得以维持和巩固的精神支柱和理论依据。它渗透到生活在这个制度中的每个人的头脑里，使他们自觉或不自觉地与这种制度融为一体。

有人说，西方发达资本主义国家为什么不发生革命？为什么被剥削者安于被剥削？其实，西方资本主义国家有两大支柱：一是经济支柱。由于科技发展和财富的增加，它们有一套社会保障系统，使失业者、贫困者和被剥削者得以生存。二是精神支柱，这是更重要的支柱。发达资本主义国家非常重视意识形态工作，重视没有硝烟的战斗。它们的报纸、著作，它们的讲台、电台竭力宣传资本主义制度是机会均等的自由的制度，是最好的制度，是每个人都可以成为百万富翁的制度。应该说，西方资产阶级是有经验的拳击师，他们一个拳头护着自己，一个拳头不断打击社会主义制度；而我们有些号称马克思主义者的人们却是不断用双拳猛击自己的蠢人。

夺取了政权的社会主义国家并没有科学地发挥马克思主义在社会主义革命和建设中的功能，没有发挥它的理论支柱和精神支柱的作用。在斯大林时期，虽然非常重视马克思列宁主义的教育，在宪法中规定了它的指导地位，在大学、在中学开设了政治课，大量出版了马克思主义的各种著作，可是他们的马克思主义教育只是流于形式，马克思主义并没有深入人心。为什么？主要是因为对马克思主义采取教条主义态度，把马克思主义看成神圣不可侵犯的教条，而不是作为观察问题的立场、观点、方法。第一，它脱离实际，不能解释实际问题，因此缺乏生命力；第二，它脱离对社会环境的批判改造，同社会主义旧体制表现出的弊端对不上号，因此缺乏说服力；第三，它脱离对人的改造和新人的塑造，不是用马克思主义来武装人、塑造人、教育人，因此缺乏感染力。这样，马克思主义虽然在社会主义社会中有法定的指导地位，但却没有在群众思想中扎下根。

赫鲁晓夫上台之后，不是纠正斯大林的错误，而是全盘否定斯大林。由教条主义逐步走向背弃马克思主义。在斯大林逝世后的近四十年时间内，苏联的报刊不断攻击、反对马克思主义，整个舆论导向也是反对、嘲笑马克思主义。用了差不多几十年的时间对人们的头脑进行清洗，是非观念已经不清了。苏联的经验证明，从人们头脑中动摇马克思主义的信仰需要几十年，党的腐败、变质需要几年，而社会主义制度的瓦解，即红旗落地则可以发生在一夜之间。七十多年的社会主义国家顷刻瓦解，看似偶然，实际上却是几十年的由毛毛雨到倾盆大雨的反对马克思主义的必然结果。

三、邓小平关于建设有中国特色的社会主义理论和实践——正确发挥马列主义指导功能，重新树立社会主义威信的正确途径

马克思主义在社会主义建设中之所以没有发挥它在夺取政权时的指导作用，就在于它没有解决这个“怎么办”的问题，即如何结合本国情况建设社会主义的问题。

列宁在十月革命之后，面对的是在一个落后的、文盲充斥的大国如何建设社会主义的问题。列宁已经意识到，在俄国不是苦于资本主义发展，而是苦于资本主义不足，不可能原封不动地按马克思和恩格斯关于社会主义的论述去办。在国内战争结束之后，列宁制定了一套新的政策——新经济政策，力图利用资本主义的某些因素来建设社会主义。可是列宁并没有从战略高度把新经济政策看成是在落后国家建设社会主义的长期方针，而是把这一政策当做面对困难的暂时退却，是迂回战术。这样，当列宁逝世以后，整个形势稍有好转，斯大林便采取了停止退却、全面进攻的方针，在工业、农业、商业各个领域彻底消灭资本主义，逐步建立起以单一公有制为基础的高度集权的计划经济体制。这个体制在当时条件下有它的必要性——可以集中财力进行建设，但却没有后劲。因为它是以牺牲农业、轻工业，抑制群众生活水平为代价的。当斯大林在世时，以他个人的威望和苏维埃政权的力量暂可维系，斯大林一旦逝世，矛盾便日益尖锐起来，加上他的后继者们采取了许多错误方针，终于导致历史的大悲剧。

中国的情况不同于苏联。在中华人民共和国成立之后，以毛泽东为代表的中国共产党人力图找到适合自己国情的社会主义建设办法。1956年毛泽东在《论十大关系》和《关于正确处理人民内部矛盾的问题》中提出要走自己的路，并且全面论述了正确处理社会主义社会基本矛盾的问题，承认必须对生产关系和上层建筑中某些不适应生产力的环节进行调整。可是1957年以后，却并没有沿着这个方向走下去，而是采取了同苏联大体

相同的做法，力图建立以单一公有制为基础的高度集中的计划经济体制。有些方面甚至走得更远，如“一大二公”的人民公社制度以及彻底实现“两个决裂”的“文化大革命”。事实证明，直到 1976 年“文化大革命”结束，应该如何建设社会主义的问题在中国同样没有解决，马克思主义仍然停留在本本上。

邓小平划时代的伟大功绩就在于他总结了国际和国内社会主义建设的正反两方面的经验，解决了这个“怎么办”的问题，即如何在中国建设社会主义的问题。邓小平同志关于建设有中国特色的社会主义的理论，是把马克思列宁主义、毛泽东思想与当代中国实际相结合的卓越典范，它包含着一整套路线、方针、政策。

邓小平同志关于建设有中国特色的社会主义理论，是马克思主义与中国实际相结合的第二次飞跃。如果说毛泽东同志解决了中国革命“怎么办”的问题，那么，邓小平解决的则是中国社会主义建设“怎么办”的问题。邓小平关于建设有中国特色的社会主义理论是当代中国的马克思主义，它极其鲜明地表现了马克思主义在社会主义条件下的指导功能。事实证明，正如马克思主义是无产阶级夺取政权的指导思想一样，马克思主义也是社会主义建设的指导思想。在社会主义社会，马克思主义同样能发挥与它在指导革命时一样的指导作用。关键在于要有卓越的、高瞻远瞩的、能从实际出发的、善于运用和创造性发展马克思主义的杰出马克思主义者。

在这里，我们必须区分马克思主义和马克思主义者。马克思主义是观念形态，它是由马克思和恩格斯缔造、由他们的后继者不断发展的关于共产主义的学说体系；而马克思主义者则是马克思主义的信仰者、推动者和实践者。马克思主义的发展和实现，是由一代一代的马克思主义者来实现的。马克思主义作为一种科学学说，本质上是统一的；而马克思主义者则具有时代的、地区的、民族的特色。这样，世界各国的马克思主义者就都必然要根据自己民族和国家的特点去继承和发展马克思主义。马克思主义发展的水平取决于马克思主义者的水平。弓箭再好，弓箭手的技艺不娴熟仍然是不能射中目标的。因此，培养精通和善于应用马克思主义的人始终是革命政党的重大任务。毛泽东就非常重视马克思主义者的培养。在抗日战争刚开始时他就说过，如果我们党有一百个至二百个系统地而不是零碎地、实际地而不是空洞地学会了马克思列宁主义的同志，就会大大地提高我们党的战斗力量，并加速我们战胜日本帝国主义的进程。

邓小平关于建设有中国特色的社会主义理论是当代中国的马克思主义，这是一个非常重要的科学论断。但我们必须正确理解当代中国马克思主义提法的真实含义。西方一些学者喜欢把马克思和恩格斯的学说称为古典的、传统的马克思主义，而把西方一些学派对马克思主义的解释称为“新马克思主义”。其目的是企图通过古典的、传统的马克思主义这一提法来否定马克思主义。我们则恰好与之相反。当代中国的马克思主义，不是与所谓“传统马克思主义”不同的一种马克思主义的新类型，而是马克思主义在当代中国的创造性发展。它既是对马克思主义的继承，又是对马克思主义的创造性发展。

邓小平关于建设有中国特色的社会主义理论，首先是彻底的马克思主义观点。邓小平在1986年答美国记者迈克·华莱士问时强调：“我是个马克思主义者。我一直遵循马克思主义的基本原则。”①

国内外都有人把建设有中国特色的社会主义理论同马克思主义对立起来。他们认为，马克思主义主张消灭私有制，邓小平发展私有制；前者主张计划经济，后者提倡市场经济；前者主张消灭商品、货币关系，后者主张发展这种关系，如此等等。例如苏联有位哲学家在1990年第10期《哲学问题》上发表的一篇文章中说：“向自由市场和法治国家过渡的口号，的确是非马克思主义口号。不论我们如何讲社会主义与市场经济和议会民主并行不悖，但绝不能忘记，马克思正是以一个市场经济和议会民主的最激烈的批判者的身份步入思想史的……如果循着马克思的足迹走，那就很难把商品生产、货币流通、个体经营乃至议会制民主国家，看成是马克思所说社会主义的社会状态。”议会制民主另当别论，文章中提出的市场经济、商品生产、货币流通、个体经营是非社会主义的社会状态问题，实质上是关系到如何理解社会主义的问题。

什么是社会主义？这是当代社会现实摆在所有社会主义政治家和马克

① 《邓小平文选》，第3卷，173页。

思主义理论家面前的一个重大理论问题。原苏共领导人声称要改变传统的社会主义观念，提出了所谓民主的、人道的社会主义的构想。事实证明，这种背离科学社会主义的假社会主义没有任何生命力。

在苏联解体以后，这个问题更加尖锐地摆到了人们面前。德国社会民主党的理论刊物《新社会/法兰克福杂志》为此出版了一期专刊，其核心问题就是："我们必须怎样理解未来的社会主义?""未来的社会主义是什么?"可是他们强调的"变更观念"、"实行重大的历史转折"、"与长期受到尊敬的象征告别"①，实际上是以批判苏联模式为名全面否定马克思主义的科学社会主义。

中国共产党人也主张更新社会主义观念，但不是摒弃科学社会主义原则，而是更新把苏联模式当成科学社会主义原则的典范以及种种被扭曲、被错误理解了的社会主义观念。实际上，毛泽东1956年提出的关于社会主义社会基本矛盾的论断，承认社会主义社会生产关系和生产力之间、经济基础和上层建筑之间既相适应又相矛盾的观点，就是对社会主义社会无矛盾的苏联模式的一种突破。邓小平建设有中国特色的社会主义理论科学地解决了什么是社会主义、如何建设社会主义这个根本问题，更是以新的思想、新的观点继承和发展了马克思列宁主义毛泽东思想，解开了长期禁锢人们头脑的、被扭曲了的社会观念之锁。在坚持公有制为主体的所有制原则下，发展私有经济，引进外资，建立特区，特别是利用商品和货币关系，确立社会主义市场经济体制，有利于发展生产和解放生产力，消灭私有制，消除两极分化，最终达到共同富裕。这样，才为一个比较落后的国家真正找到了一条通向马克思和恩格斯伟大理想的道路。

邓小平建设有中国特色的社会主义理论和十一届三中全会以来的实际成就表明：与在夺取政权时一样，在社会主义建设时期，马克思主义的指导作用，取决于对它的创造性应用。在当代中国，坚持和实践邓小平有中国特色的社会主义理论，就是马克思列宁主义、毛泽东思想指导作用的生动体现。

《大失败》一书的作者断言：到下个世纪，共产主义将不可逆转地在

---

① ［俄］戈尔巴乔夫等著：《未来的社会主义》，3页。

历史上衰亡，它的实践与信条将不再与人类的状况有什么关系。这是他们的愿望，但也只是一厢情愿。马克思主义在俄国变为列宁主义、在中国变为毛泽东思想、在当代发展为邓小平有中国特色的社会主义理论，表明马克思主义具有在实践中自我生长的生命力。马克思主义在中国的复兴和社会主义事业在中国的蓬勃开展是一个征兆，它预示着所有形形色色的预言家们将会遭到真正的大失败。

（原载《马克思主义研究》，1995（1））

34．做马克思主义圣火的传播者
——兼论社会主义必然代替资本主义判断的两个层次

向大学生讲授马克思主义、毛泽东思想、邓小平建设有中国特色的社会主义理论，是历史的使命、党和人民的嘱托。如果说马克思是“盗火”的普罗米修斯，那么我们马克思主义理论课教员就是播火者。革命时期需要这样的播火者，社会主义建设，尤其是改革开放时期更需要这样的播火者。这是用什么样的世界观、人生观、价值观教育青年一代的大问题，事关社会主义的成败得失，至关重要。如果奉行“非意识形态化”，鼓吹指导思想“多元化”，放弃对青年一代的马克思主义的教育，其后果是有目共睹的。我们当然不会忘记当代社会主义运动挫折的教训。

一、职业的普通与事业的伟大

江泽民总书记关于讲政治的指标是针对新的条件、新的矛盾、新的问题提出来的，具有很强的现实针对性、紧迫性和深远的战略意义。这就是在建立以社会主义市场经济为主要内容的经济体制改革过程中，面对西方推行的西化和分化政策，以及面对意识形态和理论领域中的混乱状况，面对腐败、分配不公、社会道德的滑坡现象，要全面坚持党的基本路线，坚持邓小平建设有中国特色的社会主义理论，保证我们的改革始终沿着社会主义方向前进。我们要防止以市场导向代替政治导向，以等价交换原则代替政治原则，以对金钱的敏感性代替政治敏感性和辨别力。要做到这一点，必须坚持马克思主义的指导地位，坚持用马克思主义武装我们干部的头脑尤其是高级干部的头脑。离开了马克思主义的指导，就不可能坚定正确的政治立场和政治方向，不可能有敏锐的政治辨别力，不可能维护无产阶级的自觉纪律。就高等学校而言，讲政治，就是要坚持马克思主义在教育中的指导地位。向所有的学生认真地有效地讲授马克思主义、毛泽东思想、邓小平建设有中国特色的社会主义理论就是其中最重要的一环。马克思主义在无产阶级革命中的指导地位从来都是明确的、无可怀疑的，也是卓有成效的。俄国十月革命、中国革命以及其他社会主义国家革命的胜利都证明了这一点。可是无产阶级取得政权以后，有的人反而淡忘了马克思主义的指导地位，逐步走向否定和攻击马克思主义，最终导致政权的丧失。这就是苏联走过的道路。苏联在斯大林逝世以后，在批评斯大林错误的口号下，由全盘否定斯大林到否定列宁，再到否定马克思主义，这个教训是深刻的，很值得我们认真吸取。批评斯大林有号召力，因为斯大林确有错误，确有可批评之处，可全盘否定的结果必然要追溯到列宁、追溯到马克思。这是意识形态领域不依人的意志为转移的规律。没有意识形态领域的大溃败，没有马克思主义指导地位的丧失，就不至于发生这个悲剧。或许有人不同意这个看法，认为苏联解体的“原罪”是斯大林，是僵化的计划体制造成的。这种说法不公平、不全面。斯大林把苏联变为一个仅次于美国的第二大强国，令西方侧目。斯大林留下的不是个烂摊子。斯大林有错误，但那是建设社会主义过程中犯下的错误。这种错误本来可以纠正，可以在克服错误中继续沿着社会主义方向前进。可整个事态的演变却是在批评斯大林错误的口号下，逐步走向全面否定社会主义成果，放弃共产党的领导，否定马克思主义，否定公有制的主体地位。之所以如此，是因为根本不相信社会主义必将代替资本主义，不相信在坚持社会主义的前提下可以改正错误。一句话，就是根本不相信马克思主义。

我们中国则与此不同。改革开放以来，我们一直强调马克思主义的指导地位，强调邓小平建设有中国特色的社会主义理论是马克思主义在当代中国的发展，反对把这一理论同马克思主义对立起来。邓小平发动过反资产阶级自由化的斗争，并反复强调坚持马克思主义的重要性。即使如此，在我们国家消解马克思主义主导地位的思潮还是不断出现。把坚持马克思主义者的形象变为“马列主义老太太”的形象，极力丑化。这种思潮严重地影响了我们青年一代中的一些人，滋长了他们的政治冷淡主义，对马克思主义无知，甚至抱着一种盲目排斥的情绪，这是非常危险的，因为他们是跨世纪的接班人。如果我们的青年以这种态度来对待马克思主义，其政治方向和政治立场是不问可知的。所以，我们的一个重大的历史任务就是要通过课堂教学，用马克思主义理论武装人塑造人，使我们的年轻一代成为维护社会主义制度、坚持社会主义改革的人才。课堂虽小但责任重大。

我们要把马克思主义课程的教学当做一项社会主义事业来抓。我们要向学生正确地宣讲马列主义、毛泽东思想和邓小平建设有中国特色的社会主义理论，这就是灌输。要使这种灌输卓有成效、使学生们听得入耳入心，我们就要着重正面的教育，完整准确地讲授马克思主义基本原理。但对于社会上影响青年学生的错误思潮、事关重大的原则性的理论问题，则必须立场明确、旗帜鲜明，绝不能含含糊糊，这才是一个马克思主义理论教员应该采取的态度。我们应该向邓小平同志学习，在事关重大的理论原则问题上邓小平的立场是非常明确的、果断的。他亲自发动和领导的反资产阶级自由化的斗争就是证明。我们只要读读《邓小平文选》特别是第3卷就会一清二楚。他说："十二届六中全会我提出反对资产阶级自由化还要搞二十年，现在看起来还不止二十年。资产阶级自由化泛滥，后果极其严重。"①

当前，我们应该遵照江泽民总书记的指示，在思想理论领域中划清系列重要界限，对影响重大的严重错误的观点应该进行有说服力的批评，以便使青年学生通过这种批评能明辨是非，并自觉坚持马克思主义的立场、观点和方法。

二、马克思主义理论教员自己首先要坚定信仰

坚定地信仰马克思主义对马克思主义课教员来说是至关重要的。如果我们自己都不相信马克思主义，不坚持马克思主义，是不可能讲好马克思主义的。马克思主义教学对我们来说不仅是一种职业，而且是一种信仰，是信仰与职业的统一。我们讲的东西与信的东西应该是一致的，如果信仰与职业分离，讲的东西自己不信，嘴里讲的和心里想的不一样，不仅讲不

---

① 《邓小平文选》，第3卷，379页。

好课，而且是一种痛苦，总感到理不直气不壮。所以一个好的马克思主义教员，必须信仰马克思主义，要把信仰的力量、理论的力量结合在一起。

或许有的教员会说，我不信马克思主义可又当上了马克思主义教员怎么办？好办，努力学习，把教学的过程看做是自我学习的过程、自我提高的过程。为了讲好课，必须钻研，必须思考，想通了，讲得有理有据，不仅说服了学生，也说服了自己。

还有的人说，现在是什么时代，还讲什么马克思主义？那你说是什么时代？无非是说西方发达资本主义国家没有发生革命，西方理论家们宣称马克思主义已经死亡而已。邓小平在1992年著名的南方谈话中曾经驳斥过这种谬论。他说："我坚信，世界上赞成马克思主义的人会多起来的，因为马克思主义是科学。"① 还说："不要认为马克思主义就消失了，没用了，失败了。哪有这回事！"② 马克思主义是不可能消灭的。原因很简单，马克思主义是为消灭资本主义而创立的，资本主义不消灭，马克思主义怎么会消灭呢？只要资本主义私有制存在，只要剥削和两极对立以及不公平、不平等存在，就会有消灭这些现象的斗争，就需要马克思主义。只要资本主义存在，那么，作为资本主义社会矛盾产物的马克思主义也就必然存在。一种科学的认识、人类已经取得的科学成就是不可能被取消的。马克思主义不可能消灭，但必须发展，也可以发展。马克思主义在俄国发展为列宁主义，在中国发展为毛泽东思想，现在又发展为邓小平理论，这说明马克思主义具有极大的创造力和自我更新能力。世界上有那么多主义、那么多思想体系，单单要消灭马克思主义，这不是政治偏见又是什么？实际上，资本主义世界中的各种各样的学说和思想体系就如同走马灯一样，朝生暮死，真正有生命力的还是马克思主义，这是当代的现实。

有的人感到当马克思主义教员低人一等，学马克思主义的不愿说是学马克思主义的，教马克思主义的不愿说是教马克思主义的。这极不正常。我们是社会主义国家，马克思主义是指导思想，却反而认为是低人一等，这是价值观念的大混乱、大颠倒。这是一种社会病态。请问：在我们高等

① 《邓小平文选》，第3卷，382页。

② 同上书，383页。

学校的各种课程中，哪一种课程具有如此大的重要性：它关系到全世界人民的命运，关系到中国社会主义的前途和命运，关系到改革的命运，关系到究竟用什么思想塑造人、培养人？这种课程怎么还低人一等呢？所谓低人一等，是由于西方资产阶级思想和国内资产阶级自由化思潮压力所形成的错误认识，以及“一手硬一手软”的状况造成的。只要我们完整准确地理解了邓小平的思想，全面贯彻党的基本路线，加强社会主义精神文明的建设，马克思主义理论课在高校中的重要地位就一定会得到加强。

三、面对实际、面对问题

要想讲好马克思主义理论课必须啃硬骨头，敢碰现实中的困难问题。中国古人说教师的责任就是传道授业解惑，对我们来说传道就是传马克思主义之道，授业就是以马克思主义为专业，而解惑就是要解决学生思想中存在的难题。不是面对问题而是照本宣科，学生当然不爱听。比方说“两个必然”的问题，即资本主义必然死亡、社会主义必然胜利的问题，这是关系到整个马克思主义即经济学、哲学、科学社会主义的根本问题，这个问题不解决，马克思主义就站不住。所有反对马克思主义的人，无论国内国外都集中攻击这个问题。他们之所以在这个问题上做文章，是因为推翻了这“两个必然”，马克思主义就没有存在的根据。因此，我们必须讲清这个问题。

马克思主义关于“两个必然”的理论，包括两个层次的判断：一是纯理论的判断，即资本主义由于它自身的矛盾——生产的社会性和私人占有的矛盾的激化，必然要过渡到社会主义，但是只要生产关系还能容纳生产力的发展，它就不会马上灭亡。这个论断完全正确。《〈政治经济学批判〉序言》对这个问题曾做过经典的表述。二是纯政治性的判断，即根据当时形势作出的关于某个国家革命爆发可能性的判断。例如，1848 年革命前夕关于德国革命的判断就是由当时的形势决定的。第一种判断是关于社会发展规律的判断，第二种判断是关于某一国家形势的预测，这种预测随着条件的变化可以失效。

所有马克思主义的反对者们都是借口第二种判断的失效来否定第一种判断，否定马克思主义。例如，美国哲学家宾克莱在《理想的冲突》中说，自从马克思去世以后，历史进程本身已经表明他所预言的革命并没有发生，这说明“两个必然”的论断已经过时，用他的话说，就是作为历史学家的马克思已经降到只能引起历史兴趣的、被人遗忘的地步。美国社会学家米尔斯在他的著作《马克思主义者》中更是否定两个必然性观点，认为它是一种虚构，从封建主义到资本主义以及从资本主义到社会主义的序列，是马克思主义的理论和历史框架。但我们现在却都必须加以修正：从先进的资本主义社会中并没有产生任何一种可能会被认为是马克思主义的社会主义。

最近我看了国内一位学者发表在香港报纸上的一篇文章，强调要用实践检验马克思主义，其中最重要的观点就是用否定第一个判断来否定马克思主义。他说：从马克思逝世到现在的一百多年里，资本主义经济总的说来是在发展的，资本主义的生产关系仍能容纳生产力发展，资产阶级是推动生产力的阶级，当初无论是马克思还是列宁都过早地宣判了资本主义的死刑。因而这位学者鼓吹要对马克思主义进行修正。还有人在《告别革命》一书中攻击马克思主义犯了急性病，说什么马克思认为当时的西欧已是无产阶级世界革命的时代，其实当时整个世界才处在资本主义社会的前夕。所有这些论调都是借口第二个判断的失误来否定第一个判断，它们与所有历史上和当代西方反对马克思主义的人的调子是一模一样的。

要不要对资本主义宣判死刑和何时执行死刑是两个问题。正是马克思和恩格斯自己纠正了 1848 年前夕的估计，但他们仍然坚持对资本主义的基本理论分析。事实证明马克思和恩格斯的观点是正确的。恩格斯逝世后二十多年发生了十月革命，随后在欧洲亚洲发生了一系列革命，其中特别是中国革命，打开了资本主义世界的大缺口。不错，第二次世界大战以后，特别是近二十年来，西方发达资本主义国家发生了科技革命，生产力有了较大的发展，工人的劳动条件和生活状况发生了较大变化，无产阶级革命处于低潮。但这并不能说明马克思关于两个必然性的论断已经失效，因为资本主义社会的基本矛盾依然存在。谁也不敢断言，西方发达社会不是以资本主义私有制为基础的社会，而是所谓的信息社会、后工业社会，已经不存在阶级、阶级矛盾和阶级斗争了。在我看来，资本主义社会生产力的发展和就业工人生活状况的某些改善，与它的必然灭亡之间并不是相互排斥的。由于资本主义社会的基本矛盾，在这个社会中一切都是相反相成的：它创造了摩天大楼和高级别墅，也不断地滋生着用硬纸板和铅皮搭成的贫民窟，以及不少的无家可归的流浪者；它发明了许多消灭疾病的新药，但又不断地滋生着从同性恋到吸毒等这些社会病态；它改造了自然又不断地破坏自然，把生态环境问题变成为人类生存攸关的大问题。所以当代发达的资本主义社会处于尖锐的矛盾之中，一方面它是以往全部阶级社会中最具创造性的社会，同时又是最冷酷、最令人憎恶、把人与人的关系推入赤裸裸的利己主义的冰水之中的社会。它的生产力越发展，矛盾越大，越接近于死亡。资本主义社会生产力的发展，不是使它远离社会主义，而是更有条件过渡到社会主义。

有的论者以苏联的解体和东欧的剧变来否定马克思主义、否定马克思主义关于“两个必然”的论断，这也是不能成立的。在我看来，它只不过是资本主义社会和社会主义社会斗争中的一个回合。这种失败是回合中的失败，而不是最终的结局。谁也不敢断言，苏东事件已经成为最终结局。实际上就像一幕戏一样，只是拉开了帷幕，斗争还在继续。如果说资本主义私有化获得成功，那它必然会产生一个新生的资产阶级，必然会把原来处于主人地位的工人变为雇佣劳动者，从而开始新一轮的斗争；如果私有化不成功，经济混乱，生产下降，人民生活贫困，民怨沸腾，人们的怀旧情绪就会不断升温，人民会从自己的失败中更加认识到什么是社会主义、如何建设社会主义，从而更有利于复兴社会主义事业。正如邓小平所说，封建社会代替奴隶社会，资本主义代替封建主义，社会主义经历一个长过程发展后必然代替资本主义。这是社会历史发展不可逆转的总趋势，但道路是曲折的。资本主义代替封建主义的几百年间，发生过多少次王朝复辟？所以，从一定意义上说，某种暂时复辟也是难以完全避免的规律性现象。“一些国家出现严重曲折，社会主义好像被削弱了，但人民经受锻炼，从中吸取教训，将促使社会主义向着更加健康的方向发展。”①

苏联的解体和东欧剧变，使得一些人对社会主义前途丧失信心；而西

① 《邓小平文选》，第3卷，383页。

方资本主义的相对稳定和生产力的发展，又使人产生资本主义仿佛是永恒存在的错觉。资本主义是否就是那么美妙？我们听听布热津斯基怎么说。布热津斯基对社会主义是绝无好感的，对资本主义当然很赞成，人们对他的真诚不会表示怀疑。《大失败》一书表明他具有极其鲜明的政治立场和观察力，具有很强的预见性。可以说苏东事件与他的判断非常相近。然而，就是这位先生在他的新著《大失控与大混乱》中对资本主义的前途表示了极大的忧虑。他坦诚地承认资本主义的头号富国美国存在各种社会矛盾；他指责美国丰饶中存在纵欲无度，出于人为诱发的欲望而不是出于需要的消费，出于人为的刺激的欲望购买时髦货；他还批评美国的电视传媒，把强暴野蛮行为视为正常现象极力加以鼓吹，批评它们鼓励性乱行为以及迎合最低级的尽人皆知的本能。尽管欧洲的情况比纽约地铁的混乱可能好些，但也绝不是资本主义的天堂，在布热津斯基看来，今天的大多数欧洲人都热衷于追求很像美国消费主义者的道德标准所界定的那种优裕的生活，他们新的神庙是超级市场和迪斯尼乐园，他们没有精神世界，充其量也只是美国的应声虫。

当然，我们可以把这个评论看做焦大骂贾府，但不管怎么说它确实说明了资本主义处于困境，并不像某些东方人眼中的西方那样美妙。其实上述种种都只是现象，本质仍在于资本主义制度自身的基本矛盾。世界发展的趋势表明，全球问题的产生，如能源问题、环境问题、人口问题等等，在资本主义制度的框架内是无法彻底解决的。西方发达的资本主义国家采取高额税收的方式来缓和两极对立，维持一定的社会福利和社会保障，把消灭贫困作为自己的目标，这说明资本主义自身就蕴含着自我否定。可是由于它的经济政治制度，它的一切措施充其量也只是改良，而不可能从根本上解决矛盾。人类如果不愿因资本主义的矛盾激化而陷于绝境，就必然要寻找根本解决矛盾的办法。出路何在？只有社会主义才能使资本主义摆脱困境。资本主义的前途就是社会主义，这就是历史和现实的结论。由此可见，马克思主义关于“两个必然”的理论、关于社会主义必然代替资本主义的论断是完全正确的。

马克思主义理论课只要面对现实、面对问题，它的内容是非常丰富的。但要面对实际针对问题讲好马克思主义却是很不容易的，这就要求我们教员必须关心实际，密切注视并研究实践中提出的问题——为此必须认真读书学习。

但读书有个方法问题。我们是马克思主义理论教员，首先要读马克思主义的经典著作，读毛泽东和邓小平的著作。对一些重要的原著应该认真钻研，我们阅读马克思主义原著不仅会为它们深刻的真理性所征服，也会学到作者优美的文风。读一读马克思发表在《莱茵报》上的评论吧，读一读《共产党宣言》、《路易·波拿巴的雾月十八日》，读一读《反杜林论》和《费尔巴哈论》，我们不仅可以从中学到理论，学到分析问题的方法，而且可以学会写文章。不可抗拒的逻辑力量和优美文风的完美结合，为我们树立了一个典范。

但又不能信什么读什么，我们是马克思主义教员，就只读马克思主义的书，其他一概不读，结果弄得知识贫乏眼界狭隘。我们应该读一些中国的传统文化著作，读一些西方古代和当代的理论著作和哲学著作。此外，除了正襟危坐啃经典、啃专业书外，其他非专业书也不妨随手翻翻，不要把自己搞得太窄，可以杂一点，除了专业书以外什么都不读是很难在理论上有多大创见的。

但是光多读也不行，还要思考。我们要站着读不要跪着读，要用脑子读不要仅用眼睛读，凡是我读的不管是对的错的，都要尽可能变成是我的，变成对我有用的。对的固然有用，可以增加我的知识；错的也同样有用，知错之为错，能说出它错在哪里，应该怎样写不应该怎样写，这就是一种收获，大大的收获。读书最怕的是无论对错都说不出一个道理。读什么信什么，是非不清界限不明，这比不读更坏。《道德经》上说“少则得，多则惑”，这里所说的“多则惑”指的就是光读书不思考。

在提高的问题上，教学与科研的矛盾是会经常碰到的。我们要善于处理教学与科研的矛盾。其实，站在讲台上面对教学，只要是有心人，学生提出的问题和教学中经常遇到的难点、疑点就都是进行科研的推动力量。谁能够对马克思主义理论课上经常碰到的或新出现的问题作出有分析的、有深度的回答，谁就能写出最有水平的文章。如果把教学与科研对立起来，把教学看做是负担，敷衍塞责，对教学中的问题不研究不探索，那就既教不好学生也出不了科研成果。

我们现在正处在两个世纪的转折点上，我们承担的任务是艰巨的。时代需要培养大批高水平的马克思主义理论教员，我们把希望寄托在中青年一代身上。可以肯定，在建设有中国特色的社会主义的伟大实践中，一定能涌现出优秀的马克思主义理论课人才。

（原载《教学与研究》，1996（4））

图书在版编目（CIP）数据

陈先达文集. 第2卷，马克思和马克思主义/陈先达著. —北京：中国人民大学出版社，2015.9
ISBN 978-7-300-21842-7

Ⅰ.①陈… Ⅱ.①陈… Ⅲ.①陈先达-文集②马克思主义哲学-文集 Ⅳ.①B-53

中国版本图书馆CIP数据核字（2015）第212012号

陈先达文集　第2卷
马克思和马克思主义
Makesi he Makesizhuyi

出版发行	中国人民大学出版社		
社　　址	北京中关村大街31号	**邮政编码**	100080
电　　话	010－62511242（总编室）		010－62511770（质管部）
	010－82501766（邮购部）		010－62514148（门市部）
	010－62515195（发行公司）		010－62515275（盗版举报）
网　　址	http://www.crup.com.cn		
	http://www.ttrnet.com（人大教研网）		
经　　销	新华书店		
印　　刷	涿州市星河印刷有限公司		
规　　格	160 mm×230 mm　16开本	**版　　次**	2015年11月第1版
印　　张	27.75 插页3	**印　　次**	2015年11月第1次印刷
字　　数	422 000	**定　　价**	1580.00元（全14册）

陈 先 达 文 集

第3卷

哲学与文化

中国人民大学出版社 北京师范大学出版社

目　录

1. 论哲学和马克思主义哲学

2001年9月11日，法国当代著名哲学家德里达访问上海，在与中国一位著名学者的对话中说，中国没有哲学，只有思想。德里达此说当然不算新说，因为西方不少哲学家包括黑格尔都持有这种看法。这倒并不一定表达的是西方文化中心论的观点，而在很大程度上是因为各民族哲学思维存在的方式不同，对什么是哲学的理解也不同。西方人如果执着于西方哲学的模式，把它作为衡量哲学的唯一标准，就只能得出中国不存在哲学的结论。我们国家哲学界关于哲学问题的争论，特别是关于马克思主义哲学本质与功能问题的争论，不少与如何理解哲学，如何理解马克思主义哲学有关。如果按照中国传统的心性之学来衡量马克思主义哲学当然会得出马克思主义哲学不是哲学的结论。

一、哲学何以难以定义

哲学存在是多元的，哲学并没有一个唯一标准样板。如果西方哲学家认为只有纯逻辑的形而上的概念体系才算哲学，那中国哲学家同样可以认为只有为天地立心，为生民立命，有助于提高人的境界才是哲学；而马克思主义哲学家也可以说，只有不仅能说明世界而且能改造世界的哲学才算哲学。如果各是其是，各非其非，我看世界上就没有可称得上是哲学的哲学。这就是在所有哲学问题中，最令人困惑的问题似乎就是什么是哲学这个问题的关键所在。连黑格尔都感到对什么是哲学难以回答。罗素曾经说过，哲学是无法定义的。他说如果有人问什么是数学，我们可以给他一个词典上的定义，说数学就是数的科学。对于任何一个具体知识学科存在的领域，我们都可以通过这种方式定义，“但是，我们不能这样定义哲学。任何一个定义都会引起争论，因为它只是体现了某一种哲学。探究哲学究竟为何物的唯一途径就是从事哲学的研究”。要是问哲学家什么是哲学，我看最可能的回答是：哲学就是我写的东西，或者说，我写的东西就是哲学。这个回答虽然没有解决问题，但有一定的合理性。因为每个哲学家心目中的哲学就是写在他的哲学著作中的东西。一个哲学体系代表的就是哲学家对哲学的一种视角、一种看法。

如果我们的眼界局限在哲学范围自身，我们无法回答什么是哲学。因为哲学的确如黑格尔、罗素这些大家说的是一种历史性的存在。哲学具有历史性，它属于一定的时代。以哲学论著作为代表的哲学体系都属于一定的时代。因为时代不同，实践水平、科学水平不同，提出的问题也不同，解答的方式也不一定相同。因而哲学具有历史性。中国人有一部思想史，其中包括哲学思维发展的历史。我们国家从先秦诸子百家、魏晋玄学、宋明理学，到明末清初，大家辈出、名著如林。在西方，哲学的发展经历过古希腊罗马哲学、中世纪的教父哲学，到法国百科全书派，到德国古典哲学，一直到当今西方各种哲学流派。因此从古至今，哲学所探讨的问题是变化的，哲学家的观点和思维各有特点。黑格尔说过，哲学史就是哲学。我们也可以反过来说，在哲学范围内，哲学就是哲学史。哲学就存在于变动不居的各种哲学体系的更迭之中。

哲学也是民族性存在。哲学思维具有突出的民族性，它的思维方式、价值观念以及研究的重点都不同，例如，中国哲学具有重视人生哲学、道德哲学的传统。中国哲学并没有经历西方哲学发展的那种哲学与科学合一，以及实证科学不断从哲学中分化和独立化的过程。西方哲学注重本体论、宇宙生成论、认识论的研究，而德国古典哲学复活了西方哲学史上的形而上学传统具有思辨哲学特色。在西方哲学史中，我们可以明显地发现哲学的认识论转向、语言学转向。可在中国哲学中虽然也有本体论、认识论问题，也有心物之辨、理气之辨、道器之辨，但重点始终是人生问题、道德问题。因而我们当然不能完全按照西方的哲学观念和哲学史作为判断中国有无哲学的尺度。

哲学还是个体化的存在。哲学体系都是与哲学家个人不可分的，是以哲学家个人命名的。即使同一民族内部的各个哲学家也都各有特点。同属先秦的诸子百家各有特色，同属古希腊罗马哲学各个哲学家也各有特色。他们关注的问题可能不同，或者对问题的看法不同。哲学家的观点之间会有共同之处、相通之处。否则就无所谓唯物主义和唯心主义的区分，但我们可以说绝没有两个哲学体系是完全相同的。即使同属唯心主义，它们论证和表达的方式，它们的论据会各有特色；唯物主义也一样，同属唯物主义这个派别，它们会各有特色。因此某一哲学体系可以有追随者，有信奉者，可以成为一个学派，但历史上绝不会有两个一模一样的哲学体系。哲学体系总是打上个人的烙印，是独特的。马尔库塞说："哲学运思的意义，虽然不能靠个别个人去完成，但它的完满，只能经由每一个个别个人；因而，以每个个别人的实存作为它的基础。在每个个别个人的实存中，哲学的具体性，决不能托给一个抽象的主体即'单一'的东西，因为这就意味着把决定性的责任委托给某种专断的普遍性"。这种说法当然有合理的因素。哲学的主体当然是哲学家个人，在这个方面，哲学与文学艺术有相似之处。但哲学又具有某种普遍性。这是哲学不同于文学艺术之处。小说和诗歌可以虚构，它不要求事实的真实性，而只要求可理解性和给人以美的感受。哲学中也有个体的体悟，有个人的风格，但内容不能诗化和艺术化，它必须包含对象性的真理性的内容。但这种内容中的某种共性必须通过个性化的方式存在。

何况哲学是一个大学科，随着社会发展和文化进步，哲学日益分化出许多二级学科，例如逻辑、美学、伦理学、科学技术哲学等等，更不用说因为实际需要而出现的交叉哲学部门，如经济哲学、文化哲学、环境哲学、生态哲学等等，而且这种新哲学部门的出现是无止境的。可以说，哲学是一棵大树，各种哲学体系、各个哲学分支和新的哲学部门如同挂满树枝的果实。正因为这样，在哲学自身范围内，什么是哲学是一个无法回答的问题。我们问什么是哲学，等于追问全部哲学史，并且要概述不同的哲学分支和部门。可在哲学史范围内，哲学是变化的；哲学的各个二级学科和不同部门也是各有特点。因此在哲学范围内关于什么是哲学的争论无止无休不难理解。

二、哲学应如何定义

在哲学范围内，哲学就是哲学史；可在哲学范围外，哲学史就是哲学。不管哲学家们关于什么是哲学存在争论，不管他们彼此如何互不认可，但哲学终究存在，而且自古以来就存在，在各个国家和各个民族都存在，至今仍然存在。既然哲学存在着，而且普遍存在，我们就可以从各种不同的变化着的形态中，发现它们具有某种共同的本质。黑格尔说过，“不管各种哲学体系彼此如何不同，它们之间的差别总不如白色和甜味、绿色和粗糙之间的差别那样大；它们的相同之点在于，它们都是哲学”①。可是，要理解什么是哲学必须换个思考的角度。我们不能停留在哲学范围内，因为哲学范围内所看到的是哲学自身的差别，是哲学中的多，而只有超出哲学范围才能找到哲学中的一。这个一存在于哲学与非哲学，特别是与实证科学的差别之中。离开哲学与实证科学在对象、问题、方法和功能方面的区别，当然说不清什么是哲学。其中最根本的是对象问题。人的认识，都是对外在于人的对象的认识。即便人对自身的认识，也是以人为对象。对象性是人的认识特点。哲学和实证科学都不能离开世界。但它们的范围和问题的切入点是不同的。实证科学是具体科学，而哲学是世界观的理论形态。

世界观当然不是人站在世界之外来观世界，也不是人与世界的简单反映与被反映的关系。一种世界观是处于这个世界中的人对自己生活其中的世界的一种理解，一种理性的概念化的把握。人的世界观是受自己生活的世界所制约的，这似乎是一个悖论：对世界的世界观受自己的世界所支配。其实这一点都不奇怪，因为人是具体的，就是生活于他所面对的世界之中。任何人都不能超越自身所处的世界来理解世界。我们在不同时代可以看到不同的世界观，这是因为所处的世界不同。生活在农业社会日出而作、日没而息的人的世界观，与生活在工业社会的人的世界观显然不同。一个足不出村老死家乡的人的世界观，与漂洋过海走遍全球的人的世界观也不会是一样的。当今经济全球化浪潮中的信息网络化必然会影响人们的

---

① 转引自列宁：《哲学笔记》，340页，北京，中共中央党校出版社，1990。

世界观，使人有可能突破狭隘的地区和民族眼光而具有世界性眼光。在这个意义上，我们可以说，世界观是以哲学形式出现的人的世界。世界观具有时代性、民族性和个体性的原因正在于此。

有的学者不同意哲学是世界观性的学说，认为如果哲学是世界观就会把哲学溶化于具体的实证科学之中。哲学是反思性的学说，它以自我即人的思想或客观化的思想为对象。因而可以说，哲学是对思想的思想。的确，哲学以思想为对象，从柏拉图的理念论到黑格尔的绝对观念论，以及形形色色的唯心主义的经验论和唯理论都是如此。可是思想背后有没有别的引起思想的东西？如果没有，当然是以思想为最后的根源，这本身就是一种世界观——唯心主义的思辨哲学；如果有，那是什么？世界作为被反思的思想的对象性存在是无法避开的。说哲学是世界观，正是从归根结底的意义上讲的。即使我们把客观世界从哲学中驱逐出去，只以思想为对象，可是思想只要有所言说，它总有所指，有所待。因而哲学思想只要包含着真理性认识的颗粒，就会在不同程度和范围内包含对世界本性和规律的某些认识。从前门驱走的东西又会从后门进来。

事实上，哲学作为世界观的理论与哲学的思辨方式并不矛盾。哲学本来就不可能直接面对世界，它面对的是人们的生活和实践经验，面对的是各门学科的成就，可它从中得出的结论不会也不能停留在实证的层面上，而是以普遍性的概念和范畴来表现的世界的一般。它的研究方式是思辨的，思与辨的直接对象是概念和范畴，可概念和范畴内容所关涉的是世界自身。范畴只是世界的自然之网上的网结。

哲学作为世界观与人是哲学的重要对象也不是对立的。有种说法认为哲学只有以人为对象才有特点，所以哲学应该是人学而不应该是世界观。这种说法是似是而非的，因为对人的研究，归根结底也离不开世界观。人生活在世界之中，而不是世界存在于人的思想之中。正如马克思说的，“人并不是抽象的栖息在世界以外的东西。人就是**人的世界**，就是国家，社会”①。透过哲学家的“人观”背后，人们看到的是这个哲学家眼中的世界观。一个对人的问题进行研究的哲学家不表示或不以某种方式表示他

① 《马克思恩格斯全集》，第1卷，452页，北京，人民出版社，1956。

对人与世界关系的看法，任何有关人的论述都是不可能的。在哲学领域中就人论人的人论是没有的。

哲学与实证科学都可以世界为对象，但是着重点是不同的。任何实证科学都不能代替对世界的哲学把握。即使是全部实证知识的总和，都不能提供世界的哲学图景，只能提供世界的科学图景。科学对世界的研究，是把世界作为纯客体来研究，追求的是世界的客观规律。尽管从事自然科学研究的科学家也是人，有感情有追求，有对真理的渴望，有对研究对象的选择，有事实上的主客体关系，存在与思维的关系，但自然科学家并不以此为对象。撇开主体的意志和愿望，撇开主客体关系的对象自身的规律，是自然科学的最高追求。哲学不同。哲学所研究的世界是包括人与人类社会在内的世界，因而哲学对世界的把握不是追求世界某一领域的实证知识，而是从总体上探求世界的本性，探求人在世界中的地位和人与世界的多种关系（实践关系、认识关系、价值关系），以及人类认识世界的方法和途径，所以哲学与实证科学共有一个客观世界，但哲学作为世界观并不会被消融于实证科学之中。

其次，我们说哲学是世界观，是对世界整体性的把握。这是就其性质说的，而不是说，哲学可以毫无遗漏地研究或概括世界的每一部分。或者说哲学可以以整体的世界为对象。作为整体的世界是不可能出现在人的表象之中的。人们任何时候所能接触的都是世界的一部分，是冰山的一角。世界是无限的，任何研究都不可能完整地把握无限发展着的世界。因此作为世界观的哲学必然表现为或者说分解为一系列问题。全部哲学史可以说是哲学问题史，全部哲学研究都是对哲学问题的研究。所以哲学与实证科学的区别又表现为问题的区别。

哲学问题与实证科学的问题无论就性质和范围说都是不一样的。自然科学的问题是具体的局部的，限于它所研究的专门领域；而哲学问题是抽象的普遍的，它无所不在。如果我们问为什么今年暖冬，原因何在，这属于气象学的问题，可要是我们问什么是原因，什么是结果，这是因果律问题，属于哲学问题。如果我们问地球如何运动，这属于地球物理学的问题，如果我们问地球是自我运动还是由外力推动，这是属于运动的动力问题，属于哲学问题。如果我们问人为什么会死，这属于医学问题，可如何对待死属于哲学问题。社会为什么会有穷有富，这属于社会学或经济学问题，可穷富是不是命，这属于哲学问题。如果我们问毛泽东有什么功绩，这属于中国革命史的问题，如果我们问是不是中国没有毛泽东中国就不会有革命，这属于历史观的问题，是个哲学问题。飞机为什么会飞，这是属于空气动力学的问题，可飞机会飞之理是存在于飞机之外还是存在于飞机制造之中，这是个理在事外还是理在事中的哲学问题。而几乎任何一个领域中的具体问题，只要进行穷根究底的深层追问，都会进入哲学领域。

哲学问题是抽象的普遍的问题。说它抽象，是因为它的问题涉及的都是以概念和范畴的形式来表述的问题，因此哲学表现为抽象的概念和范畴体系；说它普遍，是因为任何一个哲学问题，在任何一个领域都同样存在，只是具体的提问方式不同。必然性与偶然性、因果性、规律、客观性、主体性、矛盾、运动、发展、变化、共性个性等等是哲学问题，可又是存在于任何一个研究领域的具体问题之中。着眼于专业研究，探求它的具体知识和规律是科学问题，可着眼于它的抽象性和其中存在的各学科普遍性的问题又是哲学。这是哲学看似无用又有大用，看似抽象又不抽象的原因所在。《庄子·知北游》中关于道无所不在，道存在于蝼蚁、稗子、瓦罐、溺屎之中的论述，对于理解什么是哲学很有启发。就蝼蚁研究蝼蚁是科学，就蝼蚁寻求道则是哲学。哲学并不会因为它是世界观，即以世界为对象而会与实证的自然科学相混淆。哲学对世界的研究是把人包括在内的，而且无论视角、切入点、提问的方式和问题都不同于实证科学。绝不应该因为害怕哲学与自然科学相混淆而把哲学从对世界的研究中放逐出去。这样，哲学就会成为无处安身，重新升入天国的纯概念运动。

当然，我们说哲学是世界观的学问，是就它与实证科学的区别和关系说的。强调哲学虽然也以世界为对象，但不同于对自然的实证研究。世界观只是哲学的最本质特征的概括。由于现实世界是人的世界，是包括人与人类社会在内的世界。因而人与世界的关系，必然包括人与自然的关系、人与社会的关系、人与自我的关系，包括人类认识和改造世界的途径和方法。因此哲学包括自然观、社会历史观、人生观、认识论、价值论诸多领域。哲学中的问题也总是分属于上述不同的领域。其中任何一个领域都属于哲学，对其中任何一个领域中的问题的研究都属于哲学研究，而对其中任何一个领域有独创性见解的思想家都是哲学家。但哲学之所以是哲学，正在于哲学家无论他研究什么样的问题，其中必定有一个根本性的问题是它无可回避的，这就是对他们面对的世界的本性的看法。哲学家们可以把哲学分解为众多的问题，根据时代和现实的需要而着重研究其中的一个方面，例如英法的唯理论者研究理性在认识中的作用，而经验论者则着重研究经验的作用；叔本华和尼采研究意志，海德格尔研究存在，分析哲学研究语言，如此等等。几乎可以说，没有或很少有哲学家直言，我研究整个世界。但这并不改变哲学的世界观本性。因为不仅哲学家通过自己的哲学专门研究，包含着对世界本质的总体性论断；而且哲学家们对哲学某一专门领域中的问题的观点又是以他们对世界本性、对存在与思维关系的看法为依据的。可以斗胆断言，没有一个哲学家只是研究具体问题而其中不直接或间接涉及世界的本性与主客体关系问题。如果这样，他就不是哲学家。

哲学作为世界观，有两种不同的形式，一种是显性的，一种是隐性的。所谓显性的世界观，就是它的探求明确以世界为对象，例如古代希腊哲学家关于世界本原的探讨，中国哲学关于五行、关于气的探讨，都直接以世界的本质为对象。但也有不少哲学世界观是隐性的，它直接探讨的似乎是某一种现象，实际上它涉及的是世界。以中国哲学为例，我们从《道德经》、《庄子》中，可以较明显地看到天道观中的世界观，可儒家学说就不明显。儒家的道德与人生学说特别是宋明心性之学似乎是以人性为依据，不涉及世界观问题。其实并非如此。所有儒家不同派别关于人性善恶以及与其不可分的道德问题的观点中，都包含着一个天，或为自然之天，或为意志之天，或为义理之天，思维理路大体上是由天理到人性，由人性入道德。所谓天命之谓性，率性之谓道，修道之谓教就是如此。我们不应按西方哲学的本体论、认识论、方法论的分类方法来强脚就履，但也不能否认，中国哲学同样具有一个世界观的内在结构，即对世界（天）、对天人关系、对人性与天道相互关系的看法。不能说中国没有哲学，只能说中国有自己的哲学。这种哲学有自己的范畴和特点，但就它作为哲学又与西方哲学有相通之处，即总的方面说都离不开世界和人与世界的关系。

这种隐性世界观在西方哲学中同样存在。例如，叔本华和尼采哲学的核心是意志，可是通过强调意志表达的仍然是一种世界观即世界是我的表象，而世界的本质是意志；分析哲学表达的是世界的存在无非是一种语言结构；存在主义关于人的观点，表达的是世界是依存主体的，人是世界的窗口，世界是怎样的并不取决于世界本身而是取决于人的理解。哲学之所以称为哲学，正在于每种哲学都在具体对象中自觉地表达出对世界整体本性的看法。如果就意志研究意志是心理学家，而就意志作出世界的本质是意志的判断，世界存在于人的表象之中则是哲学家；就语言研究语言是语言学家，说语言是存在的是哲学家；对人来研究人可以是医学家、生物学家、心理学家、人口学家等等，可是当研究人的一般本性，人在世界中的地位时，必然要进入人与世界（包括人与自然、人与社会、人与自我）的关系，无可避免地要进入哲学领域。这种世界观的隐性结构往往容易成为否定哲学是世界观的援手。

说哲学是世界观，就是因为任何一个哲学体系的基础是它对世界本性的看法，而透过它对任何一个哲学问题的看法又能看到它对世界的看法。世界是人赖以生存和发展的家园，又是任何哲学都无法绕过的栅栏。在所有哲学问题中基础性的东西是本体论的问题，它是一个哲学家的认识论、价值论、人生论、历史观借以立足的基地。我们不能简单说，在本体论问题上的唯物主义者在其他问题上就一定都正确，可反过来可以说，如果对世界客观性持否定态度的哲学体系，肯定不可能确立科学的认识理论、价值理论、人生理论和历史理论。这正是我们如此重视和正确对待世界客观性的原因所在。

哲学有两种，一种是日常生活中的哲学，这是每个人或多或少都会有的；另一种是哲学家的哲学。哲学家之所以是哲学家，他们对问题的论述一定是有体系的，不是零碎的、个别的、残缺不全的。这一点黑格尔说过："哲学若没有体系，就不能成为科学。没有体系的哲学理论，只能表示个人主观的特殊心情，它的内容必定是带偶然性的。哲学的内容，只有作为全体中的有机环节，才能得到正确的证明，否则便只能是无根据的假设或个人的主观确信而已。"① 我们可以说，任何一个有创见的哲学都是

① ［德］黑格尔：《小逻辑》，56页，北京，商务印书馆，1980。

有自己的体系的。体系性是哲学作为科学的存在方式。有体系的哲学不一定是科学的，但具有创见的科学性哲学肯定是有体系的。

当然，哲学的系统化可以有不同的方式：有的是主观的强制性的结构。即使是像大哲学家黑格尔的体系都有这个缺点。恩格斯曾经批评过黑格尔的体系，说它的体系和方法即辩证法之间存在矛盾，列宁批评黑格尔在由一个概念推出另一个概念的过程中，既有天才思想，也有许多牵强附会的东西。其实这种主观构造体系的缺点古人也有。亚里士多德批评毕达哥拉斯，为了构造一个天体和谐的体系，“如果在什么地方出现了漏洞，他们就贪婪地去找个东西填补进去，使它们的整个系统能够自圆其说”①。这种体系往往容易导致僵化，把自己的哲学奉为最终真理。另一种体系化是着重理论之间的逻辑性和可论证性，形成一种不包含内在的理论矛盾的关于对象的系统化的学说。例如，恩格斯就曾经批评过杜林和德国的大学生们动不动就创造体系的狂妄企图。但恩格斯并不否定体系化的必要性，他在《反杜林论》中就提醒读者不要忽视他的观点之间的内在联系。所以系统化不等于僵化，但可以导致僵化。要使哲学的系统化不致僵化，就要保持哲学体系的开放性和创造性。

哲学不仅是体系化而且是理论化的。也就是说哲学是以概念、范畴、规律的形式把握对象。因而哲学家的哲学不同于人们生活中的哲学观念。人们生活中的哲学观念是世俗化的经验化的形态。例如每个人都对自己生活的世界有个看法。如果他相信世界的实在性，相信人死没有灵魂，他就是素朴的唯物主义；如果他迷信鬼神、相信来世，相信有天堂地狱，他就是自发的唯心主义者。还有各个民族的传说和神话中关于天地的起源、本民族第一个人的出现，都包括宇宙生成论和人类起源论的思想，但这是神话。哲学家的哲学是理论形态，只有人的抽象思维能力发展到一定水平才能产生，因为它需要概念和范畴，需要有从总体上把握对象的思维能力。所以哲学往往代表一个民族思维成熟的水平，正是在这个意义上，恩格斯把希腊民族称为早熟的民族。当然中国也是早熟的民族，因为中国古代哲学很发达。哲学的产生意味着思维超出了日常的世俗的个人功利的水平。

① 《西方哲学原著选读》上卷，19页，北京，商务印书馆，1981。

黑格尔有段话很深刻地阐明了哲学的产生。他说："哲学是在这样一个时候出发：即当一个民族的精神已经从原始自然生活的蒙昧浑沌境界中挣扎出来了，并同样当它超出了欲望私利的观点，离开了追求个人目的的时候，精神超出了它的自然形态，超出了它的伦理风俗，它的生命饱满的力量，而过渡到反省和理解。"①

就思维方式来说，哲学也不同于实证科学。自然科学家最看重的是观察、实验、分析、综合、归纳、演绎。而哲学家不可能在实验室中成长，必须面对社会，面对人类的实践。就思维方式来说，哲学的思维方式是批判的理性的反思的方式。哲学的批判性在于哲学不是简单接受现成的结论，而是要考察它的真理性。马克思说过，"哲学是问：什么是真理？而不是问：什么被看做真理？它所关心的是大家的真理，而不是某几个人的真理"②。哲学的思维是理性的思维方式，它不盲从不迷信，既不同于怀疑主义，也不同于信仰主义，而是凡事要问一个"为什么？"的积极探索精神。哲学思维方式是反思的方式。我们说的反思不是黑格尔说的对思想的思考，也不是人对自身的考察，而是强调哲学思维应该是总结性的思维，它能从自己的或别人的，今人的或前人的实践经验中进行反思、总结。在这个意义上，黑格尔说哲学是黄昏时起飞的密纳发的猫头鹰是有一定道理的。在哲学家的反思中，就渗透着哲学家个人的体悟。对于哲学来说，悟是非常重要的。没有悟性很难成为一个哲学家。有个哲学家说过："哲学作为一种方法，并不接受乍看似乎很明白的道理，并不满足于单调的几大块理论，并非从愿望出发的思索，并不借重于权威，并不接受世俗的见解，它面对看起来难以克服的困难并不堕入对解决问题的失望中。哲学要说是其他任何东西，它是借重于反思去处理问题的一种方法。"③ 可是哲学的悟不要变为仅属于个人的东西，而是具有可理解性可接受性成为人类的智慧和财富，必须以事实为依据，包含某些真理性的内容。

正因为哲学的对象、问题和思维方式不同，因此它的成果表现方式也

---

① ［德］黑格尔：《哲学史讲演录》，第1卷，54页，北京，商务印书馆，1956。
② 《马克思恩格斯全集》，第1卷，116页。
③ 《有机哲学与世界哲学》，176页，成都，四川人民出版社，1998。

不同。实证的科学的成果是具体的知识，是对特定领域规律的揭示。而哲学表现为一种智慧。对自然的认识表现为自然智慧，对历史的认识表现为历史智慧，对人生的认识表现为人生智慧。当然智慧与知识的区分不是绝对的，不能对立。从两者的关系说，任何知识中都包含人类智慧，是人类智慧的结晶；而哲学智慧中也存在知识，存在关于宇宙、社会和人类自身的某种规律性的知识。没有智慧的知识是肤浅的；不以知识为依据的智慧是虚假的智慧、是空谈。但从哲学与实证科学的区别角度说，两者又有区别。这种区别在于科学知识是对象化的认识，是对世界某一领域的实证知识，而哲学则不属于某一特定对象的知识，是蕴含在各种知识中的关于宇宙（自然和社会）和人生的普遍的原则，以及对它的意义的理解、体悟和运用。它表现为人的思维能力、判断能力、观察能力和实践能力。比如说，知道水零摄氏度会结冰，一百摄氏度会变为汽，这是科学，由此知道量变可以引起质变并懂得防微杜渐，这是哲学智慧；量变是狡猾的，只有有智慧的人才能见微知著；知道树叶有正面有背面，房子有阴面有阳面，这是常识，可由此知道事物无不有两面，能够全面看问题，懂得兼听则明偏信则暗，这就是哲学智慧。知道水可载舟亦可覆舟是生活知识，可以此喻官民关系并从中引出为君之道这是历史智慧。最有趣的是一些似乎是违背常识的论断就包含深刻的哲学道理。说白马不是马显然违背常识，可中国哲学中关于白马非马的命题却包含一般与个别关系的哲理。说卵有毛，显然不是事实，可如果卵无毛为什么鸡有毛，鸡的毛从哪里来的？这显然包含哲学中关于抽象可能性与现实可能性，以及可能性与现实的关系问题，包含事物变化的同一性问题。说飞箭不动不符合事实，可通过它揭示的运动是连续性与非连续性统一的观点却是一个深刻的哲学命题。在哲学中这类情况多的是。所以哲学作为智慧之学，它依赖知识，但又不同于知识。它既可以概括科学技术的成就，总结自然科学和社会科学的成就，也可以提出似乎与科学和常识相违背的命题，从而有助于科学的探索。所以哲学以人类的实践和知识为依据，又是已知知识的深化、扩展，即多出直接知识所没有的东西。这就是对知识的普遍意义的领悟。这样哲学才有存在的必要和价值，否则要它何用。

实证知识与哲学智慧不同。知识可以传授，通过学习得到，也可以购买，例如花钱到律师事务所咨询某种法律知识，到某个咨询公司花钱咨询某件事，可得到的都是具体的有直接应用的知识。可智慧是不能传授的也不能花钱购买的。我们学习哲学，例如，我们学习中国哲学史，那是别人的智慧，例如是老子、庄子、孔子自己的智慧，而对我们来说是一种哲学史知识。正如我们学习苏格拉底、柏拉图、黑格尔，这都是他们的智慧，对我们来说是西方哲学史知识。要使这种知识变为自己的智慧，要经过自己的再消化再吸收，变为自己的血肉变为自己的灵魂即变为自己的观察力思维力和辨别力分析力。这才是自己的智慧。《庄子·天运》中关于道有一段很有意义的话："使道而可献，则人莫不献之于其君；使道而可进，则人莫不进之于其亲；使道而可以告人，则人莫不告其兄弟；使道而可以与人，则人莫不与其子孙。"谁都愿意把最好的东西即道给自己最亲近的人，可是做不到。为什么？庄子说"然而不可者，无它也，中无主而不止，外无正而不行"。也就是说，中无主即内心没有对道的领悟道就不能停留在心中，外无正，正就是证即证明，道如果不能为接受者在外物中在行为中得到证明，也就是没有领悟道。

哲学就是如此。一个人不管你读过多少哲学著作、听过多少哲学课，如果不能变为自己的内在的思维的一部分，不会应用，不会分析问题，也就是说对内不能领悟对外不会印证，只会引经据典，不能说有智慧。所以，智慧可以说是哲学的实践化、生活化，而不是放在口袋里的引文。关于这个问题，古代哲学家说过，博学并不等于有智慧，读书万卷的书呆子不乏其人。黑格尔也说过一段很有趣的话，他说：智慧的信心并不是从一般市场上买来的，在市场上只要认谁付出足够的钱，人们就售给他知识。智慧也不知道用现金、用各种通物的货币（立刻）在桌子上又交付出去——它是从内心深处说出来的话。

最后，从功用看，哲学也不同于实证的自然科学。哲学是各种各样的，很难一概而论。按照恩格斯的说法，有"蹩脚的时髦哲学"和"以认识思维的历史及其成就为基础的哲学"；按列宁的说法是有"聪明的唯心主义"和"愚蠢的唯物主义"，它们的作用当然不同。如果我们撇开哲学内部的区别，只从哲学与实证科学的作用角度来考察，我们可以说，实证科学提供的是关于某一对象的具体知识，具有直接的效用；而哲学提供的是哲学智慧，它的作用是启迪和培养人的理论思维能力和思维方法，提高人的道德境界。哲学无论对个人、对社会、对一个民族的发展都是非常重要的。

有个哲学家说过，人人都有一套哲学，人与人之间的差异主要是哲学上的差异。这是从世界观角度说的。一个人的世界观，往往决定一个人的眼界、素质、选择能力、决断能力，对人生意义的评价和对生活的选择。我们可以断言，一个实用主义者在现实生活中肯定是一个机会主义者，没有原则，不讲信义，只要对自己有利什么都可以做。在人的各种素质、知识和才能中，世界观的问题的确是个对人的一生都长期地经常起作用的因素。世界观的确是人的灵魂。对人的教育和培养，应该把世界观的教育放在重要地位。在这方面，中国传统哲学中的确有许多可供借鉴的东西。

对一个社会而言，在社会的总体结构中，在意识形态领域，什么样的哲学成为一个社会的主流哲学，对于这个社会的经济和政治的发展，对文化的发展方向，对广大群众的价值观、道德风尚都影响极大。一个洋溢着乐观主义哲学的社会，总是社会发展正常，处于向上发展的阶段；而一个社会充满悲观主义、非理性主义、神秘主义，意味着社会矛盾重重，处于困境。哲学是一个社会的道德风尚和精神状态的深层结构。它同样是一只看不见的手，对这个社会的精神世界起着不可替代的作用。马克思曾经生动描述当年德国哲学对德国社会的影响，“哲学已浸进沙龙、神甫的家、报纸的编辑部和国王的接待室，浸进同时代人的灵魂，也就是浸进使他们激动的爱与憎的感情里”①。毋庸置疑，19 世纪 40 年代德国社会思想领域中的活跃以及能为马克思主义的产生提供思想土壤，与德国哲学的繁荣是分不开的。

对于一个民族而言，哲学是民族精神的核心。一个民族的哲学在长期的历史发展中会积淀在一个民族的性格和精神之中。中国哲学中提倡的刚健有为、天人和谐、辩证思维、爱国爱家的思想观念，对中国人的世界观、人生观、价值观起着潜移默化的作用，陶铸着中国人的民族性格。当然一个民族的哲学的消极面也会对一个民族的国民性发生消极的影响。理

① 《马克思恩格斯全集》，第 1 卷，121 页。

解一个民族，必须同时理解它的哲学。

三、马克思主义哲学是科学世界观

马克思主义哲学是哲学，当然与其他哲学有共性，否则它就不是哲学。一些学者否认马克思主义哲学是哲学，否认马克思和恩格斯是哲学家，就是片面夸大它们之间的差异性；可马克思主义哲学姓马，它的确有其特点，否则它就不是马克思主义哲学。但我们应该看到，马克思主义哲学的产生是哲学领域中的一次转折性的变化，无论在对象、结构、功能方面都有自己的特点。

马克思主义哲学把无产阶级和人类解放作为自己哲学的最高目标，强调哲学是人类解放的头脑，无产阶级是人类解放的心脏。这是哲学史上的创举。无论古今中外，没有一种哲学公然把自己的政治诉求作为哲学的目标。在历史上哲学都是标榜非功利主义、超越现实的，是纯思辨的。它的政治意图往往是隐含的甚至是连哲学家自己都没有意识到。马克思主义哲学打破了这个传统，使哲学真正从天上落到地下，成为具有鲜明阶级性和实践性的哲学。这种转变对马克思主义哲学具有决定性意义。

马克思主义哲学既然要成为无产阶级解放的头脑，就必须是科学世界观，即对世界的理解包括某些规律性的把握，否则不可能完成这个历史使命。在哲学史上，唯独马克思主义哲学明确以自然、社会和人类思维的一般规律为对象，把世界观问题从关于存在的本性问题推进到关于世界普遍规律性的研究。尽管第一次这样做的是黑格尔。黑格尔把整个自然的、历史的、精神的世界描写为一个过程，即把它描写为处在不断地运动、变化、转变和发展中，并企图揭示运动和发展的内在联系。可黑格尔是以唯心主义观点处理这个问题，把它说成是对绝对观念的自我认识。恩格斯吸收了黑格尔的合理思想并根据 19 世纪的理论自然科学的成就，根据无产阶级的历史使命，把马克思主义哲学的对象定义为关于物质世界（包括自然、社会和人类思维）的一般规律。所以，哲学是世界观的理论形态，是哲学不同于实证科学的普遍特点，可以视为哲学的一般定义；而把哲学定义为科学世界观，定义为关于自然、社会和人类思维一般规律的学说则是马克思主义哲学的特点。

马克思主义关于哲学的定义，为把哲学变为一种具有科学性的学说提供了可能性。古希腊一些哲学家把哲学定义为关于存在的学说，虽然也从一个侧面揭示了哲学的本质，可是由于存在的多义性，可以对存在作各种解释，这一点人们从巴门尼德、亚里士多德以及当代各种色彩的存在主义者可以看到。正如恩格斯说的："只要我们离开存在是所有这些事物的共同点这一简单的基本事实，哪怕离开一毫米，这些事物的**差别**就开始出现在我们眼前。至于这些差别是否在于一些是白的，另一些是黑的，一些是有生命的，另一些是无生命的，一些是所谓此岸的，另一些是所谓彼岸的，那我们是不能根据把单纯的存在同样地加给一切事物这一点来作出判断的。"① 存在只有在与物质相同意义上才具有哲学价值。如果存在变为在"存在着"的意义上使用，就会变为排除所有存在物的特性，包括物质与意识的区别的概念，从而掩盖哲学上的路线和分歧。

而且把自然、社会和人类思维的一般规律定义为马克思主义哲学的对象，就有可能防止把哲学变为纯粹思辨、纯主体意见的可能性。哲学就其表现方式看可以而且必须是哲学家个人的一种见解、一种意见，但这种见解、意见如果不包含规律性内容，没有可验证性，那也只能是哲学家个人无足轻重的一种意见而已，而不具有普遍性。当一种哲学不具有任何普遍性内容，那就只能是一种私家哲学，在历史上只能是过眼烟云，激流中的泡沫而已。

正因为马克思主义哲学以物质世界的普遍规律为对象，才有可能真正实现建立"世界哲学"的哲学理想。因为这种哲学具有它的普遍的适用性，即毛泽东所说的"放之四海而皆准"。尽管它的应用在任何地方都要与具体实际相结合，但就其适用性而言具有普遍性。没有一个社会不受辩证法基本规律、社会基本矛盾规律支配；没有一个人的认识可以超越实践与认识、主体与客体相互关系规律的支配。当人们承认它应用它，可以变为自觉的认识工具，当人们不承认它，它以一种自发的力量和方式起作用。可以斗胆断言，在世界任何地方可以发现新的规律，但不可能推翻已为实践证明的马克思主义哲学的基本规律。资本主义社会可以不承认对立

① 《马克思恩格斯选集》，2版，第3卷，383页，北京，人民出版社，1995。

统一规律，但同样为各种矛盾所困扰。

“世界哲学”和“普世伦理”不一样。世界哲学是以自然、社会和人类思维的一般规律为依据的；而普世伦理是以普遍人性为依据的。要全世界的人特别是各国的政要，都认同并实行“己所不欲，勿施于人”是不可能的。不用说博爱，就是爱你的邻人都不是很多人都能做到的。一切被视为所谓全世界适用的道德黄金律的东西，除了少数心存厚道的学者在忙乎，少数热心的宗教家在忙乎，也只是说说而已。不是说这些道德规范不好，不感人不动人，一旦所有的人特别是当权者都接受，不愁不能把我们的世界变为人间天堂，变为爱的世界，变为极乐世界。我说的是这是个梦。这个梦人类做了多少年仍然是个梦，弱者的梦。只要睁开眼睛看看现实就知道。与其现在制定根本不可能实现的普世道德，倒不如老老实实告诉人们为什么世界是这样的。我以为清醒比沉睡更好，何必让政治家们讪笑哲学家和伦理学家的天真。

马克思主义哲学把无产阶级和人类解放问题作为自己哲学的任务，也改变了哲学的结构。哲学虽然是世界观但没有一个哲学体系可以毫无遗漏地研究世界观的方方面面的问题，各个哲学体系都有所侧重。马克思主义哲学既然以无产阶级和人类解放为己任，因此实践这个范畴在马克思主义哲学中具有重要意义，它具有本体论功能，即把自在的世界转变为为我的世界，使自然人化；具有认识论功能；而在社会历史观中成为揭示社会生活本质和秘密的钥匙。辩证法是马克思主义哲学的活的灵魂，马克思和恩格斯非常重视“合理形态”的辩证法，它是马克思主义哲学具有革命性批判性的理论和方法论依据。在马克思主义哲学中，社会历史观处于最为重要的地位。恩格斯曾经说过：工人阶级由于封建主义的生产方式转变为资本主义生产方式而被剥夺了生产资料的任何所有权，由于资本主义生产方式的机制而一代传一代地处于这种毫无财产的状态，他们是不能在资产阶级法学幻影中充分表达自己生活状况的。只有当工人阶级不再带着有色的法学眼镜，而是如实地观察事物的时候它才能亲自彻底认清自己的生活状况。在这方面马克思的唯物史观帮助了工人阶级，他证明：人们的一切法律、政治、哲学、宗教等等的观念归根结底都是从他们的经济生活条件、从他们的生产方式和产品交换方式中引导出来的。由此便产生了适合于无产阶级生活条件和斗争条件的世界观。

毫无疑问，马克思主义哲学是一块整钢，它的整体和部分不可分，但其中马克思和恩格斯在创立马克思主义哲学时最重视辩证法和唯物史观。列宁多次讲到马克思主义体系结构的这个特点。他说："马克思和恩格斯在他们的著作中特别强调的是**辩证**唯物主义，而不是辩证**唯物主义**，特别坚持的是**历史**唯物主义，而不是历史**唯物主义**。"① 在另一处，列宁说，马克思和恩格斯把自己的全部注意力集中于：不是重复旧的东西，而是认真地在理论上发展唯物主义，把唯物主义应用于历史，就是说，修盖好唯物主义哲学这所建筑物的上层，这是理所当然的。还说，他们强调当时"特别缺少的东西，即辩证法，这是理所当然的"。可见，正是由于当时的思想文化背景和无产阶级的历史使命，形成了包括社会生活在内的彻底的辩证法和彻底的唯物主义相统一的哲学，形成了马克思主义哲学的辩证唯物主义和历史唯物主义的仿佛两大块的结构。这种结构离开了马克思主义哲学的历史是不可理解的。

而且由于马克思主义哲学把无产阶级和人类解放作为自己哲学的使命，因此在马克思主义中，不存在外在于它的独立的哲学体系。马克思和恩格斯既是马克思主义哲学的创造者又是运用者。哲学在马克思和恩格斯手中同时是一种批判性考察资本主义社会的工具，它与马克思主义的经济学和社会主义学说不可分地结合在一起。我们可以分别研究马克思主义的哲学、经济学和科学社会主义学说，这是研究的不同的视角，但绝不是各自独立的三个部分。马克思和恩格斯特别是马克思的哲学观点，大量地体现在他们的经济著作和关于社会主义的著作之中。这种哲学理论和哲学应用相结合的结构方式，根本改变了历史上哲学家们最容易犯的思辨化、经院化和教条化的弊病。

也正因为马克思主义哲学把无产阶级和人类解放作为自己哲学的使命，从而赋予哲学以认识世界和改造世界的功能。这同历来的哲学包括当今西方哲学的道路是不同的。哲学是多种多样的。各种哲学只要是包含某些真理的因素或者提出了足以推动人类思维发展的问题，都是对人类文化

---

① 《列宁选集》，2版，第2卷，336页，北京，人民出版社，1972。

的贡献。但是从无产阶级完成自己的历史使命，从认识世界和改造世界的角度说，马克思主义哲学的作用是无可替代的。

中国的哲学思维很发达，提供了丰富的哲学智慧。但是中国哲学重人生重道德教化，因此强调哲学安身立命和提高个人人生境界的作用。中国哲学强调追求天人合一，追求做贤人、圣人，追求道德上的完美至善。至今新儒家们倡导的本质上仍然是中国儒家哲学的这种传统。哲学的这种功能自有它的作用。马克思主义哲学应该充分吸收中国哲学中的优秀传统，但无产阶级和劳动者不可能依靠这种哲学获得解救。同样，西方哲学虽然有重宇宙论、认识论和方法论的传统，但都没有把改造世界作为哲学的任务。当代西方哲学倡导重视现实世界，但仍然是纯哲学的。这种所谓现实世界只是相对于从柏拉图到黑格尔的理念世界而言的感性的表象的世界。它们纠正了以往过分推崇理性，以建立纯思辨的形而上学体系为目的的哲学传统，把哲学的立足点放在现实世界上。但它的现实世界并不是真实的物质世界，并不是以物质生产为基础的社会现实，而是主体际世界、语言世界。研究人的交往，研究语言的社会作用是必要的，但它是哲学家的哲学而不是革命者的哲学。这种研究并没有提供认识当今世界的理论和方法，更不用说凭借它来改变这个世界。他们中的一些哲学家为人类思想库增加了某些智慧，但没有根本改变传统哲学的思辨性本质。我们应该重视并充分吸收中外哲学智慧的精华，但马克思主义哲学仍然是我们真正认识和解决当今使人类陷于困境的人与自然的矛盾，认识当今各个国家、民族之间的矛盾，特别是全球化浪潮引发的种种矛盾的哲学。

与马克思主义哲学的使命相适应，它不再以建立抽象的形而上学体系，为人类提供永恒不变包医百病的绝对真理为目的。因为世界发展的一般规律，如果不与具体的不断变化的实际相结合就是僵死的教条。所以马克思和恩格斯特别强调自己哲学世界观的方法论意义，反对把自己的哲学变为剪裁事实的公式。这一点，与以往充当科学之科学，或以最终的绝对真理自诩的哲学迥然不同。马克思恩格斯在《德意志意识形态》中说，对现实的描述会使独立的哲学失去生存环境，能够取而代之的充其量不过是从对人类历史发展的观察中抽象出来的最一般结果的综合。这些抽象本身离开了现实的历史就没有任何价值。所谓马克思主义“放之四海而皆准”，就是从世界一般规律及其方法论而言的，而不是就具体论断和结论说的。马克思主义哲学如果失去了方法论作用，就会割断与生活的联系并丧失它的实际价值。

马克思主义哲学由于它以自然、社会和人类的思维规律为对象，是一种具有科学性的哲学，同时它以无产阶级和人类解放为目标，充满对人的自由和全面发展的深切人文关怀。如果认为马克思主义立足于事实，着眼于探求规律，就企图按实证主义观点来解释马克思主义哲学是错误的；以马克思主义哲学的人文关怀为理由把马克思主义哲学人道主义化也同样谬之千里。马克思主义反对把哲学变为实证科学，把世界变为无人的世界，也反对充满悲天悯人的抽象人文关怀。马克思主义哲学不是“爱的哲学”。我们从马克思和恩格斯的《反克利盖通告》中可以明白无误地知道这一点。在马克思主义哲学中科学性和价值性是统一的。

哲学要能正确解释世界和改造世界必须是科学的，必须包括规律性的认识。因而马克思主义哲学不能单纯以个人体悟为依据，以个人的道德境界的升华为旨归。但是马克思主义哲学并不是非道德的。实际上为无产阶级和人类解放而斗争的哲学，其自身就包含着道德要求。一个真正以马克思主义世界观为指导，为绝大多数人的利益而奋斗甚至牺牲生命都在所不惜的人的道德是高尚的；这种人胸襟坦荡、眼界宽阔、气度恢弘。马克思、恩格斯以及历史上和当代许许多多的革命者的表现证明了这一点。马克思主义哲学也不排斥体悟，实际上马克思主义哲学的应用和发挥就包含着个人的实践经验和人生经验。一个只知道背诵马克思主义哲学教科书而无任何个人体会和创见的人不可能成为马克思主义哲学家。可是马克思主义提倡的体悟不局限于个人的一己经验，更不是明心见性，面壁顿悟，而应该着眼于更广泛的群众性的经验总结。

哲学是多种多样的。马克思主义哲学是哲学中的一种而不是唯一的哲学。马克思主义哲学由于它的阶级特性和历史使命，由于它的科学性与价值性的统一，迄今为止，它仍然是我们认识与改造世界的最锐利的武器。但马克思主义哲学绝不以永恒真理自命，因而它具有兼容性和开放性。马克思主义哲学追求的是真理，因而在任何哲学中只要是对问题的提问或对问题的回答中包括合理的东西都会吸收；它面对现实，面对人类不断积累的新的实践和科学知识的发展，必然要进行新的创造，因而它的体系和内容是开放的，永远是未完成的。正确处理中（中国哲学）西（西方哲学）马（马克思主义哲学）的关系，正确处理马克思主义哲学与当代现实和科学的关系，正确对待当代各种哲学提出的有价值的问题和某些看法，是当代中国马克思主义哲学工作者的历史使命，也是马克思主义哲学进一步中国化的必由之路。但是马克思主义哲学作为科学世界观这一原则不能动摇。既不具有科学性又不是世界观和方法论的马克思主义哲学，是马克思主义哲学的终结。

（原载《江汉论坛》，2002（6））

2. 论马克思主义哲学的本质和功能

在当今世界上，各种哲学流派纷呈林立，其中最具真理性和实践性的哲学是马克思主义哲学。世界上还从来没有一种哲学在认识世界和改造世界方面取得像马克思主义哲学这样的成就；也没有任何一种哲学像马克思主义哲学这样得到如此广泛的传播，拥有如此众多的信奉者和实践者。马克思主义哲学依然是我们时代的主旋律。本文拟就马克思主义哲学的本质和功能作一考察，以深化我们对马克思主义哲学的研究。

一、哲学的时代性、民族性和阶级性

“每种艺术作品都属于它的时代和民族。”① 哲学同样如此。时代性和民族性是哲学不可分离的特性。在阶级社会中，哲学还具有阶级性。

哲学思维是一种高度抽象化和理论化的思维，具有思辨性特点。哲学使用的普遍范畴和概念，往往造成哲学只是在精神王国中驰骋的假象。实际上，从哲学体系产生的背景及其内容和价值取向来看，哲学是非常现实的。哲学似乎高耸于天国，可哲学家们仍然生活在尘世之中。由哲学家们创造的哲学体系，不管其外表如何抽象，都离不开哲学家所处的时代。哲学不是没有激情、没有冲动、没有爱憎、平静地苦思冥想的结果，恰好相反，它是在现实地、明显地或隐蔽地推动下的一种追求，即以哲学的方式来解答时代向哲学提出的问题。

① ［德］黑格尔：《美学》，第1卷，19页，北京，商务印书馆，1979。

因此，尽管哲学体系往往以哲学家命名，但它并不仅仅属于他个人。康德哲学不只是康德的哲学，更重要的是属于他的时代。每个哲学体系都有自己的个性，但这种个性是受时代制约的。法国唯物主义的明快泼辣，德国古典哲学的艰涩隐晦，离开它们的时代背景都是无法理解的。

哲学是时代的产物。哲学离不开它借以产生和发展的时代的经济、政治和文化。恩格斯指出："任何哲学只不过是在思想上反映出来的时代内容。"① 后来的马克思主义者一直坚持和发挥这个观点。梅林认为：一个时代的经济—政治斗争与这一时代的哲学之间的依存关系是那样鲜明地暴露出来，即使最近视的人也会明白看到的。普列汉诺夫强调：最彻底的唯物主义者也并不否认，每一哲学体系都只不过是自己时代智慧的表现。

全部哲学都依存于各自的时代，但其中真正的哲学是时代精神的精华。哲学是各种各样的，可以是时代精神的精华，也可以是时代的糟粕；哲学家可以是时代的骄子，也可以是时代的弃儿；可以是真理的发现者，也可以是错误理论的吹鼓手。问题是反映了时代的哪个方面。

真正的哲学之所以是时代精神的精华，正在于它符合时代的进步要求，抓住了时代的主题，回答了时代提出的迫切问题。背对自己时代的哲学是僵死的经院哲学；对自己时代迫切问题漠不关心的哲学家是空头哲学家。按照卢卡奇的说法："一个思想家越有才华和天才，他就越是他的时代、国家和阶级的产儿。"②

哲学的时代特性，决定了真正的哲学必须面对时代，始终保持与时代的紧密联系，以便抓住时代的脉搏。这是关系判断这种哲学的价值，以及它能否生存和发展的关键。马克思曾经断言，作为时代精神精华的真正哲学，"不仅从内部即就其内容来说，而且从外部即就其表现来说，都要和自己时代的现实世界接触并相互作用"③。

并不是所有的哲学家都认识到了哲学的时代特性。由于哲学的特点，哲学往往被看成超时代、超历史的永恒范畴的王国。这是哲学家的哲学观

---

① 《马克思恩格斯全集》，第41卷，211页，北京，人民出版社，1982。

② ［匈］卢卡奇：《理性的毁灭》，4页，济南，山东人民出版社，1988。

③ 《马克思恩格斯全集》，第1卷，121页。

念同哲学本性之间的矛盾。这种矛盾导致对哲学的唯心主义理解。

哲学还具有民族性。作为以共同的地区和血缘关系为基础的不同的民族共同体，各有自己不同的哲学传统。

很显然，东方哲学不同于西方哲学，即使同是东方哲学，中国哲学也不同于日本、印度和朝鲜哲学；同是西方哲学，欧洲大陆哲学也不同于英美哲学，而德国古典哲学则又有其自身的特点。

哲学的道理具有共性。我们可以发现各个民族的哲学在唯物主义和唯心主义、辩证法和形而上学、无神论和有神论等方面有许多类似或相似的说法。正因为这样，在哲学研究中才可以进行相互比较，可以比较柏拉图和老子、黑格尔和朱熹、贝克莱和王阳明。可是，各种哲学体系又都有自己的民族特点。无论是思维方式、范畴运用、价值观念和作品风格都各有特色。例如，以希腊罗马哲学为代表的西方哲学与以儒墨道法为代表的中国哲学就不完全相同。

从哲学的着力点，即各自关注的中心来看，古希腊罗马哲学更多地注重自然——作为纯客体的自然，作为关于存在学说的自然哲学因此也较发达。中国哲学，其中特别是儒家学说注重人伦，即人际关系中的伦理道德，处理人际关系的原则。中国古代哲学也讲到自然，如老子和庄子的著作。但老庄哲学中讲的自然，主要不是人之外的自然，而是人自身的自然，即人的自然本性。

从思维方式来看，西方古代哲学强调的是主体与客体的对立和划分，它们明于天人之分，讲求观察、实验、理性的方法，一般来说，擅长分析；而中国古代哲学则是以天人合一方式出现的主客体统一的思维方式，它强调主体，强调依靠主体的内在意识和道德实践来实现二者的统一，它运用的是反求诸己的内省方法，一般说来，擅长综合。

哲学范畴也各有特点。中国哲学讲理气、有无、动静、形神、知行；而西方哲学则讲矛盾、一多、感性理性、质量、肯定否定。

哲学具有民族性，但哲学可以相互吸收和传播。中国哲学可以接受西方哲学的影响，而中国哲学也可以影响西方哲学。特别是进入资本主义时代以后，历史转变为“世界历史”，更有条件相互影响。我们现在使用的许多范畴，就不是中国哲学固有的，而是经过马克思主义哲学中介吸收的西方哲学范畴。

在阶级社会中，哲学具有阶级性。普列汉诺夫指出："各阶级的人生观和世界观是各不相同的，是依照各阶级的地位、需要、意图，以及各阶级的相互斗争行程而改变的。"① 由于哲学家们站在不同的阶级立场上，他们对世界观根本问题的看法，他们对待事物的态度和价值观念，都明显地打上了阶级烙印。

某种哲学体系的阶级属性，并不完全取决于哲学家本人的阶级出身；也就是说，并非所有的哲学家都自觉地按照自己阶级的需要来创立自己的哲学体系。事实上，哲学家们往往自认为是超阶级的，是摆脱一切物质利益的。然而，这并不影响哲学的阶级实质。判断一种哲学体系的阶级性质，并不是根据哲学家们对自己体系的看法，而是看在现实的斗争中，这种哲学体系以及由其引出的政治结论，究竟对谁有利。

哲学的阶级性是就哲学整个体系说的，而不是指每一个命题、范畴或哲学判断。事实上，在一个哲学家的哲学体系中，有些论述政治性强些，有些学术性强些。这取决于这个哲学判断或命题与人们的经济和政治利益的关系。一般说来，越是直接涉及经济和政治利益、处于斗争激烈中心的问题，阶级性越明显。

哲学的阶级性并不排斥某个哲学体系中可能包含的真理性颗粒和对人类文化的积极贡献。哲学家是以哲学的方式来为某种阶级利益服务的。他们的阶级立场、政治态度是通过对哲学问题的阐述间接地、曲折地表现出来的，因而往往会迸发出哲学的天才火花。在哲学史上，不少卓越的哲学家，既是某个阶级在哲学上的代言人，又是人类文化的积极创造者。

同其他意识形态一样，哲学也有精华与糟粕之分。作为文明活的灵魂的哲学是指它的积极方面。因此，就有一个如何对待哲学传统的问题。我们既不能采取虚无主义，也不能采取复古主义。我们要使传统中优秀的东西在当代得到发扬；要使当代的东西在传统中得到滋补和营养。离开了传统，当代没有根；离开了当代，传统没有果。黑格尔说过：哲学只有在本质上与前此哲学有了联系，才能够有其存在，而且必然地从前此哲学产生

① 《普列汉诺夫哲学著作选集》，第3卷，189页，北京，三联书店，1961。

出来。

二、马克思主义哲学是辩证唯物主义和历史唯物主义

马克思主义哲学属于唯物主义阵营，但它是唯物主义的高级形态。马克思主义哲学以实践为核心，建立起辩证法与唯物主义相结合、辩证唯物自然观与历史观相结合的完整科学体系。它的创立意味着哲学上的一次变革。

马克思主义哲学产生以前，民族性是哲学的一个主要特征，即使孔子、老子、朱熹、王阳明、康德、黑格尔哲学对其他民族和地区发生过深刻的影响，但这仍然属于文化交流和传播的范围，并未改变哲学的民族特性。老庄哲学仍是中国哲学；康德、黑格尔哲学也仍是德国哲学。

马克思主义哲学则与之不同，它是国际性的学说，尽管德国是马克思主义哲学的故乡，但它并不专属德国，而是一种“世界性哲学”。马克思曾经预言会出现这种哲学：“哲学对于其他的一定体系来说，不再是一定的体系，而正在变成世界的一般哲学，即变成当代世界的哲学。”① 马克思主义哲学就是这种放之四海而皆准的“世界性哲学”。同时它可以在各个民族和地区生根发芽，成为它们的民族文化的一部分。早在 1888 年恩格斯就曾说过，马克思的世界观在德国乃至欧洲境界以外，在文明世界的一切语言中都找到了代表。

马克思主义哲学是“世界性哲学”，但不是所谓“全人类”的哲学，它代表的是全世界无产者和劳动人民的利益。历史证明，任何一个阶级如果想取得政权或维持自己的统治地位，就都必须有相应的哲学体系。无产阶级更是如此。无产阶级要认清自己的阶级地位、认清自己与资产阶级的关系，找到一条获得彻底解放的道路，不可能从当时流行的空想社会主义或其他资产阶级、小资产阶级世界观中找到出路，唯一代表他们利益的是马克思主义哲学。正如恩格斯说的那样，“只有当工人阶级不是带着有色的法学眼镜，而是如实地观察事物的时候，它才能亲自彻底认清自己的生

① 《马克思恩格斯全集》，第 1 卷，121 页。

活状况。在这方面马克思的唯物史观帮助了工人阶级”①。

就内容来说，马克思主义哲学是辩证唯物主义和历史唯物主义。这不是唯物主义、辩证法、历史唯物主义三个部分的板块结构，而是它们的辩证统一，彼此渗透。列宁说过，在这个由一整块钢铁铸成的马克思主义哲学中，绝不可去掉任何一个基本前提、任何一个重要部分，不然就会离开客观真理，就会落入资产阶级反动谬论的怀抱。辩证法、唯物主义、历史唯物主义一旦分离，就会丧失它们作为马克思主义哲学重要组成部分的性质。

马克思主义的唯物主义是辩证唯物主义。这不仅是说，在唯物主义基本原理之外，还有辩证法的三大规律及其他辩证法原理，更重要的是，马克思主义哲学的唯物主义本身就是辩证的。它的世界物质统一性、思维和存在的相互关系、认识的本质和机制等等一系列原理，都是辩证的，既反对唯心主义又不同于旧唯物主义。

马克思主义的辩证法是唯物辩证法。这不仅是说，在马克思主义哲学中，与辩证法并存的还有一系列唯物主义原理，而且是说辩证法本身就是唯物主义的。任何辩证法的运动都有客观载体。自然辩证法就是自然界自身的辩证运动；社会辩证法是以物质资料生产方式为载体的社会辩证运动；主观辩证法是对客观辩证法的反映，它同样不能离开以人为主体的思维运动。矛盾、质量、肯定否定等等一系列辩证法的规律和范畴，只有在纯概念中才似乎是独立的，实际上它的运行机制和作用，始终是与它借以运行的载体不可分的。

辩证唯物主义和历史唯物主义并不是两个不同的“主义”，而是一个主义，即辩证的唯物的主义。与辩证唯物主义并列，另加上历史唯物主义，是对马克思主义哲学特点的强调，即它不是像旧唯物主义那样把历史放在唯物主义之外的半截子的唯物主义，也不是不彻底的辩证法。它是最彻底最完备的唯物主义，这种彻底性和完备性正表现在社会历史之中，即表现在历史唯物主义之中。列宁说，马克思和恩格斯特别注意的是使唯物主义哲学向上发展，也就是说，他们所特别注意的不是唯物主义认识论，

① 《马克思恩格斯全集》，第 21 卷，548 页，北京，人民出版社，1965。

而是唯物主义历史观。在《马克思主义的三个来源和三个组成部分》中，列宁把历史唯物主义称为对哲学唯物主义的“加深和发展”。他说，马克思加深和发展了哲学唯物主义，使它成为完备的唯物主义哲学，把唯物主义对自然界的认识推广到对人类社会的认识。在《卡尔·马克思》中，列宁有专节论述唯物主义历史观，强调的是唯物主义的彻底性和完备性问题。他说，马克思认识到旧唯物主义的不彻底性、不完备性和片面性，因此确信必须使关于社会的科学同唯物主义的基础协调起来，并在这个基础上加以改造。还说，发现唯物主义历史观，就是彻底发挥唯物主义，即把唯物主义运用于社会现象。

西方马克思主义在整个马克思主义体系中，特别重视马克思主义哲学。可是，他们中的一些人，却把辩证法和唯物主义、辩证唯物主义和历史唯物主义割裂开来，着重强调其中的一方面，用以重建马克思主义哲学。

他们把唯物主义和辩证法割裂开来，强调辩证法，但强调的是主体与客体相互作用的人学辩证法，否定自然辩证法，把物质同运动分割开来。例如，萨特就力图把辩证唯物主义、自然辩证法从马克思主义哲学中清除出去。萨特的著作《辩证理性批判》的主旨就是为了确定辩证法的有效性和它的限度。在萨特看来，辩证法只能来源于个人的实践，辩证法不是人以外的对象所固有的，而是人所创造的，离开了人就不可能有辩证法。“如果我们不想把辩证法重新变成一种新的法则和形而上学的宿命，那么，它必须来自一个个的个人，而不是来自我所不知道的什么超个人的集合体。”①

萨特还把辩证唯物主义和历史唯物主义割裂开来，只承认历史唯物主义而否认辩证唯物主义。他说：“我所理解的马克思主义哲学乃是以一种历史的内在辩证法为前提的历史唯物主义，而不是辩证唯物主义。”② 而法兰克福学派则把马克思主义哲学篡改为仅仅是一种社会批判理论，完全抛弃了辩证唯物主义。

① ［法］萨特：《辩证理性批判》，36页，北京，商务印书馆，1963。
② 转引自徐崇温：《西方马克思主义》，463页，天津，天津人民出版社，1982。

实践观点是辩证唯物主义和历史唯物主义的首要的、基本的观点，是它区别于以往一切旧哲学的显著特点。在马克思主义哲学中，科学实践观的意义和作用是多方面的：在世界观中，它认为人类通过实践改造自然，使自然打上人的烙印，我们周围的感性世界绝不是某种开天辟地以来就已存在的、始终如一的东西，而是工业和社会状况的产物，是历史的产物，是世世代代活动的结果；在认识论中，它把实践放在首位，作为全部人类认识的来源和基础；在社会历史观中，它把人类的实践作为社会得以存在和发展的根据，认为社会生活在本质上是实践的。但马克思主义哲学反对西方马克思主义鼓吹的“实践本体”论，唯物辩证地、恰当地评价实践的作用。

重构马克思主义哲学，是西方某些“马克思主义”学者对待马克思主义的一种态度。按照乔治·莱尔因在《重构历史唯物主义》中的说法，所谓重构就是“不用教条的传统马克思主义立场来对待马克思、恩格斯，而是特别注意在马克思和恩格斯著作中能够找到的同教条的传统马克思截然不同之处，以及解决这一问题的必要性”①。西方某些学者正是这样，他们用强调一点不及其余的方法，把完整严密的辩证唯物主义和历史唯物主义肢解为片面的、畸形的哲学学说。

三、马克思主义哲学的双重功能

在人类历史上，哲学家们非常重视哲学的功能。不过有的重视它探求宇宙奥秘的本体论功能；有的强调它研究认识可能性和途径的认识论和方法论功能；有的则推崇它的所谓明生死、去私欲，作为安身立命精神支柱的人生哲学功能。由于以往哲学的局限，它的认识功能是有限的，其中有不少还是消极的。而马克思主义哲学的功能则是以往任何哲学都无法相比的。

马克思主义哲学具有双重功能。一是科学认识功能。马克思把这个功能比做“头脑”的功能。他说，无产阶级“解放的**头脑**是**哲学**，它的**心脏**

① ［英］乔治·莱尔因：《重构历史唯物主义》，2 页，北京，中国社会科学出版社，1991。

是**无产阶级**"①。马克思主义哲学作为无产阶级解放的"头脑"，最突出、最集中地表现在它为无产阶级和人类提供了科学的世界观和方法论。

我们说马克思主义哲学是唯一科学的世界观，因为只有它才提供了以自然科学和社会科学为依据的、关于整个物质世界的科学图景。辩证唯物主义关于世界的物质性、关于世界发展普遍规律的观点，是对客观世界本身面貌真正的揭示。整个科学都表明，世界确实如马克思主义哲学所揭示的那样，处于普遍联系和永恒运动之中。

马克思主义哲学又是唯一科学的方法论。这一点同样是极其重要的。它表明了马克思主义哲学的革命本质。马克思主义哲学和无产阶级革命实践的紧密联系、和各门科学的紧密联系，其最突出的、最集中的表现，就是给予它们认识和改造世界唯一科学的方法论。马克思主义哲学的创始人，十分强调自己哲学的方法论意义。恩格斯以其远见卓识向人们宣布："马克思的整个世界观不是教义，而是方法。它提供的不是现成的教条，而是进一步研究的出发点和**供**这种研究**使用**的方法。"②

世界观和方法论的一致性，贯穿着全部马克思主义哲学。其中任何一个规律、任何一个范畴，都既是世界观又是方法论，是世界观和方法论的统一体。把辩证法作为方法而否认它是世界观，或者把唯物主义作为世界观而否认它是方法，都是不全面的，因而也是错误的。

唯物主义是世界观，它给予世界本质以唯一科学的解释，正因为如此，它又是方法论。恩格斯说，唯物主义的自然观无非是对自然界本来面目的朴直的理解，不添加任何外来的东西。③ 这充分表明了唯物主义世界观作为方法论的功能。按照世界本来面目认识世界，不附加任何外来成分，应该说是最科学、最客观的研究方法，它和主观主义的思想方法是根本对立的。后来，列宁在辩证法十六要素中，把这一方法规定为观察的客观性（"不是实例，不是枝节之论，而是自在之物本身"），使唯物主义作

---

① 《马克思恩格斯全集》，第1卷，467页。

② 《马克思恩格斯全集》，第39卷，406页，北京，人民出版社，1974。

③ 参见《马克思恩格斯选集》，2版，第4卷，306页，北京，人民出版社，1995。（文章发表后在被其他书收入时，对注释按照当时的新版本作了调整，因此出现发表时间在先，引用文献版本在后的情况。下同。）

为科学方法显得更加突出。

无疑辩证法是一种方法，是从事物的矛盾中，从运动、变化和发展中考察事物的科学方法，但它同时又是世界观，因为它承认世界本身就是运动的、发展的、包含矛盾的。辩证法之所以能成为一种科学方法，首先在于它是科学世界观。全部辩证法的基本规律和范畴的内容都是客观世界所固有的，主观辩证法只是对客观辩证法的反映。把辩证法仅仅作为方法，主观地加以应用，就会导致诡辩论，从根本上歪曲了辩证法的本质。

不仅全部辩证唯物主义，而且全部历史唯物主义也是世界观和方法论的统一体。历史唯物主义揭示了人类社会发展的普遍规律，同时也为认识和分析社会历史提供了唯一科学的方法。马克思和恩格斯称之为辩证方法（它与形而上学方法相反）的，不是别的，正是社会学中的科学方法，这个方法把社会看作处在不断发展中的活的机体。

马克思主义哲学还有一个重要功能，这就是意识形态的功能。马克思主义哲学具有鲜明的阶级性，它公开申明为无产阶级服务；在意识形态领域中，坚持党性原则，反对和批判各种敌对的学说和思想体系，反对形形色色的资产阶级思潮。

在马克思主义哲学产生以来的一个半世纪中，它在动员、组织、宣传群众，指导无产阶级革命和社会主义建设的过程中，既发挥着世界观和方法论的功能，又起着在意识形态领域，把各种错误的理论和学说从工人运动中、从无产阶级及其政党中不断清除出去的作用。一部马克思主义哲学史，既是指导无产阶级及其政党的实践史，又是哲学斗争史。正是在这个过程中，马克思主义哲学不断得到丰富和发展。

马克思主义哲学的科学认识功能和意识形态功能的一个突出表现，是马克思主义哲学与社会主义的理论和实践的联系。

从理论上说，马克思、恩格斯创立马克思主义哲学同他们把社会主义由空想变为科学是同一个过程。19 世纪初的空想社会主义者之所以陷于空想，从世界观来说，主要因为他们是历史唯心主义者，把社会主义建立在抽象人道主义原则的基础上。而马克思、恩格斯之所以能把社会主义由空想变为科学，除了剩余价值理论外，是因为他们创立了唯物史观。他们把社会主义置于现实的基础之上，运用唯物史观分析资本主义社会的矛盾及其运动，从资本主义制度自身发现了它被社会主义制度所代替的必然性。

从实践上说，社会主义由理论变为现实，也是同马克思主义哲学不可分的。列宁非常重视马克思主义哲学，他在领导俄国革命的过程中，不仅亲自撰写了《唯物主义和经验批判主义》、《哲学笔记》等著作，而且运用马克思主义哲学分析俄国的阶级状况，为俄国共产党领导民主革命和社会主义革命制定了正确的路线和策略。在十月革命以后的七年中，列宁又运用马克思主义哲学分析了俄国当时的状况，制定了新经济政策，力图在恢复国民经济的基础上，把俄国的社会主义建设迅速向前推进。

中国革命的历史也极其生动地证明了马克思主义哲学的指导作用。我们可以想一想：毛泽东的《中国革命战争的战略问题》、《实践论》、《矛盾论》、《论持久战》、《新民主主义论》等著作，对于打败日本帝国主义、推翻蒋介石统治、夺取民主革命的胜利，起了何等重要的作用。在领导社会主义建设过程中，毛泽东又写下了《关于正确处理人民内部矛盾的问题》、《论十大关系》等重要著作，其中关于社会主义时期正确区分和处理两类不同性质的社会矛盾，重视意识形态领域中的斗争，以农业为基础、以工业为主导、工农业同时并举的方针，以及关于反对“和平演变”、防止资本主义复辟等等论述对于社会主义建设都是非常重要的。当然，在社会主义革命和社会主义建设中我们曾经犯过不少错误，而且当前社会主义也在一些国家遭到重大挫折，社会主义革命正处于低潮，但这并不能证明马克思主义哲学的错误，相反，却证明马克思主义哲学是不能违背的。“违犯辩证法是要受惩罚的”。

在粉碎“四人帮”以后，邓小平同志和党中央恢复了实事求是的马克思主义思想路线，从中国国情出发，制定了一整套关于建设有中国特色的社会主义的路线、方针和政策。这条正确的路线，已经取得明显的效果。这充分说明，对社会主义建设道路的探索、对社会主义原有的经济和政治体制的改革，必须以马克思主义哲学为指导。

毛泽东历来重视学习哲学。1955 年，他在中国共产党全国代表会议上的讲话中说，马克思主义中“基础的东西是马克思主义哲学”，“我劝同志们要学哲学”。在哲学学习中，我们一定要遵循理论联系实际的学风。

马克思曾经批判过旧哲学的经院派学风，他说："哲学，尤其是德国的哲学，喜欢幽静孤寂、闭关自守并醉心于淡漠的自我直观……它那玄妙的自我深化在门外汉看来正像脱离现实的活动一样稀奇古怪；它被当做一个魔术师，若有其事地念着咒语，因为谁也不懂得他在念些什么。"① 马克思主义哲学工作者不应是"沙漠里的高僧"，不能空谈哲理，推崇"机锋"，把哲学变成貌似高深的"偈语"。同时，我们也应注意到，马克思主义哲学不是教条，它并不提供当代问题的现成答案。马克思主义哲学并没有结束真理，它只是为人类认识新的真理提供了一个支撑点。我们一定要密切联系实际，真正学会运用马克思主义哲学分析和解决当代面临的问题。

（原载《北京社会科学》，1993（3））

① 《马克思恩格斯全集》，第1卷，120页。

3. 评马克思主义哲学的“困境”

哲学面临的困境并非我们国家所特有，而是一个世界性的问题。当今世界，即使是发达的资本主义国家，与科技的迅速发展和对科技的需求相比，哲学也是被冷落的。这反映了工业社会对物质需求的强化和对精神需求的弱化，是追求高消费的必然结果。

我们正处在现代化的过程中，发展生产力是我们最重要的任务，科学技术是第一生产力的思想已深入人心。在市场经济条件下择业的利益的导向、就业的难易、待遇的高低，不可避免地会产生重理轻文、重科技轻人文的社会倾向。对西方发达资本主义国家来说，这种科技与人文的失衡和矛盾，虽然也带来了不少负面作用，但对资本主义世界而言只是一种危害；而对我们社会主义国家而言则是一种危险，它关系到我们把中国建设成为一个什么样的国家的问题，把我们的人民特别是青年培养成什么样的人的问题。江泽民同志 2001 年在北戴河发表的“八七”重要讲话中强调，哲学社会科学的研究能力和成果是国家综合国力的重要组成部分，是认识世界、改造世界的重要工具，哲学社会科学与自然科学技术同样重要。这是党中央对发展哲学社会科学具有战略性的重大决策。

一

我们的国家和社会有两种需要：一种是市场的需要，一种是国家的需要。它们是不可分的，但又不能简单等同。符合市场经济的需要，对我们国家的经济和其他事业的发展是至关重要的，因而符合市场经济的需要，一般说来也会符合国家的需要。但这两者之间也会存在矛盾，例如，在我们的教育和文化事业中，完全以市场需要为尺度，肯定会自发地向理工学科倾斜，会使一些容易就业的热门专业爆满，而使哲学社会科学特别是文史哲学科成为冷门。从国家和民族的需要来看，哲学社会科学是不可缺少的。江泽民总书记在“八七”讲话中强调的“两个重要”、“四个同样”，就是站在国家和民族发展的高度讲的，而不是站在市场需要的角度讲的。以哲学为例，从市场需要的角度说，可以说没有一个人会因为缺少哲学而感到生活不便。生活中如果没有理发店、百货店，没有医生，没有炊事员，那是不行的；没有科技人员，没有会计，生产无法进行，如此等等。总之，凡是直接与生产、与人们的生活密切相关的行业和学科，人们能直接感受到它的重要性和必要性，但任何一个人都不会因为没有哲学家而感到生活不便。然而，从深层次来说，一个民族有没有哲学是大不一样的。日本的哲学家中江兆民在《一年有半、续一年有半》中说：“哲学固然不一定有显著的功效可以让人看见或听见，也就是说，哲学对于顺差和逆差、银根的松紧、工商业的发展与否等，好像没有什么关系；然而国家没有哲学，恰像客厅没有字画一样，不免降低了这个国家的品格和地位。康德和笛卡儿实在是德法两国的荣耀，是两国客厅的字画，对于两国人民的品格和地位，自然不是没有关系的。这既是一个无足轻重的问题，而又不是一个无足轻重的问题。没有哲学的人民，不论做什么事情，都没有深沉和远大的抱负，而不免流于浅薄。”① 把哲学比为客厅中的字画当然不确切，但后面的话可圈可点，非常深刻。

中国共产党领导中国人民革命和建设 80 年的光辉历程证明，没有马克思主义与中国革命具体实践的结合，没有马克思主义哲学世界观和方法论的指导，中国革命和建设的成就是不可取得的。从毛泽东的《中国社会各阶级的分析》对中国阶级状况的历史唯物主义的分析，到《矛盾论》、《实践论》对中国社会矛盾和革命实践经验的哲学升华，从邓小平坚持实践是检验真理的唯一标准，反对“两个凡是”，以及以解放思想和实事求

① ［日］中江兆民：《一年有半、续一年有半》，16 页，北京，商务印书馆，1991。

是为旗帜的一系列关于建设有中国特色的社会主义路线、方针、政策的出台，到江泽民“三个代表”学说的提出，都以无可辩驳的事实证明了它们对于当代中国建党建国的伟大实践价值和理论价值。

不仅对于国家、民族和共产党来说，哲学的作用是无可取代的，而且对于我们的人民特别是知识分子和我们的青年来说，人文素养特别是哲学素养同样是重要的。我们国家要避免和减轻人文和科技的矛盾带来的危害，要真正实现人的全面发展，提高人的素质，人文知识特别是哲学知识是不可缺少的。在市场经济条件下，在以物质利益导向为最高原则的条件下，在就业、工资差别悬殊的条件下，要使人们明白并痛切地感受到这一点是很不容易的，这需要国家政策的导向和必要的资助，以利于人文学科特别是哲学学科的发展。当然，随着人们生活水平的不断提高，对精神生活的追求将逐步超过对物质消费的追求，人文学科也会改变目前的状况，也许哲学会重新占有过去的位置和光荣，但这需要很长的过程。我们不能消极等待，而应该逐步改变目前科技与人文分离和人们过分向科技倾斜的观念，这对于我们全面建设社会主义是有利的。恩格斯说：“一个民族要想站在科学的最高峰，就一刻也不能没有理论思维。”尽管这句话耳熟能详，但在今天重温恩格斯这个教导别有深意。

严格说来，马克思主义哲学困境的说法并不确切，应该说是马克思主义哲学工作者的困境。马克思主义哲学产生至今，还没有任何哲学学派能取代马克思主义哲学的地位，也没有任何哲学家超出马克思。虽然马克思主义哲学一百多年来不断遭到批判甚至镇压，但它仍然是当今的显学。马克思主义哲学工作者的困境，固然包括哲学系学生的就业不如其他专业抢手，以及社会人士对哲学的反感，但这不是问题的本质，可以通过国家的政策调整以及生活水平的提高逐步得以解决。我说的困境是指我们的马克思主义哲学研究在当代究竟应该如何定位，即马克思主义哲学是什么？马克思主义哲学的功能是什么？马克思主义哲学的研究领域是什么？我们的许多争论都与此有关。

什么是马克思主义哲学？从本质上说，马克思主义哲学是无产阶级的世界观，而且是所有哲学中比较系统化、理论化的一种世界观。马克思主义经典作家曾一再申明这一点。世界观的科学性是很为一些人所诟病的。

在某些人看来，科学这个术语似乎只能用于实证性的自然科学，而世界观属于哲学，无所谓科学不科学的问题，在这个价值领域只有看法、意见、观点，而无真假对错的问题。如果我们承认世界观是对世界的看法，承认世界的确是客观的实实在在的世界，而不是幻象、泡影、主观的表象、主体的依存系列，我们就得承认对这个世界的认识有真与不真的问题。如果根本不承认有个客观世界，当然不存在世界观，更谈不上世界观的真假对错。遗憾地说，这种不承认客观世界和世界观的真假问题，本身就是一种世界观，是不折不扣的唯心主义世界观。

当然，我们说马克思主义哲学是世界观，是就其本质属性说的，是就马克思主义哲学与它力图认识和改造的世界的关系说的。可是，马克思主义哲学的世界观与世界不是简单的反映与被反映的关系，因为世界是个未完成的不断地在人化过程中生成的客体。要科学地揭示世界的本质，必须认识人在世界（自然与社会）中的地位与作用，认识实践在创造现存世界中的作用，探索人类认识世界和改造世界的途径和方法。由于社会是现存世界的最重要的部分，人是社会的主体，因而对社会一般规律和人类解放问题的研究自然是马克思主义哲学世界观的题中应有之义。没有历史唯物主义对人的全面发展与人类解放的研究，马克思主义哲学世界观就是不完备、不彻底的，只能是旧唯物主义的翻版。

哲学就其本质来说是一种世界观，并非所有哲学都自觉地意识到了这一点或者承认这一点。事实上不少哲学学派以拒斥形而上学来反对哲学是世界观，它们或者专注于哲学某一问题的研究，或者强调意志、生命，或者专注语言，或者专注于人，等等，并非所有哲学都是理论化的世界观。哲学的表达方式多种多样，如诗化的、寓言的、格言式的、随笔式的，不少哲学家的思想是一种爆发性的灵感，并无系统，但无论怎样各具特点，只要它是哲学，或者以哲学方式来思考，它就可能或明或暗、或公开或隐蔽地对世界的存在表示自己的看法。现代西方哲学中的一些流派，否定世界的客观性，否定主客二分，以主客不分、心物合一的生活世界取代不依人的意志为转移的客观世界，以人的存在否定人存在于世界之中并有受客观世界支配的一面，这实际上是以当代的方式、以拒斥本体论来表现他们的唯心主义世界观。人生活于世界之中，人不能脱离人生活于其中的自然和社会，这就决定了任何哲学都不可能也无法绕开它所面对的世界，只不过它可以假装看不见，可以存而不论，可以以各种遁词来表现对世界的蔑视。这是一种隐性的世界观，它不直接研究世界而是突出世界的某一方面，但作为这种研究基本观点支撑的仍然是以对世界客观性的基本态度为前提。一般总是存在于特殊之中，哲学中尤其如此。只要世界不能被超越，它就不可能没有世界观，尽管它不一定系统化、理论化。由于总的世界观的制约，尽管西方当代哲学在某些方面取得了一定的成就，但背离唯物主义和非理性主义成为它们的“致命伤”。

马克思主义哲学的功能即马克思主义哲学应该管什么的问题。马克思主义哲学不是万能的，任何哲学都不是万能的。各种不同的哲学各有其能。有的强调哲学是安身立命之学；有的强调它的道德功能，看作人生境界的提升；有的强调哲学厘定概念的语言分析功能；有的强调哲学就是发扬人的主体性功能；等等。可以说不同的哲学由于其哲学的性质而对人具有不同的作用，不管这种作用是正面的还是负面的，或正中有负，或负中有正，反正不同的哲学，只要接受它、信仰它，就会对人发生不同的影响。不过，在马克思主义哲学产生之前或产生之后，还没有一种哲学像马克思主义哲学这样以认识世界和改造世界为目的，从而自觉地把自己的哲学锤炼成一种认识工具。有些人不承认马克思是哲学家，不承认马克思主义哲学是哲学，原因就在于他们头脑中的哲学只能是思辨的概念体系，只能是说一些高深莫测、晦涩难懂的名词术语，似乎哲学家只会在书房中创造体系。马克思主义哲学背弃了这种传统，它是作为无产阶级和人类解放的“头脑”而产生的，它不能沉湎于思辨而无视客观实际，不能只构造体系而无视现实问题，不能只停留在哲学自身而无视实践。没有无产阶级和人类对现存世界和社会改造的需要，就不会产生马克思主义哲学。恩格斯说过：“只有当工人阶级不是带着有色的法学眼镜，而是如实地观察事物的时候，它才能亲自彻底认清自己的生活状况。在这方面马克思的唯物史观帮助了工人阶级，他证明：人们的一切法律、政治、哲学、宗教等等观念归根结蒂都是从他们的经济生活条件、从他们的生产方式和产品交换方式中引导出来的。由此便产生了适合于无产阶级的生活条件和斗争条件的世界观；和工人无财产相适应的只能是他们头脑中无幻想。现在这个无产阶级的世界观正在全球环行。”①

哲学不同于道德，它不是提供人的行为应该如何的规范；也不同于法律，制定人人必须遵守的具有强制性的行为条文。哲学是多种多样的，它从各种角度、各个方面提供智慧或意见，人们可以接受，也可以不接受。从这个意义上说，哲学信仰是属于个人的事。这种哲学观无疑具有一定的合理性。可是，如果不是把哲学单纯作为清谈的妙理，作为抚慰灵魂的良药，作为解脱人生烦恼和痛苦的麻醉剂，而是作为认识世界和改造世界的工具，那么就会有一些非如此不可的仿佛具有强制性的规定。众所周知，人对世界的认识和改造是一种非直接的有中介的行为，这种中介从实践的角度说是生产工具，包括从最简单的石器到当今最先进的自动化的生产工具；从认识的角度说是思维工具，这种思维工具虽然属于主体，但从它的内容来说必须与它所要认识和改造的对象相符合。从这个意义上说，要想获得对世界的正确认识和改造，思维就具有了某种强制性，这就是思维规律。辩证唯物主义和历史唯物主义作为科学的世界观和方法论的力量也正在于此，因为与迄今为止的其他哲学相比，它向我们提供了一种对世界认识和改造的具有原则性意义的理论和方法。

既然要认识世界和改造世界，理所当然地要面对并承认自己所要认识和改造的包括社会在内的世界的客观实在性，不承认它的客观实在性，根本谈不上认识和改造的问题。对一个只存在于自己头脑中或依存于自我的东西进行认识和改造纯粹是无聊的废话。马克思和恩格斯当年曾经尖锐地嘲笑过强调自我意识的德国青年黑格尔派，并指出：工人们“非常痛苦地感觉到**存在**和**思维**、**意识**和**生活**之间的**差别**。他们知道，财产、资本、金钱、雇佣劳动以及诸如此类的东西远不是想像中的幻影，而是工人自我异化的十分实际、十分具体的产物，因此也必须用实际的和具体的方式来消灭它们，以便使人不仅能在**思维**中、**意识**中，而且也能在群众的**存在**中、生活中真正成其为人”②。观察的客观性、实事求是、从实际出发，这些人人耳熟能详的原则，无非是被一些人视为敝屣的世界的物质性以及物质

① 《马克思恩格斯全集》，第21卷，548页。
② 《马克思恩格斯全集》，第2卷，66页，北京，人民出版社，1957。

第一性、意识第二性原则的实际应用。旧唯物主义的错误并不在于它的唯物主义而在于它的形而上学，在于它不懂得实践在认识和改造世界中的作用。全部人类的认识和实践的历史经验证明，坚持唯物主义得出的结论不一定正确（唯物主义有各种各样的，而且决定认识正确性的因素是多方面的），但背离唯物主义肯定是要犯错误的。

要改造世界当然要通过各种实践形式。实践在马克思主义哲学中的重要性是无可争辩的，可实践同样要遵守辩证唯物主义原则。实践的主体性和客体性、相对性与绝对性、历史的长期性与时代性，等等，无不受辩证法规律的支配；而且实践不能离开唯物主义，不承认自然界的客观性，不承认自然界有不依人的意志为转移的规律，就必然严重破坏人与自然的和谐关系。实践的负效应问题，所谓生态问题，所谓人的生存环境的恶化问题，完全证明了辩证唯物主义和历史唯物主义关于人与自然关系理论和方法的正确性。那种把当今环境恶化归结为人对自然的改造、归结为科技的发展、归结为主客二分和破坏天人合一的观点，事实上否认了自然界有自己的规律，否认了人应该改造自然否则就没有社会的发展和人类的进步的历史发展观。自然对人的报复不是自然的报复，而是自然规律对人的惩罚，也可以说是人类违背辩证法和唯物主义所遭受的惩罚。

唯物辩证法既是世界观又是思想方法。正因为它是世界自身的规律而不是人把辩证法注入世界，因此辩证思维从根本上说是以世界之道还治世界之身。从这个意义上说，辩证思维同样具有强制性，即要正确思维必须如此，采取形而上学的思维方法只能导致错误。要思维必然要有思维规定和运用思维范畴的方式。尽管人们的思维过程是在大脑里运行的，不像在实验中那样具有可观察性和可检验性，但从思维的结果中仍可以看到思维方法的作用。恩格斯指出，“没有理论思维，的确无法使自然界中的二件事实联系起来，或者洞察二者之间的既有的联系”①，而“辩证法恰好是最重要的思维形式”②。全部人类的实践史和认识史，特别是当代科学和实践的历史都证明了这一点。

---

① 《马克思恩格斯选集》，2版，第4卷，300页。

② 同上书，284页。

唯物主义历史观对于人类对社会历史的认识和实践活动同样具有理论意义和方法论意义。过去，人们往往注重唯物主义历史观的理论价值而忽略了它的方法论价值，实际上每一条历史唯物主义的基本原理都同时是一种思维方法。社会存在决定社会意识提供了我们考察一个社会中社会意识之所以呈现出多样性的方法；生产力归根结底是社会发展的决定力量的理论提供了我们考察和判断一个社会的经济制度和政治制度优劣与是否适合的方法；阶级斗争理论向我们提供了分析具有阶级性质的社会现象的方法；等等。恩格斯非常重视历史唯物主义的方法论意义，反复强调，我们的历史观首先是进行研究工作的指南，并不是按照黑格尔学派的方式构造体系的方法。在社会科学和社会问题研究中如何发挥唯物主义历史观的方法论作用仍是一个亟待解决的问题。

当我们说马克思主义哲学是世界观时，绝不是说它与提高人的思想境界、道德修养无关。马克思主义哲学当然不是旧有意义上的道德哲学、人生哲学，不是追求个人的安身立命之学，也不是指导人们如何闭门修养的学说，而是关于无产阶级和人类解放的学说。但是，马克思主义哲学世界观中包含自身的道德标准和价值判断。献身革命，为无产阶级和人类的利益不惜牺牲，是最高尚的道德；有利于最广大群众的根本利益，有利于社会进步和生产力的发展，是判断一个政党和个人行为的价值尺度。这些都可以说是马克思主义哲学世界观的应有之义。崇高的道德境界和对个人价值与社会价值关系的正确处理是革命者革命品质的重要组成部分，道德败坏、个人价值第一的“马克思主义哲学家”是对马克思主义的嘲弄。

马克思主义哲学研究的范围问题即我们可以做什么的问题。马克思主义哲学有范围，可马克思主义哲学工作者可以没有范围，可以把马克思主义哲学运用到任何领域。马克思和恩格斯当年没有研究哲学领域中的价值问题，但这不妨碍我们建立马克思主义的价值学；他们没有专门研究人生哲学问题，也并不妨碍我们建立马克思主义的人生哲学；其他如马克思主义的伦理学、文化学、政治学、环境哲学等，也是如此，也不妨碍我们接过当代西方哲学提出的问题，诸如语言问题、意志问题、人的问题、人的非理性因素问题等，进行马克思主义的研究。总之，凡是实践和认识中提出的有价值的问题都可以从哲学的角度进行研究，这不是越位，但研究必须是运用马克思主义的世界观和方法论。那种认为马克思主义哲学中存在这个空白那个空白的论点，是把马克思主义哲学创立时的内容和马克思主义哲学的本质规定，与不同时代的马克思主义哲学工作者的任务混为一谈。马克思主义哲学的范围是有限的，它是对自然、社会和人类思维本质的唯物辩证的把握，它不可能无所不包，当然会有所谓空白，而且可以说每个时代都会有空白，否则，无须创造，无须发展。每个时代的马克思主义哲学家都可以根据自己时代提出的问题不断扩充研究范围和问题，或者叫填补空白。这是马克思主义哲学创造性的一种表现。这样来研究马克思主义哲学就不会千人一面，而是每个马克思主义哲学家既具有个性又具有真理性，同中有异，异中有同。

二

我们的马克思主义哲学原理和马克思主义哲学史的研究都有待提高。我们的原理研究领域有一些是国外争论已久的过时问题，我们的马克思主义哲学史的研究和编写还停留在按照原著顺序叙述的水平上。这在开始阶段是必要的、不可避免的，但是，发展到现在我们应该努力改变这种状况。事实上，无论在马克思主义原理还是马克思主义哲学史研究中都有很多空白，有很多工作要做。就马克思主义哲学的基本原理来说，几乎每一条原理都没有搞得很清楚，有必要进一步研究和探讨，如生产力和生产关系、经济基础和上层建筑的学说，是马克思主义的最基本的理论，为什么生产力决定生产关系、经济基础决定上层建筑？其根据是什么？是如何实现的？为什么说任何一种社会形态在它所能容纳的全部生产力发挥出来以前是不会灭亡的，而更高的生产关系在它的物质条件在旧社会的胞胎里成熟以前绝不会出现？这些原则如何解释当今社会的现实特别是落后国家的革命问题？如果我们对生产力与生产关系规律缺乏深入的理解，就会产生搞人民公社、搞“一大二公”是符合生产力决定生产关系的要求，现在发展私有经济、发展个体经济也是符合这个规律的悖论；对经济基础与上层建筑关系的理解如果流于表面，也不能解释为什么经济基础相同会出现不同的上层建筑、不同的文化，文化的多样性和民族性如何用经济基础和上层建筑的原理来进行解释等问题。再比如，在人民群众和个人的作用方面，斯大林逝世后最终苏联出现解体，由超级大国沦落为二流国家；铁托逝世后南斯拉夫的分裂和目前的困境；中国在1976年以后才有可能出现邓小平的改革，出现现在这种新的经济局面。对此，应如何正确估计个人的作用，估计伟大人物和人民群众的关系问题，仍然是个理论难题。至于如何阐明社会规律的客观性和主体选择的关系，如何具体解释恩格斯的历史“合力论”，问题仍然不少。在基本原理的研究方面领域宽广，可做的工作很多。在马克思主义哲学史的研究方面，应该深入地进行专题史的研究，对马克思恩格斯等一些经典作家关于某一理论问题的论述要进行系统的探索，而不能停留在重复原著的水平上。

马克思主义哲学和哲学史的研究必须立足现实，体现马克思主义与时俱进的理论品格。我们当前的马克思主义哲学的困境有一部分是源于我们对马克思主义哲学的本质和功能的偏颇理解，我们自觉不自觉地按照西方哲学和中国哲学的方法和路子来研究马克思主义，过分重视纯学理的研究，忽视了对现实问题的研究，我们忘记了为什么会产生马克思主义哲学，忘记了为什么需要马克思主义哲学。在这一点上，我赞同美国哲学家赫舍尔的观点，他说：“当代很多哲学之所以陷入困境，部分原因正是这种持续不断的概念化过程远远离开了那导致哲学得以产生的处境，以致他们的结论同最初的难题似乎毫无关系。”① 马克思主义哲学是无产阶级解放的“头脑”，是认识世界和改造世界的工具，立足现实、面对现实，以马克思主义哲学理论来分析当代的理论现实应该是马克思主义哲学工作者的重要任务。

在马克思主义哲学史的研究方面，我们也应该立足现实，但不是按照现实的需要重铸历史。马克思主义哲学史应该是一部信史，应该尽量地符合历史的本来面目，但是，我们着重研究什么问题，研究经典作家的哪一方面的思想，应该根据现实的需要。问题是当代的，但马克思和恩格斯的观点是其本人的、原有的。如果马克思主义经典作家的论述与当代现实不符或不完全符合，我们应该实事求是地予以评述。马克思主义哲学史不应该仅仅是一部真理的发展史，而且应该是自我完善的历史。马克思和恩格

① ［美］赫舍尔：《人是谁》，2页，贵阳，贵州人民出版社，1994。

斯以及其他著名的马克思主义理论家不可能没有理论失误，在原理中这些失误可以略去，而在历史中必须论述。马克思主义哲学史的研究者不应当是哲学原理的单纯叙述者，同时也应该是研究者和评论者。我并不一般地反对回到马克思，如果我们真的对马克思的一段话或某一原理发生误解，那回到马克思恩格斯原来的经典论述是应该的，但如果把回到马克思变成一个普遍口号，变为马克思主义原理和历史的研究方向，甚至变成按照自己的意图和需要来重构马克思、重新解释马克思，这就容易导致对历史的曲解。

马克思主义原理和马克思主义哲学史的研究应该具有世界眼光和感召力。所谓世界眼光，就是要考虑到当今世界出现的问题以及西方马克思主义和“马克思学”提出的难点和问题。完全脱离世界状况的关门研究，信息不通，眼光狭隘，就会变成庄子曾经批评的“拘于虚”的井底之蛙和“束于教”的教条主义者。所谓感召力，就是要充分表现出马克思主义哲学对当代世界问题、国内问题的关注，使人感到马克思主义哲学对当代人的实实在在生存困境的关怀。

学风和文风也是我们哲学面对的一个重要问题。哲学思考是严肃的甚至痛苦的事，它令思考者废寝忘食、不得安宁，这是智慧的痛苦。一个观点、一个思想的提出力求经过深思熟虑，不能张口就来，涉及马克思主义重大原则问题更应如此。康德这样的大家还说：“我永远不会说出我没有思索过的东西。”马克思认为自己最好的东西对工人说来还不够好；恩格斯也说用唯物主义历史观分析一个历史问题要花好多年的时间。他们都强调了理论思考的严肃性和艰巨性。这些思想巨擘尚且如此，何况我辈。

从文风来看，我们的著作和文章要摆脱纯粹的思辨和大量使用连自己都不懂的语言，术语要有公共性，可理解性。哲学虽然要有个性，但绝不是只属于哲学家个人，不能只是哲学家个人的独白。哲学文章要尽可能生动些，要讲究文采，要使人爱读，而不是望而生厌。康德的哲学思辨能力堪称一流，可是他自己也提出哲学应该通俗，认为研究应该是高深的，而成果和表述应该是通俗的。他承认自己的著作晦涩难懂，但他并不炫耀这一点，相反认为是个缺点，在给朋友的信中多次讲到哲学通俗的问题，他说：“缺乏通俗性是人们对我的著作所提出的一个公正的指责。因为事实上任何哲学著作都必须是能够通俗化的，否则，就有可能是在貌似高深的烟幕下，掩盖着连篇废话。”他还说：“一段时间以来，在一些闲暇之时，我总在考虑各门一般科学中尤其是哲学中的通俗性的基本原理。”① 在我看来，马克思主义哲学工作者是大有可为的，绝不会困死在所谓困境中。当然，如果单纯追求经济效益，把哲学作为发财致富的手段，那另当别论，因为马克思主义哲学从它的创造者的意图和本质来看就不是一门谋生的技能，更不是为个人跻身富贵铺就的黄金路。如果所求者大，从强国教民、以求中国立足于世界先进文明民族之林的角度看，我认为哲学不是可有可无的。远的不说，只要看看从邓小平的“三个有利于”到江泽民的“三个代表”学说就可以明白。当然，任何一个哲学工作者个人都不可能有这种成就，但是谁也不能否认，长期的特别是从“实践标准讨论”以来马克思主义哲学工作者的积极探索，对于这种思想的形成和提高人们对这种思想的理解具有非常重要的作用。这也是江泽民同志在北戴河的“八七”讲话中，强调哲学社会科学认识世界和改造世界的作用，强调科教兴国包括哲学社会科学在内的关键所在。

（原载《中国人民大学学报》，2002（2））

① ［德］康德：《彼岸星空——康德书信选》，101页，北京，经济日报出版社，2000。

4. 马克思主义哲学与现时代的关系

哲学体系往往以哲学家命名，但并不专属个人。康德哲学不仅是康德的哲学，更重要的是属于他的时代。每个哲学体系当然有个性，但这种个性是受时代和阶级关系制约的。18 世纪法国唯物主义的那种大胆明快、尖锐泼辣的风格，离开了法国资产阶级大革命时代，离开了处于上升时期法国资产阶级的战斗性是无法理解的。哲学是离经济基础最远的意识形态。但这并不等于说哲学是离政治生活、经济生活最远的意识形态。离经济基础最远，是就哲学这一社会意识反映形式的特点来说的。哲学是通过普遍的概念把握现实，它的命题和范畴具有比较大的抽象性、稳定性和可继承性。但是，每种哲学思潮的出现却总是和它的时代相联系的。黑格尔说："每个人都是他那时代的产儿。哲学也是这样，它是被把握在思想中的它的时代。"① 这是对哲学本质的深刻概括。

哲学同时代的联系，其中最重要的一个方面是同特定时代的阶级关系相联系，因此哲学不可能脱离政治。当然，哲学是以哲学方式同政治相联系，这种联系的方式是复杂的、多样的。恩格斯至少讲过两种方式：一种是法国式的，一种是德国式的。法国百科全书派为资产阶级共和国大声疾呼，政治态度非常明朗，政治和哲学的关系非常明显。德国式则是学院派的，从康德到黑格尔，表面上谈的都是纯粹的哲学问题，但在枯燥的哲学词句后面，仍然隐藏着政治要求，即他们对在德国发展资本主义的要求。

---

① ［德］黑格尔：《法哲学原理》序言，12 页，北京，商务印书馆，1961。

马克思主义哲学同政治的联系不同于以往哲学之处在于，它公开表明自己的阶级性和政治立场。马克思把无产阶级当作人类解放的心脏，把哲学作为人类解放的头脑，极其鲜明地把马克思主义哲学同无产阶级的伟大历史使命结合在一起。

哲学范畴和命题的普遍性同它的时代性是统一的，这种统一性是通过它的政治效应来实现的。哲学命题的理论意义与它的政治效应之间并不等值，一个哲学命题的政治效应在不同条件下是不同的。实践是检验真理的标准，就理论本身来说，是马克思主义中的一个最基本的命题，但在1978年中国政治生活中取得了那样一种政治效应，基本上可以说是对中国的命运带有决定性的一次讨论，这是在特定条件下取得的特定效果。从反面的例子来说，作为《河殇》历史观基础的地理环境决定论是一个很古老的理论，而且就其产生来说，它对反对神学历史观起过某种进步作用，可它在《河殇》中起的作用和这个理论提出的当时所起的作用完全不一样。一个哲学命题在特定条件下和一定的社会条件相结合，可以产生非常巨大的出乎意料的政治效果。

人们常常说，哲学是时代精神的精华，并说这是马克思说的。其实这个转述并不完全，并不准确。哲学可以是时代的精华，也可能是时代的糟粕；哲学家可以是时代的骄子，也可能是时代的弃儿；可以是真理的发现者，也可能是错误理论的吹鼓手。问题在于是什么哲学。在当代西方哲学中，有各种各样的流派、学派，究竟哪一种哲学可以称作时代精神的精华呢？我看都不够格。当代西方哲学最大的特点是生命周期很短，这个现象本身说明它的非真理性。真理本身是相对稳定的，更新太快本身说明它的非真理性。同时装一样更新太快的哲学，列宁称之为“时髦哲学”。尽管它很耀眼，但并没有生命力。

马克思并没有抽象地说哲学是时代精神的精华，相反倒区分了各种不同的哲学。他在发表于1842年《莱茵报》的连载文章《第179号“科伦日报”社论》中，驳斥了《科伦日报》编辑海尔梅斯对《莱茵报》重视哲学的指责，强调哲学不能脱离实际生活，并分析了当时德国哲学的状况。马克思说：“哲学家的成长并不像雨后的春笋，他们是自己的时代、自己的人民的产物，人民最精致、最珍贵和看不见的精髓都集中在哲学思想里”。在讲完这段话之后马克思才说，“任何真正的哲学都是自己时代精神的精华”①。从马克思文章的上下文分析，我们可以看到：首先，并不是任何哲学都是时代精神的精华，而只有真正的哲学才是时代精神的精华。马克思使用“真正的”这一表述含义深刻，“真正的”这一定语是绝不可少的。当然，真正的哲学不能简单地说成唯物主义哲学，列宁讲过，聪明的唯心主义比愚蠢的唯物主义更接近唯物主义，如黑格尔的哲学虽是唯心主义，但可称得上是精华，而19世纪40年代的庸俗唯物主义则是糟粕。真正的哲学是指对人类哲学思维真正作出创造性贡献的哲学。当然，黑格尔哲学之所以是时代精神的精华在于它是聪明的，而不在于它的唯心主义；庸俗唯物主义之所以是糟粕在于它的庸俗性，而不在于它是唯物主义。这里，唯心主义和唯物主义指的是两种具体的哲学形态，而不是两条哲学路线。不是说唯心主义比唯物主义更高明，而是说聪明的比愚蠢的高明。其次，要想成为时代精神的精华，按马克思的说法，这个哲学必须是自己的时代、自己的人民的产物，也就是说，真正的哲学必须反映时代进步的要求，反映人民的要求。最后，真正的哲学必须概括和总结人类实践的经验和科学的成果，即把人们中间最精致、最珍贵、看不见的精髓集中到哲学里面，就是说必须概括实践的经验。所以，真正的哲学的来源并不在于头脑，尽管哲学家也用头脑和世界相联系。因此，只有满足上述三个条件的哲学，才能成为时代精神的精华。

从马克思主义哲学诞生到现在，已有近150年的历史，它是否还是时代精神的精华呢？马克思主义哲学的150年历史，我以为大体可以划分为三个阶段：第一阶段是马克思、恩格斯阶段，即从马克思主义哲学创立到恩格斯逝世，这一阶段是马克思主义哲学的产生和传播的时期。马克思主义由西欧一个小的学派逐步壮大成为在工人运动中占支配地位。第二阶段从十月革命算起直到中国的1956年为止，这40年是马克思主义哲学在实践中胜利的40年。其间，马克思主义哲学不仅在社会主义国家占主导地位，而且在一些资本主义国家和地区得到传播。第三阶段是从1956年开始到现在。这一阶段是资本主义相对稳定、科学技术比较发展的时期，也

① 《马克思恩格斯全集》，第1卷，121页。

是社会主义国家遭受挫折的时期；是资本主义和社会主义两种制度由冷战和对抗走向缓和和共处的时期；也是西方帝国主义国家向社会主义国家大力推行“和平演变”战略的时期。意识形态领域中的斗争尖锐化了，的确是在打一场无硝烟的战争。

全部斗争的核心是关于如何看待马克思主义的问题。在这样的国际背景下，在我们国内，一段时期内马克思主义遭受到新中国成立以来从没有过的冷遇。坚持马克思主义的文章和著作问世极难，而宣扬资产阶级自由化和西方资产阶级世界观、人生观、价值观的文章和著作则非常走俏。马克思主义的理论工作者、思想政治工作者的形象，是保守的、顽固的、愚昧的，是舞台上那种被丑化了的“马列老太太”的形象；而那些号称“社会精英”的人们，则是具有改革进取精神的、新的启蒙者的形象。如同在哈哈镜中一样，各种不同的政治势力及其理论代表都失去了自己的真面目。

斗争是激烈的，仅就哲学而言，它的不少原理都受到非难、指责或攻击，或者被宣布为错误，或者被宣布为过时。问题不仅牵涉到每一个原理，而且牵涉到在当代如何看待马克思主义哲学的本质、使命和地位这样一个全局性的问题。

第一，马克思主义哲学究竟是辩证唯物主义和历史唯物主义，还是所谓人本主义、彻底的自然主义和实践唯物主义三者的结合？这是关系到马克思主义哲学本质的重大问题。

稍知马克思主义哲学史的人都知道，在19世纪40年代的德国，出现了两种哲学改革、两种改革纲领。一个是费尔巴哈倡导的改革，他的纲领是《关于哲学改造的临时纲要》；一个是马克思倡导的改革，他的纲领是《关于费尔巴哈的提纲》。

费尔巴哈在《改革哲学的必要性》中倡导哲学改革，并提出了改革纲领《关于哲学改造的临时纲要》，随后在《未来哲学原理》中进行了阐述。费尔巴哈改革的实质，是以人本主义和自然主义来反对神学和黑格尔的思辨唯心主义。人本主义和自然主义的结合，是费尔巴哈哲学的特色。费尔巴哈的哲学是人本主义的，以人为本的原则贯穿于他的全部哲学。但这种人本主义是与自然主义相结合的，因为费尔巴哈关于人、人的类本质贯穿了自然主义原则；反过来，费尔巴哈的自然主义也是与人本主义相结合的。因为费尔巴哈虽然推崇自然，可是在自然界中处于最中心地位的是人，是人这个自然存在物。费尔巴哈自己就说过："我的'方法'是什么呢？是借助人，把一切超自然的东西归结为自然，又借助自然，把一切超人的东西归结为人。"①

马克思站在费尔巴哈的肩上，早期接受过人本主义和自然主义的影响，并吸收其中的合理因素。但马克思主义哲学的本质不是人本主义和自然主义，相反是对它的扬弃。在《关于费尔巴哈的提纲》中，马克思批评了费尔巴哈只是从客体角度考察自然界，把人的本质理解为类，理解为一种内在的、无声的、把许多个人纯粹自然地联系起来的共同性的观点，宣告同费尔巴哈的自然主义和人本主义决裂，随后又在《德意志意识形态》中进行了较全面的清算。把人本主义和自然主义说成是马克思主义哲学的本质特征，实际上是从马克思向费尔巴哈的倒退。

至于所谓实践唯物主义与人本主义、自然主义的结合，更有悖常理。马克思、恩格斯在《德意志意识形态》中使用"实践的唯物主义"这一提法，正好是反对自然主义和人本主义的。他们说："实际上和对**实践的**唯物主义者，即**共产主义者**说来，全部问题都在于使现存世界革命化，实际地反对和改变事物的现状。"② 这个论断是针对费尔巴哈的，它同《关于费尔巴哈的提纲》第 11 条的基本精神是完全一致的。在马克思和恩格斯的著作中，"实践的唯物主义"、"科学的唯物主义"、"现代唯物主义"，都是对同一种哲学的不同称呼，而不是另一种与辩证唯物主义和历史唯物主义不同的哲学体系。

可是在有些文章中，所谓"实践的唯物主义"已经是变了质的"酸牛乳"，它被改造成为同辩证唯物主义和历史唯物主义相对立的另一种哲学体系，用以制造马克思和恩格斯的对立，青年马克思和老年马克思的对立。这种所谓"实践唯物主义"倒用不着和人本主义结合，它本身就是人本主义思潮的变种。因为它所宣扬的"实践本体论"、"实践一元论"，无非是把重心从人的本性转向人的活动，并把实践提升为世界的本体，实质

---

① 《费尔巴哈哲学著作选集》上卷，249 页，北京，商务印书馆，1984。

② 《马克思恩格斯全集》，第 3 卷，48 页，北京，人民出版社，1960。

上是无视自然的客观实在性和优先地位，仍然停留在人自身。

在当代，有什么理由和根据要退回到费尔巴哈的人本主义和自然主义？没有。我们现时代的实践活动和科学技术的发展，世界范围内的战争和冲突，比起一个半世纪以前更能证明人本主义和自然主义的局限。其实，人本主义思潮在中国的泛起，无非是从 20 世纪 30 年代开始兴起的马克思主义人本主义化浪潮的回声。

第二，与前一个问题紧密联系，另一个重要问题是，在当代马克思主义哲学的主题究竟发生了根本性变化没有？

在这个问题上，西方哲学中的人本主义思潮、西方马克思主义中的人本主义学派，以及社会主义国家中的人本主义的宣传者们的看法是一样的，都认为马克思主义哲学的主题在当代发生了根本性的变化，即马克思主义哲学应该以人为出发点，人是一切哲学的主题，也是马克思主义哲学的主题。按照这种观点，资本主义国家中已经不存在无产阶级解放和无产阶级革命的问题，而是人的问题，是消除高科技发展所带来的所有的人的异化的问题；社会主义国家也不是建设社会主义的问题，不是完善和巩固社会主义制度的问题，而是人的问题，是个人的权利和尊严、人的价值问题，是消除社会主义制度下人的异化问题。他们认为，在当代世界上不存在两种社会制度对抗问题，而只存在全球性问题。而全球性问题的核心是人的问题，即生态问题、核战争问题、能源问题、人口问题等等。总而言之，这些问题都可以归结为一个所谓人的问题。按这种观点，革命的问题、社会主义的问题已经一笔勾销了，剩下来的最大问题就是人、人、人。有人公开提出抛弃马克思主义的传统形式，创建现代马克思主义，最根本的是主题的转变，从阶级、阶级斗争、无产阶级革命转向“人”。

说马克思主义哲学要研究人，这本来是无须争论的。人类所面对的世界，是包括人和人类社会在内的世界。马克思主义哲学要研究自然、研究社会，当然也要研究人，研究人与自然的关系，人与社会的关系，人与人（包括国家、民族、阶级、集团、个人）的关系。马克思主义哲学应该注意有关人的问题的研究。问题的关键在于，我们是要坚持辩证唯物主义和历史唯物主义世界观，坚持马克思主义哲学为无产阶级和人类彻底解放，为社会主义建设服务的方针，还是以抽象的人为出发点，以探讨人的永恒本性、人的不变价值之类的抽象问题取代在新的条件下无产阶级如何获得解放的道路的探索，这是一个关系到马克思主义哲学使命的根本问题。

在当代世界上仍然存在着两种主要的社会制度。在世界范围内仍存在着阶级、阶级剥削和阶级斗争。社会主义国家仍然在一定范围内存在阶级斗争，存在着两种政治势力的斗争。在这样的国际、国内政治形势下，离开了阶级、阶级斗争，把不属于任何集团和阶级的人当作哲学的主题，实际上就从根本上否认了马克思主义哲学作为无产阶级解放头脑和武器的根本作用。马克思主义哲学当然要研究人，但不是抽象的人，而是现实的人。在资本主义条件下研究人，最根本的是要研究在发达资本主义国家中，无产者和劳动者究竟如何能获得彻底解放。在社会主义国家中，要研究如何彻底消灭阶级，如何提高全民的素质，如何通过发展生产力，发展科学技术，使人得到全面发展。离开了无产阶级和人类彻底解放的根本任务，把抽象的人当作主题，就从根本上抛弃了马克思主义。把马克思主义哲学从阶级的哲学变成抽象的人的哲学，就等于把马克思主义哲学放入硫酸池里面溶解了。意大利共产党的重要创始人和领导人葛兰西讲过，马克思是一个历史时代精神的创始人，这个时代大概要延续几个世纪，也就是一直要到政治社会消灭和调整了的社会建立为止，只有那时，它的世界观才会被超越。这就是说，只有到世界上不存在阶级和阶级斗争的问题时才可能发生主题转变问题。在当前存在两种社会制度的情况下谈主题转变，实际上就是整个地抛弃了马克思主义。

第三，当代科学技术的发展，是否使马克思主义过时了？这是又一个使一些人感到困惑的问题。

近几十年来，马克思主义受到的攻击是多方面的。对科学社会主义关于两个必然性的否定，主要以社会主义国家在发展中遇到的挫折和困难为依据；对政治经济学关于劳动价值论和剩余价值论的否定，主要以科学技术的发展所带来的利润的增加和工人生活状况的某些改善为依据；对哲学的攻击，主要以当代科学和技术发展所提出的哲学问题为依据。他们在恩格斯说的随着自然科学的发展，唯物主义也要改变它的形态这句话上做文章，认为既然如此，科技发展到今天，怎么能坚持马克思、恩格斯在一百年前的哲学观点呢？这是对恩格斯观点的曲解。恩格斯的观点是正确的，它揭示了哲学和自然科学之间内在的本质联系，整个哲学史都表明了这一点，即：哲学形态的变化与自然科学的发展关系非常密切。问题在于企图以当代科学技术的发展为依据，宣布马克思主义哲学过时了，这就是用抽象的推论代替对具体问题的分析。自然科学对哲学最本质的关系，是促进作用。这种作用可以通过两种方式实现，一是证实，一是证伪。自然科学可以通过提供新材料，丰富和证实哲学中某一个命题；也可以通过新的材料反驳或推翻某一个哲学命题。在这两种情况下，自然科学对哲学都起到证实真理、纠正谬误的作用。恩格斯在《路德维希·费尔巴哈和德国古典哲学的终结》中讲到，从笛卡儿到黑格尔和从霍布斯到费尔巴哈这一长时期内，推动哲学家前进的，绝不是像他们想象的那样，只是纯粹思想的力量，恰好主要是自然科学和工业。这说明自然科学和技术的发展是推进哲学的积极力量，而不是相反。现代的马克思主义的反对论者想利用科学和技术的发展宣布马克思主义哲学过时，实际上是利用科学技术的发展来否定真理，证实谬误，这完全颠倒了科学和哲学的本质关系。

在当代，用自然科学发展来否定马克思主义哲学的现象是比较普遍的。方励之一再说马克思主义过时了。他认为要了解 19 世纪的问题马克思主义还有一定作用，但它已不适用于今天了。他还把马克思主义哲学说成是一件穿破了的衣裳，应该扔掉。这种观点并非独创，无非是以更恶毒的语言重复托夫勒在《第三次浪潮》中鼓吹的在当代科学技术发展的情况下用马克思主义观察问题，好比电子显微镜的时代仍用放大镜看问题一样的错误论调。利用自然科学反对哲学在 19 世纪末就已出现，列宁的《唯物主义和经验批判主义》就是反对这种错误思潮的；而现在是在更大的范围内重复当时的现象。不同之处在于，19 世纪末 20 世纪初发表这些观点的很多人是科学家，在当代发表这些观点的很多人则并不是真正的科学家，而是政治“科学家”，是以科学为招牌的“政治家”，而真正的科学家总是尊重唯物论、尊重辩证法的。我们当然承认，第二次世界大战以后，特别是 20 世纪 60 年代以来，科学技术有巨大进步，但是到目前为止，没有任何一个人能举出任何一条材料证明马克思主义哲学某一条原理是错误的。例如，有什么材料证明认识不是来源于实践，不是来源于以不同的方式对对象的反映；有什么材料证明物质已经不是第一性的，而是第二性的，世界是依存于主体的；有什么材料证明世界已是不包含矛盾的，矛盾论是错误的；有什么材料证明世界是静止的、不变的，形而上学是正确的；有什么材料证明物质资料生产已经不是社会存在的基础了，人们是依靠观念为生；有什么材料证明阶级斗争的理论是错误的。只有一个问题似乎是悬而未决的，即关于世界的无限性问题，然而即使在这个问题上，世界有限论的鼓吹者也没有拿出材料证明世界是有限的。

在考虑科学、技术和哲学的关系时，要考虑科学、技术和哲学各自的特点。技术是与生产过程、生产力相联系的，技术的特点是更新快，科学和技术相比不完全一样，只要科学揭示的结论是真理，它就只能发展而不能被推翻。阿基米德原理尽管时间很长了，现在的造船工业无论怎样发达，如果违背了这个原理，船还是要沉的。当恩格斯说，十万部蒸汽机并不比一部蒸汽机更能证明热力学原理，就极其深刻地说明自然科学原理和技术的各自特点。科学比技术具有相对稳定性，哲学则更具有相对稳定性。哲学概括的材料愈多，它的涵盖面越广泛，适用范围愈大，就愈具有相对稳定性。正因如此，直到今天任何人也拿不出一个事实来反对唯物主义基本原则，反对辩证法的基本规律。例如，即使是古希腊人说的世界是运动的，现在仍找不到材料反驳它。这是为什么？因为哲学观点更具有相对稳定性。自然科学的发展能丰富和促进马克思主义哲学，但绝不能推翻它。推翻它意味着什么？意味着从唯物主义又回到唯心主义，从辩证法又回到形而上学，这是根本不可能的。科学、技术和哲学各自的特点决定了马克思主义哲学在当代需要吸收科学技术的成果，而不会被科学技术所推翻。当然，马克思主义哲学必须发展，我们并不认为马克思主义哲学应停滞不前。

当代马克思主义哲学工作者有个特点，即专业化、职业化、学术化。马克思、恩格斯不存在这一问题，因为马克思、恩格斯本人既是科学家又是革命家，他们的哲学是为革命、为实践服务的。第一国际、第二国际领导人的哲学活动和他们的政治活动是一致的。马克思主义哲学成为一种职业是无产阶级胜利以后出现的现象，这意味着马克思主义哲学成为国家的指导思想，占领的阵地越来越多，队伍越来越大。可是专业化、职业化、学术化也带来了一个不利方面，即容易脱离实际，容易教条化。这几年来哲学很冷落，哲学系毕业生不好分配，当然原因很复杂。但我们应该认识到，如果哲学不关心人民，人民就不关心哲学；哲学不关心社会，社会就不需要哲学；哲学家如果只关心概念、范畴，路子就会愈走愈窄。马克思当年曾猛烈抨击这种现象，他说："哲学，尤其是德国的哲学，喜欢幽静孤寂、闭关自守并醉心于淡漠的自我直观。"他还对德国哲学晦涩难懂的文风提出了批评："从哲学的整个发展来看，它不是通俗易懂的；它那玄妙的自我深化在门外汉看来正像脱离现实的活动一样稀奇古怪；它被当做一个魔术师，若有其事地念着咒语，因为谁也不懂得他在念些什么。"① 每当我读到有些哲学文章中过多的和不必要的方块、圆圈、箭头、符号，如坠五里雾中时，脑海里总是浮现马克思的这段话。

在当代，要创造性地推进马克思主义哲学，不能背对现实，只是用两眼盯住西方的各种学派。企图从西方各种各样的哲学中东取一点西取一点，甚至原封不动地照搬照抄，用以"补充"、"代替"马克思主义，把这种做法视为发展是不足取的。第二国际后期的伯恩施坦等人用康德主义，后来俄国的波格丹诺夫等人用马赫主义来"补充"马克思主义的历史教训已经证明了这一点。

当代西方出现的马克思主义与黑格尔主义、弗洛伊德主义、存在主义、结构主义等等的"融合"，不能看作马克思主义现代化的尝试。人们从这种"融合"中，看到的不是马克思主义的发展，而是马克思主义的肢解和扭曲。

马克思主义哲学是无产阶级世界观，它同当代西方资产阶级哲学是不同的，甚至是对立的。黑格尔主义就是黑格尔主义，存在主义就是存在主义，弗洛伊德主义就是弗洛伊德主义。两种根本对立的主义是不能融合的。硬要把不可结合的东西融合在一起，无非是一些挂着马克思主义招牌的不三不四的资产阶级哲学的变种。我们这样说，并不是主张对西方现代哲学采取排斥态度。"融合"是一回事，用马克思主义哲学对西方哲学中的某些合理因素进行批判吸收，对它们提出的某些问题甚至挑战，作出马克思主义哲学的回答是另一回事。我们批判存在主义，但并不拒绝对个人

① 《马克思恩格斯全集》，第1卷，120页。

问题进行研究；我们反对弗洛伊德的泛性主义、非理性主义，但我们应该用马克思主义哲学观点深入研究人的非理性因素，并作出马克思主义的解释。

真正创造性发展马克思主义哲学的根本道路，应该是立足现实，面对时代提出的新课题。

我们应该加强对当代资本主义的研究，通过研究和分析当代资本主义社会的矛盾来丰富马克思主义哲学。西方一些学者是注重当代资本主义的研究的。法兰克福学派马尔库塞的《单向度的人》，就是研究发达工业社会意识形态的著作。丹尼尔·贝尔的《资本主义文化矛盾》一书则研究了资本主义的经济、政治与文化之间的矛盾。我们不赞同他们对资本主义现象的分析和解释，但他们注意分析当代资本主义社会内在矛盾的研究方向还是值得借鉴的。

我们要着重研究社会主义。马克思主义哲学和科学社会主义是不可分的，它的产生和成熟，与社会主义从空想到科学是同一个过程。马克思主义哲学和科学社会主义是相互促进的，没有马克思主义哲学当然不可能有社会主义从空想到科学的变革。反过来，如果不以实现无产阶级解放为目的，马克思主义哲学永远处在思辨的范围内，也不可能变成无产阶级解放的武器。特别是当前社会主义社会在发展中遇到困难和挫折，风云变幻、前途或明或暗时，更需要从马克思主义哲学高度来研究社会主义。这样，既可以坚定社会主义信念，又可以通过总结社会主义的理论和实践来丰富和发展马克思主义哲学。

我们还要研究当代科学技术的发展，特别是注意总结科学技术革命的经验，解决科学、技术和自然科学所提出的哲学问题。早在《1844年经济学哲学手稿》中，马克思就通过总结哲学史和自然科学史的经验，提出了研究哲学和研究自然科学相结合的问题。他说：“**自然科学**展开了大规模的活动并且占有了不断增多的材料。但是哲学对自然科学始终是疏远的，正像自然科学对哲学也始终是疏远的一样。过去把它们暂时结合起来，不过是**离奇的幻想**。存在着结合的意志，但缺少结合的能力。”[①] 重

① 《马克思恩格斯全集》，第42卷，128页，北京，人民出版社，1979。

视总结自然科学的新成就，是马克思主义哲学得以产生和日趋成熟和发展的一个重要原因。《自然辩证法》、《反杜林论》、《唯物主义和经验批判主义》等经典著作已经表明了这一点。

我们所面临的科学技术的发展，是马克思、恩格斯、列宁生活的年代所无法比拟的。自然科学和技术的发展突飞猛进，在不少领域都发生了深刻的变化。除系统论、控制论、信息论外，还出现了耗散结构论、协同论、突变论。科技发展提出了许多哲学问题。这些问题不仅涉及自然观和认识论，而且涉及历史唯物主义，如科技进步与社会发展的关系、科技革命的社会效应，等等。认真研究和概括当代科技革命的成就，对于创造性地发展马克思主义哲学是十分必要的。尽管不是每个哲学工作者都有条件和能力从事这方面的研究，但马克思主义哲学作为一个整体来说，绝不能缺少这方面的研究。

人类是在一定条件下进行认识的。对哲学的研究同样是如此。时代条件蕴涵的可能性为哲学发展规定了一个高度。在当代，我们所面临的重大课题，为创造性地推进马克思主义哲学提供了新的动力和机遇。我们马克思主义哲学工作者应该齐心协力地工作，以无愧于我们伟大的时代。

（原载《求是》，1991（9））

5. 论与时俱进与哲学繁荣

江泽民同志在“七一”讲话中提出了一个重要论断，这就是与时俱进是马克思主义的理论品质。江泽民同志 2002 年 4 月 28 日在人民大学的重要讲话不仅再次强调这个重要论断，并且进一步指出，与时俱进是我国哲学社会科学保持蓬勃活力的重要保证。同年 5 月 31 日在中共中央党校省部级干部进修班毕业典礼重要讲话中，江泽民同志提出贯彻“三个代表”要求的关键是与时俱进，并在报告中以与时俱进的精神对一系列重大问题作了新的具有创造性的论述。正如毛泽东一再强调实事求是，邓小平一再强调实事求是和解放思想一样，江泽民一再强调与时俱进。与时俱进的本质，就是在新的历史条件下继续坚持实事求是和解放思想的思想路线的又一次凝练。

与时俱进，是我们各项工作的指导原则。只有与时俱进，发展才有新思路，改革才有新突破，开放才有新局面。对哲学工作者来说，最重要的是把与时俱进这一马克思主义的科学本性转变为治学态度和治学方法，转变为推动我国哲学社会科学蓬勃发展的力量。与时俱进是我国当代哲学繁荣之路。

一、把与时俱进变为自觉的治学态度和治学方法

从哲学学科本身看，哲学有自己发展的历史。有历史，就意味着有发展有变化。比如西方哲学从古希腊罗马哲学经过中世纪的经院哲学、英国哲学到法国启蒙主义哲学，到德国古典哲学以及当代西方哲学，这是一部

发展史。中国从先秦诸子百家，到魏晋玄学、宋明理学、明清的启蒙思想，再到当代中国哲学，也是一部发展史。从表面看历史发展的特点就是与时俱进，但这不是江泽民作为一种理论品质说的与时俱进，而是由于社会制度和社会存在变化引起的意识形态领域的种种哲学体系的更替，它是一种历史状态，是客观历史自身的一部分。而处于历史发展过程中的每一种哲学形态，并不具有自觉与时俱进的品格。我们可以黑格尔为例。黑格尔是辩证法大家，他熟悉哲学发展史，他的《哲学史讲演录》就是关于哲学发展历史的著作，他非常清楚没有万世一系永恒不变的哲学体系。可是他自己却奢望处于哲学发展的顶峰，自诩为对绝对观念的最终的把握。从客观历史发展看，黑格尔哲学只是德国哲学史发展过程的一个片段，可从黑格尔的哲学观念看，他自认为是哲学发展的终结。不仅是黑格尔，恩格斯说过很多哲学家都有这种奢望。因为哲学的一个特点，就是不少哲学家们都力图以最终的绝对真理来构筑自己的完整体系。

历史的规律是不以人们的意志为转移的。思想史也是如此。所有自称为历史发展终结的思想体系都会为另一哲学体系所取代。黑格尔形象地把哲学史称为白骨累累的死人战场，总是一个哲学体系打倒另一个哲学体系。许多哲学家看到这种历史事实可又幻想自己的哲学永不发展。我把这叫做哲学家的哲学意识和客观历史自身的矛盾。

马克思主义哲学没有这种矛盾，因为马克思主义具有与时俱进的理论品质。也就是说，马克思主义不仅用发展的观点看待全部人类的思想史，看待哲学史的变化，而且用发展的观点看待自己的理论，认为马克思主义哲学是个科学性与革命性相结合的开放的思想体系，它永远处于发展的过程中。恩格斯曾明确宣称，我们的理论是发展着的理论，不是死记硬背的教条。列宁也说马克思和恩格斯发现了真理但并没有结束真理，而是为进一步认识真理开辟了道路。所以自马克思和恩格斯创立马克思主义哲学以来，马克思主义哲学同样有一部发展史，即马克思主义哲学发展史。它不同于以往哲学史的一个重要特点是，它不是一个体系打倒一个体系的死人的战场，而是沿着马克思和恩格斯开辟的道路继续前进的历史，是继承与创新、坚持与发展的历史。当然，其中也包括以新的原理取代旧的原理，包括对某些失误的纠正。所以马克思主义与时俱进的理论品格，既是马克思主义的理论本性又是马克思主义理论工作者应该坚持的治学态度。这种态度就是恩格斯说的以马克思的态度对待马克思主义。否则马克思主义哲学理论工作者的哲学意识、治学态度就会与马克思主义理论的客观本性发生矛盾。这种矛盾不仅使马克思主义理论工作者陷于教条主义的困境，而且会窒息马克思主义哲学生动的创造本性。

这种以非马克思主义态度对待马克思主义的情况在我们的队伍中有没有？当然有。我们不说马克思主义产生以来的150年的国际性的历史，仅就中国革命和社会主义建设而言，没有这种矛盾，就不会有毛泽东的《反对本本主义》和《实践论》、《矛盾论》等重要著作，不会有延安整风运动，不会有邓小平的反对“两个凡是”和关于实践是检验真理唯一标准的大讨论，不会有江泽民近些年来关于反对教条主义，提倡理论创新的一系列重要论述，特别是关于与时俱进是马克思主义的理论品质的重要论断。

与时俱进的论断有极强的现实针对性和重要性。从我们的专业角度说，能够理解和接受马克思主义哲学要与时俱进的不说百分之百至少百分之九十九，可真正能做到把与时俱进变为一种治学态度和治学方法，自觉地坚持理论创新的还是很少的。我们全国有多少万哲学教员和哲学研究人员，更不用说各种类型的各种专业的马克思主义理论工作者和实际工作者，只要有百分之一真正能做到与时俱进，能够在哲学理论上进行创新，中国就会有多少具有创新意识和成果的哲学家？毛泽东当年说过：“在担负主要领导责任的观点上说，如果我们党有一百个至二百个系统地而不是零碎地、实际地而不是空洞地学会了马克思列宁主义的同志，就会大大地提高我们党的战斗力量，并加速我们战胜日本帝国主义的工作。”① 如果我们中国的哲学工作者特别是马克思主义哲学工作者，都能自觉地按照江泽民同志关于与时俱进的要求，在不同方面不同程度地进行哲学创新，我们的哲学就会显出蓬勃发展的景象，就会成为中国历史上甚至世界哲学史上最辉煌灿烂的时期。

我们党要保持先进性，一定要坚持实践“三个代表”思想。而实践

① 《毛泽东选集》，2版，第2卷，533页，北京，人民出版社，1991。

“三个代表”关键是与时俱进。我们党的理论要保持它的科学性和实践有效性，也一定要坚持马克思主义与时俱进的理论品质。可以说，与时俱进既是马克思主义的理论品质，也是以马克思主义为指导的共产党的政治品质。虽然在中国传统思想中类似的说法不少，如“世俗岁殊，时变日化，遭事制宜，因时而移”①，“明者因时而变，知者随时而制”②，“法无古今，惟其时之所在与民之所安耳”③。这些都是非常卓越、充满政治智慧的言论，可是有一条具有根本性原则性的区别，这就是所有这些说法都是针对“法先王”，即针对历史上遗留下来的传统体制或律令说的，而当新的统治者统治稳固，各种体制确立之后，很少主动变革的。即使历史上一些有识之士曾倡导变法图强，很少成功的。原因是统治者的既得利益使得他们安于原有制度，积重难返。以马克思主义为指导的共产党不同，夺取政权是变；掌握政权以后还要变，要不断与时俱进，因为社会主义社会就是一个不断改革的社会。因此实践“三个代表”的过程同时也是与时俱进的过程，把代表先进生产力发展的要求，代表先进文化和人民群众根本利益问题，放在具体的历史条件下考察，寻找最合理的最有效的方式来完成这个伟大的历史使命。

江泽民同志把与时俱进作为我国哲学社会科学保持活力的重要保证是完全正确、非常及时的。我们的哲学特别是马克思主义哲学理论工作者，应该吃透江泽民关于与时俱进论断的重大意义，把它变为一种治学态度和治学方法，解决我们的哲学意识与马克思主义理论品质之间可能或现实存在的不同程度的矛盾。要是不认识不解决这个矛盾，永远围着马克思主义的本本打转转，我们的哲学理论就没有生气，我们的哲学工作就没有出路。马克思主义哲学就会由于边缘化而失去它在思想意识形态领域中的重要阵地。

二、两个正确处理，三种眼光

与时俱进的本质是创新。江泽民说过，创新是一个民族的灵魂，并提

---

① 班固：《汉书》卷九十七下。

② 桓宽：《盐铁论》。

③ 张居正：《张文忠公全集》。

出科技创新、理论创新、制度创新的问题。理论创新当然包括哲学创新。可哲学要与时俱进与科学技术相比有它的特点和难点。

一个难点是正确处理传统与当代的关系问题。在自然科学与技术中，任何学习不必从头开始，除非研究科学史或技术史。技术的更新，可以有了新技术不要旧的过时的技术；学习新技术也不必从学习旧技术开始；学习自然科学例如数学不必从欧几里得的著作开始，学习物理不必从牛顿的著作开始。学习自然科学与技术就是面对当代，当代的自然科学与技术成就是最高的成就，是以往全部历史发展成就的结晶。自然科学与技术有高科技、新科技，而在哲学领域中没有什么高哲学、新哲学。往往打着最新哲学旗号的哲学是哲学骗子或哲学谬论。哲学应该重视传统重视人类的已有的成就。哲学发展不是台阶式的而是积累性的，历史上的哲学家和哲学体系代表人类智慧的不同侧面，有时前代的成就后人难以企及，成为哲学发展中的一个高峰。恩格斯曾高度赞扬古代希腊人说，“在希腊哲学的多种多样的形式中，几乎可以发现以后的所有观点的胚胎、萌芽”。还说，“我们在哲学上如同在其他许多领域中一样不得不一再回到这个小民族的成就上来”①。恩格斯这段话我看也适用于我们自己。如果说在西方，人们往往要回到亚里士多德、柏拉图；在中国，我们则往往回到诸子百家，特别是儒家学说。因此在哲学研究中往往容易向后看，注重历史而忽视甚至轻视现实。这样，一个民族的丰厚的文化积淀就会由财富变为负担。严格说来，传统与现代化的问题，并不表现在科学技术层面上，而是表现在人文文化特别是世界观、人生观和价值观念领域。所以哲学要创新，要与时俱进，既要重视历史传统，重视哲学遗产，更要重视现实，要正确处理传统与当代的关系，正确处理向前看与向后看的关系，以便在传统与现代化之间保持适当的张力。可以说，近百年来中国在这个问题上并不是没有教训的，民族虚无主义和国粹主义都是有过的。我们是在不断地摆动的代价中才得出这个结论的。

这个问题在马克思主义哲学中更为复杂。它不仅有个正确处理马克思主义哲学与中国哲学传统的关系问题，还有马克思主义哲学内部的坚持与

---

① 《马克思恩格斯选集》，2版，第4卷，287页。

发展的关系问题。就马克思主义哲学与传统文化关系说，不能轻视民族文化传统；就马克思主义哲学自身的发展来说，老祖宗不能丢，要坚持马克思主义哲学被实践证明普遍有效的原理，但又要根据新的实践、新的问题进行创新。要用发展着的马克思主义指导新的实践。如果不顾历史条件和现实情况的变化，拘泥于马克思主义经典作家在特定历史条件下针对具体情况作出的某些个别论断和结论，就会导致实践中的错误和失败。在当代中国，正确处理传统文化与现代化的关系，与正确处理马克思主义的坚持与发展的关系，是同一过程即马克思主义中国化过程的两个方面。因为马克思主义中国化，既是批判地继承自己民族优秀文化遗产的过程，也是马克思主义普遍原理与中国实际相结合创造性地发展马克思主义的过程。没有对传统文化优秀成果的批判继承，马克思主义中国化就缺乏文化资源；没有马克思主义的中国化，传统文化中的消极因素会成为历史的重负而优秀因素就会由于被湮没而沉睡。一个民族的优秀文化遗产并不是既成的地面建筑物，而是有待后人发掘整理解读的地下财富，由后代子孙的状况决定。

另一个难点是正确处理市场经济与人文学科的关系。自然科学与技术一般不存在这个问题。市场经济发展的要求，逼着必须更新技术，技术的更新又是以科学发展为依托的，所以当代生产和科学技术密切的互动关系，肯定同样推动科学的创新。100 多年前恩格斯说过，生产的需要比 10 个大学更能推动科技的发展。在当代，在生产实践的需求与科技发展之间有一个不断转化的机制，这就是市场经济的利益驱动。这个驱动机制从资本主义市场经济一开始就存在，随着它的发展和扩大作用越来越强烈。20 世纪特别是近几十年来，生产对新的科技需求和科技成果在生产中的应用这二者之间转化的速度之快是前所未有的。当然，社会主义不同于资本主义。社会主义国家的科技人员应该树立自觉创新精神而不能是单纯利益驱动。但相对于人文学科，科技创新的条件、动力、可能性远远大于人文学科。

人文学科特别是哲学不同，市场经济没有也不可能提供给它像对科技发展那样的推动力。在市场经济的强劲推动下，可以很快出现比尔·盖茨，在中国也会出现中国式的比尔·盖茨，但在市场经济压力下压不出一个康德和黑格尔。这需要多年的知识积累和深厚的民族文化传统的积淀。这当然不是说，市场经济对哲学发展不利甚至阻碍哲学创新。事实上，市场经济的发展会有利于更多资金对教育事业的投入；文化产业的出现和兴起会推动文化的繁荣。市场经济有可能为哲学人才展现自己的才能和著作的迅速出版提供一个平台。哲学并非绝对没有市场，哲学可以通过哲学普及的形式来满足群众特别是青年人的需求，而且随着整个民族文化素质的提高，文化消费的内容和水平会发生变化，学术性强的哲学著作也会有比现在更大的市场。但无论如何市场经济不能直接推动哲学家的成长。哲学不像科技那样可以在竞争和市场的压力推动下迅速发展。如果哲学的发展和哲学家的生存迫于市场的压力和个人经济利益的驱动，这不仅不会引导哲学走向正确的方向而且会走上邪路。哲学与其他人文学科属于文化领域，它要以坚持先进的文化前进方向为指导而不能简单以市场利益为导向，更不能为一己私利而媚俗。所以哲学与时俱进的第二个难点是正确处理市场经济与哲学学科人文价值本性的矛盾问题。我们非常清楚坚持先进文化的前进方向与妥善处理市场与文化关系的重要性。

要使哲学与时俱进，不仅要正确处理传统与当代的矛盾，哲学的人文本性和市场经济利益导向的矛盾，而且我们哲学工作者应该具有三种眼光：

一是时代的眼光。与时俱进的时，不是此一时彼一时的时，如果把与时俱进仅变为此亦一是非彼亦一是非，就是把这个科学的命题变为相对主义的命题，变为无原则的随波逐流。与时俱进的时最根本的是时代，我们应该清楚意识到我们处在什么样的时代，应该清楚看到《共产党宣言》发表150多年来世界政治、经济、文化、科技等发生的重大变化，一定要充分看到改革开放以来我国工作条件、生活条件、社会环境的重大变化。哲学本来就是时代精神的精华。没有时代眼光，就是落后于时代，根本谈不上与时俱进。在当代中国，“三个代表”学说正是时代精神的精华。它在新的历史条件下代表了处于当代世界中的中华民族复兴的方向，中国人民的愿望和几代共产党人为之奋斗的目标的理论化、纲领化和具体化，具有最为强烈的时代特色。

二是世界的眼光。这是当代哲学发展不可忽视的。从哲学发展看，开始是地区性的，无论是西方希腊罗马哲学中各种学派还是中国的春秋战国时诸子百家，它们的活动范围都是地区性的；后来随着民族的融合，哲学突破民族内的地区限制变为民族性的。而在当代，哲学应该具有世界性眼光。要像江泽民教导的立足中国面对世界。世界眼光其实也是一种时代眼光，但重点不同。世界眼光是横向的共时性的眼光；而时代眼光是一种历时的眼光。哲学按本性说是民族性的，它以往都是在各民族范围内独立发展；虽然也有交流，但不具备当代这种世界性的交往。在当代世界经济全球化的浪潮中，各个民族的文化包括哲学的相互交流是不可避免的，我们不应该害怕这种交往。我们既要有积极交流意识，也要有防范意识。西方哲学思潮对中国的影响是什么，它们提出和研究些什么问题，什么是有价值的思想，什么是无价值的趋时媚俗的时髦思潮，我们应该注意，应该分辨。在当代世界，哲学眼界太狭隘，信息闭塞是会落伍的。当年马克思主义产生时不是离开世界文明发展大道的宗派学说，今天马克思主义的发展更应该如此。

三是问题的眼光。哲学要与时俱进，根本的是善于根据时代的变化、科学技术的成就和世界的状况，以及我们自己面临的任务，善于从哲学上进行思考和反思。无论是当代现实还是经济全球化，以及我们国家的社会主义建设都提出了许多哲学问题。作为一个哲学家要善于捕捉问题，善于提出问题。在学习中提不出问题的学生不会是好学生；提不出问题的哲学家也不可能是具有与时俱进眼界的哲学家。马克思是非常重视问题的。他说过，对于一个时代来说，“主要的困难不是**答案**，而是**问题**”。“世界史本身，除了通过提出新问题来解答和处理老问题之外，没有别的方法。”“**问题**就是公开的、无畏的、左右一切个人的时代声音。问题就是时代的口号，是它表现自己精神状态的最**实际的**呼声”①。有问题才会有答案；没有问题，永远没有答案。例如马克思主义在中国的创造性发展，马克思主义的中国化过程永远与问题相联系。毛泽东提出了在落后的中国如何革命的问题，才有工农武装割据，农村包围城市，中国革命分两步走以及新民主主义理论等等一系列具有创见的答案，形成了毛泽东思想；邓小平只

① 《马克思恩格斯全集》，第40卷，289～290页，北京，人民出版社，1982。

有提出什么是社会主义，如何建设社会主义，才会有邓小平理论。邓小平理论实际上是围绕这个根本问题形成的一系列有创见的答案。江泽民提出了建设一个什么样的党和如何建设这样的党的问题，才会有“三个代表”重要思想。而且，这些年来根据我们党面临的国际国内形势，江泽民提出了一系列重大理论问题。哲学最根本的是要善于从哲学上提出问题并从哲学高度提供一个思考的角度，哲学不可能直接解答任何具体性问题并提供具体的答案，但它能提供一些思想方法论原则。我们从党的三代领导人对问题的思考中可以明显地感受到哲学的世界观和方法论作用。

当然，哲学并不像科技那样存在严格意义上的前沿问题。我们现在争论的义利问题至少从孔子时代就存在；公平问题、正义问题，奴隶社会就开始争论。关于依法治国与以德治国即法与德的问题，也是一个老问题。其他诸如市场经济条件下的两极分化问题、分配不公问题都是老问题。可是所有的老问题在新的历史和不同语境中都具有不同的意义和解决方式。所以哲学既要捕捉实践与科技前沿中提出的具有哲学性质的新问题，又要对那些老问题提供新的思路和新的答案。

总而言之，哲学要与时俱进必须立足当代，面对世界，面对现实，善于捕捉我们时代和我们国家面临的问题并从哲学高度进行思考，这样才能与时俱进。而只有从与时俱进的高度才能正确解决传统与当代、市场经济与哲学的人文本性的矛盾。在我们国家，一个能对认识世界和改造世界发生作用的哲学，肯定是有利于我们继承优良传统，有利于合理规范市场经济的。这就是说，哲学从高层次上符合市场经济的需求，而不是屈服于市场经济的物质利益压力的驱动。

哲学与时俱进本身并不是哲学的目的，而是哲学真正发挥作用的途径。哲学在与时俱进中成为时代的哲学，反过来才能用哲学的新成就来教育我们的学生、我们的青年，提高他们的思维水平和人文素质。这样的哲学我可以肯定他们愿意学、乐于学，可以真正发挥哲学的世界观方法论教育作用。这样的哲学，我以为也不是任何西方哲学思潮所能比的。如果我们在哲学上不与时俱进，年复一年宣讲同一本教科书，不断地重复老问题老例证，就没有生命力。

三、哲学工作者的价值导向

哲学面临的困境在我看来具有世界性，不仅是我们国家特有的问题，即使在西方发达国家，与科学技术的迅速发展和对科学技术人才的需求相比，哲学也是受冷落的。听说学哲学的人在国外也是难以谋生的，这是总的科技与人文关系失衡的局部表现。原因可分为主客观两个方面：

客观方面是社会结构性变化所引起的。在西方与工业化和市场化高度发展相伴随的生活的世俗化，即对物质需求的强化，对精神需求的弱化，人们追求高消费、高生活水平，把肉体的需求交给市场，把灵魂的需求交给教堂。哲学教授不如牧师、神父。我们国家情况不完全一样，但处于社会转型时期也会有某些相似之处。这就是工业化对科学技术的需求，市场经济对不同人才的需求形成的重科技轻人文的倾向。当谋生成为就业的目的、利益成为选择专业的导向时，人文学科的冷落是必然的不可避免的。大家知道，德国的费尔巴哈是个大哲学家，当年他报考大学哲学系，他的父亲就极力反对，并曾给他写过一封信，信中说，你选择哲学，你将遭受到没有面包、丢尽体面的悲惨生活。还说，我任你按照你自己的意志去行事，任你委身于你自己一手制造的命运，让你自己尝尝我向你预言的悔恨。费尔巴哈没有听他父亲的，终于成为名载史册的大哲学家，可终生贫困，远离城市。费尔巴哈本人虽然贫困，可给德国民族增添了光彩，给世界人类哲学的发展作出了贡献。在我们国家也有些青年对哲学感兴趣，很喜欢，可对哲学只保持爱好，而不会选择它作为终生专业和职业。如果说市场经济条件下在经济领域有看不见的手的话，在教育领域，在专业和个人爱好方面，这只看不见的手也在起作用。

当然在我们国家哲学并不是一直受冷落的，曾经有过三次高潮。一次是 1958 年“大跃进”时的“全民学哲学”，热火朝天，可是很快就消失了。第二次是“文化大革命”中批林批孔时期的哲学学习高潮，很快也完了。这说明，哲学学习如果搞形式主义、实用主义是不可能持久的。因为人文精神是要慢慢培养的，像植树种花一样，从小就要培养。第三次是 1978 年关于实践是检验真理标准的大讨论，哲学打头阵，哲学立了一功，哲学工作者露了脸，可是它也没改变以后哲学受冷落的状况。因为利益导向比什么力量都大。我把这叫做社会结构性变化。当然我们国家是社会主义国家，我们党和政府重视这个问题。特别是近些年来，十分重视哲学社会科学的政策性扶植，不断加大哲学社会科学基金的投入，尽可能改善哲学社会科学工作者的工作条件和生活条件，已初见成效。江泽民的北戴河讲话和在人民大学的讲话使全体哲学社会科学工作者受到极大鼓舞。

当然，社会结构性变化是我们人文学者个人无能为力的，但我们有我们自己的责任。从我们哲学来说，哲学工作者要有正确的价值导向。哲学不是一个很好的谋生的职业，更不是一个发财致富的手段。作为谋生手段来说，远不如学理工、学医、学财经。可对一个国家和民族来说，哲学是绝不可少的。孔子、老子、庄子、朱熹、王阳明的世界声誉，对中华民族的民族精神的培育是无法用金钱估量的。日本一个哲学家说过，康德和笛卡儿是德法两个民族的光荣。有的国家是经济大国，可总为哲学领域没有突出的人物而遗憾。中国人或全世界知道孔子、老子的人很多，但很少有人知道中国历史上哪几个是百万富翁、千万富翁。当然哲学家也要生活，而且生活应该越来越好。哲学家的贫穷并不值得赞许。这个问题的解决只能是政策性的，通过国家发展生产提高相关人员待遇来解决。从哲学家个人来说，在金钱与学术之间应该分个轻重。一个是个人的问题；一个不仅是个人的问题更重要的是事关民族精神的培育和文化繁荣的问题。孰重孰轻，涉及的是价值追求问题。哲学工作者应该有正确的价值导向。要正确认识哲学家的使命。这是关涉到对哲学的本质和功能的正确理解的问题。哲学要繁荣，必须对社会发生作用。也就是说，哲学家要自觉地为社会主义建设服务，为提高我们人民特别是青年的人文素质服务。具体说，哲学要发挥它的独特功能，即为确立科学的世界观人生观和价值观服务，为提高理论分析能力、辨清思维能力，培养积极的人生态度、高尚的道德品格服务。我们反对实用主义，但不能反对哲学的效用。艾思奇薄薄一本《大众哲学》的历史作用比任何一本脱离实际的哲学专著要大要持久，至今还在重印。我们既需要高深的哲学问题的研究，也需要艾思奇的《大众哲学》类型的哲学普及著作。科学要科普，哲学社会科学也需要有科普。

在处于全面建设小康社会，加快推进社会主义现代化新的时期的当代中国哲学工作者，特别是马克思主义哲学工作者应该从理论上为贯彻“三个代表”思想服务。事实上，在宣传、贯彻、解释“三个代表”思想方面可做的工作很多。这是一个宽广的大有作为的领域。要坚决实践“三个代表”思想；要使党和国家的事业不停顿，首先理论上不能停顿，为此必须进行新的研究。既要进行深入的理论研究，又需要正确的、通俗的、有说服力的宣传。这是时代赋予我们理论工作者的使命，也是党的期盼、人民的嘱托。

哲学工作者如果没有正确的价值追求，没有正确的研究方向，没有与时俱进的精神，即使有很好的客观条件，也未必有精品力作。重赏之下必有勇夫在人文学科特别是哲学学科不见得行得通。翻开全世界的哲学史没有一本传世之作是许诺重赏之下写出来的。我说的不是不要评奖、不要奖励，我说的是哲学家自身的价值导向问题。哲学学者个人在事业上要有献身精神，在治学上要有甘坐冷板凳精神。我们需要的是真正落实和贯彻江泽民在人民大学讲话的五个高度重视、五点希望的精神，把从事哲学工作融合到民族伟大复兴事业中去。

（原载《理论学刊》，2003（1））

6. 关于中国马克思主义哲学的未来走向

人是唯一具有历史意识的存在物。当历史的巨轮驶入百年交替千年更迭的隆重时刻，回顾一下马克思主义哲学在中国传播和发展的历程，对于我们在建设有中国特色的社会主义的过程中充分发挥马克思主义哲学的功能是非常必要的。继往开来，这是以史为鉴的一种最好形式。反思马克思主义哲学在中国传播和发展的历史，也是理解中国社会百年变革的一条引线。哲学的变革既是社会变革的思想先导，又是现实变革的回音。正如被映在湖水中的倒影有助于我们从另一个角度理解被映照的现实一样，从哲学观念的变化中也可以捕捉到变化着的现实。

一、马克思主义哲学的先导作用与当前面临的“哲学困境”

在中国社会变革中，哲学的确发挥了像恩格斯说的那种先导作用。先是西方的适者生存、物竞天择的进化论历史观取代传统的历史循环论和复古论的历史观，从思想理论上为社会变革争得了生存权利。接着是马克思主义，首先是唯物史观和社会主义理论在中国的传播。马克思主义的传入，是近百年来中国学术思想最突出、最显著、最具有决定意义的变化。中国开始出现了一批马克思主义哲学家，这支队伍随着中国革命的发展而逐步壮大。马克思主义的传播促进了革命，而革命的发展又扩大了马克思主义的传播。革命的胜利，终于确立了马克思主义在意识形态中的主导地位，并形成了一支马克思主义哲学的专业队伍。在各个学术领域都出现了力求用马克思主义哲学作为世界观和方法论进行研究的学者。这从根本上改变了旧中国的学术面貌。

有的论者说，新中国成立以后半个世纪中国没有哲学家，更没有新中国成立以前那样的大家。他们主张哲学的发展道路应该回到1949年以前，沿着老一辈学人各自创建自己的哲学体系的道路走。这是一个非常尖锐的问题。这个问题的关键是如何理解哲学，马克思主义哲学算不算哲学？西方有的哲学家以西方哲学为标准，否认中国有哲学。按他们的观点，只有以一个基本概念为中心通过纯逻辑推论建立起一个体系才是哲学，而中国哲学至多只能是道德格言和人生教条；而按照中国某些哲学家的观点，西方哲学不是真正的哲学而至多是以主客二分为中心的知识论体系，没有哲学的韵味和境界；而按照某些西方哲学家和中国新儒家的观点，马克思主义哲学根本不是哲学，至多是政治学，它没建立起一个形而上的哲学体系，它拘泥于现实和功利而缺乏超越。可按照对马克思《关于费尔巴哈的提纲》第十一条关于"哲学家们只是用不同的方式**解释**世界，问题在于**改变**世界"的理解，有的马克思主义哲学家认为，以往的全部哲学都是不结果实的花。如果哲学家都这样各是其是、各非其非，也就没有哲学了。其实，哲学在不同时代、不同民族都各有其特点，并没有一个固定不变的格式。哲学的多样性是哲学的生存状态。问题不是什么才是哲学，而是什么样的哲学才是作为时代精神精华的真正哲学。

马克思主义哲学当然是哲学，而且是我们时代最具科学性和革命性、科学性和革命性相统一的哲学。它的产生是哲学中的一次革命，不能也不可能以是否建立形而上体系作为标准来衡量马克思主义哲学。马克思主义哲学不同于西方哲学和中国哲学的一个显著特点是，在马克思主义哲学的大家中有不少同时是革命家、是无产阶级革命和工人运动的领袖人物。因此，一部马克思主义哲学史同时也是一部革命和改造世界的历史。例如在中国，毛泽东、邓小平等老一辈革命家对马克思主义哲学的贡献是无可争辩的，他们的革命功勋和哲学贡献相互映照。但是，他们的哲学贡献主要是在实践层面、在政治层面，在应用马克思主义的辩证唯物主义和历史唯物主义解决中国实际问题方面创造性地发展了马克思主义哲学，而不是传统的以创立形而上的哲学体系为目的意义上的所谓哲学家。曾经出现过的邓小平有没有哲学的争论也是源于对哲学模式的固定理解。

马克思主义哲学在中国的传播为改变中国社会前途和命运找到了一

条正确的道路，而中国的马克思主义革命家和理论家则从理论和实践两个方面完成和继续完成铸造中国美好未来的历史重任。但我们并不因此而否定新中国成立前非马克思主义哲学家的历史功绩。问题是我们不能脱离中国社会百年变革的实践，以所谓是否建立哲学体系来对中国百年哲学的历史进行评价。中国百年是苦难中奋起战斗的百年，是战争、革命、建设的百年。凡是既有学术价值又在三次变革中起积极作用的哲学学术著作就值得肯定，凡是在三次变革中站在反对的方面的哲学思潮就不值得赞扬，凡是纯学术研究而确有贡献的应该肯定其学术成就。新中国成立前，我们中国老一代的一些哲学家利用西方哲学来分析中国哲学，创立了自己的哲学体系，而且为对中国传统哲学的研究探索出一条中西哲学结合的道路，这方面的功绩应该肯定。但这种结合并没有达到科学水平，至于对中国社会命运的解决来说，更无法与马克思主义哲学相比。任何以他们的成就来贬低马克思主义哲学和哲学家的地位和作用的观点都只能被视为一种偏见。

值得思考的倒是另一种现象，这就是我们的专业哲学家对哲学的贡献问题。在无产阶级掌权以后，培养了大批专业的马克思主义哲学工作者。其数量之大，是任何一种社会制度、任何一个政权都没有的。他们在各个高等学校、各级社科研究机构从事马克思主义哲学的教学和研究工作。他们对社会主义政权的巩固和青年的政治思想教育发挥了很重要的作用。因此，就研究哲学的人数、出版的著作的数量以及在群众生活中的作用而言都是旧中国的哲学界所无法相比的。可是就培养具有独创性高水平的哲学家而言，新中国成立 50 年来的确有不少值得总结的经验教训。例如，我们的马克思主义哲学工作者缺少某些老一代哲学家那种深厚的中国传统哲学的素养和对西方哲学的深切了解，过多的政治运动和极左思潮的干扰，以及哲学各分支彼此分割形成的哲学过分专业化所带来的狭隘性，都极大地妨碍了一流哲学人才的成长。但也不能由此得出结论，社会主义 50 年的哲学成就不如新中国成立以前的旧中国，更不能提倡社会主义时代的年轻哲学工作者重新走老一辈哲学家以创立自己的形而上哲学体系为目的的哲学道路。新中国成立前老一辈哲学家由于受历史条件的限制，无论就其哲学观点、处理哲学的理论和方法还是就其哲学的社会功能都具有旧哲学不可避免的局限性，这是历史条件决定的。任何哲学家都只能在一定条件下进行哲学创造，他们同样不可能超越条件许可的水平。处于社会主义时代的马克思主义哲学只能继续沿着马克思主义哲学与中国实际相结合的道路走。在坚持这个基本方向的前提下，应该使专业马克思主义哲学的研究更为绚丽多彩。马克思说过，“每一滴露水在太阳的照耀下都闪耀着无穷无尽的色彩”①。可以肯定，最重视实践性和创造性的马克思主义哲学，在中国这个正处于急剧变化的具有最丰富现实内容的时期，一定能产生一批具有独创性的马克思主义哲学家。何况 50 年没有哲学家的说法也过于绝对。从哲学史来看，不少哲学大家的思想和著作的价值都是死后多少年才被重新发现的。孔夫子生前如丧家之犬到处碰壁，苏格拉底被迫饮鸩，斯宾诺莎依靠磨镜片为生，康德、黑格尔甚至尼采，都是生前并不如死后为人所尊重和崇拜。哲学家不是流行歌星、影星、运动员，后者红极一时，名闻遐迩，可一旦息影挂靴，很快就会被人淡忘。思想家不同，他们可能生前不为时人所知，可是他们的著作和思想一旦被后人理解、被发掘、被重新发现，就会在历史上长期发挥作用。

但是我们应该承认，在中国社会变革和意识形态领域中曾经发挥过重大作用的马克思主义哲学，当前确实面临着新的困境。我所说的哲学困境指的是当前重理工轻人文、重实利轻理想倾向中所蕴涵的对哲学特别是对马克思主义哲学的轻视。一些人特别是年轻人中滋生的拜金主义、个人主义、享乐主义，物质欲望的过度膨胀和对消费的无限追求，这种种思想与马克思主义的世界观、人生观和价值观的不相容性，使得受这种思潮侵蚀的人对马克思主义哲学抱有一种成见、偏见和内在的抗拒力。他们把马克思主义哲学当成一种过时的说教，根本不知道也不理解马克思主义哲学的时代性和真理力量。

最近，德里达写了一本名为《马克思的幽灵》的书。他承认，在西方无论是在赞成马克思主义还是反对马克思主义的著作中，都可以发现马克思的幽灵。德里达并不是马克思主义者，无意吹捧马克思主义，但他的这个说法却是客观的、公正的。马克思死了多年，可在当今世界，在哲学、政治、道德、文学、艺术等所有意识形态领域，无论是赞成者还是反对

① 《马克思恩格斯全集》，第 1 卷，7 页。

者，都脱离不了马克思和马克思主义的影响。当年马克思把一个民族的传统称为纠缠活人头脑的亡灵。不同的是，马克思主义并不是一个已经死去的亡灵，而是一种现实的政治力量和思想力量，是一种时时刻刻都在起作用的活的力量。

从有人类历史以来，还没有一个思想家、一种思想体系像马克思和马克思主义这样有如此威力。宗教，如基督教、佛教、伊斯兰教的影响力是巨大的、持久的，中国的孔夫子即儒家学说的影响也是巨大的、持久的，可是它们都只是影响自己的信徒，即这种宗教和学说的信奉者。马克思主义则不同，它不仅影响自己的信仰者，而且感染自己的敌人，迫使他们研究马克思主义，迫使统治者动员一切力量来反对马克思主义。马克思主义不仅影响人们的思想，而且实际地改变世界。自从马克思主义诞生以来，世界发生了巨大的变化，出现了一种新的社会制度，人类社会进入了一种更高的社会形态。

我们是社会主义国家，毫无疑问，我们应该高举马克思主义、毛泽东思想，特别是邓小平理论的旗帜，坚持用马克思主义哲学的世界观教育我们的人民和青年。世界观的教育具有头等重要的意义。但是，哲学智慧是一种具有自觉性的追求，而不是硬塞给的卖货的“搭头”。要使我们的马克思主义哲学为广大青年所乐于接受并成为一种自觉追求，真正成为像马克思说的“浸进同时代人的灵魂，也就是浸进使他们激动的爱与憎的感情里”① 的哲学，就必须使专业的马克思主义哲学的研究有一个大的转变，更接近实践，更接近生活，更接近人的心灵，从而使马克思主义哲学基本原理的讲授具有更为丰富生动的内容。

二、马克思主义哲学的发展方式

在我国，哲学是包括多种分支的学科群。马克思主义哲学是其中最重要的组成部分，但不是唯一的内容。哲学中的各个分支都各有其特点，各自面临不同的问题。就马克思主义哲学来说，根据新中国成立 50 年来哲学发展的经验和教训，我认为，马克思主义哲学的发展应该注意主题多样

---

① 《马克思恩格斯全集》，第 1 卷，121 页。

化、道路民族化、风格个性化。但这“三化”归根结底仍离不开哲学的创新。

1. 主题多样化

马克思主义哲学就其研究领域和范围来说是非常广泛的，可研究的方面很多。所有的马克思主义哲学工作者，同时研究一个问题，没有必要。哲学研究不能是政治运动式的，短期突击很难是真正的高水平的哲学研究，也很难有高质量的科研成果。正如在文学创作中提倡题材多样化一样，我认为在哲学中也应该提倡研究的主题多样化，提倡马克思主义哲学家应该关注现实，以自己的哲学敏感性在自己的专业领域中捕捉不同的问题；而不能是哲学中的游击战，东放一枪西放一枪，没有相对固定的作战领域，不断地随着浪潮转，这样是不可能产生高水平的哲学家和哲学著作的。其实，我国有中国特色的社会主义建设和当代社会现实，可以说对马克思主义哲学的各个领域，无论是认识论、辩证法、历史观，还是价值论和人生哲学方面，都提出了非常多的问题，有待我们去研究、去回答。

我们应该少点体系意识多点问题意识。我不主张把精力放在创立体系上。恩格斯过去对德国大学生动不动就要创立一个体系的批评对我们同样是有价值的。对一个哲学来说，体系往往是相对的、暂时的，如果成为一个固定结构，就往往容易僵化为束缚思想的桎梏，重要的是对问题的研究。一个哲学家的思想珍品不是体系，而是体系中所蕴涵的内容。少点体系意识是指不要动不动就搞一个主观的思辨结构，找一个所谓的逻辑出发点，弄成一个首尾相接的圆圈式的东西。这种东西除了能满足思辨的爱好和吓吓外行以外是没有用处的。但这也绝不是说，一个哲学家的基本观点可以是杂乱的、无内在联系的。即使您的思想是珍珠，也需要有一根线串着才能成为一个珍贵的饰物。我们反对的是人为的结构，但不否定自己的观点之间应该有不能自相矛盾的逻辑联系。

问题意识不同于体系意识。如果说体系可以虚构，那么问题的捕捉却就必须面对现实，必须具有时代的敏锐性。在哲学领域和在科学领域中一样，要发现问题和提出问题本身就必须进行哲学研究，而且其本身也是一个重要的哲学成就，它的成就不亚于获得答案。然而，50 年的哲学发展证明，我们在哲学中并没有提出多少属于我们自己的哲学问题。一些争论最热闹的问题大多是引进的，从异化、人道主义问题到实践唯物主义问题、主客体问题，等等，无不如此。在西方已经过时的问题，在我们这里却正在争论得不可开交。当然从思潮的传播和影响的角度来看，这种情况也不可避免。尽管不是我们自己的问题，但在我们这里有引进和引起争论的土壤和需要，因而这种争论还是有益的。但这些问题终究不是从我们的哲学研究中提出的，因而不具有独创性。中国人的马克思主义哲学研究除了引进外，更应该提出自己面对的问题，就像当年毛泽东提出社会主义社会的基本矛盾、两类矛盾和正确处理人民内部矛盾，邓小平提出什么是社会主义和如何建设社会主义的问题一样，唯此才有可能创造性地推进马克思主义哲学。

2. 道路民族化

哲学是最具民族特色的。它和文学艺术一样，没有民族特色就没有这个民族的哲学。我们老一辈的哲学家，如冯友兰先生，力求用西方哲学的方法来处理中国哲学。在当代，张世英先生的两本著作《天人之际》和《进入澄明之境》就把当代西方哲学家海德格尔、胡塞尔的思想和中国道家的哲学相比较和相互发明，并独创性地提出了自己的看法，从而使西方哲学的思想具有中国特色。这种治学方法是很有启发的，它不是照着讲，不是移植，而是结合中国哲学的传统予以解读和发挥。

对于西方哲学的研究来说，这种方法比较容易些。而对马克思主义哲学来说，则禁忌较多，因为马克思主义哲学是具有普遍性的哲学。它似乎只能应用而不能民族化，民族化似乎是对马克思主义哲学的背离。其实并非如此。马克思主义的科学社会主义学说同样是具有普遍性的学说，但社会主义实践必须具有民族特色。同样的道理，马克思主义哲学尽管具有普遍适用性，但它在一个民族中传播和生根，成为这个民族中的成员的思维方式、价值观念和行为规范就必须民族化。马克思主义哲学民族化问题可以说是一个普遍性问题。马克思主义哲学在任何一个国家传播，并被接纳、吸收和融合成该民族文化的一部分，都有个民族化的问题。这个过程是很长的，总是先经历一个照搬、移植然后在实践中再创造的过程。这个过程也是这个民族的革命和马克思主义者日益成熟的过程。自马克思主义传入中国，已经历了近一百年的结合过程，而且这个过程仍在继续。从社会主义学说来说，这是结合最为成功的。在民主革命时期是毛泽东的新民主主义革命理论；社会主义革命时期是关于社会主义基本矛盾和正确处理人民内部矛盾的理论；社会主义改革时期是邓小平关于建设有中国特色的社会主义的理论。而哲学方面则相对滞后，经济学更为滞后。用马克思主义观点创造符合中国实际的社会主义政治经济学还需要相当时日。

马克思主义哲学民族化不是范畴的简单转换。把矛盾变为阴阳、物质与意识变为形与神、规律变为理、物质变为气，这只能是哲学游戏。毛泽东早在1938年就在中国共产党第六届中央委员会扩大的第六次全体会议上的报告中对马克思主义民族化问题做过原则的论述。他说："共产党员是国际主义的马克思主义者，但是马克思主义必须和我国的具体特点相结合并通过一定的民族形式才能实现。"① "空洞抽象的调头必须少唱，教条主义必须休息，而代之以新鲜活泼的、为中国老百姓所喜闻乐见的中国作风和中国气派。"② 根据对毛泽东论断的理解，马克思主义哲学民族化最根本的是与这个民族面临的实际问题相结合，成为用以分析和解决问题的基本认识方法。从学理上来说，是与这个民族的优秀文化和哲学传统相结合，既用以总结和分析这个民族的遗产，又充分吸收其合理的因素，使中国人的哲学研究能与历史上长期争论的问题相衔接，对老问题予以新的回答，如天人问题、义利问题、心性问题等等，而且在表现上也应该为这个民族所喜闻乐见，就像毛泽东的《矛盾论》和《实践论》那样，尽管论述的是一个纯哲学问题，基本观点完全是马克思主义的，但又是具有民族特色的。它的内容是以中国现实问题为中心，而语言风格和论证方式都和苏联教科书或理论著作迥然不同。如何使我们的哲学著作生动可读、趣味盎然，仍是一个亟须解决的问题。说实在话，我自己一生从事哲学，写的却也是令人头痛、难以卒读的文章。

3. 风格个性化

哲学与哲学家不可分。我们可以说，哲学是哲学家之所以为哲学家的存在方式。哲学家是有个性的，哲学也应该有个性。但哲学的个性不同于哲学家的个性。哲学家的个性是其心理特性，如苏格拉底的执着、培根的

---

①② 《毛泽东选集》，2版，第2卷，534页。

贪心、康德的刻板、马克思的慈爱、恩格斯的潇洒等等。哲学家作为人当然是各有个性的，但哲学家作为人的个性并不是哲学的个性。马克思说过，不是要把哲学家的个性，即使是他的精神上的个性理解为好像是他的体系的焦点和形象，更不是要罗列心理上的琐屑小事和卖弄聪明。哲学的个性是哲学家所创立的不同于其他哲学体系的每个体系的规定的动因和贯穿整个体系的真正的精华。① 当然，哲学的个性也包括每个哲学家哲学观点的表现方式。它可以是诗，像西方的《物性论》和中国的《道德经》；可以是散文和随笔，如蒙田的散文；可以是寓言，如《庄子》；可以是书信，如伏尔泰的《哲学通信》；可以是小说，如卢梭的《爱弥尔》和狄德罗的《拉摩的侄子》；可以是格言式的短语，如帕斯卡的《思想录》以及朱熹与王阳明的语录之类的著作。至于康德和黑格尔的纯理论性的哲学著作、马克思和恩格斯的论战性的著作，更是风格迥异，各有特色。

其实，我们应该把哲学和哲学问题区分开来。哲学是个总称，它是相对于非哲学即实证科学而言的一种认识形式。哲学是以世界为对象、以人与世界的关系为中心、以提高人认识世界和改造世界的思维能力和整体素质为旨归的一种认识形式。因为是以世界为对象，故对哲学而言就包括对人与世界的关系的研究，因为哲学视野中的世界是现实的世界，是包括人在内的世界，以人与世界的关系为中心是哲学与自然科学研究世界的根本区别。自然科学的世界是无人的世界，它关注的是自然自身。自然科学中出现的人的观察和实验对自然科学结论的影响问题、自然科学研究的对象不是纯客观的对象也是人对自身的认识问题、关于自然科学家的人文精神问题，这都已经不是自然科学问题，而是进入了哲学领域。当代西方自然科学中存在的主体化倾向是一种哲学路线而不是自然科学本身研究主题的变化。在人类所有的知识中，只有哲学才关注人与外在世界即人与自然、人与社会关系的研究。这种研究本质上也是对人自身的研究。了解这种关系，就是了解人。因为只有从这种关系中才能了解人，人不可能直接从人自身了解自己，而必须通过自己的对象性存在物来了解，而人参与改造的自然、人的活动形成的社会就是这种对象性存在物。人在改造自然和

① 参见《马克思恩格斯全集》，第40卷，170页。

社会的过程中使自己成为人，而且成为处于特定关系之中并具有这种社会关系特性的人。

哲学的功能是双重的，但它却不同于自然科学。哲学具有认识功能，能为人类认识世界和改造世界提供世界观和方法论。因为它超越了分门别类的科学专业所不可避免的狭隘性，具有普遍适用性，因而它的这个功能是任何科学都无法替代的。另一个是价值功能，它为人类提供了一个具有真理性的、道德性的和审美意义的评价尺度、衡量生活意义的尺度，把人提升到了一个更高的境界。哲学的认识功能如果脱离价值功能就会变为单纯的工具理性，丧失它作为哲学的特性；反过来说，如果哲学没有认识功能而只有价值功能，这种价值功能也就不可能是以科学规律为基础的，而是一种教堂里的传道。哲学的认识功能和价值功能的统一，归根结底是以世界自身的规律为依据，把规律变为认识工具，把规律变为价值评价的客观依据。这就是对客观规律的认识内化为主体智慧的过程。

哲学和哲学问题不同。哲学是全体，而任何一个哲学家都只能是哲学的一种形态。哲学家是通过哲学问题进入哲学殿堂的，离开了哲学问题，就不可能有哲学家，就不可能有各种风格的哲学家。不同时代、不同国家、不同民族面对不同的哲学问题，思想敏锐的哲学家提出了问题并以自己特有的方式回答了问题。这就形成了不同的哲学派别、不同风格的哲学家。任何哲学问题都是哲学，都是哲学中的问题，如本体论问题、认识论问题、方法论问题、历史观问题、人学问题、语言哲学问题等等，而且问题中还有问题。任何一个新的问题的提出和解答，都是一种新哲学的出现。但哲学不能归结为任何一个哲学问题，认为哲学就是本体论、就是认识论、就是人学、就是语言哲学或者就是什么什么都是片面的。哲学问题的出现和回答具有时代制约性，它是变化的，这种变化就是哲学史。一部哲学史就是哲学问题和对问题回答变化的历史。

哲学个性化问题，是指哲学问题的新颖或对问题观察方式的独特。哲学的个性化并不意味着哲学只是哲学家个人特有的看法，用不着认同和验证。只属于哲学家个人特有的看法不是哲学智慧，最多是一种意见，而且是一种无足轻重的个人意见。哲学的特性是它的内容的普遍性。不管风格如何独特，一个哲学家的只要是称得上是具有哲学意义的观点，不管对错，都必须具有一定程度的普遍性，而不能只是一人之言。唯物主义观点具有可验证性、具有普遍性。即使是唯心主义哲学也不是纯个人的，而是有其生活依据的。例如，“物是感觉的复合”、“存在是被感知”，这是两个最著名的唯心主义命题，可这都不是空穴来风。人们在日常生活中，对同一个苹果可以有不同的看法，有的认为甜，有的认为酸，有的认为太脆，有的认为太面，有的认为是红的，有的可能认为是红中透青、不够熟，如此等等，几乎任何一个人都可以对同一个苹果形成不同的感觉，这是日常生活经验。再如，人们只有进到房子里看到桌子才知道桌子存在，如果从来没有进入房间，从来没有见到桌子，就不可能知道房子里有桌子。可见，存在之所以存在，必须进入人的观念，被人在观念中把握到。“存在是被感知”这个哲学命题是错误的，可它借以产生的经验却是普遍的，是人们在日常生活中每日每时都能体会到的。这正是唯心主义得以存在的根据，贝克莱和马赫正是对人们的日常经验给予了唯心主义的解释。我们要哲学风格的个体化。哲学体系是不可重复的，但绝不是说哲学内容与真理无关。实际上真正有价值的哲学体系都在不同程度上、以不同的方式分享真理。哲学不能离开真理。任何哲学体系都不能独占真理，但任何不包含真理颗粒的哲学却都只能是哲学垃圾。哲学的个体性一旦排斥真理就走进了死胡同。

三、哲学思维的创造性

要实现哲学的主题多样化、道路民族化和风格个性化，都离不开创造性思维。科学技术的发展需要创造性，哲学同样也是如此。我们要以哲学的观点来看待哲学，不能把哲学凝固化。黑格尔曾经批评过一些哲学家把哲学变为“老是原来的一盆冷饭，一炒再炒，不断端出来，以飨大众”。他强调哲学的任务是“发现真理，阐述真理，传播真理”①，而不能是不断地重复真理。

创造性思维对哲学而言是非常困难的。科学技术的本性决定了它必然是创造性的，因为人类的生产在不断地迫使它前进：或者是发展或者被淘

① ［德］黑格尔：《法哲学原理》，2页。

汰，这是生产特别是以市场经济为运行方式的大生产对科学技术发展的强大压力。人类有了新的生产技术，绝不会再回过头去采用落后的技术；有了新的生产工具，绝不会再回过头去采用过时的生产工具；而生产和技术的发展必然会推动科学的创造，而新的科学原理又会推动生产和技术的发展和改造。历史已经证明，科学和技术的发展速度和创新水平与社会发展的速度成正比、同历史的长度成反比。人类进入资本主义大工业时代特别是从 20 世纪下半叶开始，科学技术的发展突飞猛进，处于革命时期。

但是人文科学的发展却并没有这样迅速。特别是哲学智慧一旦定型，就会世代相传，这是不难理解的。哲学与技术不同，它不是人类活动的表层结构，而是关于普遍真理的认识，它具有启迪后人的长期历史作用。古代曾经是哲学最辉煌的时期：中国是春秋战国的诸子百家时期；西方是古希腊罗马时期；而印度、埃及哲学的繁荣时期也是古代。这一点决定了哲学研究往往容易朝后看，眼望过去而不是眼望未来。怀特海说，全部西方哲学都是柏拉图的注脚，都在以不同方式阐述和解释柏拉图提出的观点。我们也可以说，中国全部哲学在很大程度上也是孔孟的儒家和老庄的道家思想的注脚。两千多年来，中国哲学总是在儒、道哲学的基本理论范围内进行争论。当然哲学也有创新，但在很大程度上这种创新是解释学范围内的创新，即在新历史条件下，由新一代的哲学家按照自己的理解和时代要求来重新解读原作的文本。中国的魏晋新道学、宋明理学、当代新儒学都具有这种特点。对哲学发展来说，这也不失为一种方式。因为哲学不是一种具体的知识，而是一种人类积累的智慧，它不会因为年代久远而过时。古希腊罗马时代距今已经很远了，可人们还时时回到那个时代的哲学家那里寻求智慧，正如我们中国人不断回到诸子百家一样。对哲学的历史研究是人类从前人那里吸收智慧的一种方式。恩格斯说过，在希腊哲学的多种多样的形式中，几乎可以发现以后的所有观点的胚胎、萌芽。因此，理论自然科学要想追溯它的今天的各种一般原理的形成史和发展史，也不得不回到希腊人那里去。恩格斯的这一论断，对于每个拥有丰富哲学遗产的民族来说都具有普遍意义。研究哲学史可以从总结中学习思维方法，而且我们也可以通过历史的研究知道人类在哲学方面研究过什么问题、提出过什么问题、什么问题没有解决。没有对以往哲学的研究，哲学创新就没有根据。

哲学的创新，最根本的不是依靠回到过去、不是解释学意义上的创新。在新的条件下重新解释旧的原理，只是哲学的一种方式，而且还不是最重要的方式。哲学的创新最重要的不是面对文本，而是应该面对时代、面对实际，研究新的材料，提出新的问题，开拓新的领域，得出新的结论。在哲学史上凡属具有创新意义的哲学都不是重复而是开拓。由本体论到关注和提出认识论问题是创新，提出科学哲学、文化哲学、语言哲学、人的哲学都是新领域的开拓，具有创新性质。当然，在任何一个哲学领域中都会存在哲学观点的分歧，但一个新领域的开拓，就为哲学的发展开辟了一个新的活动空间。

马克思主义哲学的创立是哲学中的一次变革，即哲学的创新。马克思吸收了人类全部文化遗产和德国古典哲学的优秀传统，但又突破了这个传统。马克思和恩格斯在哲学的对象、内容、功能方面，都创立了一个与以往哲学不同的新唯物主义哲学。他们之所以能做到这一点，是因为他们不是采取解释学的方法，把哲学研究放在对文本的解读上，而是建立在实践的基础上，面对资本主义社会的现实和科学技术的新成就，进行新的概括和总结，而前人的哲学成就则是创造新哲学的思想酵母和材料。列宁也是立足俄国的现实，所以他既继承了马克思和恩格斯的理论又增加了新东西，从而才可能有对马克思主义哲学的发展。毛泽东、邓小平也无不如此。所谓两个飞跃，第一个飞跃就是突破了原来的俄国十月革命的经验范围，创造了中国式的农村包围城市的革命道路，它的哲学成果就是毛泽东哲学思想。所谓第二个飞跃，就是突破了马克思主义经典作家（包括毛泽东同志）关于社会主义的某些设想，提出了有中国特色的社会主义理论，它的哲学成果就是邓小平的哲学思想。

没有突破就没有创新，没有创新就没有发展。当前要发展马克思主义哲学，就必须大力提倡创新意识。一个民族没有创新意识就会停滞，科学技术没有创新就会被淘汰，而马克思主义哲学原理如果没有创新，就的确会变为黑格尔所说的一炒再炒的冷饭。如果真是这样，我们的马克思主义哲学就无法走出当前被“冷落”的困境。

（原载《中国人民大学学报》，2000（2））

7. 当代中国哲学发展的道路和哲学工作者的使命

党的十一届三中全会以来的20年，是我国社会主义建设史上光辉灿烂的20年，也是邓小平理论形成和发展的20年。20年来，从实践是检验认识真理性的唯一标准的讨论到恢复解放思想和实事求是的思想认识路线，从解放和发展生产力的指导思想到“三个有利于”的标准，充分显示了马克思主义哲学在改革开放实践中的威力。而这些原理本身或者是马克思主义的基本原理，或者是对马克思主义基本原理的发挥。这个事实说明，那种认为马克思主义哲学原理是陈旧的课堂哲学，应该另外创立一个什么体系之类的看法是不全面的，甚至是错误的。20年来，邓小平理论的创立和我国改革开放的实践经验证明，关键是能否坚持理论联系实际的问题，而不是马克思主义理论本身已经陈旧或过时的问题。邓小平坚持马克思主义，坚持科学社会主义理论和实践的基本成果，并根据当今时代特征和国际形势，总结了世界上社会主义国家的成败教训，总结了我国社会主义胜利和挫折的历史经验，从而开拓了马克思主义的新境界。江泽民总书记在党的十五大报告中指出：马克思列宁主义、毛泽东思想一定不能丢，丢了就丧失根本。同时一定要以我国改革开放和现代化建设的实际问题、以我们正在做的事情为中心，着眼于马克思主义理论的运用，着眼于对实际问题的理论思考，着眼于新的实践和新的发展。“一个中心、三个着眼于”的原则，既是对党的十一届三中全会以来20年马克思主义在当代中国发展的历史总结，又为我们指明了如何正确对待马克思主义的基本理论和方法论原则。

一、真理没有新旧，“老祖宗”不能丢

任何一门具有科学性的思想体系，都是由一系列原理构成的。自然科学是这样，社会科学也是这样。科学体系的某些原理，它的不完备可以为新的事实和理论所补充，被证明为过时的、不适用的原理也可以为新原理所取代。这是科学发展的普遍规律，是人类实践和认识的进步。但是，认识的可靠性是以其中包含的真理性颗粒为尺度，而不是以出现的时间长短为准则。在认识史上可以有古老的真理也可以有最新的谬误。因此某个原理是否要被抛弃或被取代，不取决于它出现的时间而是取决于理论本身的正确程度。

邓小平一直强调“老祖宗”不能丢。他坚持“一定不要忘记了马克思列宁主义，不要丢掉这个最根本的东西”①，他还强调“毛泽东思想这个旗帜丢不得。丢掉了这个旗帜，实际上就否定了我们党的光辉历史”②。邓小平之所以强调“老祖宗”不能丢，正是因为马克思列宁主义、毛泽东思想是被实践反复证明了的科学体系。而凡被实践证明了的科学理论是不能被随便推翻的。

马克思和恩格斯逝世以后的一百多年间，马克思主义“过时论”从来没有断过。一些人以时代的变化为借口，说马克思主义具有维多利亚时代的印记，在现代还坚持马克思主义，如同有了电子显微镜仍然使用放大镜一样。“过时论”已经出现过一千遍，现在仍在重复。不同的是，由于苏联解体和东欧剧变，马克思主义“破产论”更是甚嚣尘上。“破产论”本质上仍是“过时论”，是“过时论”的变种。可连一些明智的西方学者都明白，马克思主义是不可能被消灭的，他们说：“苏联共产党政权在欧洲的垮台宣告了冷战的结束，但还不等于马克思主义对资本主义挑战的结束”；“再度兴起的马克思主义对西方古典主义的思想的挑战，会比苏联共产党政权曾经构成的挑战更令人生畏”。邓小平高瞻远瞩，在苏东剧变后世界人民陷于困惑之际，他明确指出：“马克思主义是打不倒的。打不倒，

① 《邓小平文选》，2版，第1卷，283页，北京，人民出版社，1994。

② 《邓小平文选》，2版，第2卷，298页，北京，人民出版社，1994。

并不是因为大本子多，而是因为马克思主义的真理颠扑不破”。他还说：“我坚信，世界上赞成马克思主义的人会多起来的，因为马克思主义是科学。”① 马克思主义的真理性和科学性，是它不会过时、不会被消灭的保证。事实也是如此。马克思主义在中国的新发展、新胜利不用说，西方在经过苏东剧变的最初的猛烈冲击之后，马克思主义的重新复兴和宣传攻势日趋活跃，各种大型的马克思主义的国际会议频频举行，如 1996 年 7 月英国《社会主义者评论》杂志等单位组织的“96 马克思主义大会”，1997 年 10 月由《当今马克思主义》杂志、“马克思世界协会”等主办的“十月社会主义革命”国际讨论会，1998 年 5 月由法国“马克思世界协会”主办的“纪念《共产党宣言》发表 150 周年巴黎国际大会”，会议的规模多达千人甚至数千人。即使在原苏联和东欧地区，马克思主义和左派力量仍然是不可忽视的。我曾在一首纪念十月革命 70 周年的诗中写道：“水行地底静寂寂，俯身侧耳有洪波。”马克思主义的火种是扑灭不了的。

马克思主义之所以打不倒，正因为它是真理，是科学。马克思主义是由马克思和恩格斯创立的，由它的后继者所坚持和发展的关于无产阶级和人类彻底解放、关于人类最终推翻资本主义建立社会主义—共产主义的创造性的开放的思想体系。从马克思和恩格斯所创立的马克思主义体系来看，马克思主义包括它的新世界观、对资本主义的经济分析和由此得出的关于社会主义革命的一系列结论。可见，马克思主义创立时的马克思主义包括两个不同的部分：一部分是根据当时的实践（包括自然科学和社会科学成就）直接概括的经过验证的理论，如哲学理论和关于资本主义生产方式的本质和基本矛盾的理论、关于价值和剩余价值的理论等；另一部分，尽管包括具有科学性的基本原则，但是没有经过实践检验，属于推测和假设的理论，如关于无产阶级如何取得政权、关于社会主义的基本特征等等。马克思和恩格斯当时只能从西方资本主义现实出发考虑无产阶级取得政权的方式，只能从与西方现实资本主义对立的角度逻辑地考察社会主义的基本特征。所谓公有制与私有制的对立、计划经济与市场经济的对立、按劳分配与按资分配的对立，讲的是抽象形态中的两种社会形态的对立

① 《邓小平文选》，第 3 卷，382 页，北京，人民出版社，1993。

性。至于在建立现实社会主义的过程中，在特定条件下也可能出现不是非此即彼而是亦此亦彼同时并存的局面，却不在他们思考之列，因为现实并没有提出这个问题。因此，马克思主义的体系始终是未完成的，即不是封闭的体系。列宁和毛泽东就依据实践经验，对无产阶级如何根据本国特点夺取政权，各自大大发展了马克思主义。至今，西方发达资本主义国家的马克思主义者仍在就发达国家如何革命的问题进行探索。而邓小平则根据经济文化落后的中国的实践经验，对什么是社会主义和如何建设社会主义的问题进行了创造性的研究，提出了建设有中国特色的社会主义理论，在当代中国把马克思主义发展到一个新的阶段。马克思主义中凡是经过实践检验的原理，都应该不断总结新的实践经验和科学成就使其丰富和发展；凡属原来未经检验、未经实践的原理，则应该根据新的实践和新的经验去验证、补充和纠正，即用新的原理代替过时的旧的原理。一部马克思主义史就是不断创造性发展和用新的原理代替个别旧的原理的过程。这与马克思主义“过时论”是截然不同的。马克思主义“过时论”是针对马克思主义整个体系说的，就体系而言，马克思主义永远不会过时，因为它以实践为源头活水，不断与时俱进；会过时的是个别原理，而个别原理的过时，正是整个体系永具活力的保证。

在考察马克思主义科学体系时，我们不仅要区分经过检验和未经检验的原理，还要区分马克思主义基本原理和具体结论。经过检验的基本原理是对规律的把握，可以丰富但不会过时，如马克思主义关于世界的物质性和发展的辩证规律的认识、关于历史发展规律的认识、关于资本主义生产方式的本质和资本主义基本矛盾的认识、关于资本主义最终会为更高的社会形态——社会主义所取代的认识等等。列宁说马克思主义之所以万能是因为它是正确的，毛泽东说马克思主义是放之四海而皆准的普遍真理，邓小平说马克思主义是科学、是真理，都是从普遍规律的角度讲的。至于马克思主义经典作家根据特定时间、地点就某个问题作出的结论并不是不可改变的。事实证明，马克思和恩格斯关于社会主义基本特征和革命前景的考察，明显地具有时代和地区性的局限。但这并不损害马克思主义的指导作用和威信，因为正是他们一再强调，他们的理论不是教条，而是观察问题的方法。例如，恩格斯在致考茨基的信中曾批评杰维尔关于《资本论》

评论文章的缺点，说：“他把马克思认为只在一定条件下起作用的一些原理解释成绝对的原理。杰维尔忽视了这些条件，因此那些原理本身就成为不正确的了。”① 在给屠拉梯的信中，恩格斯提出了同样的批评，说：“杰维尔在许多地方把马克思的个别论点**绝对**化了，而马克思提出这些论点时，只是把它们看作**相对的**，只有在一定的条件下和一定的范围内才是正确的。”② 历史上和当代，还没有任何一种理论和学说，在总体上能像马克思主义这样为人们认识和改造世界提供基本的理论和方法，也没有任何一种理论和学说能像马克思主义这样强调理论的运用必须联系实际，必须具有创造性。凡是马克思和恩格斯没有做到的，他们的后继者可以做到，后继者还有后继者，这个过程永无止境。正是在这个过程中，马克思主义才永葆青春。

所以，马克思主义本身就包括如何对待马克思主义的问题。不知道什么是马克思主义，就不知道如何对待马克思主义。反过来，不知道如何正确地对待马克思主义，把经典著作中的只言片语、把一些具体结论、把一些未经检验的推理和预测当成永恒不变的原则，就弄不清什么是马克思主义。我们说“老祖宗”不能丢，不仅是指经实践检验过的基本原理不能背弃，也是指马克思主义关于应该如何对待马克思主义的态度和方法不能丢。

二、马克思主义不能空谈，必须运用

有人经常问，马克思主义哲学有什么用？我回答说，马克思主义哲学的最大用处存在于用之中，不用则无用，用则有用。例如，实践是检验认识真理性的唯一标准，解放思想、实事求是，科学是生产力，等等，都是理论工作者甚至普通知识分子耳熟能详的原理。可是只有邓小平同志以马克思主义哲学为先导，结合当代世界和中国的实际，在中国开辟了社会主义历史的新时代、新局面，开辟了马克思主义在中国发展的新阶段。党的十一届三中全会以来的历史，极其充分地显示了马克思主义世界观和思维

① 《马克思恩格斯全集》，第36卷，98页，北京，人民出版社，1975。

② 《马克思恩格斯全集》，第39卷，79～80页。

方法的巨大威力。

哲学变革是政治变革的导言，这是恩格斯通过总结法国和德国资产阶级革命揭示的一条规律。法国百科全书派的启蒙思想揭开了法国资产阶级大革命的序幕，而德国从康德到黑格尔的哲学革命，则以枯燥的哲学命题曲折隐晦地反映了德国发展资本主义的要求。无产阶级革命更是如此。可以说，马克思和恩格斯毕生都在从事为无产阶级革命夺取政权而进行的思想变革工作。他们创立新的革命学说，用马克思主义来武装工人阶级和工人政党，把形形色色的空想主义、无政府主义以及各种各样的资产阶级和小资产阶级的思潮从工人运动中驱逐出去。这项思想变革的工作长达数十年，最后无产阶级革命才第一次在俄国取得胜利。没有这种思想变革，无产阶级及其政党就不可能成为一支自觉的、有组织的政治力量，更不用说成为统治阶级了。

我国是无产阶级已经处于统治地位的社会主义国家。我们所进行的改革涉及经济体制和政治体制方方面面的问题，就其深度、广度和困难程度而言都不亚于一场革命。这场改革的导言同样首先是思想领域，是哲学变革。而这个思想变革难度更大，因为它所要反对的是各种各样以经典作家的片言只语拼凑起来的所谓马克思主义，是对马克思主义的附加和错误解释，是被曲解或理解错了的社会主义，而其中不少就是我们自己亲手培育和创建起来的经济和政治体制。因而这个拨乱反正、正本清源的思想解放运动比起反对任何资产阶级思想的工作都更为困难。邓小平的伟大英明正在于：他紧紧抓住思想变革，从恢复党的思想认识路线入手，为经济体制和政治体制改革清除思想障碍。

邓小平首先以实践是检验认识真理性的唯一标准的大讨论为契机，破除了“两个凡是”，为纠正毛泽东晚年错误以及长达20年的“左”的错误找到了比任何个人权威更有权威的权威，即人类的实践活动。这是任何一个马克思主义者都不会否认、也不能否认的权威。在长期个人崇拜影响下的中国，在粉碎“四人帮”以后仍沿着“两个凡是”路线滑行的中国，只有以实践是检验认识真理性的唯一标准开路，才具有如此的回天之力。接着，邓小平又着力恢复解放思想和实事求是的思想认识路线，以思想解放为先导，破除僵化半僵化的思想束缚，力求实事求是，以实事求是为依据解放思想。这样，不仅能越来越深入地总结国际和国内社会主义建设的正反两方面的经验教训，并且逐步形成了建设有中国特色社会主义理论的科学体系，在中国大地上产生了邓小平理论，实现了马克思主义与中国实际相结合的第二次飞跃。哲学变革是政治变革的导言，在中国社会主义自我完善的改革中同样得到了证实。

真正的哲学是时代精神的精华，这是马克思的著名论断。人们往往容易把这个命题看成是新哲学体系的创造，以为哲学的应用似乎永远达不到把握时代精神精华的境界。其实不然，马克思主义哲学的创立是人类思想史上的伟大变革，而根据时代的需要结合实际，运用马克思主义哲学的原理解决时代面临的重大问题同样是个创造。马克思说过，世界历史的发展过程就是不断提出问题并要求人类予以正确解决的过程。谁能敏锐地把握时代面临的问题并从理论和实践相结合上予以解决，谁就是伟大理论的创造者。邓小平积极支持并指导的关于实践是检验认识真理性唯一标准的大讨论的巨大意义和理论价值，正在于这个问题的提出和解决抓住了中国当时面临的向何处去的问题。这是社会主义在中国存亡兴衰的问题，也是关系到中华民族的前途和命运的问题。实践是检验认识真理性的标准是个老命题，至少从 1845 年算起已经经历了 150 多年，可中国面临的问题是新的，是历史上从来没有过的。一个老的命题之所以能解决一个如此重大的新的问题，不仅在于这个命题本身的真理性，更在于处于新时代的运用者透彻地理解了时代的需要，创造性地运用了这个原理。因此，实践标准讨论在当代中国的作用不仅仅是理论的作用，而且是理论与实践相结合所爆发出的力量。

同样，实事求是是马克思列宁主义、毛泽东思想的精髓。辩证唯物主义和历史唯物主义的本质就是实事求是和解放思想，它体现了辩证法与唯物主义、辩证唯物主义与历史唯物主义的统一。邓小平并不是简单地重复这一原则，而是在新的历史条件下面对新的问题，创造性地运用这些原则。不解放思想，就不敢提出什么是马克思主义、什么是社会主义、什么是当代中国的现实等所谓依据经典有定论的问题。不实事求是，就不能立足现实，通过总结国际国内的正反两方面的经验科学地回答这些问题，确立建设有中国特色的社会主义的新道路、新措施、新办法。所以，实事求是和解放思想虽然是马克思主义的一贯原则，但在邓小平的运用中被赋予了新的内容，成为开辟改革开放和现代化建设新时期、创立邓小平理论的强有力的思想武器。

邓小平理论思维方法的特色就是理论联系实际，着眼于时代特点创造性地运用马克思主义，反对本本主义。他说过："实事求是是马克思主义的精髓。要提倡这个，不要提倡本本。""我读的书并不多，就是一条，相信毛主席讲的实事求是。过去我们打仗靠这个，现在搞建设、搞改革也靠这个。"① 可以说，邓小平在如何对待马克思主义的问题上一贯坚持有的放矢的原则。

宋代著名哲学家叶適曾说过一段很有见解的话，他把需要讨论的问题比为"若射之的也，或百步之外，或五十步之外，的必先立，然后弓矢以从之。故弓矢从的，非的从弓矢"。的必先立，矢要从的，而非的要从矢，这是一条重要的唯物主义的原则。毛泽东极力反对强的以从矢的教条主义态度，反复强调有的放矢，反复强调马克思主义不能脱离中国的实际。邓小平多次说，我们对什么是马克思主义、什么是社会主义没有完全弄清楚。这就是说，我们对矢必从的而非的必从矢的原则没弄清楚。邓小平说，我们要坚持马克思主义，但必须是与中国实际相结合的马克思主义。我们要坚持社会主义，但必须是有中国特色的社会主义。江泽民 1997 年 5 月 29 日在中共中央党校的重要讲话中，又重提理论联系实际的学风问题。江泽民强调，在当代中国，坚持马克思主义、毛泽东思想，就要高举邓小平建设有中国特色的社会主义理论的伟大旗帜，只有坚持邓小平建设有中国特色的社会主义理论，才算是真正坚持马克思主义、毛泽东思想。因此，马克思主义必须是创造性的，必须是发展的。

矢必从的，非的从矢是正确的论断。可要真正弄清的之为的，又必须以正确的理论观点为指导。的必先立绝不是不要理论，因为在人的实践中确立"的"的过程，就是总结经验进行理论分析的过程。在中国革命中，不以马克思主义为指导来分析中国的各种经济成分的比重，分析中国的各种阶级关系和阶层的状况，就无法正确把握中国社会的性质。毛泽东的

① 《邓小平文选》，第 3 卷，382 页。

《中国社会各阶级的分析》、《中国革命和中国共产党》、《新民主主义论》等都是分析中国国情，以矢射的的名作。同样，党的十一届三中全会以来，邓小平的许多重要著作和讲话，对我国的生产力状况、工农业的比重、自然经济半自然经济的比重、文盲半文盲在人口中的比重、科学技术文化教育落后的状况、贫困人口和地区经济发展不平衡等状况，都有科学的分析。这些分析，立足国情，以矢射的，把握住了我国社会主义初级阶段的现实，并以此为据提出了建设有中国特色的社会主义理论，创立了邓小平理论。

世界无不变之的，亦无不变之矢。以矢射的，的变，矢当然也要变。江泽民在党的十五大的政治报告中强调在当代中国，只有把马克思主义同当代中国实践和时代特征结合起来的邓小平理论，而没有别的理论能够解决社会主义的前途和命运问题，讲的就是这个道理。有的同志说，这是不是三矢（马克思列宁主义、毛泽东思想、邓小平理论）一的（中国当代实际）？是一的三矢，还是只能一矢（邓小平理论）一的？这种怀疑或困惑，是把马克思列宁主义、毛泽东思想、邓小平理论分为相互排斥的三种体系。实际上我们只存在一种主义，这就是马克思主义，一种科学思想体系，这就是马克思主义思想体系。邓小平理论是马克思主义与当代中国实际和时代特征的结合，是马克思主义在当代中国的创造性发展，而不是不同于马克思主义的另一种体系。邓小平曾多次强调："我是个马克思主义者。我一直遵循马克思主义的基本原则。"① 离开了马克思主义就无法理解邓小平理论，也不可能产生邓小平理论；反之，离开邓小平理论也就没有马克思主义在当代中国的发展，马克思主义在中国就会由于变为僵死教条而丧失它的生命力。

在当代中国只有邓小平理论而没有别的理论能解决社会主义的前途和命运问题。所谓别的理论，指的是非马克思主义理论。例如，西方的经济理论和政治理论，以及当今颇为热门的新儒家倡导的儒家治国论，等等。西方的经济和政治理论可以借鉴，但不能作为我们改革的指导原则，儒家学说也是如此，尽管它是中国的东西。在封建社会中，有人倡言半部

① 《邓小平文选》，第3卷，173页。

《论语》治天下，但没有一个王朝是用半部《论语》治国安邦的，更不用说用《论语》来挽救封建制度的衰亡了。那种把马克思主义说成是异族文化、是外来文化，企图恢复儒学在当代中国的主导地位的意图，是极不现实甚至是荒唐可笑的。

三、马克思主义哲学工作者的历史使命

哲学家们都热切地关心并讨论 21 世纪中国哲学的发展道路问题。我以为，中国哲学发展的道路，仍然是走马克思主义与中国实际相结合的道路。毛泽东思想走的是这条路，邓小平理论走的也是这条路。这条路的本质是马克思主义中国化，即把马克思主义基本原理应用于中国实际，从而创造性地推进马克思主义的道路。原理似乎仍然是“老祖宗”的，可一旦与实际相结合，从中生发出来的新的内容及其实际效果就会远远超出原来基本原理的范围。这就叫坚持与发展的统一。正如实践是检验认识真理性的标准和解放思想、实事求是等一系列原理，一旦与中国实际相结合，它们的作用是无可比拟的。我们有些人嫌马克思主义哲学基本原理陈旧，意在创新，来点新花样。我总是说问题不是面孔的新与旧，而在于真与不真。一个具有真理性的哲学体系，只要密切结合实际（包括自然科学成就和人类的社会实践），是能够不断增值的。相反，没有真理性，任何所谓创新都是经不起实践碰撞的泡沫。在马克思主义哲学产生以后，西方出现过不少哲学家和新的哲学体系，可真正能解决人类命运、指导科学研究的并不多。当然多了一些学者，多了一些哲学家，但我们作为马克思主义哲学工作者追求的并不是这个。我们需要的是发挥实践标准讨论所蕴涵的精神，即在实践中运用马克思主义哲学，着力解决实际问题。这样，马克思主义哲学就能永葆青春。列宁的话是对的：“**沿着**马克思的理论的**道路**前进，我们将愈来愈接近客观真理（但决不会穷尽它）；而**沿着任何其他的道路**前进，除了混乱和谬误之外，我们什么也得不到。”[①] 这是实践标准问题大讨论，也是党的十一届三中全会以来 20 年马克思主义哲学基本原理通过邓小平的运用和发展所昭示的重要结论。

---

① 《列宁选集》，3 版，第 2 卷，103～104 页，北京，人民出版社，1995。

哲学贫困的说法现在非常流行。哲学圈子外的人这样说，以表示对哲学的轻视；哲学圈子里不少人也这样说，以表示对自己专业的无奈。其实，与蒲鲁东不一样，我们的马克思主义哲学并不贫困。贫困的是哲学家，或者说是哲学工作者。我们要区分开哲学的贫困和哲学家的贫穷。《庄子·山木》中有个故事，说庄子身穿打补丁的破衣服，脚穿用麻绳绑着的破鞋去见魏王，魏王说您怎么这样疲困呀？庄子说，我是贫穷并不是疲困，衣服破旧、鞋子破烂是贫穷，有理想不能施行才是疲困呀。这个道理，与哲学的贫困和哲学家的贫穷二者的区别相类似。

哲学家是贫穷的，可哲学作为一门学科并不因此而贫困。我不搬用我们的祖先，说哲学是我们传统文化中最重要的组成部分，如果没有哲学，中国灿烂的文化是不可设想的，也不搬用中国革命史，说《矛盾论》、《实践论》、《关于正确处理人民内部矛盾的问题》的作用如何如何，只需看到20年来真理标准问题的讨论及实事求是、解放思想的思想认识路线对于建设有中国特色的社会主义的理论和实践的伟大作用是无可替代的，就足矣。整个中国的历史、整个中国的革命史、正在进行的中国的实践运动，都证明我们的历史发展得力于我们丰富的哲学思维。哲学本身并不贫困。

仅就当前来说，现实提出了许许多多的哲学问题。例如，在自然科学中，西方科学哲学家有的重新对世界物质性问题提出挑战。他们说：世界只有在未进入人类实践和认识范围时才是客观的自在之物，一旦进入人的认识范围，就成为为我之物，成为现象；客体是不能认识的，当它一旦被认识就转变为现象，即转变为在主体中呈现并依存于主体的客体。我认为，这是在新的历史条件下，重复自在之物和为我之物对立的陈旧观点。如果对客体的把握仅仅属于主体的构建，那无非是人为自然立法。按照这种哲学，自然科学就会完全丧失它的客观真理性，丧失它的实际效用。当今人类的生产实践活动以其成功和失败不断地驳斥这种理论。特别是生态环境恶化，迫使人们要尊重自然规律，承认自然规律的客观性。

社会科学领域中也是如此。苏东剧变把历史有无规律性的问题摆到了人们面前。至于物质文明与精神文明的关系问题、市场经济与道德建设的关系问题、生产力标准问题、社会主义发展的阶段问题等等，都是当前存在的一些重要的哲学问题。面对丰富的社会生活、复杂的社会实践，哲学不会贫困也不能贫困。哲学家的贫穷不应成为哲学家投身哲学研究的障碍，更不能成为一个民族和国家的人民轻视哲学的理由。中国自古就有“安贫乐道”的传统。我们应该改变对“哲学贫困”的看法，让贫穷的哲学家到富裕的哲学大海中去搏击。随着国家经济的发展，从事哲学研究和教学的人员，一定会比现在生活得更好。但如果不是爱好真理而是迷恋金钱，就不可能成为一个合格的马克思主义哲学工作者。

我国正处在把建设有中国特色的社会主义事业全面推向 21 世纪的关键时期。我们哲学工作者肩负着高举邓小平理论旗帜、坚持邓小平理论、全面准确地宣传邓小平理论的历史使命。同时，我们还要坚持有的放矢、理论联系实际的原则，加强对马克思主义哲学基本理论的研究。这是个至关重要的问题，又是个难题。从延安整风至今半个多世纪以来，由纯理论工作者撰写的能称得上研究中国实际问题的高水平的马克思主义哲学著作不是很多。我们的理论研究工作多停留在解释或注解某本著作或某个原理上，或介绍西方某些理论。这对于宣传普及和启蒙有作用，但我们的马克思主义理论研究工作长期处于这种水平当然不能发挥它应有的作用。研究现实问题既要有勇气、有胆量，还要有条件、有水平。我们只有真正落实江泽民关于端正学风，坚持“一个中心、三个着眼于”的指导原则，造就一种面对实际的学风，才有望培养出一大批跨世纪的高水平的马克思主义哲学理论研究人才。这是时代的需要，也是建设有中国特色社会主义的理论和实践的需要。

（原载《教学与研究》，1998（11））

8. 马克思主义哲学繁荣之路

——关于哲学学科建设的思考

马克思世界观天才萌芽破土而出时，马克思和恩格斯还是刚从青年黑格尔运动中脱颖而出的年轻人。40 年后，马克思的世界观在德国和欧洲境界以外，在世界的一切文明语言中都找到了拥护者。而今，马克思主义哲学已经成为当代世界哲学领域中作用最为巨大、影响最为深远的哲学学说。即使是世界社会主义运动遭遇严重挫折，马克思主义哲学在此起彼伏的西方哲学思潮冲击中，依然挺拔屹立，向世人闪烁着真理的光辉。

中国共产党是以马克思主义为指导的政党。我们党的历代领导人一贯强调辩证唯物主义和历史唯物主义的世界观和方法论对中国革命、建设、改革的伟大作用。全国解放以后，我们在所有高校都开设有面对全体学生的马克思主义哲学课程，并创办了为数不少的哲学系，增设了哲学学科的硕士点和博士点，对中国哲学尤其是马克思主义哲学的繁荣作出了贡献。但无可否认，由于多种因素的影响，我们现在有些人对马克思主义哲学抱着冷淡甚至轻视的态度。哲学系在高校中的地位下降，有些学生与家长视报考哲学系为末路，非不得已，绝不“自投罗网”。

繁荣哲学，是落实哲学社会科学与自然科学四个同样重要的一项重大任务。道路和措施当然是多样的，但我认为办好哲学系，特别是加强博士点的建设，既是马克思主义哲学繁荣的表现，又是繁荣马克思主义哲学的重要途径。

一、在哲学各学科的互动中坚持和发展马克思主义哲学

与20世纪50年代哲学系相比，现在我们哲学学科包括多种二级学科，这是世界性的哲学发展和研究更加专门、更加深入的表现。我们哲学系改变了创建初期以马克思主义哲学作为唯一学科的状况。多种学科的并存，显然是我们哲学系兴旺发达的表现。

有人说中国现在没有哲学家，意思是说我们现在的哲学包括多种二级学科，至多有某一哲学学科的专家，但没有作为哲学的哲学家。这种说法并不全面。哲学的分化自古以来就没有停止过，这是哲学认识的一种进步。其实一个高水平的伦理学家就是而且应该是一个哲学家，我们只要翻翻世界伦理学史就知道这一点。苏格拉底、柏拉图、亚里士多德、霍布斯、斯宾诺莎、康德、黑格尔以至马克思，都是哲学家同时对伦理学也都有独到建树。即使是当代西方一些著名伦理学家也有其哲学思想，都既是哲学家又是伦理学家，功利主义伦理学、存在主义伦理学都是如此。纯粹的非哲学的伦理学家是没有的。其他二级学科，如科学技术哲学家、中外哲学史家无不如此，只要他们在二级学科中有哲学创见，肯定同时是哲学家。如果他们在二级学科中，不能把具有专业性的问题上升到普遍的哲学原则，或者反过来说不能把这类问题纳入他自己的哲学原则范围来思考，那就不是属于哲学的二级学科。可以说，在当代，哲学二级学科的发展和研究的深入，就是哲学繁荣的表现，或者是能促进作为元哲学的哲学的发展和繁荣的动力。在二级学科之外追求作为哲学的哲学的繁荣和发展，必然陷入纯哲学思辨而阻碍哲学的发展。当然分科过细也可能有负面影响，例如，单纯局限于自己的专业而对哲学中其他学科的问题不关心甚至一无所知，更不用说熔文史哲于一炉。这种片面性可以通过调整哲学教学和提高哲学工作者的素养来解决。

在当前，问题比较突出的是马克思主义哲学，因为它的身份是双重的。它既是我们目前哲学学科分类中的二级学科，又是我们整个思想领域中包括哲学领域各专门学科的指导原则，应该处于主导地位。这种双重身份往往令人产生某种误解，或者以为马克思主义哲学的指导地位就是马克思主义哲学教研室或马克思主义理论教员的指导地位，或者反过来认为马

克思主义哲学教研室的状况对马克思主义哲学的指导地位无关宏旨。这两种看法都有片面性。马克思主义哲学可以作为二级学科，可马克思主义哲学的指导地位在哲学中不能动摇。任何一个二级学科的研究者都可以成为卓越的马克思主义者，可以娴熟地运用马克思主义并对马克思主义哲学的发展作出贡献。发展马克思主义哲学的任务并不是单纯马克思主义哲学教研室或专业的马克思主义哲学工作者的专利。加强马克思主义哲学在各个二级学科的指导作用，既有利于该学科自身的建设，也有利于繁荣马克思主义哲学。

我们马克思主义哲学理论工作者应该提高自身的素质。其他二级学科应该以马克思主义哲学世界观和方法论为指导，而马克思主义哲学工作者也是如此。并不是凡是在马克思主义理论工作岗位上的就一定是马克思主义者，我们同样有坚持马克思主义的问题。此外，马克思主义哲学教员应该向哲学其他二级学科学习，更多地了解它们研究的成果和提出的问题。一个马克思主义哲学研究者，不懂一点中外哲学史包括当代西方哲学，不懂一点伦理学、科技哲学，眼界狭隘，信息闭塞，思路枯竭，就会由边缘化而进一步淡化，最后丧失自己理论上的生存权。历史经验证明，政权的力量可以维护一种思想的法定地位，但不能令人信服和自觉接受。我认为马克思主义不会如此。因为它是真理性学说，至今世界上还没有任何哲学体系可以超越马克思主义。连不少有影响的西方学者，包括被视为“狂妄自负”的某些后现代主义者都对马克思表示敬意。说实在的，我们现在有些人对马克思主义哲学的蔑视，并不是由于新真理的发现，而是出于对马克思主义哲学的无知，甚至是傲慢与偏见。

我们哲学系办学经验证明，要提高我们的教学质量，最根本的一条是要坚持马克思主义哲学在哲学系各个学科中的指导地位。这一点并不容易。我从关于中国哲学合法性问题讨论中，得到很多教益。许多学者反对用西方哲学方法和范畴来分析或理解中国哲学，强调要从中国哲学的特点出发。这种意见无疑包括合理性。可哲学有没有共性，在何种程度上和范围内借鉴西方哲学成就是合理的？特别是能不能用辩证唯物主义和历史唯物主义方法来研究中国哲学？用马克思主义哲学的世界观和方法论研究中国哲学，是否与用实证主义方法、实用主义方法属于同样性质的问题？这个问题似乎不能回避。如果在中国哲学研究中排斥马克思主义哲学的方法论，其结论的科学性是很令人怀疑的。所以我以为在中国，无论是哪一个二级学科，它的教学内容和方向都应该从各个角度有利于丰富、培养和提高学生的马克思主义哲学的总体水平。我们社会主义国家哲学系的二级学科，可以说具有“家族的相似性”，即具有相同的指导思想，因而完全可以发挥这种作用。各个二级学科自身的发展和建设，它在自身专业范围内的研究的深化和水平的提高，显然对哲学系整体素质的提高是极为重要的。

我以为任何有识之士都不能无视哲学学科内彼此森严壁垒，对学科的发展和学生培育造成的危害性，都应该重视发挥和巩固马克思主义哲学的指导作用和所有哲学学科的互动作用。应该在马克思主义哲学和各个二级学科互动中，提高马克思主义哲学的教学水平和巩固它的指导地位；并在这种互动中，推动各个二级学科沿着正确的方向发展。这既是全体哲学教员，各个二级学科教员学术水平提高的过程，同时也是学生质量提高的过程。在我们的哲学系，如果各个二级学科彼此脱离，特别马克思主义哲学与其他二级学科相分离，路只能越走越窄，直至穷途末路。

二、关键是马克思主义哲学自身的发展

马克思主义哲学要在哲学各学科建设中发挥它的领航作用，关键在于它自身的发展，只有以创造性态度对待马克思主义哲学，才能令人信服地起到这种作用。任何行政手段或政治指令都不能从根本上解决这个问题。

的确，我们马克思哲学研究工作处于一种十分矛盾的境地。我们的党非常重视哲学社会科学研究中的指导思想问题。江泽民对哲学社会科学的重要性一讲再讲，对马克思主义的指导地位问题一再强调。可在实际哲学教学和哲学研究中，马克思哲学边缘化倾向在我看来是无可讳言的。原因是复杂的、多方面的，但最重要的还是马克思主义理论工作者自身。我们要正确处理马克思主义哲学作为二级学科和它作为指导思想地位这两者的关系。既要看到在中国繁荣马克思主义哲学是各个二级学科的共同任务，又要看到专业的马克思主义哲学工作者所承担的特殊使命。

应该说，20 多年前开展的实践是检验真理的大讨论，无论在我国的

政治生活还是理论生活中都是具有决定性意义的伟大转折。在社会发展速度上，由于改革开放而获得举世瞩目的成就；在理论上开始了第二次飞跃，形成了邓小平理论。在十三届四中全会以后，又开拓了马克思主义发展的新境界，形成“三个代表”重要思想的理论体系。在这个过程中，我们的马克思主义哲学理论工作也出现了活跃的局面。解放思想和创造性原则，为马克思主义哲学的研究注入了生机。我们的老一代的马克思主义理论工作者焕发青春，中青年学者人才辈出。虽然如此，我还是要说，至今马克思主义哲学的研究状况并不令人满意。我们专业的马克思主义哲学工作者不少人自觉不自觉地也尽量在研究中回避现实问题，不注意对马克思主义哲学基本原理的研究，形成“马不研马”的怪现象。这等于自动放弃自己学科应当承当的任务。

我们应该扭转这个局面。当前，马克思主义哲学理论工作者面临的一个重大任务，是要加强马克思主义哲学基础理论的研究。这种研究应该是坚持和发展的统一。离开了坚持，就会从根本上动摇马克思主义哲学的基础，使它陷入混乱；离开了发展，年年重复一本经，使马克思主义基础理论的研究原地踏步，“有同于无”。

从整个马克思主义体系来说，哲学在马克思主义中的地位和作用，它的时效性同经济学说、社会主义学说相比，有其特点。马克思主义的经济学说和社会主义学说，随着资本主义进入晚期特别是社会主义国家进入建设时期，关于资本主义和关于社会主义社会学说中的某些论断有些可能过时。因此马克思主义理论工作者当前面临的一个重要任务，就是在马克思主义基础理论研究中，真正区分什么是必须坚持的普遍原理，什么是应该结合实际加以发展的原理，什么是我们错误的理解和附加。

对马克思主义哲学基本原理来说，似乎不存在什么应该坚持、什么应该摒弃的问题，因为至今坚持马克思主义哲学的世界观和方法论，仍然是坚持马克思主义基本原理的首要和基本之点。其实，如何对待马克思主义的总体精神，对马克思主义哲学同样是适用的。在马克思主义哲学原理中同样会存在错误理解和附加问题，存在需要澄清的问题，特别是存在结合新的实际创造性发展的问题。因而对马克思主义哲学的研究和阐述同马克思主义其他组成部分一样，要与时俱进，要发展，要有创造性。

但是，这种发展的立脚点必须找准。在马克思主义哲学中，实际上存在着关系到马克思主义哲学命运的根本性问题。有些似乎是老问题，如在西方有的学者曾片面强调马克思和恩格斯哲学思想的区别，制造马克思哲学思想与恩格斯哲学思想的对立，认为我们现在的辩证唯物主义与历史唯物主义是恩格斯主义，是由恩格斯—列宁—斯大林—毛泽东一脉相承的。按照这种观点，中国共产党的世界观和方法论从来就是错误的，辩证唯物主义与历史唯物主义哲学是对马克思自己的哲学的背离，这种观点，在我们的报刊上不时能见到，其影响不容忽视。当然也存在另一种倾向，即把苏联教科书中对马克思主义哲学的解读视为经典，拒斥任何根据长期被遗忘被忽视的马克思哲学思想的研究来纠正我们对马克思主义哲学的错误理解。这两种倾向都是不对的。

我们可以实践问题为例，这是当前国内外哲学领域争论最为热烈的问题。这个问题处理好，可以发展和推进马克思主义哲学，变为创造性发展马克思主义哲学的成长点；可弄不好，可以成为颠覆辩证唯物主义和历史唯物主义的"杀手锏"。

我一直认为，以实践重要性为理由拒斥辩证唯物主义和历史唯物主义是不能成立的。除非论者能令人信服地指出所谓传统的辩证唯物主义和历史唯物主义内在地具有抗拒"实践"作用的本性，也就是说，在原有辩证唯物主义和历史唯物主义框架内不可能容纳对实践问题认识的新发展。的确，在原有辩证唯物主义和历史唯物主义体系中，实践放在认识论领域中，这既有列宁着重从认识论角度反对马赫主义的需要，又有时代条件的局限。随着理论家们对马克思主义哲学研究的深入，随着当代科学技术的发展，实践在整个马克思主义哲学各个领域中，包括本体论、认识论、历史观、价值观中，日益显示它的重要性，从而要求突破原来对实践作用限制在认识论中的狭义解释，这完全正当，是马克思哲学思想研究的深入和发展。与实践问题的同时，主体性问题、人的问题都得到新阐发并取得新的进展。这对于丰富我们的马克思主义哲学是非常重要的。

可对实践功能的多方阐发，不能成为推翻辩证唯物主义和历史唯物主义的根据。因为实践的本体论功能并没有也不可能推翻世界客观性，实践是改造世界而不是从虚无中创造世界。马克思和恩格斯在他们合著的《神圣家族》中说："人并没有创造物质本身。甚至人创造物质的这种或那种生产能力，也只是在物质本身预先存在的条件下才能进行。"① 即使在有些理论家最爱援引的《1844 年经济学哲学手稿》中也找不到否定世界客观性的证明。在《手稿》中马克思强调："没有**自然界**，没有**感性的外部世界**，工人就什么也不能创造。它是工人用来实现自己的劳动、在其中展开劳动活动、由其中生产出和借以生产出自己的产品的材料。"② 马克思虽然强调人的本质对象化，但从没有否定对象存在的客观性，强调没有对象的存在物是非存在物。他说："一个存在物如果在自身之外没有自己的自然界，就不是**自然**存在物，就不能参加自然界的生活。一个存在物如果在自身之外没有对象，就不是对象性的存在物。"③ 马克思在谈到人的感觉和激情时，也强调人的主观情感包含的客观意义。他说，"如果人的**感觉**、激情等等不仅是在［狭隘］意义上的人类学的规定，而且是真正**本体论的**本质（自然）肯定"④，这是对人依存的物质世界客观性的肯定。

有的理论家往往爱援引马克思说的"被抽象地孤立地理解的、被固定为与人分离的自然界，对人说来也是无"，来证明马克思否定尚未进入实践的世界的存在的客观性，否定马克思承认世界物质统一性的论断。客气点说，这是误读甚至应归入曲解范围。因为马克思这段话，恰好是批评黑格尔的"自然哲学"，批评绝对唯心主义把自然界变为纯逻辑范畴，即变为与人相脱离的在纯思维范围内自我演化的精神精灵，这种自然界对人来说，当然是无。所以马克思批评黑格尔是"抽象地直观自然界"，说"正像自然界曾经被思维者禁锢在他的绝对观念、思想物这种对他本身说来也是隐秘的和不可思议的形式中一样，现在，当他把自然界从自身释放出去时，他实际上从自身释放出去的只是这个**抽象的自然界**，只是自然界的**思想物**"。因此，"对他说来整个自然界不过是在感性的、外在的形式下重复逻辑的抽象而已"⑤。我之所以不厌其烦地引证，就为了纠正现在流行的

① 《马克思恩格斯全集》，第 2 卷，58 页。
② 《马克思恩格斯全集》，第 42 卷，92 页。
③ 同上书，168 页。
④ 同上书，150 页。
⑤ 同上书，178～179 页。

借用马克思对黑格尔批评的话变为马克思自己的正面主张，为否定实践之外世界的客观实在性作论证。事实上，如果实践之外的世界是无，依此类推，在人之前世界是无；在人的实践尚未进入的世界也是无，人类的唯一现实世界就是眼前人生活着的世界。可是如果没有自然界通过人的实践从自在世界向自为世界转化，没有从非对象性变为人的对象，人的感性世界、人类化的世界或自然界的人化，何以出现？何以可能？否定世界的客观物质性和无限性，否定人类在任何时候的实践和认识都只是无限世界的一小部分，永远有个客观的尚未实践和认识的世界在人的视域之外，就是堵塞人类实践和认识进一步发展的任何可能性。这可不是真正意义上的实践唯物主义，而是以实践为名的唯心主义和形而上学。因为马克思和恩格斯在《德意志意识形态》中那段关于实践的唯物主义的著名论述的本义，是强调“使现存世界革命化，实际地反对并改变现存的事物”，并没有人们附加的“实践之外世界是无”的观点。

或许有人会反驳说，谈论实践和认识范围之外的存在不是神秘主义吗？这样提出问题，说明根本不懂哲学和具体科学、哲学世界观和科学知识的区别。关于对象的任何科学知识，都必须在对象被认识之后才可能产生。因此在实践范围外，存在着什么样的具体的东西是不可能知道的。正因为这样，恩格斯说实践范围外的存在是个悬而未决的问题。实践范围外不存在科学认识。可是关于世界本性的哲学不同。它不是探求实践范围外的具体存在是什么，而是探求统一世界的本质是什么。科学知识是关于具体存在的具体知识，不可能在实践范围外谈论科学知识，可是关于人的实践范围外是否仍然是物质世界？是否存在上帝、神和彼岸世界？这是可以知道，必须知道的，是可以回答，也必须回答的。这就是辩证唯物主义之所以是彻底唯物主义的关键所在，是世界物质统一性的重要性意义所在。在实践范围之外的世界仍然是物质世界，是物质世界的一部分。这部分世界的具体存在尚不知道，但它终究会一部分一部分进入实践领域，为人们所把握，这就是科学认识的发展过程，是人类具体科学知识由不知到知，由知之甚少到不断深化和扩充的过程。从哲学上说，这就是从自在之物转化为我之物，是对世界物质统一性的哲学和自然科学的证明过程。这个过程是永远不会完结，因为世界永远在不断地进入人类实践和认识领域。

既然尚未进入实践和认识领域，何以知道它一定是物质世界，而不可能是神的世界，是精神世界，或者亡灵的世界？难道马克思主义哲学关于实践范围外的世界物质性观点不也是一种信仰？不对！马克思主义哲学不是建立在信仰基础上，在人类认识范围外世界物质性观点，是由人类的实践和科学证明的。因为人类实践和科学的发展，每时每刻都是为人类提供关于未知世界的新的证明，证明任何暂时未进入人类认识领域的世界仍然是物质世界。这种证明同时就是对实践范围外的彼岸世界、鬼神世界、上帝世界的驳斥。

关于世界的客观性问题是一个根本性问题。一爪落网，全身被获。如果不能处理世界的物质客观性和人类实践的关系，坚持实践范围外的世界就是无，从这个错误的前提出发，一切有关认识论、历史观、价值论的问题都会陷于混乱。例如，在认识领域中反对物质第一性、意识第二性，主张物质与意识混合论，认为在人的实践中，人的意识与对象始终是胶着在一起的；反对唯物主义反映论，认为人在实践中只能是对对象在认识中的选择和重构；反对存在社会发展规律，认为既然社会生活本质是实践的，那只有选择没有规律。所有这些错误都是把具有一定真理性的论断推向极端，原因就是把实践范围外的世界是无当作整个哲学的前提和出发点。

我之所以一直反驳实践范围外世界是无的观点，反对对马克思观点的附加，就是因为这种以反对旧唯物主义为名的观点，有可能直接通向唯心主义和历史唯心主义，并为宗教信仰主义洞开大门。我一直申明并不反对使用实践唯物主义来命名马克思主义哲学，因为马克思和恩格斯自己对自己的哲学使用过多种称呼。关键是基本观点，而不是名称。

马克思主义哲学应该发展，但应该是在马克思主义基础上的发展，即在坚持对世界对人类社会的辩证唯物主义观点基础上前进。任何一个真正的马克思主义哲学工作者都必须高度重视并重新认识实践在马克思主义哲学中的地位和作用，但任何一个马克思主义哲学工作者都不会同意以重视实践为名推翻辩证唯物主义基本原则，把世界物质性和世界物质统一性的观点，把物质与意识区别与联系的观点，把规律性观点，把承认真理客观性观点，统统称为还原主义、本质主义予以摒弃，这不可能是对马克思主义哲学的发展。我们应该沿着马克思主义开辟的科学世界观的道路前进，正确理解实践的辩证的和唯物主义的本性，只能在唯物辩证地理解人的实践活动与客观世界关系的基础上阐述实践的多种功能。我们应该理直气壮，不要为一些新的名词术语所吓倒，不要怕别人说思想保守、僵化。列宁说得对，沿着马克思的理论的道路前进，我们将越来越接近真理（但绝不会穷尽它），而沿着任何其他的道路前进，除了混乱和谬误之外，我们什么也得不到。

我们要坚持辩证唯物主义和历史唯物主义的基本原则，这并不意味我们要坚持苏联哲学教科书中过时的观点和错误，更不是面对已有的基本原理袖着双手无所作为。不是的！我们要以与时俱进的精神状态和治学态度对待马克思主义哲学的基础理论的研究。我们应该吸收改革开放以来对哲学研究的新成果，即使在不同意见的争论中同样有许多值得吸取和进一步研究的观点。真理是在碰撞中才能发光的燧石。

在对马克思主义哲学基础理论研究中，我以为以下三点应予以特别关注：

第一，我们要继续研究马克思、恩格斯和其他马克思主义经典作家的著作，对我们所说的基本原理，有一个全面、正确的理解，并且发掘新的思想。因为，马克思、恩格斯或者其他经典作家都是在自己的时代条件下论述问题，都会有所侧重。例如，马克思恩格斯创立历史唯物主义时，着重反对历史唯心主义，因而他们着重探讨社会发展的客观方面，物质资料生产方式的决定作用，社会发展规律的客观性，等等，而对社会发展的主体方面，人的行为选择性方面强调不够。这一点，他们自己都承认，这是由历史条件和历史使命决定的局限性。我们的哲学教科书，如果仍然重复马克思和恩格斯自己都承认的某一时期的论述的局限性，只能是教条主义，往往容易通向机械论或宿命论。因此，我们必须全面研究马克思和恩格斯的著作，发掘马克思和恩格斯著作的思想，正确而全面理解马克思和恩格斯的哲学思想。

第二，要坚持马克思主义哲学的基本原理，我们不能停留在当前这种对许多重要原理概念不清晰、说理不透彻的状况。马克思和恩格斯是马克思主义哲学的创立者，他们的历史使命，是从根本原则上确立他们的基本观点，这些观点具有规律性，因而具有概括性和原则性，而不是论证性。

如果允许打譬喻的话，马克思和恩格斯绘制的是马克思主义哲学基本原则的蓝图，而把详细的论证和运用留给后人。其实每个划时代理论的创造者无不如此，他们是奠基者，他们的历史使命是开辟新的道路和新的境界，是方向性的，而不是细节性的。可是对后继者来说，就不能停留于此和满足于此。例如马克思在《〈政治经济学批判〉序言》中对人类社会基本规律作了高度概括，但如何论证，如何展开，如何以事实证明，这是留给马克思主义理论工作者的巨大的理论任务。就拿我们哲学中最重要最基本的生产力与生产关系、经济基础与上层建筑理论来说，就有结合实际加深研究的必要。其他在马克思主义的本体论、认识论、历史观、价值观方面，都有许多需要深入研究的问题。例如马克思主张反映论，但从没有反对人的选择和人在思想中对对象重建的必要性。当马克思说，人的意识是被移入人们头脑并被改造过的物质时，就把马克思的辩证唯物主义的能动的反映论与机械反映论区别开来。客观世界如何被移入人们的头脑以及人在头脑中如何改造它，这是至今仍在研究中的问题。要深入研究这个问题，必须充分吸取脑科学的成就，吸取当代心理学特别是实验心理学研究的新成果。其实，从马克思主义哲学基本原理角度说，我们需要研究的问题很多。这里既包括对已知原理的正确阐述和错误理解的澄清，也包括对过去未注意或没有理解的新的思想的发掘。

第三，更重要的是要以实事求是、解放思想、与时俱进、开拓创新的精神，结合新的实际来创造性地阐述马克思主义哲学原理。以我们正在做的现实问题为中心，以马克思主义为指导，在马克思主义哲学中国化问题上狠下功夫。如果我们能够把中国特色社会主义建设中的问题上升到哲学理论，写出一些有特色有分量的关于马克思主义哲学发展的论文或专著，而不是年复一年重复教科书的基本原理，我们的马克思主义哲学在整个哲学学科中的地位就会改观。

在当代，马克思主义哲学基础理论的研究，不仅要关注我们正在进行的中国特色社会主义建设，而且应该具有世界性眼光，充分考虑到当代世界的变化、当代科学技术的新发展以及国外哲学和西方马克思主义研究的状况和提出的新问题，进一步向前推进我们现有的马克思主义基础理论的研究。马克思主义哲学的当代价值及其当代发展是一篇大文章，它需要所有马克思主义哲学理论工作者的共同努力。

以上三个方面是相互联系的，因为第一、第二点，都不是脱离现实的死抠经典著作或纯思辨的研究，都必须与第三点结合，即立足现实，以与时俱进的治学态度研究基本原理和重新学习经典著作。而第三点，必须与前两点相结合，才不会把与时俱进变为此一时彼一时，而是有理论深度和理论力度。

而且以上三个方面存在的一个共同点，就是理论创新问题。不能认为对经典著作的重读或新的思想发掘，只是涉及坚持的问题，只是阐明他们原来是如何说的，只有运用才有创新的问题。这种看法不全面。实际上无论是对原著的重读、对新思想的发掘，对各种错误理解和附加的剔除，都有个立足当代、结合实际的问题。只有把理解、重读、发掘放在运用过程中才不致陷入烦琐哲学的考据和无味的争论。因此，理论创新问题同样是我们马克思主义哲学基础研究必须面对的问题，也是极为困难的问题。

马克思主义能不能创新？什么算是马克思主义哲学的创新？这是一个有待深入研究的问题。我们不能离开马克思主义哲学特点来谈论哲学创新。应该说，技术创新、科学创新、马克思主义哲学创新各有特点。

对一个国家来说，技术创新并非都是始于原创性。因为技术特点是工具性的，它的根本目的是应用，可以在引进和仿造基础上进行创新。从生产力发展的角度说，一个国家的某种技术或工具从无到有，就具有创新价值。例如，旧中国自己不会造飞机，新中国成立后自己能造，这就是我们在飞机工业方面的创新。原子弹首先是在美国、后来在苏联制造成功的，我们依靠自己的力量制造出原子弹，这是国防工业方面的创新。一种工业产品、一种技术，即使是别国首先创造，但我们同样可以采取拿来主义。对于别国的先进技术和工具，我们并不片面强调原创，而是在引进先进技术和工具基础上改进。计算机和网络的发明和运用首先在西方兴起，但这并不妨碍我们以信息化带动工业化来实现工业化的新道路。当然，在技术和工具方面，如果是我们自己首先创造和发明，更具有创新价值。但技术创新并不拒绝模仿和引进。拒绝先进技术的引进，永远难以创新。

从科学原理来说，它就不同于生产技术和工具。科学原理，无论是自然科学还是社会科学，它不能仿造，不能以引进代替原创。科学原理的创新，只能是首创或称原创性。例如爱因斯坦的相对论只能属于爱因斯坦，另一个人重复不算创新，除非是在不同地区同时发现同一原理。牛顿的力学如万有引力的创新只能属于牛顿。所有自然科学的发现，公理公式的提出都属于某个人的创新。当然，自然科学的创新也是后人站在前人的肩膀上实现的，它同样存在继承性和人类知识的积累，但就它的内容来看，是新的规律的发现者，新公式的表述者，是真正创立新原理的第一人。

哲学创新不同，它不能简单以首创为标准。因为没有一个哲学家的新的体系不需要借助前人的思想的积累，并把前人的思想作为内容中的一个部分包括其中，它是在继承前人思想基础上对同一思想的推进。因此哲学中的创新是人类遗产的积累，它在新条件下增加新的内容，但又包括前人的成果。在哲学史上，往往能够从后来的哲学家的思想中发现历史上哲学家的影子。我们可以有一部辩证法发展史、唯物主义发展史、无神论史，而且可以发现类似的论述。这并不妨碍每个哲学家的独创性，即使主题相同，主张相同，但都具有不同时代条件下各自论证的特色。世界上的唯心主义、唯物主义都具有某种共同性，但论据不同、论证的方式不同，形成多种多样的无数的唯心主义者、唯物主义者。

马克思主义哲学的创新同样是如此。我们从马克思主义哲学创始人马克思和恩格斯那里能够发现黑格尔，发现费尔巴哈，发现法国唯物主义，发现法国历史学家、经济学家的某些思想积累。我们可以从马克思主义哲学中分解出各种各样的前人已经取得的哲学成就，可这丝毫不影响马克思主义哲学的原创性，不贬低它在哲学变革中的意义。因为所有前人的成就和积累，都是经过重新研究和改造过的，以一种新的姿态出现，而不是前人思想的仿造和重复。

这一点，对马克思主义哲学研究更为重要。只要我们是马克思主义理论工作者，我们的创新就不是另起炉灶，它必然是以马克思主义哲学已有的基本原理为依据的。马克思主义哲学的创新，可以说是马克思主义者在马克思主义范围内的创新。我们可以马克思主义中国化的三个伟大成果为例。毛泽东思想当然是创新的典范。可《实践论》的核心仍然是马克思主义哲学关于实践和认识的基本原理，但毛泽东结合中国的实际系统论述了这些原理，其中既有马克思主义哲学中原有的东西，又有根据总结中国实际新增加的东西。《矛盾论》同样如此，其核心是马克思主义哲学关于对立统一规律的思想，可它又根据中国经验增加了新内容。邓小平理论也是这样，邓小平关于社会主义本质的著名论断——解放生产力，发展生产力，消灭剥削，消除两极分化，最终达到共同富裕，分开来，都是前人讲过的。消灭剥削，消除两极分化，连空想社会主义都提倡，至于共同富裕，《礼记》中就有。可作为针对原有社会主义观念和模式的缺陷，作为关于社会主义本质的论断，作为对中国社会主义发展道路的论述，体现的是一种新的社会主义观，这就是创新，而且是马克思主义发展史上最具价值的创新。正如“三个代表”重要思想一样，作为基本原理是马克思主义基本原理，可它根据新的时代特征，根据建设中国特色社会主义和执政党建设的需要，根据中国建设的经验赋予新的内涵和措施，成为坚持党的先进性和中国特色社会主义建设长期的指导思想，这就是创新。所以，马克思主义哲学的创新，并不能等同于自然科学原理的创新，提出全新的定理和公式，也不同于技术的创新，通过对原件的引进、仿造而加以改进。马克思主义哲学的创新是结合，即马克思主义基本原理同中国实际、同时代特点、同新的科学技术的发展相结合。在结合中创新、在结合中发展。因为结合中包括如何结合，并从结合中得出适合解决我们自己面临问题的新结论。这个新的结论和解决问题的方式，就具有原创性。因此，马克思主义哲学的原创性，不能简单地追求言人之未言，而必须是在结合中能够解决中国实际问题并把实际经验上升为马克思主义理论。在中国，马克思主义中国化，可以说是创新之路，也是马克思主义哲学繁荣之路。

三、追求学术水平，坚守思想阵地

我以为这是我们哲学系为哲学繁荣应该坚持的两个原则。一定要重视提高学术水平，无论是马克思主义哲学还是其他二级学科，都要把提高教员的科研和教学的学术水平放在重要地位。同时又要把哲学系作为思想阵地，坚持马克思主义在哲学系各二级学科的指导地位，在研究中运用马克思主义的立场、观点和方法。社会主义中国的哲学系，是为我们国家培养马克思主义哲学人才或以马克思主义哲学为指导的哲学人才的基地。这是一个重要的思想阵地。没有学术意识可能制造哲学侏儒；可没有阵地意识，放弃马克思主义在我们哲学系的主导地位，让各种错误思潮占领我们的课堂和讲堂，就可能制造哲学灾难。学术意识和阵地意识的结合是极其必要的。

我们哲学系培养的学生是多层次的，有本科生、硕士生和博士生。都应该坚持学术意识和阵地意识统一的培养原则，对马克思主义哲学博士生的培养更应该如此。近年来，我们马克思主义哲学博士点比原来增加很多。这既表明我们党对马克思主义哲学教育的重视，也表明我们高校哲学系马克思主义哲学科研和教学水平的提高，有能力有条件设立博士点的学校越来越多。这众多的马克思主义哲学博士点，肯定对我们国家的马克思主义哲学事业的繁荣起到推动作用。

我认为，我们的马克思主义哲学博士点，应该培养马克思主义哲学家和马克思主义哲学理论工作者，而不是单纯的马克思主义哲学的研究者。只有首先是马克思主义的坚定信仰者，才有可能真正成为以创造性态度，以实事求是的科学态度来研究马克思主义哲学的理论工作者。不信仰马克思主义哲学，不坚持马克思主义哲学而又当马克思主义哲学的博士生，培养出来的可能是类似西方马克思学的一类人才：懂得一点马克思主义哲学，读过 点马克思的著作，但是按照西方哲学的观点来重铸马克思主义哲学，甚至成为马克思主义哲学的反对者。如果这样，我认为就完全背离了建立马克思主义哲学博士点的本意。在社会主义中国，我们为什么要立一个不是坚持和发展马克思主义哲学，而是以消解、重构和批判马克思主义哲学为目的博士点呢?

根据我自己对这个领域情况的了解，近年来马克思主义哲学博士点毕业的学生，对马克思主义哲学的坚定性和执着程度呈下降趋势。选题越来越边缘化，使用的话语越来越西方化。名为马克思主义哲学的博士论文，却越来越难以感受到马克思主义的味道。或许当代马克思主义哲学就是这样，就应该这样。不过我不这样看。我认为马克思主义哲学就应该是马克思主义的，它的基本观点、范畴和分析与解决问题的立场、观点和方法应该是马克思主义的。我并不反对吸收西方哲学包括当代西方哲学中的合理的、积极的东西，但我们应该力求用马克思主义的观点来进行分辨和清洗，而不能用它来注释、解读或重构马克思主义哲学。

马克思主义哲学博士点中出现的马克思主义边缘化现象，原因是多方面的，这里有社会转型的问题，有几十年教条主义的恶果问题，也有当代世界哲学潮流的影响问题，有苏联东欧剧变所产生的信仰动摇问题。从专业角度说，这是由于我们对马克思主义哲学的本质、功能及其特点的认识，长期存在分歧而又没有得到很好的交流、讨论，各说各的，使学生无所适从造成的。对西方哲学、中国哲学也会出现分歧和争论，但这种分歧和争论是具体的关于某个人的评价，而总体是呈肯定的上升趋势，越是批评“左”的东西，越是反对教条主义，它们的地位越高，因为过去由于“左”的思想和路线使它们处于受压抑的地位；而马克思主义哲学则相反。本来反“左”，反对教条主义，有利于我们的思想从对马克思主义的错误理解中，从教条主义束缚中解放出来，激发马克思主义研究的兴趣和活力，可对一些人适得其反，马克思主义哲学在心目中的地位越来越低，因为在这些人心中，坚持马克思主义原理就是“左”，就是教条主义。因为划不清楚真正“左”的东西、教条主义的东西与坚持马克思主义的原则界限，往往一锅煮，极大地损害了马克思主义哲学的威信。

而且，如果正确处理所谓官方哲学、讲坛哲学、论坛哲学的关系，调整好三者的关系，是关系我们哲学繁荣和发展方向的原则问题。例如有的人说，辩证唯物主义和历史唯物主义是传统的苏联模式，应该摒弃，可我们党的文件，我们的学校讲的还是辩证唯物主义和历史唯物主义。于是，前者成为官方哲学和讲坛哲学，而杂志发表的具有个人色彩的批判辩证唯物主义和历史唯物主义的文章是论坛哲学，只有后者才是真正体现时代精神的哲学。这种说法当然是片面的。

其实并非如此，不能把坚持辩证唯物主义和历史唯物主义简单称为官方哲学、讲坛哲学，更不能认为带上官方哲学、讲坛哲学的帽子就意味着是保守和非真理性。问题的本质在于讲的是否有道理，是否拥有真理。如果以创造性的与时俱进的态度对待辩证唯物主义和历史唯物主义，这种官方哲学、讲坛哲学有什么不好？而且所谓论坛哲学未必一概是精品。其中有正确的，有非常有见解的观点，也有不正确或不太正确甚至全盘否定马克思主义哲学的东西。我们应该具体分析，不能简单以官方哲学、讲坛哲学、论坛哲学划界。

在社会主义条件下，不能强化所谓官方哲学、讲坛哲学和论坛哲学的区分，不应彼此绝对对立，而要起到互补和互动作用。应该使所谓论坛哲学中确有见解的观点进入我们的讲坛，经过实践检验为正确可以进入教科书，而一些错误的观点应该受到反驳或批判。而原有教科书中的马克思主义哲学的基本原则应该坚持，而一些过时的或者论述不充分的东西应该吸收学术界研究成果进行改写。而无论是讲坛哲学或论坛哲学，都应该有利于坚持党确立的指导思想。当然，在讲坛教课或发表文章，不能是党的文件的复述，不能是翻拍和传声筒。在讲坛上可以讲个人见解和个人研究的成果和心得，但要充分考虑教学的要求和特点，我们是培养马克思主义哲学工作者，我们应该采取维护马克思主义哲学的立场并力求正确阐述马克思主主义哲学的基本原则。而在所谓论坛哲学中自由度更大些，只要不违背四项基本原则，在学术问题上什么样的观点都可以发表，这符合双百方针。我们要使官方哲学、讲坛哲学和论坛哲学形成一种促进马克思主义哲学繁荣的合力。如果片面强调它们的对立，抽象地赞扬论坛哲学，贬损官方哲学和讲坛哲学，要学生保持对马克思主义哲学的坚定信仰是不可能的。

我们应该以马克思主义的态度来完善我们的马克思主义博士点。我们应该加强学生对基本原著的钻研，要引导学生关注现实，要培养学生的理论分辨能力和创造能力。我们的论文应该是马克思主义的，所谓马克思主义的并不限于基本原理的研究和现实问题的研究，也可以是对当代西方哲学中提出的问题的研究，问题主要不在于研究什么而在于如何研究，用什么样的立场、观点和方法研究。我们不能用应该研究什么不能研究什么来束缚学生，但我们应该用如何研究应该坚持什么样的世界观和方法论来指导学生。马克思主义的博士点的学生应该是马克思主义的，这个应该最根本的体现在它的立场、观点和方法上。

我们应该向我们的博士生宣传这样的观点，既然是报考马克思主义哲学专业的博士研究生，就应该有使命感，应该看到马克思主义哲学不仅不是一门可以发财致富的专业，甚至是一门难以出国交流的专业。有时或许会有风险，会发生理论错误。但我们既然选择了这个专业，就应该把职业、使命和责任合而为一，下定决心，为繁荣马克思主义哲学而奋斗终身。在马克思主义在世界范围内处于低潮时期，继续毫不动摇地信仰马克思主义，研究和实践马克思主义，这是一个马克思主义者的真正光荣和学术良知。

（原载《东岳论丛》，2004（1））

9. 哲学三论

一、哲学不应成为一盘一炒再炒的冷饭

小孩学话总是从模仿开始。先是学着说，慢慢自己说，说自己想说的话。如果一辈子模仿，只能是永远长不大的小孩。哲学家也是如此，总是从接受前人的哲学成果开始，但也不能老是重复。如果这样，也像永远不会长大的小孩一样，是一个永远不会成熟的所谓哲学家。冯友兰先生说的，照着讲、接着讲、自己讲还是很有道理的。

哲学同样需要创造性。黑格尔在《法哲学原理》中曾经批评过一些哲学家把哲学变为“老是原来的一盆冷饭，一炒再炒，不断端出来，以飨大众”。他强调哲学的任务是“发现真理，阐述真理，传播真理”，而不能是不断重复真理。

科学技术的本性决定它必然是创造性的，因为人类的生产不断迫使它前进。或者是发展或者是被淘汰，这是生产特别是以市场经济为运行方式的大生产对科学技术发展的强大压力。人类有了新的生产技术绝不会再回到过去采用落后的技术，有了新的生产工具绝不会再回到过去采用过时的生产工具，而生产和技术的发展必然推动科学的创造，而新的科学原理又推动生产和技术的发展和改造。历史证明，科学和技术的发展速度和创新水平与社会发展的速度成正比，同历史的长度成反比。人类进入资本主义大工业时代，特别是从 20 世纪下半叶开始，科学技术的发展突飞猛进，处于革命时期。从 1900 年普朗克提出量子理论，1905 年爱因斯坦提出相

对论开始，20世纪科学的发现一个接一个；技术创新更是如此，从1901年马可尼收到跨越大西洋第一个无线电信号开始，电视机、巨人计算机、阿波罗宇宙飞船登上月球到试管婴儿和克隆多莉羊的成功，技术发展可以说是日新月异，迅猛异常。可人文科学的发展并没有这样迅速。特别是哲学智慧一旦定型，就会世代相传。这是不难理解的。哲学与技术不同，它不是人类活动的表层结构，而是关于普遍真理的认识，它具有启迪后人的长期历史作用。古代曾经是哲学最辉煌的时期。中国是春秋战国的诸子百家时期；西方是希腊罗马时期；而印度、埃及哲学繁荣时期也是在古代。这一点决定哲学研究中往往容易朝后看，眼望过去而不是眼望未来。怀特海说，全部西方哲学都是柏拉图的注脚，都以不同方式阐述和解释柏拉图提出的观点。我们也可以说，中国全部古代哲学在很大程度上也是孔孟的儒家和老庄的道家思想的注脚。两千多年来，中国哲学总是在儒、道哲学基本理论范围内争论。莱·柯拉柯夫斯基曾通过总结西方哲学史讲到这一点，他说："若干世纪以来，哲学以提问和回答它从苏格拉底和前苏格拉底的遗产那儿继承下来的问题，如何区分实与虚、真与假、善与恶，来维护它的正统。有这样一个人，所有欧洲哲学家都拿他来认明自己，即使是这些哲学家肢解了他所有的哲学思想。这就是苏格拉底。"① 他还说："哲学家仍不得不面临和对付一些简单的、令人痛苦而又不可否认的事实：在维系欧洲哲学生命2 500年的那些问题中，没有一个问题解决得令我们普遍满意。由于哲学家们的判决，所有这些问题不是悬而未决就是变得无效。"② 至今"维系哲学生存的核心还没有发生变化"③。

当然哲学也有发展。但很大程度上这种创新是解释学范围内的创新，即在新的历史条件下，由新一代的哲学家按照自己的理解和时代要求来重新解读原作的文本。中国的魏晋新道学、宋明理学、当代新儒学都具有这种特点。对哲学发展来说，这也不失为一种方式。因为哲学不是一种具体的知识而是一种人类积累的智慧，不会因为年代远而过时。希腊罗马时代距今很远，人们还时时回到那个时代的哲学家那里寻求智慧，正如我们中

---

① ［英］柯拉柯夫斯基：《形而上学的恐怖》，1页，北京，三联书店，1999。
②③ 同上书，2页。

国人不断回到诸子百家一样。对哲学的历史研究是人类从前人吸取智慧的一种方式。恩格斯说过："在希腊哲学的多种多样的形式中，几乎可以发现以后的所有观点的胚胎、萌芽。因此，理论自然科学要想追溯它的今天的各种一般原理的形成史和发展史，也不得不回到希腊人那里去。"① 恩格斯这一论断，对于每个具有丰富哲学遗产的民族来说具有普遍意义。研究哲学史可以从总结中学习思维方法，而且我们也可以通过历史的研究知道人类在哲学方面研究过什么问题、提出过什么问题、什么问题没有解决。没有对以往哲学的研究，哲学创新就没有根据。在新的历史条件下，由新一代的哲学家按照自己的理解和时代要求来重新解读原作的文本，也不失为通过继承优秀哲学遗产来推进哲学发展的一种方式。但这种发展在很大程度是解释学意义上的创新。它的主题和哲学命题以及研究领域没有越出原来的范围，因而这种创新的作用是有限的。

我以为哲学的创新最重要的不应该是单纯面对文本，而应该面对时代、面对实际，研究新的实践，提出新的问题，开拓新的领域，得出新的结论。在哲学史上凡属具有创新意义的哲学都不是重复而是开拓，不是解释而是创新。对马克思主义哲学来说更应该这样。马克思主义哲学的创立，是哲学中的一次变革，即哲学的创新。马克思主义哲学创立以后，在它的整个发展过程中同样要强调创新意识。没有突破就没有创新，没有创新就没有发展。当前要发展马克思主义哲学必须大力提倡创新意识。一个民族没有创新意识就会停滞，科学技术没有创新就会被淘汰，而马克思主义哲学原理没有创新，的确会变为黑格尔说的一炒再炒的冷饭。

马克思主义哲学创新的源头在哪里？我以为最根本的应扎根于现实的实践，而不是书本。有的论者一再提出"回到马克思"，似乎马克思主义哲学创新的道路就是复归马克思的原著，尤其是马克思的早期著作。这种看法有可议之处。我以为如果为了纠正对马克思主义哲学的某些错误理解甚至曲解，或者进行某种再发掘，重读马克思的某些原著是必要的。但这不能成为创造性发展马克思主义哲学的最重要方式，更不用说是唯一方式。何况在"回到马克思"的口号下可以隐藏着各种不同的主张。

① 《马克思恩格斯选集》，2版，第4卷，287页。

还是应该面对现实、注目当代。当代社会生活向马克思主义哲学提出了许多需要回答的问题，如科学技术发展中的哲学问题、生态环境中的哲学问题、文化中的哲学问题、道德伦理中的哲学问题、社会发展中的哲学问题、社会规律的客观性和人的行为选择性关系问题等等。光是苏联东欧的剧变就提出了许多哲学性的问题。至于我们自己在社会主义建设中面临的许许多多的问题更需要中国的马克思主义理论工作者从马克思主义哲学高度进行总结和阐发。黑格尔说，哲学是黄昏时才起飞的密纳发的猫头鹰。我看处在科学技术革命的当代，处在世界政治格局激剧变革的当代，处在资本主义和社会主义都在各自调整寻求改革的当代，几乎在每一个领域中都存在哲学问题，都为新的总结提供了新的材料和推动力。哲学这个猫头鹰可以起飞了。在这个问题上，我认为西方的思想家包括西方马克思主义者中的一些人反而比社会主义国家的马克思主义哲学家更注意现实问题的研究，例如，他们就非常注意当代资本主义的研究，马尔库塞的《单向度的人》、丹尼尔·贝尔的《资本主义的文化矛盾》和《后工业社会的来临》都是这方面的重要的著作。我们还要从哲学角度研究社会主义问题。在当代中国，马克思主义哲学离开有中国特色的社会主义实践，只能陷于教条主义和思辨哲学，更不用说发挥马克思主义哲学的创造性。

据说马克思主义哲学不可能有创造性，因为既然要坚持马克思主义哲学基本原理，就只能炒冷饭。这是坚持和发展相互关系的老问题。其实，坚持马克思主义哲学基本原理和发挥创造并不矛盾。我们之所以强调要坚持马克思主义哲学的基本原理，并不是从“必须坚持”这个抽象原则出发，而是因为当代的实践和科学技术并没有发现可以推翻这些原理的客观证据。没有任何材料证明我们的世界是非物质的世界，证明世界没有矛盾，是绝对和谐的，是绝对静止的不运动的，是只有量变没有质变、没有飞跃、没有剧变的平静进化。连所谓反物质也只是物质的另一种形态。如此说来，马克思主义哲学基本原理似乎只有照着讲，没有发挥创造性的余地和必要。事实不是这样。马克思主义哲学的原理并不是一个不可逾越的死的框架，而是我们分析问题的基本观点和方法。我们面对的问题是我们时代的问题，这些问题可能是一直没有解决的老问题在新条件下的激化，也可能是前所有未有的新问题。善于应用马克思主义哲学来捕捉这些问题并正确分析和解决这些问题，就是马克思主义哲学在当代创造性的一个具体表现。

从原理本身来说也是不断丰富和深化的。有人说，什么马克思主义哲学，无非是世界是物质的，物质是运动的，运动是有规律的，就这些玩意儿。讲哲学是老和尚念经天天这样念。其实，马克思主义哲学的基本原理根据科学和实践的不同发展水平，内容也是变化的。例如同样是坚持世界的物质性原理，列宁在《唯物主义与经验批判主义》与恩格斯在《反杜林论》中的讲法就不重复。列宁在《唯物主义和经验批判主义》中不仅提出了著名的物质定义，区分了哲学物质概念和自然科学关于物质结构概念，而且结合当时自然科学的新成就提出了电子和原子一样，也是不可穷尽的观点。如果我们现在来研究世界物质性问题，结合当代科技发展，结合西方科学实在论提出的种种问题，有许许多多的问题需要研究和解决。马克思主义哲学从来没有反对这种研究而是鼓励这种研究，以便推进马克思主义哲学。至于对马克思主义哲学论述和表现的风格来说，马克思主义哲学从来不强求一律。其实同样是论述辩证法的著作，恩格斯的《自然辩证法》、列宁的《谈谈辩证法》和毛泽东的《矛盾论》都各有特点。至于以诗、散文或札记、随笔、书信形式来论述马克思主义哲学，从无规定。马克思和恩格斯的通信以及和他人的通信，就包含对马克思主义哲学最丰富的论述。认真说来，马克思主义哲学是迄今为止全部哲学中最具创造性的哲学，因为它不以追求建立绝对的永恒的哲学体系为目的。列宁说的“马克思主义并没有结束真理，而是为认识真理开辟了道路”这句著名的话就充分表明了这一点。至于我们在基本原理阐述方面某种程度上存在的“千人一面”、“舆论一律”的现象，其原因是我们对马克思主义哲学缺少深入的研究，对当代实际提出的问题不了解，更不会应用马克思主义哲学进行总结和分析，只能照本宣科地讲。这是我们的水平问题，而不是马克思主义哲学的本性问题。

哲学的创造性和哲学的个性化是不可分的。马克思主义哲学并不反对哲学的个性化，但反对离开哲学的真理性和科学性只讲个性化，把马克思主义哲学完全变为一种可以不问是非对错的个人的意见。马克思主义哲学的信奉者在基本的立场、观点方面不能各吹各的号，一人一个样，如果这样就不成其为马克思主义哲学。可这不是说，马克思主义哲学内部都只能是一个模子里出来的。即使是马克思和恩格斯作为马克思主义哲学的共同缔造者仍各有特点，他们各自的贡献不同，风格也不一样。其他如拉法格、倍倍尔、普列汉诺夫、列宁、毛泽东等都各有特色。邓小平的哲学风格同样独具特色。我们是哲学中的“小人物”，但是时代还是为我们留下了充分发挥自己创造力的空间。

没有突破就没有创新，没有创新就没有发展。当前要发展马克思主义哲学必须大力提倡创新意识。一个民族没有创新意识就会停滞，科学技术没有创新就会被淘汰，而马克思主义哲学原理没有创新，的确会变为黑格尔说的一炒再炒的冷饭。这样，我们的马克思主义哲学就无法走出当前被“冷落”的困境。如果这样，无怪马克思当年自己都不承认自己是马克思主义者。

二、哲学要经得起时间的考验

现在最时髦的用语是推销自己、包装自己。当然，对于商品或把自己当成商品的人来说，这或许是允许的，可对于学术来说不能这样。例如对哲学来说，大吹大擂的自我吹嘘往往会变为哲学骗局，像当年恩格斯批判的杜林那样。

真正的哲学不可能趋时也不可能媚俗。哲学不同于文学艺术，因为它的抽象性和冰冷冷的逻辑分析，没有激情的论述方式，不可能像流行歌曲或时装一样具有流行性，最多是在少数知识分子范围内得到传播。而且真正具有创新意识的哲学，是开辟思想新领域的第一枝响箭和迎接新的真理的第一声号角，往往与传统观点和世俗流行的观点相左，唱和者甚稀，甚至被认为是异端邪说，遭到排斥和打击。在哲学家们死后甚至死后多年才被重新发现、被接受、被重新估价的现象在哲学史上是常见的，而且是一种规律性的现象。

哲学虽然不可能趋时媚俗，但哲学就其影响和作用来说确有长短之分。人们在历史上可以看到有两种哲学，一种是在历史上长期起影响作用的哲学，一种是朝生暮死、过眼烟云的哲学。时间可以说是哲学的试金石。它既可以是埋葬哲学的坟场，也可以是哲学展示自己的舞台。在列宁的著作中曾使用过聪明的、愚蠢的、伟大的和渺小的这类定语来形容不同的哲学。所谓伟大的、聪明的哲学家的哲学，当然是在历史上能长远起作用的哲学；而愚蠢的、渺小的哲学家的哲学只能是过眼烟云。马克思在《关于伊壁鸠鲁哲学的笔记》中说，希腊人永远是我们的老师。恩格斯在《自然辩证法》中也极力赞扬希腊哲学家："在希腊哲学的多种多样的形式中，几乎可以发现以后观点的胚胎、萌芽。"

其实在西方哲学中，在从柏拉图到黑格尔的哲学的漫长时期中，名家辈出，影响深远。黑格尔哲学不仅在1830—1840年的德国的思想界处于统治地位，即使黑格尔哲学发生分裂以后，仍然余音绕梁，对人类思想长期发生作用。至今西方一些思想家仍然把黑格尔当作活着的敌手，就说明了这一点。

当然在哲学史上也有一些哲学过客。这是一些以新名词、新概念包装起来的所谓最新哲学。这往往是不能持久的，经不起时间的考验，只能是大浪中的沙粒和泡沫。列宁曾经嘲笑以能量术语包装起来的奥斯特瓦尔德哲学："奥斯特瓦尔德的唯能论是一个很好的例子，它说明'新'术语怎样很快地时髦起来，以及怎样很快被发现：表达方式的稍微改变，丝毫也没有取消哲学的基本和哲学的基本派别。"他还批评俄国的波格丹诺夫在哲学上赶时髦："不论在哲学上或在物理学上，我们的马赫主义者都是盲目地赶时髦，不能够根据自己的马克思主义观点对某些思潮作一个总的概述，并对它们的地位作出评价。"

哲学不应成为转眼即逝的历史的过客，但这绝不是说哲学应该追求抽象的永恒。哲学不能脱离它的时代。哲学与时代的不可分性和哲学的短暂性是两回事。真正的哲学总是自己时代精神的精华，与自己的时代血肉相连。可是由于它是时代的精华，是揭示时代本质和规律的真理性认识，因而可以超越自己时代为后人提供知识和智慧。这就是它的永恒价值。任何追求与自己时代脱离的所谓永恒，得到的只能是短暂的一瞬。

哲学不应该媚俗，追求轰动效应，但这绝不是说：哲学家应该幽居独处、与世隔绝；哲学著作应该使人望而却步，越读不懂表明水平越高。当然，哲学研究所涉及的问题具有专业性，它的专门的术语和范畴，不是一般群众都能理解的。特别是一种新的思想的提出，即使是同行也不一定能理解。可是我以为不管哲学问题如何高深，凡是包含真理性的思想，绝对不可能只有自己理解，他人无从置喙。哲学不是天书，特别是哲学研究的成果表述，应该尽可能为读者所理解和接受。应该说，晦涩难懂并不是优点而是缺点。马克思曾经为此而批评过德国古典哲学说，“谁也不懂得他在念什么”。

如果说，对非马克思主义哲学来说过分晦涩只是个缺点，而对马克思主义哲学来说却是不能容许的。马克思主义哲学要发挥它的教育和宣传功能，应该面对群众、应该通俗。正如邓小平说的，马克思主义的道理是朴实的，它不需要装腔作势、借以吓人的文风。自然科学有科普，马克思主义哲学也可以有些通俗普及性读物。这不是趋时和媚俗，因为决定哲学本性的是它的内容，是它所包含的科学和价值导向。而把哲学真理交给群众当然要考虑可接受性。列宁非常重视马克思主义通俗化，他说过，“最高限度的马克思主义＝最高限度的通俗化”。

哲学由于它的专业特点不可能趋时媚俗，可是从哲学发展角度看，现代西方哲学有个显著特点，这就是流派纷呈，生存周期都很短。虽不说是走马灯，但没有一个学派较长期处于支配地位。不断出现“新什么”、“后什么”之类的学说。有结构主义不久就有后结构主义，有解释学就有新解释学，有实在论不久有新实在论，有弗洛伊德主义不久就有新弗洛伊德主义。现代主义、后现代主义、后后现代主义，的确目不暇接，像工业产品更新换代一样。在西方哲学的迅速变化中，在各种流派的矛盾和冲突中，不乏创见和新的启迪，不乏对自柏拉图到黑格尔的哲学传统和观念的某些缺点的揭示，但其中也的确有不少是经不起实践检验和违反人类理性和常识的东西。

特别是在市场经济条件下，当把哲学作为一种生存手段甚至牟利工具时，往往容易把哲学写作变为一种商业操作。哲学的通俗化，变为满足市场需要的一种哲学快餐。这在本质上就是趋时媚俗。这种哲学也可能有一时的轰动效应但不可能持久。我们应该把真正的哲学与着力推销自己的自我吹嘘的哲学区分开来。如果说这种区分在任何时候都重要，是哲学史研究的责任，那在市场经济条件下就更加重要，因为利润的导向也同样会使最神圣最脱俗的哲学向金钱弯腰。

区分不同哲学的最有效的方法，就是揭示哲学的本质，而不是听信哲学广告和哲学家个人对自己哲学的吹嘘。马克思说过："哲学史应该把那种象田鼠一样不声不响地前进的真正的哲学认识同那种滔滔不绝的、公开的、具有多种形式的现象学的主体意识区别开来。这种主体意识是那些哲学论述的容器和动力。"① 他还说过，"最不可取的是仅仅根据威望和真诚的信仰来断定那一种哲学是真正的哲学——尽管这种威望的体现者是整个民族并且这种信仰已经存在了千百年。要提供证明，只能够通过揭示这一哲学的实质"②。面对当今哲学体系更替频繁，绝不要被哲学的商业炒作弄得晕头转向。

首先得问这种所谓新哲学是不是具有真实性，有没有事实、人类知识和常识的支撑。哲学不同于实证科学，它不可能以自然科学的标准来衡量，但它仍然有个科学性问题，即要有事实根据。狄德罗在《论解释自然》中说过："事实，不管什么性质的事实，总是哲学家的真正财富。"如果没有任何事实根据，既没有科学发展提供的事实，又没有人类认识史提供的事实，也没有人类生活世界的经验事实，不管说得怎样天花乱坠、花里胡哨，怎样包装，仍属哲学垃圾。哲学的抽象和思辨性特点，绝没有给予哲学家以面壁虚构、胡说八道的权利。

我们还得要问这种新哲学有没有合理的成分，究竟新在哪里？哲学并不是商品，并不是新出现的就是好的。哲学中有个大杠杠，这就是唯物主义还是唯心主义的区分问题。现在这个区分不时髦了，最时髦的是超越主客体，鼓吹主客体的融合。可实际上是融合不了的。因为在实际生活中，我们都能深切地体会到物质和思想的区别、存在与思维的区别，梦与现实的区别。超越是超越不过去的，问题是处理的方式。哲学基本问题是任何哲学都难以通过的卡夫丁峡谷。我们说在考察最新哲学时不要忽视唯物主义和唯心主义的区别，但绝不是说，只要是唯心主义就一定不能包含新的思想和新的发现。这是简单化的做法。即使在哲学路线上是唯心主义的哲学并不妨碍它在局部包含合理的思想。哲学是智慧之学，它是唯心主义的但包含智慧是完全可能的。因为智慧并不是简单地以唯物主义和唯心主义为标准来划分的。在哲学的历史上，按照列宁的说法有聪明的唯心主义和

①② 《马克思恩格斯全集》，第 40 卷，170 页。

愚蠢的唯物主义，包括辩证法的唯心主义就比庸俗的、机械的、形而上学的唯物主义更有智慧。如果说，柏拉图和黑格尔的唯心主义名传千古，至今仍在发挥影响，那么19世纪40年代在德国出现的庸俗唯物主义已成为历史的笑柄。

三、哲学与哲学家

哲学在当今，与20世纪50—60年代相比，日见其掉价。考生第一志愿报哲学系，已是罕见的。在市场经济大潮下，最有经济效益的学科往往是考生最拥挤的学科。这很正常。谁愿意受穷？可哲学系还是要办，要办就得有学生。或是对哲学有偏爱——自投罗网，或者是被迫无奈——调剂来的，总之是来了。

中国有句古话，“既来之，则安之”。要安之，必须正确认识哲学。为此在今年中国人民大学哲学系的迎新会上，我作为老教师的代表致欢迎词，就哲学系的学生如何对待哲学问题发表了一通“高论”。我说，你们来哲学系可能是幸运的也可能是不幸的。幸与不幸，关键在你们自己。

我说是幸运的，因为进入哲学系意味着走上探求智慧之路，找到一把打开智慧之门的钥匙。无论是在中国还是在西方文化史上，究天人之际，通古今之变都是一门大学问、大智慧。全世界60亿人，全中国12亿人，能有条件有机会在这个领域中进行探求的人并不多。当然这是个“穷人”的学问，历史上哲学皇帝倒有个把，但腰缠万金的哲学家不多见。可真正在人类历史上留下足迹的，对人类发生重大影响的是哲学家，如西方的柏拉图、亚里士多德、黑格尔；中国的孔子、老子、庄子等等。至于那些有钱、有势的人虽显赫一时，但终归无声无息，没有给历史留下任何东西。从有可能对人类的思想作出某种贡献的角度看，从立德、立言的角度看，你们是幸运的，因为从长远角度、从历史角度考虑，它比股票涨价对个人对人类带来的利益会更大。

我还说，你们也可能是不幸的，因为你们中不少人对哲学并无认识、并无爱好，是“拉郎配”。哲学人人可学（作为一种普及的人文教育），但并不是人人能学（作为一门培养哲学家和哲学理论工作者的专业）。如果你们一直站在哲学的门槛外边，三心二意、无心无意，甚至怀有“抗拒”，四年时间转眼就完了，一无所得，仍然和刚进校时一样没有入门。录取到哲学系是可以分配的，但哲学兴趣是不能分配的。智慧不是硬塞给的卖货的搭头，它是一种追求，怀着激情的热烈的追求。不过随着对哲学了解的增多，对哲学的兴趣可以逐步培养起来。我们哲学系很多教师包括一些学有所成的教师，从别的系转来的为数不少，这说明哲学家不是天生的。如果既不了解又不想了解，既无兴趣又不培养兴趣，这才是不幸。

还有一种不幸是来自相反的方面。它不是对哲学不感兴趣而是太感兴趣以至对人世间其他一切不感兴趣，痴迷于纯抽象性和思辨性而难以拔足。哲学与其他学科相比具有抽象性和思辨性的特点，但马克思主义哲学不能变为抽象的思辨哲学。我曾经在一篇文章中说过，学哲学要防止走火入魔，即面壁虚构，从概念到概念，动不动就要创造一个体系，像恩格斯曾经批评过的当年德国的一些大学生一样。我就收到过这种信，各种各样的大圈圈、小圈圈，相互交织的箭头，各种各样的名词、术语，像是天书。在德国哲学气氛中生长的马克思对这一点有深刻的认识。他说："那些主要不是干预生活本身，而是从事抽象真理的研究的职业，对于还没有确立坚定的原则和牢固的、不可动摇的信念的青年是最危险的。"这里所说的危险就是痴迷于抽象和思辨，脱离现实，无法与人正常交流似疯似癫的"思想怪物"。

当代西方哲学也反对自柏拉图到黑格尔以理念和绝对观念为对象的思辨哲学，提倡回到现实世界。可是，现存世界并不是单纯的现象世界。我们所直接观察到的是世界的外在表现，而事物的本质和规律是潜藏于事物内部。正像一个苹果，苹果核心在里面，而外面是苹果皮。这点黑格尔很清楚。他说："事物的直接存在，依此说来，就好像是一个表皮或一个帷幕，在这里面或后面，还蕴藏着本质。"从柏拉图到黑格尔都在寻找这个潜藏着的本质。他们的缺点并不在于寻找背后的东西，而在于轻视可见的东西。而当代西方哲学所说的现实世界其实并不现实。他们所说的回到现实世界是回到语言世界、现象世界、主体世界。可是当它们把反本质主义、反基础主义、反逻格斯中心主义导向没有本质的现象、没有客体的主体、没有逻格斯的非理性的世界，就完全走向了另一个极端。

早在一个半世纪以前，马克思和恩格斯就预言过："对于哲学家来说，从思想世界降到现实世界是最困难的任务之一。”一百多年来当代西方哲学发展的历史也证明了一点。尽管一些哲学家和哲学流派厌倦纯思辨，声言拒斥形而上学，可是由于找不到一条通向现实的实践之路，仍然无法面对真正客观的现实世界。既无法正确解释现存的世界更不用说改造现存的世界。

哲学真正从神圣天国下降到世俗人间，直面现实世界是由马克思和恩格斯创立的马克思主义哲学开辟的。早在1843年马克思在寻求哲学的改造和社会改造最佳结合时就说过：“哲学不消灭无产阶级，就不能成为现实；无产阶级不把哲学变为现实，就不可能消灭自身”。这是对马克思主义哲学的本质与功能的很好的说明。马克思主义哲学是干什么的？从根本上说，就是消灭无产阶级即根本改变无产阶级的被剥削、被奴役的地位；而无产阶级不通过自己的实践把马克思主义哲学所揭示的规律、理想和价值变为现实，无产阶级就不可能获得解放。这二者是不可分的。所以马克思主义哲学要面对现实世界，就不能用背对着无产阶级解放和人类解放的现实运动；就不能脱离社会发展和科技的进步，独自在纯哲学概念王国中徜徉。一百多年的马克思主义哲学史，就是面对每个时代的现实，与改造现实世界相结合的历史。历史证明马克思主义哲学是当今世界最现实的哲学。

我希望我们哲学系能培养出哲学家，而不仅仅是哲学知识的占有者。这两种人是不同的。哲学知识的占有者可以熟悉哲学典故、哲学知识，但并不一定具有哲学的品格。哲学是智慧之学。它要有智，即有对宇宙、社会、人生的规律性认识；又要有慧，即有高尚的品格，应该言行一致，是自己哲学的信仰者、实行者，而不能仅仅是哲学知识的储藏室甚至贩卖者。

哲学家与哲学的关系，与诸如物理学家与物理学、化学家与化学等等的关系是不同的。当然，自然科学也是文化的一种形态，它具有人文价值。自然科学对于科学家本人的世界观如科学精神的培养、无神论思想的确立都是非常有益的。但是与人文学科不同的是，对物理学家、化学家来说，关于世界物质运动的物理规律和化学变化的规律，是外在于主体自身的客观知识。只要是科学的知识，它对于所有的物理学家、化学家都是一样的，没有民族、没有国界、没有性别。科学家同样有人品的问题、有道德的问题。这些都会影响他们在科学上的成就，例如科学研究中常见的伪造数据、剽窃等等，但科学原理的真伪与科学家本人的品格和道德无关。

哲学的情况不同。哲学不是单纯的知识论，它不仅包括对对象的规律性认识，而且包含对对象的评价、期待、追求。所以对哲学家来说，哲学并不只是一种关于宇宙、关于人生的知识，而同时也是哲学家本人的一种信仰、思维方式和风格。例如我们从物理学的知识中，看到的是客观世界自身的规律而不是物理学家本人。他的品格与道德只有科学技术史的传记价值，在关于对象性的规律的论述中可以略去不计。而在哲学中，我们从一种哲学体系中看到的还有哲学家对世界与人生的理解和评价。它不仅包括对象的规律性知识，同时也渗进着哲学家本人的政治信仰与价值观念。在一个哲学体系中，当它的客观知识与价值观念处于不平衡甚至矛盾状态，必然要影响这个哲学体系的科学性。在新中国成立前曾经作为官方哲学的“唯生哲学”、“力行哲学”等等之所以是反动哲学，就是因为它是由哲学体系的创造者按照政治意图制造出来的。它的价值性吞没了哲学应有的科学性品格。

比较完美的哲学体系应该是科学与价值相统一的哲学。它的价值是以科学性为依据的，而它的科学性又是符合历史进步和大多数人利益的。比较完美的哲学家应该是追求真理、品格高尚的哲学家。在历史和现实中，我们可以发现各种各样的哲学体系、各种品格的哲学家，其中人品和哲学成就分离、政治态度与哲学成就不符是常见的。我们并不能因人废言，也不能因言立人。但我们可以说，人品欠缺、政治落后、道德亏损的人，也可能在哲学上取得某些成就，但是创造不出伟大的哲学体系的。哲学家个人在现实中站在哪一边、关心谁的利益、他对生活的态度，肯定会影响他的哲学。哲学就是哲学家的哲学，哲学与哲学家是不能分离的。

问题不仅是一种原创哲学与哲学家的关系是这样。从接受的角度说，你接受什么哲学，信仰什么哲学，不仅是接受一种纯哲学知识，实际上你同时接受了一种信仰、一种思维方式，甚至同时接受了一种做人的准则。费希特说：“人们将选择哪一种哲学，这要看他是哪一种人，因为一个哲学体系并不是一个可以随意放弃或接受的死家具。”因此，一个人的政治倾向、思想兴趣、人生追求会影响自己对哲学的选择，可是反过来说，你选择了什么样的哲学，又会把你塑造成什么样的人。哲学作为世界观人生观的力量正在于此。可以肯定地说，如果一个信仰实用主义哲学的人，绝不可能有坚定的原则性和道德约束力。一个信奉人不为己天诛地灭的利己主义者，他的行事处世肯定是有机会就捞的。因此，学习什么样的哲学、信仰什么样的哲学，这对人的一生是至关重要的。

马克思主义哲学是科学与价值的统一，是既可信又可爱，既具有科学精神又具有人文精神的哲学。世界观的科学性问题是非常重要的，可以说它是世界观的生命和灵魂。罗尔斯在他的《正义论》中也承认："真理是思想体系的首要价值"，"一种理论，无论它多么精致和简洁，只要它不真实，就必须加以拒绝和修正"。马克思主义哲学是一种科学世界观，它不是实证知识但有实证精神，它是以事实为依据，以普遍规律为对象，以实践为标准的哲学，它坚持从实际出发，实事求是，强调按照世界本来面目认识世界，反对任何主观臆断和附加。说它具有人文精神，是因为马克思主义哲学充满对人类解放和人的全面发展的追求和期待。它反对压迫和奴役、反对剥削和建立在阶级压迫基础上的违背公平和正义的非人道现象。但是马克思主义哲学的人文精神是以科学世界观为依据的，是与最终消灭私有制、消灭剥削相联系的，而不是一种抽象的人道主义原则。所以在马克思主义哲学中，它的价值理论是以科学世界观为依据的。

我们学习马克思主义哲学，不仅仅是学习马克思主义哲学的基本原理，掌握马克思主义哲学的知识，更为关键的是要掌握马克思主义哲学的理论品格和实践品格，把马克思主义哲学的品格内化为自己的人格，提升智慧、提升道德，成为自己处世、处事、处人的规范和原则。连狄尔泰都主张哲学不应该与行为脱节。他在《伦理学体系》中说过，每一种哲学，都必须从其理论见解中，推导出个人行为的原则和社会的基本准则。因此，行动甚至就是哲学的理解的目的。一种哲学如果不能为行为提出标准，不能对工作作出思考，如果它不包括生活的观点和受到控制的冲动，这种哲学是完全不能令人满意的。这个意见无疑是正确的。

（原载《高校理论战线》，2001（4））

10. 我对哲学的几点浅见

编辑先生要我就哲学问题发表点意见，其用意当然非常好，力图使比较冷寂的哲学通过讨论冒点热气。但我却颇为踌躇，久久未能下笔。予岂好辩也哉？可有点不同的声音或许有点好处。况且文债胜过钱债，非写不可。于是不揣冒昧，发表点不成熟的看法以求教于同行。

一、人学可以是哲学，但哲学不能归结为人学

什么是哲学？日本有个哲学家说，这是对哲学家最难最毒辣的问题。至今仍在就这个问题争论不休。岂止中国，国外也如此。道理很简单，不同的哲学家都把自己感兴趣的哲学问题当成哲学的全体，而排斥其他。本体论者强调哲学是本体论，而认识论派则据理驳斥，强调哲学是认识论。同样，方法论的提倡者们强调哲学应以思维方法为对象，是关于思维的科学。人学论者说哲学是人学，是使人成为人的学说。而反驳者则说，如把自然与历史置于哲学视界之外，人就变为幻影，是不可能研究的抽象存在物。每一种学说都把自己心目中的哲学当成哲学的唯一对象。其实本体论是哲学，但不能认为哲学是本体论。其他同理。如认识论是哲学，哲学却不能归结为认识论；人学是哲学，但哲学不能只是人学。我们不少哲学家的哲学定义，只是哲学研究的领域或一个历史时期哲学研究的重点，而非是对哲学自身本质的把握。

哲学就其本质来说是世界观，这一点，马克思主义经典作家是一直这样强调的。恩格斯曾经说过：我们党有个很大的优点，就是有一个新的科

学世界观作为理论基础。马克思和恩格斯在致奥·倍倍尔、威·李卜克内西、威·白拉克等人的著名通告信中也提到反对把资产阶级和小资产阶级世界观带入党内，“而要无条件地掌握无产阶级世界观”。列宁在《关于无产阶级文化》中说：“现代历史的全部经验，特别是《共产党宣言》发表后半个多世纪以来世界各国无产阶级的革命斗争，都无可争辩地证明，只有马克思主义的世界观才正确地反映了革命无产阶级的利益、观点和文化。”① 斯大林也说：“马克思主义不只是社会主义的理论，而且是一个完整的世界观。”②

哲学是世界观，这是哲学和各门具体实证科学的分界线。但世界观绝不等同于存在论或本体论。以为世界观就是人站在世界之外观世界，这是望文生义。仅仅以无人的纯自然或宇宙为对象的世界观是旧唯物主义哲学。我们面对的世界是包括人与人类社会在内的世界。自为的世界表现为人、自然、社会的辩证统一。因此本体论作为哲学只是哲学考察的一个方面，哲学不能归结为其中一个侧面，而是要研究人所面对的客观世界的本性和一般规律，研究人与自然、人与社会、人与自我的关系，以及认识和改变这些关系的途径和方法。由此可见哲学包括本体论、认识论、方法论。就其领域来说，它包括自然观、历史观、人生观等等。可是哲学也并不是在任何时候都始终是一样的，都是全面的、无所不包的。由于时代的需要不同，哲学会突出不同的方面或重点。例如马克思主义哲学的成就和重点，突出地表现在历史唯物主义的创立。哲学定义就包括在哲学史中。一部哲学史就是哲学研究重点的转移史，但哲学仍然是哲学，它绝不会丧失它作为世界观的特性。哲学永远不会融化为实证科学，它是对整个世界的本性和规律的研究。在哲学中任何局部性问题的研究都是从总体角度并作为总体不可分割的组成部分才具有哲学的价值。

在中国，把哲学仅仅归为逻辑分析、语言分析的观点不多见。即使研究语言哲学、逻辑哲学也是作为哲学中的一个方面来研究的，也并不认为

---

① 《列宁选集》，3版，第4卷，299页，北京，人民出版社，1995。

② 《斯大林全集》，第1卷，274页，北京，人民出版社，1953。

哲学就是语言哲学、逻辑哲学。可人学不同。在当今中国，把哲学视为人学，而且认为从来哲学就是人学的观点是很为新颖而受到一些同行赞许的观点。我对此一直有点不同的看法。毫无疑问，哲学所研究的问题全部与人密切相关。其实与人无关的问题，任何科学都不会感兴趣。但不能因为哲学的问题与人相关，就说自古以来哲学就是人学。这样说，既不符合哲学史实，也不符合理论。从哲学史来看，无论中西，哲学都不是从人开始的。西方哲学从自然开始，自然哲学是古希腊罗马时代的显学。在中国，古代关于道的学说、关于阴阳五行的学说也不能说是关于人的学说。虽然中国儒家的重点在人的道德和人际关系，但人伦不等于人学，人伦是客观的人际关系，而关于调整人伦关系的理论、原则和规范严格说是伦理道德学说或称为伦理学而不能简化为人学。人所处的各种关系都应该研究，都各有特点和对象。研究人的经济关系叫经济学，研究人的伦理关系是伦理学，研究人的阶级关系是政治学，研究人的心理是心理学，如此等等，尽管都与人不可分，但却并不称之为人学。当然如果因其最终归结为人或以人为最后依托而称之为人学，那其实等于什么也没有说。而且即使就哲学来说，如果谁要说唯心主义是人学，因为它研究人的思维与存在的关系，依理唯物主义也是人学，因为唯物主义关于大脑是思维的器官，关于物质第一性、意识第二性的观点都是关于人的，尽管也可言之成理，但只能看成是笑谈，不能认真。而且，把普罗泰戈拉的“人是万物的尺度”的命题称为人学是勉强的。因为它本质上是个认识论命题，是以人的主体性来论证感觉相对性的相对主义的认识论命题。讲认识论不能离开人，任何认识都是人的认识，但认识论不是人学。同样，说古希腊的神庙中的铭文“认识你自己”是人学命题也是脱离历史条件望文生义的解释。这是神学而不是人学，因为它的主旨在于说明，人应该认识自己的主宰是神，即人应该正确认识自己是神的奴仆。这同文艺复兴时的人文主义观点是大异旨趣的，它不是肯定人而是否定人。

其实关于人的观点古已有之，哲学不能归为人学。因为没有与人无关的哲学问题。哲学所研究的问题比人的问题要广泛得多，因为人并不是抽象地栖息在世界之外的存在物。人生活在世界上，就必然要求对世界、对人与世界的关系有个看法，这就是世界观；要求对自然、对人与自然的关系有个看法，这就是自然观；要求对自己生活其中的社会有个看法，这就是社会历史观。西方有些哲学家倡言拒斥形而上学。你尽管在哲学中可拒斥世界观，可你无法拒斥世界的存在，拒斥自然和社会的存在。因此，自古以来，无论中外，哲学都离不开世界观、自然观、历史观、人生观，故而哲学也绝不能仅仅是人观。我们很难说，人是哲学真正的主题和核心，哲学就是探求人的本性，寻求人之为人的根本，寻求人的家园归宿和人的价值与意义。把世界、自然、社会排斥在哲学视野之外，仅仅追求生命的意义、价值、归宿和所谓人之为人的根本，将哲学完全宗教化或伦理化，变成人的安身立命之学，那哲学除了自我修养即修身养性之外，对于认识世界和改造世界是毫无意义的。这就曲解了哲学的本质并弱化了哲学的世界观和方法论的功能，最多是回到哲学是心性之学或义理之学的老路上去。我想，当马克思把哲学说成是无产阶级解放的头脑时，绝不会如此来理解哲学，即他所创立的辩证唯物主义和历史唯物主义不是为分析世界、分析资本主义社会、消灭剥削制度和无产阶级的彻底解放锻造思想武器，而是创立一种新的人学。如果我们说，无产阶级是什么？劳动者是什么？不是人吗？由此可见，马克思主义哲学同样是人学。这样论证下去，所有人面对的问题七转八转都能转到人的头上来。这等于说了一句空话。可是人是哲学主题的真正本意倒不是说哲学问题都与人有关，而是说宇宙中最根本的是人。因为物质宇宙的奥秘集中在生命的本质之中，而生命的奥秘又体现在人的本质之中。人的最终归宿是要使生命去融化宇宙，也要把生命融化于宇宙，对此没有很高的哲学修养和思辨能力是很难领会的。不过我还是要说，这种看法在中国古已有之。别的不说，如果我没有弄错的话，儒家生命哲学就是这种观点。例如新儒家的代表人物梁漱溟先生就强调“在宇宙大生命里头，除了人类以外，其他的生物，都已经入于一种盘旋不进的状态，不能再代表宇宙大生命的创进不已的精神……还能代表宇宙大生命创进不已的精神者，亦即还能创进不已者，只有人类”。这种人与天地同参、与宇宙一体的观点虽然具有辩证法的因素，但却是一种唯心主义的生命宇宙观。把宇宙奥秘全部放在人身上，要用生命去融化宇宙，这是对人与自然关系的错误理解，是对类本质的错误的或者说是夸大的神秘化的理解。人是宇宙奥秘中的一种但不是唯一的。探索宇宙奥秘的各种科学家包括哲学家要想把握宇宙的奥秘还是要面对宇宙而不能仅仅面对自我、面对人的生命本性。即使人的创造物包括人化自然和人的文化世界，也不是用生命化为宇宙所能概括的。哲学如果不想成为毫无用处的空谈，而是成为人类认识世界和改造世界的工具，就不能局限在人自身。这是由全部人类的实践和认识史证明了的真理。

哲学转向以人为对象，产生当今所谓的人学具有时代的特色。第二次世界大战以后，特别是近几十年西方工业化国家由于社会矛盾的尖锐化而导致人的价值观念混乱、道德失范、人与人的关系更加疏远化，发生所谓人的生存危机或者所谓人的失落，哲学家倡言人应该寻找自我，而大力提倡人的研究或人学，试图从人学中寻求摆脱资本主义社会人的危机的出路。而在社会主义国家，由于极左思潮干扰，法制不健全，践踏人格，破坏社会主义应该坚持的社会主义人道主义原则的事不断发生。因而随着清算“左”的错误，对社会主义条件下人的问题研究也成为哲学工作者注意的热点问题。这是一种哲学意识的进步。但这只是哲学问题研究重点的转移，而不是哲学本质的根本变化：哲学由世界观变为人学。哲学仍然是哲学，哲学作为世界观的本性并不会因为哲学问题的变化而变化。从哲学角度来研究的人学仍然是哲学，因为它总是从一定的哲学前提出发来探讨人的问题，没有哲学前提的所谓人学是没有的。当代西方的哲学，从法兰克福学派到存在主义，实际上是一种唯心主义的人本主义。它们没有超出哲学，也不可能超出哲学。

马克思主义哲学不是人学。马克思主义哲学是无产阶级的科学世界观和方法论。但马克思主义哲学中包含丰富的关于人的学说，关于人的本质、关于人的解放和全面发展的学说。马克思主义关于人的学说的特点是，它指的是现存社会即资本主义社会的现实的人的解放，即无产阶级革命问题，它没有脱离无产阶级革命抽象研究人和人的解放问题。我们说马克思主义哲学不是人学也不能归结为人学，这并不妨碍我们在当代对人的问题进行深入独立的研究。马克思主义本身是发展的，它应该研究时代突出的主题，它不能脱离时代。但马克思主义对人学的研究应该是马克思主义的，即不能离开马克思主义一般世界观和历史观的哲学前提。

二、哲学不能归结为自我意识，而应该是被把握在哲学思维中的时代

哲学是人类全部意识形式中最具抽象性和普遍性的意识形式。它的这种特性，往往容易使人以为哲学家可以撇开世界，只是咀嚼自我，单纯以自我为对象，因而哲学只不过是哲学家的自我意识。如果真是这样的话，全部哲学就只有一个字——人，全部哲学史和哲学体系的变化也都将成为自我意识的更替。在纯哲学思维范围内思考哲学，是很难弄清哲学的本质的。

人所研究的世界是人所面对的世界，是有人的世界，是不能离开人的世界。这当然对。正如我们说，凡认识的对象都处在人的认识范围之内，人不可能在认识之外去认识对象一样，认识之外的认识对象是逻辑矛盾。可我们绝不能说，认识与被认识的关系是人与世界的唯一的、绝对的、永恒的关系，承认人的认识范围之外的世界就是形而上学，就是拜物教。世界是全体，世界在实践过程中进入人的实践和认识范围内的是极其有限的一部分，世界永远留下一个无穷的世界等待人们去实践去认识。因此，承认自在世界的客观性和不可穷尽性是辩证唯物主义的前提。如果我们的哲学只在已知世界里打圈圈，把认识与被认识的关系作为人与世界的唯一关系，就从根本上抽去了辩证唯物主义借以立足的基础，截断了人的实践和认识的来路与进路，人也就被困死在认识与被认识关系的范围内。

而且就人与世界的认识与被认识关系来说，辩证唯物主义的基本原则也是不能违背的。不错，人是按照人的方式去认识世界的。人的实践活动、人的感性和理性、人感知对象和在理性中把握对象的方式都具有人的特点。但不能由此得出结论，人在对象中看到的只是人自身，或者说人通过世界认识的只是人类自己，因而哲学的本质就是人对自己的认识。这个结论无论对科学、对常识、对人的实践活动都是不利的。

人把自身的特点反射到自然界，在人类的幼年时期是有的，如人从万物有灵论中看到是人从自己推论到万物，或从上帝的万能和智慧的本性中看到是人把自己的本性化为上帝。而且在一定范围内，人通过自己对象性的存在物来直观自身是可以的。在改造自然的活动中、在艺术创作中，人

通过自己的活动结果返观人类自身，可以看到人的创造能力、特定时期的生产水平和审美意境。但不能把这种特定状况概括为普遍的哲学命题，即人对对象世界的认识就是人对人自身的认识，人通过对象不是发现对象自身的规律而是发现人自身。任何一个人都知道世界的客观实在性是对象世界本身的对象，正如世界的辩证运动是对象自身的辩证运动一样。任何称得上是具有客观内容的哲学认识都是对对象世界（当然也包括对人自身的认识，当人被当成认识对象时，对研究者来说同样具有客观实在性）的认识。

哲学命题是具有普遍性的命题。如果哲学家从世界中看到的是人自身，世界只是人认识自己的中介物，是一面认识自我的镜子，那么为什么自然科学家对自然的研究不是对自我的研究呢？人为自然立法的观点过去有过现在仍然有，全部自然科学证明自然规律是世界本身的规律，自然科学家是发现自然规律而不是为自然立法。同样，人在实践和日常生活中，人要达到预期成果而不被人认为是患有妄想妄听症，就一定要把自己看到的听到的直接接触的对象看成是对对象的认识，而不是看成我对自我的认识。对象世界作为认识自我的中介，只有在由实践对象化的存在中才具有一定程度的合理性。即使在这个范围内，人之所以能从对象化的世界中看到自身，也并不是因为对象世界是人的镜子而是因为人通过实践把自己的目的和意愿体现在自己的创造物上，即给自然界打上人类的烙印。人正是从自己打上的烙印中看到人自身的创造力的。离开人的实践活动，离开人在自然的附加物或创造物，人就不能从世界中认识人类自身。在当代，我们要正确理解人与自然、人与世界的关系，看到天人合一中某些合理的东西，但不能重复其中的唯心主义的和迷信的东西。当然，我的这种主张可以被看成是很肤浅的，没有哲学味道。不过全部科学、全部人的实践、全部人类的日常生活以及全部哲学史都无法接受人对世界的认识就是对自我的认识这种过于深奥的理论。我以为任何具有真理性的哲学都不应该与人的常识、与人的全部实践活动相违背。

不能认为哲学对世界的认识就只是对自我的认识，哲学不能说只是自我意识。当然，哲学家是用头脑思维的，因此任何哲学体系都必然表现为哲学家的一种哲学意识，问题是这种哲学意识是从哪里来的？是仅仅源自哲学对自我的意识、对人的意识，还是在其所处的时代和社会条件下对世界的一种哲学的把握。马克思在《第179号“科伦日报”社论》上对这个问题作过精辟的论述。马克思承认，哲学首先是通过人脑与世界相联系的，没有人和人的思维就没有哲学。可是，哲学不能归结为人的能思维着的头脑即哲学家的自我意识，“哲学家的成长并不像雨后的春笋，他们是自己的时代、自己的人民的产物，人民最精致、最珍贵和看不见的精髓都集中在哲学思想里。……哲学不是世界之外的遐想，就如同人脑虽然不在胃里，但也不在人体之外一样”①。所以马克思的著名的众所周知的结论是“任何真正的哲学都是自己时代精神的精华”②。这并不是马克思一个人的意见，恩格斯也是这样认为的，他曾说过任何哲学都只不过是在思想上反映出来的时代内容。不仅马克思主义者这样看，就连唯心主义者黑格尔也是这样说的，他在《法哲学原理》中把哲学说成是被握在哲学思维中的时代。对哲学工作者来说，这似乎已经是了无新意，但却是颠扑不破的真理。

哲学绝不能仅仅是哲学家的自我意识。黑格尔都不敢这样说，而是说是绝对观念的自我认识，因为黑格尔的绝对观念囊括一切，把整个世界及其发展都包括在内。可青年黑格尔派片面强调自我意识，就显得单薄和力不胜任，把如此丰富的世界和多种多样的哲学思维都塞进人的自我意识就等于把人变为了上帝。无怪乎自我意识的理论曾经遭到马克思和恩格斯的猛烈抨击。

哲学史当然是哲学发展的历史，是哲学家的思想发展史。如果我们只是这样看，那我们只是说了一个表面的现象，说了一个众所周知的常识。哲学有自己的历史，但这种历史是如何形成的呢？它不是思想的自我运动，而是社会历史的作用。如果哲学就是哲学家的自我意识，哲学史是自我意识的历史，那么除了能满足思辨的欲望外，对哲学和哲学史的理解必将陷入误区。哲学不能归结为人对自身的认识，哲学史也不能归结为自我意识的历史。哲学史当然是哲学发展的历史，但又不能仅限于哲学自身。应该说哲学史中的“史”字，包括从社会历史运动角度来看哲学发展的意

---

① 《马克思恩格斯全集》，第1卷，120页。

② 同上书，121页。

思。当年罗素写的著名的《西方哲学史》全名就是《西方哲学史及其与古代到现代的政治社会情况的联系》，这个书名本身就表明了这种联系。所以哲学史不仅是哲学的历史，而且是当作历史运动的一个侧面的哲学。不从历史的现实内容角度来看待哲学，把哲学说成是哲学家的自我意识，哲学家就变为不可理解的怪物，哲学史也变为毫无原由的自我意识更替的历史，哲学的内容及其变迁都将重新陷入不可理解之中。其实，从历史角度来看哲学就容易理解多了。懂得古希腊罗马的历史就容易理解苏格拉底和柏拉图；理解 18、19 世纪的德国，就容易理解康德、谢林、黑格尔。哲学的差别，内在地隐含着时代的差别，可这种时代的差别一旦化为哲学的差别，就肯定具有哲学的特点，即真正的哲学是以时代精神的精华的面目出现的，它把一个时代所达到的科学和实践的智慧凝结其中。一部中国哲学史，同时也是一部中国历史，一部中国文化史、中国经济和政治史。西方哲学史同样如此。放开眼界，从整个历史过程来考察哲学家及其思想，探求何以如此的原因和根据，我们就可以看到，哲学是处于一定社会历史条件下的哲学家们从一个侧面对世界（或者是自然或者是社会或者是人自身）的把握。哲学认识只要它仍然是认识，它就是对对象的认识。这种对象可以包括自我但绝不能归结为自我。自我连同它的认识能力和认识方式都是被制约的。人是在一定条件下认识的，条件达到什么水平认识就达到什么水平。这对科学认识是真理，对于哲学认识也是真理，只是这种被制约的范围、程度、形式各有特点而已。绝不能认为实证科学是对世界的认识而哲学只是一种自我意识。

三、马克思主义哲学不是类哲学，它的最大贡献是从类进到社会

不能用考察物的方式来考察人的本性是完全正确的，不能把人的本质归结为人的抽象普遍性，而应该从人不同于其他动物的生命活动特点来把握人也是非常深刻的论断。可是如果认为类和类本性是表现人的本质最科学的概念，我倒有点异议。我认为，类与类特性并不是用来描述人的专门术语，更不用说是最正确的用语。不见得说人是类或类存在就是哲学思维的升华，因为所有动物物种内部都存在个体和类的关系。马克思关于这一

点说得很清楚，他说，一个种的全部特性、种的类特性就在于生命活动的性质，而人的类特性恰恰就是自由的、自觉的活动。这就是说，任何动物中都存在个体与类的关系，不同的是人的类特性即人的生命活动方式是劳动或者说是自我创造。正因为如此，动物的类与个体是同一的，或者像马克思形象地比喻的一窝蜂就是一只蜂。可人却不能说整个人类就是一个人，除非把人看成与其他动物一样是自然存在物，完全着眼于它的生理构造而撇开人的生命活动方式才能得出这个结论。只要从人的生命活动方式即劳动角度来理解人，就必然要超出纯粹个体与类的关系而进入个人与社会的关系。从类和类存在升华为社会和社会存在物才是真正的马克思主义的唯物史观。

费尔巴哈的局限正在于他停留在个体与类的范围来考察人。在德国古典哲学中，运用个体和类的概念，最突出的是费尔巴哈。类这一概念在费尔巴哈哲学中占有特别重要、特别突出的地位。它不仅是费尔巴哈批判宗教、阐述自己无神论的思想的核心概念，也是整个费尔巴哈哲学的核心。没有类概念就没有费尔巴哈的人本主义哲学。在费尔巴哈哲学中，类与个体是相对应的。在他看来，人就其感性存在方式而言是个体、是感性对象、是可感知的实体。每一个体都是我，是主体，可人不仅是我，在我之外还有你，类这个范畴就是用来概括所有个体的整体。可以说，个体是整体的部分，而类则是部分的整体，脱离类的个体，或排除个体的类都是不存在的。而人的本质，就是人作为类的本质，是类本质。这种类的本质应该是个体的共性——这种共性只能是人作为生物体的共性，即自然性，因而它是把所有个体联结在一起的自然纽带。

马克思在早期著作特别是《1844 年经济学哲学手稿》中曾运用过费尔巴哈的类、类本质、类生活的范畴，但其含义则不完全相同。马克思也说，人是类存在物，因为无论在理论上或是实践上，人都能把自己的类或对象的类作为对象，即人有意识和自我意识，因而能意识到你与我同属一个类，也能意识到对象的类即把握对象的共同本质。另外马克思还特别强调实践，说人是类存在物，因为人通过实践为自己创造了一个对象世界即改造无机界，所以这一点证明人是有意识的类存在物（即不是无意识的如其他动物那样的类存在物）。至于类本质，马克思强调的是，人的生命活动方式不同于一般动物，人的类本质是人的自由自觉的活动即劳动。马克思说的其他动物的类的延续是通过交配与生殖，而人的生命延续即类的生活则是通过劳动，所以劳动这种人的生命存在方式也就是人的类生活。

尽管马克思在《1844 年经济学哲学手稿》的第一、第二手稿中关于类、类生活、类本质的概念不同于费尔巴哈，但仍然没有摆脱费尔巴哈的影响和痕迹。在第三手稿中马克思又从个人与社会关系来考察人，强调个人是社会存在物，应当避免重新把社会当作抽象的东西同个人对立起来。个人的生命表现即使不采取共同形式，也仍然是社会生活的表现和确证。因此，人的共同体是社会，人类的存在方式是社会而不是类。离开社会，类就是一个纯生物学的概念。尽管在马克思和恩格斯的后期著作中也偶尔使用类的概念，例如说在阶级社会中类的发展是以牺牲个体的利益为代价的。其实，这里所说的类的发展，就是以统治阶级为主导的社会的发展。这也就是他们经常说的剥削者和被剥削者、统治者和被统治者利益矛盾的另一种说法。而不是认为存在一种超越阶级利益对立之上的所谓“人”（类）的发展。

或许人们会说：人难道不是类吗？当然是，我们经常说人类。人是一个类。当说人是类的时候，我们是把他作为无差别的共同物对待的。任何人都是人类的一分子，因此只有从人的生物学本性来考察人、研究人，类才是有意义的。所以，在划清人与动物的界限时，人是作为整体来思考的，人的类本质就是人不同于一般动物的本质。可当进入到社会历史观时，类的概念的局限性也是很明显的。因为类强调的是个体的同一性。可人不仅存在生物学上的类的同一性，而且在社会生活中存在着由社会生活造成的社会差异性。因此要想真正认识人，就必须把人从个体与类的关系变为个人与社会的关系，从而进一步把握人的社会本质，这就是马克思关于人的本质在其现实性上是社会关系的总和的著名论断。不能说人的类本质是永恒的，而人的社会本质是暂时的，实际上，人的类本质与人的社会本质是紧密结合不可分的。当把人这个类与其他动物的类相区别时要考察人的类本质，当考察人与人的区别时必须考察人的现实的社会本质。以劳动作为生存的方式可以把人与动物区分开来但却不能把人与人区分开来，不能把不同时代和社会制度下的人区分开来。要区分人，要区分这部分人和那部分人，在阶级社会中要区分人的阶级性，在无阶级社会中也应该考虑到不同的人在社会生活中的不同状况、他们在生产关系中的不同地位，即把握构成特定人群借以生存的各种社会关系的总和。人永远是一个类，是包括每个个体的不同于其他动物的一个类，它具有生物学的共同性。但只要人是人，人就永远是现实的人，永远是处于一定的社会关系之中。因此作为类的人表明的是人的生物学特性，它并不能揭示人的本质。从类的角度来看待人和从社会角度来看待人是迥然不同的。

(1) 从类的角度看人，强调人的同一性。所有的人都是人，都是一个类即人类。我们每个人都是人类中的一个个体。这样，我们每个人的差别就只是生物学的差别，像当代生物社会学家强调的那样，人的一切差别都根源于基因的差别。从社会角度来看人，看到人对社会关系的依赖性，从而看到人的差异性。离开了人的社会性，资产者和无产者、奴隶主和奴隶都是人，可若从社会制度和他们在社会关系中的地位着眼，他们就是资产者和无产者、奴隶主和奴隶。马克思曾说过一段有名的话，棉纱就是棉纱，只有在一定条件下才是商品，黑人就是黑人，只有在一定生产关系下才是奴隶。所以从类的角度看人，除了男人和女人、黑人和白人即性别和种族外是什么也说不出来的。它的最高的结论是：人就是人，如此而已。

(2) 从类的角度看人，必须强调所谓类的利益，即所谓人的共同利益。戈尔巴乔夫是以鼓吹全人类利益高于一切著称的，但是西方对这种自作多情的卖弄却并不领情，照样把自己的阶级和国家利益摆在首位来决定自己的战略方针，不把苏联东欧原社会主义国家纳入自己的体系范围。特别是类概念往往成为在当今全球一体化和全球问题尖锐化的时代，鼓吹全人类的共同利益高于阶级利益、高于民族利益的借口。我们并不否认，由于当今世界科技的发展以及各种联系的密切，使得许多问题普遍化，涉及各国人民的利益，例如，生态问题、核战争问题、能源问题、人口问题，成为世界性的问题。在以往局限于一个国家、一个地区或毗邻国家的问题，如今都已成为世界性问题，成为与各国利益相关的问题。但这并不意味着各国利益是相同的甚至是一致的，因为如何解决、对待这些问题是明显存在矛盾甚至斗争的。西方特别是发达国家都是把自己的国家和民族利益（本质上是处于统治地位的阶级的利益）放在首位。例如核的问题涉及全人类问题，但威胁来自核大国。美国虽以全人类的名义反对核扩散，可它自己却绝不轻易削减核武器或者放弃核威慑。再如生态问题，发达国家自己注意环保，但却把洋垃圾甚至核废料运到别的发展中国家，把过时的污染的工业转移到别的发展中国家。人口问题是全人类的问题，可美国却以人权为名反对中国的计划生育，它究竟是要人口多还是要控制人口你无法弄清楚，只要对他们有利别国的人口多少它并不在乎。人们只要不被抽象的类的观点所迷惑就可以看到，在这些所谓全球问题上利益也绝非一致。这点并不奇怪，因为在当今世界上仍然存在穷国与富国，发达国家和发展中国家，资本主义、帝国主义国家和社会主义国家，经济利益和政治利益的矛盾是非常明显的，否则就无法理解美国为什么要遏制中国，处处与中国为难。其实全球性问题与全人类利益（特别是与把全人类利益放在首位）不能画等号，在当今社会，全球性问题往往成为联合国有关会议或者各种国际会议斗争的问题。除了通过斗争得到的某种平衡或妥协，我们还没有看到发达国家特别是美国在处理国际问题时把全人类利益放在首位过。

（3）从类的角度看问题，把一切问题归结为人的问题，会掩盖问题的本质。妇女问题是人的问题，因为妇女是人。儿童问题是人的问题，因为儿童是人。老龄化问题是人的问题，因为老人是人。世界上没有非人的问题，只要是问题就总会涉及人。这样提问题看问题，就完全把社会问题变成了一个抽象的人的问题。其实妇女问题就是妇女问题，它在不同的社会中有不同的内容和解决方式，正如儿童问题有自己特定的内容和解决方式一样。马克思主义高于空想社会主义的地方正在于它把无产阶级的解放问题从抽象的人的解放问题还原为无产阶级解放问题，变为通过取得政权，扬弃资本主义私有制，消灭阶级消灭剥削的问题。马克思主义也讲到人的解放问题、人的全面发展问题、人的个人自由和为一切人的自由创造条件问题，但那都是在经过革命甚至流血革命之后的事，是在消灭阶级消灭剥削过程中逐步实现的。马克思主义最反对在保存剥削保存阶级条件下抽象地鼓吹人的解放。这里的确有个看问题的思维方法问题，我们不能把一切问题抽象为人的问题，而要善于在所谓人的问题背后看到社会问题。

我认为唯物史观和类哲学是两种哲学。在一定范围内，例如，在考察人与动物区别的范围、在考察人的本质的人类学范围、在考察人的自然本性的同一性范围内，类是有用的概念。可如果把它提升为普遍的哲学原则，从类的角度去看待人和人的一切社会问题，就容易违背初衷走向抽象的人本主义。

马克思主义人本主义化问题是个世界潮流，西方马克思学和西方马克思主义中存在这种倾向，原苏联和东欧的马克思主义哲学也经历了几十年的人本主义化的过程。本来批评斯大林的某些"左"的错误、加强社会主义人道主义的宣传教育和实践是完全正确的。但苏联哲学界一些学者抛弃马克思主义世界观，鼓吹抽象人道主义，把在人的问题上的科学尺度和价值尺度对立起来。从价值尺度来看，人当然是世界上最宝贵的财富，人最关心的、最宝贵的也当然是人类自己。在价值尺度范围内，人类中心思想是合理的。可若从科学角度来看，则人如何才能在改造自然与社会中达到目的又必须以对象为尺度，正确处理人与自然、人与社会的关系，科学地摆正人在世界中的地位和作用。如果脱离科学世界观基础，片面强调以人为中心，以人为尺度，抽象地鼓吹尊重人的自由、平等，完全摒弃马克思主义科学世界观和历史观的基本原则，把社会主义变为自由、平等、博爱、公平、正义等一系列价值观念，把马克思主义变为任何资产阶级人道主义和博爱主义都能接受的东西，表面上看像是提高了人的地位，但在实际上却由于不能正确理解人的社会本性和人在自然和社会中的位置，而使得社会主义在实践中处于寸步难行的被动处境。所谓"人道的民主的社会主义"就是抽象人本主义的怪胎和产儿，它的最终结局是众所周知的。

我们在一段时期内存在"左"的错误，特别是"文化大革命"时期对人的人格和尊严任意践踏，因而使人们更加重视对有关人的问题的研究，这是合理的、必要的。可以肯定，随着建设有中国特色的社会主义事业的日益进展，关于人的问题，例如关于加强人的素质的培养、关于"四有"新人的塑造、关于社会主义人道主义的教育和宣传，特别是在社会主义市场经济条件下如何用科学理论塑造人、培养人将会在哲学研究中处于更加重要的地位。但我们应该用马克思主义观点去研究人，而不能用抽象的人的观点来解读马克思主义，把马克思主义关于无产阶级解放和人的全面发展学说都纳入抽象人道主义的框框之中。马克思在 1844 年 8 月 11 日给费尔巴哈的信中，把类的概念等同于社会主义，在《1844年经济学哲学手稿》中，把共产主义理解为人的异化了的类本质向自身的复归。后来在《德意志意识形态》、《共产党宣言》中，马克思和恩格斯又把共产主义建立在唯物史观基础上而不是建立在人的类本性的基础上，把人的解放、人的全面发展、人的自由以及个人的自由与人类自由的关系，都放在社会形态的更替的范围内来考察，从而使一切有关人的问题的理解和解决都双脚立在坚实的基础上。马克思思想发展的真实过程是不应该忘记的。

（原载《世纪评论》，1998（2））

11. 实践检验和逻辑证明

实践检验和逻辑证明是不同的。把逻辑证明和实践相并列，认为真理有两个标准是错误的，但是，否认或贬低逻辑证明的作用也是片面的。辩证唯物主义在承认实践是检验真理唯一标准的基础上，正确地估计了逻辑证明的作用，并科学地阐明了这两者的关系。

一、以认识或客观对象为标准为什么不可能

真理的标准，是指据以区分真理和谬误的准绳。由于真理和谬误都是主观对客观的关系：前者是主观对客观的正确反映，后者是歪曲的反映，因此，真理的标准，从本质上来说，也就是据以判明和衡量主观与客观是否相一致的标准。这种标准是实践。离开实践，试图从认识或客观对象自身来寻找这种标准都是不可能的。

从表面上看来，真理既然是对事物及其规律的正确反映，从理性认识中就可以找到判明真理与谬误的标准。在哲学史上，唯理论的经验教训，表明这种做法是错误的。例如，笛卡儿就是过分贬低感官的作用，认为它不可靠，只有理性认识自身的自明性才是真理的最高标准。他认为，凡是我们极清楚、极明白地设想到的东西都是真的。虽然笛卡儿把自明性作为真理的标准，对于当时反对经院哲学有一定的进步意义，但是，这种标准是主观的，是不足为证的。笛卡儿根据自己所谓真理的标准，证明上帝存在，认为关于上帝存在的观念和数学真理“同样确实”，就充分暴露了这种标准是不可靠的。事实上，根据这种标准，不仅不能区分真理和谬误，

相反，只能导致混淆真理与谬误，因为错误的观点，在深信这种观点的人看来是非常清楚明白的；反之，头脑为错误的观点所禁锢，即使是无可怀疑的真理，也会被认为是不明确的、含糊不清的。

有些唯心主义者，为了掩盖自己从认识中寻找真理标准的唯心主义本质，提出所谓类意识的问题，把大多数人一致的认识说成是真理的标准，似乎援引多数人的认识，就找到了一个“客观”标准。在哲学史上，极端的主观唯心主义者贝克莱就曾经宣扬过这一看法，他力图把实在的概念和许多人同时对同一个感觉的感知联系起来。例如，他认为，假定有人告诉我们水变成了酒，究竟这是不是正确的呢？如果所有在座的人都看到了酒，闻到了酒，喝了酒，尝到了酒味，并且感到喝酒以后的效果，这就是真实的。很显然，贝克莱试图依靠个人的知觉和集体的知觉的区别来确定他关于真实观念的标准，集体的知觉被认为是最可靠的见证。波格丹诺夫重复贝克莱的思想，提出所谓的集体经验，认为真理“客观性的基础应该是在集体经验的范围内”。诸如此类的论调，到今天仍然可以听到，只是以不同的形式重复着罢了。这种看法当然是错误的，真理性的认识，归根到底会得到多数人的同意，但多数人同意的却不一定就是真理。如果以多数人赞同作为真理的标准，就必然会把暂时属于统治地位的错误观点说成是真理，而把正在为自己开辟道路的真理说成是谬误。这种标准并不是客观标准，而是主观标准，它仍然没有超出人类的主观认识范围。列宁曾经揭穿过这种观点的唯心主义本质，他说，以为用人类的意识代替个人意识，或者用社会地组织起来的经验代替一个人的经验，哲学唯心主义便会消失，这等于以为用股份公司代替一个资本家，资本主义便会消失一样。

由上可见，不超出认识范围，在认识自身寻找真理的标准是错误的。其所以错误的根本原因在于：认识是第二性的，是对客观存在的反映，个体的认识如此，集体的认识同样也是如此。认识是否正确，必须由实践来检验，从这种自身就有待检验的认识中寻找真理的标准，实质上就是封闭在纯粹主观的领域，把主体和客体、认识和实践绝对割裂开来。

以客观对象作为真理的标准是否可以呢？这种看法不同于以认识为标准，它超出了纯粹认识的范围，承认真理性的认识必须和客观对象相一致。这种尊重客观对象的观点是正确的。但是，这种观点并没有解决检验真理的标准问题。真理是认识和客观对象相一致，但如何判明这种一致性？客观对象是不能回答这一问题的。原因有三：

第一，客观对象是本质和现象的辩证统一，本质隐藏在现象后面，是现象的内在根据。人类对客观事物的认识，不是停留在感性认识阶段，而是要由感性认识上升到理性认识，要通过一系列抽象的概念和范畴，深入地揭示事物的本质和规律。人们从可以感觉到的个别的事物中概括出它们共同的本质和规律，然后又企图直接地从具体形态上去感知它，以它作为衡量真理的标准是不可能的。我们不能从现实中拿出价值来证实马克思主义关于价值的理论，任何精密的仪器都不能帮助我们做到这一点，可是能因此说价值论不是真理吗？列宁说，价值是没有感性物质的范畴，可是它比供求规律更具有真理性。不仅关于价值的问题如此，一切理性认识都具有这种特点。当然，理性认识也是对事物的反映，但它是间接的反映，在客观对象中，和概念、范畴相对应的、可感触的一般形态是不存在的。一般只存在于个别之中，并通过个别表现出来。恩格斯在批判经验主义的时候，曾经着重指出过这一点，他说，人们从可以感觉到的事物造成抽象，然后又希望从感觉上去认识它们，希望看到时间，嗅到空间。经验论者深深地陷入了他所习惯的经验的认识之中，以致他以为他在研究抽象的时候自己还在感性认识的领域之中。①

第二，客观对象是认识的对象，也是改造的对象。关于客观对象的真理性认识，不是消极地反映事物，它在人类的活动中往往表现为目的、计划，表现为按照一定途径和方式改变对象的知识。因此，直接以对象作为衡量这种认识真理性的标准是不可能的，因为与这种认识相符合的对象，并不都是以既成形态存在于现实中的，而且在许多场合下，它是作为一种结果，必须通过实践才能实现的。例如，要检验从煤焦油里能取出茜素这一判断，必须通过实验和工业，不经过这种实践，就不会出现从煤焦油里取出茜素这一事实。

第三，以客观对象为标准，归根到底会转到以感官为标准。一方面，客观对象的形态，只有通过感官才能进入人们的头脑，不经过感官，人们

---

① 参见恩格斯：《自然辩证法》，196页，北京，人民出版社，1962。

对客观对象的任何属性都是一无所知的。另一方面，如果把实践排斥在认识论之外，在这种情况下，要判明主观与客观是否相一致，只能凭借自己的感官，说客观对象自身怎样，实际上也就是说我看到（包括通过其他感官）对象怎样，如果不回到以感官为标准，认为客观对象和我们通过感官所感知的对象截然不同，客观对象是一种状态，我们所看到的对象又是一种状态，要是这样的话，客观对象的本来面目就永远也不可能知道，自然也就谈不上以它为标准，因此，要坚持以客观对象为标准，就必须回到以感官为标准，否则，以客观对象为标准在理论上是不能成立的。因此，在唯物主义者看来，承认对象的客观性和承认感官反映的真实性是一致的。费尔巴哈就为我们提供了这方面的典型。费尔巴哈坚决反对唯理论，反对他们从理性自身寻找真理的标准，他承认对象的客观性，承认感官的可靠性，认为感性直观是真理的标准，是客观对象真实性的最可靠的见证。费尔巴哈说："真理性，现实性，感性的意义是相同的。只有一个感性的实体，才是一个真正的，现实的实体。只有通过感觉，一个对象才能在真实的意义之下存在——并不是通过思维本身。"① 他还说："只有那通过感性直观而确定自身，而修正自身的思维，才是真实的，反映客观的思维——具有客观真理性的思维。"② 费尔巴哈强调感官的可靠性是正确的。唯物主义者承认感官所反映的是外界对象，而不是自己的感觉，它能够正确地反映事物。但是，感官的可靠性是一回事，它能否作为真理的标准又是一回事。单纯以感官为标准，是从一个片面走向另一个片面，由唯理论走向狭隘的经验论。事实上，感官也不能作为真理的标准。感官和人类的实践活动、思维活动相脱离，它的局限性是很明显的。如果我们满足于感官的见证，那么全部知识就只能限于回答我们感觉到的事物存在或不存在，只能对它的外部特征进行经验的描述。

因此，纯粹以客观对象为标准，本质上是一种直观的唯物主义。这种观点不是把被认识的客观对象看作实践的对象，看作在实践中不断改变着的对象，正如同马克思所说的那样，他们"对对象、现实、感性，只是从

---

① 《费尔巴哈哲学著作选集》上卷，166 页。

② 同上书，178 页。

客体的或者**直观**的形式去理解，而不是把它们当作**人的感性活动**，当作**实践**去理解，不是从主体方面去理解”。另一方面，这种观点把人类认识看成是对事物简单的、照相似的反映，不懂得把辩证法运用于反映论。

总之，以往的旧哲学，包括唯物主义在内，都没有正确解决真理的标准问题。唯物主义者承认客体，这当然是正确的，但看不到主体的作用；唯心主义者片面地强调主体，结果主体是没有客体的主体，是抽象的自我。他们徘徊于主观与客观之间，或以主观为标准，或以对象为标准，而不懂得主观见之于客观的实践活动。

二、实践是检验真理的唯一标准

在全部哲学史上，只有马克思主义哲学才第一次科学地解决了真理的标准问题。马克思主义哲学认为，实践是真理的标准，而且是唯一的标准，它是真理的试金石，是衡量真理的尺度，只有它才能最终判明什么是真理、什么是谬误。毛泽东同志说过，真理只有一个，而究竟谁发现了真理，不依靠主观的夸张，而依靠客观的实践。只有千百万人民的革命实践，才是检验真理的尺度。

为什么只有实践才是检验真理的唯一标准呢？这是由实践的本质所决定的：

（1）马克思主义哲学是尊重客观对象的，它认为事实胜于雄辩，任何理论正确与否在于它是否和客观对象相一致。因此，我们肯定以客观对象为标准有合理的因素，但是，尊重客观对象并不排斥实践，相反，尊重客观对象和尊重实践是统一的，只有以实践为标准，才有可能杜绝无视客观对象本来面目的主观臆测，真正做到重视客观对象。因为实践活动是感性的物质活动，人们利用一定的工具（包括自己的天然器官），直接作用于对象、改变对象，没有客观对象的实践活动是不可思议的，因此在实践活动中，人们不是以认识和认识进行比较，而是以认识和客观对象进行比较，正是由于实践，使作为观念形态存在于人们头脑中的认识客观化，表现为一定的实践效果，通过实践所达到的结果，使自己的认识受到检验。如果人们实现了自己的目的，达到了预期的结果，人们就有确实的根据，证明人们对于事物及其规律的认识是正确的、主观是符合客观的，反之，如果事与愿违，人们没有达到预期结果，那就证明人们的认识是错误的，主观不符合客观。例如，价值虽然不能为感官所感知，但能为实践所证实。商品生产和交换的实践活动，证明了价值的客观性。如果在经济活动中无视价值的存在，就会产生不好的后果。毛泽东同志说："只有在社会实践过程中（物质生产过程中，阶级斗争过程中，科学实验过程中），人们达到了思想中所预想的结果时，人们的认识才被证实了。人们要想得到工作的胜利即得到预想的结果，一定要使自己的思想合于客观外界的规律性，如果不合，就会在实践中失败。"①

（2）实践高于认识，它不仅具有普遍性，而且具有直接现实性。感性认识具有直接现实性，它是对事物的直接反映，在感性认识中，认识和对象是密切联系的，没有中间环节，我所看到（感觉到）的事物，正是在我们面前的事物。但是，感性认识只接触到个别的事物，是这一事物，或那一事物，它不具有普遍性。和感性认识相比，实践具有普遍性的优点。当恩格斯说单凭经验性的观察绝不能充分地证明必然性时，他同时又指出：必然性的证明是在于人类活动中，在实验中，在劳动中。确实为实践所证实了的原理，是不能为以后的发展所推翻的，它对于条件相同的事物，具有不同程度的普遍性。反之，理论思维虽然具有普遍性，但却不具有直接的现实性，思维和被思维的对象（本质）之间的联系是间接的，而且理论思维也不能直接转化为现实。马克思说："思想根本不能**实现什么东西**。为了实现思想，就要有使用实践力量的人。"② 和理论思维相比较，实践则具有直接现实性，在实践中，人们直接作用于对象，改变对象，客观事物的全部特性和多种联系，都在实践中，并通过实践显现出来。正因为实践具有普遍性和直接的现实性，把感性认识和理性认识的优点结合于一身，在实践中，既能观察到事物的现象又能深入事物的本质，因此，以实践作为真理的标准，就克服了唯理论和经验论的错误，但它也并不排斥感官和理性思维的作用，它以扬弃的形式包括这两者在内，没有任何片面性的局限。

---

① 《毛泽东选集》，2版，第1卷，284页，北京，人民出版社，1991。
② 《马克思恩格斯全集》，第2卷，152页。

（3）实践是检验真理的客观标准。列宁一再强调实践标准的客观性。他说，行动的结果是对主观认识的检验和真实存在着的客观性的标准。还说，人的和人类的实践是认识的客观性的验证、准绳。如果实践标准不具有客观性，就不可能作为检验真理的标准，因为客观真理是不能由主观标准来衡量的。

从检验真理的角度来看，实践标准的客观性在于：其一，实践不同于观念形态，它是感性的物质活动。虽然实践包括思维活动，但不能归结为思维活动。实践活动的本质是主观见之于客观，它通过一定的物质手段，直接作用于客观对象，而且这一过程是在人们头脑之外进行的。其二，实践的效果不决定于人们的主观愿望，而决定于事物发展的规律，即使人们抱有"善良"的愿望，也并不一定就会有良好的效果。只要人们的认识错误，违背客观规律，并据之以行动，就必然会遭到失败；反之，真理性的认识，在实践中则最终会达到预期的效果，凡是真理性的观念总会转化为客观现实，当然，个人的才能、经验，对于实践效果也会有着不同程度的影响，但却并不能改变实践效果的客观性质。任何"英雄""好汉"，只要是主观愿望和客观现实相对立，就都不可能获得成功，而坚持真理，为真理冲锋陷阵，即使暂时缺乏经验、知识，通过不断的实践，归根到底也仍能达到预期的效果。因此，从长远来看，从本质来看，主观认识和实践效果之间有着一定的规律性的联系：错误的认识在实践中一定会失败，真理性的认识一定会变成现实。要是实践效果和认识的错误与正确无关，纯粹因人而异，它就不可能作为检验真理的客观标准。其三，不管人们的预期目的达到与否，当人们的认识通过实践而客体化之后，就成为在人们头脑之外的客观事实。成功是事实，失败也是事实。尽管有些人可以颠倒是非，对实践效果进行歪曲的解释，把失败说成是胜利，从而把错误的观点说成是真理，但是实践的效果是客观的，是否认不了的，因为它已经不是观念形态，而是既成的事实。这些事实一旦产生之后，就将以它的物质力量在社会生活中起作用，并迫使人们不得不承认它。

承认实践效果的客观性，是马克思主义和实用主义关于真理标准的分水岭。实用主义也强调所谓的"行动的效果"，认为"行之有效的就是真的"。事实上，实用主义所谓的效果不是客观效果，而是主观效用。虽然实用主义也引用“实践”，但在事实上，它仍然是唯心主义的，这种标准以自我为中心，凡是对我有用的就被说成是真理。列宁说过，在唯物主义者看来，人类实践的“成功”证明着我们的表象和我们所感知的事物的客观本性的符合。在唯我论者看来，“成功”是我在实践中所需要的一切。

实践是检验真理的客观标准，任何真理都必须由实践来检验。但是，真理是具体的，是关于特定对象的具体认识，因此，在考察真理的标准时，必须注意到检验方式的多样性。

第一，有些理论可以直接在生产实践和阶级斗争的实践中受到检验，而有些却不能这样。试图直接以当前的生产斗争和阶级斗争为标准，判明诸如老子是唯物主义者或者是唯心主义者之类的论断的真理性是不可能的。人类的认识史表明，凡是能够在现实的实践中受到检验的问题，一般说来，是不会长期争论的，实践要求解决这些问题，也能够比较迅速地解决这些问题。反之，离现实的实践较远，争论的时间可以愈久。但这并不是说，这些问题是无法检验的，可以各是其是、各非其非，它最终仍要由实践来判明。当前的实践是以后的历史，而现在的历史则是过去实践的凝结。因此，检验这类判断真理性的实践标准，特殊地表现为经过科学研究实践所分析过的历史事实，只有全面的、确实可靠的历史资料，才能据以衡量这种判断的真理性。

第二，有些理论，主要是自然科学的理论，可以通过科学实验来检验。科学实验是通过一定的设备对自然现象进行分解、组合或再现，因此，它不是消极地接受现象，而是积极地、能动地作用于对象。在自然科学中，科学实验是检验真理的方式，在科学实验中确实证明了的理论，具有客观真理的性质。当然，科学实验是受生产实践所制约的，科学实验的目的归根到底是为了生产，由于科学实验和实际生产过程的条件不一样，在推广实验成果时，还必须在生产实践中不断得到修正、补充和发展。把科学实验和生产实践对立起来是不正确的。

但是，也有许多理论是不能在科学实验中检验的。例如，关于人是从类人猿发展而来的判断，就不能通过实验室中重复这一过程受到检验。但也不能根据这一点，就认为这一理论不能由实践来证实。不能由实验检验，不等于不能由实践检验。科学实验只是检验真理的一种方式，而不是唯一的方式。事实上，这一理论仍然是由实践来检验的。古生物学、比较解剖学的科学实践，以及地下所发现的类人猿的残骸，已经证实了这一判断的真理性。

第三，自然科学理论主要是由生产实践和科学实验来检验的。在判明自然科学中的某一原理是真理还是谬误时，引用阶级斗争的实践是不正确的。例如，关于遗传和变异的问题，只能由生物科学研究和有关的生产实践来解决。反之，关于阶级斗争的理论主要是由阶级斗争的实践来检验，把在自然界里所观察到的现象移用于社会，作为某一理论正确性的根据，如用某些生物有“共存”现象，证明人类“互助”论，用“自然淘汰”证明社会达尔文主义或马尔萨斯人口论都是根本错误的。一种理论的真理性，只能由与其相关的实践来检验。它所涉及的对象的范围愈广泛，用以检验这种理论的实践就愈丰富，如马克思主义哲学就是如此，它能为全部人类的生产实践、阶级斗争的实践和科学研究实践所证实。

在考察作为检验真理标准的实践时，还必须注意它的绝对性和相对性。这不仅是关于实践的问题，而且是关系到整个真理论的原则问题。不了解实践的辩证本性，对于真理的客观性、绝对性、相对性和真理是无限发展的过程等等重要的原理，就都是不可能理解的。因此，只有把辩证法彻底运用于反映论，坚持实践标准的相对性和绝对性，才能和唯心主义、不可知论以及形而上学的真理观划清界限。列宁说过，实践标准是这样的“不确定”，以便不至于使人的知识变成“绝对”，同时它又是这样的确定，以便同唯心主义和不可知论的一切变种进行无情的斗争。

实践标准是绝对的，这包括两层意思：其一是，实践是检验真理的客观标准，凡是经过实践检验过的真理，都是客观真理，都包含有绝对真理的因素。其二是，实践是唯一的标准，任何理论的真理性，归根到底都要由实践来检验，这一点是无条件的、绝对的。

实践标准又具有相对性。有些同志把实践标准的相对性理解为此时此地为实践检验过的正确认识在另一条件下可能是不正确的，这种看法并不正确。实践标准并不是纯粹此时此地的标准，而是具有普遍性的标准，凡属确经实践检验过的真理，都是不能被推翻的。人们把经过实践检验过的真理，不适当地移用于另一个领域，使真理由于过度而转变成谬误，这并不是另一种实践驳倒了为实践所检验的真理，而是人们错误地对待真理。实践标准的相对性不是它不可靠，而是表现在以下三个方面：

第一，任何实践都是一定历史条件下的实践，实践在自己发展中的每一个具体历史阶段，都不可能完全证实或推翻现存的全部理论。例如，燃素说在历史上统治了百年之久，直到18世纪，拉瓦锡根据普里斯特利和他自己的实验，发现了氧气，才证实了燃素说的错误。随着实践的发展，不断地证实和推翻原有的假说，但同时又产生新的假说。假说，特别是互相对立的假说的存在，表明每个时代都有未被证实的认识。

第二，经过实践检验过的真理包含有绝对真理的因素，但由于实践的历史性，它必须为以后的实践所发展、丰富和补充。其所以如此，是因为每个时代的实践，都会通过各种方式制约着人们的认识，使它带上时代的局限。首先，不同的实践水平有着不同的认识对象。有时人们总以为自然科学的对象永远是同一的，是同一个自然界，其实不然。问题不仅在于自然界的变化，而且不同的实践水平还会“产生”不同的认识对象。例如，微观世界是从来都存在的，但却不是任何时候都是认识的对象，只有在一定的实践水平下，才是认识的对象。在社会生活中这一点更加明显。社会生活在本质上是实践的，不同时代的实践，意味着有不同的生产方式、不同的阶级状况，因而也就相应地有不同的认识对象。其次，不同的实践决定着认识对象的不同方式和途径。例如，以实验为基础的自然科学是和资本主义生产发展密切相联系的。我们可以断言，随着工农业的发展，实验方法和实验技术亦将随之改善，人们能够更准确、更详细地观察自然现象，揭示它的新的属性、关系和规律。最后，实践还决定了人们的智力和抽象思维的水平。这一点，在较短的时期内不容易显现出来，但这种制约性是存在的。恩格斯说过，人的智力是按照人如何学会改变自然界而发展的，每一时代的理论的思维（我们这一时代的理论的思维也是如此）都是一种历史的产物，在不同的时代具有非常不同的形式，并且具有非常不同的内容。人的智力和理论思维水平，对于人类认识客观真理有着重要的影响作用。由此可见，在一定条件下为实践所证实了的真理并不是最终的永恒真理，而是导致更深刻的认识的必经阶段。

第三，实践检验真理是一个过程。在生产中、在科学实验中，某一项理论的真理性，有时要经过几十次、甚至几百次的实验才能证实。在政治生活中判断某一措施的正确性同样需要一段时间。我们党的根本政策是正确的，它经得起实践的检验，而且实践的时间愈长，就愈能显示出它的正确性。检验真理需要一个过程，因为在实践中有着各种主观和客观的因素起作用，例如在科学实验中，即使是偶然因素的干扰，都会使实验达不到预期效果。正是通过不断地实验，纠正实验中的错误，使实验一次比一次更准确，从而使客观真理最终被证实。

当然，实践标准的相对性和绝对性是统一的，在相对之中存在绝对，每个历史阶段的实践所不能解决的问题，将在整个人类的实践中不断获得解决。

实践是检验真理的标准，但不是消极地判断是非，而是通过检验，清洗人类认识中的错误，使真理得到发展，因此检验真理和发展真理是同一个过程。

三、逻辑证明的必要性及其作用

马克思主义哲学坚持实践是检验真理的唯一标准，但并不排斥逻辑证明在认识过程中的作用。逻辑证明在科学思维中是绝对必要的。这种必要性，并不像某些同志所说的：有些理论不能由实践来检验，必须求助于逻辑证明。这样的设想不仅是把逻辑证明作为真理的标准，而且是把它置于实践之上，认为它可以判明实践所根本不能检验的问题。这种看法是错误的。任何理论的真理性，最终都能为实践所证实。如果一种观点任何时候都不能被实践证实为真理，那么它在理论上也不可能有合乎实际的逻辑证明。在哲学史上，唯心主义哲学家曾提出各种关于上帝存在的证明，事实上，这种证明是以盲目信仰为基础的，是玩弄空洞的类比、无聊的牵强附会，根本经不起反驳。试图对在实践中根本不能被证实为真理的观念进行证明，除了诡辩之外，别无他法。

逻辑证明是真理论的一个必要环节，它和真理有着密切的联系：第一，可证明性是真理性认识的重要特征。客观真理和独断主义、信仰主义是不相容的，它不仅经得起实践的检验，而且在逻辑上是经过证明的，或者是可以证明的。黑格尔曾经说过，真理既是真理，就必须证实其自身为真理。这句话是有合理因素的，一种观点，在理论上根本不可能予以合乎逻辑的证明，经不起反驳，那它就绝不可能是真理。第二，一般说来，真理性认识是属于理性认识，是关于事物规律性的认识，它不同于感性认识。感性认识不需要证明。谁要是想从逻辑上证明：我所看到的这株牡丹是红的而不是白的，我所吃到的梨是甜的而不是酸的，那只能是烦琐的议论。中世纪的经院哲学家对于田鼠是否有眼睛争论不休，而根本不打算看一看田鼠，就是这种烦琐哲学的典型。可是，当问题不是涉及事物的外部特征是什么，而是为什么，即进入到揭示现象的根据和本质时，则要求逻辑证明。因为在客观事物中，根据和规律是内在的，是事物之间的本质联系，它不能为感官直接感知，因此，从理论上把握这种规律，要使这种论断具有说服力，就必须提供充足理由。第三，逻辑证明本质上是理论思维活动，它在真理性认识过程中是必不可少的。即使在通过实践检验真理时，也伴随着逻辑证明，即存在着对实践效果的理论分析。排斥逻辑证明，就会走向狭隘的经验论。

逻辑证明的作用是个很复杂的问题，特别是随着理论自然科学的发展，对许多问题都需要进行专门的研究。从原则上来说，逻辑证明并不是真理的标准，而是借助一些正确的判断，通过推理，从理论上确认某一判断真理性的逻辑方法。它的作用不是最终地判明真理，而是探索真理、理解真理（包括表述真理）。这种作用，从下面关于逻辑证明可以先于实践检验，以及被实践检验过的真理同样要求逻辑证明可以看得出来。

逻辑证明对于尚未被实践检验的理论是必要的。逻辑证明可以先于实践检验，这是科学认识发展的一条规律。在这里，逻辑证明起着探索真理的作用。因为假设是科学发展的形式，任何科学理论都经历过假设的阶段，在实践检验后，由待证的假设转变为确证的真理。科学假设并不是孤立的判断，而是一个相对完整的体系，它建立在被实践检验过的理论和一定的事实材料的基础上，在假设中，这些材料和理论并不是偶然堆积在一起，而是经过论证的，换句话说，即在科学假设中，就包含着对假设观念的逻辑证明。例如，在自然科学中，牛顿在理论上确定了地球是扁圆的，很久以后，卡辛尼及其他几个法国人才根据他们实践的测量断言地球是椭圆的，并且以极轴为最长。[①] 在自然科学中，实验总是为了检验某一理论，而不是盲目的、任意的，就充分表明了逻辑证明先于实践检验这一特点。在社会科学中也存在同样的情况。例如，马克思根据资本主义的经济和政治状况，在理论上对于资本主义必然为社会主义所代替进行了充分的论证，而这一理论的实践检验，主要是在马克思逝世以后的俄国十月革命、中国革命和其他各国的社会主义革命中。毛泽东同志说："许多自然科学理论之所以被称为真理，不但在于自然科学家们创立这些学说的时候，而且在于为尔后的科学实践所证实的时候。马克思列宁主义之所以被称为真理，也不但在于马克思、恩格斯、列宁、斯大林等人科学地构成这些学说的时候，而且在于为尔后革命的阶级斗争和民族斗争的实践所证实的时候。"[②] 这段话深刻地说明了逻辑证明先于实践检验，因为在科学地构成某一理论时，就包含着对理论的逻辑证明。

逻辑证明先于实践检验，在实际工作中也是存在的。人们对于某项工程设计、某一方针计划在其付诸实践之前，对它的正确与否，可以先从理论上加以审查。如果认为，人们对于任何方针措施，在实践检验之前，无权加以选择，对它的实际后果不能预先予以估计，实际上是否认了理论思维的作用。我们完全可以合理地设想，人们对同一项工作不是提出一个方案，而是二个三个，甚至无数个，如果必须一一加以检验之后，才能决定取舍，不仅财力、物力、时间不允许，而且也没有必要。某些方案由于它明显的理论错误，也许连实验的价值都没有。因此，人们对某一项措施，可以根据人类已有的知识和经验，对它是否切实可行提出初步的估计。

即使是对已经为实践所证实了的真理，也同样要求逻辑证明。这种理论上的论证，是把实践经验上升为系统的理论形态所必需的。否则，只能知其然，而不知其所以然。人们对已知真理能否证明，表明人们的理论思维水平，表明人们对真理理解的深度。例如，在学习数学时，如果一个学生仅仅知道"三角形三内角之和等于两直角"，而根本不知道如何证明它，

---

① 参见恩格斯：《自然辩证法》，170页。

② 《毛泽东选集》，2版，第1卷，292～293页。

这表明他并不了解这一命题。社会科学同样如此。马克思主义是已经为实践所证实了的真理，而且是严密的科学体系，其中每个论断都是有充分的理论根据的。如果我们学习马克思主义，仅仅知道一些原理，而不知道如何去论证，例如，仅仅知道资本主义必然灭亡，而不知道为什么，那还不能算是真正掌握了这一原理。在哲学史上有这样一个故事：芝诺否认运动的真实性，犬儒学派的第欧根尼用步行来反驳芝诺，证明运动是确实的。当一个学生满足于这种反驳时，第欧根尼用手杖打了这个学生，其理由是：先生既提出了理由来辩驳，学生也应当提出理由来反驳。因此，不应该满足于感觉的确实性，而必须去理解。列宁对这个故事很感兴趣，他说“不坏”，并由此作出了一个很重要的结论：问题不在于有没有运动，而在于如何在概念的逻辑中表达它。换言之，即不仅要承认运动的客观性，而且要善于对已经为实践所证明了的客观运动加以理论上的论证。

承认逻辑证明的作用，是否违背了实践是检验真理的唯一标准呢？并没有。逻辑证明不是纯粹思维的力量，在逻辑证明的各个环节中起决定作用的仍然是实践！

第一，逻辑证明要求论据是正确的。任何一个判断，如果它的真理性未被证实，就不能引为论据。而正确的论据则是来自实践，并为实践所检验了的。

第二，仅仅论据正确还不够，还必须正确地运用思维规则来进行推理。这一点十分重要，否则，即使论据正确，也不能证明论题的真理性。在证明中，判断之间的合乎规律的联系是客观联系的反映。正如列宁所说的那样，逻辑形式和逻辑规律不是空洞的外壳，而是客观世界的反映。正是在人们的实践中，经过千百万次的重复，客观事物的联系才在人们的意识中以逻辑的格的形式固定下来。

第三，经过证明了的论题是否正确，最后仍然要由实践来检验。如果是对已知真理的证明，在证明之后当然不必检验，因为它在被采作论题时，就是已经为实践所检验了的真理。在这里，逻辑证明是表述，或者是把实践经验上升为理论形态。反之，如果论题是未被实践检验的，则在经过逻辑证明之后，仍然要付诸实践，假设中的证明就是如此。再严谨的、再科学的逻辑证明都不能代替实践检验，它只能从理论上说服别人相信它有可能是真理，但却不能绝对肯定它已经是真理。

为什么经过逻辑证明的结论还需要实践检验呢？根据笔者个人不成熟的看法，大致有以下几个原因：

首先，论题与论据联系的形式上的正确，它们之间没有逻辑矛盾，并不等于它就是真理。因为真理的本质不在于判断之间的一致性，而是在于它是否正确地反映了客观对象。人类的认识史表明，有一些言之有理、持之有故的“理论”，后来却被实践证实为谬误。因此，逻辑形式上的正确性是否定的而不是肯定的，违背它一定错误，符合它却并不就等于正确。

其次，即使论据正确，其结论在很多情况下也必须经过实践检验。因为逻辑证明不能限于类种关系，限于在论题中重复论据的思想，如用“凡金属均能导电”，“铜是金属”来证明“铜能导电”。这种直线式的演绎证明，其结论之所以真实可靠，是因为在论据中已经全部包含了需要证明的东西。当论题超出类种关系，它揭示了事物的特殊属性和多种关系，增加了新的知识，就不能从作为论据的一般命题，纯粹演绎地直接推出来，而是要和具体分析相结合，至于这种分析结果是否正确，并不能由据以出发的理论的正确性得到证明，而必须由实践来检验，因为分析有可能是错误的。

最后，人类已有的知识总是有一定局限性的。在实践过程中会不断地出现新情况、提出新问题，虽然人类已有的知识有助于人们解决这些问题，但却不可能找到现成的答案，否则，认识就不可能会有进一步的发展。因此，人类在根据已有的知识来判断一种观点、考察一种现象时，也可能会由于知识的局限和客观事物自身的发展而作出不正确的结论。

正因为逻辑证明是思维活动，它不是真理的标准，因此，单纯依靠逻辑证明是驳不倒唯心主义和不可知论的。这一点，马克思主义经典作家早已有过指示。恩格斯说，对于不可知论是很难单单用论证去驳倒的，列宁也说过，单靠论据和三段论法是不足以驳倒唯心主义的，这里的问题不在于理论上的论证。如果局限于逻辑证明，就是试图在认识范围内解决真理与谬误的问题——而这只能导致永无休止的争论。

逻辑证明必须和实践检验结合起来，既要有事实根据，又要有理论分析。逻辑证明和实践检验的统一，从本质上来说是理论与实践的统一。马克思的《资本论》为我们树立了把这二者结合起来的光辉典范。列宁说，在这里，在每一步分析中，都用事实即用实践来进行检验。

（原载《教学与研究》，1963（4））

12. 哲学家的哲学意识和历史使命

以1978年5月11日《光明日报》发表的《实践是检验真理的唯一标准》的文章为起点的全国性的关于真理标准的大讨论的巨大意义，是众所周知的，而且随着改革的深化更日益显示出它的意义。没有这次大讨论就不可能从理论和思想上破除“两个凡是”思想的束缚，就不可能形成以邓小平为核心的第二代领导新集体，就不可能迈开改革开放新政策的步伐。一句话，中国就仍然不能摆脱“文化大革命”后的困境，而只能在“左”的路线轨道上继续陷于灾难，从而也就根本不可能有中国现在这样的新局面新形势。从政治角度来看，这次大讨论是中国社会发展的转折点，它所具有的全民思想解放意义是怎样估计都不过分的。

我在这里着重从一个哲学工作者的角度，谈谈从这次大讨论中得到的几点启示。

第一，我们经常说，哲学是时代精神的精华。人们往往容易把这个命题看成是新哲学体系的创造，似乎与我们普通的哲学工作者无关。这样一来就只有某一哲学的出现才与时代有关，而马克思主义哲学原理的应用，也就永远达不到把握时代精神精华的地步。关于实践是检验真理标准的讨论给我一个新的认识。实际上，具有真理性的新的原理的创造对于一个哲学工作者来说固然重要，而能够根据时代的需要结合实际应用马克思主义基本原理解决时代面临的问题同样是个创造。马克思说过世界历史的发展就是不断提出问题并解决问题。谁能正确回答历史提出的问题谁就是在创造。《实践是检验真理的唯一标准》的意义，正在于它抓住了在粉碎“四人帮”以后中国应该向何处去的问题，是率由旧章还是改革旧的体制和制定新的路线政策的大问题。实践是检验真理的标准的命题是老的，可是中国面临的问题却是新的。用一个似乎是老的命题回答了一个关系到中国人民和国家命运前途的大问题，这说明了什么？说明似乎是陈旧的马克思主义原理的真理性和威力。

可问题是懂得这个原理的人不少，几乎可以说任何一个哲学教员都讲授过这个原理，或许有的还写过这方面的文章，但却并不是任何人都能意识到处在粉碎“四人帮”后的中国所面临的问题，以及从理论上看出解决问题的关键是什么。这说明，马克思主义哲学要发挥作用，就必须面对实际、面对时代，而不能只是在抽象的原理甚至概念中打圈圈。这就是我所说的哲学家的哲学意识和使命感的问题。马克思说过，哲学家绝不能做沙漠里的高僧，绝不能只是面对自我，醉心于自我直观即我们中国哲学所说的向内用力，而必须面对现实。我们社会主义国家的哲学家必须具有的哲学意识是实践的意识，即哲学应该为实践服务的意识，而不是“玩哲学”，即把哲学当成概念游戏满足于思辨的爱好。我们的使命是用哲学的方式为建设有中国特色的社会主义服务。我可以断言，在有中国特色的社会主义建设中会不断提出问题，其中包括哲学问题，或者最后会上升为哲学问题。我们哲学工作者要有为社会实践服务的哲学意识和使命感。当然实践是检验真理的标准的讨论的倡导者，从根本上说是邓小平，是当时坚持反对“两个凡是”的某些中央领导。可放第一枪的哲学家们的作用也不可低估。他们自觉地为实际服务的哲学意识符合时代的需要，这就是功劳。这个功劳从哲学工作者的角度来看，就是有自觉的哲学意识和历史使命感。

第二，哲学的作用是长期的。有人说，“真理标准”的文章恰逢其时，符合需要才能有这种作用；现在这个问题已解决了，谁再写这样的文章就会被视为反对改革开放政策。这个说法我以为是不对的。一篇有影响的文章总是有针对性的。现在并不存在 1978 年前后的情况，当然没有必要把同样的文章当成与 1978 年的文章具有同样的政治和理论意义。可这绝不是说，这个原理现在不适用了，只能用一次，而是说，随着改革开放的深入，我们会遇到许多新问题，在这些新问题面前同样要坚持实践标准。我们在改革过程中不断总结经验，调整政策，根据是什么？就是实践经验。

从计划经济到有计划的商品经济、到计划与市场结合、到社会主义市场经济的确立，这个过程就是继续沿着实践是检验真理标准开辟的道路前进的。邓小平提出“三个有利于”作为判断改革的措施和政策正确与错误、成功与失败的标准就是实践标准的新发展。马克思主义者不是实用主义者。一个正确的原理绝不能只适用于一时一地，只适用于他人而不适用于自己。我们在整个改革开放过程中甚至在整个社会主义建设过程中都必须坚持这个原理。我们党坚持的实事求是、解放思想的路线，其中就贯穿着实践标准。究竟是不是真的实事求是，标准是什么？只能是实践。究竟是不是真的解放思想，标准也只能是实践。离开了实践是检验真理的标准，是否真的实事求是和解放思想都难以判断。而且我们对邓小平理论的理解不仅有个全面准确的问题，还有个坚持和继续发展与推进的问题。这都离不开实践。《实践是检验真理的唯一标准》的政治和思想解放意义具有特定的历史性。但这个原理的真理性是普遍的，它不会随着某个时期特定问题的解决而终结它的真理性。所以我们从纪念真理标准讨论 20 周年得出的结论是，只有高举邓小平理论旗帜，尊重实践，不断总结经验，我们的改革才能始终沿着正确的方向前进。

第三，实践标准讨论的意义也为我们的哲学发展指出了一条正确道路。哲学家们都热切地关心并讨论 21 世纪中国哲学发展的道路。我认为，中国哲学发展的道路，仍然是马克思主义与中国实际相结合的道路。毛泽东思想走的是这条路，邓小平理论走的也是这条路。这条路的本质是马克思主义中国化，即把马克思主义基本原理应用于中国实际，从而创造性地推进马克思主义。这一原理一旦与实际相结合，从中生发出来的新的内容以及它的实际效果就会远远超出原来基本原理的范围。这就叫坚持与发展的统一。正如实践是检验真理的标准一样，一旦与中国实际相结合，它的内容和作用是无可比拟的。有些人认为马克思主义哲学基本原理陈旧，意在创新，来点新花招。我总是说问题不是面孔的新与旧，而在于真与不真。一个具有真理性的哲学体系，只要密切结合实际（包括自然科学成就和人类的社会实践），是能够不断增值的。相反，没有真理性，任何所谓的创新都是经不起实践碰撞的泡沫。在马克思主义哲学产生以后，西方出现过不少哲学家和新的哲学体系，可真正能解决人类命运、指导科学研究的并不多。当然多了一些学者、多了一些哲学家，但我们作为马克思主义哲学追求的并不是这个。我们需要的是发挥实践检验真理讨论所蕴涵的精神，即在实践中运用马克思主义哲学，面对实际中提出的问题，着力解决实际问题。只有这样，马克思主义哲学才能永葆青春。试图离开马克思主义哲学基本原理，另起炉灶，我认为是没有出路的。列宁的话是对的，沿着马克思的理论的道路前进，我们将愈来愈接近客观真理（但绝不会穷尽它）；而沿着任何其他的道路前进，除了混乱和谬误外，我们什么也得不到。这是真理标准大讨论昭示的重要结论，也是 20 年来哲学社会科学发展道路的一个小结。

（原载《当代视野中的马克思主义哲学》，
苏州，苏州大学出版社，1999）

13. 论马克思主义哲学本体论及其当代价值

一、没有关于本体论的理论，就没有哲学

哲学中的本体论问题，学术界争议颇多，其中既有关于译名的争论，也有关于本体论自身的争论。我认为，我们不应该拘泥于本体的词义学考证，也不能因为各种唯心主义的、神学的，以及旧唯物主义形而上的本体论而否认它在哲学中的地位。哲学中本体论存在依据的最深层的根源不是人的哲学思辨，我们不能依据某些错误的本体论观点而对本体论作为哲学问题采取拒斥态度。本体论问题存在的必然性和必要性是人的实在处境和生存需要。人生活在世界之中。人是生活于世界中的人，人面对的是人的世界。人的生存依赖世界，人必须了解世界和改造世界。作为不同于具体自然科学的哲学学说不能无视这个最根本的事实。对客观世界的具体把握是实证科学，而对包括人自身在内的世界的总体性把握是哲学。世界如何（它的本质和状态）属于本体论问题；世界如何认识（认识世界的途径、方法和规律）属于认识论问题；世界的意义（应该如何）属于价值论问题；如此等等。任何一个够得上称为哲学问题的问题都必然直接或间接地与世界客观实在性问题相关联。在哲学史上哲学领域不断分化又不断扩大，新的问题会不断出现。但无论怎样变化，对世界自身的认识始终是它的基础部分。本体论问题并不能涵盖全部哲学，但本体论问题的解决方式，对一个哲学体系具有基础性的决定性意义。

世界是唯一的，但关于世界存在的本体论学说却是多样的。我们可以不同意本体理论中的思辨形而上学学说，不同意柏拉图、黑格尔的理念论

和绝对观念论，不同意生命哲学、唯意志主义哲学以及各种非理性主义的本体论学说，但我们不能反对本体论问题。不能把马克思主义哲学的变革归结为对本体论问题的抛弃。其实即使是拒斥本体论的哲学仍然是以拒斥的形式包含着一种对世界实在性的看法。尽管自古至今，各种各样的本体论学说都是为自己的哲学体系寻求基石，主张各异，但从根本上说它的核心始终离不开人类面对的世界即存在，问题只是它以什么样的哲学观点对存在进行诠释。

马克思主义哲学本体论的立足点不是为了构造哲学体系，也不是寻找所谓安身立命的依据，而是建立既能认识世界又能改造世界的不同于以往的哲学。马克思主义科学世界观的可能性、必要性和客观基础，都是以对世界的本质和人与世界关系的科学理解为依据的。离开世界本身争论世界观问题，以及争论所有的哲学问题都无异于民间笑话中瞎子断匾，自说自话。

本体论问题并不单纯局限于世界的本性问题，它关系到认识领域、实践领域、生活领域中的种种问题。实践是对象化的活动，对象化的活动必须有对象，而对实践的看法取决于对实践对象的看法。康德的实践理性、黑格尔的实践观念，虽然都强调实践但并不改变它的唯心主义本性，因为它对世界的看法是唯心主义的或者是二元论的。认识是对象化的知识，它必须有对象才可能有认识。因而认识论的性质取决于本体论的性质；唯理论与经验论都各有唯心主义与唯物主义之分，这并不取决于理性与经验自身，而是取决于它的本体论前提。马克思主义也强调哲学必须从天上降到地上，反对德国的思辨哲学，但马克思主义的生活世界、现实世界或者像他们所说的实际生活都是以自然界优先地位为前提的人的现实生活世界，即在人与自然关系基础上发生的包括经济生活、政治生活与思想生活在内的人的实际生活过程。它既有主客体关系又有以物为中介的人与人的关系。社会生活在本质上是实践的，而实践就内含着人与自然、人与社会、人与自我的关系。否则任何实践活动都不可能进行。如果把生活世界只看作主体际世界，主体的经验世界、语言世界，这种生活世界的转向与把哲学归结为追求现象背后的理念和绝对观念的思辨哲学相比，有一定的合理性，但很难说是哲学的根本转折。因为当主体性和主体际关系失去一般唯物主义本体论特别是历史唯物主义的支撑时，双脚仍然跨不出唯心主义的领域。因此在我看来，所谓现代哲学的种种转向，如认识论转向、语言学转向、方法论转向、价值论转向、实践论转向、人学转向等等，实际上是哲学研究重点和主题的变化，它不可能绕开世界的客观性问题。我们可以毫无例外地在这些重大问题上看到哲学性质的分歧。

从哲学发展看，本体论不是一成不变的。中国哲学与西方哲学，在古代与现代都各有特点。在西方古希腊时期，本体论表现为对宇宙起源和世界物质构成统一性的追求。这表现为哲学童年时期的宗教与神话在哲学问题中的继续。创世说、起源说，是任何民族的神话中都存在的原始人对自身起源的追问，也是宗教创世说所提的世界起源问题。不同的是，当人类不是以幻想的神话方式也不是以上帝创世说的方式，而是以理性思维的方式解答这个问题时，它就变为一个哲学问题。在古希腊，由于自然科学与哲学是浑然一体的，科学尚未从哲学中分化出来，因而古希腊的本体论对问题的回答既是哲学的又具有自然科学的色彩。在西方，当实证科学逐步从哲学中分离出来，从宗教与神话怀抱中挣脱出来，哲学对本体论的提问，就摆脱了起源说和创世说的方式，变为纯哲学的问题，变为在人与世界的现实关系中，在人的思维与存在的关系中来思考世界的客观实在性问题。它的提问不是世界的起源和物质构成的问题，而是存在与人的思维的关系问题。存在和思维这两者都是现实的，思维就是人的思维，而存在就是人所面对的世界。这个第一性和第二性的问题，实际上也就是我们面对的世界是真实的客观的世界还是在它背后还有一个决定和产生现实世界的世界。这个产生现存世界的存在物，无论称之为理念、绝对观念或是主体的感觉、观念都是一样的。因为依赖观念的世界，当然是非客观的世界，它只是观念的变形和投影。

本体论是任何哲学都不能摆脱的问题，它是哲学中的根本性问题，是哲学不同于非哲学的一个本质性规定。中国传统哲学中同样有本体论理论。这突出地表现为道家关于道和儒家关于心性的学说。当然，中国传统哲学以人生哲学和伦理哲学为主导特色，因此道家的道变为德，而儒家的发明本心往往转变为道德修养的最高境界，因而中国哲学的本体论学说没有西方哲学那样浓重的纯逻辑的范畴体系色彩。但是，不能认为中国哲学没有本体论学说。当然，哲学家并不一定以本体论为重点来构建自己的哲学体系，哲学是多种多样的，更不用说在不同时代哲学会面对不同的问题。有认识论问题、语言问题、非理性问题、欲望问题、意志问题、人的问题，以至当今的文化哲学、环境哲学、伦理哲学、生态哲学、经济哲学，可以说，哪里有问题哪里就有哲学。哲学会出现在任何具有普遍意义的问题的地方。但是无论哲学如何多样，只要是哲学，是哲学的思考方式，它就有一个本体论的前提。这个前提可以是显性的，也可以是隐性的。这种本体论前提决定它的整个哲学的性质和方向。有个哲学家说过："每一种认知论——即使它本身意识不到或不怎么愿意——也必然是一种本体论（这种理论一方面探究实体是什么，一方面探究对实体所作的思维是什么，然后把两者作一比较）。由于有这种关系，有时思维被视为根源于实体——这是实在论的观点，有时实体的结构被认为导源于思维的作用——这是唯心论的观点。不管怎样，这种关系是不能置之不理的。"①

世界观是自古就有的，但它的科学性经历了很长的过程。恩格斯在《法学家的社会主义》中曾从世界观发展的角度总结过从宗教世界观经历"资产阶级的经典世界观"即法学家世界观——关于自由、平等、博爱的抽象人道主义世界观，到马克思主义的科学世界观的历史过程。科学世界观就是能科学地把握世界的客观本性，把握人与世界的辩证关系和为人类提供认识世界和改造世界方法和途径的世界观。其中具有基础性的问题是世界的本性和状态，即世界的本质和辩证发展规律问题。可是世界的客观性问题是所有哲学问题中最困难最难以解决的问题，这是由人类存在的方式和人的认识自身的特点决定的。由人提出和证明可以有一个在人的意识之外不依赖人的意识的存在，这就是一个悖论。这个悖论的存在，证明本体论的问题与认识论不可分。要使本体论问题得到一个具有科学性的解决方式，必须走出认识论自我中心的困境。

二、主客体认识关系中的本体论困境

人所面对的世界是包括人和人类社会在内的世界，也就是说世界是人

---

① 《什么是哲学?》，45页，北京，商务印书馆，1996。

的世界。这样人无法撇开人自身、撇开人作为主体来谈论世界，谈论世界的客观性。主体与客体的关系、认识与认识对象的关系是人类认识中永恒的任何时候都不可能摆脱的关系。这种关系的存在并不能把本体论化为认识论，或者否定本体问题的重要性，而只能更加证明本体论问题存在的必然性和在哲学体系中的决定意义。可是主客体关系的存在，的确使世界客观性问题变得更为复杂。正是由于人与作为认识对象的世界之间的认识论关系，使世界客观性这个最根本的本体论问题长期聚讼纷纭、争论不休。

旧唯物主义者离开主体谈论世界的客观性。这种纯客体论者虽然坚持唯物主义，强调世界的客观性、强调按照世界本来面目认识世界，可它无法解决什么是世界本来面目，人何以知道世界本来面目？难道世界的本来面目不是被人意识到的内容吗？难道人对世界的认识能不附加任何外来的内容吗？在旧唯物主义纯客观主义范围内无法解决这个认识论难题。唯心主义者的确抓住了旧唯物主义的要害，他们认为，撇开主体谈论世界客观性问题，就是谈论处于认识之外、经验之外的存在，这是神秘主义。如果你回答说我是在经验之内、认识之内、意识之内谈论世界客观性问题，我见到、我听到、我触到，那么，唯物主义又会陷入唯心主义的陷阱。因为这等于说，不存在世界本来面目的问题，世界本来面目就是对象在自己心中的面目，而不是对象自身的面目。这样，由于主体意识的屏障作用，对象的本来面目或者变为康德的物自体，或者变为主体意识的内容。不是倒向本质与现象对立的不可知论，就是倒向存在是被感知的唯心主义。

要解决从客体观察客体的理论和实践的矛盾，必然引入主体性，进入主客相关理论的领域。这种引入不是一个纯思辨问题，而是事实如此。这样，本体论问题的解决和论证必须求助于认识论的正确解决，这样才可能避免独断论、怀疑论和不可知论。可主体问题的引入又增加了陷入唯心主义陷阱的可能性。当哲学家们强调人面对的是人的世界，因而主客体关系是人类实践和认识中普遍的必然的关系时，往往向另一面倾斜，即单纯从主体角度观察客体，从而把客体融入主体之中。

这的确是个难题。认识永远无法摆脱主体，人对客体的认识总是主体的认识，是从主体角度出发的认识。即使我们暂时搁置认识为自己构造对象、认识就是自我对自身的认识这种极端的意见不讲，就算认识是有客观对象，可要对这种对象形成认识，仍然离不开主体的参与。这样，主体认识的不同角度、不同条件、认识的主观图式都会影响到对客体的判断。“横看成岭侧成峰，远近高低各不同”讲的是认识角度不同中的对象面目；坐井观天，蟋蛄不知春秋，夏虫不可以语于冰，讲的是不同时间和条件中所形成的对象的差异性；咖啡中的糖是不是够甜，各人回答可能不一样，这是主体感受差别形成的对象性质的差别性。总而言之，认识不可能没有主体，可认识一引入主体，关于认识对象的客观性问题就会陷入无休止的争论。所谓月亮在没有看时是不存在的，在实践范围之外世界是无都是由此引起的。

存在问题是哲学家无法绕过的关隘。问题是如何处理。当代著名的存在主义者雅斯贝斯把存在分为三种：一种是最低级的存在，这就是客观世界的存在，这是所有科学所把握的存在；另一种是个人的自我的存在，这是更高级的存在，它蕴涵着潜在的可能性，不可能由支配客观存在的理性范畴所把握，因而在这种存在中包含自我超越的因素；当它与第一种存在相结合便进入第三类存在即前二类存在的结合，从而达到了对存在的超越。很显然，人的存在才是一切存在中最重要的存在。其实海德格尔的“基础存在论”关于存在的学说也没有越出这条路线。在海德格尔的关于存在的学说中，“此在”置于存在者的首位。此在虽然也是在者，可不是一般的在者，而是所有在者中能够追问存在的意义，能够赋予存在以意义，能够理解和解释存在意义的在者，也就是“此在”。所以“对此在的存在论的解释，构成了基础存在论，此在充当的就是首先须问及其存在的存在者”。人的存在论是基础存在论，而其他一切存在无非是作为此在追问的对象才有存在的意义和价值。真理根本不是认识与对象的符合，真理只能是此在对存在的揭示和去蔽，因此在“此在”之前无真理，“此在”之后无真理。我们对这种看法并不感到惊奇。就其最根本的思想来说，是我们在哲学史上已知的关于人、关于主体性、关于主客体相互同一性理论的更思辨的更具有时代气息的另一种说法。此在也罢，人也罢，主体也罢，无论怎样调换，只要坚持世界的客观性和意义全在于人的理解之中，世界的存在是依存于主体的，就是万变不离其宗。其他一切再说得天花乱坠也无改哲学路线的本质。

这种主客一体的哲学中国也有，所谓心物一体，万物本心，世界无心外之物就属于这一类。王阳明关于南阳镇看花的辩论最为生动。在常人看来，花生在山中，看与不看花照样存在，只能说，无人看时不知道花的存在而不是没有花的存在。“不知道”和“没有”不是一回事。前者属于认识论问题，后都属于本体论问题。可王阳明则说，你来看花时，此花在你心中明白起来，你不来看花时，此花与你的心一同归于寂寞。可是这样说，并非是没有困难的。因为它极力回避不来看花时，花究竟存不存在，如果不存在，你心中关于花的观念由何而来，存在与关于存在的观念的先后问题，尽管被一些思辨哲学家认为是一个肤浅的问题，可确确实实是一根梗在思辨唯心主义者咽喉的骨刺。只有先有花才可能看花。岂止看花一例，整个世界都是如此。先有客观世界才有关于世界的认识。即使是人造的事物，观念的先行性也是有条件的，因为在头脑中形成的即将付诸实现的观念仍然是从实践中积累来的。而当它被制造出来，作为另一些人的认识对象时仍然是先于认识的主体。鱼不能离开水，水可以没有鱼。人不能离开世界，世界可以没有人。当然，世界没有人是个毫无意义的说法，没有人，一切议论都是无聊的空话。可是从本体论角度说，人对世界的依赖远比世界对人的依赖更为根本。可以说，没有世界就没有人，但不能说，没有人就没有世界，只能说，没有我们现在这样的世界。

认识对象的客观实在性先于认识的主体，这是认识论中的一个重要的根本性命题，也是认识可以具有客观真理性内容的前提。人不是在认识中构造客观对象，而是在认识中对处于被认识地位对象的认识。当然，人可以根据主体的需要有选择地认识对象的不同方面，人选择自己需要认识的东西。但被选作认识对象的东西仍然是不依赖于人的认识的东西。人按照正确的认识创造出自己需要的东西，但这个东西已不是认识的意识内容而已转变为客观实在即再认识的对象。在认识中，人不应该增加对象所没有的东西；而在实践中，人应该创造世界所没有的东西。如果片面强调主体的作用，世界中的一切客体及其属性都只是主体自身的感觉，或者是主体的理解、解释，那么这些各种各样的感觉，这各种各样的理解和解释是从哪里来的？这是一切唯心主义者包括片面的主体论者无法解开的死结。

真正解决这些认识困难的是马克思主义哲学。马克思《关于费尔巴哈的提纲》第一条我们都很熟悉，可往往容易把它理解为正确处理主客体关系的认识论问题，而较少考虑它的本体意义。实际上，论纲第一条同时是对马克思主义哲学本体论的科学解决。这种解决既没有离开唯物主义又超越旧唯物主义。其中的关键是，当马克思把实践作为主客体之间、认识与认识对象之辩证统一的基础时，就把哲学本体论问题从旧唯物主义、唯心主义、不可知论、怀疑主义等等的困境中解脱出来。正是人类自身的实践每时每刻在证明有一个主体之外的客观世界。人的实践的成功与失败，正效应与负效应表明人不可能“心想事成”，而是取决于主体在何种程度上形成有关客体的正确认识。恩格斯就曾经批判过青年黑格尔派，说“每一种感觉都迫使他相信世界和他以外的其他人的存在，甚至他那**世俗的**胃也每天都提醒他在他**以外**的世界并不是**空虚的**，而真正是把他**灌饱**的东西”①。实践迫使人们必须接受关于存在客观世界的哲学观念；而自然科学与技术则以自己的功效来证实唯物主义的这一原则。实践也打破了关于自在之物的假设，使本质显现在现象之中，成为人们能把握和利用的东西。

在马克思主义哲学看来，世界是客观的，它的存在不依存于人的主体。也就是说，先有对象才有关于对象的认识。人不可能认识世界上根本不存在的对象。依存于主体的不是客体而是被反映在主体中的客体的内容。我们面前的苹果的存在是客观的，它的存在不依存于主体，可在人们意识中存在的关于苹果的观念当然依存于人的意识，一个是意识外的存在——客观的苹果，一个是意识内的存在——观念中的苹果。这是两个苹果，没有意识外的苹果，不可能有观念中的苹果。观念中的苹果是不能食用的，正如观念中的货币是不能购物的一样。康德说过，观念中的 100 元和口袋里的 100 元是完全不同的。如果相同，每个人都可以自我宣布是百万富翁。

可是，世界的客观性不是永恒不变的。它可以是自在的变化，这就是自然自身的进化，另一是人类对自然的改造。人可以创造自然界没有的东西，可以改变自然存在的状态，这就是人化自然。人化自然的存在，并不

① 《马克思恩格斯全集》，第 2 卷，154 页。

否定世界的客观性，因为人化自然是由人对自在的自然改造而来的。没有先于人而存在的自然界，就不可能有人化自然。而且，人化自然对于所有的人来说，仍然是意识之外不依存于人的意识的存在，它能为所有的人所感知、反映和利用。自从人类产生以后，我们先辈改造自然的全部成果都是作为后代所面对的客观事实。“人并没有创造物质本身。甚至人创造物质的这种或那种生产能力，也只是在物质本身预先存在的条件下才能进行。”①

人在改造世界和人能够改造世界，这是人类产生以后每时每刻都在进行的现实。承认这一点并不困难。可是熟知非真知。能从人的这个现实活动中得出哲学结论则是另一回事。历史上以及当代许多哲学家都无视这个事实。马克思和恩格斯面对自然界由于人类活动而发生的变化，在哲学史上作出一个具有根本转折性的结论，这就是人的实践是现存感性世界的基础。实践本体论是站不住脚的。对具有客体性质的世界而言，实践是人的实践，它是人的活动能力，具有主体性特征，实践不具有外在于人的独立性质。但由于实践是主客体之间的中介，人通过实践不是作用于观念而是作用于客体，进到客体，因而实践与只具有认识作用的观念不同，实践具有本体论的功能，即实践能把观念外的存在变为观念中的存在，把观念中的存在转变为观念外的存在。马克思和恩格斯的用语非常严谨，他们强调实践是我们周围的感性世界的基础。周围的世界即人的人化世界而不是整个世界。马克思主义哲学重视实践的本体论功能，消除了旧唯物主义的直观性，使唯物主义的历史发生了根本性转折。但马克思主义哲学始终从唯物主义和辩证法的观点来考察实践，强调实践观点一旦越出唯物主义和辩证法的范围，就会转变为唯心主义的“实践哲学”。

主客相关性原理，是最令哲学家们烦恼的问题。人是用人的眼睛观察世界，何以保证人们所看到的就是客观世界自身呢？似乎在主客相关中观察世界，顺理成章就只能是倾向唯心主义和不可知论。这种观点，与旧唯物主义可以说是相反相成。旧唯物主义由于离开实践理解客体性，因而无法真正坚持世界客体性，最终克服不了唯心主义，而主客相关论者也由于

① 《马克思恩格斯全集》，第2卷，58页。

离开实践谈论主客相关性，既说不清为什么客体会进入主体，也说不清为什么主体会作用于客体。结果只能以主体是所有存在物中最独特的存在物，是一切存在物揭示自己的唯一的窗口的存在物之类无可辩驳的真理来“吓人”。说的是主客体不可分，实际上只是主体唱独角戏，主体是真正赋予客体以意义的存在物。“天不生仲尼，万古如长夜。”世界没有人，没有主体，一切客体的意义、存在的价值，以及属性问题都是白搭。衡量客体的尺度是主体也只能是主体。因为主客二项中具有能动性、具有意识和具有辩解力的只能是主体，客体没有发言权，也被唯心主义者剥夺了发言权。可是客体是会造反的，它并不是百依百顺任人摆布的少女。其实自然会发言，自然对人的惩罚就是自然的语言，是打破唯心主义思辨哲学的最有力的语言。自然是会说话的，客体是会说话的，只是醉心于自我的哲学家读不懂客观的自然的语言，因而只能接受自然的敲打和惩罚。

其实这个问题，在马克思主义哲学中已经解决。马克思主义哲学区分主客体两重不同的关系：科学关系和价值关系，这是引入主体后必然存在的关系。不承认人与客体间的科学关系，一切以主体为转移，必然是以人是万物尺度作为主客体关系唯一标准，在这种唯心主义观点下，世界客观性问题、自然规律客观性问题、生态环境问题的客观依据都不存在。唯一存在的只是人和人的需求。另一方面，如果不承认主客体中的价值关系，人的情感、欲望、需求、目的在认识中的选择作用、能动作用都化为乌有，人成为自然的玩偶。这样的所谓科学性只能是机械性和客体至上论。在主客体关系中，本体论问题的重要性正是由于这两重关系决定的。而使主体与客体发生科学与价值关系并使两者统一的是实践。由于人的实践活动，客体被消融掉它的坚硬性而被人的目的和愿望所重铸，同样由于实践，主体被化解掉它的任意性和纯主观性，而必须受到实践的检验。尽管人在认识中不可避免地有主观附加，但这种主体的附加会在长期反复的实践中得到清洗，然后开始新的认识中又会有新的附加。因而按照世界本来面目认识世界是一个长期的不断反复的过程。但原则上我们可以说，按照世界本来面目认识世界是可能的，因为客观世界并不会由于主客体关系而变为物自体，实践打破了认识与认识对象循环不已的纠缠。由于实践，主体认识是否正确并不是重新回到主体自身，主体既是原告又是终审法官这种唯心主义思辨哲学统治由于实践宣告终结。马克思所说的人应该在实践中证明自己思维的真理性，即自己的现实性和力量，离开实践的思维的现实性和非现实性的争论是一个纯粹经院哲学的问题的著名论断，就是把实践作为防止由主客体相互作用而滑向唯心主义的不可逾越的栏栅，从而为世界的客观实在性提供了最有力的证明。

三、马克思主义哲学本体论是世界观科学性的基础

科学与科学性是不同的概念。科学是从学科分类角度说的，科学性是从认识中蕴涵的真理性程度说的。从学科分类说，哲学不同于实证的自然科学。自然科学可以量化，而哲学是宏观的；自然科学可以公式化，而公式化是哲学的大敌；自然科学以实验为基础，首先在实验室研究，而哲学可以而且必须借助于思辨。实证主义企图把哲学变为实证科学，结果以失败而告终。但这不是说，哲学可以没有科学性的问题，可以各是其是、各非其非。不是的。哲学从内容说可以具有科学性，即哲学作为人类认识的一种形式，有真理与谬误的问题。有的学者认为，哲学永无结论，是无休止的争论，有结论就不是哲学。这种说法把哲学与实证科学的区分绝对化、片面化。毫无疑问，哲学问题的正确性不像自然科学特别不像数学那样答案是唯一的。可是哲学中仍然有是非对错，有真理与谬误。只是哲学中的是非不像实证科学那样分明，可以非中有是，是中有非。唯物主义中的机械性形而上性就是是中之非，而唯心主义中包含的辩证法可以是非中之是。一个错误的命题可以包含智慧，而一个正确的命题也可包含着悬而未决的问题。特别是因为哲学中的问题都是大问题，任何一个哲学家都没有能力一劳永逸地解决它，因而问题中永远包含着问题。哲学家不仅可以对前人的论断质疑，提出不同的看法，而且可以对已经解决的问题提出新问题。这种复杂性显现出哲学问题似乎永无结论的假象。当恩格斯说，世界的物质统一性是要由长期的哲学和自科科学来证明时，正是考虑到哲学论断证明的长期性的特性。例如唯物主义主张物质第一性、意识第二性，可是如果解决不了物质如何被移置于人的大脑以及如何被改造，解决不了大脑如何思维，形形色色的唯心主义和物质与意识对立的二元论总会一再浮现。可是大脑如何思维是自然界的最大奥秘，是脑科学王冠上的明珠，

迄今仍在探讨之中。这就是自有哲学以来，哲学中唯心主义与唯物主义争论不断的一个重要原因。但哲学既然是世界观，它不能无视世界的客观存在。只要承认世界存在，那它关于世界的论断就不能停留在哲学家个人对世界的看法的层面而不涉及它所论及的世界。

究竟什么是马克思主义哲学的本体论学说？我以为不能企图用一个判断或一个命题，如自然本体论、物质本体论或实践本体论来概括马克思主义哲学本体论的丰富内涵。任何简单的概括都会由于片面性而陷入无休止的争论。我们可以不同意自然本体论，但我们不可能取消自然界的优先地位，取消任何为我之物都是从自在之物转化而来的事实；我们可以不赞成物质本体论，但我们不可能否认世界的物质统一性，不可能否认世界各种各样的现象是物质的不同形态或物质的属性；实践本体论是不能同意的，但我们无法否定实践具有本体论功能，人可以创造自然界原来没有的东西，可以参与自然的变化并在自然界打上人的烙印，使人的实践成为周围感性世界的基础。我以为，马克思主义哲学的本体论理论是一个包括许多重大问题的问题域。例如，自然、物质、社会、实践、规律、运动等等，都是它的重要范畴，把它们对立或割裂开来，都会歪曲马克思主义哲学本体论的本质。如果要给马克思主义哲学本体论以名称的话，不妨称之为辩证唯物主义本体论，正如我们惯用的辩证唯物主义认识论、辩证唯物主义历史观一样。辩证唯物主义本体论包括一系列重要原理，但其中最重要最关键的问题，是世界的客观实在性及自在世界向为我世界的转化的基础问题。马克思主义哲学世界观的科学性和根据在于，它真实地揭示了世界本来面目和人类实践的参与使世界发生改变的过程。马克思说过，只要这样按照事物的真实面目及其产生情况来理解事物，任何深奥的哲学问题都可以十分简单地归结为某种经验的事实。①

人所面对的是人的世界。人所直接作用的世界是一个有限的世界，是自然、社会和人在实践基础上统一的世界。人不能认识实践之外的世界，但不能说未进入实践的世界是“无”、是“非存在”或者说没有意义。如果这样，“人类世界”就是一个凝固不变的哲学概念，实践和认识的循环

---

① 参见《马克思恩格斯选集》，2版，第1卷，76页，北京，人民出版社，1995。

往复的运动也就没有可以扩展的空间。人类产生后不断把自在世界变为自为世界，自然对人的生成的历史就是不断改变这种自然、社会与人的统一的状况的历史。这个过程，实际上也就是自然发展史、社会发展史与人类自身发展相互作用的过程。自然、社会与人统一的现实世界是一个开放的体系，它永远朝着尚未进入人的实践和认识范围的无限世界的领域。我们千万不能把自然、社会与人在实践基础上的统一作形而上学的理解。

因此人所面对的不仅是人的世界，而且是一个客观的世界，这两者是重叠的统一的。所谓世界的客观性，指的是它存在于人的意识之外，不依赖于人的意识而存在。没有这个前提，就没有哲学认识（岂止哲学，任何认识都如此）的真理性问题。人们不可能对根本不存在的东西谈论认识的正确与否问题，正如没有箭垛无法判断箭术高低优劣一样。当然，世界在人意识之外，不依赖于人的意识而存在的客观世界是唯物主义的共同原理，没有这一条一切都无从谈起。马克思就特别强调世界的现实性，他说过："哲学不是世界之外的遐想"①，"哲学首先是通过人脑和世界相联系"②。他强调"从现存的现实**本身**的形式中引出作为它的应有的和最终目的的真正现实"③，"从世界本身的原理中为世界阐发新原理"④。无论有些哲学家怎样蔑视这个问题，斥之为自然本体论或者旧的哲学思维方式，可是世界的客观性问题是任何哲学都难以轻易通过的哲学"卡夫丁峡谷"。

马克思并没有因为世界客观性是唯物主义的共同前提而忽视它的重要性。问题是马克思主义哲学没有停留在或仅仅是重复这个原则。可是如果不捍卫世界的客观性原则，不反对片面强调人的自我意识就不可能坚持世界观的科学性。正因为这样，在《神圣家族》中他们批判只承认自我意识，否认客体，认为认识只是与自己的臆想和幻影打交道的青年黑格尔派。他们说，鲍威尔"在实体中，他驳斥的不是**形而上学的幻觉**，而是**世俗的**内核——**自然**，他攻击存在于人**之外**的自然，也攻击作为自然存在物的人本身。在任何领域内都不假定有**实体**……这就等于不承认任何有别于

① 《马克思恩格斯全集》，第1卷，120页。
② 同上书，121页。
③ 同上书，417页。
④ 同上书，418页。

思维的**存在**”，“任何有别于**主体**的**客体**”，“任何有别于**抽象的普遍性**的**现实的共同性**、任何有别于**我**的**你**”①。现在有些哲学家批评所谓主客二分，批评世界的客观实在性和人对世界的认识和改造是旧的哲学思维方式，他们把主客绝对对立的形而上学混同于唯物主义，在反对形而上学的名义下张扬主客一体，为了所谓辩证法而牺牲唯物主义。

辩证唯物主义强调世界的现实性，强调它存在于人的意识之外和不依存于人的意识，这是就它的物质性和客观性而言，而不是说人的意识不能通过实践参与到世界的生成和发展中去。实际上人的存在，同时也是自然对人的生成过程。如果这样，我们能不能说，马克思主义哲学的本体论是物质—实践本体论呢？不能。因为实践虽然具有本体论功能但它是主体的活动方式，它发挥的是世界人化的作用，它本身不具有离开人的客观实在性。而人化世界并不会因为是人的实践与意识的参与而变为主体性的存在，变为依存于人的意识的存在。它仍然是客观的并对于所有的人具有同样的客观实在性和规律性。世界客观实在性和主体活动的统一与区别，人与世界的这种复杂关系只有在辩证唯物主义本体论中才得以妥善地处理而避免旧唯物主义和唯心主义思辨哲学的弊端。

我们不能以为主张马克思主义哲学是科学世界观就是科学主义，就是抛弃马克思主义哲学的人文精神。这是不对的。科学主义和人文主义是两种相互对立的哲学观点。马克思主义哲学不是科学主义也不主张科学主义，尽管当代分析的马克思主义力图把马克思主义哲学科学化，但并不代表马克思主义哲学的当今的正确发展方向。马克思主义哲学的科学性强调的是哲学可以达到对世界的科学性理解，因为客观世界是本质与现象统一的世界，本体论并不是在现实世界之外或现存世界背后探求它的存在的依据，而就是探求人类在实践中面对的世界自身。本质就存于现象之中。世界的物质实在性就表现在世界的多种多样的现象之中。物质世界就是人类面对的客观存在，是由无限的物体和过程构成的整体性存在。

马克思主义哲学世界观的科学性，表现在它关于世界客观性的论断，关于世界物质运动一般规律的论断，关于人与世界相互关系的论断，都是

① 《马克思恩格斯全集》，第 2 卷，180 页。

对世界真实面目和状态的揭示，可以为全部人类实践活动所不断证实。而以拒斥本体论、反对形而上学为宗旨的科学主义与马克思主义世界观的科学性风马牛不相及。实证主义强调经验、倡导实证、拒绝思辨、反对共相，可任何实证科学的经验、观察、科学理论、科学原则，如果没有可以参照的客体，没有存在于现象中的本质，没有反映本质的共相，只能是空谈。而任何具体科学的对象都是总的世界的一个部分，科学本身迫使一些科学哲学家必须回到本体论问题。尽管当今科学哲学中的"本体论承诺"是不彻底的、含糊的、羞羞答答的，但它的提出表明本体论问题是无可回避的。

马克思主义哲学世界观的科学性与它的人文精神是结合的。马克思主义哲学代表世界最大多数人的利益，把人类解放和人的全面发展作为自己的哲学使命，最充分地体现了对人的现实命运的关怀。但这种人文关怀不能纳入当今的人文主义的哲学思潮中，不能按照存在主义或抽象人道主义观点来解读或重建马克思主义哲学。马克思主义哲学本体论不是人的存在的本体论。人的存在问题、人的命运问题当然是哲学特别是马克思主义哲学应予充分关注的问题。但它的正确理解和解决必须在科学世界观特别是历史观的框架内才能做到。把人的存在问题、人的命运问题的根据放在人自身，而不是放在"人的世界"即人所处的经济制度、政治制度和特定的文化背景下来考察和解决，最多是悲天悯人，一掬同情之泪而已。我们只要观察一下当今世界一些人文主义者对人与环境矛盾的激化和人的生存境遇恶化的忧虑，对人的异化现象的谴责，对核战争威胁的声讨，可始终不涉及它的根源以及通向人与自然和谐，人与人和谐的道路，就可以知道没有科学世界观支撑的人文主义是软弱的，并不能为当代人类真正解决自己的生存境遇指明方向。可见，无论是站在科学主义或人文主义立场上批评马克思主义哲学，或按照这种观点来解读马克思主义哲学，都是不对的。因为马克思主义哲学的人文关怀是以世界观的科学性为依据的；而马克思主义哲学世界观的科学性中又包含对人类解放、人的自由和全面发展的历史规律和内化为信仰和理想的人文意识。马克思主义哲学完全超出片面的科学主义和人文主义的思维框架。

其实，无论是科学主义还是人文主义，包括当今的所谓后现代主义，尽管在拒斥还是承认本体论问题上态度不一样，可在反对世界客观性这个根本问题上，是站在一条战线上。科学主义倡导拒斥本体论，反对形而上学，实际上是反对存在于人的意识之外的能为哲学思维把握的客观世界。而各种各样的人文主义思潮的鼓吹者，虽然不采取拒斥本体论的立场，可他们所提倡的现象学本体论、人的存在的本体论、生命本体论、意志本体论等等，都包含着对存在于人的意识之外不依存人的意志的客观世界的拒斥。他们所说的本体论不是指向客观世界，而是他们哲学体系借以立论的依据。至于后现代主义，则在反本质主义、反还原主义的口号下，同样是否定人的观念中的实在内容，通过否定反映论来否定客观世界。可是没有客观世界和客观世界的制约，一切唯心主义和各种荒谬哲学都可以孳生。

人文主义与神本主义是对立的，但可能相反相成。当非理性主义、唯心主义的人文主义拒斥客观世界时，就铺就了一条通向彼岸世界的神学道路。例如在当今备受重视的俄国的尼·别尔嘉耶夫就是一个例子。他倡导人的哲学，倡导人是存在的中心，只有人才能揭示存在的意义。可他对现实世界失望、对哲学感到失望时，强调人应该在存在中领悟到神的存在，因而倡导哲学应该回到神学，与神学相结合。他认为19世纪发生的哲学危机是哲学脱离神学导致的危机，因为哲学不可能靠自身也不能靠科学来营养，而只能到宗教中吸取营养。在他看来宗教没有哲学也过得去，因为它的根源是绝对和自满自足的。但是哲学没有宗教则不行，它需要宗教作营养食物，作为复活圣水的源泉。“宗教是哲学的生命基础，宗教供给哲学所需要的现实存在。”① 哲学所需要的实在是不同于自然科学所面对的实在。自然科学面对的是有病的和被毁坏的世界，是不健康的现实，正如满脸痘疹的人，而哲学所要面对的是现存世界背后的世界——上帝的世界、神的世界。这是真善美的世界，而这个世界只有宗教才能提供。如果说，文艺复兴时期的人文主义由于坚持自然观的唯物主义，导致由神到人；而当代的非理性主义的人文主义由于否定客观世界，导致由人到神。人文主义思潮在人与神的关系上转了一个圈，关键问题是本体论的性质。离开对人与世界关系的唯物主义理解，就会由人本主义陷入神本主义。

---

① ［俄］别尔嘉耶夫：《自由的哲学》，9页，上海，学林出版社，1999。

马克思主义哲学变革的关键是以科学的本体论学说为依据的。不坚持世界的客观性和正确处理人与世界的关系，就不可能确立辩证唯物主义认识学说，也不可能有辩证唯物主义历史观的变革。历史观不是自然观的延伸，但历史观不能没有一般的本体论前提。在辩证唯物主义历史观中，如果排除了自然的客观实在性和人与自然的理论与实践关系，就没有历史唯物主义。历史和现实都证明，要坚持马克思主义哲学，必须坚持马克思哲学的本体论；而要在本体论问题上坚持辩证唯物主义观点，必须以承认世界的客观实在性为前提，才能正确处理人与世界的关系。在这个问题上动摇，就会全线崩溃，列宁曾形象地譬喻为“一爪落网，全身被获”。在当代的马克思主义哲学中，认识论和方法论问题、历史观问题、价值观问题、人生观问题，总而言之，任何重大哲学问题都会因为丧失辩证唯物主义的本体论前提而倒向唯心主义。卢卡奇晚年写作《社会存在本体论》这一著作时已经认识到这一点，他对自己否定自然界的优先地位，否定自然辩证法的失误作过自我总结。

时代在进步，实践在发展，科技在创新，马克思主义哲学当然也在发展。马克思主义哲学本体论的内容肯定会因为科学技术革命的新成就而更加丰富和创新。但信息科学的发展，虚拟现实问题和数字化生存方式问题的出现，都不能取消世界的客观实在性。人不能无视客观世界的存在，更不能把人的意志强加在自然之上。人只能在实践中把自在之物变为为我之物，但人永远面对的是一个客观世界。哲学当然要研究自我，但人的生存境遇的改变，不能归结为对人的心理世界的探求，而是对客观世界的改变。马克思主义哲学不能归结为生存哲学或生存论哲学。不把颠倒的世界颠倒过来，没有一个合理的社会，就不会有合理的生存环境。人的生存问题，说到底是一个正确处理人与自然的关系问题、正确处理人与社会关系问题。否定物质世界的客观实在性，无视世界的客观性，无论在理论上或实践上都必然陷入困境。

（原载《江海学刊》，2002（3））

14. 论唯物主义历史观的本质与当代价值

唯物主义历史观是马克思主义哲学最重要的组成部分，它的诞生是马克思主义在哲学中实现革命变革的关键。没有唯物主义历史观，马克思主义哲学就仍然是不彻底的、半途而废的唯物主义，是旧唯物主义的翻版。可是即使唯物主义历史观不姓马，不由马克思和恩格斯创立，其中的某些规律性因素迟早也是会被发现的。19 世纪上半叶西欧的思想史已经显示了这种端倪。这就说明历史唯物主义的核心问题是社会历史规律问题，因而同时代的卓越思想家有可能在不同程度、不同方面提供某些类似的思想。但是唯物主义历史观又包含历史价值观，它反映了唯物主义历史观创立者的立场和社会思想。资产阶级历史学家可以发现阶级和阶级斗争现象，但得出的是有利于资产阶级反对封建贵族的斗争的结论；英国古典经济学家看到了劳动与价值的关系，看到了物质生产、财富增长对社会发展的重要作用，但得出的是有利于巩固和发展资本主义制度的结论。在马克思主义哲学中，历史唯物主义与科学社会主义不可分割，全部历史唯物主义都是以为无产阶级和人类的解放而奋斗为最高使命的，因而只有作为无产阶级革命理论代表的马克思和恩格斯才有可能创立科学性和革命性相统一的、比较系统完整的历史观。

当然，自马克思主义历史唯物主义创立以来，围绕马克思主义哲学特别是历史唯物主义的争论、斗争就没有间断过。各种附加、错误的理解或攻击都时有出现。我们的一些理论家对苏联哲学教科书中的教条主义表示不满，要求全面准确地阐述马克思主义的历史观是完全正当的；而且，他们提出的一些疑难问题和热点问题，有利于进一步深化对唯物主义历史观的研究。但我们应该防止在反对传统历史唯物主义、回归马克思历史观的口号下，全面否定历史唯物主义的最基本原则。如果这样，必然在理论上引起混乱，陷于自相矛盾的困境。导致上述错误认识产生的原因，或出于对历史唯物主义本质的错误理解，或出于未能分清历史规律的逻辑表述、理论阐述和实际应用的区别与联系。就此，我提出一些个人看法作为引玉之砖。

一、否定社会发展基本规律，就没有历史唯物主义

1. 不能以教科书的缺点来否定历史唯物主义

斯大林载于《联共（布）党史简明教程》中的《论辩证唯物主义和历史唯物主义》有缺点，苏联以斯大林的著作为范本的教科书有缺点，这是无可讳言，也是可以理解的。一本写于70多年前的哲学教科书没有可批评、可补充、可发展之处，倒是难以理解的。恩格斯说过，后人批评我们的错误，会比我们批评前人的错误还要多。这是真正充满智慧的彻底唯物主义者的论断。但是我们在评论斯大林和苏联哲学教科书时，如果不能区分其中什么是马克思主义历史观的基本原理，什么是限于历史条件的不充分甚至是错误的论述，一并横扫，必然导致对历史唯物主义的全面否定。

何谓传统的唯物史观？人们有各种不同的说法。在西方，有些理论家把以《1844年经济学哲学手稿》为标志的马克思的历史观称为人本主义的历史观，而把恩格斯的历史观称为经济决定论的历史观，并认为后者是对马克思历史观的背离和伪造。恩格斯的历史观是在马克思主义理论中长期处于主导地位的正统的历史观。这就是大家熟悉的所谓两个马克思，所谓马克思和恩格斯的对立问题。苏联解体以后，斯大林的《论辩证唯物主义和历史唯物主义》、苏联的哲学教科书以及中国哲学教科书中关于历史唯物主义的观点，被视为传统的历史观。实际上，在西方一些学者心目中，从列宁、斯大林到毛泽东，以及苏联和中国的哲学教科书中的历史观，都是与恩格斯的历史观一脉相承的、传统的经济决定论的历史观，它与马克思的历史观是不同的。所以才有回到马克思的问题，才有历史唯物主义的重建问题。在我国理论界，这种激烈的极端的意见很少，但对教科

书中唯物主义历史观的论述有不同意见的并不少。其中有的意见是合理的。例如社会生活的主体性问题，实践在历史观中的地位问题，社会规律起作用的机制和实现方式问题，规律的客观性与人的活动选择性的关系问题，以及历史唯物主义中的认识论和价值论问题，就有待深入研究。在这种情况下，重读马克思和恩格斯的原著，根据当代实践经验和科学研究的新成就来丰富和发展历史唯物主义原理，都是必要的。

如果问题只是涉及哲学教科书的缺点，那么它本来无须争论。可如果在批评所谓传统唯物主义历史观的同时，完全否定哲学教科书中阐述的社会规律，认为生产力与生产关系、经济基础与上层建筑、社会存在与社会意识都是纯思辨范畴，根本不存在，这就不是如何看待教科书的问题，在这个意义上，是关系到如何理解甚至捍卫马克思主义哲学的原则问题。在这个意义上，所谓对传统历史唯物主义理论缺点的批判，实际上也就成为对马克思主义历史观的批判。因为否定上述规律，就是对历史唯物主义的全面颠覆。历史唯物主义之所以成为马克思和恩格斯的伟大发现，正在于他们发现了包括上述具有普遍性的规律在内的社会发展的规律。当然，马克思主义的历史唯物主义不可能穷尽对社会历史规律的认识，但没有上述一些规律，历史唯物主义就会变为毫无内容的空壳。如果否定上述规律，所谓回归马克思的唯物辩证的以实践为基础的新历史观，也只能被视为虚晃一枪的空话。

同样，我们不能盲目推崇西方某些哲学思潮特别是存在主义对马克思主义历史唯物主义存在"人学空场"的指责，而应该对问题的实质进行分析。在我们的哲学教科书中，对人和人在社会生活中的主体地位没有很好地论述，这是教科书的缺陷，但不能认为马克思主义历史观没有对人的问题予以重视。相反，马克思主义实现历史观的变革的立足点，就是对现实的人和人类的实践活动在社会生活中的作用予以最充分的估计。当我们读到马克思恩格斯在《德意志意识形态》、《神圣家族》中强调"我们的出发点是从事实际活动的人"，强调"'历史'并不是把人当做达到**自己**目的的工具来利用的某种特殊的人格"，创造历史的"是**人**，现实的、活生生的人"，就能非常清楚地知道这一点。可是马克思主义历史唯物主义要成为科学的理论，仅仅停留于对"人"的关注上是不够的，因为历史是人创造的。这连维科都知道，他在名为《新科学》的传世之作中就说过，历史是人创造的，因此人能认识历史。可以说，从文艺复兴起就逐步开始了从神学历史观到人本主义历史观的转变，开始了从神创造历史到人创造历史学说的过渡。而马克思和恩格斯不仅把人本主义历史观作为立足点和核心的抽象的人变为现实的人，而且更重要的是没有停留在人的意识、动机和个人行为的层面，而是能过人的活动并在人的活动中发现历史规律。这就叫做走向历史的深处。

历史唯物主义当然要研究人，但历史唯物主义不能归结为人学。按照当代存在主义哲学、生存哲学、生命哲学来评论马克思主义哲学是驴唇不对马嘴。马克思主义历史唯物主义的使命是要推翻在历史上一直处于统治地位的唯心主义历史观，通过对人与人的活动的研究深入到对历史规律的揭示。马克思主义历史唯物主义的最伟大发现不是对人的发现，而是对社会规律的发现。恩格斯说过，“正像达尔文发现有机界的发展规律一样，马克思发现了人类历史的发展规律”①。因此，唯物主义历史观的本质内容不能离开它所揭示的人类社会的一些基本规律。很显然，如果否定马克思和恩格斯所揭示的历史规律，停留于人的观念和动机层面，并在此基础上张扬所谓“人的发现”和“人是历史创造者”的观点，也只能是一种唯心主义历史观，最多是返回到马克思主义以前的人本主义历史观，根本不可能有马克思主义历史观的变革。

2. 正确理解历史的主客体与社会结构的关系

有一种观点认为，人是社会生活的主体，人之外的全部社会生活、社会结构都是人创造的客体。社会的一切都是有意识有目的的创造物，因而主体是社会中的决定因素，选择论才是唯一正确的历史理论，任何强调社会发展有自身规律特别是强调存在不以人的意志为转移的客观规律，都是机械决定论，都是对人作为主体的否定。如果沿着这个思路，那么我们只能重新通向历史唯心主义：人取代了上帝的地位，对人的崇拜取代了对上帝的崇拜。

马克思主义历史观当然重视社会生活中的主客体关系。但是马克思的

---

① 《马克思恩格斯选集》，2版，第3卷，776页。

历史观并不是简单的二分法。人是主体，社会中的一切都是主体创造的客体，这是马克思曾经批评过的人与社会的抽象对立。如果我们从生产力中抽象掉人，生产力就变为对社会和人没有任何作用的死的生产工具和劳动资料，就不再是现实的生产力，而是历史上曾经有过的生产力的历史残骸；从各种社会关系中抽象掉人，社会关系就变为纯物质性的社会环境。一切都决定于主体，就会认为社会的一切秘密都潜在于人的本性。这完全不是历史唯物主义。历史唯物主义的本质，是从人和人的活动中，从社会生活的主客体结构中进入更深层次的社会结构，把作为社会活动主体的人放在一定的社会结构中来考察："人，作为人类历史的经常前提，也是人类历史的经常的产物和结果，而人只有作为自己本身的产物和结果才成为**前提**。"① 这样，才可能有人的主动性与被动性、个人活动的意识性与集体的无意识、人的活动的目的性与结果的非目的性的矛盾问题，才有规律的客观性与人的活动的选择性的矛盾问题，也才有在历史唯物主义指导下正确处理这些矛盾的问题。

社会中的一切都是人创造的。可人不能因为自己是有意识、有目的的能动物，就可以自由地、不受制约地进行所谓创造。人是在一定历史条件下进行创造活动的。人所进行活动的历史条件是既定的、给予的，因而人的活动又是被制约的。人的活动的被制约性也就是人自身的被决定性。人是什么并不决定于人本身，既不取决于人的主观愿望也不取决于人的抽象本性，而是取决于他们生活于其中的社会，即取决于生产方式。马克思说过，人是什么样的，这同他们的生产是一致的，既和生产什么又和怎样生产是一致的。没有奴隶制生产方式就不会有奴隶主与奴隶，没有资本主义私有制就不会有资本家和雇佣劳动者。当然，我们可以说，奴隶制是奴隶主创造的，资本主义私有制是资本家创造的。可是历史证明，每一种所有制形式和社会关系的出现都经历过在旧制度母腹中孕育的过程。这个过程是自发的，只有当社会发展到一定程度时，它才会转变为特定人群的自觉创造。这说明社会发展有自身的规律，或者如马克思说的，是一个自然历史过程。这个过程的主体是人，但它又有不依赖人的意志的方面。这个规

① 《马克思恩格斯全集》，第 26 卷第 3 册，545 页，北京，人民出版社，1974。

律既是人的活动规律又是社会规律。这两者是一致的。从起源和实现方式看，它是人的活动规律；从对社会、社会关系的依存和对社会发展的支配看，它是社会规律。历史唯物主义要发现的就是这个规律，这使它能够正确处理社会生活的主客体关系、人与环境的关系，而不致倒向其中的任何一个方面。所以只有在承认社会规律的基础上才可能正确处理历史的主客体关系。马克思关于人既是剧作者又是剧中人的论断，就是以规律为依据的主客体关系的形象表述。

马克思说："社会生活在本质上是**实践的**。凡是把理论导致神秘主义的神秘东西，都能在人的实践中以及对这个实践的理解中得到合理的解决。"① 这里实际上讲的是，"神秘东西"能够由实践形成的社会结构中得到合理的解释。马克思批评费尔巴哈不懂得正是世俗基础的自我分裂导致宗教的产生。因为他虽然知道宗教是人创造的，但不理解产生宗教的社会基础，因而他的认识仍然没有揭示宗教的本质。社会生产是社会存在和发展的基础，物质资料生产方式和社会结构发展的规律性，是历史唯物主义的一些根本性观念。马克思和恩格斯在讲到历史唯物主义时反复强调："这种历史观就在于：从直接生活的物质生产出发阐述现实的生产过程，把同这种生产方式相联系的、它所产生的交往形式即各个不同阶段上的市民社会理解为整个历史的基础，从市民社会作为国家的活动描述市民社会，同时从市民社会出发阐明意识的所有各种不同理论的产物和形式，如宗教、哲学、道德等等，而且追溯它们产生的过程。"② 我们可以设想，如果从历史唯物主义中把社会基本矛盾运动的规律和理论驱逐出去，还有什么历史唯物主义可言呢？

实际上，在马克思的历史观中，坚持历史唯物主义的社会和社会结构理论与坚持实践的观点是一致的。所以马克思和恩格斯提出上述认识后进一步解释说，"这种历史观和唯心主义历史观不同，它不是在每个时代中寻找某种范畴，而是始终站在现实历史的**基础**上，不是从观念出发来解释实践，而是从物质实践出发来解释观念的形成"③。从物质实践出发解释

① 《马克思恩格斯选集》，2版，第1卷，60页。

②③ 同上书，92页。

观念，就是以社会结构的观点解释经济基础和上层建筑的关系；反之，坚持历史唯物主义关于物质生产和社会结构的观念，也就是坚持用实践解释观念的观点。任何以强调实践的重要性来否定社会基本矛盾运动和社会结构的理论是难以理解的。因为离开社会基本矛盾的人类实践活动，和离开人类实践活动的社会基本矛盾一样，都是不存在的。

理论和事实都表明，关于社会的主客体理论只有真正深入到社会结构内部，揭示社会历史的基础和运动规律，才能成为具有科学性的理论。正因为这一点，列宁把两个归结，即把社会关系归结为生产关系，把生产关系归结为生产力发展水平，看成是唯物主义历史观的科学性的依据。而任何关于社会结构和社会规律的理解，又不能离开正确处理社会生活中的主客体关系。离开科学的社会结构和规律的主客体理论，往往会倒向主体论、选择论；而离开社会主客体关系的社会结构和规律的观念，则往往掩盖着机械论和宿命论。我们在历史观中的许多争论和错误，都与这种割裂有关。

二、关于历史唯物主义基本规律的逻辑表述、理论阐述和实际应用问题

1. 逻辑表述

理论的逻辑表述是完全必要的。这一点对于自然科学、社会科学、哲学都是一样的。逻辑表述是一种理论成熟的标志。不能用定理、公式来表述的对自然的认识，表明其仍处在经验认识的阶段；不能用概念和范畴来表述的哲学认识，表明其还没有达到对事物本质的认识。马克思主义的历史唯物主义作为一种科学的历史观，当然可以通过逻辑的方式来凝结和概括。马克思在《〈政治经济学批判〉序言》中对历史唯物主义原理的表述，是纯逻辑的方式，是运用历史唯物主义最基本的范畴，高度凝练地、系统地从相互制约中论述了历史唯物主义最根本的原理。这不是历史发展的单个规律而是历史发展的规律群。它根本不同于绝对观念的自我运动，如黑格尔在他的《小逻辑》和《精神现象学》中论述的那样；也根本不同于冒牌的黑格尔主义者蒲鲁东，把范畴看成是无人身的理性的自我运动。马克思认为：“经济范畴只不过是生产的社会关系的理论表现，即其抽象。真

正的哲学家蒲鲁东先生把事物颠倒了，他认为现实关系只是一些原理和范畴的化身。这位哲学家蒲鲁东先生还告诉我们，这些原理和范畴过去曾睡在‘无人身的人类理性’的怀抱里。”①

马克思对于历史唯物主义的逻辑表述与黑格尔的纯逻辑表述不同。虽然我们在马克思的逻辑表述中没有直接看到人的活动，但不能说它是纯思辨的。因为它是以人类活动为前提并从人类活动中概括出来的，是对人类活动规律的提升。这种逻辑的表述不仅体现了理论与实践的一致，而且也体现了历史和逻辑的一致，因为它把每个社会的基本矛盾、矛盾的激化和解决过程，以及社会形态的更替、历史的发展方向用逻辑的方式呈现出来了。

任何科学的规律性表述都是无主体的。自然规律是物质运动的规律，物质是一切变化的主体，但关于自然规律的表述完全可以是公式和定理，物体本身仿佛被抽象掉了，可这并不影响它的科学性。同理，历史唯物主义的规律是社会规律，同时也是人类活动的规律。它存在于人的活动之中并通过人类活动来实现。可这并不是说，我们在逻辑上表述历史唯物主义的每条规律时都要加上主体，如果这样，它的表述就变为人的生产力与人的生产关系矛盾运动规律、人的经济基础与人的上层建筑、人的社会存在与人的社会意识、人的阶级斗争规律或以人为主体的社会形态更替等等。这种表述纯属叠床架屋，多此一举，因为历史唯物主义的出发点和马克思关于历史无非是人类追求自己目的的活动这个原则，以及历史唯物主义基本原理对人类的所有历史活动的总结，已经为防止把马克思主义的历史唯物主义变为范畴和规律的自我运动筑好了最坚固的堤坝。如果不是误解或有意曲解，绝不会把历史唯物主义的基本规律和范畴视为无人的纯概念的运动。

以范畴和科学规律的方式来表述历史唯物主义的基本原理是完全必要的。缺少这种概括，历史唯物主义就不可能上升为具有科学性的历史观，也不可能发挥它的理论和方法论效能。马克思主义关于历史唯物主义基本规律的表述，特别是马克思在《〈政治经济学批判〉序言》中的理论

① 《马克思恩格斯选集》，2版，第1卷，141页。

论述具有永久的理论魅力，其原因正在于此。这是理论的力量、规律的力量、逻辑的力量。

2. 理论论述

历史唯物主义原理的逻辑表述不能代替理论的论述。在对规律的逻辑表述中，我们看不到具体的东西，因为马克思已经从具体进入抽象，舍弃了得出结论的依据。实际上，马克思关于社会历史规律的逻辑表述是此前全部研究的结晶。但是如果没有对规律的逻辑表述进行理论展开和正确论述，就会或者把它变为教条，或者曲解它的原意。事实上，对马克思恩格斯关于历史唯物主义规律的作用和作用方式的论述，我们的研究都很欠缺。我们过去的马克思主义哲学教学的一个缺点就是停留在历史唯物主义基本原理的逻辑表述上，而没有进行较充分的论述，没有具体论述社会规律实现的机制和特点，千篇一律地套用作用与反作用或相与作用这种泛泛之论。但这种论述中的缺点不能成为否定马克思主义历史唯物主义规律及其逻辑表述的根据。

说生产力决定生产关系的规律是纯粹的思辨规律，在历史上根本就不存在，这是非常大胆武断的结论。人类社会不进行生产就不可能生存。要生产和不断再生产，就必然有人与自然的关系和人与人的关系。没有生产力的生产和不结成一定关系的生产都是不可能的。历史和现实的生产都证明了这一点。

生产力与生产关系矛盾运动的科学规律揭示的不是两者量的关系，不是量体裁衣，也不是螺钉与螺母，可以丝丝入扣，它是宏观规律，揭示的是生产力与生产关系两者本质的必然的联系。这种联系不是无人参与的生产力与生产关系的自我运动，而是一定的人群（阶级或集团）为了自身利益而进行的一定条件下的选择。利益不是生产方式之外的第三种力量，它决定于人在生产力与生产关系中的不同地位和状况。当生产关系适合生产力的性质和水平时，就说明这种所有制和分配关系不仅有利于生产资料的所有者，也能给直接生产者带来比旧的所有制下更多的利益；相反，当生产关系与生产力矛盾激化，成为生产力发展的桎梏时，那就意味着继续保护这种所有制关系只符合原来的生产资料所有者的利益，而不利于新的生产资料的占有者。任何改变旧生产关系的企图都会遭到与旧生产关系密不可分的统治阶级或既得利益者的反抗。生产力与生产关系的矛盾在阶级社会中表现为阶级利益矛盾，在社会主义社会表现为人民内部利益分配的矛盾。把人从生产力与生产关系中抽象出来，把利益关系变为与生产力和生产关系无关的第三者，所谓生产力与生产关系的矛盾运动规律就变得不可理解了。

另外，人的参与与利益的中介作用没有也不可能改变生产力与生产关系矛盾运动规律的本质。利益关系本身就是生产力与生产系矛盾性质的体现，不同的生产关系以及人在生产关系中的不同地位，不同生产力条件下人与生产工具结合的不同方式，都蕴涵有不同的利益关系，生产力与生产关系的矛盾运动正是借助于人们争取自身利益的斗争而实现的。当恩格斯说自有阶级以来正是人的恶劣情欲成为历史发展的杠杆时，就道出了这个真理。所谓人的情欲背后的深层的东西，就是生产力与生产关系的矛盾运动，这一点甚至连参与活动者都不一定觉察得到，这是规律的自发作用。

人的利益的实现不能违背生产力与生产关系的矛盾运动规律，相反只有在实现这个规律的要求时才能满足自身利益的要求。马克思说人不能自由地选择生产力，它是一种历史的既成力量；人也不能自由地选择生产关系，只能选择与生产力性质和发展水平相适应的生产关系，讲的就是这个规律的客观要求。自古以来，为了劳苦大众的利益，不少思想家试图选择一种公平合理的所有制关系，可没有人能做到。空想社会主义者的种种实验失败了；毛泽东为了全国人民的利益试图实行“一大二公”的所有制，给人民带来的不是利益而是饥饿和贫困。这说明利益是具体的，而不是抽象的，任何阶级的利益都不可能通过超出生产力水平选择一种理想的生产关系来实现。人在一定条件下只能选择有利于生产力发展，有利于利益主体的生产关系。这就是规律，如果违背这个规律就会受到惩罚。

利益在生产力与生产关系中的中介作用不能忽视，没有利益的推动就没有改变生产关系的活动。但同样不可忽视的是生产工具的状况，因为生产工具是生产力系统中的重要部分。马克思非常重视生产工具在生产力中的地位，他不仅把生产工具作为生产关系的指示器，而且说过：“手推磨产生的是封建主的社会，蒸汽磨产生的是工业资本家的社会。”① 有人或

① 《马克思恩格斯选集》，2版，第1卷，142页。

许会问，难道生产工具自身会要求某种生产关系吗？当然不会。生产工具是物，它没有语言、没有欲望、没有主动性。但生产工具是人掌握的，是人用来进行生产的。人不仅需要一定的生产工具来提高生产率，而且还会选择一定的所有制去促进劳动者与生产工具的更好结合。因而生产工具只要不是被放在博物馆里而是被实际使用，就会要求适合它的生产关系最充分地发挥效能。社会化大生产和机器的使用，要求资本主义所有制的结合方式，而简单的手工工具的使用与个体所有者的财产关系相适合。正是一定的生产工具的使用为一定的生产关系的出现和存在提供了可能。社会主义的生产关系不可能没有现代化的生产工具，企图在手工工具基础上长期建立社会主义公有制是空想。只要我们不否认历史，就会看到社会形态的演变总是与生产工具系统的变化相伴随的。人类为了充分发挥生产工具的效能从而满足自身的利益，总是要或迟或早选择与生产工具性质相符合的所有制关系。我们反对简单的生产工具决定论，但我们也同样反对只把生产工具当成不会说话的物而轻视它的作用，不懂得区别在生产过程中的生产工具和作为历史化石的工具。

生产力与生产关系的矛盾运动是个复杂的过程。与生产力相适合的生产关系的确立会经历一个选择过程。但是最终决定人们选择某种生产关系的是生产力的发展状况，因为这是利益主体的社会生存和发展的需要。马克思曾以罗马被德意志的所谓野蛮人占领为例，说明任何占领者迟早要依据被占领国的生产力水平确立社会制度："定居下来的征服者所采纳的社会制度形式，应当适应于他们面临的生产力发展水平，如果起初没有这种适应，那末社会制度形式就应当按照生产力而发生变化。"① 中国历史上蒙古族统治者入主中原，也不可能把整个中国变为牧场，相反要适应已经发展的生产力的要求和状况发展农业。这说明在生产力与生产关系相互关系中，人的选择活动归根结底是以生产力的水平和发展要求为依据的。这既是规律的要求，也是每个时代的先进生产力的代表者的利益所在。

社会存在与社会意识概念的内涵及其相互关系是不能任意解释的。这是区分两种历史观的核心问题。社会存在是人的社会存在而不是人的存

① 《马克思恩格斯全集》，第3卷，83页。

在，社会意识是社会的意识而不是个体的主观意识。社会存在与社会意识的关系不能归结为人的肉体与灵魂的关系。社会存在不能离开人与人的活动，它是人的实际生活过程；而社会意识是人的社会意识而不是个体的意识。个人的意识就其本质来说也是社会意识，是社会意识的个体化，它同样受社会存在与社会意识相互关系规律的支配。

社会存在与社会意识的区分是就社会总体结构方式而言的，它是任何社会都不可缺少的两个部分。社会意识当然也是一种存在，但这种意义上的存在不是区分社会结构的历史唯物主义的哲学用语，而是生活用语，它无非表示意识不是虚无，不是非存在。它存在于哪里？存在于人的头脑中，存在于以语言和文字为载体的文化内涵之中。这种以物质为载体的存在方式并不改变它作为社会意识的本性。恩格斯曾经批判过杜林企图用存在来抹杀物质与意识的区别的拙劣伎俩，这种错误我们不应该重犯。

要坚持历史唯物主义，在社会存在与社会意识的关系问题上就必须坚持唯物辩证的观点。卢卡奇理论上的一个重大失误就是在他的社会存在的总体论中，不区分社会存在与社会意识，片面强调社会意识就是社会存在，一切都包括在社会存在的总体之中，从而混淆两者的界限，背离历史唯物主义。在一个社会的社会结构中，社会存在决定社会意识，社会意识只能是被意识到的存在，除此以外没有别的来源。一个民族的历史文化传统的影响当然重要；一个社会中人与人之间的思想影响当然重要；国外的思想影响当然重要，特别是在当今经济全球化的浪潮下这种意识领域中的相互作用更为重要。可这一切只能归入意识形态和思想领域，而不能归入社会存在的范围。我们应该区分社会意识的源与流。社会存在决定社会意识解决的是意识之源的问题，它揭示了为什么不同社会形态下会有不同的社会意识；而意识领域中的传统和相互影响解决的是流的问题，即在大体相同的社会条件下，个人的意识或一个社会的社会意识由于历史传统和外来意识影响如何发生变形的问题。流不能离开源，因为人们如何对待和解读传统，如何对待外来文化，归根结底还要决定于社会存在的状况和人们在社会存在中的不同地位。

千万不要把社会存在决定社会意识误解为“死”的物决定“活”的人的思想，把社会存在物化为死的无人的社会物质环境。机器不能决定人的思想，决定人的思想的是机器的使用方式即人的实践活动。钱不能决定人的思想（人们往往以为货币的多少能决定人的思想，简单地认为钱多思想道德就一定坏，钱少思想道德就一定好），决定人的思想的是赚钱的方式，即财富积累方式。因为财富积累方式属于生产方式，而货币则是生产关系的物化。物一旦离开人的活动，就只能是作为物的存在，而不是历史唯物主义讲的社会存在，因此社会存在与社会意识的关系，永远是现实的人的现实活动中的存在与意识的关系。正因为这样，马克思把社会存在说成是人的实际生活过程、人的实践活动过程，而人的社会意识则是对人的实际生活的反映与回声。

人是社会的主体，社会中的一切都是人创造的。可谁都不能说，人可以任意创造社会存在和社会意识。如果这样，社会存在决定社会意识就不成其为规律。人既是物质生产者又是精神生产者。正如马克思在批评蒲鲁东时说的，人不仅在一定的生产关系下制造呢绒、麻布和丝织品，而且适应生产力的需求也创造一定的社会关系，“正是这些人又按照自己的社会关系创造了相应的原理、观念和范畴”，“所以，这些观念、范畴也同它们所表现的关系一样，不是永恒的。它们是**历史的、暂时的产物**”①。

由历史唯物主义的逻辑表述到理论阐述，包含着艰苦的理论研究工作。不仅因为对原著解读的差异，要求必要时回到原著本身，而且对原理本身也会存在不同的理解。特别是如何结合历史的和现实的实践经验正确阐述原理，仍然是哲学工作者的一项重要任务。任何一个人都不能说自己的理解绝对正确，在这个问题上我们应该坚持“双百”方针，但不能将历史唯物主义的理论论述与逻辑表述对立起来。

3. 实际应用

如果说由历史唯物主义的逻辑表述到理论阐述属于理论范围，属于由具体到抽象的范围，那么历史唯物主义原理的应用则是从抽象回到具体，由理论回到实践。这是历史唯物主义发挥它的效用绝不可少的，又是更为复杂更为困难的问题。少了这个环节，历史唯物主义就重新回到旧的历史

① 《马克思恩格斯选集》，2版，第1卷，142页。

哲学水平上。马克思和恩格斯非常重视历史唯物主义的应用问题。他们一再强调，他们的历史观不是教义，不能用来剪裁历史，而是观察历史和现实的方法。马克思和恩格斯不仅是历史唯物主义的创立者，也可以说是它的最卓越的应用者。我们只要读读《共产党宣言》、《路易·波拿巴的雾月十八日》、《德国农民战争》、《家庭、私有制和国家的起源》以及《资本论》等著作，就可以看到他们是如何坚持历史唯物主义的。在这些著作中没有公式，没有套语，只有在坚持认识社会基本矛盾、坚持阶级分析方法基础上所作的深入的理论分析。毛泽东的著作也是如此，他的著作，特别是他关于美国白皮书的几篇著名评论，同样是大气磅礴、条分缕析，充分显示了历史唯物主义的方法论价值。

认识历史唯物主义的方法论价值，不能离开历史唯物主义的逻辑表述和理论论述。如果对历史唯物主义原理的理解不正确，就容易犯教条主义、实用主义以及乱贴标签的错误，如搞“穷过渡”、“一大二公”是符合生产关系适应生产力的规律，破“四旧”、实行无产阶级全面专政符合上层建筑必须适应经济基础规律之类的荒谬论证，就是如此。

对原理正确的应用不能离开对原理阐述的全面准确，在错误的理解下是不可能正确应用原理的。如有人认为，西方发达资本主义国家生产力高度发展，可仍然是资本主义，中国生产力落后，反而建立了社会主义，这难道不说明生产关系必须适应生产力性质和水平的规律是子虚乌有吗？这确实是个应该认真研究的问题。早在近半个世纪以前，毛泽东在读苏联政治经济学教科书时就提出过这个问题。他说，革命为什么不首先在西方那些资本主义生产水平高、无产阶级人数很多的国家成功，而首先在那些资本主义生产水平比较低、无产阶级人数比较少的国家成功，例如俄国和中国，这个问题需要好好研究。我们没有好好研究，结果苏东剧变成为反对社会主义、反对历史唯物主义的一个重要突破口。

这是个复杂的理论问题，在我看来至少涉及对唯物主义原理的整体把握的问题。历史唯物主义所揭示的是规律群而不是单独起作用的规律，任何规律的作用都不能离开它的社会历史条件，也不能离开与其密切相关的规律的协同作用。生产力是否要求改变生产关系并不取决于生产力的绝对水平，而是取决于它们之间矛盾的程度。当生产关系还能容纳生产力发展时，它是不会灭亡的。我们不能把社会基本矛盾割裂开来，不能忽视资本主义上层建筑对生产关系的调节作用，事实上，西方推行的福利政策和比较完善的社会保险制度，对资本主义制度的巩固和生产力与生产关系矛盾的缓和起到了重要作用。而在旧中国情况不同，中国的生产力绝对水平比西方低，可它与生产关系的矛盾却比西方尖锐，因为帝国主义和官僚买办的占有制度和封建土地所有制极其严重地束缚了生产力，使其没有任何发展的空间，而整个上层建筑特别是旧政权实行的杀鸡取卵的剥削和税收政策，则使得民不聊生、民怨沸腾，人民除了革命别无出路。这说明生产力与生产关系的矛盾运动规律是在和经济基础与上层建筑矛盾运动规律相互联系中起作用的。没有一个马克思主义者说过，生产力的绝对水平是革命的唯一原因和标志。脱离社会基本矛盾的整体运动，单独考察生产力水平是非历史唯物主义的。

对经济基础与上层建筑理论同样有个正确应用的问题。经济基础决定上层建筑，这是毫无疑义的。掌握国家政权和在意识形态领域中处于统治地位的肯定是在生产关系中处于统治地位的阶级。所谓强有力的力量事实上就是具有强大经济力量的生产资料的占有者，是他们在经济基础即生产关系中的地位给予他们以力量。以为在生产关系之外有一种强大力量在创造经济基础和上层建筑是不切实际的想法。这就是为什么资本主义社会的民主选举选来选去总选不出一个代表人民的总统的原因。正如恩格斯说的，刺刀再锐利都敌不过棉花，经济力量最终胜过暴力。经济基础决定上层建筑的原理是完全正确的。

经济基础与上层建筑的统一使社会区分为不同的社会形态，但这并不否定同一类型社会形态中存在着具体的差异性和多样性。各个民族都有自己的民族文化，从文化传统看，从现实的文化状况看差别都很大。即使都是资本主义社会，也存在不同的政治体制，从总统制到君主立宪制，不仅有女王还可以有天皇。这种现象的出现不能简单地归之于经济基础。恩格斯说过："要从经济上说明每一个德意志小邦的过去和现在的存在，或者要从经济上说明那种把苏台德山脉至陶努斯山所形成的地理划分扩大成为贯穿全德意志的真正裂痕的高地德意志语的音变的起源，那么，很难不闹出笑话来。"① 因此，具体的历史研究总是要求深入分析具体情况，不能简单套用某些现成结论。

对于社会科学包括历史学在内，历史唯物主义提供的只是理论和方法，它的伟大意义是推翻了唯心主义历史观对历史所作的解释，但没有规定任何社会科学应该研究什么、不能研究什么。人类社会是个宽广的领域，可以从各种角度研究，可以研究各种问题。无论是研究社会史、人的发展史、文化史还是研究社会生活其他方面，诸如帮会史、娼妓史、乞丐史之类，根本不存在突破历史唯物主义视野的问题。以历史研究领域的扩展来论证历史唯物主义存在理论缺陷是没有道理的。

历史唯物主义的逻辑表述、理论论述和实际应用存在区别，但不存在理论矛盾，它们在基本理论上应该是一致的。但实际的应用面对的是现实和实践，由对理论的错误理解而导致应用的失败在社会主义实践中并不少见。可是正确总结实践正反两方面的经验，又可以丰富和发展历史唯物主义原理，并纠正对理论的错误解释和附加。

三、历史唯物主义的当代价值

1. 历史唯物主义在当代是不可超越的

恩格斯把历史唯物主义视为马克思一生的两个伟大发现之一，并对它在社会主义由空想到科学转变中的作用，对无产阶级革命实践的意义予以高度评价。他说过，"马克思的唯物史观帮助了工人阶级，他证明：人们的一切法律、政治、哲学、宗教等等观念归根结蒂都是从他们的经济生活条件、从他们的生产方式和产品交换方式中引导出来的。由此便产生了适合于无产阶级的生活条件和斗争条件的世界观"②。马克思和恩格斯创立唯物主义历史观的一个半世纪以来，历史唯物主义正是由于它严格的科学性和代表全世界劳动者的利益，从而在理论与实践两个方面显示了不可抗拒的说服力，这一点任何有良知的学者都不能否认。

由英国当代著名历史学家杰弗里·巴勒克拉夫主持的联合国教科文

---

① 《马克思恩格斯选集》，2版，第4卷，696～697页。

② 《马克思恩格斯全集》，第21卷，548页。

组织的项目成果《当代史学主要趋势》，充分肯定了马克思的唯物主义历史观对历史学的巨大影响，强调“在马克思主义史学中，没有唯心主义史学家任意挑选来作为标准的‘诸如自由、个性、民族和宗教等乱糟糟的主观主义概念’”。甚至鼓吹重建历史唯物主义的德国哲学家哈贝马斯也不敢否定历史唯物主义的规律性内容，把“重建”定位在对已有理论的重组。他说：“复兴似乎意味着对一种在此期间已被人们所抛弃了的传统的更新。马克思主义没有必要复兴。我们所说的重建是把一种理论拆开，用新的形式加以组合，以便更好地达到这种理论所确立的目标。这是对一种在某些方面需要修正，但其鼓舞人心的潜在力量仍旧（始终）没有枯竭的理论的一种正常态度。”①

马克思主义哲学经历了19世纪的产生和传播，20世纪上半叶的凯歌行进和下半叶的跌宕起伏。现在已进入它产生的第三个世纪。21世纪是社会发展更为迅速也更为复杂多变的世纪。面对经济全球化的浪潮和苏联解体后的世界新格局，如何观察人类社会发展的方向，如何观察当代资本主义，如何观察社会主义的前途和命运，只有坚持历史唯物主义关于人类社会基本矛盾的理论，才能科学地回答上述问题。人本主义历史观、文明冲突论的文化史观、历史终结论的形而上学唯心主义历史观、趋同论，或两种制度永久共存论的折中主义的历史观，都不能正确地解释历史，依据它们进行研究只能得出错误的结论。

2. 观察当代世界的科学理论和方法

经济全球化是当今世界的一大趋势。如果不具备历史唯物主义的世界历史眼光，摈弃社会基本矛盾的理论，就无法理解经济全球化出现的历史必然性及其内在矛盾。马克思恩格斯在《德意志意识形态》和《共产党宣言》中于关于人类历史向世界史的转变，和资本主义社会化生产所必然具有的资本扩张趋势的论断，为我们观察当今的全球化提供了基本的理论和方法。

20世纪下半期的科学技术革命，使资本主义诞生后缓慢的、延续很久的资本扩张本性得到了最充分的展开。没有生产力的高度发展和生产的

① ［德］哈贝马斯：《重建历史唯物主义》，3页，北京，社会科学文献出版社，2000。

高度社会化，就不可能有全球性的资源配置、信息交流、贸易和经济合作。但生产力与生产关系是不可分的，因此在当今世界经济全球化过程中，西方发达国家的跨国公司和国际垄断组织具有举足轻重的地位。可是当今世界终究不是资本主义发展早期“使未开化和半开化的国家从属于文明的国家，使农民的民族从属于资产阶级的民族，使东方从属于西方”①的时代了。许多处于发展中的国家同样要力图通过参与经济全球化的进程来发展自己。发展是时代的一个重要主题。因此在经济全球化中发达国家与发展中国家、富国与穷国，以及不同社会制度和不同发展水平的国家之间既有合作又有矛盾。在处理经济矛盾中，各个国家的上层建筑主要是国家必然要参与，这表现为各个国家都制定了应对经济全球化的对策。如果一笔勾销了社会基本矛盾的理论，就会在观察世界局势中陷于困境。

不能由经济全球化推出政治全球化和文化全球化。表面上看这似乎合乎历史唯物主义的经济决定政治与文化的理论，实际上是离开了阶级分析方法的抽象推论。经济全球化并非经济一体化。因为各个国家的所有制性质、政权性质和体制，以及文化的民族传统和文化的民族性都是不同的。在仍然以国家为单位的世界中，生产力与生产关系、经济基础与上层建筑的矛盾是具体的，它构成一个国家现存的社会形态。全世界不可能有统一的经济基础，也不可能有统一的上层建筑。所谓经济全球化的含义和作用是有限定的。因此，经济可以全球化，但政治应该是多极化，文化也应该是多样化。尽管经济全球化也会影响政治，例如，社会化大生产和市场经济的确立要求的政治上的民主和法治，经济全球化中文化交流的加速和便捷，有利于文化上的相互吸收并带来某些文化现象的相似性，但这并不等于一体化。这不违背经济与政治和文化关系的决定论原则。因为经济全球化并没有改变各国的经济基础的性质，不同国家都是在自己的经济基础上建立自己的上层建筑的，并由此确定对本国有利的对策。

我们也应该以社会基本矛盾的观点来考察资本主义社会，历史终结论是以资本主义私有制是最符合人的本性的完美制度，不存在社会基本矛盾为依据的。事实上，当今社会的现实并不能证明私有制的优越性。全世界

① 《马克思恩格斯选集》，2版，第1卷，277页。

除社会主义国家外，基本上都是以私有制为基础的国家，可像美国这样的国家并没有几个，绝大多数国家的资本主义私有制并没有表现出优越性，它们的发展速度远远比不上社会主义国家。而且，即使像美国这样富裕的国家，也同样存在贫困、两极对立及种种困扰它们的社会问题。这些社会问题最深层的原因是社会基本矛盾，而不单纯是所谓文化危机，所谓人文精神的失落。只有历史唯物主义关于社会基本矛盾的理论才能为我们分析当代资本主义社会提供科学的理论和方法。

3. 关系社会主义的前途和命运

社会主义的前途和命运问题也取决于对社会主义社会基本矛盾的正确处理。当年斯大林强调社会主义社会生产力与生产关系完全相适应，他晚年虽然承认两者有矛盾，但也很不彻底，因而社会矛盾越积越多。到后来处于上层建筑核心地位的苏联共产党的领导层，不是通过加强社会主义的改革来调整矛盾，而是通过自己错误的路线和政策来激化矛盾。他们宣布解散共产党，取消马克思主义的领导地位，推行私有化，结果导致苏联解体和资本主义复辟。苏联社会主义的失败非常典型地表现了社会基本矛盾的相互作用。如果上层建筑中处于执政党地位的共产党能够通过正确的路线调整生产力与生产关系的矛盾，协调生产力、生产关系、上层建筑之间的关系，苏联的解体并非是必然的。但事实是它们之间的矛盾尖锐到生产力停滞和人民生活贫困的地步，这样，原有制度的崩溃就成为不可避免的历史必然。

我们国家改革开放以来取得的成就，可以说是正确处理社会主义社会基本矛盾所取得的硕果。早在 1956 年，毛泽东同志就提出了关于社会主义社会基本矛盾的学说，这是社会主义建设理论的伟大成就。可惜他在处理社会主义基本矛盾时有失误。在生产力与生产关系的矛盾中，他着重于改变生产关系，不断改变所有制；在经济基础与上层建筑的矛盾中，他着重于上层建筑的所谓革命；在上层建筑中，他着重于意识形态而忽视了文化建设和法制建设。这样就不利于生产力的发展和社会主义文化的繁荣、法制的完善，不利于人民群众生活水平的提高。邓小平同志接受了毛泽东关于社会主义社会基本矛盾的理论，并沿着毛泽东开辟的马克思主义中国化道路前进。在生产力与生产关系的矛盾中，他着重于发展生产力；在上层建筑领域中他注重完善法制和发展教育、文化。他关于社会主义本质的理论，关于“三个有利于”的理论，从根本上说，就是以发展和解放生产力为中心，改革经济基础和上层建筑中各种不适应甚至束缚生产力发展的体制，这是一条通过正确处理社会基本矛盾使社会主义不断自我完善的道路。江泽民同志“三个代表”重要思想从本质上说，也是以正确处理社会主义基本矛盾的理论为依据的。代表先进生产力发展的要求，代表先进文化的发展方向，实际上就是代表社会主义社会基本矛盾运动前进方向的要求；而代表人民群众的根本利益，则是正确处理社会主义基本矛盾的出发点和结果。江泽民同志关于“三个代表”的思想，解决了社会主义上层建筑中的一个重大问题，即建设一个什么样的党和怎样建设的问题。执政党的建设问题，实际上是关系到按照什么样的路线来处理社会主义社会的基本矛盾的大问题。如果党变了，党的上层变了，路线变了，不仅不能正确处理社会主义基本矛盾，相反会被矛盾所吞没，这是国际社会主义运动的历史教训。江泽民同志提出要研究人类社会发展的规律、社会主义社会发展的规律、执政党的规律，并提出了四个如何认识的问题。对这些问题的研究都离不开历史唯物主义，特别是它关于社会发展的基本矛盾的理论。它为观察当代世界、当代社会主义和当代资本主义提供了科学的理论和方法，这就是它具有当代价值的最主要表现。如果否定历史唯物主义，特别是否定它关于社会基本矛盾的理论，必然使我们党失去正确制定路线、方针、政策的理论依据；使全部改革开放政策，使从“三个有利于”到“三个代表”的思想都失去理论支点；使我们社会科学工作者失去卓有成效的理论研究工具。这个问题远远超出了历史学的范围，因而必然受到包括哲学界在内的整个理论界的关注。

（原载《高校理论战线》，2002（5））

15. 论社会主义实践中的唯物史观

自俄国十月革命胜利以后，唯物史观与社会主义的关系就已经从以资本主义社会为依据的理论关系，变为以社会主义实践为依据的实际操作关系，即变为以唯物史观作为社会主义建设制定路线、方针、政策的理论基础。社会主义实践在验证和发展唯物史观理论，而是否坚持和全面准确地运用唯物主义历史观又是关系到社会主义事业成败兴亡的重大问题，因此，是否能适应这种转变具有重大的意义。搞社会主义建设必须正确处理唯物史观与社会主义的关系。如果说，在马克思和恩格斯时代，没有唯物史观就没有科学社会主义学说，那么在当代我们可以说，没有唯物史观就没有正确的卓有成效的社会主义实践。苏联的崛起和解体、新中国五十年来特别是近二十多年来建设有中国特色的社会主义的实践及其成就都证明了这个真理。

一

1949 年民主革命胜利以后，中国进入了社会主义改造和社会主义建设时期。社会主义实践本身不断提出不同于民主革命时期的新问题。

1. 关于发展经济与阶级斗争的关系问题

无产阶级在夺取政权之前、在准备革命时期，应该着力反对庸俗生产力论。不反对庸俗生产力论，就不能树立革命必胜的信心，就迈不开革命的步伐；在取得政权之后，攻守异势，由打烂坛坛罐罐到建家立业，就不能继续沿着反对庸俗生产力论的路子走，而应该变到强调发展生产力，批判忽视生产力重要性的错误观点，不如此，就迈不开建设的步伐。这是取得政权之前和取得政权之后的一个根本性变化，唯物史观的应用必须适应这个变化。

在中国革命中，毛泽东着力反对庸俗生产力论，反对二次革命论。毛泽东同志著名的新民主主义理论就是马克思主义科学社会主义理论在中国的创造性发展。毛泽东利用有利的成熟了的革命形势，在一个经济文化落后的中国终于取得了无产阶级领导的民主革命的胜利。谁如果坐等生产力的发展从而延误革命时机，谁就是执行机会主义路线、就是历史的罪人。

列宁在领导俄国革命时也大力反对伯恩施坦、考茨基和俄国机会主义者的庸俗生产力论。普列汉诺夫在俄共第四次党代会上说，任何人民的创造都改变不了我们经历的这场资产阶级革命的根本性质。我们现在追求的是什么？是资产阶级共和国。至于夺取政权那是以后无产阶级革命的事。列宁极力反对这种观点，并最终取得了俄国十月革命的胜利。列宁并非不知道俄国经济文化比较落后，正如他在《论我国革命》中回答苏汉诺夫的责难时说的那样，为什么我们有机会夺取政权而不夺取政权、然后利用政权的力量大力发展我们的经济和文化呢？这样岂不是要永远处于被奴役的地位吗?！因为这样的马克思主义不是马克思主义，而只能是机会主义。当年，恩格斯在《法德农民问题》中就曾经批评过坐等农民无产阶级化再革命的观点，他说：“假如我们不得不等到资本主义生产到处都发展到底以后，等到最后一个小手工业者和最后一个小农都变成资本主义大生产的牺牲品以后，再来实现这个改造，那对我们可就太糟了。”①

在唯物史观看来，究竟庸俗生产力论和科学生产力论的界限在哪里？依我看，庸俗生产力论是机械的生产力决定论，孤立地把生产力当成唯一的决定力量；而科学的生产力论则是辩证决定论，它把生产力的归根结底的最终决定作用，放在生产力和生产关系、经济基础和上层建筑的矛盾运动中来考察。例如，任何革命都需要一定的经济条件，没有一定的经济发展是不可能发生的，也不可能持续存在，更不会胜利的，群众性的社会革

---

① 《马克思恩格斯选集》，2 版，第 4 卷，500 页。

命不能是少数人的阴谋，这是历史唯物主义原则。马克思说过，彻底的社会革命是同经济发展的一定历史条件联系着的；这些条件是社会革命的前提。可生产力发展水平只能是革命的前提而不是唯一决定因素。生产力水平高而不爆发革命的情况比比皆是。而且生产力发展、经济高涨往往会抑制群众中的不满情绪而有利于统治者政权的巩固。革命是经济、政治、思想多种矛盾的复杂的综合征，它是统治者无法照样统治、被统治者不愿照样生活以及国内国外条件结合形成的。只要有了这个条件，任何一点火星都可能引发革命。而从生产力来看，这时不仅不是生产力高涨时期，相反是生产力萎缩时期。赤地千里，民不聊生。旧的生产关系严重阻碍生产力的发展，旧的上层建筑特别是国家政权全力维护旧的生产关系，这种社会基本矛盾的激化才引发革命。马克思在著名的《〈政治经济学批判〉序言》中关于社会革命就是这样分析的。例如，旧中国的生产力水平不如西方任何一个国家，但社会矛盾却非常复杂。旧政权的腐朽，旧的生产关系如帝国主义、封建主义、官僚买办资产阶级对中国人民特别是农民的剥削使旧中国的社会基本矛盾激化，没有任何促进生产力进一步发展的可能。中国人民只有两条路：或者永远处于殖民地半殖民地、处于万劫不复的奴隶地位，或者前赴后继为民族生存而流血奋斗。自鸦片战争以来的一个半世纪，中国的志士仁人，特别是中国共产党人走的就是这条路。这条道路是中国社会自身解放的必由之路。它并不是由生产力发展绝对水平造成的，而是由中国社会基本矛盾造成的。而中国的资本主义经济的一定发展、一定的生产力水平和工人阶级的一定数量只能由于这种矛盾才能发挥超出它的绝对水平和数量的作用。

在生产力发展水平相对低的国家里可以进行革命，只要革命时机成熟就可以夺取政权。在革命准备和进行时期反对庸俗生产力论是正确的。列宁和毛泽东在这个问题上是正确的。1977 年 10 月邓小平在与加拿大教授林达光的谈话中说，列宁在批判考茨基的庸俗生产力论时讲，落后国家也可以搞社会主义革命，我们也是反对庸俗的生产力论，我们采取了和十月革命不同的方式，农村包围城市。当时中国有了先进的无产阶级的政党，有了初步的资本主义经济，加上国际条件，所以在一个很不发达的中国能搞社会主义。这和列宁讲的反对庸俗的生产力论一样。① 可是在夺取政权以后，如何处理发展生产力与阶级斗争的关系就是一个新问题。历史经验证明，一个新的生产关系的优越性正在于它在确立之后能促进生产力的发展。资本主义生产力的迅速发展并不是在17、18世纪英法资产阶级革命时期，而是在取得政权以后的19、20世纪，特别是20世纪下半叶。因此，如何利用新建立的社会主义生产关系和社会制度，把重心放在发展生产力上，应该是无产阶级革命胜利后首要的课题。革命时期应该反对庸俗生产力论，不反对就不能革命。可取得政权以后，如果始终以反对所谓庸俗生产力论为理由，把阶级斗争放在中心地位，就不能迅速发展经济，就不能摆脱贫困，就会使社会主义社会长期处于落后状态，不能显示新的社会主义制度的优越性。应该说，在民主革命胜利之后毛泽东同志是非常注意发展生产的。他在七届二中全会上的讲话中提出，在革命胜利以后，要迅速地恢复和发展生产，对付国外的帝国主义，使中国稳步地由农业国转变为工业国，把中国建设成为一个伟大的社会主义国家。他还明确指示，动员一切力量恢复和发展生产事业，这是一切工作的重点所在，是党的中心任务。1956年以后，由于当时的国际和国内形势的变化以及对这个变化的过分严重的估计，阶级斗争逐步变为中心甚至发展到“以阶级斗争为纲”的地步。这是个沉痛的教训，也是中国社会主义建设进步的历史代价。

2. 如何处理生产力与合理的所有制结构的关系

无产阶级革命的根本目的，就是消灭资本主义私有制、消灭剥削，实行按劳分配和最终实行按需分配。马克思和恩格斯在《共产主义原理》、《共产党宣言》以及其他著作中曾多次重申这个主张。这也是世界各国共产党人的共同主张。可是在革命胜利以后，在消灭旧的生产关系和建立新的生产关系的过程中，如何适应本国生产力的性质和水平来确定所有制类型是个新课题，是马克思和恩格斯没有遇到的实际问题。例如，在所有制问题上，是从原则出发，过早过快地改变一切原有的所有制类型，从而造

---

① 参见中央文献研究室编：《邓小平思想年谱》，46～47页，北京，中央文献出版社，1998。

成生产力与生产关系之间新的不适应，还是适应生产力的状况逐步建立新的生产关系？在分配问题上，是采取有利于促进生产力的分配形式，还是在生产力不发达的状况下单纯追求公平？绝对平均主义就会导致贫困的普遍化，而普遍的贫困又会使一切陈旧的东西死灰复燃。

3. 关于党群关系问题

在夺取政权之前，共产党与群众的关系的确是鱼水关系。否则，共产党就无法生存，更不要说夺取政权。列宁曾多次强调过这一点，他说："公开的政治斗争迫使政党更紧密地联系群众，因为没有这种联系，政党就没有什么用处。"① 不接近群众，就会一事无成。其所以在革命胜利之后容易产生脱离群众的危险，是因为胜利之后，党群关系又加上了一层"官民"关系。共产党处于执政地位，而各级干部又是委任的，因此他们往往忘记了我们的权力是谁给的这个根本问题，以为权力是上级给的，只对上级负责，而没有把对上负责与对人民负责结合起来，而且应该以对人民负责为最高尺度。因而处于执政地位的各级干部存在一个如何为人民服务的问题，搞不好就有脱离群众的危险。我们党和毛泽东同志一贯强调群众观点和群众路线，也曾经开展过轰轰烈烈的反对官僚主义的斗争。这个问题始终是革命胜利以后面临的一个根本问题。

4. 关于领袖与群众的关系

在夺取政权以前，个人迷信的产生缺少条件和土壤。为了夺取政权、打败敌人，不实行党内民主、不集众人之力是不可能的。特别是处于革命和战争时期，不可能有领袖人物的终身制，革命的挫折和失败往往会导致领导人物的更换。领袖人物不可能凭个人崇拜而只能凭自己的卓越才能和团结合作精神才能处于领导地位。而在革命胜利之后，则有可能由于群众的衷心爱戴，以及政权具有的无上权威而逐步产生对领袖的个人迷信。特别是在经济和文化落后、小农占多数的东方国家更是如此。马克思在关于法国波拿巴政变的分析中曾讲过这个问题。他说，农民不能以自己的名义来保护自己的阶级利益，无论是通过议会或通过国民公会。他们不能代表自己，一定要别人来代表他们。他们的代表一定要同时是他们的主宰，是

① 《列宁全集》，2版，第17卷，325页，北京，人民出版社，1988。

高高站在他们之上的权威。因此，在东方社会主义国家无产阶级革命胜利后，防止和反对个人迷信也是一个严峻的问题。

5. 关于国家问题

国家问题是历史唯物主义中的重大问题，也是无产阶级革命胜利后面临的现实问题。从历史上来看，国家的出现是历史的进步，国家对经济和文化教育的管理职能有利于社会的进步，可是国家的本质并不是它的管理职能而是作为阶级压迫的工具。在以往的全部阶级社会中，国家都是作为从社会中产生又凌驾于社会之上并日益脱离社会的一种力量。它通过税收、国债等来豢养官吏、军队、警察，耗费劳动者血汗，以维护自己的统治，所以马克思主义经典作家把国家称之为附着于社会机体上的“社会赘瘤”。特别是因为国家职能总是由一部分人来行使的，这些人是官吏，是社会的管理者，他们可以利用手中的权力，“从社会的公仆变成了社会的主人”。恩格斯说，这种“从社会的公仆变成了社会的主人”，“不但在世袭君主国内可以看到，而且在民主共和国内也同样可以看到。正是在美国，同在任何其他国家中相比，‘政治家们’都构成国民中一个更为特殊的更加富有权势的部分。在这个国家里，轮流执政的两大政党中的每一个政党，又是由这样一些人操纵的，这些人把政治变成一种生意，拿联邦国会和各州议会的议席来投机牟利，或是以替本党鼓动为生，在本党胜利后取得职位作为报酬”①。这就是政权的腐败现象。可以说，剥削阶级政权中没有不存在腐败问题的；而且社会的进步和经济的发展也并不能根绝腐败问题。尽管任何社会的任何政权为本阶级统治的长远利益考虑都反对腐败，但却都不能根本解决问题，最终只能在腐败中走向灭亡。这就是所谓政权更迭的周期率问题，这也是一切剥削阶级政权不可避免的命运。

无产阶级胜利后也必须利用国家这种形式来进行统治，也必然会把社会管理职能交给一小部分人。这是必要的。我们不是无政府主义者，不能梦想革命胜利即可使国家消亡。但我们应该清醒地看到，社会主义国家政权同样可能产生腐败。如何对待腐败问题，这是关系到我们社会主义事业成败、关系到我们执政党生死存亡的大问题。黄炎培当年在延安就向毛泽

① 《马克思恩格斯选集》，2版，第3卷，12页。

东提出过共产党如何避免周期率的问题，毛泽东当年把进北京称为进京赶考，都包含这个深刻的历史内涵。无产阶级政权并不必然带来腐败，认为权力必然腐败就等于要无产者和劳动人民永远放弃革命、放弃夺取政权。这种观点极端有害。但是我们得承认，没有监督的权力确会产生腐败，特别是把权力交给一部分人而不受法律制约和人民监督更容易产生腐败。片面强调所谓的“精英政治”是不对的。的确，管理国家需要文化、才能、经验，但排斥人民监督把管理国家神秘化的观点，是几千年来统治者愚弄百姓、恐吓百姓、企图永远把握统治权的观点。马克思主义经典作家曾多次批判过这种资产阶级的政治观点。社会主义国家是人民当家做主的国家，是人民通过各种有效方式对国家进行管理的国家。毛泽东当年把民主作为避免周期率的药方，就是寄希望于人民参与国家管理和对各级干部进行有效的监督。反腐败斗争是长期的斗争，可又是必须不断取得成果的斗争。反对腐败是无产阶级取得政权以后，特别是当革命的狂飙过后社会逐步转入以市场经济方式运作来进行经济建设时面临的日益严重的问题。

6. 关于意识形态问题

任何一种革命都包含着意识形态的斗争，任何一个社会的阶级统治都包含着意识形态的统治。资产阶级革命从文艺复兴到英法资产阶级取得政权，经历了长达几百年的反对封建思想的斗争。随着资产阶级处于统治地位，它的意识形态也处于统治地位。资产阶级不断为本阶级培养意识形态人才。马克思明确指出，在资本主义社会，意识形态阶级等等是依附于资本家的，还说，资产阶级把意识形态阶层看作自己的亲骨肉，到处按照自己的本性把他们改造成为自己的伙计。社会主义革命更应该重视意识形态，特别是在取得政权以后，意识形态的斗争并没有因为经济改造的成就和直接政治斗争弱化而结束。以往的一切革命都是在私有制范围内的革命，是以一种私有制代替另一种私有制。而社会主义革命则是与传统私有制彻底决裂的革命，因而在思想领域中必然要与传统的私有制观念决裂。这是个非常长期的过程，而且也是意识形态领域中斗争时起时伏的过程。在这个过程中，既要反对意识形态工作中“左”的错误，把反对资产阶级和封建主义意识形态的斗争变为反对传统文化的斗争，变为以知识分子为对象的斗争，伤害知识分子，又要防止右的错误，任凭资产阶级和封建主义意识形态自由传播，甚至资产阶级自由化思潮传播。在一个社会主义国家，一旦马克思主义的指导地位动摇，西方的资产阶级思潮和国内的自由化思潮相结合，就会成为危及社会稳定的极大的不安定因素。思想理论领域，无产阶级不去占领资产阶级就会去占领，这是一个不依人们意志为转移的规律。社会主义国家的理论工作者应该用历史唯物主义观点来研究意识形态问题，并真正正确地、卓有成效地发挥马克思主义在意识形态领域中的指导作用。

7. 关于马克思主义与本国社会主义实践相结合的问题

以上种种问题归结到一点就是马克思主义与本国实际相结合的问题。这个问题在夺取政权时就已经解决了——不解决好就无法取得胜利。但这种结合不是一劳永逸的。民主革命时能结合好不见得社会主义时期也能结合好，因为这两个时期各有特点。而且从复杂性来说，历史唯物主义与社会主义实践结合问题要比在革命时期困难得多。民主革命时期比较单纯，全部工作的目标就是夺取政权；而革命胜利以后的社会主义时期，是改造整个社会包括改造人在内的复杂过程，它包括社会生活的方方面面，是一个系统工程。古人说创业难守成更难，社会主义不是守成而是包括巩固政权在内的新的更为艰巨更为伟大的创业。毛泽东在七届二中全会的报告中说，夺取全国胜利，这只是万里长征走完了第一步。如果这一步也值得骄傲，那是比较渺小的，更值得骄傲的还在后头。历史和现实都证明，无产阶级取得政权的国家不少，可能长期巩固政权的国家却并不多。不解决马克思主义与本国实际相结合的问题，一切理论和实际问题就都很难解决。

类似的问题还可举出一些。所有这些都是唯物史观的根本问题，即经济与政治的关系，生产力与生产关系的关系，阶级、政党、领袖、群众的关系，以及社会主义发展的普遍规律和各国特点的关系问题等等。中国有这些问题，苏联也同样存在这些问题。苏联在 70 多年中由崛起到解体的历史证明，对这些问题的处理如何关系到社会主义的生死存亡。

列宁在革命前曾着力反对苏汉诺夫以及俄国的一些庸俗生产力论者，在经济和文化落后的俄国第一次取得社会主义革命的胜利。可列宁在十月革命胜利后并没有继续反对所谓的庸俗生产力论，而是非常注意发展生产力，他已明确意识到高度发达的生产力是新社会战胜旧社会的保证。列宁的新经济政策本质上就是利用一切办法发展生产力的政策。斯大林在一定时期也曾很注意发展生产力。应该说，在斯大林的领导下，苏联的经济和科学技术、国防力量还是得到了惊人的发展，成为世界第二大强国。可是在20世纪30年代以后，斯大林却过分地强调了党内斗争和社会阶级斗争，特别是肃反扩大化人为地制造阶级斗争，而且以后越来越背离唯物史观关于经济和政治关系的原理。在党群关系、领袖与群众关系问题上缺少社会主义民主，搞个人迷信；在生产力与生产关系问题上放弃列宁的新经济政策，追求工业和农业的全部公有制；在意识形态斗争中采取过左政策，特别是40年代后期对文艺对哲学的批判更是如此。苏联始终没有很好地解决马克思主义与本国社会主义建设相结合的问题，而是教条式地按照马克思恩格斯关于社会主义的设想，建立以全部公有制和按劳分配为基础、高度集中的计划经济体制。特别是斯大林否认社会主义社会存在矛盾，从而堵塞了正确认识社会主义社会的性质和采取正确方针的途径。斯大林逝世后，他的后继者在纠正斯大林错误的同时，逐步陷入了一条导致资本主义复辟的路线。如果说，斯大林是偏离了历史唯物主义某些原则，那么他的后继者们则逐步背叛了历史唯物主义根本原则。斯大林时代存在的矛盾不仅一个也没有解决，而且还从右的方面进一步恶化了这种矛盾。他们在反对个人迷信的借口下完全否定杰出人物的历史作用；他们重新回到庸俗唯生产力论，认为俄国的生产力根本不可能搞社会主义，他们力图通过推行私有化来发展经济，取消共产党的领导、取消马克思主义的指导，结果却是断送了十月革命的成果。

中国的道路与苏联不同。当然，我们的错误与苏联在违背历史唯物主义方面有某些相同之处。例如，我们也犯过个人迷信的错误，忽视生产力的制约作用盲目追求一大二公的错误，否定市场经济把计划经济奉为唯一经济体制的错误，以及脱离生产决定分配原则导致平均主义和贫穷普遍化的错误，等等。但是有一个根本点我们不同于苏联，那就是中国共产党始终坚持马克思主义与中国实际相结合的优良传统，坚持历史唯物主义与社会主义实践相结合的原则，自行总结教训，纠正错误，认准方向，继续前进。新中国的五十年是不可分割的五十年。尽管其中也有阶段，“文化大革命”前17年、“文化大革命”10年，特别是改革开放以来的20多年这三个不同时期，有着某些区别，甚至重大区别。但它们是统一的社会主义建设的50年，是社会主义实践在曲折中前进的50年。在这50年的社会主义实践中，中国的哲学工作者对历史唯物主义与社会主义实践的关系体会得更为深刻。如果我们不重新回到历史唯物主义关于生产关系必须适应生产力性质和水平的原理，不重新回到历史唯物主义关于生产力是社会最终决定作用的原理、关于经济与政治关系的原理、关于个人与人民群众相互关系的原理，等等，我们就不能正确总结经验，继续沿着社会主义方向前进，就很可能会在纠正错误的掩盖下倒向否定前30年，从而导致否定社会主义。邓小平的伟大和英明正在于他创造性地坚持了马克思主义，运用历史唯物主义原则总结经验，批评个人迷信但又充分维护毛泽东的历史地位；批判一大二公，坚持按适应生产力发展来调整所有制结构但又维护公有制的主体地位；坚持“三个有利于”的标准但又强调我国四个现代化的社会主义方向，注重反“左”但又防止右。我们从邓小平关于建设有中国特色的社会主义的理论中，从关于社会主义初级阶段理论、社会主义本质和社会主义根本任务的理论、社会主义经济体制和运行机制理论以及社会主义改革开放理论和“三个有利于”标准的论述中，不难看出历史唯物主义原理与邓小平关于社会主义理论的内在联系。完全可以说，邓小平建设有中国特色的社会主义理论是历史唯物主义与中国社会主义实践结合的突出表现。所谓解放思想、实事求是的路线，就其内容来说都是有关历史唯物主义的根本问题。这是自十月革命以来的社会主义实践和中国五十年来的社会主义实践正反两方面经验的结晶。没有历史唯物主义与社会主义实践的这种结合，就没有当前中国这种生机勃勃的发展局面。

二

马克思主义和一切以往的哲学包括当代西方哲学的根本不同之处，就在于它对人类彻底解放和社会发展前途的关怀。它不同于张扬终极关怀的宗教哲学，也不同于只关心个体或所谓类的人本主义哲学。马克思主义哲学切切实实关怀的是无产阶级和劳动人民的解放，是用社会主义社会来代替资本主义社会。马克思把哲学称为“人类解放的头脑”，就非常准确生动地表现了马克思主义的这种本质。

正因为这样，马克思主义哲学从来都不是追求建立一种形而上学的思辨体系，而是以哲学为武器投身现实的革命运动。马克思主义哲学的本质决定了在马克思主义哲学史上，马克思主义哲学家同时又是革命家，是以各种方式推翻旧世界斗争的参与者。从马克思、恩格斯、列宁、斯大林、毛泽东到第一国际、第二国际的众多理论家，以及许许多多的著名的马克思主义理论家都是如此。

纯粹以马克思主义研究为专业、为职业是无产阶级取得政权以后出现的现象。苏联十月革命以后培养了大批的马克思主义理论教员和马克思主义理论工作者。中国也是如此。这是社会主义政权建设和巩固的需要，是牢固掌握意识形态领导权的需要。50 年来我们党和政府培养了大批马克思主义哲学教员，其中包括历史唯物主义研究者。马克思主义哲学的专业化和职业化、马克思主义队伍的扩大，对于马克思主义的普及和研究起了推动作用。马克思主义教员从个人角度来看自己是可有可无的，但这支队伍却绝不是可有可无的；我们从事的职业是平凡的，但我们所从事的事业是伟大的，它关系到社会主义意识形态中的领导权问题。理论上的成熟是一个政党成熟的尺度。一个没有一支马克思主义队伍的社会主义社会是不可能巩固、不可能持久存在的。培养一支立场坚定、旗帜鲜明、理论水平高、善于联系实际的马克思主义理论队伍是社会主义思想理论建设中的一个重要任务。早在 20 世纪 50 年代毛泽东就提出了这个任务。他说我们要作出计划，组成这样一支强大的理论队伍；只有我们的社会主义工业化、社会主义改造、现代化国防、原子能研究，是不行的，是不能解决问题的。

50 年来，中国历史唯物主义的研究者们对有关历史唯物主义的许多重要原理都进行过探讨和争论。其中有的是与当时社会主义建设中提出的问题相联系的，也有的是纯学理性的争论。例如，在我国曾经发生过的关于综合经济基础和上层建筑问题的争论、关于先进生产关系与落后生产力矛盾问题的争论、关于过渡时期阶级和阶级斗争的争论、关于人道主义与异化问题的争论、关于历史唯物主义的出发点的争论等等都具有明显的社会政治背景。另外有一些问题的争论则更多地属于学理方面的争论，如关于历史唯物主义的对象和性质的争论，关于历史唯物主义的逻辑起点的争论，关于经济基础与社会存在是否等同、上层建筑是否属于社会存在、经济基础是否包括生产力的争论，以及近年来关于社会发展五形态与三形态、多线论与单线论、历史规律论与选择论的争论，伟人还是人民群众是历史创造者的争论等等，几乎涉及历史唯物主义的一切基本原理。

50 年来，中国的历史唯物主义研究者通过以上两个方面，对历史唯物主义的理解和把握，比起“文化大革命”前以及改革开放前要更为深刻和全面。例如，对历史唯物主义对象的理解，就超出了历史本体论，突破了仅仅把历史唯物主义理解为研究社会历史一般规律的范围，开始注意到历史认识论和历史价值论的研究，打破了西方把所谓思辨历史哲学和批判历史哲学对立起来的观点；对生产方式在社会发展中的作用与阶级斗争的关系，对生产力的尺度问题、标准问题以及最终决定作用的问题有了更为深刻的理解；对社会规律客观性与人的主体选择的关系的理解也更趋全面；对社会发展的统一性和多样性、社会主义建设道路的多样性、社会发展的阶段性问题以及社会主义精神文明建设、文化建设、社会科学理论和教育等上层建筑因素对于社会主义建设的重要性问题，都比以前理解得更为深刻而全面，对有关人和人的素质的问题的研究也非常活跃。应该说，新中国成立 50 年来历史唯物主义研究的成绩是显著的。

当然，争论的问题仍然很多，而且不少都是原则性的问题。例如，在如何看待马克思主义的阶级和阶级斗争理论上，有的学者就批评毛泽东关于“阶级斗争，一些阶级胜利了，一些阶级消灭了。这就是历史，这就是几千年的文明史。拿这个观点解释历史的就叫做历史的唯物主义，站在这个观点的反面的是历史的唯心主义”的观点是对历史唯物主义的曲解，是极左思潮的理论依据。他们把反对“以阶级斗争为纲”延伸到在一切阶级社会中观察问题都不应该强调阶级观点和阶级分析方法。这当然是不正确的。即使是在我们社会，观察问题都不能完全放弃阶级分析方法，否则你就说不清为什么美国和西方某些国家总是千方百计反对社会主义国家，苏联解体以后把矛头针对中国；说不清为什么在中国会出现动乱、会出现“法轮功”这种具有政治意图的组织及其围攻中南海事件，如此等等。再如一个社会的性质是不是由占主导地位的生产关系决定的，从历史唯物主义理论来说这是不言而喻的，可我们有的理论家却说所有制问题是无关紧要的，关键是发展生产力，只要保证社会公平、提高生活水平就是社会主义。还有人错误理解科技是第一生产力的论断，混淆历史唯物主义和科技至上主义的界限，孤立地把科学技术作为社会发展的唯一决定力量；也有的学者以科技是第一生产力，以所谓信息化为理由，宣扬新英雄史观，认为创造历史的人是提供信息的人，决定社会发展的是掌握科学技术的人；有的以当代科学技术发展为依据，否定马克思主义的劳动价值论和剩余价值论、否定生产资料的私有制是剥削的根源、否定生产力决定生产关系的规律，鼓吹科学技术是剩余价值的源泉；有的论者否定社会规律的客观性，否定两个必然性，即资本主义必然为社会主义所取代的规律；也有的论者划不清科学生产力观与庸俗生产力观的界限，否定经济落后国家的社会主义革命的可能性和必要性；还有的论者把社会规律与主体选择对立起来，认为主体选择的可能性只能是在必然性范围之外的可能性空间，而在必然性范围内主体是不自由的，以此来推翻马克思主义关于自由与必然关系的“传统观点”；如此等等。争论的问题的确很多，而且不少都是事关马克思主义历史唯物主义存亡的原则问题，因此不能不搞清楚。恩格斯在致康·施米特的一封信中要求他要善于从理论上思考，只有清晰的理论分析才能在错综复杂的事实中指明正确的道路。我们历史唯物主义的研究者，面对我国的新的实践、面对现实中提出的许多理论问题，的确任重而道远，有待我们继续努力。

我们正处在两个世纪的转折点上。20 世纪是中国百年巨变的伟大时期。尤其是后 50 年，特别是改革开放以来的 20 多年，我们社会生活的各个方面包括思想理论观念的变化是中国历史上从来未有的。但在即将来到的新世纪里，我们既有着更大的机遇，也面临着更大的挑战。在历史唯物主义的研究方面也是如此。因此，我们应该对社会主义时期历史唯物主义 50 年的经验和教训有个比较清醒的认识。

毫无疑问，在社会主义革命和建设的 50 年中，历史唯物主义在中国得到了新的发展，它所涉及的领域和范围、问题的深度比早期都有发展。可是从走向未来看，我们仍有许多不足。在民主革命时期，马克思主义历史唯物主义的研究者和革命者是合二为一的，他们为革命为解决现实问题而研究理论，他们注视现实的需要，注重运用历史唯物主义去研究中国的历史和现实。新中国成立以后则与此不同，我们的马克思主义研究者、历史唯物主义研究者作为专业队伍已经职业化了，变成了在高校、在研究院以从事这种研究为职业。我们扩大了研究范围，拓展了某些问题的研究深度，但却往往容易轻视实践的需要和呼声，而只关注纯学理的研究。因而在我们研究和争论的问题中，更多的是关于概念、范畴、定义的争论，而缺少对现实问题的深入研究。也正因为这样，在历史唯物主义的研究中，现实性和理论性都很强的高水平的历史唯物主义著作不算太多。我们较多的是教材，而且有一些有较高水平的教材。教材固然重要，但停留于此显然是不够的。应该说，现实问题是历史唯物主义的最重要方面。缺少现实性，历史唯物主义就没有生气、就没有灵魂。其实运用历史唯物主义来分析我们面对的问题是极为需要的。在市场经济条件下的工人阶级的主人翁地位问题、在多种所有制并存及私有经济发展中公有制的主体地位何以保证的问题、意识形态领域的多种思潮并存和市场经济条件下马克思主义的指导地位问题、腐败的根源和防止问题等等，都是关系到中国社会主义前途和命运的重大问题。如果历史唯物主义理论工作者对此一概不感兴趣，那就不成其为历史唯物主义，而是倒回到一般的历史哲学、从最抽象的角度探讨社会历史的形而上问题的学说。这绝不能说是历史唯物主义研究的正确方向。

在 21 世纪里，我们当然要继续沿着毛泽东开辟、邓小平继续的马克思主义哲学中国化的道路前进。历史唯物主义的研究，更应该结合有中国特色的社会主义建设实践问题的研究，使历史唯物主义的研究具有中国特色。我们有一支庞大的专业队伍，我们完全有条件做得比现在更好。我们应该培养一批有个性、有特色的历史唯物主义理论家。有人认为，马克思主义哲学工作者是千人一面不可能有个性，因为原理是共同的。这种说法是不对的。其实，马克思主义哲学史上的大家都是个性化的，马克思、恩格斯不用说，拉法格、倍倍尔、列宁、普列汉诺夫、毛泽东、邓小平，都各有特色。特色并不是要立谬论异说，而是有创造性地发展真理。有发展就有特色。而要发展就必须面对现实而不是面对原理本身。现实自身是个性化的，因为它是变化的发展的，不同的现实中孕育着不同的问题。即使原理是共同的，但面对的现实和必须解决的问题不同，应用的水平不同，从中引出的结论也不同，这种哲学家自然具有个性具有特色。而哲学的个性化同时也是民族化，或者说是马克思主义的中国化，因为这种理论上的个性化是中国现实所具有的特性的结晶。它根植于中国，它不离开中国；它是地地道道的马克思主义的，又是不折不扣的具有中国特色的。我们期望在历史唯物主义研究领域能够出现这样一批马克思主义者。

三

在当今世界上，从西方到东方，从发达资本主义国家到发展中国家存在各种各样的社会主义思潮。我们可以发现，每种社会主义思潮都有其相应的哲学基础，特别是社会历史观。可以说，有什么样的社会历史观，就会有什么样的社会主义理想和方案。

自从马克思和恩格斯创立科学社会主义时起到当代中国的社会主义实践，在这一个半世纪中，社会主义经历了从理论到运动、到制度的过程。它在不同的时期，强调的重点是不同的。在马克思恩格斯时代，他们强调的是社会主义理论的科学性，强调对社会主义必然性的论证，强调社会主义理论的阶级斗争基础。他们曾经批评过德国党内的右倾机会主义，说他们"在阶级斗争被当作一种令人不快的'粗野的'现象放到一边去的地方，留下来充当社会主义的基础的就只有'真正的博爱'和关于'正义'的空话了"①。1877 年 10 月给左尔格的信中，恩格斯在反对杜林时又对德国党重提这种批评，说有些人"想使社会主义有一个'更高的、理想的'转变，就是说，想用关于正义、自由、平等和博爱的女神的现代神话来代替它的唯物主义的基础"②。

列宁是俄国社会主义革命的领导者，是第一个把社会主义由运动变为制度的实践者。列宁强调的是社会主义的实践性，因为他是社会主义实践的领导者，肩负着实际建设社会主义的历史使命。在俄国十月革命胜利后，列宁说，对俄国来说，根据书本争论社会主义纲领的时代已经过去了，我深信已经一去不复返了，今天只能根据经验来谈论社会主义。他还

① 《马克思恩格斯选集》，2 版，第 3 卷，684 页。
② 《马克思恩格斯选集》，2 版，第 4 卷，627 页。

说，“现在一切都**在于实践**，现在已经到了这样一个历史关头：理论在变为实践，理论由实践赋予活力，由实践来修正，由实践来检验”①。当讲到什么是社会主义时，他说：“要论述一下社会主义，我们还办不到；达到完备形式的社会主义会是个什么样子，——这我们不知道，也无法说。”② 因为“建设社会主义的砖头现在还没有烧好”③。

邓小平处在社会主义建设的另一个时期，这时已经有了社会主义正反两方面的经验，他深感我们对什么是社会主义还没有完全弄清楚，所以他特别强调社会主义的本质问题和社会主义的民族道路问题。邓小平继承毛泽东探索中国社会主义建设道路的未完的事业并总结探索中的经验与教训，提出了建设有中国特色的社会主义理论，从而把科学社会主义理论提升到了一个新境界。

要搞清什么是社会主义、如何建设社会主义，这在理论阶段是无法完全实现的。在科学社会主义理论确立阶段，它要求的是理论上的可论证性和逻辑上的一贯性；在纯理论阶段，社会主义是作为社会发展的一般形态来论述的，它是被放在五种社会形态更替的框架内，处于取代资本主义社会的更高阶段，它在各方面都绝对高于资本主义社会。这种社会主义是一种抽象的纯理论形态的社会形态。可在实践中的社会主义社会，不是抽象的社会主义一般而是在特定的国家和民族范围内具体的社会存在。它的生产力水平、文化和教育的普及程度，以及社会的道德状况可能远没有达到马克思恩格斯在纯理论范围内所企望的水平。因此不是根据社会主义社会形态的抽象原则，而是根据自己国家的实际状况来建设社会主义是至关重要的。因此在社会主义实践阶段，社会主义理论原则必须与本国实际相结合，具有可操作性和有效性。如果在社会主义现实实践中没有达到预期目的，生产力没有持久的、稳定的和较快的发展，人民生活没有得到满意的提高，社会主义的民主和法制建设处于无序状态，那就肯定说明我们对什么是社会主义以及如何建设社会主义还没有完全弄清楚。这不能怪马克思

---

① 《列宁全集》，2 版，第 33 卷，208 页，北京，人民出版社，1985。
② 《列宁全集》，2 版，第 34 卷，60 页，北京，人民出版社，1985。
③ 同上书，61 页。

和恩格斯，不能怪我们的老祖宗，因为他们的任务就是论述社会主义的一般，从社会发展一般规律的高度对社会主义进行科学的论证。至于如何通过具体的途径实现、变更或者突破这些原则则是后人的事。他们反复强调的正是这一点，从来没有用他们的社会主义观念去束缚后人的手脚。但无论是马克思和恩格斯强调的社会主义理论的科学性、列宁强调的实践性，还是毛泽东和邓小平强调的社会主义建设道路的民族特色，从根本上来说都是一致的。正因为它是科学的才可能指导实践，而实践总是具体的，必然具有民族特色。所以在科学社会主义理论中，科学性、实践性、民族性是不可分的，只是依据不同历史情况强调的重点不同而已；而且它们都是以历史唯物主义为基础的，都是唯物史观与社会主义在特定时期结合的不同表现。

与以唯物史观为基础的科学社会主义相反，还有另一条所谓的社会主义路线。这就是以抽象人本主义为基础的民主社会主义路线。这种社会主义路线的特点是片面强调社会主义的人道性即所谓社会主义是人道化的社会，是以自由、民主、人道、公平、正义为最高准则的社会，从而把价值问题摆在首位，作为社会主义的本质。在马克思和恩格斯的时代，这种以抽象人道主义代替历史唯物主义作为社会主义理论基础的趋向已逐步成为社会主义运动的重要派别，其重要代表人物是第二国际的伯恩施坦。他认为社会主义的胜利并不取决于它的内在的经济必然性，而只是一种理想，因此提出“回到康德”的口号，把社会主义变成一种单纯的价值目标。伯恩施坦的影响是巨大的，自此以后逐渐形成的三股思潮，即西方发达资本主义国家的民主社会主义思潮、西方马克思主义中的人本主义思潮、社会主义国家中以戈尔巴乔夫为代表的人道的民主的社会主义思潮，无一不是伯恩施坦思想的延伸和变形。但其结果也是很清楚的。西方发达国家至今仍然是资本主义社会，它们既没有像民主社会主义所期待的人道化也没有社会主义化；在资本主义基础上实行社会主义价值是天方夜谭。相反曾经是社会主义的某些国家，倒是通过民主社会主义这条通道走向了资本主义。尽管戈尔巴乔夫着力宣传民主化和公开性，宣传全人类利益高于民族和阶级利益，可是这些抽象的人道主义原则并没有使苏联强大而是使它走向解体和削弱。

苏联和东欧剧变以后，什么是社会主义成为一个世界性的课题。西方一些国家的社会民主党、工人党，包括一些共产党的领导人曾就“未来的社会主义将是怎样的”为题进行讨论并创办了《未来社会主义》杂志。其中不少文章就是鼓吹民主社会主义理论的。而且有的文章还蓄意歪曲马克思主义与科学社会主义的关系，提出要社会主义不要马克思主义的混淆视听的口号。例如让·埃伦斯坦的文章《马克思主义正在死亡，马克思主义已经死亡，社会主义万岁!》就是这样。他反复强调，“社会主义不是指生产方式。它代表一种赋予我们的技术文明以良知和道德的企图”。“我们同革命、同无产阶级专政、同阶级斗争毫不相干”，社会主义是“新人道主义”，是“当代人道主义”①，如此等等。

在我们国家也出现过这种抽象的人本主义思潮，但遭到邓小平的严厉批评。我们坚持社会主义的道路并在建设有中国特色的社会主义道路上取得辉煌成就，是因为以邓小平为首的党中央坚持以唯物史观为指导来建设社会主义，始终以正确处理社会主义社会基本矛盾为中心，坚持社会主义公有制的主体地位，有步骤地改革各种与社会主义本质不符合的体制，以便解放生产力、发展生产力。我们强调社会主义必然性和现实可能性存在于经济之中。但我们重视社会主义作为理想、价值、信仰的重要性，社会主义作为一种不同于资本主义的制度，它自身包含着社会主义的民主、公正和人道原则。建立一个民主的法治国家，通过法律和道德保证社会主义的公平和正义，实行社会主义人道主义原则，是社会主义社会优越性的重要方面。在以往的社会主义实践中，片面强调阶级斗争的作用以及违反社会主义法治和人权的现象极大地损害了社会主义的威信。这种“左”的错误在我们国家得到了纠正。但我们强调社会主义的价值原则是社会主义制度的一部分，它是以社会主义经济和政治制度的建立为依据的。离开社会主义经济的发展和社会主义政治制度的建立和巩固，在资本主义范围内，所有一切关于公平、正义以及人道主义的温言暖语都会流于空谈和欺骗。即使是在社会主义社会，如果没有共产党的正确领导、没有公有制主体地位的巩固和加强，社会主义的价值原则也是不可能自动实现的。正因为这

① ［苏］戈尔巴乔夫等:《未来的社会主义》，451页，北京，中央编译出版社，1994。

样，我们在反对和纠正“左”的错误的同时，也反对抽象的人道主义。我们要把发展经济和巩固社会主义制度放在首位，以高度发展的经济和完备的法治来切实保证社会主义的价值原则的实现。如果以抽象人道主义来代替历史唯物主义作为社会主义的理论和实践的基础，倡导抽象的自由、民主，我们就会重蹈苏联的覆辙。

中国社会主义未来的发展，在一定意义上可以说决定于我们以什么理论作为社会主义理论和实践的基础。只要我们坚持历史唯物主义关于社会发展规律性和人的活动的目的性相统一的观点、坚持社会主义社会在中国建立的历史必然性和必要性与它的价值目标相统一的观点、坚持邓小平的社会主义本质论和建设有中国特色的社会主义理论，我们就能在风云变幻的世界浪潮中始终坚持社会主义航向。新中国社会主义实践的五十年的经验和教训，就包含着历史唯物主义与社会主义相结合的正确方向。

（原载《高校理论战线》，2000（1、2））

16. 马克思主义哲学的群众性与实践性
——兼谈哲学的冷与热

当前，一部分青年人中的所谓信仰危机，突出地表现为对马克思主义，其中包括对马克思主义哲学的冷淡。一些人对马克思主义哲学不理解，不感兴趣，甚至拒斥。任何一个有社会责任感的理论工作者都对马克思主义哲学的处境怀有某种忧虑。通过总结历史经验来寻找摆脱困境的出路是有益的，但用以总结的哲学原则应该是正确的，否则就很可能会得不出正确的结论。

一、应该面对群众，宣传群众

我们是社会主义国家，理所当然地要宣传和提倡学习马克思主义哲学。新中国成立以来，毛泽东同志多次倡导学习马克思主义哲学。邓小平、陈云等老一辈革命家也是如此。“学习哲学，终身受益”是陈云同志提倡学习马克思主义哲学的名言。江泽民同志曾在讲话中号召全党学习哲学，最近又提倡加强世界观和人生观教育。尽管如此，要使马克思主义哲学为广大知识分子、干部和青年一代所掌握，还是一个长期艰苦的宣传和教育过程。

意识形态领域正如经济建设领域一样也是充满曲折的，其中在宣传和倡导学习马克思主义哲学方面的确有许多教训。例如 1958 年“大跃进”中出现的群众学哲学热潮，其用意是好的，是为了使哲学从哲学家的书本里和课堂上解放出来，变为群众手里的锐利武器，但存在着严重的形式主义和庸俗化倾向。而且由于“左”的思想影响，在处理学习马克思主义哲学与批判地汲取中国传统文化和西方哲学成果之间的关系方面也存在偏颇。这些都是应该认真总结、切实改正的。但把“君临一切”、“指挥一切”作为教训，很容易使人理解为马克思主义哲学不应面对群众，也不应处于指导地位。

马克思主义哲学应该面对群众、宣传群众，这是由它的本性决定的。历史上许多著名哲学家，从柏拉图、亚里士多德到康德、黑格尔，他们的思想对人类文化作出了重要贡献，但它们的信仰者和研究者人数不多。全世界有多少黑格尔主义者？一百、二百就了不起。马克思主义哲学则不同。它是无产阶级的世界观，是人类认识世界和改造世界的武器。马克思主义哲学要真正发挥作用，就必须由少数人的哲学变为广大人民群众的思想武器。这是马克思主义哲学发挥作用的唯一途径。像对待德国古典哲学那样来对待和要求马克思主义哲学，至少是忘记了马克思《关于费尔巴哈的提纲》的最后一条，即：“哲学家们只是用不同的方式**解释**世界，而问题在于**改变**世界。”①

面对群众、宣传群众，这是马克思恩格斯在创立自己学说时就确定了的原则。他们非常重视向工人宣传自己的理论，绝不因为他们文化水平低而采取蔑视的态度。马克思主义哲学作为科学的世界观和方法论，最突出地表现在它与人们的实际活动、与各门科学研究活动的联系之中。马克思主义哲学只有在“用”中才表明它是“有用”的。割断马克思主义哲学与群众的联系，把它从实际活动和科研活动中排挤出去，就是把它变为无用之物，最多是一种“偶像”。

我们绝不能把对马克思主义哲学的错误认识加在马克思主义哲学头上。试图从马克思主义哲学中引出解决一切问题的结论，责任不在于马克思主义哲学，而在于自己的无知。认为一切结论都可以从马克思主义哲学中引申出来，这是最为马克思主义哲学所反对的。马克思主义哲学的活的灵魂就是具体问题具体分析。马克思主义哲学不是教条，它不提供也不可能提供对一切问题的现成答案。恩格斯早就说过：“马克思的整个世界观不是教义，而是方法。它提供的不是现成的教条，而是进一步研究的出发

① 《马克思恩格斯选集》，2版，第1卷，61页。

点和供这种研究使用的方法。”① 至于“人有多大胆，地有多大产”的来源不是马克思主义哲学，而是违背马克思主义哲学的唯意志论；“文化大革命”中打倒一切、否定传统，只讲斗争性、不讲同一性等等，更是唯心主义盛行、形而上学猖獗的表现，不能把过错加在马克思主义哲学头上。

我认为，对于一个社会主义国家来说，应该牢固地树立马克思主义的指导地位。如果我们的实际工作者坚持以辩证唯物主义和历史唯物主义为指导，坚持从实际出发和实事求是；我们的自然科学和社会科学工作者学会运用马克思主义哲学的世界观和方法论；我们的青年一代自觉地树立正确的世界观和人生观，这是很值得赞扬的。不过我们并没有做到这一点。十一届三中全会以后我们党强调从实际出发和实事求是，端正思想路线，证明此前马克思主义哲学并未做到“指挥一切”，否则何必拨乱反正呢？

其实，由唯心主义和形而上学造成的错误，丝毫也无损于马克思主义哲学的“威信”和“形象”。马克思说过一段话，用在此处特别贴切。他说：“就好像汽锅爆炸（结果使一些乘客血肉横飞）这种个别情形不能成为反对力学的理由一样，某些人不能消化最新的哲学并因这种消化不良而死亡的情形，也不能成为反对哲学的理由。”② 一个真正的马克思主义理论工作者，总结历史的经验教训，从中得出的结论应当是维护马克思主义哲学的威信，坚持辩证唯物主义和历史唯物主义，提倡从实际出发和实事求是的原则，而绝不是相反。

毋庸讳言，马克思主义哲学今天是冷一些。但不能认为“今天哲学的冷遇便是‘发烧’后所表现出的虚弱”。任何一个在高校从事马克思主义哲学理论教学、接触过学生的人都知道，实际情况要复杂得多。至少有三点是起作用的。第一，在我们马克思主义哲学教学中，存在一个主要问题是理论联系实际很不够。它没有着重把马克思主义哲学作为一种科学的世界观和方法论，着重提高学生分析问题、解决问题的能力，而是教条地停留在一般原理的照本宣科上，使学习者看不到马克思主义哲学的强大功能，从而大大降低了对马克思主义哲学的兴趣。第二，就业问题是决定专

---

① 《马克思恩格斯全集》，第 39 卷，406 页。

② 《马克思恩格斯全集》，第 1 卷，124 页。

业选择的重要因素。专业的选择并不完全代表兴趣，而更多出于毕业后的考虑。热门专业，收入高，就业容易，对学生们有很大吸引力。第三，更重要的原因是世界共产主义运动处于低潮，社会主义在一些国家遭到严重挫折，使马克思主义处于一种困难的境地。在我们国家，马克思主义哲学的命运同社会主义制度的巩固和完善是紧密结合在一起的。只要我们坚持党的基本路线，在狠抓物质文明建设的同时狠抓精神文明建设，我相信在建设有中国特色的社会主义进程中，一定会使马克思主义哲学重放光辉。

二、应该面对现实，走理论结合实际的道路

如果说马克思主义哲学的群众性，决定了它必须面对群众，即用马克思主义哲学来教育我们的干部、知识分子和青年一代，那么马克思主义哲学的实践性，则决定了它必须面对实际，走理论联系实际的道路。当代中国最大的实际是建设有中国特色的社会主义，是进行经济体制和政治体制的改革，其中关系最为重大的改革是确立社会主义市场经济体制以及与此相关的一系列改革。这些问题当然不是哲学唯一的研究对象，但也绝不是什么浅层次的问题。从哲学角度来研究这些问题绝不是什么"赶时髦"。如果置关系到12亿人口命运和前途的中国社会主义建设与改革实践于不顾，而要马克思主义哲学家专注研究什么"人的形而上学本质"之类的问题，对于这样的哲学主张我很难赞同。

康德和黑格尔不研究商品经济，不能成为当今中国的马克思主义理论工作者不应研究社会主义市场经济中的哲学问题的根据。要知道，马克思主义哲学终究不同于德国古典哲学。德国古典哲学，从康德到黑格尔，以及青年黑格尔派都始终停留在思辨哲学的领域。正如马克思恩格斯所说的："德国的批判，直到它的最后的挣扎，都没有离开过哲学的基地。"① 而马克思之所以成为马克思主义创始人，正在于他没有停留在纯哲学领域，而是由哲学转向经济学研究，从而突破了思辨哲学的传统，创立了唯物史观。马克思研究资本主义商品经济的巨著《资本论》，既是经济学著作又是哲学著作。谁都不敢说，马克思的《资本论》降低了哲学的品格。

① 《马克思恩格斯全集》，第3卷，21页。

依我看，在当今中国，谁要是能像马克思研究资本主义商品经济写出《资本论》那样，从马克思主义哲学角度来研究社会主义市场经济问题，对人们普遍关心的社会主义市场经济条件下的一系列重大问题作出科学的回答，谁就是有真正贡献的哲学家。

德国古典哲学对人类文化的贡献是巨大的，但它不能成为我们今天应该研究什么、不应该研究什么的样板。德国古典哲学的思辨性，使其整个体系处在概念和范畴的阴影王国之中。马克思曾经批判过它的这个缺点："哲学，尤其是德国的哲学，喜欢幽静孤寂、闭关自守并醉心于淡漠的自我直观"；"它那玄妙的自我深化在门外汉看来正像脱离现实的活动一样稀奇古怪；它被当做一个魔术师，若有其事地念着咒语，因为谁也不懂得他在念些什么"①。马克思主义哲学要充分吸取德国古典哲学的优秀成果，但不能沿着它的足迹前进，像它那样面对概念、范畴，精心构筑自己的体系，而是要面对现实。用马克思的话来说，就是要"走出阿门塞斯的阴影王国，转而面向那存在于理论精神之外的世俗的现实"②。

面对现实不是一句空话。它要求面对客观存在着的重大问题。没有问题就没有科学，没有对问题的思考就不需要哲学。"**问题**就是公开的、无畏的、左右一切个人的时代声音。问题就是时代的口号，是它表现自己精神状态的最**实际的**呼声。"③ 所谓真正的哲学是时代的精神的精华，就是指它捕捉住了时代的普遍的、重大的问题，从时代高度，把人们在实践中和科学研究中所取得的成就凝集在哲学思想之中。

哲学问题来自时代的实际生活，即特定时代的人们在实践活动中不断重复的根本问题，而不是来自人的抽象本性。把人的本质归结为所谓"形而上"，把"哲学研究的主要课题"说成是处理人作为经济动物和人作为形而上学动物的矛盾，实在高深莫测，令人如坠五里雾中。

人和人的本质问题当然是哲学研究的重要对象，但不能把哲学对象归结为人与人的本性，特别是归结为对人自身抽象本性的研究。正如迁出神

---

① 《马克思恩格斯全集》，第1卷，120页。

② 《马克思恩格斯全集》，第40卷，258页。

③ 同上书，289～290页。

庙抛到荒野的神像不再是神而是木偶一样，脱离社会及其环境的人也不再是人，而是两足动物。人是从自己所处的社会关系中获得自己的质的规定性的。马克思说的黑人就是黑人，只有在一定关系下，他才成为奴隶，就是这个意思。离开了奴隶制，就没有奴隶主与奴隶；离开了封建庄园制，就没有领主与农奴；离开了资本主义私有制，就没有资产者与无产者。所谓人自身所固有的本性，除了通过遗传获得的生物特性外全都是在社会环境中形成的。而且即使是人的生物特性也已经过了社会的再铸造，不能归结为动物本能。

正因为哲学中的问题不是根植于人的抽象本性，而是来源于时代，正因为问题和考察问题的方式都是依赖于时代的，因此哲学具有鲜明的时代性、民族性和阶级性。哲学的时代性，表现在不同时代所着力探讨的哲学问题不同。例如在古希腊罗马哲学中，自然哲学处于支配地位，着力于世界本质的探讨；中世纪由于宗教和教会的统治，哲学致力于关于上帝存在和灵魂不死的论证；随着资产阶级的兴起，由于科学发展的需要，许多大哲学家如洛克、康德等致力于人的认识活动和认识能力的研究；同时由于对社会认识的要求，历史哲学也悄然兴起。在现代西方哲学中，人本主义哲学把人视为哲学的中心，分析哲学则致力于语言和逻辑的研究。哲学对时代的依赖性，对于每个民族而言则表现为民族性。由于阶级对立是进入奴隶制以来时代的重要内容，哲学还具有阶级性。不同阶级的哲学代表人物着力探讨的哲学问题也是不完全相同甚至很不相同的。

哲学不可能是超功利主义的。虽然哲学由于它自身的特点，往往会使人觉得它与利益无关，是在纯概念王国中驰骋，其实并非如此。哲学是以哲学方式实现它的功利主义，即为特定阶级的利益服务。恩格斯说："从15世纪中叶起的整个文艺复兴时期，在本质上是城市的从而是市民阶级的产物，同样，从那时起重新觉醒的哲学也是如此。哲学的内容本质上仅仅是那些和中小市民阶级发展为大资产阶级的过程相适应的思想的哲学表现。"① 在德国古典哲学那"迂腐晦涩"、"笨拙枯燥"的语句背后，恩格斯都看到了"隐藏着"的资产阶级革命的要求。

---

① 《马克思恩格斯选集》，2版，第4卷，254页。

如果说以往的哲学是隐蔽的功利主义，是不承认功利主义的功利主义的话，那么马克思主义哲学则是公开地、鲜明地倡导革命功利主义原则，把自己看成是“无产阶级解放的头脑”，宣布哲学的目的不仅是要认识世界，而且还要改造世界。马克思主义哲学始终是和科学社会主义学说相结合的。恩格斯说过，现代的唯物主义，它和过去相比，是以科学社会主义为其理论终结的。在革命时期，马克思主义哲学要为无产阶级夺取政权服务；在取得政权之后，则要为社会主义建设服务。这不能叫狭隘功利主义，这是马克思主义哲学的历史使命。这种使命既是功利主义的，又是理想主义的。因为马克思主义哲学关于无产阶级彻底解放和人的全面发展的共产主义理想，本身就包含革命功利主义，即包含对无产阶级和人类根本利益的追求。

马克思主义哲学的“功利主义”，不仅在于它为无产阶级获得彻底解放服务，而且表现为它为人类提供了一个锐利的认识武器。各门科学，无论是自然科学还是社会科学，都能从马克思主义哲学的应用中获得“效益”。

事情并不像有些人所说的那样，在全国范围内讨论关于实践是检验真理的唯一标准之后，哲学境遇越来越困难，是由于狭隘功利主义造成的。在我看来，刚好相反。如果我们哲学工作者能关注现实，写出像《实践论》、《矛盾论》那样理论与实际相结合的著作，如果我们哲学工作者能真正实现哲学与科学的联盟，总结自然科学、社会科学和思维科学的新经验，提供新的哲学方法，而不是停留在重复一般原理上，或者进入虚无缥缈的哲学太空，我看感兴趣的人一定会越来越多。

马克思主义哲学摆脱困境、走出低谷的道路，是走理论联系实际的道路。我们要有人专门从事所谓纯哲学的研究，即研究本体论、认识论、方法论的问题，但这种研究也必须结合人们实践中和科研中提出的问题，观点要真、结论要新，而不是年复一年地重复基本原理，这方面的研究非常重要，应该加强；另一方面，也要有人在应用中求发展，结合研究各门具体科学来丰富马克思主义哲学。对马克思主义哲学工作者来说，当然应该淡泊名利，潜心学问，耐得住寂寞，但却不能走历史上某些哲学家曾走过的道路，即远离闹市、隐居农村、隔绝人世、背对现实的哲学道路。在当代，这做不到，也不能做。恩格斯曾经为隐居乡村而限制了自己哲学思维的费尔巴哈感叹不已。在即将进入 21 世纪的中国，为马克思主义哲学工作者开这种处方实在不妥。

三、要正确把握人与动物的根本区别

我们遵循的哲学原则应该是辩证唯物主义和历史唯物主义，而不能沉湎于对人的抽象本质的哲学思辨。人与动物的根本区别绝不能归结为人的本性是“形而上”，动物的本性是“形而下”；人的本性是“追求理想”，动物的本性是“追求功利”。这种说法令人困惑难解。

人的需要当然不同于动物。人的需要有其生理基础，但人的需要既不能仅仅归结为生理结构，也不能归结于人的所谓形而上学本性，而是取决于社会生产。随着社会生产力的发展，人的需求的内容不断丰富。为什么人们“在吃好、穿好的同时，还要看演出、听音乐、外出旅游”呢？这当然不是由于人的“超功利的”“形而上学本性”，而是生产发展和生活水平提高引起的需求层次的变化。现代人和原始人、发达国家和贫穷国家、富人和穷人的需求的内容和层次的差异性，离开了社会发展水平和人的不同的社会地位，从人的所谓超功利的本性中是得不到科学说明的。

人与人的关系与动物之间的关系是不同的。人与人之间的关系是社会关系；而动物之间的关系则是自然关系。当然，人与人之间的关系也存在某种自然关系，如父母与子女之间的血缘关系、夫妻之间的性关系就是一种自然关系，但这已经是社会化了的自然关系。因此，考虑人与人之间的关系、考虑人与动物的区别绝不能离开这个基点。为什么“人比禽兽还要野蛮一千倍、一万倍”呢？为什么某些动物之间的斗争最多是单个的或成群的撕咬，而人却“发明越来越先进的武器成百成万地杀人”呢？把这归之于人对自己“思维能力”和“文明”的“误用”，归之于人“没有考虑到”自己的“形而上学”的本性，不能认为是合适的解答。

在社会领域中，人与人之间的大规模斗争主要有两种形式：一是各国家内部的阶级斗争，统治阶级对被统治阶级的镇压，以及革命时期阶级之间的你死我活的决战；另一种是国家之间的战争，如帝国主义国家之间以及帝国主义国家同被侵略国家之间的战争。战争的深刻的根源是物质利益，阶级斗争的核心是阶级利益，国际战争的根源是国家民族的利益（主要是以国家形式出现的处于领导地位的统治阶级的利益）。没有利益冲突就不会有大规模的相互“残杀”。即使是以文化冲突、宗教信仰冲突形式出现的战争，其深层次的东西也仍然是物质利益。在阶级社会中，利益问题是同私有制结合在一起的。人类社会进行过无数次国内战争以及国家之间的战争，大规模地相互残杀，这绝不是理性的迷误，而是私有制社会里不可避免的现象，是不依人们意志为转移的。在当前，人们可以防止第三次世界大战，但绝不能消除一切战争。事实上，世界上战争不断。绝不可以认为只要考虑到人的“超功利的理想的要求”，不考虑“功利的方面”，向人的“形而上学”本性发出呼吁，就可以制止或消灭人类的相互残杀，这是不可能的。

同样，从人的所谓超功利的“形而上学”本性出发，也无法理解人与自然的矛盾，也不可能找到解决人类面临的生态危机问题的出路。我们面对的世界，是包括人类社会在内的世界。人在客观世界中处于双重关系——人与自然、人与社会——之中，或者像恩格斯所说的：“自然和历史——这是我们在其中生存、活动并表现自己的那个环境的两个组成部分。”① 这两方面是相互影响、相互渗透的。考虑其中任何一方面，都不能撇开另一方面。不能离开社会的性质和发展水平来考察人与自然的关系，因为人对自然资源的占有和利用方式本身就是生产力和生产关系的重要内容。从人的本性而不是从生产方式中探求当代生态环境问题，在我看来有点偏离。

动物与环境的所谓平衡是不值得羡慕的。因为这种平衡的主导方面是自然，通过自然选择使不适宜环境的生物品种灭绝或迫使它变化。这种“平衡”是长期进化的结果，对它们自己而言，代价是巨大的，是“残酷”的。当然，人类实践活动造成的结果有时确是“城门失火，殃及池鱼”，但这绝不是说，如果排除人为因素，它们就是没有矛盾的“极乐世界”。

人类的发展也是如此。人类社会早期绝不是人与自然平衡的时代。当时人类生存环境极端恶劣，人对自然环境在一定程度上仍处于动物般的依

---

① 《马克思恩格斯全集》，第 39 卷，64 页。

赖之中。进入农业社会后，人类为自然创造了一个相对平衡的自然环境。尽管由于农业生产方式的特点，它不可能摆脱对自然的依赖，但也不会导致大规模生态环境恶化。资本主义工业化打破了农业社会建立的相对平衡。特别是随着生产力的发展和科技进步，人们从对自然界的改造中受到日益增多的惩罚，最终导致引人注目的生态危机。究其原因并不在于人类“没有考虑到超功利的理想的要求”，而是由生产关系决定的对巨大生产能力和科学技术运用的目的和方式。生产力的发展和科技进步不是生态危机的根源，相反，只要运用得当，它还能为克服生态危机、改善环境、保持可持续发展提供物质的、科学的、技术的可能性。因此，人与自然矛盾的尖锐化不能归结为人性问题。克服这种危机的动力，也不能指靠超功利的理想，相反，它恰好是来自最大的功利主义，即来自人类对自己生存还是毁灭的自觉认识。

科学家同哲学家有相似之处。对于科学家而言，科学研究不仅是一种职业，而且是一种事业、一种社会责任。有幸而从事科学研究，进入科学殿堂，这表明了他承担的社会义务。对于我们国家的哲学工作者也应该这样要求。哲学不应该仅仅是个人的兴趣、爱好、思辨，而应该看作承担了一种社会责任，即为建设有中国特色的社会主义，为提高民族素质和思维水平服务。我深信，尽管对于同一个问题有不同看法，但繁荣我国的哲学事业是我们的共同愿望。

（原载《求是》，1994（4））

17. 关于主体和主体性问题

我们不能因为反对主体问题上的唯心主义路线，就忽视加强主体问题研究的重要性；也不能因为要加强主体问题研究，就无视在这个问题上存在的原则分歧。在理论领域中，我们也不能只注意一种倾向而忽略另一种倾向。

马克思主义哲学应该研究主体问题，这是确凿无疑的。我们所面对的世界，是包括人和人类社会在内的世界。我们不仅要探索客观物质世界，而且要研究人和人类社会自身。对于这个问题，马克思在《关于费尔巴哈的提纲》中，已经作了正确的阐述，应该是我们研究主体和主体性问题的指导原则。

为什么这个本应不成问题的问题成了问题呢？作为一个马克思主义哲学工作者应该如何对待主体和主体性问题？这是摆在我们面前的尖锐问题。

一、一个应予以重视的事实

在当代哲学领域，主体是个热门话题。美学强调审美主体，认识论强调认识主体，伦理学强调道德主体，历史观强调历史主体。强调主体一定要强调价值，即强调主体的内在尺度，强调客体如何适应主体的要求和需要；而强调价值，必然强调相对性，因为不同主体有不同的需要和尺度。的确，主体、价值、相对性都是重要的哲学课题。国内外不少学者在这方面做了有益的探索。它拓宽了哲学研究领域，展示了新的哲学视角。但不可否认的是，片面强调认识的价值性和相对性是当代某些西方哲学流派的主要倾向。而价值与科学、相对性和绝对性对立的核心是主体与客体的对立。

主体问题是一个重要的、现实的问题。近代无产阶级革命和科学的发展都把这个问题推到哲学的前台。从十月革命开始，社会主义革命并不是在经济比较发达的西方，而是在经济比较落后的东方首先取得胜利，这里有没有革命主体问题，即工人阶级的觉悟及其政党成熟程度问题？而且当代科学的发展，例如相对论、量子力学都把主体在认识中的作用问题提到人们面前。

可是主体问题的重要性和加强主体问题研究的必要性并不能掩盖一个事实，这就是从恩格斯逝世，特别是从 20 世纪 20 年代开始，主体这个哲学问题变成了一些人手中掷向马克思主义哲学的“砖头”。西方人本主义思潮以及所谓人本主义的马克思主义，都高唱弘扬“主体性”。其中一些人利用主体和主体性问题攻打“实证主义”的恩格斯、攻打“机械反映论”者列宁，并以此制造马克思和恩格斯的对立、马克思和列宁的对立以及所谓的实践唯物主义和辩证唯物主义的对立。主体问题成为激烈的理论斗争的前沿阵地。

在西方人本主义思潮中，以人为出发点和归宿的人本主义，与他们在主体问题上倡导的以主体为出发点和归宿的唯主体主义是一刀两刃。这并不难理解。主体与人确实不可分。从对客观世界关系来看的人就是主体；从具有生命、意志、个性角度来看的主体就是人。西方某些思潮的抽象人本主义原则，铸就了他们的唯心主义的主体观。例如以创立哲学人类学著称的德国哲学家舍勒关于人的观点同时也是一种主体论。舍勒片面强调人在宇宙中的中心地位，认为人的本质结构是宇宙本体结构的基础，因为任何外界的存在，都应该首先归结为人的存在，都依赖于人。因此人这个小宇宙是打开大宇宙奥秘的钥匙。

当代一切人本主义普遍重视主体，但都是从唯心主义角度看待主体。英国人席勒在《人本主义研究》中承认这一点。他毫不隐讳人本主义所关心的人，是以自己的心灵手段来把握人的经验世界的人。人是人的经验的尺度，是他所经验的世界不可分离的因素。人是世界的中心，被常识实在论所推崇的外在世界实际上是由人的经验建立起来的。

西方人本主义思潮的泛滥，对于马克思主义不可能不发生影响。马克思主义人本主义化思潮，就是人本主义向马克思主义的“渗透”和“入侵”。无论是从20世纪20年代开始的卢卡奇、柯尔施，以及稍后的葛兰西以反对列宁机械反映论为号召的所谓马克思主义的“重建”，还是第二次世界大战以后逐步兴起的所谓存在主义的马克思主义、弗洛伊德的马克思主义，等等，无不在主体和主体性上做文章。至于攻击社会主义制度是极权制度，是人的主体地位的丧失这类极端政治化的观点也并不罕见。

客观地说，这种思潮对我国是有影响的。我们同样经历了从以人为出发点和归宿的明显的人本主义，转向以主体为出发点和归宿的隐蔽的人本主义。有的学者并不隐讳这两者的联系，提出“人性便是主体性”的论断，明白无误地把抽象的主体论和抽象人性论视为一体。至于刘再复的《论文学的主体性》和金观涛的《人的哲学》所表现的主观唯心主义的哲学路线是有目共睹的，无须评说。

有些人并不把主体性问题当成一个学术问题来讨论。例如，所谓主体性的发现是第三次理性启蒙，以及在主体性猛烈冲击绝对一元论的框架和价值系统之后，随之而来的是多元的理论框架，多元的价值取向，多元的政治经济模式和多元的文化选择的观点则具有明显的政治含义。况且以主体性为大棒来猛击社会主义制度的言论也并不罕见。例如苏绍智在《对社会主义的再认识》中攻击在斯大林主义影响下，“人化”的过程逆反成“机械化”过程，人们不思进取，不求独立，人的主体意识逐渐退化，个人的独立受到严重侵害；人们都追求一种抽象的、虚无缥缈的国家利益或集体主义。据说这里隐藏着一种严重的后果，即导致集权倾向的加强。诸如此类的观点导致了人们思想的混乱，是十分有害的。

这绝不是说，主体和主体性问题只是政治问题而不是学术问题；也不是说主体和主体性问题不应该研究。我认为对主体和主体性问题的讨论和研究，对于深入研究哲学、文学艺术、道德、政治思想都是必要的、有益的，而且确实起了推动作用。但是我们不能不看到，在主体和主体性问题上确实存在理论分歧甚至政治分歧。在进一步探讨主体和主体性问题时应该承认并澄清这个事实，而不能绕开这个事实。

二、主体和主体性

究竟什么是主体、主体性和主体意识？我以为不能单纯从词义上解释，也不能停留在这些概念自身。应该注意，我们这里讨论的是哲学问题。

从哲学上说，主体和客体是对人与世界本质关系的普遍概括。马克思一再说“人始终是主体”①。还说主体是人，客体是自然。当在哲学意义上说人是主体时，它是肯定和描述人在自然界和社会中的特殊地位。人与其他动物不同。一般动物是自然存在物，是自然界的一部分，它并没有把自己从自然界中划分出来，而是和自然界一起构成客观世界的一部分。而人是作为主体而存在，他把自然界作为认识和活动的客体。因此人与自然的关系，必然表现为主体和客体的关系（主客体关系不限于人与自然的关系。但是当人以人或以人的精神产品为客体时，尽管有其不同于人与自然关系的特点，它同样应该遵循辩证唯物主义关于主客体相互关系的基本原则，即认识总是关于对象的认识，任何真理性认识应该逼近对象，反映对象，我们不同意解释学中唯心主义主体性原则）。

主体性，是人作为主体的规定性，而不是主体作为人的规定性。主体作为人的规定性称之为人性，而人作为主体的规定性是主体性。主体性最根本的内容是人的实践能力和创造力，简言之是人所特有的主观能动性。这种特性是人作为主体的最重要表现，没有它人就不成其为主体。

主体意识是人的一种自我意识，是人对自己在世界中的地位和作用，对自己创造力的意识。人越是意识到自我的作用，主体意识越强。人的主体意识并不是与生俱来的，人是在实践中不断认识到自己的力量。抽象地把主体意识增强看成“人的觉醒”是一种人本主义观点。实际上人是从自己对象化的存在物中返观自身，看到自己的力量。主体意识的增强同生产方式的改变是密不可分的。

我们不应该把人与自然、主体与客体、存在和思维割裂开来。作为范畴，它们各有特点，但不能截然分开。

---

① 《马克思恩格斯全集》，第42卷，130页。

从人与自然关系中排除主体与客体的关系，就不存在人与自然的关系，或者说不存在作为人的人与自然的关系，而是一种动物式的关系。人与自然的关系是人为主体的、为我的关系。

从主体和客体关系中排除存在和思维的关系，就不存在主体和客体的关系，而是两个感性的、自然的、非思维实体之间的关系。太阳和植物可以互为对象，形成一种对象性关系，但绝不会成为主客体关系。

我不同意过分强调主体与主观的区别。主体不等于主观，这当然对。但它两者是形影相随的。没有离开主体的主观，主观不可能独立存在。主观无非是主体的一种精神状态。马克思说过，“主观性只有作为主体才能存在”①。没有主观，主体不成其为主体，只是“一堆肉”；没有主体，主观不成其为主观，它无所依托，只是脱离了躯体的“灵魂”。当我们考察主体与客体的关系时，这时强调的主体不是指它的肉体，它的血液和跳动着的心脏，而是以它为基础的人的思维力和创造力，它表现为人的主观能力，表现为以观念形态存在着的理想、方案、计划，等等。主体和客体之间最本质、最重要的关系是思维和存在的关系。排除了这种关系，人就终止其作为主体的存在，而重新回到它由之而来的动物地位。因此，我认为研究主体和主体性并不是目的，而是为了达到主观与客观历史的、具体的统一。对主体和主体性的理解，应该服从对哲学基本问题的正确解决。

我认为，在主体和客体关系问题上应该坚持三条原则。

（一）辩证唯物主义本体论

有的学者提出，主体和客体不同于存在和思维的关系，不存在第一性第二性的问题。主体和客体相互依存、不可分离。有一本国外关于辩证唯物主义的书明确宣称阿芬那留斯的原则同格说在主体和客体关系上是正确的，错误的倒是列宁。这个意见显然是不对的。

存在和思维与主体和客体当然有差别。主体不能归结为思维，客体中包括精神产品。我们在不同场合下，运用这些范畴时，应该考虑到它们的特点。可是这种差异性不能夸大到从主客体关系中把哲学基本问题驱逐出去的地步。如果这样，主体就会变成非制约的主体，变成脱缰之马，变成

① 《马克思恩格斯全集》，第1卷，277页。

像上帝一样的创造主。事实上，无论在何种意义上，主体和客体关系都不能也不应该越出哲学基本问题制约范围之外。

我认为，下面三条理由都很难成立。

1. 有人认为，没有主体，那个东西能叫客体吗？客体这个概念就意味着它与主体不可分，意味着它依存主体。

我们争论的不是概念，不是成对概念的关系问题，而是世界的客观本性问题。没有主体这个概念可以没有客体这个概念，可是客体概念所蕴涵的内容——事物的客观实在性，它的规律与属性，并没有因此而变为非存在。尽管人们争辩说，地球在人类之前存在，但地球只有人类产生之后才作为客体而存在。可问题在于当地球作为客体时，它仍然按照自己的轨道运行，并不依存于主体。站在辩证唯物主义高度，绝不应该把主体和客体关系变成概念之间的关系。

人类所面对的物质世界，是广阔无垠，无始无终的大千世界。人的实践和认识是个历史过程，物质世界总是逐步地、一部分一部分地变为人的实践和认识的客体和对象。这是永无止境的。物质世界由被称为存在（与思维相对应）到称为客体（与主体相对应），再到称为对象（与个体的实践和认识相对应），这是由自在之物转变为为我之物，由未知进到已知的过程。存在、客体、对象这三个概念反映的是人与自然关系具体形态的改变，但并没有改变世界的客观本性。

2. 在一些人看来，客体当然是依存于主体的。不被主体所意识，所把握的客体是不存在的。谈论人的意识之外的客体是宗教崇拜。物质世界一旦变为主体的对象——客体，意味着它已通过人的各种器官进入人的头脑，呈现在人们的心中，所以客体只能是被主体感觉到的，依存于主体的东西。众所周知，金观涛在《人的哲学》中着力宣扬的就是这种观点，他认为没有人能从逻辑上证明客观世界是独立于人的感觉而存在的，客体的客观性无非是一种信仰。

的确，当作为不依赖人们意识而存在的物质被称为客体时，它当然要进入到人的实践和认识范围，与主体相关联。客体是通过作为客体的观念呈现在人们意识之中，这是由人的认识特点决定的。但这不能成为客体依存于主体，没有主体就没有客体的依据。

人并不仅仅是依靠感觉和知觉来把握客体的。人首先是在实践中，在改造客观世界的活动中感知客体的。人的亿万次实践反复证明，客体的最本质特性是客观实在性。它首先必须存在，才有可能通过实践成为人的认识对象。

即使是作为人的创造物的客体，它凝结了人的意志、目的和需要，但并不因此而丧失它的客观本性。人的实践不可能无中生有，它改变的是物质存在的形态。人的对象化活动的结果仍然是对象性存在，它一旦变为现实，同样具有不依赖于该主体的客观实在性，它可以为其他任何主体所感知和认识。

3. 就主体对客体的认识来说，有个参照系的问题。主体观察客体的参照系不同，结论不同。相对论表明了这一点，即使日常生活中也有类似的情况："会当凌绝顶，一览众山小。"有人由此得出结论，客体无所谓本来面目，客体的面目是呈现在处于一定参照系的主体心中的面目，因此客体离不开主体。这是把客体和对客体的认识混为一谈。客体的本来面目，即它的固有属性和规律的客观实在性是一回事，人们对它的认识是另一回事。主体对客体的认识及其结论，显然要受到参照系的制约，可是客体的属性和规律并不取决于人们观察问题的参照系。只要是真理性认识，总是正确反映了客体的某个层面的属性和规律。不是主体依据一定的参照系赋予客体以属性，而是正确揭示了处在特定关系中的客体的属性。

我们坚持的是辩证唯物主义的主体观。我们也不同意只是就客体考察客体的直观唯物主义，但不能把从主体角度考察客体同坚持世界的客观性对立起来。主体和客体之间的辩证关系，不能成为排斥支配它们之间相互关系的唯物主义原则。说主体和客体在实践基础上相互作用、相互转化是正确的，说客体依存于主体，没有主体就没有客体是片面的、错误的。

（二）辩证唯物主义的反映论

认识是主体在认识，它离不开主体。主体的认知结构、思维方式、价值观念、看问题的角度都会影响认识的结果，可这不能成为在认识论中片面强调主体的根据。

就主体和客体的认识关系考察，有三点需要澄清的。

1. 认识的本质问题。

认识的本质究竟是什么？按照辩证唯物主义观点，认识是对客观实在的复写、摄影、反映。这种看法与辩证唯物主义的本体论是一致的：被反映者不依赖于反映而存在。按照客体和主体不可分的观点，客体是依存于主体的，认识不是反映，而是主体的选择、重构或评价，因此主体和客体之间不存在第一性、第二性问题，不存在反映和被反映的关系问题。

把辩证唯物主义反映论诬为直观的、机械的反映论，指责辩证唯物主义把人的头脑看成是白板，看成是接纳器之类的观点是屡见不鲜的。他们把人的创造性活动同辩证唯物主义反映论视同水火，似乎承认前者就必须推倒后者，否则就是机械论。

辩证唯物主义反映论同人的创造性活动并不矛盾。人是在实践中，在改造对象的活动中认识对象、反映对象。而且人能够从自己创造的对象中返观主体自身。但这一切都无法改变一个根本事实，即认识就其源泉和内容说，是对对象的认识，而不是主体的“自由创造”。当列宁强调认识是对对象的复写和摄影时，正是从辩证唯物主义立场上解决认识的内容和源泉问题。

至于选择、重构、评价只是反映活动过程中所采取的方式，它从属于反映论，而不能脱离反映论。选择是反映的角度问题。不管人们根据实践需要着重认识什么，从哪个侧面来认识，归根到底都是对客体的认识。评价是反映的类型问题。评价当然渗透着主体的价值观念和价值尺度，但评价有正确与错误之分。评价是否得当，要看它是否符合实际，即是否符合被评价的客体。重构是反映的机制问题。人的反映活动不是照相式的，而是非常复杂的过程，其中包括在观念中对各种感觉材料的改造制作。可是这样改造制作是使人们在观念中更正确、更深刻、更完全地反映对象，而不是远离对象。如果把选择、评价、重构同辩证唯物主义反映论对立起来，实际上是朝唯心主义路上滑去。

2. 主体能否获得关于客体的客观知识。

按照辩证唯物主义关于主体和客体关系的观点完全可以。因为：(1) 承认客体的客观实在性。(2) 承认认识是主体在观念中对客体的反映。人们能够在认识中提供关于客体的客观知识。

按照主体和客体原则同格的观点则不可以。因为：(1) 客体同主体不可分，它依存于主体，客体并不具有脱离主体的客观性。(2) 认识的本质不是反映，而是主体的选择和重构。因此认识只具有主体性，它决定于主体的认知方式、价值观念和参照系。

这种观点显然不妥。如果人关于客体的知识取决于主体，它怎么可能服务于人类认识世界和改造世界的活动！离开了关于客体的客观知识，人类是不可能生存的。当然，认识的结果会受到主体认知方式、价值观念和参照系的影响，可是如果它歪曲地反映现实，会在实践中不断地得到校正。

3. 必须从实际出发，坚持观察的客观性。

辩证唯物主义哲学应该坚持从实际出发，而不能奉行从主体出发的原则；应该坚持观察的客观性，而不能坚持认识的主体性原则。

人是从人的角度来认识世界和改造世界的，这当然对。人要把客观世界改造得符合人的需要。可是要真正做到这一点，保证自己的目的能够实现，必须从实际出发，使自己的方案、计划、目标符合实际。而要保证自己的方案、计划、目标符合实际，一定要坚持观察的客观性，排除主观妄想。也就是说，一个马克思主义哲学家应该教导人们把自己的行动和思想建立在正确反映客观世界的规律的基础上，而不是片面强调主体自身的需要。

这样，并不是说价值观念不重要；也不是说在认识中不需要充分发挥主体的作用。

价值观念无疑对认识和实践都是十分重要的。它集中地体现了人的认识和行为的目的性，而且在很大程度上影响人的认识和行为的结果。可是人的价值观念有两种相反的效果：或者是有利于人类正确认识和改造世界，或者是相反。这种区分的关键，归根到底还是取决于不同主体所持的价值观念是否符合实际。

在认识和实践中当然要发挥主体的作用，但这种作用不能概括为从主体出发。事情正好相反，越是正确地、充分地发挥主体的作用，越是意味着主体能坚持从实际出发，坚持观察的客观性，逐步地把思想中一切空想的、不符合实际的东西逐步排除，以求达到主体和客体的辩证统一。

（三）辩证唯物主义的实践观

马克思主义哲学非常重视实践，离开实践就不可能正确地理解主体和客体的关系。但是实践不是主体，而是主体作用于客体的中介。

实践是人所特有的生命活动方式。这就决定了它不可能离开人，不可能成为世界的本体。把实践作为本体，实际上是把人作为本体。实践本体论与人本主义是相适应的。

当马克思强调，应该把事物、现实、感性，当作人的感性活动，当作实践去理解，强调实践是现存感性世界的基础时，它指的正是实践的中介作用，即对客观世界的改造作用，而不是本体作用，因为马克思是把实践的作用同承认自然界的客观实在性和优先地位结合在一起的。把承认世界的客观性，把观察的客观性，统统归之为本体论思维方式加以排除，我个人以为是不妥的。

三、历史的主体和客体

这个问题远比表现在人与自然中的主体与客体关系复杂。社会是人的领域，没有人和人的活动就没有社会。可是如果社会只有主体（人及其活动）而没有客体（人在活动中形成的客观的、不依人们意志为转移的社会关系），只有人的行为的选择性而没有规律性，那我们必然要重新回到唯心史观。

我以为在历史的主体性问题上，应该正确处理两种关系：

（一）人的活动与社会规律

就社会规律的客观性而言，我认为它同自然规律一样，也是不依人的意志为转移的。某一社会形态有什么规律，它起作用的范围和性质，不决定于在这个社会形态中活动的主体的意志，而是取决于它的社会条件。社会规律是在人们活动中所形成的社会现象之间的本质的必然联系。例如，只要有商品生产就有价值规律；只要有资本主义私有制，就有剩余价值规律；只要有货币，就有货币流通规律；只要有市场，就有供求规律；只要有阶级，就有阶级斗争规律，等等。这里说的只要有就有，讲的不是主体和客体的关系，而是客观现象之间的本质必然联系。

当然，社会规律起作用的机制不同于自然规律。自然规律的载体是物质，是物质运动的规律，与人的活动无关；社会规律不存在于人的活动之前、之外，而是存在于人的活动之中。例如，不进行商品生产，就不存在价值规律；不打仗就不存在战争规律。有什么样的活动，才会有什么样的规律。尽管社会规律离不开人的活动，但又不能得出社会规律依存于主体的结论。因为尽管人的活动是有计划、有目的、有意识的，可是规律起作用的依据不是人的意志，而是由人的活动所形成的客观关系。例如，商品是人生产出来的，但价值规律并不是人创造出来的。价值规律是商品生产的规律，而不是商品观念的规律。尽管每个买卖人都想贱买贵卖，但价格总是通过供求关系以价值为轴心而上下波动的。这不决定于任何人的意志。

同自然规律一样，当社会规律没有被认识以前，它仍然在自发地起作用。例如，生产关系必须适应生产力性质和水平的规律是马克思发现的，但这个规律的作用是一直存在的。在马克思以前，生产关系必须适应生产力性质和水平的规律的作用表现为某一阶级或集团对自身利益的认识，在实现自己利益过程中间接地、不自觉地实现了这一社会规律的要求。尽管人们没有认识到这一规律，但还是通过自己的活动实现这一规律。社会规律并不是主体性的规律，而是在人的活动中形成的社会自身的规律。尽管人的活动是形成和实现规律的重要环节，但并不能改变社会规律的客观本性。

（二）人的行为的选择性和历史决定论

我们并不否认主体行为的选择性，但我们不同意把人的行为具有的某种选择性上升为一种历史观——历史选择论，并把它同历史决定论对立起来。

历史选择论和历史决定论之争，可以说是当代马克思主义哲学遇到的非常激烈的争论。恩格斯逝世以后，在19世纪90年代，德国社会民主党内的青年派曾把马克思主义唯物史观曲解为庸俗决定论，从而变成为一种历史宿命论。第二国际后期的一些理论家也存在着这种倾向。在20世纪20年代，卢卡奇发表《历史和阶级意识》，以反对第二国际的历史宿命论作为号召，提出了主体性问题。葛兰西在他的关于无产阶级革命理论中，也强调无产阶级的主体性和无产阶级意识的作用。后来西方的所谓人本主义的马克思主义沿着这条道路越走越远，逐步把主体性问题推到极端，片面强调主体的选择作用，否认历史的必然性，从而走向唯意志论。从历史发展的角度来看，历史选择的观念较之历史宿命论是一种进步。古希腊罗马的一些历史哲学家，当他不再用神的意志来解释历史，强调历史是人的事业、人的目的、人的成功和失败的记录，历史的原因在于人的活动本身，这种观点本身就包含着选择的观念。可是在当代这种具有某种合理性的观念在西方逐步演变成完整的历史选择论，由反对神学历史宿命论转向反对唯物史观的历史决定论，这就完全丧失了原来的进步作用。

历史选择论的错误在于将选择绝对化，将选择同历史决定论和历史的规律绝对对立起来。其实，人的行为选择性是相对的，而不是绝对的。我们不仅要考虑到主体行为的可选择性，而且要考虑到客观条件所提供的可能性。因此，选择，在任何时候都是对可供选择的东西的选择，对不可能的东西加以选择，知其不可为而为之，这种违背历史规律的选择是不可能达到目的的。

历史选择论者都片面强调主体的作用，攻击唯物史观是历史宿命论。例如卡尔·波普尔所著《历史决定论的贫困》一书，最核心的问题是反对历史决定论，把马克思的观点歪曲为历史宿命论。

历史决定论不等于宿命论。无论社会还是自然，都存在决定论，但决定论有不同的形式。19 世纪下半叶以前所流行的拉普拉斯的决定论是机械决定论，它所揭示的是机械运动的规律。这种决定论只是决定论的一种形式。历史决定论是社会领域中的决定论，它的最大特点是把主体的作用作为一个环节包含在历史必然性之中。把主体作用包含进去并不违背决定论的原则，因为主体的能动作用，主体的积极性、目的和愿望并不决定于人自身，而是决定于人所依赖的客观条件。作为个体，主体的行为似乎是自由的、任意的、无规律可循的，可是从群体的角度看，在一定历史条件下，主体采取什么行动，归根到底是决定论的而不是非决定论的。例如，只要存在资本主义私有制，就有资产阶级和无产阶级的对立。这种对立发展到一定阶段，工人阶级就要组织政党，就要从事政治斗争，就要夺取政权。在一连串的活动中，确有主体的作用，但主体的动机和行为背后，有更为深层的东西，这就是他们所处的经济地位和政治地位。因此把主体的作用包含在社会规律的形成和实现的机制之中，不仅不违反，恰好是历史决定论的特殊表现。

社会决定论当然不同于自然决定论，它不是单一的因果关系，而是许多复杂因果关系的综合。社会领域中，不能单纯依靠原因就直接推断结果。社会决定论的最大特点是统计决定论，即通过大量的偶然性表现出来的必然性。可以说，宏观的自然规律是一种动态规律，它支配着每一个个体，力学规律、生物学规律等等都是如此，其中都有较严格的因果关系、数量依存关系。社会规律则时间跨度长，起作用的范围大，而且并不都存在严格的数量依存关系。社会研究领域中的数学化、定量化，有些部门可以，有些部门很难达到。社会领域中的必然性的最大特点是，它并不表现为每个个别事件的不可避免性，而是表现为历史过程的发展趋势。

我们要区分人的行为可选择性和不可选择性。可选择性指人们活动的目的性，人们在活动中自觉选择对自己阶级、集团和个人有利的行动。人的活动目标的确立本身就是一种选择，从这个意义上说，选择是人的活动的主体形态。可是，人的行为有不可选择的一面，马克思早就说过，人不能自由地选择生产力、生产关系和文化传统。每一代人面对的既成事实是无可选择的，人们只有在前人创造的成果基础上继续前进。可是在这个既成事实中仍然给人的行为留下某种选择的可能性。因为在现实的历史过程中，由于内在矛盾的复杂性，总是存在着多种可能性，特别是存在着两种对立的可能性，究竟是哪一种可能性实现呢？当然要依靠客观条件，同时也要发挥主观能动性，其中包括对各种可能性的分析、比较和选择。符合规律的选择，也可能暂遭失败，但归根到底会胜利；违反规律的选择也可能有短期效果，但归根到底会失败。社会规律是大尺度的规律，它的验证不能以一时一事为标准，而要经历较长时间的考验。

关于主体和主体性问题是一个复杂的哲学问题，需要通过理论工作者的共同讨论来解决。特别是在这个问题上真诚的科学探讨被极少数人的资产阶级自由化的政治倾向所搅乱，更增加了问题的复杂性和难度，应该认真进行剥离。我们要提倡“双百方针”，要支持对主体和主体性问题的认真探讨，但政治界限要分明，理论是非要清楚。

（原载《求是》，1991（15））

18. 关于历史的主体和客体问题

历史主体性问题是一个复杂的问题。从世界范围看，在这个问题上汇合着进步和倒退的双重倾向。

从客体转向主体的研究，一方面表现为认识的进步和深化，特别是随着科技革命的兴起，把许多有关人的能动作用和社会运行机制的问题尖锐地摆在人们面前，深入研究主体的特点，是探索整个宇宙奥秘的重要组成部分；另一方面又表现为认识的退步，这就是有些哲学家企图用自我认识代替对客体的认识，抽象地、片面地强调主体的作用，重新返回到唯心主义。他们用主体的思维方式和思维结构来消融客体，同化客体，在主客体之间建立起一道意识的屏障，客观上导致康德主义；或者像德国哲学人本学创始人马克斯·舍勒那样，宣称世界的秘密在人自身，只要从人的本质出发，就能得出世界一切事物的最终基础和属性的结论。照此说来，物理学家、化学家不是从物质世界中探求物理运动规律和化学规律，而要从主体自身引导出物理规律和化学规律；经济学家也不是从客观的经济现象中研究经济规律，而是从人的本性中引申出经济规律。这当然是一种唯心主义的看法。

任何认识，都是对对象的认识。即使对主体的认识也是把它当作不依赖研究者的对象来认识的。认识是否正确，归根到底要看它是否符合对象，而不是相反。这是个平凡的真理。斜眼人眼中的世界是倾斜的，但眼前的世界并不倾斜。“万物皆备于我”是理论而不是事实。

因此我们要重视认识重点（从客体向主体）的转移，但反对认识论原则（从唯物主义向唯心主义）的转移。这对于考察历史的主客体问题同样是适用的。

一、社会的本质

历史的主体和客体，也就是社会的主体和客体。所谓历史，无非是指社会的变化。用运动发展的观点考察社会，考察每一个社会的现实发展过程和实在内容就是历史；用相对静止的观点剖析历史，就是研究社会。研究宋史，不就是研究宋朝的社会吗？不就是研究宋朝的经济、政治、文化状况吗？可以说，历史是社会的纵断面，社会是历史的横断面。没有社会，人类历史是空的；没有历史，人类社会是死的。因此，考察历史的主体和客体，应该从社会与自然的区别着手。

人与自然的关系不同于一般动物与自然的关系。虽然某些高等动物也有意识的萌芽，甚至它的行为中包含某种计划和目的。但是，动物的活动是本能的活动。动物没有形成稳定的主观世界，不是独立的主体。动物与它的生存环境的关系是自然界内部的关系，是一种自然物与另一种自然物（无机自然界或有机自然界）的关系。动物本身就是自然环境的一部分，它是整个自然链条中的一个环节。

人则不同，从发生学的观点看，人就其产生与起源来说是自然界的一部分；但就人对自然的改造来说，也可以说自然是人的一部分。或者像马克思所说的，自然界是人的无机身体。所以人既是自然之子又是自然的主人。

马克思、恩格斯说过，“凡是有某种关系存在的地方，这种关系都是为我而存在的”①。只有人才有自我的概念，才有自我意识。每一个人都是“我”，而把我之外的存在物当作自己的对象。因此人是主体，也就是说，人以能动者、实践者、创造者的身份对待自然，从而把自己从自然界中划分出来，同自然界形成改造与被改造的关系，即主体和客体的关系。

动物是自然存在物，即使是躺在高级客厅沙发上伸懒腰的波斯猫，关在动物园假山上的猴子，也不改变其自然存在物的本性。尽管高级客厅是

---

① 《马克思恩格斯全集》，第3卷，34页。

地位和财富的象征，尽管沙发和假山是人创造的，但对于猫和猴子来说，它们并不具有社会属性，而仍是自然物——绒布和石块。它们改变的不是环境的性质（由自然到社会），而是环境的形态（由天然的自然到人造的自然）。

人是社会存在物，人们生活其中的自然环境可以不同，例如生活在中世纪庄园中的领主，尽管四周绿草如茵，古木参天，自然环境十分幽美，但他是以领主身份同自然发生关系，他仍然是领主。他改变的同样不是环境的性质（由社会回到自然），而是环境的形态（更接近天然的自然）。

人来自自然，但注定不能再回到自然。在人与自然之间有一个中介环节，有一个联系两者的纽带，这就是社会。因此动物与自然的联系是直接的，而人是间接的。企图摆脱社会，“返璞归真”，回到自然，人就不是人，只不过是“两脚动物”而已。古代哲学家以脱离社会为代价来恢复人与自然的统一，是一个幻想。真正解决人与自然对立的出路是改造社会，而不是脱离和逃避社会。马克思把消灭私有制的社会看成人与自然的完成了的统一不是没有道理的。

社会和自然不是绝对对立的，它们之间不存在不可逾越的沟壑。社会是自然的一部分，是自然的人化部分，而且社会不断向自然延伸和扩展。人除了自然环境外，还为自己创造了一个特殊的生存环境——社会，这是由于劳动所致。

第一自然（纯粹自然）是无限的，第二自然（人化自然）是有限的，而第一自然转化为第二自然的过程又是无限的。社会是什么？它离不开人对自然的改造，是人们改造自然过程中形成的全部社会关系的总和。可以说，社会无非是自然界对人的生成或复活，或者说是人不断地把纯粹的自然转变为历史的自然的过程。正因为这样，社会的规模和速度，归根到底取决于生产的规模和速度。被纳入生产领域的自然界空间越大，社会规模越大；而生产力发展越迅速，社会发展速度越快。从人类历史来看，为什么历史发展呈现加速度，这同生产方式的性质和规模是密不可分的。历史证明，以手工工具为主的小生产方式发展是缓慢的；而以机器生产为主的大工业生产方式发展的速度是迅速的。

但社会又不同于自然，自然界是指时空无限的、不断运动的物质世界的总和。它的表现形态是具体的，无论大至天体，小至中子、质子；无论是日月星辰、高山峡谷、飞禽走兽，都是实体性存在。社会则不同，社会是非实体性存在，谁也看不到社会的体积、重量，但它同样是物质性存在。社会是以物质资料生产方式为基础的新的运动形式。因此同自然相比，社会有自己的特点：

第一，主体性。自然无主体。马克思虽然使用过物质是一切变化主体的提法，但并不是说自然界内部有主客体之分，而是在实体和属性关系的意义上使用主体这一概念的。它强调的是，物质是运动的载体，是运动的物质承担者。事实上，自然界无主体，它无目的、无意识、无动机。生物的合目的性是长期自然选择的结果，而不表现为某种主体的目的。把主体性概念引入自然界必然走向信仰主义和神秘主义。

社会则不同，社会是人的领域，是人的活动的产物。人总是怀着某种目的、激情和愿望。尽管主体的目的和目的实现之间、各主体的目的之间都存在矛盾、冲突或相互抵消，使个人的目的难以实现，但目的性范畴终究是人的活动的特征。社会本身无目的可言，不能说奴隶社会的出现是原始社会解体的目的。社会发展是有规律的，社会形态更替的联系是因果联系。一切以社会目的出现的措施都是表现人的目的。复杂的技术系统（如自动控制）的过程与结果之间表现出某种合目的性过程，但这是人的目的的程序化，而不是技术系统自身的目的。目的范畴是人作为主体地位的证明。提出目的和实现目的是人的活动方式。

正因为社会是人的活动领域，因此社会规律，无论就其起作用的机制和对其利用来说，都不同于自然规律。

自然规律是物质运动的规律，它存在于人的活动之前、之外，不依赖于人的活动而存在。社会规律的形成和起作用的机制都同人的活动相联系，它存在于人的活动之中。没有商品生产就不存在价值规律；没有资本主义生产就不存在剩余价值规律；没有战争就不存在战争规律。

而且社会规律利用的机制也不同于自然规律。当然无论利用自然规律或社会规律，都必须有对规律的自觉意识，即把客观规律转变为对规律的科学知识。但是自然规律起作用的条件和机制存在于自然现象自身，它是自然现象所固有的本质的、必然的联系。而人的有意识、有目的的活动则构成社会规律起作用机制的重要环节。任何社会规律的作用都是通过人们的活动实现的。特别是在存在阶级和集团利益对立的社会中，对社会规律的认识和利用要通过激烈的斗争。

但不能因社会规律实现的机制不同于自然规律，就否认社会规律的客观性。社会规律是主体规律，自然规律是客体规律的论断，失之偏颇。事实上，无论自然规律还是社会规律，就其本性而言是共同的，都是客观的，不以人的意志为转移的。

在这里，关键是要把社会规律形成和实现的机制同规律的人的载体区分开来。社会规律的形成和实现离不开人类的活动，但不等于说人类活动就是规律。人类活动可以符合规律，也可以违背规律。社会规律顾名思义是社会的规律，它是社会结构和各要素之间的本质的、必然的联系。例如，商品是人生产出来的，是人的劳动的对象化，但不能说价值规律是人创造出来的，尽管没有商品生产就没有价值规律。不管生产者个人怀着什么动机和欲望，也不管他们怎样企图贱买贵卖，都不能取消价值规律。因为同价值规律直接联系的，并不是人的意志和欲望，而是商品。商品是价值规律的载体，只要存在商品生产就存在价值规律，这是不依人们意志为转移的。

第二，单一性。如果我们停留在历史的表层，首先看到的是历史的单一性：人物是独一无二的，不仅秦皇、汉武、唐宗、宋祖、成吉思汗这样的历史人物是单一的，就是普通老百姓，张三、李四也都是“这一个”，都是非重复性的存在。

不但历史人物是“一”，而且历史事件也是一。戊戌政变是一次，卢沟桥事变是一次，西安事变也是一次。凡是历史事件都是一。即使是某些事件之间有相似之处，那也只是相似而不是相同。这是在不同时间、不同地点、不同条件下的“重复”，仍然是一。

其实，自然现象难道不也是一吗？当莱布尼茨在德皇花园中指给宫女看，说没有两片绝对一样的树叶时，讲的不正是自然现象的差异性吗？

可是，人们在自然现象中往往看到的是重复，春去秋来、花开花落、日月运行、生生死死，而在社会中，往往看到的是一。

为什么？因为社会现象的重复性是深层结构，它隐藏在单一性后面；

而自然现象的差异性则深藏于相似性后面。因此在观察社会时，应该善于从异中看到同，从单一性中看到重复性、常规性；而在观察自然时，应该从相似中看到相异。要做到这一点，在社会领域中应该区分社会事件和社会现象。作为社会事件是一，作为社会现象则是多。例如，百日维新固然是一，但改革和改良作为社会现象，在古今中外历史上并不罕见。同样，秦始皇、汉武帝作为历史人物固然是一，但作为杰出人物则是多，英雄人物同人民群众的关系问题作为社会规律，在中外古今的社会中是一再出现的。

第三，随机性。自然界仿佛是必然的王国，春去秋来、日夜交替，以铁的必然性在重复进行。社会领域仿佛是“自由王国”。在这里，似乎一切决定于人们的意志。社会中存在的是一连串的偶然性，似乎是非决定论的。

因此，有些人在考察历史时喜欢运用假言判断，“如果……就……”。如果戊戌变法成功了，中国就会如何如何；如果拿破仑在俄国不是打败了而是打胜了，今天的欧洲的政治地图将如何如何。有人甚至断言，在法国历史上，如果路易十六逃跑时，不是恰巧被一辆乡下人的马车挡住了去路，从而使他逃出巴黎的阴谋破产的话，欧洲的全部历史将因而改变。

历史是由事实谱写的，而不是由如果构成的。“如果”所表达的只是一种历史观，而不是历史本身。对于已成定局的历史来说，“如果……就……”的论断，是永远不能被验证的，因而是没有科学意义的。沉湎于这种“如果……就……”，我们研究的就不是真实的历史，而是思辨的历史。这种历史学家所描绘的不是对象，而是自我。

“如果”论是一种被片面夸大的选择论。我们并不否认人的行为的选择性，但这种选择是对多种可能性的选择，是社会领域中变可能性为现实性的主观环节。美国哲学家胡克把历史选择论和历史决定论视同冰炭，他在《历史中的英雄》一书中就认为，说人类的前途早已决定，事物的未来形式，如今就已确定而不可变异，抱这种态度自然会对于到处都能遇到的可加选择的具体问题怀着一种藐视的心情。胡克反对历史决定论，把选择建立在非决定论的基础上，强调的是“如果”和“可能”，认为历史的道德责任就在于恰当地理解当前种种的“如果”和“可能”的问题，以便在那可以预测的种种后果的照耀下，选择前进的道路。

反对历史决定论，几乎变成一种流行病。卡尔·波普尔的《历史决定论的贫困》是竭力反对历史决定论的。宾克莱在《理想的冲突》中也持同样的看法。他说："马克思的大错，是他相信已经发现了历史规律，这些规律与自然规律同样有根据，以同样决定论的方式起作用。读者可以想起这就是马克思称为'历史唯物主义'的那个思想面貌。"① 而且他们都毫无例外地把历史决定论歪曲为机械决定论。这当然不是误认风车为妖魔的堂吉诃德式的战斗，而是实实在在的两种历史观的对立。

其实，决定论有不同的形态。19 世纪下半世纪以前流行的拉普拉斯决定论是机械决定论，它揭示的是机械运动的规律性。这种决定论只是决定论中的一种形式，而不是唯一的形式。

社会决定论不同于机械决定论。社会决定论把主体的活动作为一个环节包括在必然性的链条之中。许多人总是咬不开这个硬核桃：既然社会必然性通过人的活动来实现，为什么还叫决定论呢？道理并不复杂，因为主体的目的、愿望、动机、积极作用并不起源于主体自身，而是决定于他们生活的条件。正是他们生存的方式和条件，决定他们具有这样的目的、采取这样的行动，而不是相反。无产阶级不组织政党，不起来斗争，就不能实现资本主义社会向社会主义社会更替的规律，可是处在资本主义制度下的无产阶级，迟早会组织政党，会起来斗争，这是规律性的现象。因此主体的作用同社会决定论并不排斥，而是社会决定论起作用的一种方式。正因为这样，所以恩格斯说："探讨那些作为自觉的动机明显地或不明显地、直接地或以思想的形式，甚至以幻想的形式反映在行动着的群众及其领袖即所谓伟大人物的头脑中的动因，——这是可以引导我们去探索那些在整个历史中以及个别时期和个别国家的历史中起支配作用的规律的唯一途径。"②

社会决定论不同于机械决定论。它不是单一的因果关系，而是许多复杂因素相互作用的结果。因此社会必然性的实现，表现为两种可能性的斗

---

① ［美］宾克莱：《理想的冲突》，98 页，北京，商务印书馆，1983。

② 《马克思恩格斯选集》，第 4 卷，245 页，北京，人民出版社，1972。

争，究竟什么样的可能性变为现实，要取决于主客观的条件。

特别重要的是，社会决定论的主要表现形式是一种统计决定论，是一种合力。因此在社会历史领域中，任何一个具体的社会事件和人物的出现都具有偶然性，而必然性则表现为贯穿于大量偶然性中的总的趋势。例如，卢沟桥事变，可以发生在7月7日，也可以发生在7月6日或7月8日；可以发生在卢沟桥，也可以发生在别的地方；可以以士兵失踪为口实，也可以以别的事件为口实。这些都具有偶然性，可是中日战争却是必然的。因为它根源于日本帝国主义本性和中日双方的矛盾。即使没有卢沟桥事件，也会发生别的什么事件。卢沟桥事变无非是内在必然性的外在表现。

由此可见，社会不同于自然，它有自己的特点。但是把社会和自然绝对对立起来，截然划分为两个不同的领域，否认社会历史必然性是错误的。恩格斯在论述自然和社会的差别之后说："在社会历史领域内进行活动的，全是具有意识的、经过思虑或凭激情行动的、追求某种目的的人；任何事情的发生都不是没有自觉的意图，没有预期的目的的。但是，不管这个差别对历史研究，尤其是对个别时代和个别事变的历史研究如何重要，它丝毫不能改变这样一个事实：历史进程是受内在的一般规律支配的。"①

二、社会生活的本质

社会不同于自然，它有自己特殊的物质承担者——物质资料生产方式，有自己特殊的规律——社会规律，有自己自身的特点——主体性、单一性、随机性。因而不同的学派对社会本质的认识存在根本的分歧。

1. 社会无客体。社会领域是人的领域。社会领域中的一切，举凡经济制度、政治制度、思想文化，无一不是由怀着一定目的、愿望的人创立起来的。这种事实，使一些哲学家误以为社会无客体。

俄国的波格丹诺夫就竭力宣扬这种观点。在他看来，社会是由人组成的，而人只有依靠意识才能交往，才能结合，因此没有意识也就没有社会

---

① 《马克思恩格斯选集》，第4卷，243页，北京，人民出版社，1972。

存在。波格丹诺夫说：**“所有形形色色的社会生活都是意识—心理的生活**……社会性和意识性是不可分离的。**社会存在和社会意识，按这两个词的确切的含义来说，是等同的。**”① 这就是颇具声名的社会存在和社会意识等同论。

所谓的奥地利马克思主义者麦克斯·阿德勒在他的《唯物史观读本》中，也根本否认生产力和生产关系的客观实在性。他认为，经济关系不是什么别的东西，而是人的关系，那么这种关系同时在本质上也就是精神关系，这就是说，经济关系永远包含着人们的一定的、有目的的活动。在论述生产力时，他也认为，正像经济关系是精神关系一样，生产力也是精神力量。正因为这样，阿德勒反对把社会生活划分为物质因素和精神因素，认为这是一种非批判的态度。社会领域根本不存在恩格斯所说的哲学基本问题。社会生活表明，物质因素和精神因素不可分，而它的本质是精神因素。

同样是主张社会无客体，但观点是形形色色的。由于人既有理性的东西（情感、意志、欲望），有自我意识，又可能把意识与人相分离转化为客观精神，因此对社会本质的认识，既可以是理性主义的，也可以是非理性主义的，既可以是主观唯心主义的，也可以是客观唯心主义的。

有的哲学家片面强调理性和思想。例如柯林武德在《历史的观念》中就不承认历史存在客体，认为历史的核心是思想。他强调历史的过程不是单纯事件的过程而是行动的过程，它有一个由思想的过程所构成的内在方面，而历史学所要寻求的正是这些过程。一切历史都是思想史，集中表达了柯林武德对社会生活本质的看法。

也有的哲学家强调非理性的方面，强调人的意志、本能和冲动。例如叔本华（生存意志主义）和尼采（权力意志主义）就片面夸大人的非理性因素，把它歪曲为宇宙的本质。叔本华在《作为意志和表象的世界》中提出的根本命题是世界是我的表象，认为周围的世界只是作为表象而存在，也就是说，只是存在于表象者即他自己的关系之中。因此叔本华断言，整个世界，只是观察者的观察物，简言之就是表象。

---

① 转引自《列宁选集》，2版，第2卷，329页。

尼采同叔本华的哲学路线是一样的。不同的是，尼采强调的不是生存意志而是权力意志，即一种企图占有一切、统治一切、贪得无厌的权力欲望。他明确宣称，世界是一种不知满足、不知厌倦、不知疲劳的权力意志。

弗洛伊德的泛性欲主义的社会历史哲学，也是一种非理性主义。他认为，人的本质是神秘的生命冲动，其核心是性欲冲动，即“里比多”。“里比多”是人的全部行为和心理活动的内驱力。所谓社会生活现象无非是心理现象。艺术、文学、哲学是被压抑的性欲的升华，而社会则是抑制人的性欲的禁制系统。所以他把社会现象归结为集体心理，集体心理归结为个人心理，而个人心理的核心则是性欲——里比多。

唯心主义的人本主义强调的是人的抽象本质，或者人的主体意识和经验。1932 年，当《1844 年经济学哲学手稿》刚刚全文公布时，朗兹胡特和迈尔就认为，人不应当是诸关系的产物，而诸关系应该是人的产物。人对人以及人对自身的关系应当决定于人作为人的本质。英国的席勒在《人本主义研究》中强调，人本主义所关心的人是以人的心灵手段来把握人的经验世界的人。人是他的经验的尺度，因此是他所经验的任何世界的不可割断的因素。

同主观唯心主义不同，黑格尔把人的主体意识同人相分离，把它转化为不依赖于任何个体的客观意识——世界理性。历史只不过是世界理性的自我展开和实现。在黑格尔的哲学中，家庭、市民社会、国家都不是现实的人的真实存在方式，而是绝对理念在社会领域中自我展开的各个环节。正如自然界一样，社会也是绝对观念的外化。

社会无客体的论断是错误的。可是要驳倒这个论断，必须在理论上解决以下三个问题：

第一，有意识和无意识。

社会是人的领域，人的活动是有意识的，每个人都怀着一定的目的和愿望，即把自己的活动当成自己意识的对象，但不能由此得出结论说，社会无客体。原因在于尽管每个人的活动是有意识的，然而其结果都是无意识的。这一点，列宁在驳斥波格丹诺夫关于社会存在和社会意识同一论时说得很明白：“人们是作为有意识的生物互相交往的，但由此决**不能得出**

结论说，社会意识和社会存在是等同的。在一切稍微复杂的社会形态中，特别是在资本主义的社会形态中，人们在交往时并**没有意识到**这是在形成着什么样的社会关系，这些关系又是按照什么样的规律发展的，等等。例如，一个农民在出售谷物时，他就和世界市场上的世界谷物生产者发生‘交往’，可是他没有意识到这一点，也没有意识到从交换中形成着什么样的社会关系。”① 还说：“所谓客观的，并不是指有意识的生物的社会（即人的社会）能够不依赖于有意识的生物的存在而存在和发展……而是指社会存在**不依赖**于人们的**社会意识**。”②

我们这里所说的无意识，不是心理学概念，不是就个人行为而言，而是从人们行为的社会结果说的。尽管人们的行为是有意识的，但就这种行为形成什么样的关系，它遵循什么样的规律而言，又是无意识的。

第二，有目的和无目的。

每个人的行为是有目的的，但其结果不一定符合个人主观目的。恩格斯所说的历史合力就深刻地阐明了这种情况。合力论的实质不是加法，即相同的目的的融合，也不是减法，即相互矛盾的目的的抵消。合力论是社会规律论，即历史有自己的规律，它不依任何个人的目的为转移。有时候，在近期效果中人似乎实现了目的，但从长远来看适得其反，人受到自己行为的惩罚。正如恩格斯说的：“到目前为止存在过的一切生产方式，都只在于取得劳动的最近的、最直接的有益效果。那些只是在以后才显现出来的、由于逐渐的重复和积累才发生作用的进一步的结果，是完全被忽视的。”③ 还说：“如果我们需要经过几千年的劳动才稍微学会估计我们生产行动的比较远的**自然**影响，那末我们想学会预见这些行动的比较远的**社会**影响就困难得多了。”④ 有目的的活动有时得到的是不符合目的的结果。事与愿违，历史似乎在捉弄人。如果不把历史必然性估计在内，一定会把这种情况委之于命运。

第三，主体和主体化的客体。

---

① 转引自《列宁选集》，2版，第2卷，329～330页。

② 同上书，331～332页。

③ 《马克思恩格斯选集》，第3卷，519页，北京，人民出版社，1972。

④ 同上书，518页。

有些哲学家认为社会无客体，从认识论来说还在于他们不善于区分主体和主体化的客体。社会领域中，任何一种社会关系、社会制度都是由人建立的。它们的产生都离不开主体的实践活动。从来没有人因为桌子是木匠制造的，不同的桌子体现了人们的不同需要、爱好和意图而否认桌子的客体性质，可是一到社会领域就不那么容易分辨。原因在于社会运动的物质承担者物质资料生产方式离不开人。生产力是人的生产能力，生产关系是人与人的关系。而人是有意识、有目的活动的主体，结果圈子又兜回来了，一切都是主体。

其实，社会虽然不是实体，但同样离不开实体，是以实体为中介的全部社会关系的总和。无论是所有制关系、分配关系、交换关系、消费关系都必须附着在产品上，以产品为中介，没有可占有的东西就没有占有关系，没有可供分配的东西就没有分配关系。马克思恩格斯在《神圣家族》中批评蒲鲁东时有一段名言：“**实物**是**为人的存在**，是**人**的**实物存在**，同时也就是**人为他人的定在**，是**他对他人的人的关系**，是**人对人的社会关系**。”① 非常清楚地说明了社会关系不是精神关系，而是以实物为中介的客观关系。

2. 社会无主体。这种看法，同社会无客体的观点正相反。社会明明是人的领域，怎么能说社会无主体呢？其实主张这种观点的哲学家并非不知道社会是人的领域，而是强调人是被决定的。人不是主体，即不是能动者和创造者，而是历史实现自己目的的工具和玩偶。所以社会无主体的观点，实际上是把历史必然性（无论是经济必然性还是理性必然性）同人对立起来。如果说，社会无客体论是主体消融了客体，那么社会无主体论，则是客体吞并了主体。

黑格尔强调历史必然性，不过，他所说的这种必然性是理性的必然性，是绝对观念的自我展开。正如一粒种子已经包含有某种植物的全部情状一样，绝对观念在其纯逻辑阶段已经包含有全部历史发展的趋向。历史已丧失了它的属人的性质，变成了神秘的理念的历史。人是历史的工具，即使是叱咤风云的拿破仑也无非是骑在马背上的绝对精神。黑格尔用逻辑

① 《马克思恩格斯全集》，第 2 卷，52 页。

规定历史，他的历史是逻辑的历史；马克思用历史规定逻辑，他的逻辑是历史的逻辑。当黑格尔把社会看成是绝对观念的展开时，他可以说是社会无客体论者；当他把人作为绝对观念自我实现的工具时，他又可以归入社会无主体论的行列。因为把绝对观念看成主体，用想象的主体代替现实的主体，实际上就是无主体。

法国的阿尔都塞是社会无主体论的突出代表。他把社会看成是各个成分相互依存的有结构的整体，考察社会，就是考察它的结构，即它的各个成分之间的关系。阿尔都塞重视的是社会形态、生产力、生产关系、上层建筑、经济基础、意识形态等表示社会结构的概念。他在《关于"真正人道主义"的补充》中认为，从科学的角度看，人这个概念是无用的，这并非因为它的抽象，而是因为他的不科学。为了思考社会的实在和社会关系总和的实在，我们必须来一次彻底的转移，即根本概念的转移。他还明确宣称，历史是无主体的过程。历史过程的主体不是具体个人或真正的人，因为人是由生产关系决定的，是生产关系功能的载体和役使者，是被决定的。历史的变化是社会结构自身的变化，而把人排斥在社会变化之外。

结构主义是片面的。他们只看到人的被动性，而否认人的能动性；只看到人的被制约性，而否认人的主动性。他们看到某些合理的事实，但把它溶解于错误的理论之中。

的确，历史是有规律的，任何主体都不能随便改变社会发展的规律。黑格尔在《历史哲学》的"绪论"中就认为历史教训是无法汲取的。他说："人们惯以历史上的经验的教训，特别介绍给各君主、各政治家、各民族国家。但是经验和历史所昭示我们的，却是民族和各政府没有从历史方面学到什么，也没有依据历史上演绎出来的法则行事。每个时代都有它特殊的环境，都具有一种个别的情况，使它的举动行事，不得不全由自己来考虑，自己来决定。"① 尽管每一代君主都被教导如何进行统治，被教诫"水能载舟亦能覆舟"，甚至专门编撰了《资治通鉴》之类的书供他们阅读。可是历史上照样发生农民起义，照样发生改朝换代。这说明王朝的盛衰兴亡是一个规律性现象。但是人对规律又不是无能为力的。人们可以

① ［德］黑格尔：《历史哲学》，44页，北京，三联书店，1956。

认识和利用规律，特别是利用规律体系，使它们相互抵消其消极作用的方面。例如应用市场机制来克服单纯计划的僵化方面；又利用计划性来抑制市场机制可能带来的盲目方面。人的主体地位，不在于蔑视规律，而在于认识和利用规律，这就是自由问题。社会无主体的论断，完全否认人的自由，这也不符合历史事实。

社会也确实是有结构的，每种社会形态都有自己特殊的社会结构形式。尽管人是有感情、欲望、激情的存在物，但在探求社会规律时，可以略去主体的情感因素不计。例如，我们在探求生产力和生产关系、经济基础和上层建筑的辩证规律时，可以不必考察个人的心理和欲望。这样，就造成一种假象，似乎社会是无主体的，只有结构的变化和运动。结构主义的片面性，正在于他们忘记了一个基本事实：社会结构是在人们的活动中形成，并且是由人们的活动来改变的。

马克思主义重视对社会结构的研究。和结构主义不同的是，马克思主义把社会结构的形成和变化同人的活动看成是一致的，是同一个过程。历史唯物主义者把人与人之间一定的社会关系当作自己研究的对象，也就是研究真实的个人，因为这些关系是由个人的活动组成的。因此研究社会结构就是研究真实的个人；反之亦然。要研究美国人，必须研究美国社会。离开美国社会就不能理解美国人。如果离开美国社会来研究美国人，这只是人种学上的人，是一种生物。有人认为，中国人是丑陋的，所谓丑陋的中国人。从理论上说，就是犯了离开中国社会来研究中国人的错误。某些中国人的缺点，是社会特性的凝结。例如崇洋媚外，是半封建半殖民地社会的产物；眼光狭小，是生产规模狭小的产物。离开了形成某些中国人之某些缺点的社会条件，而把这些缺点统统说成是中华民族的劣根性、国民性，这只能是一种侮蔑。

3. 社会生活在本质上是实践的。

马克思主义对社会本质究竟怎样看？如果把社会无客体当作正题，社会无主体当作反题，似乎合题应该是主客体的统一。其实，能逻辑地推演并不能改变人认识社会本质的方法。主客体统一的理论在德国古典哲学中已经达到了，但他们并不理解社会的本质。因为要理解社会的本质，不能依靠单纯的思辨，而必须找到社会存在和发展的基础。

马克思在《关于费尔巴哈的提纲》中对社会本质做过精辟的概括。他说："社会生活在本质上是**实践的**。凡是把理论导致神秘主义方面去的神秘东西，都能在人的实践中以及对这个实践的理解中得到合理的解决。"①在这里，马克思不仅把实践引入认识论，而且引入历史观，从而解决了有关社会的一系列重大理论问题。

第一，揭示了社会的根源和存在的基础。自然界虽然通过人类活动而发生变化，但自然界存在的基础在于它自身，或者如斯宾诺莎说的"物自因"。社会不同。社会生活在本质上是实践的，它是人类活动的产物。社会的起源并不像契约论者主张的由于契约，而是由于劳动。劳动创造了人，也创造了人类社会。从社会领域中排除人类实践活动，社会就失去了产生和存在的依据。

第二，揭示了社会的主客体结构。自然无主体，它只有一项：物质世界。社会有三项：主体、客体、实践。主体和客体的分化和区分，是由人类社会生活的特点决定的。没有无主体的实践，也没有无客体的实践。社会生活的主客体结构方式，是实践活动本身必然包含的结构。

在这里，我们应该区分主体、主体性、主体意识。它们有联系，但又有区别。

人是主体。马克思在《1844年经济学哲学手稿》中说过人始终是主体。后来在《经济学手稿（1857—1858）》中又说，在生产中主体是人，客体是自然。当我们说主体是人时，我们是肯定人在自然和社会中的地位。

主体性，是人作为主体的规定性，例如人的社会性（在阶级社会中，包括阶级性）、主动性和被动性，等等。但主体性的最根本内容是人的自觉能动性或创造性。当马克思在《手稿》中，把自由自觉的活动看成人的类特性时，他强调的正是人作为主体与动物不同的特性。

主体意识，是人的自我意识，即不仅意识到对象，而且意识到自己的创造能力和创造地位。从形式看，这似乎是人对自身本性的意识，实际上是一种社会意识，是人对自身在社会中地位的意识。人的主体意识的增

---

① 《马克思恩格斯选集》，第1卷，18页，北京，人民出版社，1972。

强，是人的社会地位变化的反映。由奴隶社会的奴隶到封建社会的农奴、再到资产阶级、再到无产阶级，人的主体意识的变化，从根本上说，不是人自身的变化，而是社会关系的变化。

我们应该提高自己的主体意识，但不能把主体意识作为是否是主体的标志。不能认为，只有意识到自己主体的地位的人才是主体。

人要经历两次飞跃：第一次是人离开自然界，主客体关系的确立，这是人对自然界主体地位的开始确立；第二次飞跃是私有制社会的消灭，人类由必然王国过渡到自由王国。后一种状态是人完全意识到并充分发挥自己主体地位的时期，这是一个漫长的过程。如果说只有后一种情况人才上升到主体地位，那么社会主义以前的整个历史就都是无主体的过程。这样，我们又重新陷入了社会无主体论的泥坑。

主体结构是在实践中形成的，并通过实践，发生双向运动：一方面是主体客体化，即通过劳动对象化不断改造自然界，或者像马克思所说的，通过生产，使自然界表现为他的作品和他的现实。在社会领域中，也存在主体客体化。举凡社会的一切，无一不是人的活动的产物。主体客体化的过程，既是按照对象的尺度又是按人的尺度改造客体的过程。另一方面，在主体客体化中同时发生客体主体化。人在实践中，不仅改变了自己的生理特质，特别是发展了智力，而且形成了新的思维方式、价值观念，一句话，人的素质是在实践中形成和改变的。我们在不同时代看到不同的主体，正是因为主体不是封闭的，而是开放的。如果主体客体化称之为“外化”的话，那客体主体化可以称之为“内化”。

第三，揭示了社会生活的基本内容。社会生活最基本的内容是实践活动。当毛泽东在《实践论》中说，“社会实际生活的一切领域都是社会的人所参加的”①，就是以另一种方式强调社会生活的本质是人所参与的实践活动。

在这里，我们要区分三个范畴：活动、实践、劳动。

活动——一切生命系统的特点。凡是生物都进行活动，它是生物有机体自我维持生命的一种方式。

---

① 《毛泽东选集》，2 版，第 1 卷，283 页。

实践活动——人的生命活动的特点。它不同于一般生物的本能的生命活动，而是自觉的有意识的生命活动。马克思在《手稿》中强调这种区别，他说："一个种的全部特性、种的类特性就在于生命活动的性质，而人的类特性恰恰就是自由的自觉的活动。"① 还说："有意识的生命活动把人同动物的生命活动直接区别开来。正是由于这一点，人才是类存在物。"②

劳动——人的实践活动的最基本内容。人的活动形式是多种多样的，但大体上可分为两类：物质生产活动和精神生产活动。其中物质生产活动是最基本的。尽管随着科技的发展和生产力的提高，随着闲暇时间的延长，使得精神生产活动越来越重要，但无论生产劳动时间如何缩短，它始终是人类社会存在的基础。任何一个社会只要停止生产就不能继续存在下去。

社会生活在本质上是实践的命题，既反对社会无客体，又反对社会无主体的理论，也不同于思辨的主客体统一的理论，而是揭示了社会的本质及社会存在和发展的基础，它使人们有可能在实践中把握社会规律，加速社会发展的进程。

三、人类对社会认识的深化：从历史的表层到深层结构

人类对客观世界的认识主要是两大类：一类是对自然的认识，一类是对社会的认识。这不是两条永不相交的平行线，而是互相影响、互相促进的。对自然的认识的深入有助于认识社会；反过来也是一样。但是，这终究是两种类型的认识，各有其特点。关于自然的认识是对不依赖于主体的对象的认识；而关于社会的认识则是人对自己活动的产物的认识，因而也可以说是人类的自我认识。所以，就对社会的认识来说，认识主体与认识的对象具有内在的同一性。这种认识比起认识自然来更为困难。

人类对自然认识的进步，基本上表现为两种类型：从宏观来看，表现为对物质运动形式认识的深化，从机械运动到物理运动，到化学运动，再到生物和社会运动。从微观来看，表现为从物体的宏观深入到物体的内在

①② 《马克思恩格斯全集》，第42卷，96页。

结构。

人类认识社会的进步表现在哪里？这是个很复杂的问题。我个人认为对社会的认识也有个由表及里的问题，即有个由对表层认识逐步进到对社会深层结构的探索的问题。

任何一个社会都是一个结构性的存在，而不是非结构性存在。尽管社会是变化着的，但在一定时期内其结构是相对稳定的，这种结构稳定性与社会性质的稳定性相一致。其中决定整个社会面貌的因素是深层结构。

究竟什么是社会的深层结构？有各种各样的看法。有个作家专门研究中国文化的深层结构，认为心理结构是文化的决定性的深层结构，因此中国不改变人的心理结构社会就不能变化。他认为，在中国历史上，每一次“动”都不是一次进步，而是一场“乱”。到了现代，革命似乎在“表层结构”上促成了社会结构与生产方式的变动，但是，在“深层结构”的意义上，都是在“天下大乱”之后对结构稳定的重新回归，而且因为平均主义与专制主义倾向的深化，使深层结构的形态更为趋于稳定，趋于不变。既然中国历史上任何“表层结构”意义的变动都是使“深层结构”越来越没有变化的因素，因此，由中国整个历史发展过程呈现出来的“深层结构”遂表现为一个“超稳定体系”的形态。如此说来，生产方式成了表层结构，而文化心理结构成了整个社会的深层结构。

我认为，文化心理结构不是社会的深层结构，而是被决定的，是在物质资料的生产方式基础上逐步形成的思维方式与价值观念。它尽管具有相对稳固性，可是随着物质资料生产方式的变化，它或迟或早总要发生变化。

中国几千年封建社会发展缓慢，不是由于文化心理结构，而是由于生产规模狭小，农业与手工业相结合的自然经济的生产方式处于支配地位，同时也由于在此基础上建立的封建大一统的专制制度。社会发展和认识发展的速度从历史长河中考察就像小孩抽打的陀螺，越转越快。社会发展的速度归根到底是生产发展的速度，进入资本主义社会之后，社会呈加速状态，原因在于生产力的发展。

从社会认识论或历史认识论的角度看，人类对社会的认识，是从历史的表层逐步深入到历史的深层结构的过程（见图1）。

当人们认识社会时，首先呈现在人们面前的是人，社会是人的活动领域，而人是怀着意识和目的去活动的。因此，人们最容易发现的是人的动机，这是历史的表层。所以说，历史是人创造的这个命题对科学历史观来说是一个革命，但就历史本身而言是什么也说明不了。

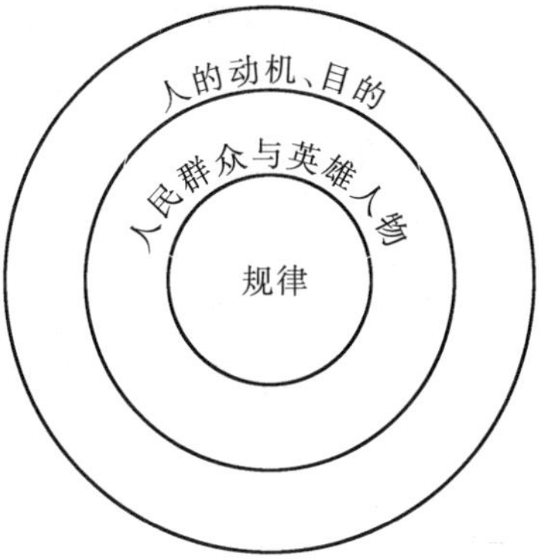

图 1

认识进一步发展，必然提出一个新问题：历史是人创造的，但是不是所有的人都起着同样的作用？这就进入了社会认识的另一个层面，在这里人被划分为英雄和群众。在历史上，英雄史观处于支配地位，因为活动在政治舞台前台的总是帝王将相。虽然也曾有人讲过“水能载舟亦能覆舟”的道理，但这与其说是对人民群众作用的认识，还不如说是对群众的恐惧。只有马克思主义才真正解决了这个问题。英雄和群众相比，起决定作用的是群众。英雄的作用表现在群众之中，英雄一旦与群众相对立，就会“霸王别姬”。

但认识并未到此为止。英雄和群众的关系仍然属于主体的范围。认识必然要进入更深的层次：如果个人是历史的决定者，帝王将相决定历史，那为什么他们像走马灯似的，一个接一个地销声匿迹？如果群众是历史的决定力量，那为什么他们创造出对自己不利的历史？奴隶们创造出一个自己当农奴的封建社会；而无产阶级则创造出一个自己当雇佣劳动者的资本主义社会。主体能不能随便创造历史？他们的动机、目的是怎样产生的？这样就进入到更深的层次：主体的作用同历史的规律的关系问题，或者说必然深入到物质资料生产方式在整个社会发展中的作用问题。若始终停留在历史的表层，即历史是人创造的这笼统认识上，那么你对人类如何创造历史得不出任何具体的认识。只要进入第二个层面，即明确区分英雄人物和人民群众的不同作用，明确指出历史是人民群众创造的，那么还必须进入到第三层次：人民群众能否任意创造历史？英雄人物如何成为时代英雄而不是弃儿？这样就必然深入到历史规律的问题。

如果我们把人类对历史的认识当作一个过程来考察，就会发现这是一个从表层结构到深层结构逐步深化的过程。

历史上一切唯心主义者都停留在历史的表层，即停留在人的动机、愿望、目的的范围内。正如列宁所说，“以往的历史理论，至多是考察了人们历史活动的思想动机，而没有考究产生这些动机的原因，没有摸到社会关系体系发展的客观规律性，没有看出物质生产发展程度是这种关系的根源”①。

认识进一步发展的任务是超出主体动机、目的范围，找到一种制约人的动机、目的的客观因素。这样便开始把认识的视线从主体转向客体。法国启蒙学派深入到人与环境相互关系问题。人类借以生存的环境有自然环境和社会环境之分，认识的顺序是从人与自然环境的关系开始的。

开始是博丹（1530—1596），他认为北方人强悍，南方人聪敏。这是由地理环境决定的。但系统地阐述这个问题的是孟德斯鸠。他在《论法的精神》序言中，认为气候、地理环境、土壤对国家制度、宗教信仰起决定作用。

地理环境不等于自然界，而是自然界的一部分，即与历史过程相联系的那一部分。所以地理环境是社会与自然相互交叉、相互渗透的领域。

人是生物机体，是地球生物圈的必要环节。地理环境是人与自然进行物质交换的领域，它不仅从生理上影响人类、人的种族特征，而且影响人类的社会发展。

外部自然条件主要是两大类：一类是生活资料；另一类是提供劳动资料。人类社会早期，第一类影响大；随着社会发展，第二类的作用越来越大，蒸汽机的发现和采用使地下的煤变得重要，汽车、飞机的使用又使地

① 《列宁选集》，2 版，第 2 卷，586 页。

下的石油重要起来，如此等等。但无论作用多大，它也不能决定社会的性质；而是相反，在社会与自然的关系中，主动的方面属社会，是社会的人通过生产把自然纳入历史领域，使自然变成历史的自然。地理环境变化缓慢，社会变化迅速。相对稳定的因素不能成为迅速变动因素的原因。所以，当对人与自然关系的解释遇到困难时，人们便开始把视线从人与自然的关系转向社会本身。法国百科全书派完成了这一步。他们从人与自然环境的关系进到人与社会环境的关系，认为人是社会环境的产物。但他们不理解社会生活的本质，把社会环境看成一定的政治制度和法律制度、教育制度。因此当他们回答为什么不同时期会有不同环境时，他们又回到人自身即人的主观意见。他们仍没跨出意见支配世界的范围。

真正在这方面向前跨进了一步的是法国复辟时代的历史学家如基佐、梯叶里、米涅。他们力图摆脱法国唯物主义陷入的人与社会环境相互作用的困境，把重点放在环境方面即客体方面。基佐在《法国史概论》中提出研究财产关系，认为只有这样才能说明政治制度。可是，当他们回答为什么具有这种而非那种财产关系时，虽没有把人的意见作为财产关系的原因，但还是用了人性来解释。在马克思主义产生以前，人类对社会认识的重点转移始终没有完成。而这正是马克思所要解决的问题。

四、唯物史观的使命和功能

在马克思主义产生之前，资产阶级统治着历史观。他们并不是不重视主体，而是抽象地研究了主体，整个研究不超出主体自身的范围。认识论研究者从主体自身中探求认识的先验结构与范畴，道德学家从主体即人的本性中探求道德的根源和土壤，美学家从人美的本性中找寻审美意识，而历史学家则力图从主体自身的动机、目的中寻找社会的动力。所以马克思的伟大历史使命就是根本改变这种状况，透过人的动机找到决定动机的力量。这样他必然超出主体自身的范畴，转向客体的研究。从社会认识史上来看，马克思转向客体的研究，寻找客体自身发展的规律，是人类认识社会过程中超出主体范围的转折，是复辟时期历史学家转向财产关系的继续和深化。

从政治角度看，唯物史观的历史使命是使社会主义从空想变成科学。

空想社会主义者没有从历史自身找到社会主义必然代替资本主义的根据，而只是把社会主义建立在公平、正义、平等的抽象原则之上，或建立在费尔巴哈人本主义原则基础之上，所以唯物史观的使命是如何从历史自身为社会主义找到客观必然性。这就要求研究历史规律。

唯物史观的使命决定了它具有下列特点：

第一，唯物史观的根本任务是研究规律，正如恩格斯所说："归根到底，就是要发现那些作为支配规律在人类社会的历史上为自己开辟道路的一般运动规律。"① 当然，马克思主义并不否认人的主体地位，不否认历史是人创造的，不否认人的意志、欲望、目的的社会作用，而是把主体纳入历史过程和规律总体中来考察。例如关于动机背后的动力问题，关于历史的合力问题，都是把主体的行为、动机放在规律基础上进行研究的例子。

第二，与唯物史观的性质和使命相联系，它重点研究社会结构及其运动机制。从横断面上看，它研究社会形态如何组成，它的各种因素的相互制约关系；从纵断面看，它研究社会自身矛盾如何导致历史的变化。所以，它的分析是宏观的、定性的分析，而非微观的、定量的分析。但它为局部研究、定量研究提供了根本原则。

第三，马克思的唯物史观当然研究主体，但重点是群体——群众、阶级、政党，而不是个体。马克思唯物史观也研究个人——历史上起重大作用的个人——领袖人物（正面或反面的），但联系到整体即群众、阶级、政党来研究个人，而不是研究作为生物学个体的人。那种把人的主体地位同历史规律对立起来，把微观的、定量的分析同宏观的、定性的分析对立起来，把对个体的研究同对群体的研究（即同对群众、阶级、政党的研究）对立起来，单单研究主体和个人的方法是错误的。

正因为唯物史观是作为只着重主体自身的唯心史观的对立而产生出来的，因此它必然着重历史自身的规律，排斥对历史的主观臆断，强调人的意识、动机的客观制约性。所以马克思、恩格斯在《德意志意识形态》和《〈政治经济学批判〉序言》中对唯物史观作实质性的表述时，都将重

---

① 《马克思恩格斯选集》，第 4 卷，243 页。

点放在客体上，放在客体对主体的制约性上。

但不能由此得出结论，马克思不承认人的主体地位；唯物史观像结构主义一样只着重社会结构的分析。

马克思和恩格斯从不否认人在社会历史中的地位。他们把劳动作为社会存在的基础和社会发展的决定力量。从劳动中寻找打开历史奥秘的钥匙本身就是对结构主义的驳斥。在《德意志意识形态》中马克思、恩格斯强调任何人类历史的第一个前提无疑是有生命的个人存在；在《〈政治经济学批判〉序言》中的经典表述中，第一句话就是说人们在自己的活动中形成不依赖人的意识的关系。这说明马克思没有忽视人的活动，但重点在于揭示这些活动形成的客观方面。

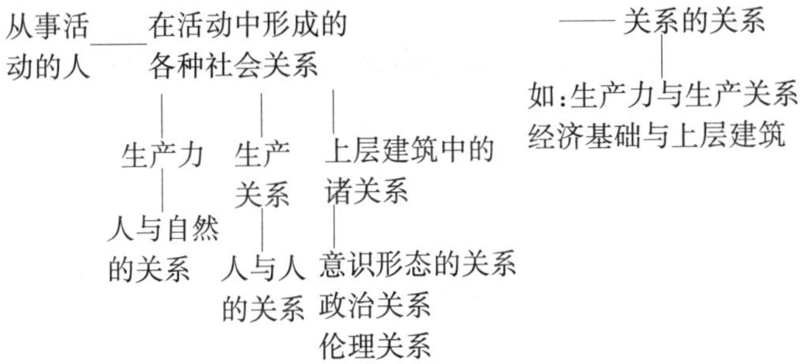

上面我们从唯物史观的历史使命，从它与唯心史观的对立上分析了唯物史观的基本内容，指出唯物史观产生的转折点是从主体到客体，突破了人的意志的领域，转到对对象本身的分析。但不能由此得出结论说唯物史观的对象仅仅是历史的客体。

从唯物史观的理论结构来说，我以为它应该是社会本体论、社会认识论、社会方法论的统一。

社会本体论。社会有机体是建立在物质资料生产方式基础上的一种运动形式，它有自己的各种特有结构、功能和规律。社会发展是一个自然历史过程。社会本体论着重探讨社会客体的结构、存在方式和运行机制。社会本体论中也包括社会的辩证法。马克思注重社会辩证法的研究。马克思首先揭示的是历史的、社会的辩证法而不是自然辩证法。唯物史观的本体论应该研究辩证法规律在社会领域中的特殊表现，包括资本主义的产生、发展和灭亡的辩证法以及社会发展的辩证法。

社会认识论。一提出认识论，人们总容易把它划入辩证唯物主义范围，只是研究一般认识发展的规律，但很少考虑到社会领域中同样存在认识论问题，正如认识论中存在历史观的问题一样。而且社会领域中的认识论有自己的特点。例如它的研究对象是人自己活动的产物，这与自然界的现象就不同。自然现象可以通过直接观察来认识，而历史是已经过去了的事，任何研究者都无法亲身经历，而只能凭借记载，但记载本身就有一个是否真实的问题。而且认识来源于实践的原理在历史认识领域怎样解释？历史的真理怎样验证？怎样证明批评秦始皇的人比颂扬他的人更接近真理或者相反？能否断言历史的和社会的认识只属于意见的领域而不是真理的领域？如此等等，都是历史认识论的课题。

在历史观中，正如在认识论中一样，也存在主体与客体的关系问题。有人认为，历史领域中不存在客体的问题，因为整个社会领域都是人所参与的，离不开人，因而在社会中划分不出“客体”。这是由一个正确的前提——社会中的一切离不开人的活动——得出一个错误的结论：社会领域中没有客体，只有主体——人及其活动。而且还美其名曰：唯物主义的实践一元论。这当然不对。社会当然有客体，只是不同于自然客体罢了。自然客体在人之前已存在，它的存在不依赖于人，而社会的客体则离不开人及其活动。但两者有共同性，因为在历史领域中即使人的活动是有意识、有目的、抱有激情和欲望的，但仍存在着不取决于任何个人意志的客观关系及其规律。

因此，社会的主体不是康德的先验自我，不是洛克的白板，不是黑格尔的绝对观念，也不是费尔巴哈的自然存在物，而是历史的沉淀物。它是受一定历史、时代制约的社会的人。如果说从一滴水能看大海，那么人所反映的也是它的时代。在一定意义上可以说人是在时代和历史的模子中浇铸出来的铸件，当然，这只是有比喻的意义。

社会客体也不是自然的“实物”，而是以物为中介的人与人之间的客观关系。

有人说，既然人是主体，因此主体应成为研究的中心，一切都应从人自身中寻找。它是一切社会形态、社会组织和社会运动机制的最终依据和原因。对此，我是持保留意见的。

鸟在天空中自由飞翔，人没有这种自由，但人却可以制造飞机，飞得比鸟更高。鸟飞翔的根据在于鸟自身的生理机构，而人则不同。自然，没有人就没有飞机，但飞机能够上天的原因和根据并不在于人，而在于空气动力学的规律。

再如商品是人造出来的，但它运行的规律——价值规律是商品自身的规律，它的根据并不在人。货币是人造出来的，但它出现的根据并不在人，而在于商品的发展。生产力发展、私有制的产生、交换的发展、货币（作为一般等价形态）的出现以及由货币到资本的转化，这构成了人类发展链条的环节。任何强大的个人意志都无法改变这一事实。我国几十年的建设经验表明，我们之所以碰钉子、走弯路，是由于我们不了解社会主义建设的规律，而不仅仅是我们缺少热情、欲望和目的。

人既是主动的，又是受制约的。片面强调人的主体地位，一切从人中导引出来，这是唯意志论；一切归之于客体，把人看作历史的工具，这是历史宿命论。

历史主体与客体之间除了改造与被改造的关系外，还有认识和被认识的关系。它也是双向的：

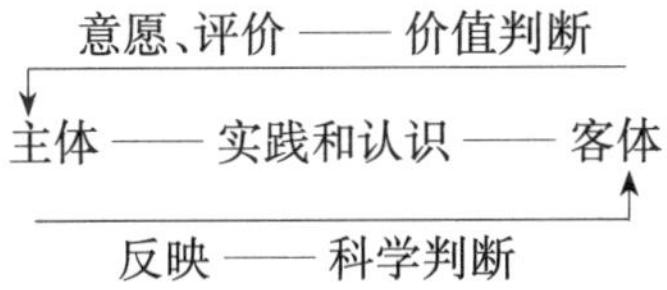

人作为社会主体，对于自己面对的社会制度、社会关系以及各种社会现象，会根据自己的需要、根据它们的效用作出期待和评价——好坏、合理、不合理。这种判断要求客体符合主体的需要。

另一方面，人还要正确认识社会，认识客体，形成科学认识，这要求主体符合客体，所以，在社会历史观中存在着反映问题。

在社会观中，价值判断和科学判断之间可以相互矛盾。价值判断如不符合科学判断，它就没有科学性，就只不过是主体欲望、利益的主观表现。它与科学判断可以部分符合，也可以比较一致，即价值判断以科学判断为依据。例如唯物史观关于社会形态的更替的理论，关于无产阶级和人类彻底解放相一致的理论，既是科学判断，又是与科学判断完全一致的价值判断。

在马克思的思想中，价值判断与科学判断的统一是个过程。正确解决这个矛盾的关键是正确处理社会中主体与客体的关系，即把主体自身的利益与要求建立在客观规律基础上，而不是建立在人自身的基础上，例如建立在人的本质、本性、主观要求之上。我们从马克思早期思想发展过程中，探索一下他如何正确处理历史的主体与客体的关系是会很有教益的。

社会方法论。认识社会比认识自然更困难。认识自然可以运用仪器观察，在实验室进行反复试验，可以借助于各种工具。对社会的认识则不同。按照马克思的说法，它既不能用化学试剂，也不能用显微镜，而只能借助于抽象思维的能力。因此，正确的科学理论和思维方法对社会认识更加重要。

认识方法，最根本的是唯物史观。唯物史观是关于历史过程的理论和认识方法。马克思、恩格斯、列宁都十分强调唯物史观的方法论作用。恩格斯说："我们的历史观首先是进行研究工作的指南，并不是按照黑格尔学派的方式构造体系的方法。"① 他还说："如果不把唯物主义方法当作研究历史的指南，而把它当作现成的公式，按照它来剪裁各种历史事实，那末它就会转变为自己的对立物。"② 列宁也指出："历史唯物主义也从来没有企求说明一切，而只企求指出'唯一科学的'……说明历史的方法。"③ 社会存在决定社会意识的理论同时是分析社会意识的本质、来源的方法；生产力与生产关系相互矛盾的理论也是一种分析生产关系为何和如何更替的方法；阶级斗争的理论也是阶级分析的方法。完全可以说，任何一种理论，同时就是方法。没有理论根据的方法是伪科学的方法；不起科学方法作用的理论是虚假的理论。

研究社会认识方法论问题要正确处理两种关系：

第一是定性分析与定量分析的关系。社会现象的分析首先是定性的，但也要注意定量分析。

---

① 《马克思恩格斯选集》，第 4 卷，475 页。

② 同上书，472 页。

③ 《列宁选集》，2 版，第 1 卷，13 页，北京，人民出版社，1972。

第二是哲学方法和具体科学方法的关系。首先是哲学方法，但不排斥引进和运用科学方法，例如数学方法、系统方法、控制论方法的运用。但我们要反对用它代替哲学方法，特别要反对单纯的概念“调换术”，即在已有现成结论上安上一些新的名词、术语。正如列宁当年反对唯能论、社会达尔文主义时说的：“在危机的现成结论上只是贴上生物学的和唯能论的标签，既没有补充一点具体材料，也没有说明危机的性质。”① 这种新方法的引进除了制造混乱外不会增加新的东西。凡是方法都是从已知进到未知。因此，凡是用新的名词、术语重复众所周知的结论，都“不过是**名词的堆砌**”，是“对马克思主义的十足的嘲弄”②。

有人认为唯物史观已完成了从主体到客体的转移，而我们现在面临的任务是由客体再转向主体。所以仅仅注意研究客体的唯物史观显然不够，因而除此以外必须求助于弗洛伊德主义，因此他们鼓吹马克思主义和弗洛伊德主义的结合。

例如奥兹本在《弗洛伊德和马克思——一种辩证法的研究》一书中，认为马克思提出了社会存在决定人的意识，但没有说明如何决定，而这恰好是精神分析研究的主题。他说，精神分析和马克思主义“一方面描写主观的生活，另一方面描写客观的生活。马克思主义者关于人类生活的主观方面一无所知，将永远是片面的；弗洛伊德的信徒，误解了人类主观生活所由以表现的客观环境性质，也是片面的。这两种研究形成辩证法的对立，统一起来，便能供给关于人类的充分知识”③。

弗洛姆作为一个精神分析医师和哲学家也是这种观点的拥护者。在《在幻想锁链的彼岸》中，他既推崇马克思又推崇弗洛伊德：“在这场为复兴人道主义的斗争中，马克思和弗洛伊德的思想乃是最重要的指路明灯。马克思对社会发展的本质有一个较为深刻的认识。……弗洛伊德对人的思维过程印象、感情等有一个较为深刻的认识”，“但它们各有不足之处，例如马克思和恩格斯并没有说明经济基础是怎样转变为意识形态这种上层建筑的。”“我认为，运用精神分析这门工具就能弥补马克思主义理论中的

①② 《列宁选集》，2 版，第 2 卷，334 页。
③ ［英］奥兹本：《弗洛伊德和马克思》，186 页，北京，三联书店，1986。

这一不足之处，就能阐明联结经济基础和上层建筑的各种纽带。”①

因为社会存在转化为社会意识，经济基础转变为上层建筑，必须通过个人的心理机制，这正属于精神分析的范围。我们不同意这种看法。认识的重点可以转移，但哲学原则不能转移。我们应该始终坚持唯一的原则——唯物史观。因为我们在这里讨论的不是精神病学范围内的专门问题，而是一个社会哲学问题，即如何看待主体和如何研究主体的问题。在此问题上，马克思主义和弗洛伊德的观点是根本对立的。

弗洛伊德片面强调人的生物因素和非理性因素，把性本能看成人的活力。他关于无意识、潜意识和意识的划分；关于本我、自我和超我的划分，都是以此为根据的。而且他认为社会是压抑性本能、与性本能相对立的。这样，弗洛伊德的主体是与社会对立的、封闭的生物学个体。

从这种生物学个体出发怎能解释人的主体地位，解释社会存在向社会意识的转化呢?

第一，生物学个体不是主体。猿猴之所以不是主体就是因为它们是纯粹的动物。某些动物形式上是群体，实际上是个体。一窝蜂等于一只蜂。人则不同，人形式上看是个体，实际上是群体，即社会存在物。

第二，用生物学个体无法解释观念、社会意识的形成。把人们的宗教观、道德观、哲学、文学、艺术都看成是性欲在压抑下的升华物是没有根据的。相反，只有马克思才提供了科学解释：社会意识是社会存在的反映；主体的观念，无非是被移入人们的头脑并被改造了的物质。至于这种移入的具体机制，还有待于深入的研究，但不能放弃这个原则，到主体自身寻找观念的生物学根据。因此，我们认为，马克思主义的唯物史观并不需要也不能同弗洛伊德主义结合。

（原载《历史唯物主义研究》，1988（1））

① ［德］弗洛姆：《在幻想锁链的彼岸》，75页，长沙，湖南人民出版社，1986。

19. 论社会规律的特点和主体的选择

社会规律是大尺度的规律，它的实现往往要经历很长的时间，如王朝的盛衰兴亡、社会形态的更替等等。因此社会规律往往表现为一种趋势、一种最终的必然性。如生产关系必须适应生产力性质的规律，是一种最终的要求，而不是每时每刻的现实。必须适应是在长期的不适应后实现的。这种情况，使得许多理论家否认社会规律的客观性。他们不理解社会规律的特性，按照自然规律的特点来要求社会规律，从而得出否定社会规律的结论。

社会领域是人的领域。人的活动是有意识有目的的，但不能由此得出结论说社会规律是依人的意志为转移的，或者说是主客体相统一的规律。这种说法是错误的。社会规律就其本性而言同样是客观的、不依人的意志为转移的。就是说，某一社会存在某种规律，这种规律的性质和内容及其起作用的范围，不取决于主体的意志而是取决于社会条件。社会规律是一定条件下社会现象之间的本质的必然的联系。它的公式是“只要有……就有……”，只要有阶级就有阶级斗争，只要有商品生产就有价值规律，只要有市场经济就有供求规律，只要有货币就有货币流通规律，如此等等。这个“只要有……就有……”，表现的是客观现象之间的关系而不是主客体之间的关系。只要原因而不要结果，只要条件而不要它必然产生的现象是不可能的。这就是规律。

当然，社会规律起作用的机制不同于自然规律。自然规律的产生与实现同人的活动无关，它是物质运动自身的规律。社会规律则与之不同，它依存于人的活动，是人的活动的规律。它不存在于人的活动之前，不存在于人的活动之外，而是存在于人的活动之中。不存在某种活动就不存在相关的规律，如不存在商品生产和流通就不存在价值规律和供求规律。规律与实践相关联是社会规律的特点。

社会规律对人的活动的依赖性，造成了社会规律是依人的意志为转移的假象。其实，人的意志与人的活动的联系是直接的，而人的意志与规律的联系则是间接的。社会规律依存的不是人的意志，而是人的活动中形成的各种关系。价值规律是商品生产和流通的规律而不是商品观念的规律，尽管商品是人生产出来的，但人直接生产的是产品而不可能创造价值规律。产品只是在一定条件下才变为商品，价值规律是市场经济条件下商品生产和流通所固有的规律。从人的观念来说，在市场交易中都想贱买贵卖，可他们的行为是要受到经济规律的制约的。

而且我们所说的社会规律是人的活动规律，是就其存在和作用方式来说的，并不是说人的全部活动都是合乎规律的。在人的活动中存在三个因素：动机、行为、结果。这三者之间往往是相互矛盾的。人的动机和行为有的符合规律有的并不符合规律，人们行为的结果有的是预期的，有的是违反自己的意愿和意志的。所以规律并不总是和个人的行为相吻合的，而是众多行为中形成的不依赖任何个人的必然性。不管人们的动机如何，规律性的东西都表现为最终起决定作用的东西。就人们的行为与规律的关系而言，人们的行为可以符合规律，社会进步运动的倡导者、组织者们就是如此，他们是历史的英雄。主观愿望很好但违背历史规律，这就是历史上的悲剧性人物。如果逆历史潮流而动就会成为向隅而泣的可怜虫。

就社会规律实现和利用的机制来看，它不同于自然规律。无论是自然规律还是社会规律都有个利用问题。要利用规律就必须有对规律的科学认识，把客观规律变为科学规律，对客观规律予以科学的把握。但不同的是，自然规律无论认识与否都在自发地起作用，只是就价值的观点来看，起作用的性质不同，不认识它就起破坏作用，而认识和利用它则可以起有益的作用。社会规律则与之不同。当然，社会规律的作用也有一个自发性问题，例如，生产关系必须适合生产力性质的规律，直到马克思主义产生时才发现，但不能说在此之前它就不起作用。事实上它是人类社会的普遍规律。一个社会形态的更替以及每一社会形态内部王朝的兴衰更替都是以这一规律的作用为内在根据的。在这里规律起作用的方式不是表现为对这一规律的自觉认识和利用，而是革命阶级和集团对自己切身利益的关怀，是意识到不推翻统治阶级就不能维护自身的利益。正是在这种对切身利益的关怀的背后隐藏着规律的作用和要求，正是在实现自己利益的同时实现了规律的作用。就这点而言，它的作用是自发的。但无论社会规律起作用的方式如何，它都必须通过人的活动才能实现。所以人们用不着组织一个月食党来促进月食，但却必须组织革命党来实现革命的规律，实现生产关系必须适合生产力性质的规律的要求。特别是在阶级社会中对社会规律的运用，必然要通过阶级斗争才能实现。

可是历史选择论者却否认历史规律的客观性，他们根据社会规律存在于人的活动之中，必须由人的活动来实现这一事实，得出社会发展是由主体的选择来决定的。这种看法是错误的。在当今，历史选择论和历史规律论之争是关系唯物史观的重大问题。

马克思逝世以后，在 19 世纪 90 年代德国青年派中的一些人，把马克思主义的唯物史观曲解为庸俗的经济决定论，从而把唯物史观曲解为历史宿命论，后来第二国际后期的某些理论家也存在着这种倾向。20 世纪 20 年代卢卡奇发表了《历史与阶级意识》，以反对第二国际的历史宿命论为号召，提出了主体性问题。这对于唯物史观的研究是个推动。但是在此后的发展过程中，却被一些理论家逐步推到了另一个极端，即片面强调历史主体的选择作用，反对历史决定论，否认历史规律的客观性，从而走向了唯意志论。

毫无疑问，人的行为具有选择性的观点比起历史宿命论是一个大的进步。当古希腊罗马的历史学家们不再用神的意志来解释历史而强调人的行为具有选择性并负有责任时，就具有反宿命论的性质。柯林武德在《历史的观念》中论述古希腊罗马历史编纂学的人文主义特点时说，这种历史学“所依据的哲学观念是，人类的意志可以自由地选择它自己的目的，并且它在它的事业中所取得的成功仅仅受到它自己的力量的以及受到理解它们并能研究出它获得成功的方法的那种智力的限制。这就蕴涵着历史上无论发生了什么事情，都是作为人类意志的直接结果而发生的，并且有某个人对它直接负责的，要看它是好事还是坏事而对它加以赞扬或谴责”①。

可是在近代，人的行为的选择性却被唯心主义夸大为历史的选择论，并把马克思主义的历史决定论诬为宿命论。其实，无论是自然领域还是社会领域都有决定论的问题。机械决定论只是自然领域中的一种而不是唯一的。机械决定论在社会领域中是错误的，必然导致唯心主义。社会中的决定论是辩证决定论，它把主体的作用作为客观历史发展中的一个环节包括在历史必然性之中。有些人不理解，以为只有完全排除主体的作用才叫决定论，这是用自然主义的观点来看待社会规律，完全抹杀了社会生活的特点。把主体作用包括在内并不否定决定论，因为主体的意愿、目的、动机，并不决定于主体自身而是决定于客观条件。某一阶级之所以有这样的目的、这样的动机、这样的行动，并非是任意的、无原因的，而是被决定的。所以社会决定论正表现在人们的动机和结果之中。恩格斯说：“这是能够引导我们去探索那些在整个历史中以及个别时期和个别国家的历史中起支配作用的规律的唯一途径。”②

社会决定论不同于机械决定论。它不是单一的因果链条，而是许多复杂因素相互作用的结果。所以社会决定论往往表现为统计决定论，通过大量偶然性来表现必然性。宏观自然规律一般是动态规律，它支配着每一个个体，并有严格的因果关系、数量依存关系。而社会规律实现的时间跨度，虽然从每一个具体事件和人物来看是偶然的，但从总体来看却是必然的。

如何看待人的行为的选择性问题是个重大的理论问题。我认为人的行为当然有自主性、能动性、计划性，但我不同意用历史选择论来取代历史决定论。关键是要区分人的行为的选择的可能性与不可能性的界限。选择性涉及的是主体的问题，是主体的行为动机意志的问题。选择的可能性问题不是看行为的开始而是看行为的最终结局。因此关键是与客观规律的要求相一致。

社会有不可选择的一面。人们不可能自由选择生产力，不可能自由选

① ［英］柯林武德：《历史的观念》，46～47页，北京，中国社会科学出版社，1986。

② 《马克思恩格斯选集》，2版，第4卷，249页。

择生产关系，不可能自由选择自己的文化传统。这些都是既定的、被给予的。每一代人都面对一个既成的现实。

但社会又有可选择的一面。这是由于在社会发展过程中，矛盾的复杂性和多样性以及各种错综复杂的关系，使事物的发展呈现多种可能性。究竟哪种可能性会变为现实，固然要取决于客观条件，但同样要看主观的努力。这种主观努力就包括主体的选择、对各种可能性的选择、对计划和行为方式的选择。世界上的任何事情都要人去完成，这就决定了人的行为具有选择性。

人的选择行为面对的是现实而不是历史。历史是不可选择的，它面对的是无可改变的既成事实。在历史观中谈论选择，只能是“假设”、“如果”。如果拿破仑在俄国不打败仗而是打胜仗，欧洲目前的政治地图就会是另一个样子。如果法国当年路易十六逃跑时不是一个偶然因素使他们无法逃脱，欧洲的历史都将因而改观。1931 年由斯魁尔主编的著作《假如我们的历史经过重写》，由许多著名的历史学家执笔，内容是关于历史上的事件可能演变的推测。它的指导思想就是历史假设论。在我们国内也有人鼓吹这种观点，说什么如果太平天国胜利历史就会大倒退，什么如果没有推翻清朝的辛亥革命而实行改良，中国就会如何如何。有事实吗？没有，有的只是假设。假设不是人的行为的选择而是一种历史观，是历史学家们的一种价值观念、一种愿望和要求。对未来不是选择而是预测。它能否实现是未知数，它的实现的可能性取决于现实的行为。我们可以按未来安排现在，但必须立足现实才能预测未来，因为是现在决定未来而不是未来决定现在。

真正具有选择性的行为是人们正在进行的实践活动。现在包含着过去，孕育着未来。我们不能留恋过去空想未来而忽略现在。现在不能改变历史但能改变历史的传统，吸收好的抛弃旧的，创造一个更辉煌的现在，同时就是安排一个好的未来，可见历史选择问题实际是现实的选择问题。历史选择论是一个非常不科学的称呼。

一个很难咬开的硬核桃是历史决定论与人的行为的选择性的关系问题。既然历史发展是有规律的那又怎么可能选择呢？既然肯定人们行为的选择性怎么又承认客观呢？他们在两极对立中思维，或者要选择，或者要规律。他们把选择的可能性空间移到规律之外，越是无规律选择的可能性就越大；而把规律移到选择的行为之外，只有在无选择可能性的地方才谈得上客观规律。他们不知道规律存在于人们的选择行为之中，是在选择行为中形成的而又不依赖于选择行为。真正能达到目的的选择又必须符合规律。选择是和自由连在一起的，无自由即无选择，无选择也谈不上人的自由，但选择是有条件的、相对的，人的自由也是一样。人没有绝对的无条件的自由，也不可能有绝对的无条件的选择，要使选择达到目的并不取决于主体的意志和愿望，而是取决于这种愿望、动机、目的在何种程度上反映了客观现实，所以符合规律的行为才是真正地表现了人所固有的具有选择能力的行为。在一片混乱的、偶然的、无序的状态下人往往是无能为力的。我们应该尊重规律、尊重人的行为的选择性，在实践基础上把它们结合起来。

（原载《高校理论战线》，1999（5））

20. 经济浪潮中的哲学

我们正处在从传统计划经济体制向社会主义市场经济体制转轨的时期，经济浪潮汹涌澎湃。而首当其冲的就是人文学科，尤其是哲学。哲学似已丧失了昔日的光辉，它正在困境中挣扎：或者抛弃哲学下海，俯身去拣拾“金苹果”；或者固守哲学阵地，在孤寂贫困中走向没落。事情仿佛只能如此，别无选择。

这种情况正常吗？不正常。

市场经济和哲学并不是绝对对立的。整个资本主义的发展历程证明了这一点，在资本主义社会，哲学就是在市场经济日益成熟的条件下发展起来的。从 14 世纪文艺复兴开始，随着市场经济的发展，哲学也日益发展；17 世纪的英国哲学、18 世纪的法国哲学、19 世纪的德国古典哲学，都闪烁着人类智慧的光辉。市场经济当然不是全民经商，否则就不可能有培根、洛克、伏尔泰、卢梭、狄德罗、康德、黑格尔，更不可能有马克思和恩格斯。全民经商，社会也许能多几个“大款”，但却要扼杀不少文化巨人。这合算吗？对于人类文化而言，这是巨大的损失。

应当看到，社会是一个自组织系统，是由复杂的社会分工组成的有机体。它不仅需要物质生产，也需要精神生产。市场经济在资本主义社会是经济运行的体制，它的作用在于资源和劳动力的配置，不可能囊括一切。只要社会存在，就存在分工，而作为社会精神分工的特殊领域——哲学，就也会存在和发展下去。如果社会严重失衡，精神生产部门极度萎缩，那就意味着这个社会形态走到了尽头。

资本主义市场经济的确立和孕育成熟，不仅没有阻碍反而推动了各门人文学科，其中包括哲学的发展。道理很简单，尽管经济上落后的国家在哲学上仍然能够演奏第一提琴，但一个时代的哲学的普遍繁荣，正如文学一样，归根到底，是经济高涨的结果。正如奴隶的劳动，促进了奴隶社会精神生产部门一样，资本主义社会经济的发展，提供了更多的闲暇、更多的生活资料，使得一部分人（甚至越来越多的人）有可能直接投身于人文科学，包括哲学的研究。一个不用担心自己“肚皮”问题的民族，是更有“闲情”和时间去从事哲学思维的。

哲学并不简单地面对市场，即使资本主义社会也是如此。如果考虑的只是市场，康德就不可能有三大批判，黑格尔就不会写《精神现象学》和《逻辑学》。这些艰深晦涩的著作，知音难得，印数甚少。一些传之千古的艺术作品也是如此。许多画家的作品，在当时一文不值，可死后却变成稀世之宝。一切以货币价值为尺度、以市场为取向，必然会使“精神”垂下自己高贵的头颅向金钱膜拜，这即使在资本主义市场经济下也为有识之士所不取。

我们是社会主义国家，我们建立的是社会主义市场经济，它应该而且能够有助于推动和促进哲学的发展。把社会主义市场经济与马克思主义哲学对立起来，实际上是认为，社会主义国家的经济发展，可以完全脱离它的作为指导思想的意识形态，可以脱离它的思想文化背景。其实，面对混乱的意识形态、低劣的文化素质，真正的社会主义市场经济是很难确立的。

对于一个民族而言，哲学是极其重要的。日本一位著名哲学家说过，没有哲学的民族是浅薄的民族。的确，没有哲学的民族是浅薄的民族；而没有哲学思维头脑的人则是浅薄的人。马克思主义哲学，作为一种科学的世界观和方法论，作为科学的人生观和价值观，它对于社会主义制度的巩固和发展、对于各项实际工作的指导、对于每个人的思维方法和道德品质的培养和提高，其作用都是无可替代的。

这当然不是说，哲学应该成为一块“净土”，总是背对社会主义市场经济。与时代无关的哲学是经院哲学；与时代需要相脱离的哲学家是书斋哲学家。这种哲学和哲学家没有生命力，必然会焦枯萎缩。

问题在于我们要正确地理解社会主义市场经济与哲学的关系。我们的眼界和尺度应该是哲学的，而不是市侩的。

哲学作为一个专业，就它所培养的学生来说，当然要适应社会人才市场的需要。除了专门从事“纯”哲学研究和教学的人才外，它还可以培养能从事各种理论和实际工作的人才。这并不降低哲学的品格和水平，相反，它要求我们哲学专业的学生具有更高的分析和解决问题的思维水平和能力。我们应该交给他们一把能够打开一切困难之锁的金钥匙。尽管由于对其他专业不熟，开始起步较慢，可一旦深入其中，就有可能充分发挥哲学的效能，获得意想不到的成果。这是哲学的特点决定的。哲学虽然很抽象，但应用性又很强，它可以运用于自然、社会、思维任何一个领域，运用于任何一个实际部门。哲学系毕业的学生有一部分向其他领域发展，既有利于从更高层次做好自己从事的理论和实际工作，又可能有力地促进哲学的丰富和发展。我们需要一些哲学工作者从事“纯”哲学的研究，研究有关世界观、方法论、认识论、价值论的基本理论问题，但我们更需要有人从事把哲学和各门科学结合起来的研究。这并没有脱离马克思主义哲学的基地，而是真正把马克思主义哲学辐射到各门学科，充分发挥了马克思主义哲学的功能。

其实，马克思主义哲学并不是“纯”哲学，它是整个马克思主义体系的一个重要组成部分。在马克思主义的完整体系中，它同其他组成部分是紧密结合在一起的。马克思主义哲学是无产阶级的头脑，它的实践性和改造世界的功能，突出地表现在科学社会主义理论和实践之中；同样，马克思和恩格斯的哲学理论和方法，也突出地表现在他们的经济学研究之中：从《1844年经济学哲学手稿》到《资本论》，都极其鲜明地体现了这种结合。

当前，我们国家正在确立社会主义市场经济体制。对于这个划时代的举措当然要进行各方面的理论研究。经济学家固然责无旁贷，哲学工作者同样有许多工作可做。哲学对经济问题的研究，不同于经济学，它有自己特定的视角。例如生产力问题，从经济学角度来看，生产力是由劳动者、劳动资料（尤其是劳动工具）、劳动对象构成的。生产力的水平表现在劳动生产率之中。经济学家们为增加生产着力寻求发展生产力的途径和方法。哲学角度则与此不同。从哲学角度来看，人不仅是生产力的构成要素，而且是历史活动的主体。劳动工具不仅是生产的手段，而且是人类社会进步的指示器和人借以实现自己目的的中介。劳动产品不仅是作为使用价值和价值的统一体的商品，而且是一本感性的、打开了的人的本质力量对象化的书本。生产力的高低问题不仅是经济问题，而且是人的发展和社会进步的问题。从哲学角度来看，生产力的发展同人的才能、个性和社会进步是紧密相连的。对经济学的哲学研究有其独特之处。《1844 年经济学哲学手稿》从经济学角度来看，尽管同亚当·斯密有渊源关系，可它摆脱了就生产谈论生产的狭隘眼界，把劳动和生产的研究同扬弃私有制，消除异化，恢复人与自然、人与社会的统一，使人获得解放结合在一起，把对经济现象的分析由纯经济的研究提升到哲学的层次。

社会主义市场经济的确立和孕育成熟，绝不是使哲学无用武之地。事实上，现实提出了许多哲学问题。哲学家们应该把眼光投注到现实中去。例如，社会主义市场经济与资本主义市场经济的异同，不仅是个经济问题，而且是个哲学问题。作为市场经济，它们当然具有共性，都是社会资源和劳动力的配置方式，而且都是通过竞争来实现的。可它们又有着根本区别。因为市场经济并不是一种独立的经济制度，而是从属于它所依存的社会制度的。资本主义市场经济通过竞争，优胜劣汰，导致财富集中和两极分化的加剧；而社会主义市场经济在竞争中，虽然同样存在优胜劣汰，一部分企业会破产、被兼并或转产，但它导致的不是两极分化和财富的集中，而是社会主义生产力的发展和综合国力的提高。邓小平同志说过："社会主义与资本主义不同的特点就是共同富裕，不搞两极分化。创造的财富，第一归国家，第二归人民，不会产生新的资产阶级。国家拿的这一部分，也是为了人民，搞点国防，更大部分是用来发展经济，发展教育和科学，改善人民生活，提高人民文化水平。"① 如果离开了社会制度来考察市场经济，就会抹杀两种市场经济的本质区别。这里既有辩证法问题，又有唯物史观问题。

从哲学角度来看，市场经济与人的解放问题关系极大。

---

① 《邓小平文选》，第 3 卷，123 页。

我们面前有两种类型的市场经济，它们经历了两种不同的转变：资本主义市场经济是从封闭的、自给自足的领主庄园经济和小商品经济逐步发展而来；而社会主义市场经济则是由计划经济体制转变而来。这两种转变中都存在人的解放问题，但情况又根本不同。

资本主义市场经济的形成当然是人的一种解放：劳动者摆脱了封建束缚和人身依附，获得了出卖劳动力的自由，所有者获得了攫取利润和聚敛财富的自由。可是在资本主义市场经济中，在激烈的竞争和两极分化中，人为自己的创造物——商品和货币所奴役。在自由中隐蔽着不自由。

第二种转变，即由计划经济体制转向社会主义市场经济，是人的进一步解放，是走向更彻底解放的过渡。

计划经济体制在我国建设中发挥过重要作用。可是多年来的实践证明，无所不包的单一的计划经济体制，限制了企业管理者和工人的主动性。亿万人民的复杂的不断变化的需要，不可能由主管部门的计划来规定。完全的指令性计划变为一种新的束缚。社会主义市场经济的确立，迫使所有参与市场的竞争者，都必须是一个真正能自我决策的主体，充分了解市场，发挥自己的主观能动性。社会主义市场经济的竞争，在一定意义上也是人的才能和智力的竞争。正是在竞争中，人们的潜能才迸发出来。可是，在社会主义市场经济条件下，人的解放并不是彻底的，问题不仅是市场经济的负面效应，即使是信息反馈的滞后性和不可避免的某种程度的盲目性，也限制了人的才能的发挥。因此，宏观控制是完全必要的。只有在宏观控制和市场调节相结合的互补中，经济才能得到健康发展，社会才能得到全面进步，人才能得到进一步解放。

市场经济与道德的关系也是一个争论不休的问题。市场经济带来的究竟是道德滑坡还是道德水平的提高？对这个问题，必须进行全面的、历史的分析。例如，资本主义市场经济经历了它早期的原始积累阶段。在这个时期，由于市场发育不全，所以商业道德的沦落是必然的，各种欺诈和哄骗成为在生产力水平低下的条件下相互竞争的一种手段。恩格斯在《英国工人阶级状况》1892年德文版第二版序言中分析过这种道德沦落。他说，现代政治经济学的规律之一就是："资本主义生产越发展，它就越不能采用作为它早期阶段的特征的那些小的哄骗和欺诈手段。”① 为什么市场逐步孕育成熟，商业道德水平就会愈来愈高，经营愈来愈文明？这当然不是由于人性的改变和良心的发现，而是经济发展所带来的竞争条件和状况的变化。恩格斯在讲到 19 世纪德国商业情况时说：“随着大工业的发展，据说德国的许多情况也改变了，特别是当德国人在费城打了一次工业上的耶拿战役以后，连那条旧德国规矩基本守则也声誉扫地了，那条守则就是：先给人家送上好的样品，再把蹩脚货送去，他们只会感到称心满意！的确，这些狡猾手腕在大市场上已经不合算了，那里时间就是金钱，那里商业道德必然发展到一定的水平，其所以如此，并不是出于伦理的狂热，而纯粹是为了不白费时间和辛劳。”② 恩格斯由此得出结论：“大工业看起来也变得讲道德了。”③ 认为市场经济必然带来道德沦落是片面的，事实上市场经济的发展和成熟，为人们道德水平的提高提供了物质基础。至于在我们国家出现的某些方面的道德滑坡和价值观念混乱，其原因是复杂的，既有市场经济的某种负面效应，更有教育失误、精神文明建设抓得不紧的原因。可以肯定，随着社会主义市场经济的发育成熟，特别是社会主义精神文明建设的加强，全国人民尤其是年轻一代的道德水平一定会逐步提高。

哲学尽管在困境中踯躅，但绝不会停止前进。哲学不能丧失自己的特性变为非哲学，但哲学工作者却可以从哲学角度对其他领域中的重大的实际问题和理论问题进行研究。我们坚信：被马克思称为头脑、闪电和报晓雄鸡的哲学，在建设有中国特色的社会主义的伟大而生动的实践中，一定会越来越显示出它的效用和价值。

（原载《求是》，1995（2））

①② 《马克思恩格斯选集》，2 版，第 4 卷，419 页。

③ 同上书，420 页。

21. 唯物史观视野中的“以人为本”

以人为本和人的全面发展是两个相互联系又相互区别的命题。前一个命题由于哲学思想驳杂而为一些马克思主义哲学家所拒斥；后一个命题由于被认为是遥远的共产主义理想而为现实社会主义实践所忽视。这两种片面性都曾经给社会主义事业带来危害。十六届三中全会提出坚持以人为本的科学发展观，把以人为本建立在客观规律的基础上；把对社会主义社会发展规律的认识和运用服从于以人为本的发展目标，充分体现了科学与价值的统一；从社会主义的本质和全面建设小康社会宏伟目标的高度，揭示了以人为本与人的全面发展这两个命题的内在关联性。

一、不要谈人变色，但要区分不同语境

以人为本可以是具有科学性的哲学命题，也可以是抽象人本主义的命题，关键是如何来理解人。“人”的内涵和外延在不同的语境中是极为不同的。我们应该区分人字的日常用语、文学用语和哲学用语，而在哲学用语中又要区分不同的哲学学派。

当年恩格斯在《诗歌和散文中的德国社会主义》中就曾批评格律恩对歌德的误读。恩格斯说，歌德作为一个文学家时常在比较夸张的意义上使用人这个字，但歌德的人字并非费尔巴哈那样的哲学用语。“这些字眼，特别是在歌德那里，大多具有一种完全非哲学的、肉体的意义。把歌德变成费尔巴哈的弟子和‘真正的社会主义者’的功劳，是全部属于格律恩先

生的。”① 由于不能区分人字使用的语境，往往会引起谈人变色的哲学混乱。

在日常生活中，人字是使用最频繁的。吵架时说，你不是人，不像个人样！这几乎同骂娘一样使对方无法忍受。可要是问，什么叫不像个人样？指责别人不像人样的人心里有没有应该怎样才算人的标准？真正的人应该是什么样子？显然没有，因为这里并不是讨论哲学问题。谁都明白，这里讲不像人样，是批评被指责的人违背社会公认的通行的道德准则，或者说违背人作为人的底线伦理。因此，在这里批评者是以通行的道德习俗作为衡量人与非人的标准的。

以“人”入诗是常见的。“前不见古人，后不见来者”，“空山不见人，但闻人语响”，“春潮带雨晚来急，野渡无人舟自横”，类似的例子比比皆是。这里的“人”也不是哲学用语。这里的人是具有审美意境的虚设，是情景交融的黏合剂。在文学评论中，人们不会按哲学原则去探究这里的人是什么意思，是具体的人还是抽象的人，因为这是文学，是诗。

可是哲学不同。以人为本作为哲学命题，可以通过对人的不同的理解表现完全不同的甚至对立的哲学路线。历史唯物主义理论中的以人为本，与形形色色抽象人本主义学说中倡导的以人为本在世界观包括历史观上是根本对立的。

把人看成不可解之谜，把人作为终极研究对象，源于哲学思考，源于对人的本性的形而上探求。在哲学领域，从古至今，多少哲学家为人而苦恼。这种苦恼是源于哲学思维方式自身，是要在现实存在的人之外，寻找一种所谓的人。古希腊一个哲学家白天打着灯笼在街上转悠，人家问他为什么白天打灯笼，他说找“人”。这里讲的就是寻找这种“人”。至今人还在找人。美国的一位哲学家罗洛·梅就直接把其关于人的著作题为《人寻找自己》。在他看来，我们生活在一个焦虑的时代，我们仅有的幸福之一乃是不得不去认识自己，我们已被抛回到对自我的追寻之中。

在当代，我们对自然的认识与人对自身的认识相比，差距似乎越来越大。在医学领域我们已经能够克隆人，在哲学领域却仍在争论什么是人。

---

① 《马克思恩格斯全集》，第4卷，255～256页，北京，人民出版社，1958。

按照约翰·杜威的说法，今日哲学所能要求的最好的工作是从事苏格拉底在2500年前指定给哲学的产婆的工作，即“认识你自己”。什么是人，似乎是哲学永远在探索的任务。

其实，从对人的本性认识的角度看，自然科学并不比哲学对人认识得更清楚。尽管科学技术进步到能克隆人，但它们并不真正了解人。它们可以解剖人，在解剖台上把人的生理结构弄得一清二楚，甚至能绘制人的基因图谱，但它们所了解的是生物学的人，是人的肉体而不是人的本质和人性。我们不能过分陶醉于科学技术对人的研究成就，如果满足于自然科学对人的认识而不从哲学上弄清人的本性和需要，很可能会因此而大吃苦头。20世纪下半叶以来生态环境的急剧恶化已证明了这一点。

从哲学层面理解人的确很困难，这是个非实体的不可能直观的领域，任何仪器和先进的工具对此都无济于事。一万年以后同样如此。它要凭借人的哲学思维能力，因此不同的哲学对什么是人的回答是各不相同的。

关于什么是人的问题的另一个困难在于，哲学家们都力图在自己关于人的理论的基础上建立自己的哲学体系。毫无疑问，对哲学来说，人的问题是至关重要的。可以说，任何一个根本性的哲学问题都不能离开对人的问题的正确解决。对世界本质的理解，对认识本质和认识标准的把握，对历史规律和意义的诠释，对价值和科学关系的处理，都无法避开一个“人”字。世界是人的世界，人如果被设定为宇宙之窗，是世界的诠释者，像叔本华所说的“明澈的世界之眼”，世界只是人的意志和表象，世界的本质和意义都只能通过人并由人来图解和澄明，这代表的是一种唯心主义的哲学路线。所有不同时代的唯心主义至多是这同一条路线中的不同驿站。人作为主体这一客观事实，使许多哲学家陷于主体自我困境的围城之中。

从整个西方哲学史来看，从文艺复兴时期的资产阶级抽象人道主义、费尔巴哈的唯物主义人本主义到当代西方的唯心主义的或无神论的存在主义都表明，无论是在旧唯物主义还是在唯心主义的框架中，以人为本都是错误的命题。之所以是错误的命题，并不在于这个命题本身，而在于对人的错误理解。他们或者是把人理解为脱离历史条件和社会关系的生物学个体，或者把人理解为一个“类”概念，从而把现实的人变为脱离现实世界、现实社会的“人的一般”。如果说在唯物主义者费尔巴哈那里人还为自然所制约，人是自然的一部分的话，那么，在唯心主义的人本主义那里，自然已经成为人的一部分，成为人的依存系列，因而在世界观和历史观上，人都成为不受约束的绝对自由的主体。“以人为本”变为赋予人以凌驾于自然、社会及其规律之上的至高地位。这种所谓人，实际上是恩格斯曾经批评过的以漫画形式再现的基督创世说的思辨表现。

面对人的认识的困境，有的哲学家认为，人是什么，是不可言说的。这个说法有一半是对的。如果想寻找一个作为人的人，一个所谓非异化的本来的人，一个所谓真正意义上的人，当然不可言说。这种人谁也没有见过，也从来没有存在过。如果从现实出发，我们可以看到，人都是现实的、生活在一定历史时期和特定社会中的人。在现实的人之外没有人，正如在瓜果梨桃之外没有水果一样。马克思就曾经批评过英国的经济学家边沁，说他把现代市侩特别是英国的市侩即英国的资产者说成是“标准人”，还批评他用这种尺度来评价过去、现在和将来。实际上，资产者只是资本主义社会中的人，是资本主义社会关系的人格化。当然，这并不排斥资产者是有个性的人，可这种个性并不是抽象的人的个性，而是具体的资产者的个性，即资产者中的“这一个”。人不可能是绝对的个体，因为个人生活在群体之中；人也不是抽象的类，在现实个体之外没有类。人一旦变为独立自存的个体或类，也就成了一个不可理解的怪物。马克思用一句著名的论断说明了这个问题：“人就是**人的世界**，就是社会，国家。”恩格斯在批评费尔巴哈的抽象的人的观点时明确提出：“要从费尔巴哈的抽象的人转到现实的、活生生的人，就必须把这些人作为在历史中行动的人去考察。”①

抽象人本主义倡言，人是用人的眼睛看世界，因而看到的只是人眼睛中的世界。这并不错。可问题还有另一面，而且是更重要的一面，你眼中的世界是一个真实的世界还是倒立着的被歪曲了的世界？这就是世界的客观性和真实性问题。脱离世界的真实性讲世界的价值和意义，只能倒向唯心主义。何况用眼睛看世界的人并不是抽象的人，他就处在他所观察的世

① 《马克思恩格斯选集》，2版，第4卷，241页。

界之中。他在用自己的眼睛观察世界之前，世界（特别是社会）又以自己的力量通过各种方式决定着他的观察。人是社会的人，人归根结底是世界的一部分，而不是像唯心主义者断言的世界是人的一部分。人和人的本质离开了人存在于其中的自然和社会，离开了人的历史，就是不可理解的。

马克思在批评施蒂纳时说，在他那里，"'**人**'只是**概念**、**观念**的另一个名称而已。人们的这个脱离了现实事物的观念和思想，必然不是以现实的个人，而是以哲学观念中的个人，以脱离了自己的现实而只存在于思想中的那个'**人**'，也就是人的概念为其基础。这样一来，他对哲学的信仰（指对唯心主义哲学的信仰——引者注）便达到了顶点"①。可见，以人为本命题的科学性，决定于它由之出发和作为理论支点的世界观和历史观。在科学发展观中，以人为本命题的科学性，在于它对人的理解是以辩证唯物主义和历史唯物主义为依据的。任何人如果因以人为本曾为抽象人本主义所倡导而拒绝这个命题，如同因噎废食，在理论和实践上都是错误的。

二、坚持以人为本，但要防止误读

以人为本的科学性，不仅决定于我们对人的本性的历史唯物主义理解，而且决定于正确处理人的主体地位与客观规律的关系。在科学发展观中，以人为本并不是孤立的命题，它与中国特色社会主义建设及其规律是联系在一起的。

自然界是发展的。人可以不参与也可以参与它的发展过程，不参与是自然界自身的发展过程，参与是人对自然的改造过程。社会在本质上是实践的，是由人的活动形成但不是由人的意志自由决定的过程。对社会来说，人既是剧作者又是剧中人，所以，在人的活动范围内，发展既是客观过程，又打上了主体的烙印。所谓发展观，讲的就是对发展的本质、目的、内涵和要求的总体看法和根本观点。发展观的变化往往伴随着对旧的发展过程的批判性反思和旧发展观的扬弃。由于发展观是从主体角度看待发展，是主体赋予客观发展以方式、目标和价值，因而不同社会的发展观对发展的道路、发展模式和发展战略，对客观的实际发展过程，会产生根

① 《马克思恩格斯全集》，第3卷，332页。

本性的和全局性的影响。

不能抽象地说，任何发展都是以人为本的，因为任何发展都不能离开人，都是人为了人自身的需要而参与发展。这是一种以抽象的人作为活动主体的说法。实际上，在阶级社会中，发展的目的和对发展的期望值都受到了处于主导地位的统治者的意志的影响。在前资本主义社会，统治者赋予发展的目的是巩固自己的统治，使自己永远处于统治地位，并不是为了人，并非以人为本，而是为了一部分人，即统治阶级自身。如果谁要说统治者也是人，因而还是以人为本，这就不是论辩而是诡辩。

在资本主义社会，发展是以增加财富、提高生产率战胜对手以获取最高利润为目的的。因此，在资本主义社会中，资本家是以获取利润为目的，国家是以增加 GDP 为目的。这两者相统一，就必然把发展生产力、提高生产率放在首位。马克思在《1844 年经济学哲学手稿》中曾引用李嘉图的话说："各国只是生产的工场；人是消费和生产的机器；人的生命就是资本；经济规律盲目地支配着世界。在李嘉图看来，人是微不足道的，而产品则是一切。"① 后来，马克思在《资本论》中论及资本家的生产目的时说，资本家"狂热地追求价值的增值，肆无忌惮地迫使人类去为生产而生产，从而去发展社会生产力，去创造生产的物质条件"②。在生产目的问题上，资本主义社会是为生产而生产，即为增加财富而生产。毫无疑问，资本主义社会以生产为目的，就其对社会的发展和生产力的进步来说，功不可没，但就以人为本来说，人并不在资本主义生产目的的视野之中。

西方有的学者认为人性是一切科学的基础，也是判断一个社会是否合理的基础，他们期待在人的本性、在人道主义的基础上建立一个人性化的社会。这个愿望不能说不好，但在阶级对立、贫富两极分化的社会，这只能是个美好的梦想。千百年来，不少学者做过这样的梦，但除了思想家的许诺、牧师的传道，这个以人为本的社会从来没有出现过。在以往，以人为本或者是作为人道主义的诉求，或者是作为对现实不公的抗议，或者是

---

① 《马克思恩格斯全集》，第 42 卷，72 页。
② 《马克思恩格斯全集》，第 23 卷，649 页，北京，人民出版社，1972。

作为对贫苦无告者创伤的止痛剂，但从来没有真正实现过。如果无视阶级社会中人对人的直接依赖或以物为中介的间接依赖关系，抽象谈论以人为本，的确是人道主义的“僭越”。弗朗索瓦·佩鲁说：“既然当代历史已经以制度性暴力造成的血腥暴行作为代价把那些比较拙劣的骗局（指经济增长必然带来发展——引者注）暴露在光天化日之下，为了一切人和完整人的发展就理应是政治家、经济学家和研究人员一致接受的目标。”① 这个愿望很好，但从理论上说仍然是把“一切为了人”、“为了一切人”看成是与社会制度性质无关的结论，是一个关于发展“应然”与“实然”相矛盾的抽象结论。

党的十六届三中全会明确提出坚持以人为本，树立全面、协调、可持续发展的科学发展观，它最鲜明、最充分地体现了中国共产党立党为公、执政为民的本质，体现了我们党对符合社会主义制度的本质和社会主义发展规律的要求，也体现了我们党对西方现代化的历史经验和我国社会主义建设正反两方面经验的总结。如果离开全面、协调、可持续发展，离开对涉及人与社会、人与自然各方面关系的统筹，以人为本就会变成空洞的口号。

客观规律是以人为本发展观能否实现的依据。在社会主义实践中，多方面的规律在起作用。发展经济要遵循经济规律，推动社会发展要遵循社会规律，改造自然要遵循自然规律。各种性质的规律相互作用又相互矛盾。价值规律和市场经济规律有利于经济发展，可它所产生的负面效应又可能激化社会矛盾，不利于社会稳定和社会的全面进步。而经济发展和社会进步又可能损害自然界的自我修复和平衡能力，从而激化人与自然的矛盾。这样，全面处理上述三种规律的关系，就成为我们的实践中必须考虑的问题。全面、协调、可持续发展观中关于五方面统筹的要求，就是以对社会规律、经济规律和自然规律相互关系的正确认识和处理为依据的。以人为本是整个科学发展观的灵魂。不坚持以人为本，社会主义发展由于失去它的发展的动力和价值目标，不可能认真探索社会主义发展规律。可是离开对社会主义社会实践中多种规律的作用和多种关系和谐发展的认识，

---

① ［法］佩鲁：《新发展观》，4页，北京，华夏出版社，1987。

以人为本的科学发展观就会失去依托。只有社会主义制度的建立，才可能使以人为本成为中国共产党的决策目标；只有真正对社会结构和社会主义发展达到规律性的理解，才使这种决策的可行性有科学依据。科学发展观的提出，是对单纯以 GDP 增长为目标的发展观的超越，它既坚持以人为本，又包含对社会主义建设规律的认识。

以人为本是发展的目的问题。既然在实际上而不是在口头上坚持以人为本取决于对规律的认识，那么，把社会发展的本性定义为合规律与合目的统一的提法就大有可议之处。其实发展并不都是合目的的。社会发展是自发性与自觉性相互作用、矛盾、冲突的过程。就个人行动而言是有计划的，但在相互抵消中成为总体的无计划性；以政府作为社会代表的发展决策是有计划的，但其主观追求目标与结果之间并不相符合。所以，人的行为的效果并不完全取决于人的目的，而是取决于目的在何种程度上符合客观规律。人的目的不是既定的、不变的，在实际活动中，人根据对规律的认识来不断调整、更正目的，通过原定目的失败来制定新的目的。可以说，无论是在改造自然的活动中，还是在改造社会的活动中，许多结果都是出乎人的原定目的的。人的活动具有选择性，但社会发展并不一定具有合目的性。人类在长期的历史活动中，为盲目必然性支配而使自己美好目的化为乌有或事与愿违的事是常见的。有的是近期似乎合乎目的，但长期效果却违背初衷，有的则相反。人的活动的合目的性永远存在于不断选择之中。无论是自然目的论还是历史目的论都是错误的。社会是在不断纠正人的不切实际、违背规律的目的中前进的。正因为如此，科学发展观把坚持以人为本与按照规律处理各方面的关系融为一体。

要防止对以人为本的误读，除了正确把握人与规律的关系以外，还要对人有正确的理解。在历史唯物主义的视野中，以人为本的正确性和巨大导向力量，在于具有完全不同于抽象人本主义的科学内涵与价值内涵。它并不是以人是最高的价值、是世界的诠释者，人应该成为目的而不能成为手段之类的理论为依据的。它所说的人，指的就是正在从事全面建设小康社会、开创中国特色社会主义伟大事业的建设者，是社会主义社会的全体成员。这种人，在其现实性上就是社会主义生产关系的总和。以人为本中的“人”是人民，本是“本位”。以人为本通俗地说，就是人民本位主义，或者说人民利益是我们考虑一切问题的出发点和落脚点。一切为了人民，一切依靠人民，把满足人民不断增长的多方面的需求和促进人的全面发展作为我们制定发展战略和规划、作为衡量社会发展和社会进步的尺度和最高目标。

我们强调以人为本中的人不是抽象的人，并不意味着我们允许对另外一些人可以采取“非人”的手段对待。毫无疑问，以人为本包含了社会主义人道主义原则，它继承了历史上人道主义的优秀传统。我们赞同国际社会通行的一些有关人权、人道的原则。我们国家不仅重视广大人民的人权，将人民的生命健康和基本人权放在首位，即使对待各类罪犯，不管按照法律应该如何判刑，但同样尊重他们的人格，保护他们应该享有的各种权利。但这并不表明我们信奉抽象的“人”，所有人毫无例外都在“为本”之列。因为人民享有的人权包括各种政治、经济、文化权利与对各种反社会分子、各种类型的罪犯的人性化管理、改造与教育相结合方针中所体现的人道主义原则，是不能混同的。

以人为本的人民本位主义也不同于中国传统政治文化中的民本主义。民本主义思想当然是一种限制绝对君权主义的进步的政治学说。所谓民为邦本，本固邦宁，所谓民为重，君为轻，社稷次之，都包含许多值得借鉴的思想。但民本主义的立足点并不是民而是君，是为君权的稳固和封建社会的社稷长治久安服务的。民本主义主张的对民的爱，类似牧民对自己牧群的爱。这并不是共产党人追求的目标，也不是觉悟了的人民的期待。韩愈在《原道》中说：“是故君者，出令者也；臣者，行君之令而致之民者也；民者，出粟米麻丝，作器皿，通货财，以事其上者也。君不出令，则失其所以为君；臣不行君之令而致之民，则失其所以为臣；民不出粟米麻丝，作器皿，通货财，以事其上，则诛。”这些话虽不中听，倒是实话实说，确是封建社会的现实。在中国两千多年的封建社会中，虽然也有少数所谓比较开明的“有道明君”，但民本主义从来只是少数思想家的一种社会理想。实际上，中国封建社会是君权至上主义，老百姓从来都是出粟米麻丝、作器皿、通财货以事其上的小民，从来没有也不可能成为封建社会的主人。

可见，在历史唯物主义中，以人为本是一种以根本改变了的社会、根本改变了的人与社会关系为依据的社会发展理论。它的立足点不是抽象的人性诉求，而是社会主义革命不同于以往任何革命、社会主义制度不同于以往任何社会制度在理论和实际政策上的必然表现。以人为本的人，最根本的就是广大人民。它与我们党提倡的为人民利益服务，“三个代表”重要思想中的代表广大人民根本利益，胡锦涛说的权为民所用、情为民所系、利为民所谋是完全一致的。

三、重视人的全面发展，超越纯逻辑推论

马克思主义关于人的全面发展理论，根本不同于中国传统文化中关于人人皆可为尧舜的道德人的模式，也不同于空想社会主义者所设想的人性人的模式。在马克思主义哲学中，人的全面发展问题既不是单纯的道德完善，也不是所谓人性的实现。它不是主观设定的关于人的理想的完美的模式，而是以社会发展规律为依据的关于人的发展过程的科学理论。人的全面发展不是以人为本命题的纯逻辑的思辨演绎，它们两者统一的基础在于社会主义制度自身。以人为本体现的是社会主义制度的本质；人的全面发展反映的是社会主义社会发展的水平。离开了对人类社会发展和社会主义本质的历史唯物主义分析，就不可能对人的全面发展做出正确的解释。

在人类社会的发展过程中，社会发展、社会进步与人的全面发展既相互联系又相互区别。由于社会基本矛盾的作用，社会是发展的，它不可能永远停留在原有状态。社会进步就存在于社会发展之中。社会发展总的方向是上升的前进的运动，表现为以生产方式为基础的社会形态的更替过程，人类历史上各种社会形态的更替，就表现为社会进步。但社会发展与社会进步不能简单等同。由于社会矛盾和阶级对立，社会发展的成果并不能为社会全体成员共同享用。因此，社会进步是建立在社会对抗基础上的，对一些人是进步，他们占有和享受社会发展的物质成果和文化成果，而另一些人则处于物质和精神的贫困状态。即使在生产力发展水平很高的资本主义社会，尽管社会保障、社会福利制度有很大的改善，但同样是摩天大楼与贫民窟并存，亿万富翁与大量贫困失业者并存，发达的大城市与比较落后的农村并存，高学历与大量文盲并存。在这个意义上，社会的经济发展并不意味着社会进步，相反在社会进步中还存在退步和类似循环的

现象。正如马克思和恩格斯在《神圣家族》中所说：“与‘进步’的奢望相反，经常可以发现退步和循环的情况。”①

就人的发展来说，社会进步与人的发展也是不平衡的。总的说来，人类改造自然的能力，人类的社会活动能力，人类运用科学技术的能力，与社会发展水平成正比。在以物为中介的资本主义社会中，由于不存在人对人的直接人身依赖和束缚，人的才能得到新的释放。资本主义社会科学技术的进步、生产力的迅速增长，同时带来了人自身能力的发展。即使如此，在资本主义社会人的发展仍然不可能是全面的，而是片面的、畸形的。脑力劳动和体力劳动的对立，旧的分工把人终身束缚在某一种职业上，极大地扼制了人的潜在才能的发挥，人单纯追求物质享受而陷于精神贫困，人的劳动不是创造性力量的发挥而是痛苦和自我折磨，等等，这就是马克思通过异化劳动描述的人的异化。尽管在异化的扭曲中存在着人的能力的发展，但人的异化现象与人的全面发展是对立的。

马克思在19世纪40年代曾说过，资本主义社会工业化预示着非工业化国家的未来。资本主义社会工业化进程表明，它的市场化和交往扩大化，科学技术在生产中的运用，是现代化进程中不可避免的现象。但资本主义现代化进程中的种种弊端表明，后发的工业化国家并不必然要重复资本主义现代化进程及其弊端。资本主义工业化并不是发展的唯一的道路。社会主义社会在现代化进程中，正在改变社会发展与社会进步、社会进步与人的全面发展相分离的状态。社会主义社会为实现人的全面发展提供了可能性和必要性。

人的全面发展不能简单地理解为人可以无所不能。就人的能力和技能而言，永远不可能是绝对全面的。社会分工是不可能消除的，人的能力和兴趣的差别也是不可能泯灭的。人永远是个性化的人。个体的生命有限，都只能在一定领域中活动。人的全面发展的本质，是指社会对人的潜在才能的发展、对人的个性的发挥、对人的整体素质的优化、对人的专业的变换提供最有利的条件。人不会为谋生而终生被束缚在自我摧残的旧的分工之中。所以，马克思主义关于人的全面发展的理论与社会发展理论是不可

---

① 《马克思恩格斯全集》，第3卷，106页。

分的，前者是后者的最重要内容。马克思从来没有脱离社会变革和社会发展抽象地谈论人的全面发展问题。他指出："个人的全面发展，只有到了外部世界对个人才能的实际发展所起的推动作用为个人本身所驾驭的时候，才不再是理想、职责等等，这也正是共产主义者所向往的。"① 共产主义社会是"以每个人的全面而自由的发展为基本原则的社会形式"。我们不能脱离共产主义社会形态把人的全面发展变为人性的要求。没有社会形态的变革，人的全面发展只是一个乌托邦，一个永远不能实现的千年王国。但毫无疑问的是，人的全面发展的确为共产主义社会提供了一个以人的发展水平为目标的价值尺度。这样，共产主义就是社会形态的变化与人关于自身发展的价值理想相统一的过程。人类为共产主义社会而奋斗，同时也是为自身的发展、为人类自身的完善而奋斗。

人的全面发展不是乌托邦，就是因为它不是以人为本的逻辑推论，而是社会发展规律的体现。它的最深刻的根源在于社会发展自身。如果说人类以往的全部历史客观上是为人的全面发展准备条件的话，那么我们正在进行的全面建设小康社会、开创中国特色社会主义建设伟大事业，就是处在实现这一伟大理想的历史进程的起点，我们在社会主义初级阶段所做的一切都是朝这个方向前进。正如江泽民在"七一"讲话中指出的："我们建设有中国特色社会主义的各项事业，我们进行的一切工作，既要着眼于人民现实的物质文化生活需要，同时又要着眼于促进人民素质的提高，也就是要努力促进人的全面发展。这是马克思主义关于建设社会主义新社会的本质要求。我们要在发展社会主义社会物质文明和精神文明的基础上，不断推进人的全面发展。"

从推动社会进步来说，只有坚持马克思主义关于生产力在社会发展中的最终决定作用的观点，才能把社会主义社会进步的基础放在代表先进生产力的要求上。我们反对把发展归结为 GDP 的增长，但我们知道经济发展在社会发展中具有重要的基础性作用，没有经济发展，任何关于发展的理论都会流于空谈。同样，对人的发展来说也是如此。没有生产力的高度发展，没有高度丰富的物质产品，当人们还处于贫困状态，处在为自己的

---

① 《马克思恩格斯全集》，第 3 卷，330 页。

生存而挣扎的时候，一切陈旧的腐朽的东西都会死灰复燃，根本谈不上人的全面发展。因此，我们在促进人的全面发展的过程中，应该牢牢把握以经济建设为中心这个原则。马克思说过：“人们每次都不是在他们关于人的理想所决定和所容许的范围之内，而是在现有的生产力所决定和所容许的范围之内取得自由的。”① 没有生产力的高度发展，就没有自由时间，因而也没有发展的自由空间，人的全面发展只能是永远不能实现的空想。同样重要的是，人的全面发展与社会关系的丰富是直接相联系的。人的发展的全面性不是观念中的全面性，而是现实即交往的全面性。一个被束缚在狭窄的生产关系中的人，其发展不可能是全面的。马克思说，“社会关系实际上决定着一个人能够发展到什么程度”②。当今，世界性交往的强化和我们国家实行的对外开放政策，显然对促进人的全面发展是有利的。

生产力与生产关系只是社会结构的基础，社会是经济、政治、文化的有机统一体。只有理解马克思主义哲学关于社会结构的理论，才能理解经济、政治、文化以及三大文明协调发展对于社会主义社会进步的重要性，理解经济与社会发展的关联性；只有理解马克思主义哲学关于人与自然关系的观点，才能提出人与自然协调发展和可持续发展问题，等等。我们可以清楚地看到，推动当代中国社会朝着正确方向前进的以人为本的科学发展观，就是马克思主义哲学在当代的运用和发展。

在人的全面发展中，上层建筑的作用是极为重要的。精神文明的建设与全面提高人的素质是不可分的。没有人的素质的提高，就不可能有人的全面发展。人的素质是多方面的，它包括思想道德素质、政治素质、文化素质、专业素质、身心素质等。在当前，道德教育的迫切性尤为突出。我们不能以马克思说的“共产主义者根本不进行任何道德说教”，“不向人们提出道德上的要求”为由贬低道德教育。如果这样，这完全是误读。马克思这段话是针对以施蒂纳为代表的“真正社会主义者”宣扬抽象人道主义，把共产主义运动变为“大量进行道德说教”而言的。在马克思看来，

---

① 《马克思恩格斯全集》，第3卷，507页。

② 同上书，295页。

共产主义不能依靠单纯的道德说教来实现，共产主义是改变现实，是根本消灭对立的物质根源的实际运动。①

在社会主义社会，政权已经掌握在人民自己手中，对全体社会成员进行思想道德教育，努力提高全民族的思想道德素质和科学文化素质，是从思想和精神生活方面促进人的全面发展的重要内容。我们社会的许多部门包括家庭都负有重要的责任，但最直接、最关键的是我们的各级教育部门，从小学到高等学校。我们要在教育发展中，改变中国长期的应试教育的传统，重视素质教育，不然的话，全面发展的总体目标是很难达到的。

当然，人的全面发展不仅是个教育问题，更重要的是个实践问题。因为人的才能的多方面的发挥和形成，不可能脱离人的实践活动而仅仅在课堂里就实现。何况，我们说的是社会成员的全面发展，而不是某一个人的全面发展，这只能通过改造社会的实践活动才能实现。马克思早在一个半世纪以前就明确指出："只有改变了环境，他们才会不再是'旧人'，因此他们一有机会就坚决地去改变这种环境。在革命活动中，在改造环境的同时也改变着自己。"② 根据马克思的这个论断，我们就应该在当前的社会主义建设中，把推进人的全面发展同推进经济、文化的发展和改善人民的物质生活的实际活动结合在一起，并形成良性互动关系。人的发展越全面，社会的物质文化财富就会创造得越多，人的生活就越能得到改善；而物质文化条件越充分，就越能推进人的全面发展。这两个历史过程应相互结合、相互促进。这样，就跨越了从以人为本到人的全面发展的纯逻辑推导，真正把坚持以人为本和人的全面发展置于全面建设小康社会的实践基础上。

坚持以人为本的科学发展观，对中国特色社会主义建设的理论和实践的意义是不言而喻的。但我们要充分认识到，在多种所有制经济同时并存，共同发展，市场调节在经济运行中处于主导地位的经济模式中，国家（作为社会的代表）以人为本的原则与个体（各种性质的企业、事业单位）

---

① 参见《马克思恩格斯全集》，第3卷，275页。

② 同上书，234页。

可能以经济利益为最高导向之间会发生矛盾。要认真贯彻科学发展观，切切实实坚持以人为本和逐步推进人的全面发展，不仅我们党的各级领导要认真贯彻立党为公、执政为民，提高执政水平和能力，而且要对各种深层次矛盾和重大问题进行理论探讨。

（原载《中国人民大学学报》，2004（4））

22. 论人道主义的历史演变

在当代，人已经成为综合性的、多学科的研究对象，但各门学科的研究视角却并不一样。例如，生物学考察的是人类的发生、进化与遗传以及人的各种生理因素；心理学研究人的行为动机、人格结构、无意识现象和各种心理机制；社会学重视的是社会机制、人际关系、个人社会化和各种社会问题的研究；而政治经济学则探求人在生产、分配、交换、消费中的活动及其经济规律。而且一些原来纯属自然科学的学科也渗入到人的研究领域，形成交叉学科，如生物化学、生物物理等等。

从20世纪20年代起，哲学人类学，其中也包括各种人本主义流派逐步兴起。这种态势自有其时代的原因，但就其思想渊源来看，它们是历史上古典人道主义的蜕变和变形。人道主义、人本主义、哲学人类学，它们既相互联系又相互区别。要真正把握马克思主义关于人的学说，就必须对人道主义进行历史的考察。

一、人道主义的兴起

人道主义作为一种社会思潮是有其特定含义的，它指的是从文艺复兴时期开始的，与研究古希腊哲学、伦理学、文学艺术文献相联系的一种反对专制、反对教会的世俗思潮。但学者们也有在广义上使用这个术语的，即把任何有关维护个人尊严、价值、自由以及人与人之间的人道关系的思想均称为人道主义。在这种意义上，人道主义思想的萌芽当然早于文艺复兴时代。

在人类历史上，人道主义思想确有其巨大的魅力和吸引力。它对哲学、政治、文学、艺术、道德各个领域都产生过影响，并且还在继续发生影响。但人道主义并不是与人俱来的、超越历史、超越时代的思潮，它的最深刻的根源并不是人性，而是一定时代的经济和文化的积淀。

人要真正有所谓类的意识，即不仅认识到自我，而且认识到其他人同自己一样是人，需要文化和思维能力的一定发展。远古时代，当人类刚刚从自然界的母体脱胎而来、穴居杂处、食人成风时，是不可能有什么本能的人道主义感情的，也不可能以人的态度去对待人。在相当长的一段时间里，人还是与自然合而为一，没有把自我同自然区分开来。这种野蛮人之间的关系近乎动物之间的关系，为争取生存而相互残杀是经常发生的。人把自己同自然区分开来以后，随着抽象思维能力的发展，它最原初的探索对象是自然而不是自我。自然哲学是哲学思维过程的起点。

当然，在古代，例如在希腊罗马某些文学家和哲学家们的著作中，我们可以见到对人的赞美和歌颂。古希腊著名悲剧作家索福克勒斯在《安提戈尼》一剧中赞美人，说世界的奇物珍宝可真不算少，像人这样微妙的却很难找。古罗马的著名雄辩家西塞罗也说过，在人看来，人是最美的。智者学派普罗泰戈拉有句名言："人是万物的尺度，是存在者存在的尺度，也是不存在者不存在的尺度。"① 这被看成是开创了由自然哲学转向人自身研究的开端。

其实，从严格意义上来说，人道主义此时最多还是属于萌芽状态，因为人道主义原则同人的概念的普遍性是不可分的。在古代奴隶制社会，没有任何一个社会阶级、社会集团或其代表者，把自己的利益说成是全体成员的共同利益，也从不试图赋予"人"以抽象的普遍性——贵族与平民、自由民与奴隶的界限是非常清楚的。他们把奴隶、外邦人、异教徒、甚至把妇女都排斥在人的概念之外，他们心目中的人是贵族和自由民。因此对人的赞美，实际上是对自由民的赞美，而不是对包括奴隶与妇女在内的一般"人"的歌颂。在古代，由法律和制度规定的统治者的特权，使适用于一切人、一切阶级和等级的普遍的人道主义原则不可能产生。恩格斯说

① 《西方哲学原著选读》上卷，54 页。

过，在最古老的自发形成的公社中，最多只谈得上公社成员之间的平等权利。妇女、奴隶和外地人自然不在此列。“在希腊人和罗马人那里，人们的不平等的作用比任何平等要大得多。如果认为希腊人和野蛮人、自由民和奴隶、公民和被保护民、罗马的公民和罗马的臣民（该词是在广义上使用的），都可以要求平等的政治地位，那么这在古代人看来必定是发了疯。”①

人道主义作为一种社会思潮，它的勃发和兴起同文艺复兴时期经济和政治的变化是紧密联系的。

罗马帝国灭亡后，西欧跨入了漫长的封建社会。在长达千年的中世纪，教会处于统治地位，一切知识都是神学的婢女，任何触犯神学教义的知识，即使是数学定理也必须修改。神学竭力宣扬蔑视人、轻视人、压抑人的禁欲主义，宣扬原罪，把人的一切情欲都视为罪恶，否定人生的意义和价值。

可是历史的车轮并不会停止。14 世纪至 16 世纪是西欧社会急剧转变时期，在封建的母胎中，新的经济关系和新的市民阶级开始孕育。人道主义思潮，开始发生在意大利，特别是它的重要城市佛罗伦萨、热那亚、米兰；15 世纪后半期，由意大利扩展到法国、西班牙、德国、尼德兰和英国；到 16 世纪迅速遍及西欧诸国，成为与封建专制制度和神学教条相对立的社会思潮。

正是在强大的新的经济力量和政治力量的推动下，涌现出了一批人文主义者。他们把目光转向被人们遗忘了的古希腊罗马文化。他们搜集古代作品的手稿、抄本，残破的艺术雕塑和绘画，被埋在古罗马废墟下的文物。他们从古代希腊罗马的遗物中发现了一个世界，一个不同于中世纪教会统治的世界——人的世界。其实，这个世界正是他们自己憧憬的世界，是以古代文物碎片镶嵌和塑造的现实要求的投影。

最早的人文主义者是一批杰出的人物、思想巨人。他们才华横溢、学识渊博、热情奔放。被誉为文艺复兴时期三杰的但丁、彼特拉克、薄伽丘，举世闻名的伟大作家塞万提斯、莎士比亚，雄踞艺术殿堂的杰出艺术

① 《马克思恩格斯选集》，2 版，第 3 卷，444～445 页。

家达·芬奇、拉斐尔、米开朗基罗，以及卓越的天才科学家哥白尼、布鲁诺、伽利略等等，都堪称人类文化史上光耀夺目的瑰宝。他们不仅在各自的领域作出了杰出的贡献，更重要的他们是人道主义的最初形态——人文主义的创造者。

同中世纪人的普遍“沉沦”相反，人文主义是以人的“觉醒”为特征的。它的主题是人，是人的“复活”。

首先，人被看成是一切学术环绕旋转的轴心。如果说，在中世纪神是一切知识轴心的话，那么在人文主义者看来则应该倒过来，这个轴心应该是人而不是神。但丁的《神曲》、彼特拉克的《我的秘密》、薄伽丘的《十日谈》、伊拉斯谟的《愚人颂》、拉伯雷的《巨人传》，都把批判的矛头指向天主教，用各种方式嘲笑、讽刺宗教的伪善、腐败和黑暗。人文主义者在思维领域，把人从被奴役、被剥夺了一切权利的地位上升为哲学、文学、绘画、雕塑等等的中心。在当时，无论是小说、戏剧、诗歌还是绘画，人都被显著地突出出来了。他们把对神的歌颂改变为对人的歌颂，赞美人的高贵与伟大。但丁是吹响文艺复兴号角的伟大诗人，他把人放在天使之上，认为人的高贵，就其许许多多的成果而言，超过了天使的高贵。彼特拉克也傲视上帝，凛然宣称，我自己是凡人，我只要求凡人的幸福。莎士比亚对人的赞美更是充满了诗意和激情：“人类是多么了不起的一件杰作！理想是多么高贵！力量是多么无穷！仪表和举止是多么端正，多么出色！宇宙的精粹！万物的灵长！”这最后十个字，写尽了人的高贵、伟大和自傲。绘画的主题和风格也发生了转折。不仅达·芬奇的不朽杰作《蒙娜丽莎》公开以少妇为题材，直接、鲜明地歌颂人的青春之美，即使是仍然以传统宗教故事为题材的绘画，也渗入了“人”的内容，充盈着人间的情趣。拉斐尔的名作《西斯廷圣母》中的圣母像，表现的与其说是神、是凌驾于人之上的圣母，不如说是人间的母爱，它凝集了人间的女性美和母爱的神圣慈祥。从神到人——这是从人文主义兴起开始的划时代转折。

同贬低人、蔑视人和宣扬门第、血统、特权的封建观念相对立，人文主义者弘扬人的价值和尊严。意大利的学者波基奥·布拉尚里尼在《论高贵》的文章中反对等级制度，强调人的高贵不在于出身，而在于自己的功绩。彼特拉克也说，真正的贵族并非天生，而是自为的。蒙田竭力反对以门第、血统为标准，倡导人的价值在于人自身。他的议论妙趣横生、鞭辟入里。他说，马的价值在于马自身，在于它的力量和速度，而不在于它的装配；剑的价值在于剑自身，而不在于剑鞘；人也是如此，人的价值在于人自身，而不在于他有一大队扈从、一座美丽的宫殿。我们之所以把一个人看得比另一个人高，是因为我们把木屐也计算在内，但台座并非雕像。实际上，国王和平民、贵族和奴隶、富人和穷人的差别只在穿着上，它们都是人。意大利的人文主义者米兰多拉甚至在 1486 年就号召在罗马城召开一次关于人的尊严的大会，公开向封建等级制度和特权制度挑战。

人文主义者还提倡人的自由意志和个性发展，反对教会和特权制度对人的个性的压抑和束缚。意大利的人文主义者瓦拉在《自由意志谈》中认为，上帝虽能预见到人做的某些事件的行为，可是人的行为不是在强制下干的。他明确提出每个人都有自己的思想自由，唯有独立的个性自由，才能创造出人间的奇迹，造福于人。伟大的法国人文主义者拉伯雷在其名著《巨人传》的题词中，把“服从您的意欲而行”作为最重要的要求。他在书中提议建立的德善美修道院，实际上是幻想中的意志自由的王国。只有在这个环境中，人的自由意识才能最充分发挥，才能培养出在学术义理、处世治身之道上修养成熟、彻底精通的全知全能的人。

宗教宣传禁欲主义，它用来世的幸福、幻想中的天堂剥夺了人生乐趣和对现实幸福的追求。而人文主义者则用尘世的享乐和幸福与其相对抗。瓦拉在《论作为真正幸福的享乐》一书中，强烈反对把享乐看成不道德的禁欲观点，认为不道德的享乐是不存在的，大力提倡享乐的世俗生活，维护人们追求生活乐趣的权利。托马斯·莫尔在《乌托邦》一书中，认为享受尘世生活的幸福是符合理性、符合自然的意向的。他认为，一个人如果屈服于禁欲主义的戒律，限制饮食以消耗自己的身体，损害健康，就是完全丧失理智、对自己极端残忍、对自然十分忘恩负义的行为。

人文主义是人道主义发展的早期形态，它恢复了被宗教扼杀、被宗教压抑和遗忘的人的地位，把哲学、文学、艺术、政治学、伦理学，甚至自然科学从神学的桎梏中逐步解放出来。这是一次政治运动，也是人类思想的一次解放运动。

但是，以对人的本性、对自由与个性、对人的价值与尊严的追求为目标的人道主义，并不是建立在人的自我认识的基础上，并不是人对自己本性的新发现，而是通过人的形象的塑造和理想人性的追求，表达了进步人类和新的市民阶级对专制制度和宗教统治的抗议。商品生产的发展、科学技术的进步，需要一种不同于封建社会、摆脱了人身依附关系的自由的人。人的价值取决于自己的努力和创造，而不是取决于血统和门第，这种价值观本身就具有极强的现实针对性。人道主义原则不是纯粹的源于思辨头脑的哲学原则，而是适应经济和政治关系的需要而产生的。马克思曾讲过一段很有见解的话，他说："为什么市民社会的成员称做'人'，只是称做'人'，为什么他的权利称为**人权**呢？这个事实应该用什么来解释呢？只有用政治国家和市民社会的关系，政治解放的本质来解释。"①

二、从法国启蒙学派到德国古典哲学

正因为人文主义是作为处于壮大过程中市民阶级的要求的反映，它必然会随着市民阶级的壮大而发展。它不可能把自己的要求仅局限于个性和尊严，局限于论证对尘世幸福追求的合理性，而必然会进一步触及社会生活最核心的问题——人的政治地位和权利问题，即由反宗教、反神学的斗争转变到为政权而斗争。在 17、18 世纪资产阶级革命时期，法国启蒙运动和百科全书派学者们的思想，就是人文主义的进一步发展。

启蒙运动是继文艺复兴之后，法国大革命的直接思想准备。它比人文主义更为激进、更为彻底、更为坚定，它把人道主义原则从哲学变成一种政治主张，突出地主张天赋人权的思想。伏尔泰在《哲学辞典》中阐述了他的看法：难道农民的儿子生下来颈上就带着轭，而贵族的儿子生下来腿上就带着马刺吗？伏尔泰认为不可能如此。在他看来，一切具有各种天然能力的人，显然都是平等的。当他们发挥各种动物机能的时候，以及运用他们理智的时候，他们是平等的。无论是中国皇帝，还是印度和土耳其的最高统治者都不能对最下等的人说，我禁止你消化。

作为杰出的启蒙主义者，卢梭是"天赋人权"最热忱的倡导者。"天

① 《马克思恩格斯全集》，第 1 卷，437 页。

赋人权”是他的政治思想的核心，而“天赋人权”理论又是同他的人道主义思想紧密结合在一起的。

卢梭提倡爱一切人，甚至爱那些轻视人民的人。人，是绝对不能说人类的坏话的。卢梭尖锐地抨击封建专制制度使人类受屈辱，使“人”这个字丧失了尊严。在卢梭看来，人本来是自由的、自主的，可是在当时的社会里，人不仅受整个自然界支配，特别是受同类的支配。人生而自由，但却无处而不在枷锁之中，这是由于平等的丧失。要实现个人自由，离不开平等；没有平等，自由便不能存在。人在自然状态下是平等的，因而是自由的，这是自然赋予人的权利，是符合人的本性的；通过欺骗和契约出现的私有财产，使人由平等变为不平等，从而也丧失了自由。

卢梭以“天赋人权”为依据，进一步提出了主权在民的思想，从而在西方政治思想史上第一次完整地阐述了人民主权学说。卢梭强调主权属于人民，它是绝对的、不可转让、不可分割的，但权力可以转让。人民把权力委托给政府，政府是主权者的执行人，是人民的公仆。因此，政府的权力来自人民，应该服从人民，应受人民的监督。尽管卢梭的主权在民的思想非常进步，但它建立在“天赋人权”的基础上，就如同建立在沙滩上一样，最终只能是空中楼阁。

18 世纪法国唯物主义的理论是启蒙思想的继续。如果说，法国启蒙学派的人道主义表现为政治观点，那么 18 世纪法国思想家们则更具有无神论的、哲学的色彩。狄德罗、霍尔巴赫、爱尔维修等人，是较彻底的无神论者。他们摈弃了自然神论，公开反对宗教，特别是他们把情欲、享乐、幸福看成人的本性，并以此为依据声称对合理制度的追求符合人的本性；他们主张人性是善的，人的变坏是由环境和制度造成的，因此必须使环境成为符合人性的环境，使人在其中真正能认识到领悟到符合人性的东西。他们正是从这种人性理论出发，来阐发其人道主义理想的。

在人道主义的历史发展中，由人文主义到法国唯物主义越来越完备，但也陷入了一个困境：它们一方面要求提高人在社会中的地位，系统地发挥了以自然权利为依据的关于自由、平等、博爱的学说；另一方面，它们机械论的哲学观点又否定了人的主体地位，贬低人，甚至把人看成是机器。

从康德开始的德国古典哲学，以其特有的思辨唯心主义哲学纠正了机械唯物主义的缺陷。它通过强调人的主体地位，强调理性和自我意识，倡导人是目的，发挥了人道主义的原则。

从人文主义到法国唯物主义，对人的本性的看法都着重强调自然本性，从而只强调人的感情、欲望、需求，从情欲论走向机械论。与此相反，德国古典唯心主义哲学把人看成是精神存在物，因而强调人的本性是理性与自由。例如，康德认为，仅仅具有血肉之躯，只是具有多种情欲的自然人，并不是真正的人，只有具有理性才是人，所以人的本质不是他的躯体，而是理性。他反对法国唯物主义把追求幸福、快乐和享受看作普遍人性的观点，反对把情欲作为道德的标准和基础，认为人的情欲是人的动物性。正因为康德把理性视为人的本质，因而认为人自身拥有人的行为必须服从的"绝对命令"，强调道德自律，即人不需要也不接受外来因素的控制，人是自己行为的立法者，他之所以服从绝对命令，并不是被迫的，而是服从自己。人作为理性存在物是自由的，意志自由就是这种自由的直接表现。

如果说，人们从康德的道德哲学还能看到人的影子，那么在黑格尔的哲学中，人则完全沉没在绝对观念中：主宰一切的是理念，而人则是绝对观念完成自己目的的工具。实际上，黑格尔以自己特有的方式表现了人的主体地位。黑格尔关于实体即主体的理论，关于绝对观念的自我异化和扬弃异化的理论，无非是被抽象化、理性化了的人的作用的投影。

在德国古典哲学中，真正恢复人在哲学中的地位的是费尔巴哈。费尔巴哈既恢复了唯物主义的王位，又重振了人道主义的传统。费尔巴哈人本主义是唯物主义的，费尔巴哈唯物主义是人本主义的。人本主义和唯物主义这二者在费尔巴哈哲学中是一致的。可是费尔巴哈作为德国古典哲学的最后一位代表，同时也标志着以唯物主义和理性主义为特征的古典人道主义的终结。

三、费尔巴哈哲学的理论特色

在 19 世纪 30 年代的德国，费尔巴哈异军突起。在群星璀璨的德国哲学星空，费尔巴哈的光芒耀眼夺目。他是德国古典哲学最后一位杰出代表，也是古典人道主义发展史处于转折期的界碑。从费尔巴哈以后，唯物主义的、理性主义的人道主义逐步转变为唯心主义的、非理性主义的人本主义。可是，以马克思和恩格斯为代表的学派走的则是另一条路，他们通过对包括费尔巴哈在内的古典人道主义传统的批判和吸收，创立了包括社会主义人道主义在内的马克思主义学说。

1839年是费尔巴哈思想发展的转折点。这一年，他撰写了《黑格尔哲学批判》，公开与黑格尔唯心主义哲学决裂，转到唯物主义的立场。在黑格尔思辨唯心主义一度处于统治地位的德国，费尔巴哈举起的反叛旗帜具有方向性意义。两年以后，他撰写了震动德国思想界的重要著作《基督教的本质》。不久以后，他又写了《关于哲学改造的临时纲要》和《未来哲学原理》。在这一系列著作中，费尔巴哈通过批判宗教、批判黑格尔思辨唯心主义，阐述了他的唯物主义学说，但是费尔巴哈坚持的不是一般的唯物主义，不是传统唯物主义的重复，而是独具特色的人本主义和自然主义相结合的唯物主义。正如费尔巴哈自己说的那样，“我的‘方法’是什么呢？是借助人，把一切超自然的东西归结为自然，又借助自然，把一切超人的东西归结为人”①。他还说，“我的学说或观点可以用两个词来概括，这就是自然界和人”②。

费尔巴哈的哲学是人本主义哲学。这不仅在于他的著作中有不少地方专门论述了人和人的本质问题，更重要的是以人为本的哲学原则，贯穿于他对宗教的批判，贯穿于他的自然观、认识论和伦理学说。人本主义是费尔巴哈哲学的核心，可是，费尔巴哈的人本主义与自然主义是相结合的。整个费尔巴哈关于人、关于人的本质的思想以及他的整个世界观都贯穿了自然主义原则。

在费尔巴哈看来，首先必须有自然，然后才有与自然不同的东西即人，他把自然摆在面前，作为自己意欲和思想的对象。人是自然界的一部分，自然是人存在和产生的根据。自然不仅建立了平凡的肠胃工场，也建立了头脑的殿堂。正是自然给予我们长满乳头的舌头、能欣赏声音和谐的

---

① 《费尔巴哈哲学著作选集》上卷，249页。

② 《费尔巴哈哲学著作选集》下卷，523页，北京，商务印书馆，1984。

耳朵和观赏天体的眼睛。人的一切都没有超乎自然之上。人的理性、意识是作为自然存在物的大脑的属性。人的肉体和灵魂、生理过程和心理过程有同一个源泉，这个源泉就是自然。正如费尔巴哈说的那样："从我的观点看来，那个做人的前提，为人的原因或根据，为人的产生和生存所依赖的东西，不是也不叫做神（这是一个神秘的、含糊的、多义的词），而是并且叫做自然界。"①

所以，离开了自然主义就不可能坚持人本主义。因为只要正确运用人本主义原理，就必须承认自然界是存在于人之外并产生人的唯一的真正实体。费尔巴哈强调，不仅要承认人之外的自然，还应该承认人自身的自然。人的身体、他的血肉之躯是存在与思维统一的基础。如果从人那里去掉人自身的自然，就是抽掉人的精神与意识赖以存在的基础。没有自然主义的人本主义，等于没有躯体的灵魂，是飘游太空虚无缥缈的幽灵。

反过来说，费尔巴哈的自然主义的核心又是人本主义的，而不是离开了人的纯自然主义。费尔巴哈的自然主义原则虽然推崇自然，可是在自然中处于最中心地位的是人，是人这个自然存在物。人就是人的自然，是自然的最高产物。费尔巴哈明确宣称："那个自然界在其中化成有人格、有意识、有理性的实体的东西，在我的学说中则是并且叫做人。"② 在费尔巴哈看来，自然界这个非发生的、永恒的实体处于优先地位，它在时间上先于人而存在。可这是从发生学的观点来看；如果从重要性来说，尽管人是从自然中产生的，但就其在宇宙中的地位而言"则是第一位的"。

人是对象性存在物，他不可能离开自然。没有了对象，人就成了无。可是在费尔巴哈看来，人由对象而意识到自己，人对于对象的意识就是人的自我意识。因此，对象是人的本质的公开的显示。即使是离人最远的对象，只要是人的对象，就因此而成为人的本质的显示。他说："月亮、太阳、星星也向人呼喊认识你自己。人看着它们，并且像看着它们那样地看着它们；这就已经是它们是他自己的本质的一个证据。"③

---

① 《费尔巴哈哲学著作选集》下卷，523页。

② 同上书，523页。

③ 同上书，30页。

由此可见，费尔巴哈的自然不是没有人的自然，而是产生人并显示人的本质的自然。离开了人本主义，就不是费尔巴哈的自然主义。

在德国古典哲学中，人本主义和自然主义相结合的费尔巴哈哲学重新把人和自然提到首要地位。

推崇自然，这是从古希腊开始的唯物主义传统。古希腊罗马的唯物主义者把哲学看成是关于存在的学说，实际上也就是关于自然的哲学学说。可是在中世纪的经院哲学中，自然却被降低为创造物，在自然之上还有一个凌驾于它的创造主。英、法的唯物主义者重新恢复了自然界的至高地位，强调要按照世界的本来面目去认识世界。在从康德到黑格尔的德国古典哲学中，自然界又一次遭到另一种形式的蔑视。在康德哲学中，自然变成了不可认识的自在之物，被放逐到现象的彼岸；自然规律丧失了它的客观性质，变成了人为自然立法。在黑格尔哲学中，自然界由自在之物变为绝对观念的外化，成为绝对观念自我发展的一个环节。客观的现实的自然界成为假象，而在其中起决定作用的深层因素则是理念。费尔巴哈的自然主义从德国唯心主义哲学中拯救了自然、解放了自然，他反对思辨唯心主义，强调自然界的客观实在性和优先地位。自然界只有通过它自身才能被认识。自然界的必然性和规律性属于自然界自身，而不是逻辑的必然性或数学的必然性，观察自然，这是费尔巴哈对哲学和实证科学的要求。尽管过分推崇自然是费尔巴哈的一个缺点，但相对于黑格尔把自然界贬黜在脚注中，不能不说是一个贡献。

崇拜人是人道主义的传统主题，从 14 世纪开始逐步兴起的人文主义到法国启蒙学派一直都是如此。从康德到黑格尔的德国古典哲学，尽管它们在道德领域中继承了人道主义的传统，可在哲学领域中，人却同样遭到某种轻视。在康德哲学中，他的不可知主义学说限制了理性，为信仰留下地盘，实际上是在认识论领域中贬低了人和人的理性力量。在黑格尔哲学中，人变成了自我意识，同自然界一样，变成绝对观念自我实现的环节，即使是像拿破仑这样的人物也不过是骑在马背上的绝对精神。人由主体沦为理念的工具。可以说，在德国古典哲学中，从康德、费希特、谢林到黑格尔，人已经变成了自我和自我意识，淹没在精神之中。费尔巴哈人本主义的功绩，是重新发现了“以自然为基础的现实的人”。他实际突破了德国古典哲学的思辨唯心主义传统，把脱离了人的躯体的灵魂，把游荡于太空无所依托的精神，再一次纳入人的肉体之中，并把人和人的本质视为哲学的最高原则。

而且特别重要的是，在费尔巴哈哲学中的一些重要范畴和观点，对于后来的人本主义哲学，其中包括马克思的早期思想，都发生过重要影响。

“类”这一范畴在费尔巴哈哲学中占有非常特殊的地位。它不仅是费尔巴哈批判宗教，阐述自己无神论观点的思想支撑点，也是整个费尔巴哈人本主义哲学的核心。

类与个体是对应的。在费尔巴哈看来，人就其感性存在方式来说是个体，即作为一个个感性的、独立的实体。每一个个体都是“我”，是“主体”。可人不仅是“我”，因为在我之外还有“你”。类这个范畴正是用来概括包括所有个体的整体。可以说，个体是整体中的部分；类是部分的整体，脱离类的个体或者排除个体的类都是不存在的。

施蒂纳曾经批判过费尔巴哈关于类的概念是纯粹的抽象，说费尔巴哈把类、泛称的“人”这些抽象概念说成是真正的实体。费尔巴哈争辩说，个体是绝对的，是真正的、实在的实体，但这并不能说明类是纯粹的抽象，而是意味着的确存在着我之外的你，也就是说，在我之外存在着其他个体。费尔巴哈举例说，你作为一个男人，你必然地将跟另一个我和实体——女人发生关系，因此，如果我要确认你作为个体的你，那我就不可以把自己的认识仅仅限于一个你，而是应当进一步扩大到你的妻子。要确认一个个体，就必然至少也得确认两个个体。但是，光是两个还不能算完，在二后面还有三，在妻子后面还有孩子。依此类推，人们必然要把自己的意念和思想伸展到类，也即伸展到别的个体。

正因为如此，“类是无限的，只有个体才是有限的”。比方说，我的知识、我的意志是有限的，但是，我的界限并不就是别人的界限，更不是人类的界限；我感到困难的事，别人可能是轻而易举的。对某一个时代来说不可能的事、不可思议的事，对另一个时代来说却是可以思议的和可能的事。我的生活被束缚于一个有限的时代，人类的生活则不然。费尔巴哈说：“人类之历史，正不外在于继续不断地克服在某一个特定时代里被认为是人类之界限，从而被认为是绝对而不可逾越的界限的那些界限。但是，未来总是表明，所谓类之界限，其实只是个体们的界限而已。”① 由此可见，类是全体，是人的族类。

当然，就某种意义来说，类也可以说是个抽象，因为人类生生息息绵延不断，我们的先辈对于以前的世世代代而言曾经是实在的感性的实体，但对我们来说却只是被思想的实体而已。同样，对于那些尚未来到人间的我们的子孙后代而言，他们同样被包含在“类”的概念之中，尽管他们还是非存在。类是对包括所有人的一切个体的总体性的抽象。

可是类并不是个体的简单总和，类中的个体彼此是相异的，各有特点，而在个体中的类则是彼此相同的。可以说，类对个体是一视同仁的。所以与把类作为全体的概念相联系，费尔巴哈还在另一种含义上使用“类”，即用类来表示人的本性。他在论述了类作为族类、作为人的全体的概念之后，说：“我也用类来指谓人的本性，而且，这个意义乃是与头一个意义有着最密切的联系，因为，人的本性仅仅依靠‘我’与‘你’，男人与女人的对立性才得以存在。”②

与个体及类相联系，费尔巴哈阐发了类意识、类本质、对象化、异化等一系列重要范畴和观点。

类意识是人的特点。人与动物的区别不仅在于人有意识，而更重要的是人有类意识。动物也有某些意识的萌芽，但只有人才有类意识。人不仅能意识到“我”是人，也能意识到你是人，即我与你——所有的人——都属于一个类，即人。这种能意识到人的所有个体都属于同一个类的意识，就是类意识。

不仅人是类，任何动物、植物或其他实体都各有自己的类，或者说都有一个共性问题。因此人的类意识不仅能意识到人的类，而且能意识到其他事物的类。这种能力就是科学能力。人不仅能以自己的类为对象，也能以其他任何事物的类为对象。

正因为如此，动物只有单一的生活，而人则有双重生活，即内在生活和外在生活。外在生活是人作为个体相互交往的生活，而内在生活则是人

① 《费尔巴哈哲学著作选集》下卷，187 页。
② 同上书，428 页。

与自己的类相交往的生活。动物如果离开另一个个体就不能行使自己类的职能，而人则不同，即使独处，人也仍能进行思维。思维就是行使类的职能、是人同类的对话。人的类意识，表明人有内在生活。

人通过类意识意识到的人的本质是什么？是人的类本质。人的类本质是人之为人的规定性。人就是人，不是植物，不是动物；既不是骆驼，也不是驴子，更不是老虎。这种决定人之为人的本质是人自身，是人所固有的理性、意志和心。费尔巴哈曾经说过："理性、爱、意志力，这就是完善性，这就是最高的力，这就是作为人的绝对本质。"①

人的个体本质和类的本质并不是两种不同的本质，但又不能等同，任何一个个体，作为类的一分子当然分享有作为类的本质，但任何个体的本质，他的理智、意志力和心力却都是有限的，任何个体都不可能达到类的完善，人能够明确意识到个体的有限性和类的无限性、个体的不完善性和类的完善性。费尔巴哈以这个矛盾为依据，通过对宗教的批判，阐述了他关于对象化和异化的观点。

对象化是作为主体的人的必然要求。人是对象性的存在物，他不仅依赖对象，而且能够把自己的本质对象化，使对象成为人的对象化的本质。宗教就是个体和类的矛盾的表现，当人把自己的类本质当作与人相独立的实体、当作一个对象、当作一个与自己相脱离的本质时，就产生了神。

在自然宗教中，人把自己的本质附着于一定的自然物或自然力之上，它以自然物为基础，因此在自然宗教中，神固然是被视为与自然不同的独立实体，但它的实际内容却仍是自然力的神化。

可是在基督教中，人不是把自己的本质依附于自然力，而是把它变为独立自为的实体，所以对上帝的信仰，不是对自然力的崇拜，而是人对自己本质的崇拜和信仰。全知、全能、博爱的上帝，无非是被神化了的人自身的理性、意志和爱。

在费尔巴哈的哲学中，对象化就是异化，因为人把自己的本质对象化，同时也就是人的本质的异化，即创造一个凌驾于人之上、支配人的

① 《费尔巴哈哲学著作选集》下卷，28 页。

神。因此，费尔巴哈在批判宗教时，对象化和异化是通用的。例如在《基督教的本质》中，费尔巴哈就说："上帝的人格性，本身不外乎就是人之被异化了的、被对象化了的人格性。"① 他还说："宗教使人的本质跟人割离开来。上帝的活动、恩典，乃是人的被异化了的自我活动，乃是被对象化了的自由意志。"② 这种把对象化同时视为异化的观点，同黑格尔是一样的。但不同的是，黑格尔是从唯心主义观点来处理对象化和异化关系的，他把绝对观念视为主体，把绝对观念的对象化和复归自身，同时看成是异化和异化的扬弃。而费尔巴哈则是从人本主义角度来处理对象化和异化关系，他只在宗教的范围内把对象化视为异化。这是合理的，因为在宗教领域中，对象化和异化的确是不可分的。

个体和类的矛盾，是费尔巴哈用以观察和解决宗教和一切社会问题的理论依据和途径。

宗教产生于个体和类的矛盾，产生于人把自己的类本质同人相异化，因此消灭宗教的途径，是使人认识到这一点，把异化了的本质复归于人，恢复个体和类的统一。

一切社会弊端都是源于个体和类的矛盾。在费尔巴哈看来，最理想的社会是个体与类相统一的社会；最理想的人是个体与类相统一的人，即真正占有自己本质的人。一切社会的丑恶现象，不是因为人的本质不好，而恰好是因为人的本质与人相异化。因此解决社会问题的途径，是通过爱的手段来恢复个体和类的统一，使人重新占有被异化了的本质。

在个体和类的矛盾中，费尔巴哈把类提升为个体的绝对尺度。类是目的，个体是手段，类的目的要通过个体来实现自己。因此，合乎道德的行为、善的行为是把类的意志变为个体的意志。与类相对立，把个体当成目的、把类作为实现目的的手段则是不道德的行为，是恶。

费尔巴哈以恢复个体和类的统一为理想，力图使人重新占有自己的本质。他宣传爱的宗教、充当爱的使者的目的也正在于此。以赫斯为代表的"真正社会主义者"的理论与实践证明，以人本主义为依据、在个

---

① 《费尔巴哈哲学著作选集》下卷，267 页。
② 同上书，281 页。

体和类的矛盾的范围内来寻求社会矛盾的解决，无非是一个温情脉脉的乌托邦。

可是，费尔巴哈的理论并不是不结果的花。在黑格尔哲学解体的过程中，通过费尔巴哈，终于出现了马克思。

（原载薛克诚等主编：《人的哲学》，北京，中国人民大学出版社，1992）

23. 论现代西方哲学的人本主义趋向

费尔巴哈之后，西方哲学朝着两个方向发展：一个是由马克思和恩格斯创立的马克思主义哲学。马克思主义者虽然也肯定人道主义的历史进步性，但对人道主义的世界观历史观持批评态度，他们把人道主义原则仅限于道德范围。另一个是西方非马克思主义方向。这是一个包括各种学派的、非统一的社会思潮，其中占主导倾向的是人本主义思潮。但这种人本主义不同于历史上古典的人道主义。它既继承了古典人道主义的主题和某些重要思想，又具有自己时代的特色。

近代西方人本主义思潮的开创者，首推叔本华。他出生于但泽一个银行家家庭，先是在德国哥廷根大学学医，后改学哲学，曾致力于柏拉图、康德、印度哲学、佛学的研究。

叔本华是一个唯意志论者。他反对古典人道主义把理性看成人的本质，认为人的本质是意志。知识按其起源和内容来说都是服从意志的。真正能达到事物本质的认识，不是凭借理性，而是直觉。叔本华用这种观点考察世界，把世界的本质归结为生存意志，认为意志是作为世界的基础和本源。世界上形形色色的事物，都是人的意志的表现和客观化，因而是主体自己的“表现”。

叔本华用这种唯意志论的宇宙观来考察人生，完全是一种悲观主义的人本主义。在他看来，人生是一场痛苦的悲剧，因为人有欲望、有意志、有追求。无尽的追求，意味着人有永远得不到的东西，因而必然陷于痛苦。人永远在欲望与痛苦中熬煎，整个人生无非是一场梦。人的过去、现在和将来，无非是意志的体现。意志是永存的，而人生是短促的。

唯意志论的另一个代表是尼采。他继承了叔本华的唯意志论的观点，但不同的是，他强调的是权力意志而非生存意志。在尼采看来，人的意志，最根本的不只是求生存，而是渴望统治与权力，即不断地创造、表现和扩张自己。世界除了从意志到意志以外，根本没有别的因果联系，各种有机功能都可以归结到一种根本意志——权力意志。世界上的一切，无不是权力意志的客体化，无不具有追求权力意志的欲望。正是从权力意志论出发，尼采倡导弘扬自我，提倡超人哲学。超人是权力意志达到顶峰的人，不受任何道德、法规限制，可以无限制地扩张自己权力的人。这种人肩负着全部未来的重任，是人类的拯救者。

近代人本主义思潮中存在主义的先驱，一般都认为是丹麦的宗教思想家和哲学家克尔恺郭尔。他明确主张将个人存在作为哲学研究对象。在克尔恺郭尔看来，唯心主义者只承认精神的存在，唯物主义者只承认物质的存在，他们都忘记了人的存在，而真正的存在应该是个人的存在，哲学应该把个人的存在作为自己的对象和核心。研究个人的存在、研究个人存在的基本状态，通过个人主观心理体验达到与上帝的联系，获得精神上的解脱，这就是哲学的任务。

克尔恺郭尔所说的“个人存在”，并不是现实的个人，不是生活于现实社会，处于各种社会关系中的物质实体，而是一种孤独的、非理性的心理体验。这种孤独的个体，把自我之外的存在，如自然界、社会、他人都视为“无”，视为“非存在”。人与外物的关系，实际上是人与自身发生关系，与自我相关联。只有这种存在于个人心中的主观心理体验，才是人的真正存在。

继克尔恺郭尔之后，作为存在主义哲学真正创始人和重要代表人物的是海德格尔、雅斯贝斯，他们继续深化和发展了克尔恺郭尔关于存在的基本观点。海德格尔的以人为中心的“基本本体论”，强调个人是其他一切存在的根据。他批评传统的本体论从现成的、被规定了的东西出发，即从实际存在着的东西出发，而不是着眼于“在”本身。海德格尔所要探求的不是在者而是“在”。在他看来，一切存在者的根本性质应是“在”，在者之为在者是因为它是“在”，“在”在一切在者之先，而这个“在”就是个人，只有从个人存在出发，才能理解其他一切的存在；而对个人存在的理解，则必须通过它本身，而不能依赖于对其他存在的理解。这样，个人就被置于优先于一切其他存在的地位。海德格尔形象地把人比做一个窗户，人们必须透过窗户才能看到其他一切存在者的存在。因此对海德格尔来说，个人存在是第一性的，个人之外一切存在的确定性，它的评价和意义都取决于个人存在。

雅斯贝斯也是以思考存在作为自己哲学的出发点的。同海德格尔相仿，他把个人存在看成真实的存在，认为一切存在物之成为现实的存在完全由于有现实的个人存在，否则，世界将成为毫无意义的空虚。他的所谓“新人道主义”就是特别强调个人，认为只有个人才是作为人而发挥作用的社会成员。新人道主义的任务，是要使人返归本原，把被异化了的个人寻找回来，恢复其独立自主、自由选择、自由决定的本性，使其成为真正的人。

在 19 世纪中叶以后逐步兴起的人本主义思潮中，生命哲学是其中一个不应被忽视的流派。德国生命哲学最早的开创者，一般指狄尔泰、齐美尔，但真正对生命哲学的基本理论作了较系统阐述的却是法国哲学家柏格森。

柏格森宣称自己哲学的使命是揭示人的真正本质及其在世界中的地位。事实上，柏格森对人的本质的理解并没有得到大多数哲学家的赞同。柏格森强调自我，认为唯一实在的东西是那活生生的、处在发展中的自我。在自我之外的东西，即人之外的客观世界，只不过是被投入空间的无声无息的自我的阴影。自我属于世界的中心。可是自我并非真实的存在，而是一种纯粹情绪性的心理状态，是主体的心理体验变化运动本身，因而它是绝对自由的、是不可捉摸的。

生命哲学把生命现象神秘化，把“生命冲动”看作宇宙万物的本源和动力，是宇宙万物的主宰者和创造者。生命哲学把生命冲动的形式分为两类：一种是生命冲动的自然运动，它产生一切生命的形式；另一种是生命冲动的自然运动的逆转，它产生一切无生命现象。总而言之，整个宇宙的一切现象，无论是生命现象还是非生命现象，都是由生命冲动这种神秘力量派生的。

在柏格森的哲学中，生命冲动完全不服从任何规律、没有因果关系，而是任意的、盲目的、偶然发生的过程。这个过程也是意志的自动创造的过程。不是自然规律支配人的生命冲动，相反，自然规律完全是按主体的意志、欲望建立起来的。

到20世纪上半叶，人本主义思潮得到进一步扩展。源自克尔恺郭尔的存在主义思潮，自海德格尔和雅斯贝斯之后，已经发展为具有广泛影响的学派。它的主要代表人物萨特，已成为法国甚至整个西方世界有影响的大哲学家。萨特把存在主义看成是一种人道主义。他在《存在主义是一种人道主义》这本小册子中，按照存在主义观点来阐述人的自由、选择和价值，极力宣称存在主义就是人道主义。

在当代西方的人本主义思潮中，弗洛伊德主义是一个很值得注意的学派。它从精神病学的角度对人的本质问题作了具有特色的解释。

弗洛伊德是奥地利的精神病医生，他的专业不是哲学而是精神病学。可是弗洛伊德在他关于精神分析的著作中，对有关人的本质和本性、人的人格结构、人的幸福和人的价值问题发表了独特的看法。他把人的精神生活分为三个层次：无意识、潜意识、意识。无意识是人的精神活动的深层结构，其中隐藏着各种永不停息的本能冲动和永不满足的欲望；意识是人的精神生活的最高形式，它的作用是排除人的原始本能和兽性欲望。在这两者之间则是潜意识，其作用是防止无意识的本能的东西渗透到意识中。后来，弗洛伊德以此为依据，阐述了他的关于本我、自我、超我的人格结构理论。本我属于无意识，它包含所有原始的本能和欲望，其中最根本的本能是性欲，即所谓的"里比多"，它是人的整个的精神活动的基础和源泉；自我是由理智和意识组成，代表的是理性和判断、道德和良知，它既要满足"本身"的要求，又要控制"本身"活动的方向，协调"本身"与现实的矛盾；"超我"代表的是人类心理结构的文明部分，是儿童在早期生活中、在父母权威约束下建立起来的心理机能和道德限制。"超我"与"本我"处于对立地位，它压抑"本我"的冲动，指导"自我"去限制"本我"。这三者平衡的失调，就会导致人的精神疾病。弗洛伊德正是根据他的人格结构理论，把无意识，即人的性本能作为人的本性，作为人的一切行为的内驱力。弗洛伊德的学说不仅为奥地利心理学家阿德勒和瑞士心理学家荣格所发展和修正，并且广泛渗透到文化、文学、艺术、道德、哲学许多领域，形成系统的弗洛伊德主义。在弗洛伊德主义者看来，人类的风俗习惯、宗教戒律、道德规范是为限制性本能而产生的。一切科学和文学艺术都是人的性本能的升华，因此性是一切文明的最深层的基础和来源。

在人本主义思潮中，值得注意的还有新托马斯主义和人格主义。新托马斯主义试图复活以托马斯·阿奎那为代表的中世纪的经院哲学。它力图把托马斯主义与人道主义结合起来，提倡以神为中心的人道主义，或者叫做“新人道主义”、“完满的人道主义”。这种人道主义鼓吹在对神的崇拜中，使人的人格完美，提倡爱他人，要求维护人的自由和尊严，发展人的个性。而人格主义则鼓吹人自身存在一种独立的、能动的、不依存肉体的神秘人格，并用这种人格来解释人的生存、人的价值和人的发展。人格主义标榜尊重人格，尊重人的自由和人的价值。尽管它们都具有明显的宗教色彩，但在它们的思想中有不少内容都属于人本主义，故可将之看作西方哲学中人本主义思潮的一种表现。

近代西方哲学人本主义思潮，派别林立，分歧很大，但它们有着某种一致性，因而同属于人本主义思潮。近代人本主义思潮与古典人道主义有着某种联系和相似性，它们都强调以人为对象，强调人是出发点和归宿，特别是对人的存在的意义，人的价值、尊严，以及人的自由、个性表现了极大的关注和兴趣。这当然与资本主义工业迅速发展带来的社会问题，特别是人的异化和疏远化不可分，尤其是两次世界大战的惨祸，引起了人对自己命运的忧愁和沉思。

但是，近代西方哲学中的人本主义思潮，并不是历史上古典人道主义者简单的延伸。它们是在不同的历史条件下出现的，具有不同的社会内涵和使命。在一定程度上，甚至可以说它是古典人道主义原则的某种偏离和扭曲。与前者相比，近代人本主义思潮有着明显的不同于古典人道主义的特点。

在历史上，人道主义同理性主义是孪生兄弟。人道主义者都是理性主义者，他们赞美理性，崇拜理性。理性是他们手中的旗帜，是批判现实的武器和衡量现实非理性的尺度。一切都必须在理性法庭上受到审判。美国哲学家布兰夏德说过，对理性的信仰在广泛意义上说是古希腊时代以来西方文化的一个重要组成部分，是西方哲学的主要传统。

可是，从19世纪中叶开始的人本主义思潮，其特点却是非理性主义的。尽管其表现形式各异，但它们都贬低和蔑视理性，推崇非理性因素。唯意志主义的叔本华、尼采推崇的是人的意志和欲望。叔本华就认为，人的理性、人的知识只是表面现象，在其背后起支配作用的是盲目的欲望和意志，理性的目的不在于理性自身，而是满足欲望的手段；尼采也极力反对理性，他非常激烈地抨击任何肯定理性和辩证思维的哲学家，认为哲学的迷误就在于不把逻辑和理性范畴看成一种手段，用来使世界适应有用的目的，而误认为可以在其中找到真理的标准、实在的标准。其他人本主义者，如生命哲学家既反对理性，也反对感性，强调直觉，认为只有凭借直觉才能使主体自身和对象自身包含的独一无二的、难以表达的东西相吻合。生命哲学所鼓吹的神秘的生命冲动，就是一种非理性的欲望和意志。存在主义所宣扬的个人的情绪和感受，如焦虑、绝望、恐惧，等等，都是不能为理性所说明、为思维所把握的主观体验，是一种非理性的因素。弗洛伊德主义的非理性倾向也是非常明显的，它把性本能和性冲动作为原始的内驱力置于意识之上，就是明白无误的非理性主义倾向。

由理性主义转向非理性主义是近代人本主义不同于古典人道主义的特点，这已为许多哲学家所公认。卢卡奇在其出版于20世纪50年代初的《理性的毁灭》一书中，就着重考察了德国哲学由理性主义到非理性主义的转变。在这部篇幅巨大的著作中，卢卡奇对谢林、叔本华、克尔恺郭尔、狄尔泰、齐美尔、尼采、海德格尔、雅斯贝斯以及新康德主义、社会达尔文主义和法西斯主义进行了评述。他认为，从理性主义到非理性主义，属于德国历史最耻辱的一页。卢卡奇号召恢复理性、重建理性。

这种转变，从哲学发展史来看不是偶然的，而是经过长期酝酿的产物。休谟和康德就已经开始了对传统理性主义的挑战。休谟以其不可知主义和怀疑主义，否定对因果性必然性进行理性把握和逻辑论证的可能性，把因果观念看成心理习惯，从而把心理因素置于逻辑因素之上。康德则着力于揭示理性的矛盾，认为当理性企图越出现象而探求物自体时，必然会陷入二律背反。康德限制理性，为信仰留下地盘。尽管黑格尔企图挽救理性主义，但他创立的以绝对观念为基础的客观唯心主义体系，把理性由人的本质变成一种独立的、客观的理念，却更加为理性主义的危机埋下了祸根。

人的确有非理性因素，对此应该重视和加以研究。研究人而不研究人的非理性因素是片面的。古典人道主义重视理性是它的优点，但它却忽视了非理性因素。美国学者戴维·埃伦基尔德在他写的《人道主义的僭越》一书中，指责人道主义是宗教，因为它们盲目地颂扬理性，信仰理性力量，实际上我们既不能控制自己的心灵和肉体，也没有控制环境。非理性主义的一个客观作用，是把人们的注意力吸引到长期被忽视的非理性因素，如意志、生命、欲望的研究上。但我们只能用理性来对待非理性因素，而不能用非理性主义去对待理性，一句话，对待非理性因素的态度应该是理性的。

古典人道主义在历史观上是唯心主义的，但在自然观方面一般是主张唯物主义的，它们承认自然界的物质本体。英国唯物主义和法国18世纪唯物主义都是典型代表。近代人本主义思潮主张以人为本，实际上是以人的“意志”、“生命”、“人格”、“人的主观性”作为世界的本体，因而在一般自然观上也重新回到了唯心主义。

古典人道主义是反宗教的，由泛神论逐步演变为无神论。人道主义之所以会产生，同反对中世纪宗教神学是密切联系的。因此从14世纪开始的人文主义到德国的费尔巴哈，对宗教的批判越来越激烈。相反，近代西方人本主义思潮却越来越与宗教神学相融合。不仅作为基督教哲学流派的新托马斯主义、人格主义，露骨地宣扬人道主义与神道主义的结合，试图借助上帝的力量来实现人道主义，保证人的价值、自由和尊严，即使是生命哲学、唯意志主义哲学、存在主义，也由于悲观厌世、苦闷彷徨、无法自遣，而向信仰主义靠拢。

更重要的是，古典人道主义倡导科学，是理性、科学、人道的统一。它们帮助自然科学摆脱神学的桎梏，并且借助科学的力量来达到反对宗教神学的目的。许多自然科学家同时也是人道主义者，他们在反对宗教与教会的斗争中，被送上了火刑场和宗教裁判所的法庭。可是，近代人本主义思潮却是与科学主义相对立的一个派别。它们否认对自然认识的意义和科技进步的意义，把科学与人生绝对对立起来。单纯强调自然科学不能解决世界的本质和人生的真谛，只有对人进行人本主义的探讨，才能从对外在世界和自然界的探求转向人的内在世界。特别是科技革命迅速发展与资本主义制度下人的异化现象齐头并进，人的紧张、焦虑和失落感的加强，更加强化了他们反对自然科学进步的倾向。

人本主义是西方哲学的一大潮流。它的出现不是偶然的，它蕴涵的社会意义在于，人的问题、人的价值和尊严确是一个不容忽视的现实问题。只要这个尖锐问题依然存在，人本主义思潮就会以各种形式反复出现。

一、哲学人类学的兴起和分化

在西方相沿已久的人本主义哲学浪潮中，从 20 世纪 20 年代在德国开始产生的以马·舍勒为首创者的哲学人类学，令人瞩目。

就哲学倾向来说，舍勒同他的人本主义哲学前辈并没有本质区别。在舍勒看来，哲学的中心问题仍然是人，人是整个哲学的出发点和归宿。他明确宣称：什么是人的问题比其他任何哲学问题在自己心中占有更深刻、更为中心的位置。

可不同的是，尽管舍勒在本质上承袭了近代人本主义以人为核心的路线、命题和某些思想，但他却又力图赋予他首创的哲学人类学以经验科学的特性。他认为他的哲学人类学，是关于人的本质和结构的科学，是关于人同作为万物存在基础的自然界，即无机界、植物、动物之间关系的科学，是关于人的形而上学本质的起源，关于人的生物学的、心理的、精神的历史发展及其规律的科学。总之，哲学人类学囊括一切，是关于人的无所不包的学说，其中既有对人的哲学沉思，又有经验的探讨。舍勒力图通过对人的起源和人的进化、人的生命冲动与精神本质、人的形而上学的本体结构，以及人与动物、人与环境、人与世界、人与社会、人与历史、人与文化、人与宗教关系的多角度探讨，透过对人的经验研究，来把握完整的人的形象，并确定人在宇宙中的位置。

舍勒哲学人类学的体系框架虽然庞大，但其核心还是哲学。在舍勒哲学人类学的体系中，人们不难发现 19 世纪下半叶人本主义思潮中的非理性主义和唯心主义的影响。

什么是人？这是舍勒着力要解决的问题。舍勒不同意把人看成自然的人、理性的人或者看成是制造工具和使用语言的生物的观点，他提出了关于人的本质的二元结构的理论。在舍勒看来，人包括两个方面：一方面是同维持人的生命、保证人的存在相关联的特性，这是一种肉体的、自发的、本能的、粗陋的，甚至是一些兽性的东西，舍勒称之为冲动；另一方面是超自然的东西，这是一些绝对的、永恒的、崇高的东西，舍勒称之为精神。精神与冲动相互联系，而不相互冲突、彼此对立，真正表现人的本质的是精神。

舍勒反复强调精神的个体性，即精神只存在于个人之中，每个人的精神都是唯一的。精神既不同于有规律的理性和意识活动，不同于思维的逻辑活动和结构，也不同于具有共同规律的心理活动。精神及其活动存在于个人之中。个人是精神活动的中心，有个人才有精神活动，每一个人的精神都是唯一的、独特的。

精神的特性是它的创造性。精神作为人的一种活动，能冲破环境的束缚，摆脱欲望冲动的压力，它对世界具有开放性。因此精神作为个体的人的本质，意味着人的本质是无法规定的，因为它是一个不断的自我创造过程。由此舍勒提出一个看法，人究竟是什么无法回答。因为精神具有广泛性，人的本质不可规定，因而人永远是某种之间、某种边际、某种过渡。

舍勒推崇精神，认为精神具有创造性和开放性，但他又深知，纯粹的精神活动是软弱无力的。尽管舍勒把属于人的自然本性的东西视为卑劣的、粗陋的，甚至是兽性的东西，可是人如果没有生命冲动，是不会行动的。人是在生命冲动的驱使下进行活动的，生命冲动是人的自我实现和自我推动的力量。正是从这一点出发，舍勒提出了关于“完整的人”的观点。

在舍勒看来，单纯具有生命冲动或精神活动的人是不完整的。完整的人，既包括人的生命本能，即人的欲望、激情、冲动，也包括精神，即个体具有的睿智、静观的精神状态。生命与精神虽然相互冲突，但它们却又相互补充，统一于人身上。人与动物的区别在于精神。人如果仅仅有生命的冲动，仅仅有欲望与本能，那就超不出动物的水平。缺乏精神的人不是现实的个人，不能把自己从动物中划分出来。可是仅仅有精神而无生命的冲动，也不是现实的、实在的个人，而是没有躯体的幽灵。精神主要从生命冲动中汲取力量和激情，从这个角度来看，生命是精神的动力。

在舍勒的哲学人类学中，关于人的本质问题不仅关系到人，而且也是宇宙本体结构的基础。因为任何外界的存在，都应该首先归结为人的存在，都依存于人。关于人自身本质结构的理论，是打开宇宙奥秘的钥匙。

舍勒正是基于这种观点，把关于人的本质二元结构理论推广到整个宇宙，认为冲动与精神不仅是属于人的，而且是整个世界的原始存在的属性。冲动不仅为人所固有，一切动物都有冲动的本能，例如动物的觅食、交配已经是冲动的复杂形态。即使是无机界也存在着欲望与冲动。自然界中的许多突发事件，如地震、飓风、海啸、泥石流、火山爆发，都是自然界固有的欲望与冲动的外在表现。

舍勒的哲学人类学大大拓展了人本主义的内涵和领域，但它的哲学路线却是人本主义的唯心主义路线：一方面，他以人为出发点，从人到宇宙，采用外推法把人的本质结构，作为整个无机界、有机界以及人类历史的存在形态和发展动力；另一方面，他又片面强调精神，把精神说成是人的真正本质和生命的最高依据，是人与动物的分界线，并且是推动人从动物中升华出来、推动整个历史前进的决定力量，这同传统唯心主义哲学是一致的。

舍勒的哲学人类学的影响是巨大的。自舍勒以后，哲学人类学已发展成包括许多人类学分支的社会思潮。它越出了德国的范围，传播到欧洲大陆和英美诸国，对苏联东欧也有不小的影响。

舍勒的后继者们同他的观点不尽一致。哲学人类学各分支之间，有同有异，同中有异，异中有同。例如普列斯纳的心理学哲学人类学，就不同意舍勒关于人的本质二元结构理论。普列斯纳强调人是多层次的存在，人既栖息于周围的自然环境之中，又是精神文化的存在物，因此可以依据人的生物生理特性来确定人的存在，也可以从关于精神和文化的人文科学的角度来规定人的存在。但要真正探讨人的本质，则不能求诸于具体的自然科学，因为它提供的只是生物的人，而必须求诸关于精神和文化的人文科学。因为人首先应该在心理领域中获得说明，而关于精神和文化的释义，则使人们能在精神文化活动中追溯到人的心理活动，从而把握对完整的人的理解。

与舍勒着重精神不同，普列斯纳着重心理，特别是失常态心理的研究。他以心理学为基础，把人的普遍的心理特征还原为人的本质结构，并赋予人的心理以开放性质，用人的心理来解释人与社会、人与他人的关系。

作为生物哲学人类学代表的阿·格伦，也不完全同意舍勒的哲学人类学观点。格伦不同意舍勒的人的本质二元结构理论，但他是以生物学为基础、从生物学角度来理解人的本质的。格伦强调，人同其他生物相比，人的特点就是生物学上的无能。人只能依靠自己的活动能力和行为才能来弥补这个缺陷。因此他着重从生物学角度来探讨人的行为与活动。在格伦看来，人的行为与活动不是表示人的强大，相反它表示人的软弱，是人的生物学的无能的补偿。人的器官不完备、未特定化，他几乎没有进攻、防御，以及维持自身生存的自然器官。人除了自己的活动以外，一无所恃。格伦不仅从生物学角度来探讨人的活动，也用生物学来解释全部文化。社会、技术、文化、道德、世界观、艺术之所以必需，都是从人的生物学本性引申出来的，是为了弥补人的生物个体的不足和保障人的生物学生存而创造出来的。

人作为自然存在物当然有生物学的因素。如何正确分析人的生物因素和社会因素的辩证关系，是科学研究的重要课题。但是生物哲学人类学片面强调人的生物因素，由此引出人的活动和人类文化，这是偏颇的、缺乏科学根据的。生物哲学人类学的这种看法，即使在哲学人类学当中也未得到赞同。普列斯纳就曾经批评过格伦，批评他专注人的生物性，是对完整的人的观念的背弃。

同生物哲学人类学相反，文化哲学人类学强调的不是人的生物因素而是文化。它抛弃了从狭隘生物学观点考察人、从人的生物学特性中引申出文化的观点和方法，把人放在特定的社会文化背景下来考察。文化哲学人类学最核心的看法是，人既是文化的创造者又是文化的产物。文化不是人的生物学无能的补偿，而是人之所以为人的本质。

哲学人类学的分支日趋复杂。许多哲学家都热衷于对哲学人类学某一分支进行极为专门的研究，而且即使在同一分支中也不断分化。以文化哲学人类学为例，在日本学者绫部恒维主编的《文化人类学十五种理论》中，就列举了各种流派，如文化进化论、文化传播主义、功能主义人类学、文化模式论、新进化主义、生态人类学、象征论、解释人类学、认识人类学、文化符号论等等。而且，这种分化的趋势并未终止，可以肯定它还将会日趋多样化。

哲学人类学各分支之间的观点并不一致，即使是对舍勒关于人和人的本质的看法也有不少人不表赞同，但哲学人类学作为一种社会思潮，确有许多共同之处，例如都强调以人为中心，强调把握人的完整形象，特别是强调个人对世界的开放性，即人作为自我创造、自我完善的存在物，并不具备僵化的、固定不变的本质，而是通过活动来创造自己、形成自己，并借助对自己的解释来塑造自己。在这些观点中，也不乏可供借鉴的东西。在当今西方哲学思潮中，哲学人类学的影响是不能忽视的。

二、马克思主义人本主义化趋向

在西方哲学人本主义思潮的兴起和传播中，有一个现象特别引起了人们的注意，这就是马克思主义人本主义化趋向。

这种趋向的出现并不难理解。马克思主义作为无产阶级的理论，它是一种阶级的意识形态，可它同时又是一种文化。作为文化，它不可能脱离它赖以产生和活动的文化背景。在西方哲学思潮和马克思主义的相互碰撞中，马克思主义的人本主义化，是必然的、不可避免的。

在马克思主义人本主义化的历程中，有两件事不容忽视。一个是，与舍勒创建哲学人类学大体同时，卢卡奇发表《历史和阶级意识》，在创建西方马克思主义的途程中迈出了决定性的一步。卢卡奇不同于舍勒；西方马克思主义也不等同于哲学人类学。卢卡奇在《历史和阶级意识》中阐发的关于人和物化（异化）的思想，对于人及意识作用的强调，搭起了由马克思主义通向哲学人类学的第一块跳板。另一件事是，1932 年《1844 年经济学哲学手稿》（下称《手稿》）的全文发表。马克思这部手稿的发现，正好及时切合了哲学人类学的兴起。《手稿》中关于人、人的本质和异化理论，似乎为马克思主义人本主义化提供了理论和事实依据。其实并非如此。马克思主义的人本主义化趋向，是一种以某种社会思潮为文化背景的政治现象。马克思主义哲学人本主义化同马克思主义的社会主义学说的人本主义化（其中包括伦理社会主义的复苏）是紧密连在一起的。

《手稿》是马克思早期的一部重要著作，它比较集中和系统地表达了马克思对人和异化问题的看法。在整个马克思主义的著作中，类似的著作是绝无仅有的。但在我们看来，《手稿》并不是立足于抽象的人的本性的人本主义著作，而是力图把政治经济学、哲学、社会主义理论融为一体，阐述了无产阶级革命和人类解放的学说。马克思试图从经济中，从私有财产的本质及其矛盾中寻找异化劳动的根源和扬弃异化的途径，但《手稿》的哲学论证却明显地打上了人本主义烙印。

其实在《手稿》发表之前，从 19 世纪末开始，伯恩施坦就已经力图从康德主义角度来解释马克思主义，反对对社会主义的历史的经济学的论证，强调社会主义是从人的本性中产生的一种伦理要求。后来奥地利马克思主义也极力推崇新康德主义，把马克思主义的社会主义学说伦理化，实际上是从人的本性中寻求社会主义的根据。1932 年《手稿》的全文发表，只是为早已开始萌发的重新解释马克思主义的趋向提供了依据。

当《手稿》公布时，德国社会民主党人朗兹胡特和迈耶尔非常敏锐地抓住了《手稿》中的人本主义因素。他们在自己编辑出版的《历史唯物主义·卡尔·马克思早期著作集》中全文刊登了《手稿》，并专门为《手稿》写了一篇重要的、影响极大的前言，从而开创了用人本主义解释马克思主义的先河。

这两位德国社会民主党的作者，非常推崇《手稿》，把它摆在马克思和恩格斯的一切著作之上，称之为“真正的马克思主义的启示录”、“马克思的中心著作”。他们认定，《手稿》同黑格尔的《精神现象学》不同，是一本从人本主义，即从人的内部状态来理解人的历史的著作，《手稿》的问世，势必会改变人们对马克思主义的标准概念，从而对论证新马克思主义的观点具有决定性意义。

朗兹胡特和迈耶尔强调，《手稿》的核心是人的本质异化和复归的理论；马克思在《手稿》中是借助自我异化范畴来解释历史和现实，历史的真正目的不是废除私有财产，而是人的本质的实现。他们说，历史的目的不是生产资料的社会化。如果剥夺剥削者、消灭剥削而不同时达到人的实现，这一切就都是毫无意义的。他们依据《手稿》，认为人不应当是诸关系的产物，相反，人对人以及人对自身的关系只应当决定于人作为人的本性。

也是在同一年，比利时的社会民主党人德曼发表了《新发现的马克思》一文，同朗兹胡特和迈耶尔的看法相呼应。他公开宣称，《手稿》比马克思的任何著作都更清楚得多地揭示了隐藏在他的社会主义信念背后、隐藏在他一生的全部科学创作的价值判断背后的伦理的人道主义的动机。德曼明确地提出了“人道主义的马克思主义”这一概念，用以表达他依据《手稿》所重建的马克思主义。德曼认为，马克思主义早期思想属于人道主义的马克思主义，并把它同晚期的老年马克思对立起来。德曼声称自己是人道主义马克思主义的拥护者，提出要以此为标准来修正考茨基、布哈林的那种唯物主义的马克思主义。如果认为这个人道主义的马克思主义不属于马克思主义，一定会有一个人道主义的马克思主义，人们可以用它来反对唯物主义的马克思主义。

德曼之所以强调《手稿》是人道主义的马克思主义，是因为在他看来，《手稿》关于共产主义的论证是人道主义的，而不是经济学的。共产主义是由人的激情和需要而产生的，而并非历史自身的规律。社会主义作为最终目的是人对非人化的抗议，是人为了实现人的东西而进行的斗争，是一种人道主义目的。德曼还强调，人是根据天赋来评价环境的。人的这种天赋不是由环境决定的，而是属于人的本性，正是人的本性引导人去实现自己的使命。

20 世纪 30 年代由德国社会民主党人开始的马克思主义人本主义化思潮，还处于萌发时期。希特勒的上台和德国法西斯主义的崛起，以及不久之后爆发的第二次世界大战，把一切理论问题都推在了一边。战争和苦难吸引了人的全部注意力，战争中断了马克思主义人本主义化的进程。

随着战争的结束，重新唤起人们对自己命运的关注。资本主义，特别是发达资本主义经济的复苏和发展，科技的进步，更是加强了人与人的疏远化和压抑感。资本主义的文化、文明、科技似乎在窒息个人的自由和创造力。社会现实和各种矛盾，往往引导一部分具有激进思想的理论家们重新回到马克思，特别是回到马克思的早期著作。但这与 30 年代初期的情况却有所不同。如果说，30年代初期的社会民主党的一些理论家们，力图从马克思的著作中寻找对马克思主义的新的解释，那么在50年代以后，一些以资本主义制度批判者自诩的学派，则力图把自己的哲学观点同马克思主义结合起来，从而使马克思主义人本主义具有多种色彩。

存在主义的马克思主义，是第二次世界大战以后开始出现的马克思主义人本主义化中的一个颇有影响的思潮。尽管存在主义作为一种哲学思潮，早在第一次世界大战以后就已经形成了，可是存在主义与马克思主义的结合，却是第二次世界大战结束以后的事。

1947年，法国存在主义的著名代表梅洛-庞蒂在《人道主义和恐怖》中，初步表露了把存在主义和马克思主义融合的倾向。梅洛-庞蒂反对列宁和斯大林，但表示赞成马克思本人的思想，特别是马克思的早期学说，主张对存在主义思想进行改造，使它与马克思主义的学说一致；同时马克思主义又要包容和吸取存在主义的概念和范畴，以打破自己的僵化状态。事实上，梅洛-庞蒂只是朝这个方向迈出了第一步，随即便终止了自己的步伐。

真正坚持把马克思主义和存在主义结合起来、举起存在主义的马克思主义旗帜的是萨特。他在1957年发表的一组题为《存在主义与马克思主义》的文章中，特别是1960年出版的《辩证理性批判》中，对存在主义和马克思主义结合的问题进行了论证。

在萨特看来，哲学与思想体系不同，哲学是统一自己时代的一切认识，培养各种思想的土壤，是体现每个时代处于上升的阶级的东西；而思想体系则是植根于哲学土壤的。马克思主义和存在主义结合的可能性，正在于马克思主义是我们时代唯一有生命力的哲学，而存在主义则是寄生于这种哲学之上的思想体系。

萨特还认为，马克思主义和存在主义的结合不仅可能，而且必要。存在主义是一种人道主义。它以人为出发点和归宿；而马克思主义内部则存在一个人学的空场，患了人学贫血症。马克思主义如果不把人作为它的基础而重新纳入自身之中，就会变成一种非人的哲学。这两者的结合对双方来说都是不可少的。存在主义只有在马克思主义这块沃土上才能形成，而马克思主义也只有把存在主义包含于自身才不会停滞和僵化。

存在主义的马克思主义，并不是按照马克思主义原则来修改存在主义，而是用存在主义来修改马克思主义，实际上是马克思主义人本主义化的一种形态。萨特用人学辩证来代替唯物辩证法、用人学历史观代替唯物历史观，就充分体现了这种结合的本质。正如往酒里灌醋一样，完全变了味，正统的马克思主义者，从来不承认存在主义的马克思主义是马克思主义。

在马克思主义人本主义化的思潮中，法兰克福学派中的一些理论家们宣传的弗洛伊德的马克思主义则别具特色。如果说，存在主义的马克思主义是一些激进的知识分子对高度工业化下个人自由的丧失和个人苦闷、忧虑、恐惧、失落感的宣泄和愤怒，那么弗洛伊德的马克思主义则是对晚期资本主义高科技下人的异化的抨击，认为这是过度文明对人的压抑。它们借用马克思的异化概念来解释弗洛伊德的性压抑理论，又借用弗洛伊德的性压抑理论来解释马克思的异化学说，力图把马克思主义和弗洛伊德学说结合起来，寻求发达资本主义下人与社会矛盾及其解决途径的新解释。

弗洛伊德的马克思主义的倡导者们，如赖希、弗洛姆都赞扬马克思的早期思想，赞扬马克思学说的批判精神。他们并不一般地反对马克思主义关于社会存在决定社会意识、经济基础决定上层建筑的历史唯物主义理论，但却认为，由于在社会存在与社会意识、经济基础与上层建筑之间缺少中介，因而无法说明它们是如何转化以及如何相互作用的，而弗洛伊德的学说则正好可以弥补这个缺陷。为此他们提出了“性格结构”理论，认为性格结构是社会因素和心理因素相互作用的产物，是把握和理解社会存在和社会意识、经济基础和上层建筑相互作用的钥匙。通过性格结构的分析，不仅可以看到马克思关于经济基础决定上层建筑的学说，以及弗洛伊德关于人格结构和性压抑学说的正确性，而且可以看到意识形态如何被凝结和内化为性格结构从而影响和作用于经济基础和社会存在。

在弗洛伊德的马克思主义思潮中，马尔库塞是一个十分引人注目的人物。早在20世纪30年代，当《手稿》刚刚发表时，他就写了《论历史唯物主义的基础》一文，对马克思主义进行了人本主义的论证，强调《手稿》可能把关于历史唯物主义甚至整个科学社会主义理论的起源和最初含义的讨论置于新的基础之上，即置于人本主义基础上。

可是从50年代初开始，马尔库塞却开始转向弗洛伊德，企图把马克思主义和弗洛伊德主义结合起来。他的《爱欲与文明》、《单向度的人》等重要著作，都非常明显地表现了这种倾向。在《爱欲与文明》中，马尔库塞依据弗洛伊德关于人的心理结构理论，把爱欲视为人的本质，并把人的解放归结为爱欲的解放。在《单向度的人》中，马尔库塞对发达资本主义社会进行了抨击，但它的理论立足点是科学与人性的对立、文明对人性的压抑。马尔库塞的抨击是尖锐的，但其理论却是虚弱的。

正如存在主义和马克思主义无法结合一样，弗洛伊德主义和马克思主义也不可能融合在一起，因为它们在如何考察人、人的本质以及人与社会的关系问题上，其理论观点是根本对立的。

马克思主义人本主义化思潮，不断受到马克思主义者的抨击，而且自70年代以后，其势头远不如从第二次世界大战结束到60年代这段期间猛烈。但是不管马克思主义人本主义化思潮的未来走向如何，人的问题作为一个重要的理论和现实问题，却是都应该在正确的理论指导下得到深入的研究的。

（原载薛克诚等主编：《人的哲学》

24. 人本主义问题散议

一、把人的问题与人本主义混为一谈是理论的误区

人和人本主义是两个不同的问题。尊重人、关心人、爱护人不等于人本主义；反之，批评人本主义的哲学错误，也不是主张不要尊重人、关心人、爱护人。把人的问题与人本主义混为一谈，是理论的误区。应该把作为研究对象的人同作为哲学的人本主义区分开来。人并不是人本主义的专利品。

马克思主义哲学反对抽象人本主义，因为它的历史观是唯心主义的，以抽象的人和人的本质作为历史的尺度；它的政治结论是反对无产阶级革命和无产阶级专政的，鼓吹抽象的自由、平等、博爱，但马克思主义哲学并不因此而忽视对人的问题的研究。

从哲学中排除对人的问题的研究，远离人生和人类面临的现实问题，这样的哲学是缺乏生命力和吸引力的。为什么宗教会获得如此深入的传播？因为它是以神的问题出现的人的问题。它对人面临的各种矛盾，包括生老病死这种永恒现象非常关注，并从中引出一套解脱、安身立命、自我平衡的处世方法。它的确是无情世界的感情。当代一些关于人的问题的唯心主义的人本主义观点，也有类似之处。

抽象人本主义的本质并不表现为对人的关怀和尊重，而是鼓吹以人为本，准确地说是以人的永恒不变的本性为本，把人类的历史作为人性异化和复归的历史。因此，人本主义是一种哲学，而不是处理人与人关系的伦

理学说。其实，抽象人本主义并不尊重人。唯物史观从不把一切社会罪恶归于个人，而是着重社会分析。和人本主义观点相比，唯物史观更不着重个人的责任。而人本主义离开社会和社会环境考察人的行为，必然会把一切罪恶归于人的本性。

而且抽象人本主义必然会走向反人道主义。对一切人，好人和坏人、善人和恶人、杀人者和被杀者、祸害者和受害者，一律讲人道主义，岂不是助强凌弱、助纣为虐吗？这是最大的不人道。

二、唯物史观不是物本主义

抽象人本主义以尊重人来标榜自己，攻击唯物史观见物不见人，宣称它们是人本主义，而唯物史观是物本主义。这种望文生义的解释，完全离开了哲学路线的本质。

的确，辩证唯物主义和历史唯物主义都强调"唯物"。但唯物并不是重视物，不重视人，而是就对存在和思维的相互关系奉行的哲学路线说的。唯物是与唯心相对立的，而不是与唯人相对立的。这里所说的物是指物质世界；所谓唯物是指用存在来解释意识。凡是承认世界的物质性、承认思想是存在的反映，就是在本体论和认识论上坚持"唯物主义"。把本体论、认识论问题变为价值论、变为物与人哪个更重要的问题，完全是偷天换日。

其实，历史唯物主义中的物根本不是指实物、东西，而是指物质资料生产方式。所谓历史唯物主义，是指把物质资料生产方式作为整个社会存在和发展的基础，用社会存在来解释社会意识。这不是什么物本主义，而是地地道道的历史的唯物主义，因为它找到了阐明历史存在和发展的物质基础。

为什么研究社会不能用显微镜和化学试剂？原因在于，唯物史观中所说的物不是以自然物形态存在的实物，而是关系（人与自然的关系，人与人的各种关系）。这些关系当然以实物为载体，离不开实物，如资本家与工人的关系离不开机器、厂房、产品，但不能归结为物。正如商品那样，对商品的使用价值可以进行化学的、物理的、生物的检验，可商品的价值则是凭感官无法直接感知的人与人的关系。它不能离开使用价值，但又不同于使用价值。马克思说，同商品体的可感觉的粗糙的对象性正好相反，在商品体的价值对象性中连一个自然物质原子也没有。①

至于就人对自己创造的各种实物的关系来说，唯物史观当然重视人、重视人的价值。毛泽东说："世间一切事物中，人是第一个可宝贵的。"②一个以全体劳动人民利益为最高目标、以全人类解放为最终目标的马克思主义哲学，怎么能说是重物轻人的物本主义呢？可是也并不能因此就说马克思主义是人本主义，因为马克思主义用以解释世界本源的并不是抽象的人和人的本质，而是物质；用以解释社会及其发展的是以改造客观世界为对象的物质性的实践活动。当代出现的马克思主义人本主义化思潮，名义上是对人的关怀，实际上是对人的疏远。把抽象的、无所不包的一切人当作最高目标，由尘世升入天国，是对占人口绝大多数的劳动者（体力和脑力劳动者）真实利益的背叛。

由此可见，在唯物史观的科学本义范围之外来解释唯物史观，把它歪曲成重物轻人的物本主义，完全是一种捏造。马克思把这种所谓的唯物史观称为粗俗的唯物主义，而且是一种唯心主义。他说："经济学家们把人们的社会生产关系和受这些关系支配的物所获得的规定性看作物的**自然属性**，这种粗俗的唯物主义，是一种同样粗俗的唯心主义，甚至是一种拜物教，它把社会关系作为物的内在规定归之于物，从而使物神秘化。"③

三、不能简单地把唯物史观归结为关于人的学说

唯物史观的本质究竟是什么？能不能简单地把唯物史观归结为关于人的学说，或称之为马克思主义的人论？我看不行。因为这样看并没有揭示出唯物史观的本质。

唯物史观是19世纪40年代人类思维的最伟大成果，是马克思和恩格斯对人类无与伦比的卓越贡献。唯物史观的诞生标志着人类对社会认识开始摆脱神学和唯心主义的羁绊，转向科学地探讨人类自身的历史和现实的

---

① 参见《马克思恩格斯全集》，第23卷，61页。
② 《毛泽东选集》，2版，第4卷，1512页，北京，人民出版社，1991。
③ 《马克思恩格斯全集》，第46卷下，202页，北京，人民出版社，1980。

开端。它比起标志自然科学革命的哥白尼的《天体运行论》的出版晚了300年，但社会科学终以唯物史观创立为转折迈入了科学的殿堂。

西方马克思主义和西方某些学者罗列了唯物史观的一系列“缺点”，如缺乏对人的专门研究、缺乏对个人的研究、缺乏历史价值观、缺乏对历史主体的研究，唯物史观强调社会是自然历史过程具有浓厚的机械论、宿命论色彩，如此等等，罪名多得很。

所有这些指责都抛弃了一个根本的前提，即为什么要创立唯物史观？唯物史观当时究竟要解决什么问题？

在马克思恩格斯之前，无论是西方还是东方，关于人、人的本性不是已经争吵了上千年吗？关于历史的价值评价（伦理史观）不是历来如此吗？几乎全部历史观不都是在人的动机、欲望、目的这个范围中打转转吗？强调个人（英雄史观）不是长期占主导地位的历史观点吗？如果马克思恩格斯沿着这个方向走，那无非是在100种说法外再加上1种，可这101种还是一样——唯心史观。

马克思恩格斯的伟大之处正在于突破了前人划定的范围，从人进入到人的社会，把一直被哲学家历史学家们鄙视的物质资料生产、劳动、人民群众引进历史观领域，并成为历史理论的主角。这才是变革之所在。列宁曾经深刻地揭示过这个问题的实质。他说：“第一，以往的历史理论至多只是考察了人们历史活动的思想动机，而没有研究产生这些动机的原因，没有探索社会关系体系发展的客观规律性，没有把物质生产的发展程度看作这些关系的根源；第二，以往的理论从来忽视居民**群众**的活动，只有历史唯物主义才第一次使我们能以自然科学的精确性去研究群众生活的社会条件以及这些条件的变更。”① 如果不实现研究重点的转移，就不可能发现社会发展的规律，也就不可能创立唯物史观。

四、唯物史观并不否认人的历史主体地位

唯物史观并不否定人的历史主体地位，并不否认历史是人创造的。相反，马克思和恩格斯的著作一直在反复强调这一点。马克思恩格斯关于历

① 《列宁全集》，2版，第26卷，59页，北京，人民出版社，1988。

史无非是人们追求自己目的的活动，以及整个所谓世界历史不外是人通过人的劳动而诞生的历史的著名论断，充分证明他们对人作为历史创造者的地位的肯定和重视。

如果我们仅仅不断重复历史是人创造的，无非是在历史是人的历史而非神的历史这个历史科学入口处踏步不前，什么问题也没有解决。宾克莱也知道这一点。他说："由于有马克思的理论，我们便可以比较谦虚地提出，历史是一些伟大人物和小人物同他们的社会环境及自然环境相互作用的结果。但这似乎是老生常谈，而且像一切老生常谈一样并没有告诉我们什么东西。"① 尽管宾克莱歪曲了唯物史观的本质，但就不能不断重复历史是人创造的这个老生常谈而言还是有可取之处的。

不仅是老生常谈，甚至比老生常谈更坏，因为它可以由此而走向唯心主义。唯心主义并不都是否认历史是人创造的。由于人们的参与和创造，社会中的一切关系，具有了被所谓人们的普遍同意所认可的约定俗成的意义。这是18世纪流行的说明方法：人们既不能解释社会关系的谜一般的形态的起源，也不能够解释这些形态的发展，于是他们避开这些形态，说：这些形态是人类的发明，而不是从天上掉下来的。② 马克思这段话不正好说明了这一点吗？

历史是人创造的是一个反神学的命题。沿着这个命题完全可以走向两条不同的道路。"人是万物的尺度"，可以说是从唯心主义人本主义方面发挥这个命题。其实，这个论断是矛盾的。如果说，作为万物尺度的人是个人，而每个人都以我为尺度，就是否定我之外的其他人作为尺度的可能性，这实际上是把该命题变为人不是万物的尺度——除我之外；如果说，这里所说的人是一般的人，是退出自我、以人的一般存在的人，那么请问，这种人在哪里？又怎么知道他们用以肯定或否定存在的尺度是什么呢？在这里，除了重复永恒不变的本性之外，是不可能说出更多的东西的。

---

① ［美］宾克莱：《理想的冲突》，99页。

② 参见马克思：《资本论》，法文版中译本，71～72页，北京，中国社会科学出版社，1983。

唯物史观也是从这个命题出发的，但却没有停留在人自身上。人们往往错误地理解了《德意志意识形态》中关于有生命的个人是历史的前提的话，把人摆在绝对前提的地位。其实，人不仅是历史的前提，而且是结果。“人，作为人类历史的经常前提，也是人类历史的经常的产物和结果，而人只有作为自己本身的产物和结果才成为**前提**。”① 因此唯物史观不是一般地肯定历史是人创造的，而是要问人为什么不能随心所欲地创造历史、人们是在什么条件下进行创造的、为什么是这样创造而不是那样创造、为什么创造的是这样的社会关系而不是另一种社会关系。唯物史观不是停留在人和人的创造活动本身，而是探求决定人们创造活动的规律。人—活动—规律，这种认识是层层递进的。恩格斯极其深刻地分析了这个问题。他说：“探讨那些作为自觉的动机明显地或不明显地，直接地或以意识形态的形式、甚至以被神圣化的形式反映在行动着的群众及其领袖即所谓伟大人物的头脑中的动因，——这是能够引导我们去探索那些在整个历史中以及个别时期和个别国家的历史中起支配作用的规律的唯一途径。”②

西方马克思主义者中的一些人不理解唯物史观的本质。例如弗洛姆就说：“如果想避免使用‘唯物主义的’和‘经济的’这些模棱两可的字眼，可以把马克思的历史观叫做人类学的历史观；他把对历史的理解建立在人是‘自己历史的创造者和行为者’这些事实的基础之上。”③ 这就是只抓住人本主义历史观和唯物史观都承认人是历史主体这个共同点，而蓄意抹杀一个重要区别：承认人是历史的创造者、用人的本性解释历史，同承认人是历史的创造者、着重探讨人的活动和活动中的规律，是两种根本不同的历史观。

五、唯物史观和人本主义历史观在人的问题上的观点和方法是根本对立的

唯物史观和人本主义历史观都可以以人为对象，但它们的观点和方法

① 《马克思恩格斯全集》，第26卷第3册，545页。
② 《马克思恩格斯选集》，第4卷，249页。
③ 《西方学者论〈1844年经济学哲学手稿〉》，30页，上海，复旦大学出版社，1983。

是根本对立的。

人本主义者把一切社会问题变成抽象的人的问题。妇女问题是人的问题、生态环境问题是人的问题、核战争问题是人的问题……社会中的一切问题都与人息息相关，都可以称之为人的问题。可是如果这样概括的话，不仅没有向前跨进一步，反而掩盖了原来问题的本质和解决问题的途径。所谓人的问题变为当代的主题，也是把社会问题（生态问题、人口问题、能源问题等等）抽象化的结果。"人"变成了一个无所不包的大口袋。

马克思主义则与之相反，它坚持具体问题具体分析，把一切所谓人的问题都还原为实在的社会问题。因为世界上没有抽象的人，自然也就没有抽象的人的问题。黑格尔说过一句既深刻又风趣的话："人要有现实的客观存在，就必须有一个周围的世界，正如神像不能没有一座庙宇来安顿一样。"① 人并不是抽象地栖息在世界以外的存在，人就是人的世界，就是人的社会和国家。人与**人的**是不可分的。所谓人的问题，就是人所面临的社会问题。问题的性质决定涉及的阶级、集团和人群。因此任何一个被称为人的问题的问题，都有着它的实际内容和涉及的范围。例如在文艺复兴时期，所谓人的问题，实际上是作为新兴资产阶级利益的抽象表达。正因为如此，马克思主义者从来不把人权、人的价值、人的尊严问题作为一个抽象问题，而是作为一个社会问题来处理。不解决国家和民族的独立问题、不解决经济和政治制度问题，一切关于人的权利、尊严、价值都会变成一句空话。

在人本主义看来，个人和人的关系是个体和类的关系问题。人的本质是人作为类的本质；人的存在是人作为类的存在。

其实，人是以一定的生产关系结合在一起的社会存在物。它的存在方式不是类，而是社会。个体和类的关系，是一种生物性的关系，个体具有类的共同特性和本能。人则与之不同。人作为自然存在物，虽然也存在个体和类的关系，但最本质的是表现为人与社会的关系。在生物中，个体彼此具有相同的生物特性，个体与类具有直接的同一性。正像马克思说的那样，一窝蜂就是一只蜂。而由个人结合而生的社会，则会赋予个体所不曾

① ［德］黑格尔：《美学》，第1卷，312页。

具有的社会特性。社会作为一个系统，要远比任何一个单独的个人丰富和复杂得多。社会有自己的结构和自己运行的规律。这些规律不能归结为人的规律，而是社会的规律。对于生活在其中的所有每个个人而言，社会结构和运行的规律都是独立的，是不以他们之中任何一个人的意志为转移的。

正因为社会是一种关系，而不是以类的方式存在的个人总和，因此在社会关系之外，个人就不可能存在。人具有的本质特性不是类特性。虽然马克思在把人作为一个类同动物相比时曾使用过类本质这个概念，但那只是在被用来划分人与动物界限时使用的。人的本质是人的社会特性，是人作为一定社会成员在关系中获得的。人的本质并不存在于人自身。人自身并没有成为奴隶与奴隶主、资本家与工人的内在根据，这种划分是由一定生产关系赋予的。没有奴隶制生产方式就没有奴隶主与奴隶；没有资本主义生产方式就没有资本家和无产者。当蒲鲁东说从社会的角度来看并不存在奴隶和公民，两者都是人时，马克思反驳说："其实正相反，在社会之外他们才是人。成为奴隶或成为公民，这是社会的规定，是人和人或 A 和 B 的关系。A 作为人并不是奴隶。他在社会里并通过社会才成为奴隶。"① 马克思强调，人的本质在其现实性上是一切社会关系的总和，指的正是这一点。

正因为人与社会的关系不同于生物的个体与类的关系，因此进化的方式也是不同的。在生物中，个体的生物本性是不变的。当一种个体丧失了类的特性，它就演变为另一种生物。人的进化，不是表现为人的生物习性的变化，而是表现为社会进步，表现为社会结构的变化和科学技术的发展。因此，与动物不同，人不是凭借生物器官，而是凭借科学与工具来适应环境。生物器官的变化是缓慢的，功能是有限的；而生产工具的变化则是迅速的，科技发展是无限的。

生物的变化是个体的变异逐步导致类的改变，人的变化是社会变化导致个人的变化。对人而言，社会形态的变化与人的变化是一致的。没有离开社会形态的人的变化，也没有不发生人的变化的单纯社会形态的改变。

---

① 《马克思恩格斯全集》，第 46 卷上，220 页，北京，人民出版社，1979。

我们在不同形态下可以看到不同特性的人。人的全面发展的基础，并不是人自身，而是社会。只有改变社会，进行社会革命，才有可能使人得到全面发展。正如马克思说的那样："个人的全面性不是想象的或设想的全面性，而是他的现实关系和观念关系的全面性。"①

六、非理性主义是现代人本主义的特点

传统人本主义是理性主义者，而现代人本主义则走上了非理性主义的道路。在当代，非理性主义问题不仅侵入本体论、认识论，而且侵入历史观。美国的列温伯格说："我们周围和我们本身具有的强烈的情感力量和非理性的力量是如此地充满在历史中，以致不可能否认它们。"凯门也说，当代历史思想引人注目的趋势之一就是"越来越多地承认历史和人的行为中非理性因素的意义"。

非理性因素的作用是一个值得重视的问题。历史是人创造的，人既有理性又有非理性因素，它显然会影响人的行为。希特勒、东条英机、墨索里尼个人的权力欲，他们残暴、武断、专横的性格，对第二次世界大战，对德意日军国主义的屠杀政策是否有影响？这是毫无疑问的。可问题是，对唯物史观来说，考察社会和历史问题，不能归结为考察人的动机和性格，即使是处于掌权地位的人的性格。唯物史观考察的个人是真实的个人，即处于一定生产关系中的个人。我们是把希特勒、东条英机、墨索里尼作为特定国家和阶级的代表人物来看待的。他们所处的地位、他们的社会角色，是决定他们行为的根本原因。第二次世界大战中德意日的侵略政策，决定于它们国家的经济和政治状况，而不是领导人物的品质和性格。个人的品质的差异性，不可能从根本上改变历史的走向。如果一个不像希特勒、墨索里尼那样残暴的人充当元首，至多也是暂时推迟战争或者是他们被换掉。是社会和国家选择自己的领导，而不是相反。第二次世界大战的性质、原因、方式，绝不是用几个人的非理性因素能解释的。非理性因素对历史的影响是存在的，但不能改变历史的轨道。唯物史观绝不会因为非理性主义的兴起而丧失它的真理性。

---

① 《马克思恩格斯全集》，第46卷下，36页。

人的问题一直是西方许多哲学流派注意的中心，人本主义思潮也是广泛渗透许多领域的主要思潮。近代西方哲学人类学的创立者马·舍勒就曾一再宣称："从我的哲学意识第一次觉醒的时候起，'人是什么以及他在宇宙中占有什么地位'这个问题，就比任何其他哲学问题，在我心中占有更深、更为中心的位置。"舍勒的话具有一定的代表性，它表现了西方哲学人本主义的总趋向。

我们不能放弃这块阵地。我们应该特别密切注意西方人学的成果和提出的问题，但我们不能重新回到人本主义，而是应该站在唯物史观的立场上把人的问题的研究提高到新时代的水平。

（原载《教学与研究》，1993（1））

25. 毫不动摇地坚持辩证唯物主义和历史唯物主义

江泽民同志曾强调指出，我们共产党人的根本政治信仰是社会主义和共产主义，世界观是马克思主义的辩证唯物主义和历史唯物主义，这是任何时候都丝毫不能动摇的。坚持辩证唯物主义和历史唯物主义丝毫不动摇，这同样是我们“马克思主义哲学原理”课教学的指导原则。

一、坚持辩证唯物主义和历史唯物主义世界观的科学性和完整性

我们应该区分马克思主义哲学的教学体系和它的基本原理。以斯大林的《论辩证唯物主义和历史唯物主义》存在某些缺点和不足为理由，否定辩证唯物主义和历史唯物主义是不能成立的。斯大林的《论辩证唯物主义和历史唯物主义》是教学体系，是为对苏共党员进行马克思主义哲学基本常识教育的目的服务的。作为《联共（布）党史简明教程》中的一部分，它起过积极作用，但也存在某些不足。它的结构、体系和某些论述并不是不可改变的，在60多年之后还以斯大林的《论辩证唯物主义和历史唯物主义》的缺点为由，用所谓“苏联模式的马克思主义哲学”一棍子把辩证唯物主义和历史唯物主义打倒是不能成立的，也是做不到的。

辩证唯物主义和历史唯物主义是马克思主义的科学世界观，是对包括自然、社会和人类思维在内的世界的总体性的哲学把握。它既是唯物的又是辩证的，是对支配整个世界的唯物辩证规律的揭示。按照什么样的教学体系讲授辩证唯物主义和历史唯物主义，如何组织教学更有利于学生生动

活泼地学习辩证唯物主义和历史唯物主义基本原理，这方面还有许多工作要做，可以说我们仍处于总结和摸索中。但是无论采取何种教学体系和安排都只应该更有利于坚持辩证唯物主义和历史唯物主义，而不是违背甚至背弃辩证唯物主义和历史唯物主义的基本原理。

“辩证唯物主义和历史唯物主义是两大块，没有一元化、一体化，违背列宁关于马克思主义哲学是一块整钢的原则”。这个理由不能成立。辩证唯物主义和历史唯物主义不是两个主义而是一个主义，即关于整个世界包括人类社会和思维在内的既是唯物的又是辩证的主义。历史唯物主义不是辩证唯物主义之外的另一种主义，而是对马克思主义哲学不同于一切旧哲学包括旧唯物主义在内的哲学特点的强调。它既不是半截子唯物主义，也不是不彻底的辩证法，而是彻底的、完备的辩证唯物主义——它的彻底性、完整性正表现在它包括历史观在内。

列宁在强调马克思主义哲学本质时，特别强调的就是应该把历史唯物主义包括在内。他说：“马克思和恩格斯在他们的著作中特别强调的是**辩证**唯物主义，而不是辩证**唯物主义**，特别坚持的是**历史**唯物主义，而不是历史**唯物主义**。”① 他反复强调马克思和恩格斯特别注意的是使唯物主义哲学向上发展，也就是说特别注意唯物史观。可见，列宁所说的马克思主义哲学是一块整钢不仅不排斥历史唯物主义，相反，排斥历史唯物主义恰好是破坏了马克思主义哲学的完整性，把整钢裂为碎片。其实，马克思主义哲学是不是一元化，是不是一体化，或者说是不是一块整钢，关键是看它贯穿整个哲学的是不是有个一以贯之的原则。马克思主义哲学是一块整钢，正在于它无论是考察自然、社会还是人类思维，都始终坚持实践观点、坚持唯物主义和辩证法相结合的观点，反对一切唯心主义和形而上学哲学。把辩证唯物主义和历史唯物主义说成是两大块，完全是从形式上看问题，而没有把握住马克思主义哲学的本质。而如果不从本质上看问题，就会摇摆不定，或者否认历史唯物主义是哲学，因为它只涉及社会历史领域，不具有普遍性；或者否认辩证唯物主义是哲学，只承认历史唯物主义是哲学，认为哲学只研究人和属人世界，人和属人世界是社会领域，而辩

---

① 《列宁选集》，3 版，第 2 卷，225 页，北京，人民出版社，1995。

证唯物主义中关于世界的物质性、世界统一性问题，都是属人世界之外的问题，是假问题、是旧哲学问题。持有这种观点的同志往往把辩证唯物主义和历史唯物主义视同水火，认为它们在马克思主义哲学中不能并存。这样理解马克思主义哲学，就不可能毫不动摇地坚持辩证唯物主义和历史唯物主义。正如列宁说的那样，在马克思主义哲学中，绝不可以去掉任何一个基本前提、任何一个重要部分，不然就会离开客观真理、就会落入资产阶级反动谬论的怀抱。

"马克思主义哲学是实践唯物主义，辩证唯物主义和历史唯物主义是伪造。"这是西方某些哲学多年来制造的马克思恩格斯对立，用以反对辩证唯物主义和历史唯物主义的重要论据。

我们应该区分关于实践唯物主义的两种不同的提法。一种是马克思和恩格斯在《德意志意识形态》中关于"实践的唯物主义者"的提法。该提法是在与"共产主义者"同等意义上使用的，他们说："对**实践的**唯物主义者即**共产主义者**来说，全部问题都在于使现存世界革命化，实际地反对并改变现存的事物。"① 显然，这里强调的是他们创立的哲学的革命性和实践性，是用以改变现存世界的哲学。这种提法，与马克思在《〈黑格尔法哲学批判〉导言》中关于"哲学把无产阶级当作自己的**物质**武器，同样，无产阶级也把哲学当作自己的**精神**武器"、无产阶级"解放的**头脑**是哲学"，以及在《关于费尔巴哈的提纲》中最精辟的概括——"哲学家们只是用不同的方式**解释**世界，问题在于**改变**世界"，都是同一思想的不同表述，与辩证唯物主义与历史唯物主义的根本原理完全是一致的。另一种关于实践唯物主义的提法则不同，它是力图在所谓回到马克思早期思想的旗号下，重建一个实践唯物主义体系，重建一个与辩证唯物主义和历史唯物主义相对立的哲学体系。

我们并不一般地反对使用实践唯物主义这个提法。本来马克思和恩格斯在创建自己哲学的过程中曾使用过多种名称，如科学的唯物主义、新唯物主义、现代唯物主义、共产主义的唯物主义、辩证的自然观和唯物主义历史观，以及实践唯物主义者这个称呼。但我们反对把实践唯物主义与辩

① 《马克思恩格斯选集》，2版，第1卷，75页。

证唯物主义和历史唯物主义对立起来，似乎只有实践唯物主义才真正重视实践，才符合马克思的原意，而辩证唯物主义和历史唯物主义则是对马克思主义哲学的曲解。这种观点不仅是动摇而且是从根本上否定了辩证唯物主义和历史唯物主义。

说什么在辩证唯物主义和历史唯物主义的理论框架内不可能真正理解实践的重要性，这是完全错误的。被诬为辩证唯物主义的始作俑者的恩格斯就非常重视实践。人们只要读读《自然辩证法》、《反杜林论》、《费尔巴哈论》就会明白这一点。列宁可以被视为"顽固"的辩证唯物主义派，《唯物主义和经验批判主义》中不断出现辩证唯物主义和历史唯物主义的提法和论述，然而正是列宁在这部著作中对实践的意义和作用作了深刻的论述。毛泽东的《实践论》是在不知实践唯物主义为何物时写的，可是毛泽东对实践在马克思主义哲学中的地位却作了最系统的论述。当然，实践是发展的、科学技术是进步的，人们对实践的作用的认识也会不断深化。但无论怎样深化和发展，在辩证唯物主义和历史唯物主义的理论形态内完全可以进行新的总结和拓展。我们不仅要懂得实践在马克思主义哲学中的重要地位，也应该懂得一旦离开了辩证唯物主义和历史唯物主义原则，就不可能有科学的实践观。马克思主义实践观的科学性是由实践的辩证本性和唯物主义本性来保证的。仅仅强调实践而不强调辩证唯物主义和历史唯物主义原理对实践的制约性是不行的。康德讲"实践理性"，费希特讲"行动哲学"，谢林讲"实践哲学"，黑格尔讲"实践观念"，就连实用主义也标榜"实用"、"行动"、"效用"等等，可他们都是形形色色的唯心主义者。所以一旦离开了对实践作用的唯物主义的考察、辩证的考察、历史唯物主义关于实践的社会制约性的考察，就会通过唯实践主义或对实践作用的非辩证唯物主义的理解而走向唯心主义。过犹不及与物极必反，在考察实践问题上同样适用。

正因为这样，我们才不同意用所谓的实践唯物主义来取代辩证唯物主义和历史唯物主义。有些学生以为实践唯物主义既是实践的又是唯物的有什么不好，他们不知其中的问题所在，不知道这种与辩证唯物主义和历史唯物主义相对立的实践唯物主义，由于对实践作用的非辩证唯物主义的理解，往往通向唯心主义。事情很显然，如果否认世界物质性观点，宣扬实践本体论，只承认所谓的属人世界，公然宣称地球在人类出现之前存在的问题毫无意义，宣称在实践范围之外的世界是无，请问如何坚持唯物主义、如何反对有神论、反对在可见的感性世界之外存在一个“亡灵世界”的歪理邪说呢？只要掀掉了世界物质性这块基石，认识就不再被认为是对世界的反映，而是主体在思想中对客体的重构；物质和意识的关系就不再是第一性和第二性的关系，而是在实践中不可分的统一体；辩证法也不再是客观自身固有的而只是实践的辩证法；历史也不再具有自身的规律而只是主体的选择。试问，这种实践唯物主义不是变相的唯心主义又是什么呢？以反对旧唯物主义为由，把世界的物质性、物质第一性、意识第二性等等唯物主义的共识排斥在辩证唯物主义范围之外，就划不清唯物主义与唯心主义、科学与迷信、有神论与无神论的界限，这种所谓的马克思主义哲学世界观就不可能是科学的、完整的。

二、立足当代，面对现实，不断提高辩证唯物主义和历史唯物主义的教学质量

坚持辩证唯物主义和历史唯物主义，绝不是照本宣科，讲条条背概念，把课讲得干巴巴的。只要我们立足当代，面对现实，基本原理同样可以讲得有深度、有条理、有兴趣。

有人说，什么辩证唯物主义历史唯物主义，无非是世界是物质的、物质是运动的、运动是有规律的，就这些玩意儿。其实，不少人，包括一些科学家、哲学家，以及革命多年的干部，就是对这些基本的哲学道理没有搞清楚，才会迷信“法轮大法”那些歪理邪说，相信“物质和精神是一性的”、“物质存在的东西”就是“精神中的东西”、“宇宙中的所有物质都是灵体”之类现代迷信和有神论。不懂这些基本道理的科学家，只能是极其有限范围内即自己狭隘专业范围内的专家而不是真正意义上的科学家，因为他们有某种专业知识而没有科学精神。科学精神是一种哲学精神，它要求以事实为依据、以规律为对象、以实践为标准，任何时候都坚持实事求是的世界观。排斥这些基本道理的哲学家，不管其职称多高、资历多老，也可能会上当受骗。反“法轮大法”斗争的事实说明，一些人就是在辩证唯物主义和历史唯物主义世界观的最基本的道理上失足的。

马克思主义的基本原理要坚持。认为讲世界的物质性一定讲不出深度是不对的。同样是坚持世界的物质性原理，列宁在《唯物主义和经验批判主义》中与恩格斯在《反杜林论》中的讲法就不重复。恩格斯在批判杜林关于世界统一于存在的观点时，论证了世界统一于物质性的观点，提出了“世界的真正的统一性在于它的物质性，而这种物质性不是由魔术师的三两句话所证明的，而是由哲学和自然科学的长期的和持续的发展所证明的”① 著名论断；提出了“原则不是研究的出发点，而是它的最终结果；这些原则不是被应用于自然界和人类历史，而是从它们中抽象出来的；不是自然界和人类去适应原则，而是原则只有在符合自然界和历史的情况下才是正确的。这是对事物的唯一唯物主义的观点”② 的著名论断。而列宁在《唯物主义和经验批判主义》中是在反对马赫和阿芬那留斯以及俄国的马赫主义关于“世界是感觉要素的复合”、“原则同格”等唯心主义谬论中，坚持世界物质性观点的。列宁不是重复恩格斯的观点，而是在关于世界物质性的论述中，提出了著名的物质定义，提出了哲学的物质概念和自然科学物质结构学说的区别问题，并结合当时的自然科学成就，提出了对物质结构的认识不可穷尽的观点：“日益发展的人类科学在认识自然界上的这一切**里程碑**都具有暂时的、相对的、近似的性质。电子和原子一样，也**是不可穷尽的**，自然界是无限的，而且它无限地**存在着**。正是绝对地无条件地承认自然界**存在**于人的意识和感觉之外这一点，才把辩证唯物主义同相对主义的不可知论和唯心主义区别开来。”③ 如果我们现在来讲授世界的物质性这个问题，当然要结合当今自然科学的发展，结合西方科学实在论提出的种种问题，内容是很丰富的，绝不会像一些人调侃的那样只剩下“世界是物质的”这么干巴巴的一句话。

而且，马克思主义哲学原理是活生生的，它具有鲜明的时代特征。同样一条原理因为它着重解决的问题不同而具有不同的内涵。我们可以“实事求是”为例来说明这一点。实事求是是马克思列宁主义的精髓，是毛泽

① 《马克思恩格斯选集》，2版，第3卷，383页。
② 同上书，374页。
③ 《列宁选集》，3版，第2卷，193～194页。

东思想的精髓，是邓小平理论的精髓，但这绝不意味着它们的内容是重复的。由于它们各自所处的条件不同，面对的问题不同，因而即使其哲学原则一脉相承，其内容也仍然是不一样的。

马克思和恩格斯不仅创立了马克思主义哲学，而且卓越地应用了这种哲学。他们在自己的时代对资本主义的分析完全是实事求是的。马克思花了40年写作《资本论》，占有大量材料，对资本主义社会的经济运行规律作了科学的分析，没有空话，没有臆断，通过对资本主义社会自身矛盾的分析揭示了社会主义代替资本主义的必然性。而列宁面对的是俄国进行革命和在一个落后的国家第一次进行社会主义建设的现实。列宁反复强调实事求是，说“事实是我们政策的基础”。我们共产党人“**只**能以经过严格证明的确凿证明的**事实**作为自己的政策的前提”，即“任何郑重的政策必须以经得起严格的客观检验的**事实**作为依据”。列宁的一系列新的经济政策正是以这种世界观和思维方法为指导的。至于毛泽东在中国对这一原则的贡献和应用则完全具有中国特色，它的成就是永载史册的。邓小平由于坚持实事求是，在中国社会主义建设中开辟了一个改革开放的新时期，开辟了社会主义现代化的新阶段，而且创立了作为当代中国马克思主义的邓小平理论。显然，同一个实事求是的哲学原则由于与每个时代的实际密切结合而会产生崭新的内容，这就是马克思主义的发展。“马克思主义哲学原理”课的讲授应该具有这种时代感。

最重要的是，要提高辩证唯物主义和历史唯物主义课程的教学质量，我们不仅要研究基本原理，更要立足当代，面对现实，研究新材料新问题。我们要加强对当代资本主义的研究。马克思和恩格斯是人类历史上最坚决反对资本主义的思想家，可又是人类历史上对资本主义研究最科学、最彻底、最实事求是的思想家。而社会主义胜利以后，我们理论上的一个失误就是忽视对资本主义的研究，把反对资本主义变为在理论上对资本主义不闻不问，从而不知道当代资本主义的特点。而西方一些思想家反而比社会主义国家的马克思主义者更注重当代资本主义的研究，从马尔库塞的《单向度的人》到丹尼尔·贝尔的《资本主义的文化矛盾》和《后工业社会的来临》，都是对当代资本主义研究的重要著作。我们马克思主义者反而缺少这类研究当代资本主义的著作。我们还要研究社会主义。我们处在社会主义社会中，我们在建设社会主义，可我们长期以来对什么是社会主义却并不十分清楚，的确是“不识庐山真面目，只缘身在此山中”。直到邓小平提出建设有中国特色的社会主义理论以来，关于什么是社会主义和如何建设社会主义问题，才成为我们理论关注的重点和热点。在当代中国，马克思主义哲学如果离开有中国特色的社会主义实践，就只能是教条主义和思辨哲学。我们还要注视当代科学技术的新发展，不仅关注其中提出的哲学问题，也要注意当代科技发展带来的全球性问题。如果我们的哲学教学能够结合上述时代提出的和学生热切关注的现实问题进行哲学分析，就肯定能提高哲学教学质量，使哲学课成为受学生欢迎的课程。

三、课堂不是论坛，我们应该有社会使命感和责任感

我历来主张应该提高哲学的教学水平，但不能以把哲学课堂变为哲学论坛的方法来吸引学生。学者们在报纸杂志或各种学术会议上可以各抒己见，百家争鸣。其中有不少有启发的正确的见解，但也可能有错误的观点，甚至谬论。在这种情况下，只要是不违背四项基本原则，这种做法就对学术发展有利。因为这是署名文章，是个人发言，人们是把作者和发言者作为个人看待的。课堂则与之不同，这是教育学生、培养学生的地方，听众是一些缺少马克思主义哲学知识、正有待教师以科学的世界观进行培养的学生。我们不是以个人的名义而是以教师的名义在讲课，不是讲个人的哲学而是讲授马克思主义哲学、讲授辩证唯物主义和历史唯物主义，怎么能把神圣的课堂变为宣扬个人观点甚至是错误观点的论坛呢？韩愈在《师说》中说过，教师的责任是传道授业解惑，我们马克思主义哲学教师同样要发挥这种作用，只是道不同、业不同、惑不同而已。如果我们顶着马克思主义哲学课的名称，散布的却是怀疑甚至反对马克思主义基本原理的观点，这样做就背离了国家设立“两课”的宗旨和目标。

这样说来，马克思主义哲学课岂不是千人一面、众口一词吗？马克思主义哲学课的讲授岂不是不允许有个性吗？非也。哲学当然是个性化的学说，但这是就哲学体系而言。马克思主义哲学是个性化的哲学，它不同于一切古代的现代的哲学，可马克思主义哲学的信奉者的观点却不能各吹各的号，一人一个样，如果这样就不成其为马克思主义哲学。但这绝不是

说，马克思主义哲学内部都是一个模子里出来的。即使是马克思和恩格斯作为马克思主义哲学的共同缔造者也仍各有特点。他们各自的贡献不同，风格也不一样。其他如拉法格、倍倍尔、普列汉诺夫、列宁、毛泽东，也都各有特色。邓小平理论与马列主义、毛泽东思想一脉相承，但他们的哲学风格同样各具特色。以为只要都赞成辩证唯物主义和历史唯物主义就没有特点的说法是不能成立的。当然，我们是普通的马克思主义哲学教员，不能与他们相比，可是就个性化而言却同样是可以做到的。只要我们讲课不是简单复述原理，而是立足现实、面对问题，就可以讲出特色来。由于每个教员所面对的学生的思想情况不同，每个时期出现的社会问题不同，分析问题解决问题的能力不同，所以即使是同样的原理，也肯定能讲出不同的水平和各自的特色。当然就某些原理发表一些不同于传统的说法也完全可以，但必须讲明是自己的看法，提供各种观点供学生思考，而不能认为，我们这种看法就是马克思主义，马克思主义就是这个，把学生弄得迷迷糊糊。

“马克思主义哲学原理”课教学对我们这些马克思主义哲学教员来说既是职业又是信仰，是信仰和职业的统一。因此课堂是我们传播马克思主义哲学的阵地，而不是自由论坛。我们要力求通过正确讲授马克思主义哲学的基本原理来塑造学生、武装学生，以便培养和坚定他们的社会主义理想和信仰，确立科学的世界观、人生观和价值观，学会辩证思维方法。这样的学生，无论将来从事何种工作，都是对国家对社会有用的人才。这是我们“马克思主义哲学原理”课教员的社会责任和光荣使命，我们应该有这种社会使命感和责任感。

（原载《思想理论教育导刊》，1999（9））

26. 论哲学社会科学的地位和作用

继北戴河的“八七”讲话之后，我又有幸亲自聆听了江泽民同志在中国人民大学的“四二八”讲话。这两个讲话是一个整体，它是繁荣和发展我国哲学社会科学的伟大纲领。其中，关于哲学社会科学的地位和作用的科学论述，尤为鉴往知来，高瞻远瞩，把哲学社会科学工作者对自己的责任、对自己工作的意义和价值的认识提高到了一个新境界。

一、自然科学越发展，哲学社会科学越重要

按照一般的看法，似乎自然科学和技术越发展，哲学社会科学的地位越下降，这两者的关系此长彼消。这是市场经济条件下人们对科学技术在提高生产和个人收益方面作用的片面估价，贬低甚至遮蔽了哲学社会科学在人类社会发展中的重要作用。历史和现实证明，这种工具主义的观点是狭隘的、非科学的。

从历史上看，各种哲学和各种社会学说，在西方资本主义社会的孕育和诞生中起过重要作用。文艺复兴中的哲学思潮和政治思潮、英国古典经济学说对资本主义反对封建主义、对资本主义的市场经济体制和政治制度的确立和完善起过重要的作用。在资本主义诞生时期的那些哲学家、经济学家和政治思想家，恩格斯把他们称为“为革命作了准备的”、“给资产阶级的现代统治打下基础的人物”。当然，随着资本主义社会的确立，特别是随着市场竞争的加剧和对相对剩余价值与超额利润的追求，科技的重要性日益显现，进而把对资本主义的产生起过重要理论先导作用的哲学和关

于社会的学说逐步变为冷门。

当代西方发达资本主义国家是自然科学和技术最为发达的社会，的确像马克思当年在手稿中说的，自然科学和技术改变着人类的生活，使人类过着现代化的生活。可是自然科学和技术在改变人类生产方式与生活方式的同时，也在不断使人类和人类社会自食苦果。在总体生活提高的同时，自然环境不断恶化，生态问题、人口问题、资源问题，以及城市化、市场竞争激烈所带来的人类道德危机、价值失范和心理疾病的增多，使人类认识到仅仅依靠自然科学与技术发展并不能实现追求幸福生活的理想。而人类面对自己在科学技术发展中的问题，如可持续发展问题，克隆人中的道德问题，社会的公平和正义问题，仅仅依靠自然科学和技术自身不可能从理论和实际上得到解决，甚至无法意识到这些问题。因为这些问题的提出和发现，它的解决方式和解决的可能性，都要依赖发展哲学社会科学来回答。即使在自然科学和技术最为发达的西方国家，无论是对人与自然、人与人关系矛盾激化的认识，还是政府的决策，都必须求助于哲学社会科学，而不能单纯依靠自然科学自身来解决。我们可以以目前最为人类关切的生态环境为例。虽然自然科学技术对改善人类生态环境能提供科学的计算、估量和手段，但生态问题涉及经济、政治、文化、道德以及代际关系、国际关系等多种因素。当代世界生态环境问题的性质，它的社会性的解决方式和可能性，它所涉及的方方面面的关系，可以说是一个具有总体性的社会工程，没有哲学社会科学的参与和研究，单凭发展自然科学技术是不可能解决的，何况新的科学技术的发展又可能带来新的问题。自然科学技术解决的是人与自然的矛盾，可当问题涉及的是社会发展的问题时，就不可能离开哲学社会科学。

对全球化问题的研究也是如此。全球化当然与当代世界科学技术的变革密切相关，但任何自然科学或技术科学都不研究也不可能依靠自然科学技术揭示全球化和全球化问题的实质。这是个涉及哲学社会科学多种学科领域的问题，没有哲学社会科学的参与，人类对当前这个深刻影响人类自身发展的问题就不能做出一个正确的解释和抉择。

对西方资本主义社会自身的认识也是如此。西方资本主义制度在经历了几百年发展之后进入到当代资本主义，有的学者称之为晚期资本主义。

很显然，当代资本主义会在经济、政治、文化各个领域产生一些新的特点和新的矛盾，包括科学技术与人文的矛盾。对发达资本主义社会中种种矛盾和它的新的特点的认识，只能依靠哲学社会科学的研究。自然科学和技术不可能为资本主义矛盾的解决提供一个可行的合理的方案。

我们的时代的确是科学技术突飞猛进的时代。科学技术成为第一生产力，它是一个国家的经济和社会发展的重要推动力量。自然科学和技术的发展和创新是推动社会发展、摆脱贫困的必经之路。科技的发展不仅增加了物质财富，也能提高人的精神世界。在当代，科学技术的重要性是不言而喻的。但从哲学角度看，我们的世界的确存在着一种对科技作用的盲目崇拜，似乎科技能解决一切问题。事实上，在自然科学和技术高度发展中出现的一系列问题，都不可能从自然科学技术理论本身得到解答。对它引发出来的一系列问题的性质、原因和解决方法，要进行多角度的、多方面的哲学与社会科学的理论研究。唯科学主义和抽象人本主义、悲观主义和盲目乐观主义都是片面的。在发展自然科学和技术的同时，要重视人文精神的培养和教育，防止工具主义和功利主义对人的心灵的过分侵蚀。这都离不开哲学和社会科学。

虽然在社会发展进程中，在由农业生产方式向工业生产方式的转变中，重视自然科学和技术，在社会和人们的心理中向自然科学和技术的倾斜，有其历史必然性和可理解性。可是在当代，人与自然矛盾的激化，人与人的疏远化，社会疾病丛生，自然以其对人的报复猛敲人的脑袋，使人们认识到这种片面性的社会代价。事实证明，自然科学与技术越发展，哲学社会科学越重要，它们是正相关的关系。因此，当今科学技术大发展的时代，也应该是哲学社会科学大发展的时代，这样才能中和消解在科技发展过程中出现的负面效应，发挥自然科学和技术与哲学社会科学的互动作用。尽管多年来东西方的一些学者，也已经认识到哲学社会科学无可替代的作用，但并没有把发展哲学社会科学提到与发展自然科学同样重要的高度。江泽民同志关于“四个同样重要”的观点，是对人类历史发展中自然科学和社会科学相互关系的规律性的概括，是对历史唯物主义的一个重要贡献。

二、社会越发展，哲学社会科学越重要

在人类社会的发展过程中，人的主动性和自觉性越来越高，对自然的认识和改造是如此，对社会的认识和改造同样也是如此。可是不同的是，人类社会长期处于一种自发的过程，人们的行为往往直接受利益的驱动，而不都是建立在对社会规律的认识上。因为所有前社会主义社会形态的产生都是在旧社会的母腹中孕育成熟的，资本主义就是一个最典型的例子。因而资产阶级及其思想家是充当接生婆的角色，是为资本主义的产生进行舆论准备和为它的出生合理性做论证。当然，这种作用是重要的。因为社会领域是人的活动领域，这种思想理论的先导，对于在母腹中已经孕育成熟的资本主义社会的诞生和确立起过重要的催生作用。

社会主义社会不同。资本主义社会的发展有利于社会主义社会的诞生，资本主义社会越发展，就越为社会主义社会的产生创造条件。就这点而言，成熟的资本主义比起不成熟的资本主义更靠近社会主义。但社会主义社会是不可能在资本主义社会内部自发生成的。社会主义社会是人类迄今为止唯一通过有组织的革命活动自觉创立的社会。因此社会主义社会的建立，需要革命的组织，需要以科学的哲学世界观和社会科学理论为指导。这个组织就是作为工人阶级政党的共产党，这个理论就是马克思主义。俄国革命和中国革命的胜利都证明了这个真理。

更为重要的是，不仅社会主义社会的建立需要哲学社会科学作为行动的指南，而且在取得政权以后，社会主义社会的发展、巩固，尤其是改革，都要依靠无产阶级政党的自觉性，依靠对人类社会发展规律、社会主义发展规律和执政党自身建设规律的认识和运用，因而需要哲学社会科学提供对社会主义建设不同时期所面对的重大问题研究的积极成果。就这点而言，哲学社会科学创造性成果的重要性，绝不亚于自然科学和技术的新成就。自然科学和技术的发展可以推动生产、提高生产率，但无法提出更不可能解决社会主义社会自身面临的问题。苏联解体就是一个实例。苏联的自然科学和技术比西方并不逊色，它在航空航天、核武器和其他自然科学和技术方面的成就卓著。苏联的失败首先在于它的哲学社会科学理论，它以教条主义态度对待马克思主义，对社会主义社会规律和执政党建设规

律的认识始终处于盲目状态。例如，斯大林长期不承认社会主义社会生产力与生产关系有矛盾，不承认社会主义社会需要改革。斯大林对待社会主义社会的矛盾、计划与市场、商品生产与价值规律等一系列社会主义面对的重大问题的理论认识和实践处理存在重大错误，对于苏联处在社会主义社会的何种阶段也没有清醒的认识。苏联的哲学社会科学工作者由于“左”的教条主义思想束缚，不研究现实问题，而是处于注经解经的思想牢笼之中。社会矛盾积重难返不知如何处理，哲学社会科学理论混乱，这是苏联解体、社会主义的成果毁于一旦的一个重要原因。

中国的情况则不同。我们改革开放以来取得的胜利，是马克思主义中国化的新胜利。邓小平理论、以江泽民为核心的第三代领导集体提出的“三个代表”重要思想，为多年受“左”的路线干扰、处于困境的中国社会主义打开了一个新的局面。二十多年的持续发展，首先是与时俱进的创造性的马克思主义理论的胜利，是邓小平理论和“三个代表”重要思想的胜利。科教兴国的方针为我国的自然科学和技术的发展和创新提供了广阔的空间和动力。很显然，如果没有改革开放以来的哲学和社会科学理论创新开道，没有营造一个适合于自然科学和技术发展的经济、政治和人文文化的环境，自然科学和技术的迅速发展是不可能的。

江泽民同志在“四二八”讲话中对哲学社会科学在社会主义建设中的地位和作用做了科学的精辟的概括。他说：“哲学社会科学，主要是帮助人们解决世界观、人生观、价值观，解决理论认识和科学思维，解决对社会发展、社会管理规律的认识和运用的科学。掌握必备的哲学社会科学知识，对于人们正确认识纷繁复杂的社会现象，提高道德素养和精神境界是十分重要的，对于领导干部特别是高级干部学会讲政治、懂全局，驾驭复杂形势、研究战略策略、提高领导水平更是十分重要的。”并且强调“要始终高度重视哲学社会科学在治党治国和建设有中国特色社会主义事业中的巨大作用”。这些论述，实际上是对苏联的教训和我国改革开放以来的经验，对我们已经做的、正在做的和应该更加加大力度始终坚持的正确对待哲学社会科学方针的总结。这些科学论述的关键，是强调哲学社会科学在我国社会主义建设中的治党、治国、教民的作用。

从治党的角度说，哲学社会科学十分重要。在社会主义国家，共产党是执政党，社会主义的发展，它的前途和命运取决于党的状况，其中包括党员特别是处于领导地位的党员的理论和政治素质。中国共产党是坚持以马克思主义、毛泽东思想、邓小平理论和“三个代表”思想为指导思想的党，但是要使全党尤其是党的干部真正领会、掌握和落实党的指导思想，必须有哲学社会科学的知识。比如说，“三个代表”的重要思想对于在新的历史条件下保持党的先进性，对于党的建设是至关重要的，可是要深刻理解为什么“三个代表”思想被确定为党的指导思想，为什么“三个代表”思想是立党之本、执政之基、力量之源，正确理解“三个代表”思想的科学内涵、它的不可分割的内在联系和理论价值和实际意义，不懂马克思主义特别是历史唯物主义，没有一定的哲学社会科学的素养，对“三个代表”重要思想的理解和落实就会虚化，变为一个抽象的空洞的口号，从而影响党的建设。从这一点可以说，我们党尤其是党的领导干部的哲学社会科学水平，关系到我们党的整体素质。

从治国的角度说，在有 13 亿人口的大国进行中国特色社会主义建设是个工程浩大、史无前例的伟大事业，非常困难，非常复杂。在长达半个世纪的社会主义建设中，虽然以毛泽东、邓小平和江泽民为核心的三代领导集体积累了经验，并对什么是社会主义和如何建设社会主义的问题制定了正确的路线、方针、政策，但如何根据各地区各部门的实际情况，以解放思想、实事求是、与时俱进、开拓进取的精神，全面贯彻、落实和做好自己的工作，其中一个重要的条件，是决定于各级干部尤其是领导干部是否具有必备的哲学社会科学的知识和素养。因为只有哲学社会科学才能帮助他们提高理论水平，运用科学的思维方法，了解社会发展的规律和管理规律。没有哲学社会科学素养，就很难有从世界和时代高度考察问题的战略眼光，也很难树立全局观点，也没有管理国家和企业的知识和能力。恩格斯说得好：“只有清晰的理论分析才能在错综复杂的事实中指明正确的道路”。所以江泽民同志强调：我们的高级干部，特别是各地区各部门的负责人，是负责全面工作的，他们的知识才干应力求全面，既懂自然科学知识，又懂社会科学知识。一个根本不懂哲学社会科学的干部尤其是领导者，面对复杂多变的国际形势，面对自己承担的困难任务，犹如盲人骑瞎马，夜半临深池，没有不失败的。

从教民的角度看，哲学社会科学对于我们对人民特别是青年一代进行世界观、人生观和价值观的教育，提高道德修养和精神境界是十分重要的。哲学社会科学的繁荣，有利于“四有新人”的培养，有利于我国人民思想道德水平的提高和促进人的全面发展。

尽管哲学社会科学由于它的专业性强的特点，不可能面对全社会，但完全可以像出版自然科学的普及读物一样，出版哲学社会科学方面的通俗普及读物，以提高广大青年和一般读者的理论思维水平。而且从高校角度说，完全有条件把哲学社会科学的学习作为人文素质教育的重要部分，防止由于文理分科和专门化教育所带来的局限。

还应该看到，我国先进文化建设的状况和进展，在很大程度上取决于我国哲学社会科学繁荣和发展的水平。在当代社会主义中国，先进文化就是中国特色的社会主义文化，哲学社会科学是它的最重要组成部分。完全可以说，没有高度发展的哲学社会科学，就没有先进文化，就难以坚持先进文化前进的方向。因为哲学社会科学可以渗透到各种文化形式之中，没有发展的哲学社会科学，文化的发展就没有正确导向和品位。

三、坚持马克思主义立场、观点和方法

哲学社会科学的地位和作用，归根结底取决于它自身所包含的科学性内容，即它在何种程度上提供对世界和各门学科自身研究对象的规律性知识以及为人类提供智慧。如果哲学与各种社会科学，像有些学者所主张的完全是研究者的个人见解、个人的价值判断和主张，无所谓科学与否的问题，那它除了满足研究者自身的癖好以外，对人类的认识与实践没有价值。这样，哲学社会科学的存在与否就无足轻重。我们重视哲学社会科学，把它放在与自然科学同样重要的地位，前提是哲学社会科学必须由单纯的一家之言变为具有客观性和真理性的思想和学说，因而哲学社会科学的建设以及哲学社会科学工作者自身素质的提高是非常重要的。

哲学无论在东方还是在西方，都是具有悠久历史的古老学科。尽管在人类历史上哲学的主张各异，所包含的客观内容不同，但只要它是真正的哲学，总是在不同程度上提出了某些人类认识中的难题，提供了某些有启发性的思想，有利于提高人类的智慧和品德。一部哲学史实际上也是人类

的认识史。这就是我们重视人类的哲学思想遗产的重要原因。不能把全部以往的哲学看成哲学家的独白，是哲学家的自说自话。这样，哲学必然成为无用之学，哲学家成为“多余的人”。

从关于社会的学说来说，社会科学出现较晚，它是在西方自然科学有了较大程度的发展以后产生的。尽管由于历史条件和阶级的局限性，西方关于社会的各种学说并没有也不可能达到真正与自然科学同样的科学水平，但是它们对社会现象的认识仍然提供了有价值的思想。英国的古典政治经济学就是一个鲜明的例证。

我们应该重视历史上和当代非马克思主义的哲学和各种关于社会的学说中的合理因素及其包含的认识价值，也应该吸取它们所取得的成就和有价值的思想。但是对于共产党人而言，我们强调的主要是马克思主义哲学和以马克思主义为指导的社会科学在社会主义建设中的作用。因此，要真正发挥哲学社会科学的作用，有一个至关重要的问题，这就是要有正确的指导思想和正确的立场、观点和方法。

坚持马克思主义的指导地位，不仅关系到党和国家的命运，关系到社会主义的前途和命运，也关系到我国哲学社会科学的命运，关系到哲学社会科学工作者在中国特色社会主义建设中发挥何种作用的问题。我们应该反对指导思想的多元化和哲学社会科学无党性或价值中立的种种错误思想。江泽民同志在讲话中特别强调：“希望大家坚持用马克思主义的立场、观点和方法来指导哲学社会科学的发展。没有正确的理论指导，没有科学的世界观和方法论，哲学社会科学就没有正确的政治方向，就难以健康发展。”这是对我们所有哲学社会科学工作者的殷切期望和教导。

有些研究者有意无意地避讳哲学社会科学中的立场问题，似乎一讲立场就是极左，面目可憎。这种认识不对。社会科学不同于自然科学，它既不能用试纸也不能用显微镜，而只能凭借人的抽象思维能力对所研究的问题进行分析和判断。在这个领域中单纯的实证主义方法不中用，纯客观主义没有，片面强调主体解读的解释学方法也不科学。要在理论创新中坚持正确的方向，首先必须坚持马克思主义的立场。这对于我们研究方向和研究成果的价值是至关重要的。

哲学社会科学中的立场问题并不神秘，它就是研究者对问题观察的视角、出发点和目的。哲学社会科学作为对社会现象规律研究的科学，不可能是非意识形态的，也不可能有价值中立。因为哲学社会科学研究者本人就处于一定的社会关系之中，他不可能超越自己的地位，不偏不倚地进行纯客观的观察和得出违背自己利益与意志的结论。这一点连西方学者也不否认。例如，美国经济学家索洛就说过，社会科学家和其他人一样，也具有阶级利益——意识形态的倾向以及一切种类的价值判断。不论社会科学家的意愿如何，不论他是否觉察到这一点，甚至他力图避免它们，他对研究主题的选择，他提出的问题，他没有提出的问题，他分析的框架，他使用的语言，很可能在某种程度上反映他的阶级利益、意识形态和价值判断。应该承认这种说法是公正坦率的，也是深刻而有见地的。

的确，并不是所有的学者或学术著作都是自觉地为某个阶级的利益辩护，实际上不少学者主张学以致思，反对学以致用，采取一种超功利主义、无倾向的态度。可问题是，在有关社会领域，只要是创立某种学说，只要是著书立说，无论自觉与否，无论抱有多么善良的愿望，透过他们的主张和学说，总可以找到其中所反映的与社会某些人群的利益或愿望相符合或相对立的东西。这种支配他们持有这种观点而不是持有那种观点的利益原则——对谁有利，在理论思维中就表现为立场。

马克思主义的立场，从根本上说，就是无产阶级解放和人类解放的立场。在我们中国，这种立场的具体体现就是为中国人民根本利益而奋斗的立场。江泽民关于“三个代表”的重要思想，就是这种立场的高度凝结。我们中国所有从事哲学社会科学的教学和研究的人员，都要而且应该使自己的研究工作和研究成果有利于代表先进生产力的发展要求，代表先进文化的前进方向，代表最广大人民的根本利益。这就是我们的正确立场，因为这是全中国人民的根本利益所在。如果我们的研究不是促进而是妨碍实践“三个代表”重要思想，应该说这就是立场不对头。在我们这样一个社会主义国家，国家的强大、民族的复兴和人民的富裕，是一百多年来多少代人的追求和企盼。江泽民同志把是否符合“三个代表”作为“衡量我国哲学社会科学性质、方向和水平的根本尺度”，就是因为“三个代表”重要思想充分体现了中国人民的根本利益，也是一切有社会责任感和爱国心的哲学社会科学工作者在研究中应该坚持的立场。

有些学者担心，在哲学社会科学中强调立场是否会导致研究的非科学性或先入为主的偏见。我认为这不能一概而论。我们可以说，任何坚持站在历史潮流的反面，为一切腐朽落后死亡的东西辩护的立场，肯定会歪曲真理。这是事实与价值之间的矛盾，这种矛盾在历史上并不少见。可有另一种情况，这就是凡是代表历史进步潮流的思想家，他们的思想与学说都会在不同程度上提供具有某些真理性认识的颗粒。而对马克思主义而言，真理与价值之间的矛盾有可能得到合理的解决，这就是求真与致用两者的统一。离开真理，无以致用，只能给人们的认识和实践活动造成危害，而要有效地达到自己认识世界和改造世界的目的，共产党人必须求真，坚持实事求是的原则。恩格斯有一句名言："科学越是毫无顾忌和大公无私，它就越符合工人的利益和愿望"。这可以说深刻揭示了马克思主义中科学与价值统一的客观根据。

在我们国家，以"三个代表"重要思想作为衡量哲学社会科学的科学性、方向和水平的根本尺度，就是科学尺度与价值尺度的结合。因为代表人民根本利益的要求，真正站在历史发展前列，代表先进生产力发展的要求，代表先进文化前进的方向，既表现为对人类历史规律、社会主义发展规律和执政党建设规律的科学认识，又最大限度地符合全国人民的根本利益和愿望。所以"三个代表"重要思想，既是统领哲学社会科学的科学原则，也是价值原则。至于在坚持无产阶级立场掩盖下的极左思潮，恰好是分裂真理与价值，是对真正的无产阶级和人民大众立场的背弃。

立场不对，认识肯定不会正确，可立场对，认识也不一定正确或不一定完全正确。认识正确与否，不仅立场要站对，而且还有个理论观点问题。我们在研究中不仅要坚持马克思主义的立场，而且要坚持马克思主义的基本观点，特别是历史唯物主义观点。如果基本理论观点不正确，所谓的马克思主义立场就会弱化、虚化，甚至变为口头的、虚假的。我们很难相信在哲学和社会科学研究中，对马克思主义的基本原理抱否定态度，对辩证唯物主义和历史唯物主义的基本原理抱否定态度，能够对社会现象和社会问题提供科学认识。尽管各门社会科学有自己专门的领域，有各自的特殊规律，从而有关于本学科问题的具体观点，但是历史唯物主义提供的基本规律会存在于特殊规律之中。任何一门社会科学，只要不是满足于现象的罗列或材料的堆集，而是进入到概括、理解、说明，它就必然会上升为观点。没有观点，就不构成学科；而没有正确的观点，就不能称之为科学。

江泽民同志还强调哲学社会科学研究中的方法的重要性。观点和方法当然不可分。我们不同意卢卡奇把马克思主义单纯归结为方法，认为即使抛弃马克思主义的一切基本原理仍然是马克思主义者的绝对化见解。但对于我们的哲学社会科学研究来说，方法论问题的确是至关重要的。毫无疑问，研究的具体方法是多样的，根据学科的性质可以各有其特殊的方法，但最根本的哲学方法应该是辩证唯物主义和历史唯物主义。江泽民同志多次强调方法的重要性。他曾经说过：作为一个领导干部特别是高级干部，必须掌握正确的思想方法，学会全面看问题，对具体问题要作具体分析。要努力提高我们的辩证唯物主义和历史唯物主义水平，提高全面地认识事物的本领，善于透过现象看主流，防止发生各种片面性。江泽民同志在这里讲的是工作方法，但对于哲学社会科学的研究同样是适用的。

当然，坚持马克思主义的立场、观点和方法，同样有个与时俱进的问题。因为立场、观点和方法在马克思主义中是一个统一整体，它最充分地体现了马克思主义的时代特征。离开了与时俱进的原则，所谓坚持立场、观点和方法，就往往会变为教条主义或思想僵化。例如，在当代中国，随着社会结构和社会分层多样化，许多原来习以为常的观察社会现象的立场会发生变化，一些传统的观点也会发生变化，立足新的实践会提出新的理论观点；在思维方法上同样要总结科学技术的新成就和社会实践的新经验，摆脱某些固定化的思维模式，进行思维方式的创新。只要我们以与时俱进的态度坚持马克思主义的立场、观点和方法，就一定会不负江泽民同志的重托和党的期待，站在教学与研究的前沿，充分发挥哲学社会科学在中国特色社会主义建设中的作用。

（原载《中国人民大学学报》，2003（3））

27. 哲学社会科学的作用和学者的责任

中共中央多次强调哲学社会科学与自然科学“四个同样重要”的著名论断，把自然科学与社会科学比喻为车之两轮、鸟之两翼。最近又颁布了《关于进一步繁荣发展哲学社会科学的意见》，这些论断和意见是融历史经验和现实需求为一体的英明决策。哲学社会科学的繁荣发展与学者的责任是不可分的。只有以繁荣发展哲学社会科学为己任才能实现自己作为学者的责任；而只有哲学社会科学的繁荣发展才有展示和实现自己作用的平台。应当认真研究哲学社会科学的作用和作用方式，明确自己的责任，以最有效的方式发挥哲学社会科学的作用。

一、历史的经验和现实的要求

西方资本主义现代化进程的历史两重性、前苏联社会主义失败的教训以及中国共产党革命和执政的经验，无可辩驳地表明，进一步繁荣发展哲学社会科学，是关系全面建设小康社会，开创中国特色社会主义事业，保证改革开放始终沿着马克思主义方向前进的具有全局性和前瞻性的战略决策。历史经验的价值在现实决策中得到彰显；中国当代现实的要求在历史经验中得到理论的升华。

西方资本主义产生和发展的历史表明，它的产生离不开哲学社会科学。资产阶级需要自己的哲学家、经济学家、政治学家、法学家，等等。恩格斯称赞文艺复兴时期的那些思想家是“给现代资产阶级统治打下基础的人物”①。此外，法国的百科全书派、伏尔泰、孟德斯鸠、卢梭，英国古典经济学家亚当·斯密和李嘉图等等，都是为资本主义诞生，为资本主义的经济制度、政治制度的确立和完善在思想理论方面发挥过重大作用的功勋性人物。

资本主义社会发展有自己的规律。当资产阶级夺取政权并站稳脚跟之后，它最迫切需要的是发展自然科学和新的技术，以便最有效地迅速地增强资产阶级的力量和增加有产者的财富。所以，在资产阶级取得政权以后，哲学社会科学的地位发生了变化，重心逐步向自然科学和技术倾斜。这是任何力量都无法阻止的趋势，因为它最深刻的根源在于资本主义生产方式本身。如果说，在 18、19 世纪这种倾斜还只是开始，那么到 20 世纪，特别是它的下半叶，当科学技术成为第一生产力，成为资产阶级和它的大垄断集团与跨国企业获得高额利润，在国际竞争中击败对手的决定性力量时，这种倾斜就不断增强。

资产阶级作为政治上的统治阶级当然也重视哲学社会科学，这是资本主义社会得以存在和巩固的意识形态支柱。资本主义社会有两种不同的规律在起作用：一种是国家对意识形态的需求，一种是市场经济自发力量对利润的追逐。从统治阶级来说，他们非常重视哲学社会科学的意识形态功能。西方资本主义国家特别是美国，在世界范围内强行推销资产阶级的自由、民主、人权和价值观念，倡导自由主义的经济学说和政治学说，它们的人文社会科学中不少著作具有强烈的为资本主义服务的政治倾向性，如《开放社会及其敌人》、《历史决定论的贫困》、《历史的终结》、《大失败》、《不战而胜》、《文明冲突论》等等，都是意识形态性极强的著作。尽管如此，在整个资本主义现代化的历史进程中，由于生产的需求和市场的力量，与自然科学和技术的迅速发展相比，哲学社会科学仍然是滞后的。特别是由于政治因素和阶级利益的支配，西方哲学社会科学的意识形态性往往压倒科学性，难与自然科学和技术的成就相匹敌。

西方资本主义现代化进程中向自然科学技术的片面倾斜，对人类社会发展是不利的。毫无疑问，自然科学和技术的迅猛发展大大推动了经济的

---

① 《马克思恩格斯选集》，第 3 卷，445 页。

增长和生产力的发展。《共产党宣言》中描述资产阶级在它不到一百年的统治中所创造的生产力，比过去一切世代创造的全部生产力还要多，还要大。而今天发达资本主义国家自然科学和技术革新发展所带来的生产力发展，更是马克思和恩格斯时代无法比拟的。可是，自然科学技术在推动经济增长的同时，带来的是社会发展与经济发展、社会进步和人的发展的分裂和矛盾。经济发展并不等于社会的全面进步。在经济增长和生产力的迅速发展中，西方社会陷于种种社会矛盾和社会危机。并不是所有的人都能享受经济发展的成果，一部分人的生存状态和境况随着经济增长反而恶化，贫困成为富裕的伴随。单纯的经济增长并没有带来人的全面发展，相反生存竞争日趋激烈，就业更加困难，人的许多潜在才能和爱好为生存需要所牺牲，人的发展更加畸形化片面化，人成为自己谋生技能的“职业囚徒”。由于自然科学和技术片面发展产生的一系列社会问题的恶化，资本主义现代化遭到后现代主义的不断抨击。

西方现代化的历史经验证明，自然科学和技术是推动社会发展的强大力量。没有自然科学和技术的进步，就没有当今发达的西方资本主义社会。可它同样证明，自然科学和技术的片面发展对社会发展是有害的。美国的生态学家格林伍德和爱德华兹说：“当一项新技术破坏了人们大量需要的和不可再生、人类的和非人类的资源时，那么所谓进步实际就是一项拙劣的交易。”① 人类从对自然胜利陶醉中受到的报复，就是这种拙劣交易的代价。

自然科学和技术并不必然给人类带来灾难。自然科学在价值上是中立的，而技术则不同，因为技术是自然科学原理的实用化，应用本身就包含应用的目的和方式。不同的目的和不同的应用方式取决于价值观，取决于如何处理自然科学和技术与人文关怀的关系。如果先进的科学技术单纯成为经济增长的手段，而不考虑应用后果，它就会由于它的负效应而成为祸害。与霸权主义和强权政治结合，就会变为精确制导的导弹和推行单边主义的工具；与恐怖主义结合就会变成具有大规模杀伤力的恐怖行为的手

---

① ［美］格林伍德、爱德华兹：《人类环境和自然系统》，490 页，北京，化学工业出版社，1987。

段。西方现代化的历史和发达资本主义的现实都证明，人类的幸福并不单纯取决于自然科学与技术的进步，还依赖于是否有合理应用自然科学与技术新成就的制度和价值观念。这就离不开哲学社会科学。否则，它就有可能成为潘多拉宝盒中的魔鬼。当今西方资本主义世界所谓人文危机和困境，所谓人文关怀与科技发展的分离与对立，并不是源于自然科学和技术的发展，而是源于资本主义现代化的本质及其不可避免地向自然科学与技术片面倾斜的恶果。西方现代化的进程及其弊端从一个方面为我们在社会主义现代化进程中，应该如何对待哲学社会科学、如何处理自然科学和技术与哲学社会科学的关系，避免西方现代化进程中的弊端提供了历史借鉴。

西方现代化进程提供的是资本主义发展的经验，苏联社会主义失败的悲剧则从另一个方面提示，单靠发展自然科学技术不足以保证社会主义的巩固和发展。特别是处在世界范围内社会主义和资本主义两种制度矛盾和竞争的时代，代表综合国力的不仅是自然科学与技术革新的水平，同样包括哲学社会科学的水平及其成果。

苏联的自然科学与技术不能说不发达，尤其在自然科学的基础理论和航天航空领域及其他军事科学领域都能与美国一争短长。可苏联在哲学社会科学方面却是失败的。在马克思主义理论方面先是教条主义，后来在反对教条主义过程中逐步背离马克思主义的基本原理，最后发展到公开反对和取消马克思主义的指导地位。与此相联系，全部社会科学由于失去正确的指导思想而处于一片混乱。苏联解体的原因是多方面的、复杂的，但在哲学社会科学领域中对苏联社会存在的矛盾和问题，对社会主义建设中的问题只知重复斯大林的论断而没有进行创造性的科学研究，由于“左”的教条主义，没有多少哲学社会科学家敢于直面苏联社会的现实问题，掩盖矛盾甚至歌功颂德代替了有价值的科学研究；另一方面，由斯大林时期的封锁到后来的全部敞开，西方的价值观及其对社会主义和马克思主义的攻击，像决堤的洪水势不可挡。这样，前苏联的哲学社会科学既缺少对现实的批判性思考，又没有抵御西方意识形态进攻的能力，由此，在政治大动乱中社会主义的失败就不可避免。苏联的失败是以意识形态的缺口开始，以意识形态的大溃败而结束。原苏联一位持不同政见的哲学家亚历山大·

季诺维也夫在他的著作《俄罗斯共产主义的悲剧》中，把苏联的解体视为“意识形态的大溃败”不是没有道理的。他说：“在西方生活方式的迷惑下，西方的价值体系得到了巩固，以前所未有的力量向人类发起攻击，苏联也被纳入其影响范围。他们从一个极端走向另一个极端，成为来自西方的、意识形态—心理攻击最软弱的目标。”① 还说：“苏联的官方意识形态暴露出完全不能坚持自己的社会制度的正面成就、批评西方的缺陷，对于来自西方的、集中的意识形态的攻击缺乏准备；国家在意识形态方面惊慌失措，出现了意识形态逃兵、叛徒和反复无常者。意识形态的将军们开始投奔敌人方面。开始了一场一切涉及苏联历史、苏联社会制度和整个共产主义的聚会。”② 这种思想理论的混乱，意识形态崩溃的结果是众所周知的。

中国共产党是重视哲学社会科学的党，但从中也有深刻的教训。在新中国成立之初，不适当地取消了一些可以通过改造发展的学科，包括社会学、人口学、政治学等等，造成这些学科在我国很长一段时期的空白；而在“文化大革命”中，哲学社会科学由于“左”的路线的影响，对当代资本主义社会的认识，对社会主义社会的认识，对社会主义社会发展阶段及其与共产主义相互关系的认识，以及一系列重大理论问题，如生产力与生产关系相互关系规律、阶级斗争规律等，思想模糊，理论界限不清。可以说，1956 年后 20 年实际工作中的许多错误，包括政策性错误，与哲学社会科学中若干重大理论问题认识的混乱是相互推动的。相反，从实践是检验真理的唯一标准大讨论开始的拨乱反正、正本清源的思想解放运动，邓小平理论的创立和随后的“三个代表”重要思想的提出，对中国社会的转型和迅速发展具有决定性的理论指导作用。其中，原来停办的一些哲学社会科学学科的恢复，新的学科和交叉学科的创立，学者们提出的许多理论创新观点，对中国社会主义改革开放的发展起了促进作用。中国共产党的重大决策和政策，凝结了全党的智慧，其中包括哲学社会科学工作者的研究成果。中国社会主义建设五十多年所走的“之”字路，最好不过地证明了哲学社会科学对于推动社会进步的巨大作用。

---

① ［俄］季诺维也夫：《俄罗斯共产主义的悲剧》，35 页，北京，新华出版社，2004。

② 同上书，52 页。

每代人对历史经验的解读都是立足于自己时代的需求。现实的需求越强烈，对历史的启示感受就越深。处在当代世界的中国共产党人对繁荣发展哲学社会科学的重要性，除了历史的经验外，更重要的是现实的需要。

从国际看是源于对世界认识的需要。世界性眼光是当代中国共产党人能在风云变幻、错综复杂的国际竞争中发展自己的关键。世界性眼光不是空的，它取决于能否从理论上把握世界和洞悉世界。马克思是人类社会进入资本主义阶段以后第一个提出历史已经转入“世界历史”并用世界眼光观察历史的人。当代世界与马克思当时所处的世界不大相同，与 20 世纪前半期也不相同。经济全球化浪潮势不可挡，苏联和东欧社会主义失败后世界的经济格局、政治格局的变化，使世界的各种关系变得更为复杂多样。我们要重新认识当代世界和当代资本主义，就必须研究世界经济、世界政治，研究国际各种组织的规则和章程，研究当代西方世界的各种理论和思潮，研究世界各国特别是西方发达国家的历史和现状。对于坚持对外开放的社会主义中国来说，对当代世界一知半解，若明若暗，甚至不知不解，所谓世界性眼光就是一句空话。而了解世界、熟悉世界和从理论上把握世界，就要依靠繁荣发展与其相关的哲学社会科学学科。

从国内看是源于对当代中国现实的理论把握。中国正处在全面建设小康社会，开创中国特色社会主义建设新局面的关键时期。在取得了空前成绩的同时，也面临着很多无可回避的问题，包括“三农”问题、经济结构调整与下岗失业问题、公平与效率问题、经济社会发展失衡问题、反腐问题以及物质文明、精神文明、政治文明三者协调发展问题，等等。任何一个重大实际问题的解决，都离不开哲学社会科学包括交叉学科和新兴学科的研究和发展。恩格斯曾经说过，“只有清晰的理论分析才能在错综复杂的事实中指明正确的道路”①。现在最需要的是对中国当代社会的自我认识，即从各个方面对它进行清醒、正确的理论把握。

前事不忘，后事之师。中国现代化要不走西方现代化的老路，不重蹈前苏联社会主义失败的覆辙，就应该从根本上扭转重理工轻人文、重应用轻基础的倾向，高度重视繁荣发展哲学社会科学。

---

① 《马克思恩格斯全集》，第 37 卷，283 页，北京，人民出版社，1971。

二、哲学社会科学的作用和作用方式

当前世界正处在信息时代。继续发展自然科学和推动技术创新是非常重要的，但这与繁荣发展哲学社会科学并不排斥，而是互为犄角。而且就重要性而言，哲学社会科学与自然科学相比毫不逊色。社会同人一样，也会有“病”。有“社会焦虑症”，这就是整个社会的不安定的浮躁；有“社会抑郁症”，这就是社会弥漫着的悲观主义，自杀者大量增加和有神论者的人数过度膨胀；社会也会有“溃疡”，这就是腐败、失业、犯罪；有“伤口”，这就是社会不同阶级和阶层的对抗和仇恨。分析和治理这些“毛病”不能依靠自然科学，而必须有赖于社会科学的研究。生活在资本主义社会的马克思和恩格斯可以说是最高明的社会医生，为我们指明了资本主义社会的疾病所在和根治的方法，而且他们首先是革命者，以其毕生精力直接领导和参加反对资本主义的斗争。

中国特色社会主义是一个肌体健康朝气蓬勃的社会，但同样会有各种各样的社会问题。自然科学面对的是自然，它的任务是单一的——发现自然规律；而社会科学不仅要研究社会，而且要研究由于自然科学和技术的应用所引发的社会问题，要研究社会和自然的相互关系和相互作用。可以说，自然科学和技术越发展，对哲学社会科学的作用期待就越大。根本原因在于，自然科学和技术发展所引发的问题超出了自然科学范围，绝大部分属于社会问题，它不可能单纯依靠自然科学和技术本身来解决，而必须有哲学社会科学的参与。舒马赫在《小的是美好的》一书中认为，为人类社会、自然环境与人类本身问题的单纯自然科学和技术的解决方案，“不论构思多么聪颖，表面多么吸引人，都没有任何益处。机器不断大型化，需要集中的经济力量也不断增加，这不代表进步：它们是对智慧的否定。智慧要求科学技术朝着有组织、温和、优美的新方向前进”①。这里最有启发的不在“大小”之争，可贵之处在于提出了不要片面依赖自然科学和技术而要重视对自然科学和技术应用的智慧。这种智慧是由哲学社会科学提供的。

---

① ［英］舒马赫：《小的是美好的》，17 页，北京，商务印书馆，1984。

从社会形态发展来说，社会发展的程度越高，人的主体作用越大，就越要求对社会规律认识的自觉性。尽管关于自然和社会的知识古代就有萌芽，但以实验为基础的自然科学是在资本主义社会中产生的；而分门别类的社会科学是在实验自然科学产生以后逐步发展起来的。这说明，由于资本主义社会形态高于封建社会，因而才需要出现近代意义的社会科学。如果说资本主义社会尚且如此，社会主义社会更需要发展社会科学。可以说，在人类已经经历过的社会形态中，社会主义社会对哲学社会科学最为需要，因为社会主义社会不是自发产生的，而是依靠以马克思列宁主义为指导的政党通过革命变革自觉建立起来的。在随后的建设、发展和改革中，面对自己管理的社会的复杂性更要求自觉性。如果说，在前社会主义形态的社会发展中，社会规律往往作为异己的对立物统治人类，那么在社会主义社会就应该减少这种盲目性，增强自觉性。要增强自觉性，没有对人类社会发展规律的认识、对社会主义社会发展规律的认识、对执政党规律的认识，就会举步维艰。当然我们可以在实践中摸索，但摸索只是通向规律性认识的驿站。不可能永远摸索，而必须要总结经验升华为理论。这就需要繁荣发展哲学社会科学，否则，最好的经验也是掩埋在泥土中的珍珠。总结改革开放的历史进程，反思邓小平关于中国特色社会主义理论在当代中国的巨大作用，反思从中共十三届四中全会以后逐步形成的“三个代表”重要思想的作用，环顾中国在世界体系中的经济地位和政治地位的巨大变化，就可以认识到哲学社会科学对社会发展的推动作用。任何亲身经历过思想解放运动，参与和目睹这个变化过程的人，只要不怀偏见都会得出同样的结论。中国变化的事实无可辩驳的证明，哲学社会科学所特有的认识世界、传承文明、创新理论、咨政育人和服务社会的作用是无可替代的。

哲学社会科学是一个包括多个学科的学科群。其中，哲学、社会科学、人文科学既有共性又各有特点，应当根据学科的特点充分发挥它们各自的特殊作用。

哲学是以哲学的方式发挥作用的。马克思主义哲学的作用是双重的。当它为我们提供科学的世界观和思维方法时，它发挥的是认识世界和改造世界的认识工具的职能；当它为我们提供科学的价值观和人生观，提供社会理想和信仰时，它发挥的是人文教养的职能。我们不可能要求马克思主义为我们提供对问题的现成答案，也不能把它当作从中可以推论出一切问题答案的前提。我们曾经犯过违背哲学本性，要它发挥“推背图”作用的错误。事实上哲学不是万能的，它的不可替代的、无比重要的作用就在于对世界和社会的本质和规律提供具有整体性的认识。因此，繁荣发展哲学的道路应该符合哲学的本性，着重在总结当代科学成就和实践经验基础上，提供新的思维方法和范式。

社会科学的作用不同。哲学的作用是宏观的，它是对世界和社会的整体性把握，而各门社会科学包括交叉学科则具有一定的微观性，它是对作为整体社会的各个不同方面的研究，是对支配社会生活不同领域特殊规律的把握，它需要调查，需要数据，需要实证性和可验证性。没有以事实为依据的对社会领域分门别类的研究，对社会的认识就是抽象的笼统的。所以各门社会科学研究的具有科学性的成果，对于总体性和不同部门的决策及政策的制定，可以提供可行性和前瞻性的思想指导和理论支持。社会科学的咨政作用是它认识社会和服务社会的重要方式。

而人文科学虽然可以包括在广义的社会科学之内，但就其作用和特点来说，它与狭义的社会科学又完全相同。狄尔泰在《人文科学导论》中谈及人文科学作用方式时强调：“人文科学的目标——理解社会历史现实中的单一和个体，认识其形成过程的一致性，为其未来发展建立目标和规则。”① 人文科学以人的精神活动及其产品为对象，它直接作用于现实的个人及由其组成的人类自身。伦理学提高人的道德素质，历史增加以史为鉴的智慧，逻辑训练人的思维能力，文学艺术提高人的审美力，如此等等。荀子在《乐论》中论及音乐时说：“夫乐者，乐也，人情之所必不免也，故人不能无乐。”“故乐在宗庙之中，君臣上下同听之，莫不和敬；闺门之内，父子兄弟同听之，则莫不和顺。故乐者，审一以和者也，比物以饰节者也，合奏以成文者也。足以率一道，足以治万变。”还说：“夫声乐之入人也深，其化人也速，故先王谨为之文。”② 音乐，由情入理，入人，

---

① ［德］狄尔泰：《人文科学导论》，29页，北京，华夏出版社，2004。

② 《荀子·乐论》。

化人，这种对音乐的作用的论述极为精辟。这种看法在一定程度上适用于整个人文科学。

人文科学直接作用于个体必然作用于人类，因为处在一定社会结构中的个体是类存在物；民族同样是由个体组成的，作用于个体，实际上也就是作用于民族，作用于人类自身。因此，人文科学能传承文明，弘扬民族精神和提高全民的人文素质和促进人的全面发展。而且由于人不但有理性而且有情感，最能直接通过人的情绪、心理、感受作用于人的是人文科学。阅读和背诵世代传诵的诗歌，它对心灵的滋养、对人的品位的提高、对性情的陶冶，都会起到良好的作用。没有任何其他科学像人文科学那样能入情、入理、入人、化人。人文科学的作用及其方式是无可替代的。

当然，作用方式的区分是相对的。哲学社会科学中各学科的作用相互支撑、相互联系、互相渗透、不可分割。由于社会科学各学科的部门性质，如果缺乏贯穿其中的统一的哲学思想，就会由于脱离整体而陷于经验主义或实证主义的泥淖；而人文科学没有哲学思维，就没有灵魂，就会发生人文科学没有人文精神的悖论。反之，哲学如果脱离社会科学（暂且不说自然科学）的成就，就会由于纯粹的思辨而失去它的指导作用；脱离人文科学就会由于人文精神的缺损而失去哲学的人文维度，与实证科学相混同。

要按照各学科特点采取相应的繁荣发展对策，但其中有两点对整个哲学社会科学的重要性是共同的。一是要坚持马克思主义的指导地位。本来从道理上说，这是毫无疑问的，中国是社会主义国家，是为建设中国特色社会主义和中华民族伟大复兴而提出繁荣发展哲学社会科学的。在中国，哲学社会科学当然要有利于推动先进生产力的发展，有利于先进文化建设，要代表最广大人民的根本利益。如果起相反的作用，何必花费纳税人的钱来“繁荣”这种哲学社会科学呢？哲学社会科学的重要性和无可替代的作用取决于它的指导思想和学科本身的科学水平。不能搞马克思主义的话语霸权，但要坚持马克思主义的立场、观点和方法。在哲学社会科学的指导思想问题上，只能搞一元化，不能搞多元化。

当然，强调以马克思主义为指导，这种马克思主义必须是发展着的创造性的马克思主义，而不是僵死的教条化的所谓马克思主义。当代中国马克思主义理论工作者面临的一个重大任务，就是要在实践“三个代表”重要思想，全面建设小康社会过程中，对理论和实践中面临的若干重大问题进行研究，以便以创造性的马克思主义来指导社会主义建设事业，包括繁荣发展哲学社会科学伟大事业。党中央提出的实施马克思主义理论研究和建设工程，就是繁荣发展哲学社会科学的重大决策。

二是理论创新问题。这是整个哲学社会科学面临的问题。创新是一个民族进步的灵魂。对于哲学社会科学来说，创新同样是推动哲学社会科学繁荣发展的动力。哲学社会科学与时代和国内建设的某些不适应，一个突出表现就是创新问题。在繁荣发展哲学社会科学的伟大任务中，要努力建设哲学社会科学创新体系，积极推动学术观点创新、学科体系创新和科学研究方法创新。

在哲学社会科学创新方面，难以迈步的一个原因是对哲学社会科学创新陷入理论误区，这就是片面追求所谓“原创性”。有的论者把创新描绘成第一个人、第一次发现别人没有发现过的原理，或者说第一句别人没有说过的话。这样，在哲学社会科学的研究中，创新是难以企及的。其实，应该区分不同领域中的创新。在自然科学领域，创新往往表现为与个人相联系的新的原理的第一次发现。阿基米德原理就属于阿基米德，相对论就属于爱因斯坦，这是不能重复的。可在技术领域中，创新情况不同于科学原理。在引进中改进，在模仿中创造，从无到有，可以是技术创新的一种形式。哲学社会科学领域中的情况更不相同。恩格斯说过，在古希腊人那里，我们可以发现后人许多观点的萌芽和胚胎，这并不妨碍后来哲学家创造众多的哲学体系。至于马克思主义的原创性问题，更不能离开对马克思主义在实践中的应用。马克思主义是在实践中创新和发展的。坚持马克思主义基本原理，结合新的实践、新的问题，提出新的解决方案，这就是创新。虽然基本原理是马克思主义，可它的应用是当代的，解决的问题是具体的。“三个代表”重要思想所依据的是马克思主义的基本原理，可它结合中国新的实际，提出新的观点、新的思路，这就是创新。如果执着于凡是应用马克思主义原理解决新的问题不算创新，因为它的原理是已有的，对于应用者来说不具有原创性，就从根本上背离了马克思主义必须与实际相结合，在结合中创新的原则。这样只能在马克思主义的研究中陷于闭门造车、虚构体系的绝境，而不是着力于应用，在理论与实际结合上，在马克思主义中国化上下功夫。有些同志对“三个代表”重要思想的重要意义和价值缺乏正确认识，就是陷入对马克思主义原创性的误解。其实，任何创新都存在继承和发展的关系。在登山中，站在山峰上的人处于最高位置；在科学研究中，站在巨人肩膀上的人最有成就。在哲学社会科学的创新中，应该提倡求真务实，求真与求新的结合；提倡多种创新的方式，包括学术观点、学科体系、教材的编写反映当代中国马克思主义的新成就；特别要提倡理论与实际相结合，在结合中创新，在应用中创新。如果在哲学社会科学的创新中追求“第一个人说出的第一个原理”，就会迟迟不敢举步，阻碍创新。

三、哲学社会科学工作者的社会责任

在繁荣发展哲学社会科学中，哲学社会科学工作者肩负着特殊使命，因为哲学社会科学研究就是他们的存在方式，就是他们的生命活动。

哲学社会科学作为科学研究属于科学活动，它是社会分工的一部分。既然是社会分工的一部分，它就负有社会责任。因为任何社会分工，只有满足社会需要才有存在的价值和根据。人们容易把自己从事的专业，仅仅看成属于个人的。这是我的专业，这是我的著作，这是我的文章，总而言之，我所做的一切都属于我个人，都只与我有关。这是脑力劳动个体方式产生的一种错觉。实际上，科学研究是以个体思维方式从事的社会工作。哲学社会科学工作者所做的一切都是社会分工的一个领域，他的著作和文章是整个社会精神生产的一部分，是写给别人看的，是用这种方式影响社会。一个半世纪以前，马克思在《1844 年经济学哲学手稿》中就说过：“甚至当我从事**科学**之类的活动，即从事一种我只是在很少情况下才能同别人直接交往的活动的时候，我也是**社会的**，因为我是作为人活动的。”① 所以哲学社会科学的任何一个专业，既是个人的专业又是社会的分工。

德国哲学家费希特在其《论学者的使命》中，论述了作为一个学者对

① 《马克思恩格斯全集》，第 42 卷，122 页。

人类承担的任务。他提出一个尖锐的问题："学者的使命是什么？学者同整个人类及其他各个阶层的关系怎样？他们用什么手段才能稳妥地完成自己崇高的使命？"① 他明确回答："每个人都必须真正运用自己的文化来造福社会。谁也没有权利单纯为自己过得舒适而工作，没有权利与自己的同胞隔绝，没有权利使用自己的文化于他们无益；因为他们正是靠社会的工作才能使自己获得文化，从一定意义上说，文化就是社会产物，社会所有物；如果他不愿由此给社会带来利益，他就是从社会攫取了社会所有物。"② 这是何等的胸怀！

哲学社会科学研究必须认真贯彻"双百"方针，需要宽松和谐的学术环境和学术自由。自由和责任又是不可分的。作为社会主义社会的哲学社会科学工作者，同样负有社会使命和社会责任，这就是为建设中国特色社会主义服务，为中华民族的复兴服务。无论是站在讲堂上，还是著书立说，一定不要忘记对社会负责、对人民负责。这是中国哲学社会科学工作者应有的学术良知。信口开河，谬种流传，争立项目而又粗制滥造，剪贴拼凑，炒冷饭，甚至抄袭他人成果，误导读者，误导学生，实有悖学者的良知和责任。

哲学社会科学应该繁荣发展，但应该不等于事实。与历史发展趋势相反，自然科学和技术发展带来的不是哲学社会科学繁荣而是它的冷落和边缘化。因为自然科学技术对推动生产、增加财富和利润，具有直接有效性。世界各国国力竞争，往往表现为科技力量、生产力水平、经济实力的竞争。人们重视社会发展中的硬力量，很少重视软力量。除了有识之士，很少有人认识到哲学社会科学是综合国力的一部分。直接追求经济效益，必然使哲学社会科学变为"无用之学"。

另一方面，商品化和市场化程度越高，哲学社会科学工作愈益职业化，成为一种谋生手段，就越来越失去它参与决策性工作的地位、能力甚至兴趣。老一辈哲学社会科学工作者，像李达、艾思奇、胡绳这些人，哲学社会科学是他们参与斗争，为中国人民争取解放和发展的手段。他们的

---

① ［德］费希特：《论学者的使命》，5页，北京，商务印书馆，1984。

② 同上书，33页。

著作文章，都具有强烈的现实性和针对性。而现在有些哲学社会科学工作者，由于种种原因自觉边缘化，远离现实。哲学社会科学在他们那里越来越成为单纯在书斋里的“寻章摘句”，失去了它积极参与现实生活的活力。

当然，国家也需要纯学术研究，需要看似远离生活实际具有长远价值的研究。应该反对急功近利的实用主义，但哲学社会科学绝不能脱离现实，应该坚持“二为”方向。直接或间接为现实服务，积极参与中国人民正在从事的伟大事业，绝不会降低学术水平和科学品格，反而能使它得到提高。能解决中国人民建设中面临的难题和重大问题的哲学社会科学论著，肯定具有最高水平。只有最高科学水平才能凸显它的认识现实和改造现实的作用。没有追求真理的激情和现实情怀，真正有价值的哲学社会科学成果是很难产生的。

与自然科学和技术工作者相比，哲学社会科学工作者的地位和待遇仍需改进；在哲学社会科学内部，传统的文史哲即所谓人文科学与财经政法相比，与管理科学相比又更为冷落；毕业生分配的遭遇同样如此。这对于繁荣发展哲学社会科学特别是人文科学是很为不利的。市场经济利益和就业导向的作用一时是很难解决的。因此，繁荣发展哲学社会科学不能不考虑市场需求而盲目扩大人文学科的招生数量，或不管条件过多地设立人文学院，应该走内涵式发展道路。通过教改提高科学研究水平和教学水平，真正有利于培养学贯中西的思想家和理论家，培养一批理论联系实际，功底扎实，勇于创新的学科带头人和青年理论骨干，发挥哲学社会科学在咨政育人，提高全民人文素质方面的不可替代的作用。有作用就能就业，作用越显著，就业的范围和可选择性就越大，社会地位和声望就会越高。哲学社会科学工作者真正与自然科学工作者的地位同样重要，就能更加促进它的繁荣发展。“千金市马骨”的故事是有启发的。

就哲学社会科学工作者自身而言，既然有幸在这个领域中工作，就不能过多考虑个人的名利得失。要提高学术境界，培养好的学风，反对急功近利，反对粗制滥造，真正沉下去，推出精品力作。特别是由于哲学社会科学的评价机制和标准不健全，学风不正，学者更应自律。

“古来圣贤皆寂寞。”可对人类文化贡献最大，真正青史留名的就是这些生前受冷落的人。哲学社会科学工作者一定要有事业心，为繁荣发展中国的哲学社会科学而努力奋斗。特别是年轻一代更应该有这种历史使命感和社会责任心。中国特色哲学社会科学的创建必须依靠中青年学者，他们才是这门科学的灿烂未来。

（原载《中国社会科学》，2004（4））

28. 论哲学社会科学重要性的社会制约性和理论依据

如果从三大规律，即人类社会发展规律、社会主义建设规律和共产党执政规律着眼，我们对江泽民同志关于哲学社会科学与自然科学“四个同样重要”的论断就不会只是停留在政策层面上，而能从它的历史依据和理论原则中得到更深层的理解。资本主义社会的现实和苏联社会主义失败的历史悲剧已经表明，处于执政地位的共产党必须繁荣哲学社会科学，重视理论创新，它同样关系到共产党执政地位能否巩固、社会主义事业成败兴亡。

一、资产阶级取得政权吹响了自然科学革命的号角，也敲响了社会学说科学性的丧钟

人类社会的发展是以生产方式为基础的社会结构的变化过程，其中包括人类知识的进步。但是最终决定社会发展的并不是知识本身，因为知识的进步是与人类的实践活动，特别是与生产方式的发展不可分的。人们对自然界的认识水平受着生产力发展水平，即人与自然关系状况的制约；而对社会的认识是受人与人的社会关系的类型和水平制约的。波普尔以人类社会发展的决定力量是知识，而知识的发展是不可预测的来反对历史唯物主义是错误的。当然知识——关于自然和社会的知识对社会的反作用是毋庸置疑的，而且随着社会的发展，它的作用方式和力度会越来越重要。但无论怎样重要都不能推翻历史唯物主义关于生产方式是社会发展的基础、生产力的总和决定着社会状况的论断。因此，对哲学社会科学与自然科学

相互关系及其地位的变化，只有放在人类社会生产方式的变化和社会发展的大背景下才能得到科学理解。

在以农业生产方式为基础的前资本主义社会，人类无论对自然的认识或对社会的认识都由于生产方式的制约而受到限制。由于生产力水平较低，人与自然关系处于一种低水平的相对平衡的状态。但是人类的生产经验还是为人类对自然的认识提供了必要的动力，因而无论在西方还是在东方自然科学都有一定程度的发展，但这种自然科学并不是近代意义上的以实验为基础的自然科学。在古代希腊罗马时期它表现为自然哲学，关于自然的知识包含在哲学之中。而在东方例如中国，在相当一段时期自然科学知识往往与星相学、炼丹术相结合，具有神秘主义色彩。当然，像中国的《齐民要术》、《梦溪笔谈》、《天工开物》等等这类传世之作的价值是非常高的，但还是以农业和手工业的经验为基础的，不同于建立在资本主义工业生产基础上的实验的自然科学。

由于人类生存和发展的需要，在认识自然的同时，也形成一些对社会现象具有规律性的知识，如由于经常战争的需要产生了兵学，由于长治久安稳定统治的需要产生了历史学、法学，等等。但是农业生产方式规模的狭小和剥削阶级处于统治地位和垄断精神生产，对社会的认识很难达到科学的水平，因而并没有后来出现的分门别类的社会科学。

当人类社会由于资产阶级革命胜利而进入工业社会，人类对自然的认识和对社会的认识的程度和水平都发生了重大的变化，而且这两种认识越来越不平衡，由于市场经济的自发导向而不断向自然科学和技术倾斜。

马克思对这种现象作过精辟的分析。他说："我们应当把资产阶级的历史分为两个阶段：第一是资产阶级在封建主义和专制君主制的统治下形成为阶级；第二是形成阶级之后，推翻封建主义和君主制度，把社会改造成资产阶级社会。"① 在这两个不同阶段中，随着资产阶级统治的确立，自然科学与哲学社会科学在社会中的地位，呈现出此长彼消的负相关关系。

资本主义社会比封建社会处于更高阶段，这是由自然经济转向市场经

---

① 《马克思恩格斯选集》，2版，第1卷，193页。

济，由君主专制制度转向资本主义民主制度，由人治转向法治的社会。在人类阶级社会的历史中，这是一次重大的变革。要完成这个革命，资产阶级要为夺取政权进行理论与舆论准备，要探寻最有利于资产阶级统治的政治制度，离不开哲学社会科学。虽然当时关于社会的学说还不能说具有科学形态，但批判封建专制，为新的市民阶级呐喊和论证是十分需要的。文艺复兴时代以及随后一段时期的思想家承担的就是这种历史使命。的确，资产阶级需要自己的哲学家、经济学家、政治学家、法学家，等等。法国的百科全书派、伏尔泰、孟德斯鸠、卢梭、英国古典经济学家亚当·斯密和李嘉图等等，都是为资本主义诞生在思想理论方面建功立业的功勋人物。

可是，当资产阶级已经夺取政权并站稳脚跟，需要大力发展生产以取得经济利益时，它最迫切需要的首先是发展自然科学和新的技术。马克思说过：资产阶级没有科学是不行的，“随着中等阶级的兴起，科学也大大地复兴了；天文学、机械学、物理学、解剖学和生理学的研究又重新进行起来。资产阶级为了发展它的工业生产，需要有探察自然物体的物理特性和自然力的活动方式的科学”①。

其实，这种向自然科学的倾斜从资产阶级取得政权以后就开始显现端倪。马克思一方面说，在资产阶级发展的第二个阶段，即掌握政权，确立资本主义生产方式的统治地位以后需要发展自然科学以满足发展生产力的要求，另一方面又指出，资产阶级的胜利，敲响了资产阶级经济科学的丧钟。这说明，在资产阶级发展的第二阶段，最能符合资产阶级利益需要的是发展自然科学和技术，它能最有效地迅速使资产阶级国家富强和增加有产者的财富。所以在资产阶级发展的两个不同阶段中，哲学社会科学和自然科学的地位发生了变化。

这当然不是说，资产阶级作为社会的领导者不需要社会科学。不是，实际上，西方资产阶级是很重视坚持自己的意识形态的。因而在西方智囊团、智库类的人才，为资产阶级的经济、政治、文化和内外政策提供理论和思想的学说和著作是很受重视的。事实上，西方学者的一些社会理论方

---

① 《马克思恩格斯全集》，第22卷，347～348页，北京，人民出版社，1965。

面著作的意识形态性、政治性是很强的，如《开放社会及其敌人》、《大失败》、《历史的终结》这类著作。尽管西方有的学者在社会科学方面提供一些有价值的思想，但真正对社会进行毫无偏见的科学研究的可以说是极为罕见的。可以说，在资本主义社会，社会科学的价值性限制、束缚，甚至扼杀了它的科学性。正是在这个意义上，马克思说资产阶级的胜利敲响了政治经济学的丧钟。

列宁也说过："建筑在阶级斗争上的社会是不会有'公正的'社会科学的，**全部**官方的和自由派的科学都这样或那样地为雇佣奴隶制**辩护**……期望在雇佣奴隶制的社会里有公正的科学，正像期望在应不应该用减少资本利润来增加工人工资的问题上有公正的工厂主一样愚蠢可笑。"① 因为阶级利益和阶级偏见，很难使资产阶级学者在有关阶级根本利益的社会问题上持客观的超阶级的判断，尽管资本主义社会在哲学社会科学的研究中也存在对资本主义社会和各种社会现象的批判性的研究著作，也有一些态度客观、具有较高学术性的著作，但在资本主义社会不可能成为主流。所以在西方资本主义社会，哲学社会科学的发展仍然不可能与加速发展的自然科学与技术相比。

如果说，在18、19世纪这种倾斜还只是开始，那到20世纪，特别是它的下半叶，当科学技术成为第一生产力，成为资产阶级和它的大垄断集团和跨国企业获得高额利润和在国际竞争中击败对手的决定性力量时，它自然就会处于至高无上地位。特别在市场经济条件下，自然科学和技术工作者在就业的机会和个人收入方面，同样是哲学社会科学工作者无法相比的。

在当代世界上，自然科学和技术发展的迅速、它备受世人关注和重视的程度，与哲学社会科学发展的相对滞后和冷落，形成鲜明的对比。一方面，哲学社会科学不可能像自然科学技术那样给资产者带来直接的经济效益；另一方面，统治者重视直接为自己统治和政策论证和辩护的理论和学说，不可能像重视自然科学与技术那样重视客观的追求科学性的哲学社会学科的研究，更不可能支持对资本主义批判性的科学研究。就哲学社会科

---

① 《列宁选集》，2版，第2卷，441页。

学与自然科学的关系来说，它们之间并非相互排斥，而是相互促进、相互借鉴。资本主义社会向自然科学和技术倾斜，或者说哲学社会科学与自然科学发展的此长彼消的负相关关系，是由资本主义工业生产方式和资本主义市场经济利益原则决定的。这是一种社会现象，它的最深的根源在资本主义生产方式本身。

二、向自然科学和技术片面倾斜对人类自身的危害

在资本主义社会中，这种不断倾斜的结果就是当代西方学者惊呼的科技与人文的对立、自然科学学者与人文学者的隔阂、科学精神与人文精神的冲突。西方学者所谓“两种文化”讲的就是这个问题。江泽民同志关于哲学社会科学与自然科学同样重要的论断，就是要扭转这种倾斜的负相关关系，变为社会主义条件下同样重要的相互促进的正相关关系。这无论从理论上还是从实际上看都是极为重要的。

如果我们只是从自然科学作用的角度去看待自然科学，而不是从自然科学与社会科学的正相关关系中去看待自然科学的发展，我们对当代世界中存在和日益恶化的某些问题的认识及其解决的途径，对发挥自然科学和哲学社会科学相互推进作用和合作的关系都不可能有正确理解。哲学社会科学与自然科学同样重要的正相关的观点，为我们指明了一条正确理解当代人类困境问题的本质和摆脱困境的出路。事实证明，自然科学越发展，哲学社会科学越重要。根本的原因在于，自然科学和技术发展所引发的问题超出了自然科学范围，绝大部分是社会问题。

例如，从世界范围看，当代自然科学革命促进了世界的发展，可当代自然科学和技术的不当应用，也引发了所谓全球性问题，包括各种各样的危机，如能源危机、人口危机、生态危机，以及国与国之间的贫富矛盾，等等。这些所谓全球性问题不少是社会问题，属于哲学社会科学研究解决的问题。也就是说，当代自然科学的应用不当，即技术化过程所引发的负效应，超出了单纯自然科学和技术研究的范围，没有哲学社会科学的参与，是不能正确认识和解决的。

从社会角度看，自然科学的高度发展大大推动了社会进步，可对于一个社会而言，它的技术化的两面性同样会引发社会问题。西方资本主义社

会工业化的进程就是一个显著的例证。马克思曾经深刻地指出自然科学和技术发展的负效应问题。他说："技术的胜利，似乎是以道德的败坏为代价换来的。随着人类愈益控制自然，个人却似乎愈益成为别人的奴隶或自身的卑劣行为的奴隶。甚至科学的纯洁光辉仿佛也只能在愚昧无知的黑暗背景上闪耀。"马克思批评了解决这个问题的种种错误论调，如反科学技术论、政治代价论，等等。他说："有些党派可能为此痛哭流涕；另一些党派可能为了要摆脱现代冲突而希望抛开现代技术；还有一些党派可能以为工业上如此巨大的进步要以政治上同样巨大的倒退来补充。"① 这就涉及如何以正确的哲学社会科学观点来认识倒退科技作用的正负效应问题。比起马克思说这段话的 19 世纪 40 年代，当今科技发展所引发的已不只是一部分劳动者的问题，而是整个社会成员的价值观念的变化，道德观念的变化，高科技犯罪，以及许多原来无法预料的问题。这些问题都是属于社会问题，是单纯依靠自然科学本身是无法理解和解决的。

从生产角度看，科学技术是第一生产力，可是科学不会自动地变成第一生产力，自然科学以技术为中介，首先要变为可实际操作的技术。而技术的应用要通过产业化。所以自然科学与技术要成为现实的第一生产力，同时需要管理科学、经济学、市场营销学、企业文化学等等的参与。仅仅局限在自然科学与技术自身，它难以在生产过程中发挥最优化的组合和作用，甚至难以进入生产过程。在各国的专利局的档案中，没有起作用的各种发明和专利多的不可胜数。

而且就自然科学和技术的进步与人文的关系看，自然科学的新发现给人类带来的是祸是福，在很大程度上取决于它在技术上应用，而技术化的过程就包含着科学应用的目的和方式。这种目的和方式取决于价值观，取决于如何处理科技与人文的关系。如果先进的科学技术与霸权主义和强权政治结合，就会变为精确制导的导弹和推行单边主义的工具，与恐怖主义结合就会变为具有大规模杀伤力的恐怖行为的手段。与合理的社会制度以及真正的人道主义结合就会成为推动社会进步、造福人类的伟大力量。历史与现实都证明，人类的幸福并不单纯取决于自然科学与技术的进步，而

① 《马克思恩格斯选集》，第 2 卷，79 页，北京，人民出版社，1972。

且要有合理应用自然科学与技术新成就的制度和价值观念。这就离不开哲学社会科学，否则，它就有可能成为潘多拉宝盒中的魔鬼。

从国家的职能角度说，当今的科学技术的发展已经超出了个人研究的范围，变成大科学多学科的合作，变成科学集团，技术也不再是个人的生产经验的积累，而是以科学新发现为依据的高新技术。高新技术的发展需要国家的统筹，需要有正确的科技战略与政策，这个科技战略、政策和科技管理本身，也超出了单纯自然科学研究的范围。

按照马克思主义哲学的观点，人类面对的感性世界是包括人与人类社会在内的世界，是自然与社会相互联系相互作用的世界。这就决定了自然科学与社会科学不可分割的关系。就以人类常见的突发的流行疾病而言，它虽然属于人与自然的矛盾，需要通过医学科学和相关的学科研究来寻找病因、病源和有效治疗方法。可疾病所引发的问题并非单纯是医学的，而是关系到一个社会对突发事件的控制、管理和应变机制，关系到一个社会的政治稳定和经济发展。在人类历史上由于人与自然矛盾而引发社会问题并不罕见，甚至会改变一个国家和民族的面貌和历史命运。在当代，由于人类改造自然力量的强化，自然的惩罚和反弹可能会更加严重。一种流行疾病被制服，新的流行疾病又可能突然爆发。疾病问题尚且如此，何况是涉及人与自然关系有方方面面的问题。事实证明，在当代脱离对人与人的社会关系、社会与自然关系问题的研究，就不可能树立对待自然的正确态度。

可见科学技术越发展，哲学社会科学越重要。我们的时代是科学技术迅速发生革命的时代，也应该是哲学社会科学大发展的时代。应当不等于事实。当前全世界普遍存在的自然科学的迅速发展和科学技术革命与哲学社会科学的相对落后状态，以及所引发的多方面的社会问题，有它的历史原因和社会与经济原因，要改变这种状况并不容易，但是这种状况应该作为前车之鉴。只有站在历史和现实的高度，我们才能体会江泽民关于“四个同样重要”指示的理论意义和现实价值。

三、以发展为第一要务中包括繁荣和发展哲学社会科学

从科学自身发展的规律与人类对自然和社会的认识的相互作用来说，

应该不断缩小两者的鸿沟。事实上，在西方关于自然的科学与关于社会的科学相互渗透和交叉学科的出现，表明了对这种片面倾斜的反弹，可由于社会制度和利益原则的支配，在资本主义制度范围内解决这个问题是不可能的。

马克思在《1844年经济学哲学手稿》中曾经预言："历史本身是**自然史**的即自然界成为人这一过程的一个**现实**部分。自然科学往后将包括关于人的科学，正像关于人的科学包括自然科学一样：这将是**一门**科学。"① 对我们而言，这仍然是个远景，但可以朝这个方向前进。如果说，在资本主义现代化进程中，在资本主义市场经济利益导向下，社会的需求和社会心理向自然科学和技术倾斜是必然的和不可避免的，而在我们社会主义社会条件下，由于科学的理论引导，由于党的正确方针政策和实际措施，扭转哲学社会科学与自然科学的负相关系，使它们处于同样重要地位，是完全可能的。

自江泽民同志近年来关于"四个同样重要"的论断发表以来，我国哲学社会科学的地位和哲学社会科学工作者工作条件的改善，就是有力的证明。当然，要完全落实江泽民同志的指示，真正繁荣哲学社会科学还要下大力气。

我们要从社会主义制度建设规律角度来认识繁荣哲学社会科学的重要性，真正从思想理论而不是口头上认识到，哲学社会科学发展的状况是关系社会主义事业成败兴亡的大事。

如果按照马克思关于资产阶级发展分为两个阶段，资本主义社会发展不断向自然科学和技术倾斜的观点，我们也可以把社会主义社会分为两个阶段：夺取政权以前的革命阶段和取得政权以后的建设阶段。在第一阶段，马克思主义理论的重要性、哲学社会科学的重要性是有目共睹的。如果说资产阶级夺取政权尚且要经过长期的思想斗争和理论准备，社会主义更是如此，没有哲学社会科学，社会主义的胜利是根本不可能的。资本主义社会是在封建的母胎中孕育成熟的，而社会主义社会不可能在资本主义社会内自发地成长。虽然资本主义的高度发展为社会主义的产生创造了各

---

① 《马克思恩格斯全集》，第42卷，128页。

种条件，但要取得社会主义革命的胜利，必须有科学的哲学社会科学理论。可以说，没有以改造世界为目的的马克思主义哲学，没有对资本主义社会进行经济分析的政治经济学，没有关于社会主义取代资本主义的条件、动力和方式的科学社会主义学说，无产阶级要取得政权是不可能的。西方有一些社会主义理论家认为，资本主义社会在不断增长社会主义因素，将来可以自发生长为社会主义，社会主义可以完全在资本主义社会母胎中孕育成熟并自我诞生，既不需要接生婆（任何形式的斗争），更不需要马克思主义的革命理论。说的好听一些，这只是一厢情愿的幻想。这种幻想只是资本主义历史终结论的另一种方式而已。

问题是在社会主义经济建设过程中，特别是处在科学技术革命的时代，对哲学社会科学的作用的认识，往往也会与资本主义现代化进程中一样发生某种倾斜。虽然邓小平提出科学技术是第一生产力时，明确说“科学当然包括社会科学”，但真正这样想这样做的并不多。重理工轻人文的现象严重存在，这对于建设中国特色社会主义，对于物质文明、精神文明、政治文明协调发展是非常不利的。

毫无疑问，在知识经济时代发展自然科学和技术非常重要，特别对我们这样一个近代以来自然科学和技术长期处于落后的国家尤其重要。科技进步和创新是发展生产力的决定因素。我们要大力推动科技进步和创新，不断用先进科技改造和提高国民经济，实现我国生产力跨越式发展。在当今经济全球化的浪潮中，科技创新和拥有一批科技自主知识产权，是参与世界经济竞争的强有力因素。可是社会主义社会的建设，同样要重视哲学社会科学，重视理论创新，这是社会主义建设规律的一个重要内容。理论创新，是制度创新、科技创新、文化创新的前提和关键。社会主义不是固定不变的，是需要不断改革的社会。它在整个发展中会遇到许多新问题，需要哲学社会科学理论的创新，否则就会由于停滞而导致灭亡。苏联的解体就是一个教训。苏联解体的历史证明，它的解体并不是因为自然科学不发达，它的航天、航空是很发达的，原来的军工也非常发达。苏联解体的主要一个原因在于其哲学社会科学理论的长期混乱，面对新的国际和国内矛盾提不出新的创造性的马克思主义理论，或者是固守僵死的教条或者是在貌似创新的新思维下背离社会主义道路。

我们国家不同。中国改革开放以来二十多年取得的伟大成就，当然与我们的自然科学发展密切相关，可是提出改革开放这个伟大战略新思路的，并不是自然科学原理，而是来自马克思主义与中国实际的结合，来自于马克思主义的中国化。我们社会主义制度的改革和自我完善涉及社会生活诸多方面，从所有制的结构、分配到经济运行的方式，从法制建设到思想道德建设和社会主义文化建设以及如何调节改革中出现的人民内部矛盾，等等，对这些问题的正确处理和制定正确的方针、政策，需要哲学社会科学各个学科的理论工作者的共同努力。事实证明，社会主义的建设和发展需要发展哲学社会科学，因为社会同人一样，也需要自我认识。社会的自我认识，就是哲学社会科学。正如人的自我意识一样，哲学社会科学是社会的自我意识。建设中国特色社会主义更是没有先例的伟大事业，更需要通过繁荣哲学社会科学来提高对它对于社会主义发展规律的自我认识。

社会发展程度越高，人的主体能动性越大，人的自由度越高。可这种自由度是双刃的，正如人对自然的能动性可能带来自然的负效应一样，人类在社会领域中主动性和自由度的强化，需要有正确的哲学社会科学理论指导来约束人的行为。马克思设想的人的自由全面的发展，是以对社会历史必然性的承认和掌握为前提的。社会发展的程度越高越不是无政府状态。人在社会发展中的自组织性和自觉调控，表现的就是对社会的规律性把握。人永远达不到这一点，历史就永远不会终结，可人永远在朝这个方面前进，这就是社会与人的共同进步。这个进步过程，也同时是自然科学与哲学社会科学相结合的创新过程。

从处于执政地位的共产党自身的建设来说，重视发展哲学社会科学并用以教育和武装自己的党员，是党的思想理论建设的极其重要的方面。在共产主义运动史上，一些曾经非常强大的党，后来没落了，有的甚至丧失了执政地位。一个重要的原因，就是思想僵化，理论创新观念淡薄，不重视马克思主义理论的应用和哲学社会科学，面对新的形势和新的矛盾，提不出新的理论和方法，思想混乱、束手无策。历史经验证明，只有理论成熟才能政治上成熟，一个不重视理论建设的党，迟早会衰败的。

我们中国共产党是一贯重视哲学社会科学，重视理论指导和用科学理论对党员进行教育的党。毛泽东在延安时期就开展过学习马克思主义的整风运动，在全国革命胜利后又多次号召在全党学习哲学、政治经济学、历史。继邓小平理论之后，以江泽民为主要代表的党的第三代领导集体提出的“三个代表”重要思想，开拓马克思主义发展的新境界，是马克思主义发展史、科学社会主义发展史上的大事。“三个代表”重要思想同样确立为党必须长期坚持的指导思想，不仅表现了中国化的马克思主义的伟大力量，也包含着哲学社会科学的力量，因为“三个代表”重要思想作为一个系统的科学理论，它在总结新时期全面治党、治国、治军经验中提出的一系列新思想、新观点、新论断中，就涉及哲学社会科学多种学科的内容。

当然，从人类社会发展角度看，无论是自然科学还是哲学社会科学都有个科学化的过程。自然科学从哲学中分离出来并摆脱宗教婢女地位，经历了很长一段时间。自然科学由于它的价值中立和与生产实践的密切联系，它的科学性除了唯心主义哲学家没有人否认。哲学社会科学则不同，不仅哲学中存在唯物主义和唯心主义各种派别，而且社会科学由于它的价值性，是否真正是具有公认客观性的学科还一直在争论之中。虽然实证主义步自然科学之后尘，企图把自然科学的实证方法和标准注入社会科学，但没有获得成功。只有马克思主义特别是它的历史唯物主义产生以后，社会科学科学化的道路才发生了根本性的转折。马克思主义为社会科学研究提供了科学的理论和方法。

因此，江泽民同志强调哲学社会科学与自然科学同等重要，有一个前提，这就是哲学社会科学必须具有科学性，是科学性与价值性两者的结合。我们并不是抽象地认为任何哲学都是重要的，不管是唯物主义还是唯心主义，马克思主义哲学还是反马克思主义的哲学，也不是说任何所谓社会科学，无论是坚持马克思主义观点的还是反马克思主义观点的都同样重要。我们不否认当代西方在哲学和关于社会领域的各学科取得的某些成就，但我们强调的是以马克思主义为指导的哲学社会科学的重要作用。所以江泽民同志特别强调，要运用马克思主义的立场、观点、方法来进行哲学社会科学的研究，要以“三个代表”重要思想来统领我们的哲学社会科学。如果我们的哲学社会科学研究和成果，能发挥认识世界，改造世界，推动历史发展和社会进步的作用，能对关系党和国家发展的前瞻性、全局性、战略性问题，对干部和群众关心的理论和实际问题的回答在不同程度上作出某些贡献，能在传承文明、创新理论、咨政育人、服务社会方面发挥作用，就能从根本上扭转从资本主义工业化开始的向自然科学和技术自发倾斜甚至科技与人文对立的倾向，真正实现江泽民同志关于“四个同样重要”的伟大决策和殷切期望。

客观地说，社会科学科学化的任务，至今并没有结束。如何在各门社会科学的研究中，真正运用马克思主义的立场、观点、方法，真正以事实为依据、以规律为对象、以实践为标准，推进哲学社会科学和学科的建设，仍然需要全体哲学社会科学工作者共同努力。我们越是重视哲学社会科学学科建设，越能凸显它与自然科学同样重要的地位。

（原载《广东社会科学》，2003（6））

29. 论坚持先进文化的前进方向

一百多年来，中国各派政治势力关于文化问题的争论，与中国社会发展的前途与命运休戚相关。从清末维新派的“中体西用”到五四新文化运动，从毛泽东的新民主主义文化建设到邓小平的加强社会主义精神文明建设，实际上是中国社会经历过的从维护腐朽崩溃的封建清王朝到试图选择西方的资产阶级民主共和制度，到建立新民主主义社会和社会主义社会这一历史脚步的回声。近一个世纪的中国文化争论史，从一个侧面说也是中国社会变革的历史。

改革开放以来，党中央一直关注文化建设问题，有过多次决议和许多加强社会主义文化建设的实际措施。江泽民同志《在庆祝中国共产党成立八十周年大会上的讲话》中指出，文化问题占有重要地位，在论述关于“三个代表”的重要思想时，对什么是当代中国的先进文化以及坚持先进文化前进方向对于保持党的先进性，对建设有中国特色社会主义的重要性等一系列重大理论和实际问题，结合中国共产党 80 年的历史经验，高屋建瓴地作了马克思主义的回答。江泽民同志说，“坚持什么样的文化方向，推动建设什么样的文化，是一个政党在思想上精神上的一面旗帜”。从旗帜的高度来看待文化，认为坚持先进文化是保持一个政党先进性的标志，这是无产阶级政党史上特别是执政党历史上的创见。它对于保持无产阶级政党的先进性和执政地位，维护社会主义制度的稳定和发展，顺利推进一切有利于社会主义制度兴旺发达的改革措施是完全必要的。

一

提出先进文化问题，实际上也同时提出了一个重大理论问题即判断文化的标准问题。在这个问题上相对主义和绝对主义都是片面的。相对主义强调文化的多元性、相对性和等价性，认为任何文化形态对于它的文化主体来说，都是合理的，文化没有先进与落后、革命与反动之分。尽管文化相对主义有某些合理性，如它承认各民族文化存在的权利，强调各种文化中有合理的东西，但相对化必然保护落后，为一切不合时宜甚至反动的文化提供保护。而绝对主义是把某一个时期的文化或某种文化因素的合理性绝对化，视为万古不变的东西，先进的东西永远是先进的，文化不必与时俱进。西方文化中心论者把西方资本主义时期文化对封建文化的暂时领先地位绝对化；而东方精神文明优越论者把中国封建时代文化的领先地位绝对化。文化相对主义和绝对主义在文化问题上都是只见树木不见森林，都不可能正确认识先进文化的本质和找到正确的评价标准。

先进文化或文化的先进性不是一个抽象的不可言说的论断，它有科学的和价值的标准。

所谓科学标准讲的是评价的客观性问题。当然，生产力的先进性，可以有一个公认的甚至量化的标准，因为生产力存在于人们生产的客观过程中，通过实际生产过程中的科技含量、生产工具的性质、生产者的科技素质、管理水平、产品的数量和质量，等等，可以作出判断。尽管生产力的先进性也有它的相对性的一面，即放在世界范围和历史过程中进行横向和纵向比较，但对生产力的先进性可以作出多数人可以接受的客观判断。

文化的先进性不同，它属于精神生产领域，体现在以物质载体出现的精神产品的内涵中。它不可能具有可见的直观的性质，更难以量化，但不能由此得出结论，文化先进性完全是价值判断，不具有客观的科学的标准。

问题的关键在于正确理解文化的本质。文化，无论是作为以各种社会意识形式表现的理论形态，还是以人们日常生活方式表现的世俗形态，都不能脱离它借以产生的社会和时代。文化不存在于超社会超时代的精神天国之中。文化具有社会制约性和时代性，在阶级社会中它还有阶级性。因此通过文化与社会、文化与时代、文化与阶级的关系，就可以对文化的性质进行判断。

从客观标准看，文化的社会制约性决定文化的先进性，它表现为社会制度的进步性。因此在社会发展过程中，一种社会形态为另一种更高的社会形态所代替，也就是一种比较先进的文化取代与旧的社会形态不可分的旧文化。这当然是从文化整体性质说的，至于随着旧的社会的解体，原有文化中的积极成分和合理的东西会被新的先进文化扬弃，成为新的先进文化中的有机要素，这是文化发展的规律，但这个规律并不否认新社会的新文化较之旧文化具有总体的进步性。

从文化与时代的关系看，文化都具有时代性，即使是最荒谬最不具有可接受性的文化形式的出现，都有它的时代背景，都具有现实存在的可理解性。正如马克思说的，“凡是把理论导致神秘主义的神秘东西，都能在人的实践中以及对这个实践的理解中得到合理的解决”①。但可理解性不等于可接受性，更不等于进步性。在一个时代中，可以有各种各样的文化思潮。先进文化是反映时代的进步潮流，符合时代前进方向和要求的文化。符合时代进步潮流还是逆潮流而动，这是区分文化的先进与落后、革命与反动的一个重要客观尺度。

当然，判断文化的先进性还有它的价值标准，因为在阶级社会中文化有阶级性，站在不同的立场，评价可迥然不同。自马克思主义产生以后，拥护者、信仰者、实践者是世界上任何一个学派无法相比的，而咒骂者、反对者之多也是任何一个学派无法相比的，但不能由此得出结论，价值判断是等价的，是公婆争理，无是非可言。其实，价值判断是由利益支配的，而利益的合理性决定于生产关系的性质和不同阶级在生产关系中的地位。因而有剥削者利益与被剥削者利益之分，进步阶级利益与反动阶级利益之分，多数人利益与少数人利益之分。从历史发展进程看，一种先进文化，它的阶级基础总是比旧文化代表的阶级基础要宽，人数要多。这是由奴隶社会到封建社会，再到资本主义社会，然后进到社会主义社会利益主体变化的状况。这是社会的进步，也是价值观念随着价值主体变化而具有可比性的依据。

---

① 《马克思恩格斯选集》，2版，第1卷，60页。

在阶级社会中，先进文化不一定是主流文化，而处于统治与支配地位的主流文化不一定是先进文化。特别是处于社会大变动时期，先进文化的代表者往往处于被统治被压迫的地位，他们的思想被视为异端邪说、离经叛道而受到压制。明代的李贽反对宋明时期处于统治地位的道学，反对存天理灭人欲，主张男女平等，结果被捕死于狱中。在清末中国国势沦落以后，龚自珍、魏源、王韬、马建忠、郑观应、陈炽、谭嗣同以及早期的康有为、梁启超等人的思想，在清王朝和以慈禧为首的顽固守旧派的压迫下，同样不行于时。处于五四新文化运动和国民党文化围剿时期的鲁迅，代表的是先进文化的方向，它向旧文化发起猛烈攻击。毛泽东曾高度赞扬鲁迅的这种精神。他说："鲁迅是在文化战线上，代表全民族的大多数，向着敌人冲锋陷阵的最正确、最勇敢、最坚决、最忠实、最热忱的空前的民族英雄。鲁迅的方向，就是中华民族新文化的方向。"① 真理开始总是掌握在少数人手里，先进文化也是一样。代表先进文化的开始是少数人，但它迟早会取代旧文化的主导地位。历史前进的方向是不可阻挡的，中外古今的历史都证明了这一真理。

江泽民同志强调代表先进文化的前进方向，这"前进方向"几个字特别重要。因为文化的先进性具有时代性和相对性，它只是相对于一定时代而言，不是永恒不变的，正如社会形态的更替一样。原来先进的文化可以变为不先进甚至落后的文化。关键是文化应该具有与时俱进的品格，才能保持它的先进性。能不能做到，既取决于文化的阶级性，又取决于文化中的科学性含量。

毫无疑问，相对于封建的神学的文化而言，文艺复兴宣扬的人道主义、自由、平等、博爱思想是进步的，它在资本主义与封建主义的斗争中，以其世界观、价值观和人生观，影响并渗进到道德、文学、艺术、绘画、音乐等几乎所有部门，代表一种先进的社会思潮。恩格斯曾经高度赞扬他们都是既拿笔又拿枪的第一流学者，是多才多艺的天才人物。可是随着资本主义社会取代封建社会，资产阶级成为统治阶级，这种以抽象人道主义为核心的文化的先进性逐步为更先进的以马克思主义为指导的无产

---

① 《毛泽东选集》，2 版，第 2 卷，698 页。

阶级文化所取代。恩格斯在《反杜林论·引论》和《反杜林论·历史》中对这个问题做过最精辟的论述。他在论述了资产阶级启蒙运动学者关于自由、平等、博爱的理论之后说："现在我们知道，这个理性的王国不过是资产阶级的理想化的王国；永恒的正义在资产阶级的司法中得到实现；平等归结为法律面前的资产阶级的平等；被宣布为最主要的人权之一的是资产阶级的所有权；而理性的国家、卢梭的社会契约在实践中表现为，而且也只能表现为资产阶级的民主共和国。18 世纪伟大的思想家们，也同他们的一切先驱者一样，没有能够超出他们自己的时代使他们受到的限制。"① 随着资本主义社会的发展，各种矛盾不断积累和激化，资本主义文化的先进性逐步褪色蜕化，所以恩格斯又说："同启蒙学者的华美诺言比起来，由'理性的胜利'建立起来的社会制度和政治制度竟是一副令人极度失望的讽刺画。"② 恩格斯历数了资本主义社会的两极对立、商业欺诈、道德败坏等种种与人道主义，与自由、平等、博爱相对立的社会现实，"贿赂代替了暴力压迫，金钱代替刀剑成了社会权力的第一杠杆。初夜权从封建领主手中转到了资产阶级工厂主的手中。卖淫增加到了前所未闻的程度"③。与此同时，资产阶级的启蒙主义的文化由理性主义转向非理性主义，由自然观的唯物主义的人道主义转向抽象的唯心主义的人本主义，由崇尚科学转向崇尚宗教。至于发展到当代，醉心于物质享受、追求感官满足的资本主义社会，各种畸形的荒唐的垃圾文化比比皆是。这就是说，资产阶级曾经是先进文化的代表，但并不能代表先进文化的前进方向，无力进一步推动文化朝非资本主义文化方向发展，它的阶级利益把它死死地禁锢在资本主义的范围内。当然，它所创造的辉煌成果不会丧失，会为处于更高形态的新社会和工人阶级所吸收。恩格斯一百多年前曾提出过，德国有教养的资产阶级失去了理论兴趣，但德国的古典哲学会为工人阶级所继承，这个论断就预示了这种资本主义文化进一步发展的前景。

无产阶级不同，它的阶级本性和阶级利益决定它不能中途止步，与此

---

① 《马克思恩格斯选集》，2 版，第 3 卷，356 页。

②③ 同上书，607 页。

相一致，它的文化形态也不能够凝固化，必须与时俱进，由社会主义初级阶段的文化发展到成熟阶级的文化并最后发展到共产主义文化。这当然是个相当长的历史进程，在这个过程中作为无产阶级政党的共产党要保持自己的先进性，必须始终代表先进文化的前进方向。

二

文化是人类生存的一种环境——文化环境，它与经济环境、政治环境相一致，构成了一个社会的社会性质和总体状态。在当代中国，坚持先进文化，就是发展有中国特色的社会主义文化，就是加强社会主义精神文明建设。这是一种以马克思主义为指导的，继承中国文化优秀传统和吸收外国文化的积极成果的、民族的科学的大众的文化形态。它立足本国，放眼世界，重视传统，面向未来。无论从它与社会主义制度的关系、与时代进步潮流的关系、与人民群众根本利益的关系来看，都表明有中国特色的社会主义文化是当代的先进文化。如果说在文化上资产阶级曾有过给它们以光彩的文艺复兴时代，我们也可以说，当代中国正在从事的有中国特色的社会主义文化建设比起文艺复兴毫不逊色，它力图把人类所创造的全部文化遗产中优秀的东西发扬光大，把在“左”的路线下特别是在所谓“破四旧”中被践踏的优秀遗产重新吸收到社会主义文化的建设之中。如果可以借用的话，我会说这是一次中国人的中国式的社会主义文艺复兴。

当代理论家们都为人类生存环境恶化而忧虑。可人的生存环境的恶化不仅是自然生态问题，不仅是自然界的污染，也包括文化环境的恶化，即社会风气的败坏、道德贬值、价值观念混乱，各种黄色文化、黑色文化、暴力文化、种族歧视充斥社会，西方有些学者称之为文化矛盾或文化危机。这是一种精神上的污染。自然生态恶化损害人的肉体，危及人的生命；而文化生态恶化损害人的灵魂，危及人的思想和精神。我们要坚持先进文化，以促进全民族思想道德素质和科学素质的不断提高，为我国经济发展和社会进步提供精神动力和智力支持，特别是要建立一个适宜于社会主义社会的成员特别青少年一代健康成长的优化的文化环境。

文化的教化功能是文化诸多功能中最重要的一种功能。文化是人创造的，但人又生活于文化之中，不断孕育出受这种文化“化”出来的人。晏子说过，“橘生淮南则为橘，生于淮北则为枳，叶徒相似，其实味不同。所以然者何？水土异也”。晏子是以此喻人的。橘子与枳的不同，是由于水土的差异，即植物的生长环境不同，而人的不同也有自己的水土，这种水土就是不同的文化背景。这也就是荀子说的“越人安越，楚人安楚。是非天性，积习使然也”。越国人具有越国人的特性，楚国人具有楚国人的特性，正是长期文化适应的结果。有些人移居国外，最容易产生所谓文化适应不良，即无法在文化上融入移居国，最后又回到本国。这说明文化对人影响之深。那种认为人的特性和行为是由基因决定的，是先天的无可改变的观点，是一种宿命论的观点，完全无视社会和文化环境对人的制约作用。江泽民同志说，发展社会主义文化的根本任务，是培养一代又一代有理想、有道德、有文化、有纪律的公民。这就是把先进文化的育人功能，即把武装人、引导人、塑造人、鼓舞人，作为坚持先进文化前进方向的最根本任务。

一个人的一生与文化教养息息相关。一个人的生活目的、生存价值与生存技能，他的审美情趣和能力，人生境界和道德自律能力，都与他的文化素质不可分。一个民族的整体素质，也与这个民族整体的文化素质不可分。个体的文化素质会影响整体，而一个民族的历史的和现实的文化积淀，最终要体现和表现在个体的素质上。江泽民同志是着眼于全民族的素质，着眼于人的全面发展来讲文化问题的，高瞻远瞩，既立足现实，又放眼未来，把坚持先进文化的前进方向看成是关乎子孙后代和民族未来的千秋功业。

三

坚持先进文化的前进方向，是一个长期的艰巨的任务。特别是在市场经济条件下，如何坚持先进文化，会遇到许多矛盾，必须坚持党的理论、路线、方针、政策，予以正确处理。理论上的失误，实际处理的不当，都会严重阻碍建设有中国特色的社会主义文化任务的完成。

例如，市场经济的利益导向与先进文化的价值原则之间会发生矛盾。毫无疑问，资本主义制度产生后，由自然经济过渡到市场经济，对文化的发展与传播起着重大的促进作用。在前资本主义社会，文化被宫廷、贵族、教会所独占，为少数人所垄断。而资本主义社会文化走向市场后，扩大了文化的传播渠道，改变了文化的内容。文化走向世俗化、平民化、商业化，有利于整个民族的文化素质的提高。社会主义更是如此，社会主义市场经济体制的确立，积极推动了我们国家文化事业的发展，文化市场的启动有利于较多的资金投向文化事业，物质利益的作用有利于调动文化工作者的积极性，竞争有利于优秀人才脱颖而出。文化产业的出现，使文化的传播方式和手段更加先进和快捷，有利于全体社会成员特别是青年人多渠道地接受文化教育。可是市场经济的利益原则与文化的先进性和社会价值存在着矛盾。有商业价值的不一定有丰富的文化内涵，相反有社会效益的东西不一定有经济效益甚至难以为继。有的论者提出，把经济效益交给市场，社会价值交给政府，只要合法就行。这种二分法，对于文化产业的经营在一定范围是可以的，但对整个社会主义文化事业是不可取的。文化中的合法经营只是最起码的条件，是文化产业工作的底线，而社会主义的先进文化的建设不能以此为目标。有中国特色的社会主义文化建设要力求出精品佳作，培养大批学术名人。有没有一些立得起的精品，有没有一批为世界公认的学术名人，是一个国家文化发展水平的标志。坚持先进文化的指导原则是社会效益与经济效益的统一，如果发生矛盾，后者要服从前者。我们不能把商业经营的利益原则，作为整个文化建设的尺度。

与市场经济相联系的还有高雅文化与大众文化的关系问题。在市场经济条件下，大众文化的出现是必然的普遍的文化形态。在西方，大众文化是一种批量生产的、以营利为目的的商业文化、消费文化，它的特点是娱乐性、消闲性，但并不是超意识形态的。在视听娱乐的谈笑之中，渗透着西方世界观、价值观，其中包括拜金主义、利己主义，甚至种族歧视、黄色的暴力的垃圾文化。在我们国家随着改革开放和由计划经济体制向市场经济体制的转型，大众文化的崛起，是一种进步的趋势，不能笼统否定，但是大众文化与高雅文化的矛盾也随之尖锐化。文化市场为大众文化占领，高雅文化趋向萎缩，从而使群众的欣赏和审美水平平均化和表面化，没有深层次的文化意蕴。可是如果从商业竞争角度看，高雅文化抵不过大众文化，这是由整个民族的文化素质和它们面对的不同人群的数量决定的。我们不能阻止大众文化的流行。我们应该扶植高雅文化，引导大众文化，不能简单以市场为尺度进行取舍。应该把文化消费的提高与普及相结合，大众文化应该提高品位，高雅文化应该跨出神圣的殿堂接近群众，提高群众的水平。文化消费与物质消费不同，物质消费是消耗性的，它营养人的身体；而文化消费是积累性的，它影响人的心灵。每次的文化消费同时也是一次“洗脑”，日积月累，耳濡目染，它的作用之大是无与伦比的，所以文化消费可不是普通意义上的消费，它同时也是宣传，是教育。因此，要坚持先进文化前进方向，不能不区分不同文化的性质、类型、状况，一概推向市场。

在市场经济条件下，人文文化与科技文化发展的矛盾与不平衡状态会进一步强化。工业需要自然科学和技术，这是关系到它们企业生死存亡的通灵宝玉。工业的发展强化了对自然科学发明和技术更新的需求。人文科学由于它的非生产性非营利性和非直接实用性而遭到冷落。这一进程在西方工业化过程中至少已存在二百多年。当自然科学技术成为第一生产力时，更加快了这种倾斜。西方一些理论家们惊呼人文危机，纷纷寻找失落的精神家园。他们意识到这种片面倾斜对人类社会的危害，特别是生态环境的恶化，更强化了这种向人文精神回归的呼声。可是西方一些哲学家们没有正确理解人文文化与科技文化的关系，反对科技进步，鼓吹回归自然，返璞归真。这是错误的。

我们国家要坚持先进文化的前进方向，就必须正确处理人文文化与科技文化的关系。我们必须大力扭转重科技轻人文的倾向，但也要防止不利于科技发展的错误的哲学观点，即对人与自然和谐关系的浪漫主义的充满神秘主义的追求。人与自然关系的和谐是在人类发展进程中实现的，是一种历史的过程，而不能认为人类社会以往是和谐的，只是因为科技的发展破坏了这种和谐，人类才从与自然和谐的黄金时代逐步跌入人与自然对立的深渊。其实，农业社会时代的所谓人与自然的和谐是以社会发展的缓慢为代价的。生产力的发展和社会的进步必然会破坏这种原始的和谐，为将来的真正的和谐开辟道路。而自然对人类的每一次报复，为人类应该如何对待科学和技术作了警示：人类对自然的破坏并非来源于科学技术本身，而是来源于对科学技术应用的制度——私有制、利润和对物质消费的无限追求。需要停止发展的不是自然科学和技术，而是要有正确的科技政策和防止人们对财富无止境追求；不是停止对自然的改造，而是反对对自然的掠夺。

科技与人文不是势不两存，如同冰炭。事实上，科学技术的发展，不仅通过工业推动了生产和改善了人类的生活质量，而且科学观念、科学精神、科学思维对人的人文素质的提高同样起着重要作用。爱因斯坦重视自然科学的这两种功能，他说："科学对于人类事务的影响有两种方式。第一种方式是大家熟悉的：科学直接地，并且在更大程度上间接地生产出完全改变了人类生活的工具。第二种方式是教育性质的——已经作用于心灵。尽管草率看来，这种方式好像不太明显，但至少同第一种方式一样锐利。"① 因此，我们在先进文化的建设中，既要发展科学技术，缩小与发达国家的差距，又要重视哲学社会科学，重视人文精神的培养，真正使自然科学与哲学社会科学成为车之两轮、鸟之两翼，相互促进。资本主义社会的工业化和市场经济的发展所形成的科技与人文的对立，人与自然矛盾的激化，为我们预防和克服这种失衡提供了经验和教训。我们不应重蹈覆辙。如果把矛盾归结为反对科学技术，那先进文化的建设将成为跛脚，从而成为一纸空谈。

市场经济是开放性的，因此在经济全球化条件下的先进文化建设问题，面临一个经济全球化与保持文化民族性的关系。处理失当，就会阻碍先进文化的建设。经济全球化是一个不可逆转的客观趋势，但经济全球化不是经济一体化，在不同国家存在不同社会制度的世界上不可能有经济一体化。经济全球化有两个不同方面：就生产力角度看，它是当今世界生产力特别是发达资本主义世界生产力高度发展，生产社会化寻求世界市场的必然结果，是资本主义生产方式产生后已经出现的寻求全球市场的继续和新条件下的高度发展；从生产关系角度看，它是发达资本主义国家处于主导地位，它的最重要表现是跨国公司和各种垄断组织在全球的落户。在世界经济全球化条件下，一个国家要发展不能孤立于世界经济之处，闭关锁国只能永远落后。尽管对于发展中国家来说有风险，但挑战与机遇并存，关键是我们的对策。我国加入世界贸易组织就是准备在世界经济浪潮搏击

① 《爱因斯坦文集》，第 3 卷，135 页，北京，商务印书馆，1979。

中求得迅速发展。对我们坚持先进文化来说，更是考验和挑战。在经济全球化中，文化的交流是不可避免的。文化交流有两种形式，一种是间接的，即以贸易为载体的隐形的文化交流，如在进口美国的牛仔裤的同时也输入了美国人的一种服饰审美观念；可口可乐、麦当劳在中国的大行其道，特别是受到青少年的青睐，就是不知不觉地接受一种不同于中国传统的生活方式和生活观念。另一种是直接的文化交流，如科技的传入，图书的进口，各种文化艺术团体的互访，等等。文化的交流是有益的，它不同于商品交易，商品是互通有无，文化是相互增加。没有一个民族的文化是纯而又纯的本土文化，文化是复合体，或者如同一个哲学家所说的是"百衲衣"。可是，文化又是民族性的，它对异文化的接纳与吸收，如同人的饮食一样，变为自己的血肉。文化不会也不能失去民族性。经济全球化有利于文化交流，但也有可能是发达国家凭借它的先进传媒，借助经济实力使自己文化在交流中处于强势文化的地位，成为文化霸权主义，而接受国的文化变为殖民地文化。这种情况应该预加防范和采取有效对策，但不能因为这种风险而禁止文化交流。

总之，在市场经济和经济全球化条件下，坚持先进文化的前进方向是一个非常艰巨的任务。

在先进文化的建设特别是坚持文化的前进方向中，马克思主义哲学和哲学工作者应该发挥自己应有的作用。人类的文化史表明，任何一种比较发达的文化形态都有相应的哲学水平。无论是西方的古代希腊罗马文化，还是东方的印度文化和中国文化，无不如此。梁漱溟先生说过，每一种民族文化都有一种哲学作为它的中心和基础；金岳霖先生也说，每一种文化都有它的中坚思想。他们的意思都是一样，都是强调哲学在文化中的地位和作用。

在建设有中国特色社会主义文化的过程中，要始终坚持先进文化的前进方向，有效地防止和坚决抵制腐朽文化和各种错误思想观点对人们的侵蚀，必须坚持马克思主义哲学的批判性精神。在文化中我们主张"和而不同"，但对于腐朽文化和各种反动思潮，必须坚决抵制和进行有说服力的争论与批判。这是时代赋予马克思主义哲学理论工作者的历史使命。

（原载《教学与研究》，2002（1））

30. 关于文化研究中的几个问题

文化是当今哲学关注的热点。西方有的学者宣称，世界哲学研究的重点已由科学哲学转向文化哲学。国内继 20 世纪 80 年代中期的文化热潮之后，近年来又有所谓文化热的第二次悄悄升温。我们的一些学者对文化的关注，表现了对建设社会主义文化的参与热情。

文化问题是个重大的理论和实践问题。对文化问题的深入探讨，使我们加深了对中国传统文化的历史地位和当代价值的认识、对批判继承中国传统文化必要性和重要性的认识、对全盘否定中国传统文化的一些“左”的或右的错误观点与做法危害性的认识。这些都非常有助于推进社会主义文化建设。但是在文化讨论中也确实存在一些值得商榷的问题。例如按照唯物史观，究竟该如何理解文化的本质？文化与政治的关系如何？社会主义文化能不能非政治化、非意识形态化？社会主义文化建设如何适应社会主义市场经济的需要？如何处理坚持马克思主义指导和弘扬传统文化的关系？能不能靠东方文化来化解西方社会的矛盾？这些都是一些重大的理论原则问题。正确认识这些问题，有助于文化讨论的深入和健康发展。我对文化问题是门外汉，只是刚开始学习。下面仅就以上问题发表一些不成熟意见，以就教于各位专家和读者。

一、一个值得商榷的文化定义：文化是人的本质的展现

对文化本质的理解，歧见毕呈，众说纷纭。但在国内有一种非常流行的占主导地位的说法：文化就是人化。

从人的角度来考察文化，把人与文化结合起来，原则上是正确的。因为文化是人创造的，而人又是文化的产物，把人与文化割裂开来，既不能正确理解文化也不能正确理解人。可如果我们仅仅在人与文化的两极结构中思维，脱离人与文化赖以存在的社会，往往就会陷入自相矛盾。

文化极具个性，一经产生，便独具风格。不同时代、民族和地区的文化存在着差异性和多样性。既然文化是人创造的，为什么文化会呈现出如此多样性？我们只能说人是具体的、多样的，所以文化是多样的。可为什么人是多样的？为什么不同时代、不同民族、不同地区的人不同呢？因为文化是多样的，作为文化产物，文化凝结物的人是多样的。我们用人来解释文化，又用文化来解释人。我们自以为是在解释，实际上却是在人与文化的怪圈子中循环。兰德曼力图解决这个矛盾，他认为“每一个人首先为文化所塑造，只是然后，他或许也会成为一个文化的塑造者”①。他还说：“对于个体来说，不仅平常的人，甚至最伟大的天才，他之作为被文化所形成的人远甚于作为文化的形成者。”② 尽管分出了主次，但仍局限在人与文化的圈子之中。

文化就是人化的定义往往会导致两个理论失误：

第一，唯心主义的大文化观。文化就是人化，凡人类所创造的一切都是文化。这样，学者们就把文化分为三个层次：观念文化，即人们的哲学、道德、法律、艺术、信仰，等等；制度文化，即各种经济制度、政治制度和各种组织；物质文化，即生产工具、物质产品以及各种建筑物、器皿等等。在他们看来，物质文化和制度文化是文化的表层，最深层的是观念文化，物质文化和制度文化是观念文化的投影。可观念文化从哪里来？决定观念文化最深层的东西是文化心理结构。不过困境并不会如此轻易摆脱。人们还是要问：心理结构是如何形成的？据说是文化的积淀。可文化从哪里来？据说是心理结构的外在表现。可这无非是把人与文化的循环解释，变为文化与文化心理结构的相互解释。

第二，抽象人本主义的文化观。为了摆脱人与文化相互解释的困境，有

---

① ［德］兰德曼：《哲学人类学》，217页，北京，工人出版社，1988。

② 同上书，229页。

的学者进一步肯定，文化是人的本质的展现。有的说文化是人摆脱了一切强制向自己本性的复归。至于人的本质是什么，其说各异。有的认为是自我意识，有的则认为是理性和精神。总之是人把自己内在的东西如自我意识或理性外化为文化。我以为这种看法是一种抽象人本主义的观点。费尔巴哈就把文化看成人的固有内在本性的发挥，他说："精神作品并不是创造出来的——在这里，创造只是最外在的活动而已——它们是在我们里面发生出来的。"①

文化当然与人不可分。文化是人类社会特有的，是自然物与社会存在的分界线。落霞、孤鹜、秋水、长天是自然，可"落霞与孤鹜齐飞，秋水共长天一色"的审美意境却是文化；树木花草、山水虫鱼是自然，可公园里的湖光山色、鸟语花香则属人文景观。毫无疑问，不同的文化凝结着人们不同的智力发展水平，不同的思维方式、价值观念和审美情趣。但不能说文化是人的本质的展示和显现，因为人并没有永恒不变的抽象本质。人在展示自己的精神世界、展示自己的创造力、展示自己的价值观念和审美观念之前，必须先获得这些。为了从内到外必须从外到内。因此在考察人与文化的关系时不应以人的抽象本质为中介，而应充分考虑到人的社会性和实践性。离开了这个基点，把文化回归为人的本质、回归为人的自我意识和理性，就不可能说明人的精神创造力的源泉，不可能说明人的精神活动的社会制约性和文化延续性，因而对人与文化相互关系的理解也就难以突破抽象人本主义的樊篱。

西方有些哲学家和文化学家也不赞同对文化的人本主义解释。例如美国著名的人类学家 L. A. 怀特就反对把文化和人联系在一起。怀特说："在作为科学的人类学产生以前，所有的文化解释理论都把人与文化联系在一起加以思考；没有人考虑到把文化与它的人类载体区分开来。"怀特强调要用文化来解释文化，把文化看作人类创造和运用符号的能力以及在此基础上建构的文化系统的自我决定、自我运动。用怀特的话来说就是："文化是自成系统的，它是依据自己的原则和规律而运行的一种事件和过程，并仅能根据它自己的因素和过程来加以解释。这样，文化就可被认为

① 《费尔巴哈哲学著作选集》下卷，26 页。

是一种自足、自决的过程，人们只能根据文化自身来解释文化。”① 怀特把文化看成一个系统，强调要研究文化自身的过程和规律以及文化的延续性和继承性是有启发的，但他把文化与人割裂开来，只强调用文化解释文化，把文化看成是自我决定的独立系统，实际上是把人的精神世界及其产品变成不依赖人的客观精神、一个与人无关的绝对观念的世界。这是把用文化解释文化的观点推到极端，把某些合理性的认识变成荒谬。其实，如果离开了人的实践活动，抽象掉在人的活动中形成的经济关系和政治关系，文化就会变为无源之水、无本之木、纯粹主观自生的东西。这就从另一条道路走向了文化神秘主义。

我以为要正确理解文化的本质，科学地历史地把握人与文化的关系，就应该摆脱大文化观即把人的一切创造物都称为文化的观点的束缚，把文化看成是由知识、信仰、哲学、法律、道德、艺术、风俗习惯等组成的观念形态。文化当然是人创造的，但却是处于一定社会形态中的人，直接或间接、自觉或自发地为适应和改造自己生存的环境（自然环境和社会环境）而进行的精神生产的产物。

物质生产方式制约着精神生产。从事精神生产的人，生活在一定的社会形态之中，他们不可能越出自己社会许可的范围之外来创造自己的文化。尽管影响文化的因素是多样的，文化与经济的联系也由于许多中间环节而变得模糊，但物质资料生产方式在精神生产中的最终决定作用却是确定无疑的。恩格斯说过：“每一历史时期的观念和思想也可以极其简单地由这一时期的经济的生活条件以及由这些条件决定的社会关系和政治关系来说明。”② 毛泽东关于文化的定义是非常著名的，他说：“一定的文化（当作观念形态的文化）是一定社会的政治和经济的反映，又给予伟大影响和作用于一定社会的政治和经济；而经济是基础，政治则是经济的集中的表现。这是我们对于文化和政治、经济的关系及政治和经济的关系的基本观点。”③ 这种观点与用人的本质来解释文化或用文化来解释文化是迥

① ［美］怀特：《文化科学——人和文明的研究》，2 页，杭州，浙江人民出版社，1988。
② 《马克思恩格斯选集》，2 版，第 3 卷，335 页。
③ 《毛泽东选集》，2 版，第 2 卷，663～664 页。

然不同的。

马克思曾经非常尖锐地批评过把精神生产同物质生产对立起来的观点，特别是强调要从具体的社会经济形态来考察特定时期的文化。他说：“要研究精神生产和物质生产之间的联系，首先必须把这种物质生产本身不是当作一般范畴来考察，而是从**一定的历史的**形式来考察。例如，与资本主义生产方式相适应的精神生产，就和与中世纪生产方式相适应的精神生产不同。如果物质生产本身不从它的**特殊的历史的**形式来看，那就不可能理解与它相适应的精神生产的特征以及这两种生产的相互作用。从而也就不能超出庸俗的见解。这一切都是由于‘文明’的空话而说的。”①

既然物质生产决定精神生产，因此随着物质生产的发展，人类的文化也是进步的；认为人越来越堕落是违背历史事实的。尼采的观点显然是悲观主义的，他说：“人与动物相比，没有前进一步；文明的骄子相对于阿拉伯人或科西嘉人而言，是堕落者。”但文化的进步又不同于生产的进步。生产力发展是沿着上升路线前进的，生产方式的更替也是如此。处在社会发展更高阶段的人，不会再回过来采用过时的生产工具和生产方式。文化的发展则不同。古希腊罗马的哲学包含着人类天才的智慧，古代的史诗和神话具有永久的魅力。中国春秋战国时期的诸子百家所代表的是中国文化史上的黄金时代。而且文化越古老越具有历史价值。尽管当今的不锈钢和玻璃器皿比出土的古代陶瓷瓦罐要漂亮得多、实用得多、坚固得多，但它却不具有文化历史价值，因为陶瓷瓦罐代表的是人类历史的足迹，是一个已经逝去的永不会重复的年代。物质生产和精神生产的非同步性和不平衡性是存在的，但却不能说，物质生产是沿着上升路线，精神生产是沿着下降路线背道而驰。应该说，文化同样是进步的，不同的是文化不像生产力进步那样是加速度的，如不停旋转的陀螺那样，而是如同万里群山，不断地有高峰和低谷。某一个民族有自己突出的文化发展高峰期，但可能随之而来的就是文化的湮没、文化传统的中断或跌入发展的低谷。这种情况在人类历史中并不罕见。因此文化发展是曲线的，但它归根结底却仍是以物质生产为轴心而起伏波动的。

---

① 《马克思恩格斯全集》，第 26 卷第 1 册，296 页，北京，人民出版社，1972。

如果文化是观念形态，则又何以解释文明可以区分为物质文明和精神文明呢？在这里关键是文化和文明的区别。这两者可以交叉和部分重叠，但却不能等同。文明是标志社会进步的范畴。物质文明是以生产工具和物质产品来表明社会进步的程度。由于衡量社会的标志是多方面的，所以文明区分为物质和精神两个方面。文化则不同，文化是表示社会形态结构的概念，它从精神生产的角度来表明社会的构成和层面。如果泛文化化，把人类所创造的一切都称之为文化，则势必会混淆物质生产和精神生产的界限，使整个社会结构模糊不清，难以分辨。

或许有人会说，文化不限于观念，它有其物质表现，例如故宫的建筑、苏州的园林、龙门的石窟、普陀的庙宇、王羲之的书法、齐白石的绘画等。的确如此，文化不是完全存在于人的头脑之中的，它有物质载体。这种载体不仅是语言、文字符号系统，而且表现为实物，但实物之所以表现文化并不在于实物自身，而在于它所表现的文化观念。建筑的文化价值不在于砖头瓦块、钢材木料，而在于它的风格；书法的文化价值不在于文房四宝，而在于透过文字所表现的风骨和神韵。离开了作为观念形态的文化，所有的实物都无非是僵死的材料，并不具有文化价值。这种看法不同于大文化观，因为在这里，物质仅限于文化观念的载体或外部表现，而不是泛指社会物质生产方式和人类的一切物质活动。人类社会的经济关系不属于文化范畴而是作为观念形态的文化借以产生的经济结构。

二、主体文化的一个重要功能：保持社会稳定和同一性的精神加固器

文化是包括多种形式在内的复合体。在阶级社会中，有的文化有阶级性，有的没有阶级性；有的政治性强，有的政治性弱，而且各有特殊效用。但文化作为一个系统来看，任何阶级社会占主导地位文化中的意识形态部分，都起着维护社会稳定、保持社会延续的精神支柱作用。这种作用集中反映了阶级社会中文化的阶级性和政治性。

人的种族延续是通过生物遗传，而文化则是社会遗传的一种形式。这种遗传的社会作用，就是通过文化塑造与特定社会制度要求相一致的人，从而维护社会的同一性和稳定。

文化之所以能起到这种作用，是因为文化尽管属于精神生产，但它可以通过语言文字以及其他物质载体，使其由个人意识变为社会意识、由主观精神变为客观精神，从而形成一种社会文化环境。我们每个人都生活在某种文化体系处于主导地位的社会中，它将对我们每个人的一生产生巨大的影响。所谓人的社会化过程，就是接受文化的培育和熏陶的过程。即使没有受过正规教育，但社会风气和家庭环境，自小至大的耳濡目染，也往往会使人为这种社会所"同化"。文化的确是在个体之外、不受单个意志支配而对个人具有强大制约作用的力量。生活在某一社会中的人并不感到文化的这种强制力量，这是因为我们已经习惯了这种社会，这种文化，这种思维模式、价值观念和行为规则——正如生活在地球上的人并不感到空气的压力一样。可是当人们一旦试图反抗陈旧的社会制度，文化的强制力量就会非常明显地表现出来，会被固守旧的价值观念的人视为"叛逆"。所以，主体文化的一个重要作用就是培养一代又一代人对该社会制度的归属感和认同感。

西方发达资本主义国家的相对稳定和苏联的解体与蜕变，都极其鲜明地向我们表明了在社会主义和资本主义两种制度的斗争中，文化尤其是其中的意识形态部分是一个极其重要的领域。它既是西方资本主义制度赖以稳定的精神支柱，又是苏联社会主义溃败的一个重要原因。

自从《共产党宣言》宣告资本主义丧钟已经敲响后的一个半世纪中，西方发达资本主义国家尤其是美国，在几经危机之后仍然保持着它的相对稳定的态势，无产阶级革命处于沉寂的低潮。在经历了20世纪上半叶的俄国、中国、东欧的革命风暴的震荡后，资本主义的航船又驶进了平静的港口。为什么？经济当然是重要原因。

美国的经济实力是强大的。科技革命推动了生产力的发展，海外的市场与投资，使得美国成为富裕的发达的国家，并使它有可能通过政策使国内的失业和贫困处在不危及社会延续的水平。

可是我们也绝不能忽视意识形态在资本主义稳定中的强大力量。首先是它的社会政治理论，立场坚定，旗帜鲜明，丝毫也没有淡化意识形态。它的全部理论，最终集中到一点就是维护"自由"的资本主义制度，反对"极权"的社会主义制度。即使是友好人士，在涉及基本制度和基本理论问题时，其原则性都是非常强的。例如在《1999：不战而胜》这部著作中，作者明确宣称："苏联人企图不战而胜。我们的回答不能仅仅是不战而和。我们也必须争取不战而胜。""苏联人的目标是建立一个共产主义的世界。我们的目标是建立一个人民有权选择谁统治他们以及如何统治他们的自由世界。苏联人相信历史站在他们一边。我们则必须保证在编写21世纪的历史时，历史站在我们这一边。"①

这不仅是作者个人的观点，而且代表了西方资产阶级及其思想理论的整个政治趋向。

在资本主义社会中，在经济和政治上处于支配地位的统治阶级，要在思想文化中处于支配地位，就必须培养自己的理论家。这些人"是这一阶级的积极的、有概括能力的思想家，他们把编造这一阶级关于自身的幻想当作谋生的主要泉源"②。没有本阶级的理论家、思想家，就很难实现主体文化的社会支柱作用。

可要真正发挥文化维护社会同一性的作用，仅仅依靠"精品文化"即高深的理论思想著作也是不够的，还必须面对大众，通过所谓大众文化发挥它的作用。毫无疑问，大众文化中有不少属于娱乐性、消遣性和精神享受的东西，但其中也往往渗透着由思想家理论家们炮制出来的有利于该社会的理论观点和价值观念。不过不是以专著、论文的形式，而是借助于听觉和视觉，以通俗的、易于被人接受的方式出现的。资本主义社会的大众文化，由于意识形态的渗透，不仅为资产阶级带来了大量的利润，而且为支撑、巩固资本主义制度起到了高雅文化所无法起到的作用。正因为这样，"统治阶级自然会千方百计地来加强、扶植和灌输"③。

在西方研究马克思主义的学者中，葛兰西看到了资本主义文化的作用，提出了文化领导权的问题。他认为，资产阶级掌握了两种领导权：政治领导权和文化领导权，其中文化领导权是维护资产阶级统治的更强有力的堡垒。无产阶级要夺取政权，首先要破坏资产阶级在文化领域、在意识

---

① ［美］尼克松：《1999：不战而胜》，12页，北京，世界知识出版社，1989。

② 《马克思恩格斯全集》，第3卷，53页。

③ 《马克思恩格斯全集》，第46卷上，111页。

形态领域的领导权，掌握文化领导权。而取得政权之后，仍然要十分重视文化领导权。所以在葛兰西看来，工人只有获得了文化领导权后，才能获得政治上的权力。葛兰西的看法很富有启发性，但却难以实行。无产阶级在夺取政权之前，当然要进行理论宣传，进行舆论准备，使无产阶级和革命群众摆脱资产阶级影响，但却不可能掌握文化领导权。因为整个舆论工具，电台、电视、报纸、学校等等均掌握在有产者及其代表手中，无产阶级及其政党手中掌握的少量舆论工具根本无法与其相比，因此在无产阶级夺取政权之前要掌握文化领导权是不可能的。但葛兰西提出的这个问题却是非常有意义的。

法兰克福学派的马尔库塞的《单向度的人》，是研究发达工业社会中意识形态的著作。这本书对于资本主义大众文化的作用也作了比较深入的揭示。在当代发达工业社会中，统治者成功地压制了人们心中否定性、批判性、超越性的向度，使无产阶级安于资本主义社会并与其一体化，即认同资本主义制度。其中一个重要原因，就是它通过大众传播媒介，无孔不入地侵入人们的闲暇时间，大肆宣传资本主义的拜金主义、享乐主义，使人们满足于追求眼前的物质需要，而不再追求另一种生活方式。使大家安于现实，就是这个制度对自身安全的最好保证。

如果说，富有统治经验的西方资产阶级比较成功地利用了自己的文化领导权，发挥了文化的意识形态功能，那么苏联的解体和社会主义的挫折则从另一个方面提供了教训。

苏联十月革命后，在经济方面的成就并不小。它经历了国内战争和第二次世界大战的破坏，但在工业方面、科技方面取得的成就却仍然是巨大的。在 20 世纪 70 年代之前，它由沙皇时代落后的俄国，变为欧洲第一、世界第二，变为与美国争霸的超级大国。这是有目共睹的。它的落后和陷入经济混乱，主要是在 70 年代之后。经济停滞、生活水平下降，引起群众不满。这说明，如果不发展生产力、不改善群众生活，在两种制度的斗争中，社会主义就很难巩固。

可同样不可忽视的重要因素是思想领域。俄国革命是在一个落后的国家实现的。所谓落后，不仅是经济落后，而且是文化落后，即文盲充斥、教育不普及、人的文化素质低。这种状况对于夺取政权似乎并无妨碍，因为革命更易发动，而且革命者和统治者处在同样的文化背景下较量。可一旦取得政权，在社会主义建设过程中，文化因素便显示出了它的重要作用。尽管落后国家的社会主义革命，有可能跨过资本主义的“卡夫丁峡谷”，但却绝不可能在落后的经济和文化基础上建立起一个巩固的社会主义制度。因此，必须在狠抓经济建设的同时狠抓思想文化建设。特别是社会主义国家，必须坚持马克思主义指导，坚持文化建设的社会主义方向。十月革命后，在斯大林执政时期，犯有“左”的和教条主义倾向的错误。在文化建设中，没有解决好马克思主义如何与俄罗斯文化结合的问题，也没有解决好如何吸取西方文化的问题。从对亚历山大洛夫《哲学史》的批判来看，从对黑格尔的评价来看，表现的是一概排斥的态度。在大学、中学中虽设有马克思主义政治课，但往往流于形式，没有把培养和塑造社会主义新人放在首位。1956 年以后又偏到另一面，由全盘否定斯大林，发展到否定列宁主义、否定马克思主义。除西方资产阶级的政治思想、社会民主主义思想广泛传播外，突出的是俄罗斯民族主义思想泛滥。苏联的教训突出地证明：马克思主义必须与传统文化相结合，必须对传统文化进行分辨、梳理和合理继承。一概否定的结果必然是陈旧思想的卷土重来。这是社会主义文化建设的一个重要课题。

在这里，我只讲了主体文化功能的一个重要方面。文化功能是多方面的，它对人类知识的积累、人的主体素质的提高、社会的进步以及生活的丰富和美化都起着十分重要的作用。我们对文化的各种形式的性质和功能应该具体分析、深入研究，但我们在建设有中国特色的社会主义文化的进程中，绝不能把非意识形态化和非政治化作为我们文化建设的指导原则。

三、市场经济下的文化建设

向社会主义市场经济体制的过渡，把社会主义建设置于一个前所未有的新的环境之中。我们关于社会主义文化建设的一切设想，都不能无视这一客观现实。

应该说，社会主义市场经济与社会主义文化建设不仅是相容的，而且前者对后者还能起到推动作用。因为我们市场经济的社会主义性质，与我们文化的社会主义本质是一致的。从根本性质上来说，我们要建立的不是与工业化相一致的所谓工业文化，也不是与市场经济相一致的市场经济文化，而是与我们的社会制度相一致的社会主义文化。这是一种以马克思主义为指导、充分吸收中国传统文化和西方先进文化的积极因素、与社会主义基本经济制度和政治制度相符合的文化形态。

社会主义文化当然应该建立在社会主义经济基础上。如果我们不坚持以公有制为主体，而实行私有化方针；不坚持按劳分配为主、逐步达到共同富裕，而推进两极分化，那要在什么样的经济基础和政治基础上建立起社会主义文化？又有什么样的必要建立社会主义文化呢？难道我们要建立起仅仅供少数富人享受而把广大群众排斥在外的社会主义文化吗?！事实上，只有坚持公有制和按劳分配为主体，只有当公有制主体地位能得到巩固并能发挥它的调节作用时，社会主义文化建设才是可能和必要的。因此，我们不能脱离社会主义基本制度，片面强调文化应该适应市场经济需要。世界上没有抽象的一般的市场经济，我们实行的是社会主义市场经济；资本主义实行的是资本主义市场经济。这是两种不同性质的市场经济。如果我们以资本主义市场经济的原则为尺度，纯粹按“买卖人”的观点来规划我们的文化建设，那它们之间的矛盾是很明显的。市场经济追逐最大利润的原则将会妨碍文化的社会主义性质的确立和实现。不用说社会主义文化，即使是进步的、健康的资本主义文化同资本主义市场经济逐利原则之间的矛盾也是明显的、尖锐的。卢梭关于资本主义经济与道德的矛盾、马克思关于资本主义物质生产和精神生产发展的不平衡以及恩格斯关于资本主义制度“是一幅令人极度失望的讽刺画”等等观点和说法，都揭示了这种矛盾。我们国家则与之不同。我们国家市场经济的社会主义性质，决定了市场经济的效应要受社会主义基本制度的约束。这样，在社会主义文化建设中就既可以充分发挥市场经济的积极作用，同时又有能力限制它的负效应。关键是要真正贯彻两手抓，坚决落实党中央关于社会主义精神文明建设的方针和政策。

市场经济对于社会主义文化的建设有着积极的推动作用。文化市场的启动，有利于较多的资金向文化事业投入；适度的物质利益原则，有利于调动人的主动性和积极性，发挥潜藏的创造才能；适度的竞争原则，有利于打破以往的平均主义和大锅饭带来的弊端，使优秀人才和作品脱颖而出；文化企业的出现，可以在文化中注入市场机制的生机，有利于优秀文化产品的传播。更加重要的是，通过市场机制可使文化更加面对群众、贴近群众。我国大众文化的兴起，是市场经济条件下文化发展的一种有益的、进步的倾向。文化面向大众是社会主义文化本身的要求。文化不能只停留在少数文化人的圈子里，而是应该面向群众。列宁说过，过去，人类的全部智慧，人类的全部天才所进行的创造，只是为了让一部分人独占技术和文化的一切成果，而使另一部分人连最必需的东西——教育和发展也被剥夺了。然而现在一切技术奇迹，一切文化成果都将成为全民的财产。市场经济有利于文化的传播和普及，有利于青年一代多渠道地、多形式地获取科学文化知识。

但是我们也应该清醒地看到，市场经济中的利益原则以及有可能滋生的拜金主义也会冲击社会主义文化的建设，因此，我们应该始终牢牢把握社会主义文化建设的方向。

在社会主义文化建设中，我们一定要导向正确。所谓导向，就是始终不偏离既定目标。我们的目标是建设有中国特色的社会主义，无论是市场经济，还是文化建设都要服从这个总目标。江泽民同志指出，有中国特色的社会主义是社会主义经济、政治、文化的统一整体。社会主义市场经济体制是同社会主义基本制度结合在一起的。我们在各方面进行的改革和现代化建设，其根本目的都是为了充分调动工人阶级和广大人民群众的积极性、创造性，推动社会生产力的蓬勃发展和社会的全面进步，走共同富裕的社会主义道路。

导向问题的关键是指导思想。我们的指导思想是马克思主义，我们坚持指导思想的一元化。我们绝不能以文化形态的多样性和多层次性来否定指导思想的一元化。其实指导思想的一元化并不是社会主义所独有的，在阶级社会中任何占统治地位的思想都是统治阶级的思想。封建社会自不用说，资本主义社会号称自由世界，它的文化形态是多样的，但其指导思想却仍然是一元的。尽管资本主义社会形式上没有确立哪一学派为指导思想，但居于统治地位的却必须是维护资本主义私有制、维护资产阶级政权、巩固资本主义制度的学说和理论。任何反对资本主义私有制、反对资本主义社会的思想都绝不允许上升为指导思想。马克思主义允许研究、讲授，但绝不允许处于统治地位。社会主义文化建设中指导思想一元化问题是原则问题，不仅对于人文学科、社会科学重要，对于市场经济下的大众文化同样重要。大众文化具有娱乐性、休闲性、趣味性，应该生动活泼，让群众喜闻乐见，但却也应该弘扬主旋律，提高品位，优化文化环境。

文化应该有市场。但我以为不能把全部文化都推向市场，把市场化作为社会主义文化发展的方向。文化产品不能把利润作为唯一的原则，而是应该兼顾经济效益和社会效益，而且有时为了社会效益也可以暂时牺牲经济效益。邓小平说："思想文化教育卫生部门，都要以社会效益为一切活动的唯一准则……思想文化界要多出好的精神产品，要坚决制止坏产品的生产、进口和流传。"① 文化领域也不能简单地引进竞争机制，实行所谓的"优胜劣汰"，关停并转。要对某些文化种类和部门实行保护、扶植政策，以利于提高整个民族的文化素质。

市场的力量是巨大的，市场自身就是一种导向作用。在社会主义市场经济条件下建设社会主义文化，要约束市场自发的、盲目的导向力量，加强思想导向，应该正确处理市场经济下文化建设中的两种关系：

第一，文化战线和文化市场的关系。在无产阶级革命和社会主义建设时期的很长一段时间内，我们党一直把文化看成是一条战线。毛泽东在《在延安文艺座谈会上的讲话》中说过，在我们为中国人民解放的斗争中，有各种的战线，就中也可以说有文武两个战线，这就是文化战线和军事战线。现在只提文化市场不再提文化战线，似乎文化市场只是以货币为中介的精神产品的买卖关系，不再存在矛盾和斗争。这种看法是片面的。毫无疑问，现在的情况不同于十一届三中全会以前，更不同于无产阶级革命时期，但思想文化领域中的斗争仍然是存在的，有时甚至是很激烈的。西方资产阶级生活方式和腐朽思想的侵入、国内资产阶级自由化思潮和各种封建思想的沉渣泛起完全是可能的。在文化市场中设立一道防线，在加强法律手段的同时，应加强文化自身的自制力，即实行"双百"方针和展开必要的批评，这样才能使文化市场净化，才有利于培养社会主义"四有"新人。

---

① 《邓小平文选》，第3卷，145页。

第二，文化战士和文化商人的关系。文化作为战线要求的是文化战士；而文化作为市场要求的只是文化商人，是精神产品的生产者和销售者。可我们是社会主义国家，我们的文化市场是社会主义文化市场。社会主义文化工作者的本质不是文化商人，文化经营当然应该考虑到市场，要考虑到经济利益，但比经济效益更重要的是社会责任，这就是建设社会主义文化，巩固和完善社会主义制度。

文化发展与文化名人是不可分的。中国文化在世界上的突出地位，就是与中国历代的文化名人联系在一起的。而文化名人的成就，又体现在他们的作品之中，每个民族的优秀文化往往都凝集在它的传世之作中。在社会主义条件下，我们同样需要从青年一代中培养“文化名人”，甚至“国学大师”；需要真正创造性地研究文化，尤其是中国传统文化的名篇佳作。我们的中青年学者中已有一批人崭露头角、才华出众，发表了有分量的论文和著作。我们更希望年轻一代能把坚持马克思列宁主义和弘扬中国传统文化结合起来，为建设社会主义文化作出贡献。

四、摆正马克思主义与中国传统文化的位置

又要坚持马克思主义，又要弘扬中国传统文化，似乎两者如冰炭同炉，不可得兼。这种看法的一个理论误区，是把马克思主义和中国传统文化的关系看成是两种文化即外来文化和本土文化的关系。其实，马克思主义和中国传统文化是属于不同范围的问题。马克思主义同中国实际相结合，就包含着同中国的经济、政治和文化状况相结合。中国传统文化，是中国马克思主义分析中国实际的一个很重要方面，也是必须与之结合的一个重要方面。但这种结合不是两种文化的结合，而是运用马克思主义的科学理论和方法，对中国传统文化进行批判继承。一个是指导思想，一个是具体的文化形态。中国革命者接受马克思主义，并不是作为一种文化，而是像毛泽东指出的那样，把它作为“科学的宇宙观和社会革命理论”，作为“观察国家命运的工具”。

对于中国而言，马克思主义不单纯是外来文化，而是立国之本，这是由它的阶级和科学本性决定的。在世界进入资本主义、无产阶级产生之前，全部文化的特点就是民族性，因为以往的阶级是民族性的阶级。处在

资本主义发展阶段，无产阶级不仅具有民族性，而且具有国际性。各国无产阶级有着共同的根本利益，从而有可能产生一个不仅属于某一个国家，而是属于世界无产阶级的共同理论和学说，这就是马克思主义。

当然，马克思和恩格斯是德国人，他们有自己的文化传统。他们的思维方式、语言风格都具有德国人的特色；材料的运用也受到时代和地区的局限。但不能说马克思主义是德国文化，更不能因为中国人接受马克思主义是通过俄国人的中介、是十月革命一声炮响送来的，就说马克思列宁主义是俄国文化。

马克思列宁主义的科学体系是“放之四海而皆准的普遍真理”。辩证唯物主义和历史唯物主义揭示的自然、社会和人类思维发展的普遍规律，马克思主义经济学揭示的资本主义生产方式的本质和剩余价值规律，科学社会主义揭示的人类最终要消灭私有制、消灭剥削，由阶级社会过渡到无阶级社会的规律，都是科学真理。

谁也不能说中国共产党是外来的，尽管工人阶级政党最早出现在西欧，后来俄国马克思主义者建立了自己的政党，中国共产党建立在后，并与共产国际有联系。中国共产党建立的根据却在于中国社会自身。

谁也不能说中国社会的阶级斗争和革命变革是来自马克思主义，而不是中国社会自身所固有的。

只要有资本主义私有制，就会产生消灭资本主义私有制的要求和运动。

只要有阶级剥削，就会出现对剥削的反抗。

只要有两极分化，就会产生对共同富裕的追求——由最低级形式的平均共产主义到科学共产主义。

这与文化无关，这是规律。马克思主义是科学，正因为她是以客观规律为依据的，因此马克思列宁主义不是隶属于某一民族的民族文化，而是属于国际社会。迄今为止，还没有发现任何一个国家和民族是完全在马克思列宁主义所揭示的普遍规律范围之外运行的。马克思列宁主义之所以传到中国并在中国生根，正在于它符合中国国情、符合中国需要。中国革命者的任务是在与中国实际相结合中坚持和发展马克思列宁主义，而不是用传统文化来溶解甚至拒斥马克思列宁主义。

马克思列宁主义同中国传统文化并不是相互对立、彼此排斥的，而是各有其不同的地位和作用。

马克思列宁主义是我们的立国之本，是指导思想。民主革命时期、社会主义革命时期以及在当前建设有中国特色的社会主义的伟大实践中始终如此。邓小平同志正是在与当代实际相结合中提出了建设有中国特色的社会主义理论，它的理论依据仍然是马克思列宁主义、毛泽东思想。他明确地宣布：我是个马克思主义者。我一直遵循马克思主义的基本原则。

“儒家治国”论是不能成立的。即使在汉代罢黜百家、独尊儒术以后的长期封建社会中，也没有哪一个统治者真正施行“仁政”，而往往是儒表法里、礼刑两手。儒家在封建社会中的作用，与其说是治国方针，不如说更多的是对封建士大夫的人格和道德的陶冶以及全民的道德教化。

至于儒家资本主义则更难成立。儒家资本主义其说作为对韦伯轻视儒家文化的反驳有积极意义，但缺乏科学性。儒家学说存在两千多年，世界资本主义发展已数百年，而东亚经济起飞则只是近几十年的事，显然不能把原因归之于某一种学说，而只能归之于第二次世界大战以后逐步形成的有利于东亚发展的经济和政治态势。儒家学说对东亚资本主义的发展当然有其积极作用，因为东亚的经济是在西方发达资本主义充分显示出其弊端、价值观念发生危机和道德沦丧的情况下起飞的，东亚一些国家和地区比较成功地利用了儒家学说在抑制个人主义、巩固血缘亲情和家庭伦理、协调人际关系、遏制物质欲望无止境的追求等方面的作用，从而形成了有利于经济发展的良好的文化和道德氛围。所以儒家学说并非东亚经济起飞的原因，而是为化解它的消极方面所采取的一种文化政策。这方面的有益经验值得我们认真研究和吸取。

马克思列宁主义是指导思想，但若没有被指导者，指导就会变成一句空话。就文化而言，马克思列宁主义不能取代传统文化，而应该弘扬传统文化，吸收其中的积极因素。尤其是中国这样的国家，有着丰富的文化传统，我们的先辈为我们创造了灿烂夺目的文化，我们更应该珍惜、更应该消化和吸收。任何一个国家，其传统文化的萎缩都不利于马克思列宁主义在这个国家的传播，在文化沙漠中马克思列宁主义是无法扎根的。建设有中国特色的社会主义文化，最关键的是正确处理马克思列宁主义与中国传统文化（关于西方文化暂舍去）的关系问题。离开了对中国传统文化的吸收和弘扬也就没有了中国特色，而没有了社会主义文化借以建立的宝贵的思想材料，社会主义文化的建立也就永远只是一句空话。

如何对待传统文化，从马克思主义观点来看原则是明确的。人们往往错误地理解了《共产党宣言》中关于“两个决裂”的论述。其实马克思和恩格斯说的与传统观念的彻底决裂，指的是与传统所有制（私有制）相一致的观念，即私有观念的决裂，而不是与传统文化的决裂。马克思和恩格斯自己在创立马克思主义过程中，就充分吸收德国古典哲学、英国古典政治经济学和法国空想社会主义的积极成果。列宁在《我们究竟拒绝什么遗产?》、《青年团的任务》、《论无产阶级文化》，毛泽东在《新民主主义论》中，都指出了对待传统文化的正确态度。可事实上在社会主义革命中，无论是俄国和中国都没有妥善地解决好这个问题。我们在一段时期内在这个问题上有过“左”的错误，但我们在批评“左”的错误的同时也要提防另一种做法，即把马克思列宁主义作为外来文化而加以拒斥的错误倾向。

五、西方社会不可能依靠东方文化摆脱危机

对文化的考察，离不开社会。人们都是在一定的社会背景下来考察文化的。可以说，人们所处的社会环境制约着人们的文化观。

站在西方资本主义现代化的立场上，人们很容易看到中国传统文化保守凝固的一面，对它持否定态度，可站在所谓“后工业社会”立场，力图消除发达资本主义各种矛盾的人们却又往往迷恋中国传统文化的宁静与和谐。似乎东方人和西方人都各走了一段在对方中发现自己的道路。中国的“全盘西化”论者要从西方人那里寻找自己没有的东西；而为资本主义矛盾困扰的现代西方人又力图从东方文化中寻找自己失去的东西。我们绝不能为这种现象所迷惑，误以为东方文化可以成为西方社会自我解救的良药。

各民族都有自己的文化，它是为这个民族所固有的、为其生存条件所决定的。各民族的文化发展的程度和特点存在差异。例如，中国、印度、

古希腊罗马、古埃及、古巴比伦都曾经是文明古国，都对人类文明作出过卓越贡献，但没有任何一种文化可以被认为是凌驾于其他民族文化之上的。文化的价值不是绝对的，而是具有相对性。“一个完全用自己的文化作为准绳来判断其他文化的人，是一个民族中心主义者。”①

“西方中心论”者曾经把西方文化作为文明的典范向全世界推广，特别是向东方被压迫的殖民地国家推广。的确，由于资本主义市场经济的特点，西方资产阶级在把商品推向世界的过程中，也竭力宣扬自己的文化，企图按照自己的面目来塑造世界。《共产党宣言》指出，资产阶级，由于一切生产工具的迅速改进，由于交通的极其便利，把一切民族甚至最野蛮的民族都卷到文明中来了。它的商品的低廉价格，是它用来摧毁一切万里长城、征服野蛮人最顽强的仇外心理的重炮。它迫使一切民族——如果它们不想灭亡的话——采用资产阶级的生产方式；它迫使它们在自己那里推行所谓的文明，即变成资产者。“一句话，它按照自己的面貌为自己创造出一个世界。”② 可是资本主义的殖民政策，虽然制造了一些殖民地半殖民地国家，但却并不可能把自己的文化强加于其他民族，而且还遭到了顽强反抗。中国一百多年的反帝斗争，就包括文化战线上反对帝国主义殖民文化的斗争。

文化具有可传播性。各种文化的友好交流、融合、相互吸收是文化发展中的进步趋势。不同地区、不同民族的文化交流是常见的。历史上希腊古典文化就曾随亚历山大东征而在欧亚非广大地区传播开来。汉唐盛世时期，以儒家为核心的中国传统文化在日本、朝鲜、越南以及其他周边地区得到广泛传播。17 世纪以后，以来华的天主教士为媒介，中国传统文化又深入到欧洲。同样，印度佛教的传入对中国文化也发生了巨大影响。在近代，西方资产阶级学者的著作如《物种起源》、《原富》、《天演论》、《群学肄言》等等对中国近代思想家的影响也是巨大的。可是文化的交流和传播，却绝不会导致用一种文化代替另一种文化。任何民族都是在自己文化

---

① ［美］C. R. 恩伯、M. 恩伯：《文化的变异——现代文化人类学通论》，26 页，沈阳，辽宁人民出版社，1988。

② 《马克思恩格斯选集》，2 版，第 1 卷，276 页。

的基础上吸收别民族的文化，它不是使自己民族的文化融入别民族的文化，而是通过吸收别民族的文化来繁荣和发展自己的民族文化。

随着中国在世界地位的提高和东亚经济的发展，以及西方社会矛盾的尖锐和价值观念的危机，东方文化的地位将会日益提高。很显然，西方社会可以从东方文化中得到很多教益，但是如果认为，东方文化将主导世界，并成为拯救处在各种危机之中的西方社会的唯一的文化，这是很难令人信服的。

西方的问题最根本的是社会问题。以生态危机、价值观念危机、家庭结构解体以及各种各样的社会问题所表现出来的危机，不是简单的文化危机，而是经济和政治制度的危机。没有任何一种外来文化能使西方社会摆脱困境，解决问题的钥匙和手段存在于西方社会自身。变革不合理的经济和政治制度，这才是最终的出路。能够依靠"天人合一"的观念来使西方走出生态危机吗？当然不能。这不是一个单纯的认识问题。从对人与自然关系的认识来说，西方生态学理论远远超出了具有神秘色彩的"天人合一"理论，可也无法使其走出困境。人与人的关系同人与自然的关系是结合在一起的，不在合理的人与人的关系基础上很难使人与自然的关系得到合理调整。恩格斯在《自然辩证法》中讲到人对生态环境破坏时说过一段非常深刻的话，他说："要实行这种调节，仅仅有认识还是不够的。为此需要对我们的直到目前为止的生产方式，以及同这种生产方式一起对我们的现今的整个社会制度实行完全的变革。"①

我们不赞赏"东方文化主导论"，更不同意中西"文化冲突论"。西方有些学者怀着对东亚儒家文化的恐惧，把不同地区和国家的冲突归结为文化问题，这是他们对自身制度丧失信心的表现。各民族都有自己的文化，其中都包含着为其他民族所缺少的珍品。文化的交流有利于世界和平和人类社会的进步。

社会主义文化正在建设中，真正的文化热并未到来。现在所谓的文化热，还只是停留在少数学者当中。毛泽东当年说过，随着社会主义经济建设高潮到来的一定有文化高潮。我们期待社会主义市场经济的确立能促进

① 《马克思恩格斯选集》，2版，第4卷，385页。

文化的繁荣。党中央提出的“科教兴国”的方针，就是促进经济发展和文化建设的方针。我们要始终记住：我们建设的是有中国特色的社会主义文化，不以马克思主义为指导就不是社会主义文化，而割断了中国文化传统也就没有了中国特色。

（原载《高校理论战线》，1995（10、11））

31. 论文化与文化的时代性和民族性

一、文化与文明的区别与联系

我们很难把文化与文明截然分开来。文明中肯定表现了一种文化观念和文化活动，因为文明是文化的积极成果；而文化的发展则也肯定表现了不同时期人类文明的进步。不体现文化内涵的文明，正如全然不代表人类文明进步的文化一样是不存在的。但是，从社会形态的角度来说，这两者可有区别。

文化是属于社会结构的概念。它是由特定的符号（语言和其他象征）传达的，在人类实践中创造的各种思想观念以及社会生活和行为规范的总和，例如哲学、文学、宗教以及道德、风俗习惯等等。文化是观念形态。物质并不直接是文化，但可以作为文化的载体而具有文化的蕴涵。一块黑布缠在手臂上传达的是哀悼；胸前一朵红花传达的是喜庆和祝贺。黑布和红花是物质，但却由不同的文化观念和风俗习惯而赋予不同的意义。任何社会都是由一定的经济、政治、文化构成的有机的统一体。在这种关系中，文化是作为一定的经济和政治在观念中的存在方式，因而在不同时代不同民族的文化中总是会包含一些落后的甚至野蛮的东西。不仅前资本主义社会如此，资本主义社会中的文化垃圾也是比比皆是，而且即使在社会主义社会也仍然会存在帝国主义文化、殖民文化与封建文化的残余和影响。因此文化可以加上定语，革命文化、反动文化、进步文化、黄色文化，如此等等。

文明是表示社会进步程度的概念，是相对野蛮而言的。文明是人类活动的积极成果，是衡量社会进步的一种尺度。文明发展的不同程度集中表现了一个国家和民族的发展水平及其在社会形态发展序列中的位置。衡量社会进步的尺度是多方面的，文明可以区分为物质文明、精神文明、制度文明。

文化是人类为了适应和改造自己的生存环境而进行的精神生产的产物。既然如此，人类的文化创造就必然要受自己所处的自然环境的制约。生产力水平越低，自然作为劳动对象和资源对人类的生产方式的制约和影响就越大。居住在沙漠地区的人不可能以农业生产方式和游牧生产方式为生，而有大江大河的民族易于发展农业，水草茂盛之地易于产生游牧生产方式，这都是显而易见的。但是自然条件并不能直接决定有或没有某种生产方式以及相应的文化形态。自然条件提供的是条件和机遇，而要把这种可能变为现实则有待于人类自身的劳动创造。长江和黄河提供了有利于发展农业的条件并在一定时期使中国的农业生产方式处于非常发达的地位，但它并没有使中国永远是农业国，不能成为工业化国家，正如古希腊罗马的地理环境便于航海，有发达的商业，但并不妨碍它的工业化一样。事实上，爱琴海仍然是爱琴海，正如长江仍然是长江，黄河仍然是黄河一样，可是几千年来无论是西方还是中国的社会形态和文化都在发展和变化。同理，日本明治维新前后自然环境没有改变，可其社会形态和文化却发生了急剧的变化。尽管自然条件并不能直接决定文化的形态和性质，但它的影响作用是不可忽视的。

文化是由生活在不同地区的不同种族的人创造的。我们可以发现文化的种族差异性，但人种却不能解释文化。同一种族可以产生不同的文化，如汉族在发展过程中创造了不同的文化。即使新加坡的华人与中国的华人种族相同但新加坡的文化与中国却并不完全相同。美国的黑人与非洲黑人种族相同但文化并不相同。假定一个中国人一出生就在美国的文化环境中长大而完全与中国人隔绝，肯定他的文化观念也是美国式的。种族基因中并不存在文化因子。荀子“生而同声，长而易俗，教化也”的说法是深刻的。任何一个种族的人，在另一个不同文化环境中生长肯定会具有另一种观念，即使他的种族性相同，但其价值观念、思维方式以及生活方式却必定完全是另一个民族的。一个民族的文化能够代代相传、保持一种继承关系并不是由于基因相同和种族遗传，而是由于这个民族以社会国家的方式存在，在一个相对固定的地区，使用同一种语言进行交往，每一代人都在继承上一代人已经取得的成就上前进。对于整个民族而言，文化是一种为适应生存和发展而进行的创造，但对于这个民族的每个成员而言却是一种接受和学习。这表明文化自身具有一种民族凝集力和自我继承的力量。只要这个民族存在，它的文化就会存在。当然文化传统可能会中断，可能会发生重大变化，但变化的原因却并不是种族的改变，而是社会变化引起的；而且变化后的文化仍然是这个民族的文化，仍然以不同方式同历史上的文化传统存在联系和继承关系。

人的行为方式与生活方式不能脱离文明和文化，它表现了人类文明发展的水平和文化观念。无论是生活方式还是行为方式都与人类的文明程度相关：文明、礼貌、讲公德是文明的表现，随地吐痰、大声喧哗、不讲公德则是不文明的表现。中国封建社会中一些文人酗酒、狎妓、纳妾，以及后来的吸鸦片，就不是文明的生活方式，即使他们的文化程度很高也仍然是不文明的。生活方式的样式取决于社会文明发展的程度。什么样的居住条件、饮食习惯和观念等，都与社会物质文明和精神文明发展程度相关。分食制就比我们祖传的共食制要符合卫生要求，要文明些。而在生活方式中也蕴涵着不同的文化观念。中国人的婚丧嫁娶、亲朋往来的风俗习惯等都表现了中国人的文化观念。由于是文化观念，其中也就必然会有好的习惯和不好的陋习。我们要树立科学的、文明的、健康的生活方式，改造落后的、迷信的、愚昧的生活方式，没有相应的物质文明和精神文明的发展、没有文化观念的变化是不行的。

文明是文化的物质成果或精神成果。文明可以传播，可以接受，可以借用。以知识形态表现的精神文明从其原生地而被别的民族接受是常见的。现在通行的数字系统就是由印度人创造，通过中世纪的阿拉伯人传到欧洲的。据说欧洲的拼音字母创始者是埃及人，经过腓尼基人传到希腊，然后传到罗马发展为现在的拼音字母。特别是物质产品和技术的发明和运用，更是会通过交往而被别的民族吸收。中国的火药、指南针、造纸、印刷术对世界的贡献是众所周知的。在当今世界几乎任何产品和新技术都能很快为别的国家所吸收。一个与外界交往频繁的民族进步快，而闭关自守与世隔绝的民族容易停滞的原因就在于此。文明特别是物质文明是可以传播的，而随着物质文明和精神文明的传播，实际上也是文化交流。但在文化交流中，易于被接受的是物质产品、科学技术，而文明观念特别是一个民族的价值观念、思维方式、审美观念则是不容易轻易改变的。中东一些国家的生活水平比起西方来毫不逊色，但其思想却不同于西方的文化观念和价值观念。文化是民族的。文化性质主要决定于社会制度和由各种原因形成的文化传统的影响，而文明程度则往往决定于生产力发展水平。西方某些国家的文化传统比不上世界上的一些文明古国，可其文明程度特别是物质文明却显然要比后者高。这说明文化与文明是不能简单等同的。丰富的文化传统要结出丰硕的文明果实还要经过再创造。

人类由野蛮时期进入文明时期表明社会的进步，但文明时期的人的行为却也并非一切都是文明的。由于社会发展的内在矛盾，在文明时期同样存在野蛮，而且是远远超过原始人的野蛮。文明时代不会杀人祭天、祭神、祭祖，但德国纳粹残杀犹太人，日本人在南京大屠杀却都是任何野蛮人望尘莫及的。在当代，各种新式武器包括核武器，唯恐杀伤力不大、死人不多。历史证明，人类进入文明时代对人的杀戮比任何野蛮时代要多得多。这并不是人性的堕落或异化，而是社会制度的性质和物质利益的冲突所造成的。有人认为，近代中国史上，西方列强对中国的侵略包括鸦片战争，似乎是先进文明战胜落后文明，是向落后国家输送先进文明，而不识时务的中国人反对西方殖民主义就是反对进步。这就是不会区分文明和野蛮的缘故。西方殖民主义用大炮、用烧杀掠抢来镇压被侵略国家和民族的反抗，这不是传播先进文明，而是野蛮向文明的进攻，是用近代物质文明武装起来的强盗向古老文明民族的进攻。只有头脑糊涂的人才会把用新式武器破门而入的强盗称为文明人。任何以文明的先进性为殖民主义和帝国主义侵略辩护的理由都是不能成立的。

文明是文化的积极成果，就这点来说，文化有其特殊的重要性。一个文化不发达的民族，也难以建立发达的物质文明和精神文明。我们可以引进一些西方的新技术，但若没有具有高水平文化素质的人去掌握这种技术和工具，则任何先进技术和机器都是无用或用处不大的。文化可以交流，可以吸取，但却不能全盘引进，一个民族的文化有待自己继承自己民族的优良传统和吸取别民族的优秀成果去自行创造。对一个民族的进步特别是对可持续发展来说，文化资源比自然资源更为重要。自然资源短缺而社会发展的国家或自然条件丰富而社会停滞保守的国家在世界上都不少见。自然资源是有限的、消耗性的，唯独知识与文明是不断增长的、无止境的。党中央在十五大报告中强调建设有中国特色的社会主义的重要性是非常正确的。在落后的文化基础上，高度发达的社会主义物质文明和精神文明的建设都是不可能的。

二、文化的民族性、时代性和阶级性问题

自古以来，民族性都是文化的基本特征。当然文化的民族性并不是说文化都只是本土文化，因为任何民族的文化都不可能是纯粹的，都会吸收外来文化。一个民族的文化不仅是由本民族的地区文化逐步融合而成，而且往往还吸收有别的民族的文化。纯而又纯的民族文化是没有的，但文化的民族性并不会因为文化的融合或吸收而消失。因为任何文化都是由处于共同地域、具有共同语言、具有共同的心理的群体创造的。这种共同的血缘、共同的地理环境、共同的语言和共同的文化传统，决定了这个群体在文化观念上具有不同于别的民族的基本特点。

正因为文化具有民族性，因而在各民族的文化中，文化的各种形态，从风俗、习惯、交往礼节，到哲学、道德、法律、宗教，各有特点。例如哲学的民族性就很显著。作为以共同的地区和血缘关系为基础的不同的民族共同体，各有自己的不同哲学。很显然，东方哲学不同于西方哲学，而即使同属东方哲学，中国哲学也不同于日本、印度和朝鲜哲学，它们彼此也各有特点。即使同是以古希腊罗马哲学为源头，同属西方哲学，欧洲大陆哲学也不同于英美哲学，而德国古典哲学又具有自己的特色。

从哲学的着力点，即各自关注的中心来看，古希腊罗马哲学更多地注重作为纯客体的自然，因而自然哲学比较发达。中国哲学，其中特别是儒学注重人伦，即人际关系中的伦理道德、处理人际关系的原则。中国古代哲学也曾讲到自然，如《道德经》和《庄子》，但老庄哲学里讲的自然，不仅是人之外的自然，更主要的是人自身的自然，即人的自然本性。“顺

其自然”的原则，是人的本性不受外物束缚的原则。从思维方式来看，西方古代哲学强调的是主体与客体的区别，讲求观察、实验、理性的方法，一般来说擅长分析；而中国古代哲学虽然也有哲学家倡导明于天人相分，但主流却是张扬天人合一，强调主体，强调依靠主体的内在意识和道德实践来实现二者的统一，它运用的是反求诸己的内省方法，一般来说，擅长综合。哲学范畴也各有特点。中国哲学讲理气、有无、动静、形神、知行；西方哲学则讲矛盾、一多、感性理性、质量、肯定否定。这种特点各有优点，应该取长补短，不能绝对说孰优孰劣。

文化的民族性和民族主义不同。民族主义是贬低其他民族对人类文化的贡献，片面地把本民族的文化视为唯一优秀的文化，而且对其他民族的优秀文化成果采取排斥的态度和做法。例如，西方文化中心论以及帝国主义的文化霸权主义就都是如此。

事实上，文化的民族性绝不能成为排他性，例如哲学具有民族性，但哲学可以相互吸收和传播。中国哲学可以接受西方哲学的影响。中国明清之际，特别是晚清曾经接受过西方文化包括西方哲学的影响。至于中国哲学对西方和周边国家的影响则更是巨大。特别是进入资本主义时代以后，历史转变为“世界历史”，更有条件相互影响。我们现在马克思主义哲学使用的许多范畴，就不是中国哲学所固有的，而是马克思主义哲学独创或经过马克思主义哲学中介吸收的西方哲学范畴。哲学中的相互吸收融合是一种进步趋势。马克思主义哲学不仅直接来源于德国古典哲学，而且批判地继承了全人类的文化遗产。

应该强调的是，文化的民族性是指各个民族都有不同于别的民族的文化，而不是说一个民族只有一种统一的民族文化。事实上进入阶级社会后，唯一的无差别的民族文化是不存在的。列宁曾经说过，每一种民族文化中都有两种民族文化：有普利什凯维奇、古柯夫和司徒卢威之流的大俄罗斯文化，也有以车尔尼雪夫斯基和普列汉诺夫为代表的大俄罗斯文化。乌克兰也有这两种文化，正如德国、法国、英国和犹太人有这样两种文化一样。列宁的意思是反对俄国资产阶级利用民族文化口号来宣扬自己的意识形态，巩固自己的统治，而不是反对文化的民族性。不存在唯一的民族文化是就其内容来说的，但就文化的表现形式和特征而言，即使是两种对立的文化也仍可以有共同的东西。例如中国的山水画、书法、诗、词、章回小说、京剧以及各种地方剧种等等都是中国民族的东西，它并不会因为存在两种文化而丧失它的民族特性。

文化具有时代性。在人类进入资本主义时代以前，各个国家和民族交往较少，各自在特定的地区独立地进行活动，历史突出地表现为国别史，历史还没有转变为世界史。在这个时期，文化的时代性集中地表现为各个民族文化的社会制约性和历史性，即每一历史时期的经济生产以及必然由此产生的社会结构是该时代的政治的和精神的基础。社会形态的演变及其区别决定了文化的时代的特征。很显然，原始社会、奴隶社会、封建社会、资本主义社会的文化是不同的，这种不同都是由社会制度的演变决定的。每一种文化都具有社会的特征，从它的演进看即具有时代特征。

当世界进入资本主义时期以后，则出现了另一种文化的时代特性。由于资本主义生产方式的特点和科技的发展，各个国家和民族的壁垒逐步被打破，出现了越出一个国家和民族范围的时代概念，如帝国主义和无产阶级革命时代、由资本主义向社会主义过渡的时代等等，它对原来各自独立发展的国家和民族的发展都有程度不同的影响。各民族的相互作用的加强和世界潮流的出现，必然会给各个民族的文化打上烙印。

文化的进步性不同于文化的时代性。任何文化都属于一定的时代，这是文化的时代性，它表明的是这种文化产生的必然性和何以如此的原因。而文化的进步性表明的则是这种文化站在时代的前列，代表的是社会进步潮流，符合历史发展的规律，例如在资本主义时代出现的社会主义思潮、帝国主义时代的反帝国主义思潮以及它的各种文化表现形式。在中国自鸦片战争以后沦为半封建半殖民地社会，它出现了中国历史上从来没有过的帝国主义文化、半封建半殖民地文化。这种文化在中国的出现显然具有时代的特征，但它是反动的落后的文化，是丧失时代进步性的文化，而代表民族资产阶级的文化的新文化则是进步文化。在五四以后，随着马克思主义的传入和中国共产党的建立，无产阶级的文化又成为中国最先进的文化。可以说，在任何社会、在任何时代，特别是处于社会变革时代，各种文化并存的状况是必然的，它们是时代的产物，都具有时代性，但却并不都具有先进性。例如哲学可以是时代精神的精华，也可以是时代的糟粕；

哲学家可以是时代的骄子，也可是时代的弃儿；可以是真理的发现者，也可以是错误理论的吹鼓手——问题是反映了时代的哪一个方面。真正的哲学之所以是时代精神的精华，正在于它符合时代的进步要求，抓住了时代的主题，回答了时代提出的迫切问题。一个哲学家越有才华和贡献，他就越是依存他的时代反映他的时代，用哲学为他的时代的进步服务。

一个民族不只是一种文化，一个时代也不只是一种文化，这说明文化在阶级社会中是有阶级性的。尽管文化中包括一些非阶级性的现象，如语言和某些风俗、习惯，但从文化总体上来说，应该说是有阶级性的。之所以如此，首先在于在阶级社会中创造文化的人都是属于一定的阶级，他们的情感、意志、兴趣、目的都会受到一定阶级地位的制约，这些必然会表现在他们的精神产品之中。其次，从社会的角度来看，文化特别是人文文化，作为一种社会意识形态它的内容是由特定的经济关系决定的，而经济关系的核心则是利益关系、阶级关系，因而作为人文文化形态的哲学、道德、宗教、法律、政治学说总是直接或间接、公开或隐蔽地维护处于社会经济关系中的某个阶级的利益。

当然，文化的阶级性绝不是意味着某一阶级的成员必定会创造代表这一阶级的文化，关键不是创造者的阶级出身，而是取决于他站在什么立场、代表什么利益进行文化创造的。马克思在讲到某一阶级的思想家与其所代表的阶级关系时曾说过一段著名的话："同样，也不应该认为，所有的民主派代表人物都是小店主或崇拜小店主的人。按照他们所受的教育和个人的地位来说，他们可能和小店主相隔天壤。使他们成为小资产者代表人物的是下面这样一种情况：他们的思想不能越出小资产者的生活所越不出的界限，因此他们在理论上得出的任务和解决办法，也就是小资产者的物质利益和社会地位在实际生活上引导他们得出的任务和解决办法。一般说来，一个阶级的**政治代表**和**著作代表**同他们所代表的阶级之间的关系，都是这样。"① 例如，俄国的伟大文学家托尔斯泰是贵族，可列宁却把他称为俄国农民的一面镜子，之所以如此是因为他反映了那个时候俄国农民的意愿和要求。论阶级地位他是贵族，但论思想情感他代表的却是农民。

① 《马克思恩格斯选集》，2 版，第 1 卷，614 页。

这种思想与阶级的分离在精神生产中并不罕见：如马克思出身于富有的知识分子家庭，恩格斯出身于工厂主家庭，可他们却携手创造出马克思主义。这种状况并不是说明思想体系本身是超阶级的，而是说明这种思想体系的创造者本人超越了自己的阶级。因为在社会矛盾、阶级矛盾激化的变革时期，一些原本属于某个阶级的人背叛自己的阶级自觉地站在被压迫者一面，这种情况在历史上是常见的。

而且，文化的阶级性也不是说阶级社会中两种文化之间就没有任何共同点。即使是意识形态比较强的哲学、法律、道德等等，它们不仅具有意识形态的特性，而且具有知识性，能够作为知识的积累而为另一个阶级所接受。宗教更是如此，佛教徒、基督教教徒、伊斯兰教教徒，既可以是富人，也可以是穷人，既可以是无产者，也可以是资产者。这并不否定宗教从根本上来说是有利于维护统治者的利益的，因为它通过维护社会的稳定来维护现存秩序和现存制度，但从信仰来说，其宗教信仰却可以是共同的。

特别是在阶级社会中，处于统治地位阶级的思想是统治阶级的思想，它是这个社会中的主流文化，尽管就其阶级性来说，是属于统治阶级的思想体系，但就其影响和作用来说却可以遍及全社会。被统治者往往违背自己的利益而接受统治者的思想，如在中国封建社会中包括农民在内的劳动者都或多或少地接受了儒家三纲五常、君君、臣臣、父父、子子的伦理道德观的影响。在资本主义社会中无产阶级接受资产阶级所鼓吹的抽象的自由、民主、平等的观念，接受利己主义、享乐主义思想的影响。在阶级社会中被统治者接受统治者的思想影响是规律性的现象，因为统治者拥有一切手段来做到这一点，只有当被压迫阶级逐步走向成熟或矛盾逐渐激化的时候，从思想上摆脱统治阶级文化观念的影响的斗争才会尖锐起来。

在中国，传统文化的主体是儒家文化。这一特点决定了中国传统文化的特色是以人伦为核心的伦理文化，它着重调整人们的各种关系，如国家政治生活中的君臣以及各等级隶属之间的关系和家庭中的父子、夫妻、兄弟关系。由于儒家学说的政治伦理特色，从根本上来说，儒家文化是比较保守的，它是为维护大一统的封建君主制服务，为宗法服务的。因此，它强调正名，即各种等级各色人等各安其位，享受和承担与自己的等级身份相符合的权利与义务。所谓君君、臣臣、父父、子子，也就是说君就是君、臣就是臣、父就是父、子就是子，各有地位各有职责，不能乱。因而儒家的理论是不准改革、不准造反、更不准犯上作乱。儒家不利于革命变革，但有利于社会稳定。这就是变革时绝不会提倡儒家，必然提倡反对尊孔读经，而取得政权之后却可能会提倡尊孔的原因。我们只要看看中国从五四到袁世凯复辟时的历史便可证明这点。

我们现在提倡弘扬中国传统文化，绝不是以儒家学说作为社会稳定器。我们当前需要正确处理发展、改革、稳定的关系。其中稳定是能否深化改革和发展的重要前提，但我们的稳定不是依靠儒家学说得到的，不是无原则地倡导和谐，更不是虚假地标榜仁政，或者维护不合理的旧体制和干群关系。我们依靠的是马克思主义，是以马克思主义为指导，正确处理人民内部各种矛盾来使社会稳定并在正确处理各种矛盾中推进改革和求得发展。我们的稳定不是消极的，不是把凡是现实的都说成是合理的，而是为改革求得一个安定的社会环境和良好的社会秩序。因此，在我们社会中儒家学说能起的稳定作用，无论就其性质、方式和目的来说，都同封建社会迥然不同。把马克思主义说成是不利于稳定的斗争学说、把儒家说成是有利于稳定的学说，这种解释是不全面和不准确的。马克思主义学说绝不是一个“斗”字所能概括的，正如儒家学说也不能简单地归为一个“和”字。儒家倡导宽猛相济，就说明它并不是只一味讲“和”的。别的不说，仅就王阳明和曾国藩的对待农民起义而言就可以说明这一点，而王、曾都可说是儒学的信奉者，是大儒。

儒家的政治性决定了历代封建王朝都需要以儒家为治国治民的要术。实际上在长期的封建社会中，儒家的确起到了稳定封建制度的作用。曾国藩打败太平天国，成为清王朝中兴名臣的思想武器正是孔孟之道。中国传统文化的伦理特色是因为儒家长期成为封建社会主流文化形态造成的。其实中国传统文化的精品很多，并不限于儒家，但儒家由于它的政治地位和作用，而成为历代统治者不可缺少的思想工具。儒家处于正统地位并为法律所维护，非圣与非法一样历来是杀头的罪名。我们是社会主义国家，我们党的性质和社会性质决定我们只能是以马（马克思主义、毛泽东思想，特别是邓小平理论）治国而不能以儒治国。中国近百年来的历史证明，不是儒家学说挽救中国，而是中国革命的胜利挽救了儒家学说，使它免于同社会和民族的衰败一道走向没落。当今中国在世界的国际地位，使儒家学说重新光彩夺目。儒家学说中的精粹只有当中国人民当家做主以后才有可能重新得到正确评价、清洗、吸收和发扬，因为与儒家学说相依存的封建社会已经成为历史，君主专制制度已经死亡。儒家学说与它极力维护的政治现实距离越来越远，它的意识形态性质越是减弱，它所蕴涵的具有普遍意义的东西也就越会凸显，所以旧中国的灭亡，不仅是中国人民的解放，在一定意义上也是儒学的解放。儒学摆脱了历史上充当封建制度思想卫士的重负，真正成为科学研究对象、成为中国人民创造新的社会主义文化的重要资源。

之所以可能如此，归根结底还决定于儒学的双重性。儒家学说是产生于封建社会并具有封建主义本性的文化，但这并不等于说儒家学说的全部内容都是封建主义的东西。不仅在同一社会中可以存在两种文化，而且即使是代表统治者利益并处于统治地位的文化，也包含可供继承的内容。一种具有阶级性的文化形态，何以能为另一个社会制度下的人所继承和吸收呢？这并不是由于儒家学说代表人性，因而可以成为永恒不变的常道。其实儒家学说从先秦经两汉到宋明的发展和演变，一直是代表封建统治者的意识形态的，但由于人伦关系是人类社会中一种普遍关系，因而它的一些规则具有普遍有效性的一面。如人们相互交往中讲信，对父母讲孝，夫妻关系中的互敬和互爱，对国家和民族讲忠义、讲大节等，这对所有社会处理类似关系都有可供借鉴的方面。因此，儒家倡导仁爱精神、注重个人的道德修养和理想人格的培养、提倡节俭反对奢侈、提倡个人对家庭和社会的责任、提倡以义制利反对见利忘义等等，对于社会主义市场经济下的精神文明建设都是有益的。

中国有 12 亿人口，是世界第一人口大国。中国人在世界上的华人华侨也是最多的，散居世界各地的华人之所以认同中国主要不是认同马克思主义、认同社会主义制度，而是种族血缘关系的认同，另一个则是文化认同。文化认同最根本的是儒家。他们不会认同老庄哲学、认同墨家、认同孙子兵法等等（除了少数文化人以外）。为什么？因为儒家与血缘关系最为直接、最为密切，它是专讲人伦关系的。父子、夫妻、兄弟、朋友，个人与家族、个人与国家，涉及这些关系的道德伦理观念，最能为华人认同。但如果从文化的内涵来看，儒家并不是中国文化学说最深刻、最丰富的思想形态。儒家比较狭隘，着重于政治伦理方面。讲哲学应该是道家即老庄，讲逻辑应该是墨家，讲军事应该是兵家，讲农业应该是农家，讲法治应该是法家，中国的诸子百家各有特点各有贡献，儒家仅为其一而已。但其他各家都是一个方面，或打仗，或论辩，或耕作，或刑名，唯独儒家所具有的政治伦理色彩，使它长期处于支配地位，并发挥了任何其他学说所不可替代的作用。

世界上没有绝对纯粹的东西。纯粹只是一种舍弃其他一切因素的抽象。社会形态如此，文化同样如此。阶级性绝不是绝对排他的，阶级性与社会性是结合的。一个阶级越是处于进步的上升的时期，它的阶级性中包含的社会因素就会越多。这正是文化可以交流、可以继承的内在根据，如果阶级性是绝对排他的，人们就只能被封闭在自己的文化圈子里，社会的发展和文化的进步也就是不可能的。

三、文化发展的本质是创造

文化是由人创造的，因而它不可能是停滞不变的。每一代人都要在文化宝库中或多或少地增加些新东西，又要从先辈的文化遗产中借用一些东西。可是，文化的积累不是往钱罐子里塞钱，而对前人文化遗产的继承也不是从钱罐中取钱。文化的积累和继承都是个创造过程，没有每个时代人们的创造就没有积累也没有继承。不能把文化的发展归结为对传统文化的诠释，也不能认为文化存在于世世代代的人民对祖先文化传统的诠释之中。文化是一种创造，是现实的人面对现实需要的一种创造。离开了现实人的现实活动，就既不可能有文化的积累（无东西可积累），也没有文化的继承（没有必要继承）。

当然，任何时代的人的文化创造活动都不可能脱离传统，正像马克思说的那样，一切已死的先辈们的传统，像梦魇一样纠缠着活人的头脑。可是传统不等于文化典籍。对传统的继承不能理解为文化典籍的诠释，把文化典籍视为不可超越的范本，而当代人只是古代典籍的解释者。其实，古代文化典籍中的重要思想在现实生活中并不一定存在——即使在古代也可能并没有实行过，并不是现实而是一种个人的理想和信仰。例如《论语》中的许多道德规律，如己所不欲，勿施于人，己欲立而立人，己欲达而达人，等等，从来就没有人真正做到过、实行过，包括儒家学说的创立者和历代的所谓大儒。这种例子很多。写在书上的不等于是实有的；古籍中的精华不等于是传统。我们说的传统保存在当代中，离开了当代就不是传统。因此，传统是在中国人的生活中世世代代起作用的那些价值观念、思维方式、风俗习惯、道德观念，它古老可又在一定程度为当代人们所遵守和认同。在长期的历史发展过程中，古老的过时的东西不断减速减弱，而新的东西又不断凝集为传统。传统就是这样在保存和变迁中演进的。

每代人在继承传统的过程中，利用历代先人积累的文化典籍是极其重要的，它为后代提供了宝贵的思想资料，提供了智慧。一个民族的文化名人越多、流传下来的典籍越多，就表明这个民族的文化传统越丰富。但这些瑰宝能否得到利用则取决于后人如何利用这些资料，正如同样的材料，由于厨师的手艺有高下优劣之分，因而做出的菜肴的水平也就完全不同一样。可是尽管继承什么、如何继承、把什么视为精华、什么视为糟粕可以因人而异，如同水火，但若从时代角度来看，则只有符合时代需要、有利于时代前进、有利于民族文化的发展和提高，才是真正对我们祖先优秀文化遗产的继承。历史经验证明，立足于时代和人民需要的继承，与当代推进社会的实际活动需要结合在一起的继承，才不是尊孔读经复古倒退。我们对中国传统文化的研究和继承都是以建设有中国特色的社会主义文化为目的的。一个国家的文化状况对经济和政治的影响是巨大的。列宁讲过文化落后的国家容易产生专制主义而西方资本主义国家采取民主制度，这不是决定于人们的愿望，而是有其文化背景的。即使某些资本主义国家仍然存在君主制，也是资本主义化的君主，而不可能是专制主义的帝王，这是因为在资本主义社会中，无产阶级的文化水平高于农民。列宁说："正常的资本主义社会要顺利发展下去，就不能没有稳固的代表制度，就不能不给予在'文化'方面必然有较高要求的人民以一定的政治权利。这种一定程度的文化要求是资本主义生产方式本身连同它的高度技术、复杂性、灵活性、能动性以及全世界竞争的飞速发展等等条件所造成的。”① 而在社会主义中国之所以还可能产生极端的个人迷信、产生个人的高度专权，一个重要原因就在于文化落后，文盲遍地，农民占绝大多数。小农是好皇帝的温床。因此，在中国这样的国家进行政治体制改革，就不能不考虑到中国的文化状况的制约性，重视社会主义文化建设，普及教育，开发民智，提高人民当家做主的自觉意识，以利于积极推进政府机构改革，发展民主，健全法制，建设一个社会主义法治国家。

江泽民在中国共产党第十五次全国代表大会上的报告中，对有中国特色的社会主义文化建设问题给予了极大的关注和论述，教导“全党必须从社会主义事业兴旺发达和民族振兴的高度，充分认识文化建设的重要性和迫切性”，提出“创造绚丽多彩的有中国特色的社会主义文化”的号召。

文化建设涉及很多领域，但最重要的是指导思想的问题，绝不能把文化建设问题简单地变为一个继承文化遗产问题，甚至变为在中国复兴儒家问题。有中国特色的社会主义文化最根本的是要建设、要创造，而不可能只通过对传统文化的继承来完成。要正确继承传统文化还要有正确的指导思想。我们不能在儒学范围内谈论儒家文化的继承问题，不跳出传统文化的视角就不能真正继承传统文化。中国文化史证明，尽管儒家思想在历代也有变化和演变，但都是在这个框框内的变化。我们的目的是建设有中国特色的社会主义文化，因而必须对中国传统文化进行分析、清洗、吸收、改造。我们的指导思想是马克思主义，我们从来不隐讳这一点。如果要谈论复兴儒学的话，没有社会主义在中国的胜利，我看孔夫子绝无如此高的地位。是中国的复兴才使儒家重振成为可能。没有一个强大的中国，就不会有一个名扬四海的孔夫子。是中国的强大把儒家推向世界，而不是儒家把一个曾经是满目疮痍、贫穷落后的中国推向世界。不用马克思主义观点来指导研究中国传统文化，我们就不可能越出前人的窠臼。

党的十五大作出了高举邓小平理论伟大旗帜的历史性决策，并写进修改后的中国共产党党章和宪法。这对于中国社会主义的前途和命运，对于我国的社会主义文化建设具有决定性的意义。建设有中国特色的社会主义

---

① 《列宁选集》，3版，第2卷，276页。

的理论和实践表明，马克思主义在中国并不是处于低潮，而是处于发展的新阶段。邓小平理论，使在世界某些国家和地区遭到挫折的马克思主义重放光辉。我们哲学社会科学工作者、我们马克思主义理论工作者在经济学、哲学、科学社会主义学说以及其他领域深入研究邓小平理论，并在邓小平理论伟大旗帜指引下研究进一步解决改革所提出的各种理论和实际问题，继续探索有中国特色的社会主义的发展规律，就是为繁荣社会主义文化作出了应有的贡献。

文化是社会形态的组成部分。任何社会都既有自己的特定的经济结构、政治结构，又有与之相应的文化形态。社会主义社会也是如此。正如江泽民在报告中精辟指出的那样，文化是相对于经济、政治而言，精神文明是相对于物质文明而言。只有经济、政治、文化协调发展，只有两个文明都搞好，才是有中国特色的社会主义。在资本主义社会，经济发展与文化之间存在着不可解决的矛盾：一方面，生产力不断发展；另一方面，社会道德水准下降和价值观念发生危机。这种物质生产与精神生产的不平衡在资本主义刚刚登上历史舞台时就出现了。卢梭在他的获奖论文中就已经发现了这个矛盾，但还不理解这个矛盾。马克思论述过资本主义社会物质生产和精神生产的不平衡性问题。恩格斯在《反杜林论》中也对这个问题做过分析。资本主义社会经济与文化关系的失衡是必然的，是以资本主义私有制为经济基础的不可避免的现象。西方有的思想家设想一种混合结构，即经济上的社会主义、政治上的自由主义、文化上的保守主义。这是一种乌托邦式的设想，是根本不可能的。也有些思想家由于资本主义的经济与文化的失衡而反对物质文明、反对科技发展，这同样是一种错误的哲学思想，没有真正弄清楚经济、政治、文化的关系。只有社会主义才有可能解决资本主义社会中文化与经济之间的矛盾。邓小平关于有中国特色的社会主义理论，不仅为繁荣社会主义经济而且为繁荣社会主义文化指明了方向。我们可以满怀信心地展望 21 世纪，具有丰富文化传统的中国，在社会主义现代化的伟大实践中，一定能立足现实，以马克思主义为指导，吸收中外文化的优秀成果，创造出更加绚丽多彩的有中国特色的社会主义文化，对人类文明作出应有的贡献。

社会主义社会的发展是全面的。社会主义现代化应该有繁荣的经济，也应该有繁荣的文化。在建设有中国特色的社会主义文化的伟大事业中，哲学社会科学的作用是无可替代的。哲学社会科学各系科是整个高校教育的重要组成部分。它不仅要以自己的理论研究成果为坚持马克思主义在意识形态中的指导地位、为建设有中国特色的社会主义理论和实践服务，而且要培养高举邓小平理论伟大旗帜的哲学社会科学专业人才。哲学社会科学的繁荣有利于全民族的思想理论素质的提高，有利于加强我们民族的凝聚力。没有科学的理论指导，就不容易在全社会形成共同的理想和精神支柱，没有自觉的道德纪律、没有较高的文化素质，就难以形成良好的文化环境。这是关系到我们继续推进改革开放和现代化的重要条件，也是关系到建设有中国特色的社会主义的重大原则问题。在我们这样一个国家要跨越“卡夫丁峡谷”，固然要充分吸收资本主义的科技成果，要大力发展生产力，但同样不可忽视的是要有坚定正确的政治方向、社会主义的道德情操和较高的文化修养。人的素质问题是社会主义建设的关键问题。而素质不是单纯的科技水平，它还包括人的人文素质，其中特别是哲学社会科学素质。我们的哲学社会科学工作者要在创造绚丽多彩的社会主义文化方面发挥作用、发挥哲学社会科学的优势和专业特长，就必须正确对待马克思主义、正确对待中国传统文化、正确对待建设有中国特色的社会主义的实践；把现实、理论、传统三者有机结合在一起，立足现实，坚持（马克思主义）理论，重视（文化）传统，在创造中继承，在推陈中出新。

（原载《中国青年政治学院学报》，2000（1））

32. 历史进步中的传统与当代

随着年龄增长，人们往往会惋惜逝去的年华，眷恋童年的天真和少年的无忧无虑。社会的发展与个体的发展极其相似。处于资本主义工业发达社会而为各种社会问题困扰的人们，往往向往农业社会田园风光的诗情画意和简朴淳厚的人际关系，希图返璞归真，回归自然。这种社会怀旧情绪，是西方资本主义工业发达社会自身矛盾的反映。

资本主义社会代替封建社会是历史的一次飞跃，它取消了封建特权和人身依附关系，用自由、平等、竞争的观念代替封建的等级观念和道德规范，可它又极大地发展了以自我为中心的利己主义，把人与人的关系淹没在赤裸裸的金钱关系的冰水之中。

经过长期发展，资本主义社会的矛盾积重难返。特别是第二次世界大战以后，西方发达资本主义国家的腐败和不公正现象，尤其是青少年犯罪、吸毒、酗酒、家庭解体和同性恋等，如恶瘤附体，毒化人心。某些学者把原因归结为科技进步，从而得出反对科技进步的错误结论。

应该看到，西方世界所面临的种种社会问题，并不是科技进步和经济发展所必然带来的，而是垄断资本主义的社会危机和精神危机的伴生物，有如影之随形，因而它们在社会主义制度下也是完全应该解决和可以解决的。正如邓小平同志所说的那样，我们为社会主义奋斗，不但是因为社会主义有条件比资本主义更快地发展生产力，而且是因为只有社会主义才能消除资本主义和其他剥削制度所必然产生的种种贪婪、腐败和不公正现象。

这就把一个重要问题摆在了我们面前，即在实现社会主义现代化的过程中，如何防止西方资本主义现代化进程中价值危机的重演。这里，关键是要在建设社会主义物质文明的同时，高度重视社会主义精神文明的建设。这种精神文明应当是以马克思主义为指导的、批判继承历史传统而又充分体现时代精神的、立足本国而又面向世界的。

要正确处理传统与当代的关系。传统是一种巨大的力量，它是被保存在民族中绵延不断并为后代所继承运用的一种稳定结构，它存在于生活方式、思维方式、价值观念、文化道德、风俗习惯之中。但传统不是凝固不变的、永恒同一的，而是处于不断创造之中。早期的传统与历史的发展成反比，它的影响力不断减弱；另一方面，每一代人又不断地把自己的创造变为传统。整个历史发展是一个不断突破传统又不断形成传统的过程。传统永远是当代与过去的分界。处在特定时期的人们不断地把自己的现实变为历史，凝集为下一代人的传统。德国哲人黑格尔说过，传统并不是一尊不动的石像，而是生命洋溢的，它有如一道洪流，离开它的源头愈远，它就膨胀得愈大。因此继承传统，对我们来说，毫无疑义地应该包括1840年以来，尤其是五四以来中国人民的革命传统。

传统与进步的关系是双重的。传统作为一种惰性力量，其消极面是进步的重负，因此社会进步表现为对被视为神圣的传统的亵渎，表现为对传统中保守方面的突破与革新。可另一方面，传统中优秀的东西又是一种积极因素，它凝聚了一个民族世世代代创造者的劳作和智慧，成为一个民族得以生存和延续的力量，为进一步发展提供了基础。因此，一个民族的繁荣昌盛往往包含有对优秀传统的继承。

由于传统中包含积极和消极两重因素，所以究竟把什么奉为传统、继承什么、发扬什么，这不取决于传统，而取决于当代，取决于现存社会中人们对待传统的态度。可以说，每一代人都会遇到究竟继承什么或拒绝什么历史遗产的问题。

西方工业化进程中之所以会出现价值观念危机，是因为它是以巩固和发展私人占有制为基础的。它的观念的特点是以个人为本位，张扬和倡导个人主义。这种个人主义的极端发展是利己主义、拜金主义。恩格斯说过，“在利益仍然保持着彻头彻尾的主观性和纯粹的利己性的时候，把利益提升为人类的纽带，就必然会造成普遍的分散状态，必然会使人们只管自己，彼此隔绝，使人类变成一堆互相排斥的原子”①。与私有制相结合的工业化，一定会越来越趋向极端利己主义，导致非道德主义，引起维系人们正常关系的价值观念的崩溃。

我们正处在实现现代化的过程中，经济体制也在发生重大变化。在这一转变中，面临着价值观念的剧烈震荡和深刻变化。如何划清价值观念危机与价值观念更新的界限，正确理解价值观念更新的合理性及其可能出现的混乱，防止西方现代化过程中出现的价值观念的危机，是一个非常重要的课题。

我们应该看到市场经济的双重效应。我们正在建立的是以公有制为主体的社会主义市场经济，它的总体目标是为了巩固和发展社会主义制度，而不是为了少数人的发财致富。它通过市场机制合理配置资源，激发竞争精神，以利于解放生产力，发展生产力，消灭剥削，消除两极分化，最终达到共同富裕。社会主义市场经济的健康发展，不仅有利于培养主动进取的创造精神，也有利于形成对社会多做贡献的道德风尚，但市场经济终究是商品经济，它是以利益为驱动力、以货币为中介的。在市场经济条件下，作为一般等价物的货币具有和一切商品相交换的作用，它被视为万能之物，因此，市场经济又为拜金主义、利己主义的蔓延和传播提供了一定的客观条件。

不能把社会主义市场经济视为“自由”经济，应该进行引导和调控。除了经济手段、立法手段以外，还应该进行道德教育。这里所说的道德教育不仅是指人们市场活动中的道德教育，即企业生产和商业活动中的职业道德，而且是指对全体社会成员的普遍的道德教育。因为市场活动与非市场活动是不可能截然分开的，市场经济具有广泛的影响力和渗透力，它可以对社会成员产生多方面的影响。

在进行精神文明建设、提高全民道德水平的教育中，我们除了发挥马克思主义理论优势，尊重在长期革命和社会主义建设实践中形成的优良传统外，还应该充分弘扬中华民族的传统美德。

---

① 《马克思恩格斯全集》，第1卷，663页。

中华民族的传统道德，在当代，特别是在市场经济条件下，何以具有价值并得到某种认同？这就涉及道德的本性和中国传统道德的特点问题。

道德是一种价值观念，它包含着人们的道德理想、关于人们行为的善恶判断以及由此决定人们应如何活动的行为规范。历史唯物主义告诉我们，不管自觉还是不自觉，人们归根到底总是从他们进行生产和交换的经济关系中获得自己的道德观念的。在阶级社会里，人们总是从他们的阶级地位所依据的实际关系中获得自己的道德观念的。很显然，随着社会经济政治结构和人们之间相互关系的变化，人们的道德观念也会发生变化。永恒不变的道德观念是不存在的。

但是，在道德观念和规范的变化中，仍然存在某种稳定的、对于人们的行为具有某种制约性的普遍因素。这种普遍性的根据并不是抽象的人性，而是人的社会性。人是社会存在物。任何一个社会，不管社会形态如何不同，都是个人和社会的统一体，都存在一些相同的关系，如家庭结构中的夫妻关系和血缘亲属关系，人际关系中的朋友关系、邻里关系，个人和自己所属集团的关系，以及个人与国家、与社会的关系等等。如何处理这些关系，在各种社会中都有差异，但也会存在一些共同原则，这就是把热爱祖国、服务社会，珍惜夫妻情感、重视友谊等看作道德规范和合乎道德的行为。这是人生活在一定的社会关系中，人作为社会存在物的共同要求。因此在变化的、具体的、具有时代和阶级特性的道德观念中，可以存在一些作为优秀传统代代相承的观念。道德理论中的绝对主义和相对主义都是片面的。绝对主义把某一时代、某一阶级的道德观念和规范奉为永恒不变，适用于一切时间、地点的绝对真理，这种观点是以抽象人性论为理论依据的。而相对主义则否认道德价值中存在某些稳定的、共同的因素，把它看成只是适用于特定时间、地点和特定个人或集团的观念和规范，它永远变动不居，无章可循。前者将导致文化保守主义，后者则将导致道德虚无主义。

中国优秀的传统道德之所以具有当代价值，根本原因在于我们的经济和政治制度，其中包括我们确立的市场经济的社会主义性质。同时，弘扬我们道德中的优秀传统也有利于增强中华民族的凝聚力和爱国主义情感。

应该看到，社会主义仍然存在矛盾，特别是各种各样的人民内部矛盾。我们应该弘扬传统中的尊重他人、尊重群体的观念，正确处理国家、集体、个人之间的关系。

在市场经济中，利益是一种驱动力，但不正当的逐利行为却可以败坏个人道德，因此，在市场经济活动中，加强个人道德修养是一个重要问题。我国优秀传统道德中的理想主义代表的是一种追求、一种激励、一种对自我的超越，它的处世原则中的积极成分对于在市场经济下过分个人化、实利化、世俗化的价值取向可以起到一种遏制的作用。

在资本主义工业化中出现的城市化和家庭结构的变化，松弛和改变了人们之间的血缘纽带和人际关系，使人们渴望亲情和乡情；贪得无厌的欲望和对金钱的疯狂追求以及过度的消费，使人们向往淡泊自尊；环境的恶化和都市的喧嚣，使人们倡导回归自然。西方理论家们期望在高科技基础上的工业社会中嫁接一个平静和谐和人际关系淳朴的农业社会，这当然是幻想。但这种状况说明，我们在实现社会主义现代化的进程中，可以通过认同传统道德理想的人际关系设想的某种价值，来防止西方资本主义现代化过程中的“文明”病。

优秀传统道德中确有许多值得重视的、应该认真审视和吸取的东西，但却不能由此而得出结论说：历代进步思想家对儒家的批评，“问孔、刺孟”都错了；五四运动提倡科学、民主，“打倒孔家店”错了，应予翻案；我们应走尊孔读经的老路。这是根本不对的。

中国传统文化，特别是儒家的学说中包含有不可克服的矛盾。儒家伦理中的理想与封建社会的现实是分裂的。仁者爱人，己欲立而立人，己欲达而达人；父慈子孝兄友弟恭；民为贵，社稷次之，君为轻，等等，不少都是一种理想，而封建社会的现实则是等级森严的专制制度。因此，儒家学说，特别是它的仁义道德往往成为统治者借以掩盖其专制本质的幕布。我们承认保存在儒家经典中的许多思想的确是文化财富，应予发掘、弘扬。可是在长期的封建社会中、在实际政治生活中、在日常生活中维护封建专制制度和家长制的三纲，却是对妇女和劳动者的压制和轻蔑，结果产生了不少烈妇、节妇，不少祥林嫂式的悲剧人物。

当历史处在矛盾尖锐时期，对儒家的批判代表的是一种进步。它是与反对用儒家伦理把封建秩序凝固化的封建制度的斗争结合在一起的。

我们现在所处的时代不同、条件不同、处境不同，能够坐下来冷静地对儒家伦理进行审视，但还是要取其精华，去其糟粕。我们应该清楚，每个时代都有自己需要面对的实际，都有自己特殊的社会问题。我们不可能根据儒家学说来制定我们的路线、方针、政策，也不能期待用中国传统道德来解决经济建设和人口、资源、环境的关系问题，包括节育问题、生态问题、安乐死问题、试管婴儿问题等等。至于义与利、个人与集体、公与私等问题，可以从传统道德中得到某些启发，但要真正在社会主义市场经济中正确处理这些矛盾，还需要我们用马克思主义的世界观和方法论来分析，而不能仅仅依靠重新诠释儒家的某些论断来解决。把当代人的观点挂在古人名下，不能认为是真正对传统文化的重视。

一个国家和民族不能轻视自己的传统，但也绝不能囿于传统、沉湎于传统。我们要前进，要创新。我们不可能在经济和政治实现现代化的进程中，在文化和道德上恢复传统，奉行文化保守主义。这是不可能的，也是不现实的。正确的态度应该是：立足现实，珍重传统，面对未来。

（原载《求是》，1996（1））

33. 中国传统文化的当代价值

中国社会主义建设的伟大成就、东亚儒家文化圈国家和地区的经济飞速发展，把以儒家为主体的中国传统文化推到了世界文化舞台的前列，但是我们不赞同以“东方文化主导论”来代替“西方文化中心论”。我以为，在不同的国家和地区中国传统文化的作用是不同的，对此应该进行具体分析。

一、对西方资本主义国家的文化交流作用

在西方，资本主义化和现代化是同一过程。西方的现代化是通过资本主义方式实现的。资本主义社会大大推动了生产力的发展和科技进步，城市和农村、工业和农业已经或正在更加现代化。西方资本主义现代化的进程，对世界其他地区也发生了不同的影响。由于资本扩张的特点，西方资本主义国家在把商品推向世界的过程中，也力图按照自己的面目来塑造世界。马克思和恩格斯说，资产阶级，由于一切生产工具的迅速改进，由于交通的极其便利，把一切民族甚至最野蛮的民族都卷到文明中来了。它的商品的低廉价格，是它用来摧毁一切万里长城、征服野蛮人最顽强的仇外心理的重炮。它迫使一切民族——如果它们不想灭亡的话——采用资产阶级的生产方式；它迫使它们在自己那里推行所谓文明制度，即变成资产者。一句话，它按照自己的面貌为自己创造出一个世界。其实，资本主义现代化并没有把世界现代化，而是为自己创造了一些大大小小的殖民地和半殖民地。它在一定程度上影响了某些国家的历史进程，同时也为它们带

来了破坏和灾难。

不仅如此，在资本主义国家，各种矛盾和弊端日益恶化。早在19世纪马克思和恩格斯就看到了这个征兆。马克思在1844年的手稿中提出资本主义社会人的异化问题，提出以货币为中介的交换关系带来的价值观念的颠倒和道德的沦丧，过度消费带来的人的需要的非人化问题。《共产党宣言》在肯定资本主义的革命作用的同时，也讲到由于人与人的关系被淹没在赤裸裸的利害关系的冰水之中而带来的对一切神圣东西的亵渎，摘除了精神产品的光环。后来马克思在1857—1858年的手稿中又提出物质生产和精神生产发展的不平衡问题。恩格斯在《自然辩证法》中对资本主义制度下自然对人的惩罚问题发出了黄牌警告。这些在19世纪以征兆出现的现象在20世纪特别是最后几十年则变为痼疾。各种社会理论都应时而生：由经济发展论变为社会发展论，进而发展为可持续发展论；由现代化发展为后现代化、后工业社会等等——特别是后现代主义对资本主义制度下各种矛盾的抨击更为猛烈——它们都各自在自己的眼界范围内发现并企图消除现代化的弊端。其中有些学者则把目光转向东方，转向中国的传统文化特别是儒家文化，力图用儒家文化来作为消除资本主义现代化弊端的良药。

站在西方资本主义现代化的立场，很容易把中国文化看成凝固保守的、阻碍现代化的文化，而站在所谓后现代化的立场上，则又往往注目于中国传统文化的宁静与和谐，把它看成后现代化的文化。西方现代化进程中出现的城市化使人们远离自然，家庭结构的松弛改变了人们的血缘纽带和人际关系，使人们渴望亲情和乡情；过度的欲望、对金钱的过度追求、过度的消费，使人们向往淡泊自尊；环境的恶化和都市的喧嚣，使人们倡导回归自然。西方某些学者期望借助对中国传统文化特别是儒家伦理的引入，在高科技的高度现代化的工业社会上嫁接一个和谐淳厚的人际关系。如果说，后现代主义对资本主义的批评是破坏性的，那么这种期待则是挽救性的。这当然是一种幻想，但从这种幻想中，人们却看到了对资本主义现代化的矛盾和弊端引起的不满，看到了对中国传统文化的重新估价和新的期待。

企图通过中国传统文化来完全化解资本主义现代化的矛盾是不可能

的，西方现代化中的问题是社会问题。以生态危机、价值观念和道德观念的危机、家庭结构的解体、性关系混乱以及各种各样的社会问题表现出的危机状态，不是简单的文化危机，而在于它的社会结构本身。没有任何一种外来文化能使西方摆脱现代化进程所陷入的困境，根本解决矛盾的手段和途径只存在于资本主义社会自身。

但是从文化交流的角度来看，西方人瞩目中国传统文化是非常有意义的。尽管在历史上，中国的四大发明如指南针、火药、造纸术和印刷术对西方资本主义社会产生过重大影响，可在西方资本主义现代化的过程中，西方文化对中国的影响则远远超出了中国文化对西方的影响。这种交流是在战争、资本和商品的输出、文化侵略的背景下进行的，当然这不包括中国先进知识分子主动向西方学习先进科学和社会理论。现在的情况则与之不同。中国以一个独立的主权国家，以平等互利的原则进行文化交流：我们吸取西方优秀文化成果，同时向西方国家宣传中国传统文化的精华，以达到文化交流的目的。当然即使在现在，西方文化对中国的影响也仍然超过中国文化对西方的影响。西方文化深入到了中国社会特别是年轻一代的思想和生活方式中，而中国传统文化对西方的影响则仍限于少数汉学家或知识分子的范围。而且要注意的是，西方某些政治家们力图通过文化交流达到使中国“西化”即资本主义化的目的。这是我们应该提防的。西方有的理论家鼓吹“文化冲突论”，对中国文化的复兴怀着某种恐惧和不满，这实际上仍然是以另一种方式坚持“西方中心论”。我们要向西方介绍中国传统文化，加强文化交流。随着中国在世界上经济和政治地位的变化，中国文化必然会发挥越来越大的作用，从而改变历来文化交流中西重东轻的情况。传统的中国文化将会再度辉煌，以新的姿态出现在世界上，这也是中国这个文化古国对人类应有的贡献。

二、对儒家文化圈国家和地区的道德教化作用

如果说，就东西方交往而言，中国传统文化发挥的是文化交流作用，那么，对于东亚儒家文化圈的国家和地区则不同，它已深入社会、进入政策，成为对人民进行道德教化的内容。

当然，中国传统文化中的儒家伦理并不是东亚经济起飞的主要原因。

“儒家资本主义”的提法作为对韦伯轻视东方文化特别是儒家文化、抬高西方文化的反击是有一定意义的，但却并不科学。儒家学说存在已有两千多年，资本主义在西方也有数百年的历史，而东亚的经济起飞则是最近几十年的事，显然不能把东亚经济的发展归之于儒家学说。东亚经济发展的原因很复杂，但第二次世界大战以后形成的经济和政治态势有利于东亚经济的发展却也是一重要方面。

儒家学说对东亚的经济发展有积极意义，因为东亚是在西方发达资本主义充分暴露出它的单纯经济发展模式的局限时起飞的。西方的价值观念的危机和道德沦丧使它们力图避免重蹈覆辙，比较成功地应用了儒家学说对市场经济下个人主义导向的一定程度的抑制、对血缘关系的亲近和家庭道德的巩固、对人际关系的调谐、对物质欲望无止境的追求的遏制等作用，从而形成了有利于经济发展的较好的文化和道德氛围。以新加坡为例。新加坡1954年自治，1963年与马来西亚组成联邦，1965年与马来西亚分离获得独立。经过近20年努力发展，经济成就卓著。可在经济发展的同时，道德水平明显下降。年轻人追求西方的生活方式和价值观念，个人主义、拜金主义思潮流行，引起人们的注意。80年代初，新加坡大力提倡儒家伦理文化，并把儒家思想提升为国家意识，作为治国之纲，通过政府命令措施在学校进行儒家道德教育。经过努力，社会风气有了很大改变。日本和韩国也都注意在社会、家庭和企业中，推行儒家伦理中的一些规范来化解现代化所引起的矛盾和问题，并取得了较好的效果。

当然，新加坡、日本、韩国并不是仅仅依靠儒家伦理，它们同时重视法制。邓小平说，新加坡的社会秩序算是好的，他们管得严，我们应当借鉴他们的经验，而且比他们管得更好。还说，在整个改革开放过程中都要反对腐败。……还是要靠法制，搞法制靠得住些。①

东亚某些国家和地区的现代化仍然是资本主义现代化，不过是有东亚特点的资本主义现代化，这个特点就是它的价值观念和道德规范具有中国传统文化中的儒家特色。可资本主义现代化由于它自身的本性，它的道德状况不可能是田园牧歌式的理想状态，因为以私有制为基础的现代化，是

---

① 参见《邓小平文选》，第3卷，378、379页。

以巩固和发展私有制为目的的。私人利益的驱动是这种现代化的内在动力，它不可避免地会滋长个人主义、拜金主义。恩格斯说过，“在利益仍然保持着彻头彻尾的主观性和纯粹的利己性的时候，把利益提升为人类的纽带，就必然会造成普遍的分散状态，必然会使人们只管自己，彼此隔绝，使人类变成一堆互相排斥的原子”①。在东亚一些经济发达国家和地区，也面临着许多社会问题包括年轻一代的社会道德和家庭道德的困扰问题。因此在这些国家和地区保持自己的文化传统、维护传统的儒家的价值观念和道德观念与抵制西化的影响，同样是它们需要解决的问题。在私有制基础上的现代化，通过政府的行政行为，究竟能在何种程度上维护儒家学说的道德教化作用，仍然是个未知数。

三、在社会主义中国对加强精神文明建设的作用

中国传统文化的当代价值，最主要的是对我们自己的价值。中国人民创造了自己的文化，这种文化传统又哺育了一代又一代的中国人民。在历史上，我们有过汉唐盛世，但也有近百年的屈辱史。这不能归罪于中国的文化，而是由于经济的落后和政治的腐败造成的。现在的中国情况与历史上的中国迥然不同，从来没有一个历史时代如此有条件认同并发扬改造中国传统文化。

中国传统文化是个复合体，不是儒家一家。讲哲学当推道家，讲逻辑当推墨家，讲战争当推兵家，讲种田当推农家，讲法治当推法家，当然，讲伦理道德则要首推儒家。在党的十四届六中全会的《关于加强社会主义精神文明建设若干重要问题的决议》中，把思想道德文化建设作为重点，并提出弘扬祖国传统文化精华的问题。而要比较好地完成这个光荣而艰巨的任务，就必须充分认识传统文化的作用。

第一，有利于马克思主义的中国化。

社会主义精神文明建设的核心是思想建设，而思想建设的根本则是坚持马克思列宁主义、毛泽东思想、邓小平有中国特色的社会主义理论，用社会主义原则和共产主义理想来教育人民。

---

① 《马克思恩格斯全集》，第1卷，663页。

马克思主义是一种国际性学说，它是放之四海而皆准的普遍真理，但马克思主义要发挥它的指导作用却必须与各国的实际相结合。马克思主义要在中国生根并发挥它的作用就必须中国化即与中国的实际相结合，其中一个重要方面就是与中国传统文化相结合。以毛泽东为代表的中国马克思主义者在民主革命与社会主义建设初期极其卓越地坚持了这个方针。毛泽东的许多著作，特别是《矛盾论》、《实践论》、《关于正确处理人民内部矛盾问题》、《论十大关系》等一大批著作都是马克思主义中国化的榜样，其中就包含了许多中国传统文化的智慧结晶。

改革开放以来，邓小平多次强调马克思主义中国化问题。他说，我们历来主张世界各国共产党根据自己的特点去继承和发展马克思主义，离开自己国家的实际谈马克思主义，没有意义。① 他还说："马克思、恩格斯创立了辩证唯物主义和历史唯物主义的思想路线，毛泽东同志用中国语言概括为'实事求是'四个大字。"② 邓小平有中国特色的社会主义的理论就是当代中国的马克思主义，是新时期马克思主义与中国实际相结合的典范。

在精神文明建设中，中国传统文化对马克思主义中国化的作用尤其重要，因为精神文明的问题离不开传统文化，它不可能从虚无中产生出来，我们不能无视文化发展的历史连续性。马克思主义与中国传统文化相结合的根本之点，是用马克思主义的立场、观点、方法来分析传统文化，取其精华，去其糟粕，来一番改造制作的科学研究工作。这并没有取消或代替中国传统文化。一个民族的文化是不可能被取消的，它是历史的既成事实，不仅保存在各种经典传世之作中，而且积淀于当代现实的人的价值观念、思维方式和生活方式之中，但是我们却完全可以站在当代人的角度，在新的制度下，用新的观点去重新审视传统文化，从中吸取能够加深理解、阐述发挥和丰富马克思主义的东西。马克思主义直接来源于德英法的哲学、经济学和社会主义思想的优秀成果，但中国的马克思主义者却不能固守马克思主义的创始者的思想来源，而必须结合本民族的文化传统。中国古代哲学中，同样包含有丰富的唯物主义和辩证法思想、包含有无神论

---

① 参见《邓小平文选》，第3卷，191页。

② 《邓小平文选》，2版，第2卷，278页。

思想，中国的马克思主义哲学家应该熟悉和掌握它，只有这样才可能使马克思主义哲学变为中国化的东西，既证明马克思主义原则的普遍性又丰富它并使之具有中国特色。同样，一个马克思主义政治家也完全可以用马克思主义观点来吸取诸如“治大国如烹小鲜”、“民为贵，君为轻，社稷次之”、“水可载舟，亦可覆舟”等等思想，从中得到教益。

马克思主义中国化与中国传统文化现代化可以看作同一过程的两个方面。马克思主义不通过结合中国传统文化中的优秀精华就难以中国化，而中国传统文化固守传统、拒绝接受用马克思主义的立场观点方法来进行研究发掘也就不可能现代化。中国传统文化的现代化绝不是消灭传统，而是站在当代用马克思主义的方法来对传统文化进行再思考，在新的社会主义条件下延伸传统、更新传统、丰富传统。

第二，有利于社会主义文化建设。

从社会结构角度来看，文化是社会结构中的观念形态的层面，它与一定社会的经济结构、政治结构相结合，形成现实的具体的社会。毛泽东说：“一定的文化（当作观念形态的文化）是一定社会的政治和经济的反映，又给予伟大影响和作用于一定社会的政治和经济；而经济是基础，政治则是经济的集中的表现。这是我们对于文化和政治、经济的关系及政治和经济的关系的基本观点。”① 因此文化的形态具有社会特性，有封建社会的文化、资本主义社会的文化。我们的社会是社会主义社会，我们要建立的文化是社会主义文化。这种文化，是以马克思主义为指导、充分吸取西方文化和中国传统文化的优秀成果，与社会主义的经济制度和政治制度相适应的文化形态。因此在建立社会主义文化过程中的一个至关重要的问题，就是正确处理马（马克思主义）、中（中国传统文化）、西（西方文化）的关系问题。自五四以后马克思主义开始传入中国起，就一直存在马、中、西之争。西化论者鼓吹全盘西化，本土文化论者鼓吹坚持中国固有文化，而马克思主义者则提倡以马克思主义作为观察中国问题的基本理论和方法。这种以文化形态选择形式出现的争论，本质上是关于中国向何处去、关于中国社会发展道路的争论。应该说，1949 年中国人民革命的

① 《毛泽东选集》，2 版，第 2 卷，663～664 页。

伟大胜利，从理论和实践上对这个问题做了总结。

可历史是复杂的。中国人民革命的伟大胜利只是使这个争论暂时沉寂，而没有为这个争论永远画上句号。只要有适宜的土壤，争论之火就会一再燃起。从20世纪80年代的文化热到90年代文化热的第二次悄然升温，其中一个根本分歧，就是马、中、西之争，许多学者的看法都是正确的，但有少数人的观点却是片面的：或鼓吹全盘西化、或鼓吹文化本土化，它们之间也有分歧，但在排斥马克思主义指导这一点上倒是共同的。

百多年来关于文化争论的一个理论误区，就是把文化争论归结为体用之争。中体西用、西体中用、西体西用、中体中用，还有什么中国为体全球为用，众说纷纭，莫衷一是。把文化选择的争论归结为体用之争，注定是旷日持久的，因为用是个不确定的概念。毛泽东也说过洋为中用、古为今用，在某种特定的范围内这个提法完全正确。可文化选择中的体用之争，却不是个单纯用的问题，而是关于社会形态问题。每个社会作为某一类型的社会形态的存在方式，都有自己的经济基础和上层建筑。这种上层建筑即它的政治制度和相应的文化形态，是由经济基础的性质和所在国家的传统决定的，而不是任意搭配的。如果不从社会结构角度来看文化形态，而单纯地讨论文化形态自身的选择，就只能转变为体用搭配的游戏。

在我们国家讨论文化建设的一个最基本出发点，就是我们的社会性质。我们是社会主义国家，我们建设的是有中国特色的社会主义文化，这就决定了我们的文化，无可选择地必须是以马克思主义为指导的社会主义文化，否则就不能说是社会主义的。

在社会主义文化建设中，当然要吸取西方文化中的优秀成果。特别是在当今世界，闭关锁国只能脱离世界文明发展的大道，落后于世界历史发展进程，但我们是社会主义国家，我们绝不能走全盘西化的路——特别是在文化交流中必须严防西化。邓小平说，我们要向资本主义发达国家学习先进的科学、技术、经营管理方法以及其他一切对我们有益的知识和文化，闭关自守、故步自封是愚蠢的。但是，属于文化领域的东西，一定要用马克思主义对它们的思想内容和表现方法进行分析、鉴别和批判。①

---

① 参见《邓小平文选》，第3卷，44页。

更加重要的是，在社会主义文化建设中我们要善于继承和发扬我们的传统文化，这是我们的优势。我们是文明古国，我们有许多宝贵的文化遗产。社会主义文化不是从天上掉下来的，列宁在批判俄国的无产阶级文化派时已把这个道理讲得非常清楚。在这个问题上，我们曾犯过“左”的错误，否定自己的文化传统。可当前也存在另一种值得注意的现象，就是鼓吹文化本土化，把马克思主义说成是外来文化加以排斥；或者说马克思主义是西方文化，以反对“全盘西化”为由来排斥马克思主义指导。这些说法都是错误的。

马克思主义对中国来说不是单纯的外来文化，作为世界无产阶级的理论它是一种具有国际意义的学说。马克思和恩格斯是德国人，但马克思主义并不是仅属于德国人的德意志文化，它属于全世界的无产阶级和进步人民，因为它所揭示的是人类社会发展的普遍规律，是放之四海而皆准的普遍真理。为全世界和人类美好未来而指明道路的学说应该是人类共同的财富，并不能因为它开始产生于别的国家或民族而加以拒绝。我们是把马克思主义作为共产党人的世界观和观察世界、改造世界的基本理论与方法来接受的，而不是把它作为德国人的文化形态来接受的。更加重要的是，对中国人而言，马克思主义就包括中国人自己的创造和发展，例如毛泽东思想、邓小平建设有中国特色的社会主义理论。这已经是中国化的马克思主义，它本身就应该是中国当代文化最重要的组成部分，是它的核心和灵魂，怎么能说马克思主义是外来文化而予以排斥呢？至于说，马克思主义是西方文化，以马克思主义为指导就是全盘西化，这种说法不值一驳。事实恰好相反，正因为中国共产党人以马克思主义为指导，坚持辩证唯物主义和历史唯物主义的世界观和方法论，才能深刻批驳全盘西化的理论，懂得要实事求是地走中国人自己的道路，建设有中国特色的社会主义。只要坚持以马克思主义为指导，就永远不会走全盘西化的道路。马克思主义是批判和防止全盘西化的最有力武器。

当然，社会主义文化的建立必须继承中国传统文化，其中包括五四以来的中国革命的传统，离开中国文化就不是中国的社会主义文化。可是文化传统不是凝固不变的雕像，而是不断更新的水流。因此，传统和反传统是文化发展中的规律性现象。每一个民族都有自己的传统。有历史就有传统，因为传统就是历史的继承和延伸。但传统不仅是历史，不仅是历史的遗产，而是继续存在于现实之中。因此传统具有双重特性，它的积极方面是现实进一步发展的基础，而它的消极方面则是现实发展肩负的重担。人类要发展就必须以每个时代的社会进步为尺度重新审视传统，所以在历史变革的激烈时期，它在对待传统的问题上往往表现为反传统。例如中国的五四运动对传统的激烈态度，就是任何一种革命变革风暴来临时对待传统的规律性现象。但五四反对的并不是中国传统文化或以孔子为代表的儒家文化的全部，其矛头主要指向的是儒家文化中的纲常名教。虽然其中也可能会出现某种片面性，但这种片面性比起卫道者捍卫旧制度旧道德的片面性要全面得多。当革命胜利以后，掌握了政权的人民有条件有力量重新审视传统，以便确立自己与新制度相适应的文化形态。这不是对以往传统的全部肯定，不是对以往批判的批判。在批判与继承之间找到合理的结合点是不容易的，往往会经过摆来摆去甚至完全歪到一面才最终从自己的错误中醒悟过来。这是进步的代价。

在社会主义文化建设中，文化保守主义的观点是不对的。当整个社会发生变革、经济政治制度发生变革时，文化仍固守传统是不可能的，因为文化不是可以不受经济政治制度制约的独立领域。为什么明代中叶西学东渐之后，中国传统文化并没有现代化也不可能现代化，原因并不是中国文化的保守性和凝固性，而是因为中国的社会结构没有变化。西方有的理论家为资本主义开了一个药方，认为经济上可以搞社会主义，即实行公平原则，政治上搞资本主义，即实行资产阶级的自由民主制度，而文化上则实行文化保守主义，即保持以往的价值观念和伦理规范。他们把社会看成玩积木般地可以任意建构。这种观点是违背历史和现实的，从来没有一个社会的经济、政治、文化可以是无内在本质关系的三分结构。在我们的社会里，文化保守主义口号的实质并不在文化，而是在文化保守主义口号下对中国近百年的人民革命斗争特别是中国共产党领导的民主革命和社会主义革命的否定。事实证明，文化是社会结构中的一个层面。文化的选择是与社会制度的选择不可分的。社会主义精神文明是社会主义的基本特征。要坚持和建设社会主义，就必须建立社会主义文化。而要使中国的社会主义文化具有中国特色，就必须继承中国的传统文化；而要保持社会主义性质，就必须坚持以马克思列宁主义、毛泽东思想、邓小平建设有中国特色社会主义理论为指导。这二者是不可分离的。

第三，有利于社会主义道德建设。

对于现代化，道德建设是非常重要的。我们有西方资本主义现代化过程中价值观念危机和道德沦丧、人与人关系异化的前车之鉴；有东亚地区利用儒家文化进行道德教化遏制西方价值观念的某些可供借鉴的经验；还有我们自己改革开放18年来的成就和问题的经验与教训。在党中央关于加强社会主义精神文明建设的重要决议中，对道德建设予以非常重要的地位，提出全面加强社会主义道德建设，强调社会主义道德建设要以为人民服务为核心，以集体主义为原则，以爱祖国、爱人民、爱劳动、爱科学、爱社会主义为基本要求，开展社会公德、职业道德、家庭美德教育，在全社会形成团结互助、平等友爱、共同前进的人际关系。

我们正在进行的是社会主义现代化，我们不再重复资本主义现代化进程中的严重的价值观念与道德的危机是完全可能的。我们现代化的社会主义性质是不能忽视的。邓小平说，我们干四个现代化，人们都说好，但有些人脑子里的四化同我们脑子里的四化不同。我们脑子里的四化是社会主义的四化。他们只讲四化，不讲社会主义。这就忘记了事物的本质，也就离开了中国的发展道路。① 他还批评说，很多人只讲现代化，忘了我们讲的现代化是社会主义现代化。②

但我们是处在当代世界进程中的现代化，我们要通过市场经济这种经济运行体制来实现现代化。尽管我们实行的是社会主义市场经济，它有利于培养人们的自立意识、竞争意识、效率意识、民主法制意识和开拓精神，可市场固有的弱点和消极方面也会导致资本主义现代化进程中的某些现象的滋生。这就使得社会主义精神文明建设问题、社会主义道德教育问题尤为重要。这不仅是保证和支持物质文明建设的问题，而且是关系到物质文明建设的根本方向和社会主义事业成败得失的重大问题。

我们建设的是社会主义道德。以为人民服务为核心、以集体主义为原

---

① 参见《邓小平文选》，第3卷，204页。

② 参见上书，209页。

则的社会主义道德，在中国共产党领导的长期革命斗争中已经逐步形成。但真正围绕这个原则，发展为包括“五爱”、“三德”在内的社会主义道德，并成为对全体人民的道德要求，只有建立了社会主义制度以后才有可能。但这些道德的形成和培养，同样能够而且必须从中国传统文化特别是儒家伦理道德中吸取营养。中国的传统道德是以儒家伦理为主导的道德，它是一个以宗法血缘关系为基础的包括道德理想、道德规范和道德修养在内的伦理体系。为什么这种道德在失去了它的经济和政治基础之后，在我们社会主义社会中仍保留其价值，并日益受到重视呢？这里一个重大的理论问题就是道德的相对性和绝对性的问题。随着社会结构的变化，人们的道德观念也会发生变化。永恒不变的道德观念是不存在的，但在道德观念的变化中，仍然有某种稳定的对人们行为具有制约性的普遍因素。这种普遍性的根据并不是抽象的永恒不变的人性，而是人的社会性。任何一个社会，不管社会形态如何不同，都是个人与社会的统一体，都存在一些相同的关系，如家庭结构中的血亲关系和夫妻关系，人际关系中的朋友关系、邻里关系，以及个人与社会、与国家、与民族的关系。如何处理这些关系，虽因社会与文化背景的不同而会存在某些差异，但却也都会存在某些共同的东西，这就是把爱自己的父母子女、珍惜夫妻情感、重视友情、服务社会、热爱祖国和自己的民族，视为高尚道德。这是人作为社会存在物的共同要求。因此在变化的、历史的、具体的道德观念和规范中，可以有为各时期的人所认同的、作为优秀传统代代相承的因素。道德观念中的绝对主义和相对主义都是片面的。

道德观念中的相对主义实际上是非道德主义，是道德虚无主义。如果说损人利己对资产者来说是一种道德的话，那又会有什么行为是不道德的呢？如果说杀人越货对强盗来说是道德的，入室偷窃对小偷来说是道德的，吸毒、嫖娼……总之一切最坏的行为都可以被当事者认为是道德的，那么这样一来还有什么道德不道德的问题呢？

道德是关系到人如何处理个人与他人的关系的问题。人与自然的关系之所以被纳入道德范围来考虑，是因为对自然的破坏实际上是对所有人的利益的损害。这是生态伦理学能成立的根据。正因为道德是调整人与人的关系的规范，因而道德按其本性来说不仅有利于维护自己正当的个人利益，更重要的是它具有理想性、自我约束性和利人的特性。道德包含理想，如果道德极端务实，不包含任何超越现实的因素那就不是道德而是规则；道德是自我约束的力量，它规范自己的行为而不是放纵自我；道德这种社会现象的出现有利于社会稳定，有利于人际关系的调整，道德包含某些在必要时自我牺牲的因素。我们不主张片面的利他主义，但道德中包含利他成分是不能否定的。绝对的利己主义不可能是道德的。以自我为中心，把对我有利的都说成是道德的，就必然会导致混淆道德与非道德的界限，导致道德虚无主义与非道德主义。

儒家道德的特点是富于理想主义、人文主义和理性主义精神。儒家道德是理想主义的，它追求自我完善，力图通过道德来塑造理想人格。孔子说："三军可夺帅也，匹夫不可夺志也。""岁寒，然后知松柏之后凋也。"孟子也说："富贵不能淫，贫贱不能移，威武不能屈，此之谓大丈夫。"儒家非常重视气节、人格。孔子说："志士仁人，无求生以害仁，有杀身以成仁。"孟子说："生，亦我所欲也；义，亦我所欲也。二者不可得兼，舍身而取义也。"儒家提倡"仁者爱人"，"泛爱众，而亲仁"，提倡子女孝顺父母："今之孝者，是谓能养。至于犬马，皆能有养；不敬，何以别乎？"儒家最理想的人际关系，是父慈、子孝、兄友、弟恭。儒家强调人的社会责任，积极入世；主张修身、齐家、治国、平天下；倡导"先天下之忧而忧，后天下之乐而乐"。在个人与家庭、个人与国家、个人与社会的关系上，儒家提倡的是群体意识。儒家非常重视个人的道德修养，提倡"为仁由己"。"仁远乎哉？我欲仁，斯仁至矣。"主张"见贤思齐"，"见不贤而内自省"，要求人们"吾日三省吾身"。儒家注重个人的内在修养以达到道德的完善，这表明他们把人看成是可以改变的，关键在于加强个人的道德修养。中国传统道德之所以具有当代价值，根本原因在于它的优秀成果与我们力图达到的建设有中国特色的社会主义的目的是符合的、相容的。

中华民族的传统道德，其中特别是儒家道德，长期以来影响中国人民的生活方式和思维方式、价值观念和道德观念。它在一定程度上是中国人民，包括散居在世界各地的炎黄子孙彼此认同的思想文化纽带。道德观念一致是情感的重要方面，弘扬我们道德中的优秀传统，有利于增强中华民族的凝聚力和爱国主义情感。

弘扬中华民族优秀道德有利于社会稳定和人际关系的和谐。我们的社会仍然存在矛盾，特别是各种各样的人民内部矛盾。在由计划经济向市场经济转变的过程中，各种利益集团的出现和激烈的竞争，以及某种程度的分配不公，使人与人的关系存在某种紧张。许多问题的正确解决当然要靠深入改革、加强立法，但道德调整也是一个很重要的方面。我们应该弘扬传统道德中的“和为贵”的原则，以调节和削弱竞争中出现的人际关系的紧张；应该弘扬传统中的尊重他人、尊重群体的观念，正确处理个人和集体的关系。

在市场中，利益是一种驱动力，但不正当的逐利行为却可以败坏个人道德。因此，在市场活动中，加强个人道德修养是一个重要问题。儒家道德中的理想主义，代表的是一种追求、一种激励、一种对自我的超越。它的处世原则中的积极成分，对于在市场经济条件下过分个人化、实利化、世俗化的价值取向，可以起到一种自我调节、自我化解的作用。在社会主义思想道德文化的建设中，批判地继承中国文化尤其是儒家道德伦理中的积极因素是完全必要的。

我们不赞同后现代化理论，因为儒家文化并不是后现代工业社会的意识形态，也不是治疗资本主义现代化的良药。但是作为前资本主义社会道德的儒家伦理观念，是以人对人的依赖关系为内容的，它包含着某些对以物为中介的人与人的关系的道德观念的超越。这种超越人与人的物的关系的内容，可以在新的条件下以新的观点进行重建。因此，我们应该重视中国传统文化特别是儒家文化对中国以至对世界的价值，批判继承这份珍贵的人类文化遗产，并将之发扬光大。完成这个历史的重任，将是正在建设有中国特色的社会主义的中国人民对世界文化的新贡献。

（原载《中国社会科学》，1997（2））

34. 寻求科学与价值之间的和谐

——关于人文科学性质与创新问题

如何看待人文科学的本性，关系到人文科学的定位和作用的发挥问题。如果不承认人文科学的特点，就不能正确发挥人文科学的作用，可如果片面强调人文科学的特点，把人文科学驱出科学范围之外，就会在人文科学的定位、创新和功能等一系列问题上始终难以跨出唯心主义历史哲学的雷池。这两种情况对人文科学的发展和弘扬民族精神以及人文素质的提高都是不利的。

一、自然科学不是科学的唯一模式

自然科学、社会科学、人文科学是从学科区分角度对知识性质的划分，而不是对知识科学性和科学化程度的分类。以自然科学的特点作为衡量学科科学性的唯一标准，必然会认为社会科学最多是半科学，而人文科学是非科学，因为它们都不符合自然科学作为科学的标准。人类的全部实践和认识活动处于一种分裂状态：在对自然的认识中，人类可以达到必然性和因果性认识，而面对自己创造的世界，人类始终只能处于一种非科学的盲目状态。人对人类社会和人类自身无能为力，因为这是一个自由意志的领域。如果这样，人和人类社会就难以存在和发展，社会科学和人文科学也失去了产生和发展的依据。人对人类社会和人类自身认识的重要性，都证明这种看法是错误的。

人类面对的世界是包括自然、社会与人类自身在内的世界。人类为了认识世界和改造世界，不仅要认识自然、认识社会，还要认识人和人类精神活动自身。这样就逐渐形成了三种不同类型但又密不可分的科学。这就是以自然为对象的自然科学，以社会为对象的社会科学，以人与人类自身的精神活动为对象的人文科学。它们之间还不断出现许多交叉科学。世界是统一的世界，人类关于世界的不同类型的知识也具有内在联系。人文科学是整个人类科学知识的重要一环。没有人文科学的知识，人类对世界的认识不仅不完整，而且也无法理解人对社会和自然规律认识的价值和意义。

恩格斯在《反杜林论》中反驳杜林时曾经指出过存在三种类型的科学。他说，“我们可以按照早已知道的方法把整个认识领域分成三大部分”，“第一个部分包括所有研究非生物界的并且或多或少能用数学方法处理的科学，即数学、天文学、力学、物理学、化学”，“第二类科学是研究活的有机体的科学”，第三类是“按历史顺序和现今结果来研究人的生活条件、社会关系、法的形式和国家形式及其由哲学、宗教、艺术等等组成的观念上层建筑的历史科学”①。这第三类实际上是包括人文科学在内的哲学社会科学。

自然科学和社会科学是人类对世界认识的两大类知识。人文科学应该包括在哲学社会科学这一总的科学分类范围内。人文科学与社会科学本质上是相同的。认为社会科学可以称为科学而人文科学只能称学科的意见也是可讨论的。其实，社会科学也可称为人文性质的科学，因为社会领域就是人的领域，社会现象不可能离开人和人的活动。社会规律的形成及其实现离开人和人的活动是不可思议的。在这个意义上研究社会科学就是研究人及其活动的规律的科学；而人文科学也是社会性质的科学，离开了对人所处的社会和社会规律的理解和研究，对人的研究就不能称为人文科学而是生物学或动物学。马克思说，“人的本质不是单个人所固有的抽象物，在其现实性上，它是一切社会关系的总和”②。还说，“人并不是抽象的栖息在世界以外的东西。人就是**人的世界**，就是国家，社会”③。这实际上

① 《马克思恩格斯选集》，2版，第3卷，428～429页。

② 《马克思恩格斯选集》，2版，第1卷，56页。

③ 《马克思恩格斯全集》，第1卷，452页。

就为我们从理论上正确理解社会科学与人文科学的一致性和不可分离性奠定了理论基础。人的社会本性和人的活动的社会制约性，决定人文科学在其本性上属于社会科学而不能离开社会科学绝对独立，所以用人文社会科学来包容这两类性质的科学是合理的。但这并不否认它们之间存在差异性，研究人文科学的特点，研究它与自然科学和社会科学的区别，对创造性地推进人文科学是完全必要的。

二、人文知识的科学性何以可能

在学术界，自然科学的科学性一般都能承认，社会科学的科学性也有不少人承认，而对人文科学的科学性问题则存在很大的分歧。在西方和国内都有这样一些看法：人文科学根本不可能是科学，而只能是研究者个人的主观爱好和个人看法。他们说把莎士比亚的《哈姆雷特》和一个新手的剧本，或者是把著名诗人的诗歌和一个精神病患者的狂言，把一幅著名的绘画和一个孩子发自天真的不经意的涂抹，都事先不加说明地混在一起让人评论，可能冠履倒置，视天才为蠢货，指腐朽为神奇。这说明人文科学不可能具有客观的科学内容和评价标准。对哲学也有类似的看法。有人认为，哲学就是哲学家个人的意见，无所谓是非对错。哲学问题只有无休止的争论，而不可能有结论。如果有结论只能说明它是科学问题而不是哲学问题。如果人文科学就是这样，怎么可能为人类自身的存在和发展服务呢，它只能是毫无价值的语言和文字的游戏，具有卓越成就为人文科学做出杰出贡献的人文学者只不过是最善于语言游戏的大师而已。

在人文科学科学性问题上之所以有的学者持这种看法，其中一个很重要的原因是把人文创造活动、人文产品的阅读和欣赏、人文科学的科学研究完全混为一谈。人文创造活动，是指精神生产活动，如小说的写作、各种艺术品的构思和制作、歌曲的创作和演唱、演员们的舞台表演、教师的讲授风格和方式，总而言之，人们进行的精神生产和实践过程是由个人进行的非常个性化的过程。人文创造活动总是要体现创造者个人的价值观念、创作风格和不同的思维水平。这是不重复也不能重复的。至于人文产品更是个性化的，雷同就是模仿甚至是剽窃，这种复制的人文产品是没有价值或没有多大原创价值的。人文产品的阅读和欣赏也是个性化的。由于原作品与读者的时空间隔，以及不同读者的欣赏水平、审美情趣、艺术修养、历史知识、哲学水平不同，从而对作品的评价可以大相径庭，这属于读者的接受和个人理解的范围。一百个《红楼梦》读者心中可以有一百个贾宝玉，可以从《哈姆雷特》中发现不同的挪威王子；也有一些人对莎士比亚不感兴趣而偏爱没有多少艺术品位的肥皂剧；可能喜爱流行歌曲而不爱歌剧《蝴蝶夫人》。萝卜白菜各有所爱，这是欣赏而不是科学研究。人文科学的科学研究，既不是单纯个人的写作，只强调个性化；也不是单纯的阅读和欣赏，只强调个人爱好和主观接受。你可能爱好“戏说康熙”、“戏说乾隆”，但不能说你在进行历史研究，只能说你在进行休闲娱乐。

人文科学之所以可以称为科学，是因为它不能局限在人的精神领域。唯心主义的历史哲学家如狄尔泰以及新康德主义者把人文科学定义为与自然科学相对立的精神科学，就是把人文科学置于无法验证的主观领域。其实人文科学研究的不限于主体的内在的精神活动，而是人的人文活动包括精神生产中的规律性问题，而主体的精神活动则是存在于这种活动中的内核。例如，人类的物质生产，或对历史起重要作用的杰出人物，或重大事件如战争、如革命，等等，总之人类的活动本身不是科学而是实践活动，可研究人的这些活动过程的历史学是科学——历史科学。历史的本质不能归结为人的思想而是人类的创造活动，历史学力图揭示人类创造历史活动的规律，而人的思想、愿望、理想，只能通过对历史实际活动的研究才能揭示。战争不是科学而是人类的一种军事对抗活动，可研究这种活动的军事学是科学；教学活动是个性化的实践活动，可教育学是科学；人的文学艺术创作活动不是科学研究，谁也不会认为苏轼的《水调歌头·明月几时有》的“明月几时有，把酒问青天。不知天上宫阙，今夕是何年?”是在进行天文学研究，而不是面对皓月当空抒发月下怀弟和对人生悲离合欢的个人体悟？可诗学的研究、词学的研究，可以具有揭示诗词创作中具有普遍意义的科学内容。对文艺创作规律的研究——文艺学可以成为一门科学，对文学史的研究可以成为一门科学。毛泽东在延安文艺座谈会上的讲话，就包含许多具有规律性的科学判断。其他诸如唱歌不是科学活动可乐理学是科学，乐曲的创作不是科学活动可研究如何作曲可以成为一门科学，如此等等。

总而言之，人的人文创造活动不是科学而是人类实践活动的一种方式，而人文科学之所以可以称之为科学，就在于它不是停留在个性化的人文创造和人文活动的层面而是探求其中的规律。一个人可能精于诗词歌赋，娴熟琴棋书画，这不能说明他在进行人文科学研究，而只能说他具有很高的人文素养。可如果是探求诗词歌赋、琴棋书画之道，即研究其中的规律性的东西，这就进入人文科学研究的领域。如果人文科学中没有对规律的探求和总结，而只是个人的体悟和情感的抒发，完全成为不可言说的个人的内在的、瞬间的东西，学生在课堂上所能得到的也只是讲授者个人的意见，无是非真假对错可言，这种人文科学有什么存在的必要呢？没有规律的探求，即使不把它称为人文科学而只称为人文学科，也不能为它的存在和发展作出合法性解释。对人文产品的阅读和欣赏是个性化的，可对如此多样化的阅读和接受现象，同样可以进行科学研究，这就是接受美学、传播学以及思想政治教育学应该研究的问题，完全可以成为一个包括哲学、社会学、心理学、政治学等多学科交叉的科研领域。

在人的个性化的人文创造活动和欣赏活动中，既要保持个人风格，又要保持它的内容真实性、合理性和可接受性；既要解决人文产品的阅读和接受的个性化，又要提高读者的欣赏水平和对真善美的价值追求。这之中肯定是有规律可循的，否则人文科学就没有必要，怎么说怎么写怎么评价都行，这样，我们得到的只能是瞎编的历史，没有任何情节合理性和艺术价值的小说，没有科学与事实依据的哲学胡说。我们只有强调研究人的人文创造活动、精神产品的社会制约性和人们对人文产品的欣赏都是有规律可求的，而不能仅仅是自我表现和“公说公有理，婆说婆有理”的个人爱好，才有可能以观点正确和艺术上乘的作品为人类社会进步和人的人文素质提高服务。否则，就失去了正确服务的客观依据，只能制造混乱，搅乱思想。

人文科学是以人类的人文创造活动为对象，它同样有个尊重事实的问题。恩格斯说过，“不论在自然科学或历史科学的领域中，都必须从既有的**事实**出发”①。尽管人文科学不同于自然科学，它允许不同的个人见解，

① 《马克思恩格斯全集》，第20卷，387页，北京，人民出版社，1971。

但这种见解立论应以事实为根据。个人的见解只能表现为对事实的不同理解，而不能是对事实的伪造。我们可以梁启超对他的老师康有为的《新学伪经考》的评论为例，康有为著《新学伪经考》的政治意图是很明确的，就是以批评东汉以来的经学多为刘歆伪造为名，为他主张的维新变法扫除思想障碍，可它的立论的事实根据是难以服人的。梁启超在《清代学术概论》中说，《新学伪经考》认为《史记》、《楚辞》经刘歆羼入者数十条，出土之钟鼎彝器，皆刘歆私铸埋藏以欺后世，此实为事理万不可通者，而康有为坚持这种看法。实际上康有为的改革主张之要点，并不一定要借重于此等强辩而始成立，而康有为为了自己的政治理想和主张，往往不惜抹杀证词或曲解证据，这是犯了科学家的大忌，此其所短也。① 梁启超所谓"科学家大忌"，即篡改事实，伪造事实。看起来，尊重事实这一点连封建时代的学者都承认。再如最近在黄金时间播映的《走向共和》争论很大，争论的实质，既有科学性的问题又有价值性的问题。从科学性的角度看，核心是在某些重大事实是否完全虚构；价值性问题则是作者对近代史上一些重要人物的评价问题。如果不以正史面目出现而是戏说，则另当别论，因为同戏说康熙、乾隆一样，已超出于历史科学范围之外，属人文创作而非人文科学。而当以历史为依据以文艺为形式，就不仅关涉价值而且关涉事实，观众完全可以从事实与价值两方面进行评价。可见，以事实为依据，以规律为对象，以实践为标准，在人文科学中同样是适用的。这是人文科学的科学性的关键。如果人文科学中可以不讲事实，不求规律，不尊重实践，它就从根本上失去存在的依据。

三、人文科学的特点

我们强调人文科学是科学，它包含具有客观意义的知识，但又不能无视人文科学的特点，完全等同于自然科学和社会科学。

首先，从认识活动中的主客体关系看。在自然科学研究中，主体与客体的区分是清楚的。当然，人作为社会的人始终是完整的人，而不是单纯的认识主体。例如即使在自然科学的研究中，自然科学家所处的历史条

---

① 参见梁启超：《清代学术概论》，70页，北京，东方出版社，1996。

件，他们所具有的科学知识积累和认知结构肯定会对他们的研究发生影响，但是我们在考察自然科学知识的客观性问题时，可以对这些略去不计，只是把科学家作为认识主体，而把自然界视为认识客体，因为对自然科学来说，最根本的是探求客观知识。在这一点上，自然科学以客观自然界为对象，它的知识的客观性，就是在关于知识的判断中，要尽量不渗入主体的东西，按照客观世界本来面目认识世界。因此，什么是属于主体的，什么是客体的应该区分清楚。上帝的东西归上帝，恺撒的东西归恺撒，在自然科学的研究中是能做到的，即使一时分不清，经过反复实践验证终究是可以分清的。所以在自然科学研究中，什么是认识的主体，什么是被认识的客体，在原则上说界限比较明确。尽管由于作为认识主体的自然科学家的观察、实验和对数据的搜集和分析，可能会受到主体的影响，特别在微观领域中，观察者与被观察对象的交叉影响作用是毋庸讳言的，但是自然科学通过认识主体对结论的不断校正，通过客观仪器和工具，特别是通过人们无数次的实践活动，可以达到与认识对象相逼近的具有客观性的知识。自然科学中当然也会存在意见分歧和争论，存在不同的学派，但这种争论往往出现在探求的过程中而不是经过实践检验证明谁是谁非之后，学派的存在意味着问题仍在争论和探索之中。当代不少哲学家批评西方哲学的主客二分，这是没有道理的，没有主客二分根本不可能有科学和实践。我们很多错误往往出在主客不分。其实西方机械唯物主义的错误并不在于主客二分而在于它的绝对对立和分裂。只要用辩证态度对待主客二分，不把二分弄成绝对对立和分裂，区分主客的思维方式就是正确的。

社会科学的主客体关系比自然科学要复杂，但主客关系也不是不可分清的。社会科学是以人在实践活动中形成的各种社会关系为对象。这些关系虽然不能离开人的活动，但它一旦形成，同样是一种客观的不以个人的意志为转移的关系，对这些关系的本质及其相互作用同样可以达到规律性理解。这就是我们称之为社会发展规律的客观知识。马克思曾经说过："在研究经济范畴的发展时，正如在研究任何历史科学、社会科学时一样，应当时刻把握住：无论在现实中或在头脑中，主体——这里是现代资产阶级社会——都是既定的；因而范畴表现这个一定社会即这个主体的存在形式、存在规定、常常只是个别的侧面；因此，这个一定社会**在科学上**也决不是在把它**当作这样一个社会**来谈论的时候才开始存在的。”① 绝不是社会科学研究者在研究时建构社会，正如一些哲学家所说的人在认识中建构对象一样，而是被研究者先于研究者并不依赖研究者。社会的存在并不依赖社会学家，生产方式的存在并不依赖经济学家，如此等等，否则任何社会科学的科学性问题就无从谈起。谈论人对自己在思想中建构对象的认识，纯属某些哲学家唬人的空话。

人文科学的主客体关系是个难题，因为人文科学所涉及的主客体关系既不是人与自然的关系，也不是人与在自身活动中形成的相对独立的社会关系的关系，而就是主体自身。因而与自然科学、社会科学不同，在人文科学中，人既是认识主体，同时又是认识客体，发生主客体相互纠缠的复杂关系，正如皮亚杰在《人文科学认识论》中说的，各种人文科学是“以人为主体又是客体”②，“这同时既是主体又是客体的事实给人文科学制造了比自然科学更多的困难”③。

的确，在人文科学中，人既是研究的主体又是研究的客体。这种一身二任的情况，使得人文科学中主客关系乍看起来难以分辨。其实并非如此。抽象地说，在人文科学中人既是主体又是客体，人文科学是人对自身的认识，这没有异议，但不能因此说，人文科学的研究中没有主客体的区分。实际上当我们说，在人文科学中人既是主体又是客体，是就“人”这个整体说的，但在具体研究中，任何人文科学的研究都不是研究者对自我的研究，更不是时下流行的什么自我观照之类的吓人空话。真正的人文科学的研究都是具体的研究者（而不是抽象的人）以具体的对象（具体的人及其产品）为客体的研究，否则根本谈不上什么研究工作，所以任何人在从事人文科学研究时都形成了具体的主客体关系。一个人的科学研究水平和他的结论的可靠性，取决于他的结论在何种程度揭示被研究对象的本质和规律。我们不能笼统地说，研究文学就是人在研究自身，因为文学就是人学。实际上任何人在研究李白、杜甫、苏轼时，李白、杜甫、苏轼就是

---

① 《马克思恩格斯选集》，2版，第2卷，24页。

② ［瑞士］皮亚杰：《人文科学认识论》，22，北京，中央编译出版社，2002。

③ 同上书，23页。

他的对象，而且是不依赖他先于他而存在的对象。研究历史也是如此，任何历史研究都是研究前人的活动，而不是研究研究者自身，除了具有历史价值的个人回忆录以外。个人回忆录的价值在于它的真实性而不在于它对回忆者自己的评价。回忆录不能视为对自己的科学研究。在人文科学中，对研究者来说，他的研究对象对于他来说都是对象性存在，都是另一个“他者”。不能以人文科学中人以人为对象，来否定人文科学中存在主客体关系，因为只要超出抽象一步，就可以看到，作为研究者的人和作为研究对象的人，是彼此不同的“两个人”。

正因为人是社会的人，社会是人的社会，所以凡用来反对人文科学的论据，无疑都可用于反对社会科学。例如有的学者说，任何研究社会科学的学者本人就处在这个社会中，他是社会中的一分子，他不可能对社会做出客观有效的公正的判断。“不识庐山真面目，只缘身在此山中。”因此，社会科学也不可能是科学的，只能是意识形态性的。这种说法当然有一定道理。因为在阶级社会中，公正的、各个阶级一致认可的社会科学结论是很少的，但不能由此否定人类对社会达到科学认识的可能性和现实性。社会科学是在西方近代自然科学建立以后才逐步产生的，它经历了一个把自身确立为科学的发展过程。历史唯物主义的产生为社会科学的科学化奠定了基础。这个过程现在仍在继续。原则上说，社会科学同样可以达到对社会的具有科学性的认识，因为社会关系是客观的，社会现象中的本质联系具有可重复性和可验证性。社会科学的结论不可能达到一致认同的水平，因为阶级关系和不同利益的对立使社会科学不可能摆脱价值判断。结论的非一致性，往往成为否定社会科学的科学性的根据。社会科学中包含的价值判断成为科学性的障碍。其实，一个错误的价值判断可以遮蔽社会现象的客观规律性，但通过去蔽更能显示事物发展的真理性。社会科学中存在对立意见是必然的，通过对立意见的争论接近真理是社会科学认识的规律。事实上，不少社会科学家，特别是马克思主义社会科学家为人类对社会现象的认识提供了某些规律性的见解，这些见解在人类改造社会的实践中发挥过和继续发挥着作用。

人文科学是关于人的精神活动及其产品的科学。由于人的社会性，因而真正具有科学性的人文科学的结论，都有相应的社会科学理论为依据。如果脱离了正确的社会科学关于人与社会规律的观点，把人文科学的研究建立在抽象人性论、神学宿命论或其他错误的社会学说基础上，肯定不可能得出正确的结论。因此，我们把人文科学和社会科学看成是相互作用的学科。就人是社会的人来说，人文科学属于社会科学。任何人文科学研究者都应该具有一定的社会科学知识，要正确理解社会与人的本质。历史和现实都证明，不了解社会也不可能真正了解人。就社会科学是对人的活动中形成的关系和规律的研究来说，社会科学属于人文性质的科学。如果社会科学中没有人和人的活动，把社会变为与自然过程完全一样的纯客观过程，社会和人类历史将变得十分神秘。当然，人文科学与社会科学虽然相通，但各有特点。社会科学是以社会为对象，它研究人和人类活动中形成的客观的经济关系和政治关系，研究社会的结构和社会的规律，因此，可以说社会科学研究的是人的活动的客观方面，是人的社会；而人文科学研究的是人和人类活动的主体方面，它的精神活动和活动规律，它的产品的精神内涵和价值，因此人文科学是以人为中心展开的，可以说，它研究的是社会的人（人的精神活动和产品）。

至于人文科学与自然科学则是两种不同类型的科学，它们在对象、功能和方法上都存在着区别。自然科学以客观的物质世界为对象，它探求的是普遍的，不以任何个人、地区、国家和民族的区别为转移的客观规律。人文科学面对的是一定社会中的人和人类活动，它既不可能求之于实验，也不能单纯依靠纯逻辑的思维方法。人的精神世界和精神产品一般不具有量的可测度性，它的结论也不具有自然科学那样性质的可重复性，但是，并不能因此而否定人文科学具有科学性。凡是有研究对象的学科都有科学性的问题，即都有研究者的认识和判断与对象自身的规律是否符合的问题。如果以所谓人文科学不能归纳，只能理解，不能概括，只能描述，没有客观内容，只有主体体验，因而在方法论上只强调解读、重构、理解、对话和语境，就会把对人文科学是非的判断，完全移入主体的意见领域。在我看来，这种看法是片面的。其实，人文创造活动和对人类精神创造活动的规律的研究是不同的，如果说，人文创作和欣赏中，我们强调体会、内省、直觉、想象、顿悟，而在人文科学的研究中，我们虽然要充分考虑到个人体悟和非理性因素的作用，但不能排斥科学理性、科学精神、科学思维的方法论价值，不能排斥人文科学研究在一定条件下也需要有数据和实证分析。人文科学的科学研究不能排斥分析、概括、总结、归纳以及运用范畴、规律来表述研究的成果。我们应该进一步研究人文科学研究方法，既要研究它不同于自然科学的特点，又要研究自然科学发展对人文科学研究方法的启迪和借鉴作用。这是人文科学研究中的一个重大课题。

在人文科学研究中，有的哲学家着力提倡解释学的方法。我们并不否认，在人文科学的研究中，研究主体对思想家的思想体系，对文本的理解会受到自己所处的时代、自己的观点和使用的方法的影响，从而会得出不同的结论。任何研究者都是处在一定的文化背景和传统中来解读文本，因而在自己的理解和解释中的主体性是不可避免的。像自然科学研究中那样公认的客观性在人文科学的研究中是很难达到的。就这一点说，人文科学的研究与人文作品的阅读、欣赏和接受有某些相同之处。但人文科学研究不同于一般阅读和欣赏，它应该对这种现象进行科学研究，即研究研究者与研究对象由于时空间隔、文化背景产生的距离应如何进行合理的解释，从而揭示作品原有价值和它的当代意义。绝不应该由于人文科学研究中存在解释和理解问题就由此得出结论，人文科学的结论只能是主观的、解释学的结论，没有任何人能达到对文本的真实意义的解读。事实上自施莱马赫创立解释学以后，海德格尔、伽达默尔等确立的解释学原则，都不是面对人类人文活动事实，而是以语言为载体的文化文本，整个人文科学的研究都是凭自己的理解面对语言符号构成的文本。在解释学中无所谓客观事实，有的只是解读。这种看法只能导致相对主义和主观主义。按照西方的解释学原则，所有人文科学的结论都可以看作研究者对自我的解释或者说是解释自我。借他人酒杯浇自己心中之块垒，这在人文研究中是有的，但不能说这就是科学研究，而只是人文学者价值观的一种表现方式。真正的人文科学研究应该既是人文的又是社会的，离开历史唯物主义观点，不可能建立起具有科学性的人文研究。

现在用解释学方法来否定马克思主义并不罕见。他们说没有什么马克思主义，有的只是我们心目中的马克思主义，是每个马克思主义研究者心中的马克思主义。如果我们坚持解释学的立场，这种马克思主义观是无可避免的。那重读也罢，回到马克思也罢，都无济于事。因为我们的确无法亲身回到马克思的时代，也无法通过文本证明自己的理解绝对正确。这里的关键是不能把马克思与他生活其中的社会历史剥离，不能把马克思与无产阶级和他们的活动剥离，不能把马克思与他们的反对者和拥护者的观点与活动剥离。一句话我们需要的是活的马克思，即与社会历史、与无产阶级运动和参与运动的周围人群的思想和行为结为一体的马克思，而不只是文本。文本的意义不是简单地存在于上下文关系中，而是存在于理论与实践的关系中。

由上可见，解释只是研究中的一种现象而不能单独成为方法，更不是唯一的方法。真正科学的方法应该是历史唯物主义的方法。这种方法当然包括理解和解释，但不能归结为理解和解释。它不是局限在研究者和被研究的思想和文本之间，不仅是上下文的关系，不是所谓语境问题，而应该是被研究的文本与它自身的历史条件之间，事件和事件发生的社会历史背景之间的现实的而不是主观臆想的联系。我们应该从历史中，从哲学家的思想和文本与它的产生条件之间，包括社会的、经济的、政治的和思想的条件中，从哲学家自己的各种著作相互印证中得到合理的理解和解释。特别是要注意，任何哲学家或思想家，他的思想不能也不会仅仅表现在他的著作中，而且会表现在他的信仰和行为中。正如上面说的，我们要理解什么是马克思主义，就不能光是解读马克思和恩格斯的著作，而应该联系到他们为无产阶级解放而斗争的一生的事实，他们与各种思潮和理论派别斗争的事实。因而当代用抽象人道主义，或结构主义、存在主义及弗洛伊德主义来诠释马克思的思想，与历史上真实存在的马克思的理论和行为都不符合。如果我们根本不顾及哲学家本人对自己思想的声明、不顾及他们的思想和著作的历史条件、不顾及他们的实际活动，不是听其言观其行，而是只相信自己对哲学家的解释，对上下文的烦琐考证和无事实根据的所谓解释和理解，那就称不上科学研究，只能看成中国传统的“六经注我”方式的现代版。

四、寻求科学与价值之间的和谐

人类早期对自然现象和社会现象的认识，都具有人文的特征而不是科学特征。在人类发展进程中的很长一段时期，作为人类文化最根本内容的人文现象，并没有采取科学研究的形态，而是表现为人类的人文活动及其精神产品——神话、宗教、风俗习惯、劳动时的歌唱、祭神的舞蹈、口头的文学创作，可并没有哲学、历史学、宗教学、神话学、伦理学、乐理学、文艺学之类的学科出现。后者是在人类社会发展以及脑力劳动和体力劳动分工达到一定程度后逐步发展起来的。

任何人都能明白，说人文科学是科学，绝不意味着它的论断都是科学的，而是就科学的性质及其可能性说可以获得具有客观性的知识。否认它的科学性，就从根本上堵塞了人文科学通向真理的道路，为各种主观臆断和歪理谬说的存在大开方便之门。其实，一门学科是否是科学和它的论断是否达到科学水平是不同的。由于人文科学中存在不同学派和具有不同学术观点的学者，人文科学中许多结论很难取得共识，但不能因此从根本上否认人文科学可以作为科学分类中的一个部门，否认它的论断可以具有科学性。只要有不同学派存在，不同学者之间的争论就有助于发现真理。经过长期的争辩，认真地研究和以不同方式的实际验证，可以区分出不同意见甚至对立意见的高下优劣并剥取其中蕴涵的真理性颗粒。

在人文科学中重要的是正确处理科学与价值的关系问题。在自然科学中，当然也存在科学与价值的关系，因为自然科学既具有人文价值又具有社会价值。但就自然科学知识的客观性而言，价值是中立的，价值观属于科学研究的主体。自然科学学者的理想与信仰，爱国主义感情和对科学成果及效用的人文关怀，与自然科学知识的真理性无直接关联。第二次世界大战期间为德国纳粹服务的科学家，同样可以有新的科学发现和发明。而在人文科学中，科学性与价值性是同一的。在人文科学中抽象掉价值性，只追求人文知识的客观性，就会把人文科学变为毫无意义和价值的死的知识的仓库。

人文科学的价值性问题，包括相互联系但又不同的两个方面：一个是人文学者的价值观念问题，他们持有什么样的世界观、人生观和价值观，即个人的理想、信仰和抱负问题；另一个是人文学者的精神产品作为人文文化所蕴涵的价值问题。前者是主观的，它属于人文学者自身，可以说是人品；后者是客观的，是文化作为对象化的精神产品所蕴涵的，可以说是文品。这两者当然不可分，但并不绝对符合。虽然一个人文学者自身的道德素质和人品必然影响他的作品，但不能简单化为坏书是坏人写的，好书是好人写的，即所谓“好人”写“好书”，“坏人”写“坏书”。这是过分简单化的说法。因为人文科学作为科学的一种类型，它的内容并不是作者价值观念的简单移植，而是取决于多方面的条件，要求作者对本科学的内容有着扎实的基础，要进行艰苦的深入的科学研究。人品与作品之间存在矛盾，在中外文化史和艺术史上并不罕见。

我们追求的人文科学的科学性与价值的和谐，最重要的是作品自身的科学性与它的价值之间的统一。这种统一不同于作者的人品与作品的关系，它是作品以自身的具有真理性的内容，创造一个具有人文关怀的价值世界和意义世界。这极其鲜明地表明人文科学的特点，因为人文科学是人类文化的最重要组成部分。一个社会的人文环境，对于生活其中的成员的世界观、人生观和价值观的状况，对于他们对人生意义和价值的理解是极为重要的。一个具有浓郁人文气氛的社会，虽不能保证使所有社会成员都具有高尚的品格和人文素质，但可以说这种人文环境为人的品性的健康成长提供了一个有利的客观文化环境。就一个民族而言，最能铸就一个民族的民族性和国民性的主要是人文文化。它的优秀成果的不断积累和沉淀，形成一个民族的优良品格，而它的糟粕的累积往往沉积为民族的劣根性。中华民族的刚健有为、自强不息的民族精神，就是与我们国家的传统文化的人文精神不可分的。所以，人文科学的作用不同于自然科学与技术，它的价值和功能不在于直接提高物质生产，促进社会经济增长，而在于提高人的人文素质，培育民族精神，提高人的思想道德和审美素质，使人越来越摆脱由之起源的动物界，更加社会化人性化，从而推进人类发展和社会整体的进步。这就是它的价值所在。人文科学的这种价值并不是根源于人心，根源于人的道德的形而上学本性，不是根源于不变的天道，而是根源于人的精神活动及其产品对社会生活与人类自身发展规律性的把握。人是在实践中不断认识自然和社会的，也是通过在实践中认识自然和社会中不断返回主体，不断认识人类自身和精神活动的本质。

人文科学追求的就是这种科学与价值之间的和谐。它既要求把握人类精神活动的规律性及其产品的客观真实性、合理性，又要为人类构造一个价值世界和意义世界，使其对人类自身的提高和社会的进步起着正面的积极的作用。为此，人文科学的价值性必须建立在科学性的基础上，它的科学性不是简单的知识的有效性而必须包容着积极的价值内容。

五、人文科学创新的可能性和途径

创新是人类活动的本质，是人不同于其他动物的特点。动物的发展是进化，而人类的发展是进步。生物进化的本质是适应，而社会进步的本质是创新。创新是一个民族进步的灵魂，是一个国家兴旺发达的不竭动力，实践基础上的理论创新是社会发展和变革的先导。对人类社会发展来说，创新涉及各种不同的领域。其中文化创新是一个重要方面，而文化创新的最重要一个内容就是人文科学的创新。

相对于以生产实践为基础并与人类生产活动紧密结合的自然科学与技术的创新，人文科学的创新有其特殊的困难，它要正确处理三种关系：既要重视历史传统但又不能背负历史因袭的重担；既要面对生活但又不能趋时媚俗；既要面对世界但又不能失去文化的民族特性。

正确处理历史传统与当代的关系是人文科学研究中的一大问题。在自然科学与技术中，任何学习不必从头开始，除非研究科学史或技术史。学习自然科学与技术就是面对当代，当代的自然科学与技术成就是最高的成就，是以往全部历史发展成就的结晶。在自然科学与技术中有高科技有新科技，而在人文科学各个领域一般不可能是跨越式的而是积累性的，历史上前人的成果有些是后人难以企及，成为人文科学中起界碑作用的标志性成就。例如在哲学领域，在西方人们往往要回到亚里士多德、柏拉图、康德、黑格尔；在中国，我们往往回到诸子百家，特别是儒家学说。因此在人文科学的研究中重视历史继承性是必然的，合乎人文科学发展规律的，但这也容易使人文科学的研究背负因袭的重担，注重历史，崇拜名人，而忽视甚至轻视现实和自我创造。严格说来，传统与现代问题，并不表现在自然科学与技术层面上，超越传统是自然科学与技术发展的本性，而往往是表现在人文科学的层面上。所以人文科学要创新，要与时俱进，既要重视历史传统和人类知识的积累，重视人文遗产的继承，更要重视现实和自我创造，要正确处理传统与当代的关系，以便在传统与现代化之间保持适当的张力。在人文科学中，无论是回归传统的复古主义还是民族虚无主义都是有害的。

人文科学的创新，离不开人的人文实践活动，因而必须面对现实。例如，教育理论的创新离不开对教育实践经验的新的总结，文艺理论的创新离不开当代的文学艺术的实践活动，不总结创作实践经验，不可能有文艺理论的创新。历史观点的创新是与历史学家的研究和写作的实践经验的提升分不开的。美学的创新与每个时代的审美行为和审美意识的变化不可分。总之，人文科学的创新，同样要立足于实践，特别是具有专业特性的实践活动。可是，人文科学面对实际不能是趋时媚俗，应该源于生活高于生活，使人文科学研究的成果能够发挥引导社会生活的积极作用。

一个人文学者要善于区分什么是生活中积极向上的潮流，什么是滞后甚至是逆流和旋涡。为此必须以批判性的眼光关注社会现实生活，善于捕捉社会问题。例如在哲学中，创新问题我们喊了很多年但成效甚微，因为我们有些哲学家忙于创造体系，而不注意捕捉新问题。马克思是非常重视问题的。他说过，“**问题**就是公开的、无畏的、左右一切个人的时代声音。问题就是时代的口号，是它表现自己精神状态的**最实际**的呼声”①。究竟什么是新问题，这是个难以回答的问题，因为人文科学中并不像科学技术那样都存在严格意义上的新的前沿性问题。我们现在争论的公平、正义问题，从西方奴隶社会就开始了；依法治国与以德治国即法治与德治问题，战国时代就存在；市场经济下的公平与效率问题、如何防止两极分化问题都是西方市场经济中的老问题。什么是历史，什么是历史事实，以及什么是美，美的客观性问题，都既是老问题又是新问题。人文科学的创新应该包括对这些老问题实际上是历史上没有解决的问题，结合我们时代条件提供的新经验给予新的答案；同时又要面对我们时代、我们社会碰到的新的前所未有的问题，例如在中国特色社会主义建设中，人文科学的地位和作用问题、人文科学中的知识如何更新的问题、如何进行人文教育和人文素质的培养问题以及各人文科学领域中如何体现坚持先进文化的前进方向，等等。其中每个问题中都包括许许多多的子问题。每个问题都可能做出有价值的新的结论。人文科学中的教育改革，就包括教学体制的改革和内容的创新。

---

① 《马克思恩格斯全集》，第40卷，289～290页。

人文科学不同于自然科学与技术，它具有鲜明的民族性和社会制约性。人文科学不能也不应该抽象倡导与国际接轨，但这并不意味着人文科学和人文学者应该自我孤立与世界隔绝。实际上，人文科学要与时俱进，应该关注国外潮流与研究状况，要创造条件与外国同行进行交流，要善于吸取他们的优秀成果和新的研究方法。在西方人文科学中学派很多，其中有些提出了许多值得思考的问题。当然，在人文科学的研究中，我们应该有我们自己的立场，有我们自己的理论和观点，我们不能盲目推崇，甚至吹捧、跟风，但我们不能无视它的出现和存在，应该对国外新的潮流和学派适当译介以开阔思路和眼界。自明中叶特别是清末以来，西方学术和思想名著的翻译，对我国学术思想的发展起过重要作用。在当代，我们要有世界性眼光。我们应该在注重中国传统文化的同时，关注西方人文科学的状况和新进展。

在人文科学创新中，作为中国的人文学者，一个不可回避的问题就是指导原则问题，因为人文科学的创新，既有具体学科的问题，又有理论的问题。因而理论创新同样是人文科学各学科创新的前提。对人文科学来说，理论创新归根结底不可能离开世界观和方法论问题。尽管有的学者倡导多元化，但我认为具体方法可以是多元的，但作为人文科学研究的世界观和方法论应该是一元的，这就是辩证唯物主义和历史唯物主义。没有马克思主义哲学的指导，创新是很困难的。因为人文科学的创新，不是指某些新材料的发现或发掘，而最重要的是理论创新。各门具体科学的理论创新，应该以马克思主义的观点和方法论为指导。西方人文科学中的有的新思潮，包括后现代主义或各种各样的西方马克思主义，都试图或自称回归或接近马克思主义。尽管它们所理解的马克思主义是三棱镜中的马克思主义，但这个事实的意义在于，在当代，任何人文科学的理论创新无视甚至反对马克思主义是根本不可能实现的。

在研究方式上，人文科学很难采取自然科学和技术那种集体攻关的方式。在当今，自然科学研究已经变为大科学，变为一种产业，而人文科学特别是哲学仍然是个体的方式。因为它的唯一研究工具是大脑，而大脑是个体的，它的思考是个性化的。但这不能成为否定人文科学包括哲学对一些大的具有战略性前瞻性和方针性的问题，特别是需要大量调查的课题进行一定规模的有组织有领导集体合作的必要性和可行性。至于一些很重要的学理性的问题，诸如“三个代表”学说与中国共产党在新世纪的伟大历史使命、创新性思维的哲学研究、政治文明与当代中国民主政治建设中的哲学问题研究、马克思主义哲学中国化的历史经验和马克思主义哲学的当代走向、哲学社会科学的科学性问题及其方法论问题研究，可以由少量人员有领导、有组织地进行集体研究。但在大多数情况下，人文科学的研究仍然是个体化的。至于目前常见的成套丛书的编辑，或为编书而临时组成的编书组，这只能看作为编书而结合的写作班子，很难说是攻关性的科学研究。人文科学要创新，必须关注国内外学术进展，面对时代性的重大课题，进行较长期的有组织有分工的研究。人文科学中的创新，不可能一蹴而就，立竿见影。耐不住寂寞，趋时媚俗或单纯追求经济效益，都与创新无缘。

（原载《中国社会科学》，2003（6））

35. 重视人文科学在文化建设中的地位和作用

江泽民总书记在十五大的政治报告中，高举邓小平理论伟大旗帜，强调在建设有中国特色的社会主义的经济、政治的同时，要加强社会主义文化建设，教导全党必须从社会主义事业兴旺发达和民族振兴的高度，充分认识文化建设的重要性和紧迫性，并高屋建瓴地指出，这对于坚持马克思主义在我们社会主义意识形态领域的指导地位，对于探索有中国特色的社会主义的发展规律，增强我们认识世界、改造世界的能力，有着重要意义。正确理解人文学科的性质、地位和功能，是切实落实十五大关于加强社会主义精神文明建设、创造绚丽多彩的有中国特色的社会主义文化的一个重要方面。

一、人文科学内容个性化问题

人文学科究竟属不属于科学，至今仍在争论。有的学者认为，自然科学是科学，而人文科学则只能称为人文学科，而不能称为人文科学。我们现在把人文学科与社会科学合称为人文社会科学，只是一种折中的说法。这就把人文学科的属性这个长期争论不休的问题又摆到了我们面前。

我们面对的世界，是包括自然、社会、人在内的统一体。它是分别由不同学科来研究的：自然科学以自然为对象，它研究自然规律；社会科学以社会的结构、关系、规律为对象，如经济学研究经济规律、政治学研究国家和阶级关系、社会学研究社会各方面的问题；而人文学科则以人的活动、思想和人的各种活动和思想的历史过程为对象。这三者相互联系又各有特点。自然科学是以自然为客体、以人为主体，主客体关系、反映与被反映关系比较清楚。可人文科学是以人为对象，人既是研究主体又是研究客体，很难把研究者和被研究者区分开来，因而不少人认为人文学科不是科学，只是价值，只是文化，它研究的是不可重复的独特的现象。例如，新康德主义者李凯尔特在《自然科学概念构成的界限》中说，历史上的东西，从最广泛的意义上来说，就是那种仅仅出现一次的、件件都是个别的、属于经验范围的实际事物；它既带有直观性，又带有个别性，因而是自然科学构成概念的界限。雅斯贝斯在《论历史的起源与目的》中说，如果我们从普遍的规律去把握历史，那么我们把握的绝不是历史本身，因为历史就其个性来说是某种仅仅出现一次的东西。这是西方历史哲学中从狄尔泰到柯林武德、克罗齐、波普尔等都持有的大体相同的看法。历史学是精神学科、是无客观规律可循的，这种观点把自然科学、社会科学、人文科学的差异性弄到了绝对对立的地步。

自然科学的科学性是得到公认的，除了少数科学哲学家否定世界的客观性和规律的客观性，从而导致否定自然科学的客观性外，人们一般都承认自然科学揭示的是一般规律，它没有地区、国家和民族的界限：没有中国的物理学或美国的物理学、中国的化学或美国的化学。自然科学的规律是普遍的，牛顿的力学规律在宏观领域全世界都适用；20 世纪所有的重大科技进展，如核能、原子物理、超导、激光、半导体、计算机，则都建立在相对论和量子力学规律的普遍适用性的基础上。

社会科学以社会结构和社会运行规律为对象，它涉及社会生活的各个方面。每个国家和民族的社会的具体存在方式虽然有其特殊性，但社会形态和社会发展还是有规律的：既有一般规律又有特殊规律。所以社会科学与自然科学有相同之处，即以一般为对象。我们不能说有中国的社会学、美国的社会学或者美国的经济学、中国的经济学，因为社会学、经济学作为一种科学是不能按国家和民族来划分的。但社会科学有其特殊性，与自然科学并不完全相同。因为社会科学以社会为对象，而社会与人不可分，人有社会制约性和阶级性，所以不同社会和阶级的研究者的立场和观点方法会不一样，而它又必然会反映到所研究的学科上。所以不能说美国经济学、中国经济学，但却可以说资产阶级社会学、无产阶级社会学、资产阶级经济学、无产阶级经济学。这就是说，社会科学不同于自然科学，它存在科学与价值的关系问题。

人文科学更不同，它以人的思想与人的思想与实践的历史过程为对象。它的直接对象是单一的、不可重复的，思想家是独特的、伟大历史人物是独特的、历史重大事件是不可重复的。所以人文学科的对象以及它的研究者都具有个性，即时代性、民族性和阶级性。我们不能说中国的物理学、中国经济学，但我们却可以说中国哲学、德国哲学、英美哲学，甚至以人命名，像老子哲学、庄子哲学、黑格尔哲学、海德格尔哲学等等。人文科学的这种个性化特点常常成为否定人文学科科学性的根据，这是不对的。事实上，在有个性化特点的人文科学中仍然有一般性的东西，这种个性中所包含的一般正是它的科学性之所在。例如黑格尔哲学当然属于黑格尔，它的特性是以绝对观念作为自己哲学阐述的对象和立论的根据。但是使黑格尔哲学成为人类宝贵精神财富的不是绝对观念，而是他通过绝对观念自我运动的方式猜测到的世界和社会运动的辩证规律，如对立统一规律、量变质变规律和否定之否定规律。恩格斯高度赞扬黑格尔在历史上第一次以唯心主义方式阐述了辩证法的规律。如果黑格尔仅仅提出绝对观念而不以绝对观念的方式去阐述规律性的东西，那他就不是一个大哲学家，甚至是一文不值的狂人。同样，老子的哲学也是个性化的，它是中国古代的，而且是由老子创立的。它的特色是以道为本体来阐述他的哲学思想。老子哲学的伟大之处正在于它通过道这个范畴确立了辩证宇宙观。他讲的道生一、一生二、二生三、三生万物，讲曲则全、枉则直，讲有无相生、长短相成，讲飘风不终朝、骤雨不终日，等等，这都是宇宙的普遍规律。如果没有这些，老子也就不成其为世界名人老子。

作为人文学科的历史学也是如此。按照当代西方某些历史哲学的观点，历史学在任何意义上都不能说是科学，因为它是个体的、永不重复的，无规律可循，只能描述和记述。其实，一门学科的科学性并不取决于对象，而更重要的是取决于如何研究和研究什么：对科学可以采取迷信的态度，对迷信可以采取科学的态度。占星术是迷信而不是科学，虽然星星是客观的可见的；精神分析可以是科学而不是迷信，虽然精神是人的内心活动。历史的科学性在于它以事实为依据、以规律为对象，历史学中的描述和记述只是它的方法论的一个特点而不是历史学的本质。历史学同样可以通过个别人物、具体事件达到规律性理解，因为在历史中，事件并不是单一的而是整个过程的一个部分；人物并不是孤立的而是整个历史运动的一部分；历史事实不是详尽的细节而是规律性的重要表现。因此历史学同样可以通过历史中的不可重复的个别性达到规律性的东西。在所有的历史中，都可以看到各个阶级和集团为利益而进行的斗争、看到革命和战争、看到王朝的盛衰兴亡，即通过不可重复的单一现象看到不断重复的规律性现象。例如，《史记·陈涉世家》记载的陈涉起义当然是具体的不可重复的，但封建社会中迫于暴政的农民起义可不是个别的而是不断出现的。农民起义是具体的，农民起义这种社会现象是不断重复的；英雄人物是具体的，每个时代、每个阶级都需要自己的领袖人物是不断重复的。历史规律正隐藏在这些个别的不可重复又不断以自己的独特方式出现的重复中。

所以，人文科学无论怎样个性化，都不能否定其中存在着一般性的东西。因为按照马克思主义哲学观点，一般与个别是相联系而存在的。比如说，马克思主义为什么能应用于中国呢，就因为它的本质的普遍性。尽管马克思主义是马克思和恩格斯创立的，具有德国人的思维方式和语言风格，但它不仅属于德国，而且属于世界。没有任何国家可以不受辩证法和唯物主义规律的支配。

同样，中国传统哲学之所以同马克思主义哲学不是相互排斥的，是因为中国传统哲学中的唯物主义与辩证法规律与马克思主义哲学是相通的。中国哲学中关于气的一元论、关于神不离形、关于知行合一、关于凡物莫不有对、关于一中有二、关于独中有对等等，都是既有中国特色又有普遍意义的东西。否则，就是毫无价值的东西，正如鲁迅嘲笑的长在脸上的疣，虽很特殊但却不能说美。

人文科学工作者，应该重视个性。无论是哲学、历史、文学，从内容、风格、视角，都应该有自己的特色，但这只是使自己更逼近对象，更能正确解释对象，或更有益于提高人的思想和道德境界。个性化不是目的。片面强调人文学科是个人生命的体悟、是不可重复的仅属于我自己的独特的东西，人文科学就没有存在的价值和必要，因为仅属于我、除我之外没有任何客观内容的东西是长在脸上的疣。人文科学的个性应该包含为人类实践和认识所认同的共同的东西，否则它就很容易陷于说胡话甚至说疯话的地步，所以在人文学科中一定要把求新和求真结合在一起，只真不新、重复旧说没有价值，只新不真、违背常识谬误流传更不行。马克思在关于伊壁鸠鲁哲学笔记中有段话讲得特别深刻。他说过，“编纂哲学史的任务，不是要把哲学家的个性，即使是他的精神上的个性理解为好像是他的体系的焦点和形象，更不是要罗列心理上的琐屑小事和卖弄聪明。哲学史应该找出每个体系的规定的动因和贯穿整个体系的真正的精华”①。

二、人文科学的科学与价值

科学与价值的关系涉及各种学科，但情况不同。例如，自然科学自身并不包含价值问题，可以说价值中立，因为价值问题不能也不会进入自然规律的内容之中。它影响的只是对科学技术作用的不同评价，例如有的学者认为科学发展导致环境的恶化和人性的堕落，而有的学者则认为这与科学技术本身无关，而是对科学技术的应用不当所致，而且解决这些问题，不是靠停止而是靠进一步发展科学技术。可见，在自然科学中，价值问题是一个科学哲学问题。而在人文科学中，价值问题则构成人文学科内容的一部分。这也正是一些学者否定人文科学科学性的论据：似乎历史学不是科学而只是历史学家对历史的诠释，哲学不包含对世界的客观内容的认识而是哲学家的自我意识，至于文学更是源自内心，是人的情感的抒发。如果真是这样的话，人文科学就只能是价值而不可能有客观内容。这种看法我以为是不对的。

人文科学也是科学，但它是不同于自然科学的科学。就它不能数学化、公式化、定量化而言，它不同于实证的自然科学。但人文科学本身同样存在一个科学性问题，它的科学性表现在，它应以事实为依据、以规律为对象、以实践为标准，不是无可评判的画鬼而是画人。它的是非对错、像与不像是可以判别的。这一点，就连中国古代哲学家荀子都有一定认识。他说：“凡论者，贵其有辩合，有符验。故坐而言之，起而可设，张而可施行。”如果一种理论根本不可验证、不可实行，那只能任其胡说。

---

① 《马克思恩格斯全集》，第40卷，170页。

1. 以事实为依据

马克思和恩格斯都承认人文社会科学的科学性。恩格斯说："我们不仅生活在自然界中，而且生活在人类社会中，人类社会同自然界一样也有自己的发展史和自己的科学。"① 马克思主义经典作家不仅承认人文学科的科学性，而且强调人文学科要成为具有科学性的学科，就必须以事实为依据。事实，这是一切论断科学性借以立足的根据，无事实根据的论断只能是主观臆测，所以恩格斯特别强调事实的重要性。他在《自然辩证法》中说，"不论在自然科学或历史科学领域中，必须从既有的事实出发"。在《卡尔·马克思〈政治经济学批判〉》中，恩格斯强调，即使是在一个单独的历史实例上发展唯物主义的观点，也是一项多年冷静钻研的科研工作，因为很明显，在这里只说空话是无济于事的，只有靠大量的、批判地审查过的、充分地掌握了的历史资料，才能解决这样的任务。马克思在研究工作中非常重视事实，他曾经写信给魏德迈嘲笑那些不凭借资料而只靠拍脑袋的经济学家说，他们靠"从天上"掉下来的灵感，当然不需要下这样的功夫。"这些幸运儿为什么要用钻研经济和历史资料来折磨自己呢?"②

有的学者认为，人文学科是关于人的思想和精神的学科，不存在事实问题，只存在解释。历史的本质是思想史，历史学只是价值判断，没有确定无疑的事实；文学同样无事实，只有文本，完全可以有不同的解读；哲学是哲学家的自我意识，与事实更无关系。这种说法，我以为是把人文学科置于困境甚至绝境。

人文学科当然不能离开人，人有思想、有精神，但人文学科并不是直接以人的内在思想和精神为对象。人是创造性的存在物，他不是在思考中而是在不断对象化中生存和发展的。离开人的对象性存在，人的思想或精神就是无。例如，历史是人创造的，人是有思想的，但历史学不是也不可能以人的内在精神为对象，而是以人的对象化活动中创造的实在的历史过程为对象。这不是不可捉摸的人的内心过程，而是有人物、有事件、有活动、有结果的实在过程。历史研究离不开通过文字记载、地上和地下的文

① 《马克思恩格斯选集》，2版，第4卷，230页。

② 《马克思恩格斯全集》，第27卷，582页，北京，人民出版社，1972。

物来分析历史过程。历史人物的思想和精神问题，即历史动机问题，对于历史分析是重要的。它的重要性并非因为历史是思想史，而是因为对历史动机的分析可能引导深入到任何主体都没有意识到的力量。关于这个问题恩格斯曾做过很精彩的论述，他说："探讨那些作为自觉的动机明显地或不明显地，直接地或以意识形态的形式、甚至以被神圣化的形式反映在行动着的群众及其领袖即所谓伟大人物的头脑中的动因，——这是能够引导我们去探索那些在整个历史中以及个别时期和个别国家的历史中起支配作用的规律的唯一途径。使人们行动起来的一切，都必然要经过他们的头脑；但是这一切在人们的头脑中采取什么形式，这在很大程度上是由各种情况决定的。"① 所以在历史研究中，不能以思想替代或否定历史存在的事实。至于文学则更不能简单地归结为文本。文学著作的作者是生活在一定时代条件下的人，一部优秀作品不可能是脱离他的时代和社会现实的。文学研究当然要把作品、作者、时代和作品反映的社会现实统一起来考察和衡量作品的价值。哲学思维也同样要以事实为依据，不管哲学如何抽象、如何思辨、如何远离现实，只要是真正有价值的哲学，即使是唯心主义哲学，也都是以不同的方式来概括人类实践的成就、概括他所处时代的自然科学和社会科学成就，在哲学思维中同样不能无视事实。

2. *以规律为对象*

人文科学要以规律为对象。科学是揭示规律的，不揭示规律就没有科学。这一点，对自然科学和社会科学都能理解。人文科学面对的是不重复的对象，它的记叙性和描述性的方法特征，往往使一些学者认为人文学科不能揭示规律，而应揭示人性。他们认为人文学科是人性的学科。文学研究的是文学与人性，研究文学如何表达人性，历史学研究的是历史与人性，而哲学则是人学，是人对自身本性的认识。例如，罗素主张人性是历史的决定力量，认为历史是人性的历史。按罗素的说法，饮食、男女、贪婪、追逐享乐、权力争斗、虚荣心、创造欲都是人的本能或人性。历史就是由这些活动组成的，研究历史乃是研究人性在不同历史条件下的具体表现。再如，当代美国著名的社会生物学家威尔逊就是把人性即人的生物特

---

① 《马克思恩格斯选集》，2 版，第 4 卷，249 页。

性作为全部人文社会科学的基础的。他说："任何有关人类处境的严肃思考，都必须把它（指人性——引者注）作为首要的前提。要是没有这个前提，人文学科和社会科学就都会局限于现象的描述。"① 威尔逊所谓的人性是指人所固有的生物性，即存在于人的基因中的攻击性、利他性、宗教——这些都是人的永恒不变的人性。如果人文科学就是建立在这样的人性的基础上，那就无法解释人的不变的生物本性，为什么会产生如此多样的文学，如此不断变化的历史，如此多样的具有不同世界观和认识论、历史观的哲学思维。当然，人们可以说，人性也是变化的，因此以人性为基础的人文学科的内容也是变化的。可问题是人性何以能变化、何以会变化？如果人性不能得到合理的解释，那它自身是什么也解释不了的。可要解释人性，就必须把人放在社会之中，用社会的变化来解释人性的变化。即使是人的生物学本性，同样也会受到社会的制约。

说人要吃喝、要繁殖、要生存，这谁也不会反对。问题是仅凭人的生物学本性能解释历史吗？能解释社会的多样性和复杂性吗？能解释社会的发展和变化吗？马克思主义从不否认人要吃、喝、穿、住，可是人类社会的复杂结构，以及如此不同的观念并不是直接决定于人的生物学需要，而是在于人满足自己的生存方式即劳动，人是通过劳动并以在劳动中形成的生产方式作为自己生存和发展的基础的。人类社会结构和各种观念，归根结底要从人的生存方式中得到解释，并在这个基本规律的基础上发现各自的特殊规律。

马克思和恩格斯总是强调科学必须研究规律。当伊·伊·考夫曼在评论马克思的《资本论》时说"在马克思看来，只有一件事是重要的，那就是发现他所研究的那些现象的规律"，马克思对此是深表赞同的。历史研究当然要揭示历史的规律，尽管历史著作离不开具体人物、事件、过程的表述，但真正有价值的历史著作绝不能是简单的编年和纪传，而是通过个别显示出一般性的东西的作品。同样，文学和文学史、哲学和哲学史也都应该包含对所研究对象的规律的揭示。流水账式的断烂朝报，的确是柯林武德所说的剪刀加糨糊式的东西，没有价值。

---

① ［美］威尔逊：《论人的天性》，1页，贵阳，贵州人民出版社，1987。

3. 以实践为标准

凡是属于科学范围的论断，都是可以证实或被否决的。不能反驳的只能是宗教教义，这不属于科学而是属于信仰范围。人文科学的论断是可以验证的，不能认为人文学科的论断只能是公说公有理婆说婆有理、无休止的争论、不断扯皮。争论和扯皮的事当然存在，但很多情况却并非由于人文科学论断没有是非标准，而往往表现为一种社会思潮。即使明明是奇谈怪论，翻案文章也可以照样做。从这点来说，它不同于自然科学，自然科学的论断的真伪可以直接求诸生产实践和实验，但这只是实践标准的运用的特点问题，而不是有问题。

任何人文学科都包括理论与历史两个部分，这两者验证的方式是不同的。柯林武德否认历史的可证性，他说："圣奥古斯丁从一个早期基督徒的观点来看待罗马的历史；提累蒙特是从一个 17 世纪法国人的观点来看；吉本从一个 18 世纪英国人的观点来看；而蒙森则从一个 19 世纪德国人的观点来看。问哪一种观点是正确的，那是没有意义的。每种观点对于采用它的人来说，都只是一种唯一的可能。"① 很显然，柯林武德是把历史评价问题，即历史观的可变性问题与历史能否有正确或比较正确的判断问题对立起来，用前者否定后者。实际上，历史评价的观点是可以验证的，它的验证就是现实。凡是用以评价历史的英雄史观、意志决定论、命定论、宿命论以及其他形形色色的唯心主义和宗教史观，它的正确与否，都是可以在当前的现实中得到验证的。而属于历史史实方面的问题，则可以借助历史特有的验证方法，包括考古、考据以及史料的比较和新发现等等，求得接近事实的把握。当然历史的真实不可能是细节的真实性，因为细节是无穷无尽的，即使是现实的每日每时发生的细节也是不可穷尽的。历史的真实是对于历史发展具有重大或关键意义的事实，这种事实并不是不可胜数的，而是可以弄清或基本弄清的。历史证明，在人文学科中，一些争论往往不是事实的争论而是观点的争论，是对事实的解释的争论。而这些观点的是非对错，我以为在现实中是可以判别的。

我们说人文学科的内容有其客观性和科学性，但这绝不是说，人文科

① ［英］柯林武德：《历史的观念》，9 页。

学与自然科学一样，可以采用实证的方法，达到自然科学那样的精密和公理化的水平。对于自然科学来说，价值是中立的。自然科学的真理是普遍的，它的规律不包含研究者的价值评价。人文科学则与之不同，它不仅包含对象的内容，而且包含对内容的解释和评价。就这点来说，人文科学与社会科学是相同的，不可能存在价值中立，所以这两者合称人文社会科学是合理的。

马克思讲到资产阶级古典经济学时，曾肯定它的科学贡献，可是他又说，当资产阶级处于统治地位后，敲响了资产阶级经济学的丧钟。现在问题不再是原理本身是否正确，而是它对资本有利还是有害。公正无私的科学探讨让位于辩护士的坏心恶意。恩格斯在讲到历史学时，曾经赞扬过法国历史学家的贡献，但他后来还说过："资产阶级把一切都变成商品，对历史学也是如此。资产阶级的本性，它生存的条件，就是要伪造一切商品，因而也要伪造历史。伪造得最符合于资产阶级利益的历史著作，所获得的报酬也最多。"① 历史证明，在阶级社会中，超阶级的、不受意识形态影响的人文科学是没有的，但这并不是说，研究者们都有意作假，而是每个研究者本人的时代、阶级和所受的教育，都会影响研究者对问题的解释和评价。当然，这种影响的程度因人而异，因而人文学术著作的水平也不一样。在当代，我们可以在西方学者中发现有思想有见解的著作，也可以发现对马克思主义任意曲解攻击的著作。对马克思说的资产阶级胜利敲响社会科学丧钟的说法不能绝对化，因为西方学者对资本主义制度的态度是多种的：有辩护性的、有研究性的、有批评性的、有超越性的。我们对西方学者在人文社会科学方面的贡献应该采取实事求是的分析态度：既不能对他们的成就一概抹杀，也不能忽视他们对问题解释和评价中的局限。

人文科学中的科学性与价值性之间的矛盾是很显然的：人文科学的科学性要求它的内容应该是客观的无偏见的，可它的价值性又决定它的解释和结论往往要受到研究者的立场和观点的制约。在当代，马克思主义提供了这种结合的可能性。正如恩格斯曾经说过的那样，科学越是毫无顾忌和大公无私，它就越符合工人的利益和愿望。当然，可能不等于现实。由于

---

① 《马克思恩格斯全集》，第 16 卷，573 页，北京，人民出版社，1964。

个人的马克思主义理论水平和学识水平，即使社会主义国家的人文社会科学要达到这两者的高度统一也是不容易的。我们既要认真学习马克思主义，树立观察问题的正确的理论和方法，还要认真深入实际，掌握充分可靠的材料。在这里，学风是个关键问题。以玩文学、编历史、造哲学的态度对待人文科学是一种轻浮的学风。我们应该努力学习马克思主义，坚持实事求是和理论联系实际的学风，认真艰苦地从事研究，这样才有利于我们人文科学的发展，才能逐步达到科学性与价值性的统一。

正因为人文科学不同于自然科学，所以它的研究方法也不相同，它不仅要揭示对象的规律，而且包括对对象的理解和解释，但能否做到这一点，则取决于我们对人的理解。我们不能把自然、社会、人截然分开，把自然划归自然科学，把社会划归社会科学，把人划归人文科学。认为人是人文科学的主题和唯一对象，从而认为人文科学只是研究人的内在精神、思想，这种看法是片面的。离开自然，离开人与自然的关系，离开社会，离开人与社会的关系，所谓对人的内在精神世界的理解、体验，就都是神秘的。因为人一旦变为独立自存的孤立个体，就是不可理解的。像柯林武德说的，要了解柏拉图的著作中说的是什么，必须由研究者进入柏拉图的思想内部重演柏拉图的思想进程，即把自己变成柏拉图。但这又怎么可能呢？我们只能从柏拉图的时代及其整个文化背景来理解柏拉图，而不可能独立地从所谓柏拉图内心世界的重演中来理解柏拉图。人文科学的对象不是孤立的个人的内在精神世界，而是被外在化对象化的文化世界，它是通过文字、语言、书籍、文物等等可以看见可以把握的东西来进行研究的。

三、人文科学的作用是无可替代的

人生活在两种环境，即自然环境和社会环境之中，面对两种性质的矛盾，即人与自然的矛盾和人与人的矛盾。在解决这两种矛盾的过程中，不断形成两种类型的文化：科技文化与人文文化。人类需要科技知识发展生产，也需要人文知识了解人与人类社会自身。但是在社会发展过程中，人文文化与科技文化的发展是不平衡的，而且是在矛盾中发展的。

无论是西方还是东方，在古代，人文知识都处于主导地位，中国尤其显著。在中国长期的封建社会中，儒家学说是修齐治平的经典，是被用法律维护的主导意识形态。中国的科学技术尤其是技术发展在封建社会有很大成就，但在中国传统文化中，技术却被视为奇巧淫技，技术人才是不为士林所重视的匠人。中国知识分子的最大出路，是学而优则仕。特别是科举制度以儒家经典为录取标准，更是强化了这个特点。在中国古代，做官的人都具有很高的文化修养：史官、诗人、文学家往往集于一身。史学家在中国有法定的地位——史官，即使翻开中国的文学史、哲学史，一些文学家、诗人、哲学家，大都为官从政，而且身居高位，如李斯、屈原、贾谊、刘禹锡、韩愈、柳宗元，像王安石、欧阳修、王阳明这样的能官能文的人在中国历史上是常见的：身居高位，从政之余则为文为诗，宦海失意后更显出文人诗人的一面。所以中国传统文化中的人文方面具有强烈的政治伦理特色，为政者的人文修养是做官的必备条件。在长期封建社会中，我们出了不少令人骄傲的政治家、文学家、诗人、哲学家。在中国历史上，为忠君爱国、为道德理想而从容就义的人很是不少，但为真理、为科学而献身的人却并不多见。

在西方的文化传统中，在前资本主义社会同样是人文文化处于主导地位：古希腊罗马的哲学、文学是光耀夺目的；中世纪是宗教处于主导地位；在文艺复兴时期，人文学科的知识尤其是文学和哲学得到从未有过的发展。而且自然科学在反对神学的斗争中起着特别重要的作用。许多科学家如哥白尼、布鲁诺、伽利略，都是名载史册的反宗教的英雄人物。他们为真理、为科学而不是为某种道德而坦然面对迫害、面对死亡。西方的文艺复兴是包括自然科学在内的反宗教的政治文化运动，是社会生活由神圣天国转向世俗世界的必然表现。人文文化与科技文化在反神学斗争中是携手作战的。美国学者杜布斯基说："西欧对地球上所有地方的文化和政治影响在不断地增长。在这方面，西方的全新的科学和技术起了极为关键的作用。这一事实为当时大多数学者所公认。"①

资本主义是人类社会以往生产方式中最有利于科学技术发展的。在中国，明中叶以后科技的落后，中国文化的强烈政治伦理特性是一个原因，但并不是决定性的，关键是中国没有经历资本主义社会，缺乏对科技的生

① ［美］杜布斯：《文艺复兴时期的人与自然》，1页，杭州，浙江人民出版社，1988。

产需要。西方科技的发展，并不因为它的哲学是主客二分的、主张向外用力，而是资本主义生产方式存在和发展的需要。资本主义越发展，科技地位越重要，而人文学科由于它的非生产性、非直接实用性，则逐步降到次要地位。科技并不排斥人文，而是资本主义市场经济的利益导向必然把科技推向前列。科技与人文都是人类需要的；科学精神和人文精神也都是人类需要的。我们反对唯科学主义但不能反对科学精神，正如我们反对抽象人本主义但不能轻视人文精神一样。在资本主义社会中，人文学科陷入困境，不被重视，出现所谓的人文精神危机问题，其原因并不在于科技的发展，而在于人们对物质消费的无限追求。把资本主义社会中价值观念和伦理道德观念的混乱和失范归之于科技发展是错误的，特别是得出反科技进步的结论更是荒谬的。我们应该把科技的作用和它的应用区分开来。我们不能反对发展科技而应要求有一个合理应用科技的社会经济和政治环境。只要不是从一些人发财致富的角度来应用科技而是着眼于全体人民的利益，并采取有效的措施进行控制，科技的负效应是可以防止或及时纠正的。在这里，从学校学习开始就对理工农医学生进行人文教育是必要的。最近几十年，西方教育界的一些有识之士已经意识到了这一点，他们倡导文理渗透，加大理工科的人文教育，以作为对唯科学主义思潮引发问题的补救。

我们是社会主义国家，对我们来说，强调对学生进行马克思主义思想教育、进行社会主义道德教育、进行人文教育是理所当然的。可由于市场经济的自发的利益导向和发展生产的客观需要，重理工轻人文的倾向已严重存在。这对于我们的青年一代的培养是不利的。我们应该重视人文教育，把它作为社会主义精神文明建设的重要内容。

人文科学属于文化的重要组成部分，但又具有特殊性。它不同于存在于人们的行为与生活方式中的文化观念，它是一种系统化、理论化的文化形态。如果说一个民族的文化往往是作为传统观念以自发的和耳濡目染的方式起作用的话，那么人文科学就是理论的和学术的形态，主要通过学校传授知识方式起作用。因此，人文科学的作用具有强烈的自觉性、目的性和系统性。人文科学的知识处于人文文化结构的上层，它的作用和接纳范围有限，但它能丰富和提高一个民族的文化内容和层次。它能通过各种方式和渠道融入社会生活之中并发挥它的教化作用。

人文科学有价值性的一面，因此，不同社会中人文教育的目的和作用是不同的。在我们社会中，人文科学的教育是整个社会主义教育的组成部分，它的直接目的是培养以马克思主义的世界观和思维方法为指导的社会主义的人文学科的专业人才，间接目的是有利于全民族的人文素质的提高，加强我们民族的凝聚力。经验证明，科学的理论指导、对祖国历史的了解、自觉的道德自律、一定的语言文学修养，对于我们的干部尤其是各级负责干部、对于提高我们整个青年一代的人文素质是非常必要的。这是关系到我们建设有中国特色的社会主义的重大原则问题。在我们这样一个国家要跨越卡夫丁峡谷，固然要充分吸收资本主义的科技成果，要大力发展生产力，但同样不可忽视的是要有坚定正确的政治方向、社会主义的道德情操和较高的文化修养。人的素质问题是社会主义建设的关键问题。而素质则不是单纯的科技水平，它还包括人的人文素质。试图在文化的荒漠上建立繁荣的社会主义社会就如同缘木求鱼，永远也达不到目的。当前，我们要落实十五大关于建设有中国特色的社会主义文化的决定，一定要加强人文学科的改革，提高教育质量，培养优秀的人文学科的人才，使我们的人文科学教育成为社会主义精神文明建设、成为建设有中国特色的社会主义文化的坚强基地。

（原载《高校理论战线》，1997（11））

36. 哲学与人生

人生问题是个哲学问题。任何一门具体科学，无论是物理学、化学、数学、生物学、地质学等等，都不能回答人生问题，不能解决人生的意义和价值问题。人们常说人生是个谜，是个猜不透的谜。其实对具体科学来说是个谜，可对哲学来说它却不是谜而是着力研究的对象，是千百年来无数哲学家们力求解开的人生方程式。不少哲学家和思想家们从各个不同角度提供过不少有启发的思想。因此人要真正懂得人生的意义和价值，树立正确的人生观，就必须进入哲学领域。只有哲学才能找到人在宇宙和社会中的恰当位置，从宽广的视野、从最深最高的层次来理解和把握人生。

一

人生观和世界观不可分。在世界观之外，不与任何世界观相联系的绝对独立的人生观是不存在的。世界观也叫宇宙观，是对作为整体的世界的总的看法。而人生观则是对人生问题，对人生的意义、价值、目的，以及人生态度的看法。它们各有特点但又不可分离，因为自从有了人与人类社会以后，单一的物质世界便变为包括人和社会在内的世界。宇宙、社会、人处于一种辩证的联系之中。人不能离开社会，而社会又不能离开自然。这样，人类的社会实践活动便处于三种关系之中：一种是人与自然的关系；一种是人与社会的关系；一种是人与自我的关系。这三种关系在客观上是相互渗透的。人与自然的关系不可能离开人与社会的关系。人是以社会为中介而不是作为孤立的个人与自然发生关系的。人与社会的关系也离不开人与自然的关系。没有人与自然的关系，就不可能存在人与社会的关系。同样，人与自我的关系也离不开人与自然、人与社会的关系，如果孤立就会变成自我研究自我，从而也就不可能真正认识人自身。因此，探讨人与自我的关系离不开研究人在自然界的位置、人在社会中的位置，以及人如何正确对待自然、对待社会的态度。这就决定了对人生的意义和价值的理解，必然要受到世界观、历史观的制约。

人面对的宇宙广阔无垠，无始无终。如果仅仅着眼于人的形体，就会把人看成置身其中转瞬即逝的一粒芥子，微不足道。既然如此，人也就只能顺其自然。尽管从这种宇宙观得出的结论，对人处世处事尤其是养生有某种积极作用，它教人不要知其不可为而为之，不能违背自然规律，而应顺从人的内在的和外在的自然，可是从这种宇宙观中引出的人生结论却会使人摒弃社会责任，摒弃人生理想，其消极方面多于积极方面。中国古代哲学如儒家学说从人与自然的关系中得出的是积极结论。他们重视人、重视人的人格力量和道德作用，把人与天地放在同等地位。孔子贵人轻马的故事广为人知。荀子更是明确提出人最为天下贵的思想。儒家强调人“与天地同参”，“为天地立心”。这种高度重视人在自然界中的地位、重视人与自然的互动作用的思想是合理的、积极的。特别是他们不贵天小人，而是从天地之性中引出对人有教化意义的结论，如“天行健，君子自强不息”。儒家以人世的态度强调人的社会责任，把修、齐、治、平作为人生的追求是积极的人生态度。当然，儒家从天道中引出人性、从人性中引出道德规范的理论属于糟粕，表明在天人关系看法中存在着唯心主义世界观的缺陷。

世界观影响人生观在西方哲学中也是如此。例如，叔本华、尼采的悲观主义的人生观与他们唯意志主义的世界观是不可分的。叔本华认为，意志是万物的本原、是宇宙的本质，宇宙中的一切现象都是意志的表现。人生而具有求生意志，因而有欲望。这个欲望是无止境的、永不满足的。人永远都在失望中挣扎，在痛苦中煎熬，所以人生是毫无意义的、痛苦的。存在主义关于人是焦虑、死亡、苦闷、孤独的存在物的悲观主义人生观，与他们对存在的本体论理解是不可分的。存在主义哲学中的存在最根本的是人的存在，而人的存在的基本状态就是恐惧、厌烦、忧郁、绝望。这就是说，人从本性来说就是空虚的、痛苦的。至于宗教关于人生如苦海的人生观则与它的四大皆空的宇宙观是不可分的。可以说，每种人生观都有它的宇宙观基础。这正是我们强调只有在马克思主义哲学世界观基础上才能建立共产主义人生观的原因。

人生观的性质还在很大程度上依赖于社会历史观。人生意义与价值问题取决于对历史的正确认识。历史与个人相比也具有无尽性，历史是长河而任何个人都只是其中的浪花。不少哲学家们感叹时间的永恒、历史的变幻和人生的短促，但是如果因此而认为历史无是非、无胜负、无功过，那就是从对历史的错误理解中引出的错误的人生结论。

历史是复杂的。历史既有喜剧，又有悲剧。历史的主体是人，人的命运沉浮受到许多偶然因素的作用，动机与效果之间、高尚与卑鄙之间、伟大与渺小之间的颠倒在历史上并不罕见。如果没有正确的历史观，就往往会从复杂多变的历史中引出错误的、消极的人生结论。

无论是历史还是现实，人们都重视历史经验对人的教化作用。历代统治者都懂得以史为鉴，改朝换代后均为前朝修史，论前朝之是非得失，图本朝之长治久安。司马光著《资治通鉴》，充分表现了总结历史经验的政治意义。可是每个王朝的兴亡仍然不可避免。每朝都有末代皇帝，都有痛史，都有盛衰兴亡。面对这种历史事实，一些哲学家引申出命定论的消极人生结论。

历史规律是不可改变的，但生活在社会中的人却完全可以从历史中得出有益于处世处事的教训。一个思想家能够从历史中体会人生。司马迁的《报任安书》可以说是一篇纵论历史与人生的文章。他从前人经历中得出身处厄境应如何对待的积极结论。那段关于历史人物身处逆境而卓有建树流传千古的总结，永远是激励人们正确对待困境的金玉良言。

二

人生观问题离不开世界观和历史观。对人生一些根本问题的回答都是与世界观、历史观相联系的。共产主义人生观是无产阶级世界观的重要组成部分，它的关于人生意义、价值、目的的基本观点，完全是以辩证唯物主义和历史唯物主义为依据的。

首先，人生观中具有决定意义的是对人的本质、人与自然关系的正确理解。正是在这个基础点上，辩证唯物主义和历史唯物主义为共产主义人生观奠定了牢固的理论基石。马克思主义哲学关于世界的本质和人在自然界中的地位的观点，使得马克思主义在思考人的生命的意义时突破了历来着眼于人的生物性和人寿长短的局限。人与自然的关系不同于其他动物与自然的关系。人在自然界中处于一种特殊地位，原因在于人是能进行自觉劳动的创造性动物。人的创造能力使得人超越其他动物之上。世界上只有人为自己创造了一个人化的世界，创造了自然界本来不存在的东西。

人作为自然存在物正如其他生命一样不是永恒的。人的生命的意义在于它的创造性。人的一生很短，但若尽干坏事，则又会让世人感到太长。如果能让有限的生命充分发挥它的创造作用为社会作出贡献，那么这种生命就是光辉而充实的。人的生命的创造意义并不仅仅限于生时。不少人生时寂寞、穷困、潦倒，甚至为人误解，频遭摧残，可死后却被重新发现，再现辉煌。许多学术著作亦复如斯：生时无法出版，死后成为不朽之作。这说明生命的长短并不是人的生命意义的关键所在。

人不仅是创造性的动物，而且是社会性的动物。这两者是不可分离的。马克思说过，“人的本质不是单个人所固有的抽象物，在其现实性上，它是一切社会关系的总和”①。这就是说，离开了社会，离开了人与人的相互关系，是无法说清人生的意义和价值的。如果仅仅把人看成孤立的个体，就必然会把人的生命看成一支短短的、暂时点燃的蜡烛，很快化为灰烬。从人的社会本性出发，把人作为社会成员来考察，就会看到，人的一生虽然短暂，但由个人组成的社会却是久远的。人不是一支短短的蜡烛，而是由人类组成的火炬。每一代人都应该把它烧得更旺。这同时也就是把个体的生命由暂时变为永恒、由有限变为无限。这种积极的人生态度没有对人在世界中的地位和人的社会本质的正确理解是不可能的。

其次，生与死的问题是人生观中最重要、最难解决的问题。辩证唯物主义哲学从自然规律和社会规律两方面对生与死的问题作了回答。

人作为一个有生命的个体是自然存在物，它与宇宙中的一切生命现象

---

① 《马克思恩格斯选集》，2版，第1卷，56页。

一样，必然是有生有死、有始有终。人的自然寿命有限，而且只有一次。追求长生久视、成仙成佛，都是宗教唯心主义的幻想。辩证法的规律是理解生与死的钥匙。毛泽东把死称为辩证法的胜利。

对生与死的理解不能仅仅以自然规律为依据，而必须求之于社会规律。同样是生，有的生得伟大，有的苟且偷生；同样是死，有的死得伟大，有的死得窝囊。所谓重于泰山、轻于鸿毛讲的就是死的意义问题。这个死的意义是人生观的重要内容。可以说，英雄与懦夫、流芳千古与遗臭万年的分界线往往决定于对待死亡的态度。中国古训临难毋苟免，讲的就是气节，也是对待死亡的态度。死亡中最壮烈、最感人的是为事业、为正义而献身，死在刑场和战场上。我们不仅要以哲学家的通达服从自然规律来对待自然的死亡，而且要以革命家的气概以视死如归的勇气对待为正义和真理而献身的死亡。前者是智者，后者是勇者。文天祥的名句“人生自古谁无死，留取丹心照汗青”，夏明翰烈士的名诗“砍头不要紧，只要主义真”，是对死的认识的最高境界，是对死的意义理解的通达极致，是勇者与智者的结合，是以对自然规律与历史价值认识为依据的人生态度。

再次，辩证唯物主义和历史唯物主义还为人对理想的追求提供了科学论证。人生有一个境界问题。人生的境界就是人生的追求、是人生理想问题。境界的高低优劣以理想的性质为转移。

理想是人生哲学中最重要的内容。它是人的自身价值、人生的意义和目的的集中体现，因为人是在确立和实现自己理想的过程中呈现自身的价值和意义的。理想的状况和性质对于人的成长是极端重要的。一个崇高的理想就是人生的航标和灯塔，它在人的一生中始终照耀着人的前进的道路。

在人的各种理想中最重要的是社会理想。我们要树立建设有中国特色的社会主义的共同理想，树立共产主义的远大理想。邓小平非常重视理想教育。他说：“过去我们党无论怎样弱小，无论遇到什么困难，一直有强大的战斗力，因为我们有马克思主义和共产主义的信念。有了共同的理想，也就有了铁的纪律。无论过去、现在和将来，这都是我们的真正优势。”① 他还强调一定不能放松共产主义理想的教育和宣传：“我们一定要

---

① 《邓小平文选》，第3卷，144页。

经常教育我们的人民，尤其是我们的青年，要有理想。为什么我们过去能在非常困难的情况下奋斗出来，战胜千难万险使革命胜利呢？就是因为我们有理想，有马克思主义信念，有共产主义信念。我们干的是社会主义事业，最终目的是实现共产主义。这一点，我希望宣传方面任何时候都不要忽略。”①

毋庸讳言，在一些人当中，尤其是有些年轻人，对社会主义和共产主义理想没有兴趣，发生所谓的信仰危机。原因很复杂，但有两点很值得注意。一是社会主义事业遭受的挫折所引起的思想震荡，另一个是对我们实行的社会主义市场经济缺乏正确的认识。这两条归结起来还是历史观的问题。人类社会走向社会主义和共产主义这是社会发展规律，但这条规律的实现不是一帆风顺的，而是要经过一个反复曲折的过程。在这个过程中暂时的挫折甚至逆转是完全可能的。历史规律是大尺度的，它的实现不是以日以年计算的，而是要经过几十年甚至上百年的时间。在历史上任何一种新的生产方式代替旧的生产方式都没有不经历反复的，社会主义这种从私有制到公有制的根本转变更是如此。邓小平曾说过一段非常深刻的话：封建社会代替奴隶社会，资本主义代替封建主义，社会主义经历一个长过程发展后必然代替资本主义。这是社会历史发展不可逆转的总趋势，但道路是曲折的。资本主义代替封建主义的几百年间，发生过多少次王朝复辟？“所以，从一定意义上说，某种暂时复辟也是难以完全避免的规律性现象。一些国家出现严重曲折，社会主义好像被削弱了，但人民经受锻炼，从中吸收教训，将促使社会主义向着更加健康的方向发展。”② “风物长宜放眼量”，我们观察社会必须具有历史眼光。至于我们实行市场经济，目的在于发展生产力和解放生产力，尽快实现消灭剥削、达到共同富裕的社会主义发达阶段并为过渡到共产主义进行物质和思想准备。我们的长远目的是实现共产主义。我们的近期理想是全力实现党制定的战略目标，为实现长远的社会理想奠定基础。在经济上我们的理想是通过市场经济运行体制来实现的。因此，社会主义市场经济不仅不妨碍我们的理想，而且还为我们

① 《邓小平文选》，第3卷，110页。

② 同上书，383页。

实现共产主义理想指明了道路。

除了社会理想外，我们同样重视个人理想。在社会生活中，不同的人会有不同的兴趣、爱好和素质，可以尽量发挥和培养自己的特长，充分实现自己的个人理想。但是马克思主义哲学教导我们，任何个人的理想都不能与社会规律相违背。社会是决定个人理想能否实现的大环境。在旧中国许多知识分子都抱有科学救国、教育救国的理想但却不可能实现，只有社会主义才为他们的理想的实现提供了可能。任何个人都只能在推动社会发展中求得个人的发展。每一次大的社会变革总要使一大批名不见经传的小人物变为大人物。例如法国大革命时期不少被贵族视为下贱人的演员、小贩、理发师变为将军、元帅。在中国革命中有多少放牛娃、矿工、普通农民变为政治家、军事家，变为各级领导。可是，如果站在历史规律的反面，就可能断送个人的前途和理想。要沿着历史发展的进步方向前进而不能逆向而行，这是我们确定人生理想和目标的根本原则。

三

在当前，要树立共产主义人生观就必须反对以个人主义、拜金主义、享乐主义为主要内容的资产阶级人生观。

个人主义鼓吹者的哲学论据是抽象的人性论，认为人性是自私的，提倡集体主义就是扭曲人性。人要生存，天生就有一种维护个人利益的本能。这种说法把个人主义和个人利益混为一谈。唯物史观承认利益原则。人有各种各样的利益：作为国家成员有国家利益，作为社会成员有社会利益，作为某一个阶级的成员有阶级利益，作为个人有个人利益。但个人利益却并不等于个人主义。个人主义是一种处世原则，是一种人生哲学，它以自我为中心，任何时候都把个人利益摆在首位，当个人利益和国家利益发生矛盾时，不惜损害国家和集体的利益以满足个人的欲求。很显然，这种观念并不是人的本性，而是私有制下形成的私有观念。人类曾经历了很长时期的没有私有制和私有观念的社会，而且即使在私有制社会中，仍然有许许多多为国家利益、为民族利益、为集体利益而献身的人。说自私是人的本性，是以一定历史阶段（私有制社会）来涵盖整个人类社会的形而上学的抽象的人性论。

有人认为个人主义能调动人的积极性，因而是一种动力。这也是一种抽象的议论，问题在于这个动力是对谁说的。对个人而言，它可能成为一种动力，它可以激起人的欲望和热情，激起拼搏精神，可是对于社会来说，它却可能成为一种破坏力、涣散力、离心力，为达到个人目的而钩心斗角、损害团结，以无休无尽的内耗来阻碍社会发展。个人主义的双面作用培根都知道。他在《论自私》中说："蚂蚁这种小动物替自己打算是很精明的，但对于一座花果园，它却是一种很有害的生物。自私的人也如同蚂蚁，不过他们所危害的是社会。"还说："自私自利永远是一种坏品质。这种人总是把一切事物都按照一己私利的需要加以歪曲，其结果没有不危害社会的。"① 何况个人主义对个人的所谓动力作用也是有条件的。当个人发展顺利、一切都如愿以偿时，可以意气风发，干劲十足，一旦受到挫折，个人的目的没有达到，就会灰心丧气、消极怠工、破罐子破摔，个人主义由动力变为阻力。我们反对个人主义，但绝不忽视个人利益。合理公正的社会和集体总是要保障和维护个人的利益，保障个人以正当的方法和手段谋取个人利益的权利。但我们提倡集体主义，提倡正确处理个人、集体、国家这三者之间的关系，当发生矛盾时，我们提倡个人利益服从国家和集体利益。

在人生观中，金钱是一个很重要的问题。我们反对拜金主义，但并不鄙视金钱。在市场经济条件下，货币是一般等价物，是流通手段，没有货币，任何个人的正当需要都无法实现。合理合法获取报酬是应该的。但拜金主义的本质并不是重视货币的经济职能，而是像马克思所揭示的把货币当成万能之物，鼓吹货币的本质的万能。这样，拜金主义就把货币从作为流通手段和作为一般等价物变为人生的目的、人生的意义、人生的价值和人生的唯一追求。拜金主义人生观的信条是：一切为了钱，钱就是一切。钱是他们衡量世界一切事物的尺度，因而美丑、是非、善恶都是颠倒的。拜金主义必然会导致价值混乱、道德失范。即使在资本主义社会中，进步的思想家、文学家也是反对拜金主义的。巴尔扎克的《欧也妮·葛朗台》、莎士比亚的《雅典的泰门》都对拜金主义作了鞭挞。我们是社会主义国

① ［英］培根：《论人生》，57页，北京，华龄出版社，1996。

家，我们更应该反对拜金主义的人生观。

我们要用马克思主义的世界观和历史观把享乐主义和追求富裕生活区分开来。贫穷不是社会主义。我们不歌颂贫困、提倡落后，但是同时我们也反对享乐主义。恩格斯把生存、发展、享受作为一个合理社会中社会成员的应有的生活条件。邓小平把“三个有利于”作为衡量我们各项改革成败得失的标准。共产党人革命的目的归根结底是要改善人民的生活，其中包含提高物质成果和精神成果的享受水平，提高生活质量。但这与提倡享乐主义是根本不同的。享乐主义产生于封建宫廷和贵族，后来为资产阶级所鼓吹。它是一种人生苦短、及时行乐、用各种方式满足感官欲求的腐朽人生观。享乐主义是彻头彻尾的个人主义，因为它的核心是个人享乐并把自己的享乐建筑在被剥削被压迫者的痛苦基础上的。马克思曾深刻地揭示了享乐主义的本质，他说：“享乐哲学一直只是享有享乐特权的社会知名人士的巧妙说法。……一旦享乐哲学开始妄图具有普遍意义并且宣布自己是整个社会的人生观，它就变成了**空话**。”① 享乐永远是少数人的特权，享乐哲学永远是一部分人的哲学。要真正树立艰苦奋斗、吃苦在前、享受在后的共产主义人生观，就必须反对享乐主义。当我们以共同富裕、普天同乐为奋斗目标时，这就不是享乐主义而是共产主义。

江泽民同志在1995年1月19日全国宣传部长会议上，提出要加强正确的世界观、人生观、价值观的宣传教育，随后在中纪委第五次会议中又强调：树立正确的世界观、人生观、价值观，无论过去、现在和将来，对于每一个干部和党员来说，都是首要的问题。要真正解决世界观、人生观的问题，就必须学习哲学特别是辩证唯物主义和历史唯物主义。

我们要充分运用马克思主义哲学世界观来解决人生的问题，创造辉煌的人生。

（原载《求是》，1997（11））

① 《马克思恩格斯全集》，第3卷，489页。

37. 马克思主义哲学在大学生人才素质培养中的地位和作用

我非常拥护把人才素质的培养放在重要地位的方针。我们应该改变大学是传授专门知识技能场所的传统观念，而着重大学生的素质培养。大学四年是短暂的，能够接纳的知识是有限的。特别是在当代，知识更新非常快。如果我们的大学着重素质的培养，使学生具有获取知识、运用知识、更新知识的能力，则是把四年有限的时间变为无限。一个善于思维的头脑比仅仅塞满知识的头脑要好得多。

素质的培养是多方面的，有政治素质、文化素质、业务素质、身心素质等等，但其中很重要的一个方面是哲学素质。我们这里讲的哲学素质，主要指的是马克思主义哲学的素质。我们党的领导同志非常重视青年一代的马克思主义哲学的教育问题。江泽民同志在1995年1月19日全国宣传部长会议上，提出要“加强正确的世界观、人生观、价值观的宣传教育”。他在同年1月23日中纪委第五次会议中又强调：树立正确的世界观、人生观、价值观，无论过去、现在和将来，对于每一个干部和党员来说，都是首要的问题。陈云同志生前也曾说过：“学好哲学，终生受益。”所谓“终生受益”就是个素质问题。

一、从哲学素质同其他素质的相互关系来看哲学学习的重要性

知识和技能本身就是一种素质，而且是很重要的素质，但它不是人才素质的全部，也不是衡量人才素质的唯一标准。知识和技能的特点是专门

化。这个特点是优点也是一种局限：第一，专门化和分工过细容易带来狭隘眼界；第二，由于科技进步而导致原有知识的老化；第三，由于主体思想状况不同而使知识发挥不同的功能。因此大学教育不仅要重视专业知识和技能的培养，而且要着重人的各方面的素质的培养，其中特别要注意哲学思维素质的培养。德国哲学家费希特说，你是什么人，你就会选择什么哲学。其实，我们也可以反过来说，你选择什么哲学，就会把你塑造成什么样的人。哲学由于具有世界观、人生观、价值观和思维方法的特性和功能，因而能够塑造人的整体思维素质，从而影响大学生各方面素质的培养。

我们可以从以下几个方面来看这个问题。

1. 哲学与政治素质

我们是社会主义国家，我们当然要把大学生培养成社会主义建设人才。在这个问题上，可不能不问姓“社”姓“资”。有人说，现在搞市场经济，人才的培养主要看是否适应市场需要，用不着管他们的“信仰”和“主义”，这是不对的。

我们的市场经济姓“社”，叫社会主义市场经济，我们在市场经济中始终要坚持社会主义方向。市场经济的确是有风有浪的大海，而不是风平浪静的小河沟。对国家而言，要把拥有12亿人口大国的这条大船，通过市场经济的大海驶向彼岸，不紧紧把握住社会主义这个方向是不行的。对个人来说也是如此。从狭义上来说，我们的大学生、研究生，毕业后有的“下海”，即直接从事各种性质的工商业经营活动，有的没有“下海”。可从广义上来说，我们所有的毕业生、所有的干部都下了“海”，即生活在、工作在市场经济这个“大海”之中。因此，在以货币为中介的商品生产和交换的经济体制下，要不为各种非正当的物质欲望诱惑、抵制腐败现象、坚持社会主义和共产主义信仰和理想是非常重要的，也是不容易的。这种坚定的政治信仰，不可能长期依靠青年人的政治热情，依靠青年人的单纯和朴实的感情，而必须建立在科学世界观和历史观的基础上。如果根本不相信历史发展的规律性，不相信公有制最终将代替私有制、社会主义将代替资本主义的必然性和合理性，不相信生产力在社会发展中的最终决定作用，而是相信人的本性是自私的，社会主义信仰是不可能建立起来的。完全可以说，没有厚实的哲学基础，任何关于牢固树立社会主义信仰的教育都会变成一句空话。

2. 哲学与专业素质

专业知识与技能是人才素质的重要方面，但要真正使我们的大学生牢固地掌握专业知识，并具有自我更新知识、攀登科学高峰的能力，则不能没有哲学素养。之所以如此，是由人类活动的特点、具体科学和哲学各自的特点决定的。

从人类活动的角度来看，人们面对的现实世界是包括人和人类社会在内的世界。任何人在认识和改造世界的活动中都处在三种关系之中：一是人与自然的关系；另一是人与社会的关系；再一是人与自我的关系。这三种关系是相互渗透的。大学的各类专业，无论是理、工、农、医，还是文科，都离不开上述三种关系。自然科学和技术科学是研究自然规律，解决人与自然的矛盾；社会科学和人文科学是从不同侧面研究社会的各种关系和它的历史过程，解决人与社会的矛盾；而思维科学、医学和心理科学则是以人自身为对象，解决人与自我的矛盾。任何一个专业由于它自身研究对象的特点，都不可能也没有必要从一般意义上研究人与自然的关系、人与社会的关系以及人与自我的关系，更不用说从整体上把握人、自然、社会的相互关系和发展的一般规律。而能做到这一点的正是马克思主义哲学。

马克思主义的自然观科学地揭示了自然界的客观本性、普遍规律和人与自然的关系。马克思主义的历史观科学地揭示了社会的本质、结构和发展的一般规律，揭示了人与社会的关系。马克思主义的认识论科学地揭示了认识的规律，揭示了人类认识世界和改造世界的道路。马克思主义在科学世界观和历史观基础上建立了正确的人生观和价值观，以及认识和改造世界的科学方法论，所以说马克思主义哲学是一门抽象性、应用性很强的科学。马克思主义哲学由于它自身的特点，可以应用于任何一个领域的任何一个学科，因为任何一个大学生都离不开世界观、人生观、价值观，都离不开如何认识世界、改造世界的根本方法。当年马克思还在读大学时就说过，没有哲学我无法前进，因为他在研究法律过程中碰到了许多无法解决的难题。对于我们当代的大学生也可以这样说。缺乏理论思维等于走路没有腿，因而也就根本不可能在崎岖的道路上攀登科学高峰。爱因斯坦在专业知识的探究中是非常重视哲学的，他说："由于知识的增长，有重大意义的专业化是不可避免的，可是专业化有一个天然界限。如果人体的某一部分出了毛病，那么，只有很好地了解整个复杂机体的人，才能医好它。如果把哲学理解为在最普遍最广泛的形式中对知识的追求，那么，哲学就可以被认为是全部科学研究之母。"

就自然科学和技术专业来看，从哲学角度正确理解自然和自然规律的客观性和因果性、理解人与自然的辩证关系的重要性是显而易见的。特别是随着科技发展，人与自然关系的中介越来越复杂，关于自然规律的客观性和因果关系的争论越来越激烈。可以说，许多科学的争论都蕴涵着哲学争论。而且当代环境的恶化把人与自然的矛盾突出地摆在人们面前，它要求科技工作者不仅要掌握本门专业，而且要懂哲学，懂得正确处理人与自然的关系，并要懂得历史唯物主义，懂得社会进步与科技发展之间的关系。如果仅仅局限于自己的本门专业，则必将是一位目光短浅的科技工作者。

同样，对于社会科学和人文学科专业的学生来说，哲学素养也是他们专业素质的重要组成部分。

为什么历史学领域中的奇谈怪论会有不少呢？根本原因不是史料问题而是历史观问题。有些人否认历史事实的客观性，片面强调历史事实是价值判断；否认历史规律的客观性，片面强调主体的选择性和历史的偶然性。他们不是从既成的历史事实出发来研究历史，探究历史的动因和规律，而是把对历史的判断建立在一连串假设的基础上：如果没有鸦片战争，没有义和团，中国早开放了，富强了；如果没有辛亥革命，沿着维新变法的路子走，中国比现在好多了。何以证明？没有事实，只有"如果"。可历史是不能假设的。历史面对的是既成事实。一百几十年的历史证明，正是因为 1840 年以来中国人民的斗争，中国才没有完全变成殖民地；正是因为在封建制度的框架内变法行不通，才发生了辛亥革命；正是因为中国资产阶级不可能领导彻底的革命，才发生了无产阶级领导的新民主主义革命和社会主义革命，为建立一个独立、民主、富强的新中国开辟了道路。这就是事实——明明白白的事实。在这些事实背后潜伏着历史的必然性，即民族要独立、人民要解放的历史潮流。我们历史专业的学生如果没有正确的历史观，又怎么可能有高水平的专业素质呢?!

再如，一个中文系的学生，无论搞文艺评论还是搞创作，都应该学习马克思主义哲学，学习历史唯物主义，否则，他就不可能有很好的专业素质。

文学不能离开人，但要正确描写人就必须理解人，这是个哲学问题。我看现在存在一定程度的性泛滥。爱情历来是文学艺术的重要主题。爱情当然离不开性，但性却不等于爱。马克思在《1844 年经济学哲学手稿》中把人的两性关系看成是一种自然关系，但它是人的自然关系，是人与人之间的自然关系，而不是动物之间的关系。好的爱情小说、戏剧之所以能感人至深、催人泪下、引起共鸣，是因为它重点是爱，即把两性这种自然关系升华为人与人的关系，而不是单纯的性展览，即把人与人的关系降低至动物之间的关系。所以以两性为基础的爱的描述，可以激发人们反抗封建门第、反抗各种不合理束缚，表现人的高尚情感和对美好生活的追求；而以爱为幌子的性展览、发掘、泛化，则只能引起人们的厌恶和煽动某些人的卑劣的情欲，把青年引入歧途。一个中文系学生如果不懂哲学，不懂得人的社会性和自然属性，那他怎么可能有很高的专业素质？怎么可能正确地进行评论和创作呢?!

哲学素质不仅影响专业素质的水平，而且影响专业知识运用的方向。“知识就是力量”，这是培根的名言。从总体上说当然正确，因为它反对中世纪蒙昧主义，歌颂科学和理性。一个社会的科学与知识的水平，是这个社会发展的一个重要原因和标志。可是就个人而言，就必须具体情况具体分析。不见得知识水平高的人对社会贡献就一定大，主要还是要看他如何运用自己的知识才能。如果为社会服务，当然是知识越多越对社会有利，可如果相反，知识就会成为作恶的资本。法国哲学家蒙田说过：当知识被装入一个设计糟糕的头脑中时就会显得有百害而无一利。所以，我们不仅要重才而且要重德，不仅要提倡能人而且要提倡贤人。这也就是我们党一贯倡导的又红又专的方针。而正确的人生观就是如何运用自己知识的导航仪。

3. 哲学与文化素质

哲学本身就是文化，而且是文化构成中的重要部分，按照马克思的说法，哲学是文明的活的灵魂。希腊、罗马、埃及、巴比伦、中国、印度等文明古国，都有高度发达的哲学作为重要内容和支撑就是证明。

从大学生文化素质的培养来看，也是如此。由于文理科过早分工和原有教育体制的某些缺点，我们的文科学生缺少自然科学知识，而理、工、农、医科的学生则缺乏必要的文化素养，这种状况严重地影响了我们学生的整体素质。我们老一代科学家中有不少人都是文理兼通的，而且当今世界也存在文理渗透的趋势。在文理渗透中，更加显示了哲学的作用。马克思早在150年前就预言过，关于自然的科学和关于人的科学应该是一门科学。

关于哲学在科技素质中的作用问题，前面已涉及。这里仅讲一讲哲学与人文素质的关系。我认为，不懂哲学，就读不通中国历史和中国文学，就不能达到一种融会贯通的境界。

比如《史记》是历史著作中的千古绝唱、不朽的传世之作。可不理解司马迁“究天人之际，通古今之变”的哲学思想和追求，就不易读通《史记》，只是惊叹于他对人物、事件栩栩如生的文学描述，停留在历史的表层。

就文学而言，也是如此。不懂哲学就读不懂屈原的《天问》，同样也读不懂柳宗元的《天说》、《天对》和刘禹锡的《天论》。苏轼《赤壁赋》的精彩之处，不仅是月夜泛舟、夜游赤壁的状景写人，而是哲学思维：“寄蜉游于天地，渺沧海之一粟，哀吾生之须臾，羡长江之无穷。”“自其变者而观之，则天地曾不能以一瞬，自其不变者而观之，则物与我皆无尽也。”同样，范仲淹《岳阳楼记》的精彩之笔，也不仅是对不同季节不同气候下洞庭景色的极力铺张的描述，而是他追求所谓“古仁人之心”的哲学境界，强调“居庙堂之高，则忧其民；处江湖之远，则忧其君”的忧患意识，以及“先天下之忧而忧，后天下之乐而乐”的人生追求。

中国古诗的哲学意境是非常多见的。陈子昂的名篇《登幽州台歌》：“前不见古人，后不见来者！念天地之悠悠，独怆然而涕下”就是一种哲学意境，是处于无限时空中的个人，对无限空间、无尽时间的苍茫浩渺的一种人生体验。

中国文化的特点是文史哲融为一体的。学点儿哲学，对于提高掌握和欣赏中国文化的水平是大有帮助的。

4. 哲学与身心素质

在素质教育中，身体健康是一个非常重要的、基本的素质。我们党历来提倡德智体全面发展。健康，不仅是指身体，也包括心理。学习哲学，我认为对保持身心健康是非常重要的。因为哲学关于身心相互关系的观点，有利于指导学生通过自我调节保持两者平衡，相互促进，以维护身心健康。

哲学不是医学，但医学不能没有哲学。在一定意义上，哲学也可以治病，治疗身心疾病。西汉著名辞赋家枚乘的《七发》，我看是很有启发的。为楚太子治病的吴客，不仅懂得看病，而且懂得看人，看是什么人得了什么病。使百药无效、群医无策的楚太子的病，在吴客看来只是由于腐朽安逸的生活方式造成的："夫贵人之子，必宫居而闺处，内有保母，外有傅父"，"纵耳目之欲，伤血脉之和"。这种病医药无效，针灸不灵，只有"要言妙道"可以去之。吴客为楚太子讲哲学，讲孔庄儒墨，"论天下之精微，理万物之是非"，结果是不药而愈。这是个寓言，但确有道理，类似我们当今的心理疏导，只是用哲学来进行疏导。

现在很多大学都设有心理咨询中心，这非常必要也非常重要，对于提高学生身心素质很有帮助。心理咨询和疏导，其中很重要的一个方面就是树立正确的哲学思想。其实，当今各种心理治疗的方法，从弗洛伊德的精神分析、森田的顺其自然，到所谓的行为主义疗法、人本主义疗法等等，说到底都有个哲学问题，即如何认识自我，认识生理与心理、意识与潜意识、行为与情绪相互关系的问题。如果我们能正确地进行哲学教育，完全可以使学生学会自我疏导和调节。中国哲学是很讲究这个的，保身、全生、养亲、尽年这八个字表现了中国哲学对身心调节的积极作用。这方面好的东西，可以批判吸收。

以上只是从哲学对大学生人才素质培养角度说的，而不是讲哲学的整个功能和作用。如果就哲学的功能来说，应该说它对于一个国家、民族和个人都是非常重要的。

对于一个民族而言，哲学代表一个民族的成熟程度和发展水平。没有理论思维，一个民族是很难占领科学高峰和前沿的。

对于个人而言，哲学水平代表的是一种素质、一种境界、一种思维能力和思维水平。有哲学素养和没有哲学素养是迥然不同的，无论是历史还是现实都表明，凡是有作为、有成就的政治家、军事家、科学家、文学家、史学家，都无不具有较高的哲学思维水平。

黑格尔非常重视哲学。他有两次关于哲学的著名讲演。一次是 1816 年 10 月 28 日在海德堡大学讲授哲学史的开讲词；另一次是 1818 年 12 月 22 日在柏林大学讲授逻辑学的开讲词。在这两次演讲中，他对哲学的重要性以及哲学复兴问题发表了重要见解。在海德堡大学的演讲词中，他对当时社会轻视哲学甚表不满，他说："世界精神太忙碌于现实，所以它不能转向内心，回复到自身"；"把哲学从它所陷入的孤寂境地拯救出来——去从事这样的工作，我们可以认为是接受我们时代的较深精神的号召"。黑格尔还特别寄希望于青年，"我们老一辈的人是从时代的暴风雨中长成的，我们应该赞美诸君的幸福，因为你们的青春正是落在这样一些日子里，你们可以不受扰乱地专心从事于真理和科学的探讨"。在 1818 年柏林大学的演讲中，黑格尔除了重申海德堡演讲内容外，还提出了在大学里加强哲学教育的问题。他说："我们这个大学既是大学的中心，对于一切精神教育，一切科学和真理的中心，哲学，必须尊重其地位，优予培育。"

日本著名哲学家中江兆民在临终前写的《一年有半》这本书中对哲学的重要性有过高度评价，他说："康德和笛卡儿实在是德、法两国的荣耀"；"没有哲学的人民，不论做什么事情都没有深沉和远大的抱负，而不免于浅薄"。

至于马克思对哲学更是非常重视。他在《〈黑格尔法哲学批判〉导言》中，把哲学称为无产阶级解放的"头脑"、"精神武器"，并形象地把哲学比喻为"思想的闪电"、报晓的"雄鸡"。哲学把无产阶级当作自己的物质武器，同样，无产阶级也把哲学当作自己的精神武器。思想的闪电一旦真正射入这块没有触动过的人民园地，德国人就会解放成为人。把哲学同无产阶级革命和人类彻底解放结合在一起，不仅提高了哲学的地位和重要性，而且为哲学的应用开辟了广泛的领域。

我们呼吁有关领导，应该重视大学生的哲学教育。应该看到，一个没有哲学思维素养的大学生，即使具有某种专门知识和技能，也有着极大的局限性，很难在实际和科研领域获得进一步的成就。为避免当代过分专业化的局限和狭隘眼界，必须认真进行哲学教育。

二、马克思主义哲学应该教给学生什么?

有一种错误的看法，认为搞市场经济哲学没有用。市场经济是务实的，哲学是务虚的；市场经济需要的是专门技术人才或管理人才，而哲学则无“一技之长”。这种看法是近视的。依我看，就人才的需求来说，不同专业就业的出路会受到市场经济的影响，可就人才的素质来说，市场经济对人才素质的要求不是越来越低而是越来越高。因为我们搞的是社会主义市场经济，它要求我们的毕业生有坚定的政治方向，在市场经济的“大海”中不致迷航；有善于思维的头脑，有强烈的竞争意识，有分析和解决问题的能力。这一切都离不开哲学素养。不要认为市场经济不需要哲学，实际上不少人信奉的是实用主义哲学、拜金主义哲学、利己主义哲学。我们应该用马克思主义哲学武装我们学生的头脑。

有的同学常常问：哲学有什么用？我反过来问他：你想要哲学干什么用？世界上各门学科各有其用。要想掌握物理规律就要研究物理学，要想掌握化学规律就要研究化学。哲学的作用就在于：它提供的是世界观、历史观、人生观和价值观，它是认识世界和改造世界的最根本的理论和方法。我们不能离开哲学的本性来期待哲学发挥非哲学的作用。

我们很多学者对哲学目前的状况不满意，提倡哲学要贴近生活，面对实际，这完全正确。可对什么是贴近生活，理解却很不相同。

有的学者认为，哲学应该以人为中心，以人为中心就是贴近生活。人们所直观中的人都是个体，人只有以一定社会关系为纽带才是社会整体。以人为中心，往往变为以个人为中心，以自我为中心。所谓面对人，就是面对个人，面对个人内心的焦虑、烦恼、苦闷，以及各种个人的生存体悟。形式上看这最实际、最具体、最贴近生活，实际上却最抽象，最远离生活。因为脱离自然、脱离一定社会结构的人是根本不存在的。这种人只是虚构，只存在于幻想之中。

哲学研究当然不能离开人，但人不是独立自存的个体，按照恩格斯的说法就是，自然和历史——这是我们在其中生存、活动并表现自己的那个环境的两个组成部分。因此研究人绝不能脱离人与自然的关系、人与社会的关系。所谓贴近生活、面对实际，绝不能理解为仅仅是面对人自身、人的内心世界，而是面对人在认识世界和改造世界（包括改造自然、社会以及改造自我）中遇到的最根本、最普遍、最迫切的问题。生态环境恶化问题是人类面临的重大问题，可是要研究这个问题就必须研究自然的客观本性和规律性，研究人与自然的关系，研究社会制度对人与自然关系的制约，而不能仅仅只是研究人自身和人的本性。同样，要研究当代人的处境问题，就必须研究不同的社会制度，研究不同社会结构中人与人的关系，离开了对社会制度和社会结构的探讨，当代人的境遇问题就是一句空话。哲学当然应该关心个人、研究个人，可必须把个人放在整体结构中来研究，否则就会让人无法理解。个人的苦闷、焦虑、忧郁并不是人的必然伴侣，它可能是由战争引起的，也可能是由贫困、失业以及种种个人不幸的遭遇引起的。例如苏联解体、东欧剧变之后，引起了强烈的社会震荡，不少人产生忧郁、焦虑、不安。德国《每日镜报》1995 年 12 月 8 日报道：罗马尼亚的穷人走投无路，越来越多的人自杀。10 月份的一个星期仅在布加勒斯特一地，就有 21 起自杀事件，原因差不多都是贫困。所以研究个人，实际上是研究个人如何对社会动因作出能动的选择和反映，探求在个人身上凝聚的社会原因和特殊反映。离开了人与自然的关系、人与社会的关系，就无法理解个人和个人的内心世界。

所以我认为，哲学通向生活之路，不能简单地归结为哲学应该研究人与人的本性，而应该研究特定条件下人与自然、人与社会、人与自我的关系以及它们所出现的新的问题，并为人们正确理解、把握和调整上述种种关系，提供最根本的理解和方法。因此，在当前的哲学教育中，应该加强世界观、思维方法、人生观和价值观的教育。

1. 加强世界观教育

有的学者不同意哲学是世界观，特别是不同意马克思主义哲学是世界观。他们认为探求世界的本性和一般规律是旧的形而上学，是远离人。按照这种观点，哲学不是世界观，只能是“人观”。

人是不能脱离世界、不能脱离自然的。马克思在《1844 年经济学哲学手稿》中说过，人靠自然界生活。这就是说，自然界是人为了不致死亡而必须与之处于持续不断地交互作用过程的、人的身体。人既然生活在世界上，生活在人与自然的关系之中，就必然要对世界、对自然界有个看法。人类的全部实践，尤其是当代实践证明，人不理会世界的客观本性，不理会自然的客观本性和规律性，就会受到惩罚。

虽然自然科学和哲学都要研究客观世界，但它们是不同的。各门具体自然科学的总和并不能代替对世界的哲学把握。各门具体自然科学是一种知识、是关于客观世界特定领域的知识，而哲学的特点则是一种智慧。当然，具体知识中包含智慧，智慧也不能脱离知识。但各门具体科学的特点是专门性知识，而不是对世界普遍关系的整体把握。例如所有的自然科学都是关于自然界的知识，都是分门别类的知识，它们并不研究自然界的本性，自然规律的本性，自然界的必然性与偶然性、因果关系以及人与自然的关系等等。它们研究自然并不探索自然的本性，研究规律并不探索规律的本性，特别是不探索人与自然的关系。同样，在社会领域中，各门社会科学和人文学科都研究社会生活的一个方面，而不探求社会结构的总体及其普遍规律，尤其不研究人在社会中的地位以及人与社会的关系。关于人自身的知识也是如此，医学、生物学、心理学，尽管都以人为对象，但却并不从整体去研究人和人的本性，以及人在自然和社会中的地位等等。所以哲学智慧不能脱离科学知识，但又不同于具体科学知识，它不仅探求自然、社会、人的客观本性，人与自然、人与社会、人与自我的关系，而且探求人与自然、人与社会关系的理想状态和人的价值和意义。因此，任何科学——即使是全部科学的总和也都无法取代哲学。

哲学首先是世界观，因此哲学有正确与错误、科学与非科学之分。马克思主义哲学是科学世界观，当然具有科学性。但哲学的科学性不同于自然科学，用自然科学的标准来要求马克思主义哲学，要求它数学化、公式化、定量化是不对的。这样要求就不是哲学，而是实证科学。马克思主义哲学的科学性表现在：它是以事实为依据、以普遍规律为对象、以实践为标准。用马克思主义哲学的科学精神教育学生，就是要教育学生树立从实际出发的实事求是精神、一切经过实验的实践精神、尊重规律的科学精神、尊重人的能动作用的创造精神。如果我们的大学生经过半年或一年的哲学学习，能够初步树立起实事求是和解放思想、尊重事实、尊重实践、尊重人民的精神，并善于分析问题，则这对他们今后的发展都是至关重要的。

在哲学教育中，我们还要用马克思主义哲学的理想精神去教育学生，教育学生把握马克思主义哲学对合理的人与自然关系、人与社会的关系的追求，尤其是对人类的彻底解放和人的全面发展的追求。在当前存在只讲利益实效、淡化理想和信仰的情况下，这一点特别重要。要树立共产主义理论和信仰，不能求之于人们的所谓"本性"、"良心"、"爱心"，而要牢固树立辩证唯物主义和历史唯物主义基本观点，把理想和信仰建立在社会发展规律的基础上。

2. 教给学生善于观察问题、分析问题的唯物辩证的思维方法

马克思主义哲学是世界观，同时又是方法论。马克思主义哲学作为方法，集中体现了马克思主义哲学同人类实践和认识活动的密切联系。思维方法绝不是与世界观无关的纯粹工具，如脚手架之于建筑物等，而是在实际运用中的世界观。如果世界不是客观的，没有其不依人的意志为转移的客观规律，那么，从实际出发、实事求是的方法也就没有存在的必要。同样，如果世界的发展不是辩证的，那么，何必要辩证地思考呢！如果社会中不存在阶级和阶级斗争，那么阶级分析方法也就失去了客观依据。思维方法必须和对象自身的性质、状态、规律相符合。否认马克思主义哲学是世界观，只强调它的方法论职能是片面的。我们应该强调世界观与方法论的统一。

思维方法是非常重要的。可以说，我们实际工作和科研工作的成败很大程度上取决于我们如何思考。科学史上有许多例子都可以证明。恩格斯说过，没有正确的思维方法连两个简单的事实都无法联系在一起。当代科学技术领域中的竞争，往往表现为新的思路的竞争。至于思维方法对实际工作的意义更是有目共睹的。我们实际工作中的许多错误，往往是由于思维方法和工作方法的主观主义和片面性造成的。我们对大学生进行哲学教育，其中一个很重要的方面就是教给他们正确的思维方法。我们不需要把学生的头脑变为塞满知识的仓库，而是要培养一个善于获取知识、运用知识、更新知识的头脑。而做到这一点的关键就是要有一个正确的思维方法。

因此，教哲绝决不能是教条条，学哲学也不应是背条条。哲学课应该

注重教会学生如何观察和思考，如何真正把世界观变为方法论，把每一条原理变成分析问题的方法。我历来都不赞同把哲学变为仅供背诵的纯粹知识，不主张仅仅用选择、填空来考学生，而应着重对原理的理解和运用。哲学的功用正在于它能使我们对问题看得更远一些、更深一些、更全面一些。如果学了哲学不会分析问题，只会背几个条条或者说一些不着边际的“疯话”，那才是误人子弟。这一点连现代西方分析哲学的创始人维特根斯坦都知道，他说：“研究哲学如果给你的只不过是使你能够似是而非地谈论一些深奥的逻辑之类的问题，如果它不能改善你有关日常生活中重要问题的思考，如果它不能使你在使用危险的词句时比任何一个记者都更谨慎，那么，它有什么用?”

3. 加强人生观教育

对学生应该进行共产主义人生观教育。在当前实行社会主义市场经济条件下，这种教育尤其重要。无论什么专业的学生，首先都要学会做人，即明确人生的意义、目的和价值。中国古典儒家著名经典《大学》开宗明义第一句话：“大学之道，在明明德，在亲民，在止于至善。”这说明，把道德完善放在首位是中国的教育传统。

我们不能孤立地进行人生观教育。人生观和世界观不可分，有什么样的世界观就有什么样的人生观。在世界观之外，不与任何世界观相联系的独立自存的人生观是不存在的。共产主义人生观，实际上是用马克思主义世界观考察人生问题的必然结论，是以辩证唯物主义和历史唯物主义为依据的。虽然人生观问题不是具体的科学问题，也不是任何一门具体科学所能解决的，但它却也绝不是一个与客观规律无关，仅仅是属于个人对人生的领悟、体验的领域。

就人生与规律的关系而言，要对人生意义有一个正确的理解，就不能离开对规律的认识。首先，它离不开自然规律。人作为一个有生命的存在物，也是自然存在物，它如同宇宙中一切生命与无生命一样都是有始有终的。《道德经》上说：“飘风不终朝，骤雨不终日。孰为此者?天地。天地尚不能久，而况于人乎?”所以人有生有死，从自然规律角度看是必然的、不可避免的。

如果人的生与死离不开自然规律，那么，人的生与死的意义与价值则离不开社会规律。同样是生，有的生得伟大，有的苟且偷生；同样是死，有的死得光荣，有的死不足惜。关键要看是为什么而生、为什么而死。凡顺潮流而进、为人民利益而死，就比泰山还重；凡是逆潮流而动、为剥削人民压迫人民的人去死，就比鸿毛还轻。

而且就个人的理想和前途来说，也离不开对社会规律的正确理解。任何个人都只能在推动社会前进中求得个人发展，实现个人的抱负。如果站在历史规律的反面，就会变成不齿于人类的狗屎堆。

人生观问题是人的境界问题。但这种境界的高低，不是以抽象的道德原则为尺度，而是看它是否符合规律。不理解宇宙和历史的发展规律，在人生问题上就不可能有高的境界。共产主义人生观以共产主义为最终目标，胸怀人类的彻底解放这种人生境界，完全是以历史规律为依据的。所以人生观教育必须和世界观教育相结合，化历史规律为人生目标和境界，而不能把人生观教育变为纯道德说教。

4. 进行正确的价值观教育

价值观问题是一个重要的哲学问题，它涉及社会生活的各个方面，但其核心则是对人生和事物的评价问题。作为哲学的世界观自身，不仅客观地把握世界的本性和规律，而且包含对对象的意义和价值的评价。人生观也是如此，人生观包含对人生的意义、目的和价值的评价。所以世界观和人生观决定价值观，决定人对对象和人自身活动的意义和价值的评价。所以要树立正确的价值观，就必须树立正确的世界观和人生观。在马克思主义哲学教学中，应该进行价值观的教育。要教导学生正确处理个人价值和社会价值的关系，明确大学生的社会责任；破除“自我中心论”，树立科学的价值评价尺度；正确理解价值观念的更新，坚持进步，反对倒退，使价值观念的更新同社会发展的进步方向相一致。

在马克思主义哲学教育中，我们要把世界观、方法论、人生观、价值观很好地结合在一起，但其中最基础的东西还是世界观。只有世界观正确，才可能有正确的思维方法、正确的人生态度和价值评价。

三、认真进行马克思主义哲学教学改革

当前我们的哲学教学陷入困境，最主要的原因是大环境的问题——当

然也有我们自己的水平和素质问题。现实要求我们要密切结合实际，针对学生中存在的问题和困惑给予解答，做到这一点很不容易。这是哲学课比起其他专业课的困难之处。

如果我们照本宣科，脱离实际，枯燥无味，就会很难引起学生们的兴趣。可如果我们用西方哲学或西方马克思主义的观点来解释、补充马克思主义哲学，迎合少数学生的错误要求，则就完全改变了设置这门课的目的。

哲学课如何教，是个难题。太死了不行，太活了没有谱也不行。在马克思主义哲学课堂上是否允许同基本原理争鸣？课堂纪律与双百方针的关系如何摆？问题很多。教委有关主管部门应该有个明确的意见和规定。

我认为，大学哲学课是课堂而不是哲学论坛，面对的是青年学生而不是哲学专业工作者。教师应该力求正确讲授马克思主义哲学基本原理，面对实际，培养学生分析问题的能力，而不能把课堂变为宣讲自己哲学观点的场所，或者把学生引向烦琐的哲学争论。为了加强哲学公共课教学，我以为有两点措施可以考虑：一是教委主管部门牵头组织编写一个供公共课使用的大纲，规定必须讲的马克思主义哲学的基本观点和要求；二是精选少量马列原著，引导学生读点书并加强辅导。我们教师自己当然也要不断学习，注意现代科学和哲学提出的问题，个人的看法和观点可以进一步研究，但不宜作为马克思主义哲学课的讲授内容，以免对学生进行误导。

（原载《文化素质教育与人才成长》，
北京，高等教育出版社，1996）

38. 树立共产主义人生观

人生观的问题是塑造什么样的人的问题。中国共产党和毛泽东同志历来重视共产党员和革命干部的人生观教育。毛泽东同志的两篇著名文章《纪念白求恩》和《为人民服务》的主题就是共产主义人生观问题，就是人生的意义和价值问题。

我们面临的任务是艰巨的，形势是严峻的。国际帝国主义的和平演变和和平渗透、国内私营经济和个体经济的增长，使得共产主义人生观的教育问题具有更加明显的重要性和迫切性。这的确是一场无硝烟的战争。有些人就是经不起执政的考验，经不起改革开放的考验。要真正坚持改革开放的社会主义方向，始终坚持四项基本原则，坚持一个中心、两个基本点，就必须对青年，尤其是对担负各级领导工作的广大干部进行共产主义人生观的教育。

一、共产主义人生观和无产阶级世界观

1. 用无产阶级世界观指导树立共产主义人生观，用共产主义人生观促进牢固掌握无产阶级世界观

人生观和世界观不可分。在世界观之外，不与任何世界观相联系的、绝对独立的人生观是不存在的。

在我们的一部分青年中流行的个人主义、享乐主义、悲观厌世主义，甚至在两性关系上的杯水主义，等等，同西方资产阶级哲学思潮的传播是分不开的。通过一些青年对人生的看法，可以明显地看到存在主义、尼

采、叔本华、甚至弗洛伊德的泛性欲主义哲学的影响。世界观影响和支配人生观。

反过来我们也可以看到，人生观积极作用于世界观。我们有些干部，多次学哲学，可是水过地皮湿，不管用。学了唯物主义搞唯心主义；学了辩证法搞变戏法；学了矛盾论，是非面前不开口，见了矛盾绕开走。其中一个重要原因就是没有把学习马克思主义哲学同改造思想结合起来，离开了人生观空谈世界观，用实用主义态度对待马克思主义哲学，所以学不进，学不通，不能入脑，不能入心，只能入口——入口袋。口袋里装有各种原理。事实对自己有利，强调实事求是；不利，强调全面观点；对自己的工作岗位不满意，想调动工作时，讲辩证法——人不可能一辈子待在一个地方；不想调动时，讲相对稳定。这种人怎么可能学好马克思主义哲学呢？马克思主义哲学是无产阶级世界观，不树立共产主义人生观，不联系解决为什么人的问题，不加强思想改造，就永远也学不好，也掌握不了马克思主义哲学。德国哲学家费希特说，你是什么人就会选择什么哲学。这话有一定的道理，说明一个人的人生目的和态度会影响他对哲学的选择。一个鼠目寸光、只看到鼻子尖的人不会相信马克思主义哲学，只会自觉或自发地倾向于实用主义哲学。

人生观和世界观的联系是非常紧密的。

世界观也叫宇宙观，是对整个世界的总的看法。而人生观则是关于人生的问题，是对人生的意义、人生的价值、人生的目的，以及人生态度的看法。但世界观和人生观的关系不单单是范围大小的问题，不是大圈圈套小圈圈的关系，而是有更深刻的含义，它反映了宇宙、社会、人之间的辩证关系。

我们可以从以下两个方面来分析世界观和人生观的关系。

从客观世界来看，自从产生了人和人类社会以后，人、社会、宇宙（大自然）就处于辩证联系之中。人不能离开社会；社会不可能离开自然。这样，就决定了人类在实践活动中处于三种关系，或者叫三种矛盾之中。一种是人与自然的关系，一种是人与社会的关系，再一种是人同自身即人与自我的关系。这三种关系在客观上是相互渗透的。在人与自然的关系中，不可能离开人与社会的关系。人是以社会为中介而不是作为孤立的个人同自然发生关系的。在人与社会的关系中，也离不开人与自然的关系。没有人与自然的关系，就不可能存在人与社会的关系。同样，人与自我的关系，也离不开人与自然的关系、人与社会的关系，就自我研究自我，不可能真正认识自我。因此说到底，探讨人与自我的关系，离不开研究人在自然界的位置、人在社会中的位置。这种客观情况，决定了对人生问题的正确解决，离不开对宇宙与社会的把握。

从理论上来讲，自然观、历史观、人生观是相互渗透、相互影响的。自然观一般来说是关于自然的客观本性、关于人与自然关系的根本观点。可要真正解决人与自然的关系，也离不开社会历史观。为什么以前旧唯物主义不能科学地、辩证地解决人与自然的关系呢？因为它的历史观是唯心主义的，不懂得物质资料生产的意义，不懂得劳动的意义，因而在人与自然关系问题上是一种直观的、机械的唯物主义。马克思主义从历史唯物主义高度考察人与自然的关系，不仅承认自然的客观性、承认自然先于人和不依赖于人而存在，而且把自然纳入人的生产活动范围来考察，作为人类生存和发展的物质生活条件、作为人的劳动对象来考察，这样，才在人与自然的关系的观点上彻底抛弃了旧的自然主义和机械唯物主义。同样，在人与社会的关系中、在社会历史观中，也不能排除人与自然的关系。排除人与自然的关系，就等于排除物质资料生产、排除劳动，必然要把社会建立在纯粹精神基础上。在人与自身的关系中，必然渗透着人与自然的关系、人与社会的关系。对人生的意义和目的的不同看法，必然包含着对人在自然世界中的地位和作用的不同看法，及对人在社会中的地位和作用的不同理解。

人生观依赖和从属于一定的世界观。人生观问题是个哲学问题而不是一个具体科学问题。科学问题和人生问题是有区别的。任何一门具体科学，无论是物理学、化学、数学、生物学，都不能回答人生的问题，不能解决人生的意义和价值问题，倍数再高的电子显微镜看不透这个问题，最好的望远镜看不到这个问题，亿万次计算机算不出这个问题。有人说，望着夏夜闪烁的星星领悟到人生的奥秘。那是您个人的领悟，人生问题的答案并没有写在天空上，正如黛玉葬花，从花开花落联系到人生无常、生生死死，那是睹物伤情，移情就物，人生的答案并不能从花上得到回答一样。所谓计算机科学算命，能算出一个人的人生机遇、吉凶休咎，只不过是一个高级骗局。有人说，人生是个谜，是个猜不透的谜。对于具体科学而言它是个谜，可对哲学而言，它不是谜。哲学家们正是运用一定的世界观和方法论，对人生的规律和意义问题进行哲学思考。也正是马克思主义哲学、共产主义人生观才真正揭开了“人生之谜”。

正因为人生观依赖于世界观，是世界观在关于人生一些根本问题上的应用和表现，因此有什么样的世界观就会有什么样的人生观。我们可以以在我国青年中比较流行的人生观为例来说明这一点。例如叔本华、尼采的悲观主义人生观，是同他们的唯意志主义的唯心主义世界观紧密联系的。叔本华认为，意志是宇宙的本质，自然和社会中的一切现象都是意志的表现。这种意志的最根本特点是求生存——生存意志。人生而有求生意志，因而有欲望。这个欲望是无止境的，永远无法满足，人们不断地在失望中挣扎，不断地痛苦，所以人生是无聊的、痛苦的。

存在主义关于人的焦虑、死亡、苦闷、孤独的人生观集中反映了它的世界观。存在主义把一切存在都归结为人的存在，而人的存在的最基本的状态是什么？就是恐惧、厌烦、忧郁、绝望。那就是说，人按其本性来说，必然是空虚的、痛苦的。

实用主义人生观集中地反映了实用主义世界观。实用主义自认是最切合人的实际需要的哲学，它的目的就是教导人们如何行动，如何获得成功。实际上，实用主义人生观的基本原则，就是不讲原则，不讲真理，只讲实用。凡是对我有用的，就是好的，就是真的。因为从世界观来说，实用主义否认真理的客观性，认为真理就是效用。詹姆斯说过：“满足我双倍需要的，这便是真的。”还说：“如果真理对人生没有好处，那么我们的责任便是回避真理。”在我们日常生活中，那种庸俗的、低层次的、只讲实惠、不讲原则的中国化的实用主义人生观，如所谓不吃白不吃、不捞白不捞，所谓手中的麻雀比天上飞的大雁好等等诸如此类只顾眼前利益不讲长远利益的实用主义人生观，只要我们深入到这种观点的深处，便可以发现一种自觉或不自觉地不相信客观规律、不相信客观真理、不相信人间有是非曲直的实用主义世界观。

现在宗教信仰比较盛行。有些年轻人信教，当然信教是自由的，但我们不同意宗教人生观。宗教人生观是宗教世界观的表现，例如佛教，它把人生看成是苦海，生老病死是苦，有欲望而求不到更苦。要解脱痛苦，只有出世，通过修行以求来世的幸福。对人生的这种看法，是建立在它的世界观基础上的。它把世界分为两个：此岸世界、彼岸世界。此岸世界是世俗世界；彼岸世界是佛国世界。我们可见到的世俗世界，是生灭不定、永远变化、没有价值的。既然人类所依存的整个世界都是幻影，没有价值，那人的生活还有什么意义呢？所以佛教关于四大皆空的宇宙观同它的人生如苦海的人生观是分不开的。

由此可见，每一种人生观总有相应的世界观，有它的哲学基础。它们从根本性质上来说是一致的。

在阶级社会中，人生观有阶级性，它集中反映了不同阶级的经济和政治地位、不同的利益和愿望。尽管每个人都自觉或不自觉、系统或不系统地有自己对人生的看法，但不能说，有多少人就有多少种人生观，中国有11亿人口就有11亿种人生观。实际上，人生观是有类型的，尽管各人的人生观都会打上个人的烙印，打上个人的生活阅历、经历的烙印，但其中也存在某些共同的、重复的、稳定的原则。这种共同的、重复的、稳定的对于人生根本问题的看法，构成了不同阶级的人生观，例如，封建地主阶级的人生观、资产阶级人生观、无产阶级人生观，等等。地主阶级、资产阶级等等属于剥削阶级，它们的人生观可被统称为剥削阶级人生观。作为剥削阶级人生观，它们有一些共同特征，如个人主义、享乐主义，等等。马克思就曾经非常明确地揭露过享乐主义是剥削阶级人生观的本质，把它同劳动人民争取改善自己的生活状况区别开来。马克思说，享乐哲学一直只是享有享乐特权的社会知名人士的巧妙说法。至于他们享乐的方式和内容始终是由社会的整个制度决定的，而且要受社会的一切矛盾的影响，则已经不用说了；一旦享乐哲学开始妄图具有普遍意义并且宣布自己是整个社会的人生观，它就变成了空话。① 享乐和享乐主义不同。马克思主义并不一概反对享乐，但反对享乐主义。享乐主义始终是一部分人的主义。只有当一部分人（统治阶级、剥削阶级）具有了享乐的可能，而大部分人被

① 参见《马克思恩格斯全集》，第3卷，489页。

压迫、被剥削、作为为别人创造享乐资料的工具的时候，享乐主义才会成为一种人生哲学，成为一种人生追求。

当然，讲到人生观的阶级性时必须注意两个问题：

第一，剥削阶级并非任何时候都是只讲个人主义而不提倡自我牺牲精神的。事实上，当一个剥削阶级处在革命时期，它同样提倡自我牺牲，倡导献身精神。马克思在《路易·波拿巴的雾月十八日》中说过："不管资产阶级社会怎样缺少英雄气概，它的诞生却是需要英雄行为，需要自我牺牲、恐怖、内战和民族间战斗的"。① 的确，在资产阶级革命时期确曾出现过不少自我牺牲的英雄人物。法国资产阶级革命是这样。中国在推翻清王朝的资产阶级民主革命中，当时一些先进的知识分子也表现了这种气概。林觉民寄给他妻子的绝命书，就充满了视死如归的自我牺牲的英雄主义。只有当资产阶级取得政权、特别是日趋腐朽以后，才会宣传赤裸裸的享乐主义、利己主义。正如马克思说的："当真正的目的已经达到，当英国社会的资产阶级改造已经实现时，洛克就排挤了哈巴谷。"②

第二，人生观的阶级性，是指人生观的属性，是指它反映了哪个阶级的利益和愿望，而不是说，凡属出身于这个阶级的成员都必定具有这种人生观。事实上，出身于地主、资产阶级的革命者，也可以树立无产阶级人生观。我们党内不少老一辈无产阶级革命家的历史就证明了这一点。相反，某些出身于工人的人也可以成为工贼，这在国际工人运动史上不乏先例。在我们党内少数出身工农、经过革命锻炼的人，在进城以后，以及在改革开放时期发生蜕化变质的事也并不罕见。我们是有成分论，但并不唯成分论，我们不主张庸俗的阶级决定论。马克思在讲到法国大革命时期的小资产阶级民主派的政治思想倾向时说过："也不应该认为，所有的民主派代表人物都是小店主或崇拜小店主的人。按照他们所受的教育和个人的地位来说，他们可能和小店主相隔天壤。"③ 所以一个人的出身，同他选择什么样的人生观，并不存在绝对的、不可改变的联系。人生观的可选择性，表明自觉进行思想改造的必要性和迫切性。

---

①② 《马克思恩格斯选集》，2版，第1卷，586页。

③ 同上书，614页。

一个人要真正做一个彻底的、坚定的革命者，不仅要懂“大”道理，即宇宙和社会；也要懂“小”道理，即人生处世。离开了如何做人，大道理不落实在自己的人生修养和道德修养上，大道理就显得空洞，大而无当；可是离开了大道理，离开了宇宙观、历史观，专讲修身养性，我们就会变成谨小慎微的谦谦君子，而不是革命者。刘少奇同志在他的重要著作《论共产党员的修养》中，把认真学习马克思主义同改造世界观和人生观结合在一起。按照马克思主义世界观的要求进行党员的个人修养，可以说是从大处（世界观）着眼，从小处（个人实践）着手。总结新中国成立以后多次号召学习马克思主义哲学的经验，我们一定要把学习无产阶级世界观同树立共产主义人生观结合起来，真正做到用无产阶级世界观来指导人生观、通过解决人生观问题来巩固树立无产阶级世界观。

2. 共产主义人生观的哲学基础：坚持辩证唯物主义和历史唯物主义，反对人本主义

共产主义人生观是无产阶级世界观的重要组成部分，它是关于人生规律和人的意义的基本观点，完全是以辩证唯物主义和历史唯物主义为依据的。

人生观的问题当然有它自己的特点。如果说，世界观的问题不能归结为人，这容易理解，因为世界观的对象是世界，而不单纯是人。尽管世界观中也包括人与世界的关系问题，但世界自身的规律并不是人的规律，而是运动着的物质世界的规律。如果说，社会历史观不能归结为人也容易理解，因为社会历史观的对象是社会及其历史发展的普遍规律。当然，社会领域是人的领域，但却不能说社会历史规律是人的规律，而是社会自身的规律。尽管它存在于人的活动之中，但并不依人的意志为转移。可是，人生观不同，人生观的对象就是人。人生的规律、意义、目的，离开了人就不存在。那么，能不能就此得出结论说人生观的出发点应该不同于世界观、历史观呢？我看不行。人是马克思主义出发点的论断，对世界观、历史观来说是错误的，对共产主义人生观来说也是错误的。难道仅仅从个人的所谓人的本性中，就能够看清自己的命运和前途吗？不可能。

人与动物不同。动物只有两个问题：一是生存，二是繁殖。生存是吃，维持生命；繁殖是延续生命。总之，动物的生命活动方式是本能的。

人的活动也是一种生命活动。人也要生存，也要繁殖。可是人的生命活动不是一种本能的活动，而是一种自觉的活动。人不仅通过劳动这种方式来维持自己的生存，而且把它作为自己的认识对象。马克思说过："动物和它的生命活动是直接同一的。动物不把自己同自己的生命活动区别开来。它就是**这种生命活动**。人则使自己的生命活动本身变成自己的意志和意识的对象。"① 探讨人的生命的价值、意义、目的，就是人把自己的生命活动变成自己的意志和意识对象的一种方式。

在我们的社会中，影响最广泛的人生观是资产阶级个人主义的人生观。这种人生观的世界观基础是抽象的人本主义历史观。它认为：

人的本性是自私的。个人主义是必然的、合理的；人不为己，天诛地灭；提倡集体主义是扭曲人的本性。

人的本性是需要。用一切办法满足个体的欲望和需要是符合人的本性的，否则就是违背人的本性。

人的本性是自由。个人的无限制的、自由的发展是符合人的本性的，任何纪律、约束都是违背人的本性的。

诸如此类的看法还可以列举出一大堆。这种看法的世界观和历史观基础就是把人看成孤立的个人，并从各个个人所共有的永恒不变的本性中引申出人生的意义和目的。当然，人如果是孤立的个体，是个人本位，当然可以不管别人、不管社会；如果人的本质就是生存、繁殖，那么维持肉体生存、满足感官的需要当然就是最大的快乐和幸福。这种看法，没有超出文艺复兴时期开始逐步系统化的人道主义历史观的范围。不同的是，在资产阶级上升时期，从人的本性中引申出人的权利、尊严、价值的要求，矛头是针对封建专制制度和宗教统治，具有某种进步性，而在我们的社会中，则完全是消极的，甚至导致反社会主义的结论。

究竟什么是人？人当然是指一个个的人，指它的个体，也指它的总体——类。所有的人都是人，可是这并不是对人的哲学把握，而是对人这个名词适用范围的分析。

就哲学来说，我们问什么是人，就是探求人的本质，而不是探讨人的

---

① 《马克思恩格斯全集》，第42卷，96页。

生物学定义。

人是有肉体的血肉之躯，从这方面来说，它是自然存在物，但人是作为人的自然存在物，或者说是社会存在物。因此，人作为自然存在物，使它属于动物的范围，人也是一种动物，可是人作为人的自然存在物，或者说社会存在物，使它又根本不同于一般动物。因此，把握什么是人，不能静态地把握人与动物的区别。如果仅仅从人与动物特征的区别来理解人，那么我们可以列出许多为人所特有的特征，说人是两足的动物，或者说人是两足的直立行走的动物；或者说人是没羽毛的动物；人是有语言、能思维的动物；甚至说，人是有宗教信仰的动物，等等。可是，这种静态的、特征性的分析并不能真正了解人。

什么是人，只有人的历史才能回答。人的全部实际历史才能告诉我们“人是什么”。马克思和恩格斯在《德意志意识形态》中批判格律恩时着重讲到了一点，讲到应该从人的实际历史活动和存在来观察人，而不能从人不同于动物的特征引申出人。如果不考察人的历史，而着眼于特征，可以列举出无数特征，但并不能说明人的本质。

人的实际历史是什么？是一部劳动创造史，是人通过劳动而自我创造的历史。这种人的历史是我们能看到的、摸到的。只要我们睁开眼看看，人类社会的一切，人的物质文明、精神文明，哪一样不是人创造的！人的对象化的存在，就是人的本质的自我确证。马克思说过：“**整个所谓世界历史**不外是人通过人的劳动而诞生的过程，是自然界对人说来的生成过程，所以，关于他通过自身而**诞生**、关于他的**产生过程**，他有直观的、无可辩驳的证明。”① 马克思强调有直观的、无可辩驳的证明，就把人的本质这个最抽象的、最难以捉摸的问题置于经验的基础上。

劳动是人与动物的分界线，是人猿揖别的分界线，其他的区别，如理性、语言、信仰等等都是在此基础上派生的。离开了劳动，其他一切都无法解释。当今的文化人类学，强调人是创造文化的动物，人既是文化的创造者又是被文化创造的。这种看法当然有一定道理。只有人才有文化问题，只有人才是创造文化的动物。可是，如果离开了物质生产劳动，这一

① 《马克思恩格斯全集》，第42卷，131页。

切都无从谈起。就文化与生产而言，更为基础、更为本质的特征应该是劳动。文化是在劳动基础上的扩展与延伸。

劳动作为人的本质，指的是人的类特性，是人这个类同其他动物相区别的本质特征。尽管人在婴幼年时期不会劳动，到老年又不能劳动；尽管由于阶级的划分，有一部分人脱离劳动，但这都不妨碍劳动是人的本质的命题。因为它是从人这个总体来说的，从它的存在和活动方式来说的。

可是，劳动是社会性的活动，它不可能离开社会。人是作为一定社会的成员，或者说是作为按一定生产关系组织起来的社会成员进行劳动的。因此，人是劳动的动物，决定了人永远是社会的动物。当我们从人与动物的区别着眼，问什么是人时，可以说，人是劳动的动物，可是，当我们进一步问：是什么样的人时，仅仅停留在人是劳动的动物上面是解决不了这个问题的，必须进一步探讨他们是在何种生产关系下从事劳动的。人究竟是什么样的人不取决于它的自然本性，而是取决于它所依存的生产关系。所以马克思在批评费尔巴哈时提出了人的本质并不是单个人所固有的抽象物，在其现实性上，它是一切社会关系的总和的著名论断。

人的本质是一切社会关系的总和，这个命题实际上讲的是，人是社会的动物，它不能离开它所依存的一切社会关系。马克思说过：“人是最名副其实的政治动物，不仅是一种合群的动物，而且是只有在社会中才能独立的动物。”①

说人是社会动物并不是始于马克思。古希腊的思想家亚里士多德就说过人是社会动物。他说过，只有两种东西可以离开社会：一是野兽，一是神。

所以马克思说人是社会动物，绝不是简单地说人不能离开社会，而是强调他从属于一定的社会关系的总和，属于一定的社会形态。人都是属于一定社会结构的人。他在批评费尔巴哈时说过，费尔巴哈所分析的抽象的个人，实际上是属于一定的社会形式的。

人的本质是一切社会关系的总和的命题，还在于强调，人和动物不一样。动物的本质是类本质，例如，黄狗、白狗都是狗，狗就是“类”，是

---

① 《马克思恩格斯选集》，2版，第2卷，2页。

黄狗、白狗的共同本性。

人当然也是一个类——人类。人的个体与总体的关系，也存在个体与类的关系。这从解剖学、体质人类学的角度来看，是可以的。可是，如果我们停留在这个水平上，就不可能超出抽象人本主义的范围。马克思关于人的本质是一切社会关系的总和的论断突破了这个范围，不是把人的本质看作个体的共同的类的特征，而是把人的本质看成是一切社会关系的总和。也就是说，人是什么样的人，不是取决于它的类的本性，而是取决于它所依存的各种社会关系，因为人的本质在其现实性上是社会关系的总和。奴隶制的生产关系把人区分为奴隶与奴隶主；封建制的生产关系把人区分为地主与农民；资本主义生产关系把人区分为资本家与无产者，并把它们塑造为具有不同品质、个性的人。离开了人所依存的社会关系的总和，对人的共性与多样性就无法理解。

有人说，人的本性是人的永恒不变的类本质，如父子之爱，夫妻之爱，友谊，同情，对美的追求，如此等等，都是人的共同本质。

其实，这些并不是人的共同类本性的抽象，而是人作为社会存在物的特性，它们是从社会关系中产生的。因为有了夫妻关系，才有夫妻之爱；有了母子关系，即生育、抚养关系，才有母子之爱；建立朋友关系，才有友谊。这一切都是从交往、从关系中产生的。一个人，如果独立于社会之外，就不会有这种高贵的人类情感。印度发现的狼孩，即由狼抚养长大的女孩，被人发现收养以后，至死仍然是吃生肉，四肢爬行，没有人的感情，更没有发现什么母爱、友谊、爱美的永恒人性。事实证明，被我们抽象化的、被视为永恒人性的东西，无一不是社会性，即人作为社会存在物的特性，离开了社会，它们就不会产生、也不可能产生。由于各种不同的社会形态都是社会的形态，因而具有某些共性，例如，只要有社会就有交往，就有友谊、情感、同情；只要有婚姻制度、家庭制度，有稳定的亲子、夫妻关系，就会有父爱、母爱、夫妻之爱。由于它们是作为社会的人所共有的，所以，被视为永恒的人性。其实，随着社会形态的变化、阶级关系的变化，它们也是不断变化的。毛泽东同志说，有没有人性这种东西？当然有，但没有抽象的人性，只有具体的人性。讲的就是这个意思。

抽象人本主义人生观，从根本上来说，是同唯物史观相对立的。那种把自私说成是人的本性，把需要看成人的本性，把自由看成人的本性，并在此基础上建立起人生观的哲学家们，实际上是把人看成孤立的个体（个人本位），把人的本质看成是孤立的个人所共有的不变的人性。

自私是人的本质。这种观点是把人与社会割裂开来，撇开人所依存的不同的社会形态，把自私看成是人的普遍的、永恒的本性。实际上，这个命题只看到私有制状态下的人，而没有看到人类经历了长期的没有私有制的原始社会。而且就私有制社会而言，它也没有看到还存在不少具有自我牺牲精神、为集体利益献身的人，特别是处在社会制度变革时期更是如此。从历史的长河来看，自私是人的本质并没有全面地反映人的情况。

有人说人的本性是自私的，认为人要生存、要繁殖，就必然要维护自己的利益。如此说来，也可以说动物的本性是自私的，因为动物也要生存、繁殖，它们在寻找食物时，可以彼此打起来，绝不会彼此相让。谁见过狗抢骨头时彼此说：您先吃、您先吃？

再进一步还可以说，植物的本性也是自私的。植物彼此争阳光、争水分、争肥料。

实际上，人要生存、要繁殖，这是人的自然本性，根本谈不上自私不自私的问题。自私是观念形态，它指的是个人为了自己的利益，有意识地损害别人或集体的利益。这种思想是私有制的产物，是私有制在观念形态上的反映，所以自私是在一定生产关系范围（私有制）内产生的观念形态。从根本上来说，随着私有制的消灭、随着生产力迅速提高，当物质生活资料能够按需分配时，自私观念将会逐步消灭。我们站在当前生产力水平的基础上，用狭隘的私有制的眼光来考察这个问题，就会永远跳不出私有者的眼界。

需要是人的本性。任何人都要满足自己的需要，因而必然是个人主义的。不追求满足自己的需要而考虑别人的需要是虚伪的、违背人的本性的。这种看法同样是以抽象人本主义为出发点的。

马克思的确说过“**需要**即他们的本性”[①] 这句话。但马克思的意思与引用者不同，不是说明抽象的人性，恰好相反，他强调的是，人是社会动

---

① 《马克思恩格斯全集》，第3卷，514页。

物，它们彼此联系——这表现在分工、交换上，所谓“需要即他们的本性”这句话中的“需要”，是说人彼此是相互需要的，即相互联系的。

至于说，人为了肉体和种族的延续，有生理需要如食、性等，这当然是对的。可是不仅人有需要，动物也有需要即生存、繁殖的需要。仅仅强调这种需要，人与动物是一样的。马克思说过：“吃、喝、性行为等等，固然也是真正的人的机能。但是，如果使这些机能脱离了人的其他活动，并使它们成为最后的和唯一的终极目的，那么，在这种抽象中，它们就是动物的机能。”①

实际上人的需要，不同于动物的需要。即使人也需要食物和异性，但人的食和性也不同于动物。马克思说过，“用刀叉吃熟肉来解除的饥饿不同于用手、指甲和牙齿啃生肉来解除的饥饿”②。人的吃、喝，讲究美食；两性关系也不同于动物，人的两性关系建立在爱情的基础上，而不是动物的交配。而且人不仅有生理需要，还有多层次的需要。它们都是由社会决定的，社会生产力和科学文化的发展不断产生出新的需要。马克思说，需要是同满足需要的手段一同发展的，并且是依靠这些手段发展的。③ 我们在不同的历史时期，甚至不同的国家与民族中会发现不同的需要。这些能用人的本性来解释吗？不能。正因为需要是由社会产生的，所以满足需要的方式也是由社会决定的。因此我们不能离开社会、离开社会发展水平，抽象地从人的本性出发来谈论需要，否则必然会导致不择手段地满足自己需要的个人主义。

历史与现实都证明，从抽象的人和人性出发来看待人生，抽象地宣扬人的权利、尊严、自由、价值、利益，必然会导致个人主义。因为一般的人是不存在的，实际存在的是个体，每一个个体都是一个“我”。我是人，我的本性就是人的本性。我以任何方式追求个人权利、价值、利益是符合人的本性的，否则就是违背人的本性的。所以抽象人本主义的思维逻辑是人—个体—我。他们从抽象的人和人性出发，核心问题是个人。

---

① 《马克思恩格斯全集》，第 42 卷，94 页。
② 《马克思恩格斯选集》，2 版，第 2 卷，10 页。
③ 参见《马克思恩格斯全集》，第 23 卷，559 页。

在我们看来，只有运用辩证唯物主义和历史唯物主义基本观点来观察人生问题，才能真正树立科学的、革命的共产主义人生观。

就人生与规律的关系而言，对人生意义的正确理解，就不能离开对规律的认识。它首先离不开自然规律。人作为一个有生命的存在物，也是自然存在的，它如同宇宙中的一切生命现象一样，必然是有生有死。人生的短促常常引起诗人们的感叹。大英雄如曹操也说："对酒当歌，人生几何。譬如朝露，去日苦多。"李白的名句："高堂明镜悲白发，朝如青丝暮成雪。"人的生命是短促的，而且只有一次。可是，从自然规律的角度来看，这是必然的、不可避免的，企图追求长生不老、修仙成佛都是违背客观规律的唯心主义谬论。

可是，对人生意义的理解又不能仅仅以自然规律作为依据。人有生死；或者说，生、老、病、死，这是自然规律。但是生的意义，死的意义，却又不能求之于自然规律，而必须求之于社会规律。同样是生，有的生得伟大，有的苟且偷生；同样是死，有的死得光荣，有的死得窝囊。

一个是，人为什么会死？属于自然规律。

一个是，死的意义如何？属于社会规律。凡是顺潮流而进，为人民利益而死，就比泰山还重；凡是逆潮流而动，替法西斯卖力、替剥削人民和压迫人民的人去死，就比鸿毛还轻。至于封建社会提倡的"士为知己者死"，着眼的是个人的际遇、效忠个人，而不是着眼于社会规律，这是一种极其落后的人身依附的封建观念。

就个人的理想和前途来说，也离不开对社会规律的正确理解。并不是所有的个人理想、个人前途仅仅依靠自我奋斗就能实现的，关键是个人的理想和人类的理想、个人的前途和人类的前途的关系问题。这个问题实质上就是个人的前途和社会发展规律的关系问题。马克思主义者总是认为，任何个人都只能在推动社会发展中求得个人的发展。每一次大的社会变革总要使一大批原来名不见经传的小人物变成大人物。资产阶级革命时期如此。例如，法国大革命时期，不少被看成是下贱的戏子——演员、小贩、剃头师傅，成为将军和元帅。无产阶级革命更是如此。在中国革命过程中，有多少放牛娃、矿工、普通农民变成军事家、政治家，变成各级领导者。可是，如果站在历史规律的背面，就可以断送个人的前途和理想。在中国近代历史上，有不少人曾经是胸怀大志，但后来却逐步沦为政客，与人民为敌，最终变成小丑，戴季陶、汪精卫都是如此。俗话说，胳膊扭不过大腿。大腿就是历史，就是人民，就是规律。我们共产党人把共产主义作为自己的理想，并不是建立在抽象的道德原则上，而是以客观规律为依据的。我们坚信，共产主义最终必然会代替资本主义社会。尽管共产主义运动遭受挫折，但只要我们坚信历史规律，就不会改变自己的人生信仰。“砍头不要紧，只要主义真。杀了夏明翰，还有后来人”就是坚信历史规律。

我们批判存在主义，批判“自我设计”、“自我选择”、“自我奋斗”，但这并不是说，个人的一切行为都是消极的，对于实现自己的目的、理想是毫无意义的。

有人说，个人不“自我设计”，难道让别人设计？

不“自我选择”，难道让别人为你选择？

不“自我奋斗”，难道叫别人为你奋斗？

这是强词夺理。自我选择、自我设计、自我奋斗的实质，不是个人主动性、积极性的发挥问题；不是个人要不要选择、设计、奋斗的问题。问题的实质是比选择、设计、奋斗更深层次的问题，即人不可能摆脱社会制约性，摆脱社会历史规律，不考虑社会是否需要，自己选择自己的道路、设计自己的人生。存在主义者把个人看作能主宰自己命运的上帝，强调自我设计、自我选择，这同他们鼓吹人的本性是绝对自由的观点是一致的。

马克思主义并不否认个人行动的主动性、积极性，但强调实现个人的目的、奋斗目标的现实的可能性，而不是抽象的可能性。抽象地说，资本主义社会里的每一个工人都有可能发财变成资本家。旧中国，从上海去的一无所有的人成为大企业家的人是存在的。可是，这只是个别的，就每个工人来说，是不存在这种现实可能性的。同样，我们可以说，在美国每个公民都可能当上美国总统，也可能当议员，实际上，这只是一种抽象可能性，对于不具备竞选总统或议员的经济、政治、社会条件的人来说，等于不可能。一个普通工人究竟要把自我选择、自我设计、自我奋斗，放在千分之一、万分之一成为资本家的可能性上呢？还是走历史必由之路，团结起来斗争呢？难道这两种选择，不是体现着两种截然相反的历史观、两种相反的立场吗？就社会与人生关系而言，几乎全部人生观的重大问题，关于人生观的意义、人的价值问题没有一个能离开正确地处理个人与社会的关系问题。孤立地看，似乎人生观仅仅属于个人对待人生的态度问题，但它实际上却是一个个人如何处理与他人、与社会的关系的问题，所以全部人生观的核心问题就是关于个人和社会的关系问题。为了进一步深入理解这个问题，还必须了解人的社会价值和个人价值的问题。

二、人的社会价值和个人价值

1. 价值问题与人的双重价值

价值问题涉及的领域很广泛，美学、道德、宗教、文化、认识论领域都运用这个概念，一般都是指主体与客体的关系问题。所谓价值是指外界客体对主体的存在和发展所具有的一种积极作用和意义。可以说，凡是对人类的生存和发展有积极作用、能满足人们一定需要的事物和对象都是有价值的。客体的存在及其对主体的功用、效用，主体的生存和发展的现实需要，是价值现象的必然根据。有效用——有价值，无效用——无价值，效用大——价值大，损害主体——负价值。这是一种客观的、现实的关系。价值观，或者说价值评价则是指主体对这种现实的价值关系所持的肯定或者否定态度。

可是，在人生观领域，在人的价值问题上，情况则比较复杂，因为人既是主体又是客体，因此，人存在双重价值问题。

如果以社会为主体（也就是以一定社会关系组织起来的人类为主体），那么个人就只是客体。人的价值指的是每一个人在何种程度上对社会作出成绩。这是人的社会价值，一般叫做贡献。

如果以整个人类中的个体、个人为主体，人的价值问题就是指个人在社会整体中受到的尊重和满足问题。这是人的个人价值，可以称之为索取。

人的社会价值和个人价值的双重存在，以及它们之间的矛盾、差异，是客观事实。例如，在以往阶级社会中，人的个人价值与社会价值是分裂的。对社会作出贡献最大的人，可能是社会地位最低的人；而最没有贡献的、甚至危害社会的人却可能是最有社会地位、受到尊重的人。恩格斯在讲到资本主义制度下的这种分裂时说过："金钱确定人的价值：这个人值一万英镑，就是说，他拥有这样一笔钱。谁有钱，谁就'值得尊敬'，就属于'上等人'，就'有势力'，而且在他那个圈子里在各方面都是领头的。"① 在社会主义社会这种矛盾应该说从根本上解决了，但在某些方面仍然会存在。我们说的分配不公，在某种意义上也是一种个人价值与社会价值的分裂：贡献最大的并不是生活最好的，收入最高的并不是贡献最大的。

在处理人的个人价值和社会价值的关系问题上，无论中外古今，凡积极的、进取的人士都强调人的社会责任。中国历史上提倡的"天下兴亡，匹夫有责"、"先天下之忧而忧，后天下之乐而乐"，就是一种积极的人生态度。

鲁迅说自己是一条牛，吃的是草，挤的是牛奶。爱因斯坦说："然而看一个人的价值，应当看他贡献什么，而不是看他取得什么"②。还说："一个人对社会的价值首先取决于他的感情、思想和行动对增进人类利益有多大作用。"③ 这些都是强调对人类的贡献。马克思在还没有成为马克思主义的创始人之前，在他的中学毕业论文《青年在选择职业时的考虑》中就强调人的社会责任。他说，如果一个人只为自己劳动，他也许能够成为著名学者、大哲人、卓越诗人，然而他永远不能够成为完美无疵的伟大人物。还说，在选择职业时，我们应该遵循的主要指针是人类的幸福和我们自身的完美。可见人的伟大是同它的社会责任、同它对人类的贡献成正比的。

有人说，强调个人贡献，对于社会主义也许是正当的，可是，在剥削阶级社会中，强调个人的贡献岂不是有利于统治者、剥削者吗？这是两个不同的问题。一个是对社会的贡献，即对人类利益的贡献；一个是为某个特定的剥削阶级服务。前一个问题，指的是它有利于推进人类社会发展、增进全体社会成员的利益；后一个问题是为某个阶级效劳。当一个阶级处

---

① 《马克思恩格斯全集》，第 2 卷，566 页。

② 赵中立、许良英编译：《纪念爱因斯坦译文集》，68～69 页，上海，上海科学技术出版社，1979。

③ 同上书，51 页。

于革命的上升时期和人类利益存在某种一致性时，为革命阶级服务和对人类作出贡献可以统一；如果这个阶级处于反动时期，为剥削阶级服务，那就不仅不是什么贡献，而是为反动派卖命。

唯物史观不是从孤立的个人，而是从个人与社会的关系中来确定人生的意义和价值的。

如果从孤立的个人出发，就看不到人生的意义和价值。“人生一世、草木一秋”，生命是短暂的，像草木一样，到时枯萎零落，这是消极的说法；“人过留名，雁过留声”，这是积极的说法，但也只限于就个人考察个人。从人与社会的关系出发就不同。人生的意义在于它作为社会成员，对这个社会究竟有什么贡献。个人的生命是短暂的，但它一旦融入社会之中就会变为永恒的；个人的力量是微小的，但它一旦汇合于社会之中就会变成巨大的。因此，使个人生命化有限为无限、变短暂为永恒的办法，就是为社会服务，为人类利益效劳。的确不应把人生看成一根短短的蜡烛，而应将之看成是一支由我们暂时拿着的火炬。我们一定要把它烧得十分光明灿烂，然后交给下一代的人们。

2. 对以自我为中心的价值观的剖析

人的价值包括个人价值和社会价值两个方面。人生活在社会中，不可能脱离社会而存在。人的发展不能脱离社会，社会进步和人的发展是不可分的。社会形态的变化和生产的发展归根结底要促进人的发展，但以私有制为基础的社会的进步，又牺牲了大部分人的利益，限制了被剥削者的发展。这表现为人的个人价值和社会价值的矛盾。

在社会主义社会，人的个人价值和社会价值的矛盾是可以得到解决的。社会主义社会尽可能地为个人的发展提供条件，但个人更应该为社会作出贡献。在社会主义社会，人的价值是权利和义务、享受和奉献、消费与创造的统一。只讲权利不讲义务、只讲享受不讲奉献、只讲消费不讲创造，或者相反，都是对人的价值问题的片面理解。

近些年，由于资产阶级自由化思潮的影响，以自我为中心的价值观颇为流行。特别是思想理论界的某些观点为它提供了论据，影响更坏，如“人是目的，不是手段”、“一切向钱看”等等。对此，必须坚持用马克思主义哲学的基本原理进行剖析。

只有从唯物史观出发，才能驳倒“人是目的，不是手段”的抽象人道主义原则，正确处理目的与手段的关系。

社会是个活的有机体。在社会中，人与人是彼此相互联系的。从经济上来说，在整个生产、交换、分配、消费的过程中，人们之间都是互为前提的，特别是社会化的大生产更是如此。商品生产的属性，决定了人与人之间彼此必然既作为目的又作为手段；即使是将来不存在商品生产而是产品生产、按需分配，但只要存在分工，社会成员彼此之间就都是相互服务的。

事情很明显，如果某个人只想当目的，而不想当手段，那当然是帝王思想，“朕即国家”，全都为我服务。

如果一个集团、一个阶级只想当目的而不想当手段，那就是当压迫人民、剥削人民的统治者，让被压迫阶级当手段。如果整个人类只当目的，而不当手段，社会就没有人替它服务，这个社会就会灭亡。可见，“人是目的，不是手段”，从康德来说，它是反对封建专制制度的，但这种抽象原则的运用完全会走向自己的反面。

“人是目的，不是手段”的抽象原则，对于个人而言，是自我中心的个人主义；对于阶级而言，是阶级压迫主义；对于整个人类而言，是不可能实现的空谈主义。

对“一切向钱看”的拜金主义，也只有历史唯物主义才能提供最深刻的分析。

大家知道，在马克思的《1844年经济学哲学手稿》中专门有一段是论述货币的。马克思从货币的职能中，分析了货币对人们的价值观所引起的变化。马克思看到，货币作为流通手段的职能、作为一般等价物的职能，使它能与一切东西交换，而具有购买一切东西的特性。

由于货币具有普遍等价物的特性，它使整个世界都发生了颠倒，它可以化丑为美，化美为丑；化敌为友，化友为敌；把忠贞变成背叛；把爱变成恨，把恨变成爱；把主人变为奴隶，把奴隶变为主人。这样，本来只是作为流通手段、作为媒介的东西，就转变为目的——人生追求的目的。什么东西都有限度，只有追求货币没有限度，马克思说，无限度就是货币的度，无限量就是货币的量。这样，拜金主义就使人与人的关系淹没在利己主义的冰水之中。但对货币的追求是人生观问题，它并不是直接来源于货币，而是来源于私有制本身。

马克思主义从人与社会的关系出发、从积极地推进社会发展和社会进步出发，把人的社会价值，或人的社会责任放在人生观的重要地位。社会如同大水库，如果不往里面灌水，只想从中汲水，这个社会很快就会干涸，社会就会停滞，民族就会衰败。一个有活力的民族、社会，总是一个贡献多于索取的民族、社会。

人还应该以唯物辩证法的态度来处理人生的矛盾，处理公与私、生与死、苦与乐、理想与现实的矛盾。

人的一生不可能是一帆风顺的，既可以有顺境，也可以有逆境；既可以过五关斩六将，也可以败走麦城。李白有两句诗“人生若波澜，世路有屈曲”，含有丰富的人生哲理。

《古文观止》中有两篇文章可以给人以启发。

一篇是司马迁的《报任安书》。司马迁因李陵降匈奴的事受株连，受了宫刑。这当然是很大的打击，可是在《报任安书》中，司马迁采取了不屈服于命运的拼搏态度，从而把坏事变成好事。他举了一系列例子，说文王拘而演《周易》，仲尼困陈、蔡而作《春秋》，屈原流放写了《离骚》，左丘明失明著作《国语》，孙膑砍脚修兵书，吕不韦迁蜀，然后著《吕氏春秋》，自己决定写《史记》，终于写了《史记》这部传之千秋万代的著作。

还有一篇是明朝刘基写的《司马季主论卜》，很有意思。司马季主是汉朝的善于卜卦的人，秦时的东陵侯邵平，在秦亡后在长安靠种瓜为生，不甘寂寞，找司马季主算命，问问自己能不能东山再起，重新被重用。司马季主发表一通高论，意思是算卜不可靠，乌龟壳是枯骨，怎么能靠它决定自己的前途？人灵于物，何不自听，而听于物乎！然后讲了一通辩证法。他说：“君侯你不思昔者也，有昔者必有今日。”意思是你是秦朝的东陵侯，现在是汉朝，已经改朝换代，当然不能像你过去一样。人生是变化的。“昔日之所无，今日有之不为过；昔日之所有，今日无之不为不足。是故一昼一夜，花开者谢，一春一秋，物故者新”，君侯你知道这个道理，懂得相反相成的道理，何必卜卦呢！如果说司马迁表现的是逆境的拼搏精神，那么刘基讲的就是通达。我们是当代人，是用唯物辩证法武装起来的，更应该懂得事物的辩证法，懂得人生不可能没有风风雨雨，没有坑坑洼洼。

因此在人生问题上，应该学点辩证法——人生的辩证法、革命的辩证法。只有这样，才能懂得如何处世、处事、对人。

三、树立共产主义人生观

1. 关于人生观教育问题

改革开放的10年中出现的一些问题，特别是1989年夏春之交的风波，一个很重要的经验教训，就是要把进行共产主义人生观教育问题提到重要地位。特别是在西方帝国主义致力于和平演变，把传播和输出资产阶级的价值观、政治观、人生观作为重要手段时，共产主义人生观的教育问题更是非常重要。

40年来我们面临两次转折。一次是1949年，解放战争的胜利，使我们由农村走向城市。毛泽东同志在七届二中全会上提出了警告，说敌人的武力是不能征服我们的，这点已经得到了证明，但是资产阶级的捧场却有可能征服我们队伍中的意志薄弱者。可能有这样一些共产党人，他们是不曾被拿枪的敌人征服过的，他们在这些敌人面前不愧为英雄的称号，但是经不起人们用糖衣裹着的炮弹的攻击，他们在糖弹面前要打败仗。30年后，我们开始进行经济和政治改革，实行对外开放政策。如果说，30年前，是由农村走向城市，那么这次则是由中国走向世界。这同样会遇到一个如何适应新的情况，防止糖弹即西方帝国主义推行和平演变的问题。事情确实是矛盾的，既不能把门关起来不开放，又不能敞开大门什么都放进来。因此就要有个挡板，安个纱窗，或者叫防护板，这就是坚持四项基本原则，反对资产阶级自由化。

在反对资产阶级自由化的斗争中，有两个重要问题：一个是人生观的教育问题，一个是价值导向问题。这两个问题应长期坚持，而不能一阵风刮过就算了。因为只要意识形态领域中的斗争仍然存在，只要“和平演变”与“反和平演变”的斗争存在，这两个问题也就会始终存在。

人生观，就形式来看它属于个人，它是每个人自己对人生意义和价值的理解和态度。但在实际上，人生观却属于时代，某一种人生观的流行和传播反映的是时代，我们透过一种人生观看到的不是人的本性，而是时代。

例如，存在主义哲学始于第一次世界大战，在第二次世界大战后得到流行。存在主义人生哲学关于人的恐惧、苦恼、绝望，其实反映了人们对战争以及战争后的处境的苦闷与烦恼。在当代西方，那种非理性主义和悲观主义的人生哲学，集中反映了由于科技高度发展而带来的快节奏、人与人的疏远以及各种资本主义的矛盾。但是只要仔细考察一下，就会发现人并不是从人自身发现人生的意义和价值，而总是从自己的时代中吸取生活的意义和价值观念的。马克思说过，每个原理都有自己的世纪，个人主义是与18世纪相适应的，讲的也是这个道理。

我们要重视人生观的教育，因为人生观有广泛的群众性和巨大的社会功能。

人生观同世界观、历史观相比，具有最广泛的群众性。并不是每个人都有世界观、历史观，都会去探讨世界的本质、历史的规律、人的主体性这类纯哲学问题。可是每个人无论自觉与否都有一个人生态度和意义的问题。人活着有什么意义、人生的目的是什么，几乎都离不开这个问题。我们日常生活中的许多谚语，什么“人过留名、雁过留声”，“人要脸、树要皮”，“各人自扫门前雪，休管他人瓦上霜”，“牙齿先掉，舌头永存”，实际上都是一种人生观的通俗说法，因此，人生观具有广泛的渗透力。

人生观的巨大社会功能，主要表现在两个方面：

第一，塑造人。

人的行为都是自觉或不自觉地受人生观支配的。一个人究竟具有什么样的品质、面貌，取决于它的人生观。一个人的肉体的出生，由妈妈肚子里出来，这是生物学的人；而人出生以后，长时间的社会化过程，这是他的人生观的产生、定型化的过程，也就是人获得关于人生的意义、价值、目的的过程。这个过程在青少年时代更为关键。加强人生观的教育，应该是政治思想教育的重要内容。

第二，形成良好的社会风气。

人生观的问题不仅是牵涉到个人的问题。在一个时期，究竟什么样的人生观处于支配地位、什么样的人生观广泛流行，表现的是一个时代的社会风气、社会心态。提倡“一切向钱看”所形成的社会风气，同提倡“学雷锋”、争做好人好事形成的社会风气是显然不同的。要改造社会风气，形成良好的社会风尚，树立正气，就必须从小注意人生观的教育。不只是对青年人，对干部同样要进行这方面的教育。不要以为长了胡子，人生观就不需要教育了。不，有人一辈子都解决不了这个人为什么活着的问题。人生观的双重功能——塑造人和塑造时代风气是相互作用的。腐朽人生观的流行，形成腐朽的社会风气，而在这些腐朽社会风气下生长的一代又形成腐朽的人生观：这是恶性循环。革命的人生观占主导地位，形成良好的社会环境，又孕育一代新人：这是良性循环。

2. 关于价值导向问题

要进行人生观教育，必须先解决一个价值导向问题。应该承认在一个时期内，一个最值得注意的现象是价值观念的混乱。在一些人当中，是非观念、善恶观念、好坏观念、美丑观念都是颠倒的。

价值观念混乱的原因是多方面的，有客观原因也有主观原因，有国际背景也有国内的政治原因。从理论上来讲，有两个原因：一个是在价值观念问题上的舆论导向问题，另一个是关于衡量观念变革或者观念更新的尺度问题。

在任何一个社会中，舆论导向都是由社会制度制约的。资本主义社会号称自由世界，实际上它的全部舆论工具、报纸、电台都掌握在垄断资本家手中，它的舆论是维护自己的阶级利益的。尽管它的报纸也有一定的自由，如批评政府的某项政策、揭露某个议员的腐化丑闻、对社会中某些不公正现象进行抨击等，但这种自由是有限度的，这个限度就是绝不能危害到资本主义制度的存在。因此，它的舆论导向是维护资本主义制度，它所宣传的价值观念，是维护资本主义私有制，宣传私有观念，即价值观念的导向同它的经济制度是一致的。

可是，在我们国家，这些年却出现一个怪现象，某些报纸、刊物，宣传一种与社会主义制度不符合，甚至有害于社会主义制度的理论观念。它们对马克思主义原理采取嘲弄、歪曲的态度，以“批马列为荣”、“反马列为勇”。特别是，它们宣传一种与社会主义制度相反的观念——在个人与社会的关系中大力鼓吹个人主义，反对集体主义，把集体主义曲解为专制主义、整体主义，认为集体主义压制和否定个人利益、否定个性等等。总而言之，认为集体主义是一把刀子，把个性、个人利益一概砍掉，把所有的人都削成一模一样的。他们号称要第二次启蒙，要个性解放，诸如此类的胡言乱语不少。

有人写文章说五四精神已迷失，号召复归，赤裸裸地宣扬个人主义，宣扬所谓健全的个人主义。说什么“天下只有关于我的事最重要”，“全世界都像海上撞沉了的船，最主要的还是救出自己”，认为：“人类的发展靠的不正是这种真正纯粹的个人主义吗!”说什么提倡“纯粹个人主义”、“健全个人主义”是胡适五四时期在中国现代史上重要的贡献，认为60年来人的主题从发展到迷失，个人的旗帜从高举到倒下，是一个痛苦的教训，鼓吹要重铸民族灵魂，就要重新高举个人主义旗帜。

苏晓康在《世纪末回眸》中更是明目张胆地攻击集体主义原则，鼓吹个人主义。说什么“要求每个个体放弃自我而为政党、阶级、国家、民族利益服务，这是与五四精神——个性、解放、自由、人格独立、国民素质的更新等等，恰成南辕北辙。中国人经过30年的流血奋斗，又经过40年艰苦努力而未能进入现代化，症结就在于此”。

个人主义并非人的本性，而是私有制的产物。在无阶级社会里，不存在个人主义。如果个人主义是永远存在的，那人类至今将仍处于动物阶段，因为人要脱离动物状态，绝不可能靠个人主义，不能依靠所谓的个人奋斗去一个一个地摆脱动物状态，而是依靠集体力量，采取群体生存的方式。恩格斯说，为了在发展过程中脱离动物状态，实现自然界中的最伟大的进步，还需要一种因素：以群的联合力量和集体行动来弥补个体自卫能力的不足。个人主义同以公有制为主体的社会经济和政治制度是矛盾的，它对社会主义的经济和政治制度起到了破坏瓦解的作用。不难理解，如果社会主义制度下的工人、知识分子、干部都以个人主义思想去对待国家财产、对待集体利益、对待工作，我们这个社会主义社会还能正常运行吗?不可能。那样做的结果只能是：机构臃肿，运转不灵，腐败成风，从而导致社会主义制度的瓦解。在社会主义社会中，个人主义的恶性发展必然会力图撑破社会的约束，导致反社会行为。

有人说，如果个人主义在社会主义社会中起到反社会的作用，那在资本主义社会岂不是可以起到破坏资本主义制度的革命作用吗？不。正好相反。如果个人主义在社会主义社会起到使个人同社会疏远化的作用，那在资本主义社会中则起到使个人与社会一体化的作用，因为资本主义社会是以私有制为基础的社会。尽管个人主义的恶性发展可以使人与人之间尔虞我诈、钩心斗角，但它却绝不会导致反对资本主义私有制。因为正是这种制度，不是妨碍，而是使他们有可能达到自己的目的。尽管它是以牺牲别人、以踩在别人的肩上、甚至踩在别人的肉体上为代价而爬上去，所以他们可以反对个人，但却绝不会反对这个制度。

我们是社会主义社会，我们一定要端正人生价值观的舆论导向，大力提倡集体主义，反对以自我为中心的个人主义。一个民族、一个政党、一个人，要想站起来，有所作为，就必须有一点精神，有一股志气。如果一个民族不倡导自己的成员发扬奉献精神，这个民族就没有希望。如果一个政党不倡导自己的成员发扬奉献精神，这个党就会失去人心。如果一个人只想索取，不愿奉献，这个人也就失去了人生的价值。

1980 年 12 月 25 日，邓小平同志在中央工作会议上强调舆论导向问题，指出要提倡和表彰全心全意为人民服务，个人服从组织，大公无私，毫不利己、专门利人，一不怕苦、二不怕死。他说，现在已经进入社会主义时期，有人居然对这些庄严的革命口号进行“批判”，而这种荒唐的“批判”不仅没有受到应有的抵制，居然还得到我们队伍中一些人的同情和支持。每一个有党性、有革命性的共产党员，难道能够容忍这种状况继续下去吗?① 提出要“批判和反对资产阶级损人利己、唯利是图、‘一切向钱看’”的腐朽思想，批判和反对“无政府主义、极端个人主义”，否则我们就不可能建设社会主义，就会被种种资本主义势力所侵蚀腐化。

有人说，既要发展商品经济，允许私人经营和个体经营，又在导向上大力宣传集体主义、宣传无私奉献，这岂不是自相矛盾吗？我说又矛盾又不矛盾。如果把集体主义原则、无私奉献的原则当成现行的经济政策，这是矛盾的。因为发展商品经济就要提倡竞争，提倡等价交换；贯彻按劳分配，就要承认个人利益；允许私人经济、个体经济，就要允许剥削，允许

---

① 参见《邓小平文选》，2 版，第 2 卷，367 页。

一部分人先富起来。可是，在道德领域、在意识形态领域，我们又要提倡无私奉献、提倡为人民服务、提倡集体主义。不能把经济政策允许和合法的东西当成道德原则，不能在人与人之间的一切交往中都提倡等价交换。

有人说，这不是两张皮吗？要说两张皮，也算两张皮。因为这是两个领域：一个是经济领域，一个是道德领域。马克思也承认这是两个领域，有各自不同的尺度和标准。他在《1844年经济学哲学手稿》中说：每一个领域都用不同的和相反的尺度来衡量。如果把道德原则当成经济原则，都贱卖贵买，买一送三，亏本经营，那还搞什么商品生产呢！搞商品生产当然要核算、要盈利、要赚钱。

可这两张皮，又不是毫无关系的两张皮，就像马克思说的那样，国民经济学和道德之间的对立本身不过是一种**假象**，它**既是**对立，同时又不是对立。①

我们之所以提倡集体主义、无私奉献，是因为我们是以公有制为主体的社会主义国家；我们的商品经济是社会主义商品经济。因此，尽管在经济领域中按经济规律办事，但在意识形态中却有可能提倡比现实更高的东西。因此，它本身不是“不共戴天”的对立面，而只是“超前”，它比政策上允许的东西更高一些。因此，它作为一种精神应该提倡；作为一种价值导向、目标、理想是完全正确的。

君子爱财，取之有道。我们要讲究这个道，这个道就是“为人民服务”。通过提供更多的优质产品来保障人民的供给和需要，既满足了需要又赚了钱，发展了企业。如果以次充好、以假充真、坑蒙拐骗，则既不符合社会主义道德原则，也不符合社会主义商品经济规律。

造成混乱的第二个原因是抽象地提倡价值观念的更新。价值观念要更新，这是毫无疑问的。没有不变的价值观念。随着整个人类社会的进步、社会形态的变化，人们的价值观念也在变。特别是处在大变革时期，更是价值观念大变革时期。美国人宾克莱的《理想的冲突》，其副标题就是“西方社会中变化着的价值观念”。例如由封建社会过渡到资本主义社会，人们的观念发生了重大变化，由以崇拜权力、崇拜门第出身为主要内容的

① 参见《马克思恩格斯全集》，第42卷，137页。

封建宗法观念，转变为崇拜金钱、反对特权的“拜金主义”的价值观念。至于由资本主义社会过渡到社会主义，更是价值观念的巨大变革时期。由私有观念变为公有观念、由个人主义变为集体主义、由特权思想变为公仆思想、由个人发财变为共同富裕、由崇拜金钱到推崇贡献，如此等等，这种变革，是朝着科学的、民主的、进步的方向变革，是适应历史进步方向的变革。

可是这些年某些人鼓吹的所谓观念变革，却正好与此相反，由集体主义变到个人主义，由马克思主义变到西方资产阶级理论。用西方的价值观、政治观、人权观取代马克思主义的价值观、政治观、人权观，鼓吹以自我为中心。这不是观念更新、观念变革，而是观念复旧、观念更旧，因为个人主义、私有观念、金钱至上，并不是新观念，而是旧观念，是最旧最旧的观念。这是老奶奶压箱底儿的裙子，孙女拿出来穿又变成时髦货。

我们反对抽象地鼓吹观念更新，反对在价值观念更新口号下复活陈旧的东西，必须坚持朝着科学的、进步的、革命的方向，使自己的观念适应社会主义不断发展、不断巩固的新的步伐。

（原载《辩证唯物主义和历史唯物主义讲解》，
北京，中央党校出版社，1990）

39. 人生观问题的时代特征

人的生活是人的最现实最切近的存在。就哲学是被把握在它的思想中的时代而言，人生观比本体论、认识论中的哲学问题更接近自己的时代和现实生活。人生观问题都是生活在现实中的人对自己生活其中的生活感受的哲学性概括，它表达的是人对自己生活中的道德和价值问题的看法。生活的意义、价值、目的问题，都是与人对现实生活的感受不可分的。满意不满意、应该不应该、有价值无价值，都是人的现实生活的折射。

当然，人的人生观，也必然要受哲学世界观、历史观的支配，但并不是绝对的必然一致。因为，人生观既有形而上方面的问题，也有道德问题。它不仅包括关于生活的意义、目的、价值这样一些形而上的问题，也包括人应该如何做人的问题，即人的行为准则、规范，以及面对具体境况应该如何作为的问题。因此，一个唯心主义者，可以是一个具有高尚道德和做人原则的人；反之，一个唯物主义者也可能是贪婪之徒。这要取决于时代，因为处于民族存亡、国家危急之际，哲学家可能突破在纯哲学范围的唯物主义唯心主义的界限，而在现实中做出正确的人生抉择。

在一个国难当头民族危亡的年代，人生观的是非问题，对青年人似不显得那样困难，因为社会矛盾就以其现实性帮助人们选择、迫使人们选择。是醉生梦死、花天酒地还是共赴国难，谁是谁非，一清二楚。中国的抗日战争时期、解放战争时期，向前追溯到从鸦片战争以来的历次反对西方列强的战争，人们都赞扬舍死赴难的人，批判卖国求荣、发国难财的人。

可在和平年代特别是在市场经济大潮中，究竟什么样的人生观是正确的？如何对待金钱、对待财富、对待个人名利？是非界限并不清楚。在致富的口号下，在发展生产力的口号掩盖下的各色人等的内心世界是很难看穿看透的。都在这大旗底下活动，都接过了这个口号。当代英雄，已经不是战争和革命年代的英雄。现在的英雄是手持大哥大、坐在转椅上发号施令的人物。在这些人中，有站在时代潮流前列的人物，但也有一些是社会蠹虫。

就拿知识分子来说，古时称为士大夫，是要讲究气节、讲究安贫乐道的。所谓“先天下之忧而忧，后天下之乐而乐”，所谓“杀身成仁，舍生取义”，表现的就是这种精神。这是封建社会为知识分子即当时的士大夫所立下的标准，“士不可不弘毅，任重而道远”。个人处世处人的态度、面对民族危机的立场、甚至改朝换代中表现出的对新旧王朝的态度都被看成是个人人格的试金石。其实这个标准具有极其明显的时代和阶级特征。

人生观问题与生产方式和生活方式是不可分的。在农业社会中道德的价值、德性、德行，都放在个人行为的首要地位。孔子说：“饭疏食，饮水，曲肱而枕之，乐亦在其中矣。不义而富且贵，于我如浮云”。还说，“君子谋道不谋食”，“朝闻道夕死可矣”。颜回的“箪食瓢饮，不改其乐”，为孔子所称赞。历来孔颜乐处，成为品格高尚的完美人格的典范。在一个以小农生产为基础的社会中，在生活方式的简朴和少量需求即可生存的条件下，这种人生观可以存在和得到赞同。

可是随着资本主义的兴起和发展，生产方式的扩大和产品的丰富，功利主义逐步会成为一种处于主导地位的人生观。满足个人生存和发展的物质需要被认为是人生合理的追求，单纯以道义与德行作为人生最高目标和尺度的人生价值观不会“行时”。

随着资本主义私有财产制度的发展，功利主义朝着两个方向发展：一个是导致利己主义、拜金主义。利己主义无视道德原则，把利己主义的原则奉为至高的生活准则。这样利己主义就把功利与道德的矛盾推向极端，从而把功利主义具有的进步性蒸发殆尽。另一种把功利主义由个人的生活原则提升为社会的普遍原则，即以“福利社会”或以社会成员的普遍福利为目标。可是，在以私有制为基础，以贫富两极对立为现实的社会，是不可能完善地、持久地解决这个问题的。因为公平与效率的矛盾，在资本主义社会是不可能解决的。在西方某些发达的社会中，较好的社会福利与个人的拜金主义和利己主义同时并存，而且后者的力量必然使得普遍的福利原则陷于困境。尽管当代资本主义的反消费主义和回归自然运动是对过度追求消费的一种反作用，但是这种力量是微弱的，是不可能遏制人的消费欲望和追求的。人只要生存着，对物质需要的追求就不可能消失。

马克思主义反对资产阶级的功利主义，但并不抽象反对功利主义，正如它反对利己主义，但并不抽象提倡自我牺牲一样。毛泽东对这个问题作了最精辟的论述。“世界上没有什么超功利主义，在阶级社会里，不是这一阶级的功利主义，就是那一阶级的功利主义。我们是无产阶级的革命的功利主义者，我们是以占全人口百分之九十以上的最广大群众的目前利益和将来利益的统一为出发点的，所以我们是以最广和最远为目标的革命的功利主义者，而不是只看到局部和目前的狭隘的功利主义者。”因此正确处理功利问题，特别是个人利益与集体利益关系问题，始终是人生观的带有根本性的问题。但是由于在现实社会主义运动中经历了一个长的具有不同性质的阶段，因而人们对个人利益与集体利益关系处理具有时代特色。

在全国解放以前，在我们党领导的民主革命过程中，提倡的革命人生观，是把一切甚至整个生命贡献给革命事业。在当时，革命者个人利益与革命利益完全是融合的，就包括在整体利益之中。革命的失败，也是个人理想的失败和个人利益的丧失；革命的胜利，同时也是个人社会理想的实现和生存条件的改善，的确是休戚与共，荣辱一体。毛泽东在《纪念白求恩》、《为人民服务》和《愚公移山》中所提倡的那种毫不利己、专门利人、全心全意为人民服务的精神，那种下定决心、不怕牺牲、排除万难，争取胜利的精神，高度表现了共产党人的本质，也体现了革命与战争年代的时代特征。

全国革命胜利以后，人们处于革命激发的革命热情和对新的生活的憧憬之中。尽管当时人们的生活水平仍然很低，但解放的喜悦和比较平等的分配方式，使人们对自己并不高的生活水平仍然抱有一种满足感。人们并没有把目光转向注视个人利益和个人主义的区分，相反采取一种模糊的方法，不作区分。人们并不着力追求个人利益，为个人利益而努力似乎是可耻的。这时，对个人利益的关注处于一种“休眠”状态。

“文化大革命”结束，在改革开放的浪潮中，社会经济结构的重大变化，多种经济成分和分配方式的出现，使人们的观念发生和继续发生重大变化。利益观念从“冬眠”中苏醒过来，以一种解放以来从未有过的力量冲击人们的头脑。与利益观念伴生的是个人主义、拜金主义、利己主义的蔓延和泛滥。人们仍然不能区分个人主义与个人利益。不同的是现在倒转过来，把一切个人主义的东西都视为正当的个人利益，正如以前把正当的个人利益都混于个人主义一样。历史转了一个大圈子，似乎在发生“价值重估”。有些人对人们萌发的对利益的正当追求采取排斥态度，忧心忡忡；也有人对革命道德和具有高尚道德的模范人物采取肆意嘲笑的态度，大力张扬利己主义并为利己主义寻找人性的证明。

义利之辨在不同时期内容和意义是不同的。在我们国家，义利之辨既是道德问题也是人生观问题，它发生在我们社会经济转型时期，具有鲜明的时代特色。市场经济的确立和一系列改革开放政策的推行，使人们有可能而且关注到个人利益从而调动了人的积极性。竞争意识、效率意识和开拓创新意识的深入，都包含着利益问题。但是，市场经济条件下利益关系大调整和经济成分的多重存在，必然产生利益主体的多元化格局，有可能引发价值观念混乱与道德滑坡，诱发拜金主义、享乐主义、利己主义。否定革命人生观、嘲笑英雄人物、诋毁社会主义道德原则和规范的文章时有出现。事实证明，时代虽然不同，人生观问题，即人生的意义和目的问题并没因此而消失，反而更加凸显。因为对个人利益追求的合法性和正当性，使得如何看待个人利益和集体利益关系问题、获得个人利益的方式和手段问题、生活目的问题更为重要。在当前社会，腐败问题的严重性，形形色色的资产阶级和封建主义人生观沉渣泛起，很值得重视。在确立市场经济的同时持久地、认真地、有针对性地进行社会主义人生观教育是丝毫也不能放松的。

（原载《前线》，2001（10））

40. 人生三论

江泽民同志多次强调加强“三观”教育。其中，人生观教育具有特殊的重要性。人生观当然离不开世界观，但又不能简单地等同于世界观。一个唯物主义者不见得对人生的看法就一定正确，因为人生观并不是直接从世界观中推论和引申出来的，它与一个人的实际人生经历，与生活的磨炼密不可分。一个人的人生观，不是表现在对人生哲理的抽象把握，而是表现在对人生现实际遇的正确处理。同样一句格言，饱经风霜的老年人与没有生活阅历的年轻人的体会是不一样的。老黑格尔的这句名言本身就包含着丰富的人生经验。因此，对一个人来说，从实际生活中感悟人生哲理不失为一种学习人生哲学的方式。人生多难，失败、挫折，令人顿足后悔的事并不是每个人都能避免。祝你一生好运，也只是祝福而已。因此在这些问题上需要有点哲学气量。

一、论失败

失败与失败者在生活中是常见的。如何对待失败、如何对成功者与失败者进行评价，这里既有历史观问题，也有人生观问题。

谁都不愿失败，喜欢成功，但拒绝失败，肯定难以成功。谁都不愿成为失败者，都愿当胜利者，可处于失败地位如不能善处，即使处于胜利地位时也难以把握自己，可能会向相反的方面转化。

一般说，失败与成功不是固定不变的。失败中可以包含成功的因素，而胜利中也可能包含着失败的种子。有人说，成功是多次失败的回报，或者像中国老话说的失败是成功之母，讲的都是同一个意思。顶峰只有愿意走弯路的人才能攀登上去，的确如此。可是这种说法也是概而言之，不能抽象化普遍化，因为失败的性质可以是多种多样的，其结局可以迥然不同。

就人与自然关系而言，人在改造自然的过程中，某一试验的失败、某一新产品制作过程中的反复试验，都是达到成功的必经之路。据说，日本有个学者专门研究失败并提倡建立一门名为“失败学”的学问。他认为失败的结果形成重大的事态就是事故。通常因事故而陷入困境。事故应着力防止，但失败不等于事故。失败有两种，一种是可容忍的失败，一种是不可容忍的失败。失败的好处在于，它不仅向本人，而且向他人，向后来者提供经验，以获得成功。人是容易健忘的。在人类历史上有许多事故和灾难被遗忘了，以致后人重犯错误。这证明人们应该从失败中吸取教训。从这个角度说失败的确是人类的一笔宝贵的财富。

可在社会领域中，在政治斗争、军事斗争中，一个阶级及其代表人物的失败并不必然导致成功，关键是自己处于斗争的哪一方面，是站在历史潮流的反面，还是站在历史潮流的前头引导潮流。经验证明，反动阶级及其代表人物的失败是无可挽回的。不管他们具有何种才能、知识，拥有多大力量，到头来仍然避免不了失败。当然，作为一种历史经验，这种失败可以从反面给人以历史的智慧和启迪，但绝不会转变为成功。

就个人而言，在社会活动中，达到个人的目标，取决于多种因素，既有目标的合理性和可行性的问题，也有个人机遇、拼搏精神等方面的差异问题。因此考察失败与成功的关系时，应该弄清个人行为的性质，如果知其不可为而为之，只能失败到底。因此，一个聪明人应该善于从自己的失败中吸取教训。吃一堑，长一智，不要一条路走到黑。

失败者与失败不可分，但又有区别。失败是就具体事件说的，它可以是完整过程中某个阶段或某些环节的失败；而失败者是就过程的最终结果说的，它表明一个过程的结束。在一个过程中，虽经多次失败，但结果转败为胜获得成功；相反，虽有多次成功，但最终仍然失败的事并不罕见。成功者与失败者的地位也不是一成不变的。他们在一定条件下也可能彼此互换位置。在社会生活中，类似越王勾践、吴王夫差这样的故事，在历史和现实生活中并不少见。

当然，何谓失败与成功，由于价值观念不同，评价标准不一。有“聪明人”的所谓成功，如交易所股票买卖胜负的所谓的成功、投机倒把的成功、溜须拍马登龙有术的所谓成功，也有科学研究和个人事业中的成功。古代歌谣《神鸡童谣》中说：“生儿不用识文字，斗鸡走马胜读书。贾家小儿年十三，富贵荣华代不如。”这是说以善斗鸡获宠而致个人成功的例子。古时人们对这种个人成功与失败颠倒的事极为不平，“杀人放火的享着荣华，吃素看经的活活饿杀”就是对这种现实的抗议。我这里所说的成功都是从个人目标对社会有益、至少无害的角度说的。投机获利、抢银行得手，自然不在我说的成功之列。

一个人既要经得起胜利的考验，全身放光时不昏头昏脑，又要在处于失败和失败者地位时善于自处。这对人的一生非常重要。特别是处于失败与失败者地位时，要不气馁、有韧性，坚持到底。经过奋斗，即使失败，也是光彩的。鲁迅是提倡“不耻最后”的精神的。在马拉松赛中，我们不仅要为跑在最前面的喝彩，也应该为落在后面仍坚持到底的人鼓掌，最不应该的是中途溜走的人。自甘失败才是真正的失败。处于失败和失败者的地位是人生的最大考验。

在生活中我们会碰到两种人，一种是活得烦的人，另一种是活不下去的人。活得烦的人感到生活空虚。这种人不一定是失败者，也可能是世俗的所谓成功者。有些人，有钱、有名、遍身发光，但感到没劲，没有活头，这是精神生活空虚的结果。空虚，可能走向醉生梦死，走向彻底的堕落。

活不下去的原因是多种多样的。除了疾病，如抑郁症或其他不治之症外（这不在我们论述之列，这之中存在复杂的医学、伦理学问题），可能是破产、失业、失恋，即一般人眼中的失意者，但得意者，在世俗看来功成名就的人，也可能突然自杀身亡。后一种人，往往因为有更高的理想或精神追求，怀着一种愤世嫉俗，对现实不满又无力回天的情绪死去。这样的人是有理想有追求的人，但也是一个难以与社会适应的人，从这个角度说，他们也是生活的失败者。自杀是绝望的顶点。在这里，个人处境是重要的，但人生观问题仍然是个关键因素。

在个人活动中，要变失败为成功，首先要目标正确、适当。志大才疏、好高骛远，是不可能成功的。人应该有自知之明。“挟泰山以超北海，非不为也实不能也；为长者折枝，非不能也实不为也。”人在确立自己的目标时，应该区分不能与不为，应该使自己的个人目标与社会的发展、人民的需要以及社会提供的可能性相协调。任何与历史和社会相悖的事是不能最终获得成功的，即使可获一时之利，但也只能是昙花一现，过眼烟云，留下的是历史的遗憾甚至历史的笑柄。

人在为正确目标奋斗时应该有干劲、有韧性，有一股子拼命精神。要想在任何事业中有点成就，不能等天上掉馅饼、坐享其成。即使有兔子碰到树上的事，也是不会重复的，这种所谓成功也不可能持久。在这方面，毛泽东提倡的“下定决心，不怕牺牲，排除万难，去争取胜利”的愚公移山精神还是应该发扬的。

但是，人在实现自己的目标时应该有弹性。人不可能一开始就明确地认识自己的潜力和才能。我们应该根据自己的实际情况和条件，校正自己的目标和要求，务求使之合理而可行。修改目标不等于放弃目标，老子说：“合抱之木，生于毫末；九层之台，起于垒土；千里之行，始于足下。”使目标更切实可行，为以后的发展创造条件，这比抱着难以实行的宏伟蓝图更为明智、更为可行。

并不是每个人都能建功立业，彪炳千秋，都能在科学、文学，或其他方面有杰出的成就，青史留名。我们中的绝大多数都是一般人，但都是社会不可缺少的人。没有我们这千千万万普普通通的人，世界就不复存在。没有一个社会是单靠天才和伟人独立支撑的。这也就是鲁迅当年说的花与泥土的关系，我们应该争取做花，但必要时也心甘情愿做泥土。这样，我们就会把因失败和成为失败者而产生的恶性情绪变为一种从整个社会着眼的良性情绪，从整个国家的兴旺和社会的发展中分享到成功的喜悦。

一个人，只要尽了自己的努力，搞好自己的本职工作，即使终生默默无闻，仍然可以无愧地说，国家的发展和社会的进步中有我的汗水，我是大海中的一滴水，我为大海而自豪。有了这样的做法和想法，就永远没有失败情绪，永远是成功者。这不是阿 Q 的精神胜利，而是一个具有集体主义观念、有觉悟的公民的人生观的胜利。

我们应该追求成功，但也应该懂得什么叫成功、什么叫失败。

二、论后悔

在一生中，没有任何后悔，也没有做过后悔的事的人，是极为罕见的。

后悔并不是绝对不好。后悔是多种多样的。

因为做了不好的事，对不起人的事，感到后悔的，是良心发现，表明没有丧失良知。这是道德的自律。《菜根谭》的“矜则无功，悔则改过”条中说：“盖世功劳，当不得一个矜字；弥天罪过，当不得一个悔字”，就是这个意思。

因为思考不周，把事情办砸了，感到后悔，是醒悟的表现，表明找到了能够成功的办法。这是错误的积极成果。没有新办法是不会后悔的。您没有见过下象棋的吗？凡是悔棋的，肯定是有了好着。没有发现自己的棋走臭了，没有好招是想不起悔棋的。悔，是认识到错误的表现。

有一种悔是不好的，这就是坏事没办成，感到坐失良机而懊恼。这种悔，是坏上加坏。另一种是宗教忏悔，自认或真正有罪，在上帝面前悔过以求得灵魂的安宁。这些都不在我们所说的后悔之列。

当然，如果事前想得周到，减少后悔当然好。孔子就主张少后悔，他说，“多闻阙疑，慎言其余，则寡尤。多见阙殆，慎行其余，则寡悔。言寡尤，行寡悔，禄在其中矣。”孔子讲的是做官的诀窍，但他提倡的多闻、多见、慎言、慎行还是有道理的。与其事后后悔，不如事前思考。可是凡事都一思再思三思，不断思下去，犹豫不决，始终处在思考中，这比考虑不周更误事。错误只能在实践中才能发现，也只有在实践中才能解决。

在人类的实践和认识中，后悔是不可避免的。事前诸葛亮是少而又少的，那是理想化神化了的人物。如果能做事后诸葛亮，能对错误和挫折进行总结，就能避免以后犯同样或类似的错误。

世界上没有后悔药。凡是已成之事都是无可改变的。能改变的都是没有实现的事。有位哲学家说，人的生命如能有两次，肯定每个人都是天才。因为有两次生命，就有后悔的事推倒重来的可能。

人，当然只能活一次。任何后悔都不能改变已成的事实，但这绝不是说，后悔情绪是毫无意义的。现今有些流行的说法，如“青春无悔”、“人生无悔”，这是说把一生、青春贡献给某种事业，即使并不辉煌，并不轰轰烈烈，甚至遭到不少挫折，但并不后悔。因为事业平凡，人生平凡，职业平凡，并无错误，非后悔之事。相反，一生安于平凡，老老实实工作，应予表扬。尤其像屈原在《离骚》中说的，“亦余心之所善兮，虽九死其犹未悔”，表现的更是一种忠贞不渝的爱国主义精神。这是一种非常可贵的精神。但这并不是说在人的一生中，任何后悔都是消极的。问题是人不能只停留在后悔上，而要把后悔情绪变为一种总结经验的动力，从后悔中得出教训。这样的后悔情绪就是一种积极的良性情绪。如果一个在实践中犯了错误的人，连一点后悔情绪都没有，若无其事，他肯定是不会接受教训的。

可是，单纯的后悔是一种消极情绪，特别是由后悔到自责，怨天尤人，终日后悔，甚至以泪洗面，就是不采取积极行动，总结经验，吸取教训。如果人的一生都怀着种种后悔情绪，如牛负重，终无了日，对处世行事都是有害的。据说有位美国名人说过，当后悔取代梦想的时候，人才会变老。但是，即使已到晚年也不需要这种后悔，因为事已至此，悔之晚矣。这种后悔没有任何积极意义。

我们提倡从后悔到总结，但不主张撇开总结的单纯后悔。这两种后悔是不同的，单纯的后悔是面对过去，后悔已发生的事不该发生；而由后悔到总结是面对未来，防止已发生之事再度发生。沉湎于过去就会忽视未来；而着眼未来，就不能忘记过去。现在盛行的“失败学”、“错误学”、“误诊学”，都是对人类实践活动包括医疗活动中许多失误的总结，在一定意义上也可说是对许多后悔之事的积极探讨。

人生不是棋局，不能悔棋，重走，但人生又如棋局，可以在多次输棋中积累经验。人生无悔棋，但可以从自己的错棋中得到启示。恩格斯说过，一个民族最好的学习是从自己的失败中学习，一个人也是如此。人生不可避免有后悔之事，但要尽可能减少或不再重复错误。

人是很善忘的，但历史是有规律的，因而历史的遗憾可能会重复出现。李自成进了北京，但屁股还没坐热又退出北京，还来不及后悔，终以失败而酿成历史的悲剧。洪秀全在天京时间长些，可最后也是因腐败和内讧而无法抗敌，宣告失败，又酿成历史的悲剧，连后悔的机会也没有。后人读史，虽然会为其扼腕，但后人也可能犯同样的错误。不能从历史中吸取教训的原因仍然是历史，是历史人物和历史事件的特定条件决定的。从这个角度说，有时间和机会后悔仍不失为一件好事。最可悲的是，历史不给人以后悔的机会。

中国共产党是无产阶级政党，可我们也有过一再出现的错误。在国内战争时期犯过反 AB 团扩大化的错误，在延安有所谓抢救运动扩大化的错误，至于“文化大革命”中的揪叛徒、特务、走资派的错误更是扩大到无以复加的程度。当时很少有人记起 AB 团、抢救运动，似乎过去是错的，现在是正确的。这说明要从错误得出教训，减少后悔并不容易。就事论事不行，关键是要善于从自己的失误中总结出规律性认识。经验性认识，可以避免在相同的条件下犯同一种错误；而规律性认识，可以避免在不同条件下犯同类甚至不同类的错误。要使事后诸葛亮成为真正的诸葛亮而不是经验主义者，就应该从后悔之事中上升到规律性认识。这是后悔的最高奖赏。

我们一定要懂得后悔，善于后悔，把消极的懊悔变为积极的总结。这样，我们的人生会变得更充实，也更能经得起风吹浪打。

三、论命运

厄运不求自来，无须争取。世界上没有任何人乐意身处逆境。

好运必须努力，成功不是囊中取物。天上不会掉馅饼。

有的人一生平安，甚至一帆风顺，平步青云；有的人，命交华盖，总是磕磕碰碰。有的人，前半生春风得意而晚景凄凉；也有的前半生屡经挫折而晚年时来运转。有的人一个偶然的机会而飞黄腾达；也有人因一言不慎而堕入地狱。人生的确如舞台，有喜剧、有悲剧，还有丑剧，甚至闹剧。谁有如此力量，如同斯密讲的看不见的手在支配各人的富贵休咎？

天命论者说是“天”。孔子是主张天命的。他说过“君子有三畏：畏天命，畏大人，畏圣人之言。小人不知天命，狎大人，侮圣人之言”。《论语》记载有孔子关于天命的故事，一次是宋国司马桓要杀他，他说：“天生德于予，桓其如予何？”意思是天既然给如是之德，桓能把我怎样呢。

还有一次，他被匡人包围，匡人以为他是阳虎，要杀他。他又说："天之未丧斯文也，匡人其如我何?"意思还是说，我受命于天死不了。

宗教说是神。基督教和佛教说法不同，但本质一样，都是强调人是受外在于人的力量（上帝或者佛）支配的。其实天、神、基督，名称不同，是一回事，都是外在于人的操纵人、支配人的一种异己力量。

天命论或命定论在中国古代就受到批判。墨子曾抨击儒家的"死生有命富贵在天"的说法，如果"命富则富，命穷则穷，命众则众，命寡则寡，命治则治，命乱则乱，命寿则寿，命夭则夭"，只能一切都听天由命，肯定天下大乱，衣食不足，一塌糊涂。所以命定论"非仁者之言"，于国于民都是有害的。

存在主义者例如萨特强调自我设计、自我选择，似乎个人的未来完全是自我决定的。可是人人都愿意把自己设计得前途似锦，人人都有美梦和幻想。谁愿意把自己设计为强盗、妓女、流氓、小偷？谁都愿生活理想，可如愿以偿的能有几人？何以总是不能天从人愿呢？人的一生不是依计（计划）而行的，不是依愿选择而行的。任何人都不可能为自己制定一个按步而行的人生计划，或按照自己的愿望进行选择。连萨特自己也做不到这一点。这当然不是说，人生的目标不重要、选择不重要、主观努力不重要。不是的，这些都非常重要。问题是要知道人不是抽象的孤立的个体，人的任何选择、愿望、目标的可行性并不完全取决于个人的主观愿望，而是不能离开人与人之间的相互作用的力量即社会力量。

命是没有的。无论是天命还是人的命（以人的生辰八字或骨相为载体的神秘力量）都是没有的。可人确实又不是绝对自由的。人既不能绝对自我选择也没有绝对不可改变的命运，关键是时、境、力。

时者，指社会提供的有利于自我发展的环境。人都是生活在一定社会中，是在既定的条件下活动。社会提供的可能性空间，往往是人的发展的界限。人只能在这个范围内发展。有个哲学家说过，爱因斯坦生活在野蛮人中也只能是个野蛮人。在不断的"左"的政治运动中，人遭受厄运的可能性比正常情况下要多不知几千几万倍。我可以断言，没有"文化大革命"，许多身经百战的将军、为革命作过贡献的领导、有才能的学者专家不会遭受厄运。再有才能的人，在"上山下乡"的运动中只能修理地球；

而恢复高考才为优秀人才脱颖而出提供了机遇。和平时期难出能征善战的将军，可战争能把一个没有战争经验的士兵培养成元帅。“逢时”——这是唯物主义的，它不同于命定论，它着眼的是人的生存环境。所以个人的境遇决定于社会的性质和社会为个人发展提供的条件。

境者，指各自的特殊处境，包括个人的阶级归属、家庭背景以及个人在社会中所处的地位，在阶级社会中，这是至关重要的。在资本主义社会中，虽说是机会均等、公平竞争，但个人属于什么阶级，财富的占有状况对个人前途影响甚大，家庭背景的影响也是举足轻重的。父母的社会地位和职业，对子女的择业和前途都有明显的或潜在的影响。在社会主义社会这些因素在不同程度上也起作用：在以前“左”的政策下，不少有才能而家庭出身不好的人失去了发展的机会；在社会主义市场经济条件下，政治条件作用的比重下降，家庭的经济状况对个人受教育机会影响的比重明显上升。老少边穷地区和沿海地区的差别是明显的。尽管我们国家和政府采取许多办法来解决这新的不公平，但也很难做到真正的机会均等。至于所谓书香门第、世家望族的子弟更是比平头百姓有更有利的条件。甚至个人在什么地区、在什么单位、在谁的手下工作，对个人的发展都会起作用。

力者，指自己的奋斗。处于相同的社会和大体相同的家庭背景，甚至有相同的机遇，但结果大相径庭。这种情况并不罕见。厄运可以使人消沉、堕落；也可以使人奋发有为。司马迁《报任安书》中那段关于如何对待厄运的论述至今仍具有极大感染力和激活力，他说：“盖西伯拘而演《周易》；仲尼厄而作《春秋》；屈原放逐，乃赋《离骚》；左丘失明，厥有《国语》；孙子膑脚，《兵法》修列；不韦迁蜀，世传《吕览》；韩非囚秦，《说难》、《孤愤》。《诗》三百篇，大氐贤圣发愤之所为作也。此人皆意有所郁结，不得通其道，故述往事，思来者。”其实司马迁自己就是历史上最好的范例，遭厄境而有所为，不向命运屈服，终有所大成，为中华民族留下了一部被誉为史家“千古绝唱”的《史记》。

人应该不屈服于厄运，奋起自救，可能有条新路。自甘失败是真正的失败，而面对失败的奋斗可能转败为胜。郭沫若先生在给一位年轻朋友的信中讲过他自己的人生体验，他说：“人生本来就充满艰难曲折。我在少年时代由于遭受种种厄运的打击，曾经一度自暴自弃过，几乎就那样默默无闻地走向毁灭，但后来我觉悟了，终于鼓起勇气站了起来，向面前的厄运挑战。”

可是任何奋斗，绝不能知其不可为而为之。因为人力作用是有限的，这个限度就是规律给予的界限。所谓识时务者为俊杰，讲的就是人要识时务。任何逆潮流而动的事，不管个人有多大才能，肯定不会成功；相反符合时代要求的事容易成功，即使个人才能欠缺也可以在实践中得到提高。“好风凭借力，送我上青云”。这个好风是时代之风。历史上多少有才能的人下场不妙，而一些并无多大才能和学识的人最终获得成功，原因正在此。远的不说，就说国民党，国民党中并不缺乏将才、干才，他们的结果是或俘或降。

正面人物也是如此。任何一个人如果时与境不利，也是无能为力的。每读岳飞《满江红》：“怒发冲冠，凭栏处，潇潇雨歇。抬望眼，仰头长啸，壮怀激烈。”“待从头，收拾旧山河，朝天阙。”一片还我河山、建功立业的雄心跃然纸上。尽管在战场上多次获胜，仍然遗恨风波亭，令后人为其扼腕。

我们说，厄运不请自来，这绝不是说与人无关。事实上，任何厄运都是与人的行为不可分的。在社会生活中，除人之外，没有任何力量能给人带来厄运。

我们面对的厄运有两类：一类是社会给人带来的厄运。这是由于社会制度的不公正造成的。在旧社会，社会给人造成的厄运是屡见不鲜的。我们国家是社会主义国家，但如果我们政策失误也会造成一些人的厄运。例如，反右运动、“文化大革命”以及“左”的路线和思想造成的危害。这种厄运是个人无能为力的，这种遭遇是悲剧。但在社会主义条件下，最终受到冤枉的死者会得到昭雪，生者会给以清白，这是社会主义力量所在，这也是虽然有过冤假错案，但人们仍然拥护党、热爱社会主义的原因所在。另一种厄运是个人行为造成的，贪污受贿、黄、赌、买官卖官、盗、窃、抢，各种各样的犯罪行为，最终必将使行为者身陷囹圄，甚至被送上断头台。我不相信因果报应，这是迷信，因为它建立在神或上天对人的惩罚的基础上，但我们应该相信辩证唯物主义关于因果关系的学说。所有这些罪犯得到的苦果，都是以自己行为为因造成的。中国的古话“多行不义必自毙”，“善有善报，恶有恶报，不是不报，时候未到”有时是有道理的。这个道理不是神学的道理而是人的道理，即人的行为会产生与其相应的结果，因为它触犯了国家和社会的利益，必然受到惩罚。这种由别人施加的惩罚，从一定意义上说，就是他们的自我惩罚。尽管各种犯罪有社会原因，但面对同样的诱惑，人完全可以自主选择。犯罪并不是不可避免的，这种厄运是丑剧。

厄运，从根本上说具有社会性质。一个合理的社会不会给社会成员制造厄运，而是遵守社会主义人道主义原则，对人十分关怀和爱护。这正是马克思主义主张社会革命的一个重要原因。社会主义革命，不仅改造社会也改造人。它创造一个合理的能保证其社会成员的物质和精神需要的社会；也改造人，提高人的思想和文化素质，培养四有新人，从而减少和防止个人因犯罪而罹厄运。

《礼记·大同》充满这种理想，从莫尔到19世纪三大空想社会主义者也满怀这种理想，可都陷于空想。只有马克思主义的社会主义革命才为人类自己掌握自己的命运的可能性开辟了道路。

（原载《高校理论战线》，2003（1））

41. 生命中的有限与无限

人的生命是有限的。任何人都知道这一点，可不是任何人都能意识感受到这一点。如日东升风华正茂的年轻人不会想到这一点，而常想这个问题的往往是时间不多的老年人。倒计时的急迫感使他们不由自主地会想到生命的短促。哲学家劝人忘年、忘生死，真正能做到的不多。我想与其做把头埋在沙堆里的鸵鸟，不如直面生命有限的客观事实，从中引出必要的哲学结论。

时间是无限的，但生命是有限的。相对无始无终的时间之流，人的生命只不过是微不足道的一瞬间。人是唯一具有时间意识的存在物。只有人，才悲叹人生短暂，譬如朝露。只有人，才如此为人类进入千年之交、世纪之交而举世狂欢。尽管这个时间表上的刻度是人类自己刻的，是人类自己在无始无终的时间之流上留下不同的识别标记，但人类还是为每一特殊时刻而亢奋。

自古以来，面对无限时间中的有限人生，有完全不同的人生态度。

孔老夫子站在岸上，看见不分昼夜奔腾而去的流水，联想起时间，甚为感叹："逝者如斯夫，不舍昼夜。"当然，孔子这么大的智者，绝不会认为，时间的流逝如身边的流水，人可以依然故我。时间就是人的存在方式，是万物的存在方式。万物的变化就是时间的流逝，是人的衰老和死亡。感叹时间，就是感叹人生。孔夫子是个用世者，想有所作为，时不我待，总有种紧迫感。时间的流淌、生命的消失，使他深感不安。

庄子也感受到人生短促："吾生也有涯。"但庄子是用相对主义观点来化解这个问题的悲观主义者。寿高八百的彭祖，比起神龟、比起大椿的生命是很短促的；而人中的殇子比起朝生暮死的小虫还是长寿的。天下莫寿于殇子，而彭祖为夭。既然如此，寿再长也用不着高兴，再短也用不着悲伤。心理极其平衡，不会为这个最大的生死寿夭的问题而苦恼。

这两种不同的时间视角，表现了两种人生观。孔子从用世出发，着眼于有限，着眼于主体，苦于生命太短。虽然时间是无限的，但生命是有限的。人应该把握住无限中的有限。庄子从避世出发，着眼于无限，着眼于宇宙自身。时间是无限的，在这无限的时间中，任何无限的东西都是有限的，它的比较是相对的。人应该把握无限，体会天道，而不能计较生命自身的长短。无限性有两种不同的含义。按黑格尔的说法，一种是恶的无限，或称坏的和消极的无限，这是有限的反复和相加。例如时间的无限，就是一分一秒不断重复相加，以至无穷。这种无限性是时间无限的一种形式，但永远是生命不可能达到的彼岸世界。追求这种与有限相脱离相对立的无限，就是追求长与天地同存，长生久视，永不死亡的神仙境界。这是一个幻想的世界。另一种是真实的无限或者说积极的无限，这是存在于有限之中与有限相联系的无限，是有限对自身的超越。生命的无限只能是这种无限。从它存在的时间看是有限的，但它却可以包含着无限。这种无限当然不是生命的无限延续，而是在正确处理生命中各种矛盾的过程中获得的生命的意义和价值。

个人生命有限性与认识无限性的矛盾。人的生命是有限的，但知识是无限的，因此人对知识的追求就包含着对无限性的追求。在人的生命活动中认识是永无止境的。所谓“艺无止境”，所谓活到老、学到老都体现了这种无限性。恩格斯曾从个体生命的有限性角度论述过思维的至上性与非至上性问题。恩格斯从人的思维至上性中得出人的认识无限性的积极结论；庄子也承认认识的无限性，所谓“知无涯”。但他得出的是消极的结论：“吾生也有涯，而知也无涯，以有涯随无涯，殆已。”这样，庄子否定有限生命中对无限知识追求的意义，从而贬低了人生的价值。

个人生命的有限性与精神境界提高的无限性的矛盾。人的生命是有限的，但在有限的人生中，人的道德修养、人的品德的修养、人的思想境界的提高是无限的。所谓“大学之道，在明明德，在亲民，在止于至善。”

可什么是至善，到什么程度算是至善，这很难有个绝对的标准。这是个无止境的永远的追求过程。

当然，人为了生存，首先必须有衣食住行等物质消费资料。随着生产力的提高、社会的发展和社会日益趋向公正，人的生活质量和消费水平也不断提高，社会可以提供更多更好的消费品，这也是个无止境的过程。不能说，到某个时候，物质生产的发展完全停止了。这是不符合历史唯物主义原则的，也不符合人类的历史发展和现实。但是从人的生理角度看，人对物质消费品的需要是有限的。庄子说，“鹪鹩巢于深林，不过一枝；偃鼠饮河，不过满腹”。中国人常说的日食三餐、夜眠八尺也是这个意思。这当然是农业社会小农的消费特点，不能作为任何社会的消费尺度。但是，从当代工业社会的现实看，过度消费、不合理的消费欲望和追求不利于人的发展。所以早在《1844 年经济学哲学手稿》中，马克思就提出过人的需要和非人的需要的问题。尽管社会发展和生产力的提高有可能提供越来越多的各式各样稀奇古怪的匪夷所思的东西满足人的癖好，但这种消费不仅不是对人的需要的满足，而是对人性的扭曲。因此人对物质产品需求的发展不是无限而是合理。我们应该提倡合理消费而不是无限消费，应该提倡有利于人的全面发展和身心健康的需要。可人的道德水平、思想境界、人格修养的提高的确是无限的。对这种无限性的追求，不同于对物质消费品的无限追求，它有利于人的完善和真正成为一个高尚的人、纯粹的人，使人的生命在这种境界中得到升华。

个人生命的有限性与社会发展无限性的矛盾。个人的生命是有限的，但社会的进步和发展是无限的。恩格斯在批评黑格尔时说过，历史同认识一样，永远不会在一种完美的理想状态中最终结束；完美的社会、完美的国家是只有在幻想中才能存在的东西；相反，一切依次更替的历史状态都只是人类社会由低级到高级的无穷发展进程中的暂时阶段。有限的个人生命的延续只能在社会发展的无限性中得到实现。从古至今无数有限生命汇合而成的社会，在永无终点地不断发展、不断前进。西方关于历史的终结的说法是具有政治意图的无知妄说。在社会发展中，人，特别是那些站在历史前头推动历史前进的人们把自己的生命溶化在历史的进步中，成为永恒不朽的人。瞿秋白在一篇题为《儿时》的文章中说：“生命只有一次，对于谁都是宝贵的。但是，假使他的生命溶化在大众的里面，假使他天天在为这世界干些什么，那末，他总在生长，虽然衰老病死仍旧是逃避不了，然而他的事业——大众的事业是不死的，他会领略到‘永久的青年’。人们常说，有的人活着已经死了，有的人死了仍然活着。这些死了仍然活在世世代代的后人中的人，就是超越有限，在有限中获得无限的人。”

个人生命的有限性和文明积累无限性的矛盾。个人的生命是有限的，但一个民族的文明的积累，包括物质文明和精神文明的积累是无限的。那些以自己的创造，如技术、器物、典籍、传世之作，即那些为一个民族的后人世代利用的东西的创造者，连同他的创造物一道永存。个人的生命是有限的，但他留给后人的成果、他的贡献、他的影响可能是无限的。任何人都可能在自己对人类的贡献中无意刻上自己的名字。这就是生命的不朽。

中国古人有三不朽的说法，所谓立德、立功、立言。立德，就是高尚的道德境界，足以垂范后世，永为表率；立功，就是为人民、为民族立下丰功伟绩，它的成就变为历史和社会的一部分；立言，就是以他的传世之作和教导，构成人类和民族文化的组成部分，永为后人所享用。这样的人，都是死而未死，在有限生命中包含着无限。

这种人不一定都是名人。我记起了明人张溥写的《五人墓碑记》，这是说明普通个人生命也可以变有限为无限的好事例。文章记载的是明熹宗时苏州人反对魏忠贤的斗争，被处死的是五个普通老百姓。后来魏事败，人们为这五个被草草埋葬的人在魏的废祠址上重新筑墓安葬，并立碑。文章说，从五个人被杀到重新安葬不过十一个月，“夫十有一月之中，凡富贵之子，慷慨得志之徒，其疾病而死，死而湮没不足道者，亦已众矣，况草野之无闻者欤”。而这普通老百姓得此殊荣，因为“五人之当刑也，呼中丞之名而詈之，谈笑以死”。他们虽然是普通百姓，但“匹夫之有重于社稷也”。历史上多少达官贵人、名宦巨富、王子王孙，死了就“了”，而这五个人却为人所景仰，原因也还在于他们表现了中华民族威武不能屈的精神。临刑不惧、视死如归的气节，足以百世流芳。

（原载《前线》，2001（12））

42. 五十学《易》，可以无过矣

五十学《易》，可以无过矣。这是孔子《论语》中的话，确实表现了他的谦虚。他的门人称颂他是“天纵之圣”。他却不这样看，认为自己并不是生而知之，而是学而知之。他对自己一生的学习过程，有个概括性的总结，即十五而志于学，三十而立，四十而不惑，五十而知天命。孔子把知天命之年和学《易》之年放在同一年，说明对易的重视，也说明知天命是他人生追求的一个境界。

佛教是追求大彻大悟的。彻者，彻头彻尾、彻里彻外，什么都透了；悟者，什么都通了。佛教的大彻大悟，最后落到一个空字，本体的空或心境的空。彻底悟到，人生是苦，寻求解脱。凡信佛到最后境界，必然看破红尘，感到一切皆为幻象，只有遁入空门，潜心修行。文化程度越高、情感越丰富者越会是这样。贾府的贵公子宝玉，生于钟鸣鼎食之家，锦衣玉食，众星捧月，何等富贵，最后还是当了和尚。这是小说，不足为凭。可一代文化名人，能诗善画，多才多艺，风流倜傥，“翩翩佳公子”的李叔同，变为青灯黄卷、暮鼓晨钟的近代史上的弘一法师，可是真人真事。他也是大彻大悟，彻到弃一切于不顾，悟到视盛名如敝屣。当然，李叔同变为弘一法师是特定历史条件的特定产物，具有时代特征。但他“悟”现实世界为“空”，却是宗教追求的最高境界。

哲学也是一种追求。孔子说的五十学《易》，可以无大过，是说五十可以知天命。天命可以是神学意义的，也可以是哲学意义的。从孔子不语怪力乱神看，孔子的天命偏重于天道。用哲学的话说，是把握宇宙规律可以无过，即不犯或少犯错误。在西方，伊壁鸠鲁也强调哲学学习的重要性。他说，任何一个人都不要因为年轻而放松对哲学的学习，或者因为年老而厌倦对哲学的研究，因为要获得灵魂的健康，任何时候都不算太早或太晚。自称还没有准备好学习哲学或是学习哲学的年华已经过去的人，就好像在说自己因为太年轻或太年老而无法获得快乐一样。伊壁鸠鲁与孔子不同，他学习哲学的目的，不是为通天命而无过，而是为了心灵的安静和健康。

在我看来，孔子的说法和伊壁鸠鲁的说法都有可取之处。哲学既可通天道，也可通人事，对认识世界和自我修养都是有用的。哲学的最大作用是可以化识成智，即把对世界的普遍的把握变为主体自身的智慧。这也是悟，但不是宗教的悟而是哲学的悟。哲学是真正的关于现实世界的智慧，关于人及其生活其中世界的智慧。它不是把现实变为虚空，而是把被宗教异化出去的世界还给人本身，变为一个真实的人们不可须臾离开的世界。在我看来，这是哲学高于宗教的地方。

有条件，我们可以学习一点中国哲学，学习一点西方哲学，从中可以得到一些处事处人的智慧。但是，我以为最重要的还是学习一点马克思主义哲学。马克思主义哲学不是关于个人如何解脱的哲学，而是寻求阶级和人类解放的哲学。试图把马克思主义哲学单纯作为个人的安身立命之道，如人们在儒佛道中所寻求的那样是不可能的。可是，由于马克思主义哲学从宏观从总体上对人与自然、人与社会、人与自我的关系作了深刻的规律性的揭示，因而为人提供了对宇宙、对历史、对人生的规律性的理解，即自然的智慧、历史的智慧、人生的智慧。贯穿其中的世界观、人生观、价值观，无论对我们认识世界改造世界，或者是对自身道德修养都是有用的。从这个意义上说，学习马克思主义哲学也的确能使人“无过”。当然不是绝对的“无过”，人在实践和认识中的错误是难免的。聪明人不是不犯错误，而是不重复特别不一再重复错误。

马克思主义哲学为我们提供正确的世界观和思维方法。而世界观和方法论问题对人是至关重要的。19 世纪下半叶，恩格斯曾经尖锐地批评蔑视哲学的某些自然科学家，说自然研究家尽管可以采取他们所愿意采取的态度，他们还是得受哲学的支配。问题只在于，他们是愿意受某种蹩脚的时髦哲学支配，还是愿受某种以认识思维历史及其成就为基础的理论思维形式的支配。自然科学家的研究固然离不开观察、试验，但更离不开思维。要思维必然要有思维规律和运用思维范畴的方式。尽管科学家的思维过程在大脑里运行，不像实验那样具有外在的可观察性和可检验性，但科学思维模式对科学发现是至关重要的。恩格斯说过："没有理论思维，的确无法使自然界中的两件事实联系起来，或者洞察二者之间的既有的联系"。全部科学史也证明，科学家如果缺少必然与偶然性观念、缺少因果性规律性观念、缺乏正确的思维模式，是不可能在科学中取得突破的。即使在实验中取得某种成果，也很难进行新的概括。一部科学技术史，同时也是辩证法战胜形而上学、唯物主义战胜唯灵论，各种认识模式发展的历史。只是由于哲学思维属于人们的头脑，是人的内在的思维过程，它的重要性往往容易被忽略。

至于哲学思维对于人的实践活动的重要性更是不言而喻的。例如马克思主义哲学在中国革命中的作用就是不可替代的。毛泽东之所以高瞻远瞩、多谋善断，哲学思维水平高是其中的重要原因。人们只要读读《中国社会各阶级的分析》、《中国革命战争的战略问题》、《论持久战》、《新民主主义论》就可以知道，更不用说《实践论》、《矛盾论》、《关于正确处理人民内部矛盾的问题》。毛泽东对中国问题的分析、对战争的指挥，都是高度科学化理性化即唯物辩证法的分析。邓小平同样也是如此。离开实事求是和解放思想的原则，中国社会主义建设的新格局是不可能出现的。或许有人会说，哲学如此重要，为什么毛泽东晚年会犯错误？毛泽东晚年的错误正从另一个方面说明哲学的重要。如果毛泽东一如既往始终坚持实事求是的原则，就有可能及时纠正错误或缩短错误延续的过程。

对人来说，人生观的问题同样是至关重要的。人的认识和实践中的错误不少与人生观有关。人是万物之灵，他高于一切动物，因他有理智，有道德，能行善。可人也能作恶，做坏事，人如果为恶，是任何动物所不可比的，所谓禽兽不如就是指这种人。而为善为恶，做好事做坏事，原因很多，但对人生意义、目的、价值的不同看法是个很重要的因素。法国的大哲学家蒙田讲过一段很有意思的话，大意是人生好比是奥林匹克运动集会，有的为夺取锦标在奋力拼搏，有的在比赛场做小买卖以谋取私利，还有的单纯作为比赛的看客。人生是五花八门的，我们每个人应该作为比赛的参加者而不应该是看客，更不应该是人生途中的小商小贩。

人生观问题，是人生的境界问题。一个积极的人生观，并不能单纯以道德的善恶为依据，因为善恶观念是历史的变化的观念，而应该以科学的世界观为依据。不理解宇宙和历史发展规律，在人生问题上就难以有高的境界。“砍头不要紧，只要主义真。杀了夏明翰，还有后来人”，这种临危不惧视死如归的人生境界，是建立在对历史规律的信仰基础上的。而科学的世界观正能够提供这种基础。

人的认识与行为是受人的价值判断支配的。价值观是个重要的哲学问题，是世界观和人生观的重要部分。没有科学的价值观就不能对事物、对人生的意义和目的进行正确的评价和选择。马克思主义世界观中就包括价值观。它不仅揭示了世界的普遍规律而且揭示了这个规律对人类的意义，马克思主义哲学的科学性，要求它实事求是从实际出发，而它的价值观要求它始终把人类的解放和无产阶级以及劳动人民的利益放在首位。这两者在马克思主义哲学中是结合的。人生观也是如此，既要有科学性懂得人生规律，懂得生老病死的必然性，不是非理性地恐惧死亡，企图长生不死，最终陷于迷信，又要真正懂得人生的价值和意义；既善待生命，又在必要时勇于自我牺牲；既重视个人价值，又能正确处理个人价值和社会价值的关系。价值观非常重要。价值观的混乱，往往会导致社会风气的败坏。

我想，一个人如果真能掌握马克思主义哲学的精髓，能够对马克思主义哲学的世界观、人生观和价值观有比较深刻的体会、理解和运用，就有可能接近孔子的理想：无大过矣。

（原载《前线》，2002（1））

图书在版编目（CIP）数据

陈先达文集．第 3 卷，哲学与文化/陈先达著．—北京：中国人民大学出版社，2015.9

ISBN 978-7-300-21842-7

Ⅰ．①陈… Ⅱ．①陈… Ⅲ．①陈先达-文集②马克思主义哲学-文集③马克思主义-文化理论-文集 Ⅳ．①B-53

中国版本图书馆 CIP 数据核字（2015）第 211992 号

陈先达文集　第 3 卷

哲学与文化

Zhexue yu Wenhua

出版发行	中国人民大学出版社		
社　　址	北京中关村大街 31 号	**邮政编码**	100080
电　　话	010－62511242（总编室）		010－62511770（质管部）
	010－82501766（邮购部）		010－62514148（门市部）
	010－62515195（发行公司）		010－62515275（盗版举报）
网　　址	http://www.crup.com.cn		
	http://www.ttrnet.com（人大教研网）		
经　　销	新华书店		
印　　刷	涿州市星河印刷有限公司		
规　　格	160 mm×230 mm　16 开本	**版　　次**	2015 年 11 月第 1 版
印　　张	35.5 插页 3	**印　　次**	2015 年 11 月第 1 次印刷
字　　数	540 000	**定　　价**	1580.00 元（全 14 册）

陈 先 达 文 集

第4卷

问题中的哲学

中国人民大学出版社 北京师范大学出版社

目　　录

上篇　哲学与哲学问题

中篇　马克思主义中国化与历史周期率

下篇　文化与文化强国之路

上篇

哲学与哲学问题

哲学中的问题与问题中的哲学

马克思主义哲学既是哲学的变革又是变革的哲学；它不仅重视哲学中的问题，更重视问题中的哲学。深刻把握马克思主义哲学在人类哲学发展史上的地位和特征，对于理解在建设中国特色社会主义伟大事业中为什么要坚持马克思主义哲学是至关重要的。

一、哲学新变革与旧哲学的终结

马克思主义哲学是变革的哲学，是为变革现实资本主义，为人类解放宗旨的需要而产生的哲学。正因为如此，它必然要求哲学发生变革，必然要求从对象、内容到功能都产生一种新的哲学。没有变革现实的需要，就不会产生哲学的变革，而没有哲学变革，就不可能有指导变革现实的哲学。在马克思主义哲学中，哲学的变革与变革的哲学是统一的。

马克思和恩格斯提出过“消灭哲学”；当代西方哲学家中的某些学派倡导“哲学终结”。其实，这两者无论就时代背景、语境和内涵都是根本不同的。

“终结哲学”，这是当代西方哲学对传统哲学充满挑战性的口号。从逻辑实证主义的“拒斥形而上学”到当代后现代主义的“反本质主义”、“反基础主义”和所谓“后哲学文化”，都在着力于反对所谓传统哲学的本体论和认识论，反对哲学的认识功能，倡言“终结哲学”。当然，倡导“消灭哲学”的逻辑实证主义和后现代主义，实际上并没有消灭哲学。不过是以一种哲学学说来取代被他们视为传统哲学的哲学。以哲学“终结哲学”

本身就是悖论，这就证明哲学是不可能终结的。实际上所有极力张扬“终结哲学”的派别都处在哲学之中。“终结哲学”的主张本身就是一种哲学观点，它用以取代被取消的哲学的观点仍然是哲学的。

哲学是不会终结的。只要人存在，哲学就不可能终结。因为人只能以人的方式存在，人的实践不可能是没有自觉意识本能的活动。哲学家的哲学只是对这种现实的哲学思考。可是对某种哲学形态来说，却是可以终结的。这种终结往往意味着哲学形态的不同程度的变革。

马克思和恩格斯在建立马克思主义哲学的过程中，曾多次倡言“消灭哲学”。但马克思和恩格斯提出的“消灭哲学”是在特定历史境况中有具体针对性的哲学革命口号。“消灭哲学”是马克思和恩格斯正在探求创立的一种以变革现实为目的的哲学，是以一种新的哲学来代替传统的思辨哲学内容的浓缩口号。

所谓“消灭哲学”，从根本上讲就是消灭那种把哲学视为科学之科学，视为凌驾于各门科学之上，把自己臆想的联系强加于各门实证科学的形而上学的思辨哲学的传统，真正使哲学成为一种世界观，而不是包罗万象的永恒不变的抽象原则。实际上，这种包罗万象、最终完成的关于自然和社会的绝对真理的哲学是与人类的辩证认识规律相矛盾的。早在《德意志意识形态》中，他们就说，“对现实的描述会使独立的哲学失去生存环境，能够取而代之的充其量不过是从对人类历史发展的观察中抽象出来的最一般的结果的综合。这些抽象本身离开了现实的历史就没有任何价值”，这些抽象与哲学不同，它们绝不提供适用于各个时代的药方和公式。①

恩格斯在《反杜林论》中谈到他们创立的现代唯物主义时，说它“已经根本不再是哲学，而只是世界观，它不应当在某种特殊的科学的科学中，而应当在各种现实的科学中得到证实和表现出来。因此，哲学在这里被‘扬弃’了，就是说，‘既被克服又被保存’；按其形式来说是被克服了，按其现实的内容来说是被保存了”②。马克思主义哲学的创立，表明作为科学之科学的旧哲学的消灭，而哲学仍然以世界观的形式作为自身的

---

① 参见《马克思恩格斯全集》，中文1版，第3卷，31页，北京，人民出版社，1960。

② 《马克思恩格斯选集》，2版，第3卷，481页，北京，1995。

存在方式并真正发挥哲学的作用。

其实，恩格斯在他的名著《路德维希·费尔巴哈和德国古典哲学的终结》中，以总结的方式清楚地表明了他们所说的“消灭哲学”的含义。他之所以把费尔巴哈与德国古典哲学的终结联在一起，就是因为“哲学这一似乎凌驾于一切专门科学之上并把它们包罗在内的科学的科学，对他来说，仍然是不可逾越的屏障，不可侵犯的圣物”①。费尔巴哈是德国古典哲学的最后一位“杰出哲学家”，也是马克思和恩格斯所要消灭的哲学的最后一位哲学巨人。马克思主义哲学的创立意味着包括费尔巴哈在内的德国古典哲学的终结，实际上也标志着作为科学之科学的哲学传统的消灭。

从哲学的功能来说，“消灭哲学”讲的是根本改变以往哲学只是解释世界而不是着重改变世界的缺陷。历史上出现过各种哲学，它们可以对现实不满、对现实进行批判，但没有一种为创立新的世界而奋斗的哲学。它们的社会理想，往往是不满现在，怀念过去，而不是通过实际地改变现实，走向未来。马克思主义哲学的世界观当然具有科学解释世界的功能，但更重要的是它实际改变世界的功能，即强调哲学应该在参与改变世界的活动中发挥实际作用。在《德意志意识形态》中关于实践的唯物主义本质的表述，在《关于费尔巴哈的提纲》中关于哲学功能的论述，都充分表明马克思“消灭哲学”和创立新哲学的真正意图。当马克思把哲学看成无产阶级解放的“头脑”，强调哲学把无产阶级当作自己的物质武器，无产阶级把哲学当作自己的精神武器，就是以明白无误的政治语言，阐明了他所说的“消灭哲学”的真实意义。

当然，马克思和恩格斯所说的“消灭哲学”并不是全盘否定以往哲学、否定历史上哲学的功绩。相反，马克思非常重视哲学中的继承性，它否定的是旧哲学的形而上学的思辨传统，但充分肯定人类在哲学这种文化形式中所获得的积极成果。恩格斯在讲到“消灭哲学”时用的是“扬弃”，即抛弃哲学妄图作为科学之科学的奢望，但保存人类哲学认识的积极成果。他把自己创立的现代唯物主义看成是否定的否定，“现代唯物主义，否定的否定，不是单纯地恢复旧唯物主义，而是把两千年来哲学和自然科

---

① 《马克思恩格斯选集》，2版，第4卷，241页，北京，人民出版社，1995。

学发展的全部思想内容以及这两千年的历史本身的全部思想内容加到旧唯物主义的永久性基础上”。他强调，现代唯物主义“已经根本不再是哲学，而只是世界观”。[①] 这里说的不再是哲学，就是指不再是原来那种作为科学之科学意义上的哲学。

恢复哲学作为世界观的本性，这在哲学和现实中具有划时代意义。历来哲学内容可以很庞杂，但它的基础和核心部分是世界观，否则就不能称为哲学。强调哲学是世界观，这是马克思主义的哲学观，或者说是马克思主义对哲学的一种看法。可是在以往哲学史上，由于历史和知识的局限，哲学家们或者赋予哲学以太多的非哲学内容，既包括各门科学的具体知识又具有为各门学科提供知识源泉和一切答案的神奇功能，从而使哲学作为世界观的本质被淹没在关于哲学的形形色色的定义之中。按照马克思和恩格斯的看法，哲学不同于非哲学形态，就在于它是世界观，而不是关于世界分门别类的具体知识，也不具有为各门科学提供最终的解释权的功能，它只能是世界观。马克思主义哲学使哲学摆脱历史的重负，使它真正变为世界观，变为一种科学的世界观，并发挥它的世界观的作用。如果马克思主义哲学仍然是沿着历史上哲学的逻辑前进，而不改变它的方向，走出形而上学思辨哲学的传统，把哲学定位于世界观，就不可能有哲学的变革，也就没有变革的哲学。

自马克思主义传入中国以后，在中国革命和建设实践中，马克思主义哲学的作用集中表现为世界观和方法论作用。我们从毛泽东关于中国革命对象、动力、阶段、途径、方式的分析，从毛泽东对中国革命和战争的战略和策略的分析，对不同时期形势与任务的分析，都能最深切地体会到马克思主义哲学世界观作为分析方法的巨大威力。更不用说毛泽东哲学著作中所体现的哲学的变革与变革的哲学相结合的风格。邓小平关于中国特色社会主义建设规律的伟大理论、“三个代表”重要思想以及科学发展观，在新的历史时期最为强烈、最为集中地体现了马克思主义哲学作为世界观和方法论的作用。实践和理论都证明，离开了马克思主义哲学作为科学世界观和方法论，就不可能真正理解马克思主义哲学何以是变革的哲学和哲

① 参见《马克思恩格斯选集》，2版，第3卷，481页。

学的变革。

马克思和恩格斯是与以往哲学家不同的另一种类型的哲学家，是与他们创立的变革世界的哲学相一致的哲学家——以改变世界为目的的哲学家。他们在《德意志意识形态》中说的实践唯物主义的真实含义就在于此。因而马克思主义哲学最根本的特点，它不是单纯学者的哲学，而是革命者、实践者的哲学。马克思主义哲学家，不能是单纯以注经释义为最高意旨的哲学家，而应该是以自己的哲学参与改变世界的实际活动并从中提炼哲学思想的哲学家。不仅马克思主义哲学的创立者具有这种品格，许多马克思主义哲学家都是这样。这种特点最鲜明地表现为：在马克思主义哲学发展史上，无产阶级革命运动的领导人与马克思主义哲学家身份的合一。很多共产党的领导人、左派革命家都同时具有很高的哲学造诣甚至特殊贡献。这既决定于马克思主义哲学的本性又决定于革命家拥有的实践经验和地位。

当然，这不是说，纯学理研究的马克思主义哲学家完全不可能。马克思主义哲学既然是科学世界观，就要求人们进行科学研究，而不是简单接受和单纯信仰。可是马克思主义哲学变革现实这一根本特点，决定马克思主义哲学研究者不能走经院哲学家的道路闭门注经或面壁虚构，而应该把对马克思主义哲学的研究看成是参与实际活动的一个不可分割的组成部分，使自己的研究成果发挥实际的社会效用。如果一个马克思主义哲学的研究者不关心社会发展和人类的命运，只关心自己的概念和范畴，只关心自己的哲学体系的构建，则与马克思主义哲学的本性是相悖的。

在社会主义国家中国，由于革命的胜利，马克思主义成为处于主导地位的意识形态，马克思主义哲学教学成为我们思想理论工作的重要部分。马克思主义哲学教员是马克思主义哲学与学生的中介，即把马克思主义哲学的重要理论与思想介绍并解释给我们的学生和听众。但马克思主义哲学教员并不是新闻发言人，并非客观地介绍马克思主义哲学原理，实际上，由于自己的实践经验和理论素养的不同，特别是由于不同的时期和文化背景的差异，对马克思主义哲学和原著的理解不同，教学水平和效果也会参差不齐。因而紧紧把握马克思主义哲学是哲学的变革和变革的哲学相统一的哲学，深刻理解它的阶级性、实践性和与时俱进的理论本质，联系实际，才能正确宣讲马克思主义哲学的基本原理。马克思主义哲学教学不仅应该是一种创造性劳动，而且它应该参与学生正确世界观的形成，这是哲学教学改造世界活动的一种特殊方式。

二、最具生命力的哲学体系是源自问题中的哲学

我们应该区分哲学中的问题和问题中的哲学。哲学中的问题，是指属于哲学研究范围的问题，这是一些按其性质和问题都不同于科学和现实具体问题的问题。这是一些真正“形而上”的问题。而问题中的哲学，是指科学研究中和现实生活中存在的问题中所蕴涵的哲学问题。这不是直接的哲学问题，而是“形而下”的问题，是需要哲学家从中捕捉的问题。哲学中的问题只有来自问题中的哲学才是有生命力、有现实性的哲学问题。哲学与非哲学一旦绝对对立，哲学就会成为无源之水、无本之木，丧失它赖以存在和成长的土壤。

问题，无论在自然科学还是在哲学中都是思维发展的推动力量，是思想创新的推动力量。科学探索总是对未知对象要问一个“为什么”，寻求对科学问题的答案。而哲学恰好是对“为什么”要再问“为什么”，是对“为什么”中普遍存在的“为什么”的探索。哲学问题不能存在于人类的实践活动中的问题之外。先有问题中的哲学才会有哲学中的问题。哲学中的问题绝不会是哲学家头脑中主观自生的。马克思说，“哲学不是世界之外的遐想”，“哲学首先是通过人脑和世界相联系，然后才用双脚站在地上；但这时人类的其他许多活动领域早已双脚立地，并用双手攀摘大地的果实，它们甚至想也不想：究竟是‘头脑’属于这个世界，还是这个世界是头脑的世界”①。哲学之所以是哲学，就在于它对人们实践（生活中的一切领域和各门科学）中已经存在但习以为常或从未研究过的问题进行哲学思考。这就把问题中的哲学变为哲学中的问题。

从全部哲学史来看，具有重要地位的哲学体系的创立，总是与它提出的问题和解决问题的方式相联系的。我们无法把哲学体系的建立和哲学家对哲学问题的审视分开。所有哲学体系都是关于哲学问题的体系；而所有

① 《马克思恩格斯全集》，中文1版，第1卷，120、121页，北京，人民出版社，1956。

哲学问题只有被系统地探索才能显示它的价值。

哲学的时代特色表现在哲学家立足时代提出的哲学问题之中。哲学的民族特色，表现在这个民族的哲学所探索的具有民族特色的哲学问题之中。如果从哲学中取消了问题，那就不可能有哲学发展史。一部哲学史集中表现为问题史，即不同的时代与民族的哲学所提出的哲学问题。中国哲学的独特性表现在它有自己的独特问题，如天人问题、神形问题、义理问题、心性问题，等等；而西方哲学则注重本体问题、认识与对象问题、感性与理性问题，等等。问题的概括和论述则浓缩为基本的哲学范畴。而对问题解决的系统的逻辑论证和概念之间的关系则表现为独特的哲学体系。

但无论中国哲学问题和西方哲学问题各自有多少特点，总有相通的东西。我们曾争论过中国哲学究竟是哲学在中国还是中国的哲学的问题。其实，这两者并不是对立的。如果"哲学在中国"指的是"中国哲学是西方哲学的中国版"，那显然是不对的。因为中国哲学有自身的问题，它不是西方哲学在中国，即完全按照西方哲学的范畴和概念来梳理中国哲学。如果从哲学问题无所不在的角度说，应该说中国哲学也离不开具有普遍性的哲学问题，诸如本体论、认识论、人生论、社会论方面的问题。哲学是关于宇宙、社会、人生的大问题。这一点东方和西方都是相通的，但问题解决的方式、重点、范畴概念、论证方法以及语言风格，肯定各有特点。这才有哲学的民族性问题。在中国哲学中既有个性又有共性。个性是民族性，共性是哲学问题的普遍性。真正伟大的哲学思想是以民族的语言揭示具有普遍性的问题。

哲学问题是哲学的生命线。没有哲学问题，就不可能产生哲学。不提出新哲学问题就不可能创立新的哲学学派。当然哲学中也会有一些一再重复出现的问题。但即使是老问题，只要它被重新提出，必然会有新的时代背景或从中引出新的问题。哲学中最重要的是问题而不是构建体系。任何虚构庞大哲学体系的做法，只能像恩格斯批评的杜林和当年的德国大学生一样，制造哲学泡沫。

可是哲学问题不同于科学问题。科学问题是具体的，一个科学问题解决了就不会再重复提出。可哲学不同，它可以不断地重复提出同样的问题。我们可以看到哲学史上许多哲学家都在解答同样的难题。世界本性、人的本性问题，因果性和必然性问题，社会规律客观性问题，等等，可以说是世代难题。因此，对于科学家来说，科学史是一个专门领域，并非必须学习的领域，不懂数学史照样可以研究数学，可以成为数学家，不懂物理学史照样可以是物理学家。可哲学不同，不学习哲学史、不熟悉哲学史，就无法学习哲学。因为哲学就是一种历史性的存在，人类丰富的哲学智慧存在于哲学史之中。各个伟大哲学家可以从各个角度对同一问题提供智慧，不能彼此代替。恩格斯在讲到理论思维的培养时说过："为了进行这种培养，除了学习以往的哲学，直到现在还没有别的办法。"① 当代西方哲学家让·伊波利特也表达了同样的意思，为了学会哲学思考，需要从过去的著作中学习，因为在哲学话语内容与哲学家所处环境之间有一种隐秘的关系。这意味着这个内容的意义在由其关系界定的成分的建构或结构中，即在它的形式中（与数学内容的情形相反），是取之不尽的。所以他强调："不能在搞哲学时脱离哲学史。就是说脱离过去的重要著作，脱离过去重要体系的历史。"哲学史上看似对同样问题的重复，实际上都是对哲学的深化和进展。没有进展，没有新意，只是重复，就不可能登上哲学的殿堂。

我们应该把哲学的本质与哲学问题区分开来。哲学的本质是相对稳定的，它决定哲学不同于其他学科的本性；而哲学中的问题是变化的。变化着的哲学问题表现的是哲学的时代特点、民族特点和哲学体系的个人特征。如果没有哲学问题的变化，哲学必然是僵死的、固定不变的、可以公式化的范畴体系，这就失去了哲学的本性。可哲学问题的变化是在哲学范围内的变化，哲学问题的变化不改变哲学的本质。因此无论哲学中的问题如何变化，它始终属于哲学问题形形色色的哲学定义及其分歧，不少是由于混淆哲学的本质和哲学中的问题所致。

哲学究竟有没有真理的问题，这是一个有争论的问题。不少哲学家否认哲学的真理性，强调哲学与科学的区分。西方有的学者强调，不存在哲学真理，哲学是一种思辨类型，它的价值不能用真或假来衡量。真理的价值只能与科学认知完全吻合。哲学是一种价值规范，哲学不应该模仿科

---

① 《马克思恩格斯选集》，2版，第4卷，284页。

学，科学应该反映对象，而哲学只拥有对于人类知识和实践的调节和规范作用。这种看法在国内也得到一些哲学家的附和与赞同。他们说，哲学没有真理与谬误的问题，只要涉及真理，就不是哲学而是科学。

上述看法的一个根本问题是没有分清哲学体系和哲学问题。哲学体系的确没有真理与谬误的区分。我们不能说柏拉图的哲学体系是真理，黑格尔的哲学体系是谬误，或者相反。我们也不能认为某个唯物主义的哲学体系是真理，或某个唯心主义哲学家的体系是谬误。哲学体系是哲学家的思想的结构，它是一个思想整体。在一个哲学体系中可能既有真理性的东西，也可能包含谬误，因为哲学体系是由一系列命题和判断组成的。哲学体系中的命题和判断是有真理和谬误之分的。不容否认，哲学中有些判断和命题属于对世界和人生意义的价值判断，这些很难简单用真理和谬误来区分。而且可以长期争论不休，成为一个永远难解的问题。如人为什么活着，生命的意义和价值这类问题。每个时代甚至每个人都会遇到同样的问题，都会有不同的答案。这些属于价值的问题不能简单用真理和谬误来判别。而只能就它的意义和人文价值来区分高下优劣。

所以哲学中的问题可以分为两个方面：一个方面的问题是与科学和人的认识和实践活动中的经验与事实相联系的问题，这些是可以通过人类的实践和科学来证实和证伪的。无论在本体论、认识论和历史观中都存在这类问题。这类问题虽然表现为基本规律和范畴，但能通过一定方式在人的实践中得到证实。另一个方面的问题属于价值问题，它表现的是哲学家的理想、信仰、期待、追求，表现的是哲学家的个人体悟和人生理想。这方面的答案没有真假问题，但有先进与落后之分。因为价值观不能是纯个人的，它总会表达一群人或某个集团的利益。所以价值观的评价标准不是真假，而是先进与落后。

哲学问题，我们可以称之为形而上问题。作为哲学的哲学问题，从哪里来？它不是单纯来源于纯哲学的研究，而是来自实践和科学、来自生活中提出的哲学难题。因而哲学问题的形成有一个由实际问题向具有普遍性的理论问题，即由形而下向形而上提升的过程。以往哲学发展的一个特点，就是不少哲学家思想的发展和继承是在哲学史范围内进行的。哲学家们重视哲学中的问题而轻视问题中的哲学。可没有问题中的哲学，哲学只能在范畴概念中自我旋转，只有最能捕捉现实中哲学问题的哲学家才是真正具有创造性、可望突破旧说的哲学家。

马克思主义哲学发展是在双重轨道中前进的。它重视哲学中的问题，继承了全人类的优秀文化遗产特别是德国古典哲学的成果，是德国古典哲学的当然继承者；可马克思和恩格斯不仅重视哲学中的问题，更重视问题中的哲学。马克思和恩格斯在创立马克思主义哲学时，的确以自己的方式回答了历史上哲学中存在的问题。但马克思主义哲学最为突出的不是研究哲学中的问题，而是问题中的哲学。一个哲学家只重视哲学中的问题而不重视问题中的哲学，表明他脱离现实，脱离自己的时代。因为现实的要求和矛盾最强烈地表现在人类面对的问题之中。从根本上说，马克思主义哲学就是从资本主义社会向何处去，人类向何处去，无产阶级和人类如何获得解放，获得全面发展等问题中的探索和解决中产生的。以历史唯物主义为例，它并不始于抽象地研究历史发展的规律，而是以探索资本主义社会的结构、矛盾和前景为依据的哲学概括。《资本论》是伟大的经济学著作也是伟大的哲学著作，《资本论》中的哲学思想，就存在于对资本主义社会形态发展规律的分析之中。中国的马克思主义发展也是如此。毛泽东的《矛盾论》是从探索中国革命面对的矛盾中产生的，《实践论》是从面对中国共产党人应如何处理“知”（马克思主义基本原理）与“行”（中国革命的实践）关系的争论中产生的，是从反对教条主义和经验主义的斗争中需要回答的问题中产生的；《关于正确处理人民内部矛盾的问题》中一系列哲学观点，是从社会主义改造基本完成后面对的新问题新矛盾中产生的。邓小平关于中国特色社会主义理论中的哲学思想，“三个代表”重要思想和科学发展观，都充分继承和发扬了马克思主义哲学这个最显著的特点，即立足现实，把问题中的哲学变为哲学中的问题，从马克思主义哲学世界观和方法论高度对中国当代面临的重大现实问题及其解决途径，赋予浓重的理论色彩。这样既推进了马克思主义哲学，又解决了实际问题，具有最鲜明的时代特征和创造性。

当代中国的马克思主义哲学的理论工作者和研究家，一切有出息的马克思主义哲学研究者，要想真正有所成就、有所创造，必须立足现实，以我们正在做的问题为中心，把问题中的哲学变为哲学中的问题。这个过程就是真正立足实践研究马克思主义的过程。强调立足现实绝不是轻视理论。问题并不直接存在于对象之中，而是存在于研究对象的主体的意识之中。客观存在的只是对象和它的存在条件与内在矛盾，它的进一步发展的障碍和方向。要把客观矛盾变为主体意识中的问题，需要哲学思维。善于捕捉问题，善于提出问题，即善于把客观现实的矛盾变为主观意识中的问题，并从现实的问题中揭示它的哲学蕴涵，这本身就是一种哲学研究过程。否则，即使面对同一现实矛盾，也并不意味着在主体意识中能形成同样的问题。因为只有真正理解现实的矛盾所在才构成问题，问题是对客观矛盾的理性把握。

在当代哲学中，要真正把现实问题中的哲学蕴涵变为哲学中的问题，必须坚持马克思主义哲学的世界观和方法论。因为问题的发现、捕捉和提出是一个思维过程。经验证明，任何人都不可能以空白的头脑提出有价值的问题。提出问题的人都有自己的思维定式和价值观念，拥有先前获得的知识和论断，一句话，拥有固有的思维传统。这种先于问题而为主体所拥有的观念，可以阻碍问题发现也可以帮助问题的发现，关键是拥有什么样的观念。正因为如此，正确的世界观和方法论对于发现问题是至关重要的。

辩证思维的一个最根本特点是创造性思维。思维的发展就是人的认识不能停留在原来的水平上，必须承认可以突破原来的成就。这就要求打破思维定式，承认认识创新的可能性。如果把已有成就视为不可超越的最终成果，往往会犯保守主义的错误。把一定时间做不到或尚未做到的事视为永远不能做到的形而上学的思维方法，就会阻碍对新的发现或发明可能性的视线。

毛泽东曾把马克思主义世界观比喻为望远镜和显微镜。望远镜可以看远，高瞻远瞩；显微镜可以入微，察秋毫之末。远，表明事物处在视线之外；微，表明事物还处于萌芽状态。要观远察微，首先要站得高。只有登高才能观远。在人类认识中的“登高”，实际上就是观察事物的立场问题。“察微”同样也是如此。持相反的立场，对同样的事物，可以视而不见、听而不闻。

要观远察微还要有规律性观念。远在视线之外和处在萌芽状态的事，往往为一般人所忽视。黑格尔讲的“量变的狡猾”指的就是这个意思。一个人的智慧高低就在于能否察微观远。中国古人讲的“月晕知风”、“础润知雨”，就是见微知著。海德格尔强调“不在场”即在直接在场的东西中看到不在场的东西，在现有的、具体的东西中看到被遮蔽的东西。当然是一种重要的思维方法。可是没有规律性观念，没有因果观念，离开了唯物主义原则，是不可能真正做到的。

实践证明，当哲学自居为科学之科学，高踞于一切科学和实践之上，仿佛无所不能，实际上是镶嵌在科学王冠上的一颗假珍珠；相反，当马克思主义哲学只作为世界观和方法论，作为思维方法，仿佛缩小了哲学的地盘，贬低了哲学的地位，实际上却最有效地发挥了哲学的功能。上帝的东西归上帝，恺撒的东西归恺撒。马克思和恩格斯在哲学变革中把世界观和方法论功能还给哲学，从而真正为人类锻造出指导实践和认识的锐利武器。这正是马克思主义哲学作为哲学的变革和变革的哲学的力量所在。

哲学与生活、科学的关系

哲学源于生活，但它在以后的发展中越来越远离生活，从地上升入思辨的天国；哲学孕育了科学，但在以后的发展中又遭到科学的拒斥，被视为不受欢迎的思想中的“李尔王”。哲学、生活、科学之间的关系，在很大程度上成为当代西方哲学中不同学派的分歧和争论点。从拒斥形而上学到回归生活世界的种种哲学思潮的出现就是证明。就当代马克思主义哲学而言，同样面临如何看待这三者的关系问题。正确处理这个问题，对正确认识马克思主义哲学的本质，对在当代创造性地推进马克思主义哲学的发展都是至关重要的。

一、哲学植根于生活又可能远离生活

在人类哲学的童年，哲学与生活是紧密相连的，无论东方还是西方都是如此。因为哲学本身就是为解决人类生存中所面对的问题而产生的。当人类的思维跨过对人类自身存在和它面对的自然力量的原始神话和原始宗教的解释时，就踏进了哲学领域。比起形象的、具体的、栩栩如生的神的形象，哲学思维无疑具有抽象性和思辨性的特点。但思辨性不同于思辨哲学，因为对世界统一性和宇宙生成论最早的哲学解释，都是以可见的对人类自身生活具有决定意义的要素为思想酵母的。

人类的生活经验不同于科学结论。生活经验依赖个人的生活实践；而科学结论决定于科学观察和实验。所以最初的哲学总是同对生活的体悟分不开。被称为“西方哲学第一人”的泰勒斯说，万物来源于水，它表达的是一个生活事实，这就是人类的生存离不开水，没有水就没有人类。不仅如此，没有水也没有动物，没有植物，总而言之就没有生命，因而也就没有世界。万物来源于水，并不是来自科学研究而是源于生活事实。生命万物对水的依赖是普遍现象，所以这个命题的出现具有一定程度的普遍性。例如，中国哲学有同样的思想，《管子·水地》一文中就说，“水者，何也？万物之本原也。”在这一点上，管子的思想之所以类似西方的泰勒斯，就是因为生活经验是相同的。

水在人类生活（包括农业生产和日常生活）中的地位，决定了它在人类哲学思维中的地位。不仅上述关于世界的本原问题，而且在人类最重要的道德和人性问题上，都源自对水的特性的体悟。《道德经》关于水的德性可以说是称颂备至：“上善若水，水利万物而不争，处众人之所恶，几于道。”《荀子·宥坐》中通过子贡与孔子关于水的对话，非常生动地表现了古代哲学这一特色。据记载，“孔子观于东流之水，子贡问于孔子曰：‘君子之所以见大水必观焉者是何?’”孔子的回答完全以水来比喻儒家的一些最重要的道德范畴，“夫水，大遍与诸生而无为也，似德。其流也埤下，裾拘必循其理，似义。其洸洸乎不淈尽，似道。若有决行之，其应佚若声响，其赴百仞之谷不惧，似勇。主量必平，似法。盈不求概，似正。淖约微达，似察。以出以入，以就鲜洁，似善化。其万折也必东，似志。是故君子见大水必观焉”。至于荀子与孟子各自以水为喻来表明自己的“性善论”和“性无善恶论”，也表明了古代哲学与人类最切近生活资源的联系。

同样，气也是人类生存不可缺少的。西方的阿拉克西米尼说，气是万物的起源，正在于若没有气，人类就会因窒息而死亡。气，在中国哲学中更为重要。气的一元论和气的本体论，可以说是中国哲学的支柱。“通天下万物一气”，一直是马克思主义哲学传入之前中国古代唯物主义哲学的主导思想。气支配自然，“阴阳失序，乃有地震”；支配社会，王朝的灭亡是气数已尽；支配人，“有血气，然后有心知”，“精神皆气也”，骨气、气节、阳刚之气，都是对人的伦理品质的价值评价。从其根源看，这个气论原初实际上也是来源于“得气则生，无气则死”这个简单的生活事实。没有气，就是死人。从呼吸之气到充满整个宇宙的浩然之气，就是从生活到哲学的飞跃。至于中国最早的“五行相杂，以成百物”的五行说，难道不是因为人若离开金木水火土，就无法存活吗？哲学来自生活，都是从与人的生存息息相关之物开始的。可是哲学终究是哲学。它所寻求的是非经验的东西，是世界的本原和世界的统一性之类的大问题。它力图从可见的东西寻求不可见的东西。虽然这种直接源于生活的哲学观念是直观的、朴素的、非科学的，但它确实与人的日常生活紧密相连。在中国哲学中，这种直接源于生活的例子比比皆是。

《韩非子·说林下》中关于以“刻削即雕塑”表明做任何事情都应留有余地的重要性。他说，“刻削之道，鼻莫如大，目莫如小也。鼻大可小，小不可大也；目小可大，大不可小也。举事亦然。为其后可复也，则事寡败矣。”至于“刻舟求剑”、“守株待兔”、“郑人买履”之类的寓言，都是以生活经验为据，用可以想象的形象表达抽象的哲理。自然界和日常生活中到处有哲学，哲学家之所以是哲学家是因为他超越经验，比常人多一分对生活和自然现象的思辨体察。

中国的《易经》是一部包含丰富先民哲学思维的不朽之作。它强调的就是哲学与生活的联系。“仰则观象于天，俯则观法于地，观鸟兽之文与地之宜，近取诸身，远取诸物，于是始作八卦，以通神明之德，以类万物之情。”观于天，“天行健，君子以自强不息”；观于地，“地势坤，厚德载物”；观于鸟兽，知“亢龙有悔，盈不可久也”；根据人生经验，知道“德薄而位尊，知小而谋大，力少而任重”终究没有好结果；根据社会的变动，知道应该“安而不忘危，存而不忘亡，治而不忘乱”，这样才能身安国保。这些极具哲学智慧的思想，都是与直接观察自然、社会与人生，从中得到的生命体验不可分。从科学角度说，它是不可能成立的。因为科学并不表明“天行健”，更不能从中引出“君子自强不息”的结论，也不表明“地势坤”，从中引出“厚德载物”的道德教义。至于，“盈不可久”这种辩证思维，更不可能从根本不存在的“亢龙有悔”中引出。古代人的哲学思维，是直觉的体验性的思维，不可能根据自然科学原理来判断其价值。

如果说，最初的哲学思维方式是从日常生活中可见的东西中寻求不可见的东西；而哲学的进一步发展，则是从不可见的不能感知的“东西”中寻求对可见东西的解释。似乎不是哲学原则来自生活而是生活依赖哲学。哲学的发展与人的日常生活越来越远，成为超越和凌驾于世俗生活之上有权解释和裁决世俗生活的最高原则。在西方中世纪，作为神学婢女的经院哲学，就是与人的世俗生活相脱离的关于彼岸世界和人的来世的哲学。神是宗教哲学用来解释世间一切现象的最终原因。

文艺复兴以后哲学经历了从神到人的转变，哲学从天堂再度进入人世。人重新在哲学中占有中心地位。可是这种人只是认识的主体，而不是生活的主体。它已经高度理性化，变为理性的存在物。当人的理性过度神圣化就会被独立化，哲学就会通过这种理性再度升入神圣的天国，变为思辨哲学。这种哲学的特点同样是轻视日常生活中可见的直接接触的感性的东西，认为这些都是不真实的。真实的东西是永恒的、不变的，超越于人们感性经验之上的超验的东西。这个超出人的经验的东西，只能是无人身的理性、精神，这种理性和精神，实际上就是宗教中的神。当哲学家以探求不存在于现象之中而存在于现象之后的东西作为哲学的最高追求，就必然远离人的实际生活，变为一种由地下升到天国的思辨哲学。这种哲学到德国古典哲学特别是黑格尔哲学达到极端。例如，黑格尔的思辨哲学就是把绝对观念视为实体和主体，全部哲学就是这种观念的自我认识。人类生活和自然科学的成就反而变为他的思辨唯心主义的注脚。

哲学发展的上述两种状态，就哲学与生活的关系来说是一种相隔的、难以完全融合的关系。西方或中国古代的唯物主义学说，以人类生活中必不可少的要素来解释它的关于世界本原和世界统一性原则，虽然它立足于人类的实际生活的要素，但它并不能真正解释世界和人类生活；思辨哲学关于个别是一般的体现的观点，包含世界的本质和规律性观点，但一般和规律存在于现象之外，必然导致这种哲学轻视现实生活而高踞尘世之上。思辨哲学是思想的反思，即对思想的思想，实际上是哲学家面对自我的纯概念的逻辑推演。它晦涩难懂，与现实生活相脱离。

马克思在批评德国的思辨哲学时说，“哲学，尤其是德国的哲学，喜欢幽静孤寂、闭关自守并醉心于淡漠的自我直观”，还说，“从哲学的整个发展来看，它不是通俗易懂的；它那玄妙的自我深化在门外汉看来正像脱离现实的活动一样稀奇古怪；它被当做一个魔术师，若有其事地念着咒语，因为谁也不懂得他在念些什么”①。这可以看成是对所有思辨唯心主义哲学的批评。

历史经验和现实表明，要妥善解决哲学与生活的矛盾，把哲学看成既源于生活又高于生活，不是重现象的粗糙的朴素的唯物主义，也不是重抽象本质的思辨的唯心主义，这就要求哲学必须跨过狭隘的生活领域，扩大生活领域的范围，特别是要进入到哲学与作为生产经验总结的自然科学领域。哲学与自然科学的关系问题，是对哲学与日常经验生活关系和个人体悟局限的深化。

二、中国与西方哲学中的哲学与科学关系特色

哲学与科学的关系是哲学发展到一定阶段以后才出现的。因为没有自然科学从哲学中的充分分化，没有哲学意识的高度发展，就不会出现也很难提出哲学与科学的关系问题。

在古代希腊罗马时期，哲学与对自然的科学认识是混合的。严格地说，古代并没有近代以实验为基础的自然科学。古代关于自然的知识直接包含在哲学总体知识之中。因为人们观察自然现象时，同时也就是探求自然现象的本性和原因，这种探求同时就是哲学思考。这个时候，不存在当代视野中的哲学与科学的关系。当时哲学家对哲学问题的思考、对自然现象的观察和对自身生活的体验是合一的。

当自然科学从哲学中分离出来以后，哲学、科学、生活的关系发生了重大变化。我说的是实际关系而不是各种哲学学说对哲学与科学关系的看法。从哲学观点来讲，看法是多种多样的。康德的看法不同于黑格尔的看法，思辨哲学的看法不同于实证主义的看法，唯理论的看法不同于经验论的看法，如此等等。但无论看法如何不同，都不能改变一个不可改变的事实，这就是科学与工业的发展是哲学发展的强大推动力，它的发展使哲学的发展以各种不同的方式充实着自然科学的成就。哲学依赖于自然科学，它从概括科学的原理和规律中得出结论，而不再求助于人类的日常生活经验。而自然科学也需要依靠哲学对自己知识的合法性、正确性、可靠性以

---

① 《马克思恩格斯全集》，中文1版，第1卷，120页。

及衡量标准进行哲学的论证。西方文艺复兴以后，哲学的论断越来越依赖于自然科学的成就，而自然科学也越来越重视哲学的认识论和方法论，由此可以看出这种关系的转变。这是哲学发展的进步，也是自然科学的进步。哲学不再沉迷于对世界本原和现象背后抽象实体的追求，而是面对实在的物质世界，致力于主客体关系和如何认识世界问题的研究；而对自然的研究也摆脱了原初的哲学思辨而建立在实验和观察的基础之上。随着真正意义上的自然科学的诞生，哲学、科学与生活经验的关系发生了变化。哲学不再局限于直接源于生活的体验和重视个人的生活体悟，而是从对科学规律和科学材料的概括中获得自己关于世界和认识规律的普遍性结论。哲学发展突出地表现为关于认识的理论，人表现为认识的主体。理性与非理性统一、知情意统一的完整的人发生分裂。生活世界在哲学中的退隐和科学在哲学中地位的突出齐头并进。

在我看来，主体与客体的区分并不是一种哲学观点，而是人的发展过程中的客观历史事实。人不作为主体与对象世界区分开来，人不成其为人。西方哲学中关于主客二分的观点应该说是哲学的进步。这表明哲学意识已经摆脱主客不分的人的原始状态，这也是人类的实践意识和科学意识的进步。没有主客之分，就没有人类的实践活动和科学研究。主客二分不同于主客绝对对立。主客绝对对立或主客混一是对主客二分事实的片面化的哲学理解。西方近代哲学的错误并不在于主客二分，而在于对它们关系的错误理解。唯心主义的主体理论是片面的，旧唯物主义在这个问题上也是错误的。当它们把主客体关系看成是既成的、静止的、不变的、外在的关系，看成不变的主体对不变客体的反映和观念中的镜式把握，主体与客体都处于凝固的、永恒不变的状态，从而把主客二分变为两者的绝对对立；而唯心主义者的错误却在于主客不分。那种认为主客二分不对的哲学观点，是把主客二分的事实与关于这种事实的错误哲学判断混为一谈。在我看来，西方主客二分的观点是一种哲学意识的进步，它在区分主客方面优于原始的天人合一观念中的宗教神秘主义和唯心主义。这种哲学意识的进步与自然科学的发展是不可分的。

恩格斯肯定自然科学发展给哲学带来的进步。他说过，科学和哲学结合的结果就是唯物主义；科学与实践结合的结果就是英国的社会革命。我们会发现，一个时代的哲学家不是孤立的个人，而往往是一个群体，一个学派或思潮，因为他们具有相同的背景。这个背景就包括当时自然科学所达到的总体水平。的确，17 世纪英国的唯物主义和 18 世纪法国的唯物主义学说与当时自然科学的发展分不开。可以说，没有自哥白尼以后自然科学的迅速发展，就不可能有取代宗教世界观、处于主导地位的唯物主义哲学的发展。当然，自然科学发展的局限，也会对哲学的发展有一定影响。旧唯物主义具有大体相同的局限性，与当时自然科学发展的水平是不可分的。

整个说来，自然科学推动了哲学的发展。不仅唯物主义得益于自然科学的成就，即使是唯心主义由于自然科学的成就，在其唯心主义形式中也充斥“唯物主义内容”。自然科学的成就大大推动了哲学，可它的成就又与哲学传统的思辨本性之间存在矛盾，这个矛盾随着自然科学的发展越来越突出。它们或者按照自然科学的方式力图把哲学变为实证哲学，或者以拒斥形而上学和反对所谓实体思维方式反对世界的客观性问题，或者把哲学导向科学哲学，按照科学实在论和科学逻辑方法论来重建哲学，迫使哲学完全从属于自然科学。单纯以自然科学为依托的哲学，就哲学与人的生活关系来说，是与人的日常生活距离越来越远。传统哲学作为世界观的职能，作为抚慰灵魂、安身立命的职能，作为人的生活导师的职能，在资本主义社会中已经交给了宗教。哲学的功能发生分裂，它通过自然科学远离生活，通过宗教进入人的世俗生活。宗教中关于人与神的关系、关于世界的本性和起源、关于此岸世界与彼岸世界、关于人生的意义的观念，实际上是宗教中的哲学观念——宗教哲学。在自然科学高度发达的现代资本主义社会，宗教发挥世界观的作用，它进行道德教化和灵魂的拯救，变为人类世俗生活和人的灵魂的精神支柱。

中国哲学发展的一个特点，就是中国哲学始终与自然科学比较疏远，而与人的政治生活和道德实践联系紧密。所以在中国哲学中，人生问题、道德教育问题居于重要地位。但不能认为中国的哲学只是道德哲学与人生哲学，实际上在中国哲学中关于道与气的学说就是关于世界本体的哲学学说。中国也有关于认识的学说，形神问题、心与物的问题中都存在认识论问题。王阳明关于南阳镇看花的辩论，“你不来看花时，此花与你同归于寂静，你来看花时，此花在你心中明白起来”。尽管从哲学的思辨角度看是非常精致的，因而有的学者对此说非常赞赏，但避开花的存在与否，专在“看花”上做文章，本质上与贝克莱的思想是相通的。不过中国哲学中的本体论问题、认识论问题不如西方发达倒是事实。这与中国哲学与自然科学处于隔离状态有关。在中国古代既是哲学家又是自然科学家的现象是极为罕见的，而在西方很普遍。从古希腊罗马开始，这个传统一直延续到当代。西方哲学家同时是自然科学某个专业专家的现象极为平常。所以我一直认为，从历史大传统的角度看，在西方科学精神占优势，尽管文艺复兴运动开始于西方，但科学与哲学的联系比中国强劲；即使是文艺复兴运动，也同时是自然科学参与的反宗教反封建的运动。而在中国则是人文传统占主导地位。在五四运动以后出现的“科玄论战”，本质上是有西方科学倾向的知识分子与坚持中国传统哲学、赞同东方文化优越论者之间的哲学论战。

哲学、科学、生活之间的确存在矛盾。当哲学与生活直接联系时，它保留了哲学与生活的密切联系，保留哲学的个人体悟性的特点，可是它往往比较简单、直观，缺少科学论证，容易变为生活格言和道德律令。而当哲学与自然科学结合越来越密切时，它具有科学性、逻辑性，可是与人的生活距离越来越远。可以说，在西方，相当一段时期似乎远离人世处于天堂的宗教反而离人最近；而应该离人最近的哲学由于科学与理性的极端化反而离人越来越远。

当然，在科学与哲学的联姻中，哲学与生活的关系并未完全断绝。具有哲学智慧的人仍然会从生活中体悟哲理。著名的日本电器巨人松下幸之助对水的哲学体悟可以视为科学昌明时代生活哲学的体悟。松下有一次在庭院中散步，当看到水塘边假山上的水从高处急速冲到池塘每一个角落，突然从水性中有所体悟。他悟到，水有清浊并吞，存清化浊的能力，水无常形，随器具而变，可方可圆，具有适应环境的能力；水的变化无穷，可化汽、可成冰，液体、气体、固体，都可以是它的存在形态，水的渗透扩散力强；水久存必臭，流水不腐，不能停止运动。水越是激流越具有澄清力量，人需要有一定的压力才有成就。据说松下由其中悟出许多关于管理和经营企业的道理。

其实，从水中悟出哲学，无论是西方或东方哲学家都有所体认。中国的老子、庄子，以及孙子兵法中的许多军事都以水为喻，从中得到启发。但值得一提的并不是松下从水中得到体悟的内容，因为它并没有超出古代哲学的水平。重要的是在科学发达的时代，从事先进科技企业管理和经营的人，仍然能从生活中体悟哲学这种方式，这说明，即使在当代，从生活中体悟哲学真理仍然是一种学习方式。

当代西方哲学提倡回到生活世界的问题，其实就是对统治了西方几百年的重理性、重规律而远离人生的哲学的一种反叛。可是这种对生活的回归，如果离开了孕育哲学的自然科学传统，就会走向唯心主义、非理性主义和抽象人本主义。我们只要稍微观察一下，从叔本华、尼采到胡塞尔、海德格尔这个发展过程，就能很明显地看到这个特点。如果哲学的立足点仍然是唯心主义，根本否认存在一个不依赖于人的客观世界，不承认人与人的现实生活是建立在以人对自然的改造的生产实践的基础上，那么对生活世界的回归，无非是对主体世界的回归，即对依赖于人的世界的回归。这就是人的语言世界，人的主体际世界，人的情感、感受和内心世界，或者最多是饮食男女的人的生活世界。这样，西方人本主义哲学无非是企图转变哲学依赖自然科学的主导倾向，通过哲学与生活世界的联系，把人的生存与人的世界和人对存在的感受结合在一起。存在就是人之所是，即存在就是人的存在，被人理解和把握的存在。可见，这种哲学的立足点是主体，是人的意志、感觉和体悟，而非物质世界和人的实践活动，因而无论有多少新名词和新奇的论断，其实仍然会在唯心主义泥坑之中翻跟斗。

三、正确处理哲学与生活、哲学与科学的关系

哲学不同于自然科学。自然科学结论的真假、对错、是非可以分明。哲学不是这样的，哲学是哲理，没有任何哲学是不讲理的，不讲理就不是哲学。可是理有正确与错误之分。问题在于即使是哲学中的错误道理，其中肯定掩盖着一个人类认识的难题。错误越大，掩盖的难题越大，否则它就不能成为哲学史的一部分。所以哲学发展的历史，也是人类认识史。哲学史上各种哲学体系的交替的确不是一个体系打倒另一个体系的白骨累累的战场，而是对人类认识和实践问题的哲学探索。在这个过程中某个哲

学体系消亡了，但它获得的智慧和知识留下来了，一代一代不断积累成为人类的哲学智慧的海洋，或者说是哲学的宝库。

恩格斯非常注意通过体系更替表现人类哲学智慧的积累。他说过，古希腊人距今两千多年，其所持的本质上是唯心主义的世界观。而在这种情况下，即使要返回到不言而喻的东西上去，也并不是像初看起来那样容易。因为问题决不在于简单抛弃这两千多年来的全部思想成果的内容，而是要批判它，要从这个暂时的形式中，剥取那在错误的、但为时代和发展过程本身所不可避免的唯心主义形式中获得的成果。①

的确，在哲学史上每一个看起来荒谬的论点都是一个难题。例如，柏拉图的理念论中存在两个世界，一个是我们感官直接接触的世界，这是变动不居的世界，是不真实的世界；另一个是理念世界，不动不变的作为感性世界模型的共相世界。这种说法显然是客观唯心主义的说法，是没有任何事实证明的。可是这个唯心主义的论断中却包含着三个道理：第一，世界确有本质与现象之分，现象是不断变化的，而本质是相对稳定的，仿佛是不生不灭的；第二，它确实表明，存在共相与殊相的问题，共相是稳定的，而殊相是变动不居、各不相同的；第三，它确实表明，世界存在统一性，因而世界是一与多的结合。理念是一，而万事万物都是理念的分，表现为多。其实中国理学也有类似的说法，所谓“理一分殊”，所谓“月照万川”，哲学道理是一样的。亚里士多德认为事物存在四种原因：形式因、质料因、动力因、目的因，显然包含唯心主义目的论的东西，所以才会成为中世纪的神学家们的精神支柱。可是从人的活动角度来理解，我们可以看到，人的活动的确是有目的的，而且成为事物以具体形式存在的动力。木材成为棹子，既包含木工的目的也包含木工的制作，木工不赋予木材以形式和目的就不会有棹子。

最明显的是贝克莱的命题——存在是被感知和世界是感觉的复合，这当然是违背常识、违背科学的。但是，它确实是人类认识中的难题。人只有通过感知才能知道事物的存在，不感知而断定它的存在是独断论和神秘主义的。既然人只有通过感知才知道存在，而感知表现为观念，观念只能

① 《马克思恩格斯全集》，中文1版，第20卷，537页，北京，人民出版社，1971。

存在于人的意识中。有谁能把被感知的东西与感知分离开来，在感知之外感知存在呢？所以，就得出：物是观念的复合，存在只有被感知才知道它存在着的必然结论。

而且，人的感知只能感知与其相同性质的东西，甜只能感知甜，红只能感知红。既然如此，思想不可能是对具有不同特性的物的反映，红反映非红、甜反映非甜的东西是不合逻辑的。人们不难看到这里的确存在两种不同的认识路线；一种是从思想到物的路线，一种是从物到思想的路线。在人类认识过程中，由于人是有意识的主体，如何证明对象的客观性，证明意识是存在的反映，是一个认识论的大难题。列宁说过，唯心主义要坚持唯心主义是难以凭逻辑驳倒的。即使马克思主义以实践为尺度解决这个千古难题，仍然难以跨越人作为主体存在所具有的种种理论障碍。因为实践是人的实践，是有意识有目的的过程。哲学是不能离开人的，离不开人的主体意识。因而实践标准并不能阻止哲学家们以层出不穷的方式进行唯心主义解释的可能性。例如，海德格尔关于存在的学说，认为人是所有存在中最为特别的存在，他是唯一知道存在领悟存在的存在物，他名之为此在、亲在。存在就是人的所是的存在，存在只有在人的存在中得到澄明。所谓澄明之境，就是主体内在的境界。这是以不同语言重复的唯心主义主体论观点。当维特根斯坦说，世界不是事物的总和而是事实的总和，即由于语言，世界是一些命题的组合。人没有语言就不可能命名世界中的万事万物，一旦被命名那就意味着我们与世界打交道，就是与自己的命名打交道，也就是与命题打交道。两千多年前的老子说“无名天地之始，有名万物之母”就隐含了这个难题。

总而言之，世界和世界的客观性问题，由于人、由于人的主体地位、由于语言而变得极其复杂。这就是唯心主义会以各种不同方式在不同时代一再出现的原因。毛泽东曾说过，唯心主义与唯物主义一样万岁，是很有道理的。

可见，哲学中的错误并不等同于荒谬。任何错误中都包含着人类认识的难题。这就是为什么有的人喜欢叔本华、尼采、海德格尔，或者说，有什么新的唯心主义变种总有人赞同，就是因为它不是纯粹的胡说，而是人类认识中的难题。唯心主义的确是植根于人类认识之树的不结果的花。人类认识过程中的困难和问题总会引发唯心主义。每个不同时代的唯心主义大家为人类认识提出的难题，从另一个方面极大地推动了人类哲学认识的发展。

正因为这样，我们不能简单地把哲学看成唯物主义与唯心主义的斗争史，而应该同时看成人类认识史，看成人类在认识中不断解决自己面对认识困难的历史。即使是古代朴素的、不具有科学依据的哲学命题，至今作为人类的智慧仍具有长远的价值。例如，现在没有再把万物来源于水作为宇宙生成论的哲学命题，作为世界本体论和生成论来看这个哲学命题显然是幼稚的。可是水对人和人类社会生存和发展的价值，对人的生命和所有生命现象的价值并不会因为它不再作为哲学命题而失去它的意义和价值。当代人类愈来愈感受到万物来源于水的命题中所包含的哲学智慧。当代人推崇天人合一说，当然不是推崇它的神学神秘主义和唯心主义，而是其中人与自然相互作用正负效应的价值。

马克思主义哲学对哲学与生活、哲学与科学关系的处理是正确的，它保留了历史上哲学派别处理两者关系的优点，但克服了它们的片面性。马克思和恩格斯非常重视自然科学的哲学意义，重视哲学对自然科学的总结。

恩格斯曾经对 19 世纪的自然科学的成就进行过论述，认为当时自然科学的发展为克服 18 世纪唯物主义的形而上学和机械论的观点，提供了充分的科学依据。《自然辩证法》《反杜林论》等著作就是对自己时代自然科学最高成就的哲学总结。马克思和恩格斯重视自然科学的成就，经常关注自然科学中的新发现；他们也关注现实生活，关注现实的人和人类的生存状况，而不是单纯个人的生活和经验体悟。他们不是为哲学而哲学，哲学是他们批判现实和改造现实、为人类生存更好的服务的武器。尽管马克思和恩格斯的著作对人生观的问题，对人的生活意义、价值和目的问题很少论及，因为在他们看来离开无产阶级斗争和人类解放来抽象地谈论这些问题，只能沦为道德说教和抽象人道主义的老调重弹。但马克思和恩格斯并不否认人的道德和人生观问题的重要性。马克思中学毕业论文已经证明这一点。在马克思和恩格斯看来，无产阶级革命就是最好的道德培养剂，在投身变革现实的斗争中，人们在改造客观世界的同时也在清除自己身上的污垢。从这个角度说，马克思主义哲学不是安身立命之学，不是个人修养之学，不是解除个人苦恼和烦闷之学；对于马克思主义哲学来说最重要的不是单个人的问题，而是人类的问题。马克思主义哲学并不轻视个人问题，而是强调个人问题的真正解决，只有依赖社会问题的解决才是可能的。一个合理的社会制度可以为千千万万的个人即为社会全体成员带来幸福，而单纯依靠个人奋斗解决的个人问题——摆脱贫困或个人的发财致富，有可能给别人带来不幸，自己得到的同时是别人失去的。

这不是马克思主义哲学解决个人问题的思路。个人只有在集体中才能得到发展。每个人的自由发展是一切人的自由发展的条件。这充分表达了马克思和恩格斯关于消灭阶级和阶级社会以后的状态。

当代生存论、生存哲学流行。有的论者喜欢按照生存论的观点或海德格尔的观点来解读马克思主义，这种解读与马克思主义哲学的本质是大相径庭的。当代存在主义讲的都是个人的生存，讲的是如何“去烦”、“去畏”之类的心理感受。这不是真正的人类生存之道。一条生活在被污染河流中的鱼，是不可能存活的。即使有幸存活也是自己的存活而不是鱼类的生存。真正讲生存，要像马克思主义那样讲人类的生存，追求一个合理的社会环境、一个合理的自然环境。因为在一个人类生存危机的世界中个人的生存问题是无法合理解决的，这就要社会变革。通过社会变革追求人类的解放，这是马克思主义哲学与生存论根本不同之处。只有正确处理哲学与科学和生活的关系，以人类实际生活为依据，关注科学新成就和新发现的马克思主义哲学，才具有面对客观现实世界、改革社会、以人类解放为最高目标的宽阔胸怀和境界。

马克思主义基本原理的当代价值

马克思和恩格斯是历史人物，生命是有限的。马克思和恩格斯的著作是特定时空的经典文本，写作年代是不变的。但他们的生命价值和他们的思想能超越自己的时代，在于他们著作中所包含的基本原理。一个真正的马克思主义者，决不会把马克思和恩格斯文本中的每句话奉为金科玉律，也不会期望马克思主义经典作家为他们逝世后的一切新问题留下锦囊妙计。马克思主义的当代价值，从根本上说就是马克思主义基本原理的当代价值，即它的真理性和有效性。

在当代，除马克思主义之外，没有哪种学说能对经济全球化时代资本主义社会的内在矛盾和中国特色社会主义建设，从理论和方法上提供一个既具有科学性又能推动社会发展和人类解放的思想体系。

一、马克思主义的时代特点与共同本质

马克思主义是严整的科学体系。它的核心社会理念，是无产阶级解放和人类解放；它的核心理论，是对这个社会理念的具有严密性和完整性的科学论证。马克思主义的社会理想不是基于道德原则、也不是基于信仰的宗教千年王国，而是由一系列基本原理的科学论证作为理论支撑的。马克思主义是由马克思和恩格斯创立，由他们的各国后继者继承、发展和实践的，以追求通过不同方式改变以私有制为基础的资本主义社会，最终达到无产阶级和人类解放、达到人的自由全面发展的学说。

“马克思主义”不只是一种学说的名称，而是一种学说的本质。它不

是任何乐意使用的学者、学说或学派都可以使用的。凡是反对马克思主义社会理想，即不主张以无产阶级和人类解放为最终目标，不主张以社会主义社会取代资本主义社会的理论就不是马克思主义；同样，凡是摒弃马克思主义基本原理，甚至以各种方式反对马克思主义基本原理的人也不可能是马克思主义者。它可以称为任何别的什么主义，就是不能称为马克思主义，因为它与马克思主义的核心社会理念和基本原理是相背离的。

马克思主义有其确定的本质。这种观点的最大障碍是唯心主义的哲学解释学。如果把马克思主义本质问题放在这种解释学视域范围内来研究，必然是多元的。因为它强调解释者的政治倾向、历史条件、时代背景以及个人的学养对确定马克思主义本质的决定意义，而否定马克思主义文本自身所蕴涵的客观价值。

按照这种观点，世界上根本不存在马克思主义，存在的只是对马克思主义的不同解释。例如美国社会学家赖特·米尔斯在多年前写的《马克思主义者》一书中就说过，"正如大多数复杂的思想家一样，马克思并没有得到人们统一的认识。我们根据他在不同发展阶段写出的书籍，小册子，论文和书信对他的著述做出什么样的说明，取决于我们自己的观点，因此，这些说明中的任何一种都不能代表'真正的马克思'"①。他还说，"在马克思死后发展起来的种种对马克思主义的解释中，究竟哪一种最接近他的原意？斯大林是不是马克思的唯一（甚或一个）合法的继承人？是列宁吗？是社会民主党吗？不言而喻，他们谁也不是，至少不完全是"②。显然，米尔斯提出的是一个寻找"真正马克思"的难题，这个难题是马克思主义理论研究者共同面对的。

"一切划时代的体系的真正的内容都是由于产生这些体系的那个时期的需要而形成起来的。所有这些体系都是以本国过去的整个发展为基础的，是以阶级关系的历史形式及其政治的、道德的、哲学的以及其他的后果为基础的。"③ 马克思主义作为一种思想体系同样如此。它不仅是一种

① ［美］米尔斯：《马克思主义者》，39页，北京，商务印书馆，1965。

② 同上书，103页。

③ 《马克思恩格斯全集》，中文1版，第3卷，544页。

文本，而且是一种实践，是一种运动。它的本质不仅表现在似乎可以任人解读的以语言为载体的文本中，而且表现在马克思和恩格斯的全部实践活动中。马克思和恩格斯的著作不是可以任意解读的文本，它是与他们所处的历史条件和时代提出的问题，与他们的全部政治活动、学术活动和无产阶级政治活动不可分离的理论结晶。马克思主义之所以成为马克思主义，与它的时代的、阶级的和文化的背景存在着因果制约性。如果离开资本主义社会的现实矛盾和时代问题，离开马克思和恩格斯理论产生的思想土壤，离开他们毕生为之奋斗的事业，离开他们全部政治和学术活动，就不可能正确理解马克思主义的本质。当恩格斯说，马克思首先是一个革命者，用各种方法推翻资本主义是他毕生的事业时，就已经从根本上规定了正确理解马克思主义本质的最主要之点。

凡属马克思主义学派的首要条件，应该是立足实践、面对问题，运用马克思主义基本原理解决自己时代面对的问题和以不同方式为实现马克思主义的社会理想而奋斗。把判断是否真假马克思主义放在对文本的解读上，而不是放在如何实现马克思主义的社会理想上，放在运用马克思主义基本原理解决自己时代面对的新问题上，放在实践上，只能陷于永无结论的烦琐争论。

马克思主义的本质是确定的，这并不意味着某一个国家或政党是唯一的马克思主义学派。马克思主义没有"世袭权"，也没有自奉为唯一正确的"解释权"或"唯一模式"。当年苏联曾经垄断马克思主义的"世袭权"和"解释权"，结果由于教条主义和后来对社会主义事业的背叛，失去了这种所谓"世袭"和"解释"的绝对权威。

事实证明，只有真正坚持马克思主义基本原理与本国实际相结合，才有资格称为马克思主义者。当我现在读到苏联原来红极一时的一些马克思主义权威们的文章，读到当代世界有些自称为马克思主义革新者们的著作，从他们以某一文本中的某段某句为依据来否定马克思主义基本原理，深感西方哲学解释论与马克思主义的实践论南辕北辙，无法在"谁是真正马克思主义者"的问题上取得一致的看法。那些以解释学为据自称的马克思主义，往往不是"龙种"而是"跳蚤"。

马克思主义肯定在不同国家和地区有众多的拥护者、实践者并在实践中形成各具特色的马克思主义。东欧剧变后，多次世界性的马克思主义会议和世界性的共产党与工人党会议证明了这一点。但也不能把马克思主义泛化。现在理论界常说的苏联马克思主义、东欧马克思主义、南斯拉夫马克思主义、西方马克思主义或者其他各种名称的马克思主义，都还只能是个称谓，而不是实质。马克思主义的本质不是按地区、按国别划分的，而是按它是否真正属于马克思主义学派来划分的。我们应该明白，所有按地区和国别称谓的马克思主义中，具体人物的情况不尽相同。其中有马克思主义者，有对马克思主义的某一方面或某一问题做出贡献的学者，但也有以马克思主义自诩而实际上背离马克思主义的学者。毫无疑问，马克思主义的队伍需要壮大，对马克思主义表示好感和同情的左派学者日益增多，这意味着马克思主义的理论影响的扩大。我们非常乐意读到西方一些学者对马克思的赞扬。我们应该充分注意其他国家和地区的工人运动和左派学者对马克思主义的贡献，吸收它们有价值的思想，但不管马克思主义的发展如何呈现多样化趋势，都不能鼓吹马克思主义本质的多元论。抽象地倡导马克思主义发展的一体多元，很容易混淆马克思主义与非马克思主义甚至反马克思主义的理论界线。

马克思主义发展的方式不是解释学的而是实践的。马克思主义的发展，从根本上说是在实践中发展。在各国革命实践中、在社会主义建设实践中，真正坚持以马克思主义为思想指导的政党都可以在不同方面推进马克思主义，使马克思主义具有时代和民族的特色。当然，理论研究也是推进马克思主义的一种方式。除了与实践结为一体的理论研究外，即使没有直接参与革命实践，但着力从马克思主义立场、观点和方法进行纯学术的研究，也可能从某一方面对马克思主义的发展和运用做出自己的贡献。马克思主义需要实践型的理论家，也需要学者型的专家。但这种学者型的马克思主义者，同样应该具有马克思主义的批判和革命精神，以自己的研究成果直接或间接服务于马克思主义伟大社会理想和实践。

二、马克思主义的整体性与基本原理的普遍性

任何一种思想体系或是学科，都有属于自己的基本原理或者说基本思想。它决定该学说的本质和学科的性质。马克思主义也是如此。马克思主

义作为一个科学体系，它当然包括自己特有的基本概念、范畴、命题和最基本原理。马克思主义基本原理是马克思主义作为科学体系的理论支撑。如果没有马克思主义基本原理，马克思主义就会成为空中楼阁，马克思主义基本原理与各国实际相结合也就会成为一句空话。这不符合马克思主义发展史，也不符合社会主义运动的实际。

但究竟有哪些是马克思主义基本原理？马克思主义基本原理不是脱离马克思主义各个组成部分，或凌驾其上的普遍原则。在马克思主义中不存在既不属于哲学，也不属于经济学，也不属于科学社会主义而只属于作为整体马克思主义的所谓最一般的基本原理。其实，马克思主义基本原理，就是马克思主义哲学、经济学、科学社会主义的基本原理。它之所以统称为马克思主义基本原理，原因有二：

第一，对于揭示的对象而言具有普遍性。例如，马克思主义哲学原理揭示的是自然、社会和人类思维的普遍规律，它构成马克思主义最基本的规律；马克思主义经济学说，作为广义经济学揭示的是人类社会经济发展的普遍规律，作为狭义经济学，它揭示的是资本主义社会的经济规律，具有不同范围的普遍性；马克思主义的社会主义学说，关于资本主义社会基本矛盾和必然过渡到社会主义的学说、关于无产阶级政党、关于无产阶级与资产阶级斗争和无产阶级专政学说，等等，对于实现马克思主义的社会理想来说具有普遍性。所有这些，都属于马克思主义基本原理。离开了这些基本原理，就不存在马克思主义。试图在马克思主义学说中寻找超越马克思主义哲学、经济学和科学社会主义学说范围或者说非哲学、非经济学、非社会主义学说的所谓基本原理是没有的。

第二，马克思主义基本原理，虽然分属于马克思主义哲学、经济学和社会主义理论，具有学科特点，但它们又从属于马克思主义整体，彼此从理论上相互支撑，相互渗透，不可分离，因此可以统称为马克思主义基本原理。例如辩证唯物主义和历史唯物主义既是马克思主义哲学，又存在于马克思主义经济学和社会主义学说之中。马克思主义哲学作为世界观和方法论，为整体的马克思主义提供世界观和方法论基础；如果从马克思主义政治经济学和社会主义学说中，拒斥马克思主义的世界观和方法论，就会失去它的马克思主义性质而沦为非马克思主义的经济学和其他形式的社会主义学说；同样，无产阶级解放和人类解放是马克思主义社会主义学说追求的最终目标，也是马克思主义哲学和经济学说的主题。如果马克思主义哲学不为无产阶级解放和人类解放服务，它失去作为无产阶级解放大脑的功能，就不是马克思主义哲学，而是思辨哲学、经院哲学。如果马克思主义经济学离开了这个主题，就往往成为为有产者辩护、为利益集团辩护的所谓“发财致富”的学说。反过来说，劳动价值论与剩余价值论不仅是马克思主义的经济学说，它也完全深入历史唯物主义和科学社会主义学说之中。离开它，历史唯物主义和科学社会主义中许多重要原理就由于没有经济学依据而失去它的科学性。列宁关于马克思主义是“一块整钢”的说法是完全正确的。

正因如此，马克思主义基本原理很难硬性划界。例如，生产力与生产关系矛盾运动规律，既是历史唯物主义的基本规律，又是经济学必须研究的规律，也是科学社会主义学说论证两个必然性必须研究的规律。所以，马克思主义普遍原理，既具有学科特点又具有整体性。硬性规定马克思主义某一基本原理只属于某一学科是错误的。当然研究的角度和着重点可以不同。例如，关于生产力与生产关系矛盾运动规律、经济基础与上层建筑矛盾运动规律、阶级斗争规律、唯物主义和辩证法的基本规律，等等，虽然对马克思主义各个组成部分都是普遍适用的原则，但又可以从马克思主义各个不同学科角度进行具有特点的专门研究。依我看，我们当前马克思主义理论研究工作的一大缺憾就是，既存在马克思主义整体视角的缺失，彼此隔绝；又缺少对各学科深入研究从而对马克思主义整体性研究的理论支撑。

马克思主义基本原理的普遍性不能简单化为最大公共性。实际上马克思主义基本原理的普遍性程度是不一样的。它的哲学原则是关于自然、社会和思维的普遍规律性，具有最大的普遍性。关于资本主义经济学原理的普遍性，属于资本主义社会的经济制度和经济运行的规律。科学社会主义原理，则是一种以资本主义现实为依据的科学预测，具有很大程度的科学假说性质。因此，马克思和恩格斯以资本主义高度发达为依据的关于未来社会主义特征的描述，具有它自身的严格的理论逻辑性但缺乏实证性，在不同国家的社会主义建设实践中会重新受到检验、纠正和发展。

基本原理是关于马克思主义理论的性质的规定，即它适用范围的有效性问题，而不是量的规定。任何人都不可能确定马克思主义基本原理的数量，指定只有哪几条是基本原理。随着实践发展和时代需求，我们可能从马克思主义的经典文本中，从后来马克思主义者的发展中发现新的基本原理，也有些过去被错误认为是基本原理的东西，实践证明并不具有普遍性。普遍原理同样是发展的、变化的。但普遍原理的发展不能成为对普遍原理否定、甚至对普遍原理采取虚无主义态度的根据。因为马克思主义基本原理是对客观规律的理论概括。只要普遍规律及其起作用的条件仍然存在，马克思主义基本原理就仍然有效。

坚持马克思主义普遍原理，并不是否定马克思主义应该发展。毛泽东曾明确指出："马克思主义一定要向前发展，要随着实践的发展而发展，不能停滞不前。停止了，老是那么一套，它就没有生命了。但是，马克思主义的基本原则又是不能违背的，违背了就要犯错误。"① 马克思主义基本原理虽然具有某种相对稳定性，但由于它是一个开放的体系，它永远面对自己的时代而不是面对自己既有的结论。马克思主义基本理论同样要与时俱进，它要根据新的问题，总结新经验，得出新结论，必须以新的原理代替过时的旧原理。马克思主义中国化就包括对马克思主义基本原理的发展，例如，改革开放是社会主义自我完善的动力、社会主义市场经济原则，无产阶级执政党应该代表先进生产力、先进文化和最广大人民群众利益，应该坚持以人为本和坚持全面协调和可持续发展，等等，对于发展中的社会主义国家都具有一定的普遍意义，是对马克思主义基本原理的发展。任何停滞、保守和对马克思主义的教条主义态度都是阉割马克思主义的批判的和实践的精神。

三、马克思主义经典文本研究与基本原理研究

我们应该重视马克思主义文本研究。但文本研究不能代替马克思主义基本原理的研究。反过来，马克思主义基本原理的研究也不能代替马克思主义文本研究。它们各有特点和功能，应该相得益彰。要真正区分基本原

① 《毛泽东文集》，1版，第7卷，281页，北京，人民出版社，1999。

理和个别论断，必须以科学态度研究文本。

文本的研究，偏重于马克思和恩格斯说了什么，怎么说，是在什么条件下针对什么问题说的，一本书的整体限于这一本书。而基本原理的研究则偏重于整个学说的体系，它不限于某一本书，而是贯穿全部著作的基本原则。文本的研究有助于全面、准确掌握基本原理，而原理的深入研究则有助于提高文本研究的高度。文本中包含在其他著作中以不同方式重复论述的基本原理，也包含针对某一具体问题具有时效性的个别论点；还包含在与对手论战中，由于辩论的需要而对某一方面、某一问题的过分强调。因此要真正分清哪些是必须长期坚持的马克思主义基本原理，哪些是需要结合实际加以丰富发展的理论判断，哪些是后人错误的附加和教条主义的理解，当然要研究文本，而且应该从整体角度、从文本的相互对照中研究文本。

在马克思主义文本研究中，我们可以发现一个明显的特点，凡属马克思主义的基本原理，都是在马克思和恩格斯全部著作中不断重复出现的，是全部马克思和恩格斯著作中的核心观点。例如关于唯物主义原则、辩证法原则、历史唯物主义原则、劳动价值论、剩余价值论以及资本主义必然为社会主义社会所取代等观点都是这样。当然，由于每本书写作时间和解决的问题不同，论战的对象不同，论述的方式不同，强调的重点可能不同，而且论述本身也在逐渐丰富、准确、发展，但其中有一点是不变的，即基本原理的根本原则不会变化。例如，在《共产党宣言》1883 年版、由恩格斯个人单独署名的序言中，他强调“贯穿《宣言》的基本思想：每一历史时代的经济生产以及必然由此产生的社会结构，是该时代政治的和精神的历史的基础”①。其实这个历史唯物主义的根本原则，不仅贯穿《共产党宣言》，可以说，从《德意志意识形态》开始，无论是《共产党宣言》《哲学的贫困》《资本论》《反杜林论》《家庭、私有制和国家的起源》，一直到恩格斯晚年关于历史唯物主义的著名通信，都遵循和论述了这个原则。马克思主义其他基本原理也无不如此。

个别论断不同，它往往只出现一次。例如，《1844 年经济学哲学手

---

① 《马克思恩格斯选集》，2 版，第 1 卷，252 页，北京，人民出版社，1995。

稿》中关于人性异化与复归的观点，《德意志意识形态》中关于共产主义社会里，任何人都没有特殊的活动范围，可以上午打猎，下午捕鱼，傍晚从事畜牧，晚饭后从事批判之类的极具浪漫主义色彩的描述，以及19世纪中叶恩格斯关于英国即将发生社会主义革命和马克思关于资本主义丧钟已经敲响的论断等，都是如此。它后来都为具有科学性的普遍原理所取代，如以物质资料生产方式是社会发展决定力量取代人性异化与复归的观点，以人的全面发展取代特定活动领域无须分工的浪漫主义描述的观点，以“两个决不会”取代西欧即将发生社会主义取代资本主义革命的观点，等等。这表明，普遍性的基本原理比个别论断具有理论的普遍适用性和实践的生命力。

在区分普遍原理和个别论断时，应该更加注意对马克思主义的错误附加。所谓错误附加，就是把具有特定场景和具体对象的个别论断，脱离特定的历史条件，当作具有普遍性的基本原理，而对其他文本中的论述不予理睬。例如，恩格斯晚年在为马克思关于1848—1850年的法国革命所写的导言中，论述过和平过渡的可能性问题，但并不是作为普遍规律而是针对具体国家的个别论断，可它为第二国际理论家们曲解为普遍规律，为此恩格斯在给拉法格的一封信中说，有人“从我给马克思关于1848—1850年的法国的几篇文章写的导言中，摘引了所有能为他的、无论如何是和平的和反暴力的策略进行辩护的东西。近来，特别是目前柏林正在准备非常法的时候，他喜欢宣传这个策略。但我谈的这个策略仅仅是针对**今天的德国**，而且**还有重大的附带条件**。对法国、比利时、意大利、奥地利来说，这个策略就不能整个采用。就是对德国，明天它也可能就不适用了”①。

《共产党宣言》曾经提出著名论断：“代替那存在着阶级和阶级对立的资产阶级旧社会的，将是这样一个联合体，在那里，每个人的自由发展是一切人自由发展的条件。”② 这个论断被简化为“每个人的自由发展是一切人的自由发展的条件”，完全撇开了具有决定意义的社会条件，即消灭存在着阶级和阶级对立的资产阶级旧社会，建立共产主义社会即自由人的

① 《马克思恩格斯全集》，中文1版，第39卷，436页，北京，人民出版社，1974。
② 《马克思恩格斯选集》，2版，第1卷，294页。

联合体。没有这个前提，把抽象的个人自由当作一切人自由的前提，马克思和恩格斯就由一个共产主义者变为个人自由至上主义者。

当一个有条件的、针对具体对象的论断，被解读为无条件的普遍论断时，就是错误附加。一个马克思主义理论研究者，如果迷信哲学解释学，往往会成为错误附加的制造者。

四、正确理解当代中国马克思主义的本质

中国特色社会主义理论是当代中国马克思主义形态，但不能由此推论出应该把马克思恩格斯的思想归为所谓经典马克思主义、传统马克思主义，甚至是什么原生态的马克思主义。以它产生于19世纪上半叶为由而否定它在中国共产党指导思想中的地位，割断它与中国当代马克思主义一脉相承的理论关系。

马克思主义当然是发展的，但它的发展与社会形态的发展不同。它不像社会形态的更替那样，是以一种马克思主义形态完全取代另一种马克思主义形态。马克思主义的发展可以表现出多样性和民族特性，但它都是以马克思主义基本原理与每个时代和国家的实际相结合的方式发展的，是沿着马克思主义基本原理的方向发展的。正像列宁说的："**沿着**马克思的理论的**道路**前进，我们将愈来愈接近客观真理（但决不会穷尽它）；而**沿着任何其他的道路**前进，除了混乱和谬误之外，我们什么也得不到。"①

我们不能把马克思主义发展划分为三种形态：原生态，即马克思和恩格斯创立的马克思主义；次生态，即列宁主义；再生态，即马克思主义的当代形态。这种称谓和区分并不能表明马克思主义的发展的真实本质和历程，而只能引起混乱。从马克思主义基本原理来说，这种区分难以成立。我们不能断言，由于中国特色社会主义是当代中国的马克思主义，它就根本不同于所谓原生态的马克思主义——马克思和恩格斯创立的马克思主义和次生态的马克思主义——列宁主义，它与所谓原生态和次生态的马克思主义，各自拥有自己根本不同的基本原理；或者说原生态和次生态的马克思主义不再具有当代价值，这是一种变相的马克思主义"过时"论。

---

① 《列宁选集》，3版，第2卷，103～104页，北京，人民出版社，1995。

在艺术中，凡属原生态的东西都是指称非当代的东西，如原生态音乐、岩洞中的壁画之类。它是极为粗糙的历史的陈迹或历史化石。当代艺术家们、音乐家们都喜欢寻找原生态的东西，也就是寻找原本如此，没有受当代“污染”的东西。如果艺术领域可以这样做，在马克思主义研究中可不能这样。马克思和恩格斯创立的马克思主义可不是什么原生态，而是具有原创的思想理论体系，它是人类思想理论上的一次伟大革命，可以喻之为跃出人类思想地平线的一轮红日。

马克思和恩格斯学说中，凡属基本原理而不是个别论断或词句的思想，都既属于马克思和恩格斯的时代，又同样属于当代，具有当代价值。马克思主义作为一种学说，就其本质来说是一个整体，并不包括两个不同的部分，一部分属于当代，一部分属于非当代。马克思主义是具有实践性、开放性的体系，它必须面对当代。不具有当代价值的马克思主义，是马克思主义的终结。

任何一个严肃的马克思主义理论研究者都理解，当代中国马克思主义并不是根本不同于所谓“原生态”的马克思主义的另一种马克思主义。可以说，在当代中国马克思主义中，始终包括作为马克思主义缔造者的马克思和恩格斯对马克思主义基本原理的贡献。如果从当代中国马克思主义中剔除马克思和恩格斯的马克思主义，那当代中国马克思主义就不成其为马克思主义。没有马克思思想、没有恩格斯思想的当代中国的马克思主义，同没有哈姆莱特王子的《哈姆莱特》一样不可思议。

当代中国马克思主义的特性，不是它坚持的基本原理不同于马克思和恩格斯创立的马克思主义，而是马克思列宁主义与中国实际相结合中表现的鲜明的时代特征和民族特色，以及由此而得出的创造性发展马克思主义的新结论。

中国特色社会主义建设是在和平与发展成为时代主题、经济全球化成为发展趋势的时代背景下进行的。对于当代中国社会主义建设来说，改革开放就是具有时代性的课题。改革开放是在当代背景下推动我们调整社会主义社会内部社会基本矛盾的动力。脱离我们时代的大背景和课题，就无法理解当代中国马克思主义的新成果和创造性发展的时代依据。

当代中国马克思主义，既充分考虑到中华民族从鸦片战争以来的社会性质和社会主义革命胜利后的社会发展水平，又高度重视继承和吸收中华民族优秀文化传统，以马克思列宁主义为指导与充分吸收中国传统文化中的精华相结合，使马克思主义基本原理的应用和发展具有中华民族的风格和气派。

改革开放不仅是中国经济发展的强大动力，同样是推动马克思主义发展的强大动力。当代中国马克思主义在马克思主义发展史上的成就应该为所有马克思主义理论研究者高度重视。但这种重视不能是马克思主义发展史的断裂。任何稍懂一点马克思主义的人，都能从邓小平理论中、从“三个代表”重要思想中、从科学发展观中读到被创造性运用于中国当代实际的历史唯物主义基本原理，读到被娴熟运用于中国实际的辩证唯物主义的世界观和思维方法原则。中国马克思主义的两次飞跃，都是马克思列宁主义与时代相结合、与中国当代实际相结合的产物。

当代中国马克思主义之所以属于马克思主义，就是因为它在当代中国依然坚持马克思主义的基本原理。不能认为在当代中国，马克思主义中国化的时代已经结束，现在是中国化的马克思主义的时代，从德国传来的19世纪德国的马克思主义没有用，从俄国传来的列宁主义也没有用，唯一能作为指导的就是当代中国马克思主义。此说貌似高度评价中国特色社会主义理论，实际上容易架空、贬低和曲解中国特色社会主义理论的马克思主义本质。没有继续推进马克思主义中国化，何来中国化的马克思主义。把马克思主义中国化与中国化马克思主义视为可以分离的两个不同过程，既否定了马克思主义的当代价值，也曲解了中国特色社会主义的马克思主义本质。

毫无疑问，在当代中国，只有中国马克思主义而不能有别的什么主义能作为继续推进改革开放的指导思想。这里所谓别的“什么主义”指的是非马克思主义，如西方民主社会主义、新自由主义或者新儒学之类，而不是指马克思恩格斯创立的马克思主义。对中国共产党人来说，马克思列宁主义、毛泽东思想，就属于必须坚持的同一个马克思主义，而不是别的“什么主义”。中国共产党再三再四强调中国特色社会主义理论与马克思列宁主义、毛泽东思想既一脉相承又与时俱进，正在于强调当代中国马克思主义形态的马克思主义本质。

马克思主义中国化是一个永无止境的不会终结的过程，马克思主义与中国实际相结合是一个不断与时俱进的过程。不可能存在只要中国化的马克思主义，不要马克思主义的中国化。中国化的马克思主义一旦与马克思主义中国化相剥离，把马克思列宁主义从当代中国马克思主义中“清洗”出去，就是马克思主义在中国发展的终结。

五、马克思主义基本原理应用的条件性

马克思主义原理的普遍性和运用的条件性是相结合的。这种条件，既可以是国家和民族的不同条件，也可以是一个国家自身发展过程中不同阶段的条件。因此马克思主义基本原理的应用，应该以时间、地点、条件为转移。马克思主义原理的普遍性永远是与特殊性相结合的，一旦变为抽象的共性就会转变为百无一用的教条。

国家和民族条件不同，马克思主义基本原理的运用必然各具民族特色。列宁说过：“只要各个民族之间、各个国家之间的民族差别和国家差别还存在（这些差别就是无产阶级专政在全世界范围内实现以后，也还要保持很久很久），各国共产主义工人运动国际策略的统一，就不是要求消除多样性，消灭民族差别（这在目前是荒唐的幻想），而是要求运用共产党人的**基本**原则（苏维埃政权和无产阶级专政）时，把这些原则在**某些细节上正确地加以改变**，使之正确地适应于民族的和民族国家的差别，针对这些差别正确地加以运用。”① 这就是马克思主义和社会主义道路的民族特色问题。

即使在同一个国家，由于条件变化，对马克思主义基本原理的运用也是不同的。我们可以以马克思主义最基本原理——生产力与生产关系规律为例。列宁和毛泽东在革命时都曾经大力批判过庸俗生产力论。在俄国这种理论的主张者认为，俄国的工人阶级不应该夺取政权，不应该举行十月革命，因为俄国的生产力还没有发展到举行社会主义革命的高度。列宁曾经痛斥过这种理论，称之为庸俗生产力理论。在中国，毛泽东当年也批判党内反对中国革命的这种理论的主张者。俄国和中国最终取得革命的胜

---

① 《列宁选集》，3版，第4卷，200页，北京，人民出版社，1995。

利。可是在革命胜利以后，本应该利用自己手中的政权，大力发展生产力，为社会主义新制度创造牢固的经济基础，可是，有些理论家们还以反对庸俗生产力为理由，坚持“以阶级斗争为纲”，把发展生产力诬为庸俗生产力论。他们完全脱离了两种不同社会环境、抛开了革命和建设两种不同任务，把批评庸俗生产力论当成永恒不变的原理。

在如何对待反对所谓庸俗生产力的问题上，列宁曾根据历史条件的变化采取完全不同的态度。在革命前坚持反对庸俗生产力论的列宁，革命后是生产力论的坚定倡导者。列宁认为无产阶级取得国家政权以后，它的最根本的需要就是增加产品数量，大大提高社会生产力。“劳动生产率，归根到底是使新社会制度取得胜利的最重要最主要的东西。”① 这是列宁关于发展生产力重要性最著名的论断。前后没有几年，只是由于革命前和革命后条件的变化，列宁由庸俗生产力论的坚定反对者变为发展生产力的倡导者。

邓小平同样是把革命和建设分开的。在中国要不要进行革命战争问题上，他坚决反对庸俗生产力论，在社会主义建设问题上他坚持生产力最终决定作用的理论，极力主张大力发展生产力。1977 年 10 月，邓小平在与美国华裔作家林光达夫妇谈话中，非常赞同列宁和毛泽东在革命时期反对庸俗生产力论的态度。他说：列宁在批判考茨基的庸俗生产力论时讲，落后的国家可以搞社会主义革命，我们也是反对庸俗生产力论，我们采取了和十月革命不同的方法，农村包围城市，当时中国有了先进的无产阶级的政党，有了初步的资本主义经济，加上国际条件，所以在一个不发达的中国能搞社会主义。这和列宁讲的反对庸俗生产力论一样。

在中国革命战争胜利后，在中国共产党的八大报告中，邓小平强调发展生产力，指出我们面临的主要矛盾是人民群众不断增长的物质文化需要和落后的生产力之间的矛盾。在“文化大革命”后期复出后，邓小平大力恢复经济、发展生产，被“四人帮”诬为“以三项批示为纲”，鼓吹庸俗生产力论。在粉碎“四人帮”后，邓小平作为党的第二代领导核心，提出“一个中心、两个基本点”的建设中国特色社会主义的路线，把发展生产

---

① 《列宁选集》，3 版，第 4 卷，16 页。

力放在中心地位，提出“三个有利于”标准，采取了与革命时期批判庸俗生产力的完全不同的态度。这是一切以时间、地点、条件为转移运用马克思主义基本原理的科学态度。

可以说，对待马克思主义所有基本原理都应该采取这种态度，这才是真正唯物辩证的态度，真正坚持实事求是和具体问题具体分析的态度。例如对待资本主义私有制、对待剥削、对待外国资本的进入等问题都应该根据条件和情况的变化采取不同的政策。毛泽东在读苏联政治经济学的笔记中说过，我们现在消灭资本主义，将来还可以搞点资本主义。在革命时，我们反对剥削，反对帝国主义的资本输出。可革命战争胜利后，在奠定了社会主义基本制度，又可以在一定程度上允许并发展私有制，允许剥削，允许、欢迎并尽可能多地吸收西方资本的进入，这叫吸收外资，包括跨国公司和境外的私人投资。其实，这个既消灭资本主义又发展资本主义的做法，当年列宁在俄国新经济政策时就提倡过。他说，“我们要懂得，这是一种我们可以而且应当容许其存在、我们可以而且应当将之纳入一定范围的资本主义，因为这种资本主义是广大农民和私人资本所需要的，而私人资本做买卖应能满足农民的需要。必须让资本主义经济和资本主义流转能够像通常那样运行，因为这是人民所需要的，少了它就不能生活”①。

当代中国的资本主义经济成分是中国共产党在 1956 年全行业公私合营以后，在经历了二十多年以后自己搞起来的。当年我们党领导“三大改造”，反对资本主义私有制，敲锣打鼓，叫社会主义胜利，现在资本主义私人资本在整个国家经济中占有举足轻重的地位，叫中国特色社会主义的伟大胜利。真是此一时彼一时也。如果没有马克思主义理论水平，或对马克思主义基本原理采取教条主义态度是无论如何也无法理解的。这就是我们现在一些对改革开放持怀疑态度者的“理论心结”。

马克思主义基本原理运用的具体性，最根本的是规律性起作用的条件性。普遍规律当然具有普遍性，可普遍规律起作用的条件并不是普遍的，而是各具特点的，因而对普遍规律作用的认识和运用就不能脱离它起作用的条件。这个条件最集中的就是历史过程本身。规律自身不能说明自身。

---

① 《列宁选集》，3 版，第 4 卷，671 页。

规律存在于历史发展过程中。应当从历史过程的分析中来发现和证明规律。不从历史发展过程的分析下手，规律的要求和作用是难以把握的。中国共产党在“三大改造”中消灭资本主义私有制，现在又重新发展资本主义私有制，只要放在中国历史发展过程来思考就容易理解。如果中国革命胜利后不消灭官僚资本主义，不进行资本主义改造，就不可能形成强大的国有经济，那以后邓小平所倡导的以公有制为主体，多种经济同时发展就没有可能和依据。因为一个没有国有经济的社会主义，就不存在以公有制为主体的经济结构的任何可能性，存在的只能是资本主义私有制一统天下或占绝对统治地位的资本主义社会。

如果不经过“三大改造”，中国整个社会性质仍然没有变化，唯一的变化是共产党打败了国民党，夺取了政权。可是这种政权是不可能持久和巩固的。没有公有制的主导地位，共产党领导地位的经济基础就不存在。一个在经济上处于无权地位的阶级，在政治上不可能处于领导地位。这是最起码的道理，也是最起码的历史事实。自从人类社会进入阶级社会以来，没有任何国家、任何历史中出现过经济上处于被统治地位而在政治上处于当权地位的阶级！一个阶级在政治和思想上的领导地位，是它在经济上主导地位的反映。

把生产力与生产关系矛盾运动的规律放在中国发展历史过程来考察，我们可以发现它不同于西方发达资本主义社会的特点。在新中国成立前的旧中国，虽然生产力发展水平远远低于西方资本主义国家，但帝国主义经济、官僚资本主义经济和封建地主经济的生产关系没有可能容纳中国生产力发展的任何空间，中国除了革命以外，别无他途。因此在旧中国，生产力长期萎缩，而它的迅速发展是在生产关系改变之后。

西方生产力水平高，但生产关系容纳生产力发展的空间也大，特别是它注意不断调整自己的生产关系和分配关系，从而可以继续容纳生产力的发展。这样，由于历史条件不同，生产力水平低的中国，生产力与生产关系矛盾尖锐程度远远高于生产力高的西方。因而西方没有革命，而中国非革命不可。生产力与生产关系矛盾运动规律的本质是一样的，但历史条件不同，即规律起作用的社会条件不同，它的表现方式和结果也不可能完全相同。

中国社会主义时期，消灭了资本主义私有制又重新发展资本主义私有制，消灭了剥削又允许剥削，消灭了雇佣劳动又把几千万甚至上亿农民变为雇佣劳动者。这是不是庄子说的“此亦一是非，彼亦一是非”？不是。马克思主义有灵活性，它必须从实际出发制定自己的政策，但它又有原则性。灵活性是它的条件性，而原则性则体现为它的最终目的性。真正的马克思主义不会脱离实际可行性，置十三亿人民的实际生存和发展的状况于不顾，固守抽象原则。但也不会背弃无产阶级和人类解放这个马克思主义的主旨，最终建设没有剥削、没有私有资本制度和雇佣劳动制度、一切成果由社会全体成员共享的社会，建设个人自由全面发展的社会，这个社会理想和方向不会变，也不能变。但在这个过程中，或曲折或绕行，或进一步退两步都是可能的。邓小平关于社会主义本质的定义依然是有效的。我们强调“三个代表”重要思想、强调科学发展观，构建社会主义和谐社会，实际上都在朝最终实现社会主义本质的方向前进。这正是十七大报告中强调的坚持马克思主义基本原理与坚持与中国实际相结合的范例。

发展资本主义不是我们的最终目的，社会分成私有企业主和被雇佣者不是我们的最终目的，“老板”这个称号是特定条件的产物，也会随着条件的改变而消失。我们需要资本主义是为了建设中国特色的社会主义，而不是为了在中国建设西方推荐的资本主义制度。任何把中国特色社会主义说成是通向资本主义的“跳板”的理论都是错误的。

马克思主义是科学理论，是原则性与灵活性相结合的理论，不是随便玩弄的魔棍。我们不把最终目标当成现行政策，也不把现行政策当成最终目标。用马克思主义基本原理裁决现实和裁剪现实，都是对马克思主义教条式的理解。

六、马克思主义原理的当代价值

马克思和恩格斯的思想具有历史价值，19 世纪中叶创立的马克思主义学说，是人类历史上的伟大变革，是思想天空出现的最耀眼的理论智慧之星。但马克思和恩格斯思想中构成马克思主义基本原理的东西，不仅具有历史价值，同样具有当代价值。马克思主义的当代价值不是语录式的价值，不是寻章摘句、咬文嚼字或对号入座。原则不是出发点。马克思主义的当代价值，突出地表现为作为观察当代问题和解决当代问题的立场、观点和方法的价值。

马克思主义基本原理当代性问题是讨论最多的问题。这个问题的本质是马克思主义基本原理是否会过时或已经过时的问题。时代会变化，会出现新特征，会出现新的问题，这不是马克思主义原理过时的原因，而是马克思主义需要与时俱进不断发展的实践根据。只要马克思主义能继续为观察和解决新的问题提供科学的基本理论和方法，它就不会过时，就没有过时。马克思主义不可战胜的力量不在于它包含所有问题的现成答案，而在于它提供的寻找答案的基本理论和方法。

马克思和恩格斯的文本具有时代特性，它的写作年代就是它的时间限定，但它的基本原理与文本不同，基本原理包含了超越文本时间限定的普遍性。它的基本原理与著作出版的时间可以是分离的。可以说，任何一本马克思主义经典著作，如果其中阐述的理论不能超出它的出版时间，就没有任何学术价值。超出的时间愈长，学术价值愈大。

当代世界，虽然发展中国家正在崛起，但仍然是以发达资本主义国家占强势的经济全球化的时代。和早期资本主义社会相比，当代资本主义当然具有新的特点。但当代经济全球化趋势和资本主义社会的内在矛盾，充分显示了马克思和恩格斯的理论观察力。资本主义全球化的扩张，是《共产党宣言》中已经预见的历史进程。资本主义社会并没有因为全球化而改变它的本性和矛盾。国内两极化的加剧和富国与穷国矛盾的加剧，资本主义危机，包括政治危机、经济危机和当前正在影响世界的资本主义金融危机，正是最强大的资本主义国家——美国内部社会生产社会性与资本主义私人占有之间矛盾激化的外在表现。资本主义矛盾和危机没有因科学技术迅速发展而消失，证明马克思关于资本主义分析的科学性。马克思《资本论》的手稿和成书是在 19 世纪中叶以后，长达四十年，但书中所揭示的资本主义社会的基本矛盾、资本运行的规律至今仍然是我们考察和理解当代资本主义新特征的钥匙。在当代，只有马克思主义提供的理论和方法，才能超越把美国次贷危机引发的世界金融危机仅仅归结为某些高管个人的失误而深入“原发病灶”——资本主义制度的本性。

在中国，我们正在建设中国特色社会主义。中国特色社会主义理论的产生和形成，同样是马克思主义当代价值的充分证明。只要我们认真学习邓小平理论、学习“三个代表”重要思想和科学发展观，我们就能发现，中国特色社会主义是对马克思主义的世界观和方法论，对马克思主义关于社会基本矛盾、关于生产力最终决定作用、关于人民群众是历史创造者等一系列基本原理的创造性运用和发展。如果我们从解放思想、实事求是、与时俱进的思想路线中，从以改革开放推动社会主义基本矛盾的解决中，从“三个代表”重要思想和科学发展中，看不到其中的马克思主义世界观和方法论，看不到马克思主义一系列基本原理的创造性运用，就不能真正理解中国特色社会主义理论的马克思主义本质。

全部人类思想史表明，任何对人类思想做出贡献的思想，在人类文明史上都具有永存的价值。至今人们仍在阅读《论语》《道德经》‘《庄子》，阅读柏拉图、亚里士多德、康德、黑格尔。在物质生产领域，人们可以抛弃旧的生产工具，可以以拖拉机彻底代替耕牛，以火车代替牛车；但在思想领域，人类不会抛弃已经获得的精神成果，何况是马克思和恩格斯创立的马克思主义。不用说我们当代，即使多少世代以后世界上资本主义已不再存在，马克思主义的全人类解放的社会理想成为现实，马克思主义作为精神财富仍然是人类最宝贵的文化积累，是人类发展史上永远不可能磨灭的光辉篇章，马克思主义以其真理性和文化内涵的丰富性深深融入人类的思想文化之中。

福山宣扬资本主义社会是历史的终结，但历史并没有终结，也不可能终结。苏联解体和东欧社会主义国家的蜕变，被一些西方学者视为马克思主义的死亡。但历史证明，马克思主义仍然具有最强的生命力。无论我们观察当今处于经济全球化下的世界，还是继续高举中国特色社会主义旗帜，都应该坚持马克思主义基本原理与当代实际相结合的原则。迄今为止，没有任何事实能驳倒马克思主义基本原理。在世界上，预言一再破产、声名狼藉的不是马克思主义，而是马克思主义的顽固反对者以及马克思主义阵营中一些对马克思主义教条主义的理解者。立足实践，面对时代的马克思主义，永远具有当代价值，与新世纪同行。

马克思主义哲学关注现实的方式

马克思主义哲学不应该是哲学家们的“盛宴”，更不应该是哲学家个人的私语和独白。马克思主义哲学的本质与功能，它所肩负的历史使命，要求马克思主义哲学必须立足现实，面对时代，为捕捉当代世界和当代中国的问题提供具有世界观和方法论意义的哲学视角。马克思主义哲学与现实相脱离，无异于自我放逐和自我边缘化。

对话，这是当前哲学界正在探求的走出哲学困境的一条路径。但是对话，无论是哲学范围内的对话，还是马克思主义科学体系内各学科之间的对话，只有当它有利于解决理论问题和现实问题时，才具有实质性的意义。

一、应该加强哲学与经济学的对话

在马克思主义哲学研究领域，我们都在提倡“中西马”对话，这种对话对于沟通不同民族的哲学思维，尤其是现代哲学发展及其成果，很有必要。马克思主义哲学本来是开放的思想体系，封闭僵化意味着把当代中国的马克思主义哲学变为与世界文化和本民族文化相脱离的孤立自存的哲学。这种所谓马克思主义哲学注定会枯萎凋谢。

实际上，马克思和恩格斯在创立马克思主义哲学时，就在不断与自己的思想先驱们进行对话。我们只要读读马克思 1837 年 11 月 10 日在波恩大学读书时给他父亲的信，就可以知道这点。他读法律、艺术方面的著作，特别是哲学著作，如费希特、康德，最后转向黑格尔，并说自己“养成了对我读过的一切书作摘录的习惯"[①]。从《关于伊壁鸠鲁哲学的笔记》《克罗茨纳赫笔记》《巴黎笔记》《伦敦笔记》以及晚年的《人类学笔记》《历史学笔记》等可以看到，这种习惯，马克思保留终身。笔记中既有大量摘录又有批注。摘录是前人的思想和问题，批注则是马克思寻求的回答。阅读笔记，是马克思与思想先驱和自己同时代思想家们对话的一种方式。

如果说，马克思和恩格斯尚且如此，当代中国的马克思主义哲学家更应该注重哲学对话。当代中国哲学领域中的状况是，西方哲学流派纷呈并不断被引介到中国，可以说是新一轮"西学东渐"；中国传统哲学的影响在经历"文化大革命"以后呈现出复苏现象，尤其是新儒学的影响更有变为强势话语之势。马克思主义哲学"一枝独秀"的时代已不存在。它亟须通过中西马对话来扩展自己的哲学视野、哲学问题和哲学范式。

但是中西马哲学对话有两大难题：一是难以形成共同认可的进行对话的指导思想和思维方式。虽然表面上都承认马克思主义世界观和方法论的指导，实际上一旦涉及具体哲学问题，分歧很难弥合。二是很难具有相同的问题意识。各自关注的重点不同，兴趣迥异，甚至南辕北辙。在当代中国，真正以马克思主义哲学的基本理论和方法为指导，以中国传统哲学为根，以西方优秀哲学家成果为思想资源，立足当代中国现实，形成具有中国风格、中国气魄、中国特色的当代中国马克思主义哲学，任重而道远。更何况单纯的中西马对话有它的局限性，这仍然是哲学领域中的对话，哲学家们的对话，是范畴与范畴、概念与概念、思想与思想的交流和碰撞。如果不超出纯哲学范围，那仍然是在思想的天国中徜徉。仅仅在观念王国中，思想可以复制，可以延伸，但难以有以现实问题为据的新的创造。

《中国社会科学》杂志和上海财经大学倡议开展哲学与经济学的对话，这是一个新的思路，是一种新的对话方式。哲学与经济学对话和与纯哲学对话不同。经济学面对的永远是自己生活其中的世俗生活，或称之为市民社会。经济学理论都是为直接解决自己面对的活生生的社会经济运行和经济发展服务的。马克思在《哲学的贫困》中说，"亚当·斯密和李嘉图，

---

① 《马克思恩格斯全集》，中文1版，第40卷，14页，北京，人民出版社，1982。

他们代表着一个还在同封建社会的残余进行斗争、力图清洗经济关系上的封建残污、扩大生产力、使工商业具有新的规模的资产阶级”①。还说“亚当·斯密和李嘉图这样的经济学家是当代的历史学家，他们的使命只是表明在资产阶级生产关系下如何获得财富”②。亚当·斯密和李嘉图，这些资产阶级生产的学术代表与他们面对的经济现实不可分。

当然，经济学同样有基本理论、有范畴、有思维方式。但哲学与经济学一个重大不同之处在于，经济学的范畴、概念和问题，具有直接的现实性，是现实经济生活的直接抽象，而哲学则是间接抽象，可以说是对各门学科抽象的再抽象。经济学离经济基础最近，而哲学则离经济基础最远。正如马克思在同书中评论亚当·斯密和李嘉图时说的，他们“只是将这些关系表述为范畴和规律并证明这些规律和范畴比封建社会的规律和范畴更便于进行财富的生产”③。哲学家可以高踞哲学神圣的殿堂，而经济学必须关注实际的现实生活。如果说，哲学家的对话是思想与思想的对话，那么哲学家与经济学的对话则是思想透过经济理论问题与现实的对话。

因此，我们应该加强中西马哲学对话，又要超越这种对话，特别要加强马克思主义科学体系内各学科之间的对话。

二、马克思主义哲学的政治取向和价值取向

单纯的哲学对话，与马克思主义哲学本性是不相符的，因为马克思主义哲学是马克思主义科学体系中最重要的组成部分，它的生成、发展，具有决定意义的是它同马克思主义经济学和科学社会主义在实践基础上的互动关系。在这个意义上，在马克思主义学科内部开展哲学与经济学的对话比纯哲学领域中的中西马的对话，在当代更重要、更具迫切性。

马克思之所以能创造马克思主义哲学，就是因为他没有局限在纯哲学领域；马克思之所以是伟大的哲学家，并不是仅仅继承了德国古典哲学，而同时是由于从哲学转向经济学，并积极参与社会主义工人运动和社会主义理论构建过程。列宁说的三个来源和三个组成部分决不是一一对应的关系，而是相互作用交互影响的关系。马克思主义形成史证明，英国古典经

①②③ 《马克思恩格斯全集》，中文1版，第4卷，156页，北京，人民出版社，1958。

济学、19 世纪三大空想社会主义学说，对马克思主义哲学的创立和成熟同样起着重要思想来源的作用。没有英国古典经济学的劳动和劳动价值论，就很难由异化上升为异化劳动理论并经异化劳动理论而升华为物质生产方式在社会生活中起决定作用的唯物史观；没有 19 世纪空想社会主义的思想资源，马克思主义哲学中就会由于缺少社会主义价值取向而成为知识论类型的哲学。

马克思主义哲学是科学性与价值性的统一。它是科学的，因为它以世界客观性为依据，以实践为基础，以规律为对象，它关于世界和人类社会历史发展的规律性揭示，具有可证性；但它又具有价值性，它不是对世界和人类社会规律的纯客观描述。它关心人类的处境、关心人类解放、人的自由和人的全面发展，其中所蕴涵的社会主义人道主义的诉求，是马克思主义哲学的一个重要方面。单纯把马克思主义哲学科学化、实证化的知识论倾向不可取，它会极度弱化马克思主义哲学的吸引力和凝聚力。可以说马克思主义哲学的科学性与价值性，凝结了全部人类优秀文化遗产，尤其是 19 世纪哲学、经济学和社会主义学说的最丰硕成果。

在马克思主义科学体系中，马克思主义哲学不是从外引进的或附加的可以独立的部分。19 世纪 40 年代，历史提出的课题是如何使社会主义由空想变为科学。而这一使命的实现，首先需要的是一种新的世界观，它不同于一切空想的形形色色的社会主义的那种唯心主义的和抽象人性论的世界观，没有新哲学的创立，就不可能有科学社会主义的创立。但马克思主义科学社会主义并不是哲学共产主义，它以哲学为指导但并不是哲学原则的逻辑推论，单纯由哲学前提出发是不可能推导出科学社会主义结论的。要使社会主义由空想变为科学，必须把社会主义建立在现实的基础上。所谓现实基础，就是现实的资本主义社会自身，因为社会主义无论作为理论和实践都是作为对资本主义的扬弃和否定才可能确立和产生的。而对社会主义现实基础的分析，必须分析资本主义市民社会，而对市民社会的解剖只能求之于政治经济学，因而没有经济学说就不可能形成历史唯物主义，从而也不可能产生具有整体性的马克思主义。

马克思关于历史唯物主义最著名、最精练、最具概括性的论断出现在《政治经济学批判·序言》中，这不是偶然的。马克思明确地宣称，他的这些关于社会历史发展具有普遍规律性的结论，就是从对市民社会的解剖中得出的。他以自述的方式描述了如何从经济学研究中创立历史唯物主义的思想历程："我在巴黎开始研究政治经济学，后来因基佐先生下令驱逐移居布鲁塞尔，在那里继续进行研究。我所得到的、并且一经得到就用于指导我的研究工作的总的结果，可以简要地表述如下。"① 接着就是关于历史唯物主义规律的经典表述。

至于科学社会主义的规律性结论和价值理想，则是从对资本主义社会的经济分析中引导出的结论。马克思主义哲学包含价值判断，但科学社会主义并不是建立在对资本主义道德评价基础上。尽管马克思和恩格斯都对他们生活其中的资本主义社会中工人阶级状况做过道义的控诉，但他们关于社会主义代替资本主义的历史必然性是以严格的经济学分析为依据的，而不是单纯出于道德义愤。早年是如此，晚年也是如此。在逝世前给维·伊·查苏利奇的复信的草稿中，马克思仍然坚持的是对社会主义代替资本主义必然性的经济学分析。他说："资本主义生产一方面神奇地发展了社会的生产力，但是另一方面，也表现出它同自己所产生的社会生产力本身是不相容的。它的历史今后只是对抗、危机、冲突和灾难的历史。结果，资本主义生产向一切人（除了因自身利益而瞎了眼的人）表明了它的纯粹的暂时性。"② 尽管历史并没有实现马克思的预期，西方资本主义世界在经历过国内对抗、经济危机、世界战争冲突和灾难后，通过调整仍然处于相对稳定时期并进入发达阶段。但第二次世界大战以后，西方发达资本主义国家的民主社会主义、第三条道路思潮的兴起，暗含的隐喻信号是明确的：生活在发达资本主义社会的政治家和思想家仍为资本主义社会种种弊端所困扰，寻求改善资本主义的新的出路。当然，从科学社会主义观点看，资本主义可以改善但不会因改善而永存。资本主义社会经济基础中的内在矛盾决定它过渡到新的更高的社会形态的必然性。这种过渡的方式、时间，以及从哪里开始，我们现在无法预料，但资本主义社会决不会因民主社会主义或所谓第三条道路而终结。社会形态发展的历史辩证法是不可

---

① 《马克思恩格斯选集》，2版，第2卷，32页，北京，人民出版社，1995。

② 《马克思恩格斯全集》，中文1版，第19卷，443页，北京，人民出版社，1963。

抗拒的。

马克思主义各个组成部分作为学科的独立性是相对的，它们存在着不可分割的内在联系，彼此支撑彼此促进。一旦分割，就会失去由整体性赋予它们的马克思主义本质。在我看来，我们现在一些所谓马克思主义哲学研究或马克思主义哲学的论文失去了马克思主义哲学的特性，是西方哲学或中国传统哲学在马克思主义哲学名称下的变形。我并不反对马克思主义哲学家研究西方哲学或中国传统哲学，但我们是用马克思主义哲学来研究它们，而不是用西方哲学或中国传统哲学来重构马克思主义哲学，这两种路径和结果是完全不同的。

马克思主义哲学的本性，要求它不可能纯学术化，在政治和价值取向上，它必须关心社会现实问题，直接或间接与无产阶级和人类解放的历史使命相联系。在当代中国必须关注中国特色社会主义经济建设中的哲学问题，否则就会把马克思主义哲学从整体中分裂出来，变为名为马克思主义哲学实为思辨哲学的哲学。同理，如果马克思主义经济学，不以马克思主义世界观和方法论为指导，不以社会主义共同理想为目的，那就不是马克思主义经济学，而是恩格斯在《政治经济学批判大纲》中关于资本主义经济学说所说的那种为资产者“发财致富的科学”；当然，科学社会主义学说，一旦没有马克思主义哲学指导，又不以中国当代经济现实分析为依据，只能陷于空想社会主义或其他什么社会主义，决不可能是马克思主义的科学社会主义。马克思主义内部学科的适当分工，不能成为彼此割裂的理由。

马克思主义完整性形成的历史过程，也就是理论上相互促进、相互论证、逐步融为一体的理论过程。这个过程，实际上也就是马克思主义创立、成熟和发展的过程。马克思主义形成中具有标志性的著作《1844 年经济学哲学手稿》，是转向解剖资本主义市民社会的第一部著作。它的明显特点是以异化劳动和私有财产为中心，通过对资本主义社会的资本、利润、工资的分析，对私有财产制度的产生、异化和异化扬弃的分析，把经济学、哲学和共产主义学说结合在一起。虽然这种结合还是初步的、不成熟的，但它是马克思主义体系完整性的雏形；而《资本论》则是它的成熟形态。《资本论》既是对资本主义社会形态剖析的经济学著作，又是大写的逻辑，是马克思主义历史唯物主义卓越运用的典范，同时是宣布资本主义私有制由于其内在矛盾必然被超越的社会主义理论的科学论证。恩格斯在评论《资本论》第一卷的价值和意义时说：“马克思打算以批判迄今存在过的全部政治经济学的形式，总结自己多年研究的结果，并以此为社会主义的意图，奠定直到现在为止无论傅立叶和蒲鲁东，亦无论拉萨尔，都不能为它奠定的科学基础。”① 还说，“任何人，不管他对社会主义采取什么态度，都不能不承认，社会主义在这里第一次得到科学的论述”②。因此《资本论》并不只是经济学著作，而且是马克思主义哲学和科学社会主义著作，是融三者为一体的马克思主义著作。

当代中国特色社会主义理论体系，从根本上说，同样体现了马克思主义的整体性，其中包括哲学、经济学和科学社会主义原理与中国实际的结合。从中剔除任何一个部分都没有中国特色社会主义理论。只要仔细体会一下邓小平关于什么是社会主义和如何建设社会主义的理论，关于发展生产力、解放生产力、消灭剥削、消除两极分化，最后达到共同富裕的社会主义本质的定义，就体现了哲学、经济学和社会主义社会理想三者的统一。如果没有实事求是、从实际出发的哲学思维方法，没有关于所有制与分配、计划与市场、公平与效率关系等等方面的新的经济学思考，没有科学社会主义关于消灭剥削，建立人与自然、人与人和谐、共同富裕的社会理想，中国特色社会主义理论就不可能产生。科学发展观同样是如此。

三、市场经济问题考察的整体性与哲学视角

哲学与经济学彼此分裂是极端有害的。当前马克思主义哲学研究的困境，一定程度上在于它脱离社会实践，特别是缺乏经济学的理论基础，总是停留在纯哲学概念范围，同时也与科学社会主义理论与实践相脱离。有些哲学家把马克思主义哲学为社会主义建设服务简单斥之为“工具主义”，或者说“意识形态化”，认为马克思主义越纯粹，就越具有学术性，这实际上是阉割马克思主义哲学的批判性和革命性本质。我们只要读读某些哲

① 《马克思恩格斯全集》，中文1版，第16卷，242页，北京，人民出版社，1964。

② 同上书，411～412页。

学文章，从术语到文风，都能感受到这种空泛给读者带来的对马克思主义哲学的疏远和厌恶。

说句实在话，没有经济学研究基础，要真正弄懂马克思主义哲学，尤其是当代中国的马克思主义哲学是不可能的。马克思主义哲学要面对现实，可社会生活中具有基础性、决定性的现实是经济现实，是在一定的物质生产方式基础上确立的政治和意识的结构。根本不研究经济学，不理解当代中国社会的经济结构，不理解以经济为依据的社会分层，就无法理解当代中国社会思潮的多元性，不能理解社会现象的本质。在我看来，没有经济学理论的支撑，哲学会永远浮在社会的表层，不能进入社会的深处，从而流于空论。

我不相信，一点不懂经济学的哲学家对当代中国社会基本矛盾及其运动规律，对当代中国社会的人民内部矛盾，对人类解放或人的主体性问题，能做出科学的、具有说服力的分析。不管哲学家怎样强调哲学就是人学，哲学应该研究人，研究人性，但如果根本不懂在人类的活动中最根本的是生产实践活动，是生产满足人类生存需要的物质产品，因而经济活动是人类最重要的活动，其他一切活动都是在物质生产建立起来的历史平台上展开的，离开物质资料生产及其形成的各种社会关系，就不可能真正能够理解人和人的本质。离开经济学，哲学家的“人”就会永远吊在半空中。

而我们的经济学说当前最缺乏的是什么？在我看来是缺乏马克思主义哲学的基本理论和方法论指导。经济学当然有自己的特有范畴和分析方法，诸如实证的、数学的，或统计的、模型的，等等。但马克思主义经济学最根本的指导原则应该是辩证唯物主义和历史唯物主义。我不相信一个不承认社会经济形态理论、不承认生产力与生产关系、经济基础与上层建筑理论，反对辩证思维理论和方法的经济学家，能成为卓越的马克思主义经济学家。特别是对创建具有中国特色的社会主义经济学说来说，背离马克思主义哲学特别是历史唯物主义指导，只能是缘木求鱼。

事实上，哲学和经济学本来是不可分的。不以一定的哲学思维方法作指导的经济学家是没有的。经济学思维并不单纯是实证思维，它需要抽象，需要运用范畴和概念，需要有哲学支撑点。著名的英国古典经济学家亚当·斯密写过《国富论》，也写过《道德情操论》。但他的哲学与经济学理论之间存在矛盾。在《道德情操论》中的人是具有道德心、同情心的人，而在《国富论》中的人则是利己主义的人。它的看不见的手，就是以“经济人假设”为依据的。这种矛盾造成双重危害：在道德领域中，人的情感缺乏经济利益的基础；而在经济学中的“经济人”则缺乏道德同情心和道德自律。“看不见的手”虽然揭示了市场经济规律，但“经济人”这个关于人的本性的哲学前提，排除了社会主义市场经济建立的可能性。在马克思主义体系中，不存在哲学与经济学的矛盾，不存在哲学思维方法与经济学理论的分裂。因此对马克思主义经济学家而言，最大的危险是来自对马克思主义哲学尤其是对历史唯物主义的蔑视。如果说，马克思没有历史唯物主义，就不可能揭示资本主义经济运行规律，写不出《资本论》；列宁没有唯物主义辩证法就不可能写出《帝国主义论》，列宁的《帝国主义论》与《哲学笔记》之间就存在同样的辩证思维方法的联系；毛泽东没有矛盾论，就写不出《论十大关系》；邓小平没有实事求是和从实际出发，不坚持实践是检验真理的唯一标准的哲学思想，就不可能倡导一系列新的经济政策，为确立社会主义政治经济学打下基础。

在当代中国，马克思主义经济学排斥马克思主义哲学，完全倒向西方经济学，无论在理论上或是实践上都是有害的。只有马克思主义哲学家才能对当代中国社会主义市场经济中种种经济现象给予正确的哲学分析。

不能简单地把市场经济只看成是资源和劳动力的配置，市场经济问题，不单纯是经济学的问题，而且是一个哲学问题、科学社会主义问题。它必须对作为科学体系的马克思主义进行多视角的考察。

为什么自20世纪上半叶南斯拉夫开始探险，然后是波兰、匈牙利，随后是苏联戈尔巴乔夫、叶利钦，都进行过以市场为导向的改革，结果原有的社会主义国家一个一个改变颜色，中国却能成功地实现从计划经济体制向市场经济体制的根本性转变，使经济得到持久迅速的发展，而社会主义制度自身在实现这种转变中又得到不断完善呢？根本问题不是不应该进行市场经济的改革，而是以什么样的指导思想进行市场经济的改革，进行什么样的市场经济的改革。当改革者采取新自由主义的方针，把市场经济改革与全面推行私有化相结合，必然改变原有的社会主义生产方式，从而导致社会结构的根本变化。而中国特色社会主义理论坚持社会主义基本制度与社会主义市场经济改革相结合的原则，坚持社会主义的基本制度，充分发挥市场经济在资源配置中的基础性作用，调动各种所有制参与市场竞争的积极性，以利于解放生产力和发展生产力，从而达到既迅速发展经济又实现社会主义自我完善的最佳效果。

有的西方学者难以理解，为什么实行市场经济体制的中国，在上层建筑领域中仍然坚持共产党的所谓“一党专政”、坚持马克思主义在意识形态中的指导地位。按他们的看法，既然实行市场经济，那政治制度应该实行多党制、议会制，在意识形态领域实行指导思想的多元化，实行资本主义的自由、民主、平等，那才符合市场经济原则。他们期待中国，或者改革按照市场经济原则改变整个上层建筑，或者由于上层建筑束缚中国市场经济的发展，从而为市场经济的积极力量所冲垮。只有这样才符合经济基础与上层建筑相结合的历史唯物主义。

这是对历史唯物主义关于经济基础与上层建筑理论的曲解。邓小平说过，计划不等于社会主义，资本主义也有计划；市场不等于资本主义，社会主义也可以有市场。这说明无论是计划或市场都不是经济基础，而是经济运行的方式。

按照历史唯物主义原则，经济基础是生产关系的总和，核心是所有制。资本主义社会的经济基础是以资本主义私有制为核心的生产关系的总和；而处在社会主义初级阶段的当代中国，它的经济基础是以公有制为主体、多种经济成分同时发展的基本经济制度。我们国家的社会主义上层建筑是与这种经济基础相符合的。当然也会存在不相适应的矛盾，因而必须通过改革不断调整这种矛盾，但上层建筑中共产党领导的多党合作制度、民主制度和马克思主义指导地位的依据，是以公有制为主体的社会主义基本经济制度，而不是市场经济。市场经济并不是社会主义中国的经济基础，而是与我国社会主义基本经济制度相结合的经济运行方式。它对上层建筑不起决定作用，起直接决定作用的是社会主义经济结构。市场经济的运行方式、作用和范围，要受社会主义基本经济制度和政治制度的制约。

当然，从历史唯物主义观点来看，我们并不忽视市场经济的运行方式从经济基础到上层建筑对社会主义的社会结构所可能带来的深远影响。市场经济既有利于调动所有社会成员参与经济活动的积极性，推动生产力的迅速发展，但又可能导致两极分化，拉大贫富差距。而且它有可能侵入到政治领域，引发钱权交易，也有可能侵入思想道德领域，引发价值观念的混乱和道德水平的下降。如何在充分发挥市场经济积极效应的同时，防止它消极方面作用的扩大和泛化，就不是单纯政治经济学一个学科能够解决的问题，而必须把政治经济学对市场经济的研究放在整个马克思主义理论体系中，放在与哲学和科学社会主义理论相关联的体系中展开研究。

在社会主义基本制度下推行市场经济改革，应该是用社会主义制度来制约和规范市场经济，而不是用市场经济来改变整个社会主义制度。一个是基本的社会经济制度和政治制度，一个是在这种社会制度下经济活动的方式。我们奉行的是马克思主义的科学社会主义，是实行社会主义市场经济，而不是奉行市场社会主义，用全盘市场化的改革来改变社会主义基本制度。

对市场经济运行特点的分析，我们不仅要有经济学观点，同样要有哲学观点。市场关系是把人与人的关系物化，货币成为人与人关系的纽带。这一点，资本主义市场经济和社会主义市场经济会具有某些共同点。历史唯物主义充分认识到，货币不只是发挥交换、流通、价值尺度，或储藏的职能即一般等价物，它蕴藏着许多经济学问题和哲学问题。从哲学来看，当人与人的经济关系以货币为中介时，很可能带来拜金主义和价值观念的颠倒。马克思在《1844年经济学哲学手稿》中对货币有过许多精彩的分析。他说，“**货币**，因为具有购买一切东西、占有一切对象的**特性**，所以是最突出的**对象**。货币的这种**特性**的普遍性是货币的本质的万能；所以它被当成万能之物。货币是需要和对象之间、人的生活和生活资料之间的**牵线人**。但是在我和**我的**生活之间充当媒介的**那个东西**，也在**我**和他人为我的存在之间**充当媒介**。对我说来**他**人就是这个意思”①。“它是有形的神明，它使一切人的和自然的特性变成它们的对立物，使事物普遍混淆和颠

① 《马克思恩格斯全集》，中文1版，第42卷，150页，北京，人民出版社，1979。

倒；它能使冰炭化为胶漆。”“它是人尽可夫的娼妇，是人们和各民族的普遍牵线人。”① “货币的这种**神**力包含在它的**本质**中，即包含在人的异化的、外化的和外在化的**类本质**中。它是**人类的**外化的**能力**。”② 当然，这些论述中包含道德性的评价，它与马克思关于货币在人类社会和人类文明发展中的积极作用不是相对立的。社会主义社会能消灭货币吗？不能！消灭货币、消灭商品、消灭市场，纯粹是一种乌托邦。但是，我们必须明白，即使是在社会主义社会，以货币为中介的经济活动有可能对人与人的各种关系产生消极影响。在实行社会主义市场经济过程中，必须在哲学理论上对此有清醒的认识，从而在思想文化建设中注重道德建设，反对拜金主义和极端利己主义。

市场经济是资本运作的经济。如何看待资本的本质，在社会主义市场经济中同样是个重要的哲学问题。在社会主义条件下，资本同样不是物，而是以物为载体的人与人的关系。我们不应该讳言，在不同的资本属性中存在不同的人与人的关系。在各种形态的私有制的资本中，资本所有者和劳动者的关系是资本与雇佣劳动的关系。在考察资本主义资本形态时，抽象掉资本所有者和劳动者的这种关系是违背历史唯物主义的。

马克思曾说过，资本没有劳动，比劳动没有资本活得更长久些。当然，在资本主义社会，资本有它自身的逻辑，有它运行的规律，即对利润的追求和对劳动的强势地位，包括在政治领域中对政治权力的攫取和控制，在意识形态领域中通过对传媒的占有而对思想进行的控制。在社会主义条件下，资本运行的条件发生了变化。社会主义的经济制度和政治制度，会按照法律限制资本对劳动的优势权利，保护劳动者的权利，使两者得到适当的平衡。要防止资本对政治权力的入侵和用金钱制造的话语霸权。这是社会主义基本制度本身所要求的。但我们应该警惕这种可能性。在这个问题上，哲学会比单纯的经济学看得更远。

完善社会主义市场经济是进一步推进改革的重中之重。但完善市场经济，并不意味着把整个社会生活市场化，而是使市场经济的运行机制健康

---

① 《马克思恩格斯全集》，中文1版，第42卷，152页。

② 同上书，153页。

有序，使市场经济有利于构建社会主义和谐社会，有利于建设中国特色社会主义。完善社会主义市场经济就包括完善宏观调控，完善社会主义基本经济结构，正确发挥社会主义国家的经济和政治职能。这次四川汶川县大地震的救灾活动，充分说明社会主义国家负有社会经济和政治职能，不可也不能单纯依靠市场经济来配置一切。十万解放军和数千医生奔赴灾区，物资的调拨，老百姓的无私捐助，体现的是社会主义制度的优越性和国家宏观计划的功能，而不是单纯依靠“看不见的手”。不仅在经济活动中，会发生“市场失灵”；在涉及全体人民利益的经济和政治活动中，更容易发生“市场失灵”。在经济学中考虑市场的作用问题时，不能脱离科学社会主义的基本原则，不能离开历史唯物主义关于社会主义国家的学说。

有些经济学家总是讳言我国私营经济的资本主义属性，讳言存在剥削，乐意把它称为民营经济或民本经济。在我看来大可不必。当代中国的资本主义经济成分是中国共产党在1956年全行业公私合营以后，在经历了二十多年发展自己重新搞起来的。当年我们党领导三大改造，反对资本主义私有制，敲锣打鼓，全行业公私合营，叫做社会主义伟大胜利；现在资本主义私人资本在整个国民经济中占有举足轻重的地位，又叫中国特色社会主义的伟大胜利。这真是此一时彼一时。如果没有马克思主义历史唯物主义观点，或对马克思主义基本原理采取教条主义态度，是无论如何也无法理解的。

资本主义经济在中国的再生和迅速发展问题，不仅是个经济学问题，同样是个哲学问题。离开生产力与生产关系、经济基础与上层建筑相互关系作用的规律，就很难理解这种变化。1956年的社会主义改造是必要的，不如此，就没有强大的国有经济，也没有以强大的经济力量为基础的新生的人民民主政权。从生产力到生产关系、经济基础到上层建筑，除了共产党执政外，与夺取全国政权前的旧中国没有根本性的变化。如果这样，就没有后来进行改革发展多种经济成分的经济基础和政治基础。

问题是中国在进行资本主义改造并形成比较强大的国有经济以后，在很长一段时期，国有经济独占独大，而且在计划经济体制下片面强化上层建筑对经济基础的作用。这就造成生产力与生产关系、经济基础与上层建筑诸多不相适应的矛盾。在消灭资本主义经济以后又重建资本主义经济，出现多种经济成分并以市场经济作为社会资源和劳动力配置的方式，有利于解放和发展生产力。因此改革本质上是调整社会主义社会的基本矛盾，是社会主义制度的自我完善。只有站在历史唯物主义高度，从调整社会主义社会基本矛盾着眼，才能理解资本主义经济在新时期的地位和作用。用不着改变资本主义私有制的名称，也用不着讳言存在剥削，更用不着修改劳动价值论和剩余价值理论。只要我们懂得真理是具体的，抽象真理是没有的。资本主义私有制、剥削、剩余价值并不是在任何条件下都是绝对坏的东西。当恩格斯写《英国工人阶级状况时》，资本主义在英法矛盾重重，可在德国资本主义还被当成初升的朝阳受到欢迎。

列宁在俄国实行新经济政策批评一些怀有“左”的僵化思想的共产党员时说，“‘我们’直到现在还常常爱这样议论：‘资本主义是祸害，社会主义是幸福。’但这种议论是不正确的，因为它忘记了现存的各种社会经济结构的总和，而只从中抽出了两种结构来看”①。列宁强调，“我们要懂得，这是一种我们可以而且应当容许其存在、我们可以而且应当将之纳入一定范围的资本主义，因为这种资本主义是广大农民和私人资本所需要的，而私人资本做买卖应能满足农民的需要。必须让资本主义经济和资本主义流转能够像通常那样运行，因为这是人民所需要的，少了它就不能生活”②。

在经济学研究中如果坚持马克思主义哲学指导，懂得历史唯物主义，懂得一切依时间、地点、条件为转移，就不必要讳言私营企业的资本主义性质。应该懂得，按照社会主义发展的阶段和我国的社会发展水平，处于社会主义基本经济结构中的资本主义企业，它的地位和作用不同于没有强大公有制为主体的私人资本主义。在社会主义基本经济结构中，它可以发展社会生产力，增强综合国力，解决就业，增加供给；剩余价值既可以增加社会财富总量，又可以满足私人资本逐利的活力；私人企业主，可以以他们的资本、管理经验和技术创新，对中国特色社会主义建设做出贡献。

① 《列宁选集》，第4卷，510页，人民出版社，1995。
② 同上书，671页。

不要在名称上争论，是企业家还是资本家；是剩余价值还是资本收入，对哲学家来说没有多大意义，马克思主义哲学不是语义哲学。它要求对任何问题都要放在一定的时空背景下进行分析。

我们丝毫不否认，公有制与私有制之间、资本与劳动之间、富裕与贫困之间的社会矛盾肯定会存在的。社会主义上层建筑，即国家，当然要发挥它的调控功能。这是构建社会主义和谐社会需要解决的矛盾。如果矛盾处理不当，社会基本经济制度中各经济成分的结构失衡，甚至让私有化的思潮成为主流，当然会危及社会主义制度。如果我们不把发展资本主义经济问题，不把多种经济成分共同发展问题，放在中国社会主义初级阶段的社会结构和社会基本矛盾运动中来考察，是会不得要领的。历史唯物主义是我们经济学家决不可缺少的锐利认识武器。

其实，不仅哲学与经济学要加强对话，同样要加强马克思主义哲学学科与社会主义学说理论研究的对话。社会主义学说，如果脱离马克思主义哲学和经济学，不可能是科学社会主义。当年马克思和恩格斯创立科学社会主义学说如此，当代中国同样如此。有的学者认为社会主义首要的是价值观念，把所谓价值性置于社会主义理论的科学性之上，片面强调自由、平等、人权、和谐、公正之类的价值首要性。可是他们忘记了马克思主义哲学和经济学的最基本原则：任何一种社会价值都不是悬空的，它都依存于它借以产生和存在的社会经济制度和政治制度。恩格斯曾经尖锐批判资产阶级思想家掩盖资本主义经济制度和政治制度的本质并把价值放在首位的观点："有产阶级胡说现代社会制度盛行公道、正义、权利平等、义务平等和利益普遍和谐这一类虚伪的空话。"①

这个历史唯物主义原则，同样适用于科学社会主义学说。我们提倡社会主义核心价值观念、提倡以人为本，提倡自由、公平、正义、和谐，这是因为我们的社会是社会主义社会，它的经济基础和政治制度为这些价值观念的逐步实现提供了经济的和政治的基础。如果不以经济建设为中心，没有生产力的高度发展，没有以共产党为领导的人民民主制度，一句话，没有社会主义基本的经济制度和政治制度，所有价值目标都会变成无法兑

① 《马克思恩格斯选集》，2版，第3卷，338页。

现的空头支票。科学社会主义不同于空想的乌托邦的社会主义，它的双脚始终稳稳地站立在经济基础之上，认为归根结底物质资料生产方式在社会形态中具有决定意义。当年马克思和恩格斯在历史唯物主义和剩余价值学说基础上建立了科学社会主义学说，而我们今天，反而要把中国特色社会主义理论塞进新康德主义价值观的理论框架中，岂不怪哉！

我重点强调的是马克思主义内部各学科的对话，这种对话对消除马克思主义内部各学科的分裂，对坚持和发展作为完整科学体系的马克思主义是极其必要的。但是，我并不排斥马克思主义与非马克思主义的对话。例如，在经济学方面，我们一些学者对法国后现代主义者鲍德里亚的符号经济学的研究取得了很多的成就。很显然鲍德里亚关于资本主义消费社会的批判，对我们很有启发，但它的理论出发点很难与马克思主义历史唯物主义沟通。物质资料生产是社会存在和发展的基础，这是普遍规律。任何社会即使高度发展的资本主义社会如果停止生产，哪怕是几个星期都是不可能存在的。根本不存在一个不以生产高度发展为基础的消费社会。马克思在《政治经济学批判·导言》中关于生产、分配、交换、消费的分析，以生产为起点是完全正确的。虽然随着社会生产的发展，当产品匮乏消失，消费会越来越超越人类自身需要的水平，满足人类生存的需要转变为一种奢侈，这是必然的，但它的基础仍然是生产。

从文化角度来考察消费可以是一种新视角，但它不能取代生产在社会中的基础性地位。消费可以有符号意义，因为需要和满足需要是人的生活方式的内容，而生活方式就是文化的载体。从来消费就不仅是物质的，而且具有符号意义。在封建社会，衣服的式样或颜色都是身份的标志，例如黄色代表皇族。在资本主义时代，这种限制随着封建社会的灭亡而消失，但衣着代表高贵、时尚、新潮、先锋或反世俗、叛逆的符号意义更加强化。但符号意义是文化意义，它不能改变历史唯物主义的本质。

同样，消费中的异化倾向在资本主义时期就已经出现，马克思在《1844年经济学哲学手稿》“第三手稿”关于《需要、生产和分工》中已经开始批判资本主义的消费观。马克思指出在资本主义生产中，“产品和需要的范围的扩大，成为非人的、过分精致的、非自然的和**臆想出来的**欲望的**机敏的**和总是**精打细算的**奴隶。私有制不能把粗陋的需要变为**人的**需要。它的**理想主义**不过是**幻想、奇想、怪想**；没有一个宦官不是下贱地向自己的君主献媚，并力图用卑鄙的手段来刺激君主的麻痹了的享乐能力，以骗取君主的恩宠；工业的宦官即生产者则更下贱地用更卑鄙的手段来骗取银币"①。这种消费异化表现为人成为消费品的奴隶，这种消费异化的根源在于资本主义生产制度本身。因此马克思在指出资本主义消费异化的同时，还指出资本主义同时存在消费需求不足，即人的需要的"牲畜般的野蛮化"现象。当今资本主义社会并不是一个普遍高消费的社会。无论资本主义生产如何发展，总体财富如何增加，普遍生活水平如何提高，但只要仍然存在资本主义私有制、存在剥削、存在贫富对立，各个阶级和阶层的消费水平仍处在不同层次上。资本主义强势的广告宣传和商业文化攻势，可以使高消费成为资本主义社会一种普遍追求的文化观念，但不会使普遍高消费成为全民的客观事实。

尽管我们可以不同意鲍德里亚以符号经济学取代马克思主义政治经济学的观点，但他指出当代资本主义消费观念日趋处于主导地位的看法，对我们如何在社会主义现代化进程中，提倡合理消费、科学消费、文明消费，使对需求和消费的满足有利于社会主义社会人的素质的提高和人的全面发展，具有某种警示作用。我们目前主要矛盾仍然是消费不足和消费水平不平衡。发展生产，满足人的不断增长的物质和文化需求仍然是我们的主要任务。但同时应该防止消费主义的滋生和膨胀。我们应该接过西方学者提出的问题，去寻找另一种答案。其他与各种旗号的西方马克思主义的对话，也应该采取这种态度。

总而言之，哲学处于"冰冷"状态，应该加强对话，尤其是应该加强马克思主义科学体系内部的对话。马克思主义哲学不能虚，不能脱离实际生活，特别是经济生活；反过来，经济学不能太实，太微观，而必须以马克思主义哲学为指导，以有利于促进社会主义制度的自我完善为目标，真正体现马克思主义经济学功能；而社会主义学说，必须双脚牢牢站在马克思主义哲学和经济学的基础上，而不能朝抽象人性论和唯心主义价值论靠

---

① 《马克思恩格斯全集》，中文1版，第42卷，132～133页。

拢。如果我们能把哲学与经济学的对话逐步扩展到哲学、经济学、社会主义学说彼此间的对话，肯定对坚持和发展作为完整科学体系的马克思主义，对从哲学、经济学和社会主义学说统一角度理解中国特色社会主义理论体系的丰富内容，具有推动作用。马克思主义哲学可以在加强哲学对话中走出自我放逐和自我边缘化的困境。

马克思主义哲学的当代性与文本解读

马克思主义哲学应该立足现实，着眼于当代，关注世界尤其是中国现实问题中蕴含的哲学问题。哲学中的不同意见可以说五花八门、争论纷纭。意见可以是主观的、多元的，甚至无足轻重的，而问题则不同。按照马克思的说法，“问题就是时代的口号，是它表现自己精神状态的最实际的呼声”①。所谓哲学是时代的精华，是指它是时代问题的哲学凝结和为寻求对时代问题答案的哲学思考。马克思主义的当代性问题，从根本上说，就是马克思主义哲学能不能为捕捉和解答当代问题提供有效的基本理论和思维方式。

一、文本当代解读的重要性及其局限性

马克思主义哲学具有当代性，并不是仅仅依赖对马克思和恩格斯原著的当代解读。毫无疑问，马克思主义经典的文献学研究、考证、校勘都非常重要。以往由于条件限制和文献限制，我们在这方面的工作比西方落后，现在有人从事这方面的工作，肯定是马克思主义研究领域的一个新的拓展。它可能发现以往被忽视的重要论断，可能改正以往理解中的某些错误，这对正确把握马克思主义基本原理，改正过去的错误理解或不适当的附加有重要的学术价值。但马克思主义哲学的当代性不能以对经典的解读为据。马克思主义基本原理真理性的决定性标准是实践的检验。可以说实

① 《马克思恩格斯全集》，中文1版，第40卷，289～290页。

践是检验器和过滤器，它能够把马克思主义经典著作中蕴含的基本原理和个别论断，把马克思主义的基本原理与对它的错误理解和不适当的附加区分开来，如果不到实践中去而仅仅以引证经典著作中的某句话为据，只能陷于无休止的争论。因为解读者的文化背景、政治背景、研究目的、使用方法等，都可能会影响其对文本解读的正确性。何况，任何仅限于上下文关联的解读都是不可靠的，特别是脱离马克思和恩格斯的一生实践、思想历程和全部著作，仅就某一本书甚至其中的某一章或某一节、某一句的字斟句酌式的解读，往往容易一叶障目，只见树木而不见森林。尤其是受当代西方解释学中的唯心主义影响，往往容易导致用文本解读方法曲解马克思主义，宣扬马恩对立或否定马克思以后全部马克思主义有所谓文献依据。

马克思和恩格斯的各种文本是在不同时期不同背景下针对不同问题写的。对同一问题，前后时期不同的表述，或他们由于时间和对象不同而产生的表述差异，都可能存在。完全借助上下文字斟句酌式的解读，往往歧义丛生，永无定论。历代中国儒家注经方式及其不少湮没无闻的命运就足以为训。我们的马克思主义文献研究一定要与基本理论的研究相配合，这样才有助于正确理解马克思主义基本原理，而不是相反。因为自从马克思和恩格斯创立马克思主义以后，在一个多世纪革命狂风暴雨和风云变幻中屡经实践考验的，不是某一本书中的某一句话，而是马克思主义的基本原理。任何人都无权改动文本中的一字一句，因为文本是历史的既成的；但真正的马克思主义者有权在实践中丰富和发展马克思主义基本原理。马克思主义的当代性问题应以实践检验作为当代有效性的标准，而不是以与经典文本中某字某句相对照为依据。

在当代，对于马克思主义发展一元多流的问题有不同的看法。马克思主义当然不是只有列宁、毛泽东一家一派一系，其他都是异类。可又不能抽象地说，马克思主义是“多”，任何学派只要自称马克思主义都可归属于马克思主义之中，任何人无权把自称为马克思主义者“革出教门”，否则就是缩小队伍，是关门主义，我以为这种说法有片面性。是不是属于马克思主义学派应该有自己的标准。这个标准不是经典文本的引证，不是谁得真传的衣钵之争。照我看来，这个标准应是看它是否符合马克思主义的本质。凡是主张马克思主义与各国实际相结合的，以马克思主义关于无产阶级和人类解放为最高使命的学派都属于马克思主义。即使它们之间存在某些观点分歧，如对革命的方式、道路的选择，以及对什么是社会主义以及如何建设社会主义各自存在不同的看法，也都是正常的。因为这种分歧是由各自所处的实际环境和面对的不同问题产生的。如果这种分歧不是源于各国的实践的需求，而只是一些蛰居书斋的学者脱离甚至抛弃马克思和恩格斯毕生为之奋斗的无产阶级和人类解放的事业，从对马克思主义著作不同解读的分歧而形成的不同学派，这只能称之为马克思学学派，或马克思主义研究者学派，而不能称之为马克思主义者学派，因为它们的根本宗旨和研究目的与马克思主义的历史使命和历史任务无关。马克思主义之所以是马克思主义，就在于它所肩负的历史使命。马克思《关于费尔巴哈的提纲》第十一条的论述，不仅是马克思哲学与以往一切哲学的分界线，也是区分、检验当代马克思主义与自称为马克思主义的学派的试金石。

马克思主义哲学当代性的依据，也不能以西方现代哲学或后现代主义的所谓共同“问题阈”为据。以马克思主义中有多少与现代西方哲学家和后现代主义的观点、论题，或对西方资本主义社会弊端的批判有多少相契合之处为标准是不科学的。我们并不否认，在当代西方一些哲学家对当代资本主义的批评，尤其是后现代主义对资本主义现代化的弊病给予的猛烈抨击。这应该是他们借助于马克思主义，而不是马克思主义借助于西方现代哲学或后现代主义。因为批判资本主义并揭露它的内在矛盾，本来就是马克思主义的历史使命，是马克思主义之所以是马克思主义的应有之义。当然，当代马克思主义者关注现代西方哲学家的研究成果，扩展眼界是应该的。但决不能以此作为马克思主义与西方现代哲学处于同样高度的根据。因为这是两种完全不同的批判，它们具有不同的理论高度和不同的社会理想。可以借鉴，但不能无条件认同。

二、马克思主义哲学当代性的本质

马克思主义当代性的根本之点在于它的基本原理，在于它的世界观和方法论具有当代适用性。无论是对当代资本主义的分析，对中国特色社会主义的分析，还是对当代科学技术发展中问题的分析，马克思主义哲学作为世界观和思维方法都仍然是最有效的工具。从问题出发的本质是从实际出发，问题只存在于实际中。我们反对本本主义，我们既不是从本本出发，也不是从问题出发并把问题的解决变为与本本对号入座。这两种思路尽管形式不同，但殊途同归。引证并非证明，即使用的是马克思主义文本中的引语，也只能是强化论证的权威性，而不是证明自身。

有人认为，马克思主义是一种科学学说，可以把它作为理论分析和认识工具，但决不能被贬为工具理性，否则就降低了马克思主义的品格。马克思和恩格斯一再强调他们的学说不是教义，不是可以到处供引证用的文本，而是进一步研究的思维方法。马克思主义如果不能发挥认识工具的作用就没有价值。无论是马克思、恩格斯本人，还是列宁、毛泽东都强调马克思主义作为认识工具的作用。马克思主义的当代性，就在于它的基本理论和思维方法仍然是认识当代世界最强有力的认识工具，而不是我们从文本中能找到多少与时代契合或适用的引语。

在我看来，我们既不可能依靠西方哲学或后现代主义来观察当代世界复杂的现实，也不可能以其来解决当代中国建设中的矛盾。儒家学说也是如此。它们可以提供丰富马克思主义某些论断的思想资源，但不能取代马克思主义成为我们社会的指导原则。我们依靠的仍然是马克思主义的基本原理和中国实际的结合，这是唯一正确的沿着社会主义方向的强国富民之路。

无可讳言，在当代中国哲学界，辩证唯物主义与实践唯物主义之争相当激烈。有的学者断言，似乎只有实践唯物主义才是最具当代性的哲学。我从来不反对用实践唯物主义称谓马克思主义哲学，因为这个名称确实有利于强化对实践在马克思主义哲学中的作用、地位和功能的全面理解。这个多年的争论是有益的。但是我反对把实践唯物主义与辩证唯物主义视为水火对立的观点。如果从实践的思维方式中抽掉唯物主义和辩证法，认为凡承认世界客观性、承认世界自身存在的辩证运动就是实体性思维，就是反对实践辩证法，这种既没有唯物主义实事求是原则，又没有具体问题具体分析的辩证法原则的实践思维方式岂不是一个没有灵魂的空壳吗？

有人写文章说承认实践之外仍然存在物质世界的观点是旧唯物主义的观点。这位作者根本没有弄懂“实践之外无认识”和“实践之外无世界”是完全不同的两个命题。“实践之外无认识”是正确的命题。人只能在实践之中认识对象。毛泽东说过，“如何认识外界的问题，在实践以外是不能解决的”①。而“实践之外无世界”是颠倒世界与实践关系的唯心主义理论。“存在是被感知”和“存在是被实践”异曲同工，殊途同归。按照这种所谓实践唯物主义观点，自然界的优先地位，自在自然和人化自然、自在之物和为我之物的转化都被一笔勾销了，人类实践着的生活世界是一个永远被主体的实践固定化的不变的圈圈，岂不荒谬至极。其实连古代哲学家庄子都懂这个道理。他说，人走路虽然占地很少，但能不断走下去是因为有许多空地让他走下去（“足之于地也践，虽践，恃其所不践而后善博也”②）。千里之行可以始于足下，但千里之行不能止于举步。如果实践之外无世界，或者说实践之外的世界没有意义，那每个时代的实践不可能为后人的实践和认识进一步发展留下任何“未垦的处女地”。此说与史不合、与事不合、与理不合。

一些人错误理解马克思在《1844年经济学哲学手稿》中那段著名的话：“被抽象地孤立地理解的、被固定为与人分离的**自然界**，对人说来也是**无**。”③ 这是马克思对黑格尔唯心主义自然观的批判。黑格尔从绝对观念的自我运动和异化中推论出的那个自然界并不是真实的自然界，而是抽象的与人相脱离的自然界，这种自然界当然是“无”。如果“实践之外无世界”的观点可以被称为“实践唯物主义”，我宁可背上“反实践唯物主义”的骂名。

还有，现代一些哲学家包括中国哲学家不断指责西方哲学的主客体二分，仿佛这种观点不具有当代性，相反它是当代生态环境恶化的“元凶首恶”，这种哲学观点我称之为哲学的荒唐和荒唐的哲学。试问，如果世界没有主客二分而是合一不分，认识和实践的可能性存在吗？正确反映对象和改造对象的可能性存在吗？任何在认识论上否认主客二分鼓吹主客不分或二者合一的观点，只能是唯心主义，只能是以自我为中心围着自我打转

---

① 《毛泽东哲学批注集》，中共中央文献研究室编，22页，北京，中央文献出版社，1988。

② 《庄子·徐无鬼》。

③ 《马克思恩格斯全集》，中文1版，第42卷，178页。

转，没有跨出主体一步。无怪尼采说，“我们无法像事物所是那样认识事物，因为我们根本就不能思想它们”。为什么尼采会这样说，就是因为主客不能二分，认识只能是人的自我投影，像他所说的，“我们试图再次抑制哲学的无限度的认识和使他重新认识到一切知识的拟人化性质”①。所有知识包括科学知识都是拟人化的知识，科学就成为人对自我认识的投影。它比巫术还不如，因为巫术还有祈祷的对象，而科学反而是除自我之外空无所有。我要引用一句列宁借用的费尔巴哈的话，“就等于把遗精和生孩子同等看待”②。我会再加一句看似更粗鲁的话，“自慰不是做爱”。请读者参阅马克思一段批评施蒂纳不承认客体只承认主体的话，真是妙极了：“哲学和对现实世界的研究这两者的关系就像手淫和性爱的关系一样。圣桑乔尽管他有那种我们是耐心地证实的，而他是热情奋发地证实的无思想，却总还是停留在纯粹思想的世界的范围内。”还说“唯心主义的达赖喇嘛们和真正的达赖喇嘛有共同的地方，即他们都甘愿使自己相信，似乎他们从中获取食物的世界离开他们的神圣的粪便就不可能存在”③。没有主客二分，没有对象，从自我中是什么也生不出来的。主客二分与主客“绝分”是不同的。主客二分是人类从自然界中分化出来而成为主体，这是自然发展史、人类发展史、社会发展史中最具重大意义的转折，它让“上帝”使“诸神”羡慕，自然界最美丽的花朵——人，具有把世界当作客体的智慧和力量。而主客绝对对立、绝对二分则是一种错误的哲学观点。

我一直强调，要把认识论中的主客二分与本体论中主客合一区分开来。在认识论中我们应该主张二分，认识有认识主体与认识客体之分，有认识者与被认识对象之分，否则不可能有实践和认识。这是一个再简单不过的道理。它是人类在每时每刻的实践和认识对象化活动中存在的事实，只是被一些哲学家弄得玄而又玄。可在本体论上我们应该把认识主体与认识客体视为同一物质世界存在的两种状态，当然是不可分的，它们相互作

---

① ［德］尼采：《哲学与真理》，189、186页，上海，上海社会科学出版社，1993。

② 《列宁选集》，3版，第2卷，103页，人民出版社，1995。

③ 《马克思恩格斯全集》，中文1版，第3卷，262、631页。

用，相互依存。这就是世界物质统一性的问题。中国哲学中“天人合一”说中某些合理因素正在于此。没有本体论中的“一”，就没有认识论中的“二”。如果把认识论中的“二”，变为认识论中的“一”，就是主客不分的唯心主义；如果把本体论中的“一”，变为本体论中的“二”，就是主客绝对对立的二元论。这两者都是错误的。

我认为，马克思主义哲学的当代性问题应该求之于马克思主义哲学原理自身，求之于它的基本原理的正确性。我们只要稍微关注一下西方有良知的学者和某些西方马克思主义学者，尽管他们对马克思主义有各种不同的说法，但都承认马克思思想的不可超越性和当代有效性。因为他们非常明白，马克思的思想是作为解剖和批判资本主义及其弊端而产生的学说。在一个仍然是资本主义的时代，仍然是一个为资本主义各种矛盾所困扰的世界，只有马克思的思想才能为解释资本主义社会的当代发展提供理论来源。马克思被西方世界评为“千年伟大思想家”决不是偶然的。

中国特色社会主义建设总应该算是当代的吧，无论从社会主义现代化的目标和任务，或我们所处的世纪的角度说，在中国发生的一切都是当代的。要问马克思主义哲学的当代性，我们可以思考一下，除开新民主主义革命时期不说，从改革开放以来邓小平一些重要论断到“三个代表”重要思想，从科学发展观到社会主义和谐社会的构建，哪一条具有创新的理论不是马克思主义哲学基本原理的创造性运用？哪一个重大决策不证明马克思主义哲学的当代有效性？从观察当代世界到中国的社会主义建设，马克思主义哲学仍然是我们最有效的理论和方法论工具，这就是马克思主义哲学的当代性，最大的当代性。一个十三多亿人口的国家仍然用作指导思想的基本理论，它的世界观和方法论不具当代性，而西方一些不能为人类指明出路和方向的社会思潮或哲学思潮反而最具有当代性，具有衡量马克思主义当代性的“裁判权”，岂不令人费解！

其实，从哲学社会学的观点看，无论是对现代性的强调或对现代性批判的各种后现代主义思潮，在西方都有其社会学意义。离开了对西方世界社会矛盾的马克思主义分析，连为什么“当代性”这个问题会成为一个重大问题都难以搞清。一种理论的当代性不是时间概念，而是价值概念，是对理论自身的有效性评价。

说句心里话，我对我国马克思主义哲学发展现状感到困惑、失望。当我读到某些文章时，这种感受尤为强烈。但我相信毛泽东说的“有用的非即真理，但真理必须有用”①。清人张问陶的诗中有一联，“天籁自鸣天趣足，好诗不过近人情”。“好诗不过近人情”，此话有理，一首好诗一定要为人所理解，为人所接受。哲学也是如此。尽管有的学者对在哲学中运用真理一词可能会有异议，但我还是要说，马克思主义哲学是具有真理性的学说。它的道理朴素，但具有真理性。正因为它具有真理性，因而必然具有当代性。当代性不可能离开现代世界，因为现代世界仍然是资本主义占主导的世界。世界资本主义仍然存在，这就是马克思主义当代性的客观依据。

① 《毛泽东哲学批注集》，中共中央文献研究室编，150页。

历史唯物主义的本质及其应用

一、历史唯物主义是哲学而不是实证科学

历史唯物主义的本质是哲学，不是实证科学，也不是历史科学。在《德意志意识形态》中有段话说："在思辨终止的地方，在现实生活面前，正是描述人们实践活动和实际发展过程的真正实证科学开始的地方。"这段话的真正意义是指明了思辨历史哲学和历史唯物主义的根本区别。思辨历史哲学即马克思和恩格斯批评的"独立的哲学"是非实证的，因为它是在历史现实之外、把它们关于历史的观念强加于历史之中。它们的出发点是抽象的观念或者抽象的人；而历史唯物主义是实证的，因为它作为出发点的现实的人和他们的生产活动，是通过"经验可以观察到的"，"是可以用纯粹经验的方法来确认的"。此处所谓实证科学是对思辨哲学而言的，而不是说历史唯物主义是实证科学。离开了与思辨历史哲学相对比的意义，容易造成对历史唯物主义性质的误解，以为它不是哲学而是实证科学。

历史唯物主义也不能简单归为历史科学。在《德意志意识形态》中，删去了一段我们经常引用的话，"我们仅仅知道一门唯一的科学，即历史科学。历史可以从两方面来考察，可以把它划分为自然史和人类史。但这两方面是不可分割的；只要人类存在，自然史和人类史就彼此相互制约。自然史即自然科学，我们这里不谈；我们需要研究的是人类史，因为整个意识形态不是曲解人类史，就是完全撇开人类史。意识形态本身只不过是

这一历史的一个方面”。我们撇开一个作家删除了的话是表明他们仍然坚持还是他们不赞成呢？这个暂且不论，就这段话来说，也得不出历史唯物主义是历史科学的结论。因为马克思此处强调“他们知道唯一的科学就是历史科学”，是有特殊含义的，即与历史唯物主义是实证科学的提法相呼应，历史唯物主义是以现实的、经验的历史研究为依据的，即历史唯物主义不是从历史之外把历史应该如何如何的观念强加于历史，而是以现实的历史为依据，是从人类历史中概括出来的。说以自然史为依据，本质上就是以自然科学及其历史发展为依据；以人类史为依据，就是以人类历史和关于人类各领域的科学为依据。这表明历史唯物主义有着坚实和牢固的人类历史的事实基础。这种历史观才可能成为与思辨历史哲学相对的真正唯物主义的历史观。

马克思和恩格斯这段话讲的是历史唯物主义的基础问题、事实依据问题，而不是关于学科分类问题。如果不承认自然和社会有自身的不同的研究领域和不同领域的科学，认为一切科学都是历史科学，这种解读可能与马克思和恩格斯自己在许多不同领域研究的建树不符，与世界科学发展史和学科分类状况不相符。虽然很久以前就有学者认为马克思主义就是大历史学，这也只能从它作为理论的史实依据的一个角度说有些道理。如果把马克思主义就说成是历史科学，而不是关于无产阶级和人类解放的科学社会主义理论体系，也很容易掩盖马克思主义的性质和使命。

其实，我们只要认真听取马克思和恩格斯自己的意见，我们就可以看到，历史唯物主义和唯物主义历史观这两个名称中，虽然都有历史二字，但它并不只是关于历史的科学，而首先是关于社会总体结构及其运动发展规律的理论。作为历史唯物主义核心思想的，如物质资料生产方式在社会形态中的决定作用、社会存在与社会意识、经济基础与上层建筑、生产力与生产关系、人是社会性主体、历史的本质是人追求自己目的的活动、社会发展动力和社会形态更替的规律、阶级和阶级斗争，等等，都是以总体性的社会中各种因素相互关系为对象的，揭示的是人类社会的共有结构和发展的普遍规律。它不同于历史，任何历史都是国别或民族史，都是某一国某一民族特有的，是不可复制的。但历史唯物主义不同，它揭示的是人类社会共有的结构方式和规律。这种社会总体结构观又是一种历史观，因为全部人类和社会形态的更替，就是原有社会结构的解体和新的社会结构的确立。因此，历史唯物主义为我们观察人类社会的实际过程的历史，提供了一个具有普遍意义的理论和方法。历史唯物主义可以说是社会历史观，既关系社会总体性结构又关系这种结构解体和演变的进程。

马克思和恩格斯没有旧有意义上的自然哲学，但有关于自然的哲学，恩格斯称之为新自然观；没有旧有意义上的历史哲学，但有关于社会历史及其发展规律的哲学，恩格斯称之为历史唯物主义。如果马克思和恩格斯著作中到处可见的关于唯物主义和辩证法的思想，包括关于人类社会发展的唯物主义和辩证法的观点不能表明历史唯物主义是哲学，它应该是什么？历史唯物主义是马克思主义哲学，它不是旧的历史哲学，因为它不是凌驾于历史现实之外，而是立足于历史现实之中，来源于实际历史，又要回归实际历史。历史唯物主义的普遍性不是抽象的普遍性，而是与特殊性相结合的普遍性。这种特性使历史唯物主义不仅具有历史本体论意义，而且可以发挥历史认识论、方法论和历史价值论的作用。这种作用只有哲学才具有。

一个完整的世界观当然应该包括自然观与社会历史观。因为自然与社会在人类现实世界是不可分离的，但又有区别。只有自然观或只有社会历史观都是不完整的。这并不是马克思主义的特点。马克思哲学的独特之处在于，它消除了自然观与社会历史观的二元对立，建立了包括自然和历史在内的以实践为基础的彻底的辩证法与唯物主义相统一的哲学。这种哲学由于它终结了旧的思辨哲学作为科学之科学无所不包的局限，突出它的世界观和方法论作用，因此这种马克思主义哲学同时可以称之为马克思主义世界观。“世界观”这个称谓突出了马克思主义哲学不同于无所不包无所不能、作为科学之科学的旧的思辨哲学。

我既然强调马克思主义的自然观是哲学、历史观是哲学，逻辑的结论必然是马克思主义并没有终结哲学，把自身普通化为实证科学。这个问题许多年前我就说过，我们要弄清马克思是在什么意义上讲哲学的终结的？不能脱离当时的语境。马克思和恩格斯创立自己新世界的时代正处在德国哲学变革的时代，即由传统的思辨哲学转变为呼唤对世界改造的新哲学的时代。马克思经常使用哲学这个称呼来指称旧的思辨哲学，特别是黑格尔哲学。因为当时正处在黑格尔哲学解体的时代。所谓哲学的终结，所谓我们的理论不是哲学而是世界观之类的提法都是在这种语境中使用的，表达的是对旧的思辨哲学特别是德国传统思辨哲学的超越。恩格斯的名著《费尔巴哈与德国古典哲学的终结》，这个书名极其明白无误地告诉我们马克思主义要终结的是什么哲学，是包括费尔巴哈在内的德国古典哲学。因为在他们看来，虽然费尔巴哈以清醒的唯物主义哲学取代黑格尔醉醺醺的唯心主义哲学，但他仍然没有超越把哲学视为科学之科学的思辨哲学传统，按马克思和恩格斯的说法，他们都是在黑格尔哲学基地上活动的。在此马克思和恩格斯用以超越旧的思辨哲学的思想仍然是一种哲学，即马克思和恩格斯正在创造的为无产阶级和人类解放而铸造的新哲学。只有哲学才能超越哲学，只有新哲学才能超越旧哲学，以非哲学的实证科学超越哲学是不可能的。

我们只要稍微熟悉一点马克思主义史，读过马克思 1837 年在波恩大学写给他父亲的为哲学而苦恼的信，读一读《关于费尔巴哈的提纲》，就知道他们没有否定哲学，而是要扬弃旧哲学创立新哲学。马克思和恩格斯的思想转变，首先是哲学的转变，马克思主义的创立离不开马克思主义哲学。一个没有哲学的马克思主义体系的创立是不可想象的。第二国际时期，曾经说过马克思主义没有哲学，倡导回到康德，俄国也发生过类似的说法，要为马克思主义寻找一个哲学基础，要回到贝克莱、马赫、阿芬那留斯的唯心主义经验论哲学。没有哲学的马克思主义是危险的。其实马克思主义有自己的哲学，这就是辩证唯物主义和历史唯物主义。要坚持马克思主义必须同时坚持辩证唯物主义和历史唯物主义，坚持自己的哲学基础。基础动摇了，马克思主义也就解体了。

二、社会规律的载体是社会而不是人

每代人都会死亡，人可以一代代更换，可只要社会形态没有发生更替，属于这一社会形态的规律就仍然在起作用。这里一个重大区别是，历史是人追求自己目的的活动，可追求的结果并不直接决定于每个人的主观追求，而是集体合力的产物。资本主义社会规律是资本主义社会的规律，而不是作为人的资产者的规律。资产阶级同样受这个规律支配。资产阶级可以换代，可以破产，可以出现新的资产者，但资本主义社会规律照样发挥作用，无论资产者是张三李四还是王五。人可以换代，规律依旧。这就是资本主义国家的总统可以不断换届，资产阶级人员构成可以变化，但资本主义仍然是资本主义的秘密所在。说社会规律是社会的规律，而不是说社会性规律与人无关。社会生活的本质是人类的实践，因此社会规律是在人类实践中形成又必须通过人类实践来实现的规律。但是人类实践成败与否、实践的正效应与负效应，取决于人类实践活动是否符合规律，而不是相反。这仿佛是悖论。为什么如此？因为人类实践活动直接创造的是对象化产品，而不是创造规律。规律是在实践中形成的各种关系的规律，规律的载体是以物质中介的一种必然的不断重复的本质联系。它在实践中形成又具有不由实践者任意支配的客观特性。

为什么会产生社会没有规律的看法呢？因为社会规律是大周期规律，是大尺度规律，而自然规律是铁的规律，是每时每刻都起作用的规律。往上抛苹果，每次都往下掉，抛任何东西都是如此，没有例外。社会领域的规律似乎不是铁的规律，而是有弹性，人似乎可以任意妄为、在一定时期感受不到规律的作用，这是因为历史规律与自然规律作用的方式不同。社会规律是大尺度规律，它起作用的时间有的需要几十年甚至几百年。例如，社会主义革命在一个国家的胜利和建设，需要几代甚至几十代人，其中还可能存在反复，至于世界性的转变则是多少世代才能实现的。生产力决定生产关系的规律，也是如此，适应生产力发展相应的生产关系往往要经过很多年逐步形成，例如从封建社会基础上建立完善的资本主义经济制度经历过很长时期；社会主义更是如此，中国有长达六十年的时间在不断调整所有制结构，以促进生产力的发展。自然规律不同，它是立竿见影，对每个自然现象都毫不例外，自然规律支配每个同类的个体，而社会规律只能在过程中发生作用。

正因为社会历史规律这个长时段的特点，往往容易使人们得出两个结论：第一，由于时段长，容易否认社会历史发展有规律。因为在这个长时段中，历史中有许多偶然性，许许多多无法预测的事件的出现使人看不到社会发展规律的作用。实际上规律就是通过无数偶然性不测事件起作用的。第二，由于历史发展的反复，例如苏联解体、东欧剧变，资本主义复辟，从而怀疑社会主义的两个必然性。我们没有想到，社会发展是个过程，社会矛盾从开始萌芽、发展、激化到解决是一个过程，因而规律作用的实现也必然是个过程。无论当政者如何清明，当社会矛盾积累到无法解决时，社会革命就会到来。我说过，社会规律是算总账的而不是算细账的。一个社会统治者每一次倒行逆施，专横、压迫，似乎仍然无妨统治，可积累到官逼民反时，危机就到来。中国人说，善有善报，恶有恶报，不是不报，时间未到，时间一到，全都报销。用来形容社会规律作用的特点，颇为贴切。

中国新民主主义革命经过27年再加旧民主主义革命共38年，如果从鸦片战争算起共一百多年，就是说，经过一百多年才完成了改变中国半封建半殖民地向现代社会的转变。而且这个转变仍未结束。年鉴派历史学家布罗代尔在他的著名文章《长时段》中说，“马克思的天才，马克思经久不衰的力量和秘密，来源于他第一次以历史的长时段为基础制定了真正的社会模式”。没有长时段观念，就没有历史观念，就很难发现社会规律，只能就事论事。

波普之所以反对历史规律，其中一个原因就是没有长时段观念。在他看来，历史研究的对象是独一无二的个别现象，而观察一种独一无二的事件的过程，无法检验一种普遍的规律。所以他明确说：从我们的观点看来，不可能有什么规律。当然，如果把历史事件看成孤立的无关的现象，当然无法发现规律，如果从历史长时段看，我们把历史事件看成彼此联系的历史过程的一部分，情况就完全不一样。在历史事件彼此联系中，呈现的是历史之流，而不是孤立的事件。从每一个事件来看，它似乎是偶然的，但无数偶然事件中贯穿着一种历史必然性。片断中呈现的偶然事件，在历史过程中体现一种必然性。规律只能存在于过程之中，而不是某一独立的事件中。我们承认社会发展规律，但不否认社会领域中偶然性、选择性的重要作用。承认社会规律必然承认社会中的因果律，不能因为重视偶然性、选择性因此就认为可以从社会领域中排除因果性观念，就以为凭借因果性观察社会历史会陷入宿命论、机械论。这种看法是不对的。

历史学不只是关于过去发生过什么事的记载，而应该同时包括对原因的探索，从中发现历史规律，并得出有益于后人如何行动的经验教训。因此历史学不只是叙述而必须同时是解释，叙述是事实的陈述，而解释则是对历史事件因果关系的理解。

因果性是自然界和社会中普遍存在的一种联系。自然界的因果性虽然遭到不可知论者的怀疑，认为只是前后相继，并非因果。可是人们只要通过实践创造相同的原因可以制造相同的结果，证明自然界存在因果制约性。反正除了少数哲学家，自然科学没有不承认因果关系的。不承认，自然科学就无法研究。

社会现象中因果关系比较复杂，但也是相互联系的一种方式。往往多种原因形成一种结果，或者一种原因可以造成多种结果。不过不管如何复杂，社会现象不可能是无原因的。因果联系是理解社会现象如何产生、为什么产生的一种基本理论和方法。为什么富士康员工连续自杀？为什么美国发生次贷危机？肯定有原因。至于原因是什么，当然要分析、要研究。但是有一点可以肯定，社会和自然一样，没有无缘无故发生的事，都有原因可寻。研究因果关系应该是历史观的一个重大问题。不能追问原因、不能解释原因的历史学是毫无意义的，也没有必要。

因果关系不等于必然性。有原因不等于必然如此，因为原因可以有必然的原因，有偶然的原因。一个人发生车祸，肯定有原因，但不一定必然。车祸绝大多数是偶然性造成的，是可以避免的。而必然性因果关系是不可避免的。例如，陈胜、吴广因遇雨失期当斩因而举行起义，遇雨是偶然的原因，可以遇雨也可以不遇雨，因此陈胜、吴广当时起义可发生也可不发生，但农民革命在封建社会中具有必然性。

任何因果关系的考察都是两种现象之间关系的考察，因此因果关系是针对特定结果的关系，而不能是无限联系中的一连串关系，在一连串关系中无法追问因果，因为无限因果关系就化作事物的普遍联系。从普遍联系着眼，就是无限联系的链条，根本弄不清因果关系，因为它互为因果。所以因果关系必须是对具体事件因果关系的分析。例如中国革命战争的原因是什么？中国沦为半封建半殖民地的原因是什么？如此等等。因果关系在主体意识中往往表现为问题。没有问题，不提出问题，就无法分析因果关系。事实上没有一种历史理论不包括因果解释，问题是什么样的因果论，有神学论的因果论，神是最终原因；有道德因果论，道德善恶是报应的原因；有天命论的因果论，天意是最终原因。这些因果论都是无法证实的。古人说，“天意从来高难问”。谁知道天命天意神意呢，无非是一种无法解释的命定论的解释变形而已。

马克思不是目的论者，社会形态更替不存在目的关系，但历史唯物主义是因果论者，承认事物的因果关系。社会形态的转变是自然历史过程。而实现这一转变的是历史中行动的人，人是为了自身利益而实现历史的无意识的要求。当原始社会末期生产力发展和生产有剩余，利用人力来劳动比杀死俘虏更有利时，奴隶制便逐渐产生。同理，当封建社会末期，货币地租取代劳役地租，利用货币作为工业和商业资本的收益远远超过土地耕种时，资本主义社会便应时而生。这种转变涉及利益因而往往会通过革命或战争。资本主义社会也不是以实现社会主义为目的，而实现社会主义是在资本主义社会中最受损害和压迫的人们的要求。资本主义高度发展的生产力提供了实现这种转变的可能性，而实现这种转变的是人，是现实的人，即无产阶级及其政党。人的解放和人的自由全面发展，并不是原始社会开始就包含的要求，也不是人的本性的要求，而是资本主义生产力和文明高度发展提供的可能性，促使理论家们提出了这种要求，把客观可能性变为自觉的理论意识。所以社会发展蕴涵着发展到另一种更高形态的可能性和趋势，而这种可能性由于对于生活其中的某一个集团或阶级来说有利，从而成为实现这一转变的主体。所以社会形态的更替不包含历史自身的目的，而是在一种社会形态末期，自发地孕育着新的因素中包含产生新社会形态的可能性，这种可能性由于它符合与它相联系的阶级或集团的利益而变为现实，因此目的是人的活动动因，当人的目的介入社会发展自然过程时，就把社会发展无目的的因果性与人的活动的目的性结合在一起。可以说，社会自身是母亲，而人的活动，它的革命与变革是助产士，两者结合才产生新婴儿。因此，对社会形态的更替自身应该进行因果关系的分析而不排除目的论的解释，但当把人的活动与社会发展自身相结合考虑时，就必然充分意识到人的目的活动的能动意义。

如果历史唯物主义关于生产力与生产关系矛盾运动规律的确是规律，为什么生产力迅速发展，要求突破旧生产关系，可以发生革命；而中国生产力不发展，也会发生革命？这符合历史唯物主义关于生产力与生产关系的规律吗？我们对马克思关于当生产关系不能容纳生产力发展时革命就会到来的理解，必须采取辩证的态度。马克思主要揭示了生产力与生产关系矛盾运动是社会发展的动力。可生产力与生产关系矛盾可以有各种表现，往往是生产力迅速发展，生产关系变为迅速发展的生产力的桎梏；可是也有相反的情况，不是生产力迅速发展要求改变生产关系，而是生产力萎缩，民生凋敝，表现为官逼民反，不起来革命，就无法活命。中国之所以发生中国共产党领导的革命，并不是因为生产力迅速发展，而是由于清政府腐败无能，生产力不发展，民生多艰，中国没有出路。除了革命，只能灭亡。中国革命是救亡图存，保国保种的革命。这两种情况与马克思的理论并不矛盾。因为马克思说，一切社会冲突在于生产力与生产关系的矛盾。而生产力迅速发展要求突破生产关系，和生产力萎缩要求改变生产关系本质上一样，都是源于生产力与生产关系的矛盾，只是表现方式不同。只有这样，我们才能理解，为什么生产力高度发展的西方发达资本主义社会没有发生革命，而俄国和中国发生革命。原因就在于俄国和中国的旧生产关系及建立其上的上层建筑严重阻碍生产力发展，使生产力呈现萎缩状态。尽管生产力水平不高，旧生产关系仍然没有可容纳发展的空间。但是无论是俄国还是中国革命以后，仍然要把发展生产力放在首要地位。因为新的社会主义生产关系是不可能依靠低下的生产力来巩固和发展的。这仍然是马克思主义关于生产力必须与生产关系相适合的规律在起作用，如果生产力长期落后于生产关系，社会主义就不可能巩固和发展。这就是苏联解体的原因，也是中国实行改革的原因。

如果历史有规律，为什么历史事件不能预测？历史事件是不可能预测的，但对历史发展趋势和前景是可以有科学分析的。历史事件是尚未发生的事件，它的特性是具体性，任何具体的东西都是无法预测的，如果预测也只是可能性。而可能性往往是两种可能：可能和不可能，而不是必然发生的预测。

史学是研究已经发生的事和人的活动的科学。它的功能是叙述事实和理解事实，而不是预测未来。历史唯物主义是对普遍规律的探求，而不是追求未卜先知。不能说过去如何，现在必然如何；现在如何，未来必然如何，因为条件是变化的，偶然因素是多样的。用所谓“蝴蝶效应”来观察历史不可能得出正确的结论。但是通过应用历史唯物主义对历史经验的总结，可以更好地理解现在，而理解现在，对判断未来有帮助。这不是具体历史事件必然性的预测，而是对发展趋势的一种预测。具体事件无法预测。但我们根据日本明治维新以后的政治和军事发展历史，可以判断它向中国发动侵略的可能性和必然性，因为向外扩张是资本主义的特性，特别是资本主义的兴起与军国主义结合的日本更是如此。历史唯物主义不是算命卜卦，它不可能预测日本侵略中国的具体历史事件在哪一天、以什么方式发生，但日本的侵略意图和它的野心是可以预测的，因为这表现在它的社会制度的本质和已经发生的一连串行动之中。

三、社会形态理论是对世界历史发展规律的揭示而不是公式

关于历史唯物主义社会形态理论，历史学界、哲学界争论很多、分歧很大。我觉得说中国没有封建社会好像不太妥当。这涉及中国鸦片战争以后关于中国社会半封建半殖民地社会的定性问题，关系中国自此以后革命的性质，特别是中国共产党领导的革命性质问题，关系到革命对象、动力等一系列问题。

毫无疑问，中国以地主土地所有制和小农经济为主体、以地主和农民为主要矛盾、不存在人身依附关系的中国封建社会，和西方存在农奴依附领主的庄园制的封建社会，有很大的不同。但不能因此说，它们不能同属于封建社会。因为历史唯物主义的社会形态理论是指社会的社会形态属性，是共性，而不是某一社会的特性。我以为东方专制主义只能是对中国封建社会政权性质的定性，而不是对中国封建社会性质的定性。同理我们也可以称中国的奴隶社会为东方奴隶制国家，等等。东方、西方只算是地域名称，不能算社会性质的名称。专制主义、民主主义只算是政权的形式而不是社会性质的定性。希腊奴隶制是民主制，并不妨碍它仍然是奴隶社会，希特勒的德国实行的是专制独裁的法西斯主义专政，但它的社会性质仍然是资本主义社会。中国封建社会称为东方专制主义只算是它的特点，并不因此就可以成为一种独立的、根本不同于西方封建社会的一种特殊的社会形态。

历史唯物主义关于社会形态的理论，强调的是普遍性和同一性，至今

为止，我们可以区分为五种社会形态，可是同一社会形态的具体各个社会又各具特点。同样是资本主义社会，但从政治结构来说，有的是议会民主制，有的是总统制，有的发达国家仍保留王室。在一个发达的号称人人平等的国家仍供养王室不可思议。但是，这与资本主义制度并不矛盾。因为对资本主义统治来说，王室是一个很好的平衡器。政府是几年轮换，你方唱罢我登台，完全是公务员，而王室具有崇高威信，成为社会重心。当发生政治危机或矛盾尖锐时，王室往往发挥调节器的作用，因为社会公众对王室具有一种来自传统的尊重和精神上的信赖。资本主义宁愿花纳税人的钱来供养王室。王室对统治无害，因为它不干预政治，不会与政府争权；它必要时可以成为社会稳定器，成为社会人心的支撑。

有没有保留王室与一个国家的文化与传统不可分。资本主义革命通过激烈斗争取得政权，资本主义与封建复辟经过长期残酷的斗争则不可能保留王室，如法国国王就被送上绞架；而英国通过所谓“光荣革命”，资产阶级取得政权是妥协的产物，因而英国长期保留王室。其他一些国家也是如此，根源于资产阶级取得政权的初始条件不同，沿袭下来的传统就不同，因为封建社会中处于统治地位的王室不反对处于统治地位的资产阶级，或者自身也完全资产阶级化，则它们在本质上是一致的。王室的保留对资本主义社会稳定有利，当然会保留。相同经济基础条件下，各个民族的文化的特点更是如此，它不会因为社会性质相同而消除文化多元性。因此我们不能教条主义地对待历史唯物主义，把历史唯物主义关于社会形态的理论变成处于相同社会形态的具体社会是没有个性的社会。

如何理解马克思关于不发达的社会主义国家可以跨越资本主义卡夫丁峡谷？苏联解体是否证明不能跨越？中国在三十年的公有制一统天下以后重新发展私营资本，而且比重越来越大，是否也说明不能跨越呢？我以为，在这个问题上对马克思给查苏里奇的信有些误读。马克思说他反对把他关于西欧资本主义起源的历史概述变成关于一般发展道路的历史哲学理论。这是对的。因为资本主义的历史概述属历史，而历史总是国别史。英国资本主义发展的历史，它的原始积累的实际历史过程，是不可复制的。任何民族进入资本主义社会都会有自己的特点。这是指历史的概述，而不是指客观规律。

马克思强调历史发展有特殊性。俄国能否跨越资本主义的卡夫丁峡谷，取决于外部条件，即世界资本主义的发展和俄国有可能充分吸收资本主义文明。任何一个国家，如果按照其内部规律发展，资本主义社会是不可跨越的，关键是时间迟早问题、进入方式问题。否则，它只能停留在前资本主义阶段，永远处于落后状态。而且所谓跨越资本主义卡夫丁峡谷，是就资本主义作为一个完整社会形态说的，而不是就资本主义社会的要素和成分说的，更不是就资本主义在自己发展阶段取得的具有积极意义的成果说的。资本主义作为人类社会形态发展的积极成果是不能跨越的。任何一个跨越资本主义社会阶段的社会主义国家，都必须善于利用资本主义的文明成果。这样不可避免地使自己的社会具有某种程度的资本主义色彩。中国特色社会主义就社会形态来说属于社会主义，是社会主义初级阶段。它跨越的是资本主义社会形态，但不能跨越资本主义。在中国社会主义初级阶段，仍然可以发现资本主义因素，从所有制、分配到思想领域，都是如此。看起来没有一个纯粹的社会，特别是在它刚刚建立不久的时候。资本主义社会曾很长时期包含封建社会的东西，社会主义同样会包含资本主义的东西。这就是一些人把中国特色社会主义称之为中国特色资本主义的原因。这种判断的错误就是把作为社会形态的资本主义，与作为要素的资本主义完全等同。中国是社会主义国家，但中国社会仍然存在资本主义因素，这就是社会主义初级阶段的特点，是中国国情决定的现实。列宁和毛泽东对此都有过明确的论断。我并不否认在现阶段利用资本主义存在风险，但如何掌握度，如何使其为我所用，而不是逐渐使资本主义成为社会主导的甚至决定性的因素，这当然需要中国共产党毫不动摇地坚持四项基本原则，坚持马克思主义在意识形态中的一元化指导地位。

四、经济是社会发展的最终决定作用而不是唯一作用

历史唯物主义总是被误解为经济决定论，有些人把经济的最终决定作用与社会中诸多因素的作用对立起来。实际上历史唯物主义的确主张经济在社会发展中是起最终决定作用的，但也承认社会中具有影响作用的因素是多元的，而不是归结为单一的经济因素。

历史唯物主义并不简单把社会一切现象归之于经济发展水平，而是从

生产方式中的矛盾即生产力与生产关系矛盾运动中分析社会现象，而且在考察生产力与生产关系矛盾时，同时考虑到上层建筑诸因素的作用。生产力落后的国家之所以发生革命，必须考虑到上层建筑的作用，特别是政府腐败和高压政策所激起的民怨。所以，在社会发展中从来不是单一的经济因素起作用，而是多因素起作用。但历史唯物主义不是多因素论，因为它在多种因素中抓住其中起决定作用的因素，即经济因素。这就是恩格斯说的“经济是中轴线”，其他影响因素归根结底是围绕经济这个中轴线发生作用的。人类历史发展中各种因素都发挥作用，包括伟大人物的心理因素都会发挥作用，但对历史发展归根结底最终起决定作用的是经济，是一个社会的物质资料生产方式。然而单一的视经济为决定因素是经济决定论，在承认物质资料生产方式最终决定作用的基础上，综合全面考察社会各种因素的作用，包括它们的相互作用，才是历史唯物主义。

历史唯物主义根据生产方式演变的上升过程，认为社会发展总的趋势是进步的，而不是认为今不如昔，把人类古代社会视为黄金时代。有的理论家反对历史进步观念，认为历史进步是进化论的观念。人们在历史发展中有些人有怀旧情绪。例如，当代西方不少理论家批判工业文明，向往农业文明。这关系到我们应该如何看待社会进步问题。其实，历史进步不是抽象的总体性的概念，而是表示社会形态更替、社会文明形态更替的概念。社会形态更替总地表示社会历史进步，但并不意味着一切方面在超越前人意义上的进步。在哲学思维上我们推崇苏格拉底、柏拉图、亚里士多德、推崇孔孟老庄。历史进步的观念是一个关于社会形态发展的观念，在社会形态更替中，新社会形态在生产力、科学技术、政治制度和社会物质文明方面有进步，但并不是一切都在进步。文化的发展就有特殊性，中国的楚辞、汉赋、唐诗、宋词，都是某个时代特有的，后来无法复制和超越。历史进步观念不是直线的、单一的，而是复杂的、多方面的，进步中可能包含退步。历史进步可以说是曲折中前进。

当然，历史进步并不是一个充满玫瑰芳香的字眼，进步是有代价的。在阶级社会中它可能经过流血、破坏。马克思说：历史可以说是所有女神中最残酷的一个，她不仅在战争中，而且在和平的经济发展中都是在堆积如山的尸体上驰驱着凯旋车。那些诅咒中国共产党领导的革命的所谓人海战术，所谓血流成河，以抽象人道主义来反对革命的人，都是不知社会进步为何物、不知社会进步的代价。他们享受革命的最后成果但咒骂革命过程的残酷。

历史前进的步伐是跳跃式的，有发展，有震荡，有后退，有大步前进。例如，从封建社会进入资本主义，生产力和科学技术的发展，人类思想观念的变革都是空前的，可同时，传统价值观念也遭受前所未有的破坏，所谓贵族精神、骑士精神，为资本主义金钱至上所取代。因此，仇视资本主义的浪漫主义思潮兴起，对资本主义精神极端蔑视。他们对中世纪的乡村和田园风光满怀留恋和回忆。唯物主义历史观当然是反对这种守旧的历史观的。但是这不意味着马克思赞同资本主义的一切。他对资本主义异化和金钱至上同样持批评立场。不同的是，马克思期待一个更高更合理的社会，是一个有更高的道德的社会，有更好的田园风光，有美丽的未被工业污染的乡村，这只能是他所期盼的社会主义社会。

我们处在转型期。三十多年来的改革成就是有目共睹的，但不是事事皆如人意。这么大的国家进行前所未有的改革只能是摸着石头过河。不能认为凡是有意见都是怀旧，都是反对改革。应该具体分析。我们在前进，同时我们在道德和价值观上也付出了很大的代价。这引起人们的忧虑，这种忧虑是合理的、积极的。历史证明，工业生产下来可以赶上，农业歉收可以有丰年，而思想道德滑坡和价值观念的颠覆是无法很快补上的。而且思想是一种传染病，它们可以相互影响。精神文明建设的重要性是无可估量的。不能认为只要经济上去了其他都可以补上。因为思想观念会变成一种社会文化环境，在这种环境下生长的第二代、第三代理所当然地认为这就是常态。党中央早就注意到这个问题，一直强调反腐败，强调加强社会主义核心价值观的教育，强调思想政治教育，实施马克思主义理论建设工程，都说明我们不在社会进步的乐观情绪中无视潜在的问题。居安思危和忧患意识，是中国古老的政治智慧。

历史进步的观念不仅是一个科学观念，同时也是一种价值观念，因为进步意味着一种对历史现象的评价。如果历史观中包括价值观，历史学能成为科学吗？有人认为，如果历史要成为科学，必须从历史中排除价值观。这种看法显然不对。

历史学家不是历史事件的消极观察者，而是研究者。研究必须对事实做出解释。历史学不可能是无解释的纯事实的叙述，也不可能是无事实根据的单纯解释。只有充分理解才能合乎逻辑的解释，也只有合理的合乎逻辑的解释才能表明对事件本质已经理解。解释必须依据一定的理论前提和思维框架。解释与事实的关系，就是历史学中价值与事实的关系。在历史学中，价值中立是不可能的。所谓客观性不是价值中立，而是科学性，如实地揭示历史真相，可是要如实地揭示真相，必须有立场，即有观察问题的价值观念。

在历史研究中，不可能排除历史价值观。因为历史已经消逝，历史学的复原，即历史的书写，必然要根据史料和记载去构思。这与工匠修复破碎的花瓶或文物不一样，因为花瓶是残存的原物，而历史要靠史学家的重构。因此历史的书写必然有史学家价值观的参与，从材料的选择到解释到评价，都会受到书写者的时代、政治立场、理论水平的制约，也就是所谓史学、史才、史识。因此历史学中不存在价值中立。历史认识的这个特点决定了历史认识论和历史价值论是不可分的。历史认识中包含历史的评价，因此历史认识的可靠性往往会受历史价值观的制约。只叙述而不解释的历史学是没有的。只摆事实而不讲道理的史学不是史学而是史料，可史料的安排也会有编排者的观点。编排者价值观错误，往往伪造历史、歪曲历史。而价值观正确就会尊重历史事实，寻求历史事实，尽力尽心追求信史。在社会生活中，没有一个人可以超然世外。人总是同情与自己相同处境的人，憎恨压迫自己同类的人，总是会为自己和所属阶级的成功而喜悦，为他们的不幸而悲伤。历史学家也是如此。称太平天国为“洪匪”、义和团为“拳匪”的人不可能揭示历史的真相。历史学家企图非意识形态化是不可能的。只要看看中日之间为历史教科书而进行的争论就能明白这一点。

历史价值的评价，重点应该是历史事件和历史人物在社会进步中的作用的评价，即对于国家和民族的发展起推动作用还是阻碍作用。这就不能是单纯道德的评价，而是以历史观为尺度的评价，当然对历史人物的道德人品的评价，也是评价的一个方面。但这是次要的，人无完人，金无足赤。道德的过分苛求，不是研究历史而是道德教科书，这不是研究历史的方法。

历史价值观与历史追求的真实之间的矛盾，往往表现的是利益的矛盾。即历史价值观的持有者代表的利益。这一点可能是自觉的也可能是无意识的。所有人都认为自己是公正的、客观的。特别是那些所谓纯学者更是如此。可是利益往往是看不见的手，在学术领域更是如此，现实的阶级和阶级状况、政治观点不可能不影响史学价值观。真正与科学性相结合的价值观应该受科学理性支配，对历史和人物采取分析的态度。太平天国的成就、失败及其经验可褒可贬，曾国藩的事功、道德、文章同样有可褒可贬之处，但不是调和折中。而是有分析，有态度，把他们放在特定的历史条件下加以评价。马克思对资产阶级革命和资本主义就有过赞扬之词，中国共产党人对太平天国的腐败、内斗和对待中国传统文化的错误态度也有过批评。科学历史价值观和宗派主义的狭隘性并非同义语。这正是马克思主义所追求的。事实与价值的矛盾在社会历史领域当然存在。由于价值观而歪曲事实的历史著作并不少见。在社会历史中如何达到事实与价值的统一，做到既尊重事实、实事求是地叙述事实又合理地解释事实，这是我们应该研究的难题。我们强调历史唯物主义的方法论作用，也就是追求在事实与价值之间达到统一。

在历史价值观中有一个如何看待历史中的阶级斗争的问题。有人提出要以“和为贵”为指导思想重写国共内战的历史，甚至重写阶级社会的历史，这显然是不对的。“和为贵”是中华文化的精髓，但我以为“和为贵”应该是一种价值追求，而不是历史观的全部，不是分析历史和现实的世界观和历史观。没有一个思想家会不分是非，无条件赞美“和”。连提倡“和为贵”的孔子也说，“为和而和，不以礼节之，不可为也”。中国革命数十年，是血与火的斗争。我们即使想“和”，当时中国统治者照样要“剿共剿匪”，欲“和”而不能。现在革命胜利了，共产党执政，强调“和”是对的。对外，我们要强调建立和谐世界，反对霸权、反对“冷战”思维；对内要团结全国人民，要建立社会主义和谐社会。和谐是我们的核心价值观念。但我们知道“和”是一种价值追求，而不是历史和现实的既成状态。历史和现实都是通过正确解决矛盾发展的。由于社会性质不同，解决矛盾的方式也不同。

有人说中国共产党领导人民革命是破坏“和”，革命烈士不算英雄，只能是破坏“和”的“杀手”。这种所谓“和谐史观”当然是非历史主义的，是对中国革命和革命烈士的恶意攻击。他们鼓吹“内战无正义”，说革命烈士是一党一派的利益相互杀戮而殒命的殉难者，是兄弟相煎、手足相残，内战不仅给中华民族造成了巨大的灾难，也拖慢了民主进程的历史车轮，等等。看来，没有历史唯物主义观点，以无条件的“和”作为世界观和历史观，肯定要重新改写中国历史、中国农民战争史和中国革命史。

历史唯物主义与辩证唯物主义的统一性

一、“实践唯物主义”的不同含义和争论的本质

在学术领域，我们倡导学术讨论和学术争论。学术讨论和争论有助于学术发展。对于哲学领域中存在的“实践唯物主义”和辩证唯物主义的争论，应采取分析的态度。我们并不一概否定“实践唯物主义”倡导者的观点，但坚决反对以“实践唯物主义”否定辩证唯物主义，否定辩证唯物主义是马克思主义哲学世界观的看法。

在当代哲学领域一直存在“实践唯物主义”与辩证唯物主义之争。这种争论由来已久。从西方到东方，从南斯拉夫到东欧和苏联，然后进入中国。“实践唯物主义”并非一个统一的学派，主张者观点各异甚至相互对立。我们重视实践在马克思主义哲学中的地位和哲学变革中的作用，但反对有的学者以自己理解的“实践唯物主义”反对辩证唯物主义的观点。辩证唯物主义和历史唯物主义是对马克思主义哲学的基本特征的科学表述。我们应该正确理解和区分“实践唯物主义”倡导者们的不同观点，区分良莠，牢固树立辩证唯物主义和历史唯物主义的世界观和方法论。

有些年轻人望文生义，以为“实践唯物主义”就是重视实践的唯物主义。既重视实践又坚持唯物主义，这有什么不对？他们不理解在“实践唯物主义”同一名称中可以隐藏着截然不同的观点。其实，西方“实践唯物主义”的倡导者另有他说。中国极少数追随其后者也另有他说。他们所要坚持的是否定辩证唯物主义的“实践唯物主义”。这是一种有唯物主义之

名无唯物主义之实的“唯实践主义”。我称之为“实践唯心主义”。

他们把“实践唯物主义”与辩证唯物主义对立起来，认为只有他们主张的“实践唯物主义”才是正确的，而辩证唯物主义是恩格斯主义，是斯大林主义，是旧唯物主义哲学的复活。这实际上是在“实践唯物主义”的旗号下，咀嚼西方重复过无数次的马克思和恩格斯的对立、马克思主义哲学与马克思本人哲学思想的对立的残渣剩饭。别的不说，就以诺曼·莱文为例，他是西方马克思学中鼓吹马恩对立的最有力者。他把恩格斯说成是马克思思想的伪造者；还说马克思主义不同于马克思本人的思想，它本质上是苏联同义语，斯大林的辩证唯物主义是对马克思本人的历史阐述方法的侵蚀，而毛泽东延续了斯大林主义的马克思主义，沿袭了斯大林的辩证唯物主义，莱文竭力宣扬诸如此类反辩证唯物主义观点。① 很明显，马克思是他们心目中的那种“实践唯物主义”哲学路线的首创者，而恩格斯、列宁、斯大林、毛泽东则是辩证唯物主义。他们制造马克思主义理论分裂的图谋，显而易见。

以马克思没有使用过“辩证唯物主义”为据来否定辩证唯物主义，是没有道理的。从人类哲学史来看，一种哲学的名称往往不是由创立者本人确定的。康德批判哲学、费希特同一哲学、黑格尔的绝对观念的哲学等，都是同时代或后人对他们思想的本质和主要观点的概括。其他如唯理论、经验论、实用主义、逻辑实证主义、后现代主义、后马克思主义之类的名称并非都是这种理论首创者的自我定名。任何一个思想家的哲学体系都是先有思想，随后才逐渐出现名称，没有由创立者本人先确定名称才开始哲学思想体系创造的。辩证唯物主义这个概念始于狄慈根，后来普列汉诺夫、列宁、斯大林、毛泽东如何沿袭狄慈根的成说，这种考据对马克思主义哲学史研究也许有必要，但丝毫不影响辩证唯物主义属于马克思主义哲学世界观的本质。辩证唯物主义是否是马克思和恩格斯的世界观，取决于马克思和恩格斯本人的文本中是否包含有关于世界的唯物主义和辩证法的观点，而不是以“辩证唯物主义”这个名称是否由他们首先定名为据。

---

① 参见《马克思阐释史的九个阶段——一个新黑格尔派马克思者的阐释》，载《中国社会科学报》，2011-06-30。

我以为，任何一个稍微读过马克思和恩格斯著作的人，都可以从他们著作中列举出许多有关世界的唯物主义和辩证法的论述。恩格斯曾明确说过："马克思和我，可以说是把自觉的辩证法从德国唯心主义哲学中拯救出来并用于唯物主义的自然观和历史观的唯一的人。可是要确立辩证的同时又是唯物主义的自然观，需要具备数学和自然科学的知识。"① 如果认为这是恩格斯的话不足为据，我劝你读一读马克思致恩格斯的信中的一段话："当我们真正观察和思考的时候，我们永远也不能脱离唯物主义。"②还可以读一读马克思在《资本论》英文版序言中关于"他本人的唯物主义辩证法与黑格尔辩证法有何不同"这段话，请注意马克思曾说过，他自己本来打算撰写一本关于辩证法的小册子，只是由于专心《资本论》著述，未能如愿。如果在马克思和恩格斯的哲学思想中，只有实践观念而没有关于客观世界的物质性和运动变化的唯物主义和辩证法观念，简直不可思议。如果他们有这种观点，用辩证唯物主义来指称他们创立的新世界观不对吗？只有把根本没有的东西如"实践本体论"、"实践一元论"、"人本主义的自然观和历史观"之类的观点强加于马克思和恩格斯才是伪造。马克思的后继者把马克思和恩格斯已有的观点概括为辩证唯物主义和历史唯物主义世界观，难道不是实至名归吗？

二、辩证唯物主义和历史唯物主义是马克思哲学的本质特征

哲学教科书是教学用书，任何教科书都会受自己的时代和作者水平的局限。辩证唯物主义和历史唯物主义作为马克思主义哲学基本特征和内容的科学表述，其内容当然会随着时代和科学的发展而发展；作为教科书的《辩证唯物主义和历史唯物主义》必须不断完善、改进和吸收新的内容。任何对辩证唯物主义和历史唯物主义原理的创新、运用和对时代问题的新的哲学概括、任何有益于对《辩证唯物主义和历史唯物主义》教材编写的建议和以新的体系和结构安排的尝试都应该欢迎。但是，任何不利于树立和巩固辩证唯物主义和历史唯物主义世界观和方法论的观点，应该澄清和

① 《马克思恩格斯选集》，2版，第3卷，349页。

② 《马克思恩格斯全集》，中文1版，第32卷，213页，北京，人民出版社，1979。

反对。

如果在马克思批评费尔巴哈时使用过的“实践唯物主义者”原意上理解实践唯物主义，强调使“现存世界革命化，实际地反对和改变事物的现状”，强调实践在马克思主义哲学变革中的意义，本来无可争论。因为马克思和恩格斯在《德意志意识形态》中使用的“实践唯物主义者”与“共产主义者”是同义语，和在《关于费尔巴哈的提纲》中使用的“实践活动的唯物主义”，都是强调唯物主义必须具有革命性和实践性，而不能像费尔巴哈那样“仅仅局限于对这一世界的单纯的直观”。其实，马克思和恩格斯所说的“实践唯物主义者”和“实践活动的唯物主义”，丝毫不包含任何一点反对世界物质性和世界辩证运动的观点，而是与之不可分的，相得益彰的，并非两种哲学。

在当代中国，倡导“实践唯物主义”学者中的观点各异。有许多著名学者他虽然倡导实践唯物主义，但从来没有在否定辩证唯物主义的意义上阐述过“实践唯物主义”，相反申明坚决反对“唯实践主义”。他们强调实践唯物主义“首先是唯物主义。它坚持物质本体论、物质一元论。它认为，实践只能改变物质存在形式，实践并不能创造一切。因而它坚决反对实践一元论和实践本体论；它是实践唯物主义而非实践主义”。强调“它的实践观，是唯物主义的实践观”，“实践唯物主义与辩证唯物主义并不是互相对立、互相排斥的”。还强调“马克思主义的辩证唯物主义和历史唯物主义，是唯物主义哲学发展最彻底、最科学的形态”①，强调“世界的物质统一性”，强调“唯物论与辩证法相统一、自然观与历史观相统一、本体论与认识论相统一的完整严密的理论体系”，强调自然“对人类实践活动的先在性，独立性以及对人的能动性的限制作用”，而批判卢卡奇等人将“自然消融于人类活动的社会历史形式之中”② 之类观点。这是严肃认真对待实践唯物主义与辩证唯物主义关系的哲学态度。“实践唯物主义”在他那里是高度评价实践在马克思主义哲学中的地位的一种表达方式，并不是用以反对辩证唯物主义的“长矛”。

---

① 肖前主编：《马克思主义哲学原理》上，21页，北京，中国人民大学出版社，2008。

② 同上书，56页。

我认为学术讨论和学术批评以及学术领域中不同意见对马克思主义哲学发展无疑是有益的。中国这些年开展的实践唯物主义与辩证唯物主义的讨论，既加深了对马克思和恩格斯实践观的研究和理解，加深了对马克思主义哲学变革的理解和人的主体性作用的理解，对价值学说在中国的兴起都有推动作用，同时也理解了西方“实践唯物主义”思潮兴起的社会背景，清除了少数“实践唯物主义者”鼓吹的“实践本体论”、“实践一元论”之类反对马克思主义哲学的错误观点。不少同行越来越认识到，在马克思哲学中，辩证唯物主义与历史唯物主义是不可分的。在马克思主义哲学体系的整体性中，实践观点、辩证观点和唯物主义观点具有内在的关联性。从马克思早期思想发展的脉络中，我们可以发现，马克思是在吸取先前的唯物主义和辩证法观点后转向经济学研究才达到科学实践观的。这突出表现在《1844 年经济学哲学手稿》关于人与自然关系以及人化自然的思想。《关于费尔巴哈的提纲》中关于实践的观点，可以说是从哲学转向经济学研究，并把哲学、经济学、社会主义学说，（如说“旧唯物主义的立脚点是‘市民社会’，新唯物主义的立脚点是人类社会或社会化的人类”）相结合的巨大成果。马克思自身思想的发展表明，只有合理地吸取前人的唯物主义和辩证法思想的元素，并结合经济学研究的成果，实践观念才具有科学性；也只有在科学实践观基础上才能进一步完成唯物主义与辩证法的结合，并实现历史观的变革。

恩格斯把马克思的《关于费尔巴哈的提纲》评价为“包含着新世界天才萌芽的第一个文件”，因为科学实践观为新世界观的确立奠定了基础，但还不是新世界的全部。辩证唯物主义和历史唯物主义是对马克思主义哲学体系的科学表述，因为它所阐述的一系列基本原理，揭示了包括自然、人类社会和思维的普遍规律，具有极其丰富的内涵。实践观点是其中最根本性的观点。在辩证唯物主义和历史唯物主义哲学体系框架中，完全可以容纳并应该包括马克思主义哲学实践观。如果不重视实践范畴在马克思主义哲学中的地位，不承认实践具有本体论功能即人化世界的生成，不承认社会生活本质上是实践的，不承认实践是认识的来源等根本观点，不懂得马克思主义的新唯物主义和旧唯物主义的区分，就没有资格称为新唯物主义，称为科学唯物主义、现代唯物主义或辩证唯物主义。可是，如果以自己理解的所谓“实践唯物主义”反对辩证唯物主义，无论多么强调实践的重要性，这种实践观由于没有辩证唯物主义和历史唯物主义基本观点的支撑，必然有名无实，成为通向唯心主义的大门。

在我看来，辩证唯物主义是马克思主义哲学世界观。如果马克思主义的世界观不是辩证唯物主义，那是什么？难道是非辩证非唯物主义的世界观吗？是唯心主义，是形而上学吗？肯定不是。世界观具有时代性，是处于一定时代条件下对人与世界关系的时代把握。不同时代的世界图景可能不同，但有一点是相同的，即世界观无论如何都永远不能离开自己面对的客观世界；而世界无论怎样发展变化，即使一万年以后它仍然是一个运动着的物质世界。为什么现实世界是运动着的物质世界，作为世界观的辩证唯物主义反而是错误的呢？除非哲学家们认为他们面对的是作为主体表象或自我意识外化的“世界”，或者全部运动都只是“心在动”而不是物质世界在运动，才可能否认关于世界的辩证唯物主义观点。或者认为世界观与世界无关，世界观只是哲学家的自我意识，是自我内心世界的表现。如果世界观真的可以不管世界真实状况如何，这种世界观能称为世界观吗？能是具有真理性的世界观吗?！我们不需要这种世界观，我们需要的是能指导人们认识世界和改造世界的世界观。既然是认识世界和改造世界，它的理论基础必须以世界自身的客观性和规律性为据。任何离开世界自身的状态谈论认识世界和改造世界，只能是天方夜谭。

马克思主义的辩证唯物主义世界观是立足于实践的新世界观。说辩证唯物主义是世界观，不等于它只是自然观，是一种把人排除在外的关于世界本质的自然观。自然是人类生存的环境，自然观是世界观中的重要内容。人不仅生活在自然环境中，人同样生活在社会中。自然观和社会历史观都是世界观，而且在理论上是相互渗透、相互支撑的。马克思主义哲学中不能没有自然观，更不能没有社会历史观。辩证唯物主义世界观在研究自然的客观本性时，并不排除人和人类社会，而是在人与自然的关系中，在自然与社会的关系中研究自然的客观本性。这种研究并不是对无人世界的研究，因为人只能面对人类的世界。但它并不停留于此，它必须进一步追问，现实的自然界即人化自然何以可能？人化自然与自在自然如何在实践基础上转化和统一？辩证唯物主义世界观是最无片面性的世界观，它既不是对无人的自在自然界的研究，又不同于把现实自然界局限于人化范围而排除“外部自然界的优先地位”的人本主义自然观。

人面对的现实世界是包括人和人类社会在内的世界。虽然自然界、人和人类社会各有特点，但又不能分割。它们各有特点，因而自然观和历史观各有自己的特殊规律，不能彼此代替，但它们又相互联系，构成了具有内在统一性的人生活于其中的现实世界，即现实的自然和现实的人类社会。人能直接接触到的、看到的、感觉到的，或者说被把握在思维中的世界，当然只能是人的世界，是人化世界或称之为现实的世界。辩证唯物主义承认人化世界的重要性和现实性，但不能把马克思主义的自然观规定为仅限于所谓现实的自然界。因为人化自然并不是自然界的唯一内容。人化自然是怎样来的？在人化自然之外是否存在非人化自然？人化自然是对原来非人化自然改造而来的，否则人化自然就是无源之水、无本之木。人不可能从虚无中创造人化自然，除非是上帝。如果这样，我们只能走向神创论。因此承认自然界的优先地位，承认自在自然与人化自然是统一的物质世界相互区别但又相互联系的两个部分，对坚持辩证唯物主义是非常重要的。马克思之所以强调自然界的优先地位，就在于强调人化的现实自然界并非从来就有的，它是在自在自然对人的生成过程中形成的。人化自然以自在自然为前提，这是辩证唯物主义关于物质世界统一性的基本观点。尽管辩证唯物主义以其实践观点高于和不同于旧唯物主义，但它之所以仍然称为唯物主义，属于唯物主义派别的原因就在于此，它并没有因为有人化的现实自然而否定非人化自然的存在，也没因为应该从主体角度观察客体而否定从客体自身观察客体的合理性和必要性。观察的客观性永远是辩证唯物主义的一条重要的方法论原则。这条原则在中国化的马克思主义中，就是中国共产党倡导的“从实际出发”和“实事求是”原则。因而把马克思主义自然观仅仅限定为人化的现实自然观，限定为与主体不可分的世界，就是在为客体依存于主体的唯心主义自然观“敲边鼓”。只要我们全面把握马克思的《关于费尔巴哈的提纲》第一条，这个问题应该说可以迎刃而解。

世界物质统一性的观点在辩证唯物主义中之所以重要，不可或缺，就在于它在实践基础上把自在自然和人化自然统一起来；既堵住了把自然人本主义化、归结为依附于人的自然以及把实践范围之外的世界交予唯心主义和宗教的通道；又反对了那种否认自然人化，把现实自然界视为没有人参与改造的永远不变的自然的旧唯物主义观点。被他们攻击为旧唯物主义的恩格斯早在1845年就曾经尖锐批评费尔巴哈的“自然哲学”，说他“消极地崇拜自然，如醉如痴地膜拜自然的壮丽和万能”①。马克思和恩格斯在如何看待自然的问题上、在人与自然关系的问题上是完全一致的，根本不存在所谓马克思的“实践唯物主义”和恩格斯的“辩证唯物主义”的对立。

不能认为辩证唯物主义强调世界物质性、强调世界的存在不依存于主体是在重复西方“主客二分”哲学的错误。这是个流行的糊涂哲学观念。主客二分是应该承认的，主客绝对对立是应该反对的。反对主客绝对对立，承认主客二分，是坚持辩证唯物主义的重要前提；如果我们的世界是主客不分的世界，是既是客体又是主体混合为一的世界，那人类的实践和认识就无法进行。任何自然科学的研究都是对客观世界自身规律的研究，而不是对主客不分的世界的研究；任何社会科学的研究虽然是对人的社会的研究，但任何一门社会科学在进行研究时，都是把它作为不依存于研究主体的客观对象来研究的，而不是把它看做与研究主体不可分的自我表现来研究。尽管对事物客观性的探求和接近是个过程，但只要是科学研究，必须把研究对象看成研究客体，它的存在并不依赖我，不依存于研究主体，否则就没有科学研究，也谈不上科学研究。中国式的“心外无理”、“理在心中”的观点，不适合指导科学研究，而只是自我超越的心性论的道德学说。

人化自然的思想是马克思《1844年经济学哲学手稿》中的核心思想，可是在这本书中马克思同样强调自然的客观性。因为人类实践，尤其是物质生产实践，它的对象就是不依存于主体的物质世界。马克思明确说：“没有**自然界**，没有**感性的外在世界**，工人就什么也不能创造。它是工人用来实现自己的劳动、在其中展开劳动活动、由其中生产出和借以生产出

---

① 《马克思恩格斯全集》，中文1版，第42卷，360页。

自己的产品的材料。”① “人靠自然界**生活**。这就是说，自然界是人为了不致死亡而必须与之不断交往的、人的**身体**。所谓人的肉体生活和精神生活同自然界相联系，也就等于说自然界同自身相联系，因为人是自然界的一部分。”② 请听听马克思的话，“人是自然界的一部分”，并非现在一些学者鼓吹的自然界是作为主体的人的一部分。马克思说的自然界是“人的无机身体”，是相对于人的肉体而言的。有机身体是人的肉体自身，而“无机身体”是人赖以生存、与其进行物质交换的自然界。没有自然界就没有人，人就无法生存，而不是没有人就没有自然界。没有人和人类实践可以说没有人化世界，但不能说就没有自然界。自然界是整体性概念，是人化世界和非人化世界的统一。其中的人化世界，只能来源于对非人化世界的改造，是自然界的人化部分。

在对德国工人党的哥达纲领的批判中，马克思就批判了劳动是一切财富源泉的观点：“劳动**不是**一切财富的**源泉**。**自然界**同劳动一样也是使用价值的源泉，劳动本身不过是一种自然力即人的劳动力的表现。”③ 的确，一个马克思主义者连世界是客观世界、是不依存于主体的世界都不承认，用一些莫名其妙的陈词滥调来冒称实践的“唯物主义”，实在不可思议。

世界的客观性和主客二分不能理解为主客绝对对立，理解为现实客体是与主体无关的存在。我们应该懂得“无关”与“依存”是不同的用词。人面对的现实世界不是与主体无关的世界，它是主体通过实践改造的世界。我们当代人面对的世界，是我们的祖先、我们人类世世代代改造形成的世界，世界面貌打上了人的烙印。在人化世界中，我们可以发现人的目的和创造意图，可以发现其中打上的人的烙印。因此主客虽然是二分的，但又是统一的。统一是以二分为前提的统一，而二分又是以原来统一的物质世界为前提的二分。主客二分的世界之所以能统一，它的基础就是人类的实践。人在劳动过程中把人自身从自然界中分离出来，使人成为人，成

① 《马克思恩格斯全集》，中文1版，第42卷，92页。

② 同上书，95页。

③ 《马克思恩格斯选集》，2版，第3卷，298页。

为与客体世界相区别的主体，又通过实践把它统一起来。这种一生二、二为一的过程，就是人类生成史，也是自然对人的生成史。

人化世界并不会因为人化而变为非客观世界，变为依存在于主体的世界。人化世界仍然是客观世界，人化世界并不能因为人化而成为依存于人的意志、变为人的主体意识的一部分，对象反映在人的头脑中，形成关于对象的认知成为主体意识，可客观对象本身并不会由于被反映而非客体化。最简单的例子是我们面前的一张桌子，它是木匠制造的，体现了木匠的计划、目的和工艺水平，没有木匠，就没有桌子，至多是一堆木材。可是桌子并不因为它是木匠制造的，它就不是人意识之外存在的桌子，而是依存于木匠这个主体的存在。它也不会成为依赖其他人的存在。只要制造出来，它就是一张人人可见、人人可用的客观的桌子。至于是否人人喜欢这张桌子，如何评价它的工艺、制作，这属于价值评价，可能人言人殊，但并不影响桌子存在的客观实在性。全部人类创造物，包括机器、铁路、飞机以及各种各样的人造物，只要创造出来之后就是客观存在之物，无论对制造者和使用者都是一样。人化自然是整个物质世界的一部分，是物质世界的人化部分，而不是没有客观实在性的非物质世界，不是朦胧的主客混合体，不是主客不能分清不能言说的世界。“庄周梦蝶”是哲学思辨而不是客观事实。在人化世界中，什么是主体、什么是客体，什么是第一性的、什么是第二性的，什么是实践、什么是实践的对象，尽管往往相互交织，但仍然是可以区分的，否则，人化世界就是一个分不清说不明的“大酱缸”。在这种“大酱缸”面前能够存在的只能是一种自诩为超越唯物主义和唯心主义的“糊涂哲学”。

因此我认为，坚持反对辩证唯物主义世界观的所谓“实践唯物主义”，必然陷入困境：第一，它必须证明，世界确实不是具有客观性的物质世界，而只是依存于人的实践的人本主义世界。不承认人类的实践是改造世界，而认为没有实践就没有世界。人类历史证明，没有人类实践就没有人化世界，即人类生活其中的感性现实世界；但人类历史同样证明，没有自在自然和人对自在自然的改造，就永远不会有人化世界，永远不会有人类生活其中的感性现实世界。第二，它必须证明，人化世界之外无世界，人化世界之前无世界。唯一有意义的世界，就是实践范围内的现实感性世界。谁要是强调世界的物质统一性，强调自在自然和人化自然的统一性，强调彻底的辩证唯物主义世界观应该既包括自在自然也包括人化自然，即强调世界作为物质统一性的世界，就是旧唯物主义。可是人类历史和人类认识史的发展至今仍在不断证明，自在自然不断向人化自然转化。人类存在一天，这个转化就永远不会结束。因此，这种“实践唯物主义”必然陷入世界终结论、实践终结论、历史终结论、认识终结论的窘境。

有些哲学家曾讥笑辩证唯物主义世界观，说那算什么哲学，无非是世界是物质的，物质是运动的，运动是有规律的。听起来很机智，甚至很俏皮，或者说很刻薄。当然，如果我们抛弃辩证唯物主义哲学全部丰富内容，脱离人的实践活动，无视人在世界中的地位和作用，只剩下光秃秃几句话，是显得可笑。但如果我们在辩证唯物主义哲学的框架内，仅就辩证唯物主义与旧唯物主义、唯心主义关于世界的本质区别，关于我们面对的世界是一个什么样的世界这个“形而上”的问题时，这个论断有什么不对？我想问一句：如果世界不是物质的，那它是什么？是非物质的？是意识？是表象？是自我？你总得说它是什么嘛，如果说世界是物质世界的论断是一种肤浅的哲学，那应该说它是什么才算高深的有水平的哲学？你总不能说它什么都不是。你可以回避，可以不回答，可以超越，可是“形而下”的人类实践和科学研究要求回答，因为人们每时每刻都在接触这个世界，连它是物质世界还是自己的梦都分不清，怎么生存？怎么研究？恩格斯说：“必须先研究事物，尔后才能研究过程。必须先知道一个事物是什么，尔后才能觉察这个事物中所发生的变化。”① 如果连世界是什么都稀里糊涂，还奢谈什么世界观！不错，世界是个过程，不是物体的集合。但任何过程必然有其载体，如果否定世界的物质性，过程就是一句空话。

无论当代哲学中有多少种转向，这种转向那种转向，但在任何转向中，都会有一个无法回避的基础性问题，这就是人类面对的世界究竟是不是客观世界的问题。这个问题如影随形，永远在哲学研究的问题中以不同方式存在。世界的客观性问题，从根本上决定哲学家对自己所转向的问题的研究方向。

① 《马克思恩格斯选集》，2版，第4卷，244页。

至于说世界是运动的论断肤浅，难道说世界绝对静止比世界是运动的判断更有智慧?! 运动有规律，肯定比运动杂乱无章，世界处于绝对自由状态更符合科学和事实。尽管可以把世界是物质的、物质是运动的、运动是有规律的编成顺口溜，借以贬损辩证唯物主义哲学，其实贬损的是自己马克思主义哲学的起码良知。因为全部人类实践和和科学都在证实这些关于世界自身最基本认识的真理性。尽管这种认识没有涉及人与世界的全部复杂关系，但并不排除人与世界的关系，因为在人与世界关系的视角下观察世界，客观世界在任何时代都是一个包含着偶然性、不确定性但从本质上看是一个有规律可循的运动着的物质世界。人类可以改造这个世界，但不能否定存在这个世界。人类可能构建新的世界观图景，但它永远不能无视这个运动着的客观物质世界，永远不能停止对客观世界尚未发现的规律的新探索。尽管物质世界景象万千，运动形态的类型不可胜数，规律的类型各异，而且人与世界、物质与意识、运动与静止、必然性与偶然性各种关系极为复杂，但任何真理性哲学探索和自然科学研究，在涉及客观世界本身时都不能违背世界是物质的、物质运动是有规律可循的这样看似平凡的真理。只要不把它简单化，它对哲学家和科学家进一步探索世界就具有方法论的指导意义。只有当人们把它变为孤零零的、变成与人的实践活动相脱离的、与全部辩证唯物主义原理相脱离的哲学“三字经”时，才显得可笑。可这种可笑是掏空了它的丰富内容人为制造出来的。

对马克思主义哲学来说，实践确实非常重要，它是马克思主义哲学变革的关键。但它的重要性并不在于它是哲学范畴，实践作为哲学范畴并不始于马克思和恩格斯，也不是马克思主义的专用品。“实践哲学”在马克思之前早有哲学家提倡过，而且无论是康德、黑格尔都在各自的意义上使用实践范畴。在当代，实用主义更是重视实践。但这并不因此而改变它们哲学的唯心主义本质。马克思主义哲学不同之处在于，它把实践置于唯物主义和辩证法的视野之中来理解。马克思并不是把实践单纯作为哲学范畴，而是作为人类实际地改变世界的物质性活动，作为人类的对象化活动来考察的。实践作为人类的对象化活动，最基本的形式是物质生产活动，首先需要有一个可供改造的对象，没有客观对象如何对象化？没有客观物质世界实践如何能进行？没有先在的自在自然人类如何能把它变为人化自然？只承认人化自然否定非人化自然，把坚持世界物质性和世界物质统一性的论断视为旧唯物主义而加以排除的所谓“实践唯物主义”，不是在坚持唯物主义，而是在消灭唯物主义。

这种所备用的“实践唯物主义”，不仅是在消灭唯物主义，也是在消灭辩证法啊。如果世界没有为人类保留一个没有被人化的客观的自在自然，人类的实践如何发展、认识如何发展。真正创造性的认识总是从已知世界走向未知世界，真正创造性的实践总是开发新的人化世界。任何一个不被新哲学搞得晕头晕脑的人都懂得，人类永远会有一个未被人化的世界，未被认识的世界。如果哲学家把非人化的自在世界打入毫无意义的另册，这种哲学不仅是唯心主义的还是形而上学的。如此这般重视实践的所谓“实践唯物主义”，把实在的人类实践和认识永远困死在抽象的实践范畴中，不能前进半寸。如果为了一个抽象范畴而牺牲整个客观世界，牺牲全人类认识史，牺牲唯物主义，牺牲辩证法，这可算不上什么哲学创造性！如果这样，不管如何高抬实践范畴，仍然避免不了陷入唯心主义的命运。

哲学，如果是真正具有真理性智慧的哲学，它不应该与科学、与人类实际生活相矛盾。尽管它的结论不局限于科学与生活，但不能违背科学与生活。例如，世界的客观性和物质性是所有自然科学结论得以成立和有效的根据。如果世界不具有独立的客观性而是依存于实践，那自然规律只能是实践规律而不是物质世界自身的规律。这样，自然科学根本不可能成为科学。很难想象一个科学家怀疑真实的世界独立于我们自己而存在。我们可以测量它的性质，可以观察它的变化，可以尽力去理解它、解释它，而且能按照人类对自然的科学认识来改造它，并在实践中达到预期成果。这种世界如果不是客观世界，它的本质和属性不是世界本身的属性，而是依存于主体的世界，依存于人类实践的世界，这说得通吗？爱因斯坦说过：“相信独立于我们感知主体的外部世界，是所有自然科学的基础。”① 自然科学的新发现，往往是未知客观世界和它的属性与规律的发现。实践只能改造世界而不能从“无”中创造世界。尽管有些科学哲学家否定世界物质

---

① 《爱因斯坦文集》，第1卷，292页，北京，商务印书馆，1976。

性和客观性，可以给出各种各样的客观性的定义，但是这只能在纯哲学范围内，当他作为一个真正科学家进行科学研究，走进实验室时，必须回到承认对象客观实在性的唯物主义。

而且据某些“实践唯物主义”主张者的说法，没有自然辩证法，自然辩证法是恩格斯的伪造，只有人学辩证法、实践辩证法。在马克思主义哲学中实践确实是辩证的。人类实践永不停步，总是从较低一级向更高一级发展；实践与认识的关系也是辩证的，实践、认识、再实践、再认识，永无穷尽；实践标准也是辩证的，既有绝对性又有相对性。可是实践辩证法并不能排斥自然辩证法。如果自然界不处于辩证运动之中，而是一个固定不变的世界，人类实践活动也不可能是辩证的。不仅对哲学而言一个永远不变的世界是不可理解的，对自然科学也是一样。如果自然科学家面对的是静止的世界，自然科学研究就不可能。没有客观运动的力学研究，没有对象本身的化合与分解的化学研究，没有基本粒子本身裂变的核物理研究，没有天体运动的天体研究，没有生物体自身细胞的新陈代谢的生物学研究，能想象吗?！没有矛盾、没有运动，就没有也不可能进行科学研究！

长期以来，人们总认为自然的优先地位，仅仅是指人类产生以前和人化范围之外的自然，这样理解并不全面。其实在现实的自然界中，自然本身仍在起作用。自然是不会开玩笑的。它是客观的、有自己运动规律的物质世界。谁要是把人的主体意志强加于自然，必然受到惩罚。人类实践的正负效应、实践的成功还是失败，并不决定于实践作为哲学范畴的至高无上地位，而是决定于人们的实践是遵守还是违背自然自身的规律。自然对人的报复，说到底是自在自然对自然人化越轨的报复。现实自然界中种种生态恶化的情况表明，任何时候人化自然背后都有自在自然在起作用，任何超越自然本身承载力和规律的人化，都必然遭到惩罚。自在自然和人化自然不仅存在由前者向后者转化的关系，而且在人化自然中存在自然的制约作用。我们强调爱惜自然、敬畏自然，就是对自然过度人化违背自然本性的警告，也是对以人本主义世界观、人本主义自然观取代辩证唯物主义世界观错误的无言提示。

三、正确理解和处理辩证唯物主义与历史唯物主义的关系

有些"实践唯物主义"的主张者，似乎反对的只是辩证唯物主义而不反对历史唯物主义，相反特别重视历史唯物主义。实际上，在马克思主义哲学中，辩证唯物主义与历史唯物主义是相互渗透、相互支撑的。哲学史证明，历史观上的唯心主义者可以是自然观上的唯物主义者；而自然观上的唯心主义者，历史观必然是唯心主义的。如果一个哲学家否定世界的物质性，否定辩证唯物主义的自然观，怎么可能期待他在历史观上产生和坚持唯物主义观点呢？因为不承认自然界的客观性，排除人与自然的实际的客观的关系，唯物主义历史观就无立足之地。在《神圣家族》中，马克思、恩格斯把"尘世的粗糙的物质生产"称之为"历史的发源地"，明确指出："从历史运动中排除掉人对自然界的理论关系和实践关系，排除掉自然科学和工业"，就不可能达到"对历史现实的认识"①。而承认自然界的客观性，是确立人与自然关系实在性的前提。如果没有一个客观自然作为前进一步的基础，在历史观领域永远无法跨越唯心主义的栅栏。

如果否定辩证唯物主义，否定辩证唯物主义关于世界物质性和规律性的一系列基本原理，在历史观上我们只能重新回到所谓人本主义的历史观，因为已经没有前进的基础。请读者注意，我这里说的是由自然唯物主义向历史唯物主义"前进"，而不是完整的辩证唯物主义的"推广和运用"。从唯物主义发展史来说，只能是由自然观逐步前进到历史观。由唯物主义自然观前进到唯物主义历史观，是马克思主义历史观上的伟大变革。迈出这决定性的具有世界历史意义的一步，人类哲学思维经历了两千多年的积累和储备。这可不是推广和运用能做到的。它是对哲学、经济学、社会主义思想成果进行艰巨繁重研究的硕果。可是马克思和恩格斯要在历史观上实现这个伟大变革，必须首先在哲学上摆脱黑格尔和费尔巴哈的影响。如果在自然观上仍然保持青年黑格尔的自我意识哲学思想，或费尔巴哈关于自然的直观唯物主义的观点，历史领域中的变革是不可能的。唯物主义历史观不可能从天而降。历史唯物主义需要有一个承认世界是运

---

① 《马克思恩格斯全集》，中文1版，第2卷，191页，北京，人民出版社，1957。

动着的物质世界的观点作为前进的基础和攀登历史观高峰的阶梯。尽管这个“基础”和“阶梯”开始并不完备，但必须有。

人、人的本质、人性等问题，在文学、美学、艺术、伦理、政治等几乎各种人文社会科学中都有影响，但它从根本上说是哲学问题，属于历史观问题。不同的历史观对人、人的本性、人的本质、人道主义可以有截然不同的观点，可以表现为两种不同的历史观。历史唯物主义并不否认西方启蒙学者人本主义思想的进步性，也不否认人道主义的价值。特别是经历“文化大革命”以后，人们更加认识到人道主义的价值。但我们并不能因此而重新回到呼唤抽象人道主义和人性论。关于这个问题，邓小平有过明确的论述。马克思主义需要人道主义，但是它是以马克思主义基本理论为依据的人道主义，可以称之为马克思主义的人道主义或社会主义人道主义。因为它是从历史唯物主义高度来考察人、人的本质和人性等问题，并为人类发现真正实现社会主义人道主义的条件和道路。社会主义和共产主义并不是历史上人道主义的最高体现，而是只有社会主义和共产主义才能真正实现人道主义。历史唯物主义之所以称为唯物主义历史观，不能称为人本主义或人道主义历史观，是因为在马克思主义科学体系中，它不是用人性的异化和复归、用人的本质解释历史，也不是用我们都是“人”之类的抽象说法来掩盖社会的阶级对立和利益对立，用人道主义来否定革命的必要性，而是把人道主义作为变化的具有不同内涵的历史范畴，放在一定历史条件下来分析。即使是马克思主义人道主义，也是人道主义从属于马克思主义的科学体系，而不是马克思主义从属于人道主义。看起来似乎只是前缀和后缀区别不大。其实不是。人道主义的马克思主义是对马克思主义本质的定性，而马克思主义人道主义是对人道主义的马克思主义解释。马克思主义是科学整体，而人道主义是其中的重要原理和价值属性。历史唯物主义之所以称为唯物主义，正在于它把物质资料生产方式作为全部社会结构和社会发展的基础。只有在这个基础上才能科学地理解人、人的本质和人们之间的相互关系和人的主体作用，才能懂得如何通过对社会生产方式和社会制度的改变实现马克思主义的人道主义的理想，而不会重犯把人看成抽象的“类”，抽象地宣扬“全人类利益高于一切”这种自作多情的理论错误。只要看看当精确制导导弹、最先进的无人飞机的机翅和航母上飘扬着人道主义的旗帜时，如果还不懂这个道理，那我也无言可说。

或许有人会说，社会是人的社会，人是社会的主体，当然一切决定于人。这种观点是片面的。的确，现实的人是历史唯物主义的出发点，物质资料生产方式包括生产力和生产关系是在人类实践活动中形成的。但人类在实践活动中究竟形成什么样的生产力和生产关系，建立什么样的制度并不决定于参与活动中的人的意志和愿望，而是有其自身的规律。马克思在《〈政治经济学批判〉序言》中用几乎近似公理的方式论述了这些规律。虽然这个论述没有涉及反作用的问题，但它奠定了马克思历史观的唯物主义基础。只有与马克思的这个序言两相对照，才能真正理解恩格斯所说的“对抽象的人的崇拜，即费尔巴哈的新宗教的核心，必定会由关于现实的人及其历史发展的科学来代替”的实质。现实的人及其历史发展的科学，就是马克思在《〈政治经济学批判〉序言》中从现实的人的活动出发所揭示的具有普遍意义的规律。

时下有一个流行观点，有些学者把人类哲学思想发展说成是由神本主义到物本主义再到人本主义。这是黑格尔三段式的抽象运用，是从头脑中拍出的虚构的哲学发展图式。什么是物本主义，在物本主义的用语下，完全混淆了哲学与非哲学的界线。他们把唯物主义称为物本主义，以此来贬低唯物主义，抹杀关于世界物质性和物质第一性、意识第二性这些人类智慧和经验结晶的宝贵哲学遗产，同时也掩盖了旧唯物主义的哲学性缺陷，混淆了辩证唯物主义与古代朴素唯物主义和旧唯物主义的区别。甚至把拜金主义、商品拜物主义，把当代最坏的物质主义和人类一切肮脏卑鄙贪婪行为都归为物本主义，借以贬损唯物主义。因此，唯物主义是不能简单称为物本主义的，因为唯物主义所说的“唯物”，与物本主义名称制造者心目中所说的“唯物”不是一回事。什么是人本主义？只要重视人，重视人的价值，就都归为人本主义，不管它是什么时代的人本主义、什么样的历史观主导下的人道主义，如基督教的人本主义、神学人本主义、抽象人本论的人本主义，或马克思主义现实的人道主义的界线都可以存而不论。在物本主义和人本主义哲学概念掩盖下的各种真实的哲学路线和实际内容，都化为一缕青烟。这算什么哲学思维！把全部哲学发展史放在自制的物本主义和人本主义对立的大锅里，熬出来的是无法辨认的哲学“糊糊”。我们千万别醉心和迷恋于这种三段论式的哲学概括。

中国共产党九十多年的历史，就是在辩证唯物主义和历史唯物主义哲学世界观指导下，立足中国革命实践的历史。在当代中国，涉及马克思哲学基本原则的是非之争，不能脱离中国共产党九十多年的历史进程。中国共产党既重视辩证唯物主义也重视历史唯物主义，把它视为不可分割的统一的哲学学说。以辩证唯物主义和历史唯物主义为指导的中国共产党，最为重视实践。把重视实践观点与辩证唯物主义世界观视同水火，完全是蛰居书斋的学者们的主观臆想。

任何一个读过毛泽东的著作，读过党的三代领导人各种讲话和中央决议的人，读过胡锦涛关于中国共产党九十周年纪念讲话中对实践的重要作用浓墨重彩论述的人，都知道中国共产党人一贯重视实践，在世界观和方法论上，毫不动摇地坚持以辩证唯物主义和历史唯物主义为指导。任何人都不能说，中国共产党因为没有使用他们鼓吹的那种“实践唯物主义”就是不重视实践，一直背离马克思本人的哲学思想。实际上马克思主义中国化的过程，就是以辩证唯物主义和历史唯物主义为世界观和方法论指导的，也是这种世界观最重视实践的证明。毛泽东的哲学著作包括著名的《实践论》《矛盾论》和《关于正确处理人民内部矛盾的问题》中没有出现过“实践唯物主义”之类的名称，难道能说毛泽东不重视实践，是旧唯物主义吗?！如果真像某些作者所说的列宁、斯大林的辩证唯物主义世界观如此背离马克思哲学，十月革命送来的就是这种东西，那马克思主义中国化的历史、中国共产党九十多年的历史就应该重新改写。其实我们少数学者心目中的那种反对辩证唯物主义的所谓“实践唯物主义”哲学，从来不是中国共产党人的思想指南，今后也不会成为中国共产党的思想指南。

在当代中国，讨论“实践唯物主义”与辩证唯物主义的关系，决不能脱离中国共产党九十多年的实践历程和丰富经验。某些西方马克思主义者可以这样做，因为他们从来没有打算运用辩证唯物主义和历史唯物主义来改造资本主义社会的现实，而是在书斋里、在文本里讨论哲学。我可以断言，他们那种否定辩证唯物主义、否定世界物质性和客观辩证运动规律的哲学，无论在革命实践中、在科学研究中，还是在实际生活中都没有立足之地，只能停留在这些哲学家的书本上、讲坛上，成为论坛哲学、讲坛哲学，而不是真正意义上的实践哲学。并且这些观点因为时代发展，在西方也已经风光不再。在现实生活中，不承认世界的物质性，不承认世界的辩证运动和运动规律，即不承认辩证唯物主义哲学，片面地强调主体，强调"实践"，强调一种没有对象的对象化活动，强调"人化"，强调可以无视自然界优先地位，无视人应该遵循自然界规律的所谓"人化"。在当代生态恶化，自然界如此强烈的反抗下，肯定寸步难行。不承认对象客观性的"对象化活动"，拒斥辩证法和唯物主义世界观内容，实践范畴只是徒有其名的空壳。

至于分裂马克思和恩格斯，把恩格斯、列宁、斯大林和毛泽东列为同一阵营，是反对"实践唯物主义"的辩证唯物主义者，是对马克思本人哲学的背离者，等等，都为历史事实所驳斥。由于坚持辩证唯物主义和历史唯物主义世界观，苏联取得了十月革命的胜利。由于背叛辩证唯物主义和历史唯物主义世界观，在"解冻文学"之后的抽象人道主义像潮水般的泛滥，形而上学和唯心主义支配党的领导人的世界观和思维方法成为最终葬送十月革命的一个重要原因。中国共产党在九十多年的历程中，坚持辩证唯物主义和历史唯物主义为指导，取得革命、建设、改革的伟大胜利。相反，他们所说的那种摒弃辩证唯物主义的"实践唯物主义"，无论在西方还是东方，在过去还是现在，都是一种没有指导过任何一个国家的革命实践，也不能指导实践的"主义"，是没有经过"实践"检验过的所谓"实践唯物主义"。

我可以断言，反对辩证唯物主义世界观，不能正确理解人与世界的唯物辩证法关系，无视世界观的客观本性和它的辩证运动规律的观点，根本不可能真正坚持历史唯物主义。如果反对辩证唯物主义，以所谓"实践唯物主义"来诠释历史唯物主义，这种历史唯物主义肯定是变质的，是历史唯心主义的别名。

历史唯物主义的史学功能

唯物主义历史观是我们观察当代一切问题的立场、观点、方法，也是我们研究历史的基本理论和方法论。在当代，如果对任何国际和国内问题的分析，没有坚持历史唯物主义的观点就很难得出正确结论，对历史问题的研究同样如此。一个人，如果不具备分析现实问题的能力，也很难期待他在历史研究中有重大建树。因为一个学者对眼前发生的现实问题都缺少判断力和分析力，怎么能期待他对几百年、几千年前已经湮没的不可直接接触的历史事件和人物发表中肯的评论和见解呢？不可能。有些人对历史之所以敢于胡说，就是因为他认为历史反正是已经过去了的事，死无对证。如果这样对待历史研究，那除了戏说和虚构外，不可能有严肃认真的科学研究。一个不理解现实的人也不可能理解历史。历史观之所以重要，就在于它确立了对待历史的态度。不同历史观不能改变历史既成事实，但它能决定如何书写历史，即把客观历史事实转变为完全不同的历史著作。不同历史观下的历史书写肯定不一样。这就是我们倡导重视历史唯物主义的原因。也是笔者之所以在“历史唯物主义与当代中国”为主题的论坛上，没有把发言放在现实问题上，而放在史学功能问题上的原因。因为近些年来，随着唯物主义历史观被边缘化，历史事件和历史人物的翻案之风盛行，凸现了历史观的混乱。

历史唯物主义不是历史学，它不可能提供任何具体的历史知识，但这并不说明它对历史没有认识价值。任何哲学都不能提供具体知识，但哲学并不因此而失去它的重要作用。沃尔什在《历史哲学导论》中论及自然哲学时说，“即使哲学家不能以任何方式增加我们对于自然界知识的总量，或者增加我们对自然过程的理解，他还是科学思维的特点和前提，对于科学观念的确切分析和科学的某一分支与另一分支的关系，可以说出某种有用的东西，他对逻辑技巧的掌握可想而知是会有助于澄清科学工作中的实际困难的”①。这个论断同样适用于历史唯物主义。历史唯物主义既包括对历史过程的本质的认识，即我们通常说的历史本体论问题；也包括我们如何认识历史，即历史认识论、历史方法论和历史价值论问题。二者在历史唯物主义中是统一的，不存在西方的思辨历史学与批判历史学对立的问题。

我不可能全面讨论历史理论中的全部问题，仅就其中一个问题，即历史事实、历史现象和历史规律的问题谈点看法。根据历史唯物主义观点，可以概括地说，历史事实具有一次性、历史现象具有相似性、历史规律具有重复性。不能正确理解历史事实、历史现象和历史规律各自的特点及其内在关联性，就不能确立正确的史学理论。

一、历史事实的本质及其特点

历史事实的本质是人类的实践活动，它突出地表现为重大历史事件和历史人物。历史事实的最大特点是不可重复性，它构成一个国家和民族的独特的历史。希腊有伯罗奔尼撒战争，中国没有；中国有赤壁之战，希腊、罗马没有。他们有苏格拉底、柏拉图、亚里士多德，我们没有；我们有孔孟老庄，他们没有，诸如此类。你有的历史事件和人物我没有，我有的你也没有。这叫历史事件和人物的不可重复性。不仅不同国家、不同民族历史事件和人物不可重复，就是同一国家、同一民族的不同时期也是不可重复的，都是一次性的。中国决不会有两次相同的赤壁之战，两个毛泽东，两次井冈山起义。时间和空间是历史运动的客观因素。任何历史都是特定空间和时间发生的事件。无怪苏轼的《念奴娇·赤壁怀古》，开头就是，“大江东去，浪淘尽，千古风流人物”。足见中国古代诗词中的怀古之作感叹相同。时间的一度性和空间的具体性，决定历史事件和人物的不可

① ［英］W. H. 沃尔什：《历史哲学导论》，15页，北京，北京大学出版社，2008。

重复性。

什么是历史事实？历史有事实吗？有的哲学家和历史学家说，历史事实都是历史学家眼中的事实，是过滤过的经过筛选的所谓事实，而不是客观历史自身的事实。历史自身的事实是无法知道的，知道的都是进入历史学家眼中的事实，这些事实只能说是历史学家的事实。也就是说，历史事实是经历史学家书写以后才成为事实。人类历史上有多少人和事湮没无闻，不成为历史事实。如果没有《三国志》的记载，曹操、刘备、孙权以及赤壁之战能成为历史事实吗？历史上的人和事，只有通过历史学家的书写才成为历史事实。因此结论是历史根本不存在本来面目的问题。正如世界没有本来面目而只能是人眼中的世界一样，历史事实也只能是历史学家眼中的事实。这种说法只强调历史书写的主体性，而忽视历史事实的客观性。

其实，历史事实以两种不同方式存在：一种是人类历史的全部客观过程。这是尚未被全部发现或被书写的历史事实，是一个有待不断发掘和永远研究的领域。另一种是被书写的历史事实。被书写的历史事实我们可以称之为历史史实。历史史实不能仅仅是某一历史学家眼中的所谓事实，仅仅是某一学者眼中的所谓史实并不能就认为是历史事实。历史书写中的历史史实不能仅仅是个人的，而必须是具有共识和确切证据的历史事实。这一点，沃尔什也承认。他说："一个历史学家所引证的事实如果确切可信的话，就在任何意义上都不是他个人的所有物，倒不如说是每一个有理智的人如果进行调查的话，都必定要同意的那种东西。法国革命爆发于1789年，并非对于与英国人相对立的法国人才是真实的，或者对于那些拥护法国革命的人才是真实的，而对那些厌恶它的人就不真实了。它只不过是一桩事实而已，无论我们喜欢不喜欢它。"① E. H. 卡尔也反对那种完全否认历史事实，片面强调解释决定事实的观点。他说："不能因为从不同角度去看，山会呈现出不同的形状，就推论出山在客观上是没有形状或有许多形状。并不能因为解释在建构历史事实中起着必要的作用，也不能因为现有的解释不是完全客观的，就推论出这一解释同另一解释同样

---

① ［英］W. H. 沃尔什：《历史哲学导论》，176页。

好，就推论出历史事实在原则上没有服从客观解释的义务。”① 这些看法比起克罗齐、柯林武德的观点，应该说更客观一些。

当然，客观的历史事实必须经过历史学家的发掘和整理才能为人所知，但书写的历史史实应该包含历史事实的真实性。我们不可能完全做到这一点，但历史研究应该以此为立足点。历史事实应该具有客观性、共同性，它对所有历史学家都应该是事实。但历史学家的共识只能是其条件之一，而不是历史客观性的唯一标准。如果存在历史事实的真伪之辨，在确证之前不能称之为历史事实，而只能称之为历史书写中假定的所谓历史史实。这种事实不见得是历史事实。历史学中的伪造、歪曲、无中生有的所谓“历史史实”并不罕见。我们只要看看当前流行的关于毛泽东历史著作中的所谓揭秘，其中有多少是历史事实？有多少是一些人捕风捉影甚至蓄意伪造的所谓“历史事实”？我们应该注意分辨历史事实和历史书写中的所谓历史史实。应该追求历史书写中的史实尽量接近、比较真实地反映历史客体，即历史事实。

从历史唯物主义的认识论来看，历史史实与历史事实应该具有同一性。根本没有历史事实根据的所谓“历史史实”，是不足信的。这种书写的历史，不可能是信史。但并不是所有历史上发生过的历史事实都会成为史学中的历史史实。只要它成为历史学中的历史史实，肯定有它的重要之处，因为历史学不是有闻必录。例如下雨，是最常见的自然现象，并不是都具有历史认识价值。可“雨”在秦末陈胜吴广起义中成为大事。这当然是由于延误戍期当斩的秦朝苛法，成为陈胜吴广被迫起义的诱因，因而遇雨延期被司马迁写入《陈涉世家》，成为重要的历史事件。如果没有遇雨延期当斩的秦朝苛法，“雨”不成为加速陈胜起义的诱因，就不会成为司马迁所记载的历史史实。杨玉环因白居易的《长恨歌》而著名。后宫佳丽三千留名者只此一人，当然是由于记载，可是如果杨贵妃不是唐玄宗因安禄山造反奔蜀，她成为平息马嵬坡六军爆发兵变的牺牲品，也不可能为历史所记载。自古以来有多少后宫佳丽，无名无姓者比比皆是。但是如果马嵬坡兵变、杨玉环被绞杀根本不是历史事实，也不可能成为历史史实。由

① ［英］E. H. 卡尔：《历史是什么?》，112页，北京，商务印书馆，2007。

于有事实而被记载，由于被记载而彰显事实，因此历史事实并不是单纯因记载而成为历史史实，而应该确有其事实才成为史学事实。

有人说，历史事实确有其事只能是假说，历史事实如康德的物自体一样永远无法知道，知道的只能是书写中的历史史实。这种说法是不对的。被书写的历史史实不能是某一个人主观认定的，它必须有文献资料根据，有考证学、甚至考古学的根据。尽管考古发掘也可能有争论，例如关于河南安阳安丰乡高穴村曹操高陵墓的真伪就有争论，但只要发掘的实物与历史文献中的记载吻合，就可能是真实的。孔子重视文献作为历史史实根据的价值。他说过："夏礼吾能言之，杞不足徵也；殷礼吾能言之，宋不足徵也。足，则吾能徵之矣。"当然，对某些历史事实的真实性会存在争论，这可以通过举证和其他多种历史研究方法来解决。怀疑、存疑，不能成为把历史事实归为历史"物自体"的哲学根据。如果以怀疑论眼光观察一切，昨天的自然界是否存在也可以怀疑，因为昨天已经过去，昨天的存在状态已无法验证。当然，史学中的历史事实不应该也不可能是客观历史的全部。如果追求事无巨细、完备无遗的真实，历史学永远不能成为科学。因为历史中的一枝一叶、详细的细节是无法知道的，也不一定要知道。

对历史学来说，历史的真实性有两个层次：一个是事实的真实性；一个是规律的真实性。在第一个层次上，我们不可能达到完全真实，历史事实会不断消失在历史自身的发展进程中。我们不是当事人，我们根据史料、文献、文物、档案来重构过去。如果我们追求绝对真实性，必然会争论不休。在这个层次上，我们要求的是具有重大历史价值的事件和人物的真实性，而不是全部细节的真实性。是不是有"七月七日长生殿，夜半无人私语时"，让文学家去想象、去构造，它不是历史学的工作，但"安史之乱"、"玄宗奔蜀"、"马嵬兵变"和杨玉环成为平息兵变的牺牲品，则应该是历史事实。第二个层次的历史真实性是规律的真实性。历史学不是单纯事实的叙述，而应该同时是对事实的解释，是对事实相互间关系的理解。解释不仅仅问"是什么"而要问"为什么"。解释"为什么"就是探索原因，必须进入因果关系领域，必须从事情发展的多种可能性，研究为什么可能性是这样实现，而不是那样实现？必须分析可能与现实、必然性与偶然性及其相互关系，这就进入对历史规律发掘的深层次探索。规律是在历史事实发展过程和动因的深处，历史学应该在事实真实的基础上做出规律性的解释。历史学并不是单纯研究历史规律的学科，它是历史学而不是历史哲学，但它离不开历史规律。要使历史史实的选择、过滤与安排中包含的解释具有合理性和可理解性，就必须包含对历史事件和历史过程的因果性、必然与偶然、根据与条件、可能与现实、历史人物的作用与局限等历史原因和发展的合理解释。许多戏说之类的电影之所以不真实，不仅在重大事实上不真实，在规律这个层次上显然更不真实。皇权至上的封建社会，不可能有康熙、乾隆如此微服私访，亲民、怜民、爱民的帝王。这种构建在影视范围内一定程度上允许，但它不是正史，所以决不能也不应该充当历史知识的传播者。必须使观众明白这是“戏”，而不是“史”，以免误导。

历史学本质上不同于文学。尽管历史的书写可以具有高度的文学色彩，特别是中国文史哲高度结合的传统更使史学具有文学特色。但史学不同于文学。史学追求的是历史真实，而文学追求的是艺术真实。历史真实不能虚构，因为它的真实是合乎历史事实的，而艺术真实可以想象，艺术的真实是合乎情理，即合情合理的。如果历史艺术化、文学化，就会失去史学的功能与价值，它至多是文学的变种。确实，凡是持这种主张的学者都把历史与文学归为一类，历史不是科学也不可能是科学，它只能是学者对所谓事实的主体描述和艺术创造。史学家创造历史就是最具代表性的说法。其实，历史学中的史实，在多大程度上反映客观历史事实，是衡量一本历史著作科学水平的尺度。一部根本违背历史事实的所谓“历史书”，只能称之为对历史的伪造或戏说。可以肯定，对历史真相的追求不容易，但历史最起码应该尊重事实，尽量不歪曲事实。如果历史违背事实，其他一切都免谈。就这一点说，在历史科学中，历史事实与在自然科学中的事实同样重要，只是更难把握而已。只有忠实于事实才能忠实于真理。没有事实就没有任何科学，历史要成为科学同样如此。

我们并不否认，由于历史的特点，它是已经过去的甚至非常久远的年代。由于时空间隔，历史科学就其被书写的历史来说不可能把握全部事实。客观历史是无数历史事件，包括重要和不重要的、决定性和不具有决定性的事件和人物。历史科学不可能详尽无遗地包括全部历史的客观过程。这不可能，也无必要。如果要求历史书无所不包，那就不是历史书，而是客观历史本身。可历史本身不经过研究、不经过书写是不可能为人所知的。我们所知道的历史都是书写后的历史。历史应该经过书写，但书写的历史应该力求符合历史事实。这是历史科学中的困难之处，也是科学历史观之所以重要的原因。

历史学追求的是被书写的历史事实的客观性，而不是全部历史的客观性。自然科学也不例外。任何一门自然科学都只能有限地把握对象而不能全部囊括对象。天上的星星无穷无数，真正被天文学发现并命名的只是无限宇宙中星体的极少的一部分，难道天文学中的星星只是天文学家眼中的星星，而不是客观的星体吗？任何科学包括自然科学都是科学家对事实的过滤、选择，剔除一些、留下一些。为什么？因为科学研究的是问题，是发现问题、提出问题、解决问题，不是无穷的细节。关键是支撑提出和解决问题的事实是不是真实的，而不在于它是否经过选择和过滤。科学不是举例，必须概括、归纳、提升，这样它必然有所取舍，而不是事无巨细、有文必录。历史学更是如此，它对材料会选择、会过滤，会按照自己个人的意图使用这些材料，但材料的使用不能是主观的、随意的。列宁说过："在社会现象领域，没有哪种方法比胡乱抽出**一些个别**事实和玩弄实例更普遍、更站不住脚的了。挑选任何例子是毫不费劲的，但这没有任何意义，或者有纯粹消极的意义，因为问题完全在于，每一个别情况都有其具体的历史环境。如果从事实的**整体上**、从它们的**联系**中去掌握事实，那么，事实不仅是'顽强的东西'，而且是绝对确凿的证据……如果事实是零碎的和随意挑出来的，那么它们就只能是一种儿戏，或者连儿戏也不如。"①

实证主义史学家强调让事实说话，有一定合理性，但也有片面性。事实不会说话，让事实说话的是史学家。但史学家说话也不能是自说自话，如果没有事实根据，就是胡说。我们不仅要尊重历史事实，而且要善于理解事实，理解事实之间的内在联系。这同样要求科学的历史观。

在历史学中，历史事实和价值判断是结合的，因此有学者认为，史学

① 《列宁全集》，2版，第28卷，364页，北京，人民出版社，1990。

中没有事实，而只有对历史的价值判断。这种说法不对。历史有事实，因为历史的本质是人的追求目的性的活动。人的活动，无论是经济活动、政治活动或文化活动都是群众性的、真实的、客观的、为人们经验能观察到的、具有可见性的活动。历史事件或历史人物就是历史活动中的事件和人物。只要承认历史是人的活动，活动必然有过程有结果。过程和结果，就是历史实实在在的内容和事实。如果作为人类活动成果的历史不是事实，同理，当前人的活动也不会是事实。因为我们现在的活动，就是明天的历史，而我们今天称之为历史的东西，就是昨天的现实。一切都是过程，一切都会成为历史。如果历史不可信，那就等于现实也不可信。否定历史的客观性就是否定现实的真实性。

毫无疑问，历史学中的历史事实往往容易与历史的价值判断纠缠在一起。在自然科学的研究中，自然科学家同样有自己的理想追求、有热情、有欲望，甚至功利心。自然科学研究会有既成的理论框架、思维模式、科学认识。在自然科学研究中，科学家的价值观可以成为助跑的动力，但不能进入研究的结论之中。自然科学的结论的真理性必须具有可证性，实验具有可重复性，被证明为真理的原理具有公共性，而且可以通过技术转化获得实践的有效性。

历史价值观不同于自然科学的价值观。历史价值观影响对历史资料的选择和安排，并最终影响对历史事件的解释和结论。当客观历史变为历史叙述时，不同的历史学家可以有多种写法、多种观点和多种结论。我们必须强调书写可以多方式、多角度，但其依据的历史事实必须是真实的。如果以历史的书写代替历史的事实，只能重新坠入以历史的叙述取代历史事实的实用主义历史观。

任何历史学的记载或对历史事实的叙述，都会包含某种价值倾向，价值判断中可以有事实，而且事实叙述中也会有价值评价。我们应该学会区分而且可以区分哪些属价值判断，哪些属事实叙说。E. H. 卡尔在《历史是什么?》中，虽然承认历史事实的客观性，但还是更偏重价值对事实选择作用的过滤性。他批评那种认为“历史学家可以在文献、铭刻等等诸如此类的东西那里获得事实，就像在鱼贩子的案板上获得鱼一样”，强调“相信历史事实的硬核客观独立于历史学家的解释之外的信念是一种可笑的谬论，但也是一种难以根除的谬论”①。历史事实是客观的，是不以研究者的意志为转移的，而历史事实变为历史史实当然要经过历史学家的选择。历史学家的价值选择只与自己书写的历史史实相关，而与历史事实的客观性无关。历史是以往人类活动的既成事实，是任何历史学家无法改变的。能篡改伪造的是被书写的历史史实，而不是历史事实。不同的价值评价属于历史学，而不是属于客观历史本身。历史事实即使一时被遮蔽终究会被揭示。

历史价值评价具有主体性、多元性，但任何具有科学性的评价不能是单纯的一己之见，不能是个人的主观认定，它必须具有事实依据。南京大屠杀是历史事实，有争论的是人数的多少而不是事件的有无和事件的性质。人数多少属于量的规定性，而屠杀属于质的规定性，是对整个南京大屠杀性质正确把握的基础。南京大屠杀是经过“远东国际军事法庭的调查报告”以及“远东国际军事法庭”确认的，并对大屠杀的元凶、甲级战犯“松井石根被处绞刑，谷寿夫被引渡给中国政府处死”。多少年来，日本军国主义残余侵略势力一直在大造翻案“舆论”，声称“南京大屠杀”是“中国人捏造的谎言”。历史事实并不会因为价值判断不同而不同。日本少数右翼历史学家可以把自己价值观主导下的所谓“事实”编入教科书，但终究不能改变历史事实。

不能因为存在不同评价而认为历史无事实，只是一连串的价值判断。我们之所以能分清戏说和正史就是基于历史有事实。历史与现代的关系是多义的。从历史进程看，即从客观历史发展看，现代是历史的继续和延伸。没有历史就没有现在。现在中国的许多问题，能从中国历史传统中得到某种历史说明。历史的时间向度是由过去到现在。可从历史学的角度，即从历史书写的角度，却是从现在到过去。因为历史的书写都是后代对前代历史的书写，他们的视角、兴趣、观点，都会受到所处时代的制约。克罗齐说“所谓一切真正的历史都是当代史”，只有在这个意义上才具有某些合理性。因为历史学家总是在自己时代下书写历史，因而历史书写具有时代特征，但这不是指历史事实可以不断改写（除非是发现原有历史史实

---

①［英］E. H. 卡尔：《历史是什么?》，90、93页。

的错误和发现新的历史材料)，而是指对历史事实的评价可以提出具有时代特征的新的看法。历史学家站在当代评述过去，尽管价值评价可以有变化，但必须尊重历史事实，而且对事实的叙述必须有历史意识和历史感，即把历史事件、历史人物，放在特定历史条件下来认识，尽量通过新的评价更真实地显现历史具有的真实情况，而不是以作者的当代意识代替历史事实。我们反对影射史学和史学中的实用主义。如果以当代代替历史，按当代来重构历史，这就叫没有历史意识和历史感。即使像有些学者主张的那样把历史看成历史学家与历史的不断对话，这种对话也应该是愈来愈接近真实，接近真理，而不是与事实渐行渐远。历史唯物主义的科学性与价值性的统一要解决的正是这个矛盾，它把历史事实的真实性和历史评价的可变性合理地结合在一起，力求评价越来越接近现实，而不是无视事实的任意翻案。

当然，完全可以有很多事实不清的悬案，但经过不断地发掘、考证、研究，可以逐步达到对事实的一定的把握。历史之谜，正是历史科学要研究的。追求破解历史之谜，就是寻找历史事实。至于发现新事实，纠正前人的失误的重写，不能成为否定历史真实性的根据，恰好证明史学应该尊重事实，否则无必要正误。纠正历史史实中的错误，是从反面证明历史应该尊重事实。

中国历史著作有个好的传统，就是在史学著作中事实与评价有适当区分。陈寿《三国志》在重要人物的传记后都写一段“评曰”，表达作者的观点。作者对曹操父子的评论显然不同于拥刘反曹正统史观的小说《三国演义》。史学不同于文学。史学追求信史，这是中国史学的一个好传统。《史记》有“太史公曰”，《资治通鉴》有“臣光曰”，都是着重把事实与评论分开的，并不以评论代替事实。古代史书的纪传篇，叙事和议论是分开的。某些编年体史书和郡志也有这种体例。当然，由于中国儒家的伦理特色，受儒家思想主导的历史评价，往往着重人物或事件的道德评价，因而对历史事件和人物的作用和地位的正确认识，往往为道德的瑕疵所掩盖。毫无疑问，道德可以作为评价历史人物行为的一种尺度，但不是主要的更不是唯一的尺度。道德评价往往着重历史事件人物的道德教训，而不是放在整个历史进程中考察他的作用和地位，这种评价有其“唯道德论”的局限性。

历史人物的价值评价，特别是杰出人物的评价往往受政治因素的左右。斯大林逝世后，从赫鲁晓夫直到叶利钦对斯大林的评价，为了标榜自己开辟不同于斯大林的新时代，都极力贬低斯大林，甚至恶毒谩骂斯大林。相反，斯大林的原来对手反而对斯大林怀着比较客观和公正的评价。丘吉尔可以说是最坚定的反苏反共的领袖型人物，可是他称赞斯大林是个“卓越的人物，令我们残酷的时代敬仰，他在其中奉献了自己的一生”。还说，“斯大林是在经受岁月艰难考验时领导俄罗斯的，是位天才，是不屈不挠的统帅斯大林……他接手的是用犁耕地的俄罗斯，留下的是原子武器装备的俄罗斯。不，无论是我们说他什么——历史和人民不会忘记这样的人的”。连被俄罗斯共产党赶下台的临时政府总理克伦斯基都说：“斯大林使俄罗斯从灰烬中振兴起来，使它成为一个伟大的强国，粉碎了希特勒，救了俄罗斯和人类。”① 斯大林似乎已经预料会发生这种事，他说：“我知道，在我死后有人会把一堆垃圾放到我的坟墓上，但历史之风会无情地刮走它的！”② 在敌人包围下一个领导第一个社会主义国家建设社会主义的领导者，专横甚至专权都是可能的，错误也不会少。对斯大林有不同评价可以理解，但历史人物的评价必须有历史感，即把他放在他所处的历史条件下来进行评价。任何超越历史的评价都是非历史的。

在历史评价中排除事实只有所谓价值判断，是一切历史虚无主义的理论依据。历史虚无主义就是否认历史事实的客观性和共有性，把一切历史的论断转变为价值判断。而价值判断又完全可以是与事实无关的主观认定。在这种历史观下，各种否认历史的虚无主义就可以乘虚而入。我们在中国当代所见到的否定一百多年来中国革命运动、否定中国共产党、否定领袖型人物历史功绩的现象，都是以所谓“重写”历史为幌子。所谓“重写”并不是由于发现新的史料，更科学地更实事求是地书写历史，而是以价值重估为号召恣意歪曲历史。这种所谓“重估”，往往做的是翻案文章，

① ［俄］尤·瓦·叶梅利亚诺夫：《斯大林：未经修改的档案——在权力的顶峰》，610页，南京，译林出版社，2006。

② 同上书，617页。

具有极强的政治意图和意识形态性质。“金无足赤，人无完人。”任何历史事件和历史人物都会具有不足之处。问题是本质是什么？主流是什么？他们在历史中处于何种地位？如果采用以管窥天的思维方式，攻其一点，不及其余，任何杰出的历史人物和伟大历史事件都会被弄得面目全非。这种历史观只能导致历史虚无主义。

二、历史现象的多样性及其相似性

历史现象不同于历史事件。历史事件不可重复，但历史现象可以具有相似性。尽管历史事件不可脱离它产生的历史条件，但不同历史条件下的历史现象可以有相似之处。中国没有亚历山大大帝，但有秦始皇；没有列宁，但有毛泽东；没有波拿巴第三政变，但有袁世凯和张勋之流的复辟闹剧。这说明只要时代需要，不同时代都会有自己的历史人物和事件。这就是历史现象的相似性。

每个民族都有过战争、有过革命，都会有或大或小的思想家，他们不是苏格拉底，不是孔子，也不一定有他们那么大的贡献，但各民族都会有自己的文化和文化代表人物。每个民族的发展都经过原始时期，有过母系社会、父系社会，有过杂婚，没有一个社会是一步到位的。人类进入阶级社会都存在阶级斗争，《共产党宣言》一开始，就通过列举从奴隶社会到资本主义社会的阶级斗争表明了阶级社会阶级斗争的相似性。总之，各民族和国家的历史事件是独特的，这样才有多样性，但历史现象会有相似性。历史现象的相似性是普遍存在的。从这个意义上说历史事件具有不可重复性，但历史现象具有相似性。马克思说过：“人体解剖对于猴体解剖是一把钥匙。反过来说，低等动物身上表露的高等动物的征兆，只有在高等动物本身已被认识之后才能理解。”这讲的就是资本主义经济关系与前资本主义社会经济关系存在某种相似性，“因此，资产阶级经济为古代经济等等提供了钥匙”①。资本主义关系的分析之所以有助于理解前资本主义社会，就是因为不同社会形态中的现象有某些相似性。

历史现象相似性的根据是什么？有人说是由于人性的普遍性。例如，

---

① 《马克思恩格斯选集》，2版，第2卷，23页。

因为人性贪婪，因此贪污腐败为各朝各代各国所共有，根本不可能消灭。其实，在历史唯物主义看来，个人主义、贪污腐败的相似性，根源于私有财产制度的相似性。不管是哪种私有制度，生产资料和财富的积蓄属于私人这一点是共同的。以各种方式积累财富是私有制社会生产的目的，也是一种生存状态和生活方式。

经济、政治、道德各个领域中之所以存在某些相似性，不是人性共同性的表现。用人性的共同性解释社会现象的相似性是不对的。人性不能解释历史的相似性，相反人性要由历史来解释。人性所表现出来的某种共性，恰好要由社会的共性来解释。只要有私有制，就会出现阶级、出现剥削，就会出现贪污腐败；只要有社会，作为社会存在而不是孤立的个体，在政治上就会有社会组织、社会制度，否则社会就不能运转，要运转就会有大大小小的“头头”，有最高“头头”。不管名称是酋长、是法老、是皇帝、是总统，都无所谓，总之有社会就有组织，有组织就有大大小小的“头头”，就有总“头”。只要是社会就会有人与人的各种关系，从一般人际关系，到夫妇关系与亲属血缘关系，就会有调节这些关系的伦理和道德规范。诸如此类的相似性，只能从社会本性及其历史发展得到合理的解释。

对历史现象相似性的认识就比对单一历史事件的认识进了一步。有相似性才可以从相似性中发现规律。从历史现象相似性中发现规律是历史唯物主义的重要方法。马克思强调历史有相似性，但在强调相似性时，同时反对简单的历史类比，强调历史相似性的原因在不同历史条件下会出现不同的结果。所以马克思在强调资产阶级经济关系与前资本主义经济的某些相似性时，又深刻指出，“决不是像那些抹杀一切历史差别、把一切社会形式都看成资产阶级社会形式的经济学家所理解的那样。人们认识了地租，就能理解代役租、什一税等等。但是不应当把它们等同起来”①。马克思同时强调对这种相似性加以研究、加以比较，并注意它们的差异性，从相似和差异中，就能发现理解这种相似性及其不同结果的钥匙，即发现规律性。如果历史现象根本没有相似性，彼此毫无任何共同之处，规律便

---

① 《马克思恩格斯选集》，2版，第2卷，23页。

无从谈起，发现规律也无从谈起。对社会现象相似性和差异性的分析，是走向发现历史规律的必经之门。因为社会历史规律都是长时段规律，它不是支配个别历史事件，而是存在于历史过程中。

三、历史规律的条件性及其重复性

历史规律又不同于历史现象，它不是相似性，而是历史现象之间的本质联系，是可重复性，而且是不断的重复性。为什么不同民族都在母系、父系社会后，随着私有制产生才会产生阶级，才能进入文明社会。而这一切都与生产力的发展、生产工具的改进不可分。没有一个社会能够不生产自己需要的生活资料就可以生存，因此生产成为一个社会存在和发展的基础，这是普遍的、每时每刻重复的，这就是规律。为什么历史上有杰出人物，有组织者、领导者，因为任何社会要正常运转，就不能是无政府状态，即没有任何社会组织。社会将来可以没有国家、没有君主、没有总统，但决不会没有组织者、领导者和管理者，否则，社会就不能存在。至于他们如何产生，决定于不同的历史条件。如果世界上有一个国家或民族，从来没有私有制，没有阶级，没有过战争，也没有剥削，这表明它仍然处在原始社会阶段，没有进入文明社会。规律就是历史现象之间的本质联系或称为重复性。

历史规律论与历史决定论有内在联系。因此承认历史规律论，往往导致历史决定论与非决定论之争。有些学者害怕使用历史决定论，似乎承认决定论原则就是目的论、宿命论和机械论。其实，否定决定论的理论和实践的错误导致的唯意志论后果一点也不比承认决定论的错误少。历史唯物主义不是在决定论与非决定论的对立中思维，它是在历史的必然性和偶然性、历史规律的客观性和人的选择性活动中思考决定论问题。因此，历史唯物主义是历史决定论者，但它是辩证决定论，因为它把社会作为一个整体，从必然性与偶然性、规律与人的活动相关联中考察历史决定论问题。

有人说，既然是从必然性与偶然性相连中考察历史决定论，那就不能承认历史决定论。这种说法是不对的。因为历史受众多偶然性的影响，历史发展会显出曲折性、多样性和出现各种具有个性的历史人物与各具特色的历史事件。这是真实的历史。可是，所有偶然性对历史的作用，都不可能超过一定时期的生产方式和经济发展水平对社会总体状态的制约作用。恩格斯形象地把生产方式称之为“历史波动的中轴线”。全部偶然因素的作用都是以它为中心上下摆动。大量偶然性的存在使必然性的实现更为丰满和多样，因此历史的色彩从来都是丰富的、斑斓多样的。但这不会改变社会生产方式起最终决定作用的原则。历史周期越长，生产方式最终的决定作用越明显。在历史唯物主义中，决定论的本质是承认在影响社会的多种因素中，有一种因素是起最终决定作用的主导因素，这就是物质资料生产方式。

人与规律的关系是一个争论不休的难题。有些论者说，历史既然是人们自己的活动，是人们自己创造的，就不能强调历史必然性，而应该强调人的自由选择，这样人才不会成为必然性的奴隶，才能真正说历史是人们自己创造的。他们还特别强调，既然历史是人创造的，因而历史研究应该研究人的、特别是个人的动机。没有个人动机的历史是不可想象的。毫无疑问，历史人物的心理动机，甚至情感、脾气、性格、精神状况乃至年岁、身体健康状况都能成为影响历史进程的因素。但这些对历史的影响作用是暂时的并非恒定的、永久作用的因素。它可以延缓或加速历史进程，但不能根本改变历史的方向。如果由于这些而发生历史方向的改变，那肯定有一个更大的力量在起作用。无论是赫鲁晓夫、戈尔巴乔夫或叶利钦的个人性格或其他专属个人因素，都不是足以解释苏联解体和资本主义复辟的决定性原因。

历史人物的内心动机，是很难捉摸的。对历史人物来说最现实也最重要的是他们的行为，而支配行为的是动机。没有无缘无故的动机，也没有不表现为行为的动机。研究心理动机，就必须研究产生动机的原因及其在行为中的表现。因此对伟大历史人物进行心理研究，与其说是研究他的主观心理动机，不如说是研究推动他们行动的动因。恩格斯曾经专门谈如何研究历史人物的动机问题。他说：“如果要去探究那些隐藏在——自觉地或不自觉地，而且往往是不自觉地——历史人物的动机背后并且构成历史的真正的最后动力的动力，那么问题涉及的，与其说是个别人物、即使是非常杰出的人物的动机，不如说是使广大群众、使整个整个的民族，并且在每一民族中间又是使整个整个阶级行动起来的动机。”并且指出，研究这些动机“是能够引导我们去探索那些在整个历史中以及个别时期和个别国家的历史中起支配作用的规律的唯一途径”①。所谓整个阶级的动机即群众性的动机，实际上就是社会思潮。社会思潮往往比个别历史人物的所谓内心心理动机重要得多。社会思潮往往是推动整个阶级而不是个人行动的动机，而社会思潮的产生肯定有其原因，因而对一个时期社会思潮的研究，就有可能探索到当时历史人物的动机，因为杰出人物的动机往往以浓缩的、鲜明的、突出的形式反映社会思潮。透过对一个处于变革时期社会思潮的原因的分析，就能引导走向发现历史的规律。如果只停留在历史人物个人纯主观动机特别是所谓内心心理，是不可能真正解释历史的。列宁曾批判过旧历史理论的两个缺点，其中一个就是“以往的历史理论至多只是考察了人们历史活动的思想动机，而没有研究产生这些动机的原因，没有探索社会关系体系发展的客观规律性，没有把物质生产的发展程度看作这些关系的根源”②。心理史学是研究历史的一个角度，但如果把历史学变为心理学，就无法走出唯心主义历史观动机论的困境。

“历史是人创造的”与历史的规律性如何能不陷入悖论呢？我们是否只能选择其中之一：要不承认规律否认历史是人的自我创造，要不承认人的自我创造否认历史的规律？其实，这种所谓悖论是学者思维方式自身的矛盾，而不是历史自身的矛盾。客观历史就是这样的，“人既创造历史，成为历史的剧作者，又是演员，成为历史舞台中的角色”。

人怎么可能既是剧作者又是演员呢？这可以从两个不同层面来理解。第一，从代际关系说，历史是一个过程。历史是人创造的，人是剧作者，可是任何一代人都不是在自己选择的条件下进行活动的，而是在先辈留下的生产力和文化传统条件下进行的。也就是说，人的自主创造活动的结果成为下一代人的活动的出发点。这种条件对于后代来说是既成的、给予的，具有某种制约作用。这是每个时代的传统与当代问题。从这个意义上说，人在总体上既是剧作者又是演员。马克思在《路易·波拿巴的雾月十八日》中对拿破仑三世作为政变角色以及对传统作用的分析就贯穿这个原

---

① 《马克思恩格斯选集》，2版，第4卷，249页。
② 《列宁选集》，3版，第2卷，425页。

则。第二，从同时代说，可以比喻性地把历史看成一个大舞台。人都是自己时代历史活动的参与者，都是能动的剧作者，可是由众多合力形成的条件和规律，又成为任何个人活动的限制，人成为不能超越自己社会关系决定的演员。这说明，从一个时代来说，人既是剧作者又是演员。

当然，剧作者和演员具有形象的比喻意义。人在社会领域中并不是不能更改台词、变换角色的演员。每代人受制约于传统又以自己的活动改变传统并创造新的传统；每个人既受制于合力又以自己的活动参与形成新的合力。这就是主体的选择性活动。人面对历史传统和社会条件，可以在多种可能性中进行选择。例如，19 世纪下半叶的中国逐渐形成三种可能性：一是仿效日本明治维新走西方资本主义道路；二是走清王朝为挽救大厦倾倒而口头许诺的君主立宪道路；三是走苏联十月革命道路。前两种可能性行不通。尽管有些人主张全盘西化，但没真正西化过，因为西方资本主义阻止中国发展自己的资本主义，而中国又没有比较强大的民族资产阶级承担起在中国发展资本主义的任务；第二条路也走不通，因为清政府不可能真正推行君主立宪。它要维护的是清王朝的专制体制，仍然维护中国社会的封建社会本质，因此维新运动被镇压，洋务运动也成效甚微；结果只有第三条路。第三条路不是无主体的历史必然性的自我实现，而是经过中国共产党人几十年浴血奋斗，牺牲了无数先烈得到的。历史提供的永远是可能性，必然性的实现总是要通过由可能性变为现实的过程。可能性是历史条件决定的，而可能性的实现和以何种方式向现实转化，决定于人的能动性的发挥和正确的抉择。

人的创造性与历史规律性是不是绝对对立的？有人认为，既然人是历史的创造者，一切决定于人，历史发展就不可能也不应该有规律。这种说法是不对的。人的活动与历史规律并不是直接的创造与被创造关系。规律的载体不是人的实践活动，而是在实践中形成的不以人的意志为转移的社会关系。社会规律是社会运行的规律，社会关系在人的实践活动中一旦被创造出来，就具有不依赖于任何个人的特性。私有财产制度当然是人创造的，它不是自然界原来就有的，可私有财产制度一旦产生并成为社会的经济基础，它的运行就会按照私有制度特有的规律运行。只要有私有财产制度，就不可能阻止与它相关的阶级存在，阻止维护私有制度的国家存在，阻止贫富对立，阻止两极分化。再如纸币是印币厂印出来的，可只要投放市场，它就受货币流动规律支配，当纸币发行超过需求，就会通货膨胀。大量发行纸币又想企求物价稳定，两者得兼是不可能的。国民党当年在大陆发行金圆券，一麻袋钱买盒火柴就是如此。机关枪大炮也阻止不了社会规律起作用。社会历史规律同样是不以人的意志为转移的，意志支配的是人的活动，而人类活动的创造物一旦产生出来就按它自身的规律运行。人的活动是创造性的，可这种创造物运行的规律并不取决于创造者，而是取决于被创造物自身本性及其相互关系。这就是为什么人创造了制度又会成为自己创造的制度的被奴役者的秘密所在。

历史事件、历史现象、历史规律三者紧密相连。没有历史事件，就没有历史事件的相似性，没有历史事件的相似性，就没有规律的重复性。重复性存在于相似性中，相似性存在于单个不可重复的事件中。历史事件和历史人物的产生都具有某种偶然性；而历史相似性表明，这种偶然性中存在某种必然性，否则不会有历史的相似性。正是从历史相似性中发现历史规律，发现历史的重复性。马克思在《给〈祖国纪事杂志编辑部〉的信》中对相似性与规律性的关系作过深刻论述。他说，“极为相似的事变发生在不同的历史环境中就引起了完全不同的结果。如果把这些演变中的每一个都分别加以研究，然后再把它们加以比较，我们就会很容易地找到理解这种现象的钥匙”①。历史事件即历史事实是最根本的；相似性是它们之间的共同点，而规律是从共同点分析中发现的。一个个孤立的历史事实不可能被理解，它只有在相似性中才能被理解；而相似性和差异性的原因，则从规律中才能得到合理的解释。

历史唯物主义关于历史事实的客观性、历史现象的相似性和历史规律的重复性观点，能为我们在当代思辨历史哲学和批判历史哲学的对立中，确立一个正确对待历史研究的科学视角。史学功能不应成为历史唯物主义理论工作者遗忘的角落。我们既要重视现实，也要重视历史。

---

① 《马克思恩格斯选集》，2版，第3卷，342页。

社会发展的规律性与科学发展观

人类社会发展“合规律与合目的”的提法，似乎为一些哲学家认同并被写进哲学论文或哲学教科书。这个命题把人类社会发展等同于人类社会的科学发展。实际上规律的自发作用与人类活动的自觉性处于一种相互作用的状态。人类活动并没有真正成为一种合规律合目的的活动，人类社会仍处在由必然向自由过渡的过程之中。

一、规律性与目的性属于不同领域

自然无目的，历史也无目的。黑格尔在《小逻辑》关于目的性的论述中说过，“目的是被规定为主观的”，“目的论的看法常基于一种善意的兴趣，想要揭示出上帝的智慧特别启示于自然中”①。目的论往往引向神学决定论。自然目的论如此，社会发展目的论同样如此。

历史自身无目的，历史是人追求自己目的的活动。人的目的性活动并不一定符合规律。在现实中人的活动破坏规律、违背规律的事极为常见。规律与目的分属于两个领域。规律属于现实领域，具有客观性；目的属于属人的活动领域，具有主体性。但在社会领域它们又是不可分的。没有人的活动就不能形成和实现社会规律，可社会规律又不依实践主体的目的为转移。规律和目的是在社会自发因素和自觉因素相矛盾相交织过程中发挥各自作用的。

① ［德］黑格尔：《小逻辑》，387、391页，北京，商务印书馆，1980。

我们应该分清两种目的：一种是个人活动的目的；一种是社会发展的目的。说社会发展合目的，实际上是把个人劳动或产品制作的目的当成社会发展的目的。人的劳动产品是人的目的的对象化和实现，人的个体实践活动是有计划、有目的的过程。马克思以建筑工程师与蜜蜂对比讲的就是这个道理。这也就是马克思在《1844年经济学哲学手稿》中以哲学语言概括的“两种尺度”问题。马克思说动物只按自己那个种的尺度生产，而人按两种尺度，即对象的尺度和自己内在的尺度生产，这表明个体的实践活动及其产品是人的目的与对象规律相统一的实现。任何一个劳动产品包括艺术作品，都可以发现人（制作者）的目的，也可以发现对象的规律。一个不符合艺术规律的所谓“艺术品”不可能是真正的艺术品，艺术中的上品是艺术家个人构思与艺术规律的统一。建筑中的里程碑式的建筑物同样如此，一个既不符合建筑学规律包括力学规律，又不呈现建筑师的独特审美构思的建筑物，既不美观也不稳固。柳宗元的《梓人传》为长安著名工匠立传，讲的就是建筑规律与主体设计之间的关系。

人类社会发展则不然。马克思和恩格斯从来没有把“两种尺度”的观念用于社会发展。社会发展不是像艺术家构思艺术品或建筑师绘制建筑物的蓝图一样，按照伟大理想家的目的和理想构建的。人类可以按照主体设计构建自己的劳动产品，但不能按主体设计构建一个社会。西方一些反对马克思主义的理论家都把马克思和恩格斯歪曲为社会建构的乌托邦主义者，似乎马克思和恩格斯关于共产主义理想是按照主观目的（图纸）在建构未来社会。马克思和恩格斯早就说过，“共产主义对我们说来不是应当确立的**状况**，不是现实应当与之相适应的**理想**。我们所称为共产主义的是那种消灭现存状况的**现实**的运动”①。没有任何科学社会主义者会把建设社会主义和共产主义看成是一项按预定图纸施工的建筑流程，像雕刻家制作雕像一样。

其实，资本主义社会也不是按资产者的目的构建出来的。资本主义是在封建母胎中逐步孕育成熟的，它是社会经济发展的必然结果：“凡是在货币关系排挤了人身关系和货币贡赋排挤了实物贡赋的地方，封建关系就

---

① 《马克思恩格斯全集》，中文1版，第3卷，40页。

让位于资产阶级关系。"① 资产者是资本主义生产关系的产物又是资本主义关系产生的参与者。资产者之所以成为资本主义关系的参与者，是因为现实经济关系的变化和对自身利益的直接追求。经济必然性仍然是以一种隐藏在社会深处自发的盲目必然性在起作用。处于向资产者转变中的农民和小生产者，他们直接追求的是自身的经济利益，对利益追求的目的性活动是自觉的，而完成客观经济开始成熟出现的历史使命则是自发的。在这里，规律的作用有点像黑格尔讲的"理性的狡黠"，它让事物自身在相互作用中实现"自己的目的"②。而在社会中，社会规律则通过人们对自身利益的直接追求间接实现规律的作用。

尽管资产阶级思想先驱在理论上依据理性原则提出有关构建自由、民主、人权的社会理想。经济学家和政治理论家们都为他们憧憬的新社会做过某种设计，但并不知道那就是后来的资本主义社会。资本主义社会形态并不是启蒙主义理想的实现，相反，启蒙学者理想中的因素是新的经济关系的某种映现。现实资本主义社会是按资本主义规律运行的，它的现实矛盾和状况远远超出任何资产阶级理论家和思想家们的主观构建图式。毫无疑问，启蒙主义的理想对资本主义社会的建立在思想上起了推动作用，但它首先是现实发展的结果，然后才成为推动现实发展的原因。

至于"人的活动合规律"说亦是极其粗糙和简单化的说法。人们可以在追求自身利益时实现规律的某种要求，但他们并没有意识到规律的作用，直接动力是利益的驱动；而且在很多情况下人的活动常常违背规律并受到规律的惩罚。在社会发展中，规律的自发作用和各种偶然性的影响，人的宏伟目标和"遗恨江东"的非预期的结局相矛盾的情况极为常见。因此人的目的并不一定符合规律，而规律的作用也不会迎合人的目的。在自发性处于主导地位的社会中"两合"常常会变成"两不合"。

社会规律不同于自然规律，它是在人类的行为中形成并由人的行为实现的规律。但不能由此得出社会本身没有规律，而规律只是人的实践规律，因而人的实践活动"天然地"符合规律。其实，人的活动的目的不能

---

① 《马克思恩格斯全集》，中文1版，第21卷，450页。

② ［德］黑格尔：《小逻辑》，384页。

等同于社会规律。列宁在批评波克丹诺夫时说过：“人们进行交往时，是作为有意识的生物进行的，但由此决**不能得出结论说**，社会意识和社会存在是同一的。在一切稍微复杂的社会形态中，特别是在资本主义的社会形态中，人们在交往时并**没有意识到**这是在形成什么样的社会关系，这些社会关系又是按照什么样的规律发展的”①②。社会规律是社会的规律，社会规律的载体是社会而非人。人，任何个体可以死亡，任何一代人可以逐渐为新一代人所取代。人由于自然死亡而不断更新，但社会规律只能随着社会结构的改变而改变，而不会因为人的自然更新而发生根本性变化。没有人，没有人的实践活动当然没有社会规律，但社会规律并非人的行为的规律，而是存在于人的实践中并决定人的实践成败的规律。人的行为要取得成功必须符合社会规律。可是人有目的的行为可能符合规律，也可能违背规律、破坏规律。人的实践的正效应与负效应、成功与失败，都是由人的活动与客观规律相互关系的状况决定的。

纸币是印出来的，但货币的出现，由最初的以物易物，到铸币到纸币，是历史发展的规律。在这方面，世界各国经历了大体相同的历史进程。纸币是由国家印制、由法律维护、具有流通效用的凭证。人可以印刷纸币，但没有办法印制货币流通规律。如果破坏货币流通规律，凭借手中权力开通印钞机，就会通货膨胀，任凭你手握重权或有千军万马或任何法律条文都无法改变这个货币流通规律。国民党当年在大陆发行金圆券、银元券，普通老百姓都心知肚明其不能长久。供过于求，商品跌价，求过于供，商品涨价，刺刀也难以制止。恩格斯曾说过“刺刀敌不过棉花”，就是这个意思。物品是生产出来的。在物品的对象化生产中，人的目的只能

---

① 《列宁选集》，3版，第2卷，218页。

② 普列汉诺夫在《论一元历史观的发展问题》中曾以罗马为例说：“富裕的罗马公民购买了贫苦农民的土地。他们中间每个人都知道，由于他们的活动，某个张三和李四会变成没有土地的无产者。但是他们中间谁曾经预见过，大地产会毁灭共和国，而随之还会毁灭意大利？他们中间谁曾经意识到、谁能够意识到自己发财欲望的历史后果？没有人能够，没有人意识到。而事实上结果是：由于大地产，共和国和意大利都毁灭了。”“从单个人的人们自觉的自由的行动中必然产生出他们意料不到、不曾预见的，涉及整个社会即影响同一些人们相互关系总和的后果。这样一来我们就从自由领域转入必然性领域。”（王荫庭：《普列汉诺夫读本》，52页，北京，中央编译出版社，2008）

赋予物品以存在形式，但并没有同时生产出以物为载体的社会规律。

不进行物质生产，当然没有生产力与生产关系矛盾运动规律。但这个规律不是生产出来的，而是社会结构自身发展的规律。在任何社会中具有最终决定作用的是生产力，而要发展生产力，生产关系必须符合生产力的性质和发展水平。这是任何社会都无法改变的，是任何当权者都无法改变的，而不管生产资料的占有者是奴隶主、是地主还是资产者。当然，社会发展虽然有规律但它并不总是能被人类自觉意识到和主动运用。当人们没有意识到客观规律时，它的作用是盲目的，仿佛是一只看不见的手，社会发展处于自发状态；当人们能认识和运用规律性时，人们则从规律中获得行动的自由。社会发展中自发因素的作用、社会发展中自发因素和自觉因素的关系，是历史唯物主义必须重视、必须认真考虑和研究的问题。

历史发展合目的的说法理论上难以成立。人的目的如此多样，社会发展究竟符合谁的目的？社会发展的结果不是使每个儿童都满意的“圣诞老人”。恩格斯的“合力”论对此有深度的论述。即使一定条件下符合规律的目的具有实现的可能性，但初始目的和最终实现的结果之间能否一致尚是未知之数。恩格斯在谈到人与自然关系时说过：“每一次胜利，起初确实取得了我们预期的结果，但是往后和再往后却发生完全不同的、出乎预料的影响，常常把最初的结果又消除了。”① 这种初始目的的实现和长远后果之间的背离，在政治斗争中也是常见的。一种即使合乎规律的目的的实现，也是在各种力量斗争中、在失败中、在不断修改和校正自己的目的使其符合实际中逐步得到实现的。

人的能动作用不仅表现为制定目的，而且表现为在实现自己目的的过程中能不断校正目的。凡是与客观规律相悖的目的终究陷于失败，即使有时可以取得一时的成功：历史上得意于一时、由于失道寡助而走向失败的事例不胜枚举；被意识到和被运用于人们行为中的规律就是自由，而这种自由的获得可能会经过失败、总结、修改目的等艰难反复的过程。人们对自己社会行为规律及其长远后果的认识比对自然的认识更为困难。正如恩格斯所说的：“如果说我们需要经过几千年的劳动才多少学会估计我们的

① 《马克思恩格斯选集》，2版，第4卷，383页。

生产行为的较远的**自然**影响，那么我们想学会预见这些行为的较远的**社会**影响就更加困难得多了。”①

历史规律是大尺度的规律。每一次违背规律都会失败：往上抛苹果每一次都只能往下掉，决无例外；但逆潮流而动不见得时时陷于困境：第二次世界大战中，德国纳粹和日本侵略者早期势如狂飙的胜利就是如此。历史规律是算总账，它会在很长时期以后才会显现客观规律的作用。社会生活中并不是每件事、每一次行动都受规律支配，但每次历史大变动的最后结局总是体现规律的作用。在社会生活中，人类从不断扩大对规律的认识和运用中获得自由，使盲目的客观必然性变为主体的自由。而这是包括不断违背规律、破坏规律和受到规律报复的过程。人要经过不符合规律才能学会逐步掌握规律。在社会政治生活中“谁笑到最后”才是真正的胜利者。

规律有局部规律与总体规律之分，无论是自然界还是社会领域中都是如此。社会总体性规律，存在于人类社会存在和发展的两种矛盾，即人与自然的矛盾、人与人的矛盾之中。生产力解决人与自然的矛盾，而生产关系则是解决人与人的矛盾。这两者不可分。它们之间的关系，构成生产力与生产关系矛盾运动规律，成为支配人类社会的最基本的规律。在马克思主义产生之前，人们并不理解这个规律，但不能说它不存在、不发生作用。实际上，一个国家的崛起和衰败，社会发展的速度、方向以及王朝的盛衰兴亡，归根到底都取决于这个规律的作用。它是任何社会历史中长期自发地起作用的基本规律。

文化在人类社会发展中的重要性是不言而喻的，尤其在当代。但“文化决定论”是没有根据的。世界上曾经显赫一时的文明的消失、一些民族辉煌文化发展的中断和没落、强大帝国的灭亡和新兴帝国的崛起，等等，其原因只归结为其文化因素而不着眼于这个社会基本规律的作用是得不到合理的解释的。中国是文明古国，有几千年光辉灿烂的文化，可是在鸦片战争后陷于被列强瓜分甚至到亡国灭种的处境，难道是文化的没落吗？不是，是西方工业生产方式战胜农业生产方式、资本主义战胜封建社会，

---

① 《马克思恩格斯选集》，2版，第4卷，384页。

是一种先进生产方式对落后生产方式的胜利。任何单纯的文化评价和道德的谴责都是无济于事的。中国社会主义社会的建立完全改变了这种状况。最根本的是因为社会主义生产方式与资本主义生产方式、社会主义上层建筑与资本主义上层建筑相比有其优越性。中国传统文化的合理继承与复兴正是在新的生产方式基础上才得以可能。

局部规律的认识属于科学，而对人类自然和社会的总体性规律的认识属于哲学。从人类实际历史看，人类对局部规律性的认识和运用是人类实践目的得以实现的根据。可从社会发展来说，它取决于对具有总体性的社会基本规律的认识和运用。马克思主义诞生之前，人类对社会总体性规律认识仍然是个盲区，因此人类对自己发展历史的理解往往是唯心主义的，而且人类对自己的社会只是进行治理和管理，而不可能从整体上对社会发展的方向进行规划。人类在很长的历史时期仍然是社会行动中的主体，而没有成为规划自己社会发展、掌握自己命运的自由主体。人逐步由社会行为主体变为社会发展命运的主体，意味着人类由必然王国进入自由王国。

我们在理论上一定要分清，社会发展合规律合目的与社会发展有规律和人的行为有目的，是两种不同的提法。合规律合目的强调的是“两合”，“两合”说把复杂的历史过程简单化，把主体目的实现可能性绝对化；社会发展有规律和人的行为有目的强调的是“两有”，强调人的实践和认识活动是把客观规律变为主体能掌握和运用的规律；把主体的有目的的活动基于客观规律才能变为合目的的活动。尽管人们的目的不一定都能实现，但“目的性”可以规划人们的行为目标和激发人们的主动精神；不一定合规律，但客观“规律”为人们目的的实现和校正提供客观可能性和尺度，它终究会缓慢地、逐步地为人类所掌握。如果人类的活动既无存在于头脑中的目的导向，又无可能为人类自觉运用的社会规律，那就不是人类社会，而是由生物本能支配的类似蚂蚁和蜂群的所谓动物“社会”。蚂蚁和蜂群的生存方式只能在借喻意义上可称之为“社会”，实际上它们是以“类”的方式生存的自然存在物。

二、规律的人化和异化

在中国长期的农业社会里，规律的特点是规律的人化，而在资本主义工业社会里则是规律的异化。中国古代有“天人相分”和“天人交相胜”的观点，认为“天道远，人道迩，不相及也”，而且否认统治者的道德能改变“天行有常，不为尧存，不为桀亡”的规律。柳宗元在《天说》中明确反对天有意志可赏善罚恶：“功者自功，祸者自祸，欲望其赏罚者大谬。呼而怨，欲望其哀且仁者，愈大谬矣”。（《柳河东集·天说》）天人相分说强调的是天道与人道无关，规律外在于人，不依人的意志为转移。这种观点有其正确之处。

但在中国古代，占主导地位的是“天人合一”的观念。天道非外在于人，而是能为人的行为所感化，成为“人化规律”，从而使人的目的性与规律性通过人的道德行为找到一个连接口。

在人与自然的关系问题上，人类在农业生产实践中已经在一定程度上理解人与自然的适应关系，即有一定的局部性的规律性理解。如孟子说的，“不违农时，谷不可胜食也；数罟不入洿池，鱼鳖不可胜食也；斧斤以时入山林，材木不可胜用也”[①]。可是包括孟子在内的儒家对人与自然总体关系的理解仍然具有天命论和道德论性质。当自然以具体物质形态存在而成为人们的生活之源时，它是人们利用的对象，在农业生产中只要顺应自然，就可实现自己的目的。可是，当自然成为有意志、有决断力、主宰人间祸福休咎的、无限的抽象存在物即“天”时，则是人们崇拜和敬畏的对象。在天的意志面前，人的目的是微不足道的，能不能得到好的收成取决于天的意志——是否风调雨顺。因此，崇天敬天成为农业社会的传统。帝王每年要定时举行盛大的祭天祭地的仪式；农民遇到久旱不雨就要拜天求雨。人可以靠祭天而感动天，表明“天道”是人化的，可以为人的祈求和善行而改变“天行有常”。

可以说，在人与自然关系问题上，“天人合一”观念既有消极的方面，又有以中国特有的方式注重生态和自然的积极方面。而在社会领域中“天人合一”观念则具有强烈的政治性，具有政治哲学和伦理哲学的性质。

在长期的农业社会中，依据物质生产和政治实践的经验，中国古代的思想家们提出了“国以民为本”、“民以食为天”，“民为邦本”、“本固邦

① 《孟子·梁惠王上》。

宁”，“水可载舟”、“水可覆舟”，“得道多助”、“失道寡助”之类具有规律性的治国之道。重视生产，重视民生，这是具有进步意义的历史观。但在社会生活领域特别是政治生活领域，起主导作用的仍然是“天人合一”的观念。

封建社会不少思想家对王朝兴亡没有别的解释，只能用虚构的五德始终，或“天意”或“气数”来解释，很少人认识到也不可能认识到其中存在深层的非意志所能改变的规律。但是他们在天意和人（统治者）的目的之间找到一条沟通的桥梁，这就是民心和道德。“天听自我民听”，“政之所兴，在顺民心；政之所废，在逆民心”①。顺天意即顺民心，顺民心即顺天意。顺从天意必须重视统治者的道德修养，只要统治者实行德政，就可以“以德配天”。“天命靡常惟有德者居之。”儒家重视的是王道德政，看重统治者的道德，而非社会的客观规律。只要统治者有德，“为政以德”，以德治天下，实行王道、仁政，就能长治久安。历代君主对储君的教育，任何忠臣对皇帝的进谏，都超不出仁政和德治的范围。在中国，民本思想和德治思想与“天人合一”不可分。天不是高不可攀的，知心则知性，知性则知天。统治者通过顺民心，加强自身的道德修养和实行王道仁政，就可以化天道为人道。中国古代哲学利用“天”的权威来干预世事，要统治者顺从民意民心，积德修身，实行王道仁政，在一定意义上也可以算是中国古代哲人的一种“理性机巧”吧！

在中国封建社会占主导的观念认为顺民心和行德政可以知天，但生产关系的狭隘和剥削阶级的本性，不可能在实践中真正实行民本主义和德治仁政。中国封建社会发展仍然为盲目的自发作用的规律所支配。没有一个王朝的创立者不希望长治久安、天下永不易姓。封建社会中的王朝的衰亡、政权的更迭，都是违背统治者的愿望的。可任何一个王朝的统治无不经过或长或短时期走向崩溃。每个王朝都有自己的末代皇帝。王朝历史都是以雄壮史诗般的英雄创业开始，以亡国易姓的悲剧结束。“最是仓皇辞庙日，教坊犹奏别离歌，垂泪对宫娥”式的王朝凄凉结束，在中国封建社会总是以不同形式反复上演。

---

① 《管子·牧民》。

在中国封建社会王朝更替的背后是社会发展规律对君主的一种“惩罚”，它呈现在人们面前的是统治者的失德行为对自己的惩罚：三代以好女色取祸，秦朝以暴虐致灾，西汉自外戚失祚，而东汉因宦官专权倾国。王朝兴亡，有史可鉴。每个新王朝都要为前朝修史，论前朝兴亡治乱得失，以求本朝之兴盛。因此伟大的历史学家都不满足于只是对历史过程的描述，而是要对这种复杂过程的内在原因进行追问。司马迁的“究天人之际，通古今之变”表达的就是这种愿望。可没有一个王朝能从前朝失败中真正得到教训，能基业永固、万世一系。从这个意义上说，没有一个王朝的统治者能实现自己的目的。

列宁曾摘录黑格尔《历史哲学》中的一段话：“各个民族及政府从来都没有从历史中学到什么，也从来没有按照历史中所能吸取的那些教训进行活动”，并在边注中写上“注意”，称赞道：“非常聪明。”① 黑格尔着重的是客观历史过程，历史发展的规律就是如此；历史学家们资治通鉴式的史学研究着重的是经验教训，着重统治者的动机、意图和治理方式。两种着眼点各有其正确性。吸取历史教训肯定对约束统治者的行为和王朝的巩固有利。每一个王朝的历史长短不一，肯定与统治者的治理不可分，但无论王朝存在时间长短，都不可能改变历史发展兴衰存亡的辩证规律。王朝兴废不能简单归结为帝王个人的道德品质或治国才能问题。虽然封建王权的衰落往往与帝王们腐化无能、政治腐败、权臣误国有关，但这种现象是社会矛盾积重难返在吏治、在当政者品格上的表现，任何个人都不可能挽狂澜于既倒。历史的宿命或天意论是对历史规律的一种神秘化的表达方式。

隐藏在历史深处的起支配作用的规律，仍然是历史唯物主义的根本规律，即物质资料生产方式制约整个社会生活、政治生活、精神生活过程，每一历史时代主要的经济生产方式和交换方式及必然由此产生的社会结构是每个时代政治和精神生活赖以确立的基础。每个时代的人都必然受这个总规律支配，但究竟如何处理和调节自己面对的社会基本矛盾，情况和结果是各不相同的。

---

① ［俄］列宁：《哲学笔记》，349 页，北京，中共中央党校出版社，1990。

任何一个王朝的覆灭，政权易手，都是因为土地兼并和高度集中以及吏治腐败，即生产关系和上层建筑严重束缚生产力发展，它表现为赋税过重，生产凋敝，民怨沸腾，老百姓被迫骚乱、起义和奋起反抗。当政权易手，土地关系会得到一定程度的调整，统治者实行轻徭薄赋、与民休养的政策，又暂时缓解原有生产关系对生产力的束缚，在新的政权下又开始新的矛盾运动。当社会基本矛盾由开始的被动适应，经过一定时期，随着新的土地兼并和土地集中，剥削加重和政权腐败的积重难返，这个王朝又走入穷途末路。任何一个王朝政权的发展都是由开始轻徭薄赋、与民休养，到苛捐杂税、诛求无已。“任是深山更深处，也应无计避征徭”，当百姓走投无路无法生存时，社会动荡政权易手的时刻又开始到来。

虽然中国古代思想家把王朝更替归结为统治者的有德与失德，试图把天命靡常变为“有德者有天下”的人化的道德规律，把天道变为人道，避免王朝的盛衰兴废，但没有一个王朝是成功的。历史不会俯就统治者长治久安和万世一系的目的，都会在社会矛盾积累到无法解决时走向改朝换代。没有一个王朝能实现“万世一系”的帝王梦。这种螺旋式的反复实际上是以一种不自觉的方式，对社会基本矛盾规律的自发的被动适应。

资本主义社会不同于封建社会，中国农业社会“天人合一”的观念使规律与人合一，把规律的要求变为统治者自身的道德要求；而资本主义则不再用上天的意志、或气数、或命运来解释社会的发展。在资本主义社会，人们不再敬天畏天，而是大力改造自然，天人不是合一，而是主客二分。这对促进科学进步和生产发展是一种强大的动力。一个与自身合一的天（自然界）不可能成为认识对象，更不可能成为改造对象，只能成为尊敬的对象、畏惧的对象、听命的对象。

但是在工业社会，当自然单纯成为改造对象而失去“神性”，人类对它毫无敬畏之心、任意掠夺，自然规律就会作为一种异己力量与自身对立。马克思称这种情况为“异化”。“异化”表现为主体的目的与客观规律的分离。规律的认识和利用要依靠科学与技术，似乎与人的道德水平无关。这种科技与人文的隔离，使科学技术的发展往往只倾心于科学技术与自然规律的关系，发现自然界规律、应用自然规律，而抽象掉科学技术中的人文关怀。如果我们把中国农业社会在“天人合一”观念框架内的规律称为道德化的规律，那么，资本主义工业社会的规律可以称为异化的规律。

资本主义社会由于自然科学的发展和技术的进步，人们在生产中主动运用自然规律以发展生产。它不像农业生产方式下主要是消极顺应自然，而是着力改造自然，不是崇拜自然而是掠夺自然。它撕去了包裹自然的神学外衣，自然界也不再含情脉脉，也不再可敬可畏。毫无疑问，与工业发展相伴随的自然科学和技术的发展对人类社会进步起到了巨大的推动作用，功不可没。但是由于改造自然的力量在强化，因而破坏自然的力量也在强化。生态问题的提出、环保问题的重要性成为人类社会继续生存的大问题。资本主义科学技术发展史，就是由主动运用自然规律到被规律报复和惩罚的历史，就是由对规律的破坏，到不得不屈服于规律的压力而试图主动适应规律要求的历史，目的与结果之间形成了极大的反差。资本主义社会并没完全实现它无限迫使自然提供产品的目的，它的目的带来了与原初目的相反的人类生态灾难。人类从自然掠取的财富，又大量耗费在为拯救地球恢复生态平衡中。取自自然，还归自然，甚至加倍奉还。能说这种发展合规律合目的吗？它合乎资产者的目的（环保工业也是能带来大量利润的工业），但违背人类利益。

资本主义社会基本矛盾具有对抗性质，它作为资本主义社会的基本规律时刻在起作用。资本主义社会对自然规律分门别类的认识达到很高的程度，各门科学和技术都有利于资本主义社会对自然的利用和开发，但资本主义社会缺乏从总体上对人与自然关系的自觉哲学认识。它们把自然作为各门科学和技术改造的对象，对自然规律的认识是局部的，从自然中获得的自由也是有局限的。从局部、从某一领域来说，资本主义科学技术的发展对自然规律的认识和利用是有成效的、是自由的，达到直接运用科学技术提高生产率的目的；可从社会和人类总体上说是失利的、是不自由的，并未达到人类为自身建造一个更适合人类生存和发展的目的。它符合局部的自然规律而违背人与自然关系的总体性规律。不管资本主义的自然科学和技术如何进步，仍然不可能摆脱自然规律对人的异化关系。

在资本主义社会，人们从对利润追求而得到长足进步的技术和科学的发展中，直接感受到的是人性“恶”，即人的贪婪的力量。实际这种贪婪不能归为人性而是资本的本性，它是一种客观力量，而非主体的力量。虽然资本的占有者是人，不是人赋予资本力量，而是资本赋予资本占有者以力量。资本主义社会的发展就是在一种异化力量即资本支配下发展的。资本为科学技术、为社会进步提供推动力量，可又是一种异化力量。竞争似乎是出于自由意志，实际上是资本逐利本性的驱使。在行动主体的目的背后是一种物化的力量。资本主义的自由放任政策，本质上就是适应这种任由看不见的手支配的无计划性的必然表现。

第二次世界大战以后，一些理论家们认为资本主义社会进入无危机的能自觉支配自己社会的发展阶段。当前的金融危机演变成世界性的经济危机，它证明资本主义经济尤其是金融行业仍然是处于缺乏监管的无政府状态。资本主义社会的发展与危机带来的破坏，不符合生活在资本主义社会中所有人的目的，也不符合融入全球化经济的所有人的目的，它是源自资本主义本性的一种具有规律性的自发力量。浮现在人们视线中的是资本主体自觉使尽诡计的贪婪行为，是监管缺失；从更深处看是资本主义社会资本本性高度膨胀下的一种必然性，它基于资本主义社会的社会基本矛盾。资本的社会规律对于生活在资本主义制度下的人是一种异己的力量，是各种危机的根源。马克思说过，“资本主义生产一方面神奇地发展了社会的生产力，但是另一方面，也表现出它同自己所产生的社会生产力本身是不相容的。它的历史今后只是对抗、危机、冲突和灾难的历史。结果，资本主义生产向一切人（除了因自身利益而瞎了眼的人）表明了它的纯粹的暂时性”①。资本主义的历史和当代现实完全证实了马克思关于资本主义不可能克服危机的预言。

正是由于客观规律对人掠夺自然行为的惩罚，人们认识到问题的严重性，开始从规律的惩罚中寻求对客观规律的自觉顺应。20 世纪下半叶，《寂静的春天》一书的问世，敲响了生态恶化的警钟。随后西方关于发展的著作、关于可持续发展的著作、关于生态伦理的著作，如雨后春笋，大量出现，表明人们从客观规律的报复中，力图使自己改造自然的行为合乎规律，从而使科学发展成为摆在全人类面前的一个时代性课题。

---

① 《马克思恩格斯全集》，第 19 卷，443 页。

对资本主义社会而言，由于其社会制度的性质，不可能从全球视角真正使自己的行为符合人与自然关系的总规律。西方发达资本主义国家虽然依靠科技在一定程度上注意国内的环保，但他们以邻为壑，把造成环境危害的工业和污染垃圾转移到发展中或落后国家。这不是真正认识自然规律，解决人与自然的矛盾，而是转移矛盾，把违背自然规律的祸水引向世界，有的学者称其为“生态帝国主义”。至于人与人的矛盾方面，它们采取一些福利政策来缓和人与人的矛盾，但贫富对立并没有消除，也不可能消除。因此在资本主义社会，人与人的矛盾也不会因生产力发展和科学技术的进步而消失。

资本主义社会基本矛盾的对抗性质，使它无法自觉规划自己社会的发展和前途。不管资产阶级理论家如何反对历史唯物主义，如何反对社会基本矛盾规律的学说，但最终迫使资本主义注意生态和调整社会关系的仍然是这个基本规律的强制作用。资本主义社会仿佛在大海行船，它有舵手即政府，但没有方向盘，即没有任何一个资本主义国家的统治者，能明确指明资本主义社会的前途和方向。正如布热津斯基所说，“今天的世界更像一架用自动驾驶仪操纵的飞机，速度连续不断地加快，但没有明确的目的地”①。这段话形象地说明了资本主义社会发展中的自发性。

当然，马克思主义关于资本主义必然为社会主义所取代的论断是资产阶级断断不能接受的。无论西方如何关注发展问题，它都永远说不出资本主义究竟向何处去，只能以历史的终结自慰。这与其说是对资本主义向何处去的答案，不如说是对不知道如何回答向何处去的一种搪塞。

不管所谓发达资本主义社会如何“发达”，自然科学与技术如何日新月异，它的每一个行动如何具有自觉性，但从社会发展的基本规律来说，仍然是自发性处于主导地位的社会。资本主义社会处于异化状态，无论就人与自然的关系，或人与人的关系，资产者及其政治代理人都不能说是自由的人，而是马克思说的“偶然性的个人”，仍然处于客观规律与人的行为对立的重压之下。

资本主义社会的经济和政治的发展规律及其结果，最终并不符合资产

① ［美］布热津斯基：《大失败与大混乱》，6页，北京，中国社会科学出版社，1995。

阶级及其政治代表的目的。因为资本主义社会由于客观规律的惩罚作用而把它们拖向它们不愿去的地方。现在西方颇为时兴的民主社会主义或第三条道路，就其历史意义来说，就是对客观规律惩罚作用的一种消极顺从，企图以这种消极顺应摆脱资本主义的困境。这肯定是难以如愿的。

三、作为科学发展观依据的客观规律

如果我们把中国共产党人的科学发展观放在整个人类历史发展过程，而不是仅限于从20世纪生态恶化成为理论热点角度来考察，将会使我们对科学发展观的把握更具历史感和现实感。

科学发展观包括三个关键词：发展、可持续发展、科学发展观。发展是社会的一种普遍状态。人类从原始社会到当代世界的历史表明，社会是发展的。虽然就某一个国家而言，在发展中可能有停滞、有倒退、有中断，发展从来不是直线的，但从人类社会历史总体来看，社会是发展的，这是历史规律。正因为这样，马克思把人类社会发展称之为自然历史过程。

可持续发展不同于一般发展在于它使发展成为可持续的、符合当代人和子孙后代需要的发展，并要求人对自己生活其中的社会与自然的关系、生产和生态的关系积极干预和自觉规划。从人类社会产生起，直到20世纪70年代，人类并没有提出可持续发展问题。人类社会发展的自发性长期处于主导地位。自发性处于主导地位，就是规律的盲目作用处于主导地位，必然性与自由处于矛盾状态。提出可持续发展是西方学者的一大贡献。可是西方学者的可持续发展观是片面的、有局限的，它着重的是人与自然的关系，而对资本主义社会人与人的矛盾，对人类生存的“社会生态”并不予以重视。这种可持续发展仍然是不可持续的，因为它并没有把可持续发展建立在社会生产关系的改造上，建立在确立以社会全体成员共同利益为目的的发展上。它把可持续问题纯粹变为一个资源问题、环保问题，把人的发展、人与人的关系的发展放在可持续发展范围之外。

中国共产党提出的科学发展观，已经超出了单纯的自然资源可持续发展的范围。它是把人民的根本利益作为发展的首要目的，把发展的自发性转变为自觉性，局部性发展转向社会总体发展，从非科学发展转向科学发展的一次变革，是人类走向自觉规划自己整体社会发展方向的理论和实践的里程碑。

社会主义社会的建立改变了以往社会自发性长期处于支配地位的状况，最充分地体现了社会发展活动的自觉性。马克思说过："共产主义和所有过去的运动不同的地方在于：它推翻了一切旧的生产和交往的关系的基础，并且破天荒第一次自觉地把一切自发产生的前提看作是先前世世代代的创造，消除这些前提的自发性，使它们受联合起来的个人的支配。"①由自发性处于主导地位到自觉性处于主导地位，这是共产主义社会包括它的社会主义阶段在内的社会形态不同于以往社会的特点。中国共产党人关于科学发展观的理论和实践，既不同于中国传统"天人合一"观念把规律道德化，也不同于资本主义社会的规律的异化，而是以社会客观规律作为引导社会发展的依据。没有对中国特色社会主义社会发展规律性的认识，科学发展观是不可能建立的。

人的认识都是在一定条件下产生的，条件达到什么水平，认识才能达到什么水平。我们究竟在何种程度上能从整体规划社会发展并实现自己的目的，仍然需要在实践和落实科学发展观过程中不断总结经验，逐步加深对中国特色社会主义规律的认识，与时俱进，校正原有的目的和计划。我们不可能详尽地掌握中国特色社会主义发展的全部规律，因而科学发展是一个动态概念，是根据实际情况不断对社会发展目的和计划进行校正和调控的过程。科学发展观的重大理论价值和现实价值在于，它为我们掌握规律性、提高发展的自觉性、减少盲目性提供了科学的指导原则。

从社会形态更替来看，在人类社会进入社会主义社会之前，不能说它的发展是合规律合目的的过程，而是社会发展规律的自发作用与人类活动的自觉性相互矛盾与交互作用的过程。当社会主义由理论变为现实，变为一种制度化的存在，就为有可能把由于规律盲目作用而产生的社会自发发展，转变为建立在把握社会发展规律基础上的自觉发展。在人类历史上，只有社会主义社会才为科学规划自身社会发展提供可能性。但在社会主义社会自发性仍然在起作用，这就是规律的盲目作用。社会主义社会由于违

---

① 《马克思恩格斯全集》，中文1版，第3卷，79页。

背规律同样会遭受惩罚。苏联社会主义的失败就是一个严重教训。苏联社会主义建设七十多年后解体，资本主义复辟。列宁和斯大林领导的社会主义革命和最终建成社会主义的目的并没有实现，无数先烈为之奋斗的目的并没有实现。苏联社会发展的结果与它的缔造者和建设者的目的相反，原因是多方面的。苏联七十多年后的解体与列宁和斯大林的最初目的并无直接因果关系，而是在七十多年历史过程中随着条件变化而产生的多种合力作用的结果。当然历史的成果并不会化为虚无。苏联社会主义社会缔造者的原初目的没有实现，但他们的努力创造并没有白费。苏联社会主义社会由于在它的内在矛盾和内外反对势力协同下终于陷于失败，但与社会生产力不可分的科学与文化成果仍然在一定程度上得到保留。当代俄罗斯科学和文化的发展水平，以及比较强大的军事力量仍然是苏联社会主义时期创造的历史遗产。历史发展最容易改变的是社会生产关系和社会政治制度，而已经获得的科学技术和文化成果会作为历史的积累而存在。这个规律同样说明，中国封建社会尽管王朝不断改姓，但文化的积累并未中断，它创造了辉煌灿烂的中国文化。

中国对社会主义建设规律的认识也经历了一个在失败和错误中摸索的过程。毛泽东在社会主义建设中根据中国的经验不断探索中国社会主义建设规律，他关于中国社会主义应该“走自己的路”、关于正确处理十大关系和正确处理人民内部矛盾、关于商品生产、关于价值法则、关于市场等的论述都是自觉探索中国社会主义发展规律的表现，但囿于时代和历史条件，究竟什么是社会主义和如何建设社会主义并没有作为时代课题摆在人们面前。毛泽东曾指出：“我们对规律性的认识，不是一开始就完善的”①，“我们对于社会主义时期的革命和建设，还有一个很大的盲目性，还有一个很大的未被认识的必然王国，我们还不深刻地认识它”②。的确，社会主义建设由于违背规律而受惩罚，包括“大跃进”、人民公社化运动和十年“文化大革命”中的错误都表现了这种盲目性。这表明在社会主义

---

① 邓力群主编：《经济战略家毛泽东》（一），144页，北京，中央民族大学出版社，2003。

② 《毛泽东文集》，1版，第8卷，198页，北京，人民出版社，1999。

建设的不少领域我们还在摸索，甚至可以说是处于盲目必然性的支配之中。失败和挫折教育了我们，任何违背社会主义基本矛盾规律，置生产力发展水平和状况于不顾的政策和措施，其结果都会事与愿违。社会主义社会同样应该按规律办事。社会主义制度并没有赋予领导者的“目的”和“理想”以超越客观规律的权力。目的并非决定性的，决定性的是目的性要与规律性相符合，而规律是在实践中逐步被认识的。我们不可能强迫规律服从目的，我们要根据规律制定目的和校正目的。这就是在处理客观规律与主体活动目的关系中的解放思想与实事求相结合的原则。

六十多年的中国社会主义建设是一个整体。前 30 年的成就和教训，为后 30 年的改革开放提供了前提和问题。改革开放政策为解放生产力、发展生产力提供了极大的空间，但我们同样需要积累经验和减少盲目性。我们要在较短时期内完成工业化和现代化的双重任务，经济的迅速发展和增长方式粗放的矛盾，以及生态环境恶化问题同样严重困扰着我们。这表明我们在人与自然关系问题上也受到自然必然性的报复；与此同时，在人与人的关系问题上人民内部矛盾日渐凸显，成为社会稳定和持续发展的“隐患”。如何科学地、有计划地规划社会主义社会的整体发展，是关系中国特色社会主义发展亟须解决的大问题。

人要在社会活动中变为自由活动的主体，是一个很困难的历程。即使在社会主义条件下，能否科学地规划发展，尤其是像中国这样一个幅员广大、人口众多、经济发展极不平衡的国家的确是一个很大的理论和实践问题，是人类历史上、社会主义发展史上从来没有碰到过的问题。马克思和恩格斯都说过“由必然王国向自由王国过渡”的问题，但它是以资本主义高度发展并以完全消灭资本主义为前提的。我们国家仍然处于社会主义初级阶段，由于生产力发展和经济发展水平的限制，由于多种所有制和分配方式的多样性，以及城乡差别和经济发展极不平衡的状况，要科学规划社会发展并实践科学发展仍然任重而道远。

科学规划社会整体的发展，包括经济、政治、文化、社会的平衡与协调，必然要求强化社会主义国家的职能，而国家职能的过度强化又可能妨碍社会的科学发展。这是一个涉及政治体制改革的大问题。而且如何正确处理计划与市场的关系，使公有制的主体地位保持不变与多种经济同时发展，特别是当中国经济融入全球经济，充分考虑国际环境变数对中国社会科学发展的影响，包括各种不可预测的偶然的突发因素的干扰，都关系到能否自觉掌握自己的命运、发展方向和前途的问题。这需要具备极大的政治智慧和高超的执政能力。科学发展观的提出，是人类在历史上第一次把自己生活其中的社会的整体发展掌握在自己手里。人类社会发展由以往“天”支配，异化的规律支配，到由人类自己规划自己的社会发展，这是人类社会发展具有世界意义的重大转折。

按照马克思主义关于社会发展的观点，要真正使人与自然的矛盾、人与人的矛盾得到彻底解决，真正由必然王国进入自由王国，必须由社会主义过渡到共产主义。马克思最早在《1844 年经济学哲学手稿》中就曾讲到，在未来共产主义社会，在扬弃私有制以后，人与自然的对抗矛盾、人与社会的对抗矛盾就会得到解决。当然这不是说，未来共产主义社会就是无矛盾的社会。列宁在论述关于社会发展中的矛盾问题时说过，在共产主义社会对抗消失了，矛盾仍然存在。但是在未来共产主义社会，由于追求经济效益而破坏自然，由于掠夺式生产而导致自然生态恶化的矛盾可以解决；由于物质占有关系和利益分配关系而产生的人与人的对抗矛盾可以解决。但是人类在新的社会发展水平上会产生新的矛盾，从本质上说，这种矛盾完全不同于阶级社会、也不同于社会主义初级阶段的矛盾。因此从马克思主义社会发展理论上说，共产主义社会是人与自然矛盾和人与社会矛盾彻底解决时的产物，这里的“矛盾”是有特殊含义的，指的就是与所有制关系、分配关系相联系的那种矛盾，以及以错误发展观指导违背客观规律而造成的矛盾，而不是泛指消除一切矛盾。无矛盾的社会是不可想象的。

至于“由必然王国向自由王国过渡”，同样有它的特定内涵和语境。前社会主义时期那种受制于异化规律的状态会消除，未来共产主义社会不存在阶级社会中那样的异化，而是随着私有制的扬弃，以资本主义为基础的异化同样得到扬弃。从人类社会发展来说，社会主义社会为人类社会发展合规律与合目的的统一的可能性和现实性开辟了极大空间。客观规律的自发作用或是说盲目性在很大程度上得到克服，人的活动自觉性与目的性之间的脱节和矛盾状况会得到改善。

共产党人的任务和最终目标是建立共产主义。我们无法预言共产主义社会和后共产主义社会究竟是个什么样的社会状态，马克思主义者不是空想家。但有一点可以肯定，人类永远达不到主体的目的与客观规律完全一致的绝对自由状态。世界是无限的，社会发展是永无止境的。在新的社会实践中仍然有新的规律有待不同时代的人们去认识，当未认识之前，规律的盲目作用仍然会存在，自发性仍然会存在。因此，人类的认识永远不会停滞，永远不会终结，总要有新的进步，总要有新的发展、新的发现。企图从社会发展中绝对清除自发性因素，一切都变为自觉，除非人是上帝。可是人永远是人，不是上帝。

与其说社会发展合规律合目的，不如说社会发展有规律、人的活动有目的。社会发展是人类活动不断减少自发性增强自觉性，减少盲目性增强规律性的过程，是把客观规律转变为主体自由的过程。这个过程永无止境。人类根据对规律的新认识，调整目的，使主体目的符合规律，而永远不可能强迫规律迎合人的目的。“大跃进”时期的“人有多大胆，地有多大产”固然是错误的，但现在流行的“心想事成”、“不怕做不到，只怕想不到”、“思想有多远我们就可以走多远”之类的口号，也只能是商业广告而不是正确的哲学命题。中国共产党人在实践中所要坚持的是，在目的和目的的实现中逐步消除目的的主观性，追求人的活动目的性与客观规律性的动态统一：在对规律的认识和运用中实现目的，在目的的制定和实现中体现规律。

历史主体与社会更替

一、劳动者的主体地位与社会地位的矛盾

劳动伟大与劳动者地位卑微，在资本主义社会，这种矛盾更为尖锐突出。与前资本主义不同的是，它不是个体劳动者的贫困，而是资本主义私有制下雇佣劳动者的贫困。资产阶级学者不再用“命该如此”来解释，而是用“理该如此”来解释。他们说，有产者按资本收入正如劳动者靠劳动收入一样，是公平合理的。萨伊的价值构成理论，利润是资本的收入、地租是土地的收入、工资是劳动的收入，就是“理该如此”的经济学论证。否则，社会将是一潭死水，没有前进的动力。这个“理”当然是有产者的“理”。确实，这种分配方式对资本主义生产方式只能如此，它有利于资本主义制度下生产力的发展。但资本主义剥削方式的历史必然性和合理性，不能成为雇佣劳动剥削制度永恒性的根据，更不能成为劳动者必须“安贫”的根据。“该”如此，不能是永远“该如此”。马克思承认资本主义制度的历史合理性，但批评把资本主义制度永恒化的理论家是“蠢材”，“不懂得资产阶级制度的伟大和暂时存在的必然性”。列宁则直接将把资本主义制度的合理性永恒化斥之为“资本家有学问的奴仆”。

当然，资本主义社会产生了专业的脑力劳动者，他们也属于劳动者的行列。与前资本主义社会不同的是，在封建社会所谓“劳心者”地位是变化的，往往属于统治阶级队伍，但也经历了一个过程。在战国时代的“士”，最有水平的是游说的人，类似智库性人物，不过不是群体而是个

人。用，则有地位；不用，则无地位。汉代地位也不高。司马迁《报任少安书》中说，“仆之先非有剖符、丹书之功。文、星、史、历近乎卜祝之间，固主上所戏弄，流俗之所轻也”。“学而优则仕”是隋唐科举制以后读书人的出路。此后读书通过科举成为官僚后备军。

资本主义社会的专业脑力劳动者多属于雇佣劳动队伍。马克思在《共产党宣言》中说：“资产阶级抹去了一切向来受人尊崇和令人敬畏的职业的神圣光环。它把医生、律师、教士、诗人和学者变成了它出钱招雇的雇佣劳动者。”① 体力劳动者和脑力劳动者的地位和收入不同。脑力劳动者地位高于体力劳动者，白领高于蓝领。但他们本质上也是雇佣劳动，是谋生的劳动。当代白领的生存状态和困境，即是劳动异化的一种表现。

只有马克思对于异化劳动的分析，对于资本主义制度下劳动与劳动者之间矛盾产生的必然性、条件及其历史意义的分析，最有说服力。劳动是人的类本性，而劳动的异化则是历史的一个片断。

人与动物最根本的区别在于人的劳动，其他的一切区别都是从这里发生的。人是所有动物中，唯一依靠自己的劳动维持生存的动物。但进入所谓“文明社会”后，人类长期处于“劳心者治人，劳力者治于人”的社会。劳动者的卑微地位，遮蔽了劳动的创造性作用和劳动者的历史主体地位。这是历史观中长期为唯心主义观点盘踞的重要原因。西方有些学者批评马克思推崇劳动是单纯生产观点，这种说法是错误的。劳动在人类自身发展中的作用，不会因为劳动者地位卑微而改变，也不会因为推崇劳动而成为各种不合理的劳动制度辩护词。看不到这一点，就不懂什么是历史唯物主义。劳动对人类是最最重要的。只有劳动才改变了人与自然的关系，使本能的人脱离动物成为人，才逐渐产生意识和彼此交流的语言。也正因为劳动才产生社会。从此，人的发展，不是依靠自身器官的进化，而是人类从事劳动的生产工具的进步。这种进步是无止境的。人的生理变化是有限的，而劳动工具的改进和生产力的发展是无限的。建立于劳动工具改进和生产力发展的人类社会，其发展是加速的。不从劳动着手，就无法发现人类在劳动中形成的社会结构和它的运动规律。马克思从劳动中找到了揭

① 《马克思恩格斯选集》，2版，第1卷，275页。

开社会历史之谜的钥匙。

在所谓文明社会，劳动对劳动者来说的确是一种折磨。这表明劳动并不是抽象的，它与生产关系不可分。有奴隶劳动，有农奴劳动，有雇佣工人的劳动。而且在阶级社会中，劳役，往往成为统治者对被统治者违反法律的一种额外惩罚。劳役失去了劳动应有的尊敬，成为一种灾难，成为对人性的一种摧残。资本主义制度下的劳动不是惩罚，而是自愿的“被劳动”。它是职业，是谋生手段，是一家人生存之所系。但工人从这种劳动中得不到喜悦和自我创造本性的发挥。他们既厌恶这种劳动又害怕失去这种劳动。失去劳动就是失去生存。马克思对异化劳动曾有过尖锐的抨击。他说工人“劳动不是自愿的劳动，而是被迫的**强制劳动**。因而，它不是满足劳动需要，而只是满足劳动需要以外的需要的一种**手段**。劳动的异化性质明显地表现在，只要肉体的强制或其他强制一停止，人们就会像逃避鼠疫那样逃避劳动。外在的劳动，人在其中使自己外化的劳动，是一种自我牺牲、自我折磨的劳动”①。这就是资本主义社会中一种极不合理的劳动状态。

在雇佣制度下，劳动这种最具创造性的活动，成为最令人憎恶的活动。马克思倡导“解放劳动”，不是说不要劳动，而是使劳动真正成为人的自由自觉的活动，成为一种享受，成为人的自我创造和成长。“解放劳动”的真正涵义就是解放劳动者，使劳动者真正成为社会的主人，成为最受尊敬的人。这是马克思和恩格斯毕生为之奋斗的理想。重新恢复劳动和劳动者尊严的理想，就是共产主义理想。可历史充满吊诡。异化劳动的可憎之处在于“异化”，而不在于“劳动”。当我们参观金字塔，游览长城，徜徉在颐和园、故宫，当我们看到如今世界大城市中那些高耸入云的摩天大楼，看到种种新奇的建筑物，看到的是令人叹为观止的壮丽、巍峨和雄伟。我们看不到奴隶的泪水和骸骨，看不到当代建筑工人的血汗。历史就是这样。当人类劳动以文明成果的形式留给后世时，子孙们享受的是成果，而不是咀嚼成果中凝结的血泪。劳动虽然是异化的，但它的成果却无比辉煌。劳动者以自己的苦难，为人类留下了美，留下了文明的果实。他

---

① 《马克思恩格斯全集》，中文1版，第42卷，94页。

们无名无姓，可他们的业绩永远镌刻在人类文明史上。这就是历史，是人类的文明史。这是劳动者的伟大，也是历史唯物主义把历史视为劳动人民历史的根本原因。想想看，如果没有世世代代劳动者的劳动，我们现在看到的世界无非是未曾耕耘杂草覆地的荒原。

我们国家正处在社会主义初级阶段。我们确立的是以公有制为主导的多种经济成分共同发展的经济结构。在中国仍然存在相当比重和各种形式的私有制，存在雇佣劳动制度，存在比较严重的贫富失衡现象。我们党倡导以人为本，提倡人的尊严，提倡尊重劳动，尊重劳动者。但由于资本与劳动关系的特殊性，农民和农民工仍然是弱势群体。尤其是资本崇拜、权力崇拜，资本与权力的非正常结合，更加深了劳动者的边缘化。劳动与劳动者地位不相称的情况依然很严重。这是个值得重视的社会现象。随着改革开放的深化，我们党正在采取有效政策逐步改变这种情况，恢复劳动和劳动者在社会主义社会应有的地位。应该说，劳动受尊重的程度、劳动者的政治权力、文化权力和对经济发展成果的共享程度，是社会主义社会本质的一个重要标志。当然，要真正使劳动成为具有创造性的人们热爱的自觉活动，而不是单纯的谋生手段，我们还有很长一段路要走。可喜的是我们迈开了脚步，正在朝这个方向前进。这是引导我们前进的旗帜。

二、人民群众的决定作用与社会的更替

人民群众是历史的决定力量，很多人不相信这条原理，因为在实际生活中，我们看到的是政治舞台前台的力量，是统治者的力量，是英雄人物的力量，而群众则是渺小的，是任人宰割的、役使的、跑龙套的。可是，如果我们不停留在历史的表层而深入历史的内核，则会观察到历史的另一面。

在封建社会中，天无二日，皇帝就是一个人，所以皇帝自称寡人、孤家。满朝大臣比皇帝人数多得多，可是仍然俯首听命于皇帝，皇帝具有生杀予夺的权力；为什么多数人怕一个人？从全国来说，老百姓比官员多得多，比如一个县，老百姓比县长多，可老百姓还是要听命于官，尊称为“县太爷”。当然，全国都得听命于皇帝？因为他有才能吗？不是。“贤人而屈于不肖者，则权轻位卑也；不肖而能于贤者，则权重位尊也。尧为匹

夫，不能治三人，而桀为天子，能乱天下。吾以此知势位之足恃，而贤智之不足慕也。”韩非是法家，讲的是法家的道理，此言有理，但韩非并不知道是什么支撑统治者的权力，而只知道法势术。

在封建社会，才能中等甚至像晋惠帝那样“何不食肉糜”的白痴皇帝也不少见，只要在位，仍然是位尊权重，一言九鼎，金口玉言。为什么？因为他掌握权力，什么是权力？就是他掌握军队、警察、监狱等等可以使用的镇压工具。皇帝一人统治天下，依靠的不是个人才能，而是权力。如果没有国家机器，没有文武百官，没有军队，也不过是一介凡夫，即使本领再大也是虎落平原、龙困浅水，什么也不是。当然，另一方面是思想传统的力量。这就是人们认为这种一人统治全国，少数统治多数是正常的，理该如此。这就叫做正统观念。改朝换代时，人们不习惯，要当忠臣，不当贰臣，忠于一家一姓。这种正统观念，是长期封建社会制度化统治的结果，而不是原因。最根本的还是权力的统治。在长期权力统治下形成的“理应如此”观念，就是正统观念。观念是权力的思想辅助器。

权力是如何维持的？靠税收。大小官员要薪金，或称俸禄；兵要粮饷，总之维持这个权力需要钱。哪里来？来自老百姓。是人民进行生产才能创造物质财富，才能有税收，才能有官俸有军饷。物质生产才是社会存在和运转的基础，才是任何政治权力得以运转的基础。而老百姓或称之为群众才是物质资料的生产者。一切权力的掌握者和运用者都不是生产者，而是统治者。可如果劳动者不劳动，这个社会就不复存在。这就是为什么封建社会比较开明的政治家倡导民本主义，教导储君“水可载舟，亦可覆舟”，这并不出于道德、出于爱民，而是出于对老百姓是生产者和兵源这个简单的经济事实和政治事实的确认。

封建社会，如果农民不耕田纳粮，不当兵，皇帝还能当下去？官，还能做下去？不能。所以归根结底，皇帝的权力、官员的权力是老百姓用赋税支撑的。如果老百姓起来造反，不纳粮不当兵，这个朝代就是末日了，又得换一茬人。这就是封建社会的农民革命。社会最后的决定权在群众，只是群众平日无声无息，默默以生产支撑社会，仿佛牛马，而一旦走投无路，生活不下去，起来造反，就会成为王朝兴亡的决定力量。这个时候仿佛一切都倒转过来了，不是老百姓怕官，而是官怕老百姓，不是老百姓怕皇帝而是皇帝怕造反的老百姓。这时才显示出群众是最终决定历史的力量。历史证明，人民群众始终是历史决定力量的最后“发言人”。

资本主义社会之所以比封建社会进步，它不同于皇权至上，而是民权，即实行民主制。可资本主义民主制，本质上是精英政治或称精英权力，仍然是少数人的统治。它同样需要官员，这些所谓被选举出来的官员，仍然是由最高权力中枢控制的；军队、警察、监狱不属于某一党派而属于国家，可资本主义国家就是资本家的大管家，是资本主义制度的维护者。军队、警察、监狱维护资本主义私有财产制度和国家制度。而维护费仍然是需要靠税收，没有税收就是财政赤字，政府停摆。你看看美国两党为加税还是缩减开支而开打，弄得奥巴马焦头烂额。税收似乎是富有者的负担，税收的本质就是剩余价值的分割，它是由生产者生产的剩余产品转化的形态。在资本主义社会同样是没有劳动者（包括体力劳动者和脑力劳动者，或者说白领和蓝领，工人和技术人员），就没有税收的源泉。当然在经济全球化时代，跨国资本可以依靠国际贸易赚取世界的财富，但归根结底它也是生产者生产出来的，不过是由穷国转到富国而已。物质资料生产是资本主义社会得以存在和运转的原则没有变，只是方式不同。

资本主义社会要存在就必须倡导民主，因为普通劳动者是资本主义社会存在下去的支撑。资本主义政治统治方式或者政治制度的进步并不是道德的进步，而是生产方式变化的必然结果。有资本主义生产方式，在资本主义生产方式基础上必然建立资本主义的政治制度，不可能设想在资本主义生产方式上建立封建皇权制度。即使资本主义社会可以有国王、有王室、有公主、有王子，但已经是资本主义化的国王、王室、公主、王子。他们要按资本主义制度的规则生存。他们不具有封建社会的政治权力，而是稳定社会和民心的传统和道德力量，是国家和民族的象征，是由资产阶级供养的“社会稳定器”。

社会主义社会不同，它既不同于封建社会的民本主义，也不同于资本主义社会的民主制度，但同样有个如何对待老百姓的问题。社会主义需要民主，这种民主在中国特色社会主义理论的制度中集中表现为“以人为本”。在中国“以人为本”既是一种关于发展的观念，又是一种制度安排，它突出了人民在社会主义制度下的地位。就他们是社会主义社会存在和运转的基础而言，这一点同以往社会一样。劳动者的生产是社会主义国家财政和赋税收入的来源。不发展生产，社会主义就不能生存和发展，而生产总是由生产者来生产的，普通的工人、农民、知识分子的劳动是社会主义存在和发展的基础。但有一点根本不同于以往封建社会和现在的资本主义社会，那就是虽然劳动者仍然是生产者，为国家提供财政和税收，但同时又是国家社会的主人。与封建社会、资本主义社会、社会主义社会老百姓的地位不同，在封建社会是平民，在资本主义社会是公民，而在社会主义社会则既是平民、公民，又是主人。如果在社会主义社会群众只是封建社会当兵纳粮的平民，只是资本主义社会参与政治活动、有投票权的公民，而不是国家的主人，这就不是社会主义社会的"以人为本"。这只能是政治解放，而不是朝人类解放的方向前进。投票权重要，但被选出的人为谁服务、代表谁的利益更重要。如果选票仅仅为政客"抬轿"，抬进政府后，轿夫依然处于卑微地位，是永远的抬轿者。迷恋于这种选票民主的人，只配当轿夫。

在任何社会形态中，群众都是物质生产者，是社会得以存在和运转的担当者，而在矛盾无法解决的政治变革时期，又是变革社会的主力军。群众在日常生活中柔软如水，平静、驯服，默默以劳动产品支撑社会，而一旦爆发，就如山洪，如泥石流，如海啸，没有任何力量可以阻挡。这就是为什么历史唯物主义把人民群众视为社会发展的决定力量，而把与人民站在一边作为群众力量的组织者和发动者，视为英雄人物、伟大人物。英雄人物、伟大人物的力量正在于他们组织的人民群众的力量，被组织被发动的人越多，越是伟大。否则，个人力量不管如何大仍然免不了"霸王别姬"的命运。

三、政权更迭与历史经验的总结

杜牧在《阿房宫赋》中关于秦王朝经验总结时说，"秦人不暇自哀而后人哀之；后人哀之而不鉴之，亦使后人而复哀后人也"。这是历史理论中的一个重大问题。人究竟能否从历史中吸取经验教训？中国传统重视历史经验，倡导以史为镜，中国惯例都是胜利者为前朝修史，目的也是论前朝之得失，以便借鉴。西方人也说，读史使人明智。可黑格尔不相信，他在《历史哲学讲演录》中说，“经验和历史告诉我们的是这样：各个民族及政府从来都没有从历史中学到什么，也从来没有按照历史中所能吸取的那些经验行动”。

中国人重视历史的传统，重视历史的教训。唐代史学家吴兢撰写的《贞观记》是一部传世之作，是有关唐代贞观年间李世民与名臣魏徵等人的关于如何治理国家的经验总结。从君臣关系、君民关系以及轻徭薄赋、劝农课桑、廉洁奉公、任贤纳谏等一系列治国方略，有许多至理名言，如“理天下者，以人为本”、“凡事皆须务本，国以人为本”、“竭泽而渔，非不得鱼，明年无鱼；焚林而畋，非不得兽，明年无兽”、“君本舟也；人水也。水能载舟，亦能覆舟”、“鱼失水则死，水失鱼犹为水也”，等等，都足以传世。几乎历代中国储君从小就接受“水可载舟，亦可覆舟”的教育，可是几乎最后都是在农民被迫起义中灭亡。尽管都在研究历史、研究历史的经验，但都无法避免历史的更替。因为历史有自身发展规律。从每个王朝创业之主的生机勃勃、勤政爱民到逐渐积重难返、矛盾激化，载舟之水变为覆舟之水，最后是旧王朝覆灭、新王朝诞生。历史的进步就是这样在不断存亡兴废中，以新王朝的雄壮序幕开始，以末代皇帝的悲剧结束。

每个王朝的创业者都是以长治久安、万世一系为目的总结历史经验。李世民与魏徵的一段对话就说明这一点。“贞观六年，太宗谓侍臣曰：看古之帝王，有兴有衰，犹朝之有暮，皆为蔽其耳目，不知时政得失。忠正者不言，邪谄者日进，既不见过，所以至于灭亡。朕既在九重，不能改善见天下事，故布之卿等，以为朕之耳目。”魏徵回答说：“自古失国之主，皆为居安危，处理忘乱，所以不能长久。今陛下富有四海，内外诸清晏。能留心治道，常临深履薄，国家历数，自然灵长。”李世民的求治心切，魏徵的回答也很有理。唐王朝为中国历史增光添彩，贞观之治尤为唐之盛世，但“国家历数，自然灵长”之说，不可能实现。安史之乱后日渐衰落，至公元907年梁王朱全忠篡位灭亡，一个轰轰烈烈的唐王朝也只延续了289年。

这并不是说，黑格尔说的“不能从历史经验中学到什么”的说法是完全正确的。只能说，当总结历史经验的目的与历史规律相违背，经验是无用的。历代帝王总结经验都是为了万世一系、子孙永继，这是任何人都无法达到的。即使英明如李世民，贤相如魏徵，也不可能达到。例如，“水可载舟，亦可覆舟”之理，历代皇帝都知道，“民为邦本，本固邦宁”之理也都知道，李世民说得非常恳切：“为君之道，必须先存百姓。若损百姓以奉其身，犹割股以啖腹，腹饱而身毙。”可是，封建社会发展规律只能“割股以啖腹”，因为随着王朝腐败，赋税日重是规律性的现象：“任是深山更深处，也应无计避征徭。”

一个所谓“明君”往往是注重历史经验的统治者，他可以从历史中吸取经验，实行某些所谓善治、善政，振兴王朝，而一个“昏君”实行的政策，可以加速灭亡。但是任何经验都不能与历史规律相背。《贞观政要》中的种种至理名言，都难以挽救历代王朝的灭亡，因为他们总结经验的出发点不是为了老百姓，而是为了使百姓成为载舟之水，可统治者的本性又使他必须依靠加强赋税积累财富，维持统治者的奢侈生活、全部官僚机构和军队的费用。他们的“以人为本”或“以民为本”不可能是真实的彻底的，而是为了巩固统治的一种治国方略，并非真心爱护老百姓，就像魏徵说的，“竭泽而渔，非不得鱼，明年无鱼；焚林而畋，非不得兽，明年无兽”。这就是为什么历代统治者并不能真正从历史中吸取经验的原因，因为支配历史发展的是社会基本矛盾规律。不管《资治通鉴》或者什么历史书，都无法根本解决封建王朝的长治久安问题。

王朝兴亡是规律。与人民为敌，终究会灭亡。蒋介石是一个突出的例子，蒋在与共产党斗争中，非常重视王阳明和曾国藩，王、曾既是理学家又是平定农民革命的统帅，他们有如何攻心的策略，又有如何平定农民起义的作战经验。可是不论蒋介石如何重视王阳明与曾国藩，既搞军事围剿又搞文化围剿，还搞什么“新生活运动”，终究没有挽救自己的灭亡。王阳明和曾国藩对付的是农民，假借孔孟之道；而蒋对付的是由共产党领导的农民，对付的是马克思主义。王阳明和曾国藩救不了蒋介石政权，“新生活运动”也无济于国民党的长远统治。

中国共产党非常重视历史。毛泽东说过，“历史的经验值得注意”。毛泽东对郭沫若写于抗日战争后期的《甲申三百年祭》，非常重视，不仅批示《解放日报》全文转载，并印发全党作为整风学习文件。李自成进北京后迅速腐化，不止是身居高位的牛金星，而是大小官员弹冠相庆，搜括钱财。中国革命主力同样是农民，可以说是农民革命。作为农民革命领袖的李自成进入北京，取得政权，结果退出北京、兵败身亡的下场，足以为训。毛泽东之所以重视这个经验，因为中国革命同样面临农民进城的问题。他在党的七届二中全会上即向全党敲出警钟；在进入北京途中，一直提出不要学李自成。这就是吸取历史经验。

在全国胜利后，反腐败问题成为毛泽东注意的一个重大问题。至今腐败仍然是威胁中国共产党的心腹之患。党中央自改革开放以来，一直提出要注意反腐倡廉问题，就是吸取历史的经验。邓小平从苏联解体中吸取经验，提出发展生产力、解放生产力，提出社会主义的改革开放问题。胡锦涛从世界工业化历史中，从当代生态恶化问题出发，提出可持续发展问题。这都是从历史中包括从世界观历史中吸取经验教训。这是有效的，因为中国共产党是代表老百姓，而不是代表一小部分统治者为巩固自己的统治而吸取经验。因此，在中国共产党的政策中，历史规律、历史经验、人民利益这三者是一致的。历史和历史经验对我们是有用的。这说明吸取历史经验有个立场问题，有个“为”什么人的问题。

凡是逆历史潮流而动的人，不可能从历史中真正吸取教训，因为他们总自以为自己的统治与前人不同；可时代在进步，历史在前进，天下之公器，不可能永远为一小撮统治者所独霸。凡是为了老百姓，真正代表老百姓利益，就可以从历史的教训中吸取经验，因为它是顺应历史潮流，代表最大多数人民的利益。历史潮流是历史规律的外在表现。“顺之者昌，逆之者亡。”

统治者巩固统治的政治经验仅是历史的极小的一部分，对人类的认识来说，人类在认识世界和改造世界中积累了很多的经验，包括科学的发展、技术的发展、文化的发展，等等，都是人类经验的积累，是前人的足迹，我们可以从中得到教益。历史既是人类文化的大水库，又是不断输送人类历史经验的河道。它是积累的又是流动的。中国共产党重视中国几千年来的历史经验和文化成就，重视中国近代史特别是鸦片战争以后沦为半封建半殖民地的民族史，重视中国革命战争史和中国共产党自身的历史。中国共产党一以贯之地提倡全党要重视学习历史，注意历史的经验和教训。与历代统治者为巩固自己的统治而求助于历史经验不同，中国共产党人可以最大限度地从历史的经验和教训中得到教益。

黑格尔说的，“人类没有从历史中学到什么”，只是对那些企图从历史经验中学到永远保持自己特权和统治的人来说是正确的。正如侵略者一样，有多少侵略者能从历史经验中吸取“多行不义必自毙”教训？历史经验证明，没有一个民族可以长期统治别的民族，没有一个侵略者最终不会失败。可是凡侵略者没有人会相信这条经验，总认为自己是例外。要侵略者从历史上侵略者的下场中吸取经验、停止侵略是不可能的。这同样是一条经验。

历史唯物主义视野中的财富观

一个民族的文化传统对于财富观有深远影响，但最终具有决定作用的是生产方式。财富观的秘密存在于生产方式之中。历史上财富观的嬗变与生产方式的更替存在内在的关联性。“小国寡民”与“安贫乐道”只能源自农业生产方式。“经济人”假设与新教伦理是资本主义生产方式的产儿。社会主义生产方式有自己的新财富观。历史唯物主义是打开财富观演变之锁的钥匙。

一、“小国寡民”与“安贫乐道”

“小国寡民”与“安贫乐道”，曾经是中国古代财富观的重要观念。《道德经》中最高理想，就是“小国寡民。什伯之器而不用；使民重死而不远徙。虽有舟舆，无所乘之，虽有甲兵，无所陈之。使民复结绳而用之。甘其食，美其服，安其居，乐其俗。邻国相望，鸡犬之声相闻，老死不相往来”①。如果离开了对商品交换和交往关系极不发达、自给自足的小农生产方式的透析，当然不能理解这种安土重迁、老死不相往来的社会理想。这种东方式的小农经济的理想国，与处于城市国家、手工业和分工比较发展、奴隶制繁荣时期的柏拉图的理想国，大异旨趣。

同样是建立在农业生产方式基础上，儒家学说又有其特点，这是因为在生产方式基础上，上层建筑中的政治制度对观念具有重要作用。老庄可

① 《道德经·八十章》。

以说是在野派，而儒家创始人孔子有治国平天下的政治抱负。儒家的理想不是小国寡民，而是实行王道仁政。孔子不反对富国富民，对国家而言：庶之、富之、教之。庶，是增加人口，人是农业劳动力，人丁旺，是农业发展的首要条件；富，是让百姓生活富裕；教，富而后教，加强教育，富而好礼。对个人也不是一味反对富，他说过，“富而可求也，虽执鞭之士，吾亦为之”①。

儒家把富民政策寄托于仁政，分配方式是平均主义，“不患寡，而患不均”。孟子：“五亩之宅，树之以桑，五十者可以衣帛矣；鸡豚狗彘之畜，无失其时，七十者可以食肉矣；百亩之田，勿夺其时，数口之家可以无饥矣。”② 所谓仁政理想，求的是实现小富、均富、五十衣帛、七十食肉。在生产力不太发展、财富不很丰富的小农经济时代，这是社会稳定和实行仁政的最高理想。

小农生产方式规模狭小，没有普遍交往，生产力较低，财富表现为自给自足、满足人的日常生活即可的使用价值。它是一种自然形态的财富，既不能转化为作为财富等价物储藏的金银货币，更不能转变为资本，不能作为物质财富无限地、长久地大量储藏。这种状态必然影响个人财富观。儒家重德不重富，重义轻利，忧道不忧贫。孔子赞扬“一箪食，一瓢饮，在陋巷……不改其乐”③ 的颜回，提倡“饭疏食饮水，曲肱而枕之，乐亦在其中矣。不义而富且贵，于我如浮云”④ 的处世态度；庄子处世淡薄，只求免于饥寒，无需积累，他说，“鹪鹩巢于深林，不过一枝；偃鼠饮河，不过满腹”⑤。就是以维持个体生命存在最简单的生理需求作为衡量财富的尺度。小农生产方式倡导知足常乐、安贫乐道、具有平均主义特色的财富观，可以说是势所使然。

当然，封建社会的生产和生产力同样是发展的。封建生产方式经历过早期之后日趋发展和成熟。面对大一统的中国，“小国寡民”或“五十衣

① 《论语·述而》。
② 《孟子·梁惠王上》。
③ 《论语·雍也》。
④ 《论语·述而》。
⑤ 《庄子·逍遥游》。

帛、七十食肉”的财富观，逐渐失去它存在的经济和政治基础。但是儒道财富观中，尤其是儒家财富观作为主要传统仍在起重要作用。对国家来说，道家“治大国如烹小鲜”、“顺其自然”无为而治的理念，成为历代创业君主实行轻徭薄赋、休养生息、治国理财的指导原则；儒家的仁政爱民的内容不同于早期的“五十衣帛、七十食肉”的观念，但王道仁政、以民为本的思想仍然在起作用。王道仁政在封建社会当然只是一种理念，而非历史事实，但它对皇权专制体制和重赋苛政有一定约束作用；特别是在个人道德和品格的培育上，无论是庄子“视相位如腐鼠”蔑视权贵的品格，还是儒家的“学而优则仕”，都不主张个人对财富的非分追求。尤其是儒家“以义取利而不能见利忘义”的观念，是一笔正确对待财富的宝贵观念。“孔颜乐处”历来为中国知识分子所赞赏，成为中国士人对待财富的最高境界，也是我们至今仍可从中得到个人品格修养启发的思想文化传统。

二、“经济人”假设与财富异化

贫穷是社会的苦难。追求财富，对社会来说是一种进步。社会财富的增加，意味社会进步、生产力的发展、人的主体能力的提升；如果人人安贫乐道，不追求财富，社会总体财富如何增加、社会如何进步？反之，如果个人不能分享社会财富增加使生活富裕，人们对财富欲望和渴求的热情被窒息，个人就没有增加财富的动力。小农生产方式基础上对待财富的态度，在资本主义生产方式下当然行不通，它不符合正在兴起的市民社会的需要。马克思说：“为要说明封建的财产关系的消灭，现代历史学家就必须指出现代运动的特征，这就是在运动的进程中，正在形成的资产阶级已达到这样的程度：其生活条件已充分发展，它完全可以消灭一切封建等级和它自己先前的封建生存方式，因而也可以消灭这些封建等级赖以进行生产的封建生产关系。”①

亚当·斯密，作为工业革命时期新兴资产阶级的理论家，重视财富生产，他撰写的《国富论》是经济学的传世经典之作。这是为新兴资产者如

① 《马克思恩格斯全集》，中文1版，第4卷，352页。

何满足个人对财富的追求、同时增加国家社会财富总量而阐明的经济学理论。他在讲到政治经济学的目的时明确说过："第一，给人民提供充足的收入和生活资料，或者更恰当地说，使人民能够为自己提供这样一个收入或生活资料。第二，为国家和联邦提供一个足以支付所有公共开支的收入。其目的是要使人民和君主两者都富裕。"① "经济人"假说和"看不见的手"都是为此而提出的理论。前者着眼的是作为财富追求主体的人的本性，后者着眼的是每个人追求财富合力形成的作用。这两者都是资本主义社会中个人财富和社会财富增加所必需的。一个安贫乐道、重义轻利、没有追求个人财富的欲望和激情的"道德人"，是不符合正在兴起的资本主义经济要求的。

马克斯·韦伯《新教伦理与资本主义精神》中的新教伦理与"经济人"假设本质上是一致的。不同的是后者属于经济学；而前者属于伦理学。资本主义发展既需要"经济人"的逐利本性，又需要新教伦理所张扬的道德品格。节俭、勤奋、守财、积累是资本主义财富积累最宝贵的道德杠杆，韦伯以上帝的名义使其神圣化，把增加财富视为对上帝的义务。资本主义产生和发展当然不是宗教道德的功劳，而是资本主义必然从自身生产方式中产生这种伦理观念和"经济人"假设。

毫无疑问，追求金钱利益并非资本主义特有的。从私有财产制度产生以后，当货币成为普遍等价物，追求金钱和财富可以在各式各样的职业和人物中发现，仿佛被铸造为人的本性。但不同的是，在资本主义社会对利润的追逐和财富的积累，不是个别人的品质而是资本的天职和本性。所谓新教伦理的精神是资本主义精神。人们追求财富的欲望同样存在于前资本主义社会，但资本主义精神却是资本主义社会的精神，是资本本性的理念化。正因为这样，新教伦理是翻译为道德的资产阶级国民经济学，反过来也可以说，资产阶级国民经济学是翻译为经济学的新教伦理。马克思在《1844 年经济学哲学手稿》中就是把两者的道德观视为一体的。他说，资本主义经济学是"发财致富的科学"，又是"关于惊人的勤劳的科学，同时也是关于**禁欲主义**的科学，而它的真正理想是……**禁欲的**但进行**生产的**

---

① ［英］亚当·斯密：《国富论》上，397 页，新世界出版社，2007。

奴隶”。还说，“国民经济学，尽管它具有世俗的和纵欲的外表，却是真正道德的科学……它的基本教条是：自我克制，对生活和人的一切需要克制。你越少吃，少喝，少买书，少上剧院、舞会和餐馆，越少想，少爱，少谈理论，少唱，少画、少击剑等等，你就越能**积攒**，你的既不会被虫蛀也不会被贼盗的宝藏，即你的**资本**，也就会**越大**”①。马克思的《1844年经济学哲学手稿》是早于韦伯《新教伦理与资本主义》六十多年的著作，它反对国民经济的道德产生资本主义的神话，而是把它视为资本主义经济要求的必然反映。新教伦理的本质同样如此。资本主义财富观与资本主义经济发展不能头足倒置。这是历史唯物主义关于社会存在决定社会意识的颠扑不破的真理。

财富是劳动创造的。但是劳动不能单独构成财富的源泉，劳动始终是一定所有制形式下的劳动，只有通过所有制才能把劳动和劳动对象结合在一起。在农业生产方式下，个人劳动与土地及其产品是紧密相连的。而在资本主义制度下财富中存在异化，这是资本主义私有财产制度下异化劳动的必然表现。

异化劳动在创造财富时并未合理地发展劳动者的主体力量，而是使它片面化和畸形化。财富的异化不仅体现为创造财富的劳动主体的异化，还表现为分配的异化。资本主义的财富增加的一个突出现象，就是社会财富增长与创造财富劳动者的贫困成正比。从社会来说，生产力发展、经济发展，社会的总体财富增加，可同时越来越多的人陷入贫困。劳动创造财富，但劳动者并不会因劳动而致富，而是使不劳动者致富，少数人占有社会大量财富。

自资本主义社会诞生以后，就开始了生产力越发展、社会总体财富越增加、相对贫困和绝对贫困人口就越增加的进程。劳动者个人财富的占有与社会财富的增加处于分离状态。马克思对资本主义条件下创造财富的劳动的异化做过生动的描述：“工人生产的财富越多，他的产品的力量和数量越大，他就越贫穷。工人创造的商品越多，他就越变成廉价的商品。物的世界的**增值**同人的世界的**贬值**成正比。劳动不仅生产商品，它还生产作为**商品**的劳动自身和工人，而且是按它一般生产商品的比例生产的。”②

---

① 《马克思恩格斯全集》，中文1版，第42卷，135页。

② 同上书，90页。

在农业生产方式中，农民可以有自己一块小耕地，依靠自己的劳动聊以卒岁；“稻花香里说丰年，听取蛙声一片”是对风调雨顺、衣食暂可无虑的农家生活的彩色描绘。资本主义工业社会不同，因为劳动与劳动对象的分离，注定失去劳动对象的劳动者，就会因失业而落入悲惨境地。以往小农家庭无论如何贫穷，都会有几亩薄田和简陋的茅屋栖身，而在资本主义社会，被排除在劳动之外的“劳动者”，除了贫民窟以外，就是沦为乞丐和无处栖身的街头流浪者。

住宅问题是工业化进程中一个严重的社会问题。马克思在《1844年经济学哲学手稿》中曾生动描写过社会财富增加，而创造财富的劳动者因无住房而退回洞穴的荒谬情况。马克思说：“人又退回到洞穴中，不过这洞穴现在已被文明的熏人毒气污染。他**不能踏踏实实地**住在这洞穴中，仿佛它是一个每天都可能从他身旁脱离的异己力量，如果他交不起房租，他就每天都可能被赶出洞穴。工人必须为这停尸房**支付租金**。**明亮的**居室，曾被埃斯库罗斯笔下的普罗米修斯称为使野蛮人变成人的伟大天赐之一，现在对工人说来已不再存在了。光、空气等等，甚至**动物**的最简单的爱清洁习性，都不再成为人的需要了。**肮脏**，人的这种腐化堕落，文明的**阴沟**，成了工人的**生活要素**。”① 这是私有制下高度工业化、城市化的溃烂之物。

当然，当代资本主义与一个半世纪以前的资本主义情况不同。马克思在19世纪40年代就说过：“资产阶级除非对生产工具，从而对生产关系，从而对全部社会关系不断地进行革命，否则就不能生存下去。”② 资本主义具有一定的自我调节能力，它在发展中也在不断地对资本主义制度中各种关系进行调整。失业者和无家可归者的处境比资本主义早期情况得到一些改善，但财富中分配的异化并没有消失。相反，由于具有国际垄断性质的跨国公司在世界其他国家和地区经济中的强势地位，资产阶级对财富的掠夺式的聚敛已经越过国界走向全球，财富分配中的异化由国内有产者和无产者的贫富对立，同时变为世界性的富国与穷国的对立。

尽管发达资本主义国家在世界财富的高额收入，有助于缓解国内分配

---

① 《马克思恩格斯全集》，中文1版，第42卷，133～134页。

② 《马克思恩格斯选集》，2版，第1卷，275页。

中的异化，但国内贫困问题并没有因此而得到根本解决。日本是当今亚洲最发达、最富裕的国家，可是据美国《纽约时报》2010 年 4 月 21 日报道，经过多年的经济停滞和贫富差距日益增大后，日本这个曾经标榜平等、富裕的国家终于肯面对现实：贫困人口正不断增加。日本厚生劳动省 2009 年 10 月份公布的数据显示，约 1/6 的日本人生活在贫困中。很多日本人曾相信，日本人都是中产阶级，但是当他们看到日本的贫困率高达 15.7%，接近美国的 17.1%时，他们都很震惊。研究人员估计，自从 20 世纪 90 年代日本房地产和股票市场崩溃后，其贫困率已经翻倍，日本人的收入陷入停滞甚至下降。

某些发展中国家也是如此。在当代，新兴工业化国家的发展似乎在重复发达资本主义国家的发展过程。在住房问题上表现得尤为明显。住房难，成为新兴经济体的共同课题。巴西里约热内卢，是巴西贫民窟最多的城市。据市政府统计每五名市民就有一人居住在贫民窟。① 印度是发展中的大国，GDP 增长很高，可全国有 4 亿人生活在联合国设定的每天 1.25 美元的贫困线以下。《参考消息》报道说，印度从 2004 年到 2010 年生活在贫困线以下的人多了 1 亿人，贫困人口占比从 23.5%，增至 37.2%。印度孟买超过 1 亿人居住在临时搭建的窝棚里。这就是马克思揭露的异化现象在财富分配中的一个侧面。尽管发达国家也采取了缓和矛盾的福利和保障政策，但仍然无法根本医治异化劳动的痼疾。

资本主义财富中的异化现象，还表现为物质财富与精神财富之间的矛盾尖锐化。物质财富的增加，与道德和价值观念危机相伴随。这与财富形态的转变存在不可分割的联系。物质财富是由使用价值构成的，它是实物性存在。由于货币成为一般等价物，货币成为财富，特别是在资本主义市场经济中，货币成为人与人之间联系的中介，成为任何需要和需要满足的牵线者。货币的流动就是财富的流动。谁拥有货币谁就拥有财富，拥有的货币越多，财富就越多。货币，作为一般等价物，能够购买人世间任何东西。货币既是财富的转化形态，又是一种异化形态。世界上一切事物都有量的规定性，只有货币没有量的规定，货币的量，就是无限量。拜金主

---

① 参见《参考消息》，2010-04-22。

义、利己主义最根本的共同点，就是对货币的不择手段地、无止境、无限量地追逐。按照马克思的说法，货币这种异化的财富力量，是“作为现存的和起作用的价值概念”，具有混淆是非、颠倒黑白的力量，“它把坚贞变成背叛，把爱变成恨，把德行变成恶行，把恶行变成德行，把奴隶变成主人，把主人变成奴隶，把愚蠢变成明智，把明智变成愚蠢”①。在货币拜物教面前，事物如同映现在照相机中的人影，一切都是倒置的。当代资本主义社会所谓人文危机，所谓道德危机、价值观念危机，体现了货币成为财富形态对人产生的迷人魔力。一个货币异化的社会，必然是一个拜金主义的社会，也必然是一个价值观念颠倒、道德尺度失衡的社会。

在研究资本主义社会财富问题中，马克思关于异化和异化劳动的思想对我们理解社会财富增加与贫困增加同步的现象有指导意义。资本主义社会财富增加和分配不平等的矛盾，物质财富与精神财富失衡的矛盾，是资本主义社会生产力与生产关系的矛盾的体现。但马克思主义并不因为资本主义存在财富异化，就反对生产力的发展，阻止科技的进步，反对资本和货币在社会进步中的作用。道德不是评价社会进步的标准。

资本主义社会的进步的确血泪斑斑。它以农民失去土地、失去家园，变为大城市的贫民窟的居住者、变为流浪者为代价。马克思曾为此而抨击资本主义的不合理性，但他向前看，并不会因为资本主义的异化而要求历史倒转，由工业生产方式变为农业生产方式，由资本主义高楼林立的当代城市，退回所谓充满田园风光和诗情画意的农家茅舍。城市代表文明和开放，而农村代表落后和封闭。农村向往城市和城市生活，想脱离农村和土地而往城里跑。只有当城市变为钢铁水泥筑成的高楼林立的堡垒，压抑得透不过气时，人们又羡慕农村的自然风光。而且越是落后、越没有为现代文明“侵入”的所谓“原生态”地区，越成为人们向往的“香格里拉”。这是社会的弊病，并不是农村的真正进步，是现代化造成的自我困境。当代西方后现代主义能够滋生的原因正在于此。其实城市，特别是“超大型城市”仍然是现代文明的辐射点，是经济、政治、文化的中心。我们需要的是让城市生活更美好，而不是退回幻想中的“农村牧歌”。

① 《马克思恩格斯全集》，中文1版，第42卷，155页。

现代化是人类社会的进步。财富中的异化和异化现象是进入更高的社会形态的炼狱。凡是企图阻碍历史潮流前进的想法和做法都是枉然的。马克思就曾批判过封建社会主义和小资产阶级社会主义，批评过西斯蒙第、卡莱尔等人的历史观。财富、货币、资本只要具有增加社会总体财富的活力，从中产生的种种不合理性比起平均主义对社会整体发展更为有利。正因为如此，《共产党宣言》中痛斥土地贵族的懒惰和对待财富的贵族态度，对资本主义社会生产力的发展和资产阶级为增加社会财富而扩展资本的力量加以赞扬。资本主义社会生产力的发展和社会财富的大量涌现，它的合理的组织生产的方式和管理方式、经营才能，都表明资本主义社会是比以往任何社会更进步的社会。财富中存在种种异化现象，但社会财富总量增加对社会总体有利，对社会发展有利。它正在为人类缩短劳动时间，增加闲暇时间，为人的自由全面发展而准备条件。

在资本主义社会，财富占有者的生活当然是无产者无可比拟也无法想象的。但在财富异化状态下，资本占有者也难免处于一种异化状态。马克思说过："凡是在工人那里表现为**外化、异化的活动**的，在非工人那里都表现为**外化、异化的状态**。"① 在资本主义市场经济下的恶性竞争中，尔虞我诈，钩心斗角，破产、沦落，甚至自杀。金钱无主人。财富的流转是异化状态下财富占有者不可避免的命运。"旧时王谢堂前燕，飞入寻常百姓家"，这是封建社会王朝政权更替、权贵家族衰败时的情景，而在资本主义时刻都在上演这种破产的"悲剧"，在资本主义市场上上演的没有硝烟的商业战争和货币战争，丝毫也不逊于封建社会的王朝战争。

受社会物质财富的增加与道德沦落、价值观念危机并进困扰的当代西方资本主义，把目光转向中国传统文化特别是儒家文化。多次召开有关东方哲学的讲座、讨论会和出版专门刊物，一些大学开设东方哲学的课程，力图在物质财富和科技飞跃的基础上，寻求精神的安顿和空间。文化交流是文化进步的动力，中国哲学中包含许多哲学智慧，值得当代西方人认真研究和介绍。可以肯定，中国哲学特别是儒家的道德观念，对于西方过分追求物欲、沉迷金钱的社会状态中的某些人可能会有心灵疗伤作用，但我

---

① 《马克思恩格斯全集》，中文1版，第42卷，103页。

以为对整体社会的作用有限。“东方之药，难治西方之病。”东方文化不可能成为西方社会制度弊病的最后“解毒药”。

西方财富的异化现象存在于资本主义制度本质中。它不是单纯的文化观念问题，而是社会发展规律问题。马克思在批评海因岑的抽象人道主义的财富观时说过，“财产问题从来就随着工业发展的不同阶段而成为这个或那个阶级的切身问题”，“不能归结为类似的简单的良心问题和关于公平的词句”①。不能只要资本主义制度而不要这种制度的异化后果。资本主义社会形态不是一个苹果，可以切去坏的一半，留下好的一半后仍然是资本主义。没有任何一种外来文化能使西方社会摆脱困境，解决问题的钥匙和手段当然存在于西方社会自身之中。

三、解放生产力和共同富裕

解放生产力、发展生产力，消灭剥削和两极分化，走共同富裕之路，是社会主义新财富观的核心，它是社会主义生产方式的本质要求。“贫穷不是社会主义”的要义把社会主义国家的综合国力与全体社会成员生活富裕结合在一起。国强民富，这是近一百多年来世世代代中国人的梦想。

资本与财富不是一个概念。财富不是资本，但财富可以转变为资本。当物质财富作为以物为中介支配他人劳动时，财富就成为资本形态。资本的占有是有产者与无产者的分界线；财富多少是富裕与贫困的分界线。财富与资本的区分不能混淆。认为资本主义社会已没有无产者都是有产者，因为工人有汽车、有住房、有电冰箱，总之都有产而不是一无所有的无产者，这是混淆资本与财富的界线。在传统意义上，无产者是工人阶级的另一称呼，因为他们不是凭借资本而是直接创造财富的劳动者。没有无产者即没有工人的资本主义社会，当然是奇谈怪论；谁为资本的价值增值而劳动？难道是有产者为有产者自己生产，资本具有自我增值的魔法吗？资本主义社会资本的本质是资本与劳动的关系，它不会因为贫困线的上下浮动而改变它的本质。

在社会主义社会，我们希望人人富裕，拥有越来越多的财富；但并不

---

①《马克思恩格斯全集》，中文1版，第4卷，335、334页。

希望也不可能人人都变为资产者。社会主义社会应该害怕的不是富裕，而是贫困。过去流行过的“宁要社会主义的草，不要资本主义的苗”，或者说，“穷则变，变则通，通则富，富则修”的“恐富”思想，都是把财富与资本主义相混同。富裕只能巩固社会主义，贫困才会导致社会主义的危险。但我们也必须辩证地思考，不发展有不发展的问题，但发展又会出现发展中的新问题。富裕也是如此。“富则修”是错误的，但“富而不教”则会出现新问题。所谓“富二代”现象敲响的就是这种警钟。

在当代中国，私有制是社会主义基本经济结构的重要组成部分。私人资本对当代中国社会财富的创造发挥重大推动作用。在社会主义社会，工人的主人翁地位不能因被雇佣而改变。以公有制为主体、多种经济成分同时发展是基本国策。社会主义国家应该保障工人有尊严地劳动，保障劳动者的福利和体面的生活。这是社会主义劳动不同于异化劳动的根本之点。如果资本与权力相结合，尤其是私有资本变为社会资本构成的主导，当然潜藏着极大危险。无视这种危险不是马克思主义者，但因此而害怕富裕也不是马克思主义者。

历史发展中常常有极为相似的现象。中国是后发展国家，中国现代化包含极其复杂的多样性的过程。它同时面对着前现代（落后的小农生产方式）、现代（工业化和城市化）和后现代（现代化弊端的呈现和对生态文明的渴求）种种发展的矛盾的交织与纠缠。在由计划经济体制向市场经济体制转型，迅速推进工业化、城市化过程中，也会出现西方现代化过程中某些类似的现象。由于产业结构的调整，大量结构性下岗失业人员以及农村人口向城市迅速聚集，无房和蚁居、蜗居现象成为迅速发展中新的社会问题，成为财富增长中的新的贫困。

改革开放三十多年来，我国的经济持续高速发展，经济总量从 3 000 亿上升到现在的 30 万亿，社会财富总量大大增加。财富虽然是使用价值，但它的生产与分配都是以物为载体，承载着人与人的关系。财富分配的核心是利益关系的调整。当今中国，亿万、百亿万富翁不少，位列世界富豪排名榜上的人日见增多。这是好事，是社会财富激增的表现。只要聚财有道，不是巧取豪夺，富人增多有利于增加人们对财富追求的社会活力，提升人们创业的主动性和能动性。当然对财富急剧集中的不正当渠道及其产生的拉大基尼系数的效应必须认真对待。

尽管历史发展有相似现象，但不同社会中对类似现象的处理方式和后果都不尽相同。处于社会主义初级阶段的中国仍然存在贫困人口。但与其他发展中国家不同，中国社会财富增加与贫困人口成反比。改革开放以来，脱贫成为我们一项重要政策。无可否认，一方面财富在向少数人集中，但脱贫人口还是越来越多。我们国家正在采取各种措施限制两极分化和不利于构建和谐社会主义的现象，不断完善社会保障制度，提高社会低保水平，保障失业和下岗人员的生活，并着手解决房价虚高和低收入者的住房问题。

分配永远无法超越经济和文化的制约。在当代中国，财富分配中的分化现象几乎难以完全避免。经济问题是不可能单纯依靠道德解决的，道德愤慨和抨击不可能解决分配不公问题。处于不同地位和不同的利益攸关者，对公平的理解可以南辕北辙。公平是社会的、历史的、变化的概念，永恒的、普适的公平是不存在的。

社会主义当然要求公平。公平是社会主义社会构建和谐社会的重要道德支柱，也是社会主义制度内在本质的要求。但是社会主义社会的公平，不是一个抽象的道德概念，而是由社会主义经济制度和政治制度保证的实际状态。分配的公平是结果，它是由生产力发展水平和所有制性质决定的。在社会主义中国，有尊严和体面的生活，不会也不可能单纯依靠救济、慈善事业或社会福利来保障。与一些人津津乐道的西方福利国家的学者不同，马克思主义者清楚地意识到，在中国特色社会主义建设中，在着手完善社会保障和社会福利制度的同时，应该合理规划各种经济成分的关系，并着力巩固社会主义公有制的主体地位，增加社会主义国家的公共财富。中国的工人和农民为社会主义建设做出巨大贡献，过去和现在都功不可没。中国社会主义的经济成就和社会财富的激增，如果不能使全体社会成员、特别是弱势群体的个人生活得到改善，就难以逐步落实“以人为本”和“共同富裕”的理念。只有坚持公有制为主体和各种经济成分共同发展，并采取经济的、法律的和道德的手段和实际政策措施限制两极分化，才能在社会财富和个人财富分配之间求得某种合理的、适度的均衡。我们要求的公平是社会主义公平，它是不同于不同利益集体对何者为公平的主观认定，而是以最大多数人民的利益和有利于社会发展为衡量尺度的现实的公平。

社会主义国家当然不能扮演守夜人的角色。所谓让各种所有制、各种利益集体在市场博弈中达到公平，认为机会均等就是公平，那劳动者只能是这种所谓“机会均等”中的弱者。市场中的机会均适用于进入市场的资本拥有者和投资者，资本与劳动之间并没有真正的机会均等。这是由他们各自的地位决定的。当然，社会阶层具有一定的流动性。这是指其中的成员，而不是阶层本身。阶层不会有整体性流动，它只能随着生产方式的改变而改变。只要雇佣关系中的资本与劳动的区分存在，资本就比劳动强势。劳动离开资本就会失业，特别是离开土地进入城市的劳动者离开资本就不能生存。这是资本主义市场规则。社会主义市场经济有自身特点，构建和谐社会、调节劳资关系是我们的基本政策。应该充分发挥资本的作用，保护劳动者的权益和积极性。但就资本与劳动的关系来说，资本比劳动强势、聘用者比被聘用者强势，这一点上同样具有相似之处。因此市场经济下的双向选择、所谓“自由”，永远不能越出市场经济规则的限制。

我们国家实行的是社会主义市场经济，以市场经济的积极作用发展社会主义，以社会主义引导市场经济。社会主义这四个字至关重要，可以说是中国特色社会主义市场经济的生命线。不能把消除两极分化和过大的贫富差距、共同富裕寄托于对公平的道德诉求，而应该按邓小平社会主义本质论教导，最终达到消灭剥削、消灭两极分化的共同富裕之路。这才是真正通向社会主义的公平之路。

贫穷不是社会主义，但精神贫穷同样不是社会主义。社会主义新财富观，不单纯关涉物质财富，还有精神财富。精神产品同样是满足人类需要的财富。物质财富和精神财富的消费方式和结果并不相同。物质财富的消费受到生理限制。虽然随着社会发展，生理需要已经不是消费的限制，享受和奢侈性消费成为物质财富消费的主要内容，但终究有个限度。超过人的社会的、生理的、心理的合理的物质需求，往往表现为不合理的消费。精神财富的消费则是无限的；物质财富不合理的、过度消费会不利于财富占有者主体自身，而精神财富的消费则使消费者素质越来越高、越有教养、越有文化。物质消费虽然可拉动生产，但社会物质过度消费会破坏生态环境，破坏资源，妨碍可持续发展；而精神财富则是一种增值性消费，消费孕育出新的精神产品，智慧的碰撞会产生新的智慧。一个国家的物质财富的增加，应该有利于劳动时间的缩短和闲暇时间的增加，有利于人的素质的培养和提高。物质生产任何时候都是社会存在和发展的基础，但并不是说投入物质生产的社会劳动总量越多越好，事实正好相反，科技革命使物质生产和精神生产的时间比例发生重大变化。精神生产在社会总生产中越来越占有重要地位。社会主义社会沿着这个方向前进，就是通向马克思设想的由必然王国向自由王国的飞跃。

先进文化建设是中国特色社会主义建设的重要任务，它关系到社会主义的前途和命运。在当代中国，由于经济发展和财富的增加，足疗、按摩、美容、洗浴之类的享受性和奢侈性消费扩展到小县小镇，与之相比，文化建设与全民读书之风，难以企及。物质贫困固然不是社会主义，精神贫困也不是社会主义。一个富强的社会主义国家必须要有文化精神支柱。如果只有物质财富增长，只能是一个在国际风云际会中借机而起的“暴发户”，不可能是高度发达的社会主义文明国家。历史上一些大国的兴亡足以为训。

财富是社会性财富。财富不可能是任何一个人能创造的，它凝聚的是社会集体力量。虽然在私有制社会中财富的占有方式是家族式的，但本质上是社会财富。虽然封建社会中也有人建立义仓、学田，但不超过宗族范围，财富是在家族中贮藏和继承。但“千亩良田八百主”，通过家族的兴衰，不依财富主体的意愿发生易手流转。资本主义社会比封建社会进步，有些财富的拥有者是主动转让，采取成立基金会的方式从事各种社会公益事业，不是在家族范围内济贫，而是回归全社会。这是社会文明的进步。

社会主义新财富观主张增加社会财富，也主张增加个人财富。但对个人来说，我们不主张以追求财富为人生目标。“一切向钱看”，“只有向钱看才能向前看”之类的口号是误导，不是社会主义新财富观。我们正处在社会主义初级阶段，社会主义中的资本主义因素仍然占有很大的比重，资本主义的财富观并没有消失，现实生活中一些令人不满意的现象说明，社会主义财富观教育作为社会主义价值观的重要部分非常必要。在对待财富问题上，我们主张个人利益与集体利益相结合，个人财富的获得不能损害国家和集体利益。从这点上说，中国儒家以义取利，不能见利忘义的主张，与社会主义核心价值具有内在的兼容性。

中国是发展中国家，但近年来也涌现出为数不少的富人。有些人以捐赠方式回报社会，成为当代中国的慈善家。据报道余彭年把9亿多元人民币全部裸捐给“余彭年慈善基金会”，成为中国最慷慨的富人。他说，“我不会给子女留一分钱”，“如果我的子女能力超过我，他们就不需要我给予他们留下这么大笔的财产。如果说他们没有办法活，那这么多钱只会害了他”①。这是一种新财富观，是中国先富者的表率。它预示着一种财富流动方向，来自社会，回归社会。在这样的财富观中，个人财富的增加与社会财富的增加在新财富观中得到统一。

贫困是个人的一种不幸，但拥有财富不等于拥有幸福。许多家财亿万、过着锦衣玉食的“苦恼者”并不少见。幸福是个总体性内容丰富的概念，物质财富只是其中的一个方面。它可以包括家庭美满、人际关系和谐、事业有成、知识和学养丰富、身心健康，等等。有个哲学家说过：一个健康强壮的乞丐，比一个病痛缠身的国王更幸福。如果像相声中调侃那样“穷得只剩下钱”，对个人来说是一种不幸。

社会主义国家要宣传既重视个人财富更重视社会财富、既重视物质财富更重视精神财富，宣传财富来自社会、也要回归社会的新财富观。清除财富拜物教中的拜金主义、利己主义，让财富真正成为人的劳动对象化和发展人的本质力量的创造物，成为全体社会成员共同享用的物质的和精神的盛宴。

---

① 参见《参考消息》，2010-04-27。

农民战争与宗教关系的历史唯物主义分析

关于“拜上帝会”是否邪教的争论，实质上是如何看待农民战争以及农民战争与宗教的关系问题。在农民战争中起组织、动员、舆论作用的宗教，往往是以谶语、自创的宗教仪式以及一些表达政治诉求的口号，或假借天命、天降灾异、天意显现为内容的混合物。这些内容和方法，其实在各种不同的宗教中是常见的。太平天国是中国全部农民战争中比较完备、比较系统地利用宗教作为斗争工具的一次农民革命。

把“拜上帝会”定性为政治性邪教（所有在农民战争中起组织、动员作用的宗教都具有政治性，革命本来就是政治性行动）不仅关系到对“拜上帝会”及太平天国革命的性质和作用的看法问题，而且关系到对中国农民战争以及农民战争与宗教关系的看法问题。以统治者的立场为视角，把农民战争定性为作乱、造反，很容易列举几点把它归为邪教。如果把它定位为起义、革命，把它放在当时的历史条件下进行马克思主义的阶级分析和历史分析，完全可以理解这种用以动员、组织农民起来斗争的宗教，与所有以救世论为核心内容，以宗教仪式为信徒情感纽带，以偶像崇拜来强化信仰神圣性的各种宗教，在本质上是相同的。不同的是，它服务于自己的政治目的，因而它的谶语中表达的是政治诉求，它采取全家入教的形式有利于扩大队伍，它的特殊组织方式有利于战斗。所以关于“拜上帝会”性质的分歧，如果不从农民战争与宗教关系总体性高度来把握，而是就事论事，往往纠缠不清。这一认识分歧的实质是历史观问题，即如何以阶级观点和历史主义的观点看待农民战争及其以宗教作为斗争工具的理论局限性问题。

一、宗教在农民战争中的组织和舆论作用的普遍性

以宗教为外衣的斗争不是太平天国革命所独有的，也不是中国农民战争所特有的，而是具有一定的普遍性。这是由宗教信仰的群众性及其在人类社会生活和政治生活中的意识形态统治权决定的。但以宗教为斗争工具，在西方和中国的农民战争中各有特点。

在西方，在进入资本主义社会后，阶级斗争表现为政党斗争，它的理论旗帜是政治学说而不是宗教旗帜。而前资本主义社会甚至资本主义早期的革命，例如恩格斯所说的第一次和第二次资产阶级革命，仍然披着宗教斗争的外衣。加尔文的新教革命、德国的马丁·路德的宗教改革及其引发的德国农民战争，都是在宗教外衣下进行的。只有法国大革命才真正脱下了宗教斗争的外衣，直接以自由、平等、博爱为号召，以建立资产阶级理性王国即资产阶级的民主共和国为目的。恩格斯曾经说过，“中世纪把意识形态的其他一切形式——哲学、政治、法学，都合并到神学中，使它们成为神学中的科目。因此，当时任何社会运动和政治运动都不得不采取神学的形式；对于完全由宗教培育起来的群众感情说来，要掀起巨大的风暴，就必须让群众的切身利益披上宗教的外衣出现”①。

恩格斯这段话虽然指的是西方，但它同样适合中国，只是中国没有与西方相似的宗教战争，没有以宗教改革为外衣的革命，因为中国没有经历西方中世纪那样神学统治和宗教信仰在全部社会生活中处于绝对支配地位的时期，但在中国农民战争中，宗教同样发挥了组织作用、凝聚作用和舆论作用。在农业社会，小农经济使农民处于无组织的分散状态，像马克思所说的是“一袋土豆”，特别是中国幅员广大，要使革命从一个小村庄、从一个狭小的地区性的暴动成为大规模的起义，只有通过相同的宗教信仰和简单的口号才能使农民相互认同，使他们组织起来，从思想上动员起来。可以说，中国农民战争是在另一种形式下发挥了宗教的组织、动员和舆论作用。从陈胜、吴广到太平天国革命，宗教在多次农民起义和农

---

① 《马克思恩格斯选集》，2版，第4卷，255页。

民革命中都起过这种作用。但最为突出的当数太平天国的“拜上帝会”。中国没有宗教革命但有以宗教为手段的革命。这就是中国的农民战争的特点。

虽然宗教在西方革命和中国革命中的作用和形式各有特点，但有一点是共同的，即以宗教为外衣或以宗教为组织手段的斗争，都是特定时期的阶级关系和阶级斗争的反映。恩格斯在《论原始基督教的历史》中论述西方情况时说：“早在中世纪，在被压迫农民，特别是城市平民的最初的起义中……总是穿着宗教的外衣，采取为复兴日益蜕化的原始基督教而斗争的形式；但是在宗教狂热的背后，每次都隐藏有实实在在的现世利益。”① 恩格斯的《德国农民战争》就是运用历史唯物主义的阶级分析方法，通过分析当时德国的高级僧侣、城市平民以及农民的不同阶级及他们的代表人物，包括马丁·路德、闵采尔的不同宗教改革的主张，从而揭示出他们背后所代表的不同阶级利益。

其实，在中国也是如此，即以宗教为组织方式和舆论手段的农民战争，同样是为现实的利益而战的阶级斗争。既然是阶级斗争，必然要用阶级斗争观点进行分析，而不能停留在宗教的表层。“拜上帝会”是否邪教的问题并不是关于宗教性质的问题，而是关于农民革命的性质的问题。如果认为太平天国农民起义反对朝廷、反对官府，就是反对社会、破坏社会安定，必然会认为它是邪教，因为这种宗教中的确包含许多可以被指为邪教的内容，如它的组织方式和宣称世界末日、上帝附体之类；反之，如果站在被压迫的农民的立场，承认农民革命的合理性，就会看到“拜上帝会”中虽然包含迷信的东西，但这些同样为其他宗教特别是民间宗教所固有。只是就具体的基督教而言，它发生了变异。只要我们采取历史主义的分析态度，那么在没有先进的科学理论可用的历史条件下，太平天国以这种方式进行斗争，完全可以理解。所以，从阶级斗争的观点来看待太平天国的“拜上帝会”及其各种带有宗教性质的措施，应当把它看成是被迫起义但又缺少理论指导的农民对付比自己强大的敌人的办法，看成是处于弱势的农民用以巩固内部、动员和组织群众以达到战胜比自己强大的敌人的

---

① 《马克思恩格斯选集》，2 版，第 4 卷，458～459 页。

方法。洪仁玕所说的“即我天朝，初以天父真道，蓄万心如一心，故众兄弟只知有天父兄，不怕有妖魔鬼”的话，极清楚地表明“拜上帝会”的动员与鼓舞作用。我以为，把问题放在当时历史条件下，从阶级斗争观点来分析，远比把“拜上帝会”及其一系列做法单纯看成洪秀全个人阴谋的肤浅说法，更符合阶级斗争的实际。

二、革命性质是判断宗教功能和价值取向的根据

不能脱离宗教与农民革命的关系孤立考察“拜上帝会”的性质。是革命性质决定宗教的性质，而不是宗教性质决定革命的性质。

把“拜上帝会”问题作为一个孤立问题来争论它的性质是不对的。判断一个新的宗教是否邪教，关键在于考察它与社会的关系。特别是对在重大革命事件中起过重要作用的宗教，更不能离开这个革命运动的性质和作用、孤立地就宗教讨论宗教。

宗教属于社会意识形态，是随着社会发展而不断变化的。除了相对稳定的世界三大宗教佛教、基督教、伊斯兰教及其内部分化的宗教教派以外，在西方每年都会出现各种名义的新宗教。究竟它们是什么性质的宗教，是真正的邪教还是被视为异端的新的宗教或教派，最根本地取决于它的教义和在特定社会历史条件下的社会功能与价值取向。宗教本来就是社会现象，当然不能离开它与社会的关系来判断它的性质。例如中国的法轮功、日本的奥姆真理教、美国的圣殿教之类歪理邪说，蛊惑人心，不分青红皂白危害无辜人民和自己的信徒，具有反人类、反社会、反文化性质，即使以宗教的面目出现，仍然属于真正的邪教。凡是在阶级斗争中有利于组织群众反对旧的统治阶级及其政权的宗教，不管从学理上说包含多少迷信和看起来荒诞不经的东西，因其深层隐含的是被统治者合理的政治诉求，都不能简单地称之为邪教。如果凡是鼓动造反、反对当权者、反对旧的社会制度的宗教都称之为邪教，而不管造谁的反，革谁的命，实际上等于说在任何社会都是革命有罪，造反无理。因为不可能有一种以非迷信的、“科学的”宗教为指导的农民战争。如果把农民战争中的宗教归为邪教，这与称农民革命为“匪”、为“流寇”，是一回事。不过一个是从政治上说的，一个是从所谓“学术上”说的。

因此，关于“拜上帝会”是否邪教的问题，实际上是关于太平天国革命的性质问题，是肯定还是否定太平天国革命的问题。太平天国革命是中国封建王朝彻底崩溃前的一次范围空前的农民革命运动。它长达十多年，横扫中南数省，建立了政权，有国号，并直逼北京。太平天国的革命斗争是一场革命还是一次历史的大劫难和历史的大倒退，不与作为农民对立面的当时清政府的腐朽、无能和使中国陷于绝境这一历史背景相对照，不从农民革命对历史的推动作用角度看问题，而是囿于宗教本身，是说不清楚的。太平天国是对延续数千年的封建社会的最沉重的一次打击。革命失败了，但不能以成败论英雄。中国大多数农民革命都以失败而告终，但毛泽东还是充分肯定农民革命推动中国历史进步的功绩。

马克思是充分肯定太平天国运动的，把它称之为东方的“革命”。宗教在这次斗争中起着组织和动员作用，它的深刻根源是帝国主义的侵略和清政权的腐败。马克思在写于1862年6月的《中国记事》一文中说：“在桌子开始跳舞以前不久，在**中国**，在这块活的化石上，就开始闹革命了。这种现象本身并不是什么特殊的东西，因为在东方各国，我们经常看到社会基础不动而夺取到政治上层建筑的人物和种族不断更迭的情形。中国是被异族王朝统治着。既然已经过了三百年，为什么不来一个运动推翻这个王朝呢？运动一开始就带着宗教色彩，但这是一切东方运动的共同特征。运动发生的直接原因显然是：欧洲人的干涉，鸦片战争，鸦片战争所引起的现存政权的震动，白银的外流，外货输入所引起的经济平衡的破坏，等等。看起来很奇怪的是，鸦片没有起催眠作用，反而起了惊醒作用。实际上，在这次中国革命中奇异的只是它的体现者。”① 可见，马克思肯定太平天国运动的革命性、正义性与必然性，肯定这是一次由于帝国主义的入侵和清王朝的腐朽所引发的具有革命性的运动。显然，以推翻封建的清王朝、建立一个“有田同耕，有饭同食，有衣同穿，有钱同使，无处不均匀，无人不饱暖”的地上的太平天国为目的的农民起义，只能称之为革命，即使它具有乌托邦性质。用以组织、动员这次空前革命的宗教，无论存在什么样的问题，都是农民革命理论的局限性，而不能称之为邪教。

---

① 《马克思恩格斯全集》，中文1版，第15卷，545页，北京，人民出版社，1963。

三、以宗教为外衣斗争的时代和民族特点

在以宗教为外衣的斗争中，所有宗教都会或多或少包含某些异端或迷信、落后的东西，要放在特定的历史条件下进行具体的考察。

我说过，从农民革命角度看，没有邪教和非邪教之分。因为没有两种农民革命，一种是以具有“科学性”的宗教为指导的；另一种是以邪教为组织和动员手段的。实际上，所有的农民革命的宗教从根本性质来说都是相同的。从科学角度看，其中都包含有迷信的成分，包含落后的东西，只是时代不同、表现不同、程度不同而已。

在西方，宗教斗争往往会成为阶级斗争或革命的一种外在形式。无论资产阶级早期革命还是德国农民战争，都是在宗教外衣下展开的，它实际上是阶级斗争。可是这种斗争形式，往往表现为宗教改革或新的教派，它或是恢复原教旨，或是创立新教派或教义，因而被认为是异教、叛教或邪教加以否定。恩格斯说，“一切革命的社会政治理论大体上必然同时就是神学异端”①，指的就是这种情况。

中国没有与西方相似的宗教战争。但中国有以宗教为组织方式、为凝聚力和舆论的农民战争。这种宗教往往不是正统的佛教、道教。虽然它们在历史上也遭受过排斥，但在以后的发展中逐渐变为体制内的存在，变为封建上层建筑的一部分，和处于统治地位的阶级的利益息息相关，并往往被利用为统治者治民和教民的思想资源。它们的出世思想，或成仙成佛，或辟谷炼丹，当然与起来造反的农民利益和思想不合。因而作为农民革命斗争手段的宗教往往是民间宗教，如太平道、五斗米道，或非官方的会道门如白莲教之类。它们都不会为统治者认可为宗教，而是往往被称之为邪教。

的确，所有组织农民革命的宗教或类宗教中，都会利用某些迷信的形式，包括从秦末的“鱼腹丹书”、“篝火狐鸣”宣传“陈胜当王”的天命，到太平道的“苍天已死，黄天当立”，以及元末农民战争中编造的“石人谶语”之类。可以说，农民革命中出现的种种迷信和谶语是常见的。实际

① 《马克思恩格斯全集》，中文1版，第7卷，401页，北京，人民出版社，1959。

上，这种口号简单、不立文字、没有繁杂仪式的宗教更适合没有文化但相信天命论的农民革命斗争的需要。如果站在反对农民革命的立场，完全有理由指摘它是邪教，事实上它也常常被统治者指为邪教。

太平天国革命在所有农民战争中利用宗教工具最充分，而且选择的是基督教。这当然不是偶然的。我们应该把它放在当时历史条件下来考察。太平天国在中国农民战争史上第一次大规模运用西方宗教作为斗争工具，它当时别无选择。它反对清王朝，必然反对维护封建等级制的儒家学说，反对三纲五常、“君君臣臣父父子子”，而与中国传统的伦理和等级制相对立的具有平等思想的宗教只有刚从西方传来的基督教。虽然耶稣教传教士传入的还有西方的某些科学和政治学说，但对起义农民来说，这些都是无用的东西。它们只对资产阶级革命有用，可太平天国是农民革命。因此，作为具有平均主义本能的农民只能吸收基督教关于平等与天国的理想的论述作为斗争手段。可它终究是发生在中国土地上的农民战争，不可能照搬基督教的教义，而必然按照中国的文化背景和传统思想，包括中国民间宗教惯用的方法予以改造，或者说变为适合组织中国农民进行革命的所谓“拜上帝会”，这样必然要掺杂很多封建的、迷信的、等级制的东西，甚至为了提高起义组织者、发动者的权威，采用一些荒诞不经的东西，如“上帝附体”等与基督教原义不符合的东西。其实这种情况并不奇怪。任何农民战争利用传统宗教为斗争手段，都不可能是原教旨主义，都会根据实际情况使之发生变形和衍化，以适应斗争的需要。因为在农民战争中宗教本身并不是目的而是手段，手段必然服从目的。

“拜上帝会”与西方基督教相比变化最大。西方的宗教要适应具有中国传统的农民战争必然会发生变异。但不能因此说“拜上帝会”是洪秀全自创的邪教，因为其中有些东西还是取之于基督教，如敬拜上帝、耶稣，实行受洗、祈祷、做礼拜等。同时，我们也不否认它又掺有许多中国封建化的、神学政治观和天命论的东西。但这种糅合，并没有改变它用以鼓动、组织和推翻清朝农民革命的本质。资本主义时期传入的东西确实打上了封建的印记。如果以此为理由说它是邪教，可以说任何农民战争中的宗教都是邪教。因为既然是革命、造反，就必然会越出原来宗教教义的范围，用农民易理解和易接受的思想，使它适合于组织和发动农民的斗争。

四、宗教与邪教的本质区别

要弄清“拜上帝会”的性质问题，还要弄清宗教与邪教区分的标准问题。有两个标准，一个是科学标准；另一个是价值标准。在社会历史领域中，坚持科学标准，最根本的是反映历史的真实性，根据社会历史事件发生的时间、地点、条件来判断事件的性质。例如，在区分宗教与邪教问题上，就不能脱离宗教起作用的历史条件和背景、仅仅以被抽象化的邪教外部特征为依据。任何事物从现象看总能找到某些相似点，彼此极其相近的宗教与邪教更是如此。历史上宗教中的异端、农民战争中的宗教，如果着眼于表面特征，很容易列出若干条指为邪教。可这种思维方法是非历史唯物主义的。真理是具体的，抽象真理是没有的。区分宗教与邪教，必须把它放在一定的历史范围内来考察，而不能停留在表面的相似点。

由于历史的复杂性，我们不可能找到一个普遍适用于全部人类社会的区分宗教与邪教的标准，但可以把它们放在一定的社会范围内，根据它们的本质和功能进行判断。第一，宗教是人的本质的异化，因此它认为有一位高出于任何个人的最高的存在，它信仰的是高出于人的神——上帝、真主或佛。而邪教最高的神就是创立邪教的教主自己，要求信徒绝对信仰自己。可是在“拜上帝会”中，洪秀全和诸王只能称弟，上有天父、天兄，并没有把自己置于上帝和耶稣之上的教主的地位。第二，宗教的力量是神，是人的本质力量的神化，而邪教的力量是人，是神的力量的人化，即教主本人力量无穷。邪教主具有任何人所没有的法力，甚至能呼风唤雨、起死回生。洪秀全所假借的是天父的名义，诸王所代传的也是天父、天兄的旨意。他们是人，不是神，没有超越上帝的特殊功能。即使具有某种特殊能力，也要借助上帝附体、降灵，而不是太平天国诸王本人的特殊功能。第三，从社会功能看，邪教危害社会、危害人类（邪教的危害作用与革命过程不可避免的破坏作用性质是根本不同的），它针对的是全体社会成员包括危害自己的追随者，因而是社会和人类的公敌。而“拜上帝会”的宗旨（包括各次农民革命中的所谓邪教）则是救民救世，从事革命斗争。把反社会的罪名加在太平天国农民革命头上是错误的。它不是以全社会为敌，而是以清朝政府、官吏、地主、豪绅及其意识形态——孔孟之道为敌。只是因为后者是统治者，因而他们往往以全社会的代表自居。似乎反对他们就是反对社会。

在农民革命中，应该把反对统治者、反对政府与反对整个社会区分开来。否则任何革命都会被视为反对社会而被否定，这是历来统治者和卫道士惯用的手法。至于把为革命而筹饷的圣库制说成是洪秀全与邪教主一样个人敛财，或者把中国传统帝王后宫制的遗风说成像邪教教主一样是奸污妇女，不能说是客观的科学的态度。而且，洪秀全作为农民革命的领袖自有其个人的品质局限，但不能据此判断"拜上帝会"和太平天国革命运动的整体性质。何况持此论者所引用的材料，很多出自反对太平天国的传教士和官方的记载，更不足为证。

另一个是价值标准。因为宗教与邪教不能脱离与社会的关系，特别是与革命运动的关系，因此在社会关系中处于不同地位的人，就会产生不同的价值评价。这种价值判断表现在统治者制定的法律上，就是合法与非法的问题。没有一个政府承认邪教的合法性，但不同的国家，有不同的标准。例如，我们认为法轮功是邪教，排除在社会主义制度体制外。而在一些西方国家和地区特别是美国，认为它是"宗教"，反对法轮功就是"迫害宗教徒"，就是"违背宗教信仰自由"。太平天国"拜上帝会"反对政府，反对朝廷，破坏原有的社会制度，因而在维护清政府的巩固和安定，维护旧的封建礼教的人来说，在对太平天国反对帝国主义持反对态度的传教士来说，说它是邪教毫不奇怪。太平天国的反对帝国主义的政治倾向，必然与一些传教士在中国传教的本意相背。所以从体现不同阶级价值观念的法律标准说，任何政府都把邪教看成危害自己社会秩序的非法组织，依法处理。

由于宗教与政治的密切关系，科学标准与价值标准会发生矛盾。在这种情况下，价值标准应该服从科学标准，因为科学标准体现的是真理的具体性，它是特定历史条件下的事实判断，它着眼的是宗教的本质和社会功能，而价值标准是利益判断，它以对我是否有利为尺度，往往容易采用双重标准。因而，在"拜上帝会"是否邪教的问题上，可以用一句话概括：凡是赞成太平天国运动是农民革命，是有利于社会进步的人，都把太平天国的革命性质放在首位，而把它的宗教局限性作为农民战争局限性的一种表现。但这种局限并不能从总体上改变太平天国农民运动的革命性质。所以太平天国革命运动的革命性质是第一位的，它的宗教局限性是第二位的。

五、农民革命的社会根源与领导者的主观动机

要考察“拜上帝会”的性质，还有一个重要的历史观问题：不能用洪秀全个人的动机来解释太平天国革命运动的性质。

在任何革命中，特别是大规模的群众性的革命运动中，领导者个人的动机是次要的。从个人来说，他可能因为贫困或功名未遂等发起或参与运动，因而在一个大的革命浪潮中的个人动机是多种多样的。即使领袖人物也是一样。像有些人说的，洪秀全因为屡试不第，心怀不满，又怀有统治世界的野心，才造出“拜上帝会”和其他异端邪说，用以欺骗群众。这种种所谓材料即使是真实的，它涉及的也只能是个人动机，而不能用以解释太平天国革命运动。太平天国革命长达十多年，席卷中南数省，定都南京，远征天津，直逼北京，几乎继李自成起义之后成为再度占领首都北京的农民革命。这么多人参加，这么浩大的革命，用个人阴谋、用洪秀全个人“造反做官论”来解释，几乎是讲童话。难道因为陈胜说过“王侯将相宁有种乎”，因为项羽、刘邦在起事前说过“彼可取而代之”或“大丈夫不当如是耶”，就能改变秦末农民战争的性质和它必然出现的深刻的社会根源吗？一种革命运动最深刻的根源在于社会的经济和政治之中，而不是存在于人的头脑之中，存在于主观动机之中。当它以主观动机形式，特别是以最广泛的形式存在于群众性的主观动机之中，表明革命时机已趋于成熟。

再如太平天国推行的错误的文化政策，如焚书和对传统文化的错误态度。这不能完全归罪于洪秀全个人。虽然洪秀全是儒生，但太平天国农民革命并不是儒生的革命，它最广大的参加者是文盲，他们对什么是中国传统文化、什么是压迫自己的士绅，是分不清楚的。因而太平天国的文化政策的错误，是对中国农民长期被剥夺文化权、文化领域长期成为地主豪绅世袭领地的反弹。这不仅是洪秀全个人对科试不第的报复，而是整个农民长期“非文化化”的积怨的一种爆发。这当然是错误的政策，但决不是没

有历史和现实原因的。虽然其中在一定程度上具有外来文化与中国传统文化之争的成分，但从根本上说上并不是两种文化之争，而是对维护封建专制制度的孔孟之道，对农民被排斥在文化之外的“文化霸权”的一种反抗。农民革命终究是农民革命，要他们正确对待中国的文化传统，尤其在革命的狂风巨浪时期，是不可能的。

对于像太平天国这样巨大的革命运动的分析，把一切着眼于个人，即使是作为领导人的洪秀全个人，企图通过区分洪秀全个人与广大太平天国的战士来否定太平天国农民战争，都是非历史唯物主义的。我们并不否认洪秀全作为领导者个人的错误，如后期领导集团的分裂、个人生活的腐化等。领导者个人的品质和决策，肯定会给整个运动打上烙印，但任何革命运动深刻的根源都不能归结于发动者和组织者的个人阴谋。太平天国革命同样如此。恩格斯有一段话非常深刻，他说：“如果要去探究那些隐藏在——自觉地或不自觉地，而且往往是不自觉地——历史人物的动机背后并且构成历史的真正的最后动力的动力，那么问题涉及的，与其说是个别人物、即使是非常杰出的人物的动机，不如说是使广大群众、使整个整个的民族，并且在每一民族中间又是使整个整个阶级行动起来的动机；而且也不是短暂的爆发和转瞬即逝的火光，而是持久的、引起重大历史变迁的行动。探讨那些作为自觉的动机明显地或不明显地，直接地或以意识形态的形式、甚至以被神圣化的形式反映在行动着的群众及其领袖即所谓伟大人物的头脑中的动因，——这是能够引导我们去探索那些在整个历史中以及个别时期和个别国家的历史中起支配作用的规律的唯一途径。”① 如果没有清政府的腐败和西方列强的入侵，没有鸦片战争引发的经济和社会阶级矛盾的激化，也就是说没有实际革命的需要，任何所谓“阴谋家”、任何宗教邪说的精神控制力都是无所作为的。太平天国革命时期，此起彼伏的天地会的起事与捻军和回民的起义，都证明社会矛盾已经高度激化。

太平天国的失败是必然的，这与所谓邪教也没有必然关系。尽管它在后期对革命具有一定的消极影响。在中国封建社会，所有农民革命除了改朝换代以外，没有建立过任何农民政权，更不用说地上的平等天国。在中

① 《马克思恩格斯选集》，2版，第4卷，249页。

国封建社会处于崩溃前夕，不可能再建立一个新的王朝来代替原来的清王朝，即当时的中国没有通过改朝换代延续封建社会形态的可能性。即使没有后期的内讧，没有政治和军事策略上的失误和文化政策的错误，没有洪秀全个人的腐败，太平天国革命也不可能取得胜利。中国历史发展到鸦片战争以后，已经开始演变为半封建半殖民地社会，没有延续原有封建形态的空间。如果太平天国建立的是比穷途末路的清朝更强大而不听命于帝国主义的封建政权，它不可能见容于已经进入中国的各个帝国主义势力；如果它不如清朝，又不可能取而代之。它处于帝国主义和清王朝两面夹攻之中，失败是必然的。

如果说，太平天国胜利必然是“历史的大倒退”，这只能是站在清王朝的立场上，以清王朝在鸦片战争以后仍然是康乾盛世为标准说的。从来不及推行的太平天国的天朝田亩制和《资政新篇》中列举的学习西方的经济、政治、文化措施看，比起顽固守旧的清王朝，起义者们的思想是进步而不是倒退。

说太平天国胜利建立的是神权国家、政教合一的国家，这都是假定。其实君权神授的理论外国有，中国也有，中国历朝历代的帝王，哪一个不自称“朕受命于天”、自称“天子”？太平天国只是因为借助于“拜上帝会”进行革命因而显得更为突出而已。另一方面，在夺取政权时利用宗教不见得胜利后必然照样如此。按照中国历史的传统和文化土壤，按照农民革命的本性，如果太平天国真正胜利，建立的只能是家天下的封建政权，与历史上的某些农民战争的结局一样。

其实这种种假定是没有意义的。历史无法假定。现实情况是，太平天国革命失败了，把太平天国革命镇压下去的清王朝并没有因此而前进，而是更腐败更衰落了。曾国藩对支撑风雨飘摇的清政府来说是中兴名臣，而对中华民族的复兴，对中国的再度自立于世界之林来说，并非中兴名臣。他的成功只是封建制度死亡前的胜利挽歌。

农民革命是一场殊死斗争。清政府称太平军为“发匪”，太平军称对方为“妖”。杀人无数，血流漂杵，时间越长，战争越残酷，必然如此。以此作为农民战争的罪状而加以控诉，殊为不妥。太平天国虽未推翻清朝，达到建立新王朝的目的，但功劳是巨大的。它不仅为在中国大地上结束封建社会做出了重要贡献，而且以农民战争的方式掀开了中国人面对西方文化的帘幕的一角，深刻影响了晚清政治格局和中国社会发展的道路。经过太平天国革命震荡、摇撼的中国封建制度的架构，要想维持原状已经不可能。从这个角度说，太平天国失败的悲剧比起清政府胜利的喜剧，对中国历史发展更具价值。

历史经验证明，只要存在阶级和阶级矛盾，革命的发生就是不可避免的，这与任何个人即使是杰出个人的主观动机没有直接的因果关系。宗教可以鼓动革命但不能制造革命，可以推动革命取得阶段性胜利但不能导致革命获得最后胜利。“拜上帝会”和太平天国革命的失败最沉痛的教训是：中国的出路只有再革命，而不是告别革命。但不是旧式的以宗教为组织方式和理论准备的农民革命，而是以马克思主义为指导，由无产阶级领导、以农民为主力的新式农民革命。这种革命为宗教在农民革命战争中的积极作用永远画上了一个句号。

中　篇

马克思主义中国化与历史周期率

马克思主义中国化的伟大胜利

一、道路的艰难曲折与灿烂辉煌

一个人寿高九十，值得庆贺。一个政党同样如此。可最值得庆贺的不单纯是因为中国共产党建党已经有九十个年头，而是因为这是极不平常、极为艰巨而又极为辉煌灿烂的九十年。

在世界社会主义运动史上，建党满九十年的不算少，特别是工人运动兴起较早的欧美各国。而曾经执政的共产党像苏共和东欧一些党，现在都已经被赶下台，遭受亡党失政之痛。只有中国共产党依然是少数几个社会主义国家中的执政党，而且是最大的执政党。党执政六十多年来，始终坚持与时俱进，不断进行理论创新、实践创新和自我改革，取得了举世瞩目的成就。

中国共产党九十多年的历程灿烂辉煌。苏联和中国是世界上两个最大的社会主义国家，苏共和中共是两个最大的执政共产党。但发展的方式和命运是如此不同。苏联已经解体，从一个强大的社会主义国家蜕变为资本主义国家，列宁创建的苏联共产党被自己的领导人宣布解散，而原来比较贫困的社会主义中国，在改革开放中和平崛起，在十月革命影响下建立起来的中国共产党，成为世界第一大党，成为十三多亿人口大国的朝气蓬勃的执政党，成为在世界社会主义低潮中高举马克思主义旗帜、坚持走中国特色社会主义道路的党。中国的发展道路为世界发展中国家所重视，中国共产党成为世界进步人士所尊重并寄予最大期望的党。苏联解体和苏共亡党以及中国共产党九十多年的历程，有许多值得总结的经验和教训。

二、坚持马克思主义中国化

马克思主义应该与实际相结合，单纯作为一个原理看，任何马克思主义者都耳熟能详。但中国共产党根据自己的经验把它化为具有中国特色的马克思主义中国化命题。马克思主义中国化，不单纯是马克思主义必须与实际相结合的一条理论原则，而且是必须路线化、政策化和方针化的实践原则。中国共产党是世界共产党中唯一经过近三十年浴血奋战夺取政权的党；是革命胜利后在三十多年中探索走自己的路、建设社会主义的党；是在社会主义基本经济制度和政治制度奠定后主动进行社会主义自我改革的党。中国共产党在革命、建设、改革这三个三十年中，始终坚持马克思主义中国化的理论和实践。

在民主革命时期，马克思主义中国化在理论上表现为中国新民主主义革命理论，而在实践上表现为符合中国实际的农村包围城市的革命路线；在社会主义建设时期，它表现为毛泽东关于中国社会主义建设的一系列理论，而在实践上表现为对民族资产阶级的和平赎买，对民族资产阶级采取团结改造的统一战线的方针；在改革时期，马克思主义中国化在理论上集中表现为中国特色社会主义理论，而在实践上则表现为中国特色社会主义道路。总之，中国共产党创造性地提出的马克思主义中国化原则，既坚持马克思主义必须与实际相结合的基本原则，又具有中国特色。九十多年来，中国革命、建设和改革的伟大成就，就是马克思主义中国化的伟大胜利。毛泽东思想和中国特色社会主义理论体系是马克思主义中国化的两大理论成果，而民主革命的胜利和社会主义建设与改革的伟大成就，是马克思主义中国化的实践成果。

就苏联来说，列宁树立了马克思主义与俄国实际相结合的光辉榜样，产生了列宁主义，列宁主义既具有俄国特色又具有国际意义。但苏联共产党并没有确立马克思主义必须俄国化的理论观念和实践观念。斯大林过早改变了列宁的新经济政策，没有充分考虑俄国经济和文化落后的实际，试图完全按照马克思和恩格斯关于社会主义基本特征和基本原则来改变苏联的现实，过急过快地消灭了资本主义私有制和包括工业和农业在内的个体经济。由于苏联共产党的政治优势和处于革命早期获得解放的工人和农民的政治支持，以及高度集权的力量，在斯大林时期苏联在社会主义建设方面取得了重大成就，但也犯了教条主义和“左”的错误。没有马克思主义必须俄国化的理论和实践观念，没有一条与苏联实际情况相结合的社会主义建设路线，虽然在短期内可以取得成就但后劲乏力。事实上，在斯大林逝世以后，在清算斯大林个人迷信的口号下，苏共逐步走上了全面复辟资本主义的不归之路。

三、坚持实事求是的思想路线

是否能始终坚持马克思主义中国化的一个关键，是能否立足中国实际，而且是变化着的中国实际。从原则出发而不从中国实际出发，就不可能做到马克思主义中国化，也不可能以马克思主义为指导来“化”中国，即改变中国的实际。因此，马克思主义中国化的精髓是坚持实事求是原则。

在马克思主义中国化问题上，中国共产党不仅有马克思主义的理论优势，而且有一个文化优势，这就是我们文化遗产中包含着的实事求是的传统。中国共产党的实事求是思想路线，就是马克思主义与中国传统文化精华相结合的具有中国特色的思想路线。

中国共产党九十多年的历史中，党内不可能没有意见分歧，没有争论，但解决矛盾的主要方式是坚持实事求是路线，总结经验，提高认识，统一意志，加强团结，而不是像苏共那样采取党内清洗的残酷斗争方式。遵义会议确立毛泽东的领导地位，批评了错误的军事路线，并没有引发党的分裂。1942 年展开的延安整风，以学习方式批评教条主义和经验主义错误，提高了认识，加强了团结。毛泽东逝世后，邓小平复出，对毛泽东和毛泽东思想采取正确态度，以实事求是的态度，总结了第二个三十年的经验和教训，正确评价毛泽东和毛泽东思想。中国共产党九十多年历史是有阶段性又有连续性的历史，没有历史的断裂和对立，依靠的就是坚持实事求是原则。如果毛泽东在中国，像斯大林在苏联一样被全盘否定；如果中国共产党革命和社会主义建设的历史像苏联一样被彻底否定，中国现在就完全是另一种局面。可以说，九十多年来，中国共产党的实事求是路线，是中华民族复兴和崛起的百年梦想变为现实的光辉路线。

四、坚持科学世界观和思维方法

在中国共产党九十多年历程中，坚持马克思主义中国化、坚持实事求是的思想路线的世界观和思维方法的支撑和指导，就是坚持辩证唯物主义、历史唯物主义世界观和方法论。无论是马克思主义中国化的必要性和途径，还是实事求是的重要性和实现途径，都是辩证唯物主义、历史唯物主义世界观基本特征的凝结和精华。

中国共产党坚持辩证唯物主义和历史唯物主义世界观和方法论，把中国共产党的历史看成是连续的、发展的，在不断总结经验、自我批评和团结奋斗中前进的历史。中国共产党的历史不是路线斗争史，更不是权力斗争史。我们党内当然有过路线分歧，也有过粉碎林彪和江青两个阴谋夺权集团的斗争，但这只是短期的、片断的，不是中国共产党历史的主线。中国共产党历史的本质和主流是革命、建设、改革的历史。中国共产党的九十年，是为中国人民解放和中华民族伟大复兴斗争的九十年。九十年中，党内有过分歧、实践中有过错误，有过挫折，但中国共产党并没有采取“打倒一切”和“全盘否定”的方法，而是用马克思主义世界观和方法论正确分析矛盾和处理矛盾，坚持批评和自我批评，惩前毖后，治病救人，总结经验，继续前进。因而每次纠正错误之后，都是一次更大的发展。

苏联共产党则不同。列宁当然是辩证法大师，但斯大林思维方法中有形而上学的局限性。斯大林逝世后，赫鲁晓夫完全搞形而上学：第一是全盘否定斯大林，不承认伟大人物的功过是可以分析的；第二是全盘否定苏联社会主义建设成就，即否定历史，不承认对历史也应该采取辩证的态度。赫鲁晓夫倒台之后，几任领导人没有纠正赫鲁晓夫全盘否定斯大林的错误，更没有阻止苏联从“解冻文学”后漫延到整个意识形态领域中的抽象人道主义和西方自由主义价值观的泛滥，导致这个趋势愈演愈烈。由于形而上学思维的恶性膨胀，斯大林和列宁以及苏联社会主义建设历史被彻底否定。正是在这种政治背景和思想土壤基础上，戈尔巴乔夫和叶利钦式的人物必然应时而生，他们并不是从天上掉下来的，他们就是赫鲁晓夫开启的全盘否定斯大林和苏联历史恶性发展的必然产物。这些在苏联20世纪50年代中期开始，经过几十年恶性发展的社会思潮中培养起来的所谓“政治精英”，最终埋葬了苏联社会主义和苏联共产党。这并不奇怪，“冰冻三尺，非一日之寒”，在唯心主义世界观和思维方法支配下形成的政治和思想土壤上，撒下什么样的种子，就会培养出什么样的政治精英人物。历史经验证明，对待历史的形而上学态度，最终只能是自我否定和受到历史的惩罚。

历史往往有相似之处，但任何简单化的类比都是反历史唯物主义的。有人说，斯大林逝世后，赫鲁晓夫反对对斯大林的个人迷信，中国在毛泽东逝世后开始反对个人崇拜；苏联接着是“解冻文学”，中国是“伤痕文学”；苏联是回归东正教，十月革命前俄罗斯唯心主义哲学家和思想家最受追捧，中国是复兴中国传统民族文化，提倡尊孔读经；苏联是市场化和私有化，中国是实行市场经济和大力发展资本主义经济，如此等等。这种类比是一种缺乏辩证法的形而上学方法，是不看本质的表面的肤浅的比较，中国改革与苏联的所谓“改革”走的是两条不同的路。前者是全面复辟资本主义的道路，而中国走的是中国特色社会主义道路。

苏联和中国都是社会主义国家，都是共产党执政的国家，因此可能会发生某些类似现象。相似性在历史中是常见的，何况两个国家改革起步都是社会主义国家，都面对清理社会主义建设的历史遗产和某些错误的问题，但采取的方式和结果完全不同。苏联是在反对个人迷信口号下全盘否定斯大林，进而否定列宁；而中国是批评毛泽东的某些错误，但充分肯定毛泽东的伟大功绩，肯定毛泽东思想，始终高举毛泽东思想旗帜。苏联“解冻文学”的恶性发展是与全盘否定斯大林和苏联社会主义基本制度相呼应的；而“伤痕文学”在中国是批判“文化大革命”中的“左”的错误，而且并没有发展为中国文学的主旋律。苏联回归东正教、回归十月革命前唯心主义哲学家的思想并不是强调继承遗产中的合理因素，而是以放弃马克思主义指导地位，以对抗和消解主流意识形态为目的；而在中国我们倡导学习中国传统文化，是以坚持马克思主义在意识形态的指导地位为前提的，是提倡以马克思主义为指导，吸收中国传统文化的优秀成果和西方文化中的积极成果，创造具有中国特色、中国气魄、中国风格的中国化的马克思主义为目的，并不是简单回归传统、回归封建社会的尊孔读经。至于中国发展市场经济是坚持公有制为主体、为前提，发展非公有经济成分和走资本主义道路是根本不同的，走资本主义道路是以建立资本主义社会为目的的，是私人资本在市场中的无限扩张，我们的市场经济是在国家宏观调控下的市场经济，而不是自由放任的市场经济，我们的非公有经济成分是以公有制主体为前提的，因此在中国发展多种所有制经济成分和确立市场经济是基于中国处于社会主义初级阶段现实的需要，有利于解放和发展生产力，最终消灭私有制和两极分化，以共同富裕为目的。

五、牢记苏共亡党失政的教训

改革会存在风险。我们应该具有忧患意识，需要警惕错误思潮泛滥，防止它占领意识形态领域。有些人的确企图把反对毛泽东晚年错误，引向“非毛化”运动；把“伤痕文学”发展为否定社会主义、控诉社会主义“暴政”的入口和引线；把尊重传统文化和正确对待中国传统文化引向指导思想多元化，引向以全面尊孔读经来消解马克思主义指导思想一元化；把发展多种所有制经济成分引向否定公有制的主体地位，把公有制挤出市场。我们不否认少数人存在这种企图。在热烈庆贺中国共产党成立九十周年，欢呼伟大成就的同时，我们应该牢记苏共亡党失政的惨痛教训。

为什么同样是社会主义国家，同样是处于执政地位的党会有两种命运？分析起来有很多因素，但最重要的是取决于苏联共产党和中国共产党实行的路线不同。苏联解体，苏共亡党，与中国共产党的灿烂辉煌和中国特色社会主义的成就的鲜明对比，以无可辩驳的事实证明了党的路线问题，即“举什么旗”、“走什么路”是最重要的问题。

历史并没有注定苏联七十多年后必然解体，也没有注定社会主义在苏联一定要失败、苏联共产党一定会被自己的领导人解散。我们不是宿命论者，我们是历史唯物主义者。自然界没有无原因的结果，人类社会领域也是如此。苏联解体和苏共解散的必然性存在于占执政地位的苏联共产党的长期活动之中。苏联解体与苏共亡党的必然性，是在特定的历史条件下，由苏联共产党领导人自身推行的路线，即由自己的实践活动一步一步造成的。

苏联解体和苏共解散的历史演变进程还说明，坚持马克思主义在意识形态中的指导地位对于社会主义国家来说，是至关重要的。任何非意识形态化，或指导思想多元化都贻害无穷。苏联从赫鲁晓夫开启全盘否定斯大林的大门，从所谓“解冻文学”开始，理论领域逐步陷入一片混乱，马克思主义被贬低、被歪曲、被丑化。在一个社会主义国家，马克思主义在意识形态领域从边缘化到完全失去话语权，表明政治危机已经酿成。

我们很难断言，赫鲁晓夫一开始就想搞垮苏联和苏联共产党，而不是真心想改革。但历史是不依个人的意志为转移的，不管赫鲁晓夫当时主观意图如何，不管他批判个人崇拜、批判斯大林和批判“左”的错误对开启真正的改革有何必要性，但他采取秘密报告的方式和全盘否定斯大林的做法的后果并不是他个人所能左右的。只要开启了意识形态自由化的闸门，种种错误思潮就会像潮水一样不可阻挡。毛泽东在赫鲁晓夫全盘否定斯大林时，就说过赫鲁晓夫丢掉了斯大林和列宁“两把刀子”。当苏联克里姆林宫红旗落地时，令人突然想起了毛泽东“卫星上天，红旗落地”这句话。真是不幸言中。有人批评“卫星上天，红旗落地”是反对发展科学技术，反对发展生产力，这是毫无根据的。“卫星上天”和“红旗落地”不是因果关系而是并存关系。并非因为卫星上天，红旗才落地。也并不会因为卫星上了天，红旗就永远不会落地。红旗是否落地是社会主义变不变色的问题，这决定于路线；卫星能不能上天是科学技术，这决定于科学技术发展水平。中国经验证明，只要红旗不落地，我们可以把卫星搞上天，中国就是在极其困难条件下搞出“两弹一星”的；苏联教训表明，如果政治路线和思想路线错误，即便卫星上了天，红旗照样可以落地。苏联为俄罗斯留下了那么多原子弹和高科技，资本主义不是照样在苏联复辟了吗？苏联的社会主义制度和苏联共产党是在科学技术水平远远高于中国的情况下崩溃的。我们是历史唯物主义者，不是科技决定论者。

毛泽东做出“卫星上天，红旗落地”预言的依据是什么？依据的是社会主义国家指导思想应该是马克思主义，指导思想只能搞一元化，不能搞多元化；如果在社会主义国家，马克思主义失去了意识形态领域的领导权和话语权，这个社会主义国家就会处于危险状态，迟早会变色。意识形态的缺口一打开，各种反马克思主义、反社会主义的思潮汹涌澎湃，就会把社会主义制度冲垮。我们只要看看苏联解体前很长一段时期的哲学社会科学和文学艺术的主导倾向就可以知道。戈尔巴乔夫公开举起的所谓“民主的人道的社会主义”旗帜，是此前苏联意识形态路线不断恶化的必然结果。社会主义制度被丑化，许多闻所未闻的暴行和阴暗面不断在报纸、电台、小说、电视中，在“公开性”号召下被“揭露”。真真假假，百姓难以辨别；是是非非，群众难以判断。舆论阵地太重要了，舆论阵地掌握在谁的手中太重要了。现在是互联网时代，是全球化时代，意识形态斗争方式更加现代化、多样化、日常化、软性化。一个社会主义国家，只要从意识形态领域撕开一个裂口，就会沿着这个裂口不断撕裂、延伸、扩展，导致社会重心倾斜和人心涣散，最后是整个社会结构的崩溃与解体。

我们应该看到，随着改革的深入，意识形态领域的斗争显得更为激烈。在理论领域，我们国家的确存在少数人反对毛泽东和毛泽东思想的“非毛化”思潮。少数人在重新评价毛泽东，不断揭露改革前社会主义的所谓“专制”和“黑暗面”，公开宣称只有民主社会主义才能救中国，宣称中国三十多年来的成就来自发展资本主义，而不是来自社会主义制度的优越性，相反是由于放弃社会主义和公有经济。这种种混淆是非的说法很容易迷惑没有理论修养的人。放弃单一的公有制，采取多种经济成分同时发展能等同于放弃公有制主体地位吗？在共产党领导下的有目的有计划地利用非公有经济，应该归功于中国共产党的领导和社会主义制度的包容性，还是应该归功于资本主义制度？是体现社会主义制度的优越性，还是体现资本主义制度的优越性？其实，对于一个稍具马克思主义基本常识的人，这种区别很容易分辨。

当然，质的规定性是处在一定量的限度内的规定性。作为社会主义资源和劳动力配置的市场经济和社会生活全面市场化之间、全盘私有化和多种经济成分并存发展之间、思想和学术自由与思想自由化之间有质的区别，但还有量的界限。如果市场范围无限扩大、私有经济在社会主义经济中无限扩张、思想和学术自由的自由度无限扩张，这种量的无限扩张就会导致质的变化。质量统一观是马克思主义哲学的一个基本观点。不懂得事物本质区别不是辩证唯物主义者，但不懂得超出量的界限会引起质的变化也不是辩证唯物主义者。

毋庸讳言，我们意识形态领域面临的形势仍然是严峻的。从国际上说，西方自由主义思潮，尤其是以个人主义为核心、以维护资本主义私有制为最终目的的所谓自由、民主和人权思潮，在全球化背景下，随着各个领域中交往频繁而具备多种渠道和多种传入方式。所谓人权外交、价值观外交，就是西方国家利用国家的强大军事和经济力量为后援的思想渗透和政治压力；从国内来说，由于经济成分的多样化和利益多元化而必然产生的思想的多样化、多种利益诉求甚至不同的政治诉求，如果不加以引导，就可能发展为对主流意识形态的冲击。尤其是市场经济诱发的拜金主义和极端利己主义思潮，极有利于西方自由主义思潮的传播和渗透。还要注意到，由于社会分配不公、贫富两极分化、官员腐败以及食品安全和道德滑坡引发的群众不满情绪，从另一个方面引起思想混乱，不利于年轻人树立对改革开放的正确认识，不利于当代中国马克思主义作为指导地位的树立和巩固。

近年来，党中央开展马克思主义理论建设工程，大力提倡和宣传树立社会主义核心价值体系，重视当代中国马克思主义和马克思主义中国化理论研究，都是为了树立马克思主义在意识形态中的指导地位，防止重蹈苏联覆辙。苏共执政七十多年，亡党失政，中国共产党建党九十多年，执政六十多年，依然朝气蓬勃，在中国特色社会主义道路上奋勇前进。我们积累了自己的宝贵经验，有苏共的教训可资借鉴。中国共产党带领中国人民一定能对人类、对世界社会主义运动做出应有的贡献。

马克思主义中国化经验的实践解读

一、当代中国最具理论性和实践性的课题

在中国共产党领导中国革命和建设长达九十多年的历史中，我们党在不同时期会面对不同的实践和理论问题。但有一条根本原则是不变的，也是不能变的，这就是马克思主义中国化，而且必须中国化。这可以说是我们党在任何时期一切事业兴衰成败的生命线。

由于坚持马克思主义中国化的思想理论路线，中国共产党取得了民主革命胜利，确立了社会主义基本制度，尤其是三十多年的改革开放时期，我们取得了全球瞩目世人震惊的伟大成绩。当前，我们应该总结马克思主义中国化的基本经验，排除新自由主义、民主社会主义、新保守主义以及“左”的干扰，高举中国特色社会主义理论旗帜，沿着建设中国特色社会主义道路，坚持解放思想，深化改革，坚持科学发展观，继续推进马克思主义中国化的历史进程。这是关系到中国社会主义的前途和命运的重大问题。

从世界范围看，马克思主义中国化也是关系马克思主义理论在世界的前途和命运问题。历史经验证明，马克思主义在世界的影响的扩大与缩小，往往与社会主义运动的胜利与挫折、高潮与低潮紧密相连。苏联解体和东欧剧变给马克思主义带来了重大损害，而中国革命和建设特别是改革开放的成就重新在世界上高高举起了马克思主义真理的“明灯”。从这个角度说，马克思主义中国化是一个既具有中国意义又具有世界意义的课

题。可以说，在马克思主义基本理论建设中，马克思主义中国化是最具理论性和实践性的问题，值得马克思主义理论工作者倾注全力进行认真研究。

马克思主义中国化的基本经验是个大题目，也是个最有理论深度、难度和高度的问题。这个问题可以从多学科、多角度进行研究。本文主要用历史唯物主义观点，从实践的视角对马克思主义中国化基本经验中几个重大问题进行分析。

二、立足变化着的实际

就马克思主义中国化来说，也可以说是马克思主义“化”中国。这里“化”是动词，是改变。它表明马克思主义中国化，首先是用马克思主义来“化”中国，也就是说用马克思主义来改变中国，用马克思主义指导中国革命和社会主义建设。可同时马克思主义中国化，又是中国“化”马克思主义，即用中国的实践经验以及被升华为中国革命和建设的新理论来丰富和发展马克思主义。马克思主义中国化的三大成果，可以说是马克思主义“化”中国和中国“化”马克思主义相结合的产物。

离开中国革命和建设的实践，就不可能也不需要用马克思主义来“化”中国，而不用马克思主义来“化”中国，就不可能有对中国革命、对社会主义建设改革实践的经验的理论总结。正是由于马克思主义中国化的伟大成果是马克思主义与中国革命实践相统一的产物，因此在马克思主义中国化的进程中，谁处于领导中国革命和建设的共产党的领袖地位，谁就最有可能在马克思主义中国化的进程中处于最重要地位。

这并不是像一些人说的，只有领袖才拥有发展马克思主义的“特权”。马克思主义本来是革命的学说，是实践的学说。革命领导人所处的总揽全局、指导实践第一线的地位，中国革命战争、建设和改革开放的丰富实践经验为他们提供了丰富的材料——成功的经验和失败的教训，并要求他们不断在总结经验基础上构建适合中国的马克思主义理论。如果处于最高领导地位，却在马克思主义与中国实际相结合这一事关革命和建设成败的根本问题上无所作为，不知道在中国应该如何做，甚至由于教条主义或经验主义以及其他错误理论的影响背离马克思主义，导致革命的失败或社会主义事业的挫折，就会被革命实践的浪潮所吞没。在中国共产党内，曾经有多人担任过党的总书记职位，包括王明在内，他们对中国革命事业所造成的损失证明，并不是处于领袖地位就拥有发展马克思主义的“政治特权”，就必然成为马克思主义中国化伟大成果的创造者。事实上可以倒过来说，如果不走马克思主义与中国实际相结合的道路，不在马克思主义中国化方面取得重大成果，引导中国革命和社会主义建设走上胜利的道路，就会在使革命遭到失败的同时失去自己的领袖地位。

历史可以选择领袖，历史也可以抛弃领袖。中国革命战争和建设的历史，同时就是把对马克思主义中国化具有重大成就的人确立为领袖或核心人物的过程。而由于这种站在实践第一线并处于总揽全局的地位，又为他们提供了各种有利条件和可能性，在马克思主义中国化方面取得重大成果。这可以说是双向选择和双向互动的过程。所以对领袖人物成为马克思主义中国化伟大的缔造者的分析，应该是历史唯物主义观点。脱离中国革命与建设的全部历史进程，单纯用权力来解释他们成为马克思主义中国化伟大成果的创造者的“权力决定”的看法是非历史唯物主义的观点。

我们强调马克思主义是无产阶级革命学说，不是在书斋里进行纯学术研究的产物，这决不意味着马克思主义中国化不需要研究理论，因为马克思主义既是革命的学说又是科学的学说。马克思和恩格斯就是伟大的学者，恩格斯称马克思是“科学家”。实际上马克思和恩格斯一生都在进行科学研究工作。但是马克思和恩格斯的科学研究特点是立足现实，面对时代问题，为无产阶级和人类解放寻找理论支撑。早在1845年1月20日，恩格斯在致马克思的信中就非常明确他们进行科学研究的目的，他说：“目前首先需要我们做的，就是写出几本较大的著作，以便给许许多多非常愿意干但自己又干不好的一知半解的人以一个必要的支点。你的政治经济学著作，还是尽快把它写完吧，即使你自己还感到有许多不满意的地方。”他在谈到自己时也说“我的关于英国的著作当然也不会不起作用”。他批评德国的理论界，“我们这些德国理论家还根本不能发挥我们的理论，我们甚至还没有发表批判荒谬言论的文章——这是可笑的，但这是时代的标志，是德国的民族污泥分解的标志。而现在正是时候了。因此，你一定要在4月**以前**写完你的书，要像我那样做”①。马克思和恩格斯把科学研究与革命活动如此完美地结合在一起，可以说在世界上没人能达到如此高度。马克思和恩格斯不仅指导布鲁塞尔共产主义通讯委员会的工作，改组德国正义者同盟，而且共同写作了资本主义旧世界为之震惊的《共产党宣言》。马克思在欧洲1848年革命失败以后“退入书房”，在伦敦大英博物馆以四十年时间从事《资本论》著作，数易其稿，光手稿数量之多就足以惊人。即使如此，马克思仍然首先是革命家。他在大英博物馆埋头著述的同时，密切关注革命形势，参与工人国际组织的建立，关注法国巴黎公社革命，帮助流亡者，即使晚年仍关注俄国革命，写了著名的《给〈祖国纪事〉杂志编辑部的信》，论述了俄国革命的道路。至于对中国，马克思也极其关注。在《纽约每日论坛报》发表的一系列关于中国的评论中，对侵略中国的西方列强尤其是英国发动的鸦片战争猛烈抨击，对既反对封建又反对“洋人”的太平天国的革命给予同情和支持。

恩格斯也是一样。恩格斯与马克思一道领导建立工人革命的组织，但同时从事科学研究，不仅是社会科学，自然科学也有很高的造诣。他曾用八年时间从事自然科学研究，他的自然科学水平尤其是科学哲学的水平是同时代的自然科学家所无法企及的。恩格斯的许多著作都是经典性的著作。尽管《反杜林论》《自然辩证法》《费尔巴哈论》具有论战性，但丝毫没有降低它的科学品位，都是极高水平的学术著作。至于《家庭、私有制和国家的起源》，可以称之为历史唯物主义社会学的奠基之作。立足实践，决不是轻视理论，这是马克思和恩格斯留下的宝贵传统。

对中国共产党人来说，情况也是一样。马克思主义中国化首先是要用马克思主义“化”中国，没有高水平的马克思主义理论素养是根本不可能的。既要立足中国国情又要有马克思主义理论水平，两者缺一都“化”不成。毛泽东就是伟大的马克思主义理论大家，在马克思主义理论方面卓有建树。他写的《实践论》《矛盾论》《关于正确处理人民内部矛盾的问题》《论十大关系》以及《中国革命战争的战略问题》《论持久战》等，都在马克思主义发展史和马克思主义军事思想史上占有重要地位。可以说中国化

① 《马克思恩格斯全集》，中文1版，第27卷，18～19页，人民出版社，1972。

马克思主义伟大成果的创立者，都在不同程度上对马克思主义理论本身有着精湛研究。这是他们能够把马克思主义中国化的理论条件。我们不能无限夸大领袖个人的作用，但领袖人物个人的理论才能和对马克思主义著作和原理的精通，以及应用的娴熟，肯定都是非常重要的。

而且我们应该看到，立足实践这个原则既是唯物主义的又是辩证法的原则。实践始终是处于变化中的。因此马克思主义中国化的伟大成果，总是立足于变化着的实践，面对不同时期的问题，总结新的经验，提出新的论断。立足变化着的实际非常重要。如果不是立足变化着的实际，与时俱进，马克思主义中国化就会半途而废。所以在马克思主义中国化过程中始终存在一个解放思想的问题。解放思想是我们党的思想路线的本质要求，是我们应对前进道路上各种新情况、不断开创事业新局面的一大法宝。我们之所以强调十六大以来的创新理论，强调科学发展观与构建和谐社会，以及一系列相关理论的意义，原因就在于马克思主义中国化必须立足变化着的实际，而不是一劳永逸的事。它必须立足实际、在解放思想中不断向前推进。

我们的理论的旗帜没有变，仍然是马克思主义，这是从马克思和恩格斯开始就一脉相承的。当然中国有自身国家的特点，为了突出这个特点，我们称之为中国化的马克思主义，从毛泽东开始就是这样。从邓小平开始有着新的特点，迈开了改革开放的步伐，我们称之为中国特色社会主义理论。这个特色理论至今未变，坚持中国特色社会主义理论的旗帜，坚持走中国特色社会主义道路，在中国就是坚持马克思主义。马克思主义当然要与时俱进，但这不是旗帜的变化，而是根据面对的不同的时代特征、国际环境和国内具有的阶段性和全局性的问题，采取符合某一阶段特点的具有创新价值的新的观点、新的方针、政策。这种变化，是立足变化着的实际的结果，与领导人变化并无必然相关性。即使原人原位，只要坚持实事求是原则，情况变化，必然要提出新的理论和观点，制定新的政策，否则就背离了马克思主义。任何具有创新思维的马克思主义领导人，面对当前中国的国情和新的社会矛盾以及人与自然的矛盾，同样都要强调关注科学发展、关注社会公平、关注社会和谐。时势使然，这是历史唯物主义原则，并不以领导者个人意志为转移。区别是，英明的领导者能及时发现矛盾，调整政策；反之，则会使矛盾激化。

三、判断真假马克思主义的唯一标准

有人问，马克思主义是“一”还是“多”？马克思主义可不可以有不同学派？马克思主义当然不只是列宁、毛泽东一家一派一系、其他都是异类。可又不能抽象地说，马克思主义是“多”，任何学派只要自称马克思主义都可归属于马克思主义之中。现在有人就说，马克思主义有西方马克思主义、苏俄马克思主义即斯大林模式的马克思主义、东欧新马克思主义、南斯拉夫实践派马克思主义、西方民主社会主义，如此等等，它们都是马克思主义的学派，任何人都无权把别的马克思主义学派“革出教门”，否则就是缩小队伍，是“关门主义”。我认为这种说法有点片面性。

是不是马克思主义应该有自己的标准。这个标准不是经典文本的引证，不是政治权力，不是谁得衣钵真传。照我看，衡量是否属于马克思主义的派别标准仍然是实践。凡是主张马克思主义与各国实际相结合的，以马克思主义关于无产阶级和人类解放为最高使命的学派都属于马克思主义学派。即使它们之间存在某些观点的分歧，如对革命的方式、道路的选择，对社会主义建设与方式的不同选择，或对某些观点的解释，各自存在不同的看法都是正常的。因为这种分歧是由各自所处的实际环境和面对的问题不同而产生的。关键是不是否定无产阶级和人类解放这个总的方向和历史使命，任何为资本主义社会和资本主义私有制永恒化和合理化辩护的理论，任何抽象赞扬自由、平等、博爱的理论，无论怎样摇晃马克思主义的旗帜都是非马克思主义的学派。

所以马克思主义学派不是纯学术领域中的学派，而应该是总的目标一致而达到目标的道路和方式不同而形成的具有不同的民族特色的马克思主义学派。这是马克思主义与各国实际相结合的正常状态。任何国家的马克思主义都无权反对别的国家的马克思主义与自己本国实际相结合的道路，反对由此得出的不同于自己的结论。当年毛泽东为日本共产党的题词就是“马克思主义必须与日本实际相结合”。这应该是任何马克思主义学派之所以属于马克思主义学派的共同原则。

至于一些关在书斋里的学者脱离或抛弃马克思和恩格斯毕生为之奋

斗的无产阶级和人类解放的事业，以对马克思主义著作不同解读的分歧而形成的不同学派，这些可以称之为马克思学学派或马克思主义学说研究者的学派，而不能称之为马克思主义学派，因为它的根本研究宗旨是纯学术的，而不是同时以行动实践马克思主义的历史使命和历史任务。马克思主义之所以是马克思主义，就在于它所肩负的历史使命并努力实践这种使命。马克思《关于费尔巴哈的提纲》的第十一条，不仅是马克思哲学与以往一切哲学的分界线，也可以看成检验当代马克思主义与自称马克思主义学派区别的试金石。

我们区分马克思主义学派、马克思学学派、马克思主义研究者学派决不是搞“关门主义”。我们应该关注西方马克思学、西方马克思主义研究者的成果。尤其是在当代中国，熟悉西方马克思学和国外马克思主义研究情况，对于推进马克思主义理论工程建设，对于马克思主义中国化是非常必要的。马克思主义从来就不是宗派主义。过去不是，现在也不是。思想理论资源的借助可以是多渠道的，反面的东西可以促进正面的思考。思想资源可以多元，但理论不能混，阵营不能乱。

四、准确理解和坚持基本原理应该重视文本研究

马克思主义中国化就是马克思主义与中国实际相结合，可理解不一样。有一种说法，马克思主义之所以要中国化，是因为它的原生形态并不适合中国。它是欧洲的东西，所以要中国化，否则它就没有用。或者说，马克思主义已经过时，只有中国化才能保存它的生命力。有的甚至说马克思主义根本不可能中国化，一旦中国化就已经不是原来意义的马克思主义，如此等等，立论各异。

究竟是因为马克思主义基本原理是真理，因而可能中国化，还是因为它只有中国化它才具有真理性？其实，道理很清楚，当然是因为马克思主义基本原理具有普遍真理性所以才可能中国化，一种不具有真理性的学说不可能由于它在中国传播就会成为真理性学说。马克思主义之所以能中国化，就是因为它具有真理性，而中国化又以中国的经验和理论丰富了马克思主义的普遍真理。这是一种双向作用。而它的根据是马克思主义自身具有真理性，否则它不可能中国化。毛泽东强调马克思主义是“放之四海而

皆准”，就是强调它的真理的普遍性。

马克思主义中国化的依据是什么？是马克思和恩格斯的文本，还是它的基本原理？这是当代争论的一个问题。现在一个很流行的问题是关于马克思主义的当代性问题，即马克思主义在当代是否过时的问题？有的学者认为马克思主义基本原理已经失效，应该依靠对文献的当代重新解读才能恢复它的生命力。我不完全同意这种看法。

马克思主义经典的文献学研究、考证、校勘都非常重要。以往由于条件限制和文献限制，我们在这方面的工作比西方落后，现在我们应该加强这方面的工作，这肯定是马克思主义研究领域的一个新的拓展。它可能发现以往被视而不见的重要论断，可能改正以往理解中的某些错误，这对正确理解马克思主义基本原理和改正过去的错误理解或不适当的附加有重要的学术价值。但马克思主义的真理性不能以对经典的重新解读为依据。马克思主义基本原理的真理性决定性标准是实践的检验和实践运用的有效性。只强调重新解读就会陷于无休止的争论。因为解读者的主体差异及其文化背景、政治背景和解读的出发点和目的不同，或使用的方法不同，都会影响对同一句话的不同理解。何况，任何仅限于上下文的关联的解读都不可靠，特别是脱离马克思和恩格斯一生的历史发展和全部著作，仅就一本书，甚至某一本书的某一章、某一节、某一句话的推字敲句式的孤立解读，往往容易一叶障目，只见树木而不见森林。我们的马克思主义的文献研究一定要与基本理论的研究相配合，有助于正确理解马克思主义基本原理，而不是相反。因为自从马克思主义产生以后，在革命狂风暴雨和风云变幻中，累经实践考验的不是单独某一本书中的某一句话，而是马克思主义的基本原理。马克思主义的当代性问题应以原理的当代有效性和实践标验为依据，而不是以与经典文本中某字某句相对照为依据。如果再扯上翻译的准确性问题更是越扯越成乱麻一团。邓小平就特别强调基本原理的学习。他在中国共产党全国代表会议上的讲话中说，“现在我还想提出一个新的要求，这不仅是专对新干部，对老干部也同样适用，就是要学习马克思主义理论”，他还说，“我们现在要建设有中国特色的社会主义，时代和任务不同了，要学习的新知识确实很多，这就更要求我们努力针对新的实际，掌握马克思主义基本理论”。“我希望党中央能作出切实可行的决定，使全党的各级干部，首先是领导干部，在繁忙的工作中，仍然有一定的时间学习，熟悉马克思主义的基本理论，从而加强我们工作中的原则性、系统性、预见性和创造性。"①

我们反对用注经的方法或用西方唯心主义解释学的方法来对待马克思主义经典文献，但我们重视马克思主义经典文本的研究和学习，因为基本原理存在于经典文本之中，但它不是个别的词句或个别论断，或片言只字，而是文本中的根本思想。任何违背马克思主义基本原理的观点，必然也同时会曲解文本中的基本思想，曲解文本中体现的基本立场、观点和方法。有的学者抽象掉各种社会主义的区别认为社会主义首先是一种"价值"，这无论从马克思主义基本原理或从文本来说都是毫无根据的论断。

马克思和恩格斯在《共产党宣言》中运用历史唯物主义阶级分析方法对各种社会主义进行过分类，第一类是反动的社会主义，如封建社会主义、小资产阶级社会主义、德国的或"真正的"社会主义；第二类是保守的或资产阶级社会主义；第三类是批判的空想的社会主义。任何哲学工作者都懂得价值观是多种多样的，可以说各种类型的社会主义学说都包含自己的价值观，包含源于自己立场的对资本主义社会的评价和要求。根本不存在一种什么"价值社会主义"，只存在具有不同时代特征和阶级特征的社会主义。马克思和恩格斯的社会主义是不同于以上各种类型的科学社会主义。科学社会主义不是"价值社会主义"与马克思主义的历史唯物的融合的产物。无论是马克思主义基本原理还是马克思和恩格斯的文本，例如《共产党宣言》或者《反杜林论》中社会主义部分关于历史与理论两节，都讲得很清楚，科学社会主义的事实依据是资本主义的现实矛盾，而理论依据则是唯物史观和剩余价值两大发现。马克思主义的科学社会主义当然也包含自己的价值观，这种价值观不是以往所谓"价值社会主义"的移植，而是马克思主义科学社会主义自身所固有的。

在科学与价值的关系上，判断价值观对错的依据是事实，以对事实科学分析为依据的判断才可能是有价值的"价值判断"，而以抽象理性、人性为依据的价值观是没有价值的"价值判断"。倒转过来，让事实服从价

---

① 《邓小平文选》，1版，第3卷，146～147页，北京，人民出版社，1993。

值，科学真理屈从阶级的价值诉求肯定是一种错误的价值理论。科学社会主义自身所包含的价值，不是抽象的自由、平等、博爱，而是以无产阶级和人类解放为最高价值目标，建立一个人与人和谐、人与自然界和谐、个人得到自由全面发展的社会。这种价值诉求之所以可能就在于它是以社会形态更替的历史发展规律为依据。科学社会主义当然要讲自由，这是任何个人的自由作为一切人自由条件的自由，而不是资产阶级的贸易自由、雇佣自由之类的自由；要讲平等，但平等最根本的意义是最终消灭剥削和阶级对立，而不仅仅是在社会不平等前提下的法律意义上的平等；科学社会主义也讲爱，但博爱在存在阶级、存在两极分化和贫富对立的社会下是不可能的。

在以往各种类型的社会主义中，空想社会主义是最具理论性和批判性的，具有历史进步性，可它的历史地位和作用与历史进程成反比。正如马克思和恩格斯指出的，“虽然这些体系的创始人在许多方面是革命的，但是他们的信徒总是组成一些反动的宗派”①。之所以如此，就在于它接过法国资产阶级启蒙主义者的自由、平等、博爱的口号，把价值诉求建立在抽象的理性基础上，无视资本主义社会的对抗矛盾和社会发展的规律，使事实屈从价值诉求，从而使社会主义成为永远不可能实现的空想。

我们并不否认，我们在社会主义建设中犯过一些错误，其中包括法制不健全，社会主义民主没有得到发扬，还没有形成充分发扬社会主义民主的途径、方式和制度保证，以及建立与完善尊重人权的有关的制度和原则，这些我们都要在建立与社会主义经济相适应的政治体制，在深化改革中逐步完善，但我们的错误和教训决不是抽象宣扬“价值社会主义”的理由。苏联解体和东欧剧变的教训不应忘记。在当代中国，把空想社会主义的价值观，把抽象的自由、民主、人道、博爱，奉为黄金律，实在离马克思主义太远，离中国特色社会主义理论、离邓小平关于社会主义本质理论和“一个中心，两个基本点”的根本方针太远。

社会主义需要民主，但民主更需要社会主义。没有民主的社会主义不是真正的社会主义，但没有社会主义经济制度和政治制度保证的民主，只

---

① 《马克思恩格斯选集》，2 版，第 1 卷，304～305 页。

能是资产阶级一人一票的所谓“民主”，而不是人民当家做主的社会主义民主。民主社会主义不是民主加社会主义。民主社会主义是一种理论，一种制度构想，它本质上是改良的资本主义，或者说是资本主义的改良主义。而我们的旗帜是中国特色社会主义，走的是有中国特色的社会主义道路。它是马克思主义的科学社会主义理论与中国实际的结合。

五、马克思主义必须中国化

既然马克思主义“放之四海而皆准”，那有什么必要中国化呢？马克思主义是普遍真理，可马克思主义所面对的国家、面对的问题是具体的、变化的。可以说，马克思主义是普遍的，各国马克思主义者所要解决的问题是特殊的。各国的马克思主义者都是在自己国家活动的，都是解决自己国家和民族面对的问题的。既不能借米下锅也不能越俎代庖。各国的问题永远是具体的。立足实际就是立足问题，立足变化着的实际就是立足变化着的问题。马克思主义的真理性在于它不是包治百病的药方，而是观察问题的基本理论和方法。中国的问题需要中国革命者自己解决。马克思主义基本原理是解决问题的思想理论武器，而不是提出供解决一切现成问题的结论。所谓中国化，就是运用马克思主义基本原理，从中国的问题中寻找适合中国的解决方法。离开了中国化的马克思主义，就会成为毛泽东批评的“无的放矢”。“矢”和“的”结合才能是一次完整的射击活动。“无的放矢”，任何人都可以自称为神箭手，正如不解决任何实际问题，都可以自称为理论家一样。

马克思主义普遍原理具有当代性的根本之点，在于马克思主义基本原理，在于它的世界观和方法论具有当代适用性。无论是对当代资本主义世界的分析、对中国特色社会主义建设中问题的分析，还是对当代科学技术发展中问题的分析，马克思主义哲学作为世界观和思维方法都仍然是最有效的工具。马克思主义中国化的本质是马克思主义基本原理与中国实际相结合，而不是执着于马恩文本中的一字一句的解读。

坚持马克思主义基本原理，就要坚持发展着的马克思主义。因为马克思主义基本原理的有效性，充分体现在它自身具有的与时俱进的创造性上。所以坚持马克思主义基本原理决不是教条主义。我们应该在马克思主义基本原理上下工夫，在马克思主义与中国实际相结合上下工夫。不要在马克思恩格斯文本中的一字一句上争论不休，应该把马克思恩格斯经典文本的研究作为正确理解马克思主义基本原理的思想资源。文本是已经过去的历史文献，它具有明确的写作年代。写于某某年的意义就是它的时间限定。而原理是文本中已经规律化的思想精华，在实践中不断受到检验、丰富和发展的是马克思主义基本原理而不是文本中的一字一句。任何一个马克思主义的后继者都无权修改马克思和恩格斯的文本，但我们有权而且必须结合实际丰富和发展马克思主义基本原理。所谓马克思主义中国化，指的是原理与中国实际结合而产生的原理的发展。文本永远不可能中国化，翻译必须尊重原著。我们一定要区分马克思主义的文本观与西方唯心主义解释学家对待马克思主义文本的不同观点。

改革开放以来，从邓小平一些重要论断到“三个代表”重要思想，从科学发展观到社会主义和谐社会的构建，哪一条具有创新的理论不是马克思主义哲学基本原理的运用而仅仅是依据马克思或恩格斯文本中某句话做出的重大决策？一定要强调坚持马克思主义基本原理，基本原理动摇了，基本的立场、观点、方法错了，马克思主义中国化的历史进程就会中断。

六、中国马克思主义理论工作者的历史使命

不要认为马克思主义中国化这一伟大事业，只是领袖们的事，只是少数高层领导的事，其他人毫无贡献，像马克思形容的其他人都只是“张开口等着吃烤鸡的人”。马克思主义中国化集中的是全党智慧，其中包括理论工作者的成果。在早期，像李达、艾思奇以及其他理论家都或多或少以其研究成果贡献于马克思主义中国化的伟大事业。我们只要读读毛泽东的《哲学批注》就知道。至于在社会主义改革时期，各个实际部门所提供的材料，各个研究室提供的理论和思想的建议，都是一种有形的或无形的有助于马克思主义中国化的资源。不难设想，既没有任何实际材料，也没有任何理论和思想资源，而单凭某一个人就能把马克思主义中国化，这是不可能的。集中全党智慧决不是一句空话。

新中国成立以后，由于我们党处于执政地位，我们培养了成千上万甚

至几十万马克思主义理论工作者，在高校、党校、各级社会科学院以及各个党政部门，这是一支重要力量。我们应该为马克思主义中国化这一伟大事业而工作，我们要明确我们能做什么，应该做什么。以为我们的工作与马克思主义中国化毫无关系，我们只是宣传员、播音员的想法是不对的。

我们应该做什么，能做什么？我们的理论工作者不要把精力花在构建马克思主义当代新形态上，而应该放在关注和研究现实问题上，并在建设具有中国特色、中国风格、中国气魄的学科体系和教科书体系上下工夫。

现在有些年轻人热衷于构建马克思主义新形态。马克思主义当代新形态是指什么？我不清楚。当年在延安有人提出毛泽东主义，毛泽东说，我们只有一种主义、一种学说，这就是马克思主义。邓小平也说过，我是马克思主义者。中国化的马克思主义就是马克思主义，是当代中国的马克思主义而不是别的什么主义。如果马克思主义新形态不同于马克思主义基本原理，那就不是马克思主义。如果是马克思主义的基本原理，那本质上仍然是马克思主义，是一脉相承又与时俱进的同一种主义。如果由于与实际结合而得出新的结论，那就是马克思主义的创造性发展。马克思主义中国化不是一种不同于马克思主义的新的形态，而就是马克思主义中国化的形态。因为把一种学说称为新的形态，总是与旧的形态相对而言，我们不能说中国化的马克思主义是新形态，而所谓传统马克思主义是旧形态，是具有两种不同原则、不同基本原理的理论形态。如果不是这个意思，那离开马克思主义中国化抽象谈论构建新形态，除了引起混乱外还有什么别的价值呢？

我们理论工作者不着力于构建马克思主义新形态，决不意味着我们就无事可做。第一，我们可以研究社会主义建设中面临的诸多问题，这是个无限广大的领域。至今如何运用马克思主义分析中国特色社会主义建设中的问题，得出新的结论、新的办法，新的思路的文章并不多见。在马克思主义哲学领域，我以为存在一种非意识形态化、哲学贵族化倾向，即哲学与生活脱离、与读者脱离，只是少数哲学家圈子里的人看，我称之为哲学独白或哲学家的对话，人家看不懂、不愿看。第二，在教学改革中，如何建设中国特色、中国风格、中国气魄的学科体系和教科书体系，是一个重要任务。这里可做的工作太多，任重而道远。第三，宣传党的创新理论，对党的十六大以来的理论创新进行认真研究和宣传。

在当代中国，我们所有的马克思主义理论工作者，无论在哪一个部门，都能为马克思主义中国化伟大事业做出应有的贡献。我们并不是马克思主义中国化的局外人。马克思主义中国化的事业，应该成为所有马克思主义理论工作者的共同事业，这是我们的使命和责任。

真理标准讨论意义的哲学蕴涵

三十多年前，一个看似在马克思主义哲学中极为普通、极为常见的哲学命题——实践是检验真理的唯一标准，在中国历史发展的关键时刻起到了划时代的里程碑作用。关于真理标准的全国性大讨论，成为“文化大革命”结束后中国社会主义向何处去的破冰之争，而真理的实践标准成为砸开思想解放枷锁的重拳，这在马克思主义发展史上，在马克思主义中国化历史上，在中国社会主义建设历史上，都是值得大书特书的一件大事。历史事件的意义和价值往往蕴藏在历史事件的深处，它比历史事件本身的影响更长远。三十多年后，我们脱离了举步维艰的困境，站在历史发展的一个新的高度、新的起点，从哲学角度来回顾这个事件，如登山峰，体会当更为深刻。

一、马克思主义的威力在于理论与实践的结合

搞民主革命需要坚持马克思主义，搞社会主义革命同样如此。苏联解体和东欧剧变后，马克思主义的威信受到严重损害。尽管马克思个人作为千年伟大思想家仍然位居榜首，受到尊重，可马克思主义作为一种学说却遭到非难。马克思主义与马克思的分离，成为当代某些学者反对或贬低马克思主义的新特点。在中国学术界，这种倾向也存在。甚至在某些马克思主义理论工作者那里，也一定程度上存在着马克思主义边缘化，这是马克思主义理论工作者的“自我放逐”。这种“自我放逐”比起本来就不相信马克思主义的人，更应引人深思。

三十多年前的真理标准大讨论以无可辩驳的事实证明，真正能引导中国人民走出当时困境的仍然是马克思主义。可以说，三十多年前，没有一种学说能真正解放思想，能指导中国共产党人走出“文化大革命”的困境和曾经给社会主义建设带来巨大损失的“左”的思想和政策的“围城”。大雾迷茫，指引航向的灯塔仍然是马克思主义。

恩格斯曾以法国和德国为例说过，哲学革命是政治变革的导言。在中国，三十多年前，马克思主义理论，尤其是“实践是检验真理的唯一标准”的学说，实际上也是我国社会主义体制改革的哲学导言。当时，个人迷信仍然笼罩中国大地，没有人能超越毛泽东的个人崇高威望，没有人能打破苏联社会主义建设体制既成模式的坚冰，没有人能超越马克思和恩格斯在特定条件下关于社会主义基本特征的一般论述。唯一能请出的权威，唯一能请出的“尊神”，仍然是马克思主义理论自身。实践是检验真理的唯一标准，这个看似普通的常识性的命题，能起到如此重大的思想解放作用，就证明在当代世界思想理论领域，马克思主义仍然是最具科学性的理论。

很长一段时间以来，并不是马克思主义束缚了我们，而是我们束缚了马克思主义；不是马克思主义伤害了马克思主义理论工作者，而是我们一些人伤害了马克思主义。教条主义，无论是洋教条还是土教条，都是对马克思主义最大的伤害。我们应该从这次大讨论中看到马克思主义的真正威力所在。马克思主义的巨大威力并不单纯在于基本原理本身，而在于基本原理与实际相结合；只有在结合中、在应用中，马克思主义基本原理才能像原子弹爆炸一样迸发出其巨大力量。

对立统一规律是马克思主义哲学的基本原理，可是当毛泽东用以分析中国实际写出《矛盾论》时，它就在分析中国社会矛盾的同时向前发展了马克思主义的矛盾理论。在中国，是《矛盾论》释放了蕴藏在马克思主义矛盾理论中的理论和实际威力。同样，《实践论》对中国革命的伟大实际价值和理论价值并不在于重复原理，而在于根据中国实际和面临的问题运用原理，既反对了中共党内的经验主义和教条主义，又大大向前推进了马克思主义的哲学认识论。社会主义社会基本矛盾学说的伟大理论价值和实践价值也证明了这一点。它不是单纯靠背诵生产力与生产关系、经济基础与上层建筑关系原理的学者就能做出的新发现。虽然它依据的是马克思主义关于生产力与生产关系、经济基础与上层建筑关系的原理，可毛泽东从中国社会主义建设的实际出发，在现实社会主义社会的矛盾运动中运用这些基本原理，发现社会主义社会的发展规律，其意义远远超出了单纯的原理，而是马克思主义与中国社会主义实际相结合，是对马克思主义基本原理的创造性发展。毛泽东关于社会主义社会基本矛盾的理论，关于正确区分两类不同性质矛盾的理论，关于正确处理人民内部矛盾的理论，至今仍然是我们处理中国特色社会主义面临的各种矛盾的世界观和方法论原则。它使蕴藏在马克思主义中关于生产力与生产关系、经济基础与上层建筑学说的理论价值和实践价值，得到最充分的、最新的阐释和发挥。

一个不太懂马克思主义理论本质的人，往往不理解马克思主义的强大力量并不单纯在于其基本原理的学理性，而更重要的是在于它的实践性，在于理论与实践的结合及由此生发出的理论力量和实际力量。有人说，邓小平的社会主义本质论，如重视生产力决定作用问题、重视消灭剥削、消灭两极分化问题、共同富裕等，都是马克思主义的基本原则。可他们不懂，当邓小平在新的历史条件下，从什么是社会主义、如何建设社会主义的高度，结合苏联解体的历史悲剧和中国社会主义建设的挫折，为打破束缚人们头脑且被扭曲的社会主义观念，提出社会主义本质论，提出社会主义仍然需要解放生产力问题时，就已经超出了原来在经典著作中分别论述的单纯原理范围，成为关于社会主义本质的新概括。分开来看每条似乎都很熟悉，可结合起来就成为一种新的社会主义观念。但这不是简单的原理拼合，而是马克思主义基本原理与中国实际相结合生发出的新的理论创造，其中包含历史经验、现实实践和最为深刻的理论升华。马克思主义基本原理不是能随便拆卸和安装的机械，而是完整的科学世界观和方法论。

1978年“实践是检验真理的唯一标准”大讨论的力量，正在于它与中国“文化大革命”后要求根本改变以“阶级斗争为纲”和其他“左”的政策的历史要求相符合。“运用之妙，存乎一心。”马克思主义理论的无穷威力存在于与时俱进的应用之中。

马克思主义理论的威力并不会因为我们强调中国传统文化的重要性而有所改变。毫无疑问，应该重视我们的文化传统，应该清除曾经存在过的对待传统文化的“左”的做法和观点。中华民族的伟大复兴就包括对中国传统文化的重视和发扬，但我们决不能把马克思主义指导和重视传统文化对立起来。

真正重视传统文化，必须使之转化，要取其精华，去其糟粕，使之与当代社会相适应，与现代文明相协调，既要保持传统文化的民族性，又要体现时代性。能够使我们从历史唯物主义基本理论的高度，从正确的立场、观点、方法出发，做好传统文化与当代社会相适应、与现代文明相协调的理论转化工作，真正有利于我们正确对待传统文化智慧，取其精华、去其糟粕的理论武器，在当代仍然是马克思主义。用西方后现代主义或西方解释学的方法研究中国哲学，往往是削足适履。至于所谓“原汁原味”地研究传统文化，拒斥马克思主义的世界观和方法论指导，往往容易倒向文化保守主义。这并不是对中国传统文化的真正尊重。

中国传统哲学当然有其自身的特点。与西方哲学重视本体论和认识论相比，中国哲学重视人生哲学，重视社会政治和伦理。正心、诚意、修身、齐家、治国、平天下，成为中国哲学最重要的功能。中国传统哲学中充满具有人生智慧的哲学命题。可是，中国哲学的优点、特点，在特定情况下也可能会成为它的缺点。可以说，中国哲学中重要的哲学命题既具有普遍价值，又具有它的适用条件和范围。要确定它的应用条件和范围，就需要用马克思主义进行分析。例如，孔子提出过“和为贵”，但它是有条件的，这就是“礼之用，和为贵”，是与维护周朝的典章制度相联系的。如果谁破坏了“礼”，“犯上作乱”，就是“人人得而诛之”的“乱臣贼子”。因此，儒学中“和为贵”的命题既有阶级性的一面，又有超越阶级局限而成为人们处理各种关系智慧的一面，并非是任何情况下都适用的、无条件的普遍真理。

1948年“国共内战”时，张申府在《观察》上发表了一篇文章《呼吁和平》，说国共两党都应有和平诚意，这样就不会有内战。这种不分是非的“和为贵”的观念遭到了中国共产党的驳斥，张由此被民盟开除。现在情况不同了，我们已经处于执政地位，正在构建和谐社会，对内对外都应该提倡“和”。“和为贵”成为我们的国策甚至处理国际事务的原则，反映了时代的要求、中国社会的制度性的变化、中国国际地位的提高和自信。可见，“和为贵”是有条件的命题，它的正确性取决于应用的条件和范围。

“天人合一”的命题同样如此。在中国传统文化中，有意志之“天”，这就是天命论的“天”；有义理之“天”，这就是心性论的“天”。尽管意志之“天”、义理之“天”的主张，都内含着借“天”之最高权威宣扬人应该如何做人、处世，如何临民、理政、治国，具有道德论和政治论的价值，但终究具有唯心主义的、缺乏事实和科学依据的天命论和心性论杂质。

在中国哲学中，“天”也包含自然之“天”的意思，这种“天人合一”就包含人与自然的关系的内容。我们强调我们先人的“天人合一”思想中的精华，正是着重其中的人与自然的关系的方面。这种哲学智慧的正确性，在于承认“天”的自然实在性，承认“人”确实是自然存在物，不能离开自然。事实也是这样。人类社会不能脱离它所依存的自然环境，历史上不少文明的兴衰或湮灭，与自然环境的急剧变化相关，人自身的发展包括身体健康状况和疾病的流行也与自然不可分，尤其是当代自然生态恶化所引发的一系列问题，大大提升了我们老祖宗关于“天人合一”哲学命题的价值。但这只限于从人与自然的关系角度来理解的“天人合一”，如果笼统地以“天人合一”来拒斥“主客二分”，拒斥辩证唯物主义的本体论和认识论，那就会成为糟粕。可见，对“天人合一”的理解是否正确，与正确理解“天”的本质不可分。在当代，“天人合一”的哲学命题，必须以马克思主义为指导，以生态科学结论为依据，以世界性的人与自然矛盾激化为参照，剔除其中的天命论、心性论的杂质，突出人与自然的和谐关系，才能与现代文明相协调，体现时代性的要求。

“和而不同”是最具哲学智慧的命题，但也不是关于“和”与“同”关系的唯一命题。此外，还有“求同”思维——这就是求同存异，求大同存小异；还有“求异思维”——求异思维是创造性思维，是突破旧说、突破传统束缚的一种思维方式。科学研究中创造性思维的特点是不仅求同——继承前人成果，而且求异——突破传统思维模式的束缚，立异说、创新论。因此，“和而不同”、“求同存异”、“求异存同”、“合同异”都是重要的思维方式。社会主义核心价值观念，就是在尊重差异、包容多样中引领社会思潮，提倡共同理想，既讲多样性又讲统一性，既讲包容又讲引导。

抽象的真理是没有的，真理总是具体的。一切依时间、地点、条件为转移。这条原则对我们如何正确应用、转化、吸收中国传统文化是非常有用的，对我们正确运用马克思主义的基本原理也同样是有用的。

二、实践始终是判断认识真理性的唯一标准

我们不能认为，“实践是检验真理的唯一标准”的大讨论只具有历史意义，只在三十多年前起到破冰作用，从此以后就可以束之高阁。

“实践是检验真理的唯一标准”是具有真理性的哲学命题。它在三十多年前的特定历史条件下能发挥巨大作用的根据，就在于其论断的真理性而并非命题的政治权威性。马克思主义基本原理是真理，它的实践作用在于它的真理性，而不是纯工具性，这是马克思主义不同于实用主义的根本之处。马克思主义反对实用主义，也反对单纯工具主义。马克思主义是科学性与实践性相统一的学说。

毋庸讳言，在如何看待三十多年的改革开放的成绩问题上，至今仍然存在着某些争论。既有反对改革开放的“左”的思潮，又有企图改变我们社会主义制度自我完善方向，用新自由主义、民主社会主义或其他什么主义来取代中国特色社会主义的理论、纲领、道路的“右”的思潮。从哲学上说，驳斥这种种看法最有效的根据，仍然是“实践是检验真理的唯一标准”的论断，即当代中国社会主义建设的实践及其成果。这是中国特色社会主义理论对象化的客观事实，它比任何抽象理论和声明都更具有说服力。

三十多年来，我们国家的生产力是否得到了长足发展？我们的综合国力是否得到了增强？我们人民的生活是否普遍得到了改善？我们的国际地位是否得到了空前提高？我们生活在现实的社会中，而非生活在抽象的理论原则中，对我们最为实在、最具说服力的是现实本身。胡锦涛在博鳌亚洲论坛 2008 年年会开幕式上说：“三十年来，中国人民以一往无前的进取精神和波澜壮阔的创新实践，坚定不移地推进改革开放和社会主义现代化建设，中国的经济实力、综合国力、人民生活水平都上了大台阶，中国的

面貌发生了历史性变化。”① 如果我们不以中国特色社会主义建设三十多年来的实践及其成果为标准，而是另立标准，如以某种特定的发展模式、某种社会主义体制为标准，以某条语录为标准，以自己僵化了的观念和先入之见为标准，都从根本上违背了马克思主义关于“实践是检验真理的唯一标准”的论断。

马克思在《关于费尔巴哈的提纲》中指出：“人的思维是否具有客观的真理性，这不是一个理论的问题，而是一个**实践的**问题。人应该在实践中证明自己思维的真理性。”② 这一论断具有普遍真理性。“实践是检验真理的唯一标准”是科学真理，它不是权宜之计，不是用过即可丢弃的敲门砖，而是必须时刻遵守的马克思主义基本原则。

1978年的真理标准大讨论起到了思想解放的作用，但究竟如何改革，仍然有待在实践中摸索总结。改革开放三十多年来，在不断探索和回答什么是社会主义、怎样建设社会主义、建设什么样的党、怎样建设党、实现什么样的发展、怎样发展等重大理论和实际问题的过程中，始终贯穿着“实践是检验真理的唯一标准”的原则。每一项重大理论和实际任务的提出，都包含对前一段实践经验的总结和深化，都包含在实践过程中不断以实践经验为内容的理论系统化过程。这就是中国特色社会主义理论体系既一脉相承又与时俱进的秘密所在。这个秘密就存在于实践之中。

三十多年来，我们国家社会主义建设的成就举世瞩目，只要不是心怀偏见，都难以否认。当然，我们也从不否认，在经济迅速发展的同时，社会生活中也出现了一些新的矛盾、新的问题。权钱交易、官员腐败、两极分化和社会不良风气，是附在社会主义改革机体上的脓疮。人民群众对这些现象不满意是正常的，它有利于推动我们社会改革的继续深化。三十多年来，中国特色社会主义理论发展的过程，始终是立足中国实际，根据实践标准不断丰富和调整政策，使改革中付出的代价最小，成效最大。中国特色社会主义理论之所以要不断发展，是因为既要通过深化改革解决原有

---

① 胡锦涛：《坚持改革开放推进合作共赢——在博鳌亚洲论坛二〇〇八年年会开幕式上的演讲》，北京，人民出版社，2008。

② 《马克思恩格斯选集》，2版，第1卷，55页。

体制中的问题，也要解决改革中出现的新问题。

科学发展观的提出不是偶然的，它凝结了国际的经验，同时又是依据三十多年发展实践的理论创造，是马克思主义中国化的继续推进。毫无疑问，发展问题是一个世界性问题。西方国家和联合国也有学者进行专门研究并有专著发表。可西方所有关于发展的著作重点关注的是人与自然的关系，是由于生态环境恶化而向人类敲响了警钟，它们都没有或很少涉及人与人的社会关系问题，而是离开西方现存的社会经济制度、政治制度，把发展问题归结为保护生态问题。西方的发展理论可供借鉴，但不能完全解决中国面临的问题。

对中国特色社会主义建设而言，生态问题当然是发展中的重要问题，但并非唯一的问题。中国特色社会主义的发展，既有科学问题又有价值问题。社会发展本身就是社会活动中的主体创造价值和实现价值的过程。作为科学问题，中国特色社会主义建设当然包括人与自然的关系，以及社会主义社会各个方面可以用数字计算、可以模型化的发展规划；作为价值问题，它关涉为什么发展、为谁发展的问题。中国共产党人的科学发展观超越了西方的社会发展理论，它把以人为本作为处理人与人的关系、人与自然的关系，处理社会经济、政治、文化和社会建设的关系，东部和西部、工业和农业、城市和农村的关系，以及各个利益群体的关系的根本原则。从经济增长方式到经济发展方式的转变，从注重 GDP 到经济、政治、文化、社会的全面建设，从注重效率、兼顾公平，到初次分配和再次分配都要处理好效率与公平的关系，再次分配更加注意公平，从先富后富到强调共享社会发展成果，从制定物权法到出台劳动法，在科学发展观指导下提出的新政策和新措施，都是中国特色社会主义建设实践的凝结。科学发展观体现的是马克思哲学世界观和方法论，始终坚持“实践是检验真理性认识的唯一标准”的原则。

构建社会主义和谐社会和倡导社会主义核心价值，同样是以我们面对实际问题和以实践经验为依据的一项重大理论创造。没有多种不同利益群体的产生和人民内部矛盾的凸现，就不会凭空提出构建和谐社会的问题。构建和谐社会就是要使我们社会中的各种利益群体成为一种合力，而不是相互对抗和相互抵消。这是经济迅速发展后出现的新问题，与三十多年前大力反对平均主义时面对的问题迥然不同。

社会主义核心价值问题同样如此。着力构建社会主义核心价值，既是通过增强社会主义意识形态的凝聚力和吸引力，为构建社会主义和谐社会提供精神支柱，又是通过核心价值引领社会思潮，正确处理由于不同利益群体存在不可避免出现的价值多样性，以及有效地纠正价值观念的混乱和道德失范。

构建和谐社会和倡导核心价值，表明中国共产党在清楚地认识到改革开放巨大成绩的同时，也极为关注和积极解决改革中出现的新问题，从而进一步深化改革。

三、坚持实践标准与继续解放思想和深化改革

改革开放不会停止，而是在继续深化；思想解放也不会到顶，而是要继续解放思想。可是，继续解放思想、深化改革，就有一个如何继续解放思想、如何深化改革的问题。究竟从什么思想束缚下解放出来？在哪些方面着手深化改革？看法并不一样。有的论者主张从四项基本原则中解放出来，认为四项基本原则是紧身衣，主张放开手脚、搞新自由主义，实行全盘私有化政策；也有的论者反对继续解放思想、深化改革，认为继续解放思想就是朝资本主义道路上“解放”。

如何继续解放思想？为什么倒退就没有出路？为什么我们要高举一面旗帜、坚持一个理论、一条道路，而不能走其他道路？要回答这些问题既不能离开对“文化大革命”前三十年正反两方面经验和教训的总结，也不能离开对改革开放以来三十多年实践经验的总结，否则就不知道当前应该从哪些束缚我们的思想下解放出来，应该在哪些方面继续推进改革、深化改革。这种标准和尺度放在首位的自然就是实践，就是我们已经做过的和正在做的，实践中卓有成效的或实践中表明存在某些不当的做法。这种种“如何”只能通过“实践是检验真理的唯一标准”来分清是非得失，明确深化改革的主攻方向，明确我们思想解放的前进方向。

马克思主义哲学的力量在于它揭示的规律具有普遍性。“实践是检验真理的唯一标准”大讨论的意义，不仅管一年（1978 年），当时没有这个大讨论，就摆脱不了“两个凡是”的束缚，迈不开改革开放的步伐；也不

仅是管三十多年，没有“实践是检验真理唯一标准”的观念，就没有三十多年来中国特色社会主义理论的不断丰富和发展，从邓小平理论、“三个代表”重要思想到科学发展观，同中国特色社会主义道路的实践和实践经验的深化是同一个过程，是把波澜壮阔的亿万群众的实践经验不断升华为理论的过程。

唯物主义历史观对历史的评价是大尺度的，它把社会主义社会形态的创立、发展、成熟看成包括不同阶段的发展着的历史进程。我国在 1956 年以后的社会主义建设中，在“反右”斗争、“大跃进”和“文化大革命”中都存在过“左”的错误。中国共产党人用历史唯物主义和实事求是的原则总结错误的教训，分析产生“左”的错误的国际和国内根源，分析社会主义民主与法制缺失和个人崇拜的危害，因而找到了纠正错误的正确道路和原则。我国社会主义发展过程中的错误及其造成的后果，没有成为中国共产党人的历史包袱。因为公开承认并纠正“左”的错误的是中国共产党，保证这个错误能得到纠正的是社会主义制度，而指导改正错误的理论是马克思主义实事求是的哲学世界观。中国社会主义进程中的错误与苏联有类似之处，但结果大相径庭。起关键作用的是当政者用以清除特定阶段错误的哲学原则和对发展道路的不同选择。如果以抽象的人道、人性为尺度，以所谓民主性、公开性为号召，以“揭露”和“清算”过去“左”的错误来丑化社会主义基本制度，就会使中国重蹈苏联的覆辙。因此，邓小平强调在反对“左”的同时要防止“右”的决策是英明的。

与处于资本主义发达阶段的某些西方国家相比，处于社会主义发展的初级阶段的中国，在科学技术和人均收入水平方面存在差距。与西方某些幅员小、人口少的发达资本主义国家相比，更是如此。但我们以最短的时间越过了资本主义几百年发展的跨度，为什么不是社会主义制度优越性的证明呢？试问，如果把一个长期遭受帝国主义侵略和掠夺，经济发展极度落后，曾经一穷二白的、有十三亿人口的中国，放在任何一个西方国家，在资本主义制度的框架内，能不能取得中国现在的发展速度和水平？为什么在社会主义基本制度下取得举世瞩目成就的中国，要放弃自己的制度和发展模式，仿效西方资本主义或民主社会主义呢？胡锦涛在博鳌亚洲论坛 2008 年年会开幕式上说：“世界上没有放之四海而皆准的发展道路和发展模式，也没有一成不变的发展道路和发展模式，必须适应国内外形势的新变化、顺应人民过上更好生活的新期待，结合自身实际、结合时代条件变化不断探索和完善适合本国情况的发展道路和发展模式，不断增加全社会的生机活力，真正做到与时代发展同步伐、与人民群众共命运。”①

历史是有规律的。一个社会的社会形态发展有其特殊性，发展模式也是如此；借鉴是必要的，整体移植是不可能的。一个社会的社会制度是内生的，它决定于这个国家原有的历史发展脉络、文化传统和现实。我们的继续解放思想，只能是有利于坚持中国特色社会主义道路的思想解放；我们的深化改革，只能是沿着中国特色社会主义道路前进的改革深化。在经济领域中，如何进一步完善社会主义市场经济体制，如何完善金融体制，如何通过有效的政策坚持公有制为主体、各种经济成分共同发展，既不让公有制淹没在其他迅速发展的经济成分的汪洋大海中，又不能是公有制一枝独秀，使其主体地位成为束缚其他经济成分发展的障碍；在政治领域中，如何完善社会主义民主的政治体制，包括党内民主、人民民主、基层民主和有效的制约和监督体制；在文化领域中，如何繁荣和坚持社会主义先进文化方向，如何发挥文化软实力和发展文化产业；在社会建设中，如何构建和谐社会，包括社会保障体系的建立，以及医疗、教育、就业等方面的问题，都有待在总结实践经验的过程中向前推进改革和发展来解决。

实践标准仍然是我们在今后继续改革开放、解放思想的理论武器。我们正在进行的改革开放事业是没有历史先例的创造性事业。实现全面建设小康社会的目标还需要奋斗十几年，基本实现现代化还需要奋斗几十年，巩固和发展社会主义制度则需要几代人、十几代人甚至几十代人坚持不懈地努力奋斗。在中国这样十三多亿人口的大国，实行史无前例的社会主义制度的自我改革，要想制定一个详尽无遗、一劳永逸、不必根据实践经验验证和校正的蓝图，是不切实际的，也是根本不可能的。尽管旗帜、理论、道路是既定的，但仍然存在不断丰富和发展的问题。特别是如何具体贯彻，每一步政策和措施是否得当，都要随时以实践为标准进行校正和理

① 胡锦涛：《坚持改革开放推进合作共赢——在博鳌亚洲论坛二〇〇八年年会开幕式上的演讲》。

论总结。某些措施不当或与预期效果不符都是可能的，唯一的方法就是坚持“实践是检验真理的唯一标准”的原则，以实践作为衡量措施是否得当的唯一标准。

四、马克思主义哲学工作者的历史使命和学术道路

“实践是检验真理的唯一标准”大讨论的意义，昭示全体马克思主义理论工作者，尤其是年轻的一代，特别是马克思主义队伍中的“自我放逐”者，马克思主义的威力是无穷的。问题不在于马克思主义，而在于我们自己如何对待马克思主义。

有些人把马克思主义基本原理视为反复咀嚼的“馍”，了无新意，总想另创新体系。当然，我并不反对创造新的马克思主义哲学体系，创造精神肯定是马克思主义哲学应有之义。马克思主义并没有结束真理，它所取得的真理性成就为我们继续前进开辟了道路。我们只能沿着马克思主义的道路前进。这就是在实践中应用马克思主义，在实践中发展马克思主义。马克思主义的本性与经院哲学的研究方式是不相容的。

“实践是检验真理性认识的唯一标准”是一个马克思主义的哲学命题，可它在特定条件下成为极具政治价值和理论价值的命题。作为一个哲学命题，这是绝大多数马克思主义哲学家都公认的命题，是写进马克思主义哲学教科书中的具有普通常识性的命题。这样的命题在马克思、恩格斯、列宁以及毛泽东的著作中，可以说俯拾即是。可是，作为一个在特定条件下具有政治意义和理论价值的命题，并不是哲学上背熟这个命题的学者都能敏锐觉察到的。熟知并非真知。我自己就是这样。尽管我也知道这个原理，20 世纪 60 年代就写过阐述这种观点的文章，但都是纯哲学的，没有任何现实意义，只能称为书本上的马克思主义，缺少它的活的灵魂——与实践的结合及其现实针对性。

1978 年首先提出这个问题并写出文章的学者令我钦佩，并不是这个命题前所未闻，多么高深，而是他们作为马克思主义理论工作者所具有的高度的政治责任心、政治敏锐性，以及善于应用马克思主义回答时代问题的理论能力。在如何破除“两个凡是”，如何把中国社会主义建设从“以阶级斗争为纲”转向以经济建设为中心，寻求中国社会主义建设的新道路

这个决定中国前途和命运的关键时刻，写出这篇石破天惊、振聋发聩的文章，为中国迈开改革开放的步伐在舆论准备上立下了汗马功劳。这就是理论的创造性，它使马克思主义认识世界和改造世界的功能落到了实处，而不是流于空谈。

在当代中国，马克思主义中国化是真正发挥马克思主义指导作用的道路。马克思主义理论工作者，如果想当一个真正的马克思主义理论工作者，而不是一个纯粹学院式的马克思主义理论工作者，就应该立足现实，善于从当代中国特色社会主义建设面对的问题中进行哲学思考。不能把马克思主义基本原理变为与实际无关的教条，只是在纯哲学范围里翻来覆去地进行概念式的争论。即使研究者本人可以乐此不疲、沾沾自喜，但那种纯经院式的研究肯定会令读者厌倦，会损害马克思主义科学理论的实践功能和批判功能。我再强调一句：所谓马克思主义基本原理成了了无新意、反复咀嚼的“馍”，责任在马克思主义理论工作者自身，而不在于马克思主义基本原理。同样一条原理，与时代相结合，用与不用，如何用，其价值可以大相径庭。

马克思主义是一个严密的、完整的科学理论体系，当然有许多学术性问题需要进行研究。恩格斯就说过，自社会主义成为科学以来，就要求人们对它进行科学研究。我们不可能要求马克思主义哲学工作者都是政治家，马克思主义哲学作为专业当然具有专业性的特点，有它特有的学术性问题，包括新的逻辑范畴、新的哲学问题。学术研究并不是教条主义。马克思主义的学术研究必须立足实际，直面重大的理论和实际问题，而不是只在词句上进行抽象的争论。在当代中国，马克思主义领域中的真正学术研究，与正确把握马克思主义的本质与功能，与正确理解什么是马克思主义、什么是后人错误的附加和不正确的解读，以及马克思主义中国化中的种种重大理论问题相联系。

西方马克思主义并不能得到我们的普遍认同，很多观点大有可争可议之处。但它们有一个优点，它们的社会批判理论包括文化批判理论大多把矛头指向资本主义现代化的弊端，没有离开它们借以立足的资本主义社会。可以说，西方马克思主义一个最重要的特征是它的现实性、针对性，具有比较浓郁的时代气息。就这点来说，它比我们一些教条主义式的马克思主义与时代的关联更为紧密，因而对青年更具有吸引力和俘获力。马克思主义理论工作者应该从中得到启发。

我们要转变观念，应该把马克思主义实际运用的研究，把马克思主义中国化的研究，作为最具学术性的研究，而不是把所谓学术研究局限在纯理论领域，更不能沉迷于寻章摘句、咬文嚼字。毛泽东特别重视马克思主义在中国的应用，他说："必须将马克思主义的普遍真理和中国革命的具体实践完全地恰当地统一起来，就是说，和民族的特点相结合，经过一定的民族形式，才有用处，决不能主观地公式地应用它。公式的马克思主义者，只是对于马克思主义和中国革命开玩笑，在中国革命队伍中是没有他们的位置的。"① 我们要提倡这种学术研究，真正能从马克思主义理论高度回答时代和现实中问题的研究具有最高的学术性。我以为 1978 年那场关于真理标准大讨论的意义，对于我们这些终身以马克思主义研究为业的人的意义正在于此。

我们今天纪念三十多年前的那次大讨论，不仅要充分认识它的历史意义和改革开放三十多年来我们取得的伟大成就，而且要将这个过程和成就上升到哲学理论层面，即永远坚持"实践是检验真理性认识的唯一标准"这个论断。尽管实践标准也具有不确定性、相对性的一面，但这种相对性、不确定性终究会在随后的实践中为实践自身所不断证实。在坚持实践标准基础上把继续解放思想与从实际出发、实事求是结合起来，是我们永远高举中国特色社会主义旗帜，坚持中国特色社会主义理论和道路的根本保证。

实践永无止境，创新永无止境。三十多年前那场声势浩大、席卷全国、令世人瞩目的实践标准大讨论，对中国特色社会主义建设，对我们所有理论工作者的学术生命的意义和价值，会随着历史的进展而日益显现。

---

① 《毛泽东选集》，2 版，第 2 卷，707 页，北京，人民出版社，1991。

马克思主义的社会形态理论与和谐社会的构建

我们可以从人类文化，尤其是中国传统文化中寻找到构建和谐社会的思想理论资源。但构建和谐社会的事实依据是当代中国社会主义建设的现实，而它的理论和方法论指导是马克思主义特别是它的社会形态理论。

一、社会矛盾与社会和谐

社会主义运动中的重大理论和实践问题都具有现实性特征。和谐社会构建不是对和谐与对立关系的纯逻辑推演，也不是历史文献和古代经典中社会理想的现代版。它是以马克思主义社会形态理论为依据，以对立统一规律为矛盾分析方法，立足现实，解决我们面临的具有全局性问题而得出的科学结论。可以说，构建和谐社会是把邓小平提出的什么是社会主义、如何建设社会主义的基本理论原则转变为既具有指导性又具有可操作性的方针、政策。构建和谐社会既是中国特色社会主义建设之路，又点亮了关于世界人类前途的理想之光。

从矛盾的角度说，和谐作为矛盾双方的斗争处于没有发展到彼此不能共存的地步，矛盾着的双方处于某种和谐状态，这完全可能。可和谐社会不同，它是以社会矛盾的性质类型为客观依据，从整体上把握社会的根本性质和全体社会成员彼此共荣共存、彼此合作，在根本利益一致基础上确立的经济、政治、文化制度及其有机关系，以及人的处境和生活状态。它不仅包括人与人的和谐，还包括人与自然的和谐，是对社会和谐达到的程度和范围的总体性判断。这是人类历史在经历了阶级对立的社会以后才有可能出现的一种新型的社会形态所具有的社会结构的本质特征。因此，在我看来，构建和谐社会包括两方面的问题，一个是真正和谐的社会在哪种社会形态下才可能建立，这是属于社会形态问题。离开了社会形态、离开了社会关系的根本性质，单纯在公平、正义，自由、平等的法律和道德范畴内，在矛盾对立与和谐关系的哲学概念范围内，或者在文献范围内探讨这个问题，容易忽视社会形态的区别，把追求和谐说成是任何社会都可能达到的普世价值，对和谐社会问题采取道德决定论、文化决定论的立场，背离历史唯物主义理论和社会现实。另一个是如何构建，这是属于社会主义社会执政党的基本路线、方针、政策问题。是坚持以阶级斗争为纲，强化矛盾、激化矛盾，还是采取正确方针，缓和矛盾、化解矛盾，并逐步通过社会主义建设的成就，使社会主义全体成员都成为这种社会制度的受益者。这是关系到以什么样的思想理论作为构建和谐社会的指导原则问题。

从社会形态考虑，是有没有构建和谐社会的可能性，何种社会形态可能构建成和谐社会；如何构建，采取什么样的路线、方针、政策，是能不能把和谐社会构建由可能变为现实，这是社会主义根本制度和它的优越性的发挥问题。在构建社会主义和谐社会的实践中，这两方面缺一不可。这种人的主体行为的选择性与社会形态提供的可能性的结合，实际上也就是人的行为合目的性和合规律性的关系问题。

二、社会和谐与社会稳定

我不反对追本溯源，从文化角度寻找和谐社会的思想理论支撑。无论是东方还是西方，一些伟大的思想家、哲学家，包括空想社会主义者都有很多关于和谐的思想和构建和谐社会的社会理想。中国传统文化中，这种关于和合、关于和谐的思想特别丰富。但有一点不能忘记，尽管中国古代有和文化，但中国以往的社会并没有出现总体性和谐，并没有出现过和谐社会。压迫与反压迫、剥削与反剥削、统治与反统治的斗争存在于整个封建社会。当然，封建社会也有相对稳定时期、有繁荣时期、历史上有过文景之治、贞观之治，有过开元盛世，如此等等。但不能说它是封建的和谐社会，因为它的基本矛盾就是不可能和谐的阶级剥削和压迫关系。贾谊的《过秦论》《治安策》，杜甫的“三吏”、“三别”，白居易的《卖炭翁》，皮日休的《贪官怨》《农夫谣》《哀陇民》，以及各种悯农诗，都在不同程度上揭示了所谓盛世的农民的处境。不要光读正史，读点野史，读点诗词，就可以体会明白这一点。即使传说中的尧舜禹时期，也不是和谐社会，而是原始社会阶级未分化的史前状态。庄子在《马蹄》中描述道，“夫至德之世，同与禽兽居，族与万物并，恶知乎君子小人哉!”“禽兽可系羁而游，乌鹊之巢可攀援而窥”。这似乎是人与人和谐、人与自然和谐的理想世界，其实这是没有丰富的社会关系和人对自然处于绝对依赖的状态。

在生产力水平低下的前资本主义社会不可能出现奴隶社会的或封建社会的和谐社会。从人与自然的关系上来说，所谓田园风光，是文人眼中的自然而不是脸朝黄土背朝天的农民眼中的自然。农民对土地的爱是对自己赖以为生的生存之根的爱。这不是人与自然的和谐，而是土地对人的束缚和人对自然的依赖。至于人与人的关系，是一种金字塔式的等级制结构。在貌似简朴的人际关系中存在着统治与绝对服从。社会成员像安放在中药铺抽屉中的中药一样，永远被社会关系固定在等级制的抽屉格中。

在生产力与科学技术高度发达的当代资本主义社会中，也不可能构建资本主义的和谐社会。资本主义社会基本的阶级关系和社会基本矛盾，决定在资本主义社会形态范围内不可能构建一个和谐社会。资本主义和谐社会只能存在于资产阶级学者和理论家为资本主义制度永恒论和终结论炮制的历史幻想之中。在当今世界，无论哪个发达国家，如美国、英国、日本、法国、德国等，其国内都为各种矛盾所困扰，既有人与自身的矛盾，也有社会矛盾，包括阶级关系、种族关系以及对外政策问题，等等。纽约的公交罢工、法国的学生游行和英国的航空人员罢工表明，即使生产力发达，只要仍然是资本主义社会，就社会性质和阶级关系而言，就不能说是资本主义和谐社会。至于发展中国家，如非洲、拉丁美洲、亚洲的一些国家和地区，在贫困、腐败、动乱、内战的困扰中，更不可能构建和谐社会。

在构建社会主义和谐社会理论与实践中，我们应该区分和谐、社会稳定与和谐社会。如果不厘清它们的区分，就会把构建和谐社会这个社会主义社会的特殊历史使命，变为一个各种社会形态都可能或实际存在过的状态。既违背马克思主义社会形态理论，也不符合历史事实。

和谐作为一个哲学范畴，它揭示的是矛盾着的双方在发展特定阶段普遍存在的关系。当矛盾双方的斗争处在量变阶段，或处在新的统一体取代旧的统一体之后都会出现矛盾的和谐。这种和谐的存在是必然的，但也是相对的。因为当矛盾发展到一定阶段，矛盾着的一方会采取各种不同方式打破原来的和谐关系，建立新的既对立又和谐的新的矛盾统一体。这是自然、社会、思维发展的普遍规律。

社会稳定作为一种社会历史范畴，它表现的是社会矛盾激化的程度和状态。从社会发展来看，社会稳定是一种社会运行相对有序、社会经济和文化比较发达、社会成员彼此对立情绪没有公开化的状态。统治者可以照样统治，被统治者在情感和事实上承认这种统治的合法性并愿意接受这种统治。毫无疑问，一个社会或国家在其整个历史发展过程中，有时发展会快些，有时发展会停滞，有时处于革命时期，有时阶级矛盾会缓和。革命、反抗，或对被统治者的镇压，并不是在社会发展的任何阶段都存在，因此无论任何性质的社会形态，都会出现社会稳定时期。否则，这个社会形态就不会出现，就不会存在，就没有存在的合理性根据和发展的可能性。但社会稳定并不等于社会和谐。因为这种社会稳定是以被统治者遵守维护统治者地位的法律和道德规范为前提的，是统治者统治地位稳定的外在表现。这不是真正的社会和谐，因为就其社会整体结构和社会性质而言，仍然是以阶级利益对抗为基础的社会。

这个原则同样适用于当今西方发达资本主义社会。由于处于统治地位的阶级实行缓和社会矛盾的政策，有比较好的社会保障系统和社会福利制度，法制比较健全，而且整个意识形态和传媒的价值导向，使广大社会成员成为马尔库塞所说的“单向度的人”。他们对资本主义经济制度和政治制度的认同感，对自己生活状况的满足度，与恩格斯在《英国工人阶级状况》中所描写的工人的愤怒、不满、怠工和以各种方式进行反抗的情绪状况相比完全不同。的确与早期资本主义相比，当代发达资本主义社会阶级矛盾和阶级对抗处于一种缓和状态，没有革命形势和缺少革命激情。这说明，当今发达资本主义的生产关系仍有容纳生产力迅速发展的空间，但不能认为发达资本主义社会在20世纪下半叶出现的社会稳定是资本主义的和谐社会。因为资本主义社会的社会基本矛盾是具有对抗性质的社会矛盾，由此决定的彼此对立的阶级或阶层虽然可以暂时各安其所、相安无事，但资本主义社会并不会由此成为各阶级利益一致、彼此合作的和谐社会。马克思在1859年的《〈政治经济学批判〉序言》中曾经在考察了人类社会的社会基本矛盾运动的规律之后明确指出："资产阶级的生产关系是社会生产过程的最后一个对抗形式，这里所说的对抗，不是指个人的对抗，而是指从个人的社会生活条件中生长出来的对抗；但是，在资产阶级社会的胎胞里发展的生产力，同时又创造着解决这种对抗的物质条件。因此，人类社会的史前时期就以这种社会形态而告终。"①

当代不少人对资本主义社会有认同感，是因为价值观念的不同，而不是基于社会关系和谐的事实。关于资本主义社会本质的价值判断和事实判断的背离可能会存在很长时间，但全部阶级社会包括资本主义社会在内都存在着阶级斗争和利益对抗，不会因为人们的价值观念和感受不同而被颠覆，用时髦语言说被"解构"。虽然革命、内战，或统治者对革命人民的大规模镇压，对历史长河而言总是短暂的，历史的极大部分时间，是处于相对平静的日常生活状态，但社会成员之间的矛盾性质的对抗性本质仍然存在。就阶级社会整体而言，相对平静的日常生活状态，实际上是蓄势待发、矛盾不断积累的休战状态。以私有制为基础，以统治和剥削为基本阶级关系的阶级社会，无论属于何种社会形态都是不可能成为和谐社会的。我们无法断定西方资本主义社会何时发生变革和以何种方式变革，但我们可以说资本主义社会存在的所谓和谐实际上是社会制度的稳定，并非真正的社会和谐。《共产党宣言》关于阶级社会的阶级状况及其相互关系的论述，我至今仍然认为是有效的。

从社会发展来看，共产主义社会是马克思和恩格斯所设想的扬弃了人与自然、人与人之间的冲突，实现人与自然和谐、人与人和谐，人的全面发展和人的个性得到自由的和谐社会。社会主义社会是通向这一目标的特定阶段。构建和谐社会正是立足社会主义社会本质提出的。我们所要构建的和谐社会，不同于以往任何社会，因为它的最高目标是与共产主义社会相联系的。

---

① 《马克思恩格斯选集》，2版，第2卷，33页。

社会稳定不等于社会和谐，但在和谐的社会中一定包括社会稳定。社会稳定是社会和谐程度的量度。和谐社会的稳定不同于非和谐社会的稳定，就在于它不是依靠外在强力来维护原有的不平等的社会秩序，而是社会内部各种力量的凝聚和合力作用的表现。邓小平在说到什么是社会主义时明确指出，社会主义的本质就是“解放生产力，发展生产力，消灭剥削，消除两极分化，最终达到共同富裕”①。一个以高度发展的生产力为基础，以最终消灭剥削和两极分化为进程，以共同富裕、成果共享为目标的社会，肯定是和谐的、稳定的。从这个角度说，和谐社会构建的可能性正是扎根于社会主义社会与以往其他社会形态不同的深厚土壤之中。没有这种土壤就长不出这种果实。

但是，我们现在还不能说，我们的社会已经达到和谐社会。如果这样，就提不出“构建和谐社会”这个伟大历史任务。社会主义社会的本质的实现是个过程，而且是改革、发展和不断成熟的过程。在这个过程中，有些旧矛盾解决了，又会出现新的矛盾，而且还存在着由于处置不当而激化矛盾的可能和现实。我们处在社会主义社会的初级阶段，处在社会改革深化时期，从而也是各种矛盾凸现期和多发期。之所以提出构建和谐社会，就是因为它并不和谐，无论在人与自然、人与人关系方面存在多种不和谐因素，需要认真对待。

有的论者说，不和谐并不妨碍我们的社会是和谐社会。因为按照对立统一规律，矛盾就应该包括和谐与不和谐的双重因素。这是用抽象的议论代替对现实的矛盾的具体分析。

毫无疑问，和谐并不是无矛盾状态。但我们当前面对的矛盾，是我们构建社会主义和谐社会必须着力解决的。不逐步解决这些矛盾就埋藏着不安定、不稳定，埋藏着社会成员彼此对立的因素。因为有些矛盾并不是社会主义本质应该具有的有利于社会发展的矛盾，而是附着在它的机体上的毒瘤。例如，社会分配不公问题，两极分化问题，国有资产流失问题，不合理的土地征用而导致的农民问题，教育和医疗改革中存在的种种弊端和黑洞，腐败问题，等等。这些都是使社会成员离心离德，制约进一步深化

① 《邓小平文选》，1版，第3卷，373页。

改革的瓶颈。当然，另外有些矛盾问题属于原来经济文化落后、或多种所有制并存和分配方式多样化而必然存在的矛盾。可以说，我们面对的是各种矛盾交错的情况。有合理的、有不合理的，有改革必要的成本，也有措施不当始料不及的代价。矛盾并不可怕，问题是重不重视、解决不解决这些矛盾以及如何解决。构建社会主义和谐社会，正是以承认矛盾和解决矛盾为依据提出来的。社会主义和谐社会不可能是无矛盾的社会，不是矛盾终结的社会。但矛盾不是静止的对立统一状态。它是在解决现有的种种矛盾的基础上，在新的和谐水平的平台上出现的新的矛盾。旧的矛盾的解决和新的矛盾的出现，这种相依递进就是社会进步的过程。

我们面对种种矛盾并不能否定构建和谐社会的可能性。我们党之所以能提出构建和谐社会，就是因为我们面对的矛盾不同于以往非社会主义社会形态面对的矛盾。除了少数属于违法行为以外，我们社会的矛盾绝大多数是在基本利益一致基础上的人民内部矛盾。矛盾的性质和类型，决定了我们有可能按照有利于社会主义制度自我完善的原则来解决这些矛盾。因此在我看来，离开社会主义制度的保证和坚持社会主义原则，就不可能构建和谐社会。反之，不以构建和谐社会为目标，不充分发挥社会主义制度的优势，任凭现在已经存在的矛盾激化，两极分化和贫富对立的现象更加严重，人和自然的关系随着现代化和工业化进程日益恶化，构建和谐社会的可能性就会变为一种抽象的可能性。因为当矛盾的非和谐方面已经超越了矛盾双方继续处于同一共同体的可能性的时候，社会就会发生危机。所以坚持社会主义制度和构建和谐社会本质上是一致的。离开了构建和谐社会的现实基础，离开了社会主义谈构建和谐社会，或离开构建和谐社会谈论社会主义，单纯在矛盾与和谐的相互关系中翻来翻去，就是把马克思主义哲学变为空谈。

三、构建和谐社会的重要性

从矛盾的性质和类型来看，社会主义本质上应该是和谐的，可以构建成全部成果包括物质成果和精神成果全民共享的社会。但应该不等于必然，可能并不等于现实。只有通过和谐社会的构建，社会主义的本质才能得以逐步实现，社会主义制度的优越性才得以充分发挥。

不难理解，一个长期处于剑拔弩张、阶级斗争和政治运动不断的“社会主义”，大多数人民群众生活贫困、缺乏正常的民主和法治的“社会主义”，决不会是始终受到人民衷心拥护、满意和拼命维护的“社会主义”。这种社会主义不可能是巩固的、长久的、有生命力的社会。苏联解体和东欧剧变，国际社会主义运动的挫折和我们自己建设社会主义社会的经验教训从正反两方面说明，构建和谐社会不是可有可无的事，而是关系到社会主义社会的前途和命运的宏伟事业。

无产阶级及其政党在取得统治权以前，当然要展开斗争包括暴力革命，阶级斗争是无产阶级及其政党全部活动中的首要任务。可是在取得政权以后，任务已经从夺取政权、推翻旧的统治者到建设新社会。取得政权只是全部社会主义革命的开始，是万里长征第一步。从旧制度的破坏者到新制度的建设者所承担的责任是不同的。作为革命者，我们可以两眼盯住政权，可作为社会主义的建设者，两眼要盯住社会。但社会是一个整体，是一个包括经济、政治、文化在内的有机整体。人与人的关系、人与自然的关系，就内在于这种社会结构之中。因此，构建一个经济、政治、文化制度相协调，人与人的关系和谐、人与自然关系和谐的社会，是社会主义社会的本质所要求的。但是，构建社会主义和谐社会的必要性只有在当前的国际和国内的历史条件下，在经历了社会主义建设事业的痛苦与挫折之后才提得出来。可以说，我们当前面对的构建和谐社会是邓小平提出的什么是社会主义和如何建设社会主义问题的进一步展开和深化。

社会主义社会是相当长的一个历史阶段。在无产阶级取得政权后的一段时期内，可能会存在阶级斗争比较激烈的时期。这是阶级关系大变化必然出现的现象。特别是社会主义首先在处于发达资本主义包围中的经济与文化落后的大国——俄国与中国取得胜利，阶级斗争的尖锐与经济建设的繁重任务是发达国家不可比拟的。在如何处理阶级关系与社会和谐，经济发展与社会全面进步的关系上，的确有许多教训。这些教训成为当今构建和谐社会的宝贵理论资源。

从世界社会主义实践的历史来看，苏联在处理阶级矛盾与社会和谐、经济发展与社会进步这两个根本性问题上都有深刻的教训。

1917年十月革命胜利之后，苏维埃政权面临外国的武装干涉和国内的反革命叛乱，阶级斗争尖锐。布尔什维克采取坚决的严厉的措施捍卫新兴的苏维埃政权，这是完全正确的。问题是列宁逝世以后，斯大林领导党和国家，在经济建设时期，对社会矛盾与社会和谐关系的处理上具有形而上学的片面性。这种思维方法使他在苏联社会内部矛盾的处理上采取了一种过“左”的政策。一方面，他不承认社会主义社会存在矛盾，宣布苏联社会在政治上、道义上完全一致；另一方面又提出社会主义社会阶级斗争越来越尖锐的错误理论。在他看来，社会主义社会没有矛盾，任何矛盾都是阶级斗争，都是敌对斗争。虽然斯大林在《苏联社会主义经济问题》中开始承认社会主义社会有矛盾，但已到晚年，对实际政策的错误所酿成的后患已无法弥补。苏联社会始终处在非和谐状态，在政治和文化领域中阶级斗争和政治运动包括党内斗争都很激烈。虽然，在斯大林逝世之前，苏联社会仍很稳定。但这只是稳定而不是和谐。因为，这种稳定是依靠斯大林的个人绝对权威和对他的个人迷信，依靠政权的强制力量来维护的，仿佛是一只用铁箍箍住的木桶。苏联的社会主义社会始终没有进入一个和谐的、良性运行的发展阶段。斯大林逝世后，不断积累的矛盾最终导致社会主义社会的解体。戈尔巴乔夫和叶利钦没有解决矛盾，而是从“右”的方面进一步扩大和激化矛盾，而且改变了原有矛盾的性质和类型。现在虽然把十月革命节定为民族和解日，表示了一种社会和谐的愿望。但随着社会主义制度结束，社会和谐的可能性已成为流水落花。

在经济发展与社会进步的问题上，同样存在值得吸取的教训。苏联在计划经济体制下，应该承认它的发展是迅速的，在某种程度上超越了资本主义国家。它完全改变了沙皇时代的落后状况。西方评论家都承认，斯大林把一个使用木犁的俄国带入了原子国家。但苏联发展的代价是巨大的，农业集体化和工业化虽然取得了重大的经济成就，但过高的积累和剪刀差，使经济的发展成为非协调、不平衡的，难以持续。中央集权的计划体制，使经济缺乏活力，重工业和轻工业之间、工业与农业之间、城市与农村之间、军事工业与民用工业之间极端不平衡，发展难以持续。重工业和军事工业的片面独进，妨碍了社会发展的整体进步。苏联的社会主义是一次伟大的试验。它在很大程度上显示了社会主义制度的优越性，但又表明社会主义社会如果没有社会和谐同样难以长久得到群众的爱戴和拥护。苏联社会主义的悲剧证实了社会主义和谐社会建设的必要性。

中国与苏联一样也是在经济文化落后的大国取得社会主义革命胜利的。中国在取得政权以后，也经历了急风暴雨式的阶级斗争和政治运动时期。但毛泽东不同于斯大林，他承认社会主义社会有矛盾而且应该正确处理社会主义社会的矛盾。他在《关于正确处理人民内部矛盾的问题》的著作中提出了正确区分两类矛盾，正确处理人民内部矛盾，以求通过正确处理矛盾达到社会主义社会内部的团结。具有悲剧性的是毛泽东在实践上并没有处理好社会主义社会中矛盾的斗争和统一的关系，因而他期待的既有民主又有集中、既有个人自由又有纪律的生动活泼的政治局面始终没有建立起来。从 1949 年新中国成立到“文化大革命”结束之前相当长的一个历史时期内，片面强调阶级斗争，弓紧弦满，社会处于一种不应有的非和谐状态。这严重影响了人际关系，包括党群关系、干群关系，以及社会成员的相互关系，甚至家庭关系。

在经济发展与社会进步问题上我们也有教训。没有强大的发达的经济就不能富国强兵，这是近代中国丧权辱国的血泪教训。社会主义社会必须发展经济，我们的确在短期内在工业方面取得了历史上从未有过的成绩。但是求快心切，“三面红旗”、“超英赶美”、“大炼钢铁”以及“农业放卫星”之类的举措，虽然反映了中国人民急于强国富民的愿望，但违背经济规律，违背经济与社会协调发展的规律，结果适得其反。三年灾难，极大损害了人们的社会主义积极性和社会其他事业的发展。

我们还应该从世界角度来看构建和谐社会的必要性。当代世界是社会主义社会与资本主义社会并存的世界。发达资本主义社会的基本矛盾的对抗性决定了它不可能成为和谐社会，但经过自我调整，西方资本主义社会处于相对稳定时期。科技发展、人均收入和实际生活水平都高于现存的社会主义国家。理论家们过去曾以资本主义的“老马”与社会主义的“雏鹰”来比喻两者的关系。苏联解体，东欧剧变，极大地扭曲了人们对社会主义社会的看法。因此坚持社会主义道路的中国构建一个什么样的社会主义社会，不仅是我们国内的事，也是关系社会主义理论和现实在世界人民特别是进步人民心目中的地位。从这个角度看，社会主义和谐社会构建的必要性具有国际意义。它是中国社会主义建设的需要，也是世界社会主义运动的需要。它将向世界展示一个国内社会和谐、繁荣、富强，对外以追求世界和谐为外交方针的社会主义国家。这将是社会主义理论和实践新胜利的信号弹。

四、构建和谐社会的基本原则

在中国，构建和谐社会、建设有中国特色的社会主义、继续坚持和深化改革开放是同一个过程。构建和谐社会就存在于中国特色社会主义的建设之中，而只有坚持和深化改革、扩大开放，才能构建和谐社会。可是坚持和深化改革又必须以构建和谐社会为目的。如果所谓改革、开放不是解决矛盾而是不断激化矛盾，就得不到广大群众的拥护和赞同，就会与构建社会主义和谐社会的总目标相悖。因此，改革开放必须有利于构建和谐社会，而和谐社会的构建必须为继续坚持和深化改革开放提供稳定的社会平台和群众的心理承受力。这两者结合的关键，是要有一个正确的路线。这就是邓小平提出的“一个中心、两个基本点”的路线，而科学发展观则是它的创造性继承和发展。

以经济建设为中心，不能动摇。和谐社会，没有高度发达的经济，没有雄厚的物质基础是不行的。社会主义目前还没有西方发达资本主义的生产水平和科学技术水平。这是他们的优势，是我们的劣势。当年列宁说过，新的生产率是新社会制度战胜旧制度的保证。这种说法是有远见的。贫穷不是社会主义，更不可能构建和谐的社会主义。

马克思恩格斯在《德意志意识形态》中有两段话，有助于我们从社会形态角度正确理解经济发展在构建和谐社会中的重要作用。他说，人的解放不是依靠自我意识，“只有在现实的世界中并使用现实的手段才能实现真正的解放；没有蒸汽机和珍妮走锭精纺机就不能消灭奴隶制；没有改良的农业就不能消灭农奴制；当人们还不能使自己的吃喝住穿在质和量方面得到充分保证的时候，人们就根本不能获得解放”①。在另一处谈到共产主义革命时说，生产力的巨大增长和高度发展之所以绝对必需，“因为如

① 《马克思恩格斯选集》，2版，第1卷，74页。

果没有这种发展，那就只会有**贫穷**、极端贫困的普遍化；而在**极端贫困**的情况下，必须重新开始争取必需品的斗争，全部陈腐污浊的东西又要死灰复燃”①。人们在一百六十多年后的今天重温这些话，结合国际社会主义运动的教训，不能不阖书惊叹马克思主义创造者的科学洞察力。

科学发展观是对以经济建设为中心的建设路线的创造性发展。科学发展观有两大要点：一是要发展，二是要科学。

不发展就不需要确立科学发展观。发展是硬道理的原则同样应该是发展观的一条根本性原则。斯大林在领导苏联社会主义建设时期企图通过农业集体化和工业化来发展苏联经济的构想并没有错，当时也确实取得了令整个资本主义世界为之震惊的成绩。可是它的经济发展是畸形的、片面的。毛泽东也注重发展经济，但当他试图以土办法包括土法炼钢、高度密植等来实现生产力“大跃进”时，最终以失败而刹车。经验证明，只有发展的愿望不行，更要科学。

在社会领域中，科学发展观不同于非科学的进化型的发展观。社会发展不同于进化。进化作为一种状态是客观存在的，自然界和人类社会始终处于一种非停滞的运动状态。自然界的进化是自发的，由自然规律支配，可社会领域中则包含着人类行为的主体选择性和目的性。采取何种方式来发展经济，如何使这种发展有利于整个社会结构的均衡、协调，如何有利于人类自身，都必须以客观规律为依据。这种以客观规律为依据的发展观就是科学的发展观。

从20世纪70年代以来，关于发展的问题在西方争论得很激烈，西方一些学者提出了可持续发展问题，但是缺乏社会制度的有效保证。因为利润问题比环境问题对跨国公司、垄断集团以及私有者来说更为重要。这说明，要科学地解决发展问题，必须要有一个合理的社会制度保证。而且科学发展观中的“科学”二字，与全部科学有关，包括哲学、社会科学、自然科学、技术科学。因为它不仅要有一个科学的世界观和方法论指导，而且涉及经济学和应用经济学对合理的平衡与协调关系的理论和具体计算，包括对环境、人口、自然的承载力，可再生资源和不可再生资源等多方面

① 《马克思恩格斯选集》，2版，第1卷，86页。

的自然科学和技术科学研究。科学发展观的贯彻和落实，可以说是各个学科通力合作的系统工程。这同时就是社会主义和谐社会的构建过程。

以经济建设为中心的同时，还要坚持两个基本点。首先要坚持四项基本原则。这是以什么样的理论原则和政治原则构建和谐社会的根本性问题。

谁来构建？起领导作用的当然是处于执政地位的中国共产党。坚持中国共产党的领导地位具有决定意义。在社会主义中国，鼓吹多党轮流坐庄，导致的只能是混乱而不是社会和谐。政府要发挥政府的职能。因此，构建和谐社会，首先是对党的性质、对党的先进性、对党的执政能力的考验，对政府工作效能的考验。没有一个真正立党为公、执政为民的共产党，没有一个廉洁高效、全心全意为人民服务的政权机构，构建和谐社会的蓝图也会因腐败低能而无法运转。就这一点说，构建和谐社会是对党的各级干部，尤其是领导干部的先进性和执政能力的考验。

按照什么方向构建？一定要坚持社会主义道路。关于社会主义建设我们有三种提法。一个是建设中国特色社会主义，一个是建设小康社会，再一个是构建和谐社会。其实，这三个关于社会主义建设的表述是相互联系、不可分割的。但又各有重点，针对的是不同的理论和实践问题，具有与时俱进的特征。中国特色社会主义是就中国社会主义建设道路的总体说的，它强调的是中国社会主义建设不应该是苏联社会主义道路的翻版，也不是马恩关于社会主义理论的生搬硬套，而应该是有中国特点的。中国的社会主义建设应该走自己的道路。小康社会是针对社会主义建设的阶段性目标说的。我们正处于社会主义初级阶段，我们在一个相当长的时间内是全面建设小康社会。这是恢复实事求是路线，立足中国实际的社会主义建设目标的定位，但它的重点是以经济发展和人均水平为标准的。构建和谐社会是以社会主义社会形态为依据，针对我们面对的和要解决的矛盾说的，它以调整人与人的关系、人与自然的关系为核心，以社会主义社会作为总体来进行建设的。但三者本质上是一致的。和谐社会就是社会主义社会的和谐社会，离开了社会主义的根本制度就无所谓和谐社会。就这一点说，中国特色社会主义社会、小康社会、和谐社会在本质上是一致的，都有一个共同点即社会主义。当然，构建和谐社会也是全体社会成员的责任。从环境保护到社区和谐、家庭和谐、人际关系和谐，都离不开每个人的参与。

另一个基本点是深化改革问题。我们要坚持改革、深化改革，后退是没有出路的。三十多年的改革成绩是举世瞩目的。但对改革中出现的问题和矛盾进行总结，不能认为是反对改革。我们应该重视对改革实践经验的反思和总结。

我们当前的确面对许多矛盾。矛盾有各种不同的情况。例如发展不平衡问题、城乡二元结构问题、经济与社会发展不同步问题、生态问题等，这是老矛盾，是改革以前就存在的问题。半个世纪以前毛泽东在《论十大关系》中就列举过当时存在的十大矛盾。腐败问题、钱权交易问题是世界性问题。但新的两极分化与分配不公，包括钱权交易、腐败现象恶化，一夜暴富，道德失范和价值观念颠倒，以及早已绝迹的东西死灰复燃或陈渣泛起，对处于转型中的社会主义中国来说是新问题。它的原因是多方面的。不能忽视社会经济环境的改变，以货币为中介的市场关系，对于某些病症有诱发作用。这是市场经济的负面效应。但我们理论上对这些负面效应产生的可能性缺乏研究和法律与道德的防范，对于社会经济环境改变对思想会产生什么样的影响也缺少高水平的马克思主义理论研究。我们对公有制、对计划经济在中国社会主义建设中的作用缺乏合理的公正的评价，对以公有制的主体地位如何维护缺少理论论证和有效监督。这种种问题，应该在坚持改革、深化改革中不断从理论到实践上得到回答。因此，坚持改革、深化改革，必须以坚持改革的正确方向为前提，坚持邓小平的“一个中心、两个基本点”为指针。

以人为本是科学发展观中的核心和灵魂。它同样应该是坚持和深化改革、继续扩大开放的灵魂。改革和开放本身不是目的，而是中国走向繁荣富强的必由之路，是中国特色社会主义发展前进的成功之路。它事关全体人民的根本利益，如何改革，如何深化改革都必须代表大多数人民的利益，并得到他们的拥护和赞同。只有这样，才能把以人为本的指导原则在改革开放中落到实处。

毫无疑问，深化改革会涉及各个学科的许多重大理论问题，需要进行专门研究。群众由于地位的局限可能更多地着眼个人利益、眼前利益、直接利益。但这不能成为广大群众应该排斥在改革之外的根据。中国共产党人长期坚持和一贯主张的是从群众中来，到群众中去，集中起来，坚持下去，反复检验的马克思主义决策方式。广大群众当然没有那么高的理论，不懂这个学派、那个学派，但有一条，任何改革都与全体老百姓的直接或间接利益息息相关。对谁有利？对多数人有利，还是对少数人有利？这个问题最有发言权的不是理论家而是直接承受改革成果的广大群众自身。作为单个人的判断会有局限，但作为广大群众共同感受是应该重视的。这是社会心理和民情的风向标。

三十多年来的经验证明，中国广大群众拥护改革，也在不同程度上享受到改革的成果。他们并不仇富，并不反对一部分人通过合法劳动先富起来，但他们痛恨的是借改革之名谋一己之利，反对的是利用各种非法手段一夜暴富的贪官、奸商和种种不法行为，反对的是种种利用自己手中掌握的物质资源、权力资源、关系资源非法致富的社会蛀虫。这种反对与我们党正在大力进行的反腐倡廉、加强依法治国的方向是一致的。如果改革成果流入少数人手中，代价由全体人民“埋单”，这种所谓“改革”必然失败。归根结底，由全体人民共享改革成果才是改革成功的最终保证。因此，在深化改革的过程中，我们一定要高扬科学发展观中的“以人为本”的原则，这样才能构建社会主义和谐社会。

中国特色社会主义理论与历史周期率

谁能料到，在“阿芙乐尔号”炮声中诞生的苏维埃政权，在经历了举世瞩目的辉煌之后，竟然灭亡了。苏联解体，社会主义制度在苏联宣告结束。历史留下的是对斯大林保卫战、攻克柏林、加加林的宇宙飞船，以及其他一连串重大业绩的回忆，当然也包括对斯大林的贬谪和对苏联社会主义的种种怨言和否定。

谁能料到，在经历火烧圆明园和南京大屠杀，受尽各种各样的不平等条约的屈辱，处于被帝国主义列强瓜分豆剖的中国，又以和平发展的新姿态自立于世界民族之林，阔步走上了中华民族伟大复兴之路。

世界历史画卷跌宕起伏，风云多变。历史事件难以预知，但历史有规律可循。历史没有天降的奇迹，奇迹的创造者是奋斗和觉醒的民族。胡锦涛在党的十七大政治报告中强调的“三个永远铭记”，就是以理论的逻辑再现了中国人民在中国共产党领导下奋斗的历程。其中特别是关于中国特色社会主义理论体系和坚持中国特色社会主义道路的论述，对于我们跳出历史周期率具有重大指导意义。

一、历史周期率问题是中国特色社会主义建设面对的新问题

历史周期率问题，是1945年抗日战争胜利前夕，黄炎培先生访问延安时，当面向毛泽东提出的问题。黄炎培先生问毛泽东，中国共产党能不能跳出历史上“其兴也勃，其亡也忽”的历史周期率。毛泽东回答说：可以。我们已经找到一条新路，这就是民主。只要人民监督政府，才不会人

亡政息。

当时中国共产党偏隅延安，国民党可能发动进攻，内战箭在弦上，随时会再度爆发。黄先生提出的是一种以历史经验为依据的抽象可能性，毛泽东的回答虽然很有原则，但这却是一条最重要的原则。民主是关系到中国共产党取得政权以后政治体制建设的重大问题，也是有效防止历史周期率的一条重要保证。当时虽然还没有社会主义建设的实践经验和现实紧迫性，但毛泽东开的“民主”这味药，应该说是高瞻远瞩，极具政治远见的，至今仍然是有效的良方。

新中国成立前夕，取得政权后如何巩固政权的问题已摆在了中国共产党人面前。毛泽东在七届二中全会的报告中已向全党敲起警钟：可能有这样一些共产党人，他们不曾被拿枪的敌人征服过，他们在这些敌人面前不愧英雄的称号；但是经不起人们用糖衣裹着的炮弹的攻击，他们在糖衣炮弹面前要打败仗。后来在党中央由西柏坡迁进北京城时，毛泽东又以李自成为例说，我们是进京赶考，不要考试不及格。

毛泽东的这些远见卓识，都涉及无产阶级取得政权以后的历史周期率问题。毛泽东关注的重点是如何巩固政权、怎样才能不走历史上农民革命因进城而腐化的老路。毛泽东在全国胜利以后，在“三反”和“五反”运动中下决心执行张子善、刘青山死刑，就是基于巩固无产阶级新生政权的战略考虑。张、刘均为革命的有功之臣，判处极刑可以比为“挥泪斩马谡”。

在社会主义政权稳定以后，如何通过社会主义建设防止历史周期率问题，也是毛泽东考虑的重大问题。毛泽东提出关于正确处理人民内部矛盾、关于社会主义社会基本矛盾、关于正确处理十大关系等论述，对中国社会主义建设道路和社会主义制度的巩固都具有全局性、前瞻性、战略性意义。可从总体上说，毛泽东生前的注意力，主要放在政治上、放在阶级斗争上、放在如何巩固政权上。他开展的一连串政治运动，从“反右”斗争、“反右倾机会主义”的斗争，最后发展到无产阶级“文化大革命”，就是在反修防修、巩固无产阶级专政和防止资本主义复辟口号下进行的。

“以阶级斗争为纲”、“批资产阶级法权”、“实行无产阶级全面专政”等“左”的路线和政策，伤害了大批为革命立下汗马功劳的老同志，伤害了大批知识分子。经验证明，试图通过“以阶级斗争为纲”的路线来巩固社会主义、防止历史周期率，不仅无助于社会主义制度自我完善，无助于民生的改善，最终也无助于社会主义制度真正的巩固。

三年困难时期，人民忍饥挨饿，但社会总体仍然安稳，人民相信共产党、相信社会主义。因为全国人民尤其是农民，对中国共产党怀有感恩之心、怀有战胜困难的必胜之心。在“文化大革命”中，人民分裂，迫近内战，仍然高举《毛主席语录》在“武斗”中进行所谓“革命”。

这种状态能持续下去吗？农民能永远安于贫困和饥饿吗？人民能在缺乏法制的政治生态下长期“安定团结”吗？不可能。感恩之情不会永不消退，对毛泽东的个人迷信会随着社会经济和政治状态恶化而不断弱化。毛泽东逝世前的“天安门事件”，表明人民长期积蓄的不满已经开始爆发。

即使是社会主义国家，如果人民生活老是贫困、商品老是匮乏、人民处于名义上当家做主的地位，他们能长期无条件地、一贯地拥护社会主义吗？不会。全部中外历史经验都证明，历史周期率的作用，就是在人民逐渐积累的不满中完成它的周期的。

二、苏联社会主义失败的历史教训

我们总以为社会主义国家是铁打的江山。已经取得政权的社会主义国家可能仍然跳不出历史周期率，是难以想象的。可苏联在社会主义革命胜利七十多年后出现的历史大倒退和东欧剧变，极其现实、极其尖锐地摆在人们面前，尤其是摆在中国共产党人面前。无产阶级政权可能得而复失，社会主义社会可能“其亡也忽”。

苏联社会主义失败的教训证明，社会主义是不可能单纯依靠实行无产阶级全面专政和阶级斗争来巩固的。斯大林直到逝世前，从来没有放松过阶级斗争，曾经采取严厉的政治运动和党内斗争，可谓弄得“干干净净，纯而又纯”。七十多年后苏联还是解体了，苏联解体和十月革命成果的丧失，是一个极具悲剧性的历史教训。

十月革命当然是人类历史上最伟大的一次革命。有论者说十月革命与俄罗斯的历史、传统和社会性质不合，注定要失败，难以令人信服。如果这个理由能成立，那么中国革命发生的社会发展水平和社会性质并不比俄国十月革命时更具先进性，岂不是要引出中国也不应该实行社会主义革命，不应该夺取政权，只应该实行资产阶级民主革命，或者利用政权来建立资本主义社会的结论吗？这不算什么新创造，是从建党开始就争论过的问题。现在有些理论家们又利用苏联解体，或露骨或委婉，或直截了当或旁敲侧击地把它放在我们面前。实际上，这是把条件即使成熟该不该夺取政权和取得政权后如何进行建设两个不同的问题，混为一谈了。列宁曾经在《论我国革命》中驳斥苏哈诺夫时讲过这个问题。至今我仍认为列宁的意见是正确的。

历史的进程是不断演变的。不应倒过去算旧账，而应各算各的账，因为整个历史事件发生的时代背景、时间、条件都不同。历史事件的主角也不同。有历史的巨人，也会有历史的侏儒。十月革命是人类革命的新纪元，是人类革命的一次伟大胜利；七十多年后的解体，是社会主义伟大实践中的一次失败。从这里得出的教训，不是要不要革命的问题，而是革命后应该如何建设的问题。这个问题是后继者自己应该独立解决的问题，而不是创业者的历史任务。任何伟大的马克思主义理论家和革命家，都不可能提出一个永恒不变的治国方案，也无法保证他们开创的事业在多少年以后不会中途夭折。总之，一切事在人为。

按照中国古人的历史观，一个是取天下，一个是治天下。用贾谊《过秦论》中的话叫“攻守异势”。夺取政权是只管往前冲，不用治国，不用管饭。取得政权以后是自己当家，处于守势，即要管全国人民的衣食住行，要行良政、善法。用马克思主义历史唯物主义观点说，革命前和革命后的任务是不同的：一为破，一为立；一为革命战争，一为社会主义建设。国情不同、传统不同、国际环境不同，道路和方式肯定不可能一模一样。

十月革命是一个具有世界历史意义的伟大革命，说它完全是偶然的、是列宁的阴谋，是完全错误的说法。一个具有世界历史创举的伟大革命不可能纯属偶然。十月革命后取得如此巨大的成绩，苏联的发展举世瞩目，西方世界曾为之惊惶失措，说明革命是合理的，是必要的，是顺应历史潮流和符合民心的。只要它后来的一轮又一轮的后继者真正根据苏联的实际，妥善解决面对的各种矛盾，按照社会主义原则进行改革，它完全可能继续存在下去。历史并没有注定苏联一定要解体，注定社会主义一定要失败。

可是，在轰轰烈烈的群众革命运动中，取得胜利的俄国革命和苏维埃政权，却在国内外、党内外政治力量作用下，在群众的不满和参与下，陷于垮台。为什么？斯大林执政以后，苏联取得的成就是不能否认的。连英国首相丘吉尔都说，斯大林接手的是一个使用木柄犁的国度，而他留下的却是一个拥有原子弹的国家。可他的错误也是巨大的。他主要是以阶级斗争和党内斗争来巩固政权、不承认社会主义社会有矛盾、不承认需要正确处理和用不同方法解决不同性质的矛盾，而是实行专政和高压政策。斯大林的个人专权和群众对他的个人迷信，作为一个长远因素来说是负有一定的历史责任。但最重要的是斯大林的后继者们。他们是斯大林逝世后的当权者，他们完全有可能在反对斯大林个人迷信影响的同时，结合俄国的实际，真正按照社会主义原则，纠正斯大林和斯大林时期的错误。可他们走的是另一条路。批判斯大林个人迷信变为丑化和诋毁马克思主义和社会主义，各种错误思潮沉渣泛起。领导者们在理论和舆论上对此采取放任态度，而在经济和政治上仍然维持斯大林时期确立的原有体制，没有进行有成效的改革。这种诋毁社会主义和马克思主义舆论的泛滥，使人民思想极度混乱，无所适从；最后，当苏共领导人根本抛弃社会主义制度，推行所谓新思维和新自由主义的私有化改革方针时，人民面对苏联共产党解散、社会主义失败，或袖手旁观，表现为一种政治冷淡主义，或走上街头积极参与，表现为一种非理性的狂热主义。水可载舟，亦可覆舟。这个历史规律在社会主义的苏联同样在起作用。

按照历史唯物主义观点，十月革命是必然，七十多年后的解体也是必然的。这两个必然性之间表面上似乎矛盾，如同水火冰炭，实际上是可以并存的。历史必然性并不是外在于人的活动之外的命运之神。十月革命的必然性存在于第一次世界大战后俄国面对的各种错综复杂的矛盾之中，当二月革命后成立的临时立宪政府无法解决战争、土地和面包问题时，无产阶级革命和人民的起义是必然的。而苏联解体和社会主义失败的必然性，则存在于长达三十多年的“后斯大林”时期苏共自己的活动之中。苏联解体和社会主义失败，是苏联共产党自己的路线和政策一步一步筑就的。由戈尔巴乔夫宣布解散苏联共产党、由叶利钦彻底破坏社会主义大厦的基础和马克思主义意识形态的断壁残垣，由两个曾经是苏联共产党的当权人物来埋葬苏联和社会主义，以最生动的实例说明，在社会主义国家，能埋葬社会主义的只能是处于执政地位的共产党本身及其领导者。在社会主义国家处于执政地位的共产党的路线、方针、政策，是决定社会主义国家前途和命运的关键。有学者说制度是决定性的。其实制度是可以改革的，而决定有没有勇气进行改革、如何改革、朝什么方向改革的是共产党人以什么理论作为指导，奉行什么样的路线、方针和政策。

毛泽东当年把中国革命的胜利，比作万里长征的第一步。这个比喻现在想起来，确有远见。革命胜利以后，在长期社会主义建设中可能存在的问题和危险，以及它的复杂性，确实要比夺取政权时多得多。

三、中国特色社会主义理论和道路的伟大意义

无产阶级革命时期，夺取政权时期，革命的领导者包括革命群众是理想主义者。这是很容易理解的。社会理想正是革命的精神动力。可是革命胜利后，如何利用手中的政权来实行自己的社会理想，这需要重新根据实际情况而不是根据革命狂飙时期的理想来决定政策。因而什么是社会主义和如何建设社会主义，这是无产阶级胜利后必然面对的问题。真正的社会主义社会，必须是一个生产力高度发展的社会，是人民当家做主的社会，是一个人民的物质和文化生活水平不断得到提高的社会。这样的社会主义是不可能单纯依靠阶级斗争来确立、建设和巩固的。

当然，密纳发的猫头鹰黄昏时才会起飞。智慧老人的脚步总是比现实来得要迟些。历史活动中的人需要经验，需要教训，需要积累，需要停下来反思自己走过的路。在新中国经历近三十年长期摸索之后，在经历挫折之后，在总结国际社会主义实践经验之后，邓小平终于发现，在中国真正建设社会主义，必须坚持科学社会主义基本原则和中国实际相结合，首先要弄清什么是社会主义和如何建设社会主义。我们许多政策性错误和挫折，都是源于本本主义，源于抽象的理想和狂热，从而脱离中国的实际，不了解中国国情，不了解我们正处于社会主义初级阶段。

邓小平把科学社会主义基本原理与中国实际相结合，创造性地提出了

社会主义本质论，初步解决“什么是社会主义、如何建设社会主义”的问题，形成了“一个中心、两个基本点”的路线，迈开了改革开放步伐，从此，中国社会主义踏上了举世瞩目的飞速发展道路，中国龙开始腾飞。如果没有这个伟大的转折，不从“以阶级斗争为纲”转向以经济建设为中心，搞改革开放，在内外政治势力鼓动下，有可能以另一种方式重蹈苏联的覆辙。谁也无法保证历史周期率不会在中国重演。

从科学社会主义理论和实践角度说，中国特色社会主义理论和道路解决了三大问题：第一，找到了发展社会主义的道路；第二，找到了中华民族伟大复兴的道路；第三，找到了社会主义社会跳出历史周期率的道路。这三个问题是相互联系的。只有改革开放才能发展社会主义，只有社会主义的自我完善和发展才能真正巩固社会主义，从而跳出历史周期率。这个过程，同时就是中华民族的伟大复兴过程。但其中历史周期率问题又具有特殊重要的研究价值。因为它从理论上打破了一个错误的观念，即社会主义社会似乎注定是稳固的，老百姓会天然地拥护“社会主义”，从而使处于执政地位的中国共产党人，提高了对立党为公、执政为民和不断提高执政能力重要性的自觉意识。

中国特色社会主义理论，无论在马克思主义发展史还是社会主义实践史上，都是一个伟大的创造。经验证明，坚持中国特色社会主义道路，既是最有效防止历史周期率的道路，也是坚持、发展和完善社会主义和实现民族伟大复兴之路。

中国特色社会主义理论是一个与时俱进的科学体系。其中对跳出历史周期率的探索，也是一个过程。毛泽东在社会主义政权处于国外敌人包围、国内仍存在反动政治势力、新生政权立足未稳时，着眼于从政治上巩固政权，强调阶级斗争具有一定的历史合理性。但以它为纲，把它作为整个社会主义时期的指导思想，则必然会导致政治上不着力于民主和法制建设，社会主义制度的优越性不可能得到充分发挥。毛泽东等第一代领导人为社会主义的改革开放奠定的经济和政治基础，我们永远不能忘记，但“以阶级斗争为纲”的路线和政策的错误，不能继续。从以经济建设为中心、着眼于解放生产力和发展生产力等一系列理论和政策构成的邓小平理论到“三个代表”重要思想，再到科学发展观，开辟了跳出历史周期率的新途径。

党的十六大以来，我们在各方面取得了伟大成绩，如经济实力大幅度提升、改革开放取得重大突破、人民生活显著改善、民主法制建设取得新进步、文化建设开创新局面、社会建设全面展开等。这充分证明，在建设中国特色社会主义的历史进程中，科学发展观和构建社会主义和谐社会的理论和一系列政策，是马克思主义中国化的最新成果，是中国特色社会主义理论体系的重大发展，也是最有效跳出历史周期率、指导中国共产党和全国人民全面建设小康社会、逐步实现科学社会主义伟大理想的根本保证。

科学发展观是马克思主义中国化的一个伟大理论创造。有人说，西方早就提出了发展理论问题。自《寂静的春天》出版后，人们已经关注发展问题。联合国也有学者进行专门研究并有专著发表。可是有一条，西方所有关于发展的著作，重点关注的是人与自然的关系，是由于生态环境恶化而敲响的警钟。他们都没有或很少涉及人与人的关系问题，尤其是离开西方现存的社会经济制度、政治制度，把发展问题单纯归结为保护生态问题。我们党以邓小平理论和“三个代表”重要思想为指导，吸取了西方现代化发展的经验教训，也总结了我国发展的经验，提出了“以人为本”的原则，它远远超出了人与自然的关系，远远超出单纯的生态环境问题。“以人为本”作为科学发展观的核心，成为处理人与人的关系、人与自然的关系，处理经济、政治、文化和社会建设的关系，以及东部和西部、工业和农业、城市和农村以及各个利益群体的关系的世界观和方法论的指导原则。我们要高度重视“以人为本”在科学发展观中的核心地位，仅从社会主义跳出历史周期率的角度看也是绝对必要的。一个社会主义国家在关于发展的问题上，如果不弄清为谁发展、为什么要发展，是不可能真正弄清在社会主义社会中，我们要实现什么样的发展和怎样发展这个根本问题的。

“人心向背”在人类全部政治生活中最终具有决定意义。社会主义社会同样如此。不以人为本，不改善民生、关注民情、倾听民意，不使社会全体成员共享发展成果，这种社会主义社会一旦有政治风波，人民就会袖手旁观，表现为政治冷淡主义。真正贯彻以人为本的原则，建设一个十七大政治报告中说的“学有所教、劳有所得、病有所医、老有所养、住有所居”的社会，这种社会主义社会是任何力量，甚至外来的军事力量所不可能动摇的。在这样的社会中，人民是社会主义制度的真正的铜墙铁壁，人民会用鲜血和生命来保卫给自己带来根本利益的社会制度。“以人为本”的科学发展观是伟大的理论创造，也是社会主义沿着自我完善道路前进的群众性保证，是由 13 亿人筑成的铁的“万里长城”。

构建社会主义和谐社会的意义，从跳出历史周期率的角度看，也是一项重大理论创造。我国正处于社会主义初级阶段，存在各种经济利益群体，存在贫富差距，存在多种矛盾。如何处理这些矛盾，使社会全体成员成为一种合力而不是相互对抗、相互抵消的力量，构建社会主义和谐社会无疑是一个具有重大理论创造性和实际政策操作性的战略途径。

和谐不是既成的状态，无论是自然还是社会，矛盾是事物的普遍特性。矛盾普遍性理论是马克思主义哲学的一个根本道理。我们崇尚和谐、追求和谐，但以承认矛盾和正确处理矛盾为前提。和谐是正确处理矛盾的结果，而不是掩盖矛盾、否认矛盾。和谐需要创造，和谐需要构建。从家庭和谐、校园和谐、社区和谐，到城市和谐、农村和谐，直到整个社会和谐，构建和谐社会是一个艰巨的社会工程，需要在处理各种性质和不同类型矛盾问题的过程中进一步制度化、规范化，甚至细节化。构建社会主义和谐社会，是从正确处理社会各种矛盾角度找到的跳出历史周期率的伟大构想。

从辩证唯物主义和历史唯物主义基本观点看，任何社会制度的终结或灭亡，都是与矛盾激化到不可解决的地步相依存的。社会主义是在不断解决矛盾、化解矛盾中前进和巩固的。我们不能忘记斯大林在哲学思想上否认矛盾和实际政治操作中激化矛盾的恶果。无矛盾状态是没有的，这就是中国特色社会主义理论要与时俱进、要继续解放思想的根本原因。正确处理矛盾，包括人与自然矛盾和社会中的各种矛盾，可以说是人类永恒的任务，只是时期不同、面对的矛盾不同，因而采取的政策不同。世界发展不会停止、社会发展不会终结，人类总是在解决矛盾中前进的。

四、居安思危和增强忧患意识

改革开放三十多年来，特别是十六大以来，我们各项事业的伟大成就都证明，只有社会主义才能救中国，也只有改革才能发展、巩固和完善社会主义。在当代中国，坚持中国特色社会主义理论体系，就是坚持马克思主义。坚持中国特色社会主义，就是坚持社会主义。

新时期最显著特点是发展迅速。我们已经取得如此重大成绩，举世瞩目，全民满意。为什么还要居安思危，增强忧患意识呢？这不是从一般道理上说的。凡居安必须思危，这是我们历史的经验和先哲们的教训。这里说的不是抽象的哲学道理而是实际的“安与危”的问题，是值得忧虑的问题。在世界上，我们是挑战和机遇并存，机遇多于挑战；在国内，我们是成绩多于问题，问题是前进中的问题。只要有机遇，就会有挑战，挑战存在于机遇中；只要有矛盾，就会有问题，问题存在于矛盾之中。

中国特色社会主义理论体系能否真正成为我们的纲领、旗帜，最终要落实在中国特色社会主义道路上。十七大政治报告中明确指出：“中国特色社会主义道路，就是在中国共产党领导下，立足基本国情，以经济建设为中心，坚持四项基本原则，坚持改革开放，解放和发展社会生产力，巩固和完善社会主义制度，建设社会主义市场经济、社会主义民主政治、社会主义先进文化、社会主义和谐社会，建设富强民主文明和谐的社会主义现代化国家。”① “道路”，是处在实践中的特色理论和纲领。离开了“道路”，一切都会流于空谈。

在中国，实现全面建设小康社会目标需要继续奋斗十几年，基本实现现代化需要几十年，巩固社会主义制度需要几代人甚至几十代人坚持不懈的努力。这是很长的历史时期。要应对国际局势的变化，要克服国内各种矛盾和困难，要一代又一代人始终不渝、毫不动摇地坚持中国特色社会主义道路。这是一条存在困难和风险的道路。我们必须居安思危和增强忧患意识。

风险存在何处？既有来自困难的客观的风险；更有应对风险的能力和

---

① 《中国共产党第十七次全国代表大会文件汇编》，11页，北京，人民出版社，2007。

决策的主观的风险。当今世界是资本主义和社会主义并存、交往的世界。经济全球化更强化了两种制度之间的联系。西化和分化的危险是始终不应忽视的。但对我们来说，在研究客观风险时，更应着重化解风险能力的研究，这就是关于党的执政能力、干部队伍的建设和马克思主义理论建设的研究。

1. 关于党的执政能力问题

中国共产党是高度重视自身建设的党，无论是革命时期还是社会主义建设时期都是这样。特别是改革开放以后，建设什么样的党和怎样建设党，成为中国特色社会主义科学理论体系的重要组成部分。立党为公，执政为民，是我们党的宗旨。在当代中国，我们党不仅是执政的党，而且是在领导改革开放伟大革命的党。我们的任务更艰巨、更困难，但我们所处的环境完全不同于战争年代，经济成分多样化，分配方式和就业方式发生了重大变化，党员来自不同阶层。在一个社会主义国家，最大风险可能来自执政党自身。我们党作为中国工人阶级先锋队，只有永远保持中国人民和中华民族先锋队的本质，成为中国特色社会主义事业领导核心，坚持党的基本路线，才能成为化解前进中任何风险的决定性力量。保持党的先进性，是坚持中国特色社会主义道路的根本保证。

2. 关于干部队伍的建设问题

一个社会的状况如何，人民是否满意，是否拥护，最重要的是“吏治”。柳宗元在《答元饶州论政理书》中说过，对国家危害最大的是“贿赂行而征赋乱”。这当然是指封建社会。但这种说法对我们的干部队伍建设也有警示意义。在我们国家，党的正确路线确定以后，干部具有决定意义。中国特色社会主义的旗帜，各级干部首先要高高举起；中国特色社会主义的路线、方针、政策，各级干部首先要去贯彻落实。没有一支全心全意为人民服务的高素质、高水平的干部队伍，坚持中国特色社会主义伟大事业和道路就有可能受到挫折。改革开放以来，我们党干部队伍的文化水平、才能和政治素质都有很大提高。但毋庸讳言，一些干部中存在的权钱勾结、腐化堕落现象，也是触目惊心的。

尤其是高官纷纷落马，更是令人忧虑。我们党一直强调，反腐败是关系党和国家命运和前途的大问题。十七大政治报告中再次强调，“坚决惩治和有效预防腐败，关系人心向背和党的生死存亡，是党必须始终抓好的重大政治任务。”① 十六大以来，我们在惩治腐败方面取得了重大的成绩，在预防腐败方面也不断出台新的政策和措施。但反腐败仍然是一项长期的、复杂的和艰巨的任务。我们应该认识到，腐败是“居安思危和增强忧患意识”中的重要问题，是对社会主义国家的重要威胁。

3. 关于马克思主义理论建设问题

苏联社会主义失败经过很长一段思想混乱和各种错误思潮占领舆论阵地的过程。理论阵地和舆论阵地是最重要的。理论的混乱，必然是思想的混乱，而思想混乱，必然导致行动的混乱。

中国共产党是一个一贯重视理论建设和马克思主义理论队伍建设的党。社会主义核心价值体系建设扎实推进，马克思主义理论研究和建设工程取得明显成效。但在全面准确地理解中国特色社会主义理论的科学体系方面，仍然有许多需要认真研究和澄清的问题。就我们从事的马克思主义理论工作的职业性质和承担的任务来说，除了认真学习、宣传十七大文件，宣传中国特色社会主义理论外，还需要承担从理论上研究十七大提出的 系列重大理论问题的重要任务。

例如，市场经济的经济运行方式是社会化大生产的共同特点，它的某些共同点不能成为否定市场经济总是与特定制度相结合的所谓“普世性依据”。事实上它是、而且必须是与不同社会制度结合的。中国走中国特色社会主义道路，如果不是遵照“把坚持社会主义基本制度同发展市场经济结合起来”，而是把社会主义经济等同于资本主义市场经济，让市场自发发挥作用，只能导致两极分化的加剧和阶级对立的产生。历史证明，资本主义社会阶级的分化，就是在资本主义市场经济中强化和最终形成的。在中国，只有由社会主义基本制度这只“看得见的手”来调节“看不见的手”，市场经济才能有效地发挥它的建设中国特色社会主义的功能。反对社会主义市场经济而企图重新回归计划经济的“左”的观点是错误的，倒退是没有出路的；但企图使市场经济摆脱社会主义基本制度，同样是错误的。

① 《中国共产党第十七次全国代表大会文件汇编》，53页。

再如，有的理论家强调民主的普世性。表面看来，资本主义是民主制度，强调民主；社会主义同样应该是民主政治。民主这个“德先生”，西方有，中国也应该有。这是毫无疑问的。可以说，社会主义需要民主本来是马克思主义基本原理。列宁在《论面目全非的马克思主义和“帝国主义经济主义”》中甚至说，“胜利了的社会主义如果不实行充分的民主，就不能保持它所取得的胜利，并且引导人类走向国家的消亡”①。毛泽东早在延安时期就把民主作为防止历史周期率的有效工具的论断，也是理论界众所周知的。

当然，民主作为当代政治文明会有某些共同点，例如票决制、少数服从多数、公民的普遍参与等，但西方的民主与中国特色社会主义的民主政治的内涵有着根本的不同。西方的民主是选举的民主，是多党制的民主。在西方，一人一票的民主并不能真正代表民意和人民利益。选出的并不是人民利益的代表，往往是政治家甚至是政客，是某个特定利益集团的代表。这就是为什么大财团愿意“出血”支持某个竞选人的“秘密”。至于多党制也是如此。“你方唱罢我登场”的民主，对西方资本主义制度是有效的、有利的。因为它能通过换马来“纾困”，平息人民的不满和燃起对新一届政党政府的“希望”。这种“纾困”和“希望”不断交替，对资本主义长期维持自己的统治是有利的。难怪马克思主义经典作家称民主制是资本主义“最好的”统治形式，是资本主义制度最好的“外壳”。

我们能照抄西方多党制的民主吗？能满足不管选出的是不是政客，是不是特定利益集团代表人物都无关紧要，而只要一人一票就算是“民主”吗？当然不能。中国特色社会主义要建立的民主，是中国共产党的领导、依法治国和人民当家做主相结合的民主政治。这三者不可分。其中，人民当家做主是社会主义民主政治的本质和核心，而它的实现程度和方式，是衡量社会主义民主成熟与否的重要尺度。至于用多党制来代替中国共产党领导的多党合作和政治协商制度，用西方政党不参与政府来取消中国共产党的执政地位，都会根本改变中国特色社会主义的“社会主义”性质。

如果我们在理论上把民主和市场当作普世价值，否定民主的社会制度

① 《列宁全集》，中文2版，第28卷，168页，北京，人民出版社，1990。

本质、否定在中国市场经济必须与社会主义基本制度相结合，其后果是显而易见的。这一点任何一个稍有马克思主义基本常识的人都懂。西方理论家和政治家们在不断“教育”我们。当年东欧开始改革时，西方有位高水平的理论家为他们提出一个包治痼疾的药方，就是最简单的两味药：市场和民主。他所谓市场就是资本主义的市场经济，所谓民主就是西方多党制和议会制民主。药效如何，世人周知。

还有，我们党自十六大以来更着重强调社会公平和社会保障，注重社会福利，注重教育、医疗的公益性和全民性，强调全体社会成员共享改革发展的成果。这本来是马克思主义科学社会主义的原则，可有的理论家往往将之与西方所谓福利社会或所谓民主社会主义上相联系。这是制造理论混乱。社会保障、全民共享、社会福利，这是科学社会主义关于社会主义理想中应有之义。马克思当年在《哥达纲领批判》中关于不折不扣的劳动所得时，明确指出，社会主义国家必须从总劳动所得中扣除，分为“再生产和扩大再生产部分”，以应对“不幸事故”和“自然灾害”，还特别强调，要**“用来满足共同需要部分**，如学校、保健设施等”，**“为丧失劳动能力的人等等设立的基金”**。马克思指出，“同现代社会比起来，这一部分一开始就会显著地增加，并随着新社会的发展而日益增长”①。可见，社会福利、社会保障和全民共享，是社会主义的重要特征。

事实也是这样。无论斯大林有多少错误，苏联为全民的医疗、教育、住房保障的投入仍然为现在的俄罗斯人所怀念。就中国来说，毛泽东有过“左”的政策，但是作为新成立的社会主义政权，中国共产党还是在低水平的基础上实行一定的社会福利和社会保障，如免费教育、医疗和廉价的房租等。我们实行的是低工资制，但社会保障部分占的份额并不太小。任何一个没有政治偏见的人都应该承认，中国共产党从新中国成立起，就以全心全意为人民服务为宗旨，注意社会福利和社会保障，只是由于历史条件和实践经验的局限，由于“平均主义”和其他“左”的错误阻碍生产力的发展，社会保障和社会福利总体仍然是低水平的，而且覆盖面较小，广大农村的教育和医疗养老问题，并没有得到非常妥善的安排。

---

① 《马克思恩格斯选集》，2版，第3卷，303页。

社会福利和社会保障并不是判别社会制度性质的标准。毫无疑问，西方发达资本主义社会，与早期资本主义相比，在社会福利和社会保障方面有很大变化。尤其是一些人口少、经济发达的资本主义国家，更是如此。恩格斯在1892年为他的早期著作《英国工人阶级状况》所写的德文版第二版序言中说，“现代政治经济学的规律之一（虽然通行的教科书里没有明确提出）就是：资本主义生产越发展，它就越不能采用作为它早期阶段的特征的那些小的哄骗和欺诈手段”①。这表明恩格斯晚年已经看到了资本主义发展的这种趋势。原因是多方面的。生产的发展和科学技术的发达，劳动者创造的社会财富大量增加；社会主义国家的存在以及马克思主义对资本主义剥削揭露所造成的理论和社会压力；工人运动传统和工会组织的力量；资本主义社会统治经验和调节社会矛盾的方法更趋成熟；等等。这是一种社会合力的作用。社会性福利和社会保障的提高，对资本主义社会稳定和发展有利。

我们实行社会福利和社会保障制度，不是向西方民主社会主义靠拢，而是体现了科学社会主义的本质要求。邓小平社会主义本质论中的“共同富裕”，就是其中最重要的内容。只是由于我们目前还处于社会主义初级阶段，社会福利和社会保障体系还有待完善。但十六大以来，在科学发展观的指引下，我们党对社会福利和社会保障不断增加投入；在农村减免农业税和逐步推广新合作医疗，在城市实行低保制度。可以肯定，随着社会主义生产不断发展，我们的社会福利和社会保障的投入会不断提高。

社会是复杂的，充满各种偶然性。各种不可预见的风险都有可能。中国特色社会主义理论体系博大精深，中国特色社会主义理想宏伟壮丽，可中国特色社会主义道路不是平坦的，它会遇到各种新问题。因此，要继续解放思想，坚持改革开放。只要我们毫不动摇地坚持马克思列宁主义、毛泽东思想和中国特色社会主义理论体系，就能化解各种风险。

理论问题是极其重要的。无须讳言，理论领域各种倾向都有。“左”的路线和思潮在中国造成的危害和停滞决不能重复。但鼓吹突破公有制主体地位，取消所谓“一党专政”，放弃马克思主义在意识形态领域指导地

① 《马克思恩格斯选集》，2版，第4卷，419页。

位，甚至“儒化中国”、“儒化中国共产党”等言论，也极具危害性。作为马克思主义理论工作者，我们应该抵制和澄清“左”的和右的思想和理论，深入研究十七大政治报告中基于历史经验和现实实践做出的科学判断和提出的一系列重大理论问题。这是历史和时代赋予我们的责任。

社会主义社会形态出现的必然性及其实现

苏联曾是世界上第一个社会主义国家，中国也是世界上重要的社会主义大国，但二者发展的方式和命运却是如此不同。苏联最终解体，从一个强大的社会主义国家蜕变为资本主义国家，而原来比较贫困的社会主义中国却在改革开放中迅速崛起。为什么同样是社会主义国家却有两种命运？如果社会主义优越于资本主义，那苏联为什么会解体？如果社会主义不优越于资本主义，那为什么中国会在坚持社会主义基本制度的框架内取得如此重大的发展？社会主义社会取代资本主义社会有没有必然性？历史的偶然性，即具有自己个性、在特定历史时期站在政治舞台前面的历史人物，在多大程度上决定中国与苏联社会主义社会发展的不同命运？这既是一个历史哲学问题，同时也是一个现实问题。问题及其答案都存在于苏联和中国社会主义事业各自的历史发展中。

一、苏联社会主义失败的必然性与偶然性

自从苏联解体以来，理论家们一直在争论：这究竟是必然的还是偶然的？如果说是必然的，那么十月革命就是错误的，是一次注定要失败的冒险，苏联社会主义不仅是“早产儿”，简直就是“畸形儿”。如果是偶然的，那么，苏联这个庞然大物，这个唯一能与美国和西方资本主义世界抗衡的社会主义大国，这个使美国和西方在战后不能无所顾忌、为所欲为的大国，在经历了举世瞩目的辉煌之后，终于由于偶然因素的作用而解体，由于偶然因素的作用而导致资本主义复辟，这无法令人信服。一种偶然产

生的社会制度不可能有如此辉煌的历史业绩；而一种必然产生的社会制度也不会仅仅因为偶然因素而灭亡。

理论家们这样来争论苏联解体的必然性和偶然性问题，最大的错误是把自然规律与社会规律混为一谈。人们谈论苏联解体的必然性，仿佛谈论月食与日食一样，以为它是一个从开始就预先注定必然失败的历史事件。其实，苏联所发生的一切，存在于苏联的历史发展过程中，存在于苏联共产党领导的活动中。离开苏联社会主义七十多年的历史，既不存在苏联解体的必然性问题，也不存在导致苏联解体的各种不同个性人物出现的偶然性问题。

十月革命是一场具有世界历史意义的伟大革命，说它纯粹是偶然的，是列宁的阴谋，当然是完全错误的。一场具有世界历史创举的伟大革命不可能纯属偶然。偶然因素可以成为诱因，但不是历史发展的决定因素。十月革命后，苏联的发展举世瞩目，在一段时期内西方世界曾为之惊慌失色，就说明十月革命是合理的，是顺应历史潮流和符合民心的。

十月革命的必然性存在于人类社会形态更替的规律和俄国特殊条件相结合之中。如果人类社会没有进入资本主义社会，不存在资本主义社会由于自身矛盾必然过渡到社会主义社会的规律，就根本不可能有十月革命。如果俄国不是当时资本主义世界矛盾最尖锐而又最薄弱的环节，社会主义革命也就不可能首先在俄国爆发。可以说，世界历史的总规律和第一次世界大战后俄国面临的各种矛盾的特殊条件孕育了十月革命。而列宁缔造的俄国布尔什维克党坚强正确的领导，适时地利用俄国二月革命胜利后的局势，以及俄国资产阶级临时政府对解决战争问题、对俄国农民要求解决土地和面包问题的无能，使十月革命由可能变为现实。十月革命的必然性存在于世界资本主义发展规律、俄国的特殊条件和社会矛盾以及列宁和俄国共产党的活动相结合之中。主体的参与是社会规律起作用的特点，社会主义革命也不例外。

历史并没有注定苏联七十多年后必然解体，注定社会主义一定要失败。然而事实无情，苏维埃政权经历了七十多年的耀眼辉煌，却在国内外、党内外政治力量的合力作用下，在群众的不满和参与下，最终垮台。这种解体的必然性同样存在于国际条件和苏联国内条件之中，存在于处于执政地位的苏联共产党的活动之中。苏联解体的必然性是在特定的历史条件下，由苏联共产党自身的活动一步一步造成的。

斯大林执政以后，为苏联的崛起立下了汗马功劳，但他以阶级斗争和党内斗争来巩固政权，不承认社会主义社会有矛盾，不承认需要正确处理和用不同方法解决不同性质的矛盾，实行专政和高压政策，对苏联社会主义社会不正常的发展负有一定的历史责任，留下了隐患。但起决定作用的是斯大林逝世后苏联共产党的历届领导者。他们作为斯大林逝世后的当权者和决策者，完全有可能结合苏联的实际，真正按照社会主义原则纠正斯大林和斯大林时期的错误。可他们走的是另一条路。在斯大林死后出现的两种可能性中，苏联共产党的领导人做了错误的抉择。

赫鲁晓夫以后的几届苏联共产党领导人，一方面，在理论和舆论上，对由于全盘否定斯大林而诱发的苏联国内反马克思主义思潮演变为丑化和诋毁社会主义制度的思潮，采取了放任态度；另一方面，在经济和政治上，仍然维持斯大林时期确立的原有体制，而没有进行真正卓有成效的改革，从而使苏联经济陷入停滞状态。这种经济基础与上层建筑之间的矛盾，即意识形态中诋毁社会主义和马克思主义舆论的泛滥与奉行原有经济体制并存之间的矛盾，严重影响了苏联的生产力和科学技术的发展，使人民生活水平远远落后于西方发达国家。在意识形态领域，马克思主义被边缘化、被丑化，思想极度混乱。按照历史唯物主义的观点，一切社会冲突归根结底存在于社会基本矛盾之中。当苏联意识形态陷入极度混乱、生产力和科学技术发展陷入停滞、人民生活水平陷入贫困时，解体的必然性也就在不满中悄然形成。

原苏共领导人戈尔巴乔夫和叶利钦登上政治前台，是应时而出。抽象地说，社会主义当然需要民主、需要透明、需要社会主义人道主义。可戈尔巴乔夫倡导新思维和推行所谓民主的、人道的社会主义，是在原来已缓慢进行多年、弥漫着反对斯大林和苏联政治体制的专制和暴行、所谓反人道主义的政治倾向中提出的，它的针对性和矛头所向是社会主义制度本身，而不是体制中的缺陷。这使得本来已混乱的思想更加混乱。社会主义制度、苏联共产党以及作为指导思想的马克思主义，由于长期不断地被丑化，此时已在不少人心目中失去了其合理性，失去了其最后的尊严。当叶利钦推行新自由主义全盘私有化的“休克疗法”，使经济基础发生根本性的变化时，苏联从上层建筑到经济基础已经发生了根本改变，苏联解体和资本主义复辟也就不可避免了。少数人在议会中的反抗注定要失败，只能是孤鸿哀鸣。

人民面对苏联共产党解散、社会主义失败，或袖手旁观，表现为一种政治冷淡主义；或走上街头积极参与，表现为一种非理性的狂热主义。这是苏联社会的生产力与生产关系、经济基础与上层建筑矛盾多年积累的结果。

可以说，十月革命是必然的，苏联七十多年后的解体也是必然的。这两个必然性之间表面上似乎矛盾，如同水火冰炭，实际上是可以并存的。因为从十月革命的必然性到苏联解体的必然性之间有一段很长的历史过程。正是在这一历史过程中，苏联共产党的实践活动逐步在社会中创造了苏联解体的经济、政治和思想条件。苏联解体和苏联社会主义失败的必然性，主要存在于“后斯大林”时期苏联共产党逐步偏离和背弃马克思主义的活动之中，是苏联共产党的路线和政策一步一步筑就的。

苏联社会主义失败的教训表明，社会主义社会有自身的发展规律，它自身的矛盾是不可能单纯依靠实行无产阶级全面专政和阶级斗争来解决的。在社会主义社会发展中，起决定作用的仍然是物质资料生产方式。斯大林直到逝世前，从来没有放松过阶级斗争，曾经采取严厉的政治运动和党内斗争，可谓弄得“干干净净，纯而又纯”，但七十多年后苏联仍然解体。苏联解体和十月革命成果的丧失，充分证明了历史唯物主义基本原理的正确性。

社会必然性不是与社会相脱离的“命运之神”。社会必然性存在于社会发展过程之中，因而历史事件发生的时代背景、时间、条件都不可能相同。具体的历史事件不会重复。历史的主角不同，有历史的巨人，也会有历史的侏儒。历史人物活动的社会条件不同，国际背景也不同。十月革命是人类革命的新纪元，是人类革命的一次伟大胜利；七十多年后的苏联解体，是社会主义伟大实践中的一次失败。在这些不同的事件中，可以发现不同性格、不同水平、担任不同任务的历史人物。当“后斯大林”时期的历史沿着否定苏联社会主义建设成就的方向演变时，政治舞台上不可能再度出现把十月革命由可能变为现实的列宁式的天才人物，不可能出现把苏联由使用木犁变为拥有原子弹、战胜德国法西斯、具有坚忍与专权双重人格和战略眼光的斯大林式的人物。全盘否定苏联社会主义建设成就和马克思主义，需要的只能是在“新思维”旗帜下的全面颠覆式的人物。

十月革命的必然性并不能导致苏联社会主义最终胜利的必然性。这是两种必然性。任何伟大的马克思主义理论家和革命家，都不可能为他们身后多少年提出一个永恒不变的治国方案，也无法保证他们开创的事业在多少代以后不会中途夭折。古人说，创业难，守业更难。社会主义伟大事业不同于任何封建王朝，它只能在不断变革中完善、巩固和发展。

历史具有偶然性。戈尔巴乔夫和叶利钦而不是苏共别的领导人最后充当了埋葬苏联社会主义的主角，以及苏联解体中的许多具有戏剧性的细节，当然具有某种偶然性，但在偶然性背后最终起决定作用的仍是历史必然性。一个社会主义国家如果不能正确解决社会基本矛盾，而是使社会基本矛盾不断激化，当矛盾无法在社会主义基本制度范围内得到解决、民心尽失时，苏联模式社会主义的失败就成为不可避免的了。

二、毛泽东的远见和历史认识的局限

苏联社会主义制度被颠覆，资本主义在苏联复辟，这一点毛泽东似乎早就料到了，他对苏联曾做出过“卫星上天，红旗落地”之类的预言。

毛泽东怎么会得出这样的结论呢？其判断的依据是什么？毛泽东依据的是社会主义发展的历史必然性。社会主义国家的指导思想应该是马克思主义，如果失去了意识形态领域的领导权，社会主义国家就会处于危险状态。毛泽东看到赫鲁晓夫大反斯大林，全盘否定斯大林，就断定苏联只要全盘否定斯大林，必然会进一步否定列宁，只要丢掉列宁和斯大林这两面旗帜，苏联就会垮台。在社会主义上层建筑中，意识形态的缺口一打开，各种反马克思主义、反社会主义的思潮汹涌澎湃，就会把社会主义制度冲垮。这一点，我们只要看看苏联解体前很长一段时期内哲学社会科学和文学艺术领域的主导倾向就可以知道。所谓公开性和民主性，只是这种意识形态路线不断偏离马克思主义的必然结果。社会主义制度被丑化，许多闻所未闻的“暴行”和“阴暗面”不断在报纸、电台、电视中，在“公开性”的号召下被揭露。社会结构是一个整体，只要从一个方面，例如从意识形态领域撕开一个裂口，就会沿着这个裂口不断撕裂、延伸、扩展，导致社会重心倾斜和人心涣散，最后是整个社会结构的崩溃与解体。一种在人们心目中失去合理性与合法性的社会制度，不可能继续存在。

在历史活动中，个人的动机并不是决定性的。赫鲁晓夫在 1956 年不一定有搞垮社会主义的想法，也可能是诚心诚意想进行改革，可历史是不以个人主观意志为转移的。只要你开启了全盘否定斯大林、否定苏联社会主义历史的闸门，污泥浊水就会从这个闸门中往里冲。开始也许是细流，慢慢就会形成势不可挡的洪流。毛泽东看到了这个危险性，在社会主义意识形态问题上他始终是保持高度警惕的。但毛泽东当时关注的是意识形态方面的问题，而不是苏联社会主义体制中的问题。他当时并不知道，苏联社会主义体制如果不进行改革，最终也可能“卫星上天，红旗落地”。

毛泽东当时仍然停留在原有的社会主义观念的模式中。虽然在关于苏联政治经济学读书笔记和有关谈话中，毛泽东曾提出过“消灭了资本主义还可以再搞点资本主义”、“价值法则是个大学校”、“要学会经济核算”等重要思想，但主导思想仍然是把“八级制”称为资产阶级法权，把商品经济说成是资本主义复辟的温床，并过高估计了中国当时社会主义发展的阶段。他反对赫鲁晓夫全盘否定斯大林、坚持正确评价斯大林的功过是非是正确的，但对社会主义国家应该反对“个人崇拜”缺乏鲜明的立场，相反主张要搞点“个人崇拜”。这对在中国破除“个人崇拜”，确立和健全党的集体领导制度是不利的。毛泽东维护马克思主义在社会主义意识形态领域的指导地位是正确的，但对马克思和恩格斯关于社会主义的某些观念必须根据实际情况不断发展，并没有着重强调。尽管毛泽东是马克思主义中国化的倡导者和实践者，是中国社会主义道路的探索者，但他在断定苏联“卫星上天，红旗落地”时，重点关注的还是意识形态，而没有看到苏联经济体制和政治体制中的缺陷，因而毛泽东总体上坚持的仍然是与苏联大体相同的体制。毛泽东关于苏联“卫星上天，红旗落地”的预言既有远见，又有很大的历史局限性。这种局限性成为中国长达 20 年的“左”的错误的重要理论根源。

恩格斯说过，人都是在一定条件下认识事物的，条件达到什么水平，认识就达到什么水平。伟大人物同样会有历史局限性。历史必然性的认识是个过程，甚至是个要付出沉重代价的过程。毛泽东时代的中国正处在夹缝中，西边有西方资本主义世界特别是美国的封锁，东边有苏联对抗。毛泽东当时不可能搞对外开放，更不可能提倡让一部分人先富起来。对毛泽东来说，在敌人亡我之心不死的国际政治态势下，在国家仍然“一穷二白”的情况下，平均主义、“大锅饭”是稳定社会、巩固政权的必然选择。

毛泽东终其一生，都把从政治和思想上巩固社会主义政权作为头等大事。社会主义政权可以得而复失，对于这一点，熟悉王朝兴亡历史的毛泽东非常清楚。1945 年，他就和黄炎培先生讨论过历史周期率问题。在临近全国解放时，如何巩固即将取得的全国政权是毛泽东首先要考虑的问题。毛泽东在党的七届二中全会的报告中已向全党敲起了警钟。后来在党中央由西柏坡迁入北京城时，毛泽东又以李自成为例说，“我们是进京赶考，不要考试不及格”。毛泽东的这些远见卓识，都涉及无产阶级取得政权后如何防止得而复失的问题，重点是如何巩固政权，不要走历史上农民革命因进城而腐化的老路。毛泽东虽然提出过关于正确处理人民内部矛盾问题、关于调整社会主义社会基本矛盾及其不相适应方面的问题、关于正确处理十大关系问题等，但这些对中国社会主义建设道路和社会主义制度的巩固具有全局性、前瞻性、战略性意义的思想，在毛泽东有生之年并没有得到认真贯彻。

中国社会主义建设的历史同样证明，试图通过“以阶级斗争为纲”的路线来巩固社会主义，不仅无助于社会主义制度的自我完善，无助于民生的改善，最终也无助于社会主义制度的巩固。中国社会主义社会的基本矛盾仍然是生产力与生产关系、经济基础与上层建筑的矛盾，而具有最终决定作用的是生产力发展水平和状况。一个社会不可能单纯依靠政治斗争来巩固政权，也不可能依靠平均主义来稳定人心。在“文化大革命”中，由于大搞“阶级斗争”，对干部和知识分子造成了久久难以弥合的伤痛。不管人们的主观意愿如何，历史唯物主义的基本原则、社会主义社会发展的客观规律都是不能违背的。

三、改革开放是中国社会主义继续发展的必由之路

毛泽东逝世后，如何把一个贫穷的社会主义国家变为富裕的社会主义国家，是摆在中国共产党人面前的重大课题。国际形势和中国社会自身的发展提出了这个要求，而“四人帮”被粉碎从政治上为这种选择创造了可能性。时代需要的是能担负历史重任的人物，需要的是思想解放和马克思主义中国化的新发展。时代既然提出了问题，就肯定会有答案。这个答案就是中国特色社会主义理论的产生。这是中国社会主义历史发展的必然性，也是中国共产党人对社会主义历史发展必然道路的正确选择。

社会主义在发展的不同历史阶段有其不同的特点。毛泽东在社会主义政权立足未稳时，着眼于从政治上巩固政权、强调阶级斗争具有一定的历史合理性。但“以阶级斗争为纲”，把它作为整个社会主义时期的指导思想，导致在政治上不着力于民主和法制建设，混淆两类不同性质的矛盾，在经济上不集中精力搞建设，以所谓“抓革命”来“促生产”，实际上是阻碍生产力的发展，使社会主义社会制度的优越性没有得到充分发挥。

中国经历长期摸索、痛苦、挫折以后，在总结国际社会主义实践经验的基础上，邓小平首先提出了“什么是社会主义，如何建设社会主义”的问题，逐步形成了“一个中心、两个基本点”的基本路线，迈开了改革开放的步伐，破解了中国社会主义发展之谜。

我们应该从历史必然性的高度来理解邓小平理论。什么是社会主义和如何建设社会主义，提出的是一个关于社会主义历史必然性实现的抽象可能性与具体可能性相互关系问题。社会主义必然代替资本主义的理论，是人类社会进入资本主义社会以后，马克思和恩格斯对人类社会发展总的历史趋势的科学概括。但这一规律的实现不可能离开各国的条件和特点。只有从各国自身的条件和特点出发，社会主义取代资本主义才是可能的和现实的。否则，它就会变为一个抽象的图式，甚至有可能陷入“乌托邦”。

邓小平关于“什么是社会主义和如何建设社会主义”的理论，把社会主义取代资本主义的规律的实现置于现实的基础上，从而使社会主义社会由一种关于人类社会发展的社会形态的规律性理论，变为一种在中国实际进行社会主义建设的理论和实践，是科学社会主义理论与中国实际相结合

的卓越典范。

对于“一个中心、两个基本点”的基本路线，只有从社会主义社会结构的高度才能理解它的合理性和现实性。以发展生产力、解放生产力为中心，就是牢牢把握住生产力是社会发展最终决定力量的规律。恩格斯在《在马克思墓前的讲话》中说：“正像达尔文发现有机界的发展规律一样，马克思发现了人类历史的发展规律，即历来为繁芜丛杂的意识形态所掩盖着的一个简单事实：人们首先必须吃、喝、住、穿，然后才能从事政治、科学、艺术、宗教等等。”① 物质资料生产是人类全部活动得以实现的基础。至于“两个基本点”，同样与社会主义社会结构不可分，体现的是社会主义社会存在和发展的必然要求。坚持四项基本原则，是坚持社会主义上层建筑对经济基础的反作用；不坚持四项基本原则，改革开放就会偏离社会主义必然性的方向；而不坚持改革开放，就会把社会主义社会这个不断变革着的社会凝固化，阻止社会主义历史必然性在中国的实现。改革开放如果和四项基本原则相分离，就会导致社会主义社会基本矛盾的激化。

邓小平理论，无论是在马克思主义发展史上，还是在社会主义实践史上，都是一个伟大的创造。在几十年的改革开放进程中，中国特色社会主义理论体系不断与时俱进。经验证明，走中国特色社会主义道路，是防止苏联悲剧在中国重演，坚持、发展和完善社会主义，实现中华民族伟大复兴的必由之路。

科学发展观的提出，既是对人类社会进入后工业社会面临的共同问题的反映，又是基于中国社会主义社会发展的必然要求。人类社会的发展，在很长的历史阶段处于自发状态，在前社会主义社会，没有一个社会能对社会发展有一个总体规划，也不可能有总体规划。即使在资本主义社会，虽然每个企业都有计划，但整个经济生活领域依然是由市场这只“看不见的手”自发调节，支配社会经济的是丛林法则。

20 世纪 70 年代，西方资本主义国家开始关注发展问题，联合国也有学者进行专门研究并有专著发表。可是，对于社会发展问题，西方只是关注其中的一个方面，即由于生态环境恶化而引起的人与自然的矛盾，没有

---

① 《马克思恩格斯选集》，2 版，第 3 卷，776 页。

或很少涉及人与人的关系问题。他们离开西方现存的社会经济制度、政治制度，把发展问题单纯归结为生态保护问题。人和自然的关系与人和人的关系是不可分离的。人是在人和人的社会关系内发生人和自然的关系，是在人和自然关系基础上发生人和人的关系。只有把两者结合在一起考虑，才能真正适应当代人类社会发展的必然要求。可以说，西方关于发展的理论对人与自然的必然性关系有一定的认识，但对社会必然性的认识仍然处于盲目状态。

中国共产党人的科学发展观可以说是科学与价值的统一，是以社会主义社会发展的必然性为依据的。衡量发展的科学标准，是关于发展的观念在何种程度上推动社会高速发展，而又能尽力避免发展的负效应和代价；衡量发展的价值标准是究竟对谁有利。社会发展并非自然进化，它是包含价值创造和价值占有的过程。

科学发展观的“科学”二字，首先把社会主义社会结构总体建立在经济发展的基础上。没有生产力的发展，没有经济的发展，没有综合国力的提高，没有社会生活其他领域的发展，就会缺乏必要的物质基础的支撑。物质资料生产方式是社会存在和发展的基础，生产力归根结底是社会发展的决定力量。社会主义最终战胜资本主义，社会主义比资本主义优越，最终体现在更高的物质生产力和生产率上。科学发展观的第一要义是发展，就集中体现了这个重要原理。

从价值观来说，“以人为本”作为科学发展观的核心，同样是以社会主义社会必然性为依据的。人民群众是社会的主体，是历史的创造者。但在以往的历史中，人民群众的创造作用和地位受到极大的限制。可以说，在剥削阶级处于统治地位的社会中，从来没有也不可能以人为本。以人为本的思想是有的，但它只能是少数进步思想家的理想追求，而从来不是社会现实。以人为本在阶级社会中不可能实现是历史必然，而在社会主义社会则是社会主义本质的必然要求。不改善民生、关注民情、倾听民意，不使社会全体成员共享发展成果，社会主义社会是不可能长期存在和发展下去的。即使已经掌握政权，社会主义自身所包含的发展可能性也难以转变为持久的现实，因为它违背历史的必然性。马克思关于人的发展的三种形态理论，是我们从人类历史发展角度理解这个问题的钥匙。

社会主义必然性的实现并非无矛盾的过程。资本有资本的逻辑，那就是对利润的追求；共产党有共产党的逻辑，那就是立党为公，执政为民；道德有道德的逻辑，那就是要从道德规范和道德理性的高度使个人与集团摆脱对不正当经济利益的屈从。没有对利润的追求，资本就没有活力。资本对利润追求的活力，有利于推动社会的发展。但是在社会主义社会，企业家不应该仅仅是资本的人格化，而应该是中国特色社会主义的建设者，资本的本性应该受到社会主义制度的制约。然而，应然并不等于实然。在社会主义市场经济条件下，企业家们并不都能自觉地听从以人为本哲学理念的支配，而往往听从资本的逻辑支配。这就是社会主义市场经济中种种假冒伪劣产品必然出现的经济原因。

西方资本主义市场经济也经历了很长时期的假冒伪劣产品充斥市场的发展阶段。日本、韩国的发展也是如此。美国纽约就发生过“泔水奶”的毒牛奶事件。资本主义市场经济是通过市场竞争，使无良企业家声誉扫地和破产，从而迫使他们遵守市场规则的。恩格斯在论述资本主义经济发展时说过：“现代政治经济学的规律之一（虽然通行的教科书里没有明确提出）就是：资本主义生产越发展，它就越不能采用作为它早期阶段的特征的那些小的哄骗和欺诈手段。”随着资本主义的高度发展，“商业道德必然发展到一定的水平，其所以如此，并不是出于伦理的狂热，而纯粹是为了不白费时间和辛劳”①。当企业由于采取不法手段牟取利润而结果是得不偿失时，就会破产。这种破产的威胁迫使企业遵守市场竞争的规则。商业竞争虽然可以减少商业欺诈，但资本主义并不能消灭欺诈，而是欺诈越来越隐蔽、越来越危险。当前源于美国的世界性金融危机，就是资本主义金融资本本性的一次大暴露。

社会主义市场经济当然要利用市场自身的力量，让那些无良的企业和企业家受到市场的惩罚。可是在社会主义条件下，我们不能单纯依赖市场自身的力量对不良企业和企业家给予惩罚。单纯依赖市场，结果或者是“劣币驱逐良币”，或者是企业破产，导致大量工人失业和社会震荡。这两者对社会主义社会都是不利的。“三鹿奶粉”事件引发了牛乳行业危机，

---

① 《马克思恩格斯选集》，2 版，第 4 卷，419 页。

甚至引发了对食品安全的不信任，充分表明我们不能单纯依靠市场调节和惩罚。对市场作用的盲目崇拜，实际上是使人变为规律的奴隶。

社会主义社会结构的整体性要求是，国家既要发挥必要的经济职能，又要重视社会主义法制和道德的作用。国家监督市场体现的是社会主义国家立党为公、执政为民的性质。这不是对微观经济运行的干预，而是对企业行为的引导，是对消费者即对人民的保护。以人为本的理念必须化为一种控制资本逻辑的法律制度与道德规范。仅仅依靠市场优胜劣汰的规律，会延长完善社会主义市场经济的过程。这既不符合中国共产党以人为本的理念，也不符合社会主义社会发展规律。社会主义基本经济制度与市场经济的结合，是社会主义社会必然性与人的主动性和制度优越性的结合，是对市场规律的自觉驾驭。

在社会主义市场经济中，资本逻辑和以人为本并非绝对对立。因为企业家并非"经济人"，而是现实的人，生活于现实社会中，具有社会关系赋予的本性。资本本性并非企业家唯一的特性。但以人为本一定要制度化，绝不能把以人为本变为对抽象人性的呼唤。没有法律规定、没有道德规范内容的"人性化"之类的口号，只能是空喊，没有实际操作的可能性。自古以来，凡是通过求助人性来解决社会问题的政府，没有一个能取得成功。环顾当今世界，凡是吏治比较清明，社会秩序较好，都是源自法治和严格的管理制度，源自长期的道德教化，而不是源自人性化、人性复归之类的空喊。科学社会主义正是摒弃空想社会主义的抽象人性论才得以产生的，社会主义市场经济的完善也同样应该如此。

构建社会主义和谐社会，同样要从社会主义必然性的高度来理解。从社会主义社会自身来说，社会主义和谐社会能否建立，是社会发展是否遵循科学发展观要求的表现。一个不能全面协调可持续发展的社会，即使GDP高增长，也不可能保证社会主义必然性的最终实现。因为一个不和谐的社会、一个矛盾尖锐的社会肯定是危机四伏的社会。社会主义社会的和谐与社会稳定、发展是相互促进、相互支撑的，是社会主义必然性实现的重要环节。

从价值观来说，和谐社会的构建也是社会主义经济发展到现阶段的必然要求。社会主义和谐社会是不会自动实现的，它需要构建。构建是社会活动中主体的行为。我国社会主义初级阶段中存在各种经济利益群体，存在贫富差距，存在多种矛盾。构建和谐社会正是基于我国经济经过多年发展，人民生活水平得到普遍提高，但两极分化和贫富差别过大的矛盾随之而产生的必然要求。在当代中国，构建和谐社会的领导者是中国共产党，主体是广大干部和全体社会成员。在构建社会主义和谐社会中，应该充分体现历史的必然要求与社会主义社会成员积极性的统一。党的十七届三中全会做出《关于推进农村改革发展若干重大问题的决定》，就是充分调动广大农民的积极性，解放和发展农业生产力，推动农村社会经济全面发展的战略措施，这既是全面贯彻科学发展观，又是全面构建社会主义和谐社会的要求。

历史证明，中国特色社会主义的成就，它的经验和每个阶段需要着重解决的问题，都推动着中国特色社会主义理论的发展。从邓小平理论到“三个代表”重要思想，再到科学发展观，它的前进都蕴藏在中国历史发展的必然性要求之中。只有当历史必然性转变为中国共产党领导者的正确决策时，历史必然性的要求才能得以实现，历史必然性才不会成为一种盲目的破坏性力量。

四、社会主义历史必然性中的合规律与合目的性

人的行为是合规律与合目的的统一，是当前哲学界比较流行的提法。我认为值得商榷。人的行为要符合规律，但不一定都符合目的。事与愿违的事太多太多。人的目的能否实现，不仅取决于诸多目的间的博弈，而且归根结底取决于主体的目的是否符合规律。社会主义必然性能否实现，并不取决于主体的目的，而是取决于主体的目的在何种程度上符合规律，包括人类社会发展规律、社会主义发展规律和执政党执政规律。我们以往的社会主义建设，凡成绩都来自于对规律的正确认识和利用；相反，从“大跃进”、人民公社到“文化大革命”，一个又一个目的的失败及其给中国社会主义带来的危害，都是对社会主义发展规律的违背。中国社会主义建设的历史充分证明，“合目的”是一个不断总结经验，不断经受挫折、失败，不断依据规律修改和调整目的的过程。社会主义社会的发展，应该尊重规律并不断根据对规律的新认识来调整目的。是否合目的取决于是否合规

律，两者之间不是并列的关系。

社会必然性与自然必然性起作用的方式不同。在自然领域，必然性的实现表现为一系列因果制约性而非目的性的参与，是纯客观的过程；社会领域是人的领域，人的目的性是社会必然性实现的主体因素，在必然性的实现中，人的目的性起着重要作用。社会发展存在着多种可能性，其中必然性、偶然性、因果性和目的性相互交错。主体对必然性自觉把握的程度，目的的正确选择和实现方式，都会影响历史必然性的实现。

众所周知，苏联共产党和中国共产党是世界上的两个大党。在苏联和中国建立社会主义制度后，社会主义基本规律都在起作用，历史并没有注定苏联必然解体，也没有注定中国社会主义必然取得如此重大的成就。苏联社会主义和中国社会主义两种不同的结局，根源于中国共产党和苏联共产党采取了不同的路线、方针、政策。

中国特色社会主义理论、旗帜和道路，引导中国社会主义沿着不同于苏联社会主义发展的方向前进，避免了苏联社会主义的命运。苏联解体后，西方国家一直期待中国成为第二个苏联，但它们等到的是中国特色社会主义的崛起。三十多年来，特别是党的十六大以来，我们各项事业取得的伟大成就，都证明只有社会主义才能救中国，只有改革才能发展、巩固和完善社会主义。正是中国共产党的正确抉择，使社会主义的完善和崛起在中国由可能性逐步变为现实。

一种可能性的实现阻止了另一种可能性的实现，并不意味着另一种可能性的完全消失。虽然我国新时期最显著的特点是发展迅速、举世瞩目、人民满意，但十七报告中还是教育全党和全国人民，要“居安思危”，要增强“忧患意识”。所谓居安思危、增强忧患意识，既包括谦虚谨慎、不断总结经验、深化对中国特色社会主义规律的把握，也包括应对各种偶然性，即自然领域和社会领域、国际上和国内的各种难以预料的突发事件。

2008 年 9 月 20 日，胡锦涛在全党深入学习实践科学发展观活动动员大会暨省部级主要领导干部专题研讨班开班式上发表了重要讲话，他在列举了我们三十年取得的成就的同时，指出中国共产党正面临三个考验：执政的考验、改革开放的考验、发展社会主义市场经济的考验。这是对忧患意识与居安思危内容的进一步明确。

执政的考验，我们比较熟悉，这既是个老问题又是个新问题。说是老问题，中华人民共和国自成立之日起，就在经受这种考验；说是新问题，是因为环境不同，执政考验的内容也在变化。胡锦涛把改革开放和发展社会主义市场经济与执政的考验并列，就极其明确地指明了后两种考验的重要性。

改革开放三十年的成就证明，社会主义市场经济有利于资源的合理配置，是我国经济高速发展的宽阔舞台和推手，但它同时又是一种考验。建立社会主义市场经济体制是史无前例的，有很多规律等待我们去摸索和总结。特别是在经济全球化、与世界资本主义市场相联结的情况下，如何坚持社会主义基本制度与市场经济的结合，如何应对世界资本主义市场变化的影响，如何把坚持独立自主同参与经济全球化结合起来，对党的执政能力是一种新的考验。

市场经济对各级干部来说也是一种考验。一些领导干部在改革开放和市场经济的大潮中没有经受住考验，腐化堕落，沦为阶下囚。毫无疑问，我们不会因噎废食，要继续实行和完善社会主义市场经济，但一定要认识到实行市场经济对干部也是一种考验。我们要反对市场对政治的入侵，反对鼓吹政治市场化。政治市场化实质上就是鼓吹钱权勾结，买官卖官，这与我们党立党为公、执政为民的宗旨是根本对立的。

市场经济对全体社会成员的道德和价值观也是一种考验。我们要看到市场对调动人的主体性、能动性和回报社会公益心的积极作用，但也应该防止它对道德和价值观的负面影响，不能把金钱视为衡量一切的尺度，把市场交换关系视为主导人与人之间一切关系的核心。在实行市场经济的同时，应该大力宣传和树立社会主义核心价值体系。经济贫困不是社会主义，精神贫困也不是社会主义。

改革开放是完全正确的选择，不改革开放是一条死路，倒退是没有出路的。温家宝总理在第63届联合国大会一般性辩论上发言指出，中国发展靠什么？靠改革开放。中国三十年来的变化，得益于改革开放。改革开放是决定当代中国命运的关键抉择，也是决定中国未来前途的战略方向。但改革开放也是一种考验，是对如何正确处理坚持四项基本原则与改革开放关系的一种考验。我们不会因为改革开放中出现的一些问题而再度封闭僵化，也不会因为改革开放而陷入西方分化者的阴谋，走上改旗易帜的邪路。

历史自身没有目的。历史是人追求自己目的的活动。社会主义必然性不会自动实现，中国改革开放的道路仍然很漫长，我们仍然要经受长期的考验。在风云变幻的当代世界，在任重道远的当代中国，我们既要继续深化对中国特色社会主义道路的规律的认识，又要提高防止各种偶然性迷误的能力，不断提高中国共产党的执政能力，提高全体干部廉洁自律、全心全意为人民服务的能力，激发全国人民团结奋斗、自强不息的精神。不能认为中国特色社会主义建设可以高枕无忧。必然性是要通过人的活动来实现的，偶然性是不可预料的。这就是胡锦涛谆谆教导的要“居安思危”、“增强忧患意识”，要经受住“三个考验”的重大意义所在。

胡锦涛告诫全党：“我们深刻认识到，党的先进性和党的执政地位都不是一劳永逸、一成不变的，过去先进不等于现在先进，现在先进不等于永远先进；过去拥有不等于现在拥有，现在拥有不等于永远拥有。”① 这是一个彻底的辩证唯物主义和历史唯物主义者关于社会主义必然性及其实现方式的高屋建瓴、振聋发聩之言，教育全党全国人民要有忧患意识，要懂得居安思危，真正做到“不动摇、不懈怠、不折腾”。

以辩证唯物主义和历史唯物主义为指导的中国共产党，坚持解放思想与实事求是相结合，既反对机械决定论也反对唯意志论。苏联的解体和中国特色社会主义的成就，以无可辩驳的事实证明了中国共产党人哲学思维路线的正确性。

① 胡锦涛：《在纪念党的十一届三中全会召开30周年大会上的讲话》，载《人民日报》，2008-12-19。

下　篇

文化与文化强国之路

社会历史考察中的文化视角

文化问题是当今思想领域中的热门话题，它的研究延伸到各个领域。从大国的兴衰到弱国的崛起，从时装的走俏到战争的硝烟，从流行歌曲到影视风格的变换，从文学批评的话语到文学的新风格，总之社会中的所有现象，从物质到精神，从经济到政治，一切都可从文化角度进行解释。文化似乎成为当代解开一切谜团的万能钥匙。

亨廷顿在他主编的《文化的重要作用》一书的“前言”中就说，“社会科学界越来越多的学者把目光转向文化问题，用它解释各国的现代化、政治、民主化、军事战略种族和民族群体的行为以及国与国之间的联合和对抗”①。的确，文化问题在当代的重要性是不言而喻的，它成为我们考察社会历史的另一重要视角。毫无疑问，历史唯物主义并不排斥社会历史考察的文化视角，尤其是在当代。但它反对文化决定论。怎样才算合理运用文化哲学的解释，如何划清唯物主义历史观和文化决定论的界线，在当代文化热潮中，这个问题很值得研究。

一、历史唯物主义不是文化决定论

马克思在写于1859年的《〈政治经济学批判〉序言》中，对历史唯物主义的概括是非常著名的、经典的。可就是这段概括，至今仍被视为经济

① ［美］亨廷顿、哈里森主编：《文化的重要作用——价值观如何影响人类进步》，2页，北京，新华出版社，2010。

决定论的典型而被诟病。现将全文引证如下：

“人们在自己生活的社会生产中发生一定的、必然的、不以他们的意志为转移的关系，即同他们的物质生产力的一定发展阶段相适合的生产关系。这些生产关系的总和构成社会的经济结构，即有法律的和政治的上层建筑竖立其上并有一定的社会意识形式与之相适应的现实基础。物质生活的生产方式制约着整个社会生活、政治生活和精神生活的过程。不是人们的意识决定人们的存在，相反，是人们的社会存在决定人们的意识。社会的物质生产力发展到一定阶段，便同它们一直在其中运动的现存生产关系或财产关系（这只是生产关系的法律用语）发生矛盾。于是这些关系便由生产力的发展形式变成生产力的桎梏。那时社会革命的时代就到来了。随着经济基础的变更，全部庞大的上层建筑也或慢或快地发生变革。在考察这些变革时，必须时刻把下面两者区别开来：一种是生产的经济条件方面所发生的物质的、可尽用自然科学的精确性指明的变革，一种是人们借以意识到这个冲突并力求把它克服的那些法律的、政治的、宗教的、艺术的或哲学的，简言之，意识形态的形式。我们判断一个人不能以他对自己的看法为根据，同样，我们判断这样一个变革时代也不能以它的意识为根据；相反，这个意识必须从物质生活的矛盾中，从社会生产力和生产关系之间的现存冲突中去解释。无论哪一个社会形态，在它所能容纳的全部生产力发挥出来以前，是决不会灭亡的；而新的更高的生产关系，在它的物质存在条件在旧社会的胎胞里成熟以前，是决不会出现的。所以人类始终只提出自己能够解决的任务，因为只要仔细考察就可以发现，任务本身，只有在解决它的物质条件已经存在或者至少是在生成过程中的时候，才会产生。大体说来，亚细亚的、古代的、封建的和现代资产阶级的生产方式可以看作是经济的社会形态演进的几个时代。资产阶级的生产关系是社会生产过程的最后一个对抗形式，这里所说的对抗，不是指个人的对抗，而是指从个人的社会生活条件中生长出来的对抗；但是，在资产阶级社会的胎胞里发展的生产力，同时又创造着解决这种对抗的物质条件。因此，人类社会的史前时期就以这种社会形态而告终。”①

① 《马克思恩格斯选集》，2 版，第 2 卷，32～33 页。

列宁对马克思的上述论断给予最高的评价，认为正因为马克思把社会关系归结于生产关系，把生产关系归结于生产力的水平，才能有最可靠的根据把社会形态的发展看作自然历史过程。“不言而喻，没有这种观点，也就不会有社会科学。”① 但《序言》提出的是对历史唯物主义根本规律的揭示，而不是全面表述。列宁强调，当马克思对资本主义社会形态进行分析时，既完全用生产关系来说明该社会形态的构成和发展，但又随时随地探究与这种生产关系相适应的上层建筑，使骨骼有血有肉。“使读者看到整个资本主义社会形态是个活生生的形态：有它的日常生活的各个方面，有它的生产关系所固有的阶级对抗的实际社会表现，有维护资本家阶级统治的资产阶级政治上层建筑，有资产阶级的自由平等之类的思想，有资产阶级的家庭关系。”② 这说明，马克思在实际运用他的伟大发现时，完全不同于一些人所指摘的“经济决定论”，而是对社会形态进行唯物辩证地考察，充分意识到上层建筑的作用。

但是从纯理论概括看，马克思上述著名的论断，是把重点放在经济方面。它从生产活动出发，由生产力到生产关系、经济基础到上层建筑以及它们之间矛盾如何导致革命变革，从而推动社会形态的变化，揭示生产力在社会历史发展中的最终决定作用，以及社会基本矛盾展开、激化、解决，从而推动社会形态有规律的更替过程。马克思当时对相反的方面，即上层建筑对经济基础的反作用未加论述。这只能从马克思活动的历史条件和肩负的历史使命中得到解释。马克思和恩格斯在创立历史唯物主义时，当然要把重点放在论证物质生产力在社会历史中的决定作用，非如此不可能打破唯心主义在社会历史领域中的长期统治地位。所以从《德意志意识形态》发表以后，当马克思总结他十多年经济研究的结果时，必然采取这种方式总结他的划时代的具有里程碑式的研究成果。脱离历史条件和马克思与恩格斯当时肩负的理论使命，就不可能准确公正评价并把握马克思的上述论断的实质。

俗话说，不愿听的人比聋子还聋。恩格斯反复说，不能把历史唯物主义说成是主张经济因素是社会历史发展中起作用的唯一因素，实际上，上

①② 《列宁选集》，3版，第1卷，9页，北京，人民出版社，1995。

层建筑各种因素都以自己的方式从不同方面影响社会历史的发展过程。他在致瓦·博尔吉乌斯的信中明确地说："政治、法、哲学、宗教、文学、艺术等等的发展是以经济为基础的。但是，它们又都互相作用并对经济基础发生作用。并非只有经济状况才是**原因，才是积极的**，其余一切都不过是消极的结果。"① 恩格斯还对马克思和他当时为什么都把重点放在经济方面做了解释和自我批评。他在给梅林的一封信中曾说："只有一点还没有谈到，这一点在马克思和我的著作中通常也强调得不够，在这方面我们大家都有同样的过错。这就是说，我们大家首先是把重点放在从基本经济事实中**引出**政治的、法的和其他意识形态的观念以及以这些观念为中介的行动，而且**必须这样做**。"② 马克思和恩格斯忙于指导国际的工作和工人运动，当革命处于沉寂时期，马克思便埋头于《资本论》的写作，而恩格斯则忙于反对杜林和总结自然科学的理论成就，他们都没有机会和条件重新回到《序言》中所确立的原则上来，专门论述这个问题，正如恩格斯说的，"这就给了敌人以称心的理由来进行曲解或歪曲"。最后这句话在当代仍然有现实意义，因为时隔一个多世纪，所有历史唯物主义的反对者们仍然喋喋不休地指摘"历史唯物主义是经济决定论"。他们最"过硬的"材料就是1859年这篇著名的《序言》。所以全面准确并历史地理解马克思的著名《序言》，是我们理解文化重要作用的立足点。

二、文化问题成为时代热点的社会背景

从马克思主义发展史来说，在马克思、恩格斯的著作中，文化问题并不是关注的热点问题。他们关注的是对资产阶级社会的批判和无产阶级解放的问题。因而重要的是创立新的世界观和对资本主义社会的经济分析并以它为据推进社会主义学说由空想到科学的转变。尽管唯物史观为文化研究提供了理论和方法，但马克思并未直接研究文化问题。恩格斯在《家庭、私有制和国家的起源》、马克思在晚年的人类学笔记中都涉及文化问题，都是从社会形态发展角度提及的，而不是专门研究文化问题。相反，

---

① 《马克思恩格斯选集》，2版，第4卷，732页。

② 同上书，726页。

他们反对过多地研究文化问题，反对文化决定论的唯心主义历史观，批评“旧的、还没有被排除掉的唯心主义历史观不知道任何基于物质利益的阶级斗争，而且根本不知道任何物质利益；生产和一切经济关系，在它那里只是被当做‘文化史’的从属因素顺便提到过”①。对经济问题和无产阶级斗争问题的研究与文化问题相比，对马克思和恩格斯来说孰重孰轻是一目了然的。

在马克思和恩格斯逝世以后，情况逐步发生变化。文化随着社会的发展日益显示出它的重要性并为人们所重视。当资本主义在西方确立、世界历史由传统社会向现代社会转型时，对于后现代化国家，文化观念对一个国家社会发展道路的选择发生重要作用，日本明治维新脱亚入欧，采取对外开放方针，与中国闭关锁国以及强调中体西用的文化观念，显然对中国与日本近代历史发展发生深刻影响；在当代缺少无产阶级革命条件，葛兰西关于文化领导权问题以及对资本主义社会的文化批判，对于无产阶级的新觉醒和革命力量的积蓄有着更为重要的意义；在当代，由于文化与经济和政治相互渗透的作用强化，一个国家的文化已经成为综合国力的重要组成部分，尤其是文化产业已经成为发达国家的重要生产部门，成为他们的经济发展支柱、政治影响力强化的手段和对外进行经济政治军事扩张的软力量。此外，经济全球化下文化交流与冲突，以及中国特色社会主义先进文化建设问题等，都使文化问题成为理论和现实的热点。对当代文化问题的研究，的确为我们提供考察诸多社会现象的新视角。正因为这样，文化研究成为当今显学，备受关注。有的哲学家认为，当代西方哲学领域已由科技哲学转向文化哲学。1983 年召开的第十七届世界哲学大会讨论的主题就是“哲学与文化”。自此以后，文化问题一直被关注，包括后现代主义哲学文化理论。1998 年夏，哈佛国际与地区问题学会决定探讨文化与政治、经济与社会发展的关系。1999 年 4 月美国艺术与科学学会召开文化价值观与人类性进步的讨论会。在我们国内，改革开放后的三十多年中，文化问题的探讨持续增温。我们应该高度重视文化问题的研究，但我们应该坚持历史唯物主义原则。

---

① 《马克思恩格斯全集》，中文 2 版，第 20 卷，29 页。

三、文化问题考察中的两种历史观

从西方社会科学的发展来说，文化问题开始是属于社会人类学研究的范围，当时是把文化作为一个民族的风俗、习惯和信仰进行实证性、经验性的研究，以便更具体地研究和了解一个民族或原始部族的社会状况。当文化被理解为一个民族的生活方式和生存总体，在这个范围内，文化与文明是同等概念。考察一个民族的文化、文明与从总体考察这个民族是同一回事。从社会发展看，这种研究与西方资本主义社会的发展和向外拓展存在着某种明显或不明显的联系。

从文化角度考察人类的前途和命运，这是从19世纪末20世纪初西方资本主义社会矛盾激化开始的，它表现了西方学者对人类命运和前途的忧虑。这种忧虑可以称之为文明的忧虑。

第一位首推斯宾格勒。他的《西方的没落》就是通过抽象地思辨地对文化生长规律的考察，断言西方社会正趋向没落。这是从文化视角对西方资本主义前途的预言。

如果说，斯宾格勒还是限于西方的没落，那经历两次世界大战面对当代人类困境的汤因比等人则从对西方的考察扩大为对人类总体前途的忧虑。无论是他的《人类与大地的母亲》，还是他与池田大作合作的关于《展望21世纪的对话》，都是把人与自然矛盾激化所引发的人类生存困境，理解为文化危机，或人类文明的危机。这个危机会导致人类的自我毁灭。摆脱危机的唯一方式是重建人类的高级文明，这就是回归宗教，创建高级的宗教文明。

从20世纪人类经历的两次世界大战来看，战争都是直接由经济和政治利益的矛盾和对立引发的。第一次世界大战是帝国主义间的战争，而第二次世界大战则是法西斯帝国主义和民族国家之间的战争。但战争的根源仍然是经济和政治利益。据说，当代战争不同，它是不同文明之间的冲突，因而当代战争的根源和引发国际冲突的因素是不同的文化和文明。这就是亨廷顿主张的“文明冲突”论。在他看来，在当代决定国际关系和人类前途的是各种文明之间的冲突，特别是在所谓文明的断裂带矛盾更为尖锐。他断言，基督教文明、儒教文明、伊斯兰文明是当代文明对抗的三种主要形式。因为作为文明核心的价值观念不同，儒家文明国家和伊斯兰国家不会接受西方的民主、自由、人权、法治等价值观念。正是由于价值观念和信仰的对立，因而它们必然会反对西方的文明，从而导致战争。不是西方发达的资本主义强国为了自身的经济利益和政治利益反对某些处于发展中的国家，而是后者由于对西方文明的抗拒而具有反西方情绪。这是东方野蛮人抗拒西方先进文明的老调新弹，是马克思和列宁早就驳斥过的陈词滥调。当然，我们并不否认各种文明之间的差异和冲突。各国文明间差异的存在是客观的。但我们认为文明差异是历史形成的，是正常的，是文明多样性的表现。文明差异不应该是文明冲突的原因而应该是文明互补和交流的根据。文明由差异而导致冲突并发展为战争最根本的是经济和政治利益，美国决不是为人权、人道、为西方价值观而是为美国利益而战。不同的文明只有与经济和政治冲突相结合才会由差异而转向对抗。

另外，西方发达国家特别是美国与不发达国家与贫穷国家之间的矛盾日益尖锐，差距越来越大。经济全球化并没有缩小这个差距，而是更迅速地、更大地拉开了这个差距。根据一些西方学者的看法，世界上落后国家的贫困原因并不在于殖民主义，不在于帝国主义，不在于对发达国家的经济和政治依附，而是在于文化的阻碍，在于观念的落后。有的学者认定“不发达是一种心态”。因而“越来越多的学者、新闻工作者、政治家和实际从事发展工作的人，正在把注意力集中到文化上的价值观和态度在促进或阻碍进步方面所起的作用”①。他们还说：“文化价值观和态度可以阻碍进步，也可以促进进步。可是它的作用一直大体上受到政府和发展机构的忽视。我相信，将改变价值观和态度的因素纳入发展政策、安排和规划，是一种很有意义的办法。会确保在今后50年中世界不再经历多数穷国和不幸群体过去50年所陷于其中的贫困和非正义。”② 说文化可以阻碍也可以促进社会进步，一个政府应该制定正确的文化政策，这个意见无疑是有远见的、正确的。可是如果完全不考虑以往殖民传统和当代对发达国家的有形和无形的依附关系，把当代发展中国家的贫困以及种种社会问题都归

---

① ［美］亨廷顿、哈里森主编：《文化的重要作用——价值观如何影响人类进步》，7页。
② 同上书，24页。

结为文化观念落后，当然不会得到认同。人们会问，究竟是哪一种文化价值观和态度，能改变一个穷国的贫困？广大发展中的国家，能不能抛开自己的民族的传统和价值观而采用西方的价值观？也就是说，西方的自由、民主、人权观念，或者他们极力推行的新自由主义的经济和政治观念，能使至今仍处于落后贫困的国家和地区进入先进国家的行列吗？不可能。西方的文化观念是在西方土壤上成长的，它的自由、民主观念中的积极东西可以借鉴，但并非包治百病的灵丹妙药。在一个经济落后和政治制度完全不同，有着自己文化传统的国家，以推行西方的政治观念和经济观念，改变文化观念为切入点，而不是着重于符合本国情况的经济和政治改革，往往会导致更大的混乱。

究竟用什么样的历史观观察人类的前途和命运，马克思主义不同于文化史观。文化的重要性自不待言，可决定人类前途和命运的并不是作为观念形态的文化，而是社会历史的走向。文化只能作为社会结构中的一个组成部分而发挥它的作用。它是在社会的经济和政治制度的基础上起作用的，而不是游离于经济与政治之外并从外面决定社会变化的独立因素。文化中显现的矛盾本质上是社会经济和政治矛盾的折光，它不能单独由文化自身得到解释。以文化为切入点，当代西方学者高度重视文化对经济和政治作用的研究，的确拓宽了人们的眼界，使人们对历史和社会问题可以进行多角度的思考。我们应该重视西方学者包括当代西方学者的研究成果，但我们并不认同他们的文化史观。

四、当代人类困境不能简单归结为文化危机

在当代，全球性问题与经济全球化共生并进。一方面，经济全球化的浪潮势不可挡，科学与技术发展迅猛，跨国资本不断扩张；另一方面，全球性问题不断激化，从自然生态的恶化到道德失范和价值观念的混乱。穷人与富人、穷国与富国的差距越来越大。吸毒和同性恋引发的艾滋病，以及人与自然矛盾尖锐化导致的新疾病严重威胁着人类。人类生存陷入前所未有的困境。西方学者把人类生存危机看成是人文危机或者称之为文化危机。

此外，全球化问题与资本主义社会内在矛盾不可分。西方有的学者把

晚期资本主义的矛盾称之为文化矛盾，认为西方社会的问题在于以个人主义为主导的文化与资本主义的经济制度和政治制度不相适应。因而晚期资本主义的矛盾的深刻根源是文化危机。包括后现代主义文化思潮的兴起，都可以看成是当代资本主义社会矛盾的一种文化回应。

文化之所以呈现危机状态，说明它的确出了问题。这种问题只有当人们对它的世界观、价值观念和道德观念动摇或发生信仰危机时才会产生。20世纪后逐步沉重的对文化危机的感受，是传统观念大裂变的表现。人们面对西方现实矛盾的不可理解性，沉迷于私有制的神圣和西方议会民主制度的成就，无视资本主义的经济和政治的内在矛盾，因而往往把资本主义社会的矛盾归结为文化问题。尽管各派说法不一，但都把视线萦注于文化。或者强调，由于科学技术的发展必然带来精神空间的萎缩和退化，物质生产的发展与心灵的空虚是并进的；或者说是理性与科学的发展杀死了上帝，人们失去了宗教信仰；或者说是对高消费的追求与人对私利的贪婪；或者说是由于哲学思维的错误，即主客二分而导致的对自然的无止境的掠夺。总之，人们从西方传统哲学的主客二分的思维方式，从西方启蒙主义对神学的批判和理性与科学的张扬，以及从传统道德的失落中寻找根源，因而医治资本主义社会性的痼疾的良方妙药始终是文化的，跨不出文化圈子。或者回归宗教，发扬宗教精神，或者抛弃传统主客二分的哲学，倡导主客一体的哲学，倡导普世伦理、普世价值。只要强国弱国、统治者和被统治者、富得无奈和穷得精光的人都能遵守共同的道德规范，都遵守“己所不欲，勿施于人”的黄金律，都深信众生平等，为一切生命包括一切动物和植物争取同样的生存权利，就会天下太平，世界充满阳光。这种悲天悯人的人道情怀虽然可以令人感动，但确实也会使人迷糊，使人面对当今现实时，弄不清问题的症结所在。

社会的发展和进步是不可阻挡的。科学在进步，生活在提高，人们对自然的改造能力总在不断地强化。如果社会进步的代价必然如此，当代的所谓文化危机岂不是不可避免的人类厄运？任何国家如果为了避免社会工业化带来的祸害而永远停留在农业社会岂不是万全之策吗？这是不可能的。生产要发展、人类要进步、农业生产方式必然会发展为工业生产方式，这是历史发展的进步趋势，不可阻挡。后现代主义对现代化的批判，只能看作资本主义现代化矛盾的溃烂，而不是矛盾问题的解决方式。从人类社会发展来说，资本主义的现代化和工业生产方式是历史的进步。它的消极面是历史的代价。人类付出了代价，也得到了教训。资本主义现代化和工业化并不是通向社会进步的唯一道路。

既要现代化又不要资本主义化及其各种弊病是否可能？我们的中国特色社会主义建设所探索的就是这样一条道路。资本主义发展的历史及其现代化进程，西方社会矛盾和当代全球性问题，都显示了历史唯物主义原则的正确性。对人类历史和社会发展而言，归根结底具有最终决定作用的是生产力状况及由其决定的社会制度。文化的重要作用及以文化形态表现出来的矛盾，不能从文化自身而应该从文化所由产生的经济制度和政治制度得到科学的说明。在当代，一切所谓文化矛盾和文化危机，都有其深刻的社会根源。在文化问题背后，肯定存在引发文化危机的社会问题。

五、中国文化争论与中国社会发展前途的选择

在中国近现代史上，文化问题的争论，总是与中国社会发展前途选择不可分地结合在一起的。自从晚清衰败，在鸦片战争特别是甲午战争以后，一些改良主义和保守派倡导“中体西用”，即中学为体、西学为用。这实际上是站在文化保守主义的立场上，用东方文化优越论的观点看待西方，认为西方只有物质文明，东方即中国的精神文明是无与伦比的。精神文明高于物质文明。所以中国人只要学习西方的物质文明——船坚炮利，即可以重振往昔天朝雄威。

接着是五四运动，这是新文化运动，实际上也是一场爱国主义的、政治性的运动。它是在推翻帝制以后，在思想文化上进一步对旧文化传统进行清算。所谓“德先生”、“赛先生”，即民主与科学观念，当然是西方资产阶级中的进步观念。在五四运动中，各种文化观点彼此争论，其中有一派完全用西方文化优越论观念衡量中国文化，对中国文化采取一概否定的态度。如所谓“全盘西化”论就是如此。

不久，是马克思主义在中国的传播。马克思主义传入中国以后，既不是站在中国传统文化优越论的文化保守主义立场，也不是站在全盘西化的

西方文化中心论的立场，而是站在马克思主义立场，即对中国传统文化和西方文化采取分析的态度。这就是以马克思主义为指导，融合中西的“古为今用”、“洋为中用”的立场。

处在中国传统社会瓦解、矛盾尖锐、社会动向不明的上述三个时期，以文化问题作为中心的论争，从根本上说，都是一种具有社会背景的、具有政治性质的、关于社会前途选择的争论。如果停留在文化问题上就不能深入问题的本质。

晚清末年的“中体西用”论，是迫于西方列强瓜分豆剖和国内变革力量兴起采取的文化保守主义理论。这种理论本质上是一种面对封建王朝的大厦将倾、唯我独尊的天朝世界观难以为继的文化反应。从根本上说，这是一种企图维护封建社会、又试图仿效西方的船坚炮利、富国强兵、重振天朝威仪的文化理论。

五四新文化运动，是资产阶级民主革命的深化——从推翻清王朝的政治统治，进到思想文化层面的资产阶级民主革命。所谓“德先生”、“赛先生”，所谓“打倒孔家店”，从根本的政治含义上说，是作为资产阶级民主革命的深化，其目标是建立资产阶级的民主共和国。可是中国社会现实和国际环境，中国资产阶级的软弱和思想理论的贫乏，都使资产阶级性质的革命难以以西方曾经发生过的方式再现。

而马克思主义文化观则是与中国共产党人关于中国社会前途的非资本主义选择相结合的。毛泽东的新民主主义文化论，是中国建立新民主主义社会理论的一部分；是要建立与新民主主义经济、政治相适应的文化理论。它的目标是为建立社会主义奠定基础并进而最终实现共产主义。

可见，每种文化理论背后都有它的社会背景。牌面是文化问题，牌底是社会选择。中体西用——改良的封建制度；全盘西化——西方资本主义制度；新民主主义文化——新民主主义社会制度。离开了全国胜利前中国多次文化争论中存在的社会选择，就不能理解中国近现代史。因此产生文化问题争论的社会背景在于中国社会自身，而它的解决和正确答案最终是由社会发展的前途来回答的。历史表明，从晚清以后，中国没有走上现代化道路，没有迈开从传统社会向现代社会转变的步伐，并不单纯是由于文化心态，而主要是由于半殖民地半封建的社会现实。最终使中国走上独立、自主、繁荣、富强的社会主义道路的，具有决定性意义的是根本改变经济和政治制度的革命斗争，而文化心态是在变革现实中逐步变化的。

六、社会主义先进文化建设的重要性

在人类社会发展中，文化具有它的特殊作用，但不同时代、不同社会，它的作用并不一样。就我国当代来说，文化建设具有前所未有的重要作用，因为社会制度不同、时代不同、文化建设所承担的任务也不同。文化是依存于社会又反作用于社会的精神力量，但它并不是社会发展的决定因素。我们国家是具有优秀文化传统的古老文明国家。可是丰富的文化传统并没有阻止中国盛世的没落，阻止中国近百年的落后与挨打。在社会发展中具有最终决定作用的是生产力及由其决定的社会经济和政治制度的本质。文化的作用和作用的大小都是与经济发展和政治状况相联系的。只有中国共产党领导的中国革命的成功，社会主义经济制度和政治制度的建立，才使先进文化的建立成为可能，使古老的文化传统再度复兴成为可能，使先进文化对经济和政治制度的能动作用成为可能。只有在变革了社会经济和政治制度下，历史才可能把建设先进文化的使命赋予当代中国共产党和中国人民。

首先，从社会结构来说，我们已经建立了社会主义的经济制度和政治制度。如果说，在中国近现代史上关于文化的争论，本质上是关于社会前途选择的争论。那么这个争论，随着中国革命在全国范围的胜利而基本结束。事实证明，马克思主义关于中国社会前途的选择是完全正确的。无论是中体西用还是复兴儒学都不能根本解决中国的问题。尽管 20 世纪 80 年代初有以《河殇》为代表的文化激进主义，鼓吹蓝色文明高于黄色文明，以激烈的反传统姿态主张全盘西化；20 世纪 90 年代初又有一股小小的文化保守主义思潮，无批判地主张复兴儒学，以传统文化的保卫者姿态出现。可是在以马克思主义为指导的社会主义中国，这两种片面性的主张都不可能成为主流，而且必然为中国的现实发展所否定。

从中国近代历史看，包括中国革命史，文化问题的实践价值从来没有任何一个时期像社会主义时期显得那么重要、那么突出。这是因为随着社会主义经济制度和政治制度的确立，处处显示出在中国这样一个经济文化落后、封建传统厚重的中国，要实现建设社会主义的宏伟目标，始终不渝地代表先进生产力的发展方向，稳定、发展和不断通过改革推进中国社会的发展，没有先进文化的参与是根本不可能的。社会主义制度自身把文化建设的重要性摆在夺取了政权的中国人民面前。应该说，在新中国成立以后差不多 20 年时间内我们忽略了文化建设的重要性。我们过多地注重“破”而没有着重“立”。由于“左”的路线和政策错误，我们不适当地开展过各种思想和理论批判，最后发展为延续十年的“文化大革命”，极大地破坏了中国文化，伤害了中国知识分子的积极性。这种状况不利于生产力的迅速发展和社会主义政治体制的完善。社会主义制度的优越性没有得到很好发挥，国家综合国力不强，人民的生活贫困。

在改革开放中，随着经济和政治体制改革的逐步展开，先进文化对经济与政治改革和发展的智力和精神的支持作用日益显示。特别是社会由计划经济体制向市场经济体制、由传统农业社会向以现代信息为主导的工业社会的转变，诸多社会矛盾和思想矛盾的由隐到显、由弱到强，极其强烈地显示了以马克思主义为指导的先进文化对调整和解决矛盾，保证社会稳定，促进改革，提高全民精神素质和道德面貌的无可替代的作用。改革开始迈步时，思想理论领域一定程度出现的某些混乱证明，没有先进文化的建设，改革开放的宏伟任务很难顺利实行。我们国家的经济和政治制度的社会性质，我们改革的性质和未来的前景，都要求必须同时在文化领域中坚持先进文化的前进方向。邓小平提出的“两手抓”、“两手都要硬”的建设社会主义精神文明的要求，十三届四中全会以来逐渐形成、完善和系统化的关于“三个代表”重要思想，其中一条就是中国共产党要始终代表中国先进文化的发展方向，都是适应并促进我们国家的社会经济制度和政治改革的需要而采取的战略性措施。

坚持先进文化成为我们党在新时期指导思想的一个重要内容，就是因为整个社会经济制度和政治制度的变化，中国共产党的执政地位及其面对的新的历史使命，赋予文化建设以新的使命和作用，使坚持什么样的文化、推动建设什么样的文化，成为执政党在思想上精神上的一面旗帜。如果说，解放和发展生产力是社会主义发展的动力，代表中国人民的根本利益是社会主义社会发展的最终目的，那么坚持先进文化则是社会主义发展的导向。没有先进文化的导向作用，社会主义的航道就会迷失方向，可没有社会经济制度和政治制度的支撑，单独的文化力量是无能为力的。只有在社会主义制度下，以马克思主义为指导的先进文化，才能以其特有的科学性和价值性，在与社会主义经济和政治相渗透中成为综合国力的一部分。

我们国家正处于历史上最好的时代，处于改革中的社会主义的经济制度和政治制度激活了蕴藏在人民中的活力。改革开放以来的巨大成就，已经向世界充分显示了社会主义制度的优越性，同时也表明“一手硬、一手软”的危害。这是我们必须坚持先进文化的原因，也是先进文化得以发挥作用的社会经济制度和政治制度的保证。我们的经济制度和政治制度要求相应的文化建设，而文化建设必须有利于巩固和发展我们的社会主义经济和政治制度。我们国家的经济制度和政治制度决定，以马克思主义为指导的先进文化建设，对社会主义经济制度和政治制度的积极作用是无可替代的。离开了我们国家的现行制度，先进文化建设的必要性就是不可理解的。

其次，从时代来看，我们处在经济全球化浪潮不可阻挡的知识经济时代。文化与经济、政治的渗透，使文化成为一个国家综合国力的一部分。尤其是在西方某些发达国家，文化产业成为他们的经济的重要支柱，通过发达的文化产业不仅获取高额的利润，而且变为向世界扩展文化影响、输出西方价值观念和政治观念的重要手段。

处于当代经济全球化浪潮势不可挡、知识经济时代已经来临的社会主义中国，理所当然地要重视文化建设。同样要发展我们的文化产业，使它成为重要的经济部门，在经济中占有越来越大的份额。这不单纯是经济问题，同时也是坚持社会主义文化阵地，在世界文化交流和竞争中发挥社会主义的经济、政治和思想优势。是当代世界的状况，使社会主义先进文化建设在我国社会生活中扮演重要角色。而也只有经过五十多年的社会主义建设的积累，特别是改革开放以来经济的高速发展和科学技术的发达，才能使文化借助于经济和科学技术力量转化为文化产业，成为国民经济的重要支柱。不实行社会制度的变革和改革，国弱民穷，所谓文化产业无从谈起。

最后，当代中国社会主义文化建设，关系到新的历史条件下中国共产党能否保持先进性，能否实现全面建设小康社会的伟大历史使命和民族文化的复兴问题。

中国共产党是以马克思主义为指导的党，是中国近代政党史上最具先进性的党。可党的先进性是历史的、时代性的具体概念。在文化处于多元化状态、各种形态和性质的西方文化输入的情况下，代表先进文化前进方向，是中国共产党始终保持先进性的精神支柱。江泽民说，“坚持什么样的文化方向，推动建设什么样的文化，是一个政党在思想上的一面旗帜”，讲的就是文化问题在当代中国对党的建设具有特殊意义。在夺取政权时，文化战线是一条重要战线，由于夺取政权的需要，肯定要在文化思想战线对一切腐朽没落的旧思想、旧文化进行批判和战斗。不如此，革命不可能胜利。

当代中国社会形势发生了根本性变化。特别是随着改革开放的进展，多种经济成分的存在和文化多样性存在的现实，市场经济条件下文化的产业化和文化消费市场的扩大，文化产品的经济价值的凸显，都使正确处理多种文化形态的关系，文化发展的方向、文化及文化产品的社会效益与经济效益的关系，成为对市场经济条件下处于执政地位的共产党和各级领导的一种新考验。因为夺取政权时，文化是要“赔钱”的，革命必须为文化战线付出经济代价。而在市场经济条件下，文化产业可以成为巨大的经济收入来源，从而强化了牢固树立马克思主义在文化市场的指导地位、把握文化前进方向的难度。处于执政地位的共产党，在文化领域中坚持什么、反对什么，是在改革开放条件下能否保持先进性的重要依据。一个在文化领域中放任资产阶级自由化思潮，放任各种黄色文化、黑色文化流行的所谓马克思主义政党、共产党都是打引号的。因为这种文化流行的结果，首先是从思想上和理论上瓦解和腐蚀处于执政地位的共产党自身。

对我们党和国家面临的任务来说，全面建设小康社会这一宏伟目标中就包括文化建设。小康社会是对社会主义理想的一种中国式的表达。我们建设的是社会主义的小康社会，或者说是小康式的社会主义社会。如果仅仅追求经济发展和生活富裕并不一定是社会主义。丹尼尔·辛格在《谁的新千年——他们的还是我们的?》一书中批判戈尔巴乔夫的社会主义观时说："在他看来，社会主义归根到底就是一种繁荣的资本主义，那时的国家是福利性的，那时的最低工资是体体面面的"，"戈尔巴乔夫毫无疑问转向了资本主义"①。马克思主义的社会主义是包括追求社会共同富裕和社会与人的全面发展的社会。先进文化建设是其不可分割的重要组成部分，它包含在物质文明、政治文明、精神文明和谐发展的要求之中。我们不可能设想没有马克思主义处于主导地位的文化的高度发展，没有与社会主义法律规范相协调、与中华民族传统美德相承接的社会主义思想道德的建设，没有科学、教育和文化事业的繁荣，仅有较高的国民经济产值能称之为社会主义的小康社会？没有先进文化对经济和政治的渗透，生产力中的科学技术含量的提高和经济持续增长都是不可能的。没有先进文化的建设，要培养一代又一代有理想、有文化、有纪律的公民，逐步实现人的全面发展也是永远无法实现的乌托邦。这样，小康社会只能是空中楼阁。

实现中华民族的文化复兴不单纯是文化问题，它必须依靠社会主义的经济制度和政治制度。中国是世界著名的文明古国，具有丰富的文化传统。可是只有在中国革命获得胜利并实行改革以后，中国传统文化中的积极因素才能逐步得到发挥，并成为培育民族精神的丰富养料。一个经济上受剥削、政治上受压迫的民族，它在文化上同样是受压迫的。因此，一个民族的经济和政治的解放，必然也是文化的解放，使长期被压抑、被淹没、被遗忘的东西重新被世界认识和赞赏。社会主义时代中国的孔夫子不同于旧中国的孔夫子，就是因为当代中国不同于历史上风雨飘摇的旧中国。一个民族的优秀文化的没落和中断，最根本的就是这个民族的没落。历史上为数不少的文明古国和曾经辉煌一时的文化湮没无闻，都是由于生产力的停滞和国家的衰败。在当代中国，先进文化的建设应该力求与经济和政治建设相协调，而先进文化建设同时是复兴中华民族传统文化的必经之路。因为文化传统中的优秀东西，只有在民族文化的延续和重建中，才能得以发扬光大。

在当代中国，文化的重要性是不言而喻的。但是我们同样清楚，只有

---

① ［美］丹尼尔·辛格：《谁的新千年——他们的还是我们的?》，26页，北京，中国人民大学出版社，2002。

一个稳定和不断发展的社会主义制度，只有经济发展和政治清明，才能使先进文化的建设和坚持先进文化前进方向成为可能。如果不理解文化的社会制约性，文化建设就会由于失去强化社会主义经济制度和政治制度的积极作用、由于失去经济的强力支撑和政治的制度性保证而流为空谈。可是如果不重视文化在思想理论上的先导作用，就会阻碍经济和政治的发展。我们应该记住一个简单真理：文化不能空洞化，文化的内容永远是社会的；文化不能虚无化，它以一种无形的所谓软力量在不断影响社会。文化只有在经济和政治的相互作用中，只有与硬力量即经济与政治军事实力相结合，文化这种软力量才能显示它的意义和价值。问题是文化并不是终极原因，也不是解释一切问题的万能钥匙。文化的力量及其在不同社会中的作用归根结底必须从社会自身得到解释。因此，能否正确理解经济、政治和文化的相互关系，就显得极为重要。

我们高度重视文化的当代价值，但要防止文化决定论，不能把一切社会问题归之于文化，一切求之于文化，而应该对文化的作用、意义及其社会制约性做出历史唯物主义的解释。越是坚持历史唯物主义，就越能正确理解文化的作用和价值。对文化作用的正确理解，关键是科学地理解社会结构，从经济、政治、文化的关系及其相互作用中把握文化的作用。毫无疑问，文化是社会发展的重要因素，但不是社会发展的决定因素。这是我们应该坚持的一条基本原则。

马克思主义与中国传统文化

当代中国文化研究面临的一个重大问题是如何处理马克思主义与中国传统文化的关系问题。在一些人看来，强调马克思主义在意识形态中的指导地位与强调中华民族文化复兴是矛盾的，如冰炭同炉，不可两存。从历史唯物主义观点来看，它们并不对立而是相得益彰。中华民族文化复兴由于马克思主义的指导而导向正确，马克思主义由于中华民族传统文化的滋养而更具中国特色。

一、马克思主义是指导而不是取代民族文化

在当代中国文化建设中，马克思主义的指导地位表现为世界观和方法论的指导。马克思主义来自西方，可中国化的马克思主义不同，它就是中国文化，是当代中国文化最重要的部分。毛泽东思想、邓小平理论和“三个代表”重要思想以及科学发展观都不是舶来品，而是中国人把马克思主义普遍真理与中国实际相结合的创造。它既以马克思主义为指导，具有马克思主义关于一般规律学说的科学特性，又具有同中国国情相结合，扎根于中国文化土壤的民族特色。中国革命者接受马克思主义，并不是用它来取代中国文化，而是把它作为科学的宇宙观和社会革命理论，作为观察国家命运的工具。通俗地说，就是把它作为一种解决中国问题的立场、观点、方法。

中华民族文化复兴的口号是繁荣和推进社会主义先进文化的口号，而不是文化复古的口号。社会主义先进文化的本质特征在于其指导思想是马

克思主义的。之所以要强调马克思主义的指导地位，一方面决定于马克思主义自身的科学性、阶级性、实践性，另一方面决定于我们制度的社会主义性质和中国共产党人的历史使命。

按照历史唯物主义关于经济基础与上层建筑的原理，建立在社会主义经济基础之上、反映社会主义经济制度和政治制度的观念形态的文化，当然应该是社会主义的。社会结构是有机的，它不可能是经济、政治、文化相互对立、相互排斥的任意选择性的结构。在社会主义经济基础之上建立一个以非马克思主义甚至反马克思主义思想为指导的文化形态作为上层建筑，是不可能的，也是不可思议的。适应社会主义经济基础的文化结构的社会主义性质，集中地表现为马克思主义在意识形态中一元化的指导地位。但是，当代中国文化建设并不会因为以马克思主义为指导而失去其民族特性。离开中华民族的文化传统，社会主义先进文化建设就会成为一句空话。毛泽东曾说过，我们信奉马克思主义是正确的思想方法，这并不意味着我们忽视中国文化遗产。中国历史留给我们的东西中有很多好东西，这是千真万确的。我们必须把这些遗产变为自己的东西。① 社会主义先进文化建设，就是以马克思主义为指导，从中国传统文化中（当然也包括西方优秀文化）取其精华，去其糟粕，变为与社会主义相适应的当代中国文化。

在运用历史唯物主义基本原理时，我们一定要注意不能脱离具体社会把马克思主义关于经济基础与上层建筑的理论模型化、同一化、公式化。社会经济形态中经济基础与上层建筑的关系具有规律性和共同性，但属于同一种社会形态的具体社会又是各有特点的。社会经济形态与具体社会不能简单等同。社会经济形态是同一种社会发展的阶段性的共性，而现实社会则是具体的、多样的。同样属于资本主义社会形态，美国、欧洲以及亚洲各国的资本主义社会各有特点。马克思指出："相同的经济基础——按主要条件来说相同——可以由于无数不同的经验的事实，自然条件，种族关系，各种从外部发生作用的历史影响等等，而在现象上显示出无穷无尽的变异和程度差别。"② 马克思从来没有要求人们根据他在 1859 年《〈政

① 参见《毛泽东文集》，1 版，第 3 卷，191 页，北京，人民出版社，1996。
② 《马克思恩格斯全集》，中文 1 版，第 25 卷，892 页，北京，人民出版社，1974。

治经济学批判〉序言》中关于经济形态的演进规律来剪裁历史，相反，他极其强烈地反对这种历史观。

经济基础与上层建筑关系原理体现于具体社会的丰富性，在民族文化多样性上得到了最鲜明的表现。正因为文化具有民族性，因而在各民族的文化中，文化的各种形态，从风俗、习惯、交往礼节等世俗文化，到哲学、道德、法律、宗教等精英文化，都各有特点。我不太同意现在流行的笼统的东西文化比较或东西哲学比较，因为没有统一的抽象的东方文化，也没有笼统的西方文化。即使是东亚也包括中国、日本、朝鲜、韩国等，而西方欧美也包括很多国家，何况每个国家中还有不同的民族和种族以及地区性文化。即使我们采用汤因比以文明为单位的分析方法，实际上也是对各种文明圈的某些共同特点的分析。例如，我们可把历史发展分成若干种文明形态，如游牧文明、农耕文明、工业文明、生态文明之类，或把文明圈形态作为历史研究单位，但任何文明圈的划分都不可能消除文化的民族性，我们不可能把一个民族的文化划入所谓共同的文明圈。文化的特点始终是民族的。至于文化传播和影响是另一回事。例如，儒家文化对中国周边国家产生了影响，但也不可能把其他受儒家影响的民族文化划为儒家文明圈。

二、文化多样性是民族多样性的必然产物

文化民族性产生的原因究竟是什么？如何用历史唯物主义观点分析这个问题仍属难题。美国著名文化心理学家理查德·尼斯比德的《思维地缘学——亚洲人和西方人的思维方式不同的原因何在》一书，就是以亚洲人为一方、以西方人为另一方作为比较分析的对象。他认为，亚洲人的特点是相互依赖，西方人则独立自主；亚洲人的世界观重整体，西方人则讲究分析；亚洲人认为世界是复杂的，西方人认为世界是简单的；亚洲人较注重关系，西方人则更重视对象；亚洲人可以接受矛盾，西方人则坚持逻辑性；如此等等。为什么会产生这种差别呢？作者认为源于地理环境，因为地理环境决定了农业基础结构，农业基础结构决定了经济基础结构，经济基础结构决定了社会结构，从而产生了上述不同的思维方式。

地理环境对一个民族的原始文化的产生及其特点肯定有重要作用，但

一种文化不能简单地归之于地理环境。地理因素是初始条件，它在人类社会早期的作用是巨大的，但它的作用是可变的，不断因生产方式的发展而改变它的作用的方式和重要性。因此，所谓东西方对立性思维方式及其特点不具有绝对性，不是不能逾越的“天堑”。说西方人现在仍然不重视整体，或者说东方人不重视分析，西方人没有矛盾观念，而中国人不重视逻辑，诸如此类关于东西方思维特点的论断，难免以偏概全，以树木为森林，以一时为永恒。在马克思主义发展史上，普列汉诺夫对地理环境曾做过分析。他重视地理环境的作用，但不是地理环境决定论者，在他关于社会五层结构的学说中，地理环境是通过生产力起作用的，是生产力的“函数”，是变量。这与把地理环境始终视为文化发展的最终决定力量的观点是根本不同的。

社会发展中起最终决定作用的是生产力状况和发展水平，地理环境是作为进入生产中的一种要素起作用的，因而不是地理环境决定文化形态，而是随着生产方式的改变文化形态也发生变化。中国由于黄河与长江有利于农业生产方式的产生和发展，因而对于中华民族文化的起源和农耕文化的发达具有重要作用，但黄河与长江并没有成为始终保持中华民族文化只能是农耕文化的决定性因素。随着生产力的发展，中国同样可以变为工业生产方式，实现现代化、信息化，从而改变农业传统中形成的观念和思维方式。改革开放不过三十年，由于生产力的解放和发展，由于多种生产方式并存和实行社会主义市场经济，中国人的价值观念、思维方式包括生活方式都发生了很大的变化。尽管由于人为和自然因素，黄河、长江也会发生变化，但黄河依然是黄河，长江依然是长江。文化形态则不同，随着社会经济形态的更迭，文化也会发生形态和性质的变化。

文化多样性与民族本性不可分，可以说，文化多样性是民族多样性的必然产物。具有不同的语言、不同的活动地区、不同的经济生活和不同的心理素质的各个不同民族共同体，必然具有不同的、多样的文化。民族多样性是文化多样性的载体，而文化多样性又是民族多样性的存在状态。因此，马克思主义在中国社会主义意识形态中的指导地位，决不会也不可能取代中华民族的文化。马克思主义不能取代中国的文学艺术、绘画、音乐，不能取代中国的风俗、习惯和中国人对传统节日的怀旧情感。中华民族仍然是中华民族，中华民族的文化仍然是中华民族的文化。不同的是，在社会主义社会，由于马克思主义指导地位的确立，我们可以改变原来文化中某些旧的面貌，可以改造旧风陋俗，逐步建立与社会主义经济基础相适应的、具有中国民族特点的社会主义文化。这并不违背经济基础与上层建筑关系原理，而是马克思主义关于经济基础与上层建筑的理论不同于抽象历史哲学的关键所在。

三、重视文化发展规律的研究

在当代文化建设中，历史唯物主义重视马克思主义在意识形态中的指导地位，坚持历史唯物主义关于经济基础与上层建筑的理论，但同样重视文化自身发展的规律，即文化发展的继承性。

一个民族的文化并不是一种抽象的、超历史的存在，而是具体的、不断变化着的存在。它既不能割断它由之而来的历史传统，更不能脱离它所依存的社会现实。前者我们称之为文化的继承性，后者我们称之为文化的现实制约性。现实制约性的本质是文化决定于它的社会结构。但任何文化的变迁都不是重新创造，而是改造。恩格斯说过，经济并不能重新创造切。创造文化的是人，而人总是从已有的思想资料中寻找构建与新社会制度相适应的文化形态的元素。这就决定了任何社会的文化都不能摆脱传统。这不是缺点而是优点，因为它减少了重复创造。传统文化是依靠文化传统而延续的。可以说，没有哪一种现存的文化中不包含传统文化的因素。一种文化的活力不是抛弃传统，而是在何种程度上吸收传统、再铸传统。当然，传统的惯性也可能变成阻碍历史前进的重负，问题在于要正确对待传统。

当代中国社会主义先进文化的建设面对两种传统：一个是中华民族自古以来的民族文化传统。这就是中华民族在长期生存和发展中形成的以儒家为主导的传统。一个是中国革命的传统。这就是中国共产党成立以来领导中国人民在革命斗争和社会主义建设中铸就的文化传统，从井冈山革命传统、延安革命传统、西柏坡革命传统，一直到社会主义时期的以雷锋、焦裕禄、“两弹一星”以及汶川救灾精神等为代表的革命传统。这是中华民族的优秀儿女以自己的牺牲和奋斗精神结成的、具有传承价值的丰硕成果。

我们要重视中华民族的文化传统。中国是一个有五千年文明史、有着光辉灿烂文化的文明古国。中华民族的文化博大精深，源远流长。我们有以孔子和孟子为代表的儒家学派、有以老庄为代表的道家以及其他许多对中华文化有重要贡献的学派。我们中华民族的文化是以儒家学说为主体的儒、法、道、释互补的文化，儒家文化成为主导，法家主张的严刑峻法并非不被采用，特别是在阶级矛盾尖锐、社会动乱时期，往往是儒表法里，但有利于维护大一统的中国封建社会的还是儒家学说，因为儒家学说强调仁爱、强调群体、强调和而不同、强调天人合一和天下为公，其中包含着许多合理的思想，具有民族凝聚力和向心力。

毛泽东运用历史唯物主义观点分析中华民族的传统文化，强调要区分封建主义文化和封建时代的文化，认为封建时代的文化不等于都是封建的，即使是封建主义的文化也不全是坏的；提出要区分封建主义发生、发展和灭亡不同时期的东西，认为当封建主义还处在发生和发展的时候，它有很多东西还是不错的。① 他还强调，我们民族好的东西一万年也不要搞掉，搞掉了，一定要来一个恢复，而且搞得更好一些。② 遗憾的是，毛泽东关于传统文化的符合历史唯物主义的思想并没有在实践中得到完全贯彻。特别是“文化大革命”中的“破四旧”，可以说是中华民族文化的一次灾难。在如何对待传统文化的问题上，我们是有教训值得总结的。

毫无疑义，社会主义社会要求建立与自己的经济制度和政治制度相适应的文化形态。在当代中国建设先进文化，就是建设中国特色的社会主义文化。社会主义文化建设不可能违背文化发展的规律，即文化总是在原有文化基础上向前发展的。但我们要以辩证的态度对待传统文化特别是儒家文化。正如恩格斯当年说只有德国无产阶级才能继承德国古典哲学传统一样，在中国，中国共产党人作为工人阶级先锋队和民族先锋队，应该是我们民族优秀文化传统的继承者。胡锦涛 2006 年 4 月 21 日在美国耶鲁大学发表演讲说，中华文明是世界古代文明中始终没有中断、连续五千多年发

---

① 参见《毛泽东文集》，第 8 卷，225 页，人民出版社，1999。

② 参见《毛泽东文集》，第 7 卷，12 页，人民出版社，1999。

展至今的文明。中华民族在漫长历史发展中形成的独具特色的文化传统，深深影响了古代中国，也深深影响着当代中国，现时代中国强调的以人为本、与时俱进、社会和谐、和平发展，既有中华文明的深厚根基，又体现了时代发展的进步精神。胡总书记的话体现了对中华传统文化继承、改造和创新的马克思主义态度。

在中国革命传统中就凝结了中华民族的优良传统，它是中国传统文化的积极成果在新的形式中的延伸和再创造；中华民族文化传统正是由于新的革命传统而不会发生传统文化的中断和没落。我们文化的两个传统使中华民族的民族精神得到高扬。离开上述两个传统，我们就无法理解中国社会在改革开放时期所呈现出的勃勃生机，完全可以说，这种精神就是中华民族的优秀传统与中国革命传统相结合的当代表现。要在全面建设小康社会、继续推进我国的改革开放事业中永远保持高昂的开拓进取和与时俱进的精神，就要坚持继承两个传统、发扬两个传统。

四、立足当代与背靠传统和面向世界

如何对待传统文化，对中国而言，这是西方文化东渐，尤其是西方资本主义进入引发的民族危机所产生的问题。中国面对的经济和政治危机，同时也表现为文化危机。中国自古就是一个国力强盛、文化发达的大国，从来居于天朝上国，“万国衣冠拜冕旒”，充满文化自信力，根本不存在对自己传统文化怀疑的问题。但这种文化自信力在鸦片战争以后，在西方坚船利炮、各种不平等条约的宰割下受到了极大冲击。

全盘西化论者企图在中国走西方资本主义道路，在中国建立西方式的资产阶级国家。他们把西方资本主义生产方式优越于封建生产方式而导致的“天朝”崩溃，归结为文化问题，以虚无主义态度对待中国传统文化。这是对“中体西用”和“东方文化优越论”老调的反弹。但自由主义的全盘西化的思想始终没有成为中国文化的重要潮流。中国处在帝国主义统治下的半殖民地地位，使得自由主义的全盘西化的主张只能是梦想。在社会主义革命胜利后，由自由主义延伸的资产阶级自由化思潮更没有广泛存在和发展的可能。尽管改革开放以来，由于经济全球化，西方新自由主义思潮在世界包括中国得到传播，但始终不能成为主要思潮。这次世界性的经济危机是新自由主义破产的信号。当然，对于新自由主义思潮对我国改革开放政策施加影响，我们仍然要保持应有的警惕。

在当代中国，中华民族文化复兴与复兴儒学的关系往往难以厘清。文化复兴中影响较大的是现代新儒学思潮。与西化论不同，现代新儒学强调继承儒家道统，服膺宋明理学，力图会通中西，探求一条立足本土文化实现中国社会现代化的道路。有些新儒学代表人物，既重视作为中国传统文化主干的儒家文化传统，强调民族文化精神，又能关注西方文化成果，作为学者立说，自有它的积极意义和价值。就其对待中国传统文化的态度来说，既有可借鉴之处，又有可议之处，但总的说来，其对待文化传统的态度具有文化保守主义的特色。我们主张有分析地对待现代新儒家学术思潮，但坚决反对政治儒学思潮。因为他们鼓吹中国内地当前最大的问题是复兴儒学问题，公然声称马克思主义不是西方的正统文化，而是具有破坏性的革命学说，马克思主义不能同作为中国正统文化的儒学相比，不能代表中华民族的民族生命和宗教精神。他们认为，儒学在当今中国内地应取代马克思主义的“国教”地位，复兴其历史上曾有过的地位是理所当然的。这是公然向马克思主义指导地位的挑战。这种挑战与真心追求中华民族文化复兴、继承中华民族文化传统无关，而是企图恢复儒学在社会主义社会的支配地位，从而使中国文化倒退为封建社会的文化。这种论调从学术上说完全是非历史主义的，从政治上说是开历史倒车。

在社会主义中国，在社会主义生产方式基础上，重新恢复适应以农业生产方式为基础、以血缘关系为纽带、以家国同构宗法政治制度为治理方式的儒家学说的统治地位，只能是一种唯心主义历史观。历史发展虽然有曲折，但决不会向后倒退。中华民族文化复兴的实质，就是以马克思主义为指导，吸收中华民族传统文化和西方先进文化的积极成果，建设社会主义先进文化。这种文化是科学的（按指导思想说），是社会主义的（按社会形态的性质说），又是中华民族的（按民族特点说），从而是大众的（人民大众是民族的主体）。

文化观本质上是历史观。一种文化观的深处往往潜藏着它的历史观念。在当代中国，任何唯心主义历史观或文化史观，都不可能解决当代中国面临的文化建设问题，不可能正确理解中华民族文化复兴的本质。只有以历史唯物主义为指导，才能捕捉社会主义文化建设中的问题，指明社会主义先进文化建设的方向。以马克思主义为指导，立足当代，背靠传统，面向世界和未来，这就是运用历史唯物主义观点考察当代中国文化建设中如何处理马克思主义和传统文化关系得出的重要结论。尽管文化建设中面临的理论问题和实际问题很多，但正确处理马克思主义指导地位和传统文化的关系是全部文化建设的理论主轴。

中华文化经典与中华文化精神

作为世界文明古国，中华民族文化的发展几千年没有中断过。先人给后代子孙留下了最丰富的文化遗产，其中文化经典是世界少有的文化瑰宝。对于一个民族来说，文化经典是民族文化发展成熟程度的标志性界碑。研究中国文化基本精神，当然要研究中华民族的文化经典，但又不能仅停留于典籍的研究，必须同时着重历史和现实中推动中华民族发展的活生生的民族精神，这就是中国广大人民群众，其中包括为中华民族发展做出杰出贡献的历史人物的实践精神。人民群众和中华民族杰出人物是中华民族精神的主体。单纯停留在文本范围，跳不出旧时注经的藩篱。

毛泽东曾经指出："在中华民族的开化史上，有素称发达的农业和手工业，有许多伟大的思想家、科学家、发明家、政治家、军事家、文学家和艺术家，有丰富的文化典籍。"① 还说："中华民族不但以刻苦耐劳著称于世，同时又是酷爱自由、富于革命传统的民族。""在中华民族的几千年的历史中，产生了很多的民族英雄和革命领袖。所以，中华民族又是一个有光荣的革命传统和优秀的历史遗产的民族。"② 从经典文献、中国人民及其杰出代表人物的相互联系和相互作用中研究中华传统文化的基本精神，更具有说服力。作为中华民族文化基本精神之文字符号载体的典籍，

① 《毛泽东选集》，2版，第2卷，622页。

② 同上书，623页。

不是可以任意解读的单纯文本，而是实实在在与中华民族的生存和发展的实践融为一体的精神承载。

一、文化经典是中华民族生存智慧的结晶

在世界文化史上，像中华民族这样拥有如此多的经典文献而且重视整理、传授的民族，是罕见的。中国不仅有经典，而且有堪称古代百科全书的各种类书，广收文献、资料，为后人留下了可供研究和吸收的经典，包括《永乐大典》《四库全书》这样规模宏大的文献宝藏。经典的产生和传承、文献的大规模整理，这对中华文化的源远流长、持续不断的发展具有重要作用。

一个民族的文化结构是一个整体，但整体中的部分可以各有特点。作为中华文化遗产的经典文献中会有各种不同的观点。例如，中国历史上的所谓“九流十家，各有其说；儒墨道法，各有所本”。但它们不仅相异，还有相同之处。因为它们是在大体相同的地理、经济和政治环境中产生的，从而可以“百虑而一致，殊途而同归”。中华民族文化的基本精神，就是中华文化经典中处于主导地位的思想精粹。

中华民族的基本精神不能简单归为儒家精神。毫无疑问，儒家学说是对中华民族基本精神影响最大、最为久远的学说，但是中华民族的基本精神包括各家的优秀思想。近代德国学者施伟策肯定各家的贡献，例如他在讲到中国文化的生命观和世界观时说：“世界与生命之肯定问题，无论在其本身还是在它与伦理学的关系方面，在其他任何地方都未能像在中国思想中那样成为一个包罗万象的样子。老子、庄子、孔子、孟子、列子等等，都是这样的思想家。在他们那里，西方思想须努力解决的世界观，却被一种非常奇怪而又深深吸引我们注意力的方式表现了出来。”①

中华民族经典中包含的智慧是丰富多样的，很难通过几个格言式的论断概括无遗。随着不同时代的不同思想家的研究，它能够不断推陈出新。不同人是在不同条件下阅读经典、研究经典的，肯定会有不同的解释。中

---

① ［德］黑格尔等：《中国印象——世界名人论中国文化》上，254页，桂林，广西师范大学出版社，2001。

国注经著作之多也是世界罕见的。但无论如何解读，其中不少在中华民族的历史和现实中得到共识和具有导向性的思想应该摆在首位。例如“天行健，君子以自强不息”的奋斗精神，“民胞物与”的和谐精神，“和而不同”的包容精神，“兼爱非攻”的和平精神，“便国不法古”、“与时俱化”的求实和变革精神，都是中华民族文化的精髓。儒家的积极入世思想与庄子的安时处顺、淡泊名利的思想，孙子兵法中的战略和“不战而屈人之兵”的思想与墨家的“兼爱非攻”思想，可以相互补充，成为一个面对各种处境应对从容的完整的精神世界。中华民族文化的基本精神是中华民族文化作为一个具有特色的整体结构的支柱，是中华民族文化区别于其他民族文化的根本特征。因此，要了解中国和中国人，就要了解中国文化及其基本精神。否则，任何对中国的理解都只能是表面的、肤浅的、瞎子摸象式的各执一词。

中国的文化精髓不是外在的器物，而是内在的、需要研究才能不断理解的民族精神。有些西方哲学家能在一定程度上理解这一点。例如法国诗人瓦莱里在给中国作家盛成《我的母亲》一书写的序言中说：“如果我们仍然无视一个外民族的情感和内心世界，而仅仅欣赏他们创作的花瓶、瓷器、牙雕、青铜器和玉器，那是无法真正评价和发掘一个外民族的聪明才智的。因为远比这些只供摆饰、消遣的珍贵纪念品的艺术宝贵的是：一个民族的生命力。”① 所谓民族生命力的内在核心在于它是民族文化的基本精神。中华民族的生活方式及其特有的工艺品、器物和一切可以称之为中国的东西，都承载着中华民族文化所具有的意义和价值。世界任何国家可以用现代工艺仿效中国的各种器物，但无法仿效其中承载的中华民族的基本精神。因为器物在国外只是一技一艺、一物一器，而在中国它是整体文化结构的一部分。一张檀木太师椅可以仿造或出口，但它在以往中国厅堂中形成的中国特有的文化氛围是无法移植的。它的文化味道是中国的，而且只能是中国的。

德国著名文化理论家施宾格勒在讲到中国园林时，也是强调文化内在精神对外在实物表现的影响。他说：“中国的园林避免那种朝气蓬勃的景

① ［德］黑格尔等：《中国印象——世界名人论中国文化》上，89页。

色。它布置得景色重叠，不将目标指明，却引起信步漫游。具有通过重门、丛林、台阶、桥梁和庭院的通路的中国早期的‘教堂’——辟雍，从来不曾有过埃及式的冷漠行进式或哥特式的排闼直入。”① “庭院深深深几许”、“曲径通幽”，就是中国民族不喜张扬、含蓄、深邃的民族精神的一种体现。

当然，任何民族的传统文化都不可能是绝对的菁华，毫无杂质，中华民族的文化也是一样。中华民族历史上在不少领域有过令世界羡慕的创造，但也沉积下不少文化杂质。如果只看到精华而无视杂质当然是片面的，可如果不着眼于中华民族的基本精神即它的主导方面，着眼于维持中华民族生存和发展的精神支柱，而是过分强调它的杂质，更失之于片面。我们应该以历史唯物主义态度继承中华民族的优秀文化遗产。毛泽东当年说过：“我们是马克思主义的历史主义者，我们不应当割断历史。从孔夫子到孙中山，我们应当给以总结，继承这一份珍贵的遗产。”② 所以当下，我们应该认真学习和研究中国的一些经典。特别是从事人文学科学习、研究和教学的人更应该如此。人文素质的培养，其中一个途径就是学习中华民族的优秀文化，通过阅读经典体会和学习我们先哲们的智慧，这比起只满足于流行的快餐文化或者用不着费心费力的文化消闲，要有益得多、深沉得多。

我们不应该在当代中国的文化复兴中以读经为第一要务，因为现在不是封建科举时代。我们必须懂得什么叫“复古”，什么叫“继承传统”。

崇拜过去，蔑视现实，言必夏商周，唯经典是从，谓之“复古”；立足现实，把古代优秀的东西用来推进现实，创造未来，谓之“继承传统”。毛泽东说过：“中国的面貌，无论是政治、经济、文化，都不应该是旧的，都应该改变，但中国的特点要保存。”③ 文化不是停滞不动的，中国文化应该发展。继承、创造、发展，是一个民族的文化得以保存和发展的规律。世界上所有文明古国之文化发展的中断，都是因为与此规律相背。在中国当代，有选择、有目的地引导人们阅读一些古典名著，而且提高阅读

① ［德］黑格尔等：《中国印象——世界名人论中国文化》上，314页。

② 《毛泽东选集》，2版，第2卷，534页。

③ 《毛泽东文集》，1版，第7卷，82～83页。

水平、加深理解，重视掌握其中蕴藏的中华民族文化的基本精神，肯定有利于中华民族的文化复兴，有利于中国人民尤其是青年一代人文素质的提高。在继承中发展，在发展中继承，这是正确对待中华民族文化的马克思主义的态度。

二、中华民族文化与中国人民

世界上不存在所谓优等民族和劣等民族。毋庸讳言，中华民族文化对于中国人的生活态度有着重大影响。中国文化优越论是坐井观天之论，但认为中国文化是一个“大酱缸”，中国人的一切不文明行为都是源自中国文化，也是妄自菲薄。中国文化中当然有年积日久的消极的东西，特别是当西方进入资本主义、中国封建社会开始衰败、接踵而来又沦入半封建半殖民地社会的时期。但从整体上说，中华民族传统文化是世界上比较优秀的文化，这是世人公认的事实。特别是中华民族文化的基本精神，对于整个中华民族的生存、发展和国家的统一，对民族性格的形成，起着重要的积极的作用。

中华民族文化绝不是只以文字为载体存放在图书馆里的文献，而是实实在在地存在于中华民族的生存方式之中。中华民族多元一体的文化是中华民族儿女共同创造的，而中华文化又以其文化乳汁孕育和培养了一代又一代中国人。可以说，中国人身上都烙上了中华文化的烙印。民族认同在一定意义上可以说是文化认同。民族和个人类似：每个人有个性，相互区别；每个民族亦有民族性格，相互区别。民族文化的长久积淀必然成为塑造民族性格的文化环境，民族性格就是在一定生产方式基础上被内化的民族文化。文化是发展的，所谓民族性格也不是不变的。

例如和谐思想是中华民族传统文化的重要思想，也是中华民族的民族性格。美国作家赛珍珠在《中国：过去和现在》中说：“和谐是中国文明的关键词：一个人与他周围的人、与自然和谐，那么这样的人是有教养的人，这是智慧的哲学，富于和平和自我控制。”① 这种说法是正确的，是

① ［德］黑格尔等：《中国印象——世界名人论中国文化》下，215页，桂林，广西师范大学出版社，2001。

她在中国生活多年从中国人民身上得到的亲身体会。

中华民族的民族性格的确是主张和平的。有些学者认为这种和谐思想造就了中华民族的文弱和保守，并以中国历史上修筑长城以自保的防守政策、汉唐的和亲政策以及中国古代诗歌中的厌战情绪为例。这是不理解中华民族内各民族间的关系。中华民族各民族间虽然有过矛盾和战争，但最终都是化干戈为玉帛。在中华各民族之间，中华文化主张以“和为贵”化解民族间的积怨和矛盾。从长远来看，这有利于中华民族一体多元民族的形成和民族间的和睦相处。中华民族能融合成包括 56 个民族的中华民族大家庭，就与这种政策有关。在历史上，虽然民族间存在矛盾和战争，但总体上说中国文化是不主张民族战争的，是“敷文化以柔远”，以文化力量促进民族的融合。

中华民族在内部各民族间主张民族和谐，对外同样如此。在历史上，中华民族没有向外侵略和扩张的历史。中国历史上与外界的交往都是文化的或商业的交往。陆地或海上的丝绸之路，是寻求贸易和文化交往的友谊之路。即使在中国仍然保持强国地位的明朝早期，永乐三年（公元 1405 年）三保太监郑和率领当时最先进的船队二百四十多艘，数万之众，前后七次，远航东亚和东非多国。远航是否具有国内皇权争夺的政治目的史无定评，但有一点可以肯定，对外没有掠夺、没有战争，而是友好交往。它不是西方资本主义那种以殖民和掠夺为目的的海盗式的远征，而是充分彰显了中华民族的和平精神。

当然，和谐决不意味着中华民族对外来的侵略逆来顺受。中华文化不会培养“狼”，但也不会培养“羊”。中华民族文化主张和谐，同时又主张“天下兴亡匹夫有责”，倡导爱国主义，纪念和传颂战死疆场、以马革裹尸的血性男儿。中华民族是既主张和谐又具有反抗侵略精神的民族。当年日本占领东北，进行压制与奴化教育和宣传，但中华民族文化具有的不可抗拒的凝聚力、向心力和爱国主义传统，使得日本军国主义终究不可能长久占领东北。东北被占领是国民党不抵抗政策的结果，可中国人民是不可征服的。罗素在《中国问题》中也曾断言：不管满洲现在的政治状况如何，它将仍然是中国文明的一部分。一旦日本人面临困难，满洲就能归回中国。为什么？罗素除了说中国力量源于她的 4 亿人口之外，特别强调："来自他们民族习惯的坚韧性，以及他们无与伦比的民族凝聚力。"① 凝聚力是一种内聚力。中华民族文化的凝聚力是中华民族永不屈服的精神力量。

近代一百多年的中华民族的历史就是反抗帝国主义侵略的历史。从鸦片战争到抗日战争的历史，是中华民族救亡图存、为中华民族伟大复兴而牺牲奋斗的历史。毛泽东在追悼抗战阵亡将士大会上的讲话中说过："中华民族决不是一群绵羊，而是富于民族自尊心与人类正义心的伟大民族，为了民族自尊与人类正义，为了中国人一定要生活在自己的土地上，决不让日本法西斯不付重大代价而达到其无法无天的目的。"② 中国人民以宁死不屈、同仇敌忾、前仆后继的牺牲精神终于取得了抗日战争的胜利；之后，又以"宜将剩勇追穷寇，不可沽名学霸王"的彻底革命精神，"打倒蒋家王朝"，解放全中国；不久又进行了抗美援朝的战争。这些都是表现中华民族的斗争精神、发扬中华民族正气的结果。和谐精神与自强不息的战斗精神不是绝对对立的。和谐是我们的目的，但追求和谐与发扬自强不息、敢于斗争的精神是相互依存的。

"人不犯我，我不犯人"同样是中华民族的基本精神中不可或缺的重要内容。在当代，中国正处于和平发展中，中国倡导建立和谐世界、和谐亚洲，这充分体现了中国在处理当代国际问题上贯彻"和为贵"的精神。当然，中华民族不会同意以牺牲国家主权和民族尊严为代价的所谓"和谐"。主张"和为贵"的孔子说过："知和而和，不以礼节之，亦不可行也。"（《论语·学而》）在当代国际关系和国际秩序中，这种所谓"礼"就是坚持和平共处五项原则。

学者们不断在探讨，为什么在众多古老文明中唯独中华民族的文明发展没有中断，为什么中国在历史上存在过分裂但终究走向了统一？中国独特的地理环境，幅员广大的疆域，处于内陆、东有大海西有高山北有沙漠作为屏障，这些或许是后来中国版图内众多民族通过交往融合成中华民族的重要因素。但最根本的因素还是中国的经济、政治和文化的相互

① ［德］黑格尔等：《中国印象——世界名人论中国文化》下，105页。

② 《毛泽东文集》，1版，第2卷，113页，北京，人民出版社，1993。

作用。

在任何一个民族的发展中，经济、政治、文化都不是独立的单元，而是相互作用的。历史证明，任何强大的帝国如果单纯以军事手段维系而没有相应的经济基础，虽能崛起辉煌于一时，终会成为过眼烟云的历史陈迹；同样，任何古老的文明如果不能保持一个稳定的国家结构和相对稳定的疆域，国家分裂和民族间的争斗不断，那么随着民族矛盾尖锐而导致统一国家的解体和分裂，文化发展的延续性也会中断。没有国家的统一和民族的和谐，就不会有文化传统的延续。

中华民族自古以来有发达的农业经济。在近代工业资本主义兴起之前，发达的农业经济是一个国家繁荣昌盛的经济基础。中华民族在历史上拥有黄河、长江这样有利于农业经济的得天独厚的条件，并在发达的农业生产方式基础上发展出比较成熟的中央集权和文官制度。正是在这些条件下，中华民族产生了特有的与其经济基础和政治制度相符合的发达的中华文化。这种文化又成为支撑她的精神支柱。中华民族勤劳、勇敢，和平、包容，重国家、重集体，重亲情、重友情，这些是长期劳动实践中形成的民族性格，也是中华民族文化长期哺育的结果。

中华民族文化哺育中华儿女上述优秀民族性格的途径，是一个值得探讨的问题。中国虽然有发达的文化经典，但一个以农民为主体而且多数是文盲的国家，经典文化如何发挥它的作用？中国文化有精英文化也有世俗文化，这两者不可分。中国的知识分子或者说士大夫，是通过经典文化来培养的。这包括学校、书院、私塾等途径，特别是中国的科举考试制度。科举制后来僵化为以四书五经为敲门砖，成为束缚知识分子思想的绳索，但它曾经对中华民族文化尤其是儒家文化的传承起过重大作用。另一种方式是世俗化的。中国普通老百姓没有条件接受学校教育。他们不是通过阅读经典，而是通过劳动和实际生活，通过民风、民俗、传统节日、地方戏以及人际交往中的道德规范、具有文化承载的谚语和格言，来接受中华民族文化的。这些都是与人民的实际生活融为一体、最为普通群众喜闻乐见的方式。经典文化中的基本精神通过多种方式，借助世俗文化发挥它的作用。即使没有读过经典的中国人，包括人口众多的中国农民，在这种文化环境下都会受其濡染和熏陶，自觉或不自觉地成为一个在不同程度上由民族文化精神培育，具有中国人的价值观念、道德观念和思维方式的中国人。

中国文化中那些有利于维持旧的封建统治、维护官贵民贱、宣传因果报应和鼓吹旧的伦理道德的思想，同样也会通过世俗化途径而成为束缚和驯化人民思想的枷锁。我们应该区分中国传统文化和中华民族传统文化的基本精神。中国传统文化不全是优秀文化，各家学说中包括长期处于主导地位的儒家学说中，都有不少杂质和不合时宜的思想观念。然而历史和实践证明，中华传统文化的基本精神却永远是中华民族文化中最可宝贵的思想财富。

中华民族文化中的基本精神并不是任何时候都能得到贯彻和实现。“民为贵，君为轻，社稷次之”，在君重民轻的封建社会从来没有实现过，也不可能实现；“王子犯法，与庶民同罪”，在封建社会制度下往往流于空话；“和而不同”的包容精神，在君臣之间、在所谓君子之间并非都是现实的人治的关系。但并不能因此否定它们的价值。中华传统文化的基本精神不仅为中华民族提供思维方式，而且具有理想性、价值性和导向性。中华民族历代的先进思想家和杰出人物对“自强不息”、“和而不同”、“民胞物与”、“海纳百川”等精神的正面认同、追求和实践，不断鼓舞和激励中华民族在任何挫折和磨难下依然奋勇前行，这种中华文化的基本精神在社会主义条件下应得到继承和充分发扬。

三、历史杰出人物与中华文化精神的人格化

一个没有英雄的历史是寂寞的无声息的历史，没有英雄的民族是孱弱的民族。中国人的民族性格是在特定的经济生产方式和制度下的文化的凝结，而文化精华与广大人民又哺育了中国历史和现实的杰出人物。他们堪称民族的脊梁，国家的栋梁。中华民族历史和现实中的人物，就是中华民族文化基本精神的人格化，也是中国人民的杰出子孙。他们既是文化和人民的产儿，又是具有文化传承和民族激励力量的样板。邓小平说：“我是中国人民的儿子，我深情地爱着我的祖国和人民。”[①] 这句话最生动地表

① 《邓小平年谱（1975—1997）》下，714 页，北京，中央文献出版社，2004。

达了中华文化的精神力量。

中华民族历史上有许多体现中华民族精神的杰出历史人物，他们的人格和气节为时人和后人传诵和景仰。“富贵不能淫，贫贱不能移，威武不能屈”，是最为中华文化所称道的理想人格、气节。文天祥在《正气歌》中以强烈的感情讴歌了中华民族历史上那些体现中华民族精神风骨的各类历史人物，文天祥自己就是其中最杰出的人之一。“人生自古谁无死，留取丹心照汗青”，是中华民族文化倡导的人格和气节的诗化。中华民族中各个民族都有自己值得称道的杰出人物。林则徐的“苟利国家生死以，岂因祸福避趋之”、谭嗣同的“有心杀贼，无力回天，死得其所，快哉快哉”，树立了以壮烈之死为改革鸣锣开道的英雄形象。至于李大钊、毛泽东、周恩来，以及无数在战场上、在刑场上为中华民族解放而视死如归的英雄，都既是共产主义精神、又是中华民族传统基本精神的当代体现。又如钱学森先生，不仅为中华民族做出了杰出贡献，而且有着炽烈的爱国主义情怀。他说：“我是中国人”，“我在美国前三四年是学习，后十几年是工作，所有这一切都在做准备，为了回到祖国后能为人民做点事”①。可以说这是中国知识分子对中华民族文化高度认同的一种方式。

鲁迅针对1931年“九一八”事件后一些人对自己国家失去信心，一味求神拜佛、怀古伤今的颓败情绪，发表过一篇杂文《中国人失掉自信力了吗》。他说：“我们从古以来，就有埋头苦干的人，有拼命硬干的人，有为民请命的人……虽是等于为帝王将相作家谱的所谓‘正史’，也往往掩不住他们的光辉，这就是中国的脊梁。”② 鲁迅还针对国民党反动当局镇压革命者的白色恐怖悲愤地说：“这一类的人们，就是现在何尝少呢？他们有确信，不自欺，他们在前仆后继的战斗，不过总在一面被摧残，被抹杀，消灭于黑暗中，不能为大家所知道罢了。”③ 瞿秋白、方志敏，以及被国民党暗中处死于龙华监狱的五位左翼作家，在鲁迅眼里就是中国的这种脊梁。事实证明，扼杀作为民族基本精神代表的杰出人物的往往是专制

① 《人民日报》，2009-11-07。
② 《鲁迅全集》，第6卷，91页，北京，人民文学出版社，1953。
③ 同上书，92页。

统治者，特别是拼命维系腐败政权的统治者。从这一角度说，真正能体现中华民族基本精神的不是逆历史潮流的反动统治者，而是广大劳动人民和为民族兴亡鞠躬尽瘁死而后已的杰出历史人物。

中华民族文化的基本精神是中华民族文化的精粹，是中华民族精神的主轴和最可宝贵的精神财富。我们不能否认传统文化中的糟粕需要批判，人民中受其影响而产生的落后的东西需要不断改进。我们不能赞美三寸金莲，不能赞美纳妾以及一切与近代文明相悖的东西。但我们也应该相信没有永恒不变的中国人，也没有永恒不变的民族性。一个国家的经济制度和政治制度会改变，文化会发展。在新的社会主义条件下，中华民族文化中消极的或由于政治原因被扭曲、被滥用以维护旧的统治愚弄人民的东西，那些压抑和钳制人民的精神和个性的东西，会逐步被清洗和淘汰。旧的经济制度和政治制度下形成的中国人的某些缺点会发生变化。人的本质是社会关系的总和。阿 Q 是旧式农民的形象，而不是中国农民永恒的形象。为人所诟病的中国人中的一些不文明现象、一些缺点都是时代造成的，而非中华民族的民族劣根性。没有天性丑陋的中国人，只有丑陋社会和腐败政府酿造出的某些中国人的不文明的丑陋行为。任何对国民性和所谓民族劣根性的抨击，最终若不指向旧的经济制度和政治制度，只停留在文化层面，则是难中腠理的。毛泽东曾经预言："我国几亿人民一旦真正得到解放，他们巨大的生产潜力一旦被解放出来，并被用于各个领域的创造性活动，就能促进经济发展，提高全世界的文化水平。"① 中华人民共和国成立时，毛泽东在天安门城楼向全世界宣告："中国人民从此站起来了。"中国人民摆脱旧制度的桎梏，以新社会主人的身份参与社会主义的建设，中国人中落后的不文明的东西在改造中国社会的同时不断得到改造。中国人民的爱国主义热情、文化自觉和民族自豪感从来没有像现在这样强烈，原来被讥讽为一盘散沙的中国人被组织起来、被团结起来了。这是社会经济制度和政治制度变化在思想文化上的必然反映；这是在社会主义经济和政治基础上，中国共产党领导的真正的文化复兴。当然，把中国 13 亿人都变成具有较高文化素质和文明行为的社会主义新人，这是一个长期的艰巨

① 《毛泽东文集》，1 版，第 1 卷，393 页，北京，人民出版社，1993。

的任务。

历史发展是包含矛盾的。在社会发展中，一个民族的传统既可能成为社会进步的垫脚石，又可能成为社会发展的障碍。因此，社会发展往往会成为破坏传统和重建传统的双重过程。在人类历史发展的长河中，对传统的最大冲击来自由封建社会转向资本主义社会、由传统农业生产方式转变为资本主义生产方式的进程。这是一次人类观念历史的大变动。马克思和恩格斯在《共产党宣言》中，对资本主义取代封建社会在传统与现代关系方面所带来的变化作过非常生动的描述。不同于卡莱尔或西斯蒙第等人，他们由于这种变化而企图扭转历史前进的方向，对田园诗般的往昔怀着无比惋惜的伤感情调；马克思和恩格斯则向前看：他们肯定这种变化的积极意义，赞扬资产阶级在历史上曾经起过非常革命的作用，但同时又指出资本主义把人与人的关系变为赤裸裸的利害关系，把人类感情淹没在利己主义打算的冰水之中——这种人际关系和价值观是一种异化，但它是历史的过渡，必将为新的社会形态和新的观念所取代。倍倍尔曾说："目睹资本主义条件下种种丑恶现象，目睹宗教唯灵论和金钱拜物教对群众的腐蚀，我们痛心疾首。我们多么渴望有朝一日在社会主义制度下逐步地、全面地、系统地实现我们的思想道德信念和核心价值！"①

可以清楚地看到，当代中国正在经历由农业生产方式向工业生产方式、由计划经济向市场经济的转型。乡土中国正在转变为现代化、工业化、信息化的中国，熟人社会转向陌生人社会，以血缘和人情为纽带的人际关系转变为以货币为交换纽带的金钱关系。在这个过程中，价值观念、道德观念方面的变化是急剧的。中国的农民已经不是小农经济下的农民，进城打工的农民已经不是农耕方式下的农民，进入大城市被推进市场经济大潮中的农民已是与他们父辈具有不同观念的农民。他们逐渐失去由农业生产方式所赋予的乡土本色。各个阶层的人的思想观念都会在社会经济变动中发生变化。在这种变化中，主要是有利于促进社会主义市场经济发展和完善的思想观念的解放，但也潜藏着价值观念混乱和道德滑坡的危机以

① 转引自韦建桦：《社会主义核心价值体系的历史内涵、科学精神、创新品格》，载《光明日报》，2007-12-04。

及某些社会问题。

中国的社会主义现代化不是西方资本主义现代化进程的翻版或缩影。在当代中国的历史进程中，社会的确出现了某些与西方现代化进程中类似的现象。但历史中任何类似的现象，在完全不同的条件、时代或制度下，却可以具有不同的内涵和意义。我国精神文化领域中出现的消极现象是一种代价，但不是无足轻重的代价。中国共产党非常重视精神文明和社会主义核心价值观念的建设。我们要重视传统文化基本精神的教化力量，但更需要以马克思主义为指导，从中国现实出发，对转变中的问题进行科学分析。强调马克思主义与中国实际相结合，强调中国特色社会主义理论，其巨大意义正在于此。

我们不应认为中国传统文化十全十美，是包医百病、起死回生的灵丹妙药，而是必须将之用得其所、用得其法、用得其道。例如企图以中国文化来解决西方的制度性危机，这是一种文化迷信。用儒学来分析 21 世纪的经济危机和金融危机，用儒家道德来劝说和规范金融机构高管们的行为，我以为很难奏效。这不能怪孔子，也不能怪儒家学说，因为一个公元前几百年的思想家的道德理想对解决 21 世纪西方经济和金融危机是无能为力的。这不是孔子的错误，而是我们当代人的错误。要解决经济危机和金融危机问题，必须对资本主义制度和全球化问题进行马克思主义的探讨，而道德并非分析的科学理论框架。道德批判并非科学批判，而只是对行为的评价。儒家道德劝说甚至对金融机构高管们进行道德的谴责和鞭挞，并不能杜绝资本主义制度性的危机。即使一批人暂时缩手，另一批人也会卷土重来，因为危机是资本主义制度的伴生物。

任何思想学说都是有所能、有所不能。在大力推进社会主义现代化的同时，强化以社会主义核心价值观体系为基本导向的先进文化建设，我们就可以从中华民族文化这座宝库中吸取丰富的资源。中华民族文化是中华民族世世代代在中国这块土地上生活实践之经验的积淀，其中包含的处理人类实践中一些基本关系的基本精神，具有某种超越性。以往存在于文化经典中的智慧，作为思想家的伟大理想，可以变为实践，发挥它教化育人的作用。

文化非常重要。毛泽东说过：“文化是不可少的，任何社会没有文化就建设不起来。封建社会有封建文化，封建文化是宣传封建主义的道理。资本主义社会也有资本主义的文化，资本主义社会如果没有文化，也没法建立起来。”① 毛泽东并不否定封建社会文化中的合理的东西。他以孔子的父慈子孝观为例说：“我们还要提倡父慈子孝……如果父亲把儿子打得一塌糊涂，儿子怎么样能够孝呢？这是孔夫子的辩证法。”② 但文化并不是社会最终的决定因素。

中华传统文化的基本精神具有世代延续的价值。可是如果没有高度发达的先进生产力、先进的生产方式和先进的政治制度，传统文化是不能单独发挥作用的。没有硬实力的软实力是软弱的，没有很强的硬实力和具有渗透力的软实力相结合的所谓巧实力，其实并不“巧”，而是“拙”，中国鸦片战争以后百多年的民族屈辱史已证明了这一点。当时的孔子只能是孔庙中的圣人，当时的经典只能是藏书楼里的典籍。当年黑格尔十分轻视孔子的思想，说《论语》“里面所讲的是一种常识道德，这种常识道德我们在哪里都找得到，在哪一个民族都找得到，可能还要好些，这是些毫无出色之点的东西”③。而当今世界对孔子则是一片赞扬，与黑格尔时代相比不可同日而语。这种变化是当代中国在世界上的经济和政治地位发生根本性变化的结果。

我们热爱自己的文化，尊重我们祖先的文化遗产。中国文化和中国传统文化不能画等号。中国文化包括传统文化和当代文化。中华民族传统文化和中华传统文化的基本精神也不能画等号。我们应当深入经典，走出经典，面对现代，放眼世界；要由我们的时代和实践来决定继承什么遗产和拒绝什么遗产，以及如何继承我们的文化遗产，而不应把当代作为传统的注脚。研究中华传统文化应该着重它的基本精神，通过过滤，取其精华，去其糟粕，并使之当代化、科学化，而且要在实践中贯彻中华民族文化的基本精神。这样，可以培育出既具有传统美德又具有时代精神的中国人，孕育出具有社会主义精神和爱国主义精神的新的杰出人物——社会主义

---

① 《毛泽东文集》，1版，第3卷，110页。

② 同上书，116页。

③ ［德］黑格尔等：《中国印象——世界名人论中国文化》上，194页。

时代“双百”式的英雄人物。如果离开有利于中国特色社会主义建设的目标，把继承传统文化与坚持马克思主义在意识形态中的指导地位对立起来，传统文化中积重难返的消极的东西就会沉渣泛起，而传统文化的基本精神也只能是供学者们抚掌赞叹和引用的经典文献中充满智慧的格言，这当然有悖于社会主义条件下倡导中国传统文化包括儒学之基本精神的真正目的。

马克思主义与社会主义先进文化

改革开放以来，党中央一直关注社会主义先进文化建设问题。在庆祝中国共产党成立九十周年大会上，胡锦涛再次强调，社会主义先进文化是马克思主义政党思想精神上的旗帜，我们要继续大力推动社会主义文化大发展大繁荣，坚定不移发展社会主义先进文化。这对我们进一步认识文化的地位和作用，进一步用马克思主义指导中国特色社会主义文化建设，指明了方向。

一、社会主义文化与文化软实力的性质

在当今世界，文化被称为软实力，这极其明显地表明，无论是对一个国家社会自身的发展还是国际交往，文化都越来越显示出它的重要作用。可是，文化作为一种软实力，它究竟是起着推动社会进步和促进国际间正常文化交流和友好往来的"软实力"，还是单纯起着维护统治者的利益和国际霸权的"软实力"，这是大相径庭的。在这种区别中起着关键作用的是贯穿其中的社会制度和指导思想。

文化软实力作为综合国力的组成部分，它的性质和作用，取决于文化的根本属性和内涵。软实力只能说明文化的作用，而文化的社会属性和内涵才能说明这种软实力的先进性。我们重视社会主义文化，正因为它是一种体现社会主义制度本质和以马克思主义为指导的先进文化。在国内，它有利于强化社会主义核心价值体系在和谐文化建设中的主导作用，提高中华民族的人文素质和塑造高尚人格，在国际上它倡导文化友好交往和文化

相互借鉴，有利于国际和谐关系的建立和世界多样性文化的共同发展。

社会主义文化是以马克思主义科学世界观为指导的先进文化。从世界范围看，文化是多元的；从国内来看，同一国家的文化也有多样性。既然社会主义文化是先进文化，就有个重大理论问题，即文化先进与否有判断标准吗？我们认为有。文化问题上相对主义和绝对主义都是片面的。我们说中国特色社会主义文化是先进文化，并不是单纯基于意识形态需要的论断，社会主义文化的先进性既有科学标准也有价值标准。

从科学标准来说，社会主义文化的先进性，不仅体现社会主义制度的先进本质，而且表现为它是以马克思主义科学世界观为指导的文化。在当代中国，坚持先进文化，发展有中国特色的社会主义文化，加强社会主义精神文明建设，必须以马克思主义为指导。只有坚持马克思主义在文化建设中的指导地位，才能真正以科学态度继承中国文化的优秀传统和吸收外国文化的积极成果，才能引领国内多姿多态多样的文化思潮，使其有利于而不是妨碍社会主义主流文化的发展。如果放弃或者削弱马克思主义在文化中的指导地位，西方腐朽文化就会乘虚而入，国内残存的资产阶级思想和封建思想沉渣泛起，就会大大冲击和妨碍社会主义先进文化建设。尤其是我们正处在社会转型期，由于国际国内大环境和小环境的变化，各种思潮极其活跃。如果不坚持马克思主义在文化建设中的指导地位，就不可能真正有效地建设社会主义先进文化。

提炼概括社会主义核心价值的一条重要方法论原则，就是必须以马克思主义为指导。社会主义先进文化除了科学标准外，还有价值标准。世界上没有一种文化会自认为是非先进的或落后文化。在当今世界，站在不同的立场，对文化的先进与非先进的评价可以迥然不同。西方政治家和思想家认为他们那种以个人主义为核心，以维护资本主义制度为目标的自由、民主、人权观念是最先进的文化，而且是普世的、永恒的终极的文化。我们认为资本主义自由、民主、人权观念在反对封建斗争中曾经是先进文化，起过引领当时社会思潮的方向性作用。但随着世界进入社会主义革命时期，资本主义的自由、民主和人权观念，不断暴露出它的阶级局限性和虚伪性。

二、马克思主义与社会主义核心价值体系

以马克思主义为指导的社会主义文化，是以社会主义核心价值体系为本质内容的先进文化，它肯定西方启蒙思想家自由、民主人权观念的进步性，也不否认与封建制度相比资本主义制度有其历史进步价值。但社会主义先进文化中的自由、民主和人权观念反映社会主义制度的特性，具有以马克思主义为指导的科学和价值内涵。抽象掉社会制度的特性和指导思想，把自由、民主、人权、和谐、平等变为一个空洞的似乎任何社会、任何人都能接受的概念，就会在核心价值问题上陷入迷途。社会主义民主是人民的民主，社会主义人权最根本的是保障国家的主权、发展权和广大人民的生存权以及受社会主义法律保障的各种权利；我们需要的平等不是抽象的平等，而是实际的平等，即最终消灭阶级，消灭剥削，人人共同富裕的平等。因此，在社会主义先进文化中任何价值性概念，尤其是核心价值概念，不能是简单地从中国传统文化或西方已有价值范畴中抽取出来再进行不同组合，而必须在每个概念的内涵中包括马克思主义的解释，使其真正反映社会主义制度。因此，提炼概括社会主义核心价值的一条重要方法论原则，就是必须以马克思主义为指导，使核心价值的内涵真正体现马克思主义的指导作用，而不是一系列抽象概念。

坚持马克思主义指导，发展文化事业和文化产业，坚持社会主义先进文化，坚持马克思主义在先进文化中的指导地位，是否会妨碍文化产业的发展？答案是否定的，在社会主义先进文化建设中，既要发展文化产业也要发展文化事业，这两种文化实体有区别但也有共同性。文化产业的经济效益，往往要依赖先进的科学技术的承载。西方发达国家之所以能在世界上广泛宣传他们的价值观念，在很大程度上借助的是他们的先进科学技术。这样，他们在取得最大经济效益的同时，又在意识形态领域占有某种强势地位。西方文化产业，不单纯是牟利的文化企业，同时又是意识形态的阵地。对我们来说，无论是文化事业还是文化产业，虽然它们在产权和管理方面存在区别，但它们是社会主义制度下两种文化单位，因此文化企业和文化事业单位，都应该以不同方式树立以马克思主义为指导的思想观念。

在文化产品的创作生产中，我们在谋求经济效益的同时，必须充分意识到文化产品的价值内容。即使在国际上，我们同样应该使我们的文化产品承载着中国文化的特有价值观念，不能像西方政治家嘲讽的那样，中国只能出口电视机而不能出口电视剧。如果社会主义的文化产业，可以不管社会效益，只管经济效益，以媚俗、低俗、庸俗的内容，成为资本主义价值观念的“宣传员”，甚至有伤国格以迎合西方的需要，这肯定背离以马克思主义为指导的文化建设方针。当然，我们强调文化产品的创作生产中也要以马克思主义为指导，是指经营方针和经营者的理念，而不是说文化产品都是硬邦邦的意识形态的话语。如何使文化产品喜闻乐见和具有吸引力，同时又坚持我们自己的价值观念，这是衡量文化产品的创作生产者马克思主义理论水平的一个尺度。在建设中国特色社会主义先进文化的过程中，马克思主义理论工作和哲学工作者应该发挥特殊作用。全部人类的文化史表明，在特定历史时期处于先进地位的文化都有相应的比较进步的哲学作为支撑。在中国特色社会主义先进文化建设中，马克思主义哲学工作者如何以辩证唯物主义和历史唯物主义为指导，就中国先进文化建设中重大理论和实践问题，包括如何建立文化自觉、自信和自强的问题，进行理论探讨和提出积极的建设性的意见，这是全体马克思主义理论工作者的历史使命，也是马克思主义通过理论工作者发挥作用的一种方式。

马克思主义在社会主义意识形态中的指导地位

在社会生活中，意识形态具有最广泛的影响力和行动支配力。坚持马克思主义在意识形态中的指导地位，并不限于纯意识形态领域，而是包括经济、政治、文化诸多方面的指导作用。之所以强调马克思主义意识形态的指导作用，是因为只有坚持意识形态领域中的指导，才有可能通过意识形态辐射到其他领域，真正确立其在社会主义社会的指导地位。马克思主义在意识形态领域的边缘化和失语，往往是政治领域、文化领域和经济领域危机的先兆。

一、不坚持马克思主义的指导地位就没有社会主义社会

从政治上说，坚持马克思主义指导地位，是关系到坚持中国共产党的先进性，从而也是关系社会主义前途和命运的问题。毛泽东说："领导我们事业的核心力量是中国共产党。指导我们思想的理论基础是马克思列宁主义。"① 毛泽东是把党与党的指导思想紧密结合在一起的。可以说是"一荣俱荣、一损俱损"。任何政党从本质上说都有两个基础：一是阶级基础，即它代表哪个阶级或集团的利益；另一个是指导思想，即贯穿它全部政治活动的宗旨、目标一以贯之的理论指导原则。西方资产阶级政党都掩盖它的阶级性，自称代表全体社会成员的利益、全民利益；他们也否认有任何指导思想，只有具体的政治主张和政治诉求。其实，任何资产阶级性

① 《建国以来毛泽东文稿》，第4册，554页，北京，中央文献出版社，1990。

质的政党，无论是两党制还是多党制，他们的指导思想都是以各种最有效的方式维护资本主义制度，坚持资本主义核心价值观念。他们的这一指导思想以各种方式贯彻在轮流上台执政的具体的方针政策中，往往是隐性的。政党可以轮替，但坚决维护资本主义制度的思想原则不会轮替。

对中国共产党来说，情况完全不同。指导思想问题是关系党的性质的根本问题，是旗帜问题，是道路问题，必须毫不隐晦。《共产党宣言》开宗明义就宣布这一点。列宁当年在《我们的纲领》这篇为创立俄国共产党进行思想理论准备的文章中就明确宣称："我们完全以马克思的理论为依据，因为它第一次把社会主义从空想变为科学，给这个科学奠定了巩固的基础，指出了继续发展和详细研究这个科学所应遵循的道路。"①

列宁缔造的伟大的苏联共产党后来蜕变，自我宣布解散，丧失政权，社会主义陷于失败，原因虽然很多，但其中一个具有决定作用的因素就是放弃马克思主义指导地位，由抽象人道主义泛滥发展到公开打出所谓"民主的人道的社会主义"的旗帜，然后公开宣布以新自由主义为指导进行所谓"改革"。对于共产党来说，放弃马克思主义指导必然改变党的性质；对于处于执政地位的共产党来说，放弃马克思主义指导，必然会在失去理论领导权的同时，丧失政权。这是社会主义运动的一个沉痛教训。

中国共产党公开宣布自己的阶级基础是代表工人阶级和全体中国人民的利益，而且明确宣布坚持马克思主义的指导地位。这是中国共产党的先进性、劳动人民当家做主的地位永不丧失的保证，也是社会主义制度在中国得到巩固、发展和不断自我完善的根本保证。马克思主义不仅必须处于指导地位，而且能够处于指导地位。马克思主义之所以必须处于指导地位，并不仅仅因为中国共产党是执政党，因而它的思想理论"必须"处于指导地位；不单是"必须"，而且是"能够"，因为马克思主义是科学的世界观和方法论。它自身的科学性和实践性决定它"能够"处于指导地位，"能够"指导实现中国共产党人承担的伟大民族复兴的历史使命，并逐步实现人的全面发展和人类解放的伟大社会理想。历史和现实证明，在当今世界就其科学性和实践性而言，没有任何思想理论能与马克思主义处于同

① 《列宁专题文集·论马克思主义》，94页，北京，人民出版社，2009。

一高度。这是近百年来中国历史证明了的真理，也是从当代世界各种理论学说发展状况中得出的结论。

马克思主义是一个完备严整的科学体系。它的哲学世界观为我们科学地理解世界的客观本性，理解人与世界的关系，理解自在自然与人化自然的辩证关系，提供具有普遍规律性的论断。特别是辩证唯物主义的历史观，通过对人类历史发展规律和人在历史发展中的地位和作用的揭示，使我们能从理论和实践相结合上深刻理解和把握人类社会发展规律、社会主义发展规律和共产党执政党规律。对这三大规律的认识和运用，为中国共产党不致重蹈苏联的覆辙，跳出“历史的周期率”提供理论保证。

马克思主义的经济学说不仅为我们观察当代世界资本主义经济发展，包括金融危机和资本主义社会的基本矛盾，而且为中国特色社会主义经济建设，包括正确处理生产、分配、交换、消费各个环节的关系，处理市场与计划的关系以及关于如何保持经济平衡、协调可持续的关系，提供了科学的经济理论。马克思主义的社会主义学说，对我们坚定建设中国特色社会主义的理想和信仰，以及对当代世界发展趋势的观察，具有指导意义。马克思主义是一个整体，马克思主义以其整体性和科学性，在人类实践和现实生活中以各种方式发挥作用。从意识形态来说，无论是坚持社会主义先进文化还是坚持社会主义核心价值观念，都必须坚持马克思主义指导。

在社会主义先进文化建设中，既要发展文化产业也要发展文化事业。这两种文化实体有区别但也有共同性。文化产业的经济效益，往往要依赖先进的科学技术。西方发达国家之所以能在世界上宣传它们的价值观念，在很大程度上是借助它们的先进科学技术。这样，它们在取得最大经济效益的同时，又在意识形态领域占有某种强势地位。西方文化产业，不单纯是牟利的文化企业，同时又是意识形态的阵地。对我们来说，无论是文化产业还是文化事业，虽然它们在产权和管理方面存在区别，但它们都是社会主义制度下的两种文化单位，因此文化企业的经营者和文化事业的领导者，都应该以不同方式树立以马克思主义为指导的思想观念。

因为只有坚持马克思主义在社会主义核心价值中的指导地位，才能体现这种价值观念的社会主义本质，充分发挥社会主义核心价值引领社会思潮的导向作用。社会主义核心价值观念吸取了中国传统文化的优秀成果，吸取了世界文明的积极成果。但如果离开了马克思主义指导，就无法区分社会主义核心规范与非社会主义价值规范的差异性，而只看到同一性。例如，爱国主义不仅中国有，外国也有；不仅古代有，近代也有。但爱国主义之所以属于社会主义核心价值，就是因为它以马克思主义为指导，这种爱国主义不是狭隘民族主义也不是民粹主义，而是与热爱社会主义不可分的。再如荣辱、自由、民主、平等、和谐等规范，作为社会主义核心价值体系的规范，肯定具有社会主义性质。尽管自由、平等是普遍使用的概念，但社会主义自由观显然不同于资本主义自由观，社会主义平等观不同于资本主义的平等观。如果社会主义核心价值观念体系中除掉马克思主义指导而只保留一些抽象规范，社会主义核心价值就失去它的质的规定性和导向性。

有些人之所以把资本主义核心价值作为普世价值，就是因为脱离每种价值观念体系的指导思想和实在内涵，把它变为没有具体内容的抽象规范。的确，在社会主义核心价值体系中，我们会发现一些人类共用的概念，但并不因此改变它的社会主义核心价值的本质。其实，公平、正义、自由、平等、和谐、爱国、荣耻，都不是一个超越时代和社会制度的共有的抽象概念，而是具体概念。在社会主义核心价值观中，每个概念都包含着以马克思主义为指导、以社会主义制度为实质和内容的尚未展开的判断。它的社会主义内容正凝结在每个概念尚未展现的特有的判断之中。因此，我们只有坚持马克思主义在社会主义核心价值中的指导地位，才不会落入西方普世价值的理论圈套。

二、坚持创造性的马克思主义指导作用

马克思主义自产生之后，一直是争论不休、最受攻击的学说。受到各种政治倾向、各种学派拥抱的最公正最无意识形态性的所谓“马克思主义”，肯定是机会主义或修正主义的别名。坚持马克思主义指导地位，一定要区分“龙种”与“跳蚤”，一定要反对那种宣称马克思以后的马克思主义与马克思思想对立的理论。

恩格斯在 1890 年 8 月 27 日致保·拉法格的信中说，马克思不承认自己是“马克思主义者”，马克思还引用海涅的话，说自己播下的是龙种而

收获的却是跳蚤。① 这显然是马克思对 19 世纪 70 年代法国一些自称为“马克思主义者”的人的不满，也是恩格斯对当时德国一些党内自命为“马克思主义者”的大学生的不满。马克思不承认自己是马克思主义者，这是对“跳蚤们”不满，羞与为伍。可见，在马克思和恩格斯的时代，所谓“马克思主义者”就有“龙种”与“跳蚤”之分，并非始于当今。按照恩格斯的说法，所谓“跳蚤”，就是被歪曲得面目全非的马克思主义。

当代西方有些学者把马克思主义与马克思（当然也包括恩格斯）对立分割开来，鼓吹马克思以后的马克思主义是与马克思对立的另一种学说，他们不区分“龙种”与“跳蚤”，根本不承认马克思之后存在一个以马克思思想为依据的马克思主义学派。当代中国马克思主义也被归为“打左灯、朝右走”的所谓马克思主义。这种说法，如果不是理论的无知，就是别有用心。要是这个论断能成立，那马克思以后就没有马克思主义。这种说法表面是推崇马克思，实际上是使马克思后继无人，使马克思主义根本不成其为当今世界最具影响力的思潮和学派，是否定马克思思想的当代价值。

不错，在当代几乎所有标榜自己钻研马克思主义的学者都自称为马克思主义者。但是他们的观点不同，甚至相互对立。有的学者根本不承认马克思主义，认为究竟什么是马克思主义，取决于人们对马克思不同发展阶段写出的书籍、小册子、论文和书信做出的解读。按照这种说法，根本不存在马克思主义，只存在对马克思的不同解读。我们承认，当代存在对什么是马克思主义的不同理解，但这不能成为否定存在真正马克思主义的理论根据。

马克思主义作为一种科学体系，它的内容并不取决于人们的主观解释，而是取决于它的客观内容和科学本性。弄清什么是马克思主义，对于正确理解和完整掌握马克思主义基本观点而言是至关重要的。毫无疑问，马克思的著作和文章是在不同时期写作的，它们会显出马克思发展过程的差异性。因此，衡量是否是马克思主义的方法论原则，不是对某个文本或文本的某句话的不同解读，而是对贯穿全部马克思著作（当然包括恩格斯

① 参见《马克思恩格斯选集》，2 版，第 4 卷，695 页。

的著作）的那些反复论述不断出现的具有规律性的论断的解读，而且从他们对历史和现实问题的实际运用中得到证明。这是马恩著作中稳定的、一贯的、成熟的思想，它们构成马克思主义科学体系的硬核。例如辩证唯物主义和历史唯物主义的世界观、对资本主义社会形态和基本矛盾的经济学分析、追求无产阶级和人类解放的社会主义和共产主义理想。如果一个学者或学派自称为马克思主义，又反对辩证唯物主义和历史唯物主义世界观，为资本主义制度的永恒性辩护，否定社会主义可以以不同方式取代资本主义的必然性和必要性，那就不可能是马克思主义。它可以称为任何主义，就是不能称为马克思主义，因为马克思主义从根本上说是一种解决资本主义社会的基本矛盾、为无产阶级和人类寻求解放的学说。

马克思主义是与时俱进的学说。马克思和恩格斯的后继者，在实践中肯定要创造性地发展马克思和恩格斯的思想。因此，不同国家、不同地区、不同实践活动的马克思主义者会显现出各自的特色。马克思主义在各国的实践没有唯一的模式，更没有一个标准的模式。但不能由此得出结论，当代马克思主义理论与马克思基本原理可以截然不同，是两种完全不同的体系。马克思主义理论是普遍的，而实践则是具体的、特殊的。当具有普遍性的理论与实践相结合时，肯定会有特点和新的创造与结论。因此，马克思以后的马克思主义，肯定会与马克思存在由于时代而产生的差异性。但是发展了的马克思主义仍然是马克思主义。马克思主义与马克思的思想既一脉相承又与时俱进。一脉相承是“同”，必须坚持马克思主义基本原理，而不是文献中的个别论断，否则它就不能称为马克思主义。但它必须与时俱进，因而具有时代特点、地区特点、民族特点。异中有同，就是只要自称为马克思主义，就必须具有马克思思想的基本特征，遵循马克思创立的基本原理和为无产阶级和人类寻求解放的主题。但同中有异，“异”是时代特征和民族特征的理论凝结。抽象地说马克思主义与马克思的思想不同，难以判定其正确与否，而一定要弄清它们所谓同异之处何在。

在当代中国，坚持马克思主义就要坚持当代中国马克思主义；坚持当代中国马克思主义，也就是坚持马克思主义。当代中国马克思主义始终包括作为马克思主义缔造者的马克思和恩格斯对马克思主义基本原理的贡献。任何马克思主义理论工作者都能从邓小平理论、“三个代表”重要思想、科学发展观中读到被创造性地运用于中国当代实际的辩证唯物主义和历史唯物主义基本原理，读到被娴熟运用于中国实际的马克思主义经济学说和社会主义学说。如果从当代中国马克思主义中剔除马克思和恩格斯创造的马克思主义基本原理，当代中国马克思主义就不成其为马克思主义。反之，在当代中国，如果马克思主义不与中国实际相结合，不发展为当代中国马克思主义，这种所谓马克思主义就是教条主义，而教条主义会断送中国革命，断送中国社会主义。

我们应该正确理解，在当代中国，只有中国马克思主义而不是别的什么主义能作为继续推进改革开放的指导思想。这里所谓别的“什么主义”指的是反马克思主义或非马克思主义的思想（如西方民主社会主义、新自由主义或者新儒学之类）而不是指马克思列宁主义。对中国共产党人来说，马克思列宁主义、毛泽东思想是属于必须坚持的同一个马克思主义体系之内的理论，而不是别的“什么主义”，它就是当代中国马克思主义思想理论的源头。中国共产党之所以再三强调中国特色社会主义理论与马克思列宁主义、毛泽东思想既一脉相承又与时俱进，正在于既强调马克思主义与时俱进的本质，又强调中国特色社会主义理论的马克思主义本质。没有两种马克思主义，只有一种马克思主义。这就是由马克思和恩格斯创立并由后者创造性发展的马克思主义。把坚持马克思主义与坚持当代中国马克思主义割裂开来是极其有害的。

马克思并没有结束真理，而是为真理开辟了道路。沿着马克思的道路前进，我们会接近真理；如果背离马克思，只能走向泥坑。所谓背离马克思，当然是指根本观点，而不是个别结论。列宁在批判波格丹诺夫时说过，如果在哲学上同马克思主义基础已经彻底决裂的人，后来又支吾不清、颠倒是非、闪烁其词，硬说他们在哲学上也是马克思主义者，硬说他们和马克思差不多是一致的，只是对马克思学说稍稍作了点补充，那么，这实在令人十分讨厌。

“龙种”与“跳蚤”的区分并非搞关门主义。在当代以马克思主义为研究对象的学者并不少见。任何以严肃科学态度对待马克思和马克思主义的学者都应该欢迎，即使有不同意见也应该重视。例如特里·伊格尔顿在

《马克思为什么是对的》一书中坦言："我对马克思的一些观点是持保留意见的。但是，马克思对他所生活的那个时代中一些重要问题的真知灼见足以使'马克思主义者'成为一个令无数人心向往之的标签。弗洛伊德学说的真正支持者不会迷信弗洛伊德的全部观点，也没有一个阿弗雷德·希区柯克的影迷会认为这个大师的每一个镜头和每句台词都完美无缺。马克思也并非无懈可击，而我只想展示马克思的合理之处。"① 作者对西方典型的否定马克思主义的观点进行了反驳。即使伊格尔顿对马克思的某些思想有不同意见，但这种以创造性态度对待马克思主义的学风还是值得赞赏的。

如果根本否定马克思基本原理而又自称为马克思主义者的人应该归为"跳蚤"之列，那么，在马克思仍然是公认的世界伟大思想家的当今时代，"跳蚤"的出现是不可避免的。弗朗索瓦·佩鲁也说过："毫无疑问，马克思激起了人数众多的诠释者的灵感，他们中有一小部分人亲自研究了马克思本人的出版物，但绝大多数是依据种种解释、复述和使之通俗化的评论进行诠释工作的。因此在某种程度上出现了马克思思想的退化现象，这种退化同马克思原来的见解相比，毫无精确性可言——这是具有丰富创造力的学说都无可奈何，必须忍受的一种命运。"② 不能阻止马克思主义中有"跳蚤"出现，也不能因为有"跳蚤"就断言马克思之后的马克思主义与马克思本人的思想存在断裂。如果坚持马克思之后的马克思主义根本不同于马克思，以"跳蚤"混同"龙种"而反对马克思主义，这应该视为当代反对马克思主义的诡辩"策略"。

三、坚持马克思主义与贯彻双百方针

从当代意识形态领域的理论斗争来看，在马克思主义中最受攻击的是历史唯物主义，可以说它是受攻击的重中之重。被诬为经济决定论、宿命论或机械决定论之类，罪名不可胜数。各种批评声都力图推翻历史唯物主义关于历史规律性的观点。历史唯物主义被推翻了，马克思关于资本主义

---

① ［英］特里·伊格尔顿：《马克思为什么是对的》，1页，北京，新星出版社，2011。
② ［法］弗朗索瓦·佩鲁：《新发展观》，68页，北京，华夏出版社，1987。

经济的分析也被推翻，随之而倒的就是社会主义学说。马克思主义中最受有产者痛恨的是社会主义学说，可要驳倒社会主义，就必须推翻马克思对资本主义的经济分析，而推翻马克思的《资本论》，就必须首先驳倒历史唯物主义。因此历史唯物主义从一开始就成为斗争的焦点。这一点，连伯恩施坦都承认。他说过："没有任何人会不同意，马克思主义的基础中的最重要环节，也可以说是贯串整个体系的基本规律，是它的特殊的历史理论，这一理论被命名为唯物主义历史观。整个体系在原则上是同它共存亡的。在这一理论受到限制时，其余的环节彼此相对的地位也相应地要随之受到影响。因此对马克思主义正确性的任何探讨，都必须以这一理论是否有效这一问题为出发点。"① 不管对伯恩施坦如何评价，他对历史唯物主义在整个马克思主义中的地位的论述还是很有见地的。

在马克思关于历史唯物主义的论述中，最受质疑的是他1859年的《〈政治经济学批判〉序言》。在全部马克思和恩格斯的著作中，它是唯一一处以类似公理的形式相对集中论述了历史唯物主义基本原理的作品。它简短、凝练，都是论断式而非论证式，没有展开，没有实例。正因为这样，它不可避免地有局限。它的全部论断的着力点都是从历史唯物主义角度环环相扣，从生产力最终作用观点出发，论述人类社会发展的动力和社会形态更替的连续性、阶段性。至于生产关系对生产力、上层建筑对经济基础反方向的作用、社会形态发展可能的多样性，则没有涉及，因而经常遭受诟病和质疑。确实，马克思这篇序言并不是对历史唯物主义的全面论述，它是从经济学研究中对长期处于统治地位的历史唯心主义的宣判和决裂，它的确具有恩格斯晚年总结的过于着重经济基础决定作用而对上层建筑的作用存而不论的缺点。但不可否认的是，《序言》的确是对历史唯物主义理论核心观点的总结。没有《序言》提纲挈领式的论述，我们很难把握历史唯物主义的核心观点。

毫无疑问，全部马克思主义包括历史唯物主义都应该是创造性的理论，都应该根据时代和实践经验不断丰富和发展。但发展是一回事，篡改、歪曲、修正则是另一回事。我们要反对形形色色的马克思主义的"跳

① 殷叙彝：《伯恩施坦读本》，221页，北京，中央编译出版社，2008。

蚕”们。我们应该看到，随着改革的深入，意识形态领域的斗争显得更为激烈。在理论领域，我国的确存在少数人反对毛泽东和毛泽东思想的非毛化思潮，反对和攻击社会主义的反社会主义思潮。少数人在重新评价毛泽东，不断揭露改革前社会主义的所谓专制和黑暗面，公开宣称只有民主社会主义才能救中国，宣称中国三十多年来的成就来自资本主义的发展，而不是来自社会主义制度的优越性。这种种混淆是非的说法很容易迷惑没有理论修养的人。放弃单一的公有制而促进多种经济成分同时发展，能等同于放弃公有制主体地位吗？在共产党领导下的有目的有计划地利用资本主义经济，应该归功于中国共产党的领导和社会主义制度的包容性，还是应该归功于资本主义制度？是体现社会主义制度的优越性，还是体现资本主义制度的优越性？其实，对于一个稍具马克思主义基本常识的人，这种区别就很容易分辨。

毋庸讳言，我们意识形态领域面临的形势仍然是严峻的。从国际上说，西方自由主义思潮，尤其是以个人主义为核心，以维护资本主义私有制为最终目的的所谓自由、民主和人权思潮，在全球化背景下，随着各个领域中交往频繁而具备多种渠道的传入方式。所谓人权外交、价值观外交，就是西方国家利用其强大军事和经济力量为后援的思想渗透和政治压力。从国内来说，由于经济成分的多样化和利益多元化而必然产生思想的多样化、多种利益诉求甚至不同的政治诉求。如果不加引导，就可能发展为对主流意识形态的冲击。尤其是市场经济诱发的拜金主义和极端利己主义思潮，极其有利于西方自由主义思潮的传播和渗透。还要注意，由于社会分配不公、贫富两极分化、官员腐败以及食品安全和道德滑坡引发的群众不满情绪，会从另一个方面引起思想混乱，不利于年轻人树立关于改革开放的正确认识，不利于当代中国马克思主义作为指导地位的树立和巩固。

近年来，党中央开展马克思主义理论建设工程，大力提倡和宣传社会主义核心价值观念，重视当代中国马克思主义理论研究，都是为了树立马克思主义在意识形态中的指导地位，防止重蹈苏联的覆辙。苏共执政七十年，亡党失政；中国共产党建党九十多年，执政六十多年，依然朝气蓬勃，在中国特色社会主义道路上奋勇前进。我们有自己的经验，有苏共的教训。中国共产党和中国人民一定能对人类、对世界社会主义运动做出自己应有的贡献。

坚持马克思主义指导地位不会导致学术贫困化、理论一律化。把坚持马克思主义指导地位，说成是“罢黜百家，独尊儒术”是完全错误的。马克思主义是开放的思想体系，马克思自己就主张学术自由，主张学术争鸣。他说过，我们既然不能要求玫瑰花与紫罗兰散发出同样的芳香，怎么能要求最丰富的精神世界只能有一种存在形式呢？他还说过，真理像燧石，只有敲打才能发出火花。

中国共产党提倡坚持马克思主义指导地位，但同时强调要在学术领域贯彻“双百”方针。在这个问题上我们曾经有过“左”的错误和干扰，但这不是党的方针。中国共产党在文化科学和艺术的方针是“双百”方针。有人说，既然强调坚持马克思主义指导地位，那只能是一花独放，一家独鸣，何来百花齐放、百家争鸣呢？指导思想的一元性问题与学术中的各种风格流派的多样性问题是两个不同层次的问题。一个是用什么样的世界观和方法论作为研究指导的问题，一个是具体的学术观点和流派的问题。我们提倡学术研究要努力学会应用马克思主义的世界观和方法论作为研究的指导，但决不排斥其他研究方法，也决不提倡用抽象的马克思主义原则代替具体的学术研究和艺术流派。当然，坚持“双百”方针决不是否定意识形态领域可能出现分歧和斗争。既然坚持马克思主义指导地位，那么，对重大的错误思想和思潮当然不能漠然置之，而必须发挥马克思主义的革命的批判的功能。我们不能放弃理论的批判功能，放弃意识形态领域中的马克思主义阵地。但这种批判必须是说理的，有说服力的。越是说理，越能巩固马克思主义意识形态的指导地位。真理的力量在于真理自身。

努力建设社会主义文化强国

在中共中央十七届六中全会上胡锦涛的重要讲话和全会《关于推动社会主义文化大发展大繁荣若干重大问题的决定》中，提出了努力建设社会主义文化强国的号召。这是全国理论工作者、尤其是文化工作者面临的伟大历史使命。

一、繁荣和完善中国特色社会主义社会必经之路

中国是世界著名的文明古国。中国文化源远流长。中国的文化在历史上一直繁荣，可中国文化并没有、也不可能阻止中国沦为半封建半殖民地的悲惨处境。东方其他文明古国也类似。根本原因是农业方式斗不过工业生产方式、没落的封建社会敌不过新兴的资本主义社会。

当代中国与以往历史上的中国不同。中国是社会主义国家，中国的和平发展令世人瞩目。从一个经济落后、政治腐败的旧中国，成为当今世界第二大经济实体，成为立党为公、执政为民的人民民主国家。中国特色社会主义在经济建设、政治建设、社会建设、生态文明建设诸多方面都取得了重大成就。在处在世界大发展、大变革、大调整时期的当代中国，建设社会主义文化强国，是进一步繁荣和完善中国特色社会主义的必经之路。

任何社会都是由经济、政治、文化构成的有机体。在社会统一整体中，文化作为一定的经济和政治在观念形态中的存在方式具有重要作用。只有努力建设社会主义先进文化，才能与中国特色社会主义经济制度和政治制度相互促进、共同发展，才能使中国特色社会主义成为充满活力的社

会有机体。新中国成立六十多年来特别是改革开放三十多年，我们党一贯重视精神文明建设、重视社会主义先进文化建设。当前，由于全面建设小康社会的需要，由于中国特色社会主义经济和政治发展的需要，由于当代世界的经济形势和政治格局以及国际矛盾的文化表现方式，中国共产党及时地把建设文化强国提到重要地位。这是放眼当今国内外形势提出的一项具有战略意义的措施。

历史唯物主义关于经济、政治、文化及其相互关系的社会结构理论，决不是说文化仅仅反映经济和政治要求而不存于整体之中。社会各种要素是相互渗透的。经济和政治生活中有文化，正如文化中存在经济和政治一样。文化对经济和政治之所以重要，正在于它不是外在而是内在于经济生活和政治生活过程之中。在当代世界，文化已成为综合国力的重要组成部分；文化产业成为当今的经济支柱产业，成为我国转变经济增长方式的重要途径。而且政治文化观念的成熟，是推动和坚持正确的政治体制改革方向的理论先导。

二、文化强国与提高文化软实力

文化是软实力，学者和公众都无异议。可文化作为软实力作用的真正发挥，并不完全在于文化价值本身，而往往取决于一个国家和民族在世界的经济地位和政治地位。在旧中国，虽然西方也有少数学者翻译过中国文化的经典，赞叹过中国文化，可中国传统文化在西方的影响仍然与中国的大国地位极不相称。孔子再伟大，当时孔子学院也难以漂洋过海。“乘桴浮于海”，只是牢骚话，而今变为现实。一个孱弱贫穷落后的旧中国，单靠文化令世界尊敬是不可能的。而今孔子学院遍布世界，儒学声名大振，中国传统文化受到西方学者的青睐，从根本上说，是中国的崛起在文化上的反映。中国商品走向世界、中国影响走向世界，作为中国传统文化标志的孔子当然也要走向世界。其他几个文明古国的文化名人没有这种际遇，原因无它，因为国家还没有强大到令世人瞩目的地步。

但我们决不能以经济和政治实力取代文化，文化的作用是巨大的。文化作为软实力，归根结底还要靠文化自身的价值。中国文化在当今世界的影响，固然要依靠中国的国际地位的增强，但中国文化自身博大精深，源远流长，积数千年之精华，拥有难以计数之经典。文化资源之丰富，在人类历史上极为少见。中国文化理当走向世界。我们应该建设文化大国、文化强国，提升软实力，增强中国文化尤其是当代中国文化在国际社会的影响力。

当今世界，文化被称为软实力，极其明显地表明，无论是对一个国家社会自身的发展还是国际交往，文化都越来越显示出它的重要作用。可是，文化作为一种软实力，它究竟是起着推动社会进步和促进国际间正常文化交流和友好往来的“软实力”，还是单纯起着维护统治者的利益和国际霸权的“软实力”，这是大相径庭的。

“软实力”这个概念，是美国哈佛大学肯尼迪政府学院教授约瑟夫·奈提出来，他说自己在二十年前就意识到美国虽然保持硬的军事实力和经济实力，但正在失去软实力。因为，国际关系理论中窄化了权力概念，忽视而看不到非物质性要素通过吸引力也能够对行为体产生影响。因此在纪念“9·11”事件十周年时他在文章中特别重提软实力问题。他赞扬奥巴马在认识“9·11”事件教训后，在将硬实力和软实力结合起来的整体战略方面做得很成功。在与伊斯兰极端恐怖主义的斗争中，需要用硬实力对付那些死硬恐怖分子，比如本·拉登，但是我们不能指望去打赢这场战争，除非我们赢得了主流穆斯林的心。如果硬实力运用不当，导致新生的恐怖分子比我们杀掉或阻止的人还要多，我们就输了。在全球化信息时代，“9·11”事件的教训是，即使美国拥有更高级的核能力，或者拥有相互摧毁的能力，但要应对非对称的恐怖主义的出其不意的袭击，软实力比以往任何时代都发挥了更大的作用，而且它也是巧实力战略的一大部分。可见，在当代世界，美国的软实力既为它反对恐怖主义服务，也为它推行自己的人权外交和全球战略服务。美国的软实力是服务于美国利益的软实力。

在“9·11”事件之后美国有不少人问：为什么世界上有如此多的人如此痛恨美国？他们当然不知道美国超级大国的霸权主义行径在世界人民中引起反感，而把问题放在软实力上，也就是让世界接受美国人的价值观、认同美国人的价值观念。如果美国的软实力与硬实力的结合，或者像他们说的巧实力仍然是服务于美国的霸权主义政策，未见得能够真正达到目的。

文化软实力的性质和作用，取决于文化的根本属性和内涵。软实力只能说明文化的作用，而文化的社会属性和内涵才能说明这种软实力的先进性。在作为软实力的社会主义文化中，我们应该重视传统文化，特别是在世界文化交流中，传统文化的作用是无可替代的。但我们同样应该重视社会主义先进文化的建设，应该向世界介绍六十年来社会主义中国在各个文化领域中取得的成就。世界关注中国，同样也会关注中国文化的进展和当代状况。只有古典而没有当代的文化，是不可能真正成为软实力的。

或许有人会说，社会主义先进文化作为软实力不行，社会主义先进文化难以走出国门，因为它是意识形态而非文化。这是一种错误观念。社会主义先进文化当然是一种体现社会主义制度本质和以当代中国马克思主义为指导的文化。在国内，它有利于树立社会主义核心价值观，提高中华民族的人文素质和塑造高尚人格，成为凝结各个民族团结的向心力；在国际上它反对文化冲突论，倡导文化友好交往和文化相互借鉴，有利于国际和谐关系的建立和世界多样性文化的共同发展。让世人看到，改革开放以来，中国和平发展的理念、成就以及中国人的价值观中凝结的先进文化内涵，让世界看到完全不同于那种与霸权主义的硬实力相结合的另一种性质的软实力。这是一种海纳百川、和而不同、具有中华民族特色又极具包容性的文化软实力。

在理解软实力时，应该区分文化与一个国家的核心价值。文化的传播，往往是文化的相互交流、融合、提高，给交流双方的文化发展都带来好处。而西方资本主义社会核心价值的传播和输出，更多表现的是一种文化的入侵。因此，我们在对待西方文化时，应该区分它的国家的核心价值和西方民族的文化积累。我们应该吸取西方文化中优秀成果，但要防止西方核心价值以普世性名义的思想入侵。

西方不是、也不可能依靠他们的传统文化来实现自己的政治意图，不是依靠亚里士多德、柏拉图、莎士比亚、康德、黑格尔从文化上征服世界，即使他们对世界文化仍具有影响和吸引力，而真正发挥文化软实力作用的是他们的核心价值即他们所说的普世价值，即资本主义的自由、民主、人权、平等等当代西方资本主义的核心价值观念。

中国在建立文化强国中，应该重视中国传统文化，它是我们的民族文化之根，应该向世界介绍和推广中国传统文化。但传统文化表明的是我们民族辉煌的历史，并不等于是具有时代特征的当代中国的先进文化。在当代世界，如果社会主义中国没有中国特色社会主义的先进文化，没有自己的社会主义核心价值，而只是单纯依靠传统文化，是不可能在世界上真正具有话语权的。苏联解体的教训证明，不管俄罗斯文化，尤其是十九世纪的俄国文学历史上如何优秀，社会主义如果不在继承传统文化基础上创立先进文化，同样不会有文化话语权，同样会在激烈的世界文化竞争中被打败。因此建设文化强国必须以马克思主义为指导，以社会主义核心价值为中心，以中国传统文化为根，以西方优秀文化为思想资源，建立具有时代特征、民族特征和社会主义特色的文化话语体系。

三、文化安全与文化交流

建立文化强国、保障文化安全并不是拒绝文化文流。文化安全与文化交流不是对立的。以为强调文化安全就会妨碍甚至拒斥文化交流；或者要文化交流，就不能强调文化安全。这种说法，是一种似是而非的二元对立的思考方式。在当代经济全球化和西方强势霸权的政治格局下，容易为在文化交流掩盖下的文化入侵作辩护。

文化交流是人类自古以来就存在的文化交往现象，中国与西方、与周边各国，至少从汉唐就开始有文化交流。我们古代曾有过两条丝绸之路，一条是陆上的，从长安，经河西走廊，出玉门走葱岭这条路；一条是海上的丝绸之路，从广州、泉州、扬州，穿过马六甲的海上丝绸之路。经过两条路，既有贸易，又有文化交流，当时并不存在文化安全问题。汉代，佛教传入，或中国传统文化尤其是儒学向外传播，无论是输出或接受，都没有政治目的，而是友好文化交往。

随着资本主义的兴起，西方资本主义国家在向外输出商品和资本的同时，也输出西方文化，包括西方的自然科学和社会科学和西方的资本主义观念。虽然，这种文化的输出有些也包括殖民文化的内涵，但总的说来具有进步作用，因为它是较先进的资本主义生产方式和资本主义文化观念向仍然处于封建的东方社会的国家的流入，客观上对封建文化是一种外来冲力。例如，自明清以后，西方通过耶稣教士的传教，中国人向西方学到了一些先进观念和科学知识。尤其是五四时期，科学与民主观念，对中国社会和知识界起了很大的启蒙作用。当时，也不存在文化安全问题。虽存在国家被殖民化或被瓜分的危险，但这不是来自文化入侵，而是资本主义经济和政治的殖民主义。其中包含着某些文化入侵的因素，但它是经济和政治殖民的必然结果。

文化安全问题，是在全球化背景下出现的新问题。文化交流是世界文化多样性的必然要求，随着国家经济往来的加强，也会发生文化上的交往。这是一种好的交往，是文化上的相互吸收，相互学习，它是表现文化包容性和民族文化发展的方式。中国人并不拒绝西方文化。凡是对别国的文化采取开放和乐于吸收的国家和民族，是一种文化自信的表现，也是促进本民族文化发展的正确态度。文化交流不涉及文化主权，不涉及文化侵略、文化霸权，而是文化上的互补和相互借鉴。

文化安全是另一种性质的问题，它不是拒绝文化交流，而是防范处于经济和技术强势地位的某些西方发国家把它的核心价值观念作为一种软实力，通过各种方式以文化名义向别的国家进行文化入侵，以达到它的经济和政治目的。美国领导人在演讲中就坦言，当今世界是英美主导的全球化世界，声言西方是全球活动的催化剂，要由自己的思想力量领导。西方的确一直在用人权外交、价值观外交作为手段，输出他们的核心价值观念，迫使其他国家就范。并且因为他们拥有先进的科学技术，容易利用互联网以及他们掌握的各种高科技的、新的传媒手段做到这一点。这就产生了文化安全问题。世界上一些地区和国家发生的一些所谓“颜色革命”，其中一个原因不能说与此无关。这种价值观输出和人权外交，与其说是文化交流，不如说是意识形态的入侵。因为它并没有先进的文化内涵，没有科学知识含量或思想智慧，而是以符合西方资本主义利益的核心价值观念为手段的思想渗透。

对社会主义国家来说，这是全球化背景下面对的新的文化挑战，如果西方资本主义的核心价值观念成为社会主义国家的主流文化，如果在意识形态领域中失去自己的文化主导权，失去了话语权，就会铺设一条通向“颜色革命”的思想之路。

文化安全问题不是针对文化交流说的，而是针对文化霸权说的。不是针对文化交流说的，而针对意识形态入侵说的。在当今全球化背景下，西方发达国家特别是大国，拥有强势的技术手段，尤其是网络的优势地位，更容易进行意识形态的入侵。文化交流与文化安全是两回事。文化需要交流，安全需要防范。文化安全不是消极防御，而是强化文化自觉和自信，积极创造具有中国特色社会主义先进文化，大力构建社会主义核心价值观念，这既是安全的文化屏障，也是以我们的创新文化进行世界文化交流。只有文化强国才有文化安全。

四、破解文化强国建设的体制之谜

在市场经济条件下如何建设文化强国，处于两难境地。如果把文化全部推向市场，势必削减国家对文化的投入，弱化公共文化在建设和公共文化产品的产出，减少甚至剥夺全国不少低收入人群享受文化的权利。这样不是建设文化强国，而是使国家的文化弱化。因为一个人民群众不能享受文化教育和陶冶的民族，是低素质、低水平的民族。

反之，如果文化完全由国家包办，在经济市场发达的当代世界，在已经由计划经济转向市场经济的当代中国，仍然不能运用市场经济的运作模式来发展文化，面对西方发达的文化经济产业，无论从文化上还是从经济上我们都会处于竞争劣势。一切由国家包办，由于财力和人力不足势必阻滞文化的发展。并不会因为一切由国家包办，全体人民就能享受到同等高水平的文化消费。因此，进行文化体制改革，文化企业和文化产业并举的“两条腿走路”的方针，政府的归政府，企业的归企业。办好文化事业，发展文化产业，既能满足群众对公共文化产品的需要和享受，又能通过竞争创新文化，提供优质文化产品，满足不同层次的文化需求。这是真正大力发展社会主义文化、破解建设文化强国的体制之谜。

文化产业的经济效益，往往要依赖先进的科学技术的承载。西方发达国家之所以能在世界上宣传他们的价值观念，在很大程度上借助的是他们的先进科学技术。他们在取得最大经济效益的同时，又在意识形态领域占有某种强势地位。西方文化产业，不单纯是牟利的文化企业，同时又是意识形态的阵地。

在文化强国的建设中，无论是文化企业还是文化事业，都是属于社会主义先进文化建设的组成部分，都必须坚持马克思主义在先进文化中的指导地位，张扬社会主义核心价值。这是否会妨碍文化产业经济的发展呢？不少人有这个疑问。他们错误地认为软点、软点、再软点；俗点、俗点、再俗点，就能打进世界文化市场，这是一种文化自弱和自残。尽管国际和国内的文化产品可以不同，但它的传播方式可以多样灵活，内容可以更具民族特色，应该充分考虑西方观众和读者的文化接受习惯。

在文化产业中，我们在谋求经济效益的同时，必须充分意识到文化产品的价值内容。即使在国际上，我们同样应该使我们的文化产品承载着中国文化的特有价值观念；不能像西方政治家嘲讽的那样，中国只能出口电视机而不能出口电视剧。当然，我们强调文化产业也要以马克思主义为指导，是指经营方针和经营者的理念，而不是说文化产品都是硬邦邦的意识形态的话语。在这里文化创意具有重要意义。如何使文化产品喜闻乐见和具有吸引力，同时又坚持我们自己的价值观念，这是衡量文化产业经营者的马克思主义理论水平和企业文化水平的重要标准。如果社会主义的文化产业，可以不管社会效益，只顾经济效益，成为资本主义价值观念的“宣传员”，甚至伤害中国人格以迎合西方的认可，这肯定背离了以马克思主义为指导的文化建设方针。这种文化产业不能称为社会主义文化产业。

五、建立文化强国的迫切性

党中央提出建立文化强国的方针极其重要，极其及时。在文化问题上，中国文化处于明显的矛盾之中。中国既有几千年丰富的文化遗产，是世界上的少数几个文明古国；可近百年来，我们的现实又是一个文化比较落后的大国。从鸦片战争以后，中国处于经济、军事、文化没落时期。我们的文盲多、科学技术落后、教育落后，和西方资本主义国家，特别与发达资本主义文化教育和文化产业发展相比，我们很落后。

新中国成立六十多年来，特别是改革开放以来，随着中国社会主义制度的确立和经济的迅速发展，我们的文化发展状况有很大的改变。但同GDP增长速度，与外汇储备而言，我们的文化、尤其是文化产业仍然落后于西方资本主义国家。在文化方面，与中国历史上文化繁荣时期相比，我们可以说是富先辈穷后代。我们的文化缺乏创新，缺少能送到西方的当代中国文化。我们不能仅仅满足于翻译中国传统经典，事实上也很难单纯以中国传统文化来抵制和消除西方自由、民主、平等、人权价值观对我们青年的影响。

中华民族伟大文化复兴不是复古的口号，不是在文化上要回到古代，复我汉唐衣冠和古礼古风。而是在文化上，应该恢复中国以往在世界文化中的重要地位和曾经做出过的重要贡献。我们的重点应该是发展社会主义先进文化，丰富和发展社会主义核心价值观，并以此为内容发展当代社会主义的新文化。

毫无疑问，创造当代中国文化，我们的传统文化特别是儒学，是重要资源，应该有专门研究，取其精华，去其糟粕，成为社会主义当代文化的重要来源。我们不能割断文化发展的血脉。但文化不是一尊不动的塑像，而是不断流动的活水。文化需要继承，任何企图割断中国当代文化与传统文化的脐带的文化虚无主义是错误的；但文化更需要创造。“问君哪得清如许，为有源头活水来。”我们需要反映当代中国特色社会主义建设成就，反映当代生活的文化、艺术，以及其他文化领域的新创造，这些应该是建立文化强国应该特别加以支持和扶植，特别需要大力发展的领域。

在建立文化强国的伟大任务中，文化工作者肩负着特殊的使命。因为他们肩负着文化传承和文化创新的重要任务。广大文化工作者不断提供新的文化创意是发展文化事业、发展文化产业的智力支撑。从一定意义上说，文化工作者是文化生产和传承的智力“工人”，是文化产品，包括文化新的创意的直接创造者。我们文化工作者创新能力、创新意识、创新水平和对文化自信、自强和自觉能力直接关系文化强国的建设。正如没有优秀工人的工厂不可能有高质量的产品一样，文化领域没有优秀文化工作者，尤其是缺少一些大师级人物，就难以落实中央十七届六中全会关于建立文化强国的光荣使命。

可以肯定，在建设文化强国中，一定同时是卓越的文化人物涌现的时代，是文化领域群星灿烂的时代。

中华民族文化复兴不是走尊孔读经道路

在中华民族的伟大文化复兴中，如何区分文化复兴与尊孔读经，又如何在继承与发扬自己的民族文化传统中，坚持马克思主义的指导地位，这是一个亟须不断深化和正确对待的问题，它关系到社会主义文化建设的方向。我自己在这个问题上似乎明白又不十分明白。

一、文化复兴与尊重文化传统

什么是文化复兴？文化复兴的本质是创造社会主义新文化，而不是复古，也不是一概恢复我们过去的文化。之所以用文化复兴来表述我们在当代的社会主义文化建设，其意可能有二。其一，它可以是针对鸦片战争以后曾经灿烂辉煌的中华民族文化的式微说的。也就是说，社会主义中国，不仅要建设成为一个经济大国，而且应该建设成为一个文化大国，像我们的祖先在世界文化领域中曾经占有过的地位那样。其二，不仅是恢复我们曾经有过的在世界文化史上的地位，而且包括对传统文化中优秀文化遗产的继承，把过去被遗忘被抛弃的好东西捡回来。但文化复兴的最根本内容，是坚持先进文化的前进方向，创造灿烂辉煌丰富多彩的社会主义文化。文化复兴不是一个复归传统的口号，而是一个社会主义文化建设的动员令和催人奋进的号角。

当然，在中华民族的伟大文化复兴中，应该十分重视民族的传统文化，这是我们民族的思想之根。很长一段时期，我们对这个至关重要的问题没有注意。“文化大革命”时期的所谓“破四旧”更是“左”得可爱、

“左”得可气、“左”得可怜。可问题的复杂性在于并不是凡是传统的东西都能全盘继承，子孙后代如何继承祖宗的遗产，还得根据自己时代的需要和科学与知识已经达到的新水平。传统的确不是一尊永远不动的雕像，而是一条永远流淌着的河流。传统也处在不断的凝聚与更新中。这不仅在于每一个时代都会为传统增加新的因素，使原有传统得到新的延伸，而且还会对原有传统进行新的解读。

一个民族不同时代的子孙，往往面对的是变化着的传统。但是那些对民族精神的塑造发挥极大影响的人物，往往成为民族传统的创造者。例如，孔子就是这样。当然孔子学说不是一个人的学说，而是象征一个以他为首创者的儒家学派。自汉武帝“罢黜百家、独尊儒术”以后，除个别朝代外，孔子在政治、思想、文化领域处于绝对的统治地位。尤其是当孔子学说被作为飞黄腾达、进入仕途的晋身之阶时，它的权威性无可动摇。当然，反孔批孔的也有，特别在农民运动时期。可社会一旦趋于稳定，历史之摆又重回原处。五四运动以后，随着作为社会制度的封建主义最后瓦解，新学的兴起，反对孔子学说成为必然之势。直到20世纪七八十年代，在中国内地，孔子的光环早已褪尽。这是革命时代形势下的必然性。它的社会学意义在于表明，我们还没有进入到清点家产继承遗产的时代。虽然毛泽东说过，从孔夫子到孙中山都要给予总结，继承这份宝贵的财富，实际上我们并未认真总结过。当社会发展进入到重视文化建设的时期，自然会想起孔夫子及其儒家学说。孔夫子是我们民族的大思想家、大教育家，儒家学说支配中国两千多年，这是绕不过去的。但是少数人鼓吹的“尊孔读经”的喧嚣之声，只是中华民族文化复兴形势下的一种思想泡沫。

我们似乎难以区分继承中国文化传统与少数人鼓吹的尊孔读经的界限。对中国的圣人难道不应该尊吗？对孔子以及儒家的经典难道不可以读吗？如果我们停留在这样的问题上，显然要落入理论陷阱。问题的实质在于，尊孔读经的鼓吹者的理论出发点是，儒家学说是“天道”、“永恒不变的天道”。“天不变道亦不变”，社会主义国家仍然要以尊孔读经作为文化复兴的轴心，甚至鼓吹要“儒化中国”、“儒化共产党”。这就不是如何继承传统文化的问题，而是社会主义中国应该以什么思想理论作指导的问题。

所谓“永恒不变的天道”，不符合历史事实。孔子的学说，在历代大儒不断的注经中，也在不断变化。即使当代有思想的新儒家们也是主张返本开新，而不是把孔子学说神化为“天道”。其实，孔子的学说，对处于不同时代的儒家，显示它的不同的着力点，不同的意义和价值。所谓“永恒的天道”并非永恒，只有当它被抽象为没有具体内容的具有普遍性的范畴和规范时，才表现为一种仿佛不变的永恒性。我们这样说，并不否定作为在中国传统文化中处于正统主导地位的儒家学说的积极内容。实际上，我们现在仍然可以从孔子学说中，从儒家学说中吸收许多有用的因素，作为我们的思想资源和宝贵财富。但这种吸收肯定不能是全盘照收，一定是处于中国特色社会主义建设中的我们，按照我们时代的需要和理解来吸收、来继承，重建我们当代的社会主义文化，而不可能是儒学复兴。

任何一个尊重中国历史事实的人都可以看到，以孔子为代表的儒学处于支配地位时并不都是中国最强盛的时期。汉代前期，尊黄老学说，孔学并无地位。唐代是中国历史的光辉时期，可唐代佛教盛行，尊奉的也是与他老李家同宗的道家老子。儒家并不占优势。宋代最尊孔而且创造了新儒学，可宋代最弱，连徽、钦二帝都被俘，南宋偏安江南，虽然理学“一枝独秀”，最后还是亡于并不尊孔的蒙古族的铁骑。当然，从中国总的历史来看，儒学是处于支配地位。但历史证明文化并不是最终决定因素。只有经济发展、政治清明，整个国家才能强大安定。文化只有在经济起基础性作用和政治制度优化的条件下才能发挥它的最佳作用。况且，中国传统文化是包括多种学派的复合体，并非儒家一家。继承文化传统应该开展多种传统文化遗产的研究，发掘多方面的丰富内容。

在社会主义中国，孔子也应该“尊”，尊重他在中国文化思想史上的开创性地位，尊重他在中华民族文化创建过程中的不朽功勋，而不是尊他为“王者师”，不是尊奉他为“教主”，更不是尊重历代帝王加封的阔得可怕的头衔。“经”也是可以有选择地读的，因为这些都是中国传统文化构成的重要部分。读哪些，读多少，以及读经的年龄、方式，都可以作为当代教育的一个专门问题进行研究。但在社会主义中国，绝不能让历代统治者包括袁世凯之流的思想和做法冲击我们文化复兴“尊孔读经”的正确方向。那种以孔子为最高权威的“尊”，以“经”为不可违的法典，压倒其他一切学说的文化的"尊"，只能是一种政治上的倒退、思想上的倒退，与坚持马克思主义的指导地位、坚持先进文化的前进方向是相悖的。

二、中国特色马克思主义中的民族文化因素

马克思主义当然不能取代中华民族自己的文化和传统。但马克思主义传入中国后与中国实际包括文化传统相结合逐步形成中国化的马克思主义。这种马克思主义是具有中国特色、中国风格的马克思主义。这种马克思主义不能看成是与传统文化迥然不同的外来的思想，而应该看成既坚持马克思主义又具有中国特色的中国化的马克思主义。近百年的历史证明，孔子不可能救中国，儒学也不可能救中国。指导中国社会走出困境、让举世瞩目的是马克思主义指导下的革命和建设。孔子依然是那个孔夫子，可是在列强入侵、中国处在瓜分豆剖下的孔夫子，和当今在世界人民心目中的孔夫子显然不同。我一直认为，没有一个强大的中国，就没有一个为世人尊敬的孔夫子。而且现在孔子学院在海外的建立数目不断增加，是中国改革开放以来社会主义经济发展、国际地位提高的表现。历史明摆着，孔子没有救中国，儒学也没有救中国，倒是当代社会主义中国把孔子推向更广大的世界。

当无产阶级和人民当家做主以后，完全可以吸取孔子为处于统治地位的政治家设想的治国平天下方案中有价值的东西，有分析地拿来为自己服务。毛泽东说过，从孔夫子到孙中山都要总结，就包含这层意思。后来他在"文化大革命"中又说，"孔子名高实秕糠"，对孔子采取否定态度。这与当时他在"文化大革命"中的错误是不可分的。的确，我们只有从自己与时代的关系考察对孔子和儒学的态度，才能理解孔子形象的多变性。把孔子学说说成是"不变的天道"，与各自的时代无关，这只是一种理论幻觉。

中华民族文化要复兴，但不是复古。其实，在任何社会复古永远是不可能的。古，意味着过去。历史是过去了的社会形态，永远不可复制。复古，无论是托古还是仿古，无非是对现实或现实某一方面不满的一种态度。中国传统文化要继承，但还是毛泽东说的那个原则：取其精华，去其糟粕。精华与糟粕究竟是原有的，还是后人分的？这当然要分析。如果中

国传统文化没有精华与糟粕，完全是后人根据自己的需要来决定的，这等于说任何时代的文化在原本意义上无是非好坏之分，这种区分都是后人解读出来的。这太绝对。事实上，一种思想体系在它产生的时期就已包含它那个时代的精华与糟粕。比如对“和为贵”，如果不论条件一味强调“和为贵”，显然是右的甚至是投降主义。可如今，时代条件和我们面对的历史使命变了，“和为贵”这个命题的内容与应用的可能性也发生了变化。能够理解这种变化的，并在不同条件下对同一命题采取不同态度的，并不是“和为贵”的命题本身，而是马克思主义的唯物辩证法。

在社会主义中国，指导思想只能是马克思主义，而社会主义建设的道路和实现方式只能是马克思主义与中国实际相结合，即马克思主义中国化。把马克思主义与中国传统文化对立起来是错误的。文化复兴本来包括文化继承与文化创新不可分的两个方面：在继承中创新，在创新中继承。我们不能数典忘祖，但也不是狭隘的民族主义者。我们尊重我们自己的文化传统，尊重我们民族的文化伟人。这个原则绝不能因某些复古思潮而动摇。但我们要分清继承与复古的界限，特别是在以什么理论和方法作为我们的指导思想的问题上绝不能迷失方向。例如，我们现在都赞叹“天人合一”的思想如何博大精深，实际上我们是不自觉地用马克思主义观点在改造它的原意，把“天人合一”解释为人与自然的和谐，按照马克思主义关于人与自然关系的理论以及当代生态学的成就来解读“天人合一”。实际上在中国传统哲学特别是儒学中，“天人合一”的思想是极其混杂的。“天”，可以是“意志之天”，天主宰一切，这是天命论的思想；“天”，也可以是“义理之天”，即“天”是一切道德原则的源泉，所谓“天道”是人间道德的最高依据；还有则是“自然之天”，例如，荀子的“天行有常，不为尧存，不为桀亡”。而恰恰唯物主义者并不主张“天人合一”，主张“天人相分”，主张“制天命而用之”。所以“天人合一”中既有好的东西，也有天人感应、灾异说之类的神学唯心主义的东西。“天人相分”中既有坚持唯物主义、反对唯心主义和神秘主义的东西，又有可能导致不尊重自然规律性的东西。我们现在对儒家有关天道与人道中一切唯心主义的、抽象人性论的东西讳而不言，把各种不同的“天人合一”学说统统都塞进人与自然的框子里，按照马克思主义关于人与自然和当代生态学的思路去解释。其实，这已经不是儒家的原意，而是对“天人合一”的现代解读版。在当代，剔除它的“天人合一”唯心主义成分，突出人与自然的关系当然可以，但要说原本就这样，很难令人信服。一个几千年前在人与自然比较和谐的农业社会的思想家，就已经预见到工业社会人与自然的关系的恶化，把人与自然的和谐作为一个突出问题来加以强调，这有点强古人之所难。我们这样说，丝毫无损于中国传统文化的光辉。但我们一定要区分原本的意义与后人的解读，千万别在西方解释学的鼓噪中，失去最起码的实事求是的科学精神。

我以为，我们这些马克思主义哲学工作者，应该努力重新学习中国传统文化，其中包括中国哲学，但在研究和学习中，一定要坚持马克思主义。我们要学会运用马克思主义的理论和方法来研究中国传统哲学，而不是相反。

“普世价值”与价值共识

普世价值与价值共识最易混淆。价值共识可以具有一定程度的普遍性，而普世价值似乎是人人都应该认同的一种价值共识。普世价值是一种以抽象人性论为依据、以绝对的普遍性为方法的唯心主义价值观。在当代，西方和国内少数人借助强势话语霸权，把西方资本主义的核心价值称为普世价值，以达到他们西化和分化的政治目的。我们要揭露西方“普世价值”论的实质，但应充分肯定人类文明进步的成果和通过国际合作与文化交流在一定范围内和一定问题上达到价值共识的可能性。不能因为人类可能具有的价值共识而陷入普世价值的政治陷阱，当然也不能因为反对西方普世价值论而拒绝人类文明进步的积极成果，否定人类的一定程度和范围的价值共识。

一、拒斥西方鼓吹的“普世价值”

在对待普世价值的问题上存在两种不同的观点：一种是西方中心论的普世价值论，即把西方以资本主义私有制为基础、以个人主义为核心的价值观奉为绝对的普世价值；一种是以历史唯物主义为指导的观点，它肯定人类文明进步和文化交流的积极成果。后一种观点是对人类基本价值的肯定，是一种价值共识论。由于代表历史进步的趋向、得到人民比较广泛的认可，这种价值共识具有一定程度的普遍性；而且由于它是人类文明成果的积淀，具有先导性。但价值共识的普遍性和先导性具有历史性、时代性和民族性。

当今西方抽象普世价值论的兴起不是突然产生的：它从宗教的普世主义，到神学家和宗教伦理学家倡导的普世伦理，再到现在成为西方强势话语的所谓普世价值，经历了很长一个历史过程。但是，作为当代强势话语的西方普世价值不同于宗教的普世主义和神学家、宗教伦理学家倡导的普世伦理，因为它具有与全球化背景下西方资本主义强势地位的扩张相联系的特殊的政治意图。

抽象的、绝对的普世价值是不存在的，因为它包含一个不可解决的矛盾，即价值主体与价值本质的矛盾。价值不可能具有绝对的普世性。有放之四海而皆准的普遍真理，而没有放之四海而皆准的绝对的普世价值。这是真理与价值之间最重要的一个区别。因为真理是主客体的认识关系，它涉及的是认识内容的客观性问题，而价值是主客体的一种需要和满足需要的关系，它涉及的是利益、特别是核心利益关系问题。即便是放之四海而皆准的普遍真理，也要与各国实际相结合，否则就是抽象真理，而抽象真理会因为缺失具体性而转化为谬误。真理尚且如此，何况价值?

价值的绝对普世性与价值关系的具体性两者不能兼容。价值观念是主体的判断，而价值关系是不依主体意志为转移的客观关系。《红楼梦》中贾宝玉手下的高级丫环可以对自己地位做出满意的价值认同，但无法改变她们与主子之间实际的价值关系，即主子与奴才的关系价值认同与实际价值关系背离的情况在阶级社会并不罕见。称颂资本主义、满足于资本主义制度的无产者，已经成为当代西方工人运动的一大障碍。如果社会主义国家把西方的所谓普世价值当成自己的价值追求，就是对自身制度的本质和利益的实际价值关系的背离。

普世价值不可能是绝对的，在当今世界不可能奉行同一种价值观。因为作为这种价值观的共同的统一的主体并不存在。现实中有个体，有由特定关系结合而成的集体，如阶级、社会、民族、国家，因而有个人价值、阶级价值、社会价值、民族价值、国家价值，但当今世界并没有以全世界所有国家为同一主体的普世价值。有人可能会说，虽然国家和民族不同，但都是人构成的，人就是普遍主体，因为人是“类”，“类”可以成为世界主体；只要承认我们都是人，必然有高于和超越各个国家、民族和阶级之上的绝对的普世价值。其实这只是抽象人道主义的老调新弹，是从马克思主义的“现实的人”重新回归“抽象的人”。马克思说：“人的本质不是单个人所固有的抽象物，在其现实性上，它是一切社会关系的总和。”[1] 他批评费尔巴哈把人的本质“理解为‘类’，理解为一种内在的、无声的、把许多个人**自然地**联系起来的普遍性”[2]。这是千百次被引用过的经典名言，用在剖析普世价值问题上同样恰当。

任何人都明白，迄今为止现实的人都是生活在一定国家和民族结构之中，而不是生活在一个以世界为统一主体的整体结构之中。全球化并没有把全世界的人变为统一的主体，泯灭了国家和民族的差别，而是使强国与弱国的对立更加激化。即使是联合国也是各个主权国家的国际组织，而不是无国界的所谓“人”的组织或“类”的组织。对于当今世界人类而言，国家仍然是存在的边界。所以凡是主张绝对普世价值的理论家，都承认有一个抽象的类主体，而且肯定人性的普遍性，由人性的普遍性推论出绝对普世价值。

有人说，不要偷盗、不要奸淫、不准乱伦就是符合人性的绝对普世价值。其实在没有私有制的时代不存在“不要偷盗”的规定，在群婚时代不存在“不要奸淫”的规定，在杂婚时代不存在“不要乱伦”的规定，甚至连“盗窃”、“奸淫”、“乱伦”的动机和观念都根本不可能出现。这些作为人类的基本价值的共识，都是社会发展和文明进步的成果。所以，我们否定绝对的普世价值：没有任何一种价值可以脱离历史、超越时代，包括体现人类进步的价值共识也是受历史条件和时代制约的。

由此可见，普世价值论的哲学基础有二：一是抽象人性论，它由人性共同性推论出价值的普世性；二是形而上学的价值不变论，它由人性的永恒性断定存在一种永恒不变的价值，这可算是“天不变道亦不变”的西洋版。

二、重视人类“价值共识”

我们不同意普世价值，但承认人类在一定范围内、一定问题上可以存在某种价值共识。价值共识不是脱离各个民族的价值而独立存在的抽象共

---

①② 《马克思恩格斯选集》，2版，第1卷，56页。

相，而是在人类文明进步中、在各民族文化交流中逐步形成的对某些基本价值的认可；它是有条件的、历史的、变化的。例如1948年12月10日联合国通过的《世界人权宣言》，就是对人权这个问题的某种价值共识，它代表宣言的签字国对一些基本的人权的认可。但这并不意味着人权宣言中列举的是超越历史和国家的普世价值。因为它具有时代性，产生于第二次世界大战之后，它表明人们对战争的反省，随着人类社会发展、人的社会地位和政治地位的提高而发生的变化。《世界人权宣言》可以看作人类历史进步的一种纪录：其中所列举的人的权利是历史的产物，其产生和完善经历了一个历史过程。即使在西方发达国家，所谓自由、民主、人权至今仍然是残缺不全的，并没有成为人人享有的普遍价值。

20世纪下半叶由于生态危机而凸显的人与自然和谐的观念，也不可能是所谓抽象的普世价值。因为在以农业为生产方式的封建社会，甚至资本主义工业化早期，都不存在对人与自然和谐这种价值观念之需要的普遍性和迫切性。人与自然和谐、挽救人类共同居住的地球的观念，只有在当代才能成为基本价值，成为人类的价值共识。可见，人与自然的和谐作为一种价值共识具有我们时代的特点。对中国古代哲学关于“天人合一”的生态学解释，并不能包括“天人合一”的原有内容，而是当代工业化所带来的生态恶化状况的一种折光，具有明显的现代性解释特征。这也说明，普世价值是不存在的，实际可能存在的只是对人类基本价值的一种共识。

任何被大多数人认可的价值共识都具有时代性，应该符合时代的要求，是时代和社会自身实践成果在理论上的反映，而不是少数智者对绝对真理的发现，或慈悲家们救世主式地向世人宣示的约定。宗教家可以认定自己的教义具有普世性，它囊括全体世人，是救世的，是普度众生的，但宗教之间或教派之间的纷争甚至战争证明任何一种宗教都不可能具有普世性。它的普世主义不可能得到认同。任何一种宗教的普世性，只是一种宗教信仰和教义。宗教教义不具有普世性，而且彼此对立、冲突，因而产生了把各种宗教共同认可的东西确定为普世伦理的需要，普世伦理应时而生。其实，这种所谓普世伦理只能是一种底线伦理，是对人类社会规范或人类进步实际成果的一种肯定。如果这些规范具有现实基础，它可以起宣传和警世的作用。但如果企图把它作为全世界都应该遵守的道德规范，那就只能是一种良好的愿望，并无现实可能性，全人类行为是不可能通过道德约定或制定规范或发布宣言来统一的。因为人类的道德自觉，尤其是世界范围内的被认可的道德规范，是一种道德价值共识；这种共识的可能性与现实可行性，与人类社会进步、与各个国家和民族的发展水平和社会状况是不可分的。尽管道德家们、思想家们可以逞抽象思辨之伟力，找出一些似乎是人人都理应赞同和遵守的价值而称之为普世价值或者普世伦理，但它们在现实中并不具有普世性，最多是一种理想，是一种期待。

我们否定抽象普世价值，也不赞同所谓普世伦理，但我们不能否定人类的基本价值及其可能达到的某种共识。人不是以抽象的类作为全球统一主体，也不可能从抽象的普遍人性中引申出普世价值；但人作为社会的主体，无论属于哪一个种族、民族、国家，不仅具有某些共同的自然属性，而且都要解决人与自然、人与人的关系问题，面对某些相同或相似的问题，从而逐步积累一些相似的认识、经验和体验，形成一些对人类的生存和发展具有重要意义的基本价值。它们可以存在于物质文明中，也可以存在于精神文明中。价值共识就是对不同民族创造的物质文明和精神文明中积极合理因素的某种认同。例如在当代，民主、法制、自由、人权、平等、博爱、和谐等观念就是一些价值共识。价值共识不同于普世价值。普世价值强调的是普世性、无差别性；而价值共识的范围则可大可小，共识的程度可高可低，并且价值共识作为一种理论承诺，和它的实际状况并不都吻合。例如法治作为一种政治制度，它的优越性是绝大多数人承认的，但对人类社会而言不具有普遍性，法治理论和制度化只是近代社会的产物。人权承诺也是如此。人权并不是天赋的。尽管参加人权公约表明中国对维护人权与其他签约国具有共同的价值共识，但彼此之间对于什么是完整的人权概念、如何保障人权以及人权状况如何的看法，仍然可以存在差异，即在价值共识中可以存在共识和非共识的矛盾、理论与事实的矛盾。自由、民主、平等以及其他基本价值都是如此，它们既具有一定的普遍性，又具有特殊性。以中国宪法同样保障人民的自由、民主、人权这一点，来证明西方的自由、民主、人权价值的普世性是不对的。自由、民主、人权载入社会主义中国的宪法并不是源于自由、民主、人权是普世价值，而是基于社会主义制度的本质和对人类社会进步成果的一种价值共识。因此，在这种共识中必然存在着不同于西方关于自由、民主、人权观念的东西。以价值共识为依据证明抽象普世价值的存在是不对的；但以价值分歧为依据否定自由、民主、人权作为对当代人类文明共同进步的基本价值的一种共识性，也是不对的。我们应该认识到，以基本价值为依据的价值共识与抽象的绝对的普世价值，是两种不同性质的价值观。

价值共识不是约定的，不是少数天才思想家的发现，而是人类历史和社会进步逐步形成的，具有客观的历史必然性。它并非逻辑、理性必然性的产物，也不是伦理学中的应然或“绝对命令”。价值共识以各民族实际创造的多样文化中的积极因素为依托，存于各种具有民族特性的文化之中。例如，西方人可以从东方人特别是从中国传统文化中吸收一些合理的思想，正如中国人可以从西方文化思想中吸收合理思想一样。孔子的“己所不欲，勿施于人”存在了两千多年，到 20 世纪末才被宗教家和伦理家们定为普世价值而且是黄金规则。这是现代道德危机和价值失落引发的对东方文化的需要，而非因为天才人物突然发现了它的普世性。当中国处于半封建半殖民社会、处于被压迫、被瓜分的状态时，中国传统文化中的优秀东西并未被世界认可、赞扬。尽管孔子的“己所不欲，勿施于人”在当代可以作为 种价值共识，但实际上人们的行为是否都奉行这个原则，尤其在强国与弱国之间是否遵守这个原则，则是另一回事。

当中国向西方寻求真理时，西化被看成中国救亡图存重建中华民族辉煌历史的唯一出路。西方文化中心论成为主流价值观，尤其是它的自由、民主、人权口号对中国人尤其是知识分子具有极大的吸引力。而现在中国人对西方文化中所宣扬的普世价值则具有较为理性的看法。因此，当代被称为普世的价值至多是一种价值共识，它决不是普世的。

价值共识不是一时形成的，而是在各民族的文化长期交流、传播和相互学习中逐步形成的。无论具有普遍性的基本价值的形成过程如何漫长，尤其是一种理论上的共识变为现实如何艰难，人类文明进步中形成的基本价值都始终是人类文明发展的宝贵精神财富和人类追求的历史性目标。人类的历史就是由野蛮走向文明、由资本主义文明逐步以各种方式和道路走向未来的共产主义文明的历史。在每个历史阶段都会形成具有时代性的基本价值，成为那个时代的先进价值，并在进步人类中形成价值共识。而由马克思主义所设想的人类社会发展的目标，则更是一个漫长的充满矛盾的曲折过程。即使世界大同实现，难道人类就永远不再发展了吗？当然不会。因此不要奢言普世价值，而应该重视人类在历史进程中对价值的创造，重视不同历史时期的价值共识。如积土为山，人类就是这样一步步在创造文明中积累价值。这个过程永远不会结束。

世界上存在不同类型的文明、不同民族的文化，其文学、艺术、哲学、伦理等价值形态中都蕴涵某些能达到共识的因素，因而跨民族、跨文化的交流才是可能的。但没有任何一种单独文化形态可以居于普世的地位，它只包含能为其他民族所认同的因素，因此具有共识性的价值是人类各民族共同创造的积极成果。但各民族的文化并不会因为价值共识而失去它的民族特性。海纳百川，我们无法分辨出其中的各川之水，它们都已完全融为海水。可人类文化不同：人类文化交流不是形成一种独立于各民族之外的具有普世价值的文化，而是各民族立足于自身的文化吸收外来文化，丰富和发展本民族的文化；通过文化融合、吸收，你中有我，我中有你，但不会失去自己文化的民族特色。中国是具有丰富文化传统的国家，中国可以向世界展示其传统文化包括当代中国文化的优秀成果，它具有东方价值的特殊内容、意蕴和魅力。但它要为异民族文化认同、吸收和转化，才能体现其中包含的世界价值或人类价值。任何一个民族文化中的人类内容都是潜在的。民族价值中的人类性必须经过文化传播、交流、融合才能溶入世界之中。

我们拒绝西方关于普世价值的话语霸权，但肯定资产阶级自由、民主、人权观念的历史进步性和可供借鉴的因素。从人类历史来看，资产阶级革命和资本主义制度的建立是人类历史上具有革命意义的重大变化。尽管各种文化中都可能包含某些自由、民主、人权观念的萌芽和因素，但这些观念作为一种比较完整的理论、作为一种由法律规定的制度性安排，是与资本主义社会的产生不可分的。我们不要把它奉为普世价值。因为资产阶级启蒙学者关于自由、平等、博爱的理想具有资本主义的阶级性和狭隘性，尽管它是以普遍性的形式出现的；何况资本主义统治的现实，并非自由、平等、博爱社会理想的完美实现。恩格斯在《反杜林论》中说：“同启蒙学者的华美诺言比起来，由‘理性的胜利’建立起来的社会制度和政治制度竟是一幅令人极度失望的讽刺画。”① 这是差不多一个半世纪前说的话。如果恩格斯目睹当代西方国家推行所谓“价值观外交”、所谓“人权外交”，把自由、民主、人权、平等、博爱作为对外扩张的软实力，实现它们的政治图谋，并称之为普世价值，他又将会如何讽刺这一伟大创造！的确，“传播普世价值”比资本主义早期向外扩张时所谓的“传播文明”，更具创意。

英国诺丁汉大学“中国政策研究中心”主任郑永年在关于中国在压力中崛起的文章中说，西方在利用军事同盟遏制中国的同时，还利用价值外交：“如果说军事同盟体现的是硬实力，那么价值外交更多体现了软实力，这就是希望把西方的民主和人权价值观融合到西方对华政策的方方面面，尤其是经济贸易。”（郑永年）“俄新社”在一篇题为《人权武器不合时宜》的报道中论证西方以人权为武器的实质时说，“美国及其欧盟国”企图将民主或人权的标准强加于其他国家，“它与欧洲当年打着传播文明与基督教的旗帜，戕害众多生命或文明如出一辙”；还说，“在美国，为外国谋求人权是一个数亿美元的庞大产业，金钱、激情、意识形态和颠覆活动交织在一起。方法众所周知：倚重许多国家的亲美反对派，或干脆自己出马打造成一个反对党，将之塑造为权利和自由的唯一捍卫者，然后对其公开援助，这即是说，美国养着全球最大的颠覆机器”②。

可见，西方推行的并不是什么普世价值，而是他们自认为的普世价值，即有利于西方的价值外交的特殊价值。国内少数人嚷嚷的普世价值是建立在对中国特色社会主义的丑化基础上的。他们认定中国是极权统治的封建社会，需要重续清代开始的所谓“宪政”，实行一次如同西方资产阶级革命那样的所谓“革命”，一切推倒重来，因而西方资产阶级革命时的自由、民主、人权是当代中国必须实行的普世价值。这种普世价值论的政治色彩是不言自明的。

有一种看法认为，似乎民主、自由、人权之所以为绝对的普世价值，因为它是永恒的、符合人性的。例如，民主就是一种“类”概念，古希腊

---

① 《马克思恩格斯选集》，2 版，第 3 卷，607 页。

② 俄新社：《人权武器不合时宜》，载《参考消息》，2009-02-26。

城邦制民主制、资本主义民主制、社会主义民主制都是由之产生的不同方式，是种概念。这是柏拉图和黑格尔的思维方式。实际上在具体民主制度之外并不存在作为“类”的民主，由它派生出各种民主形式。由希腊奴隶制民主到资本主义民主制度、再到社会主义民主制是一个历史进步的过程，这个过程延续了两千多年。人们关于民主的观念是对现实民主制度某些共性的理论概括，而不是由作为“类”的民主概念产生出作为“种”概念的各种具体民主制度的逻辑过程。也就是说，并不是先有作为绝对普世价值的民主，然后才产生出各种各样的现实的民主制度，而是因为有了各种民主制度，才产生出民主是人类社会进步基本价值的共识。

民主不单是一个政治概念，它还是一种国家制度。各种不同的民主制承载的是不同的国家性质。因此，自由、人权、平等、博爱并不是与民主并列的等价概念，而是受民主制即国家制度制约的。例如，在西方民主制框架下的自由，必然是有利于巩固资本主义制度的自由，因而通过无产阶级政治革命和人类解放而获得的自由，决不包含在资本主义自由概念之中；同样，其平等只能是等价交换中体现的平等，是资本主义法律面前的平等，决不包含消灭阶级意义上的平等；其博爱的最高体现就是资本主义制度下的慈善事业，而不可能“泛爱众”。与社会主义民主相关的自由、平等、人道均会因为民主制的本质区别而具有不同的内涵。西方资本主义国家所宣扬的民主，从本质上说并非是中国人民所需要的民主。我们强调的人民当家做主的民主，也不可能为西方国家所接受。毫无疑问，民主、自由、人权及其某些制度性的安排，作为人类历史发展特定阶段对人类的贡献，包括普选制、少数服从多数、非终身制、废除等级特权、尊重法治以及人民对政治的广泛参与，等等，都包含积极的可以吸收和借鉴的东西。但在社会主义社会，作为国家制度的民主制度的实质和内容，以及相关的自由、平等的内容，肯定会发生与社会制度的性质与文化传统相适应的变化。所以，我对作为人类文明积极成果的自由、民主、人权、平等、法治等，可以形成一定范围和一定程度的共识；但如果抽象掉它的具体内容，使其变为超越历史和时代的抽象的、绝对的普世价值，它们就会失去合理性而变为一种资本主义向外扩张的软实力。

“普世价值”并非科学概念，因为它容易制造抽象共相的理论幻觉。

西方宣扬的永恒不变的绝对“普世价值”是一种关于价值的唯心主义的理论，而“价值共识”具有实践意义和理论意义，它是对人类文明成果和文化交流或文化融合积极因素的肯定。普世价值是以抽象人性为依据的一种对价值的虚拟，价值共识则是对各民族文化实际贡献中有积极意义的基本价值的认可；普世价值是超历史、超时空的，价值共识是历史的、时代性的；抽象普世价值是无条件的、普世的，价值共识是有条件的、有范围的；抽象普世价值立足于观念，求助于人的理性，以应然为“绝对命令”，价值共识则立足于实践，求助于各民族实际的文化积累和社会的进步；抽象普世价值外在于其他民族的文化或凌驾于其他民族文化之上，价值共识的因素则存在于各民族文化之中，是在文化交往和传播中逐步达到的；普世价值是一种不可兑现的空头约定，而价值共识是人类社会实践经验的积累和理论升华；普世价值论者沉醉于人类可以统一于西方普世价值的幻想，而价值共识论者以“和而不同”为原则，通过价值共识形成人类的合理的具有一定共性的价值追求，同时又肯定它的差异性和多样性。

普世价值由于它的抽象的普世性而成为没有内涵的抽象共相；构成抽象普世价值内涵的用语不是一个具体概念，而只是一个词语、一个空洞的概念。例如自由、人权、平等之类，作为词语可以存在于各种语言中，但作为具体概念是不可能脱离使用者的国家和民族的实际状况的。列宁在《哲学笔记》中从费尔巴哈的《宗教本质讲演录》中摘录过两段话：“我并不否认……智慧、善良、美；我只是不承认它们这些类概念是存在物，不管它们是表现为神或神的属性，还是表现为柏拉图的理念或黑格尔自我设定的概念”；“它们只是作为人们的属性而存在”。列宁对此甚为赞赏，在边注中写道：“反对神学和唯心主义。”① 普世价值论者正是通过抽象掉概念的具体内容而把它变为一个词、一个在各种语言中都可以使用的词，来证明它的普世性。价值共识是立足于人类进步和本国情况，是与具体性不可分的具体共性。民主、自由、人权在西方政治家手中之所以能采取双重标准，就是因为它们没有真正以人类基本价值的共识为依据，因而具有主观性、随意性。我们不赞同抽象的普世价值论，但充分认识到各民族的价

① 列宁：《哲学笔记》，55页，北京，中央党校出版社，1990。

值观念中包含的可供交流、借鉴和融合的共同因素，承认作为人类社会进步和文明成果的基本价值的普遍意义。我们拒绝西方“普世价值”的话语霸权，但坚持改革开放，坚持借鉴人类文明包括西方文明中的积极成果。

三、坚持“社会主义核心价值”

普世价值由于超越了国家和民族，超越了现实，而由地上升入天国，成为与具体相剥离的共相。一个社会的核心价值则不同，它立足于现实社会，植根于这个社会的经济和政治制度之中。有什么样的社会，就会逐步形成与它不可分离的什么样的核心价值。每种社会制度都有自己的核心价值，它是这个社会得以存在的精神支柱，是这个社会从产生到巩固的标志。

核心价值的不同集中表现着社会形态和社会性质的不同。核心价值不是以抽象的人为主体，而是建立在特定的社会的经济和政治制度的基础上，并且起着稳定、巩固和发展自己制度的软实力作用。在任何国家中，处于支配地位的都是它的核心价值而不是所谓普世价值。一个社会的价值可以是多元的，但核心价值则是一元的；它是这个社会制度的主导价值，是该社会统治阶级的价值观。核心价值不一定是全社会的共同价值，但由于它是处于统治地位的价值，因而可以而且必然会通过各种途径和方法在不同程度上为全体社会成员所接受。在阶级社会中，被统治者接受统治阶级的价值观，在不同程度上认同该社会的核心价值，是这个社会处于稳定时期、社会矛盾没有激化的表征。一个社会核心价值的逐步崩溃，是社会矛盾激化、社会行将崩溃的前导。中国封建社会的核心价值，就是以儒家的忠君、爱国、孝悌、仁义即忠孝、仁爱、礼义、廉耻为主要内容的价值观。而资本主义社会的核心价值，则是私有财产制神圣不可侵犯的观念，以及以其为基础的资本主义性质的自由、平等、博爱、人权观念。

社会形态的变化同时也是价值观特别是核心价值观的变化。中国特色社会主义就有自己的核心价值。社会主义核心价值不同于资本主义和封建主义的核心价值。它是以马克思主义为指导、以时代性和民族性为特征、以中国特色社会主义为理想的一种新的社会主义的价值观。它既吸收中国传统文化中的精华，也吸取世界文明的成果，因而它既具有民族性又具有时代性；但它始终是社会主义的核心价值，是与社会主义的经济和政治制度性质相一致的主导价值，而不是普世价值在中国的体现，也不是中国传统价值观的现代版。在社会主义核心价值中，我们会发现人类共用的一些概念，但这并不会改变它的社会主义价值的本质。因为社会主义价值观具有社会主义特性，无论是公平、正义、自由、平等、和谐、爱国、荣耻，都不是一个超越时代和社会制度的抽象概念，而是具体概念，每一个概念中都包含着以马克思主义为指导、以社会主义制度为实质和内容的没有展开的判断；它的社会主义内容正凝集在每个概念尚未展开的特有的判断之中。

在中国特色社会主义建设中，我们的指导思想是马克思主义，是马克思主义与中国实际相结合。中国改革开放三十年的伟大成就，是马克思主义与中国实际相结合的胜利，而不是所谓普世价值的胜利；中国未来的走向是通过中国特色社会主义走向共产主义，而不是按照普世价值走向不同制度的趋同。历史并不会以西方的普世价值即自由、民主制度而终结，也不会因经济全球化而导致世界均质化。

讨论普世价值问题的最重要意义，就在于由此明确中国特色社会主义的方向和指导原则。我们要坚持社会主义核心价值，不为西方的普世价值错误理论所误导。我以为在对外交流、理论研究特别是在社会主义意识形态的建设中，应该区分普世价值、价值共识和核心价值。我们坚持社会主义核心价值，重视人类文明进步和文化交流中形成的以普遍形式出现的“价值共识”，但拒绝西方中心论的普世价值观，特别要揭穿它的西化和分化的政治图谋，顶住其以资本主义制度及其价值观念作为普世价值而对发展中国家施加的政治压力和舆论攻势。

拒绝普世价值，肯定对人类文明和社会进步中的某些基本价值存在一定程度和范围的“共识”，坚持社会主义核心价值——这应该是我们对待有关普世价值问题争论的基本原则。

学术评价的主体和评价标准

一、学术评价主体的多元性与不同的价值取向

我们不能说，中国的学术水平只能由中国学者评价，外国人不能置喙；反过来说也是如此。我们也不能说学术评价只能是学者们的专利，普通读者无权对学术问题发表意见。学术问题不等于政治问题，更不是主权问题。学术评价就是学术评价，它的着眼点应该是学术，是学术水平，它应该有学术评价标准。

学术包括不同领域、不同学科。科学技术领域与人文社会科学领域差别很大，具体评价标准不完全相同。即使是科学技术领域，科学与技术评价也不能一样。科学学术成就的评价标准是新发现；而技术成就则是新发明；科学成就的直接功利性、实用性是次要的，重要的是它的理论价值。它的应用和向技术的转化可能经过若干年，方显奇效；而新技术的发明直接目的是效用性，是否能立竿见影。如果以能否立竿见影作为评价科学的标准，正如以几十年或几百年后的功效来评价技术发明一样，都是标准错置。

人文社会科学的评价标准又不同于科技。人文学科的评价标准主要是它的文化价值，是它的育人和教化功能；而各种社会科学评价标准则是它的社会功能，即它对它各个社会构成要素包括社会经济、政治和人口及社会问题有独到见解或解决方案和对策。社会科学是通过解决社会问题显示它的功能，而人文学科则是通过教化育人显示它的功能。

无论评价的主体是谁，是中国学者评价其他国家的学术，还是外国学者评价中国学术；是专家或是“草根”；也无论是科技领域或人文社会科学领域，既然是学术评价，从哲学来说，可以提出具有普遍性的评价标准：第一，评价必须是有理有据，即言之有理、持之有据。按通俗说法，就是摆事实、讲道理。没有事实，不讲道理，不能称之为严肃认真的学术评价，只能称之为牛二卖刀式的胡搅蛮缠。第二，必须没有学术成见、学术歧视、学术偏见，党同伐异不是学术评价而是学霸学阀。这就是学术评价的客观、公正原则。

第一个原则，可以称之为学术评价的科学原则；第二个原则可以称之为价值原则。只要不违背这两个原则，任何人都可以成为评价主体。以这样的态度进行评价，不管是对某部著作、某种学术观点，或对中国学术水平和发展状况的总体评价，都是可接受的，是有益的。

我们不是狭隘的民族主义者，我们并不排斥外国学者对中国的学术评价，只要这种评价实事求是，至少不是怀着意识形态偏见的蓄意攻击、丑化，我们都欢迎。他山之石，可以攻玉。当然，有一点必须明确，尽管学术是天下公器，人人可以评价。但由于学术与政治难以完全切割，因此中国学术评价尤其是涉及当代中国特色社会主义理论、道路和制度的评价，主要评价者仍然应该由中国学者根据中国实践经验进行评价和总结。外国学者的评价可以认真听取，可以参考，但必须分析。把外国学者的意见不加分析地作为评价中国学术的标准，是本末倒置。人文社会科学的评价没有统一的国际标准。更不能抽象地鼓吹与国际接轨。

二、学术评价中的科学标准和价值标准

评价标准问题是个复杂的问题，涉及全部学科和专业，我无此能力。我的专业是哲学，是马克思主义哲学。我只根据我提出评价的科学原则和价值原则，就哲学学术尤其是马克思主义哲学评价问题讲几点看法。

第一，哲学评价的科学性原则。哲学不能按科学技术评价标准评价，它的科学性原则应该有其特殊性。科学与技术是求新，追求新发现、新发明，而哲学则是其中包含的足以传世泽及后人的智慧。

科学发现往往经过知识传授而常识化，历史价值与现实价值可以递

减；两千多年前发现“三角形三内角之和是180°”是具有历史性的天才发现，希腊人为此杀牛狂欢；现在连小学生都知道。历史上许多科学上的重大发现，在当代都通过教科书成为大中学生的课本，通过教育而成为科普知识；原有的新技术则可由于更新技术的发明而变为旧技术废弃不用。哲学则不同，两千多年前的苏格拉底、柏拉图、亚里士多德，中国的孔孟老庄的智慧至今仍然熠熠生辉，当代无人敢说自己的哲学智慧超过他们；我们也不能简单说，苏格拉底的哲学是科学，柏拉图哲学是科学，或者不是科学；说老子的哲学、庄子的哲学是科学或不是科学，更难肯定其中一种是科学，另一种是非科学。从这个角度说，黑格尔把哲学视为哲学史有其道理，它肯定历史上的哲学体系各有其存在合理性，而不是一个体系打倒另一个的白骨累累的哲学战场。

但并不能由此得出结论，科学与哲学可以河水不犯井水。科学不是哲学，但科学中有哲学。任何一门科学中都会有哲学问题，这样才会产生物理哲学、化学哲学、数学哲学，可以说有一门实证科学就会有相应的一种哲学研究。同样我们可以说，哲学不是科学，但哲学不能拒斥科学。既不能拒斥实证科学，因为哲学需要总结科学成就；更不能拒斥广泛意义上的科学性，即哲学中包含的真理性因素。如果哲学完全排斥科学性，就有理由放胆胡说。

哲学有不同类型，对哲学科学性问题可以有不同的要求，但不管它以什么方式出现，都必须有其合理性和一定程度的真理性，才能称得上真正的哲学。中国哲学主导类型是人生伦理型哲学。“大学之道在明明德，在亲民，在止于至善。”追求“明德”、“至善”，这是儒学的目的。所谓“为己之学”而非“为人之学”，讲的就是这个意思。当然中国哲学并不限于人生伦理哲学，如墨子的逻辑与认识论思想、孙子的军事辩证法，都包含可验证的真理性因素。但它仍然是哲学而不是科学，它具有不同于实证科学的普遍适用性和表现方式的抽象性。

我们不会用实证科学标准来判断孔孟老庄，可《论语》《孟子》《道德经》和《庄子》并非都是纯思辨的无根之谈。其中不仅包含许多辩证法的智慧，而且关于修齐治平，关于人生修养，关于如何处世、如何处事，如何学习、如何相处，都包含许多政治实践和人生经验的积累，是包含若干政治和生活真实知识的智慧。

西方哲学是知识智慧型哲学。我们也不能以实证科学的实证标准来判断西方哲学的命题。泰勒斯关于水是万物之源的命题，我们赞赏的是这个命题的哲学智慧。因为它在人类哲学思想上第一个提出了世界统一性问题。水的存在形式是可变的，它可以是固体，即冰；也可以是气体，即水蒸气，也可以是液体，即江河湖泊中的水。水的存在形态是多种多样的，但本质是一：都是水。世界同样如此，在多样性中存在统一性。很显然，这个命题具有人类早期思维的直观性，但却包含着真理性因素，因为世界的确存在统一性问题；而且选择水作为万物之源也不是毫无根据的。历史和现实都证明，水对万物成长和人类生存是至关重要的。没有水，世界就是没有生命的死的世界。我们现在仍然可以从哲学角度在这个命题中吸取哲学智慧，也可以从生态学角度在这个命题中吸取科学智慧。这说明西方大哲学家的哲学中包含丰富的智慧，而智慧的实质就是客观事实的本真。我们可以把伟大哲学家的思想称之为包含科学性因素的智慧。与科学不同的，它不是科学公式而是哲学智慧，是不以科学原理或公式形式表现在智慧中的真理性因素。哲学智慧之所以称得上智慧，必然包含一个“真”字。这个真可以是事实之真、生活之真，或思想之真。

有学者说，哲学没有真假对错，没有是非，没有最终结论，只有无休止的争论。没有结论只有争论，这才是哲学，有结论只能是科学，而不是哲学。这是离开马克思主义基本观点的关于哲学的旧说。如果仍沿此说，哲学被推入纯粹信仰领域，完全取消了哲学评价的可能性。对一种没有是非、没有对错、没有真道理和假道理的学说，是不存在学术评价问题。美国有位哲学家写过一本书《没有标准答案的哲学问题》，其中列举了关于上帝、价值、信仰，关于自由、平等和公正，关于义务和幸福，关于自由意志、思想和人性以及关于知识、科学和真理等诸多方面的哲学问题，都会有不同的答案。这是毫无疑问的，谁要和宗教信仰者争论有没有上帝？穷人和富人争论什么是幸福？房地产开发商和购房者争论什么是最公平、最合理的房价？当然没有唯一的共同的结论。因为这些问题，或者是信仰问题，或者是纯粹思辨性问题，或者完全是利益主导的问题，肯定都会各持一说。

哲学不同。哲学既不是神学，也不是赤裸裸的利益符号。哲学问题并不都是类似有没有上帝、有没有天堂、有没有彼岸世界之类的问题。也不都是有没有意志自由、有没有终极价值、有没有最高幸福、有没有道德最高境界，以及什么是终极价值之类形而上学的思辨性命题，更不是利益的简单代言人。哲学最主要的核心问题是关于现实世界的现世智慧。它的对象是客观世界和现实的社会和现实的人生，真正有贡献的哲学家的思想观点，必须在不同程度上包含宇宙、社会和人生本身的真理性因素。

答案可以是多样的，没有唯一标准的答案并非哲学的缺点，而是优点，只要不同的答案从不同方面提供智慧，或者相互补充，并非坏事，它可以拓展思维和眼界。哲学没有唯一答案、没有标准答案是一回事，说哲学答案都是等价的，其中没有真假对错、没有是非、没有高下优劣之分、没有智与不智，只有永远的争论，则不正确。没有比较，没有是非，没有智与不智、真与不真，这样的哲学家人人能当，人人可当。但是哲学是哲理，必须讲理，必须有理可讲，而理越真，科学性因素就越多。完全从哲学评价标准中排斥命题的科学性问题，排除真理与谬误的问题，就会把哲学从人类智慧中驱逐出去。一个根本没有是非对错、没有可信与不可信区分的学说，谁需要它！连王国维都为哲学可信和可爱的矛盾问题苦恼。总不能把哲学家归入占卜星相江湖术士之流的行列吧。

尤其是马克思主义哲学强调世界是运动着的物质世界，难道在人类生产实践和科学中，我们不是每时每刻都在和这个客观世界打交道，而是在自我意识中打转转吗？人类的认识只能来自实践而不可能是主观自生，不是从天上掉下来的，难道这条原则还要永世争论不休，而不是每个人甚至全部人类从自己切身经验都可以体会到的真理吗？难道你能感知你从来没有看过没有接触过的东西吗？即使是做梦，也是日有所思夜有所梦。我可以毫不犹豫地说，在马克思哲学中没有一条原则，可以是永无结论、没有真假对错的思辨性命题。马克思主义哲学既然要指导人类认识世界和改变世界，必须正确反映世界。没有科学性的马克思主义哲学不是马克思主义哲学，只能是一些无用的哲学空谈。马克思主义哲学的思辨化和经院化与它的本性是不相容的。

第二，哲学评价的价值标准。既然是学术评价，不可能抽象掉学者的立场、观点和方法，抽象掉学者的政治倾向对评价的制约。我们不是价值中立论者。可价值评价不能否定评价的客观性和公正原则。价值评价有两种：一种是有学术含量的价值评价；一种无学术含量的价值评价。前者是以客观性和公正性为内涵的价值评价。后者违背学术评价的客观公正原则，完全以意识形态取向取代学术评价；马克思主义提倡后一种价值评价。这种价值评价是与科学评价相结合的评价，是以言之有理、持之有故为依据的评价。因此马克思主义的学术评价标准是科学性与价值性相统一的标准，而不是二元对立的标准，更不是双重标准。

西方有些学者对马克思主义哲学的评价，完全是以意识形态取代学术评价。恩格斯在著名的《在马克思墓前的讲话》中说过，马克思未必有一个私敌，但他是当代最遭忌恨和最受诬蔑的人。当时的各国政府，无论是专制政府还是共和政府，都诽谤他、诅咒他、驱逐他。不仅在马克思那个年代，以后同样如此。最可笑的是希特勒在他那本臭名昭著的《我的奋斗》里也疯狂攻击马克思。他对马克思以群众取代权势的特权、推崇群众而否定所谓个人价值极其不满，说马克思主义如若成为一种宇宙定律，则人类共守的一切秩序，势必灭绝而后已，如若这一原则行之于宇宙之间，那么宇宙必定大乱，行之于地球上，那么人类必同归于尽。

当然，西方也有客观公正的评价，马克思两次被评为千年伟大思想家就是证明。前者是资本主义世界的统治者、有产者以及一切对马克思主义怀有最根深蒂固偏见的人；而后者则是有良知有思想的学者和知识分子的评价。广大老百姓不会参与投票，因为这是学术界的事，他们对马克思是何许人并不了然，但只要把马克思消灭剥削、消灭阶级和贫富两极对立，让全体人民都过上美好生活的主张讲给他们听，他们一定会双手投马克思的赞成票。

我们过去受“左”的思想影响，在哲学评价问题上也存在以意识形态取代学术评价的倾向。唯心主义是反动的，唯心主义是剥削阶级的哲学代表，唯心主义无一可取之处；唯物主义是进步的，是革命阶级的哲学。这种价值评价没有科学依据，也与哲学史事实不符。其实，马克思、恩格斯、列宁都不是这样。恩格斯赞扬德国古典哲学是德国革命的政治导言；当欧洲哲学界把黑格尔当成一条死狗时，马克思仍然以曾经是他的学生而骄傲。列宁也曾以黑格尔为例说，聪明的唯心主义，比愚蠢的唯物主义更接近聪明的唯物主义。恩格斯和列宁都曾经多次批判机械唯物主义和庸俗唯物主义。毛泽东也肯定唯心主义中会包含真理性颗粒。他说剥削阶级当还能代表群众的时候，能够说出若干真理，如孔子、苏格拉底，这样的看法才是历史的看法。王阳明也有一些真理。孟子也有一部分真理，全部否定是非历史的看法。① 可见以事实为依据的价值评价不会具有学术偏见。我反对有些学者超越唯物主义和唯心主义的观点，但也反对以简单化态度对唯心主义和唯物主义进行脸谱化的学术评价。

三、优化评价标准与推动中国哲学社会科学发展

十七届六中全会关于文化的决定，提出文化强国的方针。繁荣和发展哲学社会科学就是走文化必经之路。如果哲学社会科学处于边缘化状态，文化强国就得不到落实。

对中国来说繁荣和发展哲学社会科学不是数量问题。我们有全世界最多的哲学社会科学从业人员，有全世界最多的各类哲学社会科学刊物，几乎每所高校都有学报；有全世界最多的论文。因为我们人多，数量自然多。我们在哲学社会科学领域当前最需要关注的是学术创新。当代中国马克思主义在中国特色社会主义道路、理论、制度方面的创新，是具有世界性意义的成就，其中也凝结了全国哲学社会科学工作者的努力，可它不能等同于我们专业哲学社会科学工作者的理论创新。我们面临的是如何总结我国的实践经验，把中国共产党在实践中的创新变为我们哲学社会科学的研究课题。这是一个长期的而且需要许多理论工作者共同参与的课题，是社会主义中国哲学社会科学研究真正达到世界一流水平的标志。

创新，对于我们哲学的难度比自然科学和技术要多一层。技术创新的动力，可以直接来自以市场为中介的生产发展的需要。而自然科学创新的动力，可以来自解决技术难题的需要。这都与市场经济的完善和生产发展密切相关。如果哲学社会科学工作者也完全以市场效益作为研究的取向，往往容易急功近利、简单重复甚至粗制滥造。以市场为导向，可能会诱发

① 参见《毛泽东文集》，1版，第3卷，84页。

哲学社会科学研究工作的不良并发症。哲学社会科学理论工作者必须以自己的专业作为科学研究和思想理论的阵地，以党和人民的最高利益为动力，自觉地提高创新文化能力而且明确自己传承优秀文化的历史使命。这是哲学社会科学的繁荣之路与文化产业做大做强的不同之处。

在哲学中，研究文本是一种必要方式，搞哲学当然应该认真研究文本，包括我们这些马克思主义理论工作者，应该认真研究和学习马克思主义经典作家的文本。从文本中，我们可以根据新的时代变化，发现文本中原来被忽略的处于萌芽中的重要思想和某些论断，可以从原来的论述中得到新的理解和新的启发；可以发现我们某些误解、甚至错误的附加。但我一直认为，马克思主义哲学的繁荣发展的创新之路，最根本之路还不是解释文本，而是要立足实践，面对时代，面对现实。

在当代中国，马克思主义哲学创新的最根本之路，就是走马克思主义时代化、中国化和大众化之路。从根本上说，时代化，就是提出、研究和回答时代问题；中国化，就是提出、研究和回答中国问题；大众化，就是提出、研究和回答群众最关心、最需要回答的问题。没有问题，不从实际问题出发，马克思主义就不需要“化”，只要寻章摘句，解文释义，搞本本主义，搞教条主义就行，何必“化”；“化”，就是用马克思主义解决问题，从而也就是在解决实际问题中创造性地发展马克思主义。

中国哲学社会科学应该走向世界、走向国际理论舞台。人们一直认为，马克思主义理论研究者走不出中国的课堂，走不出中国国门，不可能走向世界，因为西方不认同马克思主义，不认同以马克思主义为指导的人文社会科学。当然，这其中有意识形态拒斥的原因，但如果马克思主义既具有中国特色，又能放眼世界，回答世界面临的时代性问题，能从理论上总结中国特色社会主义的理论、道路和制度实践经验和成就，肯定能说出西方学者说不出的东西。不管他们愿意与否，在世界讲坛上就不能不倾听、不会不倾听中国马克思主义学者的声音。我们就能具学术话语权。因为我们能对世界性问题、对中国自身发展的问题提出比任何国外学者更具科学性和更有说服力的当代中国马克思主义者的解释。

科学标准和价值标准的统一，是学术生命力的标准。当代中国的哲学社会科学成果应该力求达到这种统一，就能走出国门，享誉世界。

主要参考文献

1. 马克思恩格斯全集. 第1卷. 人民出版社，1956
2. 马克思恩格斯全集. 第2卷. 人民出版社，1957
3. 马克思恩格斯全集. 第3卷. 人民出版社，1960
4. 马克思恩格斯全集. 第4卷. 人民出版社，1958
5. 马克思恩格斯全集. 第7卷. 人民出版社，1959
6. 马克思恩格斯全集. 第15卷. 人民出版社，1963
7. 马克思恩格斯全集. 第16卷. 人民出版社，1964
8. 马克思恩格斯全集. 第19卷. 人民出版社，1963
9. 马克思恩格斯全集. 第20卷. 人民出版社，1972
10. 马克思恩格斯全集. 第25卷. 人民出版社，1974
11. 马克思恩格斯全集. 第32卷. 人民出版社，1979
12. 马克思恩格斯全集. 第39卷. 人民出版社，1974
13. 马克思恩格斯全集. 第40卷. 人民出版社，1982
14. 马克思恩格斯全集. 第42卷. 人民出版社，1979
15. 马克思恩格斯选集. 第1卷. 人民出版社，1995
16. 马克思恩格斯选集. 第2卷. 人民出版社，1995
17. 马克思恩格斯选集. 第3卷. 人民出版社，1995
18. 马克思恩格斯选集. 第4卷. 人民出版社，1995
19. 列宁全集. 第28卷. 人民出版社，1990
20. 列宁选集. 第1卷. 人民出版社，1995

21. 列宁选集. 第 2 卷. 人民出版社，1995

22. 列宁选集. 第 4 卷. 人民出版社，1995

23. 马克思. 1844 年经济学哲学手稿. 人民出版社，2000

24. 列宁. 哲学笔记. 中共中央党校出版社，1990

25. 列宁专题文集·论马克思主义，人民出版社，2009

26. 毛泽东文集. 第 1 卷. 人民出版社，1993

27. 毛泽东文集. 第 3 卷. 人民出版社，1996

28. 毛泽东文集. 第 7 卷. 人民出版社，1999

29. 毛泽东文集. 第 8 卷. 人民出版社，1999

30. 毛泽东选集. 第 2 卷. 人民出版社，1991

31. 邓小平文选. 第 3 卷. 人民出版社，1993

32. 建国以来毛泽东文稿. 第 4 册. 中央文献出版社，1990

33. 毛泽东哲学批注集. 中共中央文献研究室编. 中央文献出版社，1988

34. ［德］康德. 纯粹理性批判. 韦卓民译. 华中师范大学出版社，2000

35. ［德］康德. 实践理性批判. 韩水法译. 商务印书馆，1999

36. ［德］康德. 判断力批判. 邓晓芒译. 人民出版社，2002

37. ［德］康德. 未来形而上学导论. 庞景仁译. 商务印书馆，1978

38. ［德］康德. 道德形而上学原理. 苗力田译. 上海人民出版社，1986

39. ［德］黑格尔. 小逻辑. 贺麟译. 商务印书馆，1980

40. ［德］梅林. 马克思传. 樊集译. 人民出版社，1965

41. ［匈］卢卡奇. 历史与阶段意识. 杜章智等译. 商务印书馆，1996

42. ［英］安东尼·吉登斯. 社会的构成. 李康等译. 生活·读书·新知三联书店，1998

43. ［英］安东尼·吉登斯. 现代性自我认同. 赵旭东译. 生活·读书·新知三联书店，1998

44. ［英］L. 梅扎罗斯. 超越资本——关于一种过渡理论. 郑一明等译. 中国人民大学出版社，2003

45. ［德］尤尔根·哈贝马斯. 重建历史唯物主义. 郭官义译. 社会科学文献出版社，2000

46. [法] 奥古斯特·科尔纽. 马克思的思想起源. 王瑾译. 中国人民大学出版社，1987

47. [法] 路易·阿尔都塞. 保卫马克思. 顾亮译. 商务印书馆，2006

48. [法] 雅克·德里达. 马克思的幽灵. 何一译. 中国人民大学出版社，1999

49. [德] 马克斯·韦伯. 经济与社会. 郭锋译. 商务印书馆，1997

50. [德] 卡尔·曼海姆. 意识形态和乌托邦. 艾彦译. 华夏出版社，2001

51. [美] 布热津斯基. 大失败与大混乱. 潘嘉玢等译. 中国社会科学出版社，1995

52. [美] 丹尼尔·辛格. 谁的新千年——他们的还是我们的?. 丁开杰等译. 中国人民大学出版社，2002

53. [美] 米尔斯. 马克思主义者. 商务印书馆，1965

54. [德] 尼采. 哲学与真理. 田立年译. 上海社会科学出版社，1993

55. [英] W. H. 沃尔什. 历史哲学导论. 何兆武、张文杰译. 北京大学出版社，2008

56. [英] E. H. 卡尔. 历史是什么?. 陈恒译. 商务印书馆，2007

57. [苏格兰] 亚当·斯密. 国富论. 上，谢祖钧译，新世界出版社，2007

58. [美] 亨廷顿、哈里森主编. 文化的重要作用——价值观如何影响人类进步. 程克雄译. 新华出版社，2010

59. [英] 特里·伊格尔顿. 马克思为什么是对的. 李扬等译. 新星出版社，2011

60. [法] 弗朗索瓦·佩鲁. 新发展观. 张宁等译. 华夏出版社，1987

61. [俄罗斯] 尤·瓦·叶梅利亚诺夫. 斯大林：未经修改的档案——在权力的顶峰. 张捷等译. 译林出版社，2006

62. 肖前主编. 马克思主义哲学原理. 上，中国人民大学出版社，2008

63. 邓力群主编. 经济战略家毛泽东. （一）中央民族大学出版社，2003

64. 殷叙彝. 伯恩施坦读本. 中央编译出版社，2008

索　引

M

N

S

后　记

——我的求索之路

我虽已八十，但经历很简单，只有两个字：学校。从读书到教书，一生都在学校。应《毛泽东邓小平理论研究》杂志之约，勉强为文，以谢盛情。这篇《我的求索之路》捧出的尽管是一碗缺盐少油、淡而无味的清水汤，但也可算是我的哲学人生。

一、我的哲学启蒙老师萧前和哲学好友李秀林

我家与读书无缘，更与哲学无缘。我父亲从小当学徒，后来自己开一家渔行，应该说我与鱼有缘。从小看到最多的是鱼，接触最多的是鱼伙计和剖鱼的女工。读中学时，没有听说过哲学这个名词；在复旦读的是历史系，对哲学也一无所知。我学哲学是组织分配的。复旦毕业后分配到中国人民大学哲学研究班学习，从此与哲学终身结缘。可以说，我与哲学就像旧式婚姻，先过门，后恋爱。

我一生有两个启蒙老师。一个是私塾的老师。20世纪30年代，我还是一个六七岁的孩子，家里送我到不远的一家私塾中“发蒙”。老师是依靠教私塾为生的老先生，在我们那个小小县城里，很有名气，很受家长的尊重。他年纪老，身体又不好，经常靠在床上让大点的学生为他捶背捶腿，时不时地转过脸来对着我们坐在位置上的小学生大喝一声：念书。我们就像小和尚念经一样，摇头晃脑一通。这样读了两年，背会了《三字经》《百家姓》《千字文》。后来就上完小，学新式的国语、算术。这是70年前的事。老先生早已作古，留下的只有老先生不苟言笑、捶背捶腿的印象。

萧前老师是我的第二个启蒙老师，是我走上哲学之路的引路人。到中国人民大学马克思主义哲学研究班学习，是我第一次接触马克思主义哲学。当时由苏联专家为我们讲课，但辩证唯物主义和历史唯物主义原理，更多的是萧老师讲。当时萧老师风华正茂，不到三十岁。一表人才，口才又特好，讲课生动机智。每节课都有点思想火花，很受学生们的欢迎。的确，萧老师是新中国成立后马克思主义哲学学科的奠基者，为社会主义新中国培养了大批马克思主义哲学人才。在当今中国哲学界，很多学术骨干都是萧老师的学生，可称得上是桃李满天下，至于再传、三传，或四传弟子，更是遍及全中国，甚至海外。萧老师对中国版的辩证唯物主义和历史唯物主义教科书的建设也是功不可没的。他不仅是艾思奇主编的哲学教科书的重要参加者，而且亲自主编多种版本的教科书。这些教科书是全国同类教材的母本，在中国的马克思主义哲学教学中发挥了重要作用。饮水思源，中国哲学界永远不会忘记萧老师的贡献。

我与秀林是马克思主义哲学研究班同学。秀林学习优秀，没有毕业就提前调入新成立的哲学系当教员。他是我们系最优秀的教员，更是我们马克思主义哲学原理教研室的学科带头人。他对哲学教研室五六十年代学科领先地位的确立功劳很大。60年代，他曾参加艾思奇主编的全国通用的哲学教材的编写。人民大学复校以后，他又陆续参与主编适用于专业和文科的两种《辩证唯物主义和历史唯物主义》教材。这两种教材，不断加印，一版再版。不仅我们系用，全国许多学校都用。印数之多，影响之大，在同类教材中绝无仅有，真是“洛阳纸贵”。一提到秀林，我们就会想到他参与主编的教材；一提到哲学原理教材，我们就会想到秀林。这种联想是很自然的。不仅是因为秀林对这两部教材的编写贡献最大，而且是因为教材的影响大。一本好的教材，不仅对学生学习十分重要，而且代表的是哲学系的总体水平，表现的是这个教研室全体教员的凝聚力和学术造诣。可以说，一本好的教材就是这个系的标志物。我曾亲耳听见有外校青年教师对秀林说：“您的教材是我的领路人。”这不是客气话，在很大程度上反映了这两本教材的巨大作用。

秀林为人厚道，对朋友很信任。在我人生最困难的时期，秀林正“走红”。两种处境，可他没有嫌弃我。我有机会总是偷偷到他家坐一坐，虽然相对无言，但从眼神可以看出感情上并不疏远。然而天道不公，秀林好日子开始不多久就死于癌症。同事们无不悲痛，我更是如此。他去世时我曾写过一首诗寄托我对他的哀思：

生也艰难死亦难，幽明路隔两茫茫。
上天忌才欺人老，摧尽鬓毛骨肉残。
风雨坎坷识马力，涸鲋濡沫见肝肠。
托体山阿君已去，我与何人论文章。

人民大学哲学系在经历了停办和复系以后，变得更加成熟。哲学系已建为哲学院，哲学也成为一级学科，成为由多学科相互配合相互促进的学科群。特别是新人辈出，中青年学者在教学和科研第一线唱主角，我们为他们欢呼，但我们永远怀念像秀林那样为哲学事业鞠躬尽瘁、死而后已的学者。

二、我发表的第一篇哲学文章

我的第一篇文章发表在《教学与研究》上。那是1956年，距今已半个多世纪。题目是《张东荪哲学思想批判》。我正年轻，不知深浅。当时的主编是王南，是一位非常健谈、学识渊博的同志。人们说他一张中药方的药名都能滔滔不绝讲半日，的确是上知天文、下知地理，无所不晓。他为人非常热情。我的这篇文章就是他编发的。我记得王南在编发文章过程中多次问我，是不是抄的。我说不是，是我自己写的。王南是老八路，我是小青年。他这样问，说明他直率，也说明他认真，怕刊物上出现“文抄公”，损害刊物的名声；也是对青年作者的爱护，怕我刚上文路，就摔跟头。第一篇文章的这点小趣事，至今仍然没有忘记。我写文章至今仍坚持说自己的话，写自己的想法。这应该是我第一篇文章和第一位责编的功劳。

文章发表后拿了一百多元稿费，当时就像中大奖发了洋财，不知道怎么用。请朋友吃了一餐，买了双皮鞋，还剩下不少。对现在的青年来说，发表一篇文章不值一提，整本的著作都不稀罕。可对当时刚分配到人民大学哲学教研室工作的我来说，这可是一个巨大的动力。它引发了我写作的兴趣和自信心，也使我懂得写文章的起码道德——不能当“文抄公”。为文有道——这个道不仅是文中之道，而且是文外之道，即作者的人品。从这篇文章起，我与《教学与研究》结下不解之缘。现在作者新人辈出，水平比我们高多了，更非我年轻时可比。随着光阴流逝，自己写的东西虽然也日渐增多，但我始终忘不了我的第一篇文章，第一位责编，忘不了由此开始的与《教学与研究》的文缘。

三、我的学术道路

从我毕业到粉碎“四人帮”这二十多年时间里，真正坐下来研究的时间很少，写的东西也不多。真正做点学问，还是从粉碎“四人帮”以后开始的。在此以前，我的教学和研究主要是侧重在马克思主义哲学原理。从20世纪70年代末开始，我逐步把重心转向马克思主义哲学史，尤其是马克思的早期思想。

这个转轨并不困难。马克思主义哲学原理和马克思主义哲学史本来是不可分的。马克思主义哲学史，无非是马克思主义哲学原理的创立、发展的过程，离开了马克思主义哲学原理，也就没有马克思主义哲学史。反过来说，马克思主义哲学原理，无非是马克思主义发展史的结晶。如果马克思主义哲学原理没有自己的历史，没有经历创立、发展、成熟的过程，也不可能有科学的马克思主义哲学原理的出现。其实，马克思主义哲学史就是马克思主义哲学原理，不过是以历史形态出现的原理，即处于形成过程中的原理；而马克思主义哲学的每一个范畴和原理，都不是一次完成的，都包含着自己的历史。在我自己对马克思主义哲学史的研究中，我深感熟知马克思主义哲学原理的重要性。

我之所以转向哲学史，是我对国际和当时国内的思潮有点看法。我感到在国内外有人竭力鼓吹的把马克思主义人道主义化以及片面理解异化理论，明显曲解了马克思的实际思想历程。不从历史着手，很难说清楚这个问题。粉碎“四人帮”以后，我发表的第一篇文章是1981年刊登在《哲学研究》上的《评费尔巴哈在马克思早期思想中的地位和作用》，对当时流行的用抽象人道主义曲解马克思主义的观点提出了批评。接着我又写了《马克思异化理论的两次转折》，发表在《中国社会科学》杂志上，对抽象人道主义进行了抨击。我说：“人性的复归是美好的文学语言，糟糕的哲学语言”，“尽管抽象人道主义的温言暖语能给心灵带来暂时的慰藉，但不见得是增强肌体、愈合创伤的良药”。后一句话，是我对有人以“文化大革命”十年为依据宣扬抽象人道主义而说的。“文化大革命”十年中惨无人道的不法行为应该批判，社会主义人道主义应该肯定，但抽象人道主义决不是疗病济世的良方。我们应真正站在马克思主义立场上，对“文化大革命”十年进行历史的反思。至今我仍然认为，人道主义作为哲学问题，属于历史观范围；人道作为规范属道德范畴。人道主义和人道主义历史观是两个不同的问题。如何对待人道主义，如何研究人的本质、人性、人道等有关人的问题，当然是历史唯物主义研究中应有之义，这些问题不能是历史唯物主义研究的空白和死角。用历史唯物主义观点研究和分析有关人和人道主义问题，与把历史唯物主义的本质视为人道主义历史观不能混同。

1983 年 1 月，在纪念马克思逝世一百周年之前，我和靳辉明合著的《马克思早期思想研究》出版了。在这本书中，我们对当时国内外瞩目的重大问题，诸如人道主义、异化等，都表示了看法。不久，我又写了《评西方马克思学的新发现》《评资产阶级人道主义的出发点》等文章，继续发表自己的看法。1987 年，我出版了《走向历史深处》。这本书突破了早期范围，对马克思的历史观进行了较为系统、完整的探讨。我把这本研究马克思历史观的书取名为“走向历史深处”是有所感而发的。一些学者把文化心理结构、自我意识或者主体性作为历史的深层结构，实际上是以不同的语言跨向唯心主义历史观。我在书中着重探讨的是，马克思是如何发现历史发展规律的。在我看来，主体性、自我意识、文化心理结构对于理解历史非常重要，但仍然是属于历史活动的表层，唯物主义历史观所要解决的，正是表层后面深层的东西——揭示决定文化和人的意识的深层结构，揭示社会历史发展的规律性。社会规律的形成和实现当然离不开主体的活动，但它是人们活动中形成客观关系的规律。社会发展的趋向并不决定于人的意志，相反是在众多的意志相互排斥冲突中形成的一种合力作用。我们应该把规律的逻辑表述和客观规律区分开来。科学规律是纯粹的一义的，而客观规律则是在一连串偶然性和各种偏差中最终起决定作用的最深层的东西。

1989 年，我与我的两位学生合作，出版了《马克思恩格斯哲学思想总览》。1990 年 8 月，出版了《被肢解的马克思》。《被肢解的马克思》这本书我酝酿了很长一段时间。这是一本理论著作，也是一本历史著作，它对当代西方各种企图肢解马克思主义的学说进行了批判性的考察。我的学生协助我共同完成了这个工作。在此之前，1982 年，我与马列主义发展史研究所的几位同志合作，出版了《马克思恩格斯思想史》，这是国内第一部对马克思恩格斯思想进行综合研究的专著。它力图从马克思主义三个组成部分的相互作用中来揭示马克思主义发展的历史。1988 年，我主编的《马克思主义基本原理教程》出版了，这本书的特点，是把马克思主义作为一个整体来论述。如果说《马克思恩格斯思想史》着重的是历史考察，那么《马克思主义基本原理教程》则着重的是理论的论述。

我历来主张搞哲学不能太狭窄，眼光不能仅仅局限在哲学范围。马克思当年如果不从哲学转向经济学研究，不探讨社会主义的问题，仅仅停留在纯哲学的范围，那至多是个黑格尔式的马克思，决不可能成为马克思主义的创始人。当然，由于精力、才能和经历的局限，我们的研究面不可能很宽，但尽量自觉地意识到这个缺点，有机会翻翻专业以外的书，拓宽自己的知识面，是大有好处的。

我到晚年逐步意识到我离生活太远，离群众太远。真正的哲学应该是扎根于自己的灵魂深处，是自己最有深切体会和认识的东西。人们都知道搞文艺创作强调深入生活，要有生活积累，难道哲学家就有权写自己一无所知仅仅从书本上看到读到的东西吗？哲学能不能有另外一种写法，写自己稍微熟悉的在实际生活中摸得着的东西，有真情实感的东西？我想可以。于是我尝试写短的，自己有点真实感受的不是大块头的东西，于是陆续出版了《漫步遐思》《静园夜语》《哲学心语》和《回归生活》四本哲学随笔。这四本书前后写了 10 年。

但如果有想法，我还是会写点长的文章。自中国人民大学出版六卷本《陈先达文集》和北京师范大学出版哲学随笔后，这几年我在《中国社会科学》《哲学研究》《马克思主义研究》《中国人民大学学报》和《教学与研究》等刊物上，就一些哲学和文化问题，发表了些文章。涉及的都是当代的一些大问题或热点问题。不过是一家之言，不一定得到赞同。

四、我如何评价自己

我这个人没有多大成就，但有一点就是我从不随风倒。往好处说是学术操守还可以，难听点是顽固、保守，脑袋后拖着一条传统马克思主义哲学的“长辫子”。传统马克思主义已经成为一个贬义词，不过我不这样看。真理无新旧，传统不等于错误。观点不管新旧，重要的是要真道理不是假道理。我最看重的是平实，最反对的是装腔作势。真理是平凡的，闪烁的不一定是金子。这句话，我信服。

当然，人最难评价的是自己。因为人无法把自己对象化，变为自己认识的对象。尤其是学术观点，几乎是自己的学术生命所系，在自己学术观点范围内评价自己的学术观点，简直不可能。不过我还不那么顽固，谁驳倒我，我心悦诚服。在不少问题上，我可能与时下一些人的看法不一样，我不怕别人背后指指点点。做人要怕别人戳背，做学问不要紧。做人应该求同——合群；做学问可求异——坚持自己的观点。如果写文章从众，不如不写。

至今还有谁坚持辩证唯物主义？现在最时髦的是实践唯物主义。的确，在当代哲学领域一直存在实践唯物主义与辩证唯物主义之争。这种争论由来已久。从西方到东方，从南斯拉夫到东欧和苏联，然后进入中国。这种争论的本质究竟是什么？如果是名称之争，马克思主义哲学哪个称呼更合适，这种争论毫无意义。我多次说过，如果在马克思原意即批评费尔巴哈时使用的是实践唯物主义，这无可争论。因为马克思主义哲学名称可以有多种。一物多名，并不影响马克思主义哲学的实质。可是这种争论如果进入实质，那就不是名称争论，因为有些“实践唯物主义”的支持者所要坚持的是否定辩证唯物主义的“实践唯物主义”。我认为这是一种名为实践唯物主义的假“实践唯物主义”。如果要坚持反对辩证唯物主义的“实践唯物主义”，必须坚持两个方面：一是坚持实践本体论，完全摈弃物质是世界本体的观点；二是坚持实践之外无存在，因而在人类之前自然界是否存在，或人类实践之外自然界是否存在，毫无意义。唯一有意义的存在，就是实践范围内的存在。“存在是被实践”似乎比“存在是被感知”更唯物主义，但我不这样看。我不知道，这种“存在是被实践”的观点为什么还要非戴一顶唯物主义的帽子呢？因为世界物质统一性被消解了，还没有进入实践范围内的客观存在被取消了，人类产生之前的自然界存在与否也毫无意义。一切实践还未到达之处，都是“无”，这还能称为唯物主义吗？

如果分歧的焦点不是上述问题，而是强调重视实践的作用，实践具有本体论功能，社会本质是实践的，实践是认识的来源之类的观点作为实践唯物主义的根本观点，没有什么可争论的。如果一个自称坚持辩证唯物主义的哲学家，不承认上述观点，否定实践在马克思主义哲学中的重要地位，只能是一个旧唯物主义者，没有资格称为新唯物主义者、科学唯物主义者、现代唯物主义者或辩证唯物主义者；反之，实践唯物主义的拥护者超出上述观点，认为实践是本体，实践之外无存在，实践就是一切，一切都是实践，我只能送他一个“实践唯心主义”的称号，取消他的唯物主义资格。因为一个不承认实践之外的物质世界的存在，可以称为任何主义，就是不能称为唯物主义。我至今仍然认为关于这个问题的争论，有的确实是具有原则性分歧，但也有不少是三岔口式的混战。本来没有什么根本分歧，实际上是聋子吵架，只说不听。在这里有必要解释一个问题，对实践作为哲学范畴在马克思哲学中的地位和实践在物质世界中的地位的回答，应该有不同的视角。前者涉及的是马克思哲学变革的本质问题，即马克思主义哲学与旧唯物主义的根本区别。在这个问题上，马克思哲学应该特别重视实践在马克思主义哲学中的地位；而在实践与物质世界的关系问题上，当然应该承认自然界的优先地位和物质世界的客观性与规律性对人的实践成败的制约性。是人的实践改造作为对象的客观世界，而不是客观世界依存于人的实践。这个问题涉及的是唯物主义实践观与唯心主义实践观的区别问题。如果在关乎物质世界的存在问题上，用实践来排斥物质世界的统一性、无限性和客观性，就是按唯心主义的曲子跳舞。

至今为止，人类实践范围相对无限宇宙而言是多么小呀。只要人类存在并进步，社会在发展，实践范围外和实践范围内并无不可逾越的界限，实践范围外的存在不断被转化为实践范围内的存在。其实人类社会的发展、认识领域的扩大和深化，就是这种转化过程。把实践这个具有转化作用的转化器变为自在世界和人化世界间不可逾越的藩篱、天堑、壕沟，否认物质世界统一性，就是从根本上把唯物主义和辩证法付之流水。

如果这样，我们把实践之外的世界交给谁，交给上帝呢，还是交给可持续发展的后代子孙？如果是交给子孙后代，你就得承认确实存在一个因为条件限制先辈们没有实践的世界，虽然它还在实践范围之外，但它确实存在。而且每一代人都是如此，都会面对一个新开拓的陌生的物质世界；如果准备把这部分交给上帝，那就没有什么可讨论的。不过如果是这样，那从原始社会如何能发展到现在进入太空、进入月球，或将进入现在还无法说也不知道的某个地方呢？这种“实践范围外的存在是无”的哲学，还是不提为妙。那是对《1844 年经济学哲学手稿》的误读，把马克思对黑格尔的批评变为马克思自己的主张。如果马克思有这种主张，那全部马克思的著作，包括《资本论》都应该改写。

哲学，如果是真正具有真理性智慧的哲学，它不应该与科学和生活相矛盾。尽管它的结论不局限于科学与生活，但不能违背科学与生活。例如，世界的客观性是所有自然科学结论得以成立和有效的根据。如果世界不具有独立的客观性而是依存于实践，那自然规律只能是实践规律而不是物质世界自身的规律。这样自然科学就根本不可能成为科学。很难想象一个科学家怀疑真实的世界独立于我们自己而存在。我们可以测量它的性质，观察它的变化，尽力去理解它，而且能够理解它。这种世界如果不是客观世界，它的本质和属性不是世界本身的属性，而是依存主体的世界，依存人类实践的世界，说得通吗？爱因斯坦说过：“相信独立于我们感知主体的外部世界，是所有自然科学的基础。”自然科学的新发现，往往是未知客观世界和它的属性和规律的发现。实践只能改造世界而不能从“无”中创造世界。

而且据某些实践唯物主义主张者的说法，没有自然辩证法，自然辩证法是恩格斯的伪造，只有人学辩证法、实践辩证法。如果自然界没有辩证法，如果在没有人参与下，自然界是否是绝对静止的，需要借用人的实践的第一推动力，它才运动？人代替了上帝。如果没有自然辩证法，自然科学研究的是一个不变化的绝对静止的世界，那自然科学关于对象运动变化的规律，岂不成了科学研究主体的规律，而不是物质自身运动变化的规律。如果这样，那不同的科学主体对同一对象可以具有不同的规律，你可以说它是运动变化的，而我可以说它是不动不变的，岂不荒唐哉！

传统马克思主义哲学的名称一直是辩证唯物主义和历史唯物主义。现在似乎有些学者不太乐意使用这个名称。我一直使用辩证唯物主义和历史唯物主义来称谓马克思主义哲学。我认为，这个名称正确地表明了马克思主义哲学彻底唯物主义和彻底辩证法的本质特征。

一些人由于批评历史唯物主义是辩证唯物主义在社会领域中推广和运用的简单化的观点，而走向否定这个名称。他们不知道他们这样做，不是否定一个称呼，而是同时否定历史唯物主义中所包含的唯物主义和辩证法原则。从马克思主义哲学史来说，不能说先形成辩证唯物主义体系然后推广运用到历史领域。历史唯物主义并不是辩证唯物主义的推论，它不是建立在逻辑演绎的基础上，而是对社会和历史的重新研究，这就是为什么马克思把他的历史唯物主义经典论述放在政治经济学批判序言中并且明确说这些结论是从经济学研究中得出的原因。

马克思主义的辩证唯物主义体系的形成绝不能没有历史唯物主义的参与。没有历史唯物主义的参与，就不可能形成具有新唯物主义特点的辩证唯物主义。可是没有辩证法和唯物主义，也不可能有历史唯物主义。运用说、推广说是一回事，辩证唯物主义和历史唯物主义基本观点的相互支撑、相互渗透是另一回事。辩证唯物主义和历史唯物主义就其基本观点的相关性来说，是一损俱损、一亡俱亡。如果在确定历史唯物主义本质时，以为可以否定唯物主义原则，否定自然对于社会的优先地位，从历史唯物主义中排除自然的客观性，排除人与自然的统一，人类社会不是建立在对实在的客观自然的改造基础上，那就没有历史唯物主义；反之如果在考察自然时，排除历史唯物主义视野中的自然，排除自然界由于人的实践而发生的变化，这就不是新唯物主义，而是停留在旧唯物主义水平上。这种相互渗透和相互支撑，可以说贯穿于马克思和恩格斯一生和全部著作。任何一个马克思主义哲学工作者都应该记住一个简单而重要的事实：马克思和恩格斯的历史观中永远有一个客观的自然；马克思哲学中的客观的自然有一个不断人化的历史。这样看问题，就不会在辩证唯物主义和历史唯物主义这个名称上纠缠不休，而摈弃问题的本质。

当代马克思哲学批判家们的一个重大失误，是把作为教科书的《辩证唯物主义和历史唯物主义》和作为马克思、恩格斯创立的新世界观的辩证唯物主义和历史唯物主义画等号。教科书的编写往往存在一种体系化的追求，而且为编著者所处的历史条件、政治环境、理论水平和问题意识所限，很可能对马克思和恩格斯的哲学文本发生误读，或者根据现实要求只强调其中某一方面而遗漏其他重要的方面。任何教科书的内容涵盖都是有限的。苏联时期的《辩证唯物主义和历史唯物主义》教科书中的缺点应该批评，也能批评。即使我们自己在当代编写的马克思主义哲学教科书，也要不断修订、改写和发展。

毫无疑问，历史唯物主义是对旧唯物主义和唯心主义辩证法的超越，但并没有摈弃历史上形成的一般唯物主义和辩证法中的精华。如果人类哲学思想没有先前的唯物主义和辩证法的积累和成就，而会突然产生历史唯物主义，这是根本不可思议的。马克思和恩格斯之所以能如此迅速地在1844年确立历史唯物主义某些原则，正是因为人类哲学的发展在一般唯物主义和辩证法方面取得的成就而缩短了历史唯物主义形成的历史进程。从人类哲学思想发展史看，肯定是先有自然唯物主义和一切皆变、万物皆流的辩证法思想，从这个角度说，历史唯物主义是对唯物主义和辩证法在社会领域中的彻底贯彻的观点，符合人类哲学思想发展史，也符合马克思主义哲学发展史。如果人类历史上从来没有唯物主义和辩证法思想，或者说19世纪的德国没有唯物主义和辩证法的积累，那么，无论马克思和恩格斯如何具有天才的头脑，历史唯物主义也是不可能产生的。如果由于反对那种把历史唯物主义看成是辩证唯物主义的运用的简单化观点而走向否定历史唯物主义中包含唯物主义和辩证法原则的彻底贯彻，否定自然唯物主义先于历史唯物主义、自然辩证法先于历史辩证法，那么，就是由一种片面性走向了更大的错误。我说过，前一种错误属于马克思主义哲学形成史的史实性错误，而后一种错误则是根本理论性错误，因为它完全颠覆了历史的唯物主义和历史的辩证法建立的理论前提和可能性。它表面上是高度重视历史唯物主义，实际上是使历史唯物主义成为“无根之学”——没有唯物主义的“历史唯物主义”。

或许有人会说，历史唯物主义中有唯物主义，但不是旧的唯物主义，有辩证法但不是自然辩证法。这完全正确。问题是，历史唯物主义作为一种新唯物主义学说，它不能返回一般唯物主义和辩证法，但应该包括唯物主义和辩证法某些为人类实践和常识所证实的原则。正是为了区分马克思主义哲学的辩证法和唯物主义与旧的唯物主义和辩证法的区别，又突出历史唯物主义的变革意义，同时并列使用辩证唯物主义和历史唯物主义称呼，我以为是正确的。没有辩证唯物主义何来历史唯物主义。没有历史唯物主义的参与，旧唯物主义和辩证法，何以能成为马克思主义哲学重要内容的辩证唯物主义。只要一个，或两个都不要，重新命名，另起炉灶，只会制造混乱，现在这个问题上已经很混乱。哲学系的学生已经不知所从。

在如何看待历史规律论问题上，我还是老观点，承认社会发展有规律。不可能设想有不承认历史规律的历史唯物主义。否认历史规律，还奢谈什么历史唯物主义。

我们应该注意社会历史规律是社会的规律，而不是人的规律。每代人都会死亡，人可以一代代更换，可只要社会形态没有发生更替，属于这一社会形态的规律就仍然在起作用。虽然历史是人追求自己目的的活动，可追求的结果并不直接决定于每个人的主观追求，而是集体合力的产物。资本主义社会规律是资本主义社会的规律，而不是作为人的资产者的规律。资产阶级同样受这个规律支配。资产阶级可以换代，某个资产者可以破产，可以出现新的资产者，但资本主义社会规律照样发挥作用。无论资产者是张三李四还是王五，人可以换代，规律依旧。这就是资本主义国家的总统可以不断换届，资产阶级人员构成可以变化，但资本主义仍然是按照资本主义发展规律运转的秘密。

说社会历史规律是社会的规律，当然不是说社会规律与人无关。社会生活的本质是人类的实践，因此社会规律是在人类实践中形成又必须通过人类实践来实现的规律。但是人类实践成败与否、实践的正效应与负效应，取决于人类实践活动是否符合规律，而不是相反——规律是否符合人的愿望。因为人类实践活动直接创造的是对象化产品，而不是创造规律。规律是在实践中形成的各种社会关系的规律，规律的载体是以物质关系为中介的社会现象的一种必然的不断重复的本质联系。它在实践中形成且具有不由实践者任意支配的客观特性。

在历史唯物主义中最受指责的是历史决定论。一提历史决定论，就是宿命论、机械论。如果历史唯物主义中没有决定论原则，而是非决定论，就只能是历史唯心主义。其实，历史决定论原则并非否定人的选择作用和能动作用，否定人的意志、目的在人的行为中的作用。历史决定论原则，表现在两个方面。一是从代际关系看，任何一代人面对的都是上一代人创造的既成的历史事实，包括前人创造的生产力和生产关系、政治制度和文化传统。这是无可选择的，这是历史条件对人的制约性。二是从同时代人的关系看，任何个人都生活在社会中，而不是独立的个人，因此他们彼此具有一种相互制约的关系，这就是社会制约性，这说明人的创造性活动，并不是在自己任意选择的条件下进行的，而是在既成的历史条件和现存的社会条件下进行的。因此人类活动的本质，是通过自己的实践活动改变既成的条件，而不是任意甩开既成条件随心所欲地创造，这种创造是不可能的。这就是历史决定论原则。

其实，任何一个人的人生经验和实践活动都能证明，没有一个人能绝对超越社会条件和历史条件的限制，随心所欲地进行所谓创造。有人说，这岂不是机械决定论或宿命论吗？不是。难道有条件性就是机械决定论和宿命论，那无条件的绝对创造算什么论呢？其实，人的创造性都是从现有条件出发，是依靠原有条件和改变原有条件、创造新的条件的统一。人在一定条件下创造，又通过改变条件进行新的创造，从而突破原有条件的限制。不能说强调条件性就是否认自由。鸟在天空中自由飞翔，鱼在海里自由嬉游。海阔凭鱼跃，天高任鸟飞。不能说鱼和鸟在海中或空中没有自由。但鱼的自由不可能离开水，鸟的自由不能越过天空。这就是自由的条件限制。人在社会中的自由也是如此，人有自由，但不能是超越历史和社会条件限制的绝对自由。决定论反对的是唯意志论，而不是反对人的能动论和主体行为的选择性。历史条件和社会条件对人而言是个大舞台。演戏不能没有舞台。但在舞台上演出什么戏，演员演得有声有色还是平庸无奇，这决定于演员而不决定于舞台。在同一舞台，可以有不同角色、不同的演技，演员完全有发挥自己才能的机会，但任何社会演员都不能在历史条件和社会条件搭建的社会舞台外演戏。

在历史唯物主义中还有一个重要问题，这就是经济决定论和经济最终决定作用问题。我们反对经济决定论，但不能反对经济最终决定作用。一些理论家特别是西方一些理论家蓄意混淆历史唯物主义和经济决定论的界限，借以反对历史唯物主义。其实，历史唯物主义包括经济因素对社会的最终决定作用。没有经济最终决定作用原则，就没有历史唯物主义。但历史唯物主义不是经济决定论，因为它把社会视为一个整体，综合考察各种因素在社会发展中的作用，而把经济的作用放在最终基础性作用的地位。因为物质资料的生产和生产方式是社会存在和发展的基础，这可以说是马克思和恩格斯在全部著作中都坚持的基本原理。

生产不是资本主义特有的，没有一个社会可以不要生产，停止生产就停止社会的生命。劳动是人的生存方式，是人与自然界的物质交换，没有劳动就没有人类。劳动同样不是资本主义社会独有的。不管任何社会形态都是如此。前资本主义社会尤其是原始社会的氏族关系、封建社会的血缘关系、亲情和等级因素在社会中的作用是巨大的，因而生产的作用往往为一些中间环节所掩盖。随着社会生产力和科学技术的发展，到资本主义社会，物质生产的决定作用表现得最为强劲和明显。

任何社会都以生产为存在基础，任何社会的人都以劳动为存在方式。但不同社会现实的生产以不同的方式进行，劳动以不同性质的劳动作为生存方式。没有抽象的生产，也没有抽象的劳动。现实的生产则是以不同的生产方式存在，不同的生产方式表现为不同的社会形态，各有质的规定性。而劳动总是以和劳动对象与生产方式具体结合的不同方式表现劳动的不同性质。因而奴隶劳动、农奴劳动、资本主义劳动、社会主义劳动各不相同。历史唯物主义承认这种差别并且以这种差别为前提来历史地考察不同的社会形态。但无论任何社会只要存在下去都必须生产，必须劳动，这是共同的规律。人类社会结构中，无论政治因素、文化因素以及各种各样的因素，包括地理环境都有它的作用，但任何社会的发展和发展方式以及发展速度，一个社会能否在文化和教育以及其他方面得到发展、加大投入，归根结底取决于生产力的水平和社会提供的物质财富的多少和生产关系的性质。经济发展不能代替社会方方面面的发展；但没有经济发展，社会绝不可能发展。在任何社会中，经济不是唯一起作用的因素，但归根结底是最终起决定作用的因素。没有生产方式是社会存在和发展的基础的观点，没有经济是基础的观点，没有生产力最终起决定作用的观点的历史唯物主义，是对历史唯物主义的嘲弄。

恩格斯说历史唯物主义的产生把唯心主义从历史领域中驱逐出去，这只是就历史唯物主义产生的意义说的。实际上，社会历史领域至今仍然是不同历史观激烈争夺的阵地。历史唯物主义的产生是哲学中的变革，但这个变革并未结束。在当代世界，历史唯物主义面临着种种挑战，无论是人类实践还是科学发展都要求创造性地发展历史唯物主义。由于篇幅有限，这方面的问题必须另文专论。我只是就原有的若干重大的经典性问题发表些看法。我认为，历史唯物主义应该发展，但最基本的理论不能混乱。我并不期望得到赞同。我只能说，我如实说了，我的灵魂得救了，我不隐瞒我的观点。以哲学为业就是以思考为业。这决定哲学是一种痛苦的折磨人的职业，它不断地拷问自我。生命不止，思考不止，这就是我的哲学探索之路。我以最近写的一首题为《思》的诗作为结束：

志如风帆意如舟，心宽舵稳爱神游。
思入深处忘物我，键盘声急汩汩流。

图书在版编目（CIP）数据

陈先达文集．第4卷，问题中的哲学/陈先达著．—北京：中国人民大学出版社，2015.9
ISBN 978-7-300-21842-7

Ⅰ.①陈… Ⅱ.①陈… Ⅲ.①陈先达-文集②马克思主义哲学-文集 Ⅳ.①B-53

中国版本图书馆CIP数据核字（2015）第211998号

陈先达文集　第4卷
问题中的哲学
Wenti zhong de Zhexue

出版发行	中国人民大学出版社			
社　址	北京中关村大街31号	**邮政编码**	100080	
电　话	010－62511242（总编室）		010－62511770（质管部）	
	010－82501766（邮购部）		010－62514148（门市部）	
	010－62515195（发行公司）		010－62515275（盗版举报）	
网　址	http://www.crup.com.cn			
	http://www.ttrnet.com（人大教研网）			
经　销	新华书店			
印　刷	涿州市星河印刷有限公司			
规　格	160 mm×230 mm　16开本	**版　次**	2015年11月第1版	
印　张	24.75 插页3	**印　次**	2015年11月第1次印刷	
字　数	370 000	**定　价**	1580.00元（全14册）	

陈 先 达 文 集

第5卷

马克思早期思想研究

中国人民大学出版社 北京师范大学出版社

前　言

马克思早期思想的发展是从黑格尔开始，经过费尔巴哈，最后“成为马克思”的过程。这也就是通常所说的马克思的思想形成过程。它在整个马克思主义发展史中，占有十分重要的地位，并从19世纪末开始，成为一个专门的研究领域。它之所以不同于马克思思想发展的其他阶段，就因为它是一个形成的过程，是一个从不存在到存在、从不成熟到成熟的发展过程。

自从列宁和普列汉诺夫开拓这个研究领域以来，特别在最近30年间，人们对这个问题的研究兴趣，与日俱增。在西方，甚至出现了“青年马克思热”。许多人以极大的兴趣，探索其中的奥秘，追溯人类认识史上这场最伟大的变革。然而，这一研究又是如此之不同，以至在同一问题上，却往往存在着截然相反的结论。这就不能不引起人们的关注和深思，也不能不看到这个问题的理论价值和现实意义。

对于马克思主义者来说，研究马克思思想的形成，是一个非常重要的课题。

首先，通过对这段历史的研究，可以再现马克思主义形成的真实过程，揭示马克思主义创始人是如何实现人类认识史上这一空前伟大革命的，从而提高对马克思主义科学性的认识，坚定共产主义的信念。马克思主义不是从天上掉下来的，也不是凭空臆想出来的，它是马克思同其亲密战友恩格斯，从无产阶级立场出发，总结工人运动的实践经验，批判地继承人类认识所创造出来的全部优秀思想遗产，通过深入的理论研究而创立的。它是历史和现实、理论和实践、革命和科学以及马克思的天赋条件和艰苦创作高度结合的产物。列宁指出："马克思的全部天才正在于他回答了人类先进思想已经提出的种种问题。"① 马克思的学说，是从人类全部知识总和中和19世纪40年代的现实生活中生长出来的，是普遍的科学真理。因此，一百多年来，它尽管遭到愈来愈激烈的攻击和千方百计的曲解，但并没有被推翻，而且随着人们的实践活动和认识的深化，它不断地得到证实、丰富和发展。

其次，通过对马克思思想形成过程的研究，可以加深理解马克思主义理论体系的完整性。马克思主义的每个组成部分，乃至它的每个基本原理，都不是单独发生的，而是在实践基础上相互制约、相互作用的结果。所以，研究马克思主义形成史是训练我们辩证思维的极好方式。它有助于我们从逻辑和历史、从理论和实践、从马克思主义诸组成部分的统一中去把握它的每一基本原理，从而完整准确地掌握马克思主义。众所周知，第二国际理论家，如考茨基等人，背弃马克思主义的重要原因之一，就在于他们无视对马克思早期哲学形成的研究，不懂得马克思主义是由三个部分组成的完整的科学世界观和思想体系，认为马克思主义主要是经济理论和社会学说，没有自己的哲学基础②，所以，他们企图以新康德主义来补充马克思主义。考茨基说："我认为马克思和恩格斯的经济的、历史的观点在极其特定的情况下，同新康德主义是可以并行不悖的。"③ 列宁正是总结了第二国际理论家背叛马克思主义的历史教训，特别强调马克思主义是三个部分组成的完整的统一体，而要真正了解这一点，不仅要懂得考茨基所熟悉的1848年以后马克思的政治学说和经济学说的发展，而且必须深入研究考茨基一无所知的19世纪40年代马克思主义哲学的形成。列宁是对马克思主义理论体系全面研究和科学理解的光辉典范。

最后，研究马克思早期思想发展，不仅有重要的理论意义，而且有迫

---

① 《列宁选集》，2版，第2卷，441页，北京，人民出版社，1972。

② 例如，考茨基说："我没有把马克思主义看成是哲学学说，而是把它看成是一种经验的科学、一种特别的社会见解。"见《斗争》杂志德文版，452页，1909（10）。

③ 考茨基：《致普列汉诺夫》，转引自《普列汉诺夫哲学著作选集》，第5卷，264页，莫斯科，1933。

切的现实意义。批判资产阶级通过伪造"青年马克思"来否定成熟的马克思主义，是我们今天研究马克思早期思想的一个重要任务。

毛泽东同志正确地指出，马克思主义是在斗争中发展起来的，"不但过去是这样，现在是这样，将来也必然还是这样"①。只要社会还存在阶级，这种斗争就会继续下去，只是不同时代具有不同的形式罢了。用"青年马克思"来重新"解释"马克思主义，就是20世纪中叶资产阶级反对马克思主义的一种新的策略。

青年马克思无非是指正在形成中的马克思，即处在由不成熟到成熟过程中的马克思。然而，资产阶级所谓的"青年马克思"问题，是在马克思早期思想研究的一些难点上蓄意制造混乱和进行歪曲，企图利用"青年马克思"把马克思主义人道主义化。这一意图，从20世纪头30年开始萌发，第二次世界大战后和五六十年代风行于西方，并在近20年内越出西方，成为具有广泛渗透力的国际思潮。

这股思潮的产生，有其深刻的社会政治原因。正像列宁早已指出的那样，"马克思主义在理论上的胜利，逼得它的敌人**装扮成**马克思主义者，历史的辩证法就是如此"②。这一科学论断，同样适用于现代资产阶级"马克思学"。马克思主义在20世纪取得了空前重大的进展，经过两次世界大战，尤其是十月革命和我国革命的伟大胜利，无可辩驳地证明了马克思主义的强大生命力。马克思主义愈来愈深入人心，对社会生活的影响愈来愈增强，而资产阶级意识形态则日益陷入混乱和危机。资产阶级学者把马克思主义在社会生活各个方面的强烈影响，视为"永恒的"威胁，认为通过批判的反击预防可能的扩张，"这种办法比完全保持缄默显然更为有效"③。于是，叫嚣要"争取青年马克思作为一个同盟者"④，用它来重新"解释"马克思主义。他们甚至为自己哲学提出一个纲领性任务，即"要把马克思主义解释得能为一切人所接受"⑤。这当然是欺人之谈。在阶级

---

① 毛泽东：《关于正确处理人民内部矛盾的问题》，38页，北京，人民出版社，1975。

② 《列宁选集》，2版，第2卷，439页。

③ 麦·朗格：《马克思主义、列宁主义、斯大林主义》，8页，1955年德文版。

④ 尼古拉斯·洛布柯维茨编：《马克思和西方世界》，1967年英文版。

⑤ 《第14届国际哲学讨论会文件》，第2卷，74页，1968年国际版。

存在的条件下，不可能有什么超阶级的社会科学，因而更不可能有为一切人都能接受的马克思主义。因此，“回到青年马克思去”的口号，清楚地表明资产阶级意识形态所遇到的深刻危机，反映了他们为了摆脱这种危机，妄图通过“解释”（实则是篡改）马克思主义，使其符合资产阶级的政治需要。然而，这口号，正像他们曾经提出“回到康德去”（19世纪末）和“回到黑格尔去”（20世纪初）一样，是注定要破产的。

自从马克思主义诞生以来，机会主义对马克思主义的“曲解”和“修正”，始终是资产阶级攻击马克思主义的思想同盟。两者彼此呼应，相得益彰。就其理论观点而言，资产阶级思潮的产生，同第二国际理论家长期以来不能完整地、科学地理解马克思主义学说不无关系。这些理论家的观点错误，不仅直接影响到后来对马克思主义的研究，而且实际上孕育了从另一极端歪曲马克思主义的思想因素，为各种资产阶级哲学派别用自己观点“补充”马克思主义打开了方便之门。

尤其值得注意的是，德国右翼社会民主党人的观点对资产阶级的“青年马克思”问题的产生起了推波助澜的作用。恩格斯逝世后，马克思一篇重要的早期作品《1844年经济学哲学手稿》，落入伯恩施坦等人之手，由他们长期隐藏，束之高阁，直到20世纪30年代初才公之于世。它的德文版的最初出版者朗兹胡特和迈尔在他们的“导言”中，公然提出，要根据这个手稿中的观点对马克思主义作“新的”解释，认为马克思的这部著作是“新的福音书”，是“真正的马克思主义启示录”，是“马克思的中心著作”，胡说什么这篇作品势必会改变关于马克思主义的“标准概念”，对论证“新的马克思主义观点”具有“决定性意义”。他们特别称颂手稿的所谓“中心”思想，是马克思把“人的本质的全面实现和发展”作为“历史的真正目的”，如此等等。① 他们所理解的“真正的马克思主义”，其实质也正在于此。所以，他们扬言“发现”了两个马克思：一个是早期的“人道主义者马克思”，一个是晚期的“唯物主义者马克思”。手稿被他们硬说

① 参见L. H. 巴日特诺夫：《哲学中革命变革的起源》，2～3页，北京，中国社会科学出版社，1981。

成是马克思“成就的顶点”①，而晚期著作则被贬为马克思创作能力的“衰退和减弱”②。这实际上提出了用早期的马克思否定晚期的马克思，开创了以“马克思”反对马克思主义的恶劣先例。

德国右翼社会民主党人对马克思的“新发现”，对日益陷入深刻危机的资产阶级哲学，无疑是一个新的“启示”，使资产阶级哲学家已经开始的对马克思作“新的”解释的尝试，变成有计划、有目的的行动。20世纪50年代在西方出现的“研究”马克思的热潮，正是30年代对马克思“新发现”的直接继续。这时，资产阶级哲学流派，尤其是新黑格尔主义和存在主义对马克思的“解释”，不过是德国社会民主党人理论观点的彻底发挥而已。就其基本倾向而论，有这样三个主要特点：

第一，歪曲青年马克思和老年马克思的关系。他们先是将青年马克思和老年马克思对立起来，认为老年马克思是“对青年时代理想的背叛”，谴责马克思背离了他原来的人道主义信念而成为“经济学家”。按照这种观点，似乎青年马克思“作了解决人的存在问题的极大尝试”③，以后放弃了这一难于胜任的任务，而把它局限于经济问题。所以，他们把作为“早期著作”作者的马克思同作为《资本论》作者的马克思对立起来，在两者之间划了一道鸿沟。其实，马克思的成功之处正在于他理解到“解决人的存在问题”的基础在于经济现实，因而放弃了思辨哲学，而着手对自己观点进行科学论证。也有人反对把青年马克思和老年马克思对立起来，强调这两者的一致性，但是统一于青年马克思，从而把《资本论》仅仅看作是《1844年经济学哲学手稿》观点的“系统阐述而已”。④ 前者是割裂青年马克思和成熟马克思关系的刻板的形而上学，后者是抹杀这两个不同阶段质的区别，否认马克思的思想发展有任何重大转折的庸俗进化论。这两种观点是相反相成的，它们都是推崇青年马克思，用以取代成熟的马克思主义。

第二，把整个马克思主义都归结于黑格尔哲学。与从前只把马克思主

---

①② J. 德曼：《新发现的马克思》，载《斗争》，274、275页，1932（5）。
③ 《卡尔·马克思文选》，7页，1956年德文版。
④ 参见拉宾：《青年马克思》，结束语，1976年俄文增订第2版。

义作为一种经济学说相反，现在又把它看成是一种纯粹的哲学问题。甚至马克思的《资本论》也被看做是黑格尔哲学的“特殊解释”。[①] 如果资产阶级思想家以前主要是限于歪曲马克思辩证法与黑格尔辩证法的关系，将前者说成是由后者“借用”来的，那么现在西方“马克思学者”不仅认为马克思的辩证法，而且认为马克思的历史观和共产主义学说，都是黑格尔哲学的扩展而已。新托马斯主义者拉·皮尔竟然宣称：“……关于世界的共产主义学说完全建立在黑格尔的理论基础之上。”[②] 由此可见，这种彻底发挥了的“理论”，不过是对马克思主义的彻底歪曲罢了。正像他们过去用否定马克思主义的哲学基础来否定马克思主义一样，现在他们片面突出哲学问题，同样是为了否定马克思主义的完整学说。

第三，不仅把马克思主义归结为一般哲学问题，而且仅仅归结于一个异化问题。这是现在西方流行的一种最时髦的理论。这种理论的奠基者是法国著名资产阶级教授让·伊波利特。他说：“全部马克思主义的基本思想及其来源是从黑格尔和费尔巴哈那里接受过来的异化思想。我认为，从这一思想出发，并把**人的解放**看做人在历史过程中为了反对他的本质的任何异化（不论异化采取何种形式）而积极进行斗争，这就能更好地解释整个马克思主义的哲学和理解马克思的主要著作《资本论》的结构。”[③] 这就是说，在他看来，青年马克思与老年马克思不是对立的，而是统一的，这种统一性就在于马克思始终坚持了异化的观点。青年马克思从德国古典哲学那里接受过来的异化思想，是贯串全部马克思主义的“核心”思想，马克思主义的一切原理和结论，都是由此而派生的。这样一来，马克思主义根本不是什么实践经验的总结，而是异化概念的纯逻辑推演。

由新黑格尔主义“同化”存在主义而产生的新黑格尔派存在主义，对马克思进行伪造的主要特点，是将异化纳入人本学的范畴，即把异化概念和“人”的概念一起作为马克思学说的根本内容。在他们看来，马克思继费尔巴哈的宗教的人本学之后，又把异化概念用于人类社会，说明人的历

① 参见皮·比果：《马克思主义与人道主义》，34页，1953年法文版。
② 拉·皮尔：《共产主义哲学》，2页，1952年英文版。
③ 让·伊波利特：《马克思和黑格尔研究》，147页，1955年巴黎版。

史发展，从而建立了社会的人本学，或称“人本学的历史观”。按照这种历史观，“人类历史就是人不断发展同时又不断异化的历史”①。因此，整个马克思主义都被他们看成人的本质的“自我异化”和“复归”的学说。马克思的“目标”，似乎也只是说明异化的产生和扬弃，只在于“使完整的人性得到恢复”和“使个人主义得到充分的体现”②。马克思是“异化”理论家，这就是资产阶级学者对马克思的赤裸裸的伪造。

不难看出，资产阶级思想家攻击矛头，是直接指向马克思的历史唯物主义的。因为，正如列宁所说的，“马克思的**历史唯物主义**是科学思想中的最大成果”③。它不仅把历史唯心主义从其最后的避难所——社会历史领域驱逐了出去，从而产生了真正的社会科学，而且为整个马克思主义的诞生奠定了理论基石。唯物主义历史观形成的一个重要特点，正在于用一种严整的科学的历史观，即关于人类社会结构和发展规律的理论和学说，代替了黑格尔和费尔巴哈用“异化”对历史现象的解释。异化和人的问题是可以研究的，但是只有根据历史唯物主义原则，才能对有关人的问题和异化问题给予科学的说明。把人类历史变成人的“自我异化”的历史，用人的本质来解释一切社会现象，企图用“人本学的历史观”来代替马克思主义的唯物主义历史观是根本不能成立的。

事实表明，在目前关于马克思主义的争论中，马克思早期思想特别是哲学思想问题占有突出地位。因此，我们必须重视马克思主义史的研究，尤其是对青年马克思同黑格尔和费尔巴哈的关系以及诸如异化和人道主义的概念和演变，作具体而深入的探讨，科学地阐明青年马克思的思想发展道路，并批判资产阶级对“青年马克思”的伪造。这无疑具有重要的理论意义和现实意义。

无产阶级伟大导师马克思，长眠于海格特墓地已经一百年了。在举世缅怀这位思想巨匠的时刻，我们首先想到的是恩格斯的《在马克思墓前的讲话》。他庄严地指出，在马克思一生中有两个伟大发现：基于唯物主义

---

① E. 弗洛姆：《马克思关于人的概念》，法兰克福，1963。

② 同上书，15页。

③ 《列宁选集》，2版，第2卷，443页。

历史观的创立“发现了人类历史的发展规律”；由于剩余价值的揭示，“发现了现代资本主义生产方式和它所产生的资产阶级社会的特殊的运动规律”①。这两个发现，把人类思想提高到一个崭新的阶段，它使社会主义由“空想”变成“科学”，使工人运动从“自在阶段”上升到“自为阶段”。正像恩格斯所说，“我们之所以有今天，都应归功于他；现代运动当前所取得的一切成就，都应归功于他的理论的和实践的活动”②。过去的实践证明了这一真理，现在的实践正进一步证明着这个伟大真理。对于马克思这样一位伟大的革命家和理论家，最好的纪念，莫过于继承他所开创的事业，坚持和捍卫马克思主义，并结合当代的实践使它得到丰富和发展。

① 《马克思恩格斯选集》，第3卷，574页，北京，人民出版社，1972。
② 《马克思恩格斯选集》，第4卷，437～438页，北京，人民出版社，1972。

目　录

第一章　黑格尔主义是马克思思想发展的出发点

第一节　黑格尔哲学的解体和青年黑格尔运动的兴起

鲜花是不能长在岩石上的。任何伟大的思想家都是自己时代的产物。他不仅需要相应的物质因素，而且需要适宜的政治思想土壤。19 世纪 30 年代，黑格尔哲学的分裂和青年黑格尔运动的兴起，为年轻的马克思登上理论高峰，揭开了思想发展的序幕。

一、黑格尔哲学的解体

德国是富有哲学思维传统的民族。被誉为“奥林帕斯山上的宙斯”的黑格尔，就是德国古典哲学最著名的代表。他学识渊博，富于创造性，在人类思想史上，第一次创立了一个包括自然、社会和精神领域在内的，庞大的客观唯心主义体系。黑格尔哲学在德国思想界发生过重大影响，在一个时期内，几乎控制了整个思想领域。正如恩格斯所描绘的：“正是在 1830 年到 1840 年这个时期，‘黑格尔主义’的独占统治达到了顶点，它甚至或多或少地感染了自己的敌人；正是在这个时期，黑格尔的观点自觉地或不自觉地大量浸入了各种科学，甚至渗透了通俗读物和日报，而普通的‘有教养的意识’就是从这些通俗读物和日报中汲取自己的思想材料的。”① 当时确实是黑格尔主义“凯歌行进”的时代。黑格尔本人荣获红

① 《马克思恩格斯选集》，第 4 卷，216 页。

鹰勋章，黑格尔哲学被推崇为普鲁士的国家哲学。

但是，物极必反。正是在黑格尔主义的影响达到极盛的年代，在日益成熟的革命形势冲击下，黑格尔哲学发生了解体。

黑格尔哲学的解体不是这位伟大思想家个人的悲剧，而是德国资产阶级演出的一出革命喜剧。它不是偶然的失误，而是时代的必然。黑格尔以其深邃的辩证法，永远结束了人的思维和行动的一切结果具有最终性质的看法，否定了历史能达到尽善尽美的理想状态，可是他又把自己的体系宣布为绝对真理，把普鲁士社会视为历史的顶峰。这种体系和方法、前提和结论之间的矛盾，是德国软弱的资产阶级和普鲁士封建贵族相妥协的理论折光。它既以抽象的发展观念，反映资产阶级的经济和政治要求，又以“凡是现实的都是合理的”之类的命题，为普鲁士专制制度祝福。当资产阶级和封建贵族的矛盾不尖锐时，黑格尔主义作为官方哲学，可以维持其表面的统一性和稳定性。可是随着德国资本主义生产方式的发展，随着资产阶级经济和政治势力的增长，德国资产阶级受到英、法资产阶级胜利的鼓舞和自身利益的要求，不能再容忍黑格尔哲学对宗教的妥协和为普鲁士封建制度的辩护，而日益成为德国社会发展障碍的封建贵族则害怕辩证法，对埋藏在黑格尔保守体系中的潜在革命因素感到畏惧。原来受到文教大臣阿尔滕施泰因支持的黑格尔主义，遭到了新任文教大臣艾施霍恩的排斥，昔日的官方哲学，如今在普鲁士的封建贵族眼里变成了革命哲学。资产阶级和封建贵族矛盾的激化，势必使黑格尔哲学内在矛盾尖锐化和表面化，从而引起黑格尔哲学的解体，使它分裂为相互对立的两派，即老年黑格尔派和青年黑格尔派。

老年黑格尔派是在编辑黑格尔遗著中形成的。黑格尔是 1831 年去世的。黑格尔死后，他的一些最亲密的朋友和学生，筹备出版一部包括讲演录在内的黑格尔全集。他们幻想黑格尔的哲学，是最终的、最后的哲学，是不会破灭的。黑格尔的学生们的任务就是阐述老师的思想，把黑格尔哲学所包含的博大精深的内容发挥出来。不久，他的著作十八卷集出版了，其中包括讲演录。《宗教讲演录》是由马尔海内克编订的，《美学讲演录》是由霍托编订的，《哲学史讲演录》是由被恩格斯戏称为“黑格尔派永世流浪的犹太人柏林米希勒教授”编订的。这些人同格舍尔和辛里克斯一起组成“老年黑格尔派”。

老年黑格尔派是黑格尔右派。他们抛弃了黑格尔的辩证法，捍卫黑格尔哲学中保守的、唯心主义的垃圾。他们死死抓住黑格尔的绝对观念，把绝对观念视为基督教的上帝，认为黑格尔的哲学是以理性形式阐述的基督教神学。他们维护普鲁士的封建国家，把它看做是世界理性的体现。他们还竭力支持普鲁士的全部反动法律和封建等级制度。无论是哲学思想还是政治观点，老年黑格尔派都是保守的。

青年黑格尔派是黑格尔左派。他们是黑格尔哲学的革新者。历史经验证明，任何一种有影响的思想体系，它由全盛转向衰落，由统一走向分裂，都是通过内部派别斗争的形式来实现的。在一种思想体系中，异军突起，用新的形式来解释旧的学说，往往是这种体系崩溃的征兆。虽然黑格尔生前和死后，都曾受到正统护教论的神学家和非理性主义者们的反对和攻击，但并不能动摇黑格尔主义的统治地位，而真正破坏黑格尔体系的积极因素，是来自它内部的青年黑格尔派。恩格斯指出：“从人们有思维以来，还从未有过像黑格尔体系那样包罗万象的哲学体系。逻辑学、形而上学、自然哲学、精神哲学、法哲学、宗教哲学、历史哲学，——这一切都结合成为一个体系，归纳成为一个基本原则。看来这个体系从外部是不能攻破的。实际上也是这样。只是由于身为黑格尔派的那些人从**内部**攻击，这个体系才被打破。”① 青年黑格尔派的代表人物，有施特劳斯、布鲁诺·鲍威尔、埃德加·鲍威尔、卢格、费尔巴哈，等等。马克思和恩格斯也曾一度参加过青年黑格尔运动。一般说来，青年黑格尔派注重黑格尔的辩证法，力图从中得出无神论和革命的结论。

但是，青年黑格尔派并不是一个统一的思想派别，其中有着各种政治倾向，既有资产阶级自由主义者，也有民主主义者；既有革命民主主义者，也有倾向于封建主义的保守派，因此包含着矛盾，蕴藏着分裂的内在根据。大江东去，泥沙俱下。正如黑格尔哲学分裂为青年黑格尔派和老年黑格尔派一样，随着运动的进展，青年黑格尔派同样向两极分化。

黑格尔哲学的解体，是德国社会的经济和政治矛盾的理论表现，因此

---

① 《马克思恩格斯全集》，第 1 卷，588～589 页，北京，人民出版社，1956。

从这种解体中产生的青年黑格尔运动，不单纯是一个哲学运动，而是以文学形式出现的“青年德意志运动”在另一种形式下的继续，是披着哲学外衣的政治运动。

德国的资产阶级，通过自己激进的知识分子充当黑格尔哲学的“老田鼠”，以哲学斗争的形态，进行反封建的斗争。这是由德国特殊的政治和理论环境决定的。

德国资本主义发展落后于英国和法国。法国的资产阶级以笔和剑进行公开的战斗，以有声有色的英雄业绩争得了自己的统治；英国的资产阶级以蒸汽机、纺织机，以到处林立的烟囱显示自己的力量；而德国的资产阶级却在封建的小邦制度的枷锁下苦苦挣扎。他们羡慕英法资产阶级，但又被英法资本主义生产方式所带来的矛盾吓倒，恐惧无产阶级力量的增长。因此，德国的资产阶级软弱，怯懦，畏首畏尾。

德国的历史现实虽然落后于英国和法国，但却以其哲学发展成为资本主义的同时代人。德国哲学的发展是德国历史在观念上的继续。那些软弱的，但却怀着对资产阶级自由、民主渴望的哲学家们，驰骋在抽象的思辨王国之中。正如恩格斯所说的：“在法国发生政治革命的同时，德国发生了哲学革命。这个革命是由康德开始的。他推翻了前世纪末欧洲各大学所采用的陈旧的莱布尼茨的形而上学体系。费希特和谢林开始了哲学的改造工作，黑格尔完成了新的体系。”①

哲学思维传统的强大和资产阶级的软弱，决定了德国资产阶级革命的进一步发展表现为黑格尔哲学的解体，表现为从黑格尔哲学的分解和重新组合中产生的青年黑格尔运动。

二、青年黑格尔运动　批判宗教批判国家

在19世纪上半叶的德国，有实践意义的首先是两种东西：宗教和政治。青年黑格尔运动，正是围绕宗教和国家问题展开的。青年黑格尔派受到法国资产阶级革命的影响，仿效百科全书派，以反对宗教作为斗争的序幕。

在欧洲，宗教有其深厚的基础。在中世纪，教会处于统治地位，它支

---

① 《马克思恩格斯全集》，第1卷，588页。

配着社会精神生活，政治生活以至家庭生活。到 19 世纪 30 年代，宗教问题在德国仍然很突出。宗教是普鲁士世俗政权的政治支柱和精神支柱。因此在德国，对宗教的批判，是其他一切批判的前提。

而在宗教问题上，黑格尔采取的完全是妥协的态度。黑格尔的宗教哲学，是他的唯心主义学说的一个重要组成部分，宗教和哲学知识构成绝对精神发展的最高阶段。按照黑格尔的看法，宗教和哲学只有形式上的差别，而在本质上是一致的。宗教是通过表象、通过象征揭示哲学理性的内容，它们的对象是一样的。所以哲学在解释宗教时，实际上是解释自己，而在解释自己时，也就是解释宗教。例如，他在《小逻辑》的第二版序言中，就批评把哲学同“纯朴的宗教和虔诚”对立起来的观点，认为这是“一种很坏的成见”①。他宣称，宗教和哲学“两者的内容实质却是一样的，有如荷马所说，有一些星辰具有两个名字，一个在神灵的语言里，另一个在世间人的日常语言里”②；他还说，“只要宗教有一个信仰、一个教义、一个信条，那么它便具有哲学所从事寻求的东西——真理——在这里面，哲学和宗教便可结合起来”③。在《精神现象学》中，黑格尔把宗教看成是绝对观念发展的一个环节：“宗教是精神［发展过程］的完成，精神的个别环节：意识、自我意识、理性和精神必须回归到并且曾经回归到宗教作为它们的根据，所以它们一起构成整个精神的特定存在着的现实性，而整个精神之所以存在，只是由于它是它的这些方面从自身区别开并回归到它自身的运动。宗教一般的发展过程就包含在这些普遍环节的运动里。”④

在黑格尔的学生中，首先对黑格尔的宗教哲学表示怀疑的是费尔巴哈。他在 1831 年匿名发表了《论死与不死》的文章，反对个人灵魂不死，只承认整个人类灵魂不死，这是黑格尔派中出现的非正统的神学观点。但在当时的条件下，如石投海，并没有激起多大的波浪。在黑格尔死后，首先站出来反对黑格尔的宗教哲学，在黑格尔体系上打破一个缺口的是黑格

① 黑格尔：《小逻辑》，5 页，北京，商务印书馆，1980。
② 同上书，12 页。
③ 同上书，13 页。
④ 黑格尔：《精神现象学》，下卷，183 页，北京，商务印书馆，1979。

尔的另一个学生大卫·弗里德里希·施特劳斯（1808—1874）。他在1835年出版了《耶稣传》。这是青年黑格尔派的一部名著。它的出版，掀起了对宗教的批判，标志着青年黑格尔运动的兴起。

施特劳斯曾在杜宾根学习，黑格尔突然逝世前不久，他在柏林大学听过黑格尔讲课。但是，黑格尔不注重福音故事，而是着力于它们的象征意义。施特劳斯在《耶稣传》中，反对黑格尔用哲学论证宗教，否认逻辑真理和宗教真理的一致性，认为宗教和哲学本质上是不同的。特别是他认为，耶稣只是一个平凡的人，福音书中的故事，不是真实的，而是一些神话。这些神话是在基督教团体内部无意识地形成的，并且反映了这些团体所处时代的信仰救世主的观念。《耶稣传》对宗教的看法，并没有摆脱唯心主义，也没有说明宗教的根源，它把征服罗马帝国统治文明人类的绝大多数达1 800年之久的宗教简单地斥之为无稽之谈，但重要的是它把作为整个基督教信仰中心的救世主——耶稣，看成一个普通的凡人、一个无非是怀着博爱思想，在德行上并非永远无可指责的青年犹太法学教师；而把圣经中的奇迹，看成没有历史真实性的，充满逻辑矛盾经不起任何推敲的神话，从而在根本上动摇了基督教的基础，把矛头指向宗教。而在当时的普鲁士，反对宗教就是间接地反对政治。正如恩格斯所说的："政治在当时是一个荆棘丛生的领域，所以主要的斗争就转为反宗教的斗争；这一斗争，特别是从1840年起，间接地也是政治斗争。1835年出版的施特劳斯的《耶稣传》成了头一个推动力。"①

施特劳斯的《耶稣传》引起了巨大的反响。当时年轻的恩格斯在1839年10月给朋友的一封信中，一再谈到《耶稣传》的影响，并公开声称自己是"一个施特劳斯主义者"，赞扬施特劳斯摧毁了宗教的"根基"和"历史基础"②。19世纪中叶的自由主义哲学家鲁道夫·海姆在谈到《耶稣传》时说道："施特劳斯的《耶稣传》使我和我的许多朋友们都接受了黑格尔的见解，使我们从神学的幻想中越来越醒悟过来。该书对一个人所发生的魅力是难以形容的。我从来没有这样愉快，这样从头到尾地读过

① 《马克思恩格斯选集》，第4卷，217页。

② 《马克思恩格斯早期著作选》，325页，1956年俄文版。

任何一本书……那就好像从我眼中去掉了几层翳障，一道亮光射在我前进的道路上。”①

《耶稣传》所掀起的对基督教批判的轩然大波，也使思想阵营发生了分化和重新组合，例如布鲁诺·鲍威尔原来是保守的老年黑格尔派的信徒和代表，他所创办的《思辨神学杂志》就是老年黑格尔派的刊物，可是在施特劳斯举起批判宗教旗帜之后，他在《约翰福音史批判》和《对观福音和约翰福音史批判》中，以同施特劳斯继续争论的形式，对宗教进行了更深刻的批判，逐步转到青年黑格尔阵营，并成为青年黑格尔派的首领。

鲍威尔反对施特劳斯把福音故事的产生看成是无意识的，认为福音故事在其形成的历史进程中，是通过人们的意识，由故事编造者为了宗教的目的故意制造出来的。鲍威尔强调自我意识在福音故事形成中的作用，把自我意识看成一切宗教观念的基础，把人的自我意识置于宗教的神性之上，实际上是否认了神学的超人的内容。这样就朝彻底的无神论的方向前进了一步。

施特劳斯和鲍威尔的分歧，是青年黑格尔派内部的分歧。他们各自抓住黑格尔学说中的一个方面，施特劳斯抓住实体，而鲍威尔抓住自我意识，彼此作为反对对方的手段。而且在青年黑格尔派内部，围绕福音故事是在宗教团体内部像传统神话那样自发地形成的，还是福音作者自己虚构的争论，后来扩展成什么是历史过程的主要动力问题，即在世界历史中起决定作用的力量究竟是“实体”，还是“自我意识”。施特劳斯以“绝对精神”来论证现实的合理性，论证现实所固有的客观的内在的运动必然使存于现实中的全人类最高理想得到实现。而鲍威尔则认为只有“自我意识”才是合理的。他把“自我意识”同现实对立起来，认为自我意识必须批判现实。

在历史上，神学是哲学的污点，哲学对神学顺从，充当神学的婢女；而现在，历史进行了报复，哲学举起了反叛的旗帜，批判神学。尽管青年黑格尔派的思想，没有超出黑格尔唯心主义的范围，但是其反对宗教的斗争，仍然是进步的，有积极意义的。鲍威尔对神学的批判，触犯了当局，被剥夺了在波恩大学神学系授课的权利，并受到许多人的围攻和斥责。他

① R. 海姆：《回忆录》，105 页，1902 年柏林版。

的兄弟埃德加·鲍威尔，由于在伯尔尼出版《批判派同教会和国家争论》而被投入监狱。

当时，青年黑格尔的机关刊物是阿尔诺德·卢格于1838年出版的《哈雷年鉴》，即《德意志科学艺术问题哈雷年鉴》。它同老年黑格尔派的机关刊物《柏林科学评论年鉴》是对立的。

开始时，卢格的《哈雷年鉴》只限于讨论美学、文学、哲学，政治倾向性并不明显。卢格在1837年8月的一封信中曾概括过自己刊物的宗旨："从科学的观点来进行独立的，真正的批判，同时准确地说明引起当代人们注意的问题。"① 在给罗森克兰茨的信中把这个刊物说成是"德国文学艺术生活时钟的一根当代的指针，它描写重要人物的特征，评论艺术问题上的各种不同的倾向和各个不同的方面，并和其他大学建立通讯联系"②。但由于在反对宗教斗争中，它站在施特劳斯一边，主张国家和科学不受教会的束缚，从而卷入了政治斗争，发表了不少在政治、哲学、宗教观点方面同老年黑格尔派相反的观点，成为青年黑格尔运动的刊物，使青年黑格尔派的观点，超出了大学的院墙，在更大范围内发生了影响。

对宗教的斗争，只是间接的政治斗争。随着德国社会矛盾的增长，政治斗争的加剧和革命运动的发展，青年黑格尔派从宗教问题直接进到政治领域。而在政治领域中，最根本的当然是国家问题。他们抱着改革普鲁士社会的愿望，对当时的德国政治制度作了一些批判。

卢格对普鲁士国家的看法，仍然是黑格尔的观点，把它看成是绝对观念的体现。这不仅是卢格一个人的看法，而是表现了青年黑格尔派对国家的崇拜。但不同的是，他们并没有把普鲁士国家理想化，认为它虽然体现了绝对观念，可是还没有完成它的最高使命，必须改造。1839年10月，《哈雷年鉴》公开批评了普鲁士国家，要求它成为真正自由的国家，同反动势力割断一切联系，这当然是幻想。但是这篇文章标志着青年黑格尔派从批判宗教转向批判国家。

青年黑格尔派虽然批判了普鲁士国家，但寄希望于它，盼望它变成一

---

① 《卢格通信集》，第1卷，66页。

② 同上书，67页。

个理性的国家。可是现实正好相反。1840 年春，弗里德里希·威廉三世逝世，弗里德里希·威廉四世即位。青年黑格尔派曾对新王满怀期望，实际上他比老王更反动。他仇视法国革命，梦想恢复中世纪的政治和社会制度。刚即位时，他曾采用了一些伪善的手法，骗取信任，随后就脱去了披在专制制度上的华丽外衣，暴露了自己的真面目。他反对颁布 1815 年许诺的宪法和召集邦国民议会，并且对青年黑格尔派进行镇压，他加强思想控制，对任何自由主义的表现，都坚决反对。老迈昏庸的谢林，作为"灭火队"被搬到柏林大学，充当政府批驳黑格尔学说的御用哲学家。而哈雷大学的学生要求聘请施特劳斯讲学，却受到严厉斥责。新王严密控制舆论，青年黑格尔分子鲁滕堡，因为一篇文章被撤销了士官学校地理教员的职务。青年黑格尔派继承了黑格尔唯心主义的国家观，但是威廉四世的一系列措施，很难使他们相信，这种国家就是黑格尔绝对观念的体现。同对宗教深刻的有声有色的批判相比，青年黑格尔派在理性名义下对国家嘟嘟囔囔的批判是胆怯的，畏首畏尾的。怨言中渗透着幻想，指责中包含着期待。这表现了青年黑格尔运动的软弱性和局限性。

青年黑格尔派的哲学是"批判哲学"。他们主张批判宗教、批判国家，这在当时是有一定的进步意义的。可是从哲学路线上说，其中有些人是沿着黑格尔的客观唯心主义走向主观唯心主义。继鲍威尔宣扬"自我意识"，崇拜"批判地思维的个人"之后，施蒂纳在《唯一者及其所有物》中宣扬只有我才是唯一的实在，不仅宗教，而且国家、财产、道德，都是"自我"的产物，从而由客观唯心主义彻底转到了主观唯心主义、无政府主义和个人主义。

青年黑格尔运动还有一条路线，这就是由于对现有宗教进行斗争的实际必要性，使大批最坚决的青年黑格尔分子返回到英国和法国唯物主义。这是青年黑格尔运动中的左派，其中最著名的代表人物是费尔巴哈，他对青年黑格尔运动的发展方向的转变起了重大作用。因为其他青年黑格尔分子，如鲍威尔、施特劳斯，都是依附于黑格尔，他们在黑格尔唯心主义范围内，用黑格尔的一个范畴来反对黑格尔的另一个范畴。而费尔巴哈跳出了黑格尔唯心主义哲学的范围，用唯物主义代替了唯心主义。他在 1839 年发表的《黑格尔哲学批判》，就是批判黑格尔的思辨哲学，代表这条路线的开端。恩格斯说："施特劳斯、鲍威尔、施蒂纳、费尔巴哈，就他们没有离开哲学的立足地这一点来说，都是黑格尔哲学的支脉。施特劳斯写了《耶稣传》和《教义学》以后，只从事于写作勒南式的哲学和教会史的美文学作品；鲍威尔只是在基督教起源史方面做了一些事情，虽然他在这里所做的也是一些重要的事情；施蒂纳甚至在巴枯宁把他同普鲁东混合起来并且把这个混合物命名为'无政府主义'以后，依然是一个宝贝；唯有费尔巴哈是个杰出的哲学家。"① 恩格斯最后一句赞语，是对费尔巴哈为青年黑格尔派开辟了另一个方向的高度评价。

事物都是在矛盾中前进的。青年黑格尔运动是从黑格尔出发，朝着两个对立的方向发展。以鲍威尔、施蒂纳为代表，由客观唯心主义走向主观唯心主义；而以费尔巴哈为代表，则走向唯物主义。但是费尔巴哈由于自己哲学所固有的缺陷，只是朝这个方向迈出了第一步。它达到了自然观的唯物主义，而停留在历史唯物主义的门口。

青年黑格尔运动是资产阶级革命性质的运动。它在当时的德国，对于打破黑格尔哲学的独占统治，对于反对宗教和宣传无神论，传播激进的政治观点，起到了良好的作用。恩格斯在评价青年黑格尔运动时，曾赞扬它"对一切宗教信仰给予严酷的批评，使基督教的古老建筑根本动摇，同时又提出了德国人从未听到过的大胆的政治原则，并且企图恢复第一次法国革命时期的已故的英雄们的应有的荣誉"②。但是青年黑格尔运动终究是局限在意识形态领域，是少数知识分子的运动。由于德国资产阶级的软弱性，这个运动的实际政治成果是微小的，但是它有一个巨大的历史功绩，这就是为马克思主义的产生孕育了适当的政治的和思想的土壤。马克思和恩格斯就是在青年黑格尔运动兴起时，在他们批判宗教，批判国家的战斗气氛下，开始自己的哲学和政治活动的。正如恩格斯总结的，"从黑格尔学派的解体过程中还产生了另一个派别，唯一的产生真实结果的派别。这个派别主要是同马克思的名字联系在一起的"③。

---

① 《马克思恩格斯选集》，第4卷，237页。
② 《马克思恩格斯全集》，第8卷，16～17页，北京，人民出版社，1961。
③ 《马克思恩格斯选集》，第4卷，238页。

时代条件是最强有力的因素。每一个时代的经济发展和阶级结构形成了客观的历史必然性，它要求产生而且一定会产生与自己时代相适应的人物。恩格斯在谈到资产阶级革命时，曾深刻地论述了时代的作用。他说："这是一次人类从来没有经历过的最伟大的、进步的变革，是一个需要巨人而且产生了巨人——在思维能力、热情和性格方面，在多才多艺和学识渊博方面的巨人的时代。给现代资产阶级统治打下基础的人物，决不受资产阶级的局限。相反地，成为时代特征的冒险精神，或多或少地推动了这些人物。那时，差不多没有一个著名人物不曾作过长途的旅行，不会说四五种语言，不在几个专业上放射出光芒。"① 恩格斯列举了列奥纳多·达·芬奇、阿尔勃莱希特·丢勒、马基雅弗利、路德，指出："他们几乎全都处在时代运动中，在实际斗争中生活着和活动着"②。19 世纪 40 年代的革命浪潮，终于把曾经起过进步作用的青年黑格尔派运动，把许多当时风华正茂、才华横溢的青年黑格尔分子，特别是把困居穷乡僻壤的费尔巴哈抛在后头，而把特利尔一个律师的儿子、年轻的马克思推向了历史的前台。

第二节　马克思与黑格尔主义

马克思早期思想发展的道路，是从黑格尔走向费尔巴哈，又从费尔巴哈进一步走向辩证唯物主义和历史唯物主义。黑格尔主义是马克思的思想出发点。马克思在黑格尔哲学解体中，通过参加青年黑格尔运动逐步转向黑格尔。

一、从厌恶黑格尔到转向黑格尔

转向黑格尔哲学，在 19 世纪 30 年代，是德国哲学领域中的一种带有普遍性的现象。当时一些有头脑、有作为、追求真理的年轻人，都为黑格尔哲学所吸引。费尔巴哈就是这样。费尔巴哈于 1824 年由海德堡大学转到柏林大学，正好黑格尔在此执教。黑格尔的渊博知识和深邃思想像磁石一样，牢牢地吸住了费尔巴哈，在他面前展现了一个新天地。到柏林大学不久，他在写给自己父亲的信中欣喜地赞扬黑格尔："亲爱的父亲！虽然

① 《马克思恩格斯选集》，第 3 卷，445 页。

② 同上书，446 页。

我不过才听了四个星期的课，但收益却已经多得无可估量。听布道讲学时一知半解，感到晦涩，至少觉得是根据太薄弱的地方，我现在听了黑格尔的几次讲演后，都已能了解得很透彻，并且也看得出这道理的必要性；本来在我身上仅仅像火绒一般微微燃烧着的东西，现在却觉得很快就要燃起熊熊火焰。别以为我弄错了。为求知欲所鼓舞和在受过道布这样人的培养后，已经有了准备和训练了自己的思考能力的人，来到黑格尔这里，在听了几课以后，就感到他的思想的渊博和深邃的强有力的影响，是完全自然的事。而且黑格尔讲学极为明晰易懂，不似他写的著作那样佶屈聱牙；因为他极其注意听众的理解力。但最令人敬佩的是他阐述某一观念时，虽然也掺入些普通的概念，不甚严格地遵循哲学的程序，以阐发他的思想，但尽管如此，他还是须臾不离问题的症结处。”① 他赞扬黑格尔像亚里士多德、斯宾诺莎、康德一样有“天才”。他还写信告诉他哥哥，他已“从神学转到哲学”，“哲学的嗜好保证了我的哲学才能。我在这里，在柏林，比之以前，已经大大进步了。人的进步，哪里也没有比在思想上来得快。思想一旦解除了藩篱，便成为一股洪流，不可遏止地把我们不断冲向前去”②。除了美学外，费尔巴哈在柏林大学听了黑格尔的全部讲课，《逻辑学》甚至听了两遍。当然，费尔巴哈并不是无条件地崇拜黑格尔，不久以后，费尔巴哈便开始怀疑黑格尔哲学，特别是对黑格尔哲学中最致命的要害，即颠倒思维和存在、逻辑和自然的关系提出了疑问：“思维对存在的关系怎样？是不是如同逻辑对自然的关系呢？凭什么理由可以从逻辑的范围转到自然的范围呢？这相互转化的不可避免性的原理又何在呢？”③ 而且提出：“黑格尔哲学对现代和将来的关系如何呢？”④ 这说明费尔巴哈已经开始思考整个黑格尔哲学的问题。费尔巴哈走的是一条由神学到哲学由转向黑格尔到反叛黑格尔的道路。

就马克思和黑格尔的关系说，在某种意义上是重复费尔巴哈的道路，不过是在更高的形式上。费尔巴哈是入宝山而空回，而马克思从黑格尔那

---

① 《费尔巴哈哲学著作选集》，上卷，222～223 页，北京，三联书店，1962。
② 同上书，223 页。
③ 同上书，224 页。
④ 同上书，225 页。

里却获得了费尔巴哈所没有获得的硕果。

马克思于1836年10月由波恩大学转到柏林大学。当年轻的马克思只身来到柏林时，黑格尔虽然已经逝世了，但他的思想在德国，特别是在柏林仍然有着强烈的影响。柏林大学当时是黑格尔主义的中心。黑格尔本人从1818到1831年，曾在这里讲过学。他死后的一段时期，许多讲座仍然是由他的学生们主持。

但是，马克思并不是一开始就喜欢黑格尔哲学。相反，他在波恩大学，一度倾向于康德和费希特；转到柏林大学初期，仍然喜欢文学。他在一首诗中说：

> 我要占有
> 一切最美好的神赐。
> 我要大胆地钻研科学，
> 掌握音乐和艺术。①

同当时许多倾向浪漫主义、理想主义的青年一样，马克思喜欢文学，特别是诗歌；对美妙的诗歌的爱好，胜过对黑格尔的抽象的思辨哲理。他曾把对燕妮的思恋，倾注在诗歌之中。马克思的文学才能是卓越的。他在1837年写了题为《狂歌》的两首小诗（《小提琴手》、《夜恋》），1841年1月在《雅典神殿》上发表时，赢得了报纸的赞扬和鲍威尔的鼓励。马克思还写过一个剧本《乌兰内姆》（第一幕），写过讽刺小说《斯科尔皮昂和费利克斯》。

但是传统的力量是巨大的。19世纪30年代末，虽然德国古典哲学的黄金时代已经过去了，但百足之虫，死而不僵。在柏林，特别是柏林大学，哲学的气氛仍然很浓。一个民族所取得的理论成就是不会轻易丧失的。在马克思就读的法律系，爱德华·甘斯就是一个黑格尔主义者。甘斯和法的历史学派的代表人物萨维尼之间的争论，已经超出纯法学的范围，而进入哲学的领域。法的历史学派是极端保守的。他们反对法国启蒙主义者，反对他们援引自然法来论证改革现制度的必要性，他们以所谓法的历

① 转引自科尔纽：《马克思恩格斯传》，第1卷，108页，北京，三联书店，1963。

史观点来对抗自然法，强调普鲁士的法律应该以习惯法，以传统的德意志法为根据来进行改革，而不能以承认普遍公民权的革命法律为样板。甘斯作为立法依据的是绝对观念。他认为法应该体现绝对观念，但是当时的普鲁士国家制度，并没有完美地体现这一点，它必须不断地发展，使具体的立法能与法的本质相符合。这种关于立法依据的争论是个哲学问题。马克思在法律系学习，吸引他的与其说是法，不如说是法哲学。马克思正是通过甘斯，通过法哲学的研究，逐渐发现黑格尔哲学思辨的魅力。

在一个人的生活经历中，偶然性也往往会起作用的。马克思学习历来刻苦，1836 年初在波恩大学时，就因为过分劳累而病倒过。转到柏林大学后，马克思在思想探索的崎岖小道上更是奋力攀登：

> 我要勇往直前，
> 永不休息，永不偷闲，
> 切莫呆呆地沉默不语，
> 无所希求，无所事事！
>
> 切莫无言和畏怯地
> 从低轭下面爬过，
> 要知道渴望、心愿和事业
> 仍然会留在我们身边。①

不停地钻研，多少个不眠之夜，终于使马克思又一次受到病魔的袭击。他遵从医生的建议，迁居到柏林郊区风景优美的施特拉劳休养。生病对一般人来说是休息，可是马克思却在休养期间，从头至尾读了黑格尔的全部著作和他的大多数学生的著作，并开始结识了“博士俱乐部”的成员。这个俱乐部是青年黑格尔派的组织，是由几个大学讲师、文学家和中学教员组成的。其中最重要的成员是柏林大学讲师布鲁诺·鲍威尔，多洛亭高级学校近代史教员科本，以及柏林军官学校的地理教员阿道夫·鲁滕堡，等等。马克思参加了“博士俱乐部”，虽然当时年不过 20，但以其独

---

① 转引自科尔纽：《马克思恩格斯传》，第 1 卷，108 页。

特的才能，深邃的智慧，渊博的知识，头角崭露，成为其中的佼佼者，赢得了尊敬。比他年长九岁，既是老师又是朋友的布鲁诺·鲍威尔，对他刮目相待。莫·赫斯把他看成是卢梭、伏尔泰、霍尔巴赫、莱辛、海涅和黑格尔的结合，是“唯一的伟人”，“真正的哲学家”。

“博士俱乐部”在没有蜕化为柏林“自由人”之前，在批判宗教，传播激进的政治观点，力图从黑格尔哲学引出革命结论方面起过一定的作用。当时这些结合在“俱乐部”中的青年黑格尔派分子，风华正茂，激情满怀，在咖啡馆里无休止地争论黑格尔哲学，勇敢地批判宗教教条，捍卫信仰自由、出版自由。

投身到青年黑格尔运动的马克思，也对宗教进行了批判。他修改和补充他父亲写的关于天主教教会和普鲁士政府之间的科伦冲突的文章；写过讽刺卡·菲·费舍的《神的观念》的小册子——《该受鞭挞的费舍》；批判波恩大学神学教授海东梅斯，并打算同鲍威尔合作创办一种哲学期刊——《无神论文库》。

正是通过参加青年黑格尔运动，马克思从讨厌黑格尔的“稀奇古怪的调子”到“再钻进大海”，即转向黑格尔，从黑格尔深刻的思想海洋中吸取智慧。

二、一个重大的转折

马克思的才能是卓越的。在中学毕业作文《青年在选择职业时的考虑》中，已经显示出他从青年时代起就具有冷静地考察现实的才华和为人类幸福而献身的高尚感情。但是，对马克思的思想发展具有转折意义的不是中学时期，而是他进入柏林大学以后同黑格尔思想的接近。

马克思对自己转向黑格尔是非常重视的。同费尔巴哈一样，马克思也给自己的父亲写了一封信，诉说自己在转向黑格尔以后内心的激动。他在信中一开头就说：“在生活中有着这样的时刻，它给自己消逝了的时光立下了界碑，同时又明确地展示出新的方向”①。这说明，马克思当时对结识青年黑格尔分子，转向黑格尔哲学估价很高，把它看成是标志自己新方

① 《马克思1837年11月10日致父亲的信》，载《科学社会主义史教学参考资料》，北京，中国人民大学出版社，1980（1）。

向的界碑。

的确，对马克思来说这是个转折。黑格尔哲学是德国古典哲学的高峰，它以其博大精深的思想领域和最富有成果的辩证法，雄踞于哲学殿堂，成为“哲学之王”。黑格尔在人类思想史上，第一次把整个自然的、历史的和精神的世界描写为一个过程，即把它描写为处在不断的运动、变化和发展中，并企图揭示出这种运动和发展的内在联系；黑格尔也是历史上第一个以唯心主义的形式，系统地阐述了辩证法的基本规律，特别是对立统一规律的人。他肯定了矛盾的普遍性，把矛盾看成是推动整个世界的原则。在一定意义上，没有黑格尔哲学，就不可能有马克思主义。转向黑格尔哲学，使得年轻的马克思有可能运用辩证法来总结自己起伏不定的思想，大大缩短了摸索的过程。

马克思曾倾向过康德和费希特。但是他通过研究黑格尔哲学，发现在应有和现有即理想和现实的问题上，黑格尔的看法无疑比康德、费希特更富有启发性：

> 康德和费希特喜欢在太空中飞舞，
> 翱翔到遥远的国土，
> 而我却只想透彻地理解
> 在街头巷尾遇到的事物！①

康德和费希特把理想和现实割裂开来，理想是脱离现实的，在太空中翱翔的愿望，它高尚纯洁，一尘不染，可是软弱无力。黑格尔虽然也沉醉于思辨之中，但富有历史的现实感，他反对康德和费希特把应有和现有对立起来。他在《小逻辑》一书的导言中，就不点名地批判了康德：“惯于运用理智的人特别喜欢把理念与现实分离开，以命令式的‘应当’自夸，并且尤其喜欢在政治领域中去规定‘应当’。这个世界好像是在静候他们的睿智，以便向他们学习什么是应当的，但又是这个世界所未曾达到的。”② 他还冷嘲热讽地说：“如果这个世界已经达到了‘应当如此’的程度，哪里还有他们表现其老成深虑的余地呢？”③ 黑格尔强调的是应有和

① 转引自科尔纽：《马克思恩格斯传》，第1卷，140页。

②③ 黑格尔：《小逻辑》，44～45页。

现有的统一性，“哲学所研究的对象是理念，而理念并不会软弱无力到永远只是应当如此，而不是真实如此的程度”①。

马克思正是以黑格尔关于应有和现有的统一为依据，对自己在柏林大学一年来的学习进行了批判。他首先批判了在柏林第一个学期的诗歌创作。他不是从文艺的角度，而是从哲学的角度进行了评价，责备这些诗把主观理想同现实对立起来。说在这些诗里：“一切现实的东西都变得模糊不清，而一切模糊不清的东西失去了界限。攻击着现实，空泛的和飘摇不定的情感，毫无自然性，一切是凭空虚构出来的，把实在的东西同应有的东西完全对立起来，修辞上的思索代替诗歌的意境。”②

马克思不仅对送给燕妮的最初三本诗歌，从哲学角度进行了自我批判，而且对自己一年来在柏林大学学习法律，试图建立法哲学体系所遇到的困难，同样进行了总结。马克思不仅听甘斯和萨维尼的法学课程，并且阅读了大量有关法学的著作。他研究萨维尼的《占有法》、恩·费尔巴哈和格罗尔曼的《刑法》、殷根海姆的《法规大全》、米伦布洛赫的《立法原则》，甚至准备通过钻研法兰克福国王们的法令和罗马教皇给国王们的信来研究德国的法律。马克思在研究中，感到头等重要的事是钻研哲学。为了深入法学基本概念的本质，他曾试图创立法哲学。但是，这种试图同他的诗歌创作一样，存在着应有和现有的对立。他说：“这里首先一个严重障碍正是唯心主义所固有的、现实的东西和应有的东西之间的对立；这种对立又产生了拙劣的、错误的划分。开头我搞的是我慷慨地名之为形而上学的东西，也就是脱离了任何实际的法和法的任何实际形式的原则、思维、概念的定义，这一切都是模仿费希特的”③。

黑格尔哲学中吸引马克思的是它的辩证法思想。马克思在创立法哲学的尝试中，发现正是数学论证形式，“一开始就成为了解真实事物的障碍”。因为采用这种方法，“主体围绕着事物跑来跑去，发出这样那样的议论，可是事物本身却没有形成为一种多方面展开的活生生的东西”④。马

① 黑格尔：《小逻辑》，44～45页。

②③④ 《马克思1837年11月10日致父亲的信》，载《科学社会主义史教学参考资料》，北京，中国人民大学出版社，1980（1）。

克思认为，研究法律、国家、自然哲学等等，“必须从发展方面细心研究客体本身，决不应分割它们；事物本身的理性在这里应当作为一种自在地矛盾的东西展开，并且在自身中发现自己的统一”①。这说明马克思已抛弃用抽象的理念衡量现实，而是采用了“到现实本身中寻找观念”的黑格尔的方法。当然，这种把探讨事物看成是发现事物理性的观点，仍然是唯心主义的；但它强调事物的理性是矛盾的东西，主张“在自身求得自己的统一”的看法，是辩证的。

马克思从1837年转向黑格尔哲学，但不是无条件的。在1837年11月10日那封著名的信中，马克思告诉他父亲，虽然他过去厌恶黑格尔哲学，但现在要回到黑格尔哲学，“不过这次却有个明确的目的，这就是要证实，精神本性也和物质本性一样是必要的、具体的，并且具有同样的严格形式；我不想再学习剑术，而是在太阳光下检验一下珍珠的成色了”②。马克思不是要学习黑格尔思辨的“剑术”，而是要在太阳下检验珍珠的成色，即对它进行验证。马克思年轻时制定的这条原则，预示了他同黑格尔的关系的发展方向。

马克思虽然参加了“博士俱乐部”，参加了青年黑格尔运动，但他与青年黑格尔派一开始就存在分歧。在政治上，马克思是革命民主主义者。生长在资本主义比较发达的莱茵地区，受到法国革命和启蒙思想熏陶的马克思，政治上是激进的，而青年黑格尔派基本上属于资产阶级自由派；在哲学观点上，青年黑格尔派中的许多人在自我意识与现实关系问题上，从黑格尔退回到费希特，而马克思则吸收了黑格尔关于应有和现有辩证统一的思想。这些分歧，开始还是处于萌芽状态。但这是原则性的分歧，根本政治立场和方法的分歧。这些分歧随着马克思的思想发展和青年黑格尔派的蜕化而不断扩大、深化，终于导致以后马克思与青年黑格尔派的彻底决裂。

三、恩格斯和青年黑格尔运动

恩格斯是马克思主义的创始人之一，他的思想发展具有自己的特点。但是，黑格尔哲学在恩格斯的思想发展中同样起了重大作用。

---

①② 《马克思1837年11月10日致父亲的信》，载《科学社会主义史教学参考资料》，北京，中国人民大学出版社，1980（1）。

恩格斯是从参加青年德意志运动开始自己的政治生活的。但是恩格斯的革命民主主义思想同青年德意志运动的自由主义思想之间存在矛盾。青年德意志分子是软弱的。1835 年他们的著作被禁以后，转入颓唐、消沉，或多或少抛弃了政治斗争，专门从事文艺工作。而恩格斯在清算自己的宗教信仰，批判神学的斗争中，不可能限于文学，必然从文学进入哲学，只有从世界观的高度，才能彻底驳倒神学。因此，恩格斯思想的进一步发展，是脱离青年德意志运动而投身到青年黑格尔运动。

在恩格斯的这一转变中，施特劳斯的《耶稣传》起了一定的作用。恩格斯研究了《耶稣传》，得到了帮助自己彻底清算宗教信仰，转向无神论的思想武器。

1839 年下半年，恩格斯给朋友的信中，一再谈到施特劳斯："我现在是一个狂热的施特劳斯主义者了。此刻请到我这里来吧。此刻我有武器、盔甲和盾牌，我感到自己充满信心；来吧，尽管你有你的神学，我也会把你打垮，会把你打得无处可逃。"① 他很自豪地说："我是一个施特劳斯主义者，我是藏在天才的大卫·弗里德里希·施特劳斯翅膀下的一个微不足道的诗人。"② 他赞扬施特劳斯是个奇妙的青年，是个天才，机智无与伦比，他的论点是完全驳不倒的。正是施特劳斯关于神话起源的学说，使恩格斯解决了理性和信仰、宗教和科学的矛盾，进一步转向无神论。

但是，施特劳斯的作用，不仅有助于恩格斯清理自己的宗教信仰，更重要的是成为了恩格斯转向黑格尔的纽带，"多亏施特劳斯，我现在走上了通向黑格尔主义的阳关大道"③。

恩格斯接近黑格尔主义，正是黑格尔体系分裂的时候，他态度明确，拥护青年黑格尔派，反对老年黑格尔派。他批判老年黑格尔，说"谁也不象黑格尔自己的学生那样多地损害了黑格尔"，"我不会成为象辛利克斯等人那样顽固的黑格尔主义者"。他赞扬青年黑格尔派，说"只有少数人，象甘斯、罗生克兰茨、卢格等，才无愧于他"④。

---

①② 《马克思恩格斯早期著作选》，316 页。

③ 同上书，334 页。

④ 同上书，334～335 页。

在黑格尔哲学的体系和方法中，恩格斯重视的是黑格尔的辩证法，特别是他关于历史发展的观念。他明确宣布，“我应该吸取这个宏伟的体系的最本质的要素”。恩格斯对《哲学史讲演录》很感兴趣。一连几个星期，埋头阅读这本著作。恩格斯也精心研究黑格尔的《历史哲学》，每晚必读。这本书的雄伟有力的思想紧紧抓住了恩格斯。①

在黑格尔的思想影响下，恩格斯的观点虽然是唯心主义的，但充满了辩证法。他反对那种把历史传统奉为神圣，对它顶礼膜拜的反动历史观，相信历史是曲折上升的。他形象地把历史比做“螺旋形”，从一个看不见的点慢慢地开始自己的行程，然后越转越大，越转越快，每转一圈都更接近于无限。历史发展是曲线的，无止境的，绝对静止的状态是没有的。这种发展观，是以哲学的形式反映了变革普鲁士国家的政治要求。

恩格斯越投身于青年黑格尔运动，他同青年德意志运动的关系就越来越疏远，矛盾就越来越大。他在《评亚历山大·荣克的〈德国现代文学史讲义〉》一文中，批判了荣克的折衷主义态度，对青年德意志的思想进行了清算。这篇文章标志着恩格斯同青年德意志的最终决裂。

恩格斯把青年黑格尔派和青年德意志看成是两个对立面、两个极端，认为前者已经兴起，后者已经没落。他说：“‘青年德意志’已经成为过去，青年黑格尔派出现了；施特劳斯、费尔巴哈、鲍威尔、‘年鉴’引起了普遍的重视，原则之间的斗争处于高潮，这是一场你死我活的斗争”②。

恩格斯对这场斗争，态度明朗。他虽然参加过青年德意志运动，但认为这个运动已成为过去，应该与之决裂。而荣克却采取折衷主义态度，一方面认为，青年德意志是“整个时代精神的体现者”，另一方面，“顺便也还得给黑格尔一点适当的地盘”。荣克的确是两条心，一条心在黑格尔方面，另一条心在青年德意志方面。他左手抚摩着黑格尔的哲学，右手抚摩着肤浅的、华而不实的非哲学著作，即青年德意志的文艺作品。他不是老老实实地抛弃两种互不相容的倾向中的一种，而是要“发现黑格尔学派的左派最适合同青年德意志称兄道弟”。恩格斯尖锐批判了这种态度。他说：

---

① 参见《马克思恩格斯早期著作选》，334～335 页。

② 《马克思恩格斯全集》，第 1 卷，521 页。

“在任何一种运动、任何一种思想斗争中间，总有一些只有滚在污水里才会感到非常舒服的糊涂虫。”① 其中一个，就是荣克。

恩格斯站到了青年黑格尔派的立场上，对青年德意志重新作了评价。他不仅反对荣克把青年黑格尔派同青年德意志派扯在一起，而且也反对夸大白尔尼的影响，说白尔尼对谷兹科夫、文巴尔克有比较长久的影响，而对青年德意志的影响并不大。他还对青年德意志运动作了一个总结性的评论：“文学运动大踏步地前进了。这个派别远远落在这个运动的后面，大部分青年德意志分子的空虚便暴露无遗了。”②

恩格斯虽然此时思想上已转向黑格尔，但他到柏林之后才开始结识青年黑格尔分子。在“博士俱乐部”出版的《艺文》杂志的封面上，曾经与一些青年黑格尔分子的名字并列，刊登过恩格斯的名字。当时他用的笔名是奥斯渥特。这说明恩格斯同原来博士俱乐部成员科本、布尔、梅因、鲁滕堡有来往。

恩格斯在柏林服役时，正是新即位的德皇威廉四世加强思想控制，对黑格尔哲学，尤其是对青年黑格尔派严厉镇压的时候。1841 年 11 月，哲学家弗里德里希·威廉·谢林受聘到柏林大学讲学，就是普鲁士政府从思想领域中反对黑格尔主义的表现。

这不是一场纯哲学的斗争，而是具有重要历史意义的政治斗争，是当权的封建势力和新兴势力在政治、宗教方面进行的斗争。恩格斯对这场斗争的性质很清楚。他说：“如果你现在在柏林，随便问一个哪怕关于精神对世界的统治一无所知的人，那个正在政治方面和宗教方面争夺德国舆论统治权，因而也就是争夺德国本身的统治权的舞台在哪里，他会回答你说，这个舞台是在柏林大学，即在谢林讲授启示哲学的第六讲堂。”③

年轻的恩格斯密切注视这场斗争。1841 年 11 月 15 日，他特意到柏林大学听谢林讲授“启示哲学”，并在听谢林讲课不到一个月，即 12 月中旬，以弗里德里希·奥斯渥特的名字，发表了第一篇反驳谢林的文章——

① 《马克思恩格斯全集》，第 1 卷，519 页。
② 同上书，526 页。
③ 《马克思恩格斯早期著作选》，386 页。

《谢林论黑格尔》。随后，在 1842 年春天，又发表了两本匿名的小册子：《谢林和启示》和《谢林——基督哲学家》。当时年仅 22 岁的恩格斯，站在青年黑格尔派反对谢林斗争的最前列。

恩格斯捍卫了黑格尔的辩证法，批判了谢林对黑格尔和青年黑格尔派的攻击。

谢林在他的讲演中，对德国伟大的唯心主义辩证法家黑格尔，对青年黑格尔派甘斯、费尔巴哈、施特劳斯、卢格，以及他们的机关刊物《德意志年鉴》，抱着极其蔑视的态度。他一笔抹杀了黑格尔及其学生们的哲学，把黑格尔哲学几十年间在德国的传播，描绘成一连串的谬谈和白费时间。他口头上不得不承认黑格尔的功绩，实际上采用种种方式极力贬低他，把黑格尔排除在伟大思想家的行列之外。

恩格斯虽然没有上过大学，又很年轻，当时刚过 20 岁，但他敢于蔑视哲学界的庞然大物谢林，站在维护黑格尔辩证法的立场上。他说："我是在维护一个已经去世的人"，还明确宣布："我们的任务将是保卫伟大导师的陵墓，不让它遭到凌辱。我们不怕斗争。"①

恩格斯也反击了谢林对青年黑格尔派的攻击，高度评价了他们的功绩。他认为青年黑格尔派的贡献在于把黑格尔哲学引上了广阔的社会舞台，使用这个武器来对反动封建制度进行斗争，并且把黑格尔哲学中的进步因素同它的反动政治结论区分开来。在恩格斯看来，完全可以说，青年黑格尔派忠实于黑格尔的原则，同时摒弃了他的结论。

历史上任何一种有影响的学说，都会受到来自截然相反的左右两方面的批评。黑格尔的学说也不例外。恩格斯以费尔巴哈和谢林为例，分析了他们对待黑格尔的两种相反的态度。谢林完全站在旧事物的立场上，在他看来，黑格尔走得太远了；而作为青年黑格尔代表的费尔巴哈，站在比较激进的立场，认为黑格尔陷进旧事物太深，离新事物太远了。这说明恩格斯在捍卫黑格尔问题上，态度明朗，但对黑格尔哲学本身采取的是一种分析态度。

除了围绕黑格尔和青年黑格尔派的问题外，斗争的另一个重要问题，

---

① 《马克思恩格斯早期著作选》，393 页。

是如何对待理性和科学。谢林反对科学和理性，鼓吹神秘的启示，宣扬宗教信仰，企图再度使哲学回到中世纪的地位，沦为神学的婢女，把基督教奉为绝对的、终极的真理。谢林对人的理性是蔑视的，他认为人的理性连一根草的存在都不能够证明，它的一切证明，论据和推理是谁也诱骗不了的，无论如何都不能与神的理性相比。他还攻击哲学，抽掉哲学赖以立足的基础——理性。恩格斯在《谢林——基督的哲学家》这本小册子中，尖锐地抨击了谢林的这种非理性主义，指责他这样做，是企图倒转历史，回到德国的美妙时光，那时理性是信仰的俘虏，世俗的智慧像奴婢一样地服从神学，服从神的智慧，并变成了神的智慧。谢林反对理性，露骨地宣扬蒙昧主义，是德国封建制度垂死挣扎的反映。

恩格斯一马当先，冲杀在反对谢林的战场上，不仅受到青年黑格尔派的热烈欢迎，而且也引起了哲学界和进步报刊的强烈注意。连当时的反动报刊，也不得不承认恩格斯的著作击中了正统派的要害。

恩格斯自从发表了批判谢林的著作后，更加关心哲学的斗争。他致力于研究哲学，特别是黑格尔的哲学。他到柏林大学旁听黑格尔学生们的讲课。在当时的柏林青年黑格尔派中，恩格斯受到大家的推崇。他和布鲁诺·鲍威尔的兄弟埃德加·鲍威尔，共同创作了《横遭迫害、又奇迹般获得解放的圣经》的小册子，以诗的形式，再现了青年黑格尔派对反动派的斗争。有趣的是，其中不仅对在革命狂飙中如闪电雷鸣的马克思颂扬备至，而且对走在青年黑格尔派的"最左边"、无论何时何地"都坚决而凶狠"的恩格斯的高大形象进行了描述。恩格斯同马克思一样，当时也参加了青年黑格尔运动。他对谢林的斗争，就根本观点来说，是站在黑格尔哲学的立场上。他反对谢林的非理性主义、蒙昧主义，高度赞扬人类的自我意识的伟大力量，认为自我意识比天地间一切东西都强而有力，能够战胜一切阻挡它前进的敌人，胜利地为自己开辟道路。在当时的恩格斯看来，只有理念，只有人的自我意识才是全能的。

但是同马克思一样，恩格斯同青年黑格尔派也存在分歧。整个青年黑格尔派重视理论，而轻视实践，认为仅仅通过批判，就能改变现存的封建秩序。在他们看来，批判是推动一切、改变一切的力量。而恩格斯反对这种看法。他在离开青年德意志加入青年黑格尔运动之后，就提出了要把黑格尔和白尔尼结合起来，并认为这是时代的任务。在恩格斯看来，黑格尔是伟大哲学家，白尔尼是政治实践家，把他们结合起来，实际上就是理论和实践相结合的一种形象的、艺术化的说法。

恩格斯深刻理解现实，对发展观念有不可动摇的信仰，相信社会改造的可能性与必要性。随着斗争的发展，他更加勇猛地抨击普鲁士封建制度，而青年黑格尔派越来越脱离当时反对普鲁士制度的政治斗争，沉湎于夸夸其谈的所谓纯批判之中。这样，思维发展的结果，必然是同青年黑格尔派的分手，以及日后同马克思的合作，这就使这两位出身不同、受教育不同、个性也不尽相同的年轻人走到一起，成为创造马克思主义学说的生死与共的战友。

第三节 《博士论文》 马克思的革命民主主义观点

和一般大学生不一样，马克思不是那种依靠教员用匙子喂知识的学生。他一方面参加当时的青年黑格尔运动，一方面深入进行理论研究。他虽然是法律系的学生，在转向黑格尔后，对哲学却越来越感兴趣。

从1839年起，马克思对古代哲学史，主要是对伊壁鸠鲁主义、斯多葛主义、怀疑论进行了研究。他阅读了大量有关著作，做了详细的笔记，并研究了亚里士多德、塞克斯都·恩披里柯、第欧根尼·拉尔修、欧瑟比·克里门的著作，参考了辛普利修、约翰·斯托贝、约翰·菲洛朋的注释，准备全面分析在古代社会解体时，伊壁鸠鲁主义、斯多葛主义、怀疑论对希腊思想发展的重大意义。后来，他发现题目太大，决定把问题限在较小的范围内，即研究德谟克利特和伊壁鸠鲁的自然哲学问题，并于1841年3月完成了题为《德谟克利特的自然哲学与伊壁鸠鲁的自然哲学的差别》的博士论文。因此，《博士论文》不是孤立的著作，正如马克思在序言中说的："必须把这篇论文仅只看作一种较大著作的先导，在那一著作里我将详细地就与整个希腊思辨的联系来阐述伊壁鸠鲁，斯多葛和怀疑论这三派哲学的相互关系。"① 这个任务后来没有实现。

马克思的《博士论文》是一篇学术性很强的探讨古代哲学的论文。但

① 马克思：《博士论文》，序言，1页，北京，人民出版社，1962。

它不是与现实无关的纯哲学研究。事实上，《博士论文》不仅反映了马克思的学术观点，而且反映了他的政治观点，说明对待当时德国社会迫切的问题，马克思是站在革命民主主义者的立场上的。

一、反对一切天上和地下的神灵

同出身于宗教气味浓重家庭的恩格斯不同，马克思生长在比较开明的知识分子家庭，从小受到法国启蒙思想的教育。虽然马克思中学时代的作文《根据约翰福音论信徒和基督的结合》，把宗教信仰和道德完善结合在一起，认为只有同基督交往，才能超越利己主义和个人的局限，过着真正合乎道德的生活，但这只是对一个传统论点的复述。实际上宗教对马克思的影响是微弱的、短暂的。因此，马克思在《博士论文》中对宗教的抨击，不是清算个人的信仰，而是作为一个社会问题提出来的。

马克思的《博士论文》表现了彻底的、战斗的无神论精神。他在论文的附录《批评普鲁塔克对伊壁鸠鲁神学的论战》中，批判了普鲁塔克对伊壁鸠鲁的攻击，捍卫了无神论的思想。马克思是很重视对普鲁塔克的回击的，因为普鲁塔克的“攻击并不是个别的，而代表着一定的方向”①。

作为古代卓越的唯物主义者，伊壁鸠鲁否认神对于自然界，对于世界和个人的命运的任何干预，认为神同自然界和人没有任何关系；并以此来论证他的伦理观点，为了使人能够自由地、幸福地享受人间生活，必须同死亡和对神的恐惧进行斗争。古代罗马的无神论，就是由伊壁鸠鲁奠定基础的。他公开地向宗教挑战，确实是最先打倒众神，踢翻神殿的英雄。卢克莱修在《物性论》中谈到伊壁鸠鲁和宗教关系时，热情地讴歌伊壁鸠鲁：

> 当人类在大地上到处悲惨地呻吟，
> 人所共见地在宗教的重压底下，
> 而她则在天际昂然露出头来
> 用她凶恶的脸孔怒视人群的时候——
> 是一个希腊人（指伊壁鸠鲁——引者注）首先敢于

---

① 马克思：《博士论文》，序言，2页。

抬起凡人的眼睛抗拒那个恐怖；
没有什么神灵的威名或雷电的轰击
或天空的吓人的雷霆能使他畏惧；
相反地它更激起他勇敢的心，
以愤怒的热情第一个去劈开
那古老的自然之门的横木，
就这样他的意志和坚实的智慧战胜了；
…………
由于这样，宗教现在就被打倒，
而他的胜利就把我们凌霄举起。①

而普鲁塔克在《论信从伊壁鸠鲁不可能有幸福》中，把神看做道德的基础，认为对神的敬畏，使人不敢为恶。他说："因为敬畏他［神］，把他当作一个以善意对待善人，而对恶取严厉态度的统治者。由于对神有了这样一种畏惧，就使他们摆脱许多忧虑，拒绝作不公正的事；［并相信］他们的罪恶可以逐渐得到制裁，因此他们感到的精神痛苦要少于那些放纵情欲又敢于［作出残暴行为］，后来则因受到良心的责难感到畏惧和悔恨的人"。他还把上帝看做幸福的源泉，认为"只要它（即灵魂）一想象到或思维到上帝的降临时，它就以特殊轻松之感抛开了一切的悲伤、恐惧和烦恼，并陶醉于愉快之感，直到狂喜、戏谑和嘻笑"②。

这是宗教伦理观的老调重弹。那些贪婪残忍，杀人如草不闻声的坏人们，以事后的廉价"忏悔"或祈祷来求得灵魂的安静，揩拭手上的污血。他们双手持刀，口中念佛。他们对穷人敲骨吸髓，然后用一点点钱办所谓慈善事业，作为预订死后升入天堂的"入门券"，这样，他们可以更放心地为非作歹。因此，对神的敬畏、对地狱的恐惧、对来世报应的信仰并不能使人不敢为恶，而只是使恶人更加伪善而已。

马克思还批判了伽桑狄，指责他虽然在17世纪恢复了伊壁鸠鲁哲学，但完全不了解伊壁鸠鲁哲学，企图把它同关于灵魂不死的观念结合起来，

---

① 卢克莱修：《物性论》，3～4页，北京，三联书店，1958。
② 马克思：《博士论文》，92页。

而实际上，伊壁鸠鲁哲学的本质是反宗教的。他嘲笑伽桑狄这种做法是“白费气力”，“正如一个人想要在希腊名妓雷伊斯的皎洁美好的身体上披上一件基督教尼姑的道衣”①。

以哲学来论证宗教，是黑格尔思想体系保守性的一个表现。整个青年黑格尔运动，从《耶稣传》开始，都反对这样做。马克思也是沿着这个方向发展的。他坚决反对调和哲学和宗教，而是把这两者对立起来。哲学求助于理性，宗教求助于迷信；哲学要求探索，宗教要求信仰；哲学是在教导人们真理，而宗教许诺天堂。马克思充满激情地写道：“哲学，只要它还有一滴血在它的征服世界的、绝对自由的心脏中跳动着，它将永远象伊壁鸠鲁那样向着它的反对者叫道：‘那摈弃群氓的神灵的人，不是不诚实的，反之，那同意群氓关于神灵的意见的人才是不诚实的’。”②

正因为马克思认为哲学是理性的，而宗教是非理性的，是以无知和迷信为基础的，因此他反对一切关于上帝存在的证明，认为这些所谓证明，“不外是空洞的同语反复”。例如，马克思反对了本体论的证明。按照这种理论，凡是我真实地表象的东西，对于我就是一个真实的表象，因而这东西对于我是现实的。马克思反驳说，按这种意义讲来，则一切神灵，异教的以及基督教所信仰的神，都具有一种真实的存在。可是事实上，当你把你信仰的神灵带到别的国家去，而那里人们所信仰的是另一些神灵，人们就会证明给你看，说你是受了幻想和抽象观念的支配。例如，当一个人把文登族的神灵介绍给古代希腊人，他就找到这种神灵不存在的证明了。因为对希腊人来说，文登族的神是不存在的。马克思明确地指出：“一定的国家对于异国的特定的神灵来说，就同理性的国家对于一般神灵来说一样，就是一个这个神灵停止其存在的地方。”③ 马克思还嘲笑了黑格尔，说他为了替上帝存在所作的辩护，结果却推翻了这个上帝存在的证明，正如一个辩护师对于他所代为辩护的被控诉的事主们，因为没有别的办法使他们免于被判罪，于是便亲手把他们杀死一样可笑。

---

① 马克思：《博士论文》，序言，1页。
② 同上书，序言，2页。
③ 同上书，94页。

在马克思看来，上帝是不存在的，所有证明上帝存在的企图都是徒劳的，“一切对于上帝存在的证明都是证明上帝的不存在，都是对一切关于上帝的观念的驳斥”①。特别有意思的是，年轻的马克思不是把上帝的观念看做单纯主观的谬误，而是以他特有的敏锐观察力，试图从世界本身寻找上帝观念的根源。他说：“真正的证明必须颠倒过来这样说：‘因为自然安排得很坏，所以上帝存在’，‘因为无理性的世界存在，所以上帝存在’，‘因为思想不存在，所以上帝存在’”②。马克思这一思想是很深刻的。当时的青年黑格尔派用自我意识来解释宗教，把宗教看成是自我意识的异化，是自我意识的内在局限性，而马克思则用“自然安排得很坏”和“无理性的世界”来解释上帝观念，接近于对宗教作出唯物主义的解释。

马克思和当时的青年黑格尔派一样，都是从反宗教开始的。但马克思更坚决、更彻底，是革命民主主义者。他反对宗教，矛头是指向封建统治者，他说，“哲学并不掩藏这一点”。并借用反对最高统治，为人类争取光明，争取自由象征的普罗米修斯的话说，“我痛恨所有的神灵”。所谓一切神灵，既指天上的神灵，也包括尘世的神灵。这些世俗的封建统治者们，自称“奉天承运”，是天上神灵的世俗代表。不搬掉地上的神灵，就反不掉天上的神灵；而不反对天上的神灵，就不敢站起来反对尘世大大小小的神灵。

马克思表现了不同于资产阶级自由派的革命精神。同那些怕大火烫痛了指头，畏首畏尾的资产阶级庸人不一样，马克思再次借用《被锁链锁住的普罗米修斯》的诗明确宣布：

> 你知道得很清楚，我不会用自己的
> 痛苦去换取奴隶的服役：
> 我宁肯被缚住在崖石上，
> 也不愿作宙斯的忠顺奴仆。③

这不仅说的是哲学和宗教的关系，哲学应摆脱宗教，不能再作神学的婢女，实际上也是马克思决心反抗封建制度的革命誓言。这一点表明，

---

①② 马克思：《博士论文》，95页。

③ 同上书，序言，3页。

1841年马克思的政治观点比起当时着重反对宗教，而对普鲁士的国家抱有幻想的青年黑格尔派是不同的。青年黑格尔派的政治观点开始是比较温和的。他们在反对宗教的斗争中，曾寄希望于普鲁士国家，只是后来才逐渐转向批判国家，而马克思一开始就具有较强烈的革命色彩。

二、继承黑格尔　超过黑格尔

马克思在写《博士论文》时，还是个唯心主义者。这篇文章的一个基本观念，是强调理念的力量。他在论文扉页对路德维希·冯·威斯特华伦的献词中，以诗的语言歌颂理想主义，“理想主义不是幻想，而是一种真理”，“精神乃是您所信赖的伟大神医”，等等，反映了马克思把精神看成世界主宰的唯心主义观点。正如列宁说的：“1841年大学毕业时提出了一篇论伊壁鸠鲁哲学的学位论文。马克思按其当时的观点，还是一个黑格尔唯心主义者。”① 可是，在这篇论文中，我们既可以看到马克思思想中的黑格尔影响，看到马克思和青年黑格尔派的共同点，又可以看到它们的分歧和差别，可以看到使马克思成为马克思的那种独立不羁的创新精神的萌芽。

在参加博士俱乐部后，马克思研究伊壁鸠鲁、斯多葛学派和怀疑论，这不仅是个人的爱好，而是反映了青年黑格尔派共同的兴趣和思想趋向。当时，青年黑格尔派对古代希腊这三个学派很感兴趣。鲍威尔就研究了伊壁鸠鲁、斯多葛学派、怀疑论同基督教的关系；而科本则在1840年发表了《弗里德里希大帝和他的敌人》一书，其中就把这三个流派看成反映古代社会的内在本质的哲学派别。青年黑格尔派之所以对古代这些哲学学派感兴趣，是因为他们从这些主张不为外物所动，回到内心自由的学派中，找到了同他们强调个性自由，强调自我意识相近的思想。他们是借他人之酒杯，浇自己心中之块垒，召唤亡灵，把古希腊哲学作为自己宣扬资产阶级个性自由的先驱。

马克思当时也是强调自我意识的。他用人来对抗神，把自我意识置于任何神灵之上，说“自我意识具有最高的神性”，“不应该有任何神灵同人的自我意识并列”②。但是在同样的主题下，马克思对问题的论述，他所

① 《列宁全集》，第21卷，28页，北京，人民出版社，1959。

② 马克思：《博士论文》，序言，3页。

达到的深度，不仅青年黑格尔派不能望其项背，即使是黑格尔，也无法企及。

黑格尔是个唯心主义者，他对德谟克利特和伊壁鸠鲁的哲学是敌视的。他在《哲学史讲演录》中，对这些学派的唯物主义观点进行了歪曲和攻击。列宁在关于这本书的摘要中，曾多处予以批驳，指出："黑格尔完全象后母那样对待德谟克利特"，"唯心主义者忍受不了唯物主义的精神"①。在驳斥黑格尔对伊壁鸠鲁的歪曲时，列宁还说："黑格尔完全掩藏了主要的东西，即事物是在人的意识之外而且不依赖于人的意识而存在的。"② 并指出，黑格尔对伊壁鸠鲁的态度，是"唯心主义者歪曲和诽谤唯物主义的一个典型例子"③。

马克思虽然受到黑格尔的影响，把上述哲学学派看成自我意识的哲学，但态度迥然不同。马克思反对黑格尔对这些学派的轻视，即使措辞委婉含蓄，但显然不同意黑格尔的意见。他说："上述诸体系的一般特征黑格尔虽说大体上有了正确的规定，不过由于他的哲学史——一般说来哲学史是从它开始的——那样令人惊服的极其庞大和大胆的计划，一方面使得他不可能深入到个别的细节……也妨碍了这个伟大的思想家，使他在这些体系内认识不到它们对于希腊哲学史和一般希腊精神的重大意义。"④ 相反，马克思很重视这些学派，认为在亚里士多德以后的哲学体系，"主要是伊壁鸠鲁、斯多葛派、怀疑学派这一组的诸学派"⑤，"较有意义"⑥，并且指出："这些体系是理解希腊哲学的真正历史的钥匙"⑦。

特别是年轻的马克思，勇于突破旧说，敢于言前人之未言。在哲学史上，长期以来，有一个根深蒂固的偏见，即把德谟克利特和伊壁鸠鲁的物理学等同起来。例如，学院派柯达认为，伊壁鸠鲁的物理学，"大部分是照着德谟克利特说的"。西赛罗说，"伊壁鸠鲁对他所特别夸耀的物理学，其实完全是一个门外汉。其中绝大部分都是德谟克利特的，他所不同于他

---

① 《列宁全集》，第38卷，294页，北京，人民出版社，1959。

②③ 同上书，326页。

④ 马克思：《博士论文》，序言，2页。

⑤⑥ 同上书，序言，3页。

⑦ 同上书，序言，2页。

的地方和他想要改进的地方，也就是他损害了、败坏了德谟克利特学说的地方”。普鲁塔克则把伊壁鸠鲁称为“按照德谟克利特的精神作哲学思考的人”。这种观点影响深远，一直到近代许多哲学家都认为伊壁鸠鲁是抄袭德谟克利特，例如莱布尼茨就说：“我们对于这个伟大人物（德谟克利特）所知道，几乎全是伊壁鸠鲁从他那里所抄袭的那些，而伊壁鸠鲁又常常不能在他那里抄袭到最好的东西。”① 马克思在没有任何前人著作可供参考的情况下，打破了西赛罗和普鲁塔克所说过的老话，反对那种认为伊壁鸠鲁的自然哲学仅仅是德谟克利特的简单“剽窃者”的观点，批判了把伊壁鸠鲁和德谟克利特混为一谈的陈旧的、根深蒂固的偏见，独立地进行了研究。马克思论述了德谟克利特和伊壁鸠鲁哲学的差别，第一次证明伊壁鸠鲁的自然哲学不是德谟克利特原子论的翻版，而是它的创造性发展；第一次指出了伊壁鸠鲁关于原子自动偏斜说的深刻意义，终于“解决了一个在希腊哲学史上至今迄未解决的问题”②。

马克思不仅在如何对待伊壁鸠鲁、斯多葛学派和怀疑论的问题上，以年轻人所特有的朝气和敏锐，勇于突破陈说，抓住真理，所向披靡，而且在如何对待黑格尔哲学问题上也同样是如此。马克思在 1837 年 11 月 10 日致父亲的信中，对黑格尔就是一种分析的态度。这种态度，在《博士论文》中得到进一步的发展。他在论文的一条重要注释中，详细叙述了黑格尔哲学内部的斗争，以及对黑格尔学生们的意见。他肯定黑格尔哲学并不是毫无缺点的绝对真理，“一个哲学家由于这种或那种的适应会犯这样或那样的显然不一贯的毛病，是可以理解的”③，问题是学生们如何对待自己的老师的学说。马克思批判了黑格尔的学生们，说：“就黑格尔来说，那也只是由于他的学生们的无知，才用适应或类似的东西，简言之，才‘道德地’来说明他的体系的这一规定性或那一规定性的。”④ 并且批判他们“热烈地赞同黑格尔的一切片面性的说法”⑤。

马克思吸收了黑格尔的辩证法，同意黑格尔关于“科学并不是现成

① 转引自马克思：《博士论文》，5～6 页。
② 同上书，序言，1 页。
③ 同上书，64 页。
④⑤ 同上书，63 页。

的，而是一个正在形成中的东西"[1] 的观点。因此马克思虽然崇拜黑格尔，但决不把他的观点绝对化。

马克思在自我意识与现实的关系问题上，既不同于黑格尔，也不同于青年黑格尔派。黑格尔虽然反对康德、费希特的看法，看到两者之间的辩证关系，但趋向于同现实调和；而青年黑格尔派则把自我意识凌驾于现实之上，重蹈主观唯心主义的覆辙。马克思看到了自我意识与现实的相互作用。他强调了哲学应当干预生活，反对把哲学封闭在自己的体系之中，认为哲学为实现自己的冲动所鼓舞，要把自己内在的光转变为向外燃烧的火焰，并提出了"世界的哲学化"和"哲学的世界化"问题。[2] 这实际上是要按照理性的原则对普鲁士的封建制度进行改造。

机械论是18世纪唯物主义的传统。德国古典哲学的一个杰出贡献，是强调了能动性原则，虽然是以抽象的唯心主义形式出现的。马克思继承了这个成果，他的《博士论文》选择德谟克利特和伊壁鸠鲁为研究对象，出发点并不在于它们的唯物主义，而是伊壁鸠鲁学说的能动性质。马克思非常尊敬伊壁鸠鲁，认为他是"最伟大的希腊启蒙思想家"，"值得卢克莱修的称颂"[3]。马克思认为，伊壁鸠鲁的原了偏斜说，不仅说明了原了结合的可能性，而且也论证了人类个体所固有的相对意志自由。因此，同德谟克利特的决定论和机械唯物主义相比较，马克思之所以重视伊壁鸠鲁的自然哲学，正在于他的原子偏斜学说既注意到原子的精神特性，又注意到原子的物质特性，强调了行动自由的可能性。马克思重视自我意识，重视自我意识的能动作用，所以他推崇伊壁鸠鲁，认为伊壁鸠鲁的哲学原理，"是自我意识的绝对性和自由"[4]，并且说："在伊壁鸠鲁那里，原子论及其所有诸矛盾，作为自我意识的自然科学是已经实现和完成了。"[5]

但是，伊壁鸠鲁把自由看成是内心的、与外界对立的恬静、无所事事，认为这种心境是认识了自然，摆脱了对死亡的恐惧，是智者的最高理

---

① 马克思：《博士论文》，63页。
② 参见上书，65页。
③ 同上书，48页。
④ 同上书，47页。
⑤ 同上书，48页。

想境界。这种自由观是抽象的、唯心主义的。马克思当时虽然也是唯心主义者，但是他不同意伊壁鸠鲁对自由的这种看法。在马克思看来，这种内心的所谓自由，实际上是一种幻想，真正的自由不是孤立的，不是存在于个人的内心，而是存在于人与人的全面交往之中。马克思说："一个人，只有当那和这个人发生关系的另一个人不是一个不同的存在，而他本身，即使不是精神，也是一个个别的人的时候，这个人才停止其为一个自然的产物。但是要使人作为人成为他自己的唯一实际的客体，那末他必须在他自身内打破他的相对的存在、欲望的力量和单纯的自然力量。"① 离开了人们的相互交往的所谓"自由"，只能是阿Q式的精神胜利法。

在马克思写作《博士论文》时，存在两个矛盾：一个是他的无神论同唯心主义之间的矛盾，马克思用来反对宗教的是人的自我意识，而不是唯物主义原则；另一个是马克思的政治立场和世界观之间的矛盾，马克思是革命民主主义者，坚决反对封建专制制度，但用以批判封建制度的武器是人的自由本性。马克思思想的进一步发展，使这两个矛盾尖锐化，显示了用自我意识、理性来批判宗教和批判封建制度都是软弱无力的，从而为自己思想的进一步发展开辟了可能性。

第四节　青年马克思反对封建主义的斗争

马克思从柏林大学毕业后，曾计划在波恩大学从事教学工作。为此，他再次打算刊印自己的博士论文，并增补了对谢林的评注和新写了一篇序言。可是当时德皇威廉四世加强了思想控制，鲍威尔由于宣传无神论而被赶出波恩大学，柏林的一个文学周刊被查封，卢格的《哈雷年鉴》也被迫停刊。马克思考虑到，即使登上大学讲台，也不能公开宣传自己的信念，因而放弃了从事教书的打算，完全投身到实际的政治斗争中去。对于从小在学校受教育，长期生活在学校院墙里的马克思来说，直接的政治斗争，对于以后的思想发展方向具有重大意义。

《评普鲁士最近的书报检查令》是马克思的第一篇政论文章，它标志着马克思的政治活动的开始。这篇评论，无论就政治尖锐性和鲜明性来说，

---

① 马克思：《博士论文》，23页。

比《博士论文》都前进了一步。在《博士论文》中，马克思还是以一个学者的面目出现的，政治观点罩上了一件哲学外衣。在关于伊壁鸠鲁和德谟克利特原子论的艰深的、晦涩的，甚至有些枯燥的议论中，间接地表达了自己的政治观点；而在这里，马克思对政治生活中尖锐的出版自由问题，公开地、直率地发表了自己的看法，猛烈地抨击了德国的封建专制制度。

一、争取出版自由 反对封建的书报检查制度

同英国、法国相比，德国资本主义发展是缓慢的、痛苦的。18 世纪末，当英国和法国的资本主义工业飞速发展时，德国的资本主义却在封建制度重压下苦苦挣扎。正如恩格斯在《德国状况》中所描绘的那样，“国内的手工业、商业、工业和农业极端凋敝。农民、手工业者和企业主遭到双重的苦难——政府的搜括，商业的不景气。贵族和王公都感到，尽管他们榨尽了臣民的膏血，他们的收入还是弥补不了他们的日益庞大的支出。一切都很糟糕，不满情绪笼罩了全国。没有教育，没有影响群众意识的工具，没有出版自由，没有社会舆论”①。到了 19 世纪 40 年代，德国的资本主义虽然也有了发展，但仍然受到封建势力的严重阻碍，没有出版自由，缺乏社会舆论的情况并没有根本改变。来自先进的莱茵地区，从小受到自己父亲开明思想的教育，受到威斯特华伦和中学校长维滕巴赫影响的马克思，对封建制度怀着极度的憎恨，对德国的现状非常不满。出版自由问题，是当时资产阶级争取政治自由的一个组成部分。“没有出版自由，其他一切自由都是泡影。”② 德皇威廉四世拒绝出版自由，推行文化专制主义。为了缓和矛盾，故作姿态，他于 1841 年 12 月 24 日颁布了书报检查令。这个检查令，虚伪地责备检查机关过分地限制了写作活动，指示必须认真执行 1819 年 10 月 18 日的书报检查令，特别是其中的第二条：“为了立即取消出版物所受到的违背陛下意志的、不适当的限制，国王陛下曾于本月 10 日下诏王室内阁，坚决反对加于写作活动的各种无理的限制。国王陛下承认公正而善意的政论是重要的而且必需的，并授权我们再度责成书报检查官切实遵守 1819 年 10 月 18 日书报检查令的第二条规定。”当

① 《马克思恩格斯全集》，第 2 卷，633～634 页，北京，人民出版社，1957。
② 《马克思恩格斯全集》，第 1 卷，94 页。

时自由主义的知识分子，兴高采烈地欢迎这个检查令，认为它给予了充分的批评自由，是一个进步。例如鲍威尔在他的《1842 年以来的德国激进主义的兴衰》中就说，“现在，春天回到每个人的心上，被埋葬的愿望重新苏醒了，麻痹了的希望重新燃起。人们显得更自由、更有生气了，他们昂起了低垂的头，彼此相视着，意识到自己的力量。所有的人都变了样。他们已经不是我们早先遇到的那些人；他们更矫健、更欢愉地行走着。希望的晨曦呈现在一切人的脸上，闪烁在一切人的眼睛里；看来，似乎每一瞬间都可能从大家的胸怀中迸发出欢乐的呼声”①。而年轻的马克思却敏锐地看穿了这个用伪善词句包裹起来的检查令的反动实质，向这个反动法令放了一枪，写了《评普鲁士最近的书报检查令》。这篇文章思想深刻，笔调泼辣，表现了马克思比一般青年黑格尔分子更激进的政治立场。他不是倾向于妥协，而是要求根本消灭反动制度。马克思正是从揭露普鲁士出版法和反动的书报检查令起，开始了反对君主专制制度，反对德国封建反动势力的斗争。

书报检查令虚伪地宣称：“书报检查不得阻挠人们严肃和谦逊地探讨真理”。这是普鲁士封建统治者的一个伏笔。他们可以根据他们理解的“真理”，根据他们关于什么是严肃、什么是不严肃，什么是谦逊、什么是不谦逊的标准，任意压制和取消出版自由。马克思一针见血地指出，这是窒息真理、限制真理，“如果谦逊是探讨的特征，那末，这与其说是害怕虚伪的标志，不如说是害怕真理的标志。谦逊是使我寸步难行的绊脚石。**它是上司加于探讨的一种对结论的恐惧**，是一种对付真理的预防剂”②。

马克思针锋相对地提出了他对于所谓谦逊和严肃的看法。在马克思看来，谦逊不能是对封建统治的妥协和退让，相反，“天才的谦逊就是要用事物本身的语言来说话，来表达这种事物的本质的特征。天才的谦逊是要忘掉谦逊和不谦逊，使事物本身突出。精神的普遍谦逊就是理性，即思想的普遍独立性，这种独立性按照**事物本质**的要求去对待**各种事物**”③。至

---

① 转引自科尔纽：《马克思恩格斯传》，第 1 卷，208～209 页。
② 《马克思恩格斯全集》，第 1 卷，6～7 页。
③ 同上书，7～8 页。

于严肃，它不应当成为掩盖灵魂缺陷的一种伪装，相反，“我把可笑的事物看成是可笑的，这就是对它采取严肃的态度”①。指娼妓为娼妓是严肃的，指娼妓为英雄是不严肃的。深刻地揭露封建制度的残暴、专横，对它进行无情的鞭挞是严肃的、谦逊的，相反是不严肃、不谦逊的。突出事实本身、尊重事实，就是最大的严肃和谦逊。这样，马克思就为抨击封建制度的合理性作了理论上的论证。

马克思还驳斥了检查令强加于写作的种种限制，强调风格的多样性。普鲁士政府允许作者写作，但不允许用自己的文风去写作；允许作者有权表露自己的精神面貌，但却首先给它指定了表现方式。马克思揭露了“指定的表现方式只不过意味着‘强颜欢笑’而已”。他强调作者有权按照自己的风格从事写作：“你们赞美大自然悦人心目的千变万化和无穷无尽的丰富宝藏，你们并不要求玫瑰花和紫罗兰散发出同样的芳香，但你们为什么却要求世界上最丰富的东西——精神只能有**一种**存在形式呢？”

“每一滴露水在太阳的照耀下都闪耀着无穷无尽的色彩。但是精神的太阳，无论它照耀着多少个体，无论它照耀着什么事物，却只准产生一种色彩，就是**官方的色彩**！”②

万紫千红，百花争艳，使自然界生机盎然，赏心悦目。文化领域也应该如此。马克思以物喻人，深刻揭露了普鲁士政府迫使作者“强颜欢笑”，只准“等因奉此”的文化专制主义的危害。

新检查令和旧法令都要求所谓探讨的谦逊和严肃，但是新检查令特别强调“倾向”，对普鲁士政府“所发表的见解，其**倾向首先必须**是善良的，而不是敌对的和恶意的”；“与此相适应，检查官也必须特别注意准备出版的作品的形式和语调，如果**作品**因热情、尖锐和傲慢而带有有害的**倾向**时，应禁止其发表”③。

毫无疑问，在阶级社会中，作品是有倾向性的，问题是什么倾向性。普鲁士政府反对的是革命倾向性，可是他们又不明文规定哪些作品不准出

---

① 《马克思恩格斯全集》，第1卷，8页。
② 同上书，7页。
③ 转引自上书，16页。

版，而是取消检查的客观标准，代之以检查官的主观判断。普鲁士政府要求检查官首先注意作家的倾向性，就是任意破坏出版自由，“作家就成了**最可怕的恐怖主义的**牺牲品”。马克思对普鲁士统治者的专横极其愤怒，尖锐地揭露了这种追究革命“倾向性”的书报检查令的专制本质：“反对**倾向**的法律，即没有规定客观标准的法律，乃是恐怖主义的法律”。“凡是不以**行为本身**而以当事人的**思想方式**作为主要标准的法律，无非是**对非法行为的公开认可**。”他说：普鲁士政府“惩罚思想方式的法律**不是国家**为**它的公民颁布的法律**，而是**一个党派用来对付另一个党派的法律**。追究倾向的法律取消了公民在法律面前的平等。这不是团结的法律，而是一种破坏团结的法律，一切破坏团结的法律都是反动的；这不是法律，而是**特权**”①。马克思的话掷地有声，如利剑、如匕首、如投枪，深深地刺进了专横暴虐的普鲁士封建统治者的胸膛。

马克思要求言论自由，维护人民批判封建政府的权利，并认为一个道德的国家，即资产阶级民主国家应该保证人民这种权利，“即使公民**起来反对国家机构**，反对**政府**，**道德的国家**还是认为他们具有**国家的思想方式**”。可是，在普鲁士这个自诩为绝对观念和理性化身的社会中，在这个和人民根本对立的政府中，封建统治者为了维护自己的利益，维护自己的理论观点和意识形态，力图消除革命倾向，把人民的思想倒进一个模子里去，于是制定了“一套追究倾向的法律，**报复的法律**，来惩罚思想方式”②，这表明普鲁士政府是极端专制的政府。当然，言论自由从来是具体的，即使是资产阶级民主制度下，也不可能有绝对的言论自由。马克思反对追究倾向，反对惩罚思想方式，反对书报检查，都是站在革命人民的立场上，矛头指向普鲁士的专制政府，洋溢着革命民主主义精神。任何站在反对人民的立场上，片面地引用马克思的话都只能是曲解。

二、普鲁士的痼疾隐藏在制度中

马克思由争取出版自由，反对普鲁士的书报检查令，进而把斗争矛头指向整个普鲁士封建专制制度。

---

① 《马克思恩格斯全集》，第1卷，17页。

② 同上书，17～18页。

马克思揭露了普鲁士封建统治者的虚伪性，他们把书报检查中出现的一切专横、令人愤慨的现象，推到个别检查官身上，企图使人们的注意力从检查制度转移到个别工作人员的身上，从而维护这种制度，并掩盖这种制度的本质。马克思指出："**虚伪自由主义**的表现方式通常总是这样的：在被迫让步时，它就牺牲人这个工具，而保全事物的本质——当前的制度。这样就转移了表面看问题的公众的注意力。"还说："事物的本质所引起的愤恨变成了对某些人的愤恨。有些人异想天开，认为人一变换，事物本身也就会起变化。"① 可是，问题的关键并不在于个人。书报检查制度中的专横不法，并不取决于检查官个人的品质，而是在于这种制度本身。所以马克思说："**治疗书报检查制度的**真正而**根本的办法**，就是**废除**书报检查制度"②。

马克思并没有把书报检查制度看成是一种孤立的制度，相反，他把它同普鲁士的国家制度联系在一起，指出"书报检查制度本质上是建立在警察国家对它的官员的那种虚幻而高傲的概念之上的。公众的智慧和善良意志都被看做甚至对最简单的事物也是无能为力的东西，但对于官员们来说，却连不可能办到的事情也被认为是可能的"③。

普鲁士的统治阶级取消判断的客观标准，把这种判决权交给自己委任的检查官。他们相信自己的官员，相信自己官员的判断力，远远超过相信公众。这说明书报检查制度的不法行为，反映的是普鲁士警察国家即封建制度的专横，是这种国家制度在出版领域的一种表现。

普鲁士的国家是封建官僚国家。这种国家的特点是高度的官僚主义：上级政府相信自己的下级官吏，而不相信人民；下级官吏只服从上级政府，而不对自己治理的人民负责。这种封建专制制度的顽症，不仅存在于普鲁士的书报检查制度中，而且存在于普鲁士的社会生活的各个方面。按照马克思的说法："这一痼疾隐藏在我们的一切制度中。"④ 马克思以普鲁士的刑事诉讼法为例说，在刑事诉讼中，法官、原告和辩护人集中在一个

① 《马克思恩格斯全集》，第1卷，5页。
② 同上书，31页。
③ 同上书，29页。
④ 同上书，30页。

人身上，就是使官员的地位比公众的地位高得无可比拟，正是这种官僚制度的表现。

书报检查令还有一条规定，不容许“以轻佻的、敌对的方式反对一般的基督教或某一宗教理论”。马克思根据这个条文，揭露普鲁士是“基督教国家”。国家和宗教的分离，这是资产阶级革命在国家方面的一个重要表现。而当时普鲁士政府“不善于划清宗教和世俗，国家和教会之间的界限”，混淆“政治原则和基督教宗教原则”，力图建立一个基督教国家。普鲁士国家之所以这样对待宗教，因为普鲁士政府“使之成为国家支柱的并不是自由的理性，而是信仰”，对它来说，“宗教也是**现实世界的普遍肯定**”。在马克思看来，基督教国家同国家的本质是矛盾的。“国家应该是政治的和法的理性的实现”①，如果普鲁士国家成为一个路德派的基督教国家，那么国家就丧失了自己的本质，成为一个教会。而且对其他教派来说，例如对天主教徒来说，它就会成为一个和他们相对立的，被他们当做异教教会加以排斥的教会，会成为一个内在本质和他们相抵触的教会。

马克思的《评普鲁士最近的书报检查令》一文，就世界观来说仍然是黑格尔的唯心主义。他用来反对书报检查令，批判普鲁士政府的依据，是对理性、精神的唯理论的崇拜，认为限制出版自由，限制写作风格等等，都是和精神自由相对立的，是对精神的压制和暴行。

但和黑格尔不同，马克思的立场是革命民主主义。黑格尔认为，出版自由要服从国家利益与政府的意旨，如果不违反国家利益和政府意旨，出版自由是可以的，这实际上是要维护普鲁士的专制国家制度；而马克思的矛头是指向德国的专制制度。他在把这篇文章寄给卢格主办的《德国年鉴》时，曾给卢格写过一封信，其中说，“如果书报检查机关不查禁我的评判文章，那末赶快把它刊印出来是有利于事业的”②。不出所料，由于书报检查，马克思的这篇文章不能刊登在《德国年鉴》上。

1842 年 2 月，由于萨克森对《德国年鉴》采取严厉的检查措施，费尔巴哈的《关于哲学改造的临时纲要》、卢格的《德国哲学的新转变》以

---

① 《马克思恩格斯全集》，第 1 卷，14 页。
② 《马克思恩格斯全集》，第 27 卷，419 页，北京，人民出版社，1972。

及其他一些文章都遭到禁止。卢格通知马克思打算在瑞士出版一本《现代德国哲学和政治评论轶文集》，把这篇评论也收集在内。马克思回信说："我完全同意《哲学轶文集》的计划，并且认为最好把**我的名字**也署上。象这样的一种示威行动就其性质来说是**不容许**用任何匿名的做法的。这些先生们应当看到，我们是光明磊落的。"① 马克思宝刀初试，锋芒毕露，对待德国封建制度的政治立场是非常鲜明的。

三、用"矛头"和"斧子"为自由而战斗

1841年5月23日—7月25日，第六届莱茵省议会在杜塞尔举行了会议。由于讨论公布省议会记录问题，以及许多城市出现了关于出版自由的请愿，议会上开展了关于出版自由的辩论。针对这个辩论，马克思写了评论第六届莱茵省议会的第一篇论文——《关于出版自由和公布等级会议记录的辩论》，1842年5月连载在《莱茵报》上。这是马克思为该报撰稿的开始。

马克思当时对出版自由等问题，就世界观来说，还是黑格尔的唯心主义观点。

马克思从精神自由出发来考察出版自由问题。在他看来，人的理性是自由的，"没有一种动物，尤其是具有理性的生物是带着镣铐出世的"②，"自由是全部精神存在的类的本质"③。因此，究竟是自由的出版物还是实行书报检查制度的问题，是关系到人的本质问题。在马克思看来，自由出版物体现了人的自由本性，而书报检查是违背人的自由本性的，"出版自由本身就是思想的体现，自由的体现"④，与此相反，检查制度是不自由的体现。马克思高度赞扬出版自由："自由的出版物是人民精神的慧眼，是人民自我信任的体现，是把个人同国家和整个世界联系起来的有声的纽带"⑤。

马克思尖锐嘲讽了普鲁士政府，指出它想治疗出版物的疾病，但又不是一个高明的医生，它不是对症下药。马克思把它比做乡下的外科郎中，治疗一切病症都用那唯一的万能工具——刀子。它甚至还不是恢复病人健

① 《马克思恩格斯全集》，第27卷，420页，北京，人民出版社，1972。

②③ 《马克思恩格斯全集》，第1卷，67页。

④ 同上书，62页。

⑤ 同上书，74页。

康的外科郎中，而是乱用刀子的唯美主义者，只要不顺眼就砍掉。“它是一个江湖医生，为了不看见疹子，就使疹子憋在体内，至于疹子是否将伤害体内纤弱的器官，他是毫不在意的。”① 普鲁士的封建统治者企图用它的书报检查令来遏止革命思想的传播，堵住对反动政府的揭露，实际上事与愿违，“检查制度使每一篇被禁作品，无论好坏，都成了不平凡的作品”②。

马克思还尖锐抨击了普鲁士的封建书报检查制度，揭露它伪善、败坏道德、欺骗人民，从而腐蚀人民。普鲁士政府通过严密控制，强行使言论一律，可是又散布幻想，似乎人民通过书报可以表达意志。马克思说：普鲁士“政府只听见**自己的声音**，它也知道它听见的只是自己的声音，但是它却欺骗自己，似乎听见的是人民的声音，而且要求人民拥护这种自我欺骗。至于人民本身，他们不是在政治上有时陷入迷信有时又什么都不信，就是完全离开国家生活，变成**一群只管私人生活的人**”③。

马克思这篇文章，虽然主题也是关于出版自由的问题，但不是《评普鲁士最近的书报检查令》的重复。1842 年 4 月 27 日，马克思在致卢格的信中谈到了这篇文章，他说：“我给《莱茵报》寄去了一篇关于我们最近莱茵省议会的长文章，文章有一个对《普鲁士国家报》的讽刺性引言。由于出版问题的辩论，我又重新回到书报检查和出版自由的问题上来了，从另一观点加以考察。”④ 所谓从另一观点加以考察，就是说对同一主题提出了新的看法，这说明两文相距虽然只有四个月，但思想有了进一步发展。

马克思的观点，总的仍然是唯心主义的，但已出现某些唯物主义观点的萌芽。他在分析各个等级对待出版自由问题的态度时，揭示了德国的社会结构，揭示了这场辩论后面隐藏的各等级的利益，指出了从对立的社会利益中怎样会产生不同的意见分歧。他说：“在形形色色反对出版自由的辩论人进行论战时，实际上进行论战的是他们的**特殊等级**。”⑤ 他反复强

---

① 《马克思恩格斯全集》，第 1 卷，73 页。
② 同上书，74 页。
③ 同上书，78 页。
④ 《马克思恩格斯全集》，第 27 卷，426 页。
⑤ 《马克思恩格斯全集》，第 1 卷，51 页。

调："在这里论战的不是**个别的人**，而是**等级**。"① 这种把议会中进行辩论的人，不是看做孤立的个人，而是看成代表特定等级的观点，其中就孕育着正确认识个人和阶级，阶级和阶级之间关系的唯物主义历史观的萌芽。

马克思当时虽然强调自由是人的本性，但没有陷入抽象的自由，而是对自由进行了分析。他指出，"自由确实是人所固有的东西，连自由的反对者在反对实现自由的同时也实现着自由"，"没有一个人反对自由，如果有的话，最多也只是反对别人的自由。可见各种自由向来就是存在的，不过有时表现为特权，有时表现为普遍权利而已"②。那些高喊反对出版自由的普鲁士统治阶级自身处于矛盾之中。因为他们自己就在行使"自由"，无非是践踏别人的自由而已。他们是以一种自由来反对另一种自由。可是如果体现"普遍自由"的出版自由应该摈弃，那么体现特殊自由的书报检查制度就更应该摈弃了。正如马克思所说的，类（普遍自由）无用的时候，种（某个阶级的自由）能有什么用呢？实际上，普鲁士的贵族、诸侯们并不是一般地反对自由，他们反对的是别人的自由，而要维护自己的自由，即特权。

马克思在谈到出版自由时，虽然是从人类精神本性出发，但在某些地方已开始站到被压迫的劳动人民一边。他痛斥反对出版自由的诸侯、贵族，说他们"进行了反对各族人民的论战"。他立场鲜明地赞扬农民代表的发言，誉之为"绝妙的演讲"，并且说："**农民等级**的几个议员的发言同省议会的**普遍精神**是完全背道而驰的。"③

值得注意的是，马克思并不因为反对的是封建诸侯、贵族，就赞扬资产阶级的出版自由。他反对以出版自由为名而粗制滥造，说："作家当然必须挣钱才能生活，写作，但是他决不应该为了挣钱而生活，写作。"④ 如果诗一旦变成诗人赚钱的手段，那诗人就不成其为诗人，而变成商人了。他提倡批评，认为"从出版自由的本质自身所产生的真正的检查是**批**

---

① 《马克思恩格斯全集》，第1卷，42页。
② 同上书，63页。
③ 同上书，93页。
④ 同上书，87页。

评。它是出版自由自身产生的一种审判”①。对作品不能批评，只能吹捧是完全错误的。马克思特别反对把出版自由变成商业投机，他以典型的资产阶级国家法国为例表明，资产阶级的出版并不是真正自由的：“法国的出版物决不是自由太多，而是自由太少。虽然它不受精神检查，但是它却要受物质检查，即缴纳高额的保证金。”② 并且说，资产阶级的出版事业，“被人拉出了自己真正的领域，引进了大规模商业投机的领域”③。这说明，马克思追求的不是资产阶级的出版自由，而是无产阶级的出版自由，是摆脱商业投机，真正有益于人民利益的出版自由。

在《莱茵报》发表的这篇同样主题的文章，同《评普鲁士最近的书报检查令》相比，还有一个重大发展，这就是马克思提出了代议制问题。

莱茵省的议会和其他省议会一样，只具有极有限的咨议职能。名义上是由贵族、市民、农民代表所组成，实际上贵族在省议会中占大多数，捍卫的是地主贵族的特权。马克思通过关于出版自由问题，揭露了省议会和人民代议制之间的对立，揭露了莱茵省的等级议会并不具有真正的议会自由，它甚至比起法国旧式议会自由来说也是一种倒退。“一切生物只有在**空气流通**的优良环境下才能繁茂，同样，真正的政治会议也只有在**社会精神**的最高保护下才能昌盛。”④ 而当时莱茵省的等级代表们并不真正代表人民，而“脱离被代表人的意识的代表机关，就不成其为代表机关”⑤。他嘲笑地说：“与其说省必须通过它的代表来进行斗争，倒不如说它必须同这些代表进行斗争。”⑥ 马克思对等级制议会的批判，实际上也是对普鲁士国家制度的批判。马克思的这种态度，同认为君主制是国家最高形式，是最合理的制度，普鲁士王国是绝对观念化身的黑格尔显然不一样。这是在国家问题上，马克思突破黑格尔唯心主义局限的最早迹象。

特别深刻的是，马克思已看到了人民的力量，指出，“**英国历史**非常清楚地表明，来自上面的神的灵感的思想如何产生了和它正好相反的来自

① 《马克思恩格斯全集》，第1卷，68页。

②③ 同上书，77页。

④ 同上书，58页。

⑤ 同上书，55页。

⑥ 同上书，53页。

下面的神的灵感的思想；查理一世就是由于来自下面的神的灵感才走上断头台的”①。他也驳斥了普鲁士专制统治者的论客们，他们胡说什么为出版自由辩护的人是白费力气，缓和的检查制度要比严厉的出版自由好些，等等。马克思引用了斯巴达人回答波斯总督的话来回敬这些先生们，“你知道做奴隶的滋味；但是自由的滋味你却一次也没有尝过，所以你就不知道它是否甘美。因为只要你尝过它的滋味，你就会劝我们不仅用矛头而且要用斧子去为它战斗了”②。

用“矛头”和“斧子”为自由而战，这是马克思革命民主主义思想的高度体现，同时又是马克思思想进一步发展的坚实的政治基础。只要具备适宜的条件，马克思无论在世界观还是在政治立场方面就会产生新的突破。

① 《马克思恩格斯全集》，第1卷，63页。

② 同上书，95~96页。

第二章　黑格尔哲学的影响同客观现实的冲突　马克思思想的新飞跃

第一节　马克思开始向唯物主义和共产主义转变

《评普鲁士最近的书报检查令》是马克思走向实际生活的第一步。但这只是起点，真正具有决定意义的转折是在《莱茵报》的斗争。由于报纸的特点，马克思处于斗争漩涡的中心，有机会、有条件接触到当时政治生活中的一些重大问题，并且要就这些问题发表评论。当马克思还处在纯抽象的思辨王国时，虽然也能发现黑格尔主义的不完善之处，但这主要是局限在理论上、逻辑上；而一旦面对实际，他就发现了自己头脑中的黑格尔思想因素同客观现实的矛盾。正是由于寻求解决这个矛盾，促使他开始转向新的唯物主义和共产主义。列宁指出：1842 年马克思发表在《莱茵报》上的文章，其中包括对第六届莱茵省议会上关于出版自由的辩论的批评，关于林木盗窃法，维护政教分离等文章，“从这些著作中，可以看出马克思已从唯心主义转向唯物主义，从革命民主主义转向共产主义”①。当然，这个转变是经过摸索的和充满矛盾的过程，而《莱茵报》时期，只是这个转变的开始。

一、马克思和《莱茵报》

随着德国资产阶级经济势力和政治势力的发展，他们需要表达自己愿望的报纸。可是，德国资产阶级的特殊地位，使得他们既不满意普鲁士政

---

① 《列宁全集》，第 21 卷，59 页。

府的专横，又恐惧人民的觉悟，因而当时普鲁士还没有一家真正激进的、反政府的报纸。

《莱茵报》的前身是1839年在科伦创办的《莱茵总汇报》。《莱茵总汇报》因为经不起《科伦日报》的竞争，濒于破产。1841年9月，科伦的富商康普豪森等人，成立了一家股份公司来接办《莱茵总汇报》，改名为《莱茵政治、商业和工业日报》，于1842年元旦出版，简称《莱茵报》。当时，《莱茵报》的政治倾向并不是革命民主主义的，因此得到政府的支持。政府同意《莱茵报》的出版，期望它支持政府的政策，同教皇至上论者的喉舌《科伦日报》相抗衡。

马克思同《莱茵报》的关系是密切的。1841年秋，他结识了参与筹备和创办《莱茵报》的荣克和赫斯。他们对马克思的才能非常赏识。报纸的主编，开始是代表资产阶级利益的经济学家李斯特的学生赫夫铿。他同荣克、赫斯之间存在分歧。赫夫铿希望把报纸办成温和的自由主义的机关报，而荣克却主张把报纸变得激进些。赫夫铿辞职后，由于马克思的推荐，青年黑格尔分子鲁滕堡接替了赫夫铿的工作。当时，《莱茵报》的经常撰稿人是青年黑格尔分子。由于青年黑格尔分子同资产阶级的这种联盟，使《莱茵报》越来越具有反政府的性质。特别是马克思担任主编后，这种立场更突出。正如列宁所说的："该报在马克思任主编时，革命民主趋向愈来愈明显。"①

《莱茵报》是马克思的又一个柏林大学——政治大学。但是同柏林大学的学院生活和"咖啡馆的争论"相比，报纸生活更紧张，更富于战斗性，也更艰苦。马克思曾对卢格"诉苦"说，"您不要以为，我们在莱茵省是生活在一个政治的埃尔多拉多里。要把《莱茵报》这样的报纸办下去，需要最坚强的毅力"②。

的确，刚刚走出大学校门不久，朝气蓬勃的年轻的马克思，为了把这家拥护政府的报纸，办成反对政府的革命民主主义的报纸，进行了几条战线的斗争。

---

① 《列宁全集》，第21卷，59页。

② 《马克思恩格斯全集》，第27卷，429页。

马克思把矛头指向普鲁士的专制政府。他在评论莱茵省议会的第一篇论文中，以一个革命民主主义者的战斗姿态，对普鲁士政府的专横进行了猛烈的抨击。普鲁士政府对于《莱茵报》日益明显的反政府倾向，既恐惧又痛恨，其加强了书报检查，在一般检查官检查之后，还要受到高级官吏即行政区长官的检查。普鲁士政府企图通过双重检查制度来扼杀《莱茵报》。马克思关于莱茵省议会的第二篇论文，即关于普鲁士政府和天主教教会由于不同宗教间通婚所生子女的信教问题而发生的冲突的文章，遭到政府的反对，被检查官抽掉了。马克思在报纸上抗议过政府对《莱比锡总汇报》和《德国年鉴》的查封；《莱茵报》还未经政府允许，公布了普鲁士政府正在秘密拟订的离婚法草案，并对这个草案进行了批判；在摩塞尔地区农民悲惨处境的问题上，马克思毅然同莱茵省总督冯·沙培尔公开争论，批驳了普鲁士当局的种种谬论，撕下了专制政府的虚伪外衣。所有这些，像轰向普鲁士政府的排炮，使其非常恼火，政府指责《莱茵报》散布对教会和国家的现有秩序的仇恨，煽动不满情绪，恶意诽谤国家行政机关，等等。

与此同时，马克思还要同《科伦日报》等反动报纸进行斗争。他把《科伦日报》的编辑、反动政论家海尔梅斯称之为“十分愚昧、庸俗和迂腐”的人。海尔梅斯对《莱茵报》激进倾向非常不满，在《科伦日报》上对《莱茵报》进行污蔑和攻击。例如，他在1842年6月28日的一篇社论中指责《莱茵报》，说它违背已有的传统，在报纸上讨论哲学和宗教问题。还诬陷《莱茵报》动机“不纯”，“它的主要目的不是在教诲和启发人民，而是要达到其他另外的目的”，并公然为普鲁士专制政府张目，说什么“国家应受到责备的地方，倒不是它过分严格，而是过分软弱”，等等。马克思痛斥了这些显然是诬陷、告密的言论，特别是对海尔梅斯所说的，“通过报纸传播哲学思想和宗教思想，也象报纸攻击这些思想一样，都是不能容忍的”谬论进行了剖析，驳斥了海尔梅斯鼓吹避开重大的迫切的社会政治问题的论点，进一步对哲学与政治生活的关系作了精辟的论述。

马克思批判了以往的全部哲学，特别指出德国的唯心主义哲学的致命弱点是与实际相脱离。他说：“哲学，尤其是德国的哲学，喜欢幽静孤寂、闭关自守并醉心于淡漠的自我直观；所有这些，一开始就使哲学同那些与它格格不入的报纸的一般性质——经常的战斗准备、对于急需报道的耸人听闻的当前问题的热情关心对立起来。从哲学的整个发展来看，它不是通俗易懂的；它那玄妙的自我深化在门外汉看来正像脱离现实的活动一样稀奇古怪；它被当做一个魔术师，若有其事地念着咒语，因为谁也不懂得他在念些什么。"① 马克思对旧哲学特征的概括，鞭辟入里，切中要害，这就预示了马克思对哲学进行改造的根本方向。

在马克思看来，以往哲学脱离现实，陷在纯思辨的泥沼里，是不符合哲学的真正本质的。哲学必须走出自己狭隘的思想牢笼，投身到现实中去。他说："哲学家的成长并不像雨后的春笋，他们是自己的时代、自己的人民的产物，人民最精致、最珍贵和看不见的精髓都集中在哲学思想里。"② "任何真正的哲学都是自己时代精神的精华"③。马克思这句脍炙人口的名言，深刻地概括了真正哲学对自己的时代，对人民的依赖。哲学家不是自己吐丝织网的蜘蛛。哲学不是源于哲学家的大脑而是每一个国家、每一个时代所达到的科学、技术、文化水平的高度结晶。

正是基于对哲学的这种看法，马克思坚决反对哲学脱离实际，提出："哲学不仅从内部即就其内容来说，而且从外部即就其表现来说，都要和自己时代的现实世界接触并相互作用。"④ 特别重要的是，马克思对哲学的任务、使命做了概括的表述，这就是，哲学要成为世界的哲学，而世界成为哲学的世界。也就是说，哲学要成为实践的哲学，用哲学来指导改造世界，使世界不是与理性相对立的，而是合乎理性的。马克思的这些看法强调理性的作用，强调使世界合乎理性当然是唯心主义的，但是它突出了哲学的能动作用。

马克思为了办好《莱茵报》，还要同自己原来的战友——青年黑格尔派进行斗争。马克思在柏林大学时期，参加青年黑格尔运动，转向黑格尔，而在《莱茵报》期间，马克思同青年黑格尔派发生了决裂。

---

①② 《马克思恩格斯全集》，第1卷，120页。

③④ 同上书，121页。

如前所说，马克思与青年黑格尔派一开始就在两个主要问题上存在分歧：在政治上，马克思是革命民主主义者，而青年黑格尔派是反对彻底改变现存制度，主张按资产阶级利益加以改革的自由主义者；在哲学上，马克思主张应有和现有、人和世界的统一，把批判变为实践，而青年黑格尔派把两者对立起来，片面鼓吹"批判"，在他们看来，改变事物不是依靠实践，而是对现有事物不断地进行批判。早在马克思的《博士论文》中，就已孕育着这种分歧，而随着马克思投入实际生活，这种分歧不断扩大，深化，终于导致彻底决裂。

马克思的思想是沿着主体与客体、人与环境的辩证统一的方向发展的。在《莱茵报》期间，这个思想更加向纵深发展。以柏林"自由人"为代表的青年黑格尔派，同马克思相反，走的是另一条路。"自由人"是"博士俱乐部"的蜕化，它的基本成员仍然是布·鲍威尔、埃·鲍威尔、爱·梅因、路·布尔等人。从"博士俱乐部"到柏林"自由人"，代表了青年黑格尔运动的另一种方向。他们脱离实际生活，醉心于抽象的哲学的批判。例如，马克思在给达哥贝尔特·奥本海姆的一封信中，对"自由人"鲍威尔 1842 年 6 月连续刊载在《莱茵报》上的《论中庸》一文，不联系实际，迷恋于纯哲学批判表示不满。马克思强调："正确的理论必须结合具体情况并根据现存条件加以阐明和发挥。"并且指出，"《论中庸》一文的作者号召进行批判；但是，一，我们大家都知道，政府怎样来回答这样的挑战；二，光是某个人屈服于批判，是不够的；问题在于，他是否选择了适当的场所"①。可见马克思对青年黑格尔派，不分场所，不分时机，空谈批判的做法是非常厌恶的。

在如何对待宗教的问题上，马克思同柏林的"自由人"也存在根本分歧。

这些"自由人"仍然死抱住黑格尔的国家观，相信普鲁士国家的历史使命是理性的体现，他们对它的批判，目的是使它实现自由的使命。而一切社会生活问题，在他们看来都是神学问题，他们把斗争的锋芒局限于宗教。而马克思却相反地把对宗教的批判，服从于迫切的政治斗争。马克思

① 《马克思恩格斯全集》，第 27 卷，433～434 页。

要求他们，“更多地联系着对政治状况的批判来批判宗教，而不是联系着对宗教的批判来批判政治状况”①，“要知道，宗教本身是没有内容的，它的根源不是在天上，而是在人间，随着以宗教为**理论**的被歪曲了的现实的消灭，宗教也将自行消灭”②。马克思对这些“自由人”轻佻地到处炫耀无神论也很反感。马克思主张切切实实地宣传哲学，用哲学来批判宗教，而不是挂着无神论的招牌，以表示自己不信神，这种做法是幼稚的，这就像到处声称自己不怕鬼怪的小孩子一样。他向这些青年黑格尔分子建议，“如果真要谈论哲学，那末最好少炫耀‘无神论’的**招牌**，而多向人民宣传哲学的内容”③。

在对待共产主义的态度上，马克思是极其严肃的。他在与奥格斯堡《总汇报》的论战中，就承认自己这方面知识不够，不能妄加评判，表示要深入学习。而柏林的“自由人”，则是以轻浮的态度对待这个重大问题，他们在偶然写写的剧评之类的东西里，偷运一些共产主义和社会主义的原理。马克思明确反对这种作法，他说：“我认为是不适当的，甚至是不道德的。我要求他们，如果真要讨论共产主义，那就要用另一种完全不同的方式，更切实地加以讨论。”④

理论上的分歧，使决裂成为不可避免的。而随着马克思代替鲁滕堡成为《莱茵报》主编，像出现裂纹的碗一样，分歧沿着原有的痕迹不断扩大、尖锐，从而加速了决裂的过程。

在鲁滕堡担任主编时，由于他才干平庸和缺乏理论上的批判能力，柏林“自由人”实际上控制了《莱茵报》，把它变成自己唯命是从的“机关报”。当时经常为《莱茵报》撰稿的是布鲁诺·鲍威尔、埃德加尔·鲍威尔、施蒂纳、布尔、科本、梅因以及卢格、荣克等人。马克思担任主编后，采取了另一种态度。他决不让柏林“自由人”在《莱茵报》上大发议论，牵着《莱茵报》的鼻子走，而是相反，让《莱茵报》指导作者，使全部稿件符合《莱茵报》斗争的需要。马克思根据这个方针，对柏林“自由人”的作品，不是有文必录，来稿照登，而是过筛，把不少他们自以为能扭转乾坤的雄文巨著，实际上是空话连篇毫无意义的废料“枪毙”了，引

①②③④ 《马克思恩格斯全集》，第27卷，436页。

起了他们的强烈不满。

马克思主编《莱茵报》，可以说是腹背受敌，四面夹攻，极其艰苦。他要同《科伦日报》、奥格斯堡《总汇报》这些同行论战；要忍受最严格的双重书报检查，要对付普鲁士官僚，例如总督的指控，省议会的责难，股东的埋怨，等等。年轻的马克思立场坚定，策略灵活，他善于寻找突破口，利用有利时机向反动的封建制度发起进攻，并巧加掩护，从语调到形式上都注意，尽量避免可能提供查封口实的东西，以通过书报检查。而那些柏林“自由人”却自命是最最革命的，大叫大喊，虚张声势。实际上他们极端革命的词句，除了败坏民主主义运动的声誉外，并不能教育群众，也无助于反对普鲁士专制政府。马克思对他们这一套非常厌恶。他说：“宣布自己忠于解放事业是一回事，这是正大光明的；但事先就作为宣传而大嚷大叫，则是另一回事，这就有点吹牛的味道，就会激怒庸人。”①马克思嘱咐卢格劝告“自由人”，劝告梅因等人收敛些。可是他们不仅不听从马克思的忠告，相反对马克思的观点和革命策略非常不满。他们攻击马克思背弃了自己的理想，使《莱茵报》具有机会主义性质，因而关系极端紧张。连同马克思私谊甚厚、结交多年、往来密切的鲍威尔也对他不满，表示坚决支持“自由人”。这样，他们就由过去合作过的师生，发展到成为公开论战的对手。马克思同梅因的关系也急剧恶化。1842 年 11 月 29 日，马克思根据海尔维格给《莱茵报》编辑部的来信，发表了批评“自由人”的政治立场和生活方式的短评。梅因给马克思写了一封信，向他提出了种种问题：他要马克思表明，在鲍威尔同卢格的争论中究竟站在哪一边；他还指责马克思为什么不刊登他们的文章，并狂妄地给马克思加上保守的罪名。这个像孔雀一样炫耀自己，郑重其事地拍着胸脯，喜欢高谈阔论的梅因写的蛮横无理的信，激怒了马克思。梅因考虑的只是“自由人”这个小集团的利益，而马克思考虑的是整个革命民主主义运动的利益，如何才能保持住《莱茵报》这个阵地，如何顽强地、高度负责地坚守自己的岗位，而不致把地盘让给警察局和书报检查机关。因此，马克思回敬了梅因，给他写了一封措辞相当尖锐的信，宣告了与“自由人”的决

① 《马克思恩格斯全集》，第 27 卷，430 页。

裂。当然，与柏林“自由人”的决裂，不等于与青年黑格尔派在思想上的彻底决裂。但朝着这个方向前进，接着而来的将是思想上彻底清算。

在马克思的主编下，《莱茵报》的民主主义立场和捍卫民主的要求，赢得了大众的支持，订户迅速增加。1842 年 8 月是 885 份，11 月达 1 820 份，到 1843 年 1 月已突破 3 000 份，这在当时是一个不小的数目。其他日报，往往转载《莱茵报》的文章。《莱茵报》政治影响的扩大、革命民主主义倾向的加强，使得它同普鲁士政府的矛盾激化。尽管马克思采取了灵活的斗争策略，1843 年 1 月，普鲁士内阁会议仍然决定从 4 月 1 日起停止《莱茵报》出版。普鲁士政府查封《莱茵报》的决定，引起了广泛的抗议。人们要求撤销这个命令，并为此征集给普鲁士国王请愿书的签名。当时的进步报刊也反对政府查封《莱茵报》，认为这是侵犯最起码的出版自由。

可是德国的资产阶级是软弱的。他们对《莱茵报》的政治倾向并不满意；连青年黑格尔分子、《莱茵报》发行负责人达哥贝尔特·奥本海姆都指责马克思，把《莱茵报》的被查封归罪于他。奥本海姆对政府是抱有幻想的，他想把《莱茵报》股份公司的请愿书与备忘录亲手呈交国王，虽然未受到国王接见，但会见了两位大臣，他们答应研究《莱茵报》的要求。奥本海姆企图牺牲报纸的原则立场来换取撤销查封的命令。马克思对这种态度是不同意的。他宣布退出《莱茵报》编辑部，并在《莱茵报》第 77 号刊登了一个启事：“本人因**现行书报检查制度**的关系，自即日起，退出‘莱茵报’编辑部，特此声明。”① 这不是普通的声明，而是射向敌人的子弹，揭露了普鲁士专制制度的面目。马克思的声明不仅发表在《莱茵报》上，而且在 3 月 20 日前后，发表在《杜塞尔多夫日报》、《巴门日报》、《法兰克福日报》、《特利尔日报》、《汉堡通讯》、《科尼斯堡日报》上。但是，普鲁士政府并未就此罢手，报纸最后仍然被查封。

马克思改造了《莱茵报》，《莱茵报》锻炼了马克思。马克思对《莱茵报》的历史作用是很重视的，对这个报名很感兴趣。在 1848 年的革命风暴时期，他又创办了一家报纸，取名为《新莱茵报》，任总编辑。由于马

---

① 《马克思恩格斯全集》，第 1 卷，244 页。

克思的洞察力和坚定立场，这家日报成了革命年代德国最著名的报纸。1850年，马克思又创办了一个杂志，仍以《莱茵报》为名，叫做《新莱茵报·政治经济评论》，虽然由于资金不足和当局的迫害，只出版了六期，但内容非常丰富。马克思如此喜欢《莱茵报》这个报名不是偶然的，正是在《莱茵报》的斗争中，他开始朝新的唯物主义世界观转变。

二、在物质利益问题上的初步突破

马克思在评论莱茵省议会关于出版自由和公布等级会议记录的辩论的文章中，虽然猛烈地抨击了德国的专制制度，但就其世界观来说，还是唯心主义的。例如，马克思宣称，精神“无所不及，无处不在，无所不知。它是从真正的现实中不断涌出而又以累增的精神财富汹涌澎湃地流回现实去的思想世界”①。很显然，马克思这时仍然强调精神、理性的作用。在他看来，“法律不是压制自由的手段”，“恰恰相反，法律是肯定的、明确的、普遍的规范，在这些规范中自由的存在具有普遍的、理论的、不取决于个别人的任性的性质。法典就是人民自由的圣经”②。这就是说，法律与物质利益无关，与阶级统治无关，而是植根于人的自由本性，是人类自由精神的体现。因此法律要成为真正的法律，即与法律的本性相符合，必须实现自由，哪里的法律真正实现了自由，哪里的法律就成为真正的法律。马克思当时在如何看待物质利益这个带有全局性的问题上，看法是错误的，他轻视物质利益，例如在关于出版自由的问题上，马克思要求辩论的代表们的政治立场，不应该为物质利益所左右，而应该服从于对自由精神的统一认识。在马克思看来，为物质利益而斗争是粗糙的，为自由而斗争是高尚的，因此马克思重视出版自由，因为“自由的出版物是变物质斗争为精神斗争”，而且使“斗争的粗糙物质形式”获得“理想化”的“体现”③。

轻视物质利益，重视理念，这是青年黑格尔派的共同特点。恩格斯在刚开始转变时同样是这样。例如他在《大陆上社会改革运动的进展》中指

---

① 《马克思恩格斯全集》，第1卷，75页。

② 同上书，71页。

③ 同上书，74页。

出："德国人是一个从不计较实际利益的民族；在德国，当原则和利益发生冲突的时候，原则几乎总是压倒利益。"① 虽然恩格斯也指出，"对抽象原则的偏好，对现实和私利的轻视，使德国人在政治上毫无建树"②，但是他对于原则高于利益的观点是肯定的。

在出版自由问题上，物质利益并不是直接的。出版自由同物质利益的关系被许多中间环节所掩盖了，往往容易把出版自由看成是满足人类的自由本性，而忽视了物质利益的作用。因此讨论出版问题，可以在精神领域中驰骋。可是一旦接触到现实的、直接的物质利益问题，马克思的唯心主义观点同客观现实的冲突就会明朗化、尖锐化，这样就迫使他探索、思考，从而在这个决定性的问题上取得了初步的突破。

在马克思生活的年代，所谓林木盗窃问题是关系到当时德国贫苦农民的物质利益问题。由于农民破产、生活贫困，林木盗窃问题日益严重。国家为了维护剥削者的利益，严加惩罚。到 19 世纪 40 年代，普鲁士审理的 20 万件左右的刑事案中，约有 15 万件是属于盗窃林木和违反关于森林、狩猎与牧场的立法的"罪行"。但是为地主贵族效劳的省议会还认为惩罚措施不严格，要求把捡拾枯枝列入盗窃林木的范围，予以法律制裁。剥削者企图借助于立法，扼住贫苦农民的咽喉，断绝他们仅有的生路。与主要是同知识分子有关、属于精神领域的出版自由问题相比，林木盗窃同广大农民切身利益有关，是更加现实的问题。马克思在评论第六届莱茵省议会的辩论的第三篇论文《关于林木盗窃法的辩论》一文中，对地主的这种不法行为，对普鲁士的国家和法进行了抨击。在这里，马克思第一次越出了精神领域，探讨了物质利益问题。从精神世界的殿堂，进入到世俗的世界，用马克思自己的话来说，"现在演的是现实生活的戏"③。

在森林里捡收枯枝，这是多年来形成的习惯权利，把捡收枯枝说成是盗窃，就是向农民最低限度的利益进攻。马克思坚定地站在劳动人民的立场上，捍卫他们的物质利益。他愤怒地斥责省议会残酷地对付穷人，指责统治者的特权。马克思的这种立场是自觉的、公开的、鲜明的。"我们这

①② 《马克思恩格斯全集》，第 1 卷，592 页。
③ 同上书，135 页。

些不实际的人却要为政治上和社会上备受压迫的贫苦群众的利益而揭露那些卑躬屈节唯命是听的所谓历史学家们所捏造出来的东西，他们把这种东西当做真正的哲人之石，以便把一切肮脏的欲求点成法之纯金。我们为穷人要求**习惯权利**，但并不是限于某个地方的习惯权利，而是一切国家的穷人所固有的习惯权利"①。

马克思还尖锐地揭露了人剥削人的现象，控诉了劳动人民在社会中的不合理地位。在自然界里，有一些食肉的猛兽，专门欺凌其他动物，它的胃"为不同种的动物设立了一个结合的场所、合并的熔炉和互相联系的联络站"②。在社会里不也是这样吗！那些豪门贵族、封建统治者不就是社会中的猛兽，专门依靠吞噬穷人来养肥自己，所以马克思说，"在封建制度下也是这样，一种人靠另一种人为生，后者就像水螅一样附在地上，他只有许多只手，为上种人攀摘果实，而自身却靠尘土为生"③，这是多么不公平！穷人不仅养活了富人，自己吃的是草料，奉献的是牛奶，而且备受折磨，繁重的劳役，残酷的压榨，使他们无法生存。马克思对这种现象极其愤怒，他大声疾呼地指责那些不劳而获的剥削者，"在自然动物界中，工蜂杀死雄蜂，而在精神动物界中则恰恰相反，是雄蜂杀死工蜂——用工作把它们折磨死"④。

马克思虽然一只脚已踏进了现实世界，接触到客观物质利益问题，但另一只脚仍然留在唯心主义的精神世界。因而，马克思为贫苦农民的物质利益辩护时，立足点并不是经济的分析，而是局限在法律方面，从逻辑上、理论上进行驳斥，整个论据带有思辨的性质。

马克思从现有的法律体系内部，寻找贫苦农民有权捡拾枯枝的法律根据。他痛斥了地主阶级的习惯权利，认为它是违法的。贵族的习惯权利按其内容来说是反对普遍法律的形式的，这是一种固定的不法行为。"根本谈不到特权等级的习惯权利"⑤，他们所谓的习惯权利是一种**"习惯的不**

---

① 《马克思恩格斯全集》，第 1 卷，141～142 页。

② 同上书，142～143 页。

③④ 同上书，143 页。

⑤ 同上书，144 页。

法行为"①。因此不仅不能维护这种习惯权利，而应该对于利用这种习惯权利的人给以惩罚。一个人的行为并不因为已成为他的习惯就不再是不法行为，正如强盗的儿子抢劫并不能因为是他的家庭传统而宣告无罪一样。贵族的所谓习惯就是一种传统的违法行为。相反，农民的习惯权利是合法的。"习惯权利按其本质来说只能是这一最低下的、备受压迫的、无组织的群众的权利。"② 只不过是因为农民所处的无权地位，这种习惯权利还没有具备法律的形式而已。因此，农民在森林里捡拾枯枝的习惯权利，完全是合法的；企图剥夺农民这种权利，并且以立法的形式来强行剥夺这种习惯权利，倒是一种彻头彻尾的非法行为。

马克思还从自然本身，为农民捡拾枯枝进行辩护。他把枯枝看成是自然对于穷人的怜悯。他用极其生动的比喻，表达了他利用自然现象来解释社会现象的看法。他说："自然界本身提供了贫富对立的例子，它提供的例子是这样的：一方面是脱离了有机生命而被折断了的枯树枝，另一方面是根深叶茂的枝干……这是对贫富的自然描绘。人间的贫穷有同病相怜之感，它从这种感觉中导出自己的所有权；它认为，如果自然界的有机财富是早已肯定的所有者的财物，那末自然界的贫穷则是贫民的不定财物。在自然力的这一作用中，贫民感到一种仁慈的、比人类力量还要人道的力量。"③ 并且说："代替特权者的偶然任性而出现的，是自然力的偶然性，这种自然力夺取了私有制永远也不会自愿放手的东西。"④ 这样，马克思就把"天道"和"人道"对立起来，把"天道"置于"人道"之上。虽然马克思理解的"天道"不含有神秘的意味，而是一种自然力量，但从历史观看仍然是唯心主义的。

马克思还以强有力的逻辑力量，驳斥了统治者把拾枯枝视为盗窃林木的偏见。按照这些林木所有主的逻辑，拾枯枝和盗窃林木，有一共同的特征，都是占有他人的树木，因此，拾枯枝就是盗窃林木。马克思指责这种论点是"颠倒黑白、混淆是非"，是"在不应该用盗窃这一范畴的场合用

① 《马克思恩格斯全集》，第1卷，143页。
② 同上书，142页。
③ 同上书，146～147页。
④ 同上书，147页。

了这一范畴”①。马克思说：“捡枯枝和盗窃林木是本质上不同的两回事”②，“完全撇开各种不同行为之间的差别而只给它们一个共同的定义”是“粗暴的”③。

求助法律，而不是求助于经济分析；求助于自然，而不是求助于社会；求助于逻辑，而不是求助于事实，这表明了马克思当时的思辨哲学的局限。

但是，对于一个新学说的创立者来说，重要的不是保留了多少旧的思想痕迹，而在于那具有强大生命力的、突破了旧的思想传统的闪光。在这些闪光中就包含着新世界观的天才萌芽。

这时，就马克思对国家和法的观点说，基本上还是因袭黑格尔的唯心主义观点，把它们看成是理性的体现。他认为真正的国家应该平等地对待所有公民。无论是林木所有主和森林法违反者都是国家的公民，林木所有主有权要求国家的保护，那其他公民也都同样有这样的权利。因此，国家应该把森林条例违反者看做一个人，看成和它心血相通的活的肢体，看做是一个国家的公民。

可是，马克思的国家观念同普鲁士的客观现实是矛盾的。普鲁士国家并不把森林条例违反者当做平等公民，并不对所有人一视同仁，实际上，普鲁士的国家和法是为林木所有主服务的，已“沦为林木占有者的工具”。在这里“林木占有者的利益应该成为左右整个机构的灵魂”，“一切国家机关都应成为林木占有者的耳、目、手、足，为林木占有者的利益探听、窥视、估价、守护、逮捕和奔波”④。这样一种国家，怎样能同国家的本质、同国家的概念相符合呢？

普鲁士国家的现实同马克思对国家的理想化的看法之间的矛盾，是活生生的，非常鲜明的。发现这个矛盾，是一个进步，可是如何解决这个矛盾呢？马克思看到了人们都是按照自己利益来判断事物的。例如在讲求实际的林木占有者看来，某项法律规定对我有利，所以是好的法律，因为符合我的利益就是好的；否则就是不好的法律。普鲁士的国家和法“屈从”

① 《马克思恩格斯全集》，第1卷，139页。
② 同上书，138页。
③ 同上书，139页。
④ 同上书，160页。

于剥削者的个人利益，即他们的物质利益决定国家和法，这是一个客观事实。但这究竟正常还是不正常？马克思对此看法是复杂的。一方面，他从国家的概念出发，把私人利益对国家与法律的控制斥之为**“下流的唯物主义”**，是“违反人民和人类神圣精神的罪恶”①；另一方面，他又看到了私人利益对国家和法的不可抗拒的决定作用，“应该为了保护林木的利益而牺牲法的原则呢，还是应该为了法的原则而牺牲林木的利益，——结果**利益占了法的上风”**②，“为了保证自己对森林条例违反者的控制，省议会不仅打断了法的手脚，而且还刺穿了它的心”③。这样，马克思把国家看成是理念的体现，法律是自由的体现，国家应该是公正无私对待一切公民的观点受到了巨大的冲击，他发现了物质利益的作用。

特别重要的是，关于私人利益对国家和法的决定作用，虽然主要是指普鲁士，但马克思已经作出了带有普遍性的概括。马克思把经验的事实，上升到普遍的理论：“在西伯利亚也像在法国一样，林木仍然是林木，在堪察加也像在莱茵省一样，林木占有者仍然是林木占有者。因此，林木和林木占有者本身如果要颁布法律的话，那末这些法律之间的差别将只是它们颁布的地方和书写的文字不同而已。”④ 不难看出，马克思这时对物质利益作用的认识，为他不久以后正确解决市民社会和国家的关系问题开辟了可能性。

既然私人利益决定着国家与法，那么国家和法的活动不能是任意的，这是必然的结论。当然得出这个结论要经历一个过程。但在关于摩塞尔地区农民贫困原因的论战中，马克思接触到了这个问题。

摩塞尔地区的葡萄酒农，大量破产，生活非常贫困。《莱茵报》1842年12月连续发表两篇报道，引起政府的不满。莱茵总督冯·沙培尔指责《莱茵报》的文章是“恶意的诽谤”，“是企图煽起不满情绪并削弱当局和臣民之间的联系”。马克思站出来为报道摩塞尔地区情况的作者辩护。他收集了大量材料，据理驳斥。正是通过对摩塞尔地区农民贫困原因的考

---

① 《马克思恩格斯全集》，第1卷，180页。
② 同上书，179页。
③ 同上书，178页。
④ 同上书，180页。

察，马克思进一步转向唯物主义，并在国家问题上，达到了在《莱茵报》工作期间的最高成就。

当时，普鲁士当局的官僚们，根本不承认摩塞尔地区酒农的贫困同自己有关，互相推诿。地政当局认为，地籍簿中对摩塞尔河沿岸地区的情况所作的判断毫无差错；财政部断定，灾难不是由于税收原因，而是由其他原因造成的；行政当局也根本不认为贫困的原因在自己的活动范围内。总而言之，他们都在他们治理范围之外去寻找贫困的原因，在不以人们意志为转移的自然灾害中，在与行政当局无关的个人生活条件中，以及与任何人无关的偶然现象中去找原因。一句话，他们都害怕接触到贫困的真正原因，害怕触及问题的实质。

马克思驳斥了上述掩盖官僚制度本质的种种遁词。他说："不能想像摩塞尔河沿岸地区的贫困状况和政府无关，正如不能认为摩塞尔河沿岸地区位于国境之外一样。"① 事情很显然，如果国家的某一地区经常陷于贫困状况，这就说明，国家的管理原则同客观实际之间有矛盾。在马克思看来，摩塞尔地区的贫困状况，不是由于自然灾害、或者农民的个人生活条件造成的，而是由于官僚制度的本质决定的。根据这种官僚制度的管理原则，下级官员不是对群众负责，他们不顾群众的死活，无条件地听命于上级；而政府高级官员远离群众，对自己下属官员的信任，超过对这些官员治理下的人民的信任。

更重要的是，马克思并没有停留在官僚制度的管理原则同客观现实的矛盾上，而是进一步分析了这种矛盾，指出了国家的管理原则不是由个人意志决定的，而是由客观关系决定的。他说："在研究**国家**生活现象时，很容易走入歧途，即忽视**各种关系的客观本性**，而用当事人的**意志**来解释一切。但是存在着这样**一些关系**，这些关系决定私人和个别政权代表者的行动，而且就像呼吸一样地不以他们为转移。"② 并且告诉我们："只要我们一开始就站在这种客观立场上，我们就不会忽此忽彼地去寻找善意或恶意，而会在初看起来似乎只有人在活动的地方看到客观关系的作用。"③

① 《马克思恩格斯全集》，第1卷，217页。

②③　同上书，216页。

马克思强调了观察问题的客观立场，强调了要把主观意图和客观关系区分开来，强调了在人的活动后面的客观关系的作用。

同《关于林木盗窃法的辩论》中对国家的看法相比，这里无疑向唯物主义又迈进了一步。原来认为私人利益对国家和法的制约，不符合国家的本质，是“下流的唯物主义”；而在这里，开始探求国家制度和管理原则产生的客观基础，提出了决定整个国家制度的是不依个人意志为转移的客观关系。即使由于马克思当时还没有从事政治经济学的研究，还不知道这种客观关系的内容是经济关系、生产关系，而是一种抽象的、原则的提法，但是问题已经提出来了，因而为进一步阐明这个问题确定了方向。

当然，《莱茵报》时期，仅仅是世界观转变的开始。马克思这时的思想是复杂的、矛盾的。他虽然在物质利益上已经有了突破，看到了它的巨大作用，但是对于决定国家本质的看法，仍然是黑格尔的观念，认为事物应该和概念相符合，真正的国家应该符合国家的概念。例如他在《论离婚法草案》中说：“**真正的**国家、**真正的**婚姻、**真正的**友谊都是牢不可破的，但任何国家、任何婚姻、任何友谊都不完全符合自己的概念。……在自然界中，当任何存在物完全不再符合自己的职能时，解体和死亡自然而然地就会到来；当一个国家离开了国家的观念时，世界历史就要决定其是否还值得继续保存的问题”①。尽管马克思对符合国家概念的真正国家的向往，包含有对普鲁士国家的批判，但就国家观来说，仍然没有超出黑格尔的范围。这个问题的解决，有待于对黑格尔国家观的清算，这是在《黑格尔法哲学批判》中开始的。

三、寻求社会主义的理论论证

在马克思由唯心主义转向唯物主义的同时，也开始了由革命民主主义转向共产主义。当然，这两个方面不是绝对平衡的，但大体上属于同一个过程，它们相互制约，相互影响。事实证明，正是在《莱茵报》的战斗中，马克思迈出了转向共产主义的第一步。

德国的资本主义不如英法发达，但空想社会主义的思想在德国仍然是有影响的。奥古斯特·冯·切什考夫斯基研究过傅立叶和圣西门的著

① 《马克思恩格斯全集》，第1卷，184页。

作。海涅、甘斯都传播过圣西门的思想。到 19 世纪 40 年代，在当时的《莱茵报》上就“可以听到法国社会主义和共产主义的带着微弱哲学色彩的回声”①。

1842 年 9 月底，《莱茵报》转载了魏特林发表在《年轻一代》杂志上的一篇文章——关于柏林家庭住宅问题的通讯，报道了汉堡工人的悲惨生活。报纸并加上了编者按，说这些报道**“对于了解目前这个重要问题并不是没有意义的”**②。

接着不久，《莱茵报》又报道了斯特拉斯堡会议。这次会议是 1842 年 9 月末到 10 月初召开的，是第十次法国学者会议，有许多外国代表参加。会议的经济小组讨论了法国的社会主义，讨论了傅立叶派关于改善无产阶级的社会地位的建议。《莱茵报》曾派出记者采访，并发表了社论，把无产阶级比作法国大革命时代的中产阶级：“今天中层等级的情况使人回想起 1789 年的贵族的情况，当时中层等级要求享有贵族的特权，同时也得到了这些特权；**而现在，一无所有的等级要求占有目前掌握治国大权的中等阶级的一部分财产**。”③

奥格斯堡《总汇报》以此为理由，对《莱茵报》进行了攻击。它用语尖酸刻薄，冷嘲热讽，说：“‘**莱茵报**’是普鲁士的**共产主义者**，虽然不是真正的共产主义者，但毕竟是一位向共产主义虚幻地卖弄风情和频送秋波的妇人。”④《总汇报》的攻讦，不仅是向普鲁士当局邀功告密，而且是企图阻止共产主义在德国的传播。

马克思刚接任《莱茵报》主编就面临着这样一场斗争。马克思只是在中学时期，听冯·威斯特华伦谈到过圣西门主义，对社会主义文献并不熟悉，但他对待这个问题的态度是极其认真的。我们从他写的驳斥奥格斯堡《总汇报》的论战文章——《共产主义和奥格斯堡“总汇报”》中，可以看到他对空想社会主义的态度，以及寻找解决社会问题新途径的愿望。

任何以私有制为基础的社会形态，都有自己特有的阶级结构。无产阶

---

① 《马克思恩格斯选集》，第 2 卷，82 页，北京，人民出版社，1972。
② 《马克思恩格斯全集》，第 1 卷，130 页。
③ 转引自上书，131 页。
④ 转引自上书，130 页。

级同资产阶级两大阶级的对抗，是资本主义生产方式所固有的矛盾，从资本主义生产方式产生之日起就存在。随着生产力的发展，这种矛盾不断加深、激化。特别是当资本主义生产方式占统治地位时，无产阶级和资产阶级的矛盾上升为主要矛盾。无产阶级已由反对自己敌人的敌人，发展到直接反对资产阶级。19 世纪 40 年代初，法国的里昂工人起义、英国的宪章运动就是标志着无产阶级作为独立的政治力量登上了历史舞台。当时资产阶级思想家对工人运动的兴起极端恐惧。特别是被英法资产阶级革命吓破了胆的德国资产阶级更是如此。他们力图抹杀、否认工人运动的合理性和必然性，而马克思看到了当时社会矛盾的客观性，肯定共产主义运动的合理性和重要意义。他指出："现在一无所有的等级**要求**占有中等阶级的一部分财产，这是事实，即使没有斯特拉斯堡的演说，也不论奥格斯堡如何保持沉默，它仍旧是曼彻斯特、巴黎和里昂大街上引人注目的事实。"① 马克思在驳斥奥格斯堡《总汇报》抹杀共产主义问题时问道："难道我们仅仅因为共产主义不是目前的沙龙问题，因为它的衣服不洁和没有洒香水就不应该把它当做目前的重要问题吗?"② 马克思从维护农民的权利，发展到关心无产阶级和所有劳动者的共同利益，从捡拾枯枝这个局部问题，发展到夺取中产阶级财产的共产主义问题，这是一次思想上的飞跃。

值得注意的是，马克思不仅认为共产主义问题是英、法两国的极端重要的问题，而且"具有欧洲的意义"。这就是说，马克思不是把共产主义问题看成民族现象，而至少是看成欧洲一些先进国家的共同问题。马克思谈到了德国的情况，"十分之九的有教养的青年都为了自己的前途而向国家乞食；我国的河流枯竭，航运衰落，过去繁荣的商业城市失去了往日的光辉；自由的制度在普鲁士推行得缓慢无比；我国过剩的人口无依无靠地流浪四方，在其他民族中渐渐丧失德国人的特征"。可是反对共产主义的奥格斯堡《总汇报》对解决这些问题，"既没有提供一个方案，也没有作任何尝试，去**'寻求实现'**那能使我们摆脱这一切罪恶的伟大事业的**'途径'**"③。马克思

---

① 《马克思恩格斯全集》，第 1 卷，131 页。
② 同上书，130 页。
③ 同上书，132 页。

对共产主义问题的研究的动因之一，就包含着寻求解决德国问题的途径。

马克思肯定了共产主义问题的重要，但对19世纪空想社会主义的理论，以及当时流行的各种社会主义学说，明确表示了自己的态度。他说："'莱茵报'甚至**在理论上**都不承认现有形式的共产主义思想的**现实性**，因此，就更不会期望**在实际上**去**实现**它，甚至都不认为这种实现是可能的事情。'莱茵报'彻底批判了这种思想。"①

在1842年，即马克思刚刚开始转向共产主义的时候，马克思对待空想社会主义的这种原则态度，是非常重要的。他不仅表现了年轻马克思的超群出众的慧眼卓识，而且说明，马克思从转向共产主义的一开始，就在探索新的、不同于空想社会主义的道路。

不错，19世纪三大空想社会主义思想家是马克思主义的一个重要来源。他们对资本主义弊病的抨击和未来社会的天才设想，对科学社会主义学说的形成提供了不少宝贵的启示，正如恩格斯后来说的："德国的理论上的社会主义永远不会忘记，它是依靠圣西门、傅立叶和欧文这三位思想家而确立起来的。"② 可是在1842年，当马克思还未深入研究空想社会主义的著作时，他不可能区分精华与糟粕。但他从总体上把握住了空想社会主义，特别是各种各样的掺了水的圣西门主义、傅立叶主义，指出它们在理论上是不现实的，而在实际上是不能实现的。即使马克思在创立科学社会主义过程中，通过深入研究各种社会主义学说，对19世纪三大空想社会主义作了公正的评价，但是马克思在这里指出的空想社会主义理论和实际的缺陷，仍然是切中要害的。

马克思对当时空想社会主义搞的各种实验也表示反对。进行实验是空想社会主义的一个带有比较普遍性的特点。最早的空想社会主义者莫尔，就热心于搞共产主义移民区的实验；后来19世纪空想社会主义者亦热衷于搞实验，例如欧文就在美洲搞过"新和谐共产主义移民区"的实验，在伦敦和伯明翰搞过"劳动产品公平交换市场"的实验。这类实验本身就是

① 《马克思恩格斯全集》，第1卷，133页。
② 《马克思恩格斯选集》，第2卷，300～301页。

一种空想，“如果实际试验会成为**普遍性**的，那末，只要它一成为危险的东西，就会得到**大炮**的回答”①。马克思非常重视对共产主义进行理论上的论证，把这种理论上的探讨，置于各种各样的实验之上。事实上，当时的各种各样的空想社会主义的实验，没有一个成功的。重要的是要创造出一种关于共产主义的科学理论。马克思说：“我们坚信，真正**危险的**并不是共产主义思想的**实际试验**，而是它的**理论论证**”②。一种科学理论是一种远远超过各种实验的巨大力量，因为“掌握着我们的意识、支配着我们的信仰的那种**思想**，则是一种不撕裂自己的心就不能从其中挣脱出来的枷锁；同时也是一种魔鬼，人们只有先服从它才能战胜它”③。而创造这种科学理论，正是1842年马克思所面临的任务。马克思在《莱茵报》时期向共产主义的转变仅仅是开始。他批判了空想社会主义，提出了对共产主义进行“理论论证”，即建立一种与空想社会主义不同的科学共产主义理论的任务，但对于这种理论本身并没有论述。很显然，在当时，德国的状况和马克思革命实践经验及理论知识的局限，使得这个任务不可能完成。正如马克思所说：“我们没有本事用**一句**空话来解决那些正由**两个**民族在解决的问题。”④ 但问题不在于马克思已经达到了什么水平，重要的在于提出了任务，从此开始了对共产主义的研究：他一方面参加了由赫斯发起的、在科伦进行的关于社会主义问题的讨论；另一方面钻研圣西门派比埃尔·勒鲁、傅立叶分子维克多·孔西得朗以及蒲鲁东的著作，研究了空想社会主义革命派德萨米的著作，随后又读了魏特林和卡贝的著作。这为他改造和批判空想社会主义、创立科学社会主义奠定了最初的基础。

但要真正解决这个任务，一个重要的步骤是对自己在《莱茵报》时期所碰到的重大问题，从理论上进行总结和清算。

第二节　青年马克思的信仰“危机”　对黑格尔哲学的第一次倒戈

一、一个苦恼的问题

一个人的思想发展，正如同生活经历一样是充满曲折，充满矛盾的。

---

①②③ 《马克思恩格斯全集》，第1卷，134页。

④ 同上书，132页。

特别是像马克思这样伟大的思想家，当处在思想急剧转变的青年时期，为了解决矛盾，他殚精竭虑，不停地探索、思考。

1843 年 3 月，马克思不是作为一个被反动专制制度击败了的弱者，而是为了寻找有利的战场而离开了《莱茵报》。他抗议令人窒息的书报检查制度，讨厌在书报检查制度下的“小手小脚而不是大刀阔斧的做法”，不满意《莱茵报》的股东们对普鲁士政府的“曲意奉承、委曲求全、忍气吞声、谨小慎微”①。他回到了克罗茨纳赫。形式上，他从沸腾的报纸生活退到平静的书斋，实际上，他在另一个阵地上，即用科学的世界观回答现实问题的领域，发起了新的进攻。马克思在克罗茨纳赫的时间不长，只有半年，但在马克思的思想发展史上极其重要。它是消化、总结《莱茵报》经验的时期，是《莱茵报》时期合乎逻辑的、必然的发展。

马克思在《莱茵报》工作时，碰到了许多重大的经济和政治问题。而其中最关键的是国家问题。书报检查牵涉到国家问题，“**书报检查**就是**官方的批评**”，“书报检查的标准就是批评的标准”②；出版自由问题也牵涉到国家问题，是国家对待出版的态度；林木盗窃法是个国家问题，是国家为谁服务的问题，总而言之，国家的作用贯穿经济、政治、思想各个领域，凡属比较重大的问题，几乎无不同它有关。马克思原来对国家的看法基本上是黑格尔的唯心主义观点，把国家看成是理性的实现。可是，他在《莱茵报》接触到的大量事实，例如普鲁士专制制度的书报检查令，反对出版自由，维护林木所有主的利益，等等，表明普鲁士国家是富人的工具，它“解决每一个实际任务”，考虑的只是富人的利益，而不是什么“国家理性和国家伦理”③。究竟应该相信什么？是相信黑格尔关于国家是理性的现实的论断，还是相信活生生的事实？正是由于黑格尔的国家观同现实的冲突，使马克思对自己原来信奉的黑格尔哲学，特别是黑格尔关于国家的学说发生了怀疑。马克思开始了新的探索。

马克思发表在《莱茵报》的文章中，有些地方已开始突破黑格尔的国

---

① 《马克思恩格斯全集》，第 27 卷，440 页。
② 《马克思恩格斯全集》，第 1 卷，3 页。
③ 同上书，180 页。

家观念，特别是在《摩塞尔记者的辩护》一文中，提出了决定国家本质的各种关系的客观本性问题，反对用当事人即掌权者的意志来解释一切。但是这种具有客观性的关系究竟是什么？当时并没有回答。《黑格尔法哲学批判》这部著作，是对《莱茵报》时期遇到的实际和理论问题进行回答的第一次尝试。正如马克思自己说的："为了解决使我苦恼的疑问，我写的第一部著作是对黑格尔法哲学的批判性的分析"①。

马克思在克罗茨纳赫写的这部著作，同他 1842 年 3 月打算为《德意志年鉴》写的批判黑格尔关于国家制度的自然法的文章不同。这中间经历了《莱茵报》时期。在《莱茵报》之前拟写的那篇文章，马克思对国家的看法，基本上是黑格尔的唯心主义国家观。当时马克思与黑格尔的矛盾，与其说是在理论观点方面，不如说是在政治方面，黑格尔鼓吹君主立宪制，而马克思则反对君主立宪制。到了这个时期不同了。马克思通过《莱茵报》的斗争，发现了黑格尔的国家观同现实的矛盾，因而这种分歧，从政治方面深入到理论方面。马克思通过对黑格尔法哲学的批判，不仅要批判黑格尔保守的政治观点，更重要的是把黑格尔的唯心主义国家观倒转过来。

马克思同普鲁士政府的敌对情绪，由于《莱茵报》的被查封而更加强烈。刚到克罗茨纳赫，马克思父亲的朋友、高等法院枢密顾问埃塞尔，从柏林转来政府的建议，邀请马克思为政府报纸《普鲁士国家报》撰稿，并在国家机关任职，遭到他断然拒绝。马克思抓紧时间，深入研究，潜心著述。

马克思通过《莱茵报》的经历，已经开始意识到黑格尔的国家观是不正确的，可是要真正解决这个问题，批判黑格尔的国家观，必须研究和分析具体的历史材料，认真研究社会发展的历史。马克思在着手批判黑格尔法哲学的过程中，大量阅读了有关英国、法国、德国、美国、意大利、瑞典、波兰历史的著作，特别是有关法国资产阶级革命史的著作，如路德维希的《五十年代史》、瓦克斯穆特的《革命时代的法国史》、兰克的《德国史》、哈密顿的《北美洲》、施米特的《法国史》、林加尔特的《英国史》、

① 《马克思恩格斯选集》，第 2 卷，82 页。

盖尔的《瑞典史》，等等。他还研究了早期资产阶级作家和法国启蒙主义者的政治理论著作，如卢梭的《社会契约论》、马基雅弗利的《论国家》、孟德斯鸠的《论法的精神》。马克思按照他在大学就养成的做读书笔记的习惯，对读过的书作了著作摘要。这些克罗茨纳赫笔记，虽然基本上是原著摘录，但它显示了青年马克思的思想倾向：一方面，注意研究历史，重视历史经验的总结；另一方面，不是追求历史的细节，而是着重对历史的逻辑把握，摘录广泛涉及王权和代议制问题、所有制和政治制度的关系问题、法国资产阶级的1791年宪法同《人权和公民权宣言》以及封建社会解体以来的阶级斗争史等重要问题。完全可以说，克罗茨纳赫笔记是马克思对黑格尔法哲学进行批判的思想准备和成果。

二、市民社会决定国家

贯穿马克思对黑格尔法哲学批判的根本思想，是关于市民社会决定国家的观念。马克思曾总结过自己这个时期思想的发展，他说："我的研究得出这样一个结果：法的关系正象国家的形式一样，既不能从它们本身来理解，也不能从所谓人类精神的一般发展来理解，相反，它们根源于物质的生活关系，这种物质的生活关系的总和，黑格尔按照十八世纪的英国人和法国人的先例，称之为'市民社会'"①。

恩格斯对马克思这一时期的思想，也作了概括性的阐述。他说："对莱茵省议会辩论的批评，迫使马克思着手研究有关物质利益的问题，在这方面他获得了一些无论法学或哲学都不曾提供的新观点。马克思从黑格尔的法哲学出发，得出这样一种见解：要获得理解人类历史发展过程的钥匙，不应当到被黑格尔描绘成'大厦之顶'的国家中去寻找，而应当到黑格尔所那样蔑视的'市民社会'中去寻找。"②

在《黑格尔法哲学批判》手稿中，马克思首先批判的是黑格尔关于国家与市民社会的关系问题上的唯心主义观点。全部手稿的中心问题是国家问题，而关于市民社会同国家的关系，又是全部国家问题中最根本的问题。

黑格尔是个客观唯心主义者。作为他全部政治学说核心的国家观，也

① 《马克思恩格斯选集》，第2卷，82页。
② 《马克思恩格斯全集》，第16卷，409页，北京，人民出版社，1964。

是这样。黑格尔认为，家庭、市民社会、国家是伦理观念发展的三个阶段，像其他一切发展一样，也是一个正、反、合的过程。他一方面说，家庭和市民社会先于国家，国家是前两者的综合，但又认为这只是现象，是这三者之间的经验关系，而真正的本质关系是，市民社会和家庭本身并没有独立性，它们是国家的概念领域，是国家的有限性领域。家庭和市民社会是从属国家的，它们的存在是以国家的存在为转移的。国家的意志和法律对家庭和市民社会的意志和法规来说是一种必然性，当它们发生矛盾时，家庭和市民社会必须服从国家的利益和法律。在黑格尔看来，由私人利益占统治地位的家庭和市民社会，向构成普遍利益的国家的转变，是基于绝对观念的发展。这样一来，黑格尔所说的私人利益体系（家庭和市民社会）和普遍利益体系（国家）的关系完全是颠倒的：不是市民社会决定国家，而是国家决定市民社会。

马克思把黑格尔这种头足倒立的观点，称之为“逻辑的泛神论的神秘主义”①，并且说，黑格尔的这种看法，“集法哲学和黑格尔全部哲学的神秘主义之大成”②。

马克思吸收了黑格尔对市民社会的某些分析，看到正像市民社会脱离了政治社会一样，市民社会在自己内部也分裂为等级和社会地位，并且指出，市民社会等级的特点是，被剥夺了一切财产的人们和直接劳动即具体劳动的等级，与其说是市民社会中的一个等级，还不如说是市民社会各集团赖以安身和活动的基础。但是马克思在市民社会和家庭的关系问题上的看法，同黑格尔完全相反。他指出，在黑格尔那里，“理念变成了独立的主体，而家庭和市民社会对国家的**现实**关系变成了理念所具有的**想像的内部**活动。实际上，家庭和市民社会是国家的前提，它们才是真正的活动者；而思辨的思维却把这一切头足倒置”③。他还说：“家庭和市民社会**本身**把**自己**变成国家。它们才是原动力。可是在黑格尔看来却刚好相反，它们是由现实的理念**产生的**。”④

① 《马克思恩格斯全集》，第1卷，250页。
② 同上书，253页。
③ 同上书，250～251页。
④ 同上书，251页。

马克思还明确指出，市民社会是国家的基础，是产生国家的东西。“政治国家没有家庭的天然基础和市民社会的人为基础就不可能存在。它们是国家的 conditio sine qua non［必要条件］。但是在黑格尔那里条件变成了被制约的东西，规定其他东西的东西变成了被规定的东西，产生其他东西的东西变成了它的产品的产品”①。

由上可见，在国家问题上，马克思比在《莱茵报》时期有了重大的突破。在那个时期，还是循袭黑格尔关于国家是理念的实现的唯心主义观念，而在这时，在市民社会和国家的关系问题上，学生和老师的观点已经针锋相对。

值得注意的是，马克思不仅批判了黑格尔唯心主义的国家观，而且揭露了黑格尔的方法论，指出黑格尔对国家的论证，使用的是他在逻辑学和自然哲学普遍运用的唯心主义方法，即概念、范畴的纯逻辑推演。马克思在叙述了黑格尔唯心主义国家观之后说：“这正是黑格尔在逻辑中所玩弄的那种从本质领域到概念领域的推移。在自然哲学中也玩弄这种推移——从无机界到生物界的推移。”②“他不是从对象中发展自己的思想，而是按照做完了自己的事情并且是在抽象的逻辑领域中做完了自己的事情的思维的样式来制造自己的对象。黑格尔要做的事情不是发展政治制度的现成的特定的理念，而是使政治制度和抽象理念发生关系，使政治制度成为理念发展链条上的一个环节，这是露骨的神秘主义。”③

马克思抓住了黑格尔唯心主义的要害，指出黑格尔把法哲学变成了应用逻辑学，即用唯心主义方法来处理社会政治问题。他说：“在这里，注意的中心不是法哲学，而是逻辑学。在这里，哲学的工作不是使思维体现在政治规定中，而是使现存的政治规定化为乌有，变成抽象的思想。在这里具有哲学意义的不是事物本身的逻辑，而是逻辑本身的事物。不是用逻辑来论证国家，而是用国家来论证逻辑。”④ 并且批判黑格尔，虽然研究

---

① 《马克思恩格斯全集》，第 1 卷，252 页。

② 同上书，254 页。

③ 同上书，259 页。

④ 同上书，263 页。

的是法，实际上在他那里，“整个法哲学只不过是对逻辑学的补充”①。由此可见，《黑格尔法哲学批判》虽然还是局限于国家和法，但已经牵涉到一般哲学方法论问题，它表明马克思迈出了清算黑格尔思想影响的第一步，为以后的全面批判黑格尔的思辨哲学打开了一个缺口。

马克思关于市民社会同国家关系的观点，随着对黑格尔的批判而不断发展。在《黑格尔法哲学批判》手稿的靠后部分关于私有财产同国家关系的论述中，这个问题更加深化。

按照黑格尔的唯心主义观点，国家政权统治着私有财产，使它服从自己，服从整体的普遍利益。因此，在黑格尔看来，长子继承制是政治的要求，应该从这种制度的政治地位和政治意义来考察。马克思的看法截然相反：实际上长子继承制是土地占有制本身的结果，是已经硬化了的私有财产，是最独立和最发达的私有财产。国家制度是“**私有财产的国家制度**”②。黑格尔把长子继承制描写成政治国家对私有财产的支配权，马克思批判说，这是“倒因为果，倒果为因，把决定性的因素变为被决定的因素，把被决定的因素变为决定性的因素”③。马克思在这里提出了私有财产这个范畴。当然，这里主要讲的是长子继承制和土地占有制的关系，还没有提出一般的、普遍性的命题，但它比市民社会决定国家的提法又前进了一步，因为它已经涉及市民社会的最重要内容——所有制的问题，虽然暂时还局限于一种形式——土地占有制。

三、反对君主立宪制，主张人民主权

黑格尔的《法哲学》，更多地反映了他的保守的政治倾向。如果说《精神现象学》和《逻辑学》中迸发出辩证法的思想闪光，那么在《法哲学》中更多的是为普鲁士国家辩护的糟粕。马克思在批判黑格尔的国家观时，尖锐地指出，“黑格尔周身都染上了**普鲁士**官场的那种可怜的妄自尊大的恶习，像官僚一样心胸狭隘”；并批判了他对待人民的意见，“摆出一副趾高气扬的臭架子”④。因此马克思在揭示了黑格尔关于市民社会和国

① 《马克思恩格斯全集》，第1卷，264页。
② 同上书，380页。
③ 同上书，369页。
④ 同上书，401页。

家问题上的谬误后，也批判了黑格尔关于国家制度的一系列言论。这不仅表明了马克思向唯物主义的进一步转变，也是走向科学社会主义的征兆。

黑格尔关于国家制度的分析，其基础仍然是理念主宰一切的客观唯心主义。他认为国家是一种有机体，而不是某些机关、职能机构的总和。这种观点是辩证的，得到了马克思的肯定评价："把政治国家看做机体，因而把权力的划分不是看做机械的划分，而是看做有生命的和合乎理性的划分，——这标志着前进了一大步。"①

但是，黑格尔把国家制度看成统一整体的辩证思想是和唯心主义结合在一起的，它不是从国家本身，而是从有机体这个观念中推论出来的。在黑格尔那里，"各种差别及各种差别的客观现实性"② 被看做理念的发展，看做理念发展的结果。

黑格尔的唯心主义国家观，是为他的保守的政治观点效劳的。他从国家的概念中，引申出君主制，甚至引申出世袭君主制。在黑格尔看来，历史上存在过的各种国家形式，如君主专制、贵族专制、民主制，都是片面的、有缺陷的制度，都是不完善的、不合乎理性的制度，而只有君主立宪制才是最理想的国家制度，才是国家制度发展的"现代的成就"，才是与国家概念相符合的国家制度。他还把孟德斯鸠提出的立法、司法、行政三权分立的民主思想，改造为王权、行政权和立法权相结合，而王权处于首位的君主立宪制度。在黑格尔看来，"王权，即作为意志最后决断的主观性的权力，它把被区分出来的各种权力集中于统一的个人，因而它就是整体即君主立宪制的顶峰和起点"③。正如马克思所揭露的："黑格尔把近代欧洲立宪君主的一切属性都变成了**意志**的绝对的自我规定。他不说君主的意志就是最后决断，却说意志的最后决断就是君主。""他这样做是为了制造出体现'在**一个**个人'身上的'理念'。"④ 这样一来，君主当然成为高踞于人民之上的、不同于整个类、不同于其他人的绝对观念的"定在"。

马克思在批判黑格尔的国家观时，开始了对人的本质问题的论述。国

---

① 《马克思恩格斯全集》，第1卷，255页。

② 同上书，255～256页。

③ 黑格尔：《法哲学原理》，287页，北京，商务印书馆，1979。

④ 《马克思恩格斯全集》，第1卷，275页。

家的职能和活动是和个人有联系的，国家只有通过个人才能发生作用，但是与国家发生联系的，不是作为肉体的个人，即作为自然存在物的个人，而是作为国家的个人。黑格尔抽象地单独地考察国家的职能和活动，把特殊的个体性看做它们的对立物，因此，他把国家的职能和活动同个人的联系看成是外在的、偶然的。马克思指出，黑格尔的这种看法，“忘记了特殊的个体性是人的个体性，国家的职能和活动是人的职能；他忘记了‘特殊的人格’的本质不是人的胡子、血液、抽象的肉体的本性，而是人的**社会特质**，而国家的职能等等只不过是人的社会特质的存在和活动的方式。因此很明显，个人既然是国家职能和权力的承担者，那就应该按照他们的社会特质，而不应该按照他们的私人特质来考察他们”①。人的肉体存在是人的自然基础，人一定要生出来，由于肉体的出生，他才能成为社会的人，但人的本质并不取决于他的肉体存在。马克思在这里，已经看到了人的社会性。

马克思在批判黑格尔关于国家制度的观点的同时，还对君主制和民主制、君主主权和人民主权的关系进行了论述。

黑格尔反对把君主主权和人民主权对立起来，认为君主主权是人民主权的代表和象征，这完全是为君主立宪制辩护，甚至是为君主个人专横唱颂歌。马克思批驳了黑格尔把君主主权冒充和代替人民主权的观点，认为如果主权存在于君主方面，再提与君主主权相对立的人民主权是荒谬的。因为主权这个概念本身就不可能有双重的存在，更不可能有与自身对立的存在。君主主权指的是在君主身上实现的主权，人民主权指的是只能在人民身上实现的主权，这是两个完全对立的主权概念。马克思是主张人民主权的。他尖锐地指出：“不是君主的主权，就是人民的主权——问题就在这里!”“这同上帝主宰一切还是人主宰一切这个问题是一样的。”②

同关于两种主权论密切联系，马克思坚决反对黑格尔推崇君主立宪制，而主张民主制。在马克思看来，在君主制中，没有人民的地位，整体即人民，从属于他们的政治制度。而在民主制中，不是人为法律而存在，而是法律为人而存在。因此马克思认为，“君主制则只是国家制度的一种，

① 《马克思恩格斯全集》，第1卷，270页。
② 同上书，279页。

并且是不好的一种”①。民主制是任何国家制度的本质，一切非民主制的国家形式，都是对国家本质的歪曲，“一切国家形式在民主制中都有自己的真理，正因为这样，所以它们有几分不同于民主制，就有几分不是真理”②。

但是，马克思所主张的民主制，不是资产阶级的民主制。虽然马克思承认资产阶级民主制比封建专制制度进步，但它并没有摆脱市民社会和国家、个体和类的矛盾，而是这种矛盾的公开的、真实的、彻底的表现。正如基督教徒在天国里平等而在人世不平等一样，资产阶级民主共和国里的平等，也是人民的单个成员在政治世界的天国中平等，而在人民的世俗存在中，在他们的社会生活中却不平等。

这样，马克思在《黑格尔法哲学批判》中，解决了一个疑难问题，提出了市民社会决定国家的理论，但又发现了另一个矛盾，即政治社会和市民社会的分裂问题，“市民社会的成员在自己的政治意义方面脱离了自己的等级，脱离了自己在私人生活中的实际地位”③。在政治社会中，市民社会的成员是作为国家的成员、作为社会存在物，而在市民社会中是彻底实现了的个人主义原则，个人的生存是最终目的，而人的活动、劳动都不过是手段而已。为了解决这个矛盾，马克思提出了关于政治解放和人类解放的理论。

第三节　探索人类解放的道路和力量

马克思在克罗茨纳赫，一方面总结《莱茵报》时期的经验，钻研历史，写了《黑格尔法哲学批判》，解决了市民社会同国家的关系问题；另一方面又积极筹备《德法年鉴》，研究政治解放和人类解放的关系，探索人类解放的道路和力量，继续完成从《莱茵报》开始的两个转变。

一、《德法年鉴》——对当代的斗争“作出当代的自我阐明”

马克思是很重视报刊工作的。确实，一家好的报纸和杂志，就是一个向敌人猛烈射击的碉堡。《莱茵报》的阵地丢失了，马克思又力图构筑起

① 《马克思恩格斯全集》，第1卷，280页。
② 同上书，282页。
③ 同上书，345页。

另一个碉堡。他原来打算参加海尔维格在苏黎世创办的激进月刊《德意志通报》的工作，这个计划未能实现，杂志没有出版。他又同卢格积极筹备出版另一种刊物。马克思主张创办一个新的刊物，而不是恢复卢格的《德国年鉴》。在马克思看来，“即使《德国年鉴》重新获准出版，我们至多也只能做到一个已停刊的杂志的很拙劣的翻版，而现在这样已经不够了”①。马克思提出在国外出版一种能联合德国和法国革命者的刊物，这个刊物叫《德法年鉴》。他认为，只有创办这种刊物，才“是能够产生后果的事件，是能够唤起热情的事业”②。

根据联合德国和法国革命者这个宗旨，马克思曾计划邀请一些著名的法国社会主义者，如拉马耐、路易·勃朗、卡贝、蒲鲁东为《德法年鉴》撰稿，他们都表示冷淡。马克思还曾写信给费尔巴哈，邀请他为《德法年鉴》写文章批判谢林。马克思在信中说，“您是第一批宣布必须实现德法科学联盟的著作家之一。因此，您必然也是旨在实现联盟事业的第一批支持者之一。而现在要轮流发表德国和法国著作家的著作。巴黎的优秀作者们已经表示同意。我们十分高兴从您那里得到稿件”③，“如果您马上给创刊号写一篇评论谢林的文章，那就是对我们所创办的事业，尤其是对真理，做出了一个很大的贡献。您正是最适合做这件事情的人，因为您是**谢林的直接对立面**”④。费尔巴哈拒绝了马克思的盛情邀请。

但是《德法年鉴》得到恩格斯、海涅、海尔维格、赫斯的支持。经过近一年的筹划，《德法年鉴》创刊号（一、二期合刊）终于在巴黎出版了。这是当时社会政治生活中有影响的一件事。同马克思一样，恩格斯也曾经提出过要“创办一种主张彻底改造社会的定期刊物”，当他得知马克思在筹备这个刊物时，他不仅大力支持，积极投稿，并且在《大陆上的运动中》一文中，预告了《德法年鉴》的出版，并肯定了它的成就。他说：“这样的定期刊物已经在巴黎创办，名为‘德法年鉴’，它的编辑卢格博士和马克思博士以及其他一些撰稿人都是德国的‘共产主义学者’；支持他

---

①② 《马克思恩格斯全集》，第27卷，441页。

③ 同上书，444页。

④ 同上书，445页。

们的还有法国最杰出的社会主义作家。要选择一个比目前更有利的时机来出版这样一种每月一期、既登法文文章又登德文文章的刊物，无疑是很困难的；就在创刊号出版以前，它的成就就已经是肯定的了。”①

《德法年鉴》比起《莱茵报》，引起的反响更大。《莱茵报》的政治特征是民主主义，而《德法年鉴》是共产主义。当时普鲁士政府驻巴黎大使向政府报告了《德法年鉴》的政治倾向，反动的普鲁士专制政府封锁边境，严防《德法年鉴》传入德国，并下令如果马克思、卢格、海涅一进入普鲁士国境就予以逮捕。具有反动倾向的报刊发表评论攻击《德法年鉴》。如莱比锡《铁路报》，指责《德法年鉴》“把各民族的无产阶级奉若神明，只对它寄予希望和信任”。《德法年鉴》引起了敌人的叫骂，却得到德国、法国、俄国革命者的欢迎和赞扬。

但是如异军突起，使政治和思想界受到震惊的《德法年鉴》只出版了一期，由于马克思和卢格的分歧而宣告停刊了。这是必然的结果。从创办《德法年鉴》一开始，他们在刊物的性质、任务等问题上，就存在着不同的看法。在《德法年鉴》创刊号上，以“1843 年的通信”为题，公布了马克思、卢格、费尔巴哈、巴枯宁之间的通信，这些信，极其明显地表明了思想不断深化的马克思，同青年黑格尔分子中的佼佼者卢格的分歧。

马克思对德国革命寄予期望，充满了乐观主义精神。他在 1843 年 3 月致卢格的信中，根据当时德国的政治现实和威廉四世上台后实行的加强书报检查、封闭报刊、严密控制思想的反动政策，指出了由于新皇帝实行的高压政策，“自由主义肩上的华丽斗篷掉下来了，极其可恶的专制制度已赤裸裸地呈现在全世界的面前”②，因而德国不可避免的命运，“就是即将来临的革命”③。但是卢格的复信，充塞着悲观失望的情绪。马克思批评他说，“您的来信是一支出色的哀曲，一首使人心碎的挽歌，可是它毫无政治内容”，并且说，“任何一个民族都不会陷于绝望的境地”④。

马克思进而分析了德国的政治制度和社会状况。他以德国和法国相比

---

① 《马克思恩格斯全集》，第 1 卷，595 页。
② 同上书，407 页。
③④ 同上书，408 页。

较，认为德国“远远落在使人复活的法国大革命后面”，德国的制度是从中世纪产生和形成的野蛮制度，即专制制度，这种制度的唯一原则就是“轻视人，蔑视人，**使人不成其为人**”①。事实上，在普鲁士，国王就是整个制度。国王是唯一的政治人物，一切都由他一个人决定。这种制度能长期存在下去吗？马克思分析了德国的社会状况，从人民对专制制度不满的革命情绪、从社会制度本身、从私有制本身，肯定了革命的必然性和必要性。在德国，资本主义制度在迅速发展，资本主义制度固有的矛盾不断激化，工商业制度，人们的私有财产和剥削制度正在比人口的繁殖不知快多少倍地引起当时社会内部的分裂，这种分裂，根源于旧制度本身，是它自己无法医治的痼疾。可是专制制度企图用暴力维持自己的生存，它不仅迫使一切有思想的人反对自己，而且不断把旧式臣民变成反对自己的“新兵”。这是一种恶性循环，“受难的人在思考，在思考的人又横遭压迫，这些人的存在是必然会使那饱食终日，醉生梦死的庸俗动物世界坐卧不安的”②。马克思还针对卢格的那种垂头丧气的情绪，充满豪情地说：“让死人去埋葬和痛哭自己的尸体吧。最先朝气蓬勃地投入新生活的人，他们的命运是令人羡慕的。但愿我们的命运也同样如此。”③

根据对德国革命的不同看法，他们对刊物的任务也存在分歧。

卢格没有超出资产阶级激进主义的立场，他力图把《德法年鉴》办成当年他主编的《哈雷年鉴》的继续。他想运用国外的出版自由的条件，发表一些反对政府的文章。而马克思则要把《德法年鉴》办成一个革命刊物，通过理论批判和实际斗争的结合，对社会和国家进行根本改造。马克思于 1843 年 9 月从克罗茨纳赫给卢格的信，是为即将出版的《德法年鉴》制定的纲领。马克思提出了一个重要问题：往何处去？他指出当时在德国，“虽然对于‘从何处来’这个问题没有什么疑问，但是对于‘往何处去’这个问题却很糊涂”④。德国的各种各样改革家们，对于未来并没有明确的观念。马克思要探讨“往何处去”的问题。正是在这个问题上，马

① 《马克思恩格斯全集》，第 1 卷，411 页。
② 同上书，414 页。
③ 同上书，408 页。
④ 同上书，415 页。

克思同一切空想主义、教条主义、宗派主义不同，非常鲜明地表现了即将诞生的马克思主义的某些特点。

马克思明确宣布："我不主张我们竖起任何教条主义的旗帜。"① 他反对以预言家的姿态推断未来，反对从头脑中发现解决社会问题的方案和万灵药方。为此，马克思反对空想的社会主义和共产主义，批评了傅立叶、蒲鲁东、卡贝、德萨米、魏特林，特别是指出了它们"没有摆脱它的对立面即私有制的存在的影响。所以消灭私有制和这种共产主义绝对不是一回事"②。这比起发表在《莱茵报》上的《共产主义和奥格斯堡"总汇报"》对空想社会主义的批评进了一步，指出了它的根本弱点，不是消灭私有制，从而把马克思即将创立的共产主义同它区别开来了。

马克思反对充当新时代的预言家，但并不是说马克思对未来即"往何处去"的问题可以置之不理。他反对的是把自己的任务归结为"推断未来和宣布一些适合将来任何时候的一劳永逸的决定"，主张"在批判旧世界中发现新世界"③。把发现新世界，即关于未来社会主义的设想、预测，建立在对旧世界的剖析的基础上，这样，就是把理想和现实结合起来，把未来社会和当前社会联系起来，这就避免了重蹈空想社会主义的覆辙。

马克思是一个革命家，他主张"**对现存的一切进行无情的批判**"。他特别强调批判要无情，所谓无情，就是"不怕自己所作的结论，临到触犯当权者时也不退缩"④。但是，马克思和主张所谓批判的批判的青年黑格尔派不同。这些青年黑格尔分子以英雄自命，把理论批判同政治斗争对立起来，并把它置于群众之上。他们认为自己拥有一切谜语的答案，"愚昧的凡俗世界只需张开嘴来接受绝对科学的烤松鸡就得了"⑤。而马克思强调的是政治斗争，特别是群众的实际政治斗争。他说："什么也阻碍不了我们把我们的批判和政治批判结合起来，和这些人的明确的政治立场结合起来，因而也就是把我们的批判和实际斗争看做同一件事情。在这种情况下，我们就不是以空论家的姿态，手中拿了一套现成的新原理向世界喝道：真理在这里，向它跪拜吧！我们是从世界本身的原理中为世界阐发新

---

①②③④⑤ 《马克思恩格斯全集》，第1卷，416页。

原理。我们并不向世界说：‘停止斗争吧，你的全部斗争都是无谓之举’，而是给它一个真正的斗争口号。”① 由此可见，在马克思看来，政治批判的任务并不是制造教条，充当算命先生，预测未来。它不能代替群众的实际斗争，而是指导群众斗争，提出一些真正符合实际斗争的口号。

马克思正是根据这个原则来确定《德法年鉴》的任务和目的。他说：“我们杂志的方针：对当代的斗争和愿望作出当代的自我阐明（批评的哲学）。这是既为了世界，也为了我们的工作。这种工作只能是联合起来的力量的事业。问题在于**忏悔**，而不是别的。人类要洗清自己的罪过，就只有说出这些罪过的真相。”② 这实际上是告诉我们：理论不能脱离当代的斗争和愿望，也就是说，它不能低于时代的水平，它要反映时代的要求和愿望，对这种要求和愿望，作出具有当代水平的阐述。这样做，就是揭露整个旧制度罪恶的真相，即揭露产生这些罪恶的原因，从而使人类有可能洗清自己的罪过，彻底消灭一切不合理的现象。问题在于“忏悔”。不“忏悔”，即不把旧制度的一切罪恶原原本本地揭示出来，人类的解放是不可能的。马克思这段格言式的、充满哲理的、稍微有点晦涩的表述，不仅规定了《德法年鉴》的任务，实际上也是对即将诞生的马克思主义的任务的概括。

通过马克思和卢格的书信来往，以及具体筹划，1843 年 10 月，刊物的组织工作大致结束。为了《德法年鉴》的出版，10 月底，马克思偕燕妮迁居巴黎。虽然创办《德法年鉴》的计划，受到法国民主主义和社会主义者的冷遇，但从德国来到巴黎，对马克思的思想转变具有重要意义。同比较落后的德国相比，资产阶级大革命以来的法国尖锐激荡的政治斗争和活跃的社会主义思潮，都扩大了马克思的眼界，使这位来自“哲学之邦”的年轻思想家，投入了一个新的世界。

二、提出“人类解放”的口号 第一次阐述了关于社会主义革命的思想

《德法年鉴》发表了马克思的两篇文章：《论犹太人问题》和《〈黑格尔法哲学批判〉导言》。这两篇文章，从政治上说，是马克思自己提出的

---

①② 《马克思恩格斯全集》，第 1 卷，418 页。

“对当代的斗争和愿望作出当代的自我阐明”的体现；而在理论上，则是他在《黑格尔法哲学批判》中提出的市民社会决定国家这一观点的深化和发展。列宁曾经高度评价这两篇文章，说它们是“马克思的特别优秀的著作”，而且把它们看成是马克思彻底转变的重要标志。他说，“1844 年在巴黎出版马克思和阿尔诺德·卢格主编的‘德法年鉴’，上述的转变在这里已彻底完成”①，“马克思在这个杂志上发表的文章，已表明他是一个革命家，主张‘对现存的一切进行无情的批判’，特别主张进行‘武器的批判’；他诉诸群众，诉诸无产阶级”②。

《论犹太人问题》是 1843 年秋在克罗茨纳赫开始写作，到巴黎以后完成的。马克思在这篇文章中，同他原来博士俱乐部的朋友、青年黑格尔派的首领布鲁诺·鲍威尔就犹太人问题，展开了公开论战。但这篇文章的重要意义并不在于犹太人问题本身，而在于马克思通过对犹太人解放问题的研究，探讨了政治解放和人类解放的关系，从而提出了社会主义革命的问题。

犹太人在德国的地位是矛盾的：一方面，他们非常富有，在经济生活中起着重要作用，可另一方面，在政治上又处于无权的地位。19 世纪初，普鲁士政府公开发布命令，规定犹太人不得担任公职。犹太人一直进行斗争，要求与基督徒享有平等的权利。随着资产阶级的发展，这种要求越来越强烈，但遭到普鲁士政府的镇压。因而犹太人问题成为公众瞩目、热烈讨论的一个问题。青年黑格尔派对这个问题很感兴趣。在《莱茵报》上曾发表过不少关于犹太人问题的文章。

早在 1842 年 8 月，马克思就在给《莱茵报》的发行负责人达哥贝尔特·奥本海姆的信中，表示要为该报就犹太人问题写一篇文章，以反对鼓吹反犹主义的海尔梅斯。他对奥本海姆说：“请您把海尔梅斯所有**反对犹太人**的文章都寄来。然后，我尽可能快地给您寄一篇文章，这篇文章，即使不能彻底解决这个问题，也要把它纳入另一条轨道。”③ 但由于马克思

---

① 《列宁全集》，第 21 卷，59 页。

② 同上书，29 页。

③ 《马克思恩格斯全集》，第 27 卷，433 页。

忙于其他工作，这篇文章没有写成。过了一年多以后，马克思又重新回到这个问题上来了，写了《论犹太人问题》。这次论战对象，已经不是德国的反动政论家、密探、《科伦日报》的编辑海尔梅斯，而是自己曾一度共同战斗过的朋友、老师布鲁诺·鲍威尔。

鲍威尔完全是站在青年黑格尔派的立场上，把犹太人这个社会问题、政治问题，变成纯粹神学问题。他在《犹太人问题》和《现代犹太人和基督徒获得自由的能力》的文章中，完全混淆了宗教解放、政治解放、人类解放的关系，认为犹太人和基督徒之间最顽强的对立形式是宗教，由于犹太人坚持自己的宗教信仰，因而他们与整个社会进步处于对立地位，自己把自己排斥于人类社会之外。鲍威尔要犹太人放弃犹太教，基督徒放弃基督教，一切人都放弃宗教。他把放弃宗教，即从宗教信仰中解放出来，看成是政治解放的前提。这样一来，严肃、尖锐的社会政治问题，化为纯粹宗教问题。

马克思指出，依据犹太人居住的国家的不同，犹太人问题也有不同的提法。例如，在没有资产阶级民主制度的德国，犹太人问题是“纯粹”神学问题，犹太人和把基督教作为自己基础的国家处于宗教的对立状态；而在立宪国家，犹太人问题是个宪政问题，是个政治解放不彻底的问题；而在北美合众国，犹太人问题失去了神学的意义，成了真正的世俗问题。可是即使在德国，我们也不能停留在宗教的范围内，不管我们在神学的圈子里怎样批判地转来转去，我们总转不出这个圈子。马克思完全站在唯物主义立场上，从市民社会和宗教的关系中分析宗教，把宗教束缚看成是社会生活的反映，驳斥了鲍威尔把犹太人问题归结为宗教问题的观点，指出：“在我们看来，宗教已经不是世俗狭隘性的**原因**，而只是它的**表现**。因此，我们用自由公民的世俗桎梏来说明他们的宗教桎梏。我们并不认为：公民要消灭他们的世俗桎梏，必须首先克服他们的宗教狭隘性。……我们不把世俗问题化为**神学**问题。我们要把神学问题化为世俗问题。”①

正是根据对宗教产生原因的唯物主义看法，马克思和鲍威尔相反，从

① 《马克思恩格斯全集》，第1卷，425页。

政治斗争的角度来看待反宗教的斗争，把对宗教的斗争，看成是政治斗争的前导。他说："废除作为人民**幻想的**幸福的宗教，也就是要求实现人民的**现实的**幸福。要求抛弃关于自己处境的幻想，也就是**要求抛弃那需要幻想的处境**。因此对宗教的批判就是对**苦难世界**——宗教是它的**灵光圈**——的**批判**的**胚胎**。"① 在马克思看来，全部反宗教斗争的意义在于，它为政治斗争开辟了道路，它使人们破除了对来世、对天堂的幻想，不是梦想死后升入天国，而是把天国建立在人间，因而这种斗争决不能停止在纯宗教斗争的水平上。他指出："人的自我异化的**神圣形象**被揭穿以后，揭露**非神圣形象**中的自我异化，就成了为历史服务的**哲学**的迫切**任务**。于是对天国的批判就变成对尘世的批判，对**宗教的批判**就变成对**法的批判**，对**神学的批判**就变成对**政治的批判**。"②

马克思还分析了政教分离和政治解放的关系、政治解放和宗教信仰的关系，批驳了鲍威尔把废除宗教信仰作为政治解放前提的观点。

"政治革命是市民社会的革命。"③ 这就是说，所谓政治解放，实际上是资产阶级革命。这种革命是反对封建专制制度，摧毁等级制度、行会和特权；这种革命，要求废除国教、宗教特权，实行政教分离，使国家从宗教下解放出来。但它并不要求一切人放弃宗教，相反它给予公民以宗教信仰自由。"在政治解放已经完成了的国家，宗教不仅**存在**，而且表现了**生命力和力量**"④。因此，政治解放即资产阶级革命，并没有消灭人的宗教观念，它也不想消灭这个观念。法国和英国的资产阶级革命都说明了这一点。法国资产阶级革命后，没有宣布废除宗教，而是实行宗教信仰自由，即把信奉任何宗教，用任何方式信奉宗教，举行自己特殊宗教仪式，看成是公民不可侵犯的权利。由此可见，把放弃宗教作为政治解放的前提，是违背历史事实的。

马克思批判了鲍威尔把政治解放和全人类解放混淆起来，没有探讨这两者的关系。他说："只是探讨谁应该解放别人？谁应该得到解放？这样

---

①② 《马克思恩格斯全集》，第1卷，453页。

③ 同上书，441页。

④ 同上书，425页。

的问题，无论如何都是不够的。批判还应该做到第三点，提出这样的问题：这里指的是**哪一种解放**？”① 马克思不仅提出了政治解放和人类解放问题，区分了这两种解放，并把人类解放置于政治解放之上。

从社会发展来看，政治解放当然是一个进步。马克思肯定了它的历史功绩，但这种解放是不彻底的。例如，资产阶级国家取消了以财产作为有没有选举权和被选举权资格的规定，但这只是从政治上废除了私有财产，实际上私有财产并没有被废除。当资产阶级国家宣布出身、等级、文化程度、职业为非政治差别，宣布国家不管这些差别，认为每个人都是人民主权的平等参加者的时候，实际上私有财产、文化程度、职业乃以其固有的方式发挥作用。资产阶级国家并没有消除实际上的不平等，相反，它以这些差别的存在作为自己存在的前提。

马克思还以资产阶级所宣布的人权为例来说明这个问题。资产阶级废除了封建社会的特权，宣布了人权，这当然是一个历史的进步。但资产阶级宣布的人权并不是抽象的超阶级的人权。马克思剖析了 1791 年、1793 年的法国人权和公民权宣言，剖析所谓“自然的和不可剥夺的权利”，如平等、自由、安全、财产等等人权时指出，“究竟是什么人呢？不是别人，就是**市民社会的成员**”②。还说，“任何一种所谓人权都没有超出利己主义的人，没有超出作为市民社会的成员的人，即作为封闭于自身、私人利益、私人任性、同时脱离社会整体的个人的人”③。因此，资本主义社会的人权，具有鲜明的资产阶级性质。

正因为这样，马克思看到了政治解放的局限性，指出“**政治解放**本身还不是**人类**解放”④。因为它虽然在政治生活中，把人变成公民，变成法人，但在经济生活中却把人变成市民社会的成员，变成利己的、独立的个人。这种政治解放，是市民社会的一部分人取得普遍统治，即原来处于被压迫地位的资产阶级，变成新社会的统治者。他们虽然打着全体人类利益的旗号，把自己看成普遍利益的代表，实际上他们解放的不是整个社会，

① 《马克思恩格斯全集》，第 1 卷，423 页。
② 同上书，437 页。
③ 同上书，439 页。
④ 同上书，435 页。

而是他们自己。

同政治解放相对立，马克思提出了“人类解放”的口号。同毫不触犯“大厦支柱”即私有制的政治解放不同，人类解放是要彻底消灭人类自我异化的极端表现，“**推翻**那些使人成为受屈辱、被奴役、被遗弃和被蔑视的东西的**一切关系**”①。正如马克思所说的：“只有当现实的个人同时也是抽象的公民，并且作为个人，在自己的经验生活、自己的个人劳动、自己的个人关系中间，成为**类存在物**的时候，只有当人认识到自己的‘原有力量’并把这种力量组织成为**社会**力量因而不再把社会力量当做**政治**力量跟自己分开的时候，只有到了那个时候，人类解放才能完成。”② 这里，马克思虽然用的是不成熟的、费尔巴哈人本主义的术语，但表达了他关于社会主义革命的思想：

第一，马克思看到了政治解放和人类解放的区别和联系，并把人类解放置于政治解放之上，认为只有人类解放才是真正的解放。这说明马克思远远超过了把资产阶级民主制当做最高目标的一切民主派，他所追求的不是政治解放，不是资产阶级的自由、民主、平等，而是人类解放。

第二，马克思已看到了政治解放的缺点。在资本主义社会中，每个人在经济生活中是自私自利的个体；而在政治生活中，在国家生活中，每个人都是公民，表现了人的社会本性。要消除这个矛盾，必须触犯大厦的“支柱”，即经济领域。马克思当时还未研究经济学，还不能通过对资本主义生产方式本身的剖析来分析这个问题，但是他通过分析犹太教，已初步接触到这个问题。犹太的世俗基础是实际需要、自私自利；犹太人的世俗偶像是做生意；犹太人的世俗上帝是金钱。所以在马克思看来，犹太人的解放，归根到底，就是人类从犹太中获得解放，即从做生意、从金钱势力下解放出来。正如马克思所说的：“社会一旦消灭了犹太的**经验**本质，即做生意及其前提，犹太人就**不可能**产生，因为他的意识就不再有对象，犹太的主观基础即实际需要就会人性化，因为人的个体感性存在和类存在的

---

① 《马克思恩格斯全集》，第1卷，461页。

② 同上书，443页。

矛盾就会消失。”他并且做了个精辟的总结：“犹太人的**社会**解放就是**社会从犹太中获得解放**。”①

第三，马克思认为，人类解放是要消灭把自己创造的社会力量变成同自己对立的政治力量。这里包含着关于消灭阶级、消灭压迫、消灭国家、消灭生产关系对自身的奴役的思想萌芽。

可见，同《莱茵报》时期着重于“破”，即批判空想社会主义相比，这里已经开始论述自己关于社会主义革命的重要设想。这是一个重大发展。

三、找到了实现人类解放的途径和决定力量

究竟如何实现人类解放？由什么力量来实现人类解放？《论犹太人问题》并没有提出这个问题。这些问题是在《〈黑格尔法哲学批判〉导言》中解决的。马克思在解决这些问题中，阐述了无产阶级伟大历史使命的思想。这是马克思关于人类解放理论的继续发展，是《德法年鉴》时期的最高思想成就，也是马克思完全转到共产主义的重要标志。

马克思坚决反对把全部斗争归结为反宗教的青年黑格尔派，明确宣布，就德国来说，对宗教的批判实际上已结束，号召人们：“应该向德国制度**开火**！一定要开火！”宣称自己“不是要驳倒这个敌人，而是要**消灭**这个敌人”②。马克思以一个革命者的姿态，号召起来战斗。

德国比英、法落后。在英、法行将结束的事物，在德国才刚刚开始。因此，德国不能简单重复英、法式的资产阶级革命。仅仅实行政治革命，即实行资产阶级革命不能解决德国的矛盾，“对德国来说，**彻底的**革命、**全人类的**解放并不是乌托邦式的空想，只有部分的**纯**政治的革命，毫不触犯大厦支柱的革命，才是乌托邦式的空想”③。因此，在马克思看来，德国革命不能停留在英、法的资产阶级革命水平上，而必须继续向前推进，实行社会主义革命。

但是，德国实现人类解放的可能性在哪里？究竟哪一个阶级能担任这

---

① 《马克思恩格斯全集》，第1卷，451页。
② 同上书，455页。
③ 同上书，463页。

个伟大的历史任务呢?

任何一个旧制度，它无论怎样荒谬，腐败，都受到统治阶级的全力维护和支持。他们手中掌握有政权和一切镇压机器。要打破统治阶级的反抗，只有一个办法，就是必须从当时社会中找出一种能推翻他们的社会力量。任何一个社会变革都是这样，无产阶级革命更是如此。

空想社会主义者指责资本主义剥削制度和各种不合理的现象，咒骂它，希望消灭它，对未来充满憧憬，幻想建立一个美好的社会制度。他们真诚地同情无产阶级，把无产阶级的苦难看成是必须加以医治的社会溃疡。但他们把医治社会溃疡，建立一个美好制度的希望寄托在王公贵族和英明的统治者身上，认为只要他们相信现代社会制度不合理并愿意加以改造，就能实现社会主义。因此，空想社会主义者长期在黑暗中摸索，他们找不到真正的出路，找不到能够成为新社会创造者的社会力量。

提出无产阶级伟大历史使命的理论，是马克思、恩格斯划时代的历史功绩。正如列宁所说的："马克思学说中的主要的一点，就是阐明了无产阶级这个社会主义社会创造者的具有世界历史意义的作用。"还明确指出："马克思最初提出这个学说，是在 1844 年。"① 在 1844 年以前，例如在关于莱茵省议会辩论的第一篇论文中，马克思赞扬农民代表的发言；在关于林木盗窃法的论文中，为捡拾枯枝的贫苦农民辩护；而在《共产主义和奥格斯堡"总汇报"》中，支持"一无所有的等级要求占有中等阶级的一部分财产"的正义呼声，但是，在这时马克思并没有从理论上认识到无产阶级的历史作用，更多的是表现了他对无产者的深厚感情。正是在 1844 年初的《〈黑格尔法哲学批判〉导言》中，马克思明确回答了这个问题，第一次对无产阶级的伟大历史使命做了精辟的论述。他说，德国解放的实际可能性"在于形成一个被**彻底的锁链**束缚着的阶级，即形成一个非市民社会阶级的市民社会阶级，一个表明一切等级解体的等级"，这"就是**无产阶级**"②。

更深刻的是，马克思不是抽象地提出了这个论断，而是对无产阶级的

① 《列宁选集》，2 版，第 2 卷，437 页。
② 《马克思恩格斯全集》，第 1 卷，466 页。

地位、作用进行了一定的分析。

马克思分析了德国无产阶级的形成，指出“德国无产阶级是随着刚刚着手为自己开辟道路的**工业的**发展而形成起来的”；而且随着社会的急剧解体，特别是由于中间等级的破产和分化，逐渐“充实无产阶级的队伍”①。在这里，马克思已经看到了近代无产阶级和资本主义工业的必然联系，看到了无产阶级是唯一不断成长壮大的阶级。

马克思看到了无产阶级不是同德国国家制度的后果发生片面矛盾，而是同它的前提即私有制发生全面矛盾。因此，无产阶级是唯一彻底革命的阶级，任何改良的措施，都不能使无产阶级摆脱自己的奴隶地位。

马克思把消灭私有制，作为无产阶级的重要任务，而无产阶级的这一使命，是由它自己的地位决定的。“无产阶级要求**否定私有财产**，只不过是把社会已经提升为**无产阶级的**原则的东西，把未经无产阶级的协助、作为社会的否定结果而体现**在它的身上**，即无产阶级身上的东西提升为**社会的原则**。”② 这就是说，无产阶级不占有任何私有财产，它要求普遍消灭私有财产，无非是把自己身上已经实现的东西推广到全社会，使整个社会都摆脱私有财产。

特别重要的是，马克思这时已看到了无产阶级解放和人类解放的关系。他指出，无产阶级“不要求享有任何一种**特殊权利**”，无产阶级“若不从其他一切社会领域解放出来并同时解放其他一切社会领域，就不能解放自己的领域”③。这样，无产阶级和全体被剥削、被压迫人民的利益是一致的。无产阶级如果不同时使整个社会摆脱阶级划分和阶级斗争，使社会永远从剥削、压迫和阶级斗争中解放出来，就不能争得自身的彻底解放。在以往的阶级社会中，任何一个阶级的新的解放，意味着带来新的剥削和奴役，而无产阶级的解放，包含着全人类的解放。

上述一些主要思想，还是处于萌芽状态，以后在《神圣家族》和《德意志意识形态》中得到进一步阐明，特别是在《共产党宣言》中，发挥成

① 《马克思恩格斯全集》，第1卷，466页。
② 同上书，466～467页。
③ 同上书，466页。

关于无产阶级专政历史使命的完整理论。

马克思还分析了无产阶级在实现自己的伟大历史使命时，哲学、理论所起的作用。马克思肯定革命需要被动因素，即需要物质基础。这是唯物主义观点，但马克思并不否认理论的作用。“批判的武器当然不能代替武器的批判，物质力量只能用物质力量来摧毁；但是理论一经掌握群众，也会变成物质力量。”① 这段脍炙人口的名句，生动地深刻地揭示了物质和精神、理论和实践的辩证关系。马克思还形象地把无产阶级喻为人类解放的“**心脏**”，把哲学比作“**头脑**”，指出“哲学把无产阶级当做自己的**物质**武器，同样地，无产阶级也把哲学当做自己的**精神**武器；思想的闪电一旦真正射入这块没有触动过的人民园地，**德国人**就会解放成为**人**”②。马克思坚决驳斥了把理论和实践、哲学和革命割裂开来的“实践派”和“理论派”，进一步发展了他早在《博士论文》中就已萌芽的应有和现有、哲学与现实统一的思想。

马克思在《德法年鉴》的文章发表不久，1844 年 6 月，德国发生了西里西亚纺织工人起义。马克思和卢格对这次起义的看法存在着分歧，并发生了公开的争论。但对我们来说，重要的并不是争论本身，而是马克思在反驳卢格的论战中，进一步发挥了他在《德法年鉴》中提出的观点，特别是关于无产阶级伟大历史使命的观点，对于无产阶级贫困的原因、对德国工人运动的使命以及革命和政权的关系进行了论述。

在卢格看来，西里西亚起义在德国这样一个国家，就像某种地方性的水灾或饥荒似的，只有局部性意义，而且在国王看来，产生这种现象的原因在于行政机关办事不力或者慈善事业办得不够。马克思驳斥了这个论点，指出曲解工人贫困的原因，并不是德国的特点，即使是英国这样工业高度发达的国家也是如此。英国工业很发达，可又是个赤贫的国家，在英国，工人的贫困不是个别的现象，而是普遍的现象，贫困不只限于工业区，也扩展到农业区，可是英国的资产阶级都不从社会制度本身寻找根源，而是极力掩饰贫困的真正原因。例如，辉格党把原因推在托利党身

① 《马克思恩格斯全集》，第 1 卷，460 页。
② 同上书，467 页。

上，托利党推在辉格党身上；英国政治经济学家麦克库洛赫则极力美化英国的工人状况；而另一些人则把工人的贫困归结为忽视教育问题。总而言之，资产阶级“**国家永远**也不会认为**社会疾苦**的根源在于‘**国家和社会结构**’。凡是有政党存在的地方，每一个政党都认为**一切**祸害的根源就在于**执政**的是别的和它敌对的政党而不是它自己”①。

马克思根据《德法年鉴》所达到的认识，指出资本主义社会“赤贫现象的迅速发展乃是现代**工业**的必然后果”②，资产阶级政府对消灭贫困是无能为力的，因为消灭贫困等于消灭自身，因为它就是建立在这种不断产生贫困的私有制的基础上的。“现代国家要消灭自己的行政机关的**无能**，就必须消灭现在的**私人生活**。而要消灭私人生活，国家就必须消灭自己，因为国家**纯粹**是作为私人生活的对立物而存在的。”③

马克思还驳斥了卢格极力贬低西里西亚织工起义意义的谬论。马克思具体运用了他在《〈黑格尔法哲学批判〉导言》中提出的无产阶级伟大使命的原理来考察这次起义。他高度赞扬了西里西亚织工起义的高度理论性和自觉性，说它“**一开始**就恰好做到了法国和英国工人在起义**结束**时才做到的事，那就是意识到无产阶级的本质”④。它毫不含糊地、尖锐地反对私有制社会。在起义中，被毁掉的不仅是机器，而且还有账簿和财产契据；它不仅打击工业企业的老板，还打击银行家；这次起义有计划，顽强、勇敢。

马克思还赞扬了德国的无产阶级。他用魏特林的优秀著作为例说，“只要把德国的政治论著中的那种俗不可耐畏首畏尾的平庸气拿来和德国工人的这种**史无前例**光辉灿烂的处女作比较一下，只要把无产阶级巨大的**童鞋**拿来和德国资产阶级的矮小的政治烂鞋比较一下，我们就能够预言**德国的灰姑娘**将来必然长成一个**大力士**”⑤。马克思把无产阶级比为童话中的灰姑娘，这是对无产阶级的力量、前途和使命的形象描述。

马克思还继续发挥了他在《德法年鉴》中提出的关于政治解放和人类

---

① 《马克思恩格斯全集》，第1卷，478页。

② 同上书，476页。

③ 同上书，480页。

④⑤ 同上书，483页。

解放的理论，进一步论述了人的本质。工人起义的最根本的原因并不是政治的，而是经济的。马克思指出：“**工人自己的劳动**迫使他离开的那个共同体就是**生活**本身，也就是物质生活和精神生活、人的道德、人的活动、人的快乐、**人的**实质。**人的实质**也就是人的**真正的共同体**。离开这种实质而不幸孤立，远比离开政治的共同体而孤立更加广泛、更加难忍、更加可怕、更加充满矛盾；由此可见，正像**人**比**公民**以及**人的生活**比**政治生活**意义更加深邃一样，**消灭**这种孤立状态，或者哪怕是对它进行局部的反抗，发动**起义**，其意义也是更加深邃的。”①

值得注意的是，马克思驳斥了卢格关于具有政治精神的社会革命之类的废话，初步论述了社会革命和政权的关系问题。他说：“每一次革命都破坏**旧社会**，所以它是**社会**的。每一次革命都推翻**旧政权**，所以它具有**政治性**”。“一般的**革命**——**推翻**现政权和**破坏**旧关系——是**政治行为**。而**社会主义**不通过**革命**是不可能实现的。社会主义需要这种**政治**行为，因为它需要**消灭**和**破坏**旧的东西。”② 马克思在这里进一步明确提出通过社会主义革命，消灭现政权和旧关系，这是对无产阶级伟大历史使命学说的进一步发展。马克思这里的论述，虽然还比较笼统，比较抽象，但它为建立无产阶级伟大历史使命学说的核心——关于无产阶级专政的理论开辟了道路。

《德法年鉴》出版了一期就停刊了。这固然有财政上的原因，但最根本的原因还是马克思和卢格的分歧。这种分歧，在筹备刊物时已暴露了，而在马克思发表《论犹太人问题》和《〈黑格尔法哲学批判〉导言》，诉诸革命，诉诸无产阶级之后，他同停留在民主改革范围内的卢格，分歧加深，无法继续合作。而在《德法年鉴》停刊后，在如何对待德国西里西亚起义问题上，马克思同卢格展开了一场辩论，并最终导致了决裂。同卢格的决裂，标志着马克思同青年黑格尔派，包括其中激进的一派的决裂。

《德法年鉴》虽然只有一期，但具有重大的历史意义，它宣告了马克思两个转变的基本完成。

---

①《马克思恩格斯全集》，第1卷，487页。

② 同上书，488页。

第三章 转向费尔巴哈 对黑格尔和青年黑格尔派的清算

第一节 费尔巴哈对马克思世界观转变的影响

恩格斯在总结哲学史上各种思想体系更替时曾经指出，“在从笛卡儿到黑格尔和从霍布斯到费尔巴哈这一长时期内，推动哲学家前进的，决不象他们所想象的那样，只是纯粹思想的力量。恰恰相反，真正推动他们前进的，主要是自然科学和工业的强大而日益迅速的进步”①。这个原则，对于马克思主义的形成和发展同样是适用的。毫无疑问，推动马克思的思想转变的根本原因，是他在《莱茵报》时期所遇到的实际问题，是当时经济发展和政治斗争中所提出的客观需要。但是，在思想发展中，理论思维传统的作用、各种思想的相互影响的作用是不容忽视的。

在19世纪40年代的德国，从马克思的思想转变的角度说，费尔巴哈对马克思的思想影响，比其他任何哲学家都要大。他为马克思提供了批判黑格尔的思想武器，加速了他向唯物主义的转化进程。

一、唯物主义之桥

在马克思的思想转变中，费尔巴哈起了纽带和桥梁的作用。马克思开始是借助和吸收费尔巴哈的思想，批判和清算黑格尔的唯心主义的。早在1845年《英国工人阶级状况》的序言中，恩格斯在谈到德国的共产主义者时说，“在公开拥护这种改造的人们当中，几乎没有一个不是通过费尔

① 《马克思恩格斯选集》，第4卷，222页。

巴哈对黑格尔哲学的克服而走向共产主义的”①。过了四十多年以后，恩格斯在《路德维希·费尔巴哈和德国古典哲学的终结》单行本序言中，重申了这个观点，把费尔巴哈称之为“黑格尔哲学和我们的观点之间的中间环节”②。列宁也肯定了这一点，他在概括马克思的思想发展道路时指出，马克思是由黑格尔出发走向费尔巴哈，又进一步从费尔巴哈走向历史（和辩证）唯物主义。③

正因为黑格尔是出发点，费尔巴哈是桥梁，因此马克思在早期，对待费尔巴哈和黑格尔的态度不一样。寻找一个出发点，总要经过摸索。马克思对黑格尔，在波恩大学和刚到柏林大学时是厌恶的。他不喜欢黑格尔的“稀奇古怪的调子”，嘲笑他的思辨性。只是在参加博士俱乐部，结识青年黑格尔派分子鲍威尔、鲁滕堡之后，才转向黑格尔，决心“再次钻进大海”。而对费尔巴哈则不同。1841 年费尔巴哈的《基督教的本质》一书刚出版，马克思和恩格斯就热烈欢呼它的解放作用。这是因为当时黑格尔哲学正在解体。一些青年黑格尔分子力图摆脱黑格尔的唯心主义，但又找不到出路，陷于极大的矛盾之中，费尔巴哈为他们指明了一条道路。如人过河，苦于无船，忽然发现一座桥，其兴奋是难以形容的。费尔巴哈是在黑格尔哲学解体过程中产生的，标志着一个新的方向，因此在马克思早期著作中吸收费尔巴哈的思想来批判黑格尔，完全是可以理解的。

费尔巴哈搭起了一座什么桥？唯物主义之桥。费尔巴哈在哲学史上的一个伟大功绩，正是他在批判神学，批判黑格尔思辨哲学的斗争中，重新恢复了唯物主义的权威，把被唯心主义颠倒了的存在和思维的关系再颠倒过来。从 1839 年公开与黑格尔唯心主义体系决裂的《黑格尔哲学批判》到 1841 年的《基督教的本质》、1842 年的《关于哲学改造的临时纲要》、1843 年的《未来哲学的原理》，都贯穿了这条红线。

在费尔巴哈看来，无论是神学还是思辨哲学，都是把人和事物的属性独立化，并把它们作为独立自存的实体，作为主体，例如黑格尔把人具有

---

① 《马克思恩格斯全集》，第 2 卷，279 页。
② 《马克思恩格斯选集》，第 4 卷，207～208 页。
③ 参见《列宁全集》，第 38 卷，386～387 页。

的精神、理性离开人，转化为绝对的、神秘的观念，这同宗教把人的“类”本质转化为上帝是完全一样的。他说：“黑格尔的绝对精神不是别的，只是抽象的、与自己分离了的所谓有限精神，正如神的无限本质不是别的，只是抽象的有限本质一样。”① 还说：“神学的本质是超越的、被排除于人之外的人的本质。黑格尔逻辑学的本质是超越的思维，是被看成在人之外的人的思维。”②“黑格尔的逻辑学，是理性化和现代化了的神学，是化为逻辑学的神学。”③

费尔巴哈坚决反对神学和思辨哲学的唯心主义，反对它们颠倒主体和客体的观点。这就在根本问题上抓住了思辨哲学和神学的要害。他说：“我们只要经常将宾词当作主词，将主体当作客体和原则，就是说，只要将思辨哲学颠倒过来，就能得到毫无掩饰的、纯粹的、显明的真理。”④正是这种颠倒，构成了费尔巴哈哲学的精华。

费尔巴哈对马克思思想的影响，开始于1841年。当时正是黑格尔哲学解体，青年黑格尔运动方兴未艾之际。大批青年黑格尔分子由于返回到法国唯物主义观点，同他们的黑格尔哲学发生冲突。正在这个时候，费尔巴哈的《基督教的本质》出版了，它一下子就消除了这个矛盾，重新恢复了唯物主义的权威。恩格斯晚年回顾了这段历史，生动地描绘了这个过程，在谈到费尔巴哈的《基督教的本质》时说：“这部书的解放作用，只有亲身体验过的人才能想象得到。那时大家都很兴奋：我们一时都成为费尔巴哈派了。”⑤

当然，1841年时的影响还是有限的，它只是为马克思和恩格斯以后摆脱黑格尔唯心主义吹了点风。因为就马克思来说，从《博士论文》到《莱茵报》时期，黑格尔唯心主义观念还是占主导地位；恩格斯在批判谢林的斗争中，同样是站在黑格尔唯心主义的立场上。

费尔巴哈对马克思的思想影响，在1843年的《黑格尔法哲学批判》中，第一次得到具体的体现。

---

① 《费尔巴哈哲学著作选集》，上卷，104页。

②③ 同上书，103页。

④ 同上书，102页。

⑤ 《马克思恩格斯选集》，第4卷，218页。

马克思在批判黑格尔关于市民社会和国家关系的唯心主义观点时，明显地受到费尔巴哈的《关于哲学改造的临时纲要》和《未来哲学原理》等著作的影响。马克思运用了费尔巴哈关于把唯心主义颠倒了的主客体关系颠倒过来的思想，批判黑格尔的唯心主义国家观。他说："假如黑格尔从作为国家基础的现实的主体出发，那末他就没有必要神秘地把国家变成主体。"① 还说："黑格尔把谓语、客体变成某种独立的东西，但是这样一来，他就把它们同它们的真正的独立性、同它们的主体割裂开来。……神秘的实体成了现实的主体，而实在的主体则成了某种其他的东西，成了神秘的实体的一个环节。正因为黑格尔不是从实在的对象……出发，而是从谓语、从一般规定出发……于是神秘的理念便成了这类体现者。"②

费尔巴哈对宗教的批判，也给予马克思以重大影响。例如，马克思在批判黑格尔鼓吹君主立宪制，否定人民主权时说："正如同不是宗教创造人而是人创造宗教一样，不是国家制度创造人民，而是人民创造国家制度。"③ 这里马克思对黑格尔的批判，明显地套用了费尔巴哈对宗教批判的公式。

在马克思对黑格尔法哲学进行批判时，也接受了费尔巴哈关于异化概念的影响。不同的是，不是用于考察宗教，而是用以观察国家。他说："政治国家的彼岸存在无非就是要确定它们这些特殊领域的异化"，"**君主制**是这种异化的完整的表现"④。"我们的时代即**文明时代**，却犯了一个相反的错误。它使人的**实物**本质，即某种仅仅是**外在的**，物质的东西脱离了人，它不认为人的内容是人的真正现实。"⑤ 按照马克思看来，国家也是一种异化。正如宗教是人创造，反过来奴役人一样，国家也是如此。马克思对国家的看法，同费尔巴哈对宗教的看法有相似之处。特别是费尔巴哈对宗教的批判，比施特劳斯的《耶稣传》前进了一步。它不是在黑格尔体系的范围内，而是突破了黑格尔的体系，站在唯物主义立场看待宗教，这

---

① 《马克思恩格斯全集》，第1卷，272页。
② 同上书，273页。
③ 同上书，281页。
④ 同上书，283页。
⑤ 同上书，346页。

为马克思以后的思想发展提供了最初的逻辑起点，“由于费尔巴哈揭露了宗教世界是世俗世界的幻想……在德国理论面前就自然而然产生了一个费尔巴哈所没有回答的问题：人们是怎样把这些幻想‘塞进自己头脑’的？这个问题甚至为德国理论家开辟了通向唯物主义世界观的道路”①。

费尔巴哈对宗教批判的终点，是马克思进一步发展的起点。费尔巴哈从世界被二重化为宗教的世界和世俗的世界出发，致力于把宗教世界归结于它的世俗基础，把宗教的本质归结为人的本质。但是，他到此停止了。而马克思循着费尔巴哈的方向前进，从世俗基础的自我分裂和自我矛盾来说明宗教的产生，并指出只有在实践中使世俗基础革命化，才能消灭宗教，从而达到了历史唯物主义的结论。

二、重新确立了人在哲学中的地位

费尔巴哈在反对宗教，反对思辨哲学的斗争中，以人来代替自我意识，以人的本质来代替神的本质，重新确立了人在哲学中的地位。例如，他在《未来哲学原理》中把自己的哲学称为人的哲学并把它同旧哲学相对立，“旧哲学具有两重真理：一是自为的，不关心人的真理——即是哲学；一是为人的真理——即是宗教。作为人的哲学的新哲学则不然，它主要地也是为人的哲学”②。在《黑格尔哲学批判》中他还说：“艺术上最高的东西是人的形象。哲学上最高的东西是人的本质。”③ 马克思继承了这个传统。在马克思的早期思想发展中，明显地受到了费尔巴哈人本主义的影响。

《德法年鉴》时期，马克思完成了两个转变。所谓完成转变，是相对的。主要是马克思在《德法年鉴》的文章中，提出了人类解放，即社会主义革命问题；论述了无产阶级的伟大历史使命。诉诸革命，诉诸无产阶级，这是马克思完成转变的根本标志。但如果就对这些问题的论证来说，仍然有着费尔巴哈的烙印。

在《论犹太人问题》中，马克思区分了政治解放和人类解放。政治解放，是指资产阶级革命，马克思心目中的典型是法国；人类解放，是指社

① 《马克思恩格斯全集》，第3卷，261页。

② 《费尔巴哈哲学著作选集》，上卷，186页。

③ 同上书，83页。

会主义革命。当时马克思还没有从事政治经济学的研究，还不可能从客观经济本身来论证这两种革命的区别和衔接，而是把它们看成消除人的异化的不同阶段。"**任何**一种解放都是把人的世界和人的关系**还给人自己**。"① 但政治解放是不彻底的，它没有消除人的类本质同人相异化，相反它加深了这种异化，因为它"一方面把人变成市民社会的成员，变成**利己的**、**独立的个人**，另一方面把人变成**公民**，变成法人"②。而只有人类解放才解决这个矛盾，使个人在自己的劳动中、在个人关系中，"成为**类存在物**"③。

在《〈黑格尔法哲学批判〉导言》中，马克思提出了无产阶级的伟大历史使命，这是一个重大突破。但是当时还不是从无产阶级的经济地位，而是以无产阶级"表现了人的**完全丧失**，并因而只有通过**人的完全恢复**才能恢复自己"④ 为论据的。

"德国唯一**实际**可能的解放是从宣布人本身是人的最高本质**这个**理论出发的解放。"⑤ 马克思这一概括，从一个侧面反映了马克思和费尔巴哈的思想联系。人是人的最高本质，是费尔巴哈用以对抗宗教的人本主义命题。马克思作了进一步的发挥。既然人是人的最高本质，要使人成为人，必须推翻那些使人不成其为人的一切关系。马克思从费尔巴哈的命题中，引出了革命的结论。

《1844年经济学哲学手稿》是马克思早期思想发展中的一部重要著作。它既是标志着马克思由《莱茵报》开始的两个转变的完成，又是马克思创立包括三个组成部分在内的科学体系的开始。在这部著作中，马克思对费尔巴哈是高度赞扬的。他说："只是从**费尔巴哈**才开始了**实证的**人道主义的和自然主义的批判。费尔巴哈越不喧嚷，**他的**著作的影响就越扎实、深刻、广泛而持久；费尔巴哈著作是继黑格尔的《现象学》和《逻辑学》以后包含着真正理论革命的唯一著作。"⑥

这种过誉之词不是偶然的。它不仅出于对布鲁诺·鲍威尔之流贬低、抵制费尔巴哈的抗议和批判，确实也反映了马克思当时的思想状况。马克

①②③ 《马克思恩格斯全集》，第1卷，443页。
④ 同上书，466页。
⑤ 同上书，467页。
⑥ 《马克思恩格斯全集》，第42卷，46页，北京，人民出版社，1979。

思从克罗茨纳赫来到巴黎，在开始着手研究政治经济学时，仍然保留有费尔巴哈的影响。这在《1844年经济学哲学手稿》和关于经济学的巴黎笔记中，都有不同程度的反映。

在政治经济学研究方面，马克思当时认为，“整个实证的批判，从而德国人对国民经济学的实证的批判，全靠**费尔巴哈**的发现给它打下真正的基础”①。的确，马克思在《詹姆斯·穆勒〈政治经济学原理〉一书摘要》和《1844年经济学哲学手稿》中，虽然提出了异化劳动的范畴，并详细分析了异化劳动的各个方面，但仍然保留了费尔巴哈关于人的类本质同人相异化的观点，并用以分析资本主义的各个经济范畴。例如马克思分析资本主义生产时就说过，在这里“不是**人的本质**构成我们彼此为对方进行生产的纽带”②。“我们彼此同人的本质相异化已经到了这种程度，以致这种本质的直接语言在我们看来成了对**人类尊严的侮辱**，相反，物的价值的异化语言倒成了完全符合于理所当然的、自信的和自我认可的人类尊严的东西。”③

在《1844年经济学哲学手稿》中，马克思对共产主义的论述，同样保留有费尔巴哈的痕迹。马克思当时已经开始研究经济学，他已经发现了阶级和阶级对立的经济根源，分析了私有制的运动，并断言“整个革命运动必然在**私有财产**的运动中，即在经济中，为自己既找到经验的基础，也找到理论的基础”④，可同时又把共产主义表述为消灭人的本质和人相异化，“是通过人并且为了人而对**人的**本质的真正**占有**；因此，它是人向自身、向**社会的**（即人的）人的复归”⑤。这是马克思在《德法年鉴》中提出的人类解放是消除个体和类之间矛盾论点的继续。

在《1844年经济学哲学手稿》中，马克思对资本主义生产方式的经济分析，还残留着费尔巴哈人本主义的影响，以及对经济范畴的道德评价。虽然是瑕不掩瑜，但确实反映了马克思早期思想不够成熟的特点。

---

① 《马克思恩格斯全集》，第42卷，46页，北京，人民出版社，1979。
② 同上书，34页。
③ 同上书，36页。
④ 同上书，120～121页。
⑤ 同上书，120页。

三、马克思从来不是纯粹的费尔巴哈派

在理论思维中，传统同样是一个巨大力量。它既是进一步发展的起点，又可能转变为发展的障碍，关键在于如何对待它。马克思不仅善于继承传统，而且勇于创新，突破传统。

马克思是崇拜费尔巴哈的，但并不是一个纯粹的费尔巴哈派。早在 1842 年 3 月 20 日和 1843 年 10 月 3 日给卢格的信中，马克思就对费尔巴哈的宗教观点和自然主义提出了异议，批判他“过多地强调自然而过少地强调政治”①。

更重要的是在对人的看法上，马克思接受了费尔巴哈的影响，但又同时不断地摆脱这种影响，因此在马克思的早期著作中，费尔巴哈的烙印和马克思天才的思想闪光相互矛盾地交织在一起。

在《德法年鉴》的文章中，费尔巴哈的影响是比较浓重的。但就是在这里，马克思在转述了费尔巴哈关于人创造了宗教，而不是宗教创造人的论点之后，含蓄地、未加点名地对他进行了批评，指出“人并不是抽象的栖息在世界以外的东西。人就是**人的世界**，就是国家，社会”②。并且在论述人类解放的条件、任务，以及哲学的任务时，不是笼统地论述一般的“人”，而是形成了明确的“无产阶级”这个概念。

在《1844 年经济学哲学手稿》中，马克思从三个方面，肯定了费尔巴哈的伟大功绩。

第一，费尔巴哈“证明了哲学不过是变成思想的并且经过思考加以阐述的宗教，不过是人的本质的异化的另一种形式和存在方式；从而，哲学同样应当受到谴责”③。费尔巴哈批判了黑格尔的唯心主义，指出唯心主义也是人的异化的另一种形式，它同宗教存在不可分割的联系。正如宗教是人的本质的异化，是人的本质同人相分离，变成绝对的、在人之外的存在——上帝一样，唯心主义也是使人的精神、人的理性与人相分离，变为在人之外，离开人的普遍理性，变成了绝对观念。因此，唯心主义和宗教

① 《马克思恩格斯全集》，第 27 卷，443 页。
② 《马克思恩格斯全集》，第 1 卷，452 页。
③ 《马克思恩格斯全集》，第 42 卷，158 页。

本质是相同的，都是人的本质与人相脱离，只不过是异化的形式不同，唯心主义比起宗教更精致而已。黑格尔的哲学，也可以说是一种神学；他的绝对观念，实际上就是从虚无中创造世界的上帝。

第二，费尔巴哈“创立了**真正的唯物主义**和**现实的科学**”，因为他“使‘人与人之间的’社会关系成了理论的基本原则”①。

第三，费尔巴哈把“基于自身并且积极地以自身为基础的肯定的东西同自称是绝对的肯定的东西的那个否定的否定对立起来”②。

马克思的以上所述，是对费尔巴哈的自然主义和人本主义的肯定评价。

费尔巴哈的哲学是自然主义和人本主义，因为它以人和自然为对象。费尔巴哈说过，“新哲学将人连同作为人的基础的自然当作哲学唯一的，普遍的，最高的对象”③，还说，“观察自然，观察人吧！在这里你们可以看到哲学的秘密”④。费尔巴哈推崇自然和人，表现了费尔巴哈反对思辨，反对宗教的战斗唯物主义；同时也正是在如何看待人与自然的问题上，表现了它的弱点，即历史观的唯心主义。马克思当时从批判黑格尔唯心主义出发，着重强调了它的功绩：它以自然和人为对象，就创立了真正的唯物主义和研究自然的现实科学；它把自然看成是基于自身的肯定的东西，看成是不依赖任何其他第二者的东西，并把自然同黑格尔的绝对观念对立起来，显示了唯物主义和唯心主义的对立。

但是，马克思在1844年，远远超过了费尔巴哈。他创立了一系列辩证唯物主义和历史唯物主义原则，克服了费尔巴哈的直观性和历史唯心主义，在全面创立马克思主义科学体系的道路上，迈出了决定性的一步。

费尔巴哈同黑格尔的唯心主义和宗教学说相对立，反对把人看成是上帝的创造物和精神的异化，认为人是自然界的产物，和动植物一样。当然，费尔巴哈也承认人和动物的区别。但这种区别只在于：人不是孤立的、彼此无关的个体，而是类的存在物。在费尔巴哈看来，孤立的、个别的人不是人的本质。人的本质只是包含在团体之中，包含在人与人的统一

---

①② 《马克思恩格斯全集》，第42卷，158页。

③ 《费尔巴哈哲学著作选集》，上卷，184页。

④ 同上书，115页。

之中。人是唯一的这种生物，他能超出自身个体的局限性，认识到他人，即我之外的你和我一样同属一个类。实际上费尔巴哈由于撇开了人的社会性，这种所谓类的存在物仍然是抽象的，纯自然的人。这种人在现实生活中是不存在的。

马克思 1844 年哲学上的突出成就，是以关于人的本质的论述为基础，形成了一系列重要的辩证唯物主义和历史唯物主义原理。

马克思当时沿用了费尔巴哈关于"人是类存在物"的提法，但赋予它完全崭新的内容。在马克思看来，人之所以是类存在物，不是在于他们自然属性的共同性，而是在于人从事生产劳动。他强调说："有意识的生命活动把人同动物的生命活动直接区别开来。正是由于这一点，人才是类存在物。"① 还说："通过实践创造**对象世界**，即**改造**无机界，证明了人是有意识的类存在物，也就是这样一种存在物，它把类看作自己的本质，或者说把自身看作类存在物。"② 可见，生产劳动是人之所以为人的本质，也是人与一般动物的本质的区别。

不错，动物也有生产。例如蜜蜂、海狸、蚂蚁也为自己营造巢和住所。但是，动物本身是自然物，它的全部活动是适应自然，而不是自觉地改造自然；动物只生产自身，而人再生产整个自然界；动物的产品直接同它肉体相联系，而人则自由地对待自己的产品；动物是按照它所属的那个种的尺度和需要来生产，而人都是按照美的规律来生产，一句话：人不是消极地适应世界，而是能动地改造世界。

马克思抓住了人的本质在于生产劳动这个根本观点，从而正确处理了人与社会、人与自然的关系。

生产活动是社会性的活动。人们只有从事生产才形成社会，而只有在社会中才能从事生产。人的劳动和消费，"无论就其内容或就其**存在方式**来说，都是**社会的**，是**社会的**活动和**社会的**享受"③。不仅物质生产是这样，即使从事脑力劳动，进行科学研究之类的活动，形式上是纯个人的活动，实际上也是社会性的活动。因为不仅我的活动所需要的材料，甚至进

---

①② 《马克思恩格斯全集》，第 42 卷，96 页。

③ 同上书，121～122 页。

行活动的语言本身，都是作为社会的产品给予我的。所以马克思反对把社会同个人对立起来，指出：“**个人是社会存在物**。因此，他的生命表现，即使不采取**共同的**、同其他人一起完成的生命表现这种直接形式，也**是社会生活的**表现和确证。”①

更重要的是，马克思从人的社会性，直接引出了社会存在决定社会意识的历史唯物主义结论。他说：“我的**普遍**意识不过是以**现实**共同体、社会存在物为**生动**形式的那个东西的**理论**形式，而在今天，**普遍**意识是现实生活的抽象，并且作为这样的抽象是与现实生活相敌对的。因此，我的普遍意识的**活动**本身也是我作为社会存在物的**理论**存在。”② 还说：“作为**类意识**，人确证自己的现实的**社会生活**，并且只是在思维中复现自己的现实存在”③。这就是说，人们的类意识，即把人作为类的观念，无非是实际生活中的人作为社会存在物的反映。所以马克思作出结论说：“思维和存在虽有**区别**，但同时彼此又处于**统一**中。”④ 这里的表述，当然不像 1859 年马克思在《〈政治经济学批判〉序言》中那样全面和精辟，但对社会存在决定社会意识这条原理，作了明确的阐述。

马克思抓住了人的社会本质，也正确地解决了人与自然的关系。费尔巴哈虽然反复强调自然界是感性存在，人是自然界的一部分，但并不真正理解人与自然的关系，只有马克思才克服了费尔巴哈这个根本弱点。

马克思肯定无论是人还是动物，从物质方面来说，都依赖无机自然界。而且人较之动物越是万能，人对无机自然界依赖的范围也越广阔。因此无机自然界是人的生活来源，人在物质上只有依靠这些自然物才能生活；而从形成人的主观意识来说，植物、动物、石头、空气、光，总之，自然界部分地作为自然科学的对象，部分地作为艺术的对象，都是人的意识的来源。所以马克思说：“自然界，就它本身不是人的身体而言，是人的**无机的身体**。人靠自然界**生活**。这就是说，自然界是人为了不致死亡而必须与之不断交往的、人的**身体**。所谓人的肉体生活和精神生活同自然界

---

① 《马克思恩格斯全集》，第 42 卷，122～123 页。
② 同上书，122 页。
③④ 同上书，123 页。

相联系，也就等于说自然界同自身相联系，因为人是自然界的一部分。”①

如果仅仅到此为止，马克思并没有超出费尔巴哈。可是，马克思强调了人通过劳动对自然的改造作用，提出了自然界的人化问题，即通过生产，使自然界表现为人的作品和现实，表现为“人的类生活的对象化”。马克思根据资本主义早期生产力的迅速发展的状况，强调工业在改造自然，形成人化自然中的作用，认为工业是人的本质力量的公开展示。因此，马克思不把自然界看成直观的对象，而是看做实践的对象；他通过自然界的变化，看到了人类的力量。马克思指出：“在人类历史中即在人类社会的产生过程中形成的自然界是人的**现实的**自然界；因此，通过工业——尽管以**异化**的形式——形成的自然界，是真正的、**人类学的**自然界。”②

马克思正确理解人的社会性，理解人的本质，不仅解决了历史观的重大问题，而且也解决了辩证唯物主义认识论的重大问题。事实证明，辩证唯物主义认识论和唯物主义历史观是密切联系的。辩证唯物主义认识论离不开唯物主义历史观，离不开对人的本质的科学理解。毛泽东同志说：“马克思以前的唯物论，离开人的社会性，离开人的历史发展，去观察认识问题，因此不能了解认识对社会实践的依赖关系，即认识对生产和阶级斗争的依赖关系。”③ 毛泽东同志这个论断，深刻地表明了科学的认识论同科学历史观的内在联系。

马克思还研究了人的认识问题。他在《1844 年经济学哲学手稿》中对这些问题的研究，是把它同人的本质力量的对象化即实践联系在一起。他不仅强调人通过实践改造了自然界，而且指出通过实践改变了人的感觉能力。他说，人的五种感觉“都只是由于**它的**对象的存在，由于**人化的**自然界，才产生出来的。五官感觉的**形成**是以往全部世界历史的产物”④。“不言而喻，**人的**眼睛和原始的、非人的眼睛得到的享受不同，人的**耳朵**和原始的耳朵得到的享受不同”⑤，人的感觉具有丰富性，如有听音乐的

---

① 《马克思恩格斯全集》，第 42 卷，95 页。

② 同上书，128 页。

③ 《毛泽东选集》，第 1 卷，259 页，北京，人民出版社，1966。

④ 《马克思恩格斯全集》，第 42 卷，126 页。

⑤ 同上书，125 页。

耳朵，能欣赏音乐的旋律；有能感受形式美的眼睛，能欣赏艺术品的美。之所以如此，不是取决于生理机构，而是由于人的实践能力的展开，人的感性的丰富性才随之逐步发展起来。

马克思重视实践在认识中的作用，因此特别强调工业发展的意义，他甚至把工业发展史和工业产品看成是“感性地摆在我们面前的人的**心理学**”①，即认识论。他不仅从政治经济学的角度，而且从哲学角度来对待工业发展史，从工业发展中看到人的认识对实践的依赖性和能动作用，看到人的认识是如何逐步深化的。正因为这样，所以在一定意义上可以说，科学史、科学技术发展史也是认识论。马克思坚决反对把认识论同工业史割裂开来，认为排斥工业和人类实践的认识论就不能成为真正的科学。他说：“如果**心理学**还没有打开这本书即历史的这个恰恰最容易感知的、最容易理解的部分，那么这种心理学就不能成为内容确实丰富的和**真正的**科学。”②

特别有意义的是，马克思把认识论问题同科学社会主义学说结合在一起，从而显示了马克思关于认识学说的革命性质。他认为人的认识是受自己的地位制约的，例如贩卖矿物的商人只看到矿物的商业价值，而看不到矿物的美和特性，他没有矿物学的感觉，忧心忡忡的穷人，甚至连最美丽的景色都没有什么感觉；而且从味觉来说，对于一个忍饥挨饿的人来说，并不存在人的食物形式，并不把烹调当成艺术，饮食当成品味，而是塞饱肚子，这种饮食和动物的饮食没有不同。所以马克思说，“私有制使我们变得如此愚蠢而片面”③，“**一切**肉体的和精神的感觉都被这**一切**感觉的单纯异化即**拥有**的感觉所代替”④，人的感觉的丰富性绝对贫困化了。因此在资本主义制度下的许多劳动者，不仅具有商品的规定性，作为劳动力来生产，而且作为肉体和精神上的受到摧残的非人化的存在物来生产。

只有在共产主义条件下，通过彻底消灭私有制，才“创造着**具有丰富的、全面而深刻的感觉**的人”⑤。我们说在共产主义条件下，人的才能的全面发展，其中就包括感觉的丰富性，使人的运用感官的能力得到高度的

---

①② 《马克思恩格斯全集》，第42卷，127页。
③④ 同上书，124页。
⑤ 同上书，126页。

发展。所以马克思说："私有财产的扬弃，是人的一切感觉和特性的彻底**解放**"①。

由上可见，马克思在1844年，远远超出了费尔巴哈。但要自觉地意识到这一点，并从批判黑格尔转向批判费尔巴哈，还要继续前进。

第二节　对黑格尔唯心主义辩证法的批判和改造

一、反对用"中介"调和矛盾　提出矛盾类型的学说

1843年，马克思在克罗茨纳赫时期，不仅通过批判黑格尔的法哲学，朝创立唯物主义历史观迈出了决定性的一步，而且开始了对黑格尔辩证法的唯物主义改造。

黑格尔的唯心主义辩证法，是德国古典哲学的最伟大成就，也是人类思想的光辉结晶。但是这种辩证法是唯心主义的，而且极不彻底。例如，在黑格尔关于国家和法的观点中，就把市民社会和国家看成两个极端，而把各等级看成是调和这种对立的中间环节。国家和政府通过各等级推举出来的少数身居要职、从事政治活动的人而"降临尘世"；而市民社会则通过自己的等级代表，托身于少数政治家"升入天国"。这样，通过等级这个"中介"使国家和市民社会的矛盾得到调和，达到统一。

马克思对黑格尔的辩证法是肯定的，但批判了他的形而上学观点。例如，黑格尔虽然承认现象的矛盾，但强调理念的本质是统一的，因而马克思反驳他说："黑格尔的主要错误在于他把**现象的矛盾**理解为**本质中的理念中的统一**，而事实上这种矛盾的本质当然是某种更深刻的东西，即**本质的矛盾**。"② 马克思认为本质自身存在矛盾，它比现象的矛盾更深刻，这种思想是很卓越的。马克思以"立法权"为例说明这个问题。在立法权中，各种完全不同的原则互相冲突着，如君主制原则和等级要素原则，即不同的等级本身各自组成立法等级会议就是冲突的。但是这种矛盾并不在于立法权自身，而在于产生它的基础。"所谓立法权自身的矛盾只不过是政治国家的矛盾，因而也就是市民社会自身的矛盾"③，所以马克思提出

---

① 《马克思恩格斯全集》，第42卷，124页。

②③ 《马克思恩格斯全集》，第1卷，358页。

来，认识事物不仅要发现矛盾，还要解释矛盾，理解矛盾的根源及其产生的必然性，把握特殊对象的特殊矛盾。① 应该说，马克思这时对矛盾的认识是很深刻的。

而且黑格尔片面强调“中介”的作用，把“中介”看成是矛盾发展的必然环节，这必然导致否认矛盾、抹杀矛盾的结论。世界上存在各种各样的矛盾，如果矛盾双方都需要一个第三者，即通过中介来调和，而矛盾的任何一方，对于另一对矛盾来说，都可以充当“中介”，由此类推，以至无穷，结果任何一对矛盾双方都无法斗争。马克思在转述了黑格尔关于“中介”的观点后，形象地说：“于是，我们面前就出现了一帮好战之徒，可是他们又非常害怕彼此真打起来会打得鼻青眼肿，而摩拳擦掌准备打架的两个对手也就都想法使拳头落在给他们劝架的第三者身上，但充当这个第三者的却又是打架双方中的一员，结果由于顾虑重重，架始终没有打起来。”② 这种有对立面而无斗争的“矛盾”，实际上是对矛盾的否定。

马克思在批判黑格尔用“中介”来调和矛盾时，论述了辩证法的三条重要原则：第一，反对片面性，从整体上看问题。他说：“任何的抽象和片面性都以只有极端才是真理这一点为根据而自命为真理；结果任何一个原则都只表现为脱离某一他物的抽象，而不表现为整体本身”③。第二，提出矛盾转化的思想，批判企图妨碍和阻止矛盾转化的观点。马克思说：“把**真正**对立面的**尖锐性**以及这些对立面的转化为极端看做有害的、必须尽可能加以阻止的事情，然而，这种转化却不是别的，而是这些对立面的自我认识，以及它们对决定性斗争的热烈渴望”④。第三，矛盾不能调和，反对“企图用中介来调和它们”⑤。

马克思还对矛盾进行了分析，提出了关于矛盾类型的思想。马克思认为，存在两种类型的对立面：一种是同一种本质的对立面，如南极与北极、男性与女性，它们是属于同一种本质的矛盾，南极北极都是极、男人女人都是人；而另一种矛盾是不同本质的对立面，如极与非极，人类和非

---

① 参见《马克思恩格斯全集》，第1卷，359页。
② 同上书，354页。
③④⑤ 同上书，356页。

人类，这是各种本质之间的矛盾。这些例证虽不尽妥当，带有思辨哲学的气息，但马克思提出的矛盾有类型的思想，是非常光辉的。

在上述两种类型的矛盾中，马克思把各种不同本质的矛盾提到首位，并且特别着重指出这种矛盾是不可调和的。“真正的极端之所以不能被中介所调和，就因为它们是真正的极端。同时它们也不需要任何中介，因为它们在本质上是互相对立的。它们彼此之间没有任何共同之点，它们既不相互吸引，也不相互补充。一个极端并不怀有对另一极端的渴望、需要或预期。”① 很显然，这个表述不全面、不准确，它没有注意到同一性，即矛盾双方的相互依存和相互渗透。马克思后来在《〈政治经济学批判〉导言》中，对矛盾同一性问题作了全面的论述，提出了矛盾同一性的三种表现：一种是“直接同一性”，一种是矛盾双方“相互依存”、“互不可缺”，彼此“以对方为媒介”，还有一种是矛盾双方，各自“创造对方，把自己当做对方创造出来”②。虽然这时表述不完整，但他强调了矛盾不能调和，从而在关于矛盾学说的最主要之点上，突破了黑格尔的局限。

黑格尔虽然是辩证法大师，但他的《法哲学》中却有庸俗进化论的倾向。他在《法哲学》中运用许多例子说明国家的变化是渐进的，认为“一种状态的不断发展从外表看来是一种平静的觉察不到的运动。久而久之国家制度就变得面目全非了”③。这显然是否认飞跃、质变、渐进性的中断。马克思驳斥了这个观点。他说：“**逐渐**推移这种范畴从历史上看来是不真实的，这是第一。第二、它也不能说明任何问题。”④ 马克思还针对黑格尔所列举的变化说：“诚然，在许许多多国家里，制度改变的方式总是新的要求逐渐产生，旧的东西瓦解等等，但是要建立**新的**国家制度，总要经过真正的革命。”⑤

很显然，马克思比起黑格尔来，是更彻底的革命辩证法的创立者。他开始清除黑格尔辩证法中的形而上学、庸俗进化论杂质，把辩证法贯彻到底。

---

① 《马克思恩格斯全集》，第1卷，355页。

② 《马克思恩格斯选集》，第2卷，95～96页。

③ 黑格尔：《法哲学原理》，316页。

④⑤ 《马克思恩格斯全集》，第1卷，315页。

二、吸收合理内核　把唯心主义辩证法倒转过来

1844 年，马克思在彻底完成了转向辩证（历史）唯物主义和共产主义之后，在《1844 年经济学哲学手稿》中，又一次批判了黑格尔。这次已经远远超出法哲学的范围，而是批判了黑格尔的唯心主义哲学，特别是他的唯心主义辩证法，进一步对黑格尔辩证法进行了唯物主义改造。

马克思在 1844 年重新回到清算黑格尔问题上来，这决不是偶然的。问题不仅在于马克思是从青年黑格尔运动中走过来的，接受过黑格尔的影响，有个自我清算的问题；而且最重要的是，当时以鲍威尔为代表的青年黑格尔运动的右翼，在对待黑格尔的问题上态度是不正确的。这些青年黑格尔派，双脚仍然站在黑格尔唯心主义的泥塘里，他们"连语言上都和黑格尔的观点毫无区别，而且无宁说是在逐字逐句重述黑格尔的观点"①。而且"对于我们如何对待黑格尔**辩证法**这一**表面上看来是形式的**问题，而实际上是**本质的**问题，则完全缺乏认识"②。特别是在费尔巴哈已经举起批判黑格尔唯心主义的旗帜以后，他们仍然死守黑格尔唯心主义哲学，反对费尔巴哈对黑格尔唯心主义哲学的批判。这些青年黑格尔派分子，根本不了解"现在已经到了同自己的母亲即黑格尔辩证法批判地划清界限的时候"③。他们高喊批判，仿佛非常革命的样子，可是对待自己信奉的哲学，完全是一种非批判的态度。

和鲍威尔等人相反，马克思在《1844 年经济学哲学手稿》中，对黑格尔唯心主义辩证法进行了批判。马克思到了晚年，在《资本论》第二版跋中曾回顾这场争论说："将近三十年以前，当黑格尔辩证法还很流行的时候，我就批判过黑格尔辩证法的神秘方面。"④ 这个跋是 1873 年写的。三十年以前，指的正是写作经济学哲学手稿时期。

马克思对黑格尔国家观的批判，是以《法哲学原理》为对象，而这次对黑格尔唯心主义辩证法的批判，是以《精神现象学》为靶子的。这不是偶然的。《精神现象学》是黑格尔第一次阐述自己独立的哲学观点的名著，

---

①② 《马克思恩格斯全集》，第 42 卷，156 页。

③ 同上书，157 页。

④ 《马克思恩格斯选集》，第 2 卷，217～218 页。

是他的唯心主义体系的导言。而且黑格尔在叙述人的意识如何从低级的意识形态，一步一步上升到把握绝对知识的过程中，不仅反映了个人认识的道路，实际上也反映了整个人类的认识过程。所以恩格斯说，精神现象学"也可以叫做同精神胚胎学和精神古生物学类似的学问，是对个人意识各个发展阶段的阐述，这些阶段可以看做人的意识在历史上所经过的各个阶段的缩影"①。

马克思很重视《精神现象学》，把它看成是"黑格尔哲学的真正诞生地和秘密"②，并称之为"黑格尔的圣经"③。他明确指出，批判分析黑格尔哲学，"必须从黑格尔的《**现象学**》"④ 开始。

《精神现象学》是黑格尔唯心主义哲学的"诞生地"，他在这部书中所描述的客观唯心主义的主体与客体统一的理论，实际上包括了黑格尔以后整个唯心主义的雏形。而黑格尔哲学的最大成果是唯心主义辩证法。正是在《精神现象学》中，黑格尔在叙述绝对观念的异化中，描绘了他的唯心主义辩证法，所以这部书又是黑格尔哲学的"秘密"。马克思正是在对《精神现象学》的批判中，既揭露了黑格尔辩证法的唯心主义实质，又肯定了他的积极成果，开始了对黑格尔辩证法的唯物主义改造。

马克思在《1844 年经济学哲学手稿》中，对黑格尔的主客体统一理论的唯心主义实质进行了揭露，从而批判了黑格尔辩证法的基础。

马克思指出：黑格尔的《哲学全书》是从逻辑的、从纯粹的思辨的东西开始的，而以绝对知识、即理解自身的哲学的或绝对的精神结束。"所以整整一部《哲学全书》不过是哲学精神的**展开的本质**，是哲学精神的自我对象化；而哲学精神不过是在它的自我异化内部通过思考理解即抽象地理解自身的、异化的世界精神。"⑤ 因此，在黑格尔的《精神现象学》中，全部外化的产生和外化的扬弃，不过是抽象的，绝对观念的生产史，即逻辑的思辨的思维生产史。

---

① 《马克思恩格斯选集》，第 4 卷，215 页。
② 《马克思恩格斯全集》，第 42 卷，159 页。
③ 《马克思恩格斯全集》，第 3 卷，163 页。
④ 《马克思恩格斯全集》，第 42 卷，159 页。
⑤ 同上书，160 页。

这样一来，在黑格尔哲学中，作为主体的是绝对观念，而客体是绝对观念的外化，而人们在客体中认识的无非是绝对观念的自身，认识到客体即是主体。因此，对象本身对意识来说是正在消逝的东西，自我意识的外化就是创立物相，这种外化和扬弃，肯定了自我意识的创造力，肯定对象是意识的外化，肯定意识把自己设立为对象，因而意识在对象中也就是在自己本身。全部外化和扬弃无非是意识的运动，是意识的各个环节的总和。因此，在黑格尔的哲学中，主客体的对立，实际上是抽象思维同感性的现实在思想本身范围内的对立，这是露骨的唯心主义。马克思对黑格尔把绝对观念作为主体，把现实的人和现实的自然界看做是被设置的观念进行了批判，指出这样做，"主词和宾词之间的关系被绝对地相互颠倒了：这就是**神秘的主体—客体**，或**笼罩在客体上的主体性**，作为**过程**的**绝对主体**，作为使自己**外化**并且从这种外化返回到自身的、但同时又使外化回到自身的**主体**，以及作为这一过程的主体"①。

马克思坚决反对黑格尔这种神秘的主客体统一论，反对把外部的对象世界，看成是绝对观念的外化的唯心主义理论。马克思在批判黑格尔唯心主义观念的同时，唯物辩证地论述了主客体关系的思想。

马克思反驳了黑格尔关于"物相"的唯心主义理论，肯定了对象的客观性。他以饥饿为例说明这个问题。饥饿是个自然的需要，为了得到满足，得到食物，它需要在它之外的自然界，在它之外的对象。饥饿是我的身体对于存在于我的身体之外的，为了保全自己、为了自己生存不可缺少的对象的公开的需要。马克思还指出，世界上各种现象都是互为对象的。一个在自身之外没有对象的存在物，就不是对象性的存在物。例如太阳是植物的对象，是植物所不可缺少的、保证它的生命的对象，正像植物是太阳的对象，是太阳具有的唤醒生命力、哺育万物的力量的表现一样。因此马克思说："一个存在物如果在自身之外没有自己的自然界，就不是**自然**存在物，就不能参加自然界的生活。一个存在物如果在自身之外没有对象，就不是对象性的存在物。一个存在物如果本身不是第三者的对象，就没有任何存在物作为自己的**对象**，也就是说，它没有对象性的关系，它的

① 《马克思恩格斯全集》，第42卷，176页。

存在就不是对象性的存在。”“非对象性的存在物是**非存在物**。”① 而黑格尔的绝对观念，就是既不是对象，又没有对象，在它之外没有任何东西存在的，孤零零的唯一存在。这种存在是纯粹的虚无。

马克思还批驳了黑格尔把自我意识和人等同起来的观点。黑格尔把人和自我意识等同起来，因此把人的本质的一切异化都看成是人的自我意识的异化。马克思按照唯物主义观点考察这个问题，认为自我意识的异化，是客观现实的异化在知识和思维中的反映。人是感性存在物，自我意识是人的自我意识，而不是相反。马克思指出：“**人是**自我的。人的眼睛、人的耳朵等等都是**自我的**；人的每一种本质力量在人身上都具有**自我性**这种特性。但正因为这样，说**自我意识**具有眼睛、耳朵、本质力量，就完全错了。无宁说**自我意识**是人的自然界即人的眼睛等等的质，而并非人的自然界是**自我意识**的质。”② 很显然，马克思这里表述的是唯物主义观点，即自我意识是第二性的，它是人的感官的特性。

马克思把人看成是现实的、有形体的、站在稳固的地球上呼吸着一切自然力的实体，因而人的异化，不是纯主观的，所谓自我意识的异化，而是人通过实践创造了一个同自己对立的对象。人的实践活动必须是对象性的活动，即作用于客观对象。不包含对象性的活动，就不能是客观的活动。所以人能创造或设定对象，只是因为它本身是被对象所设定的，因为人本来就是自然界，就是一种物质性的存在。人的异化产物的对象性，证实了人们活动的物质性，证实从事这种活动的是物质性的、自然存在物。这表明，马克思当时的观点，既超出唯心主义，也超出机械唯物主义，它是从唯物辩证的观点看待主客体的关系的。主体为对象所规定，反过来又创造对象，设立对象，而中间环节则是对象性活动即实践。所以马克思说：“我们在这里看到，彻底的自然主义或人道主义，既不同于唯心主义，也不同于唯物主义，同时又是把这二者结合的真理。我们同时也看到，只有自然主义能够理解世界历史的行动。”③ 这里用语是不确切的。但它清

① 《马克思恩格斯全集》，第42卷，168页。

② 同上书，164页。

③ 同上书，167页。

楚地表明，马克思既不同意唯心主义，也不同意机械唯物主义，而是一种避免了这二者片面性的新型哲学，即辩证唯物主义。

马克思还揭示了黑格尔哲学的保守性质，指出在黑格尔哲学范围内克服异化，只不过是思辨的幻想。因为按照黑格尔的观点，自我意识的外化，产生的不是具体的、感性存在物，而是没有内容的、缺乏感性实在性的“物相”。因此扬弃异化，并不是真正改变客观对象，而是纯思辨的过程。马克思以黑格尔对待宗教、国家和法为例说明这个问题。在黑格尔看来，宗教是自我意识的异化，可是对宗教的扬弃，并不是消灭宗教，而是恢复真正的宗教即宗教哲学。同样，扬弃国家和法，并不是改变现存的法律、国家制度，而是认识自己在法、政治中过着外化的生活，这样，就是在这种外化生活中过着真正的人的生活。扬弃异化，在黑格尔看来，就是主体认识到异化的现象，并不是真正异己的、与自己势不两立的，而是自己的“异在”。这种观点是极端保守的，是为现有的政治制度和宗教作辩护的。正如马克思所说的：“现在不用再谈关于黑格尔对宗教、国家等等的适应了，因为这种谎言是他的原则的谎言。”①

马克思在揭露黑格尔唯心主义异化观的同时，也指出了他关于否定之否定的观点的唯心主义实质。否定之否定是构成整个黑格尔哲学体系的根本图式。在《1844 年经济学哲学手稿》中，马克思着重揭示了它同黑格尔异化观的联系。在黑格尔看来，人和自我意识是等同的；自我意识的外化，这是第一个否定；而对这个异化的扬弃，是否定之否定。这个过程，不是现实的发展过程，而是“超脱任何内容同时又正是对任何内容都通用的，脱离**现实的**精神和**现实的**自然界的**抽象形式**、思维形式、逻辑范畴”②。

扬弃，是否定之否定的重要范畴。正如马克思指出的，在黑格尔那里，“把否定和保存即肯定结合起来的**扬弃**起着一种独特的作用”③。完全可以说，没有扬弃这个范畴，就没有黑格尔的辩证法。例如，在黑格尔法哲学中，扬弃了的私人权利等于道德，扬弃了的道德等于家庭，扬弃了的

---

① 《马克思恩格斯全集》，第 42 卷，172 页。
② 同上书，176 页。
③ 同上书，172 页。

家庭等于市民社会，扬弃了的市民社会等于国家，扬弃了的国家等于世界史。同样，在逻辑学中，扬弃了的质等于量，扬弃了的量等于度，扬弃了的度等于本质，扬弃了的本质等于现象，扬弃了的现象等于现实，扬弃了的现实等于概念，扬弃了的概念等于客观性，扬弃了的客观性等于绝对观念，扬弃了的绝对观念等于自然界，扬弃了的自然界等于主观精神，扬弃了的主观精神等于伦理的客观精神，扬弃了的伦理精神等于艺术，扬弃了的艺术等于宗教，扬弃了的宗教等于绝对知识。可见这个过程，是思想上的扬弃，在现实中没有触动自己的对象。因此，作为联系和发展环节的“扬弃”这个范畴，在黑格尔这里是纯逻辑的范畴，它起着使作为运动各个环节的概念互相消融、互相产生的作用。

马克思揭示了《精神现象学》的唯心主义实质，但也肯定了它的合理因素，即“作为推动原则和创造原则的否定性的辩证法”。把这种辩证法看成是《精神现象学》的“最后成果”①。马克思在1844年把黑格尔的唯心主义和辩证法区分开来，并把辩证法提到重要地位，表明马克思远远超出一般的唯物主义。他不是重复旧唯物主义的结论，而是用黑格尔辩证法的积极成果丰富这些结论。

首先，马克思认为，黑格尔唯心主义辩证法的伟大之处在于，他把人的自我产生看做一个过程，把对象化看成失去对象，看做外化和这种外化的扬弃。这就是说，马克思肯定了黑格尔异化观的合理因素，即辩证法的思想。

其次，马克思肯定黑格尔“抓住了**劳动的**本质，把对象性的人、现实的因而是真正的人理解为他**自己的劳动**的结果”②。他还说：“黑格尔站在现代国民经济学家的立场上。他把**劳动**看作人的**本质**，看作人的自我确证的本质”③。

资产阶级古典经济学家的“劳动价值论”，肯定劳动创造价值。黑格尔接受了他们的影响。早在《精神现象学》成书之前，他已理解到人与动物的区别在于人会劳动。动物同对象的关系是直接消灭这些对象，即吃掉它所碰到的东西。人的情况不同，人当然也要消灭对象，但不同的是人用另一种对象代替消灭的对象。因此，在人这里，这种消灭就是劳动。所以

---

①②③ 《马克思恩格斯全集》，第42卷，163页。

在黑格尔看来只有把自己的劳动置于需求和对它满足之间人才变成人。黑格尔在《法哲学原理》中比较深刻地阐述了这个观点，他认为在世界上“用不着加工的直接物资为数极少”，“人在自己消费中所涉及的主要是人的产品，而他所消费的正是人的劳动的成果”①。

在《精神现象学》中，黑格尔也肯定了劳动的积极作用，例如对“主人和奴隶”的论述，表现得最为明显。黑格尔认为，在主奴关系中，主人与两个方面相关联：一方面与奴隶相关联，一方面与物相关联。主人与奴隶的关联是以锁链为中介的；而主人与物的关联则是以奴隶为中介，只有通过奴隶的劳动，对物进行加工，主人才能把物当成消费品来享受。正因为奴隶从事劳动，他们在对物进行加工改造中成了物的主人，而拥有权力的主人，由于不劳动，把支配物的权力让位给奴隶，于是主人反而处于依赖奴隶的地位。所以黑格尔说，奴隶的劳动虽然似乎仅仅体现异己者的意向，但是，“正是在劳动里……奴隶通过自己再重新发现自己的过程，才意识到他自己固有的意向”②。这说明，黑格尔猜测到劳动的重要性，猜测到只有在劳动中，人才能成为自己命运的主人，才能成为真正的人。

但是，黑格尔作为一个唯心主义哲学家，不可能真正懂得劳动在整个人类社会的意义。一方面，他同资产阶级经济学家一样，只看到劳动的积极的方面，而看不到劳动的消极方面。资产阶级经济学家承认劳动创造价值，而看不到劳动给劳动者带来的灾难，把劳动和劳动者分开。黑格尔也一样。他只懂得奴隶通过劳动变为主人的“主人”，而奴隶主脱离劳动变成依赖奴隶的“奴隶”，而看不到奴隶劳动的消极面，这种劳动给奴隶带来的屈辱、痛苦和人们鄙视劳动的思想风尚。马克思不同，他用辩证的观点看待劳动。马克思关于“劳动为富人生产了奇迹般的东西，但是为工人生产了赤贫。劳动创造了宫殿，但是给工人创造了贫民窟。劳动创造了美，但是使工人变成畸形。劳动用机器代替了手工劳动，但是使一部分工人回到野蛮的劳动，并使另一部分工人变成机器。劳动生产了智慧，但是

① 黑格尔：《法哲学原理》，209页。
② 黑格尔：《精神现象学》，上卷，131页，北京，商务印书馆，1979。

给工人生产了愚钝和痴呆"① 的论断，远远超出了他的先驱者——英国古典经济学家和德国古典哲学家。在阶级社会中，特别是体力劳动和脑力劳动尖锐对立后，体力劳动的全部重担压在劳动人民身上，他们创造了财富，为科学、文化的发展提供了经验，但自己却被剥夺了受教育的权利，他们不仅经济上受压迫，在科学文化上也同样受压迫，我们赞美劳动，赞美劳动创造世界，但决不忽视雇佣劳动，以及雇佣劳动给劳动者带来的危害。

另一方面，黑格尔是个唯心主义者，他并不真正懂得物质生产活动的作用，按照马克思的说法，"黑格尔唯一知道并承认的劳动是**抽象的精神的劳动**"②。因为在黑格尔哲学中，整个自然界和社会无非是绝对观念的异化，因而主体与客体的关系，实际上是自我意识和自我意识的"异在"的关系，因而这样一种唯心主义哲学，并不需要一种改造客观世界的物质性活动作为联系主客体的中间环节，相反，引进物质性的实践范畴，等于在它内部埋下了轰毁这个唯心主义体系的定时"炸弹"。所以劳动这个范畴，在黑格尔那里，是抽象的精神活动，表现为对绝对观念各环节的纯逻辑综合。正如马克思所揭露的，"黑格尔把一般说来构成哲学的**本质**的那个东西，即**知道自身的人的外化**或者**思考自身的、外化的**科学看成劳动的本质"③。

和黑格尔相反，马克思把劳动看成客观的物质性活动。这是同整个马克思主义哲学的唯物主义性质相联系的。既然自然与人都是物质性的存在，而不是什么观念的外化，因而人与自然的有机统一，不能是通过纯思维的活动，而必须借助于作用于客观对象的实践，即改造自然的生产劳动。因此在马克思看来，劳动表现为人特有的本质力量的外化，表现为改造自然又改变人本身的实践活动。马克思根本改变了黑格尔关于"劳动"的观念，使劳动这个范畴具有客观的物质内容。

最后，马克思肯定"扬弃"是黑格尔辩证法的"积极环节"。在黑格尔哲学中，扬弃是使外化返回到自身的对象性的运动。马克思从这种扬弃中看到的积极因素在于，黑格尔"主张人通过消灭对象世界的**异化的**规

---

① 《马克思恩格斯全集》，第42卷，93页。
② 《马克思恩格斯全集》，第42卷，163页。
③ 同上书，163～164页。

定、通过在对象世界的异化存在中扬弃对象世界而现实地占有自己的对象性本质”①。

马克思吸收并改造这种扬弃观，并运用它考察共产主义，考察消灭宗教，认为共产主义就是对私有财产的扬弃；无神论是对宗教的扬弃。只有通过扬弃这种中介，它们才可能产生。特别是马克思肯定了黑格尔关于扬弃的积极意义，坚决反对把消灭私有财产理解为回到野蛮、愚昧、贫困的状态，而是看成在保存以往成果的基础上继续前进。正如马克思所说的，“共产主义决不是人所创造的对象世界的即人的采取对象形式的本质力量的消逝、抽象和丧失，决不是返回到违反自然的、不发达的简单状态去的贫困。相反地，它们才是人的本质的现实的生成，是人的本质对人说来的真正的实现，是人的本质作为某种现实的东西的实现”②。

1844 年，马克思对黑格尔唯心主义进行了比较全面的批判，他对于自己创立的世界观同唯心主义的区别是明确的，但和费尔巴哈的根本分歧则没有意识到。虽然在这时，马克思无论在认识论还是历史观上都远远超出费尔巴哈，创立了辩证唯物主义和历史唯物主义的一些基本原理，可是仍采用了费尔巴哈的一些用语，并自称为彻底的自然主义和人本主义。这说明在 1844 年，当马克思着重批判、清算、改造黑格尔的辩证法时，费尔巴哈仍然还在一定程度上发挥它的“纽带”和“桥梁”作用。

第三节　对青年黑格尔派思辨唯心主义的批判

马克思早期思想发展同青年黑格尔派运动的兴衰史紧紧相连。当这个运动“曾是一个真正进步因素”的时候，马克思积极参加了它的活动。当马克思实现自己世界观转变，而青年黑格尔派日趋退化时，马克思毅然与之分道扬镳。而到了 1844 年，当马克思和恩格斯共同创立自己的科学世界观时，他们从理论上对青年黑格尔派哲学进行了彻底清算。这一批判从《神圣家族》开始，到《德意志意识形态》最终完成。他们彻底粉碎了这股“荒谬而有害的思潮”。

---

① 《马克思恩格斯全集》，第 42 卷，174 页。

② 同上书，175 页。

马克思同青年黑格尔派的斗争，实际上也是对黑格尔思辨哲学批判的继续。通过这一批判，同时清算了自己“从前的哲学信仰”，从而为创立无产阶级的科学世界观奠定了思想基础。

一、反对《文学总汇报》

青年黑格尔派对1848年革命前夜德国社会生活的影响，不仅是微弱的，而且也是短暂的。这不仅是由它所代表的德国自由资产阶级所固有的软弱性和当时的历史条件（尤其是无产阶级作为一支独立的政治力量的出现）决定的，而且也是同青年黑格尔派思辨唯心主义哲学密切联系在一起的。因此，到了1844年，在德国封建势力对资产阶级反对派运动的疯狂迫害下，以布鲁诺·鲍威尔为首一批青年黑格尔派分子，即柏林的“自由人”，完全堕落为思想上保守、政治上反动的小集团。他们屈服于封建势力的压力，完全脱离现实生活和现实斗争，陷于纯理论的批判，追求所谓思想的“宁静”。他们荒唐地宣扬，人们在理论领域内有什么程度的进展，他们在实际上就能获得什么程度的解放。这些天真幼稚的幻想，就构成了青年黑格尔派哲学的核心。

为了同马克思的《德法年鉴》相对抗，布鲁诺·鲍威尔在柏林附近的沙洛顿堡创办了《文学总汇报》。这个刊物是青年黑格尔派运动后期的机关刊物。青年黑格尔派的“荒谬而有害的思潮”，在这个刊物中得到了最集中和最露骨的反映。《文学总汇报》从1843年12月至1844年10月，虽然总共只出版了十期，但是它“总汇”了青年黑格尔运动后期的各种观点。这些观点不仅在理论上极端荒谬，而且在政治上也十分反动。例如，他们指责马克思发表在《德法年鉴》上的文章是背叛了青年黑格尔派的“原则”，是没有“骨气”的表现；他们本能地警觉到马克思思想中的主要东西是关于无产阶级历史使命的观点，把这种观点看成是最危险的、“非批判的”，甚至公然叫嚣要对无产阶级进行批判，如此等等。由此可见，曾经起过进步作用的青年黑格尔运动，到这时已完全成为工人运动的祸害。因此，在同自己从前的同路人实行彻底决裂的基础上，继续从理论上清算这股反动思潮，就成为马克思主义创始人刻不容缓的任务。

马克思把他同青年黑格尔派的争论，看成是两种对立的世界观的斗争。他曾把这个斗争称之为“历史的涅墨西斯”①。

在1844年8月11日马克思致费尔巴哈的信中，揭露了《文学总汇报》的“基本特征”，再次表明了马克思反对青年黑格尔派理论“堕落”的决心。

马克思写道：“这个《文学报》的基本特征是：‘批判’变成了某种超验的存在物。这些柏林人认为自己不是从事**批判的人**，而是由于**偶尔**的不幸才成为人的**批判家**。因此他们只承认一个**现实的**需要——进行**理论**批判的需要。因此象蒲鲁东这样的一些人遭到非难，被指责是从某种‘**实践的**’‘**需要**’出发。因此这种批判就成了灰心丧气但又妄自尊大的唯灵论。**意识**或**自我意识**被看成是**唯一的**人的本质。例如，爱情之所以被否定，是因为情人在这里只不过是‘**对象**’。打倒对象！因此这种批判认为自己是历史上唯一的**积极的**因素。与这种批判相对立的是作为**群众**、作为怠惰的群众的整个人类，群众只是作为精神的对立物才有意义。因此，对批判家来说，滔天的罪行就是具有**感情**或**情欲**——批判家应该是善于**冷嘲和凛若冰霜的哲人**。”②

这段论述，言简意赅地概括了1844年已经陷入绝境的青年黑格尔派的基本思想。马克思认为，对共产主义和无产阶级来说，“没有比**唯灵论**即**思辨唯心主义**更危险的敌人了”③。因为它要正在同资本主义制度进行斗争的无产阶级停止这种斗争，转入纯理论的范围，放弃自己的物质利益而追求思想的“宁静”，并且企图用唯灵论，即“精神创造众生，肉体则软弱无能”的宗教信条来充塞工人的头脑。因此，只有从理论上彻底批判这种思辨唯心主义的胡说，才能使刚刚兴起的工人运动沿着正确方向向前发展，并为科学世界观的诞生扫清道路。彻底清算青年黑格尔派，是马克思世界观发展的必然结果，同时也是无产阶级革命实践的迫切需要。

二、对“批判哲学”的批判

思维和存在、意识和现实的关系问题是哲学的基本问题。马克思同青

---

① 《马克思恩格斯全集》，第42卷，48页。涅墨西斯是古希腊神话中的报复女神。

② 《马克思恩格斯全集》，第27卷，451～452页。

③ 《马克思恩格斯全集》，第2卷，7页。

年黑格尔派的斗争，也正是紧紧围绕着这个根本问题进行的。如果说在青年黑格尔派的“热昏的胡话”和五花八门的观点中，有什么东西是始终一贯的，那就是自我意识创造世界的极端唯心主义的哲学。

自我意识的概念，如同其他哲学范畴一样，可以作唯物主义理解，也可以作唯心主义的理解。在唯物主义者看来，自我意识无非是人们对周围世界及其自身的反映和意识。列宁曾指出：“马克思和恩格斯对工人阶级的功绩，可以这样简单地来表达：他们教会了工人阶级自我认识和自我意识，用科学代替了幻想。”① 就是说，在无产阶级的革命实践中，马克思和恩格斯用自己的科学理论武装了工人阶级，使他们认识到资本主义制度的本质，同时也认识到自己所处的实际地位和肩负的伟大的历史任务。不言而喻，这是对自我意识的唯一正确的唯物主义理解。相反，青年黑格尔派却把人的自我意识变成了脱离了人的独立的本质，变成了创造世界的“神化了的绝对”。于是，编造出了一种荒谬绝伦的自我意识“统治世界的神话”。

青年黑格尔派的自我意识哲学，也称“批判哲学”，它在批判基督教方面曾起过一定的积极作用。他们认为，历史就是自我意识的“变易和发展”，基督教曾经是自我意识发展的形式，而现在却成了它发展的桎梏，因而需要有更高的理性即自由原则取而代之。当宗教意识上升到自我意识这种自由境界时，便达到了无神论。因此，鲍威尔把自我意识看成批判宗教的“哲学基础”。尽管如此，这种哲学的本质是极端唯心的。特别是鲍威尔在同施特劳斯的争论中，通过对黑格尔哲学的批判和改造，把这种思辨唯心主义哲学推到了“顶点”。

马克思认为，青年黑格尔派的自我意识哲学作为思辨唯心主义的完备形式，是对黑格尔哲学的片面发展，是由黑格尔客观唯心主义回复到费希特的主观唯心主义的直接结果。他指出，黑格尔哲学是由三个因素构成的：斯宾诺莎的实体，费希特的自我意识和以上两者的统一，即绝对精神。“第一个因素是形而上学地改了装的、**脱离**人的**自然**。第二个因素是形而上学地改了装的、**脱离**自然的**精神**。第三个因素是形而上学地改了装

---

① 《列宁选集》，2版，第1卷，87页，北京，人民出版社，1972。

的以上两个因素的**统一**，即**现实的人**和现实的**人类**。"① 施特劳斯从斯宾诺莎主义出发，鲍威尔从费希特主义出发，两人在争论中各持一端，相互攻击，同时都尖锐地批判黑格尔体系中包含的自己所不能容忍的另外的因素，从而他们使每一个因素都获得了片面的、因而是彻底的发展。

在布鲁诺·鲍威尔看来，只有自我意识才是绝对者的真正形式。他把黑格尔《精神现象学》中所特别阐明的自我意识，变成了绝对的、至高无上的形而上学主体，从而用无限自我意识代替了黑格尔的绝对精神。马克思指出，"这种自我意识的**本质**不是**人**，而是**理念**，因为理念的**现实存在**就是自我意识。自我意识是**人化了**的理念，因而它是**无限的**。**人**的一切属性就这样**神秘地**变成了想像的'**无限的自我意识**'的属性"②。鲍威尔把自我意识提升为自我意识的实体，或作为实体的自我意识，于是自我意识就从人的属性变成了独立的主体，变成了取代黑格尔绝对精神的世界的最高原则。③

自我意识哲学的本质特征是精神万能。它把反映客观世界的人的自我意识，歪曲为世界、天空和大地的万能的创造者和永恒的创造源泉。用鲍威尔的话来讲，"**一切事物**都**起源**于无限的自我意识并在其中找到**解释**，即找到本身**存在**的**根据**"④。相反，实体只是体现自我意识的"转瞬即逝的火焰"⑤。换言之，世界不过是自我意识的异化形式而已。埃德加·鲍威尔曾这样说明这两者的关系，他说，"如果精神把自然界这样一个爱吵架而固执的妻子娶到自己家里，并且不得不和她分享自己的权利，那就是自己的不幸。精神应当自由自主地支配自然界"⑥。这是毫不掩饰地鼓吹"精神创造众生，肉体则软弱无能"的唯灵论哲学。它同公开的僧侣主义

---

① 《马克思恩格斯全集》，第2卷，177页。

② 同上书，176页。

③ 在鲍威尔看来，黑格尔的绝对精神只不过是在历史精神及其意识发展中完善起来的精神的概念罢了。"它没有给自己建立任何王国……世界的唯一力量是自我意识，而历史除了是自我意识的变易和发展外，没有任何别的意义。"（转引自科尔纽：《马克思恩格斯传》，第1卷，327页）

④ 《马克思恩格斯全集》，第2卷，176页。

⑤⑥ 转引自科尔纽：《马克思恩格斯传》，第1卷，328页。

的区别只在于，这种哲学“不过是隐蔽起来的、修饰过的鬼神之说”①。马克思一针见血地指出，青年黑格尔派的自我意识哲学是“以**思辨的黑格尔的形式恢复基督教的创世说**”②。

这种哲学的另一本质特征就是把批判夸大为历史的动力，鼓吹单凭批判的力量就能改变一切现存的事物。青年黑格尔派的自我意识如同费希特的“自我”一样，是在同具体现实的对立之中，并通过不断地克服这种对立而辩证地发展的。这个过程就是靠批判来实现的。就是说，只要批判掉不合理的观念，也就等于改变了现存事物，从而推动了自我意识的前进。因此，在他们看来，历史不是别的，而是自我意识的“变易和发展”，自我意识的创造性，全在于批判。如果说，自我意识是世界的本质，那么批判便是其本质的属性。批判是自我意识借以创造世界的动力。在这个意义上，青年黑格尔派把自我意识和批判合二而一。鲍威尔说，“哲学就是对现存事物的批判”，除此而外，它再没有别的意义了。可见，“‘批判’变成了某种超验的存在物”③。批判（这里可以把它改称为理论）“是一切事物的起源”④。

青年黑格尔派的批判是一种“纯粹批判”，它在《文学总汇报》中达到登峰造极的地步。鲍威尔所谓的“纯粹批判”，就是要批判地否定一切。在“纯粹批判”面前，没有任何肯定的东西，真理总是变动不迭的，只有批判的否定是永存的。因此他们只知道一种需要，即纯理论批判，他们根本不懂得革命实践的意义，极力宣扬“理论的恐怖主义”。

在《德法年鉴》中，马克思正是针对青年黑格尔派的批判，提出了如下著名论断：“批判的武器当然不能代替武器的批判，物质力量只能用物质力量来摧毁；但是理论一经掌握群众，也会变成物质力量。”⑤ 从而唯物辩证地阐明了理论和实践的关系，批判了青年黑格尔派的思辨谬论。

在《神圣家族》中，马克思主义创始人用自己逐步建立起来的唯物主

---

① 《列宁选集》，2 版，第 2 卷，184 页。
② 《马克思恩格斯全集》，第 2 卷，174 页。
③ 《马克思恩格斯全集》，第 27 卷，451 页。
④ 《马克思恩格斯全集》，第 2 卷，129 页。
⑤ 《马克思恩格斯全集》，第 1 卷，460 页。

义世界观，通过分析现实生活进一步暴露了青年黑格尔派理论的荒谬性。鲍威尔用“批判的武器”把现存的一切都变成单纯的假象和纯粹的思想，把一切现实运动都纳入纯理论的范围。甚至荒唐地宣称，资本主义的一切祸害都只存在于工人们的思维中，只要从思想上批判掉资本这个范畴，也就消灭了真正的资本。在马克思看来，对于这种“热昏的胡话”，不屑多费笔墨，群众的实际生活就是对它的最有力的驳斥。群众绝不会把自己的自我异化的后果仅仅看做观念的幻影，绝不认为仅仅通过一些议论就可以消灭这些物质的异化，就可以摆脱工厂主和自己所处的实际地位，“他们非常痛苦地感觉到**存在**和**思维**、**意识**和**生活**之间的**差别**”①。他们深深懂得，“要想站起来，仅仅**在思想中**站起来，而**现实的**、**感性的**、用任何观念都不能解脱的那种枷锁依然套在**现实的**、**感性的**头上，那是不行的”②。“思想根本不能**实现什么东西**。为了实现思想，就要有使用实践力量的人。”③ 在这里，马克思深入浅出地阐明了思维和存在、理论和实践的关系这一基本的哲学道理。

青年黑格尔派从自我意识同实体的绝对对立的观点出发，不可避免地导致主观唯心主义的唯我论。因为除了“自我意识”之外，它不承认任何物质实体，因此，鲍威尔把自己同无限的自我意识、同批判等同起来，“用创造者来代替创造者的这些创造物，这是完全合乎逻辑的”④。

哲学唯心主义就是僧侣主义。鲍威尔最早是一个神学家，但不是一个普通的神学家，而是一个“批判的神学家或神学的批判家”。后来在批判基督教过程中，他从宗教的外壳中剥出了构成这种神性内核的无限的自我意识，并把它提升为批判的最高原则。最后，在他本身中完成了无限的自我意识的运动，换言之，无限的自我意识在自己运动中“只是”鲍威尔“**他自己**”⑤。因此，批判的救世主鲍威尔终于取代了宗教的救世主，这完全是自我意识这一主观唯心主义哲学发展的必然归宿。可见，虽然鲍威尔在批判基督教问题上的贡献比之其他任何人都大得多，但由于他以自我意

① 《马克思恩格斯全集》，第2卷，66页。
② 同上书，105页。
③ 同上书，152页。
④⑤ 同上书，180页。

识哲学为自己批判的根据，所以，不仅不能彻底否定宗教，反而不得不让这种“鬼神之说”重新以哲学的形式得以恢复。诚如马克思所揭露的那样，批判哲学，即思辨唯心主义无非是“**基督教德意志**原则的最完备的表现”①。

三、批判“精神”与“群众”对立的反动观点

关于“精神”与“群众”对立的观点，是青年黑格尔派哲学的中心，是自我意识哲学在历史领域里的贯彻。

鲍威尔把自我意识视为万物的本原，同时也就把历史作为自我意识的发展史。在他看来，自我意识在其发展途程中不断改变形式，原来基督教是适合它发展的形式，现在却变成了它发展的桎梏，因而必须以更高的理性，即自由原则取而代之。这同黑格尔把历史看成是绝对精神自我实现的过程，毫无二致。正像把思维和存在分开一样，他们也把历史同它赖以发展的物质基础分离开来，“认为历史的发源地不在尘世的粗糙的**物质**生产中，而是在天上的云雾中”②。它不是面向经验的人，而是面向“心灵的深处”，它不是在现实生活中发展，“而是通过他的整个唯心主义的肠道‘徐徐伸展’”③。

因此，正像自我意识绝对排斥物质实体一样，在这里，精神同群众也是绝对对立的。鲍威尔认为，精神是同群众毫不相干的独立的本质，是历史进步的唯一积极因素；相反，群众不配有精神，它只能是“思想的对立物”。如果精神得到群众的“崇拜”，那就是最大的不幸。所以，他宣布群众是“精神的真正敌人”和“唯一的对头”，从而以极端的形式表达了一切剥削阶级对人民群众的敌视。

马克思怒斥了对群众“从道德上加以侮辱”的鲍威尔，同时揭露了他编造这样一种谬论的思辨方法，即首先，赋予精神以绝对权限；其次，认为精神存在于世界以外和存在于群众以外；最后，把两者变成“凝固不动的本质”，即变成概念，并将两者作为一种永久不变的极端相互对立起来。

---

① 《马克思恩格斯全集》，第2卷，7页。
② 同上书，191页。
③ 同上书，102页。

鲍威尔关于精神和群众对立的观点，是黑格尔历史观的拙劣翻版和漫画式的完成。黑格尔历史观的前提就是绝对精神。他关于精神和物质相对立的思辨原则，在历史范围内，表现为代表积极精神的少数杰出人物与代表物质的群众相对立。一般说来，这也是青年黑格尔派历史观的基本原则。但是，青出于蓝而胜于蓝。黑格尔比起他的学生存在着双重的不彻底性：第一，他不肯宣布现实的哲学家就是绝对精神；而鲍威尔径直地宣布批判是绝对精神，而他自己是批判。第二，黑格尔在表面上还把绝对精神看成历史的创造者，哲学家是“事后”才出场的；而鲍威尔事先有意识地在扮演世界精神的角色，他自诩为历史的创造者。鲍威尔用这样一句无与伦比的话来表述他关于精神创造历史的观点：“哪一个历史时代不是由威严的**‘笔’预先规定了**的，不是应当由‘笔’来解决其存在问题的!”① “笔”和“批判”一样，在这里都变成脱离了自己主体的“超验的存在物”。一切历史行动都是由这种因素产生的，于是，“改造社会的事业被归结为批判的批判的**大脑活动**”②。

由此出发，青年黑格尔派把历史的进步完全归结于纯理论的进展和纯思想的冲突。在他们看来，只要少数杰出人物提出了更高的思想，历史马上就会改观。他认为，“到现在为止，历史上的一切伟大的活动之所以**一开始**就是不成功的和没有实际成效的，正是因为它们**引起了**群众的**关怀**和**唤起了**群众的**热情**”③。这样一来，作为历史主体的群众，完全被排除在历史进程之外。鲍威尔污蔑“群众是革命剩下来的渣滓”，把法国资产阶级革命的“失败”，归咎于群众的参加。针对这一反动谬论，马克思深刻地阐明了思想、利益和群众的关系，提出了人民群众是历史的主人的历史唯物主义的重要原理。

马克思认为，思想本身不能实现什么东西，思想要变成现实，就要掌握群众，但思想要掌握群众，就首先必须反映群众的利益。“**‘思想’**一旦离开**‘利益’**，就一定会使自己出丑。”④ 这就是说，思想不是某种空洞的

① 转引自《马克思恩格斯全集》，第2卷，128页。
② 同上书，109页。
③ 转引自上书，102页。
④ 同上书，103页。

抽象物，思想是由物质利益和阶级利益决定的。任何革命，都是为了某种利益而进行的。我们知道，恩格斯在英国期间，通过英国的现实生活也清楚地理解到这一点。他说，英国的激烈的党派斗争，只是“物质利益的冲突”①。他预言，如果英国发生革命，“将是为了利益，而不是为了原则”②。正确认识物质利益和思想的关系，是马克思主义创始人得以实现自己世界观转变的关键。这个问题不仅使他们对人类历史和复杂的社会现象能够有清晰的认识，而且它本身已经孕育着历史唯物主义关于社会存在决定社会意识原理的思想萌芽。英法空想社会主义者之所以没有排除掉唯心主义历史观，重要原因之一就是因为他们“不知道任何基于物质利益的阶级斗争，而且根本不知道任何物质利益”③。正是在这一点上，马克思主义创始人开始把自己同以往一切社会学家和哲学家区别开来。

基于上述观点，马克思对法国革命进行了深入分析，有力地驳斥了鲍威尔的歪曲。马克思认为，法国革命不是纯粹的思想冲突，这个革命的思想是从当时法国社会的物质土壤中产生出来的。思想之所以有力量，就是因为它反映了一定群众的利益。他指出：体现在1789年法国革命中的“利益”是如此强大有力，“以至顺利地征服了马拉的笔、恐怖党的断头台、拿破仑的剑，以及教会的十字架和波旁王朝的纯血统”④。所以，决不像鲍威尔所说的那样，这次革命是“不成功的”，相反，对于资产阶级说来，它获得了很大的成功，因为“革命还是把资产阶级社会从封建的桎梏中解放出来，并正式承认了这个社会”⑤，从而最大限度地满足了资产阶级的利益。

马克思进而分析了这样一种历史现象，即“任何得到历史承认的群众的‘**利益**’，当它最初出现于世界舞台时，总是在‘**思想**’或‘**观念**’中远远地超出自己的实际界限，很容易使自己和全**人类的**利益混淆起来。这种**错觉**构成**傅立叶**所谓的每个历史时代的**色调**”⑥。例如，自由、平等、

---

① 《马克思恩格斯全集》，第1卷，547页。
② 同上书，551页。
③ 《马克思恩格斯选集》，第3卷，423页。
④ 《马克思恩格斯全集》，第2卷，103页。
⑤ 同上书，157页。
⑥ 同上书，103页。

博爱这些资产阶级的原则，在法国革命初期，似乎是体现全体群众利益的普遍原则。之所以造成这样一种“错觉”，或者说，这些原则之所以具有普遍性形式，是由于企图代替旧统治阶级的地位的新阶级——资产阶级，为了达到自己的目的而不得不把自己的利益说成是社会全体成员的共同利益，因而在理论上就赋予自己的思想以普遍性的形式，把它描绘成唯一合理的、有普遍意义的思想。同时，它之所以能这样做，又是因为它的利益在开始时的确同它以外的绝大多数群众的共同利益多少有一些联系（如在反对封建主义制度这一点上），而且在当时形势的压力下，它还来不及发展自己特殊阶级的特殊利益，激化它同其他参加斗争的阶级的矛盾。因此，就造成了傅立叶所谓的那种历史“色调”。

但是，这只是历史的暂时现象。随着斗争的发展，广大群众很快认识到这些口号的阶级本质，看到它们只代表一部分群众，即资产阶级的利益，而不代表自己的实际利益，因而对斗争逐渐漠不关心，失去参加斗争的“热情”。因此，如果革命对广大群众来说是“不成功的”，这决非像鲍威尔胡诌的那样是由于唤起了群众的“热情”和引起了群众的“关怀”，恰恰相反，是由于这些革命原则对他们仅仅是一种“观念”，因而群众对运动的“关怀”只是暂时的热情和表面的热情之类的东西。

在马克思看来，这种“色调”是以往每一历史时代的普遍现象。因为“得到历史承认的群众的利益”，在历史上是逐步发展的。因此，以往任何大的历史行动，都只满足了一定阶级的利益，而绝大多数群众仍然受少数统治者的奴役。这种现象，归根结底是受“有限的生产力”决定的。① 随着生产力的发展和越来越深广地触及到群众利益，并使他们日益认识到自己利益同少数剥削者利益的对立，必然推动和吸引更多的群众自觉地参加到改造社会的历史过程中来。

马克思从理论上总结了世界历史发展的这一宝贵经验，得出如下一个极其卓越的思想：“历史活动是群众的事业，随着历史活动的深入，必将是群众队伍的扩大。”② 这个论断表述了人民群众是历史发展的决定力量

① 参见《马克思恩格斯全集》，第3卷，507页。
② 《马克思恩格斯全集》，第2卷，104页。

的原理，揭示了社会的进步的性质和速度同人民群众作用不断增大互相制约这一历史规律。

无产阶级代表广大群众的根本利益，因而它能够领导群众获得彻底解放。所以，这一重要原理为马克思正在形成的关于无产阶级历史作用的学说提供了理论基础。

四、对“思辨结构秘密”的揭露

青年黑格尔派的自我意识哲学尽管荒谬绝伦，但也不是任意编造，而是有其深刻的认识论根源的。马克思以“果实”和各种具体水果的关系为例，对这种思辨哲学的“秘密”作了深刻而细致的分析，揭露了其认识根源在于无限地夸大了认识过程的一个环节，歪曲了认识发展的真实过程，从而进一步暴露了思辨唯心主义在理论上的荒谬性。

一方面，思辨哲学家把一般认识，即理论认识绝对化。人们的认识总是先从具体开始，由个别上升为一般。例如，起初认识像梨、苹果、扁桃等等具体水果，然后抽象其共性，概括其本质，形成果实的概念，有了“果实”这个一般性名称。可见，具体的水果是一般果实概念产生的基础，一般果实只是具体水果的科学抽象，虽然这个抽象“更深刻、更正确、更完全地反映着自然”，因而也更加“接近真理”①。然而，一般只能来自个别，只能寓于个别之中。它之所以更接近真理，正因为它更深刻地反映着现实。思辨哲学家恰恰把这一切头足倒置。在他们看来，决定苹果之为苹果的那些方面是非本质的，是无关重要的，作为它的本质的并不是它那种可以感触得到的实际的存在，而是存在于人们观念中的“一般果实”。于是，具有自己特点的具体水果只是虚幻的果实，而它们的真正本质是“果实”这个实体。因此，“一般果实”就变成无源之水、无本之木，成为“纯粹的、永恒的、无人身的理性”。正像马克思在批判蒲鲁东时指出的那样，用这种方法把每一个物体的一切所谓偶性抽去，最后“作为实体的将是一些逻辑范畴”，“世界上的事物只不过是逻辑范畴这种底布上的花彩”②。

---

① 《列宁全集》，第 38 卷，181 页。

② 《马克思恩格斯全集》，第 4 卷，141 页，北京，人民出版社，1958。

用这种思辨的方法去研究问题，除了玩弄几个抽象概念外，是不可能获得丰富知识的。马克思以矿物学家为例对思辨家作了辛辣的嘲讽。他说，“这位思辨的矿物学家看到任何一种矿物都说，这是‘**矿物**’，而他的学问就是天下有多少种矿物就说多少遍‘矿物’这个词”，那么这位矿物学家“不过是**他自己想像中的**矿物学家而已”①。其实，这也是对脱离实际的教条主义研究方法的揭露。

另一方面，思辨唯心主义把一般回到具体的认识过程，歪曲为造物的过程。在马克思主义者看来，来自实践的正确理论，有着巨大的能动性、现实性和力量。理论之所以有巨大的能动作用，就在于它正确地反映了事物发展的客观规律，或如马克思所说的“抓住了事物的根本”。

思辨哲学家完全歪曲了这一点。他们把理论认识绝对化，把理论视为“无人身的理性”，同时也就必然“抽象地发展了”认识的能动方面。认识的能动性被他们理解为与客观世界无关的、完全是人的头脑里所赋予的。他们认为，“一般果实”不是无差别的、静止的本质，“而是活生生的、自相区别的、能动的本质”，因而它是万能的创造主体。这样，“一般果实”与具体水果的关系，就变成创造与被创造的关系，从一般回到具体的过程，就变成一般创造具体的过程。按照思辨哲学家的观点，从一般果实回到具体果实，“就不能根据我们从实体观念得出的看法再说梨是‘**果实**’，苹果是‘**果实**’，扁桃是‘**果实**’；相反地应该说‘**果实**’确定自己为梨，‘**果实**’确定自己为苹果，‘**果实**’确定自己为扁桃；苹果、梨、扁桃相互之间的差别，正是‘**果实**’的自我差别，这些差别使各种特殊的果实正好成为‘一般果实’生活过程中的千差万别的环节。这样，‘**果实**’就不再是无内容、无差别的统一体，而是作为**总和**、作为各种果实的‘**总体**’的统一体，这些果实构成一个‘**被有机地划分为各个环节的系列**’”②。这种“活生生的统一体”，把单个的果实都消溶于自身，又从自身生出各种果实。不难看出，这种统一体就是黑格尔称作绝对观念和青年黑格尔派称作自我意识的东西。这种思辨方法，也就是他们构造哲学体系的基本方法。

---

① 《马克思恩格斯全集》，第2卷，72页。

② 同上书，73页。

因此，马克思指出，“把**实体**了解为**主体**，了解为**内部的过程**，了解为**绝对的人格**。这种了解方式就是**黑格尔**方法的基本特征”①。黑格尔构造体系的方法，一般说来，也就是青年黑格尔派的方法。所不同的是，“黑格尔常常在**思辨的**叙述中作出把握住**事物**本身的、**真实的**叙述”，而青年黑格尔派完全没有这种模棱两可的外表，“而是赤裸裸地表露出来的美”②。他们处处以救世主的面孔出现，毫无隐讳地宣扬精神创造世界的主观唯心主义哲学。然而，这正是黑格尔唯心主义“超验性”的公开表露。

马克思由批判青年黑格尔派进而清算黑格尔，这是必然的。青年黑格尔派兜售的就是“年老色衰、孀居无靠的**黑格尔**哲学”③。他们为黑格尔的唯心主义“搽胭抹粉，把她那干瘪得令人厌恶的抽象的身体打扮起来，在德国的各个角落如饥似渴地物色求婚者”④。因此，对青年黑格尔派思辨哲学的批判，也是对黑格尔唯心主义哲学清算的继续。

第四节　反对施蒂纳　彻底粉碎青年黑格尔派的唯心史观

施蒂纳是继鲍威尔之后青年黑格尔派的又一个“宝贝”。恩格斯曾指出，“鲍威尔和施蒂纳是德国**抽象**哲学的最终结论的代表人物，因而也是在哲学上反对社会主义或者宁可说是反对共产主义的头等重要的人物”⑤。实际上，施蒂纳在这两个方面都超过了鲍威尔兄弟。他用唯我主义对黑格尔、鲍威尔、费尔巴哈等人的哲学进行了批判，把思辨唯心主义的“超验性”进一步推向顶点，建立了小资产阶级的个人无政府主义和利己主义的反动学说。

马克思主义创始人在《德意志意识形态》中，对施蒂纳的学说进行了深入的分析批判。通过这一批判，彻底粉碎了由黑格尔历史哲学消极面滋养起来的青年黑格尔派的唯心史观，并深刻地揭露了这一荒谬而有害的思潮产生的社会阶级根源和它所起的反动作用。同时，使他们完全彻底地战

① 《马克思恩格斯全集》，第2卷，75页。
② 同上书，76页。
③④ 同上书，22页。
⑤ 同上书，600页。

胜了青年黑格尔派，为创立和在工人运动中传播唯物主义历史观扫除了障碍。

一、施蒂纳和他的《唯一者及其所有物》

麦克斯·施蒂纳是约翰·卡斯帕尔·施米特的笔名。他生于1806年，死于1856年，一生都过着穷困潦倒的生活，是一个十足的失意小资产阶级知识分子和破产的小店主。这种穷困生活和坎坷遭遇对他的思想有很深刻的影响，然而，并未能使这位“教书匠”走上革命的道路。相反，由于他坚持小资产阶级立场和始终恪守主观唯心主义世界观，这种备受折磨的生活境遇，反而使他的思想更加怪诞，并且带有强烈的个人奋斗、唯我主义和虚无的无政府主义的色彩。

当青年黑格尔派运动高涨的年代，施蒂纳积极参加了这个运动，并成为柏林“自由人”集团的重要成员。他以激进的“革命”面貌出现，实际上是一个极端的保守分子和“精神造反论”的热烈鼓吹者。他在哲学上影响甚小，不过是一个黑格尔哲学的不肖门生，但他的极端利己主义和个人无政府主义，却在当时发生了不小的影响，迄今在欧美和日本仍然有着他的信徒。

施蒂纳在1844年底写成的《唯一者及其所有物》，一直都被人们看成是无政府主义的宣言，是后来无政府主义思潮的奠基著作。

恩格斯说：“施蒂纳，现代无政府主义的先知（巴枯宁从他那里抄袭了好多东西），他用他的至上的‘唯一者’压倒了至上的‘自我意识’。”①一方面指明了施蒂纳是无政府主义的奠基者，另一方面又指出他的无政府主义的隐秘含义，就在于他的“唯一者”。

施蒂纳的“唯一者”，是超脱一切的、不受任何约束的、绝对自由的主体。它是世界的核心，万物的尺度，真理的标准。“唯一者”是最高的存在，凡与它相抵触的一切，都统统地作为“怪物”和“怪影”而无情地加以抛弃。在施蒂纳看来，在自己之外不存在真理，因为任何东西都不能高于我，不管是我的本质还是人的本质都不能站在我之上。他鼓吹既不以“上帝的名义”为世界做任何事情，也不以“人的名义”为世界做任何事

① 《马克思恩格斯选集》，第4卷，217页。

情。我所做的一切，都是“为了我”。只有这样，世界才能使我满意。所以，施蒂纳既不满意费尔巴哈，又不满意鲍威尔，认为费尔巴哈的“人”是从上帝引申来的，带有神学色彩，他的“爱”是普遍人类之爱，还未能上升到利己主义的爱。鲍威尔的“自我意识”也只停留于思维的活动，而没有变成唯一的“我”的意识活动。他要求用“唯一者”代替一切，按照利己主义的“我”的需要去掌握世界。“唯一者”，就是达到利己主义意识的“我”。这个“我”不是别人，正是施蒂纳的化身。

从这个否定一切的“唯一者”出发，施蒂纳得出他的无政府主义结论。在他看来，一切权利都是从“我”自身引出的，是个人意志的产物。“**我**是**我的**权利的所有者和创造者……除了**我自己**以外**我**不承认任何其他的权利的来源，——不论是上帝、国家、自然、人、神权、人权等等。”①国家权力之所以存在，只是由于我对自身的不尊重。随着我对自己轻视的消失，和对我自身力量的意识的确立，国家等等权力便自然归于消失。施蒂纳把产生这些权力的现实基础，完全抛到九霄云外。马克思恩格斯指出：“那些决不依个人‘意志’为转移的个人的物质生活，即他们的相互制约的生产方式和交往形式，是国家的现实基础，而且在一切还必需有分工和私有制的阶段上，都是完全不依个人的**意志**为转移的。”② 国家权力只能随着产生它的经济基础的消灭而消灭。

施蒂纳学说的实质，是利己主义和带有极端虚无色彩的唯我主义。正是这个思想，贯串着《唯一者及其所有物》一书。为了论证利己主义是最高真理，施蒂纳呕心沥血地对人类历史和现实生活进行了大量荒唐的编造和歪曲。他通过主观臆造的历史联系，把利己主义变成全世界历史发展的最重要的、唯一的结果。可见，唯心主义历史观是施蒂纳整个学说的理论基础。

《唯一者及其所有物》由两编构成。第一编：“人”，第二编：“我”。第一部分是“逻辑范围内的历史”，主要是通过历史虚构的手法，证明以往一切历史发展阶段都被“圣物”统治着，因此未能上升到真正利己主义

---

① 转引自《马克思恩格斯全集》，第3卷，366页。
② 同上书，377页。

的意识，而利己主义才是世界历史发展的趋势和真理。第二部分是“历史中的逻辑”，主要通过逻辑虚构的手法，证明“圣物”统治着现实的一切，只有通过创造性的“我”的自我意识，才能否定“圣物”的统治，达到利己主义的我自身，即达到“唯一者”。

由此可见，全书充满着企图以精神征服世界的小资产阶级的狂妄幻想。因此，马克思、恩格斯一针见血地指出：“如果一定要在该书中找到某个‘核心’，那末，这个核心就是**德国小资产者**。”① 《唯一者及其所有物》就是由小资产阶级哲学幻想编织起来的历史唯心主义的独特体系。

《唯一者及其所有物》以“革命”的形式出现，为其反动内容披上激进的批判的外衣，所以一时迷惑了不少的人，甚至恩格斯对它的认识也经历了一个过程。② 马克思、恩格斯对施蒂纳学说的批判，不仅剖析了一个历史唯心主义的黑标本，也是对自己刚刚形成的唯物主义历史观的具体应用和检验。

二、施蒂纳编造历史的手法是黑格尔思辨戏法的重演

马克思主义创始人运用自己刚刚形成的唯物主义历史观这个唯一科学的方法，对施蒂纳伪造历史的历史唯心主义学说进行了深刻的批判和揭露。施蒂纳的唯心史观和编造历史的方法，并非什么新东西，它不过是黑格尔历史哲学的拙劣翻版而已。

如前所说，施蒂纳的“唯一者”的实质和核心就是唯我主义和利己主义。为了给其利己主义提供理论根据，施蒂纳通过虚构历史，把利己主义说成是历史发展的趋势和真理。他是如何编造历史的呢?

首先，施蒂纳把从事实得出的抽象概念，宣布为全部历史的基础，从而把历史变成观念发展史和哲学史。这是思辨哲学历史观的本质特征。马克思和恩格斯指出：这样一来，“历史便成为单纯的先入之见的历史，成为关于精神和怪影的神话，而构成这些神话的基础的真实的经验的历史，却仅仅被利用来赋予这些怪影以形体，从中借用一些必要的名称来把这些

---

① 《马克思恩格斯全集》，第3卷，263页。

② 恩格斯最初把施蒂纳看作“转向唯物主义和经验主义的唯心主义者”，把“唯一者”视为由费尔巴哈的“人”向“经验的人”过渡的中间阶段。后来，与马克思通信后，才和马克思取得意见的一致，参见《马克思恩格斯全集》，第27卷，12、13、16页。

怪影装点得仿佛真有实在性似的”①。

其次，施蒂纳编造历史的方法是“先验结构”的方法，即一种以简单幼稚的范畴兜圈子的方法。它以三个最基本的范畴：唯实主义、唯心主义、利己主义为基础，通过几次“转变”和重新“命名”兜着越来越大的圈子，直到把整个事物世界和精神世界的全部历史都纳入一个先验的思辨结构为止。正像马克思、恩格斯所揭露的那样，“在这种庄严而庞大的历史结构中，一切都归根到底是替三个范畴寻找一系列冠冕堂皇的响亮的名称，因为这三个范畴已经非常陈旧，以致根本不敢以本来的名称公开出现了”②。

第一次“命名”是最基本的，是施蒂纳整个体系的发端。通过第一次“命名”，这三个哲学范畴在人的个体发展中找到三个对应体：儿童、青年、成人。

在施蒂纳看来，儿童是唯实主义的化身。因为，儿童迷恋于事物，如贪玩、好奇，喜欢摔破东西和搜索隐蔽的角落，等等。因此，他的结论是，在儿童时期，自由所采取的方向是“企图洞察**事物的底蕴**”③。这样一来，儿童与世界的关系，便变成纯意识的关系，儿童也就成为力求洞察事物底蕴的形而上学者了。所以，马克思、恩格斯讽刺道，“这个**好**思辨的儿童心爱‘事物的本性’更甚于他的玩具”④。但是，儿童的意识，还仅仅是关于事物世界的意识，而没有关于意识本身的意识，即没有摆脱事物世界的精神，所以，儿童必须向更高阶段，即青年过渡。

青年是唯心主义的化身。因为青年的特点是“力求掌握思想”，陶醉于思想是青年的愉快。“思想世界的一切光辉形象——真理、自由、人类、**人**等等——照耀着和鼓舞着青年的心灵。”⑤ 施蒂纳把“完全摆脱事物世界”、沉湎于精神，看成是青年的本质。然而，世俗的青年却随时随地和事物世界打交道。对于这一点，施蒂纳完全按照思辨哲学的方式，诡称这是由于青年在外部事物中发现了某种精神。这些东西在青年看来只是精神

①② 《马克思恩格斯全集》，第 3 卷，132 页。

③④ 同上书，120 页。

⑤ 转引自上书，120 页。

的“符号”，否则青年是不会轻易问津的。针对这种诡辩，马克思、恩格斯讽刺道：“一个多么好的柏林青年啊！德国大学生的喝啤酒惯例在他看来不过是‘一个符号’，他只是为了迎合‘一个符号’才不止一次地在狂饮之后醉倒于桌下，大概也是想在桌下‘发现精神’吧！”① 施蒂纳认为，青年仅仅停留于“发现精神”还不够。因为精神的价值太大，“我”的价值太小，换言之，没有达到精神与“我”的统一。“我”仍然感到空虚，所以青年还须发展到成人。

成人完全意识到“我”的价值，因此是真正的利己主义者。如果说，青年是人的第一次自我发现，即发现了“作为精神的自身”，那么，成人则是人的第二次自我发现，即意识到“我”就是“有形体的精神”。在成人阶段，精神与“我”达到统一，事物世界与精神世界达到统一。“我”成为事物世界和精神世界的真正“创造者和所有者”。所以，施蒂纳把这一切表达为一句荒谬绝伦的话，“我把一切都归于我”。但是，正像马克思指出的，“他不是‘把握世界’，而只是把他关于世界的‘热病时的胡想’当作**自己的东西**来把握并占为**己有**”②。

第一次“命名”奠定了“唯一者”后来发展的基础。马克思、恩格斯称之为“创世记”，说它“包含着**唯一者**的全部家政的萌芽，它向我们提供了直到最后时刻、世界末日来临之际的整个后来发展的原型”③。

“唯一者”的全部历史，就是围绕着作为三个哲学范畴化身的儿童、青年和成人兜着越来越大的圈子。第二次“命名”，儿童（乔装改扮的唯实主义）、青年（乔装改扮的唯心主义）、成人（乔装改扮的利己主义），又在人类学中找到三个对应体：黑人、蒙古人和高加索人。第三次“命名”又在世界历史中找到三个对应体：古代人、近代人和完善的人。它们都像第一次“命名”那样，通过既克服事物世界，又克服精神世界，或者说，通过既占有事物世界，又占有精神世界而达到自己的最高阶段。

这样，“人”的发展的唯一结果，便是唯实主义和唯心主义的否定的

---

① 《马克思恩格斯全集》，第 3 卷，121 页。

② 同上书，127 页。

③ 同上书，131 页。

统一，即真正利己主义。成人、高加索人、完善的人，就是达到了利己主义意识的“我”、“唯一者”。

由此可见，施蒂纳关于“人”的论述之秘密，就在于把人的现实发展归结为人的“自我发现”，于是，就把一切现实关系统统归结为纯意识的关系。“这样，**意识**的差别在这里就构成个人的生活。至于个人身上所发生的、产生意识变化的物质变化和社会变化，施蒂纳自然都不管了。”① 然而，在实际上，唯有“物质变化和社会变化”才是人本身的发展和人的意识变化的根本原因。

施蒂纳对古代人同古代世界的关系的歪曲，最能说明思辨哲学臆造历史的一般特点。费尔巴哈曾说过，“在**古代人**看来，世界是真理”②。这是说，古代人与他们的世界处于一种自然的、朴素的关系之中，没有经过基督教的神化和曲解。世界对古代人说来，是实实在在的东西，是真理。但施蒂纳把费尔巴哈这一明白无误的说法，歪曲为古代人与世界的关系是向世界探索真理的关系，并进而补充说，“这种真理就是**古代人**力求洞察它的非真理性而且最后的确洞察到了的真理”③。这就是说，古代人最初把世界看做真理，后来，发现它已非真理了（其实是已经看到古代世界，即古代奴隶制开始崩溃），于是，古代人探求新的真理（实际是基督教从古代世界崩溃中产生）。由于探索到这个新的真理——基督教，所以，古代世界发生解体，为近代世界，即基督教统治的时代所代替。施蒂纳把这个过程称为“古代自身寻找自身的否定——寻找基督教”的过程，这样，就把古代历史完全神秘化了。

马克思尖锐地批判了施蒂纳的这种思辨胡说，认为古代世界的解体，决不是由于古代人对真理的探求，而是由于现实的物质原因，由于“实际冲突”。正因为“非真理性”已经在他们的世界后面产生，因此，古代哲学家洞察他们世界的真理，当然发现它已非真理了。“他们的探寻本身就已是这一世界的内部解体的征兆。”④ 从而清楚表明，哲学家对真理的探寻，决非是历史发展的动力，而只是社会变革的必然表现。世界历史并不

① 《马克思恩格斯全集》，第3卷，129页。

②③④ 转引自上书，140页。

是一部哲学史，相反，哲学发展史却是现实历史的反映。

施蒂纳把世界历史视为哲学发展史是黑格尔《历史哲学》的翻版。在《历史哲学》结尾，黑格尔明确地认为，哲学所关心的只是观念在世界历史的明镜中照射出来的光辉，"'景象万千，事态纷纭的世界历史'，是'精神'的发展和实现的过程"[①]。施蒂纳的历史观，无非是黑格尔《历史哲学》的漫画式的完成。

不仅如此，施蒂纳虚构历史的方法也来源于黑格尔。马克思指出，施蒂纳关于"人生阶段"的全部虚构的原形出自于黑格尔哲学。[②] 黑格尔在自己《哲学全书》的"精神哲学"部分，详细地论述了"人的生活"和它的"各种转变"。他把人生分为四个阶段：儿童、青年、成人、老人。在黑格尔看来，儿童与他们的世界处于"自然和谐的状态"，因为"儿童还没有揭示精神"，还没有区分开主观和客观。主观和客观的这种直接的低级的抽象统一必须扬弃。青年的特点是"揭示了精神"，意识到主观与客观的矛盾。但青年片面强调了主观精神，因而又把主观精神与客观精神对立起来。青年向成人的过渡，即是主观精神向客观精神的过渡。成人"高于片面的、主观的青年，达到了客观精神的境界"，但他过于停留在客观精神，而仍未达到主客观的统一，所以，还必须向老人过渡。老人有着主客观两方面的经历，在他身上重新达到了"主体与世界的和谐"，主观精神与客观精神的统一。但这种和谐不同于儿童时期的原始和谐状态，而是经过了矛盾扬弃过程的、包含着人类发展的全部丰富性的高级和谐状态。

黑格尔把经他思辨解释过的人生四个阶段纳入他的三段式之中。他把儿童这个和谐状态的起点作为三段式的"肯定"项，老人这个和谐状态的终点作为"否定之否定"项。为了使青年和老人都成为"否定"项，黑格尔构想出"否定双重地设定自身"。这种思辨结构的方法，显然带有彻底唯心主义的性质。不过它还是有着尊重经验现实的因素。他虽然要使人生的发展符合自己的三段式，但并没有否定人生的四个阶段，而是在承认事实的前提下，对之进行了思辨的处理。

---

① 黑格尔：《历史哲学》，503页，北京，三联书店，1956。

② 参见《马克思恩格斯全集》，第3卷，130页。

施蒂纳从黑格尔那里抄袭了思辨结构的方法，进而使之庸俗化。他任意抹杀事实，用简单的贴标签的方法，使全部经验事实为自己的先验结构服务。可见，这个“教书匠”的思想比起他的老师来，是何等的贫乏！

总之，施蒂纳所谈的“人”的历史发展，同现实历史毫无共同之处，而是观念演化的过程。作为这个历史主体的“人”，也不是男女结合而生的肉体的人、经验的人，而是唯实主义和唯心主义这两个范畴的精神产物。如同黑格尔的绝对观念一样，他只是纯逻辑上的存在。马克思指出，“既然圣麦克斯没有注意个人的物质‘生活’和社会‘生活’，并且也根本没有谈‘生活’，所以他完全合乎逻辑地撇开了历史时代、民族、阶级等等”①。这个脱离一定历史条件和一定社会关系的“人”，像费尔巴哈的“抽象的人”一样，在现实中是不存在的。

三、对施蒂纳利己主义理论的剖析

利己主义是资产阶级的最高原则，是它的阶级本性的表现。所以，施蒂纳的“唯一者”又是利己者，在他的著作中充满着对利己主义的颂扬，这决不是偶然的。

在施蒂纳看来，整个世界都笼罩着利己主义，不论是神的事业、人类的事业、君主的事业、祖国的事业，还是善的事业、正义的事业、心灵的事业，等等，都是利己主义的事业。神、人类、祖国……它们都只关心自己，为自己着想，为自己奔忙。当个人一旦满足了它们的要求，他们便被抛到历史的粪堆里，以为酬劳。这些都是纯粹利己主义者。施蒂纳由此得出结论：“与其继续无私地为那些大利己主义者服务，我宁愿自己当利己主义者。”“神和人类都不关心别的，只关心它们自己，让我也同样关心我自己吧——我自己和神一样，不是其他任何人的什么。我自己是我的一切，我自己就是唯一者。”② 面对由于资本主义自由竞争而激起的普遍利己主义的世界，破产的小资产阶级施蒂纳也只能发出这样无可奈何的哀叹，以幻想自己是占有一切的“唯一者”而聊以自慰。

---

① 《马克思恩格斯全集》，第3卷，130页。

② 施蒂纳：《唯一者及其所有物》书前短文《我把我的事业放在无的基础上》，参见奥伊则尔曼：《马克思主义哲学的形成》，450～451页，北京，三联书店，1964。

作为一个批判家，他想力图解释他面临的这些现象，但作为小资产者和黑格尔思辨哲学的信徒，他不能不歪曲和粉饰现实，用小资产阶级的幻想把由生活产生的利己主义绝对化和理想化。

施蒂纳不仅把利己主义看做历史发展的必然趋势和最高阶段，而且把它作为现实生活的最高真理。似乎现实生活就是为了摆脱某种观念的局限性追求一个纯粹利己主义的概念。如同他说明其他一切问题一样，在这里，施蒂纳也搬用黑格尔三段式，把利己主义划分为三种：通常理解的利己主义、自我牺牲的利己主义和自我一致的利己主义。从而把利己主义这一现实问题转为抽象的哲学范畴，进行思辨的歪曲。

所谓"通常理解的利己主义者"，指的是"一心为己、枯燥无味、斤斤计较的自私自利者"，是"不纯洁的、凡俗的""贪得者"。显而易见，这种利己主义具有较多的现实性的外观，正是一般资产者本性的充分表露。然而，经过思辨处理后的"通常理解的利己主义"，不是现实的资产者，而是"贪得者"这个抽象范畴的化身。于是，它没有现实的要求，只有一个贪婪的欲望。可是正像马克思所指出的，现实的资产者决不只限于"一个贪婪的欲望"，而是在现实生活中追逐着无限的利润，在政治生活中要求种种特权。施蒂纳不过是用唯心主义的词句，为资产阶级的丑恶本质涂脂抹粉而已。

"自我牺牲的利己主义"是作为"通常理解的利己主义的对立物而出现的"。它与"不纯洁的、凡俗的""贪得者"的区别在于，它更加缺少现实性的外观，是"有教养的"资产者的虚伪意识的表现。因为它只为"一个统率的欲望"而牺牲掉其他一切欲望，所以是"自我牺牲者"，但它牺牲掉其他一切欲望，是为了更加关心"这一个满足"，因而仍然是利己主义。① 不过它还不符合利己主义的"概念"和"本质"，故而仅仅是一个"片面的、不开展的、局限的利己主义"。这就是说，"自我牺牲的利己主义"仍未达到"存在"和"本质"的完美的统一，还须向自己的更高阶段过渡。施蒂纳玩的是纯概念的游戏，它的思辨性质在这里更加赤裸裸地暴露出来了。

---

① 参见《马克思恩格斯全集》，第3卷，270页。

施蒂纳虚构的这两个利己主义范畴，是他的小资产阶级意识的唯心主义表达。然而，这种虚构也有其事实的根据，它们是现实生活的“升华物”。“通常理解的利己主义”和“自我牺牲的利己主义”对立的原型，在于个人利益和共同利益的矛盾。前者实际上是个人利益的代表，后者是共同利益的代表。马克思指出，施蒂纳看到“在历史上表现出来的两个方面，即个别人的私人利益和所谓普遍利益，总是互相伴随着的”① 这一事实，但是他以神秘的思辨方式，将这一事实变成“利己主义”和“自我牺牲”两个抽象范畴而绝对对立起来。

事实上，这两个方面不是绝对对立的。个人利益总是不断发展为阶级利益，发展为共同利益，从而取得独立性的外观。施蒂纳之所以将两者绝对对立起来，是由于他对个人利益和共同利益的真实关系的无知。马克思这样问道：“在个人利益变为阶级利益而获得独立存在的这个过程中，个人的行为不可避免地受到物化、异化，同时又表现为不依赖于个人的、通过交往而形成的力量，从而个人的行为转化为社会关系，转化为某些力量，决定着和管制着个人，因此这些力量在观念中就成为‘神圣的’力量，这是怎么回事呢?”②

在问题的提法中，已经包含着马克思对于这个问题的深刻的解答。它说明了普遍利益如何从个人利益中产生出来，在取得了独立化的形式之后，又如何同个人利益相对立。唯心主义者当然可以很方便地把这一对立在意识中想象为抽象的绝对的对立，但是这并不妨碍在现实中个人利益总是和普遍利益互相伴随这一事实。

个人受着某种异己的力量，即不以他的意志为转移的社会关系的统治，这是资本主义社会中每个人每天都实际地感受到的经验的事实。唯心主义的虚构就在于，它把这种现实的力量在观念中设想为“神圣的”力量，赋予它以“普遍利益”或“理想的、神圣的利益”的形式，从而制造出个人利益和普遍利益的对立，并以宗教幻想的形式去论证这种对立。因此，正如马克思所指出的，只要施蒂纳哪怕有一天回到经验的事实上来，

① 《马克思恩格斯全集》，第3卷，272～273页。

② 同上书，273页。

从思辨的王国降临到现实的王国，他的全部唯心主义的虚构就要宣告破产。

施蒂纳关于个人利益和普遍利益绝对对立的观点，在方法论上也是根本错误的。他的方法是形而上学的、独断主义的方法。在马克思看来，个人利益和普遍利益不是绝对对立、互相排斥的，它们是同一个人发展的两个方面；至于它们各在矛盾统一体中占有什么地位，是更像利己主义者还是更像自我牺牲者，这个问题只有对一定时代的一定个人才有意义。然而，施蒂纳不是这样，他完全脱离开一定时代的一定个人，脱离开个人发展的特殊条件来抽象地谈论个人利益和普遍利益、利己主义者和自我牺牲者的对立。作为独断主义者，施蒂纳总是“抓住事情的一面，把它硬加在个人的头上，而对另一面则表示厌恶”。例如，他在某些资产者身上只看见“利己主义”的原则，而在另一些所谓“有教养的”资产者身上则只看见“自我牺牲”的原则，并且用一个原则去反对另一个原则。他认为，正是原则创造了生活。马克思把它颠倒过来，指出不是原则创造了生活，而是生活创造了原则。[①] 一针见血地揭露了施蒂纳方法论的形而上学和唯心主义的本质。

马克思用辩证唯物主义和历史唯物主义观点，深刻地揭示了个人利益和普遍利益的对立统一关系。他认为，个人利益和共同利益的对立只是表面的，“因为这种对立的一面即所谓‘普遍的’一面总是不断地由另一面即私人利益的一面产生的，它决不是作为一种具有独立历史的独立力量而与私人利益相对抗，所以这种对立在实践中总是产生了消灭，消灭了又产生。因此，我们在这儿见到的不是黑格尔式的对立面的‘否定统一’，而是过去的由物质决定的个人生存方式由物质所决定的消灭，随着这种生存方式的消灭，这种对立连同它的统一也同时跟着消灭”[②]。可见，共同利益只能随着个人利益的产生而产生，随着个人利益的发展而发展，它没有独立的历史，所以只有依赖生活实践的和由物质所决定的关系，才能科学地阐明个人利益和共同利益的相互依存和相互制约的辩证联系。

---

① 参见《马克思恩格斯全集》，第3卷，275页。

② 同上书，276页。

基于上述的认识，马克思指明了共产主义者对待这个问题的正确态度。在实践上，“共产主义者既不拿利己主义来反对自我牺牲，也不拿自我牺牲来反对利己主义”。在理论上，他们“既不是从那情感的形式，也不是从那夸张的思想形式去领会这个对立，而是在于揭示这个对立的物质根源，随着物质根源的消失，这种对立自然而然也就消失”。因此，“共产主义者根本不进行任何**道德**说教……例如你们应该彼此相爱呀，不要做利己主义者等等”①。这就是共产主义者同施蒂纳的根本区别，这种区别明显地表现了两种世界观和方法论的本质对立。

施蒂纳的戏法并未到此结束。他把“通常理解的利己主义”和“自我牺牲的利己主义”相对立的目的，只是为转变到他的第三个环节，即“自我一致的利己主义”提供一块基石。“自我一致的利己主义”是前两者的“否定的统一”，是全部历史的目的、使命、真理、概念等等。它才是达到存在和本质统一的、与其概念完全符合的“真正的利己主义”。在“真正的利己主义者”身上，创造者和创造物完全融为一体，全部世界都归他所有。因此，这个达到其发展的最高阶段的“自我一致的利己主义者”，也就是“唯一者”。“唯一者”是达到利己主义意识的“我”自身。

正像马克思所尖锐指出的那样，施蒂纳玩弄的这套把戏，只不过是爱尔维修和边沁早就使用过的旧把戏而已，“爱尔维修和边沁是要向资产者先生们证明，他们目光短浅，**实际上**是危害着自己，而圣麦克斯‘自己的’把戏却在于向他们证明，这些资产者不符合利己主义者的‘理想’、‘概念’、‘本质’、‘使命’等，并且不是作为自己的绝对否定来对待自己。这里，在他的头脑里出现的仍然是那个德国的小资产者”②。施蒂纳玩弄的是纯粹的概念游戏，他企图通过这套戏法，用德国小资产者关于利己主义的幻想去代替现实的利己主义。

施蒂纳关于利己主义的全部胡说，根源就在于他的唯心主义世界观。他从意识决定生活出发，主张人的本质是由意识决定的。你是一个利己主

① 《马克思恩格斯全集》，第3卷，275页。
② 同上书，271页。

义者，但由于缺乏利己主义的自我意识，因而也不能称为真正的利己主义者。“自我一致的利己主义”同以前的利己主义的差别，就在于意识。马克思对这种荒谬的唯心主义理论进行了全面的批判。

首先，施蒂纳“转弯抹角地承认一定的意识也是有一定的人和一定的情况与之相符合的”，但同时认为，由“经验条件的改变”而引起的人的改变，是由“改变了的意识”决定的。① 这就是说，施蒂纳也承认思维和存在必须符合的道理，但他是从唯心主义的角度来承认的；他认为，思维、意识的改变，是人的本质和社会关系改变的原因，而不是相反。因此，他在人的发展中，只看到意识的改变。

其次，施蒂纳把意识同构成意识的基础的个人及其现实关系完全割裂开来，认为利己主义者的现象和本质不相符合，从而造成一种幻想，似乎现代资本主义社会的利己主义者没有与他的利己主义相符合的意识。这是完全没有根据的。其实，恰恰相反，在马克思看来，正由于其不自觉，他们才是真正的利己主义者。现代资本主义社会的利己主义者不论就其现象和本质，还是就其行为和意识来说，都是完全一致的。这不取决于他自觉或不自觉，而是由现实生活决定的。

最后，马克思通过对于施蒂纳关于意识决定人的本质的唯心主义理论的批判，深刻阐明了社会存在决定社会意识的历史唯物主义的基本原理。他说，“**你们**是什么，**你们**的意识也就属于什么。而且，因为**你们**是利己主义者，所以**你们**也就具有与**你们的**利己主义相符合的意识”②。个人的欲望或特性“不决定于**意识**，而决定于**存在**；不决定于思维，而决定于生活；这决定于个人生活的经验发展和表现，这两者又决定于社会关系”③。如果这个人的生活条件使他只能牺牲其他一切特性而单方面地发展某一种特性，那么这个人就不能超出单方面的、畸形的发展。如果他的生活包括了一个范围广阔的多样性活动和对世界的实际关系，那么这个人的思维也像他的生活的任何其他表现一样具有全面的性质，“正因为思维（以思

① 参见《马克思恩格斯全集》，第3卷，279页。
② 同上书，279页。
③ 同上书，295页。

维为例）是这一确定的个人的思维，所以这个思维就是**他的**由他的个性和他在其中生活的那些关系所决定的思维”①。这是一条十分重要的历史唯物主义原理。不但思维的内容受着客观对象的限制，而且个人的思维发展的方向和程度也取决于个人的物质发展条件。在私有制社会里，个人思维发展的片面性质，是由于物质条件发展的限制以及阶级的局限性所造成的。而在共产主义社会中，个人生活的全面发展，也必然使思维的发展具有全面的性质。

上述重要原理，有着巨大的方法论意义。它告诉我们，只有从一定历史时代的、由经验条件所决定的现实的个人和他们的社会关系出发，才能揭示他们的意识的本质。唯物史观关于社会存在决定社会意识的原理，不但是批判一切唯心主义理论的锐利武器，而且也是一切社会科学研究的根本方法。

四、批判施蒂纳的唯心主义国家观

马克思对施蒂纳唯心主义国家观的批判，是他的历史唯物主义方法的具体应用，同时又是对历史唯物主义关于国家、法和私有财产的关系的重要原理的进一步论证。

施蒂纳的唯心主义国家观，主要表现在割裂国家、法同私有财产的关系，把国家变成脱离其现实基础的万能的独立本质。他认为，“财产问题只决定于政权，既然只有国家是掌权者……那末只有国家才是所有者”②。“国家拥有工厂是根据所有权，而厂主拥有工厂则只是根据采邑权和占有权。”③ 一言以蔽之，在资产阶级社会里，国家是主人，而资产者则是臣仆。这就完全颠倒了现实的关系。

按照历史唯物主义观点，“在资产阶级统治下和在其他一切时代一样，财产是和一定的条件，首先是同以生产力和交往的发展程度为转移的经济条件有联系的，而这种经济条件必然会在政治上和法律上表现出来”④。这就是说，财产关系决定着国家和法的实质，而经济关

---

① 《马克思恩格斯全集》，第3卷，296页。
② 转引自上书，411页。
③ 转引自上书，413页。
④ 同上书，412页。

系又是财产关系的本质内容。马克思说，财产关系“只是生产关系的法律用语”①。因此，正是财产关系所体现的生产关系的总和构成了每一社会的真正基础。施蒂纳在考察国家和私有财产的关系时，同他考察其他任何事物一样，也是从哲学尾巴上去把握事物。他不是把注意力集中在财产关系的经济内容方面，而是全力寻找这种关系的法律表现，并把它看做问题的实质所在。这样一来，他便赋予国家以无限的力量，得出权力万能的结论。

马克思指出，这只是德国小资产阶级关于国家万能的幻想。实际情况根本相反。在资产阶级社会里，真正的主人不是国家，而是资产阶级。资产阶级是私有财产的真正所有者。它首先是经济上占统治地位的阶级，然后再把本阶级的共同统治组成政权，组成国家。马克思指出，“资产者、资产阶级社会的一切成员被迫结合成‘**我们**’、法人、国家，以便保证他们的共同利益。并把由此获得的集体权力赋予——由于分工需要这样做——少数人”②。可见，国家之所以有力量，只是由于资产者为维护本阶级的共同利益才赋予的，而且赋予国家权力的多少，也只限于为保障他们自身的安全和维持竞争所必需的范围之内。因此，资产阶级国家好比铁路董事会，而资产阶级则是这个董事会的股东；前者是看家狗，后者才是家庭的主人。③ 马克思的这些分析，一针见血地揭露了资产阶级国家的阶级本质。

然而，小资产者施蒂纳却把问题说成这样：“国家所关心的只有一点：自己致富；至于是张三富还是李四穷，这在国家看来全都没有区别……他们两人在国家面前都是无。”④ 这种荒唐的理论，如果不是有意为资产阶级作辩护，那就是对现实生活的极端无知或被思辨哲学迷住了心窍。

与上述观点相联系，施蒂纳也颠倒了法和私有财产的关系，认为私有财产靠法的“恩惠”而存在。我的占有物，只有通过法的同意才算是“我

---

① 《马克思恩格斯选集》，第2卷，82页。
② 《马克思恩格斯全集》，第3卷，413页。
③ 参见上书，412、413页。
④ 同上书，412页。

的”，才是法的财产，有保障的财产，或者说，“它之所以是**我的**，不是由于**我**，而是由于法”①。例如，对私有财产的继承，仅仅决定于继承法的存在，而继承法则是根据权力一直延长到死后仍然保持的法学虚构。正如马克思所指出的，这纯属“换汤不换药的废话”。其实，继承法最有力地驳斥了施蒂纳的法学幻想。因为，“继承法最清楚地说明了法对于生产关系的依存性”②。继承法的产生，是生产力有了相当地发展，积累了相当多的剩余产品，并形成了一夫一妻制家庭的结果。

施蒂纳如此颠倒国家、法同私有财产的关系，他对概念的神秘力量的迷信如此根深蒂固，不是偶然的，而是有着深刻的社会根源和认识根源。这主要是分工造成的。直到现在存在着的个人生产关系，不能不表现为法律的和政治的关系。但在分工的范围内，这些关系必然取得对个人来说是独立的存在，即造成超越一切现实关系的假象。同时，“一切关系表现在语言里只能是概念”，现实的生产关系也必然通过概念形式反映出来，这就不可避免地造成对概念的神秘力量的迷信。因此，“分工的结果使政治家和法学家注定要崇拜概念并认为一切实际的财产关系的真实基础不是生产关系，而是这些概念”③。施蒂纳正是根据这种幻想，宣称合法的财产是私有财产的基础，而法的概念又是合法财产的基础，从而把他的全部批判都局限于宣称法的概念是概念、是怪影。在他看来，只要把现存的东西转变为概念、怪影，就可以轻而易举地把它们从历史上抹掉。

基于国家权力万能的观点，施蒂纳反对任何国家和政府，把它们看成是万恶之源，人间的一切不幸和苦难都是由国家和政府造成的。因此，他认为，“唯一者”的任务就是破坏国家。任何国家都无存在之必要，统统都要“废除、消灭、破坏”。然而，他所谓的“消灭”国家纯属小资产阶级的幻想。因为，他企图在保存私有制的前提下“废除”国家。例如，他看到资本主义国家建立在劳动奴隶制之上，于是提出，“如果劳动成为自由的，国家就灭亡”。可是，他根本不理解资本主义制度下的自由的劳动，

---

① 《马克思恩格斯全集》，第 3 卷，419 页。
② 同上书，420 页。
③ 同上书，421 页。

仅仅意味着自由买卖劳动力的雇佣劳动制度。与施蒂纳的观点针锋相对，马克思指出：“**现代**国家、即资产阶级的统治，是建立在**劳动的自由**之上的……劳动的自由是工人彼此之间的自由竞争……劳动在所有文明国家中**已经**是自由的了；现在的问题不在于解放劳动，而在于消灭这种自由的劳动。”① 施蒂纳整个理论的实质就在于，既想消灭资本主义国家，又想保留它赖以建立的基础——雇佣劳动制度。

施蒂纳的无政府主义正是建立在他的唯心主义国家观之上的。以后的无政府主义者，特别是巴枯宁，从施蒂纳的无政府主义学说中抄袭了好多东西，其中也吸取了他把国家和私有财产本末倒置的基本观点。正像恩格斯所批判的那样，巴枯宁“认为应当消除的主要祸害不是资本，就是说，不是由于社会发展而产生的资本家和雇佣工人的阶级对立，而是**国家**。广大社会民主党工人群众都和我们抱有同样的观点，认为国家权力不过是统治阶级——地主和资本家——为维护其社会特权而为自己建立的组织，而巴枯宁却硬说**国家**创造了资本，资本家**只是由于国家的恩赐**才拥有自己的资本。因此，既然国家是主要祸害，那就必须首先废除国家，那时资本就会自行完蛋。而我们的说法恰巧相反：废除了资本，即废除了少数人对全部生产资料的占有，国家就会自行垮台。差别是本质性的：要废除国家而不预先实现社会变革，这是荒谬的；废除资本**正是**社会变革，其中包括对全部生产方式的改造。但是，在巴枯宁看来，既然国家是主要祸害，就不应当做出任何事情来维持国家的生命，即任何一种国家——不管是共和国，君主国等等——的生命。因此就应当**完全放弃一切政治**”②。这个批判也完全适用于施蒂纳。事实上无政府主义的这个重要的思想基础，早已为施蒂纳所奠定了，他不愧为“无政府主义的先知”。马克思和恩格斯对无政府主义思想基础的深刻批判，至今仍有着它的重要意义。

五、施蒂纳学说的反动性和社会根源

施蒂纳的学说思想怪诞，用语离奇，在激进的批判的外貌下掩饰着保守的、反动的内容。其反动性主要表现在，它极力维护资本主义所有制，

① 《马克思恩格斯全集》，第3卷，223～224页。
② 《马克思恩格斯选集》，第4卷，400页。

反对共产主义运动。恩格斯一针见血地指出，施蒂纳是反对社会主义和反对共产主义的头等重要的代表人物。

正如说明其他问题一样，施蒂纳在谈到共产主义时也是玩弄概念游戏。他把共产主义称为不同于通常的政治自由主义，即不同于资产阶级自由主义的社会自由主义，认为这两者是自由主义的两个变种，是真正利己主义的主体的两种不完善的存在方式。然后，施蒂纳在两者之上臆造出一种“人道自由主义”，把它说成是政治自由主义和共产主义的否定统一，是最完善的自由主义和共产主义。这样，共产主义就变成从政治自由主义到人道自由主义的一个中间环节。共产主义作为一个低级阶段，它必然为人道自由主义，即施蒂纳的真正的利己主义所代替。可见，施蒂纳思辨戏法的隐蔽实质，就在于否定共产主义。

其实，施蒂纳在这里玩弄的仍然是“抽象的人”的把戏。这一点从他虚构的这三个转变中可以清楚地看出。首先，他从“单独的个人**不是人**”出发，认为这个单独的个人没有个人意志，只知服从命令，故而是“无主可事”，即他所谓的政治自由主义。其次，单独的个人没有什么人的东西，或曰：“无财产”。无产者即是共产主义。最后，单独的个人应该让位于“**人**”。这个完善的“**人**”，便是“人道自由主义”，是“无主可事”和“无财产”的否定统一。[①] 从此单独的个人得到了“拯救”，变成拥有神圣财产的自满自足的利己主义主体。

不难看出，这仍然是费尔巴哈人本主义的哲学幻想。马克思指出，“‘施蒂纳’对德国哲学的幻想的无限信仰集中地表现在：他不断地把‘**人**’作为单独行动的个人强加给历史；他认为‘**人**’创造了历史”[②]。于是，共产主义也因此而成为寻找“人的本质”的过程。正是针对施蒂纳同时也是费尔巴哈的这个思辨观点，马克思说：共产主义不是从寻找“**本质**”开始的，“共产主义是用实际手段来追求实际目的的最实际的运动”[③]。马克思关于共产主义是一种实际运动的观点是极其卓越的。而施

① 参见《马克思恩格斯全集》，第3卷，257页。
② 同上书，259～260页。
③ 同上书，236页。

蒂纳无条件地接受了费尔巴哈的幻想，所不同的只是他把“人”更加思辨化和神秘化，费尔巴哈人本主义的唯物主义因素被他完全消除殆尽了。

施蒂纳学说的反共产主义的性质，更主要地表现在他对待财产的态度上。他一方面蓄意攻击共产主义，说它使“社会升为最高所有者”，即以公有制代替私有制，是“为了人类利益而对个人进行的第二次**掠夺**”，是对“个人掠夺到的东西”的彻底“掠夺”①。另一方面又千方百计地为资本主义私有制进行辩护。如前所述，施蒂纳叫嚷着要“打倒一切”，可是唯独不“打倒”资本主义的私有制。不仅如此，施蒂纳还把财产同“自有”这两个概念混为一谈，从而把私有制变成自然的、永恒的存在。为了给他的这个观点提供论证，施蒂纳在这里又玩弄语源学的把戏。首先他把财产变成财产的概念；然后利用 Eigentum（财产）和 eigen（自有的、自己的）这两个字的字源学上的联系，把财产说成具有“自有的”特性，因而是人所固有的。这样，便把私有财产变成不可消灭的、永恒的东西。施蒂纳观点的资产阶级本质在这里已经暴露无遗了。

马克思在批判施蒂纳这一荒谬观点时，对私有财产和自有的东西作了严格的区别。他指出，“我只有在有可以出卖的东西的时候才有私有财产，而我固有的独自性却是根本不能出卖的物品”②。例如，我的大礼服不会列为我的私有财产，“因为它不能使我支配任何甚至是最少量的他人劳动”。可见，私有财产作为一个经济学范畴，不能同人的任何“自有的”东西混为一谈，它具有能占有他人劳动的特性，因而它意味着一种社会关系。③ 换言之，私有财产是人与人社会关系的一种物化形式。马克思的这一论断，对政治经济学的研究，无疑有着重大的意义。

施蒂纳鼓吹“精神造反”论，同他对私有财产的态度是密切相关的。因为革命意味着变革所有制关系。施蒂纳既要维护资本主义私有制，又想充当“造反”英雄，这就必然使革命局限于纯理论的范围，并且不能不使理论与实践的对立达到荒谬绝伦的地步。在施蒂纳看来，要消灭一个东

① 《马克思恩格斯全集》，第 3 卷，226 页。
② 同上书，253～254 页。
③ 参见上书，255 页。

西，首先宣布这个东西是“圣物”，然后只要撤销对这个“圣物”的尊重和承认也就足以消灭这个东西。施蒂纳将这种纯观念的活动称为“暴动”。他认为，这个足以推翻一切的“暴动”不是从改变现实出发，而是“从人们对本身的不满出发”；不是为了反对现实，而是从现存东西的统治下“解脱”出来，并使“我凌驾于现实之上”，所以，“暴动”不是政治的和社会的行为，而是纯利己主义的行为。可见，施蒂纳的所谓“暴动”，就是在观念中消灭现实社会关系的思辨方法。根据这种幻想，“一旦国家的全体成员退出国家，国家就会自行崩溃；如果全体工人拒绝接受货币，货币就会失去它的效用”①。这同鲍威尔宣扬的只要工人们从思想上铲除了“资本”的范畴，就等于消灭了资本主义制度的谬论是同样荒谬可笑的。

马克思指出，只要施蒂纳认真考察一下现实的革命，就会看到每一种革命和革命的结果，都是由现实的人与人之间的关系决定的，这种关系归根结底取决于人们的经济利益。任何一种革命，都是现存社会关系的变革。施蒂纳的陈旧幻想的实质就在于：相信“改变现存的关系仅仅取决于人们的善良意志，现存的关系就是一些观念”②。因此，他就不是为了反对现存世界，而“仅仅是为反对‘**词句**’而斗争”。这种“斗争”，不仅不能触动现实制度的一根毫毛，反而以一种思辨的方式“来承认现存的东西”。所以马克思尖锐地指出：“尽管青年黑格尔派思想家们满口讲的都是‘震撼世界’的词句，而实际上他们是最大的保守分子。”③ 他们的学说，在本质上同黑格尔哲学一样，“全部破坏性工作的结果就是**最保守的哲学**”④。

青年黑格尔派的这种与现实极端对立的“理论”，其本身也没有能完全脱离现实条件，这种哲学幻想“本身就是现存条件的产物”。“这种在观念上的超出世界而奋起的情形就是哲学家们面对世界的无能为力在思想上的表现。他们的思想上的吹牛每天都被实践所揭穿。”⑤

具体地说来，青年黑格尔派的哲学幻想，是以哲学形式复制的德国小

---

①② 《马克思恩格斯全集》，第 3 卷，440 页。

③ 同上书，22 页。

④ 《马克思恩格斯全集》，第 2 卷，244 页。

⑤ 《马克思恩格斯全集》，第 3 卷，440 页。

市民的观念。德国小市民是一个极端软弱、怯于斗争却长于幻想的阶级。他们的特点是，仅仅在思想上积极参加资产阶级运动，而在其他方面只是作为挨打的角色。他们由于缺乏现实的经济基础，因而不敢像英法资产阶级那样，积极参加争取本阶级物质利益的实际斗争，但却沉湎于思辨的幻想，并在幻想中成为整个世界的主人。施蒂纳正是把德国小市民的幻想和他们的现实生活混淆起来，进而又把这种幻想当成生活的现实。

德国发达的小资产阶级关系和分工状况，就是青年黑格尔派思辨哲学产生的社会阶级根源。这些小资产阶级思想家把他们阶级的幻想理想化，并且由于分工的原因，使他们完全脱离现实生活，在受小手工业关系限制的那种世界观范围内，把他们的幻想编造成某种体系。由于他们离开实在的历史基础而转到思想基础上去，同时又由于他们不知道现实的联系，因此就很容易用思辨方法虚构出幻想的联系。马克思深刻地揭露了青年黑格尔派哲学的阶级根源，他说，“思想和观念成为独立力量是个人之间的私人关系和联系独立化的结果”，“思想家和哲学家对这些思想进行专门的系统的研究，也就是使这些思想系统化，乃是分工的结果；具体说来，德国哲学是德国小资产阶级关系的结果”①。马克思用历史唯物主义方法揭露了青年黑格尔派的社会根源，彻底粉碎了这个鼓噪一时的反动思潮，完成了他同青年黑格尔派的斗争。马克思这种分析问题的方法对于我们今天深刻认识意识形态领域中各种复杂的现象仍具有重要的指导意义。

---

① 《马克思恩格斯全集》，第3卷，525页。

第四章　从抽象的人到现实的人的过渡　清算费尔巴哈的人本主义

第一节　从抽象的人转向现实的人

对于“人的问题”的研究，自从文艺复兴以来，一直是欧洲哲学家和社会学家所关注的中心。它经历一个发展过程，最后在费尔巴哈的人本主义哲学中得到最高的表现。青年马克思在费尔巴哈的直接影响下，离开黑格尔的理性的人，转向对现实的人的研究。他通过考察人的活动和物质生活条件，对“人的本质”这一众说纷纭的问题，获得了科学的认识。

对人的看法，向来都是世界观的突出反映。因此，在探讨马克思早期关于人的观点时，必须同他的世界观转变和唯物主义历史观的形成结合起来加以研究。实际上，这是一个统一的过程，将两者割裂开来，就不可能科学地说明马克思的思想发展过程。同时，既要反对那种把马克思早期关于人的观点成熟化，又要反对在人的问题上把马克思同费尔巴哈相混淆的错误倾向。马克思关于人的学说，有一个形成的过程。人的本质“是一切社会关系的总和”，是马克思对人的本质的科学规定。它的提出，表明在人类认识史上第一次形成了马克思主义关于人的本质的科学概念，从而在人的问题上，把马克思主义同各种资产阶级观点根本区别开来。

一、历史上的人道主义传统

在欧洲哲学史上，人道主义可谓源远流长，影响深广，在今天它仍继续发生着作用。马克思关于人的学说，虽与这种人道主义有着质的区别，但在其形成时期也确实受到它的深刻影响。

人道主义是关于人的学说，但不是任何论述人的问题的学说都是人道主义。作为把关于人的本性、人的价值和尊严、个性解放等观点理论化和系统化的人道主义思潮，产生于文艺复兴时代，是新兴资产阶级反对封建主义和宗教神学的思想武器。宗教把神奉为宇宙的主宰和人类的万能统治者。新兴资产阶级的思想家，适应时代潮流，奋起反对这种宗教蒙昧主义及其在尘世的代表封建专制君主。他们以人为中心，要求把一切归于人，而不是归于神。我是人，凡人应该享有的，我都应该享有。他们大声疾呼，以人性对抗神性，以人道代替神道，用个性自由反对宗教桎梏。毫无疑义，人道主义思潮的兴起，曾是历史的进步因素。因此，随着资本主义经济实力的增长，在资产阶级革命时期，它不仅得到进一步的理论论证，而且以“人权宣言”的形式予以正式肯定。

人道主义这时突出地表现为“天赋人权”的思想，即自由和平等是人固有的权利，是合乎人性的。这种人权的保证是自然法的本质。体现于“自由、平等、博爱”的口号中的人道主义，主要以自然权利和自然法为其理论根据。以自然性去说明人性，虽然并不科学，但它没有妨碍资产阶级以此为武器去反对封建主义和发展资本主义，而且正是这种理论充分满足了资产阶级的利益要求。

马克思在揭示人道主义的阶级性质时指出：“这种‘自由的人性’和对它的‘承认’不过是承认**利己的市民个人**，承认构成这种个人的生活内容，即构成**现代**市民生活内容的那些精神因素和物质因素的**不可抑制**的运动；因此，**人权**并没有使人摆脱宗教，而只是使人有信仰**宗教的自由**；人权并没有使人摆脱财产，而是使人有**占有财产的自由**；人权并没有使人放弃追求财富的龌龊行为，而只是使人有**经营的自由**。”① 质言之，人权就是对资产者自由占有财产和自由竞争的法律保证。尽管资产阶级思想家极力把它粉饰为“全人类利益”的体现，赋予它以“普遍性”，但随着资产阶级在政治上的胜利，随着资产阶级和无产阶级矛盾的激化，历史无情地剥去了这层附着于人道主义形体上的虚幻的外观。

资产阶级人道主义是特定历史条件的产物，它的作用是同资产阶级的

① 《马克思恩格斯全集》，第2卷，145页。

发展成反比的。1830 年，英法资产阶级在历史上最终取得了政治统治，同时人道主义理论也发展到它的极限。它不仅在理论上不能突破人的自然性的范围达到对人的社会性的把握，而且在实际上，它逐渐被用来作为欺骗无产阶级的道德说教。

但是，资产阶级人道主义之所以能够在德国古典哲学，尤其在费尔巴哈哲学中得到进一步发展，是同当时德国的具体历史条件分不开的。德国资本主义在 19 世纪 30 年代才有了真正的发展，反对封建专制制度和宗教神学的斗争，使德国资产阶级只能继承 18 世纪的人道主义作为自己的战斗武器。同时，新的历史条件，特别是无产阶级同资产阶级斗争的开展，又赋予这时的人道主义理论以新的特点。第一，它更具有哲学的抽象性。英法资产阶级的现实的利益要求，在德国转变为理论要求；在 18 世纪多少还是具体的人，在 19 世纪德国哲学中完全变成抽象的人。即便德国哲学家对人的本性作了一定的社会历史的分析，但它始终带有抽象的思辨性质。第二，人道主义变成了博爱主义。在这里，博爱上升为人道和人性的根本内容，无博爱便无自由平等可言，因此，个人幸福只有通过博爱以求其实现。以博爱为中心的费尔巴哈的人本主义，就是德国资产阶级特性及其生活条件在哲学上的折光。后来，用费尔巴哈的理论弱点装备起来的“真正的社会主义”，完全变成了用“爱”来欺骗无产阶级的反马克思主义思潮。尽管如此，我们决不能低估人道主义理论在德国哲学中取得的重大进展，和它在实践上所起的积极作用。

黑格尔把人性和自由完全变成抽象的范畴。他说，“人之所以为人的本质”是“精神”，而“精神”的“唯一的目的”是“自由”。① 按照他的观点，世界历史仅仅是对“自由”的意识，即自我意识的过程。黑格尔以极其荒唐的形式从历史上考察了自由的发展，认为东方人不知道自由是人的本质，只知道专制君主一个人的自由，这种自由只能是偶然现象或放纵恣肆。自由意识首先在希腊罗马人中间出现，但他们只知道少数人自由，而非人人自由。所以，这种自由只是昙花一现，甚至是人性的汩没。最后，他武断地认为，唯有日耳曼人在基督教的影响下，“知道人类之为人

① 参见黑格尔：《历史哲学》，56、57、58 页。

类是自由的：知道‘精神’的自由造成它最特殊的本性”。黑格尔要求，把自由原则从宗教领域“推行到现实世界的各种关系上”，“拿它来彻底铸造和贯彻社会机构”，并且认为，这是一个必然的历史过程。① 可见，黑格尔用哲学的语言表达了德国资产阶级对自由的向往。

黑格尔据此批评18世纪资产阶级人道主义者所宣扬的自然法、自然状态和自然权利的观点，指责他们把原始社会看成是人类的“黄金时代”，而忽视历史的进步；指出所谓“天赋人权”是虚伪的，因为自由和平等不是天赋的，而是历史的产物，受着社会生活的制约。“只有服从法律，意志才有自由”②，国家社会的限制，是实现自由的“必要条件”。黑格尔这些思想，较之18世纪人道主义要深刻得多，丰富得多。

黑格尔还试图从人的活动来说明人的本质，把劳动“认作人的自行证实的本质”，甚至从人的需要和利益去说明人的行动和动机。他说：“对历史的深入考察，使我们深信，人们的行动，都决定于他们的需要，他们的情欲，他们的利益，他们的性格和才能，因此，只有这些需要，情欲，利益才是这幕戏剧的动机，只有它们才起着主要的作用。”对于这一重要思想，列宁批注道，“接近历史唯物主义”③。由此可见，黑格尔的观点形式是抽象的，内容却是具体的。他对人性和自由所作的接近唯物主义的理解，并试图从社会生活说明自由的现实性，从历史中寻找其发展的规律，以及试图用人的活动和需要去说明人的本质和行为，等等，都包含有合理因素。这些思想，无疑成为马克思关于人的学说的重要理论来源。

与黑格尔不同，费尔巴哈直接继承了18世纪资产阶级人道主义传统。他作为激进的资产阶级民主主义者，在政治上公开反对封建专制制度，认为专制君主的“倨傲不逊”就是“不允许别人是人”，而自恃其为“超人”。他激烈地否定作为封建制度精神支柱的宗教神学和黑格尔哲学，把它们视为人的异化的不同形式。他认为，人只要充分地意识到人之为人的

① 参见黑格尔：《历史哲学》，56、57、58页。
② 同上书，79页。
③ 《列宁全集》，第38卷，344页。

价值，把人作为基础，这种异化就会消失。费尔巴哈把人和自然提到首位，作为哲学研究的“唯一的，普遍的，最高的对象”①，从而建立他的人本主义唯物主义哲学。

费尔巴哈从唯物主义立场正确地说明了人和自然、精神和肉体的关系，把人看成是自然界的产物，并由此出发来说明人的本质。在他看来，人跟动物的区别就在于人有意识和感情。人的“绝对本质”就是理性、意志和心。“思维力是认识之光，意志力是品性之能量，心力是爱”。人的生存的目的，就是为了认识、愿望和爱。“**真正的**存在者，是思维着的、爱着的、愿望着的存在者。”② 费尔巴哈完全离开社会实践抽象地谈论人。但是，他并不把人仅仅限于精神范围。他说，“人与动物的不同，决不只在于人有思维。人的整个本质是有别于动物的”③。所谓“人的整个本质”，指的是人的类本质，即人是类存在物。动物只有单一的生活，只把个体当成对象；而人不仅把个体当成对象，也把自己的类，即自己的本质当成对象。“孤立的，个别的人，不管是作为道德实体或作为思维实体，都未具备人的本质。人的本质只是包含在团体之中，包含在人与人的统一之中，但是这个统一只是建立在‘自我’和‘你’的区别的实在性上面的。”④

费尔巴哈不满于把人的本质归为意识，他进而把“类”作为基础。可以说，他已经开始意识到从人与人的联系来说明人的本质。然而，他的“类”还远非人的真正的社会联系，而只是把“自我”和“你”联系起来的抽象共同性。作为这种“类生活”的集中表现，就是费尔巴哈视之为神的“爱”。正像恩格斯所指出的，“在一个分成利益直接对立的阶级的社会里”，“爱随时随地都是一个创造奇迹的神，可以帮助他克服实际生活中的一切困难”⑤。费尔巴哈企图借助于一种普遍的“爱”来消除人类社会存在的一切不平等现象，这当然是一种无法实现的幻想。

---

① 《费尔巴哈哲学著作选集》，上卷，184 页。

② 《费尔巴哈哲学著作选集》，下卷，28 页，北京，三联书店，1962。

③ 《费尔巴哈哲学著作选集》，上卷，182 页。

④ 同上书，185 页。

⑤ 《马克思恩格斯选集》，第 4 卷，236 页。

费尔巴哈不同于黑格尔，他不再从精神，而是从人的“类生活”说明人的本质，并把人看成是感性的人，感性的对象。从形式上看，他讲的人似乎是具体的，甚至是唯物的，但就其内容而言，他的人依然是很抽象的，因为，他不理解社会实践和历史发展对人的本质所发生的决定性影响，而把“类本质”仅仅了解为抽象的“自然本质”。所以，他并没有超出以往理论家们对人的抽象观点，而是加深了这种抽象观点。然而，不可忽视的是，在那沧海横流、新世界观应运而生的时代，费尔巴哈形式新颖的观点和它表现出来的向新世界的某种“跳跃”，的确起了开发思路的催化作用。

二、理性和自由 马克思对人性的最初见解

马克思在完成世界观转变以前，对人性的看法，受着18世纪法国启蒙学派和黑格尔观点的直接影响。这种观点虽与马克思后来的认识有本质的区别，但却是了解马克思关于人的观点的起点。

中学时代的马克思在法国启蒙思想的影响下，就已在自己年轻的心灵里培植了一种为全人类献身的思想。其特点是将个人利益纳入人类和社会的普遍利益，把“为人类的幸福”效劳视为“自我完善”的保证。他说：“不能想象这两种利益会彼此敌对，互相斗争，一方必然要消灭另一方；人类的天性生成是这样，人们只有为同时代人的完善、为他们的幸福而工作，他自己才能达到完善。”① 使个人的行为符合人类利益和为人类利益献身的思想，已经远远超越了资产阶级人道主义和利己必须利他的“合理利己主义”的思想界限，使青年马克思从一开始就达到一个新的精神境界，成为他漫长道路的一个新开端。尽管这个思想在当时是抽象的，还不具备确定的社会内容，因而只能是一个朴素的启蒙观念，但它确实是马克思终生恪守不渝的原则。“为人类献身”，在马克思思想发展的不同阶段，因他对人的不同理解而被赋予不同的内容。

马克思转向黑格尔以后，自然接受了黑格尔关于人性的理解，也主张人的本质是理性，是自我意识。他从这个观点出发，批判了宗教，得出无神论的结果。他认为，宗教是不合人性的。“无理性就是上帝的存在”。对

① 《马克思恩格斯全集》，补卷第1卷，594页，柏林迪茨出版社，1974。

上帝存在的任何证明，都“不外是对于本质的人的自我意识的存在的确证”，因为，当人在思索上帝时候，直接存在的首先是自我意识。①

马克思在批判普鲁士封建专制国家时，使理性、自我意识具体化为自由，视自由为人所固有的本性。马克思所理解的自由，不同于青年黑格尔派的那种完全脱离现实的绝对的精神自由，而同黑格尔一样是“定在中的自由”，即受国家和社会生活所制约的自由。但是，他又不同于黑格尔把普鲁士国家看成已经是理性的体现，而是认为，它仅仅“应该”是理性自由的体现，但现在并未完成这个过程。因为，在马克思看来，“符合人性的国家”，不应该建立在宗教的基础之上，而应该建立在理性的自由之上。他说，“不实现理性自由的国家就是坏的国家”②。因此，个人服从国家并不是无条件的，只有真正体现了自由理性的国家，也即真正符合人性的国家，才是值得服从的。这时，“个别公民服从国家的法律也就是服从自己本身理性的即人类理性的自然规律”③。

可见，马克思的这个观点，一方面是他原来关于个人服从社会普遍利益的观念的具体化，另一方面又是他革命民主主义立场的突出表现。作为一个革命民主主义者，马克思把人性理解为真正的自由，要求按照理性自由的原则彻底改造现存的国家制度，建立一个“相互教育的自由人的联合体”④。在这个理性的国家中，个人利益和社会普遍利益是融为一体的，因而也是符合人性的。如同在其他哲学问题上一样，在这里，马克思也是从革命民主主义立场理解和发挥黑格尔观点的。

然而，现实生活又使青年马克思深深感到，现代社会并非理想的社会，而是一个“被分裂的人类世界”，这个世界并不是某一独特利益的天下，而是许许多多利益的天下。私人利益把自己看做“世界的最终目的”⑤。虽然这时马克思激烈反对私人利益对代表普遍利益的国家的僭越行为，但在实际上，国家作为普遍人性代表者的形象时刻都在遭受着损

---

① 参见马克思：《博士论文》，94、95页。

② 《马克思恩格斯全集》，第1卷，127页。

③ 同上书，129页。

④ 同上书，118页。

⑤ 同上书，165页。

伤，私人利益的僭越行为处处都在发生着。现实生活的冲突，势必迅速地改变着青年马克思关于人类普遍利益和抽象人性的传统观念。正像社会分裂为不同的等级一样，马克思关于人性的抽象观点也开始发生了动摇。他说，“自由确实是人所固有的东西”，“不过有时表现为特权，有时表现为普遍利益而已”①。他还没有从唯心主义人性论的圈了跳出来，但已经打开了缺口。动摇和怀疑在某个时期也会成为思想进步的动因，它推动马克思通过一条新的途径，去探索关于人的问题的科学答案。

三、向现实的人的转变

1844年，随着自己世界观转变的完成，马克思摒弃了黑格尔的理性的人，开始对人作唯物主义的考察。诚如恩格斯所指出的，“要使我们的‘人’成为某种真实的东西”，“必须从个别物中引伸出普遍物，而不要从本身中或者象黑格尔那样从虚无中去引伸”②。就是说，要真正科学地认识“人”，就必须从旧哲学的圈子跳出来，既不能囿于黑格尔的抽象理性，也不能停留于费尔巴哈的“人自身”。不能用抽象的东西去规定具体的人，而应“把握特殊对象的特殊逻辑”，通过研究现实人的实际活动和物质生活条件去揭示人的本质。从“抽象的人”向现实的人的转变，是牵涉到马克思创立自己学说的关键。

但是，如前所述，在理论进步中，传统始终都是不可忽视的力量。马克思通过费尔巴哈的人本主义唯物主义摆脱了黑格尔的理性的人，然而，费尔巴哈的同样“抽象的人”，又给马克思的思想发展造成新的束缚。正如以前他不可避免地受着黑格尔观点的影响一样，费尔巴哈对马克思的影响是如此之深，以至在这个过程中，费尔巴哈人本主义观点的痕迹往往同马克思新世界观的天才萌芽交织在一起。然而，这是马克思在前进中不断“超越”费尔巴哈而逐渐达到关于人的本质的科学概念的必经过程。

费尔巴哈对马克思的影响，突出表现在使青年马克思摆脱黑格尔理性的人，即自我意识的人，把人本身当成研究的主要对象。正像费尔巴哈把人作为宗教的基础一样，马克思将“市民社会的人”，“作为国家基础的现

① 《马克思恩格斯全集》，第1卷，63页。
② 《马克思恩格斯全集》，第27卷，13页。

实的主体”。国家“所谓合乎理性”，无非是“指现实的人的理性达到了现实性”[①]。这样，国家不再是抽象理性的产物，而是现实的人的创造物；同时理性也不再是人的本质，它不过是人的属性。既然天国的秘密在于现实的人，那么，就不应当再去寻找人的“假象”，即天国的虚无缥缈的人，而应当研究尘世中的活生生的人。

正是通过费尔巴哈哲学，马克思清楚地认识到，宗教、国家和思辨哲学的秘密就在于人，所以，他高度赞扬费尔巴哈“把形而上学的**绝对**精神归结为**‘以自然为基础的现实的人’**，从而完成了**对宗教的批判**。同时也巧妙地拟定了**对黑格尔的思辨**以及**一切形而上学的批判的基本要点**”[②]。同时，谴责青年黑格尔派在费尔巴哈已经宣布“人是全部人类活动和全部人类关系的本质、基础之后”[③]，“重新把**人**本身变成某种范畴”[④]，这是“恢复一切陈腐的废物”[⑤]。这段话表明，马克思已摒弃把自我意识看成人的本质，而从研究理性、自我意识，转向研究“人本身”。

费尔巴哈在批判宗教时，曾把人视为宗教的“基础”、“中心”和“总结”。其一，是反对在人之外，在宗教或理性中去寻找人的本质，将人之本质还原给“人自身”。其二，是充分估计到人的价值和地位，人不是宗教和理性的附属品，“人是理性的尺度”。对于对象的意识，无非是人的自我意识。在费尔巴哈人本主义观点影响下，马克思也主张，“人的根本就是人本身”[⑥]，“人本身是人的最高本质”[⑦]，等等。但是，倘若马克思仅仅停留于这一步，他也不会“成为马克思”。即便在这时，他也已经尖锐地看出费尔巴哈的理论缺点。他指出，“**人**并不是抽象的栖息在世界以外的东西。人就是**人的世界**，就是国家，社会”[⑧]。他强调研究人的“社会特质”。由此可见，这种从一开始就显示出来的差别，包含着马克思和费尔巴哈在“人”的问题上根本区别的幼芽。费尔巴哈的人是“以自然为基础的

---

① 《马克思恩格斯全集》，第1卷，278页。
② 《马克思恩格斯全集》，第2卷，177页。
③④ 同上书，118页。
⑤ 同上书，119页。
⑥ 《马克思恩格斯全集》，第1卷，460页。
⑦ 同上书，467页。
⑧ 同上书，452页。

现实的人"，而马克思的人，即恩格斯所谓的"我们的'人'"，是以社会为基础的现实的人。探讨这种人，是马克思对"人的问题"研究的新起点。

马克思关于人的本质的科学概念，是他对人的社会性深入探讨的结果。他对人的社会性认识的深化，又是通过对人的劳动和物质利益的探讨来实现的，而其中的关键在于，马克思形成了自己的关于社会生产关系的基本思想。

首先，马克思通过对劳动的分析，加深了对人的社会和社会本质的认识。在发挥费尔巴哈的"人是类存在物"的命题时，他指出："人是类存在物，不仅因为人在实践上和理论上都把类……当作自己的对象；而且因为……人把自身当作现有的、有生命的类来对待，当作**普遍的**因而也是自由的存在物来对待。"① 所谓"有生命的类"和"自由的存在物"，是指从事着改造世界的现实的人。这种活动是人的自由的、能动的类生活，它不仅改变着自然界，同时也改变着人本身。这样，就把对人的认识，由纯理论的范围，即仅仅当成"人自身"，转向实践的领域。

同时，马克思在克服费尔巴哈"抽象的人"的过程中，又吸取了黑格尔"把**劳动**看作人的**本质**"的合理思想，将人区别于动物的本质归结于人的自觉的生产活动，把这种生产活动视为是反映人们社会本质的一面镜子。② 人之所以必定是社会的存在物，正因为生产本身是社会性的活动。不论是劳动还是消费，也不论是物质生产还是精神劳动，都只能是社会性的，都只能通过人与人的合作来实现。社会生活在本质上是实践的，而人的实践永远都是社会的。承认劳动是人的本质属性，就从根本上肯定了人的社会本性。

其次，劳动是人区别于动物的本质属性，是人的社会性的确证，但到此为止，仍不能达到关于人的本质的科学概念，因为它还不是人的"最切近的逻辑规定"，还不能区别人们的不同本质，因此，还必须深入到劳动过程，研究人与人的社会关系。在《1844年经济学哲学手稿》中，马克思通过对异化劳动（在资本主义条件下是人的自主活动的唯一形式）的探

---

① 《马克思恩格斯全集》，第42卷，95页。

② 参见上书，37页。

讨，已经深刻认识到，人的劳动不仅生产出社会所必需的劳动产品，而且生产出工人与资本家的对立关系。劳动者同自己的产品与活动相异化，产生人与人相异化。从而表明了社会关系的客观必然性。由此可见马克思在这里，以萌芽的形式表述了一定方式的生产活动不可避免地产生出一定的社会关系这一历史唯物主义的重要原理。

进而，马克思对物质利益的探讨，更加深化了自己的思想。他认识到，正是"自然的必然性"、"利益"把人们彼此连接起来。① 不论在古代，还是在现代，都是如此。旧的、还没有被排除掉的唯心主义历史观不知道任何基于物质利益的阶级斗争，而且根本不知道任何物质利益。因此，他们根本不理解，随着生产的发展而发展起来的物质利益，以其客观必然性，使人们结成不同的社会关系，形成不同的集团和等级，恰恰是这种社会关系，直接决定着人们的社会本质。

物质利益是联系着人们的纽带，在物质利益的背后，隐藏着基于这种利益的人与人的社会关系。对物质利益的研究，不仅推动着马克思世界观的转变，而且深化着马克思的理论观点。马克思正是通过利益和财产关系的深入分析，表述了一个极为重要的思想，即实物、人的劳动产品，不仅是人的存在的确证，同时也反映着"人对人的社会关系"。这种关系在生产过程中，就是人们的社会关系。很显然，马克思在这里通过物的关系开始触摸到人和人的关系。这无疑是马克思在 1844 年所取得的最重要的思想成果。

我们知道，几个月后，当马克思"大致完成了发挥他的唯物主义历史理论"的同时，针对费尔巴哈把人的本质理解为单个人所固有的抽象物，即理解为一种内在的、无声地把许多个人纯粹自然地联系起来的共同性，明确提出，人的本质"在其现实性上"，"是一切社会关系的总和"② 的著名论断，从而在人类认识史上第一次形成了马克思主义关于人的本质的科学规定。

马克思关于人的本质的科学概念的产生，决不是偶然的，它是 1844 年马克思思想深化的必然结果。他在深入研究现实的人的过程中，揭示出人

① 参见《马克思恩格斯全集》，第 2 卷，154 页。

② 《马克思恩格斯选集》，第 1 卷，18 页。

们在其中活动和生活的社会关系。一旦马克思开始形成自己关于生产关系的科学概念，便立即作出了人的本质的科学规定，因而，把对人的认识最终置于现实的基础之上。正像恩格斯所说的，只要"人"的基础不是经验的人，即在一定社会关系中从事活动的人，"那末他始终是一个虚幻的形象"①。

马克思从人的本质是理性，到得出人的本质"是一切社会关系的总和"的结论，这是一个对人的认识深化和向历史唯物主义接近的过程，同时也是他思想发展的从抽象到具体的转变过程。在这个过程中，马克思通过对人的物质生产活动和社会关系的探讨，逐渐摆脱费尔巴哈的"抽象的人"的影响，触摸到形成人性和人的本质的现实基础，从而为彻底解决人的问题，为进一步对人的本质进行科学概括，即为进一步从具体上升到科学抽象准备了充分而必要的条件。

从"抽象"到具体是认识的深化，而从具体再进到科学抽象是理论上的"升华"。这是马克思关于人的本质的科学概念形成的完整的辩证发展过程。就其科学概念的产生来看，它是一个由"浑沌的关于整体的表象"，经过科学地概括，而达到"越来越稀薄的抽象"，获得"具有许多规定和关系的丰富的总体"② 的过程。所以，马克思关于人的本质的科学抽象，决不是离开真理，而是更深刻、更正确、更完全地反映着人的实际。如果把它看成脱离开它由以产生的过程，那么就不能正确理解马克思关于人的本质的科学定义及其理论价值。

四、人的本质"是一切社会关系的总和"

科学地规定人的本质，只能把它看成是人们的社会关系的总和。构成人的本质的基础的东西，不是人的自然性，也不是人的自然性和社会性的结合，而是人的社会关系。正像马克思在发挥自己的上述观点时所指出的，"每个个人和每一代当作现成的东西承受下来的生产力、资金和社会交往形式（即生产关系——引者）的总和，是哲学家们想像为'实体'和'人的本质'的东西的现实基础"③。

---

① 《马克思恩格斯全集》，第 27 卷，13 页。
② 《马克思恩格斯选集》，第 2 卷，103 页。
③ 《马克思恩格斯全集》，第 3 卷，43 页。

实际上，关于人的本质的概念，无非是对人的生活和社会关系的理论表达。马克思认为，人们在其中进行生产的物质条件、生产关系，以及由此所决定的个人的关系和社会关系，当它们以观念形式表现出来的时候，“即在意识中表现为从**一般人**的概念中、从人的本质中、从人的本性中、从**人自身**中产生的规定”①。人们是什么，反映在意识中，就是“关于人的生存方式或关于人的最切近的逻辑规定的观念”②。这就清楚地表明，关于人的本质和人的本性的概念，只是移植于人们头脑中的由生产的物质条件和生产关系所决定的个人的关系和社会关系。人们对于人和人的本质的认识概出于这个现实基础，只不过有的是科学的抽象，有的是思辨的歪曲罢了。

人的本质是由社会关系的总和规定的，但社会关系的总和决非机械的凑合，而是各种社会关系的有机统一体。其中，不仅有各种关系之间的从属关系，而且有相互作用和相互影响的关系。在这些社会关系中，有思想的和政治的关系，也有经济的关系；有家庭关系，也有各种形式的社会联系和交往；在生产过程中，更有人与人的社会生产关系，阶级社会中还有阶级的关系，等等。按照马克思主义观点，在这些诸多关系中，尽管它们彼此间发生相互影响，但思想、政治关系总是受着经济关系的制约，各种社会关系，包括阶级关系，归根结底，取决于生产关系。正如列宁所说的，生产关系是“决定其余一切关系的基本的原始的关系”③。这种关系决定着整个社会的面貌，同时也最终决定着人的社会本质。

在阶级社会中，阶级关系是生产关系的集中表现，因此，它必然对人的本质发生强烈的影响。高尔基说得好，阶级特征“是一种内在的、深入神经和骨髓的东西”。甚至就连一味诉诸直观的费尔巴哈，也察觉到“皇宫中的人所想的，和茅屋中的人所想的是不同的”。事实上在阶级社会中，人的本质和人的本性在很大程度上取决于人的阶级地位，费尔巴哈所宣扬的“彼此相爱”和共同的纯粹人类感情经过几千年阶级对抗的冲刷，几乎被破坏得荡然无存。

---

① 《马克思恩格斯全集》，第3卷，199～200页。
② 同上书，200页。
③ 《列宁选集》，2版，第1卷，6页。

马克思关于人的本质的科学概念，是对人的各种规定的抽象，同时又是一个科学的具体。“具体之所以具体，因为它是许多规定的综合，因而是多样性的统一。”① 人的本质是社会关系的总和，就是社会关系诸因素在一定生产关系基础上的交互作用在个人身上产生的一种客观结果。每个人都体现着他所处的各种社会关系的规定，他的意识和行为都可以在现实社会关系中找到其存在根据。因此，既要看到生产关系的最终决定因素，同时又要看到其他社会关系的交互作用，就是说，只能从社会关系的总和说明人的本质，而不能用一种关系去代替其他社会关系。

人的本质是人的社会性和社会关系的科学抽象，为了正确理解这一点，将人性和人的本质的概念适当加以区别，是不无裨益的。这两个概念是对人的认识的不同深度的反映，两者既有联系又有区别。人性的外延要广泛得多，它是指人之区别于动物的根本属性，人们通常把人性与兽性相对立。它不仅包括诸如劳动、合群等等人的社会属性，而且包括饮食、男女等等自然属性。但是，这不是纯粹的自然性，而是受人的社会性制约的人的自然性。“人是最名副其实的社会动物，不仅是一种合群的动物，而且是只有在社会中才能独立的动物。”② 不论人的自然性以怎样的形式表现出来，它最终由人的社会性所支配。如果把人的自然性与社会性对立起来，甚至用人的自然性取代人的社会性，把它作为人的本性的基础，这无异于将人性降低为兽性。正像马克思所指出的，饮食、男女是人的自然性，但如果离开人的其他活动，并使它们成为“最后的和唯一的终极目的，那么，在这种抽象中，它们就是动物的机能”③。在批判那种把自然状态作为人的理性状态的观点时，马克思更尖锐地指出：“假如我们自由的历史只能到森林中去找，那末我们的自由历史和野猪的自由历史又有什么区别呢?”④ 在人性的诸多规定中，生产劳动无疑是人区别于动物的最根本的属性。如前所述，正是这种活动决定了人只能是社会的人，甚至决定了人的自然性的发挥，决定了人的自然性也是一个随着生产力发展而不

① 《马克思恩格斯选集》，第 2 卷，103 页。
② 同上书，87 页。
③ 《马克思恩格斯全集》，第 42 卷，94 页。
④ 《马克思恩格斯全集》，第 1 卷，454 页。

断发生变化的历史过程。

人的本质的概念，其内涵更加确定，是较之人性概念更深一层的范畴。它不包括人的自然性，也不停留于人的一般的社会性，而要进一步揭示人的最本质、最实质的内容。本质是关系，是规定之间的必然联系。人的本质是一切社会关系的总和，就揭示了人的最本质的内容。这是关于人的本质的科学定义。它不仅将人与动物根本区别开来，而且也区别开了不同时代、不同阶级和阶层的人。资本主义社会的人之不同于封建社会的人，无产者之不同于资产者，决定于他们所处的不同的社会关系。同一个时代和同一个阶级的人，之所以具有大致相同的本性，是因他们具有共同的社会关系和生活条件。

马克思在谈到生产的科学规定时指出，“**生产一般**是一个抽象，但是只要它真正把共同点提出来，定下来，免得我们重复，它就是一个合理的抽象”①。但是，他同时强调，不能因见到统一，就忘记本质的差别，而构成发展的，恰恰是这种本质的差别。这些论述，同样适用于他关于人的本质的科学定义。这个定义，奠定了正确认识人的理论基础，具有重大的科学价值。然而，真正把握这个定义的实质和正确运用它，就必须捕捉它在不同社会和历史时代所呈现出来的“本质的差别”。正是这种差别，不仅使我们理解到一切时代的人具有某种“共同标志，共同规定”，而且更为重要的是，看到人的本质也是一个随着历史的发展而发展的过程。

由此可见，马克思关于人的本质的科学定义，是建立在辩证唯物主义的理论基础之上的。只有坚持科学的方法论原则，才能正确地理解它。

马克思关于人的本质的科学概念，使他在人的问题上同一切旧哲学划清了界限。资产阶级哲学家并不否认人的社会性，但由于不懂得基于生产关系之上的各种社会关系的有机统一，而且根本不懂得生产关系，因而不仅不能科学地说明人的社会本质，而且不可避免地陷入历史唯心主义。我们知道，法国唯物主义哲学家爱尔维修所主张的“人是环境的产物”，就包含着对人的社会性的肯定，因为，他所谓的“环境”，是指社会生活的总和，其中既包括人们的经济生活，又包括教育、法律等政治思想和文化

① 《马克思恩格斯选集》，第2卷，88页。

生活。但是，爱尔维修认为，在所有这些关系中，法律是决定一切的。只要有好的法律，就能改变社会面貌，随着社会面貌的改变，人的本性也就发生变化。并且认为好的法律不是取决于社会经济关系，而是取决于天才人物的卓越见识。这样，他从“人是环境的产物”的正确前提出发，最后又导致“意见支配世界”的唯心主义结论。

费尔巴哈明确把他的“人”宣布为“社会的人”，因为，他的亲身经验告诉他，人们必须交往，相互需要。所以，他认为“人的**本质**只包含在共同性中，包含在**人和人的统一**中”①。这表明，费尔巴哈试图从人与人的社会关系来说明人的本质，这比起法国唯物主义者来，无疑是一个进步。但是，费尔巴哈同样不真正了解人们的彼此交往和社会关系，而只知道人是“**和人结合起来的人，自我和你**的统一”②。正像恩格斯所指出的，“费尔巴哈知道的也仅仅是**两个**人之间的交往”③，即男女之间的关系。可见，费尔巴哈尽管在这个问题上有所前进，然而他也不能最终突破资产阶级哲学的一般界限，在说明人的问题上，同样是历史唯心主义的。

综上所述，马克思之所以能提出自己的关于人的本质的科学概念，关键在于形成了关于生产关系的基本思想。他通过对人的社会关系和生产关系的综合考察，不仅揭示了人的本质，而且进而发现了人类历史发展的一般规律。马克思通过对人的活动和物质生活条件的研究，逐步接近形成生产关系原理等历史唯物主义的基本原理，而这些原理的产生又为马克思关于人的学说奠定了理论基础。这一科学概念的产生不仅有现实的基础，又有历史的理论的根据，任何低估或否定马克思关于人的本质的科学概念，都是站不住脚的。

在这里，不能不涉及存在主义对马克思观点的歪曲，因为，存在主义是资产阶级哲学在人的问题上反对马克思主义的典型代表。它关于人的观点，同马克思关于人的本质的科学概念是针锋相对的。

存在主义的一个基本命题是，“存在先于本质”。顾名思义，似乎它非

---

① 《马克思恩格斯全集》，第42卷，360页。
②③ 同上书，361页。

常强调“存在”，实际上存在主义强调的并不是唯物主义用以表示客观实在的存在，而是个人“存在”，是人的内在“自我”的“存在”。这个个人存在是一切存在的出发点，它决定其他一切存在，而不被其他事物所规定。对个人存在的理解，也不依赖其他事物，而取决于自身。海德格尔说：“对**‘在’的领悟本身**就是**‘亲在’的‘在’的规定**。”① 就是说，这个作为一切出发点的“存在”，本身就是一个不证自明的、自我规定的绝对主体。

所谓“存在先于本质”，是指人的本质、人的一切都是后来由个人“存在”这个主体，按照自己的意志而任意规定的。萨特这样说：“人之初，是空无所有；只在后来，人要变成某种东西，于是人就按照自己的意志造就他自身。”② 也就是说，人最初是一种单纯的主观性，以后才创造出自己的本质及其社会关系。

由此可见，存在主义是一种十足的主观唯心论，其立足点，就是纯粹的主观性。第一，它把个人的存在同他所处的社会关系和生活环境完全割裂开来，使人变成一个脱离社会历史的抽象的个人。第二，它进而又用这个“存在”去规定人的本质，规定构成人的本质的现实基础的社会关系和阶级关系。这种观点，同马克思关于人的本质是一切社会关系的总和的科学概念是根本对立的。事物的存在及其本质是不可分割的。世界上决没有离开具体存在的单纯的本质，也没有不隐藏着本质的空洞的存在。人的本质总是同人的存在相联系而成为实存。马克思将两者统一起来，用人们生活其中的社会关系规定人的本质，而存在主义又将两者分割开来，把人的本质及其各种社会特性都归结于人的主观性。存在主义者认为，用社会关系规定人的本质，就是把人降低到物的地位，把人不当人，从而贬低了人。换言之，把人的一切都归于人的主观性，就是把人当人。可见，他们所谓“抬高人的地位”，“给人以尊严”，其理论根据正是“存在先于本质”的命题。这同历史唯物主义从生产力和生产关系的发展来看人的地位和人类解放问题，是风马牛不相及的。

存在主义不仅在理论上是荒谬的，而且在实践上也是十分有害的。

---

① 转引自刘放桐等编著：《现代西方哲学》，551页，北京，人民出版社，1981。

② 转引自上书，554页。

按照存在主义的观点，或者像萨特所鼓吹的“人，不外是由自己造成的东西”①，那么，人们只能关起门搞什么“自我设计”和“个人奋斗”，从而把人引向逃避现实和脱离实践的个人主义的邪路上去。存在主义是麻痹思想和涣散斗志的哲学，必须用马克思主义观点给予分析批判。

第二节　费尔巴哈关于“人的本质的异化”和马克思的“真正的人道主义”

“人的本质的异化”是费尔巴哈人本主义的重要命题，它在否定宗教神学和批判黑格尔思辨哲学中曾起过积极的作用，并对马克思转向历史（和辩证）唯物主义发生了一定影响。马克思“超越费尔巴哈而进一步发展费尔巴哈”，更明显地表现在对待费尔巴哈关于“人的本质的异化”这个问题上。如果说在克服费尔巴哈的“抽象的人”的过程中，马克思深入研究了社会生活，那么这里他通过发挥费尔巴哈“人的本质的异化”的概念，对历史发展和未来社会有了进一步的认识，并初步论证了人类解放和无产阶级历史使命的学说。

一、费尔巴哈关于“人的本质的异化”的命题

黑格尔的异化概念，是他用于维系其唯心主义体系和宗教神学的一个基本概念。黑格尔哲学体系就是通过绝对观念的异化和扬弃异化的形式而构造起来的。但是，在他的激进的学生中，这个概念反过来又成为否定宗教和批判黑格尔唯心主义的重要武器。在这方面，费尔巴哈是其中最卓越的代表。

布鲁诺·鲍威尔首先用异化概念来批判宗教，提出了神是人的异化的观点。但他把人仅仅归结为抽象的本质，即归结为自我意识，并把无限的自我意识上升为世界的最高原则。因此，虽然他在批判宗教方面的贡献比其他青年黑格尔派分子都要大得多，但最后不得不在哲学的形式下使基督教的创世说死灰复燃。

同样，费尔巴哈也把黑格尔的异化概念用于宗教批判，把“神是人的本质的异化”作为否定基督教的理论根据。然而，与鲍威尔不同，他不是

① 刘放桐等编著：《现代西方哲学》，555页。

在唯心主义基础上，而是在人本主义唯物主义的基础上理解和使用异化概念的。这样，便赋予异化概念以新的含义，并促使人们用异化概念去解释社会生活现象。

费尔巴哈的主要功绩就在于把宗教的基础归结为人，即归结为以自然为基础的感性的人。他的基本观点，是把上帝看成是人的本质的异化。就是说，人把自己的本质从人本身分裂出去，对象化为一个独立于人的精神本体，这个精神本体反过来又与人相对立，成为统治人的异己力量。

费尔巴哈的这个基本思想，贯穿于《基督教的本质》一书中。他说："上帝的人格性，本身不外乎就是人之被异化了的、被对象化了的人格性。那种使人对上帝的意识成为上帝的自我意识的黑格尔式的思辨学说，便是以这种自我异化过程为基础的。"① 还说："宗教使人的本质跟人割离开来。上帝的活动、恩典，乃是人的被异化了的自我活动，乃是被对象化了的自由意志。"② 在这里，他明确地把神、上帝说成是人的自我异化。

此外，他一再强调的上帝是人的本质的对象化，实质上讲的也是人的本质的异化。他说："**属神的本质不是别的，正就是**属人的本质，或者，说得更好一些，正就是**人的本质**，而这个本质，突破了个体的、现实的、属肉体的人的局限，被对象化为**一个另外的、不同于它的、独自的本质**，并作为这样的本质而受到**仰望**和**敬拜**。因而，属神的本质之一切**规定**，都是**属人的**本质之规定。"③ "人使他自己的本质对象化，然后，又使自己成为这个对象化了的、转化成为主体、人格的本质的**对象**。这就是宗教之秘密。"④ 这里所谓的"对象化"，显然就是异化，而且费尔巴哈在他的著作里更多的是用对象化表示异化的概念。

异化和对象化是两个既有区别又有联系的概念。在私有制与宗教能以存在的条件下，宗教对象化只能是异化的结果，所以，这种对象化就是异化。只不过前者表示活动的特性，后者表示活动的结果罢了。但并非任何对象化都是异化，如在宗教和私有制已消灭的条件下，人的活动固然对象

① 《费尔巴哈哲学著作选集》，下卷，267页。
② 同上书，281页。
③ 同上书，39页。
④ 同上书，56页。

化，但它不是异化的结果，而是人的自主活动的结果。将异化和对象化视为等同，必然把异化永恒化，这正是马克思所反对的。当然，在《基督教的本质》中，费尔巴哈把异化与对象化视为同一，用宗教对象化表示异化的结果，无疑是正确的。

费尔巴哈从人本主义观点出发，在一定程度上认识到了宗教异化的现实基础。在他看来，人之所以把自己异化为另一个存在者，即宗教之所以产生，是由于人是一个自我分裂的人。个体的人同自己类本质总是矛盾的。他说，上帝跟人的对立，“乃是人跟自己本质的分裂”，人的这种自我分裂“是宗教的起点”。① 人把自己的本质从自身分裂出去，转化为一个异己的存在者，反过来，人又向自己对象化了的本质顶礼膜拜。人把自己的属性异化出去的越多，他自己丧失的也就越多。上帝越是全能，人越是无能。上帝越是神圣，人越是罪恶。② 人与上帝是两个极端。这种个体和类的矛盾，在基督教统治的时代达到了顶点。神性完全代替了人性，人彻底沦为自己的异化物——上帝的奴隶。但是，费尔巴哈认为，消除这种异化现象，同样也是历史之必然。要达到此种目的，就要把人看成是第一性的，把上帝看成是第二性的③，就要把神归于人。他说：“属神的本质道道地地就是属人的本质，上帝的神性就是人性。”④ 因此，只要把对上帝的爱转变为对人的爱，把被异化了的人的本质复归于人，使人和自己的类本质相统一，一句话，使人重新占有自己的本质，宗教便自然归于消灭。由此可见，费尔巴哈通过“人的本质的异化”和“复归”的学说，比青年黑格尔派更坚决地打击了宗教神学，得出了鲜明的无神论的结论。但他对异化的扬弃，也只是在纯理论范围内进行的。

同时，他也用同样的观点，尖锐地批判了黑格尔的思辨哲学。他认为，思辨哲学同宗教神学有着内在的联系，“思辨哲学的本质不是别的东西，只是理性化了的、实在化了的、现实化了的上帝的本质”⑤。黑格尔的绝对精神，不过是上帝的别名而已。

---

①② 参见《费尔巴哈哲学著作选集》，下卷，60 页。

③ 参见上书，315 页。

④ 同上书，360 页。

⑤ 《费尔巴哈哲学著作选集》，上卷，123 页。

宗教意识借助于上帝人格性之表象而使人和上帝都变成独立的实在，从而使人和上帝这两个不可分割的方面割裂开来。反之，黑格尔以思辨的方式将两者统一起来，即把人对上帝的意识转变为上帝的自我意识。这样一来，人的思维、意识活动就成为上帝的本质的、必然的活动。因此，费尔巴哈尖锐地指出，“黑格尔式的思辨只是宗教真理之彻底的完成而已”①。

但是，黑格尔只是形式地解决了宗教所设置的人与上帝的矛盾，而在实际上这个矛盾仍未解决。因为意识不能脱离开人而单独存在，人对上帝的知识，并非上帝的自我意识。费尔巴哈认为：“把它颠倒过来，你就得着真理了：人对上帝的知识乃是人对自己，对自己固有本质的知识。只有本质与意识的统一才是真理。”② 就是说，统一是应当的，不过不应把人的知识统一于上帝，相反，应把关于上帝的知识统一于人，只有在人的基础上，宗教设置的人与上帝的旧矛盾才能得到解决。所以他认为，哲学的任务“是将上帝现实化和人化”。

尽管费尔巴哈把批判基督教作为自己理论活动的中心课题，然而作为一个人本主义的唯物主义者，他不可能彻底否定宗教。这不仅由于他企图以爱的宗教来代替神的宗教，更为重要的是，他虽把人的分裂视为批判宗教的基础，但是他并没有真正地理解这个基础。正像马克思所指出的，费尔巴哈从宗教的自我异化，从世界被二重化为宗教的世界和现实的世界这一事实出发，但他不懂得世俗基础使自己和自己的本质分离，并使自己转入云霄，这一事实，只能用这个世俗基础的自我分裂和自我矛盾来说明，然后用排除这种矛盾的方法在实践中使之革命化。③ 费尔巴哈不是面向社会、诉诸实践，因而不能找到扬弃宗教的正确途径，他仅仅局限于理论范围，因而也不可能说明宗教本身。费尔巴哈在这里所表现出来的局限性，不是个别的局限性，而是资产阶级哲学的一般局限性。

虽然如此，费尔巴哈在马克思以前还是达到了一个理论家所能达到的高度，并在当时发生了积极影响。首先，他用神是人的本质的异化的命

---

①② 《费尔巴哈哲学著作选集》，下卷，272 页。

③ 参见《马克思恩格斯选集》，第 1 卷，17 页。

题，说明不是上帝创造了人，而是人创造了上帝，从而更彻底地打击了神学蒙昧主义，起到了反对封建主义的进步作用。其次，费尔巴哈把宗教世界归结于它的世俗基础，尽管他不能正确地说明这个基础，然而却推动人们去科学地解决这个问题。历史事实恰恰就是如此。最后，费尔巴哈关于神是人的本质的异化的命题，在理论上直接促使青年黑格尔派的一些成员和马克思运用它去分析社会生活现象。例如，赫斯在《论金钱的本质》①一文中，仿效费尔巴哈的观点来说明金钱的本质，认为如同在宗教中人把自己异化为神，在现实生活中人把自己的活动异化为金钱。金钱像神一样，变成统治着人的异己力量。要消灭现实生活中的这种异化现象，只有通过社会解放的途径。赫斯从费尔巴哈哲学中发挥出来的这个观点，对马克思也发生了影响。这一点在马克思的《论犹太人问题》一文中，得到了明显的反映。

二、青年马克思的"真正的人道主义"概念

马克思转向费尔巴哈以后，无疑接受了费尔巴哈"人的本质的异化"的思想。他不仅用这个命题来批判宗教，而且将它运用于社会生活，说明人类解放和现实的社会主义运动。由于脱离了纯理论范围而转向社会实践活动，这个在费尔巴哈哲学中孕育的，以后又为某些青年黑格尔分子所明朗化了的理论发展的新倾向，才真正发挥出来，进到一个新的阶段，并对青年马克思的思想发展产生了积极的影响。当然，它也有其消极的方面。

"真正的人道主义"概念，是马克思在费尔巴哈的人的本质的异化命题影响下用以说明社会主义和共产主义的特定概念。正像费尔巴哈以人的自我分裂作为自己批判宗教的起点一样，马克思也以此作为自己"真正的人道主义"的出发点。他这时认为，生活于不合理制度下的人，不是一个真正完善的人，而是从自己类本质分离出来的利己主义的个体。这个本来面目的利己的个体，是被异化了的人，因而"还不是**真正的**类存在物"②。

由此出发，人的任何发展和解放都可以归结为消灭这种异化，向自己

① 该文是赫斯为《德法年鉴》撰写的论文，后因《德法年鉴》停刊，发表于《莱茵年鉴》上。

② 《马克思恩格斯全集》，第1卷，434页。

原有的真正本质的复归。基于这种看法，马克思不仅在《德法年鉴》的文章中，区分了政治解放和人类解放，而且在《1844年经济学哲学手稿》中，认为共产主义“是**私有财产**即**人的自我异化的积极的**扬弃，因而是通过人并且为了人而对**人的**本质的真正**占有**；因此，它是人向自身、向**社会的**（即人的）人的复归，这种复归是完全的、自觉的而且保存了以往发展的全部财富的。这种共产主义，作为完成了的自然主义，等于人道主义，而作为完成了的人道主义，等于自然主义，它是人和自然界之间、人和人之间的矛盾的**真正**解决，是存在和本质……个体和类之间的斗争的真正解决”①。马克思将他这时所理解的共产主义称作“完成了的人道主义”或“真正的人道主义”。

从马克思的上述观点，一方面可以看出，他大大“超越”并“发展”了费尔巴哈的思想。其主要表现是，马克思将费尔巴哈的这个命题，从纯理论范畴转到实践领域，从宗教批判转移到社会生活，使之同历史发展和现实的社会主义运动相结合，从而得出消灭私有制和共产主义必然性的结论。同时，由于同社会实践的结合，关于“人的本质的异化”和“复归”的学说，也得到最完备的阐发和论证。它作为理解社会主义和解答“历史之谜”的辩证武器，深化着马克思的思想。这一点是不容置疑的。

但是，“真正的人道主义”作为存在和本质、个体和类之间矛盾的“真正解决”和向真正的类本质的“复归”，就其思想形式而言，无疑又带有思辨色彩。首先，它假定存在着一个不变的本质，即类本质，作为其肯定性的前提；其次，它假定人是自我分裂的，个体的人会离开自己的真正本质而变成异己的存在者，所谓现实的利己的个体“还不是真正的类存在物”，就是从这样一个假定产生的；最后，正由于人的存在离开自己的本质、个体和类相异化，因而必须扬弃这种异化，重新占有自己的本质。共产主义作为否定之否定项，被认为是存在和本质、个体和类的真正统一。于是，一切历史矛盾都得到真正解决。

显而易见，这种论述方式仍然留有黑格尔三段式和费尔巴哈人本主义观点的痕迹。从这种说明和论证看，似乎共产主义就是为了寻找“真正本

① 《马克思恩格斯全集》，第42卷，120页。

质”，这不仅在用语上，而且在观点上，都受着旧哲学，尤其是费尔巴哈人本主义哲学的影响。无怪乎，马克思在 1844 年 8 月 11 日致费尔巴哈的信中，赞扬费尔巴哈给社会主义提供了哲学基础。① 这最清楚不过地表明了马克思这时的共产主义学说同费尔巴哈人本主义哲学之间的逻辑联系，从而也说明了马克思当时把自己的共产主义学说说成是“真正的人道主义”的真实原因。

以费尔巴哈人本主义唯物主义为“哲学基础”、用“真正的人道主义”为旗帜的共产主义学说，固然使马克思对现存制度进行了无情的批判，对未来社会作了一定的揣测，然而，这种学说，不可能指导现实运动，更不可能真正科学地预见未来。因此，随着马克思“进一步从费尔巴哈走向历史（辩证）唯物主义”，他毅然放弃“真正的人道主义”用语，便是十分自然的事情了。

三、共产主义不是为了寻找人的“本质”

马克思 1844 年把费尔巴哈哲学视为社会主义和共产主义的“哲学基础”，这当然不是偶然现象。这不仅是他本人世界观不成熟的反映，而且与德国特殊的哲学环境有关。恩格斯曾经指出，“德国人是一个哲学民族”，在当时，凡是谈论共产主义的人，几乎都是从哲学出发的。他说：共产主义是“从德国**本国**哲学必然得出的结论”，而且“是新黑格尔派（即青年黑格尔派——引者）哲学的**必然**产物”②。他把这种德国共产主义径直地称为“哲学共产主义”。

如前所述，青年黑格尔运动从一开始就表现出极不相同的思想倾向，其中反映出两个基本的发展趋势：一是以鲍威尔和施蒂纳为代表的日益走向主观唯心论的方向，它始终没有超出黑格尔哲学体系的范围和资产阶级自由主义的界限。另一是通过费尔巴哈而转向唯物主义和社会主义的方向。一些激进的青年黑格尔分子走的正是这条道路。恩格斯所谓的“德国**本国**哲学”，主要是指在青年黑格尔运动中产生的、为思辨活动所完善化了的费尔巴哈人本主义的唯物主义哲学。一种具有发展能力的新的方向，

---

① 参见《马克思恩格斯全集》，第 27 卷，450 页。
② 《马克思恩格斯全集》，第 1 卷，591 页。

便是从这种哲学中萌发起来的。

马克思这时虽已完全脱离青年黑格尔派而转向研究现实的社会问题，但在他的世界观形成以前却是这种“哲学共产主义”的赞同者。至少恩格斯是把他同赫斯一起列入“哲学共产主义”的“行列”之中的。① 在马克思看来，“哲学共产主义”同“真正的人道主义”是一致的，都是用费尔巴哈哲学来说明人的解放和社会主义，即消灭非人的现实，使人过着符合人性的生活。为了揭示哲学同共产主义的“必然联系”，马克思还特别对18世纪法国唯物主义同法国社会主义和共产主义的关系进行了深入考察，他得出的结论是：法国唯物主义是“**现实的人道主义**学说和**共产主义的逻辑**基础”②。这种分析，加强了马克思关于费尔巴哈人本主义的唯物主义是德国社会主义和共产主义的“哲学基础”的信念。所以，他称费尔巴哈的唯物主义是“和**人道主义**相吻合的**唯物主义**”③。同时又把“现实的人道主义”和共产主义看成是这种唯物主义在实践上的体现。

可见，“真正的人道主义”即“现实的人道主义”是同用费尔巴哈哲学说明社会主义联系在一起的。它之所以是一个不成熟的概念，不是由于它同哲学有着一种内在的联系，而是由于作为它的理论根据的那种哲学本身是不科学的。它把社会主义和共产主义看成是克服人的本质的“异化”，向真正的人“复归”，就使对社会历史的认识带有一种思辨的性质。要正确认识现实的社会运动和科学地揭示社会历史的前景，唯一的办法就是深入剖析资本主义社会的经济结构，科学地认识社会历史的规律性。这显然不能以费尔巴哈的人本主义哲学为根据，而只能建立在唯物主义历史观的基础之上。

1845年春天，马克思的历史唯物主义初步形成，他的思想发生了一个质的“飞跃”。伴随这一新的理论立场，他对共产主义的理解也发生了根本变化。这时，他不再把共产主义看做“人的本质的异化”和“复归”的逻辑结论，而是看做资本主义社会生产力和生产关系矛盾高度发展的必

① 参见《马克思恩格斯全集》，第1卷，591页。

② 《马克思恩格斯全集》，第2卷，167～168页。

③ 同上书，160页。

然产物。正如马克思在《德意志意识形态》中明确指出的，共产主义不再是“从寻找‘**本质**’开始的”，“共产主义是用实际手段来追求实际目的的最实际的运动”①。他还指出，“我们所称为共产主义的是那种消灭现存状况的**现实的**运动。这个运动的条件是由现有的前提产生的”②。生产力和生产关系的高度发展，以及基于这两者矛盾之上的无产阶级反对资产阶级的斗争，就是这种现实的前提。这种共产主义的理论基础，只能是唯物主义历史观，而决不能是任何其他哲学。

马克思的上述论断，既同乌托邦式的空想社会主义划清了界限，又同力图使现实符合一种抽象理性的“哲学共产主义”划清了界限。因此，马克思这时不再把共产主义称为“真正的人道主义”，而是直接表述为“**实践的**唯物主义”或“**共产主义**”③。这就是说，在马克思思想发展的更高阶段上，他以“**实践的**唯物主义”代替了原先的“与人道主义相吻合的唯物主义”，用对现实的人及其生活条件的研究代替了对“人的本质的异化”的研究，同时，用与其内容相符合的科学共产主义的概念取代了“真正的人道主义”的不成熟的用语。这无疑是马克思世界观趋于成熟的重要标志。

与此相反，第一个成为“哲学共产主义”的赫斯始终没有离开过费尔巴哈人本主义哲学的基地，或者说，他始终坚持用费尔巴哈的“人的本质的异化”和“复归”的学说解释共产主义，因此，他不但没有过渡到科学共产主义的立场，反而堕落成德国“真正的社会主义”的奠基者，鼓吹共产主义不是为了人的实际物质利益，而是为了追求“人”的某种永恒的“本质”，从而把无产阶级反对资产阶级的斗争，变成了空洞的关于“爱”的呓语。马克思主义创始人在《德意志意识形态》和《共产党宣言》中，对“真正的社会主义”及其哲学基础——费尔巴哈的人本主义，进行了辛辣的嘲讽和尖锐的批判。这种批判，同时也表明马克思同自己曾信仰过的那种观点，彻底割断了联系。

---

① 《马克思恩格斯全集》，第3卷，236页。
② 同上书，40页。
③ 同上书，48页。

总之，“真正的人道主义”是马克思世界观从不成熟向成熟转变过程中所使用的一个特定概念。尽管它在当时有一定的积极意义，但它毕竟是一个不成熟的、尚未摆脱抽象思辨色彩的用语。如果把它夸大为成熟的马克思主义概念，硬把共产主义说成是关于“人的本质的异化”和“复归”的学说，那么，这不仅不符合历史事实，而且是向马克思早已与之决裂的那种资产阶级意识形态的倒退。

四、对无产阶级历史使命的最初论证

要真正科学地解决人的问题，解决人的解放问题，不能依靠用思辨的方式去说明“人的本质”，而应深入现代社会生活研究现实的人，即研究那个由于受苦最深，因而成为现代社会的最普遍代表的阶级。只有它的解放才能推动整个社会的普遍解放。因为，它的要求和权利，真正是“社会本身的权利和要求，它真正是社会理性和社会的心脏”①。无产阶级正是这样一个阶级。它所处的实际地位，使它最关心社会主义的实现，并能认识到自己的利益和历史赋予它的解放人类的使命。马克思的最大功绩就在于他首先发现了这个阶级，并通过自己的理论研究使工人阶级意识到自己的历史作用和如何实现自己的历史使命。

按照列宁的说法，马克思最初提出无产阶级历史使命的学说，是在1844年。② 在19世纪40年代，许多“醉心于争取政治自由的斗争”的人，都“看不见资产阶级利益同无产阶级利益的对立”，“都认为无产阶级只是一个**溃疮**”。相反，马克思则“把自己的全部希望寄托在无产阶级的不断增长上”③。

然而，这时马克思也同样是从“人的本质的异化”观点出发，来说明无产阶级的历史使命的。他认为：“有产阶级和无产阶级同是人的自我异化。但有产阶级在这种自我异化中感到自己是被满足的和被巩固的，它把这种异化看做**自身强大**的证明，并在这种异化中获得人的生存的**外观**。而无产阶级在这种异化中则感到自己是被毁灭的，并在其中看到自己的无力

① 《马克思恩格斯全集》，第1卷，464页。

② 参见《列宁选集》，2版，第2卷，437页。

③ 《列宁选集》，2版，第1卷，87页。

和非人的生存的现实。这个阶级，用黑格尔的话来说，就是在被唾弃的状况下对这种状况的**愤慨**，这个阶级之所以必然产生这种愤慨，是由于它的人类**本性**和它那种公开地、断然地、全面地否定这种本性的生活状况相矛盾。”①

这一典型的论断，既清楚地表明，马克思尚未摆脱费尔巴哈人本主义的影响，同时又表明，他已经远远地“超越”了费尔巴哈。马克思虽然还是从“人的本质的异化”命题出发，但同时显示出，他对这一命题的理解和运用与费尔巴哈有着原则的区别。按照费尔巴哈的人本主义观点，人的本质，是所有人的共同性，因而也是资产者和无产者所共同的东西。相反，马克思从人的异化中看出了两种性质不同的异化，以及由此而产生的两个根本对立的阶级。在这种异化中，资产者是对立的肯定方面，“是得到自我满足的私有制”，并获得人的生存的“外观”；而无产者则丧失了一切人性的东西，它是对立内部的不安，是已经被消灭的并且正在消灭自身的私有制。由于两者利益和地位的对立，因此决定了在这一矛盾运动中，资产者作为私有制的肯定方面，是保守的力量，无产者作为私有制的否定方面，是破坏的力量."从前者产生保持对立的行动，从后者则产生消灭对立的行动。”②

在《神圣家族》中，马克思正是基于这个基本观点，对无产阶级历史使命学说作了论证。

首先，无产阶级能够自己解放自己。马克思首次在《德法年鉴》中提出的这个问题，也遭到鲍威尔等人的歪曲。他们攻击马克思的这个观点是“非批判的”，是“崇拜”无产阶级，是把无产阶级看做“神”。马克思针锋相对地指出：“倒是相反。由于在已经形成的无产阶级身上实际上已完全丧失了一切合乎人性的东西，甚至完全丧失了合乎人性的**外观**，由于在无产阶级的生活条件中现代社会的一切生活条件达到了违反人性的顶点，由于在无产阶级身上人失去了自己，同时他不仅在理论上意识到了这种损失，而且还直接由于不可避免的、无法掩饰的、绝对不可抗拒的**贫困**——**必然性**的这种实际表现——的逼迫，不得不愤怒地反

①② 《马克思恩格斯全集》，第2卷，44页。

对这种违反人性的现象，由于这一切，所以无产阶级能够而且必须自己解放自己。”① 在这里，马克思已不是抽象地谈论一般人性，而是把它同无产阶级的生活条件联系起来，不仅从道义上谴责这种非人的生活条件，而且从这种生活条件的“**必然性**”揭示了无产阶级“自己解放自己”的历史任务。

其次，马克思继续发挥了他在《德法年鉴》中提出的论点，强调无产阶级的解放，也就是整个社会的普遍解放。因为，无产阶级的贫困，不只是某一阶级的贫困，而是体现在它身上的现代社会必然造成的普遍贫困。无产阶级的生活条件，不过是现代社会非人性生活条件的最尖锐、最集中的表现和发展的“顶点”，因此，无产阶级只有“消灭集中表现在它本身处境中的现代社会的**一切**违反人性的生活条件”，它才能“消灭它本身的生活条件”②。也就是说，无产阶级只有解放全人类，它自己才能获得最后的解放。无产阶级的解放和整个社会的解放是完全一致的。

最后，无产阶级“自己解放自己”不仅是可能的，而且是现实的。因为无产阶级经受着最实际、最全面的锻炼，特别是大工业生产的锻炼，使它具备能够实现解放自己的素质。马克思指出：“它不是白白地经受了**劳动**那种严酷的但是能把人锻炼成钢铁的教育的。问题不在于目前某个无产者或者甚至整个无产阶级把什么**看做**自己的目的，问题在于**究竟什么是无产阶级**，无产阶级由于其本身的**存在**必然在历史上有些什么作为。它的目的和它的历史任务已由它自己的生活状况以及现代资产阶级社会的整个结构最明显地无可辩驳地预示出来了。”③

这就是马克思通过对资本主义私有制和基于其上的有产者和无产者的矛盾运动的分析，而得出的伟大结论。它有力地证明，辩证法是马克思主义的根本的理论基础。它一旦摆脱思辨用于现实生活，就会显示出强大的威力，得出最革命的结论。无怪乎，《神圣家族》刚刚问世，德国最大的保守派报纸之一《总汇报》便惊呼道：“书中我们看到的是最激进的、最露骨的共产主义，而更危险的是，无论如何不能否认马克思先生有非常

①②③ 《马克思恩格斯全集》，第 2 卷，45 页。

渊博的知识，善于运用黑格尔逻辑学的辩论武器，即人们通常说的‘铁的逻辑’。”① 这家报纸从资产阶级立场出发所作出的反映，应该说是敏锐的，也是符合事实的。

列宁针对马克思上述这段精彩的论述写道，“其中非常鲜明地提出了马克思的几乎已经形成了的对于无产阶级革命作用的观点”②。列宁的这一论断，准确地说明了这时马克思观点成熟的程度。“几乎已经形成”，也就是还没有最后形成，还在向着成熟接近。之所以如此，主要由以下两个相互联系的方面所决定。一方面，它还带有旧哲学的遗迹，还是从人的自我异化和复归的观点出发，把无产阶级的任务视为消除在资本主义制度下达到顶点的非人性现实，向真正的人复归。这固然使这个问题得到一定的说明，但费尔巴哈的人本主义观点仍然阻碍着对它的科学解决。另一方面，更为重要的是，马克思虽然已经从私有制本身来分析无产者和资产者的对立，看到了私有制在自己的经济运动中把自己推向灭亡，但是由于对政治经济学研究还不够和唯物史观尚未最后形成，所以，马克思这时还不能完全从资本主义经济结构和阶级关系，以及现代社会阶级斗争的历史发展中来寻求真正科学的论证。虽然他通过辩证分析揭示了这个学说的主要之点，但还不可能在更高的理论基础上形成像后来那样的完整的科学学说。也正因如此，抽象的思辨方法，就成为马克思这时论证无产阶级历史使命的不可避免的形式。

尽管这样，马克思在这里，首次提出了从现代资产阶级社会的整个结构和无产阶级的生活条件去说明无产阶级的历史作用，这就指明进一步研究的方向，预示着这个问题的真正解决。马克思和恩格斯在《德意志意识形态》中，彻底批判了费尔巴哈的人本主义的唯物主义，清算了他们过去的哲学信仰，才最终完成了对社会主义和无产阶级历史使命的学说的科学论证。

第三节　突破费尔巴哈异化理论的局限　异化劳动理论的确立

马克思关于异化的理论来源的开端，与其说是黑格尔，不如说是费尔

① 转引自彼·费多谢耶夫：《卡尔·马克思》，84～85页，北京，三联书店，1980。
② 《列宁全集》，第38卷，9页。

巴哈。从马克思早期思想整个发展来说，是从黑格尔经过费尔巴哈，然后形成自己完整的科学世界观，而从异化理论看，开始接受的是费尔巴哈的影响，到写作《1844年经济学哲学手稿》时，马克思才注重黑格尔的异化观，从黑格尔的作为推动原则和创造原则的否定辩证法中，吸收了合理内核，确立了异化劳动的理论，初步突破了费尔巴哈的局限。

在费尔巴哈的哲学中，关于异化和人的学说是密切结合在一起的。费尔巴哈从他关于人的本质的观念来说明异化，又从异化的扬弃中来寻求真正的人。在马克思的思想发展中，关于异化和关于人的学说也是密不可分的。因此，随着马克思对人的本质的认识越来越深入，越来越科学，越是深入分析人的物质生活条件和各种社会关系，马克思关于异化的理论也随之发生变化。

一、发现历史的真正主体——现实的人

正如同德国古典哲学家把市民社会的成员变成抽象的人一样，他们也把本来作为社会政治问题提出的异化问题，变成了抽象的哲学问题。他们这样做，固然把实际问题引向思辨，但却抓住了异化的实质，即主客体关系问题。

人类的实践活动都必须有三项：主体、客体以及联系这两者的纽带——实践。异化不是存在于主客体关系之外的独立项，而是在特定条件下主客体的联系方式：主体创造了客体，客体反过来支配主体、压抑主体。在以私有制为基础的对抗社会中，这种情况，无论在物质生产领域、政治领域、精神领域都是普遍存在的。从异化引入哲学后，都是从主客体关系来对它进行考察的。

黑格尔的异化观是唯心主义的，这主要表现在黑格尔对异化主体的看法上。在黑格尔看来，绝对观念经过纯逻辑的发展外化为自然，又扬弃自然进入精神领域，是绝对观念的自我发展，因此，绝对观念是异化的主体，是唯一能动的、创造性的力量，而物质是被动的、消极的，可见，黑格尔的异化观是头足倒立的。正如马克思所说的：在黑格尔那里，作为异化主体的“就是**神，绝对精神**，就是**知道自己并且实现自己的观念**”①。

---

① 《马克思恩格斯全集》，第42卷，176页。

作为整个异化和异化扬弃的过程，就是绝对观念在自身内部的纯粹的“**不停息**的旋转”①。

费尔巴哈的异化观在自然观上是唯物主义的。在费尔巴哈哲学中，作为异化主体的，不是自我意识而是人；自我意识不能离开人，是人的自我意识。但是由黑格尔的异化观到费尔巴哈的异化观具有二重性：既是进步，又是后退。异化的主体从绝对观念到人，是从唯心主义到唯物主义，这是前进；然而同黑格尔相比，异化在费尔巴哈这里失去了广阔的活动场所，在黑格尔哲学中，绝对观念的异化，表现在自然、社会和精神各方面的现象中，而在费尔巴哈那里，异化主要表现为宗教以及唯心主义哲学。费尔巴哈应用异化范畴分析宗教，认为宗教是人的本质的异化，发表了许多精辟的见解，但终究限制了人们对异化的多种形式的认识。而且费尔巴哈所说的人，虽然是感性的、实实在在的人，但他们是离开一定历史条件的、一定阶级的纯自然存在物。这种人，在肉体上越是实在，从社会关系看越是抽象。把这种人作为异化的主体，从历史观上说，仍然是唯心主义的。

马克思的异化观，既吸收了黑格尔和费尔巴哈的合理因素，又扬弃了他们的缺点。费尔巴哈发现了人，而不懂劳动；黑格尔虽然把劳动看做人的本质，但他只承认抽象的精神劳动；英国古典经济学派的劳动价值论，虽然重视劳动，但把劳动和劳动者分开。马克思关于异化劳动的范畴，把异化和劳动结合在一起，他从这种性质的劳动中看到了异化，从异化中看到了劳动，而从异化劳动中看到了主体——劳动者。因而马克思作为异化主体的，既不是黑格尔的绝对观念，不是费尔巴哈抽象的人，也不是纯经济学形态上的劳动一般，而是具体的人，即在特定的历史条件下从事物质生产的劳动者。

二、异化劳动理论的确立

《1844年经济学哲学手稿》中关于异化劳动的阐述，是马克思关于异化问题最完备的论述。但是，马克思关于异化的思想，并不是从《1844年经济学哲学手稿》开始，而是经历了一个发展过程。这个过程的特点是，从国家、法、宗教等上层建筑的异化，深入到分析异化劳动，发现各

① 《马克思恩格斯全集》，第42卷，176页。

种异化的物质根源。正是在这个过程中，马克思逐步克服了费尔巴哈异化理论的局限。

作为自然存在物的人是费尔巴哈异化的主体，而个体和类的矛盾，是费尔巴哈异化观的核心。异化的问题，在费尔巴哈那里，就是人的类本质同人相脱离的问题。他正是用人的类本质同人相脱离来反对思辨唯心主义，批判宗教，并把消除社会弊病的途径，归结为消灭人的类本质同人相异化。马克思在人的问题上，一开始同费尔巴哈就存在分歧，马克思强调人的社会特质，注重人的社会性，但是在个体和类的矛盾问题上，接受的是费尔巴哈的影响。因此，突破费尔巴哈异化理论局限性的重大步骤，是逐步抛弃关于类本质和人相异化的观点。

马克思较早论述异化问题，是 1843 年在克罗茨纳赫批判黑格尔法哲学时。当时，国家问题是马克思注意的中心，因此关于异化问题的论述也是从国家问题开始的。他在谈到国家时说，“政治国家的彼岸存在无非就是要确定它们这些特殊领域的异化。**政治制度**到现在为止一直是**宗教的领域**，是人民生活的**宗教**，是同人民生活现实性的**人间存在**相对立的人民生活普遍性的上天。政治领域是国家中的唯一国家领域，是这样一种唯一的领域，它的内容同它的形式一样，是类的内容，是真正的普遍物”①。这里很明显受到费尔巴哈关于宗教是人的本质异化的影响，认为国家是人民生活的宗教，是人的类本质的异化。正如上帝一样，作为普遍共同体的国家实际上是虚幻的、不存在的。

随着马克思思想的发展，他在《德法年鉴》上的《论犹太人问题》和《〈黑格尔法哲学批判〉导言》中，对异化问题的论述又进了一步。虽然主导思想仍然是沿着解决个体和类的矛盾展开的，但是在《论犹太人问题》中，马克思已开始接触到异化的经济基础问题，特别是第一次出现了类似异化劳动的概念。他说：“钱是以色列人的妒嫉之神；在他面前，一切神都要退位。钱蔑视人所崇拜的一切神并把一切神都变成商品。钱是一切事物的普遍**价值**，是一种独立的东西。因此它剥夺了整个世界——人类世界和自然界——本身的价值。钱是从人异化出来的人的劳动和存在的本质；

---

① 《马克思恩格斯全集》，第 1 卷，283 页。

这个外在本质却统治了人，人却向它膜拜。”① 虽然这里只涉及异化在经济领域的一种表现——货币拜物教，但它显示了探讨异化的新方向，即从上层建筑现象深入到经济基础有关的领域。

必须强调的是，马克思从一开始就没有把异化问题弄成纯粹的哲学问题，而是把异化和异化的扬弃同无产阶级伟大历史使命结合在一起，这使马克思的异化观具有鲜明的革命性质。他说：“人的自我异化的**神圣形象**被揭穿以后，揭露**非神圣形象**中的自我异化，就成了为历史服务的**哲学的**迫切**任务**。”② 马克思还通过分析无产阶级的地位，论述了它担负的伟大任务。马克思说：“无产阶级宣告**现存世界制度的解体**，只不过是揭示**自己本身存在的秘密**，因为它就**是**这个世界制度的**实际**解体。无产阶级要求**否定私有财产**，只不过是把社会已经提升为**无产阶级的**原则的东西，把未经无产阶级的协助、作为社会的否定结果而体现**在它的身上**，即无产阶级身上的东西提升为**社会的原则**。”③

但是，直到1844年初，由于马克思尚未着手研究政治经济学，关于异化问题的论述主要还是从哲学角度出发的，而中心问题仍然是人的类本质同人相异化的问题。这时虽然也提出了货币问题，甚至出现了人的劳动的异化的提法，但还是处于萌芽状态，均未展开。

真正的转折是从1844年3月，即马克思开始研究政治经济学以后，他全面创立了异化劳动的理论。他在研究经济学的巴黎摘录笔记中，特别是在《詹姆斯·穆勒〈政治经济学原理〉一书摘要》中，对异化劳动问题作了探讨，而在《1844年经济学哲学手稿》中则作了充分的论述。

马克思在《詹姆斯·穆勒〈政治经济学原理〉一书摘要》中，明确指出货币是一种异化。和《论犹太人问题》不同，在这里不仅是提出了这个命题，而且作了论述。他说：“货币的本质，首先不在于财产通过它转让，而在于人的产品赖以互相补充的**中介活动**或中介运动，**人的**、社会的行动**异化了**并成为在人之外的**物质东西**的属性，成为货币的属性。”④ “由于这

① 《马克思恩格斯全集》，第1卷，448页。
② 同上书，453页。
③ 同上书，466～467页。
④ 《马克思恩格斯全集》，第42卷，18页。

种**异己的媒介**——并非人本身是人的媒介，——人把自己的愿望、活动以及同他人的关系看作是一种不依赖于他和他人的力量。这样，他的奴隶地位就达到极端。因为媒介是支配它借以把我间接表现出来的那个东西的**真正的权力**，所以，很清楚，这个**媒介**就成为**真正的上帝**。对它的崇拜成为自我目的。”①

马克思在分析货币时，明显地吸收了费尔巴哈关于异化的思想。他以费尔巴哈关于宗教异化为例来论述货币的异化，正如上帝越是伟大，人越是渺小一样，货币是“**真正的上帝**”，“这个媒介**富**到什么程度，作为人的人，即同这个媒介相脱离的人也就穷到什么程度”②。

马克思还通过分析交换，分析了人的本质，对作为异化主体的人的社会性进行了分析。

马克思认为，人的本质是人的真正的社会联系，这种社会联系并不是由反思产生的，而是由于社会中的个人从事生产和交换而形成的。人是“社会联系的**主体**”，但是，人“不是抽象概念，而是作为现实的、活生生的、特殊的个人”。这些个人是怎样的，他们的社会联系本身就是怎样的。这说明马克思不是把人看做孤立的个体，而是看到了它们的相互联系，但是马克思认为分工、交换、贸易、货币等各种形式是异化的形式，因而社会“是一幅描绘他的**现实的社会联系**，描绘他的真正的类生活的讽刺画”③。

马克思在《詹姆斯·穆勒〈政治经济学原理〉一书摘要》中，还分析了异化的各种表现，但是在这里，异化劳动主要还不是作为雇佣劳动，而是指一般商品生产劳动。

在马克思看来，人类在原始状态下，劳动的目的是直接满足人对生活资料的需要，劳动产品归劳动者本人消费。这时不存在交换。作为交换潜在形式的，是劳动者自己的劳动同自己劳动产品的交换，不存在异化。在简单的物与物的交换中，两个私有者中的任何一个，生产的都是自己需要的产品，只是用自己产品的余额去交换另一个人产品的余额。交换最初是

①② 《马克思恩格斯全集》，第42卷，19页。

③ 同上书，25页。

偶然的，在这里，劳动是劳动者直接的生活来源，也是他个人存在的积极表现，可是，通过交换，他的劳动部分地成了收入来源。这时劳动的目的已经开始发生变化，部分产品是作为价值来生产的，而不是为了满足生产者本人的需要。最后，随着交换的发展，劳动完全成了谋生的劳动。这种劳动对于劳动者来说是偶然的，非本质的，劳动产品既不是劳动者个人的需要，而劳动活动本身也不是劳动者的自我享受，不是他的天然禀赋和精神目的的实现。马克思从这种谋生劳动即商品生产中看到了异化的各种表现。他说："**在谋生的劳动中**包含着：（1）劳动对劳动主体的异化和偶然联系；（2）劳动对劳动对象的异化和偶然联系；（3）工人的使命决定于社会需要……（4）对工人来说，维持工人的个人生存表现为他的活动的**目的**，而他的现实的行动只具有手段的意义；他活着只是为了谋取**生活资料**。"①

异化劳动理论是《1844年经济学哲学手稿》的基本思想。在马克思遗留下来的这部不完整的手稿中，从对工资、利润、地租的分析，到对黑格尔思辨哲学的批判，都贯穿了关于异化的论述。同巴黎摘要笔记相比，在这里异化劳动已经不是商品生产劳动，而是雇佣劳动，因而无产阶级和资产阶级的对抗关系，成为异化劳动的核心。在《1844年经济学哲学手稿》中，马克思在论述了工资、利润、地租之后阐述异化劳动，深刻地显示了异化劳动所包含的阶级对抗。

英国古典政治经济学的劳动价值论，认为劳动创造价值。但是他们只研究劳动而不研究劳动者，不研究劳动者的处境。作为资产阶级代表，他们只看到劳动的积极方面，看不到劳动的消极方面，看不到资本主义制度非人化的后果。而马克思则相反。他在肯定劳动的伟大作用的同时，提出了异化劳动的思想，从而揭示了资本主义雇佣劳动的本质。马克思从四个方面，对异化劳动进行了分析。

第一，劳动产品和劳动者相异化。

马克思提出异化劳动的问题，不是从概念出发，而是从"现有的经济事实出发"，即资本主义社会的无产阶级贫困化出发。在资本主义社会中，

---

① 《马克思恩格斯全集》，第42卷，28～29页。

劳动者生产的财富越多，他的产品的数量越大，他自己越贫穷。劳动者创造的商品越多，他自己越是变成廉价的商品。马克思把这种状况同宗教的异化相比，在宗教中，人奉献给上帝的越多，他留给自身的就越少，同样在异化劳动中，工人创造的越多，他自己越空虚。这说明劳动所生产的对象，即劳动的产品，作为一种异己的存在物，作为不依赖于生产者的力量，同劳动者相对立。马克思对这种现象作了概括，他说，“工人在他的对象中的异化表现在：工人生产得越多，他能够消费的越少；他创造价值越多，他自己越没有价值、越低贱；工人的产品越完美，工人自己越畸形；工人创造的对象越文明，工人自己越野蛮；劳动越有力量，工人越无力；劳动越机巧，工人越愚钝，越成为自然界的奴隶”①。

马克思在论述这个问题时，特别注意把异化同对象化区分开来，任何劳动都必须创造产品，而劳动产品就是固定在某个对象中，物化为对象的劳动。因此，劳动的实现就是劳动对象化，或者叫做物化。这是任何社会物质生产的共同内容。可是在资本主义条件下，这种对象化同时也就是异化。正如马克思所说的：“工人在他的产品中的**外化**，不仅意味着他的劳动成为对象，成为**外部的**存在，而且意味着他的劳动作为一种异己的东西不依赖于他而**在他之外**存在，并成为同他对立的独立力量；意味着他给予对象的生命作为敌对的和异己的东西同他相对抗。”② 所以，“劳动的这种实现表现为工人的**失去现实性**，对象化表现为**对象的丧失和被对象奴役**，占有表现为**异化**、**外化**”③。

黑格尔和费尔巴哈都把异化和对象化混为一谈。在黑格尔那里，绝对观念外化为自然和社会，也就是绝对观念的异化。费尔巴哈也是把宗教对象化和人的异化看成一回事。而马克思越出了精神领域，分析的是经济领域，因而把对象化和异化区分开来，把对象化看成是整个人类社会存在的共同基础，而异化只是特定历史阶段存在的现象，因此异化是个历史范畴，并不是永恒不变的。

---

① 《马克思恩格斯全集》，第 42 卷，92～93 页。
② 同上书，91～92 页。
③ 同上书，91 页。

第二，劳动本身和劳动者相异化。

劳动本来是人区别于动物的根本特点。可是在异化劳动中，这种劳动不是自愿的，而是被迫的、强制性劳动。劳动者从事劳动不是出于爱好，而是为了谋生；劳动者越是努力劳动，越是制造出压迫自己的力量；劳动者自己的体力与智力的支出，变成了一种与自己相对立的力量。因此，劳动者在劳动中并不感到幸福，而是感到不幸，并不是自由地发挥自己的肉体力量和精神力量，而是使自己的肉体受到损伤，精神受到摧残。劳动者在他不劳动时如释重负，而劳动时如坐针毡。由于劳动是满足劳动以外的其他各种需要，即作为谋生手段，因而只要肉体的强制或其他强制一停止，人们就会像逃避瘟疫那样逃避劳动。结果产生这样一种现象，人在实现自己的动物机能——吃、喝、繁殖时，才觉得自己是自由活动，而在实现人的机能时，却觉得自己不过是动物。所以在异化劳动中，“动物的东西成为人的东西，而人的东西成为动物的东西”①。

马克思在分析产品异化时，区别了对象化和异化，而在分析劳动异化时，区分了“自我异化”和“物的异化”。物的异化，是劳动者同它的产品的直接关系，是工人同他的生产的对象的关系，是物对人的控制，而自我异化是工人同生产的关系，同自己活动的关系。在这里，异化的不是物，而是“工人**自己的**体力和智力，他个人的生命……就是不依赖于他、不属于他、转过来反对他自身的活动”②。

更加重要的是，异化劳动的本质主要不在于“物的异化”，不在于工人劳动的产品为资本家所占有，即不在于分配中，而首先在于生产过程，在于劳动者和生产的关系，即在于“自我异化”。产品的分配，不过是生产活动本身异化的结果。工人的劳动不属于自己，产品必然不属于自己。

第三，人同自己的类本质相异化。

类的生活，类的本质都是费尔巴哈用以表示人、真正人的生活的概念。马克思沿用了这些概念，但赋予不同的内容。

马克思也认为，人是类存在物。但人和动物的本质区别在于，人能进

① 《马克思恩格斯全集》，第42卷，94页。

② 同上书，95页。

行有意识有目的的实践活动。当然，动物也生产，例如蜜蜂、海狸、蚂蚁也为自己营造巢穴或住所，但是动物只生产它自己或它的幼仔所直接需要的东西。动物的生产是片面的，而人的生产是全面的；动物只是在直接的肉体需要的支配下生产，而人甚至不受肉体需要的支配也进行生产，并且只有不受这种需要的支配时才进行真正的生产；动物只生产自身，而人再生产整个自然界；动物的产品直接同它的肉体相联系，而人则自由地对待自己的产品。动物只是按照它所需的那个种的尺度和需要生产，而人懂得按照美的规律来生产。一个种的全部特性、种的类特性就在于生命活动的性质，而人的类特性恰恰就是自觉的活动。因此，人通过实践活动改造自然界，创造一个对象世界，就是人作为有意识的类存在物的自我确证。

人的类本质和人相异化在于，本来作为人类生存基础和劳动对象的自然界同人相异化了；作为人的本质的生产活动，变成人的异己本质，变成压制劳动者的力量，变成维持个人生存的手段。人能自觉地进行生产实践，这是人相对动物所具有的优点。可是在异化劳动条件下，人丧失了自己的类本质，降低为动物，即降低为以生产作为维持肉体生存的手段。正如马克思所说的：“**人的类本质**——无论是自然界，还是人的精神的、类的能力——变成人的**异己的**本质，变成维持他的**个人生存的手段**。异化劳动使人自己的身体，以及在他之外的自然界，他的精神本质，他的**人的**本质同人相异化。”①

第四，人同人相异化。

马克思认为，从以上三种异化，即人同自己的劳动产品、同自己的生命活动、同自己的类本质相异化所造成的直接结果，就是人同人相异化。因为在社会中，人的异化，一般地说人同自身的任何关系，只有通过人同其他人的关系才能得到实现和表现。马克思的这一深刻思想，包含着社会关系思想的萌芽。

异化劳动的任何表现，不可能离开人与人的关系，事情很清楚，如果说劳动产品对劳动者说来是异己的，是作为异己力量同劳动者相对立，那它到底属于谁？如果说劳动者的活动不属于他自己，而是一种异己的、被

---

① 《马克思恩格斯全集》，第42卷，97页。

迫的活动，那它到底属于谁呢？马克思明确地回答了这个问题："劳动和劳动产品所归属的那个**异己的**存在物，劳动为之服务和劳动产品供其享受的那个存在物，只能是**人**本身。""如果劳动产品不属于工人，并作为一种异己的力量同工人相对立，那么，这只能是由于产品属于**工人之外的另一个人**。如果工人的活动对他本身来说是一种痛苦，那么，这种活动就必然给另一个人带来**享受**和欢乐。不是神也不是自然界，只有人本身才能成为统治人的异己力量。"① 马克思正是通过人与人相异化，揭示了资本主义社会的阶级关系，揭示了无产阶级同资产阶级的对抗。

从以上马克思对异化劳动的分析，我们不难看到，马克思关于异化劳动的理论，虽然残存着费尔巴哈的烙印，但是他在具体分析中，已经突破了费尔巴哈从人自身、从个体和类的矛盾中寻找异化，而是把它转移到经济分析，转移到对资本主义生产方式剖析的基础上。事实上，劳动产品为剥削者所占有，工人出卖自己的劳动（力），使自己的劳动同自己相对立，或者人与人相异化，即形成剥削和被剥削的关系，劳动和享受分离的情况，是资本主义制度下每时每刻不断重复的，人们可以切身感受的经济事实。

正因为马克思对异化的分析，转移到经济事实的基础上，因此他不是从人自身，从人的类本质同人相异化的角度，而是从经济学的角度，探讨了私有制和异化劳动的关系，研究了私有制的起源。

整个资产阶级经济学是从私有制出发的，但是它没有说明私有制，而是把它看做永恒不变的，根本不研究它的起源。正如马克思所说的："国民经济学从私有财产的事实出发，但是，它没有给我们说明这个事实。"它"没有给我们提供一把理解劳动和资本分离以及资本和土地分离的根源的钥匙"②。而马克思把对异化劳动的研究和对私有制的研究结合在一起，揭示了消灭异化劳动的途径，表明马克思对政治经济学的研究同资产阶级的研究是截然不同的。

马克思从相对静止和发展变化两个方面，对异化劳动和私有财产的关

---

① 《马克思恩格斯全集》，第42卷，99页。

② 同上书，89页。

系进行了分析。从既成形态看，异化劳动和私有财产的关系是“相互作用的关系”。“私有财产一方面是外化劳动的**产物**，另一方面又是劳动借以外化的**手段**，是**这一外化的实现**”①。这种相互作用，在资本主义社会是很明显的。在资本主义社会，产生异化劳动的原因在于资本主义私有制，在于资本、地产、劳动三者的分离，反过来，异化劳动又产生资本主义私有制。马克思当时虽然还没有剩余价值的概念，也没有剩余价值转化为资本的概念，但是他认识到，通过异化劳动，人不仅生产他同作为异己的、敌对的力量的生产对象和生产行为的关系，而且生产出其他人的生产和他的产品的关系，以及他同这些人的关系。一句话，生产不仅是物质资料的生产，而且是生产关系的再生产。因此，“通过**异化的、外化的劳动**，工人生产出一个跟劳动格格不入的、站在劳动之外的人同这个劳动的关系。工人同劳动的关系，生产出资本家……同这个劳动的关系。从而，**私有财产**是**外化劳动**即工人同自然界和自身的外在关系的产物、结果和必然后果”②。

如果从历史发展角度来考察，异化劳动和私有财产究竟谁产生谁？马克思抛开了相互作用，肯定是异化劳动产生私有财产。他说，“与其说私有财产表现为外化劳动的根据和原因，还不如说它是外化劳动的结果，正象神**原先**不是人类理性迷误的原因，而是人类理性迷误的结果一样。后来，这种关系就变成相互作用的关系”③。马克思把私有财产看成是异化劳动的结果，实际上是把私有制看成历史的，而认为劳动才是决定性的因素。

可是问题在于，如果私有财产是异化劳动的产物，那劳动在最初是怎样发生异化的呢？马克思看到了这个问题，提出了这个问题，他说：“我们已经承认**劳动的异化**、**外化**这个事实，并对这一事实进行了分析。现在要问，**人**怎么使他的**劳动外化**、**异化**？这种异化又怎么以人类发展的本质为根据？”马克思没有具体分析这个问题，但为回答这个问题指出了道路：“我们把**私有财产的起源**问题**变为异化劳动**同人类发展的关系问题，也就为解决这一任务得到了许多东西。”④

---

①②③ 《马克思恩格斯全集》，第 42 卷，100 页。
④ 同上书，102 页。

作为与私有制不可分的异化劳动，即劳动者产品、活动为别人所占有，当然离不开私有制，它同私有财产一起存在和发展，并处于相互作用之中；而作为产生私有制的异化劳动，它先于私有制。马克思把异化劳动和人类发展的问题联系起来考察，就是用辩证的方法，从人类社会的发展中寻找异化的原因。虽然马克思当时还没有形成生产力这个科学概念，也没有明确地从生产力发展来考察异化劳动，但是他把异化劳动的根源归结为人类发展的自身，这就孕育着发现异化劳动最初根源的可能性。

从马克思、恩格斯以后的著作看，他所说的产生私有制的异化劳动的最初形式是指分工、交换等等。由于生产力的提高引起分工、交换的发展，从而产生私有制。马克思和恩格斯在《德意志意识形态》中就阐述了这个思想，指出分工是异化劳动的形式，因为分工使各个人的活动总和成为一种人不能控制的、异己力量。受分工制约的不同个人的共同活动产生了一种社会力量，即扩大了的生产力，但由于这种共同活动本身不是自愿地而是自发地形成的，因此这种社会力量在这些个人看来，不是他们自身的联合力量，而是某种异己的、在他们之外的力量。随着生产力的发展，分工愈发展，因而由分工产生的个人之间的交换，以及把这两个过程结合起来的商品生产得到了充分发展。所以社会第一次大分工，产生了第一次社会大分裂，产生了奴隶主的所有制，社会分裂为奴隶和奴隶主两大阶级。

异化劳动的理论，在马克思的早期思想发展中起着特别重要的作用。它反映了马克思 1844 年期间在哲学、政治经济学和社会主义学说方面所取得的重大成就，同时也表现了某些局限。随着马克思思想的深化，他在政治经济学、哲学和科学社会主义领域形成了一系列自己特有的范畴，因而异化劳动的理论不可能像在早期思想中那样，起到把三个组成部分结合在一起的作用。如果说《1844 年经济学哲学手稿》是以异化劳动理论为中心展开的，那么到 1845 年的《关于费尔巴哈的提纲》，则是把实践作为全部认识论的基础，并把它运用于历史领域。异化劳动和实践是两个各有其特点的范畴，它们在马克思的思想发展中各有其特定的地位和作用，不能相互代替。但是马克思从以异化为中心到以实践为中心来论述自己的理论，确实表明了马克思思想发展的进程。

如前所说，关于异化的理论和关于人的学说是密不可分的。异化理论的准确性和科学性，依赖于对人和人的本质认识的深度。当马克思从人和动物的根本区别是劳动，进一步深入到劳动过程本身，提出了人的本质实际上“是一切社会关系的总和”这个论断时，就摒弃了费尔巴哈以个体和类的矛盾为根本内容的异化理论。马克思已不满足于费尔巴哈从人自身，从人的类本质和人相异化来说明宗教，而是从社会本身来寻找异化的根源，他指出，“世俗的基础使自己和自己本身分离，并使自己转入云霄，成为一个独立王国，这一事实，只能用这个世俗基础的自我分裂和自我矛盾来说明”①。但要彻底清除费尔巴哈人本主义的影响，科学地阐明异化现象，有待于发现生产力和生产关系辩证运动的规律。

第四节　对费尔巴哈人本主义的批判

1845 年春，马克思的历史唯物主义初步形成。伴随这一新的理论立场，他对费尔巴哈的态度也发生了根本变化，即从对他的“崇拜”进到公开的批判。马克思这时写成的《关于费尔巴哈的提纲》就拟订了他批判的纲领性意见。接着，在他与恩格斯合著的《德意志意识形态》中，充分开展了这一批判工作。

马克思的批判锋芒，主要指向费尔巴哈的人本主义。因为，正是这种人本主义哲学直接导致费尔巴哈在社会历史领域的唯心主义。费尔巴哈把人作为他哲学的“核心”，但他始终没有真正理解人，而是把人自然化、抽象化，并用这种抽象化和自然化了的“人”去解释社会历史现象，因此，便不可避免地陷入历史唯心主义。

马克思的这一批判，也是对自己“从前的哲学信仰”的“清算”。事实表明，马克思在“离开黑格尔走向费尔巴哈”② 时，受到费尔巴哈人本主义哲学的强烈影响。它一方面推动马克思通过对人的研究转向“现实的人”，向历史唯物主义接近，另一方面作为传统力量又给马克思的思想创造新的束缚。因此，只有通过对费尔巴哈的批判，从思想上与之划清界

---

① 《马克思恩格斯全集》，第 3 卷，4 页。
② 《列宁全集》，第 38 卷，386～387 页。

限，才能创立与以往一切历史观根本不同的唯物主义历史观。批判费尔巴哈人本主义，是马克思完全脱离旧哲学向科学世界观迈进的决定性的一步。

因此，在考察马克思和费尔巴哈的关系时，就不能离开这一批判和“清算”孤立地谈论他们的关系，否则就会像西方“马克思学”那样，不是夸大费尔巴哈的影响，便是低估这种影响，从而离开客观真理而陷入迷误之中。

一、批判费尔巴哈的“抽象的人”

费尔巴哈继承了历史上的人道主义传统，把人作为他哲学的中心，这一点是无可厚非的。马克思所批判的也决不是费尔巴哈以人为出发点，而是他在研究人时，太过于注重自然，而太少注重政治。所以，问题不在于他强调研究人，而在于他没有正确地研究人，没有离开“人自身”深入研究对人发生决定性影响的社会生活条件。

费尔巴哈对人的理解之所以不科学，首先由于他在人的问题上宣扬一种自然主义观点，由于他把人自然化。在费尔巴哈看来，人如同动物一样，只是自然界的 部分，是“自然界的产物”，所不同的是人是自然界的特殊的、有意识的存在物，而这种意识也不过是自然人的固有的属性而已。由此出发，他认为，人的本质主要是由外在对象的性质规定的。任何存在物，任何本质，都必定具有对象的性质。因此，他甚至把食物、水分都看成是人的“第二个自我”，“是人的本质”①。他说，一个实体是什么样，只有从它的对象中认识，而一个实体所牵涉的对象，不是别的东西，只是自己的明显的本质。草食动物的对象是植物，这就决定了该动物不同于其他肉食动物的本质。谁耕地，谁就是农夫，谁以打猎为生，谁就是猎人，谁捕鱼，谁就是渔夫。“因此我们在生活中也只是按照事物和实体的对象来称事物和实体。”② 似乎费尔巴哈是从人的社会活动来看人的本质，其实不然，他的立足点是存在和本质的自然和谐，实体与对象的直接统一。决定人之为农夫、猎人、渔夫之本质的东西，不是他们从事的

① 《费尔巴哈哲学著作选集》，上卷，530页。

② 同上书，126页。

活动，而是他们活动的对象，如农田、野兽、鱼类等等自然物，就像植物是草食动物的本质，草食动物是肉食动物的本质一样。由此出发，必然得出以存在代替本质的庸俗唯物主义观点。马克思和恩格斯指出："费尔巴哈在这些地方证明：某物或某人的存在同时也就是某物或某人的本质；一个动物或一个人的一定生存条件、生活方式和活动，就是使这个动物或人的'本质'感到满足的东西。"① 因此，尽管费尔巴哈也看到猎人不同于农夫，渔夫又不同于猎人，但这同从社会关系说明人的本质的历史唯物主义观点，是不可同日而语的。这里，他完全是从纯自然条件看人的本质。

费尔巴哈进而把人性归于人的自然性，归于两性关系。他认为，"没有了自然，人格性、'自我性'、意识就是无，换句话说，就成了空洞的、无本质的抽象物"。自然就是肉体，肉体即是生命，"然而没有性别做氧气，那血肉也将是无"。因此，对于人来说，唯有性别才是"**本质上的**区别"，它根植于骨髓之中。"男人之**本质**就是男性，而女人之**本质**就是女性。"② 他把男女的两性关系，看成是人的唯一的本质关系。没有这种两性关系，便无从谈论人格性。由此可见，费尔巴哈"仅仅限于在感情范围内承认'现实的、单独的、肉体的人'，也就是说，除了爱与友情，而且是理想化了的爱与友情以外，他不知道'人与人之间'还有什么其他的'人的关系'"③。

因此，无论费尔巴哈怎样强调他的人是"现实的人"，但只要他没有超越人的自然关系的界限而进入社会生活，那么他的"人"就只能是"自然人"，或者说，只能是"以自然为基础的现实的人"。这种离开社会生活的所谓"现实的人"，实际上是不存在的，而且与一般动物无异。正如马克思所批判的那样，如果撇开人的其他社会活动，而将饮食、男女上升为人的"最后的和唯一的终极目的"，那么，人的这种特性，无异于"动物的机能"④。可见，要科学地揭示人的本质，就只能从人的社会性出发，

---

① 《马克思恩格斯全集》，第3卷，47～48页。

② 《费尔巴哈哲学著作选集》，下卷，122页。

③ 《马克思恩格斯全集》，第3卷，50页。

④ 《马克思恩格斯全集》，第42卷，94页。

否则，必然重蹈费尔巴哈的覆辙。

另外，费尔巴哈之所以停留在“抽象的人”上，还由于他谈论的“人”，只是“‘人自身’，而不是‘现实的历史的人’”①。这个“人自身”，是完全与社会历史无关的，被理想化了的人的生活、愿望和感情，即费尔巴哈所谓的真正的“类生活”。众所周知，费尔巴哈把人的本质理解为“类”，理解为“单个人所固有的抽象物”。这个抽象物，只是他事先假定的诸多“人类个体”特性的“集合”。

“人类个体”是费尔巴哈人本主义的一个最基本的概念，是用以表现人的本质的一个标本。所谓“类”、“人的本质”，就是这个“人类个体”的抽象物。费尔巴哈说，“种是多，而类则是一，因为类是各种不同种的集合”，“在类中一切人都是共同一致的”②。这里，姑且不谈他把“类”视为“种”和“个体”的特性的“集合”在方法论上的错误，首先他赖以进行抽象的前提——“人类个体”就是不能成立的。因为他所假定的这个“人类个体”，是与社会历史毫无联系的单纯生物学上的自然人，除了自然肉体和理想化的友谊和爱情之外，什么也没有，作为这样个体的人完全是一种虚构。所以，他的抽象是空洞的抽象，是个人自然性在观念上的再现。所以，马克思指出，费尔巴哈把“类”“理解为一种内在的、无声的、把许多人纯粹**自然地**联系起来的共同性”。这就是费尔巴哈所了解的“人自身”，他根本没有想到，人的“内在本性”，只能是历史的产物，社会关系的产物。

其实，“每个个人和每一代当作现成的东西承受下来”的生产力和交往形式的总和，才是哲学家们想象为“实体”和“人的本质”的东西的“现实基础”。如果离开这个“现实基础”，离开人们生活于其中的社会关系，去概括人的本质，去对人的本质进行抽象，那么，无论赋予它以什么样的特性，归根结底，这只能是从人的观念中去进行概括，只能是概念的抽象，因而这个“人”也不过是概念、观念的另一个名称而已。马克思在批判施蒂纳时特别强调指出：“人们的这个脱离了现实事物的观念和思想，

---

① 《马克思恩格斯全集》，第 3 卷，48 页。

② 《费尔巴哈哲学著作选集》，下卷，519 页。

必然不是以现实的个人，而是以哲学观念中的个人，以脱离了自己的现实而只存在于思想中的那个‘人’，也就是人的概念为其基础。”①

马克思的这个批判，也恰恰切中费尔巴哈“抽象的人”的唯心主义实质。他以现实中根本不存在的“人类个体”为前提，概括出所谓“人的本质”，这个既脱离现实生活，又脱离历史发展的抽象物，只能是概念和观念的别名。费尔巴哈进而从“人”的概念出发去说明现实的社会历史，他把这样一个“抽象的人”称之为“真正的人”，当成历史的出发点和追求的终极目的。这样，历史的进程，就完全变成“人”的发展过程。因此，无论费尔巴哈怎样把他的“人”解释为感性的对象、实在的客体，最后，还是不可避免地陷入唯心主义的泥坑。

马克思针对费尔巴哈的这种历史观，尖锐地指出：“哲学家们在已经不再屈从于分工的个人身上看见了他们名之为‘人’的那种理想，他们把我们所描绘的整个发展过程看作是‘人’的发展过程，而且他们用这个‘人’来代替过去每一历史时代中所存在的个人，并把他描绘成历史的动力。这样，整个历史过程被看成是‘人’的自我异化过程，实际上这是因为，他们总是用后来阶段的普通人来代替过去阶段的人并赋予过去的个人以后来的意识。由于这种本末倒置的做法，即由于公然舍弃实际条件，于是就可以把整个历史变成意识发展的过程了。”② 这是对费尔巴哈人本主义历史观的唯心主义性质的深刻揭露，也是对迄今流行的那种把历史解释为“人的本质的异化”和“复归”的历史观点的批判。按照这种观点，历史仅仅是追求“人”或曰“真正的人”的过程，而不是生产力和生产关系发展的历史。这正是“舍弃实际条件”，而把“整个历史变成意识发展的过程”。只要舍弃生产力和生产关系发展这个实际条件，无论怎样给“人”以现实性的规定和把历史说成是“现实的人”的历史，都不能改变这种“人本学历史观”的唯心主义实质。

二、“直观性”是费尔巴哈唯心史观的理论根源

费尔巴哈的唯心主义历史观，是以人本主义观点解释人和社会历史现

---

① 《马克思恩格斯全集》，第 3 卷，332 页。

② 同上书，77 页。

象的必然结果。其所以如此，又是同他哲学的“直观性”紧密联系在一起的。直观性是费尔巴哈人本主义和唯心史观的认识论根源。

“直观”有消极观察和静观之意。它不是在实践中从发展变化去揭示事物的本质，而是停留于消极、被动的静观，这当然不可能认识复杂纷纭的社会现象。由于它没有看到实践在社会历史发展和人的认识中所起的决定作用，因而更不可能把人的认识建立在社会实践的基础之上了。费尔巴哈直观唯物主义的基本特征就是不重视实践的作用，正是在这个意义上，马克思提出“实践的唯物主义”同费尔巴哈直观的唯物主义相对立。

费尔巴哈把人视为“感性对象”，在马克思和恩格斯看来，这正是他比“纯粹的”唯物主义者的优越之处。因为，这些“纯粹的”唯物主义者，即18世纪法国的机械唯物主义者，仅仅把人看成如机器一样，其活动是完全受机械规律制约的生物。比如，继承和发展了笛卡儿机械论观点的拉美特利，认为人也是机器，人体是“许多机械的集合”，甚至思维现象也都被归结为物质的机械运动的一种表现。比起这些唯物主义者来，费尔巴哈无疑是一个进步。他把人视为感性的存在物，强调人的特性受其感性本性的制约，如人有爱情和友谊，有男性和女性之别，等等。但是，他只把人看成是“感性的对象”，而没有把人看成是“感性的活动”。就是说，人只是他的被动的直观对象，而不是积极从事改造世界的实践活动的主体，因此，他的唯物主义闪烁出的一点感性光辉也消失净尽了，最后不能不使人“抽象化”。

直观性是费尔巴哈唯物主义局限性的渊薮。如果说康德用形而上学方法在现象和本质之间挖掘了一道鸿沟，而黑格尔在唯心辩证法的基础上填平了它，那么费尔巴哈则以其直观性在认识和认识对象之间设置了重重障碍。“社会生活在本质上是**实践的**”，所以认识社会现象一刻也不能脱离开社会实践。然而，费尔巴哈“从来没有把感性世界理解为构成这一世界的个人的共同的、活生生的、感性的**活动**”①，因此更谈不上科学地认识社会历史现象了。

对社会现象以及对人的认识，唯一正确的途径是通过社会实践。人们

---

① 《马克思恩格斯全集》，第3卷，50页。

通过实践改造着社会条件，同时这些不断发生变化的社会条件也在改变着人们。人与环境的相互作用，是马克思早期的一个极为重要的思想，是他以黑格尔的辩证法因素克服费尔巴哈唯物主义直观性的一个突出实例。在《1844年经济学哲学手稿》中，马克思就提出了“人化的自然”和“自然的人化”问题，反复说明了劳动、特别是工业生产对于人的变化和社会发展的决定意义。1845年，在批判机械唯物主义片面强调人是教育和环境的产物时，他又进一步指出：“环境正是由人来改变的，而教育者本人一定是受教育的。”① 人改造环境，同时环境又改造人，两者是辩证统一关系，其统一的基础正在于实践。只有基于社会实践之上，在人和社会条件的具体的历史的统一中，才能正确地认识人，也才能正确地认识社会生活。

我们生活的周围世界，并不是人类历史以前存在的自然界，而是人类世世代代活动的结果。马克思和恩格斯指出：费尔巴哈“没有看到，他周围的感性世界决不是某种开天辟地以来就已存在的、始终如一的东西，而是工业和社会状况的产物，是历史的产物，是世世代代活动的结果，其中每一代都在前一代所达到的基础上继续发展前一代的工业和交往方式，并随着需要的改变而改变它的社会制度。甚至连最简单的‘可靠的感性’的对象也只是由于社会发展、由于工业和商业往来才提供给他的”②。在这些论断中，包含着对历史唯物主义最重要原理的表述，包含着对社会存在的辩证唯物主义的理解。

显而易见，费尔巴哈仅仅依靠“单纯的直观”和“单纯的感觉”无法认识不断变化的复杂的社会现象。为了消除这种矛盾，费尔巴哈提出了多种直观，比如，认识“眼前”东西的“普通直观”，认识“真正本质”的“高级的哲学直观”，认识复杂社会现象的介于前两者之间的“二重性直观”，甚至还有自然科学家专门认识自然现象的所谓“自然科学的直观”，不一而足。他企图以此来消除因脱离实践而给认识带来的种种困难，然而，这非但不能消除这种矛盾，反而使他深深陷入形而上学和直观唯物主

① 《马克思恩格斯全集》，第3卷，4页。
② 同上书，48～49页。

义的泥沼之中。要获得对某一领域的科学认识，只能依赖于这个领域的实践，否则，不管费尔巴哈提出多少种“直观”，对于问题的解决也是毫无补益的。

针对费尔巴哈把自然科学看成是对自然界的直观的说法，马克思特别强调了自然科学对社会生产活动的依赖，他指出：“费尔巴哈特别谈到自然科学的直观，提到一些秘密只有物理学家和化学家的眼睛才能识破，但是如果没有工业和商业，自然科学会成为什么样子呢？甚至这个‘纯粹的’自然科学也只是由于商业和工业，由于人们的感性活动才达到自己的目的和获得材料的。”① 自然科学是如此，其他社会意识形式也是如此，它们都只能从社会实践中取得自己所必需的材料，并随着社会实践的发展而发展。马克思的上述论断，不仅批判了费尔巴哈的直观性和他把人的认识神秘化，而且奠定了把认识理解为社会历史过程的唯物主义观点的科学基础，从而在实践基础上唯物辩证地解决了现象和本质、认识和客体的关系问题。

费尔巴哈作为一个理论家力图对现存事物作出正确说明，而且作为一个民主主义者，他对劳动人民的疾苦也并不是漠然视之，可是他的直观唯物主义却违反他的主观愿望，得出了有利于资本主义的结论。他的基于这种直观唯物主义基础上的历史观，不仅在理论上是错误的，而且在实践中是有害的。

例如，按照他的直观唯物主义观点，人的“本质”就是人的“存在”。不论这个“存在”如何，都应该安于这种“存在”，以保持“本质”与“存在”的和谐。任何例外，都被看成是不幸事件，是不能改变的反常现象。一个矿井的守门人每天独自在昏暗之中度过 14 个小时，既然你的“存在”是这样，你的“本质”也就是这样。这是“对现存事物的绝妙的赞扬”。正像马克思指出的那样，这同千百万无产者或共产主义者所想的完全不一样，他们将“通过革命使自己的‘存在’同自己的‘本质’协调一致”②。费尔巴哈也看到资本主义的非人的现实，看到劳动者的身心受

① 《马克思恩格斯全集》，第 3 卷，49～50 页。
② 《马克思恩格斯全集》，第 42 卷，369 页。

到的极大摧残，但他不懂得从实践中寻找正确答案，而是诉诸他的“最高的直观”和理想的“类的平等化”，即把认识和改变这种不合理现象，仅仅限于纯理论范围，停于空洞的道德说教。因此，“正是在共产主义的唯物主义者看到改造工业和社会制度的必要性和条件的地方，他却重新陷入唯心主义”①。这正是费尔巴哈理论上的致命弱点。

三、对费尔巴哈“共产主义”本质的揭露

费尔巴哈在同施蒂纳论战时，自称是“共产主义者”。他说，既不应当称费尔巴哈为唯物主义者，也不应当称他为唯心主义者，“在思想中的他，便就是在现实中的他，在精神中的他，便就是在肉体、在自己的感性实体中的他：**他是人**，或者，说得更确切一些——因为，费尔巴哈把人的实体仅仅置放在社会性之中——，他是社会的人，是**共产主义者**”②。这就是费尔巴哈所谓的“共产主义”。一看便知，费尔巴哈的“共产主义”，并不包含现实共产主义的任何内容，它是从人本主义观点出发进行概念演绎的结果。

施蒂纳攻击费尔巴哈哲学是“以唯心主义的盔甲武装了自己的唯物主义”，就是说，把抽象的精神和抽象的物质融合在一个体系之中。费尔巴哈斥责对他的这种攻击是“信口雌黄”。他不承认自己是“唯物主义者”，也即不承认那种把物质视为“虚空的抽象”的“唯物主义者”。他认为，“真理、本质、实在仅仅在感性之中”。思想和现实、精神和物质是统一的，而“人”就是两者的统一体，人的思想、精神也只能在自己的感性肉体中。显而易见，费尔巴哈在这里阐述的是他的人本主义唯物主义。尽管费尔巴哈未能确切表述自己的思想，拒绝“唯物主义”的术语，但他反对思辨的歪曲，坚持唯物主义基本立场，这一点是毋庸置疑的。

进而，费尔巴哈推论出，人的实体在社会性中，因而人是“社会的人”。正因为他是“社会的人”，所以，他是“共产主义者”。可见，他正是把“社会的人”作为“人”的宾词，演绎出共产主义这个空洞的范畴来的。

---

① 《马克思恩格斯全集》，第3卷，50～51页。

② 《费尔巴哈哲学著作选集》，下卷，435页。

费尔巴哈所谓的“社会的人”，不是指处于一定生产关系和历史联系中的人，而是指个人之间的交往和相互需要，或如他一再强调的“我”和“你”是相互依赖的。正像马克思和恩格斯所指出的，费尔巴哈在人与人关系上的全部推论，无非是要证明“人们是互相需要的，并且**过去一直是**互相**需要的**”。他只是“希望达到对**现存**事实的正确理解，然而一个真正的共产主义者的任务却在于推翻这种现存的东西”①。这里同时也指出了，费尔巴哈在力图理解这个事实的时候，达到了理论家一般可能达到的地步。

马克思、恩格斯的论述，划清了共产主义者和作为资产阶级哲学家的费尔巴哈之间的原则界限，并揭露了费尔巴哈理论的阶级根源。费尔巴哈的共产主义理论，是根据人本主义的纯逻辑推演，而不是从对资本主义制度和社会关系的认识中得出的结论，因而它不是否定资本主义，而是肯定资本主义。费尔巴哈的“社会的人”和他所理解的“人与人的关系”，无非是指在资本主义条件下，因分工的迅速发展而发生的人们之间的全面依赖关系。这种关系反映到哲学中，便产生了费尔巴哈所谓的“互相需要”和“爱”。可见，他的“共产主义”不仅不包含共产主义的任何内容，而且这种理论完全局限于资产阶级利益的范围，客观上是为维护资本主义制度服务的。所以，当这个理论刚一出现，鲍威尔和施蒂纳便立即用费尔巴哈关于“共产主义”的概念，去代替真正的共产主义，就像他们用“精神”、“观念”对抗现实事物一样。

作为一个理论家，费尔巴哈只是说明世界，而不可能做到改造世界。然而，正如事实所表明的那样，如果脱离改造世界的实践，即使像费尔巴哈这样的理论家，也不能做到正确地说明世界。费尔巴哈在这里所表现出来的局限性，不是他个人的局限性，而是资产阶级哲学家的一般的局限性。费尔巴哈在理论上不能超越的界限，正是资产阶级哲学发展的极限。

马克思和恩格斯指出，“对**实践的**唯物主义者，即**共产主义者**说来，全部问题都在于使现存世界革命化，实际地反对和改变事物的现状。如果在费尔巴哈那里有时也遇见类似的观点，那末它们始终不过是一些零星的

① 《马克思恩格斯全集》，第3卷，47页。

猜测，对费尔巴哈的总的世界观的影响是微不足道的，只能把它们看作仅仅是具有发展能力的萌芽”①。

这一论断，是对费尔巴哈哲学所作的极为中肯的评价。它既指出了共产主义者同费尔巴哈的根本区别，同时又肯定了在费尔巴哈观点中包含着“具有发展能力的萌芽”。如前所述，费尔巴哈活动的时代使他在各个方面都显示出向新世界观的“跳跃”，虽然由于其阶级性的限制和他的理论所固有的弱点，使他不可能把他的唯物主义上升到完备的唯物主义哲学，但是，这并没有妨碍他以醒目而新颖的形式提出各种问题，这些发人深省的问题，“为德国理论家开辟了通向唯物主义世界观的道路”。马克思在《德意志意识形态》中对费尔巴哈的批判和评价，清楚地表明，他克服了1844年对费尔巴哈的过高的“赞扬”和“崇拜”，而采取了科学的态度。这正是马克思主义创始人思想成熟性的重要表现。

四、对“真正的社会主义”哲学基础的批判

如果说费尔巴哈的所谓“共产主义”，充其量不过是资产阶级的社会学，在实践上没有造成什么影响。那么，用费尔巴哈人本主义哲学装备起来的、在无产阶级中招摇撞骗的“真正的社会主义”，却成为一股不可忽视的毒害工人运动的反动思潮。

在19世纪40年代中期出现的德国“真正的社会主义”，是一个小资产阶级的思想派别。其主要思想代表是莫·赫斯、卡·格律恩、海·皮特曼、奥·吕宁，以及在转向马克思以前的威·魏德迈等人。他们在许多杂志上不仅以散文而且以诗歌的形式宣传“真正的社会主义”观点，认为这种“社会主义”不同于“粗糙的”、“不文明的”英法空想社会主义，而是在德国哲学基础上建立起来的“哲学的社会主义”，并把这种“社会主义”吹捧为改造社会的真正的“科学”。马克思和恩格斯在创立自己理论体系的过程中，批判了这种小资产阶级的反动理论，同时着重揭露了它的哲学基础，即德国哲学，特别是费尔巴哈的人本主义哲学。这一批判，实际上也是对费尔巴哈观点批判的继续和深入，同时也是对他们自己“过去的哲学信仰”的进一步“清算”。

---

① 《马克思恩格斯全集》，第3卷，48页。

“真正的社会主义”是从赫斯的“哲学”开始的。早在青年黑格尔派运动高涨时期，赫斯就已提出要把德国哲学同法国社会主义综合在一起的问题，也就是说，用费尔巴哈的人本主义哲学去解释现实的社会主义运动。他说，“费尔巴哈是德国的蒲鲁东”①。这种观点，就成为后来“真正的社会主义”的思想核心。

赫斯和“真正的社会主义”的其他成员都相信，“理论体系构成实践运动的‘社会背景’和‘理论基础’”②。他们认为，英国和法国的共产主义文献并不是一定的现实运动的表现和产物，像德国哲学体系一样，它也是从“纯粹的思想”中产生的。他们把这些共产主义体系和论战性著作同其反映的现实运动割裂开来，然后又把它任意地同德国哲学、尤其是费尔巴哈的人本主义相联系，以建立自己的所谓“真正的社会主义”。这种虚构的“社会主义”，无非是英法的共产主义和现实的社会主义运动在德国人的精神太空中的变形而已。马克思和恩格斯指出：“一切划时代的体系的真正的内容都是由于产生这些体系的那个时期的需要而形成起来的。所有这些体系都是以本国过去的整个发展为基础的，是以阶级关系的历史形式及其政治的、道德的、哲学的以及其他的后果为基础的……德国人没有英法两国人所有的那种发达的阶级关系。所以，德国共产主义者只能从他们出身的那个等级的生活条件中攫取自己的体系的基础。因此，唯一存在着的德国共产主义体系是法国思想在受小手工业关系限制的那种世界观范围内的复制，这是十分自然的事。”③

“真正的社会主义”所环绕的中心，是费尔巴哈的“人”和“人的本质”。在他们看来，唯有“人”才是历史的终极目的和万物的尺度。一切现实关系和历史的发展都只能是“人”的自我展开。他们将各个具体的一定的个人间的关系变为“人”的关系，这样一来，这些一定的个人关于他们自身关系的思想，好像只是关于“人”的思想。因而他们就离开实在的历史基础而转到思想基础上去，同时又由于他们不知道现实的联系，所以又很容易地用“绝对的”思辨的方式虚构出幻想的联系。“真正的社会主

①② 《马克思恩格斯全集》，第3卷，580页。

③ 同上书，544页。

义”的唯心主义本质，正在于此。毫无疑义，离开生产和社会关系的发展，抽象地谈论“人”，都只能是这样。

“真正的社会主义”的一个基本口号就是“德国的理论应当和法国的实践结合起来；必须实现共产主义，**以便**实现人道主义”①。它的进一步解释，即“共产主义和社会主义归根到底都消融在**人道主义**中了”②。其隐秘含义何在呢？就在于它的神秘的思辨方式，在于把共产主义、社会主义、人道主义视为“人”的发展的不同阶段。按照黑格尔的三段式，前两个阶段是“正题”和“反题”，它们都必然带有“狭隘性”和“片面性”，而人道主义是“合题”，是前两者的统一，是“人”的终极目的。这个发展过程，就表现为不断地克服“人的本质的异化”的过程，“真正的社会主义”被看成这种异化的真正克服。正像马克思和恩格斯所指出的，“真正的社会主义者”相信费尔巴哈的“人”、“纯粹的、真正的人”是“世界历史的最终目的”和“万物的尺度”，深信宗教、货币、雇佣劳动等等“是人的本质的异化”，而把这种德国社会主义捧为“外国的社会主义与共产主义的理论真理”③，即将这两者都消融于他们的“人道主义”之中。

据此，“真正的社会主义者”指责法国的社会主义是“粗暴的”和“不文明的”，因为它把人“引导到对粗暴的物质的依赖”，而没有帮助“人”意识到“自己的本质”，“上升到关于自由活动的思想”，因此，法国社会主义者还根本不理解“社会主义的实质”。这最清楚不过地表明，“真正的社会主义者”是如何深陷在德国的思辨哲学之中。其实，法国的社会主义是现实的对立和现实的运动在理论上的反映，是从现实关系和物质生活引出的学说。“真正的社会主义者”对法国社会主义的非难就在于，“法国人没有以费尔巴哈的哲学作为自己的整个运动的最高原则”④。就是说，没有像他们那样始终都是为了寻找一个不变的“人的本质”。马克思深刻地指出：“德国人是……［从永恒的观点］根据**人**的本质来判断一切的，而外国人却是从实际出发，根据实际存在的人们和关系来观察一切

---

① 转引自《马克思恩格斯全集》，第3卷，651页。
② 转引自上书，540页。
③ 同上书，576页。
④ 同上书，541页。

的。外国人思考和行动是为了**自己所处的时代**，而德国人思考和行动却是为了**永恒**。"[①] 一针见血地指出了所谓"文明的"社会主义和"粗暴的"社会主义的本质区别，揭露了"真正的社会主义"的思辨性质。

"真正的社会主义者"从"人的本质就是一切中的一切"[②] 出发，认为只要意识到"人的本质"，一切社会问题和一切现实矛盾都可迎刃而解。无产者和资产者的对立是有目共睹的客观事实，"真正的社会主义者"不去分析这一对立的经济原因，而认为它是社会"野蛮化"和"人的固有本质腐化"的结果，是"对他们之外的物的依赖"[③]。这就是说，只要克服了对物的依赖，通过消除人的意识中的分裂，就能消灭现实生活中的这种分裂。关于人们的"活动"和"享受"也是如此。在他们看来，人们求得满足的东西，"不依赖于这些物"，而决定于"人的特性"[④]。这样，便把一切问题都归结为一个抽象的"人的本质"，以此代替对任何复杂社会现象的深入研究。马克思尖锐地指出，"不把人们的特性了解为他们的活动和被活动所制约的享乐方式的结果，而把活动和享乐解释为'人的特性'，这样，当然就取消了任何继续讨论的可能性"[⑤]。

"真正的社会主义者"还把私有制称为"**所谓的**所有制"，而把自己所追求的所有制，称之为"真正的所有制"，"真正的个人的所有制"，"现实的"、"社会的"、"活生生的"、"自然的"所有制，从而把共产主义和私有制的对立，想象为消除了一切实在条件的最抽象的对立。由此出发，把解决这种对立理解为消灭对立一方的思辨活动：或者消灭拥有财产，结果是普遍没有财产或贫困，或者建立真正的所有制以便消灭没有财产的状况。他们当然把建立"真正的所有制"看做自己追求的最高真理。其实，所谓"真正的所有制"、"自然的所有制"，无非是小资产阶级的所有制。他们通过费尔巴哈理想化了的"人"也把这种所有制理想化，并与资本主义私有制对立起来。可见，在这里所看到的，仍然是德国小资产者的幻想。

---

① 《马克思恩格斯全集》，第 3 卷，544～545 页。

② 同上书，605 页。

③ 同上书，546 页。

④⑤ 同上书，548 页。

现实的社会主义运动，正是资本主义社会这“两极”发展的产物，“一方面是真正的私有者，另一方面是没有财产的共产主义无产者。这种对立日益尖锐，而且必然会导向危机”①。将这一切现实的“差别”、“对立”都消融于“人的本质”之中，必然削弱和掩盖现代社会的阶级矛盾。“真正的社会主义者”，一面要人们相信财产并不使人幸福，“真正的幸福”在于“人”的生活；另一方面又告诫无产者“不要依赖物”，“**永远不要参加政治革命**”②，如此等等。这些说教，最清楚地暴露了“真正的社会主义”的小资产阶级性质和对工人运动的危害。

马克思主义创始人在揭露这一思潮的反动性时，深刻地指出，“真正的社会主义”其“所关心的既然已经不是实在的人而是‘**人**’，所以它就丧失了一切革命热情，它就不是宣扬革命热情，而是宣扬对于人们的普遍的爱了”③。在《共产党宣言》中又进一步指出，他们在法国的社会主义著作下面写上关于“人的本质的外化”等等哲学胡说，他们自认为克服了“法国人的片面性”，“他们不代表真实的要求，而代表真理的要求，不代表无产者的利益，而代表人的本质的利益，即一般人的利益，这种人不属于任何阶级，根本不存在于现实界，而只存在于云雾弥漫的哲学幻想的太空”④。这些深刻的论断，不仅揭露了“真正的社会主义”理论上的荒谬性和实践上的危害性，而且至今依然发人深省，闪耀着它战斗的光辉。

马克思对费尔巴哈的人本主义及其在社会历史中应用的批判，也是对自己“过去的哲学信仰”的“清算”。在马克思唯物主义历史观形成前，确实受着这种观点的深刻影响，但当他的新世界观确立后，便立即对之进行了彻底“清算”，而且他深感到这一“清算”的极端必要性。他说，在他的一些著作中，费尔巴哈的诸如“人的本质”、“类”等等概念，“给了德国理论家们以可乘之机去不正确地理解真实的思想过程并以为这里的一切都不过是他们的穿旧了的理论外衣的翻新”⑤。这一事实清楚地表明：

---

① 《马克思恩格斯全集》，第3卷，553页。

② 转引自上书，661页。

③ 同上书，537页。

④ 《马克思恩格斯选集》，第1卷，278页，北京，人民出版社，1972。

⑤ 《马克思恩格斯全集》，第3卷，261～262页。

第一，马克思确实受过费尔巴哈的影响，这一影响是如此之强烈，以至有些理论家借此把马克思的新世界观说成是费尔巴哈理论的“翻新”；第二，马克思的“批判”和“清算”表明他已经同旧哲学划清了界限，已经离开了自己思想发展的不成熟阶段而进入成熟时期。因此，如果把事实颠倒过来，即不谈马克思对自己“过去的哲学信仰”的“清算”，而把马克思的正在形成中的、还没有同费尔巴哈割断联系的观点加以片面夸大和绝对化，把它抬高为“成熟的马克思主义”或如德国社会民主党人所说的“真正的马克思主义”，就必然离开客观真理而陷入迷误之中。西方“马克思学者”正是据此把“青年马克思”与“老年马克思”对立起来，编造出两个马克思的“神话”。

针对“真正的社会主义者”格律恩任意剽窃和曲解法国社会主义的文献和论战性著作，马克思引用了海涅骂他的应声虫的一句话：“我播下的是龙种，而收获的却是跳蚤。”① 这句话用于打着“回到真正的马克思去”的旗帜的“马克思学者”，也是再恰当不过的了。

---

① 《马克思恩格斯全集》，第3卷，604页。

第五章　科学世界观的诞生　马克思的第一个伟大发现

第一节　政治经济学的研究和唯物主义历史观的形成

彻底清算费尔巴哈和唯物主义历史观的最后确立是同一个过程。只有完全摆脱费尔巴哈人本主义的影响，才能完成第一个伟大发现，反之，只有历史唯物主义观点的形成和确立，才能最终离开费尔巴哈。无论是对费尔巴哈的批判还是唯物主义历史观基本原理的发现，其中一个重要条件，是超出“人自身”而转入现实的经济关系的探讨，即研究政治经济学。

一、从哲学转向经济学

任何一个思想家，都是在特定的历史条件下从事自己的活动的。这种条件，除了一个国家的经济状况和政治状况外，还包括一个民族的理论思维传统。

德国是个哲学民族，是富有哲学思维传统的。从康德到费尔巴哈，德国古典哲学在人类思想史上占有重要地位。马克思是在德国开始自己的理论活动的，是从接受德国古典哲学教育开始的。但是，德国古典哲学，从康德到黑格尔，以及青年黑格尔派都停留在思辨哲学的领域。正如马克思指出的，“德国的批判，直到它的最后的挣扎，都没有离开过哲学的基地”①。

我们可以用杰出的唯物主义者费尔巴哈为例来说明这个问题。费尔巴

① 《马克思恩格斯全集》，第3卷，21页。

哈的思想也有个转变过程，但他是从神学转向哲学，始终没有跳出这个圈子。他在海德堡大学时攻的是神学，转入柏林大学后爱上了哲学。他在1825年的一封信中对他的哥哥说："只告诉你一件事：我已从神学转到哲学。哲学之外没有幸福！人只有在使自己满足的地方，才能满足别人，只有在他自信能有所成就的地方，才能有所成就。哲学的嗜好保证了我的哲学才能。"① 他怀着同样激动的心情告诉他父亲："我放弃了神学……我的精神到底还是不能就范于圣地那蕞尔小国的褊狭疆界以内；我的心灵向往辽阔的大世界；我的又饥渴又好胜的灵魂想要吞下一切。我的欲求简直是无边无岸的：我要把大自然，——那懦怯的神学家对它的幽邃感到惊惶失措的大自然——我要把人，就是说把完整无缺的人——不是神学家、解剖学家或法学家而只是哲学家的对象的人——拥抱在我的怀里。——你应当和我一同高兴了……因为我从神学家这一帮人中逃脱了出来，并且又交上了象亚里士多德、斯宾诺莎、康德、黑格尔这样有天才的朋友。——如果想使我再回到神学去，不啻想抓住精神再放到它的已经死了的躯壳中去，使蝴蝶再回到蛹里去。"② 从神学转向哲学唯物主义，这是费尔巴哈的杰出成就，而停留在哲学范围，特别是停留在自然和"人"上，又是他的局限。

马克思看到了"停留在纯粹思想的世界的范围内"的弱点，提出来"须要跳出哲学的圈子并作为一个普通的人去研究现实"③。马克思自己也正是这样。马克思得力于德国古典哲学的优秀遗产，但没有就此为限。他进一步从哲学转入经济学，这是马克思思想发展的重要一环。如果不迈出这决定性的一步，始终停留在纯哲学的范围内，就突不破德国思辨哲学的传统，就不可能创立历史唯物主义，而马克思也只能作为思辨哲学家的马克思，不可能成为马克思主义的创始人。

马克思转向经济学的研究，从19世纪的思潮和无产阶级面临的任务来看，是一种历史的必然性。

---

① 《费尔巴哈哲学著作选集》，上卷，223页。
② 同上书，223～224页。
③ 《马克思恩格斯全集》，第3卷，262页。

在马克思主义产生以前，当时在一些理论部门，已经取得了很高的成就。例如，德国古典哲学中的辩证法和唯物论，英国古典经济学的劳动价值论，19 世纪三大空想社会主义者对于资本主义弊病的批判和未来社会的天才设想，都闪烁着人类智慧的光芒。但是，它们都有一个特点，主要局限在自己专业范围内。在自己专业的范围内，他们是巨人，可是超出这个范围，就显得比较贫乏，渺小。即使是黑格尔，对于英国古典经济学有较深的造诣，但这并没有改变他的哲学的唯心主义性质，而只是用来作为论证自己观点的例证。马克思的先驱者们没有也不可能形成哲学、经济学和社会主义学说的科学统一。

特别是从发展趋向看，到 19 世纪 40 年代，这些思潮在经历了一个理论高峰之后，朝相反的方向转化。德国古典哲学被青年黑格尔派的右翼拖向极端的主观唯心主义的死胡同，英国古典经济学退化为庸俗经济学，而伟大的空想社会主义的学说，被他们的信徒们变成折衷的、不伦不类的社会主义，变成各种各样的宗派，变成兜售各种万灵药方的社会改良主义。

而马克思登上历史舞台时，历史和阶级斗争提出的伟大任务，是要根本扭转思想领域中的逆转趋势，把社会主义由空想变成科学。可是，把社会主义由空想变成科学，这是一个全面的、综合性的任务。如果哲学、政治经济学和社会主义学说处于彼此分割的状态，是不可能完成这个任务的。19 世纪三大空想社会主义的历史经验证明了这一点。它们的历史观是唯心主义的，而对资本主义生产方式又不能进行科学的经济分析，只是简单地否定它。社会主义要由空想变成科学，必须用辩证唯物主义和历史唯物主义世界观为指导，以对资本主义生产方式的经济解剖为基础，因此，作为无产阶级的理论形态的马克思主义，必须包括哲学、政治经济学和科学社会主义三个部分，并使它们形成统一整体。马克思转向经济学的研究，正是适应历史的需要。

不仅时代要求这样。从马克思的个人经历来看，1844 年转向经济学的研究也不是偶然的。

马克思开始是以一个哲学家的身份从事写作的。他的《博士论文》是一篇哲学论文；他的第一篇政论文章是关于出版法的，属于他的法律专业范围。可是，在 1842—1843 年马克思主编《莱茵报》时，碰到了许多经济方面的问题，例如莱茵省议会关于森林盗伐和地产细分的辩论；当时的莱茵省总督沙培尔先生和《莱茵报》之间关于摩塞尔农民情况的公开的论战，以及关于自由贸易与保护关税的辩论，马克思深感自己的经济知识缺乏，这是推动他研究经济问题的最初动因。

而且从思想发展上说，马克思在理论上也感到有研究政治经济学的必要。1843年春，马克思退出《莱茵报》，在克罗茨纳赫写了《黑格尔法哲学批判》，探讨了市民社会同国家和法的关系，马克思当时得出了一个结论，法律关系如同国家形式一样决定于市民社会。可是市民社会的解剖应该求之于政治经济学，因此，马克思在写了《黑格尔法哲学批判》之后转向政治经济学的研究。这是马克思思想深化的必然结果。

此外，恩格斯对马克思转向政治经济学的研究，也起了一定的促进作用。恩格斯研究经济学，早于马克思。从恩格斯1844年初在《德法年鉴》上发表《政治经济学批判大纲》起，马克思同他开始发生通信联系。马克思对恩格斯的第一部经济著作是非常赞扬的，它显然成为推动马克思研究经济学的一个诱因。列宁说过："马克思同恩格斯的交往，显然推动了马克思着手去研究政治经济学，即马克思后来以其著作在其中造成了整整一个革命的那门科学。"①

马克思是1843年10月底到达巴黎的。先是筹办和出版《德法年鉴》。《德法年鉴》停刊后，大约是1844年3月，马克思钻研英法两国一些卓越学者的著作，开始研究经济学。他阅读了斯密、李嘉图、萨伊、西斯蒙第、斯卡尔培克、穆勒、舒耳茨、麦克库洛赫等人的著作，并做了九本摘录笔记，这就是《巴黎摘录笔记》。特别值得注意的是，其中《弗里德里希·恩格斯〈政治经济学批判大纲〉一文摘要》，表明了马克思赞同恩格斯的观点，同恩格斯观点的一致性；《詹姆斯·穆勒〈政治经济学原理〉一书摘要》则是马克思的经济观点的最早的较完整的阐述。

和恩格斯在《政治经济学批判大纲》的看法相一致，马克思也把资产阶级政治经济学称作致富的科学。在马克思看来，整个资产阶级经济学是建立在私有制的基础上，它把私有制假定为一种无法证明的前提，作为一

---

① 《列宁全集》，第2卷，8页，北京，人民出版社，1959。

种不必论证的事接受下来，因此，资产阶级政治经济学从来不探讨私有制产生的原因及其合理性的问题，相反，它把私有制看成不可侵犯的，竭力为私有制辩护。年轻的马克思入木三分，一下子就抓住了资产阶级经济学的根本性质和致命缺陷。马克思非常注意研究私有财产即私有制的问题。这是不难理解的。因为私有财产问题，无论从工人运动的角度看，还是从社会主义理论看，当时都成为中心问题。马克思自己在 1842 年和奥格斯堡《总汇报》的论战中，已经提出了一无所有的无产者要求占有中产阶级财产的合理性问题；后来在批判黑格尔法哲学时又研究了土地私有制和国家的关系问题，马克思把研究私有制的起源和消灭的途径作为一个根本性的问题，表明马克思即将创立的经济学说的阶级性和科学性。

和恩格斯一样，马克思这时对劳动价值论是持否定态度的。马克思刚刚研究经济学，还不知道劳动力和劳动的区别、价值和价格的区别，更不知道剩余价值的来源，因而认为劳动价值论是对资本主义制度的理想化。在马克思看来，在私有制的条件下，一种物品的价格必然地始终高于实际的生产费用，因而地租和利润都不是必要生产费用的组成部分，而是给私有者的贡物；另一方面，由于竞争，商品的唯一价值就是交换中确定的价值，即市场价格，它是由竞争，而不是由生产费用决定的。所以他认为亚当·斯密、李嘉图所说的“实际价值”，是对现实的一种不许可的抽象。马克思当时还没有完全摆脱对经济学的道德评价，把劳动价值论看成是对劳动者非人处境的粉饰。马克思认为，“工人创造的商品越多，他就越变成廉价的商品。物的世界的**增值**同人的世界的**贬值**成正比”①，而资产阶级经济学对人“漠不关心”，在他们看来，“人是微不足道的，而产品则是一切”②。马克思对劳动价值论的否定，不仅是表明他刚刚从事经济学的研究，还不成熟，也表明马克思模模糊糊地意识到资产阶级古典经济学关于劳动价值论中的矛盾。它没有解释清楚地租和利润的来源，而且把劳动和劳动者分开，掩盖了资本主义制度下劳动的异化性质。因此，从这个意义上来说，马克思当时对劳动价值论的否定，不是消极的否定，而是积极

---

① 《马克思恩格斯全集》，第 42 卷，90 页。
② 同上书，72 页。

的探索，是思想深化过程中寻求真理的一种表现。不到半年，马克思在《神圣家族》中承认了劳动价值论的思想，几年后，在《哲学的贫困》中开始创立自己的劳动价值理论，并发现了剩余价值的来源。

马克思在巴黎研究政治经济学的重大成果，除了《巴黎摘录笔记》外，集中反映在《1844年经济学哲学手稿》中。这部手稿，看来是马克思曾经打算撰写的《政治和政治经济学批判》一书的草稿。在残存的手稿中，我们可以看到，马克思通过对资产阶级经济学的批判和资本主义生产方式的解剖，对一些重要经济问题进行了探讨。

马克思研究了工资、利润、地租，通过分析资本主义社会财富分配的三种主要形式，揭示了工人、资本家、土地所有者三大阶级对立的经济根源。

发现现代社会中存在阶级和阶级斗争，这并不是马克思的首创。在马克思以前，资产阶级经济学家就研究过工资、利润、地租问题，对各个阶级作过经济学上的分析。马克思吸收了他们的一些合理因素，但远远超过了他们。

亚当·斯密的工资理论有许多宝贵思想，例如，他承认资本家和工人双方利益绝不一致，认为劳资双方在关于工资的斗争中，资本家没有劳动者，要比劳动者没有资本家活得更为长久些，等等。但马克思没有停留在这个水平上，而是从中看到一个根本问题，即资本、地产、劳动三者的分离，并且指出，这种分离**“对工人说来是致命的”**①。

资产阶级经济学家从维护私有制出发，把这种分离看成是必需的。他们把无产者，即既无资本又无地产，仅仅依靠劳动为生的人只看做劳动者，因此，“国民经济学不考察不劳动时的工人，不把工人作为人来考察；它把这种考察交给刑事司法、医生、宗教、统计表、政治和乞丐管理人去做”②。雨果的《悲惨世界》的主人公的遭遇，客观上就是这种状况的艺术反映。

马克思提出的资本、地产、劳动三者分离对工人说来是致命的论断，

---

① 《马克思恩格斯全集》，第42卷，49页。

② 同上书，56页。

不仅表明彻底转变后的马克思，对工人处境的无限同情，而且表明马克思看到了改善工人状况的途径，不能单纯着眼于分配，停留在争取提高工资的范围内，而是要消灭这种分离，即消灭资本和地产的私有制。

马克思吸收了资产阶级古典政治经济学关于工资的理论，指出最低的和唯一必要的工资额是劳动者在他劳动期间的生活费用和为使劳动者种族不致死绝而额外给他的赡养家族的费用，并研究了资本主义社会发展状况和工人处境的关系。

亚当·斯密研究了社会衰落、繁荣、繁荣达到顶点三种状况下工人的工资变化。他认为只有社会衰落，财富减少时，工资才会大大下降，工人失业，沦为乞丐和罪犯；在社会经济停滞时，工资下降，但还能维持生活；而当社会繁荣，财富持续增长时，工资不断提高，工人的状况会继续改善。这种观点引出的政治结论，必然是把工人状况的改善，寄托于资本主义的发展上。

马克思的看法和亚当·斯密不同。马克思认为，如果社会财富处于衰退状态，劳动者所受的痛苦最大。他认为斯密所说的“没有一个阶级象工人阶级那样由社会财富的衰落而遭受深重的苦难”的观点是正确的。但是，在社会财富正在增进的社会里，似乎对劳动者最为有利，实际上工资的提高引起劳动者的过度劳动，放弃一切自由来替贪婪者从事奴隶般的劳动，因而不可避免地劳伤、早死，另外随着资本积累和分工的发展，工人更加沦为机器和资本的奴隶，新的竞争使一部分劳动者饿死或乞讨。而当社会繁荣达到自己的顶点时，工人之间为就业而进行的竞争更加激烈，相对过剩人口“注定会死亡”。因此马克思得出结论说，“在社会的衰落状态中，工人的贫困日益加剧；在财富增进的状态中，工人的贫困具有错综复杂的形式；在达到繁荣顶点的状态中，工人的贫困持续不变”①。这是马克思关于无产阶级贫困化思想的最早论述。

在工资问题之后，马克思研究了资本的利润问题，深刻揭示了资本的本质。马克思批驳了萨伊把劳动和产品的支配权归结为成文法和继承权的问题，指出“资本是对劳动及其产品的**支配权**。资本家拥有这种权力并不

① 《马克思恩格斯全集》，第42卷，53页。

是由于他的个人的或人的特性，而只是由于他是资本的**所有者**。他的权力就是他的资本的那种不可抗拒的**购买**的权力”①。这说明马克思不是把资本简单看做物，而是接近于把资本看做一种生产关系。

马克思还研究了资本的赢利，通过分析赢利和资本的比例，探讨了最低赢利率和最高赢利率问题；通过对资本统治劳动和资本家的动机的分析，看到他们唯一的动机是追逐利润，肯定这些人的利益同社会利益的敌对性；马克思还分析了资本的积累和资本家的竞争，揭示了资本积累和竞争的内在联系：“各个资本之间的竞争扩大各个资本的积累。在私有制的统治下，积累就是资本在少数人手中的**积聚**，只要听任资本的自然趋向，积累一般来说是一种必然的结果；而资本的这种自然使命恰恰是通过竞争来为自己开辟自由的道路的。”② 马克思还肯定了在竞争中，大资本对小资本具有优越性。更加深刻的是，马克思当时已看到了竞争导致集中的趋向：“当资本和地产掌握在同一个人手中，并且资本由于数额庞大而能够把各种生产部门结合起来的时候，资本的积累日益增长，而资本间的竞争日益减少。”③

在资本主义社会，除了攫取利润的资本家和依靠工资为生的工人外，还有收取地租的土地所有者。马克思在分析地租时，着重指出了土地所有者同租地农场主、同农场工人利益的敌对性，也指出了由于竞争，一个土地所有者同另一个土地所有者利益的矛盾，并且揭示了在农业中，大地产的积累和大地产对小地产兼并，以及由于竞争，一些资本家成为土地所有者，而一部分土地所有者同时成为工业家，最终导致资本家和土地所有者之间的差别的消灭。

马克思还着重研究了私有财产和私有制问题，把私有财产的关系，看成是资本、劳动以及两者的相互关系。他说：“私有财产的关系潜在地包含着作为**劳动**的私有财产的关系和作为**资本**的私有财产的关系，以及这两种表现的相互**关系**。”④ 马克思把私有财产归结为资本和劳动的关系，就抓住了最本质的关系，抓住了阶级对立。马克思还分析了资本和劳动的相

① 《马克思恩格斯全集》，第42卷，62页。
② 同上书，67页。
③ 同上书，74页。
④ 同上书，106页。

互依存和相互对立：劳动者生产资本，资本生产劳动者，而当资本一旦不再为劳动者而存在，劳动者本身便立即不再为自己存在，也没有工作，因而也没有工资，结果只能被饿死，被埋葬。

马克思还研究了封建土地所有制向资本主义所有制的转变问题，他用唯物辩证法的观点考察了资本主义发展史，把它看成是资本主义生产方式战胜封建生产方式的过程。他说，“从**现实的**发展进程中……必然产生出**资本家**对**土地所有者**的胜利，即发达的私有财产对不发达的、不完全的私有财产的胜利”①。因此，由封建土地所有制向资本主义所有制过渡是不可抗拒的，任何恐惧资本主义发展，企图阻止地产变成资本的行动，都是完全白费力气的。

马克思还研究了需要、生产和分工问题。他指出，在私有制的条件下，生产的目的不是满足需要，相反，需要成为满足私有者利己主义的手段。每个人都千方百计在别人身上唤起某种新的需要，以便迫使他做出新的牺牲，把他置于一种新的依赖地位，促使他进行新花样的享乐，从而使他陷于经济上的破产。而且马克思分析了在私有制条件下存在两种不同的需要：一种是富人和满足富人的需要，一种是穷人和满足穷人的需要。前者精致化，越来越高级；而后者则是畜类般的野蛮化和最彻底的粗糙化，对穷人来说，甚至阳光、空气这些最简单的需要都成为奢侈品了。即使穷人的需要如此粗糙化、贫困化，但资本家仍然利用这种需要进行投机，从而表现了他的生产目的。马克思说：“生产对富人所具有的意义，**明显地**表现在生产对穷人所具有的意义中；这对于上层来说总是表现得精致、隐秘、含糊，是假象；而对于下层来说则表现得粗陋、露骨、坦率，是本质。工人的**粗陋的**需要与富人的**考究的**需要相比是一个大得多的收入来源。伦敦的地下室给房产主带来的收入比宫殿带来的更多”。还说：“正象工业利用考究的需要进行投机一样，工业也利用**粗陋的**需要，而且是人为地造成的粗陋的需要进行投机。”② 在马克思看来，只有在社会主义的前提下，人的需要不像资本主义条件下那样，成为投机的对象，相反，人的

① 《马克思恩格斯全集》，第42卷，110页。
② 同上书，138页。

多方面的、丰富的需要可以逐步得到满足。

马克思从1844年春开始研究经济学，虽然时间不长，但从《1844年经济学哲学手稿》来看，马克思在创立无产阶级政治经济学方面，迈出了可喜的一步。

二、对历史唯物主义的推动

马克思开始研究政治经济学的重大意义，不仅是开辟了一个崭新的科学研究领域，而且进一步促进了已开始探讨的历史唯物主义的发展。

1843年春天退出《莱茵报》以后，马克思进行了艰苦的研究工作。他在《黑格尔法哲学批判》中提出了关于市民社会决定国家和法的思想。但市民社会究竟是什么？马克思没有回答，也不可能回答。很显然，这个问题是不可能仅仅依靠哲学思辨作出回答的。

1844年在巴黎，马克思通过经济学的研究，通过分析资本主义的生产、分配、交换、消费，分析私有财产的运动，得出了一个新的结论："私有财产的运动——生产和消费——是以往全部生产的运动的**感性**表现，也就是说，是人的实现或现实。宗教、家庭、国家、法、道德、科学、艺术等等，都不过是生产的一些**特殊的**方式，并且受生产的普遍规律的支配。"①

马克思的这一论断，在唯物主义历史观的形成上，跨出了一大步。

首先，这里已经突破了"市民社会"这个旧有的一般范畴，并赋予它比较确切的物质内容。黑格尔按照18世纪英国人和法国人的先例，使用了市民社会这个范畴，他在《法哲学原理》中有专章论述市民社会。但在黑格尔那里，市民社会这个范畴并未"净化"，而是比较庞杂的，他认为市民社会包括三个环节：第一，通过个人的劳动以及通过其他一切人的劳动与需要的满足，使需要得到中介，个人得到满足——即需要的体系；第二，通过司法对所有权的保护；第三，通过警察和同业公会，来预防遗留在上列两体系中的偶然性，并把特殊利益作为共同利益予以关怀。② 马克思在《黑格尔法哲学批判》中，沿用了黑格尔使用的市民社会这个范畴，把它作为与国家相对立的、决定国家的东西来使用，但对市民社会的根本

① 《马克思恩格斯全集》，第42卷，121页。
② 参见黑格尔：《法哲学原理》，203页。

内容并不清楚。在这里，马克思突出了私有财产即所有制问题，接触到市民社会范畴的最核心部分，从而赋予市民社会以比较确定的物质内容。虽然这个根本观点，在这里仍然是潜在的、尚未展开的、论断式的，但重要的是抓住了这个最根本之点。后来马克思在《德意志意识形态》中继续发挥了这个思想，明确指出："在过去一切历史阶段上受生产力所制约、同时也制约生产力的交往形式，就是**市民社会**。"① 还说，市民社会"这一名称始终标志着直接从生产和交往中发展起来的社会组织，这种社会组织在一切时代都构成国家的基础以及任何其他的观念的上层建筑的基础"②。

其次，在关于私有财产和国家的关系问题上，马克思在批判黑格尔的法哲学论述长子继承制时，已经提出了国家制度"是私有财产的国家制度"。但这里重大的进步是不仅指出了这个事实，而且指明了私有财产的基础是生产，是以往全部生产运动的感性表现。把生产看成所有制的基础，就包含着生产力决定生产关系这一光辉思想的萌芽。

最后，马克思在《黑格尔法哲学批判》、《论犹太人问题》和《〈黑格尔法哲学批判〉导言》中，对市民社会决定国家、法、宗教作过论述。但这里已经超出上述范围，提出了物质生产决定道德、科学、艺术等，从而突破了仅限于国家与法这些政治上层建筑的范围，把社会意识形态的各种形式同国家与法并列在一起，作为被生产决定的因素。这不单纯是扩大范围的问题，而是说明马克思力图对社会面貌作全面的、综合性的考察。

马克思对经济学的研究，有助于马克思创立和形成关于社会形态和社会结构的学说。

马克思当时还没有可能创立比较完整的关于各种社会形态及其更替的学说，但他在《1844年经济学哲学手稿》中，通过对经济学的研究，至少摸索到两个环节：一是封建社会向资本主义社会过渡的必然性，另一是资本主义社会向共产主义过渡的必然性。

马克思分析了由于商品经济的侵入，土地转入流通领域，引起了土地的分割和集中，从而导致资本主义类型的大生产；分析了由于农村的破

① 《马克思恩格斯全集》，第3卷，40页。
② 同上书，41页。

产，农村人口流入城市，把他们推进工业怀抱，从而加强和扩大了工业资本的势力；分析了货币地租代替实物地租在瓦解封建土地所有制中的作用。因此，由封建社会转向资本主义社会是历史的必然规律。更重要的是，马克思揭示了由资本主义社会过渡到共产主义的必然性，把共产主义看成是资本主义社会内在矛盾发展的结果，是人类历史的必然环节，并明确指出，过去人类“为了本身的实现曾经需要**私有财产**”，而“现在需要消灭私有财产”①。

马克思不仅从纵的方面研究了社会形态的发展，还研究了社会的横断面，论述了社会存在决定社会意识的原理。虽然明确、系统的阐述是在《德意志意识形态》中，但在《1844年经济学哲学手稿》已经有相当清楚的论述：既有事实的分析又有理论的概括。

例如，在分析经济学说史时，马克思始终坚持的是这个原则，把经济思想的发展，如由重商学派、重农学派到英国古典经济学派的演变，看成是社会本身发展在经济理论中的反映。他在评价魁奈时说，“**重农学派**直接是封建所有制**在国民经济学上的**解体”；在谈到亚当·斯密时，指出英国古典经济学派是“私有财产的现实**能量**和现实**运动**的产物”，是“现代**工业**的产物”，这种学说的内在矛盾，就是资本主义工业内在矛盾的反映。② 所以马克思在分析货币拜物教时，明确地得到一个重要结论：“拜物教徒的感性意识不同于希腊人的感性意识，因为他的感性存在还是不同于希腊人的感性存在。”③

马克思还批判了把意识和存在抽象对立起来的唯心主义观点，他通过分析类意识和类存在的关系，接近于得出社会存在决定社会意识的结论。所谓类意识，即普遍意识，或者简而言之是社会意识，按照马克思的看法，“不过是以**现实**共同体、社会存在物为**生动**形式的那个东西的**理论**形式”④，因此社会意识，无非是“在思维中复现自己的现实存在”⑤。

---

① 《马克思恩格斯全集》，第42卷，148页。
② 参见上书，112、114页。
③ 同上书，139页。
④ 同上书，122页。
⑤ 同上书，123页。

阶级和阶级斗争的学说，是历史唯物主义的重要内容。马克思在开始研究政治经济学之前，例如在《〈黑格尔法哲学批判〉导言》中，已经提出了无产阶级的伟大历史使命，但更多的是从哲学上进行论证。而在这里，在《1844 年经济学哲学手稿》中，则从政治经济学角度，论述了阶级和阶级对立的经济基础。

马克思在《1844 年经济学哲学手稿》中的第一手稿里，就是通过研究资本主义财富分配的三种主要形式：工资、利润、地租，揭示了工人阶级同资产阶级、土地所有者的对立。土地所有者和资本家，凭着土地和资本，依靠地租和利润过着养尊处优的生活，凌驾于劳动者之上，而工人则依靠微薄的工资，过着非人的生活。马克思明确指出，“所有者和劳动者之间的关系必然归结为剥削者和被剥削者的经济关系”①。还说：“在国民经济学中，我们到处可以看到，各种利益的敌对性的对立、斗争、战争被认为是社会组织的基础。”②

我们曾经说过，关于现代社会存在阶级和阶级斗争，并不是马克思的首创。在马克思之前，资产阶级经济学家对各个阶级做过经济上的分析，《1844 年经济学哲学手稿》中关于工资、利润、地租的分析，大量引用过他们的论述。但不同的是，资产阶级经济学家强调资本家和土地所有者同社会利益的一致性，把阶级的区分看成是永恒不变的，而马克思则强调了各阶级之间的对立性。特别是马克思关于私有制的暂时性、可变性和关于共产主义是私有财产的扬弃的思想，包含着阶级的划分是与生产发展的一定阶段相联系的、阶级的区分不是永恒的结论。

马克思的唯物主义历史观同对政治经济学的研究是结合在一起的。随着马克思更深入地探讨人类生存的物质前提和人类的生产方式，唯物主义历史观得到了科学的和系统的论证。

第二节 唯物主义历史观的前提和实质 社会存在和社会意识原理的科学阐述

马克思的历史唯物主义，是关于社会历史的极其完整而严密的科学理

① 《马克思恩格斯全集》，第 42 卷，84 页。

② 同上书，76 页。

论体系，它同以往一切历史哲学是根本对立的。它不是任意臆造历史的联系，而是从经验材料出发揭示社会历史的客观规律。因此，这种历史观没有前提是绝对不行的。马克思主义创始人对社会历史前提的考察，就为正在形成中的科学历史观提供了一个正确的立足点。对历史前提，也即对唯物主义历史观前提的确定，从根本上揭示了历史唯物主义的实质，划清了历史唯物主义和历史唯心主义的界限。

一、历史的前提是现实的个人，是他们的活动和物质生活条件

马克思主义创始人在全面阐明自己的唯物主义历史观以前，首先探讨了历史的前提，以便为唯物主义历史观提供一个正确的出发点。正像马克思所说的，通向唯物主义世界观**"没有前提是绝对不行的"**①。它必须从现实的物质前提出发，而且一刻也不能离开这种前提。因为，这里所考察的历史是现实的历史，而不是观念的发展史，这种历史是在现实生活中发展的，而不是在唯心主义者的肠道中徐徐伸展。因此，必须根据经验去研究现实的物质前提。

这个现实的前提是什么呢？马克思指出："它的前提是人，但不是某种处在幻想的与世隔绝、离群索居状态的人，而是处在一定条件下进行的、现实的、可以通过经验观察到的发展过程中的人。"② 用一句话来概括，"这是一些现实的个人，是他们的活动和他们的物质生活条件"③。这就是马克思关于唯物主义历史观的前提和出发点的科学论断。

首先，马克思在这里说历史唯物主义的前提是人，揭示了人类社会和历史的特点，即这个领域是人的领域，是人的活动形成的。因此离开人去研究历史是不可思议的。

其次，马克思的论断还明确地指出，这种人不是费尔巴哈的"人"，而是"现实中的个人"，"这些个人是从事活动的，进行物质生产的，因而是在一定的物质的、不受他们任意支配的界限、前提和条件下能动地表现自己的"④。一句话，现实的人就是"以一定的方式进行生产活动的一定

---

① 《马克思恩格斯全集》，第3卷，261页。
② 同上书，30页。
③ 同上书，23页。
④ 同上书，29页。

的个人”①。生产活动是人的根本属性，个人是什么样的，取决于他们进行生产的物质条件。因此，离开生产和生产的物质生活条件去谈论人的问题，同样也是不可思议的。

最后，马克思把现实的个人、他们的活动和物质生活条件三者并论，有着重要的理论意义。它强调了个人、他们的活动和物质生活条件这三者是统一的，表明现实的人决不是“人自身”，他们是由其所从事的物质生产条件决定的。因此，对现实的人的研究，必须立即转入社会历史的范围，去研究人的生产活动和社会关系。正像恩格斯所说的，要使我们的“人”成为某种真实的东西，就必须从唯物主义出发，“必须从个别物中引伸出普遍物，而不是从本身中或者象黑格尔那样从虚无中去引伸”②。

研究人的物质生产和由其制约的社会关系，不仅可以说明人的本质，而且能够揭示社会历史的规律。如果离开这种经验的、唯物的研究，无论怎样宣称自己的人是“现实的人”，对问题的解决都毫无补益。我们知道，费尔巴哈把他的感性的人，即仅仅在感情范围内承认的人称为“现实的、单独的、肉体的人”，就连黑格尔也称自己的人为“现实的人”。他说，“精神作为一个自我意识亦即作为一个现实的人**存在在那里**”③。可见费尔巴哈和黑格尔所谓的“现实的人”同马克思的“现实的人”，貌合神离，毫无共同之处。问题不在于给“人”冠以何种名称，而在于如何去研究人以及把什么作为人的基础。是把精神、抽象的感情作为考察人的基础，还是把人的活动和物质生活条件作为考察人的基础。如果离开人的现实生活和物质生活条件考察人，那么这个人只能是现实中不存在的抽象物。诚如恩格斯所说：“只要‘人’的基础不是经验的人，那末他始终是一个虚幻的形象。”④ 不论是称为“人”还是“现实的人”，都只能是概念、观念的另一个名称而已。马克思关于“现实的人”的科学论断，正是同黑格尔和费尔巴哈的“抽象的人”的对立中提出的。

从“现实的人”出发，实质上就是从物质生产出发。既然人是在社会

① 《马克思恩格斯全集》，第 3 卷，28～29 页。
② 《马克思恩格斯全集》，第 27 卷，13 页。
③ 黑格尔：《精神现象学》，下卷，235 页。
④ 《马克思恩格斯全集》，第 27 卷，13 页。

中进行生产的个人，既然人是由他们进行生产的物质条件所决定的，所以，历史的物质前提是“现实的人”，同时也是他们的活动和物质生活条件，而归根结底是他们的物质生产。马克思认为，任何人类历史的第一个前提，就是物质生活资料的生产。因为人们为了能够“创造历史”，就必须能够生活，必须解决衣、食、住以及其他东西，因而必须进行生产。生产是人通过一定方式对自然条件的改造，使之服务于人类的需要。马克思认为，各种自然条件——地质条件、地理条件、气候条件以及人们所遇到的其他条件，一直制约着人的肉体组织，特别是种族差别，影响着人类历史的发展。因此，他提出，“任何历史记载都应当从这些自然基础以及它们在历史进程中由于人们的活动而发生的变更出发”①。马克思在 15 年后，更明确地提出，“在社会中进行生产的个人，——因而，这些个人的一定社会性质的生产，自然是出发点”②。

物质生产是“历史的发源地”和“出发点”，这不仅同“现实的人”是历史的前提毫不矛盾，而且正是马克思对“现实的人”进行了深入的探讨之后而得出的科学结论。不着重研究人的生产活动和物质生活条件及其对人的本质的制约性，而沉湎于孤立地探寻“人的本质”，甚至把人类历史也看成是“人的本质的异化”的历史，这完全是重复费尔巴哈的错误。

马克思主义创始人在这里第一次提出了“物质生活条件”的重要概念，并把它视为人类历史的前提和基础，这就有可能把物质关系和思想关系区别开来，把精神现象归结于物质现象，从而为全面制定唯物主义历史观奠定基石。

马克思指出，“任何历史观的第一件事情就是必须注意上述基本事实的全部意义和全部范围”③。就是说，必须把人们的生产活动和物质生活条件作为研究人类历史的前提和基础，并在这个基础上，去探讨社会结构和历史发展的规律。然而，过去的一切历史观不是完全忽视了历史的这一现实基础，就是把它仅仅看成与历史过程没有任何联系的附带

---

① 《马克思恩格斯全集》，第 3 卷，23～24 页。
② 《马克思恩格斯选集》，第 2 卷，86 页。
③ 《马克思恩格斯全集》，第 3 卷，32 页。

因素。这在德国尤其是如此。黑格尔和青年黑格尔派完全排除了历史的这个现实基础，就连唯物主义者费尔巴哈也是把历史同它的物质基础割裂开来，正像马克思所指出的，“我们遇到的是一些没有任何前提的德国人”①，他们从来没有为历史提供世俗基础，因而也从来没有过一个历史学家。

其实，德国哲学家们也并非完全没有前提。黑格尔历史观的前提是自在自为的绝对精神，青年黑格尔派历史观的前提是纯粹的自我意识，费尔巴哈历史观的前提是“抽象的人”。他们都从各自的前提出发，建立自己的色彩不同的历史哲学。与黑格尔和青年黑格尔派把历史视为观念发展的历史不同，费尔巴哈把历史看成是“人”的发展过程。这种历史观似乎多少有一些现实性的外观，其实不然。由于费尔巴哈舍弃了实际条件，他的“历史”也只是观念发展的过程。② 可见，他们并不是没有前提，只是没有物质的前提罢了。对前提的不同理解，决定着他们所建立的历史观的不同性质。马克思对唯物主义历史观前提的考察，不仅为全面制定唯物主义历史观提供了坚实基础，而且从根本上把历史唯物主义和历史唯心主义区分开来了。

二、历史活动的四个基本方面 两种生产的相互关系

在历史的前提确定之后，进一步研究历史活动的基本因素，研究两种不同的生产，就有着重要的意义。这不单是对历史前提研究的具体化，同时关系到对历史本质的认识。

人类历史的第一个前提，即第一个历史活动，是为满足人们生活需要的生活资料的生产，因为人们只有生活，才能“创造历史”，所以，这是人类历史的发端，是一切历史的最基本条件。

第二个历史活动，是为满足新的需要而进行的生产。马克思说，“已经得到满足的第一个需要本身、满足需要的活动和已经获得的为满足需要用的工具又引起新的需要”③。正是由于这种“新的需要的继续”，历史的

① 《马克思恩格斯全集》，第 3 卷，31 页。
② 参见上书，77 页。
③ 同上书，32 页。

延续才成为可能。可见，这两种生产，即人的生活资料的生产和新的需要的生产，就是“生产物质生活本身”。它是一切历史赖以存在和发展的首要前提。没有这种最基本的物质生产活动，也就没有人类社会和历史的发展。正像马克思后来所明确指出的，“任何一个民族，如果停止劳动，不用说一年，就是几个星期，也要灭亡”①。所以，马克思始终把这种本来意义的生产，即物质资料的生产，视为历史的发源地和最根本的基础。人类历史归根结底就是物质生产发展的历史。

历史的第三个基本方面，是人口的生产，即人的增殖。没有人，便没有历史，所以它同历史的其他因素一样有着无可争辩的重要意义。人和动物不同，人的生产意味着夫妻之间的关系，夫妻与子女之间的关系，即意味着家庭。家庭是人口生产的单位，是构成社会的细胞。但在远古时代，家庭是唯一的社会关系，它既是人口生产的单位，又是物质生产的单位。原始社会的氏族、胞族和部落，也只是最初家庭的扩大。随着生产和需要的发展，家庭形式也不断发生变化。后来，在生产进一步发展的基础上产生了新的社会关系，家庭便处于从属关系的地位了。

马克思一方面指明了，家庭生产同本来意义的生产，即物质资料生产的不同，它是人口的增殖。另一方面又指出，它们都是“生活的生产”，是历史的三个最基本的因素，因此，不能把以上三个方面看做历史的三个不同阶段。这三者在历史上“同时存在着”，而且始终在历史上起着作用。

四十年后，恩格斯在《家庭、私有制和国家的起源》一书中，进一步发挥了他和马克思的上述观点，并且更加明确地把以上三种生产概括为两种生产，他说：“根据唯物主义观点，历史中的决定性因素，归根结蒂是直接生活的生产和再生产。但是，生产本身又有两种。一方面是生活资料即食物、衣服、住房以及为此所必需的工具的生产；另一方面是人类自身的生产，即种的蕃衍。一定历史时代和一定地区内的人们生活于其下的社会制度，受着两种生产的制约：一方面受劳动的发展阶段的制约，另一方面受家庭的发展阶段的制约。”紧接着还说：“劳动愈不发展，劳动产品的

① 《马克思恩格斯选集》，第4卷，368页。

数量、从而社会的财富愈受限制，社会制度就愈在较大程度上受血族关系的支配。”① 恩格斯的这一科学论断，同《德意志意识形态》的观点是完全一致的。它不能作为这样一种观点的理论依据：似乎原始社会起决定作用的是人类自身的生产，只有阶级产生以后，人类自身生产的决定作用才让位于物质资料的生产。

首先，从恩格斯的上述论断中得不出两种生产交替起“决定作用”的结论。“制约”并非就是“决定”。恩格斯强调的是，任何社会制度都受着这两种生产的制约，并未说明这两种生产各起何种作用，以及它们之间的关系。其次，恩格斯在具体分析原始社会各个发展阶段，以及家庭形式的改变时，正是把物质资料的生产作为基础和原动力的。可见，人口的生产即家庭，尽管在原始社会，特别是在它的初期所起的作用较以后任何历史阶段都要大得多，然而，对原始社会的发展发生决定性影响的归根结底仍然是物质生产。尽管那时发展得十分缓慢，但正是由于生产的不断发展，才使人口有所增长和家庭形式不断发生变化。恩格斯认为，甚至摩尔根经过几十年的刻苦研究也发现了这一点，“他根据生活资料生产的进步”，把原始社会划分为蒙昧时代和野蛮时代，“又把这两个时代中的每一时代分为低级阶段、中级阶段和高级阶段”②。原始家庭的变化，就是同这些由生产发展决定的各个阶段相适应的。正因如此，恩格斯高度评价摩尔根“重新发现了四十年前马克思所发现的唯物主义历史观”③。恩格斯对摩尔根观点的肯定，无疑也是对他自己和马克思观点的肯定。他关于两种生产的说法，并没有为任何否定物质生产的决定作用的企图留下任何余地。

仅仅考察以上两种生产，还不能全面科学地认识生产本身，因为任何生产都是以一定形式和在一定社会关系中发生的，所以，还必须考察社会关系的生产。马克思指出，“生活的生产——无论是自己生活的生产（通过劳动）或他人生活的生产（通过生育）——立即表现为双重关系：一方面是自然关系，另一方面是社会关系；社会关系的含义是指许多个人的合

① 《马克思恩格斯选集》，第4卷，2页。
② 同上书，17页。
③ 同上书，1页。

作，至于这种合作是在什么条件下、用什么方式和为了什么目的进行的，则是无关紧要的"①。这就是说，一当进行生产，同时必然产生人与人的社会关系。没有这种关系，生产便无法进行。因此，进行物质生产的同时，也生产出一定的社会关系。

关于社会关系的生产的思想，马克思在《1844 年经济学哲学手稿》中就已提出，他说，"通过异化劳动，人不仅生产出他同作为异己的、敌对的力量的生产对象和生产行为的关系，而且生产出其他人同他的生产和他的产品的关系，以及他同这些人的关系"②。后来在《哲学的贫困》中，马克思更加明确地指出，蒲鲁东"非常明白，人们是在一定的生产关系范围内制造呢绒、麻布和丝织品的。但是他不明白，这些一定的社会关系同麻布、亚麻等一样，也是人们生产出来的"③。社会关系的生产同人口的生产一样，都是历史活动的一个基本方面。它是以上两种生产的产物，同时又制约着这两种生产。

有生产必然有交往，它们是生产本身的内在结构。要认识生产，必须深入考察这两方面的相互关系。马克思认为，这两个方面，在历史上是同时并存、互为前提的。他说，"生产本身又是以个人之间的**交往**为前提的。这种交往的形式又是由生产决定的"④。有人的存在，便有生产，而进行生产，就必然产生人们之间的物质联系，即社会关系。这便是问题的实质。因此，人的历史是生产发展的历史，同时也就是由生产推动的"交往形式的序列"。马克思指出，"这种联系不断采取新的形式，因而就呈现出'历史'，它完全不需要似乎还把人们联合起来的任何政治的或宗教的呓语存在"⑤。研究人类历史的唯一正确途径，是研究生产和由生产决定的社会状况的发展，研究工业和交换的历史。这样，历史第一次被安放在它的真实基础之上，唯物主义历史观正是在这个基础上建立起来的。

三、关于意识的生产　社会存在决定社会意识原理的科学表述

两种生产以及与之相联系的社会关系，固然是历史活动的最基本方

① 《马克思恩格斯全集》，第 3 卷，33 页。
② 《马克思恩格斯全集》，第 42 卷，99～100 页。
③ 《马克思恩格斯全集》，第 4 卷，143～144 页。
④ 《马克思恩格斯全集》，第 3 卷，24 页。
⑤ 同上书，34 页。

面，即物质方面，但要真正说明社会历史现象，揭示唯物主义历史观的实质，还必须考察历史的另一个重要方面，即与物质因素紧密联系的精神因素。

马克思对历史活动的四个基本方面的研究，为科学地说明社会意识和社会存在的真实关系，提供了一个正确的立足点。他说，只有在考察了最初的历史关系的四个方面之后，“我们才发现：人也具有‘意识’”①。这一论断包含着物质在先，意识在后，精神依赖于物质的重要思想。人类的意识，是在改造自然的活动中产生和发展起来的。

首先，意识是交往的产物。它同语言一样，只是人们在生产活动中由于交往的迫切需要才产生出来的。人们在生产中达到非交往不可的程度，便产生了最初的语言，同时产生了最初的意识。交往是人们之间关系的必然表现，有“关系”才有意识。马克思说：“我对我的环境的关系是我的意识”②，“人们的观念和思想是关于自己和关于人们的各种关系的观念和思想”③。“关系”不仅使意识的产生成为必要，而且成为现实。意识就是人们对自身和周围环境的关系的反映，是对人与自然、人与社会关系的认识。动物同它周围的环境谈不上“关系”，只是本能的反应，所以，动物只有本能，而无意识。可见，意识一开始就是社会的产物，而且永远是社会的产物。

语言是交流思想的工具，离开语言的“纯粹的”意识是不存在的。这就注定意识从一开始就受物质的“纠缠”。物质在这里表现为震动着的空气层、声音等等。思想是语言的内容，没有不表现思想的语言。“**语言**是思想的直接现实”④，是一种既为别人存在并且仅仅也为自己存在的实践的意识。离开思想的语言，和离开语言的思想，同样是不可思议的。马克思的论述，不但提供了关于语言的科学规定，而且指明了一切关于离开物质的“纯粹的”思想的说法都是站不住脚的。

其次，意识随着分工和交往的发展才发展为人的真正的意识。人类最

①② 《马克思恩格斯全集》，第3卷，34页。
③ 同上书，199页。
④ 同上书，525页。

初的意识与动物的“意识”十分相近，是“纯粹的动物式的意识”。这种人类最初的意识，只是对开始意识到自身的个人以外的其他人和其他物的狭隘联系的意识。这时，人像动物一样，服从于完全异己的、具有无限威力的自然力，所不同的是，人开始用一种狭隘的意识代替了自己的本能，或者说，“他的本能是被意识到了的本能”。从“纯粹的动物式的意识”进到人的真正的意识，无疑经历了一个极其漫长的过程。人的意识只是随着物质生产的发展，随着人们关系和视野的扩大，才逐渐发展起来。所以，意识发展的状况，归根结底取决于生产和交往的发展状况。马克思认为，人的真正的意识只是伴随着物质劳动和精神劳动分工的出现才发展起来。这种不同于自然分工的真正的社会分工，首先使原始社会中最初由人们分担的诸如祭祀、宗教等活动专门化，于是便产生了人类最初形式的思想家、僧侣。马克思指出：“从这时候起意识**才能**真实地这样想像：它是同对现存实践的意识不同的某种其他的东西；它不想像某种真实的东西而能够**真实地**想像某种东西。从这时候起，意识才能摆脱世界而去构造‘纯粹的’理论、神学、哲学、道德等等。”① 这就是说，意识才开始具有了自己的相对独立性。一方面，意识本身的抽象概括特性，即意识所具有的真正性质得到了发展，使人类认识在深度和广度上都得到长足的进步。另一方面，意识作为理论形态反过来又积极地影响人们的实践活动，成为影响历史发展的一个不容忽视的能动的因素。

但是，由于精神劳动脱离物质劳动而专门化，这就有可能使理论同实践脱节，使思想家不真实地反映现实生活，甚至歪曲和臆造现实。这种虚幻的认识，同样也是来自现实生活，就像不结果实的花和结果实的花同是树上的花朵一样。因为，人们是自己思想、理论的生产者，而现实的人必然受着自己时代的生产力水平以及与其相适应的交往形式的制约。“意识在任何时候都只能是被意识到了的存在，而人们的存在就是他们的实际生活过程。”② 因此，如果在人们观念中现实生活是倒立着的，那么这种现象也是从人们生活的历史过程中产生的，正如物像在视网膜上的倒影是直

① 《马克思恩格斯全集》，第3卷，35～36页。

② 同上书，29页。

接从人们生活的物理过程产生的一样。具体说来，人们在观念中把自己的现实颠倒过来，乃是由于他们的物质活动方式的局限性以及由此而产生的他们的狭隘的社会关系造成的。在阶级社会里，思想家的创造活动往往受着在经济上居统治地位的阶级的支配，因此，他们的理论同现实的矛盾，实际上反映着现实生活的对立。马克思深刻地指出，“如果这种理论、神学、哲学、道德等等和现存的关系发生矛盾，那末，这仅仅是因为现存的社会关系和现存的生产力发生了矛盾”①。

总之，正确的意识是对人们生活过程的如实反映，而错误的或者虚幻的意识也是人们对现实生活的反映，只不过是歪曲的反映罢了。这种歪曲的反映，不仅有其历史局限性和认识上的原因，而且有着社会阶级的原因。

马克思主义创始人基于历史前提之上对意识的发生和发展进行的深入考察，使他们对社会存在决定社会意识的原理作了全面的、经典性的表述：“我们的出发点是从事实际活动的人，而且从他们的现实生活过程中我们还可以揭示出这一生活过程在意识形态上的反射和回声的发展。甚至人们头脑中模糊的东西也是他们的可以通过经验来确定的、与物质前提相联系的物质生活过程的必然升华物。因此，道德、宗教、形而上学和其他意识形态，以及与它们相适应的意识形式便失去独立性的外观。它们没有历史，没有发展；那些发展着自己的物质生产和物质交往的人们，在改变自己的这个现实的同时也改变着自己的思维和思维的产物。不是意识决定生活，而是生活决定意识。”② 马克思从经验前提出发对历史唯物主义这一重要原理所作的表述，既深刻又精确，它清楚地表明马克思的世界观已经趋于成熟，已经进入一个新的发展阶段。

马克思关于社会存在决定社会意识的原理，在今天已经为广大群众所熟知，然而，在马克思主义形成时期得出这样的结论却是经过多年深入钻研的结果。它一经表述出来，便显示出巨大的革命威力。一方面它把对社会历史现象的说明，从唯心主义迷雾中解脱出来，为科学的唯物主义历史

---

① 《马克思恩格斯全集》，第3卷，36页。
② 同上书，30页。

观的产生奠定了基石；另一方面，它从根本上划清了同历史唯心主义的界限，为批判一切唯心主义提供了强有力的武器。正像恩格斯所指出的，“人们的意识决定于人们的存在而不是相反，这个原理看来很简单，但是仔细考察一下也会立即发现，这个原理的最初结论就给一切唯心主义，甚至给最隐蔽的唯心主义当头一棒。关于一切历史性的东西的全部传统的和习惯的观点都被这个原理否定了”①。要彻底驳倒唯心主义胡说，不能采取简单抛弃的方法，而要深刻地揭露它的认识根源和社会根源，这正是马克思上述原理所指出的方向。马克思在批判思辨唯心主义哲学时使用的也正是这个方法。

四、揭露黑格尔关于精神统治历史的思辨观念

唯心主义历史观既然舍弃物质前提，而把精神作为历史的出发点和归宿，因此，它必然不是站在现实历史的基础之上，而是在每个时代中寻找某种范畴；不是从物质实践出发来解释观念的东西，而是始终从观念出发来解释实践。这样，精神变成了人类历史的本质和基础。在马克思以前正是这种历史观主宰着人们对社会历史的认识，并在黑格尔《历史哲学》中达到它最完备的表现。

马克思指出：“黑格尔的历史哲学是整个德国历史编纂学的最终的、达到自己‘最纯粹的表现’的产物。”② 黑格尔这样来结束自己的《历史哲学》，他说，“‘景象万千，事态纷纭的世界历史’，是‘精神’的发展和实现的过程”。“‘哲学’所关心的只是‘观念’在‘世界历史’的明镜中照射出来的光辉”，“是要认识‘观念’在实现它自己时所经历的发展过程”③。于是，在黑格尔那里，历史不是人们的物质生活过程而是一部观念发展史。在他身外的一切事物也都通过异化的形式变成了观念的产物。

青年黑格尔派的历史观并没有超出黑格尔历史哲学的范围，而只是黑格尔思辨观念最极端和最露骨的表现形式。他们不过是用诸如“自我意识”、“人”、“唯一者”等等术语替换了黑格尔的绝对观念罢了。黑格尔的

① 《马克思恩格斯选集》，第2卷，117～118页。

② 同上书，44页。

③ 黑格尔：《历史哲学》，503页。

纯粹的思想后来在鲍威尔那里被看做一连串的“思想”，其中一个吞噬另一个，并最后消溶于“自我意识”中。施蒂纳更加彻底，他认为历史过程只不过是盗贼和怪影的历史，是围绕着哲学范畴兜圈子的历史。他们同黑格尔一样，迷信精神万能，相信普遍物、观念对历史的绝对统治。

黑格尔和青年黑格尔派关于精神在世界历史中的统治的思辨观念，虽然荒诞无稽，但也并非纯系主观臆造，它是从现实社会关系中产生出来的，也是人们物质生活过程的必然升华物。马克思用历史唯物主义的科学方法，揭露了这种历史哲学产生的社会阶级根源，深刻地指出，它是统治阶级的意识，是统治阶级利益在意识形态中的反映。

马克思提出一个重要思想作为自己批判的立足点，认为每一时代居统治地位的思想都是统治阶级的思想。这就是说，一个阶级是社会上占统治地位的物质力量，同时也是社会上占统治地位的精神力量；支配着物质生产资料的阶级，同时也是支配着精神生产的阶级。统治阶级不仅大量培养自己的知识分子，控制各个意识形态部门，而且拥有传播自己思想的工具和场所，因此，“占统治地位的思想不过是占统治地位的物质关系在观念上的表现，不过是表现为思想的占统治地位的物质关系”①。可是，思辨哲学家却竭力宣扬，居统治地位的思想，并非统治阶级的思想，而是代表整个社会利益的普遍观念，于是编造出一种思想统治历史的奇谈怪论，这完全是歪曲事实，掩盖历史的真相。

每一个时代处于支配地位的统治思想，都是统治阶级利益的反映。阶级统治之所以被歪曲成不代表任何阶级利益的一般思想统治，是由许多原因造成的。首先是由于分工。社会分工是过去历史进步的重要因素之一，精神劳动与物质劳动的分工产生以来，它存在于迄今的各个历史阶段，也同样出现于每个历史时期的统治阶级内部。就是说，在统治阶级内部，一部分人是作为思想家，他们以编造这一阶级关于自身的幻想作为谋生的主要来源；而另一部分人则主要从事其他的更为实际的活动，实际上这部分人才是该阶级的积极代表，他们不从事编造关于自身的思想和幻想，但却准备接受这些思想和幻想。在统治阶级的这两部分人中，由于职业的不

① 《马克思恩格斯全集》，第3卷，52页。

同，活动性质的区别，往往会产生一定程度的对立和敌视，甚至在不危害本阶级利益的范围内会发生激烈的冲突。这种现象的出现，就有可能造成这样一种假象，似乎思想家们编造的思想和幻想，不是统治阶级的思想和幻想，而是属于整个社会的，从而获得一种普遍性和独立性的外观。马克思指出，“在考察历史运动时，如果把统治阶级的思想和统治阶级本身分割开来，使这些思想独立化，如果不顾生产这些思想的条件和它们的生产者而硬说该时代占统治地位的是这些或那些思想……例如，在贵族统治时期占统治地位的是忠诚信义等等概念，而在资产阶级统治时期占统治地位的则是自由平等等等概念。总之，统治阶级自己为自己编造出诸如此类的幻想”①。从而思想就不再是历史的一个因素，而被看成是统治历史的力量。

其次，占统治地位的思想之所以愈来愈成为具有普遍性形式的思想，是由于统治阶级的需要和欺骗。统治阶级愈是意识到自己利益同被统治阶级利益的对立，而且愈是需要利用被统治阶级达到自己阶级的统治目的，便愈是把自己阶级的利益说成是社会全体成员的共同利益，在理论上便愈是赋予自己的思想以普遍性的形式，把它们描绘成唯一合理的、有普遍意义的思想。

马克思在批判施蒂纳关于“圣物”的虚构时，深刻地指出：“当前社会的交往形式以及统治阶级的条件同走在前面的生产力之间的矛盾愈大，由此产生的统治阶级内部的分裂以及它同被统治阶级之间的分裂愈大，那末当初与这种交往形式相适应的意识当然也就愈不真实，也就是说，它不再是与这种交往形式相适应的意识了；这种交往形式中的旧的传统观念（在这些观念中，现实的个人利益往往被说成是普遍的利益）也就愈发下降为唯心的词句、有意识的幻想和有目的的虚伪。但是，这些东西被生活揭穿得愈多，它们对意识本身的作用愈小，那末它们对自身的捍卫也就愈坚决，而这个标准社会的语言也就愈加虚伪，愈加道德化，愈加神圣化。”②

---

① 《马克思恩格斯全集》，第 3 卷，53 页。

② 同上书，331 页。

马克思在这里揭露了阶级社会中意识形态发展的一个普遍规律：新的统治阶级在开始反对旧的统治阶级的斗争中，多少还反映着其他被统治阶级的利益，在他们争得统治地位的初期，也能多少满足一些未能争得统治地位的阶级的要求，因此，他们总是把自己的特殊利益说成是全人类的普遍利益，并“真诚地”赋予自己的思想以普遍性的形式；随着生产力和生产关系之间矛盾、经济基础和上层建筑之间矛盾的进一步发展，统治阶级的意识形态日益变得不真实的时候，为了捍卫统治阶级的自身利益，他们不得不采取更加虚伪，更加道德化和神圣化的语言来欺骗人民。思辨哲学把统治的思想抽象化和神圣化，并把它上升到统治世界历史的高度，就是为现存社会关系涂脂抹粉。

马克思的深刻论断，给人们指出了一个极为重要的道理：在阶级社会里，考察任何社会意识，都必须从当时的社会关系和阶级利益入手。如果不去揭露某种意识背后隐藏着的阶级利益，那么不仅不能认识社会意识的本质，而且必然成为统治阶级欺骗宣传的牺牲品。

最后，马克思把思辨哲学编造精神统治世界历史的全部戏法，归结为三个手段：第一，是把统治者的思想同统治者本人分开，使思想离开自己赖以产生的经验前提获得独立性的外观；第二，为使思想统治具有某种秩序，使之具有历史感，必须赋予它一种神秘的联系，这就必须使思想成为“概念的自我规定”，这样，历史就成为概念自我实现的过程；第三，为了消除“自我规定着的概念”的神秘外观，把它变成某种人格，即把它变成哲学家、思想家等等。① 这样，“整个历史发展都归结为历史发展进程在‘当代所有的哲学家和理论家’的‘头脑’中形成的理论抽象”②。可见，宣扬精神对世界历史的统治，其实是宣扬思想家自己的观念统治历史，这归根结底是英雄创造历史的唯心史观。

思辨终止的地方，正是研究人们的物质生活过程的“真正实证的科学”开始的地方。黑格尔唯心主义历史哲学的彻底破产，为马克思的历史唯物主义诞生扫清了道路。

---

① 参见《马克思恩格斯全集》，第 3 卷，55～56 页。

② 同上书，631 页。

第三节　生产力和生产关系的辩证运动规律的发现

对生产力和生产关系的辩证运动规律的科学论述，是唯物主义历史观的核心。列宁指出，“马克思的**历史唯物主义**是科学思想中的最大成果。人们过去对于历史和政治所持的极其混乱和武断的见解，为一种极其完整严密的科学理论所代替，这种科学理论说明，由于生产力的发展，从一种社会生活结构中会发展出另一种更高级的结构”①。由于生产力和生产关系辩证运动规律的发现，才使人们对社会历史及其发展规律有了真正科学的认识。马克思的第一个伟大发现固然不能仅仅归结于揭示生产力和生产关系辩证运动规律，但是这一发现确实是马克思完成第一个伟大发现的关键。

马克思关于生产力和生产关系的辩证法原理的形成有一个逐步发展的过程。早在 1845 年以前的两年间，马克思通过对政治经济学和世界历史的研究，就在向着他整个体系的这个核心思想接近，只是在 1845 年春天才基本形成。接着，在他同恩格斯合著的《德意志意识形态》中第一次对它作了全面科学的阐述。

同时，还应当指出，任何一个新的概念、范畴在马克思主义理论体系中都经历着一个逐渐形成和不断完善的过程，就是他使用旧哲学的用语，其含义也在发生着变化。在暂时还未找到用以表述他的思想内容的术语以前，这些思想会通过其他方式表述出来；就是马克思已经获得与其思想内容相符合的表达方式，这些概念也还会随着认识的继续发展而不断丰富自己的内在规定性。在马克思揭示生产力和生产关系辩证运动规律的过程中，我们就会遇到上述的复杂情况。因此，必须用辩证的和历史的态度来分析当时一些术语的使用和概念的变化，从马克思的一些尚不精确的术语中，把握他的基本观点和思想发展的主要线索。

一、关于生产力概念的历史考察

马克思的历史唯物主义产生后的一百多年间，许多思想家和学者都在探索马克思发现唯物主义历史观的秘密，然而，只有列宁的研究才为我们

---

① 《列宁选集》，2 版，第 2 卷，443 页。

提供了揭开这个秘密的最有价值的指导性线索。他指出："马克思究竟怎样得出这个基本思想呢？他所用的方法就是从社会生活的各种领域中划分出经济领域来，从一切社会关系中划分出**生产关系**来，并把它当做决定其余一切关系的基本的原始的关系。"① "只有把社会关系归结于生产关系，把生产关系归结于生产力的高度，才能有可靠的根据把社会形态的发展看做自然历史过程。"② 可见，生产力和生产关系的原理在唯物主义历史观中占有异常重要的地位，要说明历史唯物主义的形成，首先必须紧紧把握住这一中心环节。

生产力的概念，在马克思的理论中指的是在社会生产活动中人类改造自然的能力，反映着人类与自然的关系。但是，对生产力问题的研究和生产力概念的使用，并不是马克思的独创，早在马克思以前，资产阶级古典经济学家为了研究社会财富的来源，就已经注意到这个问题，并开始使用生产力的概念。他们之所以注意并研究这个问题，根本原因是随着资本主义工业的发展，生产劳动愈来愈成为社会生活的不容忽视的因素，生产力对社会历史发展的影响已突破精神的迷雾不可阻挡地显示出来。

资产阶级思想家注意生产力问题，是从研究国民财富增长的原因开始的，而且始终也没有超出这个范围。他们对财富源泉的认识经历着一个发展的过程，即从把货币视为社会财富的唯一形态和把商业活动视为财富的唯一源泉的重商主义，经过重农主义，最后进到古典政治经济学把劳动看做社会财富的源泉。这个从流通领域到生产领域的认识的转变，反映着资本主义生产从以商业为中心到大工业占支配地位的发展过程。对生产力的最初认识，正是在这后一发展阶段出现的。

"现代政治经济学的始祖"威廉·配第和它的最主要的代表人物亚当·斯密、大卫·李嘉图，克服了重商主义者和重农主义者的狭隘偏见，主张劳动者用于生产各个部门的社会劳动总量是财富的源泉。他们提出了"劳动生产力"、"自然生产力"等概念，认为财富的增长，既取决于作为劳动对象的自然条件，如土地、矿山等等，又取决于劳动同其对象的结

① 《列宁选集》，2版，第1卷，6页。

② 同上书，8页。

合，取决于劳动生产力。他们把资本家追逐利润，扩大积累和需要的满足，都同发展生产力联系起来，而古典政治经济学家的最重要的理论贡献，是把一般社会劳动作为衡量商品价值的尺度，从而奠定了劳动价值学说的理论基础。因此，马克思在谈到李嘉图时明确指出，“发展生产力的要求是李嘉图评价经济现象的基本原则”①。对发展生产力的重视，把劳动视为社会财富的源泉，是资产阶级古典经济学家的共同特点，也是他们的一个重要贡献。

不仅如此，他们还力求探讨生产力发展的动因。首先他们正确地看到自然条件对生产力发展的制约和影响。这些自然条件被称为“自然生产力”、“土地生产力”等等，认为随着这些自然条件在数量上的增加，劳动的生产力也随之增长，社会财富也自然增多。② 其次，他们把资本的积累也看做发展生产力的原因，从而指出了在资本主义条件下推动生产力的发展的一个特殊因素。最后，他们清楚地看到迄今存在的社会分工是生产力发展的重要条件。例如，斯密说：“劳动生产力上的最大的增进，以及运用劳动时所表现的更大的熟练、技巧和判断力，看起来都是分工的结果。”③ 因为，分工使劳动专门化，从而提高了工人在某一固定工作范围的熟练程度，可以节约因转换工作而损失的时间，劳动的专门化和简单化促进了新工具和机器的使用，等等，都会促进劳动生产力的迅速提高。

马克思在阐明自己关于生产力的科学概念时，无疑是从古典政治经济学家所达到的思想成果出发的，接受了他们思想中的积极因素。同时，他也清楚地看到资产阶级经济学家所无法超越的界限。这主要表现在以下两个方面：第一，他们只看到生产力中物的因素，并着重强调自然条件，而无视人的因素，即作为主要生产力的劳动者。马克思早在《巴黎摘录笔记》中就已经尖锐指出，在古典政治经济学家看来，工人只是保障企业家获得高额利润的“工作机器”，因此，他们像驮畜一样受到鄙视，“工人阶

---

① 《马克思恩格斯全集》，第26卷第2册，124页，北京，人民出版社，1973。

② 参见王亚南主编：《资产阶级古典政治经济学选辑》，563页，北京，商务印书馆，1979。

③ 同上书，290页。

级的价值仅仅被归结为必要的生产费用，工人的生存只是为了纯收入，即为了资本家的利润和地主的地租”①。对于工人阶级的鄙视，是资产阶级思想家的阶级偏见，也是注定他们不可能形成生产力科学概念的根本原因。生产力作为人类征服自然的能力，以及这种能力在历史进步中的发展，只有从人和物这两个方面及其相互作用中才能得到正确的说明。

第二，资产阶级经济学家根本不理解生产过程是生产力和生产关系这两方面的统一，因而不可能从两者的统一中对某个方面作出科学规定，而是完全撇开社会关系孤立地考察生产力。诚然，古典政治经济学家曾试图从社会分工去说明生产力的发展，把分工视为生产力提高的重要原因之一。然而，他们也同样不理解社会分工，没有把分工同一定的社会关系联系起来，或如马克思所说的，没有把它们看成是“两个同义语”②，通过分工进一步去探讨受生产力发展制约的一定的社会关系反过来对生产力发生的影响。相反地，他们以非历史的观点离开生产说明分工产生的原因，从人类的自然本性出发，把分工归结为由“人类本性”所体现的一种互通有无和交换倾向发展的结果，亦即人们为了满足自己更多的欲望和追逐个人利益的活动的自然产物。同时又认为，交换之所以能够进行，因为存在着分工，这样便陷入自相矛盾之中。马克思在揭露斯密的思想混乱时指出：“斯密陷入的绝境诚然是可笑的。为要说明分工，他以交换作为资料。但是要使交换成为可能，他就不得不把分工、把人类活动的差别作为前提。”③ 他们不能从生产力的发展说明分工和交换产生的原因，所以导致循环论，最后又不得不将两者归结于人类的自然本性。

在资产阶级经济学家那里，生产力概念尚处于萌芽阶段，他们只是孤立地考察了生产力的个别因素，还不可能揭示这些因素之间的内在联系，就是说，还停留在对它的直观的认识。因此，在他们那里除了劳动生产力的概念以外，还出现了“资本生产力”、“土地生产力”和“自然生产力”等等模糊的概念。这个事实清楚地表明，生产力还没有从理论上得到科学

---

① 《马克思恩格斯全集》，国际版第 4 部分，第 2 卷，421 页。

② 《马克思恩格斯全集》，第 3 卷，37 页。

③ 转引自卢森贝：《19 世纪 40 年代马克思恩格斯经济学说发展概论》，58 页，北京，三联书店，1958。

的总结和概括。

马克思正是从前人已达到的思想成果出发，总结了资本主义生产的发展和工人阶级的实践经验，在科学研究的基础上，赋予生产力概念以新的含义，使它成为马克思主义理论体系中的一个具有奠基意义的最重要的范畴。

马克思首先揭示了生产力的实质，把生产力视为人类改造对象世界的实践能力的结果。

如前所述，古典政治经济学家之所以如此重视劳动，只是由于劳动能带来物质财富。黑格尔受到英国古典政治经济学的影响，把劳动看做人的本质，即人的自我确证的本质。然而，作为唯心主义者，他把劳动只是归结为“**抽象的精神的**劳动”①。黑格尔对劳动的这种理解，固然含有神秘的思辨性质，但不可否认地也包含着深刻的哲理，即劳动是人的内在的本质属性。有人的生存，便有劳动，两者同时并存。这个观点，无疑启发着马克思从古典政治经济学那里吸取来的关于生产力思想的理解。既然生产劳动是人的本质，生产力就是人类通过改造自然界的劳动而展现出来的人的本质力量，是人类改造对象世界使之满足人类需要的能力。马克思指出，“正是在改造对象世界中，人才真正地证明自己是**类存在物**。这种生产是人的能动的类生活。通过这种生产，自然界才表现为**他的**作品和他的现实”②。就是说，人类在生产活动中，创造着自己的物质生活，把对象世界变成自己的产品。在马克思看来，人的这种创造能力，在现代工业中得到最明显的确证。所以，他认为“**工业**的历史和工业的已经产生的**对象性**的存在，是一本**打开了的关于人的本质力量的**书”③。随着工业的发展，人类改造世界的能力，也自然得到愈来愈充分的体现。在这里用关于人的本质力量来表示马克思正在形成中的生产力的思想，显然留有费尔巴哈观点的痕迹。然而，这丝毫不意味着可以把生产力看做是人类本性中产生的目的。正像马克思稍后批判德国资产阶级经济学家李斯特时明确指出的，

---

① 《马克思恩格斯全集》，第 42 卷，163 页。
② 同上书，97 页。
③ 同上书，127 页。

生产力不是“独立的精神本质”，不是非物质的，超越感觉世界的力量，“生产力似乎是由我自己的本性中产生的目的”①，实际上，它是在历史上发展的，由物质因素构成的实实在在的物质力量。马克思在《德意志意识形态》中完全消除了旧哲学的遗迹，只是用生产力的概念来表述人们改造世界的物质活动。

生产力固然是通过各个劳动者体现出来的，是人们改造自然界的物质力量，但它不单是个人的“劳动生产力”，不是人类的个体力量，而是一种完全不依赖于每个个人并且同时只有在这些个人的交往中才能存在的社会力量，是在一定历史阶段和一定社会的生产方式中人们能以掌握并用于改造自然对象的人力、物力和自然力的总和。② 在每个历史阶段上，人们都会遇到一定数量的生产力总和、人和自然以及人与人之间在历史上形成的关系，他们正是从这些物质条件出发从事着自己的活动，同时又通过自己的生产活动改造和发展着这些条件。因此，离开历史发展，离开某个历史阶段上的工业和交换关系，便无法认识这个历史阶段的生产力。

其次，与资产阶级经济学家仅仅把生产力看做增长物质财富的手段不同，马克思把生产力视为整个人类历史的基础。在《神圣家族》中，马克思批判了青年黑格尔派这样一个谬论，似乎从历史活动中排除掉人对自然界的理论关系和实践关系，排除掉自然科学和工业，也可以达到对现实历史的认识。他尖锐地指出，青年黑格尔派“把历史同自然科学和工业分开，认为历史的发源地不在尘世的粗糙的**物质**生产中，而是在天上的云雾中”③。同这种历史观针锋相对，马克思在制定自己的唯物史观时，特别强调生产力对社会历史的决定作用。他说，“人们所达到的生产力的总和决定着社会状况，因而，始终必须把‘人类的历史’同工业和交换的历史联系起来研究和探讨”④。历史的本质就在于，它是受一定生产力发展制约的“一个有联系的交往形式的序列”，因而也就是“生产力的历史”⑤。

---

① 《马克思恩格斯全集》，第 42 卷，261 页。
② 参见《马克思恩格斯全集》，第 3 卷，75 页。
③ 《马克思恩格斯全集》，第 2 卷，191 页。
④ 《马克思恩格斯全集》，第 3 卷，33～34 页。
⑤ 同上书，81 页。

接着，他在致安年柯夫的著名的信中，明确地把生产力规定为“全部历史的基础”，指出“任何生产力都是一种既得的力量，以往的活动的产物”，是“人们的实践能力的结果”①。因此，研究任何历史，首先必须注意到这个事实的全部意义和全部范围，并给予高度的重视。

马克思对生产力的实质及其对人类历史决定作用的认识，无疑为正在形成中的唯物主义历史观奠定了理论基石。所以，正如列宁所说，只有把社会关系和生产关系归结于生产力的高度，“才能有可靠的根据把社会形态的发展看做自然历史过程”。

最后，马克思对构成生产力的基本物质要素也作了明确的规定。在批判李斯特把生产力神秘化时，马克思指出：“为了破除美化‘生产力’的神秘灵光，只要翻一下任何一本统计材料也就够了。那里谈到水力、蒸气力、人力、马力。所有这些都是‘生产力’。”② 所以，生产力并不是某种神秘的精神力量，只有人们尚未认识和不能驾驭它的时候才会把它看成是“神秘灵光”。生产力是人们在劳动过程中用以改造自然界的人力（体力和智力）、物力（物化了的人力如工具和自然力的总和），是现实的物质力量。这是马克思第一次对生产力所作的唯物主义的解释。

在《德意志意识形态》中，马克思使生产力概念更加明确化。在论述生产力的发展时，他把“作为生产工具”的人们和“现有的生产工具”并列在一起，看做是生产力的基本要素。马克思进而又把“现有的生产工具”区分为“自然产生的生产工具”和“文明创造的生产工具”，并且指出“耕地（水等等）可以看做是自然产生的生产工具”③。可见，马克思已经把劳动对象即自然界中已被人们用于生产过程的部分看做现实生产力的物质要素。“由文明产生的生产工具”，显然指农具、机器等生产工具，即人们在改造自然的生产活动中所使用的各种手段的物化形式。

不难看出，马克思在这里已经明确地规定了构成生产力的三个基本要素：具有一定劳动经验并掌握一定生产技能的人、生产工具和劳动对象。

---

① 《马克思恩格斯选集》，第 4 卷，321 页。
② 《马克思恩格斯全集》，第 42 卷，261 页。
③ 《马克思恩格斯全集》，第 3 卷，73 页。

或者，像我们以后所简明地表述的那样，是人和物的两要素。生产力不论是含两要素还是三要素，其最基本内容正是马克思所揭示的那三个方面。研究现实的生产力及其发展的水平，必须首先研究这些要素，以及这三者结合的方式。在任何时候，作为直接劳动者的人都是最主要的生产力，人类世代相传的生产工具是这种发展过程的每一阶段的“指示器”。生产力的发展水平，就是人们同自然界的关系即人们在改造自然的生产活动中人的力量的发挥和发展程度的现实表现。每一历史阶段生产力的发展状况，既取决于前一历史阶段生产力发展的基础，又取决于该阶段人和物的结合方式，也就是一定的生产关系。因此，关于生产力发展的动力，既不能归因于“人类的本性”，也不能归因于精神力量，而只能研究生产力本身的各要素，研究进行生产的方式。这是从马克思对生产力的实质的认识中得出的重要的方法论的结论。

值得注意的是，马克思在制定生产力的概念时，就已经把自然科学和技术纳入生产力的范畴。他说：“某一个地方创造出来的生产力，特别是发明，在往后的发展中是否会失传，取决于交往扩展的情况。”① 交往范围的狭窄和已有的交往关系的中断，都会阻碍生产力的传播和发展，甚至毁灭已经获得的生产力和发明。这里，马克思不仅指明了交往对生产力发展的重大作用，而且显然把科学发明也包括在生产力之内。但是，这并不是没有前提的。第一，自然科学作为一种意识形式，它的发展依赖于生产的发展，只是由于商业和工业的发展，它“才达到自己的目的和获得材料的”②。因此，它同生产力的其他因素不能相并列。第二，并非任何自然科学理论都可以视为物质的生产力，只有“通过工业日益**在实践上**进入人的生活，改造人的生活，并为人的解放作准备”③，也即只有同生产过程结合起来并投入使用的科学发明，才转化为社会的生产力。因此，说自然科学是生产力，主要指科学技术在生产中的运用，实际上意味着从实践活动中产生的自然科学理论对生产力的反作用。

---

① 《马克思恩格斯全集》，第3卷，61页。
② 同上书，50页。
③ 《马克思恩格斯全集》，第42卷，128页。

总之，生产力是由物质因素构成的物质力量，是人们改造世界的实践能力的结果。它是一种既得的力量，并且随着历史的发展而不断地得到发展。马克思把古典政治经济学家关于生产力的概念，发展成为完整的科学形态，并使之成为自己理论体系的核心范畴之一。

二、马克思的生产关系概念的形成

如果说，生产力的概念在马克思以前的政治经济学中就已存在，只是它在新的理论体系中被赋予了新的含义，那么，生产关系的概念则完全是马克思主义的一个特有的范畴，是由马克思主义创始人首次制定并加以科学表述的。

同人与自然界的关系一样，人与人的社会关系，也是一种客观的物质的关系，它不仅不以人们的主观意志为转移，而且对人们发生着决定性的影响。对这种客观存在，马克思以前的理论家们虽未能给以科学的解释，但也不是漠然视之，都力图以各种方式予以回答。

法国空想社会主义者已经开始用朴素的辩证法思想来说明人类历史发展的过程，对资本主义制度和社会关系进行了尖锐的批判，描述了未来的理想的社会。尽管它不可避免地带有空想的色彩，然而这一理论活动本身却向人们证明资本主义关系是历史上的暂时的关系。这是“突破幻想的外壳而显露出来的天才的思想萌芽和天才思想”①。在当时，社会阶级关系也已成为历史学家和经济学家们研究的对象，并且已经开始从现代社会经济结构去寻找阶级对立的原因。他们研究了资本主义社会的各种经济现象，“研究了资产阶级生产关系的内部联系”②。但是，他们不可能揭示同阶级利益密切相关的生产关系的问题，更不可能用它来说明历史的发展和社会阶级斗争现象。他们的研究目的，不是为了人类的解放和历史的进步，而是一方面为了证明资本主义生产方式比封建主义生产方式进步，另一方面为了证明资本主义制度是“绝对的最后的形式”。因此，资产阶级取得政治统治和无产阶级反对资产阶级的阶级斗争的开展，便“敲响了科

---

① 《马克思恩格斯选集》，第3卷，409页。

② 《马克思恩格斯全集》，第23卷，98页，北京，人民出版社，1972。

学的资产阶级经济学的丧钟”①，使他们不敢进入当时科学研究的这块“禁区”。如果说，在对待人与自然界的关系方面他们尚能表现出科学勇士的气概，还能提出生产力的概念，那么，在社会关系方面完全暴露出他们懦夫的本性。

在哲学的领域里，情况也大致相仿。生产关系问题不仅是实践的迫切问题，而且也是理论发展的关键问题。哲学家们既不能回避市民社会的物质关系，又无法科学地予以解决，而徘徊于科学的入口处。法国唯物主义者关于“人是环境的产物”的著名论断，常常被人们说成是历史唯物主义的原理，然而，只要深究其对环境的理解，问题便自然清楚了。他们所谓的环境，不仅包括市民的物质生活、经济基础，而且包括政治生活、意识等上层建筑。法国唯物主义的著名代表爱尔维修，把环境主要理解为法律和政治制度，认为法律决定人的优劣，决定人的行为和精神面貌。他用一句话把他的观点表述为：“法律决定一切”。于是，作为意识形态的法律被夸大为社会历史的动力。进而又认为，法律不是由经济关系决定的，而是由理性决定的。只有产生出掌握理性的天才人物，“才能用好的法律代替坏的法律”。法国唯物主义者之所以陷入“循环论”，就是因为他们没有从人们的社会生活总和中区分开思想关系和物质关系，再从物质关系中划分出决定这一切关系的最基本的关系。由此可见，尽管“人是环境的产物”的论断包含着历史唯物主义的因素，但只要生产关系的范畴还没有从社会关系的总和中划分出来，还没有认识到各种社会联系的从属关系和相互作用，就不可能形成历史唯物主义的原理。

德国哲学家虽然是在更发达的资本主义关系的基础上接触到这个问题，但他们也不可能有实质性的突破。众所周知，黑格尔把人视为自我意识，因而在他看来，人与人的社会关系仅仅是一种精神关系。他说，“自我意识是**自在自为**的，这由于，并且也就因为它是为另一个自在自为的自我意识而存在的；这就是说，它所以存在只是由于被对方承认”②。黑格尔以神秘的思辨方式，表述了人与人的关系。如果把他的自我意识换成现

---

① 《马克思恩格斯全集》，第23卷，17页。

② 黑格尔：《精神现象学》，上卷，122页。

实的人，那么这里反映的正是“**人为他人**”的关系，“他**对他人的人的关系，是人对人的社会关系**”[①]。按照列宁的说法，这就是生产关系的基本思想。[②] 可见，在黑格尔的思辨外衣下，包藏着合理的思想内容。他较前人更加接近了这个问题。

费尔巴哈站在唯物主义立场上，用自然的人代替了自我意识。他不是从自我意识，而是从“人自身”引出人与人的关系。他认为，人之区别于动物的本质，是由于人是类存在物。所谓“类”，是指人与人之间存在着某种关系，也就是你和我的统一。人与人之间之所以必然发生这种关系，是由于人们是互相需要的。同费尔巴哈的整个哲学一样，他的这一观点也表现出明显的两重性：一方面他从人们的需要出发推论出人与人的关系，这里含有合理因素，似乎把人们的社会关系归结于由交往而产生的物质的关系。所以马克思说，“费尔巴哈在力图理解**这一**事实的时候，达到了理论家一般可能达到的地步”[③]。另一方面，他只是“一位理论家和哲学家”，因为他没有广泛的实证知识，没有对经验历史进行探究，他关于人的关系的全部推论只是从他的“人”所进行的逻辑演绎。这又是由于，费尔巴哈仅仅把人看做类，而没有进一步把人的类本质视为生产活动，因而他所谓的“需要”，不真正是物质需要，而是关于友情与爱情的需要，他所谓的“人的关系”也只是理想化了的爱情与友情的关系。因此，费尔巴哈关于需要，关于人与人的关系的观点，虽然包含着合理的因素，但只不过是一些零星的猜测，对费尔巴哈的总的世界观的影响是微不足道的。

然而，正是费尔巴哈哲学中关于“需要”的思想，比当时任何思想家都更直接地启发和推动着马克思。他说：个人“由于他们的**需要**即他们的本性，以及他们求得满足的方式，把他们联系起来（两性关系、交换、分工），所以他们**必然要**发生相互关系。但由于他们相互间不是作为纯粹的**我**，而是作为处在生产力和需要的一定发展阶段上的个人而发生交往的，同时由于这种交往又决定着生产和需要，所以正是个人相互间的这种私人

① 《马克思恩格斯全集》，第2卷，52页。
② 参见《列宁全集》，第38卷，13页。
③ 《马克思恩格斯全集》，第3卷，47页。

的个人的关系、他们作为个人的相互关系，创立了——并且每天都在重新创立着——现存的关系”①。马克思也是从人的需要出发来说明社会关系的产生，但是同费尔巴哈的观点却不可相提并论。马克思的人是从事着生产和交往的个人，而费尔巴哈的人只是作为自然存在物的人，是“纯粹的我”；马克思的需要是同生产活动相联系的物质需要，而费尔巴哈把需要只限于个人情感的范围。因此，马克思所谓的社会关系，是从事生产活动的个人在生产需要的同时生产的自己的社会关系，而费尔巴哈仅仅从人的本质中推论出这种关系来。可见马克思关于社会关系和生产关系的概念，虽然与过去理论家的观点有一定的联系，但不论就其形式还是就其内容，都与他们有着本质的区别。

马克思之所以能够超越他的思想先驱者，制定出生产关系的科学概念，根本原因在于：从客观条件来看，是资本主义的社会关系和阶级关系高度发展，使各种社会联系明朗化，从而有可能从理论上进行分析和概括；从主观方面来看，马克思转到无产阶级立场，使他能够站在历史上最先进阶级的高度对人类社会历史进行科学的总结，同时又由于他掌握有最犀利的辩证法武器，使他能够透过层层思想迷雾而深入事物的本质。

马克思关于生产关系科学概念的产生，是历史的必然。然而，它也经历着一个曲折的过程，这个过程是同马克思世界观的发展相适应的。首先，在马克思世界观转变时期，他“从纯粹的政治转向经济关系”；接着，在 1844 年马克思深化自己的观点的时候，“接近了”自己关于生产关系的基本思想；最后，在《德意志意识形态》中实际上形成了生产关系的概念。马克思早期思想的形成，在很大程度上依赖于对生产关系问题的探讨，因此，关于生产关系的思想在一定意义上成为马克思早期思想发展成熟程度的重要标志。

在《莱茵报》时期，马克思对以普遍理性解释国家的黑格尔观点开始怀疑，并提出不应以当事人的意志，而应从各种关系的客观本性中去寻找国家存在的原因。不久，马克思通过对黑格尔法哲学的批判，从理论上总结了《莱茵报》的实践经验，得出了更加明确的结论，即不是国家决定市

---

① 《马克思恩格斯全集》，第 3 卷，514～515 页。

民社会，而是市民社会决定国家。并且看到了私有财产是人与人的关系，他说，“透过私有财产听到了**人心**的跳动，这就是人对人的依赖”①。

在《1844年经济学哲学手稿》中，马克思突破了资产阶级古典经济学仅仅从分配上分析资本、劳动、地租的局限，而进入到生产领域，以私有制为对象，以无产阶级和资产阶级的关系为核心，从异化劳动的种种表现中，看到了资本主义社会中人与人的社会关系。

接着在《神圣家族》中，马克思在评述蒲鲁东的“**平等**占有”观念时，更明确地指出，“**平等**占有”是下面这个事实的异化表现——“**实物是为人的存在，是人的实物存在**，同时也就是**人为他人的定在**，是他**对他人的人的关系，是人对人的社会关系**”②。就是说，劳动产品既是作为劳动者的人的存在的确证，又是人对人的社会关系的表现。这种关系在生产过程中，就是人们的社会生产关系。这一观点，无疑是1844年期间马克思思想发展的最重要的结晶。

列宁对马克思的这个论断给予很高的评价，他说：“这一段话极富有代表性，因为它表明马克思是如何接近自己的整个‘体系’（如果可以用这个名词的话）的基本思想的，——即如何接近生产的社会关系这个思想的。”③ 列宁首先指明，马克思的上述思想正是处于形成中的关于生产关系的基本思想。这个思想在马克思整个学说中的地位是如此重要，以至列宁把它看成是整个马克思主义体系的基本思想。其次，列宁确切地用“接近”二字来说明马克思观点的成熟程度。“接近”即尚未形成。之所以说马克思的生产关系的思想尚未形成，这不仅由于他还未能找到适当的表达自己思想的术语，以及在他的表述中还留有旧哲学的印迹，而且更重要的是，他还没有揭示生产关系各要素之间的联系，使之形成完整的科学概念。同时，由于马克思对生产力的认识也有待完善，因而还不能结合生产力的发展来说明生产关系的性质，还不能用束缚还是促进生产力的发展来衡量生产关系。但是，重要的是，马克思通过异化劳动的分析，已经触摸

① 《马克思恩格斯全集》，第1卷，372页。
② 《马克思恩格斯全集》，第2卷，52页。
③ 《列宁全集》，第38卷，13页。

到生产关系的问题，并尖锐地提出了这个问题，这就为马克思进一步从理论上加以总结概括准备了必要的和充分的条件。

《德意志意识形态》是马克思的历史唯物主义形成的划时代的著作。在这部著作中，马克思以生产力为基础，对人们社会关系的发生和发展作了深入的历史考察和理论分析。

人们的社会关系并不神秘，更不是施蒂纳所谓的“圣物”，它是随着生产和需要的发展而不断发展起来的。人类最初的社会关系，是人们为了进行物质生活资料的生产和种族的延续而建立的家庭关系。人们在这种关系中从事生产活动和各种交往，分工也只限于自然分工。人们之间的这种唯一的社会关系，直接地就是他们的物质生产关系，“后来，当需要的增长产生了新的社会关系，而人口的增多又产生了新的需要的时候，家庭便成为……从属的关系了”①。随着需要和生产的发展，人们之间的社会关系也变得越来越复杂，不断产生了各式各样的新的社会关系。交换关系也只是随着产品的增长和劳动分工的发展才逐渐成为一种经常的和范围越来越广的交往关系。“所有制是对他人劳动力的支配。”② 它的“萌芽和原始形态”早在原始家庭中就已经孕育着，只是随着生产的进一步发展才发展成为无偿占有他人劳动的典型形式。由于私有制和阶级的产生，除物质关系之外，又产生了阶级关系和各种形式的政治关系。同时，人们之间的精神交往关系，也随着物质交往的发展而愈益复杂。马克思说：“思想、观念、意识的生产最初是直接与人们的物质活动，与人们的物质交往，与现实生活的语言交织在一起的。观念、思维、人们的精神交往在这里还是人们物质关系的直接产物。”③ 后来，随着生产和分工的发展，精神交往才具有了更为复杂的形式，出现了多种思想关系，而且由于阶级统治的需要，精神越来越脱离物质关系成为统治历史的独立的力量。于是，物质的社会关系便笼罩在精神的烟雾之中。

正像马克思通过异化劳动的研究从社会的横断面透视了资本主义社

---

① 《马克思恩格斯全集》，第3卷，32～33页。
② 同上书，37页。
③ 同上书，29页。

会的诸种关系一样，他通过对各种社会关系产生和发展的历史考察，更清楚地认识到它们的内在联系，从而使他有可能从社会生活的总和中揭示出物质关系——政治关系——思想关系的从属关系。与18世纪法国唯物主义不同，马克思从市民社会中划分出物质关系，并把它视为决定政治关系和思想关系的关系，这就使他站到了历史唯物主义的立场之上。

历史唯物主义并不限于把精神现象归结于物质现象，更为重要的是，从社会关系中划分出决定其他关系的最后的动因。在马克思看来，交往，即物质交往关系仅仅是区别于精神交往的最一般的概念，它只是区分了精神的东西和物质的东西，此外，并未说明更多的内容。因此，马克思进而从一般物质交往关系中揭示出具体的、发展到一定历史阶段的物质交往关系，他称之为“交往形式”，也即交往的一定类型。马克思指出，“在过去一切历史阶段上受生产力所制约、同时也制约生产力的交往形式，就是**市民社会**”①。可见，一定历史阶段上的交往形式和市民社会，正是马克思后来表述为生产关系的东西。马克思在进一步分析了资本主义社会的交往形式以后，他甚至把私有财产视为“是生产力发展一定阶段上必然的交往形式”②。

正是基于这一根本性的认识，马克思对生产关系的概念作了如下概括：“分工发展的各个不同阶段，同时也就是所有制的各种不同形式。这就是说，分工的每一个阶段还根据个人与劳动的材料、工具和产品的关系决定他们相互之间的关系。”③ 这里，不仅指明了生产关系受着分工（生产力发展的表现和结果）的决定，而且揭示了生产关系的诸基本要素及其相互关系，即对劳动材料和工具等生产资料的所有制关系，以及由所有制关系和产品分配关系决定的人们在生产过程中的相互关系。这正是我们通常所理解的马克思主义生产关系的基本内涵。所有制关系不外是生产关系的法律用语，用它来表述生产关系的概念，无疑表明马克思已经把握住问题的实质，表明他关于生产关系的思想已经基本形成。

---

① 《马克思恩格斯全集》，第3卷，40页。
② 同上书，410～411页。
③ 同上书，25页。

毋庸讳言的是，在《德意志意识形态》中，生产关系的概念尚未完全确定。在这里，马克思更多的是用交往形式来表述生产关系的概念，并且常常是把生产力和交往形式联系起来，表示生产力和生产关系的辩证关系。但是马克思有时直接使用生产关系的概念①，有时把生产关系和交往形式并列使用②。这说明，生产关系的概念还处于从交往、交往关系，交往方式、交往形式等概念的“脱胎”过程中，马克思正在交往形式和生产关系这两个不同的概念中进行选择。看到差别就意味着问题的进一步解决。事实表明，一年以后，马克思在《哲学的贫困》中完全用生产关系的概念代替了交往形式的概念。生产关系从此成为历史唯物主义的一个确定的、基本的科学概念，它表示所有制和分配关系以及由它们所制约的人们之间相互关系的总和，是决定其他一切社会关系的关系。但是“交往”和“交往关系”的术语也并未完全消失，而是作为表示一般社会关系的概念在马克思晚期著作中继续被使用着。可见，马克思的生产关系概念的演变，清楚地表明了他走向成熟的过程。

生产关系概念的形成，有着极其重要的意义，它不仅表明马克思已经远远地超越了他的思想前驱，使他们思想中的一点微弱闪光发展为科学的形态，而且为他制定完整的唯物主义历史观奠定了基础。生产力和生产关系的辩证法原理，经济结构和社会经济形态的历史唯物主义的最基本范畴，正是在这个基础上建立起来的。

三、生产力和生产关系辩证运动规律的揭示

生产力和生产关系科学概念的形成，为揭示生产力和生产关系的辩证运动规律提供了前提。但是，要揭明这两者的内在联系，必须深入考察物质生产的内在结构及其运动的过程。

在《1844年经济学哲学手稿》中，马克思就已经认识到人类改造自然界的物质生产活动是一种社会的活动，人们只有在社会中，只有结成一定形式的社会关系，才能同自然界发生关系和从事有目的的生产活动。但

① 参见《马克思恩格斯全集》，第3卷，213、420、421页。

② 参见上书，79、234页。79页把“生产关系和交往关系”译成了“生产和交往的关系”。

是，马克思没有停留在这一点上，而是把它作为确定不移的前提，沿着这个方向前进。

在《德意志意识形态》中，马克思通过对劳动活动的两重性和社会分工在生产力与交往形式之间中介作用的分析，明确地认识到生产力和生产关系之间的相互关系，揭示了作为这两者统一的生产本身的内在结构，阐明了生产的这两方面的基本联系及其发展的辩证法。

物质生产活动是“第一个历史活动”，它指的是人同自然界的关系，即人们借助于某些手段和工具改造自然对象以满足自己的各种物质需要。但是，生产活动在任何历史条件下都不能孤立地进行，实际上，人们在同自然界发生关系时，就已经同时与其他人发生关系。没有人们的合作，生产便不可能进行。生产的这种性质，正是人之区别于动物的最本质的特性。马克思指出，生活的生产，“立即表现为双重关系：一方面是自然关系，另一方面是社会关系；社会关系的含义是指许多个人的合作，至于这种合作是在什么条件下、用什么方式和为了什么目的进行的，则是无关紧要的”①。问题在于，必须发生这种合作关系，它是生产能以实现的先决条件。基于这一认识，马克思对两者相互关系作了如下明确规定，他说，“生产本身又是以个人之间的**交往**为前提的。这种交往的形式又是由生产决定的”②。生产和交往是同一生产过程的两个不同方面，它们同时并存，互为前提。

马克思通过对社会分工的进一步分析，对这两者关系的认识更加明确化和具体化。

分工同劳动是紧紧联系在一起的。在《1844年经济学哲学手稿》中，马克思虽然把异化劳动作为研究的中心，但他已经开始认识到分工的重要性，把分工理解为人的活动和本质力量的“**明显外化的**表现”③，认为“分工给劳动以无限的生产能力”④。在《德意志意识形态》中，对分工的研究占有十分重要的地位，甚至可以说，马克思这时对分工的研究超过了

① 《马克思恩格斯全集》，第3卷，33页。
② 同上书，24页。
③ 《马克思恩格斯全集》，第42卷，148页。
④ 同上书，147页。

对异化劳动的研究，过去曾经用异化劳动说明的现象，现在用社会分工来加以说明了。

分工的发展是人类历史进步的重要因素。人类生产活动从一开始就存在着分工，有生产的合作就有社会的分工。人类最初的分工是自然产生的分工，如男女性别的分工，因体力和天赋差别而产生的分工，等等。这种分工完全是自发地发生的。真正的社会分工，即“文明产生的分工”，是随着文明的历史开始才出现的。第一次真正的社会分工是物质劳动与精神劳动的分离，以及随之而出现的城乡之间的对立。马克思指出，这“是随着野蛮向文明的过渡、部落制度向国家的过渡、地方局限性向民族的过渡而开始的，它贯穿着全部文明的历史并一直延续到现在”①。在这个漫长的历史过程中，相继发生了农业与畜牧业的分离、工商业与农业的分离、商业与工业的分离，而且在各个部门内也在进行着越来越细密的分工。分工发展的这些主要阶段，同历史上曾存在过的几种社会形态是完全相适应的。分工之所以有着如此重要的意义，是因为它同生产与交往有着内在的联系。

在马克思看来，分工似乎在生产力和生产关系之间起着结合两者的“中介”作用。一方面，分工是生产力发展的表现和结果，“一个民族的生产力发展的水平，最明显地表现在该民族分工的发展程度上。任何新的生产力都会引起分工的进一步发展”②。因此，分工虽然可以推动生产力的发展，但它归根结底受着生产力发展的制约。另一方面，对于生产关系来说，它又是形成和制约着生产关系和各种社会关系的现实基础。分工发展的各个不同阶段，同时也就是所有制的各种不同形式。“分工从最初起就包含着劳动**条件**、劳动工具和材料的分配，因而也包含着积累起来的资本在各个私有者之间的劈分，从而也包含着资本和劳动之间的分裂以及所有制本身的各种不同的形式。分工愈发达，积累愈增加，这种分裂也就愈剧烈。”③ 私有制的现代形式和现代社会的阶级对立，就是在社会分工的基础上发展起来的。因此，马克思认为，由文明而产生的真正的社会分工，

---

① 《马克思恩格斯全集》，第 3 卷，57 页。

② 同上书，24 页。

③ 同上书，74～75 页。

不简单地表示职能的划分，它意味着私有制。他指出，“分工和私有制是两个同义语，讲的是同一件事情，一个是就活动而言，另一个是就活动的产品而言”①。

分工和私有制是“同义语”，并非是把两者等同，而主要是强调私有制是分工的结果。因为分工才出现“不平等的分配”，出现“对他人劳动力的支配”，即出现私有制。随着私有制的产生而出现了阶级的划分和国家，“居民第一次划分为两大阶级，这种划分直接以分工和生产工具为基础”②。同时，私有制和阶级利益的对立，反过来又成为分工进一步发展的条件，它把分工更加固定化，人们完全被束缚于一种固定的职业，在这种基础上进行的分工，完全变成一种自发的、被迫的活动，成为统治着人们的一种异己的力量。这种力量驱使着人，而不是人驾驭着这种力量。因此，马克思强调，必须消灭这种把人束缚在一种职业上的、同私有制联系在一起的旧式的分工，代之以建立在真正自觉基础上的人的“多种活动”。这就必须实现共产主义。马克思指出：“在共产主义的社会组织中，完全由分工造成的艺术家屈从于地方局限性和民族局限性的现象无论如何会消失掉，个人局限于某一艺术领域，仅仅当一个画家、雕刻家等等，因而只用他的活动的一种称呼就足以表明他的职业发展的局限性和他对分工的依赖这一现象，也会消失掉。在共产主义社会里，没有单纯的画家，只有把绘画作为自己多种活动中的一项活动的人们。”③ 可见，在这里马克思所强调的是人的全面发展和消灭同私有制相联系的旧式的分工，而不是像有的资产阶级思想家所歪曲的那样，共产主义消灭任何分工。分工曾经是历史进步的真正因素，在未来社会中也仍然如此，只是它的性质发生了根本的变化。

既然旧式分工是同生产力发展的狭隘性和片面性联系在一起，因此，“只有交往和生产力已经发展到这样普遍的程度，以致私有制和分工变成了它们的桎梏的时候，分工才会消灭”④。分工和私有制影响着生产力的

① 《马克思恩格斯全集》，第3卷，37页。
② 同上书，57页。
③ 同上书，460页。
④ 同上书，516页。

发展，但归根结底分工是由生产力发展决定的。

在这里，马克思不仅对社会分工本身进行了研究，提出了如何消灭分工的重要思想。而且他在历史观上取得了重大的进展，阐明了生产力与生产关系之间的内在联系。如果说，马克思在 1844 年通过对异化劳动的考察，开始认识到人的生产产品的活动，同时也产生出人与人的社会关系，那么，现在他通过对社会分工的研究，终于揭示出生产力和以所有制为基础的生产关系之间的辩证联系及其矛盾运动的规律，从而表明马克思的思想已经达到成熟的境界。

生产力和生产关系是同一生产过程的两个相互依存的方面，两者既有联系，又有区别。它们相互作用，互为因果，生产力制约着生产关系，生产关系反过来也制约着生产力。因此，不论在哪个时代，都不能离开生产力来考察生产关系，也不能离开生产关系来考察生产力的发展，就是说，必须将两者视为矛盾的统一体。但也不能将两者的作用简单并列，等量齐观。在生产力和生产关系的相互制约的关系中，生产力归根结底起着最终的决定作用。生产力的发展决定着生产关系的变化和发展，正如马克思所指出的，“在工业发展的一定阶段上必然会产生私有制”，同样，也“只有在大工业的条件下才有可能消灭私有制”①。同时，生产力的发展也决定着生产关系的性质。不同历史发展阶段上交往形式之间的区别，正是由生产力发展的不同水平决定的。“手推磨产生的是封建主为首的社会，蒸汽磨产生的是工业资本家为首的社会。”② 所以，生产力与生产关系的统一，是一个基于生产力发展之上的矛盾的、历史的过程。旧的统一体破裂，又必然会在生产力进一步发展的基础上形成新的统一。这就是马克思所揭示的人类社会发展的最根本的历史辩证法。

马克思所发现的这一历史辩证法，集中地凝结在关于生产关系要适合生产力发展状况和性质的规律中。这一规律的基本思想，马克思在《德意志意识形态》中已经明确地表述出来了。他指出：交往形式，即生产关系，是随着生产力的发展而不断地发生改变，“起初本是自主活动的条件，

① 《马克思恩格斯全集》，第 3 卷，74 页。

② 《马克思恩格斯选集》，第 1 卷，108 页。

后来却变成了它的桎梏。它们在整个历史发展过程中构成一个有联系的交往形式的序列，交往形式的联系就在于：已成为桎梏的旧的交往形式被适应于比较发达的生产力，因而也适应于更进步的个人自主活动类型的新的交往形式所代替……由于这些条件在历史发展的第一阶段上都是与同一时期的生产力的发展相适应的，所以它们的历史同时也是发展着的、为各个新的一代所承受下来的生产力的历史，从而也是个人本身力量发展的历史”①。由此可见，马克思的唯物主义历史理论，在这里已经得到科学的阐明，后来关于这个原理的经典性表述，是对这个基本思想的进一步发挥。

四、生产力和生产关系的矛盾是社会变革的根源　批判唯心主义的暴力论

历史发展的动力是物质还是精神？是社会的矛盾运动还是单纯的暴力？这是历史上长期争论不休的问题。这个问题随着生产力和生产关系的辩证运动规律的发现终于得到了科学的解答。按照马克思的观点，一切历史的动力都是它那阶段上生产力和生产关系的矛盾运动，理论的冲突只是这种冲突在思想上的表现，至于暴力，也只是在这种矛盾成熟的时候才能充当解决矛盾的手段。单纯暴力征服不能任意改变一种生产关系。

不适应生产力发展要求的交往形式，即生产关系，终究要被新的生产关系所代替。交往形式更替的实质就在于：它不再是掌握和利用生产力以推动社会发展的条件，换言之，它不再能容纳生产力的发展，这时，旧的生产关系便失去自己存在的根据，并为自身的灭亡创造了物质条件，这是一个不依人们主观意志为转移的客观规律。当一种生产关系还能容纳生产力发展的时候，任何力量也不能改变它，马克思指出，它“成为新出现的生产力的桎梏以前是不会消灭的，并且是直接的物质生活的生产所必不可少的条件”②。然而，它一经变成生产力发展的桎梏，失去其继续存在的根据，那么，不管人们的主观意愿如何，它或迟或早地必然为新的生产关系所代替。由生产力发展所引起的生产关系的更替，是社会制度变革的根本原因。

---

① 《马克思恩格斯全集》，第3卷，81页。

② 同上书，411页。

正是基于上述的深刻认识，马克思得出这样明确的结论，“一切历史冲突都根源于生产力和交往形式之间的矛盾”①。“生产力和交往形式之间的这种矛盾（正如我们所见到的，它在以往的历史中曾多次发生过，然而并没有威胁这种形式的基础）每一次都不免要爆发为革命，同时也采取各种附带形式——表现为冲突的总和，表现为各个阶级之间的冲突，表现为意识的矛盾、思想斗争等等、政治斗争等等。”② 马克思在这里深刻地揭明了革命发生的根本原因及其表现形式，指明了历史上的革命与现代进行的共产主义革命的原则区别就在于，是否“威胁”生产关系的基础，即私有制。

按照马克思的观点，解决生产力和生产关系之间的矛盾，关键在于变革不合理的生产关系，而变革生产关系，在阶级社会里必然表现为激烈的阶级斗争。这是因为，一定的生产关系，即“那些使一定的生产力能够得到利用的条件，是一定的社会阶级实行统治的条件，这个阶级的由其财产状况产生的社会权力，每一次都在相应的国家形式中获得**实践的**观念的表现”③。一个阶级之所以是社会的统治阶级，首先因为它在财产关系上居支配地位，与它切身利害休戚相关的生产关系，正是它赖以生存的社会条件，因此，它必然采取一切（经济的、政治的、思想的、甚至是军事的）手段来保卫这种生产关系。相反，被剥削的非统治阶级在这种生产关系下则无法生活下去，因为，统治阶级对生产力的控制实质上是对劳动者的控制，利用生产力的社会条件实质上是对劳动者进行统治的条件，所以，被剥削阶级为了自身的生存，必须变革旧的生产关系，而“一切革命斗争的锋芒都是指向在此以前实行统治的阶级的”④。可见，革命就是变革生产关系，而在阶级存在的条件下，它必然表现为各种形式的阶级斗争。

历史上的每次革命，都不是在人们理想所决定和所容许的范围内，而是在现有的生产力所决定和所容许的范围内发生的。而过去进行的革命的基础是有限的生产力，受这种生产力制约的、不能满足整个社会的生产，

① 《马克思恩格斯全集》，第3卷，83页。
② 同上书，83～84页。
③④ 同上书，78页。

使得人们的发展只能具有这样的形式：一些人靠另一些人来满足自己的需要，少数掌握生产资料的人取得支配权，而大多数失去生产资料的人只能处于被剥削的屈从地位。因此，马克思认为，“到现在为止，社会一直是在对立的范围内发展的，在古代是自由民和奴隶之间的对立，在中世纪是贵族和农奴之间的对立，近代是资产阶级和无产阶级之间的对立”①。

可见，马克思关于阶级斗争的学说，决不是随意杜撰的，而是建立在生产力与生产关系的矛盾基础之上的、对历史和现实经验的科学总结。《共产党宣言》关于“到目前为止的一切社会的历史都是阶级斗争的历史”的论断，正是根据《德意志意识形态》取得的卓越思想对阶级社会历史所作的科学概括。然而，德国右翼社会民主党人和现代西方“马克思学者”却要人们放弃马克思的这一科学原理，叫嚷要把《共产党宣言》的这一著名论断，改换成“到目前为止的一切社会的历史是人的异化的历史”，要人们重蹈德国思辨哲学家们的覆辙。这种论调，除了宣扬抽象的人性论，露骨地反对马克思主义的阶级斗争的学说，还能有什么意义呢？我们知道，这种学说的唯心主义本质，马克思在当时就已经把它批判得体无完肤。

马克思早期思想发展的一个重要特点，正在于用实在的物质的东西代替这种关于“人”的呓语。早在《德法年鉴》时期他就提出，“革命需要**被动**因素，需要**物质**基础”②。但是，在马克思对“物质基础”获得科学的认识以前，他也曾以“人的本质”为尺度来谴责资本主义制度。可是，一旦他对“物质基础”有了科学的理解，认识到生产力和生产关系的矛盾运动是社会变革的物质动因，便立即得出，历史的动力“是革命，而不是批判”。这种革命的基础，一方面是一定的生产力，另一方面是反抗旧社会的革命群众。如果还没有具备这些实行全面变革的物质因素，那么，尽管这种革命的思想已经表述过千百次，但对于实际发展也没有任何意义。③ 马克思对革命的这一明确的唯物主义结论，同那种从“精神”和

① 《马克思恩格斯全集》，第3卷，507页。
② 《马克思恩格斯全集》，第1卷，462页。
③ 参见《马克思恩格斯全集》，第3卷，43～44页。

“人的本质”中寻求历史动力的唯心主义观点是根本对立的。

在阶级社会里，革命是历史的动力。当旧的生产关系已经变成阻碍生产力发展的桎梏，已经给社会造成巨大的灾难时，“只有一次彻底革命才能摆脱这种绝境”①，使社会继续向前发展。革命之所以发生，是由于社会矛盾的不断加剧。但是，“对于某一国家内冲突的发生来说，完全没有必要等这种矛盾在这个国家本身中发展到极端的地步。由于同工业比较发达的国家进行广泛的国际交往所引起的竞争，就足以使工业比较不发达的国家内产生类似的矛盾”②。所以，不能形而上学地理解生产力和生产关系矛盾运动的规律，把生产力发展的绝对水平作为衡量矛盾是否尖锐的唯一标准，而必须根据各个国家不同情况进行分析，而且一个国家的革命能否发生，还要取决于阶级力量的对比和革命阶级的主观准备。20 世纪的两次最伟大的革命，十月社会主义革命和我国的革命，都发生在“工业比较不发达的国家内”，这个历史事实，雄辩地证明了马克思的论断是颠扑不破的科学真理。

革命是历史的火车头，但这决不是说革命可以随意发动，可以任意改变一种生产关系。使革命脱离产生它的物质基础，把它看成是可以任意主宰历史的万能工具，必然导致唯心主义的暴力论。

在马克思的历史唯物主义产生以前，暴力论是用来解释历史发展的一种最通常的观念。按照这种理论，“暴力、战争、掠夺、抢劫等等……是历史的动力”。持这种观点的人，常常引证日耳曼人和克尔特人占领罗马帝国的史实作为其理论的经验根据。我们知道，在公元 5 世纪末，处于原始社会后期的日耳曼人和克尔特人，由于内部社会矛盾和外部的压力，经过长期的战争，终于征服和占领了已经完全濒于崩溃的西罗马帝国，在奴隶制的废墟上建立了德意志的封建国家，从而使日耳曼人跨越了整整一个历史阶段，即越过奴隶社会而直接进入封建社会。这个历史事件，就成为暴力论者宣扬暴力的历史证据，他们认为，暴力是万能的，它可以任意地改变或者创立一种社会制度，为历代统治者穷兵黩武

① 《马克思恩格斯选集》，第 4 卷，147 页。
② 《马克思恩格斯全集》，第 3 卷，83 页。

提供理论根据。

然而事实并不像暴力论者所想象的那样。马克思运用他刚刚形成的唯物主义历史观，分析了这个被历史学家们搞得混乱不堪的问题，揭露了事情的本质。他认为，事实上，并不是日耳曼人改变了被占领者，相反地，是被占领者改变了占领者。因为，根据生产力和生产关系的辩证原理，第一，生产力是一种既得的力量，占领者不可能改变被占领者已经获得和发展了的生产力。第二，占领的性质受占领对象的制约，如果占领者不依从于被占领国家的生产和交往，那么，便不可能占领它。例如，不依从于现存的财产关系，就完全无法占领当地银行家体现于票据中的财产。第三，占领很快就会结束，一旦转入生产，它就必须适应被占领国家的交往形式，如果没有这种交往形式，那么，它也必须根据当地生产力的水平来改造自己原有的社会形式。马克思由此得出结论："封建主义决不是现成地从德国搬去的；它起源于蛮人在进行侵略时的军事组织中，而且这种组织只是在征服之后，由于被征服国家内遇到的生产力的影响才发展为现在的封建主义的。"① 可见，暴力无疑对历史的发展有着很大的影响，但是它不能任意改变一种社会制度。历史的动力，归根结底，是生产力和生产关系的矛盾运动。因此，在观察社会历史时，必须透过历史的其他次要因素、甚至像暴力这样对社会发生如此巨大影响的因素，全力抓住它的最根本的动因。马克思对暴力论的批判，也是对自己的业已成熟的唯物主义历史观的科学论证。

生产力和生产关系辩证运动规律的发现，清楚地表明，唯物辩证法是马克思主义根本的理论基础。恩格斯指出，"一些在历史观上引起决定性转变的历史事实已经老早就发生了"，然而要使它成为现实，"只有借助于辩证法才有可能"②。旧唯物主义者之所以没有将唯物主义路线贯彻到底，在社会领域里自己背叛了自己，重要原因之一是抛弃了辩证法。马克思没有停留在18世纪唯物主义和费尔巴哈的人本主义唯物主义上，而是从黑格尔唯心主义哲学中拯救了自觉的辩证法，并把它转为唯物主义的自然观

① 《马克思恩格斯全集》，第3卷，83页。

② 同上书，378页。

和历史观。将唯物辩证法运用于社会生活，才有可能透过错综复杂的社会关系抓住它的最本质的关系，通过无数的偶然现象认识其内部隐蔽着的起支配作用的必然性，揭示出“那些作为支配规律在人类社会的历史上为自己开辟道路的一般运动规律”①，把社会发展看做自然历史过程。正如列宁所说，“辩证法要求从发展中去全面研究某个社会现象，要求把外部的表面的东西归结于基本的动力，归结于生产力的发展和阶级斗争”②。

由此可见，马克思的辩证方法，正是研究社会历史的科学方法。它把社会看做处在经常发展中的活的机体，客观地辩证地分析社会结构和各种因素之间的相互作用，揭示了生产力和生产关系的矛盾及其运动规律。唯物辩证的历史观，使对社会历史的认识发生了真正的革命，扫除了对历史的一切臆造。

五、异化概念及其地位的根本变化

马克思在 1844 年确立的异化劳动理论中，已经突破了从人自身中寻找异化，而把对异化的分析转移到对资本主义生产方式剖析的基础上，但是仍然残留着费尔巴哈的影响。随着马克思的科学世界观的形成，特别是生产力和生产关系辩证运动规律的发现，马克思彻底清除了异化理论中的费尔巴哈残余，这个曾经对马克思发生过重大影响的概念也随之发生了变化，这是马克思世界观由不成熟到成熟的一个标志。

异化概念在《德意志意识形态》中究竟发生了怎样的变化，研究者对此众说纷纭，莫衷一是。然而，有一个事实是十分清楚的，当马克思制定出科学的唯物主义历史观，并把它作为说明社会历史现象的最根本的理论基础时，异化不仅在形式上已不再是马克思分析问题的出发点和主要方法，而且它本身也只是由于生产力和生产关系辩证运动规律的发现才得到真正科学的解释。

马克思在《德意志意识形态》中把社会关系归结于生产力的发展，揭示了生产关系和生产力辩证运动的规律，完全抛弃了异化劳动理论残存的类本质和人相异化的观点，把对人的本质的研究置于对现实的社会关系的

---

①《马克思恩格斯选集》，第 4 卷，243 页。

②《列宁选集》，2 版，第 2 卷，624 页。

分析之上。

个人是什么样的，“既和他们生产**什么**一致，又和他们**怎样**生产一致”①，因而个人只能是社会历史的产物。建立在一定生产力发展之上的生产关系，是决定人的本质的现实基础。马克思指出，“每个个人和每一代当作现成的东西承受下来的生产力、资金和社会交往形式的总和，是哲学家们想像为‘实体’和‘人的本质’的东西的现实基础”②。人的本质只能寓于现实的人及其生活条件中，因此没有必要设定一个人的“真正的本质”同现实的人相对立。

“生产力与交往形式的关系就是交往形式与个人的行动或活动的关系。”③ 如果个人与自己的生存条件，即所谓的“类本质”发生矛盾，那只是因为生产力同生产关系发生了矛盾。正是根据生产力和生产关系的矛盾学说，马克思深刻地指出，所谓“人的”和“非人的”说法，都是现存关系的产物，不过“‘人的’这一正面说法是同某一生产发展的阶段上**占统治地位**的一定关系以及由这种关系所决定的满足需要的方式相适应的。同样，‘非人的’这一反面说法是同那些想在现存生产方式内部把这种统治关系以及在这种关系中占统治地位的满足需要的方式加以否定的意图相适应的，而这种意图每天都由这一生产发展的阶段不断地产生着”④。哲学家们由于不理解这一现实的矛盾，于是，把“人的”和“非人的”这种对立神秘化和绝对化。他们关于人的类本质和人相异化的论断，无非是个人与实际生活条件冲突的神秘的表达而已，质言之，不过是由于生产关系的腐朽，严重阻碍生产力的发展，使整个社会发生危机，形成了不利于人类发展的环境而已。正像马克思所尖锐指出的，“哲学家们关于现实的人不是人这一荒谬的判断，只是实际上存在于人们的关系和要求之间的普遍矛盾在抽象范围之内的最普遍最广泛的表达”⑤。

可见，异化现象发生的根源就在于生产力和生产关系的矛盾。当生产

---

① 《马克思恩格斯全集》，第3卷，24页。
② 同上书，43页。
③ 同上书，80页。
④ 同上书，508页。
⑤ 同上书，505页。

力和社会分工发展到一定阶段时，必然产生一种社会关系，这种社会关系使劳动者同生产资料相脱离，而社会分工又把他们完全束缚于一种固定的职业上，因此，他们的活动及其活动的结果，对于劳动者说来，完全变成一种自发的、异己的力量，一种在他们之外的权力。关于这种权力的起源和发展趋势，他们一点也不了解，因而他们不能驾驭这种力量，相反地，受着这种力量的驱使和支配。恩格斯曾把人们受自发的、异己的力量支配的状况称为"必然王国"。"一旦社会占有了生产资料，商品生产就将被消除，而产品对生产者的统治也将随之消除。社会生产内部的无政府状态将为有计划的自觉的组织所代替。生存斗争停止了。于是，人才在一定意义上最终地脱离了动物界，从动物的生存条件进入真正人的生存条件。人们周围的、至今统治着人们的生活条件，现在却受到人们的支配和控制，人们第一次成为自然界的自觉的和真正的主人，因为他们已经成为自己的社会结合的主人了……这是人类从必然王国进入自由王国的飞跃。"①

可见，异化只是在生产力发展一定历史阶段上出现的现象。马克思在《德意志意识形态》中清楚地指明，克服异化现象，"从必然王国进入自由王国的飞跃"，首先必须消灭在资本主义生产方式中达到自己最高形式的生产资料私有制和社会关系对人的奴役，而这"都是以生产力的巨大增长和高度发展为前提的"。生产力这种普遍而高度的发展之所以是必需的前提，是"因为如果没有这种发展，那就只会有**贫穷**的普遍化；而在**极端贫困的情况下**，就必须重新开始争取必需品的斗争，也就是说，全部陈腐的东西又要死灰复燃"。同时，还因为"只有随着生产力的这种普遍发展，人们之间的**普遍**交往才能建立起来"，只有在这种交往形式的基础上，才能"对生产实行共产主义的调节（这种调节消灭人们对于自己产品的异化关系）"，才能最终消灭社会关系对人的支配。② 由此可见，消灭异己力量对人的统治和建立共产主义制度，决非是向"人的本质"的"复归"，而是实实在在的变革现存制度的战斗任务。而且在新的制度下，形成具有新

---

① 《马克思恩格斯选集》，第 3 卷，323 页。
② 参见上书，39、40 页。

的本质的一代新人。

异化既不是像黑格尔所说的作为主体的绝对精神分裂出与自己本性不符合的对象，也不是费尔巴哈所谓的“个体和类的矛盾”，而是在一定生产力和生产关系的基础上必然发生的劳动者同自己活动及其结果相分离，表明作为劳动者活动结果的社会关系转化成同自己相对立的力量。反映在理论上，作为一个哲学范畴，它只是表明主体同其活动结果的对立关系，或者说，它是对立统一规律的一种特殊表现形式。因此，马克思在批判施蒂纳滥用异化概念时指出，异化这个范畴“可以被理解为对立、差别、非同一等等”①。

施蒂纳把用来表现在一定条件下，主体同自己的行为和产物之间的矛盾的异化范畴，抽象地理解为“非我对我的关系”，把任何一个客体或者关系都变成“我的异化”，我的创造物，“变成关于异化的完全抽象的词句”，这样脱离开产生异化的经验条件来抽象地谈论异化，甚至将它无限膨胀、扩大，不可避免地会得出唯心主义结论。

马克思关于异化的科学规定，消除了在异化问题上的种种混乱观念，为我们正确理解这个问题指明了方向。在马克思的晚期著作中也出现过异化的概念，例如在1857—1858年的经济学手稿和《资本论》中，关于产品异化、劳动异化、人与人相异化的思想，继续得到运用和发挥，但不是从人本主义观点出发，不是把它们看成人的本质和人相脱离，而是看做由生产力制约的生产关系对人的统治。例如，在1857—1858年经济学手稿中，他把异化看成是“个人相互间的社会联系作为凌驾于个人之上的独立权力”②。在《资本论》中，马克思也指出，“工人本身不断地把客观财富当作资本，当作同他相异化的、统治他和剥削他的权力来生产”③。之所以如此，原因不在于个体和类的矛盾，而在于资本主义生产方式，正如马克思所说的：“正象人在宗教中受他自己的头脑的产物支配一样，人在资本主义生产中受他自己双手的产物的支配。”④

① 《马克思恩格斯全集》，第3卷，317页。

② 《马克思恩格斯全集》，第46卷（上），145页，北京，人民出版社，1979。

③ 《马克思恩格斯全集》，第23卷，626页。

④ 同上书，681页。

不是人的本质，而正是“资本主义生产方式使劳动条件和劳动产品”“与工人相独立，相异化”①。

马克思关于异化理论的变化，同样表现在对人的发展和社会历史的看法上。

马克思曾经用异化观点来说明人的发展，把人的发展视为人的“真正的本质”异化，并通过扬弃这种异化，向真正人的“复归”。现在，马克思把人的发展看成是生产力发展的结果。“人们每次都不是在他们关于人的理想所决定和所容许的范围之内，而是在现有的生产力所决定和所容许的范围之内取得自由的。但是，作为过去取得的一切自由的基础的是有限的生产力；受这种生产力所制约的、不能满足整个社会的生产，使得人们的发展只能具有这样的形式：一些人靠另一些人来满足自己的需要，因而一些人（少数）得到了发展的垄断权；而另一些人（多数）经常地为满足最迫切的需要而进行斗争，因而暂时（即在新的革命的生产力产生以前）失去了任何发展的可能性。”② 以往人们片面的畸形的发展，是由一定生产力所制约的生产关系的畸形和片面性造成的。不是人的本性决定生产关系，正是现实的生产关系产生了人的现实本性。因此，人的全面发展，只能随着生产力和生产关系的全面而高度的发展不断得到实现。历史是生产力和生产关系发展的历史，“从而也是个人本身力量发展的历史”。

在生产力和生产关系的辩证运动规律发现以前，马克思也从个体和类的矛盾观点来解释社会历史，将历史分为三个大的阶段：异化出现以前的时期，异化和私有制存在的时期，异化和私有制消灭以后的时期。共产主义作为未来的理想社会，被规定为扬弃类本质异化、向真正人的“复归”。对历史的这种划分，虽然也包含有某些合理成分，如把人类历史看成是一个向前发展的过程，对私有制作了否定，打击了社会历史领域的形而上学观点，但是，这种看法仍然带有抽象的思辨性质，还带有费尔巴哈人本主义异化观所投下的薄薄阴影。在《德意志意识形态》中，基于生产力和生产关系辩证运动规律的发现，马克思开始把社会发展看做一个有规律的自

① 《马克思恩格斯全集》，第23卷，473页。

② 《马克思恩格斯全集》，第3卷，507页。

然历史过程，根据生产力的发展第一次把历史过程划分为五个基本阶段：部落所有制，即原始社会；古代所有制，即奴隶社会；封建的所有制；资本主义所有制和未来的共产主义社会。这一基本事实清楚地表明，马克思在社会历史研究领域，已经完全摆脱了抽象的思辨方法，把对历史发展的说明置于真正科学的基础之上。同时，他深刻地揭露了把真实的历史视为"人"的发展过程的唯心主义本质。马克思指出，"整个历史过程被看成是'人'的自我异化过程，实际上这是因为，他们总是用后来阶段的普通人来代替过去阶段的人并赋予过去的个人以后来的意识。由于这种本末倒置的做法，即由于公然舍弃实际条件，于是就可以把整个历史变成意识发展的过程了"①。

从《1844年经济学哲学手稿》到《德意志意识形态》，马克思的思想发展，从认识的角度看，是从抽象进入到具体，即逐渐摆脱抽象思辨，转向对经验事实的具体研究；从思想形成的角度看，是马克思的思想从不成熟向成熟的发展。尽管这条道路是不平坦的，但其趋势无疑是向前的。如果不考虑这一基本事实，忽视生产力和生产关系辩证原理的发现对马克思整个学说的深刻影响，而依然把异化观点作为马克思学说的中心之点，抽象地谈论人的本质和人相异化，就完全背离了马克思思想形成的真实过程。

西方"马克思学家"，表面维护马克思的"异化"学说，以"青年马克思"的坚决保卫者的姿态出现，实际上反对马克思的历史唯物主义的最基本的内容。他们不仅把全部人类历史解释成为异化发展的历史，否认生产力是"全部历史的基础"，否认社会历史发展的普遍规律，而且在实际中用人的"异化"程度来代替马克思主义按照经济地位对社会阶级的划分，从根本上否定马克思主义的阶级概念，甚至马克思关于无产阶级历史使命的学说，也被他们归结为追求精神上的解放，使"完整的人性得到恢复"。所以，在他们看来，马克思主义就是"披着末世学外衣的人本主义"，是一种新型的神学和伦理学。马克思的唯物主义历史观也就被他们歪曲成"人本学的历史观"。

---

① 《马克思恩格斯全集》，第3卷，77页。

毫无疑义，异化问题可以研究也需要研究，但是应该紧紧结合马克思世界观的形成和发展来探讨这个概念的变化，研究它在不同时期在马克思学说中的地位和作用，阐明它同德国古典哲学的关系，澄清资产阶级思想家在异化问题上制造的种种混乱，从而把对异化的研究置于科学的基础之上。

第四节　经济基础和上层建筑学说的创立

随着生产力和生产关系辩证运动规律的发现，马克思也制定了唯物主义历史观的其他基本原理，如经济基础和上层建筑学说，以及关于社会形态的理论，等等。由于这些基本原理的制定，唯物主义历史观才成为说明社会历史现象的有血有肉的完整的科学体系。就它们的形成过程来说，这些原理相互交错、相辅相成，并无时间先后之分。然而，从其逻辑联系上来看，作为生产力和生产关系统一的生产方式是社会形态的物质方面，它决定着社会形态的经济结构，并形成与其相适应的上层建筑。因而，生产力和生产关系的矛盾法则的发现，就为这些原理的形成提供了理论前提。

列宁指出，马克思主义“不仅要分析社会生活的经济方面而且必须分析社会生活的各个方面”①。经济基础和上层建筑的原理，不仅涉及社会的经济关系，而且涉及社会的政治关系和思想关系，也就是说，它把社会作为一个统一的完整的“社会机体”，即一个有着内在联系的各种社会现象和社会关系的体系来理解。这个原理同生产力和生产关系的辩证法原理同时产生，紧密相连，它们的结合，构成了唯物主义历史观的最基本的内容。

一、对市民社会认识的深化　经济基础和上层建筑学说的创立

经济基础和上层建筑学说是历史唯物主义的又一重要原理。这一原理是从批判黑格尔法哲学发端，随着生产力和生产关系辩证法的揭示和马克思对市民社会认识的深化而逐渐成熟起来的。

众所周知，黑格尔历史唯心主义的重要表现，就在于他颠倒了市民社会和国家的关系。他把国家看做“伦理理念的现实”。在这里，“理念变成了独立的主体”，而产生国家的家庭和市民社会则是国家这一概念所预先

---

① 《列宁选集》，2版，第1卷，28页。

规定了的。如前所述，马克思深入地批判了黑格尔的法哲学，把这种唯心主义观点“翻转”了过来，得出家庭和市民社会决定国家的鲜明的唯物主义结论。后来，马克思在追述这一批判所取得的主要成果时写道：“我的研究得出这样一个结果：法的关系正象国家的形式一样，既不能从它们本身来理解，也不能从所谓人类精神的一般发展来理解，相反，它们根源于物质的生活关系，这种物质的生活关系的总和，黑格尔按照十八世纪的英国人和法国人的先例，称之为‘市民社会’，而对市民社会的解剖应该到政治经济学中去寻找。”① 我们之所以再次引证马克思的这个重要论断，是因为在这里他第一次把市民社会明确地规定为“物质的生活关系的总和”，深刻地揭明了国家、法对市民社会即经济关系的依赖性。它不仅是我们探讨经济基础和上层建筑原理的起点，而且正是在这里孕育着整个历史唯物主义的胚芽。

马克思在1844年，通过对政治经济学的初步研究，深化了他的上述思想，提出了“宗教、家庭、国家、法、道德、科学、艺术等等，都不过是生产的一些**特殊的**方式，并且受生产的普遍规律的支配”②。马克思把物质生产从市民社会分离出来，认为生产决定社会的一切方面，决定国家和各种意识形态，从而深化了他对市民社会本质的认识，更接近了经济基础和上层建筑的原理。

接着，在《神圣家族》中，随着生产关系学说的进一步形成，马克思在经济基础和上层建筑的原理上也取得了重大进展。通过对资本主义社会的考察，马克思认识到市民生活，如工业和商业活动、自由竞争、财产占有和个人利益才是国家制度和观念形态的深厚基础。市民社会中广泛存在的个人之间的斗争和竞争，是摆脱了封建特权的具有自发生命力的个人之间的不可遏止的运动，这种物质要素的蓬勃发展，为现代国家创造了真正的基础。因此，马克思指出，“正是**自然的必然性**、**人的特性**（不管它们表现为怎样的异化形式）、**利益**把市民社会的成员彼此连接起来。他们之间的**现实的**联系不是**政治**生活，而是**市民**生活。因此……在今天，只有**政**

① 《马克思恩格斯选集》，第2卷，82页。
② 《马克思恩格斯全集》，第42卷，121页。

治上的迷信才会以为国家应当巩固市民生活，而事实上却相反，正是市民生活巩固国家”①。

但是，从市民生活中产生的、与封建特权对立的现代国家，也并不是消极的，它通过**“普遍人权”**承认了自己的出生地，并且采取种种政治措施来保护自己赖以建立的物质基础。它愈是让市民社会的自发生命按自己本身的规律去发展，它的基础便愈是壮大和巩固。马克思深刻地揭示了现实生活的这种辩证法，他说：“**无政府状态**是摆脱了使社会解体的那种**特权**的市民社会的规律，而**市民社会的无政府状态**则是现代**公法状况**的基础，正像公法状况本身也是这种无政府状态的保障一样。它们怎样互相对立，也就怎样互相制约。”② 这个深刻论断，以萌芽的形式表述了经济基础和上层建筑的辩证关系。国家、法产生于经济基础，同时又反作用于经济基础。两者既是对立的，又是统一的。

同时，通过对历史的考察，马克思又看到，经济基础和上层建筑的统一是一个历史发展过程。每个历史时代都有自己的特殊的经济结构，以及与之相适应的政治制度。现代资产阶级国家是在反对封建制度基础上建立起来的，它植根于市民社会的物质土壤之中，“正如古代国家的**自然基础**是奴隶制一样，**现代国家**的**自然基础**是市民社会”③。马克思理论上的这一重大进展，无疑为他制定经济基础和上层建筑的学说，形成自己关于社会经济形态的概念，准备了充分的思想前提。

在《德意志意识形态》中，基于生产力和生产关系的辩证运动规律的发现，在以前达到的思想基础上，马克思科学地阐明了自己的经济基础和上层建筑的学说。他指出：“从直接生活的物质生产出发来考察现实的生活过程，并把与该生产方式相联系的、它所产生的交往形式，即各个不同阶段上的市民社会，理解为整个历史的基础……同时从市民社会出发来阐明各种不同的理论产物和意识形式，如宗教、哲学、道德等等，并在这个基础上追溯它们产生的过程。”④ 还说，市民社会“始终标志着直接从生

① 《马克思恩格斯全集》，第2卷，154页。

② 同上书，150页。

③ 同上书，145页。

④ 《马克思恩格斯全集》，第3卷，42～43页。

产和交往中发展起来的社会组织，这种社会组织在一切时代都构成国家的基础以及任何其他的观念的上层建筑的基础”①。这个科学的论述，同马克思的《〈政治经济学批判〉序言》的经典性表述，在实质上是完全一致的，而同它1845年以前的论述相比，则显示出重大的进展。

从马克思的以上论述中可以清楚地看出：（1）马克思把“市民社会”看做有政治关系和意识形态竖立其上的整个社会的现实基础，看做“全部历史的真正发源地和舞台”②，只有在这个基础上，才能说明各种复杂的社会关系和历史过程，从而排除了把诸如精神、神启以及抽象的“人的本质”等等视为历史动力的形形色色的唯心主义观点。

（2）所谓“市民社会”，就是社会经济基础，它包括“在生产力发展的一定阶段上的一切物质交往”，“包括该阶段上的整个商业生活和工业生活”③。马克思说：“在过去一切历史阶段上受生产力所制约、同时也制约生产力的交往形式，就是**市民社会**。”④**“市民社会”**在这里显然表示经济基础的概念，它被定义为交往形式，即生产关系的总和，并同生产力相互制约。可见，市民社会不单是一般的经济关系，而主要是生产关系；它受生产力的制约，但又不能“归结为”生产力。同时，马克思在市民社会和资产阶级社会之间作了明确区分⑤：前者是一切历史阶段都具有的社会组织和经济基础，而后者只是随着资本主义生产方式的发展而发展起来的特殊的社会形态。这一区分的重要意义在于，它表明社会经济基础的概念已经完成了从“市民社会”的脱胎过程，换言之，这个重要概念已经最后形成了。在马克思和恩格斯的晚期著作中，间或还使用“市民社会”的术语，那也只是指一般的经济关系和物质生活，而经济基础的概念则成为经常用以表述这种关系的确定的科学用语。

（3）马克思在这里也第一次表述了上层建筑的概念。虽然从表述上看，国家和观念的上层建筑还有所区别，还不像恩格斯后来在《反杜林

---

①②③ 《马克思恩格斯全集》，第3卷，41页。

④ 同上书，40页。

⑤ 因为，“bürgerlich Gesellschaft”这一个词有“资产阶级社会”的意思，也有“市民社会”的意思。马克思在《神圣家族》中还没有将两者区别开来，还把“市民社会”只看做现代国家的基础。

论》中所完整表述的那样，“法律设施和政治设施以及宗教的、哲学的和其他的观点所构成的全部上层建筑”①，但其实质则是基本一致的，不论国家制度还是观念形态，都是竖立于经济基础之上的第二性的东西。它们都受着经济基础的决定。在强调经济基础的决定作用的同时，马克思也明确指出，只有在这个基础上才能描述“各个不同方面之间的相互作用”，自然也包括经济基础和上层建筑之间的相互作用。只有在唯物主义基础上，才能有科学的辩证法，同样，只有从经济基础出发，才能正确地理解和阐明上层建筑各个部分对经济基础的能动的反作用。可见，马克思这时并没有“放弃”辩证法，相反地，正是避免了唯心主义者（思辨哲学家是其典型代表）把人的意识和政治制度夸大为可以任意支配物质关系的万能的东西。

（4）上层建筑的性质，是由经济基础，即生产关系决定的。在阶级社会中，生产关系是各个阶级赖以存在和相互区分的物质根据，因而它必然表现为阶级关系。统治阶级的权力和利益也都必然“在相应的国家形式中获得**实践的**观念的表现”②，“占统治地位的思想不过是占统治地位的物质关系在观念上的表现”③。因此，在阶级社会里，上层建筑必然带有强烈的阶级性。《德意志意识形态》全书都贯串着马克思由经济基础和上层建筑的原理引出的这个重要观点。

由此可见，经济基础和上层建筑的原理，如同生产力和生产关系的辩证原理一样，这时已经作为完整的科学形态被阐发出来了。它们作为两对社会基本矛盾，构成唯物主义历史观的最基本的内容。

马克思从市民社会，即一般物质关系出发，进而从市民社会中划分出作为起支配作用的物质生产，最后从生产力和生产关系的辩证原理出发，把市民社会规定为生产关系的总和，并从国家和市民社会的关系，发展到上层建筑和经济基础的关系的原理，这是对市民社会认识深化的过程，也是经济基础和上层建筑学说形成的过程。

正像列宁所说：“需要的不是没有生命的骨骼，而是活的生命。”④ 经

---

① 《马克思恩格斯选集》，第3卷，66页。
② 同上书，78页。
③ 同上书，52页。
④ 《列宁全集》，第38卷，85页。

济基础和上层建筑辩证关系原理的制定，使历史唯物主义成为既有骨骼，又有血肉的反映社会活的机体的完整的科学体系。

二、国家的阶级实质　无产阶级专政思想的第一次提出

国家权力是上层建筑的核心。马克思对市民社会的研究深化着关于经济基础的概念，同样，他对国家和法的探讨，也深化着对上层建筑的认识。随着经济基础和上层建筑一般原理的制定，马克思对国家和私有制的关系、国家的阶级本质也作了深刻的揭露，同时进一步批判了黑格尔和青年黑格尔派的唯心主义国家观。

在此以前，马克思在国家问题上达到的认识，主要表现在两个方面：一是看到国家对市民社会的依赖，国家建立在市民社会的分裂之上，即建筑在社会生活和私人生活之间的矛盾上，建筑在公共利益和私人利益之间的矛盾之上。二是，他开始认识到国家的阶级本质，认为现代国家对“自由人性”的肯定，无非是肯定“经营的自由”和“占有财产的自由”。现代国家是完备的奴隶制，它同古代奴隶制的区别仅在于，“在表面上看来是最大的自由”，实际上是在“自由人性”外观掩饰下的最完备的、典型的奴隶制。在这种制度下，人完全沦为“自己营业的**奴隶**”，沦为“自己以及别人的**私欲**的奴隶”①。

在《德意志意识形态》中，马克思根据已经获得的新的理论观点，加深了自己的认识，奠定了马克思主义国家学说的基础。

国家建立在社会分裂的基础之上。由于社会分工而产生的私人利益和公共利益之间的矛盾，以及特殊利益真正地反对公共利益，使得公共利益采取普遍的共同体的形式“来对特殊利益进行**实际的**干涉和约束成为必要”②，于是，便产生了与特殊利益脱离的、凌驾于社会之上并统治社会的国家。然而，国家只是一种虚幻的共同体的形式，它掩盖着“一个阶级统治着其他一切阶级”的实质。马克思深刻地洞察到，国家不过是阶级统治的工具，是统治阶级保卫自己利益的常设机关。他说，“国家内部的一切斗争——民主政体、贵族政体和君主政体相互之间的斗争，

① 《马克思恩格斯全集》，第2卷，145页。
② 《马克思恩格斯全集》，第3卷，38页。

争取选举权的斗争等等，不过是一些虚幻的形式，在这些形式下进行着各个不同阶级间的真正的斗争”①。这种斗争愈激烈，国家便愈以虚幻的形式出现。

最完善的资产阶级国家，其实是最虚伪的国家形式。它在自由、民主的外观下，隐藏着财产占有者对整个社会的有效的统治。它不过是私有者满足自己利益的工具而已。资产阶级由于掌握着国家经济命脉，因而也必然控制着国家大权。马克思尖锐地指出：“现代国家由于捐税逐渐被私有者所操纵，并由于借国债而完全为他们所控制；这种国家的命运既受到交易所中国家债券行市涨落的调节，所以它完全取决于私有者即资产者提供给它的商业信贷。”② 比如，现在的美国，无论哪个党执政，如果它得不到几个财团的有效支持，反过来说，如果它不能满足这些财团的实际利益，那么，它便无法存在下去，更不可能得到巩固。因此，现代国家尽管获得了和市民社会并列的并且在市民社会之外的独立存在，但是在实际上，它“不外是资产者为了在国内外相互保障自己的财产和利益所必然要采取的一种组织形式”。可见，作为共同利益形式出现的国家，实质上只不过是“统治阶级的各个个人借以实现其共同利益的形式”③ 罢了。

既然国家建立在阶级利益的对抗之上，那么，剥削阶级的国家，特别是达到其最高形式的资产阶级国家，对于无产阶级和广大人民说来，只能是一种“虚假的集体”，是“虚幻的共同体”。而且它越是体现自己阶级的特殊利益，便越要赋予这种特殊利益以普遍性的形式；它越是意识到这两种利益的对立，便越要采取更加虚伪的形式，以千方百计掩盖它产生的基础——私有制。“可见，**政治**理智越是片面，因而越是成熟，它就越相信意志是**万能的**，就越分不清意志的自然**界限**和精神**界限**”④，混淆这两者的界限，正是唯心主义国家观产生的重要的社会根源。

既然国家是维护剥削阶级经济利益的组织形式，那么，无产阶级要争取经济上的解放，就不能不争得一定的政治权力。马克思在嘲讽青年黑格

---

① 《马克思恩格斯全集》，第3卷，38页。
②③ 同上书，70页。
④ 《马克思恩格斯全集》，第1卷，480～481页。

尔派的纯理论的解放时指出，“甚至为了争得一些只是用来从事‘**理论**’研究的时间和经费，也必须进行物质的、实际的变革”①。无产阶级要获得彻底解放，不进行空前伟大的革命和掌握政治权力，是根本不可能的。

马克思不仅通过当时的革命实践，尤其是1844年发生的德国西里西亚织工起义达到了这种认识。他在《评“普鲁士人”的“普鲁士国王和社会改革”》一文中，已经提出了“每一次革命都推翻**旧政权**”，“**社会主义**不通过**革命**是不可能实现的”②。随着唯物主义历史观的形成和对国家的阶级本质的深刻理解，使他的这个认识上升到一个新的理论高度，第一次提出了无产阶级必须夺取政权，实际上是表述了无产阶级专政的重要思想。马克思指出，“每一个力图取得统治的阶级，如果它的统治就像无产阶级的统治那样，预定要消灭整个旧的社会形态和一切统治，都必须首先夺取政权”③。这里明确指出，无产阶级的任务是要消灭“整个旧的社会形态和一切统治”，或如他一再强调的“使现存的关系发生革命”，“推翻整个资产阶级制度”④。为此，无产阶级必须首先夺取政权，“取得统治”，也就是建立无产阶级专政。在这里，这个思想可以说十分明确。它不是一种偶然的提法，而是伴随着唯物主义历史观的发展，作为马克思主义国家理论成熟的一种必然结论。

然而，人们往往把这个重要思想的首次表述归之于《共产党宣言》。之所以如此，同列宁对它的论述有着一定的关系。《共产党宣言》写道：“无产阶级用暴力推翻资产阶级而建立自己的统治”，“使无产阶级变为统治阶级，争得民主”，等等。列宁在援引这些思想时指出，这是“在国家问题上一个最卓越最重要的思想即‘无产阶级专政’……这个思想的表述”⑤。列宁的论述，无疑是正确的，他强调了无产阶级国家的实质，“**即组织成为统治阶级的无产阶级**”⑥。他指明，这是马克思最早表述出来的“无产阶级专政”的思想。但是，应该知道，在列宁生前，《德意志意识形

① 《马克思恩格斯全集》，第2卷，121页。
② 《马克思恩格斯全集》，第1卷，488页。
③ 《马克思恩格斯全集》，第3卷，38页。
④ 同上书，327页。
⑤⑥ 《列宁选集》，2版，第3卷，190页，北京，人民出版社，1972。

态》并未出版。事实上，这两本著作对无产阶级专政思想的论述完全是一致的，所以，应该把列宁的上述评价，推及到《德意志意识形态》。就是说，无产阶级专政这个“最卓越最重要的思想”，最先是在《德意志意识形态》中形成的。

众所周知，马克思第一次正式使用“无产阶级专政”的概念，是在1850年。他对1848年欧洲革命经验进行总结时，直截了当地提出：**“推翻资产阶级！工人阶级专政！”**[①] 接着，在致魏德迈的信中，马克思进一步把它表述为：“阶级斗争必然要导致**无产阶级专政**”，并且对这个专政的任务作了更为科学而明确的规定。[②] 马克思19世纪50年代初对无产阶级专政学说的科学表述，无疑是他在40年代已经形成的思想的逻辑发展。可以说，《德意志意识形态》作为历史唯物主义形成的最初著作，同时也提出了无产阶级专政的思想，并奠定了这个学说的理论基础。《共产党宣言》“在一定程度上反映了当时具体的革命形势”[③]，作为指导工人运动的纲领性文献，对这个思想作了更明确更集中的表述。接着，在总结革命经验的基础上使之进一步完善化和精确化。历史事实就是如此。无产阶级专政的学说，在以后的革命实践中，不断地得到验证、丰富和发展，而《德意志意识形态》以其奠基作用，成为马克思主义发展史上的最光辉的篇章之一。

无产阶级历史使命的学说，是马克思主义的“主要之点”。但这个学说，也只是由于无产阶级专政思想的产生，它才真正成为马克思主义的完整的科学学说。如前所说，马克思在1844年首次提出无产阶级历史使命的观点，但那时它并未得到理论论证，而且在很大程度上仍然受着费尔巴哈人本主义观点的影响。只是随着马克思的国家学说和无产阶级专政思想的阐明，它才臻于成熟。这时，它不再需要用“人的本质异化”和“扬弃”来说明，而同无产阶级专政的思想有机地结合在一起。犹如过河和搭桥一样，它们的联系也是不可分割的。甚至可以把两者视为同一的东西，

---

① 《马克思恩格斯选集》，第1卷，417页。

② 参见《马克思恩格斯选集》，第4卷，332～333页。

③ 《列宁选集》，2版，第3卷，189页。

一个是指目的，一个是指达到目的的手段。它们的统一，才构成马克思主义理论的完整性。在实践上，马克思正是用这个学说，不仅教育工人阶级懂得自己的历史任务，而且懂得实现自己任务的根本途径。用列宁的话来说：马克思和恩格斯“教会了工人阶级自我认识和自我意识，用科学代替了幻想”①。可见，马克思国家理论和无产阶级专政学说的产生，不仅使马克思主义理论达到一个新的高度，而且推动了工人运动由自在阶段发展到自为阶段。

无产阶级推翻资产阶级，建立自己的政治统治，是实现自身解放的任务，同时也是实现解放全人类的任务。因为，无产阶级只有推翻一切统治，自己才能获得彻底解放，它“只有把**一切**阶级的个人从那些至今仍然套在他们头上的枷锁下解放出来，才能真正地推翻自己面前的统治阶级”②。因此，无产者只有使一切阶级的个人摆脱政治和经济的桎梏，消灭阶级统治存在的条件，他们才能最后获得解放。正是在这个意义上，马克思把解放全人类作为无产阶级的历史使命。我们知道，历史上的统治阶级在取得自己的统治以前，也往往把自己装扮成全体人民的代表，把自己阶级的解放任务，说成是“全人类的任务”，但这只能是欺骗，不过是企图利用群众以达到自己的政治目的而已。只有无产阶级才是广大人民根本利益的真正代表，因而也只有它的任务才真正是“全人类的任务”。可见，马克思已完全摆脱了思辨哲学的影响，把这个学说建立在科学和现实阶级关系的基础之上。

马克思主义国家学说的形成表明，无论国家关系如何远离它的经济基础，也无论统治阶级如何在国家问题上制造种种思想迷雾，但只要从经济基础和上层建筑的关系，从由经济原因而产生的阶级利益的对立去考察国家，就能揭示它的实质，推翻唯心主义的种种胡说，得出有利于无产阶级革命实践的结论。

三、批判施蒂纳的法权理论　进一步发挥历史唯物主义的基本观点

马克思在自己世界观转变时期，就对黑格尔法哲学作了深入批判。现

---

① 《列宁选集》，2版，第1卷，87页。

② 《马克思恩格斯全集》，第3卷，327页。

在，他在新的理论基础上，又批判了施蒂纳的国家和法权理论，其实也是进一步清算黑格尔的唯心主义国家学说。通过这一批判，马克思进一步发挥了自己的唯物主义历史观。

施蒂纳所以要大谈法权，只是为了逻辑体系的需要。因此，对他说来，值得注意的不是法的现实内容，而是"法"这个词。施蒂纳自吹彻底研究了法权理论，完成了"对法的内脏的翻掘"，实质上他只不过利用法（权利）这个词玩弄了一套概念游戏。正如马克思揭露的，在他的思辨戏法中保存法这个"词"是十分必要的，如果删去这个词，"那末其中剩下的只是'**我**'、'**我的**'以及文法上的其他一些第一人称的代名词了"①。就是说，不玩弄法的概念，他的戏法就无法进行下去。在这里我们研究的侧重点，不在于他的思辨方法，而在于暴露他观点的错误实质。

施蒂纳认为：法是从人的头脑中挤出来的观念，是独立化了的抽象概念对人的统治，因此是"圣物"。只要在观念中撤销对圣物的尊重，就可以摧毁整个现存的法，用"我的权力"代替"人的权力"，用"我的法"代替现存的法。十分明显，他在法权问题上玩弄的依然是：圣化——否定圣物——占有这个三段式。在这里渗透着露骨的唯心主义历史观，即公开宣扬思想、观念对现实的统治。正像施蒂纳本人所直言不讳的，"概念、观念、原则向来统治着**我们**，而在这些**统治者**之中，法的概念**或**公道的概念起了最主要的作用"②。他毫不隐讳地把法说成是"固定观念"，是"精神"。

宣扬思想、观念和概念对现实的统治，这是一切唯心史观的共同特征，黑格尔就是它的集大成者。黑格尔的全部《历史哲学》都贯串着这个基本观点，堪称唯心史观的典型杰作。他的《法哲学原理》也毫无例外地浸透着这种唯心精神。在这里，他明白无误地把法说成是"自由意志的定在"，即自由意志的实现。他说："法的基地一般说来是**精神的东西**，它的确定的地位和出发点是**意志**。意志是自由的，所以自由就构成法的实体和规定性。"③ 但是，这种意志自由并不是个人的意志自由，而是作为伦理

---

① 《马克思恩格斯全集》，第 3 卷，367 页。

② 转引自上书，363 页。

③ 黑格尔：《法哲学原理》，10 页。

实体的体现。在黑格尔看来，道德也是法的一种，是具有特殊规定的内心的法，即“主观意志的法”。他认为，自由意志借外物，特别是财产实现其自身，这是抽象的法，而自由意志在内心中实现就是道德。前者是客观的，后者是主观的。两者的统一，即自由意志既通过外物，又通过内心得到充分的实现，就是伦理。这种伦理实体的化身就是国家。因此，黑格尔把国家定义为“伦理理念的实现”①。其基础，就是纯精神、自由意志。可见，黑格尔的国家是完全游离了它的物质关系的思想的抽象物。

尽管施蒂纳也声色俱厉地批判黑格尔，标榜自己的“独自性”，但是，他在国家和法权理论上的实质性观点，正是来自黑格尔的上述思想。同黑格尔一样，他把国家和法也完全变成精神和意志的产物。他的“独自性”，即他的独到之处，仅仅在于把黑格尔的法哲学完全庸俗化和漫画化，在于他使黑格尔理论上的错误更加暴露无遗。

施蒂纳法权理论的主要特征，是宣扬利己主义的法，把“我”作为最高的立法者。他认为，现存的法是“人的权利”，是对我的束缚，因此是“圣物”，必须由“我的权利”取而代之。“我的权利”就是利己主义的法，所谓“利己主义的法”是“我认为是对的东西”。因此，“我”是最高立法者，是法的唯一源泉。他说，“**在我之中**，一件事的对或不对，由**我**决定；**在我之外**不存在任何法”②。“**我**是**我的**权利的所有者和创造者”，“除了**我自己**以外**我**不承认任何其他的权利的来源”③。因为，“法本来就是**我的**思想”④。不难看出，施蒂纳的观点，正是青年黑格尔派的主观唯心主义哲学倾向在法学领域的彻底贯彻。这比起他的老师来，实在是一个大倒退。

黑格尔的法权理论是典型的历史唯心主义理论，然而其中确实包含有合理的因素。他总是从各种规定中引出他的结论，并且把不同的方面结合起来。例如，他把伦理实体看成是主客观的统一。马克思指出，“黑格尔的深刻之处也正是在于他处处都从各种规定……的**对立**出发，并把这种对

① 黑格尔：《法哲学原理》，253 页。
② 转引自《马克思恩格斯全集》，第 3 卷，365 页。
③ 转引自上书，366 页。
④ 转引自上书，363 页。

立加以强调”①。这就是说，在黑格尔的法权理论中包含着辩证法的成分。同时，黑格尔也常常在思辨的叙述中，把握住事物本身的、真实的叙述。他往往从唯心主义前提出发，阐述一些真实的经验内容。例如，他一方面把法归结为概念，另一方面又用个人的需要来说明法的存在。② 正是在这种意义上，马克思说：“黑格尔是用个人的经验**需要**来说明法的**存在**，这样他就用一个单纯的肯定拯救了这个**概念**。我们看到，黑格尔比我们这位‘有形体的**我**’——圣桑乔不知要唯物多少倍！”③

在施蒂纳那里，黑格尔法权理论的这些优点完全丧失殆尽，代之以关于法的庸俗不堪、荒唐可笑的空洞说教。而且由于他使法脱离了作为它的基础的经验现实，因此，对它加以任意解释，如把法任意说成是“宗教概念”、“固定观念”、“圣物”、“怪想”，并且可以随时把它“撤销”、“摧毁”等等。但是，在他的不断变化着的戏法中，有两点是固定不变的：一是法的本质是思想、是观念，二是法是“我”的创造物。也就是说，法是我的思想的创造物，只不过它离开了创造主体，变成了一种独立化的观念和绝对权利。

针对施蒂纳的这种唯心主义观点，马克思批判道：“对于施蒂纳，法不是从人们的物质关系以及人们由此而产生的互相斗争中产生，而是从人们‘头脑中挤出来’的自己的观念的斗争中产生的。”④ 这里不仅揭露了施蒂纳法权理论的唯心主义本质，而且提供了一把正确理解法权理论的钥匙。法权作为一种上层建筑，是阶级斗争的产物，但归根结底，是由一定物质关系决定的。只有这样，才能真正理解法的实质。

在马克思以前，谈论国家和法的人大都把权利和意志作为其基础。尽管这种权利和意志属于神，还是人，或者是绝对精神，众说不一，但本质是一致的。施蒂纳也不可避免地接受了这种观点，并像他的整个主观唯心主义世界观一样，径直地把它们宣布为“我的权利”和“我的意志”。

主张权力是法的基础，一般说来，并不为错。问题在于，权力又是以

---

① 《马克思恩格斯全集》，第1卷，312页。

② 参见黑格尔：《法哲学原理》，217～218页。

③ 《马克思恩格斯全集》，第3卷，364页。

④ 同上书，363页。

什么为基础。历史上主张权力是法的基础的理论家们，在唯心主义历史观的束缚下，都不能正确地解决这个问题。只有马克思和恩格斯根据他们新创立的唯物主义历史观，才科学地说明了这个至关重要的问题。他们认为，权力只能以现实的物质关系，即生产关系为基础。法，法律都不过是这种物质关系的“一种表现”。“那些决不依个人‘意志’为转移的个人的物质生活，即他们的相互制约的生产方式和交往形式，是国家的现实基础，而且在一切还必需有分工和私有制的阶段上，都是完全不依个人的**意志**为转移的。这些现实的关系决不是国家政权创造出来的，相反地，它们本身就是创造国家政权的力量。”① 这是用历史唯物主义考察国家权力所必然得出的结论。

把法看做是“统治者的意志”，又把这种“统治者的意志”看成是独立自存的东西，这是使法脱离其现实基础的结果。这种唯心主义历史观的出现，不是偶然的，它有着深刻的社会历史原因。除了阶级根源外，从客观上看，国家总是以普遍的共同体的形式出现的，而一切共同的法规又都是以国家为中介的，就是说，都带有政治形式。由此便造成了一种错觉，似乎法律是以意志为基础的，而且是以脱离现实基础的“**自由意志**”为基础的。在这种唯心史观的支配下，“结果是政治史和市民史就纯观念地变成了一个挨一个的法律的统治史”②。像哲学家把历史变成观念史一样，马克思以前的法学家把人类历史变成一部法律史。这是唯心主义历史观在法学领域的具体表现。

马克思并不否认，法作为一种独立的意识形式，在其发展过程中有着自己的继承关系。例如，在资本主义私有制发展时期，资产阶级为保护自己的利益而建立私法，“也不得不参照罗马法的诸原则”，甚至“以罗马法典为基础”。否则无法解释法学的发展。但是，马克思同时强调，“不应忘记法也和宗教一样是没有自己的历史的”③。就是说，法及其所体现的“统治者的意志”，丝毫不能离开它们由以产生的现实基础，即私有制和阶

---

① 《马克思恩格斯全集》，第3卷，377～378页。

② 同上书，379页。

③ 同上书，71页。

级关系。它们从先前思想材料中汲取什么，以及本身的性质和发展趋势，都取决于这个现实基础。也就是说，它们只能随着这个现实基础的发展而发展自己。正是针对这种情况，马克思尖锐地指出，德国人“从来没有为历史提供**世俗**基础，因而也从来没有过一个历史学家”①。他们无视现实物质关系的决定作用，而片面夸大和无限膨胀思想的相对独立性，这就不可避免地使他们陷入历史唯心主义的泥沼。

马克思主义创始人对施蒂纳法权理论的批判，不仅彻底粉碎了黑格尔和青年黑格尔派的唯心主义国家观，完成了对黑格尔法哲学的批判，而且具体而深刻地发挥了他刚刚制定的历史唯物主义基本原理，尤其是社会存在和社会意识、经济基础和上层建筑的原理。马克思在这里发挥出来的重要观点，对于我们进一步认识国家和法的问题，对于我们批判一般历史唯心主义，都有着极为重要的方法论意义。

第五节　社会形态学说的确立　共产主义的必然性

社会形态是历史唯物主义的最重要的范畴之一。生产力和生产关系的统一，即生产方式，是社会形态的物质基础。但是，要了解一种社会类型，当然不能只限于了解它的物质方面，还必须了解受物质因素制约的政治关系和思想关系，以及其他一切社会现象，就是说，要把社会作为一个具有内在联系的社会现象和社会关系的完整的有机的体系来了解。受一定生产力发展制约的经济基础和上层建筑的统一，就构成了马克思的科学的社会形态的概念。因此，马克思的经济基础和上层建筑原理的产生，同时也意味着他的社会形态概念的形成。

社会形态概念的确立，不仅使人们从横的方面对整个社会结构有了清楚的认识，而且从纵的方面，向人们揭示出一种社会形态为另一种更高的社会形态代替的规律，从而有可能把人类社会的进化看做一个“社会形态发展的自然历史过程”。社会形态的理论是历史唯物主义一些根本原理的有机统一，它的确立，表明马克思的历史唯物主义的最终形成。

---

① 《马克思恩格斯全集》，第3卷，32页。

一、社会形态概念的初创

社会形态学说的形成，是生产力和生产关系、经济基础和上层建筑原理发现的直接结果。这两个原理或通常所谓的社会基本矛盾的揭示，才有可能清楚地认识社会机体的内在结构及其由低级到高级发展的规律性。也就是说，才有可能对整个社会作完整的科学的说明。而生产关系概念的产生，是解决这个问题的根本关键。

马克思的社会形态的概念首创于《德意志意识形态》。在此之前，由于生产力和生产关系、经济基础和上层建筑的原理还在形成之中，因而对整个社会结构的认识，也只能处于萌芽状态。例如，在《1844 年经济学哲学手稿》中，马克思把私有财产看成是以往生产运动的感性表现，并作出了宗教、家庭、国家、法、道德、科学、艺术等等，都不过是生产的一些**特殊**的方式，并且受生产的普遍规律的支配的论断。这一论断，最能表明马克思试图说明整个社会的内部结构，但又未能达到完全科学的认识。因为他虽然把社会分成物质的方面和精神的方面，但还没有明确地用由生产所制约的经济关系来说明诸如政治关系、思想关系和其他社会关系（如家庭），而是用生产来直接说明它们。这非但不能解释这些现象何以产生，它们的性质如何，而且连生产本身也难于得到正确理解。这充分表明，马克思这时对社会内部结构尚缺乏清晰的认识。其根本原因在于，生产关系的科学概念还未形成。

《德意志意识形态》中的实质性进展，是提出了生产关系的科学概念。这不仅直接导致生产力和生产关系辩证法原理的发现，而且有可能把生产关系的总和作为国家和观念的上层建筑的现实基础，从而达到了对社会结构的科学认识，即认识到生产力、生产关系、政治上层建筑、社会意识形态之间的从属关系和相互作用。也就是认识到，社会机体是各种关系和现象有机联系的完整的形态。列宁谈到马克思对资本主义社会形态的研究时指出，“他**专门**以生产关系**说明**该社会形态的结构和发展，但又随时随地探究适合于这种生产关系的上层建筑，使骨骼有血有肉”①。

马克思正是这样阐明问题的。他认为，构成社会的基本因素，是“生

① 《列宁选集》，2 版，第 1 卷，9 页。

产力、社会状况和意识"①。又说，"生产力的总和决定着社会状况"②。这里的社会状况，指的是社会经济结构和政治结构，即经济基础和政治上层建筑的统一。它受着生产力的决定，同时又决定着各种意识形态和其他思想现象。所以，这两者的结合，从根本上决定着社会面貌，从总体上反映着社会的有机体。因此，可以说，"社会状况"正是马克思用以表述他当时初步形成的社会形态的基本思想的术语。

既然"社会状况"这一术语，是表示在生产关系基础之上的整个社会经济结构和政治结构，而这个基础又是由生产力决定的，据此，可以把马克思的社会形态的概念，简要地概括为，由生产力决定的经济基础和上层建筑的统一。

可见，正是生产关系的总和直接决定着整个社会面貌，构成任何社会形态的最基本内容。但是，生产关系在任何时候也不能离开生产力的发展，因此，社会形态把生产力作为自己的最根本的基础也包含在自身之中。事实很清楚，社会的经济结构和政治结构，正是人们在生产活动中产生出来的。"人们按照自己的物质生产的发展建立相应的社会关系，正是这些人又按照自己的社会关系创造了相应的原理、观念和范畴。"③ 所以，马克思一再强调，"应当根据经验来揭示社会结构和政治结构同生产的联系"④。把生产力作为根本基础，决不意味可以不通过生产关系，用生产力去直接说明经济结构和政治结构。马克思较 1844 年的进步，正在于通过由生产力决定的生产关系去说明各种社会关系及其内在联系，这样，不仅形成了说明整个社会的社会形态的概念，而且也确切规定了生产力在其中的重要地位。

同时，把生产力作为根本基础，特别是由于生产力和生产关系的辩证运动规律的揭示，使马克思清楚地认识到，社会形态并不是一成不变的，而是按照一定规律发展变化的。每一种社会形态都有其特殊性，这种特殊性是由该历史阶段生产关系的性质决定的；同时，所有社会形态又有其共

---

① 《马克思恩格斯全集》，第 3 卷，36 页。
② 同上书，33 页。
③ 《马克思恩格斯选集》，第 1 卷，108 页。
④ 《马克思恩格斯全集》，第 3 卷，29 页。

同的运动规律，这个规律受着生产关系一定要适合生产力发展性质的一般规律的支配。生产力的发展，是社会经济形态更替的最根本动因。由此可见，要真正把社会形态的发展看成自然历史过程，必须从社会关系中划出生产关系，把生产关系的类型看成是由生产力的性质和状况决定的。这正是马克思的思想发展过程。

无论从生产力决定社会状况，还是从生产力决定社会形态的发展来看，它都起着最后动因的作用。直接决定上层建筑的无疑是生产关系。马克思在《德意志意识形态》中，对社会形态的理解，就其内容而言，主要是指“交往形式”和“所有制形式”，就其形式而言，使用的是“社会状况”这个术语。有时他也使用“社会形态”的术语，如“消灭整个旧的社会形态”①，但是，没有指明其内容，没有明确用它来表示整个社会结构及其变化。这种情况，就如同他已经提出了“社会生产关系”的术语，而仍然主要用“交往形式”的术语表述生产关系的概念一样。然而，术语既已提出，那么就意味着问题已接近于解决。随着生产关系概念的精确化，这个概念也就得到精确的规定。

正像在《德意志意识形态》中其他原理形成的情况一样，尽管表述社会形态的概念尚欠准确，但其基本内容已经形成，这一点是毋庸置疑的。

二、马克思首次揭示五种社会形态及其发展的自然历史过程

五种社会形态及其发展规律的揭示，是马克思早期思想的最卓越的成果。它表明对社会历史的唯物主义观点已经确立，因此，有理由把这个学说的产生，看成是唯物主义历史观最终形成的标志。

在马克思以前，不论是法国启蒙思想家，19世纪的空想社会主义理论家，或是德国哲学家，都试图把历史解释成一个前进的过程。我们知道，卢梭在他的《论人类不平等的起源和基础》一书中，认为人类历史是一个从平等到不平等，再从不平等到平等的否定之否定的过程。这种关于历史发展的辩证观点，后来导入空想社会主义者的学说之中。

在空想社会主义学说中，人类历史发展的辩证法观点占有重要地位。例如，傅立叶已开始用辩证的历史观证明战胜资本主义的必然性。正如恩

① 《马克思恩格斯全集》，第3卷，38页。

格斯所指出的，“傅立叶是在正确地认识了过去和现在之后才按照自己的看法想像未来的”①。他“是和他的同时代人黑格尔一样巧妙地掌握了辩证法的”②。傅立叶把迄今全部历史划分为四个阶段：蒙昧、宗法、野蛮和文明。文明相当于资本主义社会。他认为，历史是一个上升的过程，其中每个阶段不仅有上升时期，而且也有它的下降时期。因此，文明仅仅是有着自己内在矛盾的暂时的阶段。文明不仅较之野蛮是一个进步，而且它干出来的罪恶，“都采取了复杂的、暧昧的、两面的、虚伪的存在形式”③。他把文明斥之为合法假面具掩盖下的、并使强盗经济合法化的“商业的寄生性”，指出它的主要弊病是使劳动与财产相分离。因此，在文明阶段，劳动不能自由发展，必须建立一种符合人的社会本质的环境，即他们所设想的未来的理想社会。

黑格尔则以思辨的方式，把世界历史看成是自由不断完善的否定之否定的过程，认为，自由实现的程度，构成了世界历史的各个不同阶段。他提出的用自由“彻底铸造和贯彻社会机构”的思想，在一定程度上反映了自由资产阶级改造社会的要求。当然，他所谓的“自由”，也只是精神的自由，所以，在他看来，历史的进展无非是“自由”意识的进展。④

他们学说中包含的积极的思想成果，无疑成为马克思制定自己观点的理论来源。然而，要将前人思想中的合理因素，发展成为科学的历史观，需要有一个吸取、消化和加工制作的过程。马克思 1844 年关于历史过程的观点，清楚地表明了这一点。一方面，他在新的实践基础上，通过对历史过程的考察，得出更为革命的理论，并把它同无产阶级的解放运动联系起来；另一方面，它仍未摆脱旧的理论形式的束缚，把历史过程视为个体和类的统一、对立、再到统一，或非异化、异化、再到非异化的否定之否定的过程。马克思这时关于历史过程的观点，只是从过去的历史观向唯物主义历史观过渡的形态。

建立于生产力和生产关系的辩证运动规律之上的社会形态概念的产

---

① 《马克思恩格斯全集》，第 2 卷，658 页。
②③ 《马克思恩格斯选集》，第 3 卷，412 页。
④ 参见黑格尔：《历史哲学》，56～57 页。

生，立即使马克思对历史过程的认识发生了根本变化。这时，他已不再用人的本质异化的观点来说明历史，而是用由生产力的发展引起的社会形态的变更来解释历史的发展。马克思指出："分工发展的各个不同阶段，同时也就是所有制的各种不同形式。"① 联系到这时马克思把分工看成是生产力发展的表现，而用"所有制形式"表示他正在形成的社会形态的概念，这表明马克思 1846 年的思想，同他 1847 年提出的"手推磨产生的是封建主为首的社会，蒸汽磨产生的是工业资本家为首的社会"② 的论断是完全一致的。生产力和分工的不同阶段，产生不同的社会形态，这些社会形态之间的有规律的联系，就形成人类社会的历史。

马克思主义创始人根据生产力发展的不同程度，第一次把人类社会划分为依次更替的五种社会形态：部落所有制，即原始社会；古代所有制，即奴隶社会；封建所有制；资本主义所有制和共产主义所有制。并且依据生产力和生产关系的辩证运动规律，揭示出每种社会形态的基本特征，以及它必然为另一更高的社会形态代替的规律性。

在马克思看来，部落所有制是同生产和分工的不发达阶段相适应的。以狩猎、捕鱼、牧畜为主的原始的生产活动，以及"自然产生的分工"，只能产生原始的公有制和以原始家庭为基础的社会结构。然而，在父权制的家庭中，奴隶制的原型已经隐蔽地存在了。酋长对其部落成员和奴隶的管辖，丈夫对妻子和孩子的支配，实质上"是对他人劳动力的支配"③，这已经是处于萌芽状态的私有制。随着生产力的发展和产品的增多，私有制势必会变成公开的现实。

奴隶制社会是在生产和分工进一步发展的基础上建立的。这时，农业脱离畜牧业而成为主要的生产活动，脑力劳动和体力劳动的分工已开始产生。动产私有制已经是普遍现象。于是，社会第一次划分为阶级——自由民、奴隶和奴隶主。奴隶制成为整个生产的基础。国家是奴隶主用来镇压奴隶的组织。

---

① 《马克思恩格斯全集》，第 3 卷，25 页。
② 《马克思恩格斯选集》，第 1 卷，108 页。
③ 《马克思恩格斯全集》，第 3 卷，37 页。

随着生产的发展，分工发展到工商业与农业分离，少数城市也出现了工业与商业的分离。不动产的私有制成为普遍现象。马克思指出，“封建时代的所有制的主要形式，一方面是地产和束缚于地产上的农奴劳动，另一方面是拥有少量资本并支配着帮工劳动的自身劳动”①。这两种所有制结构，都是由狭隘的生产方式，即由原始的土地耕作和手工业式的工业所决定的。与此相适应，也产生了较为复杂的阶级关系：在农村是王公、贵族、僧侣和农民，在城市是师傅、帮工和学徒。马克思说：“土地占有的等级结构以及与之有关的武装扈从制度使贵族掌握了支配农奴的权力。”②封建的所有制虽然占支配地位，但资本主义因素已经在封建社会内部开始萌发，而且以越来越快的速度发展着。

资本主义所有制的产生是从商业和工业的进一步分离开始的。贸易往来集中在一部分专门从事经商的人的手中，促成了通商的扩大，反过来又推动了工业生产的高涨。马克思根据资本主义生产和分工的发展，把资本主义所有制的发展分为三个阶段：家庭手工业、工场手工业和大工业。他认为，只是随着工场手工业和商业资本的出现，才产生了现代意义上的资本，并加速了资本的积累。与此相适应，完全消除了家庭手工业所存在的封建行会性质，以及帮工和师傅之间的宗法关系，代之以工人与雇主之间的雇佣被雇佣的关系。“十八世纪是商业的世纪”。商业的急剧扩大和世界市场的形成，刺激了工业生产的进一步高涨，使资本主义所有制进入第三个阶段，即大工业时期。这种大工业主要表现在利用自然力来为工业服务，采用机器生产以及实行最广泛的分工。大工业和自由竞争的结果，造成了资本的高度集中。这种不可遏止的物质运动，彻底消灭了过去形成的自然分工和自然形成的城市，把一切关系都变成纯粹的金钱关系。“只要可能，它就消灭意识形态、宗教、道德等等，而当它不能做到这一点时，它就把它们变成赤裸裸的谎言。”③ 大工业到处造成了社会各阶级之间的大致相同的关系，使社会阶级关系简化为：一方面是资本占有者，另一方

① 《马克思恩格斯全集》，第3卷，28页。

② 同上书，27页。

③ 同上书，68页。

面是一无所有的无产者。“大工业不仅使工人与资本家的关系，而且使劳动本身都成为工人所不堪忍受的东西。”“［它的发展］造成了大量的生产力，对于这些生产力说来，私人［所有制］成了它们发展的桎梏。”① 由此所得出的必然结论，是消灭资本主义私有制，以及与之相适应的国家制度和意识形态，实现共产主义。就是说，资本主义自身固有的矛盾，使资本主义社会形态向共产主义社会形态的过渡，成为不可避免的历史趋势。

综上所述，马克思主义创始人对历史过程的考察，完全是从经验事实出发的，并有科学方法论作为其理论依据。虽然他这时的经济学知识还很不够，论证也欠周密，但他一经形成自己的历史唯物主义的科学方法，对社会作经验的考察，便立即清晰地揭示出人类历史发展的基本线索。每一种社会形态，由于该历史阶段生产力和分工的发展状况，决定它有着不同于其他社会形态的独特的所有制形式和社会阶级结构。同时，由于其内部固有的矛盾性，又决定它必然遵循一定的规律向另一更高的社会形态发展。人类社会历史，同自然一样，也是受不依人们意志为转移的客观规律支配的。

马克思后来在《〈政治经济学批判〉序言》中指出："大体说来，亚细亚的、古代的、封建的和现代资产阶级的生产方式可以看做是社会经济形态演进的几个时代。”② 对“亚细亚的”生产方式的理解，尽管研究者众说纷纭，但从历史过程来看，马克思无疑把它作为人类最初的社会形态。这样，马克思的上述论断，同《德意志意识形态》的思想就是完全一致的。换言之，正是在这里，马克思已经初步形成了关于社会形态及其发展规律的科学学说，从而把对社会历史的认识，置于它的真正科学的基础之上。社会形态学说的产生，清楚地表明，马克思的历史唯物主义作为完整的理论形态，在与过去一切历史哲学的对立中最终诞生了。

三、共产主义的必然性

马克思主义决不是教条，马克思也不是为了建立理论体系而去研究理论，他始终把自己的学说同无产阶级的解放事业紧紧结合在一起。

---

① 《马克思恩格斯全集》，第3卷，68页。

② 《马克思恩格斯选集》，第2卷，83页。

如前所说，对共产主义进行“理论论证”，是马克思早期思想活动的中心。在唯物主义历史观形成以前，他把当时他所理解的费尔巴哈的人本主义的唯物主义视为社会主义和共产主义的“哲学基础”。唯物主义历史观一经形成，马克思便从中直接引出共产主义的结论，并用以指导当时的工人运动。关心现实的政治是马克思理论活动的动力，反过来，他又用自己的理论服务于当时的政治斗争。这是马克思在理论上能以取得卓越建树的根本关键。历史证明，马克思关于共产主义学说的科学论证，取决于他在政治经济学和唯物主义历史观上所获得的成就。

1842 年在《莱茵报》时，马克思第一次接触到关于共产主义的争论。他明确表示自己缺乏研究，没有本事用一句空话来解决那些正由英法两个民族在解决的问题。马克思当时对空想社会主义是持否定态度的，但不是轻率地做出结论，而是认真进行研究。在他看来，对于像勒鲁、孔西得朗的著作，特别是对于蒲鲁东的作品，不能根据肤浅的、片刻的想象去批判，只有在不断的、深入的研究之后才能加以评价。为此，马克思开始研究空想社会主义的学说，1842 年 10 月到 1843 年初，他阅读了空想社会主义者傅立叶、卡贝、德萨米、勒鲁、孔西得朗、蒲鲁东的著作。到 1843 年初，马克思自己在《德法年鉴》上的《论犹太人问题》和《〈黑格尔法哲学批判〉导言》中，提出了人类解放的问题，并且提出了无产阶级伟大历史使命的学说。这是马克思关于科学共产主义思想的萌芽。但是，由于马克思还没有研究经济学，马克思对社会主义革命的论述，更多地建立在哲学思辨的基础上，打上了费尔巴哈人本主义的烙印。

为了使共产主义变为科学，就必须首先把它置于现实的基础之上，即建立在对资本主义社会的经济分析之上。马克思在《1844 年经济学哲学手稿》中，就力图从经济学的角度来论证共产主义，并对各种空想社会主义学说进行批判。当然，在《1844 年经济学哲学手稿》中，费尔巴哈的影响仍然存在，因而对共产主义的人本主义论证和经济学的分析交织在一起，表现了还没有完全成熟时期的特点。但重要的不是马克思在多大程度上仍然存在费尔巴哈的影响，而是马克思把共产主义学说和经济学研究结合所显示的方向：整个共产主义革命运动，“必然在**私有财产**的运动中，即在经济中，为自己既找到经验的基础，也找到理论的基础”①。这种结合，在整个社会主义思想史上开创了一个新方向，使共产主义迈出了由空想到科学的决定性的一步。

特别需要强调的是，马克思反对把共产主义看成是人类最终的完美状态，而是看做人类社会发展的一个必然环节，并提出了共产主义行动的问题。同一切空想社会主义相反，马克思不是把共产主义问题看成传道，而是看成革命。他明确提出，“要消灭私有财产的**思想**，有共产主义**思想**就完全够了。而要消灭现实的私有财产，则必须有**现实的**共产主义行动”②。这完全表明了马克思关于共产主义学说的革命性质。而且年轻的马克思高瞻远瞩，他没有把共产主义实现看成可以一蹴而就，而是看做必然的，但十分漫长的过程。他说：“历史将会带来这种共产主义行动，而我们**在思想中**已经认识到的那个正在进行自我扬弃的运动，实际上将经历一个极其艰难而漫长的过程。”③ 马克思在这里把共产主义运动和共产主义社会制度的最终确立区分开来。从1848年《共产党宣言》向全世界宣告后，开始了国际共产主义运动，而这个运动的最高目的就是建立共产主义社会。

在《1844年经济学哲学手稿》中，马克思虽然对共产主义作了论述，但并不把自己的观点称作共产主义，而是把它叫做“实践的人道主义”、“积极的人道主义”。马克思在对这种共产主义进行论述时，主要是经济的分析，但也残存着费尔巴哈人本主义思想的影响。

在《德意志意识形态》中，马克思根据自己系统阐述的唯物主义历史观，把关于共产主义的学说向前推进了一步。他清楚地看到，正像资本主义社会形态代替封建主义的社会形态一样，共产主义社会形态也必然战胜资本主义。历史的这种进步趋势，决不依人们的主观意志为转移，它是由生产力和生产关系的矛盾决定的。他认为，生产力的发展必然达到这一点，即生产力在其中得到发展的那个交往形式（生产关系），开始束缚生产力的发展过程。于是，生产力也就变成带来社会灾难的破坏力量。这个矛盾在资本主义条件下，只有通过以公有制代替私有制才能解决。与此同时，资

① 《马克思恩格斯全集》，第42卷，120～121页。

②③ 同上书，140页。

本主义还造成了完成这个任务的社会力量，即革命的无产阶级。从这个阶级的实际生活中，产生出必须实行根本革命的意识。① 共产主义学说，正是这个革命阶级的地位、利益和作用的理论表达。可见，马克思的这个最初结论，已经同用人的异化来说明共产主义的思辨学说不可同日而语了。

马克思还从生产力和生产关系的矛盾说明了共产主义革命的根本特点。这个革命，不仅同任何革命一样，首先要推翻在此以前实行统治的阶级及其国家权力，而且它同以往一切革命有着本质的不同：它所要消灭的不是生产资料的私有权在社会成员之间的这样或那样的分配方式，而是要消灭整个私有制，从而最终结束剥削阶级的统治。为了这个伟大的目的，共产主义革命不仅要消灭旧的经济关系和政治关系，而且要使人们普遍发生变化，普遍地树立共产主义意识。马克思说，“革命之所以必需，不仅是因为没有任何其他的办法能推翻**统治**阶级，而且还因为**推翻**统治阶级的那个阶级，只有在革命中才能抛掉自己身上的一切陈旧的肮脏东西，才能建立社会的新基础”②。马克思的这些在理论上是极为重要的科学论断，已完全为实践所证实。

马克思还根据唯物主义历史观，对未来的共产主义社会作了科学预见，揭明了人类社会这一更高形态的基本特征。他将共产主义称之为最高的、不受单个国家所限制的人们之间的交往形式，称之为没有私有制和人剥削人的无阶级的社会。在这个社会里，消灭了三大差别，消灭了旧式分工和与资本主义私有制相联系的所谓“自由劳动”，因而使个人体力和智力都得到真正全面的、自由的发展。马克思指出，“私有制和分工的消灭同时也就是个人在现代生产力和世界交往所建立的基础上的联合”。这种联合“就是个人自由发展的共同条件”③。

所以，共产主义从根本上讲带有经济的性质。因为，要消灭私有制和分工，只有依赖于生产力已经发展到这样普遍的程度，以致私有制和分工变成了生产力的桎梏的时候，旧的分工才会消灭。④

---

① 参见《马克思恩格斯全集》，第3卷，78页。

② 同上书，78页。

③ 同上书，516页。

④ 参见上书，516页。

生产力的巨大增长和高度发展是实现共产主义的“绝对必须的实际前提”。因为，只有生产力的高度发展，现存关系才能成为一种不堪忍受的力量，并使人类的绝大多数变成完全“没有财产的”人，同这种现存关系相对立。同时还因为，只有生产力的普遍发展，人们之间的普遍交往才能建立起来。由于普遍交往的建立，各国无产阶级才能认识到他们共同的生存环境，认识到他们同时处于不堪忍受的社会关系之中，从而超越家庭和民族的界限，在世界范围内联合起来。换言之，只有普遍交往的建立，才能产生真正的无产阶级国际主义。这是推翻资本主义制度，实现共产主义的不可缺少的条件。

因此，共产主义不仅是合乎规律地取代资本主义制度的未来，同时也“是那种消灭现存状况的**现实**的运动。这个运动的条件是由现有的前提产生的”①。可见，共产主义的实现，不在于详细地描述和构思未来社会的方案，和对资本主义进行道义上的谴责，而在于研究资本主义发展的客观必然性，根据这种研究提出无产阶级的实践任务。关于未来共产主义社会的理想，不应是理论家臆造和构思的结果，而是从资本主义全部物质条件的总和中所必然预示出来的。

马克思生活在资本主义社会，当然不可能对未来的共产主义社会形态作出十分详尽而具体的规定，他只是用自己的历史理论剖析资本主义的社会结构，对共产主义社会的最基本特征作出某些科学预见，因此，我们在这方面不能苛求于马克思。但是，他的这些一般性意见，已经无可辩驳地显示出年轻的马克思对事物的深刻洞察力，以及他和恩格斯所创立的唯物主义历史观的无比威力。

---

① 《马克思恩格斯全集》，第3卷，40页。

结束语　马克思真正“成为马克思”

在这带有总结性的一章中，我们不打算一般地论述前面所涉及的各项理论观点，只想着重阐明从黑格尔到马克思，即马克思“成为马克思”的真实道路，以及与此相联系的关于成熟马克思与不成熟马克思之间的关系问题。而这个问题，实质上是马克思早期思想发展的阶段问题。我们知道，由于对这个问题的不同认识，引起对马克思早期思想的一系列争论。特别是西方“马克思学”制造所谓“两个马克思”的神话，使问题变得更加混乱。因此，在结束全书的时候，探讨一下马克思早期思想发展的阶段以及研究的方法论问题，是很有必要的。

一、马克思早期思想发展的基本阶段

马克思早期思想之所以复杂纷纭，就是因为它是一个形成的过程。其中新旧思想并存，马克思的成熟观点与不成熟观点彼此交错，因此，它必然充满着矛盾、冲突和变动。这就为从不同角度研究它的人们提供了争论的场所，也为资产阶级的肆意歪曲留下了很大的余地。这正是在西方兴起的“青年马克思热”的原因之一。

但是，我们只要坚持用科学的辩证方法分析从黑格尔到马克思的发展过程，如实地而不是虚假地研究史实，这里确实存在的难题，也是不难解决的。有一个基本事实是显而易见的，就是马克思的出发点是唯心主义，而结果却是唯物主义。并且这种唯物主义不是费尔巴哈的唯物主义，而是辩证唯物主义和历史唯物主义。这就是说，马克思从黑格尔出发到真正成为马克思，道路是曲折的。问题在于，通过科学地揭示马克思思想发展的阶段来再现它的全过程。同时，必须指出，列宁对马克思早期著作的研究，以及他提出的一系列原则，为我们今天的研究工作奠定了方法论基础。这些原则，可以使我们少走弯路，避免重蹈前人的覆辙，有助于把握马克思早期思想发展的主导线索。

马克思思想的形成，是一个充满着矛盾和包含着一系列质的不同的阶段的发展过程，是一个有着内在联系的、完整的上升过程。其中每个阶段，都标志着马克思的观点比前一阶段更加成熟。这些阶段不是任意划分的，它们取决于马克思思想在每个时期深化和成熟的程度，而马克思思想的发展，又是由他当时的条件、实践活动和意识形态的斗争决定的。

从我们整个的阐述中已经清楚地表明，马克思思想发展的起点是黑格尔唯心主义，接着转向唯物主义；马克思完成自己世界观的转变后，在创立自己理论体系的过程中，又经历了自己观点的由不成熟到成熟的过渡。对唯物主义历史观作了全面论述的《德意志意识形态》，是马克思思想形成过程的完成。这样，可以把马克思早期思想发展简要地概括为四个主要阶段：

（一）马克思世界观转变前的思想演变，包括1842年《莱茵报》以前的整个时期。马克思革命民主主义观点的确立，以及用这种观点解释黑格尔哲学，是马克思这个阶段思想发展的本质特征。

（二）马克思世界观的根本转变，包括从《莱茵报》到《德法年鉴》的两年时间。在这里，只是完成了向唯物主义和向无产阶级政治立场的根本转变。马克思没有完全摆脱旧哲学的影响，更没有建立自己世界观体系，然而这一转变，却为他创立自己的体系准备了充分必要的思想前提。

（三）马克思学说的初创，包括1844年初到1845年春。在这个时期，马克思试图建立自己的理论体系，但没有完全摆脱费尔巴哈的影响，还是处在从不成熟到成熟的发展过程。

（四）马克思在1845年和1846年“进一步从费尔巴哈走向历史（和辩证）唯物主义”①。就是说，在这个阶段，马克思全面制定了唯物主义历史观，完成了自己的第一个伟大发现，才真正成为成熟的马克思。

---

① 《列宁全集》，第38卷，387页。

由此可见，马克思思想的形成是一个辩证的发展过程。其中每个阶段都是该过程的一个有机环节，它们既有联系，又有区别，都以自己的特殊的质为下一阶段做了必要的准备。前阶段是后阶段发展的前提，后阶段是前阶段发展的必然趋势。它们之间不存在任何鸿沟，而是一个完整的统一的过程。因此，不能把某一阶段从它的整体中游离出来，而应与其整体联系起来考察。必须把每一理论成果都置于确定的阶段来加以研究，既看到它包含的新内容，又要看到其中仍带有旧哲学的痕迹；既不低估新的思想因素在其发展中的意义，也不把它绝对化。这样才能科学地再现马克思思想的形成过程。

资产阶级学者，尤其是当前西方的所谓“马克思学者”，伪造马克思主义的惯用手法之一，就是歪曲马克思早期思想发展过程。他们中的一些人将马克思思想的成熟阶段与不成熟阶段对立起来，从而把还不完全成熟的作品如《1844 年经济学哲学手稿》视为马克思思想成熟的“顶峰”，而把成熟的东西，特别是马克思的《资本论》视为理论创作的“减弱”。他们把“青年马克思”称为人道主义的马克思，而把“老年马克思”称为唯物主义的马克思，将两者绝对对立起来，用不成熟的马克思反对和代替成熟的马克思。而另一些人则相反，他们不是把马克思的成熟阶段和不成熟阶段对立起来，而是抹杀两者之间质的差别。认为，两者统一的基础是青年马克思，全部马克思主义无非是对早期著作中关于异化和人的思想的扩大、阐述而已，并且进而又将其归结于德国古典哲学，甚至胡说什么社会主义“孕育在”黑格尔的《精神现象学》之中。这种研究马克思思想发展的庸俗进化论的方法，在西方世界，影响深广，危害也最大。

无论是将马克思观点发展的不同阶段割裂开来，还是将两者“统一”起来，即抹杀它们质的区别，都是非科学的形而上学的方法。资产阶级思想家正是用这种形而上学和庸俗进化论，作为伪造“青年马克思”和反对成熟马克思的主要手段。因此，我们必须从理论上暴露这种方法的非科学性和反动性。同时，坚持用唯物辩证法研究马克思思想形成的复杂过程，阐明成熟马克思与不成熟马克思的关系，这不仅有重要理论意义，而且在实践上也是十分必要的。

还必须指出，列宁关于马克思从黑格尔，经过费尔巴哈，走向历史

（和辩证）唯物主义的科学论断，同20世纪20年代苏联出现过的“三阶段论”，没有丝毫共同之处。按照这种“三阶段论”，马克思开始是彻底的黑格尔派，继而是彻底的费尔巴哈派，最后是以上两者的“综合”。这完全是用机械论的方法臆造马克思的思想形成过程。其实，马克思从来不是“正统的”黑格尔学生，也不是“忠实的”费尔巴哈信徒，在任何时候他也没有无条件地赞同过黑格尔或费尔巴哈。马克思对其先驱者总是采取分析的态度，所以他才能超越他们，把人类认识推向新的发展阶段。

就以批判和继承为例，马克思对其先驱者的思想，总是在批判中有继承，在继承中又有批判。他从没有把黑格尔当成“死狗”，置之不理，也没有把其思想作为绝对真理，全盘接受。正如列宁一再强调的那样，马克思主义哲学的产生是批判地继承历史上优秀思想遗产的光辉范例。马克思坚决摈弃了黑格尔唯心主义体系，救出了它神秘外壳中的“合理内核”，包括他的丰富的历史辩证法思想，并在唯物主义基础之上加以改造，使之真正成为最完整最深刻的关于发展的学说。同时，他又彻底地批判了费尔巴哈人本主义哲学中的唯心主义的宗教伦理杂质，吸取了他的唯物主义的“基本内核”，并以辩证法对之加以改造和丰富，使唯物主义同社会历史结合起来，建立了最完备的唯物主义哲学，从而把人类哲学思想推进到一个完全崭新的阶段。

20世纪20年代苏联的某些研究者，由于从形而上学观点看问题，所以，不理解批判和继承的辩证关系，以为继承就是全盘接收，不包含批判和扬弃。他们赞同普列汉诺夫的观点，不仅认为马克思主义的认识论实际就是费尔巴哈的认识论，而且认为，马克思关于人的本质是“一切社会关系的总和”的科学论断，同费尔巴哈人本主义观点的联系“比别的地方暴露得更加明显”。从而把马克思的唯物主义完全降低到费尔巴哈的唯物主义。

与“三阶段论”相联系，他们在考察马克思思想形成过程时，主要着眼于说明马克思对其先驱者态度的变化和对青年黑格尔派影响的克服，而很少注意这种变化之何以发生。就是说，他们把马克思思想的发展，仅仅看成是不断摆脱旧哲学影响的过程，而不是着重于研究它的思想内容。

列宁指出，在考察马克思观点形成过程的时候，要揭示“马克思已经掌握了什么以及他如何转到新的思想领域”①。就是说，重要的问题在于，全力抓住马克思在每个时期新思想的获得及其深化的程度，以此来判断马克思如何摆脱旧哲学的影响，并转向新的发展阶段。

马克思在1844年关于异化和类本质的观点，显然受到黑格尔和费尔巴哈哲学的影响，并在他当时的学说中占有重要地位。但是，这些旧哲学的术语，不单是消极的形式，它也对马克思观点的深化有一定的推动作用。如关于人的本质的异化观点，在一定时期是马克思理解人类解放和共产主义的主要命题。旧哲学的影响和他开始成熟的思想的交错，构成马克思1844年思想发展的主要特征。然而，在这个统一体中，本质上新的东西，是马克思已经“接近”生产关系的基本思想。一旦这个重要思想作为科学的概念而形成，马克思的观点便立即发生了质的“飞跃”，跨进一个新的发展阶段。这时，异化、类和人的本质等概念，不再是用来说明社会历史现象的主要方法，而它们本身也成为由生产力和生产关系原理来说明的对象。

由此可见，只有把马克思思想发展看成是一个充满矛盾的、变动的活生生的过程，只有辩证地理解这一过程中旧哲学影响和新生的理论现象的关系，并全力捕捉对马克思这一时期思想发生决定性影响的新的思想萌芽，才能科学地揭示马克思思想形成过程，以及这一过程中各阶段之间的有机联系。

西方“马克思学者”当然不愿意对马克思早期思想作深入的、辩证的研究，他们用形而上学方法伪造“青年马克思”，这是他们反对马克思主义的政治需要。可是，20世纪20年代的某些研究者，虽然也取得了一些成果，但由于形而上学的研究方法，使他们在马克思的思想发展阶段问题上得出了错误结论，这个教训，是我们应当认真吸取的。

二、马克思主义各组成部分在形成中的相互关系

马克思思想的形成，是一个完整的过程，不仅各个阶段是有机统一的，而且它的各个组成部分也是紧密联系的。要阐明马克思世界观的实质性进展，即“马克思已经掌握了什么”，最重要的是从马克思主义三个组

① 《列宁全集》，第38卷，7页。

成部分的相互关系进行考察。这是因为，马克思世界观的发展，首先取决于社会实践提出的问题，以及对它从理论上解决的程度，而对时代提出的问题的回答，不能只限于某一个方面，而是政治、经济和哲学的共同任务。这就决定了马克思主义各个部分的内在统一。每个组成部分都是在同其他部分相互制约、相互作用的基础上产生的。这种相互作用的关系，在每个不同发展阶段又有不同的特点。所以，马克思的观点始终都是一个复杂的有机的统一整体。资产阶级思想家在近几十年来热衷于把马克思思想的形成仅仅归结为哲学问题，似乎他们很重视马克思哲学观点的形成，其实这是极大的歪曲。

19 世纪 40 年代，社会实践提出的重大课题，是使社会主义和工人运动相结合，为社会主义奠定科学的理论基础，而对无产阶级历史作用的认识，就成为解决这一任务的关键所在。列宁说："马克思学说中的主要的一点，就是阐明了无产阶级这个社会主义社会创造者的具有世界历史意义的作用。"① 马克思思想形成过程，从根本上讲，正是以这个"主要之点"的提出、深化和成熟为标志的。但这个"主要之点"又是从马克思主义创始人"创造的哲学、历史和经济的理论中成长起来的"②。马克思的政治观点的发展推动着他的哲学和经济理论的形成，可是没有这些理论为基础，科学社会主义学说也不能最终确立。

正如我们在前面已经提到的，早在《莱茵报》时期，马克思已经发现当时广为传播的各种社会主义学说的非科学性，认为当前首要任务就是为社会主义提供"理论论证"，为此必须研究哲学和政治经济学。

列宁指出，马克思提出无产阶级历史作用的学说是在 1844 年。在这一年，马克思不论在实践方面还是理论方面都有了长足的发展。在实践方面，马克思移居巴黎后，直接接触到法国社会主义者和工人运动的代表人物，开阔了他的视野。作为一个唯物主义者，马克思不能不关心当时最迫切的社会问题。同时，他开始探讨政治经济学，研究人们的经济关系和物质利益。这一理论探讨，使马克思接近了生产关系的重要思想。如果说马

① 《列宁选集》，2 版，第 2 卷，437 页。
② 《列宁选集》，2 版，第 1 卷，247 页。

克思在1844年“几乎已经形成了”无产阶级历史使命的观点，这只能归因于实践的推动和理论的探讨。

诚然，在1844年，马克思学说的这个“主要之点”还是不成熟的，而这种不成熟又恰恰是同他哲学和经济学观点的不成熟相适应的。由于这时马克思的政治经济学的知识还很不够，还未形成唯物主义历史观，所以还不能从无产阶级的经济地位来揭示它的阶级本质。因此，他关于无产阶级历史使命的学说，还未建立在历史唯物主义的基础之上，在一定程度上仍受着费尔巴哈人本主义观点的影响。以此为理由把马克思说成是真正的人道主义者，这是站不住脚的。

马克思在前进中，思想上不断地克服着旧哲学的痕迹。当唯物主义历史观形成后，马克思不再用费尔巴哈的人本主义观点，而是从社会经济地位和阶级关系来说明无产阶级的历史作用。社会主义学说终于找到了它的科学基础。

由此可见，马克思观点的形成，是哲学、科学社会主义和经济学在实践基础上相互作用的结果。这三者的关系，依照列宁的论述，科学社会主义作为“纲领”在马克思主义中居于中心地位；政治经济学是其“主要内容”；哲学是它的“理论”，即哲学基础。这三个方面各以其不同的地位和作用，相互制约，相互依存，又相互推动。马克思的政治观点的发展影响和促进他的哲学和经济理论的形成，它不仅向哲学和经济学提出为之作论证的需要，而且还规定这两者发展的方向；马克思的哲学和经济学理论的发展也制约着他政治观点的形成，这两个方面的进展同时也决定着他政治观点的深化，它们愈趋成熟，马克思政治观点的基础也愈加牢固。同样，马克思的哲学和经济学也处于相互作用之中。列宁指出，“马克思的经济学说就是马克思理论最深刻、最全面、最详细的证明和运用”①。因此，研究马克思思想的形成，说明马克思何以“成为马克思”，必须从它的三个组成部分的相互联系中去考察。

当然，马克思主义三个组成部分在形成过程中是有重点的，并非均衡地发展。马克思主义创始人善于根据不同情况和理论斗争的特点把问题的

① 《列宁选集》，2版，第2卷，588页。

不同重点和不同方面提到首位，通过解决那些最急迫的理论问题去发展自己的学说。列宁说，“在 1848 年以前，马克思主义哲学的形成特别突出”①。在马克思哲学观点发展中，又是将历史唯物主义提到首位。

承认马克思主义哲学的这种重要地位，与资产阶级学者把马克思主义形成只归结为哲学问题毫无相同之处。资产阶级学者的错误，在于完全离开马克思主义三个组成部分的有机统一，孤立地强调一点，以偏概全，用主观随意性代替对事物的客观分析。

实际上，在 19 世纪 40 年代，马克思特别注重于对唯物主义历史观的研究和制定，这“不取决于主观愿望，而取决于一切历史条件”②。

首先，这是无产阶级革命实践的迫切需要。以往一切社会主义之所以流于“空想”，主要原因就在于“不懂历史运动的唯物主义基础”③。马克思不满意空想社会主义者的“肤浅言论”，决心为社会主义提供唯物主义基础，因此，必须消除历史和唯物主义脱节的现象，创立科学的唯物主义历史观。

其次，历史唯物主义成为当时的突出问题，也是人类哲学思想发展的必然结果和趋势。列宁指出，当时马克思“感到兴趣的就是从黑格尔和从费尔巴哈继续向前的运动”④。还说：“马克思和恩格斯的学说是从费尔巴哈那里产生出来的，是在与庸才们的斗争中发展起来的，自然他们所特别注意的是使唯物主义哲学向上发展，也就是说，他们所特别注意的不是唯物主义认识论，而是唯物主义历史观。”⑤ 若不使唯物主义“向上发展”，“只重复那些已经解决了的认识论问题”⑥，那么，就会像费尔巴哈一样，不仅不能彻底发展唯物主义学说，而且也不能使认识论建立在真正的科学基础之上。可见，历史赋予马克思主义创始人的任务，首先就是“在理论上**发展**唯物主义”，“**修盖好**唯物主义哲学这所建筑物的**上层**”⑦，创立完

①② 《列宁全集》，第 17 卷，59 页，北京，人民出版社，1959。

③ 《列宁选集》，2 版，第 2 卷，437 页。

④ 《列宁全集》，第 38 卷，386 页。

⑤ 《列宁选集》，2 版，第 2 卷，336 页。

⑥ 同上书，343 页。

⑦ 同上书，248 页。

备的唯物主义哲学，以便为马克思的政治学说和经济理论，提供坚实的理论基础。没有历史唯物主义，便不可能有真正的社会科学，这是已经为科学的发展所雄辩地证明了的。所以，列宁把马克思的历史唯物主义，称为“科学思想中的最大成果”。

唯物主义历史观在马克思思想形成时期是牵动整体的一个突出重点。马克思的天才智慧，正在于牢牢地把握住了科学思想发展的这个重点，并卓有成效地解决了它，从而推动了马克思主义理论体系的产生。因此，研究马克思观点的形成，就必须从对重点的深入研究去把握整体。离开这个重点，孤立地将这个时期的其他理论观点，如异化和人道主义等等，上升到中心地位，必然要走到邪路上去。当然，重点也只有相对意义，因为离开马克思主义其他方面的相互作用，尤其在哲学中离开辩证唯物主义的前提，它本身也无从形成。

历史唯物主义是辩证唯物主义在社会历史领域的“推广”，但是不能对之加以简单的理解。列宁关于马克思“走向历史（和辩证）唯物主义”的论点，已经清楚地表明，在历史唯物主义形成中同时包括辩证唯物主义。马克思并不是先形成辩证唯物主义，而后运用辩证唯物主义创立了历史唯物主义。他唯物辩证地理解社会生活和历史的发展，制定了唯物主义历史观，其中就包含和体现着辩证唯物主义观点。诚然，没有唯物辩证的观点，马克思也难以形成唯物主义历史观，然而辩证唯物主义在这时又是通过历史唯物主义的制定才得到充分体现。因此，没有辩证唯物主义就没有历史唯物主义；同样，没有历史唯物主义也就没有辩证唯物主义。两者在形成中是有机结合的。所以，尽管历史唯物主义是马克思研究的重点，但没有辩证唯物主义观点，它也难以产生。

阐明马克思思想形成过程中三个组成部分的相互关系，以及历史唯物主义的重要地位，就揭明了马克思早期思想发展的最重要的特点。只有紧紧把握这个特点，才能揭示马克思思想形成的过程以及从一个阶段到另一阶段的转变。也就是说，才能科学地揭示马克思思想发展的内在联系，而不是任意地主观地臆造这种联系。

西方“马克思学者”，在伪造马克思思想形成的阶段时，也歪曲马克思主义三个组成部分的相互关系。他们不是从当时的社会实践和先前优秀思想遗产中，不是从马克思主义各个部分的相互作用中，探讨唯物主义历史观的形成，而是把马克思的哲学观点与其他方面割裂开来，仅仅突出一个哲学问题，单纯从德国古典哲学中寻找它的原型，于是，不是把马克思的观点归结为黑格尔主义，便是将它归结为费尔巴哈主义。甚至把马克思的经济学说也歪曲成是对黑格尔哲学的特殊解释。这种观点的首创者是法国资产阶级教授让·伊波利特，他说，“全部马克思主义的基本思想及其来源是从黑格尔和费尔巴哈那里接受过来的异化思想”①。他认为，只有从异化思想出发，才能理解整个马克思主义。他的观点，为进一步用异化解释全部马克思主义奠定了基础，从而他本人也被誉为资产阶级的思想台柱之一。把马克思全部观点归结为一个哲学问题，又进而归结为异化问题，是现在西方“马克思学”最流行的观点之一，是从20世纪30年代德国右翼社会民主党人开始的，对马克思主义作新的“解释”的思潮发展的必然结果。这种所谓新的“解释”，同对马克思思想发展研究的科学态度是根本对立的。我们必须坚持列宁为我们奠定的科学的方法论原则，力求科学地揭示马克思思想形成的真实过程。

三、青年马克思和成熟的马克思　《德意志意识形态》是马克思哲学观点形成的标志

不可否认，在马克思的思想发展中，存在着一个青年马克思的阶段。但是不能把青年马克思说成是成熟的马克思或“真正的马克思主义”，相反它指的是马克思观点发展的不成熟阶段，是正在形成中的马克思。所以，青年马克思不单纯是年龄界限，而主要是马克思观点的成熟与不成熟的分野。划分这个界限，对正确认识马克思思想的形成有着重要意义，而这种划分又同上述的马克思早期思想发展的阶段直接联系在一起。

对于青年马克思与成熟马克思的划分，研究者由于从不同角度着眼，因而有不同的标准。列宁说过，1843年马克思“刚刚成为马克思”②。这是就同黑格尔分道扬镳和马克思正在完成自己世界观的根本转变而言的。在这个意义上，列宁的说法是正确的。然而，不能据此认为，马克思从此

---

① 让·伊波利特：《马克思和黑格尔研究》，147页，巴黎1955年版。

② 《列宁选集》，2版，第2卷，343页。

已经是“马克思主义者的马克思”，因而，包括他1844年著作中的对异化、人性、人道主义的全部阐述都是马克思主义的，已经完全清除了黑格尔、费尔巴哈的烙印。这种观点显然是不妥的。它混淆了马克思世界观的根本转变和创立自己的学说这两个既有联系又有区别的阶段，把青年马克思的不成熟观点成熟化。

苏联现在以研究“青年马克思”而著称的尼·伊·拉宾认为，青年马克思的时期应止于1844年8月，即“马克思和恩格斯着手合写《神圣家族》一书”以前。在这里，他是以马克思和恩格斯开始合作为标准。这样，便产生了一个问题，即把马克思的《1844年经济学哲学手稿》列为青年马克思的著作，而把《神圣家族》看成是马克思的成熟著作，把两本思想成熟程度基本一致的著作分成两个阶段，这不见得恰当。

在研究者中间所以造成这样的混乱，重要原因之一，是对青年马克思与成熟马克思的界限缺乏明确的认识。其实，列宁关于马克思从黑格尔，经过费尔巴哈，“走向历史（和辩证）唯物主义”的科学论断，已经包含着对这个问题的解决。

马克思“进一步从费尔巴哈走向历史（和辩证）唯物主义”，无疑是从1845年春天拟定《关于费尔巴哈的提纲》开始的。这里所包含的“新世界观的天才萌芽”，在《德意志意识形态》中发展成为历史唯物主义的完整体系，即完成了马克思的第一个伟大发现。随着唯物主义历史观的形成，共产主义才最终被置于它的科学基础之上。因此，马克思真正“成为马克思”，即真正成为科学共产主义的创始人，应该以《德意志意识形态》的创作为标志。所以我们认为，青年马克思与成熟马克思的界限是1845年春天，而不是1844年8月，更不是在此以前。马克思在《神圣家族》中表现出来的对费尔巴哈的“超越”，到《德意志意识形态》才告完成。从这时起，马克思才真正从对费尔巴哈的“崇拜”过渡到对费尔巴哈的批判，从对历史唯物主义的片断论述，转到唯物主义历史观的全面制定。如果说，1844年只是马克思思想发展的质变中的量的扩张，那么，1845年春才真正实现了马克思世界观形成过程的质的“飞跃”。

这样，就可以把1844年作为青年马克思思想发展的一个完整的阶段，即受费尔巴哈人本主义观点影响的阶段来加以考察。《神圣家族》同

《1844年经济学哲学手稿》一样，都是马克思的不完全成熟作品。就其受费尔巴哈影响来看，这两部作品并无明显的差别，而表现形式都同样强烈。所不同的是，在制定唯物主义历史观方面，《神圣家族》较《1844年经济学哲学手稿》无疑是前进了一步。然而，《神圣家族》仍然是对历史唯物主义的片断论述，只是更"接近了"它。诚然，《神圣家族》作为马克思和恩格斯开始终生合作的象征，本身有着重大的历史意义，但就其基本观点而论，它不仅是《1844年经济学哲学手稿》的观点的逻辑延续，而且该书的绝大部分和全部主要章节都出自马克思一人之手。因此，割裂这两部作品的内在联系，将马克思思想发展的独特阶段人为地分割开来，必然造成认识上的混乱。

从《1844年经济学哲学手稿》到《德意志意识形态》，是马克思思想从不成熟到成熟的过渡。这是两个质的不同阶段，但它们之间也不存在不可逾越的鸿沟。马克思1844年的著作是《德意志意识形态》的思想准备，而《德意志意识形态》是前者发展的直接结果。因此，对马克思早期思想的科学考察，既不能停留于《1844年经济学哲学手稿》，更不能从《德意志意识形态》退回到《1844年经济学哲学手稿》，而应该揭示这两者的真实的思想联系，揭示马克思思想从不成熟到成熟的转变是何以实现的。不是用前者去代替后者，而是用后者去衡量以前思想的成熟程度。

西方"马克思学者"指责成熟马克思是"对青年时代理想的背叛"，这是毫无根据的。马克思在《德意志意识形态》中对费尔巴哈的"人"和人道主义的批判，并没有放弃人类解放和为大多数人谋幸福的政治信念和远大抱负，而是通过自己的唯物主义历史观，为人的全面发展和人类解放指明了现实道路，使自己的信念有了科学基础。马克思在哲学上也没有退回到唯心主义，而是克服了费尔巴哈的人本主义的唯物主义，建立了完备的唯物主义哲学。马克思背叛的不是自己已经达到的思想成果，而是"过去的哲学信仰"，是同无产阶级世界观不相容的东西。马克思的功绩正在于，他认识到"解决人的存在问题"的基础在于经济现实，放弃了哲学的思辨，而着手证明自己的观点。

《德意志意识形态》是马克思的第一部成熟作品，这同列宁关于《共产党宣言》和《哲学的贫困》是“成熟的马克思主义的最初著作”① 并不矛盾。因为，列宁生前未读过《德意志意识形态》，该书第一章是在 1924 年，即列宁逝世的那一年才首次发表，全书是 1932 年出版的。因此，列宁不可能对该书作出直接的评价。但是，他根据马克思当时的其他作品、通信，以及以后对这段思想发展的追述，已经看出，马克思正是在这个时期“走向历史（和辩证）唯物主义”。同时，列宁认为在《神圣家族》中，马克思已经“接近”自己整个体系的“基本思想”，“接近劳动价值的理论”②，“几乎已经形成了”③ 无产阶级历史使命的观点，“尖锐而明确地强调指出了自己的全部世界观的基本原则”④，等等。据此，完全有理由推断，如果列宁读过在其中全面制定了历史唯物主义理论体系的《德意志意识形态》，那么，他也会将这部划时代的作品视为成熟的马克思主义的最初著作。

《德意志意识形态》是马克思的历史唯物主义形成的标志，是马克思从黑格尔到作为马克思主义者的马克思的发展过程的完成。《共产党宣言》和《哲学的贫困》第一次将这一成熟的理论公之于世。它以后的全部历史，是这一完整的历史理论不断深化、精确化和发展的过程。在欧洲革命风暴时期，马克思和恩格斯运用这一理论来指导无产阶级的革命斗争，并在实践中检验和丰富了它。同时，马克思又用它来指导剖析资本主义经济形态，以资本主义社会的特殊规律为他的历史理论提供了科学证明。正像列宁所说的那样，自从《资本论》问世以来，马克思在 19 世纪 40 年代提出的这个“假设”，“已经不是假设而是科学地证明了的原理”。还说，在没有另一种思想科学地说明某种社会形态的活动和发展的尝试以前，在没有另一种思想像唯物主义一样把有关事实排列得秩序井然，把某种社会形态生动地描绘出来并给以极科学的解释的尝试以前，“唯物主义历史观始终是社会科学的别名”⑤。

---

① 《列宁选集》，2 版，第 3 卷，189 页。
② 《列宁全集》，第 38 卷，13 页。
③ 同上书，9 页。
④ 同上书，22 页。
⑤ 《列宁选集》，2 版，第 1 卷，10 页。

现代西方资产阶级学者，企图以“人本学的历史观”代替马克思的唯物主义历史观。然而，这种学说，非但不是科学地说明社会历史发展的理论，相反地，恰恰是马克思在19世纪40年代摈弃了、并予以严厉批判的用“人的本质的异化”说明社会历史现象的思辨空论。针对这种谬论，马克思尖锐地指出，“正如医学上的妙手回春的神医和起死回生的仙丹是以对**自然界**规律的无知作为自己的基础一样，**社会领域中**的庸医和万应灵药也是以对**社会**规律的无知作为自己的基础”①。马克思的这一批判，也完全适用于现代的“马克思学”。他们不愿意或者不敢去研究现代社会的经济结构和阶级关系，无意揭示社会历史的客观规律，而是像社会“庸医”一样，热衷于寻求永恒的“人的本质”，把“人的本质的异化”和“复归”的学说作为“万应灵药”去解释复杂的社会现象和历史的发展，这实际上是陈旧的思辨哲学的死灰复燃。

马克思奠定了唯物主义历史观的基础，为了使之成为活生生的、永不枯竭的、有生命的东西，它必须在实践中随着历史的发展而不断地丰富和发展。然而，这种发展不是离开原来的基础，而是沿着马克思开辟的道路前进。马克思逝世以后，首先是恩格斯，后来，列宁、斯大林、毛泽东以及其他许多马克思主义者，都根据自己的时代，对历史唯物主义的发展作出了贡献。历史经验证明，尽管马克思主义发展的道路不是笔直的，甚至会有曲折迂回，但是，这朵深深扎根于全部社会实践和自然科学土壤中的人类认识之花决不会枯萎，而一定会更加鲜艳。

---

① 《马克思恩格斯全集》，第3卷，632页。

图书在版编目（CIP）数据

陈先达文集．第5卷，马克思早期思想研究/陈先达著．—北京：中国人民大学出版社，2015.9
ISBN 978-7-300-21842-7

Ⅰ．①陈…　Ⅱ．①陈…　Ⅲ．①陈先达-文集②马克思主义哲学-文集　Ⅳ．①B-53

中国版本图书馆CIP数据核字（2015）第211995号

陈先达文集　第5卷

马克思早期思想研究

Makesi Zaoqi Sixiang Yanjiu

出版发行	中国人民大学出版社		
社　　址	北京中关村大街31号	**邮政编码**	100080
电　　话	010－62511242（总编室）		010－62511770（质管部）
	010－82501766（邮购部）		010－62514148（门市部）
	010－62515195（发行公司）		010－62515275（盗版举报）
网　　址	http://www.crup.com.cn		
	http://www.ttrnet.com（人大教研网）		
经　　销	新华书店		
印　　刷	涿州市星河印刷有限公司		
规　　格	160 mm×230 mm　16开本	**版　　次**	2015年11月第1版
印　　张	19.75 插页3	**印　　次**	2015年11月第1次印刷
字　　数	299 000	**定　　价**	1580.00元（全14册）

陈 先 达 文 集

第 6 卷

被肢解的马克思

中国人民大学出版社　北京师范大学出版社

目　　录

导论　按照马克思主义本来面目认识马克思

列宁曾经说过："马克思主义是一门非常深刻、全面的学问。因此，在那些背弃马克思主义的人提出的'理由'中，常常看到引自马克思的只言片语，特别是引证得不对头的地方，这是不足为奇的。"① 一百多年的理论斗争史证明，用马克思的话来歪曲马克思，制造种种神话，用各种伎俩来肢解马克思，使马克思不成其作为马克思主义创立者的马克思，这是意识形态领域斗争的一个极其重要的方面。

某种学说创立者的形象的变换，在文化史上并不罕见，但像马克思这样引起广泛的、持久的、世界性的争论，聚讼纷纭，分歧如同冰炭，是少见的。马克思以后的马克思主义，离马克思自己的时代越远，对马克思认识的分歧越大。正如行人远去，越远越难辨认一样。因此，当我们说要以马克思主义的理论作为我们的指导思想的时候，必须有一个正确的前提，这就是必须了解和恢复马克思和马克思主义的本来面目，这是时代赋予马克思主义理论工作者的伟大使命。

一

在当今世界上，几乎所有标榜马克思主义的学派均自称为马克思主义，而且是真正的马克思主义。可是，它们的观点不同，甚至相互对立，彼此指责，争论不休。这就提出一个问题：究竟什么是马克思主义？

---

① 《列宁全集》，中文1版，第26卷，192页，北京，人民出版社，1959。

如果说，只有坚持马克思和恩格斯的所有观点，奉行“凡是”原则的才是马克思主义，那马克思主义必然终止于1883年或1895年。按照这个标准，列宁主义不属于马克思主义，因为列宁确实在一些方面突破了马克思、恩格斯的某些观点，用新的原理代替某些旧的原理。这样看待马克思主义，就是把马克思主义看作一个历史范畴，如同亚里士多德主义、黑格尔主义一样，只存在于历史上某一个时期。事实上，马克思主义是一个在现实中仍然起指导作用的思想体系。马克思主义按其本性而言永远是当代的。“凡是马克思和恩格斯没有说过的就不是马克思主义”的看法，是僵化的教条主义论断。

可是我们又不能奉行“凡不是”原则，把任何背离、反对马克思和恩格斯根本观点的学派划入马克思主义之中。如果某一学派有自己独特的哲学观点和政治主张，可以亮出自己的牌子，不必挤入马克思主义的行列。弗洛伊德主义就是弗洛伊德主义，存在主义就是存在主义。弗洛伊德马克思主义，存在主义马克思主义，正如圆的方、铁的木一样是难以相融的。我们如果承认它们也是马克思主义，是马克思主义中的一个学派，那就无异承认，任何学派都可以自称为马克思主义，只要它们乐意这样做。这不是对马克思主义的发展，而是对马克思主义的肢解。

半个多世纪以来，从西方到东方，对什么是马克思主义，可以说是存在着长期的、激烈的争论。

例如，卢卡奇在《什么是正统的马克思主义?》中认为，衡量是不是马克思主义的标准是方法。即使改变了马克思主义的一切结论、原理，只要仍然坚持辩证法，就是坚持马克思主义，而且是正统的马克思主义。卢卡奇承认原理的可变性，不拘泥于某一原理，自有其合理之处，但如果摈弃了马克思主义的一切原理，马克思主义的方法从何而来？更何况辩证法本身有各种不同的形态。仅仅坚持辩证法，也可能是个黑格尔主义者。

美国的宾克莱教授又树立了另一种标准。他把马克思主义看成一种价值学说，认为判断是否坚持马克思主义的标准在于是否坚持马克思的道德理想。他说：“马克思主义对于我们今天的吸引力乃是一个道德的预言，人们如果根据人类价值考察现在社会上的种种事实，然后根据自己的发现而行动，以使我们的世界成为一个一切人都能变成更有创造性和更为自由的地方，这样我们就是忠于马克思。”①

人们看到，从20世纪30年代马克思的《1844年经济学哲学手稿》全文发表以后，逐步兴起了一个重新解释马克思主义的浪潮。有的理论家把马克思主义看成人道主义中的一个派别，提倡人道主义的马克思主义；有的把异化理论看成马克思主义的核心，提倡异化论的马克思主义；还有的强调马克思主义的伦理性质，宣扬伦理学的马克思主义。其他诸如弗洛伊德马克思主义、存在主义马克思主义、结构主义马克思主义、现象学马克思主义、生态学马克思主义，等等，名目繁多，不胜枚举。人们通过理论家的三棱镜看到的，与其说是马克思主义，不如说是被肢解或变形的马克思主义。

问题在于：究竟存不存在客观的、本来如此的马克思主义，还是每个时代、每个学派都可以有自己的马克思主义？有的学者断然否定前者，赞同后者。例如美国社会学家赖特·米尔斯在《马克思主义者》中明确说：“马克思没有得到人们的统一认识。我们根据他在不同的发展阶段写出的书籍、小册子、论文和书信对他的著述作出什么样的说明，要取决于我们自己的利益观点，因此，这些说明中的任何一种都不能代表‘真正的马克思’。”② 他还特别强调：“人们对马克思的确没有一个统一的认识，每一个研究者必须通过自己的努力去认识马克思。”③ 有多少个研究者，就有多少个马克思，这是西方某些学者的得意之论。在这个充满唯认识论主义的命题下，什么是马克思主义似乎变成一个形而上学的问题。对这个问题的探求，纯属于无谓之举。这是完全错误的。

我们并不否认对马克思主义理解的多样性和差异性。但马克思主义作为一种科学体系，它的内容并不决定于人们的主观理解，而是取决于它的科学本性。在这个问题上，美国学者海尔布隆纳在《马克思主义：赞成和反对》一书中的看法还是比较客观的。

海尔布隆纳并不否认当代存在对马克思主义的多种解释，但他强调存

---

①　宾克莱：《理想的冲突——西方社会中变化着的价值观念》，106页，北京，商务印书馆，1983。

②③　米尔斯：《马克思主义者》，39页，北京，商务印书馆，1964。

在一种客观的马克思主义。他说：“我确信马克思主义思想，或者说得更精确些，马克思的著述所激发的思想（我们合称之为‘马克思主义’），是有一个可以得到公认的共同点的。”海尔布隆纳把这个共同点归结为四条：（一）对待认识的辩证态度；（二）唯物史观；（三）依据马克思的社会分析而得出的关于资本主义的总的看法；（四）对社会主义的信奉。① 尽管具体标准可以讨论，但他认为作为马克思主义应该有一个共同的、客观的标准的看法是值得重视的。

我们应该把什么是马克思主义和“我”认为什么是马克思主义区分开来。否则，坚持马克思主义就变成了各行其是的空话。

对什么是马克思主义的问题，我们可以从两个角度来考察：一是它的缔造者，二是它的内容。

马克思主义当然离不开它的创立者。列宁说过：“**马克思主义**是马克思的观点和学说的体系。”② 这是从它的创立者的角度来定义的。列宁强调的是，马克思主义是马克思（当然也包括恩格斯）的观点和学说，也就是说，不能把自己的虚构、附加、解释强加给马克思和恩格斯。而且强调马克思主义是马克思的观点和学说的体系，而不是全部著作或者言论的总和。可是又不能仅仅从它的创始人角度来定义马克思主义。在马克思和恩格斯逝世后，马克思主义在无产阶级革命和社会主义建设实践中继续得到丰富和发展。不能把马克思和马克思主义完全等同起来。马克思主义是马克思创立的，但不专属马克思。因此，马克思主义作为一个科学体系，它研究的是整个客观世界以及社会形态的更替和无产阶级革命与建设的规律，它的最根本使命就是指导无产阶级和广大群众进行社会主义革命和共产主义建设。

根据以上分析，我们可以说，马克思主义是由马克思和恩格斯创立的，为他们后继者所发展的，以反对资本主义、建设共产主义为最终目标的科学理论体系。从这个意义上讲，马克思主义就是科学共产主义学说。

---

① 参见海尔布隆纳：《马克思主义：赞成和反对》，4页，北京，中国社会科学院情报研究所，1982。

② 《列宁选集》，2版，第2卷，580页，北京，人民出版社，1972。

如果从马克思主义学说中，抽去了它对资本主义的科学批判，放弃了社会主义革命目标而又自称为马克思主义者，这是对马克思主义的最大嘲弄。

二

马克思主义究竟是什么性质的思想体系，是单纯的科学体系还是批判体系？是仅仅在自身基础上不断完善的封闭体系还是不断与外界接触，与其他思想体系碰撞、交流的开放体系？我们究竟如何看待马克思主义？都是非常重要的问题。

首先，马克思主义是一种革命性与科学性相统一的理论。

同历史和现实中任何学派相比，马克思主义具有最强大的、不可遏止的吸引力。它从19世纪40年代西欧工人运动中的一个小小学派，发展到席卷全球，成为当今信奉者最多、力量最强、影响最大的思想体系，根本原因在于：它把科学性和革命性内在地和不可分割地结合在这个理论本身之中。

马克思主义的革命性集中表现为它的彻底批判精神。马克思主义的全部著作都贯穿这种精神。马克思的《资本论》及其手稿的副标题就是“政治经济学批判”，即以批判的态度考察资本主义经济制度及其经济理论。早在青年时代他就宣布：“新思潮的优点就恰恰在于我们不想教条式地预料未来，而只是希望在批判旧世界中发现新世界。”并公开申明**“要对现存的一切进行无情的批判”**①。马克思主义的这种批判精神，表现在它反对那种把旧制度、旧事物看成凝固不变的理论，反对一切为旧制度辩护的学说。它用彻底辩证法的观点来观察资本主义制度，从经济、政治、思想各方面多层次地揭露资本主义制度的矛盾和对抗，考察它的产生和演变，说明它的暂时性和改变为更高的社会形态的必然性。

有人说，马克思主义的批判精神只适用于对资本主义，而对社会主义和马克思主义自身，它则是非批判的，是一种保守的、自我辩护的理论。这显然是一种误解。

批判性，这是马克思主义的本质特征，它同样适用于社会主义社会。

---

① 《马克思恩格斯全集》，中文1版，第1卷，416页，北京，人民出版社，1960。

马克思主义从来不把社会主义社会看成凝固的，不需要调整和改革的社会；也从来不把社会主义社会存在的一切都混同于社会主义。在社会主义社会中显然存在与社会主义本性格格不入的社会现象。“凡是存在的都是合理的”，这不是马克思主义的思维方式。马克思主义以批判的态度思考社会主义的问题，也就是说，它不断地进行总结和反思，摈弃错误的、过时的政策和措施，真正探求适合本国特点的社会主义模式和道路。

马克思主义以批判态度对待各种维护剥削阶级利益的学说。它始终坚持党性原则，捍卫马克思主义理论的纯洁性，反对各种曲解和攻击马克思主义的学说。同时，它也以批判的态度对待自己。恩格斯和列宁都提出过以马克思的态度对待马克思的问题。这种态度，就是一种非教条化的、批判的态度，即反对把自己的理论看成“顶峰”，敢于用新的原理代替个别已经过时的旧的原理。马克思主义正是通过这种批判精神，保持自身的纯洁性和生命活力。

批判精神问题，关系到我们究竟需要什么样的马克思主义：是敢于坚持真理、坚持批判精神的革命的马克思主义，还是是非不分，调和折中的温顺的马克思主义？这不单纯是马克思主义者的形象问题，而且是关系到马克思主义的本质问题。毛泽东在1938年全民族抗日战争开始不久便指出：“如果我们党有一百个至二百个系统地而不是零碎地、实际地而不是空洞地学会了马克思列宁主义的同志，就会大大地提高我们党的战斗力量，并加速我们战胜日本帝国主义的工作。”① 这个论断至今仍然具有迫切的现实意义。我们党需要大批在理论战线上始终创造性地坚持马克思主义、发扬马克思主义的批判精神的理论战士。

马克思主义的本质是批判的。但它的批判性是同科学性相结合的。马克思主义同时是一种科学理论。就它的理论来源来说，它批判地继承了人类文化遗产中的优秀成果；就它的内容来说，它是以事实为根据，以规律为对象，深刻地揭示了自己研究对象的规律性；就它的验证来说，它以实践作为检验真理的唯一标准。实践具有双重功能：既可证实也可证伪。它通过预期目的的实现证明其正确性，也通过预期目的的一再失效证明它的

① 《毛泽东选集》，1版，第2卷，499页，北京，人民出版社，1952。

错误。马克思主义把自己的理论建立在实践的基础上，是马克思主义作为科学真理的最可靠保证。

西方有些学者竭力反对马克思主义是科学理论的论断。他们制造了种种曲解马克思主义的理论，其中最流行的一种是把马克思主义宗教化，企图以此来贬低马克思主义。例如，科拉科夫斯基说："马克思主义发挥了一种宗教的作用，它的功效具有一种宗教的性质。但它是一种漫画式的、伪造形式的宗教，因为它把它那世俗末世学充作了宗教神话所不想自封的科学论体系。"① 存在主义者卡缪认为，马克思主义学说"是把最有价值的批判方法和最成问题的空想救世论混合在一起"②。塔克尔声称，《1844年经济学哲学手稿》表明，马克思不是他想成为的那种社会分析学家，而首先是一个道德学家或宗教思想家。罗素则把共产主义信仰同佛教、印度教、基督教、伊斯兰教同列为世界性大宗教，认为它们"全是虚假而有害的"③。

把马克思主义说成宗教学说是蛊惑人心的荒谬类比。马克思主义关于共产主义的美好理想，同神学家宣扬的"千年王国"是根本不同的。马克思主义是彻底的无神论，它反对任何宗教学说。宗教尽管是被压迫生灵的叹息，是对现实苦难的抗议，是无情世界的感情，但它使人沉迷于关于自己处境的幻想，而不是教人抛弃需要幻想的处境。把马克思主义比作宗教，就是彻底否定它的科学性与革命性。

其次我们还应该看到，马克思主义体系具有开放的性质。在历史上，凡是企图建立一个完整体系的思想家，都力图把自己的观点和学说凝固化，把它说成最终的、最后的绝对真理。即使像黑格尔这样伟大的辩证法家也不例外。

西方某些学者也力图把马克思主义，特别是把恩格斯描绘为封闭体系的构建者。例如，麦克莱伦在《马克思以后的马克思主义》中，就把恩格斯看成黑格尔封闭体系的仿造者。他说："老黑格尔建立的体系与恩格斯

---

①　转引贝尔：《第二次世界大战以来的社会科学》，132～133页，北京，社会科学文献出版社，1988。

②　转引《存在主义哲学》，412～413页，北京，中国社会科学出版社，1986。

③　罗素：《为什么我不是基督教徒》，8页，北京，商务印书馆，1982。

在自然科学的基础上把马克思主义系统化的倾向之间确实存在某些相似之处。”① 还说恩格斯“把马克思主义勾画成像苏联（及其他国家的）辩证唯物主义教科书那样的教条式的形而上学体系”②。

封闭体系是同马克思主义的本性不相容的。早在 1843 年马克思致卢格的一封信中，他就公开声明反对树立任何教条主义的旗帜，嘲笑那种认为一切谜语的答案都在哲学家的写字台里，愚昧的凡俗世界只需张开嘴来接受绝对科学的烤松鸡的看法。后来恩格斯在《反杜林论》中，对企图创造最终真理体系的德国大学生们，尤其是对杜林进行过猛烈的批判。在恩格斯看来，如果人类在某个时候达到只需运用永恒真理，而不必再发现新的真理的地步，那就意味着历史和认识已经停止在一点上，这是非常荒谬的。他说：“包罗万象的、最终完成的关于自然和历史的认识的体系，是和辩证思维的基本规律相矛盾的。”③

就马克思主义同客观世界的关系而言，它不是自我观照，而是面对实际，面对世界，即同自己时代的现实世界接触并相互作用。不仅马克思主义诞生时如此，而且全部马克思主义发展史就是一部理论和实践相统一的历史。马克思主义永远注视现实，关心和研究自己时代提出的最迫切的问题。可以说，马克思主义科学体系中的基本原理和重要命题，都如同张开着的口袋，它随时准备通过概括新的经验使它得到发展和充实。

就马克思主义同其他非马克思主义学派的关系而言，它不是离开世界文明发展的孤立的宗派主义体系。马克思和恩格斯在创立马克思主义时，批判地吸收了他们先驱者的宝贵遗产。在马克思主义创立以后，它也要不断地吸收同时代的自然科学和社会科学研究的新成果。即使在当代对待现代西方哲学，我们也不能采取简单排斥的态度，而是要在批判它们错误的同时，对它们提出的重要问题和某些有启发性的思想进行认真研究，借以扩大自己的视野。每一代的马克思主义者，如果忽视对同时代的理论成果的批判考察，把自己同整个时代的文化背景和社会思潮隔离开来，就会由孤立而走向枯萎。

---

① 麦克莱伦：《马克思以后的马克思主义》，12 页，北京，中国社会科学出版社，1986。
② 同上书，9 页。
③ 《马克思恩格斯选集》，1 版，第 3 卷，64 页，北京，人民出版社，1972。

马克思主义体系的开放性质还表现在，它对自己从不故步自封，自诩为终极真理。马克思主义的接力棒代代相传，任何一代人都没有达到终点，而是处于过程之中。从这个意义上说，马克思主义的思想体系永远是未完成的，它的发展不会终结。

最后，马克思主义是创造性的科学，它的生命力在于它的创造性。

历史经验证明，凡是以终极真理自诩的思想体系，正如同希图万世一系的封建王朝一样无不走向没落。而马克思主义之所以始终充满生命力，成为各个时代的精华，就在于马克思主义自觉地植根于实践中，随着实践的发展而发展。

作为马克思主义创始人的马克思和恩格斯，终其一生都在不断地总结新经验，没有停止过创造性的研究。例如在《共产党宣言》1872 年德文版序言中，恩格斯根据 1848 年革命，特别是 1871 年巴黎公社经验指出："由于最近二十五年来大工业已有很大发展而工人阶级的政党组织也跟着发展起来，由于首先有了二月革命的实际经验而后来尤其是有了无产阶级第一次掌握政权达两月之久的巴黎公社的实际经验，所以这个纲领现在有些地方已经过时了。特别是公社已经证明：'工人阶级不能简单地掌握现成的国家机器，并运用它来达到自己的目的。'"① 以实践经验为依据公开宣布自己某个论点已经过时，表现了马克思和恩格斯对待自己理论的彻底的科学态度。

正因为马克思主义植根于实践之中，富有创造性，因此每个时代都有它杰出的代表人物。历史上不少学派，随着缔造者的逝世而逐步走向没落。而马克思主义却不会如此。由于它有着最广大群众的实践基础，因而即使在马克思和恩格斯逝世后，仍然涌现了一批又一批的马克思主义者。他们对发展和推进马克思主义都作出了程度不同的贡献。

创造性是马克思主义的根本特征，但有些西方学者把教条化说成马克思主义发展的不可避免的命运。例如麦克莱伦说："马克思要求他的追随者们不仅要去解释世界，而且要改造世界。但他们在这方面愈是获得成

① 《马克思恩格斯选集》，1 版，第 1 卷，229 页。

功，马克思主义就愈是倾向于成为一种群众运动的教条。”① 他还武断地宣称：“马克思主义对它的亿万追随者们成了一种单纯是信仰的东西，对他们来说，它可以为最后胜利提供保证。正因为如此，它成了一种日益与马克思原来思想大相径庭的东西，演化成一种与异端观念——正如人们所常说的修正主义——相对立的教条主义思想体系。”②

我们并不否认，马克思主义在其发展过程中，存在着被教条化的危险和倾向。但这并不是必然的，不可克服的。社会主义实践最具有创造性，也最需要创造性。仅仅搬用马克思主义一般原则或别国的模式，都很难建成具有本国特色的社会主义制度。亿万人民建设社会主义的实践活动，可以一次又一次地打破教条化的僵局，把马克思主义向前推进。

马克思主义必须同各国实际情况相结合，这是防止教条主义的最有效的途径和方法。但是强调创造性，强调与各国实际情况相结合，会不会使马克思主义发生所谓“变形”，即它的后继者离缔造者的原来思想越来越远？西方不少学者鼓吹这一点，例如他们认为：“随着马克思主义重心东移，以农民为基础的、绝非无产阶级的中国革命的成功，显而易见地表明，与马克思本人思想的联系正变得愈来愈远。”③

这是一个很复杂的问题。从纵的角度看，一个学派的后继者同它的创始人的理论之间会出现差别。如儒家经过汉唐、宋明的演变，显然同先秦的不完全一样；从横的角度看，同一种思想体系在其他国家的传播，也会发生变化，如佛教传入中国后与印度的佛教不完全相同。

马克思主义的发展与传播，当然也离不开每个时代的特点以及各个国家的经济、政治状况和文化传统。但这和意识形态的变形不能简单类比。如果说，以往思想领域中发生的意识形态变形，往往表现为特定阶级的思想家，为适应新的政治需要而对原来的思想体系进行改造、重构，而马克思主义的发展则被纳入人类对真理认识的范围，它表现为科学知识的新的积累，马克思主义的后继者沿着它的缔造者开辟的真理道路前进，它更接近客观真理，而不是远离客观真理。

---

①② 麦克莱伦：《马克思以后的马克思主义》，2页。

③ 同上书，4页。

三

关于马克思主义科学体系的构成问题，列宁在《马克思主义的三个来源和三个组成部分》的著名论文中，明确地把马克思主义哲学、政治经济学和社会主义学说列为马克思主义的“三个组成部分”，并与其来源相结合，对各自的内容作了扼要的论述。列宁论述的突出之处是，联系到无产阶级的历史使命，把其中任何一个组成部分作为总体的构成部分来论述。

有的学者或研究者总是问：马克思主义为什么是三个组成部分，而不是四个或五个组成部分？为什么文艺学、伦理学、美学、思维学不能是组成部分？为什么不能按其他标准，例如按规律起作用的范围，把马克思主义的组成部分划分为关于一般规律的部分、关于特殊规律的部分？等等。我们应该明确，当我们说马克思主义包括三个组成部分时，我们的立足点是马克思主义发展史的既成事实，而不是它的抽象可能性，它应该包括什么，可能包括什么。马克思主义可以被用于指导各门科学，人们完全可以找到几条理由把它们重新包括在马克思主义科学体系结构中，可这只是学者的个人看法，而不是历史事实。马克思主义科学体系的结构，是由无产阶级的伟大历史使命和马克思主义理论自身的内在逻辑决定的。离开了这个基点，只能陷于烦琐的争论。

无产阶级要由自在的阶级变为自为的阶级，必须建立起与自身阶级地位和使命相适应的科学理论形态。尽管在马克思主义诞生以前，英国、法国、德国在理论领域中都取得了重大成就，但其中没有任何一种理论符合无产阶级的利益和愿望，符合无产阶级完成自己伟大历史使命的需要。英国古典政治经济学是经济学说中的重大成就，但企图从劳动价值论中引申出有利于工人阶级的结论，只能是空想社会主义，如英国空想社会主义者布雷所表明的；批判的空想的社会主义和共产主义的信徒们则蜕变为反动的宗派，蜕变为兜售包治百病的社会庸医，它表明，19 世纪三大空想社会主义的作用同历史的发展成反比；至于直接从费尔巴哈的哲学中孕育出来的，只能是像赫斯那样的“真正社会主义者”。无产阶级需要新的理论，这种理论不仅要克服英国、法国、德国的民族片面性（政治经济学、社会主义学说、哲学的分离），而且要获得科学的形态。可是要使社会主义学说由空想变为科学，这是一个涉及多门学科的综合性任务，仅仅限于社会主义学说自身是办不到的。只有以辩证唯物主义和历史唯物主义为指导，以对资本主义生产方式内在矛盾分析为依据，才有可能科学地阐明无产阶级在资本主义社会中的地位、使命和获得彻底解放的途径。因此适应无产阶级斗争需要产生的理论形态——马克思主义，必然是包括哲学、政治经济学、科学社会主义理论在内的统一整体。

马克思主义科学体系结构还决定于它自身的内在逻辑。恩格斯在《反杜林论》的"概论"中，通过总结人类思想史，深刻地揭示了马克思主义科学体系结构的内在逻辑。他叙述了马克思在哲学和政治经济学领域中的划时代功绩之后说："这两个伟大的发现——唯物主义历史观和通过剩余价值揭破资本主义生产的秘密，都应当归功于**马克思**。由于这些发现，社会主义已经变成了科学。"①

马克思主义科学理论自身需要哲学，特别是需要一种不仅能说明世界，而且能改造世界的新型哲学。马克思是非常重视哲学的。他在《〈黑格尔法哲学批判〉导言》中，把哲学看成无产阶级解放的"头脑"、"精神武器"，是宣布人类解放的"高卢雄鸡"。

政治经济学是马克思主义的理论基础。马克思主义是科学体系，而不是思辨体系。马克思主义学说的理论内容来自经济分析，而不是来自哲学的演绎或推导。马克思主义之所以科学，正在于它以事实为依据，如实地揭示了资本主义社会的内在矛盾、运行机制和规律。完全可以说，没有对资本主义社会的经济分析，就没有马克思主义。

在马克思主义科学体系中，处于核心地位的是科学社会主义理论。从广义上说，马克思主义就是科学社会主义，因为无产阶级的彻底解放和历史使命，集中地表现了马克思主义的目的、任务和使命。马克思主义哲学和政治经济学，归根到底都服务于这个根本目的。

由此可见，在马克思主义科学体系中，哲学是世界观和方法论的指导原则，政治经济学是哲学通向实际生活（对资本主义社会的剖析）的中介，而关于无产阶级解放运动的性质、条件和使命的科学社会主义理论则

---

① 《马克思恩格斯选集》，1版，第3卷，67页。

是运用哲学分析了资本主义社会中的经济关系后引出的关于社会发展的科学结论。这三者之间，即它的世界观和方法论原则、对资本主义经济的理论分析以及由此得出的结论之间，在理论上和逻辑上是严密的、完整的、一贯的。它们相互渗透、相互补充，构成统一的马克思主义学说。科学社会主义理论一旦离开马克思主义哲学和马克思主义政治经济学，就同平均共产主义或空想社会主义没有什么两样；反之，离开了马克思主义哲学指导，离开了社会主义革命和社会主义建设，所谓马克思主义政治经济学必然会跌入资产阶级政治经济学的怀抱。同样，如果无视无产阶级肩负的伟大历史使命，无视社会经济现象，特别是对新出现的经济现象的分析，马克思主义哲学就会重新回到烦琐的、脱离生活的经院哲学。把马克思主义中的任何一个组成部分同整体割裂开来，都会使它丧失自己原有的性质，并导致对整个马克思主义科学体系的曲解。

不仅马克思主义科学体系的结构是由无产阶级实践需要决定的，而且它也是在实践过程中形成和成熟的。同黑格尔不同，马克思和恩格斯并没有预先规定自己的思想体系的结构。《精神现象学》是黑格尔体系的秘密和诞生地，在这部成书于 1806 年的著作中，黑格尔大体上规划了自己整个体系的结构。马克思和恩格斯并不是像有的政客所描绘的仅是在伦敦图书馆埋头著书立说的学者，他们并不是按照事先构思的体系来进行体系的创造，而是根据实践的需要，特别是在为了回答无产阶级革命进程中的现实问题，而使自己的理论臻于完善和成熟。

马克思和恩格斯之所以从接受德国古典哲学开始自己的理论活动，也是由德国的历史背景和文化背景决定的。马克思的博士论文《德谟克利特的自然哲学和伊壁鸠鲁的自然哲学的差别》，恩格斯的《谢林论黑格尔》、《谢林和启示》、《谢林——基督哲学家》都是典型的哲学论文。马克思和恩格斯理论思维进程的起点是哲学。但同自己德国的哲学先驱者不同的是，他们并没有停留在哲学领域。正在为无产阶级解放锻造武器的马克思和恩格斯意识到，不应当从人们的头脑中，而应当在经济中寻找社会变革的终极原因，共产主义运动只能在私有财产运动中，即在经济中，为自己既找到经验的基础，也找到理论的基础，并逐步转向政治经济学的研究。

这种转变对于马克思主义科学体系的创立具有决定性的意义，而且都是由实践需要推动的。以马克思为例，马克思第一次转向政治经济学的研究，主要是在1844年3月《德法年鉴》停刊之后。马克思在巴黎钻研英、法两国一些经济学家的著作，并作了摘录笔记，这就是著名的《巴黎笔记》，其中特别是《1844年经济学哲学手稿》尤为重要。《1844年经济学哲学手稿》试图把哲学、政治经济学、社会主义学说结合在一起，可以看作马克思主义科学体系的雏形。尽管《1844年经济学哲学手稿》并不成熟，但它通过分析私有财产的运动，试图从经济学角度来论证共产主义，迈出了社会主义由空想到科学决定性的一步。第二次比较集中研究政治经济学，是1845年春移居布鲁塞尔后。马克思在布鲁塞尔继续他在巴黎开始的研究，大量阅读了政治经济学的著作，并与恩格斯一道到英国进行实地考察，并在曼彻斯特的切特姆图书馆对一些经济学著作进行了研究。马克思的经济学研究成果，凝结在他与恩格斯合著的《德意志意识形态》中。这部重要著作，不仅彻底清算了费尔巴哈，全面确立了唯物史观，并且以生产力和生产关系矛盾运动规律为依据考察了社会主义革命的必然性和必要性，从而把对社会主义理论论证建立在唯物史观和经济分析的基础上，使《1844年经济学哲学手稿》初步确立的马克思主义科学体系得到进一步深化。欧洲1848年革命中断了马克思的经济学研究。革命失败后，马克思于1849年8月到达伦敦，再次开始了经济学的研究工作。自此以后，可以说马克思以毕生精力从事《资本论》的准备和写作。马克思不仅留下了大量的《资本论》草稿，而且生前出版了《资本论》第一卷。《资本论》是伟大的经济学著作，也是最重要的哲学著作，或者像列宁所说的是“大写的逻辑”。特别重要的是，《资本论》逻辑地再现了资本主义产生、发展和灭亡的历史进程，令人信服地证明了资本主义私有制被剥夺的历史必然性。《资本论》以对资本主义生产关系的经济分析为中心，把哲学、政治经济学和科学社会主义结合在一起，是对马克思主义科学体系最深刻、最全面的论证。

我们应该从整体上把握马克思主义科学体系，看到马克思主义各个组成部分之间的内在的、不可分割的联系。历史经验证明，把马克思主义各个组成部分对立起来，是肢解马克思主义的一个重要方面。

第二国际后期的理论家，极力把哲学从马克思主义中驱逐出去，否认马克思主义有自己的哲学基础，主张用康德主义、马赫主义来补充马克思主义。例如考茨基就声称："我并不把马克思主义理解为任何哲学，而是把它理解为一种实验科学，即一种特殊的社会观。"还说："马克思主义没有宣布任何哲学，而是宣布了所有哲学的终结。"他还宣布，唯物史观"不仅同马赫、阿芬那留斯有联系，而且同许多其他哲学也有联系"①。伯恩施坦则竭力割断马克思主义的科学社会主义同它的经济学说和哲学学说的内在联系，否定社会主义社会是经济发展的必然结果，而认为它是从人性冲动中产生的伦理要求。他公开宣称："给社会主义提供纯粹唯物主义的论证，既是不可能的，也是不必要的。"②

如果说，第二国际后期的理论家企图通过否定马克思主义哲学来否定马克思主义科学体系的话，当代西方马克思主义和西方学者则相反，企图把马克思主义仅仅归结为哲学，而且归结为被大大缩小了的人本主义和异化理论。美国的社会学家、政治哲学家 D.贝尔在《关于异化的辩论》中论述过这种趋势。他说，今天在英国和法国，人们对马克思的兴趣围绕着异化这个主题。人们不是把马克思当作一个经济学家或政治理论家，而是把他当作揭示异化的第一个哲学家。③ 马克思只是一个哲学家，是一个人道主义的、异化理论的哲学家。马克思主义的全部核心范畴是人性、人道、异化之类。这就是某些西方马克思主义者眼中的马克思主义。

一些西方学者也有类似的看法。例如美国富兰克林马歇尔学院哲学系教授宾克莱在《理想的冲突》一书中也宣扬这种观点。他认为，马克思的经济理论已为凯恩斯所超过；马克思关于中产阶级的消灭和资产阶级与无产阶级斗争的预言，关于资本主义必然为社会主义所代替的预言已被证明不正确，唯一留下的只是一种道德价值学说。所以他公开宣称："把马克思当作一个哲学家、预言家或一个新现世宗教的创始人，或者甚至当作一个'价值立法者'，我们就可以对马克思的重要性认识得更清楚一些。"④还说："作为我们选择世界观时的一位有影响的预言家的马克思永世长存，而作为经济学家和历史必然道路的预言家的马克思已经降到只能引起历

① 转引弗兰尼茨基：《马克思主义史》，第 1 卷，352 页，北京，人民出版社，1986。
② 伯恩施坦：《社会主义的前提和社会民主党的任务》，255 页，北京，三联书店，1973。
③ 参见《异化问题》下册，1 页，北京，文化艺术出版社，1986。
④ 宾克莱：《理想的冲突——西方社会中变化着的价值观念》，96 页。

史兴趣的被人遗忘的地步。”① 马克思完全被肢解了。作为包括哲学、政治经济学和科学社会主义学说在内的完整科学体系的马克思主义，只剩下哲学。马克思主义被割断了与无产阶级革命运动的联系，变成传布预言的无害的神圣偶像。

英国学者佩里·安德森说：“马克思这位历史唯物主义的创始人，不断从哲学转向政治学和经济学，以此作为他的思想的中心部分；而1920年以后涌现的这个传统的继承者，却不断地从经济学和政治学转回到哲学——放弃了直接涉及成熟马克思所极为关切的问题。”② 应该说，这是从一个侧面对马克思主义科学体系的形成及其在当代遭遇的客观评述。

四

如何看待马克思主义功能，即是坚持还是否定马克思主义的指导作用，这是关系到无产阶级能否实现自己的伟大历史使命、关系到马克思主义在当代命运的问题。我们不仅要正确理解马克思主义的功能，而且要研究马克思主义发挥功能的机制和条件，以求充分实现马克思主义的指导作用。

任何一种哲学和社会的思想体系，一般说来都具有双重功能：认识功能和价值功能。认识功能是指它能够为人类提供某种客观知识，价值功能是指它反映特定主体的利益与愿望。这两种功能之间的关系是复杂的。它可以部分吻合，也可以相互矛盾甚至对立。例如当资产阶级处于上升时期，它的思想体系的认识功能与价值功能存在某种一致性，因此反映它的利益的英国古典政治经济学具有一定的科学性。可是，当资产阶级处于统治地位，特别是它与被压迫的无产阶级矛盾激化后，越是符合资产阶级需要的社会学说越不具有科学性。

马克思主义也具有双重功能。所不同的是，马克思主义的认识功能与价值功能是一致的。恩格斯说过：“科学愈是毫无顾忌和大公无私，它就

---

① 宾克莱：《理想的冲突——西方社会中变化着的价值观念》，106页。
② 安德森：《西方马克思主义探讨》，68～69页，北京，人民出版社，1981。

愈加符合于工人的利益和愿望。”① 无产阶级的根本利益要求，它必须科学地认识世界，才能找到彻底解放的途径。我们必须正确处理这两种功能之间的关系。忽视其中任何一种功能，都会妨碍马克思主义的指导作用。

马克思主义是一个科学体系，具有巨大的认识功能。它通过揭示自然、社会和人类思维的最普遍规律，揭示资本主义产生、发展和灭亡的规律，以及无产阶级革命的一般规律，在哲学、政治经济学和科学社会主义领域提供客观的、真理性的认识，并且为人类提供伟大的认识工具，开辟了人类认识真理的巨大的可能性。

更重要的是，马克思主义的认识功能并不局限于认识自身，而是突出地表现为实践功能。如果说，以往的哲学和社会学说寻求的是解释世界的话，马克思主义则着力于改造世界。在马克思主义中，正确认识世界的目的在于改造世界，把实践排斥在认识功能之外，是对马克思主义认识功能的曲解。

在马克思主义认识功能问题上存在两种错误的看法。

一种是教条主义，把马克思主义看成包治百病的“莫里逊药丸”。其实，马克思主义不是教条，它并不提供对一切问题的现成答案。从马克思主义的经典著作中找不到当代问题的现成答案，这不能责怪马克思，只能责怪自己对马克思主义科学本性的无知。早在十月革命以前，列宁曾经嘲笑过俄国某些马克思主义者从马克思著作中寻找对俄国革命领导权答案的做法，是“把马克思主义庸俗化”，是“对辩证唯物主义的嘲笑”。他说：“资本主义这种或那种类型的发展的因素有可能无穷地复杂地结合在一起，只有不可救药的书呆子才会单单引证马克思关于另一历史时代的某一论述来解决当前发生的独特而复杂的问题。”② 企图直接从马克思主义经典著作中寻找当代问题的现成答案，是把马克思主义由科学变成启示录。

但是，如果因为这一点而蔑视甚至否定马克思主义的认识功能，更是错误的。不提供现成答案，不是它的弱点，正是它的优点，是它战无不胜

① 《马克思恩格斯选集》，1 版，第 4 卷，254 页。

② 《列宁选集》，2 版，第 1 卷，159 页。

的力量之所在。自诩为包含一切答案的学说，不是科学，而是神学。我们只能按照马克思主义体系的科学本性期待它做它所能做的事，而不能要求它做它不能做的事。马克思主义的科学功能，正在于它提供的不是万古不变的结论，而是科学地揭示了客观世界的本来面目及其运动的客观规律，从而为正确认识世界、改造世界提供正确的方法。正如恩格斯所说的："马克思的整个世界观不是教义，而是方法。它提供的不是现成的教条，而是进一步研究的出发点和**供**这种研究**使用**的方法。"①

马克思主义既是科学体系，又是无产阶级的意识形态。马克思主义的价值功能集中地表现在它作为意识形态的本性之中。马克思主义具有鲜明的阶级倾向性，自觉地捍卫和反映无产阶级和全体劳动者的利益，在意识形态领域中，批判和反对各种敌对的学说和思想体系。

对马克思主义功能的考察，离不开它的实际效用。人们不难看到，自马克思主义诞生以来的一个半世纪，它在动员、宣传、组织工人群众，创建各国工人政党，领导无产阶级革命和社会主义建设中，既发挥指导人们正确认识世界和改造世界的科学世界观与方法论作用，又起着把各种错误理论和学说从工人运动中不断排挤和清除出去的作用。一部马克思主义史，既是无产阶级及其政党的实践史，又是意识形态斗争史。马克思主义是在反对各种外部和内部的资产阶级、小资产阶级意识形态斗争中发展和传播的。

在当代，马克思主义的双重功能都受到了挑战和曲解。

西方某些学者极力否定马克思主义的科学功能，大力鼓吹"马克思主义过时"论。他们把马克思主义说成第二次浪潮的产物，今天运用马克思主义，正如同在电子显微镜时代仍使用放大镜一样。这种说法是错误的。马克思主义中最具生命力的不是它的个别论断或预言，而是它对客观规律的揭示。它在认识中的有效性在于它的真理性。它当然没有结束真理，但为人类认识新的真理提供了一个支撑点。更重要的是，世界是发展的，马克思主义也是发展的。凝固不变的马克思主义同变动不居的客观现实的矛盾，是西方学者头脑中虚构的矛盾。这种虚构是违反马克思主义的辩证本

① 《马克思恩格斯全集》，中文1版，第39卷，406页，北京，人民出版社，1974。

性的。

西方某些学者也反对马克思主义的价值功能，极力鼓吹意识形态的“终结”或“淡化”。他们把科学同意识形态对立起来，指责马克思主义是“制度化的意识形态”。

其实，科学性同意识形态并不是绝对对立的。有各种各样的意识形态，马克思和恩格斯在《德意志意识形态》中对德意志意识形态的批判，是对当时以费尔巴哈、鲍威尔和施蒂纳为代表的德国哲学和“真正社会主义”的批判，而不是对所有意识形态的否定。作为特定生产关系基础上产生出来的各种思想、观点总和的意识形态，是一种客观的社会现象，问题是它的性质。马克思主义也是一种意识形态，但它是科学的意识形态。

在我们的时代，并不存在意识形态的“终结”或“非意识形态化”。各种意识形态的对立仍然是激烈的，尽管生态问题、核试验问题引起了全人类的关注，但这并不说明它是超国家、超民族、超阶级的问题。从政治家对这些问题的认识及其解决途径中，人们不难看到不同意识形态的对立。

当今世界的政治局势有所缓和，不同社会制度之间的联系和交往比以往密切，但意识形态的斗争并没有停止。帝国主义并没有放弃根本改变社会主义制度的目的和政策。它企图不断通过意识形态的渗透，以期“不战而胜”。马克思主义必须发挥它的意识形态功能，对各种敌对的意识形态进行必要的、有说服力的批判和斗争。

特别是在已经取得政权的社会主义国家，必须坚持马克思主义的指导，充分发挥它在整个社会生活中的调控和导向作用。这是关系到社会主义国家的前途和命运的重大问题。放弃马克思主义指导，任凭资产阶级自由化思潮泛滥，必然断送社会主义社会。

马克思主义的功能与功能的发挥是不同的。东方的一些国家已经取得革命的胜利，可在西方却处于革命的沉寂时期；一些社会主义国家已经成功地把马克思主义运用于夺取政权的斗争，可在社会主义建设中却仍然在摸索。这是不是说，马克思主义已丧失它的功能呢？不是，关键是我们对发挥功能的机制问题尚缺乏正确的理解。

马克思主义作为科学体系，它的普遍原则是放之四海而皆准的，既适用于东方也适用于西方，既可以指导社会主义革命也可以用以指导社会主义建设，但马克思主义的效用，并不单纯取决于它的普遍原则，而是这些原则的实际应用。因此，马克思主义的功能能否发挥，除去其他客观条件外，就马克思主义自身而言，必须解决以下几个问题：

首先，必须有一批具有高度理论修养和实践经验的马克思主义者。马克思主义的效能的发挥，在很大程度上依赖于马克思主义者的类型与水平。自马克思主义诞生以来，出现了几代马克思主义者，他们的情况是各不相同的。历史经验证明，以列宁为代表的俄国马克思主义者，以毛泽东为代表的中国马克思主义者，对于成功地应用马克思主义于俄国和中国革命，起了关键性的作用。

其次，必须了解国情。马克思主义功能的发挥，取决于在何种程度上把马克思主义同各国的实际情况结合起来。在马克思主义及其实际效果之间，存在一系列中间环节（如对国情的了解，实际政策的制定，政策的执行情况，等等）。其中任何一个环节的失误，都可能达不到预定目的。

再次，必须进行创造性的科学研究。马克思主义是科学，要求我们必须以科学态度对待它。把马克思主义运用于东方，运用于西方，运用于社会主义革命和社会主义建设，必然会遇到许多新问题，这就要求我们进行艰苦的科学研究和探索。

最后，必须善于总结经验。充分发挥马克思主义的功能，是一个包含反复实践和失败的过程。历史是大尺度的。仅仅根据一次或短期的失误就否定马克思主义的指导功能是错误的。马克思主义并不能保证人们不犯错误，但它为人们指出一条由错误走向成功的道路。

*　　　*　　　*

马克思主义是在斗争中发展的。列宁在《马克思学说的历史命运》和毛泽东在《关于正确处理人民内部矛盾的问题》中，都对马克思主义发展的规律作过高度科学的概括。

“一从大地起风雷，便有精生白骨堆。”真理与谬误总是相比较而存在，相斗争而发展。马克思主义的发展每前进一步都必须战斗。而形形色色的理论、思潮、派别对马克思主义的曲解，可以说从马克思和恩格斯对马克思主义的创立之日起就已经开始了。德国社会民主党理论家亨利·库诺在他 20 世纪 20 年代写的《马克思的历史、社会和国家学说》一书的前言中就曾描绘了当时德国的情况，他说："以马克思主义为基础的德国社会民主党，今天分裂为一系列相互敌对的党派。它们在引证马克思主义的学说时，都是从五花八门的社会哲学的基本观点出发。不仅如此，在它们自己的队伍内部，连许多大相径庭的理论都一概标榜为马克思主义。马克思的学说，以及由其产生的政治斗争已完全变得莫衷一是。"① 在当代世界上，这种情况比起 20 世纪 20 年代，已经变得更加严重了。

历史经验证明，马克思主义的命运同无产阶级革命和社会主义建设是紧密相连的。当无产阶级革命的暴风雨来临，社会主义建设蓬勃开展时，马克思主义的阵地不断巩固和扩大，威信高涨、传播广泛；当资本主义处于相对稳定，革命形势"沉寂"，社会主义国家遭到挫折，马克思主义的批评家就如雨后的毒蘑菇，纷纷破土而出。但是我们坚信，马克思主义在其生命途程中无论遇到什么样的斗争，作为一种科学真理终究是不可战胜的。

① 亨利·库诺：《马克思的历史、社会和国家学说》，第 1 卷，1 页，北京，商务印书馆，1988。

第一章　无产阶级的普罗米修斯

1843年3月18日，年轻的马克思为抗议普鲁士政府查封《莱茵报》，在该报刊登了一幅政治漫画——被锁链锁住的普罗米修斯。这是马克思形象的自我写照。的确，马克思是普罗米修斯而不是上帝，他的全部著作是科学而不是启示录。

梅林说："马克思不是神，也不是半神，他也不是教皇那样的无过失者。他是一个从根本上扩大了人类的认识限度的思想家。"① 这个评价应该说是中肯的。

一、作为伟大科学家的马克思

马克思是为无产阶级和人类锻造真理的"盗火者"，他带给在黑暗中摸索徘徊的人类以科学和光明。对于马克思在科学史上的崇高地位，恩格斯曾作过充分的肯定。1883年3月17日他站在亡友的墓前发表悼词时，称赞马克思是"当代最伟大的思想家"②，是"科学巨匠"③。

这不是恩格斯对亡友的私情和单纯的个人评价。马克思逝世之际，当时世界许多国家的工人组织的唁电、报刊的社论都表达了同样的看法。纽约《太阳报》的社论是《一位生气勃勃、成果卓著的思想家》，《自由报》的社论是《本世纪最伟大的思想家》，芝加哥《论坛报》的社论是《学者

① 梅林：《保卫马克思主义》，301页，北京，人民出版社，1982。

② 《马克思恩格斯选集》，1版，第3卷，574页。

③ 同上书，575页。

和思想家》，苏黎世《工人呼声报》的社论是《他奠定了社会主义的科学基础》，苏黎世《社会民主党人报》的社论是《他的著作树起了永恒的丰碑》，罗马《民主同盟报》的社论是《一位学识渊博的思想家》，米兰《人民报》的社论是《经济发展规律的发现者》，圣彼得堡《世界画报》的社论是《一位卓越的经济学家》，莫斯科《司法通报》的社论是《现代经济学最伟大的代表之一》，《莫斯科电讯报》的社论是《一位无与伦比的学者》，圣彼得堡《黎明纪事周刊》的社论是《犹太人最有才华的儿子》，等等。尽管它们有不同的政治色彩，但对马克思都表现了极大的尊敬，一致赞扬马克思是"本世纪最伟大的思想家"、"现代社会主义的创始人"、"新科学的先驱"。①

旧欧洲的一切反动势力，例如教皇和沙皇、反动官吏和警察都把马克思看作一个"蛊惑家"、"煽动家"、"阴谋家"。其实，马克思是一位伟大的科学家。只是他的组织才能和革命业绩，掩盖了他作为伟大科学家的形象。

从年轻时代起，马克思就以思想深邃而得到朋友们的推崇。1841 年秋，当马克思还是一个刚跨出大学校门的年轻学生时，赫斯在给朋友的信中就高度赞扬马克思，"无论在思想上或在哲学精神的发展上都不仅超过了施特劳斯，而且超出了费尔巴哈"，并且对他的朋友说："请你想象一下，卢梭、伏尔泰、霍尔巴赫、莱辛、海涅和黑格尔结合成一个人（我说的是结合，不是混合）——这将会使你得到一个关于马克思博士的概念。"② 这就是说，马克思年轻时就具有法国最激进的民主主义思想，德国的深刻的哲学思想和诗人的气质。接着，1842 年 5 月，当马克思评论莱茵省议会关于出版自由辩论的第一篇文章在《莱茵报》发表后，又得到卢格的赞扬："如此学识渊博、如此大智大慧、如此善于掌握被常人弄得混乱不堪的问题。"③

马克思 25 岁写下了《黑格尔法哲学批判》，对德国哲学界最权威人物黑格尔的国家观发起了挑战。当马克思完成宣告旧世界必然灭亡的《共产

---

① 参见菲利普·丰纳编：《马克思逝世之际》，北京，北京出版社，1983。

② 《马克思恩格斯全集》，国际版，第 1 部分第 1 卷下册，261 页。

③ 纳尔斯基等编：《十九世纪的马克思主义哲学》上册，47 页，北京，中国社会科学出版社，1984。

党宣言》时，也只有 29 岁。这个把最深刻的科学分析和优美的文学格调结合在一起、石破天惊、振聋发聩的宣言，充分显示了马克思的科学奇才。

特别是，马克思以近 40 年时间从事《资本论》的创作。他先后阅读了 2 000 多册有关的经济学著作，4 000 多种报刊以及大量官方文件和蓝皮书，进行了仔细的分析和艰巨的研究。仅仅《资本论》手稿的数量就非常惊人。在人类历史上，还没有一本社会科学方面的著作像《资本论》这样，能够对一个社会形态的活动规律和发展机制的分析，达到如此科学的高度。

一提到科学家，人们想到的是哥白尼、伽利略、牛顿、达尔文、爱因斯坦。至于社会理论，总认为不是科学而是意识形态。这是一种偏见。其实，社会领域是整个物质世界的一个极其复杂的领域。对社会的认识同样有真理与谬误、科学与幻想之分。而且认识社会比认识自然更困难。《资本论》充分显示了社会理论的科学性。正如同达尔文推翻了那种把动植物物种看作彼此毫无联系的、偶然的、神造的、不变的东西的观点，第一次把生物学放在完全科学的基础上一样，马克思在《资本论》中也以对资本主义社会形态的剖析，推翻了那种把社会看作可按长官的意志随便改变的、偶然产生和变化的、机械的个人结合体的观点，把资本主义社会形态的发展看作自然历史过程，树立了对社会进行科学分析的范例。《资本论》是社会科学的瑰宝和骄傲。

马克思终其一生都在进行科学探索。在他年老多病、生活处在极其艰难的最后几年中，他还致力于东方社会和原始社会的研究。为了研究地租问题，马克思非常注意俄国土地关系的研究，大量阅读俄国学者的有关著作以及 1861 年以后在俄国出版的各种文件汇编和统计汇编。他还对柯瓦列夫斯基的《公社土地占有制，其解体的原因、进程和结果》、摩尔根的《古代社会》、梅恩的《古代法制史讲演录》、拉伯克《文明的起源和人的原始状态》、菲尔的《印度和锡兰的雅利安人村社》作了摘要和评注。这就是理论界日益瞩目，兴趣越来越浓的马克思的《人类学笔记》。它是马克思晚年科学探索的见证。

从整个人类科学史来看，马克思是当之无愧的伟大科学家。他的研究领域非常广阔。专业是法律，但深入地研究了哲学、政治经济学、社会主义学说、历史、文学。即使在自然科学领域中成就也是突出的。他在《资本论》中运用的各种自然科学成果，特别是他的《数学手稿》就是证明。恩格斯说："马克思在他所研究的每一个领域（甚至在数学领域）都有独到的发现，这样的领域是很多的，而且其中任何一个领域他都不是肤浅地研究的。"① 特别是他创立的唯物史观和剩余价值学说，是人类思想史上的两个伟大发现。马克思的著作很多，国际版《马克思恩格斯全集》有100卷。在世界上，出版数量最大、译文最多的著作，名列前茅的应是马克思的著作。如果把已出版的马克思的著作及其译本的印数集中起来，可以想象世界上没有任何一个图书馆能够容纳。

"风格就是人"，这不仅适用于文学家，科学家也是如此。马克思作为伟大的科学家，具有极其鲜明的个性。这种个性可以称之为"马克思的风格"。

马克思具有高尚的科学道德和科学良心。他尊重科学，尊重事实，不畏权势，不考虑个人得失。1843年9月他在致卢格的信中，提出要对现存的一切进行无情的批判，"这种批判不怕自己所作的结论，临到触犯当权者时也不退缩"②。1859年马克思在他的《〈政治经济学批判〉序言》中，把这种精神称之为"入地狱"的精神。他在讲到自己的政治经济学批判著作时说："我的见解，不管人们对它怎样评论，不管它多么不合乎统治阶级的自私的偏见，却是多年诚实探讨的结果。但是在科学的入口处，正像在地狱入口处一样，必须提出这样的要求：

这里必须根绝一切犹豫；

这里任何怯懦都无济于事。"③

马克思实践了自己的诺言。尽管马克思一生备受迫害，屡遭驱逐，特别是晚年，贫病交加，十分困苦，但从不卑躬屈膝，"卖论求官"，丝毫不动摇对真理的信仰和追求。默默地探求真理，大声地宣布真理，勇敢地捍卫真理——这就是马克思的科学良心。

马克思永远面对现实，注视社会迫切问题。他出生在具有思辨哲学传

---

① 《马克思恩格斯选集》，1版，第3卷，574～575页。

② 《马克思恩格斯全集》，中文1版，第1卷，416页。

③ 《马克思恩格斯选集》，1版，第2卷，85页。

统的德国，在开始进入柏林大学时，他仍醉心于创造一个思辨的体系。例如他写了差不多300印张的关于法的理论，“试图使某种法哲学体系贯穿整个法的领域”①。可是与博士俱乐部的交往和参加青年黑格尔运动，改变了马克思的生活方向。他摒弃了虚构哲学体系的纯学术道路，参与实际斗争，从理论上思考迫切的社会问题。在马克思的著作中，可以说没有一篇是与现实无关的纯学术问题。他的博士论文——《德谟克利特的自然哲学和伊壁鸠鲁的自然哲学的差别》，主题似乎是纯哲学的，实际上是以哲学的形式参与反对当时普鲁士专制制度和宗教的斗争。马克思著作现实性的一个突出表现是时间性，它几乎都是对刚刚发生或正在发生的重大事件的分析研究。他在1842年1月写的《评普鲁士最近的书报检查令》就是对德皇威廉四世于1841年12月24日颁布的书报检查令的评论。1842年发表在《莱茵报》的几篇著名评论，抨击的是1841年召开的莱茵省议会中的辩论。1844年初发表在《德法年鉴》的著名文章——《论犹太人问题》和《〈黑格尔法哲学批判〉导言》，回答的是当时德国正在讨论的关于犹太人问题，特别是关于政治解放和人类解放的问题。他写于1847年的名著《哲学的贫困》，是对出版不久的蒲鲁东的《经济矛盾的体系，或贫困的哲学》的评述。马克思的天才著作《路易·波拿巴的雾月十八日》，是对正在发生尚未结束的政治事件的分析。马克思关于中国问题的论述，全是当时正在发生的事，如鸦片战争、太平天国革命，以及列强对中国的军事侵略和经济侵略。即使是《资本论》这部最具有科学水平的巨著，也是马克思对自己生活在其中的社会形态的分析，主要通过对资本主义社会形态产生和发展规律的探求，解决当时社会面临的资本主义社会向何处去的问题。对于马克思来说，背对现在，脸朝过去，是同他的风格不相容的。早在1842年与《科伦日报》的论战中，马克思就抨击了逃避现实问题的纯哲学研究，他批评说，“哲学，尤其是德国的哲学，喜欢幽静孤寂、闭关自守并醉心于淡漠的自我直观”②，提出“任何真正的哲学都是自己时代精神的精华”，“哲学不仅从内部即就其内容来说，而且从外部即就其

① 《马克思恩格斯全集》，中文1版，第40卷，10页，北京，人民出版社，1982。
② 《马克思恩格斯全集》，中文1版，第1卷，120页。

表现来说，都要和自己时代的现实世界接触并相互作用”①。马克思终生恪守这个原则，至死不渝。他晚年的《人类学笔记》，形式上是面向过去，实际上仍然是立足现实，他研究古代社会和东方社会，是为了深入地剖析资本主义社会形态，探索人类社会发展规律的需要。

马克思是科学家，伟大的社会科学家。但同以往的哲学家和社会科学家所不同的是，马克思不仅具有卓越的、多方面的学术成就，而且在人类历史上处于“盗火者”的崇高地位。或者如列宁所说的，马克思教会了工人阶级自我认识和自我意识，用科学代替了幻想，把伟大的认识工具给了人类，特别是给了工人阶级。马克思为人类特别是为工人阶级锻造了伟大的认识工具，使长期在黑暗中徘徊的人类手中有了照亮前进方向的火炬。马克思是无产阶级的普罗米修斯。

人类思想史上，有成就的思想家为数不少，他们在不同程度和不同领域对人类文化作出了贡献，但并不是每个思想家都能处于“盗火者”的地位。这不是单纯取决于个人的才智，更重要的是时代。马克思生活的19世纪上半叶，可以说是“世纪的转换”的时代。这是挣脱了封建束缚的生产力迅速发展的时代，也是资本主义生产方式矛盾开始激化的时代。1825年的第一次经济危机和1830年的法国六月革命，震动了人们的头脑。这样的时代需要一个什么样的人物？是需要一个耶稣基督、释迦牟尼，还是需要阐明他们的历史地位和使命以及出路的科学家？19世纪40年代的狂风暴雨，使以救世主和预言家自诩的各种空想社会主义者一个个从政治舞台上消失了，新兴的开始壮大的无产阶级，需要的是科学，而不是幻想；是战斗的号角，而不是泪水和温情；是对现实的理解，而不是来世的预言。谁能科学地分析开始暴露出来的矛盾并指出解决这个矛盾的方式和途径，谁就处于“盗火者”的地位，而被永远铭刻在历史的丰碑上。马克思恰逢其时，并以自己的才智和革命热情，为人类的解放送来了科学的火炬。

二、作为伟大革命家的马克思

马克思是科学家，又是革命家，而且按照恩格斯的说法，“首先是一

---

① 《马克思恩格斯全集》，中文1版，第1卷，121页。

个革命家。以某种方式参加推翻资本主义社会及其所建立的国家制度的事业，参加赖有他才第一次意识到本身地位和要求，意识到本身解放条件的现代无产阶级的解放事业——这实际上就是他毕生的使命”。

这实际上也是马克思逝世时的一种国际性的评论。《科伦日报》的社论称马克思是“无私无畏的工人阶级的解放者”，布达佩斯的《工人纪事报》赞扬马克思是“推动地球运转的最卓越的人物之一”。①

在当代西方某些学者的眼中，马克思作为革命家的形象淡忘了；马克思主义已经不是无产阶级革命的理论，而是一种文化现象；它的产生不是由于工人运动和无产阶级的需要，而是文化发展的产物；至于马克思本人，已经不是革命家，而是哲学人类学家，甚至是温情脉脉、向众生宣扬福音的传道者。胡克在《卡尔·马克思的第二次降临》中宣扬的就是这种观点。他说：“在第二次降临时，马克思既不是穿着风尘仆仆的常礼服的经济学家、《资本论》的作者，又不是一个革命者和鼓舞人心的《共产党宣言》的作者，而是穿着哲学家和道德预言家的服装，带来了令人喜悦的人类自由信息的马克思，这种信息的力量超越了阶级、政党和宗派的狭隘的视野。”②

作为科学家的马克思和作为革命家的马克思是二位一体的。马克思是科学家，革命的科学家；马克思是革命家，科学的革命家。革命性和科学性的融合，是马克思作为新型思想家的特征。

马克思的革命道路，经历了从争取精神自由到争取物质利益，从为知识分子、农民辩护到探求私有制和雇佣劳动的本质，从争取政治解放到争取人类解放的过程。马克思开始是一个革命民主主义者。他的博士论文，特别是《评普鲁士最近的书报检查令》，以及发表在《莱茵报》上一系列才华横溢、如刀似剑的评论，表明了马克思的反对普鲁士专制制度的政治立场。从 1843 年 10 月，马克思离开德国到达新世界的首府法国巴黎以后，通过对法国革命史和法国的社会现实的研究，通过政治经济学的研究，逐步把争取无产阶级和人类解放当作自己毕生的使命。《论犹太人问

① 参见菲利普·丰纳编《马克思逝世之际》一书中各报刊社论。
② 胡克：《卡尔·马克思的第二次降临》，载《纽约时报》，1966-05-22。

题》和《〈黑格尔法哲学批判〉导言》是这个转折的关节点。

马克思作为革命家，集中表现在：创立革命的理论，缔造革命的组织，参加实际革命斗争。

马克思非常重视创立革命理论。早在1842年10月发表的《共产主义和奥格斯堡〈总汇报〉》的文章中，马克思对当时一些空想社会主义者仍醉心于各种移民区试验的做法发表了评论。马克思认为极为急迫的是对共产主义进行科学的理论论证，而不是试验，把对共产主义进行理论探讨，置于各种各样的试验之上。他说："我们坚信，真正**危险**的并不是共产主义思想的**实际试验**，而是它的**理论论证**。"① 因为在马克思看来，只有真正科学的理论，才是"掌握着我们的意识、支配着我们的信仰"② 的理性力量。

在《〈黑格尔法哲学批判〉导言》中，马克思还形象地把革命理论比喻为迎接革命风暴的"闪电"，说："思想的闪电一旦真正射入这块没有触动过的人民园地，**德国人**就会解放成为**人**。"③

恩格斯也发表了同样的看法，他的说法非常幽默而深刻："如果我们有哲学家和我们一起思考，有工人和我们一起为我们的事业奋斗，那末世界上还有什么力量能阻挡我们前进呢?"④ 无产阶级革命不是以头立地的理性革命，也不是无头脑的革命。它的头脑就是马克思主义。马克思革命工作的焦点，就是为无产阶级这个人类解放的心脏安放头脑。

对于马克思来说，问题不仅在于要创造一种科学理论，而且要向工人宣传这种理论⑤，根本改变以往社会主义理论同工人运动相脱离的状况。为此，1846年马克思和恩格斯在布鲁塞尔成立共产主义通讯委员会，积极与各国社会主义者和工人团体建立联系，彼此交流各国社会主义运动的情况，向他们宣传自己的观点。马克思还通过布鲁塞尔的德意志工人协会

---

①② 《马克思恩格斯全集》，中文1版，第1卷，134页。

③ 同上书，467页。

④ 《马克思恩格斯全集》，中文1版，第2卷，595页，北京，人民出版社，1957。

⑤ "我们有义务科学地论证我们的观点，但是，对我们来说同样重要的是：使欧洲无产阶级，首先是使德国无产阶级相信我们的信念是正确的。"（《马克思恩格斯全集》，中文1版，第21卷，248页，北京，人民出版社，1965）

进行宣传和教育工作。他的重要著作《雇佣劳动和资本》就是1847年12月在德意志工人协会作的报告。马克思极其通俗地阐述了复杂的经济学问题，使普通工人对工资和雇佣劳动的本质有着比较正确的理解。可以说，马克思终生都注意通过各种方式向工人进行教育。他的全部著作，首先面对的不单纯是“学术界”，而首先是工人。

在马克思创立和宣传自己科学观点的革命工作中，一个非常显著的特点是，马克思非常重视报纸工作。他在写于1842年6月的《第179号〈科伦日报〉社论》中，批评德国思辨哲学，提出“把禁欲主义的神甫法衣换成报纸的轻便时装”①。报纸是马克思阐述自己观点的重要阵地，如1842年《莱茵报》、1844年巴黎《前进报》、1847年《德意志—布鲁塞尔报》、1848—1849年《新莱茵报》、1859年《人民报》、1852—1861年《纽约每日论坛报》，等等。马克思在报纸上发表了许多具有战斗性、现实性、科学性的评论和文章，阐述和宣传了自己的科学观点。

马克思也非常重视革命的组织工作。在马克思之前，已经出现过各种性质的工人组织，如巴贝夫的“平等派同盟”、布朗基的“四季社”、德萨米的“平等主义工人社”、魏特林的“正义者同盟”，至于工人为了保卫工资而组织的互助性质的团体更是普遍。但是当时的工人团体，或者是纯经济组织，或者是缺乏科学理论的少数人的密谋组织，不可能担任起领导和组织工人进行群众性斗争的任务。1843年10月，马克思到巴黎之后同工人组织及其领导人开始发生接触，并逐步发现他们政治的和理论的弱点，意识到无产阶级必须建立起不同于受各种空想社会主义、小资产阶级平均主义支配的革命组织。马克思参加了共产主义者同盟，并出席了在伦敦举行的共产主义者同盟的第二次代表大会，并同恩格斯一起，为同盟拟定了一个纲领性文件——《共产党宣言》。尽管共产主义者同盟随着1848年革命的失败而终于解散，但马克思改造共产主义者同盟，特别是《共产党宣言》的拟定，是创建无产阶级政党的有益尝试。

1863年7月，英、法两国的工人代表商定筹建一个无产阶级国际政治组织，马克思被邀请参加筹建工作。1864年9月28日，英、法的工人

---

① 《马克思恩格斯全集》，中文1版，第1卷，120页。

代表团以及其他国家的民主派和流亡组织的代表，在伦敦举行会议，正式成立了第一个无产阶级群众性的国际组织——国际工人协会，通称第一国际。马克思当选为领导委员会委员并被选入起草国际工人协会纲领性文件的小委员会。国际工人协会的最初一批纲领性文件出自马克思的手笔。马克思是第一国际的灵魂，是第一国际的创始人和领袖。马克思在第一国际中的活动，是马克思最重要的组织活动。马克思还非常关注欧美各国创建群众性社会主义政党的运动，从理论上和思想上给予指导和帮助。

马克思生活的年代，资本主义正处在它的工业化进程之中。生产迅速发展，但各种社会矛盾逐步尖锐并日益激化。马克思着重从理论上思考这些矛盾，但只要一旦发生革命，马克思就勇敢地投入战斗。马克思亲身参加了欧洲 1848 年革命。他积极参加布鲁塞尔的共和派的武装起义，拿出一大笔钱来武装当地工人；当德国三月革命发生后，马克思组织德国工人、共产主义者同盟的盟员和工人俱乐部会员回德国参加斗争，并起草《共产党在德国的要求》，印成传单连同《共产党宣言》带回德国散发。马克思还回到德国科伦，创办《新莱茵报》，积极参加德国的革命。

马克思对待巴黎公社的态度是一个真正革命者的态度。尽管马克思开始反对巴黎工人在不利的形势下仓促起事，但当巴黎工人奋起革命时，马克思竭力支持。马克思同公社领导人有直接联系，提出过建设性的意见，发动声援和支持公社的斗争，公社失败后，又热情组织对公社流亡者的援助。

马克思还热情支持中国、印度以及其他被压迫民族的斗争。

恩格斯曾热情赞扬文艺复兴时期涌现的巨人："一些人用舌和笔，一些人用剑，一些人则两者并用。因此就有了使他们成为完人的那种性格上的完整与坚强。书斋里的学者是例外：他们不是第二流或第三流的人物，就是唯恐烧着自己手指头的小心翼翼的庸人。"① 真正用笔和剑进行战斗，具有性格上完整和坚强的完人是马克思，他作为科学家和革命家完美结合而成为无产阶级革命时代的巨人。尽管他生前备受迫害和中伤，死后获得极大的殊荣，但他始终是雄踞无产阶级实践领域和理论领域高峰的革命

① 《马克思恩格斯选集》，1 版，第 3 卷，446 页。

领袖。

三、用真理征服世界

真理开始总是掌握在少数人手中。当马克思同恩格斯手挽手向旧世界宣战时，他们还只是欧洲两个名不见经传的年轻人。

马克思生活的时期，是马克思主义创立和传播的时期，是在争取自己的生存权并力图深入正在兴起的工人运动中去的时期。

在马克思主义生前的头半个世纪中，马克思主义在工人运动中并不处于支配地位，它只是无数社会主义派别和思潮之一。马克思一生中，曾不断与各种敌对理论斗争。在19世纪40年代前半期，批判青年黑格尔派、“真正社会主义者”和魏特林主义；40年代末，在经济理论方面进行了反对蒲鲁东主义的斗争；50年代完成了批判1848年欧洲革命中显露过头角的党派和学说；60年代反对拉萨尔主义；70年代反对巴枯宁主义和杜林主义。其中没有任何一个学派和思潮的代表自称为马克思主义者，而是以自己的观点同马克思的观点相对立。这种斗争不是表现为马克思主义和以马克思主义为旗号的各种思潮的斗争，而是马克思主义和各种敌对理论之间的斗争。

这种斗争的优点是，争论的双方旗帜鲜明，观点明确，分歧清楚，不像以马克思主义为旗帜的假马克思主义观点，往往模棱两可，难以捉摸。

历史赋予马克思的使命，不仅要创立一种科学的理论，而且要把这种理论灌输到工人运动中去。如果说，当代斗争的特点是力图把马克思主义从工人运动中赶出去的话，马克思时代的特点则是挤进来，使马克思主义成为工人运动中处于支配地位的思想。

在马克思主义产生之前，西欧资本主义比较发达国家的工人早已进行了斗争，如破坏机器的卢德运动和各种经济斗争。各种性质的工人团体甚至政治性的组织也已出现。19世纪上半期的里昂工人起义，英国的宪章运动，德国的西里西亚纺织工人起义达到了高潮。但在当时，整个工人运动缺乏一个科学的、完整的指导思想。马克思主义产生后的首要任务，就是要同工人运动中的各种错误理论作斗争。无论是早期反对“真正的社会主义”，批判克利盖，反对魏特林，反对蒲鲁东，还是后来反对拉萨尔、巴枯宁，集中到一点就是力图把各种宗派主义、空想主义、小资产阶级平均主义、无政府主义、工团主义从工人运动中驱逐出去。

恩格斯非常清楚地阐明了这种斗争的实质。他和马克思为什么对微不足道的杜林如此重视呢？原因在于杜林把已被马克思从工人运动中驱逐出去的东西重新复活起来。恩格斯在致左尔格的信中说："几十年来我们花费了许多劳动和精力才把**空想**社会主义，把对未来社会结构的一整套幻想从德国工人的头脑中清除出去，从而使他们在理论上（因而也在实践上）比法国人和英国人优越，但是，现在这些东西又流行起来，而且其形式之空虚，不仅更甚于伟大的法国和英国空想主义者，也更甚于魏特林。"①

19 世纪，在马克思生活和战斗的英、法、德诸国，无产阶级是被统治阶级，马克思凭借什么力量，能够逐步击败自己的理论对手，成为工人运动中的指导思想呢？他不可能凭借自己的权势和地位，他是一位贫病交加，被统治者迫害的流亡者。马克思在理论斗争中，没有渗入任何非理论的因素，而完全是凭借真理的力量。

"理论只要彻底，就能说服 ad hominem〔人〕。所谓彻底，就是抓住事物的根本。"② 这是马克思的名言。马克思击败敌手，正因为他创立了唯物史观和剩余价值学说，并在此基础上对无产阶级解放的道路和条件给予了科学的说明。它以其科学性和革命性，最容易为工人阶级所接受、所理解。

这是真正的理论斗争，而不是权力之争。失败者没有被流放、被驱逐、被判刑，而是丧失了自己在工人运动中的影响。斗争的结果是留下一系列重要著作：《德意志意识形态》、《神圣家族》、《哲学的贫困》、《哥达纲领批判》、《反杜林论》等等以及一大批评论和论文。这是真理对谬误的胜利。这种胜利没有窒息真理，而是发展真理。在 19 世纪下半叶，马克思主义就是在这种斗争中不断前进的。

19 世纪是马克思主义在理论上胜利的时期。正是在这个过程中，马克思主义逐步一体化，形成完整的科学体系；也正是在这一过程中，马克

① 《马克思恩格斯选集》，1 版，第 4 卷，418 页。

② 《马克思恩格斯全集》，中文 1 版，第 1 卷，460 页。

思主义成为工人运动中处于支配地位的理论形态。

当然，在马克思生活的年代，各种对马克思主义的曲解已经开始了。亨利·库诺说："早在卡尔·马克思和弗里德里希·恩格斯在世的时候，对马克思学说的古怪的篡改和解释曾多次出现，特别是在法国。"① 例如，马克思在他生命的晚年，就对法国马克思主义者狭隘地、教条主义地解释马克思主义非常不满，以至他否认自己是马克思主义者。②

可是，真正打着马克思主义的旗帜，站在马克思主义的基础上对马克思主义进行"修正"的，是在马克思和恩格斯逝世以后。始作俑者应该首推第二国际后期的首要人物伯恩施坦。

① 亨利·库诺:《马克思的历史、社会和国家学说》，第1卷，1页。

② 参见《马克思恩格斯全集》，中文1版，第35卷，385页，北京，人民出版社，1971。

第二章　黄金时代出现的“危机”

马克思以其学说的科学的逻辑力量和强烈的时代感，吸引了众多的崇拜者。在他的名字下，汇集了一大批才华横溢的思想者，形成一支阵容可观的马克思主义理论队伍。这些理论家以极大的热情来研究和宣传马克思的学说，利用各种讲坛、集会、报刊等，使马克思主义在世界范围内得到广泛传播。这种空前盛况最初出现在第二国际时期（1889—1914 年），即使是科拉科夫斯基也把这一时期称作马克思主义的黄金时代。①

理论的命运常常同历史的进程息息相关。19 世纪与 20 世纪之交的历史性转折导致了这样一种戏剧性的变化：原来形式上统一的马克思主义理论阵营出现了分化。这种分化在理论上主要表现为对马克思学说解释上的歧见，其中有的走向马克思主义的反面。这种状况似乎表明马克思主义在现实面前遇到了危机。这种兴盛下的“危机”的出现，促使人们去反思马克思主义的本质，去探询马克思主义的命运。

一、在历史的转折点上

对于纯粹从书斋里孵化出来的理论学说，人们并不关心其命运如何。因为它既远离历史又脱离现实，无所谓遇到“挑战”、“危机”之类的问题。然而对于反映时代精神，关系人类命运的马克思主义理论，人们则始终关注其历史命运。

---

① 参见科拉科夫斯基：《马克思主义的主要流派》，第 2 卷，1 页，牛津，1981。

19世纪末20世纪初，欧洲主要资本主义国家的经济形势和工人运动状况出现了转折性的变化。现实的波澜掀起理论的狂飙。在马克思主义理论队伍内部，爆发了一场世人瞩目的大论战。自从马克思和恩格斯这两位思想巨匠辞世后，他们所创立的学说第一次被他们的学生置于历史的天平上来评判。牵动第二国际内部的马克思主义理论家神经的核心问题是：马克思对资本主义制度命运和无产阶级革命策略的估价是否过时？伴随这一问题，他们还围绕马克思主义的哲学、政治经济学和科学社会主义等领域中的一些重大理论问题展开了争论。

19世纪末20世纪初的欧洲，与马克思主义的创立时期相比，有了一些新的特点。这首先表现在资本主义由自由竞争时期发展到了垄断阶段。马克思在世的时代，呈现在人们眼前的资本主义是资本的残酷竞争，社会矛盾的日益激化，工人状况的惨不忍睹，以及经济、政治的危机四伏，资本主义的灭亡似乎指日可待。然而，资本主义在其发展过程中，采用了一些新的措施和调节手段，扩大了资本主义生产关系的容纳能力，促进了生产力和科学技术的发展。当资本主义进入帝国主义阶段时，欧洲一些主要的资本主义国家出现了暂时的和平繁荣景象。于是，资本主义必然崩溃的结论是否过时的问题被尖锐地提了出来。

与上述资本主义发展的新特点相联系，无产阶级政治运动的状况也出现了较大的变化。德国是当时马克思主义传播和无产阶级政治运动的中心，而且也是爆发马克思主义与修正主义论战的中心。德国社会民主党在俾斯麦的反社会党人非常法实施期间，不仅没有被削弱，反而更加壮大，获得愈来愈多的拥护者。党在19世纪70年代末的选举中已获得超过10%的选票；80年代末，党在选举中已获得50多万张选票。1890年1月，德国政府废除了反社会党人非常法，开始采用自由主义的“新方针”，对无产阶级采取“温和”的政策。2月，党在选举中获得将近150万张选票，取得了巨大胜利。社会民主党在议会中的地位的提高，造成了可以和平进入社会主义的假象。不仅在德国，而且在英国、法国、奥地利、意大利等国，无产阶级与资产阶级的政治力量对比也出现了有利于前者的变化。无产阶级政党已经能够更多地利用资产阶级的法律进行合法斗争。此外，先期出现的各国社会主义，如英国的工联主义和费边主义，法国的可能主义，德国的拉萨尔主义和福尔马尔主义也泛滥起来，对无产阶级革命队伍中出现的怀疑暴力革命的观点起了推波助澜的作用。于是，马克思关于暴力革命的论断是否过时的问题也被十分尖锐地提了出来。

欧洲各国的经济、政治形势促使人们不仅认真思考资本主义的命运和无产阶级政治斗争的策略这两个最敏感的问题，而且涉及与此密切关联着的马克思主义的一系列重大理论问题，诸如马克思主义的哲学基础的性质、劳动价值理论和剩余价值理论的科学性、无产阶级的贫困化、科学社会主义的根据、社会历史过程的必然性与偶然性、科学与价值的矛盾，等等。

对于上述问题，第二国际后期的理论家展开了激烈的争论。恩格斯在世时，虽然已在“国际”内部出现了一些原则性的分歧，但就上述重大问题还未形成两军对垒的明朗格局。由于恩格斯的逝世，第二国际内部失去了伟大的革命领袖和理论权威，遂使原来形式上较为统一的马克思主义理论队伍迅速出现分裂。一方是以伯恩施坦为代表的修正主义者。他们以“反对教条主义”为口号，借口现实中出现的新情况需要作出新的理论概括而“修正”马克思的学说。他们创办了《社会主义月刊》，以此同德国社会民主党的正式机关刊物《新时代》分庭抗礼。与伯恩施坦联袂并呼应的，有路德维希·沃尔特曼、施陶丁格尔、大卫、海涅、康普夫麦尔、艾斯纳以及大部分奥地利马克思主义者。另一方则是以德国社会民主党内的领导人和一批主要的理论家为核心的“正统派”，其中有倍倍尔、李卜克内西、卢森堡、蔡特金以及俄国的普列汉诺夫等人。“正统派”坚持马克思主义的基本立场，对修正主义者发起了攻势猛烈的反击。由于论战双方处在理论与现实的交叉点上，因而各自展示的观点十分复杂。

第二国际后期所出现的这一理论现象是否表明马克思主义真正遇到了危机?

当时面对伯恩施坦等人对恩格斯的哲学思想和社会主义思想的指责，普列汉诺夫在给考茨基的一封信中不无伤感地写道：“我们正在经历着危机，我为此难过极了。”① 这句话表明了当时第二国际许多左派理论家的

① 《德国社会民主党关于伯恩施坦问题的争论》，6页，北京，三联书店，1981。

心态。这种心态应是很自然的。因为在马克思主义内部出现的对马克思和恩格斯思想的指责，远远要比来自马克思主义外部的攻击对人们的震动大得多。更何况发难者又都曾是恩格斯的密友或学生，是一些一度颇有影响的马克思主义理论家。当然，应该肯定伯恩施坦等人提出的问题大都是现实中所存在的，然而由于他们未能全面把握时代的特点和马克思主义的本质，所以才往往得出了既违背现实又与马克思主义的科学本质相抵牾的结论。

马克思和恩格斯在特定历史条件下所作出的个别结论，可能会被历史发展所修正，但是马克思主义的本质的东西却并未因时代的变化而过时。的确，第二国际内部存在着的一些庸俗马克思主义倾向，在富于生机活力的现实面前显得苍白无力，死板僵化。但本来属于马克思主义本质的东西，应当同别人附加的、与马克思主义本质不符而又名之曰“马克思主义”的东西区别开来。伯恩施坦等人对马克思主义的歪曲、发难不能被视为马克思主义的危机，他们只是把庸俗马克思主义置于极为困窘的境地，而马克思主义本身并不存在危机。所以，真正可以称作危机的是第二国际的一些理论家附加给马克思主义的那些庸俗化的东西和教条主义的倾向。

马克思主义发展史表明，在每一个历史转折的关头，马克思主义学说都要经受严峻的考验。在依据现实来发展马克思主义的过程中，必然会出现偏差乃至谬误，即便是那些理论素养较好、马克思主义立场较为坚定者也会如此。发展马克思主义同反击修正主义、捍卫马克思主义在当时是同一性质的、极为艰巨的工作。马克思主义没有也不可能预言历史进程的每一个变化，仅仅固守马克思的具体结论，并不是对待马克思主义的正确态度。第二国际的左派理论家在捍卫马克思主义的过程中，作出了杰出的贡献，但也暴露了许多不足，并且对后人产生了较大的影响。

纵观整个马克思主义发展的历史，马克思的学说被后人进行多种解释乃至全面的“修正”，肇始于第二国际后期。理论是在论争中发展的。对历史上曾出现过的论争作一番考察，同样对理论的发展大有裨益。对在19世纪和20世纪之交马克思主义内部爆发的论战中所出现的五花八门的观点作一些透视，无疑会获得关于发展马克思主义的启示。

二、“信奉者”的倒戈

在第二国际时期，最富有戏剧性色彩的人物莫过于伯恩施坦。

爱德华·伯恩施坦（1850—1932）在第二国际前期，曾是名噪一时的马克思主义理论权威，并担任过德国社会民主党机关报《社会民主党人报》的主编。当他于1896—1898年在《新时代》杂志上以《社会主义问题》为总标题发表了一系列的文章后，顿时在第二国际内部引起轩然大波。之后，他将自己关于对马克思主义“修正”的观点系统整理成书，于1899年2月出版了《社会主义的前提和社会民主党的任务》。列宁将此书斥之为“马克思主义内部完全脱离了马克思主义的一个流派的宣言”①，并认为在这本书中，“曾经是正统派马克思主义者的伯恩施坦以最嚣张的态度和最完整的形式提出了对马克思学说的修改，对马克思学说的修订，即修正主义”②。

伯恩施坦对马克思主义的“修正”，是现实的社会主义运动在理论上的折射。这种“修正”，既非像有的人简单指责的那样是“精神错乱”的结果，也不尽是纯粹在书斋里杜撰出来的东西。当资本主义的命运和无产阶级政治斗争策略等问题在新形势下更尖锐地提出来的时候，每一个马克思主义者都应对此作出回答。伯恩施坦的观点最具有欺骗性的是他打着反教条主义的旗帜。在他看来，新时代已来临，必须审视社会民主党用来迎接这个时代的“精神武器”。他认为，社会民主党在理论上的首要任务就是克服空想社会主义及其理论前提——教条主义。在他看来，那种曾被马克思和恩格斯批判过的自命为“替未来的餐馆开的菜单”的空想社会主义，即对未来社会组织作详细描绘、设计的空想社会主义已经绝迹，但另一种空想社会主义却还存在。这种空想社会主义就是“假定从资本主义社会到社会主义社会有一个飞跃”。伯恩施坦说：“他们画了一条界线：这边是资本主义社会，那边是社会主义社会。根本不谈在资本主义社会里的有系统的工作。”③ 这些空想社会主义用马克思、恩格斯的口号来“装饰”。

① 《列宁全集》，中文1版，第17卷，第43页，北京，人民出版社，1959。

② 《列宁全集》，中文1版，第15卷，14页，北京，人民出版社，1959。

③ 《伯恩施坦言论》，28页，北京，三联书店，1973。

“即使是最科学的理论，如果对它的结论作出教条主义的解释，也会引导到空想主义。”① 在“反对教条主义”的口号下，伯恩施坦对马克思主义的哲学、经济学和政治理论作出了“新”的解释，并以此来论证他关于反对“崩溃论”和“暴力论”的观点。

伯恩施坦不仅同第二国际的“正统派”展开论战，而且对马克思和恩格斯提出批评，他说，马克思和恩格斯据以建立社会主义学说的理论基础是他们的历史观，而他们的历史观的核心是只强调历史的必然性，把历史的一切过程、因素归结为机械的物质运动的必然性。伯恩施坦专门分析了马克思《〈政治经济学批判〉序言》中关于历史唯物主义的经典表述，认为它存在着严重的机械论倾向。“‘意识’和‘存在’被如此截然地对立起来，以致几乎可以得出这样的结论，就是说把人仅仅看成历史力量的活的代理人，他几乎是违反着自己的意志而执行历史力量的任务。……整个说来，人的意识和意愿表现为非常从属于物质运动的因素。”② 他还认为在《资本论》中，马克思同样有“带有宿命论音调的句子”。据此，伯恩施坦提出要对马克思主义历史观进行“修正”，即主张不应局限于马克思关于历史观的论述，而应充分考虑到当代社会中个人和整个民族使自己生活的愈来愈大的部分摆脱了无须他们的意志或者违反他们的意志实现的必然性的影响，并用这种观点来“扩充”唯物史观，而这种经过“修正”的马克思主义历史观并不认为各民族生活的经济基础对各民族生活的形态具有无条件的决定性影响。

伯恩施坦所关注的马克思主义哲学中的第二个问题就是辩证法问题。在他看来，这个问题是“马克思和恩格斯学说最致命之点”③。马克思在研究经济学时，受到了黑格尔的矛盾辩证法残余的“蒙骗”。马克思和恩格斯似乎一生都没有彻底摆脱这一残余。黑格尔的矛盾逻辑会使人们不知不觉地进入“概念的自我发展”的圈套。“一旦根据这些原理来演绎地预测发展，那末任意构想的危险也就已经开始出现。其发展被论及的事物愈

---

① 《伯恩施坦言论》，28页。
② 同上书，83页。
③ 同上书，99页。

复杂，这种危险就愈大。”[①] 由此推论，“黑格尔辩证法是马克思学说中的叛卖性因素，是妨碍对事物进行任何推理正确的考察的陷阱”[②]。因而可以得出结论，对于马克思和恩格斯根据辩证法来考察政治斗争的专著，以及他们关于以经验对于暴力的决定性影响为出发点的理论，都应从与他们不同的角度来加以考察。

伯恩施坦的上述观点，表明了他在对社会主义理论的哲学根据的理解方面，试图淡化马克思主义哲学关于历史必然性，特别是社会经济运动的规律性的观点，而突出历史过程中的主观因素。伯恩施坦附和了“回到康德去”的口号，因为这一口号从认识论的角度“直接启发”了他。在他看来，康德尽管是先验的唯心主义者，但事实上却是比许多唯物主义者还要严格得多的实在论者。康德不奢求经验世界以外的东西。而在经验世界里，重要的事情就是要关注社会主义运动的“原动力”。这种“原动力”就是利益、认识和道德意识这三种观念力量。在这三种“观念力量”中，要特别注意道德意识。正义等道德力量是一个能起创造作用的力量，它在社会主义运动中是极强大的动力。伯恩施坦对马克思社会主义理论的哲学解释，旨在反对把社会主义的理论与实践建立在社会经济运动的必然性基础之上，而主张以伦理要求或伦理冲动作为社会主义运动的根源。这显然同马克思主义的本意相去甚远。

伯恩施坦不仅对马克思主义哲学颇多微词，而且对马克思主义政治经济学，特别是马克思的价值学说的科学性基本上持否定态度。他认为，马克思的“价值”概念是“纯粹的思维的构想”，而“剩余价值”也不过是“单纯的公式”，是“一个以假说为根据的公式”。这种价值学说“与哥森—杰冯斯—柏姆学派的边际效用价值并无不同。两者都以现实的关系为基础，但是两者都建筑在抽象上面”[③]。“劳动价值绝对不过是一把钥匙……但是从某一点开始这一钥匙就失灵了，因此成了对于马克思的几乎每一个学生都是致命的东西。”因而劳动价值理论和剩余价值理论是“不能为社会主义或共产主义作出科学的论证的”[④]。

---

① 《伯恩施坦言论》，97页。

② 同上书，103页。

③ 同上书，119页。

④ 同上书，121～122页。

对于恩格斯在《哲学的贫困》的序言中所作的马克思是根据日益实现着的资本主义生产方式的崩溃来论证他的共产主义要求的这一论断，伯恩施坦也持反对态度，认为马克思主义关于资本主义社会阶级关系和阶级结构的理论不符合现实。他说："如果社会是按照社会主义学说迄今所设想的那样构成或者发展下来的，那末经济崩溃当然只能是一个很短时期内就要发生的问题了。但是正如我们所见到的，情况恰好不是这样。社会结构同从前比起来远没有简单化，不如说它无论就收入水平还是就职业活动来说，都高度地分极和分化了。"① 他从两方面说明社会各阶级的收入状况不会导致阶级矛盾的激化。一方面，工人所生产出来的剩余产品的绝大多数并不为资产阶级所占有，纵使资本家比工人的肚子还要大十倍，有着多于实际所有的十倍的仆人，但他们的消费所用只不过是剩余产品这一"天平上的一根羽毛"而已。那些剩余产品如不是以种种方式流入无产阶级手中，那么它们一定正好是被其他阶级拿去了。另一方面，社会财富的分散导致一个人数众多的中等阶级的出现，导致了有产者的人数绝对地而且相对地增加了。概言之，资本主义社会的贫富两极分化在逐渐消失。

在伯恩施坦看来，资本主义经济的发展也消除了它的尖锐对立。"随着经济发展的迈进，一般说来我们将根本不再遇到一向的那种营业危机，所以必须抛弃一切把它当成巨大社会变革的前导的那种冥想。"② 资本垄断的出现使大企业和小企业之间消除了竞争。世界市场的扩大，通讯和交通运输的改进，现代信用制度的灵活性和卡特尔的兴起，以至于至少在较长一段时期内不会发生像以前类型的经济危机。伯恩施坦断言，如果认为普遍危机应当是资本主义生产的内在规律，那么它必须在现在或者在最近的将来证明自己的真实性，否则它的不可避免性的证据就浮在抽象思辨的空中了。

在对马克思主义哲学和马克思主义经济学进行"修正"之后，伯恩施坦又进一步地"修正"马克思主义的政治学说即科学社会主义。

伯恩施坦说："马克思和恩格斯以激进的黑格尔辩证法为基础，达到

① 《伯恩施坦言论》，126页。
② 同上书，37页。

了同布朗基主义十分相似的学说。”① “《共产党宣言》的革命的行动纲领是彻头彻尾布朗基主义的。”② 他认为马克思和恩格斯所主张的阶级斗争学说，不过是崇尚暴力斗争的布朗基主义的翻版，因为它过高估计了革命暴力对于现代社会的社会主义改造的创造力。马克思的社会主义理论是以作为社会发展基础的经济为出发点而把暴力崇拜发挥到顶点的理论。对布朗基主义的批判也就是马克思主义的自我批判，其中首先是它的辩证法的自我批判。无产阶级专政这一词句今天已经完全过时，以致只有把它的实际意义去掉并且赋予它随便什么削弱了的意义，才能使它和现实相一致。阶级专政属于较低下的文化，是一种政治上的返祖现象。无产阶级及其政党不应热衷于阶级斗争和暴力革命，而应关注普选权等这样的民主权利。

伯恩施坦把马克思对科学社会主义的建构比作“在一个现成的脚手架的框框里建造一座巨大的建筑物”③。当辩证法这个脚手架限制了建筑物，从而使建筑物不能自由发展时，马克思不去拆毁脚手架，却不惜牺牲比例而在建筑物上作了改变，从而使建筑物更加从属于脚手架。这就表明马克思这位“伟大的科学天才原来到底是一种教义的俘虏”④。于是，科学社会主义在伯恩施坦眼里就成了一种削足适履的产物。那么他所理解的社会主义理论应该是怎样的呢？他说：“我实际上并不认为社会主义的胜利要取决于它的‘内在的经济必然性’，不如说我认为给社会主义提供纯粹唯物主义的论证，既是不可能的，也是不必要的。”⑤ 他还认为，社会主义者所应关心的不是比较遥远的将来，而是现在和最近的将来要做些什么。争取民主和造成政治的和经济的民主机关，是实现社会主义的不可缺少的先决条件。资本主义社会的各种自由制度同以往的各种封建主义制度不同，具有伸缩性，有变化和发展能力。用不着炸毁它们，只需要继续发展它们。为此需要组织和积极的行动，而不需要革命的专政。消费合作社是一种有生命力的社会机体，是克服剥削的一种手段，工人阶级依靠它就能夺取社会财富的很大一部分，不必诉诸暴力。正是基于这些论点，伯恩施

① 《伯恩施坦言论》，105 页。
② 同上书，106 页。
③④ 同上书，218 页。
⑤ 同上书，219 页。

坦提出了他的最著名的公式："我坦白说，我对于人们通常所理解的'社会主义的最终目的'非常缺乏爱好和兴趣。这个目的无论是什么，对我来说都是完全微不足道的，运动就是一切。所谓运动，我所指的既是社会的总运动，即社会进步，也是为促成这一进步而进行的政治上和经济上的宣传和组织工作。"① 这的确是"坦白"。"社会主义的最终目的是微不足道的，运动就是一切"，比千言万语更能表达伯恩施坦背叛社会主义革命的本质。从伯恩施坦的论述中不难看到，他劝告人们不要期待也不必期待资本主义经济制度的即刻崩溃；无产阶级政党目前和今后长时期应当做的工作，是在政治上把工人阶级组织起来和训练他们运用民主，为按民主的精神改造国家制度的改革而斗争。人们不必为最终目的而奋斗，社会愈富足，社会主义的实现就愈容易而且愈有把握。总而言之，在伯恩施坦看来，资本主义完全可能和平进入社会主义。

伯恩施坦从各方面对马克思主义所作的"修正"，是马克思主义理论史上的一个重大事件。如果承认他的"修正"是正确的，那么无疑是宣布了马克思主义理论陷入全面的危机；如果简单地宣布他是在发一通"热昏的胡话"，那么无疑又是在回避问题，无助于人们认真解决现实对马克思主义所提出的问题。我们有必要结合第二国际内部的正统派反对修正主义者的斗争，来进一步分析伯恩施坦等人的错误。

三、问题与答案

修正主义无论在理论上还是在实践上都造成了极坏的后果。修正主义通常被看成对马克思主义的背叛，这是正确的。但修正主义作为特定社会历史条件下的产物，作为在马克思主义内部所产生的一种特殊理论现象，其特征和意义值得人们去深思。

修正主义在理论形式上并不摒弃马克思主义，而是站在马克思主义的基地上同马克思主义作战。考茨基作为第二国际"正统派"的代表、伯恩施坦的主要论敌，起初也被修正主义的这种表面现象所迷惑。难怪伯恩施坦在向"正统的"马克思主义发难之初，考茨基的态度曾一度动摇不定。

① 《伯恩施坦言论》，40页。

考茨基在致奥地利马克思主义者维克多·阿德勒的一封信中认为，像比利时社会主义的领袖王德威尔德之类没有理论的人还算不上修正主义者，“因为他们没有什么可修正的，因为他们根本没有理论”①。这从一个侧面反映了伯恩施坦等修正主义者对马克思主义理论是谙熟的，而且他们有着完备的修正主义理论。

“修正主义”中的“修正”这个概念的确定含义是指对马克思主义根本原理的背叛，但修正主义者故意混淆修正主义与通常修正的界限，认为马克思本人就在不断修正自己的学说。伯恩施坦列举了《资本论》序言中的两条原理：“一个社会即使探索到了本身运动的自然规律……它还是既不能跳过也不能用法令取消自然的发展阶段。但是它能缩短和减轻分娩的痛苦。”②“现在的社会不是坚实的结晶体，而是一个能够变化并且经常处于变化过程中的有机体。”③ 伯恩施坦认为这两条原理正是包含了对社会主义革命思想的“重要限制”或者“削弱”。他进而认为：“任何修正主义者现在都承认马克思的这两条原理。的确，我乐于承认，修正主义者也许比马克思本人更加重视它们的意义和效力，并且无论如何比一些属于马克思学派但是在修正主义者看来形成了狭隘的马克思主义正统派的人更为重视，这些人认为马克思根据一定的历史前提提出的原理有着持久的教条的力量，而不是承认它只有相对的意义。”④

从形式上看，修正主义对待马克思主义的态度与教条主义的区别在于：修正主义偏重马克思主义原理的相对性，而教条主义则固持马克思主义原理的绝对性，这种两极对立在马克思主义发展史上是交织并存的，即使在反对修正主义的论战中也经常可以看到。奥托·鲍威尔认为：“修正主义的理论不过是庸俗马克思主义的对立物，不过是马克思的学说第一次冲进愈来愈大的原来不属于它的领域时必然出现的贫乏。”⑤ 这一观点片面强调修正主义是作为对庸俗马克思主义（包括把马克思主义机械化、教条化的倾向）的反动而出现

---

① 转引麦克莱伦：《马克思以后的马克思主义》，24页。
② 《马克思恩格斯全集》，中文1版，第23卷，11页，北京，人民出版社，1972。
③ 同上书，12页。
④ 《伯恩施坦言论》，354页。
⑤ 转引麦克莱伦：《马克思以后的马克思主义》，28页。

的，似乎修正主义是在填补马克思的学说所未曾涉猎的空白。倘若真是这样，修正主义对马克思主义的“修正”就应该是天经地义的了。然而问题并非如此。

从当时与修正主义论战的情况来看，许多社会民主党人都维护了马克思的基本学说，认识到了伯恩施坦等人在一系列问题上对马克思主义基本精神的“修正”。倍倍尔、考茨基、普列汉诺夫、卢森堡和蔡特金等人都先后从各个角度反驳了伯恩施坦，特别是对他关于“社会主义的最终目的是微不足道的，运动就是一切”的公式作了批判。从他们的批判和分析中将不难看出，伯恩施坦修正主义的一个最基本的特征就是：从现实的问题入手，得到的却是不符实际的非正确的答案；从反对教条主义出发，却走向了背离马克思主义基本精神的极端。

马克思和恩格斯在创立自己的学说时，无疑要受到一定历史条件的限制。他们既不可能也不希望去对历史发展的未来作出精确的预测和详尽的描绘。面对资本主义发展所出现的一些新特征，以及社会主义运动中民主力量的增强，将马克思主义置于新的历史条件下来考察、检验，是完全必要的，无可非议的。伯恩施坦捕捉到了一些对于社会主义的理论和实践命运攸关的重大问题，确实也看到了在马克思和恩格斯的著作中存在一些要根据新的社会现实予以发展的结论。可是他在试图解决他所提出的问题时，或者为了论证的需要，不仅把本来不属于马克思的东西强加给马克思，而且在马克思学说中制造对立，从而曲解了马克思主义的“原本”；或者以历史条件发生变化为由，不仅将社会主义运动的“手段”和“最终目的”简单地对立起来，而且夸大马克思主义理论的相对性并否定其科学内容。

在伯恩施坦的修正主义言论中，最为幼稚的恐怕要算他对马克思主义哲学的理解了。他把庸俗唯物主义同马克思的历史唯物主义混为一谈，把宿命论同关于社会发展客观规律的科学混为一谈，借反对庸俗唯物主义和宿命论来批评马克思的历史观，试图为在社会经济过程的必然性之外去寻找社会主义运动的现实基础而寻找理论根据。他崇尚达尔文的进化概念，厌恶黑格尔的辩证法，试图将已被科学地改造过的辩证法因素从马克思主义中剔除。事实上，马克思从来就是以批判的态度对待黑格尔的辩证法，并运用其合理形式去科学地考察社会现实问题的。辩证法中的革命性、否定性的可贵本质是与科学社会主义理论完全相容的，毋宁说前者正好构成了后者的方法论中的核心部分。否定了辩证法无疑就抽去了革命理论的基石。不仅第二国际的绝大多数马克思主义者都承认这一点，而且后来的西方马克思主义奠基人卢卡奇也正是针对伯恩施坦对辩证法的轻蔑而提出了历史主客体辩证法。

伯恩施坦与新康德主义有着内在的姻缘。新康德主义的马堡学派的创始人柯亨把伦理学唯心主义当作社会主义的基础，把康德奉为德国社会主义的真正先驱。这种把社会规律性视为来自意识本身而不是社会现实的先验唯心主义观点无疑使伯恩施坦产生了共鸣。他赞成“回到康德去”的口号，试图用康德的“批判精神”来对待马克思主义，用康德的思想来改造社会主义，这同他贬低社会历史过程的必然性、否认辩证法是异曲同工的。社会主义既然是建立在无产阶级的主体要求、伦理冲动基础之上的，那么它的进程、途径、手段、方案等等则可完全取决于社会主义的主体即无产阶级的善良愿望。可见，用康德来改造社会主义是多么荒谬。

劳动价值理论是马克思主义政治经济学的基石，剩余价值理论是马克思的一个伟大发现，是科学社会主义的理论根据之一。伯恩施坦深受庸俗经济学的影响，特别是受到边际论学说的影响，对马克思的价值理论作了庸俗的解释。特别是他步奥地利边际效用论者欧根·庞巴维克的后尘，把马克思对商品价值的科学抽象当作一种非现实的虚构。从这一观点出发，他得出这样的结论：剩余价值理论不过也是一种非科学的假设，因而不可能成为科学社会主义的科学根据。当然，马克思主义的社会主义理论并不仅仅是以剩余价值为科学根据的，但剩余价值理论无疑是科学社会主义的主要理论根据之一。因为对资本主义社会经济矛盾、阶级矛盾的科学分析，主要是依据剩余价值理论展开的。剩余价值理论不仅科学地揭示了工人阶级和资本家阶级对立的深刻的经济根源，说明了工人阶级所处的历史地位，而且指出了资本主义社会的内在矛盾和发展趋势。连考茨基都承认这一点，他说马克思和恩格斯使社会主义从空想变成科学，“是从这一科学地获得的信念出发的：人类社会的发展必然是由经济发展决定的，在有各种对立阶级的社会里是由经济关系引起的阶级斗争决定的”①。离开了

① 考茨基：《疑问的社会主义对抗科学的社会主义》，见《德国社会民主党关于伯恩施坦问题的争论》，376 页。

唯物史观和剩余价值理论，科学社会主义就无从谈起。

伯恩施坦修正主义理论的实质是什么？卢森堡著名的《社会改良还是社会革命》一书的标题正好击中了伯恩施坦修正主义的要害。社会改良和社会革命本来是社会主义实践运动中的两个既相联系又相区别的环节或过程，这两者的关系又始终是社会主义理论中争论不休的问题。伯恩施坦对马克思主义理论的几乎所有的领域进行的“修正”的理论动机和理论实质，可以说都集中在“社会主义的最终目的是微不足道的，运动就是一切”这一公式上。这里需要指出的是，伯恩施坦对“最终目的”尽管有多种解释，如特别是在为回答别人的批评而作的辩护时常常把“目的”解释为对未来社会的组织等作细节的描绘这样一种空想，解释为某种对未来不切实际的遥远的虚幻的追求，或者社会主义的“终极状态”，但是从他提出这一公式的初衷和他的整个思想倾向来看，他所谓的“最终目的”确实是指与“运动”即改良相对而言的“社会革命”。卢森堡、考茨基、倍倍尔、普列汉诺夫等人都针对伯恩施坦把社会改良和社会革命对立起来的错误作了出色的批判。他们一致认为，社会民主党并未放弃而是相当重视资本主义社会发展为社会改良所提供的一切合法机会，但是同时也始终不忘社会主义的“最终目的”即社会革命或通过暴力夺取政权。“社会民主党认为，社会改良和社会革命之间有不可分割的联系，因为，在它看来，为社会改良而斗争是手段，而社会革命是目的。”① “同伯恩施坦及其门徒论辩的问题，最终说来，不是这种斗争方式还是那种斗争方式的问题，也不是这种策略还是那种策略的问题，而是社会民主主义运动的存废问题。”② 生产过程的日益社会化、国家监督的日益扩大、劳资关系的一时缓和，带来了对资本主义国家的迷信，以为在资本主义国家存在的前提下就能逐步实现社会主义。卢森堡还认为，坚持马克思主义的社会民主党是与布朗基主义格格不入的，布朗基主义是要少数密谋者以工人阶级的名义夺取政权，而社会民主党却是要工人阶级自己夺取政权。在关于如何对待资本主义国家避免崩溃而和平进入社会主义的问题上，伯恩施坦对“崩溃论”的

① 卢森堡：《社会改良还是社会革命》，1页，北京，三联书店，1958。

② 同上书，2页。

否定态度也遭到指责。考茨基指出，伯恩施坦的观点不是没有事实根据的，然而这种根据仅仅限于英国，在其他国家却找不到。我们知道，英国是资本主义发展比较典型的国家，但是就它的政治地位和经济方面的发展规律来说，它是一个完全例外的国家。那里的劳资关系非常缓和，有较深的“博爱主义”传统。因此在那里工人有可能在和平的道路上不经过灾变而逐渐取得权力。马克思曾在 19 世纪 70 年代就说过，在这样的国家里从资本主义到社会主义的和平过渡是可能的。仅仅是可能，因为并没有排除灾变。伯恩施坦对当时的和平形势过于乐观，这已为后来频频出现的世界性经济危机和世界大战酿成的社会革命所嘲讽。

当然，伯恩施坦在促使人们思考现实问题方面有过功绩，如蔡特金认为：“伯恩施坦是有巨大功绩的，因为他提出了一系列的问题，这些问题需要进行详尽的、科学的讨论。”① 考茨基在批判伯恩施坦的过程中也说过，伯恩施坦的一系列文章“探讨了很重要的问题，把很重要的问题提出来讨论，这些问题对于我们的精神生活的发展是有益的”②。尽管如此，伯恩施坦在一系列重大问题上都作出了不正确的回答。

在这场论战中也应该看到，马克思主义“正统派”也表现出一些理论上的不足。比如卢森堡关于“最终目的就是一切”③ 的表述有走入另一个极端之嫌，关于“社会主义革命的出发点将是一个普遍的、毁灭性的危机”④ 的判断也过于武断，等等。

四、马克思是一个哲学家吗?

第二国际的一些非常著名的马克思主义理论家，虽然在传播马克思主义理论方面功绩赫赫，在反对修正主义、捍卫马克思主义的斗争中表现非凡，但是在对马克思主义哲学的理解方面却每每存在不足，或者说，哲学问题成为他们的较薄弱的方面。如果从主观方面寻找原因，那就是“第二国际

① 《德国社会民主党关于伯恩施坦问题的争论》，34 页。
② 同上书，44 页。
③ 同上书，38 页。
④ 同上书，116 页。

几乎所有的理论家和领导人的哲学水平，对哲学问题，特别是马克思主义哲学问题的认识水平，都是非常之低”①。考茨基就是一个典型的例子。

考茨基在背叛马克思主义以前，曾写了一系列很有影响的宣传马克思主义观点的著作，其中有《卡尔·马克思的经济学说》(1887年)、《爱尔福特纲领原则部分解说》(1892年)、《土地革命》(1899年)，列宁认为这些著作“将永远是马克思主义的典范”②。但考茨基的深刻见解主要是在历史学、社会学和经济学领域，至于在哲学领域，却显露出与他的才华不相称的肤浅来。他在1901年致普列汉诺夫的信中作了坦率的表白：“哲学从来不是我的专长。”③

1909年，《斗争杂志》登载了考茨基两年前给一个俄国工人的回信。信中说：“您问道：马赫是不是马克思主义者？这要看人们对马克思主义怎样理解。我并不把马克思主义理解为任何哲学，而是把它理解为一种实验科学，即一种特殊的社会观。……马克思没有宣布任何哲学，而是宣布了所有哲学的终结。”④ 在1901年致普列汉诺夫的信中他也说过：“我想即使在某种意义上作为一个新康德主义者，他也可以承认马克思主义的历史学说和经济学说。”⑤ 这无异于在说，马克思没有自己的哲学，马克思只是一个历史学家、社会学家、经济学家，而不是哲学家！这种近乎荒唐的判断不能被简单地归咎为出于对马克思学说的无知。因为“我们不要忘记，考茨基是一个几乎能把马克思著作背得出来的人；从考茨基的一切著作来看，在他的书桌或脑袋里一定有许多木箱，把马克思所写的一切东西放得井井有条，引用起来极其方便”⑥。事实上，考茨基曾在许多著作中都肯定和阐释了马克思的辩证法和唯物史观，但他并不把它们理解成一种哲学。他把唯物史观仅仅理解成一种社会学，把辩证法仅仅理解成一种社会科学的方法。在他看来，马克思的历史观并不依赖某种哲学，“唯物主义历

---

① 弗兰尼茨基：《马克思主义史》，第1卷，351页。

② 《列宁全集》，中文1版，第23卷，26页，北京，人民出版社，1958。

③ 转引纳尔斯基等编：《十九世纪的马克思主义哲学》下册，244页。

④ 转引弗兰尼茨基：《马克思主义史》，第1卷，351～352页。

⑤ 转引纳尔斯基等编：《十九世纪的马克思主义哲学》下册，244页。

⑥ 《列宁全集》，中文1版，第28卷，215页，北京，人民出版社，1958。

史观并不是与一种唯物主义哲学结合在一起的。它可以与任何一种使用辩证唯物主义的方法的世界观合得拢，或者至少与它不发生合不拢的矛盾。不管这种历史观把自己称为唯物主义的，或是反对机械唯物主义，宁愿采用实在论或一元论、实证主义或感觉主义、经验主义或经验批判主义等名称的，都没有什么关系”①，“唯物主义历史观不仅可以与马赫和阿芬那留斯合得拢，而且可以与许多别的哲学合得拢”②。马克思的学说在这里受到了两方面的曲解。一方面是马克思主义哲学作为一种世界观而遭到否定。唯物史观被当作一种实证科学——社会学。这种把唯物史观实证化的倾向在第二国际时期较为普遍。另一方面是否定了马克思历史观的哲学唯物主义基础。既然随便什么哲学世界观都能同马克思的历史观“合得拢”，那么自然就可以用种种哲学来解释马克思学说的基础，或“补充”马克思的历史观。这样一种逻辑不仅表现在考茨基的身上，而且表现在其他马克思主义者的身上。

在对待马克思主义哲学问题上，被普列汉诺夫称为“德国社会民主党人中间（几乎是唯一的）懂哲学的一个”的梅林也存在着肤浅和片面的倾向。他没有摆脱当时在第二国际流行的一种观点：把哲学仅仅看作一种意识形态。不过他没有像考茨基那样简单地认为马克思宣布终结了一切哲学，而是认为，哲学仅仅是阶级斗争在意识形态上的表现，是阶级斗争的一种思想形式，随着阶级斗争的消灭，哲学也将消失。梅林在把唯物史观理解成一种科学的方法而不是刻板的公式，并运用它来分析历史方面，曾受到过恩格斯的高度赞扬，但他对马克思主义哲学的总体认识，特别是对唯物史观的哲学性质的认识却存在模糊乃至错误之处。他在《康德、狄慈根、马赫和历史唯物主义》一文中认为，马克思和恩格斯同任何哲学割断了联系，但是却把哲学的历史成果（历史发展思想）带进了唯物主义，即把这一思想首先带进历史领域，而不是自然领域，其主观原因在于他们俩都不是自然科学家而是历史学家。这种观点把马克思在哲学上实现的变革仅仅局限于哲学历史观，而把哲学自然观排除在外。换言之，梅林认为马克思和恩格斯在自然观上仍旧同旧唯物主义保持同一水平。因而他得出这

① 考茨基：《唯物主义历史观》，第1卷，第1分册，29页，上海，上海人民出版社，1964。
② 同上书，30页。

样的结论："马克思和恩格斯始终坚持费尔巴哈的哲学观点，只不过把唯物主义运用到历史领域从而扩大和加深了这一观点；简单明了地说，他们在自然科学领域是机械唯物主义者，就像他们在社会科学领域是历史唯物主义者一样。"① 在辩证法问题上，考茨基和梅林都把辩证法当作一种考察社会历史的方法，或"历史的辩证法"。这里所说的历史，显然是不包括自然界在内的。

无论是考茨基还是梅林的观点，都不同程度地反映出第二国际的大部分马克思主义者的一种普遍倾向，即认为马克思主义仅仅或主要包括政治经济学和社会学，而哲学则无足轻重。这就涉及如何理解马克思主义的体系这一重大理论问题。诚然，撇开术语上的混乱和误解，可以说他们对于马克思主义哲学的重要组成部分唯物史观一般都给予了充分的肯定，甚至作了较好的发挥。但由于他们对马克思主义哲学的性质缺乏全面理解，进而对马克思主义哲学的体系的认识也颇为混乱，这就难免对马克思主义整个理论的内在联系缺乏完整的认识。当新康德主义、马赫主义盛行一时，相当一部分马克思主义者便被这种时髦所打动，并以此来"补充"马克思主义，认为它们与马克思主义是完全可以相容的，这就不足为怪了。当然，即使是对整个马克思主义哲学缺乏完整的认识，但只要能真正领会唯物史观的基本精神，那么对新康德主义的错误也会察觉的。例如梅林在《保卫马克思主义》中就明确地批判过新康德主义，尽管这种批判的哲学高度不够。

包括考茨基、梅林在内的第二国际的许多马克思主义者一般都否认唯物史观有一个一般的哲学前提，或一般的唯物主义前提。从第二国际开始一直到今天，这个问题在马克思主义哲学研究中引起了较多的争议。马克思一生致力于社会历史领域问题的研究，因而对唯物史观的基本思想、体系阐述得较多，但这并未影响他对关于包括自然和社会在内的整个世界的一般唯物主义见解作了全面的表述。历史唯物主义或唯物史观绝不是一般意义上的社会学，它是对社会历史一般规律的哲学把握。而这种哲学把握的基础是以实践观点为核心的唯物主义和辩证法的统一。无论是马克思的

① 弗·梅林：《历史唯物主义》，转引弗兰尼茨基：《马克思主义史》，第1卷，341页。

自然观还是历史观，都贯穿了承认自然存在的先在性和包括社会存在在内的物质存在的客观实在性及发展的辩证性，同时也贯穿了以实践活动为媒介的人与自然相互作用的辩证观点。正是唯物主义和辩证法的有机统一，使得马克思主义哲学在自然观和历史观上同旧唯物主义区别开来。这也是马克思主义哲学实现变革的意义所在。如果丢掉唯物主义这一哲学前提，或者把马克思在自然观上的唯物主义简单等同于旧唯物主义，那么就既难以理解马克思的历史观为何冠之以“唯物主义”，也难以理解唯物史观在解决自然与社会统一问题上的科学性。

在第二国际的马克思主义者中间，能够比较全面理解马克思主义哲学的是普列汉诺夫。当修正主义在第二国际特别是在俄国泛滥之时，“他是当时唯一能够和那些主要是新康德主义的修正主义代表人物在专门的哲学方面（不单纯在政治经济学或社会学方面）进行论战的理论家”①。这是由于他超越了一般人对马克思主义哲学的狭隘理解。他不仅一般地阐述和发挥了马克思的历史观，而且关注对马克思主义哲学的本体论和认识论的说明。考茨基、梅林等主要是从马克思的唯物史观方面来理解马克思主义哲学同旧哲学的区别，而普列汉诺夫则强调了一般的唯物主义哲学。他认为：“马克思的唯物主义哲学的出现，是人类思想史上绝无仅有的一次真正的革命，是最伟大的革命。”② 普列汉诺夫对一般唯物主义哲学的说明集中表现在他的物质定义上：“我们所说的物质的对象（物体），就是那些不依赖于我们的意识而存在的对象，这些对象在作用于我们的感官时唤起我们一定的感觉，而这些感觉反过来又成为我们关于外部世界，即关于这些物质对象及它们的相互关系的观念的基础。”③ 当然，从今天的眼光来看，普列汉诺夫的这一定义并非十全十美，而且没有贯穿实践的观点。但在普列汉诺夫的整个哲学思想中，仍然是领会了马克思的实践观点的。例如他明确说：“辩证唯物主义是行动的哲学。”④

在马克思主义发展史上，普列汉诺夫首次用“辩证唯物主义”来表述

---

① 弗兰尼茨基：《马克思主义史》，第1卷，451页。
② 《普列汉诺夫哲学著作选集》，第1卷，374页，北京，三联书店，1957。
③ 《普列汉诺夫哲学著作选集》，第3卷，250页，北京，三联书店，1962。
④ 《普列汉诺夫哲学著作选集》，第1卷，769页。

马克思主义的哲学体系，并认为用“辩证唯物主义”是“唯一能够正确说明马克思的哲学的术语”①。值得注意的是，普列汉诺夫所使用的这一术语同后来人们一般所理解的“辩证唯物主义”（如目前流行的教科书把它同“历史唯物主义”并列起来使用）的内涵不同。他所理解的辩证唯物主义不是马克思主义哲学的一部分，不是同历史唯物主义并列使用的，而是指马克思主义哲学的总体。“马克思和恩格斯的唯物主义世界观……既包括自然界，也包括历史。无论是在自然界或在历史方面，这种世界观‘都是本质上辩证的’。但因为辩证唯物主义涉及历史，所以恩格斯有时将它叫做历史的。”② 这清楚地表明，普列汉诺夫把历史唯物主义作为辩证唯物主义的一个方面。他明确表示了对把唯物史观当作整个马克思主义哲学这种看法的否定态度。“难道历史唯物主义就是整个世界观吗？当然不是！它只是世界观的一部分。”③

普列汉诺夫的上述见解比起考茨基、梅林等人来，无疑要全面和深刻得多。虽然他对马克思主义哲学体系的理解还有值得讨论的地方，但是它在反对用新康德主义、马赫主义“修正”马克思主义哲学方面起到了不可低估的积极作用。

五、历史决定论与非决定论的交锋

关于马克思的哲学，特别是唯物史观的实质，有人曾经作过这样的评论：“马克思主义毕竟属于十九世纪的科学，在这种科学中，生硬的决定论曾是所有科学的方法论和理论的准绳。也应当考虑到他的老师黑格尔在其哲学史中把人看作客观精神的工具。所有这一切不可避免地对马克思产生了影响，使他有时走向极端的绝对的决定论。”④ 这种在今天仍然流行的观点是伴随马克思的哲学产生而来的，也是不少人一直乐此不疲地对马克思进行非议的主要论点。这种观点以较完备的形式出现，可以追溯到

---

① 《普列汉诺夫哲学著作选集》，第 1 卷，768 页注①。

② 《普列汉诺夫哲学著作选集》，第 2 卷，311 页，北京，三联书店，1961。

③ 《普列汉诺夫哲学著作选集》，第 3 卷，337 页。

④ 斯托亚诺维奇：《理想和现实之间》，147 页，贝尔格莱德，1969，转引布赖奥维奇：《卡尔·考茨基及其观点的演变》，93 页，北京，东方出版社，1986。

19 世纪末。围绕唯物史观的实质问题，第二国际的马克思主义者主要涉及了如何看待社会历史发展的规律问题，形成了历史决定论和非决定论的对峙。

非决定论的主张者主要持两种态度，一是认为马克思的历史观本来就是非决定论的，二是认为马克思的历史观是一种单纯强调经济因素的作用、只讲必然性的决定论，因而要用新康德主义等学说来予以“修正”，而后一种观点较普遍。这些观点通常又采取了两种形式，一种是不掩饰地直接针对马克思学说的“原本”提出问题，表达观点，另一种是以反对教条主义为口号、针对马克思主义“正统派”的观点来另辟新说，阐述“反传统”的观点。

在把马克思的历史观指责为某种与宿命论为伍的决定论的观点中，主要有三个方面的论据。

其一，认为马克思主张唯物主义，而唯物主义重物质而不重精神，物质总是同必然性联系在一起的。例如，伯恩施坦就认为：“根据唯物主义理论，物质的运动是作为机械过程而以必然性实现的。任何过程发生时，都不会没有它的从一开始就是必然的后果，任何现象都不会没有它的物质原因，因此，决定思想和意志趋向的形态的是物质的运动，思想和意志趋向以及从而人类世界的一切现象因而也是物质上必然的。所以唯物主义者是不信教的加尔文教徒。……所以把唯物主义转用于解释历史，就意味着从根本上主张一切历史的过程和发展的必然性。”① 伯恩施坦这一观点所依据的前提是错误的。他混淆了机械唯物主义和辩证唯物主义。因为在后者看来，物质运动本身并非只是必然性寓于其中。他还混淆了自然唯物主义和历史唯物主义，误把唯物史观理解成把自然唯物主义类推至社会历史领域。我们在前面曾提到过，伯恩施坦把社会存在决定社会意识原理斥之为把意识和存在截然对立起来，这是由于他未能理解马克思的历史唯物主义的辩证性，因为这种“决定”，显然是指社会意识的物质基础是社会存在，同时也承认社会意识对社会存在具有能动的作用。

其二，认为马克思师承黑格尔，而黑格尔的辩证法把历史理解成按照

---

① 《伯恩施坦言论》，81～82 页。

严格决定的必然性发展的过程。在马克思主义哲学的来源问题上，人们对马克思受到黑格尔的影响曾采取过截然相反的两种解释。一种解释认为黑格尔的精神辩证法导致了马克思对主体意识的关注。比如西方马克思主义的奠基者就持这种看法。而另一种解释认为黑格尔关于历史必然性的观念无疑是马克思形成严格的或机械的历史决定论的理论契机。比如伯恩施坦本人就把黑格尔辩证法当作马克思哲学中的“残余”来对待，主张用新康德主义来取而代之。事实上，马克思对黑格尔哲学采取的批判所获得的理论成果是双重的，即既把人类历史理解成合乎规律的客观必然的过程，又把人类理解成自觉创造历史的主体，而不是当作被历史规律牵着走的无主体意识的傀儡。马克思对社会历史的考察贯穿了必然性与偶然性辩证统一的原则，而不是简单地采取了预定论的立场。由于缺乏对历史发展必然性的科学理解，有人便认为凡是马克思对历史趋势的预测就是遵守了某种先验的决定论的模式。例如沃尔特曼认为：“马克思在详尽地研究资本主义的历史以前，事实上已经把资本主义的趋势和结局作为一种图式描绘好了，这一先验的命题来自黑格尔的辩证法。”①

其三，认为马克思过分强调历史上技术的和经济的决定因素，忽视非经济因素对历史进程所发生的影响。伯恩施坦等人尽管没有一般地把马克思主义宣布为庸俗的经济决定论，但是却把《资本论》时期的马克思看作一个严格的经济决定论者。他们攻击马克思是一个“社会宿命论者”，说马克思对历史的解释主要是“独断主义”的。恩格斯曾经针对巴尔特攻击唯物史观见物不见人，即否认历史中的人的作用时指出，他是在同风车作战。伯恩施坦等人无疑也是在同风车作战，因为他们所指责的这一切，以及把马克思的历史观描述成纯粹的“经济史观”，都完全是任意的虚构。

以上种种对马克思的指责，其根本错误在于混淆了机械决定论和辩证决定论，并且一般地反对决定论，主张“因素论”或非决定论。马克思主张的辩证决定论仅仅在于把物质的、经济的因素视为理解整个世界或社会生活的基础，而绝不是把它们看作唯一起作用的因素。另一方面，马克思也不主张仅仅局限于一般地承认社会历史的各种因素彼此之间的相互作

① 《德国社会民主党关于伯恩施坦问题的争论》，243页。

用，因为这是普通常识，无助于揭示社会历史的本质。科学地认识社会历史现象的重要途径，就是要抓住一般超基础的、主导的、决定性作用的因素，舍此无法获得科学的历史观。机械决定论的错误与马克思的辩证决定论的科学性之间并无必然的联系，所以一概地反对决定论是错误的。

如果说伯恩施坦等人把马克思的历史观主要理解成一种绝对的决定论而试图以非决定论来取而代之的话，那么考茨基、梅林、拉布里奥拉和普列汉诺夫等人则力图站在决定论的立场上来维护唯物史观。不过在这些决定论者中，存在着把马克思的历史庸俗化和自然主义化的倾向。但是西方马克思主义者的一些著述常常笼统地把第二国际的马克思主义“正统派”称作庸俗的经济决定论者，也是一种过于武断的说法，实际上他们是附和了伯恩施坦等修正主义者对其论敌的指责。的确，在 19 世纪 90 年代初，当资产阶级教授们和追随他们的“青年派”把唯物史观庸俗化之时，许多社会民主党的领导人在理论上不够成熟，甚至连倍倍尔、拉法格和梅林等人，都对唯物史观的真实内容理解得不够深入，因此也出现把唯物史观庸俗化的倾向。但在恩格斯通信的影响下，许多人都加深了对唯物史观的实质的理解。在第二国际后期，虽然考茨基等人仍然较严重地曲解了马克思的唯物史观，但梅林、拉布里奥拉和普列汉诺夫则在捍卫马克思的历史决定论方面作出了较大的贡献。因此，在第二国际后期的马克思主义正统派中，基本上持机械决定论或庸俗经济决定论的人并非多数。

在这里，值得着重考察的是考茨基在决定论问题上的见解。弗兰尼茨基曾经对考茨基作过评述：“卡尔·考茨基的名字在一定意义上可以当作第二国际德国社会民主党的象征。这个运动的繁荣昌盛同考茨基的声誉大振联系在一起，同样，这个运动的衰微没落也意味着考茨基这个德国社会主义和整个第二国际公认的理论领袖的破产。这个运动的理论成就和重大缺点，都最充分地反映在考茨基身上。”① 这个“重大缺点”，包括了他对唯物史观的曲解。而这种曲解，主要表现在他割裂了历史中的主观因素和客观因素、自由和必然的辩证关系。由于这种错误，最终导致了他在战略和策略问题上轻视马克思主义政党的革命活动在为社会主义而斗争中的

① 弗兰尼茨基：《马克思主义史》，第 1 卷，344 页。

改造作用。

考茨基的错误的一个主要理论根源，就是他深受达尔文主义的影响。他最初是从达尔文主义出发来研究社会的，即从生物有机体的发展、物种的生存斗争的角度来看待社会。当他接受了马克思的历史观时，才转而着重考察社会经济的发展、阶级斗争的状况。然而在他的理论生涯中，达尔文的进化论妨碍了他的视野，使得他过多地强调了人的自然性的一面，过多地强调了社会发展规律与自然界发展规律一致的方面，以至于他常常使用的是马克思的唯物史观的范畴，而表达的却是一种近乎机械决定论的观点。

考茨基夸大经济发展的必然性，轻视人们在改造社会中的能动作用。他在《爱尔福特纲领》（1891年）的理论部分中指出，经济发展本身如同自然界的规律一样必然导致社会主义的胜利。工人阶级因“自然的必然性”而给自己提出社会主义的任务，经济发展也因为这种自然的必然性而导致这一目的的实现。人仅仅是环境的产物，人在历史必然性即统治人的经济力量面前，是缺乏创造性的。这种宿命论的观点在考茨基较晚的著作中更为明显。

考茨基把社会规律等同于自然规律，把人性理解成本能。社会发展和自然界的运动都遵循着客观规律，这是唯物史观的一个基本观点。但考茨基却夸大了社会与自然的一致性，认为社会是“带有特殊规律的自然界的特殊部分，而这些规律，如果愿意的话，可以称为自然规律，因为就其实质而言，前者同后者没有任何差别”①。这就导致了自然主义，即把社会关系自然化，把社会进程生物化。在考茨基的眼里，不仅人同自然界的关系完全取决于自然界对人的制约，而且人性根源于自然环境。人性“不是经过历史发展变成了人的本性，而是人从那种历史过程开始时所具有的、从他的动物祖先遗传得来的本性”②。以此推论，动物界的生存斗争是社会的阶级斗争的自然延续。“阶级斗争只不过是自然界发展一般规律的特殊形式而已。”③ 如此肤浅的认识表明，庸俗进化论被应用于历史认

---

① 考茨基：《自然界和社会的增殖和发展》，9页，莫斯科-彼德格勒，1923，转引布赖奥维奇：《卡尔·考茨基及其观点的演变》，83页。

② 考茨基：《唯物主义历史观》，第1卷，第2分册，51页。

③ 考茨基：《伦理学和唯物史观》，81页，圣彼得堡，1906，转引布赖奥维奇：《卡尔·考茨基及其观点的演变》，129页。

识，就会衍生出历史宿命论。如果按照这种历史观去指导无产阶级革命运动，则只能会给机会主义提供理论基础。如考茨基在《社会民主主义问答》一文中认为：“社会民主党是革命的政党，但却根本不是制造革命的政党。我知道我们的目的只有通过革命才能达到，但我们也知道，制造革命我们是无能为力的，而我们的敌人也无法阻止它的发生。因此我们从来没有想到要发动革命或者准备革命。既然革命不可能按我们的意志发动起来，那么我们也极少有可能谈到革命将在何时何种条件下以何种情形出现。”① 这实际上是幻想革命的烤松鸡会自动飞到嘴里来。

同样是利用19世纪的自然科学成果，马克思却并未把达尔文的进化论加以简单吸收，照搬到社会领域中来，而考茨基却把达尔文的进化论同马克思的唯物史观生硬地扯到一块，并把马克思的历史观曲解成机械的决定论，这个理论教训是深刻的。

梅林、拉布里奥拉和普列汉诺夫则较正确地阐述了马克思的历史决定论。

梅林反驳过资产阶级社会学家巴尔特对唯物史观的攻击，明确地表明了自己对马克思的历史观的理解。他认为，马克思并没有把原因和结果理解为僵死的对立的两极，并完全不否认思想的力量和意义。唯物史观始终坚持这样的观点：当某种历史现象一旦由于另外的、归根到底是经济原因而形成的时候，它也要影响周围环境，甚至能够对产生它的原因发生反作用。但是梅林的《莱辛传奇》在试图运用唯物史观方法论方面也存在着缺点，例如恩格斯就曾批评过梅林对意识形态等上层建筑因素对经济的反作用问题注意不够。②

伯恩施坦曾经赞成巴尔特把唯物史观称为“经济史观”，并把承认意识的能动作用同承认历史的必然性对立起来。梅林率先批判了这种观点，指出伯恩施坦并不懂得历史过程的辩证法，并把唯物主义同机械决定论混为一谈。梅林反对把唯物史观称为“经济史观”。

拉布里奥拉较为深刻地论述了马克思的历史决定论的实质。他在《纪念〈共产党宣言〉》和《关于历史唯物主义》两篇著作中，系统地阐述了

---

① 转引纳尔斯基等编：《十九世纪的马克思主义哲学》下册，241页。

② 参见《马克思恩格斯选集》，1版，第4卷，500页。

唯物史观的基本思想，反对了宿命论、社会达尔文主义和因素论等错误思想。他认为："人类既不是在想象的发展中创造自己的历史，也不是在一条事先已规定好的发展路线上前进。"① 在反对把历史事件看作命定的进程的同时，唯物史观力图使历史过程的说明客观化。考察客观的历史过程有两种方法，一种是因素论的方法，即"抽象地把一个有机体的各个部分分解开来，并把它们破碎为构成统一整体的许多因素"，而另一种方法是唯物史观的方法，这是唯一能够认识历史的方法，"它分析并分解各种因素，则只是为了从中再找到它们为达到最终结果而共同发生作用的那种客观必然性"②。

在拉布里奥拉关于历史决定论的思想中最具特色的是他所得出的三个结论。其一，在历史决定论的领域内永远不可能直接看出因果之间的联系。在意志的行为及其原因的背后隐藏着它们的起源，因而历史决定论要超越意识的狭小框框，在构成行为动机的基础的物质条件中寻找这些动机的原因。其二，唯物史观"不是要把历史发展的整个复杂的进程归结为经济范畴，而只是要用构成历史事实的基础的经济结构（马克思语）来归根到底（恩格斯语）解释每一个历史事实"③。这就要求对社会因素进行分析，然后又加以综合。其三，为了从经济结构过渡到各种具体的历史过程，必须求助于概念和知识的综合。这种综合也叫"社会心理学"，是指社会意识的特定的具体的形式。从拉布里奥拉的这三个结论中可以清楚看到，马克思的历史决定论应是充分承认直接或间接的因果联系，承认经济现象和社会其他现象的复杂的统一，承认社会意识的能动作用。尽管拉布里奥拉把唯物史观表述为使历史"在一定意义上自然化"，但他强调指出，这仅仅是就客观性而言的，绝不能用动物的生命所服从的规律和原则来说明人类历史。他还特别强调人对自然的社会改造，强调"人为的环境"。"硬说这种环境只是自然界的一部分和继续，这只是一种过于一般和抽象的，因而归根结蒂没有任何明确意义的思想。"④

---

① 拉布里奥拉：《关于历史唯物主义》，42页，北京，人民出版社，1984。

② 同上书，11页。

③ 同上书，62页。

④ 同上书，66～67页。

普列汉诺夫称赞拉布里奥拉的《关于历史唯物主义》是一本“不多见”的“好书”。而与这本书的发表日期几乎同时，普列汉诺夫也写了《论一元论历史观之发展》（1895年）这部毫不逊色的著作。普列汉诺夫在这部著作以及《论唯物主义历史观》、《马克思主义的基本问题》等著作中，阐述了唯物史观的一元论同因素论的本质区别，提出了著名的“五项因素公式”，而且对庸俗的“经济决定论”作了尖锐的批判。在他看来，因素论的根本错误就在于停留在抽象的相互作用的观点上而回避各种社会历史因素的起源问题。唯物史观则主张在考察社会历史时，并不认为社会历史的因素是彼此孤立、纯粹抽象的产物。从本质上说，人们只是创造出一种历史，即他们自己的社会关系史，而这些社会关系是受一定时期的生产力状况所制约的。尽管对于普列汉诺夫所提出的“五项公式”（即生产力、生产关系、政治制度、社会心理、社会意识形式）的理论后人有诸多争议，但是他坚持把生产力作为社会发展的基础和基本动力，则是应给予充分肯定的。

我们知道，拉法格在《卡尔·马克思的经济唯物主义》一书中把唯物史观和自己的立场称为“经济唯物主义”，尽管他对唯物史观的理解不是庸俗的“经济决定论”的，但是这一提法客观上为攻击唯物史观的人提供了口实。普列汉诺夫认为即使是术语的混乱，也是对唯物史观的严重歪曲。“‘经济唯物主义’这一名字是非常不恰当的。马克思从来没有自称为经济唯物主义者。”① 为了驳斥庸俗“经济决定论”的观点，普列汉诺夫运用大量的历史事实和唯物史观创始人的观点，论述了上层建筑的反作用，特别是政治因素的作用。此外，他还分析了个人的历史作用以及其他各种偶然性因素在历史上所起的不可低估的作用。他的结论是：导致“无为主义”、“宿命论”的不是唯物史观，而是庸俗的“经济决定论”。

六、在科学与价值问题上的困惑

在第二国际后期，相当一部分理论家对马克思主义的科学性和价值性作了严重的曲解。而这种歪曲主要出现在奥地利马克思主义者中间。

---

① 《普列汉诺夫哲学著作选集》，第1卷，768页。

“奥地利马克思主义”一词最初是由美国社会主义者路易斯·鲍丁于1914年提出来的。该词已被包括该派成员在内的许多人所普遍接受。① 奥地利马克思主义者由奥地利社会民主党内的一些重要理论家所组成，其中有麦克斯·阿德勒、鲁道夫·希法亭、卡尔·伦纳和奥托·鲍威尔。他们聚集在《马克思研究》（1904年由阿德勒和希法亭在维也纳创办的理论期刊）的周围，试图解决马赫主义、新康德主义、边际经济学向马克思主义提出的问题。在这里，我们仅仅考察他们在对待马克思主义的科学性与价值性问题上的两种主要倾向。

一种倾向是把马克思主义哲学实证主义化。以阿德勒为代表的奥地利马克思主义者，把唯物主义与唯物史观对立起来，把唯物主义视为“形而上学”而加以反对。他们从康德的先验批判哲学出发来解释马克思主义哲学，把马克思主义仅仅理解成一种历史观或经验的社会科学，并特别强调其关注经验事实的因果关系，排斥任何价值判断，不偏不倚的“科学性”，或强调脱离意识形态的“中立性”。

另一种倾向则是把马克思、恩格斯所创立的科学社会主义伦理化。大多数奥地利马克思主义者在新康德主义的影响下，企图用康德的伦理学来“补充”社会主义理论，用伦理社会主义来取代科学社会主义，主张社会主义是以承认人的一般价值为前提的，是以一般的人为目的的，因而是一种一般的道德理想。

阿德勒等人打着“马克思主义不是教条”、“我们必须创造性地发展马克思的遗产”的旗号，试图找到一条本质上有别于正统马克思主义者的理解道路。他们认为，用新康德主义中的思想、概念等来补充和丰富马克思主义，是完全有益的。他们的兴趣所在，就是重新审视“马克思主义的理论基础和认识论基础”。结果他们“发现”康德的批判主义验证了马克思主义存在许多空白以及含糊不清的目的。他们主张马克思主义在逻辑上并没有以唯物主义哲学为前提。

阿德勒认为，唯物主义会使马克思主义丧失其科学性，这是因为，唯物主义难以解释物质和精神的关系，并必然导致形而上学。在他看来，

① 参见科拉科夫斯基：《马克思主义的主要流派》，第2卷，241页。

“物质和观念的关系问题……只有从认识批判论观点出发才能解答这个问题”①。这也就是说，“心理的东西从不可能从物理的东西中产生，精神过程在生理机能上对肉体过程的依存更是某种完全不可理解的东西，因而事实上除了心理—物理平行主义以外不能肯定别的东西，所以认为物质条件对历史过程从而也就是对心理过程产生任何影响的观念，也是不可思议的”②。既然历史过程中并不是以物质条件为基础的，那么一切东西都可以归结为精神的东西。“正像经济关系是精神关系一样，生产力也就是精神的力量。”③ 根据这种观点，阿德勒对恩格斯进行了指责，认为恩格斯提出的哲学基本问题是毫无根据的。他主张应抛弃从物质第一性出发的唯物主义，而坚持认识论的意识学说。后者是从第一性的东西即经验出发，它提出的问题不是物质和精神何者为第一性的问题，而是为什么能够有我们的经验。对于马克思为何要使用“唯物主义”这一术语，阿德勒的解释是由于历史的原因和反对唯灵论才权且使用之；而实际上马克思主张的“是实证的唯物主义，是现实主义的实证的唯物主义，此外不可能是别的东西”④。阿德勒的上述观点无疑是以康德的批判尺度来规定“科学”的标准，也就是说，只有把马克思主义限制在康德意义上的经验世界或现象世界中，才可能获得其科学性。事实上，当人们把马克思主义的唯物主义基础抽掉之后，当人们把物质的先在性否定了之后，马克思主义的科学性就从根本上消失了。从这里我们看到了阿德勒与考茨基的共同之处，就是抹杀了唯物史观所特有的唯物主义哲学基础。

在阿德勒等人的眼中，马克思主义历史观是一种不带价值判断的实证的科学，是同意识形态相分离的，其科学性或真理性完全取决于对思想程序原则的正确应用，而不取决于任何政治态度或阶级立场。他们所理解的这种实证的科学同一般的实证主义还不一样，前者并不像后者那样主张对事实完全采取客观主义的态度。阿德勒等人认为，马克思主义是一种完整意义上的关于社会的经验科学理论，但这并不意味着马克思主义必须符合经验论者所提出的知识的标准，因为经验论者忽视了康德所提出的问题，

①② 转引弗兰尼茨基：《马克思主义史》，第1卷，404页。

③④ 转引上书，406页。

因而他们不可能为科学提供“绝对的”基础。阿德勒等人主张从经验出发，同时也寻求经验地解释社会现象所必需的范畴原则和一些演绎概念。他们认为，社会分析必须以普遍存在于经验世界中的与主观性相关联的范畴为前提，这些范畴像康德的先验的时空概念一样来自理性而非经验，但又构成了实际的经验。阿德勒反对庸俗的、机械的唯物主义，强调意识的现实性和意义，认为社会的因果关系是以意识为中介的，所有的社会现象（包括经济行为）都是精神的，而非物质的，社会科学家必须揭示有意义的主观动因。阿德勒等人在把马克思主义向以主观性为特征的“科学性”方面引导的同时，又试图在“科学”与“意识形态”之间划一截然分明的界限。他们认为，如果马克思主义是一种科学的理论，那么为了认识其真理性，只需应用普遍接受的科学思想的原则就足够了，用不着首先接受任何政治的或阶级的立场。马克思主义如同进化论一样，每个人都能接受它。虽然它也为无产阶级的利益服务，但这一事实丝毫无助于说明它的思想内容，也不可能在逻辑上有助于人们去接受它。总之，马克思主义仅仅是一种科学理论，与意识形态无缘。

上述观点仅仅把马克思主义作为一种解释世界的实证科学，而忽视了其内在的革命性、实践性。事实上，马克思从一开始所思考的就是无产阶级的利益，当然，他并不是仅仅从这里出发去研究社会现实以及历史过程的。在科学地解释世界时，马克思坚持以客观的科学态度为其理论研究的基本原则，但同时也贯穿了无产阶级的使命感。马克思是在历史发展的必然性这一点上把他的学说的科学性和阶级性有机地统一起来了。同时，马克思始终未沉溺于对世界的“科学”解释，而是以极大的热情来关注对现实世界的改造。所以在他的学说中，总是把无产阶级作为改造现实社会的主体。在阶级社会里，如果不能发现改造世界的现实的阶级力量，那么很难说得上这种历史观是科学的；而不能代表特定的群体利益、不具有革命性的纯粹的社会“科学”的东西，也不是马克思的学说所具有的特征。

希法亭认为：“马克思主义政治学如同马克思主义理论一样，是没有价值判断的。”他说，马克思主义在逻辑上“是一种客观的、自由的科学，而没有价值判断”①。这种观点更暴露出对马克思主义本质理解上的肤浅。当然，科学判断与价值判断是有严格区别的。但我们说马克思主义是科学，乃是指它不带偏见地、客观地说明了世界的规律。由于马克思主义从总体上说来并不是实证科学，而是关于解放全人类的学说，所以它本身没有也不可能排除价值判断。问题不在于马克思主义中有无价值判断，这是一个常识性的问题②，而在于马克思主义中科学判断与价值判断的关系是怎样的。

在第二国际后期，曾出现过一场争论：究竟是要伦理社会主义还是要科学社会主义？奥地利马克思主义者卷入了这场争论。一般说来，他们都试图把康德和马克思结合起来，用康德的实践理性或伦理学来补充科学社会主义，主张伦理社会主义。

在他们看来，科学与伦理学是不同的，前者依据对客观经验事实的观察，后者则建立在主体意志的基础之上。马克思主义作为科学，主要是针对其历史观而言的。马克思主义作为一种社会现象的理论是在道德上中立的。然而这并不能回答“我们应该做什么”和“何为善”的问题。而社会主义若被仅仅视为社会现象“自然”发展的结果，那么它就不可能导致人们去努力实现它，就不可能把它当作一种目的或理想，所以，社会主义要借助道德判断。这种道德判断不能来自关于生物的或历史的事实的说明中，而只能来自作为某种自律能力的和能创造自觉责任原则的人类意志。康德的道德理论无疑能弥补马克思的社会主义理论之不足。

奥地利马克思主义者对社会主义理论的说明，其错误并不在于强调了社会主义理论需要伦理判断或价值判断，而在于他们认为伦理判断应建立在一般的、抽象的人的价值基础之上，闭口不谈社会主义运动的真正主体无产阶级的价值要求。他们热衷于谈论道德戒律的普遍有效性，抽象地肯

① 转引柯尔施：《马克思主义和哲学》，55页，伦敦，新左派书社，1970。

② 希法亭在后来写的《党破产了吗?》（1915年）中认为，真正的马克思主义不能回避现实中存在正当或不正当的问题，不能只是从因果联系中得出概念，而应承认估价问题。“我们已不再仅仅是希望观察世界，而是希望改变世界。”这一观点是同他的上述观点相矛盾的，表明他对马克思主义中存在价值判断这一常识的认可。参见《第二国际修正主义者关于帝国主义的谬论》，212～213页，北京，三联书店，1976。

定康德的绝对命令，把人是目的作为社会主义的道德基础。他们接受了新康德主义马堡学派的代表柯亨的观点：历史唯物主义不能作为社会主义的理论根据，只有康德的伦理学能够为社会主义提供可靠的根据。因为康德的伦理学证明了除了人是真正的价值外再也没有其他目的，而这点正是社会主义的原则。这种道德戒律具有普遍的适应性，可以毫无例外地应用于每一个人。因而社会主义作为一种道德主张与社会阶级无关。①

从新康德主义出发来“改造”马克思主义，难免会遇到这样一个矛盾：如果承认社会主义理论是马克思主义中的一个不可分割的有机部分，那么一方面把马克思主义视为一种实证的经验的社会科学，另一方面又把社会主义看作立足于价值判断的，那么马克思主义本身很难说得上是奥地利马克思主义者所一般理解的“科学”了。面对这一矛盾，他们在理论上常常无法保持逻辑上的一致性。比如希法亭在强调马克思主义排除价值判断而采取了完全的“科学”姿态时，他又得出这样的判断：“社会主义的出现，是商品生产社会中发展趋势的产物……对社会主义必然性的洞察，决不是价值判断的结果，并且同实际行为没有任何牵连。”② 阿德勒也出现过自相矛盾。他有时认为，马克思主义“所要做的，看来只是对这一历史运动的现实作因果上的论证，所以任何伦理学的论证都意味着打破马克思主义的科学方法，意味着直接根据康德的说法把截然不同的理论经验观点和实践经验观点不加批判地混淆起来”③。然而一旦具体涉及社会主义的问题，阿德勒又难免同康德的伦理学发生千丝万缕的联系。例如他认为，按照马克思的意思，社会主义是建立在对历史的因果链条的纯粹经验的观察基础之上的，社会主义的历史必然性是与它的道德价值相一致的。阿德勒用“社会化的人”这个概念来说明这种“一致性”。所谓“社会化的人”就是被社会条件所驱使去实现他认为是道德的东西的人。这也就是说，社会主义的必然性和道德价值统一于“社会化的人”之中。社会主义的科学性同它追求一般人类完美的统一的道德理想是一码事。

---

① 参见科拉科夫斯基：《马克思主义的主要流派》，第 2 卷，247 页。

② 转引柯尔施：《马克思主义和哲学》，55 页。

③ 转引弗兰尼茨基：《马克思主义史》，第 1 卷，409 页。

伦理社会主义的主张者实际上把马克思描绘成为一个十足的道德理想主义者。

第二国际修正主义对马克思主义进行了全面“修正”，它遭到了第二国际中的左派的有力揭露和批判，特别是遭到列宁在理论上给予的毁灭性打击。然而，修正主义者同马克思主义者的论战并未结束。这一方面是因为，滋生修正主义的社会历史条件并未完全消除，社会主义运动一旦出现曲折或面临历史转折的关头，就会再度爆发修正主义与马克思主义的论战。另一方面，尽管列宁在新的历史条件下捍卫和发展了马克思主义，取得了反对修正主义的辉煌胜利，但是他并没有全部解决修正主义所提出的问题，这是历史条件使然。社会主义运动在发展进程中，不可避免会出现新的曲折，遇到新的问题，修正主义势必也会以新的面目或形式出现。在当代，民主社会主义思潮的泛滥，实际上是第二国际修正主义的某种重演。因此，认真总结和反思第二国际后期的理论得失，研究列宁反对第二国际修正主义的斗争的经验仍然具有迫切的现实意义。

第三章 “重建”马克思：卢卡奇、柯尔施、葛兰西

在19世纪和20世纪之交的和平环境中出现的关于马克思主义的重大争论，似乎由于十月革命的胜利得到了历史的裁决：社会主义革命完全有可能通过暴力来实现。然而新的问题又出现了：为什么马克思所预测的欧洲资本主义国家的总体革命未能实现？一批接受了马克思主义的激进的知识分子满腔热情地投入了西欧各国的工人革命运动，却失望地迎来了革命的失败，严峻的现实迫使他们思索失败的经验教训。一些著名的理论家，如卢卡奇、柯尔施和葛兰西等人，认为欧洲革命运动失败的根本原因不在于客观条件的未成熟，而在于主观条件的不具备，即无产阶级的“阶级意识”不成熟；而这种状况的出现又直接导源于第二国际的主要理论家轻率地抛弃马克思主义辩证法的庸俗化倾向。据此，他们主张“重建”马克思主义，试图在新的框架内重新解释马克思的学说，恢复革命的辩证法，唤醒无产阶级批判资本主义现实、积极投身革命的自觉意识。他们提出了总体性原则、主体—客体辩证法、实践哲学和文化批判等理论，从而开了西方马克思主义的先河。

一、“新解释”的总框架

西方马克思主义思潮的出现，是第二国际形成的某种对马克思主义的理解同西欧革命现实发生反差所导致的必然结果。对第二国际的主要理论家伯恩施坦和考茨基等人阉割马克思主义辩证法的强烈不满，是西方马克思主义思潮滥觞的重要诱因。这一思潮的代表人物尽管在具体观点上彼此

相异，但是他们所关注的问题却是共同的。他们对马克思主义的解释无论在形式上还是在内容上，都有别于第二国际主要理论家的理论模式。

突出社会历史发展过程的人的主体作用，漠视经济结构和过程的分析，把研究重心从经济领域转向哲学领域，从历史发展中的经济因素转向“社会—历史过程的总体”，这是卢卡奇等人对马克思主义进行解释的总特征。他们以反对教条主义、反对第二国际马克思主义的庸俗倾向为号召。在他们的眼中，庸俗马克思主义者抛弃了马克思主义哲学中的人即主体的因素，把马克思的社会理论曲解为脱离主体而运动的社会规律的学说，历史进程的概念被曲解为机械的单一决定论结构，即自然科学意义上的科学规律或必然规律的模式。于是，马克思主义变成了“干瘪的”教条，历史被压缩成枯瘦的经济骨架。针对这种倾向，他们主张应该恢复马克思的“总体性”观点，恢复马克思主义哲学中历史主体的地位，全面地理解马克思的历史辩证法思想，强调主体与客体的统一，理论与实践的统一。

为了实现这一理论意图，他们从追溯马克思思想的理论渊源入手，特别强调了马克思同黑格尔的理论姻缘关系。用黑格尔主义建构马克思主义，成为西方马克思主义奠基者的主要理论倾向。这在卢卡奇那本被誉为“西方马克思主义的圣经”的《历史与阶级意识》中表现得尤为突出。美国学者罗伯特·A·戈尔曼在《新马克思主义》一书中对此作过评价：“系统地、尝试性地复活马克思主义的黑格尔因素的运动肇始于正统主义和黑格尔主义中清醒的代表人物，而最后凝结在G.卢卡奇的《历史与阶级意识》中。”① 麦克莱伦也认为，卢卡奇用以对他的时代的问题进行概括的主要工具之一是黑格尔哲学，《历史与阶级意识》中所有的中心概念——物化、主体和客体的辩证法以及总体性——都可以在黑格尔那里找到根源。② 科拉科夫斯基则把卢卡奇与柯尔施相提并论，认为他们清楚地说明了马克思的辩证法的黑格尔来源，恢复了几乎被人忘却的早期马克思的理论和实践相统一的思想。③ 不难看出，卢卡奇等人的这种倾向是对第

① 罗伯特·A·戈尔曼：《新马克思主义》，93页，纽约，格林伍德出版社，1982。
② 参见麦克莱伦：《马克思以后的马克思主义》，214～215页。
③ 参见科拉科夫斯基：《马克思主义的主要流派》，第3卷，308页。

二国际修正主义者否认马克思主义辩证法这种思潮的反动。伯恩施坦等人把马克思主义的辩证法视为黑格尔哲学的残余因素，卢卡奇则反其道而行之，把黑格尔的辩证法当作马克思主义的方法论实质。他指出，马克思关于不要把黑格尔当作“死狗”来对待的警句，甚至被许多著名的马克思主义者所忽略。他们只注重对个别事实的考察，而抛弃了对社会历史总体的辩证解释。马克思主义被降低为经验主义或实证主义，理论与实践遭到了割裂，主体与客体遭到了肢解。总之，他们对马克思主义中最有生命力的东西——黑格尔的辩证法思想视而不见，对马克思主义的方法实质全然不解。因此，恢复马克思主义中的黑格尔辩证法是当务之急。

然而，卢卡奇走向了另一极端。他把马克思主义当作黑格尔思想的逻辑发展的继续，认为马克思的辩证法思想的实质性概念都来自黑格尔，把唯物主义辩证法同黑格尔辩证法加以混淆。我们主张从马克思主义理论来源上研究马克思主义，重视马克思对黑格尔辩证法的扬弃，但绝非把马克思还原为黑格尔。安德森曾客观地认为：“卢卡奇之求助于黑格尔，则远不是出于追根溯源的原因。”① 卢卡奇通过黑格尔来发现马克思，来解释马克思，其本质无疑是站在黑格尔哲学立场上来建构一种“新马克思主义”的理论框架。不仅在卢卡奇那里，而且在柯尔施的《马克思主义和哲学》，以及葛兰西的《狱中札记》等著作中，我们都看到了较浓厚的黑格尔主义色彩。

“重建”马克思主义的革命辩证法，既是卢卡奇等人的“新马克思主义”的宗旨，也是其主题。概括起来说，他们着重从如下几个方面阐述了马克思的辩证法思想。

首先，他们认为，马克思的辩证法是关于社会历史的“总体”的辩证法。这里所说的“总体”，只是指社会历史的总体（自然被作为社会的范畴）。他们之所以突出“总体性”原则，乃是由于他们把这一原则当作马克思辩证法的最高原则，并认为只有在这一原则下才能阐明社会历史的现实过程，才能说明无产阶级革命的现实运动。这一原则具体体现为社会历史中的各种因素的有机统一，体现为无产阶级运动中理论与实践的统一。

---

① 安德森：《西方马克思主义探讨》，80页。

从第二国际的情况看，似乎没有哪一位理论家在形式上不主张应全面地理解社会历史，然而却难以发现有人明确主张过马克思的辩证法就是一种总体性的方法，而且把它表述为马克思主义的实质。可以说，总体性是西方马克思主义思潮中最重要的概念。围绕总体性的原则，出现了诸如历史主体与客体、无产阶级意识、物化、意识形态批判、总体革命等概念。

其次，他们认为，马克思的辩证法是实践的辩证法、主体的辩证法。卢卡奇等人既反对抛弃马克思的辩证法的粗暴态度，又指责把马克思的辩证法归结为客体的辩证法的“自然主义”倾向。卢卡奇和柯尔施都主张辩证法只能是主体和客体的辩证法。在主客体关系中，主体起着完全支配的作用，离开主体而理解的辩证法，不过是把社会运行的规律同社会历史活动的承担者分割开来，这只能导致宿命论。辩证法体现于历史主体的活动中，在此之外无所谓真正意义上的辩证法。葛兰西尽管对卢卡奇完全否认自然辩证法的观点表示了异议，认为既然承认辩证法是主体和客体的相互关系，那么把客体辩证法拒之辩证法之外，在逻辑上存在着矛盾，但是葛兰西也强调辩证法应建立在实践的基础之上，因而他始终用“实践哲学”来命名马克思的辩证法。他们在阐述辩证法时都有一个共同点，就是表现出对一般唯物主义的蔑视，认为马克思的辩证法超越了唯物主义和唯心主义的对立。

最后，他们认为，马克思的辩证法是革命的辩证法，掌握和实施辩证法的主体是无产阶级。西方马克思主义思潮的最初出现，是同卢卡奇等人试图把马克思主义同西欧发达资本主义国家的工人运动结合起来的尝试分不开的。因而他们对马克思思想的阐述总是围绕现实革命运动所提出的紧迫问题而展开。卢卡奇关心的是如何确立一种同资产阶级的实证主义方法相区别的总体性方法，指导无产阶级去全面认识资本主义社会的结构本质，认识无产阶级自身的历史地位和使命，从而为无产阶级革命创造主观条件。柯尔施关心的是如何通过强调马克思主义同哲学的内在联系来突出其革命性的方面，即辩证法的方面，主张运用辩证方法来确认社会意识的现实性，并从意识形态的方面去批判资本主义社会的“精神结构”。葛兰西致力于把辩证法当作分析新形势的理论工具，主张坚持理论与实践相结合这一辩证法的基本精神，认为在充分注意各国的具体革命实践的特点时，要把注意力引向文化领域，承认文化现象及其他上层建筑部分的能动作用，积极进行文化革命。总之，他们都把辩证法作为无产阶级所特有的进行革命的思想武器，把辩证法的直接社会功能理解成唤醒无产阶级的革命意识。

不可否认，上述思想在反对对马克思主义解释中的自然主义或实证主义倾向，以及在恢复马克思主义辩证法方面都起到了某种积极的作用，但人们不难发现卢卡奇等人片面夸大无产阶级意识的作用，把马克思的辩证法改造成了一种主观辩证法。卢卡奇在《历史与阶级意识》中无疑存在严重偏离马克思主义“原本”的倾向，尽管后来他作过自我批评，但在客观上仍然起到为西方马克思主义思潮奠基的作用。

二、倚重主体性的“总体性”原则

卢卡奇等人所确立的“新马克思主义”的理论框架，是以“总体性”原则为基石的。“总体性”被他们自己认为是与机械决定论、实证主义倾向相抗衡的最主要的范畴，是体现马克思历史辩证法的实质的原则。这个概念最早是由卢卡奇提出来并加以全面阐述的。

卢卡奇认为自己的最大功绩之一，就是在《历史与阶级意识》中恢复了总体性范畴，而这个范畴在所有的马克思著作中占据了中心地位。但是，第二国际的一些理论家鼓吹“科学主义”，把这一范畴摈除于马克思的著作之外。最能反映总体性范畴地位的是卢卡奇在《罗莎·卢森堡的马克思主义》（1921 年）一文中所说的这段话：“构成马克思主义和资产阶级思想之间的决定性差别的，不是在历史解释中的经济动因的优先性，而是总体性的观点。总体性范畴，整体对于部分的普遍的优越性，是马克思取之于黑格尔并卓越地改造成全新科学的基础的方法的本质。”①

卢卡奇对“总体性”思想的阐发是从批判经验主义开始的。他认为，经验主义是工人运动中修正主义和改良主义的观念基础，它沉醉于对社会的细节、事实的分析，拒绝从整体上把握整个社会，从而割断了社会总体的联系。经验主义在资本主义社会错综复杂的情况面前束手无策，极易被

① 卢卡奇：《历史与阶级意识》，27 页，伦敦，1971。

虚假现象所迷惑。这种与总体性原则相悖的认识方法是资本主义社会现实的产物。资本主义状态下的劳动者与生产总体过程的分离，劳动过程被肢解为许多部分，造成工人个性的丧失，社会原子化为简单地、杂乱无章地进行生产的个人，这一切必然对资本主义社会中的思想、科学和哲学发生深刻的影响。如果仅仅停留于对社会中的支离破碎的个别事实的观察，那么就会把资本主义的经济、政治、文化等现象视为无法克服的永恒的现象。经验主义只能给无产阶级革命带来危害，例如，由于伯恩施坦放弃了总体性的原则，就必然放弃革命运动的起点和目的，放弃辩证法的前提和要求。无产阶级的科学思想是革命的，其原因首先在于它的方法体现了总体性范畴的优先性。

卢卡奇从两个方面说明了“总体性”原则的一般内容。首先，整体优于部分。马克思主义的本质是方法而不是教条。这种方法不是逻辑意义上的一套思想操作原则，而是一种特殊的思考世界的方法。这种方法把社会视为一个具有“总体性”的整体。社会的总体性不是由个别事实堆积而成的。事实不能通过自身得到说明，而只能通过它与总体的联系得到揭示。总体必须先于事实而被认识，因而总体在逻辑上先于事实。在这方面，卢卡奇认为马克思效法了黑格尔：“我们由此理解了辩证方法的基本主张，即黑格尔的具体概念的理论。这种理论主要坚持总体优于部分，部分必须在理解总体中得到阐释，而不是相反。”① 主张抽象的孤立的各部分在总体中的统一，就是马克思社会思想的本质。“孤立的事实和社会生活作为历史过程的诸方面在一个总体中相互作用，只有在这种联系中，对事实的认识才有希望变成对现实的认识。”② 其次，总体性并不简单地指一定时期现实中所有事实的具体方面的情形，它还应被理解成一个动态的现实，即包括一定的趋势、方向和结局。它是现状、过去和将来的统一。“所以一切社会现象的客观形式在它们的不停的彼此相互作用的过程中经常地变化着。客体的可理解性与我们掌握它们在其所属的总体中的作用成正比例地发展。这就是为什么只有辩证的总体性观念才能使我们理解作为一个

---

① 卢卡奇：《策略与伦理学》，转引科拉科夫斯基：《马克思主义的主要流派》，第 3 卷，265 页。

② 卢卡奇：《历史与阶级意识》，8 页。

社会过程的现实的原因。”①

关于社会历史过程的自然主义或实证主义观点无疑应该反对，但我们只要深入地考察卢卡奇在总体性原则上的具体观点，那么就会发现他同马克思的重大分歧。卢卡奇是从主体出发来规定社会的总体的。也就是说，既要把社会理解成主体参与并积极建构的过程，又要在历史主客体相互作用的过程中实现总体性的认识。“历史过程中的主体和客体之间的辩证关系”是“最重要的相互作用”②，总体性原则既包含了把这种关系作为认识对象，也包含了把这种相互作用当作认识过程的思想。而卢卡奇在进一步分析主客体关系时，则夸大了主体的意识过程。卢卡奇把“总体性”原则同“经济动因的优先性”对立起来，并把前者抬高为马克思主义中具有“决定性”的东西，从而把马克思主义理论中许多富有生命力的科学内容抹杀了。

卢卡奇把社会认识中的重心从对客体的分析移至对主体的分析，是建立在这样一个理论前提上的：“历史唯物主义最主要的作用并不在于对纯粹科学的知识的说明，而在于行动的领域。”③ 他的失误不在于这一理论前提本身，而在于他把“行动的领域”同对社会的客观的科学的分析的区别夸大了。马克思毕生致力于研究的是社会结构及其客观规律，特别是研究社会经济过程的必然性，因为他坚信变革社会的活动必须建立在对社会的科学认识基础之上。在社会的复杂的总体结构和过程中，主客体关系无疑贯穿其中，但最为重要的主客体的相互作用体现在社会的经济过程之中。无产阶级的主体意识无疑具有种种相对独立性，但它本质上是受资本主义的经济过程所制约的。抽象地谈论“总体性”，容易把人们引入一种简单的“相互作用论”。而在“总体性”的名义下夸大主体性，只能导致对社会总体的另一种割裂。

对总体性原则的强调，同样存在于柯尔施对马克思主义的解释中。尽管柯尔施不像卢卡奇那样专门讨论过总体性的概念，也没有像卢卡奇那样

---

① 卢卡奇：《历史与阶级意识》，13 页。
② 同上书，3 页。
③ 同上书，224 页。

直截了当地把马克思主义的实质界说为总体性原则，但他在《马克思主义和哲学》中同样把总体性原则当作辩证法的最基本的原则。他认为，总体性原则具体体现为把思想运动和实际的革命运动作为统一的历史总体来看待。进一步说，总体性原则要求把意识形态当作同社会中其他因素即物质因素一样的现实来看待，拒绝对单纯的经济因素的分析。根据总体性原则，柯尔施率先提出了意识形态批判理论，主张用思想行动推翻资产阶级的精神结构，并将此视为无产阶级革命的前提。在对资本主义社会结构进行“总体”的批判中，柯尔施是强调把精神批判置于首位的。这是因为，他认为第二国际的考茨基等人开创了一种庸俗的马克思主义，导致人们只去冷静地、消极地看待资本主义的社会现实，泯灭了人们的革命激情，使马克思主义理论在无产阶级国家和革命等一系列重大问题上发生了危机。考茨基等人“先验地低估”了资产阶级意识形态的强大作用，而马克思的社会理论则重视对资产阶级意识形态的批判，强调社会的总体性和对社会进行批判的总体性。马克思主义“是一种把社会发展看作或理解为一个活的总体的理论；或者更确切地说，它是一种把社会革命作为一个活的总体来理解和实践的理论。……不仅经济、政治和意识形态，而且历史过程和自觉的社会行动都继续构成‘革命实践’的有生命的统一体”①。

卢卡奇依据总体性原则来突出无产阶级的意识，柯尔施依据总体性原则来突出无产阶级的思想运动即意识形态批判，葛兰西则以突出理论与实践的统一和文化革命来发挥总体性原则。

葛兰西认为马克思主义本质上是一种以实践为核心的哲学，它是一种统一的世界观。在实践哲学的视野中，“理论和实践的统一并不作为机械的原始论据而存在，却是作为历史形成的过程而存在的”②。这里所说的“机械的原始论据”乃是指那种割裂理论和实践的机械论，这种观点把理论作为实践的“附加物”，作为对实践的“补充”或实践的“仆从”。葛兰西主张首先要把实践作为一个总体来理解，即不能从实践中剥离出理论的要素，换言之，实践是内在地包含了理论要素的，而理论活动或认识活动

① 柯尔施：《马克思主义和哲学》，52页。

② 葛兰西：《狱中札记》，16页，北京，人民出版社，1983。

构成了实践的先导和决定性环节。他把宿命论或机械决定论讥讽为“不外是一种服装，弱者穿上它用以遮掩积极的和实在的意志”①。为了破除机械决定论，葛兰西在很大程度上承袭了黑格尔主义对社会历史结构总体的描述方法，即把社会的精神文化现象描述为独立地纳入主体目的的行为结果。他认为，一定社会中的占支配地位的社会意识是人的自我理解的客观化，它表现为该社会的文化现象。文化本身是社会关系的实质性部分，换言之，文化是社会的全面表现，它是社会的自我反映的总和，是社会进步的前提。从这种文化观出发，葛兰西认为社会革命的进程完全取决于革命主体即人民群众的觉悟，而这种觉悟又取决于文化的影响。因此，革命实践的核心内容就是要建立一种非资产阶级的文化，而其前提是要克服资本主义社会现实中的文化异化，实行一场文化革命。从对社会历史和无产阶级革命实践的总体理解中，葛兰西得出了一个极富于思辨色彩的结论：对现实的“批判应当从思辨思维中推导出其真正的内容来，即应当使它成为政治思想和实际行动的手段”②。

西方马克思主义者提出总体性原则，旨在全面地理解马克思主义，但由于他们从一开始就定下了从无产阶级意识的主观方面去寻找西欧革命失败的原因这一基调，在热衷于对主观世界的说明的同时淡忘了客观世界，因而从根本上难以实现对社会历史的总体把握，最后必然导致对马克思主义的片面理解。

三、历史主体—客体的辩证法

卢卡奇由于出版了《历史与阶级意识》一书而名噪一时。该书所使用的副标题就是“马克思主义辩证法研究”。在这本集中反映了青年卢卡奇对马克思主义的“新理解”的论文集里，系统地提出了他对历史辩证法的看法。

如果说总体性原则构成了他的历史辩证法的基础，那么主客体的相互作用则构成了这种历史辩证法的主要内容。从卢卡奇的思想逻辑来看，主

① 葛兰西：《狱中札记》，19页。

② 转引霍尔茨：《欧洲马克思主义的若干倾向》，20页，北京，人民出版社，1983。

客体的辩证法不过是总体性原则的具体体现。

卢卡奇依据总体性原则对辩证法和马克思主义的关系作了解释。他在《历史与阶级意识》的前言中指出，马克思主义本质上是一种方法，理解马克思的方法的本质并且正确地应用它，这是我们的任务。马克思的理论和方法是用来理解社会和最终发现历史的真正的方法，这个方法完全是历史的。他在《什么是正统的马克思主义》一文中认为：“正统马克思主义仅仅涉及方法。”① 也就是说，马克思主义本质上是一种辩证法，是一种社会历史的辩证法。卢卡奇认为这种辩证法不同于恩格斯在《反杜林论》中的解释。恩格斯“甚至没有提到最重要的交互作用，即历史过程中的主体和客体之间的辩证关系……然而没有这一因素，辩证法就不再是革命的”②。在卢卡奇看来，辩证法不是简单地被人随意用来解释客体的“科学”方法，也不是独立于运用辩证法的主体而存在的，所以不存在自然辩证法，只存在历史辩证法。

把自然辩证法摈除于马克思主义的辩证法之外，其主要根据有两点。其一，自然是一个社会历史的范畴，不可能独立于社会之外去研究自然。“自然是一个社会范畴。这就是说，在任何特定的社会发展阶段上，无论什么被认为是自然的，那么这种自然都与人相关；人所涉及的自然无论采取怎样的形式即自然形式，自然的内容、自然的范围和自然的客观性都是由社会所决定的。”③ 其二，在纯粹的自然即社会以外的自然中，人即主体不能结合到自然过程中去，因而不可能从对自然的认识中获取关于历史过程变化的观念，不能解释主体和客体的统一、理论和实践的统一，以及思想变化的根源等。总之，客体或自然的辩证法不是马克思主义的辩证法。

卢卡奇在《历史与阶级意识》一书中所表露出的否认自然辩证法的倾向，与他的总体性原则的一般说明发生了矛盾。他晚年曾对此作了反省。他在该书 1967 年新版序言中指出，该书的一个最明显的特征就是与作者原来的主观愿望相悖，即它在客观上赞成“向马克思主义本体论根基进

① 卢卡奇：《历史与阶级意识》，1 页。
② 同上书，3 页。
③ 同上书，234 页。

攻”的倾向。“这种倾向把马克思主义只看作一种社会理论，看作一种社会哲学，从而忽视和否认它是一种自然理论。”① 卢卡奇认为这种错误的方法论根源在于，忽视了社会与自然进行物质交换过程的现实基础，狭隘地理解了人的活动，取消了“自然的本体的客观性”。

卢卡奇关于历史辩证法的思想主要有三个方面。

（一）马克思的历史辩证法思想是黑格尔思想逻辑发展的继续。

卢卡奇认为：“如果我们不详细考察这种方法（指马克思的辩证法——引者注）的奠基者黑格尔以及他和马克思的关系，那么我们就不能公平对待这种具体的、历史的方法。”② 与第二国际修正主义者伯恩施坦相反，卢卡奇反对割断马克思主义哲学与黑格尔哲学的继承关系。伯恩施坦主张把马克思著作中的辩证法思想当作黑格尔的残余全部抛弃掉，而卢卡奇则强调马克思的辩证法乃是黑格尔思想的逻辑延伸。他十分欣赏黑格尔在《精神现象学》中关于“真实的东西不仅应该作为实体，而且也应该作为主体表述”的思想。黑格尔认为，在绝对观念的发展过程中，由自我意识外化出客体，并形成主体与客体的相互作用的运动，最后通过认识客体而返回到自我意识，从而达到了主体与客体的同一。在卢卡奇看来，黑格尔比康德、费希特等人进步之处正在于他排除了主体与客体的对立，把主体与客体关系置于历史发展进程中来考察，因而确认有一个同一的主体—客体。然而黑格尔有其不可克服的局限性，即只能从思辨的逻辑领域中寻找主体，因而不能找到真实的历史主体。而马克思则超越了黑格尔，在社会—历史领域中找到了现实的主体，这就是社会阶级，更确切地说是无产阶级。马克思的辩证法与黑格尔的辩证法区别仅在于此。卢卡奇依据黑格尔的逻辑图式来建构马克思的辩证法，仅仅用阶级意识来置换自我意识，把历史辩证法仅仅局限于意识的主体与客体的相互作用，这种理解无疑歪曲了马克思同黑格尔的关系，抹杀了两者之间本质的区别。

（二）无产阶级既是主体又是客体，它们的同一是在阶级意识中实现的。

卢卡奇认为，辩证法是社会现实中的革命因素，它表达了历史趋于成

① 卢卡奇：《历史与阶级意识》，xvi 页。

② 同上书，xliii 页。

熟并最终受到改造的过程，这一过程是由社会的承担者无产阶级来实现的，辩证法也就是无产阶级的理论意识。为什么只有无产阶级才能作为历史的主体呢？按照总体性的原则，主体自身必须是一个总体，进而又能够把客体当作一个总体；只有对社会进行总体性的认识，才有可能改造社会。“在现代社会中，只有阶级才能表达这种总体性的观点。”① 而获得这种总体性认识的过程，就是主客体相互作用的过程。总体性原则既包含着主客体的相互作用，又意味着总体性范畴制约着主体和客体。“总体性范畴不仅决定认识的客体，而且决定认识的主体。……只有当主体自身是一个总体时，客体的总体性才能被确定；如果主体希望理解自身，它必须把客体认作总体。”② 因而主体不是个体，只能是群体即阶级；不能是其他阶级，而只能是无产阶级。只有无产阶级才能以革命实践的方式同现实的总体发生联系。卢卡奇没有从无产阶级自身以外去寻找客体，而是把无产阶级看作主体与客体的统一，即既是意识中的主体，又是意识中的客体。于是，他按照无产阶级意识的发展，描述了主体与客体相互作用并趋于同一的历史过程。

主体与客体的同一是在随着社会经济条件的发展而逐渐成熟的意识中实现的。在前资本主义时期，人们不可能发现自己是社会的存在物，在自然经济基础上的社会关系使人们不可能从总体上把握“作为人的实在”。只有在资本主义社会里，“人成了本来意义上的社会存在物。社会变成了人的实在。因此，只有在资本主义条件下，在资产阶级社会中才能认识社会是实在”③。当然，即使在资本主义社会中，无产阶级也不可能一开始就在意识中把握“社会的实在”，因为“物化”现象是无产阶级实现主体与客体同一的障碍。在“物化”世界中，资产阶级的特殊利益决定了它不可能逾越“物化”现象这一中介来把握社会总体。只有无产阶级因其特殊利益才能克服“物化”现象，在意识中改变自己被单纯当作资本主义生产过程中的“客体”这一事实，由对自身状况的无意识发展到自觉的意识。这样，作为历史主体的无产阶级在其意识的发展过程中，由主体与客体的分裂发展为主体与客体的同一。

---

① 卢卡奇：《历史与阶级意识》，28 页。
② 同上书，19 页。
③ 同上书，28 页。

卢卡奇关于无产阶级在革命实践中由自在的阶级发展为自觉的阶级，无产阶级由对自身的无意识发展到自觉的意识的观点是无可厚非的。单纯就无产阶级革命意识的发展过程而言，这无疑是对马克思主义的一定程度的发展。但是，他把这种意识的主体与客体相互作用的辩证法看成在总体性原则指导下的历史辩证法的核心，这就难免歪曲了唯物史观。对于卢卡奇的这种唯心主义性质，是容易被忽视的。例如有的西方学者就认为："卢卡奇关于同一的主体—客体的观点……并不包含任何哲学唯心主义，就是说丝毫没有关于物理客体只是精神的伪装形式的观点。"① 这种错觉无疑是由于只盯住认识论的领域，殊不知卢卡奇的理论重心正在于社会历史领域中的辩证法，卢卡奇的失误可以归结为两点。

首先，卢卡奇违背了他提倡恢复马克思主义总体性原则的初衷，而走向割裂实践和认识统一的片面性。他局限于从意识过程中考察历史主体，确立历史主体，而忽视了从实践过程特别是物质生产活动中考察历史主体。主体和客体的关系首先是实践的关系，其次才是认识的关系。后者以前者为基础。离开这一基础便不能科学地说明主客体的关系，更无法说明社会历史发展的全貌。卢卡奇不否认社会经济条件决定人们的意识，也反复强调理论要同实践相统一，但正如他后来所承认的那样，他对马克思的劳动思想缺乏正确的认识，从而对实践作了狭隘的理解。尽管他也强调"自然是一个社会的范畴"，但是他却忽略了实践的主体与客体之间的物质变换关系，把客体仅仅限制在意识领域内。

其次，卢卡奇把完整而自觉的意识当作真正的人的实在的标志，进而把人的解放归结为获得完整的阶级意识。历史发展的进步主要表现为意识的进步，人类的历史主要表现为意识的主体与客体相互作用的历史。这种思想正是黑格尔哲学的残余。正如联邦德国哲学教授G.斯密特所指出的，卢卡奇"把人类摆脱经济的奴役与获得完整的具体的历史意识看成一回事。历史和阶级意识是同一个东西，它们不仅彼此影响，而且在它们之

① G. H. R. 帕金森：《格奥尔格·卢卡奇》，201页，见《马列主义研究资料》，1985年第4辑。

间存在着思辨的同一性：历史是实体，阶级意识是主体”①。

（三）马克思主义辩证法的中心任务在于认识异化和消除异化。

卢卡奇在《历史与阶级意识》1967年版序言中写到，就社会影响来看，该书最为重要的内容就是关于异化（即原书所说的“物化”）的思想。异化的问题“是在马克思之后第一次被当作对资本主义的革命性批判的中心问题，并且它的理论和方法论的根源存在于黑格尔的辩证法之中。当然，这个问题在当时是悬而未决的。几年以后，随着海德格尔的《存在与时间》（1927年）出版，这个问题就成为哲学论战的中心。甚至在今天，它还未丧失其地位，这主要是因为萨特及其追随者和论敌的影响”②。麦克莱伦也认为，卢卡奇对异化、物化等概念的论述，是后来的西方马克思主义者对资产阶级文化进行批判的基础。③

卢卡奇把总体性的思想应用于对资本主义社会的说明，并发挥《资本论》对商品拜物教的分析，从而提出了“物化”思想。在《历史与阶级意识》一书中，他是把“物化”当作“异化”一词来使用的。他认为，人们对世界的理解被某种“现象”所阻碍，使人们不能获得对世界的总体性认识。这种“现象”就是“物化”。他从劳动分工开始，说明了资本主义生产关系、政治制度和官僚机构所造成的物化的过程。他认为工人的物化是资本主义的显著特征。工人由于劳动力成为市场上被买卖的商品而被改造成客体，在人与人之间的社会关系中丧失了情感和理解；生产过程（包括它所生产出来的商品）直接被资本家所控制而间接地被供求“规律”所左右；工人被动地执行命令，不是生产使用价值，而是生产交换价值，毫无选择的自由。因而在资本主义社会中，工人变成了无力驾驭社会力量的旁观者。物化是资本主义的必要条件。只要工人忽视生活的真正处境，那他们就能忍受孤立和受奴役的生活方式。只要工人忽视了他们在流动的总体中的真正作用和他们解放的未来，他们就能忍受剥削。资本主义社会通过各方面合理的物化来加强这种“忽略”。资本主义和物化不过是同一现实

① G.斯密特：《精神现象学在卢卡奇历史哲学中的再现》，载《哲学译丛》，1985（2）。

② 卢卡奇：《历史与阶级意识》，xxii页。

③ 参见麦克莱伦：《马克思以后的马克思主义》，222页。

过程的两个方面。真正的主体性不再是个体的“我”，在物化世界里没有真正的主体。要消除物化，必须实现主客体的同一。卢卡奇据此提出，实际解决物化问题的“主要哲学基础是在历史过程中实现其自身的同一的主客体”①。一旦无产阶级理解了社会的总体，就能实现主客体的同一，进而消除物化现象。

卢卡奇对异化问题的说明，确实部分地反映了青年马克思对资本主义社会中工人阶级悲惨状况的分析，同时也对他自己所处时代的资本主义社会现象作了新的理解。但是，卢卡奇把异化问题当作马克思对资本主义进行批判的“中心”问题，却是肤浅地甚至是歪曲地理解了马克思的思想。

首先，卢卡奇没有真正理解马克思对资本主义进行科学分析和批判的理论实质。马克思在其早期著作《1844 年经济学哲学手稿》中，集中地阐述了自己的异化劳动理论。马克思通过对劳动的经济学和哲学的分析，指出了在资本主义条件下，工人同自己的产品相分离，同自己的活动相对立，同人的类本质相异化，而且这种异化在人们的关系上表现为工人与资本家的对立。异化劳动理论是马克思在由旧理论向科学的历史观即历史唯物主义迈进时的一个过渡的理论形态，它在许多方面都还带有黑格尔和费尔巴哈的印迹。马克思并没有停留在对异化劳动的分析和说明上，而是突破了异化劳动理论，进一步运用生产力和生产关系矛盾运动等唯物史观基本原理，运用剩余价值理论，对资本主义社会进行科学的分析与批判。

其次，卢卡奇没有严格区分“物化”与“异化”概念，忽视了“异化”是一个历史的范畴。卢卡奇把“物化”（即劳动的对象化）当作资本主义社会所特有的现象，这在理论上势必造成混乱。尽管卢卡奇对“物化”的说明主要是指资本主义社会条件下所特有的异化现象，但由于他没有理解马克思对“异化”所作的严格规定（《1844 年经济学哲学手稿》当时还未公之于世），忽视了“异化”产生的经济根源，因而不可能科学地解释马克思早期的异化思想。

最后，正因为卢卡奇不能正确理解异化所产生的深刻的历史根源，所以也就不可能提出克服异化的正确道路。他诉诸对“总体性”的认识，诉

① 卢卡奇：《历史与阶级意识》，xxiii 页。

诸主体与客体的“同一”，这充其量不过能达到在观念上消除“拜物教”，而不可能在现实中消除客观的异化现象。究其思想根源，卢卡奇在异化问题上仍然是通过黑格尔来理解马克思，使马克思对资本主义社会批判的理论就范于“主体—主体的异化—主体的复归”这样的思辨公式。即使在马克思的早期著作中存在这样的公式的痕迹，那也不过是马克思在由历史唯心主义向历史唯物主义发展过程中所难免的然而是不成熟的部分。在科学的唯物史观理论形态中，就再也不存在如此痕迹了。从这里我们再次看到，卢卡奇力图通过恢复和扩展黑格尔的辩证法来恢复马克思理论的革命性质的愿望并未实现。

四、走出低谷的尝试

西方马克思主义者声称自己对马克思主义的重新解释，是旨在找到一条能使西欧无产阶级革命走出低谷的途径。但是他们把马克思主义同被第二国际庸俗化了的马克思主义混为一谈，认为要走出革命的低谷，必须首先走出马克思主义发展的低谷，使马克思主义“复苏”。1923 年，也就是卢卡奇的《历史与阶级意识》问世的同一年，柯尔施发表了《马克思主义和哲学》。在这部著作中，他标榜要突破第二国际流行的对马克思主义进行机械论解释的僵化模式，多角度地对马克思主义进行了“重新解释”。因而这部著作奠定了柯尔施在西方马克思主义思潮发端时期的举足轻重的地位。在一些人的眼中，柯尔施是“试图重建马克思的原本哲学的最杰出的人物”，“是革命的马克思主义最重要的代表之一”，其“根据”就在于柯尔施同卢卡奇一样，确立了一种“新”的马克思主义主题和理论框架。

前面曾经指出，西方马克思主义思潮有着大体一致的学术传统，这就是倚重马克思主义的哲学，特别是辩证法的方面；而轻视对经济和政治结构的分析。《马克思主义和哲学》正是一部把理论重心转向哲学领域的著作。

《马克思主义和哲学》的主题，从形式上看，是阐明马克思主义和哲学的关系，突出或强调马克思主义的哲学方面；从实质上看，则是弘扬历史的主观辩证法，阐述马克思主义作为一种社会革命理论的本质。围绕这一主题，柯尔施如同卢卡奇一样，首先利用马克思主义以前的理论体系——黑格尔的辩证法——来重新解释马克思主义。

柯尔施认为，第二国际的马克思主义理论家简单地抛弃了马克思主义中的哲学问题，否认马克思主义具有特定的哲学立场，其原因在于他们对历史和逻辑的发展过程缺乏正确的理解，即看不到黑格尔哲学对马克思主义的影响。无论是资产阶级的哲学教授还是正统的马克思主义者，尽管立场不同，但都一致认为，马克思主义没有任何它自己的哲学内容。"这种对马克思主义和哲学之间的关系的纯粹否定的看法……都是由于对历史和逻辑发展的分析非常肤浅和不完整而产生出来的。"① 也就是说，如果割裂了实践与理论的关系，看不到辩证法原则的本来意义正在于它是对现实革命运动的反映，那么必然也就会否认马克思主义和哲学的内在关系。对马克思主义和哲学关系的考察，必须首先建立在对黑格尔哲学与马克思主义的关系的考察基础之上。柯尔施首先确定了这样的考察原则：特定时期的"思想运动"和同时代的"革命运动"之间的联系，既是理解德国古典哲学的关键，也是理解德国古典哲学与马克思主义的关系的关键。从康德到黑格尔的唯心主义哲学反映了资产阶级革命运动，马克思主义的唯物主义哲学则反映了无产阶级革命运动。马克思主义的辩证法是黑格尔辩证法的延伸，只不过两者所反映的革命运动的性质不同而已。马克思主义哲学的本质在于，它是独立的无产阶级革命运动的一般表现。或者说，它本质上是革命的辩证法，是一种体现总体性、批判性的认识方法。尽管柯尔施的这种理解强调了马克思主义与无产阶级革命运动的密切联系，但他在理解马克思主义何以成为无产阶级革命运动的一般表现、马克思主义辩证法何以是革命的等诸问题上，都表现出明显的肤浅和混乱。首先，柯尔施认为马克思主义哲学只不过是德国古典哲学在新的历史条件下的发展，两者区别仅仅在于它们所反映的阶级利益的不同，而不在于两种哲学本身的性质。他从德国古典哲学和马克思主义哲学都代表一定阶级利益这一共同点出发，认为两者有着天然的联系，并指出，与其说德国古典哲学这场"思想领域里的革命运动在19世纪40年代终结了，还不如说它仅仅经历了一次深刻而有意义的性质变化。作为资产阶级革命运动的意识形态表现的德国古典哲学不是终结了，而是转变成为一种以后在思想史上表现为无

---

① 柯尔施：《马克思主义和哲学》，33页。

产阶级革命运动的一般表现的新科学，即马克思和恩格斯在 19 世纪 40 年代第一次提出和建立的‘科学社会主义’理论”①。（在柯尔施看来，科学社会主义理论本身也体现着哲学即唯物辩证法。）由德国古典哲学转化而来的马克思主义的辩证法，仅仅是无产阶级——革命主体——的观念的产物，而不是对整个世界，特别是对资本主义现实进行科学的分析的结果。这种过多地强调唯物辩证法的黑格尔来源，仅仅局限于用无产阶级的主体利益来理解辩证法的革命性质的观点，抹杀了唯物辩证法对旧哲学进行变革的真正意义，忽略了唯物辩证法本身所固有的科学性。其次，柯尔施在提醒人们注意马克思主义哲学的黑格尔来源的同时，把哲学仅仅归结为一种认识方法。安德森曾指出：“在整个西方马克思主义传统中，认识论的主题所占主导地位的程度，可以在其代表作的题目中看出来。柯尔施的《马克思主义和哲学》，一开始就定下了基本规范。”② 这里所说的“基本规范”，乃是指柯尔施同卢卡奇一样，试图把一种体现总体性、批判性的认识方法确认为马克思主义的本质。然而柯尔施所主张的认识方法，主要是一种主观的辩证法，即轻视客观条件的分析，而热衷于对无产阶级革命主观条件的说明。他没有把握住马克思主义哲学（包括辩证法）既是科学的方法论，又是科学的世界观这种双重特征，以至于他并不关注辩证法的唯物主义基础，并不关注对客观世界的科学说明。在《马克思主义和哲学》中，他对“哲学”这一概念的使用相当混乱，没有对一般的哲学和具体的哲学加以区分。他有时说辩证唯物主义在本质上是哲学的，有时认为马克思和恩格斯试图用科学社会主义来“克服和消灭一般哲学”（实际上柯尔施用“一般哲学”概念表达的是资产阶级哲学）；有时说马克思主义哲学是科学的认识方法，有时又断言马克思主义主张像废除国家一样“废除哲学”，从而把哲学同一定历史时期的意识形态完全等同起来。这种对哲学的理解和表达上的混乱，常常使柯尔施对恢复马克思主义哲学内容的论证陷入自相矛盾。

柯尔施在论述马克思主义和哲学关系时，着力通过对实证主义的批判

---

① 柯尔施：《马克思主义和哲学》，41 页。

② 安德森：《西方马克思主义探讨》，69 页。

来阐述自己对马克思主义本质的看法。

在他看来，马克思主义和哲学的关系之所以是重大的理论和实践的问题，乃是由于庸俗马克思主义者消极地、实证主义地对待哲学问题，从而曲解了马克思主义的本质，在革命实践中造成消极后果。柯尔施在针对人们的指责而写的《〈马克思主义和哲学〉问题的现状——反批评》（1930年）中，自认为《马克思主义和哲学》最有特色之处在于，它发展了一种完全非教条的和反教条的、历史的和批判的，从而是最严格意义上的唯物主义见解，这就是把唯物史观应用于考察唯物史观本身。[①] 这可以从两个方面来理解：其一，柯尔施试图用实践与理论相统一这一马克思主义观点来说明马克思主义本身发展的阶段。其二，以马克思主义哲学为指导，来说明马克思主义发展的诸阶段都是以哲学——以强调总体性为核心的辩证法——为基础的。柯尔施进行这种考察，旨在说明马克思主义理论遭到庸俗化、实证化的认识论根源。按照他的划分，马克思主义经历了三个发展阶段。第一阶段始于1843年前后（其理论标志是《黑格尔法哲学批判》），结束于1848年革命（与《共产党宣言》相对应）；第二阶段始于1848年6月巴黎无产阶级战斗的失败，结束于19世纪末；第三阶段从20世纪起至柯尔施写作《马克思主义和哲学》之时，并将延续到未确定的将来。在上述每一个阶段中，马克思主义都体现了理论与实践的统一（尽管革命浪潮有起伏），都贯穿了辩证法。从理论形式上看，第一阶段的理论渗透着哲学，它是一种把社会发展当成一个活的总体来理解和实践的理论，即从总体上把握社会革命的理论，它在总体上把握经济、政治、思想各要素。这种最初的理论形式随着19世纪下半叶革命形势的发展而必然发生变化。第二阶段的理论在本质上并未发生变化，即仍然是关于社会革命总体的理论。它与早期理论形式的区别仅仅在于后来阶段的理论整体的不同部分，即它的经济理论、政治理论和意识形态理论逐渐分化，科学理论与社会实践进一步分离（这种分离仅仅是形式上的）。原先的理论整体的自然脐带被割断了，各种领域的理论得到相对独立的发展，这是理论的进步。然而庸俗马克思主义者希法亭等人对此全然不解，并把马克思主义

① 参见柯尔施：《马克思主义和哲学》，92页。

仅仅理解成一种经济学或政治学的“科学”。他们使唯物辩证法这种流动的方法论冻结成单纯研究社会历史领域因果联系的理论公式，主张排斥价值判断的纯客观的“科学”研究方法，从而把马克思主义降低到经验科学的水准。柯尔施针对这种实证主义倾向指出，马克思主义绝不是实证主义意义上的“科学”，认识并非消极地反映现实，而是积极构成复杂的、相互渗透的世界。马克思主义主要是一种价值认识，任何脱离实践的纯科学或纯客观的理论考察都是同马克思主义格格不入的。庸俗马克思主义者把马克思主义理论弄得支离破碎，把它割裂成孤立自发的各个知识分支，从而导致了马克思主义的危机，使马克思主义丧失了革命性。鉴于这种情形，柯尔施认为马克思主义发展到第三阶段所面临的中心任务，就是矫正庸俗马克思主义者把重心偏向人以外的世界的错误，回到革命的主体无产阶级自身中来，从而解决革命的主观条件问题，或者说解决在意识形态领域里进行革命的理论根据问题。

毋庸讳言，柯尔施对实证主义倾向的批判有某种合理的因素。自从第二国际的一些理论家把马克思主义庸俗化以来，当时还没有人通过考察马克思主义的历史来揭露那种实证主义倾向的认识论根源。但由于柯尔施站在极端的立场上来分析问题，这就不可避免地具有片面性。他虽然在形式上承认马克思主义是科学认识和价值认识的统一，但是把论证的前提局限于主体的框架内，故而难以正确地再现马克思主义的科学性。很难想象，单纯倾注于对主体世界的沉思，会达到对与主体有关的客体世界的科学把握。柯尔施提出运用唯物辩证法来分析马克思主义发展史，主张按照无产阶级革命实践的发展来考察马克思主义的理论形态，这不失为有意义的尝试。然而他并没有彻底贯彻这一分析原则，这主要表现在他对《黑格尔法哲学批判》等早期不成熟的、从严格意义上说还不能列为无产阶级革命运动科学理论表现的著作作了过高的评价，而且也忽视了马克思主义理论各组成部分发展的相对独立性。

柯尔施在试图“重建”马克思主义的主观辩证法的过程中，还提出了意识形态批判理论。这一理论是他对体现为把思想运动和实际的革命运动作为统一的历史总体来看待的总体性原则的进一步发挥。根据总体性原则，意识形态应被作为同社会中其他因素即物质因素一样的现实来看待，而不能简单地把它当作经济因素的附属物来看待。

在柯尔施看来，新的革命斗争时期把被许多人遗忘了的无产阶级革命和意识形态关系这一重要问题重新提了出来。根据辩证唯物主义，应该在理论上把意识形态（包括哲学）当作现实来理解，并且在实践中把它同样当作现实来对待。马克思从一开始就非常重视对意识形态的批判。首先，他从哲学方面批判了宗教；其次，他从政治方面批判了宗教和哲学；最后，他从经济方面批判了宗教、哲学、政治学和其他意识形态。马克思主义哲学的任务，就是通过在哲学这一特殊领域进行战斗，来参与反对整个现存秩序的革命斗争。对资产阶级社会的彻底批判，必须从政治经济学这一特定的意识形式开始。因此，对政治经济学的批判在理论上和实践上都是占首要地位的。柯尔施还特别强调，主张意识和现实的一致性，是包括马克思的唯物辩证法在内的一切辩证法的特征。这一原则的逻辑结论就是：资本主义时代的物质生产关系，仅仅是同反映它的资产阶级意识形态相结合的东西，没有这些意识形态，它就不能生存下去。换言之，以独特的方式表现资本主义社会总体的意识形态构成该社会的精神结构，它支撑着该社会的经济结构。因此，无产阶级必须用思想行动来摧毁这种精神结构；思想行动作为无产阶级夺取政权以前的理论批判和鼓动工作，以及夺取政权后作为意识形态的专政，必须在理论和实践中被贯彻到底。

柯尔施强调从总体上批判资本主义社会结构，重视对资产阶级意识形态的批判，但他忽略了这样一个重要的事实，即马克思始终强调实践的批判高于思想或理论的批判，对资产阶级意识形态的根除，归根到底有赖于对它的现实基础即资本主义经济制度和政治制度的克服。如果不加区分地把“武器的批判”和“批判的武器”并列起来，或者把思想的批判置于实践的批判之上，把“物质的力量只能用物质的力量来摧毁”这一真理置之度外，那么势必会把无产阶级革命运动引向歧途。

如果说柯尔施在《马克思主义和哲学》中其唯心主义倾向还是被掩盖的，那么在《〈马克思主义和哲学〉问题的现状——反批评》中，柯尔施通过对列宁的公开指责，表明了他对唯物主义立场的轻蔑。他认为自己坚持了把重心从唯物主义转向辩证法的路线，而列宁却坚持从辩证法转向唯物主义。在他看来，马克思和恩格斯致力于从德国古典哲学中拯救出辩证法，而列宁反其道而行之，认为马克思主义的主要任务是支持和维护至今还不曾有人认真地想到对它提出疑问的唯物主义世界观。他认为列宁的唯物主义有一个严重的缺陷，即取消了马克思和恩格斯对黑格尔辩证法的唯物主义颠倒，而且还把唯物主义和唯心主义之间的整个争论拉回到从康德到黑格尔的德国唯心主义业已超越了的历史阶段上去，即回到 18 世纪旧唯物主义的“思维”和“存在”、“精神”和“物质”的绝对对立上去。他认为，列宁的唯物主义哲学，导源于绝对的形而上学的存在观念；它不再是辩证的，更不必说是辩证唯物主义的了。列宁及其追随者片面地把辩证法转变为关于客体、自然和历史的认识，并把认识描述为仅仅是客观存在在主体意识中的消极反映。因此，他们既破坏了存在和意识的辩证关系，进而也破坏了理论和实践的辩证关系，还抛弃了历史存在的总体同一切意识形态之间的关系，而用认识的主客体这样狭隘的认识论问题取而代之。他还认为，列宁总是从抽象的认识论观点出发对待现实的社会，从未把认识放在与其他社会历史意识相同的层面上来加以分析，也从未把它作为一种历史现象来看待。

柯尔施的上述指责，不仅是对列宁思想的严重歪曲，而且表现出柯尔施对唯物主义哲学立场的偏离。事实上，列宁为发展马克思主义的辩证法、认识论、历史观作出了卓绝的贡献。无论是列宁的众多著述还是十月革命实践，都无可辩驳地证明列宁是坚持理论与实践相统一、主观辩证法与客观辩证法相统一的典范。倒是柯尔施自己未能充分理解马克思主义哲学的本质，拒绝对哲学基本问题作既辩证又唯物的解释，自觉或不自觉地把唯物主义与辩证法割裂开来，把列宁对马克思主义哲学的唯物主义立场的捍卫斥之为哲学的倒退。这充分说明柯尔施离唯物主义立场越来越远。

20 世纪 30 年代中期，柯尔施写了《我为什么是马克思主义者》一文，对马克思主义的本质作了如下归纳：马克思主义的全部原理从根本上说带有特殊性，即使是那些表面上带有普遍性的原理也是如此；马克思主义不是实证的，而是批判的；马克思主义的主题不是现在处于肯定状态的资本主义社会，而是正在衰亡的资本主义社会；马克思主义的主要目的不是观赏现存世界，而是对它进行积极改造。从表面上看，柯尔施的这种概括突出了马克思主义的特殊性、批判性、实践性。可是根据他的具体说明来看，他实际上流露出把普遍性与特殊性、科学性与批判性、理论性与实践性分割开来的倾向。

在马克思主义的普遍性与特殊性的问题上，柯尔施一味强调具体的分析，蔑视一般的理论概括，损害了马克思主义作为普遍真理的科学性。同时他对科学性的理解也相当肤浅。例如，他指责恩格斯用一种非历史的抽象方式来对待历史唯物主义问题，认为恩格斯轻率地承认上层建筑同经济基础之间，意识形态同经济、政治的发展之间发生所谓的“反作用”，这样就给历史唯物主义原理的基础造成了完全不必要的混乱。因为如果不能在数量上精确地确定发生的作用和反作用有多大，不能准确地说明出现这个或那个的条件，那么整个马克思主义的社会历史发展理论就会毫无用处。从这些责难中不难发现，标榜反实证主义倾向的柯尔施又在用实证主义的模式来套马克思主义，把哲学的分析降低到经验科学的水平。他看不到马克思主义哲学之所以具有科学性，乃在于它是对客观规律（包括社会规律）的一般概括，它不可能也没有必要像经验科学那样去精确地描述社会历史领域中的一切细节。柯尔施对马克思主义的批判性和实践性的理解同样是肤浅的。因为它把批判性和实践性的前提——科学性——给扔掉了。

柯尔施在其理论生涯的早期，自认为是马克思主义的虔诚信仰者，实际上他对马克思主义的“重建”就是对马克思主义的偏离。然而当卢卡奇在后期认真反省自己早期的理论偏差并声明要回归马克思主义的时候，柯尔施却从偏离走上了对马克思主义的背叛。1950 年，柯尔施写了《关于今日马克思主义的十个论点》①，直言不讳地说：“问马克思和恩格斯的学说今天在何种程度上在理论上有效和在实践上可行，再也没有意义了。……重建革命理论和实践的第一步，在于同马克思主义对革命主动性、对理论上和实践中的领导地位的垄断要求决裂。”这种对早期信仰的背叛，不能不说是柯尔施理论生涯的一个悲剧，也是一切企图肢解马克思主义的“马克思主义者”的必然结局。

---

① 见《马克思主义研究资料》，1983 年第 3 辑。

五、实践哲学与文化批判

葛兰西是意大利著名的无产阶级革命家和理论家。他在领导意大利共产党进行无产阶级革命的过程中，致力于把马克思主义同意大利的实际情况结合起来，探索一条适合意大利国情的革命道路。他在哲学思想、政治思想等方面提出了与当时大多数马克思主义者的理解不同的新主张，而在许多方面同卢卡奇、柯尔施的理论倾向相吻合。1929 年至 1936 年，葛兰西在法西斯的监狱里写下了影响深远的《狱中札记》。在这部代表他的主要理论成就的著作中，他集中而系统地阐述了关于上层建筑的理论，而其中对后来西方马克思主义产生较大影响的是关于实践哲学和文化批判的思想。

葛兰西的实践哲学和文化批判理论是直接针对当时在意大利工人运动中流行的“经济主义”和“工团主义”而提出的。“经济主义”和“工团主义”在现实中构成了社会主义革命的主要思想障碍。葛兰西把经济主义的理论特点归结为三方面：（一）在研究历史联系时，不区别必然性与偶然性，并把经济现实看作个别人或小集团的利益，忽视主要的经济的阶级以及他们所具有的一切关系。（二）把经济发展归结为劳动工具中技术改革的过程。（三）认为经济和历史的发展直接决定于某一个重要生产要素的改变，决定于新技术的使用和新的科学发现。总之，经济主义以狭隘的眼光来理解经济，并宣布经济就是一切。而工团主义在一定意义上则是经济主义的一种策略表现，主张把工人运动仅仅局限在经济领域里。经济主义和工团主义都忽略了社会发展的上层建筑方面，削减了工人群众的政治意识和文化意识，从而延误了无产阶级革命的推进。葛兰西强调，社会主义成功与否的先决条件并不在于经济发展的必然性，而在于人民群众去真正实现一种意识的转变，这种转变的实质在于：把资产阶级在教育、新闻媒介、法律、宗教和家庭等方面所推行的文化传统废除掉，建立起无产阶级大众的新文化，即确立无产阶级的新的价值观念，使他们在精神上从从属的、消极被动的地位摆脱出来。为了达此目标，必须重新解释马克思主义的实质，纠正庸俗马克思主义的错误。

葛兰西认为马克思主义是实践哲学，这种哲学“统一的中心是实践”①。他对实践哲学的阐释包括如下内容。

（一）实践哲学的本质。

实践哲学区别于传统的唯物主义，不是实证主义或自然主义所理解的唯物主义，也不是新康德主义意义上的唯心主义。实践哲学的概念，是受拉布里奥拉的启发而提出来的。在考察马克思主义时，“有必要像安东尼奥·拉布里奥拉试图做的那样重新估价问题的提法”②。“拉布里奥拉……断言，实践哲学是一种独立的和独创的哲学，本身具有继续发展的因素，这些因素能够把对历史的解释变为普遍的哲学。正是必须沿着这个方向进行工作，发展安东尼奥·拉布里奥拉的立场。”③ 我们知道，拉布里奥拉曾在《唯物主义历史观》中把历史唯物主义的核心称为“实践哲学”，认为实践哲学不仅关注生活、劳动，而且关注思想、抽象理论，“思维的一切活动都是一种努力，换句话说，是一种新的工作”。认识本身就是一种劳动过程，它同实践劳动活动和人们的社会交往交织在一起。实践活动使思想不再是事物的“前提或预报”，而“成为具体的东西”，认识及其对象在实践中具体化了。④ 葛兰西沿袭了这一思想，认为实践哲学的真谛在于它坚持理论与实践的统一。

葛兰西是如何理解理论与实践的统一呢？他认为理论和实践的统一不能以机械论为理论依据。在不少关于马克思主义的著作中，都奢谈理论与实践的统一，但是它们都把理论和实践肢解了。这主要表现在把理论作为实践的“附加物”、“补充”和“仆从”。“当着理论与实践这两个要素不只是划分出来了，而且被分开了，决裂了（这一过程本身是纯粹机械的和有条件的）以后，坚持‘实践’这一要素在理论与实践统一中的主导作用，这就表明运动还没有脱离相对原始的历史阶段，表明运动还在通过经济—团体阶段。”⑤ 这里所说的经济—团体阶段，指的是阶级意识发展的最初阶段或幼稚时期。葛兰西在强调理论与实践的统一上比拉布里奥拉更进一

① 葛兰西：《狱中札记》，84 页。
② 同上书，70 页。
③ 同上书，71～72 页。
④ 参见纳尔斯基等编：《十九世纪的马克思主义哲学》下册，297～298 页。
⑤ 葛兰西：《狱中札记》，17 页。

步，即主张把理论归入实践的内在要素，把理论看作起主导作用的因素。对理论和实践的统一，葛兰西概括为：“把理论与实践同一起来是一种批判的行动，在这种行动中证明实践的合理性和必要性或理论的现实性和合理性。”① 强调实践哲学，强调理论与实践的统一意义何在呢？葛兰西认为在社会急剧变动的时期，特别是在无产阶级通过革命改造社会的过渡时期，只有把理论和实践直接统一起来，才可能一方面确保实践力量的正确发挥，使实践力量更为有效和扩大影响，另一方面使革命理论纲领得以有效地实施。

按照实践哲学的精神，必须把意志贯彻到历史必然性中去。葛兰西依据这一认识，把实践哲学理解成“历史力量的辩证法”，这种“历史力量的辩证法将成为唯一的辩证法”。历史辩证法对历史必然性的理解，必须在“历史—具体的”意义上去理解，而不能在“抽象—思辨的”意义上去理解。“当存在着实在的和积极的前提，这种前提已经为人们所意识到而成为有效力的，在集体的意识面前提出具体的目的，并创造出一套具有‘人民的成见’的力量的信念和思想的时候，才存在有必然性。”② 只有循此途径才可以历史地理解历史中的“合理性”。葛兰西通过这种理解旨在告诉人们，宿命论地理解历史，机械地把人们的意志看成依附于必然性之上的消极的东西，只能导致无产阶级革命意志的萎缩。

葛兰西主张应该把实践哲学理解成实践一元论，也就是说，实践哲学既不是偏重物质，也不是仅限于精神，而是在哲学认识中把握历史过程中统一的物质和精神。“‘一元论’这一术语将表达什么意义呢？当然不是唯物主义的，也不是唯心主义的。这一术语将标明在具体的历史行为中的对立面的同一性，也就是与某一种被组织起来的（历史化了的）‘物质’，与人所改造的自然不可分地联系着的具有具体性的人的活动（历史—精神）。”③

葛兰西虽然强调马克思主义哲学的实践性特征，强调了理论与实践的有机统一，但他对实践本身的理解过于宽泛，在一定程度上混淆了实践与理论

---

① 葛兰西：《狱中札记》，50页。
② 同上书，95页。
③ 同上书，58页。

的界限，而且有时夸大了理论在与实践统一过程中的指导作用。在马克思主义哲学中，实践观点、唯物主义和辩证法的观点是有机统一的。而葛兰西则在强调实践的重要性时，存在着把实践与唯物主义对立起来的倾向。这种实践一元论和实践本体论打开了通过唯实践主义走向唯心主义的大门。

（二）实践哲学的来源。

葛兰西把实践哲学理解成现代文化中的一个要素。实践哲学是以这样一些过去的文化为前提的：文艺复兴和宗教改革，德国哲学和法国革命，加尔文教和英国古典政治经济学。葛兰西并不满足于从一般文化史的角度来谈论实践哲学的来源，而是着重从实践哲学与旧哲学的关系入手，通过对实践哲学自身所包含的“唯物主义”与“唯心主义”对立的消除的说明，来反对那种肢解实践哲学的认识。他认为：“实践哲学的创始人更生了黑格尔主义，费尔巴哈主义的，法国唯物主义的整个这一套经验，以便恢复辩证统一的综合，但已经是作为‘用双脚站着的人’了。实践哲学也受到了黑格尔学说所经受过的遭遇：人们曾经同样企图把它扯碎为几个部分；有一些东西脱离了辩证的统一又重新回到哲学的唯物主义，同时高级的唯心主义文化企图把实践哲学里面制造某种新药所需要的东西包括到本身来。”① 人们各取所需，或者对实践哲学作旧唯物主义的解释，或者对实践哲学作现代唯心主义的解释。这种现象促使葛兰西把注意力投放在他认为是对实践哲学最有影响的理论来源——黑格尔哲学上，似乎从黑格尔那里才能真正理解实践哲学的本质。

在葛兰西看来，实践哲学尽管是以德国古典哲学、英国古典政治经济学和法国革命的政治著作及实践这三种文化运动为来源，但它们三者综合为一种内在性的新的概念却是以德国古典哲学作为基本形式的。实践哲学的“概念从德国古典哲学所提出的它的思辨的形式借助法国［革命的］政治和英国古典［政治］经济学而被转为历史的形式”②。据此他认为，“实践哲学等于黑格尔加大卫·李嘉图”③。黑格尔哲学的意义在于能够帮助人们理解历史的现实，理解人类精神的统一，即历史与自然的统一。“实

① 葛兰西：《狱中札记》，78页。

②③ 同上书，82页。

践哲学在某种意义上是黑格尔学说的改革和发展，是摆脱掉（或尽力摆脱掉）思想体系的片面性的和狂信的任何因素的哲学，是对矛盾的充分认识，同时被理解为个人或整个社会集团的哲学家本身不仅理解矛盾，而且也把自己本身看成矛盾的因素并把这个因素提高到认识的从而是行动的原则。”① 葛兰西借助于黑格尔哲学而想要说明的是，实践哲学把现实理解成矛盾，理解成对立面的统一，理解成主体自身与外部世界的统一，并把主体及其观念提升为实践行动的基本准则。这无疑是对黑格尔关于“人根据思想，按照思想去构造现实”的思想的发挥。

（三）实践哲学的使命。

从葛兰西的主观意图来说，他对实践哲学的理解同无产阶级革命的斗争策略是相联系的。他认为实践哲学担负着两项任务，一是“战胜最精微形式中的现代的思想体系”②，即战胜资产阶级的思想体系，对资产阶级文化传统进行彻底批判；二是“组成自己的独立的知识分子集团，并教育具有中世纪文化的人民群众”③。在葛兰西的心目中，实践哲学是在现代文化中与现代唯心主义对峙的世界观。这种世界观目前仅仅限于狭隘的知识分子小集团，必须把它变为广大群众的自觉的认识。“实践哲学力图不把‘普通人’阻留在他们的原始的常识哲学的水平上，相反地，力图把他们导向更高的认识生活的形式。”④ 总之，实践哲学是武装无产阶级进行文化斗争的重要武器。

与实践哲学的社会功能相联系，葛兰西提出应重视无产阶级政党的作用，因为只有无产阶级政党才有可能用实践哲学去指导无产阶级运动，才可能把理论同实践有机地结合起来。当无产阶级运动处在初始阶段时，没有代表该阶级利益的政党的指导，群众只能不自觉地在实践中行动，因而在政治上不可能成熟。要摆脱这种状况，就“应该特别强调现代世界中政党在制定和传布世界观方面的重要性和意义，因为它们在基本上制定符合于这些世界观的伦理和政治，也就是作为在其历史活动中从这些世界观出发的特殊的‘实验家’而活动，党从积极的群众中进行个人选择，而这种

---

① 葛兰西：《狱中札记》，86页。

②③ 同上书，74页。

④ 同上书，14～15页。

选择无论在实践方面，无论在理论方面，都是彼此关联的；而且，新的世界观本身在对待旧的思想方式上，越表现得有生气，越表现得急进地革新，越表现得对抗，那么，理论同实践的联系就越密切。因此，可以说，党在培养新的、完整的、无所不通的智力，也就是说，党像一只坩埚，把理论同作为实在的历史过程来理解的实践熔于一炉”①。葛兰西强调理论对于革命运动的重要意义，强调无产阶级政党在无产阶级由自在的阶级转变为自觉的阶级过程中的重要作用，这同列宁的思想还是吻合的。

从葛兰西对实践哲学的阐发中，我们可以看到他的理论聚焦点在于上层建筑领域。具体说来，他提出的实践哲学，不过是他的上层建筑理论的哲学基础。从强调理论的现实性或重要性出发，葛兰西不仅指出了政党的重要作用，而且指出了知识分子的重要作用，并提出了领导权的思想。

麦克莱伦指出：“葛兰西一直被称为上层建筑的理论家，足以说明这一情况的原因莫过于他思想中关于知识分子任务的中心地位了。”② 葛兰西如同把每一个人都称为哲学家一样，把每一个人都算作知识分子。前者是指每一个人都具有世界观（哪怕是朴素的世界观或常识哲学），后者则是指每一个人不仅具有特殊的世界观，还具有自觉的道德行为的准则，都从事某种形式的脑力劳动。“传统的”知识分子并不能在无产阶级革命运动中发挥应有的作用，这种知识分子缺乏阶级自我意识，他们在意识中游离于现实社会之外。而“有组织的”知识分子却能表达明晰的集体意识或阶级意识，即能自觉地意识到自己所从属的阶级在经济领域和社会政治领域中的地位和作用。这样的知识分子才可能在无产阶级革命运动中发挥积极的作用。无产阶级所面临的任务就是要迅速造就自己的有组织的知识分子。在完成这一任务过程中，要为从意识形态上同化和征服传统知识分子而斗争；而这种同化和征服越快和越有效，无产阶级在培育它的有组织的知识分子的工作上就越成功。

在培育有组织的知识分子的工作中，最为重要的就是要使他们实在地和完全地掌握一套完整的和统一的世界观，即他所说的实践哲学。正是在

---

① 葛兰西：《狱中札记》，17～18 页。

② 麦克莱伦：《马克思以后的马克思主义》，244 页。

这个意义上，葛兰西认为领导权这个政治概念的提出是对实践哲学的发展。① 葛兰西赋予领导权的含义，是指无产阶级革命运动所达到的一定阶段，即无产阶级在经济、政治、意识形态方面构成一个以自身为主体的一个统一的“历史集团”，并在反对资产阶级过程中结成的阶级联盟中起主导的作用。他把无产阶级的道德和知识作为这种领导权的核心，把文化和思想意识置于领导权的首要地位。因为在意识形态方面实现对现实社会的统治是更为艰难的事。无产阶级必须首先获得这种领导权，继而才能夺取政权和执掌政权。而要获得这种领导权，则又必须首先按照实践哲学的精神批判传统文化，建设新的人民文化。

如同卢卡奇、柯尔施从克服物化现象、意识形态批判方面强调总体性革命一样，葛兰西经常用文化斗争（批判）来表达自己对总体性革命的理解。他用文化来表征现实社会中一切哲学、道德、宗教等等意识现象，并把这种文化上层建筑视为同经济现象一样的现实存在。

葛兰西把实践哲学本身当作一种新文化的核心。“主张实践哲学是一种新的、独立的独创的理论，同时也是全世界历史发展的因素之一，也就是主张一种新的、正在成熟的文化的独立性和独创性，这种文化将随着社会关系的发展而发展起来。”② 按照实践哲学的理解，历史行动固然需要一定的物质条件，但是物质前提又“不能脱离掉一定的文化水平，换句话说，不能脱离掉智力行为的某种总和，而从这些智力行为中又不能脱离掉（作为它们的产物和结果）有支配力量的热情和情感的一定的总和，因为这些热情和情感是能够‘不惜任何代价’迫使人们行动的”③。“‘人民的信仰’或这一类型的思想具有物质力量的意义。”④ 这种现实的精神力量，构成了文化斗争的动力。因而，葛兰西积极主张要从精神方面“配置”无产阶级的文化力量。无产阶级在创造自己的文化中，必须注意克服文化异化现象。在资本主义社会里，文化产品如同其他物质产品一样，它从人的精神中外化出来并与人相对立，无产阶级的任务就是要夺取这些文化产

① 参见葛兰西：《狱中札记》，16页。
② 同上书，80页。
③ 同上书，95页。
④ 同上书，139页。

品，所以创造非资产阶级的文化同在精神上真正占有异化了的文化是同一历史过程。

从上述葛兰西的思想来看，他把革命成功的希望寄托在一种以精神实践或理论行动为基础的总体革命的爆发。葛兰西的实践哲学同卢卡奇的历史主客体辩证法一样，在其主要理论倾向上都过高地估价了思想的力量。

从对卢卡奇、柯尔施和葛兰西的思想考察中不难看出，他们对马克思主义进行“重建”的尝试是失败的。他们提出的许多观点，不仅无益于发展马克思主义，而且还为后来的西方马克思主义和西方马克思学肢解马克思提供了理论“根据”。

第四章 “两个马克思”的神话

在一个伟大思想家死后，由于发现他生前未发表的著作而引起争论，在思想史上是常有的，但像马克思的《1844年经济学哲学手稿》这样引起世界范围内的持久的、激烈的争论却是非常少见的。《1844年经济学哲学手稿》的发表，为早已存在的“重建”马克思主义的思潮提供了新的口实。半个多世纪以来，它成为许多西方资产阶级思想家和新马克思主义者重新解释马克思主义的所谓“依据”。制造“两个马克思的对立”，是马克思进一步遭到肆无忌惮的肢解的证明。

一、西方马克思主义的“新发现”

1932年，一部马克思生前没有发表，尔后又被伯恩施坦等人长期隐匿的手稿在苏联和德国几乎同时被整理出版。① 这部手稿被后人称作《巴黎手稿》或《1844年经济学哲学手稿》。《1844年经济学哲学手稿》的问世，成了20世纪马克思主义思想史上最重要的事件。一部手稿受到如此“殊遇”，也许是马克思当初所始料不及的。所谓“两个马克思”神话的诞生，同这部手稿的问世几乎是同时的。因为这个神话的始作俑者并非别

① 该手稿的俄译本早在1927年就由梁赞诺夫在《马恩文库》中发表。1932年，苏联马列主义研究院在《马克思恩格斯全集》国际版（MEGA）第1部分第3卷中发表了手稿的德文本，所加标题是《1844年经济学哲学手稿。国民经济学批判》。与此同时，两位德国社会民主党人——朗兹胡特和迈耶尔在《卡尔·马克思历史唯物主义早期著作集》中也发表了此手稿的德文本，他所加的标题是《国民经济学和哲学》。

人，正是《1844 年经济学哲学手稿》德文版的最初出版者之一，德国右翼社会党人朗兹胡特和迈耶尔。

首先，他们在《1844 年经济学哲学手稿》的出版序言中，就宣称：《1844 年经济学哲学手稿》是“真正的马克思主义启示录”，是“马克思的中心著作”，是“马克思的智力表现了其全部威力的唯一文献”。他们还声称，这部作品的问世势必会改变人们对马克思主义“标准概念”的认识，从而对论证“新的马克思主义”观点具有“决定性意义”。①

那么，他们在《1844 年经济学哲学手稿》中究竟“发现”了什么呢？他们认为，《1844 年经济学哲学手稿》的中心思想就是马克思把“人的本质的全面实现和发展”作为“历史的真正目的”。马克思在《1844 年经济学哲学手稿》中是从“人的真正现实性”的思想中直接产生了经济分析的原则。“马克思借以理解现实的矛盾的总标题是‘自我异化’”，马克思的中心思想是“异化”，因而，《共产党宣言》的一个著名原理，即社会的历史就是阶级斗争的历史，甚至被改写成“以往的全部历史就是人的自我异化的历史”②。

按照朗兹胡特和迈耶尔的理解，《1844 年经济学哲学手稿》的意义在于，它为用伦理社会主义精神对马克思主义做“重新解释”开辟了道路，这种伦理社会主义否定“粗俗的”剥夺剥夺者的思想，宣扬一种主观的“实现人的真正使命”③ 的必要性。

另一位右翼社会民主党人，比利时的德曼（1885—1953）在同一时期发表的《新发现的马克思》（1932 年）一文中更为明确地指出：《1844 年经济学哲学手稿》“这部著作比马克思的其他任何著作都更清楚得多地揭示了隐藏在他的社会主义信念背后，隐藏在他一生的全部科学创作的价值背后的伦理的、人道主义的动机”④，“这种动机是人道主义的，而不是经

① 参见朗兹胡特、迈耶尔：《卡尔·马克思：历史唯物主义早期著作》，第 1 卷，Ⅶ、XIII、XXXVIII 页，莱比锡，1932。

② 同上书，XXIII 页。

③ 同上书，XLI 页。

④ 德曼：《新发现的马克思》，载《斗争》杂志，维也纳，1932 年第 5—6 期，转引《〈1844 年经济学哲学手稿〉研究（文集）》，348 页，长沙，湖南人民出版社，1983。

济的。马克思以激情和需要所由产生的欲望自然而然地追求目的这一点从人类学和心理学的角度论证了动机论”①。他认为，我们“绝不能把马克思的这部著作只看作‘不成熟’的青年时期的作品而予以摒弃”②，恰恰相反，“我认为，就这种从事创作的质量而言，马克思的成就的顶峰是1843年和1848年之间。不管人们对他后来的著作的评价多么高，但是在这些著作中却表现出创作力的某种衰退和削弱，即使作了最英勇的努力，也并不总是能克服这一点”③。

朗兹胡特等人抬高“青年马克思”，创造“两个马克思”的神话，其主要目的就在于使马克思主义“人道主义化”，“生命哲学化”。他们说只要“全面地看一看马克思30年以前的著作，就会更加清楚了：马克思的精神世界的全部丰富内容，被迄今为止的马克思思想的阐述者缩小到何等狭小的范围，被‘唯物主义地’弄得多么贫乏”④，因此，恢复马克思主义的人道主义的全部丰富内容已成为“当务之急”。

“两个马克思”的神话把一个人道主义的“青年马克思”同所谓“传统的”马克思主义，即晚年马克思、恩格斯的思想对立起来。德曼公开提出一个“二难推理”：“或者这个人道主义的马克思算作马克思主义者，那么，无论是考茨基的马克思主义，还是布哈林的马克思主义都必须彻底地重新加以修正；或者这个人道主义的马克思不算作马克思主义，那么就会有一个人道主义的马克思主义，人们可以用它来反对唯物主义的马克思主义。”⑤

我们应当看到，“两个马克思”的神话于20世纪30年代诞生，这绝非某些资产阶级学者的一时心血来潮，一个早上就凭空捏造出来的，它的问世有其深刻的历史和思想根源。

首先，西方资产阶级学者把马克思主义“人道主义化”，是资产阶级

---

① 转引《〈1844年经济学哲学手稿〉研究（文集）》，368页。

② 转引上书，370页。

③ 德曼：《新发现的马克思》，载《斗争》杂志，维也纳，1932年第5—6期，转引《〈1844年经济学哲学手稿〉研究（文集）》，374页。

④ 朗兹胡特、迈耶尔：《卡尔·马克思：历史唯物主义早期著作集》，第1卷，V页。

⑤ 转引《〈1844年经济学哲学手稿〉研究（文集）》，348～349页。

意识形态的反映。无论是新康德主义、新黑格尔主义、生命哲学、马克斯·韦伯的解释社会学，还是胡塞尔的现象学和存在主义，都以反科学主义、反古典理性主义为主要特征。由于这种反理性主义的思潮同马克思早年对资本主义的道德谴责有某些表面上的相似，因此，一些西方学者试图对马克思作以适合资产阶级需要的解释，利用马克思早期思想中的一些人本主义因素来重新塑造马克思，并用来反对成熟的、作为马克思主义者的马克思。西方学者极力鼓吹"青年马克思"的"批判精神"，否定马克思成熟思想中的科学因素。

其次，20世纪上半叶，整个西方资本主义世界可谓危机四伏，困难重重。最突出的是20年代的严重经济危机和两次世界大战。面对这种痛苦的现实，一批西方知识分子试图从马克思的著作中寻找使资本主义制度摆脱困境的济世妙方，而"青年马克思"的人道主义思想又成了他们谴责德国法西斯，抨击古典的资产阶级管理理论和官僚制度的有力工具。当然，也不否认其中有某些居心不良的文人试图借助"青年马克思"来批判否定刚刚诞生的第一个社会主义国家——苏维埃政权，进而对斯大林执政时期的农业集体化和工业化发展模式的失误进行攻击、谩骂。

但总地来说，20世纪30年代发现的"两个马克思"的神话，主要是用"青年马克思"反对"成熟马克思"，用马克思反对恩格斯，从而对整个马克思主义进行肢解。从20世纪50年代开始，随着东西方两大军事集团对峙的形成和"冷战"时代的到来，西方世界从意识形态方面攻击社会主义国家，已成为主要任务。它们往往以《1844年经济学哲学手稿》为根据，攻击无产阶级专政是极权制度、专制制度，鼓吹所谓"人道的"社会主义。

其实，西方学者无法否认马克思后期著作所产生的强烈影响及其科学价值。20世纪60年代的马尔库塞不得不承认"马克思的早期著作……在一切方面都只是他的成熟理论的准备阶段，对这些准备阶段的意义不应该作过高的评价"①。他们既无法否认马克思整个一生的思想是一个合乎逻辑的发展过程，又不想放弃他们所理解、需要和推崇的"青年马克思"。

---

① 马尔库塞：《理性革命》，360页，法兰克福，1962。

为了克服这个矛盾，他们只好说：“马克思把他的一生都花费在重写一本书上面，这本书的第一个草稿即《巴黎手稿》。”① 在他们看来，马克思在《资本论》中的分析既是政治经济学的内容，也属于哲学人类学范畴，是早期著作的延续，说马克思一生都在回答和阐释费尔巴哈对“人的本质”的分析，认为狭义地看，晚期马克思著作改变了他早期的观点，甚至可以说他的后期著作与早期著作是相矛盾的；但综合来看，马克思的思想从“青年”到“老年”的发展从根本上是连贯的，其核心思想就是异化和物化。②

与肆意抬高《1844 年经济学哲学手稿》，用人道主义装扮马克思的“两个马克思”论者相反，阿尔都塞在制造“两个马克思对立”时走向了另一个极端，持一种对“早期马克思”完全否定的态度。他认为，《1844 年经济学哲学手稿》中的马克思是“离马克思最远的马克思……这个马克思处于转变的边缘，转变的前夜，是站在转变的门槛上”③，即“处在通过一次彻底的改组最终成为马克思自己的门槛上”④。在他看来，“青年马克思”和“成熟马克思”之间存在着一个“认识论上的断裂”⑤，其标志是 1845 年的《关于费尔巴哈的提纲》和《德意志意识形态》。在此之前，马克思处在深受费尔巴哈和黑格尔影响之下的“意识形态时期”⑥，在此之后，马克思逐步进入完全摆脱和抛弃黑格尔影响的“科学时期”⑦。由此他得出结论：马克思早期著作的人道主义精神是和成熟的马克思乃至整个马克思主义的科学性是对立的，“真正的马克思”在理论上是“反人道主义者”。⑧

实际上，马克思和所有伟大的思想家一样，他的思想也有着一个合乎逻辑的不断发展的历史过程。无论是认定“青年马克思”和“成熟马克

① H.B. 阿克顿：《卡尔·马克思与唯物主义》，载《国际哲学评论》，第 12 卷，271 页，1958 年第 45～46 期。

② 参见尼古拉斯·罗伯考威茨主编：《马克思和西方世界》，39～40 页，伦敦，1967。

③ 《西方学者论〈1844 年经济学哲学手稿〉》，251～252 页，上海，复旦大学出版社，1983。

④ 同上书，253 页。

⑤ 同上书，211 页。

⑥ 同上书，212 页。

⑦ 同上书，264 页。

⑧ 参见上书，265 页。

思”是“根本对立”的，对“青年马克思”持完全否定的态度，还是断言“青年马克思”是整个马克思的“智力顶峰”，“青年马克思是衡量马克思主义的标准”，都是非历史的和非辩证的、割裂马克思思想发展史的做法。

首先，宣扬“两个马克思对立论”者无视这样一个历史事实：青年马克思处在从唯心主义世界观逐步向唯物主义世界观转变的过渡时期，他在这一时期的思想带有过渡性的不成熟的特点。

像所有19世纪初的德国伟大思想家一样，马克思也是从批判宗教的异化本质，试图揭示宗教产生的世俗基础这一起点开始自己的思想历程的。在探索和寻求消灭宗教的现实途径的过程中，马克思研究了近代国家的形成发展的历史以及近代市民社会的历史，并揭露了国家和市民社会二元化分离的矛盾实质，同时也批判了黑格尔法哲学的思辨的唯心主义实质，从而得出“是市民社会决定国家而不是国家决定市民社会”的最初的历史唯物主义结论。从此以后，马克思为进一步认识市民社会的本质，开始了长达40年之久的政治经济学批判的理论研究。正是在这一新的理论研究领域内，马克思首先批判地吸收了黑格尔和费尔巴哈的异化理论，形成了对资本主义经济形态进行理论批判的最初认识——异化劳动思想。借助于这一理论，马克思分析和批判了资本主义社会的社会关系、阶级关系以及生产关系，揭露其生产力和生产关系之间的根本矛盾，最终得出是近代大工业的发展，即生产力的发展决定了资本主义一切社会关系和国家、意识形态的发展这样一个最基本、最重要的历史唯物主义结论，从而初步完成了他的第一个伟大的发现。

由此不难看出，青年马克思向历史唯物主义世界观的过渡既是一个必然的合乎逻辑的认识过程，也是一个极其矛盾复杂的认识过程。在仅仅三年的短短时间里，马克思先后经历了宗教—哲学批判阶段、政治批判阶段和经济批判阶段这样三个认识时期。其中又从事着多线作战多学科研究这样一项复杂艰巨的思想综合工作：他既研究了哲学史、宗教史和世界近代政治制度史，也研究了近代市民社会史和古典政治经济学、空想社会主义理论；既要批判地继承黑格尔和费尔巴哈辩证法和唯物主义成就，又要批判地吸收古典政治经济学的积极成果；既借鉴和批判英、法空想社会主义理论，又要和德国小资产阶级的“真正社会主义”作斗争。所以，这一复杂的历史环境决定了青年马克思思想的矛盾特征。从这一时期他的著作中既可以看到他的许多处于萌芽状态的科学思想闪光，又可以看到他的著述中还残存着黑格尔和费尔巴哈术语、思想影响的痕迹。这表明“青年马克思”和“成熟马克思”有所区别是自然的。然而这一事实被西方马克思学家所夸大和歪曲。

西方马克思学家对“青年马克思”的解释以及由此制造的“两个马克思”的“对立”是完全没有根据的。

当然，我们不否认“青年马克思”和“成熟马克思”在思想认识、语言风格等等方面的不同，但这又都是马克思本人的活动经历、学科研究的领域、整个19世纪欧洲的社会政治经济形势以及无产阶级革命的形势等等的不断变化所决定的。更重要的是，如前所述，马克思的思想从青年时期向成熟时期的过渡是一个合乎认识逻辑的辩证的扬弃的发展过程。以1844—1845年为界标，马克思的历史观就实现了如下一系列实质性的转变：在思想出发点上，马克思从“劳动是人的本质”这样一个有人本主义色彩的认识上升到“劳动是社会存在基础”的历史唯物主义基本理论；在个人与社会、人的活动和历史规律的矛盾关系上，马克思实现了从研究个体和类的矛盾到发现社会自身的规律，发现历史规律发生机制和人的社会活动的内在关系这样一种认识转折；在异化问题上，马克思从用异化解释分工到从分工中探索异化；在共产主义问题上，马克思从批判资本主义社会人的本质全面异化，认为共产主义社会是人的本质全面复归和实现，发展到认为共产主义社会是人的本质全面发展，资本主义社会关系是未来社会新型人际关系的必要前提、必要准备。由此可见，无论是认为“青年马克思”与“老年马克思”之间存在一个认识的断裂带，还是认为“老年马克思”创作智慧衰竭、江郎才尽，把“青年马克思”看作智力顶峰，都是站不住脚的。从“青年马克思”到“成熟马克思”，这是一个在认识上从抽象到具体、从道德批判到科学分析、从创立学说到系统丰富发展理论体系的历史过程。

认为“青年马克思”是一位人道主义者，道德、价值批判论者，历史主体论者，而“成熟马克思”则是一位机械的经济决定论者、非批判的唯科学主义者的观点同样缺乏历史根据。

综观马克思的一生，他从来没有一般地反对或笼统否定过“人道主义”，他只反对那种抽象的超历史、超阶级的“人道主义”。无论是在他的青年时代，还是在他的思想成熟期，马克思对资本主义私有制的残酷剥削本质一直深恶痛绝，对处在社会最底层的无产阶级的悲惨遭遇也一直持同情态度。但马克思从来没有因为资本主义的罪恶而否认它的伟大的历史进步意义。不过马克思的成熟著作表明：仅仅停留在对这种罪恶现实的批判和谴责阶段是远远不够的，必须从深入研究资本主义经济结构的科学角度，唯物地论证它的产生发展和灭亡的历史必然性，必须把人类的解放建立在生产力高速发展的基础上，建立在实现无产阶级革命和专制的基础上。因而马克思的毕生的崇高的人道主义理想不是建立某种道德批判和预言的空想之上，而是确立于“人民群众是创造历史的主体”的坚定信念的基础上。所以马克思的历史哲学绝不是一种机械决定论，虽然以《资本论》为代表的后期著作较多地强调了近代资本主义经济发展和经济关系对整个社会的决定作用，但马克思从来没有否认无产阶级是近代社会的创造者，是资本主义制度的掘墓人这样一种伟大的历史作用。马克思后期著作对资本主义经济的客观的科学的解剖、分析，也并不意味着他放弃了自己早年对这一制度的尖锐的批判。相反，马克思从不认为科学和价值是矛盾的。在他看来，任何真正彻底的批判都应该是建立在对一定社会经济事实的科学认识的基础上。

在马克思主义的形成过程中，《1844年经济学哲学手稿》当然是一部比较集中、比较系统地阐述有关异化和人道主义问题的著作，但《1844年经济学哲学手稿》论述这一问题并非出于抽象思辨的需要，而是为了解决关于无产阶级的历史地位和人类解放道路等重大现实问题，揭开“历史之谜”。但与马克思成熟著作中有关科学社会主义论述不同的是，《1844年经济学哲学手稿》无论在思维方法上还是在语言风格上还受着费尔巴哈人本主义的深刻影响，因而尽管它的思想主题已基本上是共产主义的，但对这一主题所做的哲学论证（即关于人的本质的异化及复归，关于人道主义的阐述）还带有浓重的思辨、伦理色彩。所以，使《1844年经济学哲学手稿》具有特色并使后人特别感兴趣的，似乎不是它的思想主题，而是它的表述方式。“马克思学”从“青年马克思”身上发现所谓“伦理社会主义”思想的“依据”正是这种表面现象。它把《1844 年经济学哲学手稿》中关于共产主义的思想解释为“伦理社会主义”，是毫无依据的，因为《1844 年经济学哲学手稿》对共产主义问题论证的根据是经济事实，即对私有制以及资本和劳动矛盾的分析，而不是什么抽象的人性或道德命令。马克思通过对异化的人、异化的社会、异化的劳动的分析，力图揭示无产阶级在资本主义制度下的否定性的存在地位及劳动的雇佣性质。在《1844 年经济学哲学手稿》中马克思认识到只有积极地扬弃私有制才能消灭异化，实现人的解放和共产主义，这无疑是正确的。当然它的哲学论证是有局限性的。

这种思想主题和表述方式之间的矛盾并不能说明青年马克思有一种与后来的科学社会主义相对立的伦理社会主义，也不能决定马克思以后终生处于人本主义思想影响之下。因为《1844 年经济学哲学手稿》从经济事实的分析出发这一点就决定了它的未来发展方向必然是历史唯物主义，而不是人本主义。正是由于马克思从此以后对政治经济学的持久不懈研究，才保证他能彻底克服人本主义的消极影响，对社会主义进行真正科学的论证。因而“成熟马克思”才会让“马克思学家”越来越感到失望，唯独“青年马克思”的某些旧哲学的残余却令他们无限迷恋，津津乐道。

西方某些思想家制造“两个马克思”的闹剧，除了表明赤裸裸反马克思主义意识形态功利需求外，还说明他们对马克思思想史的认识方法的极端错误。他们向来总是用当代存在主义、现象学或弗洛伊德主义等观点主观随意地“解释”马克思，抛开马克思一生的无产阶级革命实践的经历来“阅读”马克思。一句话，他们总是无视马克思的思想和整个 19 世纪欧洲文明史息息相关的事实，而把马克思当成一个孤苦伶仃、远离尘世，闭门修学的怪僻文人，但从来没想到马克思首先是作为无产阶级革命导师而彪炳千古的。这样，他们所需要的和想象中的马克思当然是一位脑海中充满“爱的呓语”，充满道德幻想，沉浸于醉醺醺思辨之中的马克思。

二、“从风尘仆仆的斗士到愤世嫉俗的道德家”

“马克思学家”不仅从《1844 年经济学哲学手稿》中“发现”了他们需要和能够接受的“马克思主义”，而且从中“发现”了他们欢迎的马克思的“标准的和理想的神话般的形象”。美国著名的实用主义哲学家悉尼·胡克有一段生动形象的文字描述出“马克思学家”所理解的20世纪马克思的形象：“未来的历史学家将会被20世纪后半期出现的奇异景象，即卡尔·马克思的第二次降世，弄得困惑不解。他的第二次降世不像是《资本论》的作者那样身穿风尘仆仆的常礼服的经济学家，也不像是革命的长裤汉，《共产党宣言》中很有鼓动劲的作者。他穿上了哲学家和道德预言家的衣服，带来其作用超乎阶级、政党或宗派的狭隘圈子的关于人类自由的喜讯。”①

在“马克思学家”眼里，卡尔·马克思的形象一直是在不断变化的，他们认为：“在旧的欧洲社会民主党那里，卡尔·马克思赢得了伟大经济学家的荣誉，在那里他是《资本论》的作者……在列宁解释的马克思和共产国际活动分子看来，马克思首先作为一个政治思想家而出现，他教导工人阶级创立自己的组织以作为掌握政权的基础。在这种观点支配下，《哥达纲领批判》被赞美成马克思最重要的贡献之一。然而在社会主义的共产主义世界观和共产党的发展过程中，弗·恩格斯甚至约瑟夫·狄慈根比马克思更有意义和影响力……直到卡尔·柯尔施和乔治·卢卡奇1923年的著作发表之前，作为哲学家的青年马克思几乎不为人知，因而受到绝对忽视。”②

不难看出，“马克思学家”理想中的马克思不是《共产党宣言》、《资本论》和《哥达纲领批判》的作者，而是作为“哲学家”的第二次降世的《1844年经济学哲学手稿》的作者，这个“马克思”硬是以“未来完成时”的方式在青年时代就预先“否定”了他后来辛辛苦苦、费尽心思创立的科学社会主义体系和对资本主义经济制度的政治经济学批判体系。

存在主义者R. 塔克尔说：“马克思的‘第一个体系’即《1844年手稿》使人们可以得出这样一个结论：现在看来，马克思已经不是他所希望成为的那种社会学家和分析论者，而首先是一个道德论者或者类似宗教思

① 悉尼·胡克：《卡尔·马克思的第二次降世》，载《纽约时报·书评》，1966-05-22。

② 伊林·费切尔：《青年和老年马克思》，见尼古拉斯·罗伯考威茨主编：《马克思和西方世界》，19页。

想家的那样的人，认为‘科学社会主义’是一个科学体系的旧观点，正在越来越让位于认为‘科学社会主义’实质上是一个伦理的和宗教的观点体系的主张。”① “马克思学家”M.吕贝尔说马克思的学说“是关于一种人剥削人的方式的产生与灭亡的科学”，但同时也是并且主要是“由人数最多的和最贫困的阶级所向往和争取实现的世界大同的乌托邦”②。

可见并非“马克思学家”对马克思主义思想史无知或了解得不充分，而是因为他们不能够也不愿意接受作为科学社会主义创始人的马克思和作为最伟大的政治经济学家的马克思，他们从来都不愿意把马克思同他所处时代的无产阶级革命联系在一起，他们想象中的马克思就是存在主义哲学所概括的作为“孤独个体”的痛苦存在，是一位终生因贫困和疾病而越来越愤世嫉俗、悲天悯人的变态狂，是一位厌恶工业社会喧闹尘世，而向往自然经济黄金时代的浪漫主义的幻想家，一位立志普度众生，拯救天下贫民的宗教先知。

“马克思学家”所促成的“马克思的第二次降世”是由诸多因素所造成的，其中既有意识形态批判的功利需要，也有当代西方哲学中反理性主义思潮（存在主义、弗洛伊德主义、结构主义、新托马斯主义）的深刻影响，当然更要包括经典马克思主义没有遇到的当代世界所出现的新问题，以及马克思主义在社会主义实践中所出现的曲折、困难、问题等。

“马克思学家”借鼓吹“青年马克思”的人道主义精神之名，攻击社会主义制度是扼杀人性、压抑个性的高度集权的专制的封建王国，攻击马列主义是科学主义和专制主义杂交的私生子，是恩格斯、列宁、斯大林背叛马克思基本思想而建立起来的从外部强制灌输给人民的现代宗教。因而，一系列题为“马克思反对马克思主义者”之类的著作就在这时纷纷出笼（如G.罗文斯坦的《马克思反对马克思主义者》，诺曼·莱文的《可悲的骗局：马克思反对恩格斯》等）。

另外，深受反科学主义、反理性主义思潮影响的“马克思学家”特别“欣赏”具有无畏批判精神的“青年马克思”。在他们眼里，由于“青年马

---

① R.塔克尔：《卡尔·马克思——他的思想从哲学到神话的发展》，莱比锡，1963。

② 《马列主义研究资料》，1982年第5辑，240页。

克思”对古典资本主义生产关系、社会制度的强烈的道德谴责，对工业化社会人的关系的全面异化的深刻批判，以及对理想的“全面发展的人”的目标的醉心讴歌、执着追求，而成为现代反理性主义的先驱，存在主义、弗洛伊德主义的先驱。成熟时期的马克思，尤其是《资本论》中的马克思，坚持一种严谨的、科学的、逻辑的思维方法，一种客观分析的方法，所以在他们看来，这时的马克思已丧失了独具特色的批判精神，创作智力走向衰竭，所以说马克思已朝着19世纪盛行的科学主义、实证主义和理性主义、决定论方向“堕落下去”。因此，只有“青年马克思”才是20世纪需要的“真正的马克思”。

从现实情况看，资本主义在当代有很大的发展，和马克思所处的时代大不相同，但当代资本主义并没有成为一个没有尖锐阶级对抗的、高福利的、无可反抗的、人们失去批判能力的“单向度”社会。认为《共产党宣言》和《资本论》关于资本主义的分析已经过时，认为在马克思著作中真正有意义的思想就变成他早期著作中对工业化社会的人性异化的批判理论，等等，无非都是解经注我，对马克思著作的蓄意曲解。

很显然，“马克思学家”通过种种借口而寻找到的“马克思”及其思想是为如下基本的政治、意识形态目的而服务的：（一）高度发达的资本主义社会是一个不可能被推翻的永恒的社会制度，因而（二）马克思的思想只能在资本主义制度范围内发挥局部作用，并且主要起一种道德批判作用。所以，“第二次降世的马克思”必须保证不能主张推翻资本主义制度，必须为资本主义摆脱当代困境、解决工业化社会局部问题而服务。只有这样一位马克思才是“其作用超乎阶级、政党或宗派的狭隘圈子”，从而给资本主义带来复兴喜讯，而不是敲响资本主义丧钟的马克思！

总之，所谓“第二次降世的马克思”就其思想来源来说，是“马克思学”用存在主义、生命哲学、弗洛伊德主义、新黑格尔主义，乃至新托马斯主义“解释”青年马克思著作的产物。在他们眼里，马克思是“同克尔凯戈尔一样的存在主义的先驱者”，1844—1845年的马克思是一位反对黑格尔彻头彻尾“泛逻辑主义”的“存在主义者”；甚至有人把马克思同弗洛伊德相提并论，说马克思像弗洛伊德一样把“人的本能的解放”视为“整个世界获得解放的起点”；还有人把马克思的科学社会主义理论和基督教的救世哲学“联姻”，说马克思的预言的巨大力量在于：他尽管没有意识到，但却是完全回到了《旧约全书》的最初根源，不过他的预言还不是以基督教的来世形式，而是以今世的“千年王国”的形式获得这种根源，认为马克思在《1844年经济学哲学手稿》中把无产阶级视为上帝的代名词，在那里“无产阶级执行基督的职能”。

西方学者极力想把马克思纳入近代欧洲人本主义思想发展的轨道中去。弗洛姆说：“马克思的哲学像大多数存在主义思想一样，是一种对人的异化，对人失去他自身、对人变成物的抗议。马克思的哲学对与西方工业主义的发展相联系的人的非人化和机械化的现象提出了这种抗议。……马克思的哲学根植于西方人道主义的哲学传统，这种传统从斯宾诺莎开始，经过18世纪的法国和德国启蒙运动一直延续到歌德和黑格尔，这种传统的内在本质就是对人及人的能力的实现的关心。”① 在他们看来，马克思的学说并不是西方文化结构中的“异体”，而是它的一个组成部分，因而是资产阶级文化的“同盟者”。② 当然这是为了证明：马克思的思想是西方（资产阶级）人本主义传统文化所独有的产物，是和作为社会主义国家意识形态的“东方马克思主义”格格不入的。这样一来，似乎马克思就可以和资产阶级思想家握手言和，却和“马克思主义者”分庭抗礼了。

西方学者的基本思路是首先从马克思的早期著作中找到一些可以对马克思进行人本主义解释的材料，然后进行无限夸大，并把马克思青年时期和成熟时期完全对立起来，把马克思思想发展的统一历史进程割裂为截然对立的两大部分。这样便出现了“两个马克思”，一个是作为哲学家、道德家的马克思，一个是作为革命斗士和机械决定论的马克思。在这两个马克思中，他们认为哲学家和道德家的马克思才是真正的马克思，这个马克思在当代西方得到弘扬、光大。而作为革命“斗士”和“机械决定论”的马克思则是马克思思想的“堕落”，是不能属于真正的马克思的，但这个马克思却被今天的正统派所承袭。由此可见，关于“两个马克思”的神话并不单纯是一个学术问题，而是有着现实意义的政治斗争和意识形态斗

---

① 弗洛姆：《马克思关于人的概念》，见《西方学者论〈1844年经济学哲学手稿〉》，15页。

② 参见尼古拉斯·罗伯考威茨主编：《马克思和西方世界》，1967年版序。

争的大是大非问题。西方学者用“青年马克思”，即由他们重新塑造出来的马克思反对作为科学家和革命家的马克思的全部旨意在于，从根本上否定社会主义和共产主义运动的思想理论基础，让世界无产阶级接受他们的谎言，去信奉那个完全被歪曲了的、合乎资产阶级需要的、所谓人本主义的马克思。实际上“从风尘仆仆的斗士到愤世嫉俗的道德家”并不是马克思本人，也不是由于《1844年经济学哲学手稿》的发现而应得到的合理认识，而完全是西方“马克思学家”的虚构。

三、异化是马克思思想的核心吗?

早在20世纪30年代，朗兹胡特和迈耶尔就认定，“马克思借以理解现实的矛盾的总标题就是‘自我异化’”①，甚至说《共产党宣言》最基本的原理可以修改为“到目前为止的一切历史都是人的自我异化的历史”②。德曼则认为，在《1844年经济学哲学手稿》中，“异化的概念具有极其重要的意义”③。

20世纪50年代，J.伊波利特更是赤裸裸鼓吹说：“全部马克思主义思想的基本观念和可以说是来源，就是从黑格尔和费尔巴哈那里借用来的异化概念。我认为：从这个观念出发，把人的解放规定为人在历史进程中反对以任何形式出现的人的本质的任何异化的积极斗争，就能够最好地说明马克思主义哲学的完整性并理解马克思的主要著作《资本论》的结构。”④

天主教哲学家J.卡尔维兹同样认为，马克思早在青年时期就从黑格尔那里接受下来的异化哲学范畴构成了他的成熟时期的巨著《资本论》的骨架，“马克思把异化主题转到了政治经济学领域。《资本论》不外是包括经济学思想领域在内的基本异化理论”⑤。马克思学说的基本组成部分包括一方面对宗教异化的分析，另一方面对尘世异化的分析。“总之，作为马克思主义的中心的，是革命中介的思想，这种革命中介必须把人从异化中解放出来，使人有可能同自然界和社会和解。”⑥

---

① 《〈1844年经济学哲学手稿〉研究（文集）》，289页。
② 同上书，290页。
③ 同上书，356页。
④ J.伊波利特：《对马克思和黑格尔的研究》，147页，巴黎，1955。
⑤ J.卡尔维兹：《卡尔·马克思的学说》，320页，巴黎，1956。
⑥ 同上书，601页。

另一位法国的“马克思学家”P.邦奈尔甚至把马克思的异化理论同黑格尔的异化理论混为一谈，他认为，马克思和黑格尔一样主张：“人的生活一直具有两重的、内在地受压抑的异化的性质，直到历史克服了这种异化和自我破坏性为止；其实，历史也只是继续到这个时候为止。”① 联邦德国的“马克思学家”费舍尔也说马克思关于异化和物化的概念是“人道主义”著作的中心概念，从而也成为《资本论》政治经济学批判的中心思想。②

的确，我们应该承认，“异化”概念是《手稿》乃至后来的《1857—1858年经济学手稿》以及《资本论》的重要范畴之一。但问题是“马克思学家”极其错误地理解和使用了这一概念，从而也错误地理解了它在马克思主义理论体系中的地位与作用。

“马克思学家”把马克思的异化概念同黑格尔、费尔巴哈的“异化”概念混为一谈。他们认为，马克思像黑格尔一样主张异化和物化、对象化是一回事，像费尔巴哈一样从人本学角度视人的存在和本质的对立为异化。一句话，如德曼所说的那样：异化最简单的公式就是“客体与主体之间的对立”，这种对立同“对象化和自我确证”、“必然和自由”、“类和个体”之间的对立是一回事。“马克思学家”把《1844年经济学哲学手稿》的异化理论看作马克思最成熟而系统、定型不变了的唯一的结论。

由于“马克思学家”对“异化”概念的歪曲，这就势必要得出否定唯物主义，否定历史发展必然性，从而否定科学社会主义理论的错误结论。因此，他们选择、需要和“发现”的马克思“否定了”他自己的历史唯物主义信念，“否定了”对人的社会性、历史性和阶级性本质的科学认识，这样一位“人道主义马克思”只能是一位存在主义哲学意义上的“孤独个体”，“一位愤世嫉俗的批判家”，“一位丧失理性信念的疯狂的唯意志论者”。而不是一位无产阶级革命的导师，一位以科学理论论证资本主义灭亡的必然性和社会主义实现的必然性的思想家。

---

① P.邦奈尔：《黑格尔和马克思》，载法国《社会主义评论》杂志，1957年10月第110期，318～319页。

② 参见尼古拉斯·罗伯考威茨主编：《马克思和西方世界》，39页。

“马克思学家”从来不愿意承认：资本主义生产关系是造成当代人的本质异化的根本原因，他们也从不愿意接受马克思关于推翻资本主义制度是消灭异化、实现人的本质全面发展的根本途径的思想。他们认为：异化是与人的历史相伴而生的，是人的本质的一种必然现象。这样一来，似乎马克思的异化理论的意义不在于说明资本主义制度的不合理性和必然灭亡，而在于证明它存在的永恒性，在于批判和解决资本主义社会的局部异化矛盾问题。

把异化说成人类社会的永恒现象，似乎便可证明社会主义条件下异化现象存在的必然性和普遍性。“马克思学家”从来没有忘记指责社会主义实践中所出现的失误与挫折。在他们眼里，现存的社会主义制度是与马克思的“乌托邦”相去甚远的工业化专制社会、工业化官僚社会。在这一制度下生存的人民承受着各种各样的异化统治，包括经济的、政治的、意识形态、文化等方面。当然，不能讳言，我们的社会制度中存在诸如官僚主义等社会弊端。但这些都不是与人性不可分的必然现象，并不能简单归之于“异化”现象，它们有待于社会生产力的不断发展，有待于社会主义民主法制的教育与建设的不断完善发展来解决。

的确，异化范畴或异化劳动概念在《1844 年经济学哲学手稿》中起着中心范畴的作用。在这部手稿中，马克思从四个方面规定了劳动异化的内涵，即劳动产品的异化、劳动过程的异化、人的类本质的异化以及人与人的异化。很显然，由于马克思当时还没有充分的政治经济学知识，因此他对资本主义私有制的分析，更多地借助于哲学而不是经济学。马克思在《1844 年经济学哲学手稿》中关于异化的理论虽然具有费尔巴哈人本主义的影响，但马克思并没有仅仅从人的类本质角度看待异化现象。在《1844 年经济学哲学手稿》中，马克思试图运用异化概念分析私有制的起源，分析劳动和资本分离以及资本和土地分离的根源，分析资产者和无产者的对抗关系。而这些思想又发展成以后的政治经济学批判的理论。

诚然，我们承认，在《1844 年经济学哲学手稿》中异化概念具有极其宽泛的、综合的性质，在这一概念中，经济的、社会政治的、道德的、心理的、美学的内容不可分割地交融在一起，即便如此，马克思也一直是把劳动过程中所产生的经济异化事实作为其他一切异化现象的前提和基础。另外，在《1844年经济学哲学手稿》中马克思尽管不恰当地使用过费尔巴哈的“人的本质复归”之类的人本主义术语，但这绝不意味着“青年马克思”坚持一种所谓“永恒的抽象的人的本质理论”。实际上，在《1844年经济学哲学手稿》中，一方面，马克思批判了国民经济学家把资本主义私有制视为历史出发点的错误思想，揭示了资本主义社会形态产生发展和存在的历史阶段性，另一方面，马克思并没有因为强烈谴责这个最发达的私有制社会的非人道的异化人性的一面，而简单地认为它是历史的倒退、人性的堕落。相反，马克思也充分肯定了它的伟大的历史进步、历史变革作用，认为它是历史发展的必然阶段。马克思从来不像抽象人本主义那样，把人类历史的发展视为某种抽象的永恒的人的本质的异化与复归，《1844年经济学哲学手稿》也没有把任何一种主体与客体的关系视为异化现象，更没有把劳动的物化和外化等同于异化。尽管马克思当时对人的本质的理解还有某些费尔巴哈的影响，但正是在《1844年经济学哲学手稿》中马克思第一次提出实践、劳动是人的本质现实化，是人的本质的实现和确证这一重要思想。

在《德意志意识形态》以及以后的著作中，马克思克服了《1844年经济学哲学手稿》中对异化概念所做的广义的、具有一定抽象性的解释，而把这一概念主要限定在对资本主义生产过程的一定状态、性质的分析和规定上面，在《资本论》中异化范畴主要用于概括资本主义商品货币关系，即统治着实物创造者的物的关系，也就是他所说的商品拜物教现象。当然，异化这一范畴在他后期著作中也从未完全归结为个别具体的经济事实，仍然是一个哲学的范畴。

从根本上说，马克思反对从人本学角度规定异化范畴，他从来认为异化只是近代的社会人的个体存在的一种特殊历史形式，而不是人类的永恒本质。主张“异化永恒论”的“马克思学家”的错误正在于：像马克思当年所批判的国民经济学家把资本主义私有制视为人类历史的起点，视为人类历史的永恒现象一样，他们把作为近代社会，尤其是当代社会人的个体存在的基本方式之一的异化现象视为人类历史的永恒现象。而这种错误认识又是当代西方反理性主义思潮的必然产物——无论是存在主义，还是弗洛伊德主义都是从分析个体人的生物的、心理的和非理性的生存状态入手来理解人的本质，所以这种通过摆脱人的存在的社会历史性来认识人的本质的方法必然会得出如下结论：在高度工业化的社会中，人的孤独感、焦虑感和恐惧感似乎就成了人类生存的永恒状态、永恒本质。

总之，西方“马克思学家”重新塑造了一个马克思，名之为“青年马克思”。这个马克思的思想核心是异化理论，它与成熟时期的唯物辩证法的思想体系是完全不同，甚至对立的。西方“马克思学家”对所谓以异化为核心的“青年马克思”思想大加吹捧，其目的就是为了贬低科学的、革命的马克思，消除马克思主义的科学性和革命性，而把马克思打扮成一个类似卢梭、费尔巴哈的近代浪漫主义者、人本主义者，或者一个当代的存在主义者。

第五章　形形色色的“补充”与马克思的变形

人类在不到30年时间内遭受了两次世界大战的磨难，更加加剧了西方资本主义社会的危机感，大量的现实问题摆在人们面前。马克思学说又一次成为人们兴趣和关注的中心。不少西方学者为了拯救“世界灾难”和“文明的没落”，开始在马克思关于人的学说上大做文章，拼命把马克思的学说改造成符合他们兴趣的社会批判工具。自20世纪50年代末到60年代，西方资本主义社会发生了一系列明显的变化，某些西方国家进入了所谓发达工业社会。人们为了商品而生活，把物质享受当作生活的灵魂。物质意识抑制了人们的革命意识，统治阶级对大众意识形态的操纵，扩展到一切生产领域和生活领域，扭曲了人们的心理。于是某些西方学者力图根据新的历史条件对马克思学说进行“重建”。他们或者使马克思主义同现代西方资产阶级哲学思潮联姻，或者按照自己的理解方式来“补充”马克思主义，其结果，真正的马克思被弄得面目全非。

一、“心理剖析”与“反思革命”

从20世纪30年代初至50年代末，围绕法西斯主义兴起的社会心理基础问题的探索，赖希、弗洛姆、马尔库塞等致力于心理倾向和性格结构的研究，力图以社会心理分析去补充经典马克思学说所注重的政治经济制度方面的分析，探索“心理革命”与“社会革命”的关系。他们认为，即将走出战争灾难的西方社会，人性受到了严重压抑，资本主义民主面临危机，国家垄断资本主义更加膨胀。因此，对于一个不公正的社会制度的存在，仅像马克思那样用统治阶级的经济和政治权力去说明是很不够的，只有把心理过程的认识和对社会过程的认识综合起来，才可能建立完整的关于人及其解放的学说。所以，他们明确提出，应该借用马克思的异化概念去解释弗洛伊德的性压抑说，使之革命化和社会学化；借用弗洛伊德的性压抑说解释马克思的异化概念，使之生物学化和完善化。他们一致认为把弗洛伊德的性本能心理学同马克思的社会经济学结合起来乃是解决人与文明社会冲突的唯一可能的抉择。

赖希指出，马克思的唯物史观有两个主要缺陷：一是马克思尽管正确地解释了意识是各种经济发展过程的产物，可却未有效地说明经济发展过程中在实际上是怎样地转变为意识的；二是马克思没有讲明意识在实际上是怎样反作用于各种经济发展过程。而正是在这两个不足的地方，弗洛伊德的理论可以补充马克思的学说。

在赖希看来，弗洛伊德提供的理论，尤其是无意识心理学可以阐明经济因素怎样通过内在的心理倾向而变成一定的思想和行动，可以揭示社会活动中的意识力量以及社会对个人的左右和观念在心理中的形成，它把意识形态看作人与自然、人与社会之间的某种劳动过程，通过弄清意识形态的形成过程，可以具体深刻地表明意识形态既是稳定社会秩序的力量，也是导致和加剧社会结构解体的力量。据此，赖希在《辩证唯物主义和精神分析》中认为，精神分析理论同马克思学说有若干相同的重要前提：（一）弗洛伊德的理论同马克思一样，把聚焦点集中在真正的人类需要和经验上面，从爱和饥饿这样的具体物质事实出发，追踪这些本能受到自然和社会压抑时的悲剧命运。（二）弗洛伊德理论在马克思开创的对资本主义社会经济批判的基础上，加强了对资本主义及其制度的传统价值的抨击，宣布了被这个社会视为神圣的每样东西的死亡，并把它归结为并不神圣和并不合理的根源，为探究决定人的行为的神秘的无意识意向打开了道路，为个人的自我启发和自我创造的新实践奠定了基础，并提供了无与伦比的解放工具。

根据这种认识，赖希认为把马克思和弗洛伊德统一起来去观察社会革命，就可以发现：（一）压抑性社会加诸群众的阶级统治的形式，是同心理学过程相平衡的，同在父权制家庭的最初社会化期间加诸个人的一切性压抑过程相关联。性压抑是经济奴役的主要工具。（二）心理学上的压抑，虽然有利于统治的持续化，却也会创造出为马克思所忽视的爆炸性冲突的根源。（三）在以前历史时代所特有的物质匮乏条件下，群众的性压抑能量必然会升华到没完没了的生存斗争中去，而现在则会发生人的本能同继续否定这种本能的文明之间的爆炸性冲突。（四）正如同性禁止是一般禁止的一个关键组成部分一样，为性解放而进行的斗争也是为超越资本主义社会的人类总解放而进行斗争的一个主要步骤和主要方面。

弗洛姆同赖希的观点基本一致。在弗洛姆看来，人有追求快乐的本能和生物需要。但是，社会为了生存和发展却必然压抑这种本能和欲望，使之升华到科学等创造性劳动中去得到满足。当经济条件需要少数人来统治多数人时，就更加需要压抑性本能，以便使群众的心理结构适应这种经济结构，使之作为阶级关系而得到巩固和稳定。这样，性痛苦、性压抑就会同满足这种性需要的外部可能性和内部机能发生脱节，当这种性危机同现存社会的客观矛盾、现存的阶级关系的分解相连接，性本能的能量就可能被释放并用于新的用途，具有新的社会功能。那时，它就不会再为保存现实社会而服务了，而是有助于发展新的社会形态。不再是黏合剂，而变成炸药了。所有这一切都是马克思所忽视的地方。

赖希和弗洛姆等都认为，能够使马克思学说同弗洛伊德理论合而为一的最好媒介是“性格结构”这一概念。所谓“性格结构”在他们看来是指相对稳定的行为模式，这一模式起源于童年期的社会化过程。它表示一个人存在的特殊方式，为了应付外部的压力和威胁，形成了一套自我的保护装置。这套保护装置无论在形式和内容上，都折射出个人在儿童及青春期性欲发展过程中的各种压抑、移情、升华和固置等。虽然它是针对外部世界的各种限制而设立的心理防御机制，但在成熟后也针对着内心的危害，即控制自身的各种为社会不容的冲动。所以，性格结构既是心理因素和社会因素相互作用的产物，也是理解经济基础和上层建筑相互作用的钥匙。他们认为性格结构的分析可以使人既注意到人的生物因素和心理因素，又顾及外部的经济作用和历史作用，还能说明意识形态的相对自主性。在他们看来，由于意识形态被固置在人的性格结构中，从而使观念体系变成一种物质的力量去加强和保护现存的社会秩序，去巩固压抑人性的剥削制度和权威国家。现代资本主义社会在很大程度上就是以一定的心理倾向和性格类型为基础的。这种心理倾向和性格类型部分源于无意识的驱力，部分源于社会存在的基本法则。例如，法西斯主义就是依赖于中下层资产阶级所具备的性格结构中的权威性格。这一阶层处在愈加富有的垄断资产阶级和日益觉悟的无产阶级之间，感受到社会阶级之间的尖锐矛盾、社会力量的盲目性和非人性，同时又为其地位的衰落和传统观念价值的瓦解感到焦虑和惶恐。所以，这一阶层既要求权威以巩固其旧时的概况，又甘愿服从更强有力的极权国家。赖希和弗洛姆认为，正是由于性格结构作祟，意识形态才得以侵入到个人的日常生活和思维模式中。在一定的社会制度下，经济状况的变化并不必然导致占统治地位的意识形态的变化。观念意识（尤其是群众的观念）往往落后于社会关系的发展，从而形成自己一定的自主性。每个社会及其政治组织都有相应的心理倾向和性格类型作为依托。为了把性格类型的观点外推到社会生活的政治经济领域中，使各个社会集团和政治制度能找到相应的性格类型，赖希进一步提出了个性结构模式，而弗洛姆则提出了“社会性格”这一概念，以补充马克思学说关于人的心灵如何反映物质基础的解释。他们都认为性格结构中的权威性格是长期性压抑的产物，而法西斯主义则是性压抑和性痛苦被扭曲的反抗和宣泄。赖希和弗洛姆强调，在分析纳粹政权得以上台的心理基础时，必须区分出两种人：一种人深为法西斯主义的纲领和暴行所吸引，把自身的利益与纳粹政权联系起来，从而去坚持法西斯主义立场，这就是具有权威倾向的下层中产阶级；另一种人尽管没有坚决抵抗就依附了纳粹政权，但他们并不信奉法西斯主义的意识形态和政治实践，这部分人主要是某些工人、农民和自由派，他们也被现实的状况所迷惑和困扰，感到自身的毫无价值和软弱无力，在纳粹政权面前放弃了任何政治上的行动。赖希和弗洛姆特别着力探讨了下层中产阶级的心态和性格倾向。认为他们为了克服心理上的自卑感和幻灭感，采用了“权威性格”这一逃避机制，通过放弃自己的独立而获得个人所缺乏的力量，而纳粹正是利用了这种心理，使之成为达到自己政治经济目标的重要力量。纳粹政权极力表明个人是微不足道的，个人必须承认自己的无足轻重，只要把自己消融到更高的权力中就可以得到一种力量和自豪。弗洛姆强调指出，在现代社会中存在一个矛盾，现代人相信自己的行动是受他自己的利益推动的，然而他的存在却是为了别人或超人的目标而存在的。给个人带来独立和理性的自由使他孤立化和无能为力，整日惶惑不安。

赖希和弗洛姆还认为社会心理学的任务应该是弄清人的历史发展过程——人是历史的产物，而历史又是人的产物，它不仅要认识人的激情、欲望和焦虑是怎样由社会过程形成的，而且要揭示人的心理能是以怎样的方式变成生产力从而改造社会的。他们都认为法西斯主义是社会中“权威性格”的表现形式，是极权主义的集中表现。

马尔库塞也竭力提倡用弗洛伊德的理论补充和发展马克思的学说，并以此作为武器猛烈地批判发达资本主义，描绘未来文明社会的蓝图。马尔库塞认为，弗洛伊德和马克思经历尽管各异，探讨的问题有差别，但他们所关心的问题却基本上是一致的：人的全面解放。他们完全可以相互补充，熔为一炉。在结合马克思学说和弗洛伊德理论的基础上，马尔库塞提出了自己一系列观点。首先，他把弗洛伊德的爱欲本质说同马克思的人类解放论结合起来，提出了自己的爱欲解放说。他认为，在现代文明中，人受到的压抑其实就是爱欲受到压抑，当马克思说到人的解放时，实际上指的就是爱欲的解放，然而只有把劳动同爱欲结合起来，认识到劳动的解放就是爱欲的解放，才能充分说明人何以在劳动中实现自己并获得快乐。其次，他把弗洛伊德关于现代文明爱欲受压抑的观点与马克思关于劳动被异化的思想结合起来，发起了对现代资本主义社会的总批判。他认为，现代资本主义社会是压抑人的爱欲的社会，在这个社会里尽管表面上性自由泛滥，但由于性关系越来越紧密地依附于社会关系，性自由被用来为统治利益服务，性生活越来越成为手段而不是目的，所以在这种性自由背后性压抑更加严重了，这种压抑主要表现为劳动的异化。随着科技的高速发展，人越来越成为一种工具，把人的欲望和需求纳入到整个资本主义的秩序中，使人陷入深深的异化状态而麻木不仁，因而，尽管现代资本主义社会是人类文明迄今达到的顶点，但同时也是爱欲受到压抑的顶点。最后，他把弗洛伊德爱欲受压抑的社会根源的分析同马克思对人类苦难根源的分析相结合，论证解放爱欲建立在一种非压抑性文明的可能性。他认为，在现代发达的工业社会里，人面对的事实是：人类的爱欲受到的压抑不仅没有减轻和消失，反而变本加厉地严重起来。很显然，这是这个社会的操作原则为维护这个特定的社会生存而对爱欲所作的额外限制。既然如此，消除这种压抑，彻底解放爱欲，就不会颠覆文明本身，而只会推翻现行社会的统治秩序，在此之后，一种没有压抑的文明就可能诞生。

以上所述表明：在赖希、弗洛姆、马尔库塞等西方学者眼中，弗洛伊德理论所不足的，正是马克思学说所具有的；而马克思所忽视的内容，正是弗洛伊德充分阐述过的。弗洛姆曾把他们这种综合理论观点归结为："经济的力量是有作用的，但必须把他们理解为客观的条件而不是心理的动机。心理的作用是起作用的，但必须把它们看作历史所决定的。观念是发生影响的，但必须看到它们源于一个社会集团成员的整个性格结构中。然而，除了经济、心理和意识形态的这种力量的相互依赖，它们各自又有一定的独立性。"① 很明显，这种把马克思学说同弗洛伊德理论进行联姻的希望是不能成功的，稍具常识的人都知道，弗洛伊德的理论主要注意力是集中在把个人从社会环境中或关系里抽象出来加以分析，而马克思的理论重心却是集中在社会制度和社会关系的考察上。再者，在弗洛伊德的理论中，个人与社会发生关系只是为了满足自己的需要，而在马克思看来，脱离了一定的社会关系，根本就不存在所谓人的需要及其满足。可见，赖希、弗洛姆、马尔库塞等人把弗洛伊德同马克思结合起来，把弗洛伊德用于个人，而把马克思用于社会的做法是错误的，当两者在跨越过程中导致不同的结论时，他们必然只能择其一而从之，这样就不可避免地会由于双重的曲解而导致最终失败。

当然，我们也应该看到，20 世纪 30 年代出现法西斯主义，西方社会民众深受灾难，面对这一现实课题，赖希、弗洛姆、马尔库塞等人没有采取回避态度，而是从不同的角度，围绕法西斯主义兴起的社会心理基础作了广泛而有意义的探讨。尽管他们把弗洛伊德理论同马克思学说综合起来的根本方向是完全错误的，但是他们对社会心理活动机制所作的详尽分析，对性格结构和权威性格的解剖，对"心理革命"同"社会革命"的关系的探索，尤其是对作为社会存在和社会意识之间相互作用的媒介的社会

① 参见弗洛姆：《逃避自由》，162 页，哈尔滨，北方文艺出版社，1987。

心理的研究，还是提供了一些有益的材料和启示，值得我们借鉴和思考。

二、对马克思主义批判性的曲解：“日常生活批判”和“社会批判理论”

回顾当代社会的批判思潮，最引人注目和最具声势的是日常生活和社会批判理论。持这种批判精神的西方学者认为，马克思学说的精髓就是批判精神。在当代，马克思主义已愈来愈成为一种文化现象，它的影响不是缩小了，而是更加扩大，世界上越来越多的学科都从马克思那里寻找根据。在他们看来，由于现今的世界变化、发展瞬息万变，马克思的学说也不能停留在原有的基础上，而应该抛弃那些被发现已经过时的东西，学会用批判的目光审视一切。从这种观点出发，他们力图用“日常生活批判”和“社会批判理论”去“补充”和“发展”马克思的学说。

法国学者列斐弗尔认为，马克思所说的异化现象已经在日常生活中形成一个窒息人的网络，对异化问题的探究必须深入到日常生活中，对异化现象的废除也必须从日常生活的改造入手。他力图把马克思的学说改造成一种以现代人的异化为出发点的“日常生活批判”。在他看来，“日常生活批判”就是要向人们揭示：控制消费的官僚机器已经广泛地渗透到每个人的经验深处，消除异化的设想必须从自我改造入手，使人们克服社会制度的网络影响，去掉国家机器的物化和神秘性的外罩，认识到国家机器作为人类行为方式的真正起源，以此削弱现代官僚社会的普遍性和合理性。在他看来，只有在工作、闲暇、娱乐和消费等日常生活领域中，大众才能直接体验到资本主义社会关系的压抑，才能感受到异化的无孔不入，也才能唤醒变革社会的意识。

列斐弗尔认为，“日常生活批判”主要有这样一些方面：“日常生活批判”按照生活的本来面目去分析它，不把它变成暧昧的实体；“日常生活批判”要研究相互对峙的消极因素和积极因素；“日常生活批判”要在新事物中研究新的冲突和新的矛盾；“日常生活批判”知道要克服人性的内部分裂和矛盾，并非一朝一夕、在一个决定性时刻，通过简单的行为就能实现；“日常生活批判”并不把生活的问题简单化，它要求更高的批评和自我批评的意识；等等。在列斐弗尔看来，“日常生活批判”就是要戳穿日常生活的虚假性，撩开异化现实的面纱。他认为在日常生活中，虚假的意识形态直接把经济现实、政治上层建筑以及革命的种种可能性掩盖起来并用大众传播工具去扫除大众的独立思考和判断力。列斐弗尔指出，虚假的意识形态通过抽象的概念、不完全的或歪曲的想象、偶像等手段，使部分的利益——某个阶级的利益普遍化。在日常生活中，意识粗暴地统治着实际的生活内容，没有内容的精神力量抽象地发挥作用。在这里，基本的社会关系就是孤立的消费者和孤立的消费对象之间的相互关系。在这个过程中，消费对象成了能动的、有意义的东西，而消费者则成了消极的自动反应装置。现代控制消费的官僚社会把暴力留为备用，更多地依赖于日常生活中固有的自我抑制系统。为了避免矛盾和冲突，这种超压抑的社会采用了一种掩盖冲突的语言系统和意识形态，也就是一种自由民主制度。这一制度使人们感受和体验不到无所不在的压抑，并极力把社会的控制原则作为自由的必要条件。列斐弗尔认为，资本主义社会的自由民主制度非但没有给人类带来自由和幸福，反而比过去更加剧了对人性的全面压抑，其社会的控制形式在技术组织的进步下更加完善了。技术的进步导致了传统的生活方式和共同体的消失，促成官僚制度的合理性和个人的孤立化。由于日常生活被组织进控制消费的社会结构中，个人尽管处在社会化的日常经验中，但他不知道自己是一种社会存在物。异化就这样扩展到全部生活，任何个人都无法摆脱这种异化。当他力图摆脱这种异化的时候，他就自我孤立起来，这正是异化的尖锐形式。在现代发达工业国家，现代物质文化和精神文化强加给人的异化存在，表现在日常生活的一切领域，其标志就是人为了物而存在，为了官僚社会的强大而存在，人被变成一种工具或筹码。

与“日常生活批判”相类似，“社会批判理论”也总是始终关注着现代人的境遇及其解决，所不同的是，后者把否定现实的批判思维作为废除异化的根本前提。它既为创造性思维能力被压抑和忘却而感到痛心疾首和愤慨悲叹，又为重新唤起和恢复人的主观能动性而不懈地努力。法兰克福学派的创始人霍克海默认为，社会批判是理论发展的内动力，是改造现实的强有力工具。社会文化的批判不是把自己置身于社会专门化劳动过程之中，而是置身于资本主义再生产过程以外，使人明确地意识到资本主义的基本矛盾，它的目的不是要维护现存社会的秩序，而是要破坏一切既定的东西，以证明它的不合理性和不真实性。社会批判把人看作为全部历史生活的生产者。

“社会批判理论”主要集中在对发达资本主义社会的批判上。著名社会批判学家马尔库塞认为，资本主义在新的历史条件下的发展和稳定，改变了马克思所定义的资本主义结构，并创造了西方世界新的经济和政治组织的基础。综合马尔库塞在这方面的意见，归纳起来主要有这样几个重要观点：（一）在所谓的发达社会，存在着从一种压抑性秩序过渡到非压抑性秩序的各种条件。资本主义制度并没有通过接受技术进步使自己得到巩固，因为它吸收技术革命成果的方式是通过不合理的方式进行的，以至于所谓的“消费社会”其实只是个“过分压抑”的社会。（二）技术已变成了占统治地位的意识形态，它在一个强国的内部指导进步，并创造生活的某些形式，从此以后，技术的进步就逐渐等于全部的合理性。（三）为了使社会一律化，这种所谓的合理性规定各种社会力量必须一致。过去的革命者每当彻底改革的尝试越是可能推翻一种他们由于参加消费而从中得到好处的制度时，就越加在政治上顺从。

在马尔库塞看来，发达工业社会是个单面的社会，极权主义和消费主义的融合、单面的社会和单面的思维的融合造成了现代人的全面异化。劳动阶级正在经历一个根本的变化，不再作为现存社会活生生的矛盾而出现。今天，“富裕社会”建立的权力形势和生活形式，挫败了那些争取把人类从奴役中解放出来的抗议和行动，它使人变成了单面的生物，变成只知道物质享受而没有精神追求，只是被动地接受而没有主动的创造，只能屈从现实而不能批判现实和改造现实的生物。通过技术理性和控制消费达到一种绝对的合理性，这是发达工业社会的根本特征。这种绝对的合理性表现出来的就是窒息人的批判思维的现代极权主义。马尔库塞指出，现代极权主义同政治的民主并非水火不容，恰恰相反，民主的假面具反而能更好地掩盖极权主义，使它的效能比在专制的形式下更为有效。个人一旦陷入极权社会给他提供的大量商品和服务后，他就不可能要求用一种新型的社会来代替现有社会；个人一旦只是被动地接受现在社会的思想、感情和欲求，他就不再去思考自己和改造自身。这是因为发达工业社会的一体化统治限制了人们对自身的认识，以及对未来诸种可能性的认识。然而，这种一体化的统治又是通过大众文化来具体实施和巩固的。

作为西方马克思主义者的一种基本思想倾向，卢卡奇、柯尔施、葛兰西在“阶级意识”的不成熟中寻找西方革命失败的原因，赖希、弗洛姆等在心理的“权威性格”中追踪法西斯主义的社会文化心理来源。这里，马尔库塞（当然也包括列斐弗尔或法兰克福学派其他成员）把“大众文化”看作发达工业国家解放斗争的主要障碍。马尔库塞认为，“大众文化”和消费品一样由极权主义社会生产出来，成为供人消遣的娱乐形式和麻醉剂。在这种文化操纵下，人民正在使自己主人的需要和价值成为他自己的，并在自己的思想、意识、感觉和本能中再生产着现在制度。为了再生产并使现存社会合法化，大众文化通过各种传播媒介使大众沉睡，从而成为一种统治方式，使社会中的“否定力量”难以立足。大众文化的非批判性和单面性使它成为发达工业社会统治阶级的法宝。

在马尔库塞眼中，资本主义的传统文化在工业社会诞生之前，仍是双向度的、批判的，有批判现实、超越现实的一面。它以禁欲主义和抽象的崇高美德为核心，使人们自觉地用责任和纪律代替美满和幸福去作为人生的宗旨，它建立一整套满足欲望的代替物：从宗教、文学艺术、体育到娱乐，为里比多能量释放提供渠道，这种文化在使人安于现状时，依然对商品世界的拜物教进行谴责。但是，由于工业技术时代的到来，这种文化传统衰落了，覆没了。因此，现代发达工业社会中的单面大众文化是对传统文化的最终否定，它剥夺了个人的个性、创造性和自律性。用“幸福意识”取代了“不幸意识”，即用麻木和屈从取代了觉醒和反抗。马尔库塞指出，现代的资本主义在融合工人阶级的时候，终于制止了无产者同资产者、可能与必需、必然与自由之间的冲突。在发达的工业国家，资本主义的最高阶段相当于革命潜力的最低阶段。他对工业社会革命前景充满悲观失望。整个社会批判理论家都对人类掌握自然、控制社会进程的能力表示强烈的怀疑。

社会批判理论家认为革命不仅要批判和揭露现代化社会的异化事实，而且要变革不合理的现存秩序，批判本身就是一种能动的变革社会的实践。在他们看来，人是历史主体和文化的创造者，它能够改变异化的现实和病态的文化，以往的革命都是不触及人的主体性本身的革命，都是用一种新的压迫代替旧的压迫形式而已，革命必须诉诸主观意识，诉诸主客体同一的总体性辩证法，把人的主体性放在革命的首位。

乍看起来，日常生活的批判和社会的批判强调对资本主义社会的批判，似乎是弘扬马克思主义的批判精神，实际上是把马克思主义的科学精神与批判精神割裂开来。所以，他们并不能切中当代资本主义社会的要害，特别是找不到一条批判地改造当代社会的道路。

三、萨特和哈贝马斯的梦幻

进入20世纪60年代以后，西方的许多学者认为，要使马克思的学说真正适应新的历史实践需要，必须对其进行发掘、整理，吸收各种哲学流派的内容，补充、修正和发展它。西方学者对马克思及其学说的各种理解和评说都不同程度地表现了“重建”马克思的意图，这里我们选择萨特和哈贝马斯的两个有代表性的“重建”方案来透视其最终目的及其命运。

根据萨特的认识，马克思的学说基本上是一种人类学，是一种关于人的社会活动和实践的理论，他指出，通过人的实践活动，人类在创造和再创造社会的过程中作为特殊的社会存在物而形成。“马克思主义如果不把人本身作为它的基础而重新纳入自身之中，那么它就会蜕变为非人性的人类学……正是由于这种对人的排斥，即把人排斥在马克思主义的知识之外，这才需要在知识的历史总汇之外再生产出存在主义思想来。……存在主义关于人的观念就是马克思主义人类学的人性基础。”① 萨特坚决反对所谓马克思研究中对人的问题忽视的倾向，认为在马克思主义者中存在着一种为了使马克思学说构成绝对的知识体系而消灭个人的趋势。在萨特看来，为了使马克思学说真正充满生命力，必须把人重新恢复到马克思主义中去。

基于这种理解，萨特鲜明地提出人学及其辩证法问题。萨特认为，马克思把人吞没在社会的海洋中，辩证法应该不是自然的规律而只是人的实践所造成的社会历史领域的规律。辩证法只不过是实践，辩证法是整体，它是自生和自存的，同时它也可以称之为行动的逻辑。“如果我们不把辩

---

① 萨特：《辩证理性批判》，100页，北京，商务印书馆，1963。

证法变成一种神圣的规律和一种形而上学的宿命，那么它就应该来自各个人，而不是来自我所不知道的什么超个人的集合体。”① 在萨特看来，许多马克思主义者对辩证法有个根本的错误认识，这就是不从个人的内部实践，而是从个人以外的自然界去发现辩证法，使辩证法成为脱离人从而失去其丰富性内容的抽象教条、形而上学的公式和宿命论。为了对马克思的学说有一个正确的认识，就必须把辩证法引导到个人的实践上来，应当把辩证法确定为人学的普遍方法和规律。关于个人的实践如何构成辩证法的问题，萨特还作了冗长和晦涩的解释和论证。

萨特认为，马克思学说的基本核心是社会历史观，并声称深信历史唯物主义提供了对历史唯一合理的解释。其实他利用亚里士多德的需要观念，用物质和匮乏等概念来分析现实社会，把当代社会生活中的人看成普遍孤独和失望的孤立的存在物。一方面，人的实践赋予了物质存在以意义，使之适合人的需要，从而实现外在性的内在化；另一方面，物质的存在又要求人完全适合它的现实状况，从而实现内在性的外在化。而且人越是把物内化于自身，人本身越是外化于物，人与物的辩证关系便是：行为不断地超越物质，而物质又不断地否定行为。在这个意义上，历史就是人创造的非人的历史。

萨特认为，生产资料的匮乏使人与人之间相互威胁，难以共存，因而引起异化和阶级斗争。这是过去和现在一切对立和对抗的根源，是暴力和剥削等一切祸害的最初源泉。在基本的物质需要多半得不到满足而又不构成对统治阶级进行革命要求的情况下，只有克服异化的需要，才能成为一场新的革命的基础。

萨特用“人”来“重建”马克思学说的设想和方案，同现实存在着相当的距离，根本不可能实现。马克思认为，人是社会存在物。把孤立的个人作为基本的单位，这是误解了真正的个性。真正的个性其实只有在共产主义取代资本主义之后才有可能。只有在那个时候，人才可能成为全面发展的人。所以说，萨特是按照抽象的人道主义原则来“重建”人的观念的，实践证明，他“复兴”马克思学说的尝试是失败的。

---

① 萨特：《辩证理性批判》，133 页。

哈贝马斯是试图“重建”马克思学说的又一著名人物。在他的思想中，聚焦点主要是理论和实践的关系问题。哈贝马斯和萨特“重建”马克思的方式不同，这主要表现在他所提出的“重建”马克思的理论上。哈贝马斯认为，“重建”马克思意味着要分解他的学说并使之以崭新的形式重新构成，以便更好地达到他给自己规定的目标。哈贝马斯“重建”马克思包括两个阶段：在第一个阶段，他力图批判马克思的立场，以便识别其中可能存在的严重缺陷；在第二个阶段，他力图用消除缺陷的各种手段，来构成马克思学说的最好版本。

哈贝马斯把马克思的学说同科学和哲学区分开来。他认为，科学是客观主义的，科学本身无界限。哲学不同于科学，哲学关心自身的起源，但不大关心使自己的观点付诸实践。与此两者相反，马克思的学说则力求解释社会的演变，既分析社会的起源也分析社会的实践，并且在预见它自身的作用方面与通常的哲学不同，它可以通过一种实际的推论间接地自我检验。但马克思学说有一个重要的缺陷，它缺乏一种实践推论的可能性。哈贝马斯认为，马克思把思考的过程降低到了工具主义的行为水平，把理论的思考变成了简单的战略实践，出现这种错误的原因在于马克思总是按照生产的模式理解思考。马克思总是自觉不自觉地把生产的模式扩充到了它本身的范围以外，犯了过于简单地将理论降为实践的错误。哈贝马斯的这种看法完全是对马克思主义本质的曲解。

哈贝马斯还认为，在马克思有关资本主义经济的经验理论和他对革命实践的批判评价之间，存在着无法妥协的二分法。在他看来，劳动的范畴和交往之间有实质的不同，前者是对外部世界有目的的理性活动，后者则包括主客体之间的交往，每一个方面都存在着自己的认识和模式，有其自身理性化评判标准。他断言，今天这个时代，语言的问题已取代了传统的意识问题。这样，哈贝马斯在实际上就切断了上层建筑同经济基础之间的一切联系。同马克思原有立场相比，哈贝马斯放弃了马克思把思想看作社会存在的产物的观点，向着马克思以前的理论观念倒退了。由此可见，哈贝马斯的所谓“重建”马克思实际上是对马克思的肢解。

仔细地比较萨特和哈贝马斯这两种“重建”方式，我们可以清楚看到他们的区别和不成功之处。萨特“重建”的马克思学说实质上是一种哲学人类学，他力图把自己意识中的人类学因素补充到马克思学说中去。他认为，马克思学说中缺乏这种因素。与此相反，哈贝马斯感兴趣的却是从认识论上去重新解释马克思的学说，尤其是它固有的真理性问题。这两种“重建”马克思的途径很明显是不一样的，甚至在一定程度上可以说他们之间是对立的。因为如果坚持马克思主义的人类学方面，就势必或多或少地放弃对绝对真理的追求，因为人变成了理论的基础。而假如拼命强调客观真理性问题，那就必须清除马克思主义的主观性。因为任何带有主观色彩的东西都可能破坏客观真实性。因此，这两种“重建”都失败了，他们都未能充分地意识到马克思主义的本质和根本立场到底是什么。由此，我们可以肯定地讲，任何形式的对马克思主义的“重建”都是不可能的，至多也只能是可以理解的幻想。科学的理论是可以通过各种途径加以改进的，但要推翻原有理论的基本原则，重新进行彻底塑造，同时又想与原先的理论学说保持千丝万缕的联系，这是根本不可能的。即便出自良好的动机，也只不过是不切实际的希望而已。

四、一种希望的追求

第二次世界大战以后，当人道主义的马克思主义方兴未艾之际，西方有一部分学者却拼命主张马克思学说的“客观性”与“科学性”，反对用各种名目的“人学”补充马克思学说，强调马克思与黑格尔的彻底决裂，从马克思学说中把黑格尔的影响彻底消除出去。其中以阿尔都塞为代表的结构主义的马克思主义认为，马克思的思想发展过程中出现了“中断”、“断裂”，在早期“人道主义”马克思与后期的“科学主义”马克思之间没有连续性，科学的马克思学说具有反经验主义、反还原主义、反历史主义、理论上反人道主义四大特征，认为马克思的早期著作只是“意识形态”的产物。他们否认马克思的早期著作，指出要使马克思学说真正成为一门科学，就必须从其中清除一切意识形态的杂质，主张“多元决定论”，即把对人类社会奥秘的理解，建立在整个社会结构的各个组成部分的客观的相互作用的基础上。以德拉·沃尔佩和科莱蒂为代表的新实证主义的马克思主义则认为马克思继承了康德哲学的成果和卢梭的政治观点，马克思的辩证法同黑格尔的辩证法没有任何联系，他们把马克思的辩证法解释成一般的科学实验的方法，在马克思思想发展问题上既不强调马克思的早期而否定晚期，也不强调晚期而否定早期，而是确认马克思早期和晚期思想发展的连续性，并提出了所谓“无矛盾的原理”。

而阿尔都塞认为，在研究马克思的学说时，必须严格区分意识形态和科学理论的不同含义、不同功能。以往的研究者往往混淆两者，造成了许多混乱和矛盾。其实，意识形态并不给人们以恰当的认识工具，它只是传统理论的某种概括性总称。就理论框架来看，意识形态与科学理论之间也是有质的差异的。由前者发展到后者要求对前者的内在结构作彻底的调整和改变，这就必然导致认识论上的断裂。遵循这种思路，在认真详尽地分析了马克思思想发展历史之后，阿尔都塞得出一个令人诧异和瞩目的结论：在“青年马克思”和“老年马克思”之间存在着认识论上的断裂带，它们分属两个不同的理论框架。马克思的科学发现本身就是同以往历史观的一次有力的决裂，是马克思主义科学同它的意识形态史前期的一种理论中断。根据这种认识，阿尔都塞把马克思思想发展划分为两个不同的历史时期：1845 年以前为前期，他叫意识形态时期；1845 年以后为后期，他叫科学时期。按照阿尔都塞的理解，马克思在 1845 年以前的理论著述基本上还是隶属于费尔巴哈的理论框架，没有超出费尔巴哈所关注的总问题。直到 1845 年，马克思才在歪曲了现实的意识形态彼岸，发现了新的现实：有组织的无产阶级，发达的资本主义，以及按照自己规律所进行的阶级斗争。这种可喜的双重发现，使马克思成为马克思主义当之无愧的创始人。马克思的思想由前期向后期转变的重要标志是：无情地批判人的哲学和旧的意识形态，把它们当作旧的哲学垃圾而彻底加以摒弃，在对历史和现实的敏锐洞察和深刻思考下，终于建立起赋予自己思想特点的新的理论框架和总问题。

“马克思主义是理论上的反人道主义”，这是阿尔都塞马克思主义观中的核心内容，这一内容在阿尔都塞的理论生涯中贯彻始终，并支撑他的整个理论大厦，这一思想之所以显得如此重要是同它对西方世界流行的人道主义思潮持激烈的批判态度密切相关的。阿尔都塞认为，在 1845 年马克思与费尔巴哈决裂前，他把人道主义当作理论，在其思想中开始是自由的人道主义，后来是费尔巴哈的共同体的人道主义占主导地位。马克思只是在对自己青年时代的理论基础——人的哲学——作了彻底批判以后，他的学说才达到科学的境界。没有同理论人道主义的彻底决裂，就没有科学的马克思主义问世。据此，阿尔都塞断言，马克思主义是理论上的反人道主义。

阿尔都塞指出，从 1845 年起，马克思同一切把历史和政治归结为人的本质的理论彻底决裂。马克思同哲学人本主义或哲学人道主义的决裂绝不是一项次要的细节，这是马克思伟大的科学发现，它意味着，马克思一举抛弃了以往哲学的理论框架并采用了一个新的理论框架，一个向世界提问的新的系统方式，一些新的原则和新的方法，这项新的发现同马克思唯物史观浑然一体。在阿尔都塞看来，马克思正是由于消除了作为历史主体的人的概念，才可能完全科学地研究历史过程中的一切具体问题。

如何看待马克思同黑格尔、费尔巴哈之间的关系，尤其是马克思的辩证法同黑格尔的辩证法的不同，一直是西方学术界争论不休的课题。阿尔都塞认为，马克思的辩证法同黑格尔的辩证法具有完全不同的结构，存在着根本的差别，他坚决反对关于马克思的辩证法是黑格尔辩证法的颠倒这一比喻。他指出，马克思的辩证法同黑格尔的辩证法的本质差别就在于他们对社会整体的不同理解。在黑格尔那里，社会在一定的发展阶段上，它的一切方面或领域表达一个统一的，而且是简单的内部精神原则。而马克思则不承认在社会的基础中有任何将自己异化和表现为不同领域的简单的最初本质，认为必须承认任何客体从最初起就是复杂的结构。

阿尔都塞还在研究马克思的思想和批判“人道主义马克思主义”的思潮过程中，结合运用结构主义方法，提出了著名的阅读马克思著作的“依照症候的阅读法”，即在阅读马克思著作时，力争做到把见之于文字的东西只当作表层结构，要通过它寻找出隐含在其内的深层结构。他认为，阅读马克思的著作不仅要看到书写着的白纸黑字，更重要的是要看到原文中所没有明确说出，但隐含在原文中的沉默的思想，只有抓住它才能掌握马克思学说中的理论框架和问题本质，触摸到活跃在马克思著作中的思想精髓。

综上所述，可见阿尔都塞对马克思学说的分析评价有其积极合理的因素，包含一定的真理颗粒，但他完全否定马克思的早期思想，否定任何意义上的人道主义，则失之偏颇。用结构主义的方法和原则来理解马克思，企图把结构主义同马克思学说联结起来，复兴马克思的科学思想的设想和方案是错误的、不会成功的。

新实证主义马克思主义的代表人物德拉·沃尔佩和科莱蒂认为，无产阶级革命的失败主要是对现代资本主义作了不正确的解释所致，用含糊的人道主义和黑格尔学说取代科学决策的缘故。为此，他们主张重新考察马克思的基本著作，并对无产阶级的历史和现状进行分析和研究，以便从中引申出正确的结论，使马克思学说再次变成能够进行真正的阶级分析和预言的决定性认识工具，强调马克思学说应该对历史的发展作实证的分析和科学预见。在他们看来，从 20 世纪 20 年代到第二次世界大战以后相当长的一段时间，统治着马克思思想理论舞台的是苏联模式的马克思主义和从卢卡奇到法兰克福学派的人道主义马克思主义。这两者尽管存在很大差别，但它们又有一个相同的哲学源泉和根据：它们共有着同一个黑格尔母体。这两个版本的马克思主义都假定在黑格尔和马克思之间存在着“辩证法”的连续性。不过前者强调黑格尔的“物质辩证法”，后者强调黑格尔的“总体性”和“异化”罢了。它们都把现实的无产阶级，只看作为一个哲学范畴和意识形态的引证，把它当作辩证法规律的体现者，或者主体—客体，而不是把它看作具体的、活动的、经验上的实体，研究它的具体的内在结构，它在全世界发展的现实行动和理论形式以及它的自我活动的历史模式。这样就使得马克思学说的批判的和科学的潜力消失在辩证的和方法论的思辨之中。

德拉·沃尔佩和科莱蒂声称要重新对马克思学说进行评说和补充。焦点是辩证法问题，尤其试图对马克思学说同黑格尔辩证法之间的相互关系问题作出自己的解释。德拉·沃尔佩认为黑格尔的辩证法同马克思的辩证法之间不存在任何连续性。在他看来，马克思给我们提供了用唯心主义的思辨辩证法的逻辑结构、它的抽象方式、它的概念以及它的哲学假定去批判地识别这种辩证法本质的一切要素的方法，与此同时，马克思还给我们提供了关于辩证方法的新的论述，使我们注意到唯物史观和一般的实验方法的深刻的认识论上的财富。德拉·沃尔佩指出，黑格尔辩证法通过从抽象到具体，再回到抽象的辩证法，混淆了概念的发展过程和实际事物的发展过程。而马克思的辩证法则包含了从具体到抽象再到具体这样一个使科学规律建立的认识论。他说："我们认为马克思的方法是使抽象不断历史化的方法，是揭示抽象的历史规定性的方法，而揭示抽象的历史规定性，也就是循环往复地运动（具体—抽象—具体）的实际意义。"①

德拉·沃尔佩的学生科莱蒂继续发展了老师的观点，更加激进地认为，现在流行的辩证唯物主义物质辩证法是抄自黑格尔的。因为，唯物辩证法在严格的意义上就是黑格尔本人的物质辩证法，正如这种物质辩证法预先假定着把现实的冲突完全地总体地分解为逻辑上的对立或矛盾那样，它也十分一贯地预先假定拒绝唯物主义，即拒绝在人之外并不依赖于人的客观实在。

德拉·沃尔佩认为，马克思所描绘为现实世界中的矛盾的东西，实际上是一种真正的对立，而不是矛盾的对立。科莱蒂进一步发挥了这个观点，指出：真正的对立是没有矛盾的对立，它并不侵犯"同一律"和"矛盾律"，因而是同形式逻辑相容的，反之，矛盾的对立则是矛盾的，它引起了一种辩证的对立。他认为，在矛盾的对立中，对立的双方是相互依存而不是孤立存在的，要是没有同它相对立的矛盾存在，这种矛盾就会失去其存在的条件和具有的意义，反之，在真正的对立中，对立的双方并不是相互依存的，而是能够孤立地存在的。即使没有另一方，这一方也不会失去其存在的条件和具有的意义。

在科莱蒂看来，唯物主义和科学的基本原则是矛盾律。实在是不能包含辩证的矛盾的，而只能包含"真正的矛盾"、力量之间的冲突和对立的关系。真正的对立是没有矛盾的，它不是辩证的矛盾，而是非矛盾的对立。科莱蒂还认为，马克思尽管也连续不断地谈到了矛盾，即存在于自然和社会中的矛盾。但是，对于科学来说，矛盾永远而且只能是应予排除的"主观错误"，科学包含了"无矛盾的原理"。对科学来说是不存在客观矛盾的，科学只承认理论上的矛盾，当理论自身矛盾时，科学就会立即宣布

---

① 德拉·沃尔佩：《马克思主义与黑格尔辩证法》，载苏联《哲学问题》杂志，1957(3)。

其虚伪性。

把马克思的辩证法说成现代实验科学的唯物主义逻辑，又把辩证唯物主义物质辩证法说成抄自黑格尔，进而用康德提出的“真正对立”去取代现实生活中的“矛盾的对立”，提出无矛盾的原理，这一切都是德拉·沃尔佩肇其端，而由科莱蒂继承和发挥的。

第六章　分裂“德奥古利兄弟”的阴谋①

马克思主义是由马克思和恩格斯共同创立的。恩格斯的卓越科学贡献、他与马克思的友谊与合作，对于马克思主义的创立具有关键意义。曲解马克思主义，必然会由肢解马克思发展到制造马克思和恩格斯的对立。西方马克思主义和马克思学走的正是这条路。它们诋毁马克思和恩格斯之间的友谊，试图把这对“德奥古利兄弟”般的巨人对立起来，吹毛求疵地寻找马克思、恩格斯思想理论中的差异，并把这种差异说成矛盾对立。所谓马克思、恩格斯对立论，正是肢解马克思的另一种方式。

一、“马克思、恩格斯对立”的神话

列宁指出：“要正确评价马克思的观点，无疑须要熟悉他最亲密的同志和朋友恩格斯的著作。不了解恩格斯的全部著作，就不能了解马克思主义，就不能全面地阐述马克思主义。”② 也就是说，恩格斯的著作是马克思主义的一个组成部分，恩格斯也是马克思主义毋庸争辩的创始人之一，正是由于马克思和恩格斯的共同努力才使马克思主义以一个完整的理论体系的面目展现在人们面前，才成为无产阶级革命实践的科学理论武器。

然而，在 20 世纪中期，对马克思、恩格斯的比较研究却变得时尚起

---

① 德奥古利兄弟是古希腊神话中的孪生兄弟，宙斯与丽达爱情的结晶，他们俩形影不离，被尊为斯巴达保护神。参见 1867 年 4 月 24 日马克思致恩格斯的信。

② 《列宁全集》，中文 1 版，第 21 卷，72 页，北京，人民出版社，1959。

来，在西方学者中间，关于马克思、恩格斯的“新发现”层出不穷，关于“马克思、恩格斯对立”的神话也被杜撰出来。连篇累牍的论文和出版物把马克思、恩格斯之间的友谊和思想观点的一致性统统抹杀，马克思、恩格斯共同创立科学世界观的活动被看作“可悲的骗局”。① 在他们眼中，从来也不存在统一的马克思主义，所谓“马克思主义”和“恩格斯主义”是两种截然不同的学说。不仅资产阶级马克思学家这样认为，而且一些“新马克思主义者”也参与这种马克思、恩格斯对立论的大合唱中去，与“马克思学家”彼此呼应。在这个“合唱”中，没有一致的调门，也没有统一的指挥，他们各自从自己的角度出发来理解和伪造马克思、恩格斯之间的关系，尽管他们相互之间矛盾百出，莫衷一是，但一个共同的声音就是宣布马克思和恩格斯是对立的。

那些制造马克思、恩格斯对立的学者极力地贬低恩格斯，否认恩格斯作为马克思主义创始人之一的地位。他们认为，在马克思主义思想史中，恩格斯只是一位宣传者，至多也只不过是一位“插图画家”。恩格斯被描绘成使马克思的学说简单化和庸俗化的人，似乎马克思的真正思想，他关于社会历史的理论都被恩格斯用达尔文主义和哲学机械论“改造过”了，因而，种种辱骂和责难向恩格斯袭来。他们攻击恩格斯粗浅武断地解释了马克思主义，背离了马克思所制定的哲学路线，是马克思主义史上的第一个修正主义者和黑格尔辩证法的抄袭者，是在自然中寻找上帝替代物的唯心主义者。总之，他们认为马克思和恩格斯之间存在着“根本分歧”，并且这种分歧不只是表现在细节问题上，而是表现在对自然界和社会发展的最根本的问题上。也就是说，马克思、恩格斯在基本理论问题上是对立的。

其实，关于马克思、恩格斯对立的神话并不是20世纪中期的马克思学家的“专利”，而是早在马克思主义诞生之日起就已出现了的。恩格斯曾指出：“1844年以来，关于凶恶的恩格斯诱骗善良的马克思的小品文，多得不胜枚举，它们与另一类关于阿利曼—马克思把奥尔穆兹德—恩格斯

---

① 美国学者诺曼·莱文在1975年出版的《可悲的骗局：马克思反对恩格斯》一书中，专门论述了所谓马克思和恩格斯的全面对立。

诱离正路的小品文交替出现。"① 马克思主义的反对者自一开始就把搜寻马克思、恩格斯之间所存在的差异方面的材料，制造马克思、恩格斯的对立作为攻击马克思主义的一个法宝。从巴尔特1890年出版的《黑格尔和包括马克思及哈特曼在内的黑格尔派的历史哲学史》和1897年出版的与恩格斯论战的著作《作为社会学的历史哲学》中我们可以清楚地看到这一点。当然，与当代的马克思学家有所不同，巴尔特不甚熟悉马克思的早期著作，只是通过对马克思的《资本论》和恩格斯的《反杜林论》、《家庭、私有制和国家的起源》进行比较，断言马克思和恩格斯分别代表着两种不同的社会学倾向，说马克思的《资本论》所代表的是社会静力学，而恩格斯所代表的是社会动力学的倾向。②

在俄国，关于马克思、恩格斯对立的观点在民粹派中间找到了市场。1907年，切尔诺夫出版了《哲学和社会学论文集》，认为马克思在《关于费尔巴哈的提纲》中的思想与恩格斯的思想完全不同，说恩格斯所代表的是"最粗陋的唯物主义的独断主义"。在《马克思主义和先验哲学》一文中，切尔诺夫"一开始就企图把马克思和恩格斯对立起来"。对此，列宁在《唯物主义和经验批判主义》一书中给予了有力的批判。

在切尔诺夫企图把马克思、恩格斯对立起来的同时，波兰的布尔楚维斯基正在潜心撰写《反恩格斯论》一书。1910年，这本书得以出版。这是他花费了数年时间才完成的对恩格斯的理论上的"清算"。在当时，这是一本比较系统地阐述马克思、恩格斯对立的书。在这本书中，布尔楚维斯基打着维护马克思的理论的纯洁性的幌子，大肆攻击恩格斯。他认为恩格斯的《反杜林论》是对马克思的理论的背叛。说恩格斯在《反杜林论》中所发展起来的"实证主义"与马克思的"人本学"很不相同，而这种不同表明马克思、恩格斯在哲学思想上存在着根本对立。

在意大利，马克思主义者拉布里奥拉由于没能彻底摆脱其早年的历史主义观点，所以在反对实证主义和哲学体系化的同时，也表现出了把马克

---

① 《马克思恩格斯全集》，中文1版，第36卷，14页，北京，人民出版社，1974。

② 参见戈尔什科娃：《十九世纪九十年代恩格斯对历史唯物主义的发展》，53～54页，北京，人民出版社，1981。

思、恩格斯对立起来的某种倾向。而克罗齐则公然指责恩格斯，说“恩格斯的观点与马克思的完全不一样”。在他看来，“马克思和恩格斯之间只是一个私交”①。另一位意大利哲学家靳提莱认为，恩格斯由于曲解了黑格尔而导致了与马克思观点的不同，“恩格斯的《反杜林论》从来也没有达到对马克思主义的真正理解，从来也没有深入地触及他的朋友和老师的哲学部分”②。在这一时期，意大利关于马克思、恩格斯对立的问题讨论也相当热烈。苏瑞尔在《致克罗齐的信》中就这样写道：“可以肯定地说，恩格斯完全背离了马克思，他并没有掌握一种广阔的哲学背景。对黑格尔主义，他显然缺乏清晰的观念。他在很大程度上把历史唯物主义导入了进化论的轨道，并使其成为一种绝对的教条。”③ 奥得勒尔也批评恩格斯“第一个把马克思主义不仅再现为一种经济学教条，而且也看作个哲学的完整体系”。他认为马克思用诸如“阶级本身”来充当革命的动力，而恩格斯则代之以生产力，说恩格斯的思想中充满了“一种工业精神”。④

对当代西方马克思学家或“新马克思主义”影响最大的是卢卡奇的《历史与阶级意识》一书。在这本书中，卢卡奇认为恩格斯错误地把辩证法“扩展到也应用于自然界。然而辩证法的关键性的决定因素，即主体和客体的相互作用、理论和实践的统　……在我们对自然的认识中却是没有的”⑤。在他看来，辩证法只存在于社会历史领域。所以，他指责恩格斯的“自然辩证法”，是机械自然论，是带有实证主义倾向的，与马克思的人道主义思想有着本质的不同。由于卢卡奇被“新马克思主义者”奉为鼻祖，特别是由于1932年马克思的早期著作《1844年经济学哲学手稿》的出版使他在《历史与阶级意识》中的部分观点得到印证，因而，卢卡奇的一些错误观点流传很广。

在20世纪中期成长起来的“新马克思主义”直接受到卢卡奇的影响，诸如法兰克福学派、存在主义的马克思主义、南斯拉夫的实践派以及欧美

---

① 克罗齐：《唯物主义史话》，82页。参见雅可比：《失败的辩证法》，54页，剑桥，1981。

② 靳提莱：《马克思的哲学》，125～126页。参见雅可比：《失败的辩证法》，54页。

③ 苏瑞尔：《致克罗齐的信》。参见雅可比：《失败的辩证法》，54页。

④ 参见奥得勒尔：《关于马克思主义分化的研究手稿》，59、70、74～75页。亦参见雅可比：《失败的辩证法》，55页。

⑤ 卢卡奇：《历史与阶级意识》，24页注⑥。

“新左派”都在马克思、恩格斯对立问题上大做文章，进一步发挥卢卡奇、柯尔施等人在这方面的错误观点。即使很少受卢卡奇等人影响的“西方马克思主义”阵营中的另一派——科学主义的马克思主义也主张马克思、恩格斯对立论。如阿尔都塞、科莱蒂等人都各自从自己的立场出发论述马克思、恩格斯之间的所谓矛盾对立。

法兰克福学派的代表人物之一施密特在《马克思的自然概念》一书中对恩格斯提出种种责难，说马克思的自然观与恩格斯的自然观有着根本的区别。在他看来，马克思的自然概念是人化的自然，是被人的劳动加工过、改造过的社会劳动的产物，是一个社会历史范畴；恩格斯则由于信奉费尔巴哈式的纯粹自然而把自然和社会历史对立起来，使它们成为两个相互分离的部分，因而背离了马克思关于自然的理论，倒退到独断的形而上学的立场上去了。他认为，马克思在实践范畴上把人与自然界统一起来是真正的统一，而恩格斯试图在物质范畴上强调世界的统一性的命题是一个唯心主义的命题，因为在现实的世界中只存在着具体的物质形态，根本不存在抽象的物质形态，把抽象的物质作为哲学的本体就是把哲学建立在一些虚构的原则之上，是一种低劣的唯心主义。这样施密特就在一些基本理论问题上把马克思、恩格斯对立起来。法兰克福学派的其他代表人物，如阿多尔诺、霍克海默、马尔库塞、弗洛姆等人都在一定程度上对马克思、恩格斯对立论作了论证。

南斯拉夫实践派哲学家马尔科维奇、彼得洛维奇、弗兰尼茨基等人也认为马克思、恩格斯在一些基本的哲学问题的解释上存在着“本质的不同”。弗兰尼茨基在他著名的《马克思主义史》中认为马克思是“革命的实践的哲学家”，而恩格斯则是“辩证唯物主义的创造者”，是“自然主义”辩证法观念的信徒，指责恩格斯由于拥护“唯物主义的形而上学”而人为地把唯物主义同唯心主义对立起来，把存在和思维、物质和意识、客体和主体割裂开来。

西方马克思学是由一些自命为“客观地、不带任何偏见地研究马克思主义历史和理论”的资产阶级学者建立起来的。在他们中间，除麦克莱伦、古尔德纳等少数学者之外，绝大多数马克思学家都把马克思、恩格斯对立论作为 20 世纪的一项重要发现而加以论证。

李希特海姆以他第一次明确而系统地论证了马克思与恩格斯的对立而受到莱文等当代西方马克思学家的推崇。① 他在《马克思主义：一个历史的批判的研究》、《社会主义的起源》、《从马克思到黑格尔》、《马克思主义》等一系列著作中都论证了马克思、恩格斯在社会历史观和社会主义理论方面的“差别”。在《马克思主义》一书中，他列出了“恩格斯与马克思主义的‘科学’传统”一章专门杜撰马克思、恩格斯的对立。李希特海姆认为，马克思所代表的是强调“真正的人的”批判理论，而恩格斯所代表的则是一种注重“客观的”、“事实的”科学主义理论。因而，他把“辩证唯物主义”说成在19世纪晚期由恩格斯所创立的“标新立异”的世界观。

新托马斯主义者L.兰德格雷柏认为恩格斯是“按照旧传统，即机械唯物主义的精神解释唯物主义”②。在他看来，恩格斯试图拯救辩证法，然而这种拯救是不成功的，反而把那些已被马克思所克服了的“旧的传统因素”即机械唯物主义的因素带入了马克思主义之中，所以恩格斯不懂得抽象地把握人与现实的关系，而是具体地、实证地解释这种关系，从而使马克思主义观点僵化和教条化。因此，他宣布，恩格斯使马克思主义哲学终结了。

另一位新托马斯主义者J.费舍尔认为马克思把黑格尔的辩证法和费尔巴哈的人本主义加以综合，得出了关于人和人的自我解放的学说，这种学说才是马克思主义哲学的精髓所在，与辩证唯物主义绝不是一回事，因为辩证唯物主义的自然学说所建立起的本体论概念只能导致形而上学。费舍尔认为恩格斯是辩证唯物主义的创始人，由于恩格斯在创立了辩证唯物主义之后，把“辩证法纳入到个别的哲学部门”，即同现代自然科学结合起来，因而使他在背离马克思的路上越走越远。③

联邦德国的I.费切尔故作客观地把马克思、恩格斯的对立看作马克

---

①　参见诺曼·莱文：《马克思和恩格斯思想中的人类学》，载《比较共产主义研究杂志》，1973年第6卷第1—2期合刊。

②　兰德格雷柏：《辩证法问题》，载《马克思主义研究》，第3辑，57页，图宾根，1960。

③　参见J.费舍尔：《现时代的唯物主义和实证主义》，66页，格拉茨—维也纳—阿尔托廷，1953。

思主义哲学的合理转变。他认为马克思的早期著作代表着真正的马克思主义哲学。对于青年马克思来说，注意力集中在从理论上论证消除异化的必然性，但当马克思后来发现了无产阶级这一社会力量，并相信通过觉悟的无产阶级的革命行动可以消除异化时，就不再注重消除异化的必然性的理论论证了。此后马克思在哲学上就没有什么较大的贡献了，只是恩格斯在《反杜林论》和较晚期的著作中才研究制定出无产阶级的世界观，即辩证唯物主义。① 费切尔认为恩格斯应对把马克思主义发展成为一种意识形态体系负主要责任。他还指出，由于恩格斯过分强调科学决定论的因素，把自然过程与社会过程等同起来，这就破坏了理论与实践的辩证统一，忽视了社会过程中的意识成分。

德弗里斯也说，只是在19世纪70、80年代恩格斯的著作中，我们才看到辩证唯物主义的认识理论的一切原则。他认为："由于恩格斯的哲学活动背离了马克思早期著作中的哲学观点，使马克思最初的中心思想在工人运动中和后来的马克思主义哲学家中间变得非常模糊了，把人们的注意力全都放到了资本主义社会的发生和灭亡的过程之中去了，似乎社会运动也像自然界那样按照某一规律必然地运动。"②

M.吕贝尔是第一个提出"马克思学"这一概念的法国马克思学家。在他看来，马克思是"一种内容庞杂的人道主义的先驱"，马克思没有留下完整的科学社会思想体系，作为无产阶级世界观的马克思主义，是根据恩格斯的著作整理而成的，"同马克思的基本教义关系甚微"。但实际上，吕贝尔依然是抓住马克思、恩格斯的关系做文章，他认为，马克思的革命历史学说被恩格斯变成了由经济结构和阶级对抗所决定的自动历史进程，革命行动与对历史过程的社会经济制约性的认识之间的辩证统一消失了。

与吕贝尔相同，法国的另一位马克思学家米歇尔·亨利也认为马克思主义是与马克思本人的思想没有联系的，是在马克思逝世后由恩格斯一手创立的一种哲学体系，是既违背了马克思的意愿，又不符合马克思本人思

---

① 参见I.费切尔：《从无产阶级的哲学到无产阶级的世界观》，载《马克思主义研究》，第2辑，44页。

② J.德弗里斯：《辩证唯物主义的认识理论》，15页，慕尼黑，1958。

想的。所以，他不无遗憾地认为，马克思一直未为人所理解，在他看来，马克思的全部基本哲学著述（《黑格尔法哲学批判》、《1844年经济学哲学手稿》，特别是《德意志意识形态》）一直没有被那些创立马克思主义意识形态并按照这种意识形态建设自己世界的人们所理解。似乎只有他们理解了马克思，但我们从他们所理解的马克思身上看到的却是费希特，或者说他们是站在费希特的立场上理解马克思的。因为，根据他们的理解，马克思只强调主观意识的能动作用，整个历史（包括自然史）都是人在自我异化过程中的自我实现。所以，在他们眼中马克思脱离了唯物主义，而恩格斯则保存了唯物主义，并在自然界和社会历史的内在矛盾的基础上阐发进化论的观点。因此，他们指责恩格斯是“唯物主义进化论者”，是不能理解意识如何产生及其在历史中的地位的，是与马克思的“能动性”思想背道而驰的。

20世纪70年代以来，科拉科夫斯基、莱文等人也由于竭力鼓吹马克思、恩格斯对立论而出尽风头。

流亡英国的波兰哲学家科拉科夫斯基在《马克思主义的主要流派》一书中用了很大的篇幅谈论马克思、恩格斯之间的所谓“根本的思想分歧”。并把这种“分歧”概括为四个方面：（一）自然主义进化论与人类中心说的分歧；（二）知识的技术观和实践的认识论之间的分歧；（三）“哲学没落”的看法与哲学同生活融为一体的看法之间的分歧；（四）无限进步论与革命末世论之间的分歧。他尤其强调在辩证法问题上马克思与恩格斯的对立。在他看来，马克思认为辩证法是主体和客体之间的相互作用，这种相互作用最终导致主体和客体的统一；恩格斯的辩证法则是在达尔文进化论的发现和达尔文主义思潮的影响下提出来的，是用自然主义的观点来解释社会和历史的各种现象，因而否认个人的活动会影响客观的历史规律。所以科拉科夫斯基说，在恩格斯的自然辩证法中包含着潜在的先验论，是与马克思的“人类中心论”的观点根本不同的。他说恩格斯的《自然辩证法》一书充满了陈腐过时的例证和毫无根据的哲学宇宙论方面的思辨推理。他甚至从马克思、恩格斯的治学方法上来寻找他们之间的差别，说恩格斯缺乏专门的哲学修养，终究不过是一个业余的哲学爱好者。

美国学者诺曼·莱文专门致力于搜集关于马克思、恩格斯相互对立的观点。他的《可悲的骗局：马克思反对恩格斯》一书的目的就是企图证明马克思、恩格斯的全面对立。他声称这些对立表现在哲学和社会学上，表现在自然观和历史观上，表现在对未来共产主义社会的基础的解释上，表现在对实现共产主义的途径和策略手段的理解上。在他看来，马克思是把自己的哲学建立在实践概念的基础上的，人是实践的存在物，人通过自己的活动（即实践）改变自然界，使自然界成为人化的自然界。人在改造自然界的同时赋予了它人的性质，即在自然界中体现了人的目的。而恩格斯则不同，他忽视了人的前提意义，把自在的物质和运动看作宇宙中的基本力量，由于物质和运动产生了人和自然界，所以恩格斯是一个形而上学的唯物主义者。莱文认为，在社会历史观上马克思、恩格斯的区别则在于马克思并不把历史看作确定必然的过程，不认为历史的发展是单线的，是由宏观宇宙力量驱使着朝一个方向运动的。恩格斯则把历史看作单线的发展过程，相信有一种宏观宇宙力量决定了历史的必然道路。总之，在莱文等人特有的曲光眼镜片的后面，恩格斯变成了把创造性的马克思主义教条化，把马克思的辩证法思想改造成哲学机械论和社会实证论的罪人。他们认为，在恩格斯之后，马克思主义研究者（包括普列汉诺夫、列宁等人）所理解的观点其实都不是马克思主义的，而是属于“恩格斯主义”，马克思主义和恩格斯主义是分属于不同的思想体系的。

由于马克思学在西方形成一股强大的学术思潮，资产阶级学者意识到有必要编纂一套大型的百科全书，把关于马克思主义研究中的种种奇谈怪论汇总起来，因而《比较百科全书：马克思主义、共产主义与西方社会》应运而生。卡尔·巴列斯特雷姆为其撰写了关于恩格斯的长篇条目。① 在这个条目中，他把西方关于马克思、恩格斯对立论的观点总结为如下三点。第一，恩格斯认为历史是一个由经济决定的客观过程，按其自然的不可避免的方向发展；而马克思却把历史看作受革命实践中的具体行动主体所影响的过程。第二，恩格斯详细论证了一种辩证的自然哲学，即自然辩证法；而马克思则只是联系人来设想自然界，把自然界看作人类劳动的异化客体，必须使这个异化客体重新恢复原状。第三，恩格斯通过他对辩证

---

① 参见《比较百科全书：马克思主义、共产主义与西方社会》，第3卷，纽约，1972。

的自然哲学以及认识论和历史哲学的论述，促成了一种综合的意识形态体系；而马克思却强调其整个理论的合理性，使其具备经验的、切实的和批判的性质，反对那种以意识形态体系为表现形式的先验的、抽象的和教条化的思想形式。

巴列斯特雷姆没有更进一步地提出问题：那就是为什么西方学者会在这样三个方面提出马克思和恩格斯的对立？当然即使巴列斯特雷姆提出这个问题，也不可能给予回答，因为他自己也同样抱着马克思、恩格斯对立的偏见。其实，西方学者提出马克思、恩格斯对立论是出于割裂马克思主义与无产阶级革命运动之间的联系的目的，把恩格斯说成一个把马克思主义庸俗化、意识形态化的人，认为无产阶级革命运动仅仅是与这种庸俗的意识形态联系在一起的，进而，他们就可以堂而皇之地批评马克思主义的继承者，说他们是继承了恩格斯的“庸俗意识形态”传统，而不是“马克思主义”的传统。

西方马克思学家虽然以学者的面目出现，并声称客观地、不带任何偏见地研究马克思主义的历史和理论。而实际上，资产阶级意识形态对他们所造成的根深蒂固的影响无时不渗入到他们的研究工作中去。他们竭力把马克思、恩格斯对立起来，这看起来是个学术问题，而实际上是要通过割裂马克思、恩格斯及其后继者的理论关系和历史继承关系来达到摧毁马克思主义的完整的科学的理论体系的目的。与其说他们是在颂扬马克思，倒不如说是在孤立马克思。

二、“人本主义的马克思”和“科学主义的恩格斯”的虚构

早期的马克思、恩格斯对立论者只是在马克思主义的经典著作中寻找一些可以论证马克思、恩格斯思想差异的词句作为根据，然后漫无边际地加以夸大，并概括出马克思、恩格斯对立的结论，以为这样便可以抹杀掉马克思、恩格斯之间的革命友谊和证明马克思、恩格斯思想的不一致，从而否定马克思主义。20 世纪的马克思学家在制造马克思、恩格斯对立论时则把着重点放在马克思主义理论体系上，从马克思主义的历史和理论的一切方面来论证马克思、恩格斯“全面对立”的谎言。他们大肆渲染的所谓“人本主义的马克思”和“科学主义的恩格斯”便是一种别有用心的虚构。

兰德格雷柏说，恩格斯与马克思不同，恩格斯所描述的那种自然界对于马克思来说是根本不存在的。马克思主张的是哲学的人类中心说，与恩格斯关于自然界的“内在固有可理解性”的观点正相对立。他认为，马克思始终坚持物质和精神的思辨统一，而恩格斯让人自身的生产和再生产依赖于“物质、自在的自然界”，从而破坏了这种统一。所以，他指责恩格斯“要求研究真正的世界”是把“马克思主义立场教条僵化的根源”①。

巴列斯特雷姆在《比较百科全书：马克思主义、共产主义与西方社会》中，引述了兰德格雷柏和费切尔等人的观点，说马克思与恩格斯的观点迥然不同。马克思并不从哲学和方法论的角度注重自然科学的新发现。而恩格斯则过分地强调自然科学，强调科学决定论的因素，把自然过程与社会过程等同起来，从而破坏了理论与实践的辩证统一，忽视了社会过程中的意识成分。

科拉科夫斯基把恩格斯说成自然主义者、进化论的崇拜者。在他看来，恩格斯把自然规律搬进历史领域，用自然史和进化规律解释人，认为人受进化规律的支配，这是与马克思关于我们所了解的自然界是人的延伸，是实践活动的器官的观点正相反对的。基于这种看法，科拉科夫斯基也提出在马克思和恩格斯之间存在着两个不同的中心，马克思主张“人类中心”，而恩格斯则主张“自然中心”。

然而，虚构总是虚构。说“马克思明智地未去理睬（人之外的）自然界”②，对自然界根本“没有兴趣”③；说恩格斯只承认自然界的“独立存在”，忽视了人的能动性，把人看成“铁面无情的外部力量的消极客体”。而马克思、恩格斯思想发展的历史事实完全不是如此。

事实是，早在马克思开始他的哲学研究的时候，就表现出对自然哲学的明显兴趣，因为他认识到，如果没有对自然界的更深的理解就不可能有对人和社会的真正的了解。所以，自然科学是人的科学的基础。

1837年，马克思在施特拉劳休养期间，通读了黑格尔的全部著作，

---

① 兰德格雷柏：《辩证法问题》，载《马克思主义研究》，第3辑，58页。
② 李希特海姆：《马克思主义》，247页，伦敦，1964。
③ 彼德罗维奇：《二十世纪中叶的马克思》，28页，纽约，1967。

其中包括《逻辑学》和《自然哲学》。1839年，在写作博士论文前，马克思曾写下了关于黑格尔《自然哲学》的提纲的三个方案①，基本上反映了黑格尔自然哲学的主要内容。马克思自己也谈到，在1837年，为了研究自然科学，他花费了很多脑筋。

在《莱茵报》时期，马克思还是一个黑格尔唯心主义信奉者，但他已经试图从黑格尔唯心主义的客观主义中推导出这样的结论，即社会机构应当以外部世界的自然规律作为基础。他坚持认为，立法者不应让自己的奇思妙想凌驾于事物的本性之上。因为立法者事实上不“创造”、不“发明”规律，“正如善于游泳的人没有创造、发明水和重力的本性和规律一样”②。

在《1844年经济学哲学手稿》中，马克思更明确地指出，关于自然的科学像关于人的科学一样，也是共产主义世界观的一部分，而以往哲学的最大缺陷就是与自然科学所提示的“不断增多的材料”相“疏远”，“甚至历史学也只是顺便地考虑到自然科学，仅仅把它看作是启蒙、有用性和某些伟大发现的因素”③。同时，马克思更深刻地指出人对自然的认识的深入是推动社会的进步的实际力量，自然科学通过工业的发展“进入人的生活，改造人的生活”。尽管它还是以“异化的形式”构成人的生活的基础，但另一方面又为“人的解放”准备了条件。④ 马克思又说：“科学……只有从自然界出发，才是**现实**的科学。”⑤ 但是，西方马克思学家正是把《1844年经济学哲学手稿》作为马克思注重人，否定自然或“对自然界不感兴趣”的根据。的确，“人”在《1844年经济学哲学手稿》中占有着极其重要的地位，但《1844年经济学哲学手稿》从来没有否定自然界的实在性和优先地位。马克思认为劳动的根本内容就是对象化，即劳动者把自己的本质力量凝结在产品之中，而劳动的对象化必须以自然的客观实在性为前提。

在《德意志意识形态》中，马克思、恩格斯认为历史所包含的两个方面，即自然的方面和人的方面是“密切相连的”⑥，从而解决了《神圣家族》在嘲笑那种以为如果“从历史运动中排除掉人对自然界的理论关系和

---

① 参见《马克思恩格斯全集》，中文1版，第40卷，176～182页。
② 《马克思恩格斯全集》，中文1版，第1卷，183页。
③④⑤ 《马克思恩格斯全集》，中文1版，第42卷，128页，北京，人民出版社，1979。
⑥ 《马克思恩格斯全集》，中文1版，第3卷，20页注①，北京，人民出版社，1956。

实践关系，排除掉自然科学和工业”[1]，就能够对历史现实得到哪怕最初步认识的想法时提出的问题。

后来，马克思在从事繁重的政治经济学研究的过程中，还精心研究了数学，并留下了著名的《数学手稿》。他的《资本论》就广泛地利用了数学、力学、机械学、工艺学和农艺学的知识。1859年11月24日，达尔文的《物种起源》出版后，马克思很快就阅读了这本书，并同李卜克内西一连好几个月谈论达尔文和他的发现的革命力量，高度评价达尔文的学说为他们的观点提供了自然史的基础。即使在晚年，马克思也十分重视自然科学发展的状况。1882年在慕尼黑电气展览会上，法国物理学家马赛尔·德普勒展出了他在米斯巴赫至慕尼黑之间架设的第一条实验性输电线路，马克思给予了特别的关注。正如恩格斯所说，“任何一门理论科学中的每一个新发现，即使它的实际应用甚至还无法预见，都使马克思感到衷心喜悦，但是当有了立即会对工业、对一般历史发展产生革命影响的发现的时候，他的喜悦就完全不同了”[2]，因为马克思“把科学首先看成是历史的有力杠杆，看成是最高意义上的革命力量”[3]。马克思把火药、指南针、印刷术看作预告资产阶级社会到来的三大发明，明确指出“生产力里面也包括科学在内”，大工业把巨大的自然力和自然科学并入生产过程，在社会大机器生产中，生产过程成了科学的应用，科学成了生产过程的职能。

从马克思、恩格斯之间的通信中更能清楚地看到马克思对自然科学的态度。最起码，我们可以看到马克思对恩格斯研究自然科学是持支持态度的。只要我们看一看恩格斯在那些书信中与马克思讨论自然科学问题时所表现出的洋溢之情，就可以断定马克思对自然科学抱有同样的兴趣。

在1858年7月14日致马克思的信中，恩格斯请马克思把黑格尔的《自然哲学》寄给他，并且长篇大论地谈到自然科学的进步，能“从四面八方”为黑格尔提供事实来充实他的辩证观念。[4] 1867年6月16日恩格

① 《马克思恩格斯全集》，中文1版，第2卷，191页，北京，人民出版社，1957。

② 《马克思恩格斯全集》，中文1版，第19卷，374页，北京，人民出版社，1963。

③ 同上书，372页。

④ 参见《马克思恩格斯全集》，中文1版，第29卷，324页，北京，人民出版社，1972。

斯致马克思的信中谈到了霍夫曼的化学著作，并且说尽管作者的观点整个说来是机械论的，但是它说明“从前被描写成可分性的极限”的原子，实际上只不过是一种关系。在物质分割的各个阶段中存在着量的差别转变为质的差别，这就是辩证运动的基本规律之一。马克思在给恩格斯的回信中说：“你对霍夫曼的看法是完全正确的。此外，你从我描述手工业师傅变成——由于单纯的**量变**——资本家的第三章结尾部分可以看出，我在那里，在正文中引证了黑格尔所发现的**单纯量变转为质变的规律**，并把它看做在历史上和自然科学上都是同样有效的规律。在正文的一条**注释**中（当时我正好听过霍夫曼的演讲）我提到了**分子理论**。”① 可见马克思不仅对自然界保持着浓厚的兴趣，而且把自然和社会看作统一的、遵从共同的客观规律的历史发展过程。

正因为如此，恩格斯一旦有了关于自然科学的新思想、新观点，总是首先让马克思分享他的兴奋之情。1878 年 5 月 30 日恩格斯写信给马克思，描述那天早上在他脑子里出现的“一些关于自然科学的辩证思想”（在《自然辩证法》中，恩格斯对这些思想作了更详尽的阐述）。在这封信中，恩格斯同马克思商量说：“由于你那里是自然科学的中心，所以你最有条件判断这里面哪些东西是正确的。”② 马克思回答恩格斯说：“刚刚收到你的来信，使我非常高兴。但是，我没有时间对此进行认真思考，并和‘权威们’商量，所以我不敢冒昧地发表自己的意见。”③ 因为马克思当时正在考虑经济学问题，尽管如此，马克思还是把恩格斯的信推荐给他所说的“权威”之一卡尔·肖莱马，可见，他对恩格斯研究自然科学非常重视。

从 1864 年 7 月 4 日马克思给恩格斯的信中可以看到，马克思不仅对恩格斯研究自然科学抱有浓厚的兴趣，而且自己也曾一度投入到对自然科学的研究上，他说：“你知道，首先，我对一切事物的理解是迟缓的，其次，我总是踏着你的脚印走。所以最近我可能要认真研究解剖学和生理

---

①《马克思恩格斯全集》，中文 1 版，第 31 卷，312 页，北京，人民出版社，1972。

②③《马克思恩格斯全集》，中文 1 版，第 33 卷，86～87 页，北京，人民出版社，1973。

学，此外，还将去听讲学（那里展示实物并进行解剖）。”① 当然又是由于那些人所共知的原因，即制定无产阶级革命战略的需要，由于政治经济学研究的需要，以及制定马克思主义哲学的一些更基本原则的需要，迫使马克思没有更多的时间专门从事对自然的研究，而是“只能作零星的、时停时续的、片断的研究”②。然而，这些足以说明，事实并不像当代马克思学家所臆造的那样。马克思不仅不否认自然界的客观存在，而且从他对自然科学的关注中表现出探索自然界客观规律的强烈兴趣。

正如大量的历史材料证明西方马克思学家的所谓马克思“对自然不感兴趣”的论断纯属虚构一样，说恩格斯忽视了人的研究也是没有根据的。因为，恩格斯同马克思一样，对人类在认识自然和改造自然中的能动作用给予了充分的肯定。恩格斯曾多次批评了旧唯物主义在人与自然关系问题上的片面性，明确指出，人与动物的本质区别在于：“动物仅仅**利用**外部自然界，单纯地以自己的存在来使自然界改变；而人则通过他所作出的改变来使自然界为了自己的目的服务，来**支配**自然界。”③

恩格斯早在青年时代，他就说过：“我们比任何一个哲学学派，甚至比黑格尔，都更重视历史。”④ 并且这种重视历史与黑格尔所讲的历史有着本质的区别，因为黑格尔的历史是“自我意识”运动的轨迹，是在起点中就包含了终点的唯心主义历史观。作为唯物主义者，恩格斯不是像旧唯物主义那样把自己的着力点放在死的“物”上，而是放在现实的人的创造活动上，“**历史什么事情**也没有做……创造这一切的……而正是人，现实的、活生生的人。‘历史’并不是把人当做达到自己目的的工具来利用的某种特殊的人格。历史不过是追求着自己目的的人的活动而已”⑤。

马克思、恩格斯合著的《德意志意识形态》清楚地表明了他们的共同观点。在这部著作中，马克思和恩格斯深刻地批判了费尔巴哈的直观唯物主义，指出他不理解实践的革命意义，因而也就不理解人和他周围环境的

① 《马克思恩格斯全集》，中文1版，第30卷，410页，北京，人民出版社，1974。
② 《马克思恩格斯选集》，1版，第3卷，51页。
③ 同上书，517页。
④ 《马克思恩格斯全集》，中文1版，第1卷，650页。
⑤ 《马克思恩格斯全集》，中文1版，第2卷，118～119页。

关系。费尔巴哈“没有看到，他周围的感性世界决不是某种开天辟地以来就已存在的、始终如一的东西，而是工业和社会状况的产物”①。“这种活动、这种连续不断的感性劳动和创造、这种生产，是整个现存感性世界的非常深刻的基础，只要它哪怕只停顿一年，费尔巴哈就会看到，不仅在自然界将发生巨大的变化，而且整个人类世界以及他（费尔巴哈）的直观能力，甚至他本身的存在也就没有了。”②

在恩格斯看来，人不是消极地反映自己周围的客观世界，而是积极地影响它，改造它，改变它，甚至创造新的东西，引起新的过程。如果说在人类历史的初期，人们还是无意识地、自发地适应自然界的客观规律的话，那么，在社会实践活动中，人们逐渐地认识了这些规律，用它们来为自己服务，为自己的生产劳动过程奠定了基础。因为，“人的生存条件，并不是他一从狭义的动物中分化出来就现成具有的；这些条件只是通过以后的历史的发展才能造成”③。最有代表意义的一段话是：“自然科学和哲学一样，直到今天还完全忽视了人的活动对他的思维的影响；它们一个只知道自然界，另一个又只知道思想。但是，人的思维的最本质和最切近的基础，正是**人所引起的自然界的变化**，而不单独是自然界本身；人的智力是按照人如何学会改变自然界而发展的。因此，自然主义的历史观（例如，德莱柏和其他一些自然科学家都或多或少有这种见解）是片面的，它认为只是自然界作用于人，只是自然条件到处在决定人的历史发展，它忘记了人也反作用自然界，改变自然界，为自己创造新的生存条件。”④ 如此重视人，重视人的能动性、创造性，难道能说是“忽视了人”吗？我们实在难以想象，如果不像恩格斯这样把人放在与自然的关系中，放在历史发展进程中来肯定他的能动性和创造性，又怎能谈得上肯定人、肯定人的价值呢！

的确，在唯心主义盛行的历史背景下，恩格斯过多地强调自然界的客观性，但并没有因此而否认人的能动性。相反，无论是马克思还是恩格斯都对这两个方面作了辩证的肯定。所以，根本不存在什么马克思“对自然

---

① 《马克思恩格斯选集》，1 版，第 1 卷，48 页。
② 同上书，49～50 页。
③ 《马克思恩格斯全集》，中文 1 版，第 20 卷，535 页，北京，人民出版社，1973。
④ 《马克思恩格斯选集》，1 版，第 3 卷，551 页。

不感兴趣”，或恩格斯“否定人”的情况。由于西方马克思学家自己不理解自然与人之间的辩证关系，用形而上学的思维方式来思考这一问题，所以才把马克思、恩格斯对立起来。雅可比在评价 20 世纪初意大利的马克思主义研究者时，认为他们之所以会把马克思、恩格斯对立起来，并对恩格斯提出批评，是因为他们基于费尔巴哈的观点上“要求重新考虑黑格尔、费尔巴哈与马克思之间的联系”①。当代的马克思学家也是这样，他们是从费尔巴哈的角度（或干脆说是从“旧哲学”的角度）来理解恩格斯的。所以，把恩格斯费尔巴哈化了，然后又对恩格斯提出批评，他们没有看到恩格斯与费尔巴哈的本质区别。因为费尔巴哈的自然哲学在强调自然的客观实在性的同时是把人单纯看作自然的一部分，把人与自然的关系看成两个自然物之间的关系，看成自然同自身的关系。尽管费尔巴哈把自己的哲学称作人本主义，但人并不具有现实人的特性。他认为：“没有了自然，人格性、自我性、意识就是无，换句话说，就成了空洞的、无本质的抽象物。”② 所以说，费尔巴哈单纯从自然的角度理解人，而恩格斯则不同，他既要从自然出发理解人，又要站在人的角度来理解自然界的客观实在性，因此，自然与人通过社会和实践的中介构成了一个辩证的统一体和马克思主义哲学的基础。

然而，西方马克思学家正是要摧毁这个统一体，动摇马克思主义哲学的基础。他们杜撰出的“人本主义的马克思”实际上是抽去了马克思思想中的基本内容，把这一无产阶级专有的科学理论“修正”为关于普遍的人的哲学，即抽象的人本主义哲学。因此，他们无限度地夸大马克思早期著作的意义，特别表现为对《1844 年经济学哲学手稿》的过分推崇，把《1844 年经济学哲学手稿》描述为“人学启示录”，但他们未能理解马克思在写作《1844 年经济学哲学手稿》时恰恰是出于对工人的地位的同情而寻找一条彻底批判私有制的道路。马克思所讲的人是处于资本主义社会最底层的无产者。正是从无产者的利益出发，马克思对资本主义私有制、资本主义生产和劳动进行了抨击。

任何一种彻底的哲学都不能不在人和自然、主体和客体、物质和精神

---

① 雅可比：《失败的辩证法》，56 页。

② 《费尔巴哈哲学著作选集》下卷，122 页，北京，商务印书馆，1984。

这些根本问题上表明自己的理论立场。与马克思一样，恩格斯在阐述他关于历史辩证法思想时，没有回避这些重大的理论问题。他正是从人和自然、主体和客体的关系出发，来解决人和历史的一系列重大哲学问题的。他反对任何自然主义的、机械论的对待历史的倾向，反对那种认为只是自然界作用于人，只是自然条件到处在决定人的发展，而忘记了人也反作用于自然界，改变自然界，为自己创造新的生存条件的旧哲学。恩格斯所注重的是实践和人类赖以生存的劳动，把对人的考察始终放置在这一现实基础上。离开实践谈论人完全是一种虚无缥缈的、在现实世界中无根的人。正是恩格斯“劳动创造了人本身”的著名论断抓住了人和动物的本质区别，科学地揭示了人类的起源这一重大的哲学人类学课题。劳动不仅创造了人，而且是人的发展的要求，它不仅是人的物质生存和发展的基础，而且是人的精神能力发展的基础。正是劳动，使人同动物真正区分开来。动物只是消极地适应自然界，单纯地以自己的存在来使自然界改变，而人则通过他所作出的改变来使自然界为自己的目的服务，来支配自然界。人的全部历史都是自己创造的。西方马克思学家无视恩格斯关于人在创造历史和改造自然方面的能动性的论述，用所谓“铁面无情的”规律片面化地曲解恩格斯，硬把恩格斯说成只承认世界客观规律性的机械决定论者，并冠以与他们杜撰的“人本主义的马克思”相区别的“科学主义”的名称。在学术研究中，西方马克思学提出的这些见解，看起来颇似新颖独特、眩人耳目，但却经不起进一步的推敲和考察，因为，它们是完全脱离马克思主义历史事实的虚构。

三、唯物辩证法的蒙难

在“人本主义的马克思”和“科学主义的恩格斯”这一虚构的前提下，马克思、恩格斯对立论者对马克思主义理论体系的各个部分作了全面的歪曲。西方马克思学家以及西方马克思主义者首先发难的领域就是唯物辩证法。他们把唯物辩证法的统一理论割裂为社会辩证法和自然辩证法两个对立的部分，认为恩格斯只谈自然辩证法，而马克思只谈社会辩证法。他们说，马克思本人从未谈过自然辩证法；马克思的辩证法，主要适用于人类历史和社会，因而，马克思的辩证法是以“人为中心”的人学辩证法，而不是恩格斯所建立起来的那种在人类社会和自然界都同样适用的普遍规律。他们对所谓“社会辩证法”、“人学辩证法”基本上是持肯定态度的，而对“自然辩证法”似乎绝难容忍，几乎所有的马克思、恩格斯对立论者都殚精竭虑地批评自然辩证法。特别是卢卡奇的《历史与阶级意识》一书，标志着对自然辩证法的否定构成了西方马克思主义的一种理论倾向和西方马克思学的一种学术共识。

卢卡奇的《历史与阶级意识》一书对辩证法作了背离马克思主义哲学的解释。他认为辩证法的实质就是总体性范畴，主体和客体的辩证的相互作用、理论和实践的统一，是辩证法的决定性要素，辩证法总是围绕着历史的总体的认识而旋转的，它只能局限于历史和社会领域，在自然界中则不存在这种相互作用，所以也就无所谓辩证法。卢卡奇说：“认识到这种方法只适用于历史和社会领域极为重要。恩格斯对辩证法的表述之所以造成误解，主要是因为他错误地追随黑格尔把这种方法扩展到也应用于自然。而辩证法的一些基本的决定性因素，即主体和客体的相互作用，理论和实践的统一，作为诸范畴的基础的现实历史变革是思想变化的根本原因等等，在我们对自然界的认识中是不存在的。”①

虽然卢卡奇在批评自然辩证法时并不是把他的观点建立在马克思、恩格斯对立论的基础之上的，然而他对自然辩证法的批评却成了西方马克思主义的马克思、恩格斯对立论的理论发端，以后的西方马克思主义的观点，实际上只是对卢卡奇的这些观点的复述和发挥。布洛赫把辩证法单纯理解为主体—客体的关系。列斐弗尔认为辩证法的真正的基础不在自然之中，而在人类实践、在人与自然的关系之中。这些都是卢卡奇的所谓辩证法是“历史过程中的主体和客体之间的辩证关系”的观点的复述。葛兰西、柯尔施、萨特及法兰克福学派的代表人物都在以自己的方式来表述这一大体相同的观点，即只承认历史辩证法、社会领域中的主客体关系，而否认辩证法在自然界中的客观存在。这种否认自然辩证法的做法实际上是与西方马克思主义否认自然界的客观存在相一致的。

如果说旧唯物主义哲学对自然界的客观实在性还深信不疑的话，那么

---

① 卢卡奇：《历史与阶级意识》，24页注⑥。

当代西方马克思主义是继承了哲学史上唯心主义的传统。他们怀疑自然界的客观实在性，宣布“自然界是社会范畴”，或者假意承认自然界的客观存在，但却说这个客观存在的自然界对人类社会是无意义的，应置于理论研究之外。他们所要研究的是属于人的自然界，是体现了主体性的自然界。卢卡奇认为感性的、自然的东西不能同理性的、社会的东西割裂开来。当然，强调感性的、自然的东西与理性的、社会的东西的统一性是毫无问题的，但关键是卢卡奇把这种统一性放在理性的、社会的东西的基础之上。所以他反对对自然界作客观考察，他批评恩格斯对自然界的考察是素朴的实在论和形而上学唯物主义。在他看来，自然界只有作为已经被包括进社会关系范围的、被改造的产物才是有意义的。

法兰克福学派的施密特曾正确地指出过马克思的自然概念与费尔巴哈的自然概念的区别，指出费尔巴哈崇拜自然的原始直接性，把自然看作一种亘古如斯的原始的纯粹自然。但仅此而已，因为，当施密特阐发他对马克思自然概念的理解时就包含了一些重要的歪曲。他看到了马克思与费尔巴哈自然概念的区别，却没有看到他们之间的联系，他把马克思的自然概念看作把一切自然存在都看成已被人的劳动加工过的，是社会活动的产物，所以具有“社会历史的性质”。基于这种对马克思的自然概念的歪曲，施密特便可以肆意地批评恩格斯，说恩格斯所理解的自然是费尔巴哈式的“纯粹自然”，它“超出了马克思对自然和社会历史的关系的解释范围，就倒退成独断的形而上学”①，即“倒退成素朴的实在论”②。

确实，在马克思主义哲学产生之前，存在过两种自然观。18 世纪的唯物主义者力图从世界本身来说明世界，从而否定了那种试图借助于某种超自然的力量解释自然的神学自然观。就他们承认自然界是客观的、独立的实体这一点来说是正确的，但他们没有看到自然界与人和社会的联系，没有在历史发展过程中理解自然界。德国古典哲学看到了 18 世纪唯物主义的这一缺陷，但他们却又走向了另一个极端，从康德开始半遮半掩地把自然纳入“自我意识”的范畴开始，到费希特从“自我”中推出“非我”（自然

① 施密特：《马克思的自然概念》，44 页，北京，商务印书馆，1988。
② 同上书，50～51 页。

界)，再到黑格尔把自然看作“自我意识”运动的某一个环节为止，都试图在自然之外寻找解释自然的答案。所以，虽然德国古典哲学能够用历史的眼光看待自然，尽管自然界运动发展过程的内在联系被揭示出来了，但这个过程和内在联系被放置于某一假想的、虚幻的承载物（费希特称“自我”，黑格尔称“绝对精神”）上。马克思、恩格斯在创立马克思主义哲学自然观时，既接受了18世纪唯物主义力图从世界本身说明世界的观点，又吸收了后者所表现出的历史精神，从而建立起了辩证唯物主义自然观，即在肯定自然界独立于人而存在的客观实在性的前提下来把握自然与人、社会、历史的关系。卢卡奇等人把自然称作为社会范畴，实际上旨在否认自然界的客观性，否认自然界先于人类社会而存在、并构成人类社会的基础，也就是否认自然界的优先性原则。他们把这种关系完全颠倒了过来，不是把自然界看作社会的前提，而是把社会看作自然界的前提，把人的实践看作自然界现实存在的基础。不仅如此，他们还硬要把这种理解强加于马克思。

比如施密特断言，马克思把社会历史过程中归根到底的决定性因素看作人的直接生活的生产和再生产的形式和方式。马克思所说的“自然”，也只是人的实践的要素，是主体自身的东西。马克思“决不是在无中介的客观主义的意义上……来理解这种人之外的实在”①。施密特认为，如果承认离开人的活动而存在的“自在的自然”，就是一种僵化的形而上学自然观。他指责恩格斯的“自然观愈是使自然脱离人的生动的实践，就愈是受到《关于费尔巴哈的提纲》的批判。在恩格斯那里，自然和人不是被首要意义的历史的实践结合起来的，人作为自然过程的进化产物，不过是自然过程的受动的反射镜，而不是作为生产力出现的”②。

实际上施密特对自然界的先在性的否定只不过是对他的老师阿多尔诺、霍克海默的观点的更明确的表述。阿多尔诺指责恩格斯“使得物质、自然界非辩证地成为第一存在”③，他认为真正的“第一存在”应该是主体，主体具有高于客体的普遍性，“决不能离开主体来思考客体，但是可

---

① 施密特：《马克思的自然概念》，14页。

② 同上书，50页。

③ 阿多尔诺：《否定的辩证法》，143页，法兰克福，1974。

以离开客体来思考主体①”。当然，他也声称自己在原则上承认“客体”的存在，甚至承认客体对主体的一定的“首要地位”，但他又对客体作出种种限制，认为客体仅仅是人的对象化了的体力和脑力。所以，在阿多尔诺那里只有一个东西，那就是“主体”。但是阿多尔诺却将此看作对马克思主义的真实理解，并批评恩格斯背离了“马克思的”这一观点。霍克海默选取了与阿多尔诺同样的角度歪曲马克思，然后用歪曲了的马克思来否定恩格斯。在霍克海默看来，马克思坚持客观的东西无非是主观的东西，即异化了的和偶像化了的东西。他公开反对“崇拜所谓客观的物质世界”。他认为真正的唯物主义是包括主体和客体之间相互作用的一个不断发展的过程，而他所理解的“主体和客体的相互作用”实际上仅仅是人通过实践活动把自然界纳入自身，使之成为社会的一部分。与施密特相比，阿多尔诺等人的表述更具有哲学韵味，因为他们是用主体、客体之类的抽象概念来描绘他们的思想，而施密特则把这些还原为自然、人等概念。这样一来，我们倒可以清楚地看到施密特否定自然界的唯心主义思想实质，明白阿多尔诺及其他西方马克思主义者强调主体性原则的目的就在于否定自然界的先在性和客观实在性。既然自然界的客观实在性和先在地位被否定，那么否定自然辩证法也就是顺理成章的事了。

如果说阿多尔诺等人是通过玩弄主体、客体的游戏来歪曲马克思主义的辩证法，那么萨特则是用一种“人学辩证法”来反对自然辩证法，用“总体化”和“可理解性”来规定辩证法。当然，他的“总体化”与卢卡奇的总体性一样是历史现象的总体，无论辩证法讨论的是什么题目，在他看来，总是围绕着对历史现象的总体的理解这一问题而旋转的。脱离了人及其社会，自然界的客观性便是无法理解的，只有在社会历史中，辩证法才是真实的、可理解的，而自然界的辩证法则是不可思议的。他认为马克思在人类思想史上第一次揭示了历史辩证法，“打开历史辩证法的钥匙就是马克思《哲学贫困》中的一句名言：生产关系构成一个整体”②。而辩证法就是总体化的活动，就是理解历史、创造历史的不断发展着的活动。

① 阿多尔诺：《否定的辩证法》，188 页。
② 萨特：《科学和辩证法》，转引《外国哲学资料》，第 1 辑，156 页。

然而萨特的总体化概念与卢卡奇的总体概念又有区别，因为卢卡奇的总体还只是与自然界相对峙的社会整体，而萨特的总体不仅是与自然界相对峙的而且是与社会相对抗的个人，“即人本身，亦即生物学上的个人是一个整体”，而“经济现实或生产事实的总体，最后都依赖于每一个人的人体总体”①。个人就是总体，个人对历史总体的创造、认识和把握就是总体化，就是辩证法。这显然是对辩证法的典型的唯心主义表述。而萨特却总是暗示这种观点是与马克思的思想一致的。所以当他基于这种观点对恩格斯的《自然辩证法》作出批评时，也是以马克思、恩格斯对立论的面目出现的。他认为，由于自然界不具备人及人的创造物——社会历史所具有的“可理解性”，因而自然辩证法是不存在的。如果说自然界有辩证法的话，也只是“由人们导入其中的辩证法”②。自然辩证法只是表明人们是按照辩证法的模子并根据一种构造的假设从外部来构筑一种辩证法。是人赋予自然界的辩证法，那么辩证法的客观性将从何谈起呢？在西方马克思主义中，像萨特这样公然用费希特来理解马克思，否定自然界中的客观规律的做法还是非常典型的。

不过，萨特在否定自然辩证法时做了大量阐述之后所未作的总结却由梅洛-庞蒂代劳了。梅洛-庞蒂说：“的确，恩格斯从黑格尔那里接受了关于自然辩证法的冒险主张。关于自然辩证法是黑格尔遗产中最经不起推敲的部分在此姑且不谈，但自然辩证法如何能够避免唯心主义呢？自然界如果就是自然界，如果是我们之外的存在，人们在自然界里就无法找到构成辩证法所必需的基质。如果自然界是辩证的，那是由于它正是人所感知的、与人类活动密不可分的自然界。”③ 梅洛-庞蒂对恩格斯的批评甚至比萨特还要激烈，他指责恩格斯“把辩证法放进自然”，是“把人的存在方式运进了自然，是不折不扣的魔术”。他说，由于恩格斯“给辩证法加上了一剂自然主义”，而“立即瓦解了辩证法”④。

除此之外，新实证主义的马克思主义和结构主义的马克思主义在否定

---

① 萨特：《科学和辩证法》，转引《外国哲学资料》，第1辑，154页。
② 萨特：《科学和辩证法》，转引《外国哲学资料》，第1辑，158页。
③ 梅洛-庞蒂：《意识和无意识》，274页，埃文斯顿，1964。
④ 梅洛-庞蒂：《辩证法的历险》，387页，伦敦，1974。

唯物辩证法时，则是采取割断唯物辩证法与以往任何思想之间的联系的手法。德拉・沃尔佩认为，黑格尔的方法是和唯心主义体系不可分割地联系着的，所以不能像恩格斯在《费尔巴哈论》中所说的那样，去拒绝黑格尔的唯心主义体系，拯救其辩证方法。在他看来，马克思的辩证方法与黑格尔的辩证方法根本不同、毫无关系，因为马克思的科学辩证法是用特殊的确定的抽象来反对唯心主义的一般的不确定的抽象，它只是实验方法，是现代的实验科学的唯物主义逻辑，它的符号是“具体—抽象—具体的循环”。所以，德拉・沃尔佩的学生科莱蒂能够断言：因为恩格斯而致使马克思主义在理论上承担了几乎一个世纪的错误，这就是从黑格尔那里抄袭了物质辩证法。科莱蒂指责恩格斯的《自然辩证法》一书的百分之九十是向黑格尔所自创的、浪漫主义的自然哲学作了绝望的让步，是由粗糙的实证主义和进化论题拼凑而成的。与马克思著作的每一页都表现出的严谨而全面不同，恩格斯的著作则有着庸俗化的倾向。

阿尔都塞在这一问题上有着与德拉・沃尔佩学派相近的观点。他认为，绝不能设想，黑格尔的思想体系不曾把其辩证法玷污，也不能设想辩证法可能藏在黑格尔的体系里面，如同一个内核藏在它的外壳之中一样。阿尔都塞认为，为了解放辩证法，只剥除第一层外壳——黑格尔的体系是不够的，还必须也剥除附在它身上的第二层外壳，而第二层外壳就是黑格尔辩证法本身。马克思是用自己的辩证法的合理的形式同黑格尔的辩证法的神秘形式相对立的，而恩格斯则是在注释黑格尔，为黑格尔提供自然科学的材料的证明，所以，马克思所代表的辩证法是与恩格斯所注释的辩证法根本不同的。

绝大多数西方马克思主义者是从主观主义的立场出发来篡改马克思的辩证法思想和指责自然辩证法的，几乎所有想挤进卢卡奇的信奉者的行列的学者都迫不及待地表明他们对自然辩证法的否定态度。布洛赫认为，辩证法本身，在人类所创造的世界中就是客体、主体的关系，此外无它。列斐弗尔说，对于改变“客观性”具有构造作用的人类实践，是马克思主义辩证法的拱心石，所以不应到自然中，而应到实践中，到人与自然界的关系中去寻找辩证法的基础。南斯拉夫“实践派”指责恩格斯在自己的晚期著作中没有沿着马克思早期的这些分析继续前进，而是追随黑格尔的观点。弗兰尼茨基就认为，辩证法的原理和规律“是黑格尔确定的，而马克思则把它们运用来具体分析资产阶级社会。但是，尽管系统地和综合地探讨这个问题并不是恩格斯的本来意图，不过他这样处理却同时包含着一个很大的缺陷，因为这里没有看到人类历史的重要尺度，没有看到历史状况和人类历史实践的复杂性，而辩证法的问题只有从人类的历史实践中才获得自己的全部意义和说明”①。波兰哲学家科拉科夫斯基则批评恩格斯根据当时的自然科学的发现，创造了一种对自然科学和社会科学都适用的基本方法，并把社会科学当作自然科学的延伸，去揭示适用于一切研究领域的辩证规律。他认为，在辩证法问题上，马克思所注重的是主观辩证法，而恩格斯则强调客观辩证法。马克思认为辩证法是主体和客体间的相互作用，这种相互作用最终导致主客体的统一，而恩格斯根据当时的科学和数学得出的哲学结论现在都已过时了。

总之，在西方马克思主义者眼中，只是恩格斯把自然界的规律本身说成辩证的，而马克思本人从来没有这样做过。似乎对于马克思来说，辩证法不是存在于自然界本身，而是存在于人和自然界的相互关系中。应当注意的是这个自然界并非本来意义上的自然界，而是作为社会范畴的社会存在，是属人的，人与自然界的联系也就是人与人自身的联系。而辩证法就是存在于这种联系或相互关系中，离开这种关系就没有辩证法。他们认为，恩格斯由于没有把辩证法放在特定的社会历史领域中、放在人与自身的关系中考察，而犯了把辩证法的观念放置到客观的自然界之中、作为自然界的客观规律的错误，这种错误是与马克思的思想毫无联系的，甚至是与马克思的思想完全对立的。

事实上，马克思同恩格斯一样，从来都是坚定地相信自然辩证法的客观存在，并力图去揭示它。自从写作《1844 年经济学哲学手稿》起，在马克思长达 40 年的理论研究中，始终把物质自然界的辩证发展作为确定的前提。正如我们上面多次强调指出的，在创立马克思主义的过程中，马克思、恩格斯之间存在着分工这一不可否认的事实，马克思一生着力于社会历史和经济学的研究，因此，他对历史辩证法有较多的论述。然而，论

① 弗兰尼茨基：《马克思主义史》，第 1 卷，254 页。

述历史辩证法并不意味着否定自然辩证法。事实证明，马克思在许多地方都表述了对自然辩证法的肯定意见。1869 年 6 月 22 日，马克思在给恩格斯的信中明确表示，辩证法的规律在自然界和社会中都是存在着的，特别指出，质量互变规律在历史上和自然科学上是同样有效的规律。另外，马克思还多次试图亲自研究自然科学，阐述他关于自然辩证法的观点。

在辩证法问题上制造马克思和恩格斯的对立，更是主观唯心主义的臆断。列宁就曾经指出，恩格斯在《反杜林论》中关于自然界的论述是“完全以马克思的唯物主义哲学为依据”① 的，认为“马克思一再把自己的世界观叫作辩证唯物主义，恩格斯的《反杜林论》（**马克思读过全部手稿**）阐述的也正是这个世界观”②。恩格斯自己在 1885 年为《反杜林论》写的序言中也说过：“马克思和我，可以说是从德国唯心主义哲学中拯救了自觉的辩证法并且把它转为唯物主义的自然观和历史观的唯一的人。”③ 尤其是在马克思逝世后的十多年中，恩格斯不仅致力于自然辩证法的研究，而且在历史辩证法的领域中作出了突出的贡献。

更值得指出的是，卢卡奇、萨特、布洛赫等西方马克思主义者都非常强调哲学“总体性”的范畴，而实际上他们恰恰不理解总体或整体在马克思主义哲学研究中的意义。他们所理解的总体只是包含着主客体相互作用的社会历史总体，或者，像萨特那样干脆把总体理解成个体。这与马克思、恩格斯把包括自然界和社会历史在内的整个世界及其运动发展过程作为一个系统的整体来看有着本质的区别。

西方马克思主义者在谈论人和自然的关系时，总是对自然范畴作出特定的限制，即把自然说成社会范畴，而自然和社会的另一重关系却被遗忘了，所以他们无法超出社会历史的范围来理解辩证法。而马克思、恩格斯是站在一个相当的高度来把握世界的，因此，他们不仅看到现实生活中属人的、作为社会范畴的自然界，而且看到了独立于人和社会而客观存在着的、并每日每时都可能或正在进入社会和对社会的运动、发展发生着重大

① 《列宁选集》，2 版，第 2 卷，581 页。
② 同上书，252 页。
③ 《马克思恩格斯选集》，1 版，第 3 卷，51 页。

影响的自然界。易言之，马克思、恩格斯不仅超越社会历史，而且超越自然，去阐发对于自然和社会这个统一的大系统普遍适用的辩证规律的。在马克思、恩格斯那里，自然辩证法和历史辩证法是一个统一的整体，虽然它们把握世界的角度不同，但它们共同的一点就是揭示客观世界纷繁复杂的现象背后的必然规律。当然，由于自然辩证法和历史辩证法在研究对象上的不同而各有其特点，但马克思主义者在任何时候都不应以强调它们的特点而割断它们之间的联系，更不应因强调历史辩证法而否认自然辩证法。因为只有当自然辩证法和历史辩证法作为一个整体存在于思想者的头脑中才能保证其唯物主义的性质。离开历史辩证法单纯谈论自然辩证法至多只能是自然进化论，而一旦进入社会历史领域就难以避免唯心主义的纠缠。相反，离开自然辩证法单纯谈论历史辩证法连社会历史的基本特征都难于把握，更不用说去把握世界的本质了。西方马克思主义就是因为抛弃了自然辩证法，片面地谈论主客体的关系而把历史辩证法唯心主义化了。

四、历史辩证法和社会发展观

在人类认识史上，历史领域就如荆棘从生的沼泽地，许多思想家一旦涉猎这一领域就深深地陷入泥潭之中。在他们眼中，历史是一个遮遮掩掩的新嫁娘，其真实面貌总也不愿暴露在人们面前。几乎没有任何一个科学领域会像历史科学中那样存在着那么多主观臆测和远离实际的假设。这完全是因为历史领域的特殊性所使然。因为，历史是人类活动的舞台，历史记载的是人类活动的足迹。所以，人们在历史领域中所看到的只是那些显露在表面的现象，即人的有意识的活动，而那些深藏在历史深处的客观规律却为厚厚的人的意识能动性的甲壳所包裹。只有马克思、恩格斯才剥除了这层厚厚的甲壳，揭示了历史的深层奥秘，创立了真正的历史科学。但是马克思主义的科学历史观却一直无法为那些带有旧哲学偏见的学者、思想家所理解，所以，它所受到的攻击和责难也是空前之多。西方马克思学和西方马克思主义在制造马克思、恩格斯对立时，也没有放过在历史领域里，歪曲和篡改马克思主义。

对于马克思主义来说，承认历史发展背后有一种必然的决定性因素的存在是不言而喻的。但是，在当代西方马克思主义和马克思学中间，决定论一词却荒唐地变成一种包含着贬义的，与官僚主义连在一起的特定用语。它们不仅自己羞于承认自己是决定论者，而且表现出难得的善良用心：努力去把马克思打扮成一个非决定论者，把所谓“唯意志论”者马克思和“决定论”者恩格斯区别开来。认为马克思倾向于道德主义、唯心主义和唯意志论，而恩格斯则倾向于行为主义、唯物主义和决定论。比如，巴列斯特雷姆认为马克思所强调的是行动的个人在历史上的自主性，而恩格斯则大谈其经济过程和规律性。费切尔认为恩格斯过分强调科学决定论的因素，把自然过程与社会过程等同起来，因而破坏了理论和实践的辩证统一，忽视了社会过程中的意识成分。吕贝尔说，马克思的革命历史学说被恩格斯变成由经济结构和阶级对抗所决定的自动历史进程，革命行动与对历史过程的社会经济制约性的认识之间的辩证统一消失了。莱文认为马克思的历史理论把注意力放在实践上，放在人的创造性和能动性上，把人的能动的创造活动看作历史的发源地，而恩格斯则犯了把物质的东西理想化的错误，把形而上学的唯物主义应用于历史领域，把历史看作由决定论的物质力量支配的，宣称只有物质的东西才具有现实性，因而，恩格斯滑进了教条主义。

西方马克思主义者也同西方马克思学家弹奏着同样的曲调，或者也同样地极力用非决定论色彩在虚无的画布上描绘马克思的形象。他们认为马克思《关于费尔巴哈的提纲》的第三条证明了马克思是一个非决定论者，恩格斯则是与马克思对立的决定论者。而事实上只要翻一翻马克思所有探讨社会历史的基本著作就可知道，决定论思想恰恰是马克思本人思想的一个重要方面。

以《资本论》为例。在这部以资本主义社会发展规律为对象的宏伟著作中，马克思不仅揭示了资本主义社会运行的必然规律，指出资本主义生产“以铁的必然性发生作用”，而且从对资本主义社会这一典型形态的分析中获得了对整个人类社会运动的自然历史过程的客观必然性的认识。生产及其在生产过程中形成的主要关系的总和是人类历史赖以进步的决定性基础和全部社会历史的本质所在。马克思说：“从直接生产者身上榨取无酬剩余劳动的独特经济形式，决定着统治和从属的关系，这种关系是直接从生产本身产生的，而又对生产发生决定性的反作用。但是，这种由生产关系本身产生的经济制度的全部结构，以及它的独特的政治结构，都是建立在上述的经济形式上的。任何时候，我们总是要在生产条件的所有者同直接生产者的直接关系——这种关系的任何形式总是自然地同劳动方式和劳动社会生产力的一定的发展阶段相适应——当中，为整个社会结构，从而也为主权和依附关系的政治形式，总之，为任何当时的独特的国家形式，找出最深的秘密，找出隐蔽的基础。”① 如果把这种关系放在动态的历史过程中看，那么，马克思则“把社会运动看作受一定规律支配的自然历史过程，这些规律不仅不以人的意志、意识和意图为转移，反而决定人的意志、意识和意图”②。

无须更多的引证，就这些随手从《资本论》中摘下的论断已足以说明马克思是一个决定论者。当然，西方马克思主义者和马克思学家会说，马克思在《资本论》中所表现出的决定论思想只适应于他所分析的资本主义社会。这样又大错特错了，因为《资本论》所使用的方法表明了马克思的这部著作虽然是以资本主义社会作为其分析的对象，但在分析这一社会时所阐发出的基本原理是对一切社会形态都普遍适用的。对于马克思的理论研究来说，分析资本主义只是他的出发点，也正是从这点出发，马克思才能够站在历史发展的峰巅俯视整个历史，找到解开全部历史之谜的钥匙，揭示历史的必然性。

当然，马克思的决定论与以往哲学思想中的决定论有着本质的区别。以往的决定论是一种消极无为的“直观”的片面的决定论，这种决定论根本不承认什么偶然因素，根本看不到社会历史中能动性的一面，这种决定论必然导致宿命论。所以马克思在《关于费尔巴哈的提纲》的第三条中要清算这种决定论。马克思说：“有一种唯物主义学说，认为人是环境和教育的产物，因而认为改变了的人是另一种环境和改变了的教育的产物——这种学说忘记了：环境正是由人来改变的，而教育者本人一定是受教育的。因此，这种学说必然会把社会分成两部分，其中一部分高出于社会之上。”接着马克思又指出：“环境的改变和人的活动的一致，只能被看作是

① 《马克思恩格斯全集》，中文1版，第25卷，891～892页，北京，人民出版社，1974。
② 《马克思恩格斯全集》，中文1版，第23卷，20页。

并合理地理解为**革命的实践**。”① 显然，马克思所批判的是那种必然要把社会分成两个部分的不彻底的决定论，而马克思自己的决定论则通过“革命的实践”而获得理解，因为，社会历史中也同样存在着基本的决定因素，这种决定因素隐藏在“革命的实践”之中，又同时借助于“革命的实践”而表现出来。西方马克思主义者和马克思学家总以为马克思的警句式的论断可以成为非“决定论者马克思”的证明，然而，恰恰相反，“革命的实践”必然首先是物质的实践，在社会历史中，“革命的实践”必然要以生产的形式表现出来，也就是说表现为生产和生产中形成的生产关系。“革命的实践”无论何时都不可能是单个人的、抽象能动性的表现，只有在社会历史中能动地改造客观世界的活动才能称作实践，而且是“革命的”实践。西方马克思主义者和马克思学家在理解马克思时总是从“个人的”角度出发，在他们那里实践就成了抽象能动性的表现，成了意志的体现，所以他们把马克思说成唯意志论者、非决定论者，就不奇怪了。

西方马克思主义者和马克思学家否认马克思主义哲学的决定论主要是受 19 世纪后期以来的非决定论思潮的影响。自从狄尔泰宣布认识社会只能借助于直观内省而不能利用因果必然范畴以来，文德尔班、李凯尔特、克罗齐等人纷纷指责决定论，认为以必然性规范历史是源于牛顿的 19 世纪流行的偏见。美国历史学家阿伦·尼文斯则断言：把历史事件视为必然结果的历史理论是对复杂历史的逻辑简化和洗涤，因而都“低估了运气或意外在历史中所占的重要地位”，而事实上，“不测的疾病、气候的改变、一封文件的丧失、一个男人或女人突然间所产生的一个狂念——这些都曾经改变过历史的面貌”②。因此，克罗齐认为，历史研究的出路就在于“放弃决定论，就是超越自然及其原因。就是主张一种与历来采取的方法相反的方法——就是说，放弃原因的范畴而另取一种范畴，那另一种范畴只能是目的范畴，这是一种外在的和超验的目的，是与原因相应的、相似的反面。寻求超验的目的就是‘历史哲学’”③。在这种思潮的推动

① 《马克思恩格斯选集》，1 版，第 1 卷，17 页。
② 《现代西方史学流派文选》，282 页，上海，上海人民出版社，1982。
③ 克罗齐：《历史学的理论和实际》，49 页，北京，商务印书馆，1982。

下，西方马克思主义者自从卢卡奇开始就放弃了对以经济为基础的历史必然性的探寻，而致力于在可能性和偶然性中注释社会历史。他们要打倒一切“生硬”的历史必然性，让历史主体摆脱一切物质的纠缠，清除必然性对自由、实践的阻碍，弘扬主体意识和改变、创造一切的主体性。而当他们以马克思主义者自居时，又不能直接地将他们手里端着的“污水”泼到马克思的头上，所以就把他们自己苦心编织起来的服装披到马克思的身上，让马克思以非决定论的面目出现。

在历史领域对马克思的歪曲，还来自像阿尔都塞那样完全否定历史的发展主体——人在社会结构中有任何地位。他们认为马克思的历史是建立在诸如“社会形态”、“生产力”、“生产关系”、“上层建筑”等一系列概念的基础上的，而人是没有地位的，因为生产方式是与人的概念不相容的。任何生产都是以两个不可分割的要素——劳动过程和生产的社会关系为其特征的。而劳动过程又是一些简单要素的组合，即人的个体活动、劳动对象、劳动工具。这种组合规定了劳动过程的本质特征：劳动过程的条件是物质的、自然的，劳动过程中的生产工具起着占支配地位的决定作用。劳动是“把物质自然改造成产品，因而劳动过程作为一个物质结构是由自然的物理规律和技术所决定的。劳动力也是包含在这种结构中”①。生产关系是生产者之间的关系，但这种关系是以生产者在生产中所采取的物质手段及其物质关系为基础的。因而，“生产的社会关系决不能降低为人与人的关系，降低为仅仅包含在人们之中的关系。……在马克思看来，生产的社会关系并不单独把人带到舞台上来，而是把按特殊方式‘结合’起来的生产过程的当事者和生产过程的物质条件带上舞台”②。根据阿尔都塞的观点，社会是按照这种结构结合起来的，而历史只是这种结构的运行或延伸而已。因而人的能动性、实践的目的性、历史的偶然性完全不见了。在这个意义上理解马克思不仅不是马克思本人，而是马克思在《关于费尔巴哈的提纲》中所批判的旧唯物主义哲学。

在西方马克思主义者和马克思学家中间，对马克思的歪曲的主要目的

---

① 阿尔都塞：《阅读〈资本论〉》，171页，伦敦，1967。

② 同上书，174页。

在于反对恩格斯。按照他们的看法，恩格斯不仅是一个决定论者，而且是一个片面的“经济决定论者”。约翰·特耐说，恩格斯“显然特别强调经济的决定作用，甚至把人种本身也看作一种经济因素，从而明显地突出经济因素的观念。赋予了人类历史决定论的意义，认为人类历史经历同样的发展阶段，而对于经济条件之外的其他诸种因素却置若罔闻”①。的确，自从写作《德意志意识形态》以来，马克思和恩格斯一再申明他们的共同见解，那就是在现存的生产关系之下，社会过程与自然过程非常相似，许多表面上看来是偶然的事件，实际上是由经济过程规律所制约的某种秩序来决定的。社会活动的主体往往并没有真正自觉地意识到他们自己或他们行动的价值，他们所完成的工作是非自觉的结果。这种思想在马克思的《〈政治经济学批判〉序言》中表述得非常明确，在这方面，恩格斯与马克思完全是一致的。另外一个方面，对“经济条件之外的其他诸种因素置若罔闻”的不仅不是恩格斯，相反，恰恰是恩格斯在后期的著述中特别强调应重视社会生活中多种因素的综合的相互作用。

在针对巴尔特曲解历史唯物主义，把历史唯物主义说成“经济派唯物主义”，说它只承认经济因素起作用，而社会生活的其他多种多样的内容都不过是单纯的结果时，恩格斯就指出：“虽然物质生活条件是原始的起因，但是这并不排斥思想领域也反过来对这些物质条件起作用。”② 在恩格斯看来，历史的现象并不像巴尔特所认为的那样是各种孤立因素的总和，而是各种现象都作为统一的社会机体的一部分存在着，它们相互作用，彼此发生影响，但归根到底又都无一例外地以物质生活关系的发展为最终的基础。为了理解整个社会生活，光找出经济原因是远远不够的。马克思主义只是归根到底把经济关系视为社会历史的决定性基础，而绝不是把一切历史现象都径直地、简单地归结于经济关系，更不是否认政治等上层建筑对经济基础的反作用。因此，恩格斯说：“如果巴尔特认为我们否认经济运动的政治等等反映对这个运动本身的任何反作用，那他就简直是跟风车作

① 约翰·特耐：《对卡尔·马克思的挑战》，220～221页，纽约，1941。

② 《马克思恩格斯全集》，中文1版，第37卷，431～432页，北京，人民出版社，1971。

斗争了。”① 他还指出，所有这些先生缺少的东西就是辩证法。他们总是只在这里看到原因，在那里看到结果。他们从来看不到：这是一种空洞的抽象，这种形而上学的两极对立在现实世界中只是在危机时期才有，而整个的历史发展是在相互作用的形式中进行的。虽然各种互相作用的力量很不平衡，其中经济运动是更有力得多的、最原始的、最有决定性的力量。

同样，当恩斯特把历史唯物主义庸俗化为机械决定论时，恩格斯也给予了尖锐的批评：“在那里他直截了当地重复他从形而上学者杜林那里学来的荒谬论断，说什么在马克思那里历史是完全自动地形成的，丝毫没有（正是创造历史的）人的参与，并且说什么经济关系（但是它们本身就是人创造的！）就像玩弄棋子一样地玩弄这些人。这个人竟能把杜林这样的敌人对马克思理论所作的歪曲同这个理论本身混为一谈。”② 恩格斯所强调的是在历史研究中必须注重“研究全部历史，必须详细研究各种社会形态存在的条件，然后设法从这些条件中找出相应的政治、私法、美学、哲学、宗教等等的观点”③。

可见，恩格斯十分重视经济关系与政治、法律等上层建筑以及思想意识的“交互作用”。他不仅批判了那种不承认政治有相对独立性和经济是有归根到底起作用的观点，而且也自我批判地承认了他和马克思在创立唯物史观过程中理论阐释的缺陷，即着重说明经济因素的作用，忽视了对上层建筑和意识形态作用的论述。他强调指出，必须辩证地、全面地理解社会发展中各因素之间的交互作用，不能忽视其中的任何一个因素，也不能夸大或缩小某一因素的作用，而要很好地把握住它们之间的平衡关系。

无疑，恩格斯是一个决定论者。但西方马克思主义者和马克思学家一定要把恩格斯说成一个“经济决定论者”，说恩格斯套用自然科学中支配物质界的那种必然性来探索社会科学中同样的必然性，这只能说明他们对恩格斯的著述和思想的歪曲和无知。

是否承认历史规律的客观必然性，或者说是否是决定论者，对历史发展

① 《马克思恩格斯全集》，中文1版，第37卷，490页。
② 《马克思恩格斯全集》，中文1版，第22卷，97～98页，北京，人民出版社，1965。
③ 《马克思恩格斯全集》，中文1版，第37卷，432页。

的看法是完全不同的。非决定论者的历史发展观所强调的是历史中的偶然因素和随机性，而决定论历史观则把历史的发展看作客观必然的进程。马克思主义的历史观是辩证的决定论，所以它在肯定历史发展的客观必然趋势的同时，又承认历史发展过程中所表现出来的复杂情况，也就是说，马克思主义的社会历史发展观是辩证的发展观，它承认历史过程中主观性与客观性的统一，必然性与偶然性的统一，以及历史发展道路的单一性与多样性的统一。

然而，西方马克思主义者和马克思学家却在单一性与多样性问题上又制造马克思和恩格斯的对立。在他们看来，马克思不承认有一种可以预先知道的、单线性的、分阶段发展的历史，而恩格斯则是教条式地坚持单线发展论。莱文就认为，根据马克思的观点，历史过程不是单线的和不发展的，而是多线的和发展的。如马克思在世界历史上区分四种主要类型的方式：亚细亚的、希腊罗马的、日耳曼的和资本主义的，而在这四个类型的关系内部，又有许多小的类型。他说马克思认为必须注意到每个社会的个性和独特性。马克思的发展理论不是把重点放在时间的先后顺序上，或者放在历史的必然性上，而是放在社会结构内部的变化上。而恩格斯则设想人类历史无论在任何地方，都要随着经济的发展，沿着单线的发展路线，依次通过原始社会、奴隶社会、封建社会、资本主义社会，最后发展到共产主义社会。因此，莱文说马克思的社会发展观是解剖式的，而恩格斯的观点则被指责为是物理学式的。

英国人类学家莫里斯·布洛克说，马克思认为，“进化的路线未必就只有一条。关于这一点，我们已在《人类学笔记》中看到了。……如果我们把注意力仅仅局限于《家庭、私有制和国家的起源》，则这种灵活性就显得极其晦暗。在书中，恩格斯或多或少告诉我们：那种被揭示出来的进化法则不可能被新的发现所改变。他向我们提供的仍是一种极其严格的直线进化理论”①。恩格斯为“社会的进化提供了一条单一、固定的路线”，而马克思却不这样。② 所以布洛克批评恩格斯把马克思简单化了，说在恩格斯那里，“人类历史在极大程度上被看成自然史的继续发展，从而受制

① 莫里斯·布洛克：《马克思主义与人类学》，107 页，北京，华夏出版社，1989。
② 参见上书，108 页。

于进化的生物学原则和自然选择原则”①。

美国人类学家劳伦斯·克拉德也认为“马克思鉴于古罗马人和犹太人中家族进化的不同形式，首先批判社会的单线发展。这种批判无论在恩格斯那里，或在跟着他的柯瓦列夫斯基那里都找不到”，“恩格斯认为，国家的起源无须依靠征服或被征服这样的外部因素就能探明……马克思指出，排除征服的因素作为国家形成的一种理论上的可能性是简单化的做法……”②

杜纳伊夫斯卡娅认为：“马克思和恩格斯对待摩尔根的态度不同，一个采取批判的态度，另一个则采取不加批判的态度。他们从摩尔根的著作中得出的结论也不相同，以一个时期向另一个时期过渡的问题为例，马克思指出，在一个过渡时期内，人们认为正在出现的两重性表明各种对抗的开始；而恩格斯却始终感到只有在一个一个过渡时期的末尾才有对抗，好像阶级社会要到公社形式被摧毁、私有制建立起来以后才差不多达到全盛状态。恩格斯认为历史是直线发展，马克思却认为是辩证地从一个阶段发展到另一个阶段，指出有各种道路从原始公社通向一个不同的世界。”③

无论是把马克思说成“多线论”者，还是把恩格斯说成“单线论”者，都是对马克思、恩格斯的社会历史观的严重歪曲。因为在马克思和恩格斯的著述中根本不存在什么“单线”或“多线”的问题。“单线论”和“多线论”所关心的只是表现在世界历史表层的社会形态以何种方式更替的问题，所以这两个提法本身就带有形而上学的非此即彼的色彩。马克思、恩格斯的社会历史发展观要求把社会形态的更替放在世界历史发展的一般规律的基础上考察。当马克思、恩格斯揭示出世界历史发展的一般规律时，也就同时把握了各个国家和民族发展的特殊性和多样性。各个国家和民族发展的特殊规律是世界历史发展一般规律的前提，世界历史发展的一般规律寓于这些特殊规律之中。所以，人类社会发展的历史是单一性和多样性的辩证统一。就世界历史发展的总轮廓来说，表现为单一性，而这

---

① 莫里斯·布洛克：《马克思主义与人类学》，109页。

② 劳伦斯·克拉德：《作为人类学家的马克思》，载纽约《科学院学报》，第2类第35卷第4期。

③ R. 杜纳伊夫斯卡娅：《马克思的“新人道主义”和原始社会及现代社会中妇女解放的辩证法》，载英国《国际实践》杂志，1984（1）。

种单一性一旦体现在不同国家和民族之中，以其特殊方式表现出来就会产生很大的区别和不同，就会表现为多样性。

在马克思、恩格斯的著作中，对历史发展阶段的划分在表述上是有区别的，在《〈政治经济学批判〉序言》中，马克思把整个世界历史划分为“亚细亚的、古代的、封建的和现代资产阶级的生产方式”。在《1857—1858年经济学手稿》中，马克思依据社会生产力的发展程度，把人类历史发展划分为三个跨度更大的阶段，即以自然经济为主导的前资本主义各种形态、以资本主义为典型和主体的商品经济占主导地位的社会和未来的以公有制经济为主导的共产主义社会。这两种划分实际上是与人类社会依次表现为原始社会、奴隶社会、封建社会、资本主义社会和共产主义社会的五大阶段的划分是一致的。从马克思主义发展史来看，随着马克思、恩格斯对人类社会历史的研究的深入，关于社会形态发展阶段的划分也就越细、越明确。但是，马克思关于社会形态依次更替发展的理论，是在整个世界历史范围内对人类社会发展一般过程的逻辑概括，用他自己的话说是“超历史”的，即不是把这种划分作为某一民族或某一国家历史发展的具体模式，更不因此要求所有民族、所有国家不管其历史环境如何都按照这个模式发展。所以，当马克思开始研究古代社会和东方社会时，便把落后社会机体和欧洲以外的历史发展多样性问题作为一个重要的理论方面突出了出来，并认为俄国以及东方国家可以超越“资本主义制度的卡夫丁峡谷”，或者说大大地缩短资本主义的进程，从封建社会很快地过渡到共产主义社会。

西方学者正是根据马克思关于俄国和东方社会的论断把马克思说成多线论者的。他们就是不理解对具体的社会区域的分析所作出的论断和对整个人类历史的研究作出的一般性结论之间的关系。他们看到了其中的区别，并把这种区别演变成对立，却看不到它们之间的联系。归根到底还是一句老话，“这些先生不懂得辩证法”，他们所“看到的只是白或黑”。实际上马克思晚年对俄国社会的分析丝毫也证明不了他是一个与所谓恩格斯的“单线论”对立的“多线论”者。相反，马克思并未否认俄国社会遵循着人类社会由低级到高级的历史演进过程。他只是依据俄国现实的社会历史条件，设想俄国可能走一条特殊的道路，这条道路不同于西欧，也不是亦步亦趋地按照某种刻板的规则进行的，它有自己的独特性。从中，我们所看到的正是：马克思不按照某种固定的模式去教条地对待俄国社会，而是具体分析俄国的现实，把社会形态理论具体化到对俄国社会的认识之中。这一点与恩格斯一再强调的历史唯物主义只是研究的指南，它不能取代任何具体的研究完全是一致的。马克思正是遵循着这一原则，才使他关于俄国公社的分析成为他的辩证的历史观的一个不可缺少的部分。

而且，在恩格斯的研究工作中，也并非是一味地强调社会历史中的普遍的、一般的方面，当他的研究进入到某一具体的范围内的时候，他从不忽视对这一范围内的特殊性的研究。比如，在《家庭、私有制和国家的起源》中，恩格斯在分析原始状态时就对这一社会形态中的特殊方面给予了充分的注意。他认为在人类社会的这一最初发展阶段里，血缘关系是整个社会结构的基础，即亲属关系是在一切蒙昧民族和野蛮民族中起决定作用的关系，而且这种关系构成人类史前史的内容和成文史的内容上的差别。在论述原始社会向奴隶社会的转化问题时，恩格斯也把氏族内部结构的变化作为一个重要内容加以考虑，他清楚地看到单是物质资料生产水平的提高并不能导致由原始社会向私有制社会的改变，在这个过程中，原始的亲族关系同样起着重要的作用，而且提高生产水平本身也必须和亲族关系这一具体的社会现实结合起来才有可能。这都充分地说明了恩格斯在历史科学的研究中灵活地运用了辩证法，把一般性和特殊性有机地统一在一起。当然，恩格斯的大部分著作注重于哲学的一般理论方面，所以，他所强调的便是现象背后的那些隐藏在深层的一般规律，在他对社会历史的研究中也是如此。然而，并不能因此断定恩格斯是“单线论”者，相反，正是恩格斯对社会历史一般意义上的单一性的揭示和马克思晚年对具体意义上的多样性的分析构成了马克思主义社会历史理论的辩证统一体的全貌。

第七章 “第三个马克思”的发现：最后的手稿

20世纪30年代，马克思《1844年经济学哲学手稿》的发表，在西方学术界引起了关于“两个马克思”——“青年马克思”和“老年马克思”的争论。20世纪70年代马克思晚年《人类学笔记》发表后，西方一些学者又宣称发现了“第三个马克思”——一个文化人类学家的马克思，一个结束了对资本主义批判的总题目而转向对行将毁灭的人类古老文明的“崇高”进行讴歌的晚年马克思。① 究竟存不存在这“第三个马克思”，这是当代马克思主义研究领域中激烈争论的一个重要问题。

一、“第三个马克思”的虚构

西方学者虚构“第三个马克思”，主要依据的是马克思晚年《人类学笔记》，它反映了西方学者企图用人本主义来解释马克思主义的思想倾向。实际上西方学术界早已这样做了，但在过去，他们只能以马克思的早期著作为基点，从中寻找可以把马克思描绘成“人本主义者”或“人类学家”的依据。为了达到把马克思人本主义化的目的，他们采取把“青年马克思”和“成熟马克思”对立起来，把马克思和恩格斯对立起来的手法。但是，这种做法即使在西方学术界内部也引起了怀疑和争议。所以，西方学者无时不在寻求能够使人相信他们的谎言的新途径。马克思晚年《人类学笔记》的发表似乎正满足了他们的这种需要。但是，《人类学笔记》真的

---

① 参见T.博特摩尔：《马克思主义思想辞典》，23～24页，伦敦，1983。

为西方学者把马克思人本主义化提供了新的依据吗？

马克思晚年《人类学笔记》主要包括他在1879—1882年阅读柯瓦列夫斯基、摩尔根等的人类学著作时所做的笔记和摘要。[①] 它是由大段的摘录和马克思对一些新思想的片断表述所组成的。1972年，美国著名人类学家劳伦斯·克拉德以《卡尔·马克思的民族学笔记》为名，第一个编纂出版了马克思晚年《人类学笔记》中的四个核心笔记（关于摩尔根、拉伯克、梅恩和菲尔的笔记）。毫无疑问，克拉德为马克思思想研究做了一件很有意义的工作，但由此而引起的争论却远远超出了晚年《人类学笔记》的范围。

克拉德在《卡尔·马克思的民族学笔记》和《亚细亚生产方式》两书的长篇序言，以及《作为民族学家的马克思》等著作中，认为马克思晚期研究人类学是在更高基础上回复到早期以《1844年经济学哲学手稿》为代表的哲学人本学。他把马克思一生的哲学探索归纳为从早期的哲学人类学到晚期的经验人类学的转变。他的弟子西里尔·勒维特在《马克思的人类学和进化问题》一文中，对其观点作了详细的阐述，认为马克思晚年《人类学笔记》是对马克思早期哲学人本学的重大突破和发展。

马克思在体衰多病的晚年，耗费大量的时间和精力去研究欧美人类学家的人类学著作，真的是向早期以《1844年经济学哲学手稿》为代表的哲学人本学的复归吗？回答是否定的。

诚然，人的问题是唯物史观的一个极其重要的理论问题，作为唯物史观创始人的马克思不仅在创立新哲学的过程中，而且在以后对它进一步的发展中，都始终关注着这个问题，自然它也是马克思晚年《人类学笔记》中的一个重要理论问题，但不能由此而得出《人类学笔记》是向早期人本学复归的结论。

不错，在马克思早期思想发展中，人的问题占有突出重要的地位，青年马克思对人的本质、人与自然、人与社会的关系曾作了认真的探讨。但

---

① 被称为《人类学笔记》的，通常指的是：《马·柯瓦列夫斯基〈公社土地占有制，其解体的原因、进程和结果〉一书摘要》、《路易斯·亨·摩尔根〈古代社会〉一书摘要》、《亨利·萨姆纳·梅恩〈古代法制史讲演录〉一书摘要》、《约·拉伯克〈文明的起源和人的原始状态〉一书摘要》和《约·布·菲尔〈印度和锡兰的雅利安人村社〉一书摘要》。

是，即使在十分强调人的重要性时，青年马克思对于人的看法也与以费尔巴哈为代表的抽象人本主义有重大区别。《1844 年经济学哲学手稿》被西方学者看作集中反映马克思人本主义思想的著作，但在这部著作中，其实就交织着从人的本质出发的思辨逻辑和以经济事实为出发点的科学逻辑。马克思这时虽然还没有自觉意识到自己的思想与费尔巴哈人本主义的差异，但实际上他已开始从社会生产劳动出发来研究人，研究社会。在后来的《神圣家族》、《德意志意识形态》和《关于费尔巴哈的提纲》中，马克思继续沿着这条思路探讨人，得出了人的本质是一切社会关系总和的科学结论。所以，把青年马克思归结为人本学的马克思是违背历史事实的。

如果说《1844 年经济学哲学手稿》由于尚未完全摆脱费尔巴哈的影响，还带有抽象人本主义的痕迹，因而为西方学者杜撰“人道主义的马克思”提供口实的话，那么，把马克思晚年《人类学笔记》也说成人本主义的著作则是蓄意歪曲。因为《人类学笔记》研究的对象不是人，而是社会，特别是史前社会和东方社会，是对唯物史观关于史前社会的本质、结构、动力以及人类社会发展道路等重要原理的完善和深化。在《1844 年经济学哲学手稿》中，包含着把人类社会的历史看作人的本质的异化和复归的历史，而在《人类学笔记》中，马克思则用物质生产的发展来说明社会历史的发展，认为社会财富的增长将导致以财富为唯一的最终目的那个历程，即资本主义的终结，因为这一历程包含着自我消灭的因素，在此基础上将建立起更高级的社会制度，即社会主义和共产主义制度。① 马克思还结合原始社会的瓦解，深刻地说明了人的个性的发展是受经济条件制约的，而不是人的本质的要求和自我实现。马克思在《人类学笔记》中，并没有抽象地谈论人的本性，而是把人性和阶级性联系起来，认为在阶级社会中，人的“个性本身就是阶级的个性”②。

西方学者也承认晚年马克思的思想体现出他在认识论与方法论上的“转折”③，但遗憾的是，他们没有客观公正地评价这种“转折”，而是简

---

① 参见《马克思恩格斯全集》，中文 1 版，第 45 卷，398 页，北京，人民出版社，1985。

② 同上书，647 页。

③ 参见劳伦斯·克拉德：《卡尔·马克思的民族学笔记》，见《马列主义研究资料》，1985 年第 1 辑，198～199 页。

单地把它归结为从哲学人类学到经验人类学的转变，这样就可以达到用人道主义来肢解马克思的目的了。

西方学者把晚年马克思人本主义化的另一个“论据”是：晚年马克思是一个怀古恋旧的浪漫主义者，而不再是一个无产阶级革命家。以制造马克思和恩格斯“对立”而著称于世的美国当代学者莱文认为，1853年马克思开始研究东方社会历史和人类学以后，就逐渐对经济学失去兴趣，到了后半生，马克思的兴趣完全集中在原始社会形式崩溃的问题上。这样，马克思就完全结束了对资本主义的批判和对19世纪西欧经济学和经济发展史的研究，成了礼赞原始社会而鄙视现代社会的怀旧思想家。① 美国另一位研究马克思晚期思想的学者唐纳德·凯利也认为，马克思从1879年到1883年逝世为止，研究并发展了他的人类学观点，从阶级斗争问题转到新人类学本身所研究的问题。晚年马克思最引人注目的是，他似乎正在超越只局限于经济学和阶级分析的历史唯物主义思想。凯利由此得出结论说：“马克思是他自己的第一个修正主义者。”②

事实果真如此吗？不是。历史告诉我们，革命是马克思终生不懈的追求。恩格斯就曾说过：“马克思首先是一个革命家。以某种方式参加推翻资本主义社会及其所建立的国家制度的事业……这实际上就是他毕生的使命。”③ 马克思曾满怀激情地参加过欧洲革命，他高度评价了19世纪50、60年代东方各国的觉醒，他在《资本论》中以笔作锤，敲响了资本主义的丧钟。即使到了晚年，马克思仍关心着无产阶级的革命事业。就在1881年，马克思逝世的前两年，他在给女儿燕妮的一封信中写道：“他们（指马克思的外孙马塞尔·龙格——引者注）面临着人类未曾经历过的最革命的时期。”④ 马克思晚年研究人类学的一个重要动机就是要为无产阶级革命提供理论指导。

1871年巴黎公社失败以后，世界历史进入了新的时代，“西方的资产

---

① 参见诺曼·莱文：《辩证唯物主义和俄国村社》，见《国外社会科学动态》，1985年第7期，8页。

② 唐纳德·凯利：《晚年马克思的人类学思想》，载《思想史杂志》，1984年4—6月号。

③ 《马克思恩格斯选集》，1版，第3卷，575页。

④ 《马克思恩格斯全集》，中文1版，第35卷，179页。

阶级革命已经结束了。东方还没有成熟到实现这种革命的程度”①。西欧的资本主义在和平发展时期，加紧了对东方国家的掠夺和侵略，成熟的资本主义生产关系和东方古老的非资本主义生产关系互相接触后，发生了矛盾和对抗，世界历史进程正在加速发展。其结局将不仅决定着这些古老民族自己的命运，而且也决定着它们是否能够“反转过来影响欧洲”，即在很大程度上也决定着欧洲革命的命运。马克思客观而具体地对东方这些相当特殊的社会形态的历史和现状进行考察，正是为新的革命到来作理论准备。即使在研究摩尔根的古代社会学说时，马克思也明确注意到了这种研究的现实意义。马克思认为，摩尔根的著作有助于对资本主义历史的暂时性，以及整个人类社会通向共产主义的客观必然性的认识。

从巴黎公社革命失败的经验教训看，农民同盟军的问题被突出地提了出来。早在 19 世纪中叶，马克思就根据 1848 年欧洲各国，特别是法国革命的经验，阐明了工农联盟的重要性：无产阶级如果建立了工农联盟，就会成为无产阶级革命的一种合唱，否则就不免要变成孤鸿哀鸣。巴黎公社的革命实践不仅证实了马克思这一思想的正确性，而且在更深的层次上提出了世界无产阶级的同盟军问题。巴黎公社革命遭到法国和普鲁士资产阶级联合镇压的事实说明，无产阶级的同盟军不能仅从一国考虑，而必须从世界范围的政治格局来考察。

自资本主义出现以来，由于生产力的发展，一切国家的生产和消费都成了世界性的。正如资本主义使农村从属于城市一样，它也使未开化和半开化的国家从属于开化的国家，使农民的民族从属于资本主义的民族，使东方古老的帝国从属于西方的资本主义列强。到了 19 世纪下半叶，西方发达资本主义国家同东方各国的关系问题，实际上成为世界范围内资产阶级和农民的关系问题。这样，如何从世界范围内解决无产阶级同盟军问题，就成为晚年马克思面临的一个重要课题。

马克思在晚年不仅对欧洲无产阶级革命的经验教训进行总结，而且对东方发生革命的可能性给予了极大关注。

19 世纪 70 年代以后，东方社会在资本主义的不断侵蚀下，各种社会

---

① 《列宁选集》，2 版，第 2 卷，438 页。

矛盾不断激化，革命危机时时都会产生。在世界历史发展的总背景下，马克思着重研究了俄国爆发革命的可能性。1877 年 9 月，马克思在给左尔格的信中指出："这次危机是欧洲历史的**一个新的转折点**。俄国——我曾经根据非官方的和官方的**俄文**原始材料……研究过它的情况——早已站在变革的门前，为此所必需的一切因素都已成熟了。……这一次，革命将从一向是反革命安然无恙的堡垒和后备军的东方开始。"① 马克思晚年并不是一个充满怀旧情绪的抽象人道主义者，他对无产阶级革命的热情一点也没有减弱。所不同的是，马克思把视线投向东方。

马克思在晚年探讨了资本主义世界的经济危机，认为非资本主义的俄国将有首先爆发革命的可能性。这无疑是一个崭新的论断，它不仅揭示出世界历史发展的新趋势，同时也反映出马克思思想的巨大变化。马克思以往注意的中心一向是英、法等先进的资本主义国家，现在却转向了落后的非资本主义国家——俄国；过去马克思认为只有西方资本主义国家的无产阶级联合行动，才能够取得社会主义革命的胜利，现在却认为俄国及东方能首先爆发革命；过去马克思主要研究的是资本主义生产方式及其相应的生产关系和交换关系，现在又增加了对非资本主义国家土地所有制关系的研究。西方学者无视这些客观事实，主观武断地否定晚年马克思对无产阶级革命的关注，目的仍在把马克思人本主义化。

马克思不仅探讨了俄国及东方无产阶级革命的可能性，而且提出了如何把马克思主义与俄国及东方各国实际相结合的重大时代课题。在当时的历史条件下，马克思主义在俄国及东方的传播面临着困难：在保存着许多古代社会痕迹，特别是在保存着公社土地所有制和宗法制度的俄国及东方国家中，一些人不理解历史唯物主义的基本精神，不顾东方社会历史条件的特殊性，机械地对待马克思主义的社会发展学说，用自己的主观臆想来比附科学的共产主义。这种错误又可分为两类：一类是俄国的泛斯拉夫主义者和民粹派空想社会主义者，他们认为村社是社会主义的生长点，俄国农民具有天生的社会主义本能，幻想在不要无产阶级、不要物质条件的情况下，复活农村公社，以为这样就可以不经过资本主义而进入社会主义和

① 《马克思恩格斯全集》，中文 1 版，第 34 卷，275 页，北京，人民出版社，1972。

共产主义。另一类是资产阶级自由派思想家，他们无视东西方历史条件的差异，认为俄国农村公社的瓦解像西欧的情况那样，是自然趋势，俄国走资本主义道路同样是历史的必然。从表面看，两派观点存有分歧，但实际上貌离神合：都把马克思关于西方资本主义起源和发展的理论当作可以适用于一切历史时代的抽象历史哲学。

马克思在1881年3月给俄国女革命家查苏里奇的回信中明确声明，他关于资本主义产生历史必然性的理论“明确地限于欧洲各国”，这就是说，观察和分析那些保存着各种古老社会关系的民族的历史命运，必须结合当地的历史和现状才能作出判断。这就解决了如何把马克思主义运用于俄国及广大东方落后国家和地区的方法论问题。由此可见，马克思晚年的兴趣怎么会是完全集中在原始公社形式的崩溃问题上，怎么会超越了阶级分析和阶级斗争的理论，埋头于新人类学的探索呢?

晚年马克思既没有放弃对无产阶级革命理论的探讨，也没有放弃对经济学的研究。就以《资本论》的创作而言，马克思在晚年转向对人类学研究之后，并没有置《资本论》的创作于不顾。1867年9月，《资本论》第1卷出版以后，马克思抓住一切可以利用的时间继续研究和写作以后各卷，并准备出版新版本。根据史料记载，1879年11月下半月—12月，“马克思写作《资本论》第二卷和第三卷，研究了土地关系史料”①；1880年10月—1881年3月，“马克思继续写《资本论》第二卷和第三卷，研究了大量官方文件（蓝皮书）和关于美国经济发展的文献”②；1882年10月30日—1883年1月12日，“马克思住在文特诺尔。他在从事《资本论》第一卷德文第三版的准备工作”③。可见，马克思直到生命的最后时刻，也没有放弃对资本主义的批判，没有放弃对经济学的研究。即使马克思研读欧美人类学家的著作，做《人类学笔记》，也并不完全与《资本论》无干。恩格斯对此作过说明，他说：“马克思研究任何事物时都考察它的历史起源和它的前提，因此，在他那里，每一个单个问题都自然要产生一系列的新问题。他

---

① 《马克思恩格斯全集》，中文1版，第19卷，677页。
② 同上书，683页。
③ 同上书，694页。

研究原始时代的历史，研究农学、俄国的和美国的土地关系、地质学等等，主要是为了在《资本论》第三卷中最完善地写出关于地租的章节。”①

西方学者试图从晚年马克思身上得出浪漫主义的结论同样是不可能的。诚然，马克思在《人类学笔记》中，强调了原始集体主义的人际关系在历史学和人类学方面的积极意义，肯定了原始民主和原始人的勇敢、正直和刚毅的品格，对资本主义社会关系对人性的异化、压抑等片面性进行了无情的揭露，并看到了资本主义文明对落后民族的生存和发展的破坏作用。但这并不足以证明，马克思向往人类的洪荒时代，厌恶工业社会的喧嚣尘世。因为他既没有完全肯定原始社会，又没有简单否定资本主义社会。他对原始社会中的蒙昧、野蛮，以及后来随着私有财产的出现而产生的残忍、诡诈和狂热等原始人的品格，并没有给予礼赞，但对资本主义社会在人类历史上的进步作用却予以充分肯定。针对落后民族深受资本主义“先进文明”破坏的灭顶之灾，马克思一方面在道义上给予充分的同情，另一方面又把未来的希望寄托在它们自觉和充分利用资本主义所创造的一切肯定成果上。怎么能根据马克思在晚年《人类学笔记》中有对原始人、原始社会的某些优点的肯定，就把马克思说成礼赞原始社会，而鄙视现代社会的怀旧思想家呢？马克思不是“世界末日论”的主张者，不是浪漫主义幻想家，而是历史的乐观主义者。

马克思就是一个马克思，这就是作为马克思主义创造者的马克思。被虚构的“第三个马克思”同他青壮年时期的思想是一致的，即不断加深对社会历史规律的认识，不断丰富和发展唯物史观。西方学者把一个完整的马克思分裂为三个马克思，其目的还是为了歪曲和篡改马克思主义罢了。

二、并不困惑的“晚年困惑”

马克思晚年的思想走向，在长时间里一直是个历史之谜，它困扰着许多马克思思想的研究者。马克思传记作家梅林曾经这样描绘过马克思的晚年：1873 年以后，无产阶级革命运动重新兴起，马克思主义开始在各国传播，政治地平线上到处豁然开朗，然而暮色却日益迫近了马克思本人和

---

① 《马克思恩格斯全集》，中文 1 版，第 22 卷，400 页。

他的家庭，“在这整个期间内，他的生活只不过是一种慢性死亡”①。他甚至引用恩格斯在燕妮逝世那天说过的一句话：“摩尔也死了”②，证明马克思晚年由于健康原因和感情上的沉重打击，而停止了理论上的探索。这就是梅林笔下的晚年马克思，一个被“暮色笼罩、受着疾病折磨的历史老人”。

苏联学者第一次发现了马克思晚年的思想轨迹，但没有给予足够的重视。1921 年，列宁曾派马克思恩格斯研究院院长梁赞诺夫到国外收集马克思、恩格斯的手稿，其中就收集到了马克思晚年的《人类学笔记》。但以梁赞诺夫为代表的苏联学者不仅没有充分认识到这些“笔记”的理论价值，而且对马克思晚年转向对人类学的研究感到不可理解，认为这是一种“不可饶恕的学究气”③。

西方学者首次注意到了马克思晚年研究人类学的理论意义，但却把它简单地纳入人本主义的思想体系，作为发现“第三个马克思”的依据。西方学者在研究马克思晚年思想所表现出来的人本主义倾向固然是站不住脚的，但人们却不能回避这样一个令人“困惑”的问题：马克思在体衰多病的晚年，为什么要研究人类学，研究史前社会和东方社会？不解开这个“历史之谜”，就难以回答西方学者提出的挑战，也难以完整准确地把握马克思主义的整个思想体系。

有的学者认为，马克思晚年之所以要研究史前社会和东方社会是为了摆脱“晚年的困惑”，产生困惑的原因是他的革命预言落空，他的革命期待在现实生活中成了泡影。由于“困惑”，马克思开始对自己的基本理论发生怀疑，他要重新审视唯物史观。

但是，这种所谓马克思“晚年的困惑”，完全是出自虚构和揣测。如前所述，马克思晚年并没有对无产阶级革命丧失信心，只是根据当时的世界形势把视线投向东方；马克思晚年也从来没有怀疑过唯物史观，没有怀疑过自己发现的关于世界历史发展普遍规律的观点，而是力图通过对史前社会和东方社会的研究，使其得到验证、丰富和发展。那么，马克思在晚

---

① 梅林：《马克思传》，670 页，北京，人民出版社，1972。
② 同上书，673 页。
③ 《马列主义研究资料》，1987 年第 1 辑，160 页。

年研究史前社会和东方社会的理论动机是什么呢?

众所周知，揭示人类社会发展普遍规律是马克思一生的重大使命，为了完成这一重大使命，马克思首先考察了资本主义社会这个历史上最发达、最复杂的社会组织，并对其社会结构进行了全面系统的剖析，揭示了资本主义社会产生、发展和灭亡的规律。根据在研究资本主义社会时所得出的关于研究社会的一般方法，他又考察了前资本主义的一切不发达社会组织。但在19世纪中叶以前，社会的史前状态、全部成文史以前的社会组织状况几乎还没有人知道。资产阶级早期启蒙思想家，如格劳修斯、霍布斯、卢梭等人普遍用契约论来描述人类社会的最初状态，他们根据自然法原则，认为人类社会曾经存在过既没有国家又没有私有财产的自然状态。卢梭甚至把这个时代称为黄金时代，因为在这个时期没有暴力，不存在剥削和压迫，人人都是平等的。其实这是错觉，而马克思对史前社会的认识也产生过错觉。

马克思第一次比较集中地论述人类早期社会的著作是他和恩格斯合著的《德意志意识形态》。在这部著作中，马克思根据分工发展的不同阶段，考察了历史上所有制的几种主要形式，即部落所有制、古代公社所有制、国家所有制、封建的或等级的所有制和现代资本主义所有制。马克思认为，部落所有制作为人类社会历史上的第一种所有制形式，也就是人类社会的最初形态，是同生产力和分工的不发达阶段相适应的。以狩猎、捕鱼、畜牧为主的原始生产活动，以及仅限于家庭中自然产生的分工，只能产生原始的集体所有制和以家庭为基础的社会结构。但是，在父权制的家庭中，奴隶制的雏形已经隐蔽地存在了。丈夫对妻子和子女的劳动力支配已经构成了这种所有制最早的本质方面，同时也就构成了其他所有制形式赖以产生和发展的基础。在马克思看来，部落所有制既可发展成古代奴隶所有制，也可发展成中世纪的封建所有制。① 这种部落所有制对其他所有制形式来说具有原生性质。所有制形式依次更替的理论是马克思社会形态理论的雏形。由于这个时期人类对史前社会的认识基本上是一片空白，马克思只得借助逻辑手段对社会发展过程进行把握，因而必然存在局限性。

---

① 参见《马克思恩格斯选集》，1版，第1卷，68～69页。

一方面他力图把部落所有制看成一种公有制形式。因为在他看来，无论是在古代民族还是在现代民族中，真正的私有制只是随着动产的出现而出现。而在部落所有制中，仅仅涉及地产。因此，部落所有制并不是一种典型的私有制形式。但是，另一方面马克思并没有肯定部落所有制是一种公有制形式，因为在这种所有制中毕竟存在着私有财产——不动产，而且还存在着隐蔽着的奴隶制，存在着对他人劳动的支配。因此，部落所有制的概念和原始公有制社会的性质不完全吻合。父权制大家庭的状况不能被简单地看作原始社会的典型状况，至多只能是原始社会瓦解时期的产物。

马克思对部落所有制这种认识上的矛盾，显然影响了他对社会发展过程的科学理解。马克思和恩格斯在《共产党宣言》中阐述他们对社会历史发展的基本看法时，认为“到目前为止的一切社会的历史都是阶级斗争的历史”①，这个观点无疑不足以反映人类社会历史的真实面貌。恩格斯在1888年对此解释道：“在1847年，社会的史前状态，全部成文史以前的社会组织，几乎还完全没有人知道。”② 在这种情况下，即使在理论的逻辑上已经把握到私有制源于公有制这个基本线索，但对人类最初社会的研究不可能取得突破性进展。

19世纪50年代，人们对史前社会缺乏了解的状况仍然没有得到根本改变。这就意味着马克思必须等到有了人类学、考古学上的一系列重大发现以后，才有可能来完成全面地阐述人类社会古往今来的一切历史过程及其规律的任务。但马克思研究社会历史的迫切性又不容他中断对史前社会的考察，正是在这样的历史背景下，马克思开始了对亚细亚生产方式的研究，这是马克思研究人类早期社会的又一阶段。

马克思正式提出亚细亚生产方式是在1859年的《〈政治经济学批判〉序言》中，但在此之前，他对亚细亚生产方式的基本特点已进行了研究。在《政治经济学批判（1857—1858年手稿）》中，马克思在“资本主义生产以前的各种形式”的标题下，论述了三种所有制形式的特点和性质：亚细亚所有制形式、古代所有制形式和日耳曼所有制形式。马克思认为在亚

① 《马克思恩格斯选集》，1版，第1卷，250页。

② 同上书，251页注①。

细亚所有制中，“单个人只是占有者，决不存在土地的私有制”①。所以，这种所有制的原始形式本身就是直接的公有制。在古代所有制中，“所有制表现为国家所有同私人所有相并列的双重形式”，在日耳曼所有制中，“公社所有制仅仅表现为个人所有制的补充”，而“个人所有制表现为公社所有制的基础”②。马克思根据土地公有制崩溃的程度，确立了从亚细亚所有制到古代所有制再到日耳曼所有制依次更替发展的逻辑序列，这个逻辑序列是和所有制形式的历史发展吻合的：在土地公有制基础上形成了私有制，私有制的进一步发展是完全脱离和国家所有制相并存的状态，进而形成了以自由的个人土地所有制为基础的形态，而集体财产只不过是其补充而已。可以看出，马克思在这里所分析的三种所有制形式实际上是对应于人类社会发展中的三个主要形态，即原始社会形态、奴隶社会形态和封建社会形态。马克思认为，在这三种社会形态中，奴隶制、农奴制是派生形式而不是原生形式，原生形式是亚细亚所有制。他在1859年正式出版的《政治经济学批判》第一分册中指出：“仔细研究一下亚细亚的、尤其是印度的公社所有制形式，就会得到证明，从原始的公社所有制的不同形式中，怎样产生出它的解体的各种形式。例如，罗马和日耳曼的私人所有制的各种原型，就可以从印度的公社所有制的各种形式中推出来。”③

正是在《政治经济学批判》手稿研究的基础上，马克思在1859年为《政治经济学批判》所写的序言中，对包括亚细亚生产方式在内的各种社会形态依次更替的基本过程及其规律作了经典性概括：“大体说来，亚细亚的、古代的、封建的和现代资本主义的生产方式可以看做是社会经济形态演进的几个时代。”④

但是，把亚细亚生产方式作为人类社会的原生形态仍存在这样一个矛盾：从逻辑上看，亚细亚生产方式中的土地公有制因素确实构成了人类社会原生形态的基础，私有制社会就是逐渐从这个基础上派生出来的。但从

---

①② 《马克思恩格斯全集》，中文1版，第46卷（上），484页，北京，人民出版社，1979。

③ 《马克思恩格斯全集》，中文1版，第13卷，22页注①，北京，人民出版社，1962。

④ 《马克思恩格斯选集》，1版，第2卷，83页。

历史上看，亚细亚生产方式不仅和其他私有制社会，如奴隶社会和封建社会长期并存，而且在西方社会的亚细亚生产方式趋向解体时，东方社会的亚细亚生产方式仍然保持着自己强大的生命力。另外，在亚细亚生产方式中，尽管土地表现为公社所有，而非个人所有，但在每一个孤立的公社之上，却矗立着一个更高的所有者，即专制君主。“在这里，国家就是最高的地主”①。因此，确立亚细亚生产方式为人类社会原生形态的地位，只是从逻辑上解决了私有制社会从公有制发展而来的问题，而并没有从历史上解决亚细亚社会形态本身的发展问题，即这种作为“原生形态”的生产方式是否必须像西方社会那样，依次经过奴隶社会、封建社会，最后向资本主义社会过渡？如果说亚细亚生产方式在和西方社会发展序列长期并存以后，可以直接过渡到资本主义社会，这是否意味着社会形态依次更替的规律在东方社会并不具有普遍意义？总之，当马克思把亚细亚生产方式置于人类社会各形态依次更替的发展过程中予以考察时，就内在地包含着一种逻辑和历史之间的矛盾，即亚细亚生产方式在逻辑上作为人类社会的“原生形态”和它在历史上表现为与其他社会形态相并存的、独立发展的社会形态的矛盾。

解决矛盾的可能性只有在解决矛盾的条件具备以后才能实现。这意味着马克思必须等到人类学、考古学等学科对史前社会有一系列重大发现以后，才可能克服由于史料不足而导致对人类社会“原生形态”的片面认识，才能完成全面阐述人类社会古往今来的历史过程及其一般规律这个历史性的使命。这就在逻辑上要求马克思晚年走向人类学。

从 19 世纪 60 年代起，直接以史前社会为研究对象的人类学、考古学等学科开始有了重大发展。到 19 世纪上半叶，在西欧文献中，已经涌现大量有关中美、北美和南美印第安人、大洋洲群岛和澳大利亚沿岸的土著居民以及非洲、亚洲诸多民族的材料。原先只能在历史文献中才能见到的诸如刀耕火种、钻木取火等生活方式，现在还存在于某些比较落后的民族中。这些民族的体质、面貌，以及奇特的社会结构、语言形式、婚姻家庭、宗教仪式、艺术风格，乃至思维方式吸引了许多欧洲学者，由此提出

① 《马克思恩格斯全集》，中文 1 版，第 25 卷，891 页。

了一系列有关人类种族和人类文化等问题。

按照恩格斯在《家庭、私有制和国家的起源》一书中的观点，在19世纪60年代以前，根本谈不到家庭史，“历史科学在这一方面还是完全处在摩西五经的影响之下”①。这种状况到1861年瑞士法学家巴霍芬的《母权论》出版后才有所改变。他对古代婚姻家庭制度和母系氏族的研究，为人们认识史前社会的性质和基本特点提供了一些有价值的材料和观点。1865年，英国法学家麦克伦南在其《原始婚姻》一书中，直接继承了巴霍芬的观点，认为母权制的世袭制度是人类社会的最初组织形式。19世纪60年代，人类学虽有一定发展，但对史前社会的研究还没有为马克思提供有决定意义的材料。

到了19世纪70年代，人类学有了长足进步，人们对史前状态的认识大大深化，这方面的著述也十分丰富。如拉伯克的《文明的起源和人的原始状态》（1870年）、泰勒的《原始文化：对神话、哲学、宗教、语言、艺术和习俗的进化的研究》（1871年）、梅恩的《古代法制史讲演录》、摩尔根的《古代社会》、柯瓦列夫斯基的《公社土地占有制，其解体的原因、进程和结果》、菲尔的《印度和锡兰的雅利安人村社》等等。这些著作有的是直接考察古代民族的社会结构、婚姻家庭以揭示人类早期的社会概貌，有的是通过考察原始文化来反映原始社会的一些基本特征，有的则是通过考察落后民族的社会状况来推断早已不复存在的人类社会的最初状态。它们不仅深刻地解剖了史前社会的内部结构，探寻到原始社会组织内部的奥秘，而且由此揭示了史前社会进化的过程及其一般规律。这些重要发现对马克思建立科学的史前社会理论，进而完善唯物史观具有重要意义。

从马克思晚年《人类学笔记》对欧美人类学著作的大量摘要、评注、补充和发挥中可以看出，马克思对人类学的研究不仅进一步证实了唯物史观基本原理的普遍性，而且在许多方面丰富和发展了唯物史观。

如前所述，马克思在《德意志意识形态》中，把父权制家庭看作人类历史上最早的社会组织，认为社会结构只限于这种父权制家庭的扩大。而

① 《马克思恩格斯选集》，1版，第4卷，5页。

在《人类学笔记》中，马克思则根据摩尔根发现的母权制家庭否定了以前的观点。他写道，以前的一切大学者，包括亨利·梅恩爵士，都认为希伯来式和罗马式（父权制家庭）是最古的家庭形式，认为是这些家庭形式产生了最早的有组织的社会，其实这仅仅是野蛮时代的高级阶段，已经远非上古。① 这就清楚地看出，马克思当时已经明确认识到父权制家庭只是原始社会末期存在的一种家庭形式，在它之前还有更为原始的家庭形式。

《人类学笔记》还对《共产党宣言》中提出的“迄今为止的一切历史都是阶级斗争史”的论点作了修正。他说：“**傅立叶**认为**专偶婚制和土地私有制**是**文明时代**的象征。现代家庭在萌芽时，不仅包含着 servitus（奴隶制），而且也包含着**农奴制**……它以**缩影**的形式包含了一切后来在社会及其国家中广泛发展起来的对抗。”② 马克思在这里已经用“现代”一词对社会及其国家中广泛发展起来的阶级对抗或阶级斗争进行了限制，并且把阶级斗争看作后来发展起来的，而不是从来就有的，这样就纠正了他在19世纪40年代关于阶级斗争的过宽的时限。

马克思在《〈政治经济学批判〉序言》中，曾经用“亚细亚生产方式”来表述人类社会的原始生产方式。摩尔根对史前社会的重新发现，对马克思传统的“亚细亚生产方式”概念形成了巨大的冲击，使他有可能从根本上来克服这个概念所包含的内在矛盾，即土地公有制和专制国家之间的二律背反。在马克思看来，摩尔根的突出贡献在于全面地再现了人类原始社会的一幅真实图景：在原始氏族组织中不存在阶级、私有制和国家。这样，人类社会发展总过程中长期不为人所知的“原生形态”便被真正发现了。这个“原生形态”不仅在“亚细亚”中长期保留下来了，而且也是在古希腊罗马时代文明民族中可以看到的氏族的最初形式，是人类社会发展过程中一个最早的普遍阶段。因此，在人类社会原生形态之前再冠之以“亚细亚”就显得不合适了。马克思在晚年放弃使用“亚细亚生产方式”这个概念，表明他意识到了用这个概念来表述史前社会时所包含的局限性。无疑，这是在一次巨大的理论深化后所得出的一个积极的成果。

---

① 参见《马克思恩格斯全集》，中文1版，第45卷，377、587页。

② 同上书，366页。

由此看来，马克思晚年转向对史前社会和东方社会的研究绝不是对唯物史观的基本原理发生了怀疑，更不是从他创立的唯物史观后退，而是对唯物史观的丰富和发展，是符合他整个思想体系的发展逻辑的。

三、马克思是一个人类学家吗?

在某些西方学者眼里，马克思是一个典型的人类学家。以斯坦尼·戴蒙德等人为代表的北美辩证人类学派认为，无论从青年马克思身上，还是从晚年马克思的著作中，都可以发现一种对资本主义社会进行人类学方式批判的传统。在青年时代，马克思从哲学人类学的角度，批判资本主义生产关系对人的本质的否定和异化；到了晚年，他又从经验人类学的资料出发，批判资本主义文明对东方民族文化的破坏。他们还把马克思主义的基本传统看作一种具有革命良心的、深谋远虑的历史辩证人类学，认为离开了人类学就不会有马克思主义的传统。

强调所谓马克思主义的“人类学传统”，把马克思描述成一个典型的人类学家，其目的在于责难、攻击历史唯物主义。西方一些学者或者是出于对历史唯物主义的无知，或者是有意歪曲，他们总是把对人的研究与历史唯物主义对立起来，认为历史唯物主义忽视人，不研究人。他们不仅指责恩格斯把马克思主义哲学从一种富有活力的理论变成了一种僵死的社会决定论体系，而且指责“老年马克思”丢开了“一条本来有可能导向新的人道主义的道路，而沿着关于财产和剥削的经济概念这种狭窄的道路发展下去，结果导致了现今所盛行的教条”①。晚年《人类学笔记》的发表使他们喜出望外，他们发现晚年马克思又重新回到了他早年曾经行走过的“宽广大道”上。唐纳德·凯利认为，晚年马克思最引人注目的是，他似乎正在超越仅只局限于经济学和阶级分析的历史唯物主义思想。然而，事实真的如他们所说，晚年的马克思是一个正在离开历史唯物主义思想的“人类学家”吗?

人类学作为一门独立的学科，是于19世纪中叶在西欧形成和发展起

① D. 贝尔：《关于异化的变化》，转引《关于人的学说的哲学探讨》，176页，北京，人民出版社，1982。

来的，它以人类某一方面的特征为研究对象，是关于人的某个方面的学问。而马克思的晚年《人类学笔记》则是从历史唯物主义出发，对人和社会，特别是史前社会和东方社会进行考察，在完善史前社会理论的基础上，进一步提出的东方社会理论。

马克思在晚年《人类学笔记》中有大量关于血缘亲属关系的摘录和评述。对血缘亲属关系的重视是坚持唯物史观的一个极为重要的方面。恩格斯曾在《马尔克》一文中概括指出：“有两个自发产生的事实，支配着一切或几乎一切民族的古代历史：民族按亲属关系的划分和土地公有制。”① 后来他执行马克思的遗言，以高度经典性的语言对此作了科学表述，这就是两种生产论。两种生产论认为，在一定历史时代和一定地区，社会制度是受两种生产制约的，一是物质资料的生产和它所产生的社会关系，二是人自身的生产或种的繁衍和它所产生的血缘亲属关系。可以说，如果不把握这两种生产和两种同是物质性的基本社会关系即社会生产关系和血缘亲属关系，就不能真正理解世界各古老民族特别是东方古老民族的社会历史。

两种生产论是马克思、恩格斯从创立唯物史观的时候起所一贯坚持的思想。从《黑格尔法哲学批判》、《德意志意识形态》起，到《共产党宣言》和《〈政治经济学批判〉导言》，从《1857—1858年经济学手稿》，再到《资本论》，都对这一理论有不同程度的揭示。只不过由于马克思平生致力于资本主义社会的研究，指导并总结无产阶级的现实斗争，没有来得及作出集中的系统论述。此外，还应当看到，马克思一向认为，理解资本主义经济已经为理解古代经济提供了钥匙，正如人体解剖为猴体解剖提供了钥匙一样。而且他运用这种方法在比较研究中，已经对各种前资本主义社会经济形态的重要问题，包括私有制和国家的产生发展问题作了重要概括。但是，当时史学的发展，还没有为以血缘关系为基础的最原始的社会形态的研究提供充分的资料，因此，还没有条件去系统地专门阐述各种前资本主义的社会形态，并进一步发挥唯物史观。而现在的情况就不同了，不仅摩尔根的著述为唯物史观的两种生产论提供了充足的历史依据，特别

---

① 《马克思恩格斯全集》，中文1版，第19卷，353页。

重要的是，世界历史的发展，使东方古老社会的历史命运问题成了重大的时代课题。而这些古老社会并不简单地等同于古希腊罗马社会或封建社会，并不单纯是西方意义上的“猴体”。现在需要马克思亲手系统解剖东方这些相当特殊的社会形态，并进一步阐述他的唯物史观了。从恩格斯的证言中可以看到，马克思晚年曾计划根据他对古代社会史的研究，写一部系统论著来阐述两种生产论。然而过早的逝世使马克思没有能够实现这一宏伟计划。

恩格斯在马克思逝世后第二年写成的《家庭、私有制和国家的起源》只是“稍稍补偿了”马克思的未竟之志。因为从马克思晚年《人类学笔记》的规模来看，要比恩格斯的《家庭、私有制和国家的起源》宏伟得多，空间和时间范围都更为广阔。除了西欧的古代民族外，还包括从秘鲁、墨西哥到印度、阿尔及利亚等亚非拉的广大地区。同时，不仅包括对最原始社会状态的研究，而且包括对这些古代氏族的现实状况的研究和对它们发展前途的关心；不仅包括对氏族关系、血缘亲属关系的研究，而且也包括对土地公社所有制的研究；不仅详细摘录了摩尔根对古希腊罗马社会中的氏族之谜的科学解释，而且用不少的评语批判了历史学家格罗特等人把共同的血缘亲属关系说成这些氏族自己虚构的观念基础的见解。马克思指出，这种共同的血缘亲属关系对古希腊罗马的氏族成员来说，是“极其重要的事物”①，它作为氏族关系的基础“不是**观念的**，是**物质的**，**用德语说**是**肉欲的**”②。这就清楚地表明了氏族的本质：氏族是建立在人自身的生产所产生的血缘亲属关系基础之上的社会组织，血缘关系是现实存在的物质性的社会关系，而氏族的这种根本性质，即使在社会进入阶级划分时代，也仍然起着自己的作用。这不仅是马克思主义对古希腊罗马社会氏族之谜的科学解答，而且在一般意义上表明，只要氏族或氏族关系存在，就必须重视对血缘亲属关系的研究，否则便无法理解古代社会。因此，即使在私有制、阶级产生以后，氏族的职能日趋消亡，血缘关系表现为宗法关系，它仍然对社会起着强大的规范作用，它包容着经济关系和阶级关系。这种情况通过家庭史上的重要环节——父权制大家庭而得到了体现。

---

①② 《马克思恩格斯全集》，中文1版，第45卷，503页。

马克思非常重视这一环节，他指出，这种父权制大家庭，“不仅包含着 servitus（奴隶制），而且也包含着**农奴制**，因为它从一开始就是同田间耕作的**劳役**有关的。它以**缩影**的形式包含了一切后来在社会及其国家中广泛发展起来的对抗”①。这就是说，这个历史时期的社会生活和国家生活的一切领域，都有这种家长制关系的浓重投影，这种情况在东方国家的历史中尤其明显和持久。马克思在柯瓦列夫斯基著作的笔记中，考察了血缘亲属关系的发展给公社土地所有制的演变打下的烙印，肯定了柯瓦列夫斯基的研究成果，例如在印度，氏族公社、大家庭公社、直接血缘等级远近而不均等的公有土地的形式都一直保存了下来，即使是在公社制的最后阶段——农村公社中，在土地关系上仍然存在血缘亲属关系的烙印。

与两种生产论密切相关的是史前社会理论。马克思对人类史前社会作过长期而深入的研究。早在《德意志意识形态》中，马克思已经指出，人类社会发展的第一种社会形态是公有制而非私有制。19 世纪 50 年代至 70 年代前期，他研究了残存于东西方的农村公社，又从这些不同地区、不同形式的具体公社研究中，“推导”出了古代公社或古代公有制社会的原型，写了《资本主义生产以前的各种形式》。但由于受当时历史条件所限，马克思尚未形成科学的史前社会理论。在晚年《人类学笔记》中，马克思根据大量的历史资料和文化人类学方面的研究成果，指出了史前社会的分期方法，并以生产力的发展和婚姻家庭形式的变化为线索，揭示了原始公有制的本质及其发展过程。

摩尔根在《古代社会》一书中，以物质资料生产为依据，把史前社会划分为蒙昧时代和野蛮时代，又把每一时代分为低级、中级和高级三个阶段，每一阶段又以一定的发明和技术为界标。由于物质资料生产的进步，技术和发明都属于生产力。根据生产力的状况来划分原始社会发展的不同阶段，就能大体上描绘出“人类经过蒙昧时代和野蛮时代而达到文明时代的开端的发展图景”②。因此马克思在《人类学笔记》中采用了摩尔根的

---

① 《马克思恩格斯全集》，中文 1 版，第 45 卷，366 页。

② 《马克思恩格斯选集》，1 版，第 4 卷，22～23 页。

分期法，并用极明确的语言叙述了每一阶段的生产力发展水平。但马克思并没有完全照搬摩尔根的分期法。比如，摩尔根认为蒙昧时代向野蛮时代过渡的标志是制陶术，而马克思则把一些不知陶器为何物，但已发明了原始农业的部落，也划归为野蛮时期的低级发展阶段。

作为原始社会分期的客观依据，除了生产力的发展线索外，还应注意生产关系变化的轨迹。原始社会生产关系的基础是血缘纽带联结下的整体性生产者与生产资料的结合。对此，马克思在《人类学笔记》中也作了动态的描述。在原始社会进入母系氏族时期，血缘纽带联结下的整体性生产者同日益增多的“由文明创造的生产工具”的直接结合，通过氏族的集体劳动，生产出人们赖以生存的物质资料。这时，个人或小集体分得的一份社会产品，除以他们作为集体成员的资格为依据外，还应加上他们自己参加了创造产品的劳动这个因素。这样，公有制就由血缘原始群单一性结构变成了个人、氏族、部落的多层次结构。由于金属工具的出现，产生了社会第一次大分工，游牧部落从其他部落中分离出来。原始社会多层次的公有制就进入解体阶段，公有制逐步缩小，并向私有制转化。

在原始社会公有制解体的过程中，私有制也是在氏族部落内部各个层次上逐步发生的。马克思在《人类学笔记》中，摘录了柯瓦列夫斯基著作中记载的大量资料，对这个问题进行了阐述。他认为，从历史上看，无论是在古代民族还是在现代民族中，真正的私有制只是随着动产的个体化的出现而发生的。各种形式的动产是按怎样的顺序变成私有财产的呢？首先是个人财产：限于供个人使用之物和个人劳动成果；其次是家庭财产：不是个人创造和使用之物，而是由血缘关系不怎么大的人群共同创造和使用的；再次是公社财产：包括在广泛基础上创造和使用的物质资料。马克思不仅描述了由个人到家庭再到公社的动产私有化过程，而且也叙述了不动产——土地私有化的过程。不动产——土地私有化形成的过程比动产私有化复杂得多，但一般说来，土地私有化的过程也经历了最初的部落公有，到氏族公有、家庭公社公有，再到个体家庭私有的各个层次，最终完成由公有到私有的质变。

在《人类学笔记》中，马克思除了阐述两种生产论，考察史前社会外，还探索了东方社会的性质及其发展道路，形成了“东方社会理论”。

所谓东方社会理论，是相对于西方社会理论而言。西方社会理论主要以英、法、德三国为背景，是马克思关于欧洲，特别是关于西欧的历史发展、现实状况及未来向共产主义过渡的全面系统理论。而东方社会理论主要是以占人口绝大多数和地域广泛的东方世界为背景，特别是以印度、俄国和中国为典型，是关于东方社会的历史发展、现实状况及未来走向共产主义的理论。

早在马克思主义创立之初，东方社会问题就引起了马克思的关注。黑格尔在《历史哲学》中关于东方世界普遍存在专制制度的论述，曾经给马克思留下了深刻印象，但马克思这时并不了解东方社会的特点，他把东方世界涵盖在大一统的"世界历史"思想之下了。

19世纪50年代，马克思开始着手研究东方社会的特点。在1853年7月22日写的《不列颠在印度统治的未来结果》一文中，马克思第一次明确提出了"亚洲式的社会"、"亚洲社会"的概念，并把它和"西方的社会"相区别。① 马克思认为，"亚洲社会"和"西方社会"相比，主要有以下几个特点。

第一，没有土地私有制，这是了解东方社会的一把钥匙。1853年6月2日，马克思在给恩格斯的信中，根据弗朗斯瓦·贝尔尼埃在《莫卧儿帝国游记》中的材料，指出："贝尔尼埃完全正确地看到，东方（他指的是土耳其、波斯、印度斯坦）一切现象的基础是**不存在土地私有制**。这甚至是了解东方天国的一把真正的钥匙。"② 恩格斯在6月6日给马克思的回信中，同意这种看法，他说："不存在土地私有制，的确是了解整个东方的一把钥匙。这是东方全部政治史和宗教史的基础。"③ 恩格斯把不存在土地私有制的原因归结为这些国家的地理环境。他说："东方各民族为什么没有达到土地私有制，甚至没有达到封建的土地所有制呢？我认为，这主要是由于气候和土壤的性质，特别是由于大沙漠地带，这个地带从撒哈拉经过阿拉伯、波斯、印度和鞑靼直到亚洲高原的最高地区。在这里，

---

① 参见《马克思恩格斯选集》，1版，第2卷，70页。
② 《马克思恩格斯全集》，中文1版，第28卷，256页，北京，人民出版社，1973。
③ 同上书，260页。

农业的第一个条件是人工灌溉，而这是村社、省或中央政府的事。”① 马克思同年6月10日写的《不列颠在印度的统治》一文，利用了恩格斯这一思想，但看法又不完全相同。除去恩格斯讲的地理环境的特点是东方不存在土地私有制的原因外，马克思还补充了另一个重要原因，即生产力水平低。他指出：“节省用水和共同用水是基本的要求，这种要求，在西方，例如在弗兰德和意大利，曾使私人企业家结成自愿的联合；但是在东方，由于文明程度太低，幅员太大，不能产生自愿的联合，所以就迫切需要中央集权的政府来干预。”② 马克思把“文明程度”即生产力发展水平不同，作为东西方土地所有制不同的主要原因，这就在提出东方社会特殊论的同时，又埋下否定东方社会特殊论的种子。

第二，在社会的基本经济组织中，东方社会主要以农村公社为主。马克思指出：“从很古的时候起，在印度便产生了一种特殊的社会制度，即所谓**村社制度**，这种制度使每一个这样的小单位都成为独立的组织，过着闭关自守的生活。”③ 这种闭关自守的生活之所以能够长期维持下去，是因为在农村公社中，生产的范围仅限于自给自足，农业和手工业结合在一起。对这种农村公社，马克思认为是阻碍东方社会发展的重要障碍。因为即使当农村公社后来在资本主义侵蚀下逐渐解体后，作为它的伴生物的氏族宗法关系、血缘关系仍然十分强大，它长期闭关自守的孤立状态仍然束缚着社会的创造力，既没有希望社会进步的意向，也没有推动社会进步的行动。相反，西方中世纪刚刚开始，马尔克公社制度在土地分封制度的冲击下，很快就瓦解了，而代之以领土的庄园制。虽然庄园制也同样存在着自给自足、闭关自守的特点，但这种社会经济组织因为土地关系的经常变动而一直处在不稳定状态。因此，西方的庄园制没有对西方资本主义的发展构成重大障碍。

第三，在社会的政治关系上，东方社会在土地国有制和农村公社的基础上，普遍形成了中央高度集权的专制政府。因为农村公社的自给自足和闭关自守，使社会分解成许多模样相同而又互不联系的原子组织。公社之

---

① 《马克思恩格斯全集》，中文1版，第28卷，260～263页。
② 《马克思恩格斯选集》，1版，第2卷，64页。
③ 同上书，66页。

间的孤立状态，迫使公社把管理整个社会公共事物的权力转让给一个凌驾于各公社之上的权力机构即国家，就像马克思所说的：“印度人民也像所有东方各国的人民一样，把他们的农业和商业所凭借的主要条件即大规模公共工程交给政府去管。”① 这样，亚洲的一切政府都不能不执行一种经济职能，即兴办公共工程的职能，社会的公共事物只能由中央政府来干预。

马克思认为，亚洲社会长期停滞，没有内在的发展动力，只有西方资本主义的入侵才能动摇它的基础，使亚洲发生真正的革命。西方资本主义之所以能够促进东方社会结构的变革，使其从停滞的历史中走出来，是因为西方资本主义代表着一种更为先进的生产方式，掌握着先进的生产力和先进的科学技术，因此它能够避免历史上曾经出现过的野蛮民族对文明民族的征服，却不能逃脱被文明民族所同化的结局。

马克思认为，从纯粹的个人感情来看，东方社会结构的瓦解并被容纳到世界历史体系中，对东方民族来说，不啻是一场灾难，因为“亲眼看到这无数勤劳的宗法制的和平的社会组织崩溃、瓦解、被投入苦海，亲眼看到它们的成员既丧失自己的古老形式的文明又丧失祖传的谋生手段，是会感到悲伤的”②。但是，“从历史的观点来看”，东方文明所赖以存在的社会制度再也表现不出历史的首创精神，它始终是东方专制制度的牢固基础，是和世界历史发展背道而驰的。因此，从这种意义上来理解，不管资本主义在开创世界历史过程中，怎样完全被极卑鄙的利益所驱使，对各民族犯下了难以计数的罪行，但它毕竟充当了历史的不自觉的工具，为世界各民族的普遍交往开辟了道路。

正是从“世界历史”的观念出发，马克思认为，西方资本主义对东方传统社会结构的冲击，对农村公社组织的破坏，是“在亚洲造成了一场最大的、老实说也是亚洲历来仅有的一次**社会**革命”③。这次“**社会**革命”的最直接的结果是把东方社会推上了世界历史进程，迫使它接受西方资本主义的文明成果，参与世界范围内的民族交往，使东方社会不得不走上西方资本主义所开拓出来的道路。

---

① 《马克思恩格斯选集》，1版，第2卷，66页。

②③　同上书，67页。

但是，从 19 世纪 70 年代下半期以来，东西方社会出现了新的变化。西方资本主义经济进入长期稳定的发展阶段，而东方社会的特殊性也并没有因资本主义开拓了广阔的世界市场而消除，特别是东方的村社制度仍保持着强大的生命力。这使马克思越来越感到“世界历史”的形成，不完全取决于资本主义在全世界的发展。因此马克思在晚年又一次产生了研究东方社会问题的紧迫感。

马克思晚年研究东方社会问题时，在理论上取得的一个重要突破是修正了他在 19 世纪 50 年代提出的东方社会必须走资本主义道路的结论。马克思在摘录柯瓦列夫斯基《公社土地占有制，其解体的原因、进程和结果》一书时，对该书给予了高度评价。这是由于该书广泛地涉及东方社会的一个核心问题：公社土地公有制。但马克思不同意柯瓦列夫斯基用西方模式机械地套用东方社会的那些观点，对他的西方中心论进行了批判，反对把西方社会的发展道路作为唯一的尺度去衡量东方社会的发展道路。

和反对西方中心论的思想相一致，马克思在晚年《人类学笔记》中，对资本主义国家在东方社会的殖民侵略作了无情揭露。如果说马克思在 19 世纪 50 年代初期把英国对印度和中国的侵略称为一场“社会革命”的话，那么马克思在晚年则改变了这种看法。他在摘录柯瓦列夫斯基的著作时曾这样写道：“英属印度的官员们，以及以他们为依据的国际法学家**亨·梅恩爵士**之流，都把旁遮普公社所有制的衰落仅仅说成是**经济进步**的结果……实际上英国人自己却是造成这种衰落的**主要的**（主动的）**罪人**。”① 马克思认为，西方资本主义对东方公社制度的破坏，将很快在东方社会形成一切人反对一切人的战争，这场战争无疑将使东方社会进入一个极长的痛苦的过程，“不是使当地人民前进，而是使他们后退”②。这难道就是东方社会的未来命运吗？这个问题一直困扰着晚年的马克思。

从 1877 年起，马克思开始着手探讨东方社会超越资本主义的可能性。他在该年 11 月致《祖国纪事》杂志编辑部的信中，首次阐述了这方面的思想。在这封信中，马克思主要是批驳俄国民粹派理论家米海洛夫斯基强

① 《马克思恩格斯全集》，中文 1 版，第 45 卷，300 页。
② 《马克思恩格斯全集》，中文 1 版，第 19 卷，448 页。

加于他的一种观点。后者在一篇文章中武断地认为，马克思在《资本论》中，把关于西欧资本主义起源的历史概述，彻底变成了关于一般发展道路的历史哲学理论，因此要求一切民族不管其所处的历史环境如何，都注定要走这条道路。马克思在他的信中指出，“他这样做，会给我过多的荣誉，同时也会给我过多的侮辱”①。马克思为此解释到，一般历史哲学理论并不是一把万能钥匙，由此可以把握在不同的历史环境中所产生的完全不同的结果，相反，“这种历史哲学理论的最大长处就在于它是超历史的”②。根据这个原则，就不能机械地把西方的发展模式硬套在东方社会上。但对东方社会如何发展的问题，马克思回答得非常谨慎，他只是这样说：“我得到了这样一个结论：如果俄国继续走它在 1861 年所开始走的道路，那它将会失去当时历史所能提供给一个民族的最好的机会，而遭受资本主义制度所带来的一切极端不幸的灾难。”③ 在这里，马克思暗示了东方社会有可能超越资本主义历史阶段的基本设想。

东方社会超越资本主义发展的可能性及其实现条件问题，在马克思生命的最后几年中又被不断地提了出来。马克思于 1881 年 2 月至 3 月间写的致俄国女革命家查苏里奇的信及信的草稿集中阐述了这个问题。而这封信及信的草稿又刚好是马克思在充分研究了柯瓦列夫斯基和菲尔等人的著作并详细作了摘录后写的。因此可以说，马克思致查苏里奇的信实际上是《人类学笔记》理论成就的直接体现、运用和总结。

当然，必须指出，马克思晚年提出的俄国农村公社可以不通过“资本主义制度的卡夫丁峡谷”而直接走向社会主义的设想，同俄国 19 世纪 60、70 年代民粹派的有关理论观点有严格的区别。民粹派作为一种思潮的兴起是由当时俄国特定历史背景决定的。1861 年俄国农奴制改革以后，资本主义得到充分发展，俄国古老农业村社的生存和发展受到严重威胁。代表部分富裕农民利益的民粹派当然憎恶资本主义，认为俄国情况特殊，不适合发展资本主义，而农村公社则是“美好”与“神圣”的象征，是俄

① 《马克思恩格斯全集》，中文 1 版，第 19 卷，130 页。
② 同上书，131 页。
③ 同上书，129 页。

国希望之所在。因此，民粹派提出要回到“古代”去，回到“民间”去。显然这是违背社会进步规律的幻想。而马克思的设想则并不回避资本主义在俄国已经得到发展这一事实，其实质是在考虑俄国怎样采取更理想的形式接受和利用资本主义创造的一切积极成就。很明显，一个是现实主义的面向未来，另一个则是在幻想中“回到古代”。因此，西方学者那种认为“民粹派理论构成马克思思想的第四个来源”①，“晚年马克思思想充满民粹派情调”② 的观点是站不住脚的。

为了进一步弄清马克思这一设想的真实含义和理论价值，有必要分析一下这一设想提出的历史背景及主要依据。马克思主要是从分析当时俄国特定的历史条件中得出这种结论的，这种历史条件可概括为以下几个方面：

（一）原始公社的生命力远比资本主义社会的生命力顽强。在俄国不存在能彻底破坏这种公社结构的“历史环境”，因为它不像东印度那样，是外国征服者的猎获物，而是独立的宗主国。因此，俄国是在全国范围内把“农业公社”保存下来的唯一的欧洲国家。

（二）土地公有制构成了集体生产和集体占有的自然基础。

（三）俄国的历史传统与民族文化说明，农民习惯了劳动组合关系，这便于它从小土地经济过渡到集体经济，而且俄国农民在没有进行分配的草地上，在排水工程及其他关系到共同利益的事业方面，已经在一定程度上实行集体经营了。

（四）广泛存在于全国范围内的俄国公社与西欧资本主义共存这种特殊历史条件证明，俄国再走西欧式的资本主义道路是极其不利的，也是行不通的；俄国不可能一下子建立起西欧几个世纪才孕育出的庞大的工业体系，更不能一下子建立起一整套交换机构——银行、股份公司等。从纯粹的经济观点来看，俄国也只能通过本国农业公社的发展来摆脱它的农业现在所处的绝境，用英国式的资本主义租佃来摆脱这种绝境的尝试，是徒劳无益的。

（五）俄国公社与西欧资本主义并存也有一个得天独厚的优势：和它

---

① 特奥多·沙宁：《晚期马克思与俄国之路——马克思与资本主义边缘》，序言，纽约“每月评论”社书刊，1983。

② 这一观点可参见玛丽安·萨韦尔：《马克思主义和亚细亚生产方式问题》，63～67页，海牙，1977。

并存的资本主义大工业为它提供集体劳动的一切条件。

（六）俄国社会未来的前途取决于革命。只有俄国革命才能造就出俄国公社正常发展的历史条件，从而使农村公社很快变为俄国复兴的因素。

只是在分析了俄国这些社会历史条件的基础上，马克思才提出：“俄国可以不通过资本主义制度的卡夫丁峡谷，而把资本主义制度的一切肯定的成就用到公社中来。”①

马克思在晚年探讨东方社会发展道路时所阐述的基本思想，是对19世纪50年代形成的社会发展理论的一个重要修正，他突破了原先得出的东方社会必须走资本主义道路的结论，初步探讨了东方社会跨越“资本主义制度的卡夫丁峡谷”的可能性和现实性。马克思晚年虽然没有完全解决东方社会的发展道路问题，但他提出的设想却蕴含着具有普遍理论意义和方法论意义的东西。它显示出了马克思主义历史哲学的基本精神：历史发展规律的普遍必然性和人类历史活动能动选择性的辩证统一。历史并不是把人当作达到自己目的的工具来使用的某种特殊人格，历史无非是追求着自己目的的人的活动而已。在历史规律面前，人没有“超越”或“选择”的自由，但却有认识、利用规律从而主动选择自己具体活动方式的自由。当历史处于多种发展可能的十字路口时，历史必然性的具体实现完全取决于主体的选择了。虽然这种选择不能超越社会形态发展的自然过程，但却可以减少过程的震荡与痛苦。

尽管马克思只是从俄国这个落后的东方国家的特殊对象上得出超越资本主义制度的设想，而对已经处于“资本主义制度的卡夫丁峡谷”之中并更为落后的东方其他民族的未来命运并没有明确提出意见，但是，我们还可以从他对俄国革命的“特殊”看法中，提炼出他对整个东方世界社会主义发展问题的一般见解来。

马克思在晚年已逐步形成这样一个具有预见性的看法：社会主义革命具有**“全世界性质”**②。马克思也清楚地看到，除了俄国，广大的东方国家差不多都沦为殖民地和半殖民地，传统的公有制都遭到不同程度的破

① 《马克思恩格斯全集》，中文1版，第19卷，435～436页。

② 《马克思恩格斯全集》，中文1版，第45卷，712页。

坏，世界历史的急剧发展使它们都失去了对历史能动选择的良好机会。公社不可能再成为它们实现新型公有制社会的历史起点；殖民主义的入侵造成民族内部的纷争与分裂，从而也破坏了它们反抗外来压迫的强大团结力量，历史已注定这些民族在以后较长一段时间内处于这种灾难和痛苦之中。马克思当时对这些民族的生存与解放问题曾给予极大关注，他从俄国问题分析中预见到了东方社会实现社会主义的可能性，并揭示了实现这种制度的必要前提。

由此可以看出，马克思晚年《人类学笔记》所研究的重点并不是关于人的本质理论的经验化论证和具体化发展问题，文化人类学也没有构成晚年马克思的思想核心。当然，我们也承认，马克思的晚年是人类学开始大发展的时代，他的确参加了这一新兴学科的思考、研究与建设工作，并对许多人类学的基本理论问题（如人类学中的阶级、国家、社会团体的发展等）发表过许多重要看法，对当代人类学的发展仍具有重要的启示作用。但是，马克思毕竟不是一位专业人类学家，硬要认为在晚年马克思那里发现一个“人类学家的马克思”，并进而认为马克思有一个系统的“人类学理论”，最终仍是一个子虚乌有的当代“理论神话”。

四、“人类学马克思主义”的误区

20世纪20年代，意大利的马克思主义者就提出了马克思主义和人类学的关系问题。进入60年代，西方学术界出现了各种形式的马克思主义人类学派和思潮。当代英国著名的马克思主义研究专家T. 博特摩尔把这一思潮归纳为两大对立的派别或倾向：欧美大陆的结构主义人类学和北美辩证人类学。①

辩证人类学认为，马克思主义还很年轻，甚至可以说还处在摇篮时代，因而大有发展前景。该派把马克思主义看作一种批判工具，主张必须把它同意识形态马克思主义区分开来。该派还把马克思看作辩证人类学的代表人物，认为马克思否认有决定全部历史规律的存在。这一派的代表人物斯坦利·戴蒙德说：“马克思主义的人类学是确实存在的。马克思主义

① 参见T. 博特摩尔：《马克思主义思想辞典》，23～25页。

的传统就可以看作一种人类学——一种具有革命良心的、深思熟虑的和辩证法的人类学。”他又说：“马克思毕生所追寻的目的，就是把他作为一位青年哲学家所阐发的人类的可能性形象具体化，他开始只有一种设想，最后以他遗留下来的《社会文化人类学（民族学）笔记》而告终。”①

从辩证人类学的观点中可以看出，该派除了重弹“晚年马克思是向青年马克思哲学人本主义复归”的老调外，又得出了“新”的结论：作为辩证人类学家的马克思否认社会发展普遍规律的存在。这又是对马克思的曲解。

如前所述，认识和把握人类社会发展的普遍规律正是马克思毕生的重大使命，是唯物史观必须解决的重大理论课题，作为唯物史观的创始人，马克思生前对此进行了孜孜不倦的探索，揭示了人类社会由低级向高级依次演进的一般规律。

19 世纪 40 年代，马克思根据对欧洲历史的研究，把整个人类社会历史的发展描述为依次演进的五个阶段，即部落所有制、古代公社所有制和国家所有制、封建的或等级的所有制、资本主义所有制和未来共产主义所有制。但这时马克思并没有从世界历史的角度，把这几种依次演进的社会形态看成不可超越的。从 19 世纪 50 年代起，马克思开始研究亚洲社会，在欧亚社会比较的基础上，用“亚细亚生产方式”取代了“部落所有制”的概念，把亚细亚的、古代的、封建的和现代资产阶级生产方式看作社会经济形态演进的几个时代。在这里，马克思已把社会形态依次更替的理论明确纳入了“世界历史”的范围，论证了世界历史发展有其自身固有的规律，一切民族和国家不管它们有多大差别，都必须遵循世界历史发展的共同规律。但由于原始材料的缺乏，马克思还只能通过对与资本主义并存的东方社会中古老的亚细亚生产方式的研究，来把握人类社会的原生形态。他说：“仔细研究一下亚细亚的、尤其是印度的公社所有制形式，就会得到证明，从原始的公社所有制的不同形式中，怎样产生出它的解体的各种形式，例如，罗马和日耳曼的私人所有制的各种原型，就可以从印度的公

---

① 斯坦利·戴蒙德：《作为一种辩证人类学的马克思主义传统》，载《辩证人类学》杂志，阿姆斯特丹，1975 年创刊号。

社所有制的各种形式中推出来。”① 有的西方学者却以此为依据，认为马克思肯定了前资本主义经济形态的多种可能性，因此，马克思主张社会发展多线论。② 但如果我们仔细分析一下马克思的论述，就不难发现，马克思对原始所有制的划分，并不能成为“多线论”的依据。

从静态看，马克思是把三种所有制形式并列的，即它们都是从原始形式向派生形式的过渡。但从动态角度考察，就会看出三种所有制产生的“派生形式”本身却不是并列的，而是在时间上依次更替的。其中亚细亚所有制作为最牢固的、长期停滞的所有制形式，它并没有直接产生“派生形式”，所以，马克思把它作为人类历史演进的第一阶段。而历史上古代所有制派生出了奴隶社会（古罗马），日耳曼所有制通过征服，直接发展成以农奴制为基础的封建社会，所以，马克思把它们看作历史演进的第二、三阶段。从19世纪60年代开始，马克思在综合大量以往研究成果的基础上，又进一步完善了原始社会理论。这时马克思把亚细亚公社、古代公社及日耳曼公社，都看成父权制民族解体以后产生的人类原始社会的最后阶段，是由公有制到私有制、从无阶级社会向阶级社会的过渡形式。因此，人类社会的第一阶段便不是亚细亚生产方式，而是应包括着上述诸形式在内的整个原始社会。至此，马克思已科学地揭示出了人类社会由低级向高级发展的规律。

西方学者认为马克思否认存在人类社会发展普遍规律的另一个主要论据是，马克思晚年提出了跨越“资本主义制度的卡夫丁峡谷”的设想。英国曼彻斯特大学教授奥多尔·沁宁就指出，马克思早在1857—1858年的《政治经济学批判大纲》中，已认识到前资本主义社会有多种发展道路，而晚年《人类学笔记》则说明了一个在资本主义占统治地位的世界中，社会发展道路的多样性。在他看来，既然俄国可以不通过“资本主义制度的卡夫丁峡谷”而直接进入社会主义，那么，五种社会形态的依次演进怎么会成为人类社会发展的普遍规律呢？这里把两个截然不同的问题混淆了：一个是人类社会发展有无普遍规律，另一个则是各个民族和国家发展道路有

---

① 《马克思恩格斯全集》，中文1版，第13卷，22页注①。

② 参见翁贝托·梅洛蒂：《马克思与第三世界》，4页，北京，商务印书馆，1981。

无特殊性的问题。马克思晚年提出的跨越“资本主义制度的卡夫丁峡谷”的设想，正是对东方社会在发展道路上所现出来的特殊性的揭示，它不仅没有否定社会发展的普遍规律，反而是以它为前提的。尽管每个国家和民族发展道路各有不同，但它们的发展方向与社会形态演进的方向是一致的。

晚年马克思在作出俄国社会的发展有可能跨越“资本主义制度的卡夫丁峡谷”的设想时，明确说明这是以世界历史发展到资本主义阶段为前提条件的。马克思指出，如果俄国是脱离世界而独立存在的话，如果它只有靠自己的力量才能取得西欧从原始社会到资本主义社会所取得的那些经济成就的话，那么，俄国公社注定会随着俄国社会的发展而灭亡。但是，由于俄国正好与资本主义处于同时代，因此，它只要吸取资本主义生产方式的一切“肯定成果”，发展并改造它的农村公社的古老形式，就能够实现对社会发展道路的“跨越”。[①] 恩格斯后来对马克思这一思想作了进一步的发挥，他说，只有当资本主义经济在自己故乡达到繁荣昌盛，使落后民族看到资本主义怎样把现代工业生产力作为社会财产来为整个社会服务的时候，落后国家才能走上这种缩短发展过程的道路。这就是说，正是世界历史演进到了资本主义时代，才为落后国家的“跨越”提供了条件。这恰恰说明了各个国家和民族的发展道路是受人类社会发展普遍规律制约的。

辩证人类学企图从晚年马克思思想中得出马克思否认存在社会发展普遍规律的结论，结构主义人类学则企图从晚年马克思思想中找到“多元决定论”的根据。结构主义人类学的代表人物毛里斯·戈德里埃就认为，在马克思的“人类学著作”和古代社会著作中，可以“发现”他的结构主义观点和方法。戈德里埃认为，在马克思看来，在原始社会，亲属关系的职能既是一种生产关系，又是基础和上层建筑。泰勒则认为，从亲属关系中，可以发现多种决定作用，用阿尔都塞的话说，就是“多元决定论”。总之，在他们看来，马克思晚年对人类学的研究，体现出他对自己原来的经济决定论的“否定”，因而马克思主义成了一种多元决定论。

但是，只要仔细读一读马克思的《人类学笔记》就可以知道，马克思在《人类学笔记》中谈到了经济基础和上层建筑的关系，但他既没有把两

① 参见《马克思恩格斯全集》，中文1版，第19卷，437、444页。

者等同起来，也没有上层建筑决定论的意思。相反，他首先强调了上层建筑一般落后于经济基础的发展。摩尔根在《古代社会》一书中认为，亲属制度是被动的，它把家庭经过一个长久时间所发生的进步记录下来，并且只有当家庭已经根本变化了的时候，它才发生根本的变化。马克思就此评注说："同样，**政治的、宗教的、法律的以至一般哲学的体系，都是如此**。"① 其次，马克思认为，作为上层建筑的国家，与经济基础相比，决不是第一性的。他在梅恩的《古代法制史讲演录》中作了这样的批注："不幸的**梅恩本人也根本不知道**：在存在**国家**（在原始公社等之后）——即**政治上**组织起来的社会——的地方，国家决不是**第一性**的；它不过**看来**如此。"② 他还批评梅恩的根本错误"在于把**政治优势**——不管它的具体形式如何或者它的各种因素的总和如何——当作某种驾于社会之上的、以自身为基础的东西"。他明确指出，国家、道德等上层建筑的因素，"最终全部以**经济条件**为基础"③。

马克思在《人类学笔记》中，的确讲到了血缘亲属关系在史前社会的决定作用，但这绝不能成为"多元决定论"的依据。马克思认为血缘亲属关系在史前社会起决定作用并不是在社会本源意义上说的，它描述的是人类史前社会中的一种特殊现象。当人类刚刚从动物界脱离出来的时候，无论是就人对自然界的关系来说，或是就人们相互之间的关系来说，占支配地位的都是自然形成的血缘关系。而且劳动愈不发展，劳动产品的数量，从而社会的财富愈受限制，社会制度就愈在较大程度上受血缘亲族关系支配。怎么能把马克思在特定范围内对一种历史现象的说明，上升到社会本体论的高度，得出"多元决定论"的结论呢？

另外，马克思从来没有把血缘亲属关系既看作基础，又看成上层建筑。他明确指出，血亲关系的性质"不是**观念的**，是**物质的**"④。西方学者总是习惯于把自己的思想强加给马克思，然后再宣布发现了"新"的马克思。这种并不高明的手法只能证明他们对马克思的著述并没有真正

① 《马克思恩格斯全集》，中文1版，第45卷，354页。
② 同上书，645页。
③ 同上书，647页。
④ 同上书，503页。

读懂。

综上所述，晚年马克思既不是处于“寂寞的一隅”、“思想荒漠”，也不是向早期人本学的“复归”，而是不断地开发着丰富的理论宝藏。如果说青年马克思的思想在发生学意义上显露出马克思主义理论结构的形成过程，显示出马克思主义作为时代精神精华的本质内容与价值，那么，晚年马克思的思想则体现出他对自己成熟理论形态的发展和丰富，体现出马克思主义在当代的实践价值。正如不理解青年马克思就不能理解马克思主义产生的必然性一样，不理解晚年马克思就不能真正理解马克思主义的发展。不理解晚年马克思如同不理解青年马克思一样，都不能完整准确地理解马克思主义。

第八章 “马克思主义宗教化”的趋势

在当今各种肢解马克思的理论中，宗教化趋势正日益增长。在西方，有些人公然把马克思说成一个“宗教预言家”，把马克思主义说成一种“新宗教”，而谈论所谓“预言家马克思及其宗教”竟成为一种时髦，并汇成一股在马克思主义研究领域内不容忽视的反动思潮。

一、“马克思主义宗教化”思潮的滋生和蔓延

宗教化思潮，是在关于马克思主义与宗教的关系问题上滋生并蔓延开来的。其总的特征是模糊两者的界限，混淆两者的区别，把它们看作相近、相似或相同的东西。其代表人物或者把马克思主义与某种宗教体系如基督教混为一谈，或者干脆把马克思主义说成“工业化世纪的宗教”或“无神论的宗教”等。

这一思潮产生于20世纪30年代。一些西方学者围绕刚刚发表的马克思早期著作《1844年经济学哲学手稿》大做文章，把马克思装扮成道德家和宗教思想家，把马克思主义歪曲为伦理学说和人道主义的宗教。这些观点在西方思想界博得一片喝彩，遂成为一种时髦观点。而作为一种思潮在欧美广泛传播，则是在第二次世界大战之后。20世纪50年代开始，这一思潮在英、美以及拉美诸国的代表性的人物连篇累牍地发表鼓吹文章。英国学者唐纳德·麦克雷在《剑桥学报》上撰文称马克思主义是一种宗教，“它的上帝就是人格化了的历史”。在拉丁美洲还广泛流行着对历史唯物主义的宗教末世论解释。阿根廷资产阶级哲学的最大代表之一 M. 卡

沙斯，就力图在马克思主义关于人和自由的学说中发现能赋予马克思主义以“救世主性质”的宗教层次。

20 世纪 60 年代，“马克思主义宗教化”思潮盛行起来，出现了许多“比较”马克思主义与基督教教义的文章和著作，纷纷用基督教来附会马克思主义。1966 年 H. 阿坡塞克尔在纽约主编的《马克思主义和基督教》一书中，就收入了多篇此类文章。吉乌里欧・吉拉尔第在 1968 年出版了同名著作，其中还借用“苏联叛逃者”和“一位不再信仰马克思主义的华人”来证明马克思主义是一种“唯物主义的宗教”。与这种理论上的气氛相联系，在社会政治生活中基督徒与马克思主义者开始了某种程度的对话和接触。1964 年加拿大联合教会第二十一届理事大会认为基督徒和马克思主义者进行接触是有充分理由的。同年，美国马克思主义者霍尔发起了马克思主义者与教徒的对话。

20 世纪 70、80 年代，“马克思主义宗教化”思潮影响愈益广泛。美国基督教传教士洛赫曼号召“综合”马克思主义与宗教，并提醒人们注意“早期马克思主义”和“早期基督教”有“很多共同之处”。激进神学家 T. 迪安提出了“后有神论”观点，要求建立一种“以马克思主义和《圣经》原有的革命本质的综合为基础”的新神学。美国加利福尼亚大学政治学教授罗伯特・威森在其《马克思主义为什么?》和《作为宗教的马克思主义》中，系统论述了马克思主义是一种新宗教的观点。

近些年来，这股反马克思主义思潮的一些观点传入我国，造成了很大的思想混乱。剖析和批判其谬论，揭露和清除其危害，是马克思主义者的一项重要的现实任务。

二、作为“预言家”的马克思

津津乐道“预言家马克思”是许多西方学者的共同旨趣。这不奇怪，因为把马克思看作预言家是其“马克思主义新宗教论”的一个基本论点和重要组成部分。把马克思说成一个宗教的预言家无非是为了把马克思主义说成一个预言家的宗教。

需要注意的是，在这里所谓预言家不是别的，只是宗教预言家。表面上看，似乎完全可以将预言家合理地理解为“预测者”，即对历史发展和社会现象作出过某些预测和预言的人，但实际上，按照西方的文化传统，所谓“预言家”是指具有宗教身份、在宗教背景下作出了重大宗教预言的人。一般地说，预言家即是宗教的先知或宗教先知式的人物。

因此，把预言家理解为宗教先知在西方人看来是最自然不过的。西方那些把马克思说成预言家的人就是在这种含义上使用“预言家”一词的。在这里，马克思被精心描绘成一个宗教先知式的预言家。美国实用主义哲学家悉尼·胡克在其《马克思和马克思主义者——含糊的遗产》中说，马克思主义是“一种新宗教”，“这种宗教宣称：历史就是上帝，卡尔·马克思就是历史的主要先知”。美国学者帕尔森斯在《卡尔·马克思的预言家使命》① 一文中说：“马克思是位先知。他痛斥了当时的罪恶与腐败，鞭挞了富翁与敌人，号召人民倾听他的心声，加入他的队伍，通过起义建立崇高、美好的制度。而只有他才清楚地看到这个制度正在地平线上微光闪烁。”宾克莱也说：“把马克思当作一个哲学家、预言家或一个新现世宗教的创始人……我们就可以对马克思的重要性认识得更清楚一些。”②

由于西方学者所说的“预言家”有特定的含义，所以他们对马克思所作的预言的具体内容不感兴趣。对他们来说，重要的不是马克思预言的具体内容，而是马克思作为预言家的宗教身份。当他们把马克思描绘成一个预言家时，一开始就把马克思所坚决拒绝的东西强加于马克思。他们把马克思放入一个固定的历史角色，在宗教先知的框子里描绘马克思作为预测者的形象。虽然他们也时常谈论马克思作过的许多预测，并且花费很大的篇幅来论证这些预测的不准确，但在马克思的具体预测和先知形象之间，后者对他们来说永远是第一位的。

宾克莱就具体地描绘了马克思的所谓预言家的形象。他不是像弗洛姆那样只是说马克思继承了“从预言家经过基督教、文艺复兴到启蒙运动各个时期的西方思想传统”，而是从马克思的家庭中即从马克思的父亲所受的 18 世纪启蒙思想的影响中去寻找这种“传统”，去寻找马克思“在预言

---

① 帕尔森斯：《卡尔·马克思的预言家使命》，见阿坡塞克尔编：《马克思主义和基督教》，146～158 页，纽约，1966。

② 宾克莱：《理想的冲突——西方社会中变化着的价值观念》，96 页。

方面的热忱”的家庭渊源。他不但在青年马克思的异化劳动思想中看到了“几乎是预言家的明喻表达”，而且在回想着马克思时脑海中常常浮现出公元前 8 世纪一位“希伯来先知”阿摩司的形象。①

宾克莱把马克思与阿摩司进行了比较，发现有两个共同点：第一，马克思关于资本主义灭亡的预言和阿摩司关于以色列国灭亡的预言都是道德性的预言，即都是以道德理由为依据的。无疑，阿摩司的预言都带有道德意味，他所预言的灾难都是犹太人多行不义而触怒上帝的结果。他关于以色列国灭亡的可怕预言同时是对当时的犹太人丧失公义和普遍堕落的严厉谴责，这个毁灭性预言的理由完全是道义上的。宾克莱以同样的眼光看待马克思，并援引卡尔·波普的话说：“无可怀疑，他的宗教影响的秘密在于它的道德的号召力，他对资本主义制度的批判主要以一个道德的批评而发生效力。”第二，宾克莱认为，马克思与阿摩司一样，不但作出预言而且诉诸行动。他写道：“马克思并不是一位闲散的梦想家，盼望着会像奇迹似的出现一个‘新天地’，而是更像《旧约全书》中的先知阿摩司那样，告诉人们为了真正得到自由他们必须做些什么。”由于这两个被臆造出来的“共同点”，马克思成了阿摩司式的宗教先知和预言家。

但是，宾克莱的类比不仅是牵强的，而且是荒唐的。无疑，马克思预言了资本主义的最终灭亡，但却不是像阿摩司那样仅仅以道德理由为依据。虽然马克思也对资本主义的罪恶作过道义上的谴责，但他对资本主义制度的死刑宣判一开始就越出了道德义愤的狭隘范围，以对资本主义运行的客观规律的正确认识为依据。马克思虽然预言了共产主义的必然胜利，但却不是像那些总是过甚其词的人道主义者和喜欢大喊大叫的空想主义者那样，热衷于并满足于对未来理想社会的预言。只是空想社会主义者才不但预言了未来的理想社会，而且以先知式的态度详尽无遗地描绘未来的理想图景。如果说社会主义和共产主义也有自己的“先知”和“预言家”，那么这不是马克思，而是空想社会主义者和空想共产主义者。在马克思主

---

① 阿摩司，《旧约全书》中的犹太先知，活动在公元前 8 世纪。他向犹太人宣布了许多预言，尤其是预言了犹太人国家以色列和犹太国的灭亡。虽然在《旧约全书》中他只是 12 小先知中的第 3 名，但无疑是犹太历史上最有名的宗教预言家之一。

义看来，所谓社会主义或共产主义的“先知”和“预言家”，只是一种具有讽刺意味的说法，马克思和恩格斯不止一次地嘲笑过以共产主义“先知”和工人阶级的“救星”自居的空想共产主义者魏特林。恩格斯在《关于共产主义者同盟的历史》中提到魏特林“这个从一个国家被赶到另一个国家的预言家，口袋里装有一个能在地上建成天堂的现成药方，并且觉得每个人都在打算窃取他的这副药方”①。马克思早在1846年就曾在布鲁塞尔共产主义通讯委员会的会议上批判过魏特林的救世主义和“预言家”的狂态。

在马克思和恩格斯看来，工人运动只是在自己还十分幼稚的最初时期才需要并出现了自己的“预言家”和“先知”。如果只是靠这些先知来引路并从其预言中吸取灵感和力量，那么社会主义只能永远处于自己的空想时期。因为社会主义的“预言家”本身都是不自觉的和不成熟的社会主义者，缺乏对社会主义运动的科学认识。社会主义要想从空想变为科学，就必须永远与自己的“预言家”告别。

马克思与空想社会主义者的区别是思想家与预言家的区别，也是科学家和道德家的区别。马克思并不是一个只凭道德义愤和理想热忱来作出预言并诉诸行动的人（这一点空想社会主义者也做到了），而是一个通过经验考察和科学研究使社会主义学说从空想变为科学的人，或者说，使社会主义的预言具有了科学基础和依据的人（正是这一点使马克思区别于空想主义先驱）。因此，严格说来，马克思不是“预言”了资本主义的灭亡和共产主义的胜利，而是用科学“证明”了这一点。

科学家（思想家）与预言家（道德家）的区别是明显的。正如英国学者A.凯内所认为的那样，预言家是肤浅的、敏感的和激情的，而思想家则是深刻的、客观的和冷静的。预言家的任务是“把他的听众的那些还未成熟的信念令人印象深刻地表达出来”，以此来对公众进行说教和劝诫，他不需要系统深刻的思想和理论。② 斯宾诺莎早在三百年前就认识到这一点了，他在《神学政治论》的序言中说，预言者只有对于道德问题来说才

---

① 《马克思恩格斯选集》，1版，第4卷，194页。

② 参见A.凯内：《卡莱尔》，109、158页，北京，中国社会科学出版社，1987。

是权威。他们的理论学说不能让我们心服。对社会主义运动来说重要的不在于希望用预言家的言辞来激发起工人阶级的激情，而在于用科学社会主义的理论论证去指明他们的道路。马克思在批判魏特林的救世主义、阐明用科学武装社会主义运动的重要性时指出，如果没有严格的科学思想和正确的学说来号召工人，那就等于玩弄空洞虚伪的传教把戏，一方面是一个慷慨激昂的预言家，另一方面只是一些张着嘴巴听他讲话的蠢材，这样只能导致社会主义运动的毁灭。①

西方学者之所以热衷于“恢复”马克思作为预言家的“公正地位”，就是想用预言家的马克思取代科学家的马克思，用道德家的马克思取代思想家的马克思，以达到抹杀马克思学说的科学性并从而用社会主义的“预言”来取代社会主义现实的目的。如果马克思主义只是一种对社会主义的道德预言，而不是科学的指导，那么这样的马克思主义对资本主义无害并可以为资产阶级所接受。

三、荒谬的类比：马克思主义与宗教的所谓共同点

把马克思装扮成宗教预言家只是西方学者的“比较研究”的一支序曲，远不是其“马克思主义新宗教论”的全部内容。实际上，关于历史人物的形象描绘和功过评价并不是他们真正的兴趣所在。他们不会满足于把马克思与宗教先知进行比较，他们所热衷的是把马克思主义与基督教体系进行“比较研究”，并发现其“共同之处”，以便把矛头指向马克思主义科学体系。对此，宾克莱毫不掩饰地说：“读者显然可以看到，马克思的思想与希伯来—基督教有许多相近的地方。”②

形形色色的马克思主义评论家纷纷登场，为了把马克思主义变成宗教而著书立说。法国神学家雅谷·马里旦的《完整的人》一书在论及现存共产主义时断言：这是一种宗教，而且是最专横的一种，自以为一定被指定来取代其他一切宗教；一种无神论的宗教，辩证唯物主义就是它的教义，而作为生活制度的共产主义即是它的伦理的和社会的表达。法国“新哲

① 参见《人间的普罗米修斯》，45页，北京，人民出版社，1983。
② 参见宾克莱：《理想的冲突——西方社会中变化着的价值观念》，104页。

学”家列维和格鲁克斯曼都对马克思主义竭尽诬蔑诋毁之能事，攻击马克思主义是“人民的鸦片”，并说在当今世界上有两大教会：基督教会和马克思主义教会。英国哲学家伯特兰·罗素则说道：“我认为世界上各大宗教——佛教、印度教、基督教、伊斯兰教以及共产主义信仰，全是虚假而有害的。”①

他们绞尽脑汁企图寻找马克思主义与宗教的共同之处。法国“荒谬哲学”家阿尔贝·卡缪在其《反叛者》中把共产主义与基督教教义比较，找到了所谓三个“相同点”：第一，“这两种学说共有一种世界观”；第二，两者都是一种创造性的宿命论；第三，两者都以历史的名义要求建立一种新的顺从和秩序。美国的R.塔克则更进一步发现了四个共同点：第一，两者都有一个包罗万象的统一的世界观；第二，人的堕落与赎罪都是在一个历史哲学中提出来的；第三，基督教认为人要得救必须再生，而马克思则认识到一种新型的再生的人必须站起来去追求理想的实现；第四，两者都要求思想与行动的统一。② 如此等等。如果抛开其令人费解的词句而总括一下他们的新发现，那么所谓马克思主义与基督教教义的“共同点”大体表现在三方面：世界观的共同性、历史观的共同性和社会作用的共同性。

在世界观上谈论马克思主义与基督教教义的共同性已是语出惊人，至于说两者“共有一种世界观”，那就更荒谬绝伦了。因为两者的本质区别正是世界观的区别，而且这种区别是一目了然的：一个是有神论，一个是无神论；一个是唯心主义，一个是唯物主义。

要在马克思主义与基督教教义之间寻找世界观上的共同点，除了空话连篇就是热昏的呓语，此外还能有别的什么呢！例如，塔克说，两者作为世界观都是统一而包罗万象的。这算什么共同性！世界观就其本义来说就是要向人类提供尽可能完整统一的对世界的看法。任何世界观在一定意义上都可以说具有包罗万象的性质。尽管每一种世界观的理论的系统化、表达的完备程度和立足点不尽相同，但作为一种世界观对于它当时的环境条件和特定信奉者来说都提供了最大可能的完整性。以此来说明马克思主义

① 伯特兰·罗素：《为什么我不是基督教徒》，8页，北京，商务印书馆，1982。
② 参见宾克莱：《理想的冲突——西方社会中变化着的价值观念》，104页。

与基督教教义在世界观上的共同性其实是什么也说明不了的。卡缪比塔克走得更远，说两者共有一种世界观。但他接下来所举的例子却是，在“基督教和马克思主义者看来，必须支配自然”。这又是一个奇怪而含糊的论点了。因为，马克思主义说改造自然是以承认自然界本身的客观存在和对于人及其意识的优先地位为前提的，而基督教说支配自然则是认为自然万物是上帝为人而造设的。至于罗素所着力宣扬的所谓马克思的“宇宙乐观主义”接近宗教有神论的看法，其荒谬之处比起塔克和卡缪更甚。他说：“马克思自称是个无神论者，却又保持了一种只能从有神论找到根据的宇宙乐观主义。”① 这显然是将宗教目的论强加于马克思。难道真像基督徒相信冥冥中的上帝已为他们准备了好的归宿一样，马克思也相信宇宙中有一个有利于无产阶级的类似的目的吗？其实，马克思并不像罗素所说的那样全神贯注于头顶上的天空，并没有抽象地谈论什么乐观的宇宙或到冥冥中寻找什么乐观目的，也没有声称自己发现了这个目的，而是始终帮助工人阶级从现实生活中去寻找实现自己的阶级利益的途径。

西方学者谈论得最多也是最起劲的地方还有马克思主义与基督教教义在历史观上的所谓共同点。塔克认为两者的“历史哲学”是共同的。马克思主义所说的无产阶级苦难和解放，也就是基督教所说的人的堕落和得救。法国哲学家A.伯努瓦认为马克思主义的历史理论是“基督教历史理论的一种世俗化形式”②。因为在他看来，马克思主义的共产主义图景与基督教的世界末日图式是相同的。

末世论就是宗教关于世界末日的理论。基督教末世论认为，人类终将走向末日，人人接受末日审判，或上天国，或入地狱，各得其所。而在末日到来之前，基督降临人间作王一千年。这就是基督徒等待的千年王国——末世。西方学者或者把未来的共产主义等同于基督教的千年王国，或等同于审判后的天堂。塔克就径直宣称“唯物史观是末世论的一种形式”。西方马克思主义哲学家恩斯特·布洛赫也用宗教末世论来解释马克

---

① 罗素：《西方哲学史》下卷，344页，北京，商务印书馆，1976。

② A.伯努瓦：《一种对待生活的态度的唯名论基础》，见《新右派》，137页，巴黎，1979。

思主义，把共产主义称为“乌托邦”，并认为它的价值就在于它不能实现而只能带给人“希望”。波兰哲学家科拉科夫斯基也说马克思主义是一种“世俗末世学”，“它相信普天同乐的天堂就在眼前等待着我们”。他们都力图通过把共产主义比作“千年王国”或天堂来丑化和贬低“共产主义”。

西方学者不但把共产主义与宗教末世等同起来，而且把马克思主义历史观对共产主义实现的必然性的论证混同于基督徒关于世界末日必然到来的观念，把共产主义者对未来的乐观主义混同于基督徒对世界末日的期待。他们把矛头指向马克思关于历史规律必然性的思想。德·曼在其《社会主义心理学》中把马克思所说的历史规律称为一种新型的神，并认为是“一种严厉的暴虐的残忍的神，它显然与《旧约全书》中的耶和华以及卡尔文派的亦即资本主义文化的那些注定的先驱者的神，有着一种奇特的内在血缘关系”①，“一个人信仰决定论，这就意味着这个人求助于超自然的力量，以便在敌人中引起恐惧，在自己队伍中产生信心”②。英国的斯特拉彻在评论美国人麦克斯·依思特曼的《马克思、列宁和革命科学》一书时，热烈地附和着说，马克思的哲学“乃是一种新宗教的圣经，它向我们‘启示’，世界正在以神秘不可解的方式，迅速而肯定地向着社会主义乌托邦自行转变，无须我们费什么力”③。卡尔·波普谴责马克思主义是一种“狂妄”的信念，因为共产主义的历史预言要求人们“帮助实现不可避免的事!”

把马克思主义历史观与基督教末世论等同起来的做法，虽然打着“比较研究”的幌子，实际上完全是一种荒谬的类比，因为它的方法是非科学的。它或者诉诸外在特征的抽象类比，或者抛开思想内容本身而诉诸所谓共同的心理基础和感情内容。他们仅仅以外表上似是而非的类似性为根据，把根本不可比的两种学说牵强附会地扯在一起，抽象地进行类比，并从中得出符合自己需要的结论。为此，他们甚至玩弄语汇上的把戏。例如罗素为了说明马克思主义在对历史的“理解方式”上与犹太—基督教的相同，在他那部学术性较强的著作《西方哲学史》中，居然编撰了下列比较研究的公式：

---

① 参见《老修正主义哲学资料选辑》，第1辑第6分册，112页，上海，上海人民出版社，1965。

② 同上书，111页。

③ 同上书，62页。

亚威（耶和华）＝辩证唯物主义
救世主＝马克思
选民＝无产阶级
教会＝共产党
耶稣再临＝革命
地狱＝对资本家的处罚
基督作王一千年＝共产主义联邦①

任何神智正常的人看了这样穿凿附会的荒唐类比都会哑然失笑。除了玩弄词汇以外，他没有提出任何客观思想内容上的共同点作为佐证。事实上只要一涉及马克思主义历史观与基督教历史观各自的具体思想内容，他的谎言就会一下子被戳穿。

为了寻找对其抽象类比的支持，罗素诉诸马克思主义与基督教教义在“感情内容”和“心理基础”上的共同点。他端详着自己独撰的“一系列公式”，满意地说：“左边的词汇意味着右边词汇的感情内容。正是这种夙为基督教或犹太教人士所熟悉的感情内容使得马克思的末世论有了信仰的价值。”② 在这里，概念和词汇不是客观内容的反映和概括，而是词不达意的情绪代用品，这还有什么客观的比较和公正的结论可言呢？

西方学者还通过比较马克思主义和宗教的社会作用，着力抹杀它们之间的对立。科拉科夫斯基说，马克思主义是“一种盲目信念的学说”，“它的功效只有一种宗教的性质”。他们认为，马克思主义和宗教都能吸引被压迫者，指引他们去战斗。罗素认为同早期伊斯兰教一样，共产主义者也是“由一种信仰所鼓舞，即相信一个叫做‘唯物主义’的上帝正在和他们一起战斗，而且在适当的时候，使他们取得胜利”③。在他们看来，似乎既然马克思主义者在为共产主义实现而斗争中也有信仰的热情，那么就与宗教徒无异了，马克思主义也理所当然地成了一种宗教。这种荒谬的观点如果不是出于对马克思主义的极端无知，就是心怀叵测，另有所图。近半个

①② 罗素：《西方哲学史》上卷，447～448页。
③ 《现代西方历史哲学译文集》，126页，上海，上海译文出版社，1984。

多世纪以来意识形态领域中围绕这个问题的斗争，充分证明了这一点。

四、两种信仰：马克思主义与宗教的对立

透过西方学者把马克思主义宗教化的思想趋向，人们不难看到他们共有一个潜在的思想前提：信仰即是宗教，两者完全相同。在某些西方学者看来，科学与信仰是两不相涉的，马克思主义是一种信仰而不是科学，而信仰无非是宗教信仰，所以马克思主义也是一种宗教，顶多是一种新宗教。他们不是通过论证基督教是一种科学体系，而是通过论证马克思主义是一种信仰体系，来将马克思主义与基督教教义混同起来。例如奥地利红衣主教即梵蒂冈负责与非教徒对话的秘书处主任克尼格认为，马克思主义的无神论不是以科学而是以信仰为基础的，因为现代科学实验材料和经验方法驳不倒作为最高存在物的上帝，不可能成为马克思主义无神论的科学基础，因此，他断定马克思主义是一种无神论的宗教。①

这样做对西方学者来说是适宜的。因为既然除了宗教之外没有也不可能有其他种类的信仰，那么只要证明马克思主义也是一种信仰，就大功告成了。于是，为做到这一点，他们极力突出马克思主义对其信奉者的鼓舞力量，甚至不惜词汇来夸大和“称赞”马克思主义的信仰功效。但是他们没有发觉，他们的思维过程有一个巨大的漏洞，那就是关键并不在于马克思主义是不是一种信仰，而是在于它是怎样一种信仰，即是科学的信仰还是宗教信仰？

的确，马克思主义作为一种信仰与宗教信仰存在着某些表面上的相似之点，如两者都产生于人类的实践活动，都反映着（不论正确地或颠倒地）一定的社会现实，都表现为一种包括认知、情感、意志在内的主体心态等。但在这里共同点是次要的，区别才是主要的、根本性的。而且正是这些共同点才构成两者区别的基础。这种区别不是具体信仰之间（如两种宗教信仰之间）的特殊的区别，而是两类信仰之间的本质区别。这种本质区别主要是信仰对象的区别。

---

① 参见 A. 梅斯里夫钦科主编：《当代外国马克思列宁主义哲学》下卷，584 页，北京，社会科学文献出版社，1986。

马克思主义者所信奉的是能被证实的科学命题，而宗教徒所信奉的是不能被证实的非科学命题。把信仰对象当作命题放在认识论上考察，就会看到马克思主义和宗教是两种根本不同的信仰。

宗教信仰将被科学证明为正确的东西抛开，直接利用和夸大未被证明或根本不能被证明的结论，使之成为某种本源的、超越于认识论之上的东西，并对它施以绝对相信。宗教信仰在科学认识和信仰之间划一鸿沟，认为只有对不能被科学地检验的东西的相信才是真正的信仰。宗教徒认为这种信仰自身具有合理性尺度，它与科学知识处于互不相涉的领域，虽然它在科学昌盛的时代常常力图附会科学结论，但并不是用科学来衡量自己。西方许多人持这样的观点：一个命题，如果被证实了，则它就是知识而与信仰不相干；如果它被证明是错的，则它就成了谬误，也与信仰不相干。只有当这个命题尚来被检验或虽被检验但既没被证实又没被证伪的情况下，对这个悬而未决的命题的相信才是信仰。事实上，这种观点是片面的，是用宗教的眼光来看信仰，在他们的信仰定义中不包括科学信仰，所以许多西方学者看不到马克思主义与宗教信仰的根本区别。

马克思主义信仰则是对得到科学证明的真理性认识的相信，是将科学知识内化为信仰，并用它指导行动。在这里科学知识与信仰不再根本对立，而是作为实践本身的两个相互关联和过渡的环节在实践活动中统一起来。这种统一中保留了两者的差异，这是两个环节的差异，不具有两个独立实体之间差异的意义。正如苏联哲学家科普宁所说：“马克思主义认识论认为科学知识不是同任何的信仰并存，而只是同那种依据科学资料、科学证明，并引导人走向实际实现科学思想的信仰并存。”①

就信仰的对象物而言，马克思主义所信奉和追求的共产主义伟大理想是人类实践活动的最宏伟目标，而宗教徒所信奉和追求的则是一个超自然存在物——上帝，它已完全丧失了人类实践目标的特性，因而看起来与人改造世界的实践活动目标相去甚远，甚至毫不相干。宗教信仰的对象经历了一个与人类实践目标的分离过程，极大地丧失了目标性这个信仰对象的根本特性。因而当共产主义理想的合理性很容易在人类实践的活动目标上

---

① 科普宁：《马克思主义认识论导论》，272页，北京，求实出版社，1982。

得到理解的时候，宗教的上帝则因无法从实践目标上得到理解而成为一个不可捉摸的神秘物。因而神学家绞尽脑汁来论述上帝是否存在以及怎样存在的问题，但仍不得要领。

共产主义远大目标既是人的理想和愿望的寄托，又是可以通过现实的实践活动而达到的现实目标，因而共产主义目标是物质价值和精神价值的统一，而且精神价值依赖于物质价值并为之服务。而宗教的上帝由于丧失了目标特性，成为一种纯粹精神的价值体现即精神寄托。本来，人将注意力、精力和热情集中寄托在自己活动的目标上是为了去实现它，在对自己设定的目标的信赖和现实追求中，人们自然会感到精神上的愉快和充实，受到激励和鼓舞，也得到安慰，但这是与实际行动的鼓励结合着的、积极的安慰，而且安慰并不是主要的。但在宗教那里，人将精神寄托给上帝仅仅是为得到心理安慰。这种安慰由于没有实际内容而流于哄骗和麻痹。人就由主动设立和追求目标的主体变成无所事事的客体，跪倒在万能主体上帝的面前，盼望恩惠。

信仰心态是由认知、情感和意志所组成。“相信”这种独特的主观因素位于信仰心态的中心，处在与信仰主体的认知、情感和意志活动的相互作用中。在相信的产生方式上，马克思主义科学信仰与宗教信仰是根本不同和对立的。宗教对神的相信多由感情、情绪的参与而形成，不因认识而产生的相信也不因认识而消失，科学发现往往并不能使宗教徒的虚幻信仰动摇。宗教常常对科学发现的后果置之不理或者在势力所及的范围内压抑和取消科学发现，相反，情感的变动和行动的需要则往往能使宗教徒改变信仰。在科学信仰即马克思主义那里情况完全相反。相信是作为一种服从认识论真伪标准的认识态度而产生和消失的。认识一定要符合其对象，而相信又一定要符合于正确反映了它的对象的认识，可信度与真实度相符合。感情的因素虽可阻碍或促成相信的产生和消失，但相信在这里主要依据于对客观对象的认识水平。

相信与认知、情感、意志的相互作用还有另一方面，即相信对认知、情感、意志的影响。在科学信仰和宗教信仰中，这种影响的性质和特点也不一样。在宗教那里，相信本来是由盲目的感情和意志导致的，因而相信又反过来使感情和意志的盲目性加剧。各种宗教感情和宗教行为都受制于对上帝的相信，教义是怎样的或上帝的要求是怎样的，人们的感情或意志就是怎样的。对教义的绝对相信，阻碍了人们对客观事物的真实认识。而马克思主义科学信仰正好相反。由于相信是随知识而出现并与知识相一致的，所以科学信仰中的相信反过来促进人们去进行科学认识和探索活动。认识越发展，越符合科学信仰的要求。而对科学真理的相信又使感情和意志建立在理性和知识的基础上，避免了感情和意志的随意盲目的发挥。

对信仰心态的考察不能仅局限于自身内部的因素，还要在它与信仰对象的联系中来考察这些因素的外化或体现。这样，信仰心态内部认知、情感、意志三个因素就外化为信仰主客体的三种关系，亦即信仰主体把握信仰客体的三种方式，即理论确证、情感体验和行为追求。

正像无论是马克思主义还是宗教都具有信仰心态中认知、情感、意志三因素一样，在信仰主体对信仰客体的把握中也都有理论确证、情感体验和行为追求三种方式，但每一种方式的重要程度和所起的作用在这两种信仰中是不同的，这是由信仰对象的不同决定的。

在宗教那里，由于它所信仰的命题不能被科学证明，所以对信仰对象——上帝的理论确证是没有认识的真理性的。多数教徒并非通过理论上的证明才相信上帝，而且很多人并不对理性抱这样的期望。与理论确证相比，情感体验在宗教中占有更重要的地位，它甚至是全部宗教信仰心态的基础。而且宗教信仰的外在行为也是为了达到内心体验而存在的，因而它不具有改造世界的意义。正是由于情感体验在宗教中的特殊地位，我们很容易理解为什么宗教信仰心态容易发展成为一种盲目的炽热感情——宗教狂热。

具有科学性的理论确证是马克思主义科学信仰的基础，它决定了这个信仰的科学性质。当然，在马克思主义科学信仰中，情感体验也是存在的，但它以理论确证为基础，以理论真理为限度，并服务于对共产主义远大目标的行为追求。这种行为追求是马克思主义科学信仰的归宿，它不是为了进行情感体验，而直接是改造世界的实践活动本身。只有这种信仰才真正符合人类信仰的积极本质，而宗教作为陈旧了的信仰形式不过是在颠倒的历史年代里的、人类本质活动的颠倒表现罢了。

马克思主义创始人历来把自己的学说与宗教信仰和神学理论严格划

清界限。众所周知，马克思正是在对宗教及其所依附的资本主义社会的批判中开始阐发自己的学说的。马克思认为，宗教是人民的鸦片，“对宗教的批判是其他一切批判的前提”。恩格斯继续揭示宗教的幻想性，并科学地揭示了宗教的本质和起源：“一切宗教都不过是支配着人们日常生活的外部力量在人们头脑中的幻想的反映，在这种反映中，人间的力量采取了超人间的力量的形式。”① 马克思主义从其产生起，就与一切宗教信仰决裂，而且坚决反对建立所谓未来新宗教的企图。恩格斯对许多主张在基督教衰落后创立新宗教的著名人物进行了理论上的清算，如托马斯·卡莱尔的英雄崇拜、歌德的劳动崇拜以及费尔巴哈所谓爱的宗教等等。他写道：“据说应当创立一种新的宗教，即泛神论的英雄崇拜、劳动崇拜，至少也要等待将来产生这样一种宗教。但这是根本不可能的……”② 恩格斯晚年还批判了费尔巴哈对宗教的迷恋和试图用一种“新的、真正的宗教”来代替旧的宗教的做法。

马克思主义的产生使共产主义从空想变成了科学。这种转变的一个重要标志，便是马克思主义与工人运动的结合使其在指导思想上彻底摆脱了宗教信仰的影响。在马克思主义产生之前，空想共产主义理论家为了吸引工人群众，同时也由于他们的思想局限性，曾经公开宣传共产主义与基督教的相似性和一致性，希望从基督教中寻找精神力量，从与早期基督教运动的相似性中寻找工人运动的合理性。这在马克思主义产生并与工人运动结合之前，是不可避免的，因为工人阶级刚刚开始觉醒，身上无疑带有历史上被压迫者自发运动和利用宗教进行斗争的特点。但马克思主义的产生，意味着工人阶级有了自己的科学信仰，工人阶级从自在阶级转变为自为阶级，共产主义从空想转变为科学。从那时起，马克思主义理论与共产主义运动融为一体，任何把马克思主义或科学共产主义混同于宗教的企图都是错误的，不符合工人阶级利益的。

马克思主义创始人和经典作家不但尽力清除宗教信仰对共产主义运动的影响，而且更反对把共产主义本身变为某种宗教的企图。例如马克思

① 《马克思恩格斯选集》，1版，第3卷，354页。
② 《马克思恩格斯全集》，中文1版，第1卷，649页。

和恩格斯对克利盖的严厉批判，后者在美国把共产主义宣扬为一种伤感的爱的宗教。列宁对波格丹诺夫、巴札罗夫的批判也是如此。当高尔基邀请列宁到喀普里（当时波格丹诺夫、巴札罗夫等也在那里）去时，列宁坚决地予以拒绝，并说：“我不能，也不想同那些鼓吹把科学社会主义和宗教结合起来的人交谈。”① 列宁时刻把科学与宗教对立起来，指出“排除科学的规律，事实上只能是偷运宗教的规律”。

同制造“两个马克思”的神话，制造“马克思、恩格斯对立”的神话一样，把马克思主义宗教化的企图也必将在科学真理和革命现实面前暴露出虚假的本质，也必将为一切要求推翻资本主义、从事社会主义革命和建设的无产阶级以及人民群众所唾弃。马克思主义是科学，马克思是革命家和科学家这个事实必将随着历史的发展，在全世界的范围内为越来越多的人所广泛接受，并用以指导自己的革命实践活动。

---

① 克鲁普斯卡娅：《列宁回忆录》，161页，北京，人民出版社，1960。

第九章　马克思主义在实践中前进

我们的时代，为创造性地发展马克思主义提供了前所未有的条件和机遇。现实提出的问题在呼唤马克思。葛兰西说过一段很有见解的话，他说，马克思是一个历史时代的精神的创始人，这时代大概要延长几个世纪，也就是一直到政治社会消灭和调整了的社会建立为止。只有那时，他的世界观才会被超越。

马克思主义必须坚持但又必须发展。实践是最强有力的，它既会惩罚对马克思主义的肢解，又会打破把马克思主义教条化的僵局。在这种大变动时期可能会出现所谓“危机”。其实这种所谓理论危机正是马克思主义面对挑战而迅速推进自己的时期。没有危机的封闭状态才是真正的危机。

一、对历史经验的反思：坚持和发展的辩证统一

斯大林和毛泽东是国际共产主义运动的领袖人物。他们的逝世，受到人民的沉痛哀悼，但又为结束个人崇拜、重新推进马克思主义带来新的转机。痛苦与期望、悼亡的哀乐与新的进军号的矛盾结合，表明斯大林和毛泽东是具有某种悲剧色彩的伟大历史人物。

1953 年 3 月 5 日斯大林逝世。几年以后，在 1956 年 2 月的苏共二十大上，赫鲁晓夫终于亮出了反对个人崇拜的旗帜。接着在 6 月 30 日又发表了《苏共中央关于克服个人崇拜及其后果的决议》。赫鲁晓夫对斯大林问题的处理显然存在着方式、方法上的缺点，但应该承认反对斯大林个人崇拜，是出于现实的要求。

1976年9月9日毛泽东逝世。这是继斯大林之后，世界上最大的社会主义国家、最大的无产阶级政党的领袖的逝世。二年后，1978年12月召开的中共十一届三中全会，高度评价了正在开展的关于“实践是检验真理的唯一标准”问题的讨论，提出于历史地、科学地认识毛泽东的伟大功绩，完整地、准确地掌握毛泽东思想的科学体系的问题。这实际上是以中国的方式，含蓄地、有分寸地开始了对毛泽东个人崇拜现象的批评。

斯大林和毛泽东生前，对自己领导中的错误，在一定时期和一定范围内也可以克服。例如，斯大林在苏联农业全盘集体化时期，对胜利冲昏头脑的批评；毛泽东在郑州会议上，对“大跃进”和“人民公社化”中的平均风和共产风的批评，以及在1962年1月党中央召开的七千人大会上的自我检查，都说明了这一点。但集体领导原则和民主集中制的破坏，都堵塞了他们彻底改正自己错误的可能性。他们的错误只有在他们死后以反对个人崇拜的方式来纠正，这是无产阶级夺取政权以后，马克思主义在社会主义国家发展中出现的新问题。其中有许多可供总结的经验教训。

苏联在斯大林逝世后不久，1953年6月10日《真理报》的文章《共产党是苏联人民的领导力量》和同年8月《共产党人》杂志编辑部的文章《人民是历史的创造者》，开始提出了反对个人崇拜问题，以后陆续发表了这方面的文章，逐步松动了长期禁锢人们的教条主义的紧箍咒，从而导致1956年2月在苏共二十大上公开提出反对个人崇拜问题。

在中国，毛泽东逝世后并没有立即提出个人崇拜问题。相反，在一段时期内，强调的是“两个凡是”原则。理论上的拨乱反正，主要放在把被“四人帮”颠倒的理论重新颠倒过来，而没有触及如何完整全面理解毛泽东思想问题。尽管在政治上发生了根本性变化，但在以什么态度对待马克思主义和毛泽东思想这个根本问题上，仍然是在旧的思想轨道上踯躅。

但是，实践是最强有力的。1957年以来，特别是“文化大革命”时期积累起来的经济、政治矛盾，使生产力和科技发展缓慢，从而把一个最尖锐的问题放到人们面前：究竟是“按既定方针办”，沿着原有的路线走下去，还是真正按照中国的实际情况，建设有中国特色的社会主义呢？要走后一条路，必须正确对待马克思主义，特别是突破“两个凡是”原则。要做到这一点，必须找到比马克思主义、比毛泽东个人权威更高的权威，这就是实践原则，1978年上半年在中国大地上展开的关于“实践是检验真理的唯一标准”的讨论，使这个马克思主义中最常见、最基本的原理，取得了特殊的、奇妙的政治与理论功能，成为打开禁锢人们头脑铁锁的钥匙。

在斯大林时代，苏联共产党的特殊地位，使得斯大林的理论和实践的影响力超出了苏联一国的范围。斯大林问题成为一个国际性问题。破除对斯大林的个人崇拜，无论对社会主义国家还是对不处于执政地位的共产党都起到不同程度的影响。但是由于复杂的国际形势，使得从苏共二十大开始的反对对斯大林的个人崇拜，转变成一个国际性的大争论，并形成各种性质的矛盾交织的复杂局面。反对教条主义，反对个人崇拜，创造性地发展马克思主义的呼声，同借反对教条主义为名，以非斯大林化为号召，变本加厉地肢解马克思主义交织在一起。

历史似乎在重演。1976年，特别是1978年，在中国又开始了批判个人崇拜、反对把马克思主义凝固化的教条主义的斗争。但情况已经不同。世界已经历了20年的演变，特别是我们汲取和总结了赫鲁晓夫处理斯大林问题的教训，对毛泽东作出了历史的、科学的评价。在中国，自从开展“实践是检验真理的唯一标准”的讨论，特别是1978年十一届三中全会开始的，并不是针对毛泽东的非毛运动，而是真正坚持和发展马克思列宁主义、毛泽东思想，实事求是、解放思想的运动。

这是思想解放的十年，也是创造性地推进马克思主义的十年。通过关于“实践是检验真理的唯一标准”的讨论，人们逐步认识到，马克思主义提供的并不是现成的答案，而是认识世界和改造世界的根本理论和方法。中国的马克思主义者要取得社会主义建设的伟大成就，必须把马克思主义的普遍真理同中国的实际结合起来，创造性地推进马克思主义，建设有中国特色的社会主义。如果一切从本本出发，思想僵化，马克思主义的生机就要受到戕伐，社会主义社会就要重新陷入停滞。这个认识的代价是昂贵的。它凝结了十月革命以来70多年的国际经验，凝结了中国30年社会主义建设的经验。

十年来，在社会理论的各个领域，呈现出探索性的、力图创造性地运用马克思主义的局面。以“实践是检验真理的唯一标准”为突破点，扩展到许多理论领域。无论是就其讨论的问题、讨论的深度和广度来说都是

“文化大革命”及其以前的年代无法比拟的。特别是思想解放运动推动了经济体制和政治体制的改革，而改革的深化和发展又求助于理论的指导和论证。这种彼此影响、循环推进的互动作用，对于创造性地发展马克思主义是非常有利的条件。

但事物始终有两面性。反对“两个凡是”，提倡实事求是、解放思想，打破了思想僵化状态，弘扬勇于探索的精神，这完全是正确的。可是有些人却企图把它变为彻底否定毛泽东思想的非毛运动。他们鼓吹“学派论”、“多元论”、“过时论”，把坚持马克思主义和发展马克思主义对立起来。他们把坚持看成教条主义，而把发展看成彻底否定马克思主义的基本原理，实际上是以发展为名，行否定马克思主义之实。

坚持和发展应该是辩证统一的。只有坚持马克思主义，即以马克思主义为指导，沿着马克思主义开辟的道路前进，才有可能创造性地发展马克思主义。同样，也只有创造性地发展马克思主义，并不断结合新的实际，总结新的经验，解决新的问题，才能彻底坚持马克思主义。离开了发展的坚持，必定是僵死的教条主义。

其实，真正的坚持，其中就必定包含发展。因为在不同的时间、地点、条件下，面对不同的问题，始终坚持马克思主义，必然要求创造性地面对现实。固守“本本”，奉行“凡是”原则是做不到这一点的。反过来说，真正称得上创造性发展的理论，其中必然包括坚持，即包括对马克思列宁主义的立场、观点和方法的运用，对它的基本原理的确认。一个背离马克思主义基本原理的所谓创造性的马克思主义，过去没有，现在没有，将来也不会有。

搞个人崇拜并不是真诚信仰马克思主义，而是一种迷信。如果说，宗教迷信是“神的人格化”，即幻想中的神转变为一种真实的存在；那个人崇拜则是人的神化——人变成了绝对正确的、全能的上帝，这是一种虚假的形象。这种虚假的形象，尽管在一定时期内也能激起某种热情和期待，但从长远看，它禁锢人们的头脑，窒息广大人民的主动性和创造性。因此，反对个人崇拜，不仅不会导致马克思主义的危机，相反，它是真正打破停滞状态，克服危机，重新在被凝固化了的马克思主义中注入生命力的良药。

个人崇拜要反对，但马克思列宁主义、毛泽东思想一定要坚持，这是从历史经验反思中得出的重要结论。

二、马克思主义与当代资本主义

从马克思主义发展史的角度看，通过反对个人崇拜，马克思主义进入了自我反思的时期。它通过对当代资本主义的研究，重新验证自己，发展自己。

这个时期，从外观看似乎是所谓危机时期。其实，正是马克思主义最具有创造性发展的可能性和必要性的时期。第二次世界大战后，特别是近几十年来资本主义的变化，提出了许多新的问题，要求给予科学的回答。问题—问题的回答—发展，这是马克思主义发展的规律。

对资本主义社会形态的分析，是马克思主义学说中最重要的部分。不仅《资本论》，而且完全可以说，马克思和恩格斯的绝大部分著作，都是直接或间接同研究资本主义社会密切联系的。揭示资本主义社会发展规律，阐述无产阶级伟大历史使命，是马克思主义学说的重要之点。因此，没有关于资本主义的理论，就没有马克思主义。

西方某些比较严肃的学者，承认马克思主义关于资本主义理论的基本原则并没有过时。例如，美国学者海尔布隆纳在《马克思主义：赞成和反对》一书第四章“对资本主义的社会分析”中说：“我对马克思关于资本主义是什么的分析所持的态度要肯定得多，不管这种分析在说明资本主义将变成什么方面有什么问题。这个从简单商品开始的对资本主义的社会分析，我认为是我们所见过的最值得注意和最发人深省的敏锐思维之一……只要资本主义存在着，我就不相信我们能在任何时候宣布他关于资本主义内在本性的分析有任何错误。”①

但不少学者根据资本主义的变化，根本否认马克思主义对资本主义分析的科学性和合理性。赖特·米尔斯认为，马克思主义的“各种理论都打着维多利亚时代资本主义的烙印”，“古典马克思主义已不再能确切地说明

① 海尔布隆纳：《马克思主义：赞成和反对》，62页。

先进资本主义的现实状况，而是一种使用‘希求语气’的政治空谈”①。托夫勒认为，马克思主义是第二次浪潮，即工业革命的产物，今天用马克思主义来诊断高技术社会内部的结构，如同在电子显微镜时代，仍然使用放大镜一样。当代最著名的法兰克福学派的代表人物哈贝马斯也认为，现代资本主义是晚期资本主义，它已经消灭了自由资本主义的矛盾，马克思主义已不再适用。总而言之，在一些学者看来，马克思主义的劳动价值论已为知识价值论所取代，剩余价值论已为利润是组织管理生产报酬的理论、甚至是风险报酬理论所取代，国家的干预已完全消除无政府状态和危机，新中间阶级已取代无产阶级和资产阶级的对立，无产阶级同资本主义制度一体化、无产阶级历史使命的理论已经陈旧，资本主义社会的前景不是社会主义，而是信息社会、后工业社会，等等。一句话，马克思主义已不再适用于当代资本主义社会。

其实，马克思主义从来不否认资本主义社会自身的变化，正是马克思和恩格斯自己把资本主义社会看成活的有机体，强调它的变异性。早在1848年发表的《共产党宣言》中他们就指出：“生产的不断变革，一切社会关系不停的动荡，永远的不安定和变动，这就是资产阶级时代不同于过去一切时代的地方。”② 生活在19世纪的马克思和恩格斯，当然不可能经历他们身后的变化，但不能由此得出结论，马克思主义对作为社会形态的资本主义社会的规律性分析已经过时。

在马克思主义的资本主义理论中，最有生命力的并不是关于无产阶级悲惨处境的论述，或个别国家革命前景的预言，而是对作为独立社会形态的资本主义社会的基本矛盾分析，即对生产的社会化和生产资料的私人占有之间的矛盾的分析。

在当代资本主义社会，这个矛盾并没有消失。即使最发达的资本主义社会，所有制的具体形式发生了某些变化，但股份制并没有改变资本主义私有制的根本性质。少量的、分散的股票，对企业的性质而言是微不足道的，真正占有生产资料的并不是少量股票的持有者，而是少数的大资本

① 米尔斯：《马克思主义者》，135页。
② 《马克思恩格斯选集》，1版，第1卷，254页。

家。在资本主义社会，股份制的实质并不是私有制的消失，而是它的变形，是大垄断集团集资的一种方式。而整个资本主义生产则由于生产力的发展和科技革命愈来愈社会化。发达资本主义国家的大垄断集团，不仅有可能在国内把生产、交换、流通高度集中和合理分工，而且通过跨国公司在世界范围内实行某种分工和协作，从而把生产的社会化发展到资本主义社会的最大限度。

马克思关于资本主义生产方式的秘密是剩余价值的生产的理论，揭示了资本主义制度下资产阶级和无产阶级的剥削和被剥削关系。尽管当代科技革命的发展，使无产阶级的劳动条件、经济收入和生活状况，不同于资本主义早期的情况，但它并没有根本改变无产阶级和资产阶级关系的本质。无产阶级仍然是雇佣劳动者，仍然依靠出卖劳动力为生。工资的高低是劳动力的价格问题，并不改变劳动的雇佣性质，无产阶级仍然是剩余价值的创造者。尽管科技发展和生产自动化，不断把工人从直接劳动者变成对生产过程的监督和管理，劳动时间相对减少，但剩余价值并不是机器的产物，而是劳动（包括直接投入生产的脑力劳动）创造的。只是同资本主义早期相比，剩余价值的生产越来越依靠智力的支出，而且相对剩余价值的生产在一定程度上代替了绝对剩余价值的生产。

当代科技革命，并没有使资本主义社会的无产阶级消失，而是扩大了他们的队伍。它改变的是工人阶级的结构，而不是绝对数量。尽管传统的工业部门，如钢铁、煤炭、造船、纺织工业人数减少，但新兴工业，特别是第三产业发展很快。蓝领工人和白领工人的比例发生变化，传统意义上的工人，即单纯的体力劳动者日益减少，脑力无产阶级队伍不断扩大。从一个企业看，高科技和自动化减少对工人的需求，但生产力的发展可导致新的社会分工和新的生产部门的出现，从整个社会看，又增加了对工人的需求。随着资本主义发展的是工人队伍的扩大，这个论断是完全正确的。

当代资本主义社会存在中间阶级，但并不存在中间阶级化，即无产阶级和资产阶级溶化在中间阶级的趋势。马克思主义关于资本主义社会日益分裂为无产阶级和资产阶级两大阶级的论断，并不排斥中间阶级。当代资本主义社会中间阶级的存在，并不是由于小生产的稳固性和生命力，而是由于社会结构所产生的一种功能性需要。发达的资本主义，需要大量的教师、医生、工程师，需要大量的经理人员、管理人员。但中间阶级同样是不稳定的，两极分化的趋势同样存在其中，因此资本主义社会的发展使中间等级不断分化又不断凝集。

马克思主义关于资本主义必然过渡到社会主义的论断并未失效。尽管第二次世界大战以后，特别是近20年来，西方发达资本主义国家还未形成革命形势，经济发展，局势稳定，但不能由此得出结论，资本主义社会是永恒的；或者认为，资本主义社会发展的前景不是社会主义社会，而是信息社会、后工业社会、技术电子社会之类的社会。其实，后几种所谓“社会”是资本主义社会内部生产力的技术形态的变化，而不是社会关系的根本变革。

在当代，资本主义生产关系还有容纳生产力的发展的某种可能性。资本主义社会的寿命究竟有多长，现在很难预料。关键问题是，能不能把资本主义社会形态看成永恒的、最终的形态？不能。资本主义社会代替封建社会，用了几百年时间，而且至今地球上某些地区，仍然存在封建的、半封建的制度，但谁也不会由此认为，封建社会是永存的。社会主义代替资本主义是人类历史上更伟大的变革。从世界范围的转换看，从社会主义在一国胜利到在全世界处于支配地位，需要经过很长一段两种社会制度共处的时间。从十月革命至今不过70多年，怎么能据此认为，资本主义制度是永存的呢？工人阶级，特别是觉悟了的工人阶级，不会由于生活的改善而长期安心于自己被雇佣、被剥削的地位。特别是资本主义社会的弊病，引起劳动者的强烈不满和抗议。西方发达资本主义国家的生产力和科技的发展，预示的不是社会主义和资本主义的趋同，而是由整个社会共同占有主要生产资料和把生产成果变为人类共同财富的社会是必要的和可能的。资本主义越发达，离社会主义社会越近而不是越远。

但是，马克思主义关于资本主义的理论必须发展，应该从实际情况出发，认真研究现代资本主义社会的特点，从中得出新的、符合实际的正确认识。

总地说来，马克思主义的经典作家当时对资本主义制度成熟程度估计过高。无论是马克思和恩格斯创立马克思主义的19世纪40年代，还是资本主义早期，当时所暴露的矛盾，是资本主义工业化初期的矛盾。第二次世界大战以后，特别是近几十年来，主要资本主义国家生产力的发展和科技革命的兴起表明，资本主义制度还能容纳生产力的继续发展。资本主义制度通过财产关系和分配关系的调整，特别是政府加强干预经济和宏观控制，对于缓和社会矛盾和阶级矛盾、促进生产力的发展是能够起到重要作用的。

近几十年来，当代资本主义确实发生了很大的变化。我们必须对资本主义社会在经济、政治、意识形态方面出现的新的特征，对资本主义社会的产业结构、就业结构、工人阶级结构和生活状况的变化，对资产阶级国家推行的政策，对资本主义走向社会主义的方式、条件和特点等进行探讨。但这种探讨必须以马克思主义对资本主义社会形态的基本矛盾和本质的分析为依据。离开了这个根本立足点的所谓对资本主义社会的再认识，会自觉不自觉地背离马克思主义。

三、社会主义改革的两种趋向：马克思主义与反马克思主义

科学社会主义的理论和实践史经历了三个阶段：第一阶段是社会主义由空想到科学，这是马克思和恩格斯的时期；第二阶段是社会主义由理想到现实，这是由十月革命开始的社会主义制度的建立时期；第三阶段是社会主义由一国模式到寻找适合本国建设道路，这是当前社会主义国家正在进行的经济体制和政治体制改革的时期。这三个时期，不是绝对地前后相继的，而是交叉的。社会主义由空想到科学并没有在 1895 年恩格斯逝世时终结，应该说，社会主义由理想变成现实的过程，就继续包含着对马克思、恩格斯科学社会主义理论的验证、补充和发展；而社会主义国家的改革应该是社会主义制度的自我完善，是继续把社会主义真正由理想变成现实。

与上述发展阶段相适应，我们看到三种关于社会主义制度的构思。一种是由马克思和恩格斯创立的科学社会主义，这是一种观念形态上的社会制度，是对社会主义制度本质特征的理论把握；一种是由十月革命开始在地球上出现的社会主义制度的现实；再一种是作为改革的总体目标，即通过经济体制和政治体制改革确立的社会主义体制，也可以称之为具有本国特色的社会主义。对马克思主义的肢解，往往发生在两次转换中。

由理论的社会主义到现实的社会主义是第一次转换。

马克思和恩格斯关于社会主义的理论，是把共产主义作为一种同资本主义相对立的社会形态来考察的。他们以资本主义条件下大工业、社会化大生产和商品经济的充分发展为出发点，从资本主义生产方式的内在矛盾的分析中，阐明了资本主义必然为更高的社会形态所代替的趋势和规律，划分了共产主义社会发展的低级阶段和高级阶段，并从区分两个阶段的角度原则上指出了它们在所有制、分配，阶级关系，以及上层建筑方面的基本特征。马克思和恩格斯舍弃了民族的特点，着重把握的是社会形态变化的规律。这种分析是科学的，它在理论上、逻辑上是严密的、首尾一贯的。

可是，从俄国十月革命开始先后建立起来的社会主义制度，都是发生在生产力比较落后、资本主义不发达或很不发达的国家。因而，它们同马克思和恩格斯设想的在资本主义高度发展基础上孕育成熟的社会主义社会，显然不完全一样。有些人就以此为据，攻击马克思、恩格斯的科学社会主义理论是空想社会主义，是新的乌托邦。这是完全错误的。马克思和恩格斯以毕生的精力反对各式各样的空想社会主义，从反对“真正的社会主义”到反对杜林的空想社会主义，马克思和恩格斯从来反对教条式地预言未来，他们反对对社会主义的特征和建设作详细的描绘，反对束缚人们的手足。1880 年考茨基在《人口增殖对社会进步的影响》一书中讲到，共产主义社会将如何对人的生产进行调整和控制，恩格斯在致考茨基的一封信中针对这一点说：“无论如何，共产主义社会中的人们自己会决定，是否应当为此采取某种措施，在什么时候，用什么办法，以及究竟是什么样的措施。我不认为自己有向他们提出这方面的建议和劝导的使命。”①马克思和恩格斯一贯认为，如何建设社会主义的问题，应该由人们的实践来解决。

社会主义从理论到现实的飞跃，正是马克思主义科学性的伟大证明。

从一国模式到寻找适合本国特点的社会主义建设道路是第二次转换。这是又一次飞跃。

---

① 《马克思恩格斯全集》，中文 1 版，第 35 卷，145～146 页。

十月革命以后的几十年中，苏联在斯大林时期逐步建立起一个以单一公有制为基础的、高度集中的、以行政命令进行经营管理的计划经济体制。其他后继的社会主义国家，也在不同程度上大体采用了苏联的模式。这种制度在一定时期内是有它的历史作用的。苏联在几十年之中，把一个落后的沙皇俄国变成超过英国和法国，成为能与美国相抗衡的超级大国，用较短的时间走过了西方发达资本主义国家几百年的途程。可是，随着生产力的发展和科技革命的兴起，这种过分集中的、僵化的体制日益暴露出它的种种弊端，必须进行经济体制和政治体制的改革。

已经夺取了政权的社会主义国家，在经历了几十年社会主义建设之后，又倡导改革，是不是说明，马克思主义不灵了？社会主义不灵了？不是。有人认为，社会主义尝试的失败将是20世纪的遗产，西方也有些政客鼓噪共产主义已经溃败之类的狂言，都不过是些不切实际的梦呓。

社会主义的改革，不是证明了马克思主义不灵，恰好证明了马克思主义的真理性。社会主义改革的最深刻根源，是生产力的发展和科技革命兴起同原有体制的矛盾，它要求改变原有经济体制和政治体制中的某些弊端以适应生产力的需要，并促进它的发展。也就是说，社会主义改革的根源存在于社会主义社会的基本矛盾之中。

社会主义改革还证明，在经济落后国家进行社会主义建设，不可能短期内达到马克思和恩格斯设想的水平。但从长远目标看，从社会形态发展的高度看，各种所有制的同时并存，各种分配制度的同时并存，以货币为中介的商品生产和交换，以至资本主义私有经济、各种非劳动甚至剥削收入，终究是人类历史过程的一定阶段，而不是历史的终点。改革，是找到一条真正在自己国家建立社会主义的道路。从这个意义上说，社会主义改革不是离马克思和恩格斯的理想越来越远，而是越来越近。

我们承认，在社会主义理论和实践的两次转换中，都提出了些超出马克思和恩格斯当时视野的新问题。例如，在第一次转换中，最尖锐的问题是如何在落后的国家进行社会主义建设的问题；在第二次转换中，诸如社会主义发展的阶段问题，如何进行社会主义的宏观经济调控问题，计划经济和市场调节如何结合的问题，如何利用商品和货币关系问题，如何正确贯彻按劳分配原则问题，如何进行物质文明和精神文明建设问题，如何发扬社会主义民主与完善社会主义法制问题，等等。这些问题的解决，必然会推动马克思主义的发展。

由此，必然就会存在两种不同的改革：一种是坚持以马克思主义为指导，把改革看成社会主义制度的自我完善；一种是反对马克思主义，鼓吹社会民主主义，主张经济上实行私有化，制度上实行所谓的民主化，理论上实行多元化，这实际上是借改革之名，行倒退之实。因此，坚持改革的社会主义方向，坚持马克思主义，这是任何一个社会主义国家应坚决不能动摇的。

四、作一名真正的马克思主义者

谁是真正的马克思主义者？这是一个老问题又是一个新问题。

19 世纪末 20 世纪初，列宁反对第二国际以伯恩施坦为代表的修正主义时提出过这个问题。

20 世纪 50 年代下半期，国际共产主义运动的争论提出过这个问题。

当前，在世界范围内，这个问题更加尖锐、更加复杂。

一方面，根据马克思主义必须同各国实际相结合的原则，各国马克思主义者应该根据本国的特点找到一条通向社会主义的道路，特别是取得政权之后，应该根据本国的特点来建设社会主义。人们既然根据本国的实际情况和文化传统来理解、运用马克思主义，那就必然存在差异性。

另一方面，在世界上存在着对马克思主义的多种解释。从 20 世纪 20 年代卢卡奇的《历史与阶级意识》开始，经过第二次世界大战，特别是近二三十年以来，涌现出各种旗号的马克思主义。

对马克思主义的多种理解是当代的客观现实。有的哲学家认为，至少存在 15 种以上的马克思主义；有的认为，当今马克思主义存在五个壁垒：东欧的、西欧的、南斯拉夫的、苏联的、中国的；有的认为存在三大派：苏联的马克思主义、中国的马克思主义、欧共改良主义的马克思主义；等等。它们的基本观点不同，甚至相互对立，究竟谁是真正的马克思主义者呢？

我们反对真理多元论。马克思主义就其真理性与科学性来说是一元的，真理的一元性就在于它的客观性。

可是，人们对马克思主义普遍真理的运用可以是具体的、多样的。不仅在马克思主义和各国情况相结合过程中会产生差异性，而且在马克思主义的理论研究中，由于研究问题的范围不同，观察问题的视角不同，会从不同的方面来理解、丰富和发展马克思主义。这不仅可以把各国社会主义革命和社会主义建设的经验，把不同国家、不同民族的实践经验及其总结汇集到马克思主义之中，而且可以通过各种观点的相互补充，推进马克思主义的发展。当然创造性地发展马克思主义是一个极其复杂的过程。这就要求我们始终坚持“实践是检验真理的唯一标准”的原则，分辨真理与谬误、正确与错误，对各种号称马克思主义的学派进行深入研究和批判性地考察。在当代，我们尤其要反对“马克思主义过时”论，反对以弗洛伊德主义、存在主义、结构主义或者其他什么主义来曲解马克思主义。

坚持马克思主义并不是把马克思主义教条化，教条主义者并不是马克思主义者。恩格斯曾经告诫说：“不要生搬硬套马克思和我的话，而应根据自己的情况像马克思那样去思考问题，只有在这个意义上，‘马克思主义者’这个词才有存在的理由。”① 列宁在《论我国革命》中驳斥教条主义时也出现过“像马克思这样的‘马克思主义’”② 的提法。马克思反对把自己的理论教条化。做一个像马克思那样的马克思主义者，就要始终坚持把马克思主义的普遍真理与革命的实际情况相结合，也只有这样才能永远沿着马克思和恩格斯开辟的道路继续前进。

① 见《智慧的明灯》，91页，北京，人民出版社，1983。

② 《列宁全集》，中文2版，第43卷，371页，北京，人民出版社，1987。

结束语　未来属于马克思主义

世界上没有万世一系的王朝，也没有永恒不变的思想体系。在人类历史上，许多思想体系在经历了一个或长或短的时期后无不从兴盛走向衰落。古代希腊罗马和中国春秋战国时期的学派林立、百家争鸣的繁荣景象终已成为历史的陈迹。

一种思想体系能存在多久，首先取决于它在何种程度上满足社会的需要。社会需要是一种思想体系能够产生和存在下去的依据。这种需要的社会基础越广泛、越强烈，符合这种社会需要的体系的存在时期越长久。其次决定于这种思想体系的性质，它的真理性、可传播性和适应性。一种高深莫测、晦涩难懂、封闭的思想体系是很难持久的。

相对而言，马克思主义是比较年轻的思想体系，它从诞生至今才一个半世纪左右，正处在方兴未艾之际。

马克思主义具有极大的社会需要性，从社会主义在一国首先胜利到社会主义在世界范围内成为处于支配地位的社会形态，这是一个相当长的历史阶段，马克思主义承担的历史使命还刚刚开始，远没有结束。到目前为止，人类并没有发现有任何学说和主义能取代马克思主义。无论是弗洛伊德主义、存在主义、结构主义、逻辑实证主义，以及其他什么主义之类，就局部范围说，或者就它自己的研究领域来说，很可能有某些可取之处，但从总体来说，它们无法科学地解释历史和现实，根本不可能成为人类获得解放的指导原则。马克思主义诞生以后，特别是第二次世界大战以来，西方出现了许多学派，但它们的寿命都不长，如同走马灯一样，唯独马克思主义依然保持它的巨大的吸引力。在当今世界上，马克思学的兴起，这本身就是马克思主义具有强大生命力的一种证明。

马克思主义具有极强的适应性。从其产生看，它开始于西欧几个资本主义比较发达的国家，但就其传播来看，它很快超出了西欧、北美，传到亚洲、非洲、拉丁美洲，传播全世界。它之所以能在具有不同文化传统、不同种族和民族、不同语言的国家和地区扎根，是因为它能同各国的实际情况相结合，能够被民族化，适应不同情况的需要。

马克思主义具有实践性和群众性。历史上许多思想体系的活动范围有限，它们往往是在少数知识阶层的狭小圈子中传播。而马克思主义走出了书斋，走出了单纯知识分子范围，与千百万人民的活动结合在一起。如果说，有些思想体系由于活动范围狭隘，往往随着它的创立者的逝世而走向没落，而马克思主义的广泛群众基础使得它不会因它的创造者逝世而发生中断。在马克思和恩格斯生前，在第一国际和第二国际时期已涌现出一批马克思主义者。在马克思和恩格斯逝世后，随着工人阶级革命政党的广泛建立和社会主义革命在一些国家的胜利，各国都出现了一批马克思主义者。在马克思主义广泛传播的基础上，马克思主义者人才辈出、代代相继。

马克思主义的生命力还在于它的创造性。历史经验证明，凡是以终极真理自居的思想体系，没有一个能够比较长期存在的。马克思主义历来反对终极真理，认为它同辩证思维的基本规律是相矛盾的。绝对完满的认识，正如绝对完满的社会制度一样是荒谬的。

作为马克思主义创始人的马克思和恩格斯，终其一生都在不断地总结新经验，探索新问题，始终没有停止过创造性的研究。马克思和恩格斯的后继者的杰出成就不仅在于坚持马克思主义，而且在新的条件下发展了马克思主义，继续把马克思主义向前推进。

我们应该把马克思主义同马克思、恩格斯适当区分开来。马克思主义当然离不开马克思和恩格斯，它是由他们创立的，但又不能等同。马克思、恩格斯是创立这种学说的主体，而马克思主义是被客观化了的思想体系。马克思和恩格斯的生命是有限的，他们逝世于19世纪；而马克思主义作为一个思想体系，它按着自身的逻辑和规律发展，它的生命活动期相当长。因此我们对马克思、恩格斯评价的尺度应该不同于对马克思主义的要求。

我们对马克思、恩格斯的评价应该是历史的，因为他们是历史人物。我们不能脱离他们的时代要求他们。我们不能因为他们没有看到他们逝世后的科技革命，没有看到原子弹、计算机、遗传工程而否定他们。马克思和恩格斯的伟大功绩在于，他们完成了他们同时代人所无法完成的任务，为人类创立了一个新的学说——马克思主义，这是一个比他们前人的任何一种思想体系更科学、更具有批判性的思想体系。

我们对马克思主义的评价应该是现实的，即当代的马克思主义在何种程度上推进了马克思主义，他们是否运用马克思主义解决或试图解决当代资本主义和当代社会主义面临的新问题，总结科技革命的新的成果。马克思主义的本质永远是当代的，而不是历史的，因此马克思主义有其长期存在的理由和根据。

毫无疑问，一个学派或思想体系的后继者同它的创始人之间的关系是复杂的。马克思主义在各国的传播，它与各国具体情况和文化传统的结合，当然会使马克思主义的内容和形态发生变化。但与其他思想体系不同的是，它不是表现为改变自己的内容以适应新的社会条件和特定阶级需要，而是表现为沿着马克思主义创始人开辟的真理道路前进。它不是远离真理，而是不断为真理性认识增加新的颗粒。

难道人类以后永远只有一种思想体系——马克思主义吗？在我们的时代争论这个遥远未来的问题，只能转移人们对当代意识形态斗争的注意力，忽视了我们应该如何结合当代提出的问题创造性地发展马克思主义的重大责任。用抽象的、烦琐的争论来推开当前的现实，是很不明智的。

其实，只要我们深入地考察一下人类思想史，这个问题不难回答。在人类思想史上发生各种思想体系的演变，但在各种思想体系下获得的知识并不会消失。如同积土为山，层层相叠构成了人类知识的总体。

同样，在马克思主义体系中，我们应该看到无产阶级理论形态的马克思主义和作为人类知识、作为科学真理之间的差异性。马克思主义作为无产阶级的理论形态，它所包含的特定的阶级关系和阶级内容，当它的历史使命完成之后会消失，可是作为科学真理，它会被汇集到人类知识的大海之中。即使多少年以后会出现一个什么主义或思想体系，只要它是科学的，它必然会在马克思已经取得的科学成就基础上，并把它作为最重要的来源和内容包括在其中。在这个意义上，马克思主义是永存的。

有些人在谈论所谓的马克思主义的危机。我们承认马克思主义发展的道路是曲折的。马克思主义从 19 世纪 40 年代的少数先进分子的理论，变为整个工人阶级的理论，变为社会主义各国的指导思想，在一百多年中，它沿着一条上升路线前进。可是从 20 世纪 50 年代中期开始，它似乎是沿着下降的路线后退。有些原先的社会主义国家抛弃了马克思主义；在一些资本主义国家中，马克思主义与工人相脱离，逐步回到课堂和书斋，成为一种纯学术研究。其实这不是马克思主义的危机，而是背离马克思主义造成的危机。这种危机，必然推动当代真正的马克思主义去探索、思考，进一步创造性地发展马克思主义。

真理的力量是不可战胜的！

未来属于马克思主义！

原版后记

这本书是我同我的几位学生合作的产物。我提出了全书的结构和脉络，经过讨论后，确定章节，分头执笔，各章具体执笔情况如下：

陈先达：导论、第一章、第九章、结束语；

郝立新：第二章、第三章；

刘怀玉：第四章；

黄　行：第五章；

张康之：第六章；

刘明如：第七章；

刘建军：第八章。

最后，由我定稿，张康之、郝立新协助我进行了定稿工作。

本书的写作和出版得到了上海人民出版社的热情支持和帮助，特别是本书的责任编辑高志仁和宋慧曾同志为之付出了艰辛的劳动，在此表示感谢！

陈先达

1990年3月底

图书在版编目（CIP）数据

陈先达文集．第 6 卷，被肢解的马克思/陈先达著．—北京：中国人民大学出版社，2015.9

ISBN 978-7-300-21842-7

Ⅰ．①陈…　Ⅱ．①陈…　Ⅲ．①陈先达-文集②马克思主义哲学-文集　Ⅳ．①B-53

中国版本图书馆 CIP 数据核字（2015）第 211992 号

陈先达文集　第 6 卷

被肢解的马克思

Beizhijie de Makesi

出版发行	中国人民大学出版社		
社　　址	北京中关村大街 31 号	**邮政编码**	100080
电　　话	010－62511242（总编室）		010－62511770（质管部）
	010－82501766（邮购部）		010－62514148（门市部）
	010－62515195（发行公司）		010－62515275（盗版举报）
网　　址	http://www.crup.com.cn		
	http://www.ttrnet.com（人大教研网）		
经　　销	新华书店		
印　　刷	涿州市星河印刷有限公司		
规　　格	160 mm×230 mm　16 开本	**版　　次**	2015 年 11 月第 1 版
印　　张	15.25 插页 3	**印　　次**	2015 年 11 月第 1 次印刷
字　　数	230 000	**定　　价**	1580.00 元（全 14 册）

陈 先 达 文 集

第7卷

漫步遐思

中国人民大学出版社 北京师范大学出版社

目　录

上　篇

中　篇

下　篇

上 篇

宗教·神话·哲学

神话是人在幻想中对自然力的改造。宗教是人对自然力的崇拜。哲学则是人对人与自然关系的揭示。神话不是迷信，因为人们意识到神话的非现实性。宗教是迷信，因为它把自然力人格化，对自然力采取崇拜的态度，认为自然背后有一种超自然的力量。

神话是人话。它是人按照人的模样创造的另一个世界。人对神的崇拜与人不可分，或与收割有关（对风雨雷电、土地、太阳的神化），或与婚姻有关（爱神），或与生死有关（死神），或与战争有关（战神）。人正是根据神对人自身的价值分为好坏善恶并采取相应的态度。神的生活与人的生活一样，有男有女，有儿有女，有悲欢离合，有恩怨爱恋，只不过是具有无穷的威力而已。而宗教则不然。一神教的神是至高无上的、唯一的。非一神教的神虽不是唯一的，但也是超凡入圣与人迥然不同的。它具有人的一切优点，但又凌驾于人之上从而成为与人对立的存在物。

神话可以鼓舞人的斗志，提高人与丑恶现象斗争并战而胜之的信心。宗教不同，它削弱人的力量，使人服从超自然的力量，从而贬低了人类自己。哲学是一种理性力量，它使人认识自然，认识人与自然的关系，从而真正发挥人自身的力量。由神话转入宗教是必然的，因为它们都不理解自然力的本质。只要把自然力由幻想的力量变为异化的力量，就完成了由神话向宗教的转化。哲学是与科学相联系的，它是在人类改造自然的过程中对自然本性的探求。

哲学离人并不远，它就存在于人的生活之中。人当然不是按照哲学生活，但生活中有哲学。人的一切活动，人的生活方式、行为方式、思维方式中都存在着世界观、人生观、价值观的问题。悲观主义者和乐观主义者、个人主义者和集体主义者的生活方式、行为方式和思维方式显然是不一样的。没有任何一个人可以摆脱哲学，问题只是自觉的还是自发的哲学、系统的还是零碎的哲学。我们之所以提倡学习马克思主义哲学，就是要把自发变为自觉，零碎变为系统，错误变为正确。

使人们对哲学产生错误看法的是哲学中的问题。没有问题当然没有哲学。哲学中的问题并不是来源于惊奇，而是来源于实践的探索；哲学中的问题并不是超时代的永恒的问题。哲学之所以是时代精神的精华，正因为它解决的是时代的问题而不是超时代的问题。在哲学史上哲学由本体论到认识论再到方法论的研究重点的转移，就是因为问题的转移。而问题转移的原因在于时代的确有解决这些问题的需要。当然，哲学中有些问题好像是永恒的，例如世界的本质问题、必然性和偶然性问题、人的本性问题、存在和思维的关系问题，等等，其实这些问题之所以不断重复，是因为它的普遍性和抽象性以及重要性。但是不同时代不同条件下的哲学家根据自己时代所达到的水平给以回答，从而推进对这些问题的理解。形式上是问题的无休止的争论，实际上是问题的推进。

不要回错了家

人都有个家。或者是已有家，或者是将有家，至少是有过家。家，不是生命的驿站，对中国人来说，他生于斯死于斯，欢乐与共，祸福相依。在外面旅途疲劳、风餐露宿的人回到温馨的家，泥炉红火，热茶热饭，儿女相依，是何等高兴。

人们只知道肉体的奔波需要休息，可知道灵魂也需要休息？一个人如果羁于名利，终日孜孜以求，用尽心机，不也很累吗？灵魂也需要个家，需要有个安身立命之所。这个家，这个安身立命之所，就是哲学。

但是，哲学是多种多样的。也就是说，家是多种多样的。抽象地说，宗教可以安身立命，唯心主义也可以安身立命，不过这是一种消极的人生哲学，它虽然可以使人得到某种心理平衡，缓解心灵的痛苦，但代价是巨大的。它使人以消极的态度对待生活，在家如出家，入世如出世，无论对国家、对家庭、对个人都未尽到责任，我说这叫回错了家。

有人公然攻击马克思主义是异族文化，破坏了中国人的安身立命之学，在他们看来，只有儒家学说才是安身立命之学，所以大力鼓吹在中国复兴儒学。我们并不否认，中国传统文化其中包括儒家学说的人生哲学以及道家有关养生的理论确有可取之处，应该研究。但在社会主义国家，我们当然要提倡无产阶级的世界观、人生观、价值观。我们认为：这种立场、观点、方法，不仅能使我们正确认识世界和改造世界，而且能正确面对人生。不管顺境逆境、得意失意，都能处之泰然。“牢骚太盛防肠断，风物长宜放眼量。”这个“放眼量”就是一种人生境界，一种积极的向前的思想境界。谁说马克思主义不能安身立命？它完全能够。但它不是从个人主义出发，而是把个人放在群众之中，放在国家民族之中，以唯物辩证的态度正确对待生与死、乐与苦、幸福与痛苦，这才真正为自己的心灵找到了家。

明白人与明白学

做人要做明白人，不要做糊涂人。

什么是明白人？明白人是能够清楚地知人处世处事，不被“马屁精”高帽子弄得糊里糊涂的人。而要做到这一点，首先要有自知之明。《道德经》说，知人者智，自知者明。可只有自知才能知人。

《邹忌讽齐王纳谏》讲的就是明白人的故事。齐王的首相邹忌身高八尺，美风姿，非常漂亮。他早晨起来照镜子，左顾右盼得意得很。他问妻子：“我与城北徐公孰美？”妻子回答说，你太漂亮了，徐公怎么能和你比呀。他问妾，问他的客人，都是同样的回答。邹忌是个明白人，躺在床上想了又想，终于弄明白了这个道理：我的妻子夸我，是出于私情偏爱；我的妾夸我，是怕我疏远她；客人讨好我，是为了从我这里得到好处。

可要做明白人不容易，必须去蔽，即去掉各种使自己受蒙蔽的东西。认识的主体是人，可人在认识事物时会受到各种蒙蔽。名可为蔽，利可为蔽，亲可为蔽，疏可为蔽，如此等等。所以，要正确认识必须解蔽。战国时的大思想家荀子就写过著名的文章《解蔽》，他说人之所以不明白，是因为蔽太多，即为片面性认识所局限，“欲为蔽，恶为蔽，始为蔽，终为蔽，远为蔽，近为蔽，博为蔽，浅为蔽，古为蔽，今为蔽”。故荀子特别强调要解蔽。

要解蔽，必须有正确的世界观和人生观，即反对主观主义和个人主义。一个刚愎自用、财迷心窍的人，处处是蔽。因此要学哲学。哲学之所以是明白学，正因为它的最大功效是去蔽。唯物主义去主观武断之蔽，辩证法去片面之蔽，共产主义人生观去各种利己主义之蔽。我们要记住毛泽东的这句话：彻底的唯物主义者是无所畏惧的。

哲学与自然科学

哲学不能脱离自然科学，但不同于自然科学。哲学不是关于某一领域某一对象的知识，而是普遍性的判断。它不仅讲规律，而且讲意义，即着眼于这个规律性判断对人的意义。自然科学的内容是共同的，它没有个性，也不能有个性。而哲学是哲学家的观点和体系，它不仅包含共同的东西，而且凝结着哲学家个人的特殊的人生体验。没有个性，就没有哲学家。但这决不是说，哲学纯系个人意见，只是就体系而言它具有个性，就其内容而言，凡属真理性的内容决不仅限于个人，而是具有普遍性。所以认为哲学纯属个人意见的说法是片面的。

哲学的水平依存于科学水平，但又有相对独立性。按科学水平来说，我们当代一个中学生的科学水平，数理化方面的知识，可能比古代的哲学家，例如老子、庄子、柏拉图、苏格拉底等，要多得多，可在哲学智慧方面是无法相比的。中学生的自然科学知识是我们时代的常识，而古代哲学家们的思想是人类的智慧，它不仅是他们那个时代的高峰，而且超越自己的时代，对于整个人类都有照耀作用。

哲学和自然科学的区分是不能抹杀的。用自然科学的观点来衡量哲学是不对的。但不能把哲学和自然科学看成两个截然不同的领域。新儒家们过分强调哲学的非科学性，强调哲学与科学、知识与非知识的区别，强调哲学的功效不在于增加知识，而在于提高人的境界，认为哲学是一种纯形而上的追求，是一种道德的境界。可是哲学一旦脱离自然科学，消解哲学思维中的科学精神，就会陷入唯心主义的困境。所以我们还是应该提倡哲学与自然科学的联盟、结合，把科学精神和人文精神有机地结合在一起，使哲学成为有知识的智慧、有智慧的知识。

境界

道，是中国古代哲学的基本范畴。它的一个含义是规律，天道是宇宙规律，人道是社会规律；另一个含义是境界。得道是达到一种境界，是从道中达到的自由。可见，境界并非是人的纯主观体验，而是对道即规律的把握。

恩格斯说，自由是对必然性的认识。这不仅是指人的行动的自由，而且是指人所达到的自由境界，随心所欲不逾矩，就是这种境界。人的自由境界不可能是超规律的。违背规律得到的只能是惩罚，是寸步难行。庄子超生死的人生境界，鼓盆而歌的通达，是因为他认识到死的必然性，所以能顺其自然。顺其自然如果不以规律为依据就是怯懦，就是奴性。

智慧是哲学的生活化、实际化，所以智慧就是被运用于生活中的哲学。一个人不管读了多少哲学书，要是除了条条而外一无所能，不明智，不通达，不大度，是不能妄称智者的。

科学的发展是阶梯式的，一个台阶一个台阶上，后来者超过前代人。哲学不一样，它的发展是波浪式的，有高潮有低潮。例如，中国春秋战国时的诸子百家，魏晋的玄学，宋明的理学，以及明清之际的思想家们，对哲学做出了自己的贡献，在中国思想史上处于不同的高峰期。

知识与智慧

知识是智慧的基础，智慧是知识的综合和升华。荀子在《正名》中说过，知有所合谓之智。没有知识的智慧是空论，是假大空。不包括智慧的知识是假知识。知识与智慧是相互依存的。

中国的哲学发达，所以中国人的智慧也是超群的，许多西方学者是非常称赞中国人的。法国哲学家伏尔泰就说过，中国人在所有的人中是最有理性的；莱布尼茨也说过，如果让哲学担任裁判的话，一定会把金苹果奖给中国人；当代西方著名的学者李约瑟在《中国科技与文明》中认为，全世界都认识到他们深受来自中国的恩惠。

古埃及、古巴比伦、古印度、玛雅的文化都是令人叹为观止的，但都发生过中断，有的已经消失和陨落，唯独中国文化经过多少次战乱和朝代更迭而没有中断，如长江大河滚滚向前，给全世界留下了丰富的文化遗产。我们应该珍惜这份遗产，很好地继承和发扬它。

我们依靠什么

有的学者认为，迄今为止在西方社会中存在非道德主义以及反道德主义，但也存在着强大的宗教势力，只要基督教信仰存在一天就会给社会提供一种安定力量，同时也是对抗反道德主义的力量，宗教是西方重要的精神支柱。中国之所以发生某些道德滑坡现象，是因为人们没有了宗教信仰，脱离了数千年的“信天事天法天”的宗教信仰，从而找不到维系道德、维系人心、维系社会的安定力量。

我们并不否认宗教的某些积极功能，但社会主义国家的精神支柱不可能是宗教。我们当然重视社会主义道德，但是维系道德的力量并非宗教。对鬼神的信仰、对来世的憧憬和对天堂的向往、对轮回和地狱的恐惧，同社会主义道德是不可能结合的。因为社会主义道德的本质不是简单的个人的善行以及从善行中得到的回报，而是集体主义原则，它是同彻底地消灭剥削、消灭压迫，同社会进步和全体人民的幸福结合在一起的。不进行社会主义精神文明建设，不进行马克思主义世界观、人生观和价值观的教育，社会主义道德是不可能确立和巩固的。

智慧与痛苦

1944年11月，维特根斯坦在给他的学生马尔康姆的信中说："假如你不想受苦，你就不能正确思考。"智慧当然有可能给人带来某种痛苦，例如在封建统治下某些思想家为社会、为统治者所不容，遭受政治迫害，为真理而牺牲。尽管并不是在任何社会中都是如此，可是思考本身作为一种穷根究底的研究，往往是痛苦的，它往往使人牺牲健康、休息、家庭，沉湎于思索，特别是对于社会问题的思考，怀着焦虑和愤怒更是痛苦。

哲学若不想流于空谈，必以追求真理为目的。哲学不是文字游戏，不是思辨，不是概念的战争，哲学应该求真，这一点连维特根斯坦也承认，他说，研究哲学如果给你的只不过是使你能够似是而非地谈论一些深奥的逻辑之类的问题，如果它不能改善你对日常生活中重要问题的思考，如果它不能使你在使用危险的词句时比任何一个记者更谨慎，那么，它有什么用?

宗教是痛苦的避难所，它是人处在极端痛苦时的安灵剂。可哲学不是痛苦的避难所，而是通向智慧的大门。哲学与宗教的不同正在于它是积极的探索。宗教是逃避痛苦的痛苦，而哲学是通向智慧的痛苦。

有的哲学家把痛苦说成是存在的必然产物，在他们看来，存在就是痛苦。《道德经》中说：吾所以有大患者，为吾有身，及吾无身，吾有何患?如果存在就是痛苦，那人类永远走不出痛苦，因为人本身就是一个感觉实体。这样来理解痛苦就把痛苦本体化了，完全降低了痛苦在人类探求智慧中的价值。

把哲学看成哲学

哲学不是万能的，它一定有所能有所不能。如果要开刀动手术，当然要找大夫，马克思主义哲学是哲学而不是医学。可病人是人，完整的人，不但要知道他生了什么病，还要知道是什么人生了病。枚乘的《七发》就是非常富于哲理性的寓言故事。吴客很高明，他知道得病的是楚国的太子。他说，今夫贵人之子，必宫居而闺处，内有保母，外有傅父，纵耳目之欲，伤血脉之和，所以会得病。而且这种病无药可医，只有讲哲学，做思想工作才能解决问题。吴客对太子大讲哲学，论天下之精微，理万物之是非，用要言妙道来说服太子，结果不药而愈。哲学不是医学，但医学不能没有哲学。其他同理。炒菜要掌握火候，种地要不违农时，做衣服要量体裁衣，这之中都有哲学问题。但哲学只能管它应该管的东西，而不能管它不能管的东西。哲学只能发挥世界观和方法论的作用，它不可能为我们提供具体知识，但可以指导我们如何获得知识。哲学用之得当就有大用，用之不当则无用。“哲学无用”论的错误正在于它要哲学做它做不到的事，而不让它做它应该做的事。任何一门学科都不能超越自己的范围，全能全用包治百病的灵药从来都是江湖的骗术。

真正的科学家都非常重视哲学的作用。例如，爱因斯坦就看到专业化的局限，强调哲学的作用。他说，由于知识的增长，专业化是不可避免的，医学也是如此，可是，这里专业化有一个天然的界限，如果人体的某一部分出了毛病，那么只有很好地了解整个复杂机体的人，才能医好它，在更复杂的情况下，只有这样的人才能理解病因。因此，对于医生来说，普遍的因果关系的知识具有头等重要的意义。如果把哲学理解为在最普遍最广泛的形式中对知识的追求，那么，哲学就可以被认为是全部科学之母。爱因斯坦从哲学中看到的是整体、是全局。整体观全局观正是哲学的重要之处。

哲学思维是人所独有的，它支配人的行为和思维方法，因此一个人的哲学往往自觉或不自觉地主宰这个人的一切。所以了解一个人的哲学，往往可以了解这个人。西方有个哲学家说过一段深刻而风趣的话："我认为一个人最实际而又最重要的依然是他的宇宙观。一个女房东在估量一个房客时，知道他的收入固然重要，但重要的还是知道他的哲学。对一个行将与敌人作战的将军来说，知道敌人的力量固然重要，但更重要的是知道敌人的哲学。"这个说法是正确的。知己知彼，就包括了解对方主帅的性格胆略和思维方法。一个人的想法、做法超不出他的眼界，而眼界从根本上说，就是世界观和方法论。

哲学要永远注视现实

马克思主义哲学之所以能够产生，关键是正确处理哲学与现实的相互关系。哲学与现实的脱离，哲学作为纯理性的思辨是德国古典哲学的传统，它始终处于范畴、概念的体系之中，成为一个现实的阴影王国。这种哲学当然不符合力图改变现状的无产阶级的需要。

当马克思还是一个青年黑格尔派时，他就在为博士论文准备的笔记中批判了这种倾向。马克思在关于伊壁鸠鲁哲学的笔记中已经讲到了哲学与现实的关系，他说，在古代“哲学已经不再是为了认识而注视着外部世界；它作为一个登上了舞台的人物，可以说与世界的阴谋发生了瓜葛，从透明的阿门塞斯王国走出来，投入那尘世的茜林丝的怀抱”。马克思还说：“像普罗米修斯从天上盗来天火之后开始在地上盖屋安家那样，哲学把握了整个世界以后就起来反对现象世界。现在黑格尔哲学正是这样。”①

在博士论文中马克思发挥了这一思想，强调哲学的实践性。他说：“一个本身自由的理论精神变成实践的力量，并且作为一种意志走出阿门塞斯的阴影王国，转而面向那存在于理论精神之外的世俗的现实，——这是一条心理学的规律。”②

在讲到黑格尔哲学与现实的关系时，马克思分析了由于青年黑格尔派

---

① 《马克思恩格斯全集》，中文1版，第40卷，135、136页，北京，人民出版社，1982。

② 同上书，258页。

以黑格尔哲学为旗帜而产生的哲学与现实的矛盾，他说："当哲学作为意志反对现象世界的时候，体系便被降低为一个抽象的整体，这就是说，它成为世界的一个方面，于是世界的另一个方面就与它相对立。哲学体系同世界的关系就是一种反映的关系。哲学体系为实现自己的愿望所鼓舞，同其余方面就进入了紧张的关系。它的内在的自我满足及关门主义被打破了。那本来是内在之光的东西，就变成为转向外部的吞噬性的火焰。"①

后来马克思在《第 179 号〈科伦日报〉社论》中反驳海尔梅斯对哲学的攻击时明确指出，哲学必须与自己时代的现实相接触。马克思在批评以往哲学的缺点时说："哲学，尤其是德国的哲学，喜欢幽静孤寂、闭关自守并醉心于淡漠的自我直观"。马克思还说："从哲学的整个发展来看，它不是通俗易懂的；它那玄妙的自我深化在门外汉看来正像脱离现实的活动一样稀奇古怪；它被当做一个魔术师，若有其事地念着咒语，因为谁也不懂得他在念些什么。"② 马克思主义认为，哲学脱离时代，无论它多么玄妙，多么诱人，说得多么天花乱坠都属于哲学垃圾，或者至多是不结果的花。作为时代精神的精华的哲学，必须与自己的时代相接触并相互作用。马克思在发表于《德法年鉴》的文章中关于哲学与人类解放的相互关系，关于哲学是"高卢报晓的雄鸡"的论断，都是对哲学与现实关系的最好论述。

① 《马克思恩格斯全集》，中文 1 版，第 40 卷，258 页。

② 《马克思恩格斯全集》，中文 1 版，第 1 卷，120 页，北京，人民出版社，1956。

哲学方法的特点

哲学方法是一种具有普遍性的方法，这种方法不能直接取自任何一种自然科学。黑格尔非常强调这一点，他曾经说过，哲学方法不可能取自任何一门较低的学科，例如它不可能直接取自数学。这说明哲学的方法作为一种普遍方法，必须以世界发展的普遍规律为依据。哲学的方法当然可以吸取其他学科的成就，但不能搬用，而需经过提炼。

哲学方法的特点是理性的方法，它借助抽象思维能力，凭借一些最普遍的范畴和概念，以便从个别进到一般，从具体上升到抽象。真正分析事物应该依靠理性。尽管我们并不排斥非理性的认识作用，并不排除直觉、顿悟的作用，但哲学方法论的本质是理性的方法，而不能依赖原始的直觉、一时的感受，更不能仅仅跟着感觉走。

饮食男女中的哲学和艺术

饮食男女是人的自然本性，可“朱门酒肉臭，路有冻死骨”是一种社会现象。至于两性关系的形式，如婚姻家庭，同样也不是人的自然本性。因此，饮食男女中存在的哲学和艺术问题，最根本的是社会问题。

有人说马克思主义是吃饭哲学，另有人一本正经地表示同意，其实是有意贬损。以两性关系为主线是所有爱情小说的共性，可谁也不能说小说是性的艺术。因为真正的爱情小说的本质不是性而是以两性为基础的爱，是以性爱为轴心揭示社会状况和道德观念。恩格斯 1888 年 4 月写给女作家玛·哈克奈斯的信对这个问题作过精辟的论述，他称她的小说《城市姑娘》“把无产阶级姑娘被资产阶级男人所勾引这样一个老而又老的故事作为全书的中心”来揭露资本主义社会。但是，恩格斯也指出哈克奈斯的不足，即没有通过小说反映工人阶级对他们四周的压迫环境所进行的叛逆的反抗，他们为恢复自己做人的地位所做的极度的努力。恩格斯还以巴尔扎克为例，说明他通过描写“贵妇人（她们在婚姻上的不忠只不过是维护自己的一种方式，这和她们嫁人的方式是完全相适应的）怎样让位给为了金钱或衣着而给自己丈夫戴绿帽子的资产阶级妇女”，从而围绕着这幅中心图画，他“汇集了法国社会的全部历史”①。

吃饭当然重要。之所以重要，正如恩格斯说的，“人们首先必须吃、喝、住、穿，然后才能从事政治、科学、艺术、宗教等等；所以，直接的

① 《马克思恩格斯选集》，2 版，第 4 卷，682、684 页，北京，人民出版社，1995。

物质的生活资料的生产，从而一个民族或一个时代的一定的经济发展阶段，便构成基础，人们的国家设施、法的观点、艺术以至宗教观念，就是从这个基础上发展起来的，因而，也必须由这个基础来解释”①。任何一个稍通文墨的人用不着大学问都能读懂这些话。马克思的理论决不是简单归结为吃饭，而是从满足人们的衣食住行的生产中发现社会运行的规律，即人们在生产中如何形成生产力与生产关系，生产力与生产关系如何构成社会的基础，每一个社会中的经济基础与上层建筑之间如何发生矛盾，如何导致革命，以及社会形态的更替规律，等等。这一整套规律性的论述岂是吃饭二字所能概括的。吃的重要性可以说古已有之，民以食为天是中国政治家治国的格言，但这并不妨碍他们在历史观上坚持唯心主义。可见，吃饭与唯物史观是不能画等号的。

① 《马克思恩格斯选集》，2版，第3卷，776页，北京，人民出版社，1995。

流行哲学与哲学的流行

大凡科学很难成为流行的东西。历史上从来没有流行物理学、流行化学、流行生物学或者别的什么流行科学之类的东西。某种迷信，某种时尚，或某种思潮可以成为一时的流行品，但不会持久，大都是过眼烟云。真正在人类历史上长期起作用的，对社会进步和文化进步具有推动作用的是科学或包含科学内容的东西。哲学就属于这一类性质的思想理论。

德国古典哲学是德国哲学思想的骄傲，那时大家辈出，群星灿烂，可黑格尔仍然感到哲学受到冷落，很是不满，他在 19 世纪初期有过两次关于哲学的著名讲演，一次是 1816 年 10 月 28 日在海德堡大学讲授哲学史的开讲词，一次是 1818 年 10 月 22 日在柏林大学讲授逻辑的开讲词。在这两次讲演中，黑氏对哲学的重要性做了精彩的论述。

黑格尔在海德堡大学讲授哲学史的开讲词中，批评当时德国思想界对哲学不重视，他说："因为世界精神太忙碌于现实，所以它不能转向内心，回到自身。"黑格尔对德国哲学复兴寄予很大的期望，认为"把哲学从它所陷入的孤寂境地救出来——去从事这样的工作，我们可以认为是接受我们时代的较深精神的号召"。黑格尔还把希望寄托在青年一代身上，他说："我们老一辈的人是从时代的暴风中成长的，我们应该赞羡诸君的幸福，因为你们的青春正是落在这样一些日子里，你们可以不受扰乱地从事于真理和科学的探讨。"两年后在柏林大学讲授逻辑的开讲词中，黑格尔再次重复他在海德堡大学讲的思想，但提出了一个重要问题，这就是在大学里加强哲学教育的问题，他说："我们这个大学是大学的中心，对于一切精神教育，一切科学和真理的中心，哲学，必须尊重其地位，优先培育。”

“古来圣贤多寂寞，唯有饮者留其名。”李白说的当然是牢骚话，可也是实话。古今中外历史上的大哲学家，生前落拓贫困、寂寂无闻者并不罕见，可他们对民族精神，对人类文化的贡献是无与伦比的，用“润物细无声”来形容是贴切的。历史上的哲学最大的问题是缺乏实践性和群众性，主要局限在少数知识分子圈子里，又过于艰深晦涩，难以推广。

马克思主义哲学的情况根本不同，我们把这种不同称之为哲学上的革命。马克思主义哲学最大的特点是从理论走向实践，从知识分子走向群众，从书本走向生活。马克思主义并不轻视理论、轻视知识分子、轻视书本，而是把它们同实践、同群众、同生活结合起来，从而突破了历来的哲学的局限性。马克思主义哲学不是流行哲学，但它必须面对实践，掌握群众，它掌握的群众越多越能发挥它的作用。因此，广泛宣传马克思主义哲学，把马克思主义哲学从课堂上解放出来，变为群众手里锐利的武器，是社会主义革命和社会主义建设的需要。马克思主义哲学具有极大的现实性，它的立足点是现实，是正在从事的改造现实的运动。马克思主义哲学的本质不是文化遗产，而是现实的政治和思想运动的不可分割的组成部分。就这点而言，马克思主义哲学应该永远是当代的。

哲学既要可爱又要可信

王国维先生关于哲学说过一段很有意思的话：“哲学上之说，大都可爱者不可信，可信者不可爱。”他所说的可爱不可信的哲学是指叔本华、尼采等的非理性主义的人本主义哲学，而可信不可爱的大概是指孔德、穆勒等的实证主义的唯科学论。王国维先生的分类和评价当然可讨论，但他说的可爱与可信分家之事在哲学上是屡见不鲜的，用我们现在的话说就是人文主义与科学主义的对立。

我国五四时期的科玄论战可以说是这两种哲学的论战。科学派是西化派，强调要以现代西方科学为基础来建立科学人生观；玄学派认为人生观不是科学所能解决的，而要发扬人文主义传统，强调天人合一。新儒学家们大抵主张后一种观点，反对把哲学看成科学。熊十力先生就说哲学与科学，知识与非知识，宜各划范围，分其种类，别其方法。他还说哲学与科学的出发点与对象及领域和方法根本不同，哲学是超利害的，故其出发点不同于科学；它所穷究的是宇宙真理，不是对部分的研究，故其对象不同于科学。冯友兰先生也是强调哲学与科学的区别，说哲学的功用，根本不在于增加人的对于实际的积极的知识，哲学的功用，根本在于提高人的境界，它不能使人有更多的积极的知识，它只可能使人有更高的境界。现代新儒家们都强调哲学的形上追求，对人生境界的追求，而不强调哲学对世界的规律性把握。

在我们看来，人文主义与唯科学主义都是片面的。前者可爱。因为它是讲关于人与人的本性，关于人应该如何以人的态度对待人，的确沁人心脾，使人感到温暖。可这种哲学关于人以及人所生活的世界的理解是非科学的、不可信的。千百年来这种抽象的人道主义原则从来没有人实行过也无法实行。至于唯科学主义，把人和关于人的一切都化为类似数学中的点、线、面，可以按纯科学的方法来处理，把人变为没有情欲、没有激情、没有思想的物体，的确是冰冷冷的，绝不可爱。

马克思主义哲学不同。在它的哲学中把科学与价值结合在一起，它既强调世界观的科学性，承认客观规律，又考虑到人自身的要求和发展。它在世界观上强调重视规律，强调实事求是；在价值观上，强调人的价值，强调亿万劳动者的利益，以人的解放、人的全面发展为目的，而且把这两者非常完善地结合在一个体系之中，使马克思主义哲学成为既可爱又可信的哲学。

哲学中的有限与无限、整体与部分

我们有什么理由说哲学以整个世界为对象呢？难道人们接触的不都是有限的部分的世界吗？把整体的和无限的世界作为哲学对象，实际上是把人类实践根本没有接触的世界作为研究对象，这是旧的哲学的传统，而马克思主义哲学只能把人类实践范围的世界作为对象。

这种说法对不对？有一点道理，但不正确。人当然不能超出人的实践范围之外去认识事物。可这只适用于实证科学。对于哲学来说，它必须提供比实证科学更多的东西，这就是通过概括科学成就，从个别进到一般，从有限进到无限，从暂时进到永恒。我们不能把实践范围之内的世界与实践范围之外的世界，已知世界与未知世界对立起来。分割就意味着把暂时还未进入人的实践的世界交给宗教和唯心主义。多少世代以来，无限的世界、现存的可直接感受的世界之外的世界都是宗教和唯心主义的猖獗之地。我们凭什么谈论实践范围之外的世界，凭的就是已有的实践经验，因为长期的世世代代的实践证明，任何时候在已达到的认识范围之外仍然有个世界，从本性来看它与已知世界是一样的，这就是世界的统一性问题。我们是从已知来推断未知的——未知世界依然是物质的，是辩证运动的，是可以认识的。这就从有限进到无限，从个别进到一般，从暂时进到永恒。恩格斯说："一切真实的、穷尽的认识都只在于：我们在思想中把个别的东西从个别性提高到特殊性，然后再从特殊性提高到普遍性；我们从有限中找到无限，从暂时中找到永久。”①

没有整体观念，没有无限观念，哲学就失去了存在的价值。所谓整体观念，是说不要把已知世界和未知世界、实践之内的世界和实践之外的世界、部分世界和整体世界对立起来。哈肯说，对自然的整体理解是中国哲学的一个核心部分。在他看来，这一点在西方文化中久未获得足够的考虑。普里高津也说现代科学的发展更符合中国的哲学思想。把世界作为整体来把握，思考它的本性和一般规律，这正是哲学的优势。所谓无限观念，不仅是世界无限、认识无限的观念，更重要的是从具体的可变的事物中把握一般的东西。

承认地球在人类以前存在，承认实践范围之外的存在，有什么意义呢？有意义，而且意义大得很。第一，不坚持这一点，就不可能做一个彻底的辩证唯物主义者，就会为宗教和唯心主义留下地盘；第二，就不可能发挥哲学的世界观、方法论作用。人的认识是从未知进到已知、又从已知到未知的循环往复的过程。当研究未知领域时，科学家们不可能没有世界观和方法论，不可能没有关于世界的本性和规律的观念。哲学来源于自然科学，但又超前于自然科学。这种超前性的突出表现就是关于世界（无论已知还是未知）的统一性、辩证性、规律性的基本观念。马克思主义哲学所揭示的普遍规律是只适用于已知世界还是包括未知世界，是只适用于部分世界还是整个世界，这可是个大原则问题。形式上看好像是争论无限性整体性这种抽象的无关紧要的问题，实际上是关系到马克思主义哲学的本质问题，关系到是坚持辩证唯物主义还是摒弃辩证唯物主义的问题。这是关于哲学对象中整体与部分、有限与无限争论的实质。

① 《马克思恩格斯选集》，2 版，第 4 卷，341 页。

解释技术、意境和科学世界观

哲学究竟是什么？这是个争论不休的问题。

境界说强调哲学不能增加任何具体知识，而只是为人提供一个境界，更高的境界，例如，天人合一就是一种境界。说哲学不增加具体知识当然对，这只是就哲学与具体科学相比较而言。如果就哲学自身说，它也是一种知识，关于宇宙社会人生的知识。知识范围本来有大有小，不能说哲学就不是知识，只能说它不是实证知识。如果根本不是知识，那哲学就会变为胡说。

解释说认为哲学只是对世界、对对象的解释技术。例如怀特海在《文化科学——人和文明的研究》中说，“一个人的信念总和，我们称之为哲学。因此哲学是一种复杂的技巧，一种特殊种类的动物——人——借此而使自己适应于他生存于其上的大地和环列于他周围的宇宙”，所以“哲学是作为一种解释的技术，作为一种使世界易于理解并因此而使与人密切相关的世界给人带来利益的方法”。我们姑且不说哲学不仅解释世界，更重要的是改造世界，仅就解释世界而言，就有解释正确与否的问题。是把世界解释得符合主体的愿望和目的，还是按照世界本来面目解释世界，使主体的目的和需求能符合客观世界呢？这就关系到哲学的本质问题。如果哲学不能正确反映世界，就不可能解释世界。解释不单纯是技巧问题，首先是科学性问题。

哲学包括解释，包括境界，但不能归结为解释和境界。哲学不具有技艺性、可直接操作性的功能。把哲学公式化为一个解释程序、步骤、定理，这就不是哲学而是实证科学。哲学中包含境界，哲学体系的性质和水平，就是人的思维达到的境界。不同的哲学对人与自然、人与社会、人与自我的认识和处理不同，这种不同中就包含着不同的世界图景、人生目的、价值追求、审美情趣，也就是说包含着不同的境界。可要使这种境界不变为痴人说梦，不变为太虚幻境，就要脚踏实地，这个“实地”就是世界自身的客观性和规律性。

马克思主义哲学决不排斥境界和解释。马克思主义力求知天、（掌握世界一般规律）知人（理解社会发展的一般规律和理解人与社会、人与自我的关系），并把全体劳动者的利益摆在首位。这个境界高不高？马克思主义要求把一般原理作为理论和方法来认识世界和改造世界，这之中就包含对世界的解释。解释是马克思主义作为方法论的应有之义，可是在马克思主义中解释与境界都以科学世界观为前提。否定哲学是世界观，把解释或境界作为哲学的本质，永远超不出唯心主义的眼界。

哲学可以活人也可以杀人

哲学的作用有多大？我说大可以救国救民，小可以救人活命。马克思主义哲学就是救国救民之学。这是一百五十多年的社会主义革命和建设的历史已经证明了的。相反，唯心主义和形而上学可以祸国殃民。中国的“大跃进”和“文化大革命”中的人的损失与物的损失是无可估量的。

对个人而言，哲学是安身立命之学。好可救人，孬可杀人。乐观主义哲学，可以使人直面人生，面对困难，鼓足勇气，无所畏惧。“更喜岷山千里雪，三军过后尽开颜”；“牢骚太盛防肠断，风物长宜放眼量”；“山重水复疑无路，柳暗花明又一村”，等等，都是这种放眼未来、充满希望的乐观情绪。

悲观主义哲学，使人抑郁厌世，充满绝望情绪，成就不了事业，健康不了身体，享受不了人生。你看《红楼梦》里的林黛玉，整天哭哭啼啼，睹明月伤情，见落花流泪，如何能不夭亡。一代国学大师王国维之死也是发人深省的。王国维 1927 年 6 月 2 日自沉于颐和园，使学术界震惊。王国维之死成为一大疑案，殉情之说很流行，但知情者认为并非如此。王国维之死因素很多，据有的学者说，其中一大原因是他的哲学是悲观主义哲学。王国维从青年时代起就熟读康德、叔本华、尼采的著作，他也对人说自己 30 岁以后总郁郁不乐，人生问题始终浮在心上。看起来王国维之死与他信奉叔本华式的悲观主义哲学有关，他在叔本华的悲观主义人生哲学影响下，终于以自沉了结生命。哲学可以活人可以杀人，我们究竟接受哪种哲学应该慎之又慎。

哲学与人生

人生问题历来是哲学关注的重要问题。中国哲学更是如此。道家要人成为真人，儒家要人成为圣人。儒家经典千言万语归总是一句话，为人指出一条通过道德修养达到圣人的路。人人皆可为尧舜，这就是儒家的信条。冯友兰先生在《中国哲学简史》中说哲学的功能“不是增加实际的知识，而是提高精神的境界”，还说“成为圣人就是达到人作为人的最高成就。这是哲学的崇高任务”。强调哲学的人生观职能是对的，很长一段时期我们忽视了这个问题的重要性。当然人生观只是哲学的重要方面而不是唯一的内容，实际上没有脱离世界观、历史观的人生观。只要稍加留意就可以看到，任何对人生问题的根本观点都是以一定的世界观、历史观为出发点的。对人生问题的哲学解决非常明显地表现了一个哲学家的世界观、历史观。因此人生观的教育不能就人生谈人生，这是浅层次的，应该深入到世界观、历史观的领域。

人生观其实也可说是人死观。讲到人如何生、生的意义，当然离不开死、死的意义。所谓有的死重于泰山，有的死轻于鸿毛，讲的就是死的意义问题。这个死的意义就是人生观的重要内容。可以说，英雄与懦夫、流芳千古与遗臭万年的分界线往往决定于面对死亡时的态度。方志敏、董存瑞、黄继光，英名长存，都是表现在面对死亡的态度上。中国古训临难毋苟免，讲的是气节，也是对待死亡的哲学。

死有两种：自然死亡与非自然死亡。而非自然死亡中最壮烈、最感人的是为事业而献身，如死在敌人的刑场或战场。

能正确对待自然死亡的，是哲学家；能正确对待以身就死的，是革命家。哲学家中议论死亡的著作不少，多指第一种死亡。中国《庄子》中很重要的内容就是如何对待死。外国不少著作中也谈及死亡。西塞罗说："一个哲学家的全部生活乃是冥思他的死亡。"蒙田在《人生随笔》中说："死亡是我们存在的一部分，其必要性并不亚于生活。"他还认为猝死是最幸福的，因为他没有死亡的恐惧："最少经予思的死亡是最安逸和最幸福的死亡。"

我们不仅要以哲学家的通达顺从对待第一种死亡，还应该以革命家的气概顺从民心对待第二种死亡。持前一种态度是智者，持后一种态度是勇者。

人生观问题，对待死亡的态度问题，离不开正确的世界观、历史观。把人看成一个个独立的个体，人生如梦，过眼烟云，随生随死，那有什么意思呢？只能或遁入空门，或及时行乐。但按照唯物史观的观点，个人的生命是有限的，可由个人组成的社会的发展是无限的，世界并不会随着个人的死亡而消失。个体的生命价值，在于他能以短促的生命，为人类为后代留下一个美好的世界。这就是个人对人类的贡献。恩格斯说："人是唯一能够由于劳动而摆脱纯粹的动物状态的动物——他的正常状态是和他的意识相适应的而且**是要由他自己创造出来的**。"① 人生的意义存在于人作为社会存在物之中。人只有正确理解世界理解社会，理解个人与社会的关系，才能对究竟应如何度过有限的一生做出积极的结论。

---

① 《马克思恩格斯全集》，中文1版，第20卷，535～536页，北京，人民出版社，1971。

哲学的真理性与个性

每一个哲学体系各有其特点。不同的哲学家有不同的思维方式、文章风格，以及独具特色的范畴体系。因此在哲学史的研究中，我们很容易把一个哲学家与另一个哲学家区分开来。可哲学的研究不能只着眼于个性，而必须深入到哲学体系内部把握它提供的真理性颗粒，它的哲学精华，以及它与时代的联系。马克思说："编纂哲学史的任务，不是要把哲学家的个性，即使是他的精神上的个性理解为好像是他的体系的焦点和形象，更不是要罗列心理上的琐屑小事和卖弄聪明。哲学史应该找出每个体系的规定的动因和贯穿整个体系的真正的精华。"①

马克思还强调一种哲学体系的真理性并不在于信仰者的信仰，而在于哲学的本质。他说，"最不可取的是仅仅根据威望和真诚的信仰来断定那一种哲学是真正的哲学"，"要提供证明，只能够通过揭示这一哲学的实质"②。哲学家个人的威望地位或者其他因素，不是哲学本身具有真理性的保证。哲学的真理性在于哲学自身。

①② 《马克思恩格斯全集》，中文1版，第40卷，170页。

哲学和尚与和尚哲学

具有哲学思想的和尚，无论外国和中国历史上都是常见的；至于和尚哲学即宗教哲学，同样是如此。

可马克思主义哲学不同，它是革命者和建设者的哲学，它强调要认识世界和改造世界。它坚决反对远离人生、远离生活、远离斗争和矛盾，去力图寻找一个超然物外、安身立命的精神工具。马克思就曾经批评过德国古典哲学是沙漠里的高僧。

生老病死，悲欢离合，顺境逆境，这是人的一生经常碰到的。马克思主义并不在哲学中寻求解脱，而是以积极进取的态度投身于实际斗争，在实际斗争中实现自我价值。马克思主义哲学是入世的，但它同提倡内圣外王、成就一番个人事业的儒家不同，它以解放全人类、追求社会主义和共产主义为自己的奋斗目标。

哲学并非只在抽象王国中驰骋

哲学思维是一种高度抽象化和理性化的活动。哲学思维的这种特点，并不是说哲学与生活无关，它所讨论的问题都是一些纯粹思辨的问题。其实，哲学的抽象性主要是哲学的论证方式，而非哲学问题。哲学中的问题来自生活和科学，都是确实存在的具有普遍性的问题。当这些实在的不断重复的问题上升为哲学问题时，它就具有抽象的特点，因为它是以普遍性的概念和范畴的形式来表述和论证这些问题的。例如，存在和意识的相互关系问题，必然性和偶然性的问题，规律的客观性问题，等等，都是科学和实际生活中不断碰到的问题。可当这些问题没有上升为哲学问题之前，是以具体问题的方式出现的。人是会死的，可有人死于各种各样的疾病，有人死于偶然事故，例如车祸、溺水，这里就有必然与偶然的问题。可以说所有哲学问题在科学和生活中都有类似的特点。

由于哲学是以普遍概念和范畴的形式来概括和论证这些问题，使具体问题抽象化概念化，从而产生一种假象，似乎哲学只是在抽象王国中驰骋。可整个哲学史表明，任何一个哲学体系，无论就其产生的原因、提出的问题以及解决问题的方式看，都是非常现实的。哲学似乎高耸于天国，可哲学家不能不食人间烟火，他们都生活在现实的社会之中，他们是在一定条件下进行认识的，他们的问题和答案都超不出条件许可的范围。所谓“超前性”无非是对可能性的充分揭示。哲学不管在外表上如何抽象，如何超凡入圣，如何与现实无关，实际上都可以从中捕捉到人类在实践中遇到的难题。哲学应该由人间升入天国，即进入纯概念的领域，否则就不是哲学；可哲学又必须由天国下降到尘世，要回到现实面对现实问题，对人类的各种实践和认识发挥自己应有的作用。哲学如果只是在抽象王国中驰骋，那将丧失哲学的作用和功能。

深入哲学，走出哲学

马克思主义是一个整体。这个整体性，不仅规定了马克思主义体系的科学性，而且也规定了它的各个组成部分的科学性质。在马克思主义的体系中，其中任何一个组成部分如果与其他部分相脱离，就会丧失它的科学性。

马克思主义哲学之所以不同于以往的哲学，不仅是由于哲学自身，而且是由于它与马克思主义经济学、与社会主义学说的内在联系。马克思主义哲学是无产阶级解放的头脑，它的实践功能最突出地表现在社会主义革命与社会主义建设之中。割断了马克思主义哲学与社会主义学说的联系，就是重新回到经院哲学，使哲学退回书斋。同样，如果马克思主义哲学不与经济学相联系，唯物史观就不可能产生。对社会经济问题的关心和研究，是发展唯物史观的必经之路。

我们当代马克思主义哲学工作者的弱点是缩在纯哲学的圈子里，在概念范畴中争论不休，从而丧失现实感、使命感和生命力。让我们深入哲学，走出哲学吧，或许从中可以找到一条摆脱困境之路。

哲学家的眼睛

哲学家有不同于非哲学家的眼睛——这就是哲学家的眼界。他善于通过现象看到本质，从个别看到一般；从生中看到死，从死中看到生；从失败中看到胜利——失败是成功之母，也能从胜利中看到失败——骄者必败；懂得好事可以变成坏事，乐极可以生悲，祸福可以转化。时时保持清醒的头脑，不走极端，不片面，不固执，这就进入了哲学思维境界。

1，不是一成不变的。1+1=2，这就是说 1 不会永远是 1，它可以变为 2。1+1 可以小于 2，如果两个人闹矛盾，力量必然彼此抵消；也可以大于 2，俗话说二人一条心，黄土变成金；也可以成为 3，成为 4，成为无穷。《道德经》说，一生二，二生三，三生万物，讲的就是宇宙生成发展的辩证法。对数的思考可以是数学的，也可以是哲学的。由于量的普遍性，对量的哲学思考是非常重要的。

人们往往认为，哲学没有什么用，只是空谈，其实并非如此。清谈的哲学当然有，如魏晋时玄学的清谈之风，但这只是哲学发展中一个时期的特点，而不是哲学的本质。哲学尤其是马克思主义哲学，是一种强大的力量，它的力量在于教导人们如何正确思维。或者像毛泽东所说的起着望远镜显微镜的作用，既能高瞻远瞩又能明察秋毫。哲学的眼睛是非常重要的，对于军事统帅，它抵得百万雄师；对于科学家，它是任何最精密的仪器所无法代替的。认真学习哲学特别是马克思主义哲学吧，它能够给你一双智慧明亮的哲学眼睛。

马克思主义哲学家不能是沙漠里的高僧

马克思主义哲学家不应该是高僧，他不能是仅仅腹藏机锋、口吐偈语、空谈智慧，但对人的认识和实践毫无用处的谈玄论道。哲学是智慧，但它应该是结果的花，而不能是无果之花，即对人处世处事处人有帮助。用马克思主义哲学的话说，就是能帮助人们认识世界和改造世界。哲学应该有效用，这不是实用主义，也没有降低哲学的品格。认为哲学就应该是高耸于天空，哲学家就应该是不问世事，这种哲学观念相当陈旧。

马克思生活在富有哲学思辨传统的德国，但他一开始就反对不面对世界而是面对自我、醉心于自我直观，说一些除了自己谁也不懂的话的哲学家。马克思他认为哲学应该是面对生活，面对人民，应该是通俗易懂的，他在 1843 年年底筹办杂志时将其定名为《德法年鉴》，就是强调要把德国人的思辨能力与法国人的革命实践结合在一起。费尔巴哈也懂得这个道理，他也说真正目的，与生活、与人同一的哲学，必须有德国人和法国人的混合血统。

当然，我们有过和尚即哲学家、哲学家即和尚的时代，东方和西方都有。西方的教父哲学、中国的禅宗都是如此，它们对人类的思想都有不同的贡献，可它们是特定时代的特定产物。历史上哲学的晦涩艰深，自有它的时代原因，不能机械模仿。

马克思主义哲学的本质不允许它成为玄学，成为思辨哲学，远离生活，空谈哲理，与它的使命和任务相背离。马克思主义哲学应该是群众性的实践性的，能为广大群众掌握和运用的哲学。如果马克思主义哲学自视高群众一头，视群众为哲盲，背对着他们，我们就只能走西方某些哲学家的老路。如果我们采取离现实远点、远点、再远点的方针，马克思主义哲学就会走入死胡同，马克思主义哲学工作者就会成为“多余的人”。

哲学与时代

任何意识形态都不能脱离它的时代，但又各有特点。例如，文学的时代性非常显著。恩格斯认为文学应该描写典型环境中的典型性格。典型环境是时代的典型环境，典型性格是时代人物的典型性格。一部小说的主题、人物、语言都离不开它的时代。可哲学的时代性比起文学就不那么明显，哲学不是以事——人物、情节、故事，而是以命题、概念、范畴来反映对象，因此似乎与时代无关。其实真正的哲学家都是他那个时代的智者，他抓住了时代的问题，站在他那个时代的高度来观察问题。一个真正有成就的哲学体系都直接或间接地、或多或少地解决了它那个时代所提出的问题。卢卡奇在《理性的毁灭》中说过一段很有意义的话："哲学的历史，正像艺术的历史一样，从来不像它们的资产阶级历史学者所认为的那样，简单的是一种哲学观念或哲学人物的历史。对哲学来说，问题及其解决的方向，都是由生产力的发展、社会的发展、阶级斗争的开展提出来的。如不根据对这些首要推动力的认识，一个时期的哲学线索就不可能被揭示出来。""一个思想家越有才华和天才，他就越是他的时代、国家和阶级的产儿。"所谓哲学家的天才、才华、思维和理论水平，无非是能解决它的时代所面临的问题。否则，所有这一切都是空话。哲学家不应该是吐丝织网的蜘蛛，只顾欣赏自己编织的精致的思辨之网。

科学与科学家

科学家与科学，同哲学家与哲学的关系有相似之处。对于科学家而言，科学不仅是一种职业，而且是一种事业、一种社会承诺和责任；有幸从事科学研究，迈进科学的殿堂，表明他承担了一种社会义务。法国大科学家居里夫人说过，在科学上，重要的是研究成果，而不是科学家本人。马克思说得更深刻而富有情意，认为科学绝不是一种自私自利的享受，有幸能够致力于科学研究的人，首先应该拿自己的学识为人类服务。

对哲学家我们不是也可以这样要求吗？哲学不应该只是哲学家个人的兴趣、追求、爱好。任意编织、制造各种荒谬的理论，这正如同制造伪科学一样，也应该视为对社会的犯罪。

可人们往往对这一点分辨不清。我们可以义愤填膺地谴责伪科学，却双手欢迎哲学谬论，为貌似充满哲理的高超胡说倾倒。好像有一条不成文法，我们不允许自然科学中出现一个数据的错误，但不反对哲学家说空话、昏话、疯话，似乎越如此越深刻。这不是对哲学家的宽容，而是哲学的不幸。

哲学与文化

哲学是从神话中逐步演变而来的。历史证明，人类历史上最早出现的某些洞穴壁画、神像和雕塑，都是以神话为题材的，这说明人类很早就开始力图解决生与死、此岸世界与彼岸世界、现实环境与现实环境之外的东西等方面的问题。当这些问题不是以幻想的神话的形式，而是以概念和范畴的形式出现，就意味着人类跨入了哲学领域。

哲学的真正诞生，在西方是在公元前6世纪从泰勒斯开始的。哲学最早的形态是自然哲学，即探讨周围世界和整个自然界的构成问题。当时的一些人认为，气、土、火、水或者其中的一种构成世界的本质，而德谟克利特则提出原子和虚空的问题，认为世界是由原子和原子在其中运动的空间构成的。在西方哲学的发展中，苏格拉底和他的学生柏拉图是重要的转折点，他们把哲学从对自然的研究引向对人、人的自我意识、人的生命和价值、真理和正义、善和美的研究，大大拓展了哲学的内涵。在以后的哲学发展中内容也是不断地丰富和发展的。

在任何国家，哲学都是文化的重要组成部分，是文化的活的灵魂。哲学的水平是一个民族的文化发展水平的标志。历史证明，比较发展的文化形态都有比较发达的哲学，无论是古代的中国，还是古代的印度、埃及，都是如此。

哲学是以文化为土壤的。哲学的发展不可能是孤立的。一个民族特定时期的哲学水平，总是同它在那个时代的文学、艺术、科学等有着密切的关系。

哲学的价值是双重的，一种是它的工具性的价值，即为人们提供思维方法；另一种是它的文化价值，它与人的人生素养、文化素养、文化教养、道德修养、思想境界都是密切相关的。

哲学与宗教

哲学是关于人生的，是教人如何生活得有意义、有价值，或者如何全生、养生、享天年。

宗教是关于人的死的，是讲生如何痛苦而死是解脱，死后如何升入天堂。

禁忌是宗教观念，最初的禁忌是原始人不了解自然本性而产生的联想。

把自然的灾异和社会的兴衰祸福联在一起，表明人对社会的认识还未深入到社会内部，而是停留在用社会外部的原因解释社会的水平。

科学和迷信是对立的，但又相互渗透。如化学与炼丹术、天文学与占星术、数学与算命，命运，就是一种数——天数。

哲学与闲暇

黑格尔曾经借用亚里士多德的话来表示他对这个问题的看法，他说只有在一切必需的东西都具备以后，人们才开始谈哲学。古埃及祭司的闲暇，是数学科学的开始。的确，当一个社会没有必要的剩余劳动，每个人都忙于物质生产时，精神生产包括哲学是不可能发展的。马克思和恩格斯把奴隶社会的体脑分工，看成是古代希腊罗马哲学繁荣的重要原因。奴隶承担全部体力劳动，从事物质生产，使得少数人能从事脑力劳动，这对奴隶来说是不公正的，可对整个社会发展来说是有利的。历史不能以道德为尺度，但这种状况可以改变，这就是通过发展生产力，缩短劳动时间，使得人们都有更多的闲暇时间，而不是仅仅少数人成为有闲者。我们现在实行五天工作制，就为人的全面发展提供了更有利的条件。可惜，一些人利用闲暇时间“搓麻”，进行不仅无益而且有害的活动，这样的闲暇会导致人的异化，西方有些学者早就指出过这一点。因此不仅要有闲暇而且要善于利用闲暇。

在我们这里，文科知识分子尤其是哲学工作者，迫于生活，或者像当年黑格尔说的，没有感受到在精神领域中邀游的乐趣，而是忙于尘世生活，于是急功近利，心情浮躁，从而无心坐冷板凳。即使闲暇时间多了，也无心于专业。看来不仅要有闲还要有钱，即生活过得下去。这就不是哲学家自己能解决的，要依靠政策。

哲学不是李尔王

自古以来，哲学的范围就处在变化之中。各门科学包括自然科学和社会科学的一些部门，都是从哲学中不断分化出来的。这种分化既缩小了哲学的地盘，又扩大了哲学的地盘。因为各门从哲学中分离出来的学科并没有完全脱离哲学。随着研究的深入，它会不断提出各种哲学问题。因而各个具体科学部门的独立化，扩大了哲学的研究面和问题的容量。

当各门具体科学的总和能够相当完整地描绘出世界图景时，哲学是否成为多余的呢？不会。各种具体科学的总和提供的仍然是实证知识，而不是关于世界的哲学认识。科学关注的是外界某一类对象，而哲学关注的不仅是对世界的总体性思维，而且要把握人与世界的实践关系、认识关系、价值关系。况且日新月异的科学的新进展会不断提出新的哲学问题。只要人们在实践和认识，哲学就永远不会终结。哲学不是李尔王，它决不会落到一无所有的地步，如果这样，这不是哲学的不幸，而是人类精神的不幸。

哲学的风格

哲学如同文学一样，有自己的个性与风格。哲学家作为人来说当然有自己的个性，这与哲学无关。我们这里说的是哲学风格，即哲学体系各有自己的特点，柏拉图不同于黑格尔，苏格拉底不同于康德，如此等等。

有人说，马克思主义哲学是千人一面、不具个性。这种说法并不准确。马克思主义哲学体系本身就极具个性，它不同于一切其他哲学体系，它的实践性、群众性以及批判性的风格，就是其他哲学体系所缺少的。

其实，缺少个性的不是马克思主义哲学，而是马克思主义哲学工作者。我们信奉同一种主义、同一种学说，我们的基本观点的相同性或相似性是不足为怪的，否则我们就不能说自己是马克思主义者。可是这种同一性中能否存在各自独特的风格呢？我认为应该能。事实上，马克思主义的大家都各有特点，梅林不同于拉法格，普列汉诺夫不同于列宁，邓小平不同于毛泽东。

马克思主义内部的风格问题，说到底是个创造性的问题。我们之所以缺少特点千人一面，是因为我们不断地重复同一条原理，重复同一个模式，这从我们的哲学教科书可以看出来。一个马克思主义哲学工作者要形成自己的风格，就需要坚持创造性，在某一个方面或某一个问题上有自己的特殊的贡献，而不是不断地重复。重复就只能是毫无个性的雷同。我们不可能都成为有贡献的创造性的马克思主义者。我们的事业需要大批的宣传家、教育家。即使如此，在联系实际方面，在语言文字的风格方面还是可以形成自己的特点。我们并不主张在马克思主义内部出现各种学派，但我们可以在马克思主义队伍中各自形成自己的不同风格。

哲学的民族性

民族性表现了哲学的个性。很显然，以希腊罗马哲学为源头的西方哲学，与以儒墨道法为主要代表的中国哲学相比，各有特点。当然个性中存在共性，如辩证思维、唯物主义原则、无神论思想，等等，都有许多相似或相同之点。但这种同是异中之同。

从哲学的着力点看，西方开始关注的是自然。自然哲学，即以自然为对象的哲学思考。这当然不限于自然，实际上是世界观而非仅仅是自然观。在古代希腊罗马，自然观与世界观是同一的。而中国哲学以儒家为代表着重人伦，即人际关系中的伦理道德问题。中国哲学中也讲自然，如庄子，但讲的是人自身的自然即人的本性。老子讲到一些宇宙论的问题，但整个说来自然并非其哲学的关注点。因而中国哲学与自然科学联系较少。这一传统一直影响到整个中国哲学。自从 1840 年以后，困扰中国的突出问题是社会问题，即中国向何处去的问题、革命问题，因此哲学关注的重点不是自然科学中的哲学问题，不是认识论问题，而是社会发展问题。而西方由于资产阶级革命以后生产和科学的发展，哲学中的认识论、方法论被提到重要地位，而且随着自然科学的发展，科学哲学成为哲学的热点，这种情况在中国哲学研究中没有出现。

从哲学思维方式来说，西方哲学与自然科学相结合，因此明于天人之分，以世界为对象，以人为主体，强调对事物的观察、实验并求助于理性；中国哲学强调人伦，强调道德的人类本性，因而追求天人合一，反求诸己，提倡悟、顿悟、彻悟。

至于哲学范畴，也各有特色。中国哲学讲理气、阴阳、有无、动静、形神、知行，而西方哲学则讲矛盾、一多、感性理性、质量、肯定否定。我们现在哲学教科书中的范畴，是经过马克思主义的改造、具有西方哲学特点的范畴。这些范畴由于与自然科学的成就联系较紧，可以采用，不必回过头去一概采用中国哲学的原有范畴，但中国哲学中的一些范畴仍然可以使用。毛泽东《实践论》的副标题就是论知行问题。中国哲学中的某些范畴经过整理和清洗，可以引入现行教科书，以利于中国人掌握马克思主义哲学。

马克思主义哲学产生以前的哲学主要是民族的哲学。当然哲学可以相互影响相互传播，但终归是属于某一个民族的。即使是像苏格拉底、柏拉图、孔子、老子、庄子、康德、黑格尔的哲学，对其他民族的思想产生过重大影响，但仍只属于某一个民族。例如，老子、庄子的是中国哲学，康德、黑格尔的是德国古典哲学。

当无产阶级登上历史舞台后，哲学走出民族范围，开始了世界化的进程。马克思在《第 179 号〈科伦日报〉社论》中断言，将来必然会出现这样的时代，即哲学“变成世界的一般哲学”，“变成当代世界的哲学”①。应该说，马克思主义哲学就是这种世界性的哲学。因为无产阶级是世界性的阶级，无产阶级革命是世界性的革命，马克思主义哲学是世界无产阶级的哲学，它具有世界性，尽管它产生于德国，但不专属于德国；它受到德国哲学的某些传统的影响，但它的内容的适用性又不限于德国；它是一种世界性哲学，得到世界无产阶级的认同。当然，对马克思主义哲学存在不同的解释，但没有人敢说，马克思主义哲学仅属于德国，是德国的民族哲学。

马克思主义哲学的国际性，并不排斥它必须民族化。相反，马克思主义哲学要扎根，要具有生命力，必须与各国民族文化相结合。对于中国来说，马克思主义中国化的问题，仍然是一个艰巨的任务。这个任务完成得好坏，既影响马克思主义的功能，又决定中国革命与建设的成败。

---

① 《马克思恩格斯全集》，中文 1 版，第 1 卷，121 页。

不能把哲学的阶级性庸俗化

哲学家并不是作伪者，都自觉地为某个阶级的利益辩护，相反，不少哲学家认为自己是超政治的，处在最纯正、最圣洁的精神王国之中。他们真诚地相信自己理论的真实性，认为自己的观点是正确的；他们越是相信自己观点的正确性，越是相信自己为之辩护的东西的合理性，可能越是表明自己执著地坚持某种立场。从来没有一个哲学家认为自己是错误的，是为丑恶、为非正义辩护的。凡是我为之辩护的肯定是正确的，这是一切哲学家的看法。

可是，阶级社会中的哲学是有阶级性的。这并不取决于哲学家的个人的意志，而是由哲学家所处的环境决定的。不一定是有意的辩护，而是哲学家们的观点客观上有利于某一特定阶级，从而使他成为这一阶级的哲学代言人。马克思在讲到某一阶级的思想家与其所代表的阶级关系时说过一段很著名的话："不应该认为，所有的民主派代表人物都是小店主或崇拜小店主的人，按照他们所受的教育和个人的地位来说，他们可能和小店主相隔天壤，使他们成为小资产者代表人物的是下面这样一种情况：他们的思想不能越出小资产者的生活所越不出的界限，因此他们在理论上得出的任务和解决办法，也就是小资产者的物质利益和社会地位在实际生活上引导他们得出的任务和解决办法。一般说来，一个阶级的**政治代表**和**著作代表**同他们所代表的阶级之间的关系，都是这样。"① 哲学的阶级性不取决

① 《马克思恩格斯选集》，2 版，第 1 卷，614 页，北京，人民出版社，1995。

于哲学家本人的阶级成分。按照哲学家个人的家庭成分来阐述哲学的阶级性是庸俗化的，决定性的是这种学说对谁有利。

马克思主义哲学的阶级性并不取决于它的公开申明，而在于这种哲学确实是无产阶级所需要的。无产阶级要真正认清自己的阶级地位、历史使命和获得解放的途径，不能祈求上帝，不能指望命运，也不能清静无为、逆来顺受，只有马克思主义哲学才能为他们指明出路。恩格斯说："只有当工人阶级不是带着有色的法学眼镜，而是如实地观察事物的时候，它才能亲自彻底认清自己的生活状况。在这方面马克思的唯物史观帮助了工人阶级。"① 狄慈根也说过类似的话："谁想做一个真正的社会民主党人，谁就必须改善自己的思维方法。公认的创始人马克思和恩格斯把社会民主党提高到目前它所达到的科学水平，主要是有赖改善了思维方法。"可见，马克思主义哲学的阶级性突出地表现在它的功能上，而不是它自封的。

① 《马克思恩格斯全集》，中文1版，第21卷，548页，北京，人民出版社，1965。

哲学与哲学家的哲学意识

不少哲学家都追求最终真理，或者把自己的哲学看成是最完美的体系。

黑格尔在这个问题上也处于矛盾状态。一方面，他把自己的哲学说成是对绝对观念的最终把握，是哲学发展的终结；可另一方面又说，哲学是时代的产物，哲学是被把握在思维中的它的时代。这当然是矛盾的。追求超时代的哲学与哲学的时代性是不可共存的，这种矛盾注定了黑格尔哲学必然解体的命运。

马克思强调哲学的时代性。“真正的哲学是时代精神的精华”这句名言，表达了马克思对哲学的时代性的认识。所有马克思主义哲学家都强调哲学的时代性。梅林说过：“一个时代的经济、政治斗争与这一时代的哲学之间的依存关系是那样鲜明地暴露出来，即使最近视的人也会明白看到的。”还说：“任何哲学都是由某一民族和某一时代的需要而产生的，它在这个民族和这个时代的经济生产过程中有极其深刻的根源；甚至在它既经出世之后，哲学体系的概念也不是以自己的重力起作用，而是作为仍然由经济产生的历史发展的工具而起作用的。”普列汉诺夫也强调：“最彻底的唯物主义者也不否认，每一种哲学体系只不过是自己时代的智慧的表现。”

哲学不是也不可能是超时代的。哲学并不是哲学家个人的奇思怪想，尽管哲学特别是唯心主义哲学给人以这种印象，但这是一种假象，只要对这种体系进行马克思主义的分析，就能发现它的时代特征。超越时代的哲学观念是哲学与哲学家的哲学意识的矛盾。例如像庄子的这种无为、不争、退让、全生、尽年的哲学，离开了战国时期的社会动乱和人的命运的浮沉不定是很难理解的。

正因为哲学的时代性，它不可能是永恒不变的。否则的话，就不会有哲学史。哲学有历史，表明它是变化的，是各种体系更替的过程。历史上不少显学如同夏夜的流星，在另一个时代又会出现新的哲学体系。最无生命力的哲学是自以为超时代的哲学。马克思主义哲学的生命力，在于它从不追求超时代的永恒性，而是紧紧贴近时代紧跟时代。科学永远是不完整的，每解决一个问题，在问题中又会蕴含十个问题。哲学同样如此。哲学不可能是一劳永逸的，它同样要发展、要更新。马克思主义一旦脱离它所处的时代，就是马克思主义的终结。

争论不休的哲学定义

狄慈根说过："哲学著名人士和哲学权威，对哲学是什么和哲学的目的是什么两个问题，从来没有一致的答案。"日本有位哲学家说过一句更尖锐的话，他说对一个哲学家来说，最恶毒的问题莫过于问他哲学是什么。

这并不奇怪。因为哲学中包含的问题是多方面的，可以因研究存在哲学被看成就是存在论；可以因突出对认识的研究哲学被认为就是认识论；也可以强调方法，把思维方法视为哲学的本质。在当代，强调人的问题的把哲学称为人学，强调文化的认为文化是最重要的，而研究语言的认为哲学的语言转向——语言哲学是当代最重要的哲学。哲学家们像古代印度寓言"盲人摸象"中的一群盲人，各说其是，彼此争论不休。

依我之见，应该把哲学问题和哲学的本质区分开来。所有的问题中都可能存在哲学问题，从存在到认识，从思维方法到人类认识中的某一个方面，如文化、语言或其他领域，都可以成为哲学的对象甚至一个时期的热点，但不能说哲学就是这个。我们不能在哲学所涉及的问题中而要在哲学与各门具体科学的分界中探求哲学的本质。哲学不同于各门具体科学，它不是研究世界某一侧面的规律，而是探求世界的本质和认识与改造世界的途径。哲学中的门类和问题是很多的，它可以是研究其中的某些哲学问题，也可以是研究一般原则的运用，但只要它是哲学，归根结底离不开世界的本性、人与世界的关系以及如何认识和改造世界。哲学本质在不同条件下通过不同的问题表现出来。问题不是一成不变的，可哲学不能被实证化，它作为世界观和方法论的本性不会变。哲学一旦归结为某一具体问题的探讨，它就不是哲学而是具体科学。

猫头鹰与雄鸡

黑格尔把哲学喻为黄昏时起飞的猫头鹰。意思是说，哲学是一种反思的科学，是事后的思考，他在《小逻辑》中明确地说："哲学的认识方式只是一种反思——意指跟随在事后面的反复思考。"还说："哲学可以定义为对事物的思维着的考察。"尽管黑格尔非常重视哲学，把哲学放在他的绝对观念自我认识的最高阶段，但他把哲学看成黄昏时起飞的猫头鹰，实际上取消了它的指导功能，只是一种对既成之事的哲学思辨。

马克思不同，他强调的是哲学认识和改造世界的功能，特别是对正在登上历史舞台的无产阶级来说，哲学是头脑，是精神武器，所以马克思把哲学比作迎接黎明的高卢雄鸡。他说，当无产阶级革命条件成熟时，"德国的复活日就会由高卢雄鸡的高鸣来宣布"①。这里雄鸡是借用法国第一共和国国旗上的图案来暗喻新的革命哲学。哲学是迎接黎明的雄鸡，意味着它在黎明来到之前就已经在行动而不是等到黄昏时才起飞。这样，哲学就由事后的反思变为事前的指导，能够充分发挥其认识世界和改造世界的功能。

---

① 《马克思恩格斯全集》，中文1版，第1卷，467页。

是一个主义不是两个主义

有的学者反对辩证唯物主义和历史唯物主义的理由，说它是两个主义，没有一体化。在我看来，这个理由不能成立。辩证唯物主义和历史唯物主义不是两个主义，而是一个主义，即以实践为基础的辩证的唯物的主义。历史唯物主义不是与辩证唯物主义相并列的另一种主义，而是对马克思主义哲学的变革和特点的强调，它强调马克思主义哲学不像旧唯物主义那样是半截子唯物主义，也不是不彻底的辩证法，它的完全彻底的辩证法与唯物主义正表现在历史领域，所以把历史唯物主义单列出来以表示马克思主义哲学不同于以往一切哲学的特点。

列宁正是在上述意义上并列使用这个名称的，他说："马克思和恩格斯在他们的著作中特别强调的是**辩证**唯物主义，而不是辩证**唯物主义**，特别坚持的是**历史**唯物主义，而不是历史**唯物主义**。"列宁之所以这样说，就是为了强调马克思主义哲学的特点和它的彻底性。在上述引语之前，列宁还说马克思和恩格斯"特别注意的是修盖好唯物主义哲学的上层，也就是说，他们所特别注意的不是唯物主义认识论，而是唯物主义历史观"①。在《马克思主义的三个来源和三个组成部分》一文中，列宁把历史唯物主义看成是对唯物主义的加深和发展，"马克思加深和发展了哲学唯物主义，而且把它贯彻到底，把它对自然界的认识推广到对**人类社会**的认识。马克

① 《列宁选集》，3版，第2卷，225页，北京，人民出版社，1995。

思的**历史唯物主义**是科学思想中的最大成果。”① 我们都能记得，在《卡尔·马克思》中有专节论述唯物史观，列宁强调的仍然是马克思主义哲学的彻底性问题，他说：“马克思认识到旧唯物主义的不彻底性、不完备性和片面性，确信必须‘使关于社会的科学同唯物主义的基础协调起来，并在这个基础上加以改造’。”列宁还说：“发现唯物主义历史观”，就是“把唯物主义贯彻和推广运用于社会现象领域”②。可见，辩证唯物主义与历史唯物主义是一个主义。历史唯物主义就是历史领域中的辩证唯物主义，但为了突出马克思和恩格斯的新贡献，才把它与辩证唯物主义相并列。

① 《列宁选集》，3 版，第 2 卷，311 页。
② 同上书，423、425 页。

全球问题与全人类利益高于一切

我们并不否认，由于当今世界的科技发展和经济联系的密切，使得许多以往局限于一个国家、一个地区或毗邻国家的问题，成为世界性问题，成为所谓全球性问题，如能源问题、人口问题、生态问题、核战争问题，等等。但这并不表明，在这些问题上存在“共同利益”。因为在如何对待这些问题上，一些发达国家特别是某个超级大国是把自己的国家的利益摆在首位，而不惜侵犯和牺牲别国的利益，他们保护自己国家的生态环境，而把污染工业迁到发展中国家去，甚至把洋垃圾运到别的国家去。戈尔巴乔夫倡言“全人类利益高于一切”并没有感动西方，结果是北约东扩到卧榻之边，这是现实对空想的嘲笑。我们应该懂得当今所谓全球性问题的本质。核威胁主要是来自掌握大量核武器的核大国，能源危机来自发达国家特别是美国对能源的过度需求和无止境的消耗，生态环境破坏主要来自发达资本主义国家的工业发展和对自然的掠夺性开采。城门失火，殃及池鱼，使这些问题变成“全球性问题”。但全球性问题不等于全人类共同利益，因为当今世界仍然存在富国与穷国、发达国家与发展中国家的区分，发达国家特别是超级大国，在解决这些问题时，是考虑自己国家、民族和阶级的利益，而不是“全人类利益”，更不用说视“全人类利益高于一切”。

“天人合一”中的唯我论因素

中国哲学中的“天人合一”思想是复杂的，其中确有许多丰富的给人以启发的思想，但也有神秘主义、唯心主义的一面。例如，其中的天人相通就导致唯我主义。

古希腊罗马哲学的特点，是以客体为对象的自然哲学，它强调客体的客观实在性，强调主体是认识和反映客体，这种观点自然导致唯物主义。中国哲学强调“天人合一”，它关注的重点不是客体而是主体。“天人合一”只有依靠主体的内在意识及其践履才能达到。人作为主体，是万物的主宰，能与天地同参，而且为天地立心，成为宇宙的中心。

这样，主体在中国哲学中处于一种特殊地位。天人所以能合一，因为主体从自己的内在需要出发，借助主体意识的活动可以通天，即体会世界的人生意义。因此，与天相比，人处于宇宙的中心，认识了人自身，也就认识了自然界的根本意义。认识不是对客体的认识，不是向外用力，而是认识自我，返回内心深处。人只要认识了自我，就穷尽了万物之理。实际是说万物皆备于我，不假外求。我是什么？我是人；人是什么？人就是我。了解了自我，就了解了人。了解了人，就了解了万物。人只要认识自己的心性，就掌握了宇宙人生的真谛。很显然，这种哲学阻碍人们对外界的探求，从而不利于科学的发展。

我们并不否认中国哲学中的“天人合一”思想蕴含的某些合理成分，特别是处于生态环境恶化条件下的现代人，能够从中国的“天人合一”中得到某种有益的启发，但我们不能按照当代生态理论的观点来解读和附会“天人合一”的哲学，否则，只能走向神秘主义。

费尔巴哈与超越

费尔巴哈耻于承认自己是唯物主义，而且声称要超越唯物主义和唯心主义，他在《反对身体和灵魂、肉体和精神二元论》中说："唯物主义、唯心主义、生理学、心理学都不是真理，只有人类学是真理。"这里说的唯物主义是指庸俗唯物主义，因为19世纪50年代在德国到处兜售的是庸俗唯物主义，它丝毫没有越出它的老师——法国唯物主义的范围，而在1848年革命的时候，这种唯物主义更是江河日下。

费尔巴哈当时对待唯物主义的态度是可以理解的，但他错误地把各种唯物主义混为一谈。费尔巴哈也反对唯心主义，例如他批评黑格尔的唯心主义，说"黑格尔的绝对精神不是别的，只是抽象的，与自己分离了的所谓有限精神"。费尔巴哈是唯物主义者，而且是19世纪上半叶的大家，可他主张超越即超出唯物主义和唯心主义之外，这是因为他不懂得这两种哲学的根本区别所在，他的全部著作证明，他没有超越也不可能超越。费尔巴哈的超越是时代的错误，可至今在我们国家还有哲学家鼓吹超越。

事实证明，当代的超越论不同于费尔巴哈。费氏是因为厌弃庸俗唯物主义而不自认为是唯物主义，可他的哲学在自然观上是非常坚定的唯物主义。而我们国家的超越论者是厌弃辩证唯物主义，不过还是超越不了，无非是在超越的掩护下，由唯物主义转向自我意识的主体唯心主义。

列宁在他的重要著作《唯物主义和经验批判主义》中，反复强调马克思和恩格斯如何坚持唯物主义路线反对超越，"他们把胡言乱语、冠冕堂皇的谬论以及想在哲学上‘发现’‘新’路线和找出‘新’方向等等的无数尝试当做垃圾毫不留情地清除掉。”① 或许人们会说，列宁的话极左不足为训，那好，请给我一个超越的例证。迄今为止，哪个哲学家或哲学派别既不属于唯物主义也不属于唯心主义？我看是找不出来的。

① 《列宁选集》，3版，第2卷，227页。

对自然的多角度考察

从空间看，自然在人之外。

从时间看，自然在人之前。

从历史的角度看，自然在不断人化。

从社会的角度看，自然与社会相渗透。

从动物的角度看，动物与自然同属客体，它们是直接的同一，动物本身就是自然界。

从人的角度看，人是主体，自然是客体。人虽然也是自然的一部分，但他与自然的统一是间接的统一，是有中介的。中介系统的日益进化，就是社会的发展和人类的进步。当代的所谓“实践唯物主义”的提倡者，就是把一种特定角度的考察当成唯一的，否定人之前、人之外的自然客观性，从而与全部自然科学相矛盾。

唯心主义者也受唯物主义规律支配

唯物主义与唯心主义是两种哲学，是两种世界观。作为理论形态的唯心主义的信奉者们，在实际生活中也是受唯物主义规律支配的。世界上并不存在唯心主义规律，只存在唯心主义哲学。唯心主义者也是用大脑思维，他们的思维同样受存在第一性思维第二性的规律支配，他们可以无限夸大自我的作用，实际上仅凭思维想象能力连一根稻草也拿不动。唯心主义只是一种观点，不可能是事实。但不能说，唯心主义者是事实上的唯物主义者。因为唯心主义和唯物主义只能在哲学路线上使用，超出这个范围就是毫无意义的空话。

反之，一个唯物主义哲学家，在处理实际问题时也可能变为一个唯心主义者。口头上的唯物主义、实际工作中的唯心主义是屡见不鲜的。有的人平时讲唯物主义，可一到触及自己的切身利益时就不实事求是；有的人有病不愿检查，讳疾忌医，好像病是查出来的而不是原来就有的；还有的人年老时转向宗教，特别是快死时希望有来世、有灵魂、有天堂。

可见，做一个唯心主义者容易，做一个唯物主义者难，做一个彻底的唯物主义者更难。

自然科学及其效用

我们说科学技术是生产力，而且在当今是第一生产力，讲的就是效用问题，但科学的效用及其作用的大小，取决于它对客观规律的揭示。科学的效用问题，说到底是人对规律的认识和利用的问题。因此科学效用的大小有无，不取决于人的主观愿望或好恶，而是取决于对规律的把握。爱因斯坦说过："科学作为一种现存的和完成的东西，是人们所知道的最客观、同人无关的东西。"

所谓与人无关，指的是科学真理的客观性，与人的情感无关。科学规律并不因某些人的厌恶而丧失它的真理性，谬误也不会因为多数人的赞同而变为真理。荀子说的"天道有常，不为尧存，不为桀亡"是千真万确的。科学是不能作伪的，伪科学是以科学为幌子的欺骗，它反映的不是客观规律，而是作伪者的愿望。所以科学内容一旦掺入人的情感好恶，就会转化为谬误。

这当然不是说科学家应该是无感情的，相反，为科学真理而献身，为人类的幸福而不辞劳苦，需要冲动，需要激情。所以对一个科学家而言，人文素养、道德情操是至关重要的。科学无国界，但科学家有祖国；科学无善恶，但科学家的品质有善恶。科学的效用是客观的，可如何利用这种效用则决定于人，而不是决定于科学本身。

天上的月与水中的月

水中的月为天上的月，眼中的人为眼前的人。天上一轮月，江河湖海中无数个月。所谓月照万川，就是这个意思。可水中实际上并无月亮，水中捞月是白费劲的。

一个哲学家不区分第一性与第二性，不区分存在与反映，满足于说天上的月与水中的月不可分，或者彼此联系之类的貌似深沉的话，其实无非是一种比较精致的唯心主义而已。

民间故事中的狮子掉进井里（狮子发现井里也有与自己同样凶猛的狮子而怒不可遏）、狗抢骨头（狗抢水中自己影子口中的骨头），嘲笑的正是那种否认第一性与第二性区分的唯心主义者。我总是想，不管唯心主义理论如何精致，说得如何天花乱坠，如何引经据典，如何援引“最新科学成果”，只要它鼓吹区分第一性第二性是旧的思维方式，最新成就是主客体在实践中融为一体，你就根本不要相信，除非他能从水中捞出月亮，从狗嘴里（水中的）抢到骨头。

谈死

“人生自古谁无死，留取丹心照汗青。”这是对死的认识的最高境界，是对死的意义理解通达之至极。文天祥不仅以死来昭示后世，而且以对死的价值的体认激励后人。可是这两句诗的真实含义不是纯道德的说教，而是以对自然和历史的认识为依据的。

“人生自古谁无死”实际上讲的是自然规律。凡人必有死。岂止是人，凡物必有始终。人有生死物有始末，这是永恒的宇宙普遍规律。

“留取丹心照汗青”实际上讲的是社会规律。如果历史无是非，无对错，无忠奸，是一笔糊涂账，那当然无所谓名留青史、遗臭万年的问题。承认历史的客观性，承认历史可以进行客观的科学的价值判断，才有青史留名的问题。

所以，死的问题不单纯是人生观问题，而且是自然观、历史观问题。对人生问题的体悟有赖于对宇宙、历史、人生的综合理解。

人的本质

马之所以是马，是因为它具有马的本性；之所以是良马，是因为这种本性表现得最集中、最充分。如果一匹马根本不具有马的特性，形状像牛，叫声如猪，跑起来如狗，这不是马而是怪物。这种使马成为马的特性，是马这个种所具有的类本性。所以生物中种的关系是个体与类的关系。类本性是一种自然性，它不是在个体之外存在的东西，而是个体所固有的自然本性。这是生物长期进化的结果。

可是如果用这种观点来观察人类，就会陷入理论误区。人当然也是动物中的一个类，因此任何个人同人这个类，存在与其他动物相似的关系，即个体与类的关系。从人作为类的角度看，如果一个人不具有人所共有的类特性，例如没有语言，没有思维，没有七情六欲，没有喜怒哀乐，尤其是没有劳动能力的潜在可能性与现实性，当然不是人。人要成为人，首先从种的角度看，应该具有人所共有的东西。可人不同于一般动物，人不仅是自然存在物，而且是社会存在物。人的最本质的东西不是生物学上的类，而是在物质生产的基础上组成的社会的成员。所以人的本质，除了人作为类具有的类本质外，最主要的是在社会生活中形成的社会本质。即使是自然本性，也会受到社会的再铸造而发生变化。所以，人的本质不是永恒的超历史的，而是具有社会形态的特性。我们只有通过奴隶制度才能理解奴隶主的残忍，只有从资本主义制度才能理解私有者的贪婪。人的本质不能用人的类来解释，只有把人放在社会中才能理解人的本质。所以，我们可以说，动物的本性在动物自身，但我们不能说人的本质在人自身。人的本质在于它所依存的社会，也就是马克思说的人的本质在其现实性上是一切社会关系的总和。这是人与一般动物的根本区别。一切抽象人性论者都是从这里陷入误区。

人性

有没有人性这个东西？当然有。动物有自己的本性，人难道没有自己的本性吗？可人性究竟是什么？这是个颇为不易回答的问题。人的自然本性，如生存、繁殖、希求健康长寿，即我们通常所说的饮食男女，当然是人的本性。

可超出这个范围，人们都可以看到所谓人性是文化、教育、环境等多种因素的结合物。一个人见到穷人同情怜悯，我们说他有人性；一个人不仅不同情反而压迫穷人，我们说他没有人性；一个人对父母很孝敬我们说他有人性，如果他虐待父母，我们说他没有人性。很显然，这里所说的人性不是指人的本性，即性善还是性恶，而是指良心。有没有良心，是属于道德范围。良心本质上是一种教养。

人性表现在人的行为之中，是人们用来判断和评价人的行为的一种尺度。这种尺度是一种变化着的尺度，是时代的、历史的、社会的、伦理的。因此，每个时代是否符合人性的标准是变化的。

类意识

人和一般动物的一个根本区别，是人有类意识，即能意识到你和我一样是人，是属于一个类——人类，这就是费尔巴哈的看法。马克思在《1844 年经济学哲学手稿》中也是这样看的。知道所有的人都属于一个类，与是否以人的态度对待人是不同的。历史和现实表明，以人的态度对待人并不是人的本性，而是表现一种新的社会关系。屠格涅夫的小说《木木》表明，奴隶主对待奴隶比木木对待狗要残酷得多，木木以人的态度对待狗，而奴隶主是以狗的态度对待人，至于当年德国法西斯对待犹太人，日本侵略者对待中国人无不如此。在人与人的关系中起决定作用的并不是抽象的人性，而是利益——经济利益和政治利益。利益的性质则取决于生产关系。一个人、一个阶级、一个国家，为了自身的利益可以对另一个人、另一个阶级、另一个国家采取极其野蛮的做法，这是一种非人的态度。300%的利润可以使人冒上绞架的危险，那为了更多更多的利益还有什么事不能干？在阶级社会中脱离阶级关系、阶级利益来考察人与人的关系，只能像恩格斯说的“出丑”。用类意识来观察历史，观察人与人的关系是得不出正确结论的。在阶级社会中最根本的方法还是阶级分析方法，在阶级消灭以后，则应该是唯物史观的社会分析方法。

人道主义的社会制约性

我们不同意抽象人道主义，并不意味着我们在任何意义上都不同意人道主义。我们反对以抽象的人性作为人道主义的根据。我们应该从唯物主义历史观的角度来看待人道、人性问题。

人是社会存在物。人的思想、道德、行为都有社会原因，而不是决定于人的本性。人们之间的相互关系，由于利益的冲突，可以比人对待动物还野蛮。人与人之间的残杀，尔虞我诈，可以为了达到目的而不择手段，是动物界所未有的。这当然不是说，人的本性比动物坏，而是社会使然。人并没有永恒不变的为善或为恶的本性，为善为恶都是后天环境决定的。从社会制约性来看人的行为，就不会把一切推给人性，从而掩盖了产生一切恶的实在原因，因而也找不到根除恶的方法。我们当然期望人们彼此以人相待，但要做到这一点，一定要创造一个能以人相待的社会环境，而不是呼唤人性的复归。如果我们把一切归结为人性，用人性的召唤代替社会改造，只能让罪恶永远存在下去。

我们全都是些集体性的人物

歌德在逝世前一个月的一次讲演中，发表了一个极为重要的观点，他说，伟大人物的成就不应简单地归功于他们个人的所谓天才，而应归功于当时社会状况和他接触到的前辈和同辈的教益。歌德还说，事实上我们全都是些集体性的人物，不管我们愿意把自己摆在什么地位。严格说来，可以看成我们自己所特有的东西是微乎其微的，就像我们个人是微乎其微的一样。我们全都要从前辈和同辈那里学到一些东西，就连一些最伟大的人物单凭他特有的、内在的自我去对付一切，他也决不会有多大成就。

这话说得多好啊！其实在社会中一切物质产品都是集体性的产物，尽管从形式来看某件产品最终是由一个人制造出来的，但是从这个产品的原料、制作、工艺来看都凝结着一定的社会力量，精神产品更是如此。举凡科学的发明、艺术的创作无不体现着集体的智慧。马克思在《1844年经济学哲学手稿》中说过一段非常好的话：“甚至当我从事**科学**之类的活动，即从事一种我只是在很少情况下才能同别人直接交往的活动的时候，我也是**社会的**，因为我是作为**人**活动的。不仅我的活动所需的材料，甚至思想家用来进行活动的语言本身，都是作为社会的产品给予我的，而且我**本身的**存在**就是**社会的活动；因此，我从自身所做出的东西，是我从自身为社会做出的，并且意识到我自己是社会的存在物。”①

我们有些人往往过分夸大自我的力量，什么都是我，我，我，仿佛自

① 《马克思恩格斯全集》，中文1版，第42卷，122页，北京，人民出版社，1979。

己是世界的唯一创造者。其实个人的力量总是有限的，人的真实力量的发挥往往要借助于集体的力量，善于吸收前人的经验和成果。我们每个人不仅要善于做到这一点，而且要清清楚楚地意识到这一点，意识到我们都是一些集体性的人物。

个人与个人主义

人类历史的发展是独立的个人逐步形成的。在氏族社会中，个人从属于氏族，是氏族中的一员；在封建社会中，个人从属于家族，是家族中的一员，这是马克思所说的人对于人的依赖时期。随着资本主义商品经济的发展，人作为自主的个人出现在市场上，作为平等的一员从事交换；人作为独立的个人以物作为中介相互联系。独立的个人的形成是社会的一种进步。

独立的个人当然有自身的利益——个人利益，争取和维护自身的个人利益是正当的，是资本主义社会比封建社会进步的表现。个人利益不等于个人主义。个人主义是一种处理自己与他人的、个人与社会的关系的根本原则，它以自我为中心，把对自己有利视为处理一切关系的唯一的最高的出发点，所以个人主义的本质是利己主义的。我们尊重个人的利益但反对个人主义。

人的使命

人应该有使命意识，可并不是每个人都能意识到这一点。马克思说过："作为确定的人，现实的人，你就有规定，就有使命，就有任务，至于你是否意识到这一点，那都是无所谓的。这个任务是由于你的需要及其与现存世界的联系而产生的。"①

人作为人，都处于社会中的一定地位，也就是说都扮演一定的角色。社会角色就包括人的使命。当然，并不是人们都能意识到这一点。能充分意识到自己的角色和使命的人是自觉的人，而意识不到甚至根本没有这种意识的人是浑浑噩噩的人。这实际上是个人生观的问题，是人活着为了什么的问题。

我们决不能把社会角色看成是固定不变的，永远如此的。角色不仅不可能固定不变，实际上人的职业地位特别是阶级关系的大变动都是角色的变动。在阶级社会中，阶级斗争的核心就是改变本阶级的不利的角色地位。例如资本主义社会下的无产阶级的全部斗争，就是改变本阶级的被剥削被压迫地位，而不是安于自己的角色地位。力图改变被奴役地位的是革命者，安于被奴役地位的是不觉悟者，而赞美这种地位的却是彻头彻尾的奴才。所以角色意识可能只是一种职业意识，而不是一种使命意识。在阶级社会中要把角色意识提高到使命意识，这就要把争取角色的变换与整个阶级的解放结合在一起。"天下兴亡，匹夫有责"所表现的责任意识以及

① 《马克思恩格斯全集》，中文1版，第3卷，329页，北京，人民出版社，1960。

忧患意识，都是超越个人角色局限的社会的阶级的意识，是一种真正的使命感。

社会主义社会当然不同于资本主义社会，但社会中人的角色也不是永恒不变的。革命者从不认为凡现实的都是合理的。由于我国还处在社会主义社会的初级阶段，仍然存在富人和穷人，以及扮演各种角色的人。我们当然要逐步改变这种状况，真正使社会中人的角色与人的尊严和能力相适应。发展生产力，消灭私有制，消灭剥削，最终达到共同富裕，这才是社会主义社会中人的真正使命。

何谓见物不见人

马克思主义哲学反对把抽象的人作为哲学的出发点和归宿，反对把人的抽象本质作为历史的尺度，并从中引出人的价值、人的尊严、人的权利。马克思主义哲学从唯物史观的角度来研究人，探求人的社会本质，研究阶级关系和阶级斗争，研究人类解放的道路。这一切，在西方学者看来叫见物不见人。难道无产阶级，难道劳动者这占人口百分之八九十的人不是人吗？事情很清楚，在他们看来这不是研究人，而只有研究不属于任何阶级、不属于任何民族、不属于任何国家的人才是研究人。可这种人在哪里？谁见过？其实这种人是一种抽象，在现实社会中是根本不存在的。

在当今世界，人的问题日益成为各种哲学学说关注的重点。可是西方的人本主义哲学，无论是西方资产阶级哲学还是西方马克思主义，他们所说的人都是抽象的人，并力图以这种人来改造马克思主义，这就是所谓马克思主义的人道化。

人，是现实的存在物。人就是人的世界，人的社会，人的国家。离开了人所生活的世界，离开了人生活其中的社会和国家，人就是非现实存在物，是哲学家头脑中的抽象。从这种意义上说，西方某些学者批判马克思主义见物不见人是“对”的，因为这种人的确是见不着的，也从来没有人见过。

黑人就是黑人

人的本质与社会形态是一致的。个人的状况取决于他在生产关系中的地位。马克思说："黑人就是黑人，只有在一定的关系下，他才成为**奴隶**。纺纱机是纺棉花的机器，只有在一定的关系下，它才成为**资本**。脱离了这种关系，它也就不是资本了，就像**黄金**本身并不是**货币**，砂糖并不是砂糖的**价格**一样。"① 使黑人成为奴隶的不是黑人作为人的本性，而是黑人所处的社会关系。从类的角度看人是同一的——他们都是人，可是这种类的同一性是人的自然本性，它不能显示人的社会本质。真正决定人的社会本质的是人所依存的社会关系。

我们在不同社会形态下可以看到不同的人。在奴隶制度下我们看到的是奴隶与奴隶主，在封建制度下我们看到的是领主与农奴，在资本主义制度下我们看到的是资本家和无产者。这种区分是社会的，是暂时的，而不是永恒的。把资本主义制度说成是历史的终结，就是把资产者和无产者的区分永恒化，把资产者和无产者这种社会区分变为人的自然本性，这是为资本主义辩护的理论。任何一个稍有头脑的人都懂得，没有资本主义制度就没有资本家和无产者的区分。正如黑人不永远是奴隶一样，无产者并不永远是无产者。共产主义革命就是要消灭这种区分，但不是使人回复到所谓人自身，而是在新的社会关系下产生共产主义的新人，即摆脱了阶级社会局限的全面发展的人。

---

① 《马克思恩格斯选集》，2版，第1卷，344页。

我一个人与每一个人

在处理个人与集体的关系时，应该弄清个人的含义。当我们说没有个人就没有社会时，这里所说的个人，当然是指每一个人，而不是指某一个人。这不是烦琐哲学，这里涉及一个重大理论问题。就每一个人而言，没有个人当然没有社会，因为社会是由个人构成的。可就“我一个”而言，情形就不同了。不是社会不能离开个人，而是个人不能离开社会。社会可以离开任何一个人，但任何人都不能离开社会。古往今来，多少个个人生生死死，可社会依然存在发展。正如长江中的水不断更新，但河流依然存在一样。我这一滴水之所以不干，难道不是因为它存在于大海之中，倒是因为它自身是一滴水之故吗？我们说社会比个人更根本，就是因为社会不是个人的简单相加，而是在无数个人活动中形成的一种结构，一种组织，这种组织形成一种任何个人相加所不具有的力量。我们提倡集体主义、提倡个人利益服从集体利益、正确处理个人与社会的关系的原因正在于此。

马克思主义反对把个人与集体绝对对立起来，反对处理个人与集体关系上的片面性。但是马克思主义也反对貌似辩证实则折中的观点。恩格斯在《英国状况·十八世纪》中批评葛德文说：“葛德文对功利主义原则的理解还是非常笼统的，他把它理解为：公民应当轻视个人的利益，应当只为公共福利而生活。”但他也批评边沁“把私人利益当做公共利益的基础”的观点，“边沁在经验中犯了黑格尔在理论上所犯过的同样错误：他在克服二者的对立时是不够认真的，他使主体从属于谓语，使整体从属于部分，因此把一切都弄颠倒了"①。可见，恩格斯既反对忽视个人利益，片面强调公共利益的观点，也反对使集体从属于个人，整体从属于部分的观点，因为这种观点完全颠倒了个人和集体的关系。恩格斯使用"颠倒"一词是发人深省的。在马克思主义看来，把个人作为集体的基础就是颠倒。所以就个人与集体的关系来说，基础应该是集体而不是相反。当然，要正确处理两者关系就要兼顾两者，不能只顾一头。

① 《马克思恩格斯全集》，中文1版，第1卷，675页。

没有我，地球照样转

社会与人不能画等号。社会不能离开人，但又不能简单等同于人。马克思在讲到资本主义社会时说："如果从整体上来考察资产阶级社会，那么社会本身，即处于社会关系中的人本身，总是表现为社会生产过程的最终结果。"① 可见，社会与人不是直接同一的。社会是人的全部活动的结果，是人的全部活动的方式。

作为人的全部活动结果的社会，是不能简单还原为人的。社会有自己的结构，即一定的经济制度、政治制度以及相应的意识形态，有自己运行的规律。每种社会形态即特定社会的现实的经济和政治制度，对生活于其中的任何个人而言，是独立的、不以他们的意识为转移的客观实在。是个人生活于社会之中，而不是社会依存于某个人。任何个人都不能离开社会，但社会可以缺少任何一个个人。所谓"没有我地球照样转"就是这个意思。我们应该正确理解个人的作用，这是唯物史观的一个基本要求。

① 《马克思恩格斯全集》，中文1版，第46卷下，226页，北京，人民出版社，1980。

人和人本主义

不要把人和人本主义混为一谈。人本主义强调哲学应以人为中心、为对象，但并非以人为对象就是人本主义。人并非人本主义的专利品。

人本主义的实质并不是一个哲学对象问题，而是哲学路线问题，它的基本错误不是提倡关心人、爱护人，而是在世界观上以人为本，即以人作为世界的根本，用人的本性来衡量世界，衡量历史，衡量事物。现在以人为本的用法很泛。百货公司说要以人为本，其实它说的是要价廉物美，保护消费者的权益，而不是推行人本主义哲学，正如它说“顾客是上帝”决不是推行宗教一样。

马克思主义并不否定人的问题的重要性，也不否定人的自由问题、平等问题、人权问题以及对人的尊重与爱护，这些问题本身并不能决定哲学路线和历史观的本质，关键是用什么样的观点来分析这些问题。

以人的本性为本，从中引出人的自由、人的平等、人的权利，并以人是一个类为依据提倡尊重人、爱护人，这就把人的本性和人所面临的问题抽象化，变为一个超越历史、超越时代的万古不变的问题。

从唯物史观看来，人的本性问题决定于人所依存的社会，是社会决定人性而不是人性决定社会。至于自由、平等、人权问题的提出及其解决都取决于社会的性质及发展水平，这不是一个抽象的人的问题，而是和一定的阶级相联系的。例如，在资产阶级革命时期，这些问题构成资产阶级革命的内容，是资产阶级争取自身利益的最重要表现；而在社会主义革命中，它是同无产阶级革命和人类彻底解放联系在一起的。在当代，只讲民主而不问谁的民主，只讲人权而不问谁的人权，只讲平等而不问谁和谁平等，这只能是有意无意的欺骗。

当代的世界仍然是阶级的世界。我们国家还存在着一定范围内的阶级斗争。我们反对以阶级斗争为纲，但决不是抛弃阶级观点和阶级分析方法。正因为如此，我们反对以抽象人本主义的温言暖语来迷惑人民，使他们在爱的颂歌中沉沉入睡。我们提倡社会主义人道主义，提倡人民之间应相互尊重、相互爱护、相互关心，但我们不能鼓吹抽象人本主义，鼓吹有爱无等、有爱无类，以为只有这样，才表现自己的宽容高尚气度，不是傻子就是骗子。事实上几千年的历史证明，抽象人道主义是不可能实行的，也没有人实行过。即使有少数理想主义者鼓吹过，也不断被事实所击碎。

人的问题的实质是什么

“人的问题”是当前出现最多的一个提法，也是最时髦、最具有理论深度的提法，但细细斟酌起来，总感到有点问题。人的问题是什么意思？人所遇到的问题没有一个是与人无关的问题，凡与人无关的根本成不了问题，也无从知道这是问题。极而言之，可以说一切问题都是人的问题。20世纪下半叶以来，被西方哲学界炒得最热的所谓人的问题，把人们弄得迷迷糊糊，似乎当代世界已经没有社会问题，只有人的问题。其实所谓人的问题本质上是社会问题，而且由于社会性质不同，以人的名义提出的问题也不同。

例如，在西方中世纪，教会处于社会的支配地位，神对人的压抑达到极点。文艺复兴这个以人的名义兴起的运动——从人文主义到人道主义——本质上是资产阶级的革命运动，它以人的名义争取的各种权利，是一种资产阶级性质的权利，但由于当时资产阶级与其他被压迫阶级利益的一致性，所以可以以人的名义出现。

在当代，似乎出现了超国家、超阶级、超民族的所谓人的问题，这就是能源问题、生态问题、核战争问题，等等。据说这些问题与社会制度无关，是与所有人的命运攸关的问题，其实仔细分析起来，这些问题并不是人自身的问题，而是社会问题，是资本主义的工业高度发展所引发的问题，它表现的是高度发展的生产力同基本的经济政治制度之间的矛盾。能源问题是发达资本主义国家过度消耗能源引起的，如美国以占世界不到5%的人口，耗用世界25%的石油；核战争的威胁来自帝国主义核大国；

而人口问题集中在不发达国家，它与生产力水平的低下和过去与现在长期受到的殖民统治是不可分的。因为我们生活在同一个地球上，经济上的相互交往使这种矛盾的后果关系到所有的人，从而使它具有所谓人的问题的假象。我们并不反对使用人的问题这一提法，但我们一定要明白，这些问题的实质是社会问题，也只有通过改造社会才能解决。

独立的人与人的独立性

人类的历史，是个人日益摆脱他所依存的群体而独立的历史。马克思说过，我们越往前追溯历史，个人，也就是进行生产的个人，就显得越不独立，越从属于一个更大的整体，最初是从属于家庭和氏族，后来是从属于氏族扩大而成的公社。而随着封建社会的解体，资本主义的产生，逐步形成独立的个人，即摆脱了狭隘人群的附属物的作为市民社会成员的个人。这是人的独立性，但不是独立的个人。人是社会的动物，不可能离开社会而独立。其实资本主义社会比以往任何社会更表明了人的相互联系，表明人是名副其实的合群的社会动物。资本主义社会是经济上相互联系最紧密的社会，可又是把自己看成独立个人的个人主义最盛行的社会。这种矛盾只能由资本主义私有制自身的性质得到解释。

中国是东方社会，它没有经历成熟的完整的资本主义阶段，因而在中国没有形成西方那样的具有独立性的个人。以血缘关系为基础的中国社会，由于人对一个更大的人群的从属性，所以人伦关系和人伦观念之强是西方社会无法相比的。中国人不强调个人而是重视人际关系，重视个人对他人的责任：个人对国家的责任（忠），对父母的责任（孝），对兄弟的责任（悌），对朋友的责任（信）。这已经成为一种传统，成为中国人至今仍然重视的道德观念。

西方和中国的这种不同的观念，我看各有其优缺点。中国人的集体观念强，但个人独立精神欠缺，西方人则相反。可是随着工业现代化的迅速发展及其负面效应的暴露，西方人越来越成为彼此独立化的原子，个人主义不断膨胀，亲情人情过于淡化，使人们向往昔日农业社会的诗情画意，因此人们把视线转向中国传统文化。这是可以理解的，但不现实。企图在现代工业的身体上安上一个农业社会的脑袋是不可能的。后现代主义和新儒家从两个不同角度批评资本主义现代化，它们看到了缺点但找不到出路。社会要进步，现代化的进程是不可阻挡的。问题是我们不要资本主义的现代化，要的是社会主义的现代化。我们可以从中国传统文化特别是儒家学说中吸取有用的东西，但使个人完全从属于集体、压抑个性是不对的，也是做不到的。我们要个人的独立性，但不要以个人主义为主导的资本主义式的独立的个人；要集体主义，但不要个人对集体的完全从属。这种个人独立性和集体主义的结合，就是社会主义的新人。

一窝蜂只是一只蜂

马克思说："一窝蜜蜂实质上只是一只蜜蜂，它们都生产同一种东西。"① 这个论断，把人和人类社会与其他动物以及动物的所谓"社会"区分开来。蜜蜂的同一性是类的同一性，它们之间的差异是个体的差异。人不一样。人的本质不能归结为类的同一性，而是他们所依存的各种社会关系的总和。

人们凭借直观往往容易把人性看成共性，看成每个个体具有的特性的抽象。这种理解符合人们对共性的经验理解，但不符合人性的实际。因为把人性看成个体所具有的共性的概括，必须以每个个体先天具有这种特性为前提。这是把人变为蜜蜂，把社会的人变为一个人。

实际上，人们视为共性的人性，并不是单个个人先天具有的，而是在社会中形成的。例如爱，似乎是人人具有的永恒本性，其实离开社会交往而在狼群中长大的狼孩就不具有爱的特性。爱是在交往和关系中所凝结的感情。不是夫妻就无夫妻之爱，不做父母就无亲子之爱，不是兄弟就无兄弟之爱。人性的共性不是个体固有特性的抽象，而是人作为社会存在物的共同性。举凡人们列举的所谓共同人性，都是人在社会中形成的，是人作为社会的人的特性。人生活在社会中，因而具有人作为社会存在物的共同性，一旦离开社会之网，作为独立的个体并不具备这种所谓人性。如果说一窝蜂只是一只蜂的话，我们不能说所有的人只是一个人。因为人性不是类特性，在其现实性上是社会关系的总和。

---

① 《马克思恩格斯全集》，中文1版，第46卷上，195页，北京，人民出版社，1979。

何谓“人学的空场”

存在主义指责马克思主义存在“人学的空场”，这实际上是以自己的人学观点来衡量和要求马克思主义，这说明存在主义根本没有弄清马克思主义的本质。

马克思主义唯物史观变革的最根本之点，是它抛弃了以往人本主义历史观以抽象的人为对象，以人的本性为历史尺度的基本观点和方法，从整体上探求社会的结构和运行规律。研究社会自身的一般规律，而不是把人从整个社会中剥离开来研究人的本性，这才是马克思主义。如果马克思和恩格斯沿着传统人道主义的思路直走，围绕着人的本质、人的价值转，就不可能创立马克思主义的唯物主义历史观。马克思的伟大之处正在于超出传统人道主义的狭隘眼界，把历来被排斥在历史视野之外的物质资料生产、劳动以及人民群众引入历史领域，从而使历史观发生了根本变革。马克思主义历史观同样要研究人，但这是现实的人，是群众，是阶级，是政党，是领袖。所谓马克思主义中存在人学的空场，就是马克思主义关于人的观点和方法不符合存在主义关于人学的标准。不是马克思主义中没有人，而是没有他们心目中的人。

由于当代资本主义各种矛盾的激化，有关人的生存的各种问题日益突出，特别是精神危机引发的人的焦虑、忧郁、浮躁，使哲学家们更加关注人的精神家园问题。我们并不否认应该重视对人的问题的研究，可这些问题的出现并不能取消或代替马克思主义关于历史规律的研究，关于现实的人的观点。因此，即使要研究有关人的一般理论，研究人的内心世界，即当今所说的人学，也必须以马克思主义的唯物主义历史观为指导。如果按照空场论的观点，用抽象的人本主义来补充马克思主义，来填补这个“人学的空场”，就既消解了马克思主义，又使当代对人的问题的研究重新回到马克思主义以前的水平。

人的社会性与个人主义

人，作为社会存在物是彼此不可分离的。只要环顾自身就可以明白，我们穿的鞋子来自制鞋厂，穿的衣服来自服装厂，吃的粮食来自农民，吃的蔬菜来自菜农。岂止是衣食住行，几乎我们赖以生存的东西都是彼此相互供给的。有人会说，商品经济下如此，自给自足的经济是万事不求人。其实，这只是相对的。彼此依赖少，决不是可以绝对独立。人是天生的社会动物，是只有在社会中才具有某种独立性的动物。即使在自然经济条件下，我们作为人的思维方式、语言、情感，也是来自社会交往，更不用说彼此交换的生产和生活资料。绝对的个人是无法生存的。想象中的鲁滨孙，也还是要依赖从陆地带去的由别人提供的东西。

可是在观念中，人却可以无限夸大自我，可以鼓吹自我是宇宙的中心。

在哲学上表现为唯我主义——不真；

在道德上表现为利己主义——不善；

在美学上表现为表现自我——不美。

为什么在经济上连成一体，在观念上反而产生彼此独立的个人，在经济上的联系相当松懈而在观念上反而从属集体？这不奇怪。当个人还没有脱掉自然发生的共同体的脐带时，例如在原始共同体中，在部族、氏族以及封建社会中的大家庭中，个人不是独立的主体，不是自己意志、权利、自由的担当者，他没有独立的个人利益，这些利益天然地被包含在集体之中；他没有个人主义，也不需要个人主义，因为他的利益受到他所依存的集体的保证。

在前资本主义和资本主义，我们看到的是两种人：一种是必然性的人，一种是偶然性的人。所谓必然性的人，是生下来就注定从属某一集体的人，无可选择；而所谓偶然性的人，是在资本主义市场经济条件下通过竞争来确定自己的地位和身份的人。前资本主义经济上很松弛，可人与人的关系比较密切；而资本主义社会经济联系很紧密，可人与人的关系疏远化。关键在于所有制的性质，资本主义私有制是人与人关系疏远化的根源。要使人恢复和谐的人与人的关系，必须实行社会主义变革。这是人类历史的必由之路。

个人主义是动力吗

对这个问题的回答不能一概而论，要看对谁说。

对个人来说，可能成为一种动力，它可以推动人奋起拼搏，激扬精神，在自己从事的工作中取得某些成就。

对社会而言，它可以是一种破坏力，涣散集体，损害团结，以无休止的内耗来阻碍社会进步。

个人主义的这种双面作用，培根也知道。他在《论自私》一文中打过一个很好的比喻："蚂蚁这种小动物替自己打算是很精明的，但对于一座花果园，它却是一种很有害的生物。自私的人也如同蚂蚁，不过他们所危害的是社会。"他还说，"人不能像地球一样，把自己的利益定作绕以旋转的轴心"，"自私自利永远是一种坏的品质。这种人总是把一切事物都按照一己私利的需要加以歪曲，其结果没有不危害社会的"。

而且对个人而言，个人主义也并非永远是动力。顺利时，可能意气风发，快马扬鞭，而一旦碰钉子，没有达到目的，就可能灰心丧气。至于个人主义的膨胀导致的身败名裂是常见的。

或许会有人说，社会是由个人组成的，如果每个人都在个人主义驱使下前进，社会不是发展得更快吗？这是抽象议论。社会发展不是田径比赛，一个人一个跑道互不干扰。在社会中，相互竞争，相互矛盾，相互碰撞，是必然的、不可免的。如果在社会生活中以个人主义为导向，人人都不择手段地挤倒别人，此等社会确实是生存竞争的动物世界，是冷酷无情的社会。这正是马克思主义之所以反对资本主义的一个根本原因。

一个合理的公正的社会应该是自己的发展有助于别人的发展，反过来也是一样。这就不能鼓吹个人主义，而应该提倡集体主义，提倡正确处理个人、集体、国家这三者的关系。马克思说："一个人的发展取决于和他直接或间接进行交往的其他一切人的发展。"① 以他人为敌，把别人看成自己地狱的人，归根结底其自身的利益也是不可能得到保证的。

① 《马克思恩格斯全集》，中文1版，第3卷，515页。

幸福与满足

吃饱了，任何好的美食也引不起兴趣；肚子饿，有个馒头也非常幸福。终年穿鞋的人从不觉得鞋子可贵，一辈子打光脚的人视鞋子如珍宝。人对幸福的理解和要求是各不相同的，取决于各自的地位和境况，很难相通。

但从哲学上看有一点是共同的，这就是幸福不是对满足的再满足，而是对不满足的追求，因此它永远是一种对正在追求中的满足。什么都不需要追求就可以满足的人是不幸的，理解这一点，就能弄懂为什么锦衣玉食、奴仆成群的贾宝玉会削发为僧，他什么都不需要了，因而也失去了生的追求和意义。

时代的交叉点上

伟大的人物往往出现在时代的交叉点上。伟人是时代的产物。

奥古斯丁站在两个时代的转折点上，即希腊罗马时代的结束和中世纪的开始。

但丁处在资本主义社会和封建社会的转折点上，他是封建社会的最后一位诗人，也是资本主义社会的最早一位诗人。

马克思和恩格斯出现在资本主义和社会主义两种社会形态的转折点上，是社会主义由空想变为科学的创始者。

世界历史如此，一个国家、一个民族也是如此。

在中国，毛泽东出现在旧民主主义革命与新民主主义革命的转折点上，是把中国由半封建半殖民地社会转变为独立民主富强的新中国的伟大领袖；邓小平处在世界社会主义由一国模式向多国模式转变的关节点上，是中国改革开放和现代化建设的总设计师。

每个时代造就自己的伟大人物，因为它的矛盾需要解决，任务需要完成。历史使命提供历史人物出现的必要与可能。时代是孕育伟人的母亲，又是人物筛选的过滤器。它造就了伟人，又淘汰了落伍者。

人在对象化中自我确证

一个人的本质、特点、品格，往往是在对象化中自我确证的。一个木工的水平、风格、审美情趣，都表现在他制作的家具之中。一个没有作品的作家，没有教过一天书的教员，没有打过一件家具的木匠，都是徒有其名的非真正的作家、教员、木匠。一个人究竟是什么人，他的特点体现在他的实践活动和被凝结为对象的作品之中。

人们往往有个颠倒的看法，似乎因为他是木工才会打家具，因为他是教员才会教书，因为他是作家才会写小说。实际正好相反。因为他打家具才是木匠，因为他教书才是教员，因为他从事写作才是作家。人的生命活动方式决定人与动物的本质区别。而个体的活动方式决定彼此的区别。脱离了个人的活动及其在活动中的成果，是无法认识一个人的。我们说个人的历史是自己书写的，人用以书写自己历史的笔就是自己的行为。

人的需要和非人的需要

人与动物的需要是不同的。动物的需要是一种本能。动物的需要是同一的，它是固定的不变的。需要的变化，意味着它的动物习性的改变。而且动物的需要是最容易满足的，它在需要满足之后不会产生新需要。人的需要不同，它是变化的、多样的，在一种需要满足之后又产生新的需要。需要的变化表明社会的进步。罗素在《权力论》中说，“动物满足于生存和繁殖，人类则还要扩张”，“想象是一种刺激物，它驱使人类在他们的基本需要得到满足之后，继续进行不懈的努力”。

可人的需要也不是同一的。在资本主义社会，资产者的需要和无产者的需要是迥然不同的。马克思在《1844年经济学哲学手稿》中说过，在资本主义社会，“一方面所发生的需要和满足需要的资料的精致化，在另一方面产生着需要的牲畜般的野蛮化和最彻底的、粗糙的、抽象的简单化”。马克思讲道，对住在地下室的工人来说，“光、空气等等，甚至动物的最简单的爱清洁习性，都不再成为人的需要了”，还说：“人不仅失去了人的需要，甚至失去了**动物**的需要。爱尔兰人只知道一种需要，就是**吃**的需要，而且只知道**吃马铃薯**，而且只是**破烂马铃薯**，最坏的马铃薯。”

问题不仅在于两极分化所带来的工人需要的异化，而且从人与动物的区别角度看，人的需要自身也发生异化，这就是分为人的需要与非人的需要。凡是有利于人的身心健康，有利于人的全面发展的需要，都是人的正常的需要；所谓非人的需要，是满足人的畸形消费，是奢侈、纵欲、腐化，是满足感官而残害灵魂的需要，马克思把这种需要称为**“幻想、奇**

想、怪想”。为什么会产生这种异化呢？这是由资本主义的制度决定的，因为在私有制的范围内，“每个人都千方百计在别人身上唤起某种新的需要，以便迫使他作出新的牺牲，使他处于一种新的依赖地位，诱使他追求新的**享受**方式，从而陷入经济上的破产”①。

我们是社会主义国家，我们的市场经济是社会主义市场经济。我们可以把顾客当上帝，全心全意为人民服务，但不能像马克思所痛斥的那样，把顾客当君主，向顾客献媚，刺激人们的消费欲望和享乐能力，以便获取利润。这样新的需要不仅不能成为培养社会主义新人的手段，反而促使他们堕落。如果这样做，实际上就是在发展经济的同时，为社会主义挖掘埋葬自己的坟墓。

① 《马克思恩格斯全集》，中文1版，第42卷，134、132页。

包含矛盾的尺度

普罗泰戈拉说过，人是万物的尺度，可这是包含矛盾的不能作为尺度的尺度。

如果这里所说的人是个人，那每个人都以自我为尺度，实际上剥夺了我之外的他人是尺度。按照逻辑，任何人都不可能成为尺度。

如果这里所说的人，不是任何一个个人，而是人的一般，那以这种人为尺度，只能是以抽象的人性为尺度。可不同时代、不同的哲学家对人性的看法是不同的，仍然没有人们认同的共同尺度。

毛病出在哪里？出在没有区分价值尺度和科学尺度。以人为尺度是属于价值尺度的范围。因而对这种尺度的考察不能离开这个范围。普氏关于人是万物尺度的观点很明显具有相对主义和感觉主义的浓重色彩，是一种陷入困境的自相矛盾的尺度。

马克思主义解决了这个问题。马克思在《1844 年经济学哲学手稿》中提出了两种尺度，马克思说："动物只是按照它所属的那个种的尺度和需要来建造，而人却懂得按照任何一个种的尺度来进行生产，并且懂得怎样处处都把内在的尺度运用到对象上去；因此，人也按照美的规律来建造。"①

对象尺度，强调的是主体的评价应该符合对象自身的客观状况，这是科学尺度，它的要求是真；内在尺度即价值尺度，强调的是客体应该符合

① 《马克思恩格斯全集》，中文 1 版，第 42 卷，97 页。

主体的需要和要求，它的要求是善（合目的），是美（合乎人的创造性活动的本质）。价值尺度归根结底应该以符合科学为依据。阶级成见不可能成为有科学依据的价值判断。相反，一种被埋没多少年的观点只要它是科学的，在若干年后又会被重新发现，这在历史上是常见的。不具有科学性的价值判断是不可能长久保持的，只有科学性与价值性的统一，才是我们认识世界和改造世界的最高追求。

人的类特性

人当然也是类——人们经常说“人类”，可人不仅是生物学上的类，更重要的是社会存在物，人的根本特性是社会性。我们对个体的认识，不能限于从类的角度来考察，而必须从社会的角度来考察。费尔巴哈关于人是类的观念，比把人看成是个体并没有增加什么东西，因为类无非是个体的总和，类本性无非是个体自然属性的总和。对于人的思考，着眼于人的自然属性，一个人与全体人是一样的。如果从社会的角度考察就不一样了，我们在同一社会中或不同社会中看到不同的人，原因不在人的自然属性，而在社会的性质以及人在社会中的不同地位。

社会不是个人的总和，因而不是简单的类。如果把社会说成是类，那动物也可以有社会，因为某些动物的生活方式是类的方式，例如，蚂蚁、蜜蜂，但我们不能说有蚂蚁社会、蜜蜂社会。从根本上说，社会的本质并不是类（虽然社会的存在方式是群体的方式），而是人们之间的关系，是个体相互依存的方式。所以社会的本质是社会关系和联系方式的总和。

我们并不否定在一定意义上可以使用个体和类的概念，例如，马克思就说过，人类社会中存在的个体和类的矛盾，他批评西斯蒙第不理解社会发展中个体与类的矛盾，类的发展是依靠牺牲个体为代价的。马克思在分析了整个阶级社会发展的历史之后说：“因此，个性的比较高度的发展，只有以牺牲个人的历史过程为代价……因为在人类，也像在动植物界一样，种族的利益总是要靠牺牲个体的利益来为自己开辟道路的。”① 马克思这里所说的个体与类的矛盾，脱离了社会是不可理解的。实际上这种矛盾就是阶级社会中个人、阶级、社会这三者矛盾的表现，被牺牲的个体是属于特定阶级的个体，而不是任何一个个体。所以从纵向看，社会形态的更替必然带来人的素质的发展；从横向看，同一社会形态中由于阶级的对立，一个阶级总是通过牺牲另一个阶级来获得自己的发展。

离开了社会，离开了阶级，类只是一个生物学的概念。如果迷恋这种概念，必然走入理论误区。

① 《马克思恩格斯全集》，中文1版，第26卷Ⅱ，125页，北京，人民出版社，1973。

不能在关系之外观察人

人处在关系之中。“动物不对什么东西发生‘关系’，而且根本没有‘关系’；对于动物说来，它对他物的关系不是作为关系存在的。”① 我们不能在人与人的关系之外来考察人。离开了人与人的关系连最简单的属性都说不清。我们说某人是男人，一定是在他之外有女人；说他是老人，一定是在他之外有年轻人；说他是干部，一定在他之外有老百姓，诸如此类。也就是说，一个人所具有的属性，是在与他之外的人相比较相联系中而存在的。

把人作为类，离不开与人之外的动物的相互关系。

把人作为个体，离不开一个人与其他人的相互关系。

在关系之外的人是抽象的人，是根本不存在的人。哲学家无权虚构人，只能从哲学的角度把握现实的人。任何关于人的定义，只能以处于各种关系之内的人为依据，如果依据的是在各种关系之外的人，是抽象的一般人，只能是纯粹的思辨。抽象人本主义的理论失误正在于此。

① 《马克思恩格斯全集》，中文1版，第3卷，34页。

存在：人类自我中心的难题

没有任何唯心主义者会否认存在。整个哲学史表明，没有哪一个唯心主义者否认自己看到的、感觉到的、进入自己的感觉范围之内的存在。我的妻子，我的帽子，我的朋友，总而言之，我之外的一切都不存在，除非疯子，任何一个理智健全的人都不会这样说。列宁说过，连贝克莱都不否认我之外的存在。

问题出在哪里？唯心主义并不否认存在，但加上一个“但是”：这个存在是依存于我的。你怎么知道它存在？当然是通过我看到，我感觉到。离开主体的感受或者说接受，何以知道它存在呢？所以唯心主义并不否认存在，但它必须存在于感觉范围之内，否则就是形而上学即崇拜人之外的物质世界。存在就是被感知虽然出自贝克莱，可对所有主观唯心主义来说，是共识。

这的确很难依靠逻辑驳倒。没感到不能断定它存在，感觉到了必然是感觉范围内的存在。这就是多少年来人们无法解开的死扣，也是所有自我中心论者无法摆脱的困境。事实上存在的客观实在性是由实践证明了的，因为整个人类认识过程都是不断把无人的存在转变成为我的存在。这个转变本身说明的确有个不依存于人的世界，否则不存在这种转变的可能性。德国有个哲学家批评这种观点，说：“令人吃惊并迄今最受忽视的社会现象之一是，以人类为宇宙中心的盲目顽固性。”还说：“哪怕所有我们看到的星辰都是太阳，但与宇宙无穷未知的其余部分相比，它们所充填的不超过一颗砂粒。现实的无限世界仍然是我们想象能力的一种无法满足的要求，科学对无限观念的真正利用在于已知世界的潜在无限性。我们可以把已知世界的极限不断朝外推，不必担心有朝一日这种推进会中止，除非是我们的力量已经衰退了。”我们是从有限世界看到无限世界，从已知世界看到未知世界，从人之内的世界看到人之外的世界。如果我们的哲学思维水平只能局限于主体和与主体相关的客体之内，当然走不出这个困境。不过实践是最强有力的，它不能让人类困死在唯心主义的狭隘框架之中。人类自身的生存要求走向唯物主义，否则人类将困死在已知世界之中。

人学的理论误区

人最熟知的是人，但最不了解的也是人。人，这个哲学中的斯芬克司之谜，耗尽了多少智者的心血。德国哲学家舍勒说，在一定意义上说，全部哲学的中心就是使我们回到人是什么。至今哲学仍然在为人是什么不断地争吵。唯物史观当然没有解决有关人的一切问题，但它为我们如何研究人提供了基本的理论和方法。

多少年来，在人的问题上的一个巨大理论误区，是在个体与类的对立中寻找人的本性。哲学家们企图在个体人的身上发现人的全部秘密，这当然是做不到的，因为人作为单独的个体并不具有人的本性，而只具有人的生理特性。从个体的角度来考察人，人始终是生物学意义上的个体，这一点连德国哲学家赫德尔都知道，他说过，假如我把人身上的一切都归结为个人，并否认人们之间的联系和个人与整体相互联系的链条的话，那么人的本性和人的历史对我们都是难以了解的，因为我们中的任何一个人光靠自己都不能成为人。这是正确的。人只有生活在社会中即生活在人群中才成其为人。马克思在柏林大学准备博士论文时已经注意到这一点，他在关于伊壁鸠鲁的笔记中，以唯心主义的方式表达过这个观点，说一个人只有当同他发生关系的另一个人不是不同于他的存在，而他本身，即使不是精神，也是一个个别的人时，这个人才不再是自然存在物。

当然，每一个人都是真实存在的个体，但不是纯生物学意义的个体，而是作为社会成员的个体，即我们所说的个人。人只有在社会中才能获得他的人的资格，离开了社会就不再是人，而是两脚动物。人总以为自己天生就是人，在任何条件下都是人，只要是人生的就是人。其实，人的自然出生，还只是人成为人的可能性，而不是现实性。马克思说过，出生只是赋予人以个人的存在，首先只是赋予他以生命，使他成为自然的个人。人由自然的个体变为社会的个人，必须经过社会化的过程，即与人交往的过程。

人是用两脚行走的，这是人类祖先花了若干万年才获得的成果。可如果现代人一旦离群，在自然环境中长大，他永远不会直立行走。在哑人世界中长大的人不会说话。人的自然器官，离开人化的过程，即离开与人的交往，是会退化的。

爱是天性，人们总是这样说，其实，爱是一种模仿，是一种教育。一个人从小受到父母的爱，也学会了如何去爱自己的子女。爱是人作为人的社会特性，而非天生的本能。孩子对父母的感情来自抚养，来自接触，而非来自血缘关系。一个被抱养的孩子长大后对亲生父母并无天然的感情，当他长大知道真相后，会对自己的父母产生特殊的感情，这种感情与其说来自父子天性，不如说来自几千年因血缘关系而形成的伦理观念。这种观念如此深入人心，仿佛是天性，只要知道他是父母就应该以父母之道来对待。

马克思和恩格斯走出了几千年抽象人性论的理论误区，不是把人的本性看成是人作为类的本性，而是作为社会人的特性，即在社会中形成并由社会关系决定的属人的东西。人与动物共有的那种自然本性，如生存、繁殖的需要，在不同的社会、不同的集团、不同的人群中具有不同的满足方式。如果人的自然本性以纯粹的形式表现，那就是退回到了野蛮人。所以人离原始状态越远，越是使人的自然本能社会化，这是社会的进步，也是人自身的进步。

人在认识中的困难

人对客观世界的认识，面对双重困难：一是蔽，二是器。

所谓蔽，指的是人在认识中会受到各种各样的蒙蔽，其中最关键的是私欲，即名和利。

所谓器，指的是感觉器官的局限性，例如，人的各种器官对外界事物的反应都有自己的生理限制。

感觉器官的限制并不是主要的。人的器官对人认识外在世界是足够的。恩格斯曾经分析过人与蚂蚁的感官的区别，他说："蚂蚁具有和我们不同的眼睛，它们能看见化学（?）光线，但是，在认识我们所看不见的这些光线方面，我们的成就比蚂蚁大得多。我们能够证明蚂蚁看得见我们所看不见的东西，而且这种证明只是以**我们的**眼睛所造成的知觉为基础，这就说明人的眼睛的特殊构造并不是人的认识的绝对界限。"①除了感官"我们还有思维能力"。此外更重要的是，人并不是简单地凭借感觉器官认识世界，人是在实践中借助于各种中介手段认识世界，人所制造的工具可以弥补人的感官的局限。而且随着工业的发展，认识世界的手段越来越先进。人的实践历史证明，认识器官自身的生理特性没有为人的认识划下最终的界限，这说明人的认识根本不同于动物的生理反应。

对人的认识来说，最大的障碍是来自人自身的欲望。一个个人主义者

① 《马克思恩格斯选集》，2版，第4卷，332页。

不可能实事求是地认识社会现象，特别是涉及自身利益时更是如此。主观性、片面性、表面性，不单纯是思想方法问题，在它的背后，往往有个利益问题。因此，就马克思主义看来，不能把认识问题仅仅归结为认识论问题，而必须把认识问题同世界观、人生观的问题结合起来考察。

争论不休的异化问题

什么是异化？按照马克思1844年的说法，异化是人的本质与人相分离，即人的本质以非人的方式与人相对立，所以异化的本质是现实与人性的矛盾。这是人本主义异化观，它的立足点是人的类本性，以现实与人的本性相比较。人的本性成为一种衡量现实的尺度，符合它的标准的是人的，不符合它的标准的是非人的。异化的就是非人的，因为它与人性相背离。其实人的与非人的不是科学判断，而是一种价值判断，它表明的是人对现实的接纳或拒斥态度。马克思说过："'人的'这一正面说法是同某一生产发展的阶段上**占统治地位**的一定关系以及由这种关系所决定的满足需要的方式相适应的。同样，'非人的'这一反面说法是同那些想在现存生产方式内部把这种统治关系以及在这种关系中占统治地位的满足需要的方式加以否定的意图相适应的，而这种意图每天都由这一生产发展的阶段不断地产生着。"他还举例说："从大海里运到库弗尔格拉班的鲸鱼，如果它具有意识的话，当然会把这种由'不顺利的环境'所造成的境遇说成是和鲸鱼的本性相矛盾的。"① 从人性的角度思考异化，异化就会成为神秘的不可理解的。如果从唯物主义历史观的角度看，很容易理解。资本主义社会中，工人的劳动发生异化，产品发生异化，人与人的关系发生异化，其根源当然不在工人自身的人性与工人相分离，而在于劳动的雇佣性质，即在于资本主义私有制本身。在资本主义社会中，异化是以私有制为

① 《马克思恩格斯全集》，中文1版，第3卷，508、506页。

根源的。经济中的劳动异化，政治中的权力异化，思想中的宗教异化，都是异化的各种表现，它们的根源不在于人性而在于制度。消除异化必须从改变制度着手，而不能鼓吹人性的复归。千万次呼唤人性复归是徒劳的，全部历史都证明了这一点。

人道主义与反人道主义

人道主义作为道德规范是非常重要的。可人道主义如果抽象化，变为一种超历史超阶级的普遍原则，就会走向它的反面，即走向不人道主义。道理很简单，如果对好人坏人，善人恶人，害人者被害者，一律讲人道主义，岂不是助强凌弱，为虎作伥吗？不抵抗主义者，抽象人道主义者，都是被害者临死前的牧师。鲁迅说过，损着别人的牙眼而反对报复的人千万别接近，指的就是这个意思。

批评抽象人道主义，决不是不要人道主义，而是要真正的可以实行的而不是当傻瓜当懦夫永远被奴役的所谓人道主义。真正的人道主义总是与除恶锄害、消灭剥削消灭压迫联系在一起的。要真正地实心实意地实行人道主义，必须消灭两极分化，走共同富裕的道路。而要做到这一点，就要发展生产力，消灭贫困。经验证明，经济极端落后，许多反人道主义的现象会死灰复燃。富裕与文明、落后与野蛮是形影相随的。把人道主义当成与生产力、生产关系，与阶级无关的至上命令，是一种道德唯心主义。

死而不亡者寿

社会给予个人的东西是暂时的，人不可能把它带到另一个世界，而个人贡献给社会的东西是永恒的。每一代人将个人的贡献积累为一种社会力量为下一代所继承。

人的死亡，对个人来说是个不幸，但有其积极的人类学意义。个体的死亡，意味着类的延续和发展，使人类永远保持青春。如果人永远不死，人类将越来越老化，了无生气。对社会来说也是如此。个体的死亡，使人类社会永葆青春，充满生气。所以，死是个人的不幸，人类的大幸。

人的结婚，不仅是个人的喜事，也是人类的延续，结婚具有人类学的意义。人对结婚的重视是人类对自身生存的重视。而视结婚如儿戏，视子女如草芥，表明这种人只重视个人，而轻视类。资本主义社会那种把结婚看成纯属于个人的事，没有家庭责任感，没有社会责任感的现象，是社会自身极端个人主义化的恶果。

东方人对待死亡比较明智。例如，庄子鼓盆的故事，表明了中国人的生死观，中国老百姓关于红白喜事的观念就是非常明智的。西方某些哲学家如尼采、叔本华以及存在主义，过于从个体生存的角度看待死亡，把死看成是无，因而对人生取悲观主义的看法。

老子说的“死而不亡者寿”是非常积极的生死观。有的人活着时就已经死了，可有的人死了仍然活着，人民世世代代纪念他，他的成果为子孙后代所享用，他的英名为子孙后代永记不忘。这种人虽死犹生，的确是死而不亡。一个智者追求的不应该是长生不老，而应该是死而不亡。

被请出庙的神像只是木偶

黑格尔在《美学》一书中说过一段很有意思的话，他说："人要有现实的客观存在，就必须在一个周围的世界，正如神像不能没有一座庙宇来安顿一样。"人也如此，如果被扔到荒野里的神像只是一块木头，那离开社会的人也只是一个两脚动物，一个不能称之为人的东西。

人是社会存在物。社会是一种共同体，是人作为人的存在方式、但社会不是人的简单集合体，而是人们活动中形成的关系。马克思说："社会不是由个人构成，而是表示这些个人彼此发生的那些联系和关系的总和。"说人离开社会不成其为人，也就是说，人脱离彼此的相互关系就不是人。人的彼此关系正如神借以安身的庙宇一样。既然人处于关系之中，因而人的本性就是他们生活于其中的关系的特性。当普鲁东说从社会的角度看，并不存在奴隶和公民，两者都是人时，马克思反驳说，奴隶或公民并不是人的特性，而是社会的规定性，人只有在社会中并通过社会才能成为奴隶或公民。因此，资本主义社会资产者和无产者的区分不是人的自我异化，而是由资本主义生产方式决定的，"这种生产方式的主要当事人，资本家和雇佣工人，本身不过是资本和雇佣劳动的体现者，人格化，是由社会生产过程加在个人身上的一定的社会性质，是这些一定的社会生产关系的产物"①。任何人都不能离开社会，但个人和社会的关系并不都是和谐的。当个人属于统治阶级中的一分子时，可以从这个社会得到自身利益的满

---

① 《马克思恩格斯全集》，中文1版，第25卷，995页，北京，人民出版社，1974。

足；可当他处于被统治地位时，个人与社会则处于矛盾地位，社会成为个人发展的桎梏。属于被统治阶级的个人为了自身的利益，要求打破这种桎梏。当被统治阶级联合起来解决这个矛盾时就是革命的爆发。所以革命从来是社会行为，而不是个人的反抗。个人的反抗是历史的悲剧，它得到的是个人的毁灭。但这种毁灭会成为大爆发的前奏。

人是按人的方式来认识和改造世界的

这是毫无疑问的。人只能根据人的需要并按人的方式来认识和改造世界，因此在客观世界的基础上形成的人的感性世界，打上了人的烙印。

动物只有一个世界，这就是动物借以生存的自然世界。人在客观世界中为自己创造了一个世界，这就是人类化的世界。动物只生存在一个世界中，而人生活在两个世界，即既不能离开自然又生活在社会中。而人直接依赖的自然界是人自己改造过的自然界。人不仅有客观世界，还有主观世界。而主观世界不仅包括直接反映对象的观念，而且包括对现实世界超越的理想世界，即对未来的憧憬、期待、预测和构想。所以人对世界的认识是人的方式，即不是动物式的消极反映；人对世界的改造是人的方式，它不是简单适应自然，而是迫使自然适应人的需要。

尽管如此，人对世界的认识和改造仍不能超越世界许可的范围。认识总是对对象的认识，认识所追求的最高目标是认识世界而不是远离世界。同样，改造世界的最高目标是适合人类生存而不是妨碍人类生存。因此辩证唯物主义的一条最基本原则——尊重世界的客观性和规律性，坚持实事求是，应该是人按照人的方式来认识和改造世界的基本出发点。如果认为人既然要按人的方式来认识和改造世界，因而应该强调主体性，这种看法是片面的。

人的自然进化和社会发展

人存在双重进化：自然进化和社会进化。人的形成，经历了生物进化的过程。从猿人到人，以及太古人、古人、新人等这一漫长过程，是人的生物进化过程，是从一个种到另一个种的过程。人类社会的出现，使人进入了社会进化的过程。对人而言，这是一个更强有力的进化动力。马克思说："人的存在是有机生命所经历的前一个过程的结果。只是在这个过程的一定阶段上，人才成为人。但是一旦人已经存在，人，作为人类历史的经常前提，也是人类历史的经常的产物和结果，而人只有作为自己本身的产物和结果才成为**前提**。"① 当人以社会的方式存在和发展时，人的变化表现为社会的变化。是社会的生产和需要促进了人的才能的发展。是社会以文化积累的方式把一代一代人获得的智慧与技能传给下一代人。人类几千年社会发展中积累的东西是人的形成中多少亿年无法比的。而且社会是以加速度方式前进的，因而人的各方面才能的进步也是越来越快。可人的生理变化并不大。智力和体力的矛盾随着社会发展越来越突出。千万不要出现硕大无比的大脑和细豆芽的身子相结合的人，如果这样，将是人类的自我惩罚。

人应该全面发展。人的全面发展不仅是消灭旧的分工的局限性，使人的智力得到比较平衡的全面的发展，而且应该消灭历史上体脑对立给知识分子带来的身体的弱化。可人的全面发展，不能简单归结为教育问

① 《马克思恩格斯全集》，中文1版，第26卷Ⅲ，545页，北京，人民出版社，1974。

题，而是社会制度问题。因为人的状况从根本上说决定于社会。马克思说："个人的全面性不是想象的或设想的全面性，而是他的现实关系和观念关系的全面性。"① 因此为了使人的全面发展成为可能，必须进行社会的变革。

① 《马克思恩格斯全集》，中文1版，第46卷下，36页。

他人不是地狱

个人主义的鼓吹者们总是说，集体主义的主张者们没有人性，因为他们用集体来扼杀个人。在他们看来只有个人主义才符合人性，他们信奉的是“他人是地狱”的格言。

其实人是社会存在物，是天生的社会动物，是离开社会就无法生存的动物。人玩有玩伴，学有学伴，人是在交往中生存的。个人主义者是以个人主义观点来对待人作为社会存在物这一事实。任何人不能离开他人，可他又要使他人从属于自己，把自己置于集体之上。个人主义是一种人生观，而不是一种社会事实。因为任何人都不可能是不和别人交往的绝对独立的存在。生活在社会中，又力图否定人的社会性，鼓吹人的个体性并把这种个体性当成唯一的最高的原则，请问：这算不算违反人性即违反人作为社会存在物的本性？如果硬要说违反人性的话，我看个人主义才真正违反人性，因为他把人的社会性变为绝对的个体性。

每个人不都要生存繁殖吗？不个人主义行吗？这是把个人利益和个人主义混为一谈。个人有自己的利益，可这个利益的保障应该依靠什么，是单纯依靠个人还是依靠集体才能有效保证？依靠个人主义来维护个人利益，其结果是损害别人的利益，从而使每个人的利益都得不到保证；而只有依靠集体，依靠一个能切实代表大家利益的集体才能使个人利益得到保证。他人是地狱，是私有制条件下对人作为社会存在物的扭曲。争取一个合理的而不是虚幻的集体，就是最终消灭私有制、消灭剥削、走共同富裕的道路。

自我能实现什么

自我实现是当今的时髦用语。可这究竟是什么意思，理解显然不一样。

自我是对人作为主体特性的肯定。人作为主体具有自我的特性，它不同于人之外的非我。人是自我，它是能动的主体，而非我则是自我的行为对象。所谓自我实现用来表示凡人所做的一切都要由人来实现是可以的，如果认为凡人所做的一切都源于自我则是错误的。

人的一切都是由人来实现的。人具有创造性和能动性，他能把客观提供的可能性转化为需求和目的，然后通过行动去实现。这就叫自我实现。

可人仅凭自我是什么也实现不了的。中国有句俗话叫巧妇难为无米之炊。人要实现什么，首先要获得它。例如人创作了一幅画，不是他实现了自己的艺术才能，而是他把自己在实践和学习中获得的绘画才能实现出来。人的智慧、才能、技艺、本领是不同的，但这些并不是人的固有潜能的实现，而主要是后天获得的才能的发挥。正如自由一样，人不是实现自由，而是在克服困难中取得自由。说一个人不需要实践、不需要学就可以把自己固有的东西实现出来，这是唯心主义的天才论。如果我说，猩猩成不了画家，只有人才有可能，因而人成为画家是人的自我实现。这等于什么也没说。因为凡人所做的一切都是由人实现的，这显然不是自我实现论的本意。

马斯洛的自我实现论具有人本主义色彩。在他看来，人具有自我实现的需要，它是植根于人的生物本性中的一种需要，人具有自我发挥和完成的欲望，也就是有一种使他的潜能得以实现的倾向，而且人的自我实现就是人的潜能的实现。正像一颗橡树籽可以说迫切要求成为一棵橡树，一只老虎崽可以说是正向老虎的样子推进一样，一个科学家、艺术家无非是他内在的科学才能和艺术才能的实现。特别是他把个人与社会的关系颠倒过来，不是以个人对社会的贡献来衡量个人，而是以社会是否能促进个人的自我实现来判断社会。这样，自我实现论就是一种极端个人主义的人生理论。

抽象人道主义的基础：类意识

穿牛皮靴，人们认为很正常，可如果穿人皮靴呢，那就不是人了。为什么？因为人皮不能穿。为什么人皮不能穿，因为人是活的，有生命的。难道牛不是活的有生命的吗？我们可以说，它们是不是活的与我无关，它们是牛，而我们是人，与我们不是一类。这就是一种关于类的观点，人与人是一个类——人类，而牛与我们是异类。有了这种类意识，强调要以人的态度对待人，就是人道主义。抽象人道主义以类意识为根据，而忽视了类中存在差异，例如统治与被统治、剥削与被剥削，所以抽象人道主义在阶级社会中很少能实行。马克思主义人道主义并不否定类意识，但强调要承认类中存在阶级差别，因而人道主义不能是抽象的普遍的，而必然是行善必须去恶，去恶才能行善。列宁在《哲学笔记》里曾引用狄慈根的一句话。狄慈根说：我们也希望爱敌人，为仇恨我们的人做好事，但是，这只有当敌人躺在地上不能为害的时候才行。

费尔巴哈关于类的观念强调的就是个体无差别的同一性。他说："类的保持是由于自然的理由，类无非就是借交配而繁殖繁衍的个体的总和。"还说："类本来不过是包括一切个体，共通于一切个体的东西。"事情很显然，在阶级社会中强调人的无差别的同一性，必然是抽象的人道主义。

生存与享受

马克思主义不是禁欲主义。恩格斯曾引用拉甫罗夫的话：人不仅为生存而斗争，而且为享受，为增加自己的享受而斗争。恩格斯断言："人类的生产在一定的阶段上会达到这样的高度：能够不仅生产生活必需品，而且生产奢侈品。"①

个人主义或享乐主义可以此为据来论证自己的观点。其实以个人为基础的享乐主义和以共同富裕、共同享受为目标的共产主义是根本不同的。

人，首先要生存。被剥削者的革命，是为生存而斗争；被奴役国家的斗争，是为民族为国家的生存而斗争。争取生存权，这是一切革命的首要目的。当取得生存权以后，当然要通过发展生产来提高生活质量，不断满足人们的物质和精神需要。可是在这个过程中，有的人为了这个目标可能要牺牲自己的个人利益甚至生命。敢不敢这样做，能不能这样做，愿不愿这样做，这就是追求个人享乐的个人主义与追求集体享乐的共产主义的分界线。

---

① 《马克思恩格斯全集》，中文1版，第34卷，163页，北京，人民出版社，1972。

人性问题的切入角度

人性问题研究的确有个思维方法问题。从人自身着手，以个人为切入点是一种方法。从社会着手，以社会对人的制约性为切入点，是另一种方法。

按照第一种方法，我们必然把人性看成是个体的共性，因而用解剖麻雀的方法从个体中抽象出人的共性。这种共性只能是人作为类的本性，是把人归为一类的自然本性的共同点。费尔巴哈关于人性的观点使用的就是这种方法。他说过："类的保持是由于自然的理由，类无非就是借交配而繁殖繁衍的个体的总和。"马克思在著名的《关于费尔巴哈的提纲》中对这种方法的自然主义缺点作过批评。

按第二种方法，我们必然把人性看成人的社会本性，从人所依存的社会关系的性质状况来探求人的本性。马克思关于人的一定性质是他所生活的那个社会的一定性质的论断是颠扑不破的真理。

人们总以为人的本性是天生的永远如此的。其实并非如此。人的自然本性如生存繁殖的某些机能是生物本性，是通过遗传获得的，这属于人的生命本能。可人作为社会存在物，他们从人的相互交往中，从社会实践中获得的始终是社会赋予的东西。人的最大特点是模仿、创造，而不是本能。人是两脚行走的动物，可如果是从小就在狼中间长大的狼孩子就只会爬行。生活在无声世界的孩子一定是哑巴，这不是他没有发音器官，而是缺乏社会动力，这样自然的本能也会萎缩。抽象人道主义者总是说爱是天性，母子之爱，男女之爱，等等。其实爱本身就包含教育。一个人从小受到父母的抚养和爱护，感受父母之爱，在社会上感受老师的温暖、朋友的关心，逐步懂得如何为人处世，如何待人接物。至于男女之爱虽然有生理基础，但生理的要求是欲而非爱，爱是欲的升华，是对情欲的人的满足方式。人如果在另一种环境中长大，如父母的离异，人生坎坷，婚姻的挫折，都会使人滋长玩世不恭甚至仇视社会仇视他人的心理。我们的祖先都懂“近朱者赤、近墨者黑”这个道理。沉浸在抽象人性论中的人，除了重复人性异化是一切社会不良现象的原因外说不出什么道理。

人存在于社会之中，但这不是说社会是容纳人的空间，如同把豆子放在盒子里一样。人与社会不是外在的二元的关系。人是社会的主体，社会中的一切关系都离不开人。生产力中有人，没有人就没有生产力；生产关系中有人，它是人与人的关系。经济基础中有人，它是以人为主体的处于主导地位的所有制形式；上层建筑中有人，国家离不开干部和军队，各种意识形态都离不开思想体系的创立者、传播者和接受者。社会基本矛盾最终表现为人与人的矛盾。生产力和生产关系的矛盾表现为各阶级或集团的利益的矛盾；经济基础和上层建筑的矛盾表现为人们之间的思想观念的矛盾。所以，改变人们之间的相互关系就是改造人，反过来说，要改造人必须改造他们赖以生存的社会关系。改造旧社会也就是改造旧人，建设新社会也就是培养一代新人。离开了人来改造社会，与离开了社会来单纯改造人一样都是达不到目的的。这也从一个方面告诉我们，社会与人是不可分的。社会主义运动的经验证明，社会主义革命如果不同时进行人的改造，社会主义制度是不可能巩固的。

仆人眼中无英雄

这是黑格尔的著名论断，有一定的道理。英雄并不是在任何方面都不同于凡人。他要吃要喝，要生男育女，在日常生活中与普通人一样，并无过人之处。仆人看到的是这一面。而且，只有英雄才能真正识英雄。用仆人的眼睛很难看出英雄，因为他的眼界是仆人的眼界。所以英雄在仆人眼中只是主人，而不是英雄。

可是英雄确有过人之处。英雄的见识深远，才智超群。他能透过眼前的经验的东西，看到隐藏在现实后面的尚未变为现实的东西。也可以说，他不为表面强大而腐朽的东西所迷惑，能看到新世界的曙光。而且英雄的行动坚决果断。他不是仅仅拥有一个单纯的幻想，一种单纯的意向，而是把理想化为内在信念，变为一种不可抗拒的激励他们行动的力量。英雄不是在幻想中而是在轰轰烈烈的实际行动中施展自己的抱负。还有一点是不容忽视的，这就是英雄所从事的是伟大的具有历史意义的事业。他是时代使命的执行者、实现者。他不一定完成这个事业，但他从事的是这个事业。

的确，英雄的结局不少是悲剧性的。黑格尔在讲到英雄的悲壮命运时，充满激情。他在《历史哲学》一书中说："他们的命运并不是快乐的或幸福的，他们并没有得到安逸的享受；他们整个人生是辛劳和困苦……当他们的目的达到以后，他们便凋谢零落，就像脱却果实的空壳一样，他们或则年纪轻轻便死去，或则被刺身死，像恺撒；或则流放而死，像拿破仑在圣赫勒那岛上。"无产阶级革命中也存在这种情况。斯大林是具有悲剧性色彩的人物。他把苏联创造为一个仅次于美国的超级大国，可为自己留下了暴君的恶名。但是悲剧性的英雄终究是英雄。他们的死如长河落日，悲壮感人，这本身就是历史中不可磨灭的一页。

我们不能只停留在人的层面上

没有人就没有人类社会。没有人的创造活动和创造成果，就没有人类历史。确实如此，毋庸置疑。可如果我们对社会历史的考察只停留在这个层面上，我们最多只能重复历史不是神而是人创造的之类的陈词滥调而已，不可能达到唯物史观。

马克思主义的历史观所要解决的是更深层次的问题。历史是人创造的，那是不是所有的人都对历史的创造发挥同样的作用？只要进入这个问题，就不可避免地会提出先进阶级和反动阶级的问题，提出英雄与群众的问题，提出人民群众的历史作用问题。同样，既然历史是人创造的，为什么奴隶要创造一个自己当奴隶的奴隶社会？工人要创造一个自己当无产者的资本主义社会呢？为什么阶级社会会存在阶级和阶级斗争？为什么在社会发展中生产关系必须适应生产力的性质和水平，上层建筑必须适合经济基础呢？仅仅说历史是人创造的并没有把人对社会历史的认识向前推进一步。由此可见，历史是人创造的只是排斥神学历史观，为从社会历史本身认识历史开辟了道路，但不是唯物史观本身。真正理解社会历史的规律性，必须深入到人的创造活动中，从人的活动形成的不依存于人的意识的各种关系中探讨规律产生的根据和起作用的机制。这正是马克思主义的唯物史观的伟大历史使命和成就。

理性与欲望

黑格尔的历史哲学是包含矛盾的。他推崇理性，认为理性统治世界，同样也统治世界历史。自然是理性在空间上的展示，而历史则是理性在时间上的展示。可理性在历史中是通过人来实现自己的目的的。人并不理解理性的要求。人的活动的直接动力是自己的需要和欲望。黑格尔说："欲望是人类一般活动的推动力"，没有人的欲望和热情，"什么事都无从发生，什么事也不能成功"，"世界上一切伟大的事业都不会成功"。可在黑格尔那里理性与人的活动是二元的，彼此分离的。人的活动仅仅是不自觉地实现理性的要求，所以理性是狡猾的。这样，尽管黑格尔承认人的欲望和活动的作用，但一切决定于理性，仍然是宿命论的。

为什么马克思承认规律的作用不会导致宿命论呢？黑格尔的理性不是起着与规律同样的作用吗？关键在于黑格尔的理性原则是外在的、预成的，它在人的活动之前在人的活动之外预先决定人的行为。理性已经编好了剧本，而人则仅仅是演员。而在马克思这里，规律是内在于人的活动之中的，在活动中形成不依存于人的意志的规律，人在活动中的成败取决于人对规律的认识和利用。人不仅是演员而且是剧作者。不是谋事在人成事在天，而是成也在人败也在人。

人道主义在历史观中的地位

如果不把人道主义看成历史观，而是把它视为处理人们相互关系的一种规范，应该说马克思主义与人道主义并不矛盾，它自身包含着自己的人道主义原则。马克思和恩格斯的毕生理想就是消灭人压迫人、人剥削人的不合理现实，使人得到全面发展，这不是真正符合人道主义精神吗？认为马克思主义主张阶级斗争，所以不人道，这就是把乞求施舍开恩当作人道主义。这种所谓人道主义永远超不出资产阶级的范围，而且永远不可能真正使人体会到人的价值与尊严。只有马克思主义才真正把人提高到人的地位，并且由于马克思主义坚持唯物史观，所以从不把一切社会罪过推给个人，而是着眼于社会原因。正如马克思自己说的，和其他观点相比，我更不要个人负责。马克思主义认为人是可以改造的，所以在阶级斗争中实行的是革命人道主义政策，无论是俘虏政策还是对犯人的改造政策都体现了这种精神。

相反，以人道主义标榜自己的所谓人道主义往往是并不人道的。因为它劝说被统治者不要心怀不满，教育统治者要慈悲为怀，所有的人都应该彼此相爱。这种所谓人道主义除了能在小说中制造一个温暖的世界，能骗取一些眼泪外，只能使丑恶现实合法化、凝固化。马克思关于宗教说过一段很有名的话："**宗教的**苦难既是现实苦难的**表现**，又是对这种现实苦难的**抗议**。宗教是被压迫生灵的叹息，是无情世界的感情。"① 照我看，抽

---

① 《马克思恩格斯全集》，中文1版，第1卷，453页。

象人道主义与此类似。它使人沉醉而不是清醒，它不满现实可又无补于现实。我们批评抽象人道主义，决不是不要人道主义，而是要社会主义人道主义。马克思主义是从社会改造而不是人性实现的角度，为使人与人的关系真正成为新型的社会主义关系创造条件。

人和人的力量

人是社会存在物并不是马克思的独创，很多思想家都知道这一点。亚里士多德说过，人不能单独存在，在社会之外的人，不是动物就是上帝。费希特也知道这一点。他说人只能存在于人们之中。如果人要存在必定是一些人，而不能是一个人。马克思的伟大独特之处，不是一般地重复人的社会本性的论点，而是指出人的社会性的必然性和依据。马克思强调人是什么取决于他们生产什么和如何生产。生产的社会性决定人的社会性。因此，由于生产的社会化程度不同，人的社会化程度也不同。农业与工业、农村与城市、自然经济与商品经济、闭关锁国与对外开放下人的状况是不一样的。而且，人之所以具有某种特性，离开了人所依存的生产方式无法理解。是人所生活于其中并从事的生产方式决定人的特质。马克思说："社会人的一定性质，即他所生活的那个社会的一定性质。"① 是社会的生产方式把人的特性赋予人，而不是人把自己的性质赋予社会。没有资本主义社会就没有资本家，而不是相反。

人是社会存在物，因而人的力量本质上是一种社会力量。从个人来看，人有大脑，有思维能力；有双手，有劳动能力；有神经系统和多种感受器官，有接受和反应能力。可仅靠这些，人在很多方面不如动物。人的力量是一种社会力量，它凝结在各种生产工具以及社会组织之中。起重机的力量是任何一个大力士无法相比的，而合理的组织产生的巨大的力量不

① 《马克思恩格斯全集》，中文1版，第19卷，404页，北京，人民出版社，1963。

是单个力量的相加。因此社会形态的变化，同时就是人的力量的变化。人的力量的发展不是体力的变化，而是表现在生产工具和科技的发展以及组织形式的合理化。所以人应该通过发展生产力和建立合理的社会制度来发展自己。

不要忘记了镜子

人不可能从自身直接认识自己，人需要镜子。

从人与自然的关系说，自然就是人的镜子。人通过被改造的自然，可以看到人自身的力量和对自然认识的水平。生态环境的恶化，反映的是人自身的问题。《红楼梦》中，元妃省亲时大观园中的曲径通幽、小桥流水，与贾府败落时的断壁残垣、落叶满地，恰成对照。它说的是园中景，实际上暗喻的是人。

从人与人的关系看，人也要通过另一个人来认识自己。马克思说："人起初是以别人来反映自己的。名叫彼得的人把自己当作人，只是由于他把名叫保罗的人看作是和自己相同的。因此，对彼得说来，这整个保罗以他保罗的肉体成为人这个物种的表现形式。"① 有的人不懂这个道理。蠢人只知道用自己的眼睛看别人，自以为是；聪明人懂得从别人眼中看到自己，虚怀若谷。真正打算正确认识自己的人必须知道，自己的形象是别人眼中的我。

① 《马克思恩格斯全集》，中文1版，第23卷，67页，北京，人民出版社，1972。

白天打灯笼为什么

据说古代希腊哲学家第欧根尼白天打着灯笼在街上走，人家问他干什么，他说在找人。的确，第欧根尼找不着人，因为他想在同时代的人中找一个已经不存在的那个时代的人，当然找不到。

没有超时代的人。人都是生活在一定的时代，他的语言风格、思维方式、价值观念都是时代的。当然时代的落伍者是有的，特别是在巨大的转折时期，会有人在观念中仍然生活在已经逝去了的年代，成为旧时代的遗老遗少。可遗老遗少同样是一种时代特征，它是革命变革中的伴随现象。从他们身上人们仍然可以清楚地看到过去时代的残痕。他们没有超越时代，正好是从另一个角度映现时代。文艺戏剧中的人物，当他失去时代特色时，也就失去了艺术魅力。这是不少影视片的缺点。

何止艺术，哲学中关于人的观点也是如此。如果企图在现实的人之外，以自己关于理想的人为尺度来衡量现实的人，同样会产生找不到人、人已死亡的论断。上帝死了以后出现的人也死了，就是以抽象的人为尺度衡量人的必然结论。

依我们看来，人是现实的存在物。在我们所看到所接触的人之外，并不存在人。所谓一般的人是关于人的理想，而不是人的现实的存在。这种关于人的理想，是理想社会的折光。离开了社会，离开了时代，一切关于人的宏论都只能是哲学空谈甚至是无聊的废话。

人一半是野兽，一半是天使

这是恩格斯在《路德维希·费尔巴哈和德国古典哲学的终结》中嘲笑旧唯物主义的话，但恩格斯自己并没有否认人存在兽性。他说："人来源于动物界这一事实已经决定人永远不能完全摆脱兽性，所以问题永远只能在于摆脱得多些或少些，在于兽性或人性的程度上的差异。"① 这里所说的人的兽性，讲的是人的生物特性，即人与动物所共同具有的生存繁殖的要求。所以人的社会性与人的生物性的相互关系问题是一个重大的理论问题。

在社会中，人的生物性差异不能使一个民族或一个人比另一个民族或另一个人更优越。种族论是毫无根据的。人的进化不是生物进化而是社会进化。当经历了漫长的生物进化以后，人类社会的出现，使人的生物进化让位于社会进化。人不再是像形成中的人一样以生理的适应来求得生存和发展，而是以生产力和生产工具的发展来强化自己和推动社会发展。人甚至以生理能力和体能的某种退化作为社会进步的代价。

人的生物性因素是人的生活的本能，是人之为人的一个重要方面。抹杀人的生物性因素、否定人的生物性需要是错误的。我们反对宋明理学存天理、灭人欲，就是因为它以理学来扼杀人的基本需要。但我们决不是放纵人的生命本能，而是以法律、道德加以规范。这就是人的社会化过程。人的社会化，表明人是文化的产物。他们的行为不能以生命的本能为依

① 《马克思恩格斯选集》，2版，第3卷，442页。

据，而必须以社会法律道德为规范。在这两者之间，即人的社会因素和生物性因素之间可能发生矛盾，这就是阶级社会中统治者的法律道德剥夺了人的基本的合理的需要。这必然导致为人的生存而斗争的革命。一个合理的社会制度不是压制人的生物性需要，而是以合理的方式满足这种需要并不断提高需要的质量和水平。

人的生物性因素虽然是人的生命活动，但人的生命活动并非只是生物性的活动。人的生命活动是自由自觉的劳动，这是马克思对人与动物区别的基本看法。过分看重人的生物性因素，就会导致混淆人与动物的界限。

动物的生命活动是一种本能活动。动物活动的内容方式决定于动物的本性，决定于由环境形成的动物的生理结构和机能。动物的行为方式是一种遗传，它的改变意味着动物自身的变化。动物与环境的关系是封闭的。动物永远束缚于特定的环境中。脱离了这个环境，就会由于不适宜生存而死亡。而且动物的规律是个体的规律，它的类的规律与个体的规律是同一的。

人不同。人的生物性行为如生命中的一些本能活动当然也不能离开人的生物特性。但人的活动最根本的是社会活动。它不是决定于生物因素而是由社会环境制约的。社会活动方式的延续不是经由生物学遗传，而是经由生产力积累、文化的传递以及各种社会组织来实现的。人的种族肤色与社会的发展无关。人的种族差异从来都不是发展的障碍。障碍来自社会。在当今世界中广大贫困国家的存在，除了自身国家的内在原因外，发达资本主义国家几百年来长期的掠夺所造成的恶果是不容忽视的。而且社会规律不同于生物学规律。生物个体与类是直接同一的。人的个体的生物学规律是相同的，可社会规律不是人的个体生物学规律的总和，而是根本不同于个体生物规律的社会规律，它的载体不是人的生物个体而是社会物质资料生产方式。从人与环境的关系看人也不同于动物。人不是局限于某一特定环境，不坚持固守原有环境。他在适应中改造，在改造中适应，不断地为自己创造环境。在全部生物中，只有人才是向世界无限开放的。

西方有些学者片面强调人的生物因素的作用，把种种社会现象，把整个历史过程生物化，认为社会发展首先取决于人的生物机体，取决于人的生物个性，动物行为乃是人类行为的原型，动物学规律就是社会规律。在他们看来，要说明人类社会组织的一般特征的发展和不变性，除了达尔文学说外，并不需要更多的其他理论。西方的社会生物学就是力图把社会科学放在生物学范围内来思考，战争、掠夺、利己主义，都被看成是人的永恒的生物特性。他们声称，在动物行为中，发现了人类一切行为的潜在因素。这种观点把人的生物性因素作为支配人从而支配社会的决定因素。人被降低为动物，社会变成作为生物个体的人的存在方式。唯物主义历史观为生物史观所取代。如果这样，已为马克思主义廓清迷雾的社会领域会重新为变形的历史唯心主义所霸占。

应该如何理解人的本质力量的对象化

马克思在《1844年经济学哲学手稿》中把劳动和劳动产品称为人的本质力量的对象化。这反映了资本主义工业化早期，生产力水平较低，劳动的特点还主要是人的体力的支出，人在生产中运用自己的臂、手和肢体，人自身的自然力量构成了生产过程的最重要力量。马克思说："为了在对自身生活有用的形式上占有自然物质，人就使他身上的自然力——臂和腿、头和手运动起来。当他通过这种运动作用于他身外的自然并改变自然时，也就同时改变他自身的自然。他使自身的自然中沉睡着的潜力发挥出来，并且使这种力的活动受他自己控制。"① 在这种情况下，说劳动和劳动产品是人的本质力量的对象化是确切的。

可是当科学技术在生产中的地位日趋重要，甚至成为第一生产力的时候，仍然说劳动和劳动产品是人的本质力量的对象化似乎不妥。因为科学技术与人固有的臂、手、肢体不同，它不是人的本质所固有的，而是一种社会力量，是社会长期发展的一种集体力量。如果认为它仍然是人的本质力量的对象化，似乎科技就是内在于人自身的本质力量，实际并非如此。

① 《马克思恩格斯全集》，中文1版，第23卷，202页。

人不是衡量人的标准

人不应该说人的坏话，这是卢梭对于人应该如何对待人的温情诲导。

可人的良莠善恶是如此不同，私有制社会充满尔虞我诈。黑格尔称之为精神动物世界，意思是人与人的关系如同动物一样，彼此充满斗争甚至生死搏斗，人还处于动物阶段。马克思在《黑格尔法哲学批判》中也阐述过同样的看法。在1843年5月致卢格的信中，马克思又说，“庸人的世界就是**政治动物的世界**”。“专制制度必然具有兽性，并且和人性是不相容的。兽的关系只能靠兽性来维持”。所有这些论点基本上都没有摆脱抽象人本主义者的看法。

在唯物史观看来，这就是人，阶级社会中的人，现实存在的人就是这样。

在抽象的人本主义看来，这不是人，这是人的异化，是人与人的本性相脱离。

按照后一看法，我们只有一个衡量现实人的尺度——人。符合我这个标准的就是人，不符合这个标准的就不是人。如果这个标准能成立，整个马克思主义的历史观都要重新构建。当代西方某些人本主义者就是力图按照这个思路来建构自己的历史观的。

人不是衡量人的尺度。对人的判断不能以人的本性为尺子。若这样来衡量，没有人符合人的标准，从而会得出全部阶级社会中的人都不是人的荒唐结论。实际上对人的判断没有一个共同的尺度。被统治者视为盗匪、视为坏人的不法之徒，很可能是天下最好的人，相反被目为善人贤人的可能是元凶大恶。马克思主义以社会的进步和人民的利益为尺度，能够对人的行为特别是历史人物的功过做出比较正确的评价。

大海和一滴水

人们喜欢用此比喻个人与社会的关系。大河不满小河干，同样，小河不满大河干。这样，社会与个人处于同等的地位。这种看法是不对的。

社会当然不能没有个人，社会关系就是社会成员之间的关系。如果设想不存在每一个个人就没有社会，这是同语反复，因为按一定方式组织起来的个人就是社会。所以考察社会与个人的关系时，这里的个人是唯一的，即我。也就是考察我与社会的关系。很显然，就我与社会的关系说，任何人都无权说，我比社会重要。这当然不是说，社会可以忽视个人，可以不考虑个人，可以压制个人，而是说要真正使个人利益得到保证，得到满足，应该着眼社会的改造。一个好的社会制度可以保障绝大多数个人的利益，而一个不合理的社会制度则可以损害大多数人的利益。革命者应该是社会改革家而不是个人主义者。

用发展的观点看人的本质

人们对人的本质是社会关系的总和这一论断，往往只从唯物主义的角度看，而忘记了辩证法。其实这是一个既唯物又辩证的命题。它是唯物的，因为它强调人的本质对生产关系的依赖性。可社会关系是变化的，因此人的本质不是固定不变的。随着人在社会关系中的地位的变化，人的本质也发生变化。

资本家破产变为无产者，而工人发财变为有产者的例子是并不罕见的。随着阶级地位的变化，他们的思想、观点也会或迟或早发生变化。当代西方的某些哲学家往往利用一些貌似辩证的观点来反对唯物史观。例如萨特关于存在先于本质的理论，以及乔治·桑塔耶纳的本质可变论："像公理一样自明的是：事物若没有性质就没有存在，只有有某种性质的事物才能存在。但是有存在就有变化，或有变化之虞；事物能够变形，或换句话说，事物可以丢掉一个本质而拾起另一个本质。"

问题不在于本质的可变性。这一点，我们完全承认。不变的僵死的本质意味着事物的永恒性，这是违背事物的辩证本性的。可问题是人的本质的变化不能否定人的本质的规定性。人的本质是由人在生产关系中的地位决定的，人的本质的变化意味着社会关系或人在社会关系中地位的改变。本质与存在不可分离。存在是具有本质的存在，而本质是存在的本质。人的本质的改变同时就是人的存在的方式的改变。在人的本质与存在的关系中，存在不是指肉体而是人的存在方式。这样，存在和本质是不可分离的，它们的变化是同步的。本质的变化也就是存在的改变。

苦难与同情

任何一个动物受到棍棒的猛击，都会号叫和逃跑。这说明它感觉到痛，但不感到苦。人不同，人意识到痛苦。痛苦就是一种对物理或心理打击的自觉意识，是对痛的心理感受。人不仅能感受自身的痛，而且能感受到别人的痛，对别人的痛的感受就是同情。也就是说，人能把别人的痛苦当成自己的痛苦，力图制止或减少别人的痛苦，给受难者以物质或精神的援助。

人是有感情、有同情心的。列宁说过："没有'人的感情'，就从来没有也不可能有人对于真理的追求。"① 这当然不是说人性本善，如孟子讲的见孺子落井就天生有恻隐之心。如果这样，人天生是人道主义者。其实并非如此。人的同情心，是以社会领域中人与人的依存关系为基础的。因此境遇相同的人，容易产生同情。"同是天涯沦落人，相逢何必曾相识。"半是怜人，半是自怜。在特殊情况下，不同阶级的个别成员相互同情的事是有的。对苦难、对疾病、对悲剧性的事，不少人怀有同情。这是基于人的类意识，即意识到我们是一个类即人类。可是这个类意识并非以人的本性为依据，而是以人对自身社会本性的意识为潜在动因的。我们是同一个民族因而有民族感情，我们有同一个国家因而有同胞感情，我们都是人因而有一种社会感情即作为社会存在物的认同感。这是人类在长期社会化进程中形成的，是文化、道德、教育的结果，并非不学而能的良知良能。因

① 《列宁全集》，中文2版，第25卷，117页，北京，人民出版社，1988。

此当社会失范、利己主义占上风时，同情心减弱甚至见死不救、集众围观的事情屡见不鲜。这是文化素质问题、道德水平问题，是经济意识过分强化、经济与道德关系失衡的表现，而不是人性问题。从人性出发来改变社会，而不是从社会出发来改变人性，只能是南辕北辙，缘木求鱼。

争论不休的人的本质问题

马克思对人的本质问题的确有多种说法，常常使人感到困惑。马克思说过，“他们的需要即他们的本性”。也说过，自由自觉的活动是人的类本质。最著名的是说，人的本质不是单个人所固有的抽象物，在其现实性上，它是一切社会关系的总和。争论者各持一说，似乎都有根据。我以为要正确理解这个问题必须弄清各自的含义。

需要是人的本性并不是对人的本性的定义性说法，而是对施蒂纳把人看成唯一者的批评。人不可能是唯一的，人必须彼此发生关系，因为人有需要。他们有两性的需要，有交换、分工的需要，人的需要以及满足需要的方式必然把人联系起来。所以人不可能是纯粹的自我，而是作为处在生产力和需要的一定发展阶段上的个人而相互交往的。

人的本质是自由自觉的活动讲的是人的类本质。类本质是把人作为一个类来考察他的本质，它是人与动物的分界线。类本质的着眼点是人的生命活动方式，是人作为人而与动物的根本区别。人猿区别的关节点是劳动。在《1844 年经济学哲学手稿》之后的《德意志意识形态》一书里，马克思把这一点表述得更清楚。马克思说：“使自己和动物区别开来的第一个**历史**行动并不是在于他们有思想，而是在于他们开始**生产自己所必需的生活资料**。”① 人的类本质对于理解人奠定了一个基石，指出了理解人的途径和方向，但还不是对人的本质的深层揭示。因为要真正理解人，着

① 《马克思恩格斯全集》，中文 1 版，第 3 卷，23 页。

眼点不能只是人与动物的区别，而要理解人与人之间何以相同又如此不同，不同社会的人何以不同，同一社会中的人何以不同，为此就必须进入人的个体本质。从人自身找不到有的人当奴隶主有的人当奴隶，有的人当资本家有的人当无产者，有的人当流氓、盗匪的根据。任何个人的本质决定于他们在现存社会关系和体系中所处的地位。马克思在《关于费尔巴哈的提纲》中的著名论断，讲的不是人的生理需要（《德意志意识形态》中关于需要是人的本性），不是人的类本质（《1844 年经济学哲学手稿》中关于人的自由自觉劳动），而是人作为个体的社会本质。理解了人的本质在现实性上是社会关系的总和，就容易把握人的共性的本质。人的共性从根本上说是社会的共性，因而生活于同一社会形态的人会具有某些共性。即使是不同社会形态，由于都是作为社会存在物，从而会具有某些社会赋予的共同性。同时，人不仅是社会存在物，而且是在社会关系和社会环境中各有特定地位，因而形成了各自的差异性。离开了人所生活其中的社会，从人自身来解释人，除了抽象的人性论外别无出路。这是几千年中外思想史的结论。

人和人的历史

狄尔泰说："什么是人，只有人的历史才会说清楚。"这个说法是有道理的。企图脱离人的历史，孤立地从人自身中探求人是什么，无非是把人作为一个生物学个体，不可能理解人的本性。人的本性存在于他的历史之中。

说人是劳动的产物，劳动是人的类本性，是因为全部历史就是人的劳动史。正如马克思说的，"**整个所谓世界历史**不外是人通过人的劳动而诞生的过程，是自然界对人说来的生成过程，所以，关于他通过自身而**诞生**、关于他的**产生过程**，他有直观的、无可辩驳的证明"①。说人是创造性动物，是因为人的全部历史就是不断推陈出新的过程；说人是社会存在物，是因为人的历史就是社会发展史；说人的本质在其现实性上是社会关系的总和，是因为在不同的社会关系下存在的是不同的人。人的历史是人的感性现实。只要读懂了人的历史这部书，就能真正理解人。任何离开人的历史来研究人的哲学，都只能是思辨哲学。

① 《马克思恩格斯全集》，中文1版，第42卷，131页。

人的自我创造和自我实现

自我实现是流行语，似乎强调自我实现就是高度重视人的能动性。不过我总是怀疑，人究竟能实现什么和实现了什么。其实，所谓人的自我实现无非是人的自我创造，是人通过实践活动创造了自己所需要的东西。人并不是实现自我，实现自我价值，因为人是通过自己的行动创造自我，创造自己的人生价值，离开人的实践的所谓自我价值是形而上学的思辨，是不存在的先验的自我设定。人是通过自己的实践来创造自己的人生。

自我创造与自我选择、自我设计的理论是不能混同的。人的自我创造是有条件的。人是在一定社会关系和文化传统中进行活动的，既是主动的又是被动的。人不是一块石头、一个树根、一团泥土，可以任凭设计塑造。人的主观努力、拼搏、奋斗，对于把自己造就成什么样的人是有重大作用的，但无法完全按照自己的意图来设计自己。马克思若早生一百年无论怎样奋斗也成不了马克思主义的创始人。奴隶制下的爱因斯坦绝不可能是相对论的发现者。把毛泽东变为伟大马克思主义者的不仅是他个人的才能、天赋和奋斗，而且是中国伟大社会变革的需要。人的价值是未定数，人的自我（他的才能智慧）也是未定数，它不是在实践中展现出来或显现出来，而是在实践中积累创造和获得的。

只有人才能把人变成人

德国哲学家赫尔德说过一段很有意思的话。他说："假如我把人身上的一切都归结为个人，并否认人们之间的相互联系和整体的相互联系的链条的话，那么人的本性和人的历史对我们来说始终是难以理解的了，因为我们中任何一个人光靠自身都不能成为人。"人生活在关系之中，是在人的相互交往和结成一定的生产关系中才成其为人。

一双鞋，在工厂是产品，在商店是商品，在家里是日用品或叫消费品，在展览馆是展览品，如果做工精美绝伦又可视为艺术品。同一件东西之所以具有不同的属性，不是源于它的自然本性，而是源于物与人的不同关系。

如果说对物的考察不能离开关系的话，对人的考察更是如此。一个人是父亲说明他有儿子，是丈夫说明他有妻子，是领导说明有被领导者，是下级说明有上级，如此等等，把一个人从他依存的关系抽象出来就无法说明他是什么。单纯的个人只是生物学的个体而不是真正意义上的人，人只有生活在社会集体之中才是人，才具有人的社会特性。

人比其他动物优越正在于此。人作为独立的生物个体是所有动物中最无适应自然能力的。一个幼小的动物离开母体很快即能独立生存，而人需要相当长的时间才能独立，而且人只凭自己的生理器官无法生存，任何一个人也无法单独生存。就此而言，人是所有动物中最无能的。可人又是全能的。人能把不适合的环境变为适合的环境，能抵抗自然的侵害。人所依靠的不是自己的生理优势，而是自己的存在方式。人依靠社会组织、依靠生产工具来超越一切动物。人是个体的无能和集体的万能。人只有在风雪交加、独自一人处于茫茫旷野之中时，才可能会体会到个人的无能，才能体会到哪怕两个人也比一个人强。而处于社会之中已经享受到集体力量庇护的人往往片面夸大个人的力量。对这种人唯一的教育是把他放逐到社会之外，当他一个人面对大自然时才能体会到社会的力量。

人与动物

人是动物，可人是超越一切动物的动物，是社会动物。

动物生活在自然界，而人生活在自然和社会之中。不仅如此，人不但有一个物理世界，还有一个符号世界，因为人是文化的产物。动物有信号但没有符号。信号是物理世界的一部分，而符号是文化世界，是意义世界。

动物可以认定，但不会思考，而人在思考中认定。

动物的“劳动方式”是永恒不变的。蜜蜂永远酿蜜。蜘蛛永远织网。它们的劳动方式就是它们的生命方式，是它们的存在。人不同。人的劳动方式是变化的。从原始的狩猎捕鱼到农耕、到现代工业是生产方式的变化，也是人自身的发展和变化。人不是通过生理变化来表明自身的进步，而是以社会的进步来标志人类的进步。

动物不是主体，没有内心世界。人有主观世界，这是一个极其复杂的丰富的精神世界。它的客观状态是客观化了的精神世界，是诸多的文化形态。它的主观状态就是人们的内心的意识和心理活动。人在实际活动中总是伴随着心理活动的。人的心理活动支配影响人的行为，但不能决定生产关系的性质和类型。在考察人的实际活动，如阶级斗争、政治斗争、战争以及重大的历史行动时，考察领袖人物尤其是群众的心理，对于把握具体历史事件的成败得失是有意义的，它可以再现历史进程的丰满画面。但是动机意图只是走向历史深处的入门。恩格斯说：“探讨那些作为自觉的动机明显地或不明显地，直接地或以意识形态的形式，甚至以被神圣化的形式反映在行动着的群众及其领袖即所谓伟大人物的头脑中的动因，——这是能够引导我们去探索那些在整个历史中以及个别时期和个别国家的历史中起支配作用的规律的唯一途径。”①

人是依靠行动而不是依靠认识来改变对象的。尽管唯心主义者们强调认识建构对象，其实它建构的并不是对象，而是关于对象的观念。这种观念丝毫没有增加也没有减少对象的任何一个属性。“单纯的认识，即使它比资产阶级经济学的认识更进一步和更深刻，也不足以使社会力量服从于社会统治。为此首先需要有社会的**行动**。”② 思辨哲学家们倡言认识建构对象之类的热昏胡话，都是把自在之物和为我之物割裂开来，完全停留在纯思维领域的结果。只要迈进实践领域就可以看到，光凭认识而不行动连一根稻草都挪不动。

---

① 《马克思恩格斯选集》，2 版，第 4 卷，249 页。

② 《马克思恩格斯全集》，中文 1 版，第 20 卷，342～343 页。

不要同语反复

我们不能用人来说明人，正如不能用异化说明异化一样。否则是同语反复，一点也没有前进。对人的理解，不能求之于人自身。医学、解剖学可以，因为它是以人的生理结构和运行规律为对象。社会领域则不同。要了解人的社会本性，必须理解社会。因为人是什么，取决于他生产什么和如何生产。例如自私并不是决定于人的本性，而是私有财产的观念形态。没有私有制就不会产生私有观念。至今一些原始部族的风尚为我们提示了这一点。对异化的理解也是如此。说异化是人的本质与人相脱离，等于说异化就是异化，什么也没解释，什么也解释不了。事实上，资本主义社会中存在的劳动与劳动者相异化，劳动产品与劳动者相异化，以及人与人相异化的现象，都是根源于资本主义的雇佣劳动制度。

对理论问题的分析，任何时候都忌讳晦涩的同语反复。看似前进了一步，实际上原地踏步。

如果人不死，就没有上帝

社会学家们说，没有功能的东西便不再存在，这是功能理论的公理。既然宗教从古至今一直存在着，显然它具有一方面甚至多方面的功能。的确，对于许多人尤其是知识分子，上帝之所以重要并不在于它是不是一个实体性存在，而是在于它是精神支柱和精神安慰的源泉。人最感到痛苦的是，人意识到人是要死的。如果人是不死的，就不会存在宗教，不会存在上帝。宗教蕴含的是人对死亡的惧怕，或者像一位哲学家说的，宗教是一种营救工作，它是在有人喊救命的情况下产生的。

人总是要死的。生老病死是任何人无法避免的。这当然不是说，宗教是永恒的。人对死的恐惧加深宗教信仰，但对死亡本质的科学理解又可以减少或消除人对宗教的信仰。对无神论的宣传必须与科学相结合，充分发挥科学在破除宗教迷信中的作用。科普工作的重要性是不应忽视的，可仅仅求助于科学也是不行的。大科学家信教的并不罕见。尼采说上帝死了，其实上帝并没有死，而且越活越好。就中国来说信徒之多也是空前的。对社会矛盾的认识，对个人生死穷达困惑问题的解决，都有个世界观、人生观的问题。人的死亡是永恒规律，可宗教和上帝不应该是永恒的。这个问题的解决非常复杂，有社会问题、有科学问题、有哲学问题。所有的人都知道应该依靠自己，而不是依靠自身之外的某个存在物，这还要经历一个漫长的困苦的道路。

生命与本能

人的生命是整体，它表现在机体的各个部分之中。没有生命的手，丧失操作的功能；没有生命的胃，丧失消化的功能；没有生命的头脑，丧失思维的功能。生命是贯穿各个局部的整体性、全局性的东西。当然，没有局部，整体也不可能存在。各个器官功能的丧失，就是生命的终结。

人的生命活动，同样包含非理性的本能活动。人的生存繁殖、七情六欲，包含冲动、激情、欲望等。但人的活动最重要的是理性的而不是本能的。人之所以是人，就在于他能以理性指导、约束、支配自己的本能欲求。马克思说过，吃、喝、性行为等固然也是人的机能，但如果使这些机能脱离了人的其他活动，并使它们成为最后的唯一终极目的，就会使它们变为动物的机能。人与其他动物都是有生命的存在物，但人的生命活动不能归结为本能活动。当代的生命哲学家们强调生命的本能性而贬低理性是片面的。

死活之间

活人与死人的分界线似乎在于精神。从外表看，还是这个人，区别只在于活着的时候能思维，而死亡意味着停止思维。可见，精神主宰生命，对人而言，最重要的不是肉体而是精神。庄子就是这样推论的。在《德充符》中，他借用孔子之口讲过一个故事："孔子说：'我曾经到楚国去，恰巧看见一群小猪在刚死的母猪身上吃乳，一会儿都惊慌地抛开母猪逃走，因为母猪失去知觉了，不像活着的样子了。可见它们所爱母亲的，不是爱它的形体，乃是爱主宰它形体的精神。'"

对人来说，精神的重要性是不言而喻的。问题是人的生死分界线是什么，当然是物质，即人的生理基础。人死，并不是精神离肉体而去，而是人的重要脏器丧失了功能，生命因而结束。精神即思维的丧失是大脑的死亡。精神并不是生命的独立主宰，而是生命存在的属性，是人的大脑的功能。至于精神的反作用以及它的重要性那是另一个性质的问题，不影响上述论断的正确性。

孤独与孤独感

孤独不一定有孤独感。在农村，特别是在偏僻的山沟里，每家相距甚远，很少往来，但并不感到孤独。近代工业城市里面，房屋鳞次栉比，许多家同住在一个公寓里，可是不少人感到孤独。孤独感是一种情感，是人与人的关系疏远化、淡化的一种表现，是以货币为中介的人与人的关系异化的一种心理情感的表现。它反映的是一种人与人的关系，而不是空间的距离。

人与主义

黑格尔主义与黑格尔、马克思主义与马克思不可分，但又不能等同。人不等于主义，一种主义也不能仅仅归结为某一个人。人是会死的，而一种主义却可以较长期地存在和起作用。人的出生是偶然的，而某种主义的出现是种规律性的现象。没有特定的社会经济政治条件，就不会出现某种主义。这个人可能仍然会出生，但不是某种主义的创造者。是一定的社会产生了对这种主义的需要，同时创造了缔造这个主义的人。即使这个主义的创造者已经逝去，只要仍然存在社会需要，这个主义会继续存在和发展。当然它的内容会发生变化。

再谈个人与个人主义

个人和个人主义不能画等号，但确实存在联系。个人的独立，是个人主义的前提。没有个人的独立性，不可能产生个人主义。

当人类刚脱离自然，社会发展处于低级阶段，自然环境恶劣，社会生产力水平低下时，任何个人单凭个人的力量都不能自存，因而必然要依靠群体的力量以自保，他的活动方式是群——氏族群。

进入阶级社会后，产生了私有制，氏族解体，人取得某种独立性，即摆脱群体的天然脐带。但这种个人也是逐步独立的。在奴隶制与封建制中，仍然摆脱不了血缘关系的束缚，个人从属家族，因此宗法观念强；而且个人（奴隶与农奴）摆脱不了人身依附关系。

真正的个人，独立、自由活动的个人，是随着完全以物为中介的资本主义关系而产生的。这是摆脱了人身依附关系，能自由面对市场经济的个人。这种个人也是利己主义者的个人。个人主义同这种个人的出现是不可分的。

当人类消灭了资本主义私有制时，也就消灭了这种利己主义的人。但共产主义并不消除个性，否定个人，而是真正恢复个人与社会的统一。

我就是我：貌似高深的无聊废话

我就是我，这是空话，或者是废话。

就每个人而言，本来是独一无二的个体存在物。没有第二个我。我就是我，无非是把人的个体性变成貌似高深的哲学命题。

说它是空话，是废话，是因为它并没有说明我之为我的原因何在。我就是我，这适用于任何人，每个人都是我。世界上并没有你，你就是相对于我的我。两个人相互把对方的我称为你。所以你就是另一个我。可是每一个我都是独特的。这种独特性不能从我自身得到说明。要说清楚我是我，必须超出我。每一个我，每一个时代的我，都映现着每个人所处的环境和时代。

普列汉诺夫说："我是我——对自己来说，同时又是你——对别人来说。我是主体，同时又是客体。主客体之间没有一条不可逾越的鸿沟。彻底的哲学思想使我们相信主体和客体是统一的。"又说："唯物主义者说的不是主客体的同一，而是它们的统一。"

从哲学上说，我是主体。我依存于环境即我生活其中的客体。我具有创造力、能动性和对象化的能力。但我不是万能的。客体并不是可以任主体摆布的铜钱。马克思说："唯心主义的达赖喇嘛们和真正的达赖喇嘛有共同的地方，即他们都甘愿使自己相信，似乎他们从中获取食物的世界离开他们的神圣的粪便就不可能存在。"①

---

① 《马克思恩格斯全集》，中文1版，第3卷，629页。

个人的死亡与类的继续

人是会死的，这是生物学与医学的科学结论。可如何对待死亡却是哲学问题。如前所述，中国古代哲学家庄子，老婆死了，他敲着盆子唱歌，认为人总是要死，不应违反自然。这就是有名的鼓盆而歌的故事，表示了对待死亡的智者态度。中国人讲的红白喜事，结婚是喜事，它表示类的延续；老人寿终也是喜事，它表示类的更新。人不结婚，类不能延续，如果不死，代代相继，把地球塞满了也非好事，所以红白都是喜事。

这种东方人的智慧，比起尼采、叔本华，比起存在主义者高明。因为他们都从个人的角度看待存在和死亡，所以看到的只是人生的寂寞与死亡的痛苦。而东方人从类的角度看待生与死。已经衰朽的高高兴兴地死去，双手欢迎新一代的到来。死——不是结束，而是类的延续方式。

恩格斯以其辩证的智慧论述了生与死的问题，把它看成是辩证过程。他说："生命总是和它的必然结局，即总是以萌芽状态存在于生命之中的死亡联系起来加以考虑的。辩证的生命观无非就是如此。但是，无论什么人一旦懂得了这一点，在他面前一切关于灵魂不死的说法便破除了。"还说："只要借助于辩证法简单地说明生和死的本性，就足以破除自古以来的迷信。生就意味着死。"① 这是马克思主义辩证唯物主义的生死观，是一种真正智者的态度。

人的死亡是一瞬间，可对死的恐惧是终生的。死亡对人只有一次，可

① 《马克思恩格斯选集》，2版，第4卷，370页。

对生死问题的探索却世世代代。人对死的意义的理解要比死亡本身困难得多。从医学的角度理解死亡比较容易，从哲学的角度理解死亡很难，因此，生与死成为一大哲学难题，为世代哲学家们苦心探索。这是任何自然科学无法解开的方程式。

在生与死的问题上，明智的人应该把关注放在生上。孔子说过，不知生焉知死。对生的意义的理解要比对死的恐惧有意义得多。一个人害怕死亡，或由于人总是要死的而感到人生毫无意思，这种人经历着双重痛苦：一是在生时的痛苦，因为他一生充满了对死的恐惧与忧虑；二是死亡时的痛苦。人并不会因为害怕死亡而免除一死，由于一瞬间的死亡而终生处于死亡的恐惧之中，实非智者的态度。

真正有意义的哲学应该是悦生的哲学。人总是要死的，这是不可抗拒的规律。但正如法国大哲学家蒙田说的，死并不是人生的目标，而是生的结尾，是它的极限。因此一个人应该重视生，尽量充分享用有生之年。他说："我认为人类之幸福在快乐的生存中，而不在快乐的死亡中。""一个知道如何正当地享受生存之乐的人，是绝对的，而且几乎是神圣的完人。""在我们所具有的一切弱点之中，最为粗鲁的乃是轻视我们的生存。我对生命的占有越是短暂，我越必须使它更深沉，更充分。"所以蒙田的口号是："热爱生命，栽培生命。"这样来对待人的生与死就不是悲观主义哲学，就不是只知道人是要死的，而且知道人在未死之前是不死的，是活的，因而应该充分享受人生，发挥人的生的作用。

快乐与痛苦

人的一生不可能没有痛苦，可也不是没有快乐。不能说人生等于痛苦。否则只能是乐死怨生，皈依宗教。其实人的生存中同样存在着愉快。听一首动人的歌曲是愉快，朋友久别重逢是愉快，劳动之余小憩片刻、伸伸懒腰也是一种愉快。读一本好书是一种愉快，天伦之乐是一种愉快，事业有成是一种愉快，能为社会做出更大的贡献受到赞扬，更是一种愉快。愉快是情感上对自己的处境和成就满意的情绪体验。应该说人生是充满情趣的，愉快的，我们不能沉湎于宗教的苦难说，沉湎于存在主义的人生虚无说，应该学会充实人生，愉悦人生，享受人生，这是一种真正的哲学智慧。

老年，是正常人生的必然组成部分。而如何对待老，也是个哲学问题。

我认为，人不必为老而悲哀，相反应该高兴。因为有幸而活到老年意味着生命的自然历程是正常的。老年，意味着生命的存在、生命的继续。不少人中途夭折，英年早逝，相比之下，老年意味着已经更多地享受人生、充实人生。埋怨年老是对自然的“忘恩负义”，是对自己的不公。

而且老年并不意味着衰败、无用，正如一篇文章结尾有气势，写得好，可以为文章增添光彩。一个人的人生也是如此，老有所为，同样为一个人的一生增添光彩。蒙田说：“我的身体状况按照自然时季进行演替，这是我对命运的一个重要义务，我已经经历了未成熟的少年时期，精力旺盛的青年时期和年富力强的壮年时期，现在正经历着衰微的老年时期。我感到愉快，因为这是自然的。”中国的哲学家韩非子也说过：“生，人之始。死，人之终。”我们应该顺其自然，按照人生的节律，充分地发挥各个不同时期的功能。不要羡慕年轻，怨恨年老，应该说我也年轻过，而且没有虚度。

人与哲学

一些人强调哲学必须以人为中心，认为人是哲学的唯一的对象。其实孤立的个人是最不值得研究的，因为人一旦孤立为个人，只不过是血肉之躯，一无所有。人之所以如此值得重视，如此值得研究，是因为他不是作为孤立的个人，而是作为社会存在物。人的丰富性是人的社会关系的丰富性。个人之所以值得研究是因为他是社会的一分子，具有社会的丰富性。我们可以设想，如果离开了社会和社会的各种关系，离开了人的多种社会活动，人就是无。

例如爱情之所以如此激动人心，决不是因为它是两个肉体人的私情，而更重要的是因为它的社会性，它的内涵的丰富性在于它所体现的关系的多样性。或者反对封建门第、等级观念，或者反对世俗偏见，反对专制主义。爱情的社会性是非常明显的。“闺中少妇不知愁，春日凝妆上翠楼。忽见枝头杨柳绿，悔教夫婿觅封侯。”所表达的感情与“爱你没商量”所蕴含的社会内容是不一样的。这用人性是无法回答的。人性是最无用的。它什么也解释不了，相反它自身就需要解释。因为在用人性解释社会问题之前，必须解决什么是人性、为什么人性具有解释权的问题。

历代思想家中不少人用人性来解释社会问题，是因为以人性的名义最容易表达自己的价值观，表达自己对理想社会和理想制度的追求。人本主义是世界观上的人类中心论者。他们强调以人为主体，用人的眼睛来看世界，因而世界是人的世界，是人按照自己的眼睛看出的世界。他们根本提不出世界是什么样子的问题，世界的样子就是人的眼睛中的样子。恩格斯在嘲笑不可知主义者时说过，在我看来狗有四条腿，至于狗本身有几条腿这谁也不知道。可见人本主义与不可知主义是相通的。在人本主义者看来，世界对人而言只是意义的世界，它对人只是意义，只是价值，而不是具有自身规律的实体。世界是什么样子是无关紧要的，重要的是它对人的意义。不是人在认识自然而是自然被人认识，被人认识的自然，就是在人的思维中被重构的自然。认识论中的人本主义会把人引向何方是不言而喻的。

人与人的世界

世界是个整体，它是由人化自然和非人化自然两个部分组成的。人所面对的世界，是无限的客观世界；而人直接涉及的世界，是包括人和人类社会在内的世界。因此我们要正确处理这两个世界的关系，既要唯物辩证地把握整个世界，又要着重考察人与人化世界的关系。

对人化世界的理解，当然离不开主体的需要。没有屁股，不会出现凳子。没有眼睛，不会出现电视机。人不会创造与人的需要无关的东西。可为什么出现这种需要？不能单从主体自身得到解释，而必须研究引发这种需要的社会原因。比如说，人任何时候都有眼睛，可电视的出现则是当代科学和工业的产物。没有眼睛不会产生对电视的需要，但不能用眼睛解释电视的产生。因此对客观世界的认识只停留在人的本质力量的对象化的层次上是不行的，而必须弄清为什么要对象化和如何对象化，即研究制约对象化必要性和可能性的各种关系。

人的对象化世界是人的世界，当然不能离开人和人的实践活动。但我们从人化世界中不仅要看到人，而且要看到客观世界自身的规律。人的卓有成效的活动本质上是合规律与合目的统一的活动。客观世界要满足人，可人也要满足客观世界，即按照客观规律办事。否则，客观世界不仅不满足人还要惩罚人。

人类不能坐待自然的恩赐

自然对人类的作用，并不是简单地以它的丰裕、肥沃、富饶，以它对人的无限仁慈来促进人类社会的发展。人是以人对自然的改造来促进人类社会的发展。因此人类社会的进步往往是与人类改造自然的范围、速度以及克服困难的程度密切相关的。汤因比在他的名著《历史研究》中把这个观点概括为挑战与应战。他认为人类之所以可能创造文明，并不是超越生物的生物天赋，也不是由于地理环境，而是由于人类对于一种特别困难的挑战进行了应战，因此人类才奋起表现了空前的努力。自然条件的艰苦，会更加激发人们克服困难以求生存和发展的才能。所以挑战越大，应战的办法越多越新颖而且越富有创造性。

中东某些石油富国得天独厚，石油给它们带来了巨大的财富。它们的生活水平是第一流的，可并没有使它们成为一个先进的具有高度精神文明的国家。过度的生活享受，过分轻松的工作，松懈了人的上进心。一旦资源耗尽，社会就会陷于停滞。1996 年 6 月 8 日在科威特迎接石油出口 50 周年纪念日时，路透社发表了一个评论说，石油带来财富也带来经济缺陷。从 1946 年以后的 50 年里，一条石油美元滚滚流入的大河使科威特变成阿拉伯世界最富有的国家之一，具有一个现代国家的所有外表装饰。可是“在喜庆气氛的背后，人们将清醒地认识到，石油带来的成功造成了对单一资源的依赖。这是一个越来越严重的经济缺陷”。“由于经济前景难以预测，科威特人普遍情绪低落，陷于深刻反省，对于石油财富使这个国家失去了发展超越石油世界的技能的动力感到遗憾。”从这个遗憾中人们可以学到马克思主义哲学关于社会形态的理论。

不能是人说了算

在自然与人的关系问题上不能是人说了算，事实上也做不到。人不仅要考虑人的需要，也要考虑自然的承受力和限度，也就是说要考虑自然的需要。人以自我为中心，或者说人类中心论，在价值观上可以，而在科学观上也坚持这个观点只能碰壁。人为了使自己免受惩罚，必须以科学的态度对待自然。只有以科学的态度对待自然，才可能使人的需要得到合理的实现，也就是说才可能确立人在自然中的主体的地位。

人与自然的关系，是以社会与自然的关系的形式实现的。考虑自然的需要，也就是考虑社会与它的自然条件即生态之间的协调发展关系。社会与自然之间的物质、能量、信息的交换，不仅要适应社会的发展，而且要符合人类生态的需要。社会对自然的索取，不能超出自然的供应力、承受力与再生能力；而社会的废弃物的排放，不能超出自然的吸收力和同化力。人不能充当奴隶主的角色而把自然当成奴隶。社会可持续发展就是以这种认识为依据的。一部人类的历史是人改造自然的历史，也是自然报复人的历史。但这决不意味着人与自然的关系不是改造与被改造的关系，人应该放弃改造自然、征服自然。事实上，社会的进步和人类的发展都是在改造自然中实现的。一个合理的生态环境不是纯自然的、天生的，而是正确改造自然的结果。人类征服自然的历史给人的启示是，要合理地利用自然，必须有一个合理地利用自然的社会制度和正确处理人与自然关系的科学态度。这是马克思主义考察人与自然关系的正确结论。

城市是一本打开的书

一位著名的城市规划家说：城市是一本打开的书，从中可以看到人们的目标与抱负。这是对的。一个规划合理、环境优美的城市显示的是城市管理和建设者的独具匠心。

马克思早在1844年就说过："**工业**的历史和工业的已经产生的**对象性**的存在，是一本**打开了的关于人的本质力量的**书，是感性地摆在我们面前的人的**心理学**。"① 人对自己能力水平的认识，不可能直接求之于人自身，而必须求之于人的对象化产品。人化自然可以说是人的一面镜子，从中可以看到生产力的水平、管理的水平，甚至社会制度的性质和状况。

不仅就人与自然的关系说，人通过对象化来认识自我，就人与人的关系说，人对自我的认识也要借助另一个自我。人往往不易正确估价自己，不是过高——自高，就是过低——自卑。人应该通过别人的眼睛来看自己，即通过对别人的评价来反躬自问，这样容易客观些。蠢人只用自己的眼睛看别人，聪明人懂得用别人的眼睛看自己。中国哲人早就教导人毋我，毋固，毋执，讲的也是这个道理。

---

① 《马克思恩格斯全集》，中文1版，第42卷，127页。

不要忘了人还有无机身体

人作为一个自然存在物，有自己的有机身体，这就是人的头脑、肢体。人的血肉之躯，完全属于自然界。可人还有一个无机身体，这就是在人之外的，人赖以生存的自然界。与有生命的人的机体相区别，马克思称之为人的无机身体。

把自然界看成人的无机身体，黑格尔就曾经这样说过。他说个别动物的欲望是完全被规定的欲望；对每个动物来说，只有在有限范围内才是它的无机自然界，后者只是为它而存在的，它应该从许多东西中依靠本能去找到这种自然界；而人作为普遍的能思维的动物，生活在广阔得多的范围里，并把一切对象纳入自己的无机自然界。马克思在《1844 年经济学哲学手稿》和《经济学手稿（1857—1858）》中都曾阐发过这个思想。他在《经济学手稿（1857—1858）》中说，正像劳动的主体就是自然的个人，是自然存在一样，他的劳动的第一个客观条件表现为自然、土地，表现为他的无机身体。在《1844 年经济学哲学手稿》中也说："自然界，就它本身不是人的身体而言，是人的**无机的身体**。人靠自然界**生活**。这就是说，自然界是人为了不致死亡而必须与之不断交往的、人的**身体**。"①

自然界是人的无机身体的提法，形象地表达了人是自然的一部分，而自然是人的生存所不可缺少的客观实体这种辩证关系。与天人合一论不同，它强调的是在实践基础上人与自然的物质交换。在某些人的头脑里，

① 《马克思恩格斯全集》，中文 1 版，第 42 卷，95 页。

往往把自然看成人之外的、仅为人提供物质资源的取之不尽的仓库，而从来没有把自然看成是人的身体的思想。他们对自己的身体可以很爱护，脸洗得很干净，还要用各种化妆品来美化自己，可对自然则采取另一种态度。住在楼上的人往楼下扔东西，总以为是扔到与自己无关的地方，从来没有人想到是往自己身上扔。没有哲学观点，就很难有生态观点。不过，自然对人的报复，会在实践上把这种观念强迫地灌进人们的大脑。

中 篇

历史不是苏兹达利城的拙劣绘画

我们不能只是对大自然的千姿百态赞叹不已，却用色调单一的刻板公式去想象历史。其实，人类社会同样是绚丽多彩的。一个国家和民族在不同的历史时期，以及处在同一种社会形态下的不同国家和民族，都各有自己的特点。如果 17 世纪德皇的宫女们在花园中找不到两片绝对相同的树叶来驳倒莱布尼茨的话，我们同样可以说，没有两个绝对一模一样的国家。

这岂不是否认了历史的规律性吗？没有。正如莱布尼茨所说的没有两片绝对相同的树叶并不排斥光合作用的规律一样，国家的差异性并不排斥历史规律的共同性。把同一性和差异性对立起来是形而上学的方法。无个性即无共性，共性存在于个性之中，这已经近乎是常识了。但是熟知不是真知，我们往往容易忽略最常见的东西。

马克思关于社会形态的学说，揭示了人类社会发展的普遍规律，但是马克思并不把它看成是剪裁历史的公式，并不否认深入研究同一种社会形态下各个国家的民族特点的必要性。马克思就研究过亚细亚生产方式。恩格斯在《家庭、私有制和国家的起源》中，就分别研究过易洛魁人的氏族、希腊人的氏族、罗马人的氏族、克尔特人和德意志人的氏族。即使以揭示资本主义共同经济规律为对象的《资本论》，其中关于原始积累的分析也充分反映了英国的特点。事实上同一种社会形态下的国家，不可能绝对一样。古希腊的奴隶社会不同于东方；中国的封建社会不同于欧洲；即使地区很接近，19 世纪德国的资本主义，也不同于英国和法国。世界历史的统一性和多样性是相结合的。历史自身就蕴含着特点，没有特点，就没有国别史、民族史，这是显而易见的道理。我们反对简单的历史类比，因为它撇开特点，把相似当作等同；我们赞成科学的历史比较，因为它在异中求同，同中求异，更加丰富对一般规律的理解。削足适履，把丰富多样的历史塞进一个模子里去的做法，列宁斥之为“对马克思主义的讽刺”。他生动而深刻地指出：“再没有比‘为了历史唯物主义’而一律用浅灰色给自己描绘这方面的未来，在理论上更贫乏，在实践上更可笑的了：这不过是苏兹达利城的拙劣绘画而已。”①

历史不是用一种颜色绘成的古代俄罗斯苏兹达利城的拙劣绘画，而是波澜壮阔、色彩多样的巨幅画卷。无论东方和西方，整个人类必然要走向共产主义，这是普遍规律。但是，夺取了政权的各国人民，不可能按照一个模式，而必须结合本国的特点进行社会主义建设。列宁强调说：“一切民族都将走向社会主义，这是不可避免的，但是一切民族的走法却不会完全一样，在民主的这种或那种形式上，在无产阶级专政的这种或那种形态上，在社会生活各方面的社会主义改造的速度上，每个民族都会有自己的特点。”②

邓小平在党的第十二次代表大会上提出了建设有中国特色的社会主义的方针。这个方针是长期历史经验总结的基本结论，是全面开创社会主义现代化建设新局面的指导思想。这个方针首先强调的是社会主义；但同样重要的是，这个方针也强调了我们建设的社会主义，必须适合中国的国情，具有中国的特色。这个方针既揭示了历史规律的普遍性，又充分考虑到历史的特殊性，所以它是一个科学的、生动的马克思主义的方针。它使我们从盲目或半盲目的状态中清醒过来，认真地进行调查研究，按照客观规律进行社会主义建设。

在以往社会形态的更替中，虽然各国都有特点，但是特点不见得都是优点，而且这种特点是自发形成的。历史是人类自己创造的，但是在剥削制度下，他们并不是按照共同的意志，根据一个共同的计划进行活动。正

---

① 《列宁全集》，中文 2 版，第 28 卷，163 页，北京，人民出版社，1990。

② 同上书，163 页。

如瑰丽多姿、玲珑剔透的山水特点显示的主要是自然力量一样，各个国家和民族的历史多样性和特点，是人们意图相互交错的产物。人类进入社会主义时期发生了变化，这就是逐步由必然王国过渡到自由王国。建设有中国特色的社会主义，就充分显示了我们对于建设社会主义已经取得了规律性的认识。当然，要做到一切从实际出发，把马克思主义的普遍真理同中国的具体实践结合起来，走自己的道路，不是一蹴而就的。重要的是，我们有了这个明确的方针，就可以在实践中不断总结经验，找到各种适合中国的社会主义建设形式。

社会规律的特点和主体的选择

自然规律与社会规律各有特点。宏观领域的自然规律的特点是现实性，是每时每刻都在起作用。如万有引力定律，支配每一个事物。社会规律则不完全相同，它表现为一种趋势，一种最终必然性，一种平均数。如等价交换规律，并不是每一次交换都是等价的，而是一种无数次交换的最终平均数。又如生产关系必须适应生产力状况的规律，是一种最终的要求，而不是每时每刻的现实。必须适应是在不适应中实现的。这种情况，使得许多理论家否认社会规律的客观性。他们不理解社会规律的特性，按照自然规律的特点来要求社会规律，从而得出否定社会规律的结论。

社会领域是人的领域。人的活动是有意志有目的的，但不能由此得出结论说社会规律是以人的意志为转移的，或者说是主客体相统一的规律。这种说法是错误的。社会规律就其本性而言同样是客观的、不以人的意志为转移的。就是说，某一社会存在某种规律，这种规律的性质和内容，它起作用的范围，不取决于主体的意志而是取决于社会条件。社会规律是一定条件下社会现象之间的本质的必然的联系。它的公式是“只要有……就有……”,只要有阶级就有阶级斗争，只要有商品生产就有价值规律，只要有市场经济就有供求规律，只要有货币就有货币流通规律，如此等等。这个“只要有……就有……”表现的是客观现象之间的关系，而不是主客体之间的关系。只要原因而不要结果，只要条件而不要它必然产生的现象是不可能的。这就是规律。

当然，社会规律起作用的机制不同于自然规律。自然规律的产生与实现同人的活动无关，它是物质运动自身的规律。社会规律不同，它依存于人的活动，是人的活动的规律。它不存在于人的活动之前，不存在于人的活动之外，而是存在于人的活动之中。不存在某种活动就不存在相关的规律。不存在商品生产和流通就不存在价值规律和供求规律。规律与实践相关联是社会规律的特点。

社会规律对人的活动的依赖性，造成社会规律是以人的意志为转移的假象。其实，人的意志与人的活动的联系是直接的，而人的意志与规律的联系是间接的。社会规律依存的不是人的意志，而是人的活动中形成的各种关系。价值规律是商品生产和流通的规律而不是商品观念的规律，尽管商品是人生产出来的，但人直接生产的是产品而不可能创造价值规律。产品只是在一定条件下才变为商品，价值规律是市场经济条件下商品生产和流通所固有的规律。从人的观念来说，在市场交易中都想贱买贵卖，可他们的行为要受到经济规律的制约。

我们说社会规律是人的活动规律，是就其存在和作用方式来说的，并不是说人的全部活动都是合乎规律的。在人的活动中存在三个因素：动机、行为、结果。这三者之间往往是相互矛盾的。人的动机和行为有的符合规律有的并不符合规律。人们行为的结果有的是预期的，有的是违反自己的意愿和意志的。所以规律并不总是和个人的行为相吻合的，而是众多行为中形成的不依赖任何个人的必然性。不管人们的动机如何，规律性的东西表现为最终起决定作用的东西。就人们的行为与规律的关系而言，人们的行为可以符合规律，社会进步运动的倡导者们、组织者们就是如此，他们是历史的英雄。主观愿望很好但违背历史规律，这就是历史上的悲剧性人物。如果逆历史潮流而动就会成为向隅而泣的可怜虫。

就社会规律实现和利用的机制来看，它不同于自然规律。无论是自然规律还是社会规律都有个利用问题。要利用规律必须对规律有科学的认识，把客观规律变为科学规律，对客观规律予以科学把握。但不同的是，自然规律无论认识与否都在自发地起作用，只是就价值观点看它起作用的状况不同，不认识它就起破坏作用，而认识和利用它则可以起有益的作用。社会规律不同。当然，社会规律的作用有一个自发性问题，例如，生产关系必须适合生产力状况的规律，直到马克思主义产生时才发现，但不能说以前它就不起作用。事实上它是人类社会的普遍规律。社会形态的更替以及每一社会形态内部王朝的兴衰更替都是以这一规律的作用为内在根据的。在这里规律起作用的方式不是表现为对这一规律的自觉认识和利用，而是革命阶级和集团对自己切身利益的关怀，是意识到不推翻统治阶级就不能维护自身的利益。正是在这种对切身利益的关怀的背后隐藏着规律的作用和要求。正是在实现自己利益的同时实现了规律的作用。就这点而言，它的作用是自发的。但无论社会规律起作用的方式如何，它都必须通过人的活动才能实现。所以人们用不着组织一个月食党来促进月食，可必须组织革命党来实现革命的规律，实现生产关系必须适合生产力状况的规律的要求。特别是在阶级社会中对社会规律的运用，必然要通过阶级斗争才能实现。

可是历史选择论者否认历史规律的客观性，根据社会规律存在于人的活动之中，必须由人的活动来实现这一事实，认为社会发展是由主体的选择来决定的。这种看法是错误的。在当今，历史选择论和历史规律论之争是关系到唯物史观的重大问题。

马克思逝世以后，19 世纪 90 年代德国青年派的一些人，把马克思主义的唯物史观曲解为庸俗的经济决定论，从而把唯物史观曲解为历史宿命论，在后来第二国际后期的某些理论家那里也存在着这种倾向。20 世纪 20 年代卢卡奇发表了《历史与阶级意识》，以反对第二国际的历史宿命论为号召提出了主体性问题。这对于唯物史观的研究是个推动，但是在以后的发展过程中，被一些理论家逐步推到了另一个极端，即片面强调历史主体的选择作用，反对历史决定论，否认历史规律的客观性，走向了唯意志论。

毫无疑问，人的行为具有选择性的观点比起历史宿命论是一个大的进步。当古希腊罗马的历史学家们不再用神的意志来解释历史而强调人的行为具有选择性并有责任时，就具有反宿命论的性质。柯林伍德在《历史的观念》中论述古希腊罗马历史编纂学的人文主义特点时说，这种历史学“所依据的哲学观是，人类的意志可以自由地选择它自己的目的，并且它在它的事业中所取得的成功仅仅受到它自己的力量的以及受到理解它并能研究出它获得成功的方法的那种智力的限制。这就蕴含着历史上无论发生了什么事情，都是作为人类意志的直接结果而发生的，并且有某个人对它直接负责的”。

可是在近代，人的行为的选择性被唯心主义夸大为历史的选择论，并把马克思主义的历史决定论诬为宿命论。其实，无论是自然领域还是社会领域都有决定论的问题。严格的机械决定性规律只是自然领域中决定性关系的一种。机械决定论在社会领域中是错误的，必然导致唯心主义。社会领域中的决定论是辩证决定论，它把主体的作用作为客观历史发展中的一个环节包括在历史必然性之中。有些人不理解，以为只有完全排除主体的作用才叫决定论，这是用自然主义的观点来看待社会规律，完全抹杀了社会生活的特点。把主体作用包括在内并不否定决定论，因为主体的意愿、目的、动机，并不决定于主体自身而是决定于客观条件。某一阶级之所以有这样的目的，这样的动机，这样的行动，并非是任意的、无原因的，而是被决定的。所以社会决定论正表现在人们的动机的结果之中。恩格斯说，“这是能够引导我们去探索那些在整个历史中以及个别时期和个别国家的历史中起支配作用的规律的唯一途径”①。

社会决定论不同于机械决定论。它不是单一的因果链条，而是许多复杂因素相互作用的结果。所以社会决定论往往表现为统计决定论，通过大量偶然性来表现必然性。宏观自然规律一般是动态规律，它支配每一个个体，它有严格的因果关系、数量依存关系。而社会规律实现的时间跨度，从每一个具体事件和人物来看是偶然的，从总体来看是必然的。

如何看待人的行为的选择性问题是个重大的理论问题。我们认为人的行为当然有自主性、能动性、计划性，但我们不同意用历史选择论来取代历史决定论。关键是要分清人的行为的选择的可能性与不可能性的界限。选择性涉及的是主体的问题，是主体的行为动机意志的问题。选择的可能性问题不是看行为的开始而是看行为的最终结局。因此关键是与客观规律的要求相一致。

历史有不可选择的一面。人们不可能自由选择生产力，不可能自由选择生产关系，不可能自由选择自己的文化传统。这些都是既定的、给予

① 《马克思恩格斯选集》，2版，第4卷，249页。

的。每一代人都面对一个既成的现实。

但历史又有可选择的一面。这是由于在社会发展过程中，矛盾的复杂性和多样性以及各种错综复杂的关系，使事物的发展呈现多种可能性。究竟哪种可能性变为现实，固然要取决于客观条件，但同样要看主观的努力。这种主观努力就包括主体的选择性，对各种可能性的选择，对计划和行为方式的选择。世界上任何事情都要人去完成，这就决定了人的行为具有选择性。

人的选择行为面对的是现实而不是历史。历史是不可选择的，它面对的是无可改变的既成事实。在历史观中谈论选择，只能是“假设”、“如果”。如果拿破仑在俄国不打败仗而是打胜仗，欧洲目前的政治地图就会是另一个样子。如果当年法国路易十六逃跑时不是一个偶然因素使他无法逃脱，欧洲的历史都将因而改观。1931 年出版了由斯魁尔主编的著作《假如我们的历史经过重写》一书，由许多著名的历史学家执笔，内容是关于历史上的事件可能演变的推测。它的指导思想就是历史假设论。在我们国内也有人鼓吹这种观点，说什么如果太平天国胜利历史就会大倒退，什么如果没有推翻清朝的辛亥革命而实行改良，中国就会如何如何。有事实吗？没有，有的只是假设。假设不是人的行为的选择而是一种历史观，是历史学家们的一种价值观念、一种愿望和要求。对未来不是选择而是预测。它能否实现是未知数。它的实现的可能性取决于现实的行为。我们可以按未来安排现在，但必须立足现实才能预测未来。是现在决定未来而不是未来决定现在。

真正具有选择性的行为是人们正在进行的实践活动。现在包含着过去孕育着未来。我们不能留恋过去、空想未来而忽略现在。现在不能改变历史但能改变历史留下的传统，吸收好的抛弃旧的，创造一个更辉煌的现在，同时就是安排一个好的未来。可见历史选择问题实际上是现实的选择问题。历史选择论是一个非常不科学的称呼。

一个很难咬开的硬核桃是历史决定论与人的行为的选择性的关系问题。既然历史发展是有规律的，怎么可能选择呢；既然肯定人们行为的选择性，怎么又承认客观规律性呢？他们在两极对立中思维，或者要选择，或者要规律。他们把选择的可能性空间移到规律之外，越是无规律选择的可能性就越大；而把规律移到选择的行为之外，只有在无选择可能性的地方才谈得上客观规律。他们不知道规律存在于人们的选择行为之中，是在选择行为中形成的而又不依赖于选择行为。真正的能达到目的的选择又必须符合规律。选择是和自由连在一起的，无自由即无选择，无选择也谈不上人的自由，但选择是有条件的相对的，人的自由也是一样。人没有绝对的无条件的自由，也不可能有绝对的无条件的选择，要使选择达到目的并不取决于主体的意志和愿望，而是取决于这种愿望、动机、目的在何种程度上反映客观现实，所以符合规律的行为才是真正地表现了人所固有的具有选择能力的行为。在一片混乱的、偶然的、无序的状态下人往往是无能为力的。我们应该尊重规律，尊重人的行为的选择性，在实践的基础上把它们结合起来。

历史与现实

历史与现实不完全相同。人们游览埃及金字塔，赞叹古埃及人的创造力，但并不介意有多少万奴隶以生命的代价创造了这个奇迹。同样，人们参观长城、十三陵，以及北海、颐和园，决不会想到这凝结了多少劳动者的血和泪。历史留给后人的是成果而不是创造过程，是创造性的辉煌而不是辉煌背后的血泪。因为历史已经逝去了，而永存的是人的创造力。尽管异化劳动是非人的，但异化劳动的成果却可以是动人的。这是审美价值和历史史实的重大区别。

由此我想到，物质文明如此，精神文明也有类似的情况。如果说时过境迁，人们可以忘掉物质文明原来的用途而着重人的创造力和审美价值，那精神文明尤其是它的精品，随着它所反映和维护的经济政治制度的消失，它的社会价值和人类价值就凸显出来。儒家学说就是这样。尽管在两千多年的封建社会中，它成为统治者手中的精神武器，所谓半部《论语》可以治天下，但儒家经典中确有许多优秀的值得继承发扬的东西。当然，儒家学说中在以往真正被实行的东西并不多。所谓仁者爱人，己欲立而立人，己欲达而达人，能实践的人少而又少。真正做到父慈子孝兄友弟恭的人也并不多见。以血缘关系为基础的封建等级社会中，人们之间的关系并非和谐无隙。儒家经典的时代性、阶级性、政治性或者用现代流行的语言说意识形态性，是很强的，可其中所凝结的政治智慧、道德规范、人格理想，由于与封建制度相剥离而在社会主义条件下显示出它的新的价值。我们现在面对的是儒家经典而不是封建社会残酷的现实，因此我们对儒家经典教义的感受与在封建制度桎梏下的人的感受是不可能一样的。我们不能按照现在的条件否定历史上那些被压迫者和先进思想家们对儒家学说的批判，也不能因为曾经受到反对而否定它的当代价值。

我们应该懂得历史和现实的区别。我们应该知道儒家的那些被我们认为是最优秀的东西实际上只存在于典籍之中，而不是封建社会的现实，否则我们会羡慕农业社会的所谓天人和谐和人际和谐而鄙弃现代化的社会。

私有和所有

人们对所有制总有个错误的看法，以为凡是所有者必须是与“我”结为一体的，我看得见，我拥有，我能支配才真正是我的，因而只有私有者才是真正的所有者。这是囿于私有观念而产生的所有观念。马克思说：“私有制使我们变得如此愚蠢而片面，以致一个对象，只有当它为我们拥有的时候，也就是说，当它对我们说来作为资本而存在，或者它被我们直接占有，被我们吃、喝、穿、住等等的时候，总之，在它被我们**使用**的时候，才是**我们的**。”①

其实，跳出私有制的观点来看待所有制，公有制也是所有制的一种形式，虽然它不是为每一个人所占有、所拥有、所支配，但每一个人作为社会整体中的一分子而与他人共同占有社会财富。这表现为社会财富为整个社会，为所有社会成员服务。

私有是个人占有。公有不是每一个个人占有的总和，不是平均占有，而是个人作为社会成员的共同占有。

每一种所有制形式都有与之相适应的观念。私有观念是与私有制相适应的。集体观念是与公有制相适应的。西方社会民主党力图用集体观念对待私有制，在保存私有制的前提下通过高额的税收来限制私有者，保障社会公平和社会福利。这是一种改良主义的做法。而在我们社会中，有些人

---

① 《马克思恩格斯全集》，中文1版，第42卷，124页。

是以私有观念对待公有制，力图把公有财产化为私有，从消极怠工到盗窃国库。这种观念的错位极端危害公有制的存在和发展。对职工进行社会主义、集体主义的教育，使他们意识到自己的根本利益所在，是搞好国有企业的一个重要方面。

历史学能成为科学吗

有些西方学者把从维科到黑格尔的历史学都称为思辨历史学，马克思也在内。在他们看来，凡是认为历史存在必然性的思想家都是思辨的。唯物也罢，唯心也罢，都是一样。而否认历史必然性，重视对历史认识的自身能力和历史认识可能性的思考，称之为批判的历史学。实际上，这是把历史本体论与历史认识论对立起来。

康德强调在探讨世界的本质之前，首先应探讨人的认识能力。尽管脱离人的实践和认识过程来研究人的认识能力受到黑格尔的嘲笑，但这种研究对认识论的推进是功及后世永垂史册的。对历史的认识论进行探讨是必要的，但不能由历史的客体完全转向历史的主体，否定历史的规律，否定历史事实的客观性。把历史本体论与历史认识论对立起来，历史学就不可能是科学的。

当然，自然科学的对象与历史学科不完全一样。自然科学面对的是自然事实，而历史学科不能直接面对历史事实。历史是已经过去了的不复存在的事实，它无法观察无法实验。因此有些历史学家根本不承认有客观的历史事实，认为所谓历史事实只不过是经过价值观念过滤的被用来说明自己的观点的材料而已。按照沃尔什在《历史哲学——导论》中的说法，历史学家正是根据他对人性的观念而终于决定了把什么作为事实来加以接受。如果这样，所谓历史无非是历史学家的历史观而已，根本不可能是信史。这样的历史有什么价值？

历史当然要包括材料和观点两个方面。史实是重要的。伪造的历史不可能是科学的。在材料的真实性问题上当然可以存在争论，但不是说材料根本不可能达到真实的程度。根据文字记载，比照实物，以及必要的调查，史料还是可以达到可信的程度，况且随着新的材料的发现可以纠正补充原有的事实。历史判断的真实性最关键的是对材料的分析和由此引出的结论，也就是说，关键是历史观。我们提倡唯物主义历史观，也正是因为用这种历史观可以使我们得出比较正确的结论。

资本主义与社会主义

作为社会制度而言，二者是根本不同的，但不是截然对立的。社会主义社会在社会形态发展的顺序上应该是从资本主义社会发展而来的，因而它必须是吸收了资本主义社会中的一切积极的因素。可社会主义在东方的产生是在落后国家中，它不是苦于资本主义发展，而是苦于资本主义不足，因此它面临着一个如何对待资本主义成就的问题，这是苏联和中国社会主义历史中的一个重要教训。邓小平关于建设有中国特色的社会主义理论解决了这个问题。这是对社会主义理论的一个重大贡献。如果社会主义建设脱离世界历史的发展，脱离整个人类发展的进程，只能落后。当然，社会主义和资本主义是两种制度，它们之间有相互矛盾的一面，处在比较强大的世界资本主义体系中的社会主义国家，既要对外开放，吸收资本主义成果，又要防止西化和分化，必须从理论上弄清楚社会主义制度和资本主义制度之间的对立统一关系。任何片面性都会对社会主义造成损失。

社会主义发展的曲折性

人类社会发展有两种革命：一种是同一种社会形态的政权的更迭，例如中国社会中各个王朝的盛衰兴亡；另一种是社会形态的更替，如从封建社会到资本主义社会，从资本主义社会到社会主义社会，这是生产方式的性质的变革，是人类历史发展的一种大的革命，它比起王朝的更迭要困难而持久。

对当前社会主义运动的考察，不能仅限于一个地区、一个国家，而要从人类社会的社会形态更替的角度来考察。这是一个世界范围内的斗争，实际上以美国为首的整个资本主义世界，被动员和组织起来，阻止人类社会从资本主义向社会主义过渡。

社会主义首先在东方落后国家取得胜利，这就注定它要经历一个艰难困苦的过程。强大的资本主义世界的势力，本国落后的经济和文化，都必然要增加社会主义建设的难度。社会主义国家并不是在和平环境中进行建设的，它不仅在军事上曾面对过围攻，在政治经济文化上实际上也面临着强大的旧世界的压力。苏联的解体和东欧的剧变，就是这种斗争中的一次失败，但这只是挫折，而不是历史的终结。

列宁说过一段很有预见性的话：在解决整个阶级命运的战争中，在解决是社会主义还是资本主义这个问题的战争中，是否有合理的根据说第一次解决这个问题的人们一下子就能找到唯一正确无误的方法呢？有什么根据可以这样说呢？没有什么根据！经验证明，恰恰相反。在我们所解决的任务中，没有一个任务不需要我们再三努力才能解决，失败了第二次再来，一切重新做过，要相信任务总可以用什么方法解决的，虽然不是最后正确的解决但至少是令人满意的解决。

从一个国家的社会主义制度来说，是失败了再来的问题。如果把社会主义作为一个世界性的运动来看，这个失败了再来就是此起彼伏的社会主义运动大潮中的一朵小小浪花。社会主义在欧洲的挫折并不预示着它在亚洲的命运，相反，它在亚洲的发展可以预示着它将会在欧洲再度兴起。

不要冷落了社会科学

为了改造自然，人们知道需要自然科学。这是古今中外得到普遍认同的看法。即使有少数哲学家唱反调，也成不了气候。可改造社会难道不需要社会科学，不需要对社会的科学认识吗？或许人们会说，在马克思主义产生之前的长期的社会活动中，没有科学的社会理论社会不是照样发展吗？这个说法不全面。马克思主义产生之前对社会的认识没有达到比较系统的完整的科学认识，但决不是说没有任何科学性的认识，国以民为本，民以食为天，衣食足然后知礼义；水可载舟亦可覆舟；君子之泽，五世而斩，等等，都是世代经验总结的朴素的具有科学水平的认识。当人们还没有提出从整体上规划社会发展进程的任务时，对社会整体科学认识的需要并不迫切也无可能。

从资本主义向社会主义变革的自觉性和计划性，要求产生马克思主义的社会科学理论。这种理论对社会主义革命的重要性是已经为历史证明了的。取得政权以后，人们重视自然科学在经济建设中的作用，往往忽视社会科学的作用。可历史证明，社会主义的失败，不是失败于自然科学，而是失败于对马克思主义基本理论的理解和应用。重视社会科学可以为自然科学的发展营造一个好的社会环境，相反，社会科学失误可以断送自然科学发展的前景。东欧剧变足可为训。

必然性与宿命论

在理论上很容易把这两者混在一起。既然承认必然性，就要承认人是无能为力的；既然否认主体的决定作用，就是承认宿命论。他们不能把必然性与宿命论区分开来。在这里，关键是他们没有正确把握自由与必然的关系，在这两者之间打转转。如果有必然就没有自由，那必然论者当然是宿命论者。

宿命论不是必然论而是唯心主义的命定论。它认为人的一切都是由自己的命运决定的。辩证唯物主义的必然论不是宿命论，因为它承认人的行为具有选择的自由。

必然性与自由如何结合呢？为什么必然不排斥自由，为什么自由不要求否定必然性呢？如果仅仅在必然与自由这两极对立中思维，肯定是非此即彼。辩证唯物主义在这两者之间找到了一个结合点，这就是人的实践。是人的实践活动把必然性转化为自由，即人通过对必然性的认识和利用，获得自由决断和行动能力。实践活动之外无自由的必要也无可能。人的自由度很大，由寸步难行到如鱼得水，由无所适从到运用自如。区别在于对必然性的把握。普列汉诺夫说过："人们一天不知道这个必然性如何创造人的自由，人们就一天不可避免地必然是一个宿命论者。"

革命行为与反社会行为

这两者是根本不同的，但又容易混淆。革命当然是改造社会，但不是反社会，而反社会的行为貌似革命，实际上是无政府主义的破坏行为。某些论者鼓吹告别革命，把革命由褒义词变为贬义词，正是把革命与反社会的破坏行为混同以售其论。

马克思主义主张革命，但从来反对无政府主义的反社会行为。人是不能离开社会的。马克思说，“意识到必须和周围的个人来往，也就是开始意识到人总是生活在社会中”①。人必须交往，说明人生活在人群之中。人与人之间必须进行物质交往，必须进行精神交往。人只有在社会中才能生存下去。文明社会中的个人，由于偶然变故，独居深山，依靠个人的力量可以生存，这是因为他是文明人，已经凝集了人类世世代代积淀的力量，学会了生存的本领。在这种情况下，形式上是个体的力量，实际上是集体的力量。如果人从一开始就是以个体而不是以“群”的方式生活，是绝不可能生存的。即使是文明人有自我存活的能力，但长期没有交往仍然会丧失人类的语言和思维能力。人不能离开社会，因而不能采取反社会的行为，即采取针对社会所有人，妨碍整个社会正常生活的破坏行为。这种行为的结果不是导致社会的改造，而是导致社会的停滞和落后。革命不同，革命从来不是个人的行动，而是阶级之间的斗争。它针对的是已经腐败的经济政治制度，是处于统治地位的阶级，而不是作为人类共同体的社会这一形式本身。革命是历史的火车头，它有破坏，但更有建设。

① 《马克思恩格斯选集》，2版，第1卷，82页。

应该怎样评价历史

当代美国社会的黑人，他们的祖先是被掠卖的奴隶。黑人有一部血泪史。可在美国某些黑人已经跻身上层，有的成为科学家、政治家、企业家，或者是著名的运动员，比起他们住在非洲丛林中的祖先要强得多。可否由此得出结论，他们应该感谢美国的贩奴制度呢？除了奴隶主谁也不会得出这种结论。

可现在这种论调并不少见。例如有的人说，义和团是反动的，抵制鸦片的战争是错误的，西方人带来文明和进步，为什么要抵制？如果当时五口通商，十口通商，全部开放，岂不是比现在强多了吗？当时割出的是一个荒凉的小岛，现在收回的是大都会香港，如果中国当300年殖民地不是已经现代化了吗？他们还以马克思关于英国在印度的殖民统治为例说明当殖民地的好处，真是荒谬绝伦。

历史的本质是追求着自己的目的的人的活动。历史的主体是人，人的活动是有动机的，可历史的存在方式并不是动机，而是在人的活动中形成的客观现实。这个现实在形成过程中，不决定于某一个人的意志，而是在众多活动中形成的，它形成以后，成为对象化的客观现实，不依赖任何个人的意志。历史的评价既包括人的动机，也包括活动的结果，而且是动机和效果的统一。从动机看，资本主义向外扩张，是寻求市场和殖民地，而不是传播文明和福音。从客观结果看，它虽然摧毁了原有的经济结构，轰开了长期封闭的大门，迫使殖民地的统治者们不能原封不动地保持过去的一切。可它的最主要的作用不是推动被侵略国家的社会进步，而是“使未开化和半开化的国家从属于文明国家，使农民的民族从属于资产阶级的民族，使东方从属于西方”。这是血与火的历史。它使得东方社会发生变形——变为殖民地或半殖民地，而不是变为资本主义社会。这是一个国家一个民族丧失独立丧失主权的历史。马克思在《不列颠在印度的统治》中说：“不列颠人给印度斯坦带来的灾难，与印度斯坦过去所遭受的一切灾难比较起来，毫无疑问在本质上属于另一种，在程度上要深重得多。”还说：“印度人失掉了他们的旧世界而没有获得一个新世界，这就使他们现在所遭受的灾难具有一种特殊的悲惨色彩。”① 新中国成立以前的一百多年的历史也是如此。不是帝国主义的慈悲而是中国人民前仆后继的浴血斗争才避免了被瓜分的结局。中国人民是通过自身的革命才赢得胜利，赢得解放，赢得如今在世界上的经济和政治地位。

① 《马克思恩格斯选集》，2 版，第 1 卷，761、762 页。

要承认社会也有客体

不要认为人既是社会主体又是客体，社会无客体，社会客体就是人自身。如果这样，全部关于社会的科学就变成了人学，一切都可以从人自身得到说明。其实人本身就是需要说明的。人的本性，人的活动，人的行为和观念的制约，人的发展，总之有关人的一切都需要从人生活于其中的社会得到说明。马克思说社会生活在本质上是实践的，社会中的一切都能在人的实践中以及对这个实践的理解中得到合理的解决。这就是说不能停留在实践的活动的层面，而要深入到对实践的理解，即把握实践中形成的各种关系，如经济关系、政治关系、思想关系以及它们的相互联结。在我看来，社会有客体，这个客体不能简单归结为人和人的活动，而是在实践中形成的以物质资料生产方式为基础的社会结构和运行规律。它不能离开人但不依存于人。对于社会中的每个人来说，它都是客观的不以他们的意志为转移的。

人是主体。人在社会活动中有选择、调节、控制的作用。选择是优化行为目标的方式，调节是解决或缓解社会矛盾，控制是维护社会的存在和正常运转。在阶级社会中，统治阶级的选择和调控是通过国家机器来实现的，具有鲜明的阶级性和导向性。在社会生活中，调控功能是非常重要的。它表现了人的能动作用。西方资本主义至今没有发生革命，不能忽视资本主义国家采取缓和阶级矛盾、有利于巩固资本主义的政策的作用。而社会主义国家中发生的复辟，则与掌握政权的党不善于治党治国，处置失当，没有充分发挥国家的调控职能有关。

社会生活中有自己的客体。主体的调节作用是有限度的。这个度就是社会规律许可的范围。如果不承认社会有客体，认为人既是主体又是客体，就会仅仅囿于人自身，永远超不出抽象人本主义的狭隘眼界。

不能忽视生产关系

马克思主义重视生产力的最终决定作用，但不忽视生产关系的重要性。在社会生活中生产关系是人们之间的最基本的关系。它使人的生物特性变为社会特性（使两性的自然关系变为由宗教、道德、法律、风俗所认可的人与人之间的关系，即婚姻与家庭），使人由生物学的个体变为社会的个人，使个人的生命活动由纯自然活动（生存和繁殖）变为社会性的活动（生产和交往）。人离开了他们所依存和创立的生产关系，就没有社会规定性，从而也不成其为人。

马克思说在人的形成和发展过程中有两次飞跃。第一次飞跃是人的第一次提升，即由动物到人。关键是生产，是劳动。劳动是人猿区别的关节点。第二次飞跃是由异化的人到真正的人，关键是在生产力高度发展基础上确立的新的生产关系。在马克思看来，只有在未来共产主义社会中有计划地生产和分配的社会组织，才能在社会关系方面把人从其余动物中提升出来，正像一般生产曾经在物种方面把人从其余动物中提升出来一样。没有生产关系方面的变革，就没有新人的产生。

马克思在《1844年经济学哲学手稿》中把共产主义说成是完成了的自然主义和人道主义，其着眼点是人与人的新的关系的形成。他说共产主义“作为完成了的自然主义，等于人道主义，而作为完成了的人道主义，等于自然主义”①。而资本主义是未完成的自然主义。因为它的生产关系

① 《马克思恩格斯全集》，中文1版，第42卷，120页。

使人与自然处于对立状态。人没有实现自身的自然本性，人的最基本的自然要求，如生存繁殖，很多无产者都没有满足；同样，人道主义也是未完成的，因为人与人处于对立状态，人们之间还处于生存竞争的动物性的彼此搏斗时期，人还没有成为真正意义上的人。共产主义社会不同。它是完成了的自然主义和完成了的人道主义。因为它确立的新的生产关系解决了人与自然、人与人的矛盾，从而真正实现了自然主义和人道主义。而且共产主义条件下的自然主义是完成了的自然主义，它等于人道主义。因为人本身就是自然的一部分，完成了的自然主义当然要包括人在内，即使人的自然本性得到合理的合乎人性的满足。而完成了的人道主义等于自然主义，因为人道主义就应该包括人以人的态度对待自然，消除人与自然之间的对立。

唯物主义历史观重视生产力，但决不忽视生产关系。如何正确处理两者的关系，使其相互促进，这是我们在建设中国特色的社会主义中面对的重要课题。

历史不拒绝偶然性

历史如果没有偶然性，那就是极其神秘的，除了求助于神和命以外，别无解释。可又不能片面夸大偶然性而否认历史的必然性，认为历史就是偶然的集合体。新康德主义者们强调历史现象的不可重复性和唯一性，否认历史的规律性。雅斯贝尔斯在《历史的起源和目的》中就说，历史看上去就像偶然性的堆积，由一种混乱转向另一种混乱，由一种贫困转向另一种贫困。如果我们按照普遍规律来理解历史，那我们绝不会有这种普遍性的历史。历史是某种单纯的一次性的东西。

的确，社会历史现象具有单一性。人物是一，无论是马克思、恩格斯、列宁，还是毛泽东、邓小平，都是唯一的独一无二的存在；事件是一，每一个具体的历史事件都只有一次。尽管历史现象会有某些重复，那也是在不同条件下的重复。

正因为社会历史现象的单一性，有些理论家认为，如果这个唯一性不出现，历史就会改观。如果拿破仑当年在侵俄战争中不是因为感冒就不会打败仗，那整个欧洲目前的状况就迥然不同。同样，如果俄国没有列宁就不会有十月革命。如果当年投考维也纳艺术学院被录取，希特勒就会成为艺术家而不是杀人狂，第二次世界大战就不会发生。诸如此类的说法俯拾即是。这就是一些理论家信奉绝对偶然性的根据。

历史人物的出现当然有偶然性，但偶然中蕴含必然。恩格斯说过："恰巧某个伟大人物在一定时间出现于某一国家，这当然纯粹是一种偶然现象。但是，如果我们把这个人去掉，那时就会需要有另外一个人来代替他，并且这个代替者是会出现的，不论好一些或差一些，但是最终总是会出现的。”① 时代需要某种类型的人物，一定会出现这种人物。至于这个人是谁，当然有偶然因素起作用。同样，历史事件也是如此。1937 年七七事变作为全面抗日战争的爆发点具有偶然性，它可以发生在 7 月 7 日也可以是 7 月 8 日，可以是卢沟桥，也可以是另外的一个地点，日本人制造的借口可以是多种多样的，可日本的侵略则是必然的不可避免的，这是日本成为向外扩张的帝国主义、而中国沦为弱国的必然结果，从甲午战争以来日中两国关系的历史已经证明了这一点。

所以考察社会现象决不应该忘记“势”这个重要范畴。“势”是中国哲学和中国历史中经常用来表现历史必然性的概念。历史人物的出现是由于势——时势，某一重大历史事件的出现是由于势——形势。大势已去，势所必然，等等，都是用来表示必然性的用语。势不是抽象的不可捉摸的，当我们说形势逼人时，实际表明势是人们能直接感受到的一种不可抗拒的巨大力量。势是必然性的外在表现，是由特定历史时期人们的全部活动所形成的经济政治态势，是任何个人力量无法扭转的。

---

① 《马克思恩格斯选集》，2 版，第 4 卷，733 页。

需要与利益

需要与利益都离不开主体，都是一定主体的需要与利益。同样也离不开客体，即实际的对象性存在构成需要与利益的内容。

需要及其满足，是任何生物有机体同环境之间的物质交换。没有没有需要的有机体。植物需要阳光、水、土壤。动物需要交配、食物、洞穴。人作为自然存在物，当然有与所有动物同样的生存繁殖的需要。

可人的需要不同于动物。人的社会本性不仅使人的需要人化，使人的动物本能具有人的本性和满足方式，而且社会日益产生新的需要。“人以其需要的无限性和广泛性区别于其他一切动物”①。需要的多样化和发展，表明社会的发展和进步。需要的简单化和满足的缺乏，意味着社会的停滞。

需要的内容和满足，就是利益。为利益而争斗，本质上是为满足需要而争斗。动物的需要是有限的。凡是建立在单纯生理基础上的需要都是有限的。人也是如此。人如果单从生理需要出发，社会就会永远停留在同一水平上，因为生理需要是有限的。中国古话说，日食三餐，夜眠八尺。房屋再多睡觉也只需一床之地。可实际上人的需求是无止境的。因为人的需要是社会性的，是建立在生产发展基础上的，生产越发展需要就越多样化。生产不仅满足需要也生产需要，所以人的需要是广泛的多样的不断增长的。尽管人都有需要，但不是人人都能满足需要。需要的内容及其满足

---

① 《马克思恩格斯全集》，中文1版，第49卷，130页，北京，人民出版社，1982。

的方式，取决于个人在生产关系中的地位。恩格斯说过：“每一个社会的经济关系首先是作为**利益**表现出来。”①

对利益和需要的追求在意识中表现为行为的动机。人们行为的动机在历史上是一种强大的力量。凡是推动人们起来行动的都是以动机的形式出现的。物质利益问题是人们考察历史时不能忘记的。马克思恩格斯说过：“思想一旦离开利益，就一定会使自己出丑。”还说：“**利益**是如此强大有力，以至顺利地征服了马拉的笔、恐怖党的断头台、拿破仑的剑，以及教会的十字架和波旁王朝的纯血统。”② 当然，这里的利益不是个人的一己之利，而是关系到整个阶级民族国家的利益。利益涉及的人越多，它的动力作用越大。在历史上那些推动整个民族起来行动的力量，就是关系到民族生死存亡的东西。

① 《马克思恩格斯全集》，中文1版，第18卷，307页，北京，人民出版社，1964。
② 《马克思恩格斯全集》，中文1版，第2卷，103页，北京，人民出版社，1957。

生物结构与社会结构

某些生物的存在方式也是群体的，但它的结构是生物结构。例如蚂蚁社会、蜜蜂社会，都是一种比喻性的说法。如果真的把人类社会看成类似蚂蚁和蜜蜂的生存方式，或者用社会学的观点来考察某些生物的生存方式，这是完全错误的。

人的生存结构是社会结构，而非生物结构。社会结构是取决于社会存在的方式。人类社会中的政治制度、法律制度是决定于经济制度，而经济制度又往往决定于人生产物质产品的水平。最能有助于生产力发展、最能生产更多产品、最符合生产资料所有者利益的经济制度是最易于被采用的制度。

生物结构是生物自身的生理结构，它是稳定的，不可改变的。结构的变化意味着生物的进化或消失。

而人的社会结构是不稳定的、变化的。社会结构的变化是人的非生物因素的变化，即社会自身的变化。社会发展当然包含人的发展，但主要不是人的生理的发展，而是人的社会因素的变化，如文化、教育、技能等社会赋予的多种才能的变化。人是任何动物无法比的。人不需要改变生理结构来谋求生存和发展，而是通过改变社会和自然来发展自己。

但这不是说，人不应该重视人的生物学因素。事实上在社会发展中生物学规律仍然起着一定的作用。生态环境问题、优生优育问题、人口体质问题、保健医疗问题等都关系到人的生理素质问题。尽管人的生理因素对社会进步的影响不能过分夸大，但不能忽视。一个真正对人民负责的政府，会充分考虑到提高国民身体心理素质、美化生存环境、优生优育对社会发展的重大意义。我国正在大力推行的全民健身运动就是充分考虑到人的健康是国民素质的重要内容，是促进中国特色的社会主义建设的重要一环。

事实与预见

在社会生活中，我们不可能预见事实，即预见具体的事件。这与自然领域不同。在自然现象中，人们可以准确地预报月食、日食，预报天气，预报飞机火车到达各站的时间。当然也可能有失误，但失误不影响预报的准确性，因为对失误原因的揭示从另一方面更证明预报的可能性与准确性。

在社会生活中不可能做到这一点。社会领域是人的领域，人的活动是受各自的境况和意志支配的。人们无法预见社会将会发生什么事件。卡西尔说："我们不可能预见事实，但我们可以借助符号思维的力量为理智地解释这些事实做准备。"如果社会认识的最高成就就是解释事实，只是事后诸葛亮，或者像黑格尔说的是黄昏时起飞的猫头鹰，那就极大地贬低了社会认识的价值。

应该说，社会领域也存在预见，但预见的不是具体事件。具体事件发生的时间、地点、人物及过程是不可能预见的。但社会生活中可以预见社会发展趋势，即预见社会发展的未来走向和某一社会现象的最终结局。毛泽东在《论持久战》中关于中日战争的发展阶段和最终结果，在解放战争中关于解放战争的必然结果的判断，都是社会预见的范例。只要承认社会规律就要承认社会预见的可能性。预见是对社会规律的主体把握并由此得出的正确结论。

社会规律与人的行为

社会规律不能决定人的行为。如果社会规律能直接决定人的行为，那就意味着人的行为都是符合规律的。其实并非如此。人的行为可能符合规律也可能不符合规律。直接决定人的行为的是人的动机和目的。尽管人的动机和目的本身是被制约的有原因的，但这些往往是未被意识到的。

社会规律的决定作用往往表现在人的行为目的实现的可能性问题上，而不是历史过程的丰富多彩的细节。符合规律的行为，也可能失败，但从长远看，经过多次失败后会得到胜利。违背规律的行为也可能暂时得逞，但归根到底会失败。毛泽东关于中国人民和帝国主义斗争的两种逻辑：斗争，失败，再斗争，再失败，直至胜利；捣乱，失败，再捣乱，再失败，直至灭亡，讲的就是这个道理。

事件、现象、规律

在社会中，我们应该善于区分事件、现象、规律，否则很容易陷入历史唯心主义的困境。

事件是单一的。社会生活中，人们直接看到感受到的是具体事件。而具体事件各有特点，永不重复。历史人物是一，秦皇汉武、唐宗宋祖都只有一个，各有特殊性；具体事件是单一的，陈胜吴广起义、黄巢起义、太平天国起义等都只有一次，绝对重复的事件是没有的。

现象是多的。在相同的社会形态中，甚至不同的社会形态中，许多现象是共同的。例如，在中国几千年中，大大小小的农民战争数不胜数；再如，贫困是社会长期存在的普遍现象，阶级斗争是所有阶级社会中的普遍现象，其他如战争、妓女、吸毒、贫富对立，莫不如此。

规律是普遍的。规律是普遍性，是现象中共同的稳定的不断重复的东西，是决定现象多样性、事件特殊性中的本质联系。理解了规律就能对被直接感受到的事件和现象做出合理的解释。

所以我们可以说：

规律——事物内在的本质联系，具有普遍性即不断重复性；

现象——规律的外在表现，具有广泛性；

事件——现象在确定时空中的单一存在方式，具有不可重复性。

不少历史唯心主义者包括新康德主义者，否认历史的规律性，都是停留在历史的表层，用社会事件的单一性否定社会规律的普遍性和重复性，从而得出社会中不存在重复性的结论。

社会和社会规律

社会规律离不开人的活动，它是在人的活动中形成并实现的。但是社会规律并不是人或人的本性的规律，而是社会的规律。每一种社会形态都有自己的规律。整个人类社会有社会发展的普遍规律。社会规律是社会现象之间的本质的必然的联系。例如阶级斗争规律是敌对阶级之间的本质联系，生产力和生产关系矛盾运动规律是生产力和生产关系之间的联系方式。

当然，我们也可以说，社会规律是人类自己活动的规律。因为与自然规律不同，社会规律存在于人的活动之中并由人的活动来实现。但社会规律的载体是社会，因为社会规律的最深刻根源是在人们活动中形成的社会关系（物质关系、政治关系、思想关系）。即使人是同样的人，只要社会关系变了就会有不同的规律。马克思在《1844 年经济学哲学手稿》中曾批评英国古典经济学家，说他们不理解资本主义社会的经济规律是“怎样从私有财产的本质中产生出来的”。没有资本主义私有制就没有剩余价值规律，没有商品的生产和交换就没有价值规律。由此可见，社会规律是在人们实践中形成的各种社会现象之间的一种本质的必然的联系。

预见、预测、预报

这三者是表现人的能动作用的不同层次。

预见是以规律为依据的关于发展必然趋势的判断。预见当然也可说是一种预测，但它是一种只涉及趋势的规律性的判断。

预测是以大量事实为依据的关于事物发展出现多种趋势的判断。

预报是对某一事物在确定时空范围必然或可能出现的判断。

实际上，预见、预测、预报的准确度，一个比一个低。预见的依据是规律。预测的依据是或然性。预报的依据是可能性。要提高它们的准确性，关键是对规律的把握。我们应该在科学预见的基础上进行预测，在科学预测的基础上进行预报。在对自然的认识中，人们力求做到这一点。在对社会的认识中，人类对未来社会发展前景的科学预见是可能的，预测是很不可靠的，准确预报是很罕见的。人们在对社会的认识中如何减少盲目性增加自觉性，仍然是一个重大的哲学课题。

出乎预料

自然过程是无意识的过程。它的存在方式是自然现象之间的盲目的相互作用。人的参与，并没有改变自然过程的客观本性。人可以在自然身上打上自己的烙印，但人的目的和愿望能否实现是以是否符合自然规律为依据的。自然如果出现出乎人类预料的现象，那是人们预期的错误，与自然本身无关。

社会不同。社会是人的活动领域，人的活动都有预期的目的。但人的目的并不都能实现，相反人的社会活动结果往往是出乎预料的。因为任何一个人的愿望都会受到另一个人的妨碍，而最后出现的结果可能是谁都没有希望过的事物。恩格斯曾经非常深刻地说明这个问题。他说："人们所预期的东西很少如愿以偿，许多预期的目的在大多数场合都互相干扰，彼此冲突，或者是这些目的本身一开始就是实现不了的，或者是缺乏实现的手段的。这样，无数的单个愿望和单个行动的冲突，在历史领域内造成了一种同没有意识的自然界中占统治地位的状况完全相似的状况。行动的目的是预期的，但是行动实际产生的结果并不是预期的。"① 社会现象的出乎预料就是社会自身具有规律性的证明。社会进程并不是按照某个人的目的发展的，而是有其自身的规律。正如对自然的改造一样，在社会领域要取得预期结果，必须符合社会规律。在社会领域中人们经常碰钉子，即使处于统治地位手握重权的人物也不能为所欲为，这就是社会自身存在规律的证明。从人们的行为的结果往往出乎预料得出社会同样存在规律的结论。

---

① 《马克思恩格斯选集》，2 版，第 4 卷，247 页。

历史本身不需要“如果”

历史学家说，如果没有大流士，没有拿破仑，没有马克思，没有恩格斯，没有列宁，没有毛泽东，历史会是这个样子吗？的确，如果我们从历史上勾去了曾对历史发挥过巨大作用的人物，那么历史当然会有另一种色彩。

可是，我们同样可以说，要是我们从历史上把产生大流士、拿破仑、马克思、恩格斯、列宁、毛泽东的社会条件除去，这些或与其相似的人物会出现吗？

历史就是历史，它是既成事实。没有人能够从历史上勾去曾经存在过的伟大历史人物。一个严肃认真的历史学家面对历史，他提出的问题决不是假设，而是为什么在那个时代、那个国家会出现这样的人物，对他们的作用应如何评价。

要勾掉某个历史人物，必须同时勾掉产生这类历史人物的经济政治条件、文化传统，以及他所依存的阶级，这实际上是勾掉了历史本身。

假设不是历史，历史无法假设。但假设却表现了作者的历史价值观，即按照自己的价值标准期望历史应该如何。例如，有的学者提出如果没有辛亥革命，没有五四运动，走改良主义的道路，中国就会如何如何，这极其鲜明地表现了论者对待革命的立场。告别革命，这不是由历史引出的结论，而是由结论伪造的历史。

规律论和宿命论

社会领域是人的领域，不管它如何特殊，“丝毫不能改变这样一个事实：历史进程是受内在的一般规律支配的”①。

历史规律与历史宿命如何区分？历史规律与历史宿命都具有必然如此的外在表现。如果说历史规律论不排斥偶然，那命定论者断言偶然本身就是命，碰上好的偶然性，是命好，碰上坏的偶然性，是命不好。执著于宿命论的人是一种迷信，对正确的事实可以作出错误的解释。因此只有从理论上弄清规律与宿命的区分，才能理解事实。

除了是否承认人的能动作用以及偶然性之外，规律论与宿命论的根本界限在于立足点完全不同。

命定论立足点是人的命。国有国运，人有人运，而运决定于命。一个国家的兴亡盛败，决定于统治者的命；一个人的穷达荣辱，决定于个人的命。命是与生俱来不可改变的，所以宿命论是前定论。

规律论的立足点是社会。社会的规律性不是表现为某一事件某一人物的不可避免性，而是社会发展的根本方向和趋势。它不是决定于社会之外的力量，而是植根于社会过程自身的现象之间的本质的必然的联系。就任何一个单一事件或人物而言，它可以产生也可以不产生，可以这样地产生也可以那样地产生，作为历史必然的表现方式它不是唯一的而是多样的。这不决定于个人的命而是决定于具体的社会历史条件。至于社会必然性自

① 《马克思恩格斯全集》，中文1版，第21卷，341页。

身也不是前定的，而是在人的活动过程中随着条件的成熟而逐步起作用。社会规律的形成、完善和充分发挥作用，与社会发展成熟度相一致。例如，由封建社会向资本主义过渡的必然性不存在于封建社会早期，而是当资本主义在封建母胎中逐渐成熟以后才起作用。同样，由资本主义向社会主义过渡的必然性也是随着资本主义社会的基本矛盾逐步尖锐化才发挥作用的。离开了社会自身的条件和人的主观活动，社会必然性及其实现是无法理解的。

不能否定社会领域的决定论原则

自然界受必然性支配，它表现为规律性过程。这是自牛顿以后，自然科学工作者普遍奉行的观点。虽然量子力学打破了拉普拉斯的机械决定论，但并没有推翻自然过程的规律性，量子运动仍然是有规律的过程，只是微观领域的规律状况不同于宏观领域而已。

社会领域不同。自从维科和赫尔德提出历史哲学问题以来，总的趋势是否定历史决定论，即否定历史的规律性。社会领域中的决定论最多是理性决定论或神学决定论。而真正从社会自身揭示它的必然性的，首推马克思和恩格斯。

长期以来，马克思主义的历史决定论受到种种责难和误解。有的学者以能否预言作为决定论正确与否的标准。例如波普尔就认为马克思没有准确进行过预言，因而历史决定论不能成立。有的学者把决定论说成是预成论，是主张世界上一切现象皆由规律性在其运行过程中无可更改地预先决定着的理论。还有的把历史决定论等同于因果论，把历史决定论说成主张一切事物包括道德的选择都是完全受先前存在的原因决定的理论。这种种说法，或者是错误的或者是片面的。

马克思主义的历史决定论是社会决定论。它的最根本观念是关于社会结构及其运行规律的理论。它把社会作为整体，肯定社会结构、性质、发展和演变是有规律的，而不是把历史人物、历史事件的出现看成是预定的不可改变的。社会宏观结构表明，生产力归根结底是最终的决定力量，生产力发展要求改变生产关系，并最终导致社会的变化。在这个大的社会结构运行中的具体人物事件出现的具体时间地点状况并不是无可更改预先确定的，而是包含着各种偶然性和机遇。但各种偶然性和机遇出现的可能性范围是受制约的。它可能不出现，也可能出现，但只要出现某种偶然性与机遇都与某种条件有关。

所有否定马克思历史唯物主义决定论的理由，归结起来主要是两条：一是认为历史是价值判断，不可能把必然性因果性范畴应用于历史；另一是强调偶然性的作用。例如有个哲学家断言，历史决定论低估了运气或意外在历史上所占的重要地位，而事实上不测的疾病、气候的改变、一份文件的丧失、一个男人或一个女人突然间所产生的一个狂念——这些曾经改变过历史的面貌。而以卢卡奇为代表的西方马克思主义则紧紧抓住历史的主体性，把历史必然性说成是庸俗决定论，在大力弘扬主体性的口号下，鼓吹自我选择论。

其实，因果性、偶然性、主体性，以及关于历史的价值判断问题，都是历史决定论应予辩证考虑的问题，要把这些作为各种要素包括在辩证的历史决定论之中。但夸大其中任何一个方面，否定历史规律性，都必然走向历史唯心主义。

必然、偶然、机遇

我们面对两种必然性：逻辑必然性和历史必然性。逻辑必然性抽象掉一切偶然性和运动的曲折性，以公式公理概念来表述运动的确定过程；这是在一种理想状态下完成的进程，与历史实在的运动并不一致。历史必然性是事实的必然性，它是包含各种偶然性、可能性和曲折性在内的发展的主导趋势。

如果抽象考虑必然性很容易陷入神秘主义，似乎冥冥之中有种什么力量在支配。其实必然性并不神秘，它是一定条件下的一种发展趋势。关键是“势”。势就是必然性的外在表现。势存在于条件之中。说中国革命是必然的不可避免的，讲的就是中国的经济政治条件中蕴含着非革命不可的要求。社会主义革命的必然性，讲的就是资本主义社会生产力的高度发展和社会矛盾的不断激化中就蕴含着解决矛盾的趋势和力量。离开了条件，把必然性看成在任何情况下都必然如此，就会陷入命定论或预成论。事实上，必然性是一步步由条件造成的，即事物发展的势头是逐步形成的，一旦成熟，来势就不可阻挡。例如，从物质和意识的关系来说，物质从自身中发展出了能思维着的头脑，这对机械论来说，是纯粹偶然的事件，虽然在这件事情发生之处是一步步地必然地决定了的。

在现实的历史运动中，必然性并不排斥偶然性。就运动的整体而言，偶然性的存在也是必然的，没有不包括偶然性的纯粹必然过程，但就偶然性自身而言，它可以出现也可以不出现，可以以不同的方式出现。正确对待偶然性是马克思主义决定论与宿命论的分界线。在现实的历史运动中，我们应该提防偶然性，但要全力捕捉必然性。

历史非决定论者只强调偶然性否定必然性，完全走向了另一个极端。例如罗素在他的论历史的著作中就是这样议论的。他说，我们应该把拿破仑的出生看作是一种偶然的事件，我们并不知道，为什么具有极高的军事天才的人在那个时期诞生在科西嘉岛。如果法国那时必须依靠的是并不高于一般水平的将领们，那么 1794—1815 年的这段时期的历史，可能就非常之不同于它当时的情况了。在罗素看来，德国人 1917 年同意列宁回俄国这个偶然性，造成了十月革命。在讲到阿拉伯的历史时，他认为除了偶然缺少特殊的天才之外，并没有很好的理由可以说明阿拉伯人在中世纪何以未能做出 16 世纪和 17 世纪的各种发现。

偶然性的作用是不能否认的。但是在历史中起决定作用的是必然性。因为随着时间的推移，偶然性被溶解在必然性之中。时间越长，偶然性的作用对同一历史进程影响越小。列宁不回国，十月革命可能会推迟，但迟早会发生。拿破仑不出生，法国当时的经济政治状况会创造另一个类似拿破仑式的人物。

机遇——这是历史发展中不可忽视的因素。机遇既与必然性相联系，又与偶然性相联系。把机遇仅仅视为偶然性是片面的。没有中国的革命，就没有那么多普通农民成为将军的机遇。没有中国当前的改革开放，就没有那么多人发挥个人经营企业才能的机遇。但机遇确与偶然性不可分，因为处在同样的必然性的环境中并非所有的人都取得同样的成就，而是一些偶然因素使得这些人获得成功。但偶然不等于机遇，只有当这些偶然被紧紧把握并充分利用时才成为机遇。偶然性变为机遇体现了人的主动性和进取性。所以我们可以说，机遇偏爱有准备的头脑。

社会规律是大尺度规律

社会规律不同于自然规律，它的实现需要相当长的时间，是大尺度的规律。列宁说："世界历史的尺度是以数十年为单位来衡量的。"① 一个王朝的盛衰兴亡要经历相当长的时间。一种社会形态代替另一种社会形态更要经历反复曲折的过程。邓小平针对有些人由于苏联的解体和东欧剧变而否定社会主义代替资本主义的必然性时说："封建社会代替奴隶社会，资本主义代替封建主义，社会主义经历一个长过程发展后必然代替资本主义。这是社会历史发展不可逆转的总趋势，但道路是曲折的。资本主义代替封建主义的几百年间，发生过多少次王朝复辟？所以，从一定意义上说，某种暂时复辟也是难以完全避免的规律性现象。"② 所以社会主义代替资本主义要经历一个很长的历史阶段，在这个过程中弄不好随时可能出问题。20 世纪 50 年代人们对这一点毫无认识，充满了一种盲目的乐观主义，当代的历史已经给了我们足够的教训。

正因为如此，对社会历史现象的考察，范围越小，时间越短，偶然性的作用越大，可如果时间长，就容易观察到历史的必然趋势。正如恩格斯说的，"所考察的时期越长，所考察的范围越广，这个轴线就越同经济发

① 《列宁全集》，中文 2 版，第 39 卷，36 页，北京，人民出版社，1986。

② 《邓小平文选》，第 3 卷，382～383 页，北京，人民出版社，1993。

展的轴线接近于平行”①。对社会历史的考察的确需要有历史的眼光，风物长宜放眼量，决不能囿于一时一地一事。这是我们对社会规律的认识，也是我们对当今社会主义事业遭受挫折的态度。

① 《马克思恩格斯选集》，2版，第4卷，733页。

历史唯物主义也是社会唯物主义

不能认为历史唯物主义只是用来考察历史的。实际上，历史唯物主义本质上是社会唯物主义，是关于社会结构及其运行规律的哲学考察。

历史与社会不可分。从发展的观点来考察社会就是历史。考察社会的某一个侧面就是专史，如经济史、文化史、政治史，考察总体就是社会形态发展史。而从相对静止的角度来考察历史，把历史切成一段段就是社会考察。唐史就是研究唐代社会，宋史就是研究宋代社会。所以我们可以说：历史是社会运动的纵断面，而社会是历史发展的横断面。

历史观本质上是社会观。不能科学地理解现存社会，岂能科学地理解历史。马克思主义关于物质资料生产方式是社会存在和发展的基础的理论，关于生产力和生产关系、经济基础和上层建筑矛盾运动的理论，关于阶级和阶级斗争的理论，是研究现存社会的基本理论和方法，也是研究历史的基本理论和方法。所以列宁曾经使用过“社会的（或历史的）唯物主义”这个提法来表述马克思主义的历史观。可见历史唯物主义决不仅仅是历史的同时也是社会的。

难得的远见卓识

日本哲学家中江兆民在《一年有半——续一年有半》中关于发展生产力有一些精彩论点，很发人深省。他说："国家的贫富，在于物质生产力的大小如何。日本现在的害，不在于缺乏货币，而在于生产力的低下。这是政治家应该注意的地方。"还说："制造业是极其困难的。假使做不到物美价廉，就不能肯定在市场上取胜。要想达到物美价廉，除了依靠科学以外，没有其他方法。"当谈到日本的百年大计时，他说："所谓百年大计是什么呢？我说，那就是上面所说的提高生产力这一件事情。"应该说，这种看法在一百多年前是非常深刻的。日本的发展证明这种观点是极其正确的。无产阶级革命取得胜利以后，更应该如此。特别是像中国这样经济落后的国家，大力发展生产力是更为迫切的任务。邓小平关于社会主义应该发展生产力解放生产力的论断是七十多年来国际社会主义运动的历史经验的总结。

但在治国方面，无产阶级与资产阶级面临不完全相同的任务。对于资本主义国家而言，生产力的发展，有利于私有制的巩固。物质生产与精神生产的不平衡，道德的沦丧和腐败，并不妨碍资本主义社会的存在。可以说，这些是资本主义生存和发展的必然伴侣。可对社会主义而言，精神文明的建设是生命攸关的问题。腐败可以是资本主义社会和政权运转的润滑剂，可对社会主义来说则可能是自我埋葬的坟墓。两手抓、两手都要硬的方针是完全正确的。

正确理解“没有……就……”

人是社会的主体，没有人就没有人类社会。但不能由此得出结论，主体是社会发展的决定力量。

没有水，人类就会死亡，社会就会消失。但不能说水是社会发展的决定力量。尽管古代曾有过这种哲学，但那是不科学的。

没有太阳，没有空气，没有……我们可以从自然和社会中列举出不少社会存在和发展不可缺少的因素，但我们不能说它们是社会存在和发展的决定力量。在历史观中，不能简单运用“没有……就……”的公式。

在历史观中，我们研究的不是人作为人的生存条件，而是决定社会性质、面貌和社会发展前进方向的力量。这样提出问题，就排除了从生物学、人本学或其他角度解释历史的观点，必然从社会生活的众多因素中划分出物质资料生产方式，因为只有它才是社会存在和发展的决定条件。社会发展的方向和速度，存在于社会生产方式的矛盾运动之中。

如果我们说，生产方式中最主要的是人，无论是生产力还是生产关系中都离不开人，因此人还是社会发展中的决定因素，我们又回到一开始讨论的问题。从生产方式回到人并没有使我们对社会历史的认识前进一步。因为对人的理解就不能脱离生产方式。是生产方式决定人的性质和状况。人是什么取决于他们生产什么以及如何生产。要打破生产方式与人的相互解释的循环困境，必须形成一个规律性的认识，即生产方式尽管是由人建立并由人的活动改变的，但在人的活动中形成什么样的生产方式，以及这种生产方式更替的顺序和规律，并不取决于人的意志或愿望，而是取决于生产方式自身的矛盾和运行的规律。人的能动作用是把对规律的认识变为自己的计划和行动方案，从而实现自己的目的。我们不是把生产方式的作用还原为人的作用，而是要为人的作用真正找到它之所以能实现的根据。

金钱与功利

以货币为中介联结人与人的关系，是市场经济条件下的现实。金钱关系肯定是市场经济条件下人与人之间的一种重要关系。无论是资本主义还是社会主义都是如此。但不同的是，在资本主义社会，金钱关系成为渗透一切关系中的最基本关系，是普照之光。而在社会主义社会，金钱关系是市场行为中的关系，是进行正常经济活动必不可少的一种关系。没有这种关系，人们的生产和交换活动是不可能的。但是我们反对市场关系的泛化，反对把人与人的一切关联变为金钱关系。早在20世纪60年代初我们党就提出过反对把商品关系渗透到党内的问题。当时还是处于计划经济体制时期。应该说现在商品关系泛化问题比当时严重得多，应该引起我们的高度关注。

功利关系本质上就是金钱关系。金钱是功利追求的最重要内容。在资本主义社会中，金钱成为支配一切关系的轴心，从而功利成为人的人生追求。马克思说："把所有各式各样的人类的相互关系都归结为**唯一的**功利关系，看起来是很愚蠢的。这种看起来是形而上学的抽象之所以产生，是因为在现代资产阶级社会中，一切关系实际上仅仅服从于一种抽象的金钱盘剥关系。"① 当然，把功利关系看成是人与人之间的唯一的关系是不正确的。因为社会中，即使在资本主义社会中，功利关系也不是人们之间的唯一的关系。社会主义社会更是如此。我们并不抽象地提倡超功利主义，

① 《马克思恩格斯全集》，中文1版，第3卷，479页。

但革命的功利主义首先是把国家民族利益放在首位，而且不把功利等同于金钱。“人是要有一点精神的”，把社会主义人与人的关系淹没在利己主义的冰水之中，是与社会主义的本质不符的。其结果不是社会主义荡涤腐朽的拜金主义，就是拜金主义断送社会主义。社会主义精神文明建设的重要性正在于此。

资本主义矛盾和人类前途

东欧剧变，使得一些人对社会主义前途丧失信心；而西方资本主义的相对稳定和生产力的发展，又使人产生资本主义是永恒存在的错觉。资本主义是不是就那么美妙？我们听听布热津斯基怎么说。布热津斯基对社会主义是痛恨的，对资本主义是很有感情的，人们对他的真诚不会表示怀疑。他的《大失败》一书表明他具有极其鲜明的政治立场和观察力，具有很强的预见性。可以说东欧剧变与他的判断非常相近。就是这个布热津斯基在他的《大失控与大混乱》一书中对资本主义的前途表示了极大的忧虑。他坦诚地承认资本主义的头号富国美国存在各种社会矛盾。他指责美国的丰饶中存在纵欲无度，出于人为诱发的欲望而不是出于需要的超前消费，出于人为刺激的欲望而不是出于需要的购买时髦货。他批评美国的电视传媒，把强暴野蛮行为视为正常现象极力加以鼓吹，还批评他们鼓励性乱行为以及迎合最低级的尽人皆知的本能的宣传。

欧洲的情况比纽约地铁的混乱可能好些，但也令布热津斯基感到不安。他说今天的大多数欧洲人都热衷于追求很像美国消费主义者道德标准所界定的那种优裕的生活。他还对欧洲大不敬，说欧洲新的神庙是超级市场和迪斯尼乐园，说欧洲没有精神世界和缺少哲学内涵，充其量是美国的应声虫。

当然，我们可以把这个评论看作焦大骂贾府，但不管怎么说它确实说明资本主义处于困境，并不像某些东方人眼中的西方那样美妙。其实上述种种都只是现象，只是发烧而不是病根。原因在于资本主义制度自身的基本矛盾。人类如果不愿因资本主义的矛盾激化而陷于绝境，必然要寻找解决矛盾的办法。出路何在？只有社会主义才能使处于资本主义中的社会摆脱困境。资本主义的前途就是社会主义，这就是历史和现实的结论。

个人主义的“猴子”永远变不成人

如果自私是人的永恒本性，那人永远成不了人，只能始终停留在类人猿阶段。因为原始的具有动物本能的类人猿，不可能依靠个体的力量，一个个独立地由猿变为人，而是以群体的方式实现这种转变的。恩格斯说过：“为了在发展过程中脱离动物状态，实现自然界中的最伟大的进步，还需要一种因素：以群的联合力量和集体行动来弥补个体自卫能力的不足。”①

个人主义是私有社会的产物，它的最深层的基础是私有财产制度。作为利己主义的原子式的个人，只有在生产力高度发展，摆脱了人身依附关系的资本主义社会才是可能的。在以宗法关系为基础的封建社会中，家庭是本位，个人主义都是很难行得通的。中国儒家的仁学，强调仁者爱人，强调孝悌忠信，它处理人与人的关系的原则也是排斥个人主义的。

看起来，个人主义的处世原则，是人类必经的不可避免的一个阶段。它是生产力有一定发展，人们有可能摆脱人身依赖，可又没有达到无须争夺就能满足需要的阶段。四十多年来，我们一再批评个人主义，可个人主义越批越多，越公开越露骨，越堂而皇之，越振振有词。问题很简单，如果生产力不发展，生活贫困，人们为起码的生存条件而拼搏，即使在社会主义条件下，一切陈旧的东西，包括个人主义都照样会滋长蔓延甚至泛滥。所以在进行教育的同时，必须大力发展生产力，提高人民的生活水平，仅仅依靠道德说教是不行的。

---

① 《马克思恩格斯选集》，2 版，第 4 卷，30～31 页。

历史将做出最终裁决

资本主义向何处去？它是不是像资产阶级理论家说的是历史的终结，是最后的社会形态？这只要分析一下资产者和无产者的矛盾就会清楚。

无产阶级斗争的目的在于摆脱（消灭）资产阶级，而资产阶级斗争的目的在于保存（维护）无产阶级。无产阶级作为劳动者可以不要资产阶级，而资产阶级作为有产者却不可能没有无产阶级。这是资本主义的致命伤。

资本的力量越大，无产阶级的力量就越大。工业越发展，工人的队伍就越壮大。资本主义生产力的发展为自己埋下了定时炸弹。何时爆炸，当然无法预料，但这种矛盾的存在是一目了然的。发达资本主义国家采取用福利主义缓和矛盾的政策，虽有一定的成效，但这只能是推迟革命而不是“告别革命”。随着生产力的高度发展和无产者的再度觉醒，资本主义私有制和私有者的存在将会失去它的历史必要性和合理性。以一个共同富裕的社会主义社会代替两极对立的资本主义社会将是必然的。

所有制问题也是政治问题

凡经济上处于统治地位的阶级，在政治上迟早会处于统治地位。在大变化时期可能会错位，发生不相适应的矛盾。例如，在封建社会即将解体的时期，上升中的资产阶级有钱（资本主义私有制的壮大）而无权，是被视为暴发户而为贵族所不齿的；而没落中的贵族有权（身份和等级）可无钱（地产的分割和资本化）。莫里哀戏剧中的侯爵们穷相毕露而架子十足，就是反映这种状况。矛盾总是要解决的。金钱终究战胜刀剑，财权终将战胜政权。资产阶级最后代替封建贵族处于统治地位，取得了与自己经济地位相称的政治地位。

社会主义革命也存在这种矛盾。无产阶级是从夺取政权开始的。在取得政权后，必然要建立公有制的经济基础，否则不可能巩固自己的统治。我们是通过社会主义改造来逐步解决这个矛盾的。对于社会主义来说，以公有制为主体不仅是经济问题，也是个政治问题。如果公有制丧失主体地位，随之而来的是工人阶级政治地位的丧失。

为什么会有这种需要

是先有电视机还是先有对电视机的需要？没有电视机，怎么会有对电视机的需要呢？没有对电视机的需要，怎么会有电视机呢？这似乎是无法解决的矛盾。其实对任何产品都可以提出这类问题。有名的桌子哲学的两难推理，就属于这种性质的问题。

这里有个思想方法的问题。把电视机和对电视机的需要看成是既成形态，就永远无法弄清它们之间的关系，如果把它们放在整个人类实践过程来看就很容易理解。对电视机的需要并不是直接来自电视机的存在，而是来自对现存的东西（如广播、电影）的不满足和改进（广播没有形象，而电影不能坐在家里看），为了解决这个矛盾，逐步发展了电视机。它是由克服广播与电影的局限而来的。当发明成功成为产品时，才逐步变为群众性的需要。一切产品的产生，以及它与需要的关系无不如此。先有桌子还是先有桌子的观念的难题道理同此。如果在桌子与桌子的观念这两者之间争论孰先孰后是扯不清的。其实对桌子的需要并不来源于桌子，而是来源于凳子。人们先有坐的，开始是树桩或者石头之类的东西，有了坐的才会逐步产生对桌子的需要。开始当然很简陋，到现在才会有各式各样的桌子。脱离整个人类生产与文化发展的进程，在桌子与桌子的观念之间争论是一种唯心主义形而上学的思维方法。

如何看待发达资本主义国家工人的生活水平

这里确实有个思维方法问题。我们总是习惯用发展中国家的尺度来衡量，因而得不出正确的结论。其实生活水平问题的尺度是社会的民族的，而不能是普遍的绝对的。马克思说："一座房子不管怎样小，在周围的房屋都是这样小的时候，它是能满足社会对住房的一切要求的。但是，一旦在这座小房子近旁耸立起一座宫殿，这座小房子就缩成茅舍模样了。这时，狭小的房子证明它的居住者不能讲究或者只能有很低的要求；并且，不管小房子的规模怎样随着文明的进步而扩大起来，只要近旁的宫殿以同样的或更大的程度扩大起来，那座较小房子的居住者就会在那四壁之内越发觉得不舒适，越发不满意，越发感到受压抑。"①

马克思由此得出结论说："我们的需要和享受是由社会产生的；因此，我们在衡量需要和享受时是以社会为尺度，而不是以满足它们的物品为尺度的。因为我们的需要和享受具有社会性质，所以它们是相对的。"② 在当代发达资本主义国家，就业工人的生活与劳动条件有某种改善，但与他们创造的财富相比，与生产水平相比，仍然是贫困的。更不用说失业者。应该说，相对贫困与某种条件和范围的绝对贫困并存的情况仍然没有改变。变化的是划分的标准，即贫困线，而不是贫困的现实。

---

① 《马克思恩格斯选集》，2 版，第 1 卷，349 页。

② 同上书，350 页。

道德的根源不在道德自身

人穿衣服，首先是生理需要——御寒，而不是由于害羞——道德的羞耻感。可是长期穿衣服，已经使穿衣服变为一种习惯，变为一种文明，它就会转变为一种道德要求。正如兄妹不能结婚，开始是人们对自然选择的不自觉服从，然后转化为伦理规范一样。道德的深层根源并不在于抽象的人性或道德规范自身，而在于社会的和自身发展的需要。当然，衣服究竟短到何种程度符合道德要求，这是可变的。但有个限度，这个限度是社会的和生理的，这就是它要遮盖最容易引起两性关系的器官又为社会习俗所容许。

敬老是一种美德。可是这种美德最深沉的根源与农业生产方式密切相关。这不仅因为以血缘关系为基础的农业社会是家长制，老意味着权力，而且对农业生产，老意味着经验，意味着财富。生产节奏慢，全部技能集中在经验上必然会尊敬老人。工业不同，它看重的不是经验，而是创造力和精力，年富力强是工业自身的要求。特别是大工业更是如此。在竞争激烈的社会中，任何工业或企业或其他部门，都不断吐故纳新，要求年轻化，以利竞争。歧视、排斥或者轻视老人，成为资本主义工业发展的必然伴侣。资本主义社会中老年人问题是个严重的社会问题。

工业化也是我们的追求。这是社会发展的进步趋势。它同样会带来代际关系的变化，其中包括道德观念的变化。但我们是社会主义国家，我们必须采取一切方法来解决生产和工作岗位的年轻化与尊老敬老的关系问题。我们的原则应该是重视青年，尊重老年，真正做到老有所乐，老有所养，老有所为。这是我们社会主义制度的优越性所在。

竞争与道德的关系也是我们面临的问题。商业中的欺诈行为是很常见的。公平交易、童叟无欺作为商业道德，从反面说明商业中的不道德现象是比较普遍的。很显然，商业中的非道德现象来源于对利润的不择手段的追求。抑制商业中的非道德现象不可能单纯依靠道德教育，还要借助法律。但更重要的是通过竞争，使他们在竞争中失败、破产，从而使他们认识到信誉的重要性。法律要维护竞争的公平性和合法性。

不少企业家害怕的不是死后进不了天堂，也不是道德的指责甚至法律的惩罚。他们不怕以身试法，心存侥幸。他们最害怕的是货卖不出去，亏本破产。货卖不出去最有效的办法是竞争，但需要用法律和道德来维护竞争的公平性和合理性。

竞争并不违反道德，垄断必然导致腐朽。竞争中也会存在不道德的竞争手段，但克服这种不道德仍然要通过公平的竞争。在体育活动中表演不如表演赛，表演赛不如真正的比赛。最能出成绩的是比赛。但体育比赛——各类运动项目的比赛都有自己的规则，商业中的竞争也应该如此。因此在社会主义条件下竞争应该是社会主义性质的竞争，即符合社会主义法律和道德要求的竞争。

性与爱的关系也是如此。性是生理要求，是两性相爱的基础。在这个意义上说，无性即无爱。可是爱又是对性的约束，它要求性的专一性。性的解放，是爱的坟墓。性的范围越大，爱的成分越少。人与其他动物不同。人的爱，赋予性以人的尊严。因此家庭婚姻道德，是人类维护社会稳定和人类自身延续所必需的。

道德源于生活，但又高于生活。道德具有理想的成分，因而能够成为提高人类自身和促进人类发展的力量。道德的过分的功利化就是道德理想的丧失。

正确理解社会规律是人的活动规律

任何存在都有它的结构。物体有物理结构、化学结构。生物有生理结构。社会也是一样，它有社会结构。而社会结构中每一个要素都各有其结构，如生产力、生产关系、经济基础、上层建筑，等等，都各有其结构。

研究规律必须研究对象的结构。社会规律就是社会结构中各要素之间的本质的必然的联系。例如，生产力与生产关系的矛盾运动规律、经济基础与上层建筑的矛盾运动规律，都是作为社会结构中重要方面的诸要素的本质的必然的联系。所以社会规律是社会的规律，而不是人的规律。我们常听到说，社会规律是人的活动规律，这只有从没有人的活动就没有社会，而且社会规律的实现必须通过人的活动这个角度说才是对的。如果不分析在人的活动中形成的稳定的重复的本质的结构，不分析社会规律与社会结构之间的关系，社会规律是人的活动规律就是一句空话。

动机的深处

在历史研究中我们应该研究动机，但更应该研究动机背后的原因。没有无原因的动机。历史的动因是很复杂的，但肯定是有原因的。这是历史学家们必须研究的着力之点。如果历史的考察停留在动机的领域，那就是停留在历史的表层。

就每个人而言，动机可以分两类。一类是由生理原因决定的非自由选择性动机，如饮水的动机是口渴，而口渴是由于生理需要水；吃饭的动机来源于饥饿，而饥饿是身体的需要；恋爱的动机决定于性的成熟；如此等等。另一类是由社会决定的可选择性的动机，如对功名利禄的追求，或对真理正义理想的追求。这是由个人选择的，但在这种选择背后仍然存在个人的社会原因。

历史是人创造的。但历史的动因不是个人的动因，不是个人动因的总和。关于这个问题，恩格斯说过一段非常深刻的话。他说："如果要去探究那些隐藏在——自觉地或不自觉地，而且往往是不自觉地——历史人物的动机背后并且构成历史的真正的最后动力的动力，那么问题涉及的，与其说是个别人物、即使是非常杰出的人物的动机，不如说是使广大群众、使整个整个的民族，并且在每一民族中间又是使整个整个阶级行动起来的动机；而且也不是短暂的爆发和转瞬即逝的火光，而是持久的、引起重大历史变迁的行动。探讨那些作为自觉的动机明显地或不明显地，直接地或以意识形态的形式、甚至以被神圣化的形式反映在行动着的群众及其领袖即所谓伟大人物的头脑中的动因，——这是能够引导我们去探索那些在整个历史中以及个别时期和个别国家的历史中起支配作用的规律的唯一途径。使人们行动起来的一切，都必然要经过他们的头脑；但是这一切在人们的头脑中采取什么形式，这在很大程度上是由各种情况决定的。”① 可见探讨个人思想的动机和探讨历史的动机是不同的。要真正理解历史，不可能研究社会中每一个人的动机或行为，而是探求推动广大群众及其领袖性人物起来行动的思想动机，并通过对动机的探求而进到产生这些动机的社会原因，从而发现历史的规律性。

① 《马克思恩格斯选集》，2版，第4卷，249页。

类与社会

类的概念，是费尔巴哈用以表示人的共同本质的概念。但人的类的本性，不可能在个体中得到完满实现，只能异化在宗教中。在社会主义思想史上，把社会主义与类结合在一起的首推赫斯。他认为在政治生活中，社会主义是人的类本质的要求和实现。真正的社会主义者在哲学上是费尔巴哈的信奉者。

马克思青年时代也是把类与社会主义结合在一起的。他在 1844 年 8 月致费尔巴哈的信中说："建立在人们的现实差别基础上的人与人的统一，从抽象的天上下降到现实的地上的人类概念，——如果不是社会的概念，那是什么呢!"①

类—社会—社会主义，这三者在当时马克思的思想中是统一的。真正的社会，是人与人的关系中不存在异化的社会。而消除了异化的社会就是社会主义社会。马克思后来改变了这种看法。但是他还是把人类进入社会主义社会以前的社会称为人类的史前期。不过已经不是从人的本质异化和复归的角度，而是指人类社会关系的飞跃，即从人剥削人的社会进入到没有剥削和压迫的社会。

---

① 《马克思恩格斯全集》，中文 1 版，第 27 卷，450 页，北京，人民出版社，1972。

社会中的量的分析

世界的普遍联系，不仅是指事物的质的规定性之间的关系，也包括量的关系。事物之间的函数关系，就是事物量的联系的一种规律性的表现。因此世界上很多现象能进行量的分析，并以函数关系来表示它们的规律性关系。

社会研究中应该引入量的分析。这在一些学科包括经济学、社会学当中是非常重要的。可定量分析不能作为衡量是否科学的尺度。例如，对生产力与生产关系矛盾运动规律的分析就不能简单运用定量的方法。生产力发展到什么程度才要求相应的生产关系，这无法给予量的规定。因为这个规律起作用的条件是不同的。它不是一个抽象的普遍规律，而是在一定的国家范围内起作用的规律，它如何起作用以及实现的条件和机制，都离不开它所依存的条件。在甲国是旧的生产关系，在乙国仍有积极作用，像马克思当年说的，在法国和英国行将西沉的落日，在德国被作为东升的朝阳。另外还要考虑到上层建筑的作用。社会基本矛盾规律的运行应该作为一个总体来把握。

因此，生产力与生产关系之间的矛盾的表现形式是不一样的。它可以表现为生产力的发展，要求建立与其相适应的生产关系。例如，西欧的资产阶级革命就是如此。但也可以表现为生产力的萎缩。赤地千里，民不聊生，不推翻旧的政权，不改变旧的生产关系，生产力得不到发展，国家危机，民族面临灭亡。中国的旧民主主义革命与新民主主义革命就是如此。有人说中国生产力水平低，不能革命，更不应搞社会主义革命，说明他根本不懂生产力与生产关系矛盾运动规律的本质。这是把这一规律量化的结果。

目的与手段

没有手段，任何目的都无法实现。工欲善其事，必先利其器，这是一个平凡的真理。人并不是单纯依靠目的而是依靠手段来实现目的。黑格尔重视手段。他认为手段是比外在的合目的性的有限目的更高的东西。工具保存下来，而直接的享受却是暂时的，并会被遗忘的。人因自己使用工具而具有支配外部自然界的力量，然而就自己的目的来说，他却是服从自然的。列宁认为这是“黑格尔的历史唯物主义的萌芽”。马克思就非常重视工具和手段。他说：“各种经济时代的区别，不在于生产什么，而在于怎样生产，用什么劳动资料生产。劳动资料不仅是人类劳动力发展的测量器，而且是劳动借以进行的社会关系的指示器。”①

劳动工具，实际上是人与自然关系的中介系统。人类的实践不是主客二项，而是三项，即主客之间有一个复杂的中介系统。从原始人的打磨石器到青铜器，再到大机器，一直到目前的自动化机器、人工智能，就是这个中介系统的进步。正是它的变化，推动了主体的变化（没有拖拉机就没有拖拉机手，没有飞机就没有驾驶员）、主客体关系的变化（认识对象的变化、距离的变化、观察的深度和远度的变化，等等）。人类社会的变化往往是从中介系统开始的，中介系统使人作为主体而存在，而不致被融化于客体之中。动物无中介，动物自身就是自然界。

---

① 《马克思恩格斯全集》，中文1版，第23卷，204页。

自由与自由的获得

人不是实现自己的固有的自由，而是在实践中获得自由。正如人是在游泳中获得在水中的自由，而不是实现自己会游泳的本能，人的各种形式的实践活动都是通向自由的道路。如果自由是一种本能，那就不叫自由。因为本能活动恰好是不自觉的无意识的活动，是自由的反面——不自由。

规律和责任

认为肯定历史的必然性，就是否定人的行为的责任；而只有强调人的行为选择性，才能对人的行为追究责任，进行道德评价。这看法是不对的。

历史必然性并不排斥人的行为责任和道德评价。因为历史的必然性，涉及的是人的行为，特别是规模巨大的政治行动失败和胜利的可能性问题，而不是认为每个人的行为无可选择。在同样的条件下，人们可以采取不同的行动，这完全要由自己负责。历史必然性讲的是历史自身的规律性，并不是个人任何行为的必然性。列宁说："决定论思想确认人的行为的必然性，摒弃所谓意志自由的荒唐的神话，但丝毫不消灭人的理性、人的良心以及对人的行动的评价。"①

① 《列宁全集》，中文2版，第1卷，129页，北京，人民出版社，1984。

感性对象与感性活动

费尔巴哈把人看成感性对象即感性存在物，这是对黑格尔思辨唯心主义的否定。人是感性的、肉体的、真实的物质性的存在物，这种对人的看法似乎是唯物主义的，可当问题一涉及人的本性时，它的唯心主义很快就显现出来了。因为费尔巴哈从人作为感性对象中得出的结论是，人的本性就是人作为感性对象的共同类本性。这种所谓类本性只能是人的生理所固有的类特性。这种本性当然是永恒的、超历史的，因为人作为感性对象就是具有这种特性的感性存在物。

马克思当然不否认人是感性存在物。但这只是说明人的可感性和实在性，而没有揭示人的特性。因为所有的其他动物，都可以说是感性的存在物。人之所以是人，在于人不仅是感性对象，更重要的是感性活动，即从事改造世界的实践活动，其中最重要的是生产。

人作为感性对象，可以不与外物发生对象性关系。可人作为感性活动则不同。活动从来是在关系中进行的。正因为人是感性活动，他必然与自然发生关系、与他人发生关系。前者是主客体间关系，后者是主体间关系。人的具体性正在于他在活动中形成的关系的具体性。人的本质在其现实性上是社会关系的总和。离开人的活动，人就不会形成各种关系，也没有人性改变的历史。马克思关于全部历史无非是人的本性随着历史的改变而改变这句话，说明人的活动既创造了人的历史，也创造了人自身。

选择以不可选择为前提

在社会活动中，任何一代人都不是从零开始。他们面对一个既成的物质条件和文化传统。正如马克思说的：“人们自己创造自己的历史，但是他们并不是随心所欲地创造，并不是在他们自己选定的条件下创造，而是在直接碰到的、既定的、从过去承继下来的条件下创造。一切已死的先辈们的传统，像梦魇一样纠缠着活人的头脑。”①

这就是说，人的活动的选择性是以不可选择为前提的。社会为人们提供的是既成的条件，而不是由自我选择的条件。这些条件是前代人留给下代人的遗产，对于每一代人而言，它是不依自己的意志为转移的客观事实。正因如此才有所谓国情问题，才有所谓从实际出发的问题。

① 《马克思恩格斯选集》，2 版，第 1 卷，585 页。

自由的想象与想象中的自由

人的自由当然离不开人与环境的关系。离开环境对人的制约和人对环境的控制和改造就是虚假的自由。存在主义的错误不在于他们强调自由，而在于把自由抽象化，变成不受制约的主体的自我决定。经验证明存在主义是空论，因为存在主义者包括萨特自己在内也并没有达到自我选择自我决定的境界。除了阿Q式的自由，除了“老子爱怎么想就怎么想”的自由外，事实上是不自由的。一个坐牢戴手铐的人可以认为自己内心是自由的，但这种所谓自由决不是我们追求的目标。

在《德意志意识形态》中，马克思恩格斯指出：“哲学家们至今对自由有两种说法：一种是把它说成对个人生活于其中的各种境况和关系的权力、统治，所有唯物主义者关于自由的说法就是这样的；另一种是把它看作自我规定，看作脱离尘世，看作精神自由（只是臆想的），所有的唯心主义者特别是德国唯心主义者关于自由的说法就是这样的。”① 后一种自由就是自由的想象或者说是想象中的自由。

真正的革命者不能鼓吹抽象的自由，而要争取现实的自由。戴镣铐的自由是一种虚假的自由。马克思说：“罗马的奴隶是由锁链，雇佣工人则由看不见的线系在自己的所有者手里。他这种独立的假象是由雇主的经常更换以及契约的法律虚构来保持的。”②

---

① 《马克思恩格斯全集》，中文1版，第3卷，341页。

② 《马克思恩格斯全集》，中文1版，第23卷，629页。

自由当然与意志有关。这是人的自由与动物的自由的根本区别。但人的自由不能归结为意志问题，把一个社会问题变为一个形而上的问题。我们要改造自然，从自然的支配中不断获得自由；要改造社会，促进社会的进步，不断扩大人民在社会的自由和民主权利。这一切都与发展生产力和改变生产关系不可分。

自由的界限

自由与必然不可分，但必然不等于自由。必然性是不依人们意志为转移的，而自由则与人的意志不可分。自由不是由自，即不是任意地由自己说了算。自由表现为主体的一种正确判断和行动的能力。孔子说，“随心所欲不逾矩”，就是这种境界。

动物是没有自由的。形式上动物是绝对自由的，无约束的，可以逮住什么吃什么，不必征求谁的同意，可以随便走，随便拉。可这不是自由，而是一种本能——生物的本能。实际上动物是不自由的，因为它们的全部行为是被制约的。人有自由，即人有认识事物并以此为据作出决断的能力。人有自由，同时也有自由的反面，即不自由。当人的判断违背事物本性和规律时，就会陷入进退两难的困境。“犹豫不决是以不知为基础的，它看来好像是在许多不同的和相互矛盾的可能的决定中任意进行选择，但恰好由此证明它的不自由，证明它被正好应该由它支配的对象所支配”①。

自由不是绝对的，而是彼此制约的。一个人的无条件的自由，也就是意味着对周围其他人的无条件的奴役。这实际上是把自由变为它的对立面，即变为不自由。依此类推，结果是任何人都没有自由。

自由是有限制的。自由的条件就是它的限制。鸟在天空中自由地飞翔，其实所谓自由地飞翔只不过是相对于人无法变为飞人而言。就鸟而言它的飞行并不自由。各种鸟都有自己的飞行高度，这种高度是由它的生理

① 《马克思恩格斯选集》，2版，第3卷，456页。

结构决定的。

在庄子的《逍遥游》中，麻雀嘲笑大鹏高飞九万里远涉南海，怎比它在树梢上飞上飞下自由。其实麻雀的自由就是树梢上飞上飞下，它不可能有高飞九万里的自由。猫头鹰在夜间飞行自以为是绝对自由的，其实它只能夜间飞行。正如鱼在水中自以为是自由的，其实它的这种自由只能在水中，一旦离开水它就没有自由。人的自由当然也有它的界限，这就是内在的和外在的规律所许可的范围。

自由与善是联系着的。真善美是不可分的，但也不是绝对的。自由并非绝对的善，问题是什么样的自由。黑格尔在《历史哲学》中说："波兰国会里规定，不论通过任何政治立案时，都必须得到每一议员的同意，就是因为这种自由，波兰才招了亡国的灾祸。"历史经验证明，当需要决断和集中时，无休止的争吵和辩论自由所带来的危险是不言而喻的。

三种视角中的自由

对究竟什么是自由，一直争论不休。其中一个很重要的原因，是没有区分自由的含义，忽视了对自由考察的不同角度。

依我看，对自由问题可以从三种角度来考察。

从本体论的角度看，自由是人的本性，涉及的是人与自我的关系，强调的是人与动物的本质区别。动物的活动是不自由的，因为这是一种本能的活动。动物不可能意识到自己的活动。它不能把自己同自己的生命活动区分开来，这两者是同一的。人不同。人的生命活动是有意识有目的的活动，人能使自己的生命活动成为自己的意志和意识的对象，因而人的活动具有自由的可选择的性质。从这个角度说，人的活动的自由的丧失，马克思称之为异化，即所谓人的本性与人相分离。

从认识论的角度看，自由是对必然性的认识，涉及的是主客体的关系。自由是借助对必然性的把握和利用，使主体具有正确决断和行动的能力。在这里，自由的获得不能离开客体及其规律。

从社会观的角度看，自由是一种由法律规定的权利，它涉及的是个人在社会中的地位，因而在阶级社会中自由是有阶级性的。这是人在社会生活中的自由权利不同于本体论和认识论中的自由概念的地方。正因为政治自由是一种由法律来规定和保证的自由，因而这种自由就包含着不自由。对于被压迫者来说，通过服从统治者法律所得到的自由，其实就是一种以自由名义出现的奴役。如果被统治者一旦反对这种法律，不俯首帖耳服从统治，得到的不是自由，而是镇压。所以在社会领域中争取自由的斗争是一种政治斗争。

卢梭说，人生而自由但处处都处于被奴役之中，就是把两种自由即本体论的自由与社会政治生活中的自由混为一谈。其实在社会领域中不能说人是生而自由的。不仅在资本主义以前的社会，奴隶和农奴生下来就没有自由，即使在资本主义社会虽然法律规定人人平等，生而自由，可由于阶级区别，贫富对立，这种生而自由是口头的，实际的生活状况使这种所谓自由化为乌有。至于有的论者批评恩格斯关于自由是对必然性的认识的论断是否定人的自由，没有强调自由的自主性的含义，实际上是用本体论的自由来反对认识论的自由。用自由的本质是由自（由自己）而不是由彼（必然性）来批评恩格斯的定义正是这种混淆。

我们可以从三种角度来考察自由，但不能把它们绝对分开。如果人不具备自主活动的本性，那第二、第三种自由都无从谈起。人正因为是人，才产生实践活动中的自由和政治自由问题。如果人在与外在世界及其客观规律的问题上没有自由，即人受规律的奴役，那人的自主本性也不能实现。而且从人的活动环境说，第三种自由是非常重要的。人在社会生活中获得自由，作为社会主义社会的公民来从事实践，有助于他们更多地在第一、第二种自由的含义上获得自由。由自由王国向必然王国的过渡就包含着这三种自由的统一：在本体论上由被迫的异化劳动转化为自觉的自主劳动，在认识论上由盲目地为必然性所支配转化为认识和利用必然性，在社会中由残缺不全的少数人的自由转化为全体人民的自由。

自由与自由竞争

不能把自由与自由竞争的观念混为一谈。资本家为利润而竞争，工人为就业而竞争，以及不少人为金钱而竞争。这种竞争形式上是自由的，但这种自由的反面是奴役——不自由。社会主义市场经济中也存在自由竞争。没有竞争就没有市场经济。尽管社会主义的竞争无论就目的、手段、范围来说都不能简单等同于资本主义社会中的竞争，但社会主义市场经济竞争中的自由，同样包含某种不自由，包含两极分化的可能性。所以这种自由是市场中的自由，是商品生产的观念反映。这种自由观念有其进步性，但不是马克思主义追求的自由。

马克思主义追求的自由，是消灭私有制，消灭剥削，每个人全面发展的自由。这种自由不同于商品生产中的竞争自由。它不是以一个人的自由排斥另一个人的自由，而是以每个人的自由发展为一切人的自由发展的条件的自由。马克思说过，不能把“自由竞争奉为自由的观念”①。当然，不经过自由竞争中的自由，不可能达到全面发展的自由。但是我们要防止把自由竞争中的自由奉为自由的楷模，而忘记了我们的最终目标。

① 《马克思恩格斯选集》，2版，第1卷，228页。

文明与交通

在唯物史观中应该考察这个问题。历史证明，这两者是互相影响互相促进的。交通便利有利于文明的传播，而文明的传播有利于交通的便利。历史与现实都证明，凡文明发达之处交通都比较便利，交通不便之处多为穷乡僻壤不很开化。恩格斯在《奥地利末日的开端》一文中，对这个问题的阐述非常精辟。他在分析了意大利、法国、英国、比利时以及德国的情况以后说："资产阶级文明沿着海岸、顺着江河传播开来。内地，特别是贫瘠而交通阻塞的山区就成了野蛮和封建的避难所。这种野蛮特别集中于远离海洋的南部德意志和南部斯拉夫区域。这些远离海洋的地方因阿尔卑斯山脉而跟意大利的文明隔绝，因波希米亚山脉和莫拉维亚山脉而跟北德意志的文明隔绝。"① 发展交通，不仅是发展经济的需要，也是精神文明建设的需要。在幅员辽阔发展倾斜的中国，要消除经济和文化的过分不平衡，必须发展交通。

① 《马克思恩格斯全集》，中文1版，第4卷，517页，北京，人民出版社，1958。

合目的与合规律

人的活动是有目的的。目的，是人对自身利益和需要的一种追求。可是每个人的目的之间，个人的目的与目的的实现之间，都是充满矛盾和冲突的。社会和自然的发展，是实现哪个人的目的呢？由于各种目的之间是如此千差万别，自然和社会是不会听命于任何人的目的的，它是按照自身的规律运行。人的目的能否实现在于这个目的在何种程度上符合规律。目的这个范畴的重要作用，就在于教育人们要正确制订自己的行动计划，而不是恣意妄为。恩格斯讲过一段很有意思的话，他说："从马克思的观点看，整个历史进程——指重大事件——到现在为止都是不知不觉地完成的，也就是说，这些事件及其所引起的后果都是不以人的意志为转移的。历史事件的参与者要么直接希求的不是已成之事，要么这已成之事又引起完全不同的未预见到的后果。"①

人的目的是在实践中不断校正误差来实现的。误差借以校正的标准是事实而不是目的。我们只能修改目的以接近现实，而不能否定现实以将就目的。就改造社会而言，人的目的出现的误差更大。我们曾经经历过的"大跃进"、人民公社运动以及"文化大革命"莫不如此。如果社会按目的运行，王朝的盛衰兴亡就是无法理解的。要使目的有实现的可能，则目的大体必须符合实际。列宁说："人的目的是客观世界所产生的，是以它为前提的……但是人却以为他的目的是从世界以外拿来的，是不依世界为转

① 《马克思恩格斯全集》，中文1版，第39卷，405页，北京，人民出版社，1974。

移的。"① 只有以事实为基础，以规律为依据的目的才是可行的。现在到处流行的所谓"心想事成"，从哲学上说是完全荒谬的，最多只能看成一种祝福话，类似恭喜发财一样是不能认真看待的。说者无心，听者高兴而已。

① 列宁：《哲学笔记》，209页，北京，中共中央党校出版社，1990。

有没有最终目的

伯恩施坦说，最终目的是没有的，运动就是一切。

恩格斯说，我们没有最终目标，我们是不断发展论者，我们不打算把什么目标强加给人类。

这两种说法，形似而实异。

伯恩施坦的说法是否认历史规律论，否认社会主义代替资本主义的必然性，强调自发论。

恩格斯的说法是历史发展论，它反驳历史终结论，认为就人类历史来说，发展是无限的，当然没有最终目标。就社会主义和共产主义而言，马克思、恩格斯是目标论者，他们把争取人类的解放作为无产阶级的奋斗目标。而正是在这个根本目的上，伯恩施坦是无目的论者。这就是马克思主义和机会主义的界限。

一般规律从哪里来

历史唯物主义关于发展的一般规律是如何得出来的？马克思并不是研究了所有社会形态后再概括出一般规律，这不符合马克思的思想历程。

马克思是从解剖资本主义社会形态开始自己的研究的。从对资本主义的分析中得出规律性的认识，然后再运用于分析其他社会形态。这是从个别到一般再到个别的过程。马克思也研究过前资本主义，晚年还研究过东方社会的发展道路问题。恩格斯专门研究过原始社会。但马克思、恩格斯用力最多、成就最大的还是对资本主义的研究。因此马克思主义的历史唯物主义是从分析典型即解剖资本主义入手的。了解了这一点，我们就知道历史唯物主义的一般规律最典型的表现是资本主义社会，而在其他经济不太发达的社会就不一定非常典型。因为在资本主义社会，经济的决定作用、阶级关系的本质、政治斗争的动因都比较明显，不像前资本主义社会被层层包裹的道德的宗教的甚至政治的外表所掩盖。因此在运用历史唯物主义分析不同社会、不同国家、不同民族的问题时必须具体问题具体分析。

唯物史观不能忽视对交往的研究

交往是社会发展和个人社会化的必要的普遍条件。

物质交往——物质产品的生产和流通不可缺少的环节。

精神交往——文化的生产和传播不可缺少的环节。

物质交往的媒介是物质产品。

精神交往的媒介是语言文字和精神产品。

交往的范围取决于生产力的水平。交往的性质取决于生产关系的性质。

交往的扩大，有利于国家和民族的发展。一个强大的国家总是有信心和有能力开放。中国清末的闭关锁国是被迫的，是一个落后的弱国面对殖民扩张的自我防卫。这是消极反抗，它虽然表现了对帝国主义入侵者的防范，但不利于对西方科技文化和先进思想的接纳。我们现在实行开放政策是正确的，但这不能成为否定近代中国人民反帝斗争的理由。强盗与客人不同，打进来与请进来不同，平等交往与主奴关系不同，城市开放与租界势力范围不同。由我们当前的开放政策推论到早当殖民地中国早富强的人，是十足的糊涂虫。

交往对个人而言也是重要的。它是个人社会化的过程，是个人吸收社会成果，把类的创造变为个体才能的过程。在交往中，模仿这一特殊心理机制起着重要作用，人们在交往中彼此学习，在人之中变为人。如果一出生就离群没有社会交往，只能是名义上的人。

唯物史观变革的实质

唯物史观是19世纪40年代人类认识史上的一项伟大成果。它的产生表明人类对社会的认识有可能摆脱在黑暗中摸索，逐步转向科学地探讨。梅林在《保卫马克思》中说：“历史唯物主义是越过全部已往唯物主义向前跨出的有决定意义的一步。”

可唯物史观的产生的确引起资产阶级学术界的愤怒。梅林在同一本书中说：“资产阶级世界今天对待历史唯物主义，差不多像它在上一代对待达尔文主义，在半世纪前对待社会主义一样。它辱骂历史唯物主义，而不了解它。”他还极其形象地说：“资产阶级历史学家恨不得用他们细小的大头针把马克思主义戳死，是可以理解的，也是合乎情理的。”

对历史唯物主义的指责是多种多样的。如说它缺少对人的研究，缺少对个人的研究，缺少历史价值观，缺少对历史主体的研究，等等。所有这些批评单独看都有一定的道理，它说明马克思主义历史唯物主义的研究领域应该不断扩展，但它忘记了一个最重要的事实，这就是为什么要产生历史唯物主义，它究竟是为解决什么问题而产生的。

历史唯物主义是作为历史唯心主义的对立面产生的。研究人、人性，不是历来如此吗？对历史的道德评价不一直是历史唯心主义的主要观点吗？片面强调个人的英雄史观不是一直处于统治地位吗？西方某些学者批评马克思的历史唯物主义，指责它是老生常谈。例如宾克莱说：“由于马克思的理论，我们便可以比较谦虚地提出，历史是一些伟大人物和小人物及环境相互作用的结果。但这似乎是老生常谈，而且像一切老生常谈一样并没有告诉我们什么东西。”其实历史唯物主义没有沿着旧的路子走，只是在人的问题上打转转，而是改弦更张，另辟蹊径，把重点放在历史的决定力量和历史规律的探讨上。正如列宁说的：以往的历史观“至多只是考察了人们历史活动的思想动机，而没有研究产生这些动机的原因，没有探索社会关系体系发展的客观规律性，没有把物质生产的发展程度看作这些关系的根源……以往的理论从来忽视居民群众的活动，只有历史唯物主义才第一次使我们能以自然科学的精确性去研究群众生活的社会条件以及这些条件的变更”。[①] 马克思暂时抛开历史上传统的论题，如人、主体、意识、价值，而着重探讨社会的经济关系，找到了整个社会借以建立并决定整个社会面貌的下层基础。没有这个研究重点的转移就没有历史唯物主义的产生。

唯物史观从来没有否定对人、人的本性、主体、价值，以及个人在历史上的作用问题的研究。可唯物史观并不是从研究这些问题中产生的，而是从对物质资料生产方式的研究中酝酿成熟的。对于我们来说，唯物史观并没有限定当代人的研究范围。我们完全可以研究我们面临的各种问题。但问题的扩展，决不能成为否定唯物史观的根据。任何对社会问题的研究如果要得出正确的结论，必须以唯物史观为依据。在社会领域的研究中背离唯物史观，重新回到人性论、人本主义或者其他什么主义，都只能是走回头路。而倒退是没有出路的，在理论领域中也是如此。

---

① 《列宁全集》，中文2版，第26卷，59页，北京，人民出版社，1988。

正确理解科技进步与社会进步的关系

如果停留在社会的表层，往往容易把两者看成是矛盾的。因为在人类历史的发展中，人们直接感受到的一方面是科学技术的进步；另一方面是道德的沦落，价值观念的混乱，社会似乎日益令人憎恶。人们往往把这两者看成是因果关系，从而得出反科学进步的结论。这显然是错误的。

如果不为历史现象所迷惑，只要深入到社会发展机制的内部，很容易看到，科学技术是推动社会进步的动力。社会物质产品的丰富，文明程度的提高，交通工具的发达，生活质量的改善，无一不和科技的进步相联系。科技对人类社会进步的正面效应是肯定的。

与科学技术进步同时出现的消极现象是同时并存的关系，而不是因果关系。由于社会条件不同，对技术的应用会不同。鲁迅在《电的利弊》一文说："前几年纪念爱迪生，许多人赞颂电报、电话之有利于人，却没有想到同是一电，而有人得到这样的大害，富人用电气治病、美容，而被压迫者却以此受苦，丧命也。"还说："外国人用火药制造子弹杀敌，中国人却用它做爆竹敬神；外国人用罗盘针航海，中国人却用它看风水；外国人用鸦片医病，中国人却拿来当饭吃。同是一种东西，而中外用法之不同有如此，盖不但电而已。"科技在社会进步中出现的负面效应，根本原因是社会关系的变化引起的。至于科学技术手段被应用于犯罪，这属于科技的应用问题。它是犯罪的结果而不是原因。企图用阻止科学技术进步的方式来阻止犯罪是不可能的。它改变的只是犯罪的手段，而不是犯罪的根源。而且由于社会的贫困和落后，犯罪不会减少而只能增加。因为社会贫困和生产力的萎缩会使一切野蛮落后的东西死灰复燃。

机械运动并不机械

唯物主义历史观是辩证决定论，这决不是说自然界的决定关系是非辩证的。辩证决定论指的是决定论的理论，即如何看待必然与自由、必然与偶然的关系。世界上并不存在两种不同的规律：辩证的决定和非辩证的决定。

即使是机械运动，同样是一种辩证运动，因为机械运动仍然是在矛盾中进行的。拉普拉斯的机械决定论是一种决定论的理论，而不是一种普遍规律。它在机械运动的范围内是有效的，但作为一种决定论的理论是片面的。

不要轻视历史

历史是追溯性的学科，是对已经逝去的既成的事实的研究。以往是不可忽视的，人类不能忘记自己的过去。以往作为物质力量，是现今全部生产力的总和；作为观念力量，它表现为传统。重视历史，也就是重视人类自己，珍惜人类以往的努力。

人类不可能摆脱历史。即使是未来学，形式上是探索未来，实际上隐含着过去。因为这种未来是过去的未来，过去是人们借以判断未来的立足点和根据。不能片面地强调用未来规划现在，使现在符合未来。实际上人们所说的未来是现在的未来，他们所能设想的未来，不能摆脱现在的框架。这并不坏。脱离现在的未来是狂想曲。

我们应该用现实的观点看待历史，用历史的观点看待现实。从现实的观点看待历史，正如人脑解剖之于猴脑解剖一样，易于发现历史的本质。用历史的观点来看待现实，易于理解现实的状态。秦桧是奸臣，可他能得逞。这说明在皇帝眼里他并不是奸臣。现代生活中的忠奸难辨，道理相同。只有在小说中才是一目了然的，可在实际生活中是非常复杂的。历史的价值在于使我们能够理解现在，理解我们现在生活于其中的社会制度、文化习俗、意识形态，为什么是这样而不是那样。离开了中国的历史就不能理解中国的现在，就不能理解中国人。

在历史学中，科学与价值是不可分的。历史的价值性首先在于它的事实性，违背事实就没有价值。这一点罗素也不否认。他在《论历史》中说："历史学是有价值的，首先因为它是真实的，而这一点尽管不是它那价值的全部，却是它所有的其他价值的基础和条件。”当然，历史学作为一门学科，不仅它的观点，而且包括材料的选择，都表现了作者的立场观点，表现了作者的爱憎和评价，“选择就包括着在事实中间有一种价值标准”。

历史决不只是少数几个伟大人物的历史。如果全部历史只归结为几十个几百个伟大人物，那不成其为历史，也没有历史。而且这些英雄也不能产生，正如没有土壤就没有花一样。在戏剧舞台上可以只有主角没有广大群众，在现实的历史舞台上决不能如此。离开了拿破仑时代的经济政治，离开了他手下的广大将领和士兵，拿破仑什么也不是，只不过是一文不值的拿破仑而已。罗素也懂得这个道理。他说：“历史学不只是对伟大人物的记录而已，不管是多么伟大；历史学的领域不只是讲人们的传记而且要讲人类的传记，要把各个世代的漫长的行列表现为只不过是一个连续生命体的不断流逝着的思想，要在所有的人都在其中扮演他们的角色的这幕宏伟的戏剧的开展过程之中超越自己的盲目性和短促性。在每个种族的迁徙中，在各种宗教的生和死之中，在每个帝国的兴衰中，每一个无意识的个体显然并没有当前之外的任何目标，却不知不觉地对一切时代的整体做出了贡献；而且从全体的伟大之中，某些伟大的气息也就在吹拂着所有参与了这场进军的人们。”

罗素虽然承认群众的力量，但更倾向于伟大人物的决定作用。他说：“我相信，如果17世纪有1万人在襁褓之中被杀死的话，近代世界就不会存在。在这1万人之中，伽利略是首要的。”他还强调近代文明“只是由于一批为数很少的人的发明和发现的缘故”。他欣赏巴思迦的名言：“克里奥巴拉的鼻子如果生得短一点的话，整个大地的面貌都会为之改观。”这当然是片面夸大个人作用的唯心主义历史观。我们可以说没有毛泽东中国现代史会发生某些特征性变化，可毛泽东能离开中国和中国历史吗？没有鸦片战争以后中国人的长期斗争，没有十月革命以后马克思主义在中国的传播，就不可能产生毛泽东。毛泽东的伟大成就甚至他的个性都打上了中国农民和农民战争的烙印。伟人的历史作用是巨大的，但他在影响历史之前先要受历史的铸造。人们喜欢夸大历史人物个性甚至他的面貌对历史的影响，可没有考虑过，伟大人物的个性甚至面貌之所以能影响历史是因为他是伟人，是因为他的地位，是因为他的权势而不是个性和面貌本身。一个顽固不化的老百姓，他的顽固性决不会影响历史，至多影响他自己和他的家庭，因为他没有足以影响历史的权势和地位。可一个统治者、当政者的顽固会给历史以很大的影响。这不是顽固性本身，而是他所掌握的经济和政治权力。人民群众是历史创造者的观点之所以很难为人们所理解，因为在历史前台发号施令，一呼百应的始终是领袖人物。可从长远来看决定历史的终究是人民。人们都可以看到，是人民选择领袖而不是领袖选择人民。人民是长存的而领袖是代代更换的，一代又一代人民孕育并推选出自己的领袖。水可载舟亦可覆舟，封建社会政治家都懂得这个道理。

人性问题始终是历史观难以穿过的沼泽地。不少历史学家都是用人性解释历史。罗素也是持这种看法。他认为历史是人性在不同条件下的表现，研究历史也就是研究人性。历史的深层结构是人性，走向历史的深处就是走向人性人心，而不是探索历史的规律。在罗素看来，人性不是历史地形成的，不是被铸造的，而是先天的、本能的。人先天具有占有欲、权力欲、创造欲。历史就是这些人性的体现。他们不懂得人心问题同样是个规律问题，人心向背是历史潮流的体现。它是结果，然后才成为原因。

历史与历史观

毛泽东非常喜爱读史，尤其重视唯物主义历史观。他在读了陕北民主人士李健侯作的《永昌演义》即关于李自成起义的小说后，曾致信李鼎铭先生大加赞扬，但提出要用新的历史观来总结李自成起义的问题。他说：“此书赞美李自成个人品德，但贬抑其整个运动。实则吾国自秦以来二千余年推动社会向前进步者主要的是农民战争，大顺帝李自成将军所领导的伟大的农民战争，就是两千年来几十次这类战争中的极著名的一次。这个运动起自陕北，实为陕人的光荣，尤为先生及作者健侯先生们的光荣。此书如按上述新历史观点加以改造，极有教育人民的作用。”

毛泽东在读了吴晗的《朱元璋传》后，在肯定其专著“用力甚勤，掘发甚广”外也提出了历史观的问题。他说：“先生似尚未完全接受历史唯物主义作为观察历史的方法论。倘若先生于这方面加力用一番功夫，将来成就不可限量。”

在读章士钊的《柳文指要》时，毛泽东除了肯定作者成就外，提出的也是历史观问题。他说：“惟作者不懂唯物史观，于文史哲诸方面仍止于以作者观点解柳，他日可能引起历史学家用唯物史观对此书作批判。”还说：“大问题是唯物史观问题，即主要是阶级斗争问题。”1950 年毛泽东还专门写信给一位研究少数民族史的专家，非常明确地指出：“惟觉中国的历史学，若不用马克思主义的方法去研究，势将徒费精力，不能有良好结果。”

用唯物史观分析历史，当然不能停留在历史的表层，说历史是人创造的所以历史是人的历史，应该用人的观点看待历史之类的空话。弗洛姆就是这样曲解唯物史观的。他在《人的概念》中说："如果想避免使用唯物主义的和经济的这些模棱两可的字眼，可以把马克思的历史观叫作人类学的历史观，他把历史的理解建立在人是自己历史的创造者和行动者这些事实的基础之上。"把马克思主义曲解为人本主义已经是时尚。其实这对于历史的认识一点也没有提供更多的东西。不理解物质资料生产方式在人类历史发展中的作用，不理解阶级社会中生产方式的矛盾如何通过阶级斗争来解决，重复一千遍历史是人创造的仍然对历史一无所知。有的人反对"以阶级斗争为纲"把阶级分析方法也反掉了，认为不仅现在不能用阶级分析方法，连用这种方法考察历史都是错误的，认为人类历史是生产发展史，说是阶级斗争史就是错误的。把这两者对立起来，不懂得阶级社会中生产方式的变革必须通过阶级斗争来解决的马克思主义者，只能是打引号的马克思主义者。

历史史实的客观性何以可能

这是一个难题。历史认识的确不同于对自然现象的认识。历史认识是一种追溯性认识。正如马克思说的："对人类生活形式的思索，从而对它的科学分析，总是采取同实际发展相反的道路。这种思索是从事后开始的，就是说，是从发展过程的完成的结果开始的。"① 这种认识的追溯性，往往导致人们对历史认识的客观性产生怀疑。因为这种历史史实是经过历史学家选择、描绘、剪裁过的史实，而且每代人都可以重修历史。因为每代人都站在新的起点审视以往，视角不同，结论自然不同。美国史学家李德说："对过去的解释经常变更，整个说来，主要不是由于发现了新事实，而是由于对旧事实有了新的解说。"的确，历史事实有价值性，如南京大屠杀，日本某些政治家至今不承认这一事实。太平天国，我们称为农民革命，有的人称为发匪；义和团我们视为爱国，有的人称为拳匪。如此等等，俯拾即是。

因此，从狄尔泰和新康德主义者文德尔班、李凯尔特开始的主观唯心主义和相对主义思潮，都否认历史事实的客观性。美国著名历史学家卡尔·贝克尔在《什么是历史史实》中嘲笑把历史事实看成硬邦邦的如同砖头一样的客观实在的看法。在他看来，历史学家不可能与事件本身打交道，因为它已经一去不复返了，所谓历史事实，仅仅是在人们头脑中重建的过去的模模糊糊的印象。所以贝克尔宣称，历史事实"仅仅是一个象

① 《马克思恩格斯全集》，中文1版，第23卷，92页。

征”。法国的雷蒙·阿隆说，历史事实“本身是不存在的，它的存在只是通过意识并为了意识”，“独立于科学之外而又能被科学真实再现的历史现实是不存在的”。

卡西尔在他的名著《人论》中，也是片面夸大历史事实的独特性而否认它的客观性，强调历史事实不同于物理事实，具有不可观察性和重复性。他说：“我们所做到的一切就是回忆——给它一种新的理想的存在，理想的重建，而不是经验的观察——乃是历史知识的第一步。”历史学家面对的“不是一个物理对象的世界，而是一个符号宇宙——一个由各种符号组成的世界”，“一切历史事实，不管它看上去显得多么简单，都只有借着各种符号的这种事先分析才能被规定和理解”，“我们在历史学中所寻找的并不是关于外部事物的知识，而是关于我们自身的知识”。

历史包括客观过程和对过程的描述。后者属于史学。史学家当然有立场，有自己的评价尺度。但任何被称为科学的学科，都必须以事实为基础。没有事实根据的猜测甚至瞎说不可能是科学。但历史事实的确不同于自然界的事实。自然事实的客观性是不依任何人的意志为转移的，是同一的可直接验证的。历史事实不同。它是包括事件、人物及各个阶级和政治集团的相互矛盾的运动过程。在阶级社会中，整个过程包含着利益矛盾和对抗，因而人们对历史事实有不同的看法是很自然的，但不能由此否认历史事实的客观性。因为历史是既成事实，对任何个人而言，它的过程和结果都是客观的不可改变的。人们能改变的是评价的标准和尺度，而不是事实本身。事实作为一种历史是不可改变的。人们通过考证发掘可以发现某些新事实，纠正某些错误的讹传的所谓事实。这本身以双重的理由表明，历史是以事实为基础的。伪造是对历史的亵渎。

合力论的本质是规律论

以恩格斯的合力论来否认马克思主义的唯物史观是徒劳的。合力论不是英雄与群氓的合一、好人与坏人的合一、革命者与反革命者的合一。它并没有为鼓吹历史的创造者是人、历史是所有的人共同创造的理论提供根据。合力论强调的是尽管每个人的行为是有意识有目的的，但在众多的人的行为的参与中形成了一种不依人的意志为转移的规律。合力论的本质是规律论。它显示了社会发展的特点，即社会运行是通过人们的行为实现的，可它又有自己的规律。这个规律是在合力中形成的。没有合力就没有规律，离开了合力就不能理解社会规律形成和实现的机制，离开了规律就不能理解合力的本质。合力决不是一锅粥，合力论决不是折中主义。只要我们深入到合力内部，我们就可以看到阶级斗争的力量，看到人民群众的力量，看到革命领袖的力量，看到合力中各种力量的差异性。所以在马克思主义唯物主义的历史观中，合力论与阶级论、人民群众决定作用的理论是相联系的。

社会发展是修正目的，而不是修正规律

规律的客观性表现在人们行为的结果之中。当人们的行为违反规律，规律的客观性表现为人们的行为的破坏性和灾难性后果。而当人们的行为符合规律，它表现为人的预期目的的实现。因此，真正合目的的行为是以合规律为基础的。恩格斯说："人离开狭义的动物越远，就越是有意识地自己创造自己的历史，未能预见的作用、未能控制的力量对这一历史的影响就越小，历史的结果和预定的目的就越加符合。"① 不能抽象地认为历史发展是合目的与合规律统一，实际上历史发展是不断修正目的，使目的更接近现实并不断转化为现实的过程。

① 《马克思恩格斯选集》，2版，第4卷，274页。

历史的悲剧

悲剧不仅是美学范畴，还是戏剧艺术的一种形式，而且是一种历史观，是对历史上个人与事件的一种评价尺度。

《霸王别姬》作为戏剧是悲剧。项羽作为历史人物是悲剧性人物。项羽从个人品德和才能看不次于刘邦。刘邦是无赖之徒，为父母邻里所不齿，而项羽有仁者之风。可项羽终于兵败垓下，全军尽没，无颜见江东父老，自刎乌江。

历史有悲剧性人物和事件。谭嗣同绝命菜市口，有心杀敌无力回天，是一个大悲剧。凡属个人品德超群而不容于世、终以身殉的都是悲剧性人物。历史是包括多种活动的复杂过程，而不是实践某种道德的过程。道德仅涉及人物的一个侧面，而不能对历史完全进行道德评价。道德不好而获得事业成功者不乏其人，相反的情况也是屡见不鲜的。项羽与刘邦都是农民起义的代表人物。可项羽的贵族作风和儒家的处世原则斗不过流氓无产者刘邦。这是必然的。历史中存在悲剧，但历史本身不是悲剧。因为一切悲剧性事件和人物都留在历史上，而从历史中孕育出的现实总是不断向前跨越的。人总是放眼未来，不会也不应该为过去而哭泣。

世界历史和历史观中的世界

历史观是受历史制约的。世界史观与世界史是不可分的。15 世纪以前，人类在各自民族和国家范围内发展，交往甚少。随着资本主义的兴起和世界市场的形成，15—18 世纪世界逐步走向整体化。与此相适应，历史观的眼界也发生了变化。在此之前，历史观着眼于本国本民族，着眼于本民族王朝的盛衰兴亡；而在此之后，有可能对各国家各民族的历史进行比较，形成世界发展的规律性观念。除了维科的那本关于历史哲学的名著外，康德写了《从世界公民的观点撰写世界通史的想法》，赫尔德写了《关于人类历史哲学思想》，都包含着把人类社会看成一个带有规律性的整体的观念。

历史的世界化，要求各民族应该以开放的姿态面对世界。一个远离世界历史中心、同自己以外的国家和民族隔绝的民族是非世界历史的民族。只有登上世界历史舞台、同世界历史过程建立联系的民族才是世界历史民族。可资本主义一方面加强世界各国之间的联系，把它们都卷进世界历史运动；另一方面又通过殖民化使它们边缘化，远离发展的中心，成为落后地区。在资本主义世界体系中，真正的世界史并没有形成。它是一部殖民史，富国剥削贫国、强国欺凌弱国的历史，是世界范围内两极分化的历史。马克思主义的世界史观是新世界史观，它期待的是真正把世界联成一体的共产主义世界。这是一个为每一个民族发展提供新的可能的世界，而不是以别国的落后作为自己发展条件的世界。

历史和历史的经验

人们重视历史的经验，因而重视历史的学习。人们把历史称为镜子，也就是这个意思。历代帝王，凡欲长治久安者，都非常重视对王储的历史教育。可任何一个王朝都是盛极而衰，最后一位都是亡国之君，重蹈前朝覆辙。末代皇帝可以是英明的也可以是愚蠢的，可以是从谏如流，也可以是绝忠拒谏的，但不管情况如何，终免不了灭亡。因为历史有自身的规律，当矛盾尖锐、各种弊政积重难返时，只能通过王朝的更迭来暂时解决矛盾使社会得以延续。天下太平（矛盾缓和）时，三岁小儿可以为王，天下大乱（矛盾激化）时，即使一饭三吐哺的有为之君，照样身死国除。崇祯皇帝史称有为，仍不能挽狂澜于既倒。所谓气数已尽，即矛盾尖锐到不可能照样统治，任何人都回天乏术。

历史经验是重要的，但无法改变历史的规律。尽管水可载舟亦可覆舟的警句，被历代帝王奉为金科玉律，横征暴敛仍越来越重，最终完蛋了事。这是由经济和政治制度的本性决定的。

无产阶级革命中的某些错误，照样重复。苏联犯过个人崇拜的错误，肃反扩大化的错误。中国照样再来一次。而且从中国来说，从打 AB 团到抢救运动，到“文化大革命”，错误一再重复。因为经验是前人的，要接受别人的经验往往要以自己的经验为基础。只有在经验的基础上才能接受和消化别人的经验。没有经验的人，很难体会别人以血换来的经验。为了摆脱这个悖论，必须由经验上升为理论。只有理论才能克服经验的局限。所以无产阶级同样应该从自己的错误中进行学习。

中国人很重视总结历史经验。西汉初年贾谊的《过秦论》就是总结秦王朝覆灭的传世之作，受到历代的重视。而且每朝初建时，都重视为前朝修史，论前朝之得失，兴本朝之新规。可王朝之兴亡更替依然如故。

这当然不是说学习历史是无意义的，而是说就历史经验与历史规律的相互关系而言，不要企图通过吸取经验来改变历史规律，如历代统治者力图万世一系、永远一姓为王一样。学习历史是研究规律、运用规律，而不是可以违背规律。我们应该在总结规律的基础上吸取经验，在总结经验的基础上掌握规律，这样才不至于把总结历史经验变为钻研治民要术。

社会进步及其尺度

由于阶级社会生产力同生产关系之间存在矛盾，物质资料的增长和道德观念、精神文明之间存在矛盾，社会进步中可能包含着退步，即经济增长与道德滑坡同时并存，因此如何评价社会进步，会出现不同的尺度。

当今西方一些社会学家和经济学家的社会进步观就是非常片面的。他们或者把社会进步简单归结为经济增长，完全以量化指标如国民生产总值来标志社会进步，而不考虑其他因素。另外一些学者则以工业发展程度作为进步标志。例如，W. 罗斯提出了经济成长的阶段论，把社会进步划分为六个阶段：传统社会、为起飞创造条件、起飞、成熟、高消费、追求生活质量。这是经济增长论的另一种说法。

法兰克福学派则以社会人道化程度作为社会进步的尺度；而弗洛伊德主义者如弗洛姆则以人的本质得以实现，使人成为互爱的、互相合作的，不再感到寂寞、恐惧、焦虑的人作为尺度。

一个人一个尺度。正如马克思在《1844 年经济学哲学手稿》中所批评的，“每一个领域都用不同的和相反的尺度来衡量我：道德用一种尺度，而国民经济学又用另一种尺度”①。这种经济尺度和道德尺度的对立，是私有社会特别是资本主义社会本身物质生产与精神生产不平衡的反映。

马克思主义唯物史观关于社会进步的观念是唯物辩证的。它是唯物主义的，因为它肯定社会进步的物质基础是经济，生产力归根结底是社会最

① 《马克思恩格斯全集》，中文 1 版，第 42 卷，137 页。

终的决定力量，是社会进步的最高尺度。与生产力的发展相适应必然发生生产关系的变化。生产力达到的水平和发展速度，表明这种社会形态存在的必要性、可能性和价值。只要它仍能容纳生产力发展，它就可能继续存在，任何道德的愤恨都是无济于事的。

从这个意义上说，马克思主义不主张以道德作为社会进步的尺度。梅林就这个问题发表过很好的见解。他在《保卫马克思》中说："历史研究者的课题根本就不是研究道德标准。他只须根据客观的科学研究，告诉我们事物的实在情况。至于他按照自己的主观道德见解对于那些事实作何想法，那是我们不想知道的。道德标准是在不断变化中的，如果活着的这代人想用自己的改变着的道德标准非难过去的时代，那就跟用沙丘的流沙去衡量固结的地层一样。""历史唯物主义在这个意义上是否认一切道德标准的，但是也仅以这个意义为限。它把道德标准从整个历史研究范围中排斥出去，就因为道德标准使任何科学的历史研究成为不可能。"

马克思主义历史唯物主义不把道德作为社会进步的评价尺度，但并不否定对人的行为的道德评价。无论对社会状况或个人行为都可以从道德的角度进行评估。比如资本主义社会，从社会发展来看当然是一大进步。马克思和恩格斯在《共产党宣言》中，曾经充分肯定资本主义的进步性，说它在不到一百年的阶级统治中所创造的生产力，比过去一切世代创造的全部生产力总和还要多，还要大。可资本主义社会自身的矛盾，使它在物质生产和精神生产之间日益不平衡，人被异化，人与人的关系疏远化，人被淹没在利己主义的冰水之中，这一切都引起日益增多的道德愤恨和抨击。从道德的角度看，资本主义的内在矛盾日益尖锐化是无可置疑的。这是一种疾病的象征，而不是疾病的原因。限制科技发展、降低发展速度都不是解决问题的方法，根本的还是通过社会变革来解决。

对无产阶级革命而言，道德问题同样是不能忽视的。以为无产阶级革命可以不受任何道德制约是一种极左思潮。梅林说，无产阶级革命不能按照资产阶级的道德规则进行斗争，"这句话并不是说，他们完全不遵守任何道德原则而进行斗争，他们只是遵守着他们自己的道德进行斗争"。还说无产阶级对于道德"完全不排除，恰恰相反，正是他们创造了工人党斗争的那种道德力量，那种最高度的坚忍、真诚、勇气、自我牺牲的精神”。无产阶级在夺取政权的斗争中，在处理革命内部的同志关系中要遵守无产阶级的道德原则，不能玩弄资产阶级的政客手腕。在取得政权以后，更要讲政治道德，讲公民道德，要把社会主义社会建成一个高道德水平的社会。这样，才能克服资本主义社会存在的物质生产与精神生产矛盾的状况，建设一个既有高度物质文明又有高度精神文明的社会。这才是我们追求的社会主义社会。

社会生活中的血缘关系

任何动物都有血缘关系。一般动物的血缘关系是纯自然的关系，只是在动物的进化过程中发生作用。人的血缘关系不同，它在人类社会的政治、经济、文化、思想很多方面都发挥作用。而且生产水平越低，血缘关系的作用越大。如果我们以资本主义为界限，越往前回溯，血缘关系越起着重要作用。例如氏族社会当然是以血缘关系为纽带的社会，整个社会组织就是按血缘关系建构起来的。即使是奴隶社会、封建社会，血缘关系在政治生活中的作用也是非常明显的。中国封建社会是家国同构，政权制度是家长制的扩大——君即父。继承方式是以血缘为依据，国即是家，家天下。它的政权的分享者是自己的血缘亲族，从封地、爵位，到享受各种特权；它的道德观念，是别亲疏，孝悌忠信；它的处世目标是荣宗耀祖。所有这一切都深深浸入血缘关系。资产阶级革命的一个重要功绩，就是使这种关系淡化甚至逐步消失。可惜资本主义是要以金钱关系战胜血缘关系，它的口号是：亲兄弟，明算账，爹亲娘亲不如钞票亲。

能否由此得出结论：人类社会发展是由生产和血缘双重支配的，人类社会在资本主义社会以前，受血缘关系支配，以后受生产关系支配。我看不行。唯物史观是一元论，不是二元论。物质生产的最终决定作用是普遍的，只是作用的方式不同。在前资本主义社会是间接的决定作用。在资本主义社会以前，人类社会越不发展，血缘关系越是具有双重特性，既是血缘关系又是生产关系。因为家族或家庭既是生产单位，又是生育单位。血缘关系之所以如此突出，正是由于生产力水平低下，这从反面表明了物质生产的决定作用。随着物质生产越来越突破血缘关系的狭隘组织形式，血缘关系的作用越来越减少。这证明历史中归根结底起决定作用的因素是物质资料的生产和再生产。

社会主义社会是沿着资本主义社会的血缘关系淡化和家庭解体的方向发展呢，还是重新回到中国以往重家庭、重亲情、重血缘的关系呢？这确实是个值得研究的问题。现在有些人鼓吹新儒家实在是想回到那种令人神往的时代，这大概是永远无法实现的梦。我以为，社会主义的家庭关系，不能回到以血缘为纽带的长幼有序的封建人伦关系，也不能奉行重金钱轻人伦的资本主义人伦关系，而应该是平等互爱的社会主义新型的家庭关系。

劳动的多种思考

人类在很长一段时期里，在理论范围内从来不考虑劳动问题。轻视劳动与轻视劳动者是一致的。劳动在理论思考范围外，劳动者也在理论范围外。不理解劳动的社会作用，当然也不会承认劳动人民的历史作用。因而以往的历史观只能是唯心主义的，别无出路。

在经济学范围内首先思考劳动的是英国古典政治经济学家，他们创立的劳动价值论承认了劳动的创造作用。在哲学范围内思考劳动的是德国古典哲学家，尤其是黑格尔。不过他是在唯心主义范围内承认劳动的作用，即把劳动的创造性变为绝对观念的能动特性。在人类思想史上，真正对劳动作出科学解释的仍推马克思和恩格斯。在政治经济学、哲学、科学社会主义学说中，马克思和恩格斯都从不同的角度对劳动和劳动者的作用给以足够的重视。完全可以说，没有关于劳动和劳动者的学说，就没有马克思主义。

马克思把劳动看作是人类社会存在的基础，任何社会都不可能没有劳动。这是马克思始终坚持的观点。他说："劳动作为以某种形式占有自然物的有目的的活动，是人类生存的自然条件，是同一切社会形式无关的、人和自然之间的物质交换的条件。"① 在《资本论》中他又说："劳动作为使用价值的创造者，作为有用劳动，是不以一切社会形式为转移的人类生存条件，是人和自然之间的物质交换即人类生活得以实现的永恒的自然必

① 《马克思恩格斯全集》，中文1版，第13卷，25页，北京，人民出版社，1962。

然性。"① 还说：劳动，作为生命的表现和实证，是还没有社会化的人和已经有某种社会规定的人所共同具有的。可是马克思也看到，劳动不能脱离劳动借以实现的形式。不组成生产关系的劳动是没有的。因此劳动的性质取决于生产关系的性质。这样，马克思提出了异化劳动与真正劳动的问题。他说："在奴隶劳动、徭役劳动、雇佣劳动这样一些劳动的历史形式下，劳动始终是令人厌恶的事情，始终是**外在的强制劳动**，而与此相反，不劳动却是'自由和幸福'。"

消灭了私有制，消灭了剥削和压迫，劳动则是另一种性质。"在这些条件下劳动会成为吸引人的劳动，成为个人的自我实现，但这决不是说，劳动不过是一种娱乐，一种消遣，就像傅立叶完全以一个浪漫女郎的方式极其天真地理解的那样。真正自由的劳动，例如作曲，同时也是非常严肃，极其紧张的事情②。"所以在马克思看来，"劳动是积极的、创造性的活动"。

所谓社会主义革命是与消灭旧的劳动的雇佣性质，消灭旧的分工相联系的。所以马克思、恩格斯把社会主义革命称为解放劳动，或称为消灭劳动，即改变劳动的雇佣性质、方式和目的，使劳动真正成为人的自由自觉的活动。没有劳动性质的改变，没有劳动人民地位的变化，就没有真正意义上的社会主义。

---

① 《马克思恩格斯全集》，中文1版，第23卷，56页。

② 《马克思恩格斯全集》，中文1版，第46卷下，112～113、113页。

历史唯物主义不是物本主义

无论是西方还是中国，都有人把历史唯物主义歪曲为物本主义，重视物而不重视人。这当然是误解甚至是曲解。

历史唯物主义与抽象人本主义的对立，是两种历史观的对立，而不是重视物与重视人的对立。唯物史观重人，重人的首创精神，但反对人本主义。因为在唯物史观看来，人本主义的本质并不是提倡重视人关怀人，而是把人看成抽象的人，并且把抽象的人性作为历史的尺度。正因为如此，它所倡导的对人的关怀与爱，都只不过是无法实现的温言软语。除了博得眼泪外，只能使人迷糊。

唯物史观并不是物本主义。在人与物之间，唯物史观重视人的主体地位，重视人的价值，重视人的创造作用。毛泽东说过："世间一切事物中，人是第一个可宝贵的。"①

唯物主义和唯心主义是哲学概念。它指的是在存在与思维的关系中，奉行的是哪一条路线。把重视物，包括贪财、酗酒、好吃说成是唯物主义，是唯心主义反对唯物主义的一种手法，恩格斯在《路德维希·费尔巴哈和德国古典哲学的终结》中给予过驳斥。唯物主义中的"唯物"，指的是承认世界的客观性，承认物质第一性，意识第二性。此外别无他意。

唯物史观不是物本主义。因为历史唯物主义中的物，不是货币、机器、厂房，而是指作为社会存在和发展基础的物质资料生产方式。马克思

---

① 《毛泽东选集》，2版，第4卷，1512页，北京，人民出版社，1991。

主义是唯物史观的创立者，它主张社会存在决定社会意识，主张生产力归根结底是社会发展的最终决定力量。

为什么研究社会不能用显微镜、化学试剂、光谱分析，或者其他物理化学方法，原因在于，唯物主义历史观中的物，不是以自然物形态存在的实物，而是社会关系（人与自然的关系、人与人的关系）。这些关系当然要以实体为中介，但不是这些物体本身。正如商品的价值一样，它不能离开使用价值但又不能归结为使用价值。马克思说："同商品体的可感觉的粗糙的对象性正好相反，在商品体的价值对象性中连一个自然物质原子也没有。"①

① 《马克思恩格斯全集》，中文1版，第23卷，61页。

在关系中把握属性

事物的属性与它同其他事物之间的关系是不可分的。属性存在和表现在关系之中，而事物之间的关系又离不开它的属性。纸的可燃性离不开火，正是在与火的关系中表现出纸的可燃性。其他一切事物都是如此。属性存在于关系之中。一个孤立的不与任何其他事物发生关系的事物，它具有什么样的属性是无法知道的。在对事物的认识中，从相互联系中认识事物是一个重要的方法论原则。马克思说："从君主制本身不能了解君主制，但是从民主制本身可以了解民主制。"① 这种从联系中认识事物的方法，就是比较的方法。联系就是比较，比较就是鉴别。

① 《马克思恩格斯全集》，中文1版，第1卷，280页。

认识的社会制约性

大脑是认识的器官，可人的大脑结构相同，认识水平却不同。不同时代的认识是这样，同一时代不同的人也是这样。认识是人的大脑对事物的反映，可为什么反映的深度、广度如此不同呢？

在认识论的研究中，不能离开唯物史观，不能就认识研究认识。认识是受社会制约的。即使是对自然的认识即自然科学，同样是受社会制约的。自然自身并不能提供自然科学史发展的顺序，它的深刻原因存在于社会之中。毛泽东说过一段很著名的话："马克思以前的唯物论，离开人的社会性，离开人的历史发展，去观察认识问题，因此不能了解认识对社会实践的依赖关系，即认识对生产和阶级斗争的依赖关系。"①

在国内国外，都有人把马克思主义认识论说成是机械论，把辩证反映论说成是镜子论，上述观点就是对这种观点的最好驳斥。

① 《毛泽东选集》，2版，第1卷，282页，北京，人民出版社，1991。

对体会的体会

什么叫休息，似乎人人都知道，其实不然。一个终日无事、闲得发慌的人，决不可能体会休息的愉快。而一个累得汗流浃背的人，哪怕直直腰也乐不可支。去过干校的人都有这个体会。休息只有与劳动相依存，才具有真正的内涵，才能使人体会到其中的快意。黑格尔说，同一句格言，饱经风霜的老人与年轻人的体会是不一样的，讲的就是这个道理。少年不识愁滋味，为赋新诗强说愁；老年识得愁滋味，欲说还休。欲说还休，讲的也是这个道理。体会是实践的经验的，而不是概念的逻辑的。达到理性的把握，已经不是体会而是对体会的体会。

联系与思维

事物之间的联系，尤其是本质联系不可能用眼睛直接看出来，而必须通过思维。直观中的太阳升起与沉落，与地球的自转之间的关系是科学揭示的。没有思维能力连两个最简单的事实也联系不到一起。有经验的人所以一眼能看出事物的联系，是因为这种联系是对他以往经历过的事物的重复。这种被意识到的经验中就包含理性与思维。

正因为对联系的揭示要通过思维，所以有可能胡乱联系，把虚假的幻想的臆造的联系强加于事物。例如，乌鸦叫与车祸、眼皮跳与被盗之间的联系是虚构的。宗教哲学中不少理论借助于这种虚构的联系。中国古代天人合一学说中的神秘部分，就包含有用自然现象来预示社会人事的虚构联系。

要区分真实的联系与虚构的联系，必须通过理性思维。仅仅信赖感官而轻视理性，很容易为各种迷信和伪科学所欺骗。正是在这种意义上说，眼睛的确是最坏的见证人。

关于“错误难免论”

科学的最终目的是真理，但不能排除错误。认识的过程不可能是从真理走向真理，而往往以错误为中介。可以说，通向真理的道路是由错误铺平的。在这个意义上说错误难免符合辩证法。说错误难免是指人类通向真理的道路，而不是说任何错误都是不可避免的。一再重复的错误是可以避免的，因为前一个错误就包含避免后一个错误的可能性。如果错误不是通向真理而是通向错误，不断犯错误而且是一再重复错误，在这种错误专家口中的错误难免论就变成了错误永恒论，这是彻头彻尾的荒谬。

正确与错误

知道什么是正确，可以避免错误；知道什么是错误，可以找到正确的东西。不知道什么是错的，即使对了，也是瞎猫碰到死老鼠，是盲目的。偶然的正确，是不会重复出现的。正如抛硬币猜正反面一样，一次猜对，不能保证第二次必然猜中。在实践和认识中，我们要力求清楚地把握住正确与错误的界限，不能在是非界限不清的情况下盲目行动。当然这不排斥试探、摸索，但试探与摸索的目的还在于形成明确的正确与错误的界限，以避免盲目性，加强自觉性。

科学与经验

科学离不开经验，特别是生产经验，但又不能局限于经验。科学与经验是不可分的，但可能是矛盾的。按照经验地球是不动的，按照科学地球在不停地旋转。“坐地日行八万里，巡天遥看一千河”，是科学，而不是经验。要使科学与经验相一致，必须由经验上升到科学，用科学来理解经验。这两者一旦分裂，科学就变为空的，经验就变为错的。

谣言的可信与不可信

一种谣言的流行，必然有其原因。其中社会心理是不可忽视的因素。社会的心理趋势使某种谣言易于被接受。凡不胫而走、迅速传播的谣言，都是以一种变形的方式反映群众的某种要求。谣言是不可信的，因为它是谣言。所以古人说，谣言止于智者。但谣言又是可信的，因为产生和传播谣言的社会原因是真实存在的。高瞻远瞩的政治家们不是简单地辟谣，同时还从谣言的产生和传播中得出某些有益的结论。

一个行动胜过一打纲领

这是马克思的名言。在道德问题上也是如此。凡属所谓道德说教，总会使人感到陈腐，苍白无力，可一旦付诸实践，就显得伟大和崇高。例如，为人民服务，只有五个字，说者无心，听者无意，似乎是空话官话。可是一个人真正在行动中始终坚持为人民服务，那将是伟大的一生，会得到人民广泛的持久的传诵。即使只是真正为人民办了几件实事好事，也会得到人民的拥护。再如一对夫妻相濡以沫，经历种种磨难，相守不变，比起那些夫妻应该如何如何的道德教律来更能得到人们的尊敬。在思想特别是道德领域中，人们重言行一致，而且行重于言。如果言行不符，特别是伪言劣行，人们称之为假道学。道德教育一定要落在实处，千万不要摆花架子。

我看知识分子

有各种类型的知识分子。在中国封建社会中有封建的知识分子，称为士或儒生。就经济而言，他们基本上都是有负郭之田的大中地主，是地主阶级的一部分。就社会功能而言，他们或者是为统治阶级输送后备军（所谓学而优则仕），是封建社会官吏的来源；或者是进行意识形态工作（代圣人立言）。他们的社会地位是高的，天地君亲师，上了祖宗牌位的。中国知识分子的传统是有忧患意识和社会责任感。“天下兴亡，匹夫有责。”首先是知识分子的自我责任感。这种知识分子的缺点是非生产性的，鄙视劳动，鄙视技术，鄙视商业，万般皆下品，唯有读书高，走的是读书做官的道路。

资本主义类型的知识分子不同。他们被抹去了神圣的光环，是类似仆人的智力劳动者；他们不是被供在祖宗牌位上，而是被推向市场。他们的优点是有生存力和竞争力，直接参与社会生活的各个方面的活动，从经济到政治到意识形态，活跃在各个领域，突破了以往传统知识分子除做官别无出路的狭小圈子。他们的观念是功利主义化的，往往容易丧失传统知识分子的社会责任感和理想。

我们需要的是社会主义知识分子。这种类型的知识分子需要对封建主义的和资本主义的知识分子的特性进行扬弃。也就是说他们应该面对市场的竞争，尽量使自己的知识为社会所需，能参与社会的各种活动，打破封建知识分子的万般皆下品、唯有读书高的传统观念，但又不能把自己变成商品，待价而沽，应该保持独立的人格，批判地继承中国传统知识分子“先天下之忧而忧，后天下之乐而乐”的忧患意识和社会责任感。这不是回到过去，而是在更高的基础上对以往知识分子的特性的扬弃。

观念与习惯

牛不能杀，不能吃，是一种观念。它是以牛为生、把牛作为重要劳力的农业社会的观念形态。农民把牛看得比生命还重。有了拖拉机后人们已经破除了牛不能杀、不能吃的观念。可有些农民仍然不吃牛肉，这已经是由观念变成了习惯。社会观念到社会习惯的演变往往也是如此。正如结婚时的聘礼、见面礼是旧时代买卖婚姻习惯的遗传。项链、手镯是奴隶锁链的标志，但后来逐渐演变成为妇女的一种装饰品，已经完全丧失了原来的意义。探索一种风俗习惯的起源，是饶有趣味的。但人类要弄清楚每一种观念、风俗、习惯的起源却相当困难的。因为随着时间的演变，时代的进展，它们会越来越变形。

真理与谎言

谎言往往被误认为是真理。不断被宣传的谎言可以变为“真理”。

真理可以被认为是谎言。与传统的谬误、偏见、习俗相抵触的真理，往往容易被视为谎言。

谎言之所以被认为是真理，是因为谎言是由一些所谓“道理”支撑的。例如，把白天说成是黑夜，把黑夜说成是白天，是容易识破的；可如果指黑夜为白天，说现在天所以黑，是因为日食，这就近乎真实，不易识破。因为日食确实可以使白天变黑。谎言所以容易与真理混淆，是因为它往往具有真理的外表——往往能说出个一二三，这种谎言是最可怕的。因此揭穿谎言最有力的工具是事实，而不是抽象的道理本身。

眼与手

从认识论的角度看，人的两种器官最重要：眼与手。人同外界的接触，接受信息，据说90%以上是借助于眼睛。中国古话说的耳听为虚、眼见为实概括了这种情况。从劳动的角度看，手最重要，一切创造都来自手。无论是达·芬奇的雕塑、拉斐尔的绘画、贝多芬的乐章、巴尔扎克的小说，他们的创作都离不开手。人类社会的一切产品，举凡生活用品、工艺品，无一能离开人的手。黑格尔在《精神现象学》中指出："手之所以一定代表个体的自在，很容易从下面这个事实看出来：除语言器官以外，手是人类最多地用以显现和实现其自身的一个器官。它是人创造自己的幸福的一个被赋予灵感的创造者；我们可以说，它就是人的行动的结果；因为手作为人的自身实现的活动器官，本身体现着作为灵感的赋予者的人，而既然人本来就是他的命运，那么手就将表示这个命运，表示这个'自在'。"

当然，人的各种感官都是在大脑指挥下才有动作的。但是就人对世界的认识和改造来说，在感性器官中，眼和手的作用的确是非常突出的。

理性与审美

美是感性的、形象的。审美当然要凭借感官。庄子说过，瞎子无法与他共赏色彩的美观，聋子无法和他共赏钟鼓的乐声。但是审美决不仅限于感官。只有理解了才能更好地感觉它，这一点，对于认识是真理，对于审美也是真理。因此，可以有聋了的贝多芬，也可以有大量不聋的乐盲。

看问题要有角度

货币是一般等价物。货币的最重要的一个职能是流通手段。可货币在流通中同样可以成为传染疾病的媒介，如传染肝炎、肠炎、痢疾等。货币作为传染疾病的媒介并非货币的本质，在研究货币的职能时完全可以不予考虑。可如果从另一个角度例如从疾病传染的角度看，货币作为疾病传染的媒介作用是不能忽视的。所以看问题必须找好角度。

真理与错误

增加真理，就是走向错误。清除错误，就是走向真理。害怕错误，就是害怕真理。不准犯任何错误，就是不准备接受任何真理。真理自身不包含错误，但真理的获得决不能离开错误。应该把抽象的真理的哲学定义和人们获得真理的过程区分开来。

西方哲学家波普尔曾批评中国人说，中国流行的生活态度都认为犯错误是丢面子的。如果这是真的，根据我对科学的看法就要改变这种态度，甚至应该代之以相反的态度。如果有人指出了你坚持的一种错误做法，你应对此表示感谢；对于批评你有错误想法的人，你也应当表示感谢，因为这会导致帮助你改正错误，从而使我们更接近真理。应该说，这种对待错误的态度是对头的。

真理与气节

人们往往把真理问题限于认识论领域，争论真理的阶级性问题。其实仅就真理谈论真理是有局限的。真与不真、真理的标准等问题当然是认识论问题，可真理同样与历史观、人生观不可分。不仅发现真理有个立场问题，而且坚持真理有个气节和勇气问题。马克思对真理问题的论述就是多角度的，并没有仅就认识谈认识。

马克思说过，真理探讨者的首要任务是直奔真理，而不是东张西望。这就是说，一个真正追求真理的人，不能察言观色，看风使舵，而要以真为真，直奔真理。东张西望，等因奉此，是不可能得到真理的。的确，真理的火炬可以照亮在暗中摸索的人的路，但往往会灼伤高举真理火炬的人的手。为真理而献身的殉道者在历史上是常见的。

马克思还说过，是真理占有我，而不是我占有真理。真理比任何个人的力量都要大。真理决不怕人，而只有人害怕真理。真理不会向人屈服，而只有人向真理认输。宗教裁判可以迫害哥白尼，但决不能使地球停止转动，而且最终要宣布为哥白尼平反。

规律与矛盾

人们往往容易对规律作宿命论的解释，似乎规律妨碍人的能动性，因而总是在规律之外，在所谓可能性空间中去寻找主观能动性的根据。他们不了解，在规律之外去寻找主观能动性，就是把人放在偶然的王国之中，这恰好剥夺了人的能动性。在纯粹的偶然性领域，人是无法计划和实现自己的目的的。

实际上，规律自身是包含矛盾的。例如，资本主义最终必然过渡到社会主义是规律，可资本主义不会自行灭亡同样是规律；社会革命是规律，可统治阶级力图维护旧的制度同样是规律。规律的内容不是单一的，而是包含矛盾的，包含相反相成的内容。因而在规律作用的必然趋势中，会存在一种反方向的作用。人的主观能动性正在于实现规律的必然的进步的趋势，遏制其相反的作用。这就是在实现和利用规律中需要充分发挥人的主观能动性的根本原因。

必然与偶然

骑自行车可能被汽车轧死，坐飞机可能失事摔死，可人们照样骑自行车、坐飞机。为什么？因为在这里，死是偶然的。偶然性的事都是可能发生也可能不发生的。相反，喝毒药、投水，死是必然的。

偶然性——不一定；

必然性——不可避免。

因此，人们不怕 100 次坐飞机，但害怕一次喝毒药；除非自杀，人们决不会服毒。

但真正的聪明人，并不害怕必然性而是害怕偶然性。智者以平静的态度对待死亡，但提防各种偶然的致死因素。蠢人害怕必然性，追求长生不老，对现实的各种致死的偶然因素掉以轻心。

当然，必然与偶然的关系是很复杂的。它们之间是可以转化的。某个人在某年某月某日生了个女孩当然是偶然的，因为这对夫妇的本质中并没有他们必然在某年某月某日生个女孩的内在根据。可是当精子和卵子的偶然结合既成事实时，那么未来孩子的性别以及产期就转化为必然性，而且从更大的范围说，这种偶然性是必然性的外在表现。对个人而言，生男生女是偶然的。可从整个人类看，男女的比例存在某种规律性，尽管这种规律是统计学的，但确实是一种规律性现象。恩格斯在《自然辩证法》中关于必然性和偶然性的著名论断肯定了黑格尔的合理思想，使我们能辩证地对待这两者的关系。在实际生活中，我们一定要掌握和利用必然性，捕捉有利的偶然性，提防不利的偶然性。

重视本质不忽视非本质

包办婚姻有没有感情好的？当然有。

婚姻自主有没有闹离婚的？当然有。

国民党里有没有好人？当然有。

共产党里有没有坏人？当然有。

但不能说，包办婚姻比自主婚姻好，国民党比共产党好。这里确实有个思维方法问题。包办婚姻中有感情好的，原因并不是因为婚姻是包办的，而是因为结婚以后，加深了了解，建立了感情。包办并不是感情好的原因。同样，自主婚姻中闹离婚并不是因为婚姻自主，而是因为自主中存在盲目。共产党中的坏人背叛了共产党，国民党中的好人“背叛”了国民党。从本质上看问题，是把握事物质的规定性。这当然不是说，非本质的方面是无关紧要的。事实上，事物的非本质方面不断发展，就可能使事物变质。区分本质，重视非本质，这应该是我们认识事物的重要方法。

二与多

不能把矛盾论与系统论对立起来，更不能以系统论来取代矛盾论。系统论强调事物存在是一个整体，是多种因素的聚合体，这当然正确，可各种要素之间的关系并非简单相加，而是对立统一的关系。要揭示系统存在的本质必须揭示它的矛盾。系统讲的是事物存在的方式，而矛盾则揭示事物的本质。系统分析不能取代矛盾分析，因为当进入事物统一整体中的各因素之间的关系时，必须着重分析矛盾。离开了矛盾的分析，所谓系统只是混乱的、无规律的。

由直观到抽象

无论是个体还是人类似乎都是如此。任何个体在生长中，都是先发展形象思维能力，然后才逐步发展抽象思维能力。类的能力也是这样。古希腊先是文艺（三大悲剧家：埃斯库罗斯、索福克勒斯、欧里庇得斯）有了高水平的发展，然后出现毕达哥拉斯、赫拉克利特、德谟克利特、苏格拉底、柏拉图、亚里士多德。中国没有如此分明的阶段，但中国最初的哲学都是诗化的或者是文学化的形象化的表达。无论是《道德经》还是《庄子》都很明显。人在青少年时喜欢文艺，成年特别是老年转向哲学并不罕见。

人的认识，大抵是先描写美的事物，再进入美的理念。理念似乎是永恒的、整体的。一个人年轻时花容月貌，老了逐步变丑，而且越老越丑。其他东西莫不如此。一件漂亮的衣服，一束美丽的花，都会被时间剥夺它的美。美的事物是变化的，可美的理念是不变的。美也是整体，再美的眼睛，放在眉毛上面也是不美的。要从具体事物的美中，从变动不居的美的事物中上升到美的观念，当然要经历时间。对人类来说就是历史。对个人来说就是阅历。有人说哲学偏爱老年人，老年人喜欢哲学，道理可能也在此。

和与同

和是矛盾的对立统一，同则是矛盾的否定。中国古代哲学家早就提出过“和而不同”的主张，认为和则生物，同则不继，反对矛盾取消论。这个思想是深刻的。

“以水济水，谁能饮之？若琴瑟之专一，谁能听之？”美食，必须五味调和；美音，必须五音俱全。中国古人把宰相比作厨师，不过不是调和五味，做饭做菜，而是善于化解矛盾，使各种不同的利益和意见得到正确处理。

人的认识也是如此。一种意见与另一种意见完全一样，没有增加任何内容，这只能算是一种意见，认识没有任何进展。如果一种意见补充另一种意见，则是两种意见的互补，认识更全面。“君所谓可而有否焉，臣献其否以成其可；君所谓否而有可焉，臣献其可以去其否。”这是《左传》记载的昭公二十年晏子与齐侯的一段对话。从肯定与否定的对立统一看，这个意见是非常辩证的。

是什么与似什么

我们应该把是什么和似什么区分开来。儿时看云，说它像牛，像马，而不说它是牛是马。是——属于本体论的范围，是指事物本来的面目；似——属于认识论的范围，是在我看来，如何如何。一个真正客观的认识必须以“是”为前提，离开“是什么”，谈不上“似什么”。把“是什么”说成“似什么”，不超出主体的认识范围，只能导致唯心主义。

本体论与认识论

本体论着眼于一。它探求世界的本质，因此探求世界的统一性。在本体论中，意识是作为物质的属性来把握的，它统一于物质；人是作为自然的一个部分，是血肉之躯，是稳固站立在地球之上的物质存在。

认识论着眼于二。它探求的是主体与客体的对立统一关系。意识与物质的对立在认识论范围内是相对的。人是作为主体——认识和实践的主体而存在的。

可认识论中的二，是一中之二；本体论中的一，是必然表现为二的一。所以在辩证唯物主义中，本体论与认识论是不可分的。

同与异

从辩证法来看，同中有异，异中有同。从辩证思维的角度看，最重要的是，从同中看到异，从异中看到同。黑格尔在《小逻辑》中说过，假如一个人看出了当即显而易见的差别，比如能区别一支笔和一头骆驼，我们不会说这个人非常聪明。同样，另一个方面，一个人能比较两个近似的东西，如橡树和槐树，或寺院与教堂，而知其相似，我们也不能说他有很高的比较能力。黑格尔要求的是能看出异中之同和同中之异。这对思维方法来说是很重要的，它不仅要求有哲学思维能力而且要求有具体的知识。非植物学家看不到同一棵树上的两片树叶的相异之处，非生理学家看不到人与猿的相同之处。我们应该牢牢记住，从同中求异，从异中求同，这样才能深刻地认识事物。

相互联系和宿命论

凡是机械地看待世界的普遍联系，必然导致宿命论。例如，霍尔巴赫认为，宇宙中的一切都是相互关联的，宇宙本身不过是一系列原因和结果的无穷的锁链。这样，整个世界就是一个绝对必然性统治的世界，不容许任何偶然性。这种观点推广到历史领域，必然是否认人的任何能动性的宿命论。例如他说，一个迷信者的胆汁过多的分泌，一个征服者的心中过于炽热的血液，一个专制君主的胃里的消化不良，在某个妇人的头脑中闪过的一个幻想，都是一些充分的原因，足以酿成战争，足以驱使千百万人去从事屠杀，足以颠覆城池，足以使城市化为灰烬，使国家陷于悲惨和穷困，使饥馑和传染病猖獗，使愁苦和天灾在若干世纪的长时期内在我们地球表面上传播蔓延。这种说法当然是错误的。在民主制度下，任何领导者个人的奇思怪想、精神失常，都不能成为决策的最终根据；而在封建专制君主制度下，个人具有至高无上的权力，但他并不是孤立的个人，而是作为一个阶级利益的集中的代表者。他的决策同样是受制约的。他不可能由于分泌过多的胆汁、消化不良或者其他生理因素的变化，做出违背自己阶级利益的决策。如果这样，他马上就会被罢黜。

不能把普遍规律抽象化

把普遍规律看成是脱离特殊规律的抽象普遍性，说各国各民族社会发展的特殊规律是一般规律的特殊表现。这种说法是神秘主义的，刚好颠倒了个别与一般的关系。不是先有人（一般的人），然后说张三李四都是人的表现。不能说先有水果，苹果、梨、香蕉都是水果的表现。实际上，特殊规律之中就存在一般规律。马克思关于五种社会形态的理论，揭示的正是各民族的共同规律，它存在于各民族的具体发展道路之中。有的民族未经历五种形态，或没有经历过独立的资本主义社会阶段，并不能说马克思关于五种社会形态更替的理论不起作用。因为只要仔细研究，就可发现每个民族的社会形态的演变，它的总的进程是符合这个规律的。它有历史的跳跃，但决不会有历史顺序的倒转。

真理与时间

时间的长短并不是真理与谬误的分界线。可以有古老的真理，也可以有最新的谬误。欧几里得的几何学几千年并没有变为谬误。同样，哥白尼的地动说，也没有因为至今已有四百年而变为谬误。时间如火，真理如金。时间的考验，越发显示真理的力量。

认为马克思主义产生已 150 多年而宣布它过时是错误的。真理的力量和作用是不受时间限制的。唯一的标准是实践。可是在苏联东欧出现的挫折，并不是对马克思主义非科学性的实践证明。它恰好证明，违背马克思主义是要受惩罚的。苏东的失败是教条主义和修正主义的失败，是由教条主义向修正主义转变的并发症。实践是检验真理性认识的标准的论断是完全正确的。东欧剧变当然是一次检验，它证明人们在很长一段时期关于社会主义的观念是违背马克思主义的。不是马克思主义断送了苏东的社会主义事业，而是教条主义者眼中的所谓社会主义损害了马克思主义。

走过去与走过来

认识不是客体向主体走过来，而是主体向客体走过去。客体向主体走来是消极的直观反映论；主体向客体走过去，是积极的能动的反映论。不是世界向我敞开，而是我在实践中观察世界。正因为如此，认识什么、为什么认识以及认识能达到的水平，不是取决于客体，而是取决于人类的实践水平。人是在实践中认识的。

西方一些理论家制造各种借口来反对辩证唯物主义的反映论。有的论者以列宁在物质定义中提出的物质是不依赖于意识并在意识中被复写、摄影、反映为依据，认为马克思主义哲学把人的认识看成与摄影是一样的，说“列宁及其追随者片面地把认识看作为客观存在在主观意识中的消极的反射和反映”，这种说法不是误解就是有意歪曲。列宁说的摄影显然是一种比喻。他强调的是人的认识也是对对象的认识，正如摄影一样，没有一个被摄的对象，人的认识是不能从人的头脑中主观自成的。只是在这一点上，人的认识与摄影确有相似之处。至于就认识的本质、机制以及复杂的能动过程而言，当然与摄影不能相提并论。摄影不能为对象增加或减少任何东西。人的认识却能在思维中组合重构关于对象的认识。至于说摄影也有手法技巧，拍什么不拍什么，对被摄的对象采取什么态度，以及摄影中包含的倾向，等等，这与摄影无关，它所表现的恰好是人的认识的能动性。

有的理论家反对反映论，认为它无法描述认识的复杂过程。他们说，你可以说水果反映了梨和苹果等，是从它们中概括出来的，但你们不能从现实的直观中得出价值、剩余价值的概念，反映论无法解释那些没有直接感性的概念是如何来的。这种说法表明论者对反映论缺乏正确理解。辩证唯物主义反映论本质上是观念的因果决定论，而不是形象反映论。对事物的外在形式，如大小、体积、形状、位置有个反映问题，同样对规律和事物的本质也有个反映问题。这不是形象的反映，而是抽象的反映，是以概念、范畴来把握对象的本质。这种认识本质上仍然是一种反映，因为它的正确与否，要看它在何种程度上符合对象。物质的抽象、价值的抽象、规律的抽象，凡属正确的抽象都是逼近对象而不是离开对象。而衡量符合与否的尺度是实践。

还有一些理论家以皮亚杰的认识发生论为依据，认为认识的本质是主客体的相互作用，而不是反映。其实这是两个不同的问题。主客体的相互作用不是对认识本质的揭示，而只能说明人如何获得认识。没有主体作用于客体，当然不能产生对该客体的认识。可认识的本质是什么？当然是在实践中对客体的反映。没有对象就没有对该对象的认识，这是显而易见的道理。如果我们只停留在相互作用的范围内而不进一步探讨认识与对象的关系，实际结果是否认我们意识以外的客观的源泉，否认与我们认识相符合的客观实在。

人的认识不是简单的刺激反应。人不是被动地接受对象，而是向对象走过去，在改造对象中认识对象，正如普列汉诺夫说的，“费尔巴哈说我们的‘我’只是因为受客体的影响才认识了客体，马克思反驳道，我们的‘我’因为自己对客体的影响才认识了客体”。当然，认识是个复杂的过程。至今，客观世界如何在人的头脑中被改造制作成为人的认识，仍然是哲学和科学探求的对象。但不管这个过程如何复杂，它都无法改变一个事实：认识必须有对象，而且认识的目的是要正确认识对象，并通过这种正确的认识来改变对象。

苹果落地和万有引力

苹果落地古已有之，并不能成为万有引力被发现的一种机遇。机遇看似偶然，实际是一种积累。机遇不是一个简单的事实，而是这个事实对人的价值和作用。对一些人是机遇的现象，对另一些人可能丝毫不引起注意。的确，在科学领域中机遇偏爱有准备的头脑。在其他领域也是如此。

可能性与“万一”

可能性不是主观揣测或假设。万一，也许，或者，这只是表达可能性的方式，但不是对可能性的真正科学分析。这种表达，有不少是对事物缺少分析的一种猜测。

可能性，不能等同于万一，它是事物本身条件所蕴含的、只要具备一定条件就会实现的发展趋势。可能性处于矛盾中。与可能性相对立的不仅是不可能，而且是另一种可能性。当某一种可能性没有实现时，意味着实现了另一种可能性。人们在实践中，应该争取实现好的可能性，防止不利的可能性变为现实。

可能性不同于必然性。冷水可以变为热水，这是可能性。只要加热，这是能实现的。热水可以变凉，这不是可能性而是必然性。必然性与可能性的区分在于，可能性取决于事物所处的条件，它可能如此也可能不一定如此；而必然性取决于事物自身的性质，它肯定如此，一定如此。可能性是万一，而必然性是一万。

何谓全面性

人的认识应该尽可能全面，避免片面性。但全面性有一定限度。超过一定的限度，越全面则越片面。如同一个人得感冒，可能是着凉了。为什么着凉，因为没有暖气。为什么没有暖气，因为停电。为什么停电……你可以无限追问下去，这种全面性，越全面，离真理越远。对于感冒来说，如果真是着凉的话，着凉这个解释就已经够了。所以，千万不要棉花里扯出絮来没完没了。实际上认识的全面性是指事物的多方面的联系而不是联系的无限系列。列宁说的要认识事物必须截断、打碎，讲的就是这个意思。不要求无休止追求所谓全面性，而是尽可能全面。这种全面性最本质的内容就是把握事物的矛盾。

辩证法与变戏法

辩证法要防止成为变戏法和诡辩，就必须正确处理运动与静止、质的相对稳定性与变化的关系。例如人是要死的，但在未死之前仍是活人，决不能因为最终是一死而否认生的意义。同样，好事与坏事、祸与福、快乐与痛苦，是可以转化的。但这种转化是有条件的。在未转化之前，仍各具特性，彼此是不同的。否则生死一样、好坏不分、祸福是一码事，就像庄子《齐物论》讲的万物齐一，彼此彼此。这样，世界是一锅粥。或者像一位哲学家说的，黑夜观牛，其色一样。马克思曾非常深刻地说明这个道理，大意是一切发展中的事物都是不完善的，而发展只有在死亡时才结束。难道由此可得出结论说：我们应当混淆一切，对善恶、真伪一概表示尊重吗？当然不能。事物有自己质的规定性。当没有变为另一事物前，它是这一个而非另一个。由事物的可变性而引出混淆事物质的规定性的结论，就是把辩证法引向诡辩。

自由的代价

自由本身是矛盾的。自由的实现就是不自由。不自由的限制就是自由。电影凭票入场，对于无票者不自由，可保证了有票者的自由。此种例子俯拾即是。社会中所有的规章制度都具有这种双重性。当毛泽东说民主与集中、自由与纪律必须结合时，就揭示了自由中包含着不自由的道理。不排斥自由的自由，就是自由的终结。

想想看，你为什么那样看

人，作为主体，总是与对象处于一定的关系之中。其中很重要的一种关系就是价值关系。所谓价值关系，就是主体与对象之间的一种利益关系。价值观念是对价值关系的主观认定，而价值评价则是以价值观念为尺度，对处于价值关系中的对象的评价。由于价值评价受价值关系的制约，因此利益在评价中起着重要作用。所谓昧着良心说话，所谓闭眼不看事实，根本原因在于利益攸关。所以一个真正有科学态度的人，如果发生这种错误，一定要反躬自问，自己为什么会这样看，是什么利害关系在作怪？在价值问题上不摆脱利己主义的纠缠是很难客观的。恩格斯说过："鄙俗的贪欲是文明时代从它存在的第一日起直至今日的起推动作用的灵魂；财富，财富，第三还是财富，——不是社会的财富，而是这个微不足道的单个的个人的财富，这就是文明时代唯一的、具有决定意义的目的。"① 能不能实事求是，敢不敢实事求是，这里不仅有认识问题，更重要的是私心问题。所以，实事求是不仅是认识论原则，也是道德原则。无私才能无畏，这是千真万确的。

① 《马克思恩格斯选集》，2 版，第 4 卷，177 页。

木桶效应与鞭打后羊

即使木桶的木板只有一块是短的，其余全是长的，仍然盛不了多少水。如果要扩大盛水容量，加长所有的长板，毫无用处，可只要加长一块短板就能使面目改观。庄子讲如何善于养生时，提出了一个重要命题："善养生者，若牧羊然，视其后者而鞭之。"意思与此相似。无论做任何事，都要善于抓住关键。平均用力，只能事倍功半，甚至劳而无功。

碰钉子与被钉子碰

人碰钉子，是怨钉子还是怨人？按理当然怨人，是人碰钉子，而不是钉子碰人。可如果由此得出结论，在主客体关系中，主体是决定性的，就走向了另一个片面。

首先，必须承认有个钉子，才有可能碰钉子。如果客体依存主体，就没有碰钉子的问题。

其次，如果面前有钉子，我能正确反映它，就能绕开钉子。这里有个反映正确与否的问题。

最后，或者我碰了钉子后，通过行动（实践改造世界）来拔掉钉子，下次就不会再碰钉子（即犯同样的错误）。

可见，碰钉子的问题，不能仅仅归结为主体的问题，而是如何正确处理主客体的关系问题。不同时研究客体，即不研究对象的规律和特点，仅仅把责任归结为主体，仍然避免不了下次再碰钉子。

谈悟

悟，是通过亲身体验，从事物的对立面中把握对象本质的一种心理状态。

健康，它的可贵在于人有不健康的时候。健康的可贵是从生病中悟出来的。

青春的可贵是从暮年中体悟出来的。

牙齿的可贵是从牙痛中悟出来的。

一切都是相反相成的，认识也是如此。从一个事物想到另一个事物，就是悟。

悟似乎是一种经验的瞬间的状态，其实它是理性的，是人生经验长期积累的一种迸发。

豪猪与自由

豪猪（长有许多长而硬的刺的猪）由于寒冷需要相互靠在一起取暖，可它们身上的刺又使它们分开，很难亲密无间。当然豪猪不能定个规则来解决这个矛盾。人不同。人如果过分强调个体的自由，这种自由就是豪猪身上的刺，是排他的，会使任何一个集体都无法相处。即使是一个家庭内部，每个人都强调自己的自由，只能散伙了事。所以，人要能生活在同一个社会或集体中，每个人都必须放弃一部分自由，使个人自由限制在不排斥他人自由的范围内。在阶级社会中很难自觉地做到这一点，因而规定了一些章程，包括道德准则和法律，使社会得以运转，而不致像一群豪猪。可是在阶级社会中，个人自由所包含的相互排斥的矛盾不能解决，任何规章制度和法规，都是有利于一些人的自由而妨碍甚至剥夺另一些人的自由。而在共产主义社会中，个人自由不再是豪猪身上的刺，而是使每个人获得自由的条件。

自觉性与盲目性

人的活动是自觉的有意识的活动。但不能由此得出结论，人的活动不存在盲目性的问题。其实，这是两个不同的问题。

说人的活动的自觉性问题，是相对于动物的本能活动来说的。相对动物的本能的、被动的活动，人的活动是自觉的有意识的。人知道自己行为的目的性，并自觉选择自己的行为方式。从这个角度看，人的盲目活动同样是有目的有意识的活动。

说人的活动的盲目性，并不是说这种活动是本能的无目的的活动，而是说这种活动不是建立在对客观规律认识的基础上，表现了对规律的无知。当人们对自己目的的选择以及实现的可能性和步骤，都没有可靠的客观的科学的依据时，就会出现盲目性。

人的活动的自觉性是相对于动物的本能活动而言。

人的活动的盲目性是相对于对规律的认识和利用而言。

正因为人的活动是自觉的有意识的活动，才存在盲目性的问题。如果人们否认规律的客观性，人的所谓自觉性与意识性越强，越容易陷入盲目。只有对人来说才有犯错误的问题。犯错误就是认识和实践中存在盲目性。人应该善于把握自己的活动是有目的有意识的活动这一特点，使这个特点变为优点，增强自觉活动中的科学性，减少盲目性。

理性主义与非理性主义

非理性主义是当代西方的一种社会思潮。它不仅存在于哲学领域，而且存在于美学、伦理学、社会学、政治学等学科并广泛渗入小说、诗歌、戏剧、绘画、雕塑、音乐、舞蹈等多种文艺形式中。近些年，非理性主义思潮对我国大学生的世界观、人生观、价值观有着不容忽视的影响。我国高校校园里一度流行的“叔本华—尼采热”、“萨特热”、“弗洛伊德热”就说明了这一点。有的人主张当代要“从弘扬理性、崇拜理性到反思理性”，认为“从对理性的迷信中解放出来，是哲学意识的进步”。这些观点助长了非理性主义的传播，对青年的成长起了消极的导向作用。我们应该引导学生弄清非理性因素和非理性主义的关系，弄清非理性主义的实质和危害，提高对非理性主义思潮的鉴别力。

人是一种具有理性的社会存在物。但人不仅有理性，即具有运用概念进行判断、推理的逻辑思维能力，而且也有非理性因素，如情欲、直觉、灵感、意志、顿悟，等等。但人并不是理性因素和非理性因素的混合体。人就其主导方面说是理性的，而人的非理性因素是能够受理性支配和制约的。把人的非理性因素变成独立的、不受理性约束的本能活动，就把人降低为动物。马克思早就说过：“吃、喝、性行为等等，固然也是真正的人的机能。但是，如果使这些机能脱离了人的其他活动，并使它们成为最后的和唯一的终极目的，那么，在这种抽象中，它们就是动物的机能。”①

---

① 《马克思恩格斯全集》，中文1版，第42卷，94页。

非理性主义的错误并不在于它研究了人的非理性因素，而在于它片面强调非理性因素，否定理性因素，把非理性因素作为支配人的一切活动的“内驱力”和唯一的思维方式。

不能把理性主义和非理性主义简单看作是两种片面性，更不能简单地把由理性主义向非理性主义转变说成是哲学意识的进步。

在历史上，理性主义是一种进步的思潮。处于上升时期的资产阶级赞美理性、崇拜理性，把理性作为批判宗教和封建专制制度的武器。尊重理性必然尊重科学。在历史上理性主义曾经帮助自然科学摆脱神学的桎梏，并借助科学来宣扬知识和理性的力量。理性主义忽视了人的非理性因素，这当然是一种片面性。但这是时代的局限性。非理性主义是一种倒退的甚至反动的思潮。尽管在非理性主义思潮中派别林立，但它们的共同特点是贬低和蔑视理性，推崇人的非理性因素。例如，唯意志论者叔本华、尼采推崇的是人的意志和欲望。叔本华认为，人的理性、知识只是表面现象，在其中起支配作用的是盲目的欲望和意志，理性的目的不在于理性自身，而是满足欲望的手段。尼采也极力反对理性，他激烈抨击任何肯定理性和辩证思维的哲学家，认为哲学的迷误正在于不把逻辑和理性范畴看作满足欲望的手段，而是认为在其中可以发现真理和真理标准。生命哲学反对理性，强调直觉，认为只有直觉才是认识的唯一的方式。生命哲学所主张的生命冲动，就是一种非理性的欲望和意志。存在主义所宣扬的个人的情绪和感受，如焦虑、绝望、恐惧、孤独等，也是一种不能为理性所把握的个人主观体验，是一种不受理性支配的非理性因素。泛性欲主义者弗洛伊德把人的性本能和性冲动作为原始的内驱力置于人的意识之上，也是一种非理性主义的表现。

人的确有非理性因素，应该研究。非理性主义思潮的兴起，把人们的注意力吸引到以往被忽视的非理性因素方面来，客观上推动了人们对非理性因素在人的实践和认识中的地位和作用的研究，这对于哲学、美学、文学艺术都是有意义的。但非理性主义作为一种社会思潮，它的兴起并不是适应时代进步的要求，更不是哲学意识的进步，而是一种倒退，因为它反对理性、反对科学、反对进步，主张神秘主义、信仰主义、悲观主义。非理性主义的社会思潮同资本主义制度的腐朽性是分不开的，它是为当代资本主义经济和政治制度矛盾困扰的资产阶级及其思想家们，对于自己的前途和社会发展前景丧失信心的曲折反映。卢卡奇在出版于 20 世纪 50 年代初的《理性的毁灭》一书中，着重考察了德国哲学由理性主义到非理性主义的转变，认为“非理性主义是对人类思维辩证发展的一种纯粹反对形式”，从理性主义到非理性主义的转变，“属于德国历史最耻辱的一页”。

非理性主义的对立面并不是理性主义。理性主义和非理性主义是西方哲学和社会思潮发展的阶段性特征。从 14 世纪开始的人文主义，经过法国启蒙主义到德国古典哲学，它的重要特点是理性主义。而从叔本华、尼采开始，逐步转向非理性主义。非理性主义是对传统理性主义的反动。在当代，非理性主义的对立面是马克思主义。非理性主义思潮直接或间接、隐蔽或公开反对马克思主义哲学。我们不可能依靠理性主义来批判非理性主义，而必须用马克思主义的观点进行分析。马克思主义哲学同非理性主义的对立，是两种世界观、两种历史观的对立，核心问题是对人和人的本质的根本看法不同。

非理性主义思潮的本质是唯心主义的人本主义。形形色色的非理性主义，无论是唯意志主义、生命哲学、存在主义还是人格主义、弗洛伊德主义，都是当今西方人本主义的各种流派。它们的共同特征是，否认人的社会性，把孤立的、作为生物学个体的人当作出发点，把意志、欲望、生命冲动、直觉、情绪、爱欲这些非理性因素作为人的本质，把人之外的客观世界，作为人的意志、欲望、直觉等的表现，实际上是否认世界的物质性，把人的非理性因素当作世界的本体。

这种出发点的错误，导致一系列错误：第一，在自然观上否认世界的物质性和规律性，把物质世界看成是杂乱的、不可理解的非理性世界。第二，在历史观上否认社会发展规律，把社会历史看成是意志、欲望或生命的冲动。否认人民群众的作用，鼓吹个人特别是“超人”的决定作用。第三，在认识论上否认理性逻辑力量，片面强调非理性因素，诸如直觉、顿悟、信仰的作用。第四，在人生观上宣传个人主义和悲观厌世主义。第五，在伦理学上宣传非道德主义。

非理性主义同马克思主义是对立的。特别由于非理性主义思潮往往同文学艺术相结合，更具有影响力和渗透力。在当前研究马克思主义哲学，一定不能忽视对非理性主义思潮的特征和危害性的分析，提高青年的识别力。对非理性主义的批判，一定要深入了解青年们的思想状况，真正做到有的放矢，把哲学研究和对青年的政治思想教育结合起来，但是不能就事论事，一定要从哲学层次即从世界观、人生观和价值观高度去阐述问题，其中特别是人生观和价值观，对青年的成长尤为重要。我们一定要引导青年分析和批判非理性主义宣扬的各种错误的人生态度和非道德倾向，反对利己主义，反对民族虚无主义。

关于“两点论”与“一点论”问题

我们可以说辩证法是两点论，形而上学是一点论，但这只是一种通俗的说法。决不能认为凡两点就是辩证法，一点就是形而上学。明天下不下雨？可能下，也可能不下。这是两点，但不是辩证法，而是犹豫不决、模棱两可的说法。相反，肯定明天下雨，形式上是一点，实际上是对必然性的把握。

辩证法与形而上学的界限不是形式的，不是形式上是两点还是一点，而是取决于与对象发展趋势的符合。

事物本身包含矛盾，但并不是要求每个判断都必须揭示矛盾。当认识要求的是准确判断趋势，而不是对事物状态和可能性下判断时，它的表达方式往往是一点的。

要防止把辩证法变成变戏法，把吃不准变为看得准，把必然性变为片面性，一定要清楚地理解辩证法与形而上学的界限。

不能非此即彼

哲学与科学不同，但不能对立。法国托马斯主义的主要代表马利旦起初认为只有科学可以解决人们所关心的问题，但后来对这种唯科学主义的幻想破灭，入法兰西学院师从柏格森，以后改宗天主教。这种由科学到哲学、再到神学的道路，对个人而言是自由的，但从思想史的角度看是一种曲折的道路，是一种倒退。正确的道路应该是哲学与科学的结合，建立以科学为基础的哲学，以哲学为指导的科学，让它们相互促进，共同繁荣。

人们对智慧的理解是不同的。宗教家们把宗教智慧理解为最高智慧，例如基督教的智慧、印度佛教的智慧。至于希腊哲学的智慧是人的智慧，是低一等的智慧。其实，只有哲学智慧即人的和关于人的智慧才是真正的智慧。中国哲学的特点也是它的优点，就是最少宗教性，最多烟火气，是真正关于人生的智慧。

神学的智慧与哲学的智慧不同。神学的智慧是超人的，它以神的绝对存在为前提，探求世界的神学起源，认为如果没有上帝，事物的存在是无法理解的，世界本身就是上帝存在的证明。当然这种证明是最廉价的，但又是最难驳倒的，因为世界在任何一个时间段上都有无数的未知的东西。哲学的智慧是人的和关于人的智慧，它起源于人与事物之间的关系，是对客观世界以及人与世界的关系的探求。例如古希腊哲学开始于可感的、具体的、实在的事物，是对世界现象统一性、对世界本性的思考。而中国哲学则更多地思考人的存在的意义和价值。

哲学不能归结为人学，但哲学决不能脱离人，与人无关的哲学是毫无价值的。哲学的境界是人的境界，是人能达到的境界，而不是超凡入圣的非世俗世界。真正的哲学总是使人面对世界，给人以生存的勇气和智慧，而不是教人如何脱离人世，遁入天国，把现实世界当成虚幻的世界。后者所谓的智慧不是对问题的解决而是对问题的逃避。从根本上说这很难说是智慧，而是把头埋在沙堆里的鸵鸟的做法。作为一个神学家，马利旦并不排斥哲学的智慧，他很赞扬希腊的哲学，说希腊哲学具有人类的共同的尺度。它是一种严格的哲学的智慧，这种智慧并不是宣称要引导我们达到与上帝的合一，而仅仅引导我们获得对宇宙的理性知识。但奥古斯丁则贬低科学，抬高神学，认为神的智慧是借助最高的理性才能认识的，而科学则是在创造物的幽光中借助低等的理性所认知的。

在当代，科学与宗教齐头并进。把知识交给科学，把灵魂交给上帝，这是不少科学家存在的灵与肉的矛盾。科学在本质上是反对迷信的，这两者在同一人身上的结合，是资本主义社会内在矛盾的映照。历史的道路是弯曲的。从中世纪以后，科学反叛神学、脱离神学是历史和科学的进步，而当代科学没有发挥反宗教的功能，纯粹被看成是生产力，从而把科学的功能单一化了。当今出现的所谓人文精神危机，并不是科学发展的结果，科学精神与人文精神是互补的。当代西方的问题是制度问题，是对科学的滥用，而不是科学本身有所谓双重效应。我们不能限制科学的发展，而要在努力发展科学的同时对科学的运用采取正确态度，特别是不能只着眼于科学的实用价值，而要同时发挥科学的教育功能，宣传唯物主义和无神论的功能。

当代的神学家们都不敢否定自然科学，而是力求用自然科学来解释神学，以求科学与神学的联姻。还是这个马利旦就强调自然科学研究的必要性。他说我们不应忽视自然哲学的问题，它在纯粹的意义上是呈现在我们思想的前进升腾运动中的第一种智慧。它对我们来说之所以有如此重要的意义，正因为它处于哲学初级阶段的最低层。

在哲学与科学的关系问题上，我们经历了或正在经历着两个阶段：一是古代希腊罗马时期，哲学包含自然科学；二是当代西方则用把哲学实证化的方法来消解哲学，他们的口号是拒斥形而上学。他们试图以此来结束哲学，这当然做不到。

人生如果没有烦恼、焦虑、死亡，就不会有宗教，因为宗教就是一种恐惧，是对苦恼和死亡的恐惧。当代的存在主义者着力于人的苦恼与焦虑的解脱，就必然导致宗教。

哲学的智慧当然与哲学家不可分。哲学体系具有个性，它的个性也凝结着哲学家的个性，哲学研究活动带着哲学家的特征。革命的哲学往往就是革命家的哲学。马克思主义哲学的实践性和彻底批判精神是无产阶级的精神，也是马克思、恩格斯的个人品格。哲学家的品格就是他的哲学，而哲学就是哲学家的哲学存在。

真理中的新与旧

真理问题只有真假，没有新旧。可以有最古老的真理，也可以有最新的谬误。人们把自己不同意的观点称为旧的，似乎只要这样一说，这种观点就是错的；而只要把错误的观点说成是新的，似乎就变为正确。这当然不符合认识史。地球是圆形的观点决不会因为年代久远而变为谬误。真理应该发展，但不能被推翻。凡是能被推翻的决不是真理。即使过去曾被认为是真理，那也是真理认识过程中的失误。因此真理永远不会陈旧。在理论领域中，我们不能仅仅求新，更重要的是求真。科学真理是朴素的，它从不哗众取宠，时间越长越显示它的真理性魅力；而越是迷信的、荒谬的东西越是具有流行性，但转瞬即逝。当然真理也要发展也要求新，但它是真的新，新的真，是两者的统一。历史证明，凡是离开了真理的新，就是假冒伪劣，是赝品；凡是离开了新的真，就由真理变为常识，变为被嚼过千百遍的馍。坚持和发展的统一是马克思主义理论的原则，也是任何真理发展的原则。

真服与假服

为什么思想不能压服只能说服呢？这可是个哲学问题。中国古代哲学家荀子在《解蔽》中说过："故口可劫而使墨云，形可劫而使诎申，心不可劫而使易意，是之则受，非之则辞。"国家可以征服，肉体可以压服，可没有任何人有本领命令别人改变思想。恩格斯在讲到思维至上性时说，我们不知道有任何一种力量能够强制处在健康清醒状态的每一个人接受某种思想。这种观点无论对心理咨询、思想政治工作还是理论教育都是非常重要的。不懂思想的特性，以力压人，只能服人之口，不能服人之心，是没有成效的。思想的特性是自主性，即思想的活动是自主的，它只受自己支配。当马克思说人的本质是自由自觉的劳动时，这种劳动的自由自觉正在于思想的自主性。尽管劳动可以强迫，如奴隶劳动以及资本主义中的雇佣劳动都有某种强迫性，或靠棍棒或靠饥饿，但强迫的只是劳动而不能迫使他们自愿劳动。劳动的自愿与否，就是思想的自主性问题。马克思把雇佣劳动说成是异化劳动正在于它违背思想的自主性，是一种把资本家的意志强加在工人身上的劳动。当然思想的自主性决不是说思想是绝对自由的，是无制约的。任何人形成某种思想都是有原因的。社会存在决定社会意识。但这是客观规律的作用，是以一种自愿的方式实现的而不是依赖暴力和压力。所以，人的思想的被制约性与自主性是统一的。思想拒斥的是暴力而不是影响。

思想为什么有自主性呢？这是因为大脑是思维的器官，凡人的行为的自主性必须通过主体的认可，未被认可的行为是被强迫的行为。可以有行为但不会有自愿。恩格斯说："决不能避免这种情况：推动人去从事活动的一切，都要通过人的头脑，甚至吃喝也是由于通过头脑感觉到饥渴而开始，并且同样由于通过头脑感觉到饱足而停止。外部世界对人的影响表现在人的头脑中，反映在人的头脑中，成为感觉、思想、动机、意志，总之，成为'理想的意图'，并且以这种形态变成'理想的力量'。"① 如果一个人对另一个人的观点、看法或命令采取拒斥态度，是根本不可能变为他自己的意愿的。一种看法要为另一个人所接受，必须得到他的认同。因此只能说服不可能压服。

① 《马克思恩格斯选集》，2版，第4卷，232页。

真理与谎言

如果进行全民测验，问喜欢真理还是喜欢谎言，我看几乎是百分之百或者百分之九十九会说喜欢真理。有谁喜欢别人把自己看成说谎者呢？可实际上不少人是害怕真理，而宁愿在必要时说谎。

真理，对于追求真理的人说来，既需要勇气又需要无私。探索真理，宣传真理，捍卫真理，比唐僧取经还要困难。真理如同燃烧的火炬，它照亮了人民前进的道路，但也可能会灼伤高擎火炬的手。古往今来，多少仁人志士为真理而牺牲。

可谎言不同。它是护身符，为说谎者带来安全，为被欺骗者带来安慰。尽管谎言无腿走不远，但还是一代代谎言不绝。这不是一个认识论的问题，而是社会论的问题。

英国的大哲学家培根写过《论真理》一文，发表过一些很有意思的见解。他教导人“要追求真理，要认识真理，要更信赖真理”，认为“这是人性中的最高尚的美德”。尽管“真理犹如珍珠……在日光下最澄澈”，可人们还是喜欢谎言，这是为什么？培根说：“使人们宁愿信任谎言，而不愿追随真理的原因，不仅由于探求真理是艰苦的，而是在于谎言更能迎合人类某些恶劣现象天性。”培根非常痛恨谎言，在《人生论》中说：谎言“是伪币。也许可以购取货物，但却贬低了事物真正的价值”。还说“欺诈的行为像蛇，不能用脚却只配用肚皮走路”。培根对是非很明确，可用人的本性来解释真理与谎言，单纯从道德的角度来谴责它，并不能解决问题。真理依存于真理的世界，谎言依存于说谎的世界。真理与谎言的矛盾是世界自身光明与黑暗斗争的反映。社会主义革命之所以伟大，是因为它不仅改造社会，同时也改造人本身。这就使说真话，做真事，真心相待，成为得到普遍认同的美德。

体系与僵化

任何一种科学的学说都是有体系的。任何一个著名的有创见的哲学家的思想都是有体系的。体系是科学的学说的存在方式。有体系不一定表明它是科学的，但科学必须是有体系的。马克思主义是一个严整的完备的体系，但不能说它是僵化的体系。一个思想体系是否僵化，取决于它的创造者和后继者赋予它什么性质。例如黑格尔尽管是伟大的辩证法家，但他的哲学体系是僵化的形而上学的。因为他把自己的思想说成是最终的绝对真理，是绝对观念自我认识的终结。所以恩格斯说黑格尔的体系与方法存在矛盾，批评他把辩证法闷死在体系之中。

马克思主义哲学体系不同。马克思和恩格斯一再反对把自己的理论看成是永恒不变的真理。恩格斯在《反杜林论》、《路德维希·费尔巴哈与德国古典哲学的终结》等著作中，反复强调没有绝对完美的社会，没有绝对完美的认识，真理性认识是永无止境的过程；说后人纠正我们的错误比我们纠正前人的错误要多得多，等等。他们一再申明，他们的哲学提供的是进一步观察问题的方法，而不是一成不变的结论。列宁的一个著名论断驳斥了把马克思主义说成是僵化体系的观点。列宁说，马克思、恩格斯并没有结束真理，而只是为人们认识真理开辟了道路。毛泽东关于认识的著名公式：实践、认识、再实践、再认识，这种形式循环往复，以至无穷，而实践和认识之每一循环的内容，都比较地进到高一级的程度。如此强调认识的辩证法，如此反对把自己的理论凝固化的马克思主义，怎么能说它是僵化的体系呢？

其实僵化的不是马克思主义的科学体系，而是一些号称马克思主义者的人的思想，即以教条主义态度对待马克思主义。这种人，过去和现在都有。因此真正反对僵化，应该是反对以教条主义态度对待马克思主义，而不能把矛头指向马克思主义本身。

大智若愚

事物的本质与现象是不能直接同一的。一个大智大慧的人，在一些人看来是愚笨的。因为他追求更高的东西，忽视世俗生活，不会处世，不会处事，不会“做人”，不会见风使舵，不会钻门子走路子，当然是愚不可及。

同样，大成若缺。有大成就的人，看起来总是不完备的，有缺点的。因为他大成，必然会在其他方面有不及大成的欠缺。十全十美达到极致的大成——一切都完美无缺的人是没有的。

其实这不是真愚真缺，而是若愚若缺。因为在这里，愚是智的表现。如果他事事精明过人，机关算尽，那就不是智者，而是貌似聪明的蠢人。同理，缺是成的条件，如果他事事有成，那不可能是大成。在这里有所不成才有大成。辩证法是无处不在的。

真、善、美

真、善、美这三者当然是统一的，但并非绝对一致的。一只画得逼真的苍蝇可以是美的，可一只真正的苍蝇则并不美。俊男靓女不一定是善（道德高尚）的，而道德高尚的人不一定长相美（高尚的灵魂和矮小的身躯），如《巴黎圣母院》中的敲钟人，而且必要时不得不说谎（如对亲人隐瞒自己的病情、痛苦和情感）。

真与不真——认识论问题；

善与恶——伦理学问题；

美与丑——美学问题。

它们各有自己的领域和特点，它们相互渗透，相互联系，不可能孤立存在。一个灵魂丑恶、虚伪的人，即使长得很美，一旦被揭穿，他的美引起的是反感而不是美感。正如对伟大崇高的人的信仰会转移人们对他的生理缺陷的视线一样。所以在研究真善美的时候，应该用辩证法的观点，既要看到它们的差别，又要看到它们的一致。

世界和世界观

客观世界和世界观中的世界是不同的。世界观中的世界是哲学家关于世界的观念，它可能正确反映世界，也可能歪曲地反映世界。尽管哲学家关于世界的观念是多样的，但客观世界是唯一的。哲学家的世界观念极其鲜明地体现了哲学路线的本质。

我们面对的世界，当然是包括人和人类社会在内的世界。在客观世界中自然、社会和人是相互连结的，可谁敢断言这种状况是永恒的，自然没有经历过无人、无社会的过程？实际上，以人为主体、以实践为半径所形成的自然、社会和人的一体化的世界，只是客观世界中的极小的部分，要真正理解这个世界，必须从哲学上理解世界的客观本性，理解人、自然、社会以及它们之间的相互关系。

就自然与社会的关系而言，自然决没有全部被社会化。社会不能简单等同于人化自然，社会是人在改造自然过程中形成的各种关系如政治的、经济的、思想的关系的有机统一体，而不是自然本身。只承认社会不承认自然或者把社会等同于人化自然都是不对的。实践并没有可能取消自然和社会的界限，而是不断地把纯粹自然变成人化自然，并从中形成各种社会关系。

自然的存在是不能否认的。人生活在双重环境之中——自然环境和社会环境。社会是一种组织而不是一种实物性的存在，社会不等于人化自然。人对自然的改造只是在自然界打上人的烙印，使自然服从人的需要，而不是取消它的自然客观实在性。取消自然的实体性和客观规律性是办不到的。没有自然就没有自然科学，只承认一种科学即社会科学而不承认自然科学，很显然是荒谬的。可是在哲学领域中，只承认唯物史观而不承认唯物辩证法的自然观被认为是一种创见，岂不荒唐！

人不可能知道实践以外的事物，人也不关心实践以外的事物。这当然是对的，但并不完全。我们应该知道哲学与自然科学的区别。对于自然科学而言，它的范围只能是人的实践范围之内的事物；可哲学不同，它不可能把暂时尚未进入实践之内的世界排斥在哲学视野之外，这无论对于反对宗教、反对唯心主义、反对形而上学都是极端重要的。如果把这部分世界排斥在哲学之外，不仅为宗教留下地盘而且也把人的实践凝固化了。因为把尚未进入人的实践活动的世界排斥在人的实践之外就堵塞了实践和认识扩大的可能性。而且这种观点也无法反对唯心主义的自我中心论。因为把世界始终看作是与人相依存的世界，是人的眼中的世界，实际上是把世界变成主体的依存系列。哲学究竟有什么权利谈论人的实践之外的世界的客观实在性？为什么要把这种客观实在性的承诺作为坚持唯物主义的重要前提呢？因为马克思主义哲学坚持要以实践证实认识，以科学证实哲学，以群体证实个体。从认识的角度看，任何被认识的东西都是在认识范围之内，都与主体的认识不可分；但人的实践证明，任何被认识的东西都存在于认识之先，而任何认识要取得实际的效用，都要取决于它是否符合对象。从唯心主义哲学的角度看，你可以说客体依存于主体，没有主体就没有客体；但全部实证科学证明，科学认识的真理性正在于人的主观认识要符合客体自身的规律。从个人的角度看，你可以宣传自我中心论，一切以我为中心；但人类群体的经验证明，世界并没有随任何一个个人的死亡而消失，从而也不可能随着主体的消失而消失。人的实践是改造世界，它决不可能从主体自身中创造一个世界。

情人眼中出西施

情人眼中出西施，出的只是情人眼中的西施，而不是越国那个西施。所以这个说法是价值判断而不是事实判断。没有哪一个人会认为在情人眼中会出一个真正的西施。可在哲学上却有这种人，他们说存在是依存主体的，存在着的事物本身无所谓本来面目，它的面目就是你眼中的样子。谁要是提出事物本身是什么样子，那就是十足的形而上学。

苏轼那首著名的关于庐山的诗，讲的是从不同角度对山的观赏，是属于对美的欣赏。除了不可救药的唯我主义者，凡思维正常的人，决不会认为庐山不是一个，而是有无数个，用眼中的山来代替眼前的山。其实眼中的山是观念中的山，是对客观的反映，而实在的客观的山只有一个，这就是人们眼前的山。任何一个人都应该懂得存在与思维的区别，懂得把客观的存在与观念中的存在区分开来，这样才可能进行正常的认识和实践活动。否则，就会像抢映在水中狗嘴里的肉一样，把观念中的存在当作真实的存在。这是一条“唯心主义”的狗。

自在之物和为我之物

我之所以不同意某些实践唯物主义者的观点，是因为按照他们的看法，我们势必被局限在为我之物的圈子中，把自在之物和为我之物割裂开来。论者没有看到实践是永恒的转换器，不断把自在之物变为为我之物。如果把还未进入实践之内的世界排斥在哲学思考之外，必然为唯心主义和不可知主义留下地盘。其实，实践并不是屏障，它不能把自在之物和为我之物隔离开来。自在之物既不会因为转化为为我之物而丧失它的客观性，成为主体的依存系列，也不会因为尚未转化为为我之物而变为没有客观性的无。

在哲学中，强调世界的无限性和已知事物的有限性是非常重要的。没有这个前提就没有辩证唯物主义。有个德国哲学家批评说，令人吃惊并迄今最受忽视的社会现象之一，是以人类为中心的盲目顽固性：在以往数百年中，人类就是这样执著于从自身的思想和文化成就中去探讨自己的本性和生存意义。这种观点肯定不是全然谬误，但它的片面性有碍人们的认识，未免令人遗憾。如果我们坚持这种看法，实践就被形而上学化了，认识被形而上学化了，世界本身也被形而上学化了。或许人们会说，我们并不否定人们认识世界的进展，我们只是说谈论实践之外的存在是毫无意义的。可如果还未进入实践的存在是无，或者说承认它的存在没有哲学意义，那人类的实践和认识何从扩大呢？不能把哲学局限在局部的有限的世界。从哲学的角度看，局部中包含着整体，有限中包含着无限。自然科学家早已突破了哲学家们的限制。他们研究人类出现以前不知道多少亿年的生物和地质，决不会理会哲学家们关于地球在人类以前存在没有意义的观点。天文学家们不断地把视线延伸到多少亿光年以外。如果哲学局限在已知领域，能为科学的扩展提供些什么呢?

在实践之外的存在何以知道? 整体如何把握? 无限存在于何处? 哲学以整个无限世界为对象岂不是形而上学吗? ……问题在于我们不能把整体与部分、无限与有限，实践之内与实践之外截然分开。我们是通过部分把握整体，通过有限把握无限。人类的全部实践和认识的总和既然证明部分世界是物质的、辩证运动的，存在于部分中的整体当然也是这样。证明有限世界的客观实在性也就是对无限世界客观实在性的证明。而且由于人类的历史就是不断把实践之外的存在变为实践之内的存在，所以人类能断定实践之外一定存在一个客观的物质世界。哲学源于科学又超前于科学，如果不能越雷池一步，哲学不能为科学探求未知领域提供最基本的方法论原则，要哲学有何用? 如果哲学局限在已知之物，它就变为一种实证科学，失去了存在的价值。

要注意对原因的探求

任何认识，要达到普遍性，并能在实践中反复运用，必须探求事物的原因。不知道原因，就不知道结果，也就不知道制造或消除结果的途径。癌症之难治，正因为癌症的成因至今不甚了然。

不知道原因，不等于不能实践。人，还是行动在先。人们知道钻木取火，但并不知道钻木能取火的原因，不知道机械运动转化为物理运动的原因。人们首先在实践中知道某种现象之间的固定的不断重复的联系，但并没有它们之间的因果关系的认识。因果关系的认识是通向规律认识的入门，而规律性的认识又深化人们对因果关系的认识。实践中对现象之间联系的认识是经验的，而因果性的认识是理性的。

在飞机飞行中，鸟类撞入发动机是很常见的。一位美国科学家认为，是发动机的噪音使飞鸟神经错乱，听不到声音，所以闯入发动机。可原因是一种对事实内在的本质联系的认识，而不是对事实本身的认定。美国科学家关于飞鸟闯入发动机的判断，对错与否，尚不知道。它很难说是对因果关系的认识，最多是一种假定。只有当人们找到了因果关系，明确产生某种现象的真实原因，才能使这种假设变为科学。

世界和图景

图景，是对客观世界的主体把握。世界的图景，是以科学为依据的整体构思。不少科学家都承认世界的物质统一性。一位著名的德国物理学家就说过，科学是内在的整体，它被分解为单独的部门不是取决于事物的本质，而是取决于人类认识的局限性，实际上存在着由物理到化学、通过生物学和人类学到社会科学的连续的链条。这个观点，也就是恩格斯在《自然辩证法》中构思的世界图景。社会图景，是以社会各门学科的知识为依据的关于人类社会结构和发展阶段性的构思。

无论是关于自然还是社会的图景，都会受到实践和思维水平的制约，是相对的可变的。但任何具有科学性的图景，总是在一定程度和范围反映对象的真实性。人类在任何时候都不可能穷尽对象，构思一个永恒不变的世界图景。世界是发展的，认识是深化的。但不能由此得出结论，关于世界的描绘是虚构的，完全取决于认识主体对世界的解释。否则，我们必然陷入唯心主义和不可知主义。事实上，任何具有科学性的图景，总是在一定程度和一定范围揭示对象的客观实在性。虚构的图景会出现，但它在实践中会不断被清洗被证伪。人类总是通过图景的转换不断接近客观世界，这表现为哲学和科学的进步。

生活节奏与时间观念

时间是客观的，它的流逝对每个人都是一样的。可时间观念不同，各个时代、各种职业甚至不同的人，时间观念可以不一样。这种差异性有其深刻的社会学原因。在以农业生产方式为基础的社会中，时间观念是慢的。它以年为单位，春耕夏种秋收冬藏，一年才能完成生产过程，年成年成，一年才成。封建帝王修陵，动辄数十年。在以工业生产方式为基础的社会中，时间观念强。它的生产过程是连续的，特别是流水作业，彼此制约。至于某些行业如铁路飞机，更是要求迅速准确，具有明确的时间观念。生产节奏制约生活节奏，而生产与生活的快节奏，又制约时间观念。在建立社会主义市场经济的过程中，我们也应该更换时间观念，应该强调准确迅速。竞争本身就包含抓住时机，没有时间观念肯定会坐失良机，导致失败。

量的把握

量是客观的，是事物固有属性。但对事物量的关系的把握则是多样的。

数的观念，是对量的关系的抽象把握——数学。

规律的观念，质量互变规律是对量的理念的把握——哲学。

美的观念，宏伟壮观与小巧玲珑，对称与畸形是对量的美的把握。

命的观念，气数已尽与死生由命，是对人与社会存在的时间长短的宗教把握。

马克思说过，人的头脑把握世界的方式是多样的。除哲学外，他还提到“艺术精神的，宗教精神的，实践精神的”各种方式。把握方式的多样性不改变客体“仍然是在头脑之外保持着它的独立性”①。认为人通过把握对象的不同方式来重构对象显然是错误的。

① 《马克思恩格斯选集》，2 版，第 2 卷，19 页。

对象和对象的认识

横看成岭侧成峰，远近高低各不同。
不识庐山真面目，只缘身在此山中。

这是文学也是哲学。对象和对对象的认识是不同的。站在不同的角度观看庐山，美的感受是不一样的，但庐山只有一个。正如站在景山看到的北京不同于在天安门城楼上看到的北京，但只有一个北京一样。有些哲学家说，不能说对象是什么，只能问你看到什么，对象本身是什么样子是不可能知道的。其实，人们看到的是对象，而不是从对象中看到自我。主体认识的条件、视角以及以往沉淀于头脑中的经验，影响的是对对象的认识，即主观图景，而不是对象自身。从哲学上说，反映与被反映之间在认识上的距离、差异甚至完全不符，可以通过实践和再实践反复校正，使认识日益接近对象从而比较真实地把握对象，以便有可能正确地改造现实。

事与理

盲人摸象是真事吗？不是。是古印度的寓言故事。可道理真实吗？真实。但我们不能因此说可以无此事有此理，理不依赖于事。因为可以没有出现过盲人摸象这种事，可人们思维的片面性则是经常的大量的，关于人的认识的片面性的观点是从大量的事实中概括出来的，至于从片面性的观点中演化出盲人摸象的故事，则是人们的创造。它不影响关于理在事中的论断。

概念与现实

任何真实的存在都是个性与共性的统一，凡存在都是个别的、具体的、相互区别的，可其中又存在着共性，存在着某种共同的东西。类、共性、一般、本质、规律都是对共同的东西的反映。

概念不同于事物。概念属于思维范围，它不是实在，而是对事物的抽象。这是从个别中抽象出来的一般，所以概念是无个性的。它的运用必须注意对象的特点。

概念的形成——从个别到一般。

概念的运用——从一般到个别。

不从一般到个别，停留在一般则太虚；不从个别到一般，停留在个别则太实。

运动与无限

任何数都是有限的。凡是能说出来的数都是有一定的限度的。无限是与数的本性相矛盾的，因为数本身就是一种量的规定性。要使数变为无限，只有把它变为恶的无限，即设想它可以无限地相加，把一个有限的数加在另一个有限的数之上。这是一个空洞的连续的过程。要使无限变为有内容的无限，必须把无限看成物质运动和发展的无限性，所以离开了运动的无限只能是恶的无限。

不要利令智昏

科学判断和价值判断不同。前者的出发点是事实，后者的出发点是利益。事实与利益之间可以一致，也可以不一致，甚至可以是对立的。因此由于阶级利益和社会利益、个人利益和集体利益、长远利益和眼前利益之间的矛盾，价值判断违背事实，同科学判断相抵触的事是常常发生的。恩格斯曾说："支配着生产和交换的一个个资本家所能关心的，只是他们的行为的最直接的效益。不仅如此，甚至连这种效益——就所制造的或交换的产品的效用而言——也完全退居次要地位了；销售时可获得的利润成了唯一的动力。"① 维护资本主义私有制和利润是资产阶级价值判断的核心。对他们来说，任何触犯这一条的判断都是错误的。这是150年来，他们视马克思主义为洪水猛兽的关键所在。因此私利可以使人变得不客观，公然无视现实，歪曲真理。价值判断可能违背科学判断，而只有以科学判断为依据的价值判断才可能是有价值的。

① 《马克思恩格斯选集》，2版，第4卷，385页。

自然的客观实在性与价值

在人的实践之外的自然，并没有丧失它的客观性，并不等于无；如果它是无，就不可能变有。万物不可能生于无。老子说的有无相生成，指的是事物形态的变化。

只是就价值而言，它是无——无价值。在人的实践之外的自然，尚未被人们实践利用、改造，它没有价值，而不是非存在。

因为客体性问题，是自然本身具有的属性，它可以脱离主体；价值性，是主体对客体的利用、评价，它不能离开主体。

说什么脱离人的自然是无，是把实体问题与价值问题相混淆。如煤，未开采前，仍然是存在的，但没有价值。离开人的自然界，只有在价值意义上才能说是“无”。

存在是不能排除的

哲学不能只是关于自我的学说。哲学当然应该研究存在——客观存在。即使哲学在研究自我时也是把自我作为存在着的对象来研究的。当代有些哲学家把存在排斥在哲学研究之外，似乎研究存在就是旧唯物主义，只有研究主体、研究自我才叫哲学，才够哲学味。这是上了唯心主义的当。如果不研究在自我之外的对象，哲学的真实性和功能何在？难道哲学只是沉湎于自我分析和对人的灵魂的追寻？即使把哲学变为心理学，被分析的对象的心理也应该是不依存于分析者而存在，否则一切分析都只能是胡说。

一切唯物主义都坚持哲学应该研究存在着的对象。费尔巴哈说："哲学是关于存在物的知识。事物和本质是怎样的，就必须怎样来思想，来认识它们。这是哲学的最高规律、最高任务。"还说："哲学不是在自己的路途的终端达到实在，而毋宁说是从实在开始的。""以经验为开端的哲学永远是青春的，以经验为终点的哲学则终将衰老、疲塌，自己成为自己的累赘。"

也许一些人会讥笑费尔巴哈哲学。可费尔巴哈这个看法并不错，它是反对唯心主义思辨哲学的。费尔巴哈的错误在于他没有找到一条通向存在的道路。他不懂实践的作用，因而他关于人类认识存在的重要性的论断，仍然抵挡不了唯心主义。费尔巴哈的错误不在于他强调哲学要研究存在，而在于他仍然停留在这个古老的唯物主义命题上而没有向前跨进一步。

顺水推舟与逆水行舟

顺水推舟，人们感受不到水的阻力。逆水行舟，则很容易感受到水的力量。

人与规律的关系也是如此。违背规律，受到规律惩罚时，会认识到规律的客观性。在纯理论的范围内，人们可以夸夸其谈，大谈人的主体性如何伟大，可一进入实践领域，人们就会痛切感受到规律的存在，感受到规律对人的行为的制约。任何无视规律的行为都会碰得头破血流。

如果世界起决定作用的是主体，那就赋予人以上帝般的创造力。这是新的关于人的神话。实际上任何主体的力量，都不可能把社会主义社会长久建立在小农经济的基础上，都不可能使宇宙飞船的发明提前50年，都不可能让太阳围绕地球旋转。主体的作用不是万能的，而是受限制的。不可能——就是一种限制。

如果世界上起决定作用的是主体，那就无所谓失败。实际上人们的活动并不是总能达到预期目的。这说明实际活动中人的行为的成功与否，并不只取决于主体，而是取决于主客体两者的关系是否取得某种程度的一致。

片面夸大主体作用的一个理论误区，是误解了人是创造者这个命题。人类社会中的一切都是人创造的，但不能由此得出结论说一切都是由人决定的。这种思维方式正如说人的一切行为都必须通过人的思维，因此思维决定一切一样，是一种错误的推论。恩格斯曾经在致梅林的一封信中批评保尔·巴尔特时驳斥了这种推论，说在保尔·巴尔特看来，任何人的行动既然都是通过思维进行的，最终似乎都是以思维为基础的了，这是一种不可允许的逻辑跳跃。

不成为理由的理由

并不是所有自然科学家都懂哲学，都学过或拥护辩证唯物主义，但他们照样取得成就甚至很大的成就。这是事实。但不能由此得出结论说他们可以脱离哲学，可以不要哲学。

任何一个有成就的自然科学家，在他研究的领域内，必须是一个唯物主义者，即使是一个自发的唯物主义者。走出实验室，在科学范围之外，他可以上教堂，可以是一个虔诚的教徒，但在科学范围内要有所发现有所创造，必须面对自然、尊重事实、承认规律，才有可能揭示自然的奥秘。至于他怎样解释这些成果，以至怎样把这些成就归结为神的启示，那都是无关紧要的。

同样，他的思维方法必须是辩证的。如果说，17—19 世纪前半期，由于科学自身的状况，只要坚持唯物主义，形而上学方法的危害性在一定程度上还可容许的话，在当代各门科学的进展中，就使得任何凝固片面的思维方法都寸步难行了。

教堂里的教徒和实验室的科学是可以结合的。但实验室中的教徒决不可能成为有成就的科学家。这正是我们不反对科学家个人的宗教信仰，但提倡在科学研究中要坚持辩证唯物主义的原因。

辩证法的客观性

辩证法在哪里？自然界有辩证法吗？社会中有辩证法吗？据说，谈论自然和社会自身的辩证法是形而上学。辩证法只存在于人的活动中，是人学辩证法。这种哲学怪论，却被有些人认为是最有见解的反对旧的传统观念的新哲学。

其实自然界有无辩证法，不是一个纯理论的问题，用不着闭着眼睛争论。在世界上根本没有人之前，难道整个自然处于绝对静止状态吗？当然不是。否则自然界的变化发展、人的产生，都应求之于神。连中国古代的老子都说，飘雨不终朝，骤风不终日，孰为此，天地尚不能久，何况人乎？他肯定了自然自身是辩证运动的。当然有了人的参与，在人与自然的关系中可以加速或改变自然的运动进程。但这一切的可能性还要取决于自然自身的规律性。如果违背自然自身的规律，带来的变化将是灾难性的。这当然也是一种变化，但不是发展和进步。这不是辩证法而是辩证法的惩罚。

社会不同于自然。社会进程是人参与的，没有人就没有社会。但不能由此推论出，没有人就没有社会辩证法。这是一种逻辑的跳跃。没有人就没有社会，但只要社会存在它就有自身的辩证法规律。这个规律存在于人的活动之中，但不决定于人的意志。例如社会基本矛盾运动的规律是社会自身的规律，而不是人把这个规律输入社会。不管人承认与否，它都在起作用。由于社会是人的活动形成的，人的参与当然会影响社会进程。一切社会的辩证运动都是通过人的行为实现的，但人并没有把辩证规律输入社会，而是从社会自身发现它的辩证运动规律。

人的活动也有自己的辩证运动规律。例如人的活动中的主客体关系、目的和手段的关系、动机和效果的关系，等等，都有自己的辩证法。这是自然和社会自身所没有的。但人的活动的辩证法不能代替自然和社会自身的辩证法。实践唯物主义的主张者无论怎样伟大，都不可能把辩证法输入自然和社会之中。

实践的本质和作用

运动是物质的属性，无物不动。活动是生命的特性，一切生命都通过活动来维持生存。唯独实践活动是人特有的，是人与一切动物的分界线。实践离不开人，人也离不开实践。没有人的实践，是黑格尔的绝对观念的自我运动。没有实践的人，是费尔巴哈的抽象的人。在马克思主义哲学中，人与实践是不可分的。实践使人成为作为人的人，而人使实践成为人的现实的实践。人与实践的这种关系，使实践与物质的关系必然是物质的存在先于并且不依存于实践。是物质的先在性和客观性，使人的实践成为可能。人通过实践达到的如果不是客体，不是对客体的认识和改造，而是在自我的范围内以自我为中心旋转，那就不是人的实践活动。列宁说的实践通向唯物主义和实践通向客体是一个意思。

但就实践的功能说，它是多方面的。不能说实践是世界的本体，因为实践离不开人；而人是自然界发展到一定阶段才能产生的。但实践具有本体论的功能，即实践的对象化能力，使它可以通过对物质的改造创造一种新的存在形态。自然并没有创造机器、厂房、园林、建筑物，这一切都是人创造的并取得物化形态。但作为既成之物，它的存在同样是不依存于人的意识。如佛经《金狮子章》中说的金狮子。世界有金矿而无黄金，黄金是人提炼出来的；而把黄金变为金狮子的，当然是能工巧匠。没有能工巧匠就没有金制的狮子。所谓实践具有本体论功能指的就是这个，而不能理解为它可代替物质成为世界的本体。实践具有认识论功能。人的认识的全部过程，丝毫也不能离开人的实践活动。我们通常说的实践是人的认识的来源、动力和标准，讲的就是它的认识功能。实践还具有方法功能，即把人的实践的需要，作为考察人与自然、人与社会关系的一种视角。至于就社会来说，没有实践，就没有人类社会。人类社会和人类自身的历史就是人通过自身的实践而形成的过程。就这点而言，社会与自然是不同的。但也不能说实践是社会的本体。本体不能是二元的——自然本体和社会本体。本体是一元的——物质是世界的本体。而社会的本质是实践的，讲的是没有实践活动就没有人类社会，而人类社会是在人对自然的改造中形成的，没有人与自然的关系，或者说，没有自然作为人类实践的对象，就没有人类社会。正因为人是在改造自然中形成社会的，社会同样有它的不依人的意志自由选择的客观的方面，这就是生产力与生产关系，以及作为它们两者统一的生产方式。生产方式就是物质的一种形态。它不能离开实践，但又不同于实践，它是人类实践中的相对持久的稳定结构，它的变化发展是个有规律的过程。这样对社会的研究才可能是科学的。

观察的客观性

列宁强调观察的客观性。所谓客观性，不是实例，不是枝节之论，而是自在之物的总和，即对对象自身所具有的属性、关系、规律的总体性的把握。片面性不是客观性。尽管片面作为一个方面也是对象所固有的，但把它作为关于对象的认识则是错误的。认识是主体积极的能动的过程。主体的状况，当然影响认识的结果。主体能动作用的充分发挥，可以深入客体内部，揭示被隐藏的秘密，但不能把客体所不具有的东西附加在对象上面。这种情况在认识中是经常发生的。当主体把自身特性投入客体，这个“多余的”东西会在不断的实践过程中受到清洗，这就是人的认识日益接近真理的途径。

实践可以创造世界没有的东西。在实践过程中人在不断地创造。这与观察的客观性的原则并不矛盾。因为最深层的客观性是规律，而不是物体的具体存在方式。物体的存在方式可以由无到有，但这种由无到有的可能性存在于对象之中。人可以制造飞机，但不能制造空气动力学规律。没有空气动力学、材料学以及各相关学科对规律的揭示，飞机是不可能制造出来的。

有的学者认为，强调观察的客观性是一种经典认识论。以现代科学为依据的认识论是非经典认识论，它的首要原则是主体性原则而不是客体性原则，它的轴心是主体。这就是说，认识不是反映，而是以自己已有的认知图式去构建客体，因此，应该否定观察的客观性而强调认识的主体性。这种看法是错误的。现代科学并没有也不可能推翻观察的客观性原则。它反对的是否定主体在认识中作用的机械反映论，而不是辩证的反映论。认识不能排除主体的作用。但认识的目的和对象并不是主体，而是客体。观察的客观性是最根本的原则，没有客观性，科学就失去了存在的依据。

人的活动目的得以实现，预期目的得以达到的根据是什么？是对客体的正确认识，即观察的客观性。离开了这个基点，主体的作用越大错误越大，正如走路，背道而驰，越快离目标越远一样。我们应该记住一个简单的真理：认识的对象是客体而不是自我。即使我们以自我为对象进行自我观察，在这种条件下，自我已经是对象。因此我们在认识中要强调实事求是，而不是从主体中求是。尽管认识离不开主体，但主体作用的正确发挥是使我们更真实地反映对象而不是远离对象。

关系与关系者

任何关系都是两个事物之间的关系，因此必然涉及作为关系载体的双方。男女关系涉及的是男和女，中美关系涉及的是中国和美国。其中任何一方不存在，则不存在这种关系。关系离不开关系者。马克思说："一物对另一物的比例是两物间的比例，不能说这个比例是属于其中某一物。"①这个观点同样适用于我们考察事物的关系和矛盾。矛盾中的任何一方不存在，矛盾也就不再存在。

关系是客观的，它是事物之间的一种联系方式。可以说，凡物都处于关系中。当马克思说动物对他物的关系不是作为关系而存在，而且根本没有关系，这里所说的关系是指人所特有的主客体关系。动物自身是纯客体，是自然界的一部分。动物与自然界的关系，与自然界中其他动物的关系，是物与物的关系，而不是由自己活动建立起的改造与被改造、认识与被认识的关系，不是主客体关系。

---

① 《马克思恩格斯全集》，中文1版，第26卷Ⅲ，152页。

梦与现实

可以从梦的角度看待现实。例如庄子关于我与蝴蝶。也可以从现实的角度看待梦，例如弗洛伊德关于性与梦。

中国古代哲学家认为，昼伪遏蔽，夜吐其情。不蹈梦区，不烛心境。把梦与昼遏夜吐，与人的心境连在一起，而且把对梦的分析看成观察心境的途径，这种看法是有道理的。对梦的研究是个心理学问题，也是个哲学问题。我们要把美梦变为现实，而不能把现实变为一场梦。

时间和空间

当我们说时空是运动着的物质的存在方式时，这意味着存在的具体性。它说明事物存在的历史性（时间）、地区性（空间）。就人而言他有其生活的时代（时间）和空间（陆地和海洋）。就事物而言，它有其产生和灭亡（时间）以及位置（空间）。文化有其时代性（时间）和民族性（空间）。

一切从实际出发，就是要考虑任何对象存在的时间和空间。没有时间观念，没有空间观念，就是堂吉诃德式的人物。美国有的评论家说朝鲜战争是在错误的时间、错误的地点发动的错误的战争。坚持唯物主义要有时空观，坚持辩证法要有时空观。从实际出发，不仅包括从事物所处的一定的时空状况出发，也包括要考虑到时空的变化。所谓一切以时间、地点、条件为转移，就是唯物主义和辩证法的时空观的结合。

时空问题不仅是个哲学问题，也是个美学问题。人被置于一个广大无垠的空间和无始无终的时间中，会感到个体的渺小。“前不见古人，后不见来者。念天地之悠悠，独怆然而涕下。”这就是一种对无限时空的美学感受。

颠倒的世界和颠倒的世界观

世界观离不开世界。这里不仅有认识论的问题，也有历史观的问题。马克思在《〈黑格尔法哲学批判〉导言》中说："国家、社会产生了宗教即**颠倒了的世界观**，因为它们本身就是**颠倒了的世界**。"① 对于唯心主义哲学我们也可以这样说。如果世界不是真颠倒的，不是劳心者治人，劳力者治于人，不是物质生产和生产者被贬低到卑贱的地位，而精神和精神生产者处于统治或依附统治的地位，唯心主义产生和传播的可能性要小得多。因为在这种社会状况下，面对一个被颠倒的世界，人们对物质生产，对劳动者的作用，对物质和精神的相互关系，产生错误的解释是不难理解的。在当代，随着科技革命的兴起和知识分子作用的强化，新英雄史观以各种形式泛起。这种思潮以它自身的历史告诉我们一个平凡的真理：世界观不能离开它所面对的世界。

① 《马克思恩格斯全集》，中文1版，第1卷，453页。

用脚踢倒唯心主义

据说 18 世纪的一位英国作家把贝克莱关于存在是被感知的理论告诉他的朋友约翰逊时，约翰逊用力踢开路上一块石头说，我这样就能驳倒他。他的意思是说，石头是客观的，我这一脚踢的是物质，而不是观念的复合，由于用力踢石头引起的脚痛，是客观（石头）作用的结果，而不是主体的自我感觉。

的确，唯心主义是很难用逻辑驳倒的。列宁曾经指出过这一点。因为唯心主义正是紧紧寄身于观念领域，依靠纯逻辑的推理，而无视现实。因为认识不能没有认识主体，不能不通过感官，如果我们不越出主体自身的范围而局限在主体和认识范围，只能是扯不完的皮。有没有客观世界，是个实践的问题而不是个抽象的理论问题。人们每天每时每刻无不在同客观世界打交道，任何一个正常的没有被唯心主义弄昏头脑的人，都知道一个浅显的道理，人不能离开世界。人是通过感官认识世界而不是用感觉构造世界，可一进入纯哲学领域就争论不休，原因是全部的争论始终停留在纯理论范围而未进入实践领域。

一、二、三

事物存在的方式是一，即整体性的系统存在。每个事物都可以看作一个系统，有自己的质的规定性和整体性，能彼此区分开来。

事物的内在本质是二。二是事物的内在的矛盾性，任何事物都不是铁板一块的，都包含着相反相成的两个方面。

事物的表现形式是三。这里所说的三即多的意思。世界上没有两个完全一样的事物。

事物的系统和矛盾都存在于事物之中。矛盾性和系统性是事物本身的特性，彼此并不是势不两立。事物的系统是有机的结合而不是凑合，任何系统都是矛盾的统一体，无矛盾的系统是一盘散沙，根本不是一个系统。

就宇宙而言，它是一个整体，即彼此相互联系的宇宙系统。可就宇宙中的事物而言，无一事物不包含矛盾。凡物莫不有对，中国哲学中这个命题非常精辟地表达了事物的矛盾性。有阴则有阳，有雌则有雄，有粒子就有反粒子，有行星则有恒星。我们举不出无矛盾的存在。至于宇宙中事物的存在则是多样的，无限性就哲学而言，就表达了事物的无限多样性。

用所谓一分为三代替或补充一分为二，说一分为二不全面，都是对辩证法的误解。用左中右、上中下或地主富农贫农，资产阶级、小资产阶级、无产阶级，总之，以类似情况来说明事物是一分为三而否定《矛盾论》的正确性，是一种用现象反对本质的非哲学的思维方式。多，是事物存在的方式，我们可以举出无数类似的例子。可当我们把握事物的本质时，决不能停留在多的层面，必须深入事物的矛盾。左中右意味着从政治的角度考察，人不是铁板一块，存在分歧和矛盾。“中”只是矛盾暂时处于平衡状态，它迟早会发生分化。如果认为“中”是凝固不变的，它自身不会再向左右分化，那就根本缺乏政治常识。同样资本主义社会中阶级的存在是多种的，这一点《共产党宣言》有过深刻的分析。可资本主义社会最本质的阶级关系和矛盾是什么？当然是资产阶级和无产阶级。其他阶级在发展过程中不断组合和分化，有些人上升到资产阶级，但不少人跌入无产者的队伍，因此最能表现资本主义社会本质的是两大阶级的对立，而其他阶级或阶层处于不断的分化之中。要把握资本主义社会的本质，必须把握无产者和资产者的对立，而不是停留在存在着各种阶级这一认识上。如果认识事物只停留在多样性上，而不分析矛盾，就不可能真正地认识事物的本质。

关于主客二分与科学世界观

世界观不一定是科学的，但它可以是科学的。关键是如何处理世界观与世界的关系。费耶阿本德在《反对方法》一书中，曾引用沃尔夫关于世界观的话来鼓吹多元世界观，认为无所谓科学世界观，只有存在各种语言表达方式中的世界观。由此他反对唯物主义，反对所谓实在论，认为只存在科学中的实在，即依存科学主体的实在。这样，在科学的大旗下，又重新回到唯心主义，不过是比较精致的用所谓科学层层包裹起来的唯心主义。

这种观点在我看来并不新，它是当代西方哲学极力反对所谓主客二分，鼓吹主客一体的必然结果。这与科学无关，而是一种哲学观点。近代以来，西方一些哲学家鼓吹一种所谓新的思维方式——客体依存主体的思维方式，认为这种方式才消除了主客对立，打破了僵化的形而上学的思维方式。承认世界的客观性和物质性，承认反映论，总之，只要认为有一个不依存于人的客观世界，人的认识是对世界的反映，他们都视其为主客二分，都是形而上学。在他们眼里，唯一正确的思维方式是主客一体化，彼此不可分。他们还拉上马克思——青年马克思，认为他的实践观点，就是取消主客二分，把主客在实践中融为一体的观点。真是妙不可言。

任何一个没有被唯心主义特别是最新唯心主义弄昏头脑的人都会明白这个道理，在我们之外确实有个客观世界，有个不依存于我、不依存于任何人的世界。旧唯物主义的错误不在于承认世界的客观性，承认反映论，而在于它的形而上学，在于它脱离人的实践活动来考察人与世界的关系。我们面对的世界，并非从来如此。它在人的活动中发生改变。马克思也正是因为旧唯物主义的这个缺点批评费尔巴哈。他说费尔巴哈不理解“这种连续不断的感性劳动和创造、这种生产，正是整个现存的感性世界的基础，它哪怕只中断一年，费尔巴哈就会看到，不仅在自然界将发生巨大的变化，而且整个人类世界以及他自己的直观能力，甚至他本身的存在也会很快就没有了”①。马克思这个论断把他的观点同费尔巴哈以及一切旧的唯物主义区分开来了。但从这里得不出马克思反对主客二分，或者主张主客一体，彼此不能区分，也用不着区分的结论。主客体的区分，人与自然的区分是不能取消的，否则人类的任何一种实践活动都是不可能的。正如列宁所说：“人在自己的实践活动中面向客观世界，以它为转移，以它来规定自己的活动。”还说：“外部世界，自然界的规律，机械规律和化学规律的区分，乃是人的有目的活动的基础。”② 人通过实践认识和改造客观对象而不是从虚无中或从主体中构建一个对象。如果有一种哲学只是停留在实践面前而不必或者不能通过实践达到对象，不是把握客体而是通过实践来消解客体、泯灭主客体的区分，这种哲学可以随便称为什么，但决不能称为唯物主义，更不能称为马克思主义的唯物主义。

其实主客一体论纯粹是哲学家的思辨空论，实际生活中早就解决了这个问题。在实践和认识中，人总是以主体的地位同他周围的世界相互作用的，不管是否意识到或承认与否，全部实践和认识活动都是主客二分的。马克思主义哲学关于哲学基本问题的理论正是对这种状况的概括。普列汉诺夫说过一句很有意思的话：“当人们着手研究哲学，就是说当他想构成完整的世界观时，他必然会碰到这样的问题：自我同非我、认识同存在、精神同自然界有怎样的关系？”

世界只有一个，人类面对的是同一个世界。世界是变化的，但这种变化对于人来说是同一的。世界的物质性和客观实在性正在于它的存在不依存于主体。主体在思维中构建的存在，是关于客观存在的印象而非存在本身。

---

① 《马克思恩格斯选集》，2 版，第 1 卷，77 页。

② 列宁：《哲学笔记》，208 页。

人们的世界观是多样的。但世界观与世界的关系都存在着反映与被反映的问题。世界观有正确与错误之分，有真理与谬误之分，有近似正确与比较正确之分。以世界观的多元性否认世界观的真理性和客观性是错误的。

自然科学与社会科学

人类在17世纪进行了自然科学方面的革命。哥白尼推翻了地球中心说，宣告自然科学从神学束缚下解放出来。到19世纪40年代社会科学方面才开始迈出革命的步伐。这就是唯物史观的创立，它为社会科学的生存权提供了根据。

社会规律的确不同于自然规律。自然规律是“硬”的。《道德经》上说：“天网恢恢，疏而不漏。”自然规律的天网对谁也没有例外。人的生老病死，日夜交替，四季轮转，人人如此，年年如此。社会规律是“软”规律。社会发展似乎决定于统治者的权力和意志。他们一举手一投足，都足以使社会发生震动。他们可以为所欲为，可以倒行逆施。其实从长远看并非如此。中国古话说，善有善报，恶有恶报，不是不报，时间未到。还说多行不义必自毙。这是社会规律的特点。它不是立竿见影的，而是最终结局。

因此，社会科学一般不可能成为像自然科学那样以公式、公理表现，可以量化，可以计算的精密学科。自然科学的假设可以验证，它的未来可以预言，它的结果可以由实验重复检验。社会科学的对象是社会，即人及人的活动所形成的各种关系。社会科学不可能都数学化，也不可能发现类似自然规律那样严格决定论的规律，迄今我们称之为社会普遍规律的规律，在不同时代、不同国家都有其特殊性。但社会科学仍然可以是科学的，因为它以客观的实在社会生活为对象，并能通过研究把握它的发展趋势和规律，只是它的准确性不及自然科学。我们可以断言，人们不可能按照自然科学的模式来改铸社会科学。社会运动中的机械论者企图用物理学、力学、生物学来解释社会现象，把社会现象说成是物理规律、力学规律、生物规律的特殊表现。斯宾诺莎把社会比作社会天文学，是由个人欲望的引力和斥力组成的运动。社会物理学用物理现象来解释社会，把个人主义说成是社会离心力，集体主义是向心力。社会生物学家把社会比作生物，社会是有机体，个人是细胞，细胞不断新陈代谢，但社会仍然存在和发展，社会的进化类似生物的进化。生物进化由简单到复杂、由低级到高级，社会也是如此。社会职能的分化就是生物器官的分化。生物有中枢，人类有组织，如此等等。历史证明，凡是把自然科学结论简单运用到社会领域都不可能得出正确的结论。但这不能成为贬低或取消社会科学的根据。因为人们不可能直接借助自然科学的方法来认识社会，不等于社会不可能认识。我们在注意自然科学与社会科学相互渗透的同时，还应该加强对社会科学自身方法的研究。只有社会科学才能使我们认识社会。我们要加强社会科学的研究，加强唯物史观及其方法问题的研究，决不能把它重新交给实证主义或神学；如果这样，将是人类认识的大倒退。

不能认为凡存在的都是必然的

凡是历史上发生过的事都给人以必然性的外表。有一个哲学家不无嘲弄地说，任何事件，只要发生过就会让老资格的历史学家说成是不可避免的。这种看法是把存在的和必然的混为一谈。如果这样，整个世界一事一物都变得神秘难解，我们除了向上帝求救外，别无出路。

其实，凡是世界上出现的人物和事件，都有其偶然性的方面。它可以出现，也可以不出现，可以以这种方式出现，也可以以另一种方式出现。唯一不可避免的是规律，是事物中存在的必然趋势。而作为必然性外在表现的事物可以是多种姿态和情况，它是由具体条件和原因决定的。可是只要存在这种必然性，那就会出现作为这种必然性外在表现的相关现象的偶然性，所以单个偶然性本身并不是必然性，但偶然性中存在必然性。恩格斯说："恰巧某个伟大人物在一定时间出现于某一国家，这当然纯粹是一种偶然现象。但是，如果我们把这个人去掉，那时就会需要有另外一个人来代替他，并且这个代替者是会出现的，不论好一些或差一些，但是最终总是会出现的。"① 时代需要伟人这是必然性。伟人是谁这是偶然性。没有必然性产生不了伟人。没有一定的偶然性成不了伟人。

① 《马克思恩格斯选集》，2 版，第 4 卷，733 页。

两种必然性的观念

必然性是一种古老的观念。它开始时具有宗教神秘主义色彩，即表现为天命、上帝的旨意、人的宿命。在历史观中则是所谓气数，是决定王朝盛衰兴亡的“国运”。

真正把必然性纳入历史研究范围，从历史自身探讨必然性，可以说是从维科开始。维科在《关于民族共同性的新科学原理》中，提出了各民族发展的共同性问题。共同性，实际上就是必然性的外在表征。维科关于历史经历三个阶段（神权时代、英雄时代、人权时代）的论述，是对历史发展普遍规律的一种不成熟的探索。

维科以后，关于社会历史发展必然性的观念，一般与社会发展阶段论相联系。圣西门把人类历史划分为五个时期，即开化期、奴隶制度、神学（封建制度）、新封建制度（资本主义）和未来的新实业制度，并认为这五种社会的产生都是必然的。傅立叶则把社会划分为五个时代，即蒙昧时代、宗法时代、野蛮时代、文明时代、未来的谢利叶时代。

可是，在黑格尔之前，关于历史必然性的观念，大体停留在结果，即历史经历的共同发展阶段上，而未探讨它的内在原因。而黑格尔则力图探讨必然性的内在根据，这就是作为整个世界基础和核心的绝对观念。历史必然性是绝对观念在历史领域中的展开。这当然是一种唯心主义的必然观念。

唯物史观的必然观念既不同于神秘主义，也不同于唯心主义。

第一，物质性。必然性不是预成的，是在人们的实践活动形成的。它的物质载体是在人们实践中形成的各种客观关系。这种关系对于社会中任何个人都是独立的，不依存于他们的意志。

第二，不可避免性。必然性作为历史发展的趋势，讲的是不可避免性。不可避免性是一种抽象的观念，它是相对于它起作用的条件而言的。只要具备这个条件，这种趋势就是必然的不可避免的。这是条件和结果之间的因果制约关系。

第三，重复性。历史必然性具有重复性的特点。这种重复性不是现象的重复性，而是本质关系的重复性。例如，生产力与生产关系之间，经济基础与上层建筑之间，私有制与两极分化之间，阶级与阶级斗争之间，等等，都存在一种不断重复的、不可避免的关系。

资产阶级对历史的必然性怀着一种恐惧，因为历史必然性与两个必然性（资本主义必然灭亡、社会主义必然胜利）不可分。承认历史必然性，必然会同时接受社会主义理论。这是资产阶级学者对历史必然性观念如此反感的原因，也是马克思主义如此维护历史必然性观念的原因。

在东欧剧变后，关于历史必然性问题的争论再起。这个问题的实质是关于社会主义的失败是暂时的还是最终结局的争论。马克思主义者认为是暂时的，是斗争中的一个回合的失利，而资产阶级的学者为社会主义的“死亡”而频频举杯。

梅林在《保卫马克思》一书中说：“历史唯心主义的各种神学的唯理论的，还有自然主义的都是资产阶级的历史观，一如历史唯物主义是工人阶级的历史观。”关于必然性的争论，特别是围绕东欧剧变所表现的两种历史观的争论，非常明显地表现了历史观分歧的实质。

规律与规律的实现

实际存在的不是纯粹的规律，而是有规律运动着的事物。规律是事物中稳定的、同一的、重复起作用的本质联系，它不可能独立存在，而是存在于事物的运动之流中。因此事物的运动总是存在有规律的方面，也有无规律的偶然的方面。规律不可能赤裸裸地、直接地、毫无区别地表现自己，总是根据条件不同而具有自己表现的特点。例如社会主义革命规律的表现在各个国家是不同的，俄国和中国就各有特点。五种社会形态交替的规律问题，在西方和东方的差异性非常明显。所谓多元发展论，所谓东方特殊论，都是用规律实现的多样性来否定规律的同一性。

正因为规律是现象的同一性，它的实际作用，受它起作用的条件和状况的制约，所以规律实现的方式在不同条件下是不同的。规律只表现为发展过程的一种趋势，即表现为支配整个发展方向的不可改变的进程，而不是发展进程中的每个细节。这不仅因为在同一进程中存在着与其相对立的力量，它会阻碍、抗拒规律主导趋势的实现，如价值规律实现中的价格对价值的背离；而且由于事物联系的多样性，各种因素都会对规律的实现起作用，从而形成同一规律在实现过程中的种种差异性。

恩格斯和马克思在论述价值规律时经常讲到规律的实现问题。恩格斯说："可以举工资规律即劳动力价值的实现为例，劳动力价值只是作为平均数实现的。"① 马克思在讲到价值规律时说："科学的任务正是在于阐明

① 《马克思恩格斯选集》，2版，第4卷，745页。

价值规律是如何实现的。”① 在《詹姆斯·穆勒〈政治经济学原理〉一书摘要》中，马克思批判古典经济学家时说：“穆勒——完全和李嘉图学派一样——犯了这样的错误：在表述抽象规律的时候忽视了这种规律的变化或不断扬弃，而抽象规律正是通过变化和不断扬弃才得以实现的。”②

当然，规律的实现包括两种情况：一是规律与受规律支配的事物运动之间的差别。规律实际起作用的条件总是具体的，而规律自身则是一种同一性。因此规律的实现永远不会与规律的要求丝毫不差。二是规律的统计性质，即通过大量偶然性来实现规律的要求。没有大量重复的偶然性，规律就无从表现自身。马克思在讲到规律只能作为主导趋势存在时说：“它的绝对的实现被起反作用的各种情况所阻碍、延缓和减弱。”还说：“必然有某些起反作用的影响在发生作用，来阻挠和抵消这个一般规律的作用，使它只有趋势的性质，因此，我们也就把一般利润率的下降叫作趋向下降。”③

所以规律是一种必然趋势，它的实现是在矛盾中进行的，会受到种种相反的力量的阻挠。这种情况也可以解释东欧剧变。社会主义代替资本主义规律的实现是在斗争中进行的。它的实现会受到各种相反力量的作用，所以曲折反复是常见的。但历史的规律是不可抗拒的，它归根结底会在克服各种困难中前进。

---

① 《马克思恩格斯选集》，2版，第4卷，580页。

② 《马克思恩格斯全集》，中文1版，第42卷，18页。

③ 《马克思恩格斯全集》，中文1版，第25卷，261、258页。

应该区分决定作用与反作用

在生产力与生产关系的相互关系中，我们的解释似乎陷入了循环论证：我们用生产力来解释生产关系的性质和类型，又用生产关系来解释生产力的发展。要打破这种循环论证，就不能仅仅停留在它们之间的相互作用上，而必须进一步探讨它们相互作用的性质。

对生产关系而言，生产力的作用是决定性的。有什么样的生产力，就会有什么样的生产关系。即使暂时还没有这种适应，随着生产力的发展，或迟或早会有这种相应的变化。在落后国家的社会主义革命，并不证明生产关系可以不依赖生产力，相反它证明要完成这个革命，使社会主义的生产关系得以存在和巩固，必须大力发展生产力，否则生产关系的巩固是不可能的，它迟早会因生产力的落后而付出代价。

生产关系对生产力的作用是反作用，而不是决定作用。不能说有什么样的生产关系就会有什么样的生产力，而是它为达到这种生产力提供了可能性。至于说在一定条件下生产关系起决定作用，指的是在特定条件下不改变生产关系就不能解放和发展生产力，而不是说生产关系能决定生产力的性质。这种所谓决定作用本质上仍然是一种反作用。

所以在生产关系与生产力的相互关系中，生产力的作用是决定性的，它要求相适应的生产关系；生产关系的作用是反作用，它影响生产力的发展速度和生产效率。马克思说过：“劳动主体所组成的共同体，以及以此共同体为基础的财产，归根到底归结为劳动主体的生产力发展的一定阶段，而和该阶段相适应的是劳动主体相互间的一定关系和他们对自然界的一定关系。”①

我们要看到生产力的决定作用，因此必须以经济建设为中心，大力发展生产力并适应生产力的发展水平调整生产关系，这就是以公有制为主体、多种经济成分并存的理论根据。同时又不能忽视生产关系的影响作用，如果放弃公有制的主体地位，仅仅把所有制视为手段，任凭私有制和个体经济无限制发展，其结果就会破坏生产力的发展。区分决定作用和反作用，对于我们建设中国特色的社会主义是非常必要的。

① 《马克思恩格斯全集》，中文1版，第46卷上，495～496页。

规律与目的

人的活动有目的，但目的并不等于规律；历史发展有规律，但社会自身没有目的。社会规律是社会的规律，它是人在活动中形成的社会关系的规律。它存在于人的活动之中，但依存于人的社会关系。

社会有规律而无目的。是谁造成当今的状况：美国的富强，非洲的贫困，苏联的解体，中国的崛起？不是任何一个人甚至一群人的目的能决定的。它是社会各种因素（经济的、政治的、文化的）作用的结果。尽管其中存在人的目的和实现目的的活动，但之所以出现这种目的并能实现这种目的，不仅取决于人的活动，更重要的是取决于社会条件所蕴含的可能性与必然性。资本主义社会符合谁的目的？如果说，资本主义社会符合资产阶级的目的，那在资本主义社会出现以前，应该先有资产阶级。可事实并非如此。资产阶级是与资本主义经济的发展壮大同时并存的。是资本主义经济壮大到资产阶级有了自我意识以后，即他们的思想家们意识到自身的目的和要求以后，才会把客观的要求变为主体的目的。可以说，真正的目的是规律的主观形态，而规律是目的的客观依据。不表现规律的目的只有主观性没有客观性，是不能实现的幻想，不表现为目的的规律只有客观性没有主观性，缺少规律起作用的机制。

不能简单推论

科学技术是第一生产力，是推动社会发展的决定性力量，而科学技术的主体是科学家；科学家之所以是科学家主要是由于他的智慧与大脑；因此决定历史发展的力量归根结底是大脑，特别是天才科学家的大脑。这是纯逻辑推论的结果。罗素在《论历史》中就说过："假如出于某种不幸，有几个有突出才能的人在襁褓之中就夭折了的话，那么目前的生产技术就会和18世纪的情况很少有什么不同了。"

科学技术与社会发展的关系是辩证的。社会发展推动科技发展。生产的发展，经济的增长，政治的稳定，都是直接推动或有利于科技发展的条件。而科技发展当然有利于社会的进步，直接或间接推动社会的发展。这种关系是本质的必然的关系。而科技与科技工作者的关系，是一种偶然的、非固定的关系。相对论的创始人并不注定是爱因斯坦，万有引力的发现者并不注定是牛顿。只要时代和生产发生了发明某种科技的必要性和可能性，这种发现迟早会出现的。谁来担当这个历史的重任，谁来摘取这个科学王冠上的明珠，则取决于各人的具体情况和机遇。不能说没有爱因斯坦，就永远没有相对论。只能说，爱因斯坦是同时代人中最伟大的科学家，是他而不是别人先创立了相对论。

说19世纪科学与生产的公式，是生产——科学，当代是科学——生产，那人们会问，科学的推动力是什么？当然是科学家。推动科学家的动力又是什么？除了科学家个人的大脑外，别无答案，因为生产已经断定是科学的结果。如果把这个理论变为一个公式，可以表示于下：

科学家（的大脑）——科学——生产

照我看，任何一个马克思主义者都能看到这个公式的谬误。尽管现在不少学者倡导这种理论，我仍然要说这不能成立。把当代社会发展、当代人类生产发展的动力、都放在科学家们的脑袋上，现实并没有为这种理论提供事实根据。人们看到的事实是，只有经济发展、生产发展、政治稳定，科学才能发展，才能有利于科学家的培养。历史和现实都证明，经济落后、生产停滞、生活贫困、政治混乱，科学不能发展，任何科学家都无能为力。

这当然不是轻视科学和科学家的作用。毫无疑问，在当代我国要发展经济，强国富民，必须大力发展科学技术，走科教兴国的路。但决不能由科学技术是第一生产力得出科技是社会发展决定力量的结论。实际上，只有按照历史唯物主义观点，才能真正对科学技术的作用做出正确的解释并制定正确的科技政策。

唯物史观重视科技在社会发展中的作用，但反对科技决定论。西方有些学者片面夸大科技的作用，走向科技决定论。例如海尔布隆纳说："如问在我们这个时代究竟是什么样的力量恰好强大到足以破坏资本主义的特权和机能的堡垒的基础，并且能在这些堡垒的位置上建立起它自己的制度和社会机构，那么回答肯定是这样的：统治我们时代的力量就是科学力量和科学工艺力量。"加尔布雷思也说："在研究复杂的经济变化时，由其内在的自发力量推动的技术发展，是全部分析的出发点。"

唯物史观与科技决定论的界限究竟如何划？这是个复杂问题。我以为至少有三点是值得重视的：

第一，唯物史观是从社会基本矛盾运动中考察社会发展，而不是把社会发展仅仅归结为科技问题。科技当然是重要的，但科技能否发展，不能脱离它所依存的环境——经济政治文化，等等。因此科技在能发挥它的重大作用之前，它首先是被决定的。

第二，唯物史观把生产力看成一个系统，是人和工具的有机统一。科技是生产力中的重要因素，但不是唯一的因素。科学技术要发挥作用，必须运用于生产，转变为工具系统、生产流程以及直接生产者的技能和素质。因此，科技的作用与人民群众的作用是一致的，它包括科技工作者以及直接生产的工人的作用。历史证明，许多发现和发明，由于未能进入生产过程而一无用处的情况并不罕见。各个国家专利局中的各种申请堆积如山。所以不能像某些新英雄史观的鼓吹者那样，把科技的作用单纯归结为科技精英的作用。这种观点与封建社会中的精英决定论本质上是一样的，不过是由政治精英决定论变为科技精英决定论而已。

第三，唯物史观正确处理科技革命与阶级斗争、社会革命的关系，反对以科技革命取代或取消社会革命。当代资本主义社会中的科技革命并没有改变资本主义社会的本质。它仍然是资本主义社会，而不是什么信息社会、技术社会或者什么什么社会。资本主义社会中的劳动者不可能单纯依靠科技革命而不依靠社会变革来获得解放。在资本主义制度的框架内，科技革命并没有消解资本主义社会的矛盾，相反激化了原有的社会矛盾，包括人与自然的矛盾、人与人的矛盾。这些矛盾只有依靠经济和政治制度的变革才能解决。

我们是历史唯物主义者，而不是科技决定论者。我们高度重视科技在生产以至整个社会发展中的作用，但我们不主张把生产力从其与生产关系的联系中抽象出来，把科技从生产力的总体中抽象出来，把科技工作者变为脱离一个国家的经济状况和生产水平、能够从大脑中引出发明和创造的天才人物。

规律的普遍性与普遍规律

规律的普遍性是规律的特点，它在大体相同的条件下会重复起作用。普遍规律是指规律起作用的范围。凡规律都有普遍性，但不是任何规律都是普遍规律。规律都是在一定条件下起作用的。条件是具体的、各有特点的，因此规律的实现必然具有特点。规律是同一的，但它的表现不是同一的。绝对的同一性只存在于逻辑抽象之中，而它的实际表现是具体的多样的。恩格斯说过，平均利润率是规律，但它的表现是不一样的，“如果我们想要求利润率……在每一个企业和每一个年度直到第一百位小数都完全一样，不然就把它贬为虚构，那我们就严重地误解了利润率和一般经济规律的本质。它们全都没有任何其他的现实性，而只是一种近似值，一种趋势，一种平均数，但不是**直接**的现实。其所以如此，部分地是由于它们所起的作用被其他规律同时起的作用打乱了，而部分地也由于它们作为概念的特性。”①

用这种观点来考察生产力与生产关系的矛盾运动规律，对于中国实现了社会主义革命，而美国仍然是资本主义就不难理解。因为这个规律并没有规定生产力发展的量的界限，它只是表明历史发展过程的一种趋势，即当生产力受到束缚时，它就会要求改变生产关系以适应其发展。旧中国的状况就是如此。至于美国未发生革命，那表明在美国生产力仍有发展余地。这从反面证实了这条规律。只要生产关系尚能容纳生产力发展，它就

① 《马克思恩格斯选集》，2 版，第 4 卷，745 页。

不会立即死亡，这同样是这条规律的内容。

马克思主义着眼于规律的普遍性，但从来没有忽视规律表现的民族特性。19 世纪 50 年代提出了亚细亚生产方式的问题，70 年代更是对东方社会问题予以特别的关照和研究。历史发展的民族差异性，不能否定它的普遍性。无论是东方还是西方都是从原始社会开始自己的历史历程的，都经历过无阶级无私有财产的阶段，都经历过阶级的产生和分化、体力劳动和脑力劳动的分离，都经历过奴役制（奴隶制或农奴制），而且随着私有制的产生，都存在阶级和阶级斗争，存在着革命和起义。人们只要深入考察，就可以发现各民族历史中许多不断重复的现象。这种不断重复的现象，就是历史普遍规律的表现。当然差异性是存在的。不是每个民族都按照历史的顺序鱼贯前进，也不是在每个民族中每种社会形态都能达到成熟程度。其实，世界历史发展的一般规律，不仅丝毫不排斥个别发展阶段在发展顺序上表现出来的特殊性，反而预定了有这样的发展阶段。

问一个为什么

为什么生产力决定生产关系，为什么生产关系必须适合生产力的性质和水平？是谁要求适应？生产力既无嘴又无手，它如何要求适应？不适应又如何？这些问题似乎很无聊，可细想起来却确实又是问题。

社会领域是人的领域，社会中的一切都必须通过人。谁要求生产关系适合生产力的发展，当然是人，与生产力发展利益相关的人，或者说从生产力发展直接获利的人。马克思说的生产力起来反对生产关系，就是代表生产力的阶级或集团起来反对旧的所有制的代表者。所以，离开了人们在生产方式中的不同地位，离开了物质利益，就难以理解生产力与生产关系相互作用的机制。

与生产力的发展利益直接相关者，往往是新生产力的代表者。为了发展新的生产力，他们必然要求改变不利于生产力发展的原有的财产关系和分配形式，以维护自己的利益。所以生产力与生产关系的矛盾，必然表现为人与人的矛盾。在阶级社会中必然表现为阶级矛盾。生产力的要求，通过某个阶级或集团的经济和政治要求表现出来，并通过它们的斗争来实现。这不是黑格尔的理性的狡黠，而是客观规律的作用。尽管人们并不了解这个规律（在马克思主义产生之前），但他们的切身利益促使他们必须这样做。

为什么经济基础决定上层建筑？为什么上层建筑要适应经济基础的需要？这当然还是通过人，表现为人的要求。促使人们这样做的内在原因仍然是物质利益。

经济基础决定上层建筑，这表明在经济上处于统治地位的阶级或集团，为了维护自己的既得的经济利益，必须建立符合自己经济和政治利益的政权和法律制度。处于统治地位的阶级或集团，主要是按照自己的利益而不是按照别的什么抽象原则，例如公平、正义、人道等来建立各种规章制度。当然，这并不排斥国家具有社会管理以及从事公共建设、保障社会福利方面的职能。但上层建筑特别是国家法律的主要职能并不是公共事务，而是维护社会的稳定和统治者的利益。

至于意识形态部分的上层建筑，它之所以适应经济基础，这是因为处于统治地位的阶级或集团，必然从其所处的地位出发，从有利于自己利益的角度来进行精神生产。它们按照生产关系的性质进行物质生产，同时也按照生产关系的性质和内容来进行精神生产。这就决定了上层建筑中的意识形态部分与它的经济和政治制度必然是一致的。

当然，上层建筑中的意识形态部分是很复杂的。我们可以用自然科学般的精确的眼光来衡量经济基础，如劳动生产率的水平、生产工具的状况、劳动者的技术水平和素质、所有制的形式，等等。可意识形态则很难测量，而且它也很难从经济基础中直接引申出来。经济基础大体相同的国家，例如，同样是以私有制为基础的国家，意识形态方面可各有特点。而且一个国家的文学繁荣时期不一定是经济繁荣时期，相反贫困、战争、饥饿、苦难时期往往有可能孕育出传世的文学著作。而经济与道德之间的关系也很复杂。很难说，经济发展道德水平就一定提高，可贫困、落后、愚昧肯定会滋长不道德现象。

所以，同样属于社会基本矛盾，经济基础与上层建筑的关系，远比生产力与生产关系之间的关系复杂。但尽管如此，上层建筑之所以适应经济基础，是因为在经济中处于统治地位的阶级或集团，必须创立与自己经济地位相适应的政治法律制度以及相应的思想理论，这一点是肯定无疑的。至于人们如何在一定的经济基础上创立相应的上层建筑，这是需要专门研究的问题。任何简单化的做法都得不出正确的结论。

下　篇

历史进步中的传统与当代

随着年龄的增长，人们往往惋惜逝去的年华，眷恋童年的天真和少年的无忧无虑。社会的发展与个体的发展极其相似。处于资本主义工业发达社会而为各种社会问题所困扰的人们，往往向往农业社会田园风光的诗情画意和简朴淳厚的人际关系，希图返璞归真，回归自然。这种社会怀旧情绪，是西方资本主义工业发达社会自身矛盾的反映。

资本主义社会代替封建社会是历史的一次飞跃。它取消了封建特权和人身依附关系，用自由、平等、竞争的观念代替封建的等级观念和道德规范。可它又极大地发展了以自我为中心的利己主义，把人与人的关系淹没在赤裸裸的金钱关系的冰水之中。

经过长期发展，资本主义社会的矛盾积重难返。特别是第二次世界大战以后，西方发达资本主义国家的腐败和不公正现象，以及吸毒、酗酒、家庭解体、同性恋和青少年犯罪等社会问题，如恶瘤附体，毒化人心。某些学者把原因归结为科技进步，从而得出反对科技进步的错误结论。

应该看到，西方社会所面临的种种社会问题，并不是科技进步和经济发展所必然带来的，而是垄断资本主义的社会危机和精神危机的伴生物，犹如影之随形，因而它们在社会主义制度下是完全应该解决和可以解决的。正如邓小平所说："我们为社会主义奋斗，不但是因为社会主义有条件比资本主义更快地发展生产力，而且因为只有社会主义才能消除资本主义和其他剥削制度所必然产生的种种贪婪、腐败和不公正现象。”①

这就把一个重要的问题摆在我们面前，即在实现社会主义现代化的过程中，如何防止西方资本主义现代化进程中价值危机的重演。这里，关键是要重视社会主义精神文明的建设。这种精神文明应当是以马克思主义为指导的，批判继承历史传统而又充分体现时代精神的，立足本国而又面向世界的。

要正确处理传统与当代的关系。传统是一种巨大的力量。它是被保存在民族中绵延不断的并为后代所继承运用的一种稳定结构，存在于生活方式、思维方式、价值观念、文化道德、风俗习惯之中。但传统不是凝固不变、永恒同一的，而是处于不断创造之中。早期的传统，与历史的发展成反比，它的影响力不断减弱；另一方面，每一代人又不断地把自己的现实变为传统。整个历史发展是不断突破传统，又不断形成传统的过程。传统永远是当代与过去的分界。处在特定时期的人们不断地把自己的现实变为历史，凝结为下一代人的传统。德国哲人黑格尔说：“传统并不是一尊不动的石像，而是生命洋溢的，犹如一道洪流，离开它的源头愈远，它就膨胀得愈大。”因此继承传统，对我们来说，毫无疑义应该包括 1840 年以来尤其是五四运动以来中国人民的革命传统。

传统与进步的关系是双重的。传统作为一种惰性力量，其消极面是进步的重负。因此社会进步表现为对被视为神圣的传统的亵渎，表现为对传统中保守方面的突破与革新。可另一方面，传统中优秀的东西是一种积极因素，它凝聚了一个民族世世代代创造者的劳作和智慧，成为一个民族得以生存和延续的力量，为进一步发展提供了基础。因此，一个民族的繁荣昌盛往往包括对优秀传统的继承。

传统中包含积极和消极两重因素。究竟把什么奉为传统，继承什么，发扬什么，这不取决于传统，而取决于当代，取决于现在社会中人们对待传统的态度。可以说，每一代人都会遇到究竟继承什么或拒绝什么历史遗产的问题。

---

① 《邓小平文选》，第 3 卷，143 页。

西方工业化进程中之所以出现价值观念危机，因为它是以巩固和发展私人占有制为基础的。它的观念的特点是以个人为本位，张扬和倡导个人主义。这种个人主义的极端发展是利己主义、拜金主义。恩格斯说："在利益仍然保持着彻头彻尾的主观性和纯粹的利己性的时候，把利益提升为人类的纽带，就必然会造成普遍的分散状态，必然会使人们只管自己，彼此隔绝，使人类变成一堆互相排斥的原子。"① 与私有制相结合的工业化，一定会越来越趋向极端利己主义，导致非道德主义，引起维系人们正常关系的价值观念的崩溃。

我们正处在实现现代化的过程中，经济体制也在发生重大变化。在这一转变中，面临着价值观念的剧烈震荡和深刻变化。如何划清价值观念危机与价值观念更新的界限，正确理解价值观念更新的合理性及其可能出现的混乱，防止西方现代化过程中出现的价值观念的危机，是一个非常重要的课题。

我们应该看到市场经济的双重效应。我们正在建设的是以公有制为主体的社会主义市场经济。它的总体目标是巩固和发展社会主义制度，而不是少数人的发财致富。它通过市场机制合理配置资源，激发竞争精神，以利于解放生产力，发展生产力，消灭剥削，消除两极分化，最终达到共同富裕。社会主义市场经济的健康发展，不仅有利于培养主动进取的创造精神，也有利于形成对社会多做贡献的道德风尚。但市场经济终究是商品经济，它是以利益为驱动力，以货币为中介的。在市场经济条件下，作为一般等价物的货币具有和一切商品相交换的作用，它被视为万能之物。因此市场的存在为拜金主义、利己主义的蔓延和传播提供了一定的客观条件。

不能把社会主义市场经济视为"自由"经济，应该进行引导和调控。除了经济手段、法律手段以外，还应该进行道德教育。这不仅是人们市场活动中的道德教育，即企业生产和商业活动中的职业道德，而且是全体社会成员的普遍的道德教育。因为市场活动与非市场活动是不可能截然分开的。市场经济具有广泛的影响力和渗透力，它可以对社会成员产生多方面的影响。

---

① 《马克思恩格斯全集》，中文1版，第1卷，663页。

在进行精神文明建设、提高全民道德水平的教育中，我们除了发挥马克思主义理论的优势，尊重在长期革命和社会主义建设实践中形成的优良传统外，还应该充分弘扬中华民族优秀的传统道德。

中华民族优秀的传统道德，在当代，特别是在市场经济条件下，何以具有价值并得到某种认同？这里涉及道德的本性和中国传统道德的特点问题。

道德是一种价值观念，它包含着人们的道德理想，关于人们行为的善恶判断以及由此决定人们应如何活动的行为规范。历史唯物主义告诉我们，不管自觉还是不自觉，人们归根到底总是从他们进行生产和交换的经济关系中获得自己的道德观念的。在阶级社会中，人们总是从他们的阶级地位所依据的实际关系中获得自己的道德观念的。很显然，随着人们的社会经济政治地位和相互关系的变化，人们的道德观念也会发生变化。永恒不变的道德观念是不存在的。

但是，在道德观念和规范的变化中，仍然存在某种稳定的、对于人们行为具有某种制约性的普遍因素。这种普遍性的根据，并不是抽象的人性，而是人的社会性。人是社会存在物。任何一个社会，不管社会形态如何不同，都是个人和社会的统一体，都存在一些相同的关系，如家庭结构中的夫妻关系和血缘亲属关系，人际关系中的朋友关系、邻里关系，个人和自己所属集团的关系，以及个人与国家、与社会的关系，等等。如何处理这些关系，在各种社会中都有差异，但也会存在一些共同原则，这就是把热爱祖国、服务社会、珍惜情感、重视友谊等看作一种道德规范和合乎道德的行为，这是人生活在一定社会关系中，人作为社会存在物的共同要求。因此在变化的、具体的、具有时代和阶级特性的道德观念中，可以存在一些作为优秀传统代代相承的观念。道德理论中的绝对主义和相对主义都是片面的。绝对主义把某一时代、某一阶级的道德观念和规范，奉为永恒不变、适用于一切时间地点的绝对真理。这种观念是以抽象人性论为理论依据的。而相对主义则否认道德价值中存在某些稳定的、共同的因素，把它看成只是适用于特定时间、地点的特定个人或集团的观念和规范，永远变动不居，无章可循。前者导致文化保守主义，后者则导致道德虚无主义。

中华民族优秀的传统道德之所以具有当代价值，根本原因在于我们的经济和政治制度，其中包括我们确立的市场经济的社会主义性质。同时，弘扬我们道德中的优秀传统，有利于增强中华民族的凝聚力和爱国主义情感。

应该看到，社会主义仍然存在矛盾，特别是各种各样的人民内部矛盾。我们应该弘扬传统中的尊重他人、尊重群体的观念，正确处理国家、集体、个人三者之间的关系。

在市场经济中，利益是一种驱动力。但不正当的逐利行为可以败坏个人道德。因此，在市场经济活动中，加强个人道德修养是一个重要问题。我国优秀传统道德中的理想主义，代表的是一种追求、一种激励、一种对自我的超越。它的处世原则中的积极成分，对于在市场经济下过分个人化、实利化、世俗化的价值取向，可以起到一定的遏制作用。

在资本主义工业化中出现的城市化和家庭结构的变化，松弛和改变了人们之间的血缘纽带和人际关系，使人们渴望亲情和乡情；贪得无厌的欲望和对金钱的疯狂追求，过度的消费，使人们向往淡泊自尊；环境的恶化和都市的喧嚣，使人们倡导回归自然。西方理论家们期望在以高科技为基础的工业社会上，嫁接一个平静和谐、人际关系淳朴的农业社会，这当然是幻想。但这种状况说明，我们在实现社会主义现代化的进程中，可以通过认同传统道德理想的人际关系设想的某种价值，以防止西方资本主义现代化过程中的“文明”病。

优秀传统道德中确有许多值得重视的、应该认真审视和吸取的东西。但是，不能由此得出结论说，历代进步思想家对儒家的批评，问孔、刺孟都错了；也不能说五四运动提倡科学民主、“打倒孔家店”错了，应予翻案；从而认为我们应走尊孔读经的老路。这是根本不对的。

中国传统文化，特别是儒家的学说中包含有不可克服的矛盾。儒家伦理中的理想与封建社会的现实是分裂的。仁者爱人，己欲立而立人，己欲达而达人；父慈子孝兄友弟恭；民为贵，社稷次之，君为轻，等等，不少是一种理想，而封建社会的现实是等级森严的专制制度。因此，儒家学说，特别是它的仁义道德往往成为统治者借以掩盖其专制本质的幕布。我们承认保存在儒家经典中的许多思想的确是文化财富，应予发掘、弘扬。

可是在长期的封建社会中，在实际政治生活中，在日常生活中，维护封建专制制度和家长制的三纲，是对妇女和劳动者的压制和轻蔑，造就了不少烈妇、节妇，不少祥林嫂式的悲剧人物。

当历史处在矛盾尖锐时期，对儒家的批判代表的是一种进步。它是与反对用儒家伦理把封建秩序凝固化的封建制度的斗争结合在一起的。

我们现在时代不同、条件不同、处境不同，能够坐下来冷静地对儒家伦理进行审视。但还是要取其精华、去其糟粕。我们应该清楚，每个时代都有自己需要面对的实际，都有自己特殊的社会问题。我们不可能根据儒家学说来制定我们的路线、方针、政策，也不能期待用中国传统道德来解决经济建设和人口、资源、环境的关系问题，包括节育问题、生态问题、安乐死问题、试管婴儿问题等。至于义与利、个人与集体、公与私等问题，可以从传统道德中得到某些启发，但要真正在社会主义市场经济中正确处理这些矛盾，需要我们用马克思主义的世界观和方法论来分析，而不能相信依靠重新诠释儒家某些论断来解决。把当代人的观点挂在古人名下，不能认为是真正对传统文化的重视。

一个国家和民族，不能轻视自己的传统，但决不能囿于传统、沉湎于传统。我们要前进，要创新。我们不可能在经济和政治实现现代化的进程中、在文化和道德上恢复传统，奉行文化保守主义。这是不可能的，也是不现实的。正确的态度应该是：立足现实，珍重传统，面对未来。

理论与信仰

信仰是人类的特点。但信仰有科学与不科学之分。共产主义信仰是科学信仰。宗教也是一种信仰，但是这种信仰是迷信的。共产主义信仰之所以是科学信仰，是因为这种信仰能付诸实践并在实践中证明。而马克思主义就是对共产主义信仰的理论论证。

在旧中国，革命者树立共产主义信仰的途径有两点：一是工农干部的途径。他们的信仰是建立在亲身体验的基础上的。他们受剥削受压迫，痛恨旧社会，向往共产主义。他们的信仰是偏重经验的情感性的。二是知识分子的途径。与工农干部不同，他们一般出身剥削阶级，无亲身受压迫的体验。他们的信仰是建立在理性基础上的，是以革命理论为依据的，这种信仰是偏重理性的概念性的。这两种方式各有优点。缺乏理论的纯情感的信仰，会随着地位的变化而发生蜕变，而纯理论性的信仰由于环境的险恶和挫折容易发生动摇。

坚定的共产主义信仰应该是上述两者的结合，既能体验劳动人民的痛苦，又有理论知识，这种信仰才是坚定的。方志敏在敌人狱中写了《可爱的中国》，夏明翰留有著名诗句："砍头不要紧，只要主义真。杀了夏明翰，还有后来人。"他们所表达的理想，完全是以对历史规律的坚信和对中国人民的热爱为基础的。

也谈“马、中、西”

中国历史上的变革时期经常出现古今之争。在清末集中地表现为中西之争。五四运动以后又转变为马克思主义、中国传统文化、西方文化之争。这种以文化形式出现的争论，本质上是关于中国社会发展道路的争论。1949年中国人民革命的大胜利，从理论和实践上对这个争论做了总结。

可历史是复杂的。1949年的胜利只是使争论暂归沉寂，而没有为这个争论画上句号。由于许多复杂的原因，我们在理论和实践上并没有正确处理好“马、中、西”的相互关系。因此一旦有适宜的土壤，争论之火会一燃而起。20世纪从80年代的文化热到90年代文化热的第二次悄悄兴起，其中一个最核心的最重大的问题是“马、中、西”的关系问题。不少学者对这个问题的认识非常正确，但也有一些学者看法非常片面，或者鼓吹全盘西化，或者提倡本土化。他们之间有分歧，但在排斥马克思主义这点上倒是统一的。

一百年多来，关于文化的争论有一个理论误区，这就是把文化争论的焦点归结为体用之争。中体西用，西体中用，中体中用，西体西用，还有什么中国为体全球为用。众说纷纭，莫衷一是。争论如同聋子的对话，各说各的。实际上，把文化争论归结为体用之争，注定这种争论是旷日持久的。要是按照马克思主义的观点看，文化的选择问题实际上是个社会形态问题。每个社会作为社会形态的具体存在，都有自己的经济基础以及相应的上层建筑。这种上层建筑即它的政治制度和意识形态，是由经济基础的性质以及它所在的国家和民族的特点决定的，不是任意装配的。把体和用看成是无内在必然联系的可以任意选择的关系，只能转变为体用任意搭配的游戏。

在我们国家讨论文化问题的一个最基本的出发点，就是我们是社会主义国家，我们建设的是中国特色的社会主义社会。这种社会性质和社会发展前景决定了“马、中、西”的关系。

我们国家的社会主义性质决定文化就其性质来说必然是社会主义社会形态的组成部分。这就决定了马克思主义在中国文化建设中的指导地位。可指导并不是取代。马克思主义没有也不可能取代中国文化。马克思主义提供的只是保证我们文化建设基本方向的原则和基本理论与方法。从根本上说，马克思主义在任何一个国家和民族的传播，不可能取代该民族的文化。因为任何一个民族的文化都是经过世世代代的民族发展，深深植根于这个民族的传统之中的。只有批判地继承中国文化传统，才有可能在中国土地上建设具有中国特色的社会主义文化。而且我们是在与世界紧密联系中，在资本主义世界已经取得较高的科学文化成就的条件下进行社会主义建设的，我们实行的改革开放有利于我们充分吸收世界文明的优秀成果，从而加快我们社会主义文化的建设进程。因此以马克思主义为指导，以中国优秀传统文化为思想资料并充分吸收世界优秀文化，这是我们社会主义文化建设的道路。全盘西化论，中国文化本位论，都不符合我们社会制度的本质。

我们不能从甲午战争的失败中得出错误的结论，以为中国要富强必须全盘西化。甲午战争时的中国是处于封建社会衰败没落时的中国。对于清政府而言，西化意味着前进。可清朝之所以不能全盘西化，是因为西方强国不断用侵略来打破改革派们的寻求，因为西方的目的并不是使中国西化而是殖民化，就清政府中的顽固派而言也不可能真正学西方。学西方意味封建统治的结束，自己走向灭亡。所以清政府推行闭关锁国政策，严防夏夷之辨，并非由于民族主义，而是处于外国列强侵略面前的弱国的一种消极反应。甲午战争的失败说明，摆在中国人民面前只有两条路：殖民化或革命化，别无选择。

我们现在的条件完全不一样。我们是社会主义国家，我们的力量使得我们有条件开放。被人家用大炮轰开大门和自己主动打开大门是完全不一样的。请进来的是客人，打进来的是强盗。我们的开放政策是吸收世界上一切国家，特别是西方主要资本主义国家中先进的东西，而不是全盘西化。西化意味着放弃社会主义制度而被纳入世界资本主义体系。这正是西方某些政治家梦寐以求的东西。对于社会主义而言，这就是历史的大倒退，是由社会主义回到资本主义。

教师与玉匠

在古代，如果发现一块美玉，必须找最好的玉工剖开，仔细雕琢，以成玉佩、玉璧；发现一块黄金，必找金匠精心制作，以成各种首饰。

美玉黄金，尚需良工巧匠以防毁物，为什么对人的教育反而可以随随便便呢？人不是比物更贵重吗？古人云，玉不琢不成器，人不教不知义。以琢玉与教人相提并论，足见古人对教育的重视，而且也很懂育人的道理。

马克思也批评过对教育的忽视，他讽刺说，在我们这个时代畜牧业（对牲畜的培育）比教育（对人的培育）要发达。

我们要贯彻科教兴国的方针，必须重视教师的培养，改善教师待遇，真正使教师职业成为人们羡慕的职业。

马克思主义的民族化问题

马克思主义并不单纯是德国的产物，而是国际的产物。恩格斯曾经特别强调这一点。也就是说马克思主义产生需要一个相互补充的条件。这反映了进入资本主义时代的社会的特点，即历史由民族史转化为世界史。

但马克思主义又不能离开各自的民族传统、地区文化，应该说马克思主义产生时更多地反映了西欧的文化传统，例如，哲学更多地反映了德国古典哲学的传统，经济学更多地吸收了英国古典政治经济学的传统，而社会主义学说则更多地吸收了法国社会主义的传统。因此，马克思主义传入中国后，当然要与中国传统文化结合，批判地继承中国文化中积极的东西以便使马克思主义中国化。

马克思主义产生是如此，就其应用来说更有一个同各个民族的实际相结合的问题，例如列宁主义、毛泽东思想，都具有各自的民族特色。

就西方发达资本主义国家来说，马克思主义应用显然同东方落后国家不完全一样。可是不能由此得出结论说“西方马克思主义”走的道路是正确的。说其是错误的，根本原因在于他们放弃、否定了马克思主义的一些基本原则，放弃了革命的道路，走向与西方资产阶级哲学相结合的纯学术化、讲坛化的道路，完全消解了马克思主义认识世界和改造世界的功能。所以“西方马克思主义”不是马克思主义在西方的创造性发展，而是马克思主义的“怪胎”。

价值与价值评价

自然对人的意义不同于它对动物的意义。自然不仅满足人的生理需要，而且满足人的审美需要。它并不是直接而是以被改造的形式满足人的需要。人的实践活动推动了人的创造力和审美力的发展。

自然界的特性是多样的。经过改造后的特性更是以多种形式满足人的需要。自然界以及被改造后的自然对人的关系，构成了价值和价值评价的客观基础。蛇既有营养价值又有药用价值，但它的价值是逐步被发现的。正如甲鱼一样，它的营养价值是逐步被发现的，如今已成为席上珍品。

价值关系并不是一种独立关系，而是存在于人的实践和认识的关系之中的重要因素。价值关系是在人对自然的改造中产生的。如果不存在人与自然的实践的关系，就不存在价值关系。价值观念是对作为活动对象的客体与人的关系的评价。人的价值观念也离不开认识。价值判断是建立在人对对象认识的基础上的。

价值关系中的主体是多层次的。个人、集团、社会之间可能存在矛盾，因而价值评价会截然不同。社会主义社会有可能消除这种矛盾，但这只是可能，实际上仍然存在矛盾。我们主张以“三个有利于”作为评价改革的标准，就是以绝大多数人的利益为标准。这就要求把生产力的标准与亿万人民利益的标准结合在一起。

治世与治身

在中国文化传统中，儒道两家是互补的。我们可以说，儒家是治国的，道家是治身的。当然，这种说法是相对的。

儒家的基本精神是入世的。儒家的修齐治平，以修身为本，通过正心诚意培养自己的理想人格。儒家理想的人格是具有阳刚之气的大丈夫品格。“富贵不能淫，贫贱不能移，威武不能屈。”“居庙堂之高则忧其民，处江湖之远则忧其君。”可忧患无穷，操劳不已，仕途难测，何以保身？在这里，道家提供了一套方法。

道家也有治国的方法。如《道德经》中讲的治大国如烹小鲜，讲的以正治国，以奇用兵，以无事取天下，等等。但道家学说最本质的还是养生，是如何对待生死、富贵、荣辱，在纷乱的世界中求得安宁。为此，它倡导物我两忘，安时处顺，万物齐一，顺其自然，这样就能全生养亲尽天年。所以道家学说历来被视为安身立命之学。

佛学也是出世之学。但它超然物外，企求来世，以死为解脱。这不符合中国人的心态。少数知识分子信佛，并不是真正相信来世，而是迷恋它的哲理。至于大多数老百姓信佛，不是求死而是求生求福，而且大多临时抱佛脚，与佛学本义大异旨趣。

对于中国知识分子（士大夫）来说，得意时信儒，踌躇满志，治国平天下；失意时则隐退，浪迹江湖，讲求方术，以求心理平衡。这是中国传统文化的生命力，同时又是它的缺点所在。中国的知识分子尤其是文科知识分子，要正确对待中国传统文化，就应该认真学习马克思主义，这样才不致迷恋骸骨，取其糟粕弃其精华。

中国文化的特点：文史哲的合一

对哲学的兴趣，往往是随着学习的深入，随着人生阅历的增加而不断深化。哲学不是白糖，进口甜，而是橄榄，时间越长味道越浓，回味无穷。

对于一个民族而言，哲学代表一个民族的素质。哲学的水平代表这个民族发展的水平。对于一个人而言，哲学代表一个人的素质和水平。我们都知道看东西是用眼睛，看不见的是瞎子；听东西是用耳朵，听不见的是聋子。可我们想过没有，即使有眼睛如果不尊重事实，主观主义，算不算瞎子？同理，听不进不同意见算不算聋子？这叫思想上的瞎子和聋子，比真瞎真聋还要糟糕。因为思想不固执，可以弥补生理上的缺陷；而思想上有片面性，即使五官没有毛病，照样看不到听不见。医治思想上片面性的唯一的方法是哲学。哲学可以使人耳聪目明，所以它是聪明学。

中国文化的一个显著特点是文史哲不分家。司马迁的《史记》是史家千古绝唱，不朽之作。可《史记》的不朽，不仅在于它的文学和史学价值，而且在于它的哲学成就。究天人之际，通古今之变，《史记》中的不少名篇佳作都表现了作者对社会历史的哲学观点。同样，屈原的《天问》、柳宗元的《天对》、刘禹锡的《天论》都不仅仅是文学，而且是哲学著作。苏轼的前后赤壁赋中的名句“寄蜉蝣于天地，渺沧海之一粟，哀吾生之须臾，羡长江之无穷”，还有“自其变者而观之，则天地曾不能以一瞬；自其不变者而观之，则物与我皆无尽也”，深沉忧郁充满人生哲理。毛泽东的名句“惜秦皇汉武，略输文采，唐宗宋祖，稍逊风骚。一代天骄，成吉思汗，只识弯弓射大雕。俱往矣，数风流人物，还看今朝”，肯定个人在历史上的作用与突出人民群众的作用非常完美地结合在一起，是文学，是历史，又是哲学，高度体现了文史哲统一的优秀传统。

以道术鸣

韩愈《送孟东野序》中说，大凡物不得其平则鸣。音乐是鸣，“乐也者，郁于中泄于外者，择其善鸣者而使之鸣”。诗人以诗鸣，歌者以歌鸣，而哲学家们则是“以道术鸣”。为什么要“鸣”？哲学是对国家盛衰兴亡、对人的处境的穷达或个人的不平的反映，即“鸣国家之兴盛”或者“自鸣其不幸”。

认为哲学也是一种“鸣”，确是卓见。哲学离经济基础最远，似乎很抽象，仿佛与世无争，毫无烟火气。其实，哲学作为时代的产物，不可能脱离它的时代的现实。它以哲学的形式反映特定的人们的愿望、要求和看法。例如老子的《道德经》，虽然扑朔迷离，实际上怨气还是不少的。他对圣人、对道德、对法律的批评，他对统治者的批评，实际上是对社会现实的批评。“民之饥，以其上食税之多，是以饥”；“无狎其所居，无厌其所生”，“民不畏死，奈何以死惧之”，等等，是一种抗议的怒气。《庄子》中对权贵，对高位，对礼仪，对世俗之见，一概持鄙视态度，是失势者对现实不平的抗议，至少是一种自我平衡。至于马克思主义哲学则完全是代表无产阶级对资本主义现实的抨击和反抗。马克思曾把他自己的哲学比作革命的高卢雄鸡，则是以雄鸡的高鸣来迎接胜利的黎明。

哲学是“鸣”，但要分清楚为什么和为谁而“鸣”。我们不要悲观主义哲学，不要垂死的哀鸣。无产阶级的哲学是豪迈地引吭高歌的哲学。当今西方有些哲学学派从个人的角度抗议资本主义，过多地着眼于个人的焦虑和苦闷，虽然也反映了人们对资本主义的不满，也是“鸣”，可这种“鸣”是一种消极呻吟，是“哀鸣”。

争与不争

上善若水。水善利万物而不争，处众人之所恶，故几于道。这是《道德经》中的名言。把水的自然特性，处下、利万物、温和、柔弱，作为人的处世的道德楷模，虽然包含某种智慧，但并不全对。从类比中得出的看法，可以有闪光，但不是对事物本身的科学说明。

人处于社会中，由于各种矛盾错综复杂不可能不争，问题是争什么，为什么争？我们反对个人主义，但决不是提倡奴性哲学，无原则，无是非，遇事退让。我们应该为正当的个人权利而争，特别是为劳动阶级、为民族、为国家的利益而争。把这个观点说成是斗争哲学，无原则地鼓吹“和”的哲学，这应该说是一种糊涂观点。这种说法软化了好人，纵容了坏人，强化了恶人，弱化了善人。还是马克思主义正确，区分两类不同性质的矛盾。对敌人要斗争，当然斗争要讲政策；对人民要团结，当然团结要讲是非。这种理论不是一个“和”字能概括的。我们只能有分析地吸取中国传统文化中合理的东西，决不能简单地拿来。

任何类比都是有条件的。类比不是论证，不是理由。特别是从自然推论社会，更是如此。从中国古代哲学家的许多类比中，我们看到了智慧，但也看到了失误。

传统与反传统

每一个民族都有自己的传统。传统就存在于历史之中，有历史就有传统。但传统并不仅是历史，传统存在于现实之中。传统不是历史遗留的文献，不是书本，不是作为历史残存物的文物。传统最根本的是在现实生活中仍然起作用的以往全部文化的积淀物，是构成当前的现实的活生生的社会生活的组成部分。在现实生活中完全不起作用的东西，不能称之为传统而是传统的中断。正因为传统是现实生活的构成因素，所以每当社会变革或急剧转变时期，都会产生如何对待传统的问题。究竟从传统中抛弃什么，继承什么，这取决于现实变革的需要。

文化保守主义的口号是守旧的口号。因为文化是上层建筑的组成部分，随着经济基础的变化它必须或迟或早地发生变化。在文化上取保守主义态度，本质上是不主张社会变革的。不可能设想整个经济基础变了而文化仍保持原状。事实上全部社会发展史，就是经济制度、政治制度变化的历史，也是文化变化的历史。文化有扬弃才能发展。文化有自己的历史即文化史。历史，就是意味着过程，意味着变化，意味着增减。保守主义文化观连文化史也给冻结了。其实文化保守主义观点的实质并不是仅仅针对文化，而是针对整个社会制度的变革问题。我们毫不奇怪，文化保守主义的倡导者在反对过激主义的名义下，公然主张君主立宪制，反对辛亥革命，批评五四运动，至于对 1949 年革命的态度当然是不言自明的。

传统具有两重性。它的积极因素是历史进一步发展的基础，它的消极因素是发展的惰力。把五四运动说成是反传统是不准确的。五四运动反对的只是以孔子为代表的儒家，而不是全部中国传统文化。而且就儒家而言，它的矛头针对的是儒家糟粕，是维护封建制度的纲常名教，而不是儒家学说的全部。陈独秀曾非常明确地宣称："破坏礼教，破坏礼法，破坏国粹，破坏旧伦理，以拥护那德谟克拉西和赛西斯两位先生。"五四运动的勇将们的矛头所向大抵如此。

在辛亥革命之后兴起的五四运动是必然的。这说明，封建王朝的覆灭还只是政权的易手，并不表明新的意识形态，例如德先生和赛先生已处于主导地位。事实上封建的意识形态，形形色色的遗老遗少们仍然有很大的势力和地盘。反对旧文化提倡新文化是势所必然。即使在全国胜利之后，反对封建残余的斗争仍然是一项重要任务。德先生和赛先生的问题并没有完全解决。怎么能说五四运动提倡新文化反对旧文化错了呢？怎么能说五四运动过激了呢？应该说不是过激而是不彻底。之所以不彻底并不是因为救亡压倒启蒙，而主要是因为当时处于主导地位的政权并不是民族资产阶级执掌的政权，而是封建官僚买办阶级当权，他们与帝国主义和封建主义相勾结，提倡殖民文化与封建文化，决不会提倡新文化，决不会彻底启蒙。彻底启蒙对他们的统治不利。而共产党领导的革命本身就是一次推翻旧制度的革命，又是一次破坏旧文化旧思想的新的启蒙运动。鼓吹文化保守主义又批评救亡压倒启蒙，两个拳头打人，一手抓着启蒙，一手抓着维护传统，除了名家，普通人是决没有这种把自相矛盾的观点粘在一起的本领的。

在对待传统的基本立场问题上，我们仍然要坚持马克思主义的观点，即采取批判继承的态度，既反对保守主义，也反对虚无主义。保守不是继承，批判不等于虚无，它们之间形似而实异，千万注意，以免混淆。

道德与非道德

什么是道德？什么是不道德？如果说损人利己对资产者来说是一种道德的话，那有什么行为是不道德的呢？我们可以说杀人越货对强盗来说是道德的，入室偷窃对小偷来说是道德的，吸毒、嫖娼，总之一切最坏的行为都可以被当事者认为是道德的。这样一来还有什么道德不道德的问题呢？

道德是关系到人如何处理个人与他人的关系的问题。人与自然的关系之所以被纳入道德的范围来考虑，是因为对自然的破坏实际上是对所有人的利益的损害。这是生态伦理学能成立的根据。不涉及人与人的关系和利益就没有道德问题。正因为道德是调整人与人的关系的规范，所以道德按其本性来说具有理想性、自我约束性和利人的特性。道德包含理想，如果道德极端务实，不包含任何超越现实的因素那就不是道德而是规则；道德是自我约束的力量，它规范自己的行为而不是放纵自我；道德这种社会现象的出现有利于社会稳定，有利于人际关系的调整，道德包含某些牺牲因素，是利人的。我们不主张片面的利他主义，但道德中包含利他成分是不能否定的。绝对的利己主义不可能是道德的。说道德是自我价值的实现，是自我的目的愿望和要求的实现，这实际上是以他人为仇敌，以自我为中心，把对我有利的都说成是道德的，就必然导致混淆道德与非道德的界限，导致道德虚无主义与非道德主义。

这是不是说，道德是超阶级的，是全体社会成员的共同规范呢？当然不是。在阶级社会中道德有阶级性。但阶级性不是说这个阶级的成员每个人都各自拥有自己独特的道德。道德的本性不是个体的而是集体的，个体是执行已有的道德，而不是独创自己的道德。阶级的道德是这个阶级成员的共同道德，是维护本阶级共同利益所必需的。盗亦有道。强盗的道德就是入室在前，退却在后，分赃要均，有难独担。这是维护全体同伙的利益，如果自首、独吞、怯懦，会被同伙认为是不道德的。资产阶级在革命时期提倡勇气，提倡自我牺牲，提倡献身精神。马克思说过："不管资产阶级社会怎样缺少英雄气概，它的诞生却是需要英雄行为，需要自我牺牲、恐怖、内战和民族间战斗的。"① 在取得政权以后，当政者为了维护自己处于统治地位的社会，并不鼓吹只顾个人而是主张服从国家，服从整个阶级长远的整体的利益。利己主义是非道德的，它以我为中心，同他人即同所有的其他的我相对立，这对任何社会的稳定和巩固都不利，所以任何一个处于统治地位的阶级都不提倡利己主义，以它作为规范自己阶级成员的道德。这并不是说私有制社会不存在个人主义。事实上个人主义存在很长时间，资本主义社会更是比较普遍。问题是个人主义是人们的处世态度，是人生观，但并没有成为一种受人赞同的普遍的道德规范。相反，它历来是被鄙视、被认为是不道德的行为。这样，私有制特别是资本主义社会形成一种矛盾，即道德与行为之间的矛盾，这种矛盾的表现就是伪善。

---

① 《马克思恩格斯选集》，2版，第1卷，586页。

应该辩证地看待传统文化

中国是文化大国。在几千年的历史发展中，中国人民创造了包括各种学科在内的凝实厚重绚丽多姿的文化。我们不仅有许多文物古迹，还有数不清的传世之作，包含着中国人民的智慧。

中国文化是中国人的瑰宝，也是中国人民的骄傲。我们要不愧对祖先，就应该像毛泽东教导的那样从孔夫子到孙中山给予总结。这是个艰巨的任务，也是一个远未完成的有待继续努力的任务。但要正确总结的确有个方法问题。

我们要充分肯定我们的优秀文化遗产，但也要看到其中的问题。例如中国文化在自然观上存在天命论，在历史观上存在宿命论，在人生观上存在命定论。尤其在春秋战国以前奉天敬祖的天命鬼神思想处于支配地位。此后，重视人伦人生的思想逐渐占上风，而天道天命天意观念的影响日益减退。孔子虽然也说君子有三畏，畏天命、畏鬼神、畏大人之言，但并不主要。孔子最核心的是重人伦道德，重人生义务。仁是儒学的核心就是明证。如果说宗教（主要是基督教）是西方文化的核心，那中国文化的核心则是以儒家学说为主要内容的道德原则和伦理秩序。儒家重视道德教化，重视理想人格的培养，强调个人对家庭、对国家、对社会的责任，张扬忧患意识和参与意识。这对于中国历史上孕育出政治家、思想家、文学家以及在各个领域做出卓越贡献的杰出人物起了积极作用。

但儒家学说也有另一面。先秦儒学到汉代发展为经学，到宋明演变为理学。儒家学说是封建社会的官方哲学，为历代统治者所信奉。历代统治者提倡尊孔读经，以四书五经开科取士，作为仕途的敲门砖。儒家经学独断论的思维方式窒息人们的思想，三纲五常的伦理观念是捆绑手脚的绳索，而个人对集体的绝对服从扼杀了个人的积极性。所以对儒家的批判不是全盘否定，而是对否定个人利益、否定个人独立性、束缚人的个性的东西的清洗。近代思想家们批评儒学，突出地表现为反对经学权威，要求个性解放。陈独秀、李大钊、鲁迅都着力反对传统的伦理道德，强调个性解放。这符合民主革命的要求。

所以对传统文化一定要分析，肯定一切否定一切都是错误的。这已经是老生常谈，可又常谈不衰。这两种倾向不断发生，并不是因为不懂这个道理，而是有更深的原因，这是中国究竟应该向何处去的问题在文化选择问题上的映现。

司马迁提出究天人之际，通古今之变。天人之际可以说是人与自然的关系，古今之变是传统与当代的关系。在这两方面中国文化的优点与缺点都是明显的。在天人问题上既有保持人与自然和谐的一面，又有天命论的一面；在古今问题上，既有法后王、与时俱进、变法图强的一面，又有推崇三代、郁郁乎文哉吾从周、今不如昔的一面。因此对传统文化采取辩证态度是完全正确的。

金钱不是衡量价值的唯一标准

金钱并不能真实地衡量出事物的价值。阿司匹林几分钱一片，可它退热的作用是其他贵重的东西，即使黄金也是无法比的。阿司匹林的价值在于它对人的医疗效用。一盒火柴只值几分钱，可火对人类的作用是任凭多少金钱都买不到的。按照恩格斯的说法，火的使用“直接成为新的解放手段”，“对于人类和社会的发展来说”，“具有非常重大的意义”。

世界上万事万物就其作用而言各有其用，这个用是无法以货币来衡量的。以货币来衡量是在很有限的范围内，即在交换的范围内以货币来表示物品所包含的劳动量才是有意义的。超出这个范围，把货币作为衡量事物与人的相互关系的尺度是荒谬的。

可是在市场经济条件下，这是一种普遍的颠倒，连人的价值都以货币来衡量，一个人的价值就是他拥有的货币的价值，一个人的身价高是因为他的钱多。我们国家出现的“大腕”与科学家的价值错位，就是以货币为尺度的表现。

事实上人的价值是无法以货币衡量的。人的价值在于他的事业对人类的贡献。我们能够说马克思值多少钱吗？能说恩格斯值多少钱吗？人类历史上的哲学家、文学家、思想家的价值能用金钱衡量吗？毛泽东、邓小平对中国历史的功绩能用金钱的多少来表示吗？不能。历史上的杰出人物是不能用金钱来衡量的。他们的功绩已化为人类历史的进步，泽及后世，造福人类，永远激励一代又一代人前进。

文化与自由

自由不是人固有的。人不是实现自由，而是不断获得自由。这个获取自由的过程，就是人的文化进步的过程。恩格斯是把自由与文化联系在一起考察的。他说："最初的、从动物界分离出来的人，在一切本质方面是和动物本身一样不自由的；但是文化上的每一个进步，都是迈向自由的一步。"① 人们在物质生产和精神生产中创造了文化，相应地也获得了认识和改造世界的某种自由。文化的进步和积累，意味着人类行动自由的增加。

人的自由，当然与人的生理结构有关。人的大脑是能思维的大脑，人的手是适宜劳动的手，人的神经系统和各种感受器官，使人能有效地反映世界。因而有的学者把人的获得自由的能力称为潜能，认为自由是人的潜能的实现。其实这只是偏重人获得自由的可能性而忽视了自由的真谛。人，尽管生理不发生变化，但自由是不断进步的。历史证明，人的自由是随着社会的进步而不断积累的。一个更高的社会形态的出现，是文化的进步，也是自由的扩展。这里所说的自由，不是政治意义上的公民权，而是人类作为能动主体而必须具有的选择和决断能力。自由作为一种政治制度可以消失，而自由作为人的能力是越来越多。从这个意义上说，人的历史就是走向自由。

① 《马克思恩格斯选集》，2 版，第 3 卷，456 页。

历史与狂人

非理性因素问题一度成为哲学研究中的一个热点。不仅在认识论领域，而且在历史观中也成为热门话题。美国的一个学者说，我们周围和我们本身具有强烈的情感力量和非理性的力量，它们是如此地充满在历史中，以至于不可能否认它们。另外一位学者说，当代历史思想引人注目的趋势之一是越来越多地承认人的行为中的非理性因素的意义。这与黑格尔以来的理性主义传统是大相异旨的。

毫无疑问，历史是人创造的，就不可能忽视非理性因素的作用。对历史性的人物来说，这当然是重要的。例如，希特勒、东条英机、墨索里尼这些战争狂人的贪婪、暴戾、残忍，对加强战争中的残酷性会起到推动作用。不仅是这些处于领导地位的人物，即使对普通人而言，群众运动中的非理性的作用，对于狂热和迷信的兴起也起着不小的作用。研究非理性因素，对于探讨某一运动中的特点是必要的，它使历史具有时代特色。可非理性因素决非历史的原因而是结果。希特勒、东条英机、墨索里尼并不是孤立的个人，而是作为特定国家和阶级的代表。是战争的性质决定他们的行为。他们的残忍与野蛮和他们的地位、角色是相称的。当时德、日、意国家的性质，它们的扩张政策和战争政策，要求这样的领导人，也只有这样的人才能充当它们的领袖。个人人格的差异，不能改变历史的走向。是历史挑选领导人，历史会通过不断换“马”来实现这个使命。至于群众运动中的非理性色彩，是同运动的造神性质不可分的。历史中非理性因素会使历史表现某种特色，应该研究。但非理性因素不是历史的决定力量。

征服者的被征服

无论是在中国历史还是在世界历史上这种结局都是常见的：一个野蛮的落后的民族征服了一个文明民族，结果是前者被后者同化。同一国家内部的民族关系如此，不同国家的关系也可能如此。这种民族融合的结果往往是一种历史的进步。中华民族在长期的历史发展中，周边少数民族多次入主中原，给汉民族注入新鲜血液，同时也促进了本民族的发展。

在社会发展中，暴力的作用是有限的，最终长期起作用的是一个民族的生产力水平和文化发展的程度。生产力水平高的融化生产力水平低的，文明程度高的融化文明程度低的，是规律性的现象。在《德意志意识形态》中，马克思曾对日尔曼人入侵罗马问题作过精彩的分析。他说："蛮人占领了罗马帝国，这一事实通常被用来说明从古代世界向封建主义的过渡。但是在蛮人的占领下，一切都取决于被征服民族此时是否已经像现代民族那样发展了工业生产力，或者它的生产力主要还只是以它的联合和现存的共同体形式为基础。"还说："定居下来的征服者所采纳的社会制度形式，应当适应于他们面临的生产力发展水平，如果起初没有这种适应，那么社会制度形式就应当按照生产力而发生变化。"① 结果是征服者为被征服者的生产力和文化所征服，即为其所同化。

① 《马克思恩格斯全集》，中文1版，第3卷，82～83页。

农业民族与游牧民族

从中国历史看，游牧民族比农业民族富于侵略性。入主中原、震惊欧亚的元朝的创立者是游牧民族。汉代以来，中原政权的边患历来是游牧民族。

最深层的原因不是民族性，而是源于生产方式。农业民族与土地相联系，土地是地区的、固定的，人被束缚于土地上。因此农民最不乐于战争，最不乐于流动，而倾向于安定。他们的理想是日出而作，日落而息。而游牧民族是马背上的民族，其生产方式是游牧，这种生产方式的特点是流动的，没有固定地带的。游牧民族没有农业民族那样强烈的乡土观念和地域观念。特别是游牧民族的生产组织和军事组织，游牧与行军，生产技能与军事技能是合一的。例如马术，既是生产技能又是军事技能。在非工业化时代，在没有近代军事工业的时代，骑兵比步兵更具有战斗力。

因此，当农业民族与游牧民族发生战争时，军事优势往往属于游牧民族，可文化优势属于农业民族。游牧民族的入侵往往是掠夺性、骚扰性的。一旦建立全国政权，必然放弃游牧生产方式，发展农业生产。没有任何力量能把农业地区变为牧场。放弃游牧生产方式，同时必然导致逐步改变游牧文化，吸收农业文化。农业文化战胜游牧文化，工业文化战胜农业文化，是一种规律性的现象。任何暴力都无法改变这个事实。

地理环境与民族性格

不管是黑格尔还是马克思，都否定地理环境决定论，但都重视地理环境的影响作用。不过，他们的理论基础不同。

黑格尔重视民族精神，尽管他认为地理环境与民族精神的关系是外在的，但他承认地理环境对民族精神的发展有着明显的影响作用。他在《历史哲学》中说："自然的联系似乎是一种外在的东西，但是我们不得不把它看作是精神所从而表演的场地，它也就是一种主要而且是必要的基础。……自然类型和生长在这块土地上的人民的类型和性格有着密切联系。这个性格正就是各民族在世界历史上出现和发生的方式和形式以及采取的地位。"黑格尔关于地理环境的作用的观点是从属于他的唯心主义历史观的。在他的关于绝对观念决定历史的理论中，为地理环境的作用留下了一席之地。

马克思主义历史观关于地理环境的观点是唯物史观的一部分，它从属于唯物史观关于物质资料生产方式是社会发展决定力量的观点。地理环境作用的性质，作用的大小，都必须与生产方式连在一起考察，而不是把它与人性、民族性、民族精神直接结合在一起。地理环境对人的生理影响是明显的，对民族性格也有影响，但它以生产方式为中介。山地人的剽悍，海洋民族的冒险精神，商业民族的灵活和精明，都与他们用以谋生的生产方式紧密相连。

价值与意义

马克思说："对于没有音乐感的耳朵说来，最美的音乐也**毫无**意义，不是对象。"还说："忧心忡忡的穷人甚至对最美丽的景色都**没有什么感觉**；贩卖矿物的商人只看到矿物的商业价值，而看不到矿物的美和特性。"① 这段话不能作为客体依存于主体，没有主体就没有客体的依据。这里涉及的不是事实判断——是什么，而是涉及价值判断——是如何，这是关于价值和意义的判断。音乐，对于具有不同素养的听众，评价和领悟显然是不一样的。所谓诠释，属于价值和意义的范围。

价值离不开客体及其属性，价值需要载体；价值也离不开主体，因为它离不开主体的需求。同一客体及其属性，可以同主体形成不同的价值关系。不同的价值评价，表现了各种主体具有的不同的价值关系。

不同的价值关系的核心是什么？是利益。作为利益的主体，可以是个人，可以是集团，也可以是社会。任何一个个人，实际上同时具有这三层关系，他既是个人，又属于某个集体，而且是整个社会的成员。所以个人的利益是多层次的，既有个人利益，又有集体利益；既有眼前利益，又有长远利益（社会利益本质上是社会成员的长远利益）。对个人有利的事不一定对集体有利，对眼前有利的事不一定对长远有利。仅仅以个人利益作为价值的尺度，显然会失之片面。因此要把个人利益和集体利益、眼前利益和长远利益结合起来，必须对评价的对象进行科学分析。保证价值判断

① 《马克思恩格斯全集》，中文1版，第42卷，126页。

有价值，应该以科学判断为依据，应该对事物和对象有规律性的理解。洛克说："要是可以根据自己不认识的那些内在结构来对事物进行分类的话，一个瞎眼睛的人就可以根据事物的颜色来对事物进行分类，一个失去嗅觉的人就可以根据百合花和玫瑰花香味来区别这些花。"这种判断当然是不可靠的。凡是仅以个人利益为价值尺度，其结果与此类似。

自我表现与表现什么

在文学艺术领域，人们常常强调自我表现。可这个自我究竟是什么样的自我，他表现了什么，这个重要问题不能置之不理。

文学艺术当然离不开主体。创作主体才华的高低，技巧的优劣，当然表现在他的作品之中。可文学创作主体是人而不是精灵，他生活于现实世界之中。主体的状况以及如何表现，都是受社会制约的。他的才能来自艺术实践，而灵感来自生活。片面强调文学艺术中主体的创造力，以至于否认生活是艺术的源泉，一切归之于主体和主体的自我表现，这除了胡编乱造之外，还能指望什么？列宁曾经批评过这种观点，说他们"从事的不是'实际活动'，而**恰巧**是自我直观，自我欣赏，而且，这种人'直观'的是自'我'身上种种被造神说所神化了的最肮脏、最愚蠢、最富有奴才气的特点"①。或许有人会说，列宁说的算什么，马克思说的又怎样。当然，如果坚持自我表现就让他去吧，人们只要分析一下他所表现的内容，就知道究竟是自我表现，还是在这个自我表现背后有更深层的社会原因。

---

① 《列宁选集》，3版，第2卷，366页。

美与爱美

人们老说，爱美是人的天性。似乎人有种内在的永恒的美的追求。其实并非如此。为什么人老了不像年轻的姑娘那样爱美，可一旦生活富裕，老太太也开始爱打扮了。这说明美的追求有社会的、生理的、心理的制约性，不能简单归之于人的本性。

对美的追求，很大程度来源于社会交往或者说来源于关系。男女找对象时特别爱美，着意修饰，精心打扮。因为这种交往或者说关系需要美。可结了婚特别是有了孩子后，就不像找对象时那样讲究美，因为没有这种性质的人际交往或关系。可在高文化水平的人群中，懂得维护婚姻和爱情的持久，必须保持一种美的吸引力。因此，高文化水平的人群比一般人即使在家庭生活中也更注意美的追求。这是文化素质决定的。

从事交往越广、接触面越宽的职业的人，越是爱美。售货员、宾馆服务员、理发员，以及一切需要广泛交往的人群大都如此。而终日伏案，埋头书斋的人，对着意修饰无多少兴趣。这与人的天性无关，是职业的要求和习惯造成的。

这里所说的只是日常生活中对形式美的追求，至于更高层次的美，如艺术中的美感，对心灵美的追求，更与文化教养密不可分，不能归之于人的本性。而且着意外表修饰的人，可能没有艺术审美力，甚至灵魂丑恶。相反，不修边幅的艺术大师并不罕见。

水

最软的是水——柔情似水。

最硬的是水——攻坚克敌。

最轻的是水——滴水如珠。

最重的是水——碧波万顷。

最好的是水——生命源泉。

最坏的是水——尽成泽国。

最道德的是水——上善若水。

最不道德的是水——水性杨花。

运动的是水——逝者如斯夫。

静止的是水——心如止水。

唯物主义是水——万物本原。

辩证的是水——流水不腐。

其实水就是水。它除了它本身的自然特性外，人们所加于它的一切，是对水的某一特性的引申。文学中常见，哲学中也如此。但文学自始至终保持对自然的人格化的描述，而对自然特性的哲学引申，随着哲学的发展日益消失。这是哲学摆脱童年时的天真与幼稚的表现，是哲学日益成熟的表现。

善于掌握社会思潮

社会思潮是社会心理在意识形态领域中的表现。它具有渗透性，可以渗入各种意识形态；它具有时间性，可以有来潮和退潮；它具有地区性，可以在某一地区甚至某些地区广泛流行；它具有群众性，影响面大，特别是对敏感性强、吸收力强的青年一代更具穿透力。

社会思潮的性质是不同的，可以是进步的、落后的甚至反动的。进步的社会思潮凝集了处于一定阶级地位的人群对某种现象或制度的情绪和感受，提供对不合理的社会制度和社会现象的抨击和反抗。反动的社会思潮则反映反动阶级的情绪与愿望。他们利用各种舆论渠道传播这种思潮。这种思潮具有蛊惑力。因为它与广大人民的利益相违背，所以可以一时得逞却终难持久。

在社会主义精神文明建设中，我们应该注意社会思潮的倾向和流行。例如当今封建迷信的流行就是一种值得注意的思潮。经济发展与迷信兴起之间没有必然联系。恰好相反，经济发展有利于破除迷信，而贫困落后则有利于迷信的流行。某些经济发达地区迷信流行，原因不在于经济的发展，而在于文化素质低以及原有的风俗中就包含许多迷信成分。经济的发展为迷信的流行提供了财力的支持。封建迷信是一种低级的社会思潮。无论是原始迷信、封建迷信，还是当代各种迷信，都是利用群众的无知和某种心理渴望，它出现后消失然后又出现，改变的只是迷信的对象，而不是它的迷信的性质。要破除群众中的迷信是不容易的，这不仅要发展生产而且要加强精神文明建设。仅仅有较高的生产力是不够的。美国的各种邪教，日本的奥姆“真理教”，就证明了这一点。

何谓文化的心理结构

不是探求文化的社会原因，而是着力于所谓文化的心理结构，这已经成为人本主义文化观的核心。在其看来文化不是一种社会现象，而是人的心理的积淀。例如，列维·斯特劳斯的结构人类学就把文化看作象征表示系统并对其做结构分析，认为文化的深层结构是无意识的心理结构。文化结构是这种心理结构的外在投射。而人的这种无意识的心理结构是人类共有的万古不变的。这样来看待文化，无法解释各个国家各个民族各个时代的不同的文化现象，无法解释一个民族文化发展中的高峰与低谷，传统的中断与延续。文化研究离开了对一个社会的经济与政治状况的研究，只是向内用力——向人的心理去探求，如同缘木求鱼，终无所得。

人文学科的科学性何在

历史学科能像自然科学那样精确吗？许多历史哲学家都否认这一点。狄尔泰首先提出这个问题。他在1883年发表的《精神科学引论》中，强调自然科学和人文学科的差异性，认为自然科学研究的是物质，而人文学科研究的是精神；前者的对象不依赖于人，在人之外，后者的对象就是人自身，与人同一；前者的方法是概括和阐述，后者是叙述和体验。文德尔班、李凯尔特以及不少学者都是沿着这个思路走。国内这种意见也屡见不鲜。

其实，人文学科的对象不但是不可捉摸的内在的精神活动，而且是表现在人之外的被物化的对象，它的存在并不依赖研究的主体。历史学科面对的是以实物和文字记载的历史事件的过程和事实，文学面对的是被文字化的作品，哲学面对的是哲学家们的著作。对被研究的对象如何解释，当然会有各种意见。但这些观点有真伪高下优劣之分，有真理与谬误之分。虽然与自然科学相比，这种区分更复杂更具相对性，但决不是无是非怎么说都行。把人文学科放逐在真理范围之外，列入纯意见领域，就剥夺了它存在的价值。

问题在于对科学性的理解。我们不可能以自然科学的标准来要求人文学科，要求它定量化、数学化、公式化。人文学科实证化的道路，是把人文学科引向死胡同。人文学科的科学性在于，它同样要以事实为依据，以规律为对象，以实践为标准，反对夸大认识主体的所谓解读、破译的作用，坚持实事求是的原则。

禁忌：人的自我限制

就社会与个人的关系而言，这是一种矛盾关系。一方面社会要满足个人的需要，包括生理需要。另一方面，为了社会和人类自身的生存和优化，又要限制人的某些需要特别是本能的需要，使人由本能的人变为文明的人。禁忌，就是人类摆脱动物状态进入社会后，利用宗教和风俗习惯力量自我限制的一种手段。图腾——使它借以生存的某种动物不致灭绝；乱伦禁忌——人类自我延续的优化。当人类日益文明，科学日益进步，人们可以直接运用法律和道德的力量来禁止某些不利于人类自身生存的做法时，禁忌的宗教迷信色彩会消失，转变为一种道德和风俗习惯。

爱国

爱国是一种社会责任感，是一个人对自己的民族、对自己的人民的浓厚感情和责任。我爱她，因为她是我的祖国，是我的根。同时，爱国情感也是一种认同，是对语言、文化、种族、风俗传统的认同。

但是，爱国主义是有历史性的，表现形式各有不同。在旧中国，爱国主义的最高表现是救亡图存，是革命，推翻腐败的统治者，挽救我们的民族和国家，这就是爱国主义。相反，拥护旧的统治者，维护旧制度，这不是爱国主义，而必然导致依附帝国主义的卖国主义。而在社会主义时代，爱国主义与社会主义是一致的。在我们国家，通过社会主义现代化使祖国富强，就是爱国主义。

复古与革新

在历史上，不少改革家都以复古的形式来表示对现实的不满。他们推崇理想化了的古代。托古改制就属这一类。

马克思主义不同。马克思主义不是眷恋过去，而是展望未来。社会是发展的、进步的，不是一代不如一代。这种不可逆性的根本原因在于生产力和科学技术的进步是不可能倒转的。所以马克思主义从来不把古代理想化，从不臆想古代的所谓“黄金时代”，而是注视未来，奋力创造一个新世界——共产主义的新世界。向前看，这是马克思主义社会发展观的一个重大特点。

道德与行为

道德不是对社会现象进行分类的标准，例如富与穷就无所谓道德与不道德的问题。但对人们的行为可以进行道德评价。富人可以为富不仁，但也有人乐善好施，热心公益；穷人可以穷得有志气，但也可能人穷志短，低三下四。因此，道德属于人的行为的评价问题。

而且在我看来，道德的评价只适用于个人而不适用于整个阶级或整个社会。我们很难说，某一个阶级是道德的某一个阶级是不道德的。正如我们不能说，某个社会是道德的某个社会是不道德的一样。任何一个阶级的行为最深刻的根源是利益而不是道德原则，没有一个阶级是以实现某种道德原则为己任的。社会也是如此。没有一个道德的社会也没有一个不道德的社会。社会就是社会，它的存在不是以某种道德原则为依据，而是以是否符合生产力发展为标准。奴隶制在我们当代人看来是绝对不道德的，可在当时的人看来，奴隶主的行为是高贵的，符合当时通行的道德标准。可是某一社会中个人的行为可以是道德的或不道德的，正如属于某一阶级的个人的行为可以是道德的或不道德的一样。当一个社会中的个人的大多数或者相当一部分人的行为不道德，这就说明这个社会风气败坏、道德沦丧；对一个阶级来说也是如此，当一个阶级中的成员发生普遍性的道德堕落，说明这个阶级已经走向死亡。

潜意识、无意识和人

人当然有潜意识。其实，潜意识也就是无意识。无意识决不是绝对的无，而是潜在的意识。这不是一种生物本性，而是基于生物机能在实践过程中的意识积累和转换。当意识由显变隐，逐步变成潜意识，积淀在人的心理之中，或者当意识刚开始时，以潜意识的形式存在，随着刺激的反复和加强，转变为意识。

弗洛伊德提出潜意识自有其功绩，但把潜意识变成性意识，并放在最终起支配的地位，是一种抽象人本主义的观点。

马克思主义并不否认潜意识或无意识，但并不把它看成一种神秘的、生物学的本性，而是把它作为一种“不自觉”状态，是一种没有被意识到的意识。例如恩格斯在评论卡莱尔时，总是把他在作品中有意说出来的话，同他无意透露出来的东西一齐加以观察。

马克思主义也并不否认性意识，特别是文学作品中，健康合理地描绘两性关系是必要的。恩格斯在 1883 年评论诗人维尔特时称赞他的作品表现了“自然的、健康的肉感和肉欲”①。问题是，两性关系不仅是自然关系，而且是社会关系，它受阶级、法律、道德、文化的制约。因此，性的问题（两性关系、婚姻、家庭）是社会问题的一部分，而不能倒过来说，社会问题是性的问题的一部分。是社会解放为正确解决两性关系开辟了道路，而不是性的解放通向社会解放。

---

① 《马克思恩格斯全集》，中文 1 版，第 21 卷，9 页。

理论与历史

理论不能离开历史。它的生命力，它的意义，往往体现在历史之中。例如毛泽东在1957年年初关于正确处理两类矛盾、关于社会主义基本矛盾、关于农轻重关系等的论述，如果仅仅就原理来看，人们很难体会它的深刻意义。如果把1957年毛泽东提出的问题，同1956年赫鲁晓夫对斯大林的批判，同对苏联无产阶级专政40年经验总结对照着看，情况就迥然不同。两类矛盾问题是与斯大林的“肃反扩大化”、“凡矛盾必然是敌我矛盾”相对应的；社会主义社会的基本矛盾问题是与斯大林的无矛盾、绝对适合论相对应的；农轻重关系等问题是与片面发展重工业、扩大剪刀差相对应的。放在对立中，一种看似平常的理论就活了，显示出它的魅力和光彩。

引证不是论证

引证是大有学问的。列宁说：马克思主义是非常深刻的和多方面的学说，因此，在那些背弃马克思主义的人提出的“理由”中，随时可以看到引自马克思著作的只言片语（特别是引证得不对头的时候），这是不足为奇的。如果对某一种论点发生怀疑而又有经典“依据”时，我劝同志们不妨查一查原文。

洋人与洋奴

骂中国人最厉害的是中国人自己，如《河殇》。有些外国人反而客观些。例如耗散结构理论的创始人普利高津认为：“中国的思想对于那些想扩大西方科学的范围和意义的哲学家和科学家来说，始终是个启迪的源泉。”“我们正朝着一种新的综合前进，朝着一种新的自然主义前进”，为此，“要把西方传统（带着它对实验和定量表述的强调），与中国的传统（带着它那自发的、自组织的世界观）结合起来”。协同学的创始人哈肯也强调，当我们研究复杂系统时，“中国传统思想中强调整体的方法变得至关重要”。这并不奇怪，一个人如果变成洋奴，往往数典忘祖。由此我想起唐人司空图的《河湟有感》中的两句诗：“汉儿尽作胡儿语，却向城头骂汉人。”

聪明与愚蠢

聪明人能从别人的眼睛中看到自己，蠢人只知道用自己的眼睛去看别人。

聪明人善于用衡量别人的尺子衡量自己，蠢人只用自己的尺子衡量别人。

拜金与拜权

有人说搞市场经济就要拜金，拜金不拜权，认钱不认人。这种看法混淆了经济规律和道德规律的界限。

抽象地鼓吹拜金比拜权进步是不对的。由封建的人身依附关系和特权转向以货币为媒介的等价交换的市场关系，是一种进步。但这不等于说，作为人生观的拜金主义比拜权主义进步。这是两回事。拜金主义是一种腐朽的人生观，它把人生的全部意义、目的和价值归结为追逐金钱，是一种利己主义。在特权盛行的封建社会，一些进步的思想家就反对拜金主义，中国早在晋代就有人写过《钱神论》，揭露拜金的罪恶。资本主义盛行的是拜金主义，但拜权主义并没有因此就销声匿迹。利用权力谋取金钱，利用金钱贿赂权力的事例并不罕见。在当代西方，拜金主义和拜权主义是结合的。拜金主义不仅不会也不能抵制拜权主义，相反它开辟了一条通向拜权主义的方便之门。在我们的社会如果不反对拜金主义，就无法抵御和清除腐败之风对政府公职人员的侵蚀。要反腐倡廉，必须旗帜鲜明地反对拜金主义。

也不能抽象地说认钱比认人好。在市场经济条件下，当然要遵循等价交换原则，反对利用自己的权力、关系或特殊身份，进行不正当的经济活动。在这个意义上可以说是认钱不认人。但凡事有个限度、有个范围。等价交换是人们在市场经济活动中的关系，它不能包括一切。社会关系是多方面的、多层次的关系，它各有调整自己关系的规范。如果把人的一切关系，如父子、夫妻、兄弟、朋友，以至个人与社会、与国家、与组织的关系，都归结为市场关系，实际上是把社会主义制度下的人与人的关系变为赤裸裸的金钱关系，把自己的全部愿望、情感、活动都淹没在利己主义的冰水之中。在资本主义社会中，许多进步的思想家和文学家都反对拜金主义。莎士比亚在《雅典的泰门》中批评货币颠倒了一切关系，是人尽可夫的娼妇；巴尔扎克在《高老头》、《欧也妮·葛朗台》里对拜金主义者的丑恶灵魂进行了淋漓尽致的鞭挞。不少开明的资本主义企业家把热心公益、资助教育看作道德高尚的表现。这说明，即使在私有制的社会中，无论中外古今，凡是对人生采取积极态度的人，都鄙视拜金主义。

问题和主义

熟悉中国现代历史的人都知道，马克思主义传入中国之后，曾发生过问题与主义的论战。胡适在 1917 年 7 月发表了《多研究些问题，少谈些主义》一文，以实用主义的哲学和改良主义的政治主张反对马克思主义。此事已成为历史陈迹，可问题和主义的关系却是一个经常碰到的问题。

没有问题当然就没有主义，也不需要主义。马克思主义的创立，就是面对资本主义存在的问题。马克思和恩格斯为了解决资本主义向何处去的问题，创立了马克思主义。列宁为了解决处在帝国主义时代下俄国向何处去的问题，创立了列宁主义，论述了帝国主义和无产阶级革命的问题。毛泽东面对的是中国向何处去的问题，解决了中国革命的道路和途径问题，创立了毛泽东思想。而邓小平面对的是如何建设有中国特色社会主义的问题。这个问题的提出和解决是邓小平对马克思主义最杰出的贡献。主义由问题而来，没有问题或不解决问题是不可能产生真正科学的主义。主义离不开问题，可任何重大问题的解决又不可能离开主义。没有主义，就是没有主意。主义就是主意。一个国家一个民族，要解决事关重大的问题，没有主义是不行的。对于将来担负领导责任的青年来说，学习马克思主义尤其重要。以为只要有能力就能解决问题，管它什么主义不主义，我看最终什么问题也解决不了。不信，等着瞧。

宗教的社会功能

有的人极力赞美宗教的某些社会功能，如慈善事业，对穷人的施舍，对灵魂的拯救，宣传道德，使人向善，等等。这是就宗教谈宗教。可马克思主义是站在社会改革的角度看宗教的。如果一个社会极端不合理，存在剥削、压迫，仅仅依靠宗教来救助少数穷人而维持这个不合理的社会，这种做法对谁有利？这是不言而喻的。这一点连欧文都知道。1817 年 8 月 14 日他在伦敦酒家的讲演中就说过，政府如果允许和纵容一切恶习、坏事和犯罪行为的诱因存在，而又大谈宗教，大谈改善平民和劳动阶级的生活状况，大谈提高他们的道德，那就简直是嘲笑人们没有常识了。宗教家本人的心地可能是善良的，宗教组织的某些慈善措施是符合人道的，可是宗教的作用是有利于延长腐朽的社会，这正如垂死的病人依靠药物延长生命一样。

由此我想到道德教育。如果我们的道德教育不同惩治贪污腐败、严厉打击犯罪分子、加强法治相结合，而只是一味地要人们遵守道德、这很容易使坏人毫无顾忌，使好人失去斗争能力。这样来宣传道德就会使道德成为束缚人们手脚的绳索，成为坏人的保护伞。坏人之所以是坏人正因为他不讲道德、践踏道德。所以对这种与道德为敌的人不是讲道德的问题，而是必须绳之以法。

马克思主义的光辉是遮不住的

马克思主义在1848年以前是个小派别，1871年以后逐渐在欧洲工人运动中处于主导地位。但西方学界对马克思主义采取沉默的态度以便扼杀它。在文德尔班的两卷本新哲学史中马克思主义只占三行，而在费舍的十卷本近代哲学史中只占两行，在朗格的《唯物主义史》中只是在注脚中才提到马克思的名字。即使是十月革命以后的时期仍然如此。萨特在《辩证理性批判》中曾经说过，1925年，当我25岁的时候，大学里没有马克思主义讲座，共产主义的大学生不敢在自己的毕业论文中引马克思主义，甚至不敢提到马克思的名字，不然就可能被禁止参加考试。

第二次世界大战以后，马克思主义的影响逐渐形成高潮。苏联反法西斯战争胜利和东欧社会主义国家的建立，亚洲的中国、越南、朝鲜革命运动的胜利都极大地推动了马克思主义的胜利。鲍尔曼在《马克思学说的贫困》中说，在帝国主义的德意志联邦共和国的精神生活中，对马克思恩格斯列宁的生平著作的研究占据了不小的地盘，报纸杂志及广播电视，无日不谈马克思恩格斯列宁的学说。在美国和西方一些国家的主要大学的课程表上几乎都有马克思主义的课程。

毋庸讳言，东欧剧变后，在原来的社会主义国家，马克思主义的地位一落千丈，备受冷落。可在某些西方国家，马克思主义呈现出一种新的趋势。不少马克思主义者召开大会研究东欧剧变的教训，得出的结论是，它们的失败不是马克思主义在西方的失败，而是它们违背马克思主义的失败。革命者经过总结经验可以使马克思主义得到复兴和发展。历史将证明这个结论。

马克思主义与马克思主义者

这两者不可分但不能等同。马克思主义是由马克思和恩格斯创立的思想体系，而马克思主义者是这个体系的信奉者和实践者。没有马克思主义者，马克思主义的实现和发展是不可能的。第一国际时期已经出现了最早的马克思主义者。第二国际时期随着欧洲各国工人政党的相继建立，出现了一大批马克思主义者。在20世纪近一百年中，由于社会主义革命在一系列国家的胜利，马克思主义者更是遍及全世界。马克思主义者在世界经济政治思想各个领域中是举足轻重的力量。

马克思主义者的水平是非常重要的。马克思主义能否在一个国家实现，取决于该国的马克思主义者的水平，取决于他们是否能把马克思主义与本国实际相结合。俄国革命的胜利是与列宁以及大批俄国马克思主义者分不开的。同样，中国革命的胜利是与毛泽东以及一大批中国马克思主义者的艰苦斗争紧密联系在一起的。革命时期如此，建设时期同样如此。邓小平对中国改革开放政策的制定所起的作用是无可替代的。反过来说，对东欧剧变的发生，某些领导者是有不可推卸的责任的。如果领导者背叛马克思主义，社会主义的前途是不问可知的。把一切都推给客观必然性，仿佛可以无人负责，这是对历史的嘲弄。

毛泽东非常重视马克思主义者的培养问题。在抗日战争时期，毛泽东就说过，如果我们党有一百个至二百个系统地而不是零碎地、实际地而不是空洞地学会了马克思列宁主义的同志，就会大大地提高我们党的战斗力量，并加速我们战胜日本帝国主义的工作。这个要求在现在仍然具有现实意义。可以断言，如果我们有一批对确立市场经济过程中有关改革开放的重大理论问题有深入研究的马克思主义理论家，能够提出卓有成效的措施，一定能加速改革进程，并保证整个改革始终沿着社会主义方向前进。

要发展，不要重构

马克思主义是时代的产物，当然必须随着时代的发展而发展。发展的本质是把马克思主义与实际相结合，找到与实际情况相符合的结论以及解决问题的措施和方法。它是推进马克思主义而不是推翻马克思主义。重构马克思主义，是西方某些号称马克思主义者的人们，企图用重新建构马克思主义原理的方法来摆脱所谓马克思主义的困境。这不是发展马克思主义，而是在马克思主义的名义下建构一个不是马克思主义的“马克思主义”。乔治·莱尔因在《重构历史唯物主义》一书中明确表明了这一立场。他说所谓重构马克思主义就是“不是用教条主义的传统马克思主义立场来对待马克思恩格斯的著作中能够找到的同教条的传统马克思主义截然不同之处，以及解决这一问题的必要性”。的确，西方马克思主义大都采取这种方法来重构一个不同于传统的即不同于被恩格斯列宁所“曲解”的马克思主义。

弗莱谢尔在《马克思主义与历史》中提出用关于人类解放的实践哲学来重构马克思主义哲学；而莱尔因提出用实践来重构历史唯物主义的必要性，并以此来提供理解历史、社会、个人以及它们相互之间的复杂关系的方法。在他看来，解决马克思主义危机的出路是重构，“摆脱马克思著作中的困境，既不需要对马克思学说的本义是什么进行独断的肯定，也不需要对马克思主义进行根本的和系统的修改，而只要用同样的要素建立起新的平衡，这些要素有的是含蓄地存在于马克思著作中，有的只是透过马克思的思想的一般逻辑推导出来的。摆脱困境也需要变化一下所强调的重点，排除不适宜的解释成分”。这是西方马克思主义的通病，它们脱离工人的政治运动，致力于纯学理的研究，企图通过重新解释马克思主义来“发展”马克思主义。这实际上是把马克思主义推向困境而不是摆脱困境。

从整体中把握马克思主义

马克思主义是一个整体，它的本质存在于马克思主义各个组成部分之间的相互关系之中。马克思主义哲学直接来源于德国古典哲学，但仅限于此不可能产生一个不同于德国古典哲学的新的哲学体系。使马克思超过费尔巴哈的不仅是黑格尔的辩证法，更重要的是对政治经济学和社会主义学说的研究。在人的本质、异化等一系列理论问题上的突破，不进入到研究政治经济学，不研究无产阶级和资产阶级的经济和政治关系，是不可能的。

同样，不是哲学，马克思也不可能摒弃经济学中的各种拜物教，不可能从物与物的关系中揭示人与人的关系。

至于唯物史观和剩余价值学说对社会主义从空想到科学的作用是不言自明的。而社会主义学说又使哲学摆脱思辨，变为无产阶级解放的头脑；使经济学从颂扬私有制变为论证消灭私有制的必要性和途径的无产阶级政治经济学。

由此可见，马克思主义各个组成部分之间是不可分割的。任何一个组成部分被孤立起来就不成其为马克思主义的组成部分。从整体上把握马克思主义是我们学习马克思主义的重要方法。

沉默扼杀不了马克思主义

自从19世纪中叶以来，马克思主义在世界政治生活中日益显示它的作用。世界上许多重大政治事件都与马克思主义相联系。马克思主义深深进入到资本主义社会内部，已经改变了并正在改变着世界的面貌。

在马克思主义产生的一段时间内，资产阶级采用沉默战术试图闷死马克思主义。《资本论》出版以后很长一段时间内，资本主义世界不予理睬。可十月革命以后情况发生了根本性变化。特别是第二次世界大战以后一系列社会主义国家的出现，尤其是中国革命的胜利，使世界震惊。在当代，很少有人敢于否认马克思主义的作用。20世纪50年代初，阿克顿认为马克思主义在当代的重大影响是确信无疑的。70年代阿隆认为马克思主义依然是西方思想的主要力量。巴茨昂也认为，马克思主义是现代世界上的强大因素，是对我们世界发生决定性影响的政治能量，马克思主义的历史作用确实是巨大的。

当然东欧剧变后，西方思想家们眉飞色舞，额手称庆，以为马克思主义已经终结。但资本主义的有识之士仍然看到马克思主义是不可忽视的力量。他们虽然不遗余力地反对马克思主义，以图达到他们的先辈们用沉默所没有达到的目的。这也是注定要失败的。

神化与钝化

一个思想家在历史上被神化是常见的。释迦牟尼不用说，即使孔子也被变为神，被请进太庙，像神一样地供奉起来，享受春秋二祭。人们需要神。通过人的神化，加强这种思想体系的权威性；被戴上神圣光环的人，他的思想体系当然也是神圣不可侵犯的。马克思不同于以往任何思想家，但他的思想同样存在着被歪曲的危险，一种是神化，一种是钝化。神化就是教条化，钝化就是把马克思主义变化成无害的偶像，阉割它的革命精神。这两种情况在无产阶级革命过程中都存在过，但是无论神化与钝化，都是与马克思主义本性不相容的。

马克思主义的复兴

在21世纪，有两种主要矛盾会成为马克思主义复兴的最深刻根据。

一个是资本主义自身的内在矛盾。资本主义在20世纪下半叶处在它的新的所谓黄金时代，可是科技革命的发展并没有减轻或消解它的矛盾，而是使矛盾更为尖锐。尽管西方理论家们鼓吹所谓后工业社会、电子技术社会、信息社会，这只是表明生产力和科技的发展，并不意味着社会经济形态的变化，并不意味着社会的公平和正义。社会生产力的发展与社会矛盾的尖锐化推动人们去寻找新的出路。我相信经过各种理论的尝试以后，通过人们的实践会重新回到马克思主义，回到把马克思主义理论与发达资本主义社会现实相结合的道路。这就是创造性地推进马克思主义。

另一个是社会主义的改革。改革不仅是发展生产力，解放生产力，也是"解放"马克思主义，即把马克思主义从教条主义绳索中解放出来。改革重新使马克思主义获得生命的活力，因为改革本身所遇到的问题，就是一种推进马克思主义发展的强大力量。美国一个大学教授在《重建美国马克思主义》中说过一段很有意义的话："我们必须敢于塑造一种历史的现象，敢于做一个马克思主义者。如果我们这样做，那么社会主义在1989—1990年间的所谓死亡，终有一天将像不死鸟一样死而复生。"

图书在版编目（CIP）数据

陈先达文集. 第7卷，漫步遐思/陈先达著. —北京：中国人民大学出版社，2015.9
ISBN 978-7-300-21842-7

Ⅰ. ①陈… Ⅱ. ①陈… Ⅲ. ①陈先达-文集②哲学-随笔-文集 Ⅳ. ①B-53

中国版本图书馆CIP数据核字（2015）第211991号

陈先达文集 第7卷
漫步遐思
Manbuxiasi

出版发行	中国人民大学出版社		
社　　址	北京中关村大街31号	**邮政编码**	100080
电　　话	010－62511242（总编室）		010－62511770（质管部）
	010－82501766（邮购部）		010－62514148（门市部）
	010－62515195（发行公司）		010－62515275（盗版举报）
网　　址	http://www.crup.com.cn		
	http://www.ttrnet.com（人大教研网）		
经　　销	新华书店		
印　　刷	涿州市星河印刷有限公司		
规　　格	160 mm×230 mm　16开本	**版　　次**	2015年11月第1版
印　　张	30 插页3	**印　　次**	2015年11月第1次印刷
字　　数	442 000	**定　　价**	1580.00元（全14册）

陈 先 达 文 集

第8卷

静园夜语

中国人民大学出版社　北京师范大学出版社

目　录

上　篇

中 篇

下 篇

上 篇

哲学贫困与哲学家的穷困

哲学的贫困，是现今常见的说法。“哲学的贫困”原本是马克思一本著作的名称，是批判法国的小资产阶级理论家普鲁东的。普鲁东 1846 年出版了一本著作，书名是《经济矛盾的体系，或贫困的哲学》。普鲁东在法国人面前大摆哲学家的架子，在德国人面前摆出一副经济学家的样子。他自以为运用的是黑格尔的辩证法，实际上是形而上学的思维方法。马克思用《哲学的贫困》作为书名，实实在在是批判普鲁东的经济学观点、社会主义观点以及他运用的哲学方法。这本书的第二章就题名为“政治经济学的形而上学”，表明普鲁东这个哲学家是冒牌的，他的哲学极其贫困。

哲学贫困的说法现在非常流行。哲学圈子外的人这样说，以表示对哲学的轻视；哲学圈子里不少人也这样说，以表示对自己专业的无可奈何。其实与普鲁东不一样，我们的马克思主义哲学并不贫困，贫困的是哲学家，或者说是哲学工作者。我们要区分清哲学的贫困和哲学家的贫穷。《庄子・山木》中有个故事，说庄子身穿打补丁的破衣服，脚穿用麻绳绑着的破鞋去见魏王，魏王说您怎么这样疲困啊？庄子说，我是贫穷并不是疲困，衣服旧、鞋子破是贫穷，有理想不能施行才是疲困呀。这个道理，与哲学的贫困和哲学家的贫困相似。

哲学家是贫困的。自古至今以哲学致富、腰缠万金的哲学家还未见过。在当今市场经济条件下，哲学比其他任何专业的经济效益都低。无怪乎考生和家长都视报考哲学专业为末路，是万不得已的事。可哲学作为一门学科并不因此而贫困。我不搬用我们的祖先，说哲学是我们传统文化中最重要的组成部分，如果没有哲学，中国灿烂的文化是不可设想的；也不搬用中国革命史，说《矛盾论》、《实践论》、《关于正确处理人民内部矛盾的问题》的作用如何如何，说实践标准问题的讨论，说解放思想、实事求是的认识路线对于我们当前正在进行的建设中国特色社会主义的理论和实践的伟大作用如何如何。整个中国的历史、整个中国的革命史、正在进行的中国的实践运动，都证明我们的历史发展得力于我们丰富的哲学思维。哲学并不贫困。

仅就当前来说，现实提出了许许多多的哲学问题，而这些问题解决得正确与否，是至关重要的。比如，在自然科学中，西方科学哲学有的重新对世界物质性问题提出挑战。他们说世界只有在未进入人类实践和认识范围时才是客观的自在之物，一旦进入人的认识范围，就成为为我之物，它表现为现象。现象就是依存于主体的客体，客体是不能认识的。当它一旦被认识就转变为现象，即转变为在主体中呈现并依存于主体的客体的特性、数据、信息。这是在新的历史条件下，重复自在之物和为我之物对立的陈旧观点。如果对客体的把握仅仅属于主体的构建，那无非是人为自然立法。按照这种哲学，自然科学完全丧失了它的客观真理性，丧失了它的实际效用。可当今人类的生产实践活动以其成功和失败不断地驳斥这种理论，特别是生态环境恶化，迫使人们要尊重自然规律，承认自然规律的客观性。

社会领域也是如此。东欧剧变把历史有无规律性的问题放在人们面前。至于物质文明与精神文明的关系问题、市场经济与道德建设的关系问题、生产力标准问题、社会主义社会发展阶段问题等，都是当前面对的一些重要哲学问题。我们正处在建设中国特色社会主义的伟大实践中，现实提出的哲学问题是非常多的，而且是至关重要的。面对丰富的社会生活、复杂的社会实践，哲学不会贫困也不能贫困。哲学家的贫穷不应成为哲学家投身哲学研究的障碍，更不能成为一个民族和国家的人民轻视哲学的理由。中国自古就有“安贫乐道”的传统。我们应该改变对“哲学贫困”的看法，让贫穷的哲学家到“富裕的”哲学大海中去搏击。

现在流行的“经济繁荣，哲学贫困”的说法是不利于哲学社会科学的发展的。我们应该区分哲学、哲学专业和哲学系毕业生的工作去向。这三者有联系又有区别。我们正处在由计划经济体制向社会主义市场经济体制转型时期，为发展经济和建立法治国家的需要，国家急需科学技术、经济管理和法律方面的人才，因而使这些专业成为热门专业，这是正常的。大学专业人才的培养不能无视人才市场的需要。在这种情况下，大学中原有专业的调整，某些原来的热门专业变冷，某些冷门专业变热，这并不奇怪。可以断言，随着国家经济实力的改变和人才需要的变化，各种专业的冷与热的情况是可以变化的。哲学系缩小招生规模，不等于哲学贫困，因为马克思主义哲学在社会主义社会中的地位，它的世界观和方法论的指导作用并不因为哲学专业招生人数的减少而发生质的变化。

市场经济与哲学并不是不能两存的。即使是资本主义社会的发展也证明了这一点。在资本主义产生和发展的几百年中，哲学就是在市场经济条件下发展的。从 14 世纪文艺复兴开始，随着市场经济的发展，哲学也在发展。17 世纪的英国哲学、18 世纪的法国哲学、19 世纪的德国古典哲学，都是人类哲学的繁荣时期，都是哲学思想的丰收期。如果市场经济不需要哲学、排斥哲学，就不会有培根、洛克、伏尔泰、卢梭、狄德罗、康德、黑格尔，更不用说马克思和恩格斯。他们都是生活在资本主义市场经济条件下，他们的哲学思想也是在市场经济中生长起来的。在市场经济条件下，哲学家可以在经济上贫困，可哲学思想并不贫困。生活清贫而哲学成就卓著的哲学家历史上是常见的。如果说，资本主义市场经济条件下哲学尚且可以发展，为什么社会主义市场经济条件下反而不需要哲学呢？我们的干部、我们的行政和经济管理人员、我们的教师，如果没有一定的哲学素养，会大大影响我们的工作成就和效率。在社会主义市场经济条件下，哲学工作者与其他职业相比可以是贫穷的，但哲学本身并不贫困。历史已经证明了这一点。改革开放以来的现实也证明了这一点。如果我们全国人民、我们的领导和我们的干部都为实用主义所支配，其危害之大简直无法用语言来表达。

至于哲学专业培养的学生的就业问题，当然要适应社会主义市场经济对人才的需要。哲学系的学生不能光要脑袋不要饭碗。既然要面对人才市场，哲学系学生的素质培养问题就要有所调整。既要有较高的哲学素质，又要有从事非哲学专业的能力。因此在学哲学专业的同时可以选修非哲学专业的课程。对于将来以哲学为业的人来说，扩大知识范围是有益的。除了哲学以外一无所知的人成不了哲学家。对于将来不从事哲学专业的人来说，哲学并不是“白学”。正规的哲学思维训练，对于学生从事任何一门专业都是有用的，他们在经过一定时期的工作实践以后可能取得更大的成就。我们哲学系毕业学生中的一些人在非哲学专业方面的成就说明了这一点。

“面包会有的。”随着国家经济的发展，从事哲学研究和教学人员的经济状况一定会比现在更好。当然，腰包鼓鼓而头脑空空这才是真正的哲学贫困。不过我相信一个人可能这样，而哲学领域绝不可能这样。学术终究不是市场，哲学家终究不是商人。哲学这个专业的最大特点是它代表一个人对真理的追求和对人生理想的追求，代表的是对思维的兴趣和爱好。如果不是爱好真理而是迷恋金钱，我劝阁下别进哲学系。

为道与为学

《道德经》中说，为学日益，为道日损。损之又损，以至于无。这可以看作老子关于知识与智慧区别的看法。

为学日益。这是说，对于具体知识的学习是不断进步的。这是由外到内的过程。知识越积累越多。

为道日损。这是说，越能体会“道”，人自身的欲望越是减少，最终能达到复归人的本性、顺其自然的地步，即最终达到“无”的境界。显然，道家是重智慧轻知识、重“无为”轻“有为”。

轻知识是不对的，这表现了道家绝圣弃智的局限性。但具体知识的局限性也是明显的，它可以增加人的某种才能但又把人局限在某种才能之中。例如，学物理学的可以成为一个物理学家，学化学的可以成为一个化学家，学木工的可以成为一个木匠，学烹调的可以成为一个厨师，即成为具有某种专业知识、具有某种技能的人。可是，他们可能不是一个完整的有道德、有智慧的人。

为道，即学习哲学，是增加人的智慧，提高人的道德境界，不是使人局限于某一领域成为仅仅具有某一技能的人，而是使人成为与人的本性相一致的“人”，即成为人。这种说法，如果理解正确有一定的道理。因为哲学确实能提供具体科学不能提供的东西。但是哲学不是向内用力，不是回复到人的本性，同样是面对世界包括面对人自身，获得关于宇宙、社会与人生的普遍知识。

其实，为道与为学是不能对立起来的。一个人，什么具体知识都没有，什么实践都不参与，终日为道，即使把壁面破了，也是成不了智者，成不了有高尚道德的人，也许只能成为一个白痴。反过来，只为学，只学习专业知识，他可以成为某一方面的专业人才，但很难成为一个有智慧、有道德、有高尚人生理想的人，而且也会因此限制了他的专业成就。这些人可能成为有某种专业技能的人，但不会成为大学者。历史经验证明，凡是有成就的大学者，如牛顿、爱因斯坦都是具有哲学思维的人。

现在西方宗教很盛行，一些学者包括自然科学家都信教。这并不奇怪。自然科学家倾向宗教，从本质上说是倾向哲学而不是倾向真正意义上的宗教。因为他们不会相信上帝创世说，相信上帝曾经创造一个又一个的奇迹。使他们倾心宗教是心灵的需要、情感的需要。人间的无情，社会的不公，使他们力图从宗教中寻求感情的温暖和心理的平衡。这是资本主义社会中科学和宗教齐头并进的原因。

在当今世界，科学、宗教、哲学关系非常微妙复杂。从历史上看，哲学与宗教一样古老。神话中既孕育着哲学又蕴含转化为宗教的可能性。但科学本质上是反宗教的，是无神论的。从哥白尼科学革命以后，科学的确发挥了它的反宗教宣扬无神论的威力。自然科学是文艺复兴运动中的重要一翼。原以为科学越发展，宇宙的秘密越被揭示，宗教的地盘会越来越小，可实际情况并非如此。宗教与科学赛跑，实验室的人远不如教堂的人多，而且教徒的文化层次越来越高。宗教当然会受到科学的影响，它不再强调原来宗教中的奇迹和教规，而是着重于宗教哲学和宗教道德，更具有人生观和价值观的性质。这样，它与科学尽力不相违背，又能满足人的情感和心灵的需要。

科学的成就是巨大的，可局限性也很明显。科学发展增强了人类改造自然的能力，提高了生产力水平，破除了对神鬼的迷信，有利于无神论和唯物主义地位的确立，但它的严格的逻辑证明和铁的规律对人的感情需要和心灵的需要却无能为力。它提供越来越多的物质消费资料，可它无法阻止人越来越自私、越来越渺小。这样，资本主义制度下，人们只能把肉体的需求交给科学技术，把灵魂的需求交给宗教，才会产生用高科技宣传宗教的怪事。

在当代西方，哲学处在宗教与科学的双面夹攻之中。宗教说哲学太科学化、太理性化，缺少对人的终极关怀；而科学说哲学太思辨化、形而上化，缺少重复性和可论证性。处在这种夹攻中，哲学有点茫然失措。一方面，有的向宗教靠拢，大谈人的终极关怀、人的价值、人的解脱，力图把哲学伦理化、宗教化；另一方面，向科学靠拢，强调哲学规律的普遍性、可验证性、重复性，强调理性和逻辑思维。这种两极化趋势导致当代西方哲学中人本主义与唯科学主义的对立和分野。这种对立在一定意义上类似中国哲学中的为道与为学的对立。马克思主义哲学批评人本主义与科学主义的对立的倾向，把哲学的科学性与价值性合在一起，建立起既揭示规律又关心劳动者和人类命运的哲学。

在当今世界上，哲学似乎已经失去了古代智者的光辉。因为哲学家要依靠哲学为生是很困难的。职业的好坏无疑与谋生有关。有的易于谋生，有的则不能。英国的古典经济学大家亚当·斯密曾经说过，送儿子去学制鞋，无疑他能学会制鞋技术；但是送他去学法律，那么精通法律并靠这个职业过活的可能性至少是一对二十。这就是说，在几百年前的英国，法律作为谋生手段远不如鞋匠。现在当然不同，在西方律师火得很。可现在把这个比喻用在哲学上倒是有效的。

哲学家贫困，这不奇怪。因为哲学家没有有效的谋生手段。工人做工，农民种田，医生治病，律师打官司。哲学以什么谋生？难道人们会因为你善于思辨或擅长哲理而给你报酬？不会。古代希腊罗马哲学家的谋生手段不是哲学思辨而是哲学教学即当教师。正如我们当今哲学家必定有个固定职业才能生活一样。

如此说来哲学可以不需要，只要为学不必为道吗？不能。从老百姓个人的角度看，可以不需要。不信你问任何一个人，他们在生活中绝不会感到缺少哲学家如同缺少医生、缺少售货员、缺少理发员一样感到不方便。可个人的直觉不是判断是非的标准。你可以问任何一个人，他们是否感到缺少物理学家、化学家、生物学家？不会。越是层次高、越是离日常生活远，直接需要的感受越少。人们日常生活中不需要历史学家，可一个国家不能没有历史，不能没有历史学家。

可见有两种需要。一种是老百姓的直接需要，愿意花钱的需要：他宁愿花钱听流行歌曲、看戏、看电影；另一种是国家和民族的需要：国家从民族的长远利益出发，从提高一个民族的文化素质出发，它需要花钱培养文学家、历史学家、哲学家，需要一批吃饱了饭不断思索不断写作的人。如果把文学、历史、哲学完全推向市场，对于发展文化事业显然是不利的。

哲学有什么用？凭什么要花钱“养”哲学家？这个问题可不是几句话能说清的。我们中国文化的发展得力于中国哲学丰富的传统，我们自己在这个问题上反不如外国人明白。西方不少学者包括李约瑟就盛赞中国哲学对中国和人类思维的贡献。哲学的作用是多方面的。人的认识过程是个复杂的过程。认识什么，是本体论的问题。没有对象的认识是不可能的，认识必须指向对象。认识要经历什么样的过程，是个认识论问题。为什么认识或者说为了什么进行认识，是价值论的问题。而如何才能最有效地达到对象并获得正确的结论，这是个思维方法问题。哲学的重要性突出地表现在世界观和思维方法上。人们在实践和科学中的成就往往取决于你如何思考。

有两种不同的思维方法，一种是墨守成规的复制型的思维；另一种是创造性思维。复制型的思维方法是根据前人的经验或自己以往的经验而采取的思维方法，它得不出新的结论，不可能超出前人的成就，或者是自己已有的成就；创造性思维是不固守原有的经验，而总是问还有没有更好的解决方法，因此创造性思维的特点是多角度的思维，而且善于从对立中、从类比中、从事物的相互联系中进行思维，这样才能发现事物的内部矛盾、联系和规律。辩证法的重要性正在于它是一种创造性的思维方法。

即使在日常思维中哲学也是不可少的。哲学作为自然科学和社会科学的总结，是在哲学步入成熟时期以后才可能的。可在古代，特别是中国哲学，其特点不是总结科学成就，而是直接对生活体验的哲学升华。人们只要读读《道德经》、读读《庄子》便可发现，几乎所有重要的哲学论断都是以具体生活事例为引子，从中得出具有普遍意义的哲学结论的。老子得出“道”的概念，是他直接观察到四时运行百物生长，似乎客观上有种力量在支配着它，这就是“道”。世界是辩证运动的，因为飘风不终朝，骤雨不终日，从来没有不停的风不停的雨；从水能攻坚，得出弱能胜强。《道德经》中八十一章，充满了这种生活的智慧。《庄子》也一样。庄子从砍有用的树和杀不鸣的雁中得出人应处于材与不材之间的结论，从庖丁解牛中得出以无厚入有间的养生结论。诸如此类的生活经验的哲学升华，俯拾即是。这种智慧，可不是科学研究能得到的。它来自一个独特的哲学视角，即在日常生活中从现象进入本质的思维方法。

为道不能代替为学，为学也不能取代为道。还是马克思主义一贯主张的哲学与自然科学联盟的观点正确，既要为道也要为学。

在枯燥哲学命题的背后

哲学离经济基础最远，但不意味着它离政治最远。哲学命题从哲学本身看，似乎是抽象的、普遍的，没有烟火气，但只要一摆在与其相联系的政治背景之中，它的鲜明的政治特性跃然而出。比如，实事求是是毛泽东在延安整风时提出的，它针对的是王明脱离中国实际的“左”倾教条主义，是为清除“左”的政治路线和思想路线的影响服务的。如果把实事求是还原为物质第一性意识第二性，还原为一般哲学原理而剔除了它的政治内涵，它就索然无味。

在当前，关于实事求是、解放思想的原则同样应该这样看。没有解放思想，实事求是就没有胆；没有实事求是，解放思想就没有边。这个“胆”，这个“边”，就是政治。

实事求是显然是针对没有实事求是提出来的。一切从中国正处在即将跨入共产主义的过渡时期出发，盲目追求“一大二公”搞穷过渡，显然不实事求是。可要纠正这个“左”的观点和做法是不容易的。它要反对“两个凡是”，要摆脱“左”的教条主义思想的束缚。这可不是涉及一般的人，而是涉及马克思主义经典作家，涉及全党全国人民崇敬的领袖人物。没有勇气、没有胆量是不行的。不解放思想就不敢实事求是，也不能实事求是。正是在这里，敢不敢解放思想是有没有党性的问题，是关系到党和国家的前途和命运的问题。当然具有极其尖锐的政治性质，而不是一个抽象的哲学问题。

解放思想有个“边”的问题。这个“边”，不是指解放思想应有个止境，而是指应有个原则。解放思想要不成为胡思乱想、空想妄想，必须实事求是。在这里，实事求是不仅是认识论原则，而同样是个政治原则。制约解放思想的实事求是的原则，就是中国的现实状况。我们的国家是中国共产党领导的人民民主专政的国家，是以马克思主义、毛泽东思想和邓小平理论为指导，以建设共产主义为最终目标的社会主义国家。坚持四项基本原则，这就是解放思想的“边”。离开了这个“边”，同样是政治问题。把解放思想抽象为主体性、主观能动性、意识反作用之类，同样是冬烘学究。

任何一个有头脑的人都知道，在中国20世纪70年代末关于实践是检验真理标准的命题的讨论，把一个普通的公认的哲学命题变为一个具有极强的政治性的命题。请出实践，就是请出比经典作家更具权威性的权威，为破除“凡是派”、破除从马克思主义著作中摘引片言只字抵制和反对改革的新思路、新政策开辟道路。我想起了我自己在1964年发表在《新建设》上的一篇文章《实践检验与逻辑证明》。从文章阐述的道理看是马克思主义的，强调的是实践是检验真理的唯一标准，强调逻辑证明不能代替实践检验等。可这篇文章没有任何影响，只不过是一篇普通的、阐述众所周知的马克思主义基本观点的普通论文而已。其实何止我一个，在中国发表过阐述实践是检验真理唯一标准的文章虽不是车载斗量，可为数也不少。从教科书到文章，只要是坚持马克思主义实践观和真理观的都是如此。同样观点的文章，如此不同的作用、如此不同的影响。一个只是一篇普通文章，转瞬即逝，而另一篇永载史册，作为开辟新的历史时期的宣言书。这绝不是偶然的。从哲学家个人说，要发挥哲学认识世界和改造世界的功能，必须具有明确的实践意识，有的放矢。很多人包括我自己写过实践是检验真理唯一标准的文章，但只是作为一种理论、一种哲学知识，因而除了宣传一些马克思主义基本观点外，不可能有重大的政治效应。很显然，《光明日报》发表的《实践是检验真理的唯一标准》文章的作者，有明确的政治意识，有明确的目的。他们知道为什么要写这篇文章，为什么要这样写而不那样写。此其一。更重要的是，从客观上说恰逢其时。中国社会的发展，在1978年前后，仍处于“两个凡是”思想的束缚下，有可能继续沿着“文化大革命”时的路线习惯性地往前滑行。正是在社会的发展需要打破个人崇拜时的思想惯性，破除“两个凡是”时，此文的及时发表，自然有其石破天惊解放思想的作用。当然，哲学家要有敏锐的政治性和自觉的哲学意识才可把握时代需要，而只有时代产生这种需要才可能有这种哲学意识。

哲学家可以尽量想方设法远离政治，可政治需要哲学。没有哲学论证其合理性的政治，是缺乏理性和逻辑说服力的，是难以获得广大群众拥护的，也是难以在敌对斗争中有着不可战胜的理念和精神支柱的。这样就必然决定，尽管哲学家作为个人可以不介入政治，可他创造什么样的哲学，宣传什么样的哲学，在现实社会中客观上总是有利或不利于某个阶级或集团的。并非都是有意投合，但在特定的时代条件下这种哲学究竟起什么作用往往不是哲学家自身的主观愿望能决定的，而是决定于它的内容以及与时代的契合程度。我想起了恩格斯对黑格尔哲学的评价。黑格尔的哲学晦涩难懂，我相信即使是黑格尔时代能懂的人、感兴趣的人也不会很多。可是恩格斯把以黑格尔为代表的德国哲学看成是德国政治革命的导言。他说，在这些教授后面，在他们的迂腐晦涩的言辞后面，在他们笨拙枯燥的语句里面竟能隐藏着革命吗？恩格斯肯定这一点，说黑格尔哲学中包含着革命，海涅已经在1833年看到了这一点。

哲学不等于政治，但哲学中可以隐蔽着政治。哲学问题，有的政治性强，有的政治性弱。而且就哲学家而言，可以是政治性人物，也可以是埋头学术不问政治的人。但我说的是一种哲学学派和重要的哲学观点，就其作用而言不可能与政治绝对无关。至于哲学家本人是否有明确的政治意识和政治观点倒不一定。即使像庄子那样主张物我两忘、无是非、齐万物、视高位如腐鼠的哲学，同样是对当时政治现实态度的哲学折光，而且在后来的政治实践中，黄老之学成为一种重要的政治观点和治国方略。我们并不主张哲学家都成为政治家，也不主张哲学成为某种政治的传声筒或辩护词。但是任何一个有社会责任感的哲学家总要考虑如何使自己的观点及从其中引出的结论，符合和有利于绝大多数人民的利益。我不相信一个正确的哲学观点可以与绝大多数人的利益相对立。过去如此，社会主义社会更应该如此。

一个真正关心社会、关心人民、关心祖国前途的哲学家，应该倾听时代进步的呼声，而不能当把头埋在书堆里的书蠹。说句心里话，人们一听哲学为政治服务，总怕降低了哲学家的品格、束缚了哲学家的个性和灵性，特别是害怕变为某些政客的枪手和工具。这是可以理解的。要我们普通人清楚地区分无产阶级的政治和腐朽的资产阶级政治、真正的群众政治和少数阴谋家的政治是很难的。多年的政治运动对人尤其是理论工作者带来的伤害，使人以远离政治为安全。尤其是哲学本来抽象，尽可以在抽象王国中驰骋，这样，既可以远害、全生、尽年，又有公正平和、笑容可掬的哲学面容。如果我们社会主义国家的哲学家，特别是马克思主义哲学家都是这样，就不可能成为真正的马克思主义哲学家，也不可能充分发挥哲学在建设中国特色社会主义中的功能。难，的确很难。这里既要领导者的宽容，也要我们哲学工作者自身的努力。

学哲学要防止走火入魔

哲学与哲学家不同。前者是专业，后者是个人，这是谁都明白的。可哲学家与文学家不同，他们的个性中仿佛都注入了各自专业的特点。哲学家的深沉和文学家的豪放、哲学家的思辨晦涩和文学家的形象明快形成鲜明的对比。究竟是专业铸就了个性还是个性决定了专业的选择，很难一概而论。根据我的浅见，就个人而言，专业对人的个性的影响是巨大的。正如长期的木匠活使人具有木工的特性，铁匠活使人具有铁匠的特性一样，在思维领域中也有类似相关的联系。人在自我对象化中造就了自身。

庄子与屈原是如此不同。屈原忧国忧民，忠君爱国，一生坎坷，可九死无悔，结果只能自沉于汨罗。可作为哲学家的庄子想得远看得开，不为名利所累，视相位如腐鼠，视道德如绳索，追求解脱，追求做真人，全身养生终天年。李白的浪漫飘逸，受的是佛道哲学的影响，而杜甫的致君尧舜上的忠君理想，受的是儒家哲学的影响。只要读读苏轼的诗词与散文就可以看到，哲学不仅铸造哲学家，同样从个性到作品也影响文学家。

自古以来，哲学都富于思辨的特点——谈玄论道，因此学哲学一定要防止走火入魔。人们都知道练气功不得法会走火入魔，疯疯癫癫，见神见鬼。可有人知道学哲学不得法也可走火入魔？我就没少收到此类走火入魔的信件或文章。那都是自称创造了某种体系或新发现的辉煌之作，画着各种符号，各种箭头，弯弯曲曲，不知所云。我自感惭愧，搞了一辈子哲学弄到看不懂哲学的地步。不过我总怀疑此公是不是有点走火入魔，否则何以像是星外来客呢？或许有人会反驳我，这才叫哲学，哲学都能懂那算什么哲学。不过我还是要说，哲学思想的深刻和思辨性，不是胡诌八扯从头脑中拍出来的水货，而是具有丰富内涵的天才思想。那些胡诌八扯的体系或创造只是一些不食人间烟火的疯话。

马克思生长在最具哲学思维的德国，但他知道这种哲学转变为疯话的危险性和可能性。他在《青年在选择职业时的考虑》中说，那些主要不是干预生活本身，而是从事抽象真理的研究的职业，对于没有坚定的原则和牢固不可动摇的信念的青年是最危险的。它必定使那些不经考虑、凭一时冲动就仓促从事的人毁灭。马克思不仅有这个认识，而且有这个亲身经历。他自己就走过一段小小的弯路。他到波恩大学以后不久，就一头扎入抽象的哲学思维终日从事创立体系的努力之中。他在写给他父亲的信中说：我写了一篇将近24印张的对话：《克莱安太斯，或论哲学的起点和必然的发展》。彼此完全分离的科学和艺术在这里在一定程度上结合起来了。我这个不知疲倦的旅行者通过概念本身、宗教、自然、历史这些神性的表现从哲学上辩证地揭示神性。当然这种虚构体系的做法以失败而告终，可马克思由于这种走火入魔几乎陷于不能自制的地步，由于烦恼，有几天完全不能思考问题，马克思像狂人一样在“冲洗灵魂，冲淡茶水”的肮脏的施普雷河水边的花园里乱跑。当然，马克思在探索中摆脱了这种不着边际的创造抽象体系的狂想。他入柏林大学参与青年黑格尔派运动以后，逐步摆脱思辨哲学的束缚面对现实、面对人类社会的现实问题，把哲学研究与经济学研究，与现实社会问题的研究结合在一起，既创造了一个新的哲学体系又为无产阶级和人类解放找到了道路。全部哲学史都证明，任何有作为的哲学家、任何有创见的思想体系都不是面壁虚构的产物。

如果说在马克思主义以前的哲学和当代非马克思主义哲学中，不少仍然以抽象思辨为特色的话，马克思主义哲学一直强调哲学要面对现实，要联系实际，要关心人类的命运，而不能只缩在自己构筑的象牙之塔中织自己的思辨之网。马克思主义哲学家一定要有强烈的时代意识和使命感。

我们经常说，哲学是时代的精神精华。人们往往容易把这个命题看成是新哲学体系的创造，似乎与我们普通的哲学工作者无关，似乎马克思主义哲学原理的应用永远达不到把握时代精神精华的地步。实际上，具有真理性的新原理的创造对于一个哲学工作者来说固然重要，能够根据时代的需要结合实际应用马克思主义基本原理解决时代面临的问题同样是个创造。马克思说过，世界历史的发展就是不断提出问题并要求答案，谁能正确回答历史提出的问题就是创造。《实践是检验真理的唯一标准》的意义，正在于它抓住了在粉碎“四人帮”以后中国应该向何处去的问题，是因循旧章还是改革旧的体制和制定新路线新政策的大问题。实践是检验真理的标准的命题是老的，可当时中国面临的问题是新的。用一个似乎是老的命题回答了一个关系到中国人民和国家命运、前途的大问题，说明什么？说明似乎是陈旧的马克思主义原理的真理性和威力。

可问题是懂得这个原理的人不少，但并不是任何人都能意识到处在“四人帮”被粉碎后的中国面临的问题，以及从理论上看出解决问题的关键是什么。这说明，马克思主义哲学家发挥作用，必须面对实际，面对时代，而不能只是在抽象的原理甚至概念中打圈圈。我们社会主义国家哲学家必须具有的哲学意识是实践的意识，即哲学应该为实践服务的意识，而不是把哲学当成概念游戏满足于思辨的爱好。我们的使命是用哲学的方式为建设中国特色社会主义服务。

一个真理性命题的作用是长期的，而不是只适用于一时一地。有人说，真理标准的文章恰逢其时，符合需要才能有这种作用。现在这个问题已经解决了，谁再写这样的文章就会被视为反对改革开放政策。这个说法我认为是不对的。一篇有影响的文章总是有针对性的。现在并不存在1978年前后的情况，当然没有必要把同样的文章当成与1978年的文章具有同样的政治和理论意义。可这并不是说，这个原理不适用了，而是说，随着改革开放的深入，我们会遇到许多新问题，同样要坚持实践标准。从计划经济到有计划的商品经济、再到计划与市场相结合、到社会主义市场经济的确立，这个过程就是继续沿着实践是检验真理标准开辟的道路前进的。邓小平提出的“三个有利于”作为判断改革的措施和政策正确与错误、成功与失败的标准，就是实践标准的新发展。马克思主义者不是实用主义者。一个正确的原理决不能只适用于一时一地，只适用于他人而不适用于自己。我们在整个开放改革过程中甚至在整个社会主义建设过程中都必须坚持这个原理。

实践标准讨论的意义也为我们哲学发展指出了一条正确道路。哲学家们都热切地关心并讨论21世纪中国哲学发展的道路。我以为，中国哲学发展的道路，仍然是马克思主义与中国实际相结合的道路。毛泽东思想走的是这条路，邓小平理论走的也是这条路。这条路的本质是马克思主义中国化，即把马克思主义基本原理应用于中国实际，从而创造性地推进马克思主义的道路。原理似乎仍然是老祖宗的，可一旦与实际相结合，从中生发出来的新的内容以及它的实际效果，远远超过原来基本原理的范围。正如实践是检验真理的标准一样，一旦与中国实际相结合，它的内容和作用是无可比拟的。我们有些人嫌马克思主义哲学基本原理陈旧，意在创新，来点新花招。我总是说问题不是面孔的新与旧，而在于真与不真。一个具有真理性的哲学体系，只要密切结合实际（包括自然科学成就和人类的社会实践），是能够不断增值的。相反，没有真理性，任何所谓创新都是经不起实践碰撞的泡沫。

马克思和恩格斯把自己的哲学称为新唯物主义。这个新，我看就新在重视实践，绝不能陷入抽象思辨以防走火入魔。

矢人与函人

矢人是指造箭的人，函人是指造盔甲的人。孟子说，难道造箭的人比造盔甲的人坏吗？造箭的人，唯恐箭不伤人，总是把箭造得能致人死命。而造盔甲的人，唯恐箭能伤人，总是力求把盔甲造得能抵挡住箭。医生希望治病救人，没有医者不愿活人的，而制棺材的人则希望死人，生意越兴旺越好。这是由于术即职业不同造成的。所以孟子的结论是，“故术不可不慎也”。而韩非则从另一个角度说了大体相同的意思。他说，饥荒的年景亲兄弟可以不理，而丰年过客也可以招待吃饭。这并不是疏骨肉而亲过客，“多少之实异也”。

孟子是儒家，是性善论者，认为人人皆有仁心。无恻隐之心，非人也；无羞恶之心，非人也；无辞让之心，非人也；无是非之心，非人也。人天生就具有恻隐、羞恶、辞让、是非的本性。可人性善，并非人人都善，世界上确有不仁之人，怎样解释，用环境或术来解释。由于环境或所操之术不同而使人固有本性正常发挥或发生改变。例如，矢人与函人的心术不同就是如此。韩非是法家，主张性恶论。可人的本性虽恶，但并不是人人皆恶、事事皆恶、时时皆恶，由于凶年或稔年不同，人的行为可以不同。可由于儒家主张性善，所以基本倾向是强调道德教化，人人皆可为尧舜。法家主张性恶，故强调法治，应该严刑峻法。

可见，中国哲学中性善论者和性恶论者，强调的并不在于人性本身，而是以人性为其治国治世和为人处世态度立论的依据，并用以解释社会现实和人的行为。人的本性是善或恶是无法验证的，因为现实都有相反的事例。性善论者不能否认世上有坏人，而且无法否认人可以为恶。性恶论者也不能否认世上有善人，人可以为善。如何解释这些事实呢？如果执着于自己关于人性的观念必然陷于困境，所以当遇到相反事实时，必然要引入其他因素，如孟子引入术、韩非引入饥年与丰年就是如此。仅这一点就证明抽象人性论是不足以解释历史的。因为人性再加上其他非人性的条件本身就是对人性决定论的自我反驳。条件的引入使人性的解释变为不确定的、不可靠的。人们能看到的是实实在在的条件而不是难以把握的人的本性。我们还没有看到仅仅借助人的本性而无须其他附加条件解释历史或人的行为的哲学家。所谓“性相近习相远”，所谓“生而同声，长而易俗，教化也”等说法，都是人性论的折扣。

孟夫子关于操术不可不慎的说法有一定道理。帕斯卡尔说过，一生中最重要的事就是选择职业。职业和道德有关系。历来说医者仁术，医生一般讲究医德。据说清代浙江名医范之甫门前的对联是：但愿人常健，何妨我独贫。另一名医在药店门前贴的对联是：只要世间人莫病，何愁架上药生尘。教师要讲师德。一般说老师传道授业解惑，道德修养要求高。天地君亲师，上了祖宗牌位。可孟夫子终究是两千多年前的人，是自然经济条件下的人，他不知道当职业变为纯粹谋生甚至致富的手段时，职业和道德可以分离。原来最具道德性的职业，可以丧失道德特性。手术刀可以变为宰人刀，教书育人的学校可以变为出卖文凭的学商。用职业来解释人的思想与行为是想当然的。职业是分工的固定化和外在表现，它本身的性质决定于它所依存的生产关系。职业没有道德不道德之分（偷盗卖淫以及制黄贩黄严格说不是职业而是违法行为），殡仪馆总可以说是完完全全为人民服务的地方，把死人送入天堂。可有的殡仪馆照样可以连死人都不放过。

职业不能决定人的思想和行为。有为人民服务的道德，在任何职业中都可以为人民服务，反之，明明是为人民服务的行业，可以变为宰人的屠场。所谓靠山吃山靠水吃水者即以职业为手段宰人也。正因如此，才有职业道德问题。职业道德问题的提出和规则的制定说明职业中存在不道德现象，否则不会存在职业道德问题。在资本主义市场经济中，职业行为的正当性首先靠法律来维护，同时要依靠职业道德来规范人们的行为。职业道德问题并不是出于人的道德的需要，而是社会正常运转的需要。因为每个人既是生产者又是消费者，既是卖方又是买方。职业道德归根结底涉及每个人的利益。职业道德对行业来说是重要的，但行业道德并不具有独立的意义，它是社会一般道德状况的局部表现。一个社会普遍道德状况好，行业道德一般比较好。同样，一个人基本的道德品质好，职业道德肯定好，反之不可能好。职业道德的教育应该建立在做人的基本道德的教育基础上。这样，职业道德才有可靠的基础。

行业风气是非常重要的。行业风气是社会风气的表现，是能切身感受到的社会风气。我们是社会主义国家，我们的市场经济是社会主义市场经济。在我们社会中行业属于社会分工范围，都是人民所需要的能够为人民服务的职业。人民需要的不等于是为人民服务的。前者属于分工领域，彼此相互需要；后者属于道德领域，以什么态度去满足对方的需要。应该承认我们的行风不正特别是某些垄断性行业问题更为突出，职业道德问题也令人十分不满意。这不能简单归罪于市场经济。资本主义市场经济也存在行风问题，但没有我们这样普遍而严重。

我以为，我们的职业道德问题并非根源于市场经济，恰好是没有真正确立市场经济的表现。因为老百姓花了钱并没有得到相应的服务。在市场经济中掺入大量非市场经济的因素，如权力、关系以及其他许多超经济的东西。这说明，我们的行业风气和职业道德问题与我们社会中存在的腐败问题不可分。腐败问题最根本的是吏治问题，即官风官德问题。但行业中的腐败风气问题同样令人憎恶，它无处不在，成为一种恶性社会传染病，腐蚀社会风气、恶化社会道德。人人有意见，可又直接间接被卷入。我们转向市场经济缺乏比较充分的法律和道德准备，这是可以理解的，但我们的某些政策不当是否也值得总结，例如普遍的创收政策就有可非议之处。提高生产增加产品是生产部门的事，增加国家财政收入是税收部门的职责，管理好国家是政府部门的事，培养人才是学校的事，如果我们的行政部门利用印把子创收、学校利用文凭创收、公交路警利用罚款创收、缉私的利用走私创收，试问风气能好吗？很多所谓创收就是靠山吃山靠水吃水，彼此掏口袋，搞坏了社会，搞坏了人心。尽管中央和有关部门也为防止出现这类状况而制定若干规定，但只要把一个单位的收入和福利与创收相联系，“各寻生路，自己觅食”，各种歪门邪道腐败之风很难杜绝。行业风气是整个社会风气的表现。人们就是凭行业风气来感受和判断一个社会的社会面貌。在社会主义精神文明建设中，应该认真解决这个问题。

在社会主义社会，没有不道德的合法职业，但可能在职业中不讲道德。矢人也罢，函人也罢，医生也罢，教师也罢，既可以是道德的也可以是不道德的，问题是我们如何对待我们的职业。我们要提倡职业道德又不能局限于职业道德，我们必须进行社会主义社会公民应该具备的道德素质教育，而且必须加大反腐力度。

市场经济与个人主义

以私有制为基础的市场经济，必然要求对个人利益的关怀和追求。它反对封建主义对个人、对个性的束缚，反对人身依赖，反对一切不利于资本主义经济发展的旧价值观念和道德规范。这是一种进步。但是，由于私有制条件下对个人利益的追求和获得的方式是以货币为中介的市场交换关系，这必然强化人们对货币的追求，因为货币作为一般等价物，就是财富。在资本主义市场经济中，个人主义是不可避免的。而且，随着资本主义经济的发展和市场关系的泛化，由追求自由、平等、个性解放的早期个人主义会逐渐蜕化演变为利己主义、拜金主义、享乐主义。这就是当前资本主义国家市场经济条件下的道德现实。

当代德国社会伦理学家科斯洛夫斯基在《资本主义的伦理学》中看到这种趋势的必然性：不受限制的对利润的追求导致了向吝啬、贪婪和人类行为的错误目标的转变。仅仅通过市场的成果，也即通过具有需求意义的支付意愿的成功的参与来协调生产和社会状况的分配，会导致在控制生产和分配生活机会时的过分主观主义，会导致对有着本质意义的生活目标的忽视。因此，从资本主义市场经济产生起，它就不断遭到思想家们的批评和指摘。当然，市场经济在资本主义发展中的作用是巨大的，它对经济、科技、生活水平的提高都是无可置疑的，对人们摆脱封建思想的陈旧观念的思想解放作用也是功不可没的。可它是一把双刃剑，它对资本主义社会人们价值观念的混乱和道德沦丧起着推动作用。在资本主义条件下，人们对道德失望，纷纷转向宗教。实际上，是要宗教在拯救自我灵魂的同时，净化社会，起道德教化的作用。用宗教取代道德并要它越来越发挥道德教化的作用，是资本主义市场经济的负效应超过正效应的表征。美国的著名政治家布热津斯基对此是深表忧虑的。他在《大失控与大混乱》中说，美国显然需要花一段时间，在哲学上进行反省，在文化上作自我批判。在这一时期内必须认真地认识到：以相对主义的享乐至上作为生活的基本指南，是不能构成任何坚实生活支柱的；一个社会没有共同遵守的绝对确实的原则，相反却助长个人的自我满足，那么这个社会就有解体的危险。

我们国家是社会主义国家，实行的是社会主义市场经济。可近些年来道德状况并不令人乐观。爬坡论和滑坡论者争论不休，似乎都有道理。但无论谁都无法否认，社会风气和道德水平存在某种程度的下降，否则小平同志也不会说社会风气和道德水平回到20世纪50年代的问题。拉关系走门子，见死不救集体围观，以及各种违背起码道德的现象过去不是绝对没有，但于今为烈。从长远来看，从党的要求和努力来看，我们确实在爬坡，在朝着社会主义精神文明确定的目标和要求前进，但从一段时期看确实是往下滑。原因何在？不少人把原因归结为经济改革，归结为市场经济，即市场经济这个魔盒的打开，把最邪恶的利欲之鬼放出来了，使得人的利己主义恶性膨胀。这种说法表面上有理，但从根本上说是错误的。

如果我们不进行以确立市场经济为主要内容的改革，情况会怎么样呢？我们设想，在非常贫困和极端平均主义的体制下，我们国家在随后的20世纪70、80甚至90年代仍然能保持新中国成立不久那样的社会面貌和道德水平吗？我以为是不可能的。50年代的状况是一种特殊情况，那是人民沉浸在解放的节日狂欢、刚刚摆脱旧制度的桎梏、满心向往未来幸福的年代，是人们把目光注视未来、期待多于索取的年代。强烈的新旧对比、当家做主的喜悦，使人不注意也不会去注意自己的生活和物质享受，可以说长期革命中扬起的精神动力仍然在发挥作用。可如果我们的国家老是处在一种贫困落后的生活状况，这个由革命扬起的激情能持续下去吗？特别是在世界科技革命迅速兴起、周边国家和地区人民生活越来越富裕，我们的人民特别是年轻人的灵魂能永远“纯洁”下去吗？我看是不行的。人民会由于贫困而失望，由于失望而产生不满甚至怨恨。当然紧锁国门暂时有效，但一个与世界历史脱离的国家和民族付出的是永远落后的代价，而且一旦打开国门所引起的冲击波是任何方法也无法抵制的。企图在生产落后、生活贫困状态下永远保持全民高尚的道德水平是不可能的。马克思说过一段非常深刻而有教益的话，他说：生产力的这种发展之所以是绝对必需的实际前提，还因为如果没有这种发展，那就只会有贫穷、极端贫困的普遍化；而在极端贫困的情况下，必须重新争取必需品的斗争，全部陈腐污浊的东西又要死灰复燃。邓小平也说，贫穷不是社会主义。对一个人来说，安贫乐道是可以的，对一个国家、一个民族来说是不可以的、做不到的。社会富裕不见得人人道德水平就一定高，国家贫困不见得人人道德水平就一定低。但就社会整体而言，富裕与文明、贫穷与愚昧之间有着不可分的本质联系。这是由生产力的水平和教育的普及程度决定的。我们社会中不断发生的妇女被拐卖或为了几十块钱就可以杀人的事就说明了这一点。

我们不否认改革开放存在某种危险性。邓小平也说过改革是冒风险的。可不改革是死路一条，是卧于积薪下的暂时的安定。尽管改革存在某种风险，但只要路线正确，政策得当，领导有力，就能在不断总结经验中前进。我国三十多年来在邓小平理论指引下取得的成就就是证明。根本之点在于，我们的改革是建设中国特色社会主义的改革，也就是说是社会主义的改革而不是改革社会主义。我们要确立的社会主义市场经济不同于资本主义市场经济。在我们国家市场经济与社会主义基本制度是结合的，它是以公有制为主体，以解放生产力发展生产力、消灭剥削消灭两极分化、最终达到共同富裕为目的的。因此，社会主义市场经济不仅有利于培养自主自立自强的竞争意识，而且从根本上说有利于以为人民服务为核心、以集体主义为原则的社会主义道德的培养和确立。

但是我们不能否认社会主义市场经济带来的人与人关系方面的变化。原因是市场经济绝不只是资源与劳动力的配置问题，而是渗入到所有制、分配以及人与人的关系的各个方面，并对人的思想意识发挥它的重大影响。首先是所有制要发生重大变化，由原来的单一的公有制变为以公有制为主体的多种所有制同时并存并共同发展。分配相应发生变化，贫富距离拉开了。在市场中人与人的关系成为以货币为中介的商品生产和交换关系，这种变化是必要的，它适合生产力状况并能促进生产力的发展。对这种变化不能以抽象的道德尺度进行评价，但我们的思考决不能仅停留于此。我们不能否认社会存在与社会意识辩证关系的马克思主义原则。只要仍然存在资本主义私有制、存在剥削、存在贫富悬殊，只要货币仍然是一般等价物，是流通手段，是财富的替代物，有了金钱可以实现自己的欲求和愿望，就存在着拜金主义、享乐主义、个人主义滋生的土壤与条件。但我们并不能因此而无视我国仍处于社会主义初级阶段的现实，从而反对多种所有制同时发展、反对改革开放、反对一部分人先富起来的政策。问题是我们如何充分发挥市场经济的积极作用而把消极作用限制在最低程度和范围，这要进行多方面的努力。我们必须搞活国有经济，真正确立公有制的主体地位。这不仅是经济问题、政治问题，也是意识形态的问题。如果我们的国有经济不能走出困境，公有制在整个国民经济中的地位越来越萎缩，两极分化日益严重；如果人们特别是青年视外企工作为上等职业，而视在社会主义企业工作为穷途末路，这究竟是有利于还是不利于社会主义精神文明建设？如果能实事求是面对现实，应该说这种状况不利于社会主义道德建设。我们应该改革和巩固社会主义公有制，改善和提高社会主义企业工作者的收入，让他们感到光彩，感到腰杆子硬，而不是只有在非社会主义经济的企业中才能找到最好的饭碗。照我看，离开社会主义公有制的主体地位的巩固和确立，抽象地谈论道德建设是没有多大效果的。当然，与此同时，我们还要加强精神文明的建设，即思想、道德、文化的建设，并借助于法律和税收手段打击不法经营、打击不正当的暴富、反对腐败，从经济和政治上形成一个有利于社会主义道德培育的环境。我们要充分估计市场经济的积极作用，但决不能讳言拜金主义、个人主义和腐败现象与市场经济关系的泛化存在某种关系。如果仅仅把市场经济说成是资源配置方式而与生产关系无关，与“社会存在”无关，不以经济手段、法律手段、道德手段来规范并限制市场经济作用的范围，就道德谈道德是没有成效的。在这方面，我们应该有足够的经验可以总结。

鲁侯养鸟与郭橐驼种树

鲁侯养鸟是《庄子·至乐》中的一则寓言。说的是从前有只海鸟飞落在鲁国的郊外，鲁侯把它迎进太庙，送酒给它喝，奏九韶的音乐给它听，宰牛羊喂它。海鸟目眩心悲，不吃不喝，三天就死了。庄子说，“此以己养养鸟也，非以鸟养养鸟也”。就是说，这是用养人的方法来养鸟，而不是以养鸟的办法养鸟，岂能不死！同类的论断，《庄子》中不少。例如，养马应该符合马的本性，“虽有义台路寝，无所用之”。也就是说，养马应该让它饮水吃草，奔跑跳跃，再好的高台大殿，对它也是没有用的。唐朝柳宗元的名篇《种树郭橐驼传》，讲的是同样的道理，不过讲的是种树。郭的园艺技术超群，长安人争迎取养。他说自己别无妙法，无非是“顺木之天，以致其性”，不随便折腾它。否则，“虽曰爱之，其实害之，虽曰忧之，其实仇之”。这里讲的养鸟、养马、种树，道理是一样的，即人要想获得成功，必须使自己的活动符合对象的本性。

中国古代哲学虽然没有西方哲学中逻各斯、必然性、规律等概念和范畴，但我们有我们特有的表现语言。如常、道、性。天行有常，不为尧存，不为桀亡。这里的常就是重复性、规律性。道有天道人道。天道一般可视为自然运行规则，人道可视为社会和人事运行规则。性，则是道在人与物身上的表现。顺其性，用我们现代人的话说，是按规律办事。虽然庄子是论证他的顺其自然的哲学，柳宗元是借题发挥，但我们从鲁侯养鸟和郭橐驼种树中却可以得到教益。在实际生活中，这种鲁侯养鸟的方式是很常见的。家长对儿童的教育，不是根据儿童生理和心理特点，而是按照家长望子成龙的心愿进行。过分的关注、过度的营养、过重的功课负担，使孩子没有童年，没有天真和欢乐，成了小大人，成了父母大人实现自己希望的对象。用心良苦，结果适得其反，既摧残了儿童身体，也妨碍了儿童的正常成长。这与鲁侯养鸟何异？

由此我想到我们社会主义经济建设的经验教训。很长一段时期，我们在经济建设中，不是按照经济规律来管理经济，而是如鲁侯养鸟一样对国有企业以过多的优待。在计划经济体制下，对一些企业是撑着养着，使企业丧失企业的特性和职能，变成不能飞的鸟，而不是在市场竞争中搏击觅食自行生存成长。邓小平关于什么是社会主义以及如何建设社会主义的伟大理论，如果用类比的方法，可以说是以鸟养养鸟的方法，因为它是按照中国的实际情况来进行中国的社会主义建设。他在《一心一意搞建设》一文中说："国家这么大，这么穷，不努力发展生产，日子怎么过？我们人民的生活如此困难，怎么体现出社会主义的优越性？""因此，我强调提出，要迅速地坚决地把工作重点转移到经济建设上来。十一届三中全会解决了这个问题，这是一个重要的转折。"① 以后逐步形成了"一个中心、两个基本点"的路线，确立了以公有制为主体多种所有制同时发展以及建立社会主义市场经济的方针。这一切都是立足于对社会主义本质的新的理解和中国当代处于社会主义初级阶段这个现实出发的。其实我们在一切工作中都应该采取"以鸟养养鸟"的方法，而不能重蹈"鲁侯养鸟"的错误。

这个问题用我们熟悉的语言说，就是唯物主义与唯心主义的问题，是实事求是与主观主义的问题。现在在一些人心目中，什么唯物主义唯心主义、什么哲学基本问题、什么物质第一性意识第二性，这都是旧而又旧老而又老的问题和用语，是本体论思维方式，是拖着辫子的哲学遗老遗少。最新的哲学应该是客体依存于主体、没有主体就没有客体，应该是从主体出发而不是从实际出发，诸如此类。当然，按照这种哲学，"以鸟养养鸟"是落后的思维方法，而"以己养养鸟"才是最新的思维方式。这当然是哲学中的奇谈。我看按照这种方法养鸟，除了死鸟以外是一无所得的。哲学

① 《邓小平文选》，1版，第3卷，10、11页，北京，人民出版社，1993。

家们缩在书斋里可以宣称为自然立法，可以宣称世界是我的感觉的复合，可有谁见过，人能够取消自然界一条规律或制造一条规律如同议会制定法律一样？没有。同样，世界的存在也不依存于主体，任何主体可以死亡但世界依然存在。过分夸大主体的作用已成为我们当今时代的一种病症，可自然不断以对人类的惩罚来提醒人们不要得意于自己的成就，以为人能为所欲为。人应该从自己的失误中学会尊重自然规律、运用自然规律。

唯物主义原则是不能违背的，唯物主义同样应该是我们认识世界和改造世界的方法，这个方法最集中的表现就是从实际出发和实事求是的原则。1978 年邓小平刚刚复出时在全军政治工作会议上的讲话中特别强调这一方法的重要性和它的唯物主义本质。他说，按照实际情况决定工作方针，这是一切共产党员所必须牢牢记住的最基本的思想方法、工作方法。实事求是，是毛泽东思想的出发点、根本点，这是唯物主义。邓小平还批评了过时论的观点，他说，同志们请想一想，实事求是、一切从实际出发、理论和实际相结合，这是不是毛泽东思想的根本观点？这种根本观点有没有过时、会不会过时呢？如果反对实事求是，反对从实际出发，反对理论和实际相结合，那还说得上什么马克思列宁主义、毛泽东思想呢？那会把我们引导到什么地方去呢？很明显，那只能引导到唯心主义和形而上学，只能引导到工作的损失和革命的失败。任何哲学家不管名气多大，论证多精致，说得多么天花乱坠，只要他们违反或蔑视唯物主义的基本原则，以各种各样的方式鼓吹主体决定论、宣扬心想事成，我都毫不犹豫地把它称为哲学垃圾。在实践中我们还是要“以鸟养养鸟”，坚持实事求是，千万不要学“鲁侯养鸟”。

“的”必先立

毛泽东用“有的放矢”比喻从实际出发，比喻理论必须联系实际。他说，“的”就是中国革命，“矢”就是马克思主义。我们中国共产党之所以要找这根“矢”，就是为了要射中国革命和东方革命这个“的”。这个比喻生动而深刻，是对理论与实际的关系最贴切的阐述。既然是有的放矢，当然是先有“的”，即“的”必先立。“矢”的好坏、射术的优劣，以是否中“的”为标准。宋代著名哲学家叶适说过一段很有见解的话，他把需要讨论的问题比之为若射之“的”也，或百步之外，或五十步之外，“的”必先立，然后弓“矢”以从之。故弓“矢”从“的”，非“的”从弓“矢”。

“的”必先立。“矢”要从“的”，而非“的”要从“矢”，这是一条重要的唯物主义的原则。毛泽东极力反对以“的”从“矢”的教条主义态度，反复强调马克思主义不能脱离中国实际，离开了中国实际谈论马克思主义只能是教条主义。邓小平也特别强调这一点。他认为中国的马克思主义者，离开了中国的特点，离开中国实际抽象地谈论马克思主义是没有意义的。邓小平多次说，我们对什么是马克思主义、什么是社会主义，没有完全弄清楚。这就是说，我们对“矢”必从“的”而非“的”必从“矢”的原则没弄清楚。邓小平说，我们要坚持马克思主义，但必须是与中国实际相结合的马克思主义。我们要坚持社会主义，但必须是有中国特色的社会主义。江泽民 1997 年 5 月 29 日在中央党校的重要讲话中，又重提理论联系实际的学风问题。江泽民强调，在当代中国，坚持马克思主义、毛泽东思想，就要高举邓小平建设有中国特色的社会主义理论旗帜，只有坚持邓小平建设有中国特色的社会主义理论才算是真正坚持马克思主义、毛泽东思想。这说明，“的”是变化的，因而“矢”也应是可变的，但“的”与“矢”的关系是不变的。以不变之“矢”，射已变之“的”，当然是难以中“的”的。因此马克思主义必须是创造性的，必须是发展的。

中国革命和社会主义建设的历史都证明，在实践中首先要明确“的”是什么并了解“的”必先立的道理，这个“的”就是中国国情。例如，在民主革命时期，以毛泽东为代表的中国共产党人坚持中国是半封建半殖民地社会，中国革命必须分两步走，坚决反对过高估计中国的资本主义发展，把中国说成是资本主义社会从而否定必须先进行反帝反封建的民主革命的理论。20世纪二三十年代，中国发生的关于中国社会性质的争论，就是关于中国国情的争论的集中表现。这个争论关系到中国革命究竟向何处去的大问题，是中国革命前途和命运的争论。中国革命之所以能取得胜利，就在于立足国情、“矢”能中“的”。我国社会主义建设在一段时期内有种种失误，最大的失误是未能中“的”，即忽视了中国处于社会主义初级阶段这一根本国情，采取种种“左”的做法，急于向共产主义社会过渡，结果是使中国长期处于贫困落后的境地。十一届三中全会以来，我们党正确地分析国情，做出我国还处于社会主义初级阶段的科学判断。我们各项工作要矢能中的，最重要的是认清并承认中国现在处于并将长期处于社会主义初级阶段这个最基本的实际。我们党的基本路线和各项政策都是以此为依据的，离开了这个现实，就是无的之矢。

矢必从的而非的从矢是正确的论断。可要真正弄清“的”之为“的”，不是乱放箭，又必须以正确的理论观点为指导。“的”必先立决不是不要理论，不在正确理论的指导下，无法确定“的”。因为在人的实践中确立“的”的过程，就是总结经验进行理论分析的过程。在中国革命中，不以马克思主义为指导来分析中国的各种经济成分的比重、分析中国的各种阶级关系和阶层的状况，就无法正确把握中国社会的性质。毛泽东的《中国社会各阶级的分析》、《中国革命和中国共产党》、《新民主主义论》等都是分析中国国情、以“矢”射“的”的名著。同样，十一届三中全会以来，邓小平的许多重要著作和讲话，对我国的生产力状况、工农业的比重、自然经济半自然经济的比重、文盲半文盲在人口中的比重、科学技术文化教育落后的状况、贫困人口和地区经济发展不平衡，都有科学的分析。这些分析，立足国情，以“矢”射“的”，把握我国社会主义初级阶段的现实并以此为据提出了建设有中国特色的社会主义以及如何建设的一系列论断，创立了邓小平理论。

世界无不变之“的”，亦无不变之“矢”。以“矢”射“的”，“的”变，“矢”当然也要变。江泽民在十五大的政治报告中强调，在当代中国，只有把马克思主义同当代中国实践和时代特征结合起来的邓小平理论，而没有别的理论能够解决社会主义前途和命运问题，讲的就是这个道理。有的同志说，这是不是三“矢”（马克思列宁主义、毛泽东思想、邓小平理论）一“的”（中国当代实际）？三“矢”一“的”，还是只能一“矢”（邓小平理论）一“的”，这种怀疑或困惑，是把马克思列宁主义、毛泽东思想、邓小平理论分为相互排斥的三种体系。实际上我们只存在一种主义，这就是马克思主义；一种科学思想体系，这就是马克思主义思想体系。邓小平理论是马克思主义与当代中国实际和时代特征的结合，是马克思主义在当代中国的创造性发展而不是不同于马克思主义的另一种体系。邓小平多次强调，“我是个马克思主义者。我一直遵循马克思主义的基本原则”①。邓小平理论的伟大之处正在于它坚持用马克思主义的宽广眼界观察世界，对当今时代特征和总体国际形势、世界上其他社会主义国家的成败、发展中国家谋求发展的得失、发达国家发展的态势和矛盾，进行正确分析，做出新的科学判断。离开了马克思主义就无法理解邓小平理论，也不可能产生邓小平理论；反之离开邓小平理论就没有马克思主义在中国当代的发展，马克思主义在中国就会由于变为僵死教条而丧失它的生命力。由此可见，邓小平理论与马克思列宁主义、毛泽东思想属于一脉相承的科学体系，不存在三“矢”一“的”的问题。坚持邓小平理论，就是真正坚持马克思列宁主义、毛泽东思想；高举邓小平理论的旗帜，就是真正高举马克思列宁主义、毛泽东思想的旗帜。

在当代中国，只有邓小平理论而没有别的理论能解决社会主义前途和命运问题，这里说的“别的理论”，据我理解不是指马克思列宁主义、毛

---

① 《邓小平文选》，1版，第3卷，173页。

泽东思想。因为对邓小平理论而言，马克思列宁主义、毛泽东思想不是什么“别的理论”，而就是它自身最重要最根本的组成部分，是它用以射中国当代之“的”的“矢”。所谓“别的理论”指的是非马克思主义理论。例如当今颇为热闹的新儒家倡导的儒家治国论显然是不能成立的。儒家学说，不可能用以指导社会主义革命，更不用说指导中国的社会主义建设。即使在封建社会中，有人倡言半部《论语》治天下，但封建制度仍然难免于灭亡。当然这不是说，儒家学说中无可用之处。我们这里争论的不是儒家学说有无精华的问题，而是儒家学说能否成为当代中国射“的”之“矢”的问题。任何有头脑的人，都会得出否定结论。把马克思主义说成是异族文化，是外来文化，企图恢复儒学在当代中国的主导地位，确乎是新时代的堂吉诃德。

“的”必先立，以“矢”射“的”，对于我们从事马克思主义理论研究和教学工作的人来说，也是至关重要的。毛泽东当年在延安整风时就提出，应确立以研究中国革命实际问题为中心，以马克思列宁主义基本原则为指导的方针，废除静止地孤立地研究马克思主义的方法。江泽民同志在十五大报告中重新强调这个问题的重要性，提出一定要以我国改革开放和现代化建设的实际问题，以我们正在做的事情为中心，着眼于马克思主义理论的运用，着眼于对实际问题的理论思考，着眼于新的实践和新的发展。这是个至关重要的问题，又是个难题。从延安整风至今半个多世纪，从纯理论工作这个角度看，能称得上研究中国实际问题的高水平的马克思主义著作不是很多。我们的理论工作多停留在解释或注解某本著作或某个原理上，或介绍西方某些理论。这只是一种宣传普及和启蒙，如果我们的马克思主义理论工作长期处于这种水平当然不能发挥它应有的作用。我这一生长期从事马克思主义的教学和研究工作，我对自己很不满意。我知道问题所在但很难改变。研究现实问题既要有勇气有胆量还要有条件有水平，它比写不痛不痒不死不活所谓的文章不知困难几何。这个问题不是光凭个人的努力能解决的。造就一种面对实际的学风，创造研究实际问题的条件以及真正落实“双百”方针并切实培养一批高水平的马克思主义理论工作者，仍然是有待解决的艰巨任务。

一位不懂哲学的国王就像一头戴王冠的驴

这句话是我杜撰的。文艺复兴时期有个学者说，不懂文学的国王就像一头戴王冠的驴。我以为不懂文学尚且如此，不懂哲学更可以这样说。何况，古代哲学家柏拉图在他的《理想国》中就提倡过哲学王呢。这种说法包含某种夸张和着意的强调。不懂哲学的国王多得是，照样当国王。可是，如果要善于治国处政，当一个既有远见又能体恤民情的统治者，有哲学头脑还是比没有哲学头脑好。当然，哲学不能保证实践不犯错误。这不能怪哲学，而是错误地运用了哲学。吃饭会噎着，这不是吃饭的过错。

我们是普通人，无资格也无水平大谈如何治国。尽管从黄老的无为而治到儒家一整套治国平天下的主张，都可以说是政治智慧，但这是我们能力所不及的问题。不懂哲学的国王是不是戴王冠的驴不关我们的事，但哲学与我们这些普通人，无论是知识分子还是干部，无论是青年还是老年都息息相关。我不能说不懂哲学是徒有其名的人，但我们可以说，善于哲学思维的人是个有智慧的人。谁都愿意聪明些，您说是不?

知识不等于智慧。知道 1 加 1 等于 2 是知识，知道 1 中包括两个 0.5 是知识，知道 1 个苹果可以切成两半是生活常识，可是从中得出“独中有对”、“凡物莫不有对”，即一中包含二而且一可分为二，这就是智慧。这不是直接凭感官或经验能知道的，而是从大量知识积累中悟出的道理。所以老子说的道生一，一生二，二生三，三生万物，不是实证知识而是智慧，是宇宙生成的辩证法。同样，知道水有两个氢原子一个氧原子，是化学知识，可老子说，上善若水，水善利万物而不争，处众人之所恶，故几于道，这是智慧。因为他从水的特性中引出的是人应如何处世的道德结论。知道白马是马是知识，而说白马非马则是智慧，因为它提出的是个别与一般相互关系的哲学难题。知道 1.7 米比 1.6 米高是知识，可由 1.8 米比 1.7 米更高，得出世界万物高矮长短是相对的结论，就不是量的知识，而是一种关于对事物认识中存在绝对性与相对性相互关系的智慧。苏格拉底在《斐多篇》中非常生动地讲过知识与智慧的区别问题。他说，当我看到一个高个子站在矮个子旁边，是因为高个子比矮个子高出一头，同时我还知道 10 比 8 大，因为多了 2；2 尺比 1 尺长，因为长了 1 尺，这是再清楚不过的，可我后来发现，我并没有弄清楚事物的原因，例如 2 的原因究竟是什么。是 1 和 1 两个数相加形成 2，还是把 1 分开来形成 2 呢？推而广之，其他事物是如何生长、如何消亡、如何继续存在的更不清楚了。我完全丧失了对获得确切知识的信心。这说明仅仅有知识是不够的，还要有智慧。当然，智慧不能离开知识，它来源于知识，可又多出于知识，是对知识中包含的规律和意义的揭示。当赫拉克利特说，博学并不能使人有智慧，智慧就在于说出真理；当康德说，智慧就是能在无数的问题之中，选择出其解决对于人类至关重要的问题时，都包含智慧是关乎人类探求真理、认识和处理问题的能力的意思。

据传说在古代希腊，犬儒学派的第欧根尼反对柏拉图的理念说，他争辩说我的确看到一张桌子、一个杯子，但我没有看到“桌子性”、“杯子性”。柏拉图回答说，你说得不错，因为人们有用来看桌子和杯子的眼睛，可却没有用来看桌子本质和杯子本质的精神，这种精神是理念。当然，柏拉图的理念说是客观唯心主义的。但他说，人有用来观察事物本质的眼睛的看法是有启发的。其实，这个眼睛就是哲学的眼睛，因为哲学是一种智慧，它能使我们看得深些、远些，能透过现象看到本质。眼睛只能观察而智慧才能理解。一个东西加一个东西等于两个东西是能用眼睛看到的，而 1 中包含 2 必须通过抽象思维。所以中国哲学中“独中莫不有对”是哲学命题而不是科学知识命题。

哲学是智慧。人类认识中最高的智慧就是关于世界普遍规律与人生意义和价值的智慧，即对宇宙和人生问题的哲学把握。当代不少哲学家企图把宇宙的本性和规律问题当作旧唯物主义问题排斥掉，而把哲学局限在主体自身，以为哲学的智慧就是关于人自身的问题。这是偏颇的。把哲学智慧仅限于探讨世界的规律而把人的问题排斥在哲学视野之外，这种哲学对人毫无意义；反过来说，任何关于人和人的意义问题的智慧，如果离开了关于宇宙问题的理解，仅仅就人生说人生是无论如何说不清弄不明的。中国哲学的优良传统或者说高明之处，是把宇宙与人生问题结合在一起来把握。《庄子·秋水》中有段话很有启发性："知道者必达于理，达于理者必明于权，明于权者不以物害己。"这就是说只有掌握规律（道），才能通达事物的理，只有把握事物变化的理，才能裕如应变，这样的人才不会受外物的伤害。人无论就其来源和现实存在而言，都不可能离开自然。不懂自然及其规律，对人的理解也不可能是全面的，因而也不可能知道应该如何对待人类自身。实际上人的智慧从本质上说是人对人的世界、人自身的存在以及人与世界相互关系的规律性把握。一个人高瞻远瞩，见微知著，我们说此人有智慧。他之所以能如此，正因为他理解事物发展由量变到质变的规律，不为表面现象迷惑，比别人看得深看得远，从事物的现象进到本质。月有阴晴圆缺、人有悲欢离合，这是自然和人生的事实，理解这种事实，以平常心对待这种事实就是智慧，正如人有生有死，死是必然的不可避免的，以一种顺应自然的态度对待死亡，而不是妄求长生不老，这就是智慧，如此等等。离开了对自然与社会规律的透彻理解，离开了对人生规律的领悟，所谓智慧只能是假大空。

在中国传统文化中，哲学是很发达的，因而中国文化中所蕴含的智慧也是无与伦比，我们无法一一列举。老子的《道德经》可以说是一本智慧大全，我们仔细读读《道德经》就能体会到，人的智慧不是靠拍脑袋，而是对道的体悟，所谓道就是规律。天道是宇宙规律，人道是社会和人生规律。老子说，域中有四大，人居其一。人法地，地法天，天法道，道法自然。实际上讲的就是人自身的自由程度与人对天地的规律即道的把握是相依存的。人的智慧表现在人迅速和准确地把握事物的思维方式、对人的人生意义和目的的体悟、对理想人格的塑造，这一切都取决于人对道的体悟。老子从"飘风不终朝，骤雨不终日"的自然规律中体会到人也是不能长生不老的；从"三十辐共一毂，当其无，有车之用。埏埴以为器，当其无，有器之用。凿户牖以为室，当其无，有室之用"体悟到"有之以为利，无之以为用”的道理。这种从宇宙规律、从日常生活中体悟哲理的例子俯拾即是。尽管其中一些东西有其明显的局限性，但把人生问题的认识与对宇宙规律的认识和意义的体悟结合起来还是很有启发性的。

智慧是不能购买和出卖的。我们可以买到哲学书籍，但不等于买到智慧。我们可以讲授哲学，但不一定能传授给学生以智慧。智慧是不能光从读书中得来的。读几本哲学书不一定就有智慧，满腹经纶但缺少智慧的书呆子多得是。我记起《庄子·天道》中关于书的一番高论。说是桓公读书于堂上，有个在堂下制造车轮的匠人轮扁放下工具上去问桓公读什么书。桓公说读圣人的书。轮扁说圣人在乎，答道已死。既然是古人的书，那只能是糟粕而已。他说我以自己的经验为例，制造车轮的方法，慢了就松滑而不坚固，快了就滞涩而难入，不快不慢，就能得心应手，这个道理口里说不出来，完全是凭经验积累的技术。我不能告诉我的儿子，我的儿子也不能继承我的经验。古人和他所不能传授的经验已经消失了，所以你读的就是古人的糟粕。虽然庄子在这里主要是说明言不尽意，但智慧不能离开经验的说法是有道理的。经验是不能凭书本传授的，凡能传授言说的都是理性的间接的东西。要吸取前人的智慧还必须要有自身的经验。

没有生活经验的积累，只能引经据典肯定没有多少智慧。真正有哲学智慧的人使用的往往是生活语言而不是哲学语言。智慧可以说是哲学的人格化，它被自己的生活实践经验融化于自己的灵魂之中，它不需要刻意引证，不需要查书，不需要装腔作势，而是已经变为自觉的思维方式、处世原则、人生态度。真正的哲学家是生活和实践中的智者，而不是停留在书本上的人。有位学者说，人应该把自己的生活实践作为最大的一本书来读，而把书本当作注解。这个说法有道理，对哲学尤其如此。这不是主张不要读书，而是应该善于结合自己的经验来验证、来理解、来消化书中的真理，使它真正变为自己的智慧而不是仅仅放在口袋里准备引用的格言。我们可以发现年轻的诗人，但很少发现年轻的哲学家。诗，需要生活激情，而哲学，需要生活的磨洗。同一句哲学格言，有不同生活经历的人的体会是不同的。我们除了读哲学书外还应该善于从生活实践中发现智慧，这就是为什么没有读多少哲学书的普通人，在遇到人生难题时有时比哲学家更像哲学家。我亲眼看到的一件事，对我理解什么是哲学启发很大。我的邻居有位亲戚是文盲，家庭妇女，五十来岁，得了肠癌。但我从来没有听到她诉说过，也不知道她有病，像健康人一样，有说有笑。有一天，她亲戚告诉我说她已经过世了，临死前几天还把丈夫和儿子的棉衣拆洗得干干净净，仿佛要去走亲戚一样。这种态度比庄子鼓盆而歌的态度一点不差。那是书本上的，这是现实的。这位妇女对待死亡的顺其自然的态度是我们知识分子所不及的。这种态度是种哲学态度，是一种智者的态度。我们读了多少本哲学书，研究过死亡哲学，可临到死时谁知道怎样呢。这是四十多年前的事，我终生难忘。

我总是劝我的学生要以哲学的态度对待哲学，不要以为哲学水平的高低仅仅取决于读书的多少，而要真正地“悟”，即真正化规律为智慧，把书本上的真理变为生活实践。坦白说我做不到，也没有能力做到。但我希望年轻的一代能朝这个方向做，真正把外在的哲学变为内在的智慧，而不是与自己的生活方式、思维方式、人格理想无关的哲学教条。

父母官与公仆

父母官，是封建社会对官民关系理想化的说法。《诗经》上说，“乐此君子，民之父母”。这里的“父母”，并无凌驾老百姓之上的意思，而是说，当官的以父母之心爱护百姓，而百姓以儿女之爱尊敬当官的，像《大学》中说的，“民之所好好之，民之所恶恶之，此之谓民之父母”。这是政治幻想，是封建社会家国同构、把阶级关系伦理化的结果。其实，国家领域中的统治被统治关系，绝不同于父子关系。官民关系既有政治压迫又有经济剥削，特别是社会矛盾尖锐、国将不国时，官吏更是表现其阶级本性。好的清官也有，但凤毛麟角，并不多见，他们并不能改变封建官吏的本质。人们读杜甫的“三吏”、“三别”，读白居易的《卖炭翁》、杜荀鹤的《再经胡城县》等诗作，就能抹去官民关系被涂上的浪漫主义色彩。

在封建社会中，早就有人对这种说法不以为然，认为官民关系应该民是主，官是仆，官是老百姓用钱雇用的，应该听命于百姓，否则应予辞退。柳宗元的《送薛存义之任序》就是这样议论的。他说，当官的，“盖民之役，非以役民而已也”。老百姓花钱雇用官吏，是让他为自己服务的，正如花钱请长工一样。如果你花钱请长工，“受若直，怠若事，又盗若货器，则必甚怒而黜罚之矣”。贪官与此何异？可老百姓一点办法没有，势不同而已矣，因为他们是官，有权、有势。

官与民的关系问题，不是一个理论问题，而是取决于社会的经济制度和政治制度。资本主义社会代替封建社会，官民关系发生巨大变化，老百姓比起封建社会获得了较多的民主和自由，但国家本质上仍是剥削阶级的国家，它是以民主的方式实现它的使命。官与民，在法律上处于平等地位，但实际上仍是不平等的。所以马克思主义者总是说，资本主义的民主是少数人的民主，是富人的民主，是残缺不全的民主。这种民主比封建专制主义是一种进步，但不是我们追求的目标。

我们的国家是人民民主专政的社会主义国家。对我们来说，民主是理所当然的，因为民主本来是国家制度，是我们社会主义制度的本质。威廉·李卜克内西说过，没有民主的社会主义是臆想的社会主义，正如没有社会主义的民主是虚伪的民主一样。但是理所当然不见得必然如此。民主既然是一种国家制度那就需要建设，不会从天上掉下来，也不能由任何人恩赐。巴黎公社存在的时间太短不说它。就苏联的经验看，社会主义民主的确立并不是一帆风顺的。在实践中由于历史条件和各种复杂因素的作用，往往容易趋向过分集权，趋向人治，趋向个人专权，从而为倒向反面——民主的人道的社会主义埋下了隐患。物极必反，这是任何人都无法改变的规律。毛泽东曾总结过斯大林时期的经验教训，提出过正确处理专政与民主的关系问题，可侵犯人权的事仍时有发生。我们党和国家尽可能纠正这方面的问题，特别是在粉碎“四人帮”以后，我们在法治建设方面取得了很大成绩，社会主义民主得到很大的保证。我们大多数干部还是比较好的，也出现了一些孔繁森式的干部，但整个说来问题还是不少。腐败问题的严重性暂且不说，仅从民主问题看问题就不少。社会主义民主的本质，是人民当家做主，国家一切权力属于人民，实际上在我们社会中官贵民贱的思想相当严重，至于说为民公仆对一些干部来说更是海外奇谈。

说句实在话，中国老百姓是最好说话的。因为长期的阶级压迫，中国老百姓多多少少都有点怕官。新中国成立以后这种情况发生了重大变化，但怕官思想并未根除。不要说官民平等，只要态度稍微好些都感恩不尽、谢天谢地。中国是个封建传统很深的国家，在我们的传统中官贵民贱的思想是长期的、严重的。我们没有经过资本主义阶段，我们不是苦于资本主义太多而是苦于资本主义不足，这一点在民主意识和传统方面也反映出来。为官的最高道德标准是为民做主，一些老百姓的最高理想是包公、海瑞，是青天大老爷能替他们做主。清官戏在中国有广泛的观众原因正在于此。我们的社会主义已经建立半个多世纪，但有了一官半职就恃权作恶、拔枪伤人、无法无天的事时有发生。至于当个芝麻官就横行乡里、欺压百姓的事也并不罕见。虽然一些人受到惩罚，但又不断滋生。这说明，社会主义民主的建设仍然是一项艰巨任务。

民主绝不是老百姓说了算，或者多数人说了算。人民是不可能直接管理国家的，必须委托少数人来管理，即把权力交给很少的一部分人。在社会主义国家，这部分人就是我们的干部。但这种权力的委托必须有一定的程序，权力的使用必须有一定的制度，这就是社会主义的民主制度。我们的干部的培养和选拔工作都必须按制度进行，我们还要注意干部的道德教育即“官德”教育，同时我们也应该对群众进行社会主义民主的教育和宣传，培养群众的民主意识、当家做主意识，敢于依法监督、敢于抗争。恩格斯当年针对普鲁士专制制度说过，有什么样的臣民就有什么样的君主。这个论断是深刻的。社会主义国家的老百姓不能当“刁民”，但也不能当“顺民”，而应该是堂堂正正的公民。老百姓民主意识的增强，可以起到对干部的约束作用。许多违法事件往往发生在经济穷困、文化不发达地区就说明这一点。

道德教育是重要的，但民主问题不单纯是道德问题。仅仅进行道德教育，我们可能出现一些父母官，出现一些鞠躬尽瘁的好干部，但不能使国家成为法治国家。民主是一种国家制度，必须有法律保证。民主要成为可靠的有保证的民主必须法律化制度化，即对群众通过各种途径和形式管理国家事务的权利、管理经济文化事业的权利、管理社会事务的权利用法律的形式予以明确规定和保证。各级干部都应该和只能在宪法和法律的范围内活动，社会主义国家的干部并不是封建社会的官而是公仆。如果当了干部就高老百姓一头，那买官、跑官、骗官的事是很难绝迹的。

我们国家的历史很长，我们的优良传统很多，但旧思想的负担也很重。在中国要真正实行民主政治要经历一个很长的时期，民主问题可以看作社会主义发展程度的一个刻度。无论有多少困难，我们都不能忽视民主问题，应该把民主政治建设作为社会主义政治体制改革的重要内容，这可是关系到社会主义事业的大问题。当年（1945 年 7 月初）黄炎培先生在延安向毛泽东提出过共产党掌握全国政权以后能不能跳出历史的周期率问题。黄先生提出这个问题是以六十年的人生经验，以自己亲耳所闻、亲眼所见为根据，一人、一家、一团体、一地方乃至一国家，都是“其兴也勃焉”，“其亡也忽焉”。毛泽东肯定地回答共产党掌权后不会重蹈历史的覆辙，因为我们已经找到能跳出周期率的新路，这就是民主。只有让人民来监督政府，政府才不敢松懈；只有人人起来负责，才不会人亡政息。毛泽东是很有远见的伟大政治家，他把民主问题提到关系社会主义政权能否巩固的高度来认识。

有觉悟的群众不要父母官，有觉悟的干部不要自命为或追求当父母官。我们比柳宗元的时代进步，如果我们为官为民两个方面的思想都落后于柳宗元《送薛存义之任序》关于封建官吏应该是老百姓雇工的思想，那才是倒退。

能与不能

有一次外出开会，同桌吃饭的都是熟人，但专业不同，彼此相互进攻。一位仁兄用筷子点着我说，你说说哲学能有什么用。我尚未回答，他接着说，哲学这玩意儿除了用人们不懂的话说任何人都懂的事以外什么用都没有。

这位仁兄提出的其实是个普遍性问题，能与不能的问题对科学也是一样。难道自然科学是万能的？它照样有个能与不能的界限。物理学不能代替化学、生物学不能代替数学，各有其所能，有其所不能。我们不能因为哲学不像法律、会计、物理、化学那样具有直接实用性就否定它的功能。世界上所有学科各有其用，是不能相互取代的。器物也是一样，各有其用。即便名剑如干将、莫邪也只能当剑用，而不能当犁使，谁也不会因此而否认它是名剑。每读柳宗元的《梓人传》对此都有点体会。这篇文章记载一个非常有本领的木匠，他连自己房里的床腿坏了都不会修，还要请别的木匠帮忙，可他善于估算木材，审察房屋的规模，善于指挥工匠干活，没有他，连一间房也造不出。他有所不能才有所能。他无工匠之能，但能工匠之所不能，而且他之所能远远高出一切工匠。由此，我悟出哲学的能与不能。哲学的能就在于它是哲学而不是非哲学。我们不能向它提出其他要求，超出哲学的本性要它做不能做不该做的事，这不是哲学的无能而是哲学的专能，凡专能都是独有的。哲学万能和哲学无能都是错误的。哲学只能能其所能，而且我们对哲学也要用其所能，而避其所不能。

哲学有其所不能。它自身不能提供具体的知识，这要求助于具体的实证科学；哲学也不能提供解决任何具体问题的答案，这要从实际中寻求解决问题的方法。脱离实际、脱离具体科学，哲学除供清谈之外一无所能，是不结果的花。如果一个哲学家对任何问题都发表意见，对任何问题都提供解决方法，只能是讲空话套话。这说明他根本不知道哲学的能与不能。

可哲学之所能又非任何具体科学之所能。哲学是关于宇宙、社会、人生的学说，它关于世界的本性、关于人在世界中的地位、关于人类认识和改造世界的途径和方法、关于人生的意义和使命，构成了人类生存的大智慧。它通过正确处理人与自然、人与社会、人与自我的关系，为创造一个适于人类自己生存的自然环境和社会环境提供世界观和方法论的指导。

在 19 世纪下半叶，恩格斯曾就哲学功能问题与经验主义的自然科学家展开过论战，尖锐地批评蔑视哲学的某些自然科学家，说自然科学家尽管可以采取他们所愿意采取的态度，他们还是得受哲学的支配。问题只在于，他们是愿意受某种蹩脚的时髦哲学支配，还是愿受某种以认识思维历史及其成就为基础的理论思维形式的支配。为什么这样说呢？因为自然科学家的研究固然离不开观察、实验，但更离不开思维。要思维必然要有思维规定和运用思维范畴的方式。尽管科学家的思维过程在大脑里运行，不像实验那样具有外在的可观察性和可检验性，但科学思维模式对科学发现是至关重要的。恩格斯说过，没有理论思维，的确无法使自然界中的两件事实联系起来，或者洞察两者之间的既有的联系。全部科学史也证明，如果科学家缺少必然与偶然性观念、缺少因果性规律性观念、缺乏正确的思维模式，是不可能在科学中取得突破的。即使在实验中取得某种成果，但很难进行新的概括。一部科学技术发展史，同时也是辩证法战胜形而上学、唯物主义战胜唯灵论、各种认识模式发展的历史。只是由于哲学思维属于人们的头脑，是人的内在的思维过程，它的重要性往往容易被忽略。

至于哲学思维对于人的实践活动的重要性更是不言而喻的，例如马克思主义哲学在中国革命中的作用就是不可替代的。毛泽东之所以高瞻远瞩，多谋善断，原因当然很多，但哲学思维水平是其中最重要一环。人们只要读读《中国社会各阶级的分析》、《中国革命战争的战略问题》、《论持久战》、《新民主主义论》就可以知道，更不用说《实践论》、《矛盾论》、《关于正确处理人民内部矛盾的问题》。毛泽东对中国问题的分析、对战争的指挥，都是高度科学化理性化即唯物辩证的分析。邓小平同样是如此。离开实事求是和解放思想的原则，中国社会主义建设的新格局是不可能出现的。或许有人会说，哲学如此重要，为什么毛泽东晚年会犯错误？毛泽东晚年的错误正从另一个方面说明哲学的重要。如果毛泽东一如既往始终坚持实事求是原则，而不是犯主观片面的错误，就有可能及时纠正或缩短错误的延续过程。

其实哲学之所能，还在于它能从人们日常的熟知的事物中看到一般人看不到的东西，能使人看得更深些更远些。有了哲学思维，人的观察力就迥然不同。刘基的《卖柑者言》讲的是冬天小贩卖的柑橘，看起来鲜灵灵的，表面晶莹洁润，皮色金光灿灿，很是诱人，可里面干得像破棉絮一样。这是人们习以为常的事，作者并由此联系到社会生活，在封建官场中，一些“佩虎符，坐皋比者，洸洸乎干城之具”，其实是“盗起而不知御，民困而不知救，吏奸而不知禁，法斁而不知理，坐糜廪粟而不知耻”的家伙，同柑橘一样，“金玉其外，败絮其中”。哲学家从常见生活中看到的是现象与本质、真相与假相的区别与联系，没有哲学思维就不可能有这种认识的深度。至于他的另一名篇《司马季主论卜》以东陵侯邵平在秦亡后失爵问卜的故事，也非常生动地说明了哲学思维的重要性。邵平不甘寂寞总想东山再起找相者问卜，相者告诉他“君侯何不思昔也？有昔者必有今日”，“一昼一夜，花开者谢，一秋一春，物故者新”。懂得因果关系，懂得辩证法，就会理解自己的处境今日必然如此的原因，何必求神问卜呢。

哲学中有些争论似乎是抬杠，但寓意深焉。例如程颐《雍行录》中关于失钱的争论。程颐带领学生外出途中失去了挂在马鞍上的一千钱，引起一番争论。有人说，失去千钱可惜，有人说，千钱数目很小，没有什么可惜的。有个学生别出妙论，“水中囊中，可以一视。人亡人得，又何叹乎”。按照物质不灭的道理，钱在水中囊中、人失人得，都是一样的，反正千钱仍存，并无损失。还是先生高明，如果千钱被人拾得是一回事，扔在水中又是另一回事，“使人得之，则非亡也，吾叹夫有用之物，若沉水中，则不复为用矣”。这里有个用的问题，水中囊中，可以一视，仅仅见体，若沉在水中，不复为用，是不一样的。先生与学生关于钱的争论对于常人看来完全是吃饱了撑着的争论，实际上是关于体用问题的争论。这个争论虽然是哲学的争论，可对于实际生活具有普遍意义。直到如今关于文化的争论总离不开体用问题。

哲学不仅有哲学之所能不可替代，而且具有普遍适用性。生活中处处有哲学，只要细心体会，是能够悟出许多哲学道理的。庄子关于道无所不在的言论很有意思。当东郭子问庄子道在哪里，庄子说无所不在。当东郭子一定要庄子指出道之所在时，他说在蝼蚁里、在稗草里、在破罐里、在屎尿里。庄子批评东郭子不懂道是离不开物的，最高的道也是无所不在的。其实辩证法的规律就是这样。我们不能说辩证法仅存在于社会中，自然界的发展同样是辩证的。个人生活也是一样，人有生老病死、顺境逆境，不可能是一帆风顺的。可以说宇宙万物没有能逃脱辩证法规律的。我们不能为哲学划定一个适用范围，因为哲学对象不可能像具体的实证科学一样有个明确的界限。哲学可以说无所在无所不在。无所在，是说不能把哲学规律作用限定在某个范围；无所不在，是说它到处都存在。

所以一定要问哲学有何能，我只能回答说，无所能（与实际相脱离），无所不能（与实际相联系）。

个人主义的最佳治疗方案

世界上有许多事是能说不能做的，也有许多事是能做不能说的。我看个人主义就属于后一种。在人的各种错误观念中，个人主义是很少能拿到桌面上来的。

有哪个国家和社会的领导者鼓吹个人主义？没有。国家最喜欢的是爱国主义，如果每个人都是个人主义者，国家就要瓦解。如果社会成员都是个人主义者，社会就会分崩离析。

有哪个团体提倡成员都成为个人主义者？没有。如果这样，这个团体一天也维持不下去。

哪个家庭主张个人主义？没有。家庭内搞个人主义，夫妻同床异梦、各存利己之心，这个家就会整天内战以离婚了事。

可以说，作为道德规范，没有一个两个人以上的集体性的组织、团体会公开提倡自己的成员搞个人主义，相反都会提倡公司精神、团队精神或互爱互利之类的东西。可实际上，在私有制社会特别是资本主义社会，个人主义思想和行为是比较普遍的，只是不公然挂在嘴上。没有人公开承认自己是个人主义者。即使是个人主义闹得最厉害的人也是振振有词，决不会承认是在闹个人主义。这才有所谓臭豆腐的比喻，闻起来臭吃起来香的说法。

有人说不见得，文艺复兴时期就是公开地、堂而皇之不用隐瞒地张扬个人主义。其实这是误解，用个人主义来概括文艺复兴时期的人道主义的主张是不全面、不准确的。人道主义者反对封建专制主义，主张个人的尊严、价值、平等、自由，虽然它的立足点是个人，但它的旗帜不是个人主义而是博爱主义，着眼点是类即人而不是我一个人，它的理论基础是抽象人性论。从本质上看，文艺复兴时期兴起的人道主义是为摆脱封建束缚、争取个人的利益而呐喊，这种争取个人利益的思想和行为决不能与当今的个人主义相混淆，因为处在文艺复兴时期，新兴市民争取的是个人的正当利益，是反对封建专制制度，代表的是历史进步的方向。形式上看是个人利益，实际上是一种社会利益和阶级利益，而个人的利益正包含在这种集体利益之中。因此在我看来，争取和维护这种个人利益是不能简单称之为个人主义的。个人主义是一种以自我为中心的人生价值观，它的本质不能简单归结为关心个人利益，而是把个人利益（不管是正当或不正当）无条件地摆在首位，作为自己行为的目的和归宿。这是一种价值判断，只要是对我有利的就是最好的。因此个人主义心目中的个人利益具有利己主义的特性，是唯一的、排他的。

个人主义与个人不可分，没有人的个体性当然不会有个人主义，但不能认为只要存在个人就有个人主义，似乎个人主义是人的天性。帕斯卡尔在《思想录》中曾对这个问题发表过一些看法。他说，自我有两重性质：就它使自己成为一切的中心而言，它本身就是不义的；就它想奴役别人而言，它对于别人就是不利的，因为每一个自我都是其他一切人的敌人并且都想成为其他一切人的暴君。没有一个人不是把自己置于世上其余一切人之上的，没有一个人是不爱自己的财富、自己的生命和延续，有甚于世上其余一切人的财富、幸福与生命的。帕斯卡尔还说，每个人对于他自己就是一切，因为自己一死，一切对于自己就都死去了。由此而来的是，每个人都相信自己对所有的人就是一切。当然没有我就没有我的，没有个人就没有个人主义。但把个人利益作为衡量一切的最高尺度的观念绝不是永恒的、不可改变的。在一个生产力高度发展、制度合理的社会中，在个人的正当需要能得到公平的、充分的满足的社会中，多少年中形成的根深蒂固的个人主义价值观念是会逐步改变的。社会主义革命在改造社会的同时也逐步使人和人的传统观念得到改造，尽管这个目标仍很遥远，但我们现在所做的正是朝这个目标前进。

有人说对个人主义的最好治疗方法，是让他彻底发挥个人主义。比如，让他独处旷野，特别是狂风暴雨漆黑之夜让一个人待在渺无人迹的地方，此时我敢肯定，他一定会认为哪怕两个人也比一个人好，而且患难与共的两个人比彼此钩心斗角的两个人好。这种说法正确，但治疗无效。人本来是社会性动物，动物可以独处荒野，而人独处荒野是无法生存的。人的存在是依靠集体，从集体中获得智慧、力量和生存的勇气。生活越艰难，集体力量越大越有利于个人。一个强大的国家、强大的民族、发达的社会，对这个国家、民族、社会的成员是有利的。社会进步给予个人利益满足的可能性、程度与空间，是与单纯依靠个人奋斗所能得到的无法相比的。人，实际上是依靠社会生存的，可是由于长期的私有社会和阶级对立，并不是任何个人的利益都能从集体中得到满足和保障，相反不少人的利益受到虚假集体的损害和压抑。西方所谓“人人管自己、上帝管大家”，中国流行的“人不为己、天诛地灭”就是在特定的经济政治制度下个人与集体、个人与社会关系被扭曲的表现。个人主义不是一个单纯的道德观念问题而是一个社会关系问题，单纯的道德教育不能根本解决问题。这就是为什么历代圣贤、历代君王都倡导仁义道德助人爱人，可个人主义仍愈演愈烈的原因。

资本主义社会是个人在政治、经济、思想获得最多独立性的社会，也是个人主义最为流行和泛滥的社会。存在主义观念中的人，就是资本主义制度下孤独的个人。这种人，注定是利己的、焦虑的、忧郁的、绝望的，因为他把个人利益视为最高的绝对的，必然与他人处于隔离和对立之中。他处在社会中，就如处在黑暗的、无人的荒野之中的个人一样。这种与自然、社会、他人相对立的个人，面对资本主义各种矛盾，面对各种物化力量挤压的人，怎能不时时处处事事感到苦恼和厌烦呢！不管存在主义思潮在资本主义制度下的出现多么有道理，但个人利益的绝对化和人的孤独化，是社会制度自身造成的。人不应该由于利益的对立而彼此孤立和隔离，人应该回到真正人的本来存在，即与自然、社会、他人的联系中的存在，并从这种联系中获得力量。要做到这一点，最终要以社会主义代替资本主义，以集体主义代替个人主义。因此个人主义的最佳治疗是社会治疗。马克思、恩格斯在《神圣家族》一文中说，既然人是从感性世界和感性世界的经验中汲取自己的一切知识、感觉等，那就必须这样安排世界：

使人在其中能认识和领会真正合乎人性的东西，使他能认识到自己是人。既然人的性格是由环境造成的，那就必须使环境成为合乎人性的环境。马克思、恩格斯是从唯物主义与共产主义的关系着眼转述并同意法国唯物主义这个观点的。

无知的迷信和有学问的迷信

中世纪，宗教处于统治地位，迷信流行并不为怪，奇怪的是资本主义时代科学发展，不仅仍然存在一般老百姓的无知的迷信，还存在有知识的迷信。有些科学家居然也相信一些荒诞不经的东西。恩格斯在《自然辩证法》中就举过培根、牛顿、华莱士的例子。说英国大科学家弗兰西斯·培根就期盼人能延年益寿，在某种程度上使人返老还童，改形换貌，易身变体，创造新种，腾云驾雾，呼风唤雨。他抱怨这种研究无人问津，他在他的自然史中开出了制造黄金和创造种种奇迹的煞有介事的丹方。大科学家牛顿在晚年也颇热衷注释《约翰启示录》，功勋卓著的动物学家兼植物学家华莱士迷恋于招魂术和降神术。这也许是由于当时科学还没达到当代这样的水平。可是，当代科学如此发达，在现实生活中，这两种现象照样同时并存。以什么大仙、活佛的污物为良药，或以香灰、塘水治病，这是愚昧，是缺医少药的社会现实和缺少医学知识产生的可悲现象。可现实中也存在另一种迷信，执着者并非无知而是有相当的知识水平，甚至是某方面的专家。这可以说是有知识的迷信。

我这里讲的是迷信而不是宗教。宗教可以包含迷信但不等于迷信，宗教是信仰的一种形式。知识分子中的宗教徒并不迷信，他们并不相信人格的神，或上帝创造世界之类的无稽之谈，也不热衷于偶像崇拜。对他们来说，宗教是道德，是爱，是对尘世缺憾的弥补和安慰，是灵魂的歇息。对自然现象、对生活，他们仍然是持科学态度的，他们相信科学，并不相信那些荒诞的东西。自哥白尼以后，科学的确在对神学的斗争中取得了伟大胜利，它揭示宇宙中的一个又一个秘密，逐步把神挤出了自然界。原以为科学能彻底战胜宗教，事实并非如此。宗教与科学齐头并进，而且地盘越来越大。知识分子包括科学家们信教的日见增多，因为科学只能打破虚幻的世界，提供世界的科学图景，并不能提供一套合理的人生价值体系。他们需要道德的教诲、心灵的慰藉、正义和公平的保证。而对还没有马克思主义信仰的知识分子来说，只有宗教能满足这种精神要求。当代卓越的物理学家海森堡在关于科学真理与宗教真理相互关系的一次著名演讲中说：尽管我深信科学真理在它自身的领域内是不容置疑的，但我决不能排斥宗教思想的内容，不能认为它只是我们曾经历过的人类意识的一个阶段而在将来我们就可以排除这部分内容。这种看法不仅属海森堡个人，而是资本主义社会中不少科学家的共同追求。罗素也强调宗教的伦理价值，他认为宗教中最令人神往的是渴望减轻人类苦难，并且恳切希望将来会实现人类美好前景的内容。正是这些关于爱的温言软语，关于人生意义和人应如何相处的宗教伦理原则，关于神对正义与公平世界的预约和保证，对于感到人世遗憾的人来说具有永久的魅力。

如果说，知识分子的宗教信仰容易理解，它有其社会学的原因。可在现实生活中，还存在另一种情况，即知识分子的迷信。

他们并非无知而是有相当的知识水平，甚至是某方面的专家，居然也相信意念移物、千里灭火、隔墙取物，或者什么信息水、信息茶之类荒诞不经的东西。如若表示不相信，他可以和你争得面红耳赤，说是亲眼所见、亲耳所闻。这种人有知识，但迷信。我称之为有学问的迷信。从形式上看，这两种迷信者身份不同、文化层次不同、信仰的对象不同，但从哲学上看本质是一样的，都是缺少理性思维，只相信感官，而不问看到什么，如何看到。实际上，他们所谓的看到并非真正的看到。吃香灰、喝塘水的病人确有痊愈的，这并不是因为香灰、塘水能治病，而是因为病不致死，经过调养休息而自愈。不药而愈的情况是常见的。他们看到的是病愈与香灰之间的表面联系，并没有看到香灰真正能治好病。其实服香灰、喝塘水之后送命的不少，可迷信者认为这些人命当该绝。病愈是香灰的功力，死了是命当该绝。稍微有点理性思维的人都能判断真伪。那些有知识的迷信，同样是迷信感官。其实他并没有真正看到他所相信的东西，而是相信他看到的东西。他看到的只是火的熄灭、物体位置的变化，或者什么其他被称为气功的神力的东西，实际上他并没有看到原因，而是看到不知道由什么原因引起的结果，却把这一切都挂在所谓外气的账上。至于什么信息水、信息茶纯属骗局，连感官的可感性都没有。古希腊哲学家早就说过，没有理性，眼睛是最坏的见证人。可我们当代有些有学问的迷信者连“最坏见证人”的感官都不要，非常轻易地相信人家的谎言。

这两种迷信者都分不清什么是可能的和不可能的，他们不具有怀疑的思维方式和能力，他们信奉的是：也许、可能、万一、宁可信其有不可信其无、世界是复杂的什么事都是可能的，等等。如果一个人没有坚定的辩证唯物主义的哲学信仰，没有规律性观念，没有最起码的对平凡真理和普通常识的坚定认可，信奉也许、可能，只要遇到一点小小的有意无意的谎言就会入其圈套。恩格斯在《神灵世界中的自然研究》中，对一些科学家由于迷信经验、极端蔑视思维而陷入各种迷信的原因进行了分析。恩格斯特别强调哲学的重要性，他说，蔑视辩证法是不能不受惩罚的。对一切理论思维尽可以表示那么多的轻视，可是没有理论思维，的确无法使自然中的两个事实联系起来，或者洞察二者之间的既有的联系。所以，经验主义者蔑视辩证法便受到惩罚：连某些最清醒的经验主义者也陷入最荒唐的迷信中，陷入现代唯灵论中去了。列宁在《唯物主义和经验批判主义》中也发表过类似的看法。看起来，没有辩证唯物主义世界观和思维方法，仅仅有文化和科学知识，还难免陷入有学问的迷信。特别是迷信作为思潮的特点是不断变换花样的，往往以科学而且是最新科学的面目出现，更具有欺骗性。从打鸡血、喝白水、甩手疗法到现今的信息水、信息茶，受骗者不计其数，其中不少是有学问的人。我最近还读到一篇介绍信息水的文章，说信息水疗法是施术者用剑对着配好的水发功 10～15 分钟，然后让病人喝下去。在解释什么是驱赶疗法时说，驱赶疗法是施术者观想患者的病灶处，意念中用手把病灶处的病气抓出来，驱赶出去，并默念：“出去，入地。”这可是正式发表在报纸上的文章，完全是愚人节上的玩意儿，居然有人写、有人登、有人信，真应立此存照。以后还有什么花招很难预料，但有一点可以肯定，花样翻新但以科学外衣为掩护的各种江湖骗术还会不断出现。

当一个无知的迷信者是不幸的，当一个有学问的迷信者是可悲的，而当一个存心设局以骗人者是可耻的。

“有机事者必有机心”说

这句话出自《庄子·天地》，这篇文章中的一段记载了子贡与灌园叟关于技术与思想关系的争论。子贡南游楚国回晋经过汉阴，见一老人抱瓮取水灌园，用力很多而见效很少。子贡建议他采用当时的一种名叫桔槔的提水装置，可以一天灌一百畦田。老人不予采纳并发了一通议论。他说："闻之吾师，有机械者必有机事，有机事者必有机心。机心存于胸中，则纯白不备；纯白不备，则神生不定；神生不定者，道之所不载也。吾非不知，羞而不为也。”这个“有机械者必有机事，有机事者必有机心”的推论，是老庄绝圣弃智、返璞归真那一套主张的具体表现。这种观点是把技术与道德放在对立地位的萌芽。这种看法并不是中国独有的，在西方照样有，例如一千几百年后的法国，处于资本主义早期的卢梭在他的一举成名的获奖文章《论科学与艺术》中，照样否认科学的发展有助于敦风化俗、完善道德，相反认为它败风坏俗、使道德堕落，说我们的灵魂是随着我们的科学完美而腐败。如果说，中国的老庄是对原始村社时期人的单纯简朴关系的留恋，那卢梭则是对新兴资本主义社会中奢侈腐败和世态炎凉、尔虞我诈风气的不满。

人类进入资本主义时期，如同进入一个快速旋转的电磨。一边是不断出现精致的产品，一边是毫无吝惜地排出“废料”。资本主义社会是以往人类社会中科技成就最大的社会，也是最冷酷最拜金主义、人与人的关系最疏远化的社会。这个社会使许多人向往又最令人畏惧。资本主义社会的罪恶与科技齐头并进，使一些思想家对科技的发展得出否定结论，例如罗素就认为，英国在19世纪初期的平均幸福程度是低于一百年以前的幸福程度的，而这几乎是由于科学技术的发展引起的。当今的法兰克福学派社会批判理论特别宣扬这种看法，他们认为发达工业社会科学技术的发展造成单向度的社会、单向度的人、单向度的思维，摧残人的本性，破坏人与自然的关系、人与人的关系，成为统治的意识形态和统治力量。20世纪下半叶科技的迅速发展与社会问题的出现，特别是所谓全球性问题的出现，更使这种看法为许多人所接受。可以说，随着科学技术作用的强化，否定性的批判越强。从庄子的“有机事者必有机心”到科学技术是意识形态导致人的全面异化的论断，就表现了这种趋向。当然，它们各有特点，不能简单类比，但是科学技术的巨大作用与反科学技术思想的强化，是人类发展史中引人注目并值得认真研究的现象。

科学技术在人类社会发展中的作用是很显然的。如果说，劳动是人与其他动物的本质区别，那科学技术在劳动中的萌芽和应用的逐步扩大和深化，则是人类自身发展和社会进步的动力和尺度。任何一种社会制度、任何一个国家和民族的科学技术的水平，往往就是它的国力和文化发展的水平。人类进入资本主义社会以后之所以能创造出超过以往多少个世纪总和还要多的生产力，创造如此多的前所未闻的物质产品和各种成就，得力于近代科学技术的发展，尤其是科技革命的伟大成就。当代正在进行的科技革命对人类社会发展的推动作用是不可限量的，可在科学技术发展的同时，各种消极现象也在发展。几乎从人类最初开始，这种两面现象同时存在。到了资本主义社会特别是晚期资本主义社会，科学技术的飞速发展与社会问题的多发性与广泛性如影随形齐头并进。可问题是，它们之间究竟是并存的还是因果关系？科学技术对社会发展影响的机制与方式究竟怎样？可以说，包括当代法兰克福学派社会批判理论在内的各种学说对此都缺少科学的理解，都把账记在科学技术头上，从中得出反科学技术进步的结论。只有马克思主义的历史唯物主义才解开了这个扣。

马克思主义从社会基本矛盾运动规律的角度来研究科学技术的作用。在任何社会中科学技术都不是独立起作用的因素，它的具体存在方式（不是写在书上的，不是专利局的申请）是生产力的组成部分。生产力归根结底是社会发展的最终决定力量，是推动社会进步的力量，因此科学是历史运动的杠杆，是最高意义的革命力量。与资本主义社会科学技术的发展同时并存的各种消极现象，真正的原因不在于科学技术，而在于与生产力不可分的生产关系的性质和上层建筑状况。在资本主义社会中决不能通过阻碍科学技术的发展来求得人类处境的改善，而要通过改变社会制度求得科技的正确应用。一百五十多年以前，当马克思讲到资本主义自然科学的作用时就曾经指出，自然科学通过工业日益在实践上进入人的生活，改造人的生活，并为人的解放作准备，尽管它不得不直接地完成非人化。因此，在资本主义制度下，科学技术越发展，越有利于人类的发展和解放；科学技术越发展，越能为创立一个没有剥削、没有穷人的新的社会制度提供物质基础。无产者和整个人类决不能消灭科技重新回到田园诗般的中世纪，那是人类的退化和灾难，而是要充分利用高科技提供的可能性，为建立一个新的生产方式和生活方式而奋斗。由此可见，科学技术的效用取决于如何应用，而应用问题，离不开社会制度，离不开是什么人为了什么目的去应用这种科学技术。科学技术的发明者并不是应用者，而是智力劳动者。真正制定科学技术政策的是国家，而直接掌握和运用科学技术的是它的拥有者。因此，整个生产关系和上层建筑都参与制约科学技术的应用。高能物理的成果被用于制造核武器是军备竞赛的结果，新的科技应用带来的自然生态的破坏与追求最大利润、掠夺自然分不开。在一个合理的社会制度下，科学技术的错误利用可以通过国家政策预先得到防止，即使出现负效应也能得到有效的克服。

正因为我们从社会基本矛盾运动的角度来考察科学技术的作用问题，因而不把社会中的消极现象直接归因于科技。庄子关于“有机事者必有机心”的论断、卢梭关于科学促使道德堕落的论断、法兰克福学派关于科技使人异化的论断，都是抽去了把科学技术与人结合在一起的生产关系特别是所有制关系。实际上，一个社会决定社会面貌的是社会生产方式而不是单独的科学技术状况和水平。马克思说过，在不同的占有形式上，在社会生存条件上，耸立着由各种不同的表现独特的情感、幻想、思想方式和人生观构成的整个上层建筑。整个阶级在它的物质条件和相应的社会关系的基础上创造和构成这一切。科学技术对国家政策的影响、对整个上层建筑特别是意识形态的影响，必然要通过一个中介环节，这就是由一定的生产力状况制约的生产关系的性质和由生产关系决定的国家政权的本质。从什么方面接受科技的影响以及作出何种反应，往往取决于生产关系的性质和国家的决策。罗素的观点与这种看法可以说是针锋相对的。他把资本主义的社会问题归结为科学的发展，而科学发展归结为科学家。他武断地说：马克思理论中最需要改正的问题，就是关于生产方式变革的原因，生产方式在马克思的著作中是作为其基本原因出现的，可它们不断变革的理由并没有得到解释，事实上，生产方式的变革主要是由于知识方面的原因，也就是说，是由于科学的发现和发明。工业制度是由于近代科学而产生，近代科学是由于伽利略，伽利略是由于哥白尼，哥白尼是由于文艺复兴。按照这个逻辑，推动科学发展的科学家反倒变为历史的罪人，因为社会的各种弊端都是科技发展引发的。脱离历史唯物主义、脱离社会基本矛盾理论，历史的是非功过就会变为算不清的糊涂账。

非水求人，人实求水

这是中国哲学家的一句名言。看似普通，却为人们走出唯心主义主体的自我困境的围城指明了一条出路。

客观世界只有进入人的认识才能为人所把握，或者说人只有通过感觉和观念才能认识存在，人只能认识人的实践和认识范围内的存在，人对在人的实践和认识范围外的东西是一无所知的。这本来都是非常正常、非常普通、人人都经历的事实，可唯心主义者进行了不合理的推论：既然人只有通过感官才能知道存在，所以存在就是被感知，任何离开人的感觉和意识的存在都是不可能的。所以，谈论人的意识之外的存在，谈论没有意识到的存在都是形而上学，是拜物教。这样一来，在人之外的客观世界被否定了，变为非存在；在人的认识范围内的世界的客观性也被否定了，变为主体的一部分。唯心主义具有与上帝同样的能力。上帝创造世界，而唯心主义消灭世界。唯心主义者故意混淆存在不依赖于人的意识和人只有通过意识才能意识到存在这两个不同的命题，把人通过感觉和意识认识世界变为世界存在于人的感觉和意识之中。当然世界不是唯心主义者可以随便摆布的铜钱。贝克莱可以死去，世界依然存在。

水的存在是客观的，是先于人而存在的。水对于人的意义，即人不能离开水，人要依赖水补充水分，是人出现后才有人对水的依赖，因此就人与水的关系来说有两个不同的方面。就本体论说，水先于人并不依存于人而存在，这是任何人类常识和科学早已证明的结论，就认识论而言，人对水的性质、作用以及各种各样的物理的、化学的性质的认识当然在人存在之后，但是无论人对水的特性的认识如何日益深入，这种认识只是对水的客观特性的认识，而不是人在意识中对水的特性的重构或重建，因此在认识论范围内，当人与水形成主客体关系后，水并没有丧失其客观性和独立性。对水的认识依赖人，而水的存在和它的本性并不依赖人。任何能正常思维没有被唯心主义弄昏头脑的人，我以为都能理解这个并不神秘的问题。当然，世界上很多东西并不都像水一样是自然物，而有许多东西是人创造的，例如，飞机、汽车、楼房、机器等，总而言之，凡是人创造的，都是原来不存在的，它的产生必然依存于人。这并不能证明唯心主义关于存在是被感知命题的正确性，因为人的创造，是人通过实践把自然物改造成人所需要的物品。人不是从虚无中创造，没有质料，人是连一根稻草都制造不出来的。人的劳动和生产实践能力是一种转换，把原料变为自己需要的东西，而被转变的物品，同样是客观的不依赖于人的意识的存在。当年故宫的建造者至今无一存在，但故宫仍然存在。人造物之所以具有这种客观性，是因为它本来就是物质形态的经过人的实践活动的转换形式。当马克思说实践是现存感性世界的深刻基础时，指的就是实践的创造性转换作用，把天然自然变为人化自然。

马克思说过，凡是有某种关系存在的地方，这种关系都是为我而存在的。动物不对什么东西发生关系，而且根本没有关系，对于动物来说，它对他物的关系不是作为关系而存在。马克思这段话是就人与动物的区别说的。人是主体，人认识和改造世界，因此人与世界存在的主客体关系是一种为我的关系。不存在作为主体的人，不存在人的改造客体的活动，当然不存在这种关系。而动物是作为客体而存在的，它是自然界的一部分，它与他物的关系是作为自然界内部的关系，这种关系不是为我的关系而是自然界彼此相互作用的关系。但马克思并没有把人与世界的这种为我关系（包括认识和实践关系）当成唯一的关系，而否定在认识和实践范围之外的世界的客观实在性和先在性。如果把认识和被认识对象的关系绝对化、凝固化、普遍化，必然把世界变为认识和实践的附属物和依存物，走向唯心主义或唯实践主义。其实，人与世界的认识和实践关系是人产生后出现的有限的关系，而世界先于人存在，在每个时代，人类实践所能达到的范围之外依然存在一个无限的客观世界，这是颠扑不破的事实。正因为如此，进入人的实践和认识范围的事物，总是先存在于人的实践和认识范围之外，或以原型存在，或以原料的形式存在，然后才被实践被改造被认识。截断这个过程，仅仅在认识论范围内谈论主客体关系，把客体对主体的相对的依存关系绝对化，必然陷于唯心主义。

人与自然的实践和认识关系，当然不同于动物与自然的关系。动物依赖自然，而人能创造自然没有的东西。人不是单纯依赖自然为生而同时要依靠自己的劳动创造，但人的创造不可能凭空创造，人同样不能离开自然。就这点而言，自然界无论对人对动物都具有客观性和独立性。人和动物一样靠无机界生活，而人比动物越有普遍性，人赖以生活的无机界的范围就越广阔。人靠自然界生活，人是自然界的一部分而并非自然界是人的一部分。整个自然界是一部分一部分进入人的实践和认识范围的，在任何时候都有未被实践和认识的无穷自然界在人的视野之外。如果否定了它，就根本抛弃了唯物主义。

您怎么知道在实践和认识之外还有物质世界？没认识已经认识，没实践已经知道，这不是十足的形而上学吗？而且即使有，这个尚未认识尚未实践的世界有何意义？这个理由是纯思辨的，是哲学眼界始终不能越出认识和被认识对象范围的必然结果。其实这个贝克莱、休谟式的哲学难题，人类的实践早已解决了。马克思、恩格斯说过：只要按照事物的本来面目及其产生根源来理解事物，任何深奥的哲学问题都会被简单地归结为某种经验事实。例如，关于人对自然的关系这一重要问题就是这样。人的实践史和认识史已经告诉我们，任何时代的认识和实践都不是最终的界限，都会为新的认识和实践所突破。人的认识和实践的扩大，表明在任何时代已经达到的界限之外还有世界。人通过实践经验知道：尚未实践不等于永远不能实践，尚未认识不等于永远不能认识。恩格斯说，我们的科学是地球的科学，没有离开地球。可现在已经进入宇宙空间。如果实践之外即等于无，科学就不可能发展。

至于承认人的实践和认识之外的存在没有意义，是形而上学，是错误的近视的说法。如果不承认这一点，人的认识局限在认识范围之内，只能从主体与客体、从认识与被认识的东西关系中来讨论客体，必然得出客体依存于主体，没有主体就没有客体的结论，这是历史上唯心主义失足的地方，也是我们一些学者失足的地方。我可以斗胆说一句，在封闭的主客体圈子里讨论主客体关系是死路和绝境。因为这样，客体与整个世界相脱离变为有限的存在，而主体及人的意识又与人的自然发生史和社会发展史相脱离变为唯我独存的精灵。这样，除了向唯心主义投降以外别无出路。相反，如果考虑到实践之外的东西可以进入实践之内，认识之外的东西可以进入认识之内，自在之物可以变为为我之物，考虑到认识与被认识、主体与客体关系不是从来就有的，而是在一定条件下形成的，我们就能看到，不是存在就是被感知，而是感知是对存在的感知，是存在使感知成为可能。不是物质依存于实践，而是物质世界使人的实践成为可能。马克思说得很清楚：没有自然界，没有感性的外部世界，工人就什么也不能创造。它是工人用来实现自己的劳动、在其中展开劳动活动、由其中生产出和借以生产出自己的产品的材料。

其实，我们应该区分哲学和实证科学。对实证科学而言，人对认识和实践之外的存在是一无所知的。任何科学都不能期望在实践之外去探讨自然科学规律，可在哲学中，人必须肯定在认识和实践之外的物质世界即肯定自在世界，只有肯定自在世界才可能有人类的自为世界。没有这个一般的唯物主义前提，要建立唯物主义认识论，要正确处理主客体关系是不可能的。世界的自在和自为、已知和未知、可能与现实在实践基础上的统一，应该是辩证唯物主义世界观的题中应有之义。我们既反对局限在认识论范围内，把与主体相联系的客体作为唯一的存在，否认认识之外的存在对认识范围内的存在的根源性，也反对回到旧的本体论哲学，脱离现实世界脱离人的实践去探讨宇宙的本源。我们主张本体论、认识论、方法论的统一。只有在辩证唯物主义的物质论基础上，才可能辩证唯物地解决物质和意识、实践和认识、存在和思维的关系，才有可能建立科学的认识方法、思维方法。反之，只有思维方法对头，才有可能越过存在是被感知的陷阱，找到存在之为存在的本体论依据，也只有正确的认识论，才能科学地而非思辨地独断地论证自在之物存在的必然性和必要性，使世界物质统一性的命题成为现代唯物主义的基石。离开本体论的认识论是唯心论，离开认识论的本体论是独断论，而离开本体论和认识论的思维方法只能是单纯的工具论。

人莫知其子之恶

古人说，人莫知其子之恶，莫知其苗之硕。不知道自己儿子的缺点，是由于溺爱；不知道自己田里的禾苗壮，是因为贪心。可见凡有偏心，则不可能客观。“好而知其恶，恶而知其美者，天下鲜矣。”这句话是对的。心存好恶，美丑难辨。魏徵在《谏太宗十思疏》中说的“恩所加则思无因喜以谬赏，罚所及则思无因怒以滥刑”，讲的是同样的道理。

人的认识不同于照镜子，但从某一角度看又有相似之处。镜子落满尘埃，则不能如实映物；人的思想如果蔽于主观成见，必然犯主观主义、片面性的错误。这说明仅在认识论的范围内来研究认识是不够的。在很多情况下，人的认识错误不完全是认识问题，而是出于私心，明知故错。不把政治立场问题、道德问题引入认识论，在很多情况下是很难说明某些错误的性质和根源的。由此我想到实事求是原则。

我这里讲的是作为中国共产党人的思想路线，作为马克思主义、毛泽东思想精髓的实事求是原则。实事求是，语出东汉班固所著《汉书》中的《河间献王传》。书中说汉景帝的儿子刘德“修学好古，实事求是”，本意是赞扬刘德的治学态度的。唐代颜师古为《汉书》作的注中也是从这个角度把这句话解释为“务得事实，每求真是也”。如果说，作为一个治学原则比较容易些，作为一个政治原则，即当领导的能从实际出发制定政策，当部下的敢于坚持真理说实话，这是很难的。在长期的封建社会中，虽然也有些有作为的君主，能兼听纳谏，从善如流，但这是极少的，而且是一时一事。事事如此的从来没有过。在封建社会中也不乏敢于进言、坚持正确意见的人，像毛泽东称赞的汉武帝时的后将军赵充国，他在《不出兵留田便宜十二事》中坚持屯田西北，妥善处理民族关系的主张，反复陈述，终于使自己的意见得到采纳。也有些人为了坚持自己的正确意见，不惜一死，进行所谓“尸谏”。封建社会是君主专制的政体，最后是定于帝王一尊，政出一人，好恶由之，不可能也不会真正实事求是。因此，作为路线，实事求是只有坚持辩证唯物主义、历史唯物主义世界观，坚持人民利益高于一切的共产党人才可能坚持。

即使如此，共产党领导人并不必然都是实事求是的。在中国共产党的历史上，实事求是路线的提出和恢复都是经过艰苦的甚至是激烈斗争的。毛泽东在《改造我们的学习》中，对实事求是作出了马克思主义的解释，赋予新的含义，是党内反对“左”的教条主义和血的教训的经验总结。正因为我们党坚持这条路线，才有可能夺取全国革命斗争的胜利。可是1956年以后，在差不多二十多年中，我们违背实事求是的路线，办了不少错事、蠢事，有的甚至是坏事。是经过党内的激烈斗争，粉碎“四人帮”后，并经过思想上的拨乱反正、正本清源，特别是通过全国性的关于实践是检验真理唯一标准的大讨论，反对“两个凡是”，才使实事求是路线的恢复和贯彻成为可能。邓小平正是从这个角度高度评价关于实践是检验真理唯一标准讨论的意义的。他说，通过实践是检验真理唯一标准和“两个凡是”的争论，已经比较明确地解决了我们的思想路线问题，重新恢复和发展了毛泽东同志倡导的实事求是、理论联系实际、一切从实际出发的思想路线。

实事求是的路线得之不易，要始终贯彻更为不易。这个原则在党内提倡多年，真可谓年年讲月月讲，可不实事求是的事随处可见。即使大力提倡实事求是者有时也难以实事求是。我们长期把实事求是当成是一个哲学命题，当成认识论问题，以为强调调查研究、多下去走走就可以实事求是，其实并非完全如此。在有些情况下，敢不敢实事求是是个政治品质问题，愿不愿实事求是是个道德品质问题，如何实事求是才是认识论问题。

首先，在原则问题上，能坚持实事求是，不唯命是从，在上级表示宽容和民主的情况下比较容易，而在与上面的意见相反的情况下很难坚持，在党的民主集中制遭到破坏时更加困难。中国共产党人没有死谏一说，我们是马克思主义者，但因为坚持实事求是而酿成悲剧的事是有的。在所谓“大跃进”年代，彭德怀因为坚持实事求是付出了多大代价。这位战功卓著、为人民立过不朽功勋的“彭大将军”终因为民“鼓与呼”遭受贬谪，最后含冤而死。彭总的冤和死，表明他是一个极有无产阶级党性，极有共产主义道德的人。知道“大跃进”浮夸饿死人的人不少，可据实力争敢顶敢说的人并不多。相信亩产多少万斤的人不多，特别是老于农事的干部心里有数的人肯定不少，但跟着往上加产量的人特多。看起来最实事求是的是《皇帝的新装》中的小孩，他敢于说皇帝是光屁股的。原因是他没有恐惧、没有私心、有事实，或者说心中只有真理，大臣们则不然。安徒生这篇童话的永久价值正在于它揭示了一个真理：无私才能无畏。毛泽东把能不能实事求是说成是党性问题，是有没有党性或党性纯不纯的问题，非常正确。没有党性或党性不纯是绝不能也不敢实事求是的。什么“舍得一身剐，敢把皇帝拉下马”、什么“五不怕”之类，讲的都是政治胆量问题，即舍身求法、为民请命，把一切都置之度外。没有人民利益高于一切、党的利益高于一切的信念，在事关个人前途和命运的问题上是很难做到实事求是的。

当然，对于敢不敢坚持实事求是还有另一面，即党内生活正常化问题。没有党内的民主，没有集体领导原则，权力过分集中甚至一个人说了算，是很难使实事求是的路线真正得到贯彻的。楚王好细腰，宫人多饿死。这种现象在封建社会是必然的，在社会主义社会如果党内民主集中制受到破坏也容易发生。毛泽东虽然倡导既有集中又有民主，既有纪律又有自由，既有统一意志又有个人心情舒畅、生动活泼的政治局面，可实际上从 1956 年开始特别是在“文化大革命”中，我们党内生活极不正常。一言堂和个人崇拜，使坚持实事求是路线的干部为此付出巨大代价。这说明，要真正使实事求是的路线得到贯彻，既要教育各级干部敢于说真话，又要上级领导容许、提倡、鼓励说真话，能听得进不同意见。否则，实事求是只能是一句口号。邓小平总结了“文化大革命”的教训，强调在党内生活和国家政治生活中，要真正实行民主集中制和集体领导。一言堂、个人说了算，集体做了决定少数人不执行等等毛病都要坚决纠正。应该说，改革开放以来的三十多年，是党内生活和国家政治生活民主空气最好的时期。这是我们改革取得重大成就的原因。但不能说，现在就一切完美无缺万事大吉了。在一些干部中，说空话说假话，不实事求是的情况并不罕见。这方面，在积极稳妥地推进政治体制改革中还有很多事要做。

至于并非重大政治问题而只是日常工作，要做到实事求是也不容易。明知有错，否认事实，掩盖缺点，死不认账的人并不少见。这里同样包含一个做人的道德问题。对这种人只讲认识论是不够的，必须进行社会主义道德教育。当然，在日常生活中，在与人交往中，从来没说过一句假话的人是没有的，我们也不能这样要求。在这里不能乱扣不实事求是的帽子。但我们提倡在重大政治问题上、在处世处事处人的一些原则问题上，应该力求实事求是，一是一，二是二，不饰非，不溢美，不隐人之善，不掩己之过。这种人，是有党性的人、道德高尚的人。即使由于认识限制一时难以达到，一旦觉悟是能勇于承认错误并改正的。

当然，从认识论的角度看，也有个如何才能做到从实际出发，做到实事求是的问题。毛泽东当年提出实事求是问题时，既从党性的角度讲到反对主观主义问题，批评主观主义是没有党性或党性不纯的问题，也从哲学的角度讲到如何实事求是的问题，教导我们要从国内外、省内外、县内外、区内外的实际情况出发，从其中引出固有的而不是臆造的规律性，即找出周围事变的内部联系，作为我们行动的向导。而要这样做，就须不凭主观想象，不凭一时的热情，不凭死的书本，而凭客观存在的事实，详细地占有材料，在马克思列宁主义一般原理的指导下，从这些材料中引出正确的结论。这里包括极为丰富的、需要认真研究的认识论和方法论问题。如何才能做到从实际出发，如何才能占有材料，如何运用马克思主义基本原理分析材料，如何把正确的认识化为行动的向导，如何检验我们从中引出的结论的正确性问题，这些都是需要我们认真研究和实践的问题。历史事实证明，一个人不管党性多强、道德水平多高，如果在思维方法上不坚持从实际出发，掌握充分可靠的材料，不善于运用马克思主义基本原理进行分析，同样难以做到实事求是。

我一直认为，马克思主义哲学既有科学性问题又有价值性问题。在马克思主义哲学中任何一条原理，都包括这两方面的问题。就拿实事求是这个原则来说，能讲的人不少，真正实践并不容易。因此学习马克思主义哲学，应该与改造世界观和人生观相结合才有成效。对别人讲马列是容易的，对自己讲马列是困难的，哪怕是坚持50%都不容易。做一个彻底的唯物主义者，要无私无畏，不改造世界观、人生观是不行的。我们可以扪心自问，面对重大的原则性的尖锐问题，如果从私利出发，敢于实事求是、能够实事求是吗？

人不是土豆

人不是土豆。土豆装在木桶里和装在麻袋里是一样的，仍然是土豆。人与社会的关系与土豆和木桶的关系是截然不同的，它不是物体与容器的关系，而是相互创造的关系。正像社会本身创造作为人的人一样，人也创造社会。人正是在创造社会的过程中，同时在社会中并由人在社会关系中不同的地位形成不同的思想面貌和社会特质。

从木桶里取出的土豆依然是土豆。人不同，人一旦离开他所处的那个社会，就不成其为特定社会的个人。有人说，他虽然不属于任何社会但仍然是人。这是不对的，这仍然是以人是土豆的方式来思考人。任何个人都属于一定的社会结构，而不是社会游离物。社会是个人之间的关系和联系，而个人是社会关系之网中的存在。决不能认为在社会之外还存在个人。偶然落在荒野中的文明人是人，因为他本来就是从属特定社会的个体，从来不属于任何社会的个人是没有的。我们一出生，我们的世界、我们的社会就在塑造我们，把我们从自然物变为社会存在物，变为人。我们的语言是从社会中获得的，我们的思想与行为、我们的价值观念是从我们生活的社会中获得的。马克思认为，人是一个特殊的个体，并且正是他的特殊性使他成为一个现实的、单个的社会存在物。可是人这个个体就其现实的存在方式说不能仅仅是个体的而必然是社会的。个人是社会存在物，因此，他的生命表现，即使不采取共同的、同其他人一起完成的生命表现这种直接形式，也是社会生活的表现和确证。所谓个人的独立化，是就其挣脱人对人的人身依附关系而言，而不是就人与人的社会联系和交往而言。就社会交往说，社会越进步，越是通过经济的、政治的、文化的交往把个人紧密结合在一起。在社会中特别是资本主义社会中，人在思想观念上可以是以自我为中心的个人主义者，可在现实中以自我为中心是行不通的，因为人是社会存在物，在我之外还有另外无数的我。任何人都不可能无视他人的存在，“机关算尽太聪明，反误了卿卿性命”，绝对个人主义者到处碰壁的原因正在于此。

说个人不是土豆是从人的社会本性说的，但就其具体组织性来说人可以处于类似土豆的状况。新中国成立前人们形容旧中国是一盘散沙，也就是说，中国人缺少组织和凝聚力，如同沙粒。马克思在《路易·波拿巴的雾月十八日》中把法国当时的农民比作马铃薯即土豆，他说，法国的广大群众，便是由一些同名数简单相加形成的，好像一袋马铃薯是由袋中一个个马铃薯所集成的那样。马克思的意思是说，法国的小农就其生活方式、利益和教育程度而言是一个阶级，但就其没有全国性的联系和形成政治组织而言，他们没有形成一个阶级，是一袋马铃薯。这种所谓马铃薯状态，不是决定于小农的个人本性而是决定于其生产方式。正如马克思说的，他们的生产方式不是使他们相互交往，而是使他们相互隔离。很显然，每一个农户都差不多自给自足地生产自己需要的大部分消费品，他们依靠与自然交换而不是相互交换来取得生活资料。一小块土地，一个农民家庭；在其旁边是另一小块土地，另一个农民家庭。如此的生产方式只能产生类似马铃薯式的农民。没有丰富的社会关系，没有紧密的交往，因而没有形成具有自觉阶级意识的阶级。只有在这种意义上才能把人比作马铃薯，意思是他们没有组织起来。中国革命的胜利，根本改变了旧中国一盘散沙的情况，中国人民高度组织起来了。特别是随着经济的发展，把穷乡僻壤、把历史上排斥在社会交往之外的人民卷入发展的洪流之中，大大推动了他们的前进。人是社会动物，人只有在社会交往中才能获得较快的发展。孤立、封闭、隔绝，只能导致停滞。不与外界交往的民族和部落，可以完全与世界历史脱节，成为古代历史的化石。

正因为人从本性上说不是马铃薯，在社会历史观中我们不能把个人作为考察社会问题的出发点。尽管我们直观中看到的都是一个个独立的个人，每一个个人都是独立的自我，实际上在个人之间都存在我们只有通过理性和思维才能把握的各种社会关系。离开了这些关系，个人就是不可理解的怪物。即使专属个人的所谓个性，也不能脱离这个人所处的时代。魏晋文人的那种旷达放任，离开魏晋社会的政治状况是很难理解的。中国古人说，要知其文，应知其人，要知其人，必知其时。“其时”就是社会的经济政治状况和文化氛围。如果我们说，从个人出发指的就是从社会化的处于一定社会关系中的个人出发，实际上是从社会出发，因为这种个人已经是处在确定的经济和政治环境中的个人。

人不是土豆。任何一块土豆都具有土豆的全部特性，而任何一个人不能说先天地具有人的全部特性，除非把人只看作一个生物学个体，即看成一块土豆。其实人的共性只是生物解剖学的共性，而一进入人性领域，就进入了社会学而非生物学领域。人性并不是实体，任何生物学和医学都不能也没有从解剖学的角度提供人性实体化的根据。人性是变化的，从一个国家一个民族一个阶级到另一个国家另一民族和阶级，人性的观念是变化的。这种变化说明，人性的确是由特定社会环境以及人们不同的相互关系形成的关于人应该如何才是人的价值尺度。因此人性化的人往往属于“应然”领域，是理想化的人的模式。所谓没有人性或人性的丧失，就是说违背了当时通行的做人标准。如果我们的哲学观念是立足于独立的个人与作为个体永恒不变共性的人性，那我们对任何一个社会问题、任何一个社会现象都是无法认识的。

社会对个人的制约性，丝毫不降低个人的重要性。个人不是被放在木桶里的土豆，也就包括个人对社会的积极的能动的作用。我们应该充分发挥个人的创造精神，发挥个人的聪明才智。个人的发展，有利于社会的进步。可问题是，要为个人提供有利于发展的环境，归根结底还是靠一个合理的社会制度。我们唯物辩证地看待个人与社会的关系，但人类存在和发展的基础是社会而不是个人，个人只有在改造和推进社会发展中才能得到发展。

心中有群众才能实事求是

实事求是是马克思主义的灵魂，也是毛泽东思想、邓小平理论的精髓。我们就实事求是问题发表了不少文章，但很少读到谈实事求是和群众路线关系的文章。其实这是一篇大文章。要实事求是，当然要坚持从实际出发，坚持调查研究，正确处理主客观关系，等等。这是属于认识论方面的问题。可要做到实事求是，同样离不开历史唯物主义，离开了群众和群众路线，是很难做到实事求是的。列宁说过，政策应当是从千百万人着眼，而不是从少数人着眼，只有从千百万人着眼，才会有实事求是的政策。我认为列宁的这个论断是非常正确的。

我们应该懂得一条简单道理：在社会生活中，尊重实际、尊重实践、尊重群众是一致的。所谓从实际出发，最根本的就是从群众的实践活动出发。无论是在战争时期还是社会主义建设或当前的改革开放时期，正确的政策的产生和制定，都必须从群众的实际状况和需要出发。不管主观愿望如何好，任何脱离群众实际水平和状况的政策，就会犯“左”的或右的错误。1958年的“大跃进”、人民公社化和总路线的教训证明了这一点。我们党历来强调从群众中来到群众中去，集中起来，坚持下去，就是因为它把马克思主义的历史观与认识论结合在一起，使得实事求是这一原则有群众路线的保证。

我们还应该明白，我们不是为了实事求是而实事求是，而是因为只有以实事求是为基础的路线和政策才能切实保证群众的利益。共产党人一切行动的最高准则是最广大群众的最广大利益。最实事求是的政策是最符合群众利益的政策，反过来说也行，最符合群众利益的政策是最实事求是的政策。如果心中没有群众，制定政策时就容易主观武断好大喜功；执行政策时就会唯上、唯书而不唯实，因为唯上、唯书可以邀功，可以有“政绩”，可以得到上级的青睐，这可是关系到个人仕途升迁的“大问题”，至于群众利益和群众意见只要能糊弄过去就行。是焦裕禄、孔繁森式的干部能实事求是呢，还是陈希同、王宝森之流的人物能实事求是呢？除了白痴没有不明白的。心中没有群众，绝不能实事求是，这是颠扑不破的道理，也是再简单不过的道理，可不是每个掌权者都明白的道理。领导者往往特别喜爱听话的干部，以是否服从自己的意见为升迁选拔的标准。这样的用人制度，当上级决定与实际不合，要下级实事求是地把群众利益放在获取上级的好感之上，没有高度的党性是难以做到的。群众路线是共产党人的生命线。我们现在很长一段时间不太强调这个问题的重要性，以致我们的年轻干部忘记了还有这条路线。单位无论大小，都是领导说了算。据说上级是绝对真理，下级是相对真理，群众没有真理。这当然有点夸大其词，但这种情况不能说没有。

要真正做到实事求是，而不致变为一个空头口号，不仅要进行认识论的宣传，而且要进行群众观点的教育。要使我们的干部懂得，任何共产党的干部对群众的实际利益漠不关心甚至损害群众利益，对群众的不满和意见满不在乎，这就不是共产党人。如果说对一个人的意见还可以“满不在乎”，对少数人的意见还可“听之任之”，可对社会群众性的不满不在乎，其结果只能极大挫伤群众的积极性，甚至危及社会的安定团结。其实即使是个别人或少数人的意见也应该重视，根据不同情况予以妥善处理。我们党和毛泽东同志历来重视信访工作，重视群众来信，其原因正在于此。

邓小平同志为我们树立了把实事求是与尊重群众和尊重实践结合的典范。邓小平制定政策的依据，表现在他尊重群众的创造性和首创精神。我们的改革从农村开始，从农业中的联产承包责任制开始就是证明。邓小平非常尊重群众的物质利益，把发展生产力使广大人民富裕作为制定政策的最重要原则。只有关心群众利益特别是物质利益才可能实事求是，才不会制定超越阶段甚至不管群众死活的荒谬政策。邓小平批评“四人帮”的穷过渡，说国家这样大，这么穷，不努力发展生产，日子怎么过？我们人民的生活如此困难，怎么体现出社会主义的优越性？“四人帮”叫嚷要搞“穷社会主义”、“穷共产主义”，胡说共产主义主要是精神方面的，简直是荒谬之极！邓小平斩钉截铁地说：社会主义必须大力发展生产力，逐步消灭贫穷，不断提高人民的生活水平。他还痛心地说，我们干革命几十年，搞社会主义三十多年，截至 1978 年，工人的月平均工资只有四五十元，农村的大多数地区仍处于贫困状态。这叫什么社会主义优越性？制定政策从实际出发，从群众利益的角度说，就是看群众答应不答应、高兴不高兴、拥护不拥护、满意不满意。符合最广大人民最高利益、为大多数人民拥护的政策就是可行的政策。邓小平制定的一系列改革开放政策都体现了尊重群众、尊重实际、尊重实践这三者统一的特点。邓小平提出的“三个有利于”的标准，归根结底是以群众根本利益为标准的，因为社会主义生产力的发展、社会主义综合国力的增强，最终落实到社会主义国家中广大群众的根本利益上。否则，即使有资本主义发达国家的生产力水平、有它们的综合国力，但贫富对立、两极分化，这并不是我们的目标。我们的目标是通过解放生产力，发展生产力，消灭剥削，消除两极分化，最终达到共同富裕。大多数人的利益（长远利益和目前利益）是共产党人制定政策的出发点。牢固站稳这个出发点，才可能实事求是，才愿意实事求是，才能够实事求是。

白发死章句

李白有首嘲鲁叟的诗："鲁叟谈五经，白发死章句。问以经济策，茫如堕烟雾。"李贺也嘲笑"寻章摘句老雕虫"式的书生。当然这是他们自己仕途无望，对无真才实学却能青云直上、官运亨通人物的轻蔑。李贺因避讳连考进士的资格都被剥夺。李白《与韩荆州书》是何等抱负，"十五好剑术，遍干诸侯。三十成文章，历抵卿相。虽长不满七尺，而心雄万夫"。他想的是"扬眉吐气，激昂青云"，结果也只是以诗侍奉天子的翰林学士而已。可"白发死章句"、"寻章摘句"之类的批评不能仅看作牢骚话，确实击中封建社会不少读书人的要害。孟子说过"尽信书不如无书"，可自从汉武帝"罢黜百家，独尊儒术"以后，四书五经成为不可怀疑、不可议论只能注释的经典。寻章摘句、皓首穷经、为圣人立言，成为封建社会知识分子的神圣使命。注经之作汗牛充栋，但极少有生气有思想之作。除了少数成为标准教科书之类的东西，许许多多人们连名字都说不上。但这种注经思维方式却极端禁锢人们的思想。不能言圣人之未言，更不能言与圣人不同之言，非圣可是杀头的罪名。在封建社会中，一些进步思想家都反对这种注经式的思维方式，例如明代著名思想家李贽就反对皓首穷经专事章句训诂，提倡怀疑精神："学人不疑，是谓大病。唯其疑而屡破，故破疑即是悟。"他极力反对以孔子是非为是非："夫天生一人，必有一人之用，不待取给于孔子而后足也。若必待取足于孔子，则千古以前无孔子，终不得为人乎？"大概一种学说处于统治地位后，容易发生类似问题。因为思想体系得到政权的支撑和维护，而政权又得到思想体系的论证和祝福。在西方中世纪，同样如此。

马克思主义不同。马克思主义的实践性和创造性，使它不可能成为凝固的只能注解而不能发展的思想体系。毫无疑问，在无产阶级取得政权、马克思主义处于国家指导地位以后，这种教条式的、注经式的“马克思主义者”也会出现，注经式的思维方式也可能成为某些人的思维定式。可这与马克思主义的本性是相悖的。在苏联斯大林领导时期，不可否认曾经滋长和流行这种注经式的马克思主义者，可他们没有任何战斗力，只能引经据典。他们既不能创造性地推进马克思主义，又不能抵挡反马克思主义的修正主义思潮的进攻，而且往往变为俘虏。苏联在马克思主义宣传和教育方面的失败，足以为训。

我们国家的情况不同。在全国革命胜利前，我们党和毛泽东同志既重视马克思主义著作的学习，又注意反对教条主义，理论联系实际是我们党的三大作风之一。毛泽东的哲学著作《实践论》、《矛盾论》就是着重反对教条主义的。1942 年的延安整风，就是一次以反对主观主义和教条主义为主的马克思主义教育运动。毛泽东说教条主义比狗屎还不如，狗屎还可以肥田，教条主义什么用也没有。毛泽东提倡确立以研究中国实际问题为中心、以马克思列宁主义基本原则为指导的方针，废除静止孤立地研究马克思列宁主义的方法。在全国革命胜利之后，毛泽东同志非常重视马克思主义经典著作的学习，亲自指定干部必读书目，但反对教条主义的学习态度。

我们党在如何对待马克思主义的问题上反对中国封建社会中长期形成的读经方式和经学思维模式，但绝不是说不要认真学习马克思主义的经典著作。皓首穷经是一回事，认真学习马克思主义经典著作包括小平同志的著作是另一回事。我们当前的问题既有脱离实际孤立静止研究马克思恩格斯经典著作、用其中的片言只语作为衡量和评论现实不变尺度的教条主义倾向，也有不重视马克思主义经典著作学习的实用主义倾向。有的中高级干部连《共产党宣言》、《实践论》、《矛盾论》这些最基本的著作都没有读过，这就不能不说是个严重问题。

我们的国家是社会主义国家，是以马克思主义为指导的国家。皓首穷经的教条主义是要反对的，但马克思主义的“经”还是要读的。当然，我们并不需要也不可能把所有的人都培养成为马克思主义者或马克思主义理论工作者，因此我们应该根据不同对象提倡学习马克思主义的经典著作。

对专业的马克思主义理论工作者，我们应该根据不同专业认真钻研马克思主义的重要经典著作。当前国际上各种旗号的马克思主义很多，引经据典的也不少，都自称只有自己是对马克思主义最正确的理解，是真经。作为一个马克思主义的理论工作者，总要弄清他是对还是不对，总要读读原文看看是不是假冒伪劣。列宁说过，马克思主义是一门非常深刻、全面的学问。因此在那些背弃马克思主义的人提出的理由中，常常看到引自马克思的只言片语，这是不足为怪的。一个专业的马克思主义理论工作者必须认真学习马克思主义的原著，学习毛泽东、邓小平的著作，否则何以知道什么是马克思主义？什么是社会主义？什么是真马克思主义，什么是假马克思主义？什么是科学社会主义，什么是冒牌的社会主义？自己都糊里糊涂，如何从事马克思主义的教育和宣传工作？以其昏昏、使人昭昭是危险的。

对于非专业人员来说，当然不能要求都读那么多长篇经典著作，而是像小平教导的“要精，要管用”。如何根据这个指示，适当地提倡学习一些必要的马列著作特别是小平的原著是非常必要的。一本“经”都不读，都不懂，这样的干部素质，我敢断言要他们坚持社会主义是不可能的。

我这一辈子以马克思主义理论教学为业，多少读过点马克思主义的经典著作，但我深感自己的弱点所在。李白嘲笑鲁叟虽然熟读经书，但“问以经济策，茫如堕烟雾”，就一定意义说，这同样是我们中的一些马克思主义理论工作者的毛病。这里所说“经济”并非专指经济学而是经国济世之意，即实践能力。就我们马克思主义理论工作者说，这种能力就是了解现实、解答现实问题的能力。如果一个马克思主义理论工作者像毛泽东批评的那样，对于研究今天的中国和昨天的中国一概无兴趣，而只把兴趣放在脱离实际的空洞的“理论”研究上：教哲学的不引导学生研究中国革命的逻辑，教经济学的不引导学生研究中国经济的特点，教政治学的不引导学生研究中国革命的策略，教军事学的不引导学生研究适合中国特点的战略和战术，那么这种理论工作者除了会查语录外作用不大。我们马克思主义理论工作者不能做“白发死章句”的鲁叟，可如果我们只知引经据典，不能分析实际问题，其情况与鲁叟颇为相似。这对于一个马克思主义者来说是悲剧性的。鲁迅临终嘱咐儿子不要当空头文学家，年轻时总未读懂。轮到自己到了写遗嘱年龄的时候，我同样要说一句：千万别当空头理论家。

“看不见的手”：规律起作用的方式

关于资本主义社会自身存在和发展有规律性的看法，最初以自然秩序的观点出现在重农学派的著作中。例如法国重农学派的创始者魁奈就认为，人类社会和物理世界一样，存在不以人们意志为转移的客观规律，这就是自然秩序。人们只有适应自然秩序的要求，社会才会处于健康状态，这个自然秩序实际上就是支配人类社会生活的一只“看不见的手”。不过，真正提出“看不见的手”的是亚当·斯密，他认为人的本性是自私的，在资本主义社会中任何人都是按照对自己最有利的原则来活动的，例如资本的投向就是最有利于投资者的，因为各个人都不断地努力为他自己所能支配的资本找到最有利的用途。但尽管人性是自私的，可社会并不取决于个人的目的，有一只“看不见的手”在平衡社会，使其协调发展。这只“看不见的手”，最主要的是市场经济中的价值法则，它对资本和劳力起着看不见但有效的配置作用。斯密关于人的经济行为中有一只“看不见的手”的论述，无意中道出社会规律的客观性及其起作用的方式。社会无规律的理论是不符合事实的。斯密的“看不见的手”，就是社会自身有规律的证明。如果没有规律，价值法则为什么会有如此巨大的调节作用，而且在不同地区、不同国家只要是市场经济都有着某些共同的作用。作用的同一性、重复性就是规律性的外在表现。

自古以来，无论在东方还是在西方都肯定宇宙中有个指挥宇宙运行、社会兴衰、人生祸福穷达的力量。中国古代唯心主义者称为天命、命运，西方称为逻各斯。但谁也没有见过这个指挥一切的天命或逻各斯，它的确是看不见的手。老子曾追问这个看不见而又无所不在的力量是什么，老子认为是道。他说：有物混成，先天地生。寂兮寥兮，独立而不改，周行而不殆，可以为天下母。吾不知其名，字之曰道，强为之名曰大。这个道，就是老子的“看不见的手”，它是“无状之状，无物之象”，“迎之不见其首，随之不见其后”，“视之不见”、“听之不闻”、“搏之不得”。屈原在《天问》中提出了那么多有关宇宙人生的问题，试图弄清究竟是什么力量在支配，实际上也是想找到这个“看不见的手”。

从哲学的角度看，这个“看不见的手”就是规律。规律是内在的看不见的，因为它是事物的内在本质，是任何望远镜、显微镜都不能直接观察到的存在。但它确实时刻在起作用，说明规律具有自发性和不以人的意志为转移的特性。正因为它看不见但在支配人的行为，从这个意义说，任何规律都是“看不见的手”，它都是在按照自身的特性起作用，似乎是冥冥之中任何人都无法改变的一种力量。

可人们会说，规律既然是“看不见的手”，何以知道它的存在？规律既然是操纵人的手，人岂不注定是傀儡吗？其实，这个“看不见的手”会变为“看得见的手”，斯密提出“看不见的手”就是他已经看见了这个“看不见的手”，否则就提不出这个论断。这个看不见的支配人的手也可以变为由人支配的手，如果“看不见的手”就永远看不见，人永远为这个“看不见的手”所操纵，只能是宿命论。那这只“看不见的手”的确成为冥冥中指挥一切的神秘力量。

人类的实践需要把这个“看不见的手”变为“看得见的手”。“天意从来高难问”，可中国封建社会中，一些哲学家政治家们仍然要使天意变为可见的，才能发挥它的作用，这就是中国哲学中的灾变说，用自然的灾变，如水、旱、蝗、震，来表示上天对社会政治的不满，用看得见的社会现实来显示那只“看不见的手”——上天的意旨。其实，这里看到的并不是社会或自然的规律而是人们的不满，即看到的是人自身，这并不能算是看到“看不见的手”，而只是一种神学政治理论。

在辩证唯物主义看来，“看不见的手”是能看见的，但不是直接看见，而是通过对历史过程的分析，通过现象看到本质、通过个别看到一般。毛泽东在读苏联政治经济学教科书的谈话中关于规律说过一段非常深刻的话，他说，规律自身不能说明自身，规律存在于历史发展的过程中，应当从历史发展过程的分析中来发现和证明规律。不从历史过程的分析下手，规律是说不清楚的。还说规律是在事物中反复出现的东西，不是偶然出现的东西。规律既然反复出现，因此就能够被认识。规律的重复性，它的个别与一般、现象与本质不可分的特性，使得规律这只“看不见的手”能够变为“看得见的手”，因为规律就是现象中的稳定的同一的不断重复的东西，即个别中存在的一般。例如，价值规律是市场经济中普遍的、基本的规律，商品的价值量是由生产商品的社会必要劳动时间决定，而商品的交换比例由商品的价值量决定，可谁也看不到摸不到价值，也无法直接确定交换是由商品中的价值量决定的。价值看不见，但价值的货币表现即价格是能看见的，商品供求关系对价格的影响是可见的，是任何人都能从生活中亲见亲闻的。马克思和恩格斯正是从大量的个别的交换中，从价格受供求影响而不断浮动的现象中，发现尽管价格时而高于价值，时而低于价值，但价格是以价值为中心而上下波动的，从长远看价格和价值是趋于一致的，这就是价值规律的作用。不显现在现象之中，不存在于个别之中，“看不见的手”就永远是看不见的，这就是宗教中的上帝而不是真实的规律。

如果说由看不见到看得见，必须经历由现象到本质、由个别到一般的道路，才能把规律变为理性所能把握的存在，那么人由被“看不见的手”支配的被动存在物到由人支配“看得见的手”的主体性存在物，必然经过由必然到自由的飞跃。自由，这是由“看不见的手”到被支配的手飞跃的中介。人没有自由就是傀儡，这种人不是人，而只能是被称为人的物。自由是人的能动性的尺度。人在实践中把“看不见的手”变为“看得见的手”的过程，同时就是支配这个“看不见的手”的过程。例如在社会主义市场经济确立过程中，我们认识到市场经济中价值法则的普遍存在，就能利用优胜劣汰的竞争法则，来自觉地进行经济体制改革，优化资源和劳动力配置，优化产业结构，主动下岗分流，以促进生产力发展。近半个世纪社会主义建设的正反两方面的经验，特别是改革开放以来的经济成就证明，在社会主义经济建设中我们一定要把“看不见的手”变为“看得见的手”，按经济本身的规律来管理经济，才能变被动为主动，把由经济规律之手的盲目支配变为支配这只“看不见的手”。说句实在话，在社会主义经济建设领域中，我们还有许多未知的东西，也就是说还有许多只“看不见的手”。我们一定要在建设中国特色社会主义实践中，沿着邓小平指引的道路继续总结不断前进。

“傻瓜”并非傻瓜

人们把一种很容易掌握的照相机叫作“傻瓜”照相机，意思是说傻瓜都会使用。当然“傻瓜”并非傻瓜，它是科技发展的产物，是智慧的结晶。但傻瓜照相机的出现，给我们一个新的启示，科技越发展越进步，越是能为消费者提供最简便最不用费力不用费脑的服务。一个产品的结构可能会经历由简单到复杂、由复杂到简单的过程。从结构看更简单、更便于掌握，可从科技发展看是处于更高的水平。这是复杂后的简单，高于简单时的复杂，科技不发展还简单不了。这样，生产者越是费脑，消费者使用时越不用费脑；生产者越是聪明，消费者越是成为傻瓜。真是相反相成。

当然，并非人人如此、事事如此。因为在高科技社会，人既是消费者又是生产者。能够消费高科技产品的人，同时可以是另一种高科技产品的生产者。社会绝不会一分二，一些人永远是高科技产品的生产者，出卖智慧的人，而另一些人永远是消费者，是愚蠢的使用者。生产者越来越聪明，花样翻新，而消费者越来越蠢，只能消极接受。这只是一种推测，实际上是水涨船高。新科技凝集了发明者和制造者的水平，也拉动整个社会水平。能享用高科技产品的人自身也需要一定的科技素质，否则玩不了这个新玩意儿。科技发展带来的变化是社会性的，而不是仅仅涉及一部分人。

当然，科技的迅速发展会产生“科盲”。中国封建社会的知识分子属于封建士大夫，他们能诗能文，以琴棋书画为雅，不仅缺少科技知识，而且视农工技艺为贱事不予理睬。资本主义知识分子不同于封建社会的知识分子，他们面对社会需要，从事各种行业，无雅俗贵贱之分，以能否为社会所需、能否自强自立为标准，科技意识较强，动手能力也强。可在当代，即使是西方知识分子也不能都赶上科技新潮流。在上半个世纪不认识字叫文盲，可现在出现了"科盲"。"科盲"不同于文盲，他识文断字，有文化，甚至是某一方面的专家，可在新技术的掌握和使用方面，知之甚少甚至一窍不通，成为有学问的"傻瓜"。这种情况的出现是时代的进步，是值得庆贺的事。将来人们或许会改变有文化的标准，不仅是以是否识字为标准，而是包括人文和科技知识在内。这当然有个教育改革的问题。但是可以肯定，科技的发展绝不会也不可能使社会绝大部分人变为傻瓜，而是越来越聪明。因此科技的发展，它日益深入个人的家庭生活，必然会有利于提高人的素质，有利于人的解放。

据英国一位生物学家研究，人的生理性的进化自从人成为人以后已经结束。以后的进化是社会的进化、科技的进步和人的智力的发展。这是很可能的。人与其他生物不同，人的进步不是表现在生理结构上。可当今的问题已经不是生理进化的问题，而是退化的问题，是人的基本功能越来越丧失的问题。汽车的发明和普及，使人不会用脚，不会走路；电脑的应用，使人不会书写，白字错字是常见的；人不会睡觉，依靠安眠药；人不会生孩子依赖人工授精或试管婴儿；人的营养失调依靠大量服用各种维生素；人们之间更加缺少交往，通过电话电报和传真沟通。信息高速公路会带来何种变化，人们还说不清，或许会变成彼此只在网上联系的孤立的个体。高科技条件下，人的生活方式、思维方式、人际交往以及消费观念都能发生变化。在这种变化过程中出现的问题，可以通过合理的调整得到弥补。比如对以汽车代步出现的人的行走能力的减弱可以进行各种健身活动或假日远足，电话的交往并不排斥人们节假日的聚会。至于人工授精或试管婴儿，对于不育者当然是个福音，这比以往求神拜佛、求观世音和送子娘娘保佑不知进步多少万倍。时代在进步，科技在发展，对往昔的浪漫主义的幻想是不可取的。

在资本主义社会的工业发展中，浪漫主义作为一种哲学文学思潮的产生是必然的。浪漫主义者对科技的发展和科学理性的强化表现不满和怀疑，向往昔日非工业化时代的田园风光和宁静和谐。他们的观点是错误的，但在错误的观点背后却隐含着对资本主义社会的不满，这种不满的实质原因连他们自己都不清楚。其实，他们是对资本主义社会中人的异化现象不满，而这种异化又是与高科技的发展结合在一起，因而他们把科技视为人的生存危机的原因，似乎一切社会弊端都源于科技的发展。把资本主义社会中的异化现象归之于科技本身，而不知道根本在于社会制度的看法是貌似批判的非批判主义。在资本主义条件下，一切科学技术成就都可能有其相反方面的效应，特别是对不掌握科技资本的劳动者来说，其副作用更为明显。可以说，在资本主义社会中，并不是人人都能同等地享受高科技文明的成果，可是它的负面作用的受害者则往往集中在贫困人口中。这当然不是说，我们应该废弃科技成果特别是高科技成果，重新回到一切依靠体力的时代，这对于整个社会、对于一切人都是不利的。工人阶级是大生产者而不是小生产者，它能掌握和应用高科技，它的利益不是摒弃高科技回到小生产，而是消除科技的资本主义应用方式。

至于说科技越进化，人越变成傻瓜是不可能的。傻瓜照相机预示的是人越来越聪明，可生理的某种程度退化倒是可能的。这是由旧的分工和不正常的生活方式造成的，是脑力劳动与体力劳动分离日益过度显示的不良后果。这使我们更看到马克思主义的正确，它把脑力劳动和体力劳动的结合，看成是未来社会发展的前景和克服资本主义遗留的祸害的一个重要方面。一切有赖于一个合理的社会制度、一个合理的生活安排。在高度自动化的操作中，保留一点个人业余的手工操作兴趣，在使用电脑过程中保留人的书写兴趣，在频繁的电话往来中保留人的交际兴趣。在利用高科技成果中带来的不利方面无不可以通过人对生活方式的有意调整和安排得到化解，可如果人的活动都是为金钱而奋斗、为无止境的高消费而拼搏，那只能在高科技迅速飞转的车轮下疲于奔命。仅此一点就说明，高科技的发展不是取消了社会制度变革的重要性，相反它有利于并迫切要求与高科技发展相适应的合理的社会制度的产生，避免高科技异化为把人塞进去磨碎的“魔鬼之磨”。千万不要让科技进步和人的体力与生理机能的退化齐头并进，仅仅这一点就说明社会主义代替资本主义是历史发展的进步，因为它阻止人类社会长期存在的体脑分离在高科技条件下的进一步恶化。

不要在非此即彼的绝对对立中思维

在关于姓社姓资的争论中，我想起了列宁，想起了《苏维埃政权的当前任务》这篇文章。

列宁尖锐地批评只从书本上了解社会主义、把社会主义和资本主义看成绝对互不相容的思维方式。他说，在许多想以社会主义者自居的人看来，目前情况十分独特，因为他们惯于抽象地把资本主义同社会主义对立起来，而又在两者之间意味深长地加上一个词：飞跃。在书本上读过社会主义，却从来没有认真加以研究的大多数所谓社会主义者，都认识不到，社会主义的导师们是从全世界历史上的转变这个角度把那种突然转折称之为飞跃的，这种飞跃要延长十来年或更长的时间。列宁当时的估计很谨慎，只说十来年或更长一点的时间，这可以理解。因为当时是 1918 年 4 月，无产阶级刚刚取得政权，没有任何社会主义建设实践的经验。在这里最具启发意义的是，列宁指出不要在两极对立非此即彼的抽象思维中看待社会主义和资本主义，飞跃不是短期可以完成的，要经历一个时期。在一定时期里，两种社会制度的东西并存是不可避免的。

列宁也批评了把资本主义社会中一切都说成是姓资、一概排斥的思维方式。列宁以最具资本主义剥削性质的泰罗制为例说明这个问题，号召俄国人向西方资本主义学习。他说，学会工作，这是苏维埃政权应该充分地向人民提出的一项任务。资本主义在这方面的最新成就泰罗制，同资本主义其他一切进步的东西一样，既是资产阶级剥削的最巧妙的手段，又包含一系列的最丰富的科学成就，苏维埃共和国无论如何都要采用这方面的一切有价值的科学技术成果。列宁甚至说，社会主义能否实现，就取决于我们把苏维埃政权和苏维埃管理组织同资本主义最新的进步的东西结合得好坏。应该在俄国组织对泰罗制的研究和传授，有系统地试行这种制度并使之适用。列宁把对资本主义先进东西的应用问题，不是作为一般问题，而是提到“社会主义能否实现”的高度来审视的。

当然，列宁并不是说可以不问姓社姓资，因为列宁论述的前提就是如何建设社会主义的问题，是在这个前提下，论述如何看待和正确处理两种社会制度的关系问题。

由此，我联系到邓小平的伟大理论。邓小平极力反对那种把社会主义和资本主义两种社会制度对立绝对化的形而上学的思维方式，要人们不要由于害怕资本主义，总是怀着无穷的忧虑。邓小平说，改革开放迈不开步子，不敢闯，说来说去就是怕资本主义多了，走了资本主义道路，要害是姓资还是姓社的问题。判断的标准，应该主要看是否有利于发展社会主义社会的生产力，是否有利于增强社会主义国家的综合国力，是否有利于提高人民的生活水平。邓小平的这一光辉论断，的确是又一次思想解放，它松开了阻碍改革的思想制动阀，使改革的列车奔驰向前。可是有的论者把邓小平的这一划时代的论断，简化为“不要问姓社姓资”，很容易发生误导。不难理解，如果我们各级干部在领导改革、在事关方向的重大原则问题上也不问姓社姓资，肯定会背离党的基本路线，背离邓小平理论。因为在事关究竟选择什么样的制度、走什么道路问题上，邓小平的立场态度斩钉截铁，非常明确，“中国只能走社会主义道路”。他还反复强调，很多人只讲现代化，忘了我们讲的现代化是社会主义现代化。

在两种社会制度的相互关系问题上，我们容易犯片面性的毛病，不是非此即彼绝对对立，就是不分彼此迷失方向。这里固然有思想方法问题，不懂得辩证思维的特点是既承认非此即彼，又在一定条件下承认亦此亦彼。但从历史唯物主义的角度看，我们对处于社会发展前后相继两种社会形态的相互关系还缺乏深入理解。

每种社会形态必然伴随有它的生产方式的特点。例如，农业占主导地位是前资本主义社会的特点，封建社会和奴隶社会生产方式就是如此，而工业化则是资本主义社会的特点。资本主义社会不能建立在单纯农业生产的基础上。没有工业，资本主义生产方式的产生和存在是不可能的。在资本主义社会，农业也必然工业化，成为现代化的农业，这是资本主义这种社会形态对人类社会的贡献。尽管资本主义的历史作用不等于资产阶级的作用，但却有它的一份功劳。马克思和恩格斯在《共产党宣言》中对资本主义生产方式和资产阶级都给予过公正的评价。

但是工业化不等于资本主义化，不等于后工业化的国家必须走全盘西化的道路。马克思曾说过，工业化的国家显示着非工业化国家的未来。这说明工业化，并不是资本主义特有的。由农业社会走向工业化，是人类发展的普遍必经过程，只是西方比东方早一步走向工业化，而且是以资本主义生产方式的社会形态实现这个历史使命的，而在后工业化国家并不是注定要走西方的道路，例如中国，就是以社会主义形态实现由农业社会向工业社会过渡的，因此农业社会、工业社会的划分，决不应掩盖社会经济形态的划分，不能抹杀社会主义与资本主义社会的区别。离开了社会经济形态，仅仅用工业社会农业社会来划分社会，必然会走向趋同论。实际上，工业化、市场经济、民主法治、科学，这应该是以工业为基础的社会的特点。社会主义同样要实行工业化，不在大工业的基础上是不可能建设社会主义的。同样社会主义需要实行市场经济，这是社会化大生产的经济运行所必需的。应该发展民主法治，契约化的市场经济关系需要完备的法制保证；同样要发展科学，没有科学就没有现代工业。工业化、法治社会、市场经济并不意味着必须走西方的道路，而是人类社会发展的进步道路，它是社会化大生产发展到一定阶段的普遍特征。

中国古代封建社会的文明是未经过近代工业的农业文明。工业文明所带来的缺点是它尚未滋生的，因而对工业社会的弊端而言，农业社会显示它的诱人的纯真。可这种优点正如童年时的天真，并不是成年人最适宜的性格。在中国确立市场经济、实行社会主义工业化，要防止西化论，把全盘西化当成中国的出路，但也要防止排斥西方资本主义所取得的成果、头脑拴在资本主义与社会主义绝对对立的思维框架之中、对资本主义和资本主义中的一切一概采取排斥的态度。我们必须充分吸取资本主义社会所取得的成就。西方资本主义在工业化方面、在组织和管理社会化的大生产方面、在建立资本主义现代企业制度方面，总是先走了一步。这些方面的成就，既与资本主义私有制相结合又具有大生产的一些共同特点，因此它的成就与缺点、经验与教训，可以从正反两方面为我们提供有益的东西。

社会主义与资本主义在社会历史发展的序列中，应该是前后相继的两种社会形态。不能只看到对立而忘记它们由大生产所产生的某些共同性，也不能只看到它的同一而忘记了它们的对立。由资本主义发展而来的社会主义社会一定会吸取和改造资本主义社会的已有成就，这比较容易做到，因为后者本来就是从它的母胎中孕育成熟的，当它出生时就已经把资本主义的成就作为它的营养而被同化。而没有经过完整资本主义社会形态的国家，在跨越资本主义的“卡夫丁峡谷”时，更应该注意吸收资本主义的成就，这里存在的思想障碍和实际困难会比较多些，因为它与资本主义社会的关系是同时并存的关系，而且是一种敌对性的关系。可是社会主义国家的诞生，即使可以越过资本主义社会的形态，却不能越过资本主义已经达到的成就特别是在生产力和科学技术方面的成就，以及社会化大生产方面的管理经验。恩格斯说过，没有奴隶制就没有社会主义，把这个道理应用到彼此连接的社会主义与资本主义两种社会形态关系上更是如此。

站起来，我们同样也伟大

英雄造时势，时势造英雄，是关于英雄与时势相互关系的传统说法。这种观点看起来很辩证，实际上是个解不开的圆圈，永远在鸡生蛋蛋生鸡中循环。特别是只在英雄和时势这个范围内来考察历史，把人民群众排斥在历史之外，把人民视为扶不稳的阿斗，更无法解决英雄与时势的关系问题。

长期以来，在历史唯心主义者的心目中，人民是矮小的，因为他们老让人民拜倒在英雄面前。跪着，永远是矮小的。英国的贵族思想家卡莱尔就是个鼓吹英雄崇拜的突出例子，他没有陷入中国式的英雄与时势互创的矛盾，在《论英雄和英雄崇拜》中，他明确地宣称，世界历史就是伟大人物活动的历史，他们是群众的领袖。凡芸芸众生所要做或想得到的一切，都是由英雄塑造和设计出来的。我们所见到的这世界上的所有的成就，无非是这些伟大人物思想外化的物质结果，是他们思想的实现和具体化。用一句恰如其分的话来讲，整个世界历史的精华，就是这些伟大人物的历史。他极力号召英雄崇拜，崇拜英雄就是对伟大人物的卓绝的敬仰。伟大人物始终是可敬可佩的，此外，就没有什么可值得敬佩的了。卡莱尔把英雄分为六类：作为神的英雄、作为先知的英雄、作为诗人的英雄、作为教士的英雄、作为文学家的英雄、作为帝王的英雄，鼓吹人们应怀着宗教般的感情对他们表示崇拜，至于人民当然只能永远跪着。恩格斯曾非常尖锐地批评卡莱尔的这种观点，说这种观点，是要人们向天生的贵人和贤人屈膝，尊敬这些差别，并承认它们是永恒的自然规律的一部分，一言以蔽之，即应崇拜天才。英雄崇拜的观点明显是封建主义观点。卡莱尔本人就是封建贵族的代表人物。到资本主义社会，在资产阶级议会民主制下，总统几年一次由选民选举，失去了英雄的形象而变为一种公职。诗人、文学家也已失去封建时代的神圣光环而变为脑力雇佣劳动者。资本主义的英雄是货币，最崇拜的是金钱，资本主义国家总是按照“有钱活命无钱上吊”的原则办事。在资本主义社会，拜金主义、实用主义取代了英雄和英雄崇拜。

马克思主义既反对封建主义的英雄崇拜，也反对资本主义崇拜金钱而蔑视英雄的实用主义观点。英雄显得如此高入云霄，不可仰视，是因为唯心主义者老让群众跪着。可马克思主义从来不否认英雄人物的伟大作用。历史证明，无论在哪个领域，青史留名、彪炳千秋的杰出人物是值得人们永远纪念的。马克思同意赞扬斯巴达克是整个古代史中最辉煌的人物、一位伟大统帅，具有高尚的品格，是古代无产阶级的代表。他还赞扬欧洲的三大空想社会主义者是属于一切时代最伟大的智士之列的，他们天才地预示了我们现在已经科学地证明了其正确性的无数真理。但马克思主义反对无限夸大个人的作用，反对在考察历史时把群众排斥在外，反对只在英雄和时势这两极对立中思考、而应该理解正确处理英雄与时代、英雄与人民的关系的重要性。

就英雄与人民的关系说，人民群众是历史发展的决定力量。英雄是作为人民群众的领导者、组织者发挥作用的。任何英雄人物一旦与群众相脱离甚至相对立，就会变为自刎乌江的西楚霸王。毛泽东的“人民，只有人民才是历史的创造者”的论断是正确的。这是不是贬低了英雄的作用呢？没有。英雄的作用是变数不是定数。他们的作用大小，取决于他组织和团结的群众的多少以及他们与群众的关系。

就英雄与时代的关系而言，是时代需要并创造出英雄，而不是英雄创造时代。当然，英雄对一个时代的巨大作用是无可否认的。英雄人物的气质水平甚至个性，通过他所从事的活动必然会给历史留下痕迹，会加速或延缓整个历史进程。但英雄人物的产生和能在何种程度上发挥他的才能，取决于时代提供的各种条件。马克思引用爱尔维修的话说，每一个社会时代都需要自己的伟大人物，如果没有这样的人物，它就要创造出这样的人物来。整个历史都证明，正是伟大的革命斗争创造伟大人才。法国大革命把一大群名不见经传被贵族蔑视的演员、剃头师傅变为将帅。中国革命把大批的放牛娃、矿工、普通知识分子变为卓越的政治家、军事家、外交家。没有中国革命的需要，他们都不过是老死家乡的普通人。英雄和时势的相互作用的关系是存在的，但基本的条件是社会为个人提供的条件。道理很清楚，英雄不是生下来就是英雄，由非英雄成为英雄要经历一个过程。这个过程，就是社会选择、锻炼、造就的过程。这个过程中有不少人由于不适应社会需要而昙花一现，或如夏夜流星发出一阵亮光后转瞬即逝。任何英雄人物的功过是非都由历史作结论，而任何个人都不可能单独为历史作结论，这就是任何个人都无法超越历史、超越时代的证明。

对英雄人物，我们反对仰视也反对轻视。仰视，是跪着，认为英雄特别高大，而群众无比渺小，这是封建社会的特点。封建社会的所谓英雄是帝王将相，实际上是崇拜权势，英雄崇拜本质上是权势崇拜。尽管封建社会有水可载舟亦可覆舟之说，这与其说是尊重群众不如说是害怕群众，因而越发要人民跪着。旧戏舞台上老百姓见官伏身倒地，说是不敢抬头、抬头有罪，非常形象非常本质地反映了这种关系。老百姓越跪着，统治者的形象越高大，政权越巩固。

资产阶级革命时害怕群众不觉悟，拼命宣传平等，发动群众，对群众进行启蒙。启蒙，是资产阶级革命的特点。可一旦胜利，又害怕群众觉悟，危及自身的统治。所以，在如何对待群众问题上，资产阶级处于矛盾状态，既害怕群众不觉悟又害怕群众太觉悟，不可能正确处理英雄与群众的关系。资产阶级不再鼓吹旧的英雄崇拜即崇拜帝王将相，因为在选举制度下，官职已经成为不断变动的由选举决定的公职，已经不再像封建社会那样涂上了一层天命论或血统论的神秘色彩。封建社会的英雄崇拜已经失去了它的经济和政治基础。

马克思主义者反对英雄崇拜，但决不忽视杰出人物的伟大作用。对历史起积极推动作用的时代英雄是值得尊敬的。近百年来，中国人民永远不会忘记孙中山、毛泽东、周恩来、邓小平，以及在中国民主革命和社会主义革命斗争中站在斗争前列的杰出人物。没有英雄的时代，没有英雄的民族，它的历史将是沉闷的平淡的没有生气的。历史活动是群众的事业，随着历史活动的深入，必将是群众队伍的扩大，同时在群众运动中必将涌现英雄人物。社会主义时代应该是在各个领域人才辈出的时代。在社会主义社会中，当群众在实际中站起来时，他们也必然会从思想中站起来，逐步摆脱长期英雄崇拜的唯心主义史观的束缚。这当然要经历一个过程，甚至痛苦反省的过程。列宁是厌恶个人迷信的。据说十月革命以后，列宁看到墙上挂着自己的头像勃然大怒地说：这使我感到厌恶，到处我都见到自己的猪脑袋。可是由于沉重的历史封建传统，无论在苏联还是中国都出现过个人迷信，对社会主义事业产生过严重的危害。这是社会主义历史的悲剧。这个教训是任何诚心诚意进行社会主义革命和建设的国家都不能忘记的。

社会主义国家一定要提高人民群众的自信心和自尊心，这是关系到社会主义事业发展速度甚至兴衰成败的重大问题。刘少奇与时传祥交朋友，说我当国家主席是为人民服务，你淘粪也是为人民服务，把自己摆在与淘粪工人平等的地位，倒过来说，是把淘粪工人摆在与国家主席平等的地位。邓小平说自己是中国人民的儿子，这既是一种提高人民自尊心和地位的政治姿态又是共产党人的历史观点。从社会形态来说，社会主义社会是人民最能认识自己力量的社会。资本主义社会的普选权并没有也不可能使普通劳动者真正站起来，因为他们仍然戴着私有制的镣铐。而在社会主义社会因为人民在经济上政治上站起来了，他们终归能从思想上站起来。当他们在思想上站起来了，就不会感到自己矮小。

如果没有伽利略会怎样

这是个奇怪的问题，因为历史上确有伽利略其人。可假如没有伽利略，没有牛顿，没有一切伟大的科学家，世界会怎么样，很难想象。罗素就是这样提问的。他说，如果17世纪有一万人在襁褓之中被杀死的话，近代世界就不会存在。在这一万人中，伽利略是首要的。在中国，梁启超也说过类似的话：如果从历史上抽掉几个最伟大的名人，或者某几个重要历史人物的心态有所不同，历史面貌就会改变。诸如此类的说法可以列举很多。

这种假定貌似深不可测其实是毫无道理的。历史不是一个可以塞进任何无关内容的空壳，或者是一本相册，可以抽出几张相片或加进几张相片。历史上的人物已经是历史的一部分，它构成历史的重要内容，说没有他们历史将不同这完全是同语反复。如果假定某个伟大人物没有出现过，历史具有完全相同的面貌倒是不可理解的，特别是假定一个世纪中一万名人都不存在，更是如此。哲学家当然不是不知道这一点，他们通过这个根本不可能出现的假定，意在强调个人的作用，不是社会创造伟大的个人，而是个人决定历史。这是老而又老的英雄史观的重弹。

伟大人物的作用是不可否认的，它构成整个历史的极重要方面。我们无法假定历史没有杰出的个人，没有杰出个人的历史时期一定是平凡的乏味的年代。问题是这种对社会发生作用的个人在成为这种杰出的个人之前是一个普通的个人，他并不是生下来就是对历史具有重大作用的伟人。他开始是一个儿童，与其他儿童一样，可能智力、性格会有差别，但这是儿童间的差别，而不是伟大与平凡的差别。如果社会没有这种需要，即历史没有提供这种机遇，就不会把这个儿童变为一个伟大人物。比如中国如不存在变革中国的民主革命和社会主义革命，就不会产生毛泽东，就不会把一个韶山冲的农民的儿子变为中国人民的伟大领袖，就不会产生如此多的光照中国现代史的革命人物。

所以个人在成为伟大的有作为的个人并对社会产生重大作用之前，他首先是被创造者然后才是创造者。或者说，他先是铁，在时代的熔炉中才能百炼成钢。一个人成为什么样的英雄人物，他的成就能达到什么程度，都不可能超越社会条件允许的范围。个人的自我创造和选择是有条件的相对的，而不是无限的。毛泽东就是毛泽东，他不可能成为孙中山，因为他登上中国政治舞台时已经是推翻了清政府的时代。蒋介石只能是蒋介石，因为他是官僚买办阶级的代表。毛泽东成不了邓小平。时代赋予毛泽东的历史使命是夺取政权，是建国，是打扫旧中国留下的污泥浊水，是在与敌人斗争中维护刚建立的政权，并清理基地、巩固基地。在四周敌人封锁下开放是不可能的，要解决旧社会遗留的失业和贫困，让新解放的人民感受共产党的温暖，不搞点带共产主义色彩的平均主义是不可能的。没有强大的公有经济，大力引进外资、发展私有经济和个人经济也是不可能的。这一切，只有经历三十多年的建设实践和总结正反两方面的经验教训，只有在新的国际环境和时代主题变化中才是可能的。历史就是历史，任何伟大的个人都无法超越，只能在总结经验中前进。不论是超越历史时代还是落伍于历史时代，对个人而言都只能是悲剧性的结局。

从历史上抽掉几个伟大人物，历史面貌肯定不一样。这是多么机智而肤浅的说法。历史是既成的，换掉几个人当然不一样。中国革命没有毛泽东，俄国革命没有列宁、斯大林情况当然不一样。可问题是这个不一样是什么意思，是说没有他们就不可能有这个革命，还是说革命历史本身具有不同的色彩。不能说没有毛泽东就没有中国革命，因为当时中国南北东西，遍地干柴，同时有那么多人投身革命，这就说明革命是时势使然。革命的不是一个人而是一群人，然后是整个阶级整个民族，这么广大的基础，怎能说没有毛泽东就不会发生中国革命呢。革命是客观形势使然，而领袖人物是播火者、组织者、革命的发动者。只要引起革命的政治经济条件存在，任何个人的变化，改变的是历史图景的细节，而不是整个历史的规律性走向。

所以在观察历史时，要善于区分人与事。人是可变的，在革命过程中多少人沉浮起伏，可革命照样在进行。因为革命是社会问题，而谁参与革命这是个人问题。个人问题是由个人决定的，个人选择的，可以参与也可以不参与，也可能先参与后退出，半途而废。在革命洪流中，可以有各式各样的人物。有由不革命而逐步变为革命的，也有由革命而变为反革命的。大浪淘沙，鱼龙混杂，可社会矛盾和社会问题的存在是不以个人的参与或退出为转移的。个人的前途和去向、革命不革命，由个人选择，可社会矛盾的存在和激化是任何个人都阻挡不住的。只要有革命的形势和要求，总会有带头人。不是张三就是李四，这不是注定的。在这里，个人的才能、素质、机遇是非常重要的，可是这种才能素质能发挥这种作用，则是时代使然。《庄子·秋水》中说："当尧舜之时而天下无穷人，非知得也；当桀纣之时而天下无通人，非知失也，时势适然。"尧舜时天下没有不得志的人，并非因为他们智慧超群；桀纣时天下没有得志的人，并非因为他们才能低落，而是时势造成的。这个时势使然的说法是深刻的。任何杰出的个人的出现都离不开时与势，只要举一个很简单的例子就可以明白。自改革开放以来，涌现如此多的有创造才能的企业家、有经营才能的老总和创业者，可没有改革开放形成的时与势，在三大改造时期、在大割"资本主义尾巴"的时期，我看一个也出不来。即使他们中不少人有商业才能、有经营才能，也没有发挥的可能。中国人还是中国人，可才能的发挥和形成，各个领域中人才的涌现显然不同。这种不同不到时代中去寻找原因而归结为个人的潜在才能和素质，是什么也弄不明白的。

在科学领域中，同样存在人与事的区分。不能说，没有爱因斯坦永远没有相对论，没有牛顿就没有万有引力的发现，没有马克思就没有历史唯物主义。这是两回事。当马克思不是作为马克思主义的创立者、牛顿不是作为万有引力的发现者，有没有他们无足轻重。使他们具有历史价值的是他们的发现而不仅仅是他们个人，可同时在这方面努力的同时代人大有人在。这种发现最根本的是时代和社会的需要而不是从天才头脑中迸出的奇思异想，因此它或迟或早总会出现的。世界上同时发现同一定理的事并不罕见。牛顿发现微积分，莱布尼茨也发现了；伽利略在天文、物理、力学方面的成就是伟大的，可离开西欧文艺复兴时期的经济和政治背景，离开哥白尼、布鲁诺已经取得的成就，伽利略是很难成其为伽利略的。特别是当代科学已摆脱纯个人的活动而变为科学家的集体事业，许多人有组织地同攻一个课题是常见的。科学活动的社会化说明科学是依赖社会的。

而且，任何天才人物杰出人物的出现，还与众多的非天才非杰出的普通群众相关，这就是鲁迅先生深刻地说明过的泥土与花的关系。一个国家的教育越普及、文化程度越高，从中涌现人才的可能性越大，正如某项体育运动越普及，参与的群众越多，夺冠人才出现的可能性越大。杰出人物是从群众中脱颖而出的。群众基础越广泛，越有利于人才的培养。这是一种无形的不易为人们觉察的力量，可它是实实在在存在的。为什么某个时代人才的出现有时是成群的，形成一个群星璀璨人才辈出的时期，原因就是这个时期人才的出现有着雄厚的后备力量。

如果以为历史唯物主义认为个人无足轻重、一切都归结为社会原因，这是误解。个人是至关重要的，一切事都是人做的。个人的才能智慧不一样成就就不一样。问题是当涉及分析为什么会出现这种人、出现这种发明，这种人物的产生和他的发明是应该归之于他的大脑还是有更深层的经济的文化的以及其他原因，这就进入了个人与社会关系的领域。在这个问题上仍然坚持发明只能属于某个人，舍我其谁，这就是历史唯心主义。个人的本领再大，在古希腊创立不了相对论，发现不了万有引力，也发现不了唯物主义历史观。这些发明和发现都有各自的时代背景。社会不能决定谁摘取科学上的王冠、充当历史伟大人物的角色，这取决于个人的努力。天地广阔，各有可为，但社会必然制约在一定条件下人的认识所能达到的水平。正如恩格斯说的，我们都是在一定条件下认识，条件达到什么水平，认识达到什么水平，这就决定“如果没有伽利略就没有……”之类假定是没有科学价值的。

我总以为，历史要成科学，它的思维方式不能是“如果没有”，而是“为什么有”。它要从既成事实中分析为什么如此，而不能从历史中删除既成事实另外来一个假定。因为删除已经存在过的在历史中起重大作用的事件和人物，就必须连同删除产生它的相关的条件，这就已经不是对客观的历史的研究而是对历史的伪造。

社会现象的个别性、相似性与本质重复性

自然现象与社会现象的区别是明显的。自然现象是无意识的过程，具有肉眼可见的重复性和同一性。其实自然界同样没有两个绝对一样的现象，正像莱布尼茨对德皇宫女说的没有两片绝对一样的树叶。如果不是植物学家，人们很难看出同一棵树上两片树叶的差异性。可自然现象的个体的差异性，并不妨碍科学家从个别进入一般，用概括的方法去发现它的重复性和规律。社会现象与人的意志和行为相联系，似乎只有个别性，没有重复性。西方不少历史哲学家都是这样看的。例如，德国新康德主义者李凯尔特就特别强调：历史上的东西，从最广泛意义上说，就是那种仅仅出现一次的、件件都是个别的、属于经验范围的实际事物。卡尔·雅斯贝尔也说，历史就其个性来说是某种仅出现唯一的一次的东西。社会历史人物和事件的一次性、个别性是无疑的，人们没有发现两个重复的历史人物和社会事件。

当然，社会事件中有相似性。人们只要注视历史或现实都会发现这种相似性是非常普遍的，但相似性不是重复性，因为相似的历史人物和事件的时代、性质和结局可以绝不相同。马克思在《资本论》中曾经好几次提到古代罗马自己拥有小块土地自己耕种的平民，在罗马历史发展中被剥夺土地，同生产资料相脱离，与资本主义初期原始积累情况相似，但他们并没有由无产者变为雇佣工人，而是成为无所事事的游民，和他们同时发展起来的生产方式不是资本主义而是奴隶占有制。所以，马克思说，极为相似的事情，在不同的历史环境中出现就引起了完全不同的结果。如果把这

些发展过程中的每一个都分别加以研究，然后再把它们加以比较，我们就会很容易地找到理解这些现象的钥匙。马克思主义反对根据社会历史现象的相似性进行简单的类比。在《路易·波拿巴的雾月十八日》中，就是对比两个非常相似的人物——拿破仑第一和拿破仑第三，伯伯和侄儿。可马克思从相似中着重他们的区别性。他引用黑格尔的话并加以新的解释：黑格尔在某个地方说过，一切伟大的世界历史事变和人物，可以说都出现两次，他忘记补充一点：第一次是作为悲剧出现，第二次是作为笑剧出现。科西迪耶尔代替丹东，路易·勃朗代替罗伯斯庇尔，1848—1851 年的山岳党代替 1793—1795 年的山岳党，侄子代替伯父。在使雾月十八日事变得以再版的种种情况中，也可以看出一幅同样的漫画！

可如果在历史的考察中，我们仅仅着眼于个别性和相似性，而看不到处在现象背后的本质同一性，我们在社会历史领域只能处在叙述和描写的水平，而永远达不到规律性的认识。事实上，在社会历史现象的个别性相似性背后，往往会存在某些共同的重复的东西，即本质同一性。例如，人物是个别的，不可重复的，但无论是秦皇汉武、唐宗宋祖，无论是古人今人，无论中国人外国人，只要是伟大人物，他的出现的社会制约性，他的历史功绩的评价，从哲学层面看，都有着某种共同的东西。同样每一次战争是不可重复的，但战争规律是可重复的。王朝是不可重复的，每个朝代各有特点，但王朝的兴亡成败是有规律可循的。社会活动是人的活动，但我们不能停留在人的活动层面，如果这样，看到的永远是个别性。当我们深入到人的活动深层，即人们活动中形成的各种关系和结构时，就会发现人们在实践中形成的经济关系、政治关系、思想关系以及社会关系对人的活动和思想的制约性，发现社会现象的重复性。只不过这种重复具有历史的特点，即通过历史的具体的实践活动来实现。恩格斯说过，一切历史的斗争，无论是在政治、宗教、哲学的领域中进行的，还是在其他意识形态领域中进行的，实际上只是或多或少明显地表现了各社会阶级的斗争，而这些阶级的存在以及它们之间的冲突，又为它们的经济的发展程度，生产的性质和方式以及由生产所决定的交换的性质和方式所制约。这个规律对于历史，同能量转化定律对于自然科学一样具有同样的意义。社会历史的重复性，不是人物和事件的重复性，而是现象的本质同一性，即规律的同一。一个有成就的历史学家，他的成就往往不仅在于精确生动地描写个别不可重复的现象，而在于他同时揭示了一般。只有个别性相似性的描述而无规律性概括，历史学将丧失其价值。

可是在政治斗争中，人们往往着重对历史事件或人物的某些相似性进行比附。例如，把社会主义国家的领导人比为秦始皇，暴虐无道，专制独裁，以此来诋毁和丑化无产阶级领袖；用历史上所谓儒法斗争来暗喻社会现实中的政治分歧是革命与保守的斗争，等等。这不是真正的历史研究而是历史影射。历史影射的特点就是某些表面相似性的比附而不是规律的本质同一性。在历史科学中，我们反对历史影射，因为它是对历史意识的误导，但我们并不反对人物和事件的比较研究。例如，我们把蒋介石与曾国藩相比，他们在镇压革命、主张尊孔读经、维护旧道德方面有某些类似之处，但我们在历史研究中，非常明确他们分属不同阶级、不同时代，各有自己的特点，因而才可能有石达开兵败大渡河，而红军则四渡赤水、最后取得全国的胜利的结局。

历史没有意义吗

“历史没有意义。”这是卡尔·波普尔对历史的看法。在他看来，发现人类注定要走的道路、发现人类历史的线索或历史的意义是不可能的。历史的进步只是人类知识的进步，不存在客观必然性。这是波普尔否定社会规律的必然结论。

马克思主义重视历史，重视历史的经验。恩格斯说过，历史就是我们的一切，我们比任何一个学派，甚至比黑格尔都更重视历史。在马克思主义看来，人在历史活动中所经历的过程及其中存在的规律性现象，对于后人正确进行活动有参考价值。问题是人们要有正确的态度和正确的历史观才能接受历史给予的东西。

人不能丧失记忆。个人如此，人类也如此。人类的记忆，即对过去的回溯就是人类对自身历史的认识。人类的历史包含了人类的全部实践内容——它的成功与失败、前进与曲折、欢乐与痛苦。人们可以从各个方面对人类历史的丰富内容进行发掘，它像一座取之不尽的矿山，因为现实的实践仍在不断转化为历史。恩格斯曾经从人与神的对立中对历史研究的价值做过论述。他认为，为了认识人类本质的伟大，了解人类在历史上的发展，了解人类一往直前的进步，了解人类对个人非理性的有把握的胜利，了解人类战胜一切超人的事物，了解人类同大自然进行残酷而又顺利的斗争，直到具备自由人的自觉，明确认识到人和自然的统一，自由地独立地创造建立在纯人类道德生活关系基础上的新世界。为了了解这一切，我们没有必要首先求助于什么神的抽象概念，而应该研究人的启示，即研究人的历史。马克思也强调历史对于人类了解自身的意义。他说，每一个人，只要注意研究历史，学会对待人类命运中永远不停息的变革，就会知道在人类的命运中除了不固定的本身之外没有任何固定的东西，除了变化之外没有任何不变的东西；只要注意观察历史的不可阻挡的进程，就会看到历史的车轮是怎样无情地驶过一个个帝国的废墟、经常毫不惋惜地毁灭整整一代人。

历史是有规律的。历史学具有认识功能、道德功能、借鉴功能，人们通过历史经验的总结，有可能从中得到有益的东西。历史的经验是值得注意的。唐代著名史学家刘知幾的《史通》就非常看重史学的功能。他推崇史学“乃人生之急务，为国家之要道”。和古代天命论相反，他提倡从历史自身而不是从命和运中去探求国家和王朝兴亡的原因。他说：推命而论兴灭，委运而忘褒贬，以之重戒，不亦惑乎？中国人常说，观今宜鉴古，无古不成今，就是以朴素的语言讲到历史学的意义。《触龙说赵太后》中左师触龙就是用“君子之泽，五世而斩，位尊而无功，奉厚而无劳，而挟重器必然近者祸及自身，远者祸及子孙”的历史经验来说服太后同意长安君为质的。历史的经验比抽象的道理更具说服力。

中国历代王朝都重视历史，设有史官。特别是王朝变更，必然要研究前朝的历史教训。司马光编纂《资治通鉴》的目的，就是“鉴前世之兴衰，考当今之得失”。当然，由于出发点不同，立场不同，总结经验的成果是不一样的。历代王朝以史为鉴，“穷探治乱之迹，上助圣明之鉴”。它们企图借助历史经验长治久安，万世一系，但从来没有一个王朝能避免灭亡的命运，原因在于它们对历史经验的总结完全违背历史的经验。马克思和恩格斯说过，历史是永不停息的运动，历史的车轮无情驶过一个又一个帝国的废墟。怎么可能从历史中总结出与历史本身相违背的经验呢？在中国历史上，强调历史的社会功能，反对为历史而历史是正确的。中国历史上也留下不少传世的历史佳作，保留了许多有价值的史料。但历史经验证明，由于长期的阶级统治，因此历史的意义问题往往变为为本朝、为帝王、为统治者的统治辩护和合法性的论证。即使总结出一些应该轻徭薄赋、水可载舟亦可覆舟之类的经验，统治者很少能真正运用或始终贯彻，因此历史上农民起义不断，王朝更替是常见的。

当然不能由此得出历史无意义的结论。我们应该把历史和历史学区分开来。客观历史本身始终包含对人类发展和进步有益的内容，但站在什么立场、为了什么目的来总结经验，总结什么经验是迥然不同的。我们说，历史有意义主要说的是历史自身包含的客观内容对人是有意义的，例如，我们从中国晚清以来的历史中可以看到落后必然挨打，闭关锁国必然落后，这些历史经验告诉我们应该如何做。我们只要反复体会恩格斯批评卡莱尔《过去与现在》中关于历史研究意义的那段话，我们就可以看到历史自身的内容就是人战胜神、战胜自然的艰难险阻、战胜社会反动腐朽势力中阻碍人类进步的过程，是朝着人类解放的道路前进的过程。历史的意义并不是人给予的，而是历史中包含的未被人发现的内容对人显示出来的。可是站在不同立场，历史具有的意义是不同的。有些阶级的历史学家往往伪造历史以维护本阶级的利益。真正有价值的历史当然首要条件是信史。历史唯物主义的最大作用，就是给予我们揭示历史真实内容和内在意义的有力武器。历史唯物主义不仅要我们尊重历史事实，而且要理解历史事实。尊重事实是尊重历史的客观内容，而理解则是把握历史客观内容对人自身的意义。

历史事实是既成的不可更改的

科学必须以事实为依据。这一点，对自然科学是非常清楚的。可在历史领域中对于何谓历史事实，一直争论不休。其实，现在，是变动不居正在创造的；未来，是尚未出现的；而历史才是既成的无可更改的。一切已经过去了的都是真正客观的，不以人的意志为转移的。历史不能伪造只能曲解。

历史学当然不完全相同于自然科学。其写作和叙述方式与文学有相似之处，事实上中外不少历史著作具有极强的文学色彩。但历史不同于文学，它是以事实为依据的，要求事实的可靠性和准确性。即使像司马迁的《史记》这样极具文学风格的历史著作，它在重大事实方面仍力求有所本，而不是任意虚构。可以说，无论中外古今，任何一个历史学家（此处说的是历史学家而不是历史哲学家），只要是从事历史研究和写作，没有不强调事实的可靠和准确的。以虚构自夸的历史学家是没有的，“不实”是史学自我埋葬的坟场。

在历史学领域，19 世纪是个强调历史事实重要意义的时代。郎克不同意把历史当作道德说教，强调历史的任务在于如实地说出历史。当时英德法不少历史学家同意他的看法。实证主义的历史学家力主把历史当作科学，因而对事实给予很大重视。在他们看来，历史学首先是确定事实，然后才从中得出结论。可究竟什么是历史事实？有的历史哲学家根本不承认历史有事实。例如，爱德华·霍列特·卡尔在《历史是什么》中说，相信历史事实的硬核客观地存在于历史学家的解释之外，这是一种可笑的谬论。在他看来，并不是任何事件都是事实，只有用来解释历史的才是事实，因此作为历史事实身份的关键，就在于解释这一问题上。解释这一因素渗入每一件历史事实之中。所以历史学家有双重任务：一方面发现少数有意义的事件，使它变为历史事实；另一方面把许多不重要的事件当作非历史事实而抛弃。当克罗齐说一切历史都是当代史时，实际上是说，历史学家的主要任务不是记载，而是评价，是以现代的眼光看待过去。如果不评价，就不知道什么值得记载什么不值得记载。有的历史学家甚至认为历史事实是历史学家制造出来的，在历史学家创造历史事实之前，历史事实对于任何历史学家而言都是不存在的，写历史就是制造历史事实。柯林伍德把历史说成是思想史，历史研究无非是历史学家在脑子里把这种思想重新组织，这种重新组织的过程就是对事实的选择和解释。这种选择和解释就是使它们成为历史事实的关键所在。这样，历史事实一旦归入能对历史解释的材料的选择，它就变为依存于历史学者的主体意识的内容。如同实用主义者说的，历史是任人涂抹百依百顺的少女，或者类似可以随意摆弄的铜钱，百文一摞千文一摞均无不可。历史事实化为乌有，它成为历史学家历史观点的注脚。

可历史事实确是一个令人困惑的问题。历史学家不可能是对既成历史事实的单纯反映。司马迁在《史记·太史公自序》中讲到孔子著《春秋》时就强调历史著作的目的性，说，“夫《春秋》上明三王之道，下辨人事之纪，别嫌疑，明是非，定犹豫，善善恶恶，贤贤贱不肖，存亡国，继绝世。补敝起废，王道之大者也”。这里说的是《春秋》，但或多或少或强或弱适用于全部历史学。为历史而历史是不可能的。英国的沃尔什在《历史哲学——导论》中也强调这一点：不偏不倚的历史学，远远不能成为一种理想，反而是一件完全不可能的事。作为支持这个论点的事实，我们可以指出，每个历史学家都是从一定的观点出发在观察过去的，他不能回避他的观点，正如他不能跳出他自己的皮囊。沃尔什这个看法是对的。每个历史学家都属于一定的时代，都是通过自己的眼睛看待过去，理解过去。他的历史观价值观和方法论都属于他的时代和阶级，而他需要处理的问题和材料属于已经过去了的时代。这种主体与对象的隔离，使得历史学家要如实地客观地面对历史确实存在困难，但不能因此就否认存在历史事实。如果历史事实只是历史学家给予的，历史学不能真正把握历史事实，而只能是与历史事实的无止境的对话的话，科学的历史学是不可能存在的，有的只能是各个人眼中的事实和各种各样的历史。

我们每个人能否认我们眼前的社会现实吗？不能。尽管现实是变化的，但仍然是客观的，我们所有的人面对的是同一个社会和同一个社会现实。为什么当它变为历史，即变为已经过去了的曾经存在过的现实时，它就变为我们可以随意解释的“历史事实”呢？其实历史事实与现实本质上是一样的。只不过一个已经过去，一个正在进行，不能说，谁比谁更具真实性。我们不能否认现实的客观性，顺理成章，我们当然也不能否认历史事实的客观性。而且就人们的认识来说，对历史事实真实性的把握比对现实真实面貌的把握更有条件。因为当问题已成历史问题、人物已成为历史人物时，材料的搜集可能更容易更充分，认识可能更客观，评价可能更公允。当然历史学不同于历史。我们并不奢望每一个历史判断、命题和陈述都能达到完全准确无误的程度。人们可以就同一历史题材写出各种不同的历史著作，但我们并不能由于历史学属于对历史的认识领域，就根本否认历史事实的存在。例如，日本侵华战争中的南京大屠杀是历史事实，它是由证人、证言、图片、当时的记载来证实的。我们重视《拉贝日记》以及其他摄影资料，因为它们是原始记录。尽管日本少数人坚决否认，也无损于历史的事实。历史事实对所有的人是共同的，不同的是人们的历史观，即对历史事实的不同态度和不同评价。这种不同的评价会导致人们对历史事实的不同选择或曲解，但对历史的伪造无损于历史事实。被颠倒的历史终究会被颠倒过来。

不探求原因就不必研究历史

因果关系是世界普遍联系的一部分，在人们的日常经验中都能处处感受它的存在，只是不自觉其存在而已。可当事情获得成功或遭到失败需要总结时，都会本能地进入到因果联系的领域。在哲学中，因果关系始终是个争论不休的问题。许多唯心主义者都否定因果关系，例如贝克莱、休谟，他们都否认客观世界的因果联系，只把因果关系看成观念联系或心理习惯。奇怪的是，同样是唯心主义，宗教则极力主张因果学说。例如，佛教的缘起学说可以说是佛教的基础和支柱。可“缘起”说就是关于因果关系的学说，认为世界万物无一不是由因缘和合而生，整个世界、社会、人生，是一个因果之网，其中任何事物的产生和消灭都是因果相生，有因必有果，有果必有因，因果相依，缘起相随。佛教关于因果报应、轮回转世等都是以此为依据的。佛教的因果说是唯心主义的，它以主观的联系代替客观联系、幻想的联系代替现实的联系。

历史领域中的因果关系更为复杂。不少历史学家否认历史中存在因果性，因为他们认为历史的本质是精神，是具有独特性的不可重复的过程，根本不可能有因果关系。新康德主义者李凯尔特、柯林伍德、波普尔都是这样看的。可以说，凡是反历史决定论的都必然否认因果论，因为推翻了因果关系，决定论不攻自破。

任何一门学说不探讨原因就不能成为科学，科学总要问一个为什么。某一事物产生的原因何在？不知道原因必然是处于盲目的、实验性的操作阶段。法国唯物主义者霍布斯说过，我们只有认识某个结果有原因存在，并且认识那些原因在什么主体里，以及在什么主体里产生这个结果，以及以什么方式造成这个结果，那时我们才认识这个结果。科学就是关于原因的科学，人们也叫关于为什么的科学。如果说自然界的现象需要寻求原因，历史领域同样也应该探求历史的原因。英国历史学家爱德华·卡尔的说法是对的。他说：研究历史就是研究原因。历史事件没有原因是不可设想的，一个历史学家对历史的研究，主要是探讨历史的原因，研究历史的必然性。研究历史而不研究原因，不研究它为什么这样而不是那样，就失去历史研究的价值。如果历史中不存在因果关系，那历史就是不可理解的。实际上，世界和中国历史上的经典历史著作，对王朝的兴废、战争的起因、人物的评价，无一不包括对成败得失、是非功过的原因的探讨。这些原因的分析，可能是对的或比较对的，有的可能是假设。不管如何，它都表明历史学不能拒绝对因果关系的探求。

在哲学史上，黑格尔是重视对历史原因研究的。他认为一些历史哲学家们所说的历史人物的动机——不管是表面的还是真实的——都不是历史事实的最终原因，在这些所谓动机背后还有应当加以探究的别的动力。黑格尔不是从历史自身寻找这个动力，而是从他的哲学中输入这个动力，这就是绝对观念。绝对观念的说法当然是虚构的，但他认为被哲学家们认为是历史的原因背后别有动力的观点，是富于启发性的。黑格尔还以辩证的态度对待因果关系，反对原因与结果关系之间的失衡。他强调结果一点也不包括原因不包含的东西，同样，原因也一点不包含不是在其结果中的东西。因此他反对小原因大结果的观点，反对历史上常有人搜集许多奇闻轶事作为大事件的小原因，而事实上这只是一种导因，是一种外部刺激，按照黑格尔的说法，事件的内在精神倒是可以不需要它。他讽刺这种历史观，把历史描绘成阿拉伯式的图案画，让大花朵长在纤细的茎上。虽然很巧妙，然而是非常肤浅的处理办法。列宁很赞赏黑格尔的这个思想，他说，这个“内在精神”是对事件的历史原因的唯心主义的、神秘的、但却是非常深刻的提示。黑格尔充分地用因果性把历史归纳起来，而且他对因果性的理解要比现在的许许多多的“学者们”深刻和丰富一千倍。不过现在科学的混沌理论似乎与这种看法相反，主张在混沌系统中，初始条件的十分微小的变化经过不断放大，对其未来状态会造成极其巨大的差别。一位学者设定了一个非常有启发的形象的例证：

丢失一个钉子，坏了一只蹄铁；
坏了一只蹄铁，折了一匹战马；
折了一匹战马，伤了一位骑士；
伤了一位骑士，输了一场战斗；
输了一场战斗，亡了一个帝国。

一个钉子的丢失，结果使一个帝国灭亡。这说明初始条件微小变化引出无法预料的巨大效果，这在宇宙论中不失为一个有价值的假设，可社会历史领域如果应用这种假设，我们只能陷于不可捉摸的纯偶然性的王国。在历史和现实社会领域，一个微不足道的小原因引起如此巨大的结果是不可能的，除非它作为重要原因的诱因或者它对已经存在的根本原因起着引爆点火的作用。微不足道的原因引发巨大结果，其原因肯定不在这个微小的原因本身，一定有更深层的原因，历史所要探讨的正是这个深层原因，而不是停留在历史的表面。历史原因的探求是对事实起作用的实实在在的原因的探求，而不是假设和推理。在假设范围内，任何一个微不足道的事件都可以假设为引发历史重大变故的原因，但这只是假设，而不是事实。

马克思和恩格斯非常重视因果关系问题。我们不能把唯物史观仅仅归结为因果关系，但没有对因果关系在历史中作用的唯物辩证的思考，就不可能有唯物史观。在历史上，对历史的思考总是停留在唯心主义范围，一个很重要的认识论原因就是因为社会是人的领域，人的行为由人的意志支配，因而认为只有意志才是历史的动因，强调因果关系就是否认意志自由。这样，统治人类社会生活的只能是人的观念。恩格斯尖锐地批评这种观点，他说，以前所有的历史观，都是以下述观念为基础的：一切历史变动的最终原因，应当到人们变动着的思想中寻找，并且在一切历史变动中，最重要的、决定全部历史的又是政治变动。可是，人的思想是从哪里来的，政治变动的动因是什么——关于这一点，没有人发问过。马克思主义的唯物史观正是在解决这个根本问题过程中确立的。马克思和恩格斯关于社会存在决定社会意识、关于社会生产方式是社会存在和发展的基础、关于生产力归根结底是决定社会发展的最终力量，等等，就包括对社会发展中因果关系的揭示。

当然，社会领域是人的领域。人的行为是有意识的，而且每个人都是按照自己的意志活动的。但这不能成为社会中不存在因果关系的理由和根据，因为人的行为的目的性是就个人而言的，至于这个行为在整体社会行为中造成什么后果，并不是任何个人意志能决定的。恩格斯说，从马克思的观点看，整个历史过程——指重大事件——到现在为止都是不自觉地完成的，也就是说，这些事件及其引起的后果都是不以人的意志为转移的。历史事件的参与者要么直接希求的不是已成之事，要么这已成之事又引起完全不同的未预见的后果。这说明，当个人有意志的行为融入社会后，它就会在社会众多力量的碰撞中被组合为另一种力量。这种合力是一种客观力量，它是由个人力量的集合，但不是诸多个人意志的组合。人们常说历史会开玩笑，本来要进这个房间却走进了另一个房间，指的就是这个意思。

马克思和恩格斯对问题的分析非常注意它的因果关系的分析。恩格斯在《德国农民战争》中就很注意对农民战争原因的分析。他明确指出，当时德国的政治制度，反对这一政治制度的武装起义，以及当时那个时代的政治和宗教的理论，并不是当时德国农业、工业、水陆交通、商业和货币流通所达到的发展程度的原因，而是这种发展程度的结果。恩格斯是应用唯物史观关于经济和政治的关系来分析这种因果关系的。马克思的天才著作《路易·波拿巴的雾月十八日》对拿破仑第三政变的分析，是对历史中因果关系分析的典范之作。当人们对政变感到愤怒、惊异而不可理解时，马克思在他的著作中，使人们看到了法国阶级斗争是如何把一个平庸可笑的人物变为所谓英雄的。正如恩格斯说的，马克思以“二月事变”以来法国历史的全部进程的内在联系，揭示了 12 月 2 日的奇迹就是这种联系的自然的和必然的结果。

因果律对历史是非常重要的，但因果联系只是整个世界各种联系的一部分。因果性不等于必然性，偶然性同样是有原因的。因此，有必然的因果关系、有偶然的因果关系，而且原因本身是多种多样的，并不都具有同等的重要性。我们并不把因果分析作为历史研究的唯一方法，但无论如何历史研究中不能否定因果分析问题，像当代西方某些历史哲学家所主张的。古代有个哲学家说，找到一个原因胜似一顶王冠。我们在历史研究中，在探索历史之谜中，必须注意因果分析。不回答为什么的科学研究是没有价值的。从历史研究中排除因果关系等于取消它的存在的必要性。

关于克娄巴特的鼻子的争论

法国著名思想家布莱斯·帕斯卡尔说过，克娄巴特的鼻子若短一些，整个世界的面貌会不同的。克娄巴特是公元前1世纪时的埃及女王，是眼如秋水、鼻梁高挺的绝世美人。她先是被恺撒迷恋，为达到自己的政治目的而与恺撒结盟，后又与安东尼结合。在安东尼与屋大维的战斗失败后，克娄巴特自杀身亡。究竟如何评价克娄巴特？她的美貌究竟起多大作用？她是作为埃及女王，利用她纵横捭阖的才智还是仅凭女色？这些问题尽可以争论，但人们感兴趣的不是克娄巴特的鼻子，而是她的鼻子有没有决定历史的作用。这就是历史学家争论不休的偶然性的作用问题。

英国历史学家伯里1913年发表过一篇文章题目就是《克娄巴特的鼻子》。他通过这个事例着意鼓吹历史并不是由因果关系系列决定的，而是由偶然的、两个或更多的没有关系的原因决定的。每个原因都是独立的，因而是偶然的。如果在历史的考察中我们只停留在历史的表层，这种类似的例子可以不断举下去。希腊国王亚历山大被他的宠物猴子咬了一口，于1920年死去时，这个意外事件引发了一系列事件。据说丘吉尔说过，25万人死于这只猴子的“咬一口”。也有人说当年如果德国不许列宁过境去俄国，就不会发生十月革命。其实，如果只着眼于偶然，我们必将陷于历史的迷宫。只在偶然性中打转转，历史是不可理解的。

历史本身当然存在偶然性。认为凡是已经存在的东西都是必然的说法是宿命论的，是对历史的嘲弄。我们根据什么断定哪些现象是必然的哪些是偶然的？根据就在历史本身。凡是历史过程自身不可避免的，它出现和存在的根据在于历史自身的本质原因就是必然的，凡是其存在和出现的根据不在历史过程自身而是由非本质的原因决定的就是偶然的。例如，克娄巴特是否美，对于历史而言是偶然的，历史本身并不存在要求她必须是美人这种必然性。世界上的美人何止成千成万，即使在当时的埃及亦复如此，并非任何美人都能对历史起作用，世界上多少美人长在深闺无人识，老死民间一辈子过着平平常常的日子。美，只能是个条件，绝非最重要的原因。克娄巴特的作用决定于她是埃及女王，是掌握政治和军事力量的当权者。她的美也许成为恺撒和安东尼迷恋她的原因，成为安东尼在亚克兴战役失败的一个因素，但决定性的是经济和军事力量的对比。当然，在历史中偶然性是有作用的，它可以加速或延缓历史进程并对历史打上特有的烙印。如果一切都是必然的不可避免的，偶然性不起作用，历史便会被神秘化为由天命支配的过程。事实上历史充满各种不确定的偶然因素，周期越长偶然性越多，但在历史发展的长河中，在历史中最终起决定作用的物质资料生产方式、生产力、阶级利益，总是以各种方式发挥它们的作用。正如十月革命，它的爆发决定于俄国的社会矛盾，而不是列宁个人。列宁是在革命风暴已经来临之后回国的。即使德国阻止列宁回国，也不可能阻止俄国爆发革命。当然，列宁是否回国对十月革命的面貌和特色会有不同的影响，但俄国的革命迟早会到来的。以为没有列宁，俄国就不会有革命运动是一种唯心主义幻想。我们无法断言，没有列宁是否会产生另一个同列宁一样的人物，因为历史不可能为这种假设提供试验，但可以肯定的是，俄国会发生无产阶级革命，革命一定会推举自己的领袖，而这个领袖一定会有才能领导革命，否则革命会失败。革命如果失败，在革命再度兴起中会重新挑选领袖。世界历史上还从来不存在始终没有领导者的革命，只要存在革命形势和要求，就会涌现出组织者和领导者。从这个意义说，并不是列宁创造了革命，而是革命创造了列宁。

历史上类似克娄巴特的鼻子之类的问题俯拾即是，你可以说，西施的美貌决定吴国的灭亡，武则天的美貌使她得以代李显自立。只有撇开她们所处的政治经济环境，撇开各种力量对比，把她们看成孤立的个人，而且把美看成她的唯一特性，才能得出这种结论。实际上，在整个历史中，一个女人的美，在历史的各种因素中的作用是微小的。历史是一个整体，把历史中的各种因素当成一个独立的因素，都各有其存在的原因，都存在着可以以不同方式出现的偶然因素，这种偶然因素可以出现也可以不出现。历史并没有决定吴越之战中必定有个西施，也没有规定初唐必然会出现武才人。在历史中必然性同样是通过偶然性起作用。灭吴后夫差的意满自得、沉迷声色，使得越王的美人计得以奏效，可没有勾践的卧薪尝胆、十年生聚十年教训，光靠美人计是不足成事的。历史中美人计不少，如勾践者有几人？至于武则天的称帝得力于她的打击门阀贵族提拔普通地主，壮大自己的政治基础。如果仅仅是美，可以当皇后却不可能成为政治强人。历史证明，凡属侥幸得遂偶然成功者都不可能持久。偶然性对历史作用大小正负，取决于它在何种程度上表现必然性。

关于克娄巴特鼻子的问题的争论，从中国文化传统看还有其特殊内容，这就是女人亡国论或女人祸水论。其实外国君王暂且不论，从中国的封建王朝看，君王好色是名正言顺并由制度保证的，封建君主后宫粉黛成群是合理合法的。只要社会矛盾还未激化，无内忧外患，国运昌隆的时候，君主好色不仅没有亡国，还被视为风流韵事广为流传。清王朝的末代君主比起他们的先祖不见得更沉迷女色，可风光不再，国弱民穷。唐末诗人李山甫的《题石头城》说："南朝天子爱风流，尽守江山不到头。总是战争收拾得，却因歌舞破除休。"这只讲了个历史的表层现象。由祖先在战场上拼杀挣得的江山，最后总是在歌舞升平纸醉金迷和沉湎女色中断送，这在历史上是常见的，但这种历史现象背后的最深层原因是内外矛盾的激化和政权的腐朽。当北方的政权以一种新的勇猛姿态南下时，倚恃长江天堑偏安的政权必然是身死国除。统一是中国历史的大势，凡企图偏安割据者无论是否沉湎女色最终是支撑不住的。当然，君主沉湎女色会影响政治生活甚至危及其统治，但这是各种综合因素中的一个因素，并不是唯一的更不是决定性的因素。

社会进步中的曲线

自然的发展是进化，它是生物在适应自然中使自身更适于生存。社会的发展是进步，它是作为人的存在方式的社会更适于人的生存和发展。但社会的进步不同于自然的进化，正如马克思说的，社会进步这个概念绝不能在通常的抽象意义上去理解。社会进步是曲折的，这种曲折性有多种方式。

可以表现为生产方式更替的长期性和反复性。当一种新的生产方式取代旧的生产方式时，往往要经历反复的前进与后退，甚至多次复辟与反复辟的过程，如今有的人不愿听，以为是陈词滥调，可事实如此。在历史的变革中，没有一种生产方式不是经过多次失败、错误和反复才确立起来的。在西方，资本主义战胜封建主义并最终确立它的统治花了几百年。我看社会主义的反复性和曲折性会更大，因为这种变革的阻力和深度更大，而且即使新制度代替了旧制度，还会存在很长的并存时期。在俄国农奴制颠覆后的半个世纪，俄国农村仍有不少农奴制残余。美国在废除黑奴制度后过了半个世纪，黑人往往还处在奴隶状态。这种新制度中的旧制度的残余的存在，几乎是所有生产方式变革中普遍存在的现象。所以马克思说，历史是公正的，经过许多阶段才把陈旧的形态送进坟墓。

也可以表现为进步中包含退步。从社会形态在社会发展的系列看它处于更高阶段，可是由于阶级的剥削和对抗，社会进步往往处于矛盾中。对一个阶级是好事的对另一个阶级可能是坏事，一个阶级的任何新的解放，可能是对另一个阶级的新的压迫。这样，社会在总体上是进步的，但又不断出现前所未有的新问题，这些问题的出现使人们对这种进步感到不满，使一些社会改革家、理论家们在寻求新的出路。

社会进步的曲折性问题，表现了社会发展的规律性问题。社会发展没有自己预定的既定目标，社会不会自动朝尽善尽美的目标前进。社会的进步本是人对自身生存条件改善的要求，社会本身有规律而无目的。我们不能说，原始社会就以进入奴隶社会为目的，封建社会以资本主义为目的。目的是人的活动范畴，目的是人为自己的活动规定的行为趋向。人的目的能否实现，决定于主体在何种程度上符合客观规律。列宁说过，客观世界走着自己的路，人的实践面对着这个客观世界，在实现目的时会遇到困难，甚至碰到无法解决的问题。还说，人的目的是客观世界所产生的，是以它为前提的。社会领域同样如此，社会发展有规律并没有目的，是人把对社会规律的认识转化成自己的目的，并在实践中逐步达到自己的目的，因此在已经逝去了的现实即历史中凝结着人们活动的目的。

人的行为的目的，当它表现为关于未来的追求时就是理想。理想有个人的理想，有阶级的理想，一个先进阶级的理想总是一种社会理想，即符合社会进步方向的理想，而当个人的理想与先进阶级的理想一致时，个人的理想就是一种社会理想，如革命者的理想。社会理想的本质就是对发展中出现的严重社会问题的不满，力图改变现实，可是没有任何现实与理想完全一致。例如，资本主义启蒙学者的理想，是建立一个自由平等博爱的理性王国，可实际上资本主义胜利后，建立的却是一个充满非正义和极端不平等的社会。商业日益变为欺诈，博爱变为竞争中的蓄意刁难和嫉妒，贿赂代替暴力，金钱成为权力的第一杠杆。总之，同启蒙学者的华美诺言比起来，由“理性的胜利”建立起来的社会制度和政治制度竟是一幅令人极其失望的讽刺画。社会主义革命中也会在不同程度不同范围出现理想与现实背离的问题，可是社会总是进步的，不管资本主义社会与启蒙学者的目的与理想的差距多大，新的资本主义制度比起封建社会的制度要进步要合理。马克思和恩格斯对资本主义的历史作用还是充分肯定的。

但资本主义社会终究是社会进步中的一个环节，它的进步中包含着退步，而这种消极的不合理的现象随着社会发展不断恶化，终于要引发社会主义的变革。社会主义革命的理想就包含对资本主义社会不合理的现象及其原因的清除，可这个清除也是一个艰苦的长期的过程。

社会主义革命中也会存在理想与现实不完全符合的问题。为社会主义事业而献身的烈士们，在战场上在刑场上怀着的理想是崇高的，憧憬是无比美好的，但在胜利以后的现实并不是事事理想的，现实与理想的差别甚至背离随处可见。社会主义社会也会存在贫困，存在穷人和富人，存在可能违反社会主义人道主义、违反法制的不合理的非正义现象，存在冤案错案，存在受屈者的血和泪。至于吸毒、卖淫以及犯罪现象也在不断滋生。可是与资本主义社会相比，社会主义终究是历史的巨大进步。一切不合理、一切委屈、一切令人愤慨和不满的现象，会在实际的过程中逐步得到克服和昭雪。社会主义社会中不是一切现象都令人满意的，但社会主义力求使一切都做得更好。社会主义社会中的消极现象原因是多种的，有的是社会生产力不发达造成的，有的是旧社会的遗留，有的是特定条件下重新滋生的，这一切会在建设中国特色社会主义过程中逐步克服。马克思主义者提倡理想，但不是空洞的乌托邦主义者，我们不可能做到社会主义革命一旦胜利一切都能十分美好，但我们并不因此就为一切腐朽落后的东西辩护。凡存在都是合理的，不是马克思主义的观点。任何对现实的丑恶现象无动于衷的人不是马克思主义者，但因此而对社会主义丧失信心，也不是马克思主义者。我们坚信，社会主义一定会比资本主义美好，历史前进的步伐不管多么艰难，历史的进步是不可阻挡的。为争取社会主义胜利而牺牲的人数是任何资产阶级革命无可比拟的，他们建立的应该是充分吸取资本主义社会成果而又远远高于资本主义的社会。

全部人类的历史都表明，社会的进步是曲线的。人类在实现自己的目的和理想的社会活动中，尽管许多现象并不是人类所期待和追求的，许多丑恶现象的出现是违背活动主体的初衷的，但社会条件本身决定它的出现是不可避免的。人类在每一次大的社会变革中都会逐步解决历史遗留的问题，可是在解决旧的问题后又会产生新的问题。人类历史的进步总是在解决问题中前进的。人们常常把合规律与合目的的统一作为人类历史发展的特点，应该说，这个特点体现的是人的主体性与客观规律性的结合，但人类永远达不到合规律与合目的的完美的结合，人类在任何一个时候都有个未知领域，都有盲区。历史进步是无止境的，共产主义只是阶级社会中人类的最终目标，而不是整个人类发展的最终目标，它代表的是人类阶级社会历史的结束，而不是人类历史的结束。恩格斯说："历史同认识一样，永远不会在人类的一种完美的理想状态中最终结束；完美的社会、完美的'国家'是只有在幻想中才能存在的东西；相反，一切依次更替的历史状态都只是人类社会由低级到高级的无穷发展进程中的暂时阶段。"① 任何时代的人类都只能完成自己时代提出的任务和实现历史蕴含的可能性，没有任何时代的人能为整个人类历史规划未来。人类发展没有最终目标，永远处于螺旋式的上升过程之中。

① 《马克思恩格斯选集》，2版，第4卷，216～217页，北京，人民出版社，1995。

中篇

历史的道德评价

在很长一段时期，无论是中国还是西方，都把历史看成是王朝更替和帝王将相的军事政治活动的历史，历史学只是对这些活动的记载。由于人们着眼的是历史活动中帝王将相的功过是非和品格，因此道德评价处于主导地位，历史活动变为人们实践某种道德原则的活动，而历史书变为以某种道德原则评价历史人物的道德教科书。人们对历史借鉴作用的强调，也往往是从政治道德的角度说的，强调治国为政的道德原则。所谓孔子著《春秋》乱臣贼子惧，讲的就是以封建道德原则为尺度对人物的评价。道德史观是一个时期的主要的历史观。

道德可以用来评价人的行为，是人的行为评价的尺度，但不是社会历史发展评价的尺度。历史活动是多方面的，把眼界仅仅局限在政治军事活动中，是一种由特定条件决定的狭隘的历史眼界。历史是以物质生产为基础的包括经济、政治、文化、军事，以及人们日常生活的多方面的过程，总之，包括人类的全部活动。把这个复杂的多方面的过程塞进一个道德原则的框框之内，是不可能做出正确的判断的。恩格斯说过，愤怒出诗人。愤怒在描写社会道德的堕落和社会弊端时是有用的，但道德的愤怒不能加深我们对社会的认识。由于社会活动的多面性，不同领域可以有不同的标准，例如衡量文学成就与衡量政治成就不一样，衡量军事成就与衡量哲学成就不一样。如果我们把社会作为一个总体，衡量阻碍还是推进社会发展的尺度，应该以是否有利于社会进步和生产力的发展为标准，而不是少数人的更不能是被历史淘汰的人的道德情绪。单纯的道德尺度是不可靠的，因为阶级社会中道德标准是不同的。社会发展和变革，往往是对一向被视为神圣的东西的亵渎，被认为是道德沦丧。马克思在《道德化的批判和批判化的道德》一文中说过，一切发展，不管其内容如何，都可以看作一系列不同的发展阶段，它们以一个否定另一个的方式彼此联系着。比方说，人民在自己的发展中从君主专制过渡到君主立宪，就是否定自己从前的政治存在。任何领域的发展不可能不否定自己从前的存在形式，而用道德的语言来讲，否定就是背弃。因此，在社会发展中，许多现象在拥护变革者看来是道德的，而反对者则认为大逆不道，今不如昔。道德的评价的主体性、相对性是很明显的，特别是社会大变动时期，阶级关系和利益的大调整更会引起不同的道德评价。人们只要回想一下清王朝灭亡后民国初年甚至以后更长一点的时间的那些遗老遗少那些保皇派们的道德愤怒就可以悟出这个道理。

以道德为尺度，必然停留在动机领域，按照人的动机来区分为人的好坏，可历史的发展并不是按道德规则进行的。历史的悲剧是经常发生的，被认为道德高尚而结局悲惨的人在历史上是常见的。以道德为尺度不可能正确认识历史的动力和尺度。恩格斯在批评旧唯物主义的历史观时说，它按照行动的动机来判断一切，把历史人物分为君子和小人，并且结论照例认为君子是受骗者，而小人是得胜者。旧唯物主义由此得出的结论是，在历史的研究中不能得到很多有益的东西；而我们由此得出的结论是，旧唯物主义在历史领域内背叛了自己，因为它认为在历史领域内起作用的精神动力是最终原因，而不去研究隐蔽在这些动力后面的是什么，这些动力的动力是什么。事情很显然，在所有动机包括伦理动机背后，都有其深刻的物质的经济的动因，尽管并不是所有当事者都清楚地意识到这一点，但这并不能说明伦理动机是人的行为的最终动机。

道德是变化的。要把某种道德树立为普遍尺度，它必须是普遍的共同的不变的。可世界上哪有这种不变的道德尺度呢？如果非得要找出这种尺度，那只能以是否符合所谓永恒不变的人性为尺度。有的学者以公平、正义、自由等为尺度，认为这些反映普遍的人性要求。可在阶级社会中，不同阶级对这些原则的理解是截然不同的。我们以公平为例。究竟何谓公平，是竞争中机会均等的公平还是结果的公平呢？资产者说资本主义是最公平的，我出资本得利润你干活拿工资，工作越好工资越高，再公平不过。可有觉悟的工人说，资产者无偿占有工人的劳动，不劳而获是不公平的。在英国古典经济学家看来，土地占有地租、资本占有利润、劳动占有工资是公平的，可马克思主义推翻了这种理论，创立了马克思主义的劳动价值学说。有的学者说，社会主义就是市场经济加公平，这种说法有可能把本来可以通过经济形态分析的社会发展阶段问题（如生产力的水平、所有制和分配的性质、剥削关系和两极分化的状况、共同富裕的程度等）推向道德和价值领域。有人根据此定义说，西方才是真正的社会主义社会，它们的社会富裕和社会保障体系比我们健全。这当然不会得到多数人的赞同，可由于对公平的看法不一样，还很难反驳。

正由于普遍的道德尺度只能以抽象的人性为基础，因而是不可能的，因为这个永恒不变的人性同阶级的现实存在之间的矛盾是非常明显的。各阶级有自己的衡量标准，如果以人性为标准，必然提倡超阶级的尺度，可历史上从来不存在这种尺度。在阶级社会中，阶级的存在是现实的存在，这种存在是一种任何人都能感受的甚至直观的经济存在。单独的个人可以超越自己的经济存在，从自己本来的阶级中游离出来，可任何一个阶级是不可能超越自己的经济地位的。哪个阶级都不会以与自己的阶级特性相对立的人性为尺度来衡量历史和现实。如果倡导普遍人性，肯定会把自己的阶级性冒充为普遍的人性，这种人性的尺度背后掩盖的是阶级尺度。

这当然不是说，道德在历史研究中是无用的。我们反对的是以道德作为历史评价的尺度，而不是反对从一个侧面对社会历史现象的道德评价。事实上，一个社会，道德状况是其中很重要的方面。当一种新的生产方式处于上升时期，相应的社会道德比起被推翻的社会道德面貌肯定进步，可是当这个社会的生产方式开始腐朽，社会矛盾尖锐时，社会风气和道德状况会趋向恶化，从而引起人们的道德愤慨。这种道德愤慨背后，实际上是包含着对社会经济和政治制度的不满和抨击，不过不是以经济和政治的语言，而是以道德的语言。恩格斯曾以奴隶制为例：当奴隶制处于稳定上升时期，没有人说它不道德，没有人说它是不公平不正义的，相反认为它是天经地义的，包括当时一些大哲学家都赞美奴隶制。当人们从道德上予以抨击时，表明奴隶制度已开始没落。因此一个真正科学的理论家应该把道德上的愤怒看成是象征和症状，而不是看作原因，特别是要善于区分道德评价中的保守主义和革命主义。在社会前进和激剧变革中，所谓人心不古、世风日下的道德考语，往往成为拒斥变革的饰词。

至于对伟大历史人物的评价，也不能是纯道德的评价，而应考察他们的历史功绩，考察他们是推进还是阻碍历史的进步，而不能以抽象的忠奸善恶道德规范为尺度。谁要提出“玄武门之变”李世民杀建成元吉是否符合道德、燕王朱棣的“靖难之役”取代建文帝是否符合道德之类的问题，只能表明其历史观仍处于封建伦理的范围内。事实上对封建统治阶级的内部斗争应该跳出父子兄弟夫妇的伦理范围，以他们的历史功绩为尺度。以封建伦理为尺度评论是非曲直，迂腐之极。当然，这并不是说任何时候对历史人物的道德评价都是不必要的。例如，明成祖处死方孝孺株连九族残杀无辜显示了他的凶残，方孝孺虽然恪守的是封建正统观，但他不趋炎附势不畏强权视死如归的个人品格和气节还是值得称道的。这就是说，历史人物的评价不能是简单的成者为王败者寇，而应该有分析，要分清功过的主要的方面、次要的方面，要承认政治上的进步和道德上的欠缺可能同时并存。对人的评价本来是复杂的。马克思在评论路易·波拿巴的政变何以得逞时，就包括道德评价，揭示出这个人的流氓无产者的品格，是个“白天想事晚上干”的阴谋小人。马克思不是孤立地进行道德评价，而是结合他的政治活动来进行评价，相得益彰，从不同的角度揭示出这个人的面目。

人的宗教崇拜与当代的追星族

崇拜，具有时代的、民族的特性，它可以是一种宗教情感，也可以是一种时尚，例如，我们这里流行过的或还在流行的追星族。

人的崇拜似乎是一种完全发自心灵的情感，是内心的激动与信仰的升华。其实，只要仔细考察，完全可以发现这种情感的现实基础，即崇拜者对崇拜对象的依赖关系，没有依赖就没有崇拜。只是时间久远，代代相传，崇拜者与被崇拜者之间的关系变得模糊不清，好像是一种与生俱来的感情。例如，中国人特别是汉族崇拜黄河、长江，这是因为它们是母亲河，是农业民族的生命之源。没有水，就没有我们的生存和发展。对黄河、长江的崇拜，是对水的崇拜，是对农业的命脉、对我们自身生命依赖物的崇拜。

图腾崇拜也是如此。几乎一切民族，无论是文明的还是欠发达的民族，在原始时期都存在过图腾崇拜，即把某种动物或植物视为与自己有血缘关系的祖先。人们对本民族的图腾的自觉崇拜已经达到无以复加的境地，图腾被作为房屋、器皿、武器的装饰，甚至作为文身的图案。任何人，如果残杀或损害被作为图腾的动植物，就会受到最严厉的惩罚。这种崇拜绝不是偶然的，它反映特定部落人群对这种动植物的依赖关系。恩格斯说过，人在自己的发展中得到了其他实体的支持，但这些实体不是高级实体，不是天使，而是低级实体，是动物，由此产生了动物崇拜。为什么最初的宗教崇拜多是崇拜自然？为什么一个民族和部落生活其中的特定的自然条件和自然的产物，会被搬进自己的宗教，成为崇拜对象呢？当然是由人对自然的依赖关系决定的。没有依赖就没有崇拜，而没有生存需要就没有依赖。

如果说，最早的崇拜是人对自然的崇拜，包括图腾崇拜和表现为自然力的风、雨、雷、电、山、河、日、月诸神的崇拜，然后逐步产生人对人的崇拜。但最初的人对人的崇拜是神人崇拜，即对能征服自然灾害有利于人类生存的人物的崇拜。这些人，实际不是人而是已被神化或传说中的英雄。例如，中国传统文化中的神农氏、燧人氏、有巢氏以及射日的后羿、治水的大禹，等等。这种崇拜同样是与人的生存息息相关的，是对为人兴利除害的人的崇拜。这种崇拜也不是超功利的纯粹的信仰。

当进入阶级社会，出现了国家和手握重权的统治者，人对人的崇拜具有明显的阶级的政治的色彩，这种崇拜是英雄崇拜。这里所说的英雄分为两种，一种是手握权力作为权力化身的帝王将相，崇拜他们，本质上是崇拜权力，这是一种敬鬼神而远之的崇拜，与其说是崇拜不如说是恐惧、敬畏。一切君权神授论者都极力宣扬对权力者的崇拜，作为巩固统治的一种理论的和心理的支柱。另一种是对在各个领域中对历史对人民确有贡献的人物的崇敬，包括英雄崇敬和名人崇敬。例如，中国人对孔子的崇敬，对屈原、杜甫、李白、岳飞、文天祥的崇敬，等等，这是出自内心的、非强制性的崇敬，是人们对为后代留下宝贵的物质财富和精神财富、为后人创造更好的生存和发展条件做出突出贡献的先人的无上的敬仰。

人是要有所崇敬的。例如，我们对历史上的英雄人物，对在各个领域中为中国人民做出贡献、为子孙后代造福的人物为什么不可以怀着特别的崇敬？崇敬历史上的有成就的卓越人物就是尊重自己的历史和传统。数典忘祖是民族虚无主义。我们同样应该崇敬为中国人民解放而英勇斗争的老一辈无产阶级革命家特别是其中贡献最大的卓越人物，我们应该崇敬各行各业对祖国对人民有着卓越贡献的专家和模范。我们反对的是个人迷信。个人迷信是属于宗教崇拜的范围，因为崇拜者完全失去了自我意识和自我的独立性，从精神上成为被崇拜对象的奴隶和附属物。相反，对历史杰出的人物的崇敬，是崇敬者从被崇敬对象的成就、人格和实践中，受到教育、启发和激励。这种崇敬不是降低了自我而是提高了自我。个人迷信在苏联和中国都发生过。个人迷信是造神运动，把领袖人物神化为凌驾于全党之上全民之上具有超凡入圣能力的神人，这种超越理性的过度的崇拜已经转化为对被崇拜者的迷信。这种崇拜（个人崇拜）是有害的，它窒息广大干部和人民的创造精神和创造力，从制度上和心理上拆除了防范破坏民主集中制、破坏法制、个人专权的一切屏障。只有从思想上制度上破除个人迷信，才有可能纠正个人迷信造成的错误。

破除个人迷信和与个人迷信不可分的教条主义和思想僵化，是我们改革能迈开步伐的重要一环，也是我们思想理论领域中的重大收获。但我们也应该看到，有些人主要是年轻人走向了另一个极端——什么也不崇敬、什么也不信仰，这就是所谓信仰危机。说什么都不崇拜并不确切，除开崇拜金钱的拜金主义外，疯狂地崇拜流行歌星、影星的所谓追星族的存在，说明这些人不是没有崇拜，而是有很深的很热烈的甚至可说是疯狂的崇拜。对有成就的歌唱家和演员的崇敬本身不能说错，我们这里说的是追星族，即对一些流行歌星和演员的无限的迷恋，达到废寝忘食、如醉如痴的地步。他们不能正确区分社会的分工和各行各业的特殊作用，不能区分各种人物的独特贡献，把自己心目中某一个歌星或影星置于一切人之上。这是一种变相的个人迷信，是一种没有政治色彩的个人迷信。就崇拜者与被崇拜者的关系看与个人迷信是一样的，追星族同样失去了自我，降低了自身的价值，把一切最美好的东西都转移到对象上，制造了一个虚假的存在。这大都是一些中学生，年轻、幼稚，还不成熟，涉世未深，正处在情感的躁动时期，随着文化水平的提高和生活经验的积累，这种狂热会降温。可是我们应该看到，这种无信仰的信仰、无崇拜的崇拜对中学生的成长和培养不利，我们应该进行教育和引导。

历史感和现实感

西方有的学者把历史学区分为思辨历史学和批判历史学，认为历史学经历过从思辨历史哲学到批判历史哲学的发展，即从探讨规律到探讨历史学的认识能力自身。这种发展表明历史哲学的研究重点从历史本身转向历史研究的主体，即从被认识的客体转向认识者本身。不可否认，这种转向中存在着历史认识的某种进步，但是如果片面强调这一点，贬低所谓思辨历史哲学，赞扬批判历史哲学，否定历史对规律的探求的可能性和必要性，这实际上是在历史学中宣扬不可知主义和主观唯心主义。特别西方有些学者把马克思的历史唯物主义与黑格尔、孔德都列在一起视为思辨历史哲学，着意混淆两种历史观的界限。事实上在马克思的历史唯物主义中既有对规律的探求，也有对社会历史认识方法和历史评价问题的研究，所以马克思的历史唯物主义本质上是历史本体论和历史认识论的统一，它包含规律、方法和价值，完全克服了思辨历史学和批判历史学的抽象对立。

历史学当然要研究规律，而规律离不开历史事实。没有事实，就无所谓规律。可究竟什么是历史事实？这是一个争论不休的问题。自然界的事实是客观的，它是物质的可感触的可验证的实存，而历史似乎只有价值而无事实。即使是史料也是由人记载的，所以怀特海说：理论是建筑在事实之上的，但反之有关事实的报道又是彻头彻尾被理解的解说所统摄着的，而非仅仅是赤裸裸的数据而已。其实岂止历史事实可以这样说，我们对当前正在发生的事都有不同的看法，可我们能说当前正在发生的事没有事实而只是一些不同的看法吗？不能。看法是对事实的不同的看法，而不是由看法形成不同的事实。

任何人都生活在现实世界之中。只有变为死人才变为历史的一部分，因此历史是死人的世界，是过去了的人生活过的世界，但历史是曾经活着的人生活的世界，是真实存在过的世界。研究历史，不是研究死人，而是研究过去活着的人曾经生活过的真实的世界，这个历史上的真实世界同样是客观的世界。当然，历史事实不同于自然科学的事实，自然科学以物质运动为对象，而历史研究是以历史上的人的活动为对象，但不能说，成为历史就不再是事实。我们可以说历史是事实，是最客观的真正的事实，因为凡是成为历史的都是过去了的不可改变的。一个人的历史如此，一个民族、一个国家的历史同样如此。能改变的是对历史的看法，而不是历史本身。历史事实不是心理的而是实实在在的，它是人的活动的凝结，是被对象化的现实。历史记载可能失实，可能被歪曲，但可以通过各种考证包括地下发掘予以不断纠正。在历史研究中，心理因素是应该考虑的，特别是对事件影响重大的历史人物的心理活动，但不是凭空考虑，它应该依据文字记载和实际活动的结果予以分析，而且心理因素不是最终的，而只是导向历史深处的入门。如果以心理性格的分析考察代替历史的分析，以主观动机代替历史事实，只能是唯心主义的。历史事实是不能改变的，认为历史只是历史学家根据自己掌握的材料对过去生活的重建，这不是历史学，而是文艺创作。把斯巴达克写成无产阶级起义的领袖，把斗牛士写成奥林匹克运动员，这是文学而不是历史，而且是蹩脚的文学，因为它没有历史的依据，缺乏历史真实性。

历史事实是客观的。历史规律存在于历史事实中。所谓历史的教训，所谓历史的经验，指的就是对历史规律意义的把握。如果历史没有规律，如何接受教训呢？当然历史有规律和能不能达到规律性的认识是不同的。在很长一段时期人们对社会历史的认识是不科学的，除了生产关系的狭隘限制了人们的眼界外，关键是个历史观的问题。表面看来历史认识是否正确是无法验证的，因为历史是个别的不再重复的。这种说法似是而非，其实衡量历史认识的标准存在于现实之中。历史中具体的人物事件虽然是不可重复的，但历史中许多现象，如生产力和生产关系、阶级、战争、革命、杰出人物等都是历史中最常见的，因而对历史的评价和对现实的评价有共同点。我们可以把对现实的认识具体地有分析地运用于历史，例如对历史人物功过的评价总离不开他对国家和民族的贡献，是促进还是阻碍历史的进步，对一个阶级和所有制的评价离不开它对生产力的作用，如此等等。哪些历史上的杰出人物为子孙后代景仰，哪些历史罪人为后人所诟病，判断标准与衡量现实人物大致类似。

对历史研究要有历史感和现实感。历史感就是历史的真实性，当然不是细节的真实性，而是对关键性的情节和规律性的把握。恩格斯称赞黑格尔的思想有历史感，讲的就是他的哲学思想以唯心主义方式反映了人类历史的发展进程。把今人的思想挂在古人名下，或按照当代人的观点重建历史，都是违背历史事实，这就是缺乏历史感。历史是有时空限定的，某种事件、某种类型的人物、某种运动，只能发生在特定时间和地点，它有独特的风格、语言和色彩，这才叫历史。当陈寅恪先生说，所谓真了解者，必神游冥思，与立说之古人处于同一之境界，而对其持论所以不得不如此之苦心，表一种之同情，始能批判其是非得失，而无隔阂肤廓之论时，讲的也是历史感。对历史问题的考察，必须把它摆在特定历史时期中来考察，脱离了历史的背景，就是不可理解的。

可历史研究又要有现实感。现实感是指历史研究者总是站在自己的时代，用自己的眼睛观察和解读历史，为现实的需要研究历史。在这个意义上，克罗齐说的一切历史都是现代史，有其合理的一面。如果对当前的现实不感兴趣而专注陈年旧事，这是历史癖而不是历史学。为了过去而研究过去没有价值也没有立足点，我们并不是为了解过去而研究过去，而是为了了解现在而研究过去。如果对历史的研究无助于了解现在，这种研究是不必要的也是没有任何意义的。马克思和恩格斯的历史著作如《路易·波拿巴的雾月十八日》、《德国农民战争》等无不如此。历史的功能正在于了解现在，了解现在的社会政治制度是如何形成的，了解我们的现在是如何从过去演变来的。离开了中国的历史就没有当代的中国，我们的优点和缺点，长处和短处都与我们的历史不可分。我们是站在把握现在的立场来理解历史的。当然历史的现实性不能变为影射史学，尽管历史不会重复，但历史现象会不断表现某些相似点。按照某种需要突出相似点而进行简单的历史比附是影射，而站在当代人的立场，用当代人的视角，对历史进行科学分析，从中引出有益于正在活着的人应该如何生活的结论，这才是历史的现实感。

历史的现实感也是历史学的价值。历史学的功能不仅仅对于历史工作者、档案和文献专业学者，而且对于一切能对人生进行思考性的观察的人都是有益的，它能扩大个人的视野。人的生命有限，而历史研究可以克服个人生命的局限，无限延长人的生命，使人的视野可以扩展到个人从未经历的时间和空间。任何个人仅凭个人有限的生命都无法理解宇宙规律，必须借助人类的力量。龚自珍说的“出乎史，入乎道，欲知大道，必先为史”就包含这个道理。它还能丰富人的知识和智慧，读史可以使人明智。个人的知识是有限的，历史使我们把全人类的知识、智慧和经验变为我们自己的。研究历史就是与古人对话、与世界其他国家和民族的人民对话。它还具有道德教化与人格培养作用，历史是一部永远读不完的人生教科书。它有许许多多的故事和人物，有顶天立地的男子汉，也有奸诈卑鄙的小人。历史与现实的最大不同之处是，历史是公平的而现实往往是有缺陷的，现实往往要变为历史公平才会到来。哥白尼几百年后才平反，“文化大革命”中遭受冤屈的人往往是死后昭雪。历史的判决才是真正的判决。相信历史，就是相信正义终归战胜邪恶、真理终归战胜强权。“风物长宜放眼量”，毛泽东的这句诗，就是一部历史和人生的教科书。

对历史的研究必须有历史感和现实感。没有历史感，历史就没有真实性，是虚假的历史，对历史的研究应该尽可能按照历史事件的本来面目去认识，即把历史事实放在特定的历史背景下来考察，这种历史才有较高的可信度和真实度；而没有现实感，就没有历史研究的目的性和针对性，是没有意义的历史。我们不能只强调历史的真实性，沉浸于历史的考据；也不能只强调历史的现实性，离开历史的真实性，把历史的意义和价值抽象化绝对化。我们不赞同把所谓思辨的历史与批判的历史绝对对立起来。我们既要探讨规律和历史的真实性，又要研究把握历史规律的途径和方法并理解历史研究的意义和价值。

历史感与现实感的问题并不只适用于历史研究，事实上对任何现实问题的考察都应该是既有历史感又有现实感。所谓现实问题的历史感，指的是对任何问题的考察，都必须把所研究的问题放在特定历史条件下来考察，像列宁说的，在分析任何一个社会问题时，马克思主义理论的绝对要求，就是要把问题提到一定的历史范围之内，而且对任何问题的分析应该进行历史的分析，即它是怎样产生、怎样演变的，这样才知道，它从何处而来向何处而去，过去如何、现在如何、将来如何。还是列宁说得对，考察每个问题都要看某种现象在历史上怎样产生，在发展中经历了哪些主要阶段，并根据它的这种发展去考察这一事物现在是怎样的。马克思和恩格斯在《共产党宣言》中对资产者和无产者的分析就是一种历史的分析，从发展过程中分析了这两个阶级是如何产生、如何演变到当时的对立状况，指出现代资产阶级本身是一个长期发展过程的产物，是生产方式和交换方式的一系列变革的产物。他们对资产阶级的评价也是历史的，肯定资产阶级在历史上曾经起过革命的作用，资产阶级在它的不到一百年的统治中所创造的生产力，比过去一切时代创造的全部生产力还要多，还要大。可是，马克思、恩格斯对资产阶级的历史性评价不会成为对资产阶级无条件的赞扬，就在于他们是立足现实，从历史分析中引出符合历史规律、符合无产阶级利益的结论：随着大工业的发展，资产阶级赖以生产和占有产品的基础本身也就从它的脚下被挖掉了。它首先生产的是它的掘墓人，资产阶级的灭亡和无产阶级的胜利是同样不可避免的。现实的分析以历史为依据，充满历史感；对历史的分析立足于现实，充满现实感。历史与现实的结合，是马克思主义方法论的一个特点。

历史必然性与三角形的证明

马克思和恩格斯说过一段很有意思的话：证明历史必然性不可能像证明两个三角形全等那样快；历史必然性只有经过研究和全面的论证才能得到证明。的确，人类发现历史存在必然性经历了长期的摸索过程，而且就某一历史事件而言，要发现和证明它的必然性同样要经过多少年的努力，远比学生证明两个三角形全等要困难得多。

无论在西方还是东方，人们很长一段时期，不知道历史必然性，可是凭经验和直觉人们感到冥冥之中有种力量在支配，西方称为逻各斯，中国称为天命，称为数。例如孔子说：道之将行也，命也，道之将废也，命也。天命论很长一段时期是中国占主导地位的历史观。当然，在中国哲学中，也有一些进步思想家，赋予时和势以客观必然性的色彩。例如，王充说世之治乱，在时不在政，国之安危，在数不在教。至于王夫之更强调势，把势看成一种必然性，认为势者，事之所因，顺而不可逆、不容违阻。只有顺必然之势才符合理，即符合规律。但是在中国哲学史上，对于历史必然性的认识仍然是比较抽象比较含糊，这不难理解，因为当时从整体看，还没有产生唯物主义历史观，关于时与势的问题只能是一些合理的猜测和抽象的表述。

天命观，在西方是很有市场的，因为西方长期受宗教统治，上帝和神的观念是根深蒂固的。黑格尔以绝对观念作支柱表述的历史必然性观念，本质上也是一种变相的天命观，不过由于他的体系的深邃睿智博大精深，包含许多天才思想，人们不再专注他的绝对观念的神学框架，而是进入到他的思想深层，发现历史辩证法和唯物史观的萌芽。马克思曾批评黑格尔的拙劣模仿者普鲁东，说天命是一个火车头，用它拖普鲁东先生的全部经济行囊前进远比用他那没有头脑的纯理性要好得多，还说：天命，天命的目的，这是当前用以说明历史进程的一个响亮字眼。其实这个字眼不说明任何问题。

马克思主义历史观的最伟大贡献，就是彻底反对一切神学的、唯心主义的历史观，从历史自身发现它的规律。正如恩格斯说的，历史事件似乎总的说来同样是受偶然性支配着的，但是，在表面上是偶然性起作用的地方，这些偶然性始终是受内部隐蔽着的规律支配的，而问题只是在于发现这些规律。马克思和恩格斯可以说是以毕生精力从事历史规律及其在资本主义社会发展中的表现的研究，并教导无产阶级政党善于利用规律并为实现历史规律的要求而努力奋斗。

这可以说是生命的艰难之旅。从马克思和恩格斯登上历史舞台到马克思晚年的人类学笔记对东方发展道路的探索，到恩格斯晚年的关于历史唯物主义的通信，都在探讨历史的必然性和人的行为选择性问题。马克思和恩格斯发现了历史发展的一般规律，即人类直接的物质生活资料的生产，从而一个民族或一个时代的经济发展阶段构成社会的基础，人们的国家设施、法的观点、艺术以至宗教观念是以它为基础的，应由这个基础得到解释，而不是相反。马克思在《〈政治经济学批判〉序言》中对人类社会的结构及其变化的规律，对社会经济形态的更替进行了概括。由于剩余价值的发现，还发现了现代资本主义生产方式和它所产生的资本主义社会特殊的运动规律。为了论证这些规律，马克思和恩格斯以毕生的精力从事历史和现实的研究，特别是对资本主义社会的经济的研究。

问题不仅在于理论论证，要在现实中证明这些规律更为困难。迄今为止，人们对社会规律的认识还是处在并不发达的阶段，真正能称为社会规律被反复证明了的东西并不太多，但不能因此就否认社会发展存在必然性问题。例如，当代社会发展的走向是向社会主义发展，这就是规律，尽管马克思主义关于社会主义必然代替资本主义的规律，在西方资本主义社会未实现，在俄国已经实现又出现反复。俄国 80 年的历史存在的曲折，表明历史规律的证实同样是要经历艰苦的过程，因为规律是被抽象出来的，可实际历史过程存在多种因素的作用包括偶然性的作用，存在不同的阶级和集团的斗争，存在不同的人物，因而规律的实现会呈现出反复性和多样性。但是，只要是规律性的东西迟早会被人们的行为实现的。邓小平在著名的南方谈话中说，封建社会代替奴隶社会，资本主义代替封建社会，社会主义经历一个长过程发展后必然代替资本主义。这是社会历史发展不可逆转的总趋势，但道路是曲折的。资本主义代替封建主义的几百年间，发生过多少次王朝复辟！所以，从一定意义上说，某种暂时的复辟也是难以完全避免的规律性现象。一些国家出现严重曲折，社会主义好像被削弱了，但人民经受锻炼，从中吸取教训，将使社会主义向着更健康的方向发展。邓小平对历史必然性怀着坚定的信仰，这对我们很有教育意义。无论社会主义代替资本主义的历史必然性的实现存在多大曲折和困难，我们都必须坚定地信仰这种必然性，因为中国历史证实并将更加证实这种必然性，而且世界历史也将以不同方式和途径或迟或早证实这种必然性。

历史必然性问题可不同于数学定理。证明三角形全等表明人类对数的规律性认识的进展，会受到人们的赞扬。可历史必然性问题涉及人们的利益，由于利益不同，会存在两种完全相反的意见。毫无疑问，马克思主义关于历史必然性的观念是一种科学理论，同时又具有价值性，它表现了马克思主义着力为无产阶级和劳动人民的解放寻求客观的历史依据。列宁说过，马克思竭力去做的只有一件事：通过精确的科学研究来证明一定的社会制度的必然性，证明现有制度的必然性，同时证明另一制度不可避免地要从前一制度生长出来。马克思主义关于社会主义产生的必然性与合理性，正是以此为依据的。马克思主义并不否认，科学社会主义理论包含价值性，它关于社会主义的自由、平等、人权、人道、公平、正义，无论就其性质和目的而言，都是以社会主义自身的客观必然性为依据的。马克思主义反对把社会主义变为单纯的价值取向，因为社会主义一旦离开它的客观必然性变为价值观念，就会变为一种道德理想，变为纯粹的人的目的追求，从而丧失它的客观必然性和现实性。可以说，不承认必然性就没有科学社会主义学说。

明白这一点，就可以明白为什么资产阶级和他们的学者们都反对历史必然性的观点，特别是反对马克思主义所揭示的有关资本主义社会结构和矛盾运行规律的理论。承认这条规律，等于承认资本主义制度的暂时性和必然被社会主义所取代，这可是关系到资本主义社会生死存亡的大问题，关系到资本主义社会中处于主导地位的阶级的利益问题。几乎所有的资本主义的维护者们都攻击马克思主义关于历史必然性的观点是宿命论、机械论或什么什么论，其背后一个根本原因，就是不承认自己的社会有一天会被另一个社会所代替。人们读一读布热津斯基的《大失败——二十世纪共产主义的兴亡》就会明白这一点。

即使是仿佛超越于阶级利益、党派利益之上的所谓纯学者，在当代世界关于历史必然性的问题上的态度不可能是不偏不倚的，而是与他们对社会制度的选择不可分的。人们从卡尔·波普尔、拉卡托斯等人批判历史必然性的观点中也可以看出这一点。历史必然性问题不仅是科学问题，同样是个价值问题，这就是历史必然性的证明比两个三角形全等的证明困难的原因所在。两个三角形全等被证明后可以不触犯任何人的利益，而历史必然性的证明则不同，所以它会一再发生争论，直到遥远的未来。

超越个人生命的局限

人作为生命个体，时间是有限的。人活七八十年或百年，总归是有限的定数。人生命的界限，把人的个人的生命体悟和经验局限在个体自身，可人又是时间的超越者，即能够超越自己生命的界限。我这里不是说人是有意识的动物，具有想象和思维的能力，即使处于斗室之中，也可以上下五千年任凭思想飞翔，这只是一种想象中的超越。我讲的超越是实际的超越，即人凭借历史的经验，可以进入任何一个时代的个人都不可能再度进入的已经逝去的时间。人生短促，亲见亲闻是有限的，而对历史的理解和把握使人置身于时间的长河之中，置身于已经逝去的世界之中。可以说，历史能打破个人的有限的时间和地区的界限，使他获得一个宽阔的眼界，这就是历史的眼界，这种历史眼界是任何人单凭个人的经历无法达到的。

历史的确是一部内容丰富的百科全书，它包括人类的全部活动和经验，人们可以从不同角度不同方面来解读并从中得到教益。汤因比说过，历史知识乃是一张告诉我们哪里有暗礁的海图，如果我们有胆量使用它，历史知识就可以变为力量和救星。当德里达说哲学只是历史的“夹注”和“眉批”时，也的确说出了一个真理，因为哲学就其存在方式而言是个体的，是某个人的哲学，可就其经验而言是群体的，它是人类的实践经验的概括和升华，因而哲学智慧就本质而言是一种历史的智慧，是人类历史智慧的结晶，它涵盖的历史过程的经验越长，哲学中所蕴含的智慧越多，越是超越个人生命的局限。

人是不可能摆脱历史的，都生活在历史的影响之中，即生活在传统的影响之中。摆脱历史意味着没有传统，没有传统意味着没有“根”，没有生命经验的积累。美国学者罗洛·梅在批评美国当代社会价值危机时说，我们今天的痼疾之一是在相当程度上失去了与过去智慧的创造性联系，他由此得出结论：历史乃是我们社会的躯体，我们生活、运动、存在于其间，切断自我与历史的联系或认为它无关紧要，就像说“我的身体已逃之夭夭”一样不合理。离开了历史，个人就断绝了与过去、与未来、与人类的联系，被封闭在个人有限的生命之中，这种生命的有限才是真正的有限，因为他无法越出有限生命的界限，正如停电时被紧闭在电梯里一样，除了有限的四壁对外界一无所知。

马克思主义关于社会发展的观点，仅凭马克思和恩格斯个人的经历是不可能概括出的，它是对历史的总结，而且不是一小段时间的历史，往往是一种社会形态的历史甚至更长时间的历史总结。历史规律是大尺度的历史阶段的规律。唯物史观所揭示的规律，都是支配历史过程的长时期起作用的规律，是对相当长的历史事实的概括。例如，对社会进步的看法没有历史的考察是不行的，个人局限于自身的短暂的存在，往往体会不到这一点。基于个人经历的信念是可以变化的，信仰是会动摇或放弃的。有位学者说，人在童年时期是现实主义，青年时期是理想主义，中年时期是怀疑主义，老年时期是神秘主义。这种说法不一定科学，但从一个侧面反映了个人经历的局限性。

历史的整体则不同，它超越个人生命的局限。历史不是悲观主义的、不是神秘主义的，历史以它坚实沉重的脚步向进步的方向迈进，历史的进步，就存在于历史的纵向发展之中。尽管历史充满了盛衰浮沉曲折倒退，但却存在着一种总的进步的趋势。已经逝去了的个人看不到未来，可以对未来抱悲观主义态度；但每一代人都可以看到过去，刚刚逝去的过去，对早先逝去的个人说则是他们的未来。人们都能由此体会到，历史并不会因为某个人的悲观而止步，每代人都可以从历史跳动的脉搏中听到历史前进的步伐声。科学技术的发展，人们驾驭和调节自然力量的增强，社会文化的进步，人的地位的逐步改善，表明历史是由专制向民主、野蛮向文明前进的。历史进步的信念来自历史自身。局限于个人的有限的生命历程，可以是历史悲观主义者，可是着眼于历史过程自身就会是个历史乐观主义者。“历史是曲折的，前途是光明的。”这既是历史观，又是历史自身的真实。

人应该从历史中吸取智慧。历史的提示，历史的经验，可以化为人类认识的智慧。据传说，唐朝郭子仪盖汾阳王府时，每天到工地转转，再三吩咐工人要保证质量不要马虎，木工回答说，王爷请放心，我们祖孙三代造王府，只见府第换主人，还没见过府第倒塌的。郭子仪听了，默不作声地走开了，从此再不到工地去了。他大概是把历史的经验变为自己的人生体悟，懂得金玉满堂，莫之能守的普遍世态。《触龙说赵太后》中记载的左师触龙，劝说赵太后以长安君为质以换取齐国出兵的理由，就是以“今三世以前，至赵之为赵”的经验证明，“位尊而无功，奉厚而无劳，而挟重器”是不能长久立足的。只有这个历史的经验才说服了“明谓左右：‘有复言长安君为质者，老妇必唾其面’”的太后。

历史是进步的，历史同样表明历史进步是没有终结的。在历史中没有到达顶点的社会，没有尽善尽美的人，没有一成不变的思想体系。某个时代的某个人可能会把自己所处时代的事物或观念凝固化，可在历史长河中一切都是流动的可变的。变化的观念是历史的观念。历史自身就包含变化，没有变化就没有历史。罗素说，历史使人们认识到：在人类的事务中，是没有终点的，不存在可以达到的静态的尽善尽美和不能再高的智慧。还说，历史学所能够做和应该做的，不仅是要为历史学家而且要为所有那些受过教育而且有开阔眼界的人，表现某种精神气质，即关于当代事件及其过去和未来的关系的某种思想方法和感觉方式。从历史中吸取的方法和智慧，远非个人的生命体悟所能比拟。以史为镜，才能突破个人人生周期短暂的局限。

历史的进步往往表现为长江后浪推前浪，表现为王朝盛衰兴亡，表现为豪门大族的衰落与更替。“旧时王谢堂前燕，飞入寻常百姓家。”虽然“乌衣巷口”的夕阳掺浸着几分诗人的惋惜或无奈，但从历史自身看，应该把这看成历史的必然，是社会进步的外在表现。对于个人、对于家族，这种变化也许重要，可对于历史是并不重要的。历史并不会为某一人、某一家而哭泣，历史最重要的是迈着雄壮的步伐踏着落伍者的尸体前进。凡是历史上存在过的都必然逝去，凡是逝去的都变为历史。如果执着于个人的生命体悟，往往把个人的消逝和王朝的更迭放在首位，产生“青山依旧在，几度夕阳红”，“西风残照，汉家陵阙”的历史凄凉感，忘记了历史人物和王朝的兴衰在历史进步中曾经起过的重要作用。从个人有限的生命观照历史，往往容易把历史的是非功过、伟大渺小，一概看成被大浪淘尽的泡沫，随着个人生命的结束而终结。所谓古今多少事，都在笑谈中。是是非非一笑了之。这不是从历史的进步和发展观察历史，而是从个体生命的存在与消失来考察历史。用有限的生命小尺子度量历史，必然如此。

人的生命是短暂的。它不仅要借助历史回溯以往，也要借助历史展望未来。未来，对于现在而言是未存在的，正如过去对于现在已经成为非存在一样，人们每时都处于现在之中。人类如果没有历史和历史感，正如个人没有记忆一样。忘记了过去，不理解现在，更不知道未来，可对人类而言，历史学不仅是关于过去，而且包含理解现在从而合理推测未来。例如，对新中国成立前近百年历史的研究，可以理解中国何以没有可能成为一个资本主义的中国而是成为一个社会主义的中国，何以要经历很长的社会主义初级阶段，并且能理解何以在中国不可能走西方的道路，只有社会主义才能救中国。不懂中国历史，就不懂中国的现在和未来。我们的智慧不够，应该求助于历史；我们关于中国问题解决的智慧不够的话，应该多研究中国自鸦片战争以来中国的历史。一百多年来中国人民的奋斗历史蕴含着中国前途和命运问题的解答。

超越个人生命的局限，绝不是超越个人生命的实践，个人的生命实践是不可超越的。历史就是全体的生命之流，是由每一个生命活动构成的。我们倡言，超越个人生命的局限，正是把整个人类实践作为个人智慧的取之不尽的宝库。越是突破个人生命的局限，越能体会历史的整体智慧；越是把握历史的整体，越能突破个人生命的局限。个人的生命周期是有限的，但包容每个个人的历史整体是无限的。“吾生也有涯，而知也无涯”的矛盾，个人的智慧的短缺，可以由人类不断的连续过程的积累来解决。

类与社会

不能用考察物的方式来考察人的本性是完全正确的。不能把人的本质归结为人的抽象普遍性，而应该从人不同于其他动物的生命活动特点来把握人也是非常深刻的论断。可是如果认为类和类本性是表现人的本质的最科学概念，我倒有点异议。我以为，类与类特性并不是用来描述人的专门术语，更不用说最正确的用语，不见得说人是类或类存在就是哲学思维的升华，因为所有动物物种内部都存在个体和类的关系。马克思关于这一点说得很清楚。马克思说，一个种的全部特性，种的类特性就在于生命活动的性质，而人的类特性恰恰就是自由自觉的活动。这就是说，任何动物中都存在个体与类的关系，不同的是人的类特性即人的生命活动方式是劳动或者说是自我创造。正因为如此，动物的类与个体是同一的，或者像马克思形象的比喻：一窝蜂就是一只蜂。可人不能说整个人类就是一个人，除非把人看成与其他动物一样是自然存在物，完全着眼于人的生理构造而撇开人的生命活动方式才能得出这个结论。只要从人的生命活动方式即劳动的角度来理解人，必然要超出纯粹个体与类的关系而进入个人与社会的关系。从类和类存在升华为社会和社会存在物才是真正的马克思主义的唯物史观。

费尔巴哈的局限正在于他停留在个体与类的范围来考察人。在德国古典哲学中，运用个体和类的概念，最突出的是费尔巴哈。类这一概念在费尔巴哈哲学中占有特别重要特别突出的地位，它不仅是费尔巴哈批判宗教、阐述自己无神论的思想，也是整个费尔巴哈哲学的核心。没有类概念就没有费尔巴哈的人本主义哲学。在费尔巴哈哲学中，类与个体是相对应的。在他看来，人就其感性存在方式而言是个体，是感性对象，可感知的实体，每一个个体都是我，是主体，可人不仅是我，在我之外还有你，类这个范畴就是用来概括所有个体的整体。可以说，个体是整体的部分，而类是部分的整体。脱离类的个体，或排除个体的类都是不存在的。而人的本质，就是人作为类的本质，是类本质。这种类的本质应该是个体的共性——这种共性只能是人作为生物体的共性——即自然性，因而是把所有个体联结在一起的自然纽带。

马克思在早期著作特别是手稿中运用过费尔巴哈的类、类本质、类生活的范畴，但含义不完全相同。马克思也说，人是类存在物，因为无论在理论上或是实践上，人都能把自己的类或对象的类作为对象，即人有意识和自我意识，因而能意识到你与我同属一个类，也能意识到对象的类即把握对象的共同本质。另外马克思特别强调实践，说人是类存在物，因为人通过实践为自己创造了一个对象世界即改造无机界，所以这一点证明人是有意识的类存在物（即不是无意识的如其他动物那样的类存在物）。至于类本质，马克思强调的是，人的生命活动方式不同于一般动物，人的类本质是人的自由自觉的活动即劳动。马克思说的其他动物的类的延续是通过交配与生殖，而人的生命延续即类的生活是通过劳动，所以劳动这种人的生命存在方式也就是人的类生活。

尽管马克思在《1844 年经济学哲学手稿》的第一、第二手稿中关于类、类生活、类本质的概念不同于费尔巴哈，但仍然没有摆脱费尔巴哈的影响和痕迹。在第三手稿中，马克思又从个人与社会的关系来考察人，强调个人是社会存在物，应当避免重新把社会当作抽象的东西同个人对立起来。个人的生命表现即使不采取共同形式，仍然是社会生活的表现和确证。因此，人的共同体是社会，人类的存在的方式是社会而不是类。离开社会，类就是一个纯生物学的概念。尽管在马克思和恩格斯的后期著作中也偶尔使用类的概念，例如说在阶级社会中类的发展是以牺牲个体的利益为代价的。其实，这里所说的类的发展，就是以统治阶级为主导的社会的发展，这也就是他们经常说的剥削者和被剥削者、统治者和被统治者利益矛盾的另一种说法，而不是认为存在一种超越阶级利益对立之上的所谓

“人”(类)的发展。

或许人们会说，人难道不是类吗？当然是，我们经常说人类。人是一个类。当说人是类的时候，我们是把他作为无差别的共同物对待的。任何人都是人类的一分子，因此只有从人的生物学本性来考察人、研究人，类才是有意义的。所以，在划清人与动物的界限时，人是作为整体来思考的，人的类本质，就是人不同于一般动物的本质。可当进入到社会历史观时，类的概念的局限性是很明显的，因为类强调的是个体的同一性，可人不仅存在生物学上的类的同一性，而且在社会生活中存在着由社会生活造成的社会差异性，因此真正认识人，必须把人从个体与类的关系变为个人与社会的关系，进一步把握人的社会本质，这就是马克思关于人的本质在其现实性上是社会关系的总和的著名论断。不能说，人的类本质是永恒的，而人的社会本质是暂时的。实际上，人的类本质与人的社会本质是结合的不可分的。当把人这个类与其他动物的类相区别时，要考察人的类本质，当考察人与人的区别时必须考察人的现实的社会本质。以劳动作为生存的方式可以把人与动物区分开来，但不能把人与人区分开来，不能把不同时代和社会制度下的人区分开来。要区分人，要区分这部分人和那部分人，在阶级社会中要区分人的阶级性，在无阶级社会中也应该考虑到不同的人在社会生活中的不同状况，他们在生产关系中的不同地位，即把握构成特定人群借以生存的各种社会关系的总和。人永远是一个类，是包括每个个体的不同于其他动物的一个类，它具有生物学的共同性，但只要人是人，人永远是现实的人，永远是处于一定的社会关系之中，因此，作为类的人表明的是人的生物学特性，它并不能揭示人的本质。从类的角度来看待人与从社会的角度来看待人是迥然不同的。

从类的角度看人，强调人的同一性。所有的人都是人，都是一个类即人类，我们每个人都是人类中的一个个体。这样，我们每个人的差别只是生物学的差别，像当代生物社会学家强调的，人的一切差别根源于基因的差别。从社会的角度来看人，看到人对社会关系的依赖性，从而看到人的差异性。离开了人的社会性，资产者和无产者、奴隶主和奴隶都是人，可从社会制度和他们在社会关系中的地位着眼，他们是资产者和无产者、奴隶主和奴隶。马克思说过一段有名的话：棉纱就是棉纱，只有在一定条件下才是商品；黑人就是黑人，只有在一定生产关系下才是奴隶。所以从类的角度看人，除了男人和女人、黑人和白人即性别和种族的差异外是什么也说不出来的，它的最高的结论是：人就是人，如此而已。

从类的角度看人，必然强调所谓类的利益，即所谓人的共同利益。戈尔巴乔夫是以鼓吹全人类利益高于一切著称的，西方对这种自作多情的卖弄并不领情，照样把自己的阶级和国家利益摆在首位来决定自己的战略方针，把苏联东欧原社会主义国家纳入自己的体系范围。特别是在当今，类概念往往容易成为鼓吹全人类的共同利益高于阶级利益、高于民族利益的理论依据。我们并不否认，由于当今世界的科技的发展以及各种联系的密切，使得许多问题普遍化，涉及各国人民的利益。例如生态问题、核战争问题、能源问题、人口问题，成为世界性的问题。在以往局限于一个国家、一个地区或毗邻国家的问题，如今成为世界性的问题，成为与各国利益相关的问题，但这并不意味着各国利益是相同的甚至一致的，因为如何解决和对待这些问题是明显存在矛盾甚至斗争的。西方特别是发达国家都是把自己的国家和民族利益（本质上是处于统治地位的阶级的利益）放在首位。例如核的问题涉及全人类问题，但威胁来自核大国，主要是美国。美国以全人类的名义反对核扩散，可自己决不轻易削减核武器或者放弃核威慑。再如生态问题，发达国家特别是美国自己注意环保，可把“洋垃圾”甚至核废料运到别的发展中国家，把过时的污染的工业转移到别的发展中国家。人口问题是全人类问题，可美国以人权为名反对中国的计划生育，它究竟是要人口多还是要控制人口你无法弄清楚，只要对它有利别国的人口多少它并不在乎。人们只要不被抽象的类的观点所迷惑就可以看到，在这些所谓全球问题上利益绝非一致。这点并不奇怪，因为当今世界上，仍然存在穷国与富国，发达国家和发展中国家，资本主义国家和社会主义国家，经济利益和政治利益的矛盾是非常明显的，否则无法理解美国为什么遏制中国，处处为难中国。其实全球性问题与全人类利益，特别是与把全人类利益放在首位不能画等号。在当今，全球性问题往往成为联合国有关会议或者各种国际会议斗争的问题。除了通过斗争得到的某种平衡或妥协，我们还没有看到发达国家特别是美国在处理国际问题时主动把全人类利益放在首位的先例。

从类的角度看问题，把一切问题归结为人的问题，会掩盖一些问题的本质。妇女问题是人的问题，因为妇女是人；儿童问题是人的问题，因为儿童是人；老龄化问题是人的问题，因为老人是人。世界上没有非人的问题，只要是问题总是涉及人。这样提问题看问题，完全把社会问题变成一个抽象的人的问题。其实妇女问题就是妇女问题，它在不同的社会中有不同的内容和解决方式，正如儿童问题有自己特定内容和解决方式一样。马克思主义高于空想社会主义的地方正在于它把无产阶级的解放问题从抽象的人的解放问题还原为无产阶级的解放问题，变为通过取得政权，扬弃资本主义私有制，消灭阶级消灭剥削的问题。马克思主义也讲到人的解放问题、人的全面发展问题、人的个人自由和为一切人的自由创造条件问题，那都是在经过革命甚至流血革命之后的事，是在消灭阶级消灭剥削过程中逐步实现的。马克思主义最反对在保存剥削保存阶级条件下抽象鼓吹人的解放。这里的确有个看问题的思维方法问题。我们不能把一切问题抽象为人的问题，而要善于在所谓人的问题背后看到社会问题。

我以为唯物史观和类哲学是两种哲学。在一定范围内，例如，在人与动物区别的范围内，在体质人类学的范围内，在人的自然本性的同一性范围内，类是有用的概念。可如果把它提升为普遍的哲学原则，从类的角度看待人和人的一切社会问题，就容易违背初衷走向抽象的人本主义。

马克思主义人本主义化问题是个世界潮流，西方马克思主义学和西方马克思主义中存在这种倾向。苏联和东欧的马克思主义哲学也经历了几十年的人本主义化的过程。本来批评斯大林的某些“左”的错误，加强社会主义人道主义的宣传教育和实践是完全正确的，但他们抛弃马克思主义世界观，鼓吹抽象人道主义，在人的问题上把科学尺度和价值尺度对立起来。从价值的尺度看，人当然是世界最宝贵的财富，人最关心的最宝贵的当然是人类自己。在价值的尺度范围内，人类中心的思想是合理的，可是从科学的角度看，人要能在改造自然与社会中达到目的又必须以对象为尺度，正确处理人与自然、人与社会的关系，科学地摆正人在世界中的地位和作用，不能片面强调以人为中心，以人为尺度。在社会主义的本质问题上，我们也不能摒弃马克思主义科学世界观和历史观的基本原则，把社会主义变为自由、平等、博爱、公平、正义等一系列价值观念，从而使马克思主义和社会主义变为任何资产阶级人道主义和博爱主义都能接受的东西。这样做，表面上提高了人的地位，实际上由于不能正确理解人的社会本性和人在自然和社会中的位置，因而使得社会主义在实践中处于寸步难行的被动处境。所谓“人道的民主的社会主义”就是抽象人本主义的怪胎和产儿，它的最终结局是众所周知的。

我们在一段时期存在“左”的错误，特别是“文化大革命”时期对人的人格和尊严的任意践踏，因而使得哲学界更加重视对有关人的问题的研究，这是合理和必要的。可以肯定，随着建设中国特色社会主义事业的日益进展，关于人的问题，例如关于加强人的素质的培养、关于“四有”新人的塑造、关于社会主义人道主义的教育和宣传，特别是在社会主义市场经济条件下如何用科学理论塑造人培养人，会在哲学研究中处于更加迫切和重要的地位。但我们应该用马克思主义观点研究人，而不能用抽象的人的观点来解读马克思主义，把马克思主义关于无产阶级解放和人的全面发展学说都纳入抽象人道主义的框框之中。马克思在 1844 年 8 月 11 日给费尔巴哈的信中，把类的概念等同于社会主义，在《1844 年经济学哲学手稿》中，把共产主义理解为人的异化了的类本质向人自身的复归。后来在《德意志意识形态》、《共产党宣言》中，马克思和恩格斯把共产主义建立在唯物史观基础上而不是建立在人的类本性的基础上，把人的解放、人的全面发展、人的自由以及个人的自由与人类自由的关系，都放在社会形态的更替的范围内来考察，从而使一切有关人的问题的理解和解决都双脚立在坚实的基础上。

主客二分与天人合一

人是主体，作为人活动对象的世界是客体。当然，物体之间也可互为对象。马克思说过，一个存在物如果在自身之外没有对象，就不是对象性存在物，非对象性的存在物是非存在物。例如，植物和太阳可以互为对象，但这种关系不是主客体关系。因为，人与世界的关系不仅是相互作用的关系，而且是改造与被改造、能动与受动、意识与被意识的关系。人的实践的对象性活动的本性，使人永远指向世界，处于主体的地位。人也有受动的一面，特别是由于违背对象规律，更容易在世界面前陷于被动。但人的受动性是人的受动性而不是物的受动性，它是能动中的受动，这种受动性不会改变在人与世界的关系中人永远是实践的有意识的存在物这一根本事实。

人通过实践作用对象，通过意识把握对象，这种主客体关系在实际上是非常清楚的，可在哲学上变成非常麻烦的理不清的关系。人是以意识来把握世界的，只有当对象被意识到时它才能被意识。这样，两个具有物质性的存在物（人，同样是具有意识的实体性存在）的关系由于人的主体性似乎变为意识内部的关系，变为意识与被意识的关系。正是人与世界关系的这种特点，使从有哲学以来，主客体关系就成为一个至今争论不休的问题。各种各样的名目繁多的唯心主义，从主观唯心主义到客观唯心主义都批评唯物主义是主客二元论者，即把客体看成是主体之外，不依存于主体的机械唯物主义，是粗陋的唯物主义。他们是主客一元论者，在主客之间没有界限没有间隔，从贝克莱的“物是观念的复合”、“存在是被感知”，到休谟的“我们的唯一对象是知觉”、主客体都是“各种不同的知觉群”、“都是意识的要素，印象，观念”，都是如此。黑格尔也是这样，但他是从客观唯心主义的角度反对所谓主客二分。黑格尔不是把主体看作现实的人，而是看作人的抽象即自我意识；不是把对象看成实在的客体，而是看成自我意识的外化，或者说是被对象化的自我意识。这样，主客体关系无非是自我意识与自我意识设定的物性的关系。马克思批评这种主客体观点，是神秘的主体—客体，或者笼罩在客体上的主体性。黑格尔虽然也讲到自然，但只不过是绝对观念的注脚，这种自然界“对人说来也是无”。

在反对唯物主义的所谓主客二分时，一些人喜欢援引中国的天人合一。其实，中国的天人合一与西方哲学中的主客不分不能等同。中国的天人合一极其复杂，既有合理因素，又包含糟粕，关键是对天人的本性及其关系的理解。当把天理解为有意志的人格神、理解为世界的最高主宰，主张天人感应、天人相通，这是一种神学唯心主义；当把天看成道德本源，把知天尽心知性看成道德的最高境界，这是道德唯心主义；当把天理解为自然之天，主张“通天下一气”，具有唯物主义的因素。在中国天人合一的哲学中，真正具有唯心主义认识论特色，从人作为主体的角度反对主客二分，主张客体依存于主体的是很少的。庄子说过“天地与我并生，万物与我为一”的话，但他的重点是强调“我”的自然本性，即人是自然的一部分，我（人）与天地万物本质是一样的，都是自然之物。因此以人灭天，就违背天地万物包括人在内的本性。在庄子那里天人不分的境界，不是唯心主义认识论的境界，而是人的一种顺任自然的人生境界。所谓“忘己之人，是之谓入于天”，即是这个意思。西方哲学中的主客一体问题，提出的是认识论难题，它对于研究人的认识本质和人如何才能真实把握对象世界有意义；中国的天人合一提出的是人与自然的关系问题，客观规律与人的行为的关系问题，它对于人应该如何处理人与自然、人的行为与外在规律关系问题有意义。自然对人的影响是不言而喻的，它不仅影响人的生理也影响人的心理。人的身体的健康、内心的情绪的抑郁欢快都可能受季节或气候的影响。我们当代人可以从中国天人合一的哲学中得到正确处理人与自然的关系、改善人的生存环境的某些有益启示，但是我们应该站在当今马克思主义关于人与自然关系的高度来审视天人合一的理论，取其精华，去其糟粕，而不能用天人合一来解读马克思主义关于人与自然的理论，用小农时代的药方医治高度工业发展时代的疾病。这是做不到的，也是不可能的。

主客二分是不能取消的。世界是存在于人的意识之外、不依赖于人的意识的客观存在，而人的意识则是主观的，是对客观存在的反映，它不能离开人与人的大脑。主体客体是二，取消主客之分，实际上是取消世界的客观性，把世界变为主体的依存系列，这是根本不可能的。人所能面对的世界是人的世界，即包括人在内的世界。人的出现及人的实践活动使统一世界分为二，即主体与客体、主观世界与客观世界。这不是抽象的哲学问题而是客观现实。主客一元，只是一种学说而不是一种事实。当我们深入世界内部，存在物之间的差别就一清二楚。一种是物质和物质性现象，一种是精神和精神性现象。主客二分不是主客对立，二（主与客）是一（统一的物质世界）的二，一是包括二的一。否定主客二分，鼓吹主客一体只能是一种抽象的哲学议论，离开了纯思辨领域就寸步难行，因为任何实践和认识活动都是二分的，没有主体，没有客体，没有主客之分，任何认识和实践都无从谈起。完全停留在自我和自我意识的范围内，不超出自我范围的认识和改造活动是空话，是废话。

不少哲学家争辩说，我们并不是反对存在客体，我们反对的是主客二分，即把客体说成是主体之外不依存主体的。这是拜物教，是神秘主义，是愚蠢透顶的形而上学。不在意识范围之内你怎么知道它存在，既然知道它存在怎么可能不依赖意识，这是所有唯心主义一再重复的论据。不过有一点不同，以往更多求助于感官这个认识的通道，进入“我”的感官就是依存于“我”的。现在则更多是打着实践的大旗，依靠对科技与文化中介作用的曲解。

人与世界即主客之间存在中介。随着社会发展，人越来越不直接凭借感官来认识世界，而是存在日益复杂的中介系统。由于科技系统的介入，有人说世界是在科技作用下观察到的世界而非本来的世界，因此这个世界是依存于主体观察的世界。特别是文化的介入，人们是在不同文化背景下观察世界，观察到的是不同的文化背景下的世界。中国古代文化下的世界是天命论的世界，即具有意志的支配人的命运的世界；古希腊罗马哲学中的世界是原子的世界，是由原子组成的世界，等等。你看，列维·布留尔在《原始思维》中说到原始人对世界的看法时说，不管在他们的意识中呈现的是什么客体，它必定包含着一些与它分不开的神秘属性：当原始人感知这个或那个客体时，他是从来不把这客体与这些神秘属性分开来的。可见，没有客观世界，有的是在语言中、在思维框架中、在文化框架中的世界。主张存在客观世界是旧唯物主义。

其实，世界和如何看待世界是两个问题。世界的客观性问题，讲的是世界的存在及其规律的先在性问题，如何看待世界讲的是主体的认识问题。人对世界的认识，即在主体中被反映的世界，当然会受到人认识世界的一些中介如科技、文化的影响，但这种影响是属于认识范围，而不能改变客体的本性。“小时不识月，呼作白玉盘。”但这并没有使月亮真的变为白玉盘。中国诗词中关于月亮的描述汗牛充栋，但月亮仍然是月亮。我们都很熟悉苏轼的千古名篇《水调歌头》，可以说包含对月亮的多种认识形式。“明月几时有，把酒问青天，不知天上宫阙，今夕是何年”，气势磅礴，构思奇突，可是提出“明月几时有”的问题是属于宇宙论问题；“不应有恨，何事长向别时圆”属于文学问题，属于移情和拟人；“人有悲欢离合，月有阴晴圆缺，此事古难全”，属于辩证法和人生观问题。人们把握对象的方式的确是多样的。关于月亮有如此多的联想、问题，可月亮是同一个。美国的月亮比中国圆是笑话，可美国的月亮在某些人眼里可以比中国圆这却是真实的。

当然，人的认识于实际对象无所增减，可人的认识自身对对象的反映却有增有减。有的真实，有的不太真实甚至完全走样，这是认识的特点。不这样，认识就无真假对错的问题。可不能因此说，认识的多样性就是对象的多样性，并推出人在认识中重构对象而不是反映对象。说实在话，不管原始人如何认识对象，世界并没有成为原始人设想的神秘性质的世界，而只不过是他们把世界神秘化而已。把承认世界的客观性，变为主客绝对对立并称为形而上学，这并不奇怪。列宁早就说过，在唯心主义、休谟主义和康德主义的教授们看来，任何唯物主义都是形而上学，因为它在现象（为我之物）背后还看到我们之外的实在。

或许有人会说，这种争论有啥意思，完全是吃饱撑的。不能这样说。

表面看来这是个不会死人的纯哲学争论，可实际上它对实践和认识活动都至关重要。如果我们的世界是主客一元的世界，那世界的物质性问题、反映论问题、规律问题、真理问题都一笔勾销了。就拿从实际出发和实事求是来说吧，它既无可能，也无必要。因为依主体不同，事实就不同，没有同样的“事实”，如何求法？实事求是是辩证唯物主义原则，它以存在与思维的区别为前提，与主客一元是不相容的。不承认主客二分，就不可能实事求是。实事求是必须区分什么是客观固有的，什么是主体认识的局限或附加的。要实事求是，就是在认识中通过实践的检验和清洗，不断减少主体附加的东西，力求能比较真实地把握对象。人们很难一次做到完全客观地、全面地反映现实，但通过连续不断的过程，人们总是朝更客观更全面的方向前进。主体的作用是有助于我们更接近现实而不是隔断现实、远离现实。

王侯尚且忧贫，况编户之民

司马迁在《史记·货殖列传序》中说过：“夫千乘之主、万家之侯、百室之君尚忧患贫，而况匹夫编户之民乎！”这个话实在。连有千乘兵车的天子，有万家封地的诸侯，有百室封邑的大夫，都害怕贫穷，何况普通老百姓呢。只有白痴般的野心家才会说“宁要社会主义草，不要资本主义苗”这种热昏的胡话。

富比穷好，对个人而言如此，对国家而言也是如此。“礼生于有而废于无。故君子富，好行其德，小人富，以适其力。渊深而鱼生之，山深而兽往之，人富而仁义附焉。”司马迁这后一句话有毛病可挑。富不一定仁，为富不仁，在私有制社会是常见的，但这不是害怕富裕的理由。“仓廪实而知礼节，衣食足而知荣辱。”作为社会主义国家当然要发展经济，追求民富国强。

理论家非常乐于谈论人道主义。千百年来，人道主义是哲学与文学的重要话题。人们喜欢谈论人道主义，表明人们对现实中存在的非人道现象的不满，但是我们绝不能脱离经济制度的本质，脱离时代和文化背景抽象谈论人道主义问题。例如，以儒学为主导的所谓人道主义与西方文艺复兴开始的人道主义是不同的。儒家学说中的关于仁爱学说，关于己所不欲勿施于人等一系列规范是以血缘为纽带的自然经济条件下处理人与人关系的原则，因此它的人道原则不能超越自然经济的血缘关系，爱有等差，爱的程度以血缘关系远近为依据。正因为它着重人的血缘关系，是一种非市场的人际关系。而西方从文艺复兴开始的人道主义思潮，是与新的市民阶级的出现、商品生产的发展和市场经济代替自然经济相联系的。市场经济要求的是自由的劳动者，反对人身依附关系；要求平等的交换，反对特权；作为摆脱了人身依附的个人应该具有个人的人格和尊严。很显然，西方人道主义的兴起和自由、平等、博爱成为资产阶级革命的旗帜绝不是偶然的，它与资本主义私有制和市场经济的发展是分不开的。市场经济代替自然经济是社会发展中的巨大进步，而在意识形态领域，以自由、平等观念和关于人的人格与尊严的思想取代不把人当人的封建特权观念是思想的巨大进步。但是我们对资本主义市场经济以及与其相联系的自由、平等、民主、博爱的观念不能盲目崇拜，把它们奉为典范，而应该看到它们的不可避免的局限性。我们不能错误地理解马克思关于商品是天生的自由、平等、博爱者的论述，把具有特定内容的论断抽象为人道主义的普遍原则。

不错，在资本主义市场经济中，资本与劳动的关系是自由的。工人已摆脱封建的人身依附关系，可以和资本自由交换。只要一个愿买，一个愿卖，就可自由成交。而且由于经济自由，资本主义也可以给予工人以公民权。可是这种自由一实现就会转变为不自由，即为资本主义雇佣关系所束缚。至于平等，只是等价交换的平等。当平等关系确立之后，进入生产领域，即转变为剥削与被剥削的不平等关系。博爱表现为资本给予劳动者以工作，如果资本停止活动，工人就会失业就会饿死。从资本的角度看，这叫自由、平等、博爱；从劳动的角度看，这叫剥削和压迫。在资本主义社会可以看到一些真诚的人道主义者对人性和人的良知的呼吁，但实际上人与人的关系除了赤裸裸的金钱关系以外少有人间的温暖。资本主义社会除了把人道主义交给宗教、交给少数慈善家、博爱家以外，别无他法，因为资本主义社会就是这样的社会、这样的制度。我们不能期望在资本主义市场经济中人际关系充满人情味，也不可能期待资本主义社会的人际关系是一种人道的关系。

马克思和恩格斯批评资产阶级人道主义，并不是因为资产阶级提倡人道主义，而是因为资产阶级把资本主义市场经济中狭隘框架中的人与人的自由、平等的交换关系当成资本主义社会通行的普遍原则。事实上，在保存私有制、保存阶级剥削和压迫的条件下，人与人之间普遍的自由平等的人道关系是不可能建立的。一个处于被剥削被压迫贫困地位的阶级，不团结起来争取改变自己的地位，而向往抽象的人的尊严、人的价值、人的自由等空洞的议论，只能是永远处于奴隶的地位。许多人道主义的提倡者和鼓吹者也许怀着真诚的愿望，可是这种含情脉脉的温情，在统治者手中往往变为对群众的愚弄和欺骗。资本主义的历史证明，资产阶级启蒙者提倡的人道主义，他们关于人的价值、尊严，关于自由、平等、博爱的华美约言，在资产阶级胜利后，如果不是执着于抽象的形式而是从本质上看，都转向相反的方面。我们只要读读恩格斯《反杜林论》就明白这一点。恩格斯说：同启蒙学者的华美诺言比起来，由“理性的胜利”建立起来的社会制度和政治制度竟是一幅令人极度失望的讽刺画。例如，永恒的正义在资产阶级的司法中得到实现，平等归结为法律面前的资产阶级平等，被宣布为最主要的人权之一的是资产阶级的所有权，而理性的国家、卢梭的社会契约在实践中表现为而且也只能表现为资产阶级的民主共和国。

我们批评资产阶级的人道主义，绝不是在任何意义上反对人道主义，也不是否定和抛弃历史上人道主义者的成就。马克思主义主张社会主义人道主义，这种人道主义不仅仅是一种理论、一种学说，而且要求在现实的即人与人关系上建立一种人道的关系。这种关系既不同于血缘关系，也不是狭隘的市场关系，而是人与人的普遍的社会关系，因而它必然要求改变现有的经济和政治制度。很显然，这种人道主义只能从属于社会主义和共产主义。不实现社会主义变革，人与人的人道关系的普遍确立是不可能的。

我们应该正确理解市场经济与人道主义的关系，不能简单画等号，因为经济与道德是两个领域，各有自己的规律和尺度。等价交换是市场经济原则，但不能是道德原则。在道德领域中一切都以等价为原则，就会转化为非道德，而道德原则从本质上说是非等价原则，它包含对自我利益的某种制约和超越。用道德原则来衡量市场经济，把竞争、逐利、谋略、利润，当成非道德的而驱逐出市场经济之外，除了《镜花缘》里的君子国，世界上没有这样的市场经济。资本主义市场经济对资本主义社会的经济发展的推动作用是无可否认的。

这并不是说市场经济与人道主义的实现没有关系。很显然，人道主义问题不是经济问题，但不能脱离经济。经济的发展、生产力的进步有利于人与人之间建立一个比较文明、比较平等的关系。我们决不能为了抽象的道德原则来阻碍社会进步和经济的发展，但可以在社会进步和经济发展中使人与人的关系合理化。很显然，资本主义社会的市场经济条件下，人的自由度和各种权利是封建社会不可比的，这当然得力于比封建社会进步的资本主义经济制度和市场经济。社会主义社会也是如此，社会主义的优越性来自社会主义的基本制度，但社会主义市场经济使这种优越性更易发挥。很显然，社会主义的社会成员在市场经济体制下将会比计划经济体制下有着更多的自主决定的权利。

随着经济领域中改革的深化，政治改革也势将必行，这种改革必将有利于提高人民的地位，从政治上保证切实落实人民当家做主的权利。在人类生活中，市场是重要的，我们可以以人类的自我保健事业为例说明这一点。古代人，懂点医学是用以防身的，是为自己或家人保健的，以医为业的很少。可在市场经济条件下，办起了各种医院，医院的兴起和其他分工一样，是生产的发展和社会需要。医院的直接目的是谋生，是获取金钱的一种方式，而不是爱。这是一种进步，因为基于爱而为家人、朋友治病范围是有限的，而医药事业的职业化、市场化对人类的好处是显而易见的，它使能看病的人增多，有可能使医疗事业成为全民的事业。这是个了不起的进步。

在阶级社会中爱是不可能普及的，而通过市场变为商业则可能使更多的人享受到社会进步的成果。即使是我们的古人也并不一味反对市场，你看《管子》中有篇文章对于市场说过一段很深刻的话，说市者可以知治乱、可以知多少，无市则民乏矣。可见，对市场的作用还是有认识的，这点不像老庄。当然，当医疗职业化、商业化后，如何保持爱心，把医疗职业视为仁术，发扬人道主义精神，真正救死扶伤，是个需要很好解决的问题。在资本主义社会的市场经济中这是个无法解决的大问题，有钱可以得到很好的医疗照料，而无钱则可能求医无门。资本主义采取医疗保险的方式解决这个矛盾。这是个市场化的方法，这比依靠慈善事业是个进步。社会主义国家中同样会存在这个问题。我们医疗的社会主义人道主义本质和医疗的市场化之间的矛盾、医学伦理和市场经济规律的矛盾也会随着医疗市场化程度提高而突出。这个矛盾不可能指望依靠人道主义原则来化解，而只能通过提高人民的收入和承受力、依靠社会保险事业、增加国家医疗事业的投入才可望解决。而这一切又有赖于生产力的发展和整个国家综合国力的增强。市场经济不是以爱为纽带而是以货币为纽带的关系，但有偿服务得到的高质量服务会胜过抽象的爱心。人们越富裕，服务越周到，越是按市场规则办事，彼此相“爱”可能越深，越彬彬有礼。老百姓不富起来，手中没有钱，即使住在济贫医院、慈善医院、博爱医院或者什么什么医院，也是“爱”不深的。这个道理古人都明白。他们教诫人们说，不要藐视财富，而要防止贪婪。物质极大丰富之后，我们就会生活得愉快而自由。没有钱花的人既不自由，也不会风度翩翩。我们反对拜金主义但决不能反对富裕。

贫穷不是社会主义。邓小平这一论断是千真万确的。生产力不发展，物质不丰富，人们为最必需的生活资料而争夺时，是很难产生爱心的。安贫乐道对个别人是可能的，作为社会的普遍道德则是不可能的，也是不足取的。富裕和文明、贫困和野蛮是互生的。除了眼泪以外一无所有的人道主义，往往沦为自作多情的空话。当然，仅仅是生产发达、人民富裕还是不够的，还必须有教养，有道德，有社会主义人道主义精神。如果见钱开眼，除了钱之外，六亲不认，不以病人为亲人，那同样是可悲的。正因为如此，我们决不脱离经济制度和生产力发展抽象谈论人道主义，但也不把人道主义问题仅仅归结为经济问题。我们应该在发展经济的同时，加强社会主义道德教育包括社会主义人道主义教育；反过来，以此来规范人们在社会主义市场中的行为，促进经济发展。

老百姓不是零

所有的历史唯心主义者都夸大伟大个人而否定群众的作用。他们把普通百姓比作零，是虚数，而把英雄人物比作一，是实数。只有在零前放上一，才能使零有意义，否则永远是零。这种看法不是偶然的。因为在历史前台发号施令的的确都是帝王将相，都是伟人，谁知道历史上存在哪个普通老百姓呢。老百姓在历史书中可以是零，可在历史的事实中绝不是零，而是在历史的合力中起作用的集体性力量。没有老百姓，社会就不可能存在和发展。在考察英雄人物与群众的关系时，我们不能把英雄看成一，把群众看成零，而要把英雄看成伟大的个人，把老百姓看成由普通个人组成的群众。他们之间的关系是个人与群众的关系，而不是一与零的关系。

在任何国家，英雄人物终究是少而又少的，而群众是多而又多的，他们是一与千万、亿万之比，决定胜负的力量在哪一边是非常清楚的。如果英雄是真正人民的英雄，与人民站在一起，就是一个伟大人物与千百万群众的力量合在一起，这个力量当然是无与伦比的。如果英雄脱离群众甚至压迫群众，那就是一个人与千万、亿万人民为敌，从长远来看力量对比是清楚的，最终失败的肯定是这个所谓英雄。其实道理很简单，真正支撑社会的存在和发展的——从供应吃喝到当兵打仗哪一样不靠普通群众。英雄的作用是倡导组织，而基础性力量在群众中，因为世界上的事都是要人做的，真正从事改造自然和社会日常工作的正是群众。贾谊说过，夫民者，至贱而不可简也，至愚而不可欺也。自古至今，与民为敌者，有迟有速，民必胜之。这是对秦朝灭亡的总结，从历史观看还是有价值的。历史是零存整取算总账的。得道多助、失道寡助、多行不义必自毙，水可载舟亦可覆舟，都是讲的算总账。

有人说，伟大人物与老百姓绝不是一与一之比。伟大人物之所以伟大就在于他一人胜过千人万人百万人。赫拉克利特说，在我看来，如果一个人是优秀的人，他就抵得上一万个人。尼采也鼓吹超人哲学，宣称一个充实的、雄厚的、伟大的、完全的人，要胜过无数残缺不全、鸡毛蒜皮的人。从表面看也非毫无道理。谁也不会说，伟大的个人与普通的个人在才能与作用上是相等的。可问题是，历史观中讨论的不是一个伟大人物与一个普通人的能力和作用的大小问题，而是英雄（个人）与群众（全体）的关系问题。如果群众是零，那英雄的作用也只能是零，因为再伟大的英雄都不可能使全体是零的群众对历史发挥作用。实际上，英雄人物的作用以及作用的大小，往往不在于英雄人物个人自身，而在于他所动员组织的人数。他能动员和组织一万人，说明他有一万人的力量，如果能动员组织十万人，说明他的力量又增强了，有十万人的力量。没有百万大军，狂妄的拿破仑只能被看成疯人。没有群众，任何英雄都是无所作为的。英雄人物的作用是组织和领导，如果无人可组织无人可领导那算什么英雄呢？英雄与人民相结合是英雄，他是组织者和倡导者；英雄与人民相脱离，他是孤家寡人一个，是一个平凡的人。所以马克思说，我们知道个人是微弱的，但是我们也知道整体就是力量。正反两面的事例都可以说明这一点。当彭德怀指挥千军万马、驰骋沙场时是何等的英雄，可一旦身居困境只身孤立时如普通百姓一样。这是属于正面的事例，是英雄末路。军阀混战时的军阀们一旦下野，蛰居津门当寓公，也无往日那种兴风作浪、呼风唤雨的神通。要记住一个简单道理：伟大人物的伟大是因为背后有千千万万并不伟大的群众。否则，他同普通人一样的平凡和“渺小”。

罗素只重视伟大人物。他说：我认为，如果19世纪中一百名最优秀的科学家在幼年时就死去的话，整个工业社会里的普通人的生活就会与现在的情况完全不同。如果莎士比亚和弥尔顿从来没有存在过的话，我们不相信会有其他的某个人能创作出他们的那些作品。还说，在人类的事务中，最值得了解和赞美的东西，必定是与个人而不是与社会有关的。我不相信，人类集体的独立价值比包含在他们各个人的生活中的价值更重要，而且我认为如果历史为了颂扬一个国家、一个民族、一个教会或者任何其他这类集合的统一体而忽视个人的价值，那是危险的。价值观不同，很难相通。即使像罗素这样著名的思想家，也不免说些不能服人的话。假定19世纪已经存在过的一百个著名科学家不存在，社会情况不一样，这是同义反复。因为这一百人的成就已经是历史的一部分，取消这一百人等于改写这个时期的历史。问题的实质在于，这一百个著名科学家为什么出现在这个世纪而不是在别的世纪，是工业的发展创造了这一百个人，还是这一百个人创造了一个工业社会。实际上是社会的需要和发展创造了科学家，然后他们再反作用于社会。没有莎士比亚当然没有莎士比亚的戏剧，人类可能会因为失去莎士比亚而失色，但这只能在莎士比亚成为莎士比亚之后。如果世界上根本没有过莎翁，文学照样在发展，只是形式会有其他特点。一个伟大人物产生后，然后又设想没有他世界会如何如何，这种思维方法就是一种英雄史观的误区。一个真正严肃的历史学家思考的是为什么会出现这种人物，他产生的条件和作用，而不是已经存在而又设想他不存在，把他一笔勾掉，故意制造历史的空缺和遗憾。

伟大人物的作用是无可怀疑的。可有一条我们不能忽视，没有一个伟人天生是伟人，开始无不是来自普通群众，是由老百姓中涌现出来的。如果老百姓是零，这种转变是不可能的。历史证明，在同一伟大革命运动中会不断出现许多从事同一事业的英雄人物，在科学事业中几个人同时或共同发明的事是常见的。这说明社会和历史的需要是产生和造就伟大人物的内在力量。只要有这种需要，这种类型的人物迟早会出现的。谁都无法否认伟人在历史上的特殊功能。当毛泽东说邓小平人才难得时，也是肯定个人的作用的。整个历史都表明，杰出的政治家、军事家、科学家、文学家，都对人类做出了普通人无法相比的贡献。问题是，对历史的考察，着眼点不仅是就个人谈论个人，也不是以伟大个人与普通的个人相比，而是以伟大人物与他之外的全体人民相比，这就是所谓个人与群众的关系问题。就与普通的个人相比，他是伟人，就与全体人民相比，他是人民的儿子，是由人民的需要哺育而产生的。毛泽东说，群众是真正的英雄，而我们自己往往是幼稚可笑的，这绝不是矫情话，因为历史已经证明，与整个人民相比，任何一个英雄人物的力量都是有限的。在伟大的个人和普通的群众之间最终起决定作用的还是群众，把普通老百姓比作零是毫无道理的。

历史是现实的验证

骤然看来，这句话说颠倒了，应该说现实是历史的见证，而不能说历史是现实的验证。其实这两者是一致的。倒过去，历史上一些问题的解决有待于以后的现实来做结论，可朝前看，许多当前的现实问题的悬而不决，争论不休，有待历史来证明。在这里，历史就是现实的延续，是未来的现实。所以马克思和恩格斯重视历史，并不只是重视人类的过去，而且意味着重视人类的未来，重视人类整个实践的全过程。

列宁在讲到实践是检验真理的标准时，也讲到这个标准的绝对性和相对性问题。绝对性很容易理解，讲的是只有实践才是检验真理的标准，这是唯一的标准，此外没有任何其他标准。可以说，实践是最高最大的权威，没有任何个人的权威可以与实践并列。对于封建社会统治者来说，他们的最高权威是列祖列宗，是祖宗之法（其实，列祖列宗只是大棒子，真正的是非对错最终也还是靠事实证明，这对于任何时代都是真理）。马克思主义不承认任何这种绝对个人权威，也不承认任何这种绝对理论权威，只承认一种绝对权威，这就是实践。中国的现实表明，能打破“两个凡是”的束缚，能推倒一切错误决定和做法的，能闯开一条改革道路，采取过去连想都不敢想更不用说敢做的事，靠的是实践的绝对权威。正是通过关于实践是检验真理的唯一标准的大讨论，才有了中国发展道路和方针的战略性转变，如果坚持“两个凡是”，继续沿用“文化大革命”时期的错误理论、政策、口号，仍然以阶级斗争为纲，就会断送中国社会主义的前途。

实践是最高权威，具有绝对性。可它在每一个特定时期又具有相对性。任何正在进行的现实实践都不能立马驳倒或证实某种理论，任何时期总会留下一些悬而未决的问题，有待后人解决。这里既有由于观点不同引起的争论，又有由于矛盾尚未充分展开或暴露而无法据以做出正确的结论，因此有些理论的证明要经历一定的时间，要留给以后的实践去验证。自然科学如此，社会历史领域更是如此。无论是自然科学领域还是社会科学领域，至今仍有多少历史遗留下的问题，需要人们去解决，甚至一代又一代的人去解决。这个一定的时间，这个后人的实践，对于原先的理论而言就是历史。所以我说，现实的验证往往表现为历史过程。

历史是现实论断的见证。这就是说，任何学说和理论的正确性要经受历史的考验。恩格斯在讲到马克思运用唯物史观分析波拿巴政变的观点正确性时，强调的也是历史的见证。他说，在这部著作中，他用这段历史检验了他的这个规律。即使已经过了 33 年，我们还是不能不说，这个检验获得了辉煌的成就。中国的民主革命用了几十年时间，证明毛泽东民主革命理论和路线的正确性，十一届三中全会以来，我们党用了三十年时间证明邓小平理论的正确性，但我们对建设中国特色的社会主义道路的探索并没有结束。江泽民在十五大的政治报告中说，坚持邓小平理论，在实践中继续丰富和创造性地发展这个理论，这是党中央领导集体和全党同志的庄严历史责任。树立实践检验的历史性观点，对于我们全面理解实践标准是有益的。

有人说，实践有那么大的权威吗？“大跃进”时说“大跃进”是经过实践检验的，说人民公社是经过实践检验的，“共产主义是天堂，人民公社是桥梁”，闹得多欢腾，可曾几何时均成笑柄。反正任何时候我们都可以把我们正在做的说成是经过实践检验过的，是无可辩驳的无可怀疑的真理。这种假借实践的权威的事是有过的，苏联有过，中国也有过。这是个人崇拜的特点，个人权威凌驾于实践权威之上，甚至践踏实践的权威。斯大林时期的一些错误措施和论断，是在斯大林逝世以后才被认识的。十一届三中全会以前，我们在社会主义建设中的某些“左”的做法，我们对什么是社会主义的某些片面认识，是在随后的实践中逐步被认识的。事实证明凡是当时具有某种合理性的东西，随着时代和条件的变化会变为不合理的不正确的；凡只是主观被认为已被实践检验过后来被推翻的肯定当时未被真正证实是正确的。任何在当时被错误地认定为真理的东西，或不能被实践完全肯定或否定的东西，都能在随后的历史发展中得到验证。实践中的难题是在实践的历史过程中解决的，是非真假对错最终会为实践证明，只不过是时间长短而已。这个时间的延伸就是历史，人的认识就是这样在实践的历史长河中不断被证实或被证伪的。时间是真理的朋友，是谬误的敌人，因而对实践证明的怀疑可以在实践中破除。

由于实践证明的历史性，没有一个没有疑难没有问题的时代。如果某一个时代把一切问题都解决了，没有留下任何需要进一步探索、需要进一步通过实践检验和补充解决的问题，历史就停止在这一点，这样实际上是把历史的过程变为历史的终点。恩格斯在反对杜林时说过，我们根本不用担心我们现在所处的认识阶段和先前的一切认识阶段一样都不是最后的。他还嘲笑以绝对真理自居的杜林说，我们还差不多处在人类历史的开端，而将来会纠正我们的错误的后代，大概比我们有可能经常以十分轻蔑的态度纠正其认识错误的前代要多得多。这是彻底的辩证唯物主义态度。恩格斯重视实践，但不是用形而上学的观点看待实践。

这样说，绝不是轻视每个时代现实的实践而把一切交给历史，把未来当成真理性认识的末日裁判所，因为历史没有终点，也没有真理的末日审判。实际上，最重要的是现实的实践，离开了现实的实践就没有历史。历史正是从发展的角度考察的现实实践的延续。当一个理论、一种学说的真理性判断一时难以确定时，必须对它连续考察，这就是实践的历史性。这种对历史的重视，本质上是对每个时代现实实践的重视。所以，从时间的角度说，我们可以把未来历史看成当前现实的验证，从实践的角度说，我们可以说，每个时代的实践是历史问题的验证，这本来是一而二、二而一的东西。从过程看的实践就是历史，从实践看的每个过程都是现实。尊重历史，就是尊重人类已经经历过的全部实践。尊重实践，就必须尊重作为实践连续过程的历史。没有实践观点不可能有历史观点，历史本来是实践的；没有历史观点不可能真正树立实践观点，因为实践本来就是历史的过程。实践的考察就是历史的考察，经得起实践检验的也就经得起历史的检验。

历史必然性与乌托邦

《共产党宣言》中关于两个必然性的理论，特别引起资产阶级政治家和理论家们的憎恨。这一理论是对资本主义生产方式和剥削制度的死刑判决书，受到猛烈的抨击和不断的反驳是不难理解的。自然科学的结论如果触犯统治者的利益都会遭到压制，何况对资本主义性命攸关的两个必然性的理论呢。列宁说过，马克思主义在整个文明世界中引起全部资产阶级科学（官方科学和自由派科学）极大的仇视和憎恨，这种科学把马克思主义看作某种“有害的宗派”。也不能期望有别的态度，因为建筑在阶级斗争上的社会是不可能有公正的“社会科学”的。

自《共产党宣言》发表以来特别是近几十年，西方的政治家和理论家们对马克思主义特别是关于两个必然性的理论不断进行攻击。他们指责马克思主义对资本主义的批判性分析是反对工业社会的浪漫主义，指责关于资本主义必然过渡到社会主义的理论是乌托邦。不仅社会科学家这样说，连研究自然科学哲学的学者如卡尔·波普尔、拉卡托斯都在自己的著作中指责马克思主义是乌托邦工程，指责马克思主义关于资本主义必然为社会主义取代的预言失效。国内有的学者也是同样的腔调，宣称马克思主义的共产主义是乌托邦。这种论调是不值一驳的。任何人都能从马克思主义的著作中看到他们对大工业、对科学技术发展、对资产阶级的历史进步作用的肯定，从来不幻想回到田园诗般的小生产时代，相反，他们把这种浪漫主义看成是对历史的反动，着力反对。在《1844年经济学哲学手稿》中马克思就强调工业家战胜封建土地所有者、工业战胜农业是历史的进步，并批评说浪漫主义者为此流下的伤感的眼泪是我们所不取的。马克思主义反对的是资本主义剥削制度而不是资本主义工业本身，至于把建立在唯物史观和剩余价值理论基础上的科学社会主义学说说成是乌托邦，这已经是重复过多少年的陈词滥调。真正值得认真研究的不是论敌的攻击，倒是为什么西方发达资本主义国家没有发生革命，已经革命的苏联东欧社会主义国家夭折了革命，而中国采取以公有制为主体多种所有制经济同时发展，并通过社会主义市场经济的途径来建设中国特色社会主义，所有这些现实是否说明马克思主义的社会主义理论、关于两个必然性的理论已经失效。让我们来分析一下这个问题。

西方发达资本主义国家的相对稳定和经济成就，是西方一些理论家否定马克思主义关于两个必然性理论的主要依据。他们说被马克思恩格斯宣判死刑的西方资本主义世界并没有敲响丧钟相反仍然在发展，而且社会主义革命首先发生在落后的东方国家而不是马克思和恩格斯预期的西欧发达资本主义国家。可是他们没有人敢于断言，没有发生革命是否等于永远不发生革命。除了少数人如美国学者弗朗西斯·福山鼓吹资本主义永恒论外，没有人敢于打包票。事实上，革命发生与否，资本主义世界首先从哪里突破，这取决于革命的主客观条件，而资本主义社会是否会被社会主义所取代，这取决于资本主义社会固有的基本矛盾。革命的形势是变化的，因此马克思和恩格斯关于革命爆发国家和地区的可能性判断是变化的，可这并不影响马克思主义关于社会主义终究会取代资本主义社会的规律性论断的科学性。在《共产党宣言》以及其他著作尤其是《资本论》、《反杜林论》等著作中，马克思恩格斯着力揭示资本主义社会的生产的社会性和资本主义私人占有之间的矛盾，以及由此产生并决定的无产阶级与资产阶级的矛盾，这种矛盾的激化必然导致资本主义社会的变革。在1859年的《〈政治经济学批判〉序言》中，马克思补充了一句关键性的话："无论哪一个社会形态，在它所能容纳的全部生产力发挥出来以前，是决不会灭亡的。"① 这样，马克思关于两个必然性的论断更为科学和全面。

不可否认，西方发达资本主义国家在20世纪特别是第二次世界大战

① 《马克思恩格斯选集》，2版，第2卷，33页，北京，人民出版社，1995。

结束以后的下半个世纪，在科技革命、经济发展方面取得了很大成就，但资本主义社会仍然是资本主义社会，它的基本矛盾仍然存在。美国学者R. L. 海尔布隆纳说，我对马克思关于资本主义是什么的分析所持的态度要肯定得多，不管这种分析在说明资本主义将变成什么方面有什么问题，这个从简单商品开始的对资本主义的分析，我认为是我们所见过的最值得注意和最发人深省的敏锐思维之一。只要资本主义存在着，我就不相信我们能在任何时候宣布他关于资本主义内在本性的分析有任何错误。事实的确如此。尽管当代西方发达资本主义国家不断调整所有制结构以适应和容纳生产力的发展，例如以个人和家族形式存在的私有制变为在更大规模上以股份制形式存在的社会资本，所有权和经营权的分离使所有者变为隐形存在，但资本主义社会的社会资本不同于社会主义的公有制，它是资本主义社会的社会资本。股份制并没有改变资本主义所有制的性质而是改变了它的存在和运行方式，因此在现代资本主义大企业、大垄断集团、跨国公司中，资本主义生产方式固有的基本矛盾和阶级关系仍然存在，只是它有更大的容纳力和自我调整力量，但只要资本主义的基本矛盾仍然存在，它不可避免地存在资本主义社会的弊端。

当代发达资本主义社会面对两种困境：一种是生活困境，一种是生存困境。就无产者和资产者的关系而言，尽管当代资本主义比起早期资本主义在生活和社会保障方面有了很大的改善，但仍然存在贫困和失业，生活在贫困线以下的人的大量存在仍然是困扰资本主义政府的无法解决的难题，而且由于两极分化和衡量生活质量的尺度变化，即便是就业工人仍然存在相对贫困问题。当代资本主义还出现早期资本主义没有的新的困境，这就是人的生存困境。当代全球问题最重要的根源和突出表现是在发达资本主义国家，而且道德观念和价值观念的混乱，过度消费和人与人之间关系的冷漠，也是触目惊心的。资本主义社会的确是以往社会中发展最快成就最为显著的社会，可又是最冷酷最令人憎恶的社会。摩天大楼与无家可归者同时并存，新药的出现和各种社会疾病齐头并进。有识之士和进步学者都看到这种社会中存在的弊端和痼疾。我们都不会认为爱因斯坦是马克思主义者，是共产党人，可他在《为什么需要社会主义》一文中以一个正直科学家的良知历数了资本主义私有经济的各种弊病后说，摧残人是资本主义最大的罪恶，我们的教育制度深受其害，只有一种办法可以消灭这种邪恶的灾祸，那就是建立社会主义经济。在西方发达资本主义国家，各种社会主义派别的出现，各种抨击资本主义弊病书籍的流行说明，人们对现在的资本主义制度怀着不满，在探求更好更合理的制度，这种最合理的制度只能是社会主义。资本主义社会的社会资本的出现，指出了一条解决矛盾的线索，即不能停留在资本主义的社会资本的范围而要真正转变为以全体人民为主体的社会的“社会资本”。正如当年恩格斯从资本主义邮政和铁路国有化中所看到的象征意义和途径一样。现在西方资本主义社会仍没有革命就以为永远没有革命，这是积薪下的自我陶醉而已。

已经实现两个必然性的苏联东欧会发生逆转，举世瞩目。在 20 世纪的一头一尾两件震撼世界的大事都与俄国不可分。一是十月革命，红旗升起；一是苏联的解体，红旗落地。前者使西方惊恐，后者使其额手称庆。东欧剧变更激发了某些政治家和理论家对马克思主义的攻击，他们把苏东事件看成马克思主义科学社会主义理论的失败，耸人听闻地宣称马克思主义正在死亡，马克思主义已经死亡，鼓吹东欧剧变是历史的进步，如此等等。

十月革命是《共产党宣言》在实践中的伟大胜利，十月革命是必然的，绝不是少数革命家们的阴谋。马克思和恩格斯关于两个必然性的论断，首先在经济落后的俄国得到实现，这是由当时第一次世界大战后的态势决定的。资本主义世界的链条必然是在矛盾最集中、最脆弱的环节突破的。十月革命是列宁把马克思主义与俄国实际相结合，在俄国统治者不能照旧统治、人民不愿照旧生活的条件下发动的。十月革命的必然性存在于当时的历史条件和布尔什维克领导的群众革命活动之中。由苏联解体而倒推出十月革命是偶然的、是革命家的阴谋，说明根本不知道历史必然性为何物。苏联社会主义的失败并没有使十月革命成为多余的，巴黎公社存在只有 72 天，但它的历史价值是巨大的。正如马克思和恩格斯说的，巴黎公社的原则是永存的。十月革命的成果存在差不多 72 年，它的历史意义更是无可估量的。十月革命开辟了人类历史的新纪元，从此世界从整体上看已经进入由资本主义向社会主义过渡的时代；十月革命创造了一个强大的苏联，从而大大增强了挫败希特勒法西斯统治世界野心的力量；十月革命使得苏联后来变为仅次于美国的第二个超级大国，而且特别重要的是十月革命的胜利鼓舞了世界被压迫民族和被压迫人民的革命的信心和决心并提供了有益的经验。评价一个伟大历史事变的意义不能完全以成败为尺度，而同时要着眼于它的意义和对历史的影响。在近百年世界历史上像十月革命这样影响整个人类历史进程的历史事件是罕见的。

十月革命的必然性并不能保证它的成果的永恒性，不能保证不会发生逆转。夺取政权和巩固政权是不同的，在无产阶级取得政权以后面临如何建设、如何治国的问题。斯大林在帝国主义列强的包围下，为了迅速发展经济采取了高度集中的计划经济体制，实行工业化和农业集体化，勒紧裤带进行建设，在当时是必要的和有成效的。在斯大林逝世后进行改革，纠正斯大林时期的某些过“左”的、错误的政策，改变过于集中的计划体制是必要的。问题是在全盘否定斯大林以后，继续沿着否定列宁、否定马克思主义、否定社会主义基本制度的斜坡一直往下滑，最后宣布共产党自行解散、宣布取消马克思主义的指导，这种结果是众所周知的。事情很清楚，斯大林时期形成的体制后来被凝固化为一种僵化体制只是蕴含着失败的可能性，而后来的错误路线和政策才使本来可纠正的错误变为无可挽回的失败。任何一个有理论良心的人都能看到苏东的失败，不是马克思主义而是背弃马克思主义的失败，不是科学社会主义而是人道的民主的社会主义的失败。曾几何时，所谓不同于马克思主义的科学社会主义的“人道的民主的社会主义”已成为历史的笑柄，而它的发明者也已成为过眼烟云式的人物。

在历史上，一种新的生产方式代替旧的生产方式往往要经历反复曲折的过程。社会主义以公有制代替私有制的巨大变革没有反复较量、没有失败挫折是不可能的。但苏联和东欧一些原有的社会主义国家的失败绝不是社会主义的灭亡，因为这只是一个国家或一个地区的失败，而社会主义是世界性的事业，是人类历史发展中的一个阶段。它在一个地区或国家遭到挫折，在另一个地区和国家仍在继续前进。作为人类历史发展必然阶段的社会主义事业不取决于一时一国的成败。何况，失败和挫折对于整个社会主义事业的顺利发展会带来积极的有益的教训和经验。关于这一点，邓小平在他的著名的南方谈话中做过令人鼓舞的有远见的论断。他说：“从一定意义上说，某种暂时复辟也是难以完全避免的规律性现象。一些国家出现严重曲折，社会主义好像被削弱了，但人民经受锻炼，从中吸收教训，将促使社会主义向着更加健康的方向发展。因此，不要惊慌失措，不要认为马克思主义就消失了，没用了，失败了。哪有这回事!”① 何况，仅就原有的社会主义国家来说，倒退并不是出路，或者是经济崩溃、人心混乱，人们怀旧情绪日益强烈；或者是私有化运动取得进展，经济有某种回升，但两极分化严重，在形成一个新的资产阶级的同时形成一个新的被雇佣的阶级；社会重新回到革命前的状况，从而在新的条件下开始新一轮的斗争。对人的一生来说，72 年是漫长的，但对于历史来说是短暂的。我毫不怀疑，社会主义会像烈火中再生的不死鸟。

在中国，两个必然性的理论已经实现和正在继续实现，但是以中国的方式实现的，即具有中国的特色。可以说，无论是夺取政权还是进行社会主义建设，中国走的都是自己的道路，可又是以马克思列宁主义为指导的，是马克思列宁主义与中国实际相结合的道路。这样，在当代中国，邓小平理论是马克思主义发展的新阶段，又是与马克思列宁主义、毛泽东思想一脉相承的。我们从中国实现两个必然性的实践过程可以非常清晰地观察到这一点。

中国革命，不是在马克思和恩格斯当年设想的发达资本主义条件下开始的革命，而是在经济政治落后的半封建半殖民地的东方大国开始的革命。这个革命必然会有自身的特点。以毛泽东为代表的中国马克思主义者，坚持马克思恩格斯确立的伟大共产主义理想，但采取与中国实际相符合的路线和方针来实现两个必然性。毛泽东把中国革命分成两步走，而且采取工农武装割据，用农村包围城市的战略路线取得了民主革命的伟大胜利。

民主革命的胜利只是两个必然性实现的前半段，用毛泽东的话说是“万里长征走完了第一步”。更艰难的是巩固政权和建设社会主义。马克思在 1859 年《〈政治经济学批判〉序言》中说过，新的更高的生产关系，在它的物质存在条件在旧社会的母胎里成熟以前，是绝不会出现的。列宁赞

① 《邓小平文选》，1 版，第 3 卷，383 页。

同并发展了马克思和恩格斯的这一思想。只要革命条件成熟，无产阶级应该不失时机夺取政权，在取得政权以后利用手中的权力大力发展生产力。列宁是非常重视发展生产力的，认为更高的劳动生产率是新社会战胜旧社会的根本保证。毛泽东在中国同样反对二次革命论，反对先发展资本主义、等资本主义充分发展以后再进行革命的错误主张。毛泽东的新民主主义革命理论可以说是马克思恩格斯的社会革命理论在中国的创造性发展。中国革命终于取得了胜利并在一段时期内大大推进了生产力的发展，但在很长一段时期，“以阶级斗争为纲”的错误指导思想大大延缓并阻碍了中国生产力的发展，破坏了中国社会的稳定和凝聚力。邓小平关于社会主义本质的理论，把解放生产力和发展生产力放在首位，初步确立了什么是社会主义和如何建设社会主义的科学理论，为在中国完全实现两个必然性并为将来实现《共产党宣言》提出的建立共产主义的伟大理想开辟了一条正确的道路。这是邓小平对中国人民的伟大历史功绩和对马克思列宁主义、毛泽东思想的卓越贡献。

把理想建立在现实的基础上

社会主义究竟离我们更远了还是更近了？表面看是远了。新中国刚成立时，以为三大改造完成就是社会主义的建成。后来又说，很快要过渡到共产主义，说是楼上楼下电灯电话，点灯不用油、耕地不用牛，就是共产主义。1958年举国上下正忙着向共产主义过渡，事实证明是一个幼稚者的梦。现在我们清楚了，我们还处在社会主义初级阶段，离建成发达社会主义还很远，还要十几代甚至几十代人的努力。在人们的心目中似乎一下子把社会主义推向遥远的未来，更不用说共产主义远景啦。岂止共产主义渺茫，连社会主义也很渺茫。

其实，这是一个理论的视角问题。如果背道而驰，表面上离目标很近而实际很远，因为那个目标是永远可望而不可即的海市蜃楼。社会主义运动的教训和我们自己的经验都已经证明了这一点。如果真正弄清楚了什么是社会主义以及如何建设社会主义，脚踏实地、埋头苦干，社会主义目标不是远了而是近了，因为我们是真正朝社会主义目标前进。中国老百姓有句俗话：不怕慢只怕站。其实方向不对岂止是慢与站，而是朝另一个方向奔跑，南辕北辙，如同夸父追日累死为止。因此，绝不要一听十几代几十代就泄气，只要方向对头、路线正确、措施得当，我们以十几代人的努力在世界上将一个十几亿人口的大国建设成一个发达的社会主义国家，这种建设速度，是当今任何一个发达资本主义国家无法相比的。这怎么能说慢呢？

何况，社会主义决不能仅仅是远景。我们现在就处在社会主义，是初级阶段的社会主义或曰社会主义初级阶段，总而言之是社会主义，我们现在做的和我们将来要达到的目标是一致的。因此社会主义是在实践中或者说是在现实中，而不是虚无缥缈的未来。我们现在每代人正在建设社会主义而且不断地享受社会主义制度给予的成果。当然，由于我们原来的底子薄，国力的增强和人民生活水平的提高只能是逐步的，但必须是日益有所改善，日子越过越红火。事实上改革开放以来的三十年间，大多数人的生活水平的提高是有目共睹的。我们绝不是把社会主义当成预约的天堂入门券，我们正在做的一切都是社会主义的和为了社会主义的。再经过两代三代人的艰苦奋斗，即到新中国成立一百年，我们要争取基本实现现代化，要建设一个富强民主文明的社会主义国家，要实现在现代化基础上的共同富裕，尔后再经过几代人的努力，我们将建成社会主义。可以这样说，我们现在在建设社会主义又不断获得社会主义建设的成果，所以社会主义一点也不渺茫。在我看来共产主义也不渺茫。按照马克思主义的观点，共产主义和社会主义是共产主义发展的两个阶段，但不是截然隔离互不相关的两个阶段。社会主义建设越有成就，国家的财力就越强大，人们除了个人收入有差别外，越有可能享受到作为一个社会成员从社会得到的比较平等的具有按需性质的分配，特别是对老弱病残、鳏寡孤独尤其如此。这种不按生产要素分配的部分，在我看来就具有共产主义因素。现在做不到不等于将来做不到，现在不能做不等于将来永远不能做，但是——这个但是非常重要——我们不能超越阶段。我们仍处在社会主义初级阶段，我们的政策、措施不能越过这个水平，权利决不能超出经济结构以及由经济结构制约的文化发展水平。我们当前的分配不可能是平等的，也不可能期望社会对人民给予太多的东西。不是它不想给，而是它没有。因此提倡多种经济同时发展，按要素分配，富人与穷人、白领与下岗并存，贵族式别墅与铁皮房共处是不可避免的。要么一块穷，要么一部分人先富起来。一道受穷的日子我们过过，除了心理的平衡外得不到什么，而这种所谓心理平衡是我穷你也别富，这于国于民于人于己都不好，是一种小农意识。如果把这叫作社会主义那也只能是农业社会主义。

我们当然要反对平均主义、反对大锅饭，要让一部分人先富起来。可是——这个可是也非常重要——我们终究是社会主义国家。我们不能让抽象的公平原则阻碍经济发展，但我们的经济发展应该有利于公平原则的逐步实现。消灭两极分化、共同富裕不是千年王国，也不应是千年王国，而是建设中国特色的社会主义道路题中应有之义。因此在发展生产力的同时，要保持公有制的主体地位，不只是防止国有资产流失而是通过国企改造使它成为社会主义制度的可靠支柱和巩固基础；要考虑防止两极分化、加强税收调节，把差距保持在可控制的合理范围内；要加强反腐力度，使干部为人民所信赖；要加强和逐步完善社会保障，使全体人民（不只是少数人）能从社会经济发展和财政增加中受益；要使人民感到这个社会是我们的社会、政府是我们的政府。发达的社会主义不可能一蹴而就（特别是在中国这个落后国家中），社会主义社会中不是一切都是符合社会主义（我们有许多遗留的、新增的丑恶现象），这一点老百姓能理解，对一切有利于建设社会主义的措施即使暂时牺牲自己的利益也能想通，但我们不能信奉凡存在的都是合理的哲学，我们应该使老百姓从理论上从切身经验上感受到我们的干部的的确确在搞社会主义，我们的国家有奔头，我们的平民百姓有奔头，而不只是强者、只是白领、只是各类企业家、只是少数人有奔头。这不能简单斥之为“红眼病”，也不是平均主义的小农意识，而是社会主义本质所要求的。我们不可能很快做到这一点，但我们应该逐步朝这方面做。“合抱之木，生于毫末；九层之台，起于累土；千里之行，始于足下。”这个道理是千真万确的。

马克思主义产生以前或以后，我们有过宗教的或世俗的救世主，但从来没有过人类解放科学理论的真正阐述者。中外古今出现过不少关于人类解放救世救民的思想家，在中国有大同说、小康说，在西方曾有空想社会主义者，当今有各种各样人道主义学派，都企图解放全人类，但他们都没有找到人类解放的途径。他们没有着眼于无产阶级的解放并通过无产阶级的解放来达到人类解放，而企图撇开发展和解放生产力、消灭剥削、消灭两极分化而使人类得到解放。几千年、几百年、几十年以来，从来没有出现这种奇迹，也没有出现这种榜样。历史和现实证明，这种观点只能是一种乌托邦或者是伤感的温情的抽象人道主义。恩格斯在《反杜林论》中批评圣西门、傅立叶、欧文时说，所有这三个人有一个共同点：他们都不是作为当时已经历史地产生的无产阶级的利益的代表出现的，他们和启蒙学者一样，并不是想解放某一阶级，而是想解放全人类。后来，恩格斯到晚年对这种抽象的人类解放观点批评更为严厉。他说，1789 年的法国资产者也曾宣称资产阶级的解放就是全人类的解放，但是贵族和僧侣不肯同意，这一论断很快就变成了一句纯粹是自作多情的空话而在革命斗争的火焰中烟消云散了。现在也还有不少人，站在不偏不倚的高高在上的立场向工人鼓吹一种凌驾一切阶级对立和阶级斗争之上的社会主义，这种人如果不是还需要多多学习的新手，就是工人的最凶恶的敌人，披着羊皮的豺狼。恩格斯后一句话是针对“掺了水的社会主义”，即资产阶级社会主义说的，因为它妨碍当时正在觉醒的工人的斗争，所以恩格斯充满激情和义愤。

马克思在早期也曾经把人类解放看成是人的本质从异化到复归，人重新获得自己的本质。在唯物史观确立以后，马克思和恩格斯从资本主义社会存在资本主义私有财产制度、存在阶级剥削、存在两极对立的现实入手，探求人类解放的途径，所以他们在创立马克思主义以后，一直把人类解放与社会主义革命过程，与共产主义远大目标结合在一起，不再把人类解放归结为人的本质的异化与复归问题，不再在抽象意义上使用人类解放这个术语，但是人类解放究竟怎样实现并没有成功的经验。苏联通过十月革命取得了政权，踏上了人类解放之路，但 70 多年之后革命成果又毁于一旦，仍然是少数人富有，多数人贫困，与十月革命前差不多。我们国家的民主革命胜利使中国人民从三大敌人的统治下解放出来，我们得到了政治解放，但经济仍很贫困。革命胜利以后，我们国家也急于摆脱落后，“大跃进”、超英赶美，从主观意图说都是要一天等于二十年，急于过渡到共产主义，结果是事与愿违。这个教训是深刻的，代价是巨大的，是以多少人的饥饿和死亡换来的。我们要珍视这个经验，这个经验不是来自战争，但同样有血的教训。我们一定要坚持以经济建设为中心，采取切实可行的办法解放生产力、发展生产力，以便为消灭剥削、消除两极分化、真正走向共同富裕创造条件。我们的方向是明确的，建设社会主义并以共产主义为最高目标。我们可以吸收资本主义发展生产的行之有效的方法，可以发展资本主义经济和个体经济，但我们的目标是社会主义。采用资本主义方法和经济成分来建设社会主义，当然包含两重性和某种程度的危险性，但对一个头脑清醒的马克思主义政党来说，只要承认这种风险就会大大减少风险，这是一条正确的道路，只有这样，发达社会主义才会越走越近，社会主义建成的可能性才能建立在现实的基础上。坚持中国特色社会主义道路，中国人民的彻底解放才不会是不可实现的梦。

鲁国无儒和真假马克思主义

儒墨在古代是显学。特别是鲁国，是儒学发源地，儒学虽无后来那样荣耀，也是很有地位的，所以身着儒冠、儒服，脚穿方鞋，身上佩玉，自称或被认为是儒者的不少。可当鲁哀公向庄子夸口鲁多儒士时，庄子不客气地说，鲁国少儒。哀公不服气，说，鲁国到处是儒冠儒服，何谓少儒？庄子回答得很好：有其道者，未必为其服也，为其服者，未必知其道也。如若不信，您可以下个命令，无此道而为此服者，其罪死！结果全国只一人敢儒冠儒服，是货真价实的儒者，而其余的都是冒牌货。

其实，自从汉武帝罢黜百家独尊儒术，特别是以儒家经典为科举取士的教科书以后，这种冒牌货越来越多。孔夫子已经成为做官的敲门砖，可真正能以儒家经典作为行为规范的真正儒者是极少的，光孔老夫子的“己所不欲，勿施于人”这句话，天下儒者能用以律己的有几个？忘记哪本书上有个笑话，有个读书人毫不隐讳地说，《论语》中我能做到的只有两句话：食不厌精，脍不厌细。这当然是调侃的话，但也说明一个道理，儒家的那些抽象道德原则是可说而不可行的。毛泽东《在延安文艺座谈会上的讲话》中讲过这层意思。他说，世上绝没有无缘无故的爱，也没有无缘无故的恨。至于所谓人类之爱，自从人类分成阶级以后，就没有过这种统一的爱。过去的一切统治阶级喜欢提倡这个东西，许多所谓圣人贤人也喜欢提倡这个东西，但无论谁都没有真正实行过，因为它在阶级社会里是不可能实行的。在中国长期的封建社会中冒牌儒者是特别多的，一个读书人只要企图混进上层就不能不冒牌。《儒林外史》描写了各种冒牌儒生的“众生相”。

儒家学说的道德伦理规范，是对以血缘关系为基础的封建人际关系的美化，具有超现实性的理想化的性质。汉以后的历代封建帝王提倡以儒治国，可封建帝王的父子、兄弟之间为权力而仇杀的事屡见不鲜。至于封建社会人际关系的现实，真正符合儒家道德标准并真正不折不扣以其作为行为规范的是极其稀少的。儒家学说的可行性与它在封建社会政治和意识形态中的崇高地位是不一致的，因此假儒家的出现是必然的、大量的，成为中国封建社会的现实。

这大概是处于支配地位学说的共同命运。当一种学说成为主导意识形态并受到政治的维护，同样会出现各种冒牌货，但不同的是，马克思主义是一种科学学说，它具有真理性与可行性。任何为无产阶级和人类解放事业而奋斗的政党和革命者都信奉并实行马克思主义，这不决定于个人的道德品质而是历史的规律，因此在当今世界上，马克思主义政党和马克思主义者是非常多的，这是阶级剥削和阶级压迫的现实决定的。尽管马克思主义者在实践中也会犯错误，会犯违背马克思主义的错误，这与假马克思主义是不一样的，这是马克思主义者的错误，是马克思主义在实践马克思主义过程中的错误，但这不是说，马克思主义不会出现假货。会的。一部马克思主义发展史，其中最重要的一个方面的内容是与各种伪造的马克思主义的斗争史。取得政权以前如此，取得政权以后，同样会以另一种方式存在这种斗争。

当马克思主义在 19 世纪末成为工人运动占支配的思想体系后，打着马克思主义旗号的假马克思主义就作为一种思潮大量出现。列宁说过，马克思主义在理论上的胜利，逼得它的敌人装扮成马克思主义者，历史的辩证法就是如此。列宁对第二国际后期以伯恩施坦为代表的修正主义的斗争，实际上就是一次与打着马克思主义旗号的假马克思主义的斗争。

在社会主义国家相继成立后，马克思主义在世界上成为显学。“西方马克思学”、“西方列宁学”、“西方毛泽东学”以各种名目研究马克思主义经典作家的著作和生平思想的学者和团体不断出现，他们并不自称为马克思主义者，但其中不少人把马克思、恩格斯、列宁、毛泽东对立起来，把老年马克思与青年马克思对立起来。可以说，他们不冒充马克思主义，但伪造了一个假马克思主义。西方马克思主义不同，这是一个标榜真正理解了马克思主义的马克思主义学派。西方马克思主义力图用西方哲学来解读马克思主义的经典著作，并把马克思主义与西方哲学思潮结合而形成不同的流派。尽管西方马克思主义各流派的情况不尽相同不能一概而论，但从根本上说，西方马克思主义是属于学院派，与工人运动脱离、与现实的政治斗争脱离。它们对资本主义的批判是纯理论的或道义的谴责，而没有也不可能为被压迫被剥削者真正找到一条出路。西方马克思主义不能称为假马克思主义，因为它们从来明确表明自己与正统马克思主义的分歧，但西方马克思主义不能称为马克思主义，因为无论是分析马克思主义、批判马克思主义，或者其他各种名目繁多的马克思主义流派，从纯学术的角度看也许它们能有一得之见，但与作为科学共产主义学说的马克思主义是根本不同的。

说句实在话，对马克思主义的威望甚至生存危害最大的并不是西方马克思学或西方马克思主义，因为人们知道它们的追求和见解，最危险的是“鲁儒”，即社会主义国家中的所谓马克思主义者。在社会主义国家，无产阶级掌握政权，马克思主义处于指导地位，愿意和乐于当马克思主义者的人是不少的。我们只要看看，东欧剧变前，尤其是斯大林时代的苏联，马克思主义者何其多也。即就哲学界说，著名的马克思主义哲学家也是成串的，当时都是坚定的马克思主义者。可当赫鲁晓夫大反斯大林，充当枪手的“马克思主义者”不少，后来发展到反对列宁、反对马克思主义、取消共产党、取消马克思主义的指导地位，跟着跑的“马克思主义者”更多。当然，政治的压力、环境的突变，以及种种复杂因素的作用，我们难以苛求，但此事却足以说明，当一个教条主义者容易，当一个真正的有创造性的马克思主义者很难；在社会主义制度下当一个马克思主义者容易，在另一种情况下始终坚持马克思主义很难。教条主义最容易变为修正主义，历史和现实都不乏先例。

当一个马克思主义者需要坚定性和创造性。这不是死守教条能办到的，而必须结合实际善于应用马克思主义，像邓小平同志所教导的，当一个坚定的马克思主义者要有眼力（高超的马克思主义水平）、魄力（自我牺牲的精神）、战斗力（敢于斗争）。革命处于高潮或社会主义发展顺利，当一个马克思主义者容易，而革命处于低潮、社会主义遇到挫折，始终坚持马克思主义是很难很难的。这样我们就能理解当年毛泽东说的一段话：在担负主要领导责任的观点上说，如果我们党有一百个至二百个系统地而不是零碎地、实际地而不是空洞地学会了马克思列宁主义的同志，就会大大地提高我们党的战斗力量，并加速我们战胜日本帝国主义的工作。过去每读至此，总以为一二百个马克思主义者太少太少，其实主要领导岗位上的人，有一二百个这样的马克思主义者那可了不起。邓小平对马克思主义、对建设中国特色社会主义的贡献，就说明了这一点。

从《共产党宣言》看什么是马克思主义

什么是马克思主义，这是当今世界摆在所有真正马克思主义者面前的一个重大原则问题，也是一个被弄得极其混乱的问题。西方有些学者强调，马克思主义对不同的人意味着不同的东西，从而是一个支撑着异质追求者的不连续的运动。还说，马克思主义思潮中涌现的每一个新的代表人物，从不同程度上说，都是一个马克思主义者。他们用西方解释学的观点来看待马克思主义，认为马克思和恩格斯的著作只是文本，如何解释取决于阅读者的理解。这样，在西方出现了各种各样名目繁多的马克思主义学派。他们把马克思主义当成可供随便剪裁的布料，这当然是对马克思主义的肢解。马克思主义是由马克思和恩格斯创立的。一种学说的后继者，可以发展它的创立者的观点，包括抛弃陈旧过时的原理和补充新的原理，但决不能违背它的基本原理和背弃它创立这种学说的根本宗旨和目的。我们只要认真阅读《共产党宣言》，就能比较清楚地找到一个弄清什么是马克思主义的立脚点。

《共产党宣言》的指导思想和中心是什么，马克思和恩格斯在有关序言中讲得非常清楚，并在《共产党宣言》正文中得到明确表述。恩格斯在1883年的德文版序言中指出，贯穿《共产党宣言》的指导思想是唯物主义历史观关于社会形态的理论，即每一历史时代的经济生产以及必然由此产生的社会结构，是该时代政治和精神的历史的基础。恩格斯并由此阐述了马克思主义的阶级斗争理论。这不同于以往英法历史学家和经济学家发现的阶级斗争理论，它以社会生产方式和经济结构为依据，并以阶级斗争作为资本主义社会摆脱剥削和压迫的必经之路。这种阶级斗争理论是唯物史观的重要组成部分，也是《共产党宣言》的指导原则。没有阶级斗争理论就没有《共产党宣言》。

《共产党宣言》的中心思想和意图是很清楚的，这就是关于两个必然性的理论，即资本主义必然灭亡，社会主义必然胜利的理论。由马克思恩格斯联合署名的1882年的俄文版序言中，他们强调《共产党宣言》的任务，是宣告现代资本主义所有制的灭亡。1890年的德文版序言，只能由恩格斯一人署名，他重申马克思和自己的这一根本主张，再次强调《共产党宣言》的根本思想是宣告现代资产阶级所有制的灭亡。在《共产党宣言》第一节《资产者和无产者》中，以无可辩驳的事实和铁的逻辑，宣告资产阶级的灭亡和无产阶级的胜利同样是不可避免的。

在马克思恩格斯的全部著作中，《共产党宣言》是篇幅较小但影响最大的著作。它可以被看作全部成熟著作的纲领和红线，是理解什么是马克思主义的关键。马克思和恩格斯的全部著作，就是为实现《共产党宣言》中的两个必然性、为实现无产阶级的彻底解放而进行的理论研究。马克思主义的哲学是无产阶级解放的头脑，是无产阶级认识世界和改造世界的思想武器；马克思主义的经济学说是理解资本主义生产方式的本质，理解资产阶级和无产阶级对立的经济基础及对立解决的经济学依据；而马克思主义的社会主义学说，则是运用马克思主义哲学分析资本主义经济形态引出的社会政治结论。从马克思主义的著作中剔除《共产党宣言》的中心思想，改变它的目的和意图，马克思主义就不成其为马克思主义。

从实践上看也是如此。马克思和恩格斯一生活动的核心，就是为无产阶级的解放而斗争。无论是组织第一国际、第二国际，无论指导欧美的建党和工人运动，都是为这个根本目标而积蓄力量。恩格斯在马克思墓前的演说，准确而精辟地概括了这位无产阶级最卓越领袖的光辉一生。他说，马克思的毕生的真正使命，就是以这种或那种方式参加推翻资本主义社会及其所建立的国家的事业，参加现代无产阶级的解放事业。恩格斯讲的是马克思，实际上也包括他自己，也包括一切真正的马克思主义者。当代西方的所谓马克思主义派别，不少脱离工人运动、脱离政治斗争，沉迷于马克思主义和西方某种哲学的结合，严格说来他们不能称为马克思主义者而是马克思主义的研究者。非无产阶级的、非政治性的马克思主义，只能是马克思主义的讽刺画。我历来也不同意把《1844年经济学哲学手稿》（以下简称《手稿》）置于《共产党宣言》之上作为无产阶级奋斗的目标。《手稿》的确孕育了许多有价值的思想，包括人道主义和异化理论，我们应该重视、研究和吸取，但它与《共产党宣言》存在着区别。《共产党宣言》的指导思想是唯物史观，而《手稿》的指导思想是异化理论；《共产党宣言》以共产主义为目标，而《手稿》追求人性的复归。如果不是以《共产党宣言》而是以《手稿》来解读马克思主义，其结果必然是马克思主义的人本主义化。

《共产党宣言》是马克思主义的纲领性著作，但并不是马克思主义的全部，也不可能穷尽马克思主义真理。《共产党宣言》的伟大价值在于，它以简洁凝练的文字，以纲领的形式，通过对资本主义的经济和阶级关系的分析，论证了两个必然性，指明了无产阶级获得解放的道路。但《共产党宣言》创作于马克思主义刚刚诞生的时期，它具有明显的时代特色，它的许多策略性措施也具有地域性和时效性。马克思和恩格斯完全是以一种创造性的态度对待自己的理论的。在1872年的德文版序言中他们强调，《共产党宣言》原理的实际运用，随时随地都要以当时的历史条件为转移，所以第二章末尾提出的那些革命措施根本没有特别的意义。他们还直言不讳地宣布某些观点过时了，比如说，由于最近25年来大工业有了巨大发展而工人阶级的政党也跟着组织起来，由于首先有了二月革命的实际经验而后来尤其是有了无产阶级第一次掌握政权达两月之久的巴黎公社的实际经验，所以这个纲领现在有些地方已经过时了。他们打算根据1847年《共产党宣言》起草以后的经验写个导言，用新的经验补充《共产党宣言》。马克思恩格斯肯定《共产党宣言》的基本原理正确，肯定《共产党宣言》的运用要根据当时的历史条件为转移，肯定《共产党宣言》的某些具体措施和结论可能过时并应根据新的经验予以发展。这是马克思恩格斯为我们树立的一种以马克思主义态度对待马克思主义的卓越典范。

正确理解马克思主义的一个基本出发点

不知在什么书上读到过外国人的一段议论，说是洋人在中国如果修铁路、采矿受到抵制的话，你就说孔夫子说过，只要孔夫子书上有的他们就不会反对。如果在非洲干什么遭到反对，你就说《圣经》上有，他们就不会反对。有人加以引申说，马克思主义者也是这样，你只要说，马克思和恩格斯经典著作说过的就可以做，没有说的就不能做。这当然是瞎说，只有僵死的教条主义者才这样。翻开任何一本马克思主义的著作，任何一个真正的马克思主义者都承认马克思主义的创造性，反对把马克思主义变成问题的答案。

如果把马克思主义看成是答案，只有两种可能性：或者是教条主义，一切问题都要到马克思主义经典著作中找根据；或者是修正主义，以马克思主义没有提供当前问题的答案为由而抛弃马克思主义，宣扬马克思主义过时论。前一种思潮和后一种思潮，在国际共产主义运动中都存在过。的确，如果把马克思主义看成是问题的答案，当然有个过时问题。因为随着时间条件的变化，根据当时、当地条件而得出的结论和答案是变化的。任何一代的伟大的马克思主义者，包括马克思和恩格斯本人在内，都不可能为他们逝世以后的问题准备现成的答案。如果这样要求，表明根本不理解什么是马克思主义。所有当代关于马克思主义过时论的论据，都是建立在对什么是马克思主义的错误理解上。

马克思主义是一个创造性的开放的科学思想体系。从马克思和恩格斯创立时的马克思主义体系看，马克思主义包括它的新世界观、对资本主义的经济分析和由此得出的关于社会主义革命的一系列结论。可见，马克思主义创立时的马克思主义包括两个不同的部分：一个是根据当时的实践（包括自然科学和社会科学成就）直接概括的经过验证的理论，如哲学理论和关于资本主义生产方式的本质和基本矛盾，关于价值和剩余价值理论；另一部分，尽管包括具有科学性的基本原则，但是没有经过实践检验，属于推测和假设的理论，例如，关于无产阶级如何取得政权、关于社会主义基本特征等。马克思和恩格斯当时只能从西方资本主义现实出发考虑无产阶级取得政权的方式，只能从与西方现实资本主义对立的角度逻辑地考察社会主义的基本特征。所谓公有制与私有制的对立、计划经济与市场经济的对立、按劳分配与按资分配的对立，讲的是抽象形态中的两种社会形态的对立性，至于在建立现实社会主义过程中、在特定条件下也可能出现不是非此即彼而是亦此亦彼同时并存的局面，这个问题不在他们思考之列，因为现实并没有提出这个问题。因此，马克思主义的体系始终是未完成的，即不是封闭的体系。列宁和毛泽东就根据实践经验对无产阶级如何根据本国特点夺取政权各自大大发展了马克思主义。至今，西方发达资本主义国家的马克思主义仍在就发达国家如何革命问题进行探索，而邓小平根据经济文化落后的中国的实践经验，对什么是社会主义和如何建设社会主义问题进行了创造性的研究，提出中国特色社会主义理论，在当代中国把马克思主义发展到一个新的阶段。那种认为应该把马克思主义的原理列出一个清单，哪些可以变哪些不能变的思维方法是形而上学的。马克思主义中凡是经过实践检验的原理，应该不断总结新的实践经验和科学成就丰富和发展，凡属原来未经检验未经实践的原理，应该根据新的实践和新的经验去验证、补充和纠正，即用新的原理代替过时的旧的原理。一部马克思主义史就是不断创造性发展和用新的原理代替个别旧的原理的过程。这与马克思主义过时论是截然不同的，马克思主义过时论是针对马克思主义整个体系说的。就体系而言，马克思主义永远不会过时，因为它以实践为源头活水，不断与时俱进。会过时的是个别原理，而个别原理的过时，正是整个体系永具活力的保证。

在考察马克思主义科学体系时，我们不仅要区分经过检验和未经检验的原理，还要区分马克思主义基本原理和具体结论。经过检验的基本原理是对规律的把握，可以丰富但不会过时，如马克思主义关于世界的物质性和发展的辩证规律的认识、关于历史发展规律的认识、关于资本主义生产方式的本质和资本主义基本矛盾的认识、关于资本主义最终会为更高的社会形态——社会主义所取代的认识，等等。列宁说马克思主义之所以万能是因为它正确，毛泽东说马克思主义是放之四海而皆准的普遍真理，都是从普遍规律的角度讲的。至于马克思主义经典作家根据特定时间、地点就某个问题作出的结论并不是不可改变的。例如，马克思和恩格斯曾指望1848年德国发生革命，并断言德国革命面临人类解放的革命，可后来德国革命很快遭到失败。事实证明，由于条件变化或其他原因，马克思和恩格斯的某些预言和论断失效是不足为怪的。如果言皆必中反而是不可理解的。我们应该从马克思主义创立的角度来考察马克思和恩格斯的某些论断。马克思恩格斯的时代仍然是资本主义上升时代，可是由于历史赋予的是为无产阶级历史使命、为资本主义必然被社会主义所取代进行理论论证，因而他们着重揭示的是革命即将到来的前景，强调资本主义丧钟已经敲响。尽管马克思也说过，当一种生产关系还能容纳生产力发展时是绝不会灭亡的，但总的说当时对革命前景过于乐观，对资本主义的潜力和自我调整的可能性缺乏足够的估计。因此，马克思和恩格斯关于社会主义基本特征和革命前景的考察，明显具有时代和地区性的局限。这并不损害马克思主义的指导作用和威信，因为正是他们一再强调，他们的理论不是教条，而是观察问题的方法，对马克思主义原理的应用，应该依时间、地点、条件的不同而不同。

例如，恩格斯在致考茨基的信中曾批评杰维尔的关于《资本论》评论的缺点，说他把马克思认为只在一定条件下起作用的一些原理解释成绝对的原理。杰维尔忽视了这些条件，因此那些原理本身就变为不正确的了。在另一封给屠拉梯的信中，恩格斯提出了同样的批评，说杰维尔在许多地方把马克思的个别论点绝对化了，而马克思提出这些论点时，只是把它看成相对的，只是在一定条件下和一定范围内才是正确的。历史上和当代，还没有一种理论和学说，在总体上能像马克思主义这样为人们认识和改造世界提供基本的理论和方法，也没有一种理论和学说像马克思主义这样强调理论的运用必须联系实际，必须具有创造性。凡是马克思和恩格斯没有做到的，他们的后继者可以做到，后继者还有后继者。这个过程永无止境。正是在这个过程中，马克思主义永葆青春。

所以，马克思主义本质自身就包括如何对待马克思主义的问题。不知道什么是马克思主义，就不知道如何对待马克思主义。反过来，不知道如何正确对待马克思主义，把经典著作中的片言只字、把一些具体结论、把一些尚未经检验的推理和预测当成永恒不变的原则，就弄不清什么是马克思主义。

尽信书不如无书

这是“亚圣”孟子说的。孟子的思想看起来比“至圣”孔子要解放。我同意孟子的说法，我们要站着读书，不能跪着读书。读书看文章，如同看戏，演员都是化过装的。台上浓妆艳抹煞是好看，卸装后就不见得。书与文章也如此，它是经过作者精心安排的，我们不仅应该看它说得圆不圆，还要看它真不真。圆不圆，滴水不漏，是逻辑问题，真不真是事实问题。对任何书即使是经典，也应该用自己的脑袋读。毛泽东在1958年关于读书的建议中曾提议读两本书，一本是《苏联社会主义经济问题》，一本是《马恩列斯论共产主义社会》，都是原著或原著摘录。他说，每人每本用心读三遍，随读随想，加以分析，哪些是正确的（我以为这是主要的）；哪些说得不正确，或者不大正确，或者模模糊糊，作者对于所要说的问题，在某些点上，自己并不清楚。敢说原著有些说得不正确，不清楚，模模糊糊，自然只能是毛泽东。根据毛泽东身边工作人员的介绍以及已出版的毛泽东读书评点，可以看到毛泽东读书多有评点，或对或不对，或好或不好，都一一表明自己的看法。

当然，不是每个人都能做到这一点，但可以学习。一定要破除对书和文章的迷信态度。我们不能以旧时的文盲老太太对字纸的敬畏态度对待书，以为书上写的、报纸上登过的一定对。说句实话，如果按报上登的东西做，简直无法活，不知所从，有的说糖不能多吃，有的说糖如何好如何好，类似的正相矛盾的言论见诸书籍报端的有的是。我这个人也许有点顽固，说好听点是有点世故，我对读过的东西，总得想一想，先不双腿发抖，尤其是对有些纪实文学、报告文学之类的文章，未看之前先存戒心，看过之后有些情节和描述心里打个折扣。这都是来自生活经验。本来既名纪实就应是事实，既曰文学就须加工，但加工必须尊重事实，不能妙笔生花，制造轰动效应。如果纪实文学是进可攻退可守，如同蝙蝠，就不太合适。许多官司由此而起，各执一端都有道理。这就说明在少数人那里，纪实与文学联姻往往生出怪胎。当，上多了，读者自然也会变得精一些。当然，确有水平、情节真实的纪实文学特别是报告文学读者还是很欢迎的。

文章当然不能一概求真，必须区分，至少在文史哲范围内，文章各有特点，不能只有一种要求。我以为对史学应该要求真实，对文学应该要求意境，对哲学应该要求智慧。

史料不等于史学，但历史类书首先应该是信史，不仅不能胡编乱造，即使史料不实亦是硬伤。可对文学就不会如此要求。例如我们读杜甫《茅屋为秋风所破歌》，决不会管他是否真的如此穷，屋是漏的，被子是破的。也许未必，可能生活还不错，但这无损于此诗的文学价值。特别是他通过他营造的背景，发出“安得广厦千万间，大庇天下寒士俱欢颜”的感叹，使诗的艺术与思想境界成为杜诗中的不朽之作。韵律美、境界高，事情不一定是真的，也不必求其真，因为它是诗，是文学。正如范仲淹的《岳阳楼记》，或许他真的没有到过岳阳，从未见过洞庭湖，但无损于这是一篇千古名文，因为文章状景之多变，抒情之深沉，内在的情与外在的景融合为一，不愧为传世之作。对于哲学，我们要求的是哲理即智慧。能对宇宙、社会、人生的规律和意义，有所揭示，有所启迪，就是好文章，即使是唯心主义的，同样值得阅读。我每读《道德经》、《庄子》都有所得。我是马克思主义的信奉者，但我从这些书中同样有收获，因为它们确实包含宇宙和人生的辩证道理，能给人以启迪。只要不是钻进去出不来，而是有进有出，用马克思主义观点来分析理解，同样是有用的。“洗却尘心读庄子，悟到妙处搔白头。”这是我去年再读庄子时写下的七律中的两句。

我这一生最大的嗜好是读书。我相信开卷有益，但我也相信尽信书不如无书。

人的双重角色：剧作者和剧中人

人是动物，但是与任何其他动物不同，它是唯一自在自为的动物。其他动物都是被决定的受自然制约的，它无法选择自己的生活方式，它的习性、特点都是自然选择的结果。人当然也经历过自然发展过程。在长达多少万年的由猿到人的过程中，包含自然的进化的作用。但人成为人，最根本的是自为的作用，即人是在自己的劳动中形成的，而一旦人形成为人，人的生物的进化的意义越来越少，甚至停止进化，人在自我创造中发展。

人与自然的关系不同于一般动物与自然的关系。动物只有一种环境即自然环境，人为自己创造了一个人为的环境，这就是人的第二自然。人是生活在自我创造的自然环境中的，因此这个环境的优劣，应该由人类自己负责。这就是环境保护在当代变为国家职能的原因。

人与动物不同，人还为自己创立了一个特殊的环境，这就是社会。社会有自己的结构，即各种组织和制度。尽管蜜蜂也有组织，但它是自然结构，是一种生物性的本能，它的结构是稳定的、封闭的。只要种的特性不变就不会改变，即使有变化也是自然选择的结果，是生物的进化。而人的社会制度和组织变化是人自己的创造和选择，它的变化是迅速的，这种变化不是人的生物学变化而是社会进步。

就人与自我的关系说，人把自己培养成什么样的人，从总体上说主动权掌握在人类自己手中，而动物的变化决定于自然。正因为如此，人是动物中唯一具有自我创造性选择性的动物。人不是预成的而是自我创造的。马克思说，人不是力求停留在某种已经变成的东西，而是处在变异的绝对运动之中。恩格斯也说过类似的话：人是唯一能够由于劳动而摆脱纯粹的动物状态的动物——他的正常状态是和他的意识相适应而且是由他自己创造出来的。因此人的历史与动物的历史不同，动物的历史是自然史，是自然进化的历史。而人类历史是社会发展史，是人的自我创造史。

尽管人是自为存在物，是具有创造性的存在物，但人不可任意创造自己的社会和任意塑造自我。如果人能绝对自我选择和创造，人总要为自己创造一个好的社会，没有人处心积虑要创造个坏社会；总要创造善不要创造恶，要创造完人不要创造坏人。可为什么奴隶要为自己创造一个自己当奴隶的社会，工人要为自己创造一个一无所有的社会，而且为什么有的人变为“上等人”而有的变为“下等人”，变为流浪者、无家可归者，变为小偷，变为盗匪，沦为娼妓，难道是他们的自我选择吗？离开了社会结构和历史规律，离开了人的社会制约性，只从主体自由和选择的角度是无法解释的。在封建社会解释穷人之所以穷的是命。《庄子·大宗师》中解释有些人为什么贫穷时讲的就是命：“父母岂欲吾贫哉？天无私覆，地无私载，天地岂私贫我哉？求其为之者而不得也。然而至此极者，命也夫！”在资本主义社会的解释是懒，穷人是因为懒才穷的，哪个发家致富者不是由于自己勤奋？这不是科学解释，而是对不合理现实的辩护。其实，在私有制社会特别是资本主义社会中，终生勤奋兢兢业业的人多的是，可劳碌一生照样终生贫困。

历史是人创造的，但人无法按照自己的价值观来自由创造和选择。社会中人的愿望和选择是不同的，每个人都要自己的自由，连上帝都不可能满足每个人相互矛盾的要求，何况人乎。人是按照自己的意志行动的，可在众多行为中形成的合力，却不是任何人能左右的，这种合力就是中国哲学中所谓的势。合力所形成的趋向——势，就是规律的外在表现。历史规律是在人的行为中形成的规律，任何有价值的有效追求都不能违背规律。人被分成上等人和下等人，这不是命，不是单纯的自我选择，而是社会规律作用下的人的分流。这之中，有机遇、有努力、有斗争、有个人的才能和品质多种因素的作用，但社会的分化却是必然的，因为它决定于社会的阶级结构，而不是决定于个人的意志。个人的选择和自由，是在社会提供的背景下的有限的选择和自由，而且离开了生产力状况和社会发展水平，所谓好社会、坏社会完全是一种抽象的提法。奴隶主认为奴隶制是无比美妙的制度，可对奴隶说来是最坏的惨无人道的制度。对封建社会、资本主义社会甚至社会主义社会的评价，都可以有两种根本对立的评价。

我看马克思关于人既是剧作者又是剧中人的深刻比喻，能够摆脱历史上长期困扰人们的历史宿命论或者主体决定论的困境，可是形而上学的思维方法总是很难把这两者结合起来。人是剧作者强调历史是人创造的，人的全部活动就是历史的真实的客观的内容。可或许有人会说，既然人是历史的剧作者，那历史这个剧本可以任作者编写。这就由人是剧作者的论断引出唯心主义结论。历史这个剧本是由人编写的，可人是在一定的既成的各种条件和历史传统下进行活动的。也就是说，人的创造性活动是有前提的，这个前提——物质的、文化的等——就为在这个条件下活动的人筑成一个可能性空间。人的活动可以有各种可能，但绝不会使在特定条件下的不可能成为可能，况且历史也不同于剧本，它的内容不是预定的，而是由人的活动一步一步形成的。

可见，人作为剧作者就在他自身的活动中同时被规定为剧中人，一身二任。有的人就是解不开这个扣。人既然是剧中人，他的角色是规定的，那还有什么自由呢？这是由另一端即人是剧中人得出的机械论结论。剧中人是人的角色身份。从社会学的角度说，人在社会中都处于一定的地位，扮演一定的角色，特别是那些在历史前台活动的人物，即所谓伟大人物更是重要角色。人是剧中人并没有否定人的能动性。历史并没有注定谁一定在历史中充当什么角色，个人在社会和历史中的地位和作用，在社会历史规定的可能性空间内，存在个人选择的自由。个人的机遇、才能、奋斗，以及各种偶然因素都会对个人的发展起作用。更何况，即使在历史舞台上取得一定的角色地位，可这个戏能不能唱好，这还要靠个人的努力。毛泽东在《论持久战》中曾非常深刻地讲明了这个道理。他说，战争指挥员活动的舞台，必须建筑在客观条件许可之上，然而他们凭借这个舞台，却可以导演出很多有声有色、威武雄壮的戏剧来。可见不仅要把人是剧作者和剧中人统一起来理解，而且对其中每一个论断的理解都应该是在结合中理解才可能是正确的。

生命的本质与人的终极关怀

学术界近来热衷于谈论终极关怀，此语已成为当今非常时髦非常高深的词语。据有的学者研究，此语出自耶教神学家田立克的名著《信仰的原动力》，他首先用这个概念来诠释宗教信仰的真义：信仰是终极地关怀着的状态，而信仰的原动力即是终极关怀的原动力。可在不同领域中对终极关怀的理解不一样。哲学家理解为精神家园，寻找安身立命的支点；宗教家理解为宗教信仰的真谛，是对一切人间痛苦的摆脱，例如佛教就把脱离苦海或破生死对立视为终极关怀，而在基督教中的终极关怀则是在最高存在中让自己的灵魂有所寄托；人道主义者理解为对人自身存在价值的追求；而医学家则理解为临终关怀，让死者安详地死去，减少死亡的痛苦和恐惧。尽管理解不一，但终极关怀关乎人的精神世界却是一样的。

人有两个世界，客观世界和主观世界。客观世界是人从中获得生活资料的世界，即我们生活其中的红尘世界。可人还有一个主观世界，是任何动物所没有的世界，这就是人的精神世界。人要关心自己的物质世界，同样要关心自己的精神世界。所谓终极关怀，就是对精神领域的关怀。这个问题在西方热起来，显然与发达资本主义国家的现状不可分。

西方资本主义国家是科学技术发达、物质生产比较丰富的国家。在西方，一个非常明显的现象就是占有欲膨胀与无止境地追求消费。一百五十多年前，马克思就说过，私有制使我们变得如此愚蠢而片面，以致一个对象，只有当它为我们拥有的时候，也就是说，当它对我们说来作为资本而存在，或者它被我们直接占有，被我们吃、喝、穿、住等的时候，总之，在它被我们使用的时候才是我们的，一切的肉体的和精神的感觉都被这一切感觉的单纯异化即拥有的感觉所代替。这种占有拥有欲的表现就是无止境地追求消费。资本主义可以生产人一样的机器，但也生产机器一样的人。正如机器需要燃料和物质动力一样，人的最大向往是花样翻新不断变化的物质消费。人变为消费机器给人带来的是无限的苦恼：一是无法满足的苦恼。因为资本主义社会的生产者为了利润，想方设法制造新的需要和新的消费方式以便获得高额利润，或在同行的竞争中打败对手，因而资本主义社会的生产者，的确像宦官向君主献媚一样讨好消费者。新的产品不断激起人的膨胀的消费欲望。二是为获得新的消费品的满足而终日忙碌、劳心费力、钩心斗角，活得很累、很苦。这又是一层苦恼。资本主义社会的对过度消费的追求，的确有点像庄子说的，不是物役于人，而是人役于物。说句实在话，西方关于所谓终极关怀的热衷，是对物质消费主义泛滥的一种反弹。

社会主义比资本主义优越，不仅在于它能为生产力的发展提供更大的可能性，而且在于它使人的需求更趋公平、合理。资本主义的需要是两极化的，富人的需求是追求高消费，需求的满足越来越违背有利于人的正常发展；而穷人则连维持人的生存的需要都无法满足。社会主义的革命要根本改变这种情况。社会主义要发展生产力，提供更多的物质产品以提高广大人民的生活水平和生活质量，但它更注意社会的全面进步和人的全面发展，引导人民合理消费，既注意物质消费又注意精神消费，使需求的满足不是助长和鼓动人们无限追求高消费的欲望，而是有利于社会主义新人的培养。所以，社会主义社会发展不单纯是经济增长，它应该是社会的全面发展。人的需要的满足不单纯是物质的满足，而是包括精神在内的多种需求的满足。这是由人的生命本性决定的。人不同于一般动物，动物只有生理需求，动物最大的幸福是有很好的饲料。而这种精心饲养与其说是动物的幸福不如说是主人的幸福。人不同。人的生命本性是自由自觉的劳动，即人有意识，有复杂的内心世界、精神世界，因此增进心灵健康，丰富人的精神世界，提高人的思想道德水平，是社会主义社会的重大使命。弗洛姆的观点有许多可议之处，但他关于消费的话还是颇为深刻的。他说，确实，社会主义国家至今还没有解决满足其民众合法的物质需要这一问题

(即使在美国也有40%的人口并不富裕)。然而至关重要的是，社会主义经济学家、哲学家和心理学家们要意识到最适宜的消费的目标容易变成最大量消费的危险。社会主义理论工作者的任务是去研究人类需要的本性，去寻找区分真正人类需要和综合的需要的标准，真正人类需要的满足使人更有活力和敏锐，而资本主义所创造的综合的需要则使人日趋衰弱，使人更为消沉和烦恼，使人成为他贪求的一切的奴隶。

我们国家的情况不同。我们还处在社会主义初级阶段，生产水平还不高，还是发展中的国家，我们还有不少人没有解决温饱问题。即使在比较发达的地区，人均消费水平还不是很高的。因此大力发展生产力，增强综合国力，普遍提高广大人民特别是欠发达地区的人民的生活水平仍然是相当长期的艰巨的任务，要狠狠抓住经济建设这个中心不放，但这绝不是说，我们社会主义建设的全部目的只是在经济上超英赶美，发展生产力，满足人民的不断增长的物质要求。资本主义社会中追求高消费带来的种种社会问题，苏联东欧因无法满足物质需求而产生的离心力和社会动乱，都很值得我们深思。我们党非常重视这个问题，把满足不断增长的物质需要与文化需要并列作为党在初级阶段的任务，一直重视社会主义精神文明的建设。这是对的。如果不注重精神文明的建设，不在丰富人的内心世界方面下工夫，只讲物质需求，只讲消费，可以说，高消费是没有止境的，何时是头？何处是头？很可能一方面是物质需求的满足再满足；一方面是人的内心世界空虚再空虚。如果这样，这对社会主义的建设和巩固是非常不利的。追求高消费的负面效应连弗洛伊德都知道，他说，无节制地满足一切需要是最动人心魄的生活方式。但是，这意味着把享乐置于谨慎之前。这样做很快就会带来恶果。

我们在争取经济发展的同时，应该关心人们的精神世界，但对精神世界的关注要关心到点子上。我以为先别忙于过分哄吵“终极关怀”的问题，以致把人们对精神世界的关注集中于人的最后的归宿、集中于死亡，甚至引向宗教。我们不反对宗教信仰，但我们还是要宣传无神论，宣传把天堂建立在人间。无论现实有多少不平等、不正义，多少令人不满的现象，但最能对人关怀的还是来自社会，因此建设一个高度富强、文明、民主、公平的社会主义社会是最为重要的。当然，对人的生命即将结束的临终关怀是非常必要的。任何一个国家、任何一个社会、任何一家医院、任何为人子为人女者，都应该对即将永远离去的人给以关怀，特别是医院和子女责任尤为重大。我们在这方面有许多不足之处。我们应该加强这方面的工作和教育，这是认真实行社会主义人道主义的重要内容之一，但问题是宣传要适度，理论要正确。临终终究是人的生命中的一个极其短暂的瞬间，而人的一生中除最后关头外都是非临终时期。在哲学中，把人的兴趣和注意力引向临终，大讲死亡哲学，大谈解脱，我看不仅必要性不大，而且有负面作用。这不是说，对死亡问题不要研究、对临终的心理问题不要研究，有些人专门研究是必要的，但不要变为哲学的重点，变为人人时刻都必须关心的问题。还是我们的孔老夫子说得对，未知生焉知死。对人来说，如何生，如何生得有意义，如何健康而有意义地生，比大力宣传死亡哲学、宣传临终关怀更有现实性。人总是要死的，人活百年终有一死，如果人人怀有活着就准备死亡的哲学观念，活着时战战兢兢，时刻想到死神的降临，那还有什么生的乐趣呢。

我们在精神世界中要关怀的事多得很。我们要进行思想道德文化方面的建设工作，要进行正确的世界观、人生观、价值观教育，进行以集体主义为核心、以为人民服务为宗旨的社会主义道德教育。任何一个实事求是的人都能看到，我们应该加强思想政治教育工作。在一些地方，党的思想政治工作几近于零。我们并没人人富到流油，思想境界都很高尚，以致当前首要的问题是关心身后事，是关心临终如何如何的问题。而且，我还要说，即使要真正关心这个问题，真正能正确对待临终问题，还必须以思想境界的提高为前提，才不会重演“英雄到老皆归佛”，从宗教信仰中寻求最后支柱的临终困境。一辈子搞唯物主义到即将撒手西去时突然转向唯心主义的人并不罕见。为什么人越老越容易陷于各种迷信，甚至对一些荒诞不经离奇古怪的东西都深信不疑，其原因正在于此。无数事实证明，离开整个社会主义精神文明建设，离开科学的人生观，过分地片面地宣扬终极关怀容易把精神文明建设引向理论的误区。

无之为用

有无问题，是一个古老的哲学问题。从科学的角度看，无不能生有。物质不灭和能量守恒定律都证明了这一点。可在哲学领域，有无问题是非常富有哲学韵味的包括唯物论、辩证法、人生论在内的哲学问题，尤其是中国哲学。

从世界本源看，西方古希腊罗马哲学关于存在的学说，强调的是“有”。无论是把世界本源说成是水、气、火或无限者或原子，它的特点是有，是存在。而在中国的老庄哲学中，突出一个无。例如老子强调，“无名天地之始，有名万物之母”。魏晋时年轻的天才哲学家王弼力主“贵无”论，主张“以无为本”。但中国的老庄哲学中关于无的观念不同于黑格尔的绝对观念。绝对观念是绝对的无，而不是老庄说的有情有信的物。所以马克思在批评黑格尔这种无中生有是绝对唯心主义时说，全部逻辑学都证明，抽象思维本身是无，绝对观念本身是无，只有自然界是物。

从辩证法的角度看，有无范畴非常重要，离开它无法理解世界，因为世界的各个具体存在，物质的各种具体形态都是有无相生的。老子《道德经》中说：“有无相生，难易相成，长短相形，高下相倾，音声相和，前后相随，恒也。”这就是把有无相生作为宇宙的永恒规律来对待的。如果说，无中不能生有是讲宇宙万物的总体的话，那有无相生则是宇宙万物之间的相互关系，即整体中的各个部分的关系。前者是讲唯物论，后者讲的是辩证法。中国哲学的这种有无观念比起古希腊巴门尼德关于存在不生不灭要辩证得多。歌德在《浮士德》中说，一切产生出来的东西，都注定要灭亡。恩格斯非常赞赏这句话。他就是用这种有无相生的观念来解释黑格尔关于“凡存在的都是合理的”这句话的。

辩证法的规律是无情无义的，但又是有情有义的。说它无情，是一切存在都不是永恒的，有能转化为无；说它有情有义，正是在这种有无转化中，新生的进步的东西战胜腐朽的东西。在发展的进程中，以往存在过的具有进步性的东西、合理的东西，会丧失自己的合理性、必然性和存在的价值，转化为无即非存在，而一种新的富有生命力的进步的东西会取代旧的东西，由无转化为有，即由非存在转化为存在。自然就是这样进化的，社会就是这样进步的，人类就是这样日趋完善的。如果世界上没有有无相生、没有有无的转化，将是一泓死水。这样的宇宙，这样的世界，这样的社会，这样的人类，处于绝对的冻结状态，了无生气，不成其为世界。这种假设是毫无意义的。辩证法是永恒的，无所不在的。

世界上不能没有“有”，也不能没有“无”。人们都知道“有”好，有钱、有地位、拥有一切；“无”不好，没有钱、没有学历、一无所有。可哲学家不这样看。老子就非常懂得有无关系的辩证法。有无不仅可以转化，而且离开了“无”，任何“有”都会化为乌有。这就是老子说的“有之以为利，无之以为用”。

碗，中间必须是空的，即中间空无所有，这才是碗，才能发挥碗的功能，如果是实心的，虽然是中间有，结果是无，即没有碗可用，有的只是一个实心疙瘩。要使碗成其为碗，必须同时既是有（从存在说）又是无（从碗的中间说）。

房子没有窗户不成其为房子，必须开个洞即开个窗户。没有洞，就没有房间。表面看是无（墙上空了一块），结果是有（有房可用）。同理，车子的轮子如果是实心的，车轮就带动不了车子。车轮必须有辐条，几十根辐条，使车轮变为中间空无所有，才能有车。这就是《道德经》上说的：“三十辐共一毂，当其无，有车之用。埏埴以为器，当其无，有器之用。凿户牖以为室，当其无，有室之用。故有之以为利，无之以为用。”这就是我们的先哲老子的智慧。这是何等深刻、何等富于哲理！他细心观察实际观察生活，从自然到社会，无处不能体会到这个道理的深刻性。

客观世界的有无关系不能不反映到人对自身的看法上来。用自然之道还治自然之身，人把对宇宙规律的认识，用以观察自然、观察人生，这就是智慧。对有无的认识也是如此。老庄哲学主张以无为本，但这个无不是绝对的无而是道的特性，天道无为，因此得道之人，即达到把握道的境界的人，在思想上也就进入无的境界，即一切顺其自然，齐万物、等生死的绝对自由的境界。从主体的角度追求无我的境界，实际上是把道德问题和个人修养问题变为一个形而上的问题，变为一个追求与社会状况相脱离的绝对主体。历史证明，人作为主体都是受制约的，都是具体的社会的人，都是一个“有”，或曰“存在”，没有人能达到所谓无我无心与宇宙一体的境界。这种绝对自由主体的设定只是一种哲学观点而永远不可能成为现实。

马克思主义者是辩证唯物主义者。马克思主义从世界的客观性和有无的辩证运动中得出的有关人的生存结论，不是追求“无”的境界，而是应该顺从客观规律，真正促使事物的有无转化。当旧的社会、旧的制度、旧的思想已经失去它的存在合理性时，应该加速它的灭亡。相反，对于新的社会、新的制度、新的思想应该高举双手欢迎它的到来并为此而奋斗。马克思说，辩证法在对现存事物的肯定的理解中包含对现存事物的否定的理解，即对现存事物的必然灭亡的理解；辩证法对每一种既成的形式都是从不断的运动中，因而也是从它的暂时性方面去理解。辩证法不崇拜任何东西，按其本质来说，它是批判的和革命的。这就是从事物的有无相成中引出的具有普遍性的革命性的结论。任何具体的存在都必然经历从无到有和从有到无的过程。要说天道的话，这就是天道，是普遍的永恒的规律。

革命者的道德问题、人生修养问题，是不能离开整个社会发展的历程去追求无的境界的，必须以这个有无相成的客观规律为依据，积极投身于实际斗争中促进新旧事物的转化。一个人最值得称颂的道德就是站在历史潮流的前面为历史的进步而献身，这种道德集勇敢、气节、无私于一身，是人类最高尚最光辉的道德。如果要说人生境界的话，我看这种境界是高的境界。这当然也是一种功利，革命的功利、人民的功利。天人境界是哲学家的幻想，以无为本是心学空谈。

照我看，人生的最高境界不能是“无”。在世界观和人生观上我们不能皈依释、道，而要立足现实，真正以为人民服务为宗旨，老老实实为人民做点好事。有之以为利，无之以为用，这句话还是有合理性的。离开了“有”的“无”，只能坠入空虚。“菩提原非树，明镜亦非台，本来无一物，何处染尘埃。”虽然是提倡明心见性，顿悟成佛，但确属空谈，于事、于理、于社会、于人生，都容易发生误导。

人文科学体系的个性不能是“唯我独有”

人文学科究竟属不属于科学，至今仍在争论。有的学者认为，自然科学是科学，而人文科学只能称为人文学科，而不能称为人文科学。我们现在把人文学科与社会科学合称人文社会科学，只是一种折中的说法。这就把人文学科的属性这个长期争论不休的问题又提到我们面前。

我们面对的世界，是包括自然、社会、人在内的统一体，它是分别由不同学科来研究的。自然科学以自然为对象，它研究自然规律；社会科学以社会的结构、关系、规律为对象，如经济学研究经济规律、政治学研究国家和阶级关系、社会学研究社会的各方面的问题；而人文学科则以人的活动、思想和人的各种活动和思想的历史过程为对象，这三者相互联系又各有特点。自然科学是以自然为客体，以人为主体，主客体关系、反映与被反映关系比较清楚。可人文科学是以人为对象，人既是研究主体又是研究客体，很难把研究者和被研究者区分开来，因而不少人认为人文学科不是科学，只是价值，只是文化，它研究的是不可重复的独特的现象。例如，新康德主义者李凯尔特在《自然科学概念构成的界限》中说，历史上的东西，从最广泛的意义上说，就是那种仅仅出现一次的、件件都是个别的、属于经验范围的实际事物；它既带有直观性，又带有个别性，因而是自然科学构成概念的界限。雅斯贝尔斯在《论历史的起源与目的》中说，如果我们从普遍的规律去把握历史，那么我们把握的绝不是历史本身。因为历史就其个性来说是某种仅仅出现唯一的一次的东西。在西方历史哲学中，从狄尔泰到柯林伍德、克罗齐、波普尔等都持有大体相同的看法。历史学是精神学科，是无客观规律可循的。这种观点把自然科学、社会科学、人文科学的差异性弄到绝对对立的地步。

自然科学的科学性是得到公认的。除了少数科学哲学家否定世界的客观性和规律的客观性，从而导致否定自然科学的客观性外，一般都承认自然科学揭示的是一般规律，它没有地区、国家和民族的界限。没有中国的物理学或美国的物理学、中国的化学或美国的化学。自然科学的规律是普遍的、没有个性的。牛顿的力学规律在宏观领域全世界都适用。在当今，20世纪所有的重大科技进展，如核能、原子物理、超导、激光、半导体、计算机，都建立在相对论和量子力学规律的普遍适用性的基础上。

社会科学是以社会结构和社会运行规律为对象，它涉及社会生活的各个方面。每个国家和民族的社会的具体存在方式虽然有其特殊性，但社会形态和社会发展还是有规律的，既有一般规律又有特殊规律，所以社会科学与自然科学有相同之处，即以一般为对象。我们不能说有中国的社会学、美国的社会学，或者美国的经济学、中国的经济学，因为社会学、经济学作为一种科学不能按国家和民族来划分。但社会科学有其特殊性，不完全同于自然科学，因为社会科学以社会为对象，而社会与人不可分。人有社会制约性和阶级性，所以不同社会和阶级的研究者的立场和观点方法会不一样，它必然会反映到所研究的学科上。所以不能说美国经济学、中国经济学，但可以说资产阶级社会学、无产阶级社会学、资产阶级经济学、无产阶级经济学。这就是说，社会科学不同于自然科学，它存在科学与价值的关系问题。

人文科学更不同，它以人的思想和人的思想与实践的历史过程为对象。它的直接对象是单一的不可重复的，思想家是独特的，伟大历史人物是独特的，历史重大事件是不可重复的，所以人文学科的对象和研究者具有个性，即时代性、民族性和阶级性。我们不能说，中国的物理学、中国的经济学，但我们可以说，中国的哲学、德国哲学、英美哲学，甚至以人命名，如老子哲学、庄子哲学、黑格尔哲学、海德格尔哲学，等等。人文科学这种个性化特点常常成为否定人文学科科学性的根据。这是不对的。事实上，个性化的人文科学中仍然有一般性的东西，这种个性中所包含的一般正是它的科学性之所在。例如黑格尔哲学当然属于黑格尔，它的特性是以绝对观念作为自己哲学阐述的对象和立论的根据，但是黑格尔哲学成为人类宝贵财产的不是绝对观念，而是通过绝对观念自我运动的方式猜测到世界和社会运动的辩证规律，如对立统一规律、量变质变规律和否定之否定规律。恩格斯高度赞扬黑格尔在历史上第一次以唯心主义方式阐述了辩证法的规律。如果黑格尔仅仅提出绝对观念而不以绝对观念的方式阐述规律性的东西，那他就不是一个大哲学家，只能是一文不值的狂人。同样，老子的哲学是个性化的，它是中国古代的，而且是由老子创立的，它的特色是以道为本体来阐述他的哲学思想。老子哲学的伟大之处正在于它通过道这个范畴确立了辩证宇宙观。他讲的道生一，一生二，二生三，三生万物；讲的曲则全，枉则直；讲的有无相生，长短相成；讲的飘风不终朝，骤雨不终日；等等，这都是宇宙的普遍规律。如果没有这些，老子便不成其为世界名人老子。

作为人文学科的历史学也是如此。按照当代西方某些历史哲学的观点，历史学在任何意义上都不能说是科学，因为它是个体的，永不重复的，无规律可循，只能描述和记述。其实，一门学科的科学性不取决于对象，而更重要的是取决于如何研究和研究什么。对科学可以采取迷信的态度，对迷信可以采取科学的态度。占星术是迷信而不是科学，虽然星星是客观的可见的；精神分析可以是科学而不是迷信，虽然精神是人的内心活动。历史的科学性在于它是以事实为依据、以规律为对象，历史学中的描述和记述只是它的方法论的一个特点而不是历史学的本质。历史学同样可以通过个别人物、具体事件达到规律性理解，因为在历史中，事件并不是单一的而是整个过程的一个部分，人物并不是孤立的而是整个历史运动的一部分，历史事实不是详尽的细节而是规律性的重要表现，因此历史学同样可以通过历史中的不可重复的个别性达到规律性的东西。在所有各种的历史中，都可以看到各个阶级和集团为利益而进行的斗争，看到革命和战争，看到王朝的盛衰兴亡，即通过不可重复的单一现象看到不断重复的规律性现象。例如，《史记·陈涉世家》记载的陈涉起义当然是具体的不可重复的，但封建社会中迫于暴政的农民起义可不是个别的而是不断出现的。农民起义是具体的，农民起义这种社会现象是不断重复的；英雄人物是具体的，但每个时代、每个阶级都需要自己的领袖型人物是不断重复的。历史规律正隐藏在这些个别的又不断以自己的独特方式出现的重复中。

所以，人文科学无论怎样个性化，都不能否定其中存在一般性的东西，因为按照马克思主义哲学的观点，一般与个别是相联系而存在的。比如说，马克思主义为什么能应用于中国呢，就因为它的本质的普遍性。尽管马克思主义是马克思和恩格斯创立的，具有德国人的思维方式和语言风格，但它不仅属于德国，而且属于世界。没有任何国家可以不受辩证法和唯物主义规律的支配。

同样，中国传统哲学之所以同马克思主义哲学不是相互排斥的，正因为中国传统哲学中的唯物主义和辩证法规律与马克思主义哲学是相通的。中国哲学中关于气的一元论、关于神不离形、关于知行合一、关于凡物莫不有对、关于一中有二独中有对，等等，都是既有中国特色又有普遍意义的东西。否则，就是毫无价值的东西，正如鲁迅嘲笑的长在脸上的疣，虽很特殊但不能说美。

人文科学工作者，应该重视个性。无论是哲学、历史、文学，从内容、风格、视角，都应该有自己的特色，但这只是使自己更逼近对象，更能正确解释对象，或更有益于提高人的思想和道德境界。个性化不是目的。片面强调人文学科是个人生命的体悟，是不可重复的仅属于我自己的独特的东西，人文学科就没有存在的价值和必要。因为仅属于我，除我之外没有任何客观内容的东西是长在脸上的疣。人文科学的个性应该包含为人类实践和认识所认同的共同的东西，否则很容易陷于说胡话甚至说疯话的地步。所以在人文学科中一定要把求新和求真结合在一起，只真不新，重复旧说没有价值，只新不真违背常识谬种流传更不行。马克思在《关于伊壁鸠鲁的哲学笔记》中有段话特别深刻。他说："编纂哲学史的任务，不是要把哲学家的个性，即使是他的精神上的个性理解为好像是他的体系的焦点和形象，更不是要罗列心理上的琐屑小事和卖弄聪明。哲学史应该找出每个体系的规定的动因和贯穿整个体系的真正的精华。"①

---

① 《马克思恩格斯全集》，中文1版，第40卷，170页，北京，人民出版社，1982。

人文文化与科技文化

人生活在两种环境即自然环境和社会环境之中，面对两种性质的矛盾，即人与自然的矛盾、人与人的矛盾。在解决这两种矛盾的过程中，不断形成两种类型的文化：科技文化与人文文化。人类需要科技知识发展生产，也需要人文知识了解人与人类社会自身，但是在社会发展过程中，人文文化与科技文化的发展是不平衡的，而且是在矛盾中发展的。

无论是西方还是东方，在古代，人文知识都是处于主导地位。中国尤其显著。在中国长期的封建社会中，儒家学说是修齐治平的经典，是被法律维护的主导意识形态。中国的科学技术尤其是技术发展在封建社会有很大成就，但在中国传统文化中，技术被视为雕虫小技，不为士林所重视。中国知识分子的最大出路，是学而优则仕。特别是科举制度以儒家经典为录取标准，更是强化了这个特点。在中国做官的人都具有很高的文化修养。官吏、诗人、文学家往往集于一身。史学家在中国有法定的地位——史官。即使翻开中国的文学史、哲学史，一些文学家、诗人、哲学家，大都为官从政，而且身居高位者如李斯、屈原、贾谊、刘禹锡、韩愈、柳宗元以及王安石、欧阳修、王阳明这样的能官能文的人在中国历史上是常见的。身居高位，从政之余则为文为诗，宦海失意后更显出文人诗人的一面，所以中国传统文化中的人文方面具有强烈的政治伦理特色，它是为政者的人文修养，连作诗都是做官的必备条件，也是为政者的人格道德的培养。在长期封建社会中，我们出了不少足以骄傲的政治家、文学家、诗人、哲学家。在中国历史上，为忠君爱国、为道德理想而从容就义的不少。杀身成仁、舍生取义，这是古训。但为真理、为科学而献身的在中国并不多见。韩愈在《师说》中就拼命宣扬道统，认为“巫医乐师百工之人，君子不齿”，这大体上反映了中国传统文化的片面性。

在西方的文化传统中，在前资本主义社会同样是人文文化处于主导地位。古希腊罗马的哲学、文学是光耀夺目的。中世纪是宗教处于主导地位。在文艺复兴时期，人文学科的知识尤其是文学和哲学得到从未有过的发展，而且自然科学在反对神学斗争中起着特别重要的作用。许多科学家如哥白尼、布鲁诺、伽利略，都是名载史册的反宗教的英雄人物。他们为真理、为科学而不是为某种道德而坦然面对迫害、面对死亡。西方的文艺复兴是包括自然科学在内的反宗教的政治文化运动，是社会生活由神圣天国转向世俗世界的必然表现。如果说中国传统文化的特点是人文和伦理的话，那西方文化的特色则是科学与民主。反对专制的人文文化与倡导科学的科技文化在反神学斗争中是携手作战的。美国学者杜布斯基说，西欧对地球上所有地方的文化和政治影响在不断地增长。在这方面，西方的全新的科学和技术起了极为关键的作用。这一事实为当时大多数学者所公认。

资本主义是人类社会以往生产方式中最有利于科学技术发展的。在中国，明中叶以后科技的落后，中国文化的强烈政治伦理特性是一个原因，但并不是决定性的，关键是中国没有经历资本主义社会，缺乏对科技的生产需要。西方科技的发展，并不因为它的哲学是主客二分的，主张向外用力，而是因为资本主义生产方式存在和发展的需要。资本主义越发展，科技地位越重要，人文学科由于它的非生产性、非直接实用性，逐步降到次要地位。科技并不排斥人文，而是资本主义市场经济的利益导向，必然把科技推向前列。科技与人文都是人类需要的，科学精神和人文精神也都是人类需要的。我们反对唯科学主义但不能反对科学精神，正如我们反对抽象人本主义但不能轻视人文精神一样。在资本主义社会中，人文学科陷入困境，不被重视，出现所谓人文精神危机问题，原因并不在科技的发展，而在于人们对物质消费的无限追求。把资本主义社会中价值观念和伦理道德观念的混乱与失范归之于科技发展是错误的，特别是得出反科技进步的结论更是荒谬的。我们应该把科技的作用和它的应用区分开来，我们不能反对发展科技而是要求有一个合理应用科技的社会经济和政治环境。只要摆脱从一些人发财致富的角度来应用科技，而是着眼于全体人民的利益，并采取有效的措施进行控制，科技的负效应是可以防止或及时纠正的。在这里，从学校学习开始就对理工农医学生进行人文教育是必要的。最近几十年，西方教育界有识之士已经意识到这一点，倡导文理渗透，加强理工科的人文教育，作为对唯科学主义思潮引发问题的补救。

我们是社会主义国家，对我们来说，强调对我们的学生进行马克思主义思想教育，进行社会主义道德教育，进行人文教育是理所当然的。可由于市场经济的自发的利益导向和发展生产的客观需要，重理工轻人文的倾向已严重存在，这对于我们的青年一代的培养是不利的。我们应该重视人文教育，把它作为社会主义精神文明建设的最重要内容。

人文科学属于文化的重要组成部分，但又具有特殊性。它不同于存在于人们的行为与生活方式中的文化观念，它是一种系统化理论化的文化形态。如果说一个民族的文化往往是作为传统观念以自发的和耳濡目染的方式起作用的话，而人文科学则是理论的和学术的形态，它主要通过学校传授知识的方式起作用，因此人文科学的作用具有强烈的自觉性、目的性和系统性。人文科学的知识处于人文文化结构的上层，它的作用和接纳范围有限，但它能丰富和提高一个民族的文化内容和层次，它能通过各种方式和渠道融入社会生活之中并发挥它的教化作用。

人文科学有价值性的一面，因此，不同社会中人文教育的目的和作用是不同的。在我们的社会中，人文科学的教育是整个社会主义教育的组成部分，它的直接目的是培养以马克思主义的世界观和思维方法为指导的人文学科的专业人才，间接目的是有利于全民族的人文素质的提高，加强我们民族的凝聚力。经验证明，科学的理论指导、对祖国历史的了解、自觉的道德自律、一定的语言文学修养，对于我们的干部尤其是各级领导干部、对于提高我们整个青年一代的人文素质是非常必要的，这是关系到我们建设中国特色的社会主义的重大原则问题。在我们这样一个国家要跨越“卡夫丁峡谷”，固然要充分吸收资本主义的科技成果，要大力发展生产力，但同样不可忽视的是要有坚定正确的政治方向、社会主义的道德情操和较高的文化修养。人的素质问题是社会主义建设的关键问题，而素质不是单纯的科技水平，而且包括人的人文素质。即使是通俗歌手，文化素质同样是重要的。有些歌手，在舞台上说“谢谢”的腔调是半广东话半普通话，有点拿腔作调让人难受。由此我想起李白的《示金陵子》中的两句诗：“楚歌吴语娇不成，似能未能最有情。”不过那是“吴姬十五细马驮”的年龄，不是故意做作而是口齿不清。我们现在当然不能助长这种台风。试图在文化荒漠上建立繁荣的社会主义社会，就如同缘木求鱼，永远达不到目的，这也是我们国家要加强文化建设以及认识到其迫切性和重要性的主要原因。

文化与文明

说句实在话，我们很难把文化与文明截然分开来。文明中肯定表现了一种文化观念和文化活动，因为文明是文化的积极成果；而文化的发展肯定表现了不同时期人类文明的进步。不体现文化内涵的文明，正如全然不代表人类文明进步的文化一样是不存在的。但是，从社会形态的角度说，这两者可以有区别。

文化是社会结构的概念，它是由特定符号（语言和其他象征）传达的，是在人类实践中创造的各种观念和社会生活行为的规范总和，例如哲学、文学、宗教以及道德、风俗、习惯等就是文化。文化是观念形态。物质不是文化，但可以作为文化的载体而具有文化的蕴涵。一块黑布缠在手臂上传达的是哀悼；胸前别一朵红花传达的是喜庆和祝贺。黑布和红花是物体，由不同的文化观念和风俗习惯而赋予不同的意义。

一定的社会是由一定的经济、政治、文化构成的有机统一体。在这种关系中，文化是作为一定的经济和政治在观念形态中的存在方式，因而在不同时代不同民族的文化中总会包含一些落后的甚至野蛮的东西。不仅前资本主义社会有，资本主义社会中的文化垃圾更是比比皆是。即使在社会主义社会仍然会存在帝国主义文化、殖民文化与封建文化的残余和影响，因此文化可以加上定语，革命文化、反动文化、进步文化、黄色文化，如此等等。

文明是相对野蛮而言，它是人类活动的积极成果。文明是积极的有利于人类生存和社会发展的物质产品和精神产品或组织形式，因而文明是社会进步的一种尺度。文明发展的不同阶段集中表现了一个国家和民族的发展水平和在社会形态发展序列中的位置。由于衡量社会进步是多方面的，至少可以分为物质的和精神的，因此文明可以区分为物质文明和精神文明。文明无论是物质的还是精神的都是积极的。贺麟先生说，一个民族的精神产物而能给精神以满足的就是文化；一个民族的精神产物而能供人生实际以便利或享乐的，就是文明。这种区分我以为有一定的道理。

文化是人类为了适应和改造自己的生存环境而进行的精神生产的产物。既然如此，人类的文化创造必然要受自己所处的自然环境的制约。生产力水平越低，自然作为劳动对象和资源对人类的生产方式的制约和影响越大。居住在沙漠地区的人，不可能以农业生产方式和畜牧生产方式为生，而有大江大河的民族易于发展农业，水草茂盛之地易于产生游牧生产方式。这是显而易见的。但是自然条件并不能直接决定有或没有某种生产方式以及相应的文化形态，自然条件提供的只是条件和机遇，而要把这种可能变为现实有待于人类自身的劳动创造。长江和黄河提供发展农业的条件并在一定时期使中国的农业生产方式处于非常发达的地位，但它并没有使中国永远是农业国而不能成为工业化国家。正如古代希腊罗马的地理环境便于航海有发达的商业，但并没有妨碍它的工业化一样。事实上，爱琴海仍然是爱琴海，正如长江仍然是长江，黄河仍然是黄河，可几千年来无论是西方或中国社会形态和文化都在发展和变化。同理，日本明治维新前后自然环境没有改变，可社会形态和文化发生了急剧的变化。尽管自然条件并不能直接决定文化的形态和性质，但它的影响作用是不可忽视的。

文化是由生活在不同地区的不同种族的人创造的。我们可以发现文化的种族差异性，但人种不能解释文化，同一种种族可以产生不同的文化，汉族在发展过程中创造了不同的文化。尽管新加坡的华人与中国的华人种族相同，但新加坡的文化与中国的文化并不完全相同，美国的黑人与非洲黑人种族相同但文化并不相同。假定一个汉人一出生就在美国的文化环境中长大而完全与中国人隔绝，他的文化观念肯定是美国式的。种族基因中并不存在文化因子。荀子说的“生而同声，长而易俗，教化也”是深刻的。任何一个种族的人，在另一个不同文化环境中生长肯定会具有另一种文化观念，即使他具有本种族的特性，但价值观念、思维方式以及生活方式完全是另一个民族的。一个民族文化能够代代相传，保持一种继承关系并不是由于基因相同和种族遗传，而是由于这个民族以社会国家的方式存在，在一个相对固定的地区，使用同一种语言进行交往，每一代人都在继承上一代人已经取得的成就上前进。对于整个民族而言，文化是一种为适应生存和发展而进行的一种创造，可对于这个民族的每个成员而言则是一种接受和学习。这表明文化自身具有一种民族凝聚力和自我继承的力量。只要这个民族存在，它的文化就会存在。当然文化传统可能中断、可能会发生重大变化，变化的原因并不是种族的改变，而是社会变化引起的，但变化后的文化仍然是这个民族的文化，仍然以不同方式同历史上的文化传统存在联系和继承关系。

文化当然并不完全是观念的，它也可以有其物质载体包括语言、书籍、艺术品以及文物，但文化的物质载体的范围有限，并非所有人类的物质产品都可以称之为文化。如果我们说文化的本质是一种观念形态的话，文明作为文化的积极成果，则可以是观念形态，可以是物质形态，也可以表现为生活方式和行为方式。作为观念形态的精神文明与文化中的积极方面是相同的，而物质文明不是文化但可以蕴含文化。电灯、电话、飞机、彩电、电冰箱，都是物质文明，但反映了科技文化的水平。

同理，人的衣食住行不是文化，穿文化吃文化有点不知所云。这些是物质不是文化，可在衣食住行中同样存在文化的内涵，比如服饰即衣服不是文化，但服饰中存在文化观念，人类穿衣是为生存即避寒保暖的需要，可其中日益具有审美的价值，特别是时装，简直就是以美为主而生理上防寒保暖已退居次要的地位。现在流行的“宁要美，不要腿”，就反映了人们对服饰的美的要求。这与人类创造衣服的目的已大异其旨。住房亦是如此，人类为避风雨而创造住房，可住房的建筑风格、装修，已完全超出人类最早发明住房的需要，越来越艺术化。酒是物质不是文化，但酒中有文化问题，中国自古以来酒与文人似乎有不解之缘，特别是魏晋与唐代诗人，仿佛不饮酒就不能作诗，表面上是酒助诗兴，实际上往往与文人自以为怀才不遇或与际遇不佳有关。这种诗与酒的联系固定化会转变为一种关于酒的文化观念，仿佛作诗必须饮酒，而且梁山泊英雄们的大块吃肉大碗饮酒与《红楼梦》中小姐们的吟诗行令的雅饮，两种风格表现的是两种文化观念。行也是如此，用脚走路和坐轿代表不同的等级，而轿本身就是一种等级，四人抬、八人抬，蓝呢大轿、绿呢大轿，都是不同等级的象征。这传达的是封建等级制的文化观念，是一点不能乱的。

人的行为方式与生活方式，在我看来是既不能简单归之为文明或文化，可又不能脱离文明和文化。有的学者说文化是人的生活样式，实际上似乎应该说生活样式表现了人类文明发展的水平和文化观念，无论是生活方式和行为方式都与人类文明程度相关。文明、礼貌、讲公德，是文明的表现；随地吐痰、大声喧哗、不讲公德是不文明的表现。在中国封建社会中的一些文人的酗酒、狎妓、纳妾，以及后来的吸鸦片，就是不文明的生活方式，即使他们的文化程度很高仍然是不文明的。生活方式的样式取决于社会文明发展的程度。什么样的居住条件、什么样的卫生设备、什么样的饮食习惯和观念，都与社会物质文明和精神文明发展程度相关。分食制就比我们祖传的共食制要符合卫生要求，要文明些。而在生活方式中也蕴含不同的文化观念。中国人的婚丧嫁娶、亲朋往来的风俗习惯以至礼仪、节日的祝贺都表现了中国人的文化观念。由于是文化观念，其中有好的也有不好的。我们要培养科学的、文明的、健康的生活方式，改造落后的、迷信的、愚昧的生活方式，没有相应的物质文明和精神文明的发展，没有文化观念的变化是不行的。

文明是文化的物质成果或精神成果，文明可以传播、可以接受、可以借用。以知识形态表现的精神文明从其原生地而被别的民族接受是常见的。现在通行的数字系统是印度人创造的，通过中世纪的阿拉伯人传到欧洲。据说欧洲的拼音字母创始人是埃及人，经过腓尼基人传到希腊，然后传到罗马发展为现在的拼音字母。特别是物质产品和技术的发明和运用，更是会通过交往而被别的民族吸收。中国的火药、指南针、造纸、印刷，对世界的贡献是众所周知的。在当今世界几乎任何产品和新技术都能很快为别的国家所吸收，一个与外界交往频繁的民族进步快，而闭关自守与世隔绝的民族容易停滞，原因正在于此。文明特别是物质文明可以借用，可以传播。物质文明和精神文明的传播，实际上也是文化交流。但是文化交流中，易于接受的是物质产品、科学技术，文化观念特别是一个民族的价值观念、思维方式、审美观念是不容易改变的。中东一些国家生活水平与西方比毫不逊色，可在思想上不同于西方的文化观念和价值观念。文化是民族的，文化决定于社会制度，而文明往往决定于生产力发展水平。西方某些国家的文化传统比不上世界上的一些文明古国，可文明程度特别是物质文明程度显然比后者高，这说明文化与文明是不能简单等同的。丰富的文化传统要结出丰硕的文明果实还要经过再创造。

文明是社会进步的尺度，是相对于野蛮而言的。人类由野蛮时期进入文明时期表明社会的进步，但文明时期的人的行为并不是一切都是文明的。由于社会发展的内在矛盾，在文明时期存在野蛮，而且这种野蛮远远超过原始人的野蛮。文明时代不会杀人祭天、祭神、祭祖，但德国纳粹残杀犹太人，日本人在南京的大屠杀，都是任何野蛮人望尘莫及的。在当代，各种新式武器包括核武器，唯恐杀伤力不大，死人不多。历史证明，人类进入文明时代对人的杀戮比任何野蛮时代要多得多，这并不是人性的堕落或异化，而是社会制度的性质和物质利益的冲突所造成的。有人认为，近代中国史上，西方列强对中国的侵略包括鸦片战争，似乎是先进文明战胜落后文明，是向落后国家输送先进文明，而不识时务的中国人反对西方殖民主义就是反对进步。这就是不会区分文明和野蛮的缘故。西方殖民主义的殖民政策，他们用大炮、用烧杀抢掠来镇压被侵略国家和民族的反抗，这不是传播先进文明，而是野蛮向文明的进攻，是用近代物质文明武装起来的强盗向古老文明民族的进攻，只有头脑糊涂的人才会把用新式武器破门而入的强盗称为文明人。任何以文明的先进性为殖民主义和帝国主义辩护的理由都是不能成立的。

文明是文化的积极成果，就这点说，文化有其特殊的重要性。一个文化不发达的民族，也难以建立发达的物质文明和精神文明。我们可以引进一些西方的新技术，如果没有具有高水平文化素质的人去掌握这种技术和工具，任何先进技术和机器都是无用或用处不大的。文化可以交流可以吸取但不能全盘引进，一个民族的文化有待自己继承自己民族的优良传统和吸取别民族的优秀成果去自行创造。对一个民族的进步特别是可持续发展来说，文化比资源更为重要。资源短缺而社会发达的国家或资源丰富而社会停滞保守的国家在世界上都不少见。资源是有限的，消耗性的，唯独知识与文化是不断增长的无止境的。

文明与人性

人的本质与人性不能混同，它们既有联系又有区别。人性问题之所以争论不休，人的本质与人性的等同是其中的一个重要原因。

人性问题无论中外都是一个古老的问题。可人的本质问题是马克思针对费尔巴哈的抽象人本主义提出的独特问题，它是马克思主义在人的问题上的一个创造。这个问题跳出了人的本性是善是恶，人具有什么样特性或属性，这些特性是个性还是共性、是暂时的还是永恒的等问题，抓住了一个最根本的问题，即什么是人，人从根本上说是一种什么样的生物。所谓人的本质在其现实性上是社会关系的总和，讲的就是人在本性上是社会存在物，人是什么以及人们之间的区别是由人生活其中的社会关系的总和决定的。任何人都不能生活在社会关系的总和之外。所谓社会关系的总和就是一个具体的社会形态。这句话用白话说，就是人从本质上说不是孤立的生物学个体，而是生活在特定的社会形态之中，社会之外没有人。因此，人是现实的人，社会是现实的社会。当然，这并不否认人是生物学个体，即人也是自然存在物。人就其存在而言是双重的，既是自然存在物又是社会存在物，可就人的本质而言，人只有一种本质，即现实的人都生活在一定的社会关系总和之中。正如马克思说的，只有在社会中，人的自然的存在对他说来才是他的人的存在，而自然界对他说来才成为人。

人性问题，讲的是人具有什么样的属性。这个问题正确解决的前提取决于如何看待人，即如何看待人的本质。所有的抽象人性论的共同理论失误，都是建立在对人的本质的错误理解基础上，即把人看成是自然存在物，力图从中引出永恒不变的本性。无论是性善论、性恶论或性无善恶论，也无论性善情恶论或情无善恶论，都没有跳出对人的自然本性的道德评价范围，争论不休。

实际上，从人性的角度看，人当然具有双重属性——社会性和自然性，因为人是双重存在物。人的自然性，就是人作为动物的生物性本能，我们老祖宗说的“食色性也”讲的就是人的自然本性。马克思也承认人有自然本性，他把“吃、喝、性行为”称之为人的“动物机能”。这是人与其他动物所共有的。如果没有七情六欲就不是人，可如果人仅有自然本性就不是人而是动物。人还有社会性，人的社会性，是指人在实践中从他们所依存的社会关系和社会环境中获得的特性，这包括人的社会角色以及由社会形成的价值观念、道德规范和人应该如何处理人的生物学本能的一系列规则。人的自然本性是已经社会化了的自然本性，即为一定的社会道德规范和制度所制约的自然本性。例如人有性欲，但人的性关系和性观念，在不同社会形态中都是“有规则的”。所以我们可以说，没有性的机能不是人（这里说的不是个别人的病态而是说的人的本能，中国古人把夫妇交合称为人道实在有哲学味），可性欲的满足没有规则也不是人，人们把违背通行规则的性行为称为兽性原因正在于此。人的自然性和社会性的结合统称之为人性。其中，人的自然性曾被马克思称为人的“肉体特性”，是相对稳定的，与生俱来的；而人的社会特性是在社会中形成的，是随着社会变化而变化的。相对稳定的自然本性在不同社会条件下，由于人的社会特性的变化必然会有不同的满足方式。正是因为这样，马克思说整个历史也无非是人类本性的不断改变而已。

人的自然性与社会性在人的本质基础上的辩证统一问题，涉及一个重大的哲学问题，就是文明与人性的关系问题，因为人的文明的进步，总是使人的自然本能的实现受到某种限制，使人的自然本能的实现有利于人的“人化”，即越来越减少兽性而趋向完美。在人的自然本性中争论最多的是性本能。这是历来被某些宗教家和道德学最为诟病、最为贱视的一种本能，也是在人类社会中最为忌讳最感羞愧的一种本能。其实，性—两性关系，是人类得以延续、社会得以存在的前提条件。有创见的社会学者都重视对性的问题的研究。摩尔根的《古代社会》影响深远，恩格斯在《家庭、私有制和国家的起源》中关于婚姻和家庭、关于两种生产的理论对唯物史观具有重大的意义。

可是，真正从神经病学的角度研究人的性本能，并广泛影响到文化、哲学、文学、艺术诸多领域的首推弗洛伊德的性学。弗氏认为人性就是人的本能，而最基本的本能是性本能，它是人的自我保存的本能。人的潜意识力求实现自己的本能冲动，可这种本能往往遭到自我的限制和压抑。自我实际上体现的是一个社会的文化传统，是传统的价值观念和社会理想。自我的限制就是文明对人性的压制。按照这种观点，人不是由社会决定的，而是被安放在社会里，像把一撮黄豆放在碗里一样，人天生与社会是对立的，人的本性天生与文明格格不入，人注定要在文明的地狱中煎熬。文明与人性处在两极对立中，这是一切神经症和精神疾病的根源。马尔库塞发挥的就是这种理论。他在《爱欲与文明》中就认为，现代工业社会是爱欲压抑的社会，人类从现代工业社会的解放就是爱欲特别是性欲的解放。

文明是对人性的压抑，这是从弗洛伊德到马尔库塞的共同看法。把文明与人性对立起来，实际上是把人的自然本性与人的社会本性对立起来，因为文明是社会特有的，是社会发展的结晶，社会的进步表现为文明的进步。全部历史是人性随着历史改变而改变的历史。随着社会文明的发展，人性越来越丰满和越来越得到提高。人离其起源的动物越远，人越文明越进步。一个文明社会的人，不会感到不能杂交是一种压抑，不能随便满足自己的生理需要是一种压抑，因为在社会进步中的人，他的价值观念和道德准则是与社会发展相符合的。只有把人作为生物的人，把人性视为永恒不变的生物本性，才会把社会、把文明视为异物，视为对人性的束缚。作为精神科医生的弗洛伊德在精神病学和文化思想方面的贡献是巨大的，对当代思潮发生了重大影响，但作为专业精神病医生，他具有职业给予的眼界的局限，即把人生物化，完全从人的生物学结构来分析人的本性，因而不可能得出正确的结论。马尔库塞虽然与弗洛伊德存在某些区别，但在文明对人性的压抑的看法方面大体是相同的。

性，是人的本能，但人是社会存在物，人的性本能不同于动物的机能。人的性关系和性观念是受宗教、道德以及风俗习惯所影响的，其中特别是道德规范对人的性本能具有极大的制约作用。德国的两位大哲学家黑格尔和费尔巴哈都重视道德对人的性本能的制约性。黑格尔认为，两性的自然规定性通过它们的合理性而获得了理智的和伦理的意义。费尔巴哈则把性关系视为“基本的道德关系”，是“道德的基础”。普遍不受道德约束的两性关系就不是人的两性关系，而是堕入畜道。

在人的道德关系中，最能体现人的教养的是两性关系，因为它是通过一个人对另一个人表现人对自身的关系。马克思把两性关系视为判断人类文明发展的尺度，说是“从这种关系就可以判断人的整个教养程度”。在马克思看来，人的性本能，是人与人（男人与女人）最直接、最自然的一种类的关系，是一种自然关系，可是它是人的自然关系。在这里，男女之间的两性关系，是一种既满足人的自然本性的需要，同时又把对方当作人，而不是发泄性欲的工具。这种关系表明，人具有的需要，在何种程度上成了人的需要，也就是说，别人作为人在何种程度上对他来说成了需要，他作为个人的存在在何种程度上同时又是社会存在物。

文明与性不是对立的。恰好相反，人的性关系和性观念都是受文化观念支配的。性的崇拜与性的禁忌观念是与原始的文化观念相适应的。“不孝有三，无后为大”的观念是中国儒家的生殖文化观念。享乐主义、一杯水主义，是与资本主义拜金主义不可分的。当人类进入私有制社会以后，妇女处于被支配的地位，奴隶社会不说，中国封建社会中统治阶级把纳妾蓄妓视为常事。无论唐宋，诗词中赠校书赠妓女之类的诗屡见不鲜。“十年一觉扬州梦，赢得青楼薄幸名”，“小红歌唱我吹箫”之类的艳诗被视为高雅风流传诵不绝。至于资本主义社会，在性的满足中的人的兽性化更是触目惊心的。按照马克思的说法，拿妇女当作共同淫乐的牺牲品和婢女对待，这表现了人在对待自身方面的无限的退化。这种状况是由私有财产制度和妇女在社会生产中非独立地位决定的。在私有制社会中，妇女与子女成为私有财产的一部分。虽然在现代工业社会，妇女较广泛地参与劳动和社会活动，但并没有根本摆脱依附地位，特别是不参与社会劳动完全依靠丈夫为生的妇女更是生育工具和受法律与道德保护的性奴隶。

性的解放，决不可能导致人类的解放，而只能引发道德沦丧和两性关系的混乱。资本主义社会存在的性放纵和各种名目的性交易引发的疾病和道德问题，已引起有识之士的反对。在任何市场经济条件下，性交易也是不可避免的，在社会主义市场经济下，可以采取法律的道德的力量来遏制它，使它的危害减少到最低程度，但彻底消灭这种现象，必须发展生产力，使人民都富裕起来，没有人也没有必要为金钱而出卖自己。为金钱而委身，当然是贫富分化和经济悬殊的表现。真正以爱换爱，以心换心，在两性关系和婚姻中摆脱门第与金钱以及各种附加的条件，只有彻底消灭私有制才有可能。不是性解放导致人类解放，而是只有人类解放才可能真正有合理的健康的道德的两性关系。

其实，文明与人性的对立问题，并不只是西方弗洛伊德主义、马克思主义的观点。从更广的角度看，中国的老庄哲学，无论是《道德经》还是《庄子》中都有关于仁义道德、科学与文明使人的自然本性受到压抑的说法。如庄子说的“自三代以下者，天下莫不以物易其性”，强调不要“以物挫志”，主张顺其自然、绝圣弃智，复归人的自然本性；要“役物”不要为“物役”，都是如此。当然，老庄哲学与弗洛伊德主义、马克思主义的时代不同。前者，是对进入阶级社会后一些不合理现象的抗议；后者，是对当代工业社会中异化现象的谴责。时代不同，论述不同，但有一点相同，即都力求对所处社会中的所谓“违反人性”的现象作出解释，尽管这种观点的出现有它的社会学原因，但把社会中的不合理现象归之于科学的发展和道德的进步，归之于文明与人性的对立，从历史观看是完全错误的。人类进入阶级社会后，文明中存在野蛮、进步中存在退步，根源并不在于文明与人性的对立，而在于社会的经济制度和政治制度。对于这种文明与人性对立假相产生的原因和消除的途径，只有马克思主义的历史唯物主义才能给予科学的回答。

文化爆炸

在我们国家，近几年来报刊书籍中使用频率最多的词大概是“文化”，从酒文化、茶文化、服饰文化，到什么鬼文化之类，无处不是文化，无处没有文化。可究竟什么是文化，使用者不甚了然，听众观众也不知所云。好像文化是一种大家都清楚用不着解释可又谁也说不清的问题。人们对文化如此青睐，当然好，表明我们有文化、重视文化，可也带来一个问题，我们的社会主义文化建设究竟建设什么？如果一切都是文化，那反过来说文化建设就是一切，那社会主义文化建设根本无从下手。

有的论者会说，你这是抬杠，不是学术讨论，文化有广义、狭义之分，我们说一切都是文化是广义文化，你说的是狭义文化。照我看来，问题就出在这里。所谓广义文化是社会人类学的观点，它把社会与文化看成是同一的。人所创造的一切就是文化，社会除文化外没有不是文化的东西。文化是社会的本质，是社会与自然的分界线。可按照马克思主义唯物史观的看法，文化是人创造的，但不能反过来说人所创造的一切都是文化。人类为了生存，首先要进行物质生产，生产满足人类生存所需要的东西。这种物质生产和产品不能归结为文化，而是人们得以生存的物质产品和生产实践活动。我们不能以文化充饥，不能吃文化穿文化。如果把一切称之为文化，把社会与文化视为同一体，我们就取消了社会存在与社会意识的界限，经济基础与上层建筑的界限，经济、政治、文化的界限。社会就是由各种形式的文化构成的复合体，是一种文化决定另一种文化。

关于文化的本质问题，说到底是个历史观的问题。马克思主义坚持唯物史观，从物质资料生产方式是社会存在和发展的基础的角度来看待文化，把文化看成是由生产方式决定的观念形态的东西。一个社会的文化，是与特定的经济、政治相关联的，因此占主导地位的文化的性质，是由经济和政治状况决定的。一个国家或民族的文化的没落，往往是社会的经济和政治制度腐败的反映。任何一个文化史或哲学史的研究者都知道，研究中国传统文化就是研究中国的哲学、文学、史学、艺术以及宗教、民俗，等等，绝不会把社会生活的每一个方面，从所有制、阶级、国家到哲学、文学、艺术，都作为中国传统文化来研究。大文化观在实际的文化建设和文化史的研究中，很容易发生误导。

当我们说文化是观念形态的东西，绝不是说它与物质的东西是隔离的、无关的。衣服不是文化，但衣服上的刺绣、花纹、饰物可以表现一个民族和时代的文化观念，体现一个民族的审美观念，因此服装可以是文化的物质载体。正如住宅不是文化，但房屋的设计和建筑风格可以是一种文化观念一样，中国的园林式的建筑与哥特式的建筑表现的是两种不同的文化风格。我们应该把文化和文化的物质载体区分开来。文化是精神性的内在于主体世界的东西，它可以通过语言符号，也可以通过它的物质载体客观化，能为人们感知、理解和接受。就文化和文化的物质载体的关系说，内在于主体自身的文化观念比它的外在表现更根本，可不能由此说，在整个社会中，文化观念是决定性的。相反在马克思主义唯物史观看来，文化是被决定的。我仍然相信毛泽东说的一定的文化是一定的社会的政治和经济在观念形态上的反映。一定形态的政治和经济是首先决定那一定形态的文化，然后，那一定形态的文化才影响和作用于一定形态的政治和经济。或许有的人会说，这种观点太陈旧，反映论早就不时兴了，文化反映论更是陈旧。不过我要说真理无新旧。一个国家和民族的文化不是由它的经济和政治制度决定而是相反的证据，有吗？全部人类历史的变迁都驳斥了这种观点。

汤因比认为历史研究着眼于一个国家或一个地区是有局限的，历史研究应该充分考虑到一个国家和民族的历史发展与其他国家和民族的关系，这种整体性宏观的历史眼界是有见地的，可是片面地过分地强调文明的作用，把世界划为多种文明类型，以不同类型的文明产生和衰落的研究，代替对一个国家和民族历史的具体研究是不恰当的。社会与文明是不能简单画等号的，一个国家的社会相互区分的根据是处于主导地位的生产方式，以及在特定的生产方式基础上形成的社会结构。而一个国家和民族的文明，总是与这个国家在特定地理环境中进行的实践活动特别是物质资料生产活动紧密相连的。迄今为止，社会的发展、国家的演变、民族的进步，都不是而且也不可能是以所谓文明类型为单位演变的，而都是在具有一定的疆界范围的民族国家的范围内发展变化的。它的发展变化的最根本的原因，是由经济形态变化导致的社会性质的变化。在所谓东方文明中，中国与日本和韩国、与东南亚某些国家经济、政治制度的区别是很显然的，由此而产生的文化差异也是很显然的。文化中存在的某些共同之处，并不能成为可以抹去各个国家和民族根本区别的理由。文明问题需要加强研究，文明类型问题也需要加强研究，但文明并不是社会发展的决定因素，文明的研究决不能代替对一个国家和民族本身历史的研究，也不能取代对一个国家的社会经济形态的研究。

美国政治学者塞缪尔·亨廷顿先生在《文明的冲突》遭到众多非议后又发表了《文明的冲突与世界秩序的重建》一书。从历史观看，我以为他使用的是汤因比的文明类型的观点，不是以国家而是以文明为单位来考察东欧剧变后的世界形势，认为全球的政治正沿着文明线进行重组，具有相似文明的国家正在结合，具有不同文明的国家正在分离。当前的世界是一个以文明为基础的、多极的多文化的世界。他认为当代存在八大文明：中华文明、日本文明、印度文明、伊斯兰文明、西方文明、拉丁美洲文明、东正教文明、非洲文明。世界的冲突是文明的冲突，特别是西方文明与中华文明、伊斯兰文明的冲突。说句实话，这种论断，与其说是由一种科学的文化理论推导出来的论断，不如说是由于西方文化中心论失灵的变态反应，特别是苏联解体后，西方世界主要是美国对中国、对阿拉伯国家反对霸权主义的敌视和恐惧的理论回声。任何一个客观的学者都会看到，当今世界的冲突的真正根源仍然是经济和政治利益的冲突，而不是文明的差别。文明的不同，只有当实际的经济政治利益矛盾已经发生时，它才可能作为次要因素发生作用。历史或现实证明，相同的文明国家之间可以发生战争，而不同文明国家之间可以和平相处。在种族、宗教、文化背后的起主导作用的是经济和政治利益。

在文化问题上，还是我们的祖宗比较宽容，“和而不同”是何等的气度和开明。和即是互补，相互吸收、容纳、借鉴，不同即是保存自己的特色。中华民族文化的形成过程，就是各个民族的文化相互吸收融合的过程。对世界其他国家的文化，有条件吸收时也是采取容纳方针，例如汉唐时的佛教，明末的西洋文化。清代的闭关锁国不是对外来文化的抗拒，而是弱国对企图瓜分中国列强的消极防范，这是没有办法的办法。在中国人的文化观中，没有提倡文化形态不同就会发生冲突的，而是倡导不同形态的文化的相互尊重、交流和融合。我们不赞同文明冲突论，这与其说是一种文化理论，不如说是一种政治理论，而且是一种离开社会性质、离开政治与经济谈论文化的理论。

在我看来，离开社会性质谈文化是很难说清的。是社会包括文化，而不是文化涵盖社会。用社会性质说明文化顺理成章，而用文化说明社会总是削足适履。因此文化选择的争论，往往是社会选择的争论，清末以后的中体西用和西体中用的争论，表面上是文化选择，实际上是中国走什么路的争论。是以改良主义方式维持封建君主制度，还是走西方资本主义道路，即选择资本主义的经济和政治制度。说句实话，离开了隐含的社会前途的选择问题，文化争论不会这样热烈而持久。

我们现在都知道有一种病叫“文化适应不良症”。这不是生理学意义上的病，是对一种新的文化环境的不适应、不满甚至愤怒，以至于痛不欲生。这种文化适应不良本质是社会适应不良，即由一种社会制度转到另一种社会制度时的不适应。尽管并不是每个人都充分地意识到这一点、都自觉维护旧制度反对新制度，但对旧文化的眷恋总是或多或少反映对新制度的不适应和对旧制度的怀念。在社会处于转折时期，这种文化适应不良更为激烈。20世纪是中国社会处于变革的时期。封建文化与正在生长中的新文化的斗争，是新旧两种制度斗争的反映。清王朝被推翻，但具有惰性的封建旧文化仍然存在。如何对待旧文化与新文化，往往成为文化人能否生存以及如何生存的关键之处。

王国维是近代著名学者，50岁自沉于颐和园。关于王的死因成为学术界一大公案，说法各异。陈寅恪先生认为是文化适应不良。他说，凡一种文化值衰落之时，为此文化所化之人，必感痛苦，其表现此文化之程度愈宏，则其所受之痛苦愈甚；迨既达极深之度，殆非出于自杀，无以求一己之心安而义尽也。在这种剧烈的文化适应不良的背后，出于对传统文化的眷恋而自殉本身就表现了某种社会适应不良。鲁迅是另一种典型。他生活于大体相同的社会和文化剧变的时代，他的旧学根底同样很深，但他以新文化闯将的姿态，勇敢地向旧制度旧文化开火，用自己的肩膀扛住黑暗的闸门。毛泽东称赞说，鲁迅是在文化战线上，代表全民族的大多数，向着敌人冲锋陷阵的最正确、最勇敢、最坚决、最忠实、最热忱的空前的民族英雄。鲁迅的方向，就是中华民族新文化的方向。五四新文化运动不管有多少片面性，鲁迅的战斗不管有多少过激之处甚至误伤自己的同志，但对旧文化的叛逆和抗争，比起对旧文化的沉浸与眷恋来说是代表社会发展的进步方向的，因为在当时这种对旧文化的批判态度，代表的是对新社会、新制度的向往和追求。

文化适应不良，在初到国外的一些中国留学生中或多或少存在过。严重的文化适应不良被有的人称为“文化休克”，它导致焦虑、抑郁甚至更严重的后果。前段时间美国哈佛大学的一位中国博士生的自杀就是一例。此人是1992年毕业于北大计算机专业的硕士生，在中国一家大公司工作四年，成绩突出，但到哈佛两个月即自杀了。这当然扯不上喜不喜欢资本主义制度的问题，但是有一点值得注意，在中国社会主义制度下生长的青年，由于社会主义国家的人际关系比较简单、竞争性不强，父母的呵护所形成的价值观念不会很快适应西方资本主义社会的人际关系和价值观念。社会制度的潜在作用，似乎成为一种潜意识，一旦与另一种社会制度的价值观念相撞，如果心理素质不良，很容易出现各种各样的问题。在我看来，这是文化背景问题，但又不限于文化背景，的确与社会制度环境的转换与人际关系的变化有关，只是因为这种作用是沉淀于心的最深处，往往不易被觉察，而最能直接感受的是文化差异而带来的思想压力。

人道与文明

我历来不主张把人道主义问题归结为人的本性问题。似乎符合人的本性的就是人道主义的，违背人的本性的就是反人道主义的。这种论断必须以人有永恒不变的本性为前提，而且必须认为人的最原始状态是最人道的，因为它还未丧失人的本性，而社会越发展越背离人的本性因而越不人道。因此，人道主义的实现就是人向自己本性的复归。说句实在话，这既不符合人类历史，理论上也说不通。

历史证明，人的人道主义感情就人类而言不是与人俱生的，就个人而言也不是与生俱来的，而是文明的进步与教化的结果。当这种情感以道德规范的形式存在并成为一种公认准则时，它就被认为是人性的内涵。其实，这是社会长期发展和人类文明进步的成果。人类社会是由低级向高级、由野蛮向文明而且走向更高的文明的进程。在这个过程中，人越来越学会以人的态度来对待人而不能以对待动物的态度来对待人。以对待动物的态度来对待人的时代是有过的，这就是原始社会和奴隶社会曾经流行过的人祭和人殉制度。例如，古代的埃及、印度、日本、俄国都存在过人殉。我国的人殉据说起源于新石器时代的晚期——父权制时代。商代贵族人殉有多达 90 人的。中国直到明代仍有人殉。明朝开国皇帝明太祖就实行过人殉。至于以人祭天的事，新中国成立前在一些落后地区仍时有所闻。究竟是以人的态度对待人还是把人当成牛马，当作可随便处置的牺牲品，这并不是决定于抽象的人性、人性的觉醒，而是决定于社会的进步和文明的发展。

人殉与人对人的依赖关系的社会制度是不可分的。人类社会越发展，人离开人由之起源的动物愈远，愈益洗涤人身上残存的野蛮习性成为文明的人。西方资本主义萌芽时期的所谓文艺复兴运动，以人性的名义呼唤要以人的态度对待人，即把人当人，这反映的是一种新的人与人的关系，即从人对人的直接依赖关系变为一种以物为中介的平等关系。法国大革命继承并实现了文艺复兴思想家的理想，1789 年的《人权宣言》就把人的自由、平等、人权作为人的自然的不可剥夺的权利。没有新的生产关系的萌芽、没有新的阶级的形成、没有社会与文明的进步，就没有人的权利的法律规定。当人成为摆脱了人身依附关系的独立自存的个体，成为受法律保护的自由、平等的公民时，人殉制度是根本不可能存在的。这不是人性的复归，恰好是社会进步和文明发展带来的人性的进步。

或许有人会说，文明和人道并没有必然联系，文明的进步不一定使人更人道。文明越发展，杀人的武器更精致更先进杀伤力更大。两次世界性大战都发生在文明发展程度超过以往任何时代的 20 世纪上半叶，仅在第二次世界大战中死亡人数就在 9 000 万以上。德国希特勒对犹太人的屠杀、日本军队在中国南京的屠杀都是历史上绝无仅有的。在文明发展到 20 世纪还发生如此比人殉人祭更为残酷的事，但性质是不一样的。前者是正常的，是受权力保护并在人的观念中认为理所当然的事，这是统治者和所有者对作为自己物品的人的处置；而后者是违反国际公法，是侵略者对被侵略者、胜利者对失败者、强者对弱者的屠杀，是会受到进步人类的一致谴责，并最终会受到历史的裁判和惩罚的。因此在文明社会中的野蛮现象和野蛮社会中的非人道现象应该从社会和历史的角度予以区别，才不致对人类文明的进步作出片面的激烈的以偏概全的否定性批判，像我们在某些西方哲学家那里常见的那样。这是一种非历史的观点。

一个社会的文明发展的程度，特别是它的精神文明即文化的发展和普及程度，与一个社会对人的尊重，与人对自由、平等、人权观念的接受和理解是息息相关的。在一个文化落后封建残余严重存在的国家，往往容易发生违反人道主义原则的事，即使是社会主义国家也难完全避免。我们的“文化大革命”时期发生的不少任意践踏人权的、令人心酸、令人悲愤、令人发指的事件证明了这一点。文化层次越低，违法乱纪以打人为乐的事越多；文化层次越高，此类事件越少。如果我们国家是个文化普及、教育水平较高的国家，即使发生“文化大革命”那样的错误决策也不至于弄得那样无法无天，几乎像回到彼此相互残杀的原始部落时期，到处都有各自拥有武装的集团，都可以私刑拷打，都可以任意游街示众。经验证明，社会主义是个很好的制度，可是如果我们满足于已有的成就，不着力于精神文明建设，不普及教育，不提高人民的文化水平，在一个文盲众多的国家，社会主义道德的推广，社会主义人道主义原则的贯彻和实行，社会主义的自由、平等、民主、人道原则观念的确立是很难的。我们的社会主义建设有着几十年的风风雨雨，几十年的经验和教训。改革开放以来，我们党在以经济建设为中心的同时，在精神文明建设、法制建设、发展教育事业方面倾注了大量的心血。我们国家对妇女、儿童特别是对残疾人的关怀，对犯人的重新改造和教育以及权利的尊重，都体现了社会主义人道原则。社会文明程度的提高，显然对预防和制止社会上各种违背社会主义人道主义原则的事件是极为有利的。

马克思主义唯物史观从不把人道主义问题归结为人性问题，而是从社会发展的高度看待人道问题。人道与文明、愚昧与野蛮之间存在极密切的联系，人道主义是社会进步和文明发展的积极成果。人道主义以及与其紧密相连的自由、民主、人权、平等原则的依据并不是人的本性，而是受社会发展的性质和水平制约的。尽管在进入阶级社会后由于存在阶级压迫的现实，不断出现对人类平等、公正社会的向往，但由于生产力水平低下和生产关系的狭隘，都具有空想的平均主义色彩。资本主义产生后出现的人道主义，从早期人文主义到法国启蒙学派关于自由、民主、博爱的思想，都是与新的阶级、新的生产关系、新的文化观念（表面上是回到古代关于人和人的观念，实际上是召唤亡灵的战斗）相联系的，它是资本主义反对专制主义斗争的反映，而不是源自人性。社会主义革命赋予自由、民主、人道以新的社会主义内涵和切实可行的保证，这种最切实的保证必须有高度发展的生产力（贫困往往容易导致愚昧和野蛮），要有新的社会关系包括所有制和分配关系，要消灭剥削、消除两极分化最终走向共同富裕，否则一切关于普遍自由、平等的理想都会流于空谈。恩格斯曾以平等为例说，平等的观念，无论以资产阶级的形式出现，还是以无产阶级的形式出现，本身都是一种历史的产物，这一观念的形成，需要一定的历史关系，而这种历史关系本身又是以长期的以往的历史为前提。任何真正关心中国社会的社会主义的自由问题、平等问题、民主问题、人权问题、人道主义问题的人，都不能抽象地呼唤人性的复归，而要切切实实地发展生产力、健全法制、加强社会主义精神文明建设、创造绚丽多彩的社会主义文化。任何读过一点历史的人都明白，我们的先哲们、道德家们、思想家们写了那么多向人性呼吁的文章并没有使中国社会变得更具“人性”，而是专制横行，人压迫人，社会黑暗到了极点。而真正使中国发生转机的是中国社会主义革命，它开辟了一条使中国走向文明、富强的道路。正是在改造社会的过程中，人自身及其相互关系以及彼此相待的原则也得到改造。社会是发展的，文明是进步的，人性也是变化的。社会发展不是人性的复归。随着社会主义文明程度的越来越提高，人性的内涵会变得更加充实而美好。

在物质丰富和精神贫困的背后

在所有的动物中，唯独人有两重生活：物质生活和精神生活。人有客观世界和主观世界，人的主观世界即精神世界的复杂性不亚于物质世界，人的内心的确是一个小宇宙。人的内心世界，是人之为人的重要方面。

可是人的两大世界之间既相适应又相矛盾。人的内心世界随着人的交往的频繁和生产方式与生活方式的发展而日益丰富。与原始社会的物质贫困相应，人们的精神生活也是贫困的。以为原始状态的人内心和智力非凡的想法是天真的。马克思曾经批评过这种浪漫主义的幻想。在18世纪最后几十年间，曾经有人这样想：自然状态的人是具有非凡的才智的，捕鸟者到处都在模仿易洛魁人和印第安人等的歌唱法，以为用这种圈套就能诱鸟入网。所有这些奇谈怪论都是以这样一种真实思想为依据的，即原始状态只是一幅描绘人类的淳朴的尼德兰图画。事实上，与生产力的发展、社会交往的频繁、物质产品的丰富相适应，人的精神生活也日益丰富。问题是这两者并不绝对同步。

每个社会都会产生各自不同的问题。西方资本主义国家就有其各种各样的问题。美国著名社会学家就写过《美国社会问题》的专著，揭示了美国大量的结构性问题和非结构性问题、过失性社会问题的各种表现，其中特别涉及价值观的蜕变以及生活中表现的腐朽和堕落。这说明，资本主义社会处于自身不可解决的矛盾之中，一方面具有高度的物质生活水平；另一方面人在精神世界中又陷于困顿与危机。

人的欲望趋向于无限制的物质追求和过度的消费，而人的信仰、理想、人与人的感情联系为金钱所取代。西方有的学者把这称之为文化危机。美国当代著名学者丹尼尔·贝尔的著作《资本主义文化矛盾》是专门论述资本主义社会的结构和断裂的。贝尔承认，资本主义是一种经济—文化复合系统。经济上它建立在财产制和商品生产基础上，文化上它也遵照交换法则进行买卖，致使文化商品渗透到整个社会。但他又认为资本主义社会中的经济、政治、文化三者各自围绕自己的原则旋转，彼此相互矛盾甚至冲突。资本主义经济领域中的主导原则是最大限度地追求利润，促进拜金主义和享乐主义，而文化领域特别是文艺则恰好与经济相反，它强调个性化独创性，强调自我表现，因而与经济领域的原则相对立。在资本主义与封建主义斗争时，彼此携手共同向封建主义战斗的经济与文化，在资本主义制度确立并发展以后，反而处于矛盾越来越激烈的状况之中。可是在文化领域例如文艺领域同样也存在危机，例如“现代主义的真正问题是信仰问题。用不时兴的话来说，它就是一种精神危机”。贝尔把宗教精神的没落作为这种矛盾产生的一个重要原因。他所设计的社会是一种混合结构的社会，即经济上是社会主义、政治上是自由主义、文化上是保守主义的社会。这个社会即他所说的后工业社会，应该保存传统宗教中的积极的有价值的内容，以消除经济、政治、文化这三者之间的矛盾和分裂。贝尔是寄希望于宗教的，假如世俗的意义系统已被证明是虚幻的，那么人依靠什么来把握现实呢？我在此提出一个冒险的答案，即西方社会将重新向着某种宗教观念回归。贝尔期待宗教可能开出最旺盛无比的文化花朵。在这种文化保守主义的传统下成长的人，不是无限制地追求物欲和享受，而是能够尊重传统、考虑将来、乐于为公、与社会共患难。只有这样，资本主义社会才能恢复它赖以生存和发展的道德正当性和文化连续性，消除文化危机。

贝尔的确发现了资本主义社会的某些问题并提出一些有价值的想法，可是所谓后工业社会的混合结构是不可能实现的。我们暂不谈政治结构，仅就经济与文化而言，在唯物史观看来，资本主义社会中，文化旋转的轴心不可能是与经济不同的另一个原则。资本主义社会经济的丰富和精神的贫困原因正在于资本主义经济制度自身。是资本主义经济制度本身滋长而且必然滋长追求享乐和纵欲无度。贝尔明确表示不同意马克思的唯物史观的看法。他说按照马克思的观点，财产关系是再造并渗透整个社会的，而他则把现代社会当作不协调的复合体，这样，他不能解释资本主义文化危机的根源。大众消费的兴起、人们对享乐的追求、精神的贫困和自我的丧失，等等，不可能期望通过文化的修复来解决。马克思主义者期待建立一个合理的社会制度，即用社会主义来代替资本主义制度。这个代替是完整的，即社会主义经济、社会主义政治、社会主义文化是统一的社会结构中的各个侧面。当然，社会主义文化不能也不会抛弃传统中有价值的东西。任何一个民族都不能脱离自己的民族文化传统来建设社会主义。但文化的批判吸收是不能用文化保守主义来概括的。

有的哲学家将西方人文精神的没落和社会道德沦丧、价值观念的颠倒称为人失去了自己的精神家园。现在，西方哲学家们纷纷在寻找安身立命之学，号召人们回归自己的精神家园。其实，所谓人的精神危机本质上是社会危机，它的根本原因不在于人本身，而在于使人沉湎于纵欲和享乐的社会结构。如果说贝尔试图恢复宗教中某些合理的东西来达到经济、政治、文化的统一是无法做到的一种乌托邦式的设想的话，通过人寻找自己的精神家园同样是无济于事的。事实证明，如果把哲学的功能仅仅归结为寻找精神家园，归结为最终关怀，只是为哲学找到一条通过抽象人本主义通向神学的道路，而不可能真正解决人的精神危机。当代西方的精神危机问题，原因并不是精神本身而在于社会。在资本主义社会中，人们对消费的无限追求，对金钱的崇拜，人与人的关系疏远化，依靠每个人回归精神家园是无法解决的。这种宗教式的独善其身的方法，无非是自我麻醉和痛苦的减轻。

当代西方资本主义社会中的物质丰富和精神贫困，隐含的是一个资本主义社会向何处去的问题。尽管西方各种不同学派和学者们提出解决精神危机的各种方案，包括后现代主义，总的原则都是在保存资本主义基本制度的前提下使资本主义社会变得更美好。这样，它们根本不可能解决物质富裕与精神贫困之间的矛盾，也许可以暂时缓和这种矛盾，但又不断地再生产这种矛盾并使它激化，因为在资本主义制度范围内，物质与精神发展不平衡的矛盾是绝对规律，是不可能解决的。

是不是在社会主义革命胜利后，变资本主义私有制为公有制，这种矛盾就可以自动解决呢？也不会。历史证明，如果弄不清什么是社会主义和如何建设社会主义，人民长期处于贫困状态，社会主义社会也会出现信仰危机的。这一点作为西方重要思想家的贝尔还是很敏锐的。他说在人类历史上，信仰危机是周期性发生的。一旦信仰破灭，它需要很长时间才能重新生长起来，并重新发挥效用。他以苏联为例，说在苏联就发生了信仰危机，多数人不信仰马克思主义理论，人民对领袖失去了信任，斯大林这尊偶像已被打碎，而且很少有人相信将来。这是1976年说的。在三十多年以后的今天，情况更加恶化。可以说，在当今的俄罗斯，更谈不上理想和信仰。人们热心追求的是物质财富和西方的生活方式与生活水平。如果说，西方资本主义是过度消费后的信仰和理想的淡化，而苏联则是物质短缺带来的人们对信仰的丧失，而当转向有可能公开追逐物质需求时又由于欲望的无限膨胀而导致信仰的进一步溃灭。这是社会主义运动中的一次惨痛教训。经验证明，长期的贫困和物质匮乏，同样会使人们失去对社会主义的信仰和热情。

我们记取了国内外社会主义建设的教训。从十一届三中全会以来，我们改变了把理想和信仰建立在单纯道德说教基础上的方式，而是注重解放和发展生产力，正确处理物质文明和精神文明的关系，逐步形成了“一个中心、两个基本点”的基本路线。邓小平特别强调发展经济对于坚定人们社会主义信仰的重要性。他说，周边一些国家和地区经济发展比我们快，如果我们不发展或发展太慢，老百姓一比较就有问题了。所以，能发展就不要阻挡。事实证明，同以往的短缺经济相比，当前人民生活水平的提高和物质的丰富使人民更加看到社会主义制度的优越性，更加坚定人们走中国特色的社会主义道路的信心。

“拿起筷子吃肉，放下筷子骂娘”这种情况存在，但要比饿着肚子空喊政治口号好。尽管在我们国家也出现了一些因过分追求物质需求而滋生拜金主义和利己主义的问题，存在分配不公问题，存在思想道德领域某种程度的滑坡问题，存在信仰危机问题，但这与西方资本主义社会中物质生产和精神生产不平衡规律而导致的两者分裂是不同的。在我们这里是教育问题，是两手都要硬的问题。我们不会发生西方那种物质丰富和精神贫困的问题，发生因经济发展而导致的文化危机问题。富则修的说法是不对的，是有害的。从历史上看，还从来没有一个社会因百姓富足而垮台的，而只有因为民不聊生、因为社会极端不公平而危机四伏。我们当前最重要最紧迫的是让人民真正富起来，赶快富起来，大家都一步一步富起来，并把“富”与“教”结合在一起。这样，在人民特别是青年一代中，社会主义的信仰和理想不会倒也摧不垮。

文化的积累和决裂

文化的发展具有两重性：积累和决裂。

任何一个民族的文化的发展，都必须依靠积累。一个国家民族的文化总是绵延不断地演进的，这就是一个国家和民族的文化史。历史越长积累越多，反过来说积累多意味着历史长。中国之所以是文明古国，因为它历史长，文化积累丰厚，而且五千年一以贯之，未曾中断。可以说，各朝各代，名人辈出，各有建树。先秦的诸子百家、汉唐的赋诗、魏晋的思辨哲学、宋明的理学、明清的小说，均为瑰宝。而且中国文化的积累是多方面的，包括书法、绘画、雕塑、音乐、曲艺，遍及诸多领域。但是各个时期的文化高潮具有不可重复性。例如，秦汉的辞赋、唐诗宋词元曲，以后的时期再无此种盛况。其他的文化种类亦有类似情况，衰落之后，即成绝响。但是文化是推进的。每个民族已经取得的文化成就决不会丧失，它作为一种历史的积淀会在一个民族的传统中长期发挥作用。

文化的积累包含文化的融合。中国在长期文化的积累过程中，包含国内各民族文化的融合。许多民族的、地域性的文化，逐步会合为统一的中国文化，而且也吸收外国文化，如汉代印度佛教的传入，明末开始的西方文化的传入和吸收。可见，文化是一种积累。从纵断面看是历史的积累，是各个时期文化的延续；从横断面看，是地区文化、民族文化甚至异国文化的会合、容纳和吸收。

正因为文化是种积累，它在不断地延伸，仿佛具有生命和活力。但文化的生命力不单纯是文化自身的力量，像有的学者说的文化是一种自决自足的过程。其实文化的生命就是人的创造力，是一代又一代人的创造。尽管历史上的文化对于后人是一种遗产，但不是不动产而是不断增殖的资本。文化的积累，不是现实融于传统之中，而是传统融于现实之中，即人们立足现实，从传统中吸取自己时代所需要的东西，因此文化的发展总是后人把前人的成果作为进一步发展的台阶，不断续写前人的文化史。任何一个有作为有活力的民族都不会固守传统困死在传统之中，但传统是不可割断的不可超越的。中国传统文化是我们国家的一笔巨大财产，是我们得以创造社会主义文化的丰富资源。文化的积累性，表现为文化的传统和历史继承性。

文化的积累，绝不是如同用扑满积钱，一个一个铜钱往里面塞，只进不出。文化具有知识性，是一个民族的生存知识的积累，但它又具有价值性即意识形态的特性。由于时代、阶级和其他种种原因而产生文化观念的差异，因而文化发展中存在碰撞和斗争。中国历史上就存在不同的学派不同观点之间的争论。特别是由于中国自汉代罢黜百家、独尊儒术以后，儒家成为中国封建社会的正统，因而在长期封建社会中，对处于统治地位的儒家思想的批判，往往被视为异端邪说，严加镇压。即使是元、清时，少数民族入主中原，同样把孔圣人顶在头上。两千多年，非圣非君，在中国就是杀头的罪名。魏晋时以这个名义杀过不少名士。明代的思想家李贽的遭遇亦复如此。他著《焚书》、《藏书》、《续焚书》、《续藏书》、《史纲评要》，对儒学特别是理学的批判，被视为“敢倡乱道，惑世诬民”，结果以高龄死于狱中。这种事，国外也一样。俄国 19 世纪是群星璀璨的时代，可也是思想控制最严的时代。俄国著名思想家赫尔岑在《论俄国思想发展》中说过，假如有人胆敢将自己的脑袋升过沙皇权杖容许的高度，可怕而悲惨的命运就会落到他的头上，所以他把俄国文学史称为流放犯的名册、蒙难者的实录。如果说，文化的积累表现为继承的话，那对传统思想的批判表现为异端。其实所谓异端往往是突破旧的传统思想的新思想的幼芽、是文化的进步。文化就是在两极对立即传统与异端、积累与碰撞、继承与批判中前进的。

在同一个社会内部，进步思想对正统观念的抨击表现为异端，而在社会变革时期，则是新观念对传统观念的决裂。异端是个人的或少数人的思想的超前，往往是悲剧性的，而决裂表现的是一种思潮，是一个新的社会、新的制度对旧的社会、旧的制度的宣战。马克思和恩格斯的著名的《共产党宣言》提出“两个决裂”这一有深远影响的论断，就是表明无产阶级要用新制度新观念代替旧制度旧思想的决心和态度。

人们对马克思和恩格斯这个著名论断存在误解。我们抛开“文化大革命”中所谓“破四旧”和彻底砸烂之类的闹剧和极“左”的做法不说，仅就学术的角度看也容易发生错觉，似乎马克思主义主张与传统文化彻底决裂，这当然与马克思和恩格斯的主张不合。他们说的与传统所有制决裂指的是打破资本主义私有制，用公有制代替资本主义私有制。与传统观念决裂中的“传统观念”，指的是与资本主义私有制相一致的观念，即根深蒂固的私有观念、个人主义观念、拜金主义观念，等等。传统观念不等于传统文化。文化并非只是观念，文化中除了为特定社会所具有的有意识形态色彩的东西外，还包括知识、智慧、经验，包括一个民族发展中积累的有利于解决人与自然的矛盾、解决人与社会的矛盾，有利于人的生存和发展的东西。决裂不是断裂。断裂是传统的中断，是对待传统文化的虚无主义态度，断裂只是一种极“左”的文化观点和政策，而不可能成为社会的现实。历史是不可能割裂的。马克思主义从来不主张摒弃人类的文化遗产，反对把决裂曲解为断裂。19 世纪末，俄国以米海洛夫斯基为代表的民粹派曾经攻击列宁、普列汉诺夫等马克思主义者拒绝文化遗产，为此列宁写过著名的《我们究竟拒绝什么遗产》予以驳斥，科学地阐明了马克思主义对待文化遗产的态度。后来列宁在反对俄国的无产阶级文化派时，又一再强调要确切地了解人类全部发展过程所创造的文化，强调必须取得资本主义遗留下来的全部文化，用它来建设社会主义。

在 20 世纪中国的文化争论中，以反对文化断裂为理由反对与传统观念决裂的论者不乏其人。其实，自五四以来的新文化运动的本质是文化革命论或者称决裂论而并不是断裂论。鲁迅是新文化运动的主将，是新文化运动的旗手，但鲁迅的批判锋芒是指向尊孔读经的复古主义，指向旧的道德、旧的伦理。作为新文化运动的前锋的陈独秀，反对的也是旧礼教，强调旧礼教与共和制度两者不能并存。中国共产党成立后，特别是创建了自己的根据地和政权后，毛泽东提出了建设新民主主义文化问题。现在我们党又提出创造绚丽多彩的中国特色的社会主义文化问题。从新民主主义文化到建设中国特色的社会主义文化，是一次比一次更深的与旧的传统观念的决裂，用马克思主义、毛泽东思想特别是邓小平理论教育人民，用社会主义思想教育人民，培养“四有”新人。但是，毛泽东同志制定的对传统文化批判继承的政策，取其精华去其糟粕的政策，始终是我们党坚持的文化政策。再说一遍，决裂不是断裂。决裂是思想变革，是清除传统观念中为旧制度服务的反动的落后东西的影响。尽管做到这一点不容易，而且需要一个相当长的过程，但新的制度要巩固、要发展，在人们头脑中代代相传的陈旧观念需要逐步克服，不提倡与传统观念决裂是不行的。

就文化积累中的传统与变革的关系说，民族内部如此，民族间也有类似情况。不同的是，民族内部表现为继承与批判，而民族之间的文化交流，表现为融合与冲突。中国既接受外来文化，同时也向世界贡献自己的文化成果。中国传统文化特别是儒家对世界特别是周边国家和地区的影响是众所周知的。中国也吸收外来文化，汉代的佛教的输入、明代西方文化在中国的传播，特别是晚清中国先进分子向西方求知，都是文化的交流。当然由于民族的和价值观念的差异，两种文化之间会产生冲突，但更重要的是吸收和融合，而且是由开始的冲突逐步趋向融合。一个民族特别是像中国这样具有古老优秀文化传统的民族，不可能为外来文化所同化，而是有能力把外来文化经过吸收整合为自己文化构成的一部分，逐步使它丧失原初外来文化的特性。

在中国传统文化与外来文化关系中，当前最尖锐的是马克思主义与中国传统文化的关系。一些儒家复兴论者鼓吹文化本土化，把马克思主义当作外来文化拒斥。这种倾向是有害的。我们是中国人，我们当然要继承和发扬我们民族的优秀文化传统，否则，我们的文化就不是中国文化，就会丧失文化的民族特性。但我们不是狭隘的民族主义者，我们反对用“本土化”为借口来抵制民族间的文化交流，特别是抵制马克思主义。任何文化都是民族的，民族性是文化的重要特性，但不能说任何文化都是本土的，事实上各个民族的文化都或多或少包含被吸收的外来文化的成分。特别是处于世界交往日益频繁的当代，加强文化的交流和吸收是必然的不可避免的进步的倾向。本土化是以一个民族的文化从来是纯而又纯为前提，这与文化的历史发展完全不符。特别是马克思主义，对中国来说不能简单说成是外来文化并将其与中国文化对立起来。马克思主义就其来源说是外来的，可就其性质而言是国际文化，是放之四海而皆准的普遍真理。中国革命和建设需要马克思主义，中国不可能在传统文化的范围内变革中国社会的现实，而马克思主义原则在中国应用的过程，也就是马克思主义逐步被中国化、变为我们民族文化的重要部分的过程。在中国社会主义文化中剔除马克思主义就不成其为社会主义文化，剔除中国化的马克思主义就不成其为中国特色的社会主义文化。如果说对于处在帝国主义压迫下的民族说，用本土化来反对殖民主义和帝国主义有进步意义的话，对于以马克思主义为指导的正在建设社会主义的中国来说，以复兴儒学为主旨的本土化是历史的倒退。我们重视自己的文化传统，重视儒家学说在中国的历史地位和现实价值，但我们的口号不是复兴儒学，而是建设民族的科学的大众的社会主义文化。

在文明冲突论的背后

西方有的政治理论家倡言文明冲突论，认为西方文明同东方儒家文明、阿拉伯的伊斯兰文明的冲突，必将导致战争。似乎世界的矛盾是文明形态的矛盾。这当然只能是他的一家之言，并非确论。

事实上，历史上还没有仅仅因为文化不同而发生战争的。战争最根本的是经济和政治利益的矛盾，战争是政治的继续，而政治又是从属于经济利益的。这个论断从根本上看是正确的。文化的差异在战争起因上是极其次要的因素，即使是历史上所谓的宗教战争，其根本的原因还在于经济和政治利益，而不仅仅是因为宗教信仰的差异。当代，美国如此重视中东，最根本的是维护美国的利益。美伊海湾战争最根本的原因是石油，不是由于石油这一生命之血，美国绝不会因为文化的不同而动武，何况同样都是伊斯兰国家，美国有亲有疏，态度迥然不同，显然不是以文化差异为标准而是以实际利益为转移的。美国不愧是实用主义的发源地，它的政策是极其实用主义的。同理，美国当权者的一些人对中国采取遏制政策，主要因为中国是社会主义国家，中国的社会制度不符合美国的利益，而不是因为东方文化。同样是东方文化，美国在中国革命前支持国民党，至今仍然支持台湾，可中国内地与台湾的文化同根同源，都是中华民族的文化。一者支持、一者遏制，美国并没因为内地与台湾文化相同而一律对待。一切冲突由文化差异而起，与历史不符。日本对中国的侵略以及历史上多次发生的德法战争都反驳这个论断，与当代世界的政治现实也不合。文明冲突论是不能成立的。

不同的文化之间的差异性是存在的，但不同文化是否由差异而发生冲突，取决于国家和民族之间的经济与政治关系。本来世界各国和各民族之间的文化交流是互补的，通过吸收而融合，可是当一个国家侵略和压迫另一个国家和民族，企图用一种文化来压制和同化另一种文化，文化的冲突是不可避免的。这种冲突是结果而不是原因。西方资本主义产生后的殖民政策，其中一个重要手段就是文化。随着用大炮、商品轰开了别国国门，接踵而来的是文化入侵，从办学校、办医院到传教，这是中国近代历史的事实。当然，一个民族的文化是不能为另一个民族的文化所取代的，特别是中国这样一个民族更不可能为任何外来文化所同化，最多是产生一些殖民地半殖民地文化，作为文化侵略的怪胎。至于伴随文化入侵而产生的另一种正效应，例如具有新思想新科学的知识分子的出现、西方科学技术的传播，等等，这是违背殖民主义者初衷的。历史并不是按人们的意志发展的。像列宁说的走错了房间，本来是进这个门结果进了另一个门的事在历史上是常见的。我们肯定那些诚心从事办教育、办医院甚至真心传达"上帝福音"的先生们的献身精神，但我们不感谢殖民主义和帝国主义的文化侵略。

在我看来，文明冲突论的实质不是尽量避免冲突、提醒人们防止因为文化差异而发生冲突，而是为西方国家主要是超级大国充当新时期的世界宪兵制造根据和借口的理论。文明冲突论的鼓吹者不是把发展中的国家其中主要是中国和中东一些国家不买美国的账、不听指挥棒，如实地看成是发展中国家对超级大国图谋独霸世界的反抗，它的根源在于经济和政治利益的矛盾，而力图用文化冲突来掩盖问题的实质，把这种矛盾歪曲为不同文化的冲突。似乎东方和中东一些国家是狭隘民族主义，拒斥西方文化，因而引起冲突。其实西方有些人死抱住西方中心论不放，力图以西方文化为前导进行经济和政治扩张，以达到西化和分化的目的。不过在当代多极世界的格局下，在 20 世纪即将结束时仍然倡导西方文化中心论，绝对不合时宜，即使在西方也是和者寥寥。从报纸上看到，似乎文明冲突论的倡导者也放弃了西方中心论和文化冲突论，承认试图用西方文化来同化东方世界是不可能的。学者还是学者，大有从善如流的气度。可这种理论所蕴含的政治动因和实质并不会随着这个理论的消失而消失。

文明冲突论似乎并不时兴，但从这个理论的出现悟出一个道理，即由于文化的意识形态性，它的确容易在西方对社会主义国家推行的和平演变政策中扮演重要角色。文化不等于意识形态，但文化中确有意识形态。文化的差异不一定导致冲突，但在政治冲突中可以利用文化。人们只要读一读美国某些政要的政治性演讲，认真读读布热津斯基的《大失败——二十世纪共产主义的兴亡》这本书，就可以看到西方政治家们对社会主义的态度和战略，以及意识形态领域中的文化渗透对苏联解体和东欧剧变所起的作用。尽管西方推行和平演变的政策不是导致东欧剧变唯一的原因也不是最根本的原因，但是它的作用是不能低估的。东欧剧变的这方面的教训，我们也应该正确总结。

我们的思想往往容易走极端。一讲有蚂蚁就到处是蚂蚁，要么一只蚂蚁也没有。在反和平演变问题上就是如此。领导一提醒要注意这个问题，就仿佛山雨欲来，一切都要以反和平演变为中心。可稍有差错挨了几句批评，又噤若寒蝉，反和平演变又变为禁语和忌语，似乎现在谁还用这个词就是“左”，就是思想僵化。这是个误解。

从邓小平到江泽民，从来没有否定过存在和平演变的危险性问题，没有否定西方某些政治家和某些附和者存在西化分化的图谋问题。过分夸大这种危险干扰以经济建设为中心的方针是一回事，根本不承认存在和平演变的可能性和危险性是另一回事。如果根本没有这个可能性，何必要坚持“一个中心、两个基本点”的基本路线呢，只要一个中心一个基本点就够了。其实只要在资本主义世界体系中仍然存在着社会主义国家特别是强大的社会主义国家，西方总是不放心不舒服。这一点，我看谁都是心里有数的。

在当今世界，人们都公认美国这个超级大国不仅是经济帝国主义、政治帝国主义，还是文化帝国主义。它通过文化的输出和传播，在苏联东欧地区已经得到甜头。西方有人评论说，文化帝国主义的政策是最微妙的，也是最成功的帝国主义政策。它的目的不是征服领土和控制经济生活，而是征服和控制人们的心灵，以此作为改变两国之间权力关系的手段。人们能够设想，如果美国的文化特别是它的政治意识形态连同一切具体的帝国主义目标，能够征服别国所有决策人物的思想，那么美国将得到比军事征服和经济控制更为彻底的胜利，美国将无须为达到其目的而威胁对方，或使用军事力量，或者施加经济压力，因为美国能够使别国屈从于自己的意志和目的，通过自身优越的文化和更具吸引力的政治哲学的劝导和引诱，来实现它的政治和经济目标。文化帝国主义如果能够达到如此完全的胜利，将使其他的帝国主义的方法成为多余。任何熟悉马克思主义术语的人都知道，这个评论中讲的文化政策就是和平演变。

当然，东欧剧变后形成了多极格局的世界政治态势，各国由于战略的需要，都在寻找伙伴。特别是由于和平与发展是我们时代的主题，因而与“冷战”时期不同，现在不同制度的国家不是弯弓拔剑，而是强调共处协作，但矛盾并不因此而消失。很显然，发达的资本主义国家特别是超级大国打心底里不愿意看到在它们身边屹立着一个强大的社会主义中国，而千方百计地想把它变为第二个苏联。不是不想做，而是做不到。其所以做不到是因为我们党的领导正确，在发展经济的同时，脑子里并没松开这根弦。

我们当然不会因为害怕和平演变而闭关自守、拒绝文化交流。当今的中国已经不是三十多年前的中国。但我们不能放松警惕，应该注意西方国家的文化战略。邓小平说过，闭关自守，故步自封是愚蠢的，但属于文化领域的东西，一定要用马克思主义对它们的思想内容和表现方法进行分析、鉴别和批判。他还批评有些同志对于西方各种哲学的、经济学的、社会政治的和文学艺术的思潮，不分析、不鉴别、不批判，而是一窝蜂地盲目推崇。他指出这种用西方资产阶级没落文化来腐蚀青年的状况，再也不能容忍了。邓小平的论述既深刻又全面。

社会主义文化建设问题是一个重要问题。文化具有双重特性，它既具有知识性又具有意识形态性，应该有分别地对待文化总体中的不同部分，不能一律看待。这一点，在吸取西方文化时更应注意。我们应该吸收西方文化中优秀的东西，但要防止文化垃圾。这是社会主义文化建设的一个重要方面。

以头立地和以脚立地

黑格尔曾经把 18 世纪称为用头立地的世纪，因为那时一些思想家们把人的头脑以及通过头脑的思维发现的原理作为人类一切活动和社会结合的基础。恩格斯赞同黑格尔的评论。其实黑格尔自己就是一个理性主义者，不过不是把个人的理性而是把抽象的理性即不属于任何个人的理性——绝对观念，作为历史发展的决定力量。当代一些智力史观的提倡者，其实仍然是唯心主义的理性主义者，尽管强调的是科学知识的作用，本质上同理性主义一样，把人的头脑和头脑的发现作为社会发展的决定力量。例如卡尔·波普尔之所以否定历史决定论，否定历史规律性的论断，反对马克思主义的唯物史观，其主要依据就是这种知识决定论。他说人类历史受到人类知识增长的强烈影响，我们不能通过理性和科学的方法预知科学和知识未来的增长，因此我们不能预知人类历史未来的进程。这说明任何关于历史发展的科学是不可能的。

我们应该高度重视科学知识对人类社会发展的积极作用，而且我们可以断言，随着社会生产力的发展和科学技术的飞速进步，知识在人类社会发展中的作用会越来越大，但是无论知识的作用如何增长，如何越来越巨大，我们都不能说社会历史的本质是知识的发展。问题不仅在于科学知识的增长是社会生产发展进步的结果，而且科学知识本身只有实际进入生产过程提高生产效率和改善管理过程才能发挥它的作用。资本主义社会产生以后，正是工业发展推动了科学发展，这是工业社会的科学技术水平远远高于农业社会而且有可能高于农业社会的根本原因。没有资本主义社会工业发展的需要就不可能有资本主义社会的科学技术的发展。恩格斯说，现代的自然研究，和整个近代史一样，是从这样一个伟大的时代算起，这个时代，我们德国人由于我们所遭遇的民族不幸而称之为宗教改革，法国人称之为文艺复兴，而意大利人则称之为五百年代，但这些名称没有一个能把这个时代充分地表达出来。这个时代是从 15 世纪下半叶开始的。很显然，恩格斯讲的是资本主义兴起对科学知识需求的推动作用。而在资本主义社会诞生和发展以后，科学技术对生产的作用力量越来越大，但并有改变生产对科学技术发展的基础性作用。仅仅在专利局档案中存放的各种发明是无用的，科学最终必须变为在生产中应用的技术，知识必须变为知识经济。任何不怀偏见的人都能看到，在不同的生产方式和生产力发展的水平上，我们可以看到科学知识发展不同的水平，而且可以看到科学知识的不同作用。一个经济落后的国家，科学技术也落后，这个不言自明的道理还用得着解释吗?

马克思主义唯物史观是以脚立地的。马克思主义认为，物质资料生产是整个社会存在和发展的基础。社会发展归根结底是由生产决定的，因此社会发展规律问题不能到人的思想中去找，也不能到人的头脑中去找，不能到知识中去找，而应该到打开社会历史之门的钥匙即生产劳动中去找。一个社会的生产关系的性质和类型不取决于人们的愿望和意志，而是由生产力决定的。生产关系必须适应生产力的性质和水平，而一个社会的阶级结构、政治结构、国家的性质，归根结底是由经济制度决定的。这是在不同社会形态、不同国家和不同民族中不断重复的本质现象。即使是非阶级社会，物质生产方式是社会存在的基础，以及社会基本矛盾运动规律的作用仍然是存在的。由于科学技术在生产中的作用，知识在人类生产和生活中的作用与历史的进步成正比，人类直接投入物质生产过程的人力、资源的比例会降低，但不能设想，总有一天人类不是依靠生产而是依靠知识为生，即依靠知识维持社会的存在和运转。这是不可能的。知识的作用，一旦离开生产和生产过程只是一种可能的潜在的力量。人类任何时候都不能以头立地只能以脚立地。脚越站得稳，头脑的作用越能发挥。无怪卡尔·波普尔发现不了社会历史规律，因为他排除物质资料生产方式的最终决定作用，只在科学知识范围内打圈圈，必然如此。

至于说历史不能预测，因而历史决定论是不可能的，这种推断也是不能成立的。历史唯物主义从来说马克思主义不是算命先生。马克思还在他刚刚创立马克思主义的时候就宣布，自己不是教条式地预言未来，而是在批判旧世界中发现新世界。历史发展不是编好了的剧本，也不是被输入计算机的程序。在历史进程中一切事件与人物都是未定的，是在实践过程中形成的。决定论本质上是规律论，它涉及的是处于历史过程中的社会结构及由此决定的方向而不是社会发展中的具体事件。社会中每一具体事件具体人物的出现都具有偶然性的一面，人们如何扮演自己的角色决定于自己的境遇和努力，当好人当坏人是自我选择。人在社会中完全有自己自主活动的余地和可能，但是人的全部活动都不能改变历史的规律，不能改变物质生产的基础作用，不能使生产关系不依赖生产力，不能要阶级而不要阶级斗争，不要革命和反抗，问题只是斗争的形式和革命的迟早问题。人的一切努力是在社会结构相互制约的因果关系和框架内的活动。尽管社会历史中任何一个事件的出现是由许多因素决定的，是不可能准确预测的，但这不是说，历史是无规律的，历史规律提供的不是每件事产生和出现的确定不移的时间和状态，而是社会进步的方向和事物发展的趋势。这种方向和趋势是可以知道的。例如，我们知道资本主义制度不是最终的永恒的，它必然为更高的社会制度所取代。我们知道任何一个新生产方式的产生和发展不可能一帆风顺，它会出现反复。至于如何取代，会出现哪些反复，这个我们是不能从一般规律中推论出来而必须在实践过程中通过实践所形成的态势逐步把握的。人们不可能预见多少年后的具体事件，但可以通过唯物史观提供的理论和方法，通过对已经出现的现象的分析，把握事态发展的可能性，如毛泽东当年在《论持久战》中对中日双方战争发展态势的分析。把唯物史观的历史决定论观点说成是人对未来一切都能了如指掌，这是把对方涂成小丑然后加以嘲笑的手法。事实上马克思主义的历史决定论最根本的是社会形态发展的理论。谁能提出证明，有永恒不变的社会形态，有不依生产力发展的生产关系的变革，有不由经济结构决定的阶级结构，有超阶级的国家和政府，有没有社会基本矛盾的社会和国家？我看任何一个人都举不出来。承认社会形态发展中的重复现象，就必须承认社会历史规律。规律正表现在这些不断重复的本质联系之中。

说句实在话，波普尔反对历史决定论的意识形态性是很强的。他在《开放的社会及其敌人》、《历史决定论的贫困》中，着力反对历史决定论的目的，是反对马克思主义关于资本主义必然为社会主义所代替的论断。只要否定历史规律论，资本主义当然就是永存的。他把社会主义革命称之为“乌托邦工程”，是根本无法实现的空想。当然，作为一个思想家，他也不能赤裸裸地为资本主义辩护，还是承认资本主义需要改变即实行社会渐进工程。这种观点并不新鲜，无非是以往改良主义的旧调重弹。事实上至今为止，资本主义的福利政策，或者某些改良措施并没有使资本主义社会变得更公平更正义些。渐进工程是缓和社会矛盾、维护资本主义制度的方法。至于说，社会主义革命是乌托邦，这也是陈词滥调，因为马克思主义理论只是指出资本主义进一步发展必然突破自身界限的方向，从来没有关于未来社会改造的详细进程和步骤。马克思主义是最反对乌托邦式的计划的。把未来社会的改造的进程、方式，都交给未来人们自己去解决，一切付诸实践，由实践检验、校正、创造，这能叫乌托邦吗？马克思主义的社会主义理想并没有失败，它在一些地方遭到挫折，但在中国得到发展和壮大，而中国特色的社会主义建设的依据正是马克思主义历史规律性的理论，我们正在探求中国社会主义建设的规律，以便进一步实现并创造性发展马克思主义。

波普尔对马克思主义的反对给了我们一个重要的启示，西方的哲学社会科学意识形态性是很强的，它绝不淡化意识形态。作为科学哲学家的波普尔对反驳马克思主义、反对社会主义可以说是非常卖力的。西方一些学者也是大为赞扬的，认为波普尔已经驳倒了马克思主义，在波普尔的著作发表后，只有冥顽不化的人才会相信马克思主义。他的学生拉卡托斯也是科学哲学家，同样不遗余力地用马克思主义的预测没有实现来反对马克思主义，他们都是把马克思主义变为预言家然后用预言的失败加以反驳的。面对这个事实，难道我们的哲学社会科学在科学性和战斗性方面没有什么需要改进和加强的吗？

老九与老大

在中国，知识分子的地位是不稳定的，它决定于政治形势和社会状况。

在人类进入奴隶社会以后，随着脑力劳动和体力劳动分工的固定化，必然会出现知识分子这个阶层，而且人数由少到多。中国封建社会的士，大概就是这种人。在中国长期的封建社会中，知识分子地位不低，受人尊重，因为他们是官吏的后备队。所谓学而优则仕，他们中不少人渴望以自己的才学跻身上层，特别是通过定期考试选拔官员的科举制确立后，经过十年寒窗，一举及第，进入统治集团，已经成为官吏队伍补充更新的常规。万般皆下品，唯有读书高，反映的就是科举制下知识和知识分子的地位的看涨。在中国封建社会中，知识分子是上了祖宗牌位的，天地君亲师，属第五位，这个第五位不是一般意义上的第五位，而是天地君亲后的第五位，是宇宙人间的第五位，而不是社会地位中的排行，的确是被捧上了天。当然，知识分子也有触霉头的时候，如秦始皇的焚书坑儒、魏晋时对异己名士的杀戮、清代的文字狱，特别是在元朝知识分子被列为第九等，所谓九儒十丐，几近要饭的叫花子，算是跌到九等之下啦。

知识分子的社会地位是受统治者的需要和政策决定的，是可变的，但社会地位无论如何变化，知识分子的社会贡献在任何时候都不能抹杀。无论古今中外，在文化各个领域中的杰出贡献和许多传世之作，大都出自知识分子之手，是他们心血的结晶。没有知识分子，没有文化人，文化的创造、积累和传播是不可想象的。知识分子对人类科学文化的这种贡献比起跻身统治者的行列要大得无比。后者是过眼烟云的一时荣华富贵，而前者则为子孙后代缔造永恒遗产。

中国共产党领导的民主革命和社会主义革命，就其本质说是工农革命，但并不是排斥知识分子的革命。中国共产党的创造者和许多著名的领袖人物，都是知识分子而且是大知识分子，不少是喝过洋墨水的。从他们代表的利益和他们的世界观来看是代表无产阶级和劳动农民的，可从他们自己的出身来看则是知识分子。应该说，中国的革命知识分子对中国人民的革命的成功和社会主义建设的贡献是巨大的，没有广大知识分子的参加，中国革命的成功是难以想象的。我们党和毛泽东同志无论在民主革命时期还是社会主义革命和建设时期，都重视知识分子问题，制定了正确的知识分子政策，并取得了一定成就。但无可讳言，我们在知识分子问题上，长期存在的是“左”的倾向，有些人总是对知识分子不放心，视为非我族类。从反右的扩大化到“文化大革命”时期的反对所谓“反动学术权威”，以及几乎全国范围内的知识分子的下放干校和农村劳动，知识分子沦为“臭老九”。本来，知识分子参加些劳动、接近工农，使自己更了解工人农民的需要，培养工农感情，我认为是必要的，可把这作为惩罚手段，就近似荒唐。这不仅是知识分子的不幸，也是我们民族的灾难和悲哀。它不仅打击了知识分子积极性，而且为全国青少年传递了一个错误的信息，在中国最没有前途的是读书，最没有用的是知识，最无用的人是知识分子。这大大阻碍了我国科学技术和文化的发展。风行一时的读书无用论就是这种措施的苦果。尽管也时不时听到“老九不能走”的话，可与“臭老九”相比这个声音微弱得多，也振奋不了人心。这是个是非颠倒的年代，是中国人尤其是知识分子的一场噩梦。

可是知识和知识分子在社会中的作用问题，并不取决于人们是否承认，而是取决于社会生活本身。有体力劳动与脑力劳动的分工，必然会有知识分子；要发展科学技术，发展文学、历史、哲学、医学等，必然要有人专门从事这类知识的生产和传播。这是一些普通但又不普通的人，需要才能、智慧，需要专门的培养和教育。而且，这个领域中的成就卓著者，就是这个民族的精英和瑰宝。我们中华民族足以骄世的，正像毛泽东说的是因为有许多伟大的思想家、科学家、发明家、政治家、军事家、文学家、艺术家，有丰富的文化典籍。一个国家和民族要想站在世界的前列，要想富国富民，可又不尊重知识不尊重知识分子，这只能是缘木求鱼，不可能达到目的。

改革开放以来，邓小平一直强调尊重知识、尊重人才，强调科学技术是第一生产力。他说，要把“文化大革命”时的“老九”提到第一，科学技术是第一生产力，知识分子是工人阶级一部分。现在知识分子的政治地位有了根本性的变化，尽管生活待遇还不高，但限于国家的财力，一般能够理解。中国知识分子是爱国的、爱社会主义的。“文化大革命”的委屈和苦难并没有使他们消极或怨恨，一旦有了正常工作的条件，他们又照样拼搏。只要我们高举邓小平理论伟大旗帜，坚定地执行新时期党的知识分子政策，一定能更大地调动知识分子的积极性。

知识分子由第九到第一的变化，是个巨大的变化，但这个第一，是从党对知识分子的重视说的，而不是“老子天下第一”的第一。如何正确理解知识分子在现代社会中的作用，正确处理脑力劳动和体力劳动的关系、知识分子与工农群众的关系，是历史唯物主义中的一个重大问题。我以为，任何片面性都是不对的。

现在流行的智力史观，或称之为新英雄史观就是从科学技术是第一生产力引出的错误结论。这种观点表面上是尊重知识和知识分子，实际上把正确的前提引向极端。他们争辩说，既然科学技术是第一生产力，那科技是社会发展的决定力量，而科技是由科技工作者发明和创造的，因而科技工作者是社会决定者。科技工作者是用大脑思维的，因而最终起决定作用的是科技工作者的大脑。貌似有理，实际上是一连串的逻辑跳跃。

科技是第一生产力，它涉及的是科技在生产力结构中的地位问题。在当代，在生产过程中，对提高劳动生产率具有决定意义的是科技的运用。这个命题是时代的命题。在 19 世纪或更早的世纪就不是如此。科技的作用是随着工业的社会化和自动化以及各种新的高科技部门出现而日益突出的。承认科技是第一生产力是历史唯物主义观点，它对科技在生产力结构中的作用采取唯物辩证的态度，但不能由科技是第一生产力导出科技是社会发展决定力量的结论，如果这样，就把一个正确的命题推向错误，走向科技决定论。

科技决定论的本质不是强调科技在生产力结构中的地位和作用，而是把科技看成整个社会结构的决定力量，它直接用科技发展的水平来解释社会面貌，认为科技决定社会性质。所谓后工业社会、后现代社会都是以科技水平来划分的，所谓趋同论同样是以科技决定论为依据的。科技决定论最本质的特点是抽象掉生产力结构中的劳动者和生产工具，抽象掉生产关系和所有制，直接用科技发展水平来说明整个社会结构和上层建筑的水平与性质，这根本不符合当今世界各社会制度的现实。我们当然要认真研究科技与社会发展的关系，在当代，这个研究是非常重要的并有现实意义的课题，但我们研究的指导原则是历史唯物主义而不是科技决定论。科技决定论的结局是天才决定论。既然科技决定社会发展，当然是科学技术工作者决定社会发展，而科学家是用大脑思维而且思维能力比普通人强，因此大脑决定一切是顺理成章无可反驳的。这一点，罗素表现得非常明显。他说假如出于某种不幸，有几个有突出才能的人在襁褓之中夭折了的话，那么目前的生产技术和 18 世纪的情况很少有什么不同了。这是多么合情合理又多么荒唐可笑的假定。人的一切都必须经过人的大脑，无论是天才还是普通人都是如此，这是人类的特点，也是人类的优点和力量所在。可头脑不是万能的，它必须有可思考的东西和动力才能思考。

只有唯心主义者才会认为是世界属于头脑而不是头脑属于世界。其实，人们的任何一项发明和技术创造，都能发现它的条件和需要。全部科技发展史都证明这一点。难道世界会因为没有爱迪生而永远点煤油灯，永远不会使用电灯吗？难道推动爱迪生发明的动力和发明的可能性与社会需求，会因为世界上没有爱迪生这一个人而不存在吗？任何一种科技发明都可以看作社会需要对人类自身的悬板招贤，问题是这是一种无字板，只有天才人物才能意识到社会的需要并以自己的研究来对社会的需求作出回答，所以科学家们在对社会作出影响之前，先要接受社会的影响，接受人类的创造和遗产。把科技作为一种独立的决定性力量从社会生产力的结构中、从社会生产和需要中孤立出来；把科学家从已有的科技成就和现实的科技需要中孤立出来；把科学家的大脑与处于一定时代和社会条件下的科学家孤立出来，最后把偌大的世界和社会悬挂在大脑上，对于这样的历史观你还能说些什么呢！这并不是真正重视知识分子而是神化知识分子。

这种神化很容易把知识分子架空。

在社会主义国家，一个真正有觉悟的知识分子，从不把自己摆在与普通的工人和农民比高论低的水平。在“文化大革命”时期，真正整知识分子的、贬低知识分子的正是处于特权地位、已经爬上去的少数知识分子同类。真正的工人农民反而尊重知识，能比较实事求是地看待知识分子。我们要反对错误地对待知识分子的“左”的思潮，在这方面还要努力，还有很长的一段路要走，但我们知识分子本身如何用自己的知识为国家为民族振兴服务、为工人农民大众服务，这同样是需要我们注意的问题。恩格斯曾经把脑力劳动者和体力劳动者比成兄弟，强调有幸而从事科学研究的人一定要以自己的知识为人类服务。我看鲁迅先生说的“俯首甘为孺子牛”，可以视为知识分子处理与工农群众关系的良药。我们既不当“臭老九”，也不当自以为“老子天下第一”的“老大”。

下 篇

历史的规律与循环

循环的现象是比较普遍的。在自然中存在循环，就一天说是日出日落、昼夜交替，一天一个循环；一年四季春夏秋冬是季节的循环；生老病死是人生的循环。这只是小循环。从整个物质世界看还存在一个大循环，这就是在物质世界中，它的每一个具体的存在方式都会经历从无到有、从有到无、从非存在到存在再到非存在的变化过程。恩格斯说过，整个自然界被证明是在永恒的流动和循环中运动着。还说，物质赖以运动的是一个永恒的循环，它完成其轨道所经历的时间用我们的地球年是无法度量的。社会中也存在循环。王朝盛衰兴亡，改朝换代，治乱兴亡，以及在世界历史舞台中一些帝国的衰落和一些国家和民族后来者的居上。世界史和民族史都似乎是在一个盛衰治乱的圈子里不断反复。

认识中也存在循环，列宁称之为认识的圆圈。他说过，人的认识不是直线，而是无限地近似于一串圆圈，近似于螺旋的曲线。毛泽东在《实践论》中也把人的认识过程看成是循环往复的：实践、认识、再实践、再认识，这种形式，循环往复，以至无穷，而实践和认识之每一循环内容，都比较地进到高一级的程度。

老子在《道德经》中说的反者道之动，就是对自然、社会和人类认识中的普遍存在的循环现象的概括，是中国古代朴素辩证法的光辉成就。但是，循环现象的存在往往成为历史循环论者的事实依据，这种历史循环论无论在中国还是在西方都是一种比较普遍的历史观。在西方，维科的人类社会的三阶段说和斯宾格勒的文化生命周期说，都有明显的历史循环论色彩。中国战国时邹衍的“五德始终”说，认为人类历史是由土、木、金、火、水五行支配的周而复始的运动。这是典型的历史循环论，这种历史观在中国曾长期支配一些人的思维方式。其实，循环是存在的，但绝对的循环是没有的。循环现象是外在的形式，它是自然或社会发展规律的一种外在表现。在自然中，在循环中表现的是进化。所谓日新月异，所谓日日新又日新，说明自然界并非踏步不前的。不是太阳底下没有新东西，而是每天的太阳都不一样，不过人们凭直觉很难感受到它的变化。如果自然界没有运动变化和发展，只有循环往复，那自然界多少亿万年的存在是绝对同一的。只要自然界有自己的历史，它就不可能是简单的循环运动。人类认识中实践、认识、再实践、再认识的反复循环都是认识的深化和进到更高认识阶段的规律和外在表现形式。如果人的认识运动是绝对循环，人类对世界的认识就不可能前进。

社会历史中也的确存在循环现象。大到人类社会阶级的产生和消灭（无阶级、有阶级、阶级消灭），国家的产生和消灭（无国家、有国家、国家消亡），所有制形式的变化（原始公有制、私有制、社会主义公有制），小到每个王朝的盛衰兴亡，都有个否定之否定的外在形式。这之中，的确会出现在高级阶段重复低级阶段的某些特征，从而表现出向低级阶段复归的现象，但这种外在的循环，只不过是社会进步的表现。正是在表面的循环中，社会进到更高的阶段。在历史发展表现出的循环运动中，王朝由建立时的朝气蓬勃到腐朽败亡是不可避免的。每朝都有末代皇帝，都有亡国之痛。一朝一姓的衰败并不意味着社会的没落，相反它是社会进步借以实现的环节。没有旧朝的衰败和腐朽，就没有新朝的革新和朝气蓬勃，正如西方资本主义的衰败并不意味着西方的没落。斯宾格勒把西方资本主义的没落视为整个西方文明的终结，与他的文化周期论的文化史观是不可分的。

对我们来说，尖锐的问题是社会主义能否摆脱这个循环，即避免衰败和复辟的问题。当年十月革命刚胜利的时候，罗素就断言社会主义不会长久。他说，一旦获得了权力，就有可能把它用来为自己的目的服务，而不是为人民的目的——这是我相信在俄国很可能发生的事，任何一个组织，不管它所宣称的目的是多么理想，都会蜕变为一种暴政，除非是公众在自己手里保持着某种有效的办法控制领袖们。罗素的出发点是反对社会主义和十月革命，但是不幸而言中（对他来说当然是有幸而言中）。这说明有高度理论思维的哲学家观察问题的敏锐性。他的关于无限制的权力会导致腐败、会导致政权的蜕变的哲学观点，的确提出了一个非常重大的问题。当年黄炎培在延安向毛泽东提出的是同样的问题，毛泽东的回答是中国共产党能避免这种王朝兴亡的周期率，最根本的保证就是社会主义民主。毛泽东的回答是正确的，但要做到并不容易，特别是在中国这样一个长期是小农占多数、文盲多、教育不普及、官贵民贱的封建思想影响深的国家，更不容易。我们党在这方面做了很多工作，也取得了很好的成就，但问题还是不少。在取得政权以后，政权的得而复失是一个现实危险。

社会主义社会形态代替资本主义社会形态是历史的规律，但社会主义在一个特定的国家和地区作为一种具体的社会制度，同样可能经历盛衰兴亡。在一个资本主义经济和政治体系处于支配地位的世界中，没有人敢断言，社会主义国家没有倾覆的危险。苏联解体、宣布解散共产党、取消马克思主义的指导地位、推行私有化，意味着原来的社会主义制度已不复存在。中国社会主义的前途如何也要取决于我们的路线和政策。邓小平建设有中国特色的社会主义，为中国找到一条建设和巩固社会主义的道路，但是在中国如果腐败现象任其发展，政权同样有丧失的危险。毛泽东当年把进北京称为进京赶考，并提醒不要当李自成。邓小平、陈云，都把这个问题说成是生死存亡的问题。江泽民在十五大的报告中告诉全党，堡垒最容易从内部攻破，绝不能自己毁掉自己。这些话高瞻远瞩，语重心长。在中国，社会主义的政权易手的可能性并不是完全没有。考虑到这种危险性，居安思危比高枕无忧要好得多。

以往王朝的兴亡，不会导致社会发展的循环，因为在王朝的兴亡中整个社会生产方式的变化仍然是上升的向前的不会重复的。生产力是向前的，社会的文化和科学的发展是向前的。我们应该区分社会发展和王朝的兴亡。王朝的兴亡，取决于政治和经济是否清明，统治是否合乎民心，而社会形态的发展决定于生产力的发展，它总是向前的决不会长久退回低级的生产方式和所有制关系，所以在社会中，前进的步伐往往以旧王朝的衰败和新王朝的崛起的形式实现。历史是无情的，它决不怜悯过时的陈旧的东西，它是踏着灭亡者的尸体和废墟向前迈进的。

至于社会主义在取代资本主义生产方式的过程中，就具体国家而言，某种反复是可能的。苏联和东欧地区原社会主义国家的变化就是如此。资本主义在社会主义国家的复辟，与历史上王朝的更替是不可并论的，后者可以是历史前进的形式，而前者则是历史的倒退，但这并不意味着历史的循环，社会又回到起点，因为这只是前进中的曲折，是社会主义代替资本主义长途中的一个回合的失败，而不是最终结局。谁也不能断言，社会主义在苏联和东欧以后决无希望。社会走向公平、走向共同富裕、走向更加合理而不是两极分化和对立，这是生产力高度发展的世界发展的趋势。这个过程漫长，但绝不是循环而是螺旋式上升。当克里姆林宫的红旗降下时，我写过一首诗表达我这个信仰：

君问此刻意如何，长夜无眠且放歌。
西风残照红旗落，泉下英魂涕泪多。
无边战骨埋荒草，连片别墅阔人窝。
水行地底静寂寂，俯身侧耳有洪波。

我不相信，已经获得过解放和权利的劳动者，曾经被视为国家和社会主人的劳动者，会再度以被剥削和被压迫为光荣和幸福。社会生活本身是极好的教师。人们会从对比中加深对社会主义和资本主义两种制度本质的认识，一旦觉悟会作出正确的抉择。邓小平对这一点是深信无疑的。他说："从一定意义上说，某种暂时复辟也是难以完全避免的规律性现象。一些国家出现严重曲折，社会主义好像被削弱了，但人民经受锻炼，从中吸收教训，将促使社会主义向着更加健康的方向发展。"① 历史老人有时可能快步如飞，有时举步维艰，但事实将证明历史发展论是正确的，循环论是错误的。对于社会主义来说，任何失败只是历史洪流中的旋涡。

① 《邓小平文选》，1版，第3卷，383页。

历史中的芸芸众生

历史的活动是一切人参与的。参与历史活动的个人是无组织的、分散的，他的作用是盲目的、自发的，而且彼此是相互冲突的。个人的作用要成为一种自觉的力量，往往要被组织起来，因而它表现为某种组织、阶级、政党的作用，等等。对历史的研究，不可能是对每一个普通个人的研究，而是对在历史前台活动并发生过重大作用的个人即伟大人物的研究，以及对由他们组织和领导的群众运动的研究，对人民群众在物质生产在社会变革中的作用、在精神文化创造中的推动作用的研究。这并不是否定普通个人的作用，而是正确地理解这种作用。人民不是作为一个个孤立的个人而是作为群体来发挥作用的。人民始终与群众相连，称为人民群众，因此唯物主义历史观思考的是伟大人物与人民群众的关系，而不是把一个杰出个人与一个普通个人的关系作为对象的。就普通的个人来考察个人往往把他们视为无足轻重的芸芸众生，可是把他们视为集体则另当别论，是任何人都不能忽视的决定性力量。

罗素反对把历史看成是伟人的传记，这是对的。他说过，历史学不只是对伟大人物的记录，不管这个人多么伟大；历史学的领域中不只是要讲人们的传记而是要讲人类的传记，要把各个时代的漫长的行列表现为只不过是一个连续生命体的不断流逝着的思想；要在所有的人都在其中扮演他们自己的角色的这幕宏伟的戏剧的开展过程中超越自己的盲目性和短促性。在各个种族的迁徙中，在各种宗教的生和死之中，在各个帝国的兴衰中，每一个无意的个体虽然并没有当前之外的任何目标，却不知不觉对一切时代的整体做了贡献。罗素强调每一个生命个体的作用，强调个体的无意识性，强调个体对整体的贡献有合理之处。问题是罗素不承认历史规律，他把群众的作用还原为每一个有血有肉的具体的男男女女的个体的作用，还原为他们的日常生活中的饮食男女关系，还原为个体的无意识。如果在考察社会和历史时，没有社会概念，没有阶级概念，没有群众概念，没有集体概念，没有政党概念，只有个人，一个个孤立的个人，看到的只不过是普通老百姓的家长里短、生儿育女、干活吃饭，如此而已，是不可能真正发现和理解人民群众在历史中的地位和作用的。事实上，在历史中个人的无意识会转变为集体的有意识，个人的无目的性会转变为集体的有目的性，个人分散的力量会转变为一种集体性力量。不能排除意识、目的、集体在历史中的作用而把一切还原为个人。

波普尔也反对运用社会、集体、群众、阶级等概念考察社会和历史，而是强调个人。对社会和历史的说明，就是对参与社会活动的每个人的行为、态度、期望和关系的说明，因此社会历史的描述可以还原为历史活动中的个人描述。这当然是种幻想。没有任何一种历史学说，没有任何一种历史观点，也没有任何一种统计学能描述参与活动的每一个个人的状况，正如热力学中无法描述每个分子的运动一样。历史规律不是历史的力学规律，它是把社会作为整体而不是作为每一个个人来把握的。

我们可以把这种观点与恩格斯的历史合力论相比较。马克思主义的历史唯物主义承认，历史是由参与活动的每个人的行动构成的，但历史的研究并不是也不可能是研究每个人的行动和思想，因为历史的结果和趋向并不以任何个人的愿望为转移，而是由历史的合力决定的，因此历史的研究必须研究在每个时期推动整个阶级甚至整个民族起来行动的深层经济和政治原因，研究由群众合力所形成的规律性趋向，研究在整个运动中起组织和领导作用的杰出个人以及他们与群众的关系。参与历史创造的普通个人是无名无姓的，但他们以阶级、以群众这种组织性的巨大力量发挥他们的创造作用。普通的一个人似乎是无足轻重的，可当他们表现为阶级和集体特别是表现为觉悟的被组织的集体时，他们的力量就是无穷的。恩格斯的合力论是规律论，它不是停留在个人而是在无数参与历史的个人活动中发现规律，而西方有些历史哲学的个人论是反历史规律论，把个人置于阶级和社会之上之外，把历史归结为个人的思想和行为，特别是无意识行为。表面上他们重视个人，包括普普通通的个人，但由于这些个人被还原为孤立的个人，这种个人只能是实现自己生命本能活动的芸芸众生。

在我们学术界曾发生过对人民群众是历史创造者提法的批评，他们认为应该说历史是人创造的而不应说是人民群众创造的，因为所有的人都参与历史的创造，历史的创造者应该是每一个个人。其实历史是人创造的这个命题在反对神学斗争中是有意义的，当年文艺复兴时期的一些思想家就是以此作为批评神学的武器。可如果从反神学的角度转到对历史中人们的活动作用的科学分析时，这种历史创造人人有份的“历史是人创造的”观点，貌似在理，实际是句空话，甚至是一句把历史研究一笔勾销的糊涂话。在马克思主义唯物史观产生以后，在历史研究中仍然重复历史是人创造而不是神创造的命题，对历史的探索没有多大价值。马克思主义唯物史观的重大贡献正在于它把历史是人创造的作为前提而不是停留在这个前提面前，它向前推进了这个命题。所有的人，自觉不自觉都参与历史的活动，但能不能说，每个人都是历史的创造者？按照历史是人创造的命题，答案是肯定的。按照历史唯物主义关于物质资料生产方式是社会存在和发展基础的观点则必须具体分析。直接从事物质产品和精神产品生产的人是历史的创造者，而每个社会站在历史潮流反面阻碍社会前进的人不能被认为是历史的创造者，他们既然参与社会活动当然会发生作用，但这个作用不是创造历史而是阻碍历史的发展。把历史的推动者和阻碍者、革命者和反革命者统统称为历史的创造者显然是不理解“创造”这个词的真实含义，把社会历史生活的参与和创造混为一谈。我们不否定历史上的剥削阶级和他们的代表人物的历史功绩，因为他们在以新的生产方式和新的阶级取代旧的生产方式和旧的阶级的统治时，同样是历史的创造者。

在社会历史中，个人与个人是不一样的。如果认为都参与社会活动，都是历史同等的创造者，这是对历史的嘲弄。事实上，就个人对历史的作用而言，有杰出的个人与普通的个人。杰出的个人对历史的创造作用是巨大的，可以说，每个时代的杰出个人都是时代前进的加速器，而普通个人的作用，则是微小的、不易察觉的。杰出个人的作用，表现在被他发动、组织、团结、领导的群众之中。任何孤立的个人是无所作为的，他的杰出作用，表现在被组织的群众之中。被组织的群众作用越大，他的作用越大。列宁被捕时曾经说过，“给我一个组织，我能把俄国翻过来”，就充分表达了这个真理。被组织起来的人们的力量绝不是所有独立个人力量的简单总和，而普通个人作为历史创造者的作用的大小，则取决于把他们结合起来的组织的性质和方式。很显然，被组织起来的有觉悟的个人和孤立的个人的作用是不同的，因此，在物质生产中，被现代大工业组织起来的劳动者的作用当然大于小生产者的个人，在革命变革中，处于先进革命组织中的个人当然比独立的个人作用大得多。这就是阶级的力量、群众的力量。正是阶级、集体、群众这种社会的集合性力量，把普通的个人变为历史的创造者，变为任何杰出个人都不可轻视的、不可对抗的一种力量。

不解开这个扣，就不能正确理解人民群众是历史创造者的命题。普通劳动者在历史上是无名无姓的。任何一个相信人民群众是历史创造者的历史学家无法也不可能为普通劳动者立传，或者具体而可信地阐明某个人的功绩。柳宗元写过著名的《梓人传》，为一个有成就的木匠立传，赞扬他的高超技术；写过《种树郭橐驼传》，赞扬一个普通树匠的手艺。其实，这都是借题发挥，柳宗元要阐述的是自己的政治和哲学观点，是否实有其人很难说。真正有名有姓为普通百姓立传的是明代张溥的《五人墓碑记》，记载苏州反对魏忠贤斗争中被残杀的五个人，说“然五人之当刑也，意气扬扬，呼中丞之名以詈之，谈笑以死”，说他们虽然是平民百姓，然而赞扬“匹夫之有重于社稷也”，把他们的名字一一列出，以传后世。可这是极为罕见的。历史上有名有姓的是杰出的或反动的个人，而群众是无名无姓的，因此，考察群众的作用，不能从他们作为个人着眼，而必须从阶级、群众、集体的力量着眼，从社会的物质生产在整个社会中的地位着眼。水之可以载舟可以覆舟，绝不是一杯水的力量，而是大江大河。可大江之水，就是由一滴一滴水集合而成的。

一些人总是认为人民群众是历史创造者的论断是空论，原因就在于他们轻视物质生产的社会意义和作用，因而轻视劳动者；由于他们不是从集体的角度、阶级的角度、组织的角度来观察普通人，而采用观察杰出个人的方法，必须有名有姓，有显赫功绩才是历史创造者。其实，如果把普通劳动者排斥在历史创造者之外，历史就是“无”。

争论不休的哲学本质问题

无论中外，哲学是最古老的学科，可又是对象最难确定的学科。物理学、化学、生物学的对象是清楚的，历史、文学或者其他社会科学的对象也是比较清楚的，各学科之间的界限是明晰的。唯独哲学，对象是什么始终不清。道理很简单，哲学不同于其他学科，它无所在，无所不在。无所在，即世界上没有划定一个固定领域是专供哲学研究的，如物理学、化学、生物学或其他学科一样；可它又无所不在，即任何学科中都存在哲学问题。物理学中有哲学，化学中有哲学，生物学中有哲学，文学艺术中有哲学。

在人类的意识形式中，哲学与宗教是最古老的。各门实证的自然科学的兴起是在资本主义生产方式开始确立的时候，它的萌芽也是在哲学产生之后并包容在哲学之中。可是随着社会发展，科学有了突飞猛进的进步，特别是在近代，科学革命所引起的进步是惊人的。与此同时，宗教也得到更迅速的传播。相反哲学日趋萎缩。罗素是把哲学放在科学与宗教之间，是科学与宗教争夺的领域。自然科学要求实证化，极力反对哲学思辨，它们的口号是拒斥形而上学，力图使哲学实证化。哲学一旦实证化就没有哲学，只不过是披着哲学外衣的科学。而近代的形形色色的人本主义走的是另一个极端，以反对实证主义为名极力反对哲学是世界观，不应以世界为对象，而应以人为对象，以自我为对象。它们把哲学与科学绝对对立起来，认为哲学不提供任何知识而只是为人寻找安身立命之处。

在当代，宗教日益哲学化，它已不再强调偶像崇拜，不再强调显然与科学与常识相违背的胡说而强调拯救自我和爱别人。抽象人本主义哲学走向宗教化，被赋予拯救灵魂的功能，哲学变为披着哲学外衣的宗教。我一直认为，任何向内用力的哲学，向自我和灵魂求告的哲学，其最后的归结都必然是或隐或显的宗教。哲学与宗教联合向科学世界观进攻，我看是当代哲学发展的一大特色。西方哲学之所以处于困境，因为它处于科学与宗教的夹攻之中，而且它既没有很好解决人类面临的人与世界的问题，也没有很好解决人类面临的人与自我的问题。它既不能指导科学又不能指导灵魂，只能拱手把地盘让给实证科学与宗教。事实证明，在这两方面能发挥作用的仍然是马克思主义哲学，它既反对实证主义思潮也反对人本主义思潮。

哲学一直在争论，似乎不争论就不是哲学，特别是对什么是哲学的争论就没有停止过。日本有个哲学家说，什么是哲学这是对哲学家最难最毒辣的问题。世界如此，中国也一样。道理很简单，不同的哲学家都把自己感兴趣的哲学问题当成哲学的全体，排斥其他；本体论者强调哲学是本体论；可认识论派极力驳斥，强调哲学是认识论；同样，方法论的提倡者们强调哲学应以思维方法为对象，是关于思维的科学；可人学论者说哲学是人学，是使人成为人的学说。而反驳者说，如把自然与历史置于哲学视界之外，人就变为幻影，是不可能研究的抽象存在物。每一种学说，都把自己心目中的哲学当成哲学的唯一对象。其实本体论是哲学，但不能认为哲学只是本体论。其他同理。如认识论是哲学，哲学不能归为认识论。人学是哲学，但哲学不能只是人学。我们不少哲学家的哲学定义，只是哲学研究的领域或一个历史时期哲学研究的重点问题，而非对哲学自身本质的把握。

哲学就其本质说来是世界观。这一点，马克思主义经典作家一直是这样强调的。

恩格斯说过，我们党有个很大的优点，就是有一个新的科学世界观作为理论基础。马克思和恩格斯在致奥·倍倍尔、威廉·李卜克内西、威廉·白拉克等人的著名的通告信中也提到反对把资产阶级和小资产阶级世界观带入党内，而要无条件地掌握无产阶级的世界观。

列宁在《论无产阶级文化》中说，现代历史的全部经验，特别是《共产党宣言》发表后半个多世纪以来，世界各国无产阶级的革命斗争都无可辩驳地证明，只有马克思主义的世界观才正确地反映了革命无产阶级的利益、观点和文化。斯大林也说，马克思主义不只是社会主义的理论，而且是一个完整的世界观。哲学是世界观，这是哲学和各门具体实证科学的分界线，但世界观绝不等同于存在论或本体论。以为世界观就是人站在世界之外观世界，这是望文生义。仅仅以无人的纯自然或宇宙为对象的世界观是旧唯物主义哲学。我们面对的世界是包括人与人类社会在内的世界，自为的世界表现为人、自然、社会的辩证统一，因此本体论作为哲学只是哲学考察的一个方面，哲学不能归结为其中一个侧面，而是要研究人所面对的客观世界的本性和一般规律，研究人与自然、人与社会、人与自我的关系，以及认识和改变这些关系的途径和方法。由此可见哲学包括本体论、认识论、方法论。就其领域来说，它包括自然观、历史观、人生观等。可是哲学并不是在任何时候都始终一样、都是全面的无所不包的。由于时代的需要不同，哲学会突出不同的方面或重点。例如马克思主义哲学的成就和重点，突出地表现在历史唯物主义的创立。哲学定义就包括在哲学史中，一部哲学史就是哲学研究重点的转移史，但哲学仍然是哲学，它绝不会丧失它作为世界观的特性。哲学永远不会融化在实证科学中，它是对整个世界的本性和规律的研究。在哲学中任何局部性问题的研究都是从总体的角度并作为总体不可分割的组成部分才具有哲学的价值。

在中国，把哲学仅仅归为逻辑分析、语言分析的观点不多见。即使研究语言哲学、逻辑哲学也是作为哲学中的一个方面来研究的，并不认为哲学就是语言哲学、逻辑哲学。可人学不同。在当今中国，把哲学视为人学，而且认为从来哲学就是人学的观点是很为新颖并受到一些同行赞许的观点。我对此一直有点不同的看法。毫无疑问，哲学所研究的问题全部与人密切相关。其实与人无关的问题，任何科学都不会感兴趣，但不能因为哲学的问题与人相关，就说自古以来哲学就是人学。这样说，既不符合哲学史实，也不符合理论。从哲学史看，无论中西，哲学都不是从人开始的。西方哲学，从自然开始，自然哲学是古希腊罗马时代的显学。在中国古代，关于道的学说、关于阴阳五行的学说也不能说是关于人的学说。虽然中国儒家的重点在人的道德和人际关系，但人伦不等于人学，人伦是客观的人际关系，而关于调整人伦关系的理论、原则和规范严格说是伦理道德学说或称为伦理学而不能简化为人学。人处于其中的各种关系都应该研究，都各有特点和对象。研究人的经济关系叫经济学，研究人的伦理关系是伦理学，研究人的阶级关系是政治学，研究人的心理是心理学，如此等等，尽管都与人不可分，但不称之为人学。当然如果因其最终归结为人或以人为最后依托而称之为人学，等于什么也没有说。就哲学来说，如果谁要说唯心主义是人学，因为它研究人的思维与存在的关系，那依理唯物主义也是人学，因为唯物主义关于大脑是思维的器官、关于物质第一性意识第二性的观点都是关于人的存在和思维的关系，尽管也可言之成理，但只能看成是笑谈，不能认真。而且，把普罗泰戈拉的“人是万物的尺度”的命题称为人学是勉强的，因为它本质上是个认识论命题，是以人的主体性来论证感觉相对性的相对主义的认识论命题。讲认识论不能离开人，任何认识都是人的认识，但认识论不是人学。同样说古希腊的神庙中的铭文“认识你自己”是人学命题也是脱离历史条件望文生义的解释。这是神学而不是人学，因为它的主旨在于说明，人应该认识自己的主宰是神，即人应该正确认识自己是神的奴仆。这同文艺复兴时的人文主义观点是大异趣旨的，它不是肯定人而是否定人。

其实关于人的观点古已有之，哲学不能归为人学，因为没有与人无关的哲学问题。哲学所研究的问题比人的问题要广泛得多，因为人并不是抽象的栖息在世界之外的存在物。人生活在世界上，就必然要求对世界、对人与世界的关系有个看法，这就是世界观；要求对自然、对人与自然的关系有个看法，这就是自然观；要求对自己生活其中的社会有个看法，这就是社会历史观。西方有些哲学家倡言拒斥形而上学。你尽管在哲学中可拒斥世界观，可你无法拒斥世界的存在、拒斥自然和社会的存在。因此，自古以来，无论中外，哲学都离不开世界观、自然观、历史观、人生观，决不能仅仅是人观。我们很难说，人是哲学真正的主题和核心，哲学就是探求人的本性，寻求人之为人的根本，寻求人的家园归宿和人的价值与意义。把世界、自然、社会排斥在哲学视野之外，仅仅追求生命的意义、价值、归宿和所谓人之为人的根本，哲学完全宗教化或伦理化，变成人的安身立命之学，哲学就除了自我修养即修身养性之外，对于认识世界和改造世界是毫无意义的。这就曲解了哲学的本质并弱化了哲学的世界观和方法论的功能，最多是回到哲学是心性之学或义理之学的老路。我想当马克思把哲学说成是无产阶级的解放头脑时，绝不会如此来理解哲学，即他所创立的辩证唯物主义和历史唯物主义不是为分析世界、分析资本主义社会，为消灭剥削制度和无产阶级的彻底解放锻造思想武器，而是创立一种新的人学。如果我们问，无产阶级是什么？劳动者是什么？不是人吗！由此可见，马克思主义哲学同样是人学。这样论证，所有人面对的问题七转八转都能转到人的头上来。这等于说了一句空话。人是宇宙奥秘中的一种，但不是唯一的。探求宇宙奥秘的各种科学家包括哲学家想把握宇宙的奥秘还是要面对宇宙，而不能仅仅面对自我、面对人的生命本性。即使人的创造物包括人化自然和人的文化世界，也不是用生命化为宇宙能概括的。哲学如果不想成为毫无用处的空谈，而是成为人类认识世界和改造世界的工具，就不能局限在人自身。这是由全部人类的实践和认识史证明了的真理。

哲学转向以人为对象，产生当今所谓人学具有时代的特色。第二次世界大战以后，特别是近几十年西方工业化国家由于社会矛盾的尖锐化而导致人的价值观念混乱、道德失范、人与人的关系更加疏远化，发生所谓人的生存危机或者所谓人的失落，哲学家倡言人应该寻找自我，因而大力提倡人的研究或人学，试图从人学中寻求摆脱资本主义社会人的危机的出路。而在社会主义国家，由于“左”的思潮干扰，法制不健全，践踏人权，破坏社会主义人道主义原则的事不断发生，因而随着清算“左”的错误，对社会主义条件下人的问题的研究成为哲学工作者注意的热点问题。这是一种哲学意识的进步，但这只是哲学问题研究重点的转移，而不是哲学本质的根本变化，不是哲学由世界观变为人学。哲学仍然是哲学，哲学作为世界观的本性并不会因为哲学问题的变化而变化。从哲学的角度来研究的人学仍然是哲学。因为它总是从一定的哲学前提出发来探讨人的问题。没有哲学前提的所谓人学是没有的。当代西方的哲学，从法兰克福学派到存在主义实际上是一种唯心主义的人本主义。它们没有超出哲学，也不可能超出哲学。

马克思主义哲学不是人学。马克思主义哲学是无产阶级的科学世界观和方法论，但马克思主义哲学中包含丰富的关于人的学说，关于人的本质、关于人的解放和全面发展的学说。马克思主义关于人的学说的特点，指的是现存社会即资本主义社会的现实的人的解放，即无产阶级革命问题。它没有脱离无产阶级革命抽象研究人和人的解放问题。我们说马克思主义哲学不是人学也不能归结为人学，这并不妨碍我们在当代对人的问题进行深入独立的研究。马克思主义本身是发展的，它应该研究时代突出的问题，它不能脱离时代，但马克思主义对人学的研究应该是马克思主义的，即不能离开马克思主义一般世界观和历史观的哲学前提。

真理占有我，而不是我占有真理

在人类的各种语言中，无不对“真理”一词怀有敬意。黑格尔说自己的哲学劳作所趋赴和所欲趋赴的目的就是真理，还说哲学的目的就在于用概念和思维去把握真理。没有人不说自己占有真理。即使真理的恐惧者也会装出热爱真理的样子。谎言的制造者甚至真理的反对者和扼杀者自奉为真理化身的情况，在历史和现实中是屡见不鲜的。马克思在《评普鲁士最近的书报检查令》中，针对那些自以为是真理化身的书报检查官说过一段极其深刻的话。他说，“真理是普遍的，它不属于我一个人，而为大家所有；不是我占有真理，而是真理占有我”。

真理的普遍性就是真理的客观性。同一个理对任何人都是具有同样的真实性。当然由于真理与价值的关系，在同一个真理性判断面前态度可以显然不同。有的承认它的真理性，也有的就不承认。当自然科学的真理触犯人们的利益时，都会遭到反对和曲解，何况是社会科学真理。可以说，没有任何一个资产阶级理论家会承认马克思主义的真理性，会承认两个必然性即资本主义的灭亡和社会主义胜利论的真理性。至今为止，他们一千次一万次在反驳这个真理性判断。虽然人们可以歪曲真理，可以死不认理，可以闭眼瞎说，可以把谎言重复多遍使它穿上真理的外衣，但这一切都无法在客观上使真理变为谬误，使谬误变为真理。

所有的主观唯心主义者其中包括实用主义者都不承认真理的客观性，因而也不承认真理的普遍性。他们的说法很多，有的用真理多元论来取代真理一元论。蓄意用人对同一对象的认识和理论的多样性，来混淆真理的客观性问题。有的以人是通过概念、范畴、定理的形式来表述和把握真理，因而倡导真理是主客体融合的理论，有的以人对真理的认识必须通过人的主观探索，人的主体能动性发挥越大对真理认识可能越正确，而提倡真理的主体渗透论，认为不应该从真理中排除主体的附加，而应该把主体的附加也包括在真理的内容之中，等等。总之，说法很多，但都万变不离其宗，一致把矛头对准马克思主义真理观，说马克思主义坚持真理是对客观规律的正确反映是旧唯物主义的反映论、是机械的符合论，竭力加以排斥。马克思说这种说法是“一个将军一个令”，实际上是把真理化为乌有。马克思极力反对主观真理论，强调真理的客观性。他说，哲学是不是应该在一个国家相信 3×1=1，在第二个国家里相信女人没有灵魂，而在第三个国家里却又相信人在天上喝啤酒呢？当然不能。哲学是问什么是真理，而不是问什么被看作真理。它所关心的是大家的真理，而不是某几个人的真理。

真理的有无问题、真理的客观性问题，不是一个纯思辨的形而上学问题，而是一个与社会生活密切相关的问题。在社会领域中，真理与正义是亲姐妹，没有真理，就没有正义。一个暗无天日的社会，就是一个正义与真理遭践踏、是非颠倒的社会。呼唤真理就是呼唤正义。一个理论的真理性不决定于哪个阶级的意志，而是以是否与实际相符合为转移的，在这个意义上，真理是没有阶级性的。可承不承认它的真理性，或者说以什么为真、以什么为假，是受利益制约的，在阶级社会中具有或明或暗的阶级色彩。所有的统治者和剥削者都有一套自奉为真理的剥削和压迫有理的理论，正如帝国主义和殖民主义总有一套侵略有理的理论一样。只要看他们鼓吹什么理论就能判断他们代表什么阶级，只要看他们代表什么阶级就可以断定他们会鼓吹什么样的理论。整个社会历史证明，一个代表进步的阶级或集团，因为它代表正义，总是比较容易站在真理一边。无产阶级更是如此。当恩格斯说，科学越是毫无顾忌和大公无私，它就越符合工人的利益，就极其深刻地把进步、正义、真理结合在一起来思考。

当然在科学研究的过程中，由于条件的限制，把真理当成谬误，把错误误为真理的事也是常有的。真理不是被铸造的硬币，它的取得是一个不断探索的过程，因而真理探索中的错误具有积极的认识论意义，它是正确的先导，是人们为获得真理而交的学费。这是真正的学费，因为它是对错误本身的纠正，引导自己或后人发现真理。科学家们在探求真理的过程中发生的错误是认识错误，这与为了某个阶级的利益蓄意伪造和曲解真理是根本不同的。阶级偏见是难以改变的，而科学探求中的错误是能得到校正的，而且真正的科学家是乐于纠正自己的失误的，更乐意自己亲自纠正自己的失误。一部科学史就是不断缩小错误和排除错误走向真理的历史。这是真理积累的过程，也是一个不断探索的过程，而且也是真理由少数人发现而逐步为大多数人所接受的过程。

真理既然是客观的，具有普遍性，那就不能说我占有真理，而应该说是真理占有我。马克思这句话的意思，当然不是说我不能占有真理，而是说没有仅属于我一个人的真理，只有我才能占有的真理。只属于一个人的真理不可能是真理，而只能是代表一种权力，即拥有宣布什么是真理什么是错误的权力。马克思说，发表独断意见的权力就是专横的权力。这极其正确。尽管倡导权力真理论最坚决的在近代要数德国人尼采，他大喊大叫“我是第一个发现真理的人”、“只有我才握有真理的标准”、“我是唯一的裁决者”，等等，似乎真理只属于他一个人，可他是个学者，而且是个穷困的学者，没有权力作后盾，在人们看来这无非是一个疯人的狂言而已。一个人的真理是真正的权力者的真理，是现实的而不是口头的权力真理，它只能是封建君主的真理、专制帝王的真理、暴君的真理，或者是反动统治者的真理。这个名为真理的东西实际上是极大的谬误。权力与真理是两回事。马克思指出普鲁士的书报检查官代表的是一种权力，他们进行书报检查的标准是统治者的利益和名为法律的君主的意志。他们往往把权力与真理混为一谈，似乎有权力就有真理。其实，世界上可以有行使真理的权力，但没有投靠和依附权力的真理。有权力可以指鹿为马，但不能变鹿为马。权力与真理的矛盾，在剥削阶级处于统治地位的社会中是普遍的不可避免的，在社会主义社会中这种矛盾一时一地也可能发生。不同的是，前者是正常的，后者是异常的；前者以真理最终战胜权力而宣告旧统治的结束，而后者则以正确路线战胜错误路线、正确领导代替错误领导平反冤假错案的方式而推进社会主义事业。对剥削者，权力被真理战胜意味着死亡；而对革命者，权力为真理所掌握则意味着事业的推进和胜利。在人类历史上，最终只有人向真理投降，从来没有真理向人投降。真理可以蒙难，但绝不会屈服。人对真理的把握，从真理的角度看就是真理对人的征服。真理征服的不是一个人而是所有信服这个真理的人，因为它是真理，具有说服人掌握人征服人的力量，所以一个人的真理永远不是也不可能是真理，只是权力的语言符号。

权力与真理的区别在于，前者是以“权”为依靠的“力”，后者是以“真”为依据的“理”；前者的标准是权力的大小，权力越大“真理”越多，后者的标准是实践，在实践中越是达到预期的目的，越证明它的真理性。这个道理中国古代许多哲学家都明白。墨家提出过“当者胜”的原则，即在争辩中，是非得失以与事实相当即符合对象为正确的论断。荀子提出过“符验”原则，即只有主观论断能够得到客观验证才是正确的。韩非的“循名实而定是非，因参验而审言辞”则通过参验来定名实、断是非、辨言辞。我们两千多年前祖宗的论断，比起当今企图超出主客体框架、囿于主体自身的真理学说要高明得多。如果要说权力对真理的支配的话，我看实践的权力比任何政治权力不知高出多少倍。由政治权力支撑的“真理”是暂时的，谎言是短腿的，它终究会为历史事实所击碎。真理占有我，而不是我占有真理。能够占有我的真理是具有普遍性的真理，是真正的真理。即使真理开始可能掌握在少数人手中，但只要是真理终究会征服大多数。仅仅为我一个人所占有的独家真理往往是专横和谬误。这是被历史和现实千万次反复证明了的真理。

利益不是个人脚上的“鸡眼”

人们奋斗争取的一切都与利益有关。有些论者乐意引用马克思的这段名言，仿佛马克思主张任何时候都把个人利益放在首位。这当然是误解。关于利益问题，马克思和恩格斯根据不同的情况有两种不同说法。他们批评那些忽视物质利益的历史唯心主义者，强调历史离开了利益就会出丑；可又批评那些个人私利一点都碰不得的个人主义者，说他们把个人私利当成脚板上的“鸡眼”。我们不能从人们奋斗的一切都与利益有关得出结论，以为不管任何情况为利益而斗争都是正当的、合理的。马克思是把个人私利与公众利益区分开来的。马克思并不否认个人利益，但强调考虑问题时不应囿于个人私利，而应该把阶级的、人民的利益放在首位，作为考虑问题的出发点。

马克思把纯属个人的私利称为人的脚底板上的“鸡眼”，把只承认个人细小利益、只承认不变的利己利益才是利益的人是任何人都不能碰他脚上“鸡眼”的利己主义者。他说，愚蠢庸俗、斤斤计较、贪图私利的人总是看到自以为吃亏的事情，譬如一个毫无教养的粗人常常只是因为过路人踩了他的“鸡眼”，就把这个人看作世界上最可恶最卑鄙的坏蛋。马克思把这种人说成是把自己的“鸡眼”当作评价人的行为的标准的人，认为这种纯粹以个人私利作为评价尺度的价值观是不对的。有人可能踩了我的“鸡眼”，但他并不因此就不是一个诚实的甚至优秀的人。正如你们不应该从你们的“鸡眼”的立场来评价人一样，你们也不应该用你们的私人利益的眼睛来看他们。私人利益把一个人触犯它的行为扩大为这个人的整个为人。这就如同有的人说的，何谓好人、何谓坏人，对我有利的就是好人、对我不利的就是坏人一样，是一种利己主义的标准。这种是非好坏完全以自我为中心的价值判断，不可能是客观的科学的判断。如果在交易所得手就赞扬股票市场好得很，失利就咒骂坏得很；在市场经济中发了财就赞扬市场经济决策正确，呛了水甚至遭受灭顶之灾就破口大骂，是不可能正确判断改革开放政策的。邓小平提出的三个有利于的标准，摆脱了完全从个人利害的角度观察事物的方法，而是把国家、社会、人民的利益放在首位。邓小平也讲利，而且特别重视利，但不是个人的小利而是国家民族和人民的大利。这种利就不是个人脚底板下的“鸡眼”，而是我们时刻必须维护必须争取的。当年毛泽东说寸权必得、寸利必争，讲的就是人民之权、人民之利。

所以利益问题的确存在两个层次的问题：一个是利益在社会历史中的作用问题；一个是个人的道德修养问题。这是不能混同的。治国与治身是有区别的。

马克思和恩格斯都强调，从人类进入阶级社会以来，全部斗争都是与侵犯一种所有制保护另一种所有制不可分的。从经济学的角度说是所有制问题，从法律关系的角度看是财产关系问题，从哲学的角度看是一个利益问题。当封建所有制代替奴隶主所有制时，肯定符合封建主的利益而侵犯了奴隶主的利益；当资本主义所有制代替封建所有制时，肯定符合资产者的利益而侵犯了封建主的利益；同样，当社会主义所有制代替资本主义私有制时，必然要侵犯资产者的利益而有利于无产者的利益。这种社会转换而带来的利益的重新分配代表着历史的进步，因此马克思主义唯物史观从来不抽象反对物质利益，也不简单肯定任何维护物质利益的行为，而是要问是什么样的利益，是谁的利益。

在社会生活中，利益是各种各样的。在剥削阶级处于主导地位的社会中，有统治者的个人私利、有当权者和立法者的个人私利，也有被统治者的个人利益、普通平民百姓的个人利益。老百姓为维护自己的正当个人利益而抗争往往会变得勇敢，会成为推动他们团结起来斗争的黏合剂；而共产党人不怕牺牲，前赴后继就是为普通劳动者的利益而奋斗的，任何忘记了劳动者的个人利益的人就不是一个好的革命者。毛泽东曾经批评过董仲舒的“正其谊不谋其利，明其道不计其功”是骗人的唯心主义鬼话，强调“一切空话都是无用的，必须给人民以看得见的利益”。无产阶级取得政权以后同样是这样。一个社会主义国家的领导者决策者，当然要把人民的利益放在首位，既要考虑长远利益，又要照顾目前利益。一个不关怀、也不去满足个人正当利益的集体是涣散的集体，一个不关心自己社会成员的国家不可能是真正代表人民的国家。社会主义国家是否巩固和领导是否正确，具有决定意义的是，能否通过发展生产满足社会成员不断增长的物质和文化需要。我们不可能立即做到这一点，但我们时刻不能忘记这一点。

从社会主义国家的角度、从领导者的角度应该充分考虑人民群众的利益，其中包括每个社会成员的利益。这属于国家决策的范围。可是从个人的角度看，我们虽然应该维护自己正当的个人利益，但不能把个人利益绝对化。个人利益绝对化就会变成一己私利。虽然正当的个人利益和一己私利不易区分，因为这两者都属于个人，都具有个人利益的外表，但是个人不正当私利的本质总是以损害集体的或别人的利益为手段的，而个人利益并不必然妨害集体的或别人的利益，而且正当的个人利益的满足有利于加强集体的凝聚力。可是（这个可是非常重要），个人利益的合理性问题决不能变为个人利益是人们用来衡量一切问题的尺度。当把个人利益看成高于一切，看成衡量是非好坏的尺度，这种个人利益就变为任何人都碰不得的脚下的“鸡眼”，这种人肯定是个道德上的利己主义者，而且只要他们有权有势就会无所不为。

统治者和剥削者的私利，往往使他们变得贪婪、残酷而怯懦。马克思说，私人利益总是怯懦的，因为那种随时随地都可能遭到劫夺和损害的身外之物，就是它的心和灵魂。对于反动统治者和剥削者来说，物质利益的确就是他们的心和灵魂。为了维护自己的利益，可以动用一切手段。马克思说的私人利益的怯懦，指的是害怕对自己利益的损害。越是害怕损害自己的利益，越是变得贪婪和残酷。为了利润连绞架都不怕的人，当然会不惜用一切手段包括最残酷的手段来获取自己的利益。从人类社会长期以来的历史看，利益就是战争，没有任何战争归根结底不是统治者为争夺利益而战的；利益就是残杀，没有任何大规模的残杀归根结底不是为利益而杀人的。大到剥削阶级国家的政策，利用国家的权力有组织地维护统治阶级和有产者的利益；小到各种黑社会、帮会、杀手，利用非法组织来牟取私利。就这点而言，马克思关于私有财产制度与人道主义原则对立的观点是正确的，因为最大的利润原则和私利的膨胀会情不自禁地诱使甚至本能地引导统治者与其他人采用最残酷的方式来满足自己的私利，包括从明杀（战争与刑法）到暗杀（雇用杀手）。我们可以这样说，社会中一切不人道的现象，无不与不择手段来满足私利不可分。

不用说资本主义社会，就是在我们社会主义国家，一切践踏法律违反人性的事没有不和利益相关的。私利恶化道德，使人变得麻木不仁。见人落水不救，趁机敲诈者有之；当见义勇为者被杀害，劫匪为脱身把钱撒满地时，围观者趁机抢钱而无一人救护伤者致使劫匪逃逸的事也见诸报端；拐卖妇女儿童，弄得人家骨肉分离，酿成人间惨剧的事不断发生；至于某些外资和个体企业老板为了获取高额利润，采取奴隶劳动方式把打工妹打工仔不当人的事也时有所闻。对私人利益的无止境追求会使人变得极度的贪婪和残忍。对于这种人，个人私利岂止是脚上的“鸡眼”，简直是自己的生命和灵魂。还是马克思说得对，有谁会面临失去心和灵魂的危险而不战栗呢？我们不能期望一个灵魂为外在的物质私利所支配的人，能够处事公正，真正以人道主义情感对待人。

一个马克思主义者绝不会轻视物质利益问题，但我们要区分群众的物质利益和个人私利。我们是社会主义国家，我们当然要提高人民的生活水平。我们党采取的扶困脱贫政策就是这样。历史上有些当政者及其理论家们乐于提倡“存天理灭人欲”、“安贫乐道”或“重义轻利”并以此要求老百姓，这是对百姓的愚弄和禁锢，老百姓虽然没有文化但绝不愚蠢，活不下去时照样起来造反。可从个人为人处世的道德修养说，社会主义社会不应该提倡追求外在的物质利益，以满足物欲当成人生的唯一的乐事，而应该提倡人们丰富自己的内心世界，把义看得比利更重要。依我看，我们有些文章在这个问题并不十分正确，混淆了国家的富民政策和个人的人生追求之间的界限。财富，对于一个国家是好东西，它表明一个国家的综合国力，表明国家有可能使它治下的百姓过好日子；可如果每个人都以追求发财为人生目标，人欲横流，这可不是治国的良方。想想看，人人都把自己的私利当成脚上的“鸡眼”，一点都碰不得，这个国家会是什么样？我想，物质的增长和精神的贫困齐头并进，其最终结果必然是社会危机和人生困境。我们党的两手抓、两手都要硬的政策是正确的，这是个既治国又治心的政策。

哲学应该是被把握在哲学思维中的时代

哲学是人类全部意识形式中最具抽象性和普遍性的意识形式。它的这种特性，往往容易使人以为哲学家可以撇开世界，只是咀嚼自我，单纯以自我为对象，因而哲学只不过是哲学家的自我意识。如果这样，全部哲学只有一个字——人，全部哲学史和哲学体系的变化都是自我意识的更替。在纯哲学思维范围内思考哲学，是很难弄清哲学的本质的。

人所研究的世界是人所面对的世界，是有人的世界，是不能离开人的世界。这当然对。正如我们说凡认识的对象都处在人的认识范围之内，人不可能在认识之外去认识对象一样。认识之外的认识对象是逻辑矛盾。可我们决不能说，认识与被认识的关系是人与世界的唯一的绝对的永恒的关系，承认人的认识范围之外的世界就是形而上学、就是拜物教。世界是全体，世界在实践过程中进入人的实践和认识范围内的是极其有限的一部分，世界永远留下一个无穷的世界待人们去实践去认识，因此承认自在世界的客观性和不可穷尽性，是辩证唯物主义的前提。如果我们的哲学只在已知世界打圈圈，把认识与被认识的关系作为人与世界的唯一的关系，就从根本上抽去了辩证唯物主义借以立足的基础，截断了人的实践和认识的来路与进路，人被困死在现存的认识与被认识关系的范围内。

就人与世界的认识与被认识关系来说，辩证唯物主义的基本原则也是不能违背的。不错，人是按照人的方式来认识世界的。人的实践活动、人的感性和理性、人感知对象和在理性中把握对象的方式都具有人的特点，但不能由此得出结论，人在对象中看到的只是人自身，或者说人通过世界认识的只是人类自己，因而哲学的本质就是人对自己的认识。这个结论无论对科学、对常识、对人的实践活动都是不利的。

人把自身的特点反射到自然界，在人类的幼年时期是有的。如人从万物有灵论之中看到的是人从自己推论到万物，或从上帝的万能和智慧的本性中看到是人把自己的本性化为上帝，而且在一定范围内，人通过自己对象性的存在物来直观自身是可以的。在改造自然的活动中、在艺术创作中，人通过自己的活动结果反观人类自身，可以看到人的创造能力、特定时期的生产水平和审美意境，但不能把这种特定状况概括为普遍的哲学命题，即人对对象世界的认识就是人对人自身的认识，人通过对象不是发现对象自身的规律而是发现人自身。任何一个人都知道世界的客观实在性是对象世界本身的特性，正如世界的辩证运动是对象自身的辩证运动一样。任何称得上是具有客观内容的哲学认识都是对对象世界（当然也包括对人自身的认识，当人被当成认识对象时，对研究者来说同样具有客观实在性）的认识。

哲学命题是具有普遍性的命题。如果哲学家从世界中看到的是人自身，世界只是人认识自己的中介物，是一面认识自我的镜子，那为什么自然科学家对自然的研究不是对自我的研究呢？人为自然立法的观点过去有过现在仍然有，全部自然科学证明自然规律是世界本身的规律，自然科学家是发现自然规律而不是为自己立法。同样，人在实践和日常生活中，要达到预期成果而不被人认为是患有妄想妄听症，一定要把自己看到的听到的直接接触的对象看成是对对象的认识，而不是看成我对自我的认识。对象世界作为认识自我的中介，只有在由实践对象化的存在中才具有一定程度的合理性。即使在这个范围内，人之所以能从对象化的世界中看到自身，并不是因为对象世界是人的镜子，而是因为人通过实践把自己的目的和意愿体现在自己的创造物上，即在自然界打上人类的烙印。人正是从自己打上的烙印中看到人自身的创造力的。离开人的实践活动，离开人在自然的附加物或创造物，人不能从世界中认识人类自身。在当代，我们要正确理解人与自然、人与世界的关系，看到天人合一中某些合理的东西，但不能重复其中的唯心主义的、迷信的东西。当然，这种主张可以被看成很肤浅，没有哲学味道，不过全部科学、全部人的实践、全部人类的日常生活以及全部哲学史都无法接受人对世界的认识就是对自我的认识这种过于深奥的理论。我以为任何具有真理性的哲学不应该与人的常识、与人的全部实践活动相违背。

不能认为哲学对世界的认识就只是对自我的认识，哲学不能说只是自我意识。当然，哲学家是用头脑思维的，因此任何哲学体系都必然表现为哲学家的一种哲学意识，问题是这种哲学意识是从哪里来的，是仅仅源自哲学对自我的意识、对人的意识，还是在其所处的时代和社会条件下对世界的一种哲学的把握。马克思在《第179号〈科伦日报〉社论》中对这个问题做过精辟的论述。马克思承认，哲学首先是通过人脑与世界相联系的，没有人和人的思维当然没有哲学。可是，哲学不能归结为人的能思维着的头脑即哲学家的自我意识，哲学家的成长并不像雨后的春笋，他们是自己的时代、自己的人民的产物，人民最精致、最珍贵和看不见的精神，在哲学家的头脑中树立体系。哲学不是在世界之外的遐想，就如同人脑虽然不在胃里，但也不在人体之外一样。所以马克思的著名的众所周知的结论是“任何真正的哲学都是自己时代精神的精华”，这并不是马克思一个人的意见，恩格斯也是这样说的，任何哲学只不过是在思想上反映出来的时代内容。不仅马克思主义这样看，连唯心主义者黑格尔也是这样说的。他在《法哲学原理》中把哲学说成是被握在哲学思维中的时代。对哲学工作者来说，这似乎已经是了无新意，但却是颠扑不破的真理。

哲学决不能仅仅是哲学家的自我意识。黑格尔都不敢这样说，而是说是绝对观念的自我认识，因为黑格尔的绝对观念囊括一切，把整个世界及其发展都包括在内。可青年黑格尔派片面强调自我意识，就显得单薄力不胜任，把如此丰富的世界和多种多样的哲学思维都塞进人的自我意识，把人变为上帝。无怪自我意识的理论曾经遭到马克思和恩格斯的猛烈抨击。

哲学史当然是哲学发展的历史，是哲学家的思想发展史。如果我们只是这样看，我们只说了一个表面的现象，说了一个众所周知的常识。哲学有自己的历史，但这种历史是如何形成的？它不是思想的自我运动，而是社会历史的作用。如果哲学就是哲学家的自我意识，哲学史是自我意识的历史，除了能满足思辨的欲望外，对哲学和哲学史的理解必将陷入误区。哲学不能归结为人对自身的认识，哲学史也不能归结为自我意识的历史。

哲学史当然是哲学发展的历史，但又不能仅限于哲学自身。应该说哲学史中的“史”字，包括从社会历史运动的角度来看哲学发展的意思。当年罗素写的著名的西方哲学史全名就是《西方哲学史及其与古代到现代的政治社会情况的联系》，这个书名本身就表明了这种联系，所以哲学史不仅是哲学的历史，而且是当作历史运动的一个侧面的哲学。不从历史的现实内容的角度来看待哲学，把哲学说成是哲学家的自我意识，哲学家就变为不可理解的怪物，哲学史也变为毫无缘由的自我意识更替的历史，哲学的内容及其变迁都将重新陷入不可理解。其实，从历史的角度来看哲学就容易理解。懂得古希腊罗马的历史容易理解苏格拉底和柏拉图，理解 18、19 世纪的德国，就容易理解康德、谢林、黑格尔。哲学的差别，内在地隐含着时代的差别。可这种时代的差别一旦化为哲学的差别，肯定具有哲学的特点，即真正的哲学是以时代精神的精华的面目出现，它把一个时代所达到的科学和实践的智慧凝结其中。一部中国哲学史，同时是一部中国历史，是中国文化史、中国经济和政治史。西方哲学史同样如此。放开眼界，从整个历史过程来考察哲学家及其思想，探求何以如此的原因和根据，我们就可以看到，哲学是处于一定社会历史条件下的哲学家们从一个侧面对世界（或者是自然或者是社会或者是人自身）的把握。哲学认识只要它仍然是认识，它就是对对象的认识。这种对象可以包括自我但决不能归结为自我。自我连同它的认识能力和认识方式都是被制约的。人是在一定条件下认识的，条件达到什么水平认识就达到什么水平。这对于科学认识是真理，对于哲学认识也是真理，只是这种被制约的范围、程度、形式各有特点而已。决不能认为实证科学是对世界的认识而哲学只是一种自我意识。

画家不识渔家苦

呵冻提篙手未苏，满船凉月雪模糊。
画家不识渔家苦，好作寒江钓雪图。

这是明人孙承宗写的关于渔人雪夜捕鱼的一首诗。很显然，在孙承宗看来，画家与渔家对雪中捕鱼的感受不一样。寒江钓雪是一幅美丽的图画，可在渔人眼中则是毫无风雅可言的一种艰苦生活。这毫不奇怪。画家和渔人的生活经历不同，对生活的感受不同，反映的方式也不同。反映从来都不是单纯的直观，人在对社会生活的反映中同时包含评价。原有的个人的生活经历、文化水平、审美情趣，都对如何反映具有制约和影响。正因为如此，不同的人面对同一事物，当超出对对象的感性接纳范围而涉及评价时，看法往往不一样。

反映方式的多样性和过程的复杂性不能成为反对反映论的理由，这只能说明机械反映论的白板说是错误的，但不能推翻辩证反映论。因为，不管反映方式如何多样，人的认识从总体上说、从根源上说都是对存在的反映。那些制约人的认识的原有的被积淀于人的思维中的东西，并不是天赋的，而是后天获得的（直接经验或间接经验）。因此，反映论的原则应该是普遍有效的，只是表现方式不同。在任何领域中，人对同一个对象的认识不管如何不同，但认识的正确与否，归根结底离不开主观与客观的关系。这一点，即使是唯心主义者如柯林伍德也承认。他说，哲学所关怀的并非是思想本身，而是思想对客体的关系，故而它既关心客体，又关怀着思想。离开唯物主义反映论原则，人的认识的是非对错会成为永远扯不清的糊涂账。

由孙承宗的诗，我想到当今关于反映论的争论。

在马克思主义认识论中，最为批评者所诟病的是反映论。他们都把反映论说成是照镜子，人的大脑成为被动的接纳器。其实任何有学术良心的人都可以看到，这不是误解就是曲解。在马克思主义的著作中，从没有任何经典作家认为认识是对客体的消极反映。列宁强调的物质是在人的意识之外不依赖人的意识的存在，这当然是针对贝克莱、马赫这类否认物质的客观实在性、鼓吹存在就是被感知、是感觉要素复合之类唯心主义观点说的。这个争论焦点是世界的客观实在性问题，而不是如何反映的问题。至于说，物质能为人的意识复写、摄影、反映，正是从另一个角度对物质客观实在性论证的加强。因为人虽然是通过人的意识才意识到存在的，可是存在并不依赖意识，而是被意识所复写、摄影和反映。所以这里复写、摄影的问题，并不是讲反映的形式，而是反映的实质。表明人通过自己意识所复写、摄影和反映的是不依赖人的物质世界本身的。并不是意识构建了被意识的对象，而是客观对象被人所意识，这才是列宁物质概念的本质。

反映论并非马克思主义的独创。古今中外关于认识本质的争论就始终存在唯物主义与唯心主义的对立。从 20 世纪 20 年代开始，西方马克思主义者就从反对所谓机械反映论强调主体的作用开始构建不同于传统马克思主义的“马克思主义”。按照这种“马克思主义”，不是主体反映客体，而是客体构成主体的一部分。由于当代科学技术革命的发展，有些科学家也强调人类面对的宇宙是参与者的宇宙。不仅在微观领域，而且在宏观领域，我们生活其中的整个自然界都依赖于观察者的参与。所有这些论者都用主体与客体的相互作用问题取代第一性与第二性的问题，用认识论取消本体论，结果陷入没有被反映者的反映的困境。马克思主义的独特贡献，是把唯物主义反映论变为以实践为基础的能动反映论。认识就其来源说是反映，它不是主观自生的，也不是从天上掉下来的。列宁明确论述的认识是对存在的反映的观点，从根本上说，就是马克思和恩格斯关于存在与意识相互关系理论在认识论中的表现。承认唯物论，就必须接受唯物主义反映论。可是当马克思主义哲学把实践包括在自己的哲学之中，作为人的认识的源泉、动力和标准时，就已经完全排斥了把认识看成对客体消极反映的可能性，因为实践活动本身就是一种能动的选择性活动。这样，主体对客体在实践基础上的参与不仅是可能的也是必要的，没有这种参与，就不会有人类的实践活动。实践活动的本质就是主体对客体的参与，即在实践中认识和改造客体，这种在实践基础上的参与不会导致否定世界的客观实在性，因为它不是把客体变为人的意识的依存系列，而是人通过实践作用于对象。人在实践中面对的只能是客观世界，而且是先于实践而存在的世界。否则，任何实践都是不可能的。

马克思主义哲学中的反映概念决不能类同于照相。照相前胶卷上不能有任何东西，而人的认识必然受到主体的思维方法、价值观念和已有认识的制约和影响。这种在人的认识过程中预存的东西，从发生学的角度看，它并不是先天的，而是来源于对对象的反映，有个从无到有的过程，人类或个体认识的发展都是如此。主体中预存的东西是作为先辈的遗产和同辈人的馈赠品，是在教育和社会交往中形成的。可是从既成形态看，认识主体在认识时仿佛先验地已经具有某些东西。这种预存的认识可能有助于进一步把握对象，也可能妨碍接近对象，但无论如何认识绝不是主体以固有的认识模式和范畴来消解和重建客体。这个问题之所以被许多哲学家视为难题，是因为他们只停留在主体范围内就认识谈认识，而在马克思主义哲学中，通过实践把认识的历时性和共时性，把人类已有的认识和当下的认识，把个体的认识和整个人类的认识融为一个普遍性的涵盖一切认识的问题，即实践和认识的关系问题。无论是祖先遗留的认识成果还是别人的认识，这只是认识构成的一种形式——间接认识或按毛泽东的说法称为间接经验，就其来源说，归根结底仍然是在实践与认识相互关系规律支配之内。所谓重构说重建说之类的理论，都是脱离人类认识史的进程，割断个人与整个人类认识史的联系，只着重于“个体”、只着重于“主体”、只着重于“现时”得出的错误结论。说句实在话，如果不超出主体的范围，科学的认识理论是不可能确立的，重构重建之类理论是很难驳倒的，认识的反映理论是没有立足之地的。把握全部问题的实质一锤定音的还是马克思。他说，人的思维是否具有客观的真理性，这不是一个理论问题，而是一个实践问题。人应该在实践中证明自己思维的真理性，即自己思维的现实性和力量，自己思维的此岸性。关于思维——离开实践的思维——的现实性或非现实性的争论，是一个纯粹经院哲学的问题。150 多年来没有任何哲学能驳倒这个真理，我看再过 150 年、1 500 年，也不可能有最新哲学驳倒这个真理。要认识世界必须反映世界。人不能依靠向内用力，单纯咀嚼自我来认识世界。这是永恒的认识规律。

我们还是回到开始提到的“画家不识渔人苦”那首诗。反映不仅有方式问题，例如诗与画不一样；至于文学艺术与政治、法律、道德、宗教更不一样。这容易理解。问题是从反映论的角度看形象思维好说，可一进到没有具体可感形象的抽象思维往往引起争议。谁见过万有引力规律？他们说我只见过苹果落地并没有见过万有引力。同样，我们只见过王朝的更替，社会的盛衰兴亡，没有见过历史发展规律。我们见过价格没有见过价值，只见过“朱门酒肉臭，路有冻死骨”，没有见过阶级，如此等等。我们已经进入到规律性的层次，可我们还要求助于感官，把感官作为唯一的最可靠的见证人。狄德罗说，艺术中的美和哲学中的真都根据同样的基础。真是什么？真就是我们的判断与事物的一致。模仿性艺术的美是什么？这种美就是所描绘的形象与事物的一致，但这只适用于某些艺术部门。马克思主义反映论包括形象论但不能归结为形象论。抽象思维的正确性同样要以是否正确反映事物的本质与规律为依据，以概念、范畴、公理与定理方式把握对象的非形象反映，只要是正确的科学的抽象，不是远离对象，而是更深刻、更正确、更完全地反映对象。这一点，列宁有过深刻的论述。

形象反映在艺术范围内是必要的重要的，没有形象就没有艺术，可是在科学范围内，对事物的形象认识和反映往往是初步的感性的，它只是科学认识的起点而不是目的。关于这个问题黑格尔发表过一个非常深刻的见解。他说，认识到自然界的经验数字，例如行星的相互距离，这是一个伟大的功绩；但是，更伟大得无比的功绩却是使经验的规定的量的消失，把它提高到量的规定的普遍形式，使它们成为规律或度的环节。可见从可测量的行星距离进到它们运行的规律，是认识的飞跃。尽管从反映论的角度看，它是从可见到不可见，可从认识的深度说，则是从现象进到本质。

基因、血统与动物政治学

“龙生龙，凤生凤，老鼠的儿子会打洞。”这是中国的老话。“老子英雄儿好汉，老子反动儿浑蛋。”这是“文化大革命”时的新话。

中国的老话在动物身上是真理，而用以喻人则是绝对的荒谬。至于“文化大革命”时的老子英雄儿好汉之类的新话，则是彻头彻尾的动物政治学。它把人变为非人的动物，以为人和动物一样，子代与亲代一模一样。“文化大革命”时期的“红五类”、“黑五类”之类的区分，把这种动物政治学推到荒谬绝伦的地步。现在回头想想，实在既荒唐又可悲。

人与动物不同。每一动物个体，都重复它的上一代的生命历程。动物的进化是以个体的方式前进的，即使某些动物以群体的方式生活，但群体中的每一个个体的进化仍然如此。人类不同。人类的进步不是从头起步。每代人都是在上一代人取得的成就上开始的。我们的先辈不仅通过繁殖而赋予我们以人的生物学本能，而更重要的是文化。人是以社会存在物即有组织的个体方式前进的。任何个人企图依靠个体的力量是不可能生存的。马克思说过，一个人的发展取决于和他直接或间接进行交往的其他一切人的发展；彼此发生关系的个人的世世代代是相互联系的；后代的肉体存在是由他们的前代决定的，后代继承着前代积累起来的生产力和交往形式，这就决定了他们这一代的相互关系。总之，我们可以看到，发展不断地前行着，单个人的历史不能脱离他以前的或同时代的个人的历史，而是由这种历史决定的。

由此可见，不能把人与一般动物相混同。可西方社会生物学家们正好在这个根本问题上混淆了两者的界限。他们企图通过对昆虫与动物习性的研究来揭示人类社会行为的生物学根据，他们从基因对于一般生物的行为习性的复制作用，得出在人的行为中基因具有决定性的理论，他们把人类的道德伦理价值、把文化和宗教信仰以及人的才能品质都归之于由基因决定的人类遗传学规律。这种说法很难令人信服。任何不怀偏见的人都能知道，道德伦理的社会制约性是非常明显的。人的基因可以不变，但道德观念的变化是迅速的。同样，人类的文化的发展和变化也不是由人的基因决定的，文化是由社会传递而不是由基因传递的。文化的产生是处于一定社会的人为适应和改造自己的生存环境而进行的精神生产的产物，因此文化是人在实践中创造的，它的内容和特点都受到创造者的社会和自然环境的制约。一个民族的种的特性、生物学特性是相对稳定的，而文化是发展的变化的。不同社会制度、不同时代都会摒弃原有文化中不适用的部分创造新的文化，人的个人才能则是在后天环境和实践中生长的。人类社会发展史都是对这种基因决定论观点的驳斥。当然，人有一些本能的东西，例如吃喝、繁殖、生存的需求，这种本能是任何动物都具有的，可以说是人与其他动物共有的机能。正因为这样，人也是动物，可人是所有动物中唯一依靠自己的创造而生存的动物。这种创造就是劳动。所以，马克思主义唯物史观用人的生产方式而不是用人的本能来解释人的道德、文化以及整个社会状况。

人的行为不是一种本能行为，而是在社会环境中形成的社会性行为。科学能克隆羊，从理论上说当然也可以克隆人，但科学再进步能克隆出的只是遗传学上的人，即具有与本人相似的某些生物学特性的人，而不可能克隆出与他的思想及行为一模一样的人。人类的战争与革命，不是由于人的本性的攻击性，而是由于利益的冲突。人的所谓利己主义与利他主义，也不是由于人的本性中存在利己与互利的生物学本性，而是在特定社会条件下形成的一种道德观念。说人的本能是保存自己因而注定是自私的，这是把人的生物学存在和人的道德意识相混淆。人要生存要保存自己的生命是人的本能，这无所谓自私不自私的问题，但在如何保存生命和满足自己的欲望的方式上当然存在不同的意识和方式。利己主义是一种社会意识，它的本质是在任何情况下都把自己的利益放在首位并损害别人的利益。至于人会帮助别人也不是由于人的生物特性中存在利他的基因，而是因为人是社会存在物，互助是人作为社会存在物的特性。正因为如此，人的互助是有选择性的而不是无条件的，人总是容易帮助境况相同的人。中国人说同病相怜，实际是说同情和互助是一种社会性的包括阶级性的选择性行为。再没有比用基因来解释人的社会行为更容易但也更为荒唐的了。说战争是好斗的本性、说自私是自私的本性、说犯罪是犯罪的本性，这等于什么也没有说，不，比没有说更坏，因为它把一切归之于基因，不仅堵塞了正确解释的道路，而且把社会上的一切丑恶现象都合法化合理化永恒化。

血缘不同于基因，尽管血缘中包含基因，但血缘在社会生活中的作用，不能还原为基因的作用。这是两个不同性质的问题。从人类社会发展史来看，血缘关系在社会生活中的作用是巨大的。在各个民族都存在过的氏族组织就是以血缘关系为纽带的一种社会组织。可以说，在人类社会初期，除了按血缘关系组织起来外没有别的组织方式和凝结力量。在氏族解体、人类进入阶级社会后，按照地区以国家形式组织社会，血缘关系在经济、政治以及道德各个方面都具有重大的举足轻重的作用。王位的继承、官爵的分封、财产的分割、道德规范的内容与血缘关系密不可分。马克思曾经把欧洲中世纪称为动物人类学时期，因为贵族生下来是贵族，平民生下来是平民，正如马生下来是马牛生下来是牛一样，仿佛出生即血缘关系即规定了他们的等级和社会地位。

血缘关系在中国社会生活中的作用比起欧洲可以说有过之而无不及。中国自西周开始的分封制度就是以血缘关系为依据的。中国社会的政治和道德原则中的亲疏有别、爱有等差，就是一种以血缘关系为尺度的原则。我们中国人特别重视的家族观念就是以血缘关系为内核的，王位的父死子继、兄终弟及，家庭内的父慈子孝兄友弟恭，以及视兄弟为手足，视妻子如衣服，都是重血缘的表现。这种家族观念，即使在社会主义社会仍然对中国人影响极大。我们对这种观念中的合理因素可以吸收，但对其中的封建性的东西必须清洗。在中国当今不少违法乱纪的事都与这种家族观念有关。对于中国人来说，特别在农村，摆脱家族观念的消极面还需要下很大力气。以血缘关系为内核的家族观念不同于基因观念，它不是一种生物学观念，而是一种文化观念，甚至是一种制度。例如王位的长子继承制和某些国家的财产长子继承制度，当然不是由人的基因决定的，而是由封建的财产制度决定的。马克思说过，长子继承制只是私有财产和政治国家之间的普遍关系的特殊存在形式。长子继承制是私有财产的政治意义，是政治意义即普遍意义下的私有财产。凡是我们看到长子继承制具有古典形式的地方，整个国家制度都建立在私有财产的基础上，没有私有财产制度就没有继承制度。为了王位的巩固，为了财产不致因继承而不断分散，长子继承制是有效的制度。无论是西方或中国的封建社会都重视家族，仿佛家族的显赫之所以能造就人才，是因为他们的血统高贵。这是为特权者们制造的神话。我们不否认，一个出身于显赫家族的人比出身贫苦的人具有某种优势，原因不在于他们的血统的高贵和基因的传递。就个人而言，一个出身名门的人和普通平民是一样的，并不具有任何生理上的优势，而是因为他们的社会地位和社会关系网使他们一出生就具有某种经济的、政治的以及文化的有利条件。这种家族地位和关系使一些人在社会中处于一种特殊地位。从形式上看人是生而自由的，实际上这种不同的家族地位和关系网使这种形式上的平等化为乌有。当然个人的努力和各种因素的作用可能改变自己的命运，但这只是少数人。大多数出身低微贫寒的人与豪门大族的人相比总是处于劣势。这就是前资本主义社会血缘关系处于重要地位的社会现实。

和前资本主义社会相比，资本主义社会中的血缘纽带大大松弛，以致在封建社会视为天经地义的道德观念都为资本主义社会中的金钱关系所取代。它撕下了罩在家庭关系上的温情脉脉的面纱，斩断了把人们束缚于天然尊长的形形色色的封建羁绊，破坏了封建的、宗法的、田园诗般的人伦关系。人的价值和地位取决于在市场上的竞争和所获得的成功。家族的优越、血统的高贵比起个人的成就都是不足挂齿的。这是资本主义的一大进步。不过很奇怪的是，偏偏是在资本主义社会，这种变相的血统论包括种族论、白人优越论以及基因决定论，有时会以科学的名义沉渣泛起。看起来，即使资产者最早是从被释放的奴隶中兴起的，可一旦发达后资产者也会自认为高贵而把劳动者视为贱民，尽管他们不会公开这样说，但他们的有些理论家们还是愿意在这方面“效力”的。

我们是社会主义国家，我们已经打倒了那些自认为血统高贵家族显赫的旧的统治者，泥腿子们当了社会的主人，一些旧时被践踏被侮辱的人处于很高的地位。从理论上说，在社会主义国家没有产生血统论的社会基础，可并非完全如此。“文化大革命”中的反动血统论可以看成怪胎，不足为凭，可现在在一些人的头脑中，血统观念和社会关系网的思想还是很严重的。新的血统观念新的门第观念在我们社会的经济生活、政治生活特别是恋爱婚姻中的作用是毋庸置疑的。在中国，两千多年的封建思想积淀是深厚的。说句实话，我们如今有些人的婚姻门第观念比起五四时的青年还要落后，真令人吃惊。中国深化改革的任务的确是艰巨的。

文化发展的本质是创造

文化是由人创造的，因而不可能是停滞不变的。每一代人都要在文化宝库中或多或少增加些新东西，又要从先辈的文化遗产中借用一些东西。可是，文化的积累不是往钱罐子里塞钱，而对前人文化遗产的继承也不是从钱罐中取钱。文化的积累和继承都是个创造过程，没有每个时代人们的创造就没有积累也没有继承。不能把文化的发展归结为对传统文化的诠释，不能认为文化存在于世世代代的人民对祖先文化传统的诠释之中。文化是一种创造，是现实的人面对现实需要的一种创造。离开了现实人的现实活动，既不可能有文化的积累（无东西可积累），也没有文化的继承（没有必要继承）。

当然，任何时代的人的文化创造活动都不可能脱离传统，正像马克思说的，一切已死的先辈们的传统，像梦魇一样纠缠着活人的头脑。可是传统不等于文化典籍，对传统的继承不能理解为对文化典籍的诠释，把文化典籍视为不可超越的范本，而当代人只是古代典籍的解释者。其实，古代文化典籍中的重要思想在现实生活中并不一定存在，即使在古代也可能从来没有实行过，并不是现实而是一种个人的理想和信仰。例如《论语》中许多道德规律，如“己所不欲，勿施于人”，“己欲立而立人，己欲达而达人”，等等，从来就没有人真正做到过、实行过，包括儒家学说的创立者和历代的所谓大儒。这种例子很多。写在书上的不等于是实有的，古籍中的精华不等于是传统。我们说的传统保存在当代之中，离开了当代就不是传统，因此传统是在中国人的生活中，是世世代代起作用的那些价值观念、思维方式、风俗习惯、道德观念，它古老可又在一定程度为当代人们所遵守和认同。在长期历史过程中，古老的过时的东西不断减弱，而新的东西又不断凝集为传统。传统就是这样在保存和变迁中演进的。

每代人在继承传统过程中，利用历代先人积累的文化典籍是极其重要的，它为后代提供宝贵的思想资料，提供智慧。一个民族的文化名人越多，留传下来的典籍越多，表明这个民族的文化传统越丰富。但这些瑰宝能否得到利用，取决于后人如何利用这些资料。正如同样的材料，由于厨师的手艺有高下优劣之分，因而菜肴的水平完全不同一样。文化典籍的继承存在同样的问题。尽管继承什么、如何继承、把什么视为精华什么视为糟粕，可以因人而异，甚至观点对立、如同水火，但从时代的角度看，只有符合时代需要、有利于时代前进、有利于民族文化的发展和提高，才是真正对我们祖先优秀文化遗产的继承。历史经验证明，立足于时代和人民需要的继承，和当代人的推进社会的实际活动需要结合在一起的继承，才不是尊孔读经复古倒退。

一个国家的文化状况对经济和政治的影响是巨大的。列宁讲到文化落后的国家容易产生专制主义，而西方资本主义国家采取民主制度，这不是决定于人们的愿望，而是有其文化背景。即使某些资本主义国家仍然存在君主制，其君主也是资本主义化的君主，而不可能是专制主义的帝王。这是因为资本主义社会中，无产阶级的文化水平高于农民。列宁说，正常的资本主义社会要顺利发展下去，就不能没有稳固的代表制度，就不能不给予在“文化”方面必然有较高要求的人民以一定的政治权利。这种一定程度的文化要求是资本主义生产方式本身连同它的高度技术、复杂性、灵活性、能动性以及全世界竞争的飞速发展等条件所造成的。而在东方个别社会主义国家，还可能产生没有皇帝的“皇帝”，产生极端的个人迷信，产生个人的高度专权，一个重要原因在于文化落后，文盲遍地，农民占绝大多数，而小农是好皇帝思想的温床。因此，在中国这样的国家进行政治体制改革，不能不考虑到中国的文化状况的制约性，重视社会主义文化建设、普及教育、开发民智、提高人民当家做主的自觉意识，以利于积极推进政府机构改革、发展民主、健全法制、建设一个社会主义法治国家。

文化建设涉及很多领域，但最重要的是指导思想的问题。决不能把文化建设问题简单变为一个继承文化遗产的问题，甚至变为在中国复兴儒学的问题。社会主义文化最根本的是要建设、要创造，而不可能通过对传统文化的继承来完成。要正确继承传统文化的确要有正确的指导思想。我们不能在儒学范围内谈论儒家文化的继承问题，不跳出传统文化的视角就不能真正继承传统文化。中国文化史证明，尽管儒家思想在历代也有变化和演变，但都是在这个框框内的变化。我们的目的是建设有中国特色的社会主义文化，因而必须对中国传统文化进行分析、清洗、吸收、改造。我们的指导思想是马克思主义，我们从来不隐晦这一点。如果要谈论复兴儒学的话，没有社会主义在中国的胜利，我看孔夫子决无如此高的地位。是中国的复兴才使儒家重振家声成为可能。没有一个强大的中国，就不会有一个名扬四海的孔夫子。是中国的强大把儒家推向世界，而不是儒家把一个曾经是满目疮痍、贫穷落后的中国推向世界。不用马克思主义观点指导研究中国传统文化，我们不可能越出前人的窠臼。

社会主义社会的发展是全面的。社会主义现代化应该有繁荣的经济，也应该有繁荣的文化。在建设有中国特色的社会主义文化的伟大事业中，哲学社会科学的作用是无可替代的。哲学社会科学不同于存在于人们的行为与生活方式中的文化观念，它是一种系统化理论化的文化形态。一个民族的风俗习惯往往是作为传统观念以自发的和耳濡目染的方式起作用，而哲学社会科学则是理论的和学术的形态，它的作用具有自觉性、目的性和系统性。哲学社会科学处于文化结构的上层，它能丰富和提高一个民族的文化内容和层次，它能通过各种方式和渠道融入社会生活之中并发挥它的教化作用。哲学社会科学各系科是整个高校教育的重要部分，它不仅要以自己的理论研究成果为坚持马克思主义在意识形态中的指导地位、为建设有中国特色的社会主义理论和实践服务，而且要培养高举邓小平理论伟大旗帜的哲学社会科学专业人才。哲学社会科学的繁荣有利于全民族的思想理论素质的提高，有利于加强我们民族的凝聚力。没有科学的理论指导，就不容易在全社会形成共同的理想和精神支柱；没有自觉的道德纪律、没有较高的文化素质，就难以形成良好的文化环境。这是关系到我们继续推进改革开放和现代化的重要条件，也是关系到建设中国特色的社会主义的重大原则问题。在我们这样一个国家要跨越“卡夫丁峡谷”，固然要充分吸收资本主义的科技成果，要大力发展生产力，但同样不可忽视的是要有坚定正确的政治方向、社会主义的道德情操和较高的文化修养。人的素质问题是社会主义建设的关键问题，而素质不是单纯的科技水平，而且包括人的人文素质，其中特别是哲学社会科学素质如正确的世界观、人生观、价值观。我们的哲学社会科学工作者要在创造绚丽多彩的社会主义文化中发挥作用，发挥哲学社会科学的优势和专业特长，就必须正确对待马克思主义，正确对待中国传统文化，正确对待建设中国特色的社会主义的实践。把现实、理论、传统三者有机地结合在一起，立足现实，坚持（马克思主义）理论，重视（文化）传统。在创造中继承，在推陈中出新。

人文学科的科学与价值

科学与价值的关系涉及各种学科，但情况不同。例如，自然科学自身并不包含价值问题，可以说价值中立，因为价值问题不能也不会进入自然规律的内容之中，它影响的只是对科学技术作用的不同评价，例如有的学者认为科学发展导致环境的恶化和人性的堕落，而有的学者则认为这与科学技术本身无关，而是对科学技术的应用不当所致，要解决科技发展中出现的问题，不是停止而是进一步发展科学技术。可见，在自然科学中，价值问题是一个科学哲学问题，而在人文科学中，价值问题构成人文学科内容的一部分。这正是一些学者否定人文科学具有科学性的论据。似乎历史学不能是科学而只是历史学家对历史的诠释，哲学不包含世界的客观内容而是哲学家的自我意识，至于文学更是源自内心的人的情感的抒发。如果这样，人文科学只能是价值而不可能有客观内容。这种看法我认为是不对的。

人文科学也是科学，但它是不同于自然科学的科学，就它不能数学化、公式化、定量化而言，它不同于实证的自然科学，但人文科学本身同样存在一个科学性问题。它的科学性表现在，它应以事实为依据、以规律为对象、以实践为标准，不是无可评判的画鬼而是画人。它的是非对错、像与不像是可以判别的。这一点，连中国古代哲学家荀子都有一定认识。他说：凡论者，贵其有辩合，有符验。故坐而言之，起而可设，张而可施行。如果一种理论，根本不可验证，不可实行，那只能任其胡说。

马克思和恩格斯都承认人文社会科学的科学性。恩格斯说，我们不仅生活在自然界中，而且生活在人类社会中，人类社会同自然界一样有自己的发展史和自己的科学。马克思主义经典作家不仅承认人文学科的科学性，而且强调人文学科要成为具有科学性的学科，必须以事实为依据。事实，这是一切论断科学性借以立足的根据，无事实根据的论断是主观臆测，所以恩格斯特别强调事实的重要性。他在《自然辩证法》中说，不论在自然科学或历史科学领域中，必须从既有的事实出发。在《卡尔·马克思〈政治经济学批判〉》中，恩格斯强调，即使是在一个单独的历史实例上发展唯物主义的观点，也是一项多年冷静钻研的科研工作，因为很明显，在这里只说空话是无济于事的，只有靠大量的、批判地审查过的、充分地掌握了的历史资料，才能解决这样的任务。马克思在研究工作中非常重视事实，他曾经写信给魏德迈嘲笑那些不凭借资料而只靠拍脑袋的经济学家说，他们靠天上掉下来的灵感，当然不需要下这样的工夫。这些幸运儿为什么要用钻研经济和历史资料来折磨自己呢？

有的学者认为，人文学科是关于人的思想和精神的学科，不存在事实问题，只存在解释。历史的本质是思想史。历史学只是价值判断，没有确定无疑的事实。文学同样无事实，只有文本，完全可以作不同的解读。哲学是哲学家的自我意识，与事实更无关系。这种说法，我认为是把人文学科置于困境甚至绝境。

人文学科当然不能离开人。人有思想、有精神，但人文学科并不是直接以人的内在思想和精神为对象的。人是创造性的存在物，他不是在思考中而是在不断对象化中生存和发展的。离开人的对象性存在，人的思想或精神就是无。例如，历史是人创造的，人是有思想的，但历史学不是也不可能以人的内在精神为对象，而是以人的对象化活动中创造的实在的历史过程为对象。这不是不可捉摸的人的内心过程，而是有人物、有事件、有活动、有结果的实在过程。历史研究离不开通过文字记载、地上和地下文物来分析历史的过程。历史人物的思想和精神问题，即历史动机问题，对于历史分析是重要的，它的重要性并非因为历史是思想史，而是因为对历史动机的分析可能引导深入到任何主体都没有意识到的力量。关于这个问题恩格斯做过很精彩的论述。他说，探讨那些作为自觉的动机明显地或不明显地、直接地或以思想的形式，甚至以幻想的形式反映在行动着的群众及其领袖即所谓伟大人物的头脑中的动因——这是可以引导我们去探索那些在整个历史中以及个别时期和个别国家的历史中起支配作用的规律的唯一途径。使人们行动起来的一切，都必然要经过他们的头脑，但是这一切在人们的头脑中采取什么形式，这在很大程度上是由各种情况决定的。所以在历史研究中，不能以思想替代或否定历史事实。至于文学不能简单归结为文本，文学著作的作者是生活在一定时代条件下的人，一部优秀作品不可能是脱离它所反映的时代和社会现实的。文学研究当然要把作品、作者、时代和作品反映的社会现实统一考察和衡量作品的价值。哲学思维同样要以事实为依据，不管哲学如何抽象、如何思辨、如何远离现实，只要是真正有价值的哲学，即使是唯心主义哲学，它们都以不同的方式概括人类实践的成就、概括所处时代的自然科学和社会科学成就。在哲学思维中同样是不能无视事实的。

人文科学要以规律为对象。科学是揭示规律的，不揭示规律就没有科学。这一点，对自然科学和社会科学都能理解。人文科学面对的是不重复的对象，它的记述性和描述性的方法特征，往往使一些学者认为人文学科不能揭示规律，而应揭示人性。他们认为人文学科是人性的学科，文学研究的是文学与人性，研究文学如何表达人性，历史学研究的是历史与人性，而哲学是人学，是人对自身本性的认识。例如，罗素主张人性是历史的决定力量，认为历史是人性的历史。按罗素说法，饮食、男女、贪婪、追逐享乐、权力争斗、虚荣心、创造欲都是人的本能或人性，历史就是这些活动组成的，研究历史乃是研究人性在不同历史条件下的具体表现。再如，当代美国著名的社会生物学家威尔逊就是把人性即人的生物特性作为全部人文社会科学的基础的。他说，任何有关人类处境的严肃思考，都必须把人性作为首要的前提。要是没有这个前提，人文学科和社会科学都会局限于现象的描述。威尔逊所谓人性是指人所固有的生物性，即存在于人的基因中的攻击性、性欲、利他性、宗教。这都是人的永恒不变的人性。如果人文科学就是建立在这样的人性的基础上，则无法解释人的不变的生物本性，为什么会产生如此多样的文学，如此不断变化的历史，如此多样的具有不同世界观和认识论、历史观的哲学思维。当然，人们可以说，人性也是变化的，因此以人性为基础的人文学科的内容也是变化的。可问题是人性何以能变化，何以会变化？如果人性不能得到合理的解释，那它自身是什么也解释不了的。要解释人性，必须把人放在社会之中，用社会的变化解释人性的变化。即使是人的生物学本性，同样会受到社会的制约。

说人要吃喝、要繁殖、要生存，这谁也不会反对。问题是仅凭人的生物学本性能解释历史吗？能解释社会的多样性和复杂性吗？能解释社会的发展和变化吗？马克思主义从不否认人要吃、喝、穿、住，可是人的社会的复杂结构，以及如此不同的观念，并不是直接决定于人的生物学需要，而是在于人满足自己生存的方式即劳动，人是通过劳动并以在劳动中形成的生产方式作为自己生存和发展的基础的。人的社会结构和各种观念，归根结底要从人的生存方式中得到解释，并在这个基本规律基础上发现各自的特殊规律。

马克思和恩格斯总是强调科学必须研究规律。当伊·考夫曼评论马克思的《资本论》时说，在马克思看来，只有一件事是重要的，那就是发现他所研究的那些现象的规律，马克思对此是深表赞同的。历史研究当然要揭示历史的规律，尽管历史著作离不开具体人物、事件、过程的表述，但真正有价值的历史著作决不能是简单的编年和纪传，应该通过个别显示一般性的东西。同样，文学和文学史、哲学和哲学史都应该包含对所研究对象的规律的揭示。流水账式的或断烂朝报，的确是柯林伍德说的剪刀加糨糊似的东西，没有价值。

凡是属于科学范围的论断，都是可以证实或被否决的。不能反驳的只能是宗教教义，这不属于科学而是属于信仰范围。人文科学的论断是可以验证的。不能认为人文学科的论断只能是公说公有理婆说婆有理，无休止的争论，不断扯皮，争论和扯皮的事当然存在，但很多情况并非由于人文科学论断没有是非标准，而往往表现为一种社会思潮。即使明明是奇谈怪论，翻案文章可以照样做。从这点说，人文科学不同于自然科学，自然科学的论断的真伪可以直接求之于生产实践和实验，但这只是实践标准的运用和特点问题，而不是有无问题。

任何人文学科都包括理论与历史两个部分，这两者验证的方式是不同的。柯林伍德否认历史的可证性说，圣奥古斯丁从一个早期基督徒的观点来看待罗马的历史；提累蒙特是从一个 17 世纪法国人的观点来看，吉本从一个 18 世纪英国人的观点来看，而蒙森则从一个 19 世纪德国人的观点来看，问哪一种观点是正确的，那是没有意义的。每种观点对于采用它的人来说，都只是一种唯一的可能。很显然，柯林伍德把历史评价问题，即历史观的可变性问题与历史能否有正确或比较正确的判断问题对立起来，用前者否定后者。实际上，历史评价的观点的是非是可以验证的，它的验证就是现实。凡是用以评价历史的英雄史观、意志决定论、命定论、宿命论以及其他形形色色的唯心主义和宗教史观，它们的正确与否，是可以在当前现实中得到验证的。而属于历史史实方面的问题，它可以借助历史特有的验证方法，包括考古、考据以及史料的比较和新的发现等，求得接近事实的把握。当然历史的真实不可能是细节的真实，细节是无穷无尽的，即使是现实的每日每时发生的细节也是不可穷尽的。历史的真实是对于历史发展具有重大或关键意义的事实的真实，这种事实并不是不可胜数的，是可以弄清或基本弄清的。历史证明，在人文学科中的一些争论，往往不是事实的争论而是观点的争论，是对事实的解释的争论，而这些观点的是非对错，我认为在现实中是可以判别的。

我们说人文学科的内容有其客观性和科学性，但这绝不是说，人文科学与自然科学一样，可以采用实证的方法，达到自然科学那样的精密和公理化的水平。对于自然科学来说，价值是中立的，自然科学的真理是普遍的，它的规律不包含研究者的价值评价。人文科学不同，它不仅包含对象的内容，而且包含对内容的解释和评价。就这点说，人文科学与社会科学是相同的，不可能存在价值中立，所以这两者合称人文社会科学是合理的。

马克思在讲到资产阶级古典经济学时，曾肯定它的科学贡献。但是他又说，当资产阶级处于统治地位后，资产阶级经济学敲响了自己科学的丧钟。现在问题不再是原理本身是否正确，而是它对资本有利还是有害。公正无私的科学探讨让位于辩护士的坏心恶意。恩格斯在讲到历史学时，曾经赞扬法国历史学家的贡献。但他后来还说过，资产阶级把一切都变为商品，对历史学也是如此。资产阶级的本性，它的生存条件，就是要伪造一切商品，因而也要伪造历史。伪造得最符合于资产阶级利益的历史著作，所获得的报酬也最多。历史证明，在阶级社会中，超阶级的、不受意识形态影响的人文科学是没有的。这不是说，研究者们都有意作假，而是每个研究者本人的时代、阶级和所受的教育，都会影响研究者对问题的解释和评价。当然，这种影响的程度因人而异，因而人文学术著作的水平也不一样。在当代，我们可以在西方学术界中发现有思想有见解的著作，也可以发现对马克思主义任意曲解攻击的著作。当然，我们对马克思说的资产阶级的胜利敲响了社会科学丧钟的说法不能绝对化，因为西方学者对资本主义制度的态度有辩护性的、有研究性的、有批评性的、有超越性的，我们对西方学者在人文社会科学方面的贡献应该采取实事求是的分析态度，既不能对他们的成就一概抹杀，也不能忽视他们对问题解释和评价中的局限。

人文科学中的科学性与价值性之间存在矛盾是很显然的。人文科学的科学性要求它的内容应该是客观的无偏见的，可它的价值性又决定它的解释和结论往往受到研究者的立场和观点的制约。在当代，马克思主义提供了这种结合的可能性。正如恩格斯曾经说过的，科学越是毫无顾忌和大公无私，它就越符合工人的利益和愿望。当然，可能不等于现实。由于个人的马克思主义理论水平和学识水平所限，即使社会主义国家的人文社会科学要达到这两者的高度统一也是不容易的。我们既要认真学习马克思主义，树立观察问题的正确的理论和方法，还要认真深入实际，掌握充分可靠的材料。在这里，学风是个关键问题。以玩文学、戏说历史、制造哲学的态度对待人文科学是一种轻浮的学风。我们应该努力学习马克思主义，坚持实事求是和理论联系实际的学风，认真艰苦地从事研究，这样才有利于我们人文科学的发展，逐步达到科学性与价值性的统一。

正因为人文科学不同于自然科学，它们的研究方法也不相同，人文科学不仅要揭示对象的规律，而且包括对对象的理解和解释，但要做到这一点，取决于我们对人的理解。我们不能把自然、社会、人截然分开，把自然划归自然科学，把社会划归社会科学，把人划归人文科学。认为人是人文科学的主题和唯一对象，从而认为人文科学只是研究人的内在精神、思想，这种看法是片面的。离开了自然、离开人与自然的关系，离开社会、离开人与社会的关系，所谓对人的内在精神世界的理解、体验，都是神秘的。因为人一旦变为独立自存的孤立个体，就是不可理解的。像柯林伍德说的，要了解柏拉图的著作中说的是什么必须进入柏拉图的思想内部重演柏拉图的思想进程，即把自己变成柏拉图，这怎么可能呢？我们只能从柏拉图的时代及其整个文化背景来理解柏拉图，而不可能独立地从所谓柏拉图内心世界的重演中来理解柏拉图。人文科学的对象不是孤立的个人的内在精神世界，而是被外在化对象化的文化世界，它是通过文字、语言、书籍、文物等可以看见可以把握的东西来进行研究的。

有足未必走遍天下

荀子说过一段很有意思的话。他说：足可以遍行天下，然而未尝有能遍天下者。夫工匠农贾，未尝不可以相为事也，然而未尝能相为事也。用此观之，然则可以为，未必能也。这就是说，尽管从可能性说，有足就能走遍天下，但用双足走遍天下的人是没有的；工匠、农民、商人，彼此都有从事另一种职业的能力，然而真正调换的人是不多的。可见，可以做到的未必一定能做到。这说明抽象可能性不等于现实可能性，而可能性并不就是现实。

如果说，骑自行车可能会被汽车轧死，谁也不会断然否认这种可能；游泳可能会淹死，谁也不可能断然否认这种可能性；睡觉的人可能第二天起不来，猝死在床上，这种可能性同样是存在的。可如果我们停留在“一切都是可能的”这种抽象思维方式上，我们不可能正确地行动和思考。上面说的这一切可能性只是抽象可能性或者说是逻辑可能性，而不是现实的可能性。当一个人车术不熟练又不遵守交通规则，当一个游水者游水技术不熟练又逞能好胜时，被轧死被淹死的可能才是现实的。如果说，凡骑车者都可能被轧死，凡游泳者都可能被淹死，凡睡在床上的人都可能猝死，于理可通（以逻辑推论为依据），于事不符（不是以现实条件为依据）。民间的一个鸡蛋的故事讲的就是把愿望建立在抽象可能性基础上的笑话。一个农妇有个鸡蛋，盘算着卖掉鸡蛋可以买小鸡，鸡生蛋蛋变鸡，可以卖鸡买牛，结果走在路上蛋被摔破了，她哭着说，我的蛋没有了，我的鸡没有了，我的牛没有了。这当然是笑话，但这种把抽象可能当成现实可能，甚至当成现实的思维方法却并不罕见。

列宁说马克思主义的政策是以现实的东西而不是以可能的东西为依据的。这种论断是非常正确的。我们在这方面的教训是很多很深刻的。从20世纪50年代的“超英赶美”到70年代后期的“洋跃进”，都犯了这种错误。不清楚中国社会主义所处的阶段、水平以及现实国情，把抽象可能即社会主义没有办不到的事作为决策的依据，其结果只能是事与愿违。一切从实际出发、实事求是，就是从现实出发，而不是从抽象的可能性出发，充分估计各种现实的可能性，制定使可能性变为现实的正确政策和步骤并通过主观努力来实现。我们现在的务实政策，是花了20年的代价才取得的。

我们应该学会估计各种可能性，但也应该学会说“不可能”。一个不会说不可能只会说“可能”的人，往往容易陷入荒唐不经幼稚可笑的地步。有人说，大兴安岭的那次大火，是某气功师发功扑灭的，回答应该干干脆脆：不可能。说气功师能够把信息通过茶和水来传递，气功茶、气功水可以治病，同样应该干干脆脆回答：不可能。什么气功师半夜发功，在家里可以接功治病，诸如此类的天方夜谭曾经炒得很热，如果一个人的思维方法是停留在“也许”、“可能”、“世界上无奇不有”、“生命现象是复杂的”、“人体功能仍然是个秘密”、“我亲眼看见”等肤浅的思维原则上，那只能永远在“一切都是可能的”思维方式中变为迷信和骗局的受害者。不要说普通人，即使是科学家、教授、专家，上当受骗的事也发生过。闹得沸沸扬扬的所谓水变油的事就是一例。这说明只要一个人缺乏理性思维方式，不懂得说“不可能”，就会变为不信上帝但相信奇迹的宗教徒。

有人说，您何以断定某事一定不可能，世界上不是很多事原以为不可能后来变为可能的吗？几十年前谁要提出人类可能越出地球进入月球，肯定会被嘲笑为疯子，现在已经成为现实；在飞机未发明前说人能在天上飞，肯定会认为是不可能的，正如火车未发明前，说人能坐在车子里在铁轨上飞跑会被认为不可能一样。是的，许许多多在一定条件下被认为不可能的事变为可能，许多伟大的发现开始被认为是狂想曲。谁要以此例就以为信奉“一切都是可能的”有理，这说明思想还没进入哲学阶段而是停留在表层。人类飞入月球，原来不可能是因为条件不具备，而不是根本不可能，这种暂时的不可能中潜藏着可能性，而那些胡说八道的迷信玩意儿，是根本不可能的。界限在哪里？是什么东西使得您底气十足地对某些事说“不可能”？这就是客观必然性或者说规律。可以说，任何科学发明和发现在未被人类认识和制造出来之前，都会被认为是不可能的，但这种不可能是它的规律性尚未被认识，条件尚不具备，因此这种在人的认识中的不可能并不是真正的不可能，而是条件的局限，只要主客观条件具备就会由不可能转变为可能。而与客观规律相违背的不可能是真正的不可能，如人可以长生不老、修道可以成仙成佛之类。要使这种不可能变为可能，除了祈求上帝创造奇迹外别无他法。相信这种可能性只能把我们引入宗教。一个有哲学头脑的人应该懂得，凡是被设想的可能性是无限的，因为它是设想，只要脱离一切客观制约性，只凭主体自身的想象力，你可以把一切都设想为可能的。可这只是想象，缺乏现实可能性。任何人都不会根据这种可能性行动，除非是个不可救药的幻想家。“大跃进”时期的人有多大胆地有多大产、亩产几十万斤之类的笑话，至今很多人记忆犹新。尽管当时确实是一本正经，相信的人可不少。但有一点，凡是相信的都不是农民特别是老农，而是从来没有种过田的人，因为不种田的人是设想，而种田的人面对的不是想象而是实际。

我们不仅要区分能与不能，还要区分不能与不为。“挟泰山以超北海，非不为也实不能也；为长者折枝非不能也，实不为也。”孟夫子这种区分是有道理的。天下事，有能与不能的，也有为与不为的。不能的事，勉强去做，是不能成功的；可为之事，不尽力去做也是不能成功的。这里的确存在个客观可能性与主观能动性的关系问题。谁也不能说，凡可能之事无须用力定会变为现实。事实上凡可能之事，不努力去做反而会变为不可能；而某些被认为不可能的事，经过努力会变为可能的。周恩来 1956 年 1 月 30 日在全国政协二届二次会议上的报告中说过一段很有意义的话。他说，我们应当努力去做那些客观上经过努力可以做到的事，不这样做，就要犯右倾保守的错误；我们也应该注意避免超越现实条件所许可的范围，勉强去做那客观上做不到的事，否则就要犯盲目冒进的错误。尽管后来被认为是反冒进而受到指责，可这个道理是千真万确的。我们几十年的社会主义建设，在为与不为的问题上经验是够多的，值得认真总结。

共产党人搞革命搞建设，当然要“为”。不为就什么也做不成，无为而治不是我们共产党人的哲学，不是马克思主义哲学。马克思主义哲学本来就是提倡认识世界和改造世界的。可是为不能乱为，而必须以规律为依据，估计到实现的可能性和条件。也就是说，为要以能为为前提，不可能则不为，否则是瞎折腾。从这个角度说，老子说的“治大国如烹小鲜”是有道理的。治国，特别治大国要像煎小鱼那样谨慎。这不是说要缩手缩脚，而是的的确确要摸着石头过河，既要解放思想又要实事求是。思想解放一旦离开实事求是就会成为无缰之马，瞎碰乱撞。人们还记得“破除迷信，解放思想”是“大跃进”时期最响亮的口号，可结果是众所周知的。邓小平把实事求是和解放思想并提，相互制约相互补充，把能与为结合在一起是非常英明的。三十多年来的改革开放的成就已经证明了这一点。

讲到“为”，我就想起《庄子·应帝王》中关于混沌的故事。不能说改革开放前二十年，我们党不想把事办好，应该说，毛泽东的“超英赶美”、“大炼钢铁”、“亩产放卫星”，什么“总路线”、“大跃进”、“人民公社”，一系列决策，没有一样不是希望把中国赶快搞上去，马上进入共产主义。结果是事与愿违，弄得饥荒遍地，处境十分困难。仅仅有好心是不行的。动机与效果应该统一，否则是“为”不好的，而且越有所为越糟糕。正如“谋报混沌之德”的南海之帝与北海之帝为混沌开窍一样，结果是“七日而混沌死”，帮了倒忙。

世界上的事情是复杂的。在实践中清楚地区分能与不能、可为与不可为并不容易。事前诸葛亮是极为罕见的，而且也只是某些事而不是一切事都料事如神。《三国演义》的孔明已经是神化了的。如果能当事后诸葛亮，善于总结经验，及时纠正错误，那就很不简单。我们不能要求能所不能，为所不当为，而应该是能所能，为所当为。千万记住，不要迷信、不要盲从、不要跟着感觉走，也千万记住，不要执着于“我看见”、“我听见”之类的经验主义的思维方式。哲学的思维方式是科学的思维方式，它的科学性在于它是理性的，它要求从理论和实践上区分可能与不可能。只要读读恩格斯在《自然辩证法》中的《神灵世界中的自然研究》就能明白这个道理。

君子远庖厨式的人道主义

据说，在西方某些国家，运输牲畜规定不能过挤，要为它们创造一定的“人道”条件，买鱼不能把活鱼拎走，要把它打死，以减少鱼离水后的痛苦。最近有报道说，素来喜欢吃匈牙利鹅肝的法国人，对匈牙利人喂养的方式颇为不满，因为匈牙利人在最后几个月，采取类似中国人填鸭的方式拼命往鹅的胃里塞饲料，这种喂养方式是不人道的。鹅肝照吃不误，不满的是不人道的喂养方式。

这是 20 世纪末的事，其实在 30 年代的上海租界也有类似的事。鲁迅先生在杂文《倒提》中就曾经说过，西洋的慈善家是怕看虐待动物的，倒提着鸡鸭走过租界是要办罪的。其实何止西方，这种“人道主义情感”，中国可以说是古已有之。我们的孟夫子不是说过“君子远庖厨”吗？有不忍之心的仁人，猪肉可以吃，但离厨房远点，以免听到杀猪的声音。当然，对动物，哪怕是即将变为餐桌上美味佳肴也用不着故意虐待，对即将进入腹内的动物予以优待并无不可。何况，这对卫生免疫，对改变人的观感都有好处。可是用不着把这说成是高贵的“人道主义”的情感，似乎只有如此才是以最人道的方式享受美味，才能心安理得。又要吃猪肉又要远离厨房式的人道主义，只能说是虚伪极顶。如果真要怜惜动物，我看倒不如佛教，不吃肉就不杀生，不搞遮遮掩掩的玩意儿。如果实行这种“兽道主义”，人类岂不是亏待了自己。

人道主义是好东西，好名词，都愿意别人把自己称为人道主义者。似乎一沾上人道主义，人也就变得高尚。谁大力宣扬人道主义肯定是善人，谁反对，谁肯定就是恶人。不是恶人，不是主张不以人的态度对待人，怎么能批评人道主义呢？正如一个美国人写的《人道主义的僭越》中说的，许多人喜欢称自己是人道主义者，这是因为这个名词像自由一样，获得了令人愉快的内涵。对待人道主义的鼓吹者们采取这种态度，完全是小孩子看戏判断好人坏人的二分法的思维方式。其实，人道主义概念具有时代的甚至民族的特性。在西方，人道主义强调的是个人的价值和尊严，而在中国传统中则是讲忠恕之道讲仁者爱人。人道主义有真有假。马克思主义并不一般反对人道主义，但反对口讲人道主义实际上最不人道的“人道主义者”，这种人道主义只是使坏人心安、使好人心醉的镇静剂。马克思主义的人道主义是彻底的，它要求消灭剥削、消灭压迫，真正把人从不人道的环境中解放出来，使每个社会成员都能完全自由地发展和发挥他们的全部才能，但决不因此而危及整个社会和社会的其他成员。只有这样，人的价值和尊严、人的彼此的爱才有社会关系的基础和保证，而不致变为伤感和空谈。

人道主义是关于人的，而不是关于人之外的物的。例如，一个热爱动物、喜欢养猫养狗、视猫狗为宠物的人，不能因此而称为人道主义者。他们可能热爱自己的宠物甚于爱邻人或他人，这种人绝不是人道主义者，而是个“猫道主义”者或“狗道主义”者。这种爱，正好是人情太薄、人与人之间过于疏远化的折光。当然，马克思主义也要求正确解决人与自然的矛盾，为人类自身的存在和发展创造一个有利的生态环境。马克思主义是从维护生态平衡的角度出发反对滥捕滥杀，但不是鼓吹既要吃猪肉又不要听猪“临刑”前的号叫，提倡“闻其声不忍食其肉”的虚假的人道主义。人是杂食的，以植物为生、以动物为生。人的种植、狩猎、畜牧，都是为了人类自身的生存和发展。如果为动物着想，最好是人畜共处，把一切动物全供起来。《庄子·马蹄》设想过一个美妙的时代：“夫至德之世，同与禽兽居，族与万物并”，“万物群生，连属其乡，禽兽成群，草木遂长。是故禽兽可系羁而游，乌鹊之巢可攀援而窥”。这的确是“天人合一”的理想境界。不过，如果到处禽兽成群，野草遍地，人究竟如何生活、社会如何进步？其实，社会发展本来就是改造自然，改变禽兽并居草木群生的自然状态，为人自身创造一个适于生存的环境。对人来说，如果不这样，所谓人道主义才是最不人道的主义。

有些文学家、哲学家在资本主义条件下，对人民的苦难抱有同情和挚爱，呼吁人道主义，甚至向统治者、向富人求助要求善待穷人、爱穷人，尊重穷人作为人的价值和尊严。尽管马克思主义不同意这种观点和做法，但理解他们的真诚。人们只要读读他们的著作，会为他们对人尤其是穷人的真诚而感动。无论古今中外，许多流传久远的文学名著，都具有人道主义精神。这是一种真诚的人道主义。他们作品中的人道主义精神是人类的一笔宝贵财富。可对那些以维护资本主义愚弄老百姓为目的，用一些甜言蜜语小恩小惠来欺骗穷人的慈善家、博爱家以及形形色色的口是心非的人道主义者，马克思和恩格斯对他们总是毫不留情地抨击和揭露的。此外，马克思和恩格斯对“真正社会主义”的批判、对克利盖的批判，无不表现了这种精神。一个被统治者被压迫者决不能把希望寄托在统治者的人道主义精神上，而要依靠自身的斗争，甚至是残酷的流血的斗争。鲁迅《倒提》一文的精神就是这种精神。鸡鸭的倒提可以通过劝说甚至法律禁止，可人的被倒提即古人所谓倒悬，是不可能期望别人来解救的。鲁迅说，我们从古典里，听熟了仁人义士来解倒悬的胡说，直到现在，还不免总在想从天上或什么高处远远掉下一点恩典来。其实人不同于鸡鸭，人能组织，能反抗，能为奴，也能为主。不肯努力，固然可以永沦为舆台，自由解放，便能获得彼此的平等，那命运是并不一定终于送进厨房，做成大菜的。鲁迅有感于当时可怜巴巴眼睁睁期望别人实行人道主义的人太多，愤愤地说，这类的人物一多，倒是大家要被倒悬的，而且虽在送往厨房的时候，也无人暂时解救，这就是因为我们究竟是人，然而是没有出息的人的缘故。鲁迅的话，愤世嫉俗尖锐刻薄，一定会被一些人视为反对人道主义，可实际上鲁迅是具有真正的革命人道主义的思想家，充满对中国人民的爱。他不相信富人能解放穷人，洋人能解放中国人，而得西人青睐居同胞之上的“叭儿”和“西崽”真正愿意被解救于“倒悬”。

人道主义是当今的一面旗帜，人们都愿意别人把自己看成是人道主义者。在东方社会主义国家，我们见到的有戈尔巴乔夫的人道主义即人道的民主的社会主义。一切为了人，一切为了人的幸福的人道主义，喊得震天响，除了留下笑柄以外，似乎并没有留下什么令人鼓舞的东西。原因很简单，一个完全蜕化了的两极对立、黑社会组织林立、腐败成风的社会不可能是一个人道的社会。人与人之间的人道主义情感必然淡化，甚至由于金钱和私利的争夺而走向相反的方面。

一个真正的马克思主义的理论工作者，对人道主义正如对自由、民主、平等一样，一定要采取分析的态度，决不能抽象地顶礼膜拜，一听到人道主义这个词就双腿发软。不要怕人家给你戴反人道主义的帽子，不要怕脸上不光彩。我们要理直气壮，看事实而不是看宣言、看口号。不要停留在概念上，而要看他们就人道主义问题说什么、如何说。我们要记住邓小平对抽象人道主义的深刻批判。他说，人道主义有各式各样，我们应当进行马克思主义的分析，宣传和实行社会主义的人道主义（在革命时代我们叫革命人道主义），批评资产阶级的人道主义。弄不清是多数人的人道主义还是少数人的人道主义，是真正的人道主义还是虚伪的人道主义，就有可能沉湎于抽象的人的价值和尊严，甚至成为“君子远庖厨式的人道主义”的俘虏。在当今，各种各样政治趋向的人，包括极端落后的奴隶制的代表人物都以人权斗士自居，摇晃人道主义的旗帜，反对社会主义的“极权主义”，难道我们不应该对人道主义采取马克思主义的分析态度吗！

幸福的阿Q和阿Q式的幸福

人，都追求幸福，决没有以不幸为幸福的。即使是苦行僧，仍然是以自己独特的方式追求幸福，追求来世的幸福。可以说，幸福是人的生活的目标和追求。

对什么是幸福，理解可各不相同。幸福观的问题是人生观的核心，不同的人是不一样的。如果满足就是幸福，那在食槽边的猪是最幸福的。可人不是猪，因此锦衣玉食的贾宝玉会出家；多才多艺、无衣食之累的李叔同会遁入空门，过着晨钟暮鼓、青灯黄卷的生活。从常人看来，他们或者功成名就，或者是人尖上的人，再幸福不过，可他们仍然感到痛苦空虚。这说明人对幸福有着不同的理解，从而产生不同的追求。柏拉图式的纯精神的自我满足，布衣粗食，有理想、有更高的追求和境界，绝不会认为物质的简单是一种不幸。儒家倡导颜回那种幸福，箪食瓢饮，居陋巷不改其乐。至于庄子认为，一个神龟与其以死后留骨而藏于庙堂之上为贵，不如生而曳尾于涂。这种与其为名利而死不如保全自己更好，也是一种对幸福的看法。

幸福决不能归为感官的满足。感官的满足可以快乐，但快乐不等于幸福。实际上过度的消费和肉体的满足，往往导致堕落甚至生活中的悲剧。连功利主义者密尔都说，做一个不满足的人要比做一头满足的猪好，做一个不满足的苏格拉底要比做一个满足的傻瓜好。这说明，人的确不同于动物。动物的生存是依靠自然的赐予，而人的生活是依靠自我的创造，因此动物的生活只是一种客观存在，而人的生活是包括人的目的和价值的过程。人除了维持自身存在的物质追求外还有精神追求，因此，自古以来，人们对幸福的看法如此不同，连大哲学家康德都感到困惑。他说，幸福的概念如此模糊，以致虽然人人都在想得到它，但是，却谁也不能对自己所决意追求或选择的东西，说得清楚明白，条理一贯。

但这决不是说，幸福的问题仅仅是个幸福观的问题。幸福与幸福观不同。人们可以以不幸为幸，但决不能因此把不幸变为幸福。我们应该善于区分幸福与幸福观、个人幸福与人类幸福。否则，只能永远是一锅粥。

安贫，这对少数人可以，但不能作为人的幸福生活的普遍要求。人还是要有一定的必要的物质生活条件，使人能像人那样生活，随着社会的发展不断改善生活条件。因而从社会的角度看，幸福不能仅仅归结为人对自身生活的主观感受，而首先是个客观状态，是人的生存境遇问题，或者说是人的生存方式问题，因而幸福问题是个社会问题，是一个社会制度的合理性问题，一个受剥削受压迫的奴隶，无论怎样“达观”仍然是不幸的。我不同意那种看法：没有不幸的环境只有不幸的感受，任何不幸的环境都不会使我们不幸，使我们不幸的是自己对环境的看法，即我们赋予环境以何种意义。结果幸福这个社会问题变为单纯的认识论问题、心理学问题。这种说法很符合统治者压迫者的心愿。世界上没有不幸福的人，只有自认为不幸福的人。只要转变观念，人人都可以认为自己是天下最幸福的人。这样倒是天下太平，不过除了肚子饱饱的所谓哲学家外，真正饥寒交迫的人认为自己是天下最幸福的人是没有的。个别人可能，要天下不幸的穷人都这样想是不可能的。

幸福不仅是个人问题，如果涉及一群人或一个阶级，它是个社会的问题。幸福不能归结为物质生活条件，但决不能离开物质生活条件。一个生活在合理社会中的人，就是生存的基本需要得到保证和满足的人。马克思在《1844年经济学哲学手稿》中，对无产阶级的非人的生活条件发出抗议，正因为无产者连正常人起码的生活条件都没有。他说，甚至对新鲜空气的需要在工人那里也不再成其为需要了。人又退回到洞穴中，不过这洞穴现在已被文明的熏人毒气污染。光、空气等，甚至动物的最简单的爱清洁习性，都不再成为人的需要了。肮脏，人的这种腐化堕落，文明的阴沟，成了工人的生活要素。很显然，要资本主义社会的工人阶级感到幸福，除非他们都变为阿Q。现在有些人根据西方发达资本主义国家出现的价值危机和道德滑坡现象，似乎是因吃得太饱的缘故，反对发展科学技术，以为生产越发展人类越不幸福。其实，西方资本主义社会并不是人人富得流油，为衣食而拼搏生活在底层的人并不在少数，多数人并不会也没有为胖得无奈而发愁。西方的问题是社会问题，即由高度物质化和两极化并存而带来的社会不公正以及因此而导致的人与人关系的疏远化。这是个冷漠的令人感到残酷而窒息的社会。解决问题的出路，不是改变人的幸福观而是改造社会，不是放弃发展科学技术（任何哲学家的高谈阔论都不可能阻止科学技术的发展，这是社会进步的规律），而是创造一个能正确合理利用科学技术的社会制度和环境。人类生活的改善和社会进步必须依赖科学技术的进步。高度享受科学技术的成果、全部生活都现代化的哲学家们提倡反科学技术，其理论是很难令人信服的。如果真要言行一致，彻底贯彻自己的主张，我请他自己放弃现代科学技术为他创造的一切，我想他决不会的。就人类社会发展来说，科学技术不一定能给每个人带来幸福，因为首先享用这些成果的都是一部分人、少数人。可是从社会发展来看，它肯定能给整个人类、给社会带来幸福。

一个马克思主义者在阶级关系问题上、在社会发展问题上决不赞美贫困，决不提倡安于贫困。革命就是要改变贫困生活，为争取更好的生存条件而斗争。至于个人那是另一回事。我们赞美为了大家不贫困而自己安于贫困的风格，这是革命者的风格。这种安贫与乐道——革命之道，是连在一起的。生活贫困而志存高远是值得赞扬的，如方志敏在《清贫》中所表达的就是这种风格。如果对不合理的现实不抗议，对剥削和压迫不反抗，对境遇的改变不努力，用精神胜利法来壮大自己短小的身躯，一味追求灵魂的平静和心理的满足，把被奴役当成幸福，这就是阿Q式的幸福观，只能做万劫不复的奴才。鲁迅先生对阿Q的批评，正是哀其不幸，怒其不争。我们不做幸福的阿Q，也不要阿Q式的幸福。

幸福问题既包括个人幸福也包括人类幸福。个人的幸福，相对说比较容易。一个人，身体健康、事业有成、婚姻美满、收入丰厚，或者其他方面有比他人较好的境况，都可以认为是一种幸福。至于一个人是否满足自己的幸福，甚至在与他人比较时认为自己是不幸的人，这是很可能的。从这个角度说，人对个人幸福的追求，应该有个恰当的尺度，无止境地追求个人的东西，永远处于不满足状态，幸福就会转变成痛苦。从个人幸福而言，在一定意义上知足常乐是有道理的。过分的个人追求带来的只能是痛苦与不幸。

因此，我们不能否定个人幸福的追求，要尊重个人对幸福追求的权利，但是我们不能把幸福问题囿于个人范围，而应该跳出纯个人的圈子。在个人的圈子里，无论是把个人的物质满足或精神满足，或把两者的结合定义为幸福都是有局限的。人的最大幸福存在于社会理想和为人类做点有益的事的追求和实现之中，没有理想的醉生梦死和没有追求的心理平静都是不幸的。罗尔斯在《正义论》中说，成功地实施着一项合理计划，并有理由相信其努力将达到目的时，他是幸福的。所以他说，幸福不是我们企求许多目的中的一个，而是整个计划的实现本身。这种把幸福和实现某种合理的目的联系在一起是有一定的合理性的。问题是这种目的的合理性不能仅仅是个人的，或仅仅是属于个人的，而是具有社会进步的性质，因此为社会进步和人类的发展而做贡献而不是单纯为达到个人目的的人才是幸福的人。

当然为人类幸福而奋斗的人，从世俗的观点看很可能是不幸的。罗尔斯在《正义论》中分析了这种情况。他说无私地献身于正当事业，或献身于发展他人幸福的人，在正常情况下不被看成是追求幸福的人；说圣者们和英雄们或那些明显的超越本分的生活计划的人是追求幸福的人将是一种错误。从公认的而不是严格规定的意义上说，他们没有可能列于幸福名下的目标，然而圣者们和英雄们以及在意图中承认正当和正义约束的人们，当他们的计划实现时，他们事实上是幸福的。虽然他们不追求幸福，但他们在实现正义的要求和他人幸福时，或在获得他们所敬仰的美德时，却是幸福的。我以为，罗尔斯这个看法是有启发的。许多在科学上做出贡献的人，可能会牺牲家庭幸福和个人的身体健康，甚至生活贫困，历经折磨；许多革命者也是如此，多少共产党人牺牲在刑场上、战场上甚至夫妇同时就义，就个人而言是不幸的，可他们个人的不幸铸就了人类的幸福。因而在人类的幸福中使他们永远不朽，成为真正大写的人。就这点上说，他们是最幸福的，因为他们的光辉灿烂的一生是任何人无法相比的。马克思说得对：为大多数人带来幸福的人是最幸福的人。

英雄业绩淘不尽

“大江东去，浪淘尽，千古风流人物。”苏轼的《念奴娇·赤壁怀古》这首传世之作，可称怀古佳作中的绝唱。自古以来，凡怀古凭吊之作，大体上都是哀叹斗转星移，物是人非。所谓“君臣一梦，古今空名”，总是浸透了一种无奈的历史凄凉。从文学看，它表现一种意境，具有审美价值，可圈可点；可从哲学看，可议之处甚多。

人是要死的。历史就是变迁，永恒的东西不是历史。王朝的兴衰，人物的替代，古今中外，无不如此，但不能说，英雄人物的存在和出现，是没有意义的，如同长江中的巨浪，转眼成空。如果这样，那历史上的伟大人物就没有价值。事实上逝去的是他们的生理生命，可他们曾经起过的作用作为传统因素不仅影响后代并永远为后代所铭记。历史不是东逝的流水，不是空洞的时间连续性，它包含着人类社会的一切。

从人类的文明积累看，曾经对人类的物质文明和精神文明做过杰出贡献的人会死去，可他们的业绩是永存的。对中国和世界起过重大作用的四大发明即指南针、造纸术、印刷术和火药的发明者，早已成为古人，可这些发明对世界历史的影响是无可估量的。尽管当今同类的科学技术的发展远远超过原有的四大发明，可人们仍然不会忘记最初的发明者。这些发明本身的存在和不断改进，就是对他们生命的永恒纪念。同样，爱迪生死了，电灯存在；瓦特死了，蒸汽机和火车存在。诸如此类，不胜枚举。从一定意义说，人类社会就是一个硕大无比的展览馆，其中每一件发明创造都是创造者生命的延续和伟大作用的见证。

在文化领域中同样如此。古今中外，在文学、哲学、艺术、宗教等等领域中，留下了多少传世的名著佳作。仅就中国而言，各种文化典籍数不胜数。我们先秦的诸子百家，两汉的经学家和史学家，魏晋的哲学家与文学家，唐诗、宋词、元曲、明清小说的作者以及宋明理学家和明清之际的启蒙思想家都已成为历史，可他们的著作光照千秋，世世代代发生作用。从一个国家和民族说，正是这无数的著作中的精华，构成了自己文化传统的最重要内容。从世界看，正是各个民族的文化典籍和传世佳作，构成了人类的精神文明。各个民族不仅从自己本民族的文化传统中吸取营养，而且彼此相互交流和学习，因此一个民族的最杰出的文化名人往往也是世界文化名人，他们的贡献和业绩是世界性的。在历史和现实中发挥如此重大作用的人，长江中的浪花怎能与其相比呢！

对政治军事领域做出杰出贡献的历史人物同样应该如此看。政治业绩和军事功绩不像科学技术以及文化中的发明，可以实物和典籍的形式存在，但绝不是过眼烟云。我们敬仰死去的英雄，敬仰一代又一代的伟大人物，就是因为他们为子孙后代打下了基础。我们今天的中国是历史上中国的发展。没有过去，就没有现在。我们国家的统一、幅员的辽阔，其中都包含我们先人的世世代代的积累和贡献。个人生命的长短，与历史比较可以略去不计，值得尊敬的正是他们的事业。否则，一了百了，均是过眼烟云，长江波涛，那历史就是“无”。“青山依旧在，几度夕阳红”，只能是当文学看，不能当历史看。历史给人们留下的就是现在。没有历史就没有我们的发展和进步。

这里的确存在个历史观的问题。个人的生命是短暂的，历史的发展是连续的，社会的进步是积累的。从个人生命的角度看待个人，还是从历史发展的角度看待个人是不同的。如果执着于个人生命，提出当年横槊赋诗、不可一世的英雄曹孟德如今安在的问题，只能得出消极的结论。其实，这是一个对任何有杰出功绩的人都能提出的问题，从历史的角度看这是毫无意义的问题。历史着重的不是个人生命的长短而是对国家和民族的贡献。以对人类贡献为尺度，就不会产生以虚无主义态度看待历史的伤感情怀。

美人玉殒香消，英雄化为黄土。这是不可抗拒的规律，但这是自然规律而不是历史规律。历史并不会因为人总是要死的，而可以不论功过是非、忠奸良莠。如果这样，这不是历史而是宗教。一切皆空的观点、赦罪的观点是宗教的观点而不是历史学的观点。历史的尊严和价值，正在于无论是事件或人物的是非功过应该是清楚的或力求清楚的。例如在中日关系上，中国人民不计前仇，要世世代代与日本人民友好下去。我们中国是一个有气度有作为的民族，绝不是狭隘的民族主义者，绝不会为历史上的恩恩怨怨而纠缠不已。但从历史的角度看，日本对中国的侵略、南京大屠杀、东条英机的战争罪行，是非曲直要清楚。历史不能伪造。我们之所以反对日本电影《自尊——命运的瞬间》正因为它颠倒历史、美化日本侵华战争，日本人民也对电影不满。日本东映工会所在的影剧界工会总联合会和电影界有关人士为批判“把东条视为英雄，否定日本的战争犯罪”的这部影片组成了“批判之会”，强调“不能默许歪曲历史事实的危险作品出现”。

我们之所以强调历史不是无，不是长江中转瞬即逝的浪花，不仅在于要肯定人民的创造、肯定杰出人物的贡献，而且还在于历史是我们的过去，是我们走过的路和留下的脚印，它包含着一个民族的痛苦和欢乐，光荣和耻辱，成功和失败，经验和教训。后代子孙可以从中得出我们当代应该如何的结论。

中国自鸦片战争以来，这一个半世纪的路是怎样走过来的，哪些阶级、哪些政党、哪些人物站在历史的前面推动中国社会前进，而哪些阶级、哪些政党、哪些人物站在历史的反面阻碍中国社会的进步？站在人民的立场，这本来是清清楚楚的问题。对于一个学者来说，在所有学术疾病中最严重的是“历史健忘症”。有的学者似乎忘记了中国一百多年来是怎样走过来的。他们颂扬“老佛爷”、颂扬曾国藩、李鸿章、袁世凯，对帝国主义在中国“传播文明”怀有极大好感，对君主立宪制抱有极多的期待，而批评孙中山，批评辛亥革命，批评五四运动，至于中国共产党及其领导的革命更是认为把中国搞得天下大乱，简直是“罪莫大焉”。这只能看作对中国近代史的伪造。毛泽东半个世纪以前就反驳过这种论调。他说，辛亥革命是革帝国主义的命。中国人之所以要革清朝的命，是因为清朝是帝国主义的走狗。反对英国鸦片侵略的战争，反对英法联军侵略的战争，反对帝国主义走狗清朝的太平天国战争，反对法国侵略的战争，反对日本侵略的战争，反对八国联军侵略的战争，都失败了，于是再有反对帝国主义走狗清朝的辛亥革命，这就是到辛亥为止的近代中国史。至于五四以后特别是中国共产党成立后领导中国人民进行的中国民主革命的历史，全国革命胜利后，中国共产党领导中国人民进行社会主义革命和建设的历史，特别是十一届三中全会以来三十多年建设中国特色社会主义实践的历史，尽管其中有错误有曲折，但它对中国社会发展的推动作用，它的史无前例、波澜壮阔，它对人民动员之广，对社会触及之深，是中国历史上从来没有的。不懂得中国近代史，忘记了中国人民一百多年来前赴后继的斗争，忘记了无数烈士们的鲜血，我们就不能懂得什么是爱国主义，就不懂得为什么在中国只能走社会主义道路。这一切，都蕴含在中国一百多年的历史实践和先烈们的奋斗足迹之中。列宁说的忘记过去就是背叛，验之于中国近百年的历史同样是至理名言。

当然，历史值得纪念的是对人类做出过杰出贡献的人物，而不是身处高位或徒具虚名的个人。我们是把历史杰出人物和个人的名利区分开来的。历史上的王公贵族、达官贵人数不胜数，他们的确是长江中的浪花，旋起旋消。历史上一些思想家舍弃名利，主张恬淡自尊，有一定的道理，因为名利不等同于事业；对历史做出贡献的人物会扬名，也可能得利，但不能视为追求名利。在人的活动中，功利因素的作用是不可否认的，但对人类做出杰出贡献的人物，他们的行为目的和贡献岂是名利二字能概括的。历史证明，凡以名利为最高目标的，大都是“求田问舍”的平庸之辈。这正是伟大历史人物不同于追名逐利之徒的关键所在。《庄子·秋水》中记载的惠子与庄子对待相位的不同看法表达了这个意思。惠子怕庄子夺了他的相位，当庄子过魏都大梁时，大搜三日，追捕庄子。庄子对惠子说，我是凤凰，非梧桐树不停，非竹实不食，非醴泉不饮，相位算什么，只不过是只发臭的死老鼠而已。视相位如死老鼠虽然表达的是庄子不为物累的哲学观点，但对我们有启发的是，人应该着重的是事业而不是名利。能为后人造福并被铭记的伟大人物是因为他们的贡献，至于个人名利的确是过眼烟云。

金无足赤，人无完人

否定历史人物是最容易的，因为历史人物已经过去，按照后人的条件寻找前人的不足之处傻瓜都能办到。恩格斯早就说过，后代人纠正我们的错误比我们纠正我们的前代人要多得多。这是时代进步的必然。后人站在前人的肩膀上，应该比前人更高。可谁能因为这样就把历史说成是一连串错误而不是不断进步的过程呢?

对历史人物的评价应该是历史的，因为历史人物是整个历史过程的组成部分。某个人当他成长为具有时代特性的历史性人物，他就与整个历史过程融为一体。不透过历史人物的活动不能深刻地把握他们的时代，而脱离了他们所处时代的历史过程也不可能评价历史人物。实际上，对历史发展进程和历史事件的评价，就同时包含对参与这一过程的历史人物的评价，而对历史人物的评价，必然涉及对历史进程和事件的评价。正因为如此，我们不能脱离历史过程来评价历史人物。

历史人物既然是由历史需要产生的，他们的成就取决于他们在何种程度上捕捉到社会存在的矛盾并找到解决矛盾的途径和方法，因此我们不能按照现在的条件和可能要求他们做当时不能做的事，而只能要求做当时能够做的事。比较应该是与他们的前人的比较，而不是与后人的比较。欧几里得的几何学是天才的创造，是数学史上的光辉，尽管现代数学系学生的数学知识远远超过欧几里得，但不能称为当代的欧几里得，因为前者是开创者，而后者是继承者；前者是个人的独特水平，后者是时代的普遍知识。列宁说得非常对，判断历史的功绩，不是根据历史活动家没有提供现代所要求的东西，而是根据他们比他们的前辈提供了新东西。

江泽民同志在十五大报告中对孙中山、毛泽东、邓小平的分析就是完全历史唯物主义的分析。他是从一个世纪以来中国人民经历的三次历史性的巨大变化的角度来分析和评价的。是三次历史性变革的社会需要，产生了站在时代前列引导时代潮流的三位伟大人物，而他们的伟大历史功绩正在于他们解决了他们时代赋予的使命。当然，由于时代的差别和任务的不同，会创造完成不同使命的人物，但有一条规律性的现象，在同一个国家前后相继的伟大人物，总是后者完成了前者没有提出或来不及完成的任务。这不是个人的局限而是时代条件的局限。孙中山不可能是毛泽东，毛泽东也没有成为邓小平。他们活动的历史条件赋予他们不同的历史使命，因而创造出不同的历史人物。易时而处，他们就会成为不同的人。

时代的局限是历史的局限。这是任何人都不可避免的。历史本身就是具体的，具有时间性。时间的限定就必然有局限，没有时间的限定就不是历史。有条件的有时限的历史不可能造就一个超越时限的无历史局限的人物，除非他是神，可神不属于现实历史而是属于天国。上帝是万能的可又是最无能的。金无足赤人无完人的看法是历史主义的，因为站在时代潮流前面指引方向的伟大人物不可能是没有时代局限的。对于时代的局限可以分析，但不可苛求。脱离历史条件，采取攻其一点不及其余的手法，对伟大历史人物采取全盘否定的做法是不公正的。邓小平对待毛泽东和毛泽东思想采取的就是一种历史唯物主义态度。他批评了毛泽东晚年的错误，但充分肯定毛泽东的历史功绩。他说，不能不铭记毛泽东同志的功绩，毛泽东同志同任何人一样，也有他的缺点和错误。但是，在他的伟大一生中的这些错误，怎么能够同他对人民的不朽贡献相比呢？在分析他的缺点和错误的时候，我们当然要承认个人的责任，但是更重要的是分析历史的复杂的背景。只有这样，我们才是公正地、科学地也就是马克思主义地对待历史，对待历史人物。

金无足赤，人无完人，绝不是把一切错误都说成是合理的不可避免的。一个历史性人物可能有两种不同类型的错误，一种属于时代条件不可逾越的错误，我们称之为历史局限性；一种属于个人的错误，即应由个人负责的错误。历史局限性容易说清，也容易取得谅解；对历史人物来说，最难的是由个人造成的错误。可是从历史唯物主义观点看来，任何属于个人的错误，都可以进行历史的分析。除了个人的原因外，还有其时代的阶级的原因，其中往往容易被忽视的是文化的原因。例如，在中国历史上，一个帝王晚年最容易犯的错误是求仙拜神，追求长生永驻。秦始皇是中国历史上杰出的人物，他统一六国，车同轨，书同文，功勋卓著。当“六王毕，四海一”时，何等的英雄。可统一之后，志得意满，沉湎安乐，求仙访道，期求不死，派徐福领着五百童男五百童女到蓬莱求仙。汉武帝刘彻也算是中国历史上的杰出人物，15 岁做皇帝，在位 54 年，是中国历史上有作为的皇帝。可是晚年相信神仙，祈求长生不老，极信鬼神之说，晚年弄出个“蛊祸”之变，太子自杀，长安血流成河。宋徽宗迷信道教，在京城遍置道观，设置道官二十六等，与政府官吏同样领取俸禄。明万历皇帝晚年的主要兴趣也是迷信鬼神，觅求道家秘方，以期长生不老。在中国历史上，这类皇帝多得是。离开了中国封建社会的背景，对此很难理解。

中国历史上的农民起义中的领袖型人物，在夺取政权时英勇奋战，同甘共苦，表现了农民的纯朴和坚毅，可是一旦胜利在望，开始掌握或可能掌握政权时往往急剧腐败内讧使起义以失败而告终。不要说以后的李自成、洪秀全，即使是最早的陈胜吴广起义就已经暴露了这个致命的弱点。毛泽东在读《史记·陈涉世家》的批注中，对陈胜为王杀戮当长工时的伙伴深为惋惜，认为是一大错误。陈胜的作为是已经胜利的农民忘本的表现。中国农民起义领袖的表现有其个性，但也有共性。这些共性，离开了小农生产方式的本质和农民的阶级特性是不易理解的。

再如，在一些社会主义国家，有些领导往往发生个人专权，破坏民主集中制的现象，甚至产生个人崇拜，党内生活不正常。这种错误往往属于体制性错误，与干部终身制有关。邓小平确立干部退休制度并以身作则带头实行，非常英明地在中国解决了这个问题，并为社会主义国家真正实行集体领导，实行社会主义民主，提供了体制的保证。

历史证明，任何属于个人的错误，都与个人有关，个人应该负责。可作为领袖型人物的个人错误又与产生这个错误的历史条件有关，因此防止这种错误的重演，不仅要着眼于个人的道德修养，而且要有制度的保证。金无足赤人无完人也不是为坏人张目的理论。这里说的是金，是说金无足赤，而不是黄铜，甚或蓄意制造的赝品。说的是人无完人，而不是坏人也可归入“不完的完人”。当今翻案文章是很多的，颠倒是非混淆黑白的东西并不罕见。如以求全来要求鲁迅，某句偏激，某句不妥，说明鲁迅并非完人；以不能求全来吹捧另一些人，说明他们并非不完之人。两把尺子，两种量法。还是鲁迅说得对，战士不同于苍蝇。有缺点的战士仍然是战士，而最美的苍蝇终究是苍蝇。人无完人，是对有作为人物的正确评价问题，我们要有历史眼光，不要苛求，而不是为变节者的辩解。陈公博、周佛海、汪精卫之流，尽管青年时代也有过惊人之举，可终属苍蝇一类，不能套用“人无完人”这种论断。

当然，人的一生是多变的。处于历史激流中的弄潮人物更是如此，而且人的才能和贡献也是多方面的。对于历史人物的一生应该结合重大事件进行阶段性的考察，应该区分大节与小节、全节与晚节、整体的历史作用与一技之长。中国历史上有些皇帝善诗能画可政治腐败，治国无能，我们不能赞扬他们因为他们是皇帝而非诗人画家，衡量皇帝作为的标准只能是治国。如果写文学史或艺术史仅就诗词书画为标准他们可占一席之地，不能因为腐败无能而抹杀他们独特的艺术才能。曾国藩就其个人的道德文章而言，当有可肯定之处，但放在当时的政治背景中考察他的功过是非，就整体而言不能肯定。就这点说曾国藩不如左宗棠。左虽然同样也镇压农民起义但他立功边疆、维护统一的功劳是应予肯定的，曾国藩有功于清王朝而非有功于国家民族，他可以被视为清王朝的“中兴名臣”，但在觉悟的农民眼中他是“曾剃头”，是清王朝的“鹰犬”。

历史的评价极其明显地表现了评论者的立场和态度。在历史的评价中，超阶级的纯学术评论是没有的。尽管有些人的评议似乎力求公正持平，但只要略加考察仍然可以看到评论者自身的历史价值观。在历史人物的评价中，我们追求的不是抽象的客观公正，而是力求根据客观事实对被评论者的一生进行综合的全面的考察，做到价值判断与科学判断相结合。

“盖棺论定”，此说由来已久。其实盖棺而不能论定，或者论定而不断反复的事并不少见。不少历史人物的评价都像烙饼似的，每次评价的变化或所谓重估、翻案，都是现实政治变动的折光。历史人物的评价，是以历史形态出现的现实评价。为历史而历史是一句假话，不是存心骗人的假话，就是自以为真诚但实际无法做到的假话。不管历史人物的评价如何受现实的影响，但有一条是不变的，只有对国家、对民族、对社会的发展和进步，在某一方面做出过杰出贡献的人才能称为历史伟人或文化名人。伟人不必是完人。完人是没有的，但这并不妨碍伟人仍然是伟人。

智者千虑，必有一失

波普尔是科学哲学的权威，他的一些看法富有创造性，例如他的证伪说，对于反对经验主义，对于反对把科学知识绝对化是有启发的。归纳总是不完全的，实例不能成为认识具有真理性的证明，一个新的例证可以推翻一个结论，因而观察到的事实不能证实而只能证伪某一理论；科学不应该寻求有利的实例来证实而是寻求反驳的事例以推进自己，应该着力于寻求反驳假设的否定性事例。这都言之有理，可是由此得出结论，科学不能证实只能证伪的说法可议之处甚多。

在马克思主义看来，实践是检验真理性认识的唯一标准，经验的归纳是科学实验的一种形式，但不是唯一的形式。归纳的局限性是明显的，因为归纳总是未完成的。单纯依靠归纳来证实某一理论的真理性当然不行，但归纳的局限性可由分析来补充。恩格斯以蒸汽机为例，他说，10 万部蒸汽机并不比一部蒸汽机更能使人信服可以投入热而获得机械运动。单纯依靠归纳不能证明热能与机械能的转化，但是分析可以做到，恩格斯以萨迪·卡诺为例说明了这个问题，归纳的局限性，不能成为科学只能证伪不能证实的理由。

一个命题可因为新的实例而被证伪，但不能由此得出实践只具有证伪功能的结论。实践包括科学实验可以证伪，这是谁也不会否认的，可实践的主要功能是证实，凡是在人类的实践或科学实验中被反复证明与人类预定的目的相符合的认识是具有真理性的认识；相反就被证明为认识中的错误。甚至可以说，证伪也就是一种证实，即证实这一命题不是全称命题，不具有普遍性，从而为寻求科学的答案开辟了可能的道路。人的认识是复杂的，特别是科学认识，很难非此即彼，要么是被证实，被视为真理，要么被证伪，被目为谬误，很可能两者同时包容在一种学说或理论之中。并不是所有科学命题都是类似“天下乌鸦一般黑”的论断，一个例外即可否定。科学是个复杂的结构，因而在同一实践或实验过程中，可能是证实中包含证伪，证伪中包含证实。整个科学史表明，许多科学理论之所以被公认为科学真理，就在于它在人类的生产实践和科学实验中被证实为具有真理性的认识。如果实践不具有证实功能而只有证伪功能，科学认识的真理性始终是不确定的。任何人都举不出一个例证，世界上有不被证实的科学定理或公式。

凡未被证实的只能是假说而不是科学真理，科学发展的形式是假说，恩格斯说过，只要自然科学运用思维，它的发展形式就是假说。但是假说只是科学发展的一种形式而不是终极目标，发展最终或者被证伪或者由假说过渡到科学真理。正如恩格斯说的，一个新的事实一旦被观察到，对同一类的事实的以往的说明方式便不能再用了。从这一刻起，需要使用新的说明方式——最初仅仅以有限数量的事和观察为基础。进一步的观察材料会使这些假说纯化，排除一些，修正一些，直到最后以纯粹的形态形成定律。这个由假说上升为定律的过程，就是在实践中被修正被证实的过程。可以说，如果科学发展只是证伪，科学史只能是一部旧假说被抛弃和新假说不断被提出的历史，即使把这个过程描述为对真理的逼近也只能是导致相对主义和怀疑主义。这与整个人类科学史与实践活动史不符。因为人的实践和认识就是不断通过实践走向真理性认识的过程。人类的实践和认识的目的是探求和应用真理，而不是寻求谬误。不断排除谬误是寻求真理过程中的必然伴侣和副产品。人类的科学认识决不能是由假说走向假说的无止境的过程。

说科学原理可以被证伪，这是谁也不能反对的，但说只有被证伪才是科学却大谬不然。其实，科学原理既可能被证伪，也可以被证实，而且证实是科学活动中的主导方面，否则，科学知识不能积累，人类的实践也不能在科学指导下获得成功。科学丧失它对人类认识自然和改造自然的功能，变为只是科学家间的战斗。一部科学史是由科学家理论假说的骸骨堆积而成的历史，而不是后人在前人的真理性认识成就的基础上前进，这不符合科学发展史，也不符合人类的实践史。

凡不能被证伪的学说都不是科学。宗教教义不能被证伪，因而宗教是信仰而非科学。其实宗教的非科学性并不在于它不能被证伪。没有不可能被证伪的荒谬认识，只要它不符合实际就可能而且一定会被证伪。宗教中宣扬的许多奇迹千百年来就不断被证伪，它从来没有被证实过，永不被证实的反面就包含证伪。说宗教不可能被证伪是不对的。不是宗教不被证伪，而是教会和教皇把教义视为教条不容许证伪。可实际生活在不断对宗教证伪，决不能由此把宗教归到能被证伪的科学行列。

波普尔尽管是科学哲学家，但意识形态性是很强的，他的证伪说的批判矛头指向马克思主义。他说马克思主义宣称自己可以解释一切事实，并宣称自己是唯一被事实证实了的真理，即使马克思主义理论与事实不合也能用它对事实进行完满的解释。马克思主义是与批判思维格格不入的教条主义思维方式。这种说法不是误解就是着意曲解。

马克思主义不是教义，这是马克思和恩格斯一再强调的。马克思主义者从来没有说过也绝不会说，马克思主义可以解释一切事实。马克思主义本来就不是对现存一切事物的解释，也不提供对现存一切事物的解释。马克思主义是一种世界观方法论，它为人们提供的是观察事物的方法。如何解释事物，这要求之于对对象自身本质的认识。只有从对象自身出发才能正确解释对象，从原则出发不是马克思主义的观点。马克思主义从来不把自己看成是不受时间、地点制约的永恒真理，后人不会发现其中有任何错误，也不需要用新的原理替代过时的旧原理。事实上，马克思主义发展的一个半世纪中，在无产阶级革命和一些国家的社会主义实践中，马克思主义在不断发展。这一过程，既证明马克思主义创始人的理论的正确性，也证实某些设想受到时代和历史的局限性缺乏可行性，必须结合各国情况发展。马克思和恩格斯之后的马克思主义者存在的必要性和他们的伟大作用，正在于他们在何种程度上能创造性地应用和推进马克思主义。

一个科学理论由于原来理论对新的事实的解释不完善而提出新的补充，这是正常的符合人类认识规律的。没有一成不变的认识。一个真正的非教条主义的马克思主义者，从来不把马克思主义视为不可能包括任何错误的无须发展的学说，但也坚决反对否定马克思主义的科学性和确定性，片面强调所谓对马克思主义的证伪。在马克思主义者看来，列宁在俄国创造性地发展了马克思主义，而不是原封不动地应用马克思主义原理，这恰好证明马克思主义的真理性。正如毛泽东、邓小平在中国民主革命和社会主义建设时期提出符合中国实际的新的原理并创造性发展马克思主义一样。这不是说明马克思主义基本原理不正确，而是说明基本原理的应用应该以时间地点条件为转移，这本身就是马克思主义的一个基本要求。离开了这一点就从根本上离开了马克思主义。

马克思主义产生以来的一百多年的世界历史，究竟是证伪还是证实了马克思主义基本原理的正确性呢？站在不同的立场看法显然不同。在当代，一些理论家特别是西方一些理论家把苏联的解体和东欧的剧变视为对马克思主义的证伪。我们的看法不同。社会主义革命是历史的伟大转折，社会主义建设的顺利与挫折、成功与失败，是由多种因素决定的。苏东事件既有国际原因又有国内原因，其中特别是处于领导地位的执政党以什么态度对待和应用马克思主义具有极其重要的意义。从马克思主义的角度看，由教条主义转向背弃马克思主义是导致社会主义失败的重要原因。社会主义在苏东的挫折，不是对马克思主义的证伪，相反它证明不仅在无产阶级夺取政权时，而且在社会主义建设时期，不坚持马克思主义的基本原则，不坚持马克思主义与本国实际相结合，就会导致失败。而社会主义事业的暂时失败，是走向最后胜利途中的一次挫折。社会主义最终代替资本主义是一个很长的历史过程，无论从一个国家或者从世界历史的角度看仍处在这个过程的起步阶段。现在就断言马克思主义已被证伪，只能是一种偏见。

自然科学和社会科学各有特点，它们的检验方式也各有特点，但它们的发展既不是大海的波涛，一浪吞掉一浪，也不是积土为山，陈陈相因，只有增加，没有减少。无论是自然科学还是社会科学都有自己的发展史，发展意味着继承，意味着推进，意味着对前人错误的纠正。世界无真理的说法本身也不可能是真理。主张只有被证伪才是科学的科学哲学本身也会被证伪。波普尔的证伪说有其合理的因素，可是片面夸大它的合理性并以此来反对马克思主义则是错误的。如果试图用证伪说来绞死马克思主义，无意中也扼杀了自己——他自己关于证伪的学说也是会被证伪的假说。

尚留微命做诗僧

苏曼殊奇人奇才，在中国近代文学史上占有一定的地位。曼殊的小说哀婉动人，缠绵悱恻；曼殊的诗，格调清新，意境深沉。“春雨楼头尺八箫，何时归看浙江潮。芒鞋破钵无人识，踏过樱花第几桥。”“江南花草尽愁根，惹得吴娃笑语频。独有伤心驴背客，暮烟疏雨过阊门。”一首又一首诗，深情满纸，和血带泪。他曾参加过反清的革命运动，但受身世之累，又浪漫聪慧、多愁善感，最终只能遁入空门，与后来的弘一大师李叔同相若。与弘一大师不同的是，曼殊做了和尚要革命，革了命还做和尚，但最终是个浪漫和尚。他自知自己秉性难以成仙成佛，只不过是身着袈裟的诗人。他在答友人诗中表达了这种心情：

升天成佛我何能，
幽梦无凭恨不胜。
多谢刘三问消息，
尚留微命做诗僧。

由此我想起邹容。1903 年因《苏报》案，他与章太炎俱被捕，邹容后来病死狱中。他虽没有曼殊大师那样的诗才，但他以死表现了轩昂的人格和对革命理想的追求。他的《革命军》一书振聋发聩，比多少首名诗佳句在中国近代历史上都更为光辉夺目。无怪诗人柳亚子在哭邹容诗中对他表示了深沉的哀悼和敬意：“白虹贯日英雄死，如此河山失霸才。”尊之为英雄，许之为霸才。苏、邹各有千秋，贡献不同。如果我们评价苏、邹，仅以能诗与否为尺度，当然会失之公平。

我之所以发表此种感想，不是针对苏、邹问题而发的，理论界并不存在这个问题。我是有感于当今有些学者特别是年轻学者，无论是在文学还是在历史领域，都用某人与某人相比，意思是那些革命者或马克思主义者在学术方面没有多大贡献，而真正有成就的是那些远离革命甚至反对革命、潜心学术的人，他们的人格是如何的壁立千仞，孤高自傲。这种历史评价观点显然是不对的。我们并不否认有些人的学术贡献，但仅以纯学术为尺度，是不能正确理解清末特别是五四以后中国的现代历史和人物的。

从十月革命马克思列宁主义传入中国以后，中国开始出现马克思主义的信奉者和宣传者，出现新的马克思主义学派。这是中国历史上从未有过的新的学派。例如，在哲学领域中，有辩证唯物主义和历史唯物主义者，在历史领域中出现用历史唯物主义研究中国历史的学者，在文学领域出现无产阶级的革命文学家。他们是整个中国革命的一部分，他们既以自己的笔又以自己的实际行动为中国的革命胜利而奋战。他们纯学术的著作也许不多，但他们是新的学派新的学说在中国的开拓者和创立者。这种地位和贡献是任何个人无法相比的。中国自鸦片战争以后特别是五四以后，社会处于大变动时期。这种社会变动必然引起知识分子的大分化。有些投身革命，有些堕入反动阵营，也有不少处于或多或少的游离状态，潜心学术。知识分子所走的道路各异，不能要求一律，只要不危害人民，能做一些各自能做的事，无可指责，问题是在如何评价和评价标准问题上，我们应该坚持正确的观点。

我想起了恩格斯对资产阶级文艺复兴时期一些学者的评价。他说，这个人类以往从来没有经历过的最伟大的、进步的变革，是一个需要巨人而且产生了巨人——在思维能力、激情和性格方面，在多才多艺和学识渊博方面的巨人——的时代。他们的特征是他们几乎全都处在时代运动中，在实际斗争中生活着和活动着，站在这一方面或那一方面进行斗争，有人用舌和笔，有人用剑，有人则两者并用，因此就有了使他们成为全面的人的那种性格上的丰富和力量。书斋里的学者是例外：他们不是第二流或第三流的人物，就是唯恐烧着自己手指的小心翼翼的庸人。恩格斯的论断是发人深省的。他是站在历史前进的方向来评价一个学者对人类的贡献，而不是单纯局限于一个人在某一方面的学术成就。对恩格斯来说，人文学科的学者应该站在时代运动之中，在实际斗争中生活着和活动着，而不能是对人民的处境漠不关心，处于时代潮流和运动之外，仅仅满足于当一个书斋里的学者。我们不可能要求每个学者都是社会活动家甚至是革命家，我们尊重学者们的专业成就和学术水平，但我们反对用所谓学术成就来贬低用笔参与实际斗争为人民利益而拼搏的学者们的贡献。《大众哲学》的深度也许不如某本纯学术专著，但在中国解放斗争的事业中，几乎没有任何一本纯学术专著起到过它所起的作用。任何一个稍明事理的人都懂，中国如果没有大批知识分子投身革命，以自己的才能书写革命这篇大文章，而都埋头书斋当纯学者，中国革命是不可能成功的。革命成功天下大定之后，以学术成就为尺度来评论长短，我以为是片面的甚至是不公正的。

对人物的评价有个哲学问题，它不能离开正确的世界观和正确的思维方法。不知其人不知其文，不知其时不知其人。文、人、时，要结合在一起考察。一篇文章或一本书的好坏，离不开它的时代背景及其社会效果，而弄清他为什么在此种背景下为何目的而为此文，也就能对作者作出正确评价。比如说，我们现在歌坛上最流行的是哥哥妹妹、情啦爱啦。可谁以此为标准得出结论，《大刀进行曲》与《何日君再来》无高下、优劣、进步与落后之分，我们该怎么说呢！其实这个问题简单得很，把这两首歌放在当时抗日烽火燃遍中国，中华民族处于存亡危急之秋的背景下体会一下这两首歌的曲调、内容、效果，就不难作出正确判断。如果离开了这个大背景，仅就歌曲本身来衡量，很容易变为个人趣味、风格爱好不同之争。这样看问题，当然超越意识形态、超越政治，为艺术而艺术，显得很洒脱，可离真理甚远。任何一个经历过日本侵华战争苦难的人，用不着具有高深的音乐素养都能把它们区分开来。只有生于安乐长于当今和平时期的人，没有挨过飞机轰炸，没有挨过日本人耳光的人，才会津津乐道所谓纯艺术之类的糊涂话。不知其时不知其文，是千真万确的真理。

这个问题，在文化领域中具有普遍意义。有的人尽力贬低鲁迅，哄抬20世纪30年代的某些作家的小品文如何飘逸如何性灵如何闲适，如暑日饮冰，沁人心脾，而鲁迅偏激、过“左”、狭隘，如此等等。离开了中国

20世纪二三十年代的白色恐怖时期和国民党的文化围剿，就难以理解鲁迅其人其文。人们只要读读鲁迅一篇篇掷地有声的文章，就能体会到鲁迅的骨气和革命精神。几乎每篇文章都可招致杀头之祸，都会受到围剿和攻击。可鲁迅不畏强暴，顽强以笔战斗。无怪毛泽东如此高度评价鲁迅，尊为最伟大最英勇的“旗手”，尊为没有丝毫奴颜媚骨的“英雄”。鲁迅难以心平气和、难以全面、难以飘逸、难以公允，这正是鲁迅之所以为鲁迅的缘由。把当时一些闲情逸致谈天喝茶的小品文放在鲁迅匕首与投枪般的杂文之上，只能说明对近代中国的历史、对中国人民的斗争历史无知，对中国人民曾经遭受的苦难无知。鲁迅的文章能更深地使我们体会到不知其时难知其人、不知其人难知其文的历史唯物主义道理。

斗转星移，时过境迁。现在不是《大刀进行曲》的时代，是妹妹我爱你的时代。我就是不喜欢鲁迅那种剑拔弩张，我喜欢淡淡的哀愁，没有火药味的琐事闲谈。您喜欢什么，谁都无权干预。萝卜白菜，各有所爱。可当这种个人的爱好变为一种理论、变为一种衡文尺度、变为一种公开的主张，它就不是个人的爱好而是公开树起的一面旗帜。它会使我们一些年轻人对历史对现实产生错误的看法。这样，任何人都有发言权。

我们现在不是《大刀进行曲》的时代，不是鲁迅的时代，可也不只是妹妹我爱你的时代。我们正在建设中国特色社会主义，我们在文学艺术领域仍然要倡导主旋律。即使是多样化，也是题材和风格的多样化而不是创作思想无高下优劣之分，不是香花与毒草可以兼容并包、和平共处。这个原则也是我们对历史上的人与文评论的原则。马克思主义者决不会因为现在不是战争和革命年代，就贬低历史上曾起过重大作用的战争和革命题材，贬低曾经对革命的文学和艺术做过贡献的人与文，而以当今流行的散文风格来否定历史上的战斗檄文和匕首投枪式的风格。事过可以境迁，但历史的意义和价值不会因而消失。如果以当今之得失论历史上人、文之是非，就会认为与其当年投身革命救亡图存，还不如缩在书房里进行学术研究写上厚厚的几本著作上算，与其文章写得剑拔弩张，不如恬淡飘逸可以传之永久，甚或与其革命送命何如留条命今日当大腕实惠。这种说法有点夸张、有点极端，可问题的本质就是这样。社会的领域是宽广的，只要于人民有利、于社会有益，从事何种职业都可以，本不应该扬此抑彼。真正从事学术活动对人民同样是个贡献。问题是，我们决不能按照现今的标准甚至以自己的味觉不正的嗜好作为评人论文的标准。翻案文章会不断做的，但真正要论人衡文，品评人物，还是一句老话：不能脱离历史条件，要知其文必知其人，要知其人必知其时。

“材与不材之间”的历史蕴涵

庄子似乎很圆滑、很世故。例如，《山木》中记载的他与学生关于材与不材的一段对话，就显得十分骑墙。学生问他，为什么伐木者不砍枝叶茂盛的大木头呢，庄子说因为它大而无用，并教训学生说，小子听着，“此木以不材得终其天年”。可当主人杀雁招待他，被杀的是不能打鸣的雁而不是能报时的雁，学生感到困惑请教老师，昨天山中的树木，因为无用不被砍伐，可今天的雁因为无用才被烹招待客人。先生，您说做人该怎么办？庄子不愧是大哲学家，他说如果是我，将处于材与不材之间，这样才能免乎累。

处于材与不材之间，这有点类似我们一直批评过的所谓甘居中游的思想。这不只是一种人生观，其深层是一种政治哲学，是处于社会大变动时期借以自保以免于难的一种消极方法。庄子把相位比作死老鼠，比作为太庙祭祀准备的牛，平时牛衣是最漂亮的，饲料是最精美的，可到了杀以祭祀的日子，想做个普通的牛崽子都办不到。老子《道德经》中说的“揣之锐之，不可长保”、“功成身退，天之道也”等有关言论，我看也包含这层意思。你看韩非的《说难》，对在与君主相处时如何保存自己揣摩透了，不能太聪明但也不能太笨，决不能“撄逆鳞”。这些都反映了封建专制制度下的君臣关系。这正是所谓材与不材的观点得以流传并受到人们信奉的原因。

就这点说，历史的确具有某种悲剧性色彩。大凡历史上的忠臣良相大有作为的人，善终者不是很多的。屈原不见信于怀王，怨气满腹，留下了

《离骚》，说“国人莫我知兮，又何怀乎故都？既莫足与为美政兮，吾将从彭咸之所居”！结果只能自沉于汨罗。李斯与儿子被腰斩东门，后悔莫及，临死时说，我与你想当个普通百姓，牵着黄犬出东门打猎都不可能了。韩信，死于未央，兔死狗烹。为汉景帝削弱诸侯割据势力，加强中央集权出谋划策的晁错，在吴楚七国之乱的“清君侧”的口号中成为汉景帝推出的牺牲品。杨修死于卖弄聪明，魏晋时的许多名士如何晏、张华、谢灵运等被杀，活命的纵酒佯狂、装疯卖傻以求避世。在封建制度下，这种事情是很多的。专制制度需要的是奴才而主要不是人才。难怪，清朝无论满汉大员一律自称奴才，倒是实实在在的。恩格斯早说过，在封建君主面前，所有的人一律平等都是零。当然，封建社会为长治久安计，也是需要人才的，历朝都有一定的制度和办法，特别是自唐以后实行的科举制目的也是网罗人才。但对封建君主来说，最好的是人才与奴才兼而有之，即治国的人才，听话的奴才，否则，只能以悲剧结束，所谓文死谏，以死来表示自己的忠心。这种愚忠，就有几分奴才的性格。

苏轼是很有才能的，在北宋党争中累受贬谪，险遭杀身之祸。他似看透了封建的功名利禄的实质，厌倦官场，在一首牌名为《满庭芳》的词中对这点表达得淋漓尽致：

> 蜗角虚名，蝇头微利，算来着甚干忙。事皆前定，谁弱又谁强。且趁闲身未老，须放我，些子疏狂。百年里，浑教是醉，三万六千场。
>
> 思量，能几许？忧愁风雨，一半相妨。又何须抵死，说短论长。幸对清风皓月，苔茵展，云幕高张。江南好，千钟美酒，一曲《满庭芳》。

与其争谁弱谁强，说短论长，抵死相争，不如对清风皓月、美酒千钟。是看破了还是看穿了，是放达还是心寒，这且不说，但累遭外放，产生一种“政治冷淡主义”倒是非常明显的。这是所有封建社会中不愿当奴才只愿当人才的人的一种结局。这种采菊东篱、放情诗酒比被杀或自沉自缢更多浪漫色彩而较少悲剧色彩。在阶级社会中，历史的进步往往使一部分人的利益受到损害，这主要是剥削者压迫者牺牲被剥削者被压迫者的利益，但在统治者内部同样会存在矛盾。这就是君臣矛盾、忠奸矛盾以及政见矛盾，等等，而历史上首先遭到迫害和打击的是忠臣良相而奸人往往得势于一时。只有当历史翻过一页，是非功过才能得到比较正确的评价，历史最终是公正的。当然这种公正是以不公正为前导的。

就这点而言，民主制优于封建制，即使是开明君主也是人治，是好皇帝。民主制下容易出人才，能从制度上避免豢养奴才。在市场经济的竞争中，绝不会产生处于材与不材之间的思想，而是舍命拼搏，力争胜利，人们考虑的不是韬光养晦而是着力推销自己吹胀自己。政治中的选举制，也是把极力宣传自己鼓吹自己当成竞选的最主要目的，在资本主义社会有才能的人绝不会产生采菊东篱寄情诗酒的想法和做法。除了功成名就腰缠万贯让自己放松放松，这已经是资本主义式的享受而非封建式的佯狂避祸。就这点而言，资本主义比封建主义进步，有利于人才通过竞争脱颖而出，可资本主义民主制仍然是残缺不全的少数人的民主，它为有产者、富有者、有才能者开辟了一条不同于科举制的道路，也能避免封建制度下的许多悲剧的重演，但对广大群众而言，他们从这种民主制中得到的比有产者富有者，特别是政治人物得到的要少得多。因此有觉悟的工人和进步群众决不会满足几年给一次选票决定统治阶级中的什么人来实行统治。无产阶级和劳动者需要的是自己当家做主的民主，而不是永远处于被统治地位的所谓“民主”。

历史证明，社会主义民主制度比起资本主义民主制要优越得多，但是如何保证和实现社会主义的民主集中制，这也不是轻而易举立马可成的事。资本主义民主制度，实际上就是它的国家制度（民主从来都是国家制度），由于经过几百年的发展，具有一定的经验并已经制度化程序化，因而就资本主义的统治而言，它的确有一个适合它的统治并有利于资本主义制度稳定的政治形式。我们要区分社会主义民主和资本主义民主，但西方民主制度中某些有价值的东西是可供借鉴的。

十月革命胜利以后苏联社会主义建设的历史证明，无产阶级在取得政权以后，如何正确处理专政与民主的关系，实行并逐步扩大社会主义民主，关系到革命胜利后能否调动广大群众的积极性、真正使社会主义制度得到巩固和发展的问题。斯大林没有解决好这个问题，个人崇拜和党内民主集中制的被破坏，为苏联以后的溃败埋下了祸根。一个社会主义国家，当宣布被解散被取消时，群众表现得如此冷漠甚至为垮台而表示高兴，如非平日领导者脱离群众，人民积怨太深，人民当家做主始终是一句空话，何至如此！苏联的解体和东欧的剧变，从发扬社会主义民主的角度看，也有值得总结的教训。

我们党在全国革命胜利以来的几十年中，在确立社会主义民主方面做了许多工作，也取得了很大成绩，但是由于中国的封建传统较深，缺少民主治国经验，缺少掌握政权后按照民主集中原则解决党内、党外矛盾的经验，特别是由于“文化大革命”的破坏和“四人帮”的全面专政，我们发生过不少不该发生的悲剧性的事件。一些功勋卓著的干部，一些有才能的知识分子，受到不公正的对待，甚至含冤而死。他们都是社会主义中国的精英人物，他们的不幸，的确容易使人产生宁处“材与不材之间”的心态。

在所谓全面专政的统治下，万马齐喑，路人侧目。国家的生机、民族的活力、百姓的希望，都为无法无天的专横所压抑。邓小平身受其害也深知其害。他说，在民主的实践方面，我们过去做得不够，并且犯过错误。林彪、“四人帮”宣传什么全面专政，对人民实行封建法西斯专政。在粉碎“四人帮”以后，我们党在很短时期内大力平反冤假错案，纠正了在“左”的路线下所制造的种种错误。这一事实充分说明，社会主义终究是社会主义，社会主义民主集中制终究是比较好的民主制度。我们党从自身错误中总结了教训，强调没有民主就没有社会主义，就没有社会主义的现代化，从痛苦的经历中深切感受到以法治国的重要性。从十一届三中全会以来，我们在立法工作上取得了可喜的成就。江泽民在十五大报告中，又特别强调健全民主制度，加强法制建设，推进机构改革，完善民主监督制度。我确信，随着法制健全，法律意识完备，干部和人民用法和守法的水平的提高，封建社会历史曾经存在的“有才是祸”的悲剧性的历史事件，可以有效地避免。在社会主义民主制度下，历史的进步不会再以牺牲能者为代价。社会主义民主的发展和法制的健全会为各个领域的人才辈出开辟道路。人们再用不着以处于“材与不材之间”来保全自己。

知识分子的社会制约性

自从人类社会出现体力劳动与脑力劳动以后，逐步出现了知识分子阶层。无论中外，都是如此。随着社会生产方式的变化，知识分子的地位和作用也不断变化。马克思主义的唯物史观在对知识分子问题的分析上同样是适用的。

知识分子的社会制约性是非常明显的。在以农业生产方式为基础的封建社会中，知识分子脱离生产，主要以政治和文化活动为业。例如在中国长期的封建社会中，知识分子的数量有限，活动领域比较狭隘。知识分子基本上脱离生产，有些所谓耕读世家，其实是地主知识分子，本人并不耕种，而是收租、读书、做官。当时知识分子只有两条路：或为官，或为民。

为官与为民是断然不同的。官贵民贱，这是封建社会的通例，可在中国封建社会中为官与为学有相通之处。中国古代讲究学而优则仕，学问好是做官的一个重要条件。为官者也能为学，中国古代大官兼通诗文经史的不乏其人。司马迁、班固既是官——史官，又是大学者。至于王安石、欧阳修这类人物在中国历史上也并不少见。即使是对科学技术有发明的人，基本上也是官或做过大大小小的官，张衡、祖冲之、沈括、宋应星等，莫不如此。当然中国劳动者中也有能工巧匠，但都是技艺性的，有著作问世的很少。

进入资本主义社会则不同了。资本主义社会的市场经济造就并要求产生不同于封建社会的知识分子。资本主义社会的知识分子不能是士大夫式的知识分子，后者轻视生产、轻视金钱，唯以读书做官为荣。而资本主义社会的知识分子打破了读书做官这个狭隘的小圈圈，他们在社会生活的各个领域尤其是生产领域包括历来被知识分子视为市侩的商业领域大显身手。随着科学技术在生产和社会生活中的地位越来越重要，知识分子的社会地位越来越重要，活动范围和领域也越来越广泛。可以说，当代科学技术革命和知识经济的出现，为知识分子发挥作用提供了最大的活动空间和机遇。资本主义社会越发展，知识分子轻视生产的恶习越轻，甚至荡然无存。素来被视为四体不勤、稻菽不分、对生产毫无作用的知识分子已经成为当代生产中最重要的力量。

资本主义市场经济造就了不同于封建社会的知识分子。尽管市场经济已经剥去了知识分子头上的光圈，变为资本的要素，变为同体力劳动者一样的高级的脑力打工者，但他们活动范围的扩大和积极投入生产领域，对人类对社会都是有利的，因此资本主义市场经济条件下的知识分子的功利化、世俗化，不是单纯走读书做官的路，应该视为社会的一大进步。但是市场经济条件下的知识分子，如何批判地继承封建社会中知识分子的国家意识和社会意识，发扬以天下为己任的历史使命感，而不是走向金钱至上的拜金主义和利己主义，这同样是资本主义市场经济条件下知识分子面临的问题。这个问题看起来在资本主义社会范围内很难解决。

我们是社会主义国家，可我们要确立的经济体制也是市场经济。我们的知识分子既不能当封建的士大夫，也不能当资本主义社会中那样的高级打工者。如果说，正、反、合是事物发展的规律的话，我看当代中国的知识分子，既要发扬我们中国知识分子的社会历史使命感，又要克服他们的轻视劳动以做官为唯一出路的传统观念；既要发扬资本主义社会的知识分子重视生产科技、具有多方面的活动才能的优点，又要克服他们过分功利化世俗化、把知识分子特性融化到金钱之中的局限。我们的市场经济刚刚起步，我们的知识分子开始变化，下海的人日益增多，不以职业的性质而以工资高低为择业标准的观点已在一部分青年中得到认可。可是我们必须注意，我们终究是社会主义国家，我们的市场经济是社会主义市场经济。我们的知识分子应该具有建设中国特色的社会主义的使命感，应该把建设国家和改善自己处境结合在一起。遗憾的是，在这方面，我们的差距仍然是很大的。

中国是个封建传统很深的国家，在知识分子的出路问题上，我们不少人还是向往读书做官这条路的，把学校作为进入政府的台阶和后备。这有好的一面，即改变我们干部的文化素质，提高从政者的文化科学水平，有利于政权的建设。中国经过半个世纪的社会主义建设，新涌现的干部有专业知识的比比皆是。这一点不同于革命时期。在取得政权以前的长期斗争中，我们的干部大部分是工农出身，他们苦大仇深，深受压迫，没有条件学习文化，更不用说学习某种专业知识。新中国成立以后成长起来的干部，特别是改革开放以后成长起来的干部不同。革命的胜利为他们创造了学习条件，他们有条件有责任在政治体制改革中发挥重要作用。但是进入政府，不能是也不应该是我们高等教育的主要目的，更不用说是唯一目的。我们实行的不是科举制，我们的知识分子也不是秀才、举人，我们的知识分子应该在建设中国特色的社会主义的各个领域中起作用，其中特别是在科学技术文化教育领域中发挥重大作用，以迎接已经到来的知识经济时代。中国知识分子应该改变只想为官不愿为学的想法，要能既可为官，也愿为学，打破为官比为学高一等的封建观念。

我们当今的为官者，学历都很高，不少人是某一方面的专家，但为官与为学仍有区别。为官的任务是处理政务，或者制定方针政策，掌握全局，或者临民理事，具体操作。为官好坏的标准是政绩。学问再好，政务一塌糊涂不是好官。为学有为学的标准，它要求在学术上有创见有新说有贡献。即使是书呆子，不通人事，不明世务，不知油米贵贱，但无损于他的学问成就。为官要精干，要精力充沛，要能办公理事，因此按时退休、提拔新干部是完全正确的，但做学问不受年龄限制，只要身体好尽可以做下去。至于由于教学编制的限制，教员到一定年龄退休是对的，但做学问可以退而不休。许多学者退休之后，仍然成果累累，继续活跃在文化领域。

为学，碰到的是职称问题。由于教学也有退休年龄，因而规定过了多少年龄不能评高职，要为青年让路。我干过一段时期的行政工作，深知此事难以处理。论学问、教龄，某一年轻人可能不如年老的，可年龄优势在年轻人一边。如果从整体考虑，从全局考虑，从未来考虑，多提拔年轻人是应该的。长江后浪推前浪，人到老年要有人梯精神。我们这些新中国成立后成长起来的学者，因为众所周知的原因，到五六十岁才开始评上职称，我们当然不希望青年一代同我们一样也熬到头白。可如果明文规定，过了多少年龄，一概不给评职称，窃以为很不公平。教授不是官，而是学识水平的标志。只要达到教授水平就应该评，这也是对于长期为教育献身的人的一种应有的鼓励。老教师评职称并不妨碍青年人的进取，应该摆在同等条件同样标准下评定，而不能以年龄为死杠杠。为学终非为官，处长、局长、部长有位置限制，不能随便加椅子，教授无权无办公室无人可领导，除了领导自己的书以外。多一个与人无碍，只要不是滥竽充数，多一个只能证明学校水平高。退休归退休，职称归职称。两个标准，前者以年龄为限，后者以水平为标准。这样也符合公平竞争的原则。当然多个教授多份俸禄，其实从副教授到教授相差有限。从经济考虑，可以规定退休年限，到时拿退休金，增加不了多少开支。说句实在话，中国的教授工资并不高。我们很体谅国家的困难，也知道中国广大群众的生活水平。我们从不抱非分之想。“人生苦短休弹铗，国强岂愁食无豚。”这个道理我们是懂得的。真正从事学术的人是不太在意生活的清苦的。我们不追求时装，不追求美食，能吃饱穿暖就可以。当然按现如今的观点看来，这已经很有点不求上进自甘落后的思想。不过我以为，多在学问上下工夫，少点物质追求，对于为学来说还是应该提倡的。至于不愿坐冷板凳，不愿当书虫，弃学从商，真正有利于生产发展也是于国于己有利的好事。我们不能要求知识分子尤其是年轻知识分子都安贫。社会主义市场经济领域如此大，人各有志，不可强求一律。既然学者重视学问，必然重视职称。这是对他们学问的承认与否的问题，知识分子很是在意的。我有个熟朋友，水平是很不错的，就是因为让路，没有评上教授，心情可想而知。幸好到 60 岁弄了个评退，很快就撒手西归，总算圆了个教授梦。要是早几年评教授，或许不至于郁郁而死。其实这个同志是很有水平的，完全够格。他死后，遗著由学生资助出版，也算了却生前的愿望。我曾经写过一首诗记载这件事，表达了自己对于死者的惋惜：

痛哭兄台叹士穷，才高命蹇古今同。

笔走龙蛇堪传世，温和谦恭长者风。
晚清史论具慧眼，诗可佐酒磨剑功。
人间最是伤心事，纸贵京城身已空。

我并不主张退休前一定要评上更高一级职称，再上个台阶，以慰晚景。要看水平，安慰奖没有好处。但对确已够水平的，我主张应该正式评或评退。这是对人的一生贡献的肯定和评价，也是为年轻人树立安心教育的榜样。当然，从个人来看，我还是主张看淡点。“不以物喜，不以己悲”，在这里老庄哲学还是有点用的。死较劲没有必要。同在一处，学问水平如何人心都有杆秤，并不在乎有没有这个帽子。说句实话，从读书到教书在高校几近半个世纪，深知有职称而学问平平和无职称而学有专长的人并不少见。我敬重学问而不敬重虚名。为官有政绩难，为学有真学问同样难。多点干货少点虚名，无论对为官为学都是需要的。我双手赞成：名实相符。

知识分子是受社会制约的。不同的社会制度会造就不同类型的知识分子，而不同类型的知识分子对巩固和发展这种社会制度又是至关重要的。我们国家的知识分子是爱国的爱社会主义的，有骨气有社会责任感的，只要看看我们在经济并不发达生活水平很低的情况下，完全依靠自己的力量爆炸了原子弹、制造了运载火箭、发射了人造卫星，在科学技术领域创造了一个又一个奇迹就可以证明。我们现在实行社会主义市场经济，我们的知识分子当然也要适应市场经济的需要，既可为官（当公务员）也可为学（从事科学技术和文化教育工作）。我们不当封建士大夫也不当唯利是图的经济人。我们要批判地继承中国传统知识分子的忧患意识和社会责任感，批判地继承资本主义市场经济下知识分子的个人进取精神，既以国家民族利益为重又充分发挥个人才干。

人生最难是明白

我不是做板桥先生的翻案文章，而是对他的“难得糊涂”有点体悟。“绝顶聪明是糊涂，难得糊涂是明白。”在我看来，人生最难是明白二字。许多人许多事都坏在不明白上。精明人自以为得计，自以为聪明过人，结果聪明反被聪明误，很少有好结局的。工于心计尖刻过人的聪明其实是真糊涂假聪明，真正聪明的是认理明事，不强争硬夺，一切按理办事。这种人看似糊涂，实际是聪明。难得的糊涂是难得的聪明，在这里糊涂是聪明的极致，不真正聪明做不到难得的糊涂。板桥先生张扬难得糊涂其实他自己就是极明白的人。他家为修房子与邻居争地，他家要他以官威压压邻人。板桥复信说，“万里长城今犹在，不见当年秦始皇”，说是即使“让他三尺又何妨”。这是极明白的人说的明白话。在聪明人看来是糊涂，把三尺地拱手让给他人，可在真正的明白人看来是聪明，这不是以邻为壑、世代为仇，而是和睦邻里、代代相安。这是何等明白。我体会板桥的意思写过一首诗，题名为《难得明白》：

人到老年吊唁多，生生息息可奈何。
莫为虚名伤身体，切忌争利失人和。
长生无药心有药，恬淡宁静少病魔。
年过六旬方悟得，明白原是处世歌。

我这样说，似乎有点落后于时代。据说不想当元帅的士兵不是好士兵，至于市场经济本来就提倡争利，不争利搞什么市场经济。我不这样看。我们应该把力求上进、努力于本职工作、在市场经济中谋取正当利益，与争名争利区分开来。在涉及人民利益、国家利益问题时当然要争，而在仅仅涉及个人利益特别是与同事“势难两全其美”时，糊涂些又何妨，此时此刻非争个鱼死网破有什么必要。所谓难得糊涂指的正是小事（个人名利）糊涂大事不糊涂，而不是一切都稀里糊涂。什么都稀里糊涂才是真糊涂而不是明白后的糊涂。

明白是个认识问题。明白不明白，表现了不同的认识水平和思维方法，因此要真正做到明白，必须有个正确的世界观。没有正确的世界观，是很难明白事理的。只有对事物有个规律性理解，才能达到明白的境界。

要明白自然的消长，即所谓知天道，就要懂自然规律的客观本性，能正确处理人与自然的关系。自然界不停地运动，没有永恒不变的东西。老子《道德经》上说：“飘风不终朝，骤雨不终日。孰为此者？天地。天地尚不能久，而况于人乎？”没有下不完的雨刮不停的风，人更不会长生不老永存于世。可有的人汲汲于争名争利，好像自己能与天地同朽与日月同存一样。古代一些人包括秦始皇那样雄才大略的人都迷信长生不老药，求仙求神以期不死，至于文人学士炼丹炼药的并不少见。他们当然不能算明白人。即使能文能诗，在对自然规律认识方面只能说仍处于糊涂境地。天道不言，自然不会说话，可是人如果在自然面前一意孤行，自以为无所不能，其结果“天必示警”，人类必遭“天谴”即自然的报复。以这种态度对待自然的人算不上是明白人。

当今世界的生态日益恶化，人可能会毁灭在自己手里。我们自以为取得对自然的胜利，可是每次都遭到自然的惩罚。在自然的报复面前，人变得明白些。许多人大声疾呼，我们只有一个地球。其实明白人是有的，早在一百几十年前，恩格斯就明明白白看清了这个问题，他在《自然辩证法》、《反杜林论》等许多著作中，以无比明白的科学态度预见到工业发展必然带来的环境污染和自然报复问题。现今事实迫使人们明白这个问题。联合国召开过环境与发展大会，通过不少文件要求改善人类的生存环境。我们的人大常委会也制定了不少防治环境污染的法律，着力于环境保护。现今普遍接受的可持续发展的战略，就是一个明白人的明白战略。我们是我们祖宗的子孙，可我们也是我们未来子孙的祖宗，我们要配当祖宗，要对得起我们的子孙。虽然环境问题如此严重，呼声不绝于耳，但置若罔闻的糊涂人还是不少，要不环境何至如此恶化。只要看看我们中国就知道，我们是发展中国家，我们是在别的发达国家经历了环境污染并花大力气治理后进行经济建设的。照理说，我们的干部应该更明白些，可是我们的工业造成的城市污染是数得着的，连北京都不能幸免。在人与自然的关系问题上，我们是明白还是糊涂呢？我看有不少人是糊涂的。

要明白社会、明白历史，就要懂得社会历史规律，能正确处理人与社会的关系。几乎以往的统治者都认为自己的天下能长治久安万世一系，可最长的也不过数百年。每朝每代都有末代皇帝都有亡国之君。这是历史的规律。虽然不少开国君主也能认识这个事实，但总认为自己是个例外，他们在别的方面很精明但在这个问题上照样糊涂。

普通人在如何对待个人与社会关系问题上，也有个明白与糊涂的问题。有些人总是着力反对所谓社会本位主义，强调个人主义的积极作用。他们不明白，封建专制主义本质上并不是以社会为本位而是以统治者的利益为本位，它以社会国家名义为旗号的集体利益是虚假的集体利益。反对封建专制主义是正确的，但不能反对社会利益重于个人利益的原则。他们也弄不清个人利益与个人主义的区别。个人的人格、尊严、权利、主动性，等等，不能归为个人主义。社会主义社会、集体主义原则决不能以牺牲个人或压制个人的积极性和主动性为代价。我们应该维护正当的个人利益但必须反对个人主义。如果分不清个人与个人主义、集体主义与专制主义，我们在应该如何对待个人与社会关系问题上始终是糊涂的。

要明白处世还要懂人生规律，明白个人与自我的关系。人最难明白的就是这个“我”字，最难超越的也是这个“我”字。老子说“自知者明”是对的，人很难把自己放在一边，越过狭隘的自我眼界。不是有的哲学家极力鼓吹“自我中心”论吗？好像不以自我为中心人就没有主体性。其实，这是把哲学中人在自然与社会中的主体地位问题与道德上的利己主义混为一谈。人，应该正确认识人生。人生是短促的，但个人的短促是由人类的延续来弥补的，因此人生的意义和价值问题仅仅着眼于个人是很难认识清楚的。个人生命的意义，正在于他完成自己生命周期时能为后代留下什么。只为自己打算的人似乎聪明，实际是愚蠢的。《红楼梦》中的王熙凤是何等聪明，对下人是何等刻薄，戏弄贾瑞时是何等手段，结果是“机关算尽太聪明，反误了卿卿性命”。这种用尽心计玩弄小聪明的人不少，到头来还是搬起石头砸了自己的脚。

人都容易为子孙计。中国这样以家庭为重的国家更是如此。可是家同国一样有盛衰兴废。“旧时王谢堂前燕，飞入寻常百姓家。”这种事，每个朝代都有。所谓君子之泽，五世而斩，讲的就是这个道理，故善治家者决不骄纵子弟、奢侈淫逸，而是严加管束教育。中国人的格言，是“忠厚传家久，诗书继世长”。一讲道德做人，一讲读书明理。即使如此，世代豪富还是没有的。所以，明白人往往用财产办公益事，取于社会用于社会，当然要有这种胸怀是不容易的。尽管从道理上说都知道，金玉满堂，子孙未必能守，但要割舍还是要极明白才能做到。从这方面说，海外的华人和华侨富商在国内捐资办学热心公益，西方有些富翁把遗产捐给社会或教会，都是十分难得而明白的举措。他们都明白子孙贤不要钱、子孙不肖钱多害身的道理。

人为什么不容易明白，或者道理虽似明白一旦临头依然糊涂，关键是个利字。我这里说的利不是一般意义的物质利益而是利欲之利即贪婪。中国人说，欲壑难填，利令智昏。人，一旦利欲熏心，是什么也不能明白的，即使是最明白不过的事，也会晕头转向，因此少点私心多点公心，是遇事易于明白的前提。或许有人会说，什么时候，还发这种迂腐之论，我们能不要利吗？要。可利有大利小利、有合理之利和不义之财。这不是一个利字所能抹杀的。我们提倡国家民族的大利要重于个人的小利，要谋取正当利益而反对攫取不义之财。反对利己主义、反对拜金主义，并不是反对物质利益而是反对对待物质利益的错误态度和获取物质利益的卑劣手段。

我们要做明白人不要做糊涂人，但可以做明白的糊涂人，即通情达理，不为名利伤人伤身。明白的极致可以达到糊涂，而糊涂的反面未必是明白，真正糊涂的人永远弄不明白，所以我说，板桥先生的“难得糊涂”其实是难得明白。一些人抱着这句话当护身符，躺在地上不起来才是真正的糊涂，一点也不明白板桥先生名言的真谛所在。对“难得糊涂”的理解不应该是糊涂的而应该是明白的，以糊涂来理解“难得糊涂”只能越弄越糊涂。

徒善不足以为政

孔子强调礼与德，反对刑法。他说过："道之以政，齐之以刑，民免而无耻；道之以德，齐之以礼，有耻且格。"孟子当然同意孔子的教导，他也说过"徒法不足以自行"。可孟子并不一味反对刑法，他还说过"徒善不足以为政"。这说明孟老先生虽然是性善论的创立者和积极倡导者，但并不是唯道德论者，凡事只讲道德。其实自汉代以来，凡标榜以儒治国的统治者大抵都是儒表法里，绝不会天真到以为道德是万能的。

在社会发展中道德与法的关系是复杂的，很难用几句话说明白。从现象看，人的伦理关系越松弛，法网愈密，条例愈多。在前资本主义社会，在人治时代，重道德轻法律，而到资本主义市场经济时代重法律轻道德。一切都法制化，连父子关系、夫妻关系都变为一种受法律保护的契约关系，没有多少"人情味"。这里所说的轻与重当然是相对而言。前资本主义社会照样有法律，资本主义社会同样有道德。在两千多年前，老子的《道德经》中就发现了这种现象，当然不是后来的资本主义社会的现象，而是进入阶级社会以后在道德与法方面出现的现象。按照老子的说法，道德规范的出现是本然的人伦关系退化的表现："大道废，有仁义；智慧出，有大伪；六亲不和，有孝慈；国家昏乱，有忠臣。"至于出现违犯法律的现象，是因为贵难得之货，使民为盗。如果"绝巧弃利，盗贼无有"。只有绝圣弃智，绝仁弃义，绝巧弃利，没有道德，没有法律，顺其自然，人类才能达到最美好的境界。这实际是对人类原初状态的美化和幻想，是一种乌托邦。

在人类发展过程中，道德和法的作用是互补的。处于压迫地位的统治者总是两手抓。但是随着社会发展，法和道德在社会活动中的地位和作用的确有变化。在中国封建社会强调以孝治天下，道德具有法律的威严。违背公认的伦理原则可以杀头处死沉河。祠堂可以是裁判所。在西方资本主义国家，国家现代化的主要标志是重法治而不是道德戒律，是强调法，一切都有法可依，而不是强调道德的调解作用，屁大的事都诉诸法律，法律似乎变为公民生活须臾不可分离的一部分。资本主义社会也不是不要道德，而是世俗道德作用减退，转而求助于宗教。宗教起着道德教化安抚灵魂的作用。在当代，宗教成为资本主义社会的重要道德支柱和社会稳定器。用法律来维护秩序，以宗教来净化灵魂，于是“各安其位”，“各认其命”，天下太平。对于剥削制度说，宗教的力量的确比道德力量强。上帝说话比人说话中听。众所周知，新生活运动、道德重振、道德复兴之类的药国民党都服用过，但终究没有挽救它的失败。道理很简单，凡非正义的事，凡腐败的社会和政府自身就不具有道义的力量，它不可能借助道德的力量来维持自己的生存。可以这样说，它可以伪善，但绝不会真正讲道德，老百姓也不相信它讲的道德，嘴上仁义道德，肚子里男盗女娼的评语，正是看穿了这伙人的缘故。愚民不愚，老百姓是明白人。

我们是社会主义国家，我们的事业是正义的事业。我们的党、我们的社会、我们的干部是为人民服务的，是站在真理和正义一边的。我们能够并且应该凭借道德的力量来维护我们的社会、推进我们的事业，教育、培养、塑造我们的人民和青年。在社会主义国家，道德建设是非常重要的。我们不否认宗教的某些积极功能，但社会主义不能借助宗教来教育人民和提高道德水平。我们应该宣传社会主义的道德原则，进行社会主义、爱国主义、集体主义教育。忽视道德教育，轻视人民道德素质的培养和道德水平的提高，其后果是不堪设想的。落水围观，见死不救，以及公众生活中的各种冷漠和自私行为屡见不鲜，表明道德教育的迫切性和重要性。

我们坚决反对道德虚无主义，但我们也不同意唯道德主义或道德理想主义，以为中国当前许多困扰我们的道德滑坡、价值观念混乱的问题仅仅依靠道德教育就能解决。这是不可能的。一个社会的道德水平和道德状况并不完全取决于道德宣传和教育，而是有它的社会制约因素。我们重视道德但并不认为道德能解决一切问题。道德是自律的，道德要发挥作用，必须内化为人们的自觉信仰和主动行为，这是难以仅仅靠制定公约或守则之类来解决的。贴在墙壁上的，挂在口头上的不是道德而是道德规则。道德是不能强迫的，凡强迫的道德行为必然是形式主义甚至是制造伪善，如同宋明时的假道学，因此要使道德成为人们的自觉的行为，必须形成一个能培育和有利于道德风尚的社会环境，因此净化社会环境是社会主义道德教育和精神文明建设的重要方面。净化环境包括经济环境、政治环境、文化环境。在经济领域中，我们要坚持公有制为主体的原则，我们面临的问题是如何通过改革坚持这条原则而不是背离这条原则。多种经济可以同时发展，但同时发展绝不是融化或吃掉公有制。我们当前的文章中谈公有制的缺点的多、如何如何不行的多，谈不坚持以公有制为主体就没有社会主义、就没有社会主义的初级阶段的少。其实，如果不坚持以公有制为主体多种经济同时发展的方针，而是让三资企业占优势甚至全部私有化，一切关于社会主义的道德教育都是空谈。只要承认马克思主义关于经济基础与上层建筑相互关系理论的人都会明白这个道理。我们还要净化政治环境，当前首要的是反对腐败，吏治历来是社会的一面镜子，人们就是通过党的干部来衡量我们的党和政府的。我们在反腐败斗争中取得了很大成绩，但还要加大反腐力度。老百姓是不愿意走后门不愿送礼的，更不会心甘情愿行贿。如果秉公执法，公正合理，社会道德水平会大大提高。我们一定要净化文化环境，首要的当然是扫黄问题，可不能限于扫黄。我们的影视、我们的广告、我们的图书、我们的报刊，一句话，我们社会主义的文化产品，应该以对人民负责的精神，真正弘扬主旋律。文化产品应该有个性不可千篇一律、千人一面，但应该有利于人民特别是青少年的健康成长。文化不是道德教科书，但真正的文化艺术不能也不应该违背社会主义道德原则。人们从实际生活中都能体会到，一本好书、一部好电影、一首好歌的社会作用和一本坏书、一部坏电影、一首坏歌的社会作用是迥然不同的。文化中的伪劣产品比日用商品的假冒伪劣更坏更令人痛恨。

我们强调道德在社会主义精神文明中的突出作用，绝不是轻视法律，我们不能走封建社会那种重道德轻法治的路。新中国成立以后我们实际中的某些“左”的错误，特别是“文化大革命”时期的许多冤假错案以及无法无天的私刑逼供，是民主制度下难以想象的。这个教训我们决不应该忘记。我们应该重视道德但要依法治国。其实，严格执法本身也包括道德的教育作用。不能见义勇为当然是道德水平问题，可也是法治问题。一个执法不公、不能依法惩治犯罪、不能保证人们人身安全的社会是很难形成一种见义勇为的社会风尚和道义力量的，可以出现个别见义勇为者而且往往成为烈士，但不会形成一种社会的群体力量，因此才会出现烈士与冷漠并存、英雄行为与围观欣赏并存的可悲现象。如果没有健全的法制包括执法中的腐败现象的防止和根治，片面强调道德，只能是好人受难，恶人张狂。坏人并不怕道德而是害怕法律的惩治，好人的道德感往往使自己成为烈士，为坏人鱼肉，而坏人的践踏道德反而成为强者。这种离开法律撑腰的道德，容易酿成悲剧。真正的道德是有助于法律的执行、有助于真理与正义的实现，而不是被坏人视为软弱可欺、把好人送上血的祭坛的清规戒律。

不仅对犯罪者应该绳之以法，而且有些实际政策的实施也应有法律保证。比如，先富帮后富，共同富裕，这是个大政策，至关重要。可要切实推行，仅靠道德是不行的。道德风格可以是个人捐赠，属于善举，但不能解决共同富裕的问题。必须有法律保证，如税收政策或其他可行的措施。有人说，夺有余以补不足是天道，夺不足以补有余是人道。此处所谓人道不是人道主义的人道而是指社会规则。在旧社会的确如此。越富的越有条件富，越穷的越穷。在自然界，热水掺进冷水中，热水变冷，冷水变热，最后达到温度一样。社会生活则不然，富人加穷人决不会像水温一样平均也不能平均。在市场经济中的自然走向往往不是趋向平均而是趋向拉开距离，平均数往往只能掩盖事实。依靠道德来共同富裕是不可能的，义演、捐赠是有限的。当然，穷富的概念是相对的，但社会中穷富相关规律则是绝对的。在社会主义市场经济条件下，只有在发展经济的过程中，道德和法律同时并举，才能有利于缩小差距。

道德是重要的，教育和宣传是必不可少的。从小就应该进行道德教育。但我还是那句话，道德问题不是单纯的个人的行为问题，而是社会问题。必须使社会风气有利于培养人的道德观念和道德行为，为此，加强法治，依法治国、依法治党，加强执政党自身的建设，反腐倡廉，对于整个社会道德的培养是极其重要的。改革开放以来的三十多年，我们在制定法律、强调法治方面的确取得了可喜的成绩。人们的法制意识和法制观念也有很大的进步。这是走向社会主义现代化进程中必不可少的步骤。

社会主义是历史上的一个新的社会制度。我们既不能像中国封建社会那样重道德轻法治，也不能像西方那样重法治而把道德交给宗教。社会主义的国家应该承担法治和德治的双重职能，既重视法治又注重道德。“徒善不足以为政，徒法不足以自行。”我们应该好好体会这句话。

凡有所相，必为虚幻

在中国历史上，知识分子中不少人由儒入佛、儒佛结合。近代的苏曼殊、李叔同是著名人物，至于像苏轼那样以嗜酒谈禅为乐事的高人也不少见。此处所谓儒，不是儒学而是儒生即读书人。尽管中国有的朝代强调儒释道三教合一，实际上儒家的忠君爱亲的道德伦理与无君无父撒手入空门的佛家学说是矛盾的。沙门不敬王者，方外之人不能以儒家伦理为法度，但佛学与儒生并不矛盾。中国儒生中不少人信奉老、庄学说，尤其是宦海浮沉、历经磨难后往往容易从读佛中寻求解脱，因此由儒入佛的路并不是儒家学说开辟的，而是违背儒家学说，是儒家学说的叛逆，如贾宝玉这类人。真正通向佛家之路的是老庄学说。

我是马克思主义的信奉者，我不信佛，但我喜欢什么都读点，我也反复阅读过《金刚经》。这本经典是大乘佛教的理论基础，是大乘佛教般若思想的核心内容。思想很深，很难懂，我是生吞活剥，连猜带蒙，但是多少还是有点收获。

我发现这种讲课的方式很有意思。问答式，层层深入，听课的人也不少，“与大比丘众千二百五十人俱”，比我们任何一个学校的大课堂还要大。可是课讲得生动活泼，有问有答，真正是传道解惑。《金刚经》是佛经，实际上也是一本哲学著作或论文。作为哲学著作，它非常生动有趣，很有故事性。未开讲之前，先讲释迦牟尼“着衣持钵，入舍卫城乞食。于其城中，次第乞已，还至本处。饭食讫，收衣钵。洗足已，敷座而坐”。然后说听讲者中有长老“从座起，偏袒右肩，右膝着地”，合掌提问题，于是开始了讲授。这种写法很生动，不是从概念到概念的纯逻辑推论，而是把深奥的哲理安排在戏剧性的情节之中，引人入胜。我们中国的古代哲学对哲学道理的论证也往往是情节化的。一部《庄子》就是融哲理与寓言为一体，越读越有味，比我们啃时人并不高明的哲学论文要有趣得多。我在哲学领域泡了多年，深以自己不能把哲学文章写得明白为憾。

我读《金刚经》，深感世界观的重要性。有什么样的世界观就会有什么样的人生观。佛教对人生的看法是以它对世界的看法为依据的。当须菩提提出“云何应往？云何降服其心”时，佛祖回答“应如是往，如是降服其心”。此处所谓“如是”，反复论述的是“凡有所相，皆是虚妄”的宇宙观。人们在现实中所见到的自以为真实的现象，其实都是假象，是由因缘和合而生，并没有常住的不变的本性，因此人的认识应该破除我相、人相、众生相、寿者相。只有破除诸相，除去执着，心地清静，毫无挂念，才能不为五官身体所接触的外界诸相所惑。应该认识到人的世俗认识及认识对象都是虚幻不实的。岂止世界和认识，即使是佛祖所讲之法亦不能执着，而要如以筏渡河一样，达到彼岸后可以弃舟，《金刚经》称此为“筏渡”，这有点中国庄子哲学中的得鱼忘筌、得意忘言的味道。学佛者都力求达到这种境界，破除物我，视一切“如梦幻泡影”、“如露亦如电”，这样就能降服其心。既然世界是虚幻的、认识是虚幻的，很显然人生也是虚幻的，可见佛教的认识论、人生观都是建立在它关于世界一切都由因缘和合而起的宇宙观基础上。由此，我想起当今的一些哲学时贤们极力反对哲学是世界观，倡导所谓拒斥形而上学，其实是拾西方某些哲学之牙慧。全部哲学包括宗教哲学都表明，没有任何哲学可以没有本体论的前提。可以说任何一种拒斥世界观的哲学，没有不是以某种方式把它们从前门排斥的世界观从后门引进来。很简单，没有世界观问题，不以这种或那种方式论及世界的本性问题，就不是哲学，就没有哲学，就不需要哲学。

佛教强调因缘和合，强调变化，有其合理因素，但事物的因果关系，事物的变化一旦与物质世界自身相脱离，必然是凡有所相，均为虚幻。这种由存在到虚无，由变化到幻灭之路，必然是虚无主义、悲观主义的，因此佛教中所包含的辩证法是唯心主义的辩证法，它不是通向存在而是导向虚无。这是所有唯心主义辩证法家的共同特点。即使是客观辩证法家如黑格尔，他的关于“自我意识的外化就是设立物性”、“对象本身对意识来说是正在消逝的东西”等观点，就是否定世界的客观实在性但承认辩证运动的观点。正如马克思批评黑格尔时说的，自我意识通过自己的外化所能设定的只是物性，即只是抽象物，而不是现实的物。同样很明显的是，物性因此对自我意识说来绝不是什么独立的、实质的东西，而只是纯粹的创造物，是自我意识所设定的东西。又承认运动变化，又不承认客观世界，这种变化只能或者是绝对观念的变化或者是自我意识的变化（佛教所说的万物不动只是心动的说法即属此类）。

连世界都是虚幻不实的，何况人生呢。佛教宣扬苦海无边，回头是岸，完全在情理之中。故而佛祖教导听课诸比丘，要降服其心，应视一切如泡影，这才是“心”应该的住所。佛教于世界于人生取一“空”字，提倡出世，这是它的哲学本体论的必然结论。

当今世界，人们对马克思关于“宗教是人民的鸦片”的说法颇多微词。特别在反“左”的情况下，更是把这一马克思主义论断当成“左”的东西来反对。这个批评是错误的。我至今仍然认为这个判断从本质上说是正确的。它高瞻远瞩，一语中的，因为这个判断的着眼点是宗教不利于无产阶级革命和推翻剥削制度。这并不排斥宗教的文化价值以及劝人行善的道德功能，也不排斥教徒可以是个道德高尚的人。从总体上说，特别是对被剥削被压迫的阶级说，宗教的危害性是不言而喻的。如果宗教徒大大增加，世界会因此而成为公平正义合理的世界吗？世界会因为我们人人向上帝或佛祖祷告或祈求而变得美好吗？不会。资本主义世界中科学与宗教齐头并进，进教堂的人越来越多，可资本主义并没有变得更美好。一些宗教信仰占主导地位的地区，战乱不断，各种非人道的行为令人侧目。无数事实证明，与其说宗教可以阻止罪恶，不如说社会的罪恶不断把失望的人群推向宗教。马克思说宗教是无情世界的感情，多透彻、多深刻、多发人深省。一个企图依靠宗教来温暖人心的社会肯定是病态的社会，是应该予以改革甚至革命的社会。革命家和宗教家对宗教功能的看法的着眼点是不一样的，但任何不存偏见的人都会承认，安抚被侮辱被损害者的灵魂，发放一文不值的死后进入天堂的入门券，对已经处在人间天堂的人是有利的，对死后才进入天堂的人只能是一种嘲弄和欺骗。我不赞成简单否定宗教，但不主张无原则颂扬宗教。我们对作为人类文化遗产的宗教，对宗教的合理性、对它的文化价值和道德功能、对宗教艺术和宗教中一切有价值的东西都应该研究发掘，但不能因此否定马克思对阶级社会中宗教主导社会功能的论断。

事物的运动变化是客观的。马克思主义辩证法从来都强调世界的辩证运动。自然界的任何现象都不是永恒的，都会从存在走向消失。社会现象也是如此，王朝有兴衰，没有万世一系的江山。人有生死，世界上死人比活人多得无可胜算。可以说凡存在的都会转化为非存在，都会变为“无”。可是，我们并不能由此得出结论，世界是虚幻的，像《金刚经》所阐述的。原因在于，马克思主义的辩证法是唯物主义的，它关于世界的辩证运动，是不能脱离它的运动的物质载体的，因此物质的运动并不是由存在走向非存在，而是以另一种方式存在。这就是说，世界从整体说是存在的，并不是从虚无中产生的，可是世界具体事物的变化和运动，都是从无到有，从有到无。这就是既有从非存在转向存在，也有相反的运动即由存在转化为非存在的过程。辩证法运动并非绝对的无，而是有无相成，由一种形态转变为另一种形态的过程。在这个转化过程中，自然得到进化、社会得到发展、人类自身得到进步、个人生命得到充实。世界并非虚空而是真实的存在，它的变化正是发展的表现。不应该悲观而应该庆贺事物有变化。如果世界是一潭死水，永远凝固不变那才是可悲的。全部哲学史和宗教史都证明，运动变化一旦与物质载体相脱离、辩证法与唯物主义相脱离就会走向虚幻，存在就会变为虚无。这是人类认识史的经验教训。无论是唯心主义哲学还是宗教哲学都陷入了这个误区。

毛泽东说过要重视宗教的研究，不懂宗教就弄不清哲学史。这是非常正确的。基督教对西方哲学的影响、伊斯兰教对阿拉伯哲学的影响、印度佛教对印度哲学的影响，都是非常深远的。尽管中国由于儒家学说的支配地位，宗教的作用不像西方那样强烈，但佛教对中国思想的影响仍然是不容忽视的。一个马克思主义者是无神论者，但不是宗教虚无主义者。宗教对人类社会发展和文化的作用值得认真研究，宗教具有如此巨大的魅力，世界上有如此多的人信仰宗教，说明它确有诱人之处。宗教是宗教仪式、宗教道德和宗教哲学的统一有机整体。宗教的永久诱惑力并不在于它的宗教仪式，而是它的信仰。偶像和人格神的崇拜越来越退居次要的地位，而宗教作为爱和善的化身则越来越突出。人们越是不满现实，越是眼望苍穹。宗教徒的天堂是永远不能实现的，宗教是永久的期待，但是一旦社会趋向公平和正义，人际和谐，人间的温暖胜过天堂幻想的温暖，宗教的狂热就会消退。当人们真正在地上建立“天堂”，天上的“天堂”就会倒塌。

八十老儿行不得

据说，有个和尚法号鸟巢大师，住在树上，精通佛典，能为人指点迷津。苏轼闻大师之名，前去问做人之道。大师说，“恶事不做，众善多行”。苏轼很是失望，说这个道理三岁小孩都知道。大师答道：“三岁孩儿懂得，八十老儿行不得。”这句话，看似平淡，实在对得很。许多道理是平凡的，但能终生恪守始终不渝却是极难极难的。当年毛泽东说，一个人做点好事并不难，难在一辈子做好事不做坏事，这才是最难最难的，讲的也是同样的道理。

天下道理，最难之处在于行。我们传统哲学中关于知行的学说反复说明的是这个道理。《古文尚书·说命》中曾记载，殷大臣傅说向高宗武丁进言治国方略，深得武丁赞赏，但傅说提醒武丁要做到并不容易，“非知之艰，行之惟艰”。懂道理并不困难，难在实行。战国末期著名思想家荀子就特别强调“知之不若行之”。他说，“口能言之，身能行之”是“国宝”。“口言善，身行恶”是“国妖”。“学至于行之而止矣”，这就是说，为学的最高境界是能说到做到。中国的道德学说特别强调“践履”，民间把那些口是心非，满嘴仁义道德心里男盗女娼的人称为“假道学”，实是一语中的。由此我想到我们的道德教育。其实不需要那么复杂，那么多条条，死背硬记，关键是行，是要我们的青年特别是学生，在道德实践上下工夫。在道德教育上切忌形式主义，重言不重行。如果这样，一点用处也没有，甚至适得其反。形式主义多，伪君子就会多，于世风民心都有害无益。

在马克思主义的政治课教育中，也要坚持这个原则。我们应该强调理论联系实际，学以致用。马克思主义的道理是平凡的，可要真正做到以马克思主义为指导，按照马克思主义的立场、观点、方法办事不容易，是一辈子的功夫。邓小平说过，我们讲了一辈子马克思主义，其实马克思主义并不玄奥。马克思主义是很朴实的东西、很朴实的道理。我们有些年轻的哲学工作者，总是感到马克思主义不够味、马克思主义哲学不够味，不如西方哲学深奥玄妙深沉。可我总问他，马克思主义哲学原理中，你弄通的有几条？能做到的有几条？比如说，实事求是都耳熟能详，似乎谁都知道，可真正能做到的有多少？连毛泽东这样伟大的马克思主义者都难终生恪守不渝，晚年也陷入主观主义和片面性。邓小平凭这一条，使中国的面目改观，走出困境。实事求是，道理易懂，做到很难。马克思主义道理的创新，重在实践，重在联系实际和运用，而不是脱离马克思主义另立新说。正是在这个意义上，我们说邓小平创造性地发展了马克思主义，可又没有丢掉老祖宗。马克思主义的道理、马克思主义哲学的道理，如果我们都能联系实际应用，就是一个坚定的甚至可说是创造性的马克思主义者。只要着力于马克思主义的应用，即使有这样或那样的失误，也是一个坚定的马克思主义者。在延安整风中，毛泽东在《整顿党的作风》中说过一段非常重要的话。他说，对于马克思主义的理论，要能够精通它、应用它，精通的目的全在于应用。如果你能应用马克思列宁主义的观点，说明一个两个实际问题，那就要受到称赞，就算有了几分成绩。被你说明的东西，越普遍、越深刻，你的成绩就越大。

毛泽东的话是在抗日战争艰苦时期说的。当时的实际应用的着眼点是实际工作，是革命，是战争，是如何运用马克思主义的立场、观点、方法来分析实际工作中的问题。当然，我们党也非常重视马克思主义的思想道德功能，强调用马克思主义来改造主观世界，树立为人民服务的人生观和价值观。被简称为“老三篇”的毛泽东的著名文章《纪念白求恩》、《为人民服务》、《愚公移山》就是解决这些问题的。刘少奇的《论共产党员的修养》也是解决这个问题的。可是相对说来，在艰苦的斗争中，特别是在拼死沙场的浴血奋战中，道德自律问题不突出。这不是说道德不重要，而是因为在时时刻刻都面临死亡的斗争中，敌人用屠杀、用刑场、用审判、用飞机、用大炮在进行教育，包括道德、情操、气节的教育和考验。任何虚伪、假道学、口是心非都无济于事。敌人在为我们清党、整党，在为我们进行道德教育。在革命夺权的生死斗争中，马克思主义的教导易于理解，易于实践。马克思主义教导我们不脱离群众，这容易做到。脱离群众，既无粮又无钱，甚至敌人来了连掩护的人都没有；不要贪污容易做到，连生命都不要的不会恋财，况且处于极度贫困的境地，既无财可贪，也无贿可受。如此等等。从总体说，从死亡线上走过来的胜利者和革命的幸存者，一般也是马克思主义的坚定信仰者和道德高尚者。

全国胜利之后，当处于掌权地位之后，如何对待马克思主义变成个尖锐的问题。马克思主义本来是用来革命用来夺权的。现在革命成功了，权已到手了，还要不要坚持马克思主义特别是用马克思主义来对准自己，这可是个大考验。这个考验比起革命战争中的炮火考验更为严峻。以毛泽东为核心的党中央高瞻远瞩，在全国革命胜利前夕的七届二中全会上就敲响了警钟。的确，掌权以后如何对待马克思主义是个考验。这里不仅有个面对新的任务如何正确应用马克思主义来制定路线、方针、政策的问题，而且对各级干部来说还有个道德自律的问题，即真正按照马克思主义原则掌权用权的问题。对于处于掌权地位的共产党人，马克思主义作为人生观价值观的问题比革命以前更为突出更为重要，也更难做到。如果说革命前，马克思主义是用来对付别人的（反动统治者），而掌权以后则同时要用来对准自己，无情解剖自己、批判自己。如果说战争年代是对敌人作战，而现在还要同时对自己作战。老子说：胜人者力，自胜者强。战胜自己比战胜敌人更难。一些革命时非常简单明白的道理掌权以后都会变成难题，比如说革命时脱离群众会送命（无人掩护），掌权以后脱离群众可以享福（不要说同吃同住，就是下乡也不如机关舒服）；革命时对压迫人民的人深恶痛绝，掌权后自己有可能变为滥用职权者；革命时是革命者与群众的关系，掌权后变为官与民的关系。如此等等。当然，掌权并不必然会变，但有可能会变，特别是对一些人来说更是现实的危险。

“朔方健儿好身手，昔何勇敢今何愚。”国际共产主义运动的经验、我们党的经验都证明，无论是一个党或者是一个人，要在掌权之后始终不渝地坚持马克思主义特别是全心全意为人民服务的教导，为人民掌权为人民用权，比革命夺权时期困难得多。我们应该加强思想道德建设，特别要求言行一致，反对两面作风。

“八十老儿行不得”，对于马克思主义者来说同样有这个问题。的确有的人革命一辈子，马克思主义最基本的一条——为人民服务就做不到或不打算做。为人民服务，道理深不深？好懂不好懂？在社会主义社会连小学生都知道。如能终生力行，我看就是一个实际的马克思主义者。在现实中我们能见到这种人，口不离马克思主义、毛泽东思想、邓小平理论，实际上是个幌子，或者说是用来应付上级蒙骗群众的“护身符”，不会照着做，也从来不打算照着做。

马克思主义不能归结为道德原则，但它自身包含无产阶级的道德原则。马克思主义理论的特点是科学性和价值性的统一，它把实现无产阶级和人类的解放作为最高目标包括在自己的理论要求之中，因此一个真正的马克思主义者，必然也是一个把人民利益放在首位的道德高尚的人。马克思主义的人生观功能和价值观功能，特别是把马克思主义的某些要求变为道德自律的原则，这个问题在革命战争的艰苦年代不太突出不太紧迫。当胜负未定、都在过苦日子、都在为革命流血时，几乎可以说仿佛天生的本能有一种亲近百姓、克制个人不正当欲望的情感和力量。而随着革命的胜利，特别由计划经济向市场经济转轨，马克思主义不仅作为思维方法工作方法，而且作为律己的道德戒律越来越重要。一个人做工作、做学问、写文章，引用点马克思主义并不难，难在自律，难在对自己讲马克思主义。其实我们只要读读《邓小平文选》就知道，邓小平关于反对腐败、倡导自律、提倡两手抓两手都要硬的言论是很多很多的。这都是要求我们的各级干部特别是领导干部真正用马克思主义来管住自己。有少数人革命一生，可一旦手中有权，以权谋私，贪赃枉法，无所不为，最后是落得鸡飞蛋打，岂不是犯了“三岁小儿懂得，八十老儿行不得”的错误吗?!

弘扬传统文化与尊孔读经

这是两回事，不能同日而言，可从表面看又确有相似之处。要弘扬传统文化，当然要对孔子及以他为创始人的儒家表示某种程度的敬意。倒孔批儒，不是弘扬传统文化。

要弘扬传统文化，当然要读一点原著，特别对专业研究者来说更应该对中国传统文化的元典进行认真研究。完全不读经不行。

可尊孔的意义不是一般的“尊”，读经也不是一般的“读”。尊，是把孔子抬到至高无上的尊神的地位，非圣是要砍头的；读，是把四书五经当作开科取士、做官参政的标准，是真正的敲门砖。用当代术语说，尊孔读经是封建社会的一条政治路线、思想路线、组织路线。至于袁世凯们的“尊孔读经”与复辟帝制是不可分的，这是众所周知的。七十多年前针对这种主张，鲁迅先生曾说过，尊孔，崇儒，专经，复古，由来已经很久，可谁用《论语》感化过德国兵，用《易经》咒翻了潜水艇呢？没有。鲁迅大声疾呼“读经不足以救国”，这是历史经验的总结。中国当前的社会制度、国力、国际地位，是以马克思主义为指导的革命革出来的，不是尊孔读经读出来的，也不是“返本开新”开出来的。在当前的中国，真正主张尊孔读经的人是很少的。即使有，也是含含糊糊弯弯曲曲的。明目张胆地鼓吹尊孔读经的人是极为罕见的。

对我们来说，重要的问题是传统文化在哪里，弘扬什么，如何弘扬。

存在于实物中吗？是的。存在于长城、颐和园、故宫以及祖宗传下来的各种各样的弥足珍贵的稀世珍宝、古玩字画中。可这是文物，是过去的文化化石。

存在于典籍中吗？是的。我们祖先留下满屋满库的各种各样的著作，特别是有难以胜数的举世闻名的经典著作，可这是以文字为载体的文化，它存在于图书馆中，存在于某些专业的课堂上，与广大群众关系不大。中国人真正读过老庄、孔孟的人是不多的。至于如此众多的著作，即使是专业人员，终生也难以窥其万一。

弘扬传统，可以是保护文物、修复历史景点，甚至新增点某朝某代的名人故居或历史遗迹之类。这是必要的，有教育价值，也有经济价值，但这更多是属于文化中的商业操作。也可以是校点古书，编辑各种各样的古代名著的全本、选本、白话注解。这同样必要，尽管很多也是商业操作，但只要不是粗制滥造，对弘扬传统文化还是有益的。

但我以为这都不是弘扬传统文化的最关键之处。一个民族的文化传统存在于现存的人民的思维方式、价值观念、风俗习惯和行为方式之中。所谓弘扬文化传统就是要把一个民族文化中优良的东西在实际生活中能继续保存并发扬。可正是在这个问题上，现代化的进程与传统之间存在矛盾，这是一个具有普遍性的矛盾。从世界历史看，西方资本主义现代化进程，当然要清洗和荡涤文化传统中的封建性的东西，可是在西方资本主义现代化中，同时也使古代许多优秀的东西付之东流。西方社会中的人与人关系的疏远化、亲情乡情的淡漠，以及价值观念的混乱、道德的失范，表明在传统消失过程中新的进步的文化道德观念并没有完全树立，甚至恶化。这就是所谓资本主义文化危机。

在当代世界，现代化是不可逆的历史潮流。现代化，不能简单归结为由传统农业社会向工业社会的转化，但这种转化是其最重要的内容，没有这个转变就没有现代化。由传统农业社会向工业社会的发展，大生产和市场经济规律的要求会引起观念的变化。例如，重功利、重个人、重竞争而且有较强的民主和法治观念。由于摆脱了封建社会的人身依附关系，人作为具有独立意识的个人的观念得到强化。由于西方现代化是以资本主义方式实现的，因而工业化的同时，个人主义与利己主义会滋生蔓延。由于个人主义与利己主义成为生活围绕旋转的轴心，因此一切由工业生产方式和市场经济要求的比较具有进步性的东西，如竞争意识、利益意识、自主意识都被扭曲，成为服务于个人主义的一种手段。这就大大减弱了在新的生产方式基础上成长的新观念的进步性。个人利己主义成为资本主义社会的普照之光，这必然使传统中有益的东西发生消解。

我们国家也在实现现代化。在实现由传统农业社会向工业社会的转变中，生产方式的共同规律，会发生同样的观念转变，这种转变把现代化中的普遍矛盾，即传统与现代的矛盾突出地摆在人们面前。这种转变同西方工业化时期一样，会走向强调个人、强调个人独立性和自主意识，强调利益的正当性和驱动性的合理性，改变空讲义理、轻利益的观念，改变片面重群体轻个人的观念，但同时与西方一样也可能带来不少弊端，特别是个人主义与拜金主义的滋长，导致价值观念混乱和道德失范。这就是邓小平批评的一手硬一手软的问题。我们着重工业化市场化的进步价值观念的变化，而忽视它的弊病。我们没有注意到它是双刃剑。我们是社会主义国家，我们的现代化是社会主义现代化。由农业社会向工业社会的转变，只是工业生产与农业生产在社会经济生活中的地位和比重的变化，而不是社会制度性质的变化。尽管现代化进程中会带来与西方相同的弊端，但我们的社会制度的性质和以公有制为主体的经济制度，不容许我们重复西方现代化的道路。我们党和邓小平同志大力倡导社会主义精神文明建设，其原因正在于此。

我们要在由传统农业社会向工业社会转型，由传统计划经济体制向市场经济的转变中防止陷入西方同样的文化困境，必须注意社会主义精神文明建设。我们正是从这个角度和需要出发提倡弘扬传统文化的。弘扬这个提法很重要。我们不是恢复，不是返本，不是回到孔夫子，而是按照社会主义的需要，用马克思主义观点对它进行批判地继承和吸收，而不是原封不动地拿来。我们国家的确有丰富的传统文化，可有丰富文化传统并不等于我们一定富强。同样的传统，我们在晚清陷于困顿，国弱民穷，大大落后于某些没有文化传统足以骄世的西方国家特别是美国。这能怪我们的文化传统吗？不能。同样是中国文化，我们有过汉唐盛世，有过令世界叹为观止的伟大发明和创造。文化传统并不是决定的力量，决定性的是社会现实，是我们如何利用这些传统。如果子孙不争气，文化传统再丰富无非是破落子弟家中有几件祖传古玩而已，而且越是破落越是抱着祖传古董不放，鉴赏玩摩，越是显出子弟毫无出息，唯一的能耐是以祖宗遗产骄世。明白这一点，我们就能明白，为什么五四时代，像鲁迅那样的伟大思想家，旧学根底极深但如此大声疾呼反对国粹，反对读经，反对尊孔，原因就是反对维护旧制度，反对不思改革进取，反对躺在祖宗遗产上混日子的破落子弟，反对当时的遗老遗少们。老实说，复古是不能强国富民的。这已经为历史所证明。远的不用说，仅就国民党当年在内地不遗余力地提倡礼义廉耻，提倡忠孝仁爱信义和平，提倡道德复兴，结果如何，有目共睹。他们想依靠孔子、借用孔孟之道来挽狂澜于既倒，维护反动统治是注定要失败的。我们根本不同，我们是弘扬传统文化。这是一个争气的子孙对待祖先遗产的正确态度。我们以社会主义精神文明建设需要为目的，有选择有批判地把古代文化遗产中的优秀东西加以吸取发扬和广泛宣传，使其不是停留在口头上书本上，而是真正变为实际生活中的价值观念和行为规范的组成部分，变为某种生活习惯和人际交往中认同的原则。如果弘扬传统文化只是修复或制造点文化景点、编选点古书之类，效果不会很大。

实际上最困难的还是从理论上弄清对中国传统文化能否继承和如何继承的问题。如果认为中国传统文化包括儒家文化，无论就时代性和阶级性而言都是封建社会的东西，是与马克思主义水火不容的，当然不可继承。这种看法的偏颇是显而易见的。进入阶级社会后，人类的文化都有阶级性，按照此说，就无可继承的东西，要继承只能继承无阶级的原始社会甚至类人猿时期的东西。这不是马克思主义观点。马克思主义承认人类社会的继承性，同时也承认人类文化的继承性，因为人类为适应生存和需要，在阶级社会的文化创造中都包括双重性，既有阶级性的东西又有适应整个社会发展和人类生存需要的东西。人类社会和文化的进步总是在适应新的生产关系和社会的需要，继承、改造、吸收人类已有的东西。而且社会越发展、社会形态处在越高的阶段，对人类已有的东西能吸收和借鉴的就越多。中国文化的丰富是我们社会主义文化建设的一笔最宝贵的资源和财富。毛泽东当年提出过从孔夫子到孙中山都应该总结，提出过对古代文化遗产的批判继承的问题，提出过古为今用的问题。可是这个任务，我们并没有认真做。“文化大革命”时期甚至发生所谓破“四旧”之类荒谬绝伦的事。江泽民在十五大报告中强调“中国文化有着辉煌的历史”，把

"继承历史文化优秀传统"作为建设有中国特色的社会主义文化的一个极其重要的方面，可是要真正完成十五大提出的这一伟大任务困难还是很大的。这里不仅有坚持马克思主义指导的问题，还有如何应用马克思主义的问题。在今天，用卧冰求鲤、郭巨埋儿之类的东西来宣传孝道就有点离谱，但中国传统文化特别是儒家文化中对富国爱民、任人唯贤的倡导，以及强调整体精神，强调仁爱精神，强调气节，强调理想人格和高尚精神的培养，等等，确有可供吸取和借鉴之处。我们可以用马克思主义观点，适应社会主义精神文明建设的需要，有针对性地面对现代化包括市场经济下出现的问题，提炼出有利于宣传社会主义精神文明的思想和道德规范，并使其成为中国人的日常生活中的准则。这样，文化传统的继承问题，才不致单纯变为编古书修景点，而是真正变为生生不息的中华民族的活的优良精神的延续。

封建社会的文化并不都是封建的

文化具有时代性，但文化的时代性并不排斥它的民族性。例如，同样处于所谓轴心时代的文化，中国文化、印度文化、希腊文化、罗马文化各具民族特色。同处于当今时代，各个民族的文化亦复如此。在阶级社会中文化具有阶级性，但文化的阶级性并不排斥它的继承性，即包含各个社会能够继承的内容。社会的发展是继承的，文化的发展也是如此。社会发展的继承就包含文化的继承在内。从社会继承中抽去文化的延续，社会的继承性就是一句空话。

中国封建社会几千年，有着丰富的文化传统。封建社会的文化当然是封建社会中产生的文化，但封建社会的文化不等于都是封建文化。因为封建社会自身包含矛盾，存在阶级对抗，因而存在反封建的文化即代表人民的文化。毛泽东说过，所谓中国几千年的文化，是封建时代的文化，但并不全是封建主义的东西，有人民的东西，有反封建的东西，要把封建主义的东西与非封建主义的东西区别开来。在封建社会中除了颂扬封建专制主义的东西，还有反君主专制代表劳动者利益的东西。至于中国传统文学、哲学、艺术中许多精品则不是用一句封建主义文化能概括的。这个原则同样适用于资本主义社会的文化。资本主义时期的文化并不都是资本主义性质的文化，而是包括反资本主义的文化。例如马克思主义就是在资本主义社会中产生的反资本主义的东西。

一个社会存在两种文化这并不奇怪。列宁在《关于民族问题的批评意见》中早就说过，在每一种民族文化中，都有两种民族文化。列宁的论断是正确的，它符合阶级社会中文化的现实。因为存在阶级对抗，一个社会除了主流文化外必然存在反主流文化。例如，中国几千年来儒家文化占主导地位，但始终存在反儒学的思潮，特别是在社会变动时期更是如此。

在中国，传统文化的主体是儒家文化。这一特点决定了中国传统文化的特色是以人伦为核心的伦理文化，着重是调整人们的各种关系，如国家政治生活中的君臣以及各等级隶属之间的关系，家庭中的父子、夫妻、兄弟关系。由于儒家学说的政治伦理特色，从根本上说，儒家文化是比较保守的，它是为维护大一统的封建君主制服务，为宗法制服务的，因此它强调正名，即各种等级各色人等，各安其位，享受和承担与自己的等级身份相符合的权利与义务。所谓君君、臣臣、父父、子子，也就是说君就是君，臣就是臣，父就是父，子就是子，各有地位各有职责，不能乱。因而儒家的理论是不准改革、不准犯上作乱、不准造反的理论。儒家不利于革命变革，但有利于社会稳定。这就是变革时决不会提倡儒家，必然提倡反对尊孔读经，而取得权力之后可能会提倡尊孔的原因。我们只要看看中国从五四到袁世凯复辟时的历史就能知道这一点。

我们现在提倡弘扬中国传统文化，绝不是以儒家学说作为社会稳定器。我们当前需要正确处理发展、改革、稳定的关系，其中稳定是能否深化改革和加快发展的重要前提，但我们的稳定不是依靠儒家学说能得到的，不是无原则的倡导和谐，更不是虚假地标榜仁政，或者维护不合理的旧体制和干群关系。我们依靠的是马克思主义，是以马克思主义为指导，正确处理人民内部各种矛盾来使社会稳定并在正确处理各种矛盾中推进改革和求得发展。我们的稳定不是消极的，不是把凡是现实的都说成是合理的，而是为改革求得一个安定的社会环境和良好的社会秩序。因此，在我们社会中儒家学说能起的稳定作用，无论就其性质、方式和目的来说，都同封建社会迥然不同。把马克思主义说成是不利于稳定的斗争学说，把儒家说成是有利于稳定的和的学说，这种解释是不全面不准确的。马克思主义的学说绝不是一个“斗”字能概括的，正如儒家学说也不能归为一个“和”字。儒家倡导宽猛相济，就说明它并不是只一味讲“和”的。别的不说，仅就王阳明和曾国藩对待农民起义而言就可以说明这一点，而王、曾都可说是儒学的信奉者，是大儒。

儒家的政治性决定历代封建王朝需要以儒学为治国治民的要术。实际上在长期封建社会中，儒家的确起到了稳定封建制度的作用。曾国藩打败太平天国，成为清王朝中兴名臣的思想武器正是孔孟之道。中国传统文化的伦理特色是因为儒家长期作为封建社会主流文化形态造成的。其实中国传统文化的精品很多，并不限于儒家，但儒家由于它的政治地位和作用，成为历代统治者不可缺少的思想工具。儒家处于正统地位并为法律所维护，非圣与非法一样历来是杀头的罪名。我们是社会主义国家，我们党的性质和社会性质决定我们只能是以马（马克思主义、毛泽东思想特别是邓小平理论）治国而不能以儒治国。中国近百年来的历史证明，不是儒家学说挽救中国，而是中国革命的胜利挽救了儒家学说，使它免于同社会和民族的衰败一道走向没落。当今中国在世界的国际地位，使儒家学说重新光彩夺目。儒学学说中的精粹只有当中国人民当家做主以后才有可能重新得到正确评价、清洗、吸收和发扬，因为与儒家学说相依存的封建社会已经成为历史，君主专制制度已经死亡。儒家学说与它极力维护的政治现实距离越远，它的意识形态性质越是减弱，而它蕴含的具有普遍意义的东西越是凸显，所以旧中国的灭亡，不仅是中国人民的解放，在一定意义上也是儒学的解放。儒学摆脱了历史上充当封建制度思想卫士的重负，真正成为科学研究的对象，成为中国人民创造新的社会主义文化的重要资源。

之所以可能如此，归根结底还决定于儒学的双重性。儒家学说是产生于封建社会并具有封建主义本性的文化，但不等于说儒家学说的全部内容都是封建主义的东西。不仅在同一社会中可以存在两种文化，而且即使是代表统治者的利益并处于统治地位的文化，也包含可供继承的内容。一种具有阶级性的文化形态，何以能为另一个社会制度下的人所继承和吸收呢？这并不是由于儒家学说代表人性，因而可以成为永恒不变的常道，其实儒家学说从先秦经两汉到宋明的发展和演变中，是代表封建统治者的意识形态，但由于人伦关系是人类社会中的一种普遍关系，因而它的一些规则具有普遍有效性的一面。如人们相互交往中讲信，对父母讲孝，夫妻关系中的互敬和互爱，对国家和民族讲忠义、讲大节，这对所有社会处理类似关系都有可供借鉴的方面。因此，儒家倡导的仁爱精神、注重个人的道德修养和理想人格的培养，提倡节俭反对奢侈，提倡个人对家庭、对社会的责任，提倡以义制利反对见利忘义，等等，对于社会主义市场经济下的精神文明建设都是有益的。

中国是有 13 亿人口的大国，在世界上的华人华侨也很多，散居世界各地的华人之所以认同中国当然不是认同马克思主义、认同社会主义制度，而是血缘关系的认同。另一个是文化认同，文化认同最根本的是儒家。他们不会认同老庄哲学、认同墨家、认同孙子兵法，等等（除了少数文化人以外）。为什么？因为儒家是与血缘关系最为直接、最为密切的，它是专讲人伦关系的。父子、夫妻、兄弟、朋友，个人与家族、个人与国家，这些道德伦理观念，最能为华人认同。但如果从文化的内涵看，儒家并不是中国文化中最深刻最丰富的，儒家比较狭隘，仅限于政治伦理方面，讲哲学应该是道家即老庄，讲逻辑应该是墨家，讲军事应该是兵家，讲农业应该是农家，讲法治应该是法家。中国的诸子百家各有特点各有贡献，儒家仅其一而已。但其他各家都是一个方面，或打仗、或论辩、或耕作、或刑名，唯独儒家所具有的政治伦理色彩，使它长期处于支配地位，并发挥任何其他学说所不可替代的作用。

世界上没有绝对纯粹的东西。纯粹只是一种舍弃其他一切因素的抽象。社会形态如此，文化同样如此。阶级性绝不是绝对排他的特性，阶级性与社会性是结合的。一个阶级越是处于进步的上升的时期，它的阶级性中包含的社会因素会越多。这正是文化可以交流可以继承的内在根据，如果阶级性是绝对排他的，人们只能被封闭在自己的文化圈子里，社会的发展和文化的进步是不可能的。

人生境界的高低决定于对宇宙和历史的理解

在宇宙万物之中人最关心的是人类自己，可要真正关心自己又不能仅仅囿于人自身。不关心自然，不懂得人与自然的关系，不懂得人在自然界中的地位，就不能理解人的生命的伟大，而且也不能为自己创造一个适合于人类生存的生态环境；不关心社会，就不可能为自己创造一个适合人自身全面发展的社会环境，而且不从个人与社会的关系着眼也不理解人的生存的价值、意义和目的；不关心他人，人就不可能有一个良好的人际关系，处处、时时使自己处于人际矛盾和苦恼之中。机关算尽太聪明，反误了卿卿性命，指的就是这种人。因此人要真正懂得人的意义和价值，树立正确的人生观，就必须进入哲学领域。只有哲学才能找到人在宇宙和社会中的恰当位置，从宽广的视野、从最深最高的层次来理解和把握人生。

人生问题是个哲学问题，而不是具体的科学问题。任何一门具体科学，无论是物理学、化学、数学、生物学、地质学，等等，都不能回答人生问题，不能解决人生的意义和价值问题。倍数再高的显微镜也看不透这个问题，最大的望远镜也看不到这个问题，亿万次的计算机也算不出这个问题。一句话，人生问题是任何实证科学无法解决的问题。有人说望着夏夜闪烁的星星可以领悟到人生的真谛。这只是您个人的体悟，人生问题的答案并没有写在天空上，正如林黛玉从花开花落中联系到人生无常、生生死死一样，这只是睹物伤情、情移就物，人生的答案并没有写在花上。人们常说人生是个谜，是个猜不透的谜。其实对具体科学来说是个谜，可对哲学它不是谜，而是着力研究的对象，是千百年来无数哲学家们力求解开的人生方程式。不少哲学家和思想家从各个不同的角度提供过不少有启发的思想。

人生观和世界观不可分。在世界观之外，不与任何世界观相联系的绝对独立的人生观是不存在的。世界观也叫宇宙观，是对作为整体的世界的总的看法，而人生观则是对于人生问题，对人生的意义、价值、目的以及人生态度的看法。它们各有特点但又不可分离。因为自从有了人与人类社会以后，单一的物质世界变为包括人和社会在内的世界。宇宙、社会、人处于一种辩证的联系之中。人不能离开社会，而社会又不能离开自然。这样，人类的社会实践活动处于三种关系之中，一种是人与自然的关系，一种是人与社会的关系，一种是人与自我的关系。这三种关系在客观上是相互渗透的。在人与自然的关系中，不可能离开人与社会的关系。

人是以社会为中介而不是作为孤立的个人与自然发生关系的。在人与社会的关系中，也离不开人与自然的关系。没有人与自然的关系，就不可能存在人与社会的关系。同样，人与自我的关系，也离不开人与自然、人与社会的关系。人生观中具有决定意义的是对人的本质、人与自然关系的正确理解。不理解什么是人，当然不理解人生的意义和价值。正是在这个基本点上，辩证唯物主义和历史唯物主义为共产主义人生观奠定了牢固的理论基石。马克思主义哲学关于世界的本质和人在自然界中的地位的观点，使得马克思主义在思考人的生命的意义时突破了历来着眼于人的生物性和人寿长短的局限。人与自然的关系不同于其他动物与自然的关系。人在自然界中处于一种特殊地位，尽管人与宇宙相比从形体看显得很微小但并不渺小，原因在于人是能进行自觉劳动的创造性动物。人的创造能力使得人超越其他动物之上，具有自然界任何东西不具有的自觉创造能力。在人之外唯一具有创造能力的是上帝，而上帝的创造能力正是从人这里抢走的，是人的创造力的升华和异化。世界上只有人为自己创造了一个人化的世界，创造了自然界本来不存在的东西。

人作为自然存在物正如其他生命一样不是永恒的，但人的生命的意义在于它的创造性，而不是以寿命的长短来衡量的。人的一生很短，如果尽干坏事它又显得太长。正如一位哲学家说的，尽管生命没有两次，可不少人连一次也没有很好利用。如果在有限的生命中充分发挥它的创造作用为社会做出贡献，这种生命光辉而充实，而且人的生命的意义并不能仅限于生时。不少人，生时寂寞穷困潦倒，甚至为人误解，频遭摧残，可死后被重新发现再现辉煌。许多学术著作亦复如此。生时无法出版，死后成为不朽之作。因此人的生命意义并不能完全以死为界限，不能仅仅以生命的长短为尺度来衡量。有的人活着已经死了，有的人死了永远活着。这说明生命的长短并不是人的生命意义的关键所在。

人不仅是创造性的动物，而且是社会性的动物。这两者是不可分离的。马克思说过，人的本质并不是单个人所固有的抽象物，在其现实性上，它是一切社会关系的总和。这就是说，离开了社会、离开了人与人的相互关系，是无法说清人生的意义和价值的。如果仅仅把人看成孤立的个体，必然把人的生命看成一支短短的暂时点燃的蜡烛，很快化为灰烬。人生一世，草木一秋，如此而已，有什么意义和价值。可从人的社会本性出发，把人作为社会成员来考察，就会看到，人的一生虽然短暂，但由个人组成的社会却是久远的。人不是一支短短的蜡烛，而是由人类组成的火炬，每一代人都应该把它烧得更旺。这同时也就是把生命由暂时变为永恒、由有限变为无限。这种积极的人生态度没有对人在世界中的地位和人的社会本质的正确理解是不可能的。

生与死的问题，是人生观中最重要、最难解决的问题。这个生死大限，正是各种人生观着力解决的生死之谜。辩证唯物主义哲学从自然规律和社会规律两方面对生与死的问题作了回答。人作为一个有生命的个体是自然存在物，它与宇宙中的一切生命现象一样，必然是有生有死、有始有终的。人的自然寿命有限，而且只有一次，从自然规律看是很容易理解的。追求长生久视、成仙成佛，都是宗教唯心主义的幻想。恩格斯在《自然辩证法》中对生与死的问题有一段非常精彩的论述。他说，生命总是和它的必然结局，即以萌芽状态存在于生命之中的死亡联系起来考虑的。辩证法的生命观无非就是如此，但是无论什么人一旦懂得这一点，在他面前一切关于灵魂不死的说法便破除了。只要借助于辩证法简单地说明生和死的本性，就足以破除自古以来的迷信。生就意味着死。辩证法的规律是理解生与死的钥匙。无怪乎，毛泽东把死称为辩证法的胜利。

可对生与死的理解不能仅仅以自然规律为依据。人有生有死，这是自然规律，可生的意义、死的意义，又不能求之于自然规律，而必须求之于社会规律。同样是生，有的生得伟大，有的苟且偷生；同样是死，有的死得伟大，有的死得窝囊。所谓重于泰山、轻于鸿毛讲的就是死的意义问题。这个死的意义是人生观的重要内容。可以说，英雄与懦夫、留名千古与遗臭万年的分界线往往决定于对死亡的态度。中国古训临难毋苟免，讲的就是气节，也是对待死亡的态度。死亡中最壮烈最感人的是为事业为正义而献身，死在刑场和战场上。

在中外古今关于人生问题的哲学著作中，讨论死亡的不少，但多指人的自然死亡，即生死大限。中国古代哲学著作中的《庄子》就有不少篇章讲到对待死的态度。外国哲学也有不少著作讲到死。西塞罗说，一个哲学家的全部生活乃是冥思他的死亡。

蒙田说，死亡是我们存在的一部分，其必要性不亚于生活。他还认为猝死是最幸福的，因为人没有死亡的恐惧，最少经预想的死亡是最安逸最幸福的死亡。我们不仅要以哲学家的通达服从自然规律来对待自然的死亡，而且要以革命家的气概以视死如归的勇气对待为正义和真理而献身的死亡。前者是智者，后者是勇者。文天祥的名句“人生自古谁无死，留取丹心照汗青”，是对死的认识的最高境界，是对死的意义理解的通达至极，是勇者与智者的结合。文天祥不仅以宁死不屈来昭示后世，而且以对死的价值的体认来激励后世。可这两句诗的蕴涵不是纯道德说教，而是以对自然规律与历史价值的认识为依据的人生态度。

人的个人理想和社会理想也有境界问题

人生的境界就是人生的追求，人生境界问题实际上是人生理想问题。理想就是境界，境界的高低优劣以理想的性质为转移。理想是人生哲学中最重要的内容，它是人关于自身的价值、意义和目的的集中体现，因为人是在确立和实现自己理想的过程中呈现自身的价值和意义的。理想的状况和性质对于人成长是极端重要的。的确，喷泉的高度超不出它的水源，人的成就超不出他的信念。一个崇高的理想就是人生的航标和灯塔，它在人的一生中始终照耀着人前进的道路。即使风云变幻、命途多舛，仍然有方向；理想又是加油站，它在人们遭到失败时起到鼓劲作用，能使人拼命挖掘潜能奋勇前进。

在人的各种理想中，对人来说最重要的是社会理想。道家的理想是成为真人、至人；儒家是追求成为仁人、圣人，都是着重个人的修养。我们提倡的是要树立社会主义和共产主义的共同理想。邓小平非常重视理想教育。他说，过去我们党无论怎样弱小，无论遇到什么困难，一直有强大的战斗力，因为我们有马克思主义和共产主义的信念。有了共同理想，也就有了铁的纪律。无论过去、现在和将来，这都是我们的真正优势。他还强调一定不能放松共产主义理想的教育和宣传，我们一定要经常教育我们的人民，尤其是我们的青年，要有理想。为什么我们过去能在非常困难的情况下奋斗出来，战胜千难万险使革命胜利呢？就是因为我们有理想，有马克思主义信念，有共产主义信念。我们干的是社会主义事业，最终目的是实现共产主义。这一点，我希望宣传方面任何时候都不要忽略。

毋庸讳言，现在的一些人尤其是有些年轻人，对社会主义和共产主义理想没有兴趣，发生所谓信仰危机。原因很复杂，但有两点很值得注意，一是社会主义事业在苏联东欧的挫折所引起的思想震荡；二是对我们实行的社会主义市场经济的错误认识。这两条归结起来还是历史观的问题。人类社会走向社会主义和共产主义这是社会发展规律，但这条规律的实现不是一帆风顺的，而要经过反复曲折的途程。在这个过程中暂时的挫折甚至逆转是完全可能的。历史规律是大尺度的，它的实现不是以日以年计算的，而要经过几十年甚至上百年的时间。在历史上任何一个新的生产方式代替旧的生产方式没有不经历反复的，社会主义这种从私有制到公有制的根本转变更是如此。苏东事件不是历史发展的终结而只是历史发展过程中的一段。针对这种思想邓小平说过一段非常深刻的话："封建社会代替奴隶社会，资本主义代替封建主义，社会主义经历一个长过程发展后必然代替资本主义。这是社会历史发展不可逆转的总趋势，但道路是曲折的。资本主义代替封建主义的几百年间，发生过多少次王朝复辟？所以，从一定意义上说，某种暂时复辟也是难以完全避免的规律性现象。一些国家出现严重曲折，社会主义好像被削弱了，但人民经受锻炼，从中吸收教训，将促使社会主义向着更加健康的方向发展。"① "风物长宜放眼量"，这是我们观察社会必须具有的历史眼界。至于因为我们实行市场经济，而不再讲什么共产主义理想信仰，这是完全不懂我们市场经济性质的糊涂观点。在我们国家，正是通过市场经济发展生产力和解放生产力，以尽快实现消灭私有制、消灭剥削、达到共同富裕的社会主义发达阶段并为过渡到共产主义进行物质和思想准备。我们的长远目的是实现社会主义和共产主义，我们的近期理想是全力实现党制定的战略目标，为实现长远的社会理想奠定基础。在经济上我们的理想是通过市场经济运行的体制来实现的。因此，社会主义市场经济不仅不妨碍我们的理想，而且为我们真正实现社会主义和共产主义理想指明了一条道路。不站在社会规律的高度而是为自己狭隘的资产阶级人生观所局限，永远无法理解社会主义市场经济的本质，无法理解它与社会主义和共产主义理想之间的辩证关系。可见作为我们人生观

---

① 《邓小平文选》，1版，第3卷，382～383页。

核心的社会主义和共产主义理想，不是以抽象的道德原则为依据，而是建立在社会发展规律基础上的。以客观规律为依据的理想是难以动摇的。

除了社会理想外，我们同样重视个人理想。在社会生活中，我们不同的人会有不同的兴趣、爱好和素质，可以尽量发现和培养自己的特长，充分实现自己的个人理想。但是马克思主义哲学教导我们，任何个人的理想都不能与社会规律相违背。社会是决定个人理想能否实现的大环境。在旧中国许多知识分子抱有科学救国、教育救国的理想但不可能实现，只有社会主义才为他们的理想的实现提供了可能。任何个人只能在推动社会发展中求得个人的发展。每一次大的社会变革总要使一大批名不见经传的小人物变为大人物，例如法国大革命时期不少被贵族视为下贱人的演员、小贩、理发师成为将军元帅。在中国革命中有多少放牛娃、矿工、普通农民变为政治家、军事家，变为各级领导。可是，如果站在历史规律的反面，就会断送个人的前途理想。在中国近代史上，不少青年时胸怀大志、抱有救国救民理想的人后来沦为政客，与人民为敌，终于成了历史的小丑。要沿着历史发展的进步方向前进而不能逆向而行，这是我们确定人生理想和目标的根本原则。

此外，我们还要充分注意到人的一生不可能是一帆风顺的。人生既可能有顺境，也可能有逆境。李白的诗句"人生若波澜，世路有屈曲"，包含丰富的人生哲理。在这方面唯物辩证法不仅是自然和社会的发展规律，也为我们正确处理人生中碰到的诸多矛盾提供了方法论原则。最近我读了陕西人民出版社出版的《共产党人的人生观》，就是从唯物辩证法的高度对共产党人应该如何处理人生中的许多矛盾提供了很好的看法。

在当前，要树立共产主义人生观就必须反对以个人主义、拜金主义、享乐主义为主要内容的资产阶级人生观。而要真正有说服力，就不能就事论事而必须从世界观和历史观的高度对它进行分析。树立正确人生观离不开哲学，反对错误的人生观同样离不开哲学。

个人主义的鼓吹者的哲学论据是抽象的人性论，认为人性是自私的，提倡集体主义就是扭曲人性。何以见得人性是自私的呢？据说人都要生存，都天生有一种维护个人利益的本能。这种说法似是而非，完全把个人主义和个人利益混为一谈。利益原则是唯物史观的一个重大原则。人有各种各样的利益。作为国家成员有国家利益，作为社会成员有社会利益，作为某一个阶级的成员有阶级利益，作为个人有个人利益。个人利益不等于个人主义。个人主义是一种处世原则，是一种人生哲学，它以自我为中心，任何时候都把个人利益摆在首位。当个人利益和国家利益发生矛盾时，不惜损害国家和集体的利益以满足个人的欲求。很显然，这种观念并不是人的本性，而是私有制下形成的私有观念。人类经历了很长时期的非私有制和非私有观念的社会。即使在私有制社会中，仍然有许许多多为国家为民族利益为集体利益而献身的人。说自私是人的本性，是以一部分人概括全体人，以一定历史阶段（私有制社会）来涵盖整个人类社会的形而上学的抽象的人性论。

有的论者强调个人主义有积极性，是一种动力。这也是一种抽象的议论。问题在于这个动力是对谁说的？对个人而言，它可能成为一种动力，它可以激起人的欲望和热情，激起拼搏精神，可对于社会说，它是一种破坏力、涣散力、离心力，它使人钩心斗角、损害团结，以无休无尽的内耗来阻碍社会发展。对于个人主义的双面作用，培根在《论自私》中说得很清楚：蚂蚁这种小动物替自己打算是很精明的，但对于一座花果园，它却是一种很有害的生物。自私的人也如同蚂蚁，不过他们所危害的是社会。还说自私自利永远是一种坏品质，这种人总是把一切事物都按照一己私利的需要加以歪曲，其结果没有不危害社会的。个人主义对个人的所谓动力作用也是有条件的。当个人发展顺利，一切都如愿以偿时，可以意气风发，干劲十足，一旦受到挫折，个人的目的没有达到，就会灰心丧气、消极怠工、破罐破摔，个人主义由动力变为阻力。我们反对个人主义但决不忽视个人利益。一种合理的公正的社会和真实的集体总是要保障和维护个人的利益，保障个人以正当的方法和手段谋取个人利益的权利。但我们提倡集体主义，提倡正确处理个人、集体、国家这三者的关系。当发生矛盾时，我们提倡个人利益服从国家和集体利益。

在人生观中，金钱是一个很重要的问题，但只有从哲学的高度才能弄清金钱在生活中的作用和拜金主义的界限。我们反对拜金主义，但并不鄙视金钱。以封建贵族式的态度对待金钱，如魏晋时有人口不言钱称其为阿堵物的自命清高是我们所不取的。在市场经济条件下，货币是一般等价物，是流通手段，没有货币，任何个人的正当需要都无法实现。合理合法获取报酬是应该的，但拜金主义的本质并不是重视货币的经济职能，而是像马克思所揭示的把货币“当成万能之物”，鼓吹“货币的本质的万能”。这样，拜金主义把货币从作为流通手段和作为一般等价物变为人生的目的、人生的意义、人生的价值和人生的唯一追求。拜金主义人生观的信条是，一切为了钱，钱就是一切。钱是他们衡量世界一切事物的尺度，因而美丑、是非、善恶都是颠倒的，所以拜金主义必然导致价值混乱、道德失范。即使在资本主义市场经济条件下进步的思想家文学家都是反对拜金主义的。巴尔扎克的《欧也妮·葛朗台》、莎士比亚的《雅典的泰门》都对拜金主义作了鞭挞。我们是社会主义国家，我们的市场经济是社会主义的市场经济，我们更应该反对拜金主义的人生观。

只有深刻把握马克思主义的世界观和历史观才能把享乐主义和追求富裕生活区分开来。贫穷并不是社会主义。我们反对享乐主义，但不歌颂贫困，提倡落后。陋居箪食、安贫乐道是儒家的理想人格，并不是共产主义人生观的追求。恩格斯把生存、发展、享受作为一个合理社会中社会成员的应有的生活条件。邓小平把“三个有利于”作为衡量我们各项改革成败得失的标准。共产党人革命的目的归根结底是要改善人民的生活，其中包含提高物质成果和精神成果的享受水平，提高生活质量，但这与提倡享乐主义是根本不同的。享乐主义产生于封建宫廷和贵族，后来为资产阶级所鼓吹。它是一种人生苦短、及时行乐、用各种方式满足感官欲求的腐朽人生观。享乐主义是彻头彻尾的个人主义，因为它的核心是个人享乐并把自己的享乐建筑在被剥削被压迫者的痛苦基础上的。马克思深刻揭示了享乐主义的本质。他说，享乐哲学一直只是享有享乐特权的社会知名人士的巧妙说法。一旦享乐哲学开始妄图具有普遍意义并且宣布自己是整个社会的人生观，它就变成了空话。享乐永远是少数人的特权，享乐哲学永远是一部分人的哲学。要真正树立艰苦奋斗、吃苦在前、享乐在后的共产主义人生观，就必须反对享乐主义。当我们以共同富裕、普天同乐为奋斗目标时，这就不是享乐主义，而是共产主义。

是腐蚀剂，不是润滑剂

世界上无论中外古今，公开鼓吹贪污受贿有理的论调是很少见的，即使是中国古代的高薪养廉说，也还是以反对贪污倡导廉洁为目的的。可我们国家有的论者认为，我们国家公务员工资太低，要反对腐败制止腐败，必须实行高薪。这是一种变相的“贪污有理”论。人类历史证明，高薪不足以养廉，何况我们官员的收入特别是在住房和各种名目的非工资性的福利方面，比平头百姓好得多。一个国家公务员收入高低的问题只能与本国的老百姓比。如果工资低可以是贪污的理由，那百姓收入低能否成为盗窃有理的根据呢？显然不能。

至于有的理论家说，腐败是市场经济运转的润滑剂，更是一种货真价实的“贪污有理”论。市场经济可能会带来腐败，但不必然腐败。同样是实行市场经济，有的国家腐败严重，有的则比较廉洁，而且有些国家市场经济并不发达，但腐败现象在世界上名列前茅。也有些国家市场经济非常发达，但政府人员比较清廉，反贪有力度有法度，能及时制止贪污腐败现象的蔓延。如果说实行市场经济必然腐败，必须腐败，那腐败不仅有理还有功，我们应该为腐败举杯欢呼。尽管在当今世界，腐败是个世界性问题，可反对腐败也是世界性的，连资本主义社会都反对腐败，在社会主义社会还倡导腐败有理岂非咄咄怪事！

任何一个有良知的人都可以看到，腐败绝不是发展社会主义经济的润滑剂，而是附着在我们社会机体上的毒瘤。我们党历来反对腐败。新中国成立初期挥泪杀功臣，处置刘青山、张子善不说，至少从改革开放以来的三十多年中，我们党多次倡导反腐倡廉，真可以说是大声疾呼，慷慨陈词。在党中央领导下，我们在反腐倡廉方面取得了一些阶段性的成绩，但问题仍然相当严重。任重道远，一点都松懈不得。任何腐败有理的谬论，都必须围而歼之。

腐败的危害是多方面的，足以亡党亡国。别的暂且不说，仅就马克思主义在社会主义中的地位和作用说，它败坏马克思主义的威信，极大损害人们对马克思主义的信仰。

当马克思主义开始传入中国以后，在中国革命的过程中，马克思主义的威望不断提高，成为中国进步人民尤其是青年人心目中最神圣的旗帜和终生努力追求的信仰，不少人为马克思主义的信仰献出了自己宝贵的生命。特别是全国解放标志着马克思主义在中国的伟大胜利，它空前提高了马克思主义在全国人民心目中的地位。可是毋庸讳言，在我们国家近些年来，马克思主义的威望受到损害，有不少人怀有政治冷淡主义的情绪，丧失对马克思主义的热情和信仰。原因当然很多，但其中一个重要的原因是腐败现象引起的人们对马克思主义的怀疑和误解。腐败现象的泛化同牢固确立马克思主义的指导地位是不能共存的。腐败问题，在不同程度上涉及各种行业、各个不同阶层和集团中的人。由于中国共产党是执政党，因此政治腐败具有举足轻重的地位，而政治腐败的关键又是具有共产党员或革命干部身份，处于各级领导岗位手中掌握一定权力的腐败分子。这种人对马克思主义的危害最大，因为他们的身份特殊，他们不能不开口闭口马克思主义，可他们是腐败分子，他们的思想和行为同马克思主义是相对立的，用实际行为来败坏马克思主义。这种人对马克思主义的声誉败坏最大。马克思主义与腐败是水火不容的，它们是两种根本对立的世界观、人生观、价值观。这种对立在如何对待权力、利益、金钱、生活的问题上表现得最为明显和尖锐。

无产阶级胜利后，共产党成为执政党。如何掌权用权这是关系到社会主义成败兴亡的大问题。马克思主义非常重视取得政权后的国家政权的建设问题，特别是执政党的建设问题。马克思主义历来强调，无产阶级政权是劳动者的政权，任何担任公职的各级干部是人民的公仆。马克思和恩格斯当年总结巴黎公社经验时，把这条作为公社的主要经验。毛泽东也强调，我们的权力是人民给的，应该为人民服务。为人民服务、当人民公仆，是我们各级干部的天职。可腐败分子却是以有权不用过期作废的心态对待党和人民给予的权力，以权谋私，不择手段地为自己为子女捞取各种各样的好处。为什么有些人那样热心于当官、跑官、买官呢，甚至骗官的事时有发生，原因就是他们信奉有了权就有一切的腐朽的权力哲学。这种人一旦当了官会干些什么还用问吗！

在利益问题上，见利忘义，以个人主义反对集体主义。腐败分子的手长长的、眼睛尖尖的、心狠狠的。只要看到有利可图，什么党性、党的准则，什么法律、道德，一概丢在脑后。腐败分子都是个人主义恶性膨胀的利己主义者。在金钱问题上，腐败分子奉行货币万能主义，把货币作为人生的目的、人生的意义、人生的价值和人生的唯一追求。他们的信条是，一切为了钱，钱就是一切。他们不择手段获取金钱，贪污受贿、盗窃国库，无所不为，为了钱，甘愿冒坐牢杀头的危险。他们是彻头彻尾的拜金主义者。在生活问题上，腐败分子生活糜烂，道德败坏，用各种方式满足感官欲求，是彻头彻尾的享乐主义者。

正因为马克思主义与腐败分子的人生信条是两种根本对立的思想体系，腐败分子会以什么样的态度对待马克思主义是不言自明的。谁搞腐败，谁就不会真正相信马克思主义；哪级政权和组织腐败占上风，哪里马克思主义的主导地位就不可能确立。正如冰炭不可同炉，水火不能兼容一样。腐败是败坏马克思主义的腐蚀剂，而马克思主义又是反对腐败的最有效的思想武器。只有坚持马克思主义观点，才能真正把握腐败的根源，遏制和逐步消除腐败的途径和措施。

有的论者把无产阶级的政权、把公有制说成是腐败的根源。据说，权力的存在就会导致腐败，如果不掌权当然不可能以权谋私，如果不是公有制就不可能发生穷庙富和尚之类的怪事，如果不是公有制就不可能公款吃喝，如此等等。按照这种逻辑，为了消除腐败，无产阶级要拱手让出政权，要实行私有化。一个是共产党不掌权，一个是没有公有制，就会天下清廉，政清如水。据说如果全部私有，私有者会精心爱护自己的财产，任何腐败都不可能。可这种人忘记了旧中国并不是共产党掌权，也没有什么公有制，腐败之风，举世罕见，结果是兵败内地，逃命台湾。当今世界基本上是私有制世界，为什么腐败问题到处存在。其实很简单，腐败本质上是剥削制度、剥削阶级的产物，而共产党领导的无产阶级政权是反对腐败的政治力量，公有制是遏制腐败的基本条件。我们党和政府采取的反对腐败的措施和取得的成果，我们公有制企业坚持原则、不以行贿或其他不法行为作为所谓发展经济的润滑剂就是证明。公有制陷入目前的困境，与其说是腐败的原因倒不如说是腐败的一种恶果。无数经验证明，企业的领导集体的状况，往往是这个企业成败兴废的关键。如果以共产党放弃领导权、实行私有化来遏制腐败，这种为了治头痛把脑袋砍掉的说法，是制造混乱、存心诱人下阱的谬论。

我们并不否认在我们的党政部门、在我们的公有制企业存在腐败现象和腐败分子，原因并不在于权力和所有制本身，而在于我们缺乏有效的机制来监督权力的使用，在于掌权者以剥削者的思想和心理来对待委托给他们的权力和企业。前面讲的对待权力、利益、金钱、生活的两种思想非常明显地表现了这一点，因此没有监督的权力是容易产生腐败现象的，因为并不是所有被委托者都能正确地使用自己掌握的权力。由此得出的结论是，应该改革我们的干部制度，使我们的各级干部都在有监督的情况下行使自己的权力。必须找到一个公有制实现的恰当形式，并且深化公有制企业的经营机制和管理体制的改革，使我们的国有企业的管理者，既是独立经营者又是被管理者。这样做，就不是削弱我们的政权，而是巩固我们的政权；不是削弱公有制的主体地位，而是真正发挥它的主体作用。与此同时，我们还要进行思想教育，进行马克思主义的世界观、人生观、价值观的教育，提高干部的思想和政治素质。

在反腐败斗争中，我们要充分发挥马克思主义的作用，而且也只有真正反对腐败，使人心向党，人心向社（社会主义），才能树立马克思主义在群众中的威信。共产党、社会主义、马克思主义，三者唇齿相依，一荣俱荣，一败俱败。我们邻国发生的事，是有目共睹的。殷鉴不远，岂可忘哉！

辩证法与智慧

列宁曾赞扬黑格尔，说聪明的唯心主义比愚蠢的唯物主义更接近聪明的唯物主义。很显然，列宁赞扬的是黑格尔的辩证法，而不是他的唯心主义；批评的是旧唯物主义的形而上学，而不是它的唯物主义原则。用全面的、发展的、变化的观点看问题，比以片面的、静止的、僵化的观点看问题的人更聪明、更明白。这是全部人类实践活动和认识史反复证明了的真理。

中国古代哲学家庄子都懂这个道理。他说，藏舟于壑，藏山于泽，谓之固矣。然而夜半有力者负之而走，昧者不知也。这里说的就是两种思维方法的区别。在具有辩证思维的人看来，船绝不因为它藏于山洞就永远不会腐烂、山绝不会因为它藏于深泽之中就不会变化。船会腐烂，山会消失，这是有力者即自然的力量。只是满脑形而上学的“昧者”不理解而已，以为世间的一切应该永远如此，山永远是山，船永远是船。其实在中国哲学中的许多寓言故事，如刻舟求剑、郑人买履、守株待兔、拔苗助长，等等，都是对那种思想僵化、主观武断、刚愎自用、缺乏辩证思维的人的嘲笑。

任何一个稍微熟悉一点马克思主义发展史的人都知道，凡是真正继承和创造性发展马克思主义的思想家，他们的智慧既是实践经验的凝结，又是得力于辩证的思维方法。任何思想僵化、故步自封的人，只能把马克思主义变为教条。列宁是伟大的马克思主义者。列宁不仅在《谈谈辩证法问题》、《辩证法要素》等名著中发展了马克思主义的唯物辩证法，而且运用辩证法来分析帝国主义时期的各种矛盾，写出了《帝国主义论》等一系列光辉著作，成为帝国主义和无产阶级革命时代的马克思主义的缔造者。谁都知道毛泽东的智慧卓绝超群。毛泽东的智慧当然是中国人民伟大革命实践经验的升华，可也是来自他对辩证法的精通。毛泽东的确是辩证法大师，这不仅表现在《矛盾论》、《关于正确处理人民内部矛盾的问题》、《论十大关系》等著作中，而且贯穿他的全部理论和实践。人们只要看看《毛泽东选集》就知道。至于他的军事著作《中国革命战争的战略问题》、《抗日游击战争的战略问题》，尤其是《论持久战》，简直是一部又一部军事辩证法的伟大教程。在实际战争中，毛泽东之所以能运筹帷幄，决战千里，用兵如神，很大程度上得力于他善于知己知彼、善于分析矛盾的辩证思维。而他晚年的某些错误，又与形而上学片面性的思维方法是不可分的，这一点从反面说明辩证法的重要性。同样，邓小平也是精通辩证法的。只有用发展的观点观察当代世界、观察当代中国，才可能真正做到实事求是和解放思想。我们纵观邓小平伟大理论，他反对“两个凡是”，确立一个中心两个基本点的建设中国特色的社会主义的路线和方针，打破计划与市场绝对对立的思维定式，提倡物质文明和精神文明两手抓的方针，制定解决香港问题的“一国两制”的方针，等等，我们都可以看到邓小平思想方法的辩证性。他不是在非此即彼两极对立的框架中思维，而是既坚持原则又善于灵活地运用亦此亦彼的思维方式。

当然，他们都是些伟大人物，不能类求。但这不是说，辩证法只有对那些伟大的马克思主义者才是重要的，而对我们则无关宏旨。其实恰好相反，对我们同样重要，而且在某种意义上更加重要，因为我们没有他们的才能，没有他们的经验和阅历，没有他们关注全局的条件。我们的见识由于我们个人条件的局限极易限于一隅，容易知局部而忽略全局、知眼前而不知未来。一句话，容易见树木而不见森林。我们更应该求助于辩证法，从辩证法中吸取智慧以弥补我们的局限。恩格斯说过，对于现今的自然科学来说，辩证法恰好是最重要的思维形式，因为只有辩证法才为自然界中出现的发展过程，为各种普遍的联系，为从一个研究领域向另一个研究领域过渡，提供了模式，从而提供了说明方法。这段话是一百二十多年以前说的。我以为至今对我们的科学研究、尤其对我们建设中国特色的社会主义的实践活动具有指导意义。

我们现在干部的状况与“文化大革命”以前不同。现在各级干部包括高级干部的文化水平都很高，大专普遍，硕士、博士也已经不是“稀有品”。这当然是大大的好事，但是干部水平并不是仅仅取决于文化高低，极为重要的一点还有他的思维方法和工作方法。你是个什么样的干部，你的才智和能力，老实说并不取决于你手中的文凭，也不完全取决于你有多少知识，而是取决于你如何思考、如何工作，即如何开动你的大脑以及应用大脑中储藏的知识。这就是干部素质问题。要思维必须运用概念，必须要有思维方法。经验证明，光书读得多、知识多的人并不一定有智慧。我们的眼力不够，必须借助望远镜和显微镜。哲学特别是辩证法就是我们的望远镜和显微镜，它使我们看得远些，看得深些。

社会发展本来是辩证的，特别是我们正处在由计划经济向市场经济体制转轨时期，社会变化更为深刻，关系错综复杂。既要以经济建设为中心，又要正确处理与“两个基本点”的关系；既要以公有制为主体，又要多种所有制经济共同发展；既要深化改革，又要正确处理它与发展和稳定的关系；既要充分发挥市场机制作用，又要加强和改善宏观调控；既要抓物质文明，又要抓精神文明；既要发展经济，又要考虑到可持续发展；如此等等。而且在整个社会主义建设中都有个正确处理人民内部矛盾的问题，包括先富与后富、富与不富、就业与下岗、发达地区与老少边穷地区的矛盾。很显然，我们的各级干部特别是新走上各级领导岗位的年轻干部，承担着高举邓小平理论的伟大旗帜、把建设中国特色的社会主义事业全面推进的历史使命。如果不懂辩证法，不善于分析矛盾解决矛盾，是很难圆满完成党和人民赋予的重托的。因为说到底，能否真正高举旗帜、能否在工作中取得突出成绩，最关键的是正确处理面对的各种矛盾和关系。在事关全局的各种重大问题上，从担任领导职务的角度看，任何形而上学的片面性都会造成重大损失。

或许有的同志会说，辩证法我学过多少遍，没有什么新玩意儿，无非是全面性、两点论之类，谁都懂。我看按现在干部的文化水平，要背点条条是不难的，难在把原则变为智慧，因为智慧不是哲学条条，而是被灵活运用于实践中工作中甚至生活中的哲学。一个人不管读过多少本哲学教科书，要是除了能背诵几个条条外不会应用，谈不上有什么哲学智慧。就拿全局与局部问题说，市场经济体制下出现的问题不同于计划经济体制，处理的方法也不尽相同。市场的竞争大大提高了局部的主动性，有利于全局，但局部利益的驱使，又可能使全国一盘棋的思想大大减弱，地方保护主义严重滋长。也许这些具有地方保护主义思想的干部从课堂学过全局与局部的关系，但并没有把哲学原则变为智慧，依然是眼界狭隘，甚至鼠目寸光。他们没有通过全局与局部关系参透覆巢之下焉有完卵的道理。以邻为壑，整个国家的经济上不去，光你一个地方一个地区繁荣昌盛是不可能的，即使如此也不可能持久。再说，量变到质变似乎学过哲学的人都懂，可不见得都能把它变为智慧。有的人一听说建设社会主义要十几代甚至几十代，似乎目标遥远与我们无关。他们不知道社会主义不是预设的目标，它的远近取决于我们每代人的努力。社会主义正在建设中。《道德经》说："合抱之木，生于毫末；九层之台，起于累土；千里之行，始于足下。"只要我们方向对头，齐心协力，上下同心，就能比较顺利地完成我们党确立的伟大任务，否则就会慢而远。如果与建设中国特色的社会主义道路背道而驰，则永远达不到目的。所以，社会主义建设中的远近快慢问题，离开辩证思维方法是理解不透的。

再说，就是这同一条量变到质变的道理，不同的人理解和把握得可以大相径庭。有的人能敏锐地注视着工作中的微小变化，促进和加速有益的量的积累，防止不利的因素，及时化解矛盾。有的人，在矛盾积累到突然爆发之前，总是视若无睹。您说谁聪明谁愚蠢，谁有智慧谁没有智慧？事物是变化的，可在量变阶段往往不易觉察。量变是狡诈的、平静的、迷惑人的，但总有征兆可寻。一个人在工作中能见微知著、防微杜渐，有远见卓识，就是把量变到质变的哲学原理变为实际的智慧。反之，量变与质变的条条背得再熟，也只能打零分。还有，比方说世界是普遍联系的原理，这是老生常谈。可真正在实践中，能敏锐地发现事物之间的联系并区分联系的性质并非是容易的事，原因在于缺乏辩证思维。说句实话，没有辩证法的确像恩格斯说的连两个简单的事实都无法联系在一起。辩证法的规律是客观的，自觉地应用辩证法就是智慧，违背辩证法就会受到惩罚。

有一点我想再强调一下不会是多余的，这就是马克思主义的辩证法是唯物辩证法，与实事求是是不可分的。如果把辩证法变为“常有理”，昨天对，今天对，明天还对，这不是辩证法而是诡辩论和相对主义。为了防止辩证法走味，我们一定要坚持实事求是。一定要实事求是地运用辩证法，或者说运用辩证法时一定要实事求是。一切依时间、地点、条件为转移，这个时间、地点、条件应该是客观的，实实在在的，而不是掩饰错误的借口。

伟大与渺小

伟大与渺小的评价，是历史观而不是单纯道德的评价问题，尽管其中也包括道德但不能归结为道德。就历史人物来说，伟大与渺小的尺度存在于个人与社会的关系之中。

凡是个人对社会贡献超出个人从社会得到的人，就是一个对社会有贡献的人。超过的部分越多，他对社会的贡献越多。这种贡献多到人民赞扬历代不忘的人，就是伟大的人。任何伟大人物的伟大程度，都是以社会受益为尺度。能为当代造福，泽及后世的人，当然是伟大的人。受益的人越多，越长久，这个人越伟大。相反，祸害国家与人民，就是一个渺小的人，即使身居高位，照样是国家和社会的蠹虫。贡献就是尺度，贡献与索取在天平上的不同重量就是判断的依据。您会说，这是功利标准。不错，这是功利，但不是个人的功利，而是人民的利益。在任何时候，对人民有利、对社会有利都应该是衡量个人历史地位的尺度。如果鲁迅先生说的吃草挤牛奶是一个高尚的对人民有益的人的话，那为国家为人民做了更多更多的好事的人，当然是伟大的人。贡献的尺度，就是以个人与社会的关系为尺度。

地位不是尺度，权势不是尺度。历史上有多少帝王将相如过眼烟云，真正能在历史上占有一席地位为人民所称颂的还是那些为国家、为民族做过好事的人。我们称颂秦皇汉武、唐宗宋祖，称颂那些名相良将，正是因为他们的贡献远远超过具有同样地位的人，他们才是真正具有历史价值的人物，是历史性人物，而别的人只能称为历史上的人物，即历史上曾经存在过的人物而不是历史性的人物。毛泽东说过，卑贱者最聪敏，高贵者最愚蠢。这个说法似乎有点片面，但只要理解正确还是包含深刻的道理的。普通人可以通过自己的贡献成为历史性人物，而不少高贵者坐享其成，无非是酒囊饭袋而已。肉食者鄙，就是指这种人。

历史证明，凡是历史性人物，都是对民族、对人民做出过贡献并在某个方面为子孙后代留下了宝贵遗产的人。战国时期诸子百家对中国民族文化的贡献永放光辉。屈原、李白、杜甫等对中国诗歌的贡献，《三国演义》、《西游记》、《水浒》、《红楼梦》等的作者对小说的贡献，都是无与伦比的。至于中国历史上那些杰出的政治家、科学家、军事家的历史功绩也永远为子孙后代所铭记。他们有的生命坎坷郁郁不得志含恨以没，有的一生过着“举家食粥酒常赊”的贫困生活，他们生前所享有的东西与他们对中华民族的贡献是无法相比的。所有关于历史人物的评价，离开这个尺子是无法度量的。

由此我想到我们当今关于个人价值与社会价值相互关系的争论。一个人的才能的发挥和培养，一个人的成长，都离不开他对社会的贡献。高尔基说，一个人追求的目标越高，他的才力就发展得越快，对社会就越有益。这个说法是不移之论。如果一个人的努力程度完全以他得到的东西为尺度，他的成就永远超不出他已有才能的水平，因为他的潜在才能为他的自私之心所禁锢，不可能得到充分更不用说超常的发挥。这种人可以成为精打细算的平庸之辈，可以是跌入蜜罐的苍蝇，但绝不可能成为具有成就的伟大人物。历史上从来没有一个有成就的人物，是按照收入与支出相当的原则来决定自己的奋斗目标和用力程度的。

在处理个人价值与社会价值的关系问题上，无论是中外古今凡具有积极进取精神的大思想家无不强调人的社会价值，强调个人对社会的贡献。“天下兴亡，匹夫有责”，“先天下之忧而忧，后天下之乐而乐”，提倡的就是这种精神。爱因斯坦说过，一个人的价值，应该看他贡献什么，而不是看他取得什么。年轻时代的马克思在他的中学毕业论文中有一段非常精彩的话。他说，如果一个人只为自己劳动，他也许会成为著名学者、大哲人、卓越的诗人，然而他永远不能成为完美无疵的伟大人物。在选择职业时，我们应该遵循的主要方针是人类的幸福和我们自身的完美。马克思把人类的幸福放在首位，这是此后马克思一生劳作的方向，这正是马克思能成为马克思的个人品格上的重要原因。敌人的迫害、生活的困苦、儿子的死亡、疾病的折磨，都无法动摇马克思为无产阶级和全人类而舍身工作的决心。

在个人价值与社会价值的关系处理上有个导向问题。我们并不否定人的个人价值，一个合理的公平的社会应该保障个人的合法权益和人权，保障个人的正当的自由。尽管资本主义社会非常强调个人的自由、人权，其实在资本主义社会由于它的经济和政治制度，真正的穷人、处于社会下层的人很难实际上享受到这些权利。美国和西方社会的现实不断向我们证明了这一点。在一个金钱决定人的价值，人人管自己、上帝管大家的社会中，人的个人价值和社会价值的失衡甚至矛盾是必然的。对社会贡献最大的人，可能是社会地位最低的人；没有贡献甚至危害社会和人类的人，可能是最受尊敬和最有地位的人。这种价值观念上的是非颠倒，表明这个世界是颠倒的世界，社会是颠倒的社会。正如马克思在讲宗教时说的，国家、社会产生了宗教即颠倒了的世界观，因为它们本身就是颠倒了的世界。

我们仍处在社会主义社会初级阶段，个人价值与社会价值的矛盾在我们这里也会存在。我们应该尽可能适当地有步骤地解决这个矛盾，使那些对国家对社会做出最多最大贡献的人成为最受尊敬最能得到社会奖赏的人。可是获取相应报酬只能是市场经济中生产和交换的法则而不能是人生的目的。在社会主义社会中，人的贡献更是无法以相应的金钱来衡量的，社会主义事业是人类最新的事业，也是最困难的事业，特别是在中国这样一个经济文化落后的大国，建设一个富强、文明、民主的中国，不提倡艰苦奋斗、不提倡集体主义精神，只讲等价交换原则，把市场经济法则当成道德原则是不行的。如果这样，我们有可能使经济得到某种程度的发展，但在价值观念和道德建设方面将陷于混乱，从而使物质产品的丰富和精神领域的贫困形成惊人的反差。这正是当代西方发达资本主义所走的道路，我们当然应引以为戒。或许有人会说，西方后现代主义对当代资本主义的批判与我们无关。我们就生产力水平而言仍处在前工业社会。我们的任务是发展生产力，其他一切都是次要的。我说此言差矣。邓小平的理论是两手抓、两手都要硬；党的基本路线是一个中心两个基本点。自然环境与社会环境不同，自然环境还有可能先污染后治理，而在社会领域，当道德和风气恶化到一定程度要整治很难，因为该整治的社会就包括有权整治社会的人在内。一个社会的道德最具表率的是官德，社会公正的最大尺度是吏治和执法。我们应该始终记住邓小平的教导，重视思想教育，尤其是各级干部的教育，特别是处于领导地位的党员的教育。

我历来不同意抽象地鼓吹价值观念的更新，我一直主张对价值观念更新问题采取分析的态度。说没有永恒不变的价值观念，这当然正确。整个人类的进步，社会的发展和变化，就包括价值观念的变化，特别是处在社会大变革时期更是价值观念的大变动时期。资本主义代替封建社会的变革，就包含由崇拜特权、崇拜门第、压制个性的封建观念，到主张自由、民主、平等，主张个性解放和尊重人权。至于由资本主义到社会主义的转变，更包括价值观念的大变化，例如，由利己主义变为集体主义，由拜金主义转变为推崇贡献，由特权思想转变为公仆思想。这种价值观念的转变的的确确是更新，是用一种进步的价值观念取代腐朽落后的价值观念。可是在我们一些人那里，所谓价值观念的更新，是在更新的旗号下货真价实的复旧，因为被一些前锋人物视为新观念的东西，如个人主义、拜金主义、性解放以及一切舶来品，或者是中国的陈年旧货或者是西方腐朽观念的改装，实实在在是旧得可以，一点也不新。

价值观念从原则上说是应该更新的，但价值观念更新应该与社会形态更替的进步方向相一致，这种更新才是进步的、积极的、向上的，因此在价值观念更新中总会保存和继承历史上一些优秀的东西，成为应该代代相继的传统。例如对上面说的个人价值与社会价值的关系问题的处理上，我们就必须发扬历代强调以个人对社会的贡献作为人的价值衡量尺度的观点，而不能宣扬个人主义和拜金主义。尽管从社会发展来看，后者的滋生和泛滥处在比封建社会更高的资本主义社会，但从价值观念来看，它表现的并不是资本主义社会价值观念的积极方面（资本主义社会的价值观念的积极方面应该是自由、民主、平等、科学、人权的观念，这是我们应该批判继承的东西），而恰好是它的消极的腐朽的方面。对于社会主义社会来说，我们应该正确处理个人与社会的关系，既反对压制个人权利的封建专制主义，又反对资本主义的利己主义，但不是这两者的平均和折中。在个人与社会的关系问题上，我们仍应该强调个人对社会对人类的贡献。任何对个人利益的强调超出对社会贡献的强调，就不可能培养社会主义“四有”新人，更不用说培养对人类有突出贡献的历史性人物。

社会无论怎样变化、怎样发展，对社会的贡献，对人类有益或有害，始终是伟大与渺小的分界线。正如人对自然的无限索取必然破坏自然，造成人的自然生态恶化一样，人对社会不讲贡献只想无限索取必然破坏人的社会环境。一个社会如果仅仅以个人的拥有和占有作为衡量人的价值的标准，人的社会责任感、使命感和崇高感都会丧失殆尽，物质欲望无限膨胀使人的精神陷入极端贫困，人与人除了彼此争夺之外没有任何人的关系。这种社会正如极端恶化的自然环境一样，同样不适用于人的生存。

图书在版编目（CIP）数据

陈先达文集. 第8卷，静园夜语/陈先达著. —北京：中国人民大学出版社，2015.9
ISBN 978-7-300-21842-7

Ⅰ. ①陈… Ⅱ. ①陈… Ⅲ. ①陈先达-文集②哲学-随笔-文集 Ⅳ. ①B-53

中国版本图书馆CIP数据核字（2015）第211992号

陈先达文集　第8卷

静园夜语

Jingyuan Yeyu

出版发行	中国人民大学出版社		
社　　址	北京中关村大街31号	邮政编码	100080
电　　话	010－62511242（总编室）		010－62511770（质管部）
	010－82501766（邮购部）		010－62514148（门市部）
	010－62515195（发行公司）		010－62515275（盗版举报）
网　　址	http://www.crup.com.cn		
	http://www.ttrnet.com（人大教研网）		
经　　销	新华书店		
印　　刷	涿州市星河印刷有限公司		
规　　格	160 mm×230 mm　16开本	版　　次	2015年11月第1版
印　　张	24.5 插页3	印　　次	2015年11月第1次印刷
字　　数	367 000	定　　价	1580.00元（全14册）

陈 先 达 文 集

第9卷

哲学心语

中国人民大学出版社 北京师范大学出版社

目　录

上　篇

下 篇

上　篇

我与哲学

对我来说，闯进哲学殿堂纯粹是偶然的。我像一个走错了教室的学生，逐步被讲台上老师博大精深的知识征服了。在半个世纪中，我曾聆听过一些哲学大师的讲课，也阅读过一些哲学名著，可似懂非懂。应该说，我是个蹩脚的学生。在哲学的海洋里，我至今仍然是在深不及膝的浅水中试步而已。

我的老家江西鄱阳，是鄱阳湖滨的一个小县城。旧称鄱阳，后改为波阳，现又改回鄱阳。江西自宋代以后出过一些名人。就拿我们那个不起眼的县城来说，宋代著名词家姜夔和洪迈兄弟给它增添了不少光彩。尽管如此，新中国成立前我的家乡仍然是穷乡僻壤，我从来没有听说过“哲学”这个词。

▲ 我的父母，均已去世。自 1950 年我上大学之后，家人团聚机会很少，我自己年老才知思儿之苦：“遥望南天心愧疚，我今年老感受同。”

我的家，是一个普通商人的家。我是家里第一位大学生，也可以说是陈氏家族最早的一名大学生。我们家祖祖辈辈都是渔民，在鄱阳湖的风浪里以捕鱼为生。“落霞与孤鹜齐飞，秋水共长天一色”，那是诗人眼中的鄱阳湖，可对渔民来说，无风三尺浪，葬身鱼腹的危险使他们对鄱阳湖敬畏如神。我父亲从小在渔行里当学徒，后来挣扎到自己当渔行老板的地位。我从小见到的是鱼、渔民、剖鱼的女工、腌鱼的师傅，闻惯了鱼腥气和卤水味。我们家与书无缘，与哲学更无缘，我父亲曾幻想我能继承他的事业。可是我和所有的知识分子一样，具有浓厚的士大夫气味，瞧不起商人，视之为“市侩”，认为最荣耀的还是读书。

在中学读书时，语文老师偏爱我，可数学老师对我头痛。数学能及格就是伟大胜利。我最喜爱的是文学，最美的梦是当作家。在昏暗的豆油灯下读唐诗宋词，是我最大的乐趣。

▲ 1950 年中学毕业时摄于学校门口，后排右三为作者。“江南三月花似锦，小城夜半米酒甜”，中学时代的情景至老难忘。

1950 年考大学，两所大学都录取了我。复旦大学是历史系，南昌大学是文史系。复旦的录取在先，而且对从小生活在小县城的我来说，还是愿意到更大的世界去看看。我最终选择了上海，选择了历史，虽然文学的吸引力更大些。从此我离开了生我养我的故乡。1953 年来北京，一直生活至今。杂花生树、群莺乱飞的江南三月风光，时常勾起思乡之情，但我已习惯了北方的风沙和严寒。

我是大学毕业后分配到中国人民大学学哲学的。专业可以指定，现在的年轻人不易理解，可对我们这一代人来说，祖国的需要就是自己的选择，著名的红学家李希凡原来是山东大学中文系的，李秀林是山西大学教育系的，都在哲学班学习。我们班（1953—1956 年马列主义研究班哲学分班）的同学，没有一个是原来学哲学的。可是毕业后，不少同志在哲学领域做出了贡献。就哲学专业来说，我们是旧式婚姻：先结婚，后恋爱。在分配到哲学专业以后，逐步培养起对哲学的感情。

▲ 1953 年复旦大学历史系毕业合影，四排右五为作者。中坐者有周谷城、周予同、胡厚宣、谭其骧等著名教授。当时年轻，只识其人，不知其（声）名。

我们那年（1953 年）招的研究生特别多，过千。不是导师制，而是研究班。学员主要是从全国来的大学毕业生，也有一些调干生。我们班年龄最大的一位老大姐徐鸿就是来自延安，是个“三八式”。最小的是福州大学的应届毕业生李月英，我们管她叫“小麻雀”，前些年在福州逝世。

我们的课程主要是辩证唯物主义和历史唯物主义。此外还有其他理论课，如中共党史、政治经济学、联共（布）党史。我们也学点自然科学，如物理学、心理学、生物学，都是一些入门的、普及性的知识，但对我们学哲学来说还是有帮助的。

我们哲学课开始是苏联专家教的。先后听过几个专家的课，但大部分哲学原理课还是肖前老师讲的。那时，肖老师风华正茂，还不到30岁，但讲课还是很有吸引力的。

三年研究生班最大的收获是学到了一些马克思主义哲学的基本观点，抠了几本经典著作。尽管当时理解并不深，但总算打下了一点基础。从我个人的体会来说，这些基本理论和原著的学习的确是终生受益。

我喜欢马克思主义哲学，我信服马克思主义哲学。虽然我也喜欢读点老庄，特别是庄子赋哲理于寓言、文采斐然、构思奇突的文章令我沉醉，但我更喜欢马克思主义。马克思、恩格斯著作中那深刻的真理，警句式的格言，不可抗拒的逻辑力量，令我信服。后来也陆续读过一些西方哲学家们的著作，尽管其中不乏思想的闪光，但我觉得与马克思主义相比，它们只是大大小小的土堆，而马克思和恩格斯的著作是巍峨的大山。

从马克思、恩格斯的著作中，我学到的东西比从其他任何哲学家那里学到的要多得多，受益最深。它们教会我如何思维，如何写文章。我始终记着马克思批判德国哲学家那段著名的话，他说哲学，尤其是德国哲学，喜欢幽静孤寂，闭关自守并醉心于淡漠的自我直观。它们文风晦涩艰深，难以读懂；它们那种玄妙的自我深化在门外汉看来正像脱离现实的活动一样稀奇古怪；像一个魔术师，若有其事地念着咒语，因为谁也不懂他在念些什么。他的这一批判性思想是我一生从事哲学工作的指导。我一贯反对纯哲学思辨，只在概念上兜圈子，无论是文章，还是专著，总要让人知道你在说什么，为什么这样说。谁也看不懂的哲学文章，除了哲学圈子里的人以外是很难流传的。我们不是活在康德、黑格尔的时代。看不懂的文章就是好文章，这是吓人的话，对于面对群众面对实践的马克思主义哲学来说是不能成立的。

1956年从研究班毕业以后，我留在哲学系工作。那年哲学系刚建系。1964年，人民大学成立马克思主义发展史研究所，我调到所里工作。从我毕业到粉碎“四人帮”这二十多年时间里，真正坐下来研究的时间很少，写的东西也不多。真正做点学问，还是从粉碎“四人帮”以后开始的。在此以前，我的教学和研究主要是侧重在马克思主义哲学原理；从20世纪70年代末开始，我逐步把重心转向马克思主义哲学史，尤其是马克思的早期思想。

这个转轨并不困难。马克思主义哲学原理和马克思主义哲学史本来就是不可分的。马克思主义哲学史，无非是马克思主义哲学原理创立、发展的过程，离开了马克思主义哲学原理，也就没有马克思主义哲学史。反过来说，马克思主义哲学原理，无非是马克思主义发展史的结晶。如果马克思主义哲学原理没有自己的历史，没有经历创立、发展、成熟的过程，也不可能有科学的马克思主义哲学原理的出现。其实，马克思主义哲学史就是马克思主义哲学原理，不过是以历史形态出现的原理，即处于形成过程中的原理；而马克思主义哲学的每一个范畴和原理，都不是一次完成的，都包含着自己的历史。在我自己对马克思主义哲学史的研究中，我深感熟知马克思主义哲学原理的重要性。如果不是在此之前，对马克思主义哲学原理和经典著作稍微用过一点儿力，连眼前这一点小小的成绩都很难达到。

▲1956年人民大学哲学研究班合影，二排右四为作者。“两棵松树如盖，三层灰楼新建”，与现今校园无法相比。人民大学老人对原来两棵如盖松树仍怀思念。

我之所以转向哲学史，是我对国际和当时国内的思潮有点看法。我感到在国内有些人竭力鼓吹的把马克思主义人道主义化以及片面理解异化理论，明显曲解了马克思的实际思想历程。不从历史着手，很难说清楚这个问题。粉碎“四人帮”以后，我发表的第一篇文章是1981年刊在《哲学研究》上的《评费尔巴哈在马克思早期思想中的地位和作用》，对当时流行的用抽象人道主义曲解马克思主义的观点提出了批评。我感谢《哲学研究》的编辑同志，在我处境困难的情况下敢于发表我的文章。接着我又写了《马克思异化理论的两次转折》，发表在《中国社会科学》杂志上，对抽象人道主义进行了抨击。我说：“人性的复归是美好的文学语言，糟糕的哲学语言”，“尽管抽象人道主义的温言暖语能给心灵带来暂时的慰藉，但不见得是增强肌体、愈合创伤的良药。”后一句话，是我对有人以“文化大革命”十年为依据宣扬抽象人道主义而说的。“文化大革命”十年中惨无人道的不法行为应该批判，社会主义人道主义应该肯定，但抽象人道主义绝不是疗病济世的良方。我们应真正站在马克思主义立场上，对“文化大革命”十年进行历史的反思。

不久，我和靳辉明合著的《马克思早期思想研究》出版了。那是1983年1月，在纪念马克思逝世100周年之前。在这本书中，我们对当时国内外瞩目的重大问题，诸如人道主义、异化等，都表达了我们的看法。我们不同意抽象人道主义的观点。我们认为，学术上的不同见解，应该允许争鸣。一个知道什么叫棍子的人是不会随便打棍子的。但坚持真理并不是打棍子。如果一个马克思主义哲学工作者，对抽象地宣扬“人是出发点和归宿”之类的观点保持沉默，倒是应该打屁股（不是打别人的屁股，而是打自己的屁股）。正是基于这种认识，我又写了《评西方马克思学的新发现》、《评资产阶级人道主义的出发点》等文章，继续发表自己的看法。

1987年我出版了《走向历史的深处》。这本书突破了早期范围，对马克思的历史观进行了较系统、完整的探讨。我把这本研究马克思历史观的书取名为“走向历史的深处”，是有所感而发的。一些学者把文化心理结构、自我意识或者主体性作为历史的深层结构，实际上是以不同的语言跨向唯心主义历史观。我在这里着重探讨的是，马克思是如何发现历史发展规律的。在我看来，主体性、自我意识、文化心理结构对于理解历史非常重要，但仍然是属于历史活动的表层，唯物主义历史观所要解决的，正是表层后面深层的东西——揭示决定文化和人的意识的深层结构，揭示社会历史发展的规律性。社会规律的形成和实现当然离不开主体的活动，它是在人们的活动中形成的关于客观关系的规律。但社会发展的趋向并不决定于人的意志，相反，是在众多的意志相互排斥冲突中形成的一种合力作用。我们应该把规律的逻辑表述和客观规律区分开来。科学规律是纯粹的一义的，而客观规律则是在一连串偶然性和各种偏差中最终起决定作用的最深层的东西。

1989年，我与我的两位学生合作，出版了《马克思恩格斯哲学思想总览》。1990年8月出版了《被肢解的马克思》。《被肢解的马克思》这本书我酝酿了很长一段时间。这既是本理论著作，又是本历史著作，对当代西方各种企图肢解马克思主义的学说进行了批判性的考察。我的几个学生协助我共同完成了这个工作。

在此之前，1982年，我与马列主义发展史研究所的几位同志合作，出版了《马克思恩格斯思想史》，这是国内第一部对马克思恩格斯思想进行综合研究的专著。它力图从马克思主义三个组成部分的相互作用中来揭示马克思主义发展的历史。1988年我主编的《马克思主义基本原理教程》出版了，这本书的特点是把马克思主义作为一个整体来论述。如果说《马克思恩格斯思想史》着重的是历史考察，那么《马克思主义基本原理教程》则着重的是理论的论述。

我历来主张搞哲学的不能太狭窄，不能把眼光仅仅局限在哲学范围内。马克思当年如果不从哲学转向经济学研究，不探讨社会主义的问题，仅仅停留在纯哲学的范围，那至多是个黑格尔式的马克思，绝不可能成为马克思主义的创始人。当然由于精力、才能和经历的局限，我们的研究面不可能很宽，但尽量自觉地意识到这个缺点，有机会翻翻专业以外的书，拓宽自己的知识面，是大有好处的。

我到晚年逐步意识到我离生活太远，离群众太远。我对我所论述的东西并不太了解。我离哲学太远，或者说哲学离我太远。真正的哲学应该是扎根于自己的灵魂深处，是自己最有深切体会和认识的东西。可我写的东西基本上都是书本上的资料，缺少个人的体悟。马克思早期思想的评价问题、马克思的历史观及其形成的实际历史过程，或人道主义、异化问题，等等，这都是世界性的难题。人们都知道写小说、搞文艺强调要深入生活，要有生活积累，难道哲学家就有权写自己一无所知仅仅从书本上看到读到的东西吗？哲学能不能有另外一种写法，写自己稍微熟悉的在实际生活中摸得着的东西，有真情实感的东西？我想可以。于是我尝试写短的、自己有点真实感受的、不是大块头的东西，于是出版了《漫步遐思》和《静园夜语》两本书。到晚年，我自己的哲学思路和文风都有点改变。

理论研究当然是重要的，大块文章也有必要，问题是不能空。人的阅历和知识都有限，要对自己所写所论的东西都有深切了解，都看过见过或接触过不太可能。但至少哲学不要陷于空谈，要对所论之事所论之理确有体悟，才能谈得深点透点，否则，只能是隔靴搔痒而已。因此，两眼盯住书本，从文献夹缝中寻找问题，不如面对现实。现实提出了许多新问题，我们应该按照马克思主义的立场、观点、方法，创造性地回答这些问题，这是时代赋予马克思主义理论工作者的使命。这虽然很难，但可以有出息。因为我们就生活在中国当代，是中国特色社会主义建设的参与者。从事这方面的研究和写作，远比没有研究历史偏要写论东方社会的特点，不了解中国文化也从未接触西方文化偏要写中西文化比较之类的文章要实在一些。我对年纪轻轻就要构建一个宏大的新的哲学体系的行为，总想大叫一声：不要走这条路。我年轻时也做过这个梦，这是个不能实现的理论“狂想症”。

我的第一篇文章

一个好的刊物就是一所没有围墙的大学。它培养作者，滋养读者。刊物的编辑是作者的老师和朋友。他们的心血浸透在发表的每篇文章中但不为人所知。为人作嫁，映照出编辑职业的崇高与神圣。我既是《教学与研究》的常年读者，也是它的作者。无论作为作者还是读者，我都获益良多。

▲ 摄于20世纪50年代中期。"虽说是住房，实际是厨间。六米尚不足，不碍写文章"，与当今青年教员的住房无法相比，100平方米以上的住房当时已是豪宅。

我的第一篇文章就是发表在《教学与研究》上。那是1956年，距今已半个世纪。题目是《张东荪哲学思想批判》。我正年轻，不知深浅。当时的主编是王南同志。这是一位非常健谈且学识渊博的老同志。人们说他对着一张中药方的药名都能滔滔不绝讲半日，的确是上知天文下知地理，无所不晓。他为人非常热情。我的这篇文章就是他编发的。我记得王南同志在编发文章的过程中多次问我，是不是抄的。我说不是，是我自己写的。王南是老八路，我是小青年。他这样问，说明他直率，也说明他认真，怕刊物上出现文抄公，损害刊物的名声；也是对青年作者的爱护，怕我刚上文路，就摔跟头。第一篇文章的这点小趣事，至今仍然没有忘记。我写文章至今仍坚持说自己的话，写自己的想法，不克隆别人的东西，连自我克隆都会内疚。这应该是我的第一篇文章第一位责编的功劳。

文章发表后拿了一百多元稿费，当时就像中大奖发了洋财，不知道怎么用。请朋友撮了一餐，买了双皮鞋，还剩下不少。对现在的青年来说，发表一篇文章不值一提，大部头的著作都不稀罕。可对当时刚分配到人民大学哲学教研室工作的我来说，这可是一个巨大的动力。它引发了我写作的兴趣和自信心，也使我懂得写文章的起码道德——不能当文抄公。为文有道——这个道不仅是文中之道，而且是文外之道即作者的人品。一位好责编，就是一位好老师，此言不虚。

从这篇文章起，我与《教学与研究》结下了不解之缘。20 世纪 60 年代的上半期，我经常为它写点东西。当时哲学不像现在这样掉价，还算是热门专业。除了写点理论性文章外，我和秀林及哲学系其他同志，经常写点哲学教学中某章如何讲授之类的辅导性文章。常用的笔名是显达、湘达。这些文章是为教学服务的，说不上有什么水平，不过对我自己来说，确是练笔的机会。《教学与研究》是我的第二所大学。

“文化大革命”十年对国家是大灾，对人民大学、对《教学与研究》是大难，对我的写作也是大灾难。人民大学被撤销，《教学与研究》停刊，我自然也失去了为它写东西的机会。随着人民大学复校，《教学与研究》复刊，我又恢复了它的读者和作者的双重身份。时而写点东西，也关注着刊物上发表的文章。

时代在进步，社会在发展，刊物也一样。如果说 20 世纪 50 年代还有点“土八路”气，现在的《教学与研究》则气派多了。开本、用纸、排版、封面设计、装帧，都是以前无法比的。尽管条件变了，可现在的《教学与研究》仍然继承和发扬过去的优良传统，在教学与研究两个方面都发挥了作用。在高校，教学与研究是不可分的。教学中的难点，就是研究的热点。教学促进研究，研究提高教学。脱离教学的研究是天马行空，不着地；离开研究的教学是照本宣科，提不高。《教学与研究》立足现实，面对教学，倡导研究，注意难点和热点，在教学和研究两方面，都发表了不少好文章，对全国的马克思主义理论工作者，对“两课”教师都很有帮助。这些年来，我像以往一样，每期必读，从中得到不少启发。

现在刊物很难办。比起20世纪50年代，条件好了，难度大了。老实说，“文化大革命”以前，从马克思主义理论的教学与辅导角度说，《教学与研究》可以说得天独厚，虽不说是独此一家，至少是能与它竞争的不多。当时人民大学是马克思主义教育中心，自然它的刊物也具有权威性。我们这些人当时刚刚毕业就敢写如何讲如何教之类的文章，在很大程度上也是沾这个光，并非有什么特殊能耐。现在不同，社会科学类的刊物多了，具有与《教学与研究》性质相同的刊物也多了。理论和现实中的难点与50年代的情况也大不相同。当时对马克思主义只有接受，不存在质疑的问题。所谓难点，也只是讲得如何更有条理而已。因而文章更多属于普及和宣教性质。现在不同。现实中提出的问题多，理论难点问题也多。国外各种思潮在中国都会有所反映。处在当今网络时代，思潮自由流动的速度空前快捷。像《教学与研究》这样性质的刊物，真正能给从事教学与研究的人以帮助，文章一定要有深度，有难度，有高度，还得有速度。这就要求我们的编辑在组稿时心中有数。我并不认为我们刊物上的文章篇篇是真理，不能有不同意见。在理论创新中一定会出现初看难以接受再读味道无穷的好文章，对于这样的文章当然不能遗珠，但又要避免出现表面上看似创新实际满篇自造概念看不懂读不通的文章。这当然要求编辑有更高的识别力。

现在教学中的难点多，理论研究中的难点多，因而读者对文章质量的期待更高。老实说，任何文章都不能摆出解惑释疑的教师爷姿态，我说你听，而应该是以积极参与的态度，进行平等的探讨。在这方面我们的《教学与研究》也有很好的传统。现在编辑人员虽然年轻，但政治素质和理论素质都不错。我相信我们的刊物一定能与时俱进，办得好上加好。

现在作者新人辈出，水平比我们高多了，更非我年轻时可比。随着光阴流逝，自己写的东西虽然也日渐增多，但我始终忘不了我的第一篇文章，第一位责编，忘不了由此开始的与《教学与研究》近半个世纪的文缘。

哲学引导我走出心灵的地狱

现在的情况与我们那个时代不同。我小时候，家里对孩子心理健康问题从来不注意。不是他们不爱孩子，而是他们的文化水平限制了他们的眼界。能吃饱穿暖，有书读，还要什么？这也难怪，在那个年代，在小小县城，能达到我的生活水平已经算可以了，可我从小喜欢读书，喜欢胡思乱想做白日梦，属于神经特别敏感的那一类，这是个大祸根。现实中的我与理想中的我反差太大。我从小自卑，在别人看来，我还过得去，可我对自己特别不满，为此失眠和焦虑。我不知道原因所在，在心灵痛苦中自我挣扎。哲学挽救了我。接触哲学以后，我逐步理解到人确实是座冰山，自我呈现在意识中的只是冰山的一角。弗洛伊德的泛性欲说是片面的，但潜意识说是有道理的。在学习哲学之后，经常利用我的哲学知识分析自己，分析自己的童年，分析何以会焦虑、如何解脱、让心情平定。我从哲学中的确尝到了甜头。我的心灵从地狱走向天堂之路，就是我的哲学之路。哲学没有带给我金钱，没有使我像其他某些专业的学者那样风光，但哲学确实给了我思想财富，使我知道要了解自己，也知道人应该了解自己。我至今仍在不断这样做。

（1）地狱与天堂

有人说，天堂在你的心里，地狱也在你的心里。此话有一半真理性。

从社会学的观点看，人间地狱当然与贫困、剥削相关。而生活在天堂的人当然都是富人、阔人。可从心理学的观点看，不见得如此。一个心理不健康甚至被扭曲了的有病的灵魂，其痛苦远甚于物质的贫困。的确，对这些人而言，即使锦衣玉食，也是食不甘味，在痛苦中度日子。

全世界不知道有多少人患神经症，被焦虑、恐惧、抑郁，以及难以说清的各种古怪症状和念头折磨。其实，他们大都是健康人，不少人甚至极有才华，聪敏过人。可是当灵魂一旦陷入自造的魔窟，在生长过程中没有得到及时的阻断，就会越陷越深，最终陷入灭顶之灾。如果能及时提醒，就能得到纠正。可惜家长特别是中国的家长，真正懂得关心儿女灵魂的人实在太少。在旧社会，能有饭吃有书读已经是天大的幸福，何暇顾及儿女的心理；在现今，尽管生活已经改善，但真正懂得子女心理健康重要特别是善于诱导和教育的家长也并不太多。这个问题现在已经引起有识之士的关心和注意。

西方经济的发展已经把这个问题尖锐地摆在人们面前。随着生活的富裕，各种身体疾病包括心理疾病猛增。而身体疾病往往是身心疾病，与心理疾病相连。有的学者说，美国病床的一半为各种神经症患者所占据。这本来不应该成为病的病，与社会环境的恶化和心理承受力弱化不可分离。照理说，哲学在这方面可以发挥重大作用，可有多少人理解哲学对心灵的调养功能呢？

我们现在又面临同样的问题。对我们来说，经济的发展才刚刚开始，可西方资本主义工业化的恶果已开始显现。这当然不是说，我们不需要提倡竞争，不需要市场经济，不需要紧张的生活节奏，一切回到原处。倒退是没有出路的。问题是我们对这个问题的认识远远落后于现实。尤其是在独生子女的教育方面存在的问题更多。望子女成龙成凤、重物质轻精神、重知识轻能力、重身体轻心理甚为普遍，使这个问题更为重要。当心理一旦成病再去医治，非妙手难以回春。说句实话，世界上各种心理学说多的是，连弗洛伊德这些大家对很多问题都说不清，更不用说治病。

真正的守护神在少年时是家长，家长应该多多关心自己的子女；青年时期应该是自己，自己应该多多注意自己的心理健康；学校同样应该负起心理教育的责任。除非遗传，真正属于社会与心理原因导致的不适应和疾病是完全能防止和治愈的。关键在于自己，命运掌握在自己手里。任何语言都无法说清自己内心的体验和感受；任何医生都无法深入患者的内心，往往是隔靴搔痒不得要领。

当局者迷。并不是任何人都有能力了解自己解剖自己。这需要悟性。所谓悟性，根据我自身的经验就是哲学头脑。我们完全有能力意识到自己的意识，意识到自己的问题所在。解铃还须系铃人。神经症患者都有自知力而且是较强的自知力。这种自知力比用语言陈述然后由医生去判断更为可靠。我就不太信任一些所谓医生，一个没有哲学思维能力的医生除了有处方权能开药以外，对患者内心的苦恼是不会有多少用处的。最好的医生是自己。这种说法对身体疾病来说有一定的道理，对心理疾病更是如此。真正知道自己想什么，如何想的还是自己。问题是要认识到自己的想法错在何处，千万不要执迷不悟。这需要哲学头脑，要有自我意识。

神经症并不可耻，不要羞于启齿。这是一种过于聪敏过于敏感甚至过于早熟的病。它是由于内在的潜力没有面对客体而被过分引向关注自我，以及由于认知错误而造成的自我恐惧和焦虑。这种恐惧和焦虑长期得不到化解往往容易积累成疾。一旦自己意识到自己的意识并在行动中把注意力投向对象，这种人往往能取得更大的成就。近代最伟大的心理学家弗洛伊德是神经症者。日本的森田正马自小就是神经症者，后来创立了森田疗法。这种情况，在科学和文学领域中比比皆是。

有神经质的人不一定就有成就，但有成就的人可以有神经质。这里一个重要的条件是把引向神经质的能量转向工作。要做到这一点关键是悟，透过症状的表层和象征直入内核。这里既需要心理学，更需要哲学。是哲学把我引出迷宫。我感谢哲学。

一个人的一生就是一本传记——有字的和无字的，基本上是无字的。我已经年近古稀，是一本快画上句号的书。人是非常矛盾的：有寿命时无经验；有经验时无寿命。我现在正站在生命的尽头，是一本从后往前读的书，对自己的一生得失比较清楚。可惜人生只有一次，但自己的人生经验对别人可能还是有用的。

（2）一定要为孩子释疑，加强安全感

童年与老年是人的一生的两头。这两头是紧密相连的。一个健康美好的童年，对人的一生都至关重要，正如苗好总是有利于植物的成长一样。

中国家庭很少注意儿童个性的培养，只管生不管教的普通人家庭更是如此。人，在小时候非常好奇，有许多疑问，甚至有许多恐惧。真正关心孩子的家长，一定要及时解除孩子的疑虑特别是恐惧。尽管孩子的恐惧和忧虑百分之百是可笑的虚拟的和根本不存在的，可它对孩子尤其是敏感的孩子影响极大。长期处于恐惧中的孩子，很容易诱发焦虑症和其他不健康的心理。神经症是聪敏人的愚蠢病。越是聪敏越是敏感的人越容易关注自身。可是年幼无知又容易使这种过分的关注变为困惑，变为问题，并由问题变为恐惧。

父母都关心孩子的饮食健康，很少关心孩子的心理素质。可后者比前者更重要。这一点，以前对中国人是很难的。穷人缺衣少食，何暇他顾；富人衣食无忧，可只知一味骄纵，也不懂如何关心儿女的心灵。鲁迅对如何做父亲如何教育孩子很是发过一些议论，甚至高呼“救救孩子”。尽管现在的情况与旧社会大不相同，但鲁迅的批评至今仍有价值。

▲ 父亲临终前半月摄于南昌八一桥。“宁守空巢盼展翅，唯恐鸟倦归林投。”母亲死后，父亲十年独守旧居，一生从未拖累过儿女。

我父亲自幼贫困没有读过多少书，完全依靠自己的努力奋斗，从学徒挣扎到一个老板的地位，成为当地商界有头有脸的人物。他头脑清楚，生活朴素，不像旧社会的生意人那样花天酒地。他还懂得中医，能开方，我们小时候有点小病，总是他自己开个方抓点药。新中国成立以后公私合营，他那点资本很快完了，被安排在一个粮站当职员。靠工资为生，很卖力。“文化大革命”下放到农村，落实政策回到粮站时已过退休年龄，由我一个最小的妹妹顶替。他在北京和我在一起住过几年。他活到九十多岁，在老家逝世。他一生从未拖累过子女，一切自理。临死前十多天，他理了发，到八一桥边照了张相，回来后卧病不起。以前有病都上医院，唯有这次，坚决不看病，不住院，没有几天就溘然长逝。他似乎已经有预感，没有麻烦任何人。这样一个普通人的心理，我一直没有弄清楚，他为何能如此平静地面对死神，使爱谈生死观的哲学家们自愧不如。

我是家里唯一的男孩，很得宠。我从小用钱很随便，用钱是从账房里拿，专门有个户头，年底结算。但我并不奢侈。我的父亲很爱我，可并不关心我的学习。他自己做生意很忙而且自己文化水平又不高，也无从关心。我的环境很宽松，我的性格很随便、散漫、不注意小节，也不重视金钱。因为家里经济条件比较好，什么都不在乎。同学们经常在我家吃饭，我母亲总是热情招待。所以我自小人际关系就好，与同学相处得来。我从我自己的生活经历中悟出一个道理：生活过分贫困家庭的孩子有两种可能，大多会发奋上进，有在恶劣环境中存活的能力；但也可能心胸狭隘，一旦飞黄腾达，其贪婪之心可谓异乎寻常。报上经常见到一些出身贫苦之家、大学毕业、年纪轻轻、身居要职、手中有权的干部，其贪心之大，腐化之快，手段之恶劣，很是令人咂舌。当然原因很多，但补偿心理作怪也可能是一种不可忽视的因素。正如有些久居深山的年轻和尚，一入红尘世界，就心猿意马，不能自持一样。生活优越家庭的孩子，不少是不求上进的纨绔子弟，但也有的可能心胸宽阔，不会见钱眼开，因为他从小见到的钱多，这种青少年时代的心理的满足，可能使长大以后对钱“习以为常”。

由于家庭环境较好，我从小调皮。按现在好学生的标准，我应该是属于坏学生，我初中一二年级就会赌点小钱，会玩牌九，和同学们经常上饭馆。有时因为赌钱父亲动怒了，就罚我在堂前跪下。跪一会儿，认个错，也就过去了。我小学时最严厉的惩罚就是罚跪。小学六年级就学会吸烟，是我们家乡厂家自己生产的洋烟，即用土法生产的纸烟。但我也有优点，从小喜欢读书，老师喜欢我，特别是语文老师。除了会玩牌九，会抽烟外，别无其他“劣迹”。我们家乡终究是小城，没有现在那么多引诱青少年变坏的花样。我应该感谢我的老师，他们并不神经过敏，如果他们采取歧视或者在课堂上经常点名敲打的态度，我不知道结果会怎样。我把我小时候的“劣迹”讲给我孙女听，她说：“爷爷，您要搁在现在属于不良少年，早被开除了。”

家庭的文化背景对人的性格的影响是潜移默化、沁入灵魂深处的。我的性格最大的弱点是胆怯，这可能是家庭经济条件比较好，过分受保护的缘故。我怕雷，怕一个人睡觉，得有人陪着。特别是新中国成立前，宗教迷信很流行，家家信菩萨。我家更迷信，以为发财是菩萨保佑的结果，家里就供着一个木雕菩萨，一人多高，长年明灯不断，有专人照管。家里有人生病稍重点就会请神汉来下神。我们地方称为“下马”。这一点对我小时候的影响很大。每到庙中，看到各种巨大的泥像特别是那些凶神恶煞的像，就有一种恐惧感。

我从小胆怯，听说有缩阳症，老提心吊胆自己的小鸡鸡会缩进去。有一次，我发现小鸡鸡变小了，就慌慌张张告诉我父亲，他笑笑不给解释，骂了几句就算完事，可我的担心并没有解决。要是我现在碰到小孩提出的问题，一定会详加解释。我从亲身经历中体会到，对于小孩感到恐惧的事一定要正确地认知，要耐心地解释，使他安心。尽管孩子的忧虑和恐惧，不一定是真实的，可只要得到及时的解答，使他安心，对他心理健康是有好处的。

我从小性格上就充满矛盾，既聪敏又胆小，既喜欢读书又赌钱抽烟。散漫、邋遢，不讲究穿着，不重视金钱。从内心深处说，我自小受文学影响较大，是一个家庭比较富有但又不羡慕财富喜欢无拘无束追求所谓名士风格的人。

我胆小，与此相连我心软。有一次，我坐了一部当时叫东洋车的人力车到一个地方，拉车的是一位年纪不小的老人，当时我读初中，十几岁。我看他很吃力，不忍心坐，半路下来给了车钱，自己走路回家。那个车夫不断道谢。我见不得人流泪，甚至戏剧电影的悲剧性情节也会使我眼含泪水。人们常说人老无情，因为久经风霜，心易变硬，可我至今仍然易受感动。这可能是我的优点，也是我的弱点。我属于那种成不了大事的人。

我个性中最具负性的一面就是怕。心里的一些与怕相关的疑问，得不到大人（家长）的解释，从而不能及时消除，这些怕的积累一旦到一定时机很容易致病。

（3）人一定要懂得接纳自己

如何认识自我，正确估价自我，这对孩子一生的发展是至关重要的。可以说，很少有孩子能一开始就正确估价自己，不是过高就是过低。这是容易理解的，一个孩子的知识和生活经验是不可能对自己做出确当评价的。他对于自己的看法，最主要的是来自周围的人，特别是最亲近的人对自己的看法和态度。孩子的自我认识最初是别人对自己看法的回声。因此成年人的态度对孩子性格的培养是至关重要的。

一味骄纵孩子，使他养成骄傲的性格是不好的。我以为过分的自信和骄傲会在日后的实际生活的不断磨合中得到改造。对孩子来说，最有害的是自卑，是不能愉悦自己、接纳自己。自卑可能会激发上进力，但更多的是带来心灵的创伤，从而为心理疾病埋下祸根。马克思说，妄自菲薄是毒蛇，它永远啮噬着我们的心灵，吮吸着其中滋润生命的血，注入厌世和绝望的毒液。这句话出自马克思的中学毕业论文，当时他才 17 岁，足见其思想的早熟。

自卑的原因可以是多种多样的。对于一个注重外表重于一切的青少年来说，美的渴望和要求特别强烈，最大的自卑往往来自对自己形象的不满意。对正在生长中的青少年，这种自卑感可以说是刻骨铭心的。它比起家庭的贫困、学习成绩不如人都更使人难以承受。这是青春期心理的必然反应。从这一点说，弗洛伊德的学说有一定的合理性。尽管随着青春期过去和以后婚姻的美满，这个缺憾可以淡化和消失，但它造成的阴影可能延续很长一段时间。

不接纳自己的人，必然是想成为另一个自己梦想中的“理想的我”。可“我”是现实的，无可替代的。理想中的我和现实的我之间的对立，一定会陷入白日梦，在梦想中构造另一个“自我”。在梦想中是愉快的，可回到现实带来的是更大的痛苦。

其实，在青少年时期，人并不了解自己，并不认识自己。“我”在我的心中是模糊的，扭曲的。人看到的只是自己的不足，从而羡慕别人，所谓追星族就是失掉自我的人。人，如果从小就认识不到自己的优势，只看到自己的缺憾，自己的才能和灵气，就会被追星的扭曲心理窒息。长期陷入对自己不满意和苦恼之中的人，他的全部潜能会被压缩在一个自造的洞穴中，无法施展。

青少年正是人格塑造的定型期，这个时候正确地认识自我是非常重要的。一个正在成长中的青少年，由于年轻，由于没有生活经验，很难对自己正确估价，往往是理想超越和压倒现实。如果这种差距是学习方面的，可能会成为一种有力的动力，促使人奋起拼搏。如果是外在的形象的，只能导致自惭形秽，导致自卑。因为外在的东西是无法弥补的，除了在幻想和白日梦中寻求满足外是别无良策的。

理想的我和现实的我的差距带来的负性情绪危害是很大的。它使人烦恼、苦闷甚至焦虑。丧失自我，这是人在事业和心理中失败的主要根源。许多人一辈子没有找到自我。对这种人来说，最重要的是找回自我，不是纯理论上的寻找，而是通过在实际工作中的成就重新找回自己，树立信心。我并不比别人差，你能做到的，只要努力，我也可能做到。如果没有做到，也不懊恼，因为我尽了我的力量。这是胜利者的失败，而不是失败者的所谓“胜利”。

一个人最大的不幸是不想成为自己，想成为一个理想的人。青春期，最羡慕的是别人长得帅。小说读多了，男的个个风流倜傥、帅气十足，因而总不满意自己。

其实我的学习、我的为人是很得同学欢迎的，人际关系也很好。中学办壁报，我的文章出过一点小风头。可我并不认识自己的优势，而只看到自己的缺憾。如果我更着重自己的长处，发挥自己的长处，在文史方面或许会有点小小成就也说不定。可惜我的才能和灵气年轻时被对自己外在东西的不满窒息了，陷入不能接纳自己的苦恼之中。

(4) 魔鬼的降临——内在情绪的外在化

内在的负性情绪没有得到积极有效的疏导，积累到一定程度，它必然要转化为症状。

我开始尝到苦头时是18岁，高中二年级。我家在小县城，中学时我住校。一天晚上，半夜突然惊醒，感到无比恐惧，仿佛灾难临头，难以自制，穿好衣服往家里跑，一到家，见到父母一切都平静下来了，好像什么事都没有发生似的。当时无知，缺少心理学知识，不知道这是急性焦虑发作，而以为自己是在做噩梦，不以为意。以后，这种大发作没有过，但偶尔小的惊恐也有过，虽然不严重。如果当时能及时疏导问题是很容易解决的。

进入大学以后，开始失眠，难以入睡。无法可想，只有到医务所要点安定、利眠灵之类的东西抵挡一阵。中国的医学是很落后的。我急于求治，但医生从来说不清什么病，给点药打发走了事。我从医生口里没有得到过一两句中肯的劝导。后来我也偷偷找过心理医生咨询，诉说失眠的苦恼，同样是使我失望。仍然是开点安定镇静的药，说几句不痛不痒的安慰话就打发走了。这都是些所谓医生，他们脑子里只有病没有人，或者说只有病了的人而不是人生了病。他们对于病人的诉说不分析不研究，就事论事。我至今深感纯生物学医疗模式的无力和局限，也深感医生尤其是心理医生一定要学点哲学。这也难怪，心灵的确是个黑洞，连世界上的许多著名的心理医生都弄不清，何况普通医生。除了开药以外也别无他法。

在大学期间，我的学习成绩一直很好，深得同班同学的好评。行为正常，没有任何人知道我灵魂深处的苦恼。连我自己都弄不清我究竟为什么会失眠。中学时那种对外表的羡慕随着年龄和学识的增加而减弱，但它种下的祸根并没有立即拔除，它作为一种惯性力量有时仍然在发挥作用。现在大学普遍设立心理咨询室实在太好了，如果我们那个时代也有这个机构，我不致长期处于痛苦之中。时代终究是进步了，我这一辈子最大的工作是不断分析自我，寻找自己淹没在海水深处的冰山的下半部。最后，哲学帮助了我。我可以自豪地说，虽然我读的书太杂，但没有白读。因为我了解了自己，或者说尽力了解自己，身心日趋健康，在专业学习和研究上也为一些同行和学生所错爱。我总是劝我的学生学点哲学。当然不是教条主义，不是背一点语录，记点引文，用来装饰和卖弄，而是真正让哲学走进自己的心灵，从哲理中得到一点人生体会。哲学不能让人发财，但能使人眼明心亮，健身健心。我完全是依靠自己对哲学的体悟，从而走出心理困境，从心灵地狱进入生命愉悦的天堂。我经历了中学时的自卑期，大学时的心理困惑期，最终从哲学中找到了出路，生活在心灵平静、满足、高兴、不断学习和写作的生活中。解铃还须系铃人。心理问题最好的解决人是自己，但这个自我必须是用哲学思维清洗过的“自我”。

(5) 人生困境还是要靠哲学

我可以依靠哲学走出心理困境，但不能保证自己一生风平浪静。人生有许多自己难以预料，难以把握的事。我一生虽然平平安安，没有经历过大风大浪，但我在北大的遭遇和教训，却是此生的最大财富。它告诉我，人，应该如何对待自己的人生困境。

人民大学解散停办，我曾在江西余江干校待了三年，在五连菜班。的确，种菜对我是困难的，不说别的，光是挑粪肥就够呛。江西农村的木桶又大又沉。两个桶就够意思，别说加上满桶的粪。我只挑半桶，走路还像醉打山门，趺趺撞撞。累是累点，但我没有干校仿佛是地狱，是劳改所的感受。也许人民大学的干校宽容些，也许因为我是普通教员，不是走资派或什么分子，比较自由。每到休假，到离干校 20 里的鹰潭去改善改善。去鹰潭全靠两条腿，早去晚归，算下来来回也有几十里路。当时在我们眼中的鹰潭就是大城市，有的还远走南昌、庐山。这三年的生活，现在回想起来还是蛮有意思的。一个一生在大城市待着的读书人，尤其是文科学者有机会到农村体会体会没有什么不好。当然，也许各个干校不同，各个人的情况不同，很难以一概全。我们中的一些人，有机会仍会回刘家站当年的干校旧址看看。这也算是一种特殊的怀旧感情。

我的厄运是回京以后的事。回校等了一年多，成批成建制分到别的高校。我随同我们研究所分到一所著名高校，教了一年书。不知为何，一天党总支通知我到一个什么写作组去工作。我没有觉悟，从来没有想过一个共产党的基层组织会派自己的党员去为“反党篡权”效劳。城门失火，殃及池鱼。我们这批人，当然应该受审挨批。谁叫我们炮制那么多文章，头版头条，推波助澜，罪有应得。我确没有搞什么阴谋，也没有什么私下的指示之类，就是写文章。可我没想想我们写的是什么文章，批林批孔评水浒，什么反修防修，听起来非常马列，冠冕堂皇，似乎都符合“毛泽东思想”，但这个葫芦里究竟卖的什么药，连文章炮制者自己也不清楚。周一良先生生前写了一本书《毕竟是书生》，讲了点实情。处在难辩和不应辩的地位偏要辩几句，我自愧不如。周先生是大学者，值得佩服。

在学习班时，我曾有一股消极情绪。我有时以洗澡为由偷偷溜回家看看。途中看到摆摊子的小贩、炸油条的、修鞋的，非常羡慕。心想要是不读书，不会写几句破文章，何至如此，自由自在多好。可是我学过的哲学这时跑出来开导我。风物长宜放眼量。我心中有愧但没有鬼。有愧，是的确写了有错误观点的文章，为“左”的路线摇旗呐喊，没有鬼，是我心中坦然，我没有反这反那的念头，也从没有得过任何指示之类。我相信唯物主义和辩证法，事情会弄清楚。我很感谢胡耀邦等一些复出的老同志，他们的确是实事求是的。他们在“文化大革命”中遭受那么大的冤屈，但没有把怨气发在这一批小人物身上。不久学习班结束，我们各自回原单位工作。

在学习班时，偶尔走在路上，熟人都避开目光，陌若路人。这也难怪，谁知道你问题多大？你究竟干了些什么？当时各种传言都有，谁也不愿惹一身臊。我最难忘的是一位“三八式”老干部，当过我们哲学教研室主任的舒天巩。1977 年春节，他趁夜深人静，偷偷到我家坐了一会儿，没有话，只坐了一会儿，老人默默地走了。就这件事，我此生难忘。天巩死后，他的夫人仍在，是家庭妇女。每年春节，我第一个上门拜年的就是他家。再一个是李秀林。我在《此情可待成追忆》中表达了对秀林在我危难时情感上的支持的感激之情。“药有真假多病识，人情冷暖劫后知。”受难时方知人情冷暖，历来如此。我不能怨别人，换个位置，也许我也是如此。当然，最了解自己的还是自己。自己干了什么，自己最清楚。凭良心说，学习班虽然不好受，但结局是好的。这种结局不仅是我们个人受益，对党的事业也有利。我们那些人中，不少人后来在各自的专业领域中做出了成绩。何芳川是其中一个。学习班结束后，他逐步时来运转，担任过北大历史系主任、北大副校长、北大海外教育学院院长，以及各种社会职务，在专业上也有突出成就。2006 年 6 月 28 日因急性白血病去世。我写过一首诗悼念他：

犹记北招识君时，文采风流李杜诗。
落水幸喜未灭顶，翻身弹指痛仙逝。

祸福无常天难料，赤心不改世人知。

大才遽折应一哭，毁誉死后两由之。

我想，当时如果对这些人扫帚一扫了事，何芳川这类人也在被扫之列，国家总是少了一些有用之人、能用之人。当然这无妨大局，中国人很多，但会令以后受党组织派遣受命写文章的人为之寒心，引以为戒。这对党的宣传和理论事业未必有好处。

▲1974年摄于山西文水县。前排右一为作者。后排中为何芳川，斯人已去，思念久存。

回人民大学后，我更没有消极。虽然开始两年仍然是靠边站，坐冷板凳。但我以“十年贻误日兼程”的决心，埋头读书。两年后第一本两人合著的《马克思早期思想研究》出版了，不久集体编著由我统稿的《马克思恩格斯思想史》也得以问世，这是我国第一部从整体上研究马克思主义思想的著作。不久《走向历史的深处》也得以问世。我没有年节，终年奋笔。65岁开始学电脑，这以后所有文章都是自己敲出来的。现在的确与“文化大革命”时不同，一个人只要真没干坏事，就不会遭冤枉的。

我能走出这段人生困境，没有绝望，也没有消极悲观，一靠党的实事求是政策；二靠我自己的哲学修养。我这一经历，使我深感哲学确实管用。它能使我们在困顿时看到希望，在暗处看到光明，不会一蹶不振、自甘沉沦。

(6) 走出老与死的心理阴影

人老了，有老年人的问题。虽然青少年时代的那种恐惧、那种对自我的不满已经没有了，可怕老、怕死的问题又逐渐浮上心头。老与死，是老年人面对的两大问题。

生老病死，人人难免，可谓一律平等。死，是人最为忌讳的，也最为害怕的。可死的痛苦只是一瞬间，而老所带来的心理悲哀可以在老年期经常萦绕心头。人，能活到老年，这本是值得庆贺的，因为这表明生命生长的规律正常，不少人英年早逝，甚至未能成人而夭折。有幸能活到老年又对老抱有不满，这是对自然的不公，是对自己的不公。西塞罗说过，人是十分愚蠢的，人人都盼长寿，可真正活到老年，又都埋怨。确实，我们应该为我们至老仍活着而高兴才是。

话又说回来，人老了，容易伤感。因为老与病相连，而且江郎才尽，往昔那种才情活力会暗淡下去。况且老已是处在死的边界线上，即接近生命的终结。"无边落木萧萧下，不尽长江滚滚来。"宇宙空间，如无边落木，空旷无垠；个人的生命如滚滚长江中的一朵浪花。英雄豪杰也难免有生的留恋和死的感伤。大英雄如曹操都还免不了有"对酒当歌，人生几何"的感叹，何况我们这种常人。

如何对待老比如何对待死更为重要和现实。因为随着医学进步和生活改善，人活得年龄越来越长。过去说，人生七十古来稀，现在是七十小弟弟，八十不稀奇。《道德经》上说，"寿则辱"。寿命太长会带来一系列老年特有的问题。我们的社会已经进入老龄化社会。老年人，已成为社会随处可见的一种人。塑造一个有尊严的长寿社会，当然要依靠全社会和政府的努力。但过一个自尊和充实的老年的生活，不仅要依靠社会，还要依靠老人自身的努力和正确的人生态度。

我今年七十多岁，已过古稀之年。的确感到时间如电如光，去日苦多。一种畏老怕死的念头，也不时会浮现心中。可我经常对自己说，一个哲学家怕老怕死，哲学不是白学了吗？物壮则老，人老必死。岂止是人，这是万物运行的规律。即使是没有多少文化的普通百姓都明白这个道理，为什么整天整年讲辩证法的人，到辩证法在自身起作用时，就希望它不灵呢？这不就说明，你是个叶公好龙式的哲学家吗？我一出现畏老怕死这种不良情绪时，就反复用辩证法来说服自己。这还是很有效的。

病是老与死之间的通道。老年人生病，往往容易想到死。这是很自然的。对老年人来说，病与死只是一步之隔。进入 21 世纪第一个夏初，我因病住院月余。在病榻之上，我又反复思考这个问题。特别是药物注射过敏，差一点命断黄泉，更悟出生死一张纸。稍好点我写过两首诗：

落花尚可香泥尘

智者何劳忧死生，世间无物可永存。
寿数岂独长为贵，体用不二最上乘。
王勃早逝名千古，庾信文章老更成。
休嗟枝头春色杳，落花尚可香泥尘。

闻道犹应以身求

少壮青丝暮白头，倚马才情空自踌。
晚年多病平常事，休寻旧梦莫回眸。
为文喜读风雷笔，处世最敬雨同舟。
书生老矣难荷戟，闻道犹应以身求。

马克思对老与死的态度的确是个革命者的态度，也是一个智者的态度。他在晚年多病，但最为担心的不是自己的生命而是自己的著作。他在 1867 年 4 月 30 日给齐·迈耶尔的信中解释为什么没有及时复信时说：我一直在坟墓的边缘徘徊。因此，我不得不利用我还能工作的每时每刻来完成我的著作，为了它，我已经牺牲了我的健康、幸福和家庭。我希望这种解释用不着再做进一步补充了。我嘲笑那些所谓“实际”的人和他们的聪明。如果一个人愿意变为一头牛，那当然可以不管人类的痛苦，而只顾自己身上的皮。个人生死置之度外，重要的是关注人类的痛苦。这就是马克思。

1883 年 3 月 15 日晚，马克思逝世的第二天，恩格斯在给左尔格的信中，对马克思的死表达了一个革命者对生命的态度。他说：医术或许还能保证他苟延残喘地多活几年，让他毫无办法地活下去，让他为了证明医生们的医术上的胜利，不是突然地死去，而是慢慢地死去。但是，这是我们的马克思绝不能忍受的。不能为了给医学增光和让庸人们嘲笑，就眼看着这个伟大的天才像庸人一样地消磨残生，不，死要比那样好一千倍，的确好一千倍。马克思和恩格斯生是革命者，对待死也是革命者。一个以马克思主义哲学为终生信仰的人，在生与死、老与病的问题上，同样要以他们为榜样。

（7）为所当为，顺其自然

这八个字，可以作为我一生学习哲学，用以治身治心，脱离各种困境，追求心态平和的总结。

年轻的时候不注意健康，因为拥有健康；到老年才注意健康，因为逐步失去健康。时间是人生的教师。虽说意识到这一点有些晚，但亡羊补牢还是不无裨益的。有人问我，你现在还精神十足，能敲敲打打有什么秘诀。我说：无他，为所当为，顺其自然而已。我年轻时的许多美梦，许多脱离现实的幻想，把理想中的我升到云端，把现实的我踏在脚下，吃尽了苦头。

为所当为，每个人都要这样。处于各种不同岗位的人对待自己的职业和任务都应该如此。当干部的应该为老百姓办事，全心全意为人民服务，这是干部的当为之事。不是有这么一句话吗，“当官不为民做主，不如回家种红薯”。当医生的是为患者服务，当为之事是治病救命，实行革命人道主义。手术刀变为宰人刀，听诊器变为探囊器，当然不是一个正直医生的愿为之事、当为之事。人，应该守本分。守本分就是各安其位，各尽其责。这就是为所当为，不为其所不应为。

我此生是个教员。我既然在高校当教员，我当为之事就是当好教员，力求能胜任本职工作，并尽可能在学术上有点小小的成绩。教员是清苦的职业。韩愈在《师说》中曾记载学生不服教导而反唇相讥的事，说他“冬暖而儿号寒，年丰而妻号饥。头童齿豁，竟死何裨？不知虑此，反教人为？”很是讥讽了一番。现在的教员生活当然不同，我们生活无虑。个别高校的岗位津贴已经达到令人羡慕的地步，尽管大多数学校并非如此，可冬天来了，春天不会太远。但对已经和即将离退的教员这还是“吃不到的酸葡萄”。教员与当干部不同，两鬓斑白至死仍然是教员，没有什么处级教员、局级教员。但不能因此就不安心于教学。我一生就是教员，也只能当教员。我别无他能，升官、发财超出了我的能力范围，也不是我当为之事。

为所当为，对老年人同样重要。人老了似应颐寿养福，含饴弄孙。我不主张这样。老有所乐、老有所养是对的，但人老了绝不能仅仅是“享清福”。清福非福。人老了还要有所为。老有所为就是为所当为原则对老年人的要求。人到老年很容易颓唐、消极，因为离大去之期不远，有的人甚至会想到死，有死的恐惧。这很自然。尽管是“仁者无忧”，但年龄在摆着。最有效的办法是为所当为，做自己当做和能力所及的事。我这个人很平凡，我的一生是最平凡的一生。没有任何足以夸口的业绩，也没有什么成就，但即使老了仍还算刻苦。长期在高校工作，养成了读书的癖好，连上厕所都喜欢手上抓本书。不只是专业书，只要是人文方面的书都愿翻翻，连小学生字典我也读，得益良多。除了散步花点时间外，节假日对我都一样。我常说，我这个人很简单，就四个字：走（站起来就走）、读（坐下来就读读写写）、吃（一天三餐，普通饭食）、睡（进入老年不熬夜）。我的一些著作和文章基本上是50岁以后写的。人家问我高寿，我说20岁。的确，我的学术生命从1980年算起至今才二十多年。我65岁开始学电脑，学会打字，吃了点苦头但也尝到了甜头。我最得意的并不是我的不起眼的文章和书，而是它们的“生产方式”，居然是人到老年敲出来的。正因为为所当为，我感到充实。2000年春节，我写了一首自寿诗：

平生痴情唯嗜读，书生至死耻言穷。
世人都道乌纱好，满城争说老总红。
素衣莫叹襟袖冷，桃李无言香自浓。
再乞十年四千日，不废白头磨剑功。

为所当为意味着人活着有目标、有理想，即有追求。追求对人生是非常重要的。一切都已满足用不着追求的人生是平淡的；浑浑噩噩不懂得追求的人生是可怜的；而以追求个人名利为目的最终走向堕落的人生则是可悲的。

▲ 平生痴情唯嗜读，2000 年摄于家中。

对崇高目标的追求，是理想、信念和顽强拼搏精神的统一。追求是生命的火焰，它使追求者充满活力和创造力，使生命绚丽多彩。革命者为追求人类解放而献身，科学家为追求人类幸福而忘我工作，他们的事业造福人类，他们的事迹光彩照人。人们从这种追求中，体会到生命的价值和意义。即使人到老年仍应该有追求，继续完成青年时代的愿望和志愿。这样的老年是青年时代生命的继续，而不是生命的断裂。

我们主张为所当为，也就是主张人生应该有追求。当然，追求必须立足现实。儒家追求的最高境界是成为圣人、贤人；道家追求的最高境界是成为真人、至人。这种人生追求是不可能实现的。两千多年来，没有人实现过这种人生追求。这种追求具有某种伦理的或修养的价值，但不应该是我们的理想。我们并不反对青年人追求个人致富，但我们反对拜金主义，反对以追求金钱为人生的最高目的；我们也不反对追求个人事业的成功，但反对以自我为中心的利己主义。

在为人处世上我主张顺其自然。顺其自然，绝不是随波逐流，不要任何追求。人，特别是年轻人，一定要有追求。对理想的追求是成功的动力，又是一个人的成就所能达到的最高标度。在追求中，我们不应鄙视平凡，但要赞美崇高，拒绝堕落。我们一定要把我们的追求建立在与人民的利益、与国家的利益相符合的基础上。应该记住马克思年轻时的一句话，我们的追求，应该遵循的主要指针是人类的幸福和我们自身的完美。

可是，人的追求不可能都达到目的。各人的自身条件、各种不同的境遇甚至不可预计的偶然性，都会影响人的一生。人心是秤，但人生并不是秤，不能单纯以得失进行评价。人与人在得失方面无法攀比。因此对自己的名誉、地位、级别，总之一切与自己个人利益有关的东西，应该采取顺其自然的态度。我总是提醒自己珍惜手中的东西，不嫉妒别人拥有的东西。古人说过，“人莫知其子之恶，莫知其苗之硕”。不知道自己的儿子坏成什么样子是由于偏心，不知道自己田里的禾苗长势好是因为贪心。人应该种好自家的三分地，不要老望着别人的菜园子。其实我们各人都会有自己的长处，有自己的优势。我们应该发现自己，发挥自己的长处。说不定你羡慕别人，别人还羡慕你嘞。

心态平和，这是我追求的一种境界。但只有顺其自然才可能心态平和。如果心理老是不平衡，总是愤愤不平、恨恨而死的样子，这既不利于养生，也不利于养心，是自己跟自己过不去。当然，不合理的事可能会有的，个人多少受点委屈的事也可能发生。世上的事绝对公平完全合理很难，何况自己所谓公平合理是从自己的角度看的，已经打了折扣。我的原则是给我的奖励和荣誉我不推，不给我的我不争。凡事退一步想。在关乎个人名利的事情上，知足常乐的古训还不失为人生的一种智慧。为没有漂亮靴子而苦恼的人，应该同没有脚的人聊聊。人老更应该力求心理平衡。再没有比人到老年仍然汲汲于名利更不明智。老年应该有老年的情趣和活法。“知止而后有定，定而后能静，静而后能安，安而后能虑，虑而后能得。”我们老祖宗的话是对的。这种通过道德修养而达到的“安定”，比安眠药片“安定”更有效、更持久、更有益健康。年老而不知止，贪财好货，私欲无尽，确实如西塞罗嘲笑的那样，像旅行快到终点还不断积累旅费一样的愚蠢。

我很喜欢辛弃疾作于江西铅山的《贺新郎》：

甚矣吾衰矣！怅平生，交游零落，只今余几？白发空垂三千丈，一笑人间万事，问何物能令公喜？我见青山多妩媚，料青山见我应如是，情与貌，略相似。

一尊搔首东窗里，想渊明，《停云》诗就，此时风味。江左沉酣求名者，岂识浊醪妙理！回首叫云飞风起。不恨古人吾不见，恨古人不见吾狂耳。知我者，二三子。

起句“甚矣吾衰矣”很容易引起老年人的共鸣。尽管作者心有不平而且透出某种老的无奈，但全词老而不悲，狂气犹存。这种藐视沉酣求名而以诗酒自娱的生活方式，以及人与自然合一的审美意境，使人感到即使人老仍可以活得潇洒。当然，我们是俗人，没有那种生活化的诗情画意。但仍可以按照自己的方式生活，摆脱名缰利锁，活得充实点，活得有味道。

人，总是要死的。“上帝”不会忘记任何一个人。可是死之前是活的，是未死的。我们不能因为人终归一死，在死之前无所作为，等死。这样，人等于死了两次：死的时候是死的；活着的时候还是死的。这可不值得。

活，要尽人事，为所当为；死，要知“天意”，顺其自然。这样，活得充实，走得安详。

哲学应该属于自己

卢梭说，我需要我自己的哲学。他认为有些人在探讨哲理时书生气十足，他们的哲学同他们自己毫不相干。他们的哲学只是用来显示自己的学问，用来教育别人，而不是为了认识自己，不是为了启发自己的内心。特别是有好些人一心只想著书，只想被欢迎，也不管是什么样的书。卢梭的这些话何所指，我们不清楚。因为他与百科全书派中一些人的恩恩怨怨是是非非，很难判断。但从道理上说，卢梭提出的这些看法是有意义的。特别是对我们现在，对我们这些学哲学的人甚为贴切。

我们需要自己的哲学，当然不是说每个人都创造一种完全属于自己的哲学体系，而是说，哲学不同于实证科学的知识，它应该是我们的信仰、我们的血肉和灵魂、我们的思维方式、我们的人格。一句话，哲学应该属于自己，而不是与我们内心毫不相干的一种实证知识。孔子说，古之学者为己，今之学者为人。为己之学，是说它属于自己，提高自己的德行和修养，增长自己的学问。而为人之学，是说为了另一种功利目的。

我们是马克思主义哲学工作者，也就是马克思主义哲学的信奉者，而不是单纯的马克思主义哲学研究者，就像西方“马克思学”一样。当然马克思主义的“马克思学”是需要的，可对我们来说，马克思主义哲学就是我们的哲学，不能我们讲的、说的、写的是一种哲学，而我们想的、行的、信的是另一种哲学。

那我们中国哲学史家该怎么说，我研究老子就应该相信老子，研究庄子就应该信奉庄子吗？如果西方哲学史家也如法炮制，研究胡塞尔就相信

▲ 20 世纪 90 年代摄于家中。“食无精味求果腹，居家不识米和油。”

胡塞尔，研究海德格尔就相信海德格尔，这样岂不是研究什么哲学就相信什么哲学吗？当然不是。我们应该区分哲学史和哲学。我们研究中国哲学史，研究西方哲学史或西方当代哲学，都是研究历史，研究别人的哲学思想，我们要有自己的哲学讲的是我们要有自己的哲学见解，而不能以被研究者的哲学作为自己的哲学。这只是我们的专业，而不能说是我们的哲学。

一个马克思主义哲学家，在任何研究中都应该坚持马克思主义哲学。他研究的对象可以变，研究的问题可以变，但他作为马克思主义哲学家的责任和使命不能变，根本的立场、观点、方法不能变。这就是我同意哲学应该有属于自己的真正意义的观点——马克思主义者应该坚持马克思主义哲学，要把马克思主义哲学真正变为自己内心的哲学。融入血液，化为行动。

人的智慧是一味最好的保健药

这是培根在《论养生之道》中的一句话。这句话足可传世。

我们现在各种保健药的广告满天飞，效果如何暂且不论，但都是补身的。在这些保健者眼里，人，只是一个肉体凡胎的动物，没有灵魂没有思想。只要服药就能强身。他们忘记了，人有两重性，既是自然存在物又是社会存在物。作为自然界存在物，要受自然界的规律支配。所以吃什么，怎么吃，要符合身体的生理需求，这是生活方式问题。健康的身体需要科学的生活方式，需要医疗和科学的营养观。可是人是一个有思想的动物，思想道德状况如何，对身体健康关系极大。不是有人说过吗，一个好的情绪胜过十剂良药。而人的情绪又与人的心态不可分。而心态则是人的眼界、度量和做人的平常心。阮籍在《养生论》中讲过这个道理，他说养生有五难，名利不灭，此一难也；喜怒不除，此二难也；声色不绝，此三难也；滋味不绝，此四难也；神虑转发，此五难也。五者必存，虽心存黄老，口诵至言，咀嚼精华，呼吸太阴，不能回其生，不夭其年也。他既讲到生活方式，不要声色不绝，滋味不绝；也讲到做人的心态，不要追求名利，喜怒无常。这个看法有点意思。阮籍是文学家也是哲学家，他的养生法是哲学的方法。

哲学是追求智慧之学。哲学可以治病，这在中国古人就知道。枚乘《七发》中的吴客为楚太子治病，庄子的《养生主》中的庖丁解牛的故事，以及《庄子》中许多关于养生的要言妙道，我看都是哲学智慧的结晶。

我坚信哲学可以治病养生，可以免除不必要的烦恼。因为哲学智慧确实能给人以自我化解矛盾的思想力量。人不可能没有烦恼，没有意外事件，没有不顺当的时候，但太阳底下所有的痛苦，有的可以解除，有的则不能，如生老病死。若能，就去寻找；若不能，则泰然处之。人应该努力做能办到的事，而不能做不能办到的事。一个愿意承受任何苦难的人，心情永远是平静的。

我读过最近风行的一些关于医疗保健的小册子和演讲稿，其中除了营养学和医学知识外，我看核心还是哲学问题。要过健康的生活，首先要有正确的人生观和乐观的思维方式。一个整天生活在对死亡的恐惧、对“永远健康”的不合理的期待和追求、对名利无休止的追求中的人，任何保健药营养品都是难以奏效的。越害怕死亡越接近死亡。庄子说过，外死而身存。这当然不是说，人应该无所顾忌，任性而行，而是说应该以智者的态度对待生与死，建立健康的生活方式，提高生活质量，而不是追求生命永驻。

智慧来自人生体验，但也得自读书。读书对养生非常重要，清人李渔说读书“忧藉以消，怒藉以释，牢骚不平之气藉以除”。一个人从书中可以得到快乐，解烦除闷；而且可以得到别人智慧的启发，学会如何对待人生。

无处可以出卖智慧

黑格尔说过，智慧的信心并不是从一般市场上买来的。在市场上只要谁付出足够的钱，人们就售给你东西。智慧是不能用现金、用各种通行的货币立刻就可以一手交钱一手交货的物品。的确，智慧是买不到的。我们可以买到知识，只要交一定的学费，我们可以学到某种专门知识和技能。我们向法律事务所咨询法律知识、向投资公司咨询投资知识，可绝不可能咨询到法律智慧、投资智慧。正如我们可以从各种百科全书查到所需的知识但绝不可能查到智慧一样。智慧是一种洞悉问题的能力，它是人类知识和个人实践经验的完美结合和升华，是人类知识通过个人的实践和体悟内化为自己的灵魂和血肉。

书读得多不一定有智慧，书呆子式的人物是不少见的。我们学中国哲学史，实际上是学习中国哲学史的知识，那些智慧是别人的，是中国哲学史上那些哲学家的智慧，对你来说，包含这些智慧的文本只是一种知识载体，你可以通过课堂上书本上学到他怎样说的，可不等于你有历史上那些大家一样高的智慧。冯友兰先生是中国哲学史的大家，他以治中国哲学史的毕生经验说过一段很有意思的话：研究哲学史并不等于研究哲学。在哲学这方面，如果认为从古人的著作中可以得到哲学真理，那也等于认为临摹前人的画可以画出好画。哲学的真理，只有从人类的精神生活中直接观察体会出来。其他，如学习西方哲学史、马克思主义哲学史道理都是一样。人们不至于天真到认为读了马克思和恩格斯的著作就有马克思和恩格斯同样的智慧。这当然不是说读书没有用，用不着接受前人的文化遗产。

书，是要读的，而且要多读、精读、用功读。问题是，书是前人的，是别人的智慧的结晶。它可以为我们提供知识，提供可资借鉴的经验，提供启发，但不能直接提供智慧。

苏格拉底曾嘲笑有一种人，拥有某种技能就自以为是拥有智慧。他说，诗人吟诗全是出于天赋，而诗人能诌几句酸诗就自以为在别的方面也是最智慧的。他还说我发现那些能工巧匠也有同诗人一样的毛病，因为自己的手艺好，就自以为在别的重大问题上也很智慧。其实技能并不等于智慧。技能、技巧属于工具理性，它可以从学习中得来，在使用中熟练。

智慧是种辨别力、观察力和随机应变的能力。从表面看，智慧仿佛是种直觉，是种顿悟，是种不凭借任何知识积累的先天能力。实际上并非如此。智慧需要读书学习，但又不是单纯的书本知识；智慧需要实践，但又不是单纯的依赖经验。可以说，它是两者结合的产物，是一种在长期学习和实践过程中由知识和实践经验积累内化的一种特有的辨别力。有智慧比有知识具有更高的判断力。比方说，知道康熙 8 岁登基、鳌拜如何弄权、如何被年幼的康熙智捉的故事，这只表明你有点历史知识，但不能证明你有历史智慧即历史判断力和观察力。不仅是那些只是从各种戏说剧中知道一些真真假假的历史知识但无实据的人，即使是历史学家也可能有历史知识而无历史智慧，即缺少历史洞察力。有些有专门技能和精于某种专业的科学家，可智慧并不高，只要看看一些人对“法轮功”的辨别力，对于一些歪理邪说的辨别力你就会感到吃惊。他们懂一些科学知识而没有科学精神，也就是说，某种专门技能和知识对于他们只是纯工具性的东西。他们没有具有普遍性的科学精神，即没有哲学智慧。

毛泽东说，“高贵者最愚蠢，卑贱者最聪敏”，就包含智慧是从实践中来的意思。这个意思与《曹刿论战》中说的“肉食者鄙”是一样的意思。这当然都是极而言之，绝不是说知识不重要，没有知识照样有智慧，或者说居高位者一定没有智慧，而是说居高位而脱离实际刚愎自用肯定是会办蠢事的。

哲学与哲学家

哲学在当今，与20世纪五六十年代相比，日见其掉价。考生第一志愿报哲学系，已是非常罕见。在市场经济的大潮下，最有经济效益的学科往往是考生最拥挤的学科。这很正常。谁愿意受穷？可哲学系还是要办，要办就得有学生。或者对哲学有偏爱——自投罗网；或者是被迫无奈——调剂来的。总之是来了。

中国有句古话，“既来之，则安之”。要安之，必须正确认识哲学。为此在今年中国人民大学哲学系的迎新会上，我作为老教师的代表致欢迎词，就哲学系学生如何对待哲学问题发表了一通“高论”。我说，你们来哲学系可能是幸运的，也可能是不幸的。幸与不幸，关键在你们自己。

我说是幸运的，因为进入哲学系意味着走上探求智慧之路，找到一把打开智慧之门的钥匙。无论是在中国还是在西方文化史上，究天人之际，通古今之变都是一门大学问、大智慧。全世界60多亿人，全中国13多亿人，能有条件有机会在这个领域中进行探求的人并不多。当然这是个“穷人”的学问，历史上哲学皇帝倒是有一两个，但腰缠万贯的哲学家不多见。可真正在人类历史上留下足迹的、对人类发生重大影响的是哲学家，如西方的柏拉图、亚里士多德、黑格尔；中国的孔子、老子、庄子，等等。至于那些有钱有势的人虽然显赫一时，但终归无声无息，没有给历史留下任何东西。从有可能对人类的思想做出某种贡献的角度看，从立德、立言的角度看，你们是幸运的。因为从长远的角度、从历史的角度考虑，它比股票投资得手对个人对人类带来的利益会更大。

我还说，你们也可能是不幸的。因为你们中不少人对哲学并无认识、并无爱好，是“拉郎配”。哲学人人可学（作为一种普及的人文教育），但并不是人人能学（作为一门培养哲学家和哲学理论工作者的专业）。如果你们一直站在哲学的门槛外边，三心二意、无心无意，甚至怀有“抗拒”，四年时间转眼就完了，一无所得，仍然和刚进校时一样没有入门。录取到哲学系可以是分配的，但哲学兴趣是不能分配的。智慧不是硬塞给学生的卖货的搭头，它是一种追求，怀着激情的热烈的追求。不过随着对哲学了解的增多，对哲学的兴趣可以逐步培养起来。我们哲学系很多教师包括一些学有所成的教师，从别的系转来的为数不少，这说明哲学家不是天生的。如果既不了解也不想了解，既无兴趣也不培养兴趣，这才是不幸。

还有一种不幸是来自相反的方面。它不是对哲学不感兴趣而是太感兴趣以致对人世间其他一切不感兴趣，痴迷于纯抽象性和思辨性而难以拔足。哲学与其他学科相比具有抽象性和思辨性的特点，但马克思主义哲学不能变为抽象的思辨哲学。我曾经在一篇文章中说过，学哲学要防止走火入魔，即面壁虚构，从概念到概念，动不动就要创造一个体系，像恩格斯曾经批评过的当年德国的一些大学生一样。我就收到过这种信，各种各样的大圈圈、小圈圈，相互交织的箭头，各种各样的名词、术语，像是天书。在德国哲学气氛中生长的马克思对这一点有深刻的认识。他说过那些主要不是干预生活本身，而是从事抽象真理研究的职业对于还没有坚定的原则和牢固不可动摇的信念的青年是最危险的。马克思所说的危险就是痴迷于抽象和思辨，脱离现实，无法与人正常交流似疯似癫的“思想怪物”。当代西方哲学也反对自柏拉图到黑格尔以理念和绝对观念为对象的思辨哲学，提倡回到现实世界。可是，现实世界并不是单纯的现象世界。我们所直接观察到的是世界的外在表现，而事物的本质和规律是潜藏于事物内部的。正像一个苹果，苹果核在里面，而外面是苹果皮。这点黑格尔很清楚。他说过事物的直接存在，就好像是一个表皮或一个帷幕，在这里面或后面，还蕴藏着本质。从柏拉图到黑格尔都在寻找这个潜藏着的本质。他们的缺点并不在于寻找背后的东西，而在于轻视可见的东西，把可见的东西当作无足轻重的，而把理念和绝对观念当作本质。当代西方哲学家虽然反对柏拉图和黑格尔的唯心主义本质论，可他们所说的回到现实世界只是回到语言世界、现象世界、主体世界。他们把反本质主义、反基础主义、反逻各斯中心主义导向没有本质的现象、没有客体的主体、没有逻各斯的非理性的世界，完全走向了另一个极端。

早在一个半世纪以前，马克思和恩格斯就预言过：对于哲学家来说，从思想世界降到现实世界是最困难的任务之一。一百多年来当代西方哲学发展的历史也证明了这一点。尽管一些哲学家和哲学流派厌倦纯思辨，声言拒斥形而上学，可是由于找不到一条通向客观现实的实践之路，仍然无法面对真正客观的现实世界，更不用说改造现存的世界。

哲学真正从神圣天国下降到世俗人间，直面现实世界，是从马克思和恩格斯创立的马克思主义哲学开始的。早在 1843 年马克思在寻求哲学的改造和社会改造的最佳结合时就说过：哲学不消灭无产阶级，就不能成为现实；无产阶级不把哲学变为现实，就不可能消灭自己。这是对马克思主义哲学的本质与功能的很好说明。马克思主义哲学是干什么的？从根本上说，就是根本改变无产阶级的被剥削、被奴役的地位；而无产阶级不通过

▲ 1990 年摄于莫斯科，与苏联专家座谈，左三为作者。当时苏联思想理论领域变化剧烈，有“山雨欲来风满楼”之感。

自己的实践把马克思主义哲学所揭示的理想和价值变为现实，无产阶级就不可能获得解放。这二者是不可分的。所以马克思主义哲学要面对现实世界，就不能用背对着无产阶级解放和人类解放的现实运动；就不能脱离社会发展和科技的进步独自在纯哲学概念王国中徜徉。一百多年的马克思主义哲学史，就是面对每个时代的现实，与改造现实世界相结合的历史。历史证明马克思主义哲学是当今世界最现实的哲学。

我希望我们哲学系能培养出哲学家，而不仅仅是哲学知识的占有者。这两种人是不同的。哲学知识的占有者可以熟悉哲学典故、哲学知识，但并不一定具有哲学的品格。哲学是爱智之学。它既要有智，即对宇宙、社会、人生的规律性认识的追求；又要有慧，即有高尚的品格，应该言行一致，是自己哲学的信仰者、实行者，而不仅仅是哲学知识的储藏室甚至贩卖者。

哲学家与哲学的关系，与诸如物理学家与物理学、化学家与化学等的关系是不同的。当然，自然科学也是文化的一种形态，它具有人文价值。自然科学对于科学家本人的世界观如科学精神的培养、无神论思想的确立都是非常有益的。但是与人文学科不同的是，对物理学家、化学家来说，关于世界物质运动的物理规律和化学变化的规律，是外在于主体自身的客观知识。只要是科学的知识，它对于所有的物理学家、化学家都是一样的。没有民族、没有国界、没有性别之分。科学家同样有人格的问题，有道德的问题。这些都会影响他们在科学上的成就，例如科学研究中常见的伪造数据、剽窃，等等。但科学原理的真伪与科学家本人的品格和道德无关。

哲学的情况不同。哲学不是单纯的知识论，它不仅包括对对象的规律性的认识，而且包括对对象的评价、期待、追求。所以对哲学家来说，哲学并不仅是一种关于宇宙、关于人生的知识，同时也是哲学家本人的一种信仰、思维方式和风格。例如我们从物理学的知识中，看到的是客观世界自身的规律而不是物理学家本人。他的品格与道德只有科学技术史的传记价值，在关于对象性的规律的论述中可以略去不计。而在哲学中，我们从一种哲学体系中看到的还有哲学家对世界与人生的理解和评价。它不仅包括对象的规律性知识，同时也渗进了哲学家本人的政治信仰与价值观念。

在一个哲学体系中，当它的客观知识与价值观念处于不平衡甚至矛盾状态，必然要影响这个哲学体系的科学性。新中国成立前曾经作为官方哲学的“唯生哲学”、“力行哲学”等之所以是反动哲学，就是因为它们是由哲学体系的创造者按照政治意图制造出来的。它们的价值性吞没了哲学应有的品格。

比较完美的哲学体系应该是科学与价值相统一的哲学。它的价值是以科学性为依据的，而它的科学性又是符合历史进步和大多数人利益的。比较完美的哲学家应该是追求真理、品格高尚的哲学家。在历史和现实中，我们可以发现各种各样的哲学体系、各种品格的哲学家，其中人格和哲学成就分离、政治态度与哲学成就不符是常见的。我们并不能因人废言，也不能因言立人。但我们可以说，人品欠缺、政治落后、道德亏损的人，也可能在哲学上取得某些成就，但创造不出伟大的哲学体系。哲学家个人在现实中站在哪一边、关心谁的利益、他对生活的态度，肯定会影响他的哲学。哲学就是哲学家的哲学，哲学与哲学家是不能分离的。

问题不仅是一种原创哲学与哲学家的关系是这样。从接受的角度说，你接受什么哲学，信仰什么哲学，不仅是接受一种纯哲学知识，实际上你同时接受了一种信仰、一种思维方式，甚至同时接受了一种做人的准则。费希特说过，人们将选择哪一种哲学，这要看他是哪一种人，因为一个哲学体系并不是一个可以随意放弃或接受的死家具。因此，一个人的政治倾向、思想兴趣、人生追求会影响自己对哲学的选择，可是反过来说，你选择了什么样的哲学，又会把你塑造成什么样的人。哲学作为世界观、人生观的力量正在于此。可以肯定地说，一个信仰实用主义哲学的人，绝不可能有坚定的原则性和道德约束力。一个信奉人不为己、天诛地灭的利己主义者，他的行事处世肯定是有机会就捞一把的。因此，学习什么样的哲学、信仰什么样的哲学，这对人的一生是至关重要的。

马克思主义哲学是科学与价值的统一，是既可信又可爱，既具有科学精神又具有人文精神。世界观的科学性问题是非常重要的，可以说它是世界观的生命和灵魂。罗尔斯在他的《正义论》中也承认，真理是思想体系的首要价值，一种理论，无论它是多么精致和简洁，只要它不真实，就必须加以拒绝和修正。马克思主义哲学是一种科学世界观，它不是实证知识但有实证精神，它是以事实为依据，以普遍规律为对象，以实践为标准的哲学，它坚持从实际出发，实事求是，强调按照世界本来面目认识世界，反对任何主观主义和任意附加。说它具有人文性质，是因为马克思主义哲学充满对人类解放和人的全面发展的追求和期待。它反对压迫和奴役、反对剥削和建立在阶级压迫基础上的违背公平与正义的非人道现象。但是马克思主义哲学的人文精神是以科学世界观为依据的，是与最终消灭私有制、消灭剥削相联系的，而不是一种抽象的人道主义原则。所以在马克思主义哲学中，它的价值理论是以科学世界观为依据的。

我们学习马克思主义哲学，不仅仅是学习马克思主义哲学的基本原理，掌握马克思主义哲学的知识，更为关键的是要掌握马克思主义哲学的理论品格和实践品格，把马克思主义的这些品格内化为自己的人格，提升智慧、提升道德，成为自己处世、处事、处人的规则和原则。连狄尔泰都主张哲学不应该与行为脱节，每一种哲学，都必须从其理论见解中，推导出个人行为的原则和社会的基本准则。一种哲学如果不能为行为提出标准，不能对工作做出思考，如果它不包括生活的观点和受到控制的冲动，这种哲学是完全不能令人满意的。这个意见无疑是正确的。

哲学的使命和风格

哲学有名有姓，但又无名无姓。就哲学体系而言，它有名有姓。每一个哲学体系都有其创造者。有的学者形象地说，哲学是所有格，都有一个形容词，如苏格拉底的、柏拉图的、康德的、黑格尔的、马克思的，如此等等。没有一种哲学体系不属于某个哲学家。尽管它可能有一大群追随者，但体系的冠名权只属于它的创立者。

可哲学又是无名无姓的。因为任何真正的哲学，就其内容而言，都来自它的时代，来自现实，来自无数名不见经传的普通人的实践和经验的积累，是集无数人之力造就的人类精神之花。当马克思充满激情地说，哲学家的成长并不像雨后的春笋，他们是自己时代的产物、自己人民的产物，人民中最精致、最珍贵和看不见的精髓都集中在哲学思想里。那种曾用工人的双手建筑起铁路的精神，现在在哲学家的头脑中树立起哲学体系。这些话深刻形象地说明了哲学既有名有姓又无名无姓的道理。伟大哲学家康德谦虚地说，我们都是一些集体性人物，说的也是同样的道理。

而且我们应该承认，哲学并不是哲学家个人的独白。思想观点只属于他一个人的所谓哲学家，只能是自封的哲学家。哲学家越伟大，他的思想中所包含的共同性的东西越多。伟大的哲学家就是能揭示别人没有说而又能为所有人在生活中体验到的东西的哲学家。伟大的哲学思想的确是一种能够以不同方式存在于各种语言中的哲学思想。

我们还应该说，哲学无名无姓还在于哲学作为一种具有普遍价值的真理性思想，它不仅属于哲学，而且分属于各种思想领域。因而一个文学家、一个诗人同时可以是一个哲学家。萨特是哲学家又是文学家，尼采是哲学家又是诗人，也可以是科学家如马赫、彭加勒。在中国很少有哲学家兼科学家，但哲学家同时是诗人、文学家或政治家是常见的。哲学是一种学问，而不是一种职业分类。它的思想具有辐射性。它没有围墙，没有疆界。任何一个专业部门的人只要用心都可能在自己的专业中发现哲学道理。哲学思想，艺术作品，嘉言懿行，皆相通为一。这正是哲学的力量所在。如果哲学不能越出专业性哲学的樊篱，只存在于哲学领域而不存在于非哲学领域，这种哲学是只属于某一个人的哲学。这种哲学是没有腿的，它的真理性和作用都是有限的。影响最大的哲学，就是越出哲学范围在生活的一切领域都能发挥作用的哲学。

在社会生活中，哲学自古就不是一种很好的谋生手段。但哲学有自己的历史使命和社会责任，这就是哲学的功能问题。当然对哲学的使命看法是很不同的。德萨米认为“哲学是要引导人们获得幸福”；费希特认为全部哲学，一切人类的思维和学说，整个哲学研究工作就在于回答人类的使命和学者的使命。黑格尔认为哲学的目的就在于认识唯一的真理，即作为一切事物源泉的绝对观念。而费尔巴哈则认为哲学能给予自己永生的金苹果，能够为自己提供现世的永恒的福祉，使自己变得无限的丰富。至于视哲学为精神的家园，为安身立命之学，更为普遍。尽管关于哲学的使命说法不一，但有一点是共同的，即都认为哲学虽不能生产物质财富，但能生产精神财富，为人类生产思想。哲学家是思想家。思想家不同于专家，不同于学者。它不是提供某种专业知识，而是为人类提供智慧——关于自然、社会和人生的智慧。这个使命不是任何人为哲学指定的而是取决于哲学的本性。

正因为哲学是生产思想的，因此哲学家不可能与社会无关。尽管历史上有隐士或隐士式的哲学家，但只要创立某种哲学，就会对社会对后世发生作用。身为哲学家的尼采是很清楚这一点的。他说过，哲学家首先是自己的哲学家，其次是其他人的哲学家。做一个只属于自己的哲学家是不可能的，因为人类存在是互相联系的，哲学家也不例外，只能是这种互相联系中的哲学家。可以说，即使哲学家离群索居，即使他成了一个隐士，他在这样做的同时也还是为其他人提供了一种教训和榜样，因而仍然是属于他们的一个哲学家。让他尽情驰骋吧，只要他还是一个哲学家，他总是会有面向其他人的一面。

哲学家应该有哲学家的风格和气质。哲学家应该是思想家。思想家的特点是关心人类的命运，他的全部思考都是被提升为思考对象的人类的现实命运。我们需要的是哲学家兼思想家，即作为思想家的哲学家和作为哲学家的思想家。哲学家可以是专业的哲学家，终生从事某个哲学问题的研究，但真正的哲学家不仅要有专业成就，而且要有关心社会现实和人类命运的胸怀。只对哲学概念和范畴有兴趣而无视人类的处境和痛苦，可能会成为一个学者但不会成为一个思想家。

哲学家应该具有批判精神、怀疑精神和敢于说出自己见解的勇气。一个哲学家要能够感觉自己愿意感觉的东西，能够说出自己感受的东西。可哲学家并非人人如此，也不可能时时如此。因为哲学的批判精神往往与现实会发生矛盾。特别是在中世纪宗教处于统治地位，信仰任何无神论和反宗教的学说，都有杀身之祸。专制统治是不利于哲学思想的发展的，它与作为哲学本性的自由精神是相悖的。在专制制度下，哲学不是专制制度的敌人就是专制制度的思想牧师。其实在利益分裂的社会中，超越一切利益关系不偏不倚超然出世的纯哲学和纯哲学家是很少的。因此哲学的阶级性和哲学家的阶级的局限，会使哲学的批判功能钝化和发生种种变形。

哲学家与哲学不可分。哲学可以说是哲学家的存在，是他们表现自我哲学体悟或哲学创造的一种方式。有什么样的哲学就有什么样风格的哲学家。反之，哲学家的时代与生活经验，决定他们会贡献什么样的哲学。正是在这个意义上马克思把哲学家称为哲学的“容器”，容器与容器所盛的内容连为一体，都决定于产生这种哲学和哲学家的经济、政治和文化的土壤。所以哲学不同，哲学家的类型也不同。梅林在《保卫马克思》中也发表过类似的看法，他说，哲学是怎样的，哲学家也就是怎样的，反之亦然；哲学家的属性，即哲学的主观条件和因素，同时也是哲学的客观条件和因素。

哲学家有各种类型，这是哲学家的时代特征的哲学凝结。有自称牛虻式的哲学家，如苏格拉底，他宁愿饮鸩而死，也不改变自己的信仰；有要做在惊涛骇浪中安然吃食的猪一样追求内心平静的哲学家，如怀疑主义者

▲ 摄于2000年哲学讨论会发言。人家都说我中气足，嗓音高，我曾以诗自嘲："有理何必用力嚎，嗓高不见理论高。藏拙无术心多愧，应学春风拂柳条。"已成为习惯，终生难改。

皮浪；有宁愿曳尾泥中也不愿置身庙堂的哲学家，如中国的庄子；有终身不婚以哲学思辨为人生最高乐趣的哲学家，如康德；也有极度悲观愤世嫉俗最后以发疯了结天才一生的哲学家，如尼采。当然也有关注现实以变革世界为己任的哲学家如马克思和恩格斯。哲学家的态度实际上就是他的哲学本性和哲学观的体现。我们从庄子的鼓盆而歌的故事中，从庄子对待功名利禄的态度中，可以看到庄子的人格与他的哲学是融为一体的。他的哲学就是他的人格，他的人格就是他的哲学。

美国哲学家劳伦斯·卡弘对哲学家的类型有过生动的描述。他在《哲学的终结》中说过，哲学家可以是道德教师，在自己的学生中鼓励诚实守信和深入的自我追问；可以是文化记者，告诉人们许多国家的科学、艺术、政治和学术阶层中当前正在讨论的问题；可以是政治活动家，把探索作为改造社会的手段；可以是希望一个人深思的隐士；可以是科学家或与科学结伴而行的游客，通过共同努力，对目前有关世界的最出色的说明加以改进；可以是美学家，其思想感情触及感觉的边缘，力求培养一种被资产阶级社会视而不见的微妙体验的鉴赏力；可以是实验性的神秘主义者，在他看来哲学提供了通过想象重建经验的可能；也可以是一个追求令人满意的世界的人，这个世界能够挽回某些个人的严重损失；也可以是色情的对话主义者，迷恋于和热情而有吸引力的年轻人谈论各种思想；可以是史学家和翻译家，专门沟通另一些人的思想；可以是愤世嫉俗的人，哲学在他那里是同当代文化保持距离的手段；可以是西方文明的卫士，使它不受野蛮人的伤害，同时又要把它传播给他们；可以是世界观的工程师，认为社会接受这种世界观对他有益；也可以是幸福的白领工作者，收入虽不高，却有许多闲暇时光。劳伦斯列举了如此多类型的哲学家，当然是立足于他所处的社会现实。正如他自己转引皮尔斯的话说，我们只能从我们的现实处境出发思考哲学，我们无法决定把别的地方当作起点。确实在当代资本主义市场经济条件下以古代希腊那种学以致思的智者型的哲学家作为唯一榜样是不可能的。

哲学与人格的分离甚至分裂的哲学家，就是对自己哲学的否定。因为哲学并没有转变成自己的信仰，没有变为自我的血肉，只是随身携带的哲学卡片而已。有些人平时可以讲唯物主义，可面临死亡时又变为有神论者，希望有来世，希望灵魂不死。不仅常人如此，有些唯物主义哲学家也可能如此。可日本著名哲学家中江兆民却不是这样。他是一个真正的唯物主义者，体现了一个唯物主义者无所畏惧的风格。他不在面临死亡时皈依唯心主义和宗教以慰藉自己的心灵。这是一种有坚定信仰的哲学家的风格。他认为哲学家的义务，准确地说不只是义务而是哲学家的根本资格，就是在哲学上抱极端冷静、极端直率、极端不妥协的态度，坚决主张无佛、无神、无灵魂，即纯粹的物质学说。我们只要读中江兆民的《一年有半》、《续一年有半》，就会为他对待死亡的无畏风格所震撼。中江兆民患癌症时被认为只有一年有半的生存期，他不是为此而悲哀，相反认为既然还有一年半的时间，就要好好利用。一年半，也许人们会说很短，然而他却说是漫长的。他说如果说短，那么十年也短，五十年也短，一百年也短。因为人生是有限的，死后是无限的。拿有限与无限相比，这不是短，而根本是无。假使有事情可做，并且过得愉快，那么这一年岂不是足以充分利用吗？这是多么达观洒脱、识透生死的真正智者的态度。他在写完《一年有半》后，生命的火花尚未熄灭。他又继续以极度病重之身完成《续一年有半》这本充满唯物主义和无神论战斗精神的著作，对唯心主义和有神论的学说逐一进行批驳。虽然由于时代条件，他的论述不一定完备，但他对自己哲学的执著的态度是非常感人的。这是一位真正贯彻自己哲学观点的哲学家。

并不是所有哲学家都勇敢无畏，能对自己时代面对的问题做出积极反应。尼采就对自己时代的哲学很为不满，他说在目前这个困顿的时代，对哲学的要求比过去更高，而哲学家比过去任何时候都更软弱无力。他提出了一个尖锐的问题，我们时代的哲学家应该是什么样的？按照尼采自己的哲学观点也不可能正确回答这个问题，因为他自己就不能以积极的哲学作用于自己的时代。他的超人学说表达的只是对现实和现实中的人的摧毁，而不是积极的建树。但尼采的怨言，却反映了他对自己时代哲学的不满。可当时同样生活在德国，并稍晚于马克思和恩格斯的尼采，没有也不可能发现马克思和恩格斯，更不可能赞许马克思主义哲学。

正是马克思主义哲学的产生，使人类哲学史上出现了另一种类型的哲学和哲学家。马克思主义哲学是变革现实的哲学。这种类型的哲学家不是学者型的哲学家，不是专以著述为务的哲学家，而是理论与实践相统一的哲学家。其中不少人本身就是革命和建设实践的直接参与者和领导者，是以自己的生命和鲜血实践自己社会理想的哲学家。我们国家曾经发生过的邓小平有没有哲学思想，算不算一个哲学家的争论，原因也在于此。在一些人的头脑中哲学家就应该有大部头的纯哲学著作，那些能对实际发生重大指导作用的智慧不算是哲学思想，能以最明白易懂的语言阐释最深刻道理的人不算哲学家。这是按照哲学史的标准来衡量哲学和哲学家，对马克思主义哲学和哲学家的本质与特征，缺乏符合时代需要的理解。

我们这些从事马克思主义哲学研究的人，应该懂得这种哲学和哲学家类型的区别，应该明白自己的使命和任务。艾思奇当年一本篇幅不大的《大众哲学》对中国革命所起的作用，是中国当代哲学领域其他纯学术的哲学著作不可超越的。所有在马克思主义和马克思主义哲学领域工作的人，都不应该把纯学术性当作自己专业水平的唯一追求。

论哲学的困境

哲学，主要是马克思主义哲学，在我国曾经风光过一段时间。在各专业中马克思主义哲学都算是“香饽饽”。那时人民大学哲学系招生考分是各专业中最高的，学生也是最多的。老师也很神气，不似现在这样冷落。我就在劳动公园音乐堂、长安剧院讲过哲学，座无虚席，都是自愿的听众。不似当今商业性的各类自考或考研辅导班，办班的日进斗金，听讲的在寻敲门砖，彼此的功利目的都非常明确。可当时并非如此，那真是哲学的“黄金时代”。尽管有种种政治因素的掺入，可相信马克思主义哲学、想学点马克思主义哲学对绝大多数人说来是真心的。

近些年来，哲学特别是马克思主义哲学，日见其掉价。提倡尽管提倡，但言者慷慨，听者无心，有什么力量比工资、就业的指挥棒更具威力呢？在市场经济条件下，哲学已经失去了古代智者的光辉。在当今世界要依靠哲学谋生的确困难。这并非今天才开始。但工资高的工作不一定是有兴趣的工作，有兴趣的不一定工资高。这个矛盾从来就有，至今尤烈。我有个小外甥是白领，在公司搞营销。他就向我诉苦说，真没劲，就是钱多些，累死人。

我一直在想，如何能恢复哲学在社会中的地位，如何使人们确实认识到哲学的作用呢？这是我们哲学工作者特别是马克思主义哲学工作者面对的问题。如果我们的文章人家看不懂，不爱看，我们研究的问题与社会无关，我们只沉醉于自己独特的话语系统中，被看成不食人间烟火的怪人，这种哲学，当然会被漠视。

哲学的内容是多方面的，它根据不同的时代、不同的学科和不同人的需要，可以突出不同的方面。我仅以人生哲学为例。人生观问题是哲学中极其重要的组成部分。很长一个时期内我们忽视人生观问题的研究。在我们的哲学教科书中，可以有本体论、认识论、历史观等，就是没有关于人生的问题。我们以世界观取代对人生观问题的研究，其实它们是有区别的，不能简单等同。我们需要有对人生问题、理想问题、信念问题、价值问题，对如何正确处世、处人、处事的问题进行研究。自然给我们以生命，只有哲学才能使我们理解生命的价值和意义。

人生问题既是一个老问题，又是一个新问题。说它是老问题，是因为人生观问题任何时候都是重要的。人生的意义和价值问题，是各个民族、各个时代的思想家、哲学家，绞尽脑汁不断思考的问题。只要人存在着，生活着，人生问题的探讨就不会完结。人是世界中唯一能够探讨、喜欢探讨、愿意探讨自己的动物。人生问题又是新问题，由于人们所处的社会环境不同，人生观会出现不同的问题，会具有不同的性质和不同程度的紧迫性。特别是在社会变革和转型时期，人生观问题的反应会很强烈，例如在改革开放以后，我国的经济逐步开始了由计划体制向市场经济体制的转型，社会经济结构的重大变化，多种经济成分和分配方式的出现，人们的观念已经发生和正在继续发生着重大变化。利益观念从冬眠中苏醒过来，给人们的头脑以前所未有的冲击，与利益观念同时伴生的有竞争观念、效率观念、进步观念，但同时也可能有个人主义、拜金主义、利己主义的蔓延和泛滥。

在市场经济的大潮中，究竟什么样的人生观是正确的，什么样的人生观是错误的？如何对待金钱，对待财富，对待个人名利？在不少人的心目中是非界限不是很清楚，至少不十分清楚。同样是在致富的口号下，在发展生产力的口号下，但各色人等的内心世界是很复杂的，动机是五花八门的，道德观念也是多种多样的。在全面建设小康社会的过程中，提倡树立积极向上的人生态度是非常重要的。这是社会主义精神文明建设不可分割的部分。人的一生是各种各样的，对每个人来说都有个生活的意义问题，但并不是每个人都意识到这个问题，更不是每个人都探讨这个问题。在我们的哲学遗产中，确有些消极的东西，如庄子讲的处于材与不材之间，或宁可做在泥里拖着尾巴爬行的活龟，也不愿留骨庙堂当占卜的神器，以及郑板桥的“难得糊涂”之类，很容易为人所接受，特别是为失意者所接受。尽管郑板桥并不是真糊涂，而是追求糊涂，是过分清醒后的对糊涂的向往。这种糊涂本身就蕴含着过分清醒的痛苦，但“难得糊涂”这句话对后世的影响往往是消极大于积极。至于民间谚语中从消极方面总结人生经验的也是不少的。因而我们必须站在时代的高度，从社会主义精神文明建设的需要出发，对它们进行选择、清洗和改造，形成新的积极的人生观。

许多大哲学家都重视人生哲学的研究。中国传统哲学更是如此，几乎可以说，它是中国哲学的内核。其实西方一些大哲学家也重视人生问题的研究。像培根、蒙田等人关于人生问题的随笔都是经典性的，托尔斯泰的《人生论》也属于人生问题的佳作，尽管充满了它所特有的托尔斯泰主义。至于当代西方的人本主义思潮的代表性人物，可以毫不夸张地说，没有人、人生和人生观问题，就没有存在主义哲学。

哲学当然不只是人生观问题。我们到处都可以看到哲学的存在，许多领域问题的讨论包括最热门的经济学问题，最后都离不开哲学问题。的确，在现实社会中，没有哲学，我们就不能前进。但哲学特别是马克思主义哲学应该贯彻“三面向”精神，不应该只是哲学家的独白或最多是少数圈内人的对话。哲学不疏远社会，社会就不会疏离哲学。

老王卖瓜，这是对偏爱自己专业的人的一种嘲笑。我对哲学重要性的强调，当然也属老王之流。不过我并不后悔我被偶然性送进了哲学殿堂。哲学给了我许多非哲学眼睛看不到的东西。这就足够了。这是对哲学最高的奖赏。

哲学家与水管工

莱·柯拉柯夫斯基在《形而上学的恐怖》中说，切勿在哲学上自寻烦恼；如果你不幸成为一位哲学家，那么你最好寻找一个更令人尊敬的工作，如成为一名护士、牧师、水管工或马戏团的小丑；在这些领域中人们彼此相当了解，不会提一些不可能的认识论问题。按柯氏的意思，宁做水管工，也不要做哲学家。

鲁迅先生临终前的遗嘱中有一条，大意是千万不要做空头文学家。为了谋生可以寻点小事干干。以文学成就卓著如鲁迅这样的大师尚且如此“教子”，可见靠卖空头吃饭不牢靠也不舒坦。

我这一生就在哲学这个行当中，别无他能，只能依靠“皇粮”为生。我有时想，如果不发工资怎么办，何以为生？哲学家最大的缺陷在于哲学只是一种学问而不是一种职业。哲学家不能以哲学为生，也就是说，哲学不能成为一种谋生的技能。在古代，无论是希腊罗马，还是中国都不存在这个问题，那些哲学家或者有钱，是奴隶主或地主；或者是做官为政，是大大小小的官吏，衣食不愁。翻开中国哲学史看看，那些有名的哲学家，大抵都有一官半职。进到资本主义时代，在市场经济条件下，一个哲学家如果要生存，只能是在大学教书或在研究院研究，或者为政府出谋划策，参加什么智囊团之类，否则也难以存活。如果想单纯独立地以哲学为生，还不如照柯拉柯夫斯基说的，找个实际的工作干干。当年费尔巴哈的父亲就竭力反对费尔巴哈学哲学。他知道费尔巴哈已痴迷于哲学，不会回心转意，但还是劝阻。他在写给他儿子的一封信中说，我深深相信，要说服你是不可能的，就是你想到你将遭受到没有面包、丢尽体面的悲惨生活，也不会对你产生任何作用。因此，我们任你按照你自己的意志行事，任你委身于你自己一手制造的命运，让你尝尝我向你预言的悔恨。这是一个半世纪以前的事，现在哲学作为谋生手段并不比费尔巴哈的时代更好一些。我们生活在社会主义国家，是社会主义国家的哲学工作者，靠的是吃皇粮，或当哲学教师，或在社科研究机关，总之并不是哲学个体户。如果把我们推向市场，靠哲学专业为生，也是难矣哉。哲学作为谋生手段是末流，可对人类贡献并非如此。费尔巴哈同时代的那些所谓事业有成的百万富翁和千万富翁身死名灭，除了自己的家人无人知道，可是一心从事哲学的费尔巴哈，他为人类提供的宝贵的思想财富是无法以金钱衡量的。费尔巴哈高踞 19 世纪恢复唯物主义光荣的宝座，并成为马克思主义产生的哲学前驱。马克思因费尔巴哈而得以前进，费尔巴哈因马克思主义而得以永生。费尔巴哈与马克思一样不朽。

哲学还有个弱点，这就是哲学家的语言和思考的问题，往往无法与常人交流，容易变为行话或哲学独白。在日常生活中，没有一个人吃苹果时会提问，苹果是真实的苹果还是自己的观念的复合；世界是不是客观的，我不来看花山上的花是否还存在之类的问题。在日常生活中人们在行动，而行动本身就是非思辨的。从来没有一个人会把手放在火里试验“火不热”的问题，没有人会认为火是不热的，没有人会认为山中自开自落的花没有人看，就不存在了。哲学家思考的问题与常人相距十万八千里，因而被看成是怪人甚至怪物。可是，这些在常人看来的怪问题，确实有其道理存在。它们训练人们一个重要的思维方法，这就是从不疑处生疑，从熟知中求真知。

哲学不是一个好的谋生手段，绝不是说它无用；哲学的抽象性，并不是说它注定是空头。在有用无用、空头与非空头的问题上，哲学家的看法与世俗看法会有差距。

用，有有用之用，无用之用。一种学问、一种技能，可直接应用并为人们日常需要的，往往是有用的。医学是有用的，人人都会得病，都会牙痛；法学是有用的，人免不了打官司；会计是有用的，只要有经济活动就要有会计。企业管理是有用的，它教人如何管理企业。至于具体的技能特别是专门手艺更是有用，简直是人们日常生活须臾不可离的。这种用，都能看见。可无用之用是很难看见的。因为它并不是人人都需要，都能体会的。它的用，功在国家，功在民族，当然最终也功在这个国家的全体人民。例如，历史学有什么用？历史学家要靠历史为生是很难的。除了当教员，当研究员外也别无他能。不可能在市场中去出卖自己的历史知识和才能，除非写成书，或上电台演讲，而写书、上电台，已经是以写作和演讲为生而不是直接以历史知识为生。可是一个国家的人民不了解自己国家的历史，一个民族不了解自己民族的历史，肯定已是或即将是当奴隶的国家或当奴隶的民族。灭人之国，必须消灭这个国家和民族的人民对历史的记忆。这是历史的经验。我们中国人特别是东北人对这一点有切身体会。如果我们的年轻人都不知道什么是鸦片战争、什么是八国联军、什么是甲午战争，不知道中国近代史，对我们国家来说是相当可悲的，也是相当危险的。我看现在有些人的文章，就已经有些淡忘了这个历史。

哲学也是一样。哲学也是无用之学，谁要用功利主义观点看待哲学，期待哲学成为个人发财致富的手段那当然认为是无用的。可从国家和民族的角度看，哲学是有用之学，而且用处大得很，它对一个国家和民族的精神是至关重要的。一个没有哲学传统的民族是肤浅的民族，没有深厚的思想土壤。费尔巴哈说人有两个金苹果：一个是钱；另一个是哲学。哲学给予我永生的金苹果，给我提供现世永恒福祉的享用，我将变得丰富，无限的丰富。哲学是取之不尽用之不竭的源泉。的确，从人类文明发展来看，哲学的教化作用，可以把粗野的本能变成道德的意向，把天然的独立性变成精神自由，使个人和整体的生活打成一片，使整体在每个个人意识中得到反映。

就拿我们的职业来说吧。我们这些马克思主义哲学教师就肩负特殊的使命。这就是对学生进行马克思主义世界观、人生观和价值观的教育，为他们在进入社会后能够有一个正确的人生态度和观察问题的方法，打下一个比较牢固的基础。这个过程，既是对学生进行马克思主义观点的教育，也是对学生原来接受的错误观点的清理，更是与各种影响学生的错误社会思潮的一种争夺。我们都知道学生们的世界观、人生观一旦被错误的观点侵入，特别是一旦定型化，是很难改变的。很多人不懂一个简单的道理，一门专业课没有学好甚至不及格还可以补考补修，可一个人的世界观和人生观一开始就歪了，满脑子糊涂观点，这可是影响一辈子的事。从这个角度说，专业课影响一时一事，哲学课影响一生一世。这能说哲学无用吗？

哲学抽象，这正是哲学是哲学而不是实证科学之所在，抽象并非空洞，哲学家不等于空头。中外哲学史上的那些大家们，尽管他们所研究的问题在常人看来玄妙莫测，并不是空头。苏格拉底、柏拉图、康德、黑格尔的著作是难懂的，甚至是晦涩的；老子的"道可道，非常道，名可名，非常名"，也许终身难以理解，要不断体会。可这些都是人类的思想瑰宝，像马克思说的都是人类天才的多年劳动、繁重艰辛孤独工作的果实，是使人困顿的无形的思想斗争的成果。正是这些哲学家们多年的世世代代的艰苦劳动，才使人们更多地理解宇宙和人生的真谛。

空头哲学家是有的，这就是上不着天下不着地的哲学家。既不能真正研究一些形而上的问题，给人以智慧和启迪；又不能面对形而下的问题，对现实社会中的一些难点和热点问题，从哲学角度提供一些看法，从思想方法上为人们释疑解惑。有的哲学书和文章实在看不懂。我说的是真正看不懂，不知所云，不是说道理深得看不懂。季羡林先生在《人生漫笔》中着实给了这种空头哲学家一棒，他说哲学家的哲学，至矣高矣。但是恕我大不敬，他们的哲学同吾辈凡人不搭界。让这些哲学，连同他们的"家"坐在神圣殿堂去独观惶惶吧。这段话对我这个终生以哲学为业的人非常刺激。可不能不说这个意见一语中的，非常深刻，非常正确，对于靠空头哲学沽名钓誉者不啻当头棒喝。

哲学的确不是谋生手段。要想发财不要搞哲学，可以买股票去。哲学就是哲学，它不能摆脱抽象性与思辨性。但这不是说，哲学家应该心安理得地当空头哲学家。文学家不应该躲在象牙塔之中，哲学家也不应该缩在哲学的殿堂中。毛泽东当年说过，让哲学从哲学家的课堂和书本中解放出来，变为群众手中的尖锐武器，现今很是受到非议，被视为取消哲学的"左"的源头。我认为，毛泽东的说法是有道理的。问题是如何正确理解。如果把事情说成是取消课堂和书本哲学、停止教学和研究当然是错误的。可是强调马克思主义哲学家必须面对现实生活，发挥马克思主义哲学的群众性教育功能还是有道理的。如果谁非要强辩说，康德的哲学、黑格尔的哲学都是课堂和书本哲学，并没有面对群众，而且自古以来，他们的哲学都是书本哲学，这并没有妨碍他们成为大哲学家，这样讲对不对？有一定的道理，但并不全面。

▲ 20 世纪 90 年代哲学讨论会后，与陶德麟等游中山陵，左二为作者。

从哲学与现实的关系来说，所有有成就的哲学家都没有停留在课堂和书本上。哲学家不能脱离他们生活的世界，哲学的确不是世界之外的遐想。哲学家越伟大，他们的思想越深邃，与他们生活其中的世界联系越紧密。尽管他们可能生活在大学里，站在讲堂上或者终生都在书房里，但他们的哲学的确与他们所处的时代息息相关，去捕捉并在不同程度上解决或试图解决他们面临的时代哲学课题。后人从他们的著作中不仅读出了哲学家本人的思想，也读出了他们的时代。从这个角度说，他们也以他们特有的方式走出了课堂和书本，不是不食人间烟火与时代无关的哲学家。如果不这样，他们也成不了伟大的哲学家。凡是与自己时代无关的哲学，也不可能与其他时代有关。适用一切时代的哲学，就是一切时代都不适用的哲学。这种哲学才是真正的空头哲学。

当然，从另一个角度说，从柏拉图到黑格尔的确没有走出课堂和书本。这正是马克思主义哲学和它以前的哲学的根本区别所在。马克思主义哲学的本性和历史使命要求它宣传群众教育群众，这样才能发挥认识世界和改造世界的作用。马克思形象地把他们创立的哲学比喻为“思想闪电”，说哲学把无产阶级当作自己的物质武器；同样，无产阶级也把哲学当作自己的精神武器；思想的闪电一旦真正射入这块没有触动的园地，德国人就会解放成为人。因此对马克思主义哲学工作者来说，提倡从课堂和书本里解放出来，把它变为群众手中的武器，是有道理的。问题是区分对象，讲究方式，注重效果。不能重复过去“群众学哲学”的形式主义的错误。我以为马克思主义哲学家应该低下自己高贵的形而上学头颅，面对群众，俯身于形而下，这不仅不妨碍反而更能丰富我们的课堂教学和书本研究。

我认为，如果能这样，就不会变为空头。哲学是需要的，尽管它不是一种好的谋生手段，可是要使生活成为被思考过的有意义的生活，要使宇宙成为被思考过的能理解的宇宙，要使世界的丰富多彩的现象成为可理解的现象，就必须有哲学，即穷根究底的学问；哲学是需要的，尽管它不如当今流行的一些热门学科风光，如果能出一批即使是几个能在世界上立起来的大哲学家，这可是我们民族的骄傲，是我们民族对人类文化的伟大贡献。如果要说，几百年出一个，或千年难遇，这对真正伟大的哲学家来说，确实如此。

依我看，哲学家用不着像柯拉柯夫斯基劝告的那样去当护士、当水管工或当马戏团小丑。在建设中国特色社会主义事业中，哲学工作者完全能找到自己恰当的位置。

哲学能烤出面包吗

据说19世纪末在美国圣路易斯城出版的一种杂志上有句话：哲学烤不出面包，但能给我们上帝、自由和不朽。美国实用主义者詹姆士对这句话做了发挥，他说，人们说哲学烤不出面包，但它能鼓舞我们的灵魂，使我们勇敢起来。如果没有哲学放射的光辉照着世界的前景，我们是无法前进的。詹姆士是唯心主义和实用主义者，他强调的是哲学的宗教信仰和灵魂安慰的功能，这种功能并不适用于不同性质的其他哲学。

哲学能不能烤出面包的问题，本质上是哲学的功能问题。哲学功能问题是哲学中的老问题。狄德罗在《论解释自然》中说，要使哲学在俗人眼中成为可尊敬的东西，只有一个办法：就是向他们指出哲学伴随着效用。

问题是这个效用是什么。有的人说，哲学虽然烤不出面包，但能给面包增加调味，也就是说使生活过得更自觉更有意味。不过从马克思主义的观点来看，哲学不是生活的作料，而是整个生活和行动的导向。所以，哲学虽然烤不出面包，也不能给我们以上帝和不朽，但却能给我们以正确的世界观和思维方法，给我们以正确的信仰和真正的价值。而这是人生绝不可缺少的。其实很多有远见的非马克思主义学者都重视哲学的世界观功能。连弗洛伊德都说，世界观是一种理智的构成物，它以某种凌驾于一切的假定为基础，统一解决我们生存中所有的问题。不难理解，拥有这样一种世界观是人类的一种美好愿望。有了它，人们就能够在生活中感到安全，就能知道努力追求的东西是什么，怎样才能恰当地对待自己的情感和利益。

○

哲学的功能是多种的。由于哲学具有各种形式和不同性质，很难抽象地谈论哲学的功能。因为唯物主义的功能不同于唯心主义的功能，马克思哲学的功能不同于西方分析哲学的功能，而实用主义的功能不同于分析哲学的功能。但这不妨碍我们对哲学的功能作一般性考察。这种考察的参照系就是实证科学。

哲学的多种功能并不是某种哲学所能全部包揽的。哲学突出某种功能，取决于哲学的性质和类型。当古代希腊哲学家里如亚里士多德把哲学看成是追求世界的终极智慧时，强调的是哲学关于存在的本体论功能；随着近代科学哲学的兴起，又把哲学的认识论功能、方法论功能、逻辑功能、语言分析功能推到哲学的前列；人本主义哲学家强调哲学对人自身的研究，探求人的生活意义和价值功能。而中国的儒家哲学强调的是哲学的道德教化功能，老庄哲学则以明道，顺其自然，达到至人、真人、神人的境界作为哲学的功能。可以说，不同的哲学强调的功能都不一样。马克思主义哲学强调的是哲学认识世界和改造世界的功能。马克思说过，哲学家们只是用不同的方式解释世界，而问题是改变世界。可以断言，随着人类遇到新的矛盾和新的问题，哲学还会提出新的功能。正如当代生态环境恶化把人与自然的关系问题、天人合一的学说、科技伦理问题提到重要地位一样。

在马克思主义哲学看来，由于哲学本质的差异，它的实际功能是各不相同的，因而在社会生活中哲学的功能是多种多样的。但是在马克思主义哲学中，它的世界观功能和方法论功能、认识功能和改造功能、科学功能和价值功能是统一的，因而马克思主义哲学具有多种功能。例如，马克思主义哲学确有本体论功能，即揭示世界的本质和最一般的规律。可是如果把人排斥在世界之外，把世界变成无人的世界，由人来揭示这个无人世界的普遍规律，这就是一种旧唯物主义的观点。再如，马克思主义哲学确有认识论功能，如果离开改造世界谈论认识功能，正如黑格尔批评的，在下水之前先要学会游泳一样是不可能的。马克思主义哲学也确有方法论功能，可方法不是过河的桥、打鱼的网、建造房屋的脚手架，纯属与对象本性和规律无关的外在工具。在马克思哲学中，方法就是对对象的规律性认识，这就是以世界之道还治世界之身。在哲学中与对象本性脱离的思想方法，只能是主观臆测，是主观确立的一些游戏规则。哲学也确有教化功能、人学功能，可这种功能如果离开了对社会规律的认识，离开了人与社会、个人与社会关系的正确理解，只能是一种抽象的道德说教或者是一种悲天悯人、温情脉脉的抽象人本主义原则。

马克思主义反对哲学能给予上帝、自由与不朽的说法。上帝是不存在的，它给予的只不过是对不存在的“存在”的信仰；自由是追求意志自由，而不朽是所谓灵魂不朽。这一切都是虚幻的。如果硬要这样说的话，我说马克思主义哲学也给我们以“上帝”，但这个上帝不是创造世界的神，而是人民群众，是对支配世界的客观规律的承认。的确，人民群众具有比上帝更伟大的力量。谁都没有见过上帝创造世界，可是我们所面对的人类的自为世界是人类通过自己的劳动创造的；谁都没有见过上帝施爱于人类，施罪于罪人。可是破坏自然生态平衡一定会受到报复。多行不义必自毙，这不是上帝的作用而是规律的作用；马克思主义哲学也给我们以自由，这是真实的以对规律的认识为依据，从改造世界的实践中获得主体认识和行动的自由，从改造社会中获得政治自由。而马克思主义哲学的历史观和人生观，也为我们指明了从对社会和人类事业的贡献中，从自己的创造中获得个人的不朽。这不是灵魂不朽，而是在社会事业中获得个人的英名永存和后人的永恒怀念。

在哲学众多的功能中，马克思主义哲学的批判功能最容易引起误解。或者是把它理解为消极的否定，理解为大批判，因而人们现在不乐意使用批判的字眼。其实马克思主义哲学的批判性实质上是彻底的唯物辩证法的观点，它既反对独断论和怀疑论，提倡对一种理论的前提和结论应该进行批判性的理性思考，又反对无批判地接受既成的前提和结论，具有穷根究底的精神。另外，就其对客观事物来说，它反对用凝固的形而上学的观点来看待事物，它在对事物的肯定的理解中包含否定的理解，包含它必然灭亡的理解，它不崇拜任何绝对不变的东西，所以马克思主义哲学按其本质说，是批判的、革命的。马克思在 1843 年给卢格的信和《资本论》第二版跋中都讲过这个问题。

马克思主义哲学的批判功能又不是纯理论性的，康德的三大批判著作虽然都标明批判，实际上只限于认识范围、道德范围、审美范围，此处所谓批判只是探讨之义。马克思不同，马克思提倡的批判精神，既包括理论上的反独断论，主张对问题穷根究底，也包括在实践上以批判的眼光和行动对待现实，从现实中发现它的矛盾和必然过渡到更高阶段的可能性，并付诸行动。如果理论批判与实践批判相分离，不付诸行动，任何批判即便是最纯粹的批判都是无用的。马克思在批评青年黑格尔派时说过，意识的一切形式和产物是不可以用精神的批判来消灭的，也不是可以通过把它消融在“自我意识”中或化为“幽灵”、“怪影”、“怪象”等来消灭的，只有实际地推翻一切唯心主义谬论所产生的现实社会关系，才能把它消灭；历史的动力以及宗教、哲学和其他理论的动力是革命而不是观念批判。

正因为马克思主义哲学的功能不是纯理论的而同时是实践的，它不能烤面包，但能通过变革社会为穷人提供面包。这正是马克思主义哲学的功能不同于一切以往哲学功能的关键所在。我们所有从事哲学工作，特别是当前被“边缘化”的马克思主义哲学家工作者，应该理直气壮，充满自信。

没有音乐的世界是没有激情的无声世界，没有哲学的世界是没有思想和精神的工具化的物化世界。我们虽然不能直接创造物质财富，但我们的工作为人类的一切创造活动提供智力的和精神的支撑。我这一生虽然没有选择一个能赚钱的风光专业，但我想到哲学的神圣，我也算不虚此生。

哲学家需要勇气

我这是反用林语堂的话。他说过现代哲学家缺少的似乎是勇气。我反其意而用之，强调哲学家需要勇气。

在常人看来，哲学是最不需要勇气的。哲学讲的是与生活相距十万八千里的事，不着边际，死不了人；哲学家都是不食人间烟火住在木桶里晒太阳的人。其实这是对哲学的一种误解。

当然哲学是各种各样的，哲学家的类型也是各种各样的。但是有一点是共同的。凡是对现实有影响的哲学和哲学家都是关心现实的。凡是在哲学史上有名的哲学家，都是对当时哲学争论发表重要意见有见解的哲学家。与世无涉的哲学议论都是空山鸟语，自鸣自唱而已。

哲学是关于真理的学问，而真理的追求是最需要勇气的。对真理的追求，不能左顾右盼，不能看上级的脸色行事，要义无反顾地直逼真理。马克思说过，“真理像光一样，它很难谦逊”，“谦逊是使我寸步难行的绊脚石，它是上司加于探讨对结论的一种恐惧，是一种对付真理的预防剂”。

对社会真理的探求，直接触及统治者的利益，当然需要勇气。任何一个有良心的以真理为目标的哲学家，无不对社会的不公正、对统治者的专横持批判态度。哲学的批判本性，使哲学家要成为一个真正的哲学家，必须有勇气。否则，他不算是真正的哲学家而只能算是个文人。当然这是很不容易的。生活在自己时代的现实社会中而能对现实持理性的批判的态度，不仅需要智慧而且需要勇气。连黑格尔都为普鲁士政府祝福，说些凡现实的都是合理的这种模棱两可词义分歧的话。从这个角度说，并不是哲学家都具有批判精神、都具有面对现实的勇气。

对科学真理的探求同样需要勇气。我不来说欧洲中世纪的科学家如哥白尼、布鲁诺这些生活在暴风雨前夜的人，他们是科学的殉道者，他们得出的科学结论对神学而言都具有强烈的颠覆性。我说的是纯科学真理的追求，同样需要勇气。有勇气接受失败，有勇气进行不懈的探索，有勇气推翻前人的结论，更有勇气推翻自己的结论。一切唯真理是从，这是理论的勇气。最有勇气的科学家，是敢于承认自己错误的科学家。

▲ 与黄枬森教授（左二）合影，20 世纪 90 年代摄于怀柔开会期间。黄先生精神矍铄，他 85 岁华诞时，我曾贺以诗：“八五年华火样春，犹记八十客盈门。虽说五年弹指过，又见纸贵洛阳城。大名岂独铅字铸，道德文章两相能。百岁可期仍健笔，都道哲人似仙人。”

在人类历史上，苏格拉底是有勇气的哲学家，面对死亡，照样不改变自己的观点，为自己的见解从容赴死。苏格拉底之死，是哲学家面对信仰和死亡两者抉择勇于就死的表率。

可是在我看来，最具勇气的哲学家是马克思和恩格斯。最具革命勇气的哲学是马克思主义哲学。马克思和恩格斯两个年轻人，手无一兵一卒，敢于举起旗帜向旧世界宣战。

马克思主义哲学是最有勇气的哲学。它的辩证法是彻底的，不承认任何陈旧的东西不会被新东西所代替，包括对社会主义社会本身。恩格斯强调社会主义应该是不断改革的社会，就是教导后人要以最大的勇气对待自己确立的制度。因此马克思主义哲学任何时候都站在时代的前列，支持新生的事物，支持推动历史前进的改革和革命。马克思主义哲学这种革命的本质，同样要求当今的马克思主义哲学工作者需要勇气，敢于正视现实，面对矛盾。不唯上，不唯书，只唯实。没有勇气，是很难做一个真正的马克思主义哲学家的。毛泽东当年曾批评有的马克思主义者“天晴摆摊子，天阴下雨收摊子”。这不是马克思主义哲学家，只能称为哲学摊贩。

哲学不应炒冷饭

小孩学话总是从模仿开始。先是学着说，慢慢自己说，说自己想说的话。如果一辈子模仿，只能是永远长不大的小孩。哲学家也是如此，先是从接受前人的哲学成果开始，但也不能老是重复。如果这样，也像永远不会长大的小孩一样，是一个永远不会成熟的所谓哲学家。冯友兰先生说的，照着讲、接着讲、自己讲还是很有道理的。

哲学同样需要创造性。黑格尔在《法哲学原理》中曾经批评过一些哲学家把哲学变为老是原来的一盆冷饭，一炒再炒，不断端出来，以飨大众。他强调哲学的任务是发现真理，阐述真理，传播真理，而不能是不断重复真理。

科学技术的本性决定它必然是创造性的，因为人类的生产不断迫使它前进。或者是发展或者是被淘汰，这是生产特别是以市场经济为运行方式的大生产对科学技术发展的强大压力。人类有了新的生产技术绝不会再回过头去采用落后的技术，有了新的生产工具绝不会再回过头去采用过时的生产工具，而生产和技术的发展必然推动科学创造，而新的科学原理又推动生产和技术的发展和改造。历史证明，科学和技术的发展速度和创新水平与社会发展的速度成正比，同历史的长度成反比。人类进入资本主义大工业时代特别是从20世纪下半叶开始，科学技术的发展突飞猛进，处于革命时期。从1900年普朗克提出量子理论、1905年爱因斯坦提出相对论开始，20世纪科学发现一个接一个；技术创新更是如此，从1901年马可尼收到跨越大西洋第一个无线电信号开始，从电视机、计算机、“阿波罗”

宇宙飞船登上月球到试管婴儿和克隆“多莉”羊的成功，技术发展可以说日新月异，迅猛异常。

可人文科学的发展并没有这样迅速。特别是哲学智慧一旦定型，就会世代相传。这是不难理解的。哲学与技术不同，它不是人类活动的表层结构，而是关于普遍真理的认识。它具有启迪后人的长期历史作用。古代曾经是哲学最辉煌的时期：中国是春秋战国诸子百家时期，西方是希腊罗马时期，而印度、埃及哲学的繁荣时期也是在古代。这一点决定了哲学研究往往容易朝后看，眼望过去而不是眼望未来。怀特海说，全部西方哲学都是柏拉图的注脚，都是以不同方式阐述和解释柏拉图提出的观点。我们也可以说，中国全部哲学在很大程度上也是孔孟的儒家和老庄的道家思想的注脚。两千多年来，中国哲学总是在儒、道哲学的基本理论范围内争论。莱·柯拉柯夫斯基在《形而上学的恐怖》中曾通过总结西方哲学史讲到这一点。他说若干世纪以来，哲学以提问和回答它从苏格拉底和前苏格拉底的遗产那儿继承下来的问题，如何区分实与虚、真与假、善与恶，所有欧洲哲学家都以苏格拉底来证明自己的正统，即使是这些哲学家肢解了他所有的哲学思想，即使现代哲学家仍不得不面临和对付一些简单的、令人痛苦而又不可否认的事实：在维系欧洲哲学生命两千五百年的那些问题中，没有一个问题解决得令我们普遍满意。由于哲学家们的判决，所有这些问题不是悬而未决，就是变得无效。至今维系哲学生存的核心还没有发生变化。确实，哲学的进展与科学技术相比过于缓慢。

当然，哲学也有发展。但很大程度上这种发展是解释学范围内的创新，即在新的历史条件下，由新一代的哲学家按照自己的理解和时代要求来重新解读原作的文本。中国的魏晋新道学、宋明理学、当代新儒学都具有这种特点。对哲学发展来说，这也不失为一种方式。因为哲学不是一种具体的知识而是一种人类积累的智慧，不会因为年代久远而过时。希腊罗马时代距今很远，人们还时时回到他们这个时代的哲学家那里去寻求智慧，正如我们中国人不断回到诸子百家一样。对哲学的历史研究是人类从前人那里吸取智慧的一种方式。恩格斯说过，在希腊哲学的多种形式中，几乎可以发现以后的所有观点的胚胎、萌芽。因此，自然科学要想追溯它的今天的各种一般原理的形成史和发展史，也不得不回到希腊人那里去。

恩格斯的这一论断，对于每个具有丰富哲学遗产的民族来说具有普遍意义。研究哲学史可以从总结中学习思维方法，而且我们也可以通过历史的研究知道人类在哲学方面研究过什么，提出过什么问题，什么问题没有解决。没有对以往哲学的研究，哲学创新就没有根据。但这种由新一代的哲学家按照自己的理解和时代要求来重新解读原作的文本的创新方式，由于它的主题和哲学命题以及研究领域没有越出原来的范围，因而这种创新的作用是有限的。

我以为，哲学的创新最重要的不应该是单纯面对文本，而应该面对时代，面对实际，研究新的实践，提出新的问题，开拓新的领域，得出新的结论。在哲学史上凡属具有创新意义的哲学都不是重复而是开拓，不是解释而是提出新的问题。对马克思主义哲学来说更应该这样。马克思主义哲学的创立，是哲学中的一次变革即哲学的创新。马克思主义哲学创立以后，在它的整个发展过程中同样要强调创新意识。没有突破就没有创新，没有创新就没有发展。当前要发展马克思主义哲学必须大力提倡创新意识。一个民族没有创新意识就会停滞，科学技术没有创新就会被淘汰，而马克思主义哲学原理没有创新，的确会变为黑格尔说的一炒再炒的冷饭。

马克思主义哲学创新的源头在哪里？我以为最根本的应扎根于现实的实践，而不是书本。有的学者强调“回到马克思”，这对于脱离文本以及对马克思主义原著进行任意肢解的反驳是有积极意义的。我们应该重视马克思主义的文本研究，但如果认为马克思主义哲学当代创新的道路就是复归马克思的本本，尤其是马克思的早期著作，这种看法当然有可议之处。我想这也不是倡导者的本意。重读马克思的某些原著是必要的，特别是在浮躁的学风笼罩、轻视马克思主义经典著作之风甚炽的我国学术界。但重读不能成为创造性发展马克思主义哲学的最重要方式，更不用说是唯一方式。

还是应该面对现实，注目当代。当代社会生活向马克思主义哲学提出了许多需要回答的问题：科学技术发展中的哲学问题、生态环境中的哲学问题、文化中的哲学问题、道德伦理中的哲学问题、社会发展中的哲学问题、社会规律的客观性和人的行为选择性问题，等等。光是东欧剧变中就提出了许多哲学性的问题。至于我们自己在社会主义建设中面临的许许多多的问题更需要中国的马克思主义理论工作者从哲学的高度进行总结和阐发。黑格尔说，哲学是黄昏时才起飞的密涅瓦的“猫头鹰”。处在科学技术革命的当代，处在世界政治格局激剧变革的当代，处在资本主义和社会主义都在各自调整寻求改革的当代，几乎在每一个领域中都存在哲学问题，都为新的总结提供了新的材料和推动力。哲学这个猫头鹰可以起飞了。在这个问题上，我认为西方的思想家包括西方马克思主义者中的一些人反而比社会主义国家的一些马克思主义哲学家更注意现实问题的研究，例如，他们就非常注意当代资本主义的研究，马尔库塞的《单向度的人》、丹尼尔·贝尔的《资本主义的文化矛盾》和《后工业社会的来临》都是这方面的重要的著作。我们还要从哲学角度研究社会主义和社会主义问题。在当代中国，马克思主义哲学离开有中国特色的社会主义实践，只能陷入教条主义和思辨哲学，更不用说发挥马克思主义哲学的创造性。

据说马克思主义哲学不可能有创造性，因为既要坚持马克思主义哲学基本原理，就只能炒冷饭。这是坚持和发展相互关系的老问题。其实，坚持马克思主义哲学基本原理和发挥创造并不矛盾。我们之所以强调要坚持马克思主义哲学的基本原理，并不是从“必须坚持”这个抽象原则出发，而是因为当代的实践和科学技术并没有发现可以推翻这些原理的客观证据。没有任何材料证明我们的世界是非物质的世界，世界没有矛盾而是绝对和谐的，是绝对静止不运动的，是只有量变没有质变，没有飞跃、没有剧变的平静进化。连所谓反物质也只是物质的另一种形态。如此说来，马克思主义哲学基本原理只要照着讲，没有发挥创造性的余地和必要吗？当然不是。马克思主义哲学的原理并不是一个不可逾越的死的框架，而是我们分析问题的基本观点和方法。我们面对的问题是我们时代的问题，这些问题可能是一直没有解决的老问题，也可能是在新条件下出现的前所未有的新问题。善于应用马克思主义哲学来捕捉这些问题并正确分析和解决这些问题，就是马克思主义哲学在当代创造性的一个具体表现。

从原理本身来说也是不断丰富和深化的。有人说，马克思主义哲学无非是世界是物质的、物质是运动的、运动是有规律的，就这些玩意儿。讲哲学是老和尚念经天天这样念。其实，马克思主义哲学的基本原理根据科学和实践的不同发展水平，内容也是变化的。例如，同样是坚持世界的物质性原理，列宁在《唯物主义和经验批判主义》与恩格斯在《反杜林论》中的讲法就不重复。列宁在《唯物主义和经验批判主义》中不仅提出了著名的物质定义，区分了哲学中的物质概念和自然科学中物质结构的概念，而且结合当时自然科学的新成就提出了电子和原子一样，也是不可穷尽的观点。如果我们现在来研究世界物质性问题，结合当代科技发展，结合西方科学实在论提出的种种问题就有许许多多的问题需要研究和解决。马克思主义哲学从来没有反对这种研究，而是鼓励这种研究，以便推进马克思主义哲学。至于对马克思主义哲学论述和表现的风格来说，马克思主义哲学从来不强求一律。其实同样是论述辩证法的著作，恩格斯的《自然辩证法》、列宁的《谈谈辩证法问题》和毛泽东的《矛盾论》都各有特点。至于是否能以诗、散文或札记、随笔、书信等形式来论述马克思主义哲学则从无规定。重要的是内容，是思想，而不是形式。马克思和恩格斯的通信以及和他人的通信，就包含对马克思主义哲学最丰富的论述。认真说来，马克思主义哲学是迄今为止全部哲学中最具创造性的哲学，因为它不以追求建立绝对的永恒的哲学体系为目的。列宁说的“马克思主义并没有结束真理，而是为认识真理开辟了道路”这段著名的话就充分表明了这一点。至于我们在基本原理的阐述方面某种程度上存在的“千人一面”、“舆论一律”的现象，原因是我们对马克思主义哲学缺少深入的研究，对当代实际提出的问题不了解，更不会应用马克思主义哲学进行总结和分析，只能照本宣科。这是我们的水平问题，而不是马克思主义哲学的本性问题。

哲学的创造性和哲学的个性化是不可分的。马克思主义哲学并不反对哲学的个性化，但反对离开哲学的真理性和科学性而只讲个性化，反对把马克思主义哲学完全变为一种可以不问是非对错的“私人语言”。如果马克思主义哲学的信奉者在基本的立场、观点方面各吹各的号，一人一个样，这样就不成其为马克思主义哲学。可这不是说，马克思主义哲学家都只能是一个模子里压出来的“糕饼”。即使是马克思和恩格斯，作为马克思主义哲学的共同缔造者仍各有特点。他们各自的贡献不同，风格也不一样。其他如拉法格、倍倍尔、普列汉诺夫、列宁、毛泽东都各有特色。邓小平的哲学风格同样独具特色。我们是哲学中的“小人物”，但是时代还是为我们留下了充分发挥自己创造力的空间。

没有突破就没有创新，没有创新就没有发展。当前要发展马克思主义哲学必须大力提倡创新意识。一个民族没有创新意识就会停滞，科学技术没有创新就会被淘汰，马克思主义哲学原理没有创新，就会变为黑格尔说的一炒再炒的冷饭，这样，我们的马克思主义哲学就无法走出当前被“冷落”的困境。

马克思在19世纪70年代面对法国一些教条式的“马克思主义者”的流行，连自己都耻于承认自己是“马克思主义者”。因为他认为自己种下的是龙种，收获的是跳蚤。我们当代中国的马克思主义哲学研究者，不可能人人成为龙种，但千万不要当一再炒冷饭的“跳蚤”。

哲学要经得起时间的考验

现在最时髦的用语之一是推销自己，包装自己。当然，对于商品或把自己当成商品的人来说，这或许是允许的，对于学术来说不能这样。例如，哲学如果大吹大擂，往往会变为哲学骗局，像当年恩格斯对杜林批判时所指出的那样。

▲ 2006 年摄于人民大学哲学院 50 年大庆发言。“智者云集庆生辰，不辞千里衣染尘。眼湿紧握同窗手，头白犹重师生情。”哲学院 50 年来为国家培养了大批哲学教员和理论工作者，其中一些人成就卓著。院庆聚会，场面热烈感人。

哲学不可能趋时，也不可能媚俗。哲学不同于文学艺术，因为它的抽象性和冰冷冷的逻辑分析，没有激情的论述方式，不可能像歌曲或时装一样具有流行性，最多是在少数知识分子范围内得到传播。而且真正具有创新意识的哲学，是开辟思想新领域的第一支响箭，是迎接新的真理的第一声号角，它往往与传统观点和世俗流行的观点相左，唱和者甚稀。甚至被视为异端邪说，遭到排斥和打击。在哲学家死后甚至死后多年才被重新发现、被接受、被重新估价，这种现象在哲学史上是常见的，甚至是一种规律性的现象。

哲学虽然不可能趋时媚俗，但哲学就其影响和作用来说确有长短之分。人们在历史上可以看到两种哲学，一种是在历史上长期起影响作用的哲学；一种是朝生暮死、过眼烟云的哲学。时间可以说是哲学的试金石。它既可以是埋葬一种哲学的坟场，也可以是展示另一种哲学的舞台。在列宁的著作中曾使用过聪明的、愚蠢的、伟大的和渺小的这类定语来形容不同的哲学。所谓聪明的、伟大的哲学家的哲学，当然是在历史上能长远起作用的哲学，而愚蠢的、渺小的哲学家的哲学只能是过眼烟云。马克思在《关于伊壁鸠鲁哲学的笔记》中说，希腊人永远是我们的老师。恩格斯在《自然辩证法》中也极力赞扬希腊哲学家，认为在古希腊哲学的多种多样的形式中，差不多可以找到以后各种观点的胚胎、萌芽。

其实西方哲学，从柏拉图到黑格尔的哲学的长时期中，名家辈出，影响深远。怀特海就说，全部西方哲学都是柏拉图的注脚。这当然言过其实，但说明了柏拉图对后来哲学的巨大影响。黑格尔也是如此。不仅在1830—1840年的德国，他的哲学在德国的思想界处于统治地位，即使黑格尔哲学发生分裂以后，仍然余音绕梁，对人类思想长期发生作用。至今西方一些思想家仍然把黑格尔当成活着的敌手，就说明了这一点。

当然在哲学史上也有一些哲学过客。这是一些以新名词、新概念包装起来的所谓最新哲学。这往往是不能持久的，经不起时间的考验，只能是巨流中的泥沙和泡沫。列宁曾经嘲笑以能量术语包装起来的奥斯特瓦尔德哲学，说奥斯特瓦尔德的唯能论是一个很好的例子，它说明“新”术语怎样很快地时髦起来，以及怎样很快被发现：表达方式的稍微改变，丝毫也没有取消哲学的基本理论和哲学的基本派别。他还批评俄国的波格丹诺夫在哲学上赶时髦，说不论在哲学上或在物理学上，我们的马赫主义者都是盲目地赶时髦，不能够根据自己的马克思主义观点对某些思潮做一个总的概述，并对它们的地位做出评价。列宁一贯反对流行的时髦哲学。

哲学不应成为转眼即逝的哲学历史的过客，但这绝不是说哲学应该追求抽象的永恒。哲学不能脱离它的时代。哲学与时代的不可分性和哲学的短暂性是两回事。真正的哲学总是自己时代精神的精华，与自己的时代血肉相连。可是由于它是时代精神的精华，是揭示时代本质和规律的真理性认识，因而可以超越自己的时代，为后人提供知识和智慧。这就是它的永恒价值。任何追求与自己时代脱离的所谓永恒，得到的只能是短暂的一瞬。

哲学不应该媚俗和追求轰动效应，但这绝不是说，哲学家应该幽居独处、与世隔绝，哲学著作应该使人望而却步，越读不懂表明水平越高。当然，哲学研究所涉及的问题具有专业性。它的专门术语和范畴，不是一般群众都能理解的。特别是一种新的思想的提出，即使是同行也不一定能沟通。可是我以为不管哲学问题如何高深，凡是包含真理性的思想，绝对不可能只有自己能理解他人无从置喙。哲学不是天书。特别是哲学研究的成果表述，应该尽可能为读者所理解和接受。应该说，晦涩难懂并不是优点而是缺点。马克思曾经为此而批评过德国古典哲学。

如果说，对非马克思主义哲学来说过分晦涩只是个缺点，而对马克思主义哲学来说却是不能容许的。马克思主义哲学要发挥它的教育和宣传功能，应该面对群众，应该通俗。正如邓小平说的，马克思主义的道理是朴实的，它不需要装腔作势、借以吓人的文风。自然科学有科普读物。马克思主义哲学也可以有些通俗普及性读物。这不是趋时和媚俗，因为决定哲学本性的是它的内容，是它所包含的科学和价值导向。把哲学真理交给群众当然要考虑可接受性。列宁非常重视马克思主义通俗化，他说过，最高限度的马克思主义等于最高限度的通俗化。

哲学由于它的专业特点不可能趋时媚俗，可是从哲学发展的角度看，现代西方哲学有个显著特点，这就是流派纷呈，生存周期都很短。虽不说是走马灯，但没有一个学派较长期地处于支配地位。不断出现“新什么”、“后什么”之类的学说，有结构主义，不久有后结构主义，有解释学，就有新解释学，有实在论，不久有新实在论，有弗洛伊德主义，不久就出现新弗洛伊德主义。现代主义、后现代主义、后后现代主义，的确目不暇接，像工业产品更新换代一样。在西方哲学的迅速变化中，在各种流派的矛盾和冲突中，其中不乏创见和新的启迪，不乏对自柏拉图到黑格尔的哲学传统和观念的某些缺点的揭示，但其中也的确有不少是经不起实践检验和违反人类理性和常识的东西。

特别是在市场经济条件下，当把哲学作为一种生存手段甚至牟利工具时，往往容易把哲学写作变为一种商业操作。哲学的通俗化，变为满足市场需要的一种哲学快餐。这在本质上就是趋时媚俗。这种哲学也可能有一时的轰动效应，但不可能持久。我们应该把真正的哲学与着力推销自己的自我吹嘘的哲学区分开来。如果说这种区分在任何时候都重要，是哲学史研究的职责，那在市场经济条件下就更加重要，因为利润的导向也同样会使最神圣最脱俗的哲学向金钱弯腰。

区分不同哲学的最有效的方法，就是揭示哲学的本质，而不是听信哲学广告和哲学家个人对自己哲学的吹嘘。面对当今哲学体系更替频繁的状况，绝不要被哲学的商业炒作弄得晕头转向。首先得问这种所谓新哲学是不是具有真实性，有没有事实、人类知识和常识的支撑。哲学不同于实证科学，它不可能以自然科学的标准来衡量，但它仍然有个科学性问题，即要有事实根据。狄德罗在《论解释自然》中说过，事实，不管什么性质的事实，总是哲学家的真正财富。如果没有任何事实根据，既没有科学发展提供的事实，又没有人类认识史提供的事实，也没有人类生活世界的经验事实，不管说得怎样天花乱坠、花里胡哨，怎样包装，仍属哲学垃圾。哲学的抽象和思辨性特点，绝没有给予哲学家面壁虚构、胡说八道的权利。

我们还得要问这种新哲学有没有合理的成分，究竟新在哪里？哲学并不是商品，并不是新出现的就是好的。哲学中有个大杠杠，这就是唯物主义还是唯心主义的区分问题。现在这个区分不时髦了，最时髦的是超越主客体，鼓吹主客体的融合。可实际上是融合不了的。因为在实际生活中，我们都能深切地体会到物质和思想的区别、存在与思维的区别、梦想与现实的区别。口袋中的一百元和观念中的一百元的区别，除了白痴，谁都知道区别何在。超越是超越不过去的，问题是处理的方式。哲学基本问题是任何哲学都难以通过的卡夫丁峡谷。我们说在考察最新哲学时不要忽视唯物主义和唯心主义的区别，但绝不是说，只要是唯心主义就一定不能包含新的思想和新的发现。这是简单化的说法。即使在哲学路线上是唯心主义的哲学也并不妨碍它在局部包括合理的思想。哲学是智慧之学，它是唯心主义的但包含智慧是完全可能的。因为智慧并不是简单地以唯物主义和唯心主义为标准来划分的。在哲学的历史上，按照列宁的说法有聪明的唯心主义和愚蠢的唯物主义，包括辩证法的唯心主义就比庸俗的、机械的、形而上学的唯物主义更有智慧。柏拉图和黑格尔的唯心主义名传千古，至今仍在发挥影响，但 19 世纪 50 年代在德国出现的庸俗唯物主义已成为历史的笑柄。

老田鼠和追星族

在哲学史上有各种各样的哲学家。有的是自吹自擂如过眼烟云，有的是对人类文化长期发生影响。一个具有真实历史感的哲学史家应该善于把他们区分开来，绝不要为一些善于炒作的哲学小贩所迷惑。

马克思说，要真正把握一种哲学首先要把握它的体系的精华，而不是津津乐道地叙述哲学家个人的个性或琐屑小事。所谓体系的精华，指的是构成这个体系的规定的动因和贯穿整个体系的一以贯之的根本观点。那种把哲学家的逸闻趣事当成哲学卖点的哲学是戏说而不是哲学。

一个有见解的哲学史家，要像马克思所说的把那种像“老田鼠”一样不声不响地前进的真正的哲学认识，同那种滔滔不绝的、公开的、具有多种形式的现象学的主体意识区别开来。我们评价一个哲学家不是根据哲学家关于自己说了什么，而是他的实际哲学观点是什么。哲学史不同于科学技术史。科学技术史的确是越到后来越高出于前者，后人是站在前人的肩膀上；山高人为峰。站在科学成就山峰上的后来者会高于前人。可哲学史中体系的更替，并不表明后出现的体系在人类智慧和认识上一定高出前者。不同时代的哲学智慧是无可替代的。一个伟大的哲学家，可以是几个世纪甚至是千载难逢的人物。他的思想永远哺育人类，成为人类智慧的“蓄水库”。哲学不是单纯的工具，它不像可以为拖拉机所取代的过时的犁锄。伟大的哲学家的贡献，各有千秋，彼此不可替代。

对哲学的发展，应该有历史感，即善于把某种哲学体系放在整个历史过程和联系中考察。马克思强调，在阐述具有历史意义的哲学体系时，为了把对体系的科学阐述和它的历史存在联系起来，历史感是绝对必需的。一个没有历史存在的理由，一个与先前的哲学没有联系，即不是作为整个历史必需环节的哲学体系是没有存在价值的。

评价一个哲学体系，作为根据的是它的哲学观点本身，而不是根据某种权威崇拜或流行观点。马克思说，最不可取的是仅仅根据威望和真诚的信仰来断定哪一种哲学是真正的哲学，尽管这种威望的体现者是整个民族，并且这种信仰已存在了千百年。要提供证明，只能够通过揭示这一哲学的本质才能达到。在哲学研究中盲目的权威崇拜或从众媚俗心理都不可能是科学的。

在哲学中，不可能像影视和乐坛或足球那样出现明星和追星族，但哲学中可以出现流行思潮和流行哲学。一种思潮的流行，它能使许多青年崇拜和信奉，当然有它的社会原因，但绝不能持久。在哲学领域我们应该尊敬马克思说的哲学中的“老田鼠”，不声不响地在哲学的地层下掘进，而不是哲学乐坛上的流行歌手。

真正有创造性的哲学家的思想成果，是终身积累的结果，真正有思想的哲学家往往是寂寞甚至是孤独的。哲学家要耐得住寂寞。凑热闹、赶风头，很难成气候。

哲学的民族特色

对于一个人而言，哲学家应该属于自己。对一个民族而言，同样如此。所谓哲学的民族性，指的就是属于这个民族特有的哲学。任何一个哲学家，不管他研究马克思主义哲学，还是研究西方哲学，或者别的什么哲学，都不能数典忘祖，应该重视自己民族的哲学传统和哲学成就。我自己在这方面最感欠缺。这不仅阻碍我的整体的哲学水平，实际上也妨碍自己对马克思主义哲学中国化重要性和途径的理解。

哲学家都是属于一定的民族的成员，生活于作为以共同的地区和文化为纽带的不同的民族共同体之中。哲学是世界观，它离不开自己所生活的世界。人不是在世界之外观察世界，而是处在世界之中来把握世界。因此各个民族所处的地理环境、经济、政治状况、文化传统，显然会极大地影响作为这个民族成员并生活其中的哲学家。生活在日出而作日落而息的农业社会的民族对世界的看法，不同于游牧民族的看法，也不同于一个处于以大机器生产为基础的工业社会的民族的看法。很长一段时期，在一些中国人的观念中，中国就是世界。这与疆土辽阔、幅员广大、内陆型社会有关。世界观离不开自己所处的世界。正因为如此，不同民族在整个世界中所处的特殊环境，必然使哲学各具民族特色。东方哲学不同于西方哲学。即使同属东方哲学，中国哲学不同于日本、印度和朝鲜哲学；它们彼此各有特点。即使同是以希腊罗马哲学为源头，同属西方哲学，欧洲大陆哲学不同于英美哲学，而德国古典哲学又具有自己的特色。

各个民族的文化各有特点。在西方占主导地位的是基督教，在印度是

▲ 1990 年摄于莫斯科红场。左一为李德顺，左二为钟宇人，左三为苏联专家凯列，右一为作者。睹此照片不胜感慨：“问君此刻意若何，长夜无眠且放歌。西风残照红旗落，泉下英灵涕泪多。”

佛教，而在中国文化中长期处于主导地位的是哲学，特别是儒家哲学。在西方从小就接受宗教教育，可能受洗礼成为虔诚的教徒，而在东南亚可能从小就出家当一段时期的和尚。中国不同。中国人的宗教观念和宗教信仰比较淡薄。一般百姓如此，知识分子更是如此，不少知识分子可以读经谈禅但并不迷信。中国人只要读书，从小就接受哲学教育。从《三字经》中的人之初、性本善的人性论教育，到《四书》中一整套哲学化的道德教育，从如何做人处世到如何治国为政，都渗透着哲学原则而不是具体操作。所以哲学在中国是有深厚传统的。这一点，冯友兰先生引用过美国学者德克·布德教授《中国文化形成中的主导观念》中的话，说中国人不以宗教观念和宗教活动为生活中最重要最迷人的部分。中国文化的精神基础是伦理，特别是儒家伦理，不是宗教，至少不是正规、有组织的那一类宗教。这一切自然标志着中国文化与其他主要文化，有重要的乃至根本的不同。

中国古代哲学着重于人生哲学，它注重修养和人格的培养。它的目的是把人培养成真人、圣人。道家的最高目的是真人。儒家的最高目的是圣人。这两者都追求天人合一，达到天人境界。不同的是，道家所追求的真人是出世的，绝圣弃智，遗世独立，超然物外。而儒家是入世的。儒家追求的内圣外王，内圣是具有高尚道德，而外王则是治国平天下的事功。内圣并非出世独善其身，而是通向外王之路。哲学与修身的结合，与人格培养的结合，是中国哲学的特点，也是优点，可它也存在弱点。如果哲学的功能完全与人类改造世界的实践活动无关，而只是与人的道德修养有关，只是一种所谓形上追求，那么往往会失去它的方法论功能。在近现代，当哲学作为人类探讨自然和社会规律的理论和方法论的作用日益加强时，仅仅强调它的道德修养职能显然是狭隘的。应该说，在当代哲学要发挥多方面的功能，既要有人类在改造自然和社会实践中的认识论方法论功能，又要有为人类的思想境界提高服务的人生观功能。因此，各民族哲学的互相学习是非常重要的。

哲学具有民族性，但不能认为只有本民族的哲学才是最好的。其实在各个民族的哲学思想中都会在不同程度上积累了本民族实践的精华。哲学应该相互吸收和传播，也可以相互吸收和传播。这是发展本民族哲学的一个重要途径。事实也是这样。中国哲学可以接受西方哲学的影响。中国明清之际，特别是晚清曾经接受过西方文化包括哲学的影响。中国哲学对西方和周边国家的影响更是巨大。特别是进入资本主义时代以后，历史转变为“世界历史”，更有条件相互影响。我们现在马克思主义哲学使用的许多范畴，就不是中国哲学固有的，而是马克思主义哲学独创或经过马克思哲学中介吸收的西方哲学范畴。哲学中的相互吸收融合是一种进步趋势。经济全球化会加快人类文化传播的可能性和途径。但文化多样性，作为文化核心的哲学的民族性不会因此而消失。哲学的民族性和多样性有利于人类哲学思想的丰富多彩。

马克思主义哲学在当代中国的发展，从专业角度说，就存在“中、西、马”的沟通和对话的问题。各自囿于自己的专业，划界分治，甚至相互轻视，这不是学者的态度，而是把哲学中的专业变为宗教中的教派。如果这样，中国风格、中国特色、中国气魄的马克思主义哲学的创造只能是一句空话。

我是在半个多世纪以前开始接受马克思主义哲学教育的，当时没有条件也没有觉悟到这个问题的重要。因此我感到自己在哲学领域中始终是不会走路的跛脚鸭。现在年轻一代的哲学系学生的条件与我们大不相同，但千万不要重复我们的错误。

哲学有阶级性吗

哲学中的难点最多，多少年争论不休，难以解决的问题也最多。除了“什么是哲学”这个问题外，“哲学有阶级性吗”也是长期折磨我的问题。

如果说，哲学有阶级性，西方哲学从苏格拉底、柏拉图、亚里士多德一直到当代，中国哲学从老庄孔孟一直到当代，都给他们弄出个阶级成分来，似乎有点可笑。那不像哲学史，倒像是土地改革划成分。事实证明，这种做法不可能被认同，也无法做到。我开始接触哲学史的年代，最流行的说法是唯物主义代表进步阶级，唯心主义代表反动阶级，可马克思和恩格斯都赞扬德国古典哲学是德国政治革命的导言，而对 19 世纪德国流行的庸俗唯物主义采取极端蔑视的态度，这又怎样说呢?

可如果说，哲学没有阶级性，那为什么其他意识形态有阶级性，哲学就没有阶级性呢? 难道真的是因为哲学是以一系列逻辑概念和范畴构建的抽象体系吗? 哲学家是一群不食人间烟火、超然物外、与世无涉的单纯思考“思想”的思想者吗? 可也不是。因为不同时代出现的哲学思潮，总是以不同方式同那个时代的经济政治关系相联系。

这的确是个两难的问题。在人类哲学史上，只有马克思主义公开申明自己是无产阶级的哲学代言人，是无产阶级解放和人类解放的大脑。而所有前马克思主义的哲学或当代的西方哲学，没有一种哲学公开表明过自己哲学的阶级属性上。在他们看来，这是对神圣哲学的玷污和极大的不恭。因此，哲学的阶级性问题是一个长期争论难以解决的问题。

我们能不能换个思考方式，不把自己的思维固定在为哲学家个人寻找阶级属性上，而是从哲学与时代的关系中，着重考察一个时代的哲学思潮与自己时代的各阶级的关系问题？马克思和恩格斯似乎都没有指名道姓说某个哲学家属于某个阶级，而是强调某种世界观的哲学本性。例如，恩格斯在讲到西欧中世纪的哲学时说，“中世纪的世界观本质上是神学的世界观”，这种世界观是按封建制度的尺度剪裁的，在讲到从文艺复兴开始到法国哲学时，恩格斯称它为资产阶级的世界观。在讲到马克思主义的历史唯物主义时，他称为适合于无产阶级的生活条件和斗争条件的世界观。

至于评论哲学家时，马克思和恩格斯不是强调哲学家个人的阶级属性，而是他们的哲学思想对人类文化、人类思维有什么贡献。他们是根据哲学家的贡献来评价哲学家的。恩格斯说过，一个人评论每一个哲学家，不是根据他活动中永恒的、进步的东西，而是根据必然是暂时的、反动的东西，根据他的体系——这种人还是少说为佳。哲学家之所以能成为哲学家，是因为他对人类思想的贡献。

20 世纪 50 年代，哲学界有过一场争论：有没有奴隶哲学家？有没有农民哲学家？有没有工人哲学家？说一个没有，可能有点绝对。例如，人们可以举出伊索、狄慈根，或者其他什么人，可这只能是个别的例证，而不是通例。其实，马克思和恩格斯关于阶级社会中脑力劳动和体力劳动分离与对立的观点，已经从理论高度原则上解答了这个问题。当劳动者被剥夺了受教育的权利，肩负着整个社会的生活资料的生产，担负着全部繁重的体力劳动，他们可以说是从教育文化阵地被放逐出去。这就决定了在几千年的阶级社会中，在科学、文化、教育领域处于统治地位的只能是统治阶级。如果着眼于阶级出身，全部人类思想史包括哲学史，都会被一笔勾销。

我们说没有奴隶哲学家、没有农民哲学家，不等于说，他们的要求、思想和实践经验在哲学中没有任何反映。这是两回事。社会中不同阶级存在的事实，总会在哲学家思想中得到反映。只是声音的强弱不同，主流或非主流的地位不同。但被压迫阶级的思想代言人，往往是统治阶级中分化出来的思想家。这在剥削阶级社会中几乎是一种规律性现象。特别是在阶级斗争接近决战的时期，统治阶级内部的、整个旧社会内部的瓦解达到非常强烈、非常尖锐的程度时，这种现象更为常见。衡量政治家的阶级性，不能简单以他们的出身为依据，而应该以他们的思想和行为实际代表哪个阶级的利益为依据。像马克思在分析法国波拿巴政变时说的，不能认为所有的民主派代表人物都是小店主或崇拜小店主的人。按照他们所受的教育和个人的地位来说，他们可能和小店主天壤相隔。使他们成为小资产者代表人物的是他们的思想不能越出小资产者的生活界限，因此他们在理论上得出的任务和解决办法，也就是小资产者的物质利益和社会地位在实际生活上引导他们得出的任务和解决办法。一般说来，一个阶级的政治代表和著作同它们所代表的阶级之间的关系，都是这样。这一点对哲学家同样适用。

如果按阶级出身来划分哲学家，一部思想史倒是简单明了。可事情并非如此。一个封建阶级出身的人可能成为资产阶级思想家，而一个资产阶级家庭出身的人可能是无产阶级哲学创立者；相反，一个工人可能是地地道道的资产阶级改良主义者。这种思想与个人阶级出身分离的现象在思想史上是常见的现象。中国的圣人孔夫子的出身是没落贵族，按他自己的说法“吾少也贱”。可他成为长达两千多年封建社会的精神支柱，一直到今天，仍为人们提供精神食粮。

这是思想领域不同于经济领域的特殊现象。在经济领域，人们的阶级地位可以按照人们对生产资料的关系来划分，可在意识形态领域要复杂得多。一个人的出身和思想并没有必然的不可改变的关系。因为思想是受环境、教育和个人的特殊境遇影响的。哲学家的阶级性突出地表现在他为谁思考，思考什么，他们以逻辑的方式所创立的体系有利于谁，能不能引申出有利于被统治被压迫者的政治结论。从为谁思考、思考什么、对谁有利中，我们大体上能看到某种哲学的阶级趋向。但是哲学不是政治宣言。它可以有阶级性的趋向，但它的成果中又包含着超出自身局限的具有普遍性的东西。这就是为什么历史上的著名哲学家及其体系，并不会因阶级关系的变化而失去它的价值。

哲学阶级性问题不是为哲学家定成分，而是应该有助于对哲学史规律的探求，深入把握哲学与一个时代的经济和政治的关系。如果离开了这个目的，就哲学家个人的阶级性问题讨论阶级性，不仅毫无意义，而且会把哲学史庸俗化。

我经常想，作为当代社会主义国家的哲学工作者，我们也存在为谁进行哲学研究，为什么进行哲学研究的问题，我们的研究成果与我们的时代进步方向处于何种关系的问题。生活在社会主义国家的哲学工作者并没有注定一定代表社会发展的进步方向，一定会为广大人民的根本利益而思考。这要靠我们的哲学自觉。否则，即使是社会主义国家的哲学工作者，同样可能变为西方反对马克思主义哲学思潮的俘虏或推销员。如果这样，即使你阶级出身“再好”，即使你口袋里有共产党员的党证，照样是马克思主义哲学中的“另类”。

专家多悖

鲁迅先生说，“专门家的话多悖”，“未必悖在讲述他的专门，是悖在倚专家之名，来论他所专门以外的事”。更何况，具有某一种科学知识不等于有科学精神。科学精神是一种哲学智慧，它要求科学家在任何情况下都必须以事实为依据，以规律为对象，以实践为标准。

现在西方宗教很盛行，一些学者包括自然科学家都信教。这并不奇怪。自然科学家倾向宗教并不是单纯的偶像崇拜，并不是相信创世说，不是相信上帝曾经创造的一个又一个的奇迹。使他们倾心宗教的是心灵的需要，情感的需要。人间的无情，社会的不公，使他们力图从宗教中寻求感情的温暖和心理的平衡。这是资本主义社会中科学和宗教齐头并进的原因。

在当今世界，科学、宗教、哲学之间的关系非常微妙复杂。从历史上看，哲学与宗教一样古老。神话中既孕育着哲学又蕴含转化为宗教的可能性。但科学本质上是反宗教的，是无神论的。从哥白尼科学革命以后，科学的确发挥了它的反宗教的宣扬无神论的威力。自然科学是文艺复兴运动中的重要一翼。原以为科学越发展，宇宙的秘密越被揭示，宗教的地盘会越来越小，可实际情况并非如此，宗教与科学赛跑，实验室里的人远不如教堂里的人多，而且教徒的文化层次越来越高。宗教当然会受到科学的影响，它不强调原来宗教中的奇迹和教规，而是着重于宗教哲学和宗教道德，更具有人生观价值观的性质，而不是原始宗教的过分强调神秘主义和偶像崇拜。这样，它与科学尽力不相违背，又能满足人的情感和心灵的需要。

科学的成就是巨大的，可局限性也是明显的。科学的发展，增强了人类改造自然的能力，提高了生产力水平，破除了对神鬼的迷信，有利于无神论和唯物主义地位的确立。但科学是理性主义的，它的严格的逻辑证明和铁的规律使人不能不信服，可对人的感情需要和对心灵的需要无能为力。它提供了越来越多的物质资料和消费资料，可它无法阻止人性的自私和渺小。这样，在资本主义制度下，只能把肉体的需求交给科学技术，把灵魂的需求交给宗教，才会产生用高科技宣传宗教的怪事。

当代西方，哲学处在宗教与科学的双面夹攻之中。宗教说它不像哲学太科学化、太理性化，缺少对人的终极关怀；而科学说哲学太思辨化、太形而上化，缺少重复性可论证性。处在这种夹攻中，哲学有点茫然失措。一方面，有的向宗教靠拢，大谈人的终极关怀、人的终极价值，力图把哲学宗教化；另一方面，有的向科学靠拢，强调哲学规律的普遍性可验证性重复性，强调理性和逻辑思维。这种两极化趋势导致当代西方哲学中人本主义与唯科学主义的对立和分野。这种对立在一定意义上类似中国哲学中的为道与为学的对立。马克思主义哲学批评人本主义与科学主义的对立的倾向，而注重科学性与价值性的有机结合。

在当今世界上，哲学似乎已经失去了古代智者头顶的光环。因为哲学家要依靠哲学为生是很困难的。职业无疑与谋生有关。有的易于谋生，有的则不能。英国的古典经济学大家亚当·斯密曾经说过，送儿子去学鞋匠，无疑他能学会制鞋技术；但是送他去学法律，那么精通法律并靠这个职业过活的可能性至少是二十分之一。这就是说，在几百年前的英国法律作为谋生手段远不如鞋匠。现在当然不同，在西方律师火得很。可现在把这个比喻用在哲学上倒是有效的。

如此说来，只要科技不要哲学，行吗？不行。从个人日常生活的角度看，可以不需要哲学。不信，你问任何一个人，他们在生活中绝不会感到缺少哲学家，同缺少医生、售货员、理发员、出租车一样不方便。可个人的直觉不是判断是非的标准。你可以问任何一个人，他们是否感到日常生活缺少物理学家、化学家、生物学家，不会。越是层次高、越是离日常生活远，直接需要的感受越少。人们的日常生活中不需要历史学家，可一个国家不能没有历史，不能没有历史学家。

可见有两种需要。一种是老百姓的日常的直接生活需要，愿意花钱的需要，他们宁愿花钱听流行歌曲，看戏看电影；另一种是国家的需要。国家从民族的长远利益出发，从提高一个民族的文化素质出发，需要花钱培养文学家、历史学家、哲学家，需要一批吃饱了饭不断思索不断写作提供文化产品的人，从而满足人民的高层次的精神需要。在当今消费主义越来越流行时，从追求物质高消费转向重视文化消费，为精神提供高质量的食粮，这是社会朝全面发展前进的一个标志。

哲学有什么用，凭什么要花钱“养”哲学家，这个问题可不是几句话能说清的。哲学的作用是多方面的。哲学的重要性突出表现在思维方法上。有两种不同的思维方法，一种是墨守成规的复制型的思维；另一种是创造性思维。复制型的思维是根据前人的经验或自己以往的经验而采取的思维方法。它得不出新的结论，不可能超出前人的成就，或者是自己已有的成就。而创造性思维是不固守原有的经验，总是寻找更好的解决方法。因此创造性思维的特点是多角度的思维，而且善于从对立中、从类比中、从事物的相互联系中进行思维。这样才能发现事物的内部矛盾、联系和规律。而唯物主义辩证法的重要性正在于它是一种创造性的思维方法。我们需要哲学，因为我们需要有不断推进社会、完善自我的思维推进器。作为一个吃皇粮的哲学工作者特别是马克思主义的理论工作者，如何在满足这种高层次的需要中发挥我们的作用，确实值得自我反省。

真理没有逻辑矛盾

哲学具有思辨性。我自己有个“嗜好”，总想说一些类似格言式的警句。可是一个论断要具有真理性不仅要经得起实践的检验，还要经得起推敲。包含逻辑矛盾的论断是很难令人信服的，真理没有逻辑矛盾。

相对主义者是自相矛盾的。当他们说一切是相对的时，实际上承认了绝对性，即在他们看来一切是相对的这一论断是绝对的。

怀疑论者是自相矛盾的。当他们说一切都应该怀疑时，可是他们要人们对一切都应怀疑的论断不能怀疑。也就是说，他们还是承认有些论断是不能怀疑的。

不可知主义者是自相矛盾的。当他们说一切都是不可知的，唯独人类对世界不可知这一点是可知的。这实际上是承认了可知论。

唯心主义者是自相矛盾的。当他们说一切都是观念的复合时，可又认为用以感知观念复合的自我是非观念的复合，是实实在在的客体。他们承认自我的实在性，就是对自己学说的无情的批驳和嘲弄。用观念感知观念，用一个观念的复合感知另一个观念的复合，是无聊的废话。

即使是苏格拉底说，“我知道，我什么都不知道”，也是对我什么都不知道的否定。至少他知道：我什么也不知道。就这一点说，什么都不知道的说法是不能成立的。

这种种逻辑矛盾都表明，任何违背事实的仅凭思辨的哲学命题必然陷入悖论。只有确实反映现实的判断才可能是无逻辑矛盾、首尾一贯的科学判断。真理没有破绽，应该可以自圆其说。

马克思哲学理论工作者要摆脱这种矛盾，必须坚持马克思主义哲学的科学性和彻底性。如果一个马克思主义哲学家承认，一切都是变化发展的，唯独认为马克思主义哲学自身是万古不变的；如果认为唯物主义是真理，可又认为马克思主义哲学可以从自己的原则出发而不必尊重客观实际，这同样是哲学矛盾。

我想起了《庄子·至乐》中的一个故事。一个叫支离叔的人与他的朋友滑介叔到一些名山观景，突然左肘上长了一个瘤子，支离叔问他：你讨厌它吗？滑介叔回答说，这算什么话？我们天天讲辩证法，现在轮到自己头上，怎么能讨厌呢！这确实是一个彻底的辩证法者。很多所谓的唯物主义者临死时往往变为唯心主义者。辩证法家轮到自己要辩证时又希望世间有长生不死药。有个哲学家说过，在战争中没有无神论者，在死亡面前没有无神论者，讲的就是这种人的唯物主义哲学的不彻底性。顺利时讲唯物主义，倒霉时讲命定主义。希望改变现实时讲辩证法，想保护自己的既得利益时又反对辩证法。这种人永远不可能成为真正的马克思主义者。

对马克思主义哲学来说，仅仅没有逻辑矛盾还不够，更重要的是理论与实践之间不能分裂。我有时想，我们这些研究和讲授马克思主义哲学的人，确实肩负着一个困难的使命。人家要是拿马克思主义哲学的道理来问你：先生你讲得有理，你是这样做的吗？你真是这样想的吗？这可是大大地将了一军。马克思主义辩证法应该是彻底的辩证法，马克思主义唯物主义应该是彻底的唯物主义。它不仅不应该包含逻辑矛盾，而且应该言行一致。毛泽东说，彻底的唯物主义是无所畏惧的，就包含辩证唯物主义工作者自身必须坚持辩证唯物主义。对自己的言论和行为讲唯物主义，对自己的言论和行为讲辩证法，谈何容易。这可是终生的实践和修养。毛泽东是中国最伟大的马克思主义者，唯物主义和辩证法可以运用自如，可是也难免有违背唯物主义和辩证法的失误。现在有些人特别是年轻人不懂这个道理，轻视马克思主义哲学，醉心于纯思辨哲学。我对他们说，你们中任何一个人，如果对马克思主义哲学中唯物主义和辩证法原理中的任何一条，在任何问题上能终生坚持，我就佩服你，算你是一个真正的哲学家。

不是无事生非的哲学争论

关于狗与桌子的争论，在非哲学领域的人看来，似乎可笑至极，简直是无事生非。其实并非如此。

狗有几条腿？在日常经验中，任何头脑正常的人都不可能提出这个问题。可按照唯心主义者的说法，我们不能说狗有四条腿，只能说在我的主观表象中狗有四条腿，至于狗自身究竟有几条腿，这是无法知道的，因为它超越了自己的感知范围。对感知对象凡有所知，必属于感知的主体，因为人无法知道自己感觉范围之外的东西。恩格斯在《自然辩证法》中对这种谬论进行过无情的嘲笑。这一观点的最充分论证，当属康德关于物自体的学说。虽然从日常经验看是荒谬绝伦的，可从哲理上说却难以反驳。至今，各种唯心主义的主体论、现象论本质上都是这种观点。只是狗有四条腿太庸俗、太平淡，如果换成哲学语言和哲学范畴，就显得高深思辨。其实道理是一样的。可以说，所有哲学问题，都可以在日常经验和问题中发现它们的潜在原因，只是非哲学思维对其习以为常，不会进行哲学式的追问。

其实，何止对狗腿有这个疑问，关于桌子的争论性质也是一样的。罗素曾以桌子为例说明这个问题。比如，我面前有张桌子，看起来，它是长方形的、棕色的、有光泽的，摸起来，它是光滑的、冷的、硬的，敲起来发出木器的声音。可是颜色取决于光线和观察的角度，如果不同的人从不同的角度看，颜色的深浅是不同的；至于硬的程度和敲的声音，取决于用力的程度，如此等等。结果是人所看到的桌子是人凭借视觉听觉触觉所直接经验到的桌子，而不是桌子本身。罗素说，这样就出现两个难题：其一，到底有没有一个实在的桌子；其二，如果有，它到底是一个什么样的客体。贝克莱和一切主观唯心主义都是这样来论证的，我们感官的直接客体不能独立于我们感觉之外而存在，如果它独立于我们之外就不是我们感觉的直接客体。这就是有名的“存在就是被感知”的命题。罗素早期是个新实在论者，他不同意贝克莱的主观唯心主义观点，认为被认识的对象不依赖于认识者的意识而存在。可罗素并不是唯物主义者，他认为不依赖人的意识而存在的世界不是客观的物质世界，而是既可以形成物质也可以形成精神的中立材料。这样，罗素的观点与马赫的观点同调，与贝克莱并无两样。事实证明，在世界本性的问题上任何超越都只是梦想。

其实这个观点并非完全是舶来品，中国也有。最著名的是王阳明关于看花的辩论。朋友问他，你说天下无心外之物，如此花树在深山中自开自落，与我心有何相关？王阳明说，你未来看此花时，此花与汝心同归于寂；你来看此花时，则此花颜色一时明白起来了。很显然，这是诡辩。一个是看，不来看，花不可能在你心中呈现，这属于认识论问题；一个是花的存在是否依赖看，不来看即无花，这属于本体论问题。虽然有的学者称颂王阳明看花的观点精辟高深，但还是说服不了我。看花的重点在我看，花的存在与否重点在花自身。所有唯心主义的论断从主体看都有它的道理，但都是借助片面的道理从主体把握客体这座桥通向主观唯心主义。

这不仅是一个关于桌子、关于狗有几条腿或关于看花之类的具体问题，而是一个涉及整个世界本性，即我们面对的世界是不是一个客观世界的大问题。因为所有的对象都只有进入感觉才能感知，只要有感知就进入了感觉范围之内。按照这个观点，当然不存在客观的物质世界，只存在一个现象世界即在人的主观中感知的世界。至于世界本身是什么，这是永远无法知道的。正如狗本身有几条腿、桌子本身是什么和山中的花你未看时是否存在的问题一样，是哲学至今仍在不断扯皮的大问题。

科学家没有这个苦恼。对于一个动物学家来说绝不会产生狗有几条腿的问题。正如对一个物理学家、化学家、力学家，绝不会产生在我看到的桌子背后还有没有桌子本身的问题。这个苦恼是哲学家的苦恼。正如罗素说的，我们所熟悉的桌子虽然一向并没有惹动过我们的思绪，现在却已经

▲“不求神龟寿八百，但愿新牙识味灵”，头发稀少，牙齿掉了。

变成了充满惊人的可能性的问题。这正是哲学之所以是哲学而不是科学之所在。哲学要在人们习以为常司空见惯似乎不用思考的问题中，发现人们难以解决的难题。所以罗素又说，哲学，如果它所回答的问题，不如我们所期望的那么多，最低限度也有权利问一些可以增加对世界的好奇心的问题，并且可以指出日常生活中最平凡的事物的表面之下的潜伏着的奇异和奥妙。

罗素说得对，哲学有它的不同于科学的作用。包括唯心主义也有它的作用，它的作用就在于它的唯心主义。唯心主义提出的是一个难题，是所有哲学问题中最大的难题。这个难题的产生，是因为世界有我，即有一个主体，能思维的主体。在认识中我是无所不在的。凡是由我做出的判断都有我，我看，我听，我感觉，我思维。这样就注定了不能离开我来谈论对象，即不能离开主体来谈论客体。这就是思维与存在的问题之所以是哲学基本问题的关键。这个问题是不能依靠纯逻辑纯理论来解决的。哲学史上多少智者试图依靠纯逻辑纯理论来解答这个难题，没有一个成功的，因为解答者自身就是主体，就有一个我在解答之中。这样他就会陷入悖论，由我来谈论我所认识的存在是不依赖于我的。只有马克思主义关于实践的观点才为这个问题的解决提供了科学途径。离开了实践只能是烦琐的争论的论断是至理名言。我以为我们这些研究马克思主义哲学的人，在世界客观性这个原则问题上绝不能动摇。列宁说，一爪落网，全身被缚，指的就是这个关键问题。

论有学问的胡说

胡说有两种：一种是骗子的胡说；一种是学者的胡说。

骗子最会胡说。他的最大的基本功就是撒弥天大谎。骗术越高谎话越大。不说假话办不成大事就是骗子的哲学。有的人说自己是释迦牟尼转世，还有的说什么，他一发功，就扑灭了大兴安岭森林大火，他在广州发功，北京可以通过仪器接收他的信息之类。这当然都是一群骗子式的人物。他们的信条是，要说就往大里说，越大越无法验证，越大越有人相信。正如中世纪一位神学家说的，越荒谬我越相信。

还有一种胡说是属于学者的胡说。如果前一种称为无知的胡说，那么这一种可以称为“有学问的胡说”，因为他们的身份是学者，是专家，是权威。当年恩格斯在与杜林进行斗争时就指出了这种胡说，称为“伪科学”，又称为“高超的胡说”。恩格斯说，一些人的所谓科学自由，就是人们可以撰写他们所没有学过的一切，而且这被冒充为唯一的严格的方法。他认为杜林先生正是这种放肆的伪科学的最典型的代表之一，这种伪科学现在在德国到处流行，并把一切都淹没在它的高超胡说中。诗歌、哲学、政治学、经济学、历史学中有这种高超的胡说，讲坛和论坛上有这种高超的胡说，到处都有这种高超的胡说。这种胡说当然不同于前一种粗俗的胡说，他们有论证，有“理论”，头头是道，似乎真理在握，很能唬人。

恩格斯批评的是当年德国思想理论界的情况，但对我们又是有启发的。我们国家当然不会这样，但各种伪科学是存在的并且并未绝迹。在自然科学中的伪科学比较容易暴露和识别。哲学社会科学包括人文学科，探索和胡说、旧说和新说、真说与假说，是不容易辨别的。因为，在哲学社会科学特别是人文学科中，有所谓一家之言，有所谓各抒己见，更使各种“高超的胡说”得以藏身并振振有词。我们只要看看我们当今世界就可以知道我此言不虚。有些哲学家乐于创造体系，绞尽脑汁，构造自己从头脑中拍出来的图式。是否符合实际，有没有认识价值或文化价值，均不在考虑之列。一些连自己都不相信的新说，往往离胡说不远。

当然，对某个问题发表意见和有学问的胡说不同。意见人人可说，但意见不等于科学论断。一个意见要具有科学性和可信度，必须有理论支撑，有事实根据，否则仅仅是意见而已。在文化比较普及的当代社会，任何一个有一定文化素养的人，都能对社会中某些现象发表点个人意见，但是难道都能称为这方面的专家吗？当然不能。

由此，我想到一个问题，就是哲学社会科学理论研究的严肃性和规范性问题，成果评价的科学性问题。理论工作者要有学术良心，要有学术风格。如果缺乏学术道德，各种高超的胡说就会不断出现。

不朽的马克思

德里达写过一本书叫《马克思的幽灵》，大意是说，无论是在赞成马克思主义还是反对马克思主义的著作中，都可以发现马克思的幽灵。德里达并不是马克思主义者，无意吹捧马克思主义，可他这个说法有几分道理。

马克思死了多年，可当今世界，在哲学、政治、道德、文学、艺术，乃至所有意识形态领域，无论是赞成还是反对，都脱离不了马克思和马克思主义的影响。当年马克思把一个民族的传统称之为纠缠活人头脑的亡灵，不同的是，马克思主义并不只是某一个民族的传统，更不是已经去世的亡灵，而是一种现实的政治力量和思想力量，是一种时时刻刻都起作用的活的力量。

马克思主义也不是德里达说的幽灵。马克思和恩格斯曾经把共产主义比作幽灵，可那是在 1848 年，共产主义在欧洲刚刚出现的时候。现在这个幽灵已经是席卷整个世界的巨人。可以说，在当今世界的每个角落，没有哪个民族、哪个国家，不知道马克思和马克思主义。它们或迟或早、直接或间接都会受到马克思主义的影响。

从人类有史以来，还没有一个思想家一种思想体系像马克思和马克思主义这样有威力。宗教，如基督教、佛教、伊斯兰教影响力是巨大的、持久的，可是它们只影响自己的信徒，即这种宗教和学说的信奉者。马克思主义不同，它不仅影响自己的信仰者，而且感染自己的敌人，迫使他们研究马克思主义，迫使统治者动员一切力量来反对马克思主义。马克思主义不仅影响人们的思想，而且实际地改变世界。自从马克思主义诞生以来，世界发生了巨大的变化，出现了一种新的社会制度，人类社会进入了一种更高的社会形态。

从当今世界存在的几种意识形态中都可以看到马克思的“幽灵”。一种是西方马克思主义，它们中有的学者在寻求对马克思主义的新的解释。但也有的是在马克思主义的名义下，把马克思主义和西方资产阶级哲学结合起来。这是一种复杂的思潮，并不是统一的学派，而且它不单纯是哲学，在经济学、政治学以及文学艺术领域都有广泛影响。其中有的学者提出了一些有价值的思想和问题，但它们基本属于书斋哲学、学者哲学，与现实的人类解放和广大劳动者的命运问题越离越远。还有一种是民主社会主义。它直接来源于伯恩斯坦，它所强调的关于建立一个公平、正义、自由平等的社会，是把马克思主义社会主义理想中的价值思想与它的科学理论相分离的结果。这种思潮在西方尤其在欧洲影响很大。近年来，国内也有的学者表示赞赏。毫无疑问，所谓实行民主社会主义的国家，无论社会福利还是工人的生活状况和民主权利，与早期资本主义相比，都有很大的进步。可民主社会主义从本质上不能说是社会主义社会，而是一个经过改革和调整的发达的资本主义社会。从已经建立社会主义国家的角度看，放弃建设社会主义转而实行民主社会主义，这是一种倒退。特别是中国这样一个原本一穷二白、13 亿多人口的大国，以为放弃共产党领导实行多党制，放弃公有制的主体地位实行私有化和普遍的混合经济，放弃马克思主义的指导地位而实行指导思想的多元化，就能达到西方某些经过几百年资本主义发展、人口少、科技发达的国家同样的社会性保障和社会福利水平，这只能是幻想。社会制度的参照系不同，结论不可能相同。再一种是现代西方哲学中科学主义和人本主义思潮，它们都是把科学与价值、人与世界片面地对立起来，把在马克思主义中统一的东西分割为两个不相容的对立面。

我们的世界不能没有马克思，不能没有马克思主义。我们面对的世界肯定比马克思的时代更复杂多变。马克思用毕生精力解剖资本主义社会写出了《资本论》，而对我们时代面对的问题的分析，需要更多的马克思。与马克思的天才比肩而立，多个马克思的同时出现是不可能的。马克思主义的当代继承者们完全可以利用集体的智慧，结合本国的实际创造性地发展马克思主义。当今世界矛盾重重，我相信被德里达称之为幽灵的马克思，一定会以新的姿态出现于当今世界。

中国是社会主义国家，我们有一支庞大的马克思主义理论队伍。我们在感情和理论上都不能接受在西方尚且受到尊重的马克思和马克思主义在社会主义中国受到冷落。

马克思主义者的理论操守

要敢于做一个马克思主义者，这句话是一个美国教授在东欧剧变以后有感于马克思主义处于低潮而说的。我很钦佩教授的远见和勇气。别以为这句话只对原来自称为马克思主义者而如今不敢承认或耻于承认为马克思主义者的原社会主义国家的马克思主义理论工作者说的，我看对我们同样适用。我们的一些马克思主义理论教员，当别人问起教什么课时，支支吾吾，不愿说或不好意思说是马克思主义理论课教员；有的马字号的研究所纷纷改商标换牌子，甚至发生有的传媒都不愿介绍嘉宾的马克思主义理论工作者身份的事。这真是咄咄怪事。我们可是社会主义国家。既不是新中国成立以前，也不是已经宣布取消马克思主义指导地位的俄罗斯，在我们这里，马克思主义理论工作者这顶帽子既不会招致杀头也不会失业，何至于如此？很值得想想。

就整个世界来说，当然与大环境不可分。社会主义在一些地区的挫折，西方世界资本主义发达国家的相对稳定，西方国家各种各样反对马克思主义学说的思潮的侵蚀，使一些原来的马克思主义者对马克思主义产生怀疑，信仰动摇。这是不难理解的。可我们难以理解的是，我们国家的政权仍然是掌握在马克思主义者手中，整天宣传的是高举马克思主义、列宁主义、毛泽东思想、邓小平理论和“三个代表”重要思想。我们党的领导部门、宣传部门、学校领导不能说对马克思主义不重视，可效果为什么不显著？年轻人的思想趋向不容乐观，道理并不复杂，所谓重视对有些部门和领导来说，往往是说说而已，并未真正落到实处。

我们的教育重工轻理、重理轻文现象严重，而高校学生重专业轻马列的思想则更为普遍。马克思主义理论课教员，在有些高校是三等教员。教育部门非常重视思想政治课，情况不断好转，但并没有根本性的或重大的改变。这当然有损于马克思主义理论工作者的形象，从而影响学生对马克思主义课的看法。

我们的干部政策，并没有把真正坚持马克思主义理论作为头等的考核标准。我们的干部中认真学习马克思主义著作的风气应该说是不浓的，缺少学习马克思主义的自觉性。如果我们真正把从实际和理论上（包括一些基本的马克思主义原著、邓小平著作）考核马克思主义水平作为选拔干部的标准，情况可能会好些。邓小平说，学习马列要精要管用，这绝不能成为不重视马克思主义著作的挡箭牌。精，意味着能通过它掌握马克思主义的基本观点，是真正通向马克思主义的大门，不读书无精可言。管用，是说选材的针对性强现实性强，能解决实际问题，根本不读书，何以谈用，何以致用?

我在哲学系多年，马克思主义哲学课的地位从来没有像现在这样低过。可以说已到谷底。并不是说马克思主义哲学课的水平比其他专业低，教员素质差，而是形势使然。这对于哲学系来说，不能不说是一种潜伏的危机；对于国家来说也值得忧虑。这是关系到高校毕业生的思想政治素质的大问题，岂可等闲视之。

马克思主义哲学工作者，应该有坚定的立场和信仰。马克思主义理论工作者的操守，就是这种立场和信仰的个人的人格表现。对马克思主义伤害最大的人是那种所谓“马克思主义者”，他们对马克思主义的背叛，比原本不信仰马克思主义的人对马克思主义的伤害要大得多。

理论与理论的作用

理论与理论的作用是不能等同的。理论的真理性取决于它自身与客观符合的程度，而理论的作用则取决于接受者自身的状况。如果一个国家自身没有对理论的需要，再好的理论也是没有用的。恩格斯曾经以《共产党宣言》为例说明这个问题。他在给左尔格的一封信中说过，要知道，40年前我们毕竟是德国人，具有德国人的理论头脑，所以《共产党宣言》在当时产生了那样的影响。可是对其他民族却没有发生任何影响，虽然它也译成了法文、英文、佛来米文和其他语言。恩格斯还以美国为例说：无论是《共产党宣言》还是马克思和我的几乎所有小部头著作，现在对美国来说是极其难以理解的。恩格斯是针对他们当时的情况说的，因为当时共产主义运动主要还局限在西欧，以后的情况发生了变化，可是恩格斯的论断说明了一个真理，理论的作用是与一个国家和民族对理论的需要与渴求不可分的。需要越迫切，传播越快，作用越大。毛泽东也说过同样的话。的确，马克思主义之所以能传入中国并在中国生根发芽并创造性地产生出毛泽东思想和邓小平理论，发展为“三个代表”重要思想，起决定性作用的是中国自身的需要和实践。

理论的力量是无法衡量的。人们往往容易崇拜权力而轻视理论的力量。实际上科学理论的力量比权势的力量要大得多。理论的力量是真理的力量，它是不可战胜的。马克思和恩格斯没有任何权势，他们无一兵一卒，可是他们的理论最终所向披靡，把许多统治者和执政者拉下了王位和宝座。马克思和恩格斯是以真理的力量战胜旧世界的。毛泽东亦复如此，

▲“力挽狂澜‘三山’倒，时人犹唱‘大风歌’。”中国人民永远怀念毛泽东。2003年摄于西柏坡毛泽东旧居前。

他开始不过是从韶山冲走出的小学教员，但最终打败蒋家王朝，靠的是真理，靠的是马克思主义，靠的是马克思主义与中国实际相结合。一些近视者总是崇拜权力而不是崇拜真理，其结局没有一个是美妙的。历代统治者，那些凭借权力倒行逆施者，没有不垮台的。翻遍历史，没有人见过真理向权势低头，只见过权势最终向真理低头，即以失败而告终。

理论的力量在于它能组织群众动员群众。正如马克思说的，物质的力量只能用物质力量摧毁，但理论一旦掌握群众就会变成物质力量。为正确理论掌握的群众，就是把理论变为自己的信仰，变为自己的意志，使自身成为任何人都无法摧毁的力量。

理论的力量还在于，它能为斗争指明方向。没有理论，对任何稍微复杂一点的形势都不能辨别，只能在斗争中失败。恩格斯说过，只有清晰的理论分析才能在错综复杂的事实中指明正确的道路。苏联十月革命的胜利和70年后的解体可以充分说明这一历史真理。十月革命的胜利，是列宁创造性地运用马克思主义的结果，而十月革命成果毁于一旦，红旗落地，是由教条主义逐步演变为修正主义的结果。即使胜利，也会得而复失。中国革命 80 年正反两方面的经验和教训都最生动最无可争辩地说明没有正确的理论，就没有正确的革命运动这个真理。

金钱的力量是巨大的。它能征服许许多多意志薄弱的人，甚至是一些曾经意志坚强不怕战火与刑场的人。金钱可以制造谎言，但永远买不到真理，而用正确的理论和信仰武装起来的人，就是披上了真理的盔甲的人，是永远不可征服的人。

“尔曹身与名俱灭，不废江河万古流。”从马克思主义创始至今，在政治和学术领域，反对者不计其数。他们不少人早已骨枯墓朽，可马克思主义依然存在和发展。这就是理论的力量，真理的力量。有幸从事马克思主义理论研究和教学工作的人，应该坚信马克思主义理论的力量，这正是我们自己工作的全部意义所在。

论对立面

现在哲学界强调合、强调和的气氛很浓。这可以理解，在经过十年“文化大革命”和吃够了片面斗争哲学的苦头后，这种哲学倾向有其存在的理由。可是凡事有个度，过了度就会走向反面。真理跨过一步尚且如此，何况一个哲学观点，如果片面化，肯定会适得其反。哲学同样是受哲学规律支配的。

矛盾及其在事物发展中的作用是不能否定的。作为一种思维方法，矛盾方法是根本性的方法。否定矛盾只能是形而上学的思维方法。我想到柳宗元的著名文章《敌戒》。他说，人们都“皆知敌之仇，而不知为益之尤；皆知敌之害，而不知为利之大”。他以秦与六国为例，说秦有六国，兢兢以强；可是六国既除，秦不久也灭亡了，因为没有对立面，不讲究政策。历史上凡有敌国者，统治者大抵励精图治，谨慎临民，图强图存；而无敌国者，则往往横征暴敛，奢侈无度，结果导致灭亡。所以他提出了一个很有见解的论断，“敌存灭祸，敌去召过。有能知此，道大名播”。所谓无敌国者国恒亡，讲的就是这个道理，养身也是这样。有病的注意保健，可带病延年；而身强体壮的往往自恃身体棒，没有保健意识而突然死亡，这就是《敌戒》中说的，“惩病克寿，矜壮死暴”。不懂这个道理，不是愚蠢就是糊涂。

所以我一直认为，对立统一规律是客观的规律；以这个规律为依据的矛盾分析方法是科学的方法。正确处理矛盾双方的“和”与“同”的关系，即矛盾双方的对立与统一的关系，是客观规律对主体的要求。和而不同中的“和”，就是矛盾的统一体，而不是无矛盾的绝对统一。追求和谐，就是追求矛盾中对立双方的平衡、共存，不致因矛盾激化而解体。

可是我认为，在人与人的关系中“和”是一种处理矛盾的方式，在人与自然关系中“和”是一种自我保护的努力，在艺术中“和”是一种追求的境界，“和”不是既成的，僵死的，永远不变的，而是需要不断调整失衡的状态，需要人们对激化的矛盾进行辩证处理。

从自然界到人类社会，从外在于人的世界到人自身内在世界的各个器官的相互关系，从来没有绝对的和谐状态。它总存在不和之处，也正因为如此，社会才会有斗争，自然界才会有天灾，人类才会有疾病。人类所能做的，不是以和谐求和谐，而是以正确解决矛盾达到新的相对的和谐。只有对立统一规律才能理解中国传统文化中的“和而不同”的精髓。

事实与意义

事实和意义不是相等的。意义附着于事实，但它的影响和作用超出了事实本身。事实总是表现为具体的事件，它有时间性，可直接观察到，而意义是抽象的、超越特定时间、不能直接用感觉领会的。事件是在场的，而意义是不在场的，是隐蔽的。事件是个别的，而意义是全体的，因为意义表明的是事件对其他事件的影响。

美国著名学者里夫金在《超资本主义时代即将来临》一文中，从美国在线公司与时代华纳公司合并中看出它的意义，认为这件事件的意义远远超出了事件本身，它意味着经过了数百年将有形资源转变为财产形式的产品之后，如今创造财富的主要手段是将文化资源转变为需要付钱的个人经历和娱乐。这些文化产业包括全球的观光旅游业、时装、烹饪、体育比赛、音乐、电影、电视，等等。而且由于控制传媒，它们可以对世界上的任何地方产生影响，从而产生历史上从来没有过的对人类思想和文化交流的控制。至于人类的分化更是明显，人分为网民和非网民。全世界绝大多数的人是非网民，生活在没有电信设备的地方，甚至一生都没有用过电话。世界正在迅速演变为两个文明，生活在电子网络中的一族和生活在网络世界之外的一族。世界的斗争正在变为获得地方和全球文化以及以商业形式携带文化内容的通信渠道而进行的斗争。由此可见，在线与华纳合并的意义远远超出合并事件本身。

在对现实问题和历史问题的研究中，就应该包括对事件和意义两方面的分析。事件的分析是确定事实，这个分析是重要的。这包括事实的考证、厘定、确认，一个真实的分析不应建立在虚构的不真实的事实上；可是了解事实，不等于了解事件的真实意义。离开了对事件意义的把握，对事件本身的理解是不完整的，甚至可以说并没有真正了解。抗日战争打了八年，这个事件有头有尾，有开始有结束，可抗日战争对中国和日本，对中国共产党和国民党的意义显然是不同的。其他如鸦片战争、八国联军侵略以及近代中国历史上发生的一切重大事件，对中国的救亡图存、对中国人民的觉醒、对中国走上社会主义道路所产生的深远影响，远远超越了事件本身。

所谓历史眼光就是对事件意义的理解。一个真正的哲学家应该看到别人看不到的东西。无论是对历史还是对现实的观察，如果停滞于事物的表面，只能见其所见，而不能见其未见，这叫鼠目寸光。

创造与神

柳宗元按说是个无神论者，人们读了他与韩愈关于“天”是否有意志的辩论就能知道。他说，天地无非是一个大的瓜果，元气无非像是大的痈痔，阴阳无非是像草木，“其乌能赏功而罚祸乎？功者自功，祸者自祸，欲望其赏罚者大谬”。可是人们读他的《小石城山记》会发现，人对自然景色的惊异往往会引致承认造物主的存在。柳宗元在赞叹小石城的奇景时说，这种安排，“类智者所施设也。噫！吾疑造物之有无久矣。及是，愈以为诚有”。当然，这也许是文人对自然赞美的一种方式，类似于说“鬼斧神工”，并不意味着相信有神存在，可对自然存在的不理解的确会引导到上帝那儿去。神学家们关于神的存在，都是以自然如此和谐美妙为佐证的。

马克思在《1844年经济学哲学手稿》中曾说过，创造是一个很难从人们的意识中排除的观念。自然界和人通过自身的存在，对人们的意识来说是不能理解的，因为这种存在是同实际生活的一切明摆着的事实相矛盾的。人们日常的经验是，世界上任何东西都是创造出来的。人们日常生活中的一切，无一不是人类自己的创造。既然如此，为什么宇宙不是被创造出来的呢？为什么宇宙中一切非人化的自然物不是被创造出来的呢？可要创造宇宙这样一个无限的世界，除了上帝以外还有谁能有如此大的力量呢？如果惊异于宇宙的种种神奇，必然拜倒在上帝面前。

这也是我们一些自然科学家信神的缘故。当他们的研究进入到无法用自然自身来说明自然时，往往求助于上帝。不求助第一推动力，牛顿无法使地球开始运动。不求助上帝，无法使宇宙从无到有，使生命出现，使人这个地球上最美丽的花朵在地球上开始繁殖。人只有两个鼻孔而不是三个鼻孔，是两个眼睛而不是三个眼睛。不求助上帝，无法说明宇宙安排得如此巧妙，如此和谐，如此相互制约。上帝是一切无法说明的原因的终极原因，是不能说明的说明，是人类自身无力的力量源泉。要求解释是人的特性，没有解释，人永远不能安定。因此一旦从神那里得到解释，就会把这种解释变为一种信仰。而信仰代代相传并不断强化，就会成为一种思维的传统和习惯。

高瞻远瞩与明察秋毫

毫无疑问，高瞻远瞩与明察秋毫是一个人的最高智慧。《三国演义》中的孔明，有一个又一个的锦囊妙计，料事如神。这是小说，不足信。前后《出师表》中的诸葛亮，才是一个真实的孔明。一个有智慧的杰出政治家、军事家，但面对当时的局势也显出万般无奈无力回天的悲伤之情。真正能高瞻远瞩又明察秋毫的两个例子，一个是马克思的《路易·波拿巴的雾月十八日》；另一个是毛泽东的《论持久战》。

恩格斯称《路易·波拿巴的雾月十八日》是一部天才的著作。它既详细叙述了法国二月革命以来的全部历史进程的内在联系，图画描绘得如此精妙，以致后来每一次新的揭露，都只是提供新的证据，证明这幅图画是多么忠实地反映了现实，马克思对事变刚发生时的透明洞察力，是无与伦比的，而且马克思断言，如果波拿巴黄袍加身，他的铜像就将从旺多姆圆柱顶上被推下来，而他本人会永远被钉在历史的耻辱柱上。说它是一部既观察入微又高瞻远瞩的天才著作绝不为过。同样，毛泽东在抗日战争开始不久，就在《论持久战》一书中，充分表现了一位伟大马克思主义理论家和战略家高瞻远瞩与明察秋毫的理论思维水平。他既反对“亡国论”又反对“速胜论”，认为中国抗日战争是持久战，要经历防御、相持、反攻三个阶段，最后必将取得胜利。八年抗日战争的历史以无可辩驳的事实证明了毛泽东的远见卓识。

马克思和毛泽东的高瞻远瞩与明察秋毫从何而来？来自对事实的把握和对事实的规律性理解。恩格斯总结马克思对拿破仑第三政变结局的科学判断，提出了两点，一是深知法国历史；二是马克思最先发现了历史规律，历史规律是马克思“用以理解法兰西第二共和国历史的钥匙”。同样，毛泽东对抗日战争的判断是建立在中日两国的国情和矛盾规律的认识上，他通过分析中日矛盾双方各自的特殊性并进行分析对比，从而得出了具有预见性的结论。

从以上两例我们可以看到，毛泽东把马克思主义比作望远镜和显微镜，是至为确当的。望远镜可以看远，高瞻远瞩；显微镜可以入微，察秋毫之末。远，表明事物处在视线之外；微，表明事物还处于萌芽状态。在视线之外和萌芽状态的事，往往为一般人所忽视。黑格尔讲的量变的狡猾指的就是这个意思。一个人的智慧高低就在于能否察微观远。中国古人讲的月晕而风、础润而雨，就是见微知著。海德格尔强调不在场的思想，即在直接在场的东西中看到不在场的东西，看到在现有的具体的东西中被遮蔽的东西。这当然是一种重要的思维方法。马克思主义哲学的唯物主义辩证法提供的就是这种方法。马克思主义哲学要我们从对矛盾的分析中把握矛盾的特殊性，从事物矛盾的特点和发展中，把握事物矛盾发展的方向。从量变中看到质变，而且不忽视量变，重视处于萌发中的矛盾，就能防微杜渐。

要观远察微，首先要建立在事实的基础上，不占有材料，靠拍脑袋是不可能的。事实，无论对自然科学或对社会科学都同样重要。它像飞行中的空气，没有它鸟是不可能飞的。即使是庄子《逍遥游》中的大鹏鸟，虽然能扶摇直上九万里，但仍要借助大风的力量，“风之积也不厚，其负大翼也无力”。结论越重要，事实越要牢靠。

有事实，还要能看到这些事实。“欲穷千里目，更上一层楼。”只有登高才能观远。在人类认识中的登高，实际上就是观察事物的立场问题。察微同样也是如此。因为所谓“微”，由于立场不同，结果可以完全不同。持相反的立场，对同样的事实，可以视而不见，听而不闻。

观远察微还要有规律性观念。远在视线之外和微在萌芽状态的事，往往为一般人所忽视。一个人的智慧高低就在于能否察微观远。如果没有规律性观念，没有因果观念，是不可能做到的。

马克思主义哲学的唯物主义辩证法提供的就是这种观远察微的方法。

因为马克思主义站得高，它不是把视线局限在资本主义界限范围内，而是着眼于人类发展的远景。它强调世界发展的辩证规律性，教导我们从量变中看到质变，从矛盾的萌芽中看到它的未来。这样才能防微杜渐，察近观远。所以把马克思主义说成望远镜和显微镜，在比喻的意义上是深刻的，只是我们不能把这个比喻教条化。因为对于望远镜和显微镜，任何人一上手即可用，而马克思主义则不可能如此。

望远镜和显微镜只是一种功能性的比喻。实际上马克思主义不同于工具理性，不能把理论化为工具。马克思主义是一种关于世界与人类社会发展的规律性知识，是一种科学理论、一种科学信念。马克思主义的望远镜和显微镜功效，只能在它的理论指导下才能发挥，而且必须内化为自己的个人智慧。要真正发挥马克思主义观远察微的作用，要经过长期的理论学习和实践应用的过程，而且要有个对待马克思主义的正确立场和态度，否则它就只能成为除了供引证以外一无所用的条条，既成不了望远镜，也成不了显微镜。如果这样，把最有用的东西变为最无用的东西，这是我们终生学习马克思主义哲学的人的一种悲哀。毛泽东说教条主义连狗屎都不如，狗屎还能肥田，教条一点用都没有。根据我一生的经验，对学习马克思主义哲学来说，做比谈难，用比读难。

谈立场

很久没有看到议论这类问题的文章，在有关的学术讨论会上也没有听到有关这类问题的发言。人们有意无意避讳，似乎一讲立场就只有阶级立场，一讲阶级立场就是提倡阶级斗争。这当然是误解。撇开社会主义初级阶段在一定范围内仍然存在阶级和阶级斗争，在一些问题上仍然需要用阶级分析方法不说，我以为在实际生活中，任何人看问题不可能没有立场。鼓吹无立场论者本身就是一种立场——试图站在所谓不偏不倚绝对公正的立场。

人们看问题总有个立场问题。这个立场可以是阶级立场，也可能不属于阶级立场。例如，民族、某一地区、某一小集体的立场，甚至家族或个人的立场，总之人们观察问题总有一定的角度，这个角度就是他们观察问题的一种立场。比如站在三层看二层说是楼下，站在一层看二层说是楼上；人们区分左边与右边总是与自己站立的位置不可分的。在别人看来是左边可在你看来是右边，也可能相反。东西南北的区分不同的道理与此相通。这里没有利益问题，只是各自所处的方位不同而已。至于稍微涉及个人利益的问题更是如此。例如，等车吧，等车的人说车上很空还能挤，车上的人说挤得不能下脚一个也上不了。可是下次等车，说车上很空的人可能是上次说车上很挤的人，说车上很挤的人可能是上次说车上很空的人。这叫地位的变化。在车上的是“既得利益”，在车下的是在争取上车的利益。婆婆挤对媳妇，等到媳妇熬成了婆婆又在媳妇面前摆婆婆的威风。这种事在日常生活中俯拾即是，不胜枚举。这种“区区小事”尚且如此，何

▲“朴实谦逊三军帅，开国元戎第一名。”2003 年摄于西柏坡朱德旧居前。

况是涉及整个阶级、民族、国家的重大利益的问题，因此，人们看问题怎么能没有立场呢?

人看问题不可能没有立场。所谓立场并不神秘，就是上面说的看问题的角度，生活在现实社会中的人总是在社会中处于一定的地位，这个地位会制约他看问题的视角，就像站在不同的楼层区分楼上楼下一样。当然观察社会重大问题不像区分楼层那样简单，观察社会重大问题的角度核心是利益问题。看问题角度不同往往就是体现不同的利益。一个人作为国家的成员有个国家利益问题，作为民族成员有个民族利益问题，作为阶级成员有个阶级利益问题，作为个人有个人利益问题。其他如作为家庭成员，或某个集团、党派的成员都有个家庭利益、集团或党派利益问题。如果对这些利益的正当性缺乏理性的自觉，往往会决定、制约或影响自己看问题的角度即观察问题的立场。

看问题人人有立场，这是客观事实；但是你这个立场对不对，这属于对立场的价值判断。虽然立场的评价属于价值判断，但它同样有是非曲直。这就是看你的立场是代表什么人的利益。是代表剥削阶级的利益还是代表被剥削阶级的利益；是代表多数人的利益还是代表少数人的利益；是代表中华民族的利益还是代表西方垄断财团的利益。按我们过去的说法，就是屁股坐在哪一边的问题。一个人的立场都是与利益相联系的，根据一个人的主张、言论、行为“对谁有利”这一原则，就能判断你的立场对不对头。有人说，现在没有立场问题，因为没有利益问题，现在提倡双赢，都有利。这是表面的看法，实际上双赢本身就是一种利益，是在双方都无法压倒对方情况下的一种利益的妥协。也可以说，双赢就是一种立场，是一种在彼此互利条件下维护自己利益的立场。

由于人的实际生活中利益的多样性，如果不理解利益的本质与它的合理性问题，不理解各种利益的相互关系问题，就会采取错误的立场。例如，只强调个人利益，凡事都从个人角度考虑就会采取个人主义立场；片面强调民族利益而不考虑它的阶级实质就可能采取狭隘的民族主义立场；无条件地强调国家利益就可能采取国家至上主义的立场，只强调党派和集团利益而不顾及国家和民族的利益就会采取立党为私的狭隘党派立场；如此等等。这说明，要立场正确，还必须有正确区分和对待各种利益的正确观点。

立场不对，认识肯定不会正确；可立场对，认识不一定正确或不一定完全正确。因为认识正确与否，不仅立场要站对，也就是观察问题的角度要选对，而且还有个观点问题。观点正确与否，可以强化、弱化、虚化，或者使原本正确的立场僵化，变为自我束缚的狭隘的眼界。我们可以以毛泽东同志《在延安文艺座谈会上的讲话》中关于文艺工作者的立场问题为例。毛泽东同志说，我们是站在无产阶级和人民大众的立场。对于共产党员来说，也就是要站在党性和党的政策的立场。如果一个文艺工作者，对马克思主义的文艺理论，对党的文艺政策的看法观点正确，则能够站稳无产阶级立场；如果观点不完全正确或认识模糊，则他的所谓无产阶级立场就会弱化，遇到问题会摇摆不定；如果完全不接受甚至反对马克思主义文艺观与党的文艺政策，则他们所谓的无产阶级立场则一定虚化，是口头的，是虚假的。如果把无产阶级和人民大众的立场变为宗派主义、关门主义，则是立场的僵化。真理过度就是谬误，立场问题也是一样。

立场的狭隘性，往往容易与立场的坚定性相混淆。应该特别注意，没有抽象的永远正确的立场。立场是具体的，是针对具体问题说的。可是问题是多方面的，要对一个问题形成正确的观点，必须在具体情况具体条件下对具体问题进行具体分析，而不能把立场固定化、绝对化。情况变了仍坚持原来的所谓正确立场，就会向相反的方向转化。毛泽东同志在抗日战争开始时批评反对统一战线、坚持关门主义自以为立场坚定的人说，在这些人看来，革命的力量是要纯粹又纯粹，革命的道路是要笔直又笔直；圣经上说了的才是对的；民族资产阶级全部是永世反革命的；对于富农是一步也退让不得；对于黄色工会只有同它拼命；如果同蔡廷锴握手的话，那必须在握手的瞬间骂他一句反革命，哪有猫儿不吃腥，哪有军阀不是反革命？知识分子只有三天的革命性，招收他们是危险的。因此，结论是：关门主义是唯一的法宝，统一战线是机会主义的策略。这就是立场的僵化。在我们三十多年来的改革中，这种情况也是不断发生的。有些同志在新的历史条件下，仍然坚持一些被实践证明行不通的所谓“正确”的观念，还自以为立场坚定，自以为是坚持马克思主义，实际上是思想观念僵化。这种理论观念上的僵化，使他们自以为坚定的立场向相反的方向转化，即不利于社会主义，阻碍社会主义的发展。

很显然，立场问题既与观点不可分，又与思维方法不可分。上述立场的僵化、虚化、弱化和观点的错误，都存在一个思维方法的问题，即思维方法上的片面性。对于人的认识来说，思维方法是至关重要的。不懂得一切以时间、地点、条件为转移，不懂得具体问题具体分析，不懂得何谓两点论何谓一点论，必然陷入保守、凝固、僵化。这就是为什么列宁如此强调辩证法是马克思主义中具有决定意义的东西，强调具体问题具体分析是马克思主义活的灵魂的道理所在。

古代先哲荀子说过，凡人之患，蔽于一曲，而黯于大理。所谓不识大体，指的就是从局部看有点道理、从全局看仍然是错误的。庄子也讲过一个很深刻的道理。他说坐井观天的青蛙看不见天的全部，这叫拘于墟；夏天的虫子不知有冰，因为它活不到冬天，这叫笃于时；而一些人观念陈旧是因为头脑里条条框框太多，这叫束于教。这三种情况：拘于墟、笃于时、束于教，都只能是井底之蛙。这种人坐井观天，眼光狭隘，只见天的一角。在实际生活中，我们会发现一些同志是好同志，自认为忠心耿耿，对天可表，可由于没有一个正确的思维方法，不懂马克思主义理论应该与时俱进，死抱住过时的观念，不合于时，也如坐井观天，总也跟不上时代的变化。结果，他们自以为的无产阶级立场，往往变为一种抱残守缺死抱住过时观念不放的挡箭牌。这对个人来说是“悲剧性”的错误。

在马克思主义哲学中，立场、观点、方法之间有区别，但相互渗透，相互影响，彼此融为一体。从立场、观点、方法统一的角度看，马克思主义哲学有自己的特点。

同一切哲学不同的根本之点，就是马克思主义哲学公开地坦然地宣布自己是代表无产阶级和劳动者利益的哲学，即明确申明了自己的立场。这是任何一种哲学、任何一个哲学家从来没有过的，至今仍然没有。翻翻哲学史，翻翻当代西方哲学家的著作，没有一个哲学体系和哲学家承认自己有立场或代表某种立场。全都是超越的，超越一切阶级，超越一切利害关系，超越哲学中的一切派别，都是非常清高的、纯学术性的哲学家。的确，哲学中所包含的政治立场是隐性的，很难发现的，甚至哲学家自己都没有意识到。因为哲学一旦体系化为哲学，它都是表现为非常抽象的概念或范畴。这是哲学不同于其他社会科学的地方。哲学似乎高耸于云端之上。其实，哲学是有立场的，这首先是有哲学立场，即主张一种什么样的哲学，提出什么样的哲学观点。哲学家的哲学立场就表现在他的哲学观点之中。至今除了唯物主义、唯心主义或两者的混合物以外，我们并没有发现新的哲学路线，尽管有些人死不承认这个事实。

并不是每个哲学家或每本哲学书都有政治含义。到黑格尔的逻辑学中或康德的三大批判中去找阶级性当然是可笑的。可结合时代背景，考究一个哲学家的全部著作和他的观点，考察从中可以引出有利或不利于某个阶级需要的结论，就能看出这种哲学所蕴含的政治实质。正是在这个意义上，恩格斯同意海涅关于德国哲学的观点，认为从康德到黑格尔的哲学表现了当时德国资产阶级的要求，包含革命的内容。当然，关键并不完全在于哲学家的主观意图，也许从主观意图看连哲学家本人都没有清楚地意识到自己哲学的实际作用。可是在阶级社会中，一种哲学体系的作用，不单纯决定于哲学家本人明确的阶级意图，在很多情况下，主要决定于它的实际政治作用。在马克思主义哲学中这两者是一致的，而这种一致性应该是自觉的。这是衡量一个自称为马克思主义哲学家在何种程度上掌握马克思主义哲学的一个尺度。

另一个特点是马克思主义哲学的方法论意义，它在马克思主义哲学中具有最重要的地位。其他哲学除了专门研究方法论的著作，如亚里士多德的方法论、培根的工具论这些著作以及当代某些科学哲学家注重方法论问题外，一般都着重论述自己的哲学观点，构建哲学体系，而不是自己哲学的方法论价值。马克思主义哲学不同，它的根本目的就是为人类提供认识世界和改造世界的理论，因而方法问题对马克思主义哲学是至关重要的。马克思主义哲学没有方法论作用，就失去了认识世界和改造世界的功能，就没有产生的必要，也没有存在的价值。所以马克思和恩格斯都不断强调自己的哲学提供的是进一步研究的方法，而不是万古不变的教义。

对我们学习马克思主义来说，最重要的不是结论，而是何以能得出这种结论的方法。恩格斯就强调要像马克思那样地思考，而不是背熟马克思的结论。结论是可变的，而得出结论的方法则是点石成金的金手指。我又要提到荀子，他在《察今》中讲到关于制法问题时说过一段非常深刻的话。他说，“凡先之法，有要于时也，时不与法俱至。法虽今而至，犹若不可法。故择先王之成法，而法其所以为法”。这是一种辩证思维方法。时代变了，时不可能与法俱至。尽管法的条文可以保存下来，但时代不同仍不可能死板地恪守先王成法。重要的是要理解先王为什么如此制法，也就是“法其所以为法”。这个原则，对于我们理解马克思主义的方法论意义是有帮助的。

马克思主义哲学的立场是自觉的。要真正掌握马克思主义哲学，必须把它的立场、观点、方法作为一个整体来把握。特别是这种统一性最终体现在马克思主义的运用上。我们既要在坚持马克思主义基本原理上丝毫不能含糊，又要以创造性的态度对待马克思主义，即把马克思主义作为研究新情况新问题的方法。如果马克思主义哲学在认识世界和改造世界中不能发挥它的方法论作用，它的立场和观点的正确性就会转变为僵死的教条。

列宁曾经说过，如果忽视了这一方面，就会把马克思主义变成一种片面的、畸形的、僵死的东西，就会抽掉马克思主义的活的灵魂，就会破坏它的根本的理论基础。我们的哲学教科书、我们的哲学教学，最弱的一环就是缺少对马克思主义哲学的方法论作用和意义，以及应用范例的阐述。我们都批评斯大林的《辩证唯物主义和历史唯物主义》，列举出多少条缺点，可有一个优点我们忽略了，这就是它在讲每个原理后都讲到它的作用和意义。尽管是用由此可见这种简单化和教条化的推论式的论述，但它重视应用，这个方向是正确的。我这一生学习马克思主义哲学的最大弱点，就是注意原理而忽视应用，从而也极大地限制了对原理的理解，可以说是“两败俱伤”。

观点·信仰·行为

我们的观点是我们行为的准则。我们所做和正在做的事，在很大程度上取决于我们的信仰。一个人的观点、信仰和行为之间的关系是不可分割的。

观点，是一个人对某一事物或社会现象的看法。当这个看法非常执著和坚定，就成为一种信仰。人们的行为是受自己的思想支配的，而在所有支配人的行为中最为重要的，就是信仰。在历史和现实中我们可以看到有殉教者、殉道者，有为革命献身在刑场上视死如归者。世界上最勇敢、最坚定的人是有信仰的人；而最可怕、最顽固、最难改变的也是有信仰的人。前者是科学信仰或怀有伟大的社会理想，后者是为某种虚幻意识所控制的盲从。因而抱有什么样性质的信仰，信仰什么，对人的一生是最为重要的。我们要树立的是科学的理性的信仰，这种信仰表现为内心的信念。应该防止非理性的盲目的信仰——这种信仰的本质是精神上被一种虚幻的观念所控制。

正因为信仰与观点不可分，因此作为信仰依据的观点，要具有科学性，要经得起实践检验，要有可验证性。虽然中世纪有位神学家说过越是荒谬我越相信之类的话，可实际上宗教还是以各种方式强调证明，历史上和现实中都在不断提出关于上帝存在的各种证明以便团结教徒、抵制各种反神学的学说。可是，任何关于上帝的存在和神的存在，是无法以事实证明的，除了纯逻辑的推论。这种不能依靠事实证明的信仰，依靠的只能是信仰本身——我相信。所以宗教与以实验为依据的科学是不可能结合的。

虽然一个人可以既是科学家又是宗教徒，但他只能是教堂里的教徒，实验室中的科学家。如果在实验里当教徒，他就不可能是科学家；正如在教堂里坚持科学，就不可能成为虔诚的教徒一样。在西方宗教信仰与科学实验可以相安无事，就是因为它们各有所司，或者说各有所管，宗教管灵魂，给人灵魂以安宁；而科学管自然，给自然现象以合理的解释和技术的应用。

人，应该有信仰，而且应该是科学的信仰。没有信仰，就像在大海中航行没有帆，没有前进的推动力；而没有科学的理论观点，这个帆就会把船驶向虚幻的世界。没有理论和信仰的人生，仿佛是在大海中漂泊，没有目标、永不停靠的无休止的旅行。这种航程肯定是乏味甚至痛苦的。一个至死都不知道为什么活着的人生旅程大体与此相似。所谓活着很累往往就是这种情况。

换个角度

海明威是美国著名作家，他的《老人与海》曾获诺贝尔文学奖。据他自己向记者介绍，他写好文章的秘诀，就是“站着写，坐着改”。因为是站着，写作时要求速度，精神集中；因为是坐着，修改时可以从容不迫，字斟句酌。这当然是个好经验。不过写好文章的方法有很多，并不一定要拘泥这一种。但从海明威的写作秘诀中，可以得到的一个重要启示——换位思考。

我们每个人在社会中都处于一定的地位中，有不同的职业，担任不同的工作。或者说，都是一定的社会角色。在实际生活中，都要和别人打交道，发生联系。在交往中会发生各种各样的矛盾。要彼此沟通、相互理解，换位思考是极为重要的。否则就会囿于自己的地位，各执己见，不考虑对方。生活中有很多事情，如果我们换一个角度，站在别人的位置，结果也许就完全不同。例如，身为医生，可以从病患的角度，想到他们本身承受着病痛，还要跑很远的路等很长的时间才能看病，从而态度温和。身为患者，也应该体会到做医生的辛苦，每天要看很多的病人，看很多张痛苦的脸，从而宽容医生偶尔的态度不佳。身为乘务员，应该体会乘客等车和挤车的劳累。身为乘客，亦应该体谅司机和乘务员长期闷在车厢里的烦躁。这样就可以避免很多的争吵和纠纷。身为售货员，应善待顾客。身为顾客，应体谅售货员。身为老师，应理解学生。身为学生，应体谅老师。换位思考，就是凡事多从对方的角度去考虑，多为别人着想，就会彼此多一分理解，多一分同情，减少矛盾，增强团结。孟子说过，“爱人不亲，反其仁；治人不治，反其智；礼人不答，反其敬；行有不行者皆反求诸己，其身正而天下归之。”这也是强调人应该严于责己，要善于从别人的角度来看待自己。

当然，天下事不能一概而论，应该具体分析。换位思考是处理人民内部相互关系的一种方法。我们不可能要求侵略者站在被侵略者的立场、绑票者站在被绑者的立场来换位思考。他们的利益决定了他们不会换位，也不可能换位。获 2003 年世界新闻年度摄影大奖的图片是这样的：在伊拉克纳杰夫附近的战俘营内，在重重的铁丝网后，一名头被黑色面罩蒙住的伊拉克男子正在安慰自己年仅 4 岁的儿子。从孩子本该纯真的面庞上我们已经看不到鲜亮的色彩。或许他已经过早地在战火纷飞和家破人亡中被战争的罪恶蒙蔽了双眼。我们能要求美国总统放弃美国利益高于一切，站在其他国家更不用说站在全世界人民的立场去进行所谓的换位思考吗？不可能。要想他们换位思考，为别人着想，奉行什么普世伦理呀，普世价值呀，全人类利益高于一切呀，说好听点，是在对他们进行道德传教，说难听点，有些近乎痴人说梦。

“己所不欲，勿施于人。”作为一个口号可以，作为一个道德规范，在当今世界政治生活中是行不通的。我们应该学会换位思考，但又要懂得换位思考的条件和界限。

善射必前期而中

毛泽东把理论联系实际喻之为“有的放矢”。这个比喻生动、形象、恰当。一个射手的箭术是否高明，当然以中“的”为准。不先立“的”，不以中“的”为胜，任何人都可自称为箭中神手。正如庄子与惠施辩论时说的，“射者非前期而中，谓之善射，天下皆羿也”。不以中“的”为准，世界上所有的射手都是神箭手。

理论水平的高低，与此同理。理论应该以我们正在做的实际问题为中心，以解决实际问题为目的。如果不以解决实际问题为目的，任何人都可以自称为理论高手。理论联系实际，必须以实践为基础，这是理论联系实际中的唯物主义。

可是问题还有另一面。有的放矢中的“的”不是固定不变的。“的”是活靶子而不是死靶子。因此，有的放矢必须以变化中的“的”为目标，理论也是如此。理论联系实际，必须立足于变化中的实际。如果不联系变化中的实际，就不可能真正做到理论联系实际。这是理论联系实际中的辩证法。以刻舟求剑式的态度对待理论联系实际，把理论教条化，或把实践凝固化，都只有适得其反——理论和实际相脱离。

创新是一个民族进步的灵魂，在实践基础上的理论创新是社会发展和变革的先导。所谓在实践基础上的理论创新，不仅包括理论应该以实践为基础，也包含理论必须立足于变化着的实践，根据新的实践经验发展和推进理论。不立足于变化中的实践，理论创新是不可能的。

马克思主义哲学关于理论和实践相互关系的理论，既是唯物的又是辩证的。马克思和恩格斯自己就为我们树立了立足于变化着的实际推进理论的样板。他们在关于《共产党宣言》1872 年的德文版序言中，在强调宣言中的一般原理整个来说仍然是正确的同时，又强调原理的实际应用应该随时随地以当时的历史条件为转移。还有一个突出的例子，这就是恩格斯逝世前夕在《卡尔·马克思〈1844 年至 1850 年的法兰西阶级斗争〉一书导言》中，立足于 19 世纪末新的实际，承认自己关于欧洲 1848 年革命很快会取得胜利的看法“是一个幻想”，并根据新的实际对资本主义的发展和无产阶级革命问题做了新的论述。可以说，自《共产党宣言》发表以来的马克思主义发展史就是一部立足于新的实际不断推进马克思主义的历史。不立足于新的实际就没有马克思主义的发展。

马克思主义中国化，就是马克思主义普遍原理与中国实际相结合的过程。马克思主义中国化的“化”字很重要。化，就是要把马克思主义化为以中国实际问题为中心，以解决中国实际问题为目的的中国的马克思主义；这个过程同时就把中国的实际问题的理论解决升华为马克思主义的理论。这样才有马克思主义在中国的发展，也才有这种发展无论变化多大，仍然属于马克思主义。在马克思主义中国化的历史中，化与不化的关键，能化与不能化的关键，就是能不能联系实际，尤其是联系变化着的实际。也就是说，应该以前期而中评价箭术优劣的标准作为衡量理论水平高低的尺度。

文化复兴与尊孔读经

在中华民族的伟大文化复兴中，如何区分文化复兴与尊孔读经，又如何在继承与发扬自己的民族文化传统中，坚持马克思主义的指导地位，这是一个亟须不断深化和正确对待的问题，它关系到社会主义文化建设的方向。我自己在这个问题上似乎明白又不十分明白。

什么是文化复兴？文化复兴的本质是创造社会主义新文化，而不是复古，也不是一概恢复我们过去的文化。之所以用文化复兴来表述我们在当代的社会主义文化建设，其意可能有二。其一，它可以是针对鸦片战争以后曾经灿烂辉煌的中华民族文化的式微说的。也就是说，社会主义中国，不仅要建设成为一个经济大国，而且应该建设成为一个文化大国，像我们的祖先在世界文化领域中曾经占有过的地位那样。其二，不仅是恢复我们曾经有过的在世界文化史上的地位，而且包括对传统文化中优秀文化遗产的继承，把过去被遗忘被抛弃的好东西捡回来。但文化复兴的最根本内容，是坚持先进文化的前进方向，创造灿烂辉煌丰富多彩的社会主义文化。文化复兴不是一个复归传统的口号，而是一个社会主义文化建设的动员令和催人奋进的号角。

当然，在中华民族的伟大文化复兴中，应该十分重视民族的传统文化，这是自己民族的思想之根。很长一段时期，我们对这个至关重要的问题没有注意。“文化大革命”时期的所谓破四旧更是“左”得可爱，“左”得可气，“左”得可怜。可问题的复杂性在于并不是凡是传统的东西都能全盘继承，子孙后代如何继承祖宗的遗产，还得根据自己时代的需要和科学与知识已经达到的新水平。传统的确不是一尊永远不动的雕像，而是一条永远流淌着的河流。传统也处在不断的凝聚与更新中。这不仅在于每一个时代都会为传统增加新的因素，使原有传统得到新的延伸，而且还会对原有传统进行新的解读。

一个民族不同时代的子孙，往往面对的是变化着的传统。但是那些对民族精神的塑造发挥极大的影响的人物，往往成为民族传统的创造者和象征。例如，孔子就是这样。当然孔子不是一个人，而是一个以他为首创者的儒家学派。自汉武帝罢黜百家、独尊儒术以后，除个别朝代以外，孔子在政治、思想、文化领域处于绝对的统治地位。尤其是当孔子学说被作为飞黄腾达进入仕途的晋升之阶时，它的权威性无可动摇。当然，反孔批孔的也有，特别在农民运动时期。可社会一旦趋于稳定，历史之摆又重回原处。从“五四”运动以后，随着作为社会制度的封建主义最后瓦解，新学的兴起，反对孔子学说成为必然之势。从“五四”运动以后，直到 20 世纪七八十年代，在中国内地，孔子的光环早已褪尽。这是革命时代形势下的必然性。它的社会学意义在于表明，我们还没有进入到清点家产继承遗产的时代。虽然毛泽东说过，从孔夫子到孙中山都要给予总结，继承这份宝贵的财富。实际上我们并未认真总结过。当社会发展进入到重视文化建设的时期，自然会想起孔夫子及其儒家学说。孔夫子是我们民族的大思想家、大教育家，儒家学说支配中国两千多年，这是绕不过去的。在大陆少数人鼓吹的“尊孔读经”的喧嚣之声，只是中华民族文化复兴形势下的一种思想泡沫。

我们似乎难以区分继承中国文化传统与少数人鼓吹的尊孔读经的界限。对中国的圣人难道不应该尊吗？对孔子以及儒家的经典难道不可以读吗？如果我们停留在这样的问题上，显然要落入理论陷阱。问题的实质在于尊孔读经的鼓吹者的理论出发点是，儒家学说是天道，永恒不变的天道。天不变道亦不变，社会主义国家仍然要以尊孔读经作为文化复兴的轴心，甚至鼓吹要儒化中国，儒化共产党。这就不是如何继承传统文化的问题，而是社会主义中国应该以什么思想理论作指导的问题。

所谓永恒不变的天道，不符合历史事实。孔子的学说，在历代大儒和不断的注经中，也在不断变化。即使当代有思想的新儒学家们也是主张返本开新，而不是把孔子学说神化为天道。其实，孔子的学说，对处于不同时代的儒家，显示它的不同的着力点，不同的意义和价值。所谓永恒的天道并非永恒，只有当它被抽象为没有具体内容的具有普遍性的范畴和规范时，才表现为一种仿佛不变的永恒性。我们这样说，并不否定作为在中国传统文化中处于正统主导地位的儒家学说的积极内容。实际上，我们现在仍然可以从孔子学说中，从儒家学说中吸收许多有用的因素，作为我们的思想资源和宝贵财富。但这种吸收肯定不能是全盘照收，一定是处于中国特色社会主义建设中的我们，按照我们时代的需要和理解来吸收、来继承，重建我们当代的社会主义文化，而不可能是儒学复兴。

任何一个尊重中国历史事实的人都可以看到，以孔子为代表的儒学处于支配地位时并不都是中国最强盛的时期。汉代前期，尊黄老学说，孔学并无地位。唐代是中国历史的光辉时期，可唐代佛教盛行，尊奉的也是他老李家的同宗的道家老子。儒家并不占优势。宋代最尊孔而且创造了新儒学，可宋代最弱，连徽钦二帝都被俘，南宋偏安江南，虽然理学“一枝独秀”，最后还是亡于并不尊孔的蒙古族的铁骑。当然，从中国总的历史来看，儒学是处于支配地位。但历史证明文化并不是最终决定因素。只有经济发展、政治清明，整个国家才能强大安定。文化只有在经济起基础性地位和政治制度优化的条件下才能发挥它的最佳作用。况且，中国传统文化是包括多种学派的复合体，并非儒家一家。继承文化传统应该开展多种传统文化遗产的研究，发掘多方面的丰富内容。

在社会主义中国，孔子也应该尊，尊重他在中国文化思想史上的开创性地位，尊重他在中华民族文化创建过程中的不朽功勋，而不是尊重他为“王者师”，不是尊奉他为“教主”，更不是尊重历代帝王加封的阔得可怕的头衔。经也是可以有选择的读的，因为这些都是中国传统文化构成的重要部分。但读哪些，读多少，以及读经的年龄、方式，都可以作为当代教育的一个专门问题进行研究。但在社会主义中国，绝不能让历代统治者包括袁世凯之流的“尊孔读经”思想和做法冲击我们文化复兴的正确方向。这种以孔子为最高权威的“尊”，以经为不可违的法典，压倒其他一切学说的文化的“尊”，只能是一种政治上的倒退、思想上的倒退，与坚持马克思主义的指导地位、坚持先进文化前进的方针是相悖的。

马克思主义当然不能取代中华民族自己的文化和传统。但马克思主义传入中国后与中国实际包括文化传统相结合逐步形成中国化的马克思主义。这种马克思主义是具有中国特色、中国风格的马克思主义。这种马克思主义不能看成是与传统文化迥然不同、外来的思想，而应该看成既坚持马克思主义又具有中国特色的中国化的马克思主义。近百年的历史证明，孔子不可能救中国，儒学也不可能救中国。指导中国社会走出困境让举世瞩目的是马克思主义指导下的革命和建设。孔子依然是那个孔夫子，可是在列强入侵、中国处在瓜分豆剖下的孔夫子，和当今在世界人民心目中的孔夫子显然不同。我一直认为，没有一个强大的中国，就没有一个为世人尊敬的孔夫子。而且现在孔子学院在海外的建立数目不断增加，是中国改革开放以来社会主义经济发展、国际地位提高的表现。历史明摆着，孔子没有救中国，儒学也没有救中国，倒是当代社会主义中国把孔子推向更广大的世界。

当无产阶级和人民当家做主以后，完全可以吸取孔子为处于统治地位的政治家设想的治国平天下方案中有价值的东西，有分析地拿来为自己服务。毛泽东说过，从孔夫子到孙中山都要总结，就包含这层意思。后来他在“文化大革命”中又说，“孔子名高实秕糠”，对孔子采取否定态度。这与当时他在“文化大革命”中的错误是不可分的。的确，我们只有从自己与时代的关系考察对孔子和儒学的态度，才能理解孔子形象的多变性。把孔子学说说成是不变的天道，与各自的时代无关，这只是一种理论幻觉。

中华民族文化要复兴，但不是复古。其实，在任何社会复古永远是不可能的。古，意味着过去。历史是过去了的社会形态，永远不可复制。复古，无论是托古还是仿古，无非是对现实或现实某一方面不满的一种态度。中国传统文化要继承，但还是毛泽东说的那个原则：取其精华，弃其糟粕。精华与糟粕究竟是原有的，还是后人分的？这当然要分析。如果中国传统文化没有精华与糟粕，完全是后人根据自己的需要来决定的，这等于说任何时代的文化在原本意义上无是非好坏之分，这种区分都是后人解读出来的。这太绝对。事实上，一种思想体系在它产生的时期就已包含它那个时代的精华与糟粕，如果一味强调“和为贵”，显然是右的甚至是投降主义。可如今，时代条件和我们面对的历史使命变了，“和为贵”这个命题的内容与应用的可能性也发生了变化。能够理解这种变化的，并在不同条件下对同一命题采取不同态度的，并不是“和为贵”的命题本身而是马克思主义的唯物辩证法。

在社会主义中国，指导思想只能是马克思主义，而社会主义建设的道路和实现方式只能是马克思主义与中国实际相结合，即马克思主义中国化。把马克思主义与中国传统文化对立起来是错误的。文化复兴本来包括文化继承与文化创新不可分的两个方面：在继承中创新，在创新中继承。我们既不能数典忘祖，但也不是狭隘的民族主义者。我们尊重我们自己的文化传统，尊重我们民族的文化伟人。这个原则绝不能因某些复古思潮而动摇。但我们要分清继承与复古的界限，特别是在以什么理论和方法作为我们的指导思想的问题上绝不能迷失方向。例如，我们现在都赞叹“天人合一”的思想如何博大精深，实际上我们是不自觉地用马克思主义观点在改造“天人合一”的原意，把它解释为人与自然的和谐，按照马克思主义关于人与自然关系的理论以及当代生态学的成就来解读“天人合一”。实际上在中国传统哲学特别是儒学中，“天人合一”的思想是极其混杂的。天，可以是意志之天，天主宰一切，这是天命论的思想；天，也可以是义理之天，即天是一切道德原则的源泉，所谓天道是人间道德的最高依据；还有则是自然之天，例如，荀子的“天行有常，不为尧存，不为桀亡”。恰恰唯物主义者并不主张“天人合一”，而主张“天人相分”，主张“制天命而用之”。所以“天人合一”中既有好的东西，也有天人感应、灾异说之类的神学唯心主义的东西。“天人相分”中既有坚持唯物主义、反对唯心主义和神秘主义的东西，又有可能导致不尊重自然规律性的东西。我们现在对儒家有关天道与人道中一切唯心主义的、抽象人性论的东西讳而不言，把各种不同的“天人合一”学说统统都塞进人与自然的框子里，按照马克思主义关于人与自然和当代生态学的思路去解释。其实，这已经不是儒家“天人合一”的原意，而是对“天人合一”的现代解读版。在当代，剔除它的唯心主义成分，突出人与自然的关系当然可以，但要说，原本就这样，很难令人信服。一个几千年前在人与自然比较和谐的农业社会的思想家，就已经预见到工业社会人与自然的关系的恶化，把人与自然的和谐作为一个突出问题来加以强调，这有点强古人之所难。我们这样说，丝毫无损于中国传统文化的光辉。但我们一定要区分原本的意义与后人的解读，千万别在西方解释学的鼓噪中，失去最起码的实事求是的科学精神。

我以为，我们这些马克思主义哲学工作者，应该努力学习、重新学习中国传统文化，其中包括中国哲学，但在研究和学习中，一定要坚持马克思主义。我们要学会运用马克思主义的理论和方法来研究中国传统哲学，而不是相反。

下 篇

论 人

我在20世纪50年代初开始学习哲学时，根本不知道哲学中还有一个“人”的问题。苏联专家没有讲过，教科书中没有读过。马克思的著作，特别是早期著作中有，但没有接触过。其实即使看到，也不可能注意，不可能理解。读者对书的理解，总是受自己读书的时代背景制约的。开始注意这个问题是1983年关于人道主义与异化问题的大讨论。至今三十年，很多问题我仍然模模糊糊，说不太清楚。这不奇怪，三十年算什么，无论是东方还是西方，关于什么是人的问题争论了两千多年，这个争论构成哲学史的一个最重要方面。

在中国传统文化中，人的地位是很高的。天地人并称三才。《道德经》中也说，域中有四大，人居其一。据说鲁迅先生的儿子发蒙时，鲁迅的好友许寿裳先生在写字本上写的三个字，就是：天地人。

在汉语中，人字的结构最简单，一撇一捺，最好认；可它又最重要，最复杂，也最困难。人的一生都在学做人，都要和人打交道，都要学会做人；在哲学中，对人的理解分歧最大，至今仍在争论不休。可以说，人字的确是易认难懂。

以人为本，是我们科学发展观的主导思想原则。上自中央制定政策，下至医院看病、工厂生产、商店服务，任何领域都用得上。这是时下最具政治性又最温馨最有人情味的口号。

对中国共产党来说，“以人为本”，既是奉行马克思主义关于无产阶级解放和人类解放的宏伟目标，又具有我们新时期的时代特征。商店说以人

▲摄于中国历史唯物主义第九届年会。“换届不赋闲（不再任学会会长），坚持老本行（历史唯物主义）。”左一为林建公，左二为作者，右一为李崇富，右二为周隆滨。

为本，就是全心全意为顾客服务；医院说以人为本，就是发扬救死扶伤的人道主义精神，全心全意为患者服务。各行各业都说以人为本，就是我们党一贯提倡的为人民服务的口号更具时代特征的说法。谁都懂这个口号的政治意义和实际内涵，谁也不会追问“人”是什么意思。无人追问，也无须回答。

可在哲学领域中，究竟什么是人就没有这么简单。蒙田这样的大哲学家也感到困难，他说，人确实是一个不可思议的虚幻、飘忽多端的动物，想在他身上树立一个永恒与划一的意见实在不容易。

我们往往难以区分人字的日常用语、文学用语和哲学用语。特别在汉语中，都是同一个字——人。实际上它们之间是不同的。当年恩格斯在《诗歌和散文中的德国社会主义》中就曾批评格律恩对歌德的误读。恩格斯说，歌德作为一个文学家经常在比较夸张的意义上使用人和人的这个字眼，但歌德的人字并非是费尔巴哈那样的哲学用语。这些字眼，特别是在歌德那里，大多具有一种完全的非哲学的、肉体的意义。把歌德变成费尔巴哈的弟子和“真正社会主义者”的功劳，是全部属于格律恩先生的。如果把哲学用语、文学用语、政治用语或日常用语相混淆，往往会引起混乱。

哲学是穷根究底的学问，非得弄清这个“人”字不可。可在哲学上就是难以弄清。我们是人，可我们在哲学上就是弄不明白什么是人。无怪古希腊一个哲学家白天打着灯笼在街上转悠，人家问他为什么白天打灯笼，他说找“人”。至今人还在找这个人。其实这个哲学上说的一般的人，是不存在的。有个哲学家说过，根本就没有什么人。在我的一生中，我只看到过法国人、意大利人、俄国人，等等。多亏了孟德斯鸠，我们知道了人还可以是一名波斯人。至于人，我要说，我有生以来从来没有遇到过一位“人”。的确，现实的人的存在都是个体性的存在，没有一般的人。

其实哲学所谓寻找人，就是寻找失落的自我的本性。美国的一位哲学家罗洛·梅就直接把他的关于人的著作题为《人寻找自己》。他说，生活在一个焦虑的时代，我们对自然的认识和对自身的认识差距似乎越拉越大：在科学技术上我们已经能够克隆人，可在哲学领域中仍然一直争论什么是人。按照约翰·杜威的说法，今日哲学所能要求的最好的工作是从事苏格拉底在两千五百年前指定给哲学助产婆的工作，即“认识你自己”。要想在现实的个体之外寻找作为一般的人，这是哲学永远不能完成的任务。

其实，自然科学并不比哲学对人的认识更清楚。尽管科学技术进步到能克隆人，但并不真正了解人。可以解剖人、把人放在解剖台上，把人的结构弄得一清二楚，甚至能绘制人的基因图谱，但科学技术所了解的是生物学的人，是人的肉体，而不是人的本质和人性。我们不能过分陶醉于科技在人的问题上的研究成就，如果满足于自然科学对人的认识，而不从哲学上弄清人的本性和需要，很可能会因此而大吃苦头。20 世纪下半叶以来的生态环境的急剧恶化已证明了这一点。从哲学层面理解人的确很困难。它不能借用仪器，任何科学和技术手段都不可能告诉我们什么是人。这是个非实体的不可能直观的领域，任何仪器和先进的工具都无济于事，它要凭借人的哲学思维能力。因此不同哲学对什么是人的回答是各不相同的。

对哲学来说，人的问题是至关重要的。可以说，任何一个根本性的哲学问题都不能离开对人的问题的正确解决。康德在《逻辑》一文中，把“人是什么”列为哲学四大问题之一，而且认为所有形而上学的问题、道德问题、宗教问题都与“人是什么”这个问题有关。的确是这样。整个哲学史证明，无论是对世界本质的理解，对认识本质和认识标准的把握，对历史规律和意义的诠释，对价值和科学关系的处理，都无法避开一个人字。世界是人的世界，如果像海德格尔那样把人设定为宇宙之窗，是世界的诠释者，或者像叔本华说的那样是“明澈的世界之眼”，世界只是人的意志和表象，世界的本质和意义都只能通过人并由人来图解和澄明，这代表的是一种哲学路线；如果把人看成是一架机器，没有任何意志自由，纯粹是被动的反映者，这代表的是另一种哲学路线。对人的理解显然决定着人对自身以及对自然和社会的理解，并形成不同的哲学派别。

问题是对人的不同理解又是由什么决定的呢？也就是说为什么会有不同的“人学观”呢？其实对人的不同理解，归根结底取决于人对世界的不同理解。许多哲学家倡言用人来解释世界，人是用人的眼睛看世界，因而看到的只是人眼中的世界，可没有回答人是由什么决定的，为什么同样是人会以不同的眼光看待世界。的确，每一个人都有一个世界，有一个属于自己的世界。其实这个所谓自己的世界，只是同一个客观世界中的个人的小环境、个人的生活条件和境遇。

人，只能由人所依存和改变的世界得到解释。人在改造世界的过程中使自己得到改造。因此人的世界中都打上了人的烙印，而人又深深打上了自己生活其中的世界的烙印。从人与世界的关系说，人归根结底是世界的一部分，而不是像唯心主义者所断言的世界是人的一部分。人的本质离开了人存在其中的自然和社会，离开了人的历史就是不可理解的。因此对人的理解决定于持有什么样的世界观和历史观。人之所以成为人类之谜，长期以来哲学家之所以找不到这个谜底，就是因为脱离人的世界来理解人。例如，宗教家和形形色色的唯心主义者从人之外，从上帝或某种神秘的理念、人的理性和人的欲望中寻找人的本性；或者像旧唯物主义者那样从人自身，即从人的生物本性中寻找人的本性。在这两种情况下，人都是一个与他们所生活的世界即自然与社会相脱离的独立的存在物。

人一旦变为独立自存的个体就是一个不可理解的怪物。即使在汉语中，人字都是相互支撑的结构，表明人是相互依存的。人只有在人中才成其为人。恩格斯在批评费尔巴哈时说，费尔巴哈的人不是生活在现实地、历史地发生和历史地确定了的世界里。恩格斯强调，人不可能孤立存在，人需要和外部世界往来，需要满足这种欲望的手段：食物、异性、书、谈话、活动、消费品和操作对象。马克思用一句著名的论断说明了这个问题，“人就是人的世界，社会，国家”。

法兰克福学派著名学者阿多诺说，人是什么，不可言说。这个说法是不对的。如果想寻找一个标准化的人，一个所谓真正意义上的人，当然不可言说。这种人谁也没见过，也从来没有存在过。如果从现实出发，我们可以看到，人首先是现实的个体的人，是生活在一定历史时期和特定的社会中进行实践活动的人。在现实的个人之外没有人，正如在瓜果梨桃之外没有水果一样。马克思就曾经批评过英国的经济学家边沁，说他把现代市侩特别是英国的市侩即英国的资产者说成是“标准人”，还批评他“用这种尺度来评价过去、现在和将来”。实际上资产者只是资本主义社会中的人，是资本主义社会关系的人格化。当然，这并不排斥资产者是有个性的人，可这种个性并不是抽象的人的个性，而是具体的资产者的个性，即资产者中的“这一个”。

帕斯卡尔说，人是有思想的芦苇。从人的自然能力说，人的确是一棵芦苇，人没有锐利的爪牙，没有勇猛的体力，跑不快，跳不远，任何一个奥林匹克运动会上的冠军都无法与动物相比。人是唯一单独不能在自然状态中存活下去的动物。但人有思想，这使他能弥补一切自然给予的局限。说人是有思想的芦苇，正如说人是有理性的动物，人是能思维的动物，人是符号动物，人是有语言的动物，人是有信仰的动物，人是动物中唯一会说谎的动物等一样，都只表现了人的一个侧面，但并没有抓住人的本质。

如果不怀偏见，应该说，马克思主义关于什么是人的看法是科学的。马克思认为人不仅是自然存在物，而且是作为人的自然存在物，也就是说，人是为自身而存在着的存在物，因而是类存在物。马克思的这种说法有点晦涩难懂，意思还是清楚的。

人首先是自然存在物。人无论就其起源和自身的生理结构看，都具有自然的特性。所以人不仅有外在于人自身的客体自然，还有内在于人自身的生理自然，即人是血肉之躯，他的全部生理结构都是可以解剖的。没有人自身的自然，人就是没有物质实体的幽灵。人是自然存在物，所以人也受自然规律支配。与任何物体有成有毁一样，人有生有死；人有交配、繁殖、传宗接代的需要；有对空气、食物等的需要。总之，凡是人所需要的物质性的东西，这种需要的生理基础无一不是和人作为肉体的自然存在物相联系的。

可人又不仅仅是自然存在物，即人不同于任何其他动物，人不仅有物质需要，还有精神需要。人有理想，有信仰，有对文学、艺术、音乐、科学、道德等精神价值的追求；而且从自然存在物的需要来说，虽然与动物有类似之点，但不是一种纯动物性的需要。人的饮食男女不同于动物。人讲究美食、烹调，有婚姻制度，讲究爱情和审美。人的自然需要是人化的或者说是社会化了的自然需要。它在不同的时代、不同的社会制度和生产力水平下具有不同的特色。而且更重要的是，人直接是社会存在物，即人生活在社会中。当马克思说，黑人就是黑人，黑人只有在一定的社会关系下才成为奴隶，强调的就是人的本性是由生活于其中的社会关系确定的。要知道什么是人，一点都不能离开人所依存的社会。

上帝对人类并没偏爱。人之所以是社会存在物，人的自然特性之所以能社会化，最根本的原因是，人是“为我”的存在物。所谓“为我”指的是人的生存方式，即在所有的动物中只有人才是通过自己的劳动来满足和维持自己生存的存在物。一切动物都是依靠自然的恩赐生活，唯独人依靠的是向自然索取和自身的创造。人的一切都是从人的劳动和自我创造中而来。所谓社会的进步、人的发展、历史的延伸，说到底就是人的劳动和劳动方式的变化。正是在劳动中，人获得了自己的社会特性并不断提高人的自然需要的品质。

“可以根据意识、宗教或随便什么来区分人和动物，一旦人们开始生产他们所必需的生活资料的时候，他们就开始把自己和动物区别开来。”《德意志意识形态》中的这段话把这个问题说得再清楚不过。劳动是打开社会之门的钥匙，也是解释人的本质的秘密。一切以往的哲学家关于人的各种定义、界说，离开了这个基点，只能停留在劳动中形成的人的某一特性，而没有深入到以劳动为基础的社会和生产方式，因而找不到谜底。

我们是人，我们当然热爱自己。人道主义情感之所以历来受到人的赞扬原因也在此。人应该以人的态度对待人，作为一个道德规范是合理的。可这只是应该如此，然而事实并非如此。可以说，在阶级社会中，从来没有人以人的态度对待所有的人。阶级对立和利益的对立，使得一些人是主人，一些人是奴隶；一些人是统治者，另一些人是被统治者。正如焦大不会爱林妹妹一样；林妹妹也不会爱焦大。作为个人的特例，超阶级的爱是有的，作为阶级社会的普遍状况是不可能的。所以人道主义作为一种历史观的确不具有现实可证性，它包括不可克服的应然和实然的矛盾。这种矛盾使得人们不可能正确认识社会中人与人的关系、解释人与人的关系，从而陷入历史的困境。

当然，作为处理人与人关系的伦理原则，人道主义规范也包含应然和实然的矛盾。但在伦理原则范围内，这种矛盾是允许的。因为道德原则本来就不是人人都能自觉做到的。正因为道德中存在这种应然和实然的矛盾，所以道德具有激发人的良知和提高人的品格的作用。如果道德中不存在这种矛盾，人们的所作所为都能按规范行事，不能违反，这就不是道德，最多是具有行政效力的条规。这就失去了人道主义道德规范的崇高价值和激动人心的力量。

论“人性复归”

“人性复归”这句话，在一些著作中能经常见到，但在哲学著作中不常见，大概是哲学家比较谨慎，知道这种用法的哲学分量和麻烦。

最常用的是文学，特别是文学评论。当一个评论家赞赏一部小说，或一首诗，说它如何好时，总要说它复归人性，或描述了人性的复归之类。人性是文学评价的最高尺度。可我总想问一个肤浅的问题：此话何意？是不是赞美人性原本是好的、最好的，后来失落了，因而要复归人性？或者现在人性太坏了，因而要着力鼓吹人性复归，以匡正世风日下的现实？如果这样，请告诉我，原来的人性是什么，何时丧失的？为什么会丧失？如果社会越发展，人性越丧失，那就让我们同叔本华、尼采或其他悲观主义者一道哭泣去吧。

文学家并没有解答这个问题的责任。因为这是个哲学问题，混乱的源头是哲学，是来自哲学。其实，如果问问大力张扬这种主张的哲学家，请他们指点指点人性何以复归？为什么要复归？除了重复人性异化、复归的老调以外，似乎至今也没有见到什么有力的新论据。

从哲学角度说，人性当然包括两个方面，既有自然本性又有社会本性。人作为一个自然存在物当然有它的自然本性。荀子说：“凡人有所一同：饥而欲食，寒而欲暖，劳而欲息，好利而恶害，是人之所生而有也，是无待而然者也，是禹桀之所同也；目辨白黑美恶，耳辨音声清浊，口辨酸咸甘苦，鼻辨芬芳腥臊，骨体肤理辨寒暑疾养，是又人之所常生而有也，是无待而然者也，是禹桀之所同也。”这里讲的是人的自然本性的共性。可人除了人的自然本性外，最根本的是社会本性。人的自然本性取决于人的生理结构，而它的实现方式受社会制约；而人的社会本性则是依社会制度、依不同人所依存的社会关系而不同。所谓失去人性，没有人性，当然不是指人的自然本性，而是指失去了这个社会公认的做人的准则。吃人，在文明社会中，肯定是没有人性的行为；可在原始部落中不可能有这种观念。在当代，违背战争公约虐待战俘，可以说没有人性。可在古代，把战俘甚至他们的子女玉帛全部当成战利品，被认为是理所当然的，绝不会被认为没有人性。人性是不能复归的，因为并没有固定不变的人性有待人们去复归。人们高喊人性复归，表达的是对现存道德规范失落的不满，是对社会中丑恶现象的抗议。

其实，人性是不应该复归的，而应该是随着社会的进步，人性不断丰富和优化。有位哲学家说过，人的人性不是天然确定的，而是后天由其生长、影响、解释所赋予它的规定，它既是任务也是问题。人永远是未完成的，因为人的生存方式不是固定的，存在无限变化的可能性。其实整个历史无非是人性变化的历史。因为社会是发展的，社会关系是变化的，人性自然也是变化的。我们要通过改变人的生存条件，通过教育来培养一代又一代的新人，而不是把希望寄托在虚幻的人性复归的呼喊之中。

老实说，如果与其他动物相比，人往往更凶残，因为人并没有一种与生俱来的善良的本性。这一点，西方有些学者比我们一些抽象人性论的鼓吹者头脑要清醒得多。弗洛姆关于人性说过一段很有意思的话，他认为人比野兽更残忍，更具有破坏性。野兽中没有性施虐狂，也不因生活本身而失望；而在人类的历史中却充满了不可想象的残忍和破坏记录，使人对自己强烈有力的侵略性无可置疑。然而这种超过野兽的侵略性并不是出于我们的本性，也不是来源于人类的祖先，而是来源于人类特定的社会存在。弗洛姆这种说法是正确的，人性中各种善良的或残忍的东西，都不能从人的本性中得到解释。唯一能解释的是他们所处的社会和他们在社会中所处的地位。

论人性的塑造

恩格斯1839年在致好友弗·格雷培的一封信中说过这样的话："没有哲学就没有教育；没有教育就没有人性；没有人性就没有宗教。"最后一句话不一定正确，时年19岁的恩格斯当时还没有摆脱家庭的宗教影响，但青年恩格斯关于没有哲学就没有教育、没有教育就没有人性的说法还是很有见地的。

恩格斯说，没有哲学就没有教育，表明他对哲学的重视。这不是偶然的。德国是个哲学民族，哲学思维很发达。恩格斯的青年时代，正是康德、费希特、谢林余光犹存的时代。尤其是黑格尔的影响巨大，他的哲学思想影响了当时人文学科的许多领域。马克思在1837年给父亲的信中说，深感哲学的重要，认为没有哲学就不能前进。虽然当时他正在波恩大学读法律系，但对哲学情有独钟，对康德、费希特，特别是黑格尔由厌恶到入迷。马克思与恩格斯当时并不认识，但对哲学的重要性感受相同。

恩格斯说，没有教育，就没有人性。教育与人性的关系在恩格斯的时代也是个老话题。在法国唯物主义者中，爱尔维修等人已经讲到人的天性善良和教育万能的问题，并且由此引出社会主义结论，认为既然人性是善良的，就应该按照人的本性安排周围世界，使人在其中能认识和体会到真正合乎人性的东西，使他能认识到自己是人。法国19世纪的空想社会主义者例如傅立叶等人的观点就是法国唯物主义关于人性观点的延伸和发挥。

关于教育与人性的问题，关键是人性能改变吗？教育是改变人的本性

▲“本是同根生，交流共有源。”1995 年摄于两岸“哲学与伦理”学术研讨会，右二为作者。

还是改善人的本性，这是个争论不休的问题。年轻的恩格斯已经认识到人性并不是抽象的，它可以由教育的塑造而具有各种不同的性质。良好的教育可以充实人的知识，改变人的思想，规范人的行为，提高人的道德水平。

培根也主张知识有助于改善人性。他说过求知可以改进人性，人的天性犹如野生的花草，求知学习好比修剪移栽。他有一段关于各种知识与人自身关系的高论：读史书使人明智，读诗使人聪慧，演算使人精密，哲理使人深刻，道德使人高尚，逻辑修辞使人善辩。总之，知识能塑造人的性格。

以中国为例。孔子在《论语》中提出的“绘事后素”的论断，很重视教育的作用。但他认为教育是以人的原有的本质为依据，正如绘画的色彩是以原来的底色为依据的一样。“朽木不可雕也，粪土之墙不可圬也”，“唯上智与下愚不移”，与“绘事后素”是一致的，都是承认教育对人性的改善而不是改变作用。

孟子是性善论者，认为人性本善。孟子的良知良能就是这种理论，认为人先天具有恻隐之心、是非之心。他说：“无恻隐之心，非人也；无羞恶之心，非人也；无辞让之心，非人也；无是非之心，非人也。”孟子把仁义礼智称为四端，说，“人之有四端也，犹其有四体也”。孟子也强调教育，但教育不是改变人性而是求其“放心”，即恢复人丧失了的本性。所以教育的作用是改善而不是改变人的本性。

中国流传最广影响最大的儿童启蒙课本《三字经》中强调的也是教育对人性的改善功能。它说，“人之初，性本善”，但强调“性相近，习相远。苟不教，父之过，教不严，师之惰”，还是落脚在教育上。所谓“玉不琢，不成器，人不教，不知义”，其意正在于此。

就教育与人性的关系而言，教育既可以改善人的本性，也可以改变人的本性。就人的自然属性说，教育不能改变而只能改善人的本性。尽管人是作为人的自然存在物，但人作为生物学的个体，具有不可改变的自然属性，人有生存和繁殖的本能，有求生的本能、自卫的本能，等等。按照恩格斯后来的说法，人是从动物演变来的，人身上保留有兽性的东西。这是不可避免的。问题是兽性的多少。教育的作用，正在于使这种人身上保留的动物性的机能人化，即具有人的形式，而不是赤裸裸的野兽形式，减少野性，增强人性，用社会规范来节制人的动物性机能。但人在任何情况下都不能否定人的生物性需要，改变人的生物性机能。没有任何动物性机能的人不是人而是神。一个合理的社会不是“存天理，灭人欲”，而是使人的生物性需要得到合理的满足。

就人的社会性而言，教育可以改变人性。因为人的社会性随着社会生产方式和社会制度的更替，会发生本质的变化，而教育在这种变化中起着一种重要的重新塑造、教化作用。任何社会的教育都是按照改变了的社会的性质和社会制度的要求，培养与这个社会的要求和性质相符合的人，用新的思想观念、道德意识、行为规范来培养新人。每一次社会形态的根本变化都要经历这个过程。不过社会在私有制范围内变化——由一种私有制转变为另一种私有制，在阶级对立范围内的变化——由一种阶级对立转变为另一种阶级对立，人的社会本性仍在私有制和阶级对立范围内转换，因而会保留许多共同点。马克思和恩格斯在《共产党宣言》中说过，不管阶级对立具有什么样的形式，社会上一部分人对另一部分人的剥削却是过去各个世纪所共有的事实。因此毫不奇怪，各个世纪的社会意识，尽管形形色色、千差万别，总是在某些共同形式中运动的，这些形式，这些意识形式，只有当阶级对立完全消失的时候才会完全消失。正因为社会形态的本质相同，因此迄今为止，在长达几千年中人的社会性有许多共同点，以致人们认为人的自私性、个人主义、追求权力、追求金钱、贪婪，是根本不可改变的。因为人的生命是有限的，人只能看到有限时间中不断重复的人性的共同表现，人们无法想象将来还会出现另一种不同于阶级对立和阶级剥削社会中的人。实际上，随着社会主义革命的胜利和新的社会关系的出现，在新的社会中会出现新人。我们强调社会主义精神文明建设，强调培养四有新人，就是承认人的社会本性可以改变。当然这是一个艰难的长时期的过程。而且在这个过程中，社会的改造与人的改造是同一过程的两个方面。

马克思曾经批评法国唯物主义关于教育与人性相互关系理论的缺点，认为法国唯物主义者强调教育的作用有其合理的因素，但没有全面正确地处理社会环境、教育、人性的相互关系。马克思在著名的《关于费尔巴哈的提纲》中曾批评法国唯物主义忘记了环境是由人来改变的，教育者本人一定是受教育的。而且环境的改变和人的活动或自我改变的一致，只能被看作是并合理地理解为革命的实践。马克思认为社会上并不存在两种人，一种是改造别人的人，一种是受改造的人，而是人人需要改造。人的改造途径是通过改造客观世界来改造人自身，这就是革命的实践过程。

人性的可变性，是社会革命和社会关系变革必要与可能的根据。按照马克思主义历史唯物主义的观点，人类的历史是社会形态更替的历史，也是人性变化的历史。人的自然本性的满足可以渐趋合理化，人的社会本性可以更趋优化。如果人性是不可改变的，那任何革命甚至改良都是白费力气，无非是叮在车轮上的苍蝇自以为是在推动车轮前进。这个道理西方某些有见解的哲学家都承认。例如，美国哲学家杜威在《人的问题》中曾经在论述人性可变与不可变同社会变革的关系问题时说，凡是认为由于人性的确定不变，关于社会改变、即便是颇深刻的社会改变的种种建议都是不可能和空想的人们，就会把那些来自获得习惯的对改变的抗拒和那些来自人类本性的对改变的抗拒混淆起来。如果人性是不变的，那么，就根本不要教育了，一切教育的努力都注定要失败了。因为教育意义的本身就在改变人性以形成那些异于朴质的人性的思维、情感、欲望和信仰方式。如果人性是不可改变的，我们可能有训练，但不可能有教育。所以杜威认为，人性不变的理论是在一切可能的学说中最令人沮丧的最悲观的一种学说。杜威虽然是实用主义者，主张改良，但他关于人性可变并批驳人性固定不变的观点还是很有启发的。

历史证明一切革命和变革反对者的最常用武器就是人性的永恒性，认为革命违背人性。马克思和恩格斯在《共产党宣言》中曾批驳过共产主义革命违反人的自由和个性的观点。在中国革命中，顽固派们诬称共产党灭绝人性，或者说，主张公有制违背人的自私的本性，如此等等。革命的实践已经以事实驳斥了这些谬论。人的自然本性可以完善，人的社会本性的特质可以改变，这是社会的进步，文明的发展。

何谓人性化管理

我过去写过一篇文章认为徒善不足以为政，强调法治的重要性。“徒善不足以为政”，是我们亚圣孟老夫子的话。他是性善论者，主张人的本性是善的，应该发扬本心。可是他也认为为政不能只讲王道仁政还应该有刑法。所以既说徒善不足以为政，又说徒法不足以自行。我看比起大成至圣孔子的“道之以政，齐之以刑，民免而无耻；道之以德，齐之以礼，有耻且格”的说法，要全面、准确、实际。从文化传统的角度说，我们党提出的依法治国和以德治国相结合的方针，可以说是吸收了我们传统文化中的精华。

依法治国，重点强调的是治国要依法。要有法可依，有法必依。改革开放以来，我们在国家政治改革方面最重要的一个成就是确立依法治国的原则，并不断完善和制定各种法律。依法治国是建设法治国家，使国家生活民主化，充分发挥人民民主政权的作用，维护社会主义制度，维护全体人民合法权益的保证。治国不依法不行。治国不依法，好比开车没有交通法规，爱怎样开就怎样开，愿怎样开就怎样开，国家肯定无法治理，社会肯定会乱套。我们在“文化大革命”中吃够了“无法无天”的苦头，也尝够了以言代法的苦头。现在这个情况有了根本的改变。我们的基层干部知道办事要守法，处理与群众切身利益有关的事要依据法律；普通老百姓的法律意识也增强了，知道应该遵守法律，也知道用法律来维护自己的权利，民告官并得到胜诉的事例不少。这就是社会的大进步，是法制建设的重大成效。讲到依法行政，我就想到最近非常流行的口号——人性化管理。推而广之，人性化什么什么之类的口号，甚为流行。我不知道这个口号由何而来，大概是从以人为本演化出来的。但这种引申我以为是不正确的。以人为本内容是清楚的，就是以广大人民的根本利益为本，而不是以人性为本。

“人性是什么?”这是个哲学长期争论不休的问题，至今仍在不断打官司。究竟何种管理才是符合人性化的管理?管理严符合人性，还是松符合人性?这样做符合人性，还是那样做符合人性?一万个立法者也难以辨清，何暇立法?一万个管理者各有各的理解和标准，如何管理?其他领域中的问题依此类推。以人性为标准就会陷入难以有标准的窘境。而制定法律的依据也不是如一些学者所鼓吹的以人性为立法标准，如果这样，那就要在制定每项法律之前先辩论清这项法律依据的人性是什么，这实在有点荒唐可笑。法家主性恶，因而主张严刑峻法；儒家主性善，因而主张德治。这两者的片面性，错都错在是以各自的人性论为依据的。

当然，主张依法治国并不排斥道德教育的重要性。法律是由国家以强制的方式执行的，它的特点是他律。有罪无罪的界限、合法与非法的标准是法律条文。无论自愿与否，人们的行为必须遵守法律，否则，就是违法。因而，仅仅强调依法治国而不同时提高公民的道德水平，不提高公民的自觉的守法意识也不行。法律条文再多再严密也不可能把社会生活的方方面面都规定得滴水不漏，钻空子、打擦边球，或者“以法斗法”的事都可能发生。

以德治国，重点强调的是道德的教化作用。所谓以德治国，实际讲的是以德化民，用道德作为教育的手段来提高全民的思想道德水平。这里说的德，包括道德理想、道德规范、道德评价。道德理想，指的是理想、信仰、信念，一个没有理想和信仰的人，行为上往往采取实用主义的态度，只要有利什么都能干。道德规范，是指规范人的行为的道德准则，比如从尊老爱幼、邻里和睦、热爱劳动，到集体主义、爱国主义等，都是我们的行为规范；我们的行为遵守这些规范，就是一个有社会主义道德的人，如果无视社会主义道德规范的要求，就是一个不讲道德的人。我们还要树立正确的道德评价标准，知道区分行为的善恶、是非。八荣八耻，就既是道德规范又是评价人的行为的道德标准。善恶、是非观念，用老百姓通俗的话说是有良心。良心，并非天生的良知良能，实际上就是善恶观念、是非观念、羞耻观念内化为人的自觉品质，是后天教育和文化滋养的结果。强调以德治国，就是要用社会主义的核心价值观念、道德理想、规范和道德是非来教化我们的社会成员，把他们都培养成讲道德有理想的公民。

依法治国和以德治国不是并列的、不是对立的，也不能互相代替。它们各有不同的功能，但又相辅相成。只有依法，罪与非罪的界限、合法与违法的界限才能分清楚；有罪无罪只能以法律为准绳，否则“民无以措手足”，不知道应该怎样才不算违法；但人的行为的善恶界限、道德与非道德的界限必须以道德为尺度。尽管犯法的事肯定是不道德的，但不道德的行为不一定就触犯法律。道德的义愤不是判罪的依据。以德治国取代依法治国，社会肯定会重蹈“人治”的错误。

我们说，法治与德治相辅相成，是因为没有法律撑腰的道德行为往往是软弱的；而没有自觉道德意识维护的法律是单纯的惩罚，而单纯的惩罚并不能制止犯罪。法律与道德都涉及人的行为，人的行为越过道德的界限可以进入法的领域，而当人的行为还未触犯法律可能仍在道德的调节范围之内。可是，人的行为的道德与法律问题往往难以截然分开。中国有句古话：“路见不平，拔刀相助。”路见不平，是道德愤慨，可拔刀相助则涉及法律问题。在我们社会中并不少见的关于见义勇为造成的伤残处理问题往往涉及法律问题。如果法律不保护见义勇为的行为，那就不能在社会上形成见义勇为的风气，就会邪气上升、正气下降。“各人自扫门前雪，休管他人瓦上霜”，绝不是好的社会风气。因此，在社会主义国家，法律应该成为道德的支撑，用法律的强制力量使人明白道德上的是非；反过来说，我们的道德教化，可以有助于使法律这种他律变为自律，使法律由惩治的条文变为人的法律意识，人人自觉守法，从而发挥道德对法的协助作用。一个人人自觉遵守法律的社会，是一个既是法治又是诚实守信的道德社会。

一个社会的法律和道德都有各自的经济、政治和文化传统的依据，但就是无法也不可能以人性为依据。一旦把抽象的人性观念引入立法和制定道德规范，引入管理，就是把有据可依的立法和道德教育，有明确规章的科学管理引入“什么是人性”、“我们应该以什么样的人性为依据”这些争论不休的非确定领域。人们也无法理解在不变的人性的基础上为什么社会的法律和道德会变化，也不知道按人性化原则我们究竟应该如何管理、如何治国与如何教民。

我们政府的各项措施应该“便民”，应该“富民”，应该处处事事为人民的利益着想，但这不是基于人性的原则，而是决定于社会主义制度的确立和共产党的执政的本质。

因此我建议在各个领域还是谨慎使用“人性化”之类的用语为好，以免引起歧义。如果说管理者制定的规则、制度，应该符合社会主义人道主义原则，有利于构建和谐的人际关系，体现对人的尊重和关怀，这很明确；如果说要符合“人性化”，就会堕入晦暗不明的“哲学深渊”。

论情感

鲁迅晚年得子，对儿子的爱是可想而知的。他的《答客诮》："无情未必真豪杰，怜子如何不丈夫。知否兴风狂啸者，回头时看小於菟。"虽是戏作，但确实表达了鲁迅先生对儿子的一片深情和爱意。可怜天下父母心，大文学家自不能免。

以老虎为例，并非鲁迅首创。《庄子·天运》中就说，"虎狼，仁也"。"父子相亲，何为不仁?"连人以为最为凶残的虎狼对虎崽狼崽照样相亲相爱，何况人乎？高等动物是有情感的。尽管这是一种生物学的本能，与人们之间自觉意识到的情感不同，但不能说动物之间特别是人与动物间不能培养出感情。

▲1958年年初新婚摄于江西南昌，至今五十多年："醇香不溢酒易藏，真情岂在话语间。看似平淡五十载，风雨相依苦共尝。"

林语堂先生在一篇文章中对“情”着实颂扬了一番。他说如果我们没有情，我们便没有什么东西可以作为人生的出发点。情是人生的灵魂，星辰的光辉，音乐和诗歌中的韵律，花中的欢乐，禽兽中的羽毛，女人的美艳，学问的生命，没有情的人生，正如没有表情的音乐，情给我们以内心的温暖和活力，使我们能够快快乐乐地面对人生。林先生是文学家，当然重情。文学与诗，都会“缘情而生”。没有情，就没有文学，何况人生。

人有情，因而有人情。人情是人与人之间的一种情感性质的关系。人的情感不是生物学的本能，而是与人对自身的各种关系的自觉意识不可分的。父子之间有父子之情，夫妻之间有夫妻之情，其他如兄弟姐妹之情、朋友之情，同乡有乡情，同一民族有民族之情，同一国家有同胞之情，如此等等。

各种各样的情感，产生于各种关系之中，是对各关系的一种道德上的自觉意识。父子之情是对父子血缘关系的自觉意识，没有父子关系当然无父子之情。其他各种情感都是与特定的关系相联系的。

人情并不是基于人的本性，而是随着生产方式和生活方式的变化，人的各种关系也会变化。在工业生产方式下的人，不大可能有农业生产方式下人与人之间的那种淳厚的浓郁的乡里之情。“举秀才，不知书，举孝廉，父别居。”父别居，这在封建社会被视为极端不孝、不可容忍之事，可在当代，父母与子女别居，各有天地，视为当然。随着工业生产方式代替农业生产方式，人们之间的各种关系必然也会发生变化，人们之所以不断感叹人情淡薄，是因为他们在另一种生产方式和社会关系下，还力图保持人与人之间的原有的情感方式。这是不可能的。

市场经济条件下以货币为中介的人与人的关系，肯定会使原来田园诗般的人与人的情感淡化，法律关系在很大程度上代替了道德关系。所谓亲兄弟明算账；凡涉及财产、金钱、权利的关系都以法的方式来稳定和巩固，在市场经济条件下越来越习以为常，变为一种习惯。甚至尚未入洞房，先到公证处公证，事先约定如果离婚，财产将如何分割。原来视为人生大事、视为最美好情感的婚姻关系，变为一种契约关系。这种法律关系压倒道德关系，究竟是好是不好，是喜是忧，可能见仁见智，各有所说。

人的情感不仅受生产方式的制约，即使是条件不同也会影响感情。他乡遇故知，老乡见老乡，两眼泪汪汪，讲的就是这种情感的心理变化。庄子有段话极其生动地说明了这一点。他说：“子不闻夫越之流人乎？去国数日，见其所知而喜；去国旬月，见所尝见于国中者喜；及期年也，见似人者而喜矣；不亦去人滋久，思人滋深乎？”不少人都有这种生活经验，到外乡见了本乡人亲；到外省见了本省人亲；到了国外见了本国人亲。真正的爱国主义情感、同胞情谊往往激发于他国异域，原因可能在于此。

▲ 母与子。妻子与儿子于20世纪60年代摄于颐和园。“当年稚子早成人，东渡扶桑二十春。故国山河花锦簇，问汝何日是归程。”

中国人是重人情的，因为中国长期是农业社会，又有深厚的儒家传统文化底蕴，强调中庸、和谐，所以有东方人的温柔敦厚。这种重人情的传统有其好的一面，它有利于人的亲近和相互帮助，强化人之间的凝聚力，使人感到温暖。在我们以往开展的有些政治运动中，特别是“文化大革命”中，妻子被迫揭发丈夫，儿子揭发父亲，朋友彼此揭发，至亲至爱都陌若路人，甚至反目相向，互为仇敌，这完全不符合中国人做人的基本准则，的确没有一点人情味。这是由于特定的政治环境以及“左”的错误路线和政策造成的特殊现象，在政治上和道义上都缺乏正当性，是对人的正当关系的一种扭曲。可是我们也应该知道，处理人与人的关系只重人情的做法也有其弊端，例如，子为父隐父为子隐、亲亲、为尊者讳、为长者讳、人情重于王法、拉关系、走后门之类并不是真正的人情。无是非、无原则，只认关系，并非一个健全的法制社会所应有的。

人，应该讲人情，应该有人情味。在处理情与法的矛盾、情与理的矛盾时，我们不能徇情枉法，曲理顺情。传统剧目《铡包勉》歌颂的就是包公不因嫂嫂的恩情、叔侄的亲情而宽恕违法的亲人。小学时读的林觉民烈士与爱妻的绝命书，文情并盛，但不以情违理，而是把对国家和民族的爱置于私情之上。可是在现实生活中，由于中国传统文化中过分重血缘、重伦理而往往在情与法和情与理的矛盾中容易偏向情而违理违法。我们有些人犯错误甚至犯罪，其中就有一些是过不了人情关。

人的确应该讲人情，应该有合理的人与人之间的关系，包括人情关系。如果人与人的关系全部是现金交易的金钱关系，人与人的关系将处于冷冰冰的冰水之中。西方社会养宠物成风，特别是喜欢养狗。人情淡薄，转而养狗，狗比子女还亲，子女可以很少往来，甚至形同陌路，而宠物是寸步不离，甚至相伴至死。这种社会即使物质生活富裕也不适于人的生存，是畸形的，一些人把这种现象称为爱护小动物，是没有看到问题的本质。动物是应该爱护的，豢养宠物也无可非议。可是爱狗甚于爱人，对动物的爱超过对人的关怀和爱，甚至超过亲人之间的感情，这肯定是社会出了毛病。

情感是多样的，爱、亲情，是一种感情；愤怒也是一种感情，是对自己受到损害的一种感情的激烈反应。愤与爱不同。爱是相对持久的，而愤怒是暴风雨式的。因此平息愤怒的最好方法是等待。哲学家们都知道这一点。古希腊的塞内加说，愤怒的最初发作是沉重的，但只要等上一段时间，就会恢复理智的作用。我们的生活经验告诉我们，不是人控制愤怒，而是愤怒控制人。人在发怒的时候，实际上是被自己的情感所摆布。愤怒时这一点最突出。其实，其他情感也都有这种特点，即人容易为情感控制而难以自主。爱的情感何尝不是如此，否则难以理解，人为什么会有殉情。殉情式的自杀往往是一瞬间的情感突发，而它的积集则经历过一段时间。所以情感的特性是非理性的，它有时如脱缰之马，需要驾驭，而驾驭情感之马的缰绳就是理性，而驭手就是人自身。

有些人误以为哲学是冷冰冰的，哲学家都是没有情感的人。愤怒出诗人，而无情者是哲学家。这当然是误解。哲学家是人，当然也有七情六欲。没有情感，没有对生活的追求，没有对人的爱，没有对哲学真理的追求，不可能成为一个真正有智慧的哲学家。我们只要看看马克思就知道。马克思的感情非常丰富，对燕妮，对恩格斯，对工人，对战友，对自己的三个女儿，都充满深情。马克思对女儿提问的回答，可以看成是这个革命哲学家丰富内心世界中的自白。毛泽东也是如此。读读《蝶恋花·答李淑一》，想想因江西余江消灭血吸虫而夜不成眠浮想联翩挥笔成诗的景况，也可以感受到毛泽东丰富的感情世界。不仅革命者如此，实际上不少哲学家都是感情丰富的人。这从哲学著作中可能难以看到，读读他们的私人信件，读读有关他们的传记，就会明白这个道理。

人就是人，人是有感情的。这一点，哲学家与非哲学家没有区别。问题是当哲学通达到能掌握规律时，就能以理制情，仿佛没有感情一样。庄子当妻子死时叉开大腿坐着鼓盆而歌，惠子批评他不通人情，太过分。庄子回答说，开始时我也很难过，“我独何能无慨然”，但我想通了，人的死亡与春夏秋冬四时运转的规律一样是必然的，既然生死是规律，我为什么要哇哇大哭呢？这不是说明我根本“不通乎命，故止也”。在庄子看来，哲学家应该是通情之理以益生，而不能任情伤身。惠子批评庄子不懂人应该有情，认为没有情何以称为人？庄子回答说，你讲的无情与我主张的无情是不同的。你说的无情是说没有人的情感，我说的不是人不应该有人的情感，而是不能以情伤身，“吾所谓无情者，言人之不以好恶内伤其身，常因自然而不益生也”。

人的情感，应该培养、教育，使情感优化成为高尚的感情；而且应该以理制情，而不能因情害理。这就要学习哲学。特别是马克思主义哲学，要有个正确的世界观和人生观。

知情意之间的统一和协调是人格完整的表现。我经常想，我们这些搞马克思主义的人，如果被人视为处处马列，不通人情，这肯定不能成为一个真正的马克思主义哲学家。

论围墙

在任何社会中，人与人之间都会保持一定距离。人仿佛是身上带刺的动物，既需要彼此靠近又不能太近。这种距离如果是由一定的道德规则、行为规范确定的，这是正常的。这是社会正常运转和个人正常生活所必需的。可如果由于个人主义主导而产生的“各人自扫门前雪，休管他人瓦上霜”的社会风气，这就是一种社会的冷漠。这种社会无论怎样富裕，也不能算生活和谐的社会。

我读过一篇文章《美国的围墙》，感触良多。文章说，美国没有有形的围墙，即人们在大街上几乎看不到围墙。无论是政府部门、高等学校、公司企业，还是居民庭院，都看不到高墙挡道，可实际上美国社会人与人之间，有着无形的围墙。例如，美国的民宅是私人领地，非请莫入。如果未经邀请，误入别人家院，可能带来不测之祸。有个日本学生就是因为误入别人住宅遭枪杀，主人被判无罪。至于隔邻而居，互不来往，十年不知尊姓大名，极为正常。人死屋中多日，邻居不知，这也是常事，甚至连自己的儿女也要很久才能发现。这样的社会，即使很富裕但也是冷酷的社会。这种社会并不适合具有情感需求的人类的生存。

的确，我们的世界变得十分奇怪。地球越变越小了，称为地球村，天涯咫尺，可人与人的关系被一些有形无形的围墙隔开了，变成咫尺天涯。人与人的关系远了，与动物的关系反而近了。养狗之风盛行，称为宠物。养狗本无对错，把猫狗当成宠物也无不可，各人自便。可是从社会角度看，如果对人冷淡，只爱狗，这并不正常。费尔巴哈曾说过，对人伤害最大的是人，而狗是不会伤害人的，在人中受到伤害的人，往往在动物中寻找温暖。一个美国老太太在自己狗的墓志铭上刻了一句足可反映社会人情冷暖的话："这里埋葬着我的爱犬，它比我的三个丈夫对我更忠诚。"人情太薄转而爱狗，肯定是一种社会冷漠病。

的确，我们应该构建和谐社会，不要让工业化、城市化、市场化、高楼化把人都变为陌路人。这种情况在我们这里已见端倪。如果这样，即使GDP再高，物质生活再丰富，也难使人愉快。还不如回到农村那种毗邻而居、能知别人锅里是什么菜的环境，或许更有意思。

这当然不可能。"隔篱呼取乾余杯"的浪漫主义，在当代已行不通。田园诗般的生活也只是一种假象。社会要发展，毗邻而居的四合院时代已经结束。可人与人的亲密关系不能结束。在没有利益冲突的社会主义社会更应该得到发展，和谐社会是一个有道德和法律规范的社会，但不应该是一个由无数围墙彼此隔绝的社会。社区和谐，邻里和睦，有益于整个社会的和谐。

论冷漠

对人的冷漠态度不能归结于习惯。我们并不要求殡仪馆的人，对死者都一掬同情之泪，也不能要求医生都像家属那样心急火燎。殡仪馆的工作人员已经习惯了死亡和亲人的泪水，而医生成天与各种病人打交道，见多了病人的痛苦和亲人的焦虑。殡仪馆人员的沉着，医生的镇静，是种职业习惯或者说是种职业品德。这不是冷漠。当然，过分的习惯中也可能掺和着冷漠。《雾都孤儿》中关于奥立弗初次参加殡葬，在回来的路上他的老板与他的一段对话，非常清楚地说明了习惯与冷漠可以结合：

"喂，奥立弗"，在回家的路上，苏尔伯雷老板问道："你喜不喜欢这一行?"

"还好，先生，谢谢你"，奥立弗犹豫地回答说，"并不特别喜欢，先生"。

"啊，奥立弗，你早晚会习惯的。"苏尔伯雷说道，"只要你习惯了，就没事啦，孩子"。

奥立弗满腹疑窦，不知道苏尔伯雷先生当初习惯这一行是不是花了很长时间。

我说的冷漠不是这种殡葬职业对死亡的习惯。我说的冷漠，指的是一种对人的非人态度。即使是殡仪馆对待遗体也不能像对待干柴一样，而应该按殡仪馆的有关规则处理。医生对待病人应有同情心。医者仁术，讲的就是对待病人的态度。如果只为钱而不管病人的死活，或者一问三不知，爱理不理，在急救时不负责任，在治病时，对病人的主诉不关痛痒，这就

▲ 俞伦，85岁时肖像，现已逝世。我中学时代的语文教员，擅诗词通中医，为我县文化名人。分别六十多年，师生感情甚厚，互通书信。我曾贺以祝寿诗："辞章白石国手医，文苑杏林两相宜。莫谓小城无俊秀，师传原不让昌黎。"

是冷漠。因此冷漠本质上是个人内心世界的情感问题，起码是个职业道德问题。我们提倡学雷锋，就是改变人与人的关系中这种冷漠态度，使人感到温暖。特别是现在倡导构建和谐社会，消除人与人之间的冷漠，更应该刻不容缓。党与政府把实行多年的收留遣返改为救助，对一些无助无靠的人，多点同情，多点温暖。变冷漠为同情，确实体现了社会主义的人道主义精神。

在当今社会，某些冷漠现象已经使人感到窒息。落水围观、趁救人之机勒索者有之。人是有情之物。《庄子》中说过，人而无情何以为人？"无情未必真豪杰，怜子如何不丈夫。"男女之情、夫妻之情、亲子之情、朋友之情、人类之情，诸如此类的情感，人皆有之。但当利益冲突不能两立时，情感就会被扭曲。冷漠，就是对人丧失同情心。或因为妨碍自己的利益，或因为不能从援助中得到利益。在社会生活中，利益的确在起作用，是人的行为中不可否认的因素。但一个有道德、有修养的人，总是能区分正当利益和不正当利益、个人利益和集体利益、一己小利和人命关天的大事。那种下水救人先讲价钱、形同敲诈的人，的确没有人情味。

一个人，可能有男女之情、夫妻之情、亲子之情诸如此类的情感，可对非亲非故的人极端冷漠。这两种情感并存的情况并不少见，一个医生可以对熟人对朋友很热情，大开方便之门，但对其他患者却很冷漠。这种人算不得有道德的人，因为情感对他来说纯属功利，与情感的本性相违背。要是发生利益冲突，这种人同样会置友情甚至亲情于不顾。

一个冷漠的社会，即使大家生活富裕，也不是适合人类生活的社会。庄子说，与其相濡以沫，不如相忘于江湖，这只是道理的一面。我们还是要求既富裕又和谐，彼此既生活于江湖之中，必要时又能相濡以沫的社会。美国是资本主义社会，可美国富人中一些人对慈善义举是极端慷慨的。有些身家过百亿的人将大部分财产捐献作为公益的事，时有所见。就这点说，中国的富人好像没有这样慷慨。中国传统文化中的父死子继，似乎是天经地义的，把财富给予“外人”而不留给儿子，有悖中国人的人伦观。财富观还牢固地束缚在血缘观的硬茧之中。如果财富观慢慢从血缘观中破茧而出，就会有利于减少冷漠，增加社会的温暖度。

人间重晚情

老，是很容易让人沮丧的。普通人是这样，伟人何尝不是如此。英雄老去，美人迟暮，更令人伤感。虽然西塞罗的《论老年》很是精彩，说得很有道理，但情与理很难统一。从理上说，人都会老，自然规律任何人都无法改变，这没有人不懂，除非是白痴。可从感情上说，谁也不希望老，都想生命永驻，永葆其美妙之青春。在老的问题上，情理分离。重理轻情的理智主义，或重情轻理的感情主义都是自寻苦恼。

“天意怜幽草，人间重晚情。”这是东方的“天人合一”的思想。天人相通，天已道德化，怜悯弱者。天，怜爱的是无人关心的、生长在路边的小草。人，最珍爱的是已入暮年的情感。我自己已进入晚年，特别喜爱这句话。但是，这种情感具有农业社会中把人与人关系诗化的特点。它反映的是一种以血缘关系为基础的非竞争性的关系。当西方人类社会进入以市场经济为运行机制的工业社会时，推崇的是达尔文的进化论，讲的是弱肉强食、物竞天择。在市场中，讲的是年轻有竞争力。资本主义工业像用人血来祭祀的神，它永远需要新鲜的血液。马克思曾引用过一位经济学家的话：“大工业城市如果不是时时刻刻都有健康人，新鲜的血液不断从邻近农村流入，那就会在短期内失去自己的劳动人口。”市场绝不怜老惜幼，不爱老年爱青年。而且在一些高新技术行业，年老的标准越来越年轻化。也许正是中年，可以沦入老年行列。天意怜幽草，人间重晚情，对资本主义工业社会是不适用的。

我们无意对这种状况进行道德评价。从生产力的发展说，从科学技术

▲"流年似水恨不停，青春化作白头吟。地球两半隔洋望，小城旧日梦难寻。"与中学时代好友邱洛琳合影，其为著名遗传学家，现居美国。

的发展说，从社会效率说，这是一种进步。我们不能用含情脉脉的诗意化的情感来要求工业和商业中的竞争。生产部门不是慈善机构，不是养老院。可是从一个社会整体来说，确有个如何对待老年人的问题。捉不动老鼠的猫是曾经捉过老鼠的猫。即使是少数从未捉过老鼠的残猫，社会也有道德义务予以照顾。资本主义社会的福利保险政策已经注意到这一点。也有一些私人慈善家和慈善事业关注老年。这是资本主义社会比封建社会进步的地方，也是聪明的地方，这是社会震荡的缓冲器。可是资本主义社会的本性是不利于老年人的生存的，对于大多数人来说必然这样，除非是有产者。"人间重晚情"，只能是难以成真的美梦。

我们的现代化是社会主义的现代化，可我们的社会也同样出现了这个问题。这几乎是工业发展和市场经济竞争不可避免的现象。我们即将进入老龄化社会，矛盾会更加严重。农业社会的那种亲情关系是回不去的。资

▲ 中学时代好友，刘锡荟（中）：“少年抵足共床，中年天各一方，老年聚首北京，一世情深谊长。”陈舜萍（左），1949 年鄱阳解放入华北革大学习，曾临河送行：“犹记送别河岸，忽而头白鬓霜。有幸再次共校，同姓同乡同窗。”右一为作者。

本主义社会那种怕老、嫌老的社会风气不应该是我们社会主义社会的风气，也不符合我们的文化传统。

要对年轻人进行思想道德教育，老年人自己要未雨绸缪，社会也应该给老年人更多的关怀。当前我们正在建设小康社会和构建社会主义和谐社会，正是为将来朝“老吾老以及人之老，幼吾幼以及人之幼”的大同社会前进奠定基础。一个社会生产力再高再富裕，如果只是一小部分人占有社会成果，大部分人贫困，老无所养，老无所依，这种社会是不值得追求的，更不值得死那么多的人去追求。如果真是这样，成百万的烈士会在地下哭泣的。

党中央提出的构建社会主义和谐社会的宏伟蓝图，是深得人心的。它既符合社会工业化城市化以及确立市场经济的历史走向，又极力避免和减少它的负面效应。不是天意怜幽草，而是真正把立党为公、执政为民落到实处的共产党能够关心弱势群体的体现。这个天不是儒家的那个道德之“天”，而是社会主义的“天”。

此情可待成追忆

我这一生最要好的朋友是李秀林。我们在彼此的挫折中，更强化了这种友谊。

秀林是我们系最优秀的教员，更是我们马克思主义哲学原理教研室的学科带头人。他对哲学教研室学科领先地位的确立功劳很大。20 世纪 60 年代他曾参加艾思奇主编的全国通用的哲学教材的编写。人民大学复校以后，他又陆续参与主编适用于专业和文科的两种《辩证唯物主义和历史唯物主义》教材。这两种教材，不断加印，一版再版。不仅我们系用，全国许多学校都用。印数之多，影响之大，在同类教材中是绝无仅有的，确实是“洛阳纸贵”。

一提到秀林，我们就会想到他参与主编的教材；一提到哲学原理教材，我们就会想到秀林。这种联想是很自然的。不仅是因为秀林对这两部教材的编写贡献最大，而且是因为教材的影响大。一本好的教材，不仅对学生学习十分重要，而且代表的是一个系的总体水平，表现的是这个教研室全体教员的凝聚力与学术和谐。可以说，一本好的教材就是这个系的标志物。我就亲耳听见有的外校青年教师对秀林说，“您的教材是我的领路人”。这不是客气话，在很大程度上反映了这两本教材的巨大作用。

要办好哲学系，一定要重视教材建设。我们当然要重视科研，一本好的教材必须以科研成果为支撑；我们更应重视教学实践，一本好的教材必须以总结教学实践经验为基础。但是科研成果如果不能被吸收到教材中，它的作用和影响是有限的；教学经验如果不能被编写教材时作为学生接受

▲ 摄于1954年研究班学习时。后排左一为李秀林。“八路棉服赤子心，山南海北分外亲。满脸灿烂阳光照，沐浴真理向光明。”我们都是分配来的大学毕业生，第一次接受马克思主义哲学教育。研究班三年是我哲学一生的关键岁月。

水平和需要的依据，这种经验只属于教员个人而不能成为“公共财富”。可以说，秀林主编的教材，这两方面都注意到了，既有深度又适于教学。

我们党非常重视教材编写工作。当年毛泽东编写的《辩证唯物主义提纲》就是为讲课用的教材。他的《矛盾论》和《实践论》也可以说是教材，因为都做过在抗日军政大学的讲演稿。当然，这都是高水平的教材。新中国成立以后，20 世纪 50 年代全国曾编写过六本哲学教材。其中一本就有秀林参加的人民大学哲学系的教材。20 世纪 60 年代，中央曾成立教材编写领导小组，在全国组织人员有领导地开展各学科教材的编写。这次马克思主义理论建设工程，教材编写是其中最重要的组成部分。不仅包括政治理论课的教材，还包括各学科的专业教材。在编写中充分吸收马克思主义中国化的重大成果、继承中国传统文化精华和西方学术新成就是一个重要方向。把具有中国特色、中国风格的教材列为马克思主义理论建设工程的项目，足见中央对教材建设的重视。可惜秀林英年早逝，如果他活着一定能在此次教材编写中再显身手。斯人已乘黄鹤去，这不仅是我们哲学系、哲学教研室的巨大损失，也是中国哲学界同行的一个损失。

秀林和我是同班同学、同事，又是最好的朋友。我们都是1953年大学毕业后分配到人民大学马克思主义研究班哲学分班学习的。他来自山西大学，我来自复旦大学，都不是科班出身。他读的是教育，我学的是历史。在研究班学习期间，当学期考试结束，我们总是要自我慰劳一下，下小馆子撮一顿。他自斟自饮，我吃菜相陪。1955年，他提前留哲学教研室。我1956年毕业留系，哲学系就是那年建系，我们成为同事，相知相交三十多年。

秀林刻苦好学，忠诚党的教育事业。他的生活很贫困。就他一个人工作，妻子当时是家庭妇女，经常是窝窝头就素菜。即使这样，还要不断借债。可这并没有影响他的学术研究和教学工作。这种不为贫困而“困”的精神很值得我们现今的年轻人学习。

▲20世纪80年代摄于青岛崂山。中为李秀林，右一为作者。这是我与秀林最后一次共同外出讲学。“灰散烟消二十年，星落匆匆实堪怜。昨夜梦回惊坐起，笑容依稀似生前。”秀林英年早逝，思念终生。

秀林在“文化大革命”中受罪不小，主要是在干校审查所谓“五一六”分子时。现在年轻人无法想象也无法知道被列为“五一六”分子的痛苦和大会小会批斗的处境。没有自由，也没有人的尊严。这是在没有健全法制的当时的中国才可能发生的大冤案。秀林不幸遭此厄运。在干校时偶尔在路上碰见他，只能以目示意。处在此种情况下，也许一个眼神、一声注意身体之类似乎无关紧要的话，都会是一种安慰、一种精神支持。没有此种经历的人，很难体会。

我也是后来才知个中滋味的。干校回来以后，随着人民大学复校，秀林崭露头角，声名鹊起。我则相反，正陷入人生困境。两个好友，两种处境。我和他换了一个角色。可他没有嫌弃我。我借口请假洗澡溜回家，无处可去，总是到他家坐一坐。虽然相对无言，但从眼神中可以看出感情上并不疏远。天道不公，秀林好日子开始不多久就死于癌症。同事们无不悲痛，我更是如此。我曾写过一首诗寄托我对他的哀思：

生也艰难死亦难，幽明路隔两茫茫。
上天忌才欺人老，摧尽鬓毛骨肉残。
风雨坎坷识马力，涸鲋濡沫见肝肠。
托体山阿君已去，我与何人论文章。

秀林去世多年，我也已入老境，这种情感，只能成为回忆中的“疼”。

自然与人生

荀子批评庄子“蔽于天而不知人”。站在荀子主张“天人相分”、“制天命而用之”的立场看，这个批评是中肯的。的确，庄子在天与人的相互关系上过分向自然倾斜。在庄子看来，人“在天地之间，犹小石小木之在大山”，“似粟米之在大仓”，“似毫末之在马体”。总而言之，人与自然相比，不足道哉。人应该远离人世而回归自然。

在当今生态环境恶化、人类高呼生存危机的时代，庄子似乎比荀子占上风，天人合一比天人相分占上风。这是可以理解的。任何对古代哲学题材的解读都具有时代的特征。但真理过头就会变为盲从。在当代毫无疑问主要倾向是反对破坏自然和对自然的掠夺。但如果由此走向倡导敬畏自然，甚至众生平等的宗教观念，就有点过头。在人与自然的关系上，轻视人而委命自然不见得就是一种正确的观点。

至于回归自然的山林派，在工业时代只不过是浪漫主义者的幻想。其实，一些当今的“隐士”，依然向往别墅、汽车、冰箱，希望生活现代化，但又有一个优美的自然环境。这种山林派的实际内涵是优化自然，而不是像老庄那样回到自然。我想，真正回到自然，自耕自食，自织自衣，过一种原始的简朴生活，是不会有人愿意的。可是这种现代化的生活加上优美的自然环境的可能性，没有生产力的高度发展，没有现代工业和科技支撑是不可能的。“采菊东篱下，悠然见南山”陶渊明式的生活，在当代对穷人而言是不能为，对富人而言是不愿为。即使真的想过过瘾，那也是在度假村中当几天的假隐士。

▲ 2006 年摄于黄山，左一为安徽大学裴德海，中为作者。“二十年前双脚游，当时乌丝今白头。巍峨屹立峰峦美，仁者乐山理易求。”仁者乐山，智者乐水。哲学家应该具有山般的坚定品格，水样的灵活智慧。

我对片面宣扬天人合一总是存在疑虑。我想，人类改造自然，会在一定程度上破坏原始的平衡。在原始时代，其实人与自然并不和谐。自然像继母而不是亲娘，没有那么样多的温情。人，时刻处于各种无法控制的自然力的威胁之下，为保存生命而奋力拼搏。在社会发展的过程中，田园诗般的浪漫主义回忆是对现实生态恶化不满的虚幻反映。

毫无疑问，人应该改造自然。对象化的能力，是人之为人的本质力量。人类正是通过改造自然，社会才得以发展到今天这个地步。恩格斯就曾经批评费尔巴哈消极崇拜自然，如醉如痴地膜拜自然的壮丽和万能的自然观。当然，人不能过分陶醉于自己对自然的胜利。因为在人类改造自然的过程中也不断受到自然的惩罚。在生态环境急剧恶化的当代，更应该正确认识人与自然的关系。这不仅是个重大的哲学问题，更是当代重大的现实问题。

要正确理解人与自然的关系必须有个正确的视角。我们不能简单比较人的力量与自然的力量谁更强大有力。很显然，与自然蕴含的力量相比，人的力量仍然是有限的，甚至是微不足道的。一座人类建造的摩天大楼，无论怎样高大，仍然不能与泰山的雄伟相比；人类可以填海造地，可是与地球的陆地面积相比，只不过是沧海一粟而已。强烈的地震、火山的喷发、巨大的台风都能使人的创造物毁于顷刻。可是，人类自身的创造物，是自然界原来所没有的东西，它显示了人类不同于任何生物的创造力；人类可以遭受自然灾害，但人类又能进行灾后重建，并不断寻求避免自然灾害的对策。

从当代人的生存环境恶化、人与自然的矛盾尖锐中得出的应该是正确对待自然的结论，而不应该是消极的反科学技术、反社会进步的结论，不应该是鼓吹敬畏自然、把自然神化的结论。我们围绕人类中心论的争论，往往变为公婆争理各是其是各非其非的争论。原因是我们在争论中把人与自然问题上的科学问题和价值观问题混为一谈。

在人与自然关系的世界观的问题上，我们应该坚持科学性，正确理解人在世界中的地位，反对人类中心说。人不是宇宙的中心，正如地球或太阳不是宇宙的中心一样。人虽然只是自然的一部分，但是是最特殊的一部分，是依靠自己养活自己的一部分。也就是说，人的生命活动方式不同于地球上的其他生物。但是就人与自然的关系来说，人同样要受自然规律的制约。人作为自然界中的一员，作为生物中的一个类，并不具有超自然的能力，我们需要新鲜的空气和清洁的饮水，需要阳光，需要食物，如果生存环境恶劣人就会生病，甚至死亡。这是自然规律，正如水的污染会导致鱼类的大量死亡一样。人绝不能把自己变为地球上单一的存在物，唯我独尊只能导致人类自身的灭亡。可是在价值观上，人当然是以人为出发点或者说是以人类为中心的。也就是说，人类的一切行为要以是否有利于人类自身的生存为最高标准。在价值观问题上，人只能站在人的立场而不能站在任何动物和植物的立场考虑彼此的利害得失。这种看法是否会导致人类破坏自然的后果？不会。因为破坏自然和生态失衡，恰恰不利于人类自身的生存。在当代，导致生态环境如此恶化的并不是这种人类利益价值观，而是少数人对利润的无限追求和不合理的消费观念。这正好违反了以人类利益为中心的价值观。它只是为少数人、少数国家的利益服务而损害人类的利益，损害子孙后代的利益。因此，真正为人类利益着想，就应该包含为世界上适量的动物和植物着想，为世界品种多样性存在的合理性着想。

所以真正具有科学性的价值观不能单纯建立在人的欲望、需求的基础上，而必须以人与自然关系的科学观为依据。符合自然规律的东西，归根结底也是符合人类利益的东西。科学技术会不会成为一个充满无法制伏灾难的潘多拉盒子，关键并不在于科学技术本身而在于科学技术的应用。事实证明，在当代某些国家或地区由于科学技术落后，人民的科学文化素质低下，环境问题比起发达国家情况更为严重。“解铃还须系铃人”，人类摆脱生存困境的出路，不是反对科学技术，而是既要充分发展和利用科学技术，更要有一个合理的社会组织和制度来正确应用科学技术。我们当代的生态问题根源于生产者对利润的无限追求和物质需求欲望的无止境膨胀。有个哲学家痛心地说，人们已经习惯于把知识当作婊子来滥用以满足自己的生活要求和权力欲。科学知识的本质应该是增进人类的福利而不是相反。要用哲学理性支配科学技术，要用合理的社会组织和生产方式与政策来制约人们的利益驱动。

科学与价值的统一是我们考察人与自然关系的基本原则。我们要根据这个原则从哲学和科学技术不同的层面深入研究人与自然的关系，探求最合理的改造自然的方式。不能把完全属于人类社会的范畴诸如平等、权利、人道主义、生命价值，不加分析地用在所有的动物和植物身上。企图用“上天有好生之德”、“众生平等”来唤醒人的“良知”，这不是科学而是宗教教义。我们还是需要有正确的哲学观点特别是马克思主义关于人与自然关系的一系列论述，需要有各种科学知识特别是环境科学知识。从20世纪60年代《寂静的春天》发表以后，人们对生态问题的重视和环保意识的强化证明，只有正确的哲学观点和科学知识才能提高人们对人与自然关系的认识。

在人与自然的三种关系中（实践关系、认识关系、价值关系）都应该坚持科学与价值的统一，而不能只强调一面。从人类社会发展的进程看，自然界作为实践对象和认识对象的一面压倒它作为审美对象的一面。人类重视自然的效用，重视对自然的认知，而越来越难感知自然的美学价值。

1998年春，应邀到张家界游览，这于我是平生未有的亲近自然的良机。我是“秀才不出门”，喜欢蛰居小屋。我这个人最无审美力，也从未寄情山水。可一个长期蛰居城市的人，一旦投身大自然，被城市挤压变得狭隘的灵魂会突然变得宽大起来。我为眼前的壮丽而秀美的景色所激动，曾得打油诗二首：

一

鬼斧神工画也难，峄笼云纱有无间。
雄若武士高举剑，秀似美女喜迎郎。
最爱雨过晴空洗，十里滴翠溪水忙。
为人莫学风飘絮，心自岿然应似山。

二

仿佛天上泼墨来，风情万种巧安排。
两峄相对龙蛇斗，层峦叠嶂赛花台。
微雨轻烟云雾绕，远山夜色胜锦裁。
负手方知闲趣好，对景更感鸡虫哀。

面对如此美的自然景色，我突然想起了马克思，想起了他关于人与自然关系的精彩的论述。他说私有制使我们变得如此愚蠢和片面，以致一个对象，只有它被我们直接占有，被我们吃、喝、穿、住等的时候，总之，在它们被我们使用的时候才是我们的。他还说忧心忡忡的穷人甚至对最美好的景色都没有什么感觉；贩卖矿物的商人只看到矿物的商业价值，而看不到矿物的美和特性。的确，社会越发展，科学技术越进步，自然界越来越为人类提供更多的物质生活资源，许多自然奥秘也逐渐被人们揭示，可自然作为审美对象的价值反而越来越降低。

在人类社会发展的早期，人们很重视自然界的审美价值和道德修养的功能。孔夫子是个政治性人物，他一生致力于宣扬修齐治平，提倡学而优则仕，可是他并没有忘记自然。他不仅说过“仁者乐山，智者乐水”这样的话，而且从《论语》中记载的孔子和他的几个学生讨论各人志愿的故事中也可以看到这一点。当孔子询问他的学生的志愿时，子路、冉求等人的回答都雄心勃勃，讲的是做官治国的大志，唯独曾点说，他的志向和他们不同。他的愿望是暮春三月，穿着春装，陪同几个人去沂水中洗澡，在舞雩台上吹吹风，一边唱着歌，一边往回家的路上走。这是一幅多么快乐的春游景象。孔子喟然叹曰："吾与点也!"明确表示赞成曾点的志向。孔子的"吾与点也"的对自然的态度，应该说表现了中国传统文化的一个优良方面。中国历史上文人们有寄情山水的传统。当时城市与农村相连并无不可逾越的间隔，跨出城就是乡。对山水的怡情，往往是从政之余或官场失意的寄托。山水诗，各种游记体文章，是诗文中很具特色和水平的一种。人们可以从山水即自然中体悟人生和哲理。

自然对人的确重要。这不仅是从人类生活资源的角度说，从人的生理、心理、审美、道德各个方面说都是重要的。一个身体极端疲劳的人，渴望在空气新鲜的环境中康复；一个人的心灵创伤渴望在美丽的景色中抚平。一个利己主义者也只能与游人共同欣赏美景，一个极端狂妄的人面对巍巍高山也会感到个人力量的有限，因为和物质占有不同，审美不具排他性。可是，城市中繁忙的工作、紧张的生活节奏，拉远了人与自然的距离。在《人与自然》中，一位哲学家十分痛惜人们对自然美的忽视，他说我们周围千姿百态的大自然是一座门户敞开的宝库，可是受用者寥寥无几；当一片枫叶在大都市向我们婆娑飘来时，体会千变万化秋色中的喜悦者没有几人。繁茂的树叶，累累的果实，飞鸟啁啾，都是众人易于获得的欢乐之源。当提高效率之歌清早就震耳欲聋时，当人们为片面赞美知识和"摘要"文化所包围时，又如何能愉快地走向由此展现的财富呢?

人与自然的关系中最突出的矛盾表现为乡村和城市的矛盾。一般地说，乡村代表的是自然，而城市代表的是工业。在自然的人化的过程中，同时也在进行着乡村城市化的进程。这是社会发展的必然的进步过程。可是城市不断侵吞乡村，也就是人类日益远离自然，不断发生城市化的诸种弊端。人被挤压在城市狭小的空间中，变为城市动物。城市夺去了农村风光，夺去了人类对自然的美感和享受。钱穆先生在《湖山闲思录》中曾经讲到这个问题。他说乡村代表着自然、孤独与安定，而城市则是代表着文化、大众与活动。乡村中人无不羡慕城市，乡村无不逐渐地要城市化。然而文化终必亲近自然，回归自然。否则文化若与自然隔绝太甚，终必受自然之膺惩，为自然所毁灭。钱先生列举了大都市的诸种缺点后说这种乡村与城市的对立，终将逼得向人类自身求决战，终将逼得不胜负担而脱卸。半个多世纪以前有这种看法，表现了哲学家的远见。可是伴随工业化的是城市化。农业户口变为城市户口是社会发展的标志，也是农民的渴望，这种实际历史进程与人的心灵对城市喧哗的厌恶同时并存，令人困惑。这大概是历史进步要人付出的代价。

在当代，人们越来越认识到，与工业化和城市化同步，人也在使自己生存的环境恶化。环境问题不单纯是人的审美能力丧失的问题，更迫切、更重要的是人的生存问题。环境危机是人的生存危机。保护环境，就是保护自身的生存，保护子孙后代。这已经不是文人骚客的寄情山水的要求，而是生命自身的要求。首先，我们要使我们的环境成为适宜人类居住的环境，而不能是仅仅作为取之不尽的资源仓库。自然只有作为人类适宜生存的环境才可以具有审美价值。一条为工业污染的河流与清澈的河流相比既不适宜生存也不会产生美感。

人来自自然，除了在死亡的意义上人注定不能回到自然。因为人是社会存在物，他注定要生活在社会之中。农村的现代化是必然趋势，也是进步的趋势。我们虽然为城市化的某种弊端而苦恼，但农村也非天堂。城市与富裕、文明相联系。而农村与贫困、落后相伴随。人们还是不断想方设法离开农村而流入城市。这样，人不断远离自然风光而投入喧闹的尘世。在社会进步中，如何既使自然成为实践对象、认识对象，又培育人们对自然的审美能力，这可不单纯是个哲学问题，而首先是个社会问题。看起来在资本主义私有制和贫富对立的框架内，这个矛盾是无法彻底解决的。科学发展观把人与自然的和谐作为重要内容，并把建设新农村作为构建和谐社会的任务。这是正确处理人与自然矛盾的正确途径。

我以为，人类生存环境恶化，人与自然矛盾加剧，自然的商业价值远远超过它的审美价值，最终的趋向和解决方式应该是使人更接近马克思主义，更接近社会主义。一切社会主义者都把消灭包括城乡差别在内的三大差别，把人与自然的和谐作为自己的社会理想。马克思曾经预言，只有共产主义才是“人和自然之间、人和人之间的矛盾的真正解决”。当然，我们现在离这个目标还相当遥远。值得庆幸的是人类环境意识的觉醒，并认识到人与自然的和谐，不能离开人与人的和谐，要把人与自然的关系纳入人与人的关系的框架内来考察。

“妙处难与君说”

张孝祥的《念奴娇·过洞庭》是传诵不绝的千古名篇，“玉鉴琼田三万顷，着我扁舟一叶。素月分辉，明河共影，表里俱澄澈。悠悠心会，妙处难与君说”。妙处难与君说，的确表明语言的局限性。很多时候有些情景与个人感受很难用语言表达。如果用视觉艺术，通过摄影、绘画，即用平面的、直接用视觉可以观察到的东西表现《月夜过洞庭湖》，可以弥补语言的不足。一张照片、一幅画，可以给予人对月下洞庭的全景式把握，但它不能取代张孝祥词中用语言构筑的美的意境，更无法表达张孝祥写这首词时的个人心境和独特的生活经历与审美感受。

张孝祥以月夜过洞庭湖为背景，玉鉴琼田三万顷，没有洞庭的辽阔，不是月夜，就不可能有此感受；就这点说，必须亲历其境，这与摄影、绘画相同，但词中表达的个人的生活经历，个人的外放谪居，“应念岭表经年。孤光自照，肝胆俱冰雪”。这是照片和绘画无法表达的，至于“尽挹西江，细斟北斗，万象为宾客”，这种天人合一的思想，更是如此。绘画与照片也要以题目点睛，语言是不可代替的。难与君说本身就是一种难说之说，它强化了对全词意境的整体感受。

语言艺术和视觉艺术各有其妙，但不可能用绘画代替语言，反之亦然。把全部诗词都换成图画绝不可能具有诗词语言的艺术与美学的力量。如果诗配画，从不同角度各用其长，当然会产生新的效果。但一首词如果要依靠配上画才能感染人，肯定不会是上乘之作。诗中有画，画中有诗，才能达到各自的境界。

▲ 2000 年摄于酒家门前，前排右二为作者。北京友人在鄱阳湖酒家聚会，看到鄱阳湖三字，想起旧时家乡："麻石街道半掩门，临河水碧远山青。小巷深处无车马，夜静锣声报时更。"而今已是马路宽阔，高楼林立，难寻当年小城情景。

对哲学而言，语言的表达也会受到限制。《道德经》开宗明义第一句就是"道可道，非常道，名可名，非常名"。这说明用语言是无法表达永恒不变的常道的，凡可用语言表示的都是可变之道、可变之名。可是，如果不能用语言表达的道和名，何以可知，何以得知呢？所以这种前提的必然结论是，道不可传，道不可授。其实在庄子看来岂止道不可授，连经验都是不可传授的，因为语言是有局限的。庄子中以轮扁制作车轮的经验无法传授给儿子的例子，说明圣贤书中所传的都是糟粕。圣贤的真正道理是他自己的个人体悟，是不可能通过文字和语言来传递的。凡以语言和文字留给后世的都是一些糟粕。这种看法给予后起的解释学以极大的活动空间。如果全部哲学都只能是个人的感受、体悟、直觉、顿悟，那我们祖先留给我们的只是供我们发挥个人想象的原材料而不可能是包含真理性的东西。全部文化都化为一个字——“无”。

语言（包括文字）是有局限性的。我们日常生活中也常说，这是语言难以表达的，以及什么言外之意、纸短情长难以尽述之类。可是语言和文字的局限性与人类认识的相对性是不可分的，而不能简单归为语言自身的局限。人类的认识在一定条件下总是有限定的，因而作为人类认识与交往工具的语言与文字也是有限定的。它不仅不可能表达人类没有认识的东西，即使已经认识的东西要完全用语言文字表现出来也是有一定难度的，因为语言的应用是一种艺术，文字的应用更是个人文化素养和水平达到何种高度的标尺。但是有一点必须明确，语言是一种力量。没有语言以及由语言到文字的飞跃，人类社会的存在和进步是不可设想的。文明的积累、文化的传播和传递、人们的交往，没有语言和文字能行吗？即使是各种符号也无非是语言的约定。而且还有一点，没有语言就不可能思维，语言是思维的物质载体。没有语言的思维和没有思维的语言一样都是不可想象的。一些哲学家只是强调语言的局限性，而看不到语言的力量，只看到语言难以表达的，而看不到语言能够表达的。这是极其片面的。语言的局限性与其作用相比是次要的。人类能够通过语言相互交流，能够传递世代积累的经验，也就是说人类能生存，就证明语言传达的内容是有效的。

在讨论语言的局限性时，绝不能离开语言与现实的关系。不能就语言论语言。马克思说过，语言是现实的直接表现，无论思想或语言都不能独自组成特殊的王国，它们只是现实生活的表现。人的外在世界是无限的，人的内在世界也是极端复杂多变的。语言不可能完整地把握对象，无论是内在的还是外在的对象。可是关键在于，语言确实是把握对象不可缺少的。无论是科学语言、哲学语言还是日常生活语言，都是如此。我们应该提高我们的语言和文字的表现力，既把它作为科学又作为艺术。我们在对经典小说、唐诗宋词中的名篇佳作进行欣赏的同时，会惊叹语言艺术的表现力。可是当今有些所谓行为艺术，摈弃语言，完全走到了另一个极端。

一个人的一生，也许都会有一些当时无法用语言表达的终生难忘的感受。1947 年中秋的前一天，我与同学从南昌回鄱阳，也有一次月夜过鄱阳湖的经历。真是美极了，但说不出来，也说不清美在何处。但此事总在脑中萦绕。年老时读到前面说的张孝祥《念奴娇・过洞庭》一词，仿佛有所悟，不自量力，也写过几句不能算诗的诗：

茫茫无际水连天，皓月凌空送归船。
疑是瑶池碎玉镜，波光粼粼满湖面。

六十年没有再过鄱阳湖，此生更没有机会月夜过鄱阳湖。效颦之作，但算是我人生中的一点小小的体悟。

国家不幸诗人幸

科学技术的发展与人文文化的发展不同。科学技术的发展取决于经济发展的水平，生产的需要比十个大学更能推动科技的发展。社会不安定，经济不发展，战乱频仍，民生凋敝，不可能有科学技术的进步。

文学不同，它并不直接决定于经济的发展水平，而是决定于社会矛盾的状况。因为文学直接面对的是社会。社会的苦难、人民的痛苦，更能有益于文学创作。有句话叫“国家不幸诗人幸”，讲的就是这个意思。

毛泽东在关于魏晋文学与哲学的谈话中，赞扬这个时代的文学和哲学，赞扬此时文人的思想解放。可魏晋时代社会的战乱和政治斗争的残酷，与汉代尤其是文景之治时期相比，堪称乱世，很难并论。同样，中国在近百年的革命和战争中，文学有许多创造，可民生凋敝，科学技术落后。无论是抗日战争还是解放战争都是如此。只有革命胜利，有了一个统一的、安定的国家，发展科学技术才是可能的。可这个时期，文学与诗歌并不见得比苦难岁月更辉煌。

哲学与文学有类似之处。哲学虽然不直接反映苦难，不是直接为苦难而呼唤和呐喊，但关注社会的哲学家们会注意对苦难的反思。它不是描写苦难而是理解苦难，从最深层次来把握苦难。因而哲学的繁荣和高涨时期并不是太平盛世，而往往是问题成堆矛盾尖锐需要哲学思考的时代。从这个意义说，哲学产生于危难的时代。越是时代苦难重重，越是需要理性探索，需要哲学思考。社会矛盾尖锐化不停地推动哲学家追求真理和诗人呐喊的激情。考察任何一个国家和民族的文化史都能发现，一个国家民族的科学技术进步与文学艺术哲学的繁荣并不完全同步。

哲学家与诗人还有一点是相同的，一般都比较贫困。有人说，诗人是夜莺，假如翅膀上坠着黄金就不会歌唱。假如哲学家腰缠万贯，也就不会关注社会矛盾。这是不是说，诗人永远是穷人，哲学家应该永远安于贫困呢？不是的。作为一种专业和作为个人是不同的。有的诗人和哲学家作为个人可以是富人，但给他带来财富的并不直接是他的诗和哲学，而是他们拥有的其他的生财之道。

诗和哲学不能使诗人和哲学家成为富人，但可以使他们成为对社会有用的，为自己的民族和国家制造财富——精神财富的人。老子、庄子、李白、杜甫为我们民族带来的精神财富能够用金钱来估算吗？从这个意义上说，哲学家、诗人都是最富的人，是死后富裕、生前贫困。宋朝的词人陈人杰就非常自豪地写道："诗不穷人，人道得诗，胜如得官"，"象笏满床，蝉冠满座，无此新诗传世间。杜陵老，向年时也自，井冻衣寒。"多少达官贵人，死后就无声无息，而杜甫虽然过去也是"井冻衣寒"，栖身茅屋，可死后比那些"象笏蝉冠"的达官贵人都更为富有。杜甫人称诗翁，诗作等身，名载史册，为子孙后代留下了如此丰富的文化遗产，谁能说他穷呢？古人说，计利要计百姓利，留名要留万代名。这种人即使生前贫困，其实是真正的富翁。伟大的哲学家文学家，都是如此。

当然不是说，国家的发展，生活水平的提高对文学哲学发展不利。文章憎命达，这是旧社会的情况，新社会不应如此。在社会主义社会，文学不应该因富裕而消失，哲学也不应因富裕而无可思考。关键是文学家、哲学家们的社会责任感和学术良知，关注现实，面对社会，这样就永远有事可做。如果为金钱所累，为高消费而疯狂，图利媚俗，确实于哲学和文学的发展极为不利。

人，应该有追求

追求，是人朝自己确定的目标奋进。一切都已满足用不着追求的人生是平淡的，浑浑噩噩不懂得追求的人生是可悲的，而以追求为名走向堕落的人生则是可耻的。

对崇高目标的追求，是理想、信念和顽强拼搏精神的统一。追求是生命的火焰，它使追求者充满活力和创造力，使生命绚丽多彩。革命者为追求人类解放而献身，科学家为追求人类幸福而忘我工作，他们的事业造福人类，他们的事迹光照后人。人们从这种追求中，体会到生命的价值和意义。

我们赞美追求，但追求必须立足现实。儒家追求的最高境界是成为圣人、贤人，道家追求的最高境界是成为真人、至人。这种人生追求是不可能实现的。两千多年来，没有人实现过这种人生追求。这种追求具有某种伦理的或修养的价值，但不应该是我们青年的理想。

我们正处在建设中国特色的社会主义时期。历史赋予我们年轻一代的使命是实现民族的振兴、国家的富强和人民的幸福。我们并不反对追求个人致富，但我们反对拜金主义，反对以追求金钱为人生的最高目的；我们也不反对追求个人事业的成功，但反对以自我为中心的利己主义。我们年轻一代应该以建设中国特色的社会主义作为我们的共同理想，在实现这个共同理想的过程中，完全有可能有条件实现自己个人的理想和追求。

在社会生活中，任何个人的追求能否实现，在何种程度上实现，并不完全取决于个人的努力，而且要取决于个人追求的目标与社会发展的目标相符合的程度。任何与社会发展规律相违背的个人追求都是不可能实现的。即使暂时获得成功，最终也会身败名裂。这是历史反复证明了的真理。只要看解放战争中的国民党将领，其中不乏黄埔出身的名将，不乏抗日战争中功勋赫赫的有功之臣，可是在解放战争中望风披靡，累累成为败军之将，被歼被俘，无论年轻时代具有何种崇高理想什么也实现不了。这当然不完全是个人无能，而是社会规律使然。与历史发展方向相反，任何人都不能取得成功。他们支撑注定要倾倒的大厦，即便才智过人使尽全力也是枉然。

人，特别是年轻人，一定要有追求。追求理想既是成功的动力，又是一个人的成就所能达到的最高标尺。在追求中，我们不应鄙视平凡，但要赞美崇高，拒绝堕落。我们一定要把我们的追求建立在与人民的利益、与国家的利益相符合的基础上。应该记住马克思年轻时的一句话，我们的追求，“应该遵循的主要指针是人类的幸福和我们自身的完美”。

我们比自己认为的要富裕

“天生我材必有用”，这是李白《将进酒》中的名句。算是诗人意气的酒后狂言也罢、怀才不遇的久郁宣泄也罢，但这句话确有见地，对人是一个极大的鼓舞。

我已进入古稀之年，我认为我一生最大的错误是年轻时没有很好接纳自己、发掘自己。“我们所有的人都比自己认为的要富裕得多”，蒙田这句话是有道理的。人往往容易低估自己，没有发现自己的潜能。日本青年乙武洋匡四肢残疾，不仅考入日本名牌大学，而且同正常人一样积极参加学校里的一切活动，他的成就得力于他的人生态度，这就是：我从不把自己看成残疾人。

当然过分自高自大也是有害的。自高深处就包含着自卑，或者当幻想破灭时就会转化为自卑。无论何种情况，自卑都是有害的。其实，我们在年轻时期并不了解自己，并不认识自己。我们自己眼中的我和别人眼中的我，并不一样。老是用自己的眼睛量自己，是量不准尺寸的。

“天生我材必有用”，李白的这种自信是对的。我们都有长处和短处。我们要反对盲目自满，应该学习别人；但同样要反对自卑，不需要成为别人。我们要成为我们自己。

人生的意义在过程

人生的意义是什么，这是很难说清楚的问题。人的出生是不由自主的，没有一个人是自愿出生的。而父母生出自己的子女时从来没有把人生的目的给予自己的子女，而是一种生物学规律在起作用。这与人制作器具是不一样的。

人创造任何器具都是有目的的，器具的用途是事先确定的，唯独人制造人本身是无目的的。卢梭曾经讲过自己的苦恼，他说“我经常长时间地探索我生命真正的目的究竟是什么，以便指导我一生的工作，而我很快就不再为自己处世的无能而痛苦，因为我感到根本就不该在世间追求这个目的”。

人的目的不是出生时给予的。人生的意义在于生命的过程，而不在于出生。出生时并没有目的，人生的目的在于自己生命过程的创造。它不是给定的，因而不同的人会给予生命以不同的目的。

人同其他任何动物不同，他哭哭啼啼地降生，哭哭啼啼地死去。前一个哭哭啼啼的是自己，是婴儿落地的第一声自我欢呼；后一个哭哭啼啼是亲人的最后的送别。

的确，人的一生，来也哭（自己哭），去也哭（别人哭），始哭终哭。这正是一切宗教特别是佛教借以立论的一个根据。一些悲观主义哲学家包括叔本华在内也是以此为根据的。人的一生如果只抓住一头一尾即生与死，而忽视整个过程，那确实是活得没劲，以哭开始，以哭告终。可是我以为生命的意义在于生命的整体即在从生到死的这个过程中。人生的意义就在于生命的意义，即一个人在生命消耗的过程中所发的热和光多大，究竟对整个人类有何贡献。人生的意义离开了生命的作用是说不清楚的。生命不是静态的而是动态的，是不断地发挥作用的过程。

人总是要死的，上帝绝不会忘记任何一个人。从这点说，任何人一律平等。但不能因此说，人的生命的价值即任何人的生命意义是相同的。一个罪大恶极的人的一生，与一个为人民鞠躬尽瘁死而后已的人的一生，显然是不同的。这个不同并不会因人都有生有死而泯灭。虽然最后都是一堆黄土，但生的意义和死的意义完全不同。这个意义就是生命过程，是人的一生中生命所发挥的作用。而不同的意义正在于生命的过程之中。过程哲学，对人生观而言，同样是有启发的。否则，只知人有生有死，只知人活百年终有一死，在死面前，把一切化为零。这就永远无法摆脱虚无主义和悲观主义人生观的阴影。

人，应该过人的生活

人要生存，首先必须有满足人生存的物质条件。人要吃、喝、住、行，要维持自己作为一个自然存在物的需要。我们绝不能轻视这种需要，认为其他动物都同样有这种需要，这只是人的一种动物性的需要。这种看法是不对的。人，从其生理机能看，与其他动物有相似的机能，如繁殖、消化、吸收、排泄诸如此类的机能。问题不仅是人的需要的生理基础、进化发展程度与其他动物不同，而且人类满足自己需要的对象和方式也不同。人的需要与人相关联，是一种人文化了的需要。

人类有性的需要，但它表现为爱情和婚姻；有对食物的需要，它表现为多种多样的食品和高超的烹调艺术与适合不同口味的美食；人不是穴居，而是建筑各种风格的居室。人是以自己的劳动生产自己所需要的东西，而不是单纯依赖自然的恩赐。因此人所消费的东西、消费的方式都是不断变化的。人的社会的发展和进步，同时也是人的生活方式的变化。

由此可见，人要过真正人的生活，必须有较好的满足生活的条件，保证人的正常生活。恩格斯在《英国工人阶级状况》，马克思在《1844年经济学哲学手稿》中，都曾经考察过当时工人的生活条件，控诉过早期资本主义社会工人的非人生活状态。

我们千万不能信奉“安贫乐道”之类的说教，认为人的物质生活是无所谓的，重要的是体道。只要“知道、信道、乐道”，就是最高尚的人的生活。如果被压迫者信奉这种学说，这对统治者是非常有利的，极端安稳的，没有人会起来造反，从此天下太太平平。可自从进入阶级社会以后造反不断，其实最根本的就是个肚皮问题。鲁迅针对当时国已不国、民不聊生的情况，认为我们目下的当务之急是：一要生存；二要温饱；三要发展。苟有阻碍这前途者，无论是古是今，是人是鬼，是《三坟》、《五典》，百宋千元，天球河图，金人玉佛，祖传丸散，秘制膏丹，全都踏倒它。这是革命者的态度。

这当然不是说，人只要物质生活，或者说只要追求物质生活，只要吃得好穿得好就行。这是一种片面性。人之所以是人，在于人不仅有物质生活，而且有精神生活。人在物质生产的基础上，产生了自己的精神生活过程。这是一个包括个人的思想和心理生活的过程，也包括人类的思想和心理过程。作为人类的思想和心理，集中凝结为哲学、文学、艺术、道德、科学以及宗教等。这说明，人不仅要吃、要喝、要维持人作为自然存在物的肉体生存，而且要不断改善人的生活条件以提高人的体魄，延长人的生命；同时，人要有精神生活，以提高人的生命意识和人生境界，使以生命生存和肉体需要为依据的人的物质需要更具文化内涵。所以人要有物质生产来满足肉体的需要，而且要有精神生产来满足精神需要。两种生产同时存在，才是人的社会，才是社会的人。

如果人只有一种生理需要，只有满足这种需要的物质生产，那人只是维持肉体需要的存在物。那人无异于其他动物。马克思说过，吃、喝、性行为等，固然也是真正人的机能。但是，如果使这些机能脱离了人的其他活动，并使它们成为最后的和唯一的终极目的，那么，在这种抽象中，它们就是动物的机能。

单纯的物质需要，只表明人是一种有生命的存在物；而只有当人同时进行精神生产时，才表明人是有意识有思维的存在物。人的生命活动是有意识的活动，即人使自己的生命活动变为自己的意志和意识的对象。当人意识到自己的生存的意义和价值，并通过人类文化的各种形态来提高自身的精神境界时，人的生存就从单纯的动物性需求转变为人的生活。人的生命是人的生理性现象，生命的存在是肉体机能的运转，而生活则是包括肉体和精神在内的有目的性的生命活动的方式。目的越高尚、越明确、越执著，生命越有价值。鲁迅说过，我的所谓生存，并不是苟活。雨果也曾经强调，人有了物质才能生存，人有了理想才谈得上生活。你要了解生存与生活的不同吗？动物生存，而人则生活。因此，人要真正过人的生活，不仅要有丰富的物质生活，而且应该有丰富的精神生活。没有精神生活，人只是会说话的动物，甚至会被人骂作“行尸走肉”。

在人类进化的过程中，的确存在只有物质生活而无精神生活的时期。这时人虽然有意识，按照马克思的说法，这是“一种纯粹动物式的意识”。人们同自然界的关系完全像动物与自然的关系一样，人慑服于自然界，这时的人是“类人”的动物。进入原始社会后，随着原始宗教和原始艺术的产生，人们开始有精神生活。而把精神作为一个独立的生产部门，则是脑力劳动与体力劳动分工之后出现的，从此，人类社会出现了两种文明，即物质文明与精神文明。

在长期的阶级社会中，与物质生产和精神生产的不平衡状态相适应，物质文明与精神文明也处于矛盾状态。如何认识物质文明与精神文明的关系成为一个重大的哲学课题。

衣食足而知礼仪，我们老祖宗的话是对的，但并不完全。物质文明决定精神文明，资本主义的物质生产发展水平很高，可在思想领域中道德沦丧、价值观念混乱的状况越来越严重。有人编成口号，“男人有钱就变坏，女人变坏就有钱”。这当然不能一概而论，但这种情况不为少见。有的人暴富之后的堕落，令人难以置信。一个人会因富而变坏可以视为特例，可一个社会的总体道德是否会因富就自然变好呢，也很难说。我们的 GDP 增长快，但社会道德水平很难说年年提高。因此不能说，只要物质文明上去了，精神文明自然也上去了，如果这样，一手硬一手软的问题根本不可能出现，何必两手抓紧呢？

当然也不能反过来说，精神文明与物质文明无关，在物质贫乏的状况下，人们照样可以保持高尚的道德与先进的精神面貌。如果这样，我们可以就精神文明来建设精神文明，采用“斗私批修”、“灵魂深处闹革命”的方法来提高人们的思想和道德意识，经验也早已证明这同样是没有成效的。马克思说过，在极端贫困的情况下，必须重新开始争取必需品的斗争，全部陈腐污浊的东西又要死灰复燃。这是千真万确的真理。

我老在想，问题出在哪里？出在我们对物质文明与精神文明关系的理解上。我们把物质文明与精神文明简化为物质与意识的关系，归结为第一性与第二性的关系，从而陷入理论的混乱。

其实，考察物质文明与精神文明的相互关系，不能离开物质资料生产方式是社会发展的基础和最终决定力量的原则。物质文明与精神文明不是简单的决定与被决定的关系，它们之间的相互作用关系是以生产方式为中介的。物质文明直接与生产力的发展相联系，生产力发展水平高，发展迅速，物质文明即物质成果和产品就丰富，而精神文明是间接与生产力相联系的，生产力水平高不见得精神文明就高。物质文明与精神文明之间的不平衡与矛盾是资本主义社会的常态。精神文明直接与生产关系即经济基础相联系，决定于生产关系的类型、性质与成熟程度。所以生产方式跨两边：生产力这一边直接与物质文明相联系；生产关系这一边直接与精神文明相联系。资本主义社会高度发展的生产力与高科技决定它有较高的物质文明；可它的生产关系，即人与人的具有阶级对抗性的经济关系、政治关系，必然在思想领域和道德领域产生种种不良现象。这样，资本主义社会中的物质文明与精神文明的失衡和矛盾，从根本上说就是资本主义生产方式自身的内在矛盾的表现和延伸。

在我们国家之所以要两手抓，原因正在于谁也代替不了谁。改革开放以来的三十多年中，我们党一直强调精神文明建设，繁荣哲学社会科学，以满足人民不断增长的物质和文化要求。这是党中央向全党特别是向在哲学社会科学理论领域中工作的人提出的光荣任务和使命。

在中国特色社会主义的建设中，经济建设是中心，这是毫无疑问的，只有这样才能发展生产力，增强综合国力，发展物质文明，不断提高人民的物质生活水平。可是物质生活水平的提高不能与不断满足文化需求相脱离。物质生产的发展不仅要从不断提高的精神文明建设中得到智力和思想支持，而且也只有加强精神文明建设才能使物质生活水平的不断提高有利于人的道德水平的提高和人的全面发展。物质生产如果与精神生产发展相脱节，对社会的发展和人自身的发展都是不利的。马克思曾经提出过人的需要和非人的需要的问题。尽管资本主义社会发达的高科技和迅速发展的生产力有可能提供越来越多的、各式各样的、稀奇古怪的，甚至匪夷所思的东西来满足人的癖好，但这种物质消费不仅不是对人的需要的满足，而其中不少是对人的扭曲。要避免单纯物质生产发展的这种弊病，我们必须继续坚定地贯彻两手抓、两手都要硬的方针。

正如随着科技革命的迅速发展和经济全球化的潮流，物质生产的发展必须采取新的有效的对策一样，在精神文明建设中，面对经济全球化和国内经济改革日益深化的情况，也必然要求有新的招数、新的措施、新的设想、新的筹划。精神文明建设同物质生产的发展一样，不能年年是老一套，同样应该在不变中有变。不变的是我们始终坚持马克思主义、毛泽东思想、邓小平理论和“三个代表”重要思想的指导地位，坚持社会主义方向，坚持文化建设的“二为”方针。但面对国际和国内的新形势和新任务，我们应该更好地探求社会主义文化建设的有效措施和不断满足人民群众日益增长的文化要求的内容和方式。在物质生产中没有新的高质量的产品不能满足群众的物质需求，在精神领域中也一样。没有好的文化产品，正如缺少高质量的物质产品，同样会患“文化饥渴症”。

人民群众对文化的需求与对物质的需求一样，是会越来越高、越来越多样化的。在已经到来的新的世纪，哲学社会科学研究要面对世界格局的大变化特别是国内建设的大发展，要提出新的问题，总结新的经验，提出新的看法。在精神文化建设的其他领域，包括道德建设、思想建设，以及文学、艺术的诸多领域，也都应该坚持社会主义文化的先进性，唱响主旋律，提倡多样性，提供更多的内容充实新颖、品位高尚、适合不同层次、形式多样的文化产品，以实现满足群众不断增长的文化需求。这样，在社会主义社会中，我们应该而且有可能逐步改变在长期阶级社会中形成的为争取最低的生存资料而斗争的情况，也要改变一些思想家重视精神生活而轻视物质生活的片面性。人，要像人一样生活，既要有适合于生存和发展的物质保证，又要有高尚的精神生活，而且在公众社会生活中还要有政治文明。在人与自然的关系中，还要注重生态文明。

在一个物质文明、精神文明、政治文明协调发展，社会和谐而且有良好生态环境中的人的生活，才是真正人的生活。这正是我们全面建设小康社会，构建和谐社会并逐步为实现共产主义远大理想奋斗追求的目标。

人生多艰

人生如唐僧取经，非经磨难，难到西天，取回真经。可人一般都愿无风无雨，平平安安。不是有首歌叫“好人一生平安”吗，这反映了不少人的愿望。我们老祖宗有“艰难困苦，玉汝于成”的教导，知道的人多，愿实行的人少；也有“千金之子坐不垂堂”、“危邦不入，乱邦不居”的说法，知道的人也多，愿实践的也少。谁愿意冒险、愿意折腾呢？

可世界上的事并不能“心想事成”，也并不像广告词中说的，思想有多远，你就可以走多远。尽管这句话现在很流行，从哲学上说实实在在是个错误的观念，最多如恭喜发财之类的话一样，只是应酬话，不能当真，只能当广告词用。广告本来就不是一定要人相信的东西。人生多艰，这并不决定于人乐意与否，而是人生规律。当然艰难的程度会不同，结果会不同。但人不可能一生都走顺风路，没有经历任何艰难的“福人”是少有的。尽是过五关斩六将、永不会走麦城的人也很少见。

人生多艰。因为人是自然存在物，也是社会存在物。他既要受自然规律的支配，又不能越出社会规律制约的范围。它必须在规律范围内为自己寻求最有利于自己生存的空间，而这往往不易做到。

就自然规律来说，人会生老病死。这个问题，几乎各种宗教特别是佛教都论之甚详。可以说，没有生死问题就没有宗教。宗教就是以各种不同的方式寻求生死的解脱。其实何止人，凡生命都有生老病死。再进一层，岂止生命，世界上的无生命的现象，小至沙砾，大至天体，无不有成有毁，有始有终。只不过天地万物之中唯独人有自我意识，才知其苦，才觉其苦。这一苦字，道尽了宗教对人生的全部看法。人生多艰不是表现在人必有死，这是人人难免的，也不是人不可能不生病。人也会由少及壮，由壮及老。“壮则老”，这是普遍规律。任凭您治国有方、位高爵显，任凭您统率千军万马、战功赫赫，都是会老的。到年老体弱、灯枯油尽之时，照样是风华不再，不复当年气概，最后走向人生的终点。从“壮岁旌旗拥万夫”到“春风不染白发须”，这是必然规律。

从人的自然本性言，没有人能摆脱生老病死的定数，如果说这就是苦，那人人无一例外都一生一世生活在水深火热之中，在痛苦中挣扎，还有什么活头？这只能是悲观主义、来世主义，人在现世永远没有快乐。其实，人生虽然短促，但人有可能和能够愉快地享受人生，问题是快乐人生要自己创造。

人生多艰，不是指人人都不可避免的生老病死的自然定数，而是不该死时死，即由于各种原因而英年早逝，未能尽天年；病与穷的结合，即贫病交加；老无所养，既老且穷，在凄凉寂寞中走向人生终点。这已经不单纯是自然规律的问题。对自然规律的作用，不乐意的拖着走，明智的顺着走，无所谓幸与不幸，只有智与不智。在自然规律作用的范围内由于社会因素的掺入，使人在完成自己的人生自然历程中会增加许多艰难困苦，使生老病死的自然历程变得更艰难。

至于人在社会中的遭遇，更可能充满曲折和不幸。社会是个复杂的有机体。在阶级社会中有阶级区别，有统治与被统治的区别，有贫富区别，有各种合力所形成的巨大力量。在社会中，不仅普通人要为生存、为温饱、为发展而拼搏，在人生旅途中有种种挫折；即使是身居高位，忠不见信的事也是不少的。

人生的确多艰。人生道路并没铺满鲜花，而是荆棘丛生的曲折之路。人生多艰，对于人来说并不完全是坏事，有作为的、伟大的人都是在磨炼中生长的。政治家、军事家、企业家都是如此。有人说，没有人生的艰难，就没有诗人。可以统而言之，没有人生艰难就造就不了人才。玉汝于成的正是生活中的艰难困苦。可困难也可能压垮人。因此，一个人应该有正确的人生观，无论顺境逆境都能正确对待人生。人的生老病死、人的种种不幸遭遇是不由自主的、非自觉自愿的，甚至是不可避免的。可是人的幸福、快乐、健康、家庭的和谐是可以自己去创造、去寻找的。人应该善待人生，使自己的一生充实而完善。尽管可能遇到意想不到的非自愿的“飞来横祸”，也要想法化解。这就需要人生的智慧，即需要一个正确的人生哲学。

我们要正确对待自然的不可避免的痛苦。人有生老病死，代代如此，人人如此，这不应认为是一种痛苦。如果把这看成痛苦，只能永远陷入痛苦而不能自拔。如果能参透人的自然规律，认识必然性就能达到自由。正如庄子说的，“夫大块载我以形，劳我以生，佚我以老，息我以死”。把死看成是人生的必然阶段，是终点，是安息，采取安时处顺的态度，就能解除对死的恐惧和死亡的痛苦。至于贫病交加、老无所养，这是社会问题。一个合理的、公正的社会应尽可能减少这种非自然因素的痛苦。社会主义社会作为一种美好的社会制度，当然要在发展生产力的基础上，在提高效率时更着重公平，采取多种方式合理解决好养生送死的问题。我们当今对弱势群体的关怀，帮贫扶困，低保制，以及正在不断完善的社会保障体系就体现了我们社会主义制度的人道主义原则。

我们更要正确对待自己个人的机遇。与生老病死的自然规律有某些相同之处，人在社会领域中也有自己无法掌握的社会需要与个人机遇。从需要来说，人们常说生当其时，或说生不逢时，这都说明社会状况对个人发展是至关重要的。汉武帝时有个人一辈子在宫中服务，须眉皆白，始终是个执戟郎中，随辇而行。武帝很奇怪问他何以如此？他回答说，陛下喜欢老臣时，臣正年少；陛下喜欢用年轻人时，臣已年老。这就是社会条件。时代造就人，时代需要人。恰逢其时的人，当然有最大的发展机会。中国革命把一大批放牛娃培养成将军、培养成政治家，现在正是我们的时代需要把一大批人培养成企业家、培养成杰出的管理人才的时候。没有这个大的社会背景，任何个人都是无能为力的。

大的社会背景相同，对个人来说还有个机遇问题。在同样的时代条件下个人的微观处境，即每个人的机遇可以是不同的。社会是由人组成的。如果可以比喻的话，我们可以说未成年时生活在家庭的庇护之中，犹如船在风平浪静的避风港尚未进入生活的大海，而进入社会好像进入由人群汇成的大江大河，由于各种合力的作用，有顺水，有逆流，有旋涡，也可能是通畅的河道。顺利时“千里江陵一日还”，不顺时也可能“涛似连山喷雪来”，船毁人亡。

机遇，对人来说是重要的。别的不说，就我所知的高校评职称来说，就有机遇的问题，而不是水平绝对的高下优劣。我有个朋友业务水平是公认的，为人也很厚道，能诗能文，讲课也很受学生欢迎。开始是因为名额少，后来又因为年龄快过线要为中青年让路，左一等右一等，结果到后来弄个退休教授，心中郁郁，第二年死于心梗。我深有感触，当时写过一首小诗：

痛哭兄台叹士穷，才高命蹇古今同。
笔走龙蛇堪传世，温和谦恭长者风。
晚清史论具慧眼，诗可佐酒磨剑功。
最令朋辈伤心绝，纸贵京城身已空。

作为个人，当然应该通达些，不必耿耿于怀。“居高声自远，非是藉秋风。”一个人真实的学术价值在于他的水平，水平高自然会得到同行大多数人的尊重，并不在于是否有教授这顶帽子。帽子对于非同行可能有作用，可对于同一个圈子里知根知底的同行，未见能提高多少身价。相反名不副实更容易使同行戳背和议论，有实无名反能得到同情和尊敬。

▲与桑咸之（前排左一）等合影，后排左一为作者。我们四人均为复旦大学历史系同学。前排已故，后排健在。1954年摄于人民大学学习期间。

照此看来，人应该有进有退，知进知退，进退有度。有进，是指人处于逆境，目标不能实现，甚至受到打击和排斥时，应该想到人生多艰，要有毅力、有韧性，朝着自己的理想和目标匍匐前进。只有不怕曲折才能达到山顶的说法是有道理的。山峰越高弯路越多，险路也越多。孟老夫子那段“天将降大任于斯人也”必将如何如何的话，至今仍有极大的鼓舞力。历史上和现实中不少政治家、科学家和企业家屡经挫折而后成功的例子不胜枚举。可在生活中也得有退。正因为人生多艰，并非人人都事业有成、事事都能成功。因此已尽力而为，由于各种原因而未能成功大可不必自责过深。窃以为可以来个酸葡萄理论，虽然有点阿 Q，对于保存自己，以待来日还是有好处的。何必遗恨乌江，把老本全输光了，自杀非智者所为。

▲“时间真正坏，姑娘变奶奶。有人已溜号，千万别加塞。”在人民大学、北大、清华学习的复旦大学历史系同班同学，后排右一为桑咸之，后排左一为作者。1954 年摄于人民大学校园。

可是，自杀是一种普遍存在的现象，而且具有明显的社会特征。自杀是人生多艰最强烈最尖锐的表现形式，是矛盾激化到难以解决时的一种极端解决，一了百了。自杀的社会意义和作用不一样。在西方发达资本主义国家，社会越发展自杀率越高，包括日本每年的自杀人数也很惊人。它可以是贫困和事业不遂的恶果，也可能是由市场经济中奋斗失败引发的。在中国，王国维自沉于颐和园与老舍投太平湖不同。同样，因疾病折磨难以忍受而结束生命与因被迫害含恨而死也不同。感到人生渺茫、生活空虚与衣食无着生活困顿而自杀原因不同，但都表现了人生多艰这个事实。我们不赞成自杀，更不赞美自杀。但是我必须承认，在某种特殊条件下一个人的死可能对历史产生巨大的震撼力，例如，屈原的死作为中华民族爱国主义的象征，具有历史的和文化的价值。一个具有影响力的人物以死抗争的悲剧，当然不能与一般自杀等同起来。

可是一般说来，人还是应该活着，在生存中寻求问题的解决。如果问题不能解决怎么办？我说，让它去吧。船到桥头自然直。如果是误会、失败、挫折，可能有变化，可能有转机，实在无望，也只好罢手。有个哲学家说，太阳底下的所有痛苦，有的能解救，有的则不能。若能，就去寻找；若不能，就忘掉它。人生既然多艰，就应该允许有进有退。不能只进不退，也不能只退不进。借用一句电影中的话：该出手时就出手，该收手时就收手。要能当英雄，必要时也能当阿 Q。我说的不是什么“韬晦之计”，我说的是，人，应该有各种思想准备。

人生观问题的时代特征

人的生活是人的最现实最切近的存在。就哲学是被把握在它的思想中的时代而言，人生观比本体论、认识论中的哲学问题更接近自己的时代和现实生活。人生观问题都是生活在现实中的人对自己生活其中的生活感受的哲学概括，它表达的是人对自己生活中的道德和价值问题的看法。生活的意义、价值、目的问题，都是与人对现实生活的感受不可分的。满意不满意、应该不应该、有价值无价值，都是人的现实生活的折射。

当然，人的人生观，也必然要受哲学世界观、历史观的支配。但并不是绝对的必然一致，因为，人生观既有形而上方面的问题，也有道德规范问题。它不仅包括关于生活的意义、目的、价值这样一些形而上的问题，也包括人应该如何做人的问题，即人的行为准则、规范，以及面对具体境况应该如何作为的问题。因此，一个唯心主义者，可以是一个具有高尚道德的人；反之，一个唯物主义者也可能是贪婪之徒。这要取决于时代。因为处于民族存亡、国家危急之际，哲学家可能突破在纯哲学范围的唯物主义唯心主义的界限，从而在现实中做出正确的人生的抉择。在一个国难当头民族危亡的年代，人生观的是非问题的判断并不那样困难。因为社会矛盾就以其现实性帮助人们选择、迫使人们选择。是与非比较明确。是醉生梦死、花天酒地，还是共赴国难，孰是孰非，一清二楚。中国的抗日战争时期、解放战争时期，向前追溯到从鸦片战争以来的历次反对西方列强的战争，人们都赞扬舍死赴难的人，批判卖国求荣、发国难财的人。

可在和平年代特别是在市场经济大潮中，究竟什么样的人生观是正确的？如何对待金钱、对待财富、对待个人名利？是非界限并不清楚，至少不十分清楚。在致富的口号下，在发展生产力的口号掩盖下的各色人等的内心世界是很难看穿看透的。都在这大旗底下活动，都接过了这个口号。当代英雄，已经不是战争和革命年代的英雄。现在的英雄是坐着奔驰、坐在转椅上发号施令的人物。在这些人中，有站在时代潮流前列的人物，当然也会有一些是社会蠹虫。

就拿知识分子来说，古时称为士大夫，是要讲究气节、讲究安贫乐道的。所谓“先天下之忧而忧，后天下之乐而乐”，所谓“杀身成仁，舍生取义”，表现的就是这种精神。这是封建社会为知识分子即当时的士大夫所立下的标准，“士不可不弘毅，任重而道远”。个人处世、处人的态度，面对民族危机中的立场，甚至改朝换代中表现出的对新旧王朝的态度都被看成是个人人格的试金石。其实这个标准具有极其明显的时代和阶级特征。

人生观问题与生产方式和生活方式是不可分的。在农业社会中道德的价值、德性、德行，都放在个人行为的首要地位。孔子说，“饭疏食，饮水，曲肱而枕之，乐亦在其中矣。不义而富且贵，于我如浮云”，还说，“君子谋道不谋食”、“朝闻道夕死可矣”。颜回的“箪食瓢饮，不改其乐”，为孔子所赞誉。历来孔颜乐处，成为品格高尚的完美人格的典范。在一个以小农生产为基础的社会中，在生活方式的简朴和少量需求即可生存的条件下，这种人生观可以存在和得到赞同。

可是随着资本主义的兴起和发展，生产方式的扩大和产品的丰富，功利主义逐步会成为一种处于主导地位的人生观。满足个人生存和发展的物质需要被认为是人生的合理的追求，单纯以道义与德行作为人生最高目标和尺度的人生价值观不会“行时”。

尽管某些功利主义原则，在古代，无论古希腊罗马还是中国的战国时代都可列举出某些代表性观点和人物。可严格说，近代资本主义的功利主义与古代功利主义思想具有不同的时代特征。古代的功利主义是以个人建功立业，或以满足个人自然欲望的享乐和快乐为宗旨；而资本主义的功利主义，以论证资本主义私有财产制度的合理性，反对封建社会那种以道德至上主义给资本主义发展带来阻碍的道德观念为宗旨。资本主义早期的功利主义具有进步性和合理性，它适应资本主义工业社会取代农业社会的变革潮流。很显然，“存天理灭人欲”，不管怎样诠释，它是阻碍社会发展，也是违背人的基本需求的。人，如果为沉重的道德教条所束缚，就会变得萎缩而渺小，或者变得虚伪而缺乏个性和激情。“五四”运动时期，以鲁迅为代表的思想家如此猛烈地抨击旧道德、张扬个性的原因正在于此。这种新的人生价值观，是为适应和催生新的生产方式和生活方式的要求的回声。

随着资本主义私有财产制度的发展，功利主义朝着两个方向发展：一个是导致利己主义、拜金主义。利己主义无视道德原则，或者说把利己主义原则奉为至高的唯一的生活准则。这样利己主义就把功利与道德的矛盾推向极端，从而把功利主义具有的某些进步性蒸发殆尽。另一种把功利主义由个人的生活原则提升为社会的普遍原则，即以“福利社会”或以社会成员的普遍福利为目标，这应该是调节分配不公平的一种措施和社会进步的一种表现。可是，在以私有制为基础、以贫富两极对立为现实的社会，是不可能完善地、持久地解决这个问题的。因为公平与效率的矛盾，在资本主义社会是不可能解决的。在西方某些发达国家中，较好的社会福利与个人的拜金主义和利己主义同时并存。而且后者的力量必然使得普遍的福利原则时时陷入困境。尽管当代资本主义的反消费主义和回归自然运动是对过度追求消费的一种反作用，但是这种力量是微弱的，是不能遏止人的消费欲望和追求的。人只要生存着，对物质需要的追求是不可能消失的。功利主义是不可能消灭的，问题是功利主义的性质及其实现的方式。

马克思主义把资产阶级的功利主义的道德和人生追求，看成是资本主义经济关系的反映。马克思说过，把所有各式各样的人类的相互关系都归结为唯一的功利关系，看起来是很愚蠢的。这种看起来是形而上学的抽象之所以产生，是因为在现代资产阶级社会，一切关系实际上仅仅服从于一种抽象的盘剥关系。当然，功利主义反映的资本主义生产关系的要求，具有反对封建制度的进步性，可是由于它的资产阶级的功利性质，所以局限性是很明显的。正如马克思说的，功利论对现存世界的批判也具有局限性。它局限于资产阶级的条件，因此它所能批判的仅仅是那些从以往的时代遗留下来的阻碍资产阶级发展的旧的生产关系和思想。

马克思主义反对资产阶级的功利主义，但并不抽象反对功利主义，正如它反对利己主义，但并不抽象提倡自我牺牲一样。毛泽东对这个问题做过精辟的论述，指出世界上没有什么超功利主义，在阶级社会里，不是这一阶级的功利主义，就是那一阶级的功利主义。我们是无产阶级的革命功利主义者，我们是以最广最远为目标的革命的功利主义者，而不是只看到局部和目前狭隘利益的功利主义者。因此正确处理功利问题，特别是个人利益与集体利益的关系问题，始终是人生观中带有根本性的问题。但是由于现实社会主义运动经历了一个长期的具有不同性质的阶段，因而人们对个人利益与集体利益关系的处理具有时代特色。

新中国成立以前，在我们党领导的民主革命过程中提倡的革命人生观，是把一切甚至整个生命献给革命事业。在当时，革命者的个人利益与革命利益完全是融合的，个人利益就包括在整体利益之中。革命的失败，也是个人理想的失败和个人利益的丧失；革命的胜利，同时也是个人社会理想的实现和生存条件的改善，两者休戚与共，荣辱一体。毛泽东在《纪念白求恩》、《为人民服务》和《愚公移山》中所倡导的那种毫不利己、专门利人、全心全意为人民服务的精神，那种下定决心、不怕牺牲、排除万难、争取胜利的精神，高度表现了共产党人的本质，也体现了革命与战争年代的时代特征。多少共产党人和革命者，在战场上、在刑场上为革命事业、为人民的解放献出了自己的生命。这是革命的年代，是不讲个人利益的年代。这并不是说，革命者没有个人利益，而是当时的整个民族和劳动者处于水深火热的状况，使得任何有觉悟的革命者和追求进步的青年都把强调个人利益、追求个人利益视为可耻的。国尚如此，何以为家？时代决定人们的人生追求。

全国胜利以后，人们处于革命激发的热情和对新生活的憧憬之中。尽管当时人们的生活水平仍然很低，但解放的喜悦和比较平等的分配方式，使人们对自己并不高的生活仍然抱有一种满足感。人们并没有把目光转向注视个人利益和个人主义的区分，相反，采取一种模糊的方法，不作区分。人们并不着力追求个人利益，认为党组织和单位领导会为自己安排好一切，为个人利益而努力是可耻的。以我自己为例。1960 年我升讲师时，我自己不知道，是领导通知我说，你提为讲师。当时的讲师似乎不像现在这样掉价，可也没有争不争的问题。提级也是如此。通知一声，就算告诉你了。一切都那样简单，那样单纯。当时自己的一切都交由组织，该有的就会有，用不着自己去争去夺。这时对个人利益的关注仍处于“休眠”之中。人们的精神状态和人生的理想追求，在一段时期仍然保持着从旧制度下解放出来时的特点。应该说，这种热情是可贵的。可是后来在“文化大革命”中，在“左”的政策和思想的指导下，我们忽视甚至否定个人利益，把个人利益等同于个人主义，鼓吹“灵魂深处闹革命”、“狠斗私字一闪念”，走向“存天理灭人欲”的哲学。这一切都举着马克思主义哲学的大旗，实在荒唐。人人都非常革命、非常革命化，没有一点个人利益的要求，更没有一点私心。其实，这是“红色海洋”弥漫全国的“革命气氛”掩盖下的一种假象。

在改革开放的浪潮中，社会经济结构的重大变化，多种经济成分和分配方式的出现，人们的观念发生和继续发生重大变化。利益观念从“冬眠”中苏醒过来，以一种新中国成立以来从未有过的力度冲击人们的头脑。与利益观念伴生的是个人主义、拜金主义、利己主义的蔓延和泛滥。人们仍然不能区分个人主义与个人利益。不同的是现在倒转过来，把一切个人主义的东西都视为正当的个人利益，正如以前把正当的个人利益混同于个人主义一样。历史转了一个大圈子，似乎在发生“价值重估”。

有些人对人们萌发的对利益的正当追求采取排斥态度，忧心忡忡；可有人对革命道德和具有高尚道德的模范人物采取肆意嘲笑的恶搞态度，大力张扬利己主义并为利己主义寻找人性的证明。义利之辩在中国历史上是具普遍性的问题，但在不同时期内容意义是不同的。在我们国家，义利之辩既是道德问题，也是人生观问题，它发生在我们社会的经济转型时期，具有鲜明的时代特色。市场经济的确立和一系列改革开放政策的推行，使人们有可能而且关注到个人利益从而调动了人的积极性。竞争意识、效率意识和开拓创新意识的深处，都包含着利益问题。但是，市场经济条件下利益关系的大调整和经济成分的多重存在，必然产生利益主体多元化的格局，有可能引发价值观念混乱与道德滑坡，诱发拜金主义、享乐主义、利己主义。否定革命人生观、嘲笑英雄人物、诋毁社会主义道德原则和规范的文章时有出现。事实证明，时代虽然不同，人生观问题，即人生的意义和目的问题并没因此而消失，反而更为凸显。因为对个人利益追求的合法性和正当性，使得如何看待个人利益和集体利益的关系问题、获取个人利益的方式和手段问题、生活的目的问题更为重要。在当前社会，腐败问题的严重性，形形色色的资产阶级和封建主义人生观沉渣泛起，很值得重视。在确立市场经济的同时持久地、认真地、有针对性地进行社会主义人生观教育，进行社会主义荣辱观教育，确立社会主义核心价值观，是丝毫也不能放松的。

人生观与人生观危机

人的生活是生命的客观化。人的生活内容和生活方式是各不相同的。人们活着，也就是生活着。也许年复一年，一代又一代不断重复。可以说绝大多数的人并没有考虑过生活的意义和目的问题。这个问题并不会因为人们没有意识到就不存在，实际上几乎与每个人都不可分。可只有两种人会考虑这个问题，一种人是哲学家，可以说这是他们的专业。不思考这个问题的哲学家不是哲学家。即使他们的研究重点在其他哲学问题上，可是作为一个哲学家不可能不思考这个问题，不可能对这个问题没有自己的看法。另一种人是碰到生活难题，感到活着没劲、感到失望、感到空虚的人，也会不由自主地提出或思考这个问题。春风满面，正处在权力中心，或者，衣食无虑，小日子过得舒舒坦坦的人，是不会提出这个问题的。可是，这个问题并不会因为人们没有意识到就不存在，实际上与每个人都不可分，除了小孩与白痴。

每个人都有头，但每个人都不会想到自己有头，正如每个人都有牙但不会想到自己有牙一样。只有头痛时才会想到有头，牙痛时才会强烈感到牙的存在。人生观的问题也一样。只有当人面临生存危机，人的价值观念混乱、理想和信仰丧失，这个问题才凸显出来。但与头痛和牙痛不一样的是，即使这时人们也往往认识不到这是人生观的问题。要使这种认识成为自觉就需要哲学。哲学就是把社会存在的人生观问题由隐性变为显性的问题，由不自觉变为自觉问题。这就是哲学对时代问题的思考。

六十多年前，约翰·杜威说过，人生，无论是从个人讲来，还是从集

▲“自知才疏最畏懒，老马依然不用鞭。”20世纪80年代摄于家中。

体讲来，是纷扰的、混乱的和冲突的。的确，人生充满矛盾和曲折。人的一生要经历不同的阶段：青少年、中年、老年。几乎不同的年龄段都会遇到不同的人生问题，处理不好都会发生危机。青少年时的游移不定，人到中年面对的各种压力导致的心力交瘁，老年时的失落感和对临近死亡的恐惧，都有可能导致人生观危机。我们经常见到，有的人身无分文，心怀天下，有的人醉生梦死，得过且过；有的人积极上进，有的感到空虚无聊；有的乐观，有的悲观；有的充满信心，有的焦虑浮躁。这种种不同的生活态度中都存在人生观问题。

自杀，几乎在任何时代、任何国家，都是极其常见的。自杀就是人生危机的顶点，就是生存意义和目的的绝对丧失。有些人可以说是功成名就，在常人看来是顶尖人物，为千千万万的人敬仰，可就是活不下去。著名文学家海明威、川端康成、杰克·伦敦、海子、顾城、三毛，最近又有当红艺人张国荣，这个自杀名单可以列一大串。至于普通人物自杀的几乎时刻都在发生，分析起来，自杀的原因是多种多样的。有投机失败的、破产的、失恋的，也有的是抑郁症等。这些我们暂且不论，最使人难以理解的是那些功成名就锦衣玉食的人，同样会与无衣无食走投无路的人一样去自杀。是拥有成功后的空虚？是享受过度后的失落？还是身在其中看透一切？不管哪种都是人生意义的失落。他们的死与破产者被迫而死不同。他们是自愿走向死亡、迎接死亡。两者都是人生观危机的不同表现。

人生观危机是深层的不易觉察到和理解的危机。人们直接感受到的是生活的种种不适应和痛苦，以及引起这种痛苦的直接可以觉察到的原因，例如，失恋、失业、疾病、贫困，以及各种各样的挫折。可是许多人没有想过，同样的原因可能会有不同的反应和不同的结局。所有的社会问题对人的作用都会通过人的不同的人生态度而发生不同的效应。至于那些所谓得意的人，手中有权或银行有钱的人，似乎没有人生观问题。其实并非如此。他们如何对待权力、对待金钱本身就表现着一种人生态度，只是他们没有发生人生观危机。可是有朝一日，他们手中无权，囊中无钱，就会感到失落，甚至由失望而绝望。

哲学应该解决人生问题。人对世界的认识可以有两种性质的认识。一种是具体知识性的认识。这就是各种具体科学知识，它为我们提供关于对象的规律性知识，它告诉我们应该如何认识对象和改变对象；而另一种是哲学知识，它告诉我们如何获得知识和应用知识的普遍原则和人类自身不断完善的途径。没有对人自身的认识的哲学是不完善的。

冯友兰先生就特别看重哲学尤其是中国哲学的人生观意义，把哲学直接看成是关于人生的智慧。冯先生反复强调哲学是对人生的有系统的反思，哲学的用处不是增加实际知识，而是提高精神的境界。所谓境界就是人生境界，即人生观问题。冯先生把人生境界分为四个层次，即所谓自然境界、功利境界、道德境界、天地境界。自然境界和功利境界属于普通的人生境界，道德境界是贤人的境界，天地境界是圣人的境界。说哲学就是人生观当然只能算一家之言，道德境界与功利境界的截然分离，尚有可议之处。但人生观是哲学中的重要部分，任何关于世界的哲学观点必然要返回到认识和支配人对自身的认识；人的识见与行为囿于功利肯定难以达到高尚的道德境界，这都是毫无疑义的。

人生是可能发生危机的。化解危机需要哲学特别是人生哲学。但哲学是各种各样的，因而化解危机的办法也是各种各样的，但大体上有三类：乐观主义、悲观主义、自然主义。

乐观主义是积极进取的。我们老祖宗在《周易大传》中说，“天行健，君子以自强不息”，就是一种无所畏惧的顽强拼搏精神。这是一种支撑我们民族面对任何困难都不气馁的精神，也是我们民族屡经磨难都能生存下来的一种民族精神。我们民族有许多杰出人物，就具有这种不畏艰险、临危不惧的精神，或者像孟子说的所谓“富贵不能淫，贫贱不能移，威武不能屈”的精神。有了这种精神，任何困难都能坦然面对。

悲观主义是消极退让的。不仅有困难时的悲观，在没有困难时也悲观。这种哲学就是戴着有色的悲观眼镜观察世界、观察事物，无人不可悲、无物不可悲、无事不可悲。叔本华这样，尼采这样，克尔凯郭尔也是这样。当代的存在主义关于人的观点，从本质上说也是一种悲观主义的观点。存在本身就是一切烦恼、焦虑、痛苦的根源。存在对于存在者就是一种负担。尽管美国存在主义哲学家保罗·蒂利希倡导存在的勇气，实际上仍然是没有勇气。他在《存在的勇气》中就论述了当代人存在的困境。说由于非存在对存在即人的威胁，人处于病理性焦虑和存在性焦虑之中，有对自己的生命和死亡的焦虑，有对罪过和道德谴责的焦虑，有对生活空虚和生活意义的焦虑。所有这些焦虑造成的结局是绝望。因此人生存要有勇气，否则难以生存。人的生存勇气来自何处？来自所谓“绝对信仰”。作者把这种“绝对信仰”称为“超越上帝的上帝”，实际上是指人的自我。只要自我具有敢于承担起对无意义的焦虑的勇气，就是上帝力量的重建。实际上，绝望的勇气就是以勇气的名义表现的上帝的力量。这仍然是对人自身力量的悲观。

无为主义即顺其自然，是我们的老祖宗庄子使用的方法。宠辱不惊，哀乐不入，顺其自然，安之若素，什么是非得失、功名利禄、生死富贵、寿长寿短都 一样。天下万物，“自其异者视之，肝胆楚越也；自其同者视之，万物皆一也”。不过这种“此亦一是非，彼亦一是非”，是非双遗、物我两忘的不承认主义在心灵上虽然能得到暂时解脱，但可能从一种人生危机走入另一种人生危机，即跌入追求绝对自由的太虚幻境。

马克思主义者当然是乐观主义者，但它不是通常意义上的乐观主义，而是以客观规律为依据、有理想、有斗志、坚忍不拔、能忍受失败和痛苦的乐观主义。毛泽东说过，不论是在自然界还是在社会上，一切新生力量，就其性质来说，从来就是不可战胜的。而一切旧势力，不管它们的数量如何庞大，总是要被消灭的。因此我们可以藐视人世间任何困难，把它们放在“不在话下”的位置。这就是马克思主义者的乐观主义。

毛泽东屡经排斥旋即再起，靠的就是这种乐观主义。毛泽东诗词中洋溢的是这种乐观主义。“红军不怕远征难，万水千山只等闲”，是这种精神；“牢骚太盛防肠断，风物长宜放眼量”，也是这种精神。放眼量，就是坚信未来。邓小平三落三起最后领导中国共产党和全国人民走上建设中国特色社会主义道路，也是靠这种精神。1935 年方志敏写了一首诗：“雪压竹头低，低下欲沾泥。一朝红日起，依旧与天齐。”想到 1935 年正是中国革命最困难的时期，也是方志敏个人处境最危险的时期，这种革命乐观主义的气度尤其感人。

革命者无论是在事关革命前景还是个人境遇的问题上，都是抱革命乐观主义的。中国古话说，天无绝人之路。不过是不是绝路不取决于天，而是取决于人民。逆潮流而动，违背人民的意愿，就是穷途末路；相反，可以峰回路转，绝处逢生。路是人走出来的。社会发展是这样，个人前途也是这样。这就是革命者乐观主义的根据。树立这种乐观主义人生观，是我们马克思主义哲学工作者终身的修养。要说哲学人生，这就是其中最重要的。

论失败

失败与失败者在生活中是常见的。可如何对待失败、如何对成功者与失败者进行评价，这既是历史观的问题，也是人生观的问题。

谁都不愿失败，都喜欢成功。但拒绝失败，肯定难以成功。

谁都不愿成为失败者，都愿当胜利者。可处于失败地位如不能善处，可能即使在处于胜利地位时也难以把握自己。何况社会生活中失败者与成功者的评价标准可以是截然相反的。

一般地说，失败与成功不是固定不变的。失败中可以包含成功的因素，而胜利中也可能包含着失败的种子。有人说，成功是多次失败的回报，或者像中国老话说的，失败是成功之母，讲的都是同一个意思。顶峰只有愿意走弯路的人才能到达，的确如此。可是这种说法也是概而言之，不能抽象化普遍化。因为失败的性质可以是多种多样的，其结局可以迥然不同。

就人与自然的关系而言，人在改造自然的过程中，某一试验的失败、某一新产品制作过程中的反复试验，都是达到成功的必经之路。据说，日本有个学者专门研究失败并提倡建立一门名为“失败学”的学问。他认为失败的结果形成重大的事态就是事故，通常因事故而陷入困境。事故应着力防止，但失败不等于事故。失败有两种，一种是可容忍的失败，一种是不可容忍的失败。失败的好处在于，它不仅向本人，而且向他人、向后来者提供经验，以获得成功。人是容易健忘的。在人类历史上有许多事故和灾难被遗忘，以致后人重犯错误。这证明人们应该从失败中吸取教训。从这个角度说，失败的确是人类一笔宝贵的财富。

可在社会领域中，在政治、军事斗争中，一个阶级及其代表人物的失败并不必然导致成功，关键是自己处于斗争的哪一方面，是站在历史潮流的反面，还是站在历史潮流的前头。经验证明，反动阶级及其代表人物的失败是无可挽回的。不管他们具有何种才能、知识，拥有多大力量，到头来仍然避免不了失败。当然，作为一种历史经验，这种失败可以从反面给人以历史的智慧和启迪，但绝不会转变为成功。

就个人而言，在社会活动中，个人的目标能否达到，取决于多种因素，既有目标的合理性和可行性的问题，也有个人机遇、拼搏精神等方面的差异问题。因此考察失败与成功的关系时，应该弄清个人行为的性质，如果知其不可为而为之，只能失败到底。一个聪明人应该善于从自己的失败中吸取教训。吃一堑，长一智，不要一条路走到黑。

失败者与失败不可分，但又有区别。失败是就具体事件说的，它可以是完整过程中的某个阶段或某些环节；而失败者是就过程的最终结果说的，它表明一个过程的结束。在一个过程中，虽经多次失败，但结果转败为胜获得成功；因此失败只是一次挫折，它是短暂的，而由失败得到的教训则是永远的，在失败中生长是失败对挫折的最高奖赏。相反，虽有多次成功但最终仍然失败的事并不罕见。何况成功者与失败者的地位也不是一成不变的，它们在一定条件下也可能彼此互换位置。在社会生活中，类似越王勾践、吴王夫差这样的故事，在历史和现实生活中并不少见。因此真正的智者，是变失败为胜利，防止由胜利转变为失败。功败垂成，是最具悲剧性的。

当然，何谓失败与成功，由于价值观念不同，评价标准不一。有“聪明人”所谓的成功，有投机倒把、溜须拍马、登龙有术的所谓成功，也有科学研究和个人事业中的成功。在社会领域中情况复杂，无法一概而论。古代歌谣《神鸡童谣》中说：“生儿不用识文字，斗鸡走马胜读书。贾家小儿年十三，富贵荣华代不如。”这是说以善斗鸡获宠而致个人成功的例子。所以古时人们对这种个人成功与失败颠倒的事极为不平，“杀人放火的享着荣华，吃素看经的活活饿杀”，就是对这种现实的抗议。我这里所说的成功都是从个人目标对社会有益至少无害的角度说的。投机获利、抢银行得手，自然不在我说的成功之列。

从个人与自己确立的目标看，一个人既要经得起胜利的考验，全身放光时不昏头昏脑，又要在处于失败和失败者的地位时善于自处。这两种情况对人的一生都很重要。特别是处于失败与失败者的地位时，能够不气馁，有韧性，坚持到底。经过奋斗，即使失败，也是光彩的。鲁迅是提倡“不耻最后”的精神的。在马拉松比赛中，我们不仅要为跑在最前面的人喝彩，也应该为落在后面仍坚持到底的人鼓掌。最不应该的是中途溜走的人。自甘失败才是真正的失败。

处于失败和失败者的地位是人生的最大考验。在生活中我们会碰到两种人，一种是活得烦；另一种是活不下去。活得烦是感到生活空虚。这种人不一定是失败者，也可能是世俗的所谓成功者。有些人，有钱、有名，但感到没劲，没有活头儿，这是精神生活空虚的结果。空虚，可能走向醉生梦死、彻底的堕落。

在个人活动中，要变失败为成功，我以为必须目标正确与适当。志大才疏、好高骛远，是不可能成功的。人应该有自知之明。“挟泰山以超北海，非不为也实不能也；为长者折枝，非不能也实不为也。”人在确立自己的目标时，应该区分不能与不为。应该使自己的个人目标与社会的发展、人民的需要和社会提供的可能性相协调。任何与历史和社会相悖的事是不能最终获得成功的，即使可获一时之利，但也只能昙花一现，过眼烟云。留下的是历史的遗憾甚至是历史的笑柄。

人在实现自己的正确目标时应该有干劲，有韧劲，有一股子拼命精神。说实话，要想在任何事业中有点成就，不能等天上掉馅饼，坐享其成。即使有兔子碰到树上的事，也是不会重复的。这种所谓成功也是不会持久的。在这方面，毛泽东提倡的“下定决心，不怕牺牲，排除万难，去争取胜利”的愚公移山精神还是应该发扬的。

但是，我以为人在实现自己的目标时应该有弹性。人不可能一开始就明确地认识自己的潜力和才能。我们应该思考自己，根据自己的实际情况和条件，矫正自己的目标和要求，务求合理而可行。何况，修改目标，不等于放弃目标，老子说，“合抱之木，生于毫末，九层之台，起于垒土，千里之行，始于足下”。使目标更切实可行，为以后的发展创造条件，这比抱着难以实行的宏伟蓝图而嗟叹，更为明智、更为可行。

而且，从人的一生说，并不是每个人都能建功立业，彪炳千秋，也不是每个人都能在科学、文学，或其他方面有杰出的成就，青史留名。我们绝大多数都是一般人，但也是社会不可缺少的人。没有我们这千千万万普普通通的人，世界就不复存在。没有一个社会是单靠天才和伟人独立支撑的。这也就是鲁迅当年说的，花与泥土的关系，我们应该争取做花，但必要时也心甘情愿做泥土。这样，我们就会把单纯个人的失败和失败者的恶性情绪变为一种从整个社会着眼的良性情绪，从整个国家的兴旺和社会的发展中分享到成功的喜悦。

一个人，只要尽了自己的努力，搞好自己的本职工作，即使终生默默无闻，仍然可以无愧地说，国家的发展和社会的进步有我的汗水，我是倒进大海中的一滴水。我为大海而自豪。这样的做法和想法，永远没有失败情绪，永远是成功者。这不是阿 Q 的胜利，而是一个具有集体主义观念的有觉悟公民的人生观的胜利。

我们应该追求成功，但也应该懂得什么叫成功、什么叫失败。

论后悔

在一生中，没有任何后悔、也没有做过后悔的事的人，是极为罕见的。

后悔并不是绝对不好。后悔是多种多样的。

因为做了不好的事或对不起人的事，感到后悔的，是良心发现，表明没有丧失良知。这是道德的自律。《菜根谭》“矜则无功，悔则改过”条：“盖世功劳，当不得一个矜字；弥天罪过，当不得一个悔字。”就是这个意思。

因为思考不周，把事情办砸了，感到后悔，是醒悟的表现，表明找到了能够成功的办法。这是错误的积极成果。您见过下象棋的吗？凡是悔棋的，肯定是有了好招。没有发现自己的棋走臭了，没有好招是想不起悔棋的。悔，是错误被认识到的表现。

有一种悔是不好的，这就是坏事没办成，感到坐失良机而懊恼。这种悔，是坏上加坏。另一种是宗教忏悔，自认或真正有罪，在上帝面前悔过以求得灵魂的安宁。这些都不在我们所说的后悔之列。

当然，如果事前想得周到，减少后悔当然好。我们孔夫子就主张少后悔，他说，“多闻阙疑，慎言其余，则寡尤。多见阙殆，慎行其余，则寡悔。言寡尤，行寡悔，禄在其中矣”。孔子讲的是做官的诀窍，但他提倡的多闻、多见、慎言、慎行，还是有道理的。与其事后后悔，不如事前思考。可是凡事都一思再思三思，不断思下去，犹豫不决，始终处在思考中，这比考虑不周更误事。错误只能在实践中才能发现，也只有在实践中才能解决。

在人类的实践和认识中，我以为后悔是不可避免的。事前诸葛亮是少而又少的，那是理想化神化了的人物。如果做事后诸葛亮，对错误和挫折进行总结，就能避免以后犯同样或类似的错误。

世界上没有后悔药。凡是已成之事都是无可改变的。历史是无法假设的。能改变的都是没有实现的事。有位哲学家说，人的生命如能有两次，肯定个个都是天才。因为有两次生命，就有后悔此事没有发生，有推倒重来的可能。

人，当然只能活一次。任何后悔都不能改变已成的事实，但这绝不是说，后悔情绪是毫无意义的。现今有些流行的说法，如“青春无悔”、“人生无悔”，这都是从积极方面说自己把一生和青春贡献给某种事业，然而并不辉煌，并不轰轰烈烈，甚至遭到不少挫折，但并不后悔。因为，事业平凡，人生平凡，职业平凡，并无错误，非后悔之事。相反，一生安于平凡，老老实实工作，应予表扬。尤其像屈原在《离骚》中说的，“亦余心之所善兮，虽九死其犹未悔”，表现的更是一种忠贞不贰的爱国主义精神。这是一种非常可贵的精神。可不能由此得出结论，在人的一生中，任何后悔都是消极的。问题是人不能只停留在后悔上，而要把后悔情绪变为一种总结经验的动力，从后悔中得出教训。这样的后悔情绪就是一种积极的良性情绪。如果一个在实践中犯了错误的人，连一点后悔情绪都没有，若无其事，肯定是不会接受教训的。这叫死不悔改。

可是，单纯的后悔是一种消极情绪。特别是由后悔到自责，怨天尤人，终日后悔，甚至以泪洗面，就是不采取积极行动、总结经验、吸取教训。这种后悔是一种负性情绪。如果人的一生都怀着种种后悔情绪，如牛负重，了无终日，无论对养身、养心、养性，对处世行事都是有害的。据说有位美国名人说过，当后悔取代梦想的时候，人才会变老。即使已到晚年也不需要这种后悔，因为事已至此，悔之晚矣。这种后悔没有任何积极意义。

我们提倡从后悔到总结，但不主张撇开总结的单纯后悔。这两种后悔是不同的，单纯的后悔是面对过去，后悔已发生的事不该发生；而后悔做错了某些事或某种行为的总结是面对未来，防止已发生之事再度发生。沉湎于过去就会忽视未来；而着眼未来，就不能忘记过去。现在盛行的《失败学》、《错误学》、《误诊学》，都是对人类实践活动包括医疗活动中许多失误的总结，在一定意义上也可说是对许多可悔之事的积极探讨。

人生不是棋局，不能悔棋重走；但人生又如棋局，可以在多次输棋中积累经验。人生无悔棋，但可以从自己的错棋中得到进步。恩格斯说过，一个民族最好的学习是从自己的失败中学习，一个人也是如此。人生不可避免有后悔之事，但要尽可能减少或不再重复。

人是很善忘的。但历史是有规律的，因而历史的遗憾可能会重复出现。李自成进了北京，屁股还没坐热又退出北京，还来不及后悔，终以失败而酿成历史的悲剧。洪秀全在天京时间长些，最后也是以腐败和内讧而无法抗敌，宣告失败，又酿成历史的悲剧，连后悔的机会也没有。后人读史，可以为其扼腕，但可能犯同样的错误。不能从历史中吸取教训的原因仍然是历史，是历史人物和历史事件所处的特定条件决定的。从这个角度说，有时间和机会后悔仍不失为一件好事。最可悲的是，历史不给后悔的机会。

不能认为凡是过去的都是错的，凡是现在的都是正确的。我们不信奉“凡是现实的都是合理的”哲学。我们既要善于总结过去的错误，从后悔中得到教训，又要善于及时吸取当前的经验，避免以后后悔。就事论事不难，关键是要善于从自己的失误中总结出规律性认识。经验性认识，可以避免在相同的条件下犯同一种错误。而规律性认识，可以避免在不同条件下犯同类甚至不同类的错误。要使事后诸葛亮成为真正的诸葛亮而不是经验主义者，就应该从后悔之事中上升到规律性认识。这是对后悔者的最高奖赏。

我们一定要懂得后悔，善于后悔，把消极的懊悔变为积极的总结。这样，我们的人生会变得更充实，也更能经得起风吹浪打。

论命运

厄运不求自来，无须争取。世界上没有任何人乐意身处逆境。

好运必须努力，成功不是探囊取物。天上不会掉馅饼。

有的人一生平安，甚至一帆风顺，平步青云。有的人，命交华盖，总是磕磕碰碰。有的人，前半生春风得意而晚景凄凉；也有人前半生屡经挫折而晚年时来运转。有的人一个偶然的机会而飞黄腾达，也有人因一言不慎而堕入地狱。人生的确如舞台，有喜剧，有悲剧，还有丑剧，甚至闹剧。谁有如此的力量，使各自的人生如同亚当·斯密关于经济规律说的有一只“看不见的手”，它在支配各人的富贵休咎？天命论者说是“天”。孔子是主张天命的。他说过：“君子有三畏：畏天命，畏大人，畏圣人之言。小人不知天命，狎大人，侮圣人之言。”《论语》记载有孔子关于天命的故事，一次是宋国的司马桓魋要杀他，他说：天生德于予，他对我有什么办法？意思是天既然给我如是之德，他能把我怎样呢。还有一次，他被匡人包围，匡人以为他是阳虎要杀他。他又说，“天之未丧斯文也，匡人其如我何?”意思还是说：我受命于天，死不了。

宗教说是神。基督教和佛教说法不同，但本质一样。都是强调人是受外在于人的力量（佛或者上帝）支配的。天、神、基督，名称不同，其实是一回事，都是外在于人、操纵人、支配人的一种异己力量。

天命论或命定论在中国古代就受到批判。墨子曾批评儒家的“死生有命，富贵在天”的说法，如果“命富则富，命穷则穷，命众则众，命寡则寡，命治则治，命乱则乱，命寿则寿，命夭则夭”，只能一切都听天由命，

▲摄于1997年马克思主义哲学研讨会，全国许多著名学者如高清海、陶德麟、夏甄陶、陈宴清、唐凯麟、赵家祥等与会，前排左四为作者。老中青三代济济一堂："寺庙岂可无神像，哲学何曾会沉沦。不信诸君翘首望，群星灿烂月正明。"我相信中国需要哲学，哲学不能脱离中国。哲学终究会走出当前的困境。

肯定会天下大乱，衣食不足，一塌糊涂。所以他认为命定论“非仁者之言”，于国于民都是有害的。

存在主义者例如萨特强调自我设计、自我选择，似乎一个人的未来完全是自我决定的。可是人人都愿意把自己设计得前途似锦，都愿意把自己设计为有出息的人，谁愿意把自己设计为强盗、妓女、流氓、小偷？谁都愿生活理想，可如愿以偿的能有几人？何以总是不能天从人愿呢？人的一生不是依计（计划）而行的，不是依愿（心愿）而行的。任何人都不可能为自己制订一个按步而行的人生计划，或按照自己的愿望进行选择。连萨特自己也做不到这一点。这当然不是说，人生的目标不重要，选择不重要，主观努力不重要。问题是要知道人不是抽象的孤立的个体，人的任何选择、愿望、目标的可行性并不完全取决于个人的主观愿望，而是不能离开人与人之间的相互作用的力量即社会力量。

命是没有的。无论是天命，还是人的命（以人的生辰八字或骨相为载体的神秘力量）都是没有的。可人确实又不是绝对自由的。人既不能绝对自我选择，也没有绝对注定不可改变的命运。关键是时、境、力。

时者，社会提供的有利于自我发展的环境。人都是生活在一定社会中，是在既定的条件下活动。社会提供的可能性空间，往往是人的发展的界限。人只能在这个范围内发展。有个哲学家说过，爱因斯坦生活在野蛮人中也只能是个野蛮人。在不断的“左”的政治运动中，人遭受厄运的可能性比正常生活要多不知几千几万倍。和平时期难出能征善战的将军，可战争能把一个没有战争经验的士兵培养成元帅。“逢时”——这是唯物主义的。它不同于命定论，它着眼的是人的生存环境。所以个人的境遇决定于社会的性质和社会为个人发展提供的条件。

境者，各自的特殊处境，包括个人的阶级归属、家庭背景，以及个人在社会中所处的地位和受教育的机会，在阶级社会中，这都是至关重要的。在资本主义社会中，虽说是机会均等、公平竞争，其实个人属于什么阶级以及财富的占有状况对个人前途影响甚大，家庭背景的影响也是举足轻重的。父母的社会地位和职业，对子女的择业和前途都有明显的或潜在的影响。在以前“左”的政策下，不少有才能而家庭出身不好的人失去了发展的机会，在市场经济条件下，政治条件作用的比重下降。可家庭的经济状况对个人受教育机会影响的比重明显上升。老少边穷地区和沿海地区的差别是明显的。尽管我们国家和政府采取许多办法来解决这新的不公平，但也很难做到真正的机会均等。至于所谓书香门第、世家望族的子弟更是比平民百姓有更有利的条件。甚至个人在什么地区、在什么单位，甚至在谁的手下工作，对个人的发展都会起作用。

力者，自己的奋斗。处于相同的社会和大体相同的家庭背景，甚至有相同的机遇，但结果大相径庭。这种情况并不罕见。厄运可以使人消沉、堕落，也可以使人奋发有为。司马迁《报任安书》中那段关于如何对待厄运的论述至今仍具有极大的感染力。他说：“盖文王拘而演《周易》；仲尼厄而作《春秋》；屈原放逐，乃赋《离骚》；左丘失明，厥有《国语》；孙子膑脚，《兵法》修列；不韦迁蜀，世传《吕览》；韩非囚秦，《说难》《孤愤》；《诗》三百篇，大抵圣贤发愤之所为作也。此人皆意有所郁结，不得通其道。故述往事，思来者。”其实司马迁自己就是历史上最好的范例，遭厄境而有所为，不向命运屈服，终有所大成，为中华民族留下了一部被誉为史家“千古绝唱”的《史记》。

人应该不屈服于厄运，奋起自救，才可能有条新路。自甘失败是真正的失败，而面对失败仍不停奋斗才有可能转败为胜。郭沫若先生在给一位年轻朋友的信中讲过他自己的人生体验。他说人生本来就充满艰难曲折。在少年时代由于遭受种种厄运的打击，曾经一度自暴自弃过，几乎就那样默默无闻地走向毁灭；但后来他觉悟了，终于鼓起勇气站了起来，向面前的厄运挑战。郭老的这段话，可作为我们所有年轻人的人生宝鉴。

可是任何奋斗必须有个限度，绝不能知其不可为而为之。因为人力作用有个限度，这个限度就是规律给予的界限。所谓识时务者为俊杰，讲的就是人要识时务。任何逆潮流而动的事，肯定不会成功，不管个人有多大的才能；相反，符合时代要求的事容易成功，即使个人才能欠缺也可以在实践中得到提高。“好风凭借力，送我上青云。”这个好风是时代之风，是借时代的东风。历史上多少有才能的人下场不好，而一些并无多大才能和学识的人最终获得成功，原因正在于此。在历代王朝的更替中，旧王朝中并不缺乏将才，不乏干才，结果还是身死国除，或俘或降。这不是个人的命，而是时势和境遇使然。

正面人物也是如此。一个人才能再大，时与境不利也是无能为力的。每读岳飞《满江红》中“怒发冲冠，凭栏处，潇潇雨歇。抬望眼，仰天长啸，壮怀激烈”，“待从头，收拾旧山河，朝天阙”，一片还我河山、建功立业的雄心跃然纸上。尽管战场多次获胜，仍然遗恨风波亭，令后人为其扼腕。宋高宗志在求和，岳将军的命运只能如此。

我们说，厄运不请自来，这绝不是说与人无关。事实上，任何厄运都是与人的行为不可分的。在社会生活中，除人之外，没有任何力量能给人带来厄运。

我们面对的厄运有两类：一类是社会给人带来的厄运。这是由于社会制度的不公正造成的。在旧社会，社会给人造成的厄运是屡见不鲜的。我们国家是社会主义国家，但如果我们的政策错误、处置不当也会造成一些人的厄运。这种厄运是个人无能为力的。这种遭遇是悲剧。在社会主义条件下，归根结底死者会得到昭雪，生者会给以清白，这是社会主义的力量所在。这也是虽然有过冤假错案，但人们仍然拥护党、热爱社会主义的原因所在。

另一类厄运是个人的行为造成的。贪污受贿、黄、赌、买官卖官、盗、窃、抢，各种各样的犯罪行为，最终陷入囹圄，甚至被送上断头台。我不相信因果报应，这是迷信，因为它是建立在神或上天对人的惩罚的基础上的。但我们应该相信辩证唯物主义关于因果关系的学说。所有这些犯罪得到的苦果，都是自己行为造成的。中国的古话“多行不义必自毙”，“善有善报，恶有恶报，不是不报，时辰未到”是有道理的。这个道理不是神学的道理而是人的道理，即人的行为会产生与其相符的结果。因为它的行为触犯了国家和社会的利益，必然受到惩罚。这种由别人加以的惩罚，从一定意义上说，就是他们的行为的自我惩罚。尽管各种犯罪有社会原因，但面对同样的诱惑，完全可以自主选择。犯罪并不是不可避免的。这种厄运是丑剧。西方有些学者把基因说成是犯罪的元凶，我不相信。

厄运，从根本上说具有社会性质。一个合理的社会不会给社会成员制造厄运，而是遵守社会主义人道主义原则，对人十分关怀和爱护。这正是马克思主义主张社会革命的一个重要原因。社会主义革命，不仅改造社会也改造人。它创造一个合理的能保证其社会成员的物质和精神需要的社会；它也改造人，提高人的思想和文化素质，培养“四有”新人，从而减少和防止个人因犯罪而罹厄运。

《礼记·大同》充满这种理想。从莫尔到19世纪三大空想社会主义也满怀这种理想，可都陷入空想。只有马克思主义的社会主义革命才为人类自己掌握自己的命运的可能性开辟了道路。

论　爱

罗素是个卓越的人道主义者，他对爱在人生中的地位是非常重视的。他批评一些学者对爱的轻视，强调自己把爱看作人生中最重要的事情之一，而且他认为凡是以不必要的理由干涉爱的自由的制度都是不好的。罗素如此强调爱，是因为他认为自然并不是创造孤立的人，人除非靠他人的帮助，否则不能满足自然的生物学意义上的目的。人作为类的存在物，彼此需要对方。这是罗素强调爱的重要性的理由。

这个理由当然有一定的道理。人既然作为类存在物，任何一个个体都不能孤立生存。可人又不是完全相同的个体，像组成物体的原子一样。人与人是不同的，有个体、阶层、阶级的差别。这就决定了爱的完满实现在阶级社会中只能是个幻想。正因为这样，我认为“让世界充满爱”虽然是个温情动人的口号，在当今世界只能是个口号。从现实来看，这个口号的可议之处甚多。

对人来说，爱是重要的、不可缺少的。可是爱不是独立自存的，它与恨彼此相依。爱中可以包含着自己的对立方面——恨，而且有时爱得越深，恨得越深。一个人因为爱，可以把情敌杀死，这叫三角恋爱；一个人可以因为失恋而从肉体上消灭对方，这叫因爱成仇；有的因为爱自己的子女而去杀人越货；至于因所谓爱国、爱教、爱自己的小团体而大规模或小规模杀人的事是极其常见的。纯粹的爱，只有爱而无恨的爱是没有的。连基督教的十字军东征也是以爱的名义来消灭异教徒的。可见即使是杀人越货的大盗，有的对自己的妻子儿女也保持一种特殊的感情。孔夫子说，仁

▲ 与女儿一家合影，2005 年摄于紫竹院公园。女儿夫妇中年得女，爱如掌上明珠，我曾以诗“嘲”之：“两个博导一千金，真金更比假金轻。父母最以儿女贵，有女方知父母亲。”

者爱人，把爱作为一个真正的仁者的本性。可是他也说，唯仁者能爱人能恶人，可见他老先生也没有一味地只讲爱。无论中外古今，关于爱、纯粹的爱、普遍的爱，说过许许多多令人心醉的话，可没有人真正实行过。所以至今仍在不断为爱而呼号。

爱是个含混不清的字眼儿，因为人们可以给予不同的理解。因爱成仇的爱，是以爱的名义表现情欲；三角恋爱中的爱是情欲与占有欲混合的怪胎；宗教和民族的仇杀中表现的对自己民族和宗教的爱是一种狭隘的民族主义和非理性的情感与信仰，其中包含着利益的冲突和文化的冲突；至于因贫困而残杀别人的家人以获得一点点钱财来爱自己的家人，这是极端的利己主义，没有一点爱心可言。

我们应该区分爱与情欲、爱与自私，特别要识别在爱的名义下遮掩的极端利己主义。恩格斯就深刻地揭露过资本主义博爱的谎言，说它把革命的博爱箴言化为竞争中的蓄意刁难和嫉妒。马克思主义也讲爱，但不是抽象的无所不爱的爱。这种爱是没有的。爱是有对象的，根据不同的对象爱的内涵是变化的。例如，两性之间的恋爱，当然包含着情欲，包含排他性。根本没有情欲和独占欲望的恋爱是没有的，柏拉图式的爱是小说中的东西。可是情欲和占有不能变为唯一的情感，它必须受理性、道德与法律的约束，特别是要把对方看成人，而不是自己力图占有的物。马克思说过，我们现在假定人就是人，而人同世界的关系是一种人的关系，那么你只能用爱来交换爱，只能用信任来交换信任，等等。单纯的情欲和占有欲是在对方不接受的情况下的动物性的欲求。亲子之爱是以血缘关系为基础从养育中培养起来的情感，其中既有人的生物学本能，更有长期的传统伦理观念的无形积淀；民族的爱中包括种族和文化的认同；对社会主义社会的爱既有利益问题，又有政治信仰问题。甚至对音乐、对艺术的爱也是以自己的审美和欣赏力为尺度的，没有艺术审美力就没有对艺术的爱。交易所内艺术品买卖表现的爱，不是对艺术品的美的价值的爱而是对它的商业价值的爱，是收藏性的投资或投资性的收藏。总之，爱这个概念是抽象的，但内容是具体的。你可以用一个抽象的爱字来概括各种爱，但你不可能把爱变为一种抽象的概念。

爱作为情感来说不是简单的单一的，而是复杂的；不仅对同一对象可以爱恨交集，而且从辩证法的角度看，爱与恨永不分离。我们提倡爱祖国当然恨卖国，提倡爱人民当然恨对人民的奴役，提倡爱集体当然痛恨对集体利益的破坏，问题的实质是你爱的是什么，恨的是什么。根据这种爱与恨的内容判断它的正义性与合理性。不能脱离社会的伦理原则，脱离法律正义和人与人之间的社会关系，把爱变为一种所谓根植于人性的纯粹情感的东西。恩格斯早就说过，自有阶级社会以来，这种纯粹的感情已经不存在了。谁要认为只要是爱，就是高尚的，就应该讴歌，这是助长恶势力。难道我们能因为恐怖分子以对自己的组织、自己的“事业”或自己的民族的狂热的情感，以对自己信仰的爱的名义来从事恐怖主义而承认它的正当性吗?

让世界充满爱，这是一个多么令人动情的口号。可这只能是一种期待而不是一种现实。尽管和平与发展是当代的主题，可一个也没有实现。我们的世界至今还不是一个充满爱的世界，而是战火不断，存在饥饿、剥削、压迫，以及变相奴隶制、妇女和儿童被作为商品在买卖，等等。在当今世界，我们不应该宣传让世界充满爱之类的使我们的青少年处于是非莫辨的境地。在当代，我们应该宣传建立一个不准恃强凌弱、大小国平等的世界，一个共同遵守国际法准则的世界，而不是一个爱的世界。

宣传爱总比宣传恨好，这是糊涂话。西方比你更宣传爱。它的人道主义干涉、人道主义援助，都是以爱为旗帜的。因为人道主义的本质就是爱，可实情如何，路人皆知。我以为还是马克思主义正确，世界没有无缘无故的爱，也没有无缘无故的恨。爱什么、恨什么、爱谁恨谁，应该弄清楚，才不至于当美滋滋的爱的傻瓜。

爱的确是好的。可迄今为止，普遍的爱，爱无等差，一视同仁，除了学者们的纸上空论以外，根本就没有存在过。西方的慈善活动、宗教中的慈善事业，对参与者来说其中的确存在一种爱心。对于那些真诚的人道主义者、宗教慈善事业的创办者、把大量家产投入慈善义举的企业家，我们怀有某种深深的敬意。可对某些西方国家的当政者来说，它并不是出于爱，而是一种政治行为，是一种缓和社会矛盾，有利于社会稳定的政治性措施的补充形式。

我想起了托尔斯泰，想起了他的宣传爱的哲学著作《人生论》。在托翁看来，人生的意义就在于爱，不仅爱亲人，爱朋友，还要爱一切人，爱人类。爱就是人生的最高目的。人的幸福不在于肉体的享受，而在于爱。这种理想当然是崇高的，这种感情是动人的，可当爱的实现只是一种感情而没有相应的实现条件时只能是一种乌托邦。以爱为宗旨的托尔斯泰自己就没有得到爱。到了晚年还因家庭失和，离家出走，罹患重病，以 82 岁高龄死在一个小小的火车站。他的爱的哲学在家庭都没有实现。即使以自由恋爱为基础的婚姻是当今社会的普遍现象，可真正以纯粹爱情为基础的家庭并不是很多，何况托尔斯泰所期待的人与人之间的普遍的爱。他的《人生论》发表了一百多年，他自己也死了九十多年，他梦想的爱的世界并没有实现。科学进步了，技术发展了，人与人之间的爱并没有增长。两次世界大战都是发生在科学技术发达的 20 世纪。20 世纪战争几乎没有停止过。穷富距离更大了，人对人的仇恨和杀戮并没有减少。你只要看看各种形式的恐怖活动，看看人肉炸弹就会明白。连六旬老妪和未成年的孩子都愿粉身碎骨，其恨之深，非局外人能体会。爱是不可能靠呼唤就可以得到的。它是人与人的一种新型关系，这种关系的实现是人类多少年来梦寐以求的理想。这种理想是靠社会改造来实现的。这是一个漫长的时期。人类为了进入这个未来的“爱的天国”，注定要经受长期的地狱式的煎熬。

正因为如此，我们更应该宣传爱，但是不能抽象地宣传爱。我们应该培养我们青少年的爱心，培养他们的社会主义人道主义精神，但我们同时要培养他们明辨是非的能力，不能用爱的催眠曲来使他们沉醉。既要知道八荣，也要知道八耻。我们既要培养他们的爱心，又要告诉我们的青少年，世界并不是由善人组成的俱乐部，社会也是如此。

人是多种多样的，特别在当今世界，仅仅宣传爱是无济于事的，眼泪从来不能救世。我反对把我们后代训练成狼，但也反对培养成羊。多少个世纪以来，我们有过救世主耶稣，有过释迦牟尼，有过难以胜数的爱的宣传者和实行者，可是受难者照样受难。社会问题是要依靠社会来解决的，而不是把它化为感情问题、依靠爱来解决。一个真正愿意学习的人，应该从马克思和恩格斯反对爱的呓语的鼓吹者克利盖的斗争中学到一点东西。

我经常想，在实行市场经济的当代，我们应该宣传爱心，我们也需要爱。特别在遭遇各种灾难之中，更应该发扬爱心。但我们不能抽象地宣传“普遍的爱”。我们不是上帝的使者，人间也不是天堂，而且在当今的政治环境中也成不了天堂。当今的世界很不安宁，世界不少地区充满苦难、饥饿、战争、杀戮。谁要沉醉于爱的摇篮曲中而闭眼不看现实，或者主张正因为现实如此，我们更需要宣传爱，都只能说明这种人在理论上还很欠火候。

论幸福

任何人都追求幸福，但人们对什么是幸福的理解却大相径庭。不仅哲学家各持一说，老百姓的看法也各不相同。

几年以前在中国，如果一个人每月工资上千，而大多数人只有几百元甚至更少时，他会感到幸福，可当别人同样都有上千元一月的工资时，可能他并不以能拿上千的工资为幸福。一个没有电视机的人有了电视机会有幸福感，当电视机普遍化时，这种幸福感就会消失。冰箱、汽车、洋楼，甚至别墅，都是幸福感的最初动力，可又都不是使人长久感到幸福的源泉。某种物质的占有的幸福感会随着它的占有的普遍化而消失。几乎所有以物质占有为幸福尺度的人或社会，都存在这个问题，都在追问什么是幸福。

西方发达国家是生活水平普遍比较高的国家。科学技术发达，各种新奇产品日新月异，可他们并不都感到幸福。英国未来基金会的两位专家迈克尔·威尔莫特和威廉·纳尔逊写了一本书《复杂的生活》，提出了“焦虑社会”这个概念。意思是说，英国是个科技发达的社会，同时也是个焦虑的社会。这不仅是指英国而是所有西方发达国家都这样：过去50年里，物质财富的极大丰富并没有使人增加多少快乐。今天这代人比以前更富裕、更健康、更安全，享有更多的自由，但他们的生活更压抑，因为社会比以前更复杂。太多的不满足，太多的变化，太多的选择，使人生活在激烈的竞争和无尽的物质追求之中。这就是为什么西方社会越发展，物质享受越多，科技越来越发达，可不安、焦虑的感觉越深，自杀的人反而越来

▲“越老越怪越天真，疼儿疼女更疼孙。非为隔代能养老，只因生命爱永恒。”为孙女过生日合影，1996年摄于家中。

越多。我们国家虽然与西方社会不同，但改革开放以来物质生活有很大提高，电视、电话、冰箱成为日用品而非以前的奢侈品，拥有汽车的人也日渐增多。可自杀的人也很惊人。根据北京2003年9月7日举行的“关注生命”宣传活动的报道，我们国家平均2分钟就有一人自杀，有8人自杀未遂。每年共有287 000人死于自杀，其中自杀是15岁到35岁人群死亡的首要原因。当然，导致自杀的因素是多种的。但不可否认的是，随着人民生活的改善而自杀率在不断增高，这是非常值得进行哲学思考的社会问题。

生活贫困，忧衣虑食，不会感受到生活的幸福。一个合理的社会应该保证社会成员丰衣足食。孔子提出过富之、庶之、教之的治国方略。荀子也说，不富无以养民情，不教无以理民性。故五亩宅，百亩田，务其业而勿夺其时，所以富之也。立大学，设庠序，修六礼，明七教，所以道之也。在荀子看来，饮之食之，教之诲之，王事具矣。

富之，是任何一个时代任何一个政治家的治国方针。国民党之所以被称为“刮民党”，就是因为只管自己发财而不管老百姓死活，结果只能败走台湾。我们有段时期忘记了“富之”这个平凡的真理。邓小平说，“贫穷不是社会主义”，是非常正确的，是百分之百、千分之千的马克思主义。西方发达国家的问题并不是源自物质生活富裕，不是来自科技进步，而是来自消费的畸形，来自物质追求与精神追求的极端失衡。用马克思主义的语言说，这是一种制度性的缺陷。

人是有需要的，社会主义国家应该逐步满足社会成员不断增长的需要。可需要，可以分为人的需要和非人的需要。人的需要，是指满足人的正常需要，能够有助于人的身心健康和人的全面发展的需要；另一种是非人的需要，即畸形的败坏人的道德和激发人的不正当情欲的需要。资本主义社会的发展，最大的问题是不断强化人的不正当需要以获取高额利润。马克思把资本主义社会的私有者和顾客的关系，说成是宦官与君主的关系，说没有一个宦官不是下贱地向自己的君主献媚，并力图用卑鄙的手段来刺激君主麻痹了的享受能力，以获取君主的恩宠；工业的宦官即生产者则以更下贱更卑鄙的手段来骗取银币，从按基督教义说来应该爱的邻人的口袋里诱取黄金鸟。资本主义社会的工业家和商人为了赚钱，使尽一切方法生产各种消费品以满足需要，而且不断生产新产品，不断激起消费者的不正当的消费欲望。这是一个无止境的获取利润的过程。追求、不满足、新的追求、新的不满足。人永远处于追求和新的不满足之中。这必然会带来痛苦。人不珍惜拥有的，而失望于没有拥有的。生活水平再高，永远没有幸福感，只有不满足感。

这样，必然会提出另一个问题，幸福究竟是人生终结时画上的圆满句号，还是存在于生命的过程中？是单纯物质生活的富裕，还同时是精神生活的愉快？是生活中的一个方面，还是生活整体的和谐？是健康长寿，还是声名卓著但英年早逝？几乎没有一个人能做出满意的回答。但有一点是肯定的，离开了精神境界的单纯物质满足并不能给人带来幸福。

对一个人而言，幸福不可能是终生的。终生幸福的人是罕见的。或早年历尽艰辛尝遍人间痛苦，而晚年获得圆满结局；或者早年生活幸福而晚景凄凉死于贫困。而且幸福从来是单面的，各方面都幸福的十全十美的所谓幸福是没有的。卢梭在《孤独散步者遐思》中说，幸福作为一种永久的状态，似乎不是人能安排的。在人世间，一切都在不停地运动，任何东西都不可能具有固定的形式。我们周围的一切都在变化。我们自己也在变化，谁也不敢说他明天还爱今天所爱的东西。因此，我们今生争取至上幸福的一切算盘都是妄想。卢梭坦言，我很少见过幸福的人，这样的人甚至就没有。

我反对那种认为真正幸福的源泉就在自己身上的观点。一个合理的社会、合理的制度、基本生活的满足、融洽的人际关系和温暖的家庭，比起相反的状况会使人感到幸福。我们的政府和社会学家正在制定幸福的指数，虽然意见很难统一，标准不尽相同，但很有意义。因为幸福感虽然是个体的，不幸也各不相同，但幸福肯定有其社会基础，而不能只是主体的感受。孔颜乐处的幸福观，作为一种社会理想我是不赞成的，因为它麻痹人们的斗志和使不合理制度的存在合理化。但从个人的角度说，我又同意知足常乐的说法，因为它说的是个人对物质需求的态度，要人不要无限度追求仅属于个人的东西，把自己的物质欲求和满足作为衡量幸福与否的尺度。这里存在幸福观上的个人和社会关系的辩证法：社会的不满足和个人的满足。社会主义社会的发展不能停滞，它要不断满足人们增长的物质和文化需要；而个人应该满足，即正确对待自己的物质需求。就这点说，知足常乐有它的合理之处。

西方也有类似的说法：幸福不是别的，其实只是对自身存在和自己生活形态的满足，是对自身状态一种完全的认同，不管这种状态是什么样子，也不管它让别人觉得多么微不足道。在我看来，这种说法的正确性必须有个前提。如果生活在一个不管人民死活的制度下的人，不能有这种满足。这是一种赞美奴隶生活的满足。列宁关于如何区分革命者、奴隶和奴才，对于正确理解这一点精当之极。由此我意识到，在讨论幸福问题时完全抛开社会，把它单纯归结为个人的幸福观问题，是很难区分革命者的幸福观和阿 Q 式的满足的。

论良心

“良心被狗吃了”，这在我们家乡是对一个人人品的最坏的评价，类似此人是不齿于人类的狗屎堆的考语。可究竟什么是良心？很多人并不清楚。

人们以良心为尺度，但不知道何谓良心，不知道衡量良心本身就有个尺度。甲认为符合良心之事，乙可能不以为然。良心并不是孟子的四心四端，也不是宋明理学家们宣传的良知良能。因为历史证明，是否有良心的标准是变化的。在中国不赡养父母是没有良心，可在西方各自核算不能说没有良心；在旧中国弟妹成家，长兄有义务为弟妹嫁娶操劳，所谓长兄是父长嫂是母，可现在这一套已经消失了。有钱的可以给点帮助，但作为道德义务已经免了。现在不会指责这种人没有良心。一切都在变，良心的内容也在变。只有讲良心这一要求是不变的。

未发为性，已发为心。良心是人性的实现，这是儒家心性论的说法。其实，良心是一种道德教养。有没有良心，实际上是有没有道德的另一种说法。不同的是，良心不同于外在于人的社会道德规范，因为后者是从外面来规范人的行为，而良心则是公认的道德准则已经被内化为个人自觉的理性和情感的组成部分。它仿佛成为一种与生俱来的，不用教育的本能。实际上它是社会环境、家庭影响有形的和无形的教育的结果，是耳濡目染长期浸润的结果。一个社会通行的评价良心的标准就是它的道德标准。有良心就是符合通行的道德，没有良心就是违背通行的道德原则。违背良心的所谓罪恶感，实际上是一种道德的自律，是内化的道德自我谴责。

只有抽象的人本主义者才鼓吹永恒不变的良心。其实同情心、恻隐心、是非心、仁爱心，都是变化的。任何一个生活在社会中的现实的人，不会看到爱无等差的所谓泽及全人类的同情和爱，只有上帝和佛祖才有这种同情和爱。可他们在天国，并不在人间。在人世上，人的同情心、恻隐心，大都是倾向于相同处境的人，“同是天涯沦落人，相逢何必曾相识”，同病才能相怜。放大点说，这就是爱的阶级性、社会性的问题。超阶级的爱与同情，有没有？有。对于一个有教养的道德高尚的人来说，可以有这种感情，但就阶级之间来说并不存在。

马克思看得最深，他反对把良心抽象化。他说共和党人的良心不同于保皇党人的良心，有产者的良心不同于无产者的良心，有思想的人的良心不同于无思想的人的良心，一个除了资格以外没有别的本事的陪审员，他的良心也是受资格限制的。马克思主义者并不反对使用良心，但反对把良心抽象化，变为一种本体——心本体论。我们要真正使人有“良心”，从根本上说就应该净化社会环境，加强道德教育，提高社会成员道德自律的能力，而不是仅仅局限于人性的呼唤。

人生小语

(1) 生的价值与死的尊严

人是要死的，但在死之前是未死的。如果认为人总是要死的，在死未到来之前先躺下，活着没劲，什么也不干像死人一样，这等于死了两次：活着时是死的；死时是死的。这是一种错误的人生态度。

▲我弟弟，1960年溺水而死，年仅18岁。弟弟之死为我家一大变故，父母一生都在念叨。“青春十八少年郎，误入东海觅龙王。传书柳毅去不返，终生思念满惆怅。”父母死后我把弟弟的坟由鄱阳迁至南昌父母合墓旁。

活应该像个活人，有朝气，有干劲，活个人样子，死时要死得有尊严。死与活要分开：不是活时想着死，死时也恋着活。生死颠倒是违背自然规律的。生的时候，要实现人的生存价值，死的时候，要保持人的尊严。这是完美的人生。做到这一点不容易。一个人学习哲学，其中一个重要方面就是学习如何生，如何死，难怪古希腊一位哲学家把学习哲学称为"练习死亡"。

（2）生前与死后

人的情感是很奇怪的，充满矛盾。有的夫妻，一生恩爱，如燕双飞，一方如果死去，悲痛难舍，终生不忘。苏轼的《江城子·十年生死》写的"十年生死两茫茫，不思量，自难忘"，情深意真，哀婉动人，是著名的悼亡佳作。特别是，"料得年年断肠处，明月夜，短松岗"，有情、有景、有声、有泪，令人不忍卒读。

我也曾见过一些夫妻，生前感情平平常常，时常争吵不断。夫妻双方生前磕磕碰碰，可一方死后另一方依然想念，犹如失群之雁，感到孤寂。

前一种情况容易理解，后一种情况又如何解释？从哲学上说，矛盾总是现实的、具体的。当一方死去后，原有引起争吵的矛盾消失了，剩下的只有一方，构不成生前的矛盾。因而死后的孤单压倒了生前的争吵。如果说，生前容易看到的是缺点，可死后想到的是优点。生前是争吵，而死后剩下的是回忆。即使是对争吵的回忆，由于矛盾不存在，这种回忆往往伴随着某种怀念。

我有时痴想，如果夫妻日常相处，把生前当成死后（多看优点）；把死后当成生前（多想缺点），这样，或许生前死后，都能减少许多痛苦。可谁能做到这一点呢？

（3）向前看与往回看

走路的时候，人们都能体会到，往后看，自己走过什么路比较清楚，可往前看，自己将要走的路比较模糊。李白的诗："暮从碧山下，山月随人归。却顾所来径，苍苍横翠微。"讲的也是这种境界。人生经历都如此。凡是经历过的都比较清楚，因为是经历过的；而目标往往不易看清楚，因为它是未经历的，是正在摸索中的。人往往到老年才深知青年时代的失误。历史不也是如此吗，历史的教训往往是事过之后才能总结，而确定目标时往往容易失误。如果向前看与向后看一样清楚，此人就是未卜先知的神人。可是没有这种人。历史证明，历史从来不是按照某一个先知指引的路走的，总是不断校正修改甚至改道前进。

往回看清楚些，向前看模糊，原因在于，往回看有自己经历过的事实为依据，它面对的是事实；往前看是推论和预测，是以以往的经历为依据的，而经验并不总是可靠的，它必须上升为规律。而规律是抽象的普遍性，它必然会依据它所起作用的条件而发生变形。因而在人的活动中，历史的经验与现实的条件、规律与实践，即往回看与向前看如何统一的问题，只有在亲身实践中，在自己的失败和教训中才能逐步摸出点门道。未卜先知的神是没有的，屈指一算的诸葛亮其实绝大多数是事后诸葛亮。事后的诸葛亮次数多了，有可能在一些事情上变成事前诸葛亮。“观今宜鉴古，无古不成今。”这就是历史经验的价值，是向后看即总结经验的重要性。历史研究的价值，就是向后看，向前进。人生也应该如此。

（4）人与自己的距离最远

这句话按常识无法理解，但从哲学上说很有道理。人最难认识的是自己。一个人可以大体正确地评论别人，但没有一个人能最准确无误地谈论自己。对自己的估计不是过低——自卑，就是过高——自以为是，很难恰如其分。以自己为对象是最难的，难就难在在这种情况下要使自己一分为二，既充当认识对象，又作为认识主体。以自我意识来意识自我，不借助中介，即借助别人是很难做到的。因此，只有善于接受别人意见的人，善于从别人对自己的评价中看待自己的人，才有可能比较客观地估价自己。正因为难，所以老子才说“自知者明、自胜者强”。

人们经常引用古希腊德斐尔神庙上的箴言“认识你自己”这句神谕，往往把它只解读为人应该认识人类自己和人的本性。其实，这句话，既可适用于人类整体，又可适用于个体。也就是说，既要认识与神不同的人，又要认识与别人不同的自我。多少个世纪以来，人们不断地争论什么是人，什么是人的本性。至今仍然在不断地为此而争争吵吵。可很少有人问，我是谁？如何认识我自己？忘记了认识你自己这句话最重要的一个含义是每个人认识“你自己”，即认识自我，不仅认识作为类的人，而且认识作为个体的自我。

伊斯拉摩说过，“人人都以为自己的粪便味香”。蒙田诙谐地把这句话变为，“如果我们嗅觉灵敏，我们的粪便必臭不可闻”。的确，人往往对自己的缺点嗅觉失灵。同样的缺点在别人身上，十恶不赦，可在自己身上则不觉其臭，甚至沾沾自喜。所谓看别人是豆腐渣，看自己是一枝花，就是这种人。

这种人多得很。不说人人如此，至少是处处可见，只是程度不同而已。我可以斗胆说，没有一个人对同样的缺点，在自己身上和在别人身上有同样的愤慨。觉得自己的粪便不臭的人到处可见。所以蒙田十分感叹，他说自以为是乃是我们天生而原始的弊病，一切生物中最可怜最脆弱的生物乃是人，然而他却最骄傲自大。

我们距离自己有多远？这一点可以因人而异。可是就人把自己作为认识对象来说，人的确与自己距离最远。我们在估计自己时，应该永远记住这句名言。我们的一生，都要不断认识自我，拉近自己与自己的距离。

（5）谦虚是永远张开着的口袋

谦虚，不仅具有道德价值，而且具有认识价值。

谦虚是中国传统的道德规范。“满招损，谦受益”，这是中国的古训。无论从政、处人、处世，都要谦虚，才能较好地处理各种关系。谦虚，是一种规范人的行为的处世原则。

但对认识来说，谦虚同样重要。谦虚也可以说是一条认识原则。一个自满的人，就是一个塞满了东西的口袋。而谦虚，则是张开的口袋，能随时装进新的东西。永远谦虚，则口袋永远是张开的；一旦自满，则口袋就自动满了。并不是真满，而是自满，自以为满了。实际口袋（头脑）仍然是空空的。

谦虚的人好学，总是感到不满足，利用一切机会学习；好问，不懂的东西随时向别人请教，绝不装懂。用耳朵比用嘴巴的时候多。不懂就问，只有一次不懂；不懂装懂，终生不懂。学问，学问，又学又问。

人的自满与谦虚，正如田地里生长中的麦子。当麦粒空空的时候，反而头抬得高高的，像人的目空一切，趾高气扬一样。而麦粒饱满反而头低低的。成熟的人正如成熟的麦穗，厚实、饱满、深沉。

谦虚不是心虚。心虚，虽然也喜问、愿听，但胸无主见，不明真伪，是非莫辨，因而头脑可能变为塞满各种东西的仓库。我们要谦虚，不要心虚。

（6）曳尾泥涂和留骨庙堂

生命与生活是不同的。生命是生活的载体，而生活是生命的过程。没有生命当然没有生活，可同样是生命，生活的内容可以完全不同。所谓生命的目的和意义是来自生活的内涵并非来自生命本身。不能说，活着就是目的，就是意义。

生命是自然现象。我们的生命来自我们的父母，而我们父母的生命来自他们的父母。这是个纯生物学的过程，人的出生并没有先天地带来目的和使命。人的生活目的和使命问题是个人生观问题，它依存于社会和每个人所处的社会地位。因此人类的生命的生物学本性可以不变或者变化极其缓慢，可人对人生的意义、目的和使命的看法是不断变化的。在社会变革的时代甚至可以在短期内发生根本性的变化。

立足于生命自身来考察生命的意义，往往会坠入迷途。因为从生命过程说，无非是生老病死。这一点，所有有生命的存在物都是一样的，无一幸免。这样来考察，生命是最无意义的，只有两个字：生、死。最后是一个字：死。可是从生活活动过程来考察，即从人的生活过程来考察，生活充满情趣、欢乐、有声有色。世界如此丰富多彩，生机无限，就是由无数人的有限人生创造的。

庄子说的与其死后留骨庙堂，不如在泥里活着，绝不是提倡好死不如赖活。活着就是一切，活命高于一切。庄子表明的是不慕功名利禄、蔑视权贵的精神。如果离开庄子的时代与他个人的处境，把他的话理解为活命哲学，的确是对他老先生的误读。

（7）爱面子与爱荣誉

这是人生处世经常要处理的两个问题。中国人是最爱面子的，送礼不能比别人少，请客不能比别人差。没面子，在中国人眼里可是奇耻大辱。不仅个人，可能一家人都抬不起头。可中国人的面子，往往的确是“面子”，即要的是“脸”——类似老百姓俗语所说的驴粪蛋表面光。死要面子活受罪，讲的就是这种爱面子的虚伪性。

荣誉不同，它不光是脸，更重要的是心。它是人的人格和尊严，是人对自身存在的价值和意义的并重。为了荣誉，它可以撕破面子，甚至牺牲自己的性命。

面子，从表面上看也是一种荣誉。其实这是虚荣，是不能持久的、泡沫一样的东西。场面一结束，随之消失。

荣誉是永恒的。一个获得世人赞誉的人，会为世世代代的后人所景仰和效法。

面子是个人的，而荣誉，不仅是个人的，根据荣誉的性质和大小，它可以属于团体、集体，甚至属于整个民族和国家。为国增光，这就是个人为国家争得的最大荣誉。“两弹一星”的功臣，奥运会金牌得主或其他对国家民族做出杰出贡献的人，都是如此。

爱面子并不是坏事。爱面子比不爱面子强得多。在生活中，无论是交友或对自己的家庭成员，最要提防的是连面子都不顾的人。爱面子是人们生活和交往中的最低要求，但是不能停留于此，要把爱面子上升到一种荣誉感。荣誉感与羞耻感是不可分的。有荣誉感的人是最知耻的人。中国古人说，知耻近乎勇。这个勇就是为荣誉而奋不顾身。

对于一个人来说，要少点面子观，多点荣誉观。少点个人的虚荣心，多点民族的耻辱感，这对于这个民族的强盛来说是非常必要的。马克思当年曾猛烈批评普鲁士专制政府的腐败并以法国和德国对比，说耻辱实际上就是法国革命对 1813 年曾战胜它的德国爱国主义的胜利，耻辱就是一种内向的愤怒。如果整个国家真正感到了耻辱，那它就会像一只蜷伏下来的狮子，准备向前扑去。马克思把一个民族的耻辱感受比作一头蜷伏下来的狮子，非常形象确切。中国自鸦片战争以后，民族耻辱感不断增长。“五四”运动是一次民族耻辱感的大爆发。没有民族耻辱感就没有救亡图存的运动，就没有全民的抗日战争，就没有国家和民族的解放和胜利。爱国主义就是一种集体的民族耻辱感。

最危险的是只有个人面子而无民族耻辱感。一个国家和民族，如果只讲面子而不讲荣誉，不提倡国家和民族的耻辱感，这个民族肯定会走向没落。“士皆知耻，则国家永无耻矣；士不知耻，为国之大耻。”龚自珍的这句话，可谓切中肯綮。如果一个人的一生，都知荣知耻，这个人就是高尚的有道德的人。

(8) 生与死

对死亡的恐惧，尤其对老年人而言，是很正常的心理，不必作为心理问题。如果对生死无动于衷，麻木不仁反而不正常。连最为通达的庄子也说，悦生而畏死人之情也。因此对畏死心理应该坦然接受。只有这样，才能注意保养，平衡饮食，以避免疾病，得以颐养天年；但另一方面又要认识到，死是必然的，是任何人不可避免的。庄子说，死生命也，如夜旦之常。人应该以情感态度对待死亡，这才有人之情，人应该以理智的态度对待死亡，这才是人之理。在死亡的问题上情与理是矛盾的。我们要善于平衡情理，既不矫情，也不背理。争取长寿，坦然面对死亡。

一个人，不应该为未来而忧虑，因为将来发生什么是不可预料的。一个智者能做的不是为未发生的事担忧，而是对目前的一切不安因素早做准备。对个人养生说，无病当有病，有病当无病。如果无病时像有病时那样对健康关心，有病时像无病时那样对健康放心，就是懂得养生之道。治国也一样，能居安思危才是最高明的领导者。

人，不应留恋过去，幻想未来，而要紧紧把握现在。只有现在是最重要的。过去了的，不可返回，未发生的，是无数可能性中的一种。只有现实，才是过去的结果，未来的通道。

人，应该细数自己拥有的。世界上多少人英年早逝；我自己不少好友都已先我而去。论年岁，我已够本了；论家庭，儿婚女嫁，各自有成，难道还不应该满足吗?

人应该知足。人的不足最大的是不知足。为什么叔本华会陷入悲观主义呢，就是他看到了由于人永不知足而走不出的怪圈——欲望、满足、更大的欲望。当然，知足不是消极无为，混日子，还需要有所为，做自己力所能及的事。

(9) 死与了

死，似乎谁都懂。死，就是了。死了，死了，其实并不如此简单。可以死而不了，也可以未死已了。这就是人不同于动物的地方。

动物只有一个世界，这就是包括自身在内的客观世界，动物无论是以何种方式死亡（被屠宰或是自然死亡），就是了了。

人不同。人不仅有一个包括自身在内的客观世界，还有一个自身创造的意义世界和价值世界，人可以结束自己的生物式的生命，但在意义世界和价值世界中，他还未了。历史上伟大的思想家对于我们人类的影响，至今仍然存在。我们伟大的无产阶级革命家毛泽东、周恩来、邓小平等的英名和思想仍在对我们国家的现实发生作用和影响。李白在一首诗中赞颂屈原，“屈平辞赋昭日月，楚王台榭荒山丘”。楚王虽贵为国王，一死便了，而以《离骚》传世，以爱国主义精神激励后人的屈原，中国人年年都在纪念他。

即使是普通人，他们通过劳动共同创造的文明和文化总是一代一代地往下传。明代的张溥写过一篇文章叫《五人墓碑记》，记载在反对魏忠贤斗争中被杀的五个普通百姓在 11 个月后重新立碑安葬的事，文中说，“十有一月之中，凡富贵之子，慷慨得志之徒，其疾病而死者，死而湮没不足道者，亦已众矣”。这五个人值得称赞，是因为他们死得其所，他说，“匹夫之有重于社稷也”。这就是死而未了。

有种人，未死先了，虽生犹死。这就是那些贪赃枉法之徒、醉生梦死之人，以及危害社会的社会蛀虫，他们丧失了做人的尊严和价值。

可惜，我们有些人不明白这个道理，不懂得死与了的区分。否则，我们的社会风气，我们的社会道德面貌会比现在更好些。

（10）抓紧时间就是延长生命

有人问我，你为什么还不停地敲字？我说，你知道穷人口袋里没有多少钱，非常珍惜这几个铜板。我的年龄就像穷人口袋里的钱。我努力工作，就是用工作来延长生命，正如用为数不多的钱能买到更多的东西一样。

一个人能活到老年，这是值得庆贺的，因为生命生长的规律正常。可是话又说回来，人老了，容易伤感。因为老与病相连，而且江郎才尽，往日的才情活力会暗淡下去。况且老处在死的边界线上，总会想着生命的终结。“无边落木萧萧下，不尽长江滚滚来。”空间，如无边落木，空旷无垠，人生有限，如长江中的一朵浪花。英雄豪杰也难免有生的留恋和死的感伤。

我已进古稀之年，的确感到时间如电如光：

京华半纪人老矣，愧我无成发早花。
年少不解乡思苦，头白思归恨无家。
父母墓前满杂草，小城亲友半凋谢。
非关名利常伏案，只缘路漫日西斜。

父母墓前满杂草，小城亲友半凋谢，语近悲凉，也是实情。人总是要老要死的。在死之前，总不能先自己躺下等死。我还在不断地敲电脑，为什么？对我来说无职称可评，本什么都不干就可坐享清福，颐养天年。在我看来，这是受罪，是坐以待毙，是死缓期间的等待。为什么不能干点力所能及的事？我就是这样想的：生命不止，学习不停。

论生命的有限与无限

人的寿命是有限的。任何人都知道这一点，但不是任何年龄段的人都能意识到这一点。如日东升风华正茂的年轻人，不会想到这一点，而老是想到这个问题的往往是时间不多的老年人。倒计时的紧迫感不由自主地会想到生命的短暂。哲学家劝人忘年、忘生死，真正能做到这一点的不多。我想与其做把头埋在沙堆里的鸵鸟，不如直面生命有限的客观事实，从中引出必要的哲学结论。

时间是无限的，但生命是有限的。相对无始无终的时间之流，人的生命只不过是微不足道的一瞬间。人是唯一具有意识的存在物，只有人，才会悲叹人生短暂，譬如朝露。只有人，才为人类进入千年之交、两个百年之交而举世狂欢。尽管这个时间表上的刻度是人类自己刻的，是人类自己在无始无终的时间之流上留下不同的识别标记，但人类还是为每一特殊时刻而亢奋。

自古以来，面对无限时间中的有限人生，有完全不同的人生态度。

孔老夫子站在岸上，看见不舍昼夜奔腾而去的流水，联想起时间，甚为感叹："逝者如斯夫，不舍昼夜。"当然，孔子这么大的智者，绝不会认为，时间的流逝如身边的流水，人可以依然故我。时间就是人的存在方式，是万物的存在方式。时间的流逝就是万物的变化，就是人的衰老和死亡。感叹时间，就是感叹人生。孔夫子是个用世者，想有所作为，时不我待，总有种紧迫感。时间的流淌、生命的消失，使他深感不安。

庄子也感受到人生短促："吾生也有涯。"但庄子是用相对主义观点来

▲ 中学同学，均在湖南工作。左一为胡梅村，左二为叶雪芬，右一为姜斌，右二为作者。多年难得一见："萧萧白发鬓霜雪，天公尚许几回圆？祝君健身多壮骨，大江难隔心底缘。"2004 年摄于湖南友人家中。

化解这个问题的。寿高八百的彭祖，比起神龟的生命是很短促的，而人中的殇子比起朝生暮死的小虫还是长寿的。天下莫寿于殇子，而彭祖为夭，既然如此，寿再长也用不着高兴，寿再短也用不着悲伤。心理极其平衡，不会为这个最大的生死寿夭的问题而苦恼。

这两种不同的时间视角，表现了两种人生观。孔子从用世出发，着眼于有限，着眼于主体，苦于生命太短。虽然时间是无限的，但生命是有限的。人应该把握住无限中的有限。庄子从避世出发，着眼于宇宙自身。时间是无限的，在这无限的时间中，任何具体的东西都是有限的。人应该把握无限，体会天道，而不必计较生命的长短。

无限性有两种不同的含义。按黑格尔的说法，一种是恶的无限，或称坏的和消极的无限。这是有限的反复和相加，例如，时间的无限，就是一分一秒不断地重复相加，以至无穷。这种无限性是时间无限的一种形式，但永远是生命不可能达到的彼岸世界。追求这种与有限相脱离相对立的无限，就是追求与天地同存、长生久视、永不死亡的神仙境界。这是一个幻想的世界。另一种是真实的无限或者说积极的无限，这是存在于有限之中与有限相联系的无限，是有限对自身的超越，而又存于有限之中的无限。生命的无限只能是这种无限。从它存在的时间看是有限的，但它却可以包含着无限。这种无限当然不是生命的无限延续，而是在正确处理生命的各种矛盾中而获得的意义和价值。

个人生命的有限性与认识的无限性之间存在矛盾。人的生命是有限的，但知识是无限的。因此人对知识的追求就包含着对无限性的追求。在人的生命活动中认识是永无止境的，所谓“艺无止境”，所谓活到老、学到老都体现了这种无限性。恩格斯曾经从个体生命的有限性的角度论述过思维的至上性与非至上性的问题，但他从人的思维至上性得出的是人的认识具有无限性的积极结论。庄子也承认认识的无限性，所谓“知无涯”，但他得出的是消极的结论：“吾生也有涯，而知也无涯，以有涯随无涯，殆已。”这样，庄子否定生命中对无限知识追求的意义，从而贬低了人的生命和知识的价值。

个人生命的有限性与精神境界提高的无限性之间也有矛盾。人的生命是有限的，但在有限的人生中，人的道德的修养、人的品德的修养、人的思想境界的提高是无限的。所谓“大学之道，在明明德，在亲民，在止于至善”。可什么是至善，到什么程度算是至善，这很难有个绝对的标准。这是个无止境的永远的追求过程。

当然，人为了生存，首先必须有衣、食、住、行等物质消费资料。随着生产力的提高、社会的发展和社会日益趋向公正，人的生活质量和消费水平也会不断提高，社会可以提供更多更好的消费品，这也是个无止境的过程，不能说，到某个时候，物质生产的发展完全停止了。这是不符合历史唯物主义原则的，也不符合人类的历史的发展和现实。但是就人的生理角度看，人对物质消费品的数量需要是有限的。庄子说，“鷦鷯窠于深林，不过一枝；鼹鼠饮河，不过满腹”。中国人常说的，日食三餐、夜眠八尺也是这个意思。这当然是农业社会小农的消费特点，不能作为所有社会的消费尺度。但是，从当代工业社会的现实看，过度消费、不合理的消费欲望和追求不利于人的发展。所以早在《1844 年经济学哲学手稿》中，马克思就提出过人的需要和非人的需要的问题。尽管社会发展和生产力的提高有可能提供越来越多的各式各样稀奇古怪的匪夷所思的东西满足人的癖好，但这种消费不仅不是对人的需要的满足，而是对人的扭曲。因此物质产品需求的发展和对人的需要的满足不是要求无限而是要求合理。我们应该提倡合理消费而不是无限消费，应该提倡有利于人的全面发展和身心健康的需要。可人的道德水平、思想境界、人格修养的提高的确是无限的。对这种无限性的追求，不同于对物质消费品的无限追求，它有利于人的完善和真正成为一个高尚的人、纯粹的人。人的有限的生命在这种境界中得到升华。

个人的生命有限性与社会发展的无限性之间有矛盾。个人的生命是有限的，但社会的进步和发展是无限的。恩格斯在批评黑格尔时说过，历史同认识一样，永远不会在一种完美的理想状态中最终结束，完美的社会、完美的国家是只有在幻想中才能存在的东西；相反，一切依次更替的历史状态都只是人类社会由低级到高级的无穷发展进程中的暂时阶段。有限的个人生命延续只能在社会发展的无限性中得到实现。从古至今无数有限生命汇合而成的社会，在永无终点地不断发展、不断前进。西方关于历史的终结的说法是具有政治意图的无知妄说。在社会发展中，人，特别是那些站在历史前头推动历史前进的人们把自己的生命融化在历史的进步中，成为永恒不朽的人。瞿秋白在一篇题为《儿时》的文章中说，生命只有一次，对于谁都是宝贵的。但是，假使他的生命融化在大众里面，假使他天天在为这世界干些什么，那么，他总在生长，虽然衰老病死仍旧是逃脱不了，然而他的事业——大众的事业是不死的，他会领略到什么是“永久的青年”。人们常说，有的人活着已经死了，有的人死了仍然活着。这些死了仍然活在世世代代的后人心中的人，就是超越有限、在有限中获得无限的人。

个人生命的有限性和文化积累的无限性之间有矛盾。个人的生命是有限的，但一个民族的文化的积累，包括物质文明和精神文明的积累是无限的。那些以自己的创造物，如技术、器物、典籍、传世之作，即那些为一个民族的后人世世代代所利用的东西的创造者，连同它的创造物一道永存。个人的生命是有限的，但它留给后人的成果、它的贡献、它的影响可能是无限的。任何人都可能在自己对人类的贡献中刻上自己的名字。这就是生命的不朽。

中国古人有三不朽的说法，所谓立德、立功、立言。立德，就是高尚的道德境界，足以垂范后世，永为表率；立功，就是为人民、为民族立下丰功伟绩，它的成就变为历史和社会的一部分；立言，就是以他的传世之作和教导，构成人类和民族文化的组成部分，永为后人所享用。这样的人，都是死而未死。在有限的生命中包含着无限。

我们大多数人都是一些普通人，很难做到三不朽。但我们从生命的有限性中不应该得出消极结论，而应该以积极的态度进行活动，从事有益于社会的工作。集众人之力，我们也可以成为永不枯竭的大海中的一朵浪花。

五十学易，可以无过矣

这是孔子《论语》中的话，确实表现了他的谦虚。他的门人称颂他是“天纵之圣”。他并不这样看，认为自己并不是生而知之，而是学而知之。他对自己一生的学习过程，有个概括性的总结，这就是“十五而志于学，三十而立，四十而不惑，五十而知天命”。孔子把知命之年和学易之年放在同一年，说明对易的重视，也说明知天命是他人生追求的一个境界。

▲“此人命定蛀书虫，以书开始以书终。淡泊名利能安枕，牡丹富贵不如松。”20 世纪 80 年代摄于家中。

佛教是追求大彻大悟的。彻者，彻头彻尾、彻里彻外，什么都透了；

悟者，什么都通了。其实佛教的大彻大悟，最后是落到一个“空”字：本体的空或心境的空。彻底体悟：人生是苦，寻求解脱。所以凡是信佛信到入迷的地步，必然看破红尘，感到一切皆为幻象，只有遁入空门，潜心修行。文化程度越高，情感越丰富者越会这样。贾府的宝玉，长于钟鸣鼎食之家，锦衣玉食，众星捧月，何等富贵，最后还是当了和尚。这是小说，不足为凭。可一代文化名人，能诗善画，多才多艺，风流倜傥，“翩翩佳公子”李叔同，变为青灯黄卷、暮鼓晨钟的近代史上的弘一法师，可是真人真事。他也是大彻大悟，彻到弃一切于不顾，悟到视盛名如敝屣。当然，李叔同变为弘一法师是特定历史条件的特定产物，具有时代特征。但他“悟”现实世界为“空”，却是宗教追求的最高境界。

哲学也是一种追求。孔子说的五十学易，可以无大过，是说五十可以知天命。天命可以是神学意义的，也可以是哲学意义的。从孔子不语怪力乱神看，孔子的天命偏重于天道。用哲学的话说，是知天道即把握宇宙规律当然可以无过，也就是不犯或少犯错误。在西方，伊壁鸠鲁也强调哲学学习的重要性。他说，不要说一个人，或者因为年轻而放松对哲学的学习，或者因为年老而厌倦对哲学的研究，认为已经太晚，要获得灵魂的健康，任何时候都不算太早或太晚。自称还没有准备好学习哲学或是学习哲学的年华已经过去的人，就好像在说自己因为太年轻或太年老而无法获得快乐一样。伊壁鸠鲁与孔子不同，他学习哲学的目的，不是为通天命而求无过，而是为了心灵的安静和健康。在我看来，孔子的说法和伊壁鸠鲁的说法都有可取之处。哲学既可通天道，也可通人事，对认识世界和自我修养都是有用的。哲学的最大作用是可以化识成智，即把对世界规律普遍性的把握变为主体自身的智慧。这也是悟，但不是宗教的悟而是哲学的悟。哲学是真正的关于现实世界的智慧，是关于人及其生活其中的世界的智慧。哲学不是把现实变为虚空，而是把被宗教异化出去的世界还给人本身，还原为一个真实的不可须臾离开的客观世界。在我看来，这是哲学高于宗教的地方。至于当今西方世界，宗教伦理化、哲学宗教化，以抽象的博爱代替对智慧的追求，这是哲学发育中的畸形儿，已经偏离了哲学的正道。

如果有条件，我们可以学习一点中国哲学和西方哲学，从中可以得到一些处世、处人的智慧。但是，我以为最重要的是学习一点马克思主义哲学。马克思主义哲学不是关于个人如何解脱的哲学，而是寻求阶级和全人类解放的哲学。试图把马克思主义哲学单纯作为个人的安身立命之道，如人们在儒、释、道中所寻求的那样是不可能的。因为马克思主义哲学本来就不是这种哲学。如果马克思主义哲学教人如何退让、保身，这就不是马克思主义。可是，由于马克思主义哲学从总体上对人与自然、人与社会、人与自我的关系做了深刻的规律性的揭示，因而为人提供了对宇宙、历史和人生的规律性的理解，即自然智慧、历史智慧、人生智慧。贯穿其中的世界观、人生观、价值观，无论对世界的认识和实践，或者对自身的道德修养都是有用的。从这个意义上说，学习马克思主义哲学也的确能使人“无过”。当然不是绝对的“无过”，人在实践和认识中的错误是难免的。聪明人不是不犯错误，而是不重复特别是不能一再重复错误。为此，应该学习马克思主义哲学。

马克思主义哲学为我们提供正确的世界观和思维方法。而世界观和方法论问题对人是至关重要的。人不能脱离世界，不能脱离自然。人既然生活在世界上，既然要每天每时每刻与自然打交道，就应该对世界、自然，以及人与世界的关系从总体上有个看法，这就是世界观和方法论问题。自然科学分门别类研究自然，但并不研究自然的本质问题、自然规律的客观性问题、因果性和必然性问题以及人与自然的关系问题；同样社会科学各个学科分门别类地研究社会现象，但不从总体上研究社会的本质、结构、规律、动力，以及人在社会中的地位和作用问题。人的认识和实践要求对我们的世界包括自然、社会、人之间的相互关系有个总体的看法。我们究竟是按照世界的本来面目看待世界，坚持从实际出发，实事求是，还是主观臆断，自以为是，这对人的认识和实践的结果是根本不同的。在 19 世纪下半叶，恩格斯曾经尖锐地批评蔑视哲学的某些自然科学家，说自然研究者尽管可以采取他们所愿意采取的态度，他们还是得受哲学的支配。问题只在于，他们是愿意受某种时髦哲学的支配，还是愿受某种以认识思维的历史及其成就为基础的理论思维形式的支配。为什么这样说呢？因为自然科学家的研究固然离不开观察、试验，但更离不开思维。要思维必然要有思维规定和运用思维范畴的方式。尽管科学思维是在头脑里运行，不像科学实验那样具有可观察性和可检验性，但科学思维模式对科学发现是至关重要的。恩格斯说过："没有理论思维，的确无法使自然界中的两件事实联系起来，或者洞察两者之间的既有的联系。"全部科学史也证明，如果科学家缺少必然与偶然性的观念、缺少因果规律性的观念、缺乏正确的思维模式，是不可能在科学中取得突破的。即使在实验中取得某种成果，但很难进行新的概括。一部科学技术发展史，同时也是辩证法战胜形而上学、唯物主义战胜唯灵论、各种认识模式发展的历史。只是由于哲学思维属于人们的头脑，是人的内在的思维过程，它的重要性往往容易被忽略。

至于哲学思维对于人的实践活动的重要性更是不言而喻的。例如，马克思主义哲学在中国革命中的作用就是不可替代的。毛泽东之所以高瞻远瞩，多谋善断，原因当然很多，但哲学思维水平是其中最重要的一环。人们只要读读《中国社会各阶级的分析》、《中国革命战争的战略问题》、《论持久战》、《新民主主义论》就可以知道，更不用说《实践论》、《矛盾论》、《关于正确处理人民内部矛盾的问题》。邓小平同样是如此。离开实事求是和解放思想的原则，中国社会主义建设的新格局是不可能出现的。或许有人会说，哲学如此重要为什么毛泽东晚年会犯错误？毛泽东晚年的错误正从另一个方面说明哲学的重要。如果毛泽东一如既往始终坚持实事求是的原则，就有可能及时纠正或缩短错误的延续过程。

对人来说，人生观的问题同样是至关重要的。人的认识和实践中的错误不少与人生观有关。人是万物之灵，他高于一切动物，因为他有理智，有道德，能行善。可人也能作恶，做坏事，人如果为恶，是任何动物所不可比的。可以说，有的人是动物中最坏最恶的动物，所谓禽兽不如就是指这种人。而为善为恶，做好事做坏事，原因很多，但对人生的看法，对人生的意义、目的和价值的不同看法是个很重要的因素。不知道人生的意义和目的，糊里糊涂，空虚或者纸醉金迷混日子，甚至为一己私利不惜干坏事，是一种人生。而有意义、有积极的人生要求和目的的人生，又是一种人生。这两种人生体现两种不同的人生观。法国的大哲学家蒙田讲过一段很有意思的话，大意是人生好比是奥林匹克运动会，有的是为夺取锦标在奋力拼搏，有的在比赛场做小买卖以谋取私利，还有的单纯作为比赛的看客。人生是五花八门的，我们每个人应该作为人生比赛的参加者而不应该是看客，更不应该是人生旅途中的小商小贩。

人生观问题，是个人生的境界问题。可是一个积极的人生观，并不能单纯以道德的善恶为依据，因为善恶观念是历史的变化的观念，而应该以科学的世界观为依据。不理解宇宙和历史的发展规律，在人生问题上就难以有高的境界。“砍头不要紧，只要主义真。杀了夏明翰，还有后来人。”这种临危不惧视死如归的人生境界，是建立在对历史规律的信仰基础上的，而科学的世界观提供的正是这种基础。

人的认识与行为是受人的价值判断支配的。价值观是个重要的哲学问题，是世界观和人生观的重要部分。没有科学的价值观就不能对事物、对人生的意义和目的进行正确的评价和选择。马克思主义世界观中就包括价值观。它不仅揭示世界的普遍规律，而且揭示这个规律对人类的意义，马克思主义哲学的科学性，要求它从实际出发，而它的价值观要求它始终把人类的解放和无产阶级以及劳动人民的利益放在首位。这两者在马克思主义哲学中是结合的。人生观也是如此，既要有科学性，懂得人生规律，懂得生老病死的必然性，不是非理性地恐惧死亡，企图长生不死，最终陷入迷信；又要真正懂得人生的价值和意义，既善待生命，又能在必要时勇于牺牲，既重视个人价值，又能正确处理个人价值和社会价值的关系。价值观非常重要。价值观的混乱，往往会导致社会风气的败坏。

我想，一个人如果真能掌握马克思主义哲学的精髓，能够对马克思主义哲学的世界观、人生观和价值观有比较深刻的体会、理解和运用，就有可能接近孔子的理想：无大过矣。这应该是我们作为一个马克思主义哲学工作者的追求，是真正使哲学属于自己的努力方向。

论“得意拜孔，失意读庄”说

得意拜孔子，失意读《庄子》。这是旧中国封建社会不少知识分子的“命运”，也是中国独特的政治文化现象。至今少数人犹有遗风，只是儒家的崇拜者在当今世界上不见得人人得意，但失意者依然喜欢庄子的人还是为数不少。这里面既有儒道的学术差异性问题，也有接受者的处境和人生观的问题。

其实孔子本人生前并不得意。东奔西走，周游列国，到处碰壁，他自己都说如“丧家之犬”。虽声称“道不行，乘桴浮于海”，也没有实行，还是设帐授徒，以当教员收束脩为生。孔子得意是死后，帽子越来越多，越来越高。孔子和以他为代表的儒家学说有许多好东西，其中不少成为我们民族文化传统的精髓，影响深远而长久。可孔子学说中也有不少有利于稳定既成的封建秩序而不利于变革的东西。他说，父在观其志，父殁观其行，三年无改父道，可谓孝矣。一切要率由旧章。君君、臣臣、父父、子子，一点都乱不得。以孝悌为本，不准犯上作乱。凡起来犯上的都是人人得而诛之的乱臣贼子。这一套，您看谁喜欢，谁举手赞成？谁不喜欢，谁举手反对？这是不言而喻的。因此，压在下面想翻过来的反孔；站在上面的想维持现状的尊孔。造反时反孔，当权时又可能尊孔。这真是此一时彼一时也。这不是偶然的，因为封建社会王朝的兴废，只是政权的更替，改朝换代，政权的本质没有变，仍然是建立在以血缘关系为纽带的农业生产方式的基础上，因而一旦处于统治地位，必然照样以儒学作为统治的意识形态。

在封建社会中得意者除帝王以外，还有金榜题名的儒生。所谓“学而优则仕”中的“学”，不是学其他知识或什么其他别的学问，学的就是“四书”、“五经”、孔孟之道。“仕”，就是做官。这是通过应试而跻身上层、加入统治集团的可靠之路。孔子是主张为政的，读书而不做官是不孝，是要打屁股的。孔子自己就说，“如能富贵，虽执鞭之士，吾亦为之”。

得意拜孔之说是有道理和事实根据的。一部中国的历史，自汉代罢黜百家、独尊儒术以后，不熟读孔孟经书是不可能为官从政的。但以孔子为代表的儒家学说在中国历史上发挥过重大作用，培养了不少治国人才和人文学说方面的大家，不少富贵不能淫、威武不能屈的民族英雄。文天祥临刑前说的“读圣贤书所学何事，而今而后，庶几无愧”的话突出了儒家学说在培养民族精神中的积极作用。

孔子的儒家学说确实具有双重性，一方面，孔子的儒家学说，在封建社会中长期处于统治地位，因为《论语》中论述的正名和修齐治平的一套学说，对当权者确有可用之处，所谓半部《论语》治天下的实质正在于此。问题是孔子还说过另外一些约束统治者的话，说过一些对为君、为父具有规范性的原则，说过一些爱护被统治者，例如，治国应该庶之、富之、教之、使民以时、节用爱民之类的话。所以，章学诚在《文史通义》中说，“夫子之言不一端，而贤者各得其长，不肖者各误其所”。是不是得其长者是贤者，否则为不肖，这不去管它，各家观点不同，难求统一。但有一点可以肯定，各长其所长，各短其所短，势必有各种孔夫子，真假莫辨。

鲁迅先生在他的名作《在现代中国的孔夫子》中，也是与历代尊孔者心目中的孔夫子分开的。他说，孔夫子到死了以后，可以说运气是比较好一点。因为他不会噜苏了，种种的权势者便用种种的白粉给他化装，一直抬到吓人的高度。在社会主义社会，我们可以比较有条件平心静气实事求是地评价孔子及其儒学。这当然是一个繁重的艰巨的任务，需要众多学者不具门户之见进行通力合作。这个工作应该是我们社会主义文化复兴事业中一项巨大的学术工程。

庄学与孔学不同。一部《庄子》全部是要人远离官场，视相位如腐鼠，与其留骨庙堂，不如曳尾泥途。说是酸葡萄哲学可以，说是阿 Q 精神可以，说是旷达洞明参透世事也可以。总而言之，人要役物而不役于物，要洒脱、逍遥、看透。这样，就可外生死、全生、养亲、尽年。这一高论，对于因各种原因处于困境中的人是有作用的。

我这个人本来读书不多，对庄子也只是道听途说的一点东西，没有好好读过。有次在我人生中发生了一件不小的事，算是补了《庄子》的课。“文化大革命”中，我既非当权派又不是学术权威，风平浪静、平平稳稳。我没有斗过人，也没有被斗过。幸免我的好友李秀林那样的遭遇。在北京大学学习结束后，回到原单位。开始坐了一段时间的冷板凳。我有的是时间，坐下来读点书。我读的最多的就是《庄子》，反复读，反正有的是时间。读上了瘾，确是手不释卷。我当时笼在心头的是一股消极情绪。我从《庄子》看到的是“处于材与不材之间，桂可食故伐之，漆可用故割之；人皆知有用之用”，莫知无用之用之类的说教。我是用一个“失意者”的眼光来读的，越读越灰。无怪，鲁迅先生当年劝青年少读甚至不读中国书，是有感而发的。如果钻在故纸堆中，“食古不化”，的确是有害的。我学过的一点马克思主义对我发生作用，很快发现了自己的错误。由消极转为积极，正视自己的错误和经验教训，全力投入新的学习，弥补失去的时间。记得当时写过一首诗：

风光岂独艳色好，霜染枫林亦醉人。
休怨上天增白发，脱尽牙齿舌犹存。
往事不宜频回首，荒园勤锄尚可春。
况复柳媚山川绿，十年贻误日兼程。

由此我想到近年来不断争论的关于马克思主义与中国传统文化的关系问题。马克思主义与中国传统文化并不是两不相容的，一个是社会主义国家的指导思想，一个是本民族的传统文化，各有自己的地位和作用。但是说它们没有任何矛盾也是不对的。这两种思想体系，就它们的时代性、阶级性和功能说，是有不同的。以儒家为主导的中国传统文化是建立在以血缘关系为基础的小农经济生产方式上的意识形态，它的主要功能是维护大一统的中国封建社会；可它与马克思主义仍然可以相容，因为它所要维护的封建制度已经灭亡，它为封建制度效力的意识形态功能已经消失，而现在可以凸显出其中包含的中国人民实践经验的精华，如不语怪力乱神，倡导仁爱、和谐，以及其他如以民为本的人文主义的思想等。

马克思主义与中国传统文化是可以结合的。我说的是结合而不是融合。融合是各自停留在原来的思想框架之内，彼此排斥；而结合则是用马克思主义观点对传统文化进行吸收、改造或再创造。中国共产党是以马克思主义为指导思想的党。我们不是以儒治国论者。我们尊敬孔子，因为他是伟大的思想家、教育家，而不是尊敬他是历代王者师，我们也不是依靠儒家学说来稳定社会。我们可以从儒家学说吸收有用的东西，但我们建立和谐社会靠的是立党为公，执政为民，靠的是以马克思主义为指导来正确处理社会矛盾。

事实上，任何人对传统文化的继承都是受自己时代制约的，都是站在自己的时代，按照自己的需要进行有选择的继承。不同的时代、不同的阶级、抱有不同目的的人，对传统文化继承的着眼点和重点是不同的。我们应该明确，我们是站在坚持先进文化的立场，继承那些有利于繁荣和建设有中国特色的社会主义文化需要的东西。我读《庄子》的路子开始有点歪，就是这个问题没有弄清楚。

而且，我们是继承和弘扬传统文化，不是无原则地颂扬，不能顶礼膜拜，更不能把当代人才能达到的思想和认识挂在古人的账上。无区别地把“天人合一”解释成当代生态学和环境科学，把当代信息论、系统论观点挂在《易经》、《道德经》上，甚至认为魏晋门阀制度符合当代优生学，风水先生是生态学家，看相算命、预卜流年是信息学家，如此等等，这种拔高，这种粉饰，实为荒唐可笑。

可见读古书并非开卷有益，还有个批判继承的问题。一些人不同意批判继承，以为批判二字不妥，应改为积极继承。其实批判继承也罢，积极继承也罢，都说明不能全盘接受，其中有个选择、思考、为我所用的问题。选择，既有科学标准，又有价值标准。就科学标准说，凡是包含对宇宙、社会、人生发展具有规律性的认识和智慧都可以算是精华，而宣扬天命、等级、特权，以及反科学、反理性的东西都应该是糟粕；从价值标准看，凡有利于人类进步、社会进步、增加人类知识和智慧的东西都是精华，反之，宣扬压迫有理、剥削有理、官贵民贱、压抑个性、存天理灭人欲之类的东西都是糟粕。

根据我自己的体验，体会到阅读古书接受什么、如何理解，不仅不可能离开我们自己的时代和需要，也不可能离开个人此时此刻的处境和心情，因此，很容易各取所需，歪读，读歪，犯片面性。其实无论是孔子或庄子，都是个包含各种成分甚至自相矛盾的思想整体。孔子的《论语》中，既有尊君的东西，也有爱民的东西，既有无友不如己者的“势利眼”，又有“三人行必有我师焉”的谦虚态度，既有“富贵于我如浮云”的超脱，又有“如能富贵，虽执鞭之士，吾亦为之”的实用态度，如此等等。《庄子》也是如此。既有外生死、生死齐一、乐死的一面，又有讲养生、尽年的一面；既讲安命，又讲逍遥游；既有讲安时处顺、不与人争的一面，又有傲视权贵、针锋相对的一面。庄子的不为物役、淡泊名利，仍不失为一种对待权力和财富的较好的可供选择的处世态度。如果加以改造，可对我们树立正确的权力观、利益观和地位观有一定的作用。

读庄有读庄的读法。把它作为一种自外于社会，对社会不承担任何责任，自以为逍遥、洒脱、通达，追求绝对自由是一种读法；把它作为一种个人的身心修养、对待生死和功名利禄的一种思维方法和态度又是一种读法。江泽民说，“功名利禄的思想太重了，没有好处，使自己不得自由。人应该有一种高尚的灵魂”。陈云也说，“个人名利淡如水，党的事业重于山”。可见共产党人并非不能从《庄子》中学点东西，问题是怎样学怎样用。如果读庄是在这些问题上用点功夫，而不是学如何避世、免祸、求全，不是讲一套此亦一是非、彼亦一是非，今天天气哈哈哈的方法，还是蛮有用的。

我们不能任意肢解古人。如果进行思想史的研究，我们要求全面、科学地研究他们的思想，探讨他们的思想背景、实质和尽可能接近理解原意。可如果我们是为自己吸收营养，完全可以抛弃一部分，取其一部分。通过自己的咀嚼、吸收，可以变为对自己有用的营养。这也就是毛泽东一贯提倡的取其精华、弃其糟粕的方法。我通过自己的体验，深感这个方法还是非常有效的。一个马克思主义哲学工作者，应该读点儒家的书，同样可以读《庄子》。如果从哲学上说，《庄子》可能启发更多，只要不是抱着“酸葡萄”的心情读。

论“不仁害人，为仁害己”

庄子提出的“不仁害人，为仁害己”这个难题，从理论上说是针对儒家的。因为儒家学说的核心说到底是个“仁”字。可又不仅是针对儒家的，而是一个现实问题，是我们在实际生活中经常碰到的矛盾。正确处理这两者的矛盾，对我们破除中国传统道德过分地强调慎独和个体行为的道德性，而不重视社会公德的局限性，是有好处的。因为在一个社会公德很差的大环境中，单纯个体的道德行为往往会陷入庄子讲的“为仁害己”的困境。

一个不仁的人，即道德品质很坏的人，对别人可能造成危害。可是一个道德很好的人，到处做好事，见义勇为，可能结果往往伤害自己。这种事例过去有，现在也不少见。例如，水性虽然不好但奋不顾身下水救人的仁者，结果自己被淹死。也许被救者是个坏人，是个社会价值远远低于救人者的人。这种极端的例子在日常生活中并不罕见，所谓好心不得好报。一个出租汽车司机见到被撞倒的老人，主动送他去医院，反而被老人的亲属诬为肇事者而不得脱身。诸如此类的事也发生过。为什么会这样？因为在一些人看来，人的本性是自私的，要不是他撞倒的，他为什么送老人上医院？忠而见疑，信而见欺，这种情况在我们这里并非绝对没有。

在社会生活中，吃亏的往往是仁者，而占便宜的往往是不仁者。有人说，学雷锋是不道德的，因为这一运动培养了一批专门占便宜的懒汉。有的人当雷锋，有的成为无偿占有别人劳动的被服务者。又有人说，社会就像两个人分苹果，一大一小，自私者先拿了一个大的，另一个人说，你为什么拿大的？反问者说，如果是你先拿，你拿大的还是小的？答道，我拿小的。正好我这样做符合你的道德良心。如果答道，我拿大的，正好，我已经做的正是你想要做而来不及做的。总而言之，谁按道德规范办事谁吃亏。

庄子的说法是把仁与不仁的矛盾推向极端。其实，社会并不是由仁者和不仁者两种人构成的。社会是由全体社会成员组成的。这是一个大集体。其中，当然有不仁者，即社会中的不道德分子。也有仁者即见义勇为者，但都是少数，最大多数是处于既非不仁也不是都能见义勇为的普通人。学雷锋的重要意义并不是单纯为一些人提供服务，而更重要的是树立一种高尚的新道德风尚。被服务者从学雷锋中学到的，是为人民服务的精神，而不是专门捡便宜的小市民习气。林子大了什么鸟都有，但这个捡便宜的人，绝不会影响学雷锋运动的社会价值。社会中人与人的关系也不是两个人分苹果。社会关系是多方面的。在经济领域它受市场经济规律的支配，这可不是分苹果，拿大苹果与拿小苹果不是由道德水平决定的，而是由竞争来决定的。至于在人与人的社会道德方面，扶贫助困，或者向弱者伸出援助之手，以及企业家回报社会的义举，不能用市场经济的标准来衡量，而是在人与人的关系方面树立一种非市场的助人为乐的风尚。如果在社会生活中，都不愿当仁者，以免害己，都不愿拿小苹果，以免大苹果被人先拿走了，先下手为强，这种观点在道德领域是错误的、有害的，按照这种观点行事，社会风气一定十分糟糕。

为仁害己的现象，在社会中的确存在。这就是见义勇为者自身受到人身伤害。因而在这种情况下，法律的介入是完全必要的。我们通过法律来处罚不仁者，即对社会造成伤害的人，援助见义勇为的人。这是道德和法律的不同之处。法律要求公平和正义，道德要求宽容和牺牲。因而道德和法律要相互配合。我们国家关于见义勇为而遭到伤害的人的法律保护，就是以法律来维护道德的一种措施，也是对道德的一种法律支援。而且我们也要分清具体情况，我们对青少年一般并不提倡见义勇为，因为他们是未成年人，在生活经验和体力方面都是弱者，应该是保护对象而不是保护者。见义勇为应该是成年人的事，特别是负有维护社会治安的人的神圣职责。

我们要避免不仁害人，为仁害己，要借助法律的力量。对不仁者的处罚，对仁者的法律保护，是完全必要的。但我们又不能仅仅指望依靠法律来推行道德，来维护道德，如果这样，无异于宣布道德作用的破产。道德的力量应该主要在道德自身。这种力量，一是道德的自律的力量，它依靠的是由于教养而形成的个人的良心作用。二是要重视公民的道德建设。不能把道德仅限于私德，限于个人的道德行为，而要同时强调社会公德，使仁者的行为不是孤立的个人行为而能成为一种社会风气，能得到大多数或绝大多数的认同和支持。当有人落水时不是围观，而是群起而救之；当与坏人斗争时，群起而攻之，正气压倒邪气。三是要强调社会舆论的力量，要充分体现社会舆论对正义和道德行为的支持。这三个方面的结合，将大大减少所谓“为仁害己”的现象。

为仁害己现象的存在，不能成为不为仁的理由。我们说过，任何社会都不是仁和不仁简单二分的。我们鼓励和表扬见义勇为，就是因为他们的行为能提高社会的整体道德水平，使处于仁与不仁之间的人，能从中受到教育。道德行为不是市场经济中的交换行为，它不是等价的。一个仁者的行为给自身带来的损失可能是无可弥补的，可这不能成为提倡各人自扫门前雪的根据。道德中本来就包含某种理想、某种牺牲，因而单纯从个人的角度考虑，可能从“为仁害己”的现象中产生道德害己论。可是，如果从社会的角度看，每个人的道德行为归根结底可以得到社会的回报。因为一个道德风尚良好的社会对个人的生存环境是有利的。我们不能把社会的人分为固定的仁者和不仁者，仁者总是受不仁者的欺骗和愚弄。事实上，道德教育的目的是提高全体社会成员的道德水平。因而一些所谓不仁者会在仁者的感召和榜样的作用下变为仁者，至于对处于两者之间的大多数更是表率。一个社会的总体道德水平就是这样逐步提高的。如果把“不仁害己”作为拒绝道德教育，作为不要提倡见义勇为的理由，甚至作为道德有害论的佐证，提倡先拿大苹果，否定学雷锋，这个社会肯定会由于道德的衰败而走向没落。

一个社会的道德水平往往是这个社会文明发展的尺度。我们党重视道德思想建设，制定了《公民道德建设实施纲要》，并规定每年 9 月 20 日为道德宣传日。公民的道德建设，突破了把道德限于个人的慎独、修身、涵养、孝亲等私人生活范围，而同时变为一种制约社会公共生活、社会交往的道德规范，变为全体公民的社会道德。这是私德和公德相结合，个人道德和社会道德相结合的道德建设工程。这是提高社会的整体道德水平，解决人类社会长期存在的“不仁害人，为仁害己”道德困境的有效途径。

热爱生命和生命至上主义

我是无神论者，我不信仰任何宗教。我不是从宗教角度理解这个问题。无论是要求为宗教信仰而献出生命，还是求神保佑生命，都与我的哲学信仰相悖。但我还是要说，人既然生存，就要生存得更好、更幸福，使生命更具价值和意义。因而，我反对悲观主义、反对对人的生命持冷漠态度的各种各样的唯利是图主义、金钱至上主义。

生命对个人是重要的，因为它是唯一的，不会重复。生命对社会是重要的，因为有生命的个人是社会存在的条件和前提。我不是宗教徒，我不宣扬什么众生平等，上天有好生之德之类的宗教教义或宗教化的道德教条。但我还是主张，无论是政府还是社会，都应该关注个体的生命，应该尽可能地保护人的生命。要比重视财富更重视人的生命，这体现了我们社会主义制度的人道性质。恩格斯在《英国工人阶级状况》中曾愤怒地抨击资本主义为利润而不惜牺牲工人特别是女工与童工的健康和生命的现象。在我们国家，也有企业发生打工仔、打工妹因无劳动保护中毒死亡或因锁门而死于火灾的事。这种资本主义早期原始积累的方式，与我们社会主义制度是不相容的。

生命现象是自然界普遍存在的，并非人类特有的。因而如何对待非人类的生命现象，既是环保问题，也是环境伦理学中的一个重要问题。在这个问题上，马克思主义者既不能持宗教原则也不能持泛道德原则。

我们要热爱自然，当然包括自然界的生命现象。这是保持自然界多样性所不可缺少的。我们在这个问题上坚持的是科学与价值相统一的原则。

▲ 学生为我祝寿，摄于人民大学职工食堂餐厅。左一为杨耕，右一为郝立新，中为作者。每逢生日，学生均表示祝贺："官高位退茶变冷，红颜易老星渐沉。莫看讲台三尺小，天涯海角多亲人。"教书的最大快乐是有学生。

从科学的角度说，凡是有利于保持自然生态，有利于人类生存环境的生命现象，都应该保护。凡是无害于人类生存的一切生命也应该保护。这样有利于自然的生态平衡。但不利于人类生存的生命现象，当然要依据自然生态平衡的需要适量消除。在这方面，我们是功利主义，人类功利主义。我们不是从抽象生命主义出发，而是从自然的生态相对平衡出发。我们不是生命至上论，而是生态平衡论。它的依据是科学，是自然规律，而不是抽象的道德原则。

当然，在马克思主义生命观中同时就包含着价值原则。因为平衡与否是以有利于人类自身的生存为标准和尺度的。如果把珍惜生命弄成自然界一草一木、一虫一兽都动不得，那人类何以生存？这种生命至上论，首先就是不珍惜人类自身的生命。正因为这样，我不完全同意法国人道主义者史怀哲的生命伦理学观点。他呼吁全人类要重视尊重生命的伦理。这种伦理，反对将所有生物分为有价值的与没有价值的、高等的与低等的。他说，“这标准是纯主观的”。说到这里为止，当然有一定的合理性，可他强调，“我们要对一切具有生存意志的生命采取尊重态度，就像对自己一样。这时候，我们便进入另一种迥然不同的人生境界”。这就从生态伦理一脚跨入到宗教。史怀哲这种关于善恶的标准，就是生命至上主义的标准。善，就是爱护并促进生命，把具有发展能力的生命提升到最有价值的地位。恶，就是伤害并破坏生命的发展。这是区分善恶绝对需要考虑的原则。至于与人类存在的关系则不在他的考虑之列。作为一个宗教徒，我们对他的这种说法并不苛求。可从人与自然的关系看，人类对自身的外部存在物采取何种态度，无论是无生命的还是有生命的物种都必须有利于人类自身的存在和发展。我们反对虐待动物，反对破坏人与自然的和谐是完全正确的。但一切生命都至高至贵的生命至上主义，实际上是对人类自身生命的轻蔑。事实上也行不通，人仍然要依靠食用某些动物和植物而生存，也就是说，要不断消灭一些生命来维持人类的生命。

我是谁

这是个哲学问题，不是常识问题。也就是说，是形而上的问题，不是形而下的问题。就日常生活来说，不会发生这个问题，哲学则不然。如果日常生活中这样问，一定会认为你神经不正常，可哲学家这样问，显得很哲学。

世界上没有恒定不变的我。我处于不断变化之中。从婴幼儿到青少年，再到中年老年，这是显著的阶段性变化。至于经常性的变化无时无刻不存在。今日之我非昨日之我。究竟什么时候的我算是我？当我说我时已不是原来的我。

你也是一样。因为每一个我对别人都是你，每个你对自己来说都是我。你也是无时无刻不处在变化之中。一个幼年相处的总角之交，老时重逢互不相识。“问姓惊初见，称名忆旧容”，因为你已不是原来的你。

其实何止是人，世界万物无不如此。希腊哲学家说，人不能两次踏入同一条河流。中国哲学家说，今日之火非昨日之火。道理相同。

为什么这样？因为变。变，使得世界万物不停流转，不断自我否定。从这里引出的重大哲学问题，就是世界的真实性问题。

佛教说四大皆空，或色即是空。因为事物没有不变的，它们都是“相”，是虚幻的东西，并非真实的存在。《金刚经》说的万物如泡影，讲的就是这个意思。由此引出的是人生无常、万物皆空的人生结论。

▲ 1950 年摄于复旦大学历史系一年级，距今六十多年。“世间岁月最无情，是我非我两难明。照片似曾旧相识，镜中只见白头人。”

这表明辩证法有两种，一种是消极辩证法，即由变而否定变化的物质载体，因而万物皆空，人生如梦；一种是积极辩证法，由变化而肯定世界的发展、社会的进步、人生走向完美。

“我”并不是无法捉摸的。虽然不存在一个永恒不变的我，而只存在一个永远流变似乎无法言说的我。实际上我仍然是我。这种在我的变化中的同一性，不是人的思想，而是人的思想的物质载体，即人的生物学存在本身。我思故我在，笛卡儿的这个命题反对机械唯物主义，强调人的主体性，有哲学史的意义，但并无科学根据。任何一个人的生理停止运转，思想亦随之停止思考。我在故我思，是常人的思维，而我思故我在，只能算是一种哲学思辨。

人类的全部经验都证明，我在故我思，而不是我思故我在。在我思故我在中的我，是不可言说的我，因为思想是不断变化的，而在我在故我思中的我，是可言说的我，因为我思是由我在决定的。

人不应该是哲学的障碍

佛经说，一切烦恼，皆因有我。我们也可以说，一切哲学争论皆因有人。我们是人，我们面对的是人的世界。在我们全部认识和实践活动中都有我。我，永远在场。我看、我想、我交谈，如此等等。因此，人是任何一个“我”的活动中不可能抽象掉的主体。这本来是简单的事实，任何人都不能否认的事实。只因有人，才有人与世界的关系问题；只因为有人，才有人对世界的认识问题；只因为有人，才有审美活动的问题。这些都是哲学需要解决的问题。人的存在是一切哲学研究的前提。没有人，一切都无从谈起，也用不着谈。可哲学家们却把这个前提当作结论。无论是海德格尔的《存在与时间》，还是萨特的《存在与虚无》，都是以人的存在当作世界围绕旋转的轴心。既然人是存在物中独特的存在，是一切存在得以展现和揭示的窗口，那么一切存在都只能是人眼中的存在，都只能是依存于人的观念的存在。

毫无疑问，人与世界的关系不是简单的反映与被反映的关系。世界不会向人走来，而是人向世界走去。人要通过人的实践认识世界、改造世界，当然首先要在人的头脑中形成关于世界的主体形象。可是，人的认识和实践活动必然有个前提，这就是存在一个被认识和实践的对象。巧妇难为无米之炊。任何人都不可能从虚无中构造一个对象性存在。客体的存在先于它在主体中思维的存在，这是不可改变的规律。有人说，我们人类创造的东西，哪一样不是先在主体中存在然后才成为现实存在？可没有一个人问，主体中关于客体的存在的构思，哪一样不是从对象中形成的？物质变精神，精神变物质，起点是物质和改造物质的实践活动，而物质的存在先于活动。如果说物质与意识都不是起点，起点是实践，这也不对。因为实践只能是人的实践，它天生不能离开主体，而存在并不必然具有对主体的依赖性。

以人是主体为由，把一切存在纳入主体存在的结构之中，注定不可能超越唯心主义。这种观点认为，既然审美是人的活动，因而美与丑的问题完全是由审美主体的内在意识决定的。美不是发现，不是欣赏，而是根本与对象无关，是由审美的眼睛创造出来的。既然认识是人的认识，没有主体就没有认识，而主体认识是以自己的先验认知结构和前在的认识为条件的认识，因而反映论是机械论，认识只能是主体在观念中的重构和选择。总而言之，只要有人参与，一切认识都有理由被移入主体的意识与自我之中。所以根本不存在反映的问题，一切都是主体的理解和解释。什么客观性、规律性都是“胡说”，都是实体性思维。

在所有存在物中，只有人才有意识，才有语言，才有主体间性的交流，这本来是优点，是人优于一切动物的长项。人为了自身的生存和发展，要正确认识自己面对的自然，认识所处的世界，认识自己的对象，可在一些哲学家那里，人的高度发展的自觉性和意识没有使人能超越一切动物的本能而深入世界，而是变为人与世界之间的屏障。人不可能认识对象，因为意识是个人的、主体的；人不可能真正交流，因为语言是不可言说的，要通过彼此“解读”才能越过这个卡夫丁峡谷。人对客观对象、对历史、对文本甚至对人们的语言交往，只能是理解、解释，而不可达到真实。

人，有意识和自我意识，有思维，有语言，有认识世界和改造世界的能力，这本来是人之为人的力量所在。可当对这些加以唯心主义的解释，就把人作为抽象的主体，把一切客观的东西都移入主体之中，其最后结果反而使人变为人的认识和行动的障碍。人的主体性变为哲学永远解不开的死“结”。

家犬与猎犬

我们的宿舍是混居的，有教员也有工人。我的邻居就有工人，特别能干。修车，修灯，样样能干。房子拾掇得干干净净，可我就样样不行。难道是因为他能干才当工人，而我生活无能才置身教员？当然不是。应该反过来说，他因为当工人才变得样样能干，因为他的生活环境使他这样；而我则因埋头书本而变得生活无能。正如亚当·斯密讲的，哲学家与清道夫的区别并不比家犬与猎犬的区别大。还是这些知识分子，在江西干校时，打石头，盖房子，养猪种菜，样样都像模像样，连老乡都称赞。易地而处，人的才能是会变的。

家犬与猎犬的区别，是由人工选择造成的，而哲学家与清道夫的区别则是社会分工形成的。人是社会的人，人既是社会的创造者又为社会所决定。个人的状况、发展和才能，归根结底决定于他所生活其中的社会。私有制的产生，社会的分工，特别是体力劳动和脑力劳动的分离，推动了生产力的发展，也大大促进了文化的发展和文明进步。没有脑力劳动和体力劳动的分离，就没有古代希腊罗马的思想家，就没有苏格拉底、柏拉图和亚里士多德。在中国就没有孔子、老子、庄子，没有诸子百家，没有古代的文化繁荣。整个阶级社会的发展都是这样。

可是，在以往社会的文明进步中，包含着不可克服的矛盾。由于旧的分工而带来的是人的才能的片面化，个人被终生固定在某一种职业上，从而造成人的畸形发展。由于脑力劳动和体力劳动的分工及其矛盾，为整个社会提供物质产品的劳动者终生从事繁重的体力劳动，被剥夺了发展自己的智力和精神才能的机会。进入资本主义社会以后，这种由私有制和旧的分工造成的人的片面发展更加尖锐，马克思批评资本主义社会说，生产表现为人的目的，而财富则表现为生产的目的。这样，在整个阶级社会中，人的自由而全面的发展是根本不可能的。

在历史上，有些思想家已经看到了人类文明进步所包含的这种矛盾，例如，卢梭赞美人的自然状态而批评文明社会，认为人在自然状态下比文明社会更加自由和平等。他的观点曾经遭到伏尔泰等哲学家的反驳和嘲笑，认为他对文明社会的批评使人想重新回到用四只脚走路的动物时代。其实卢梭绝不是想回到动物时代，而是对资本主义社会种种不平等现象的不满。何止是卢梭，19 世纪三大空想社会主义者都对资本主义社会的文明和旧的分工带来的种种弊端进行过抨击。可是在人类历史上，只有马克思和恩格斯对这种文明进步中所包含的矛盾进行了科学分析，认为这是历史进步不可避免的代价。恩格斯说过，我们永远不应该忘记，我们的全部经济、政治和智慧的发展，是以奴隶制既为人所公认同时又为人所必需这种状况为前提的。这不是对奴隶制的赞美，而是一种科学态度，不以后人对奴隶的义愤为据进行道德的评价。历史发展的规律是不以人的意志为转移的，历史进步过程中的一定时期，人的不自由和片面化是不可避免的。人类发展到当代资本主义，生产力的高度发展和科技的进步为人类消灭自身的不自由和片面性不断在创造物质和文化条件。

理想的人，是许多思想家都曾经思考过的问题，中国的儒家追求的是圣人、贤人。孟子说过，人人皆可为尧舜；庄子的理想是至人、真人。这些都是从个人的道德修养的角度讲的，而且也是根本不能实现的。

马克思主义也有自己关于人的理想，这就是人的自由和全面的发展。马克思和恩格斯在《德意志意识形态》中曾经尖锐地批评过旧的分工，并描述了自己的理想。他们说，当分工出现之后，任何人都有自己一定的特殊的活动范围，这个范围是强加于他的，他不能超出这个范围：他是一个猎人、渔夫或牧人，或者是一个批判的批判者，只要他不想失去生活资料，他就始终应该是这样的人。而在共产主义社会里，任何人都没有特殊的活动范围，而是都可以在任何部门内发展，社会调节着整个生产，因而使我有可能随自己的兴趣今天干这事，明天干那事，上午打猎，下午捕鱼，傍晚从事畜牧，晚饭后从事批判，这样就不会使我老是一个猎人、渔夫、牧人或批判者。这段具有浪漫主义色彩的设想，不能看成对未来社会要取消社会分工的科学判断，而只能视为对废除旧式分工后人的全面发展的具有浪漫色彩的文学描述。

共产主义社会是一个个人自由和才能全面发展的社会。所谓自由就是个人能够摆脱外界异己力量的支配而进行自觉的活动，他的个人的自由不再与别人的自由相对立，而是为其他人的自由创造条件；所谓全面发展，是指个人不再束缚于旧式的分工，终生只从事某一种职业，使自己多方面的潜在的才能得到发挥，特别是消除体力劳动和脑力劳动的分离与对抗所带来的种种弊端。由于生产力的高度发展，人类用来生产物质生活资料的劳动时间会大大缩短，闲暇时间会大大延长，因而个人完全有可能在多种领域发展自己的才能。马克思所描述的人可以在多种领域中展示自己的才能和兴趣，不是说在未来的共产主义社会中不再有分工，不再有专业，不再有特长和专长；相反，人的全面发展可以使自己在旧的分工下得不到发挥的才能得到释放，使人真正成为自由的、有个性的、具有多种爱好又学有专长的人。人不可能自由到没有任何约束，不可能全面到无所不能。人不是神，在任何社会中都不是神。离开与资本主义社会的强制性分工、人的异化和畸形发展的对比，就不可能理解马克思和恩格斯关于人的自由和全面发展的真正意旨。

如果说人类以往的全部历史是为人的自由和全面发展准备条件的话，那么我们正在建设的中国特色社会主义就是处在实现这一伟大理想的历史进程的起点。我们仍处在社会主义初级阶段，它距离将来实现人的自由和全面发展的共产主义社会仍有一个非常漫长的过程，但共产主义的前途并不渺茫。我们在社会主义初级阶段所做的一切都是朝着这个方向前进。我们建设中国特色社会主义的各项事业，我们进行的一切工作，既要着眼于人民现实的物质文化生活需要，同时又要着眼于促进人民素质的提高，也就是要努力促进人的全面发展。这是马克思主义关于社会主义新社会的本质要求。我们要在发展社会主义物质文明和精神文明的基础上，不断推进人的全面发展。

要促进人的自由和全面发展，当然首要的是要发展生产力，特别是要代表先进生产力的发展要求，没有生产力的高度发展，没有高度丰富的物质资料产品，当人们还处于贫困状态的时候，为自己的生存而斗争的时候，一切陈旧的腐朽的东西都会死灰复燃，根本谈不上人的自由和全面发展问题。

我们不是古代的圣人，我们不提倡“安贫乐道”。当然这不是说只要物质生活丰裕，只要吃好、穿好，只要高消费就行，这是另一种片面性。君不见西方资本主义国家和我们国家先富起来的一些人所养的宠物，例如，狗，有华丽的狗衣，美味的狗食，可狗仍然是狗，仍然是动物。人之所以为人，就在于人不仅有物质生活，而且有精神生活。单纯的物质需求，只表明人是一种有生命的存在物，只有当人同时有丰富的精神生活时，才是真正人的生活。动物的生命是生存，而人的生命是生活，所以人的自由和全面的发展是以高度发展的物质文明和精神文明为前提的。

精神文明的建设与全面提高人的素质是不可分的。没有人的素质的提高，人的自由与全面发展是一个永远不能实现的幻想。人的素质是多方面的，它包括思想道德素质、政治素质、文化素质、专业素质、身心素质等。而文化素质又可分为人文素质和科技素质。在当前，要努力提高全民族的思想道德素质和科学文化素质，实现人们思想和精神生活的全面发展。在提高人的素质，促进人的全面发展的伟大事业中，我们社会的许多部门包括家庭都负有重要的责任，但最直接、最关键的是我们的各级教育部门。我们要在教育改革中，改变中国长期的应试教育的传统，重视素质教育，不然的话，全面发展的总体目标是很难达到的。

当然，人的全面发展不仅是个教育问题，更重要的是个实践问题。因为人的才能的多方面的发挥和形成，不可能脱离人的实践活动而仅仅在课堂里就能达到。何况，我们说的是社会成员的全面发展，而不是某一个人的全面发展。这只能通过社会全体成员的实践活动才能实现。马克思早在一个半世纪以前就明确指出：只有改变了环境，他们才会不再是“旧人”，因此，他们一有机会就坚决地去改变这种环境。在实践活动中，在改造环境的同时也改变着自己。

我们在实现全面建设小康社会的过程中推进人的全面发展，同推进经济、文化的发展，改善人民的物质文化生活是互为前提的。人越全面发展，社会的物质文化财富就会创造得越多，人的生活就越能得到改善，而物质文化条件越充分，越能推进人的全面发展。社会生产力和经济文化的发展水平是逐步提高、永无止境的过程，人的全面发展程度也是逐步提高、永无止境的历史过程。这两个历史过程应相互结合、相互促进地向前发展。

可我们面临的矛盾还很多，义务教育的普及问题、城乡二元对立问题、各地区发展不平衡问题等，总之，虽然总体状况在改善，但家犬与猎犬的区分不仅难以消失，而且在不断强化这种区别。我们离理想的实现还任重而道远。我这个“百无一用”的书生，是历史潮流造成的，也可以说是分工造成的。历史中形成的可以在历史发展中消灭。我相信未来的青年人将比我们老一代发展全面，潜在的才能得到合理的发展。

“不为五斗米折腰”说

陶渊明当彭泽县令，只有八十多天，因为不愿对上司迎来送往，低眉敛容，因而弃职归隐，高风亮节，很是受到人们的赞誉。但我想，如果陶县令没有田园可归怎么办？他虽没有良田千顷，但还是有个退隐之处。人们只要读读他的名篇《归去来兮辞》就很清楚。“童仆欢迎，稚子候门。三径就荒，松菊犹存。携幼入室，有酒盈樽。引壶觞以自酌，眄庭柯以怡颜。”这种生活自是快意，绝无衣食之虑。进退自如，能官则官，不官则隐。在中国的长期封建社会中，做官的大都是地主出身，最不济的也是个小地主，都有负廓之田，因而有业可恃，有退身之处。要不然，不为五斗米折腰，虽愿为也难为也。

资本主义社会的情况又不一样。随着资本主义社会政治制度的确立，各级政府的官员没有人身依附关系，没有人格高低，按制度办事，不存在谁对谁折腰不折腰的问题。所以封建社会通行的那种气节观不存在。当然也会有另一种问题，如任满，如落选，如辞退。他们不为官可以为商、为学，总之，他们有一技之长，可以生存下去。可以这样说，封建社会的官，他的退路，是家中有地；资本主义社会的官，他的退路，是身上有艺。总统任满，可以当教授、当董事长或什么公司的高管之类。

社会主义社会怎么办？在革命胜利后的一段时间内，我们的官员，即各级干部，是以革命为职业的职业革命者。他们没有财产，我们的革命本来就是无产阶级的革命，他们不允许有私有财产，也不可能有财产。即使出身有产阶级家庭的人也早已与原来的家庭划清界限。经过土改和三大改造原来的有产者也已变为无产者。他们的唯一职业就是“做官”即当干部。按规定退休之后也无衣食之虑。这是应该的，这体现了我们社会主义制度的优越性。这种制度的一个必然结果，就是干部除了当干部，别无其他生活之途。因为他们既不像封建社会的官员，家里有地；也不像资本主义社会的官员，身上有艺。可以说，他们唯一的长处就是当干部。如果出了问题，例如，犯错误、被开除、被处分之类，一旦离开工作就无法生存，如同鱼离开水一样。这种对职位的依赖性，不会出现主动辞职的问题，更不会出现“不为五斗米折腰”挂冠而去的问题。这种干部制度有我们的优点，即干部对事业的忠诚，但也有我们的问题，即一支不断扩大依靠皇粮的没有专业特长的干部队伍。

改革开放以来，我们的人事制度改革取得了很大的成绩。领导干部终身制已经废除，公务员需要考试；一定的领导职位也可以公开招考。干部的文化水平和专业技能比起改革前有了巨大的变化。不用说与战争和革命年代相比，即使与“文化大革命”前相比，我们国家已在很大程度上实现了干部知识化，只是基层政权中还要继续这个过程。这种状况，显然有利于废除领导干部终身制，有利于干部队伍的调整、流动与优化。当干部并不是唯一的选择。每个国家的公务员可以在多种领域中发挥自己的才能。

我们现在还真有些人官瘾很大，热衷于什么级什么级的干部，甚至发生跑官、买官、要官的事情，这当然是因为有官即有权，有权即有利。一个真正学有专长的人一般是不会这样做的。只有除了当官什么都不会，视当官为一本万利之徒才会热衷于跑门子钻路子。我们不提倡“不为五斗米折腰”的封建士大夫式的清高，但我们要有这种骨气和本领，即不当官，我们仍然能有作为，不会因不当官而产生失落感。我们的干部专业化和知识化程度越高越容易做到这一点。虽然现在考公务员仍是热门，是旱涝保收。我相信，随着改革的深入和干部队伍知识结构的变化，为官为学，为工为商，各得其便的日子一定会到来。

历史与现实

没有一个皇帝不喜欢忠臣。为自己的江山长治久安计，也懂得要近贤臣远小人。可历朝历代照样有赵高、秦桧式的人物；有蒙恬、岳飞这类惨遭谗杀的忠臣良将。几乎每个王朝都发生忠奸颠倒的事，后人总是不断地重复前代的错误。这个历史经验值得总结，它具有历史认识的价值，更具有现实价值。

人们的历史辨别力取决于现实辨别力。布罗代尔的话是对的。他说一个历史学家的才能，最重要的是对现实的理解。如果一个人对现实问题都没有分析能力，没有现实感，我就不相信他有历史辨别力。人们之所以敢对历史说三道四，因为它是历史。已经逝去了的历史事实无法再现，死去的人没有发言权。人们自以为看历史很清楚，是因为历史是已经被咀嚼过无数次的陈年旧账，案好翻，话好说。

现实比历史困难。这不仅因为历史领域自由的空间大，而且历史作为已成之事，很多情况已明，是非比较容易辨别。可现实是正在进行的活动，人物行为的动机、活动甚至真实过程都是被遮蔽的。特别是政治性人物，他们的利害关系、政治结盟的需要以及多种因素的作用，很容易形成忠奸颠倒的假象。这是以往封建社会皇权体制难以避免的现象。因为忠奸好坏的标准是皇帝个人好恶和统治者的政治需要，而非群众的利益。

忠奸颠倒的事情在民主制度下很难发生。没有帝王就没有对个人的效忠。没有对个人的效忠就没有忠奸之分。在民主制度下，只存在办事公正与否、尽职与否、胜任与否、贪污与否，在群众眼皮底下，这些都是容易

▲ 2004 年摄于湖南宁乡刘少奇故居前。“自古忠奸最难明，历史血染多泪痕。沉冤已雪成旧事，世人犹说开封城。”少奇的不幸不仅是个人的也是民族的，它充分说明社会主义制度自我完善和建设法治国家的重要性。

辨别的，不容易发生大的颠倒。即使一时分辨不清，很快能弄清楚，不用死后昭雪。因此在资本主义制度下没有封建社会那种被冤屈的悲剧性人物，只存在被历史抛弃的无能人物，或被历史钉在耻辱柱上的人物。这是民主制度比专制制度优越的地方。

我们国家是社会主义国家，共产党是无产阶级政党。我们实行的是民主集中制。应该说，我们的社会民主和法制并不健全，我们的一些错误，都与此有关。这个教训，值得吸取，我们党非常重视这个问题。正在继续探索具有中国社会主义特色的政治体制改革之路。

对现在而言，过去的时代已为历史。对过去时代的总结，已成为历史的总结。越是历史越可能客观，但一定要有马克思主义哲学特别是历史唯物主义的素养。

不知生，焉知死

我们的先哲孔老夫子的这句话实在明智，比多少本关于生与死的教科书更有价值。宗教和一些悲观主义学说，把重点放在死亡的问题，因此他们关于人生意义的学说讲不出多少有积极意义的东西，最多是教人把死亡看成解脱，或者是教人平静地对待死亡。庄子的死生一体可以看成关于生死问题的最通达的境界，在《至乐》中对死亡无穷乐趣的赞扬也包含这个意思。作为对待死亡采取顺其自然的态度，反对恐死症是有意义的。但作为一种人生观——怨生乐死——是消极的。其实，即使是庄子有歌颂死亡的至乐，也有全生养亲尽天年的《养生主》呢。

死，是必然的、不可避免的，上帝绝不忘记任何一个人。这是谁也知道的道理。企图长生不老的人是有的，过去有过，现在也难保没有个别人会这样想。可是人终究会死，这是不以人的意志为转移的。在人生问题上把重点放在死的方面是不明智的。托尔斯泰说过，研究生命的目的只是为了使生命变得更美好。我以为哲学的学习，应该是一切为了生，使生活变得更丰富、更有价值，而不是向往死亡。

蒙田说过，人类之幸福在于快乐的生存而不在于快乐的死亡中。他还批评说，如果我们还不知道如何生活，那么教导我们如何去死就是不公正的，如果我们知道了如何坚定而镇静地生活，我们也就会知道如何同样地去死。他极力反对那种认为我们应该一直把死亡放到眼前，在死亡降临之前就看到它和考虑它的死亡哲学。蒙田认为，我们并不需要防备死亡，那是一瞬间的事。应该防备的是对死亡的准备。因为一个人时刻想到死亡，

▲2006年摄于井冈山黄洋界，右为江西师范大学王荣有教授。“云拥黄洋雾蒙蒙，仿佛仍有炮声隆。峥嵘岁月弹指过，英名不朽与山同。”井冈山是红色圣地，井冈山精神也应该成为我们哲学工作者的精神。

准备死亡，恐惧死亡，这对人的生活不啻一个每时每刻套在人的头上的枷锁，剥夺了人的生的乐趣。按照蒙田的看法，人应该在领悟生命的短暂中，努力从分量上延长生命，通过迅速地把握住生命来阻止生命的飞逝，通过运用生命的活力来补偿生命的仓促。人对生命的占有越短暂，就必须使这种占有更充分、更深沉。

这当然不是说，死亡问题不重要，不是一个哲学问题，可以不予理会。而是说，就生与死的关系来说，重点应该是生。对死亡的正确观点有赖于正确地看待生的意义和生命的价值，而不是孤立地就死亡谈论死亡。死的意义和价值一旦和生的意义和价值相隔离，它除了宣告人的彻底结束以外，不具有任何积极的社会学的和人类学的价值。其实死的意义和价值取决于生的意义和价值。为国捐躯和一般的自然的死亡意义是不同的，虽然其结果一样，都是死。古希腊哲学家赫拉克利特说过，“战场上捐躯的灵魂比在瘟疫中死亡的灵魂更纯洁”。楚辞中的名篇《国殇》中对为国捐躯者的吊唁也表明了这一点。

我们不能忌讳谈死。哲学家更应该把对死的思考作为一个重要的哲学问题。可是在生和死的问题上，重点应该是生。只有知道怎样生，才能知道应该怎样死；知道生的价值，才能知道死的意义。

从这个角度说，死，并不是任何年龄段的人都应该着重思考的问题。对少年，对正在成长的青年，应该忘掉死亡的恐惧和威胁。而到了老年，则应该思考死亡，对死有个正确的看法和必要的思想准备。这并不是害怕死，也不是等待死亡，而是为了更好地度过余年，完成自己的人生使命。如果到了老年仍然对死亡问题没有认识，没有思想准备，一旦大病在身或死神敲门时，往往陷入比死还要难受的心灵痛苦。卢梭说过，一个老年人如果还该学习的话，那就该学习怎样去死；而正是这种研究，人们在我这种年纪却极少进行；人们思考一切，唯独这是例外。所有的老年人都比孩子更留恋生活，都比年轻人更舍不得摆脱。可如果到老年，还忌讳死亡，没有任何思想准备，将会在死神敲门时陷入极大的无法忍受的惊恐。

我们应该把死亡问题列为老年学中的一章，而对青少年则应该强调生的意义和价值。这是我这一生学习哲学的收获。及格与否，还得等着瞧。

头脑是一件危险的武器

如果头脑塞满了错误观念，头脑就是一件危险的武器。一些理性主义的反对者们，一些非理性主义的积极倡导者们，实际上是在使头脑变成一件危险的武器，变为由狂乱的、疯狂的念头所驱使的非理性人。这种人，当然是危险的。我们在现实社会生活中见到的那些刑事犯、各种各样的反社会分子，不都是在头脑中塞满了错误观念的人吗？他们有头脑——生理的头脑，也可以说，没有头脑，即没有一个为正确观念所掌握、能正常思维的头脑。

大脑只是思维的器官，它本身只具有思维的能力，但不知道应该如何正确思维。正确地思维是由主体的各种观念支配的。尽管大脑结构是一样的，可对同一对象的看法、想法可以是迥然不同的，这个不同并不取决于大脑的机能，而是取决于思维主体的先有观念和思维方法。所以一个人的既有观念是非常重要的，它决定人们如何吸取观念，如何思维。正因为这样，我们要重视从小就进行思想道德品质方面的教育。根据我国对少年犯的调查，其中七成以上都接受过不良文化的影响，而暴力型和奸淫型少年罪犯，九成以上看过凶杀、暴力、淫秽录像和黄色书刊，从而在自己的头脑中塞满了各种暴力和淫秽观念。这种为各种错误观念支配的头脑，就是最危险的头脑。

这里牵涉到培根的一个著名的命题：知识就是力量。从它产生的时代背景和推动人类科学进步，反对中世纪神学统治来说，这个命题当然是正确的。可是知识的作用从来不是单独存在的，它是一种善的力量还是一种

▲2001年摄于北戴河宾馆门前，右二为戴逸，右三为龚书铎，右一为作者。“二十年后又重游，涛声依旧不胜忧。迷人风光但剩海，浪花如泪水诉愁。”螃蟹绝迹，鱼虾难求，游人如织，排档毗邻。不像休假胜地，仿佛旅游景点。

恶的力量，取决于人们如何应用知识。如果知识塞进一个有害的头脑，它就比没有知识的头脑更可怕。“大盗不操矛”，如果为非作歹，有知识比无知识危害更大。

2003年9月19日《晨报》报道，英国揭露了一个操纵欧洲最大卖淫团伙的组织者，是一个受过高等教育、在伦敦和法国著名商校学习过、拥有两个大学文凭、精通八国语言、曾在联合国难民署工作过的名为麦克唐纳的女人。她有语言优势和商业知识，但更有一个腐朽的灵魂。她的语言才能为她联络世界上的顾客服务；她的商业才能为她建立和管理庞大的色情集团服务。正如报纸的评论所说，由于精通法语、意大利语、西班牙语、希腊语等多国语言，还会讲日语、阿拉伯语，麦克唐纳能自如地和各国的嫖客交易，她在法国著名的兰斯管理学校学到的管理知识则使她对欧洲金融系统十分熟悉。知识成了麦克唐纳赚钱的工具，却无法挽救她堕落的灵魂。这个例子只是世界上数不胜数的例子中的一个。我们国家最近也发现一个高智能犯罪的案例。一位硕士生，由于与合伙经营企业的经理有矛盾，居然在他的办公室的吊顶内安置了一个核放射源，导致包括经理在内的七十多人呕吐，头痛，消瘦，后经专业人员的检测并经立案侦查才发现是这位具有科学知识的硕士生的报复所致。此外还有生物学的博士制造冰毒，等等。他们有科学知识，但这种知识对他来说不是为人造福而是作为犯罪手段。可见，为错误观念支配的头脑，越是有知识，它的危害性越大。在这个意义上头脑的确是危险的武器。理解这一点，对我们正确理解哲学中关于人的主体性问题很有帮助。

读书两忌

写作没有秘诀，读书也没有秘诀。不过借鉴别人的经验，结合自己的体会，还是会有所帮助的。

读书有两忌：一忌读什么，信什么；另一忌是信什么，读什么。如果读什么信什么，就会变成书的奴隶，让自己的头脑变成跑马场，任别人践踏。相反，信什么读什么，就会把自己的头脑封闭起来，变成某个人或某种学说的私人领地，任何新思想都进不去。

在现实生活中，读什么信什么的情况并不少见。这可能产生两种不同的后果，或者是被一种先入为主的观念俘虏，变成错误学说的信徒。有的学者很风趣地称之为“二世现象”，即读萨特就爱萨特，读胡塞尔就爱胡塞尔，读什么就变什么，就是这种情况。也可能是相反的情况，由于自己没有主见，觉得书中讲的都有道理，观点三日一变。特别是当书中观点彼此矛盾，各有所说时，更是不知所从。

《道德经》中有一句话：少则得，多则惑。老子的原意不是用来讲读书的，可我以为借用来说明读什么信什么的后果，倒是适用的。多则惑，讲的正是读什么信什么陷于无所适从，即陷入惑的困境。读书本来是求解惑的，结果书读多了不仅未能解惑反而愈读愈惑，失去了读书的本意。孟子说的尽信书不如无书，用在此处，尺寸刚好。

这当然不是主张不要多读书，不要博学。书应该多读些，知识面应该宽些。可是多读书有个前提，这就是不能采取读什么信什么的态度，而应该以追求真理为目的，即读书在于求真。既不能先入为主，又不能六神无主。要在多读中通过比较分析逐渐形成自己的正确观点。少则得，这个少也是相对的，并不是愈少愈好。少则得，实际上强调的是读书要有自己的见解，从所读的书中获得真正有用的东西，即使是读的不多也是有所得，远胜于那种越读越糊涂的读书方法。

另一忌是信什么，读什么。这表现在专业上就是学什么，就只读什么。我们的大学是分系的，系中有多种专业，一个专业有多个方向。我们以哲学为例，如果学马克思主义哲学的，不读点中国哲学、西方哲学的书，只是在几本马克思主义经典原著上打转转，肯定学不好；同样，学西方哲学只读西方哲学，不读马克思主义哲学的著作，也不读中国哲学的著作，成就肯定有限。学中国哲学的亦复如此。更不用说，有门户之见，学中国哲学瞧不起马克思主义哲学，学西方哲学又瞧不起中国哲学，瞧不起马克思主义哲学。而学马克思主义哲学的又视中国哲学、西方哲学为另类。每个人只读自己学的，只信自己读的。彼此贵己而贱人，结局如何，不问可知。

这种倾向，在人文与科技的关系问题上表现得更为突出。在当今西方思潮中所谓科学主义和人文主义的对立问题，从专业的角度说，往往会表现为科技知识分子与人文学科知识分子的彼此的相互轻视、误解和排斥。本来自然科学和人文科学是对统一世界认识的不可分离的两个方面，合则两利，离则两伤。现在西方的有识之士已经认识到这种对立的危害，主张人文文化和科技文化要相互渗透，彼此结合。我们国家重理工轻人文的现象也相当严重。如果理工学生不读人文方面的书，而人文学科的学生对科技方面的书根本不感兴趣，双方都可能变成狭隘意义上的专业人才。

当然，生命有限，书是读不完的。读尽平生未读书，只是豪言而已，没人能做到。但是无论读多读少都要记住以上两忌。这也是我一生读书的教训，也算是人生经验的总结。因为一个教员的一生，就是读书的一生。

图书在版编目（CIP）数据

陈先达文集．第9卷，哲学心语/陈先达著．—北京：中国人民大学出版社，2015.9

ISBN 978-7-300-21842-7

Ⅰ．①陈… Ⅱ．①陈… Ⅲ．①陈先达-文集②哲学-随笔-文集 Ⅳ．①B-53

中国版本图书馆CIP数据核字（2015）第211990号

陈先达文集　第9卷
哲学心语
Zhexue Xinyu

出版发行	中国人民大学出版社		
社　　址	北京中关村大街31号	**邮政编码**	100080
电　　话	010－62511242（总编室）		010－62511770（质管部）
	010－82501766（邮购部）		010－62514148（门市部）
	010－62515195（发行公司）		010－62515275（盗版举报）
网　　址	http://www.crup.com.cn		
	http://www.ttrnet.com（人大教研网）		
经　　销	新华书店		
印　　刷	涿州市星河印刷有限公司		
规　　格	160 mm×230 mm　16开本	**版　　次**	2015年11月第1版
印　　张	18.5 插页3	**印　　次**	2015年11月第1次印刷
字　　数	275 000	**定　　价**	1580.00元（全14册）

陈 先 达 文 集

第10卷

回归生活

中国人民大学出版社 北京师范大学出版社

目　　录

上　篇

中　篇

下 篇

上篇

哲学不应该是哲学家的“盛宴”

照我看，自古以来没有一门学问像哲学那样，离大众既远且近。

说远，因为哲学与政治、法律相比，是离经济基础最远的社会意识形式；而哲学家们又往往是用纯逻辑的范畴和概念，讨论那些形而上的问题。而且在一些哲学家的逸事中，哲学家都被描绘为衣衫褴褛、行为怪异、语言晦涩的人。他们或者是高人、是圣人，或者是疯人、是狂人。在普通百姓的心中，哲学确实离他们太远。

说近，因为哲学元素其实就存在于人民的实践和生活之中。离开人民的生活和实践，就不可能有哲学，也不需要哲学。马克思关于哲学说过一段很有名的话。他说，哲学是自己时代、自己人民的产物，人民最精致、最珍贵和看不见的精髓都集中在哲学思想里。他还形象地说，那种曾用工人的双手建筑起铁路的精神，现在在哲学家头脑中树立起哲学体系。哲学并不是世界之外的遐想。

但是，旧哲学确实难懂，普通大众没有时间去抠原著、读经典，特别是对于那些玄而又玄云山雾罩的阐述方式，更是敬而远之。因此，任何伟大的哲学家和伟大的哲学思想，如果只是停留在哲学家的著作中，或者只是在少数同行中流传，那如同珍宝和黄金埋在土里一样。哲学的作用，归根结底取决于它深入大众思想的深度。哲学不应该是哲学家的“盛宴”，而应该是大众都有可能享用的思想营养。

可是，在历史和现实中，像苏格拉底那样把哲学引向街头的哲人极为罕见，相反高居于大众之上，自以为只有哲学家才配讲哲学的人不少。在德国哲学史上，宣传超人的尼采就明确宣称，哲学不是为人民准备的；没有一个伟大的希腊哲学家是人民的领袖；哲学是把高高在上的受教育集团作为他们的公众，因此在哲学基础上建立一种大众文化是不可能的。

当代仍然有不少哲学家与尼采的看法类似，总认为哲学的本性与大众是格格不入的，它是知识集团的独占物。确实，从人类历史来看，哲学家真正走出少数知识分子的圈子从而进入人民生活的极为少见。可这不能成为哲学与人民生活无关的根据。哲学家是一回事，哲学道理是另一回事。

我想起了马克思主义哲学。马克思和恩格斯非常明确，他们的哲学就是面对群众、面对现实的，掌握的人越多越有力量。马克思把哲学看成无产阶级解放的头脑，说无产阶级把哲学当成自己的精神武器，当思想的闪光一旦真正射入这块没有触动过的人民园地，德国人就会解放成为人。毛泽东也一向重视哲学大众化的教育。他曾发出过让哲学从哲学家的课堂和书本里解放出来变为群众手中的认识武器的号召。这表明马克思主义哲学不同于以往哲学的一个重要特点，它不只是哲学家们的盛宴，而应该是全民特别是学生们思想教育的重要内容。至今，人们对“大跃进”时全民学哲学仍多有非议。这种形式主义搞运动学哲学的方式确有缺点，不能重复。但哲学普及教育的功效仍然是不能忽视的。全世界只有在中国，普通老百姓开口矛盾、闭口实事求是、办事要从实际出发之类，在街头巷尾时有耳闻。可惜，我们纠正运动式的群众学哲学的缺点，连哲学大众化也当作缺点抛弃了，这并不比洗澡倒掉婴儿好多少。

说实在话，西方哲学史无法普及，中国的老庄哲学或宋明理学也无法普及，也不一定需要普及。除专家专门研究之外，它们之中的精华，可以通过二传手，即研究者通过通俗化的著作，为人们增加哲学知识，提高文化素质。马克思主义哲学不同。马克思主义哲学提供的理论观点和思维方法，对我们每个人，无论是从事实际工作还是科学研究都是有用的。最近我读了李瑞环同志的《学哲学，用哲学》一书，更坚定了我这种想法。马克思主义哲学不是为了学者谈玄论道展现自己的思辨才能服务的，而是为了用。“用”并不是实用主义，而是为了展示和检验理论的真理性。没有用的东西人们是不需要的。当然专业的马克思主义哲学工作者要有所成就，有所贡献，必须走正路、走对路。

所谓走正路，就是马克思主义哲学工作者，一定要学习马克思主义哲学基本原理，坚持马克思主义哲学基本原理。李瑞环同志强调，学哲学就是要学习马克思主义哲学基本原理，用哲学就是要用基本原理。人们可以看到《学哲学，用哲学》一书从基本原理来说并没有一个专业哲学工作者不知道的东西。可是在李瑞环同志手中，运用得那样卓有成效，能解决实际问题。它充分说明马克思主义哲学的基本观点并没有过时，关键在于结合实际，在于应用。有些人把马克思主义哲学理论的创新，理解为摆脱马克思主义哲学基本原理，把重心全部放在提出新的原理、构建新的体系上。这不一定是正路。老实说，至今我没有发现哪位马克思主义哲学家发现了新的事实和材料可以否定辩证唯物主义和历史唯物主义的基本原理。

有些哲学家包括年轻学者瞧不起马克思主义哲学基本原理，认为基本原理还是那一套，诸如世界是物质的，物质是运动的，运动是有规律的，规律是可以认识和应用的，如此等等，以此来丑化马克思主义哲学。其实这种说法表明他们对马克思主义哲学的本质一窍不通。因为至今全世界关于哲学的争论，没有一个哲学派别和体系或哲学家的哲学观点，能直接或间接超越世界的客观本性、世界发展和规律的客观性、人能否认识世界和改造世界以及有关人的本性问题的争论。哲学的用语可以不同，论证的方式可以不同，但争论的问题和分歧的实质依然离不开这些基本问题。所以，马克思主义哲学工作者要走正路，就必须坚持马克思主义哲学的基本观点。为此，我们必须认真学习马克思主义哲学的基本原著。现在我们有些哲学工作者，尤其是哲学专业的学生不重视经典著作，不熟悉经典著作，这很难走上正路。我们一定要改变这种状况，提倡重视马克思主义哲学基本原理和经典著作的学习，把它们作为马克思主义哲学专业的基本功。只要是哲学专业尤其是马克思主义哲学专业，不认真钻研一些重要的马克思主义哲学的经典著作，就不合格。我建议，应该在哲学系开设马克思主义哲学经典著作的课程。

所谓走对路，就是方向要对，这个方向就是理论与实际相结合，也就是《学哲学，用哲学》一书中贯穿始终的学用结合的道路。马克思主义哲学的创造性存在于结合之中，马克思主义哲学的认识世界和改造世界的功能存在于结合之中，马克思主义哲学的威力也存在于结合之中。在中国坚持结合，当然是与中国实际结合。这种结合的实质，就是坚持马克思主义基本原理与马克思主义中国化两者的统一。李瑞环同志由一名工人成长为党和国家的最高领导人之一的道路，就是这种结合之路最成功的表现。

马克思主义哲学不同于一切以往哲学的一个根本点，就在于这种学用结合。我们学习柏拉图、康德、黑格尔的哲学以及当代西方哲学并不要求这种结合。我们可以把它们作为哲学知识来学习，作为文化遗产来学习，从中吸取智慧，但并不要求我们按照它们的思想原则来认识和改造世界。它们不具有这种功能和使命。马克思主义哲学不同，作为哲学革命的集中表现，就是具有变革世界的哲学功能。不用于变革现实，它一无用处。而变革现实就要求与现实相结合。只有结合，才能创新，才能发展，才能实现马克思主义哲学的使命。而为了实现马克思主义哲学变革世界的功能，它必须交给群众，必须群众化和通俗化。这是马克思主义哲学工作者培养和发展自己哲学才能的正路。经院化、纯学术化和非意识形态化，都是背离马克思主义哲学的本质和功能的，只能导致马克思主义哲学的边缘化。

李瑞环同志并不是专业哲学家，他原本是一位工人，后来成为国家的领导人。这当然是由于我们国家是社会主义国家，但同样重要的是得力于他个人的才干，包括他的马克思主义哲学的素养，数十年如一日地学习马克思主义哲学，应用马克思主义哲学。多年以前，在一次专业哲学家的座谈会上我听过李瑞环同志关于哲学的发言，毫无教条气、学究气，思想深刻、语言生动，对我触动很深。从他身上我进一步证实了我多年来的一个看法，即真正的哲学水平在于哲学思考，而不完全在于哲学知识的多少。哲学思考是一种哲学的应用和探索，而哲学知识的多少只是对别人思考结果的占有。我们在哲学思考中可以吸取前人或别人的哲学知识，但别人的知识不能代替我们的哲学思考。如果我们被困在哲学知识的“围城”中无法突围，永远坐在别人知识的围城之中，正如坐拥书城，终日困在图书馆中而没有任何自己的见解一样。这不是思想家，只能算是图书管理员。

德国出了个制革工人狄慈根，只读到中学二年级，完全靠自学成为哲学家，写过《人脑活动的本质》、《论逻辑书简》、《一个社会主义者在认识论领域中的漫游》、《哲学的成就》等著作。马克思和恩格斯对他评价很高，虽然也指出了他由于缺乏系统学习而在用语和论证方面的某些缺点，但狄慈根终究是一位了不起的工人哲学家。

和西方的工人相比，中国工人的文化水平很低，受压迫最重。新中国成立以前，没有出过工人哲学家。新中国成立以后工人的地位发生了变化，有些被送到大学学习，在一些领域取得成就的人不少，但还没有听说有工人哲学家。也许是我孤陋寡闻，但即使有，像李瑞环同志这样身居要职又具有高度的哲学修养，能真正应用马克思主义哲学基本原理来解决实际问题的工人政治家、哲学家，到目前为止只此一人。这是另一种鲁班，是政治家兼哲学家的当代新式鲁班。

马克思主义哲学要成为大众的哲学，是很不容易的。虽然 20 世纪 30 年代艾思奇就写了《大众哲学》，可至今八十多年，作为一个专业马克思主义哲学工作者，我感觉马克思主义哲学离百姓越来越远。我们的文章大众不爱看，有太多的术语、太多的雕饰。我们关注的问题，大众没有兴趣，而大众关注的问题，我们又不感兴趣。彼此对对方都不感兴趣，这种马克思主义哲学能有前途吗?

毛泽东提倡的哲学解放，看起来路程仍然遥远。我们宁愿同桌共餐的是同行，大家一起享受哲学的盛宴，而不愿跨出哲学家的圈子。如果我们在新时代真正把马克思主义哲学通俗化、大众化当作一种事业，把哲学餐桌的盛宴变为大众日常的普通饮食，在我看来，这不是哲学掉价，而是真正的水平。一个只会说马克思主义哲学行话的人，就是一个不懂马克思主义哲学为何物的人。列宁曾经说过，最高的通俗化就是最高的马克思主义。

走出神圣的哲学殿堂

文学要从象牙塔走向十字街头，哲学同样应该跨出神圣的哲学殿堂走向生活。其实，哲学原本源于生活，但它在以后的发展中越来越远离生活，从地上升入思辨的天国。

在人类哲学的童年，哲学与生活是紧密相连的，无论是东方还是西方都是如此。因为哲学本身就是为解决人类生存中所面对的问题而产生的。当人类的思维跨过对人类自身存在和它面对的自然力量以及原始神话与原始宗教的解释时，就进入了哲学领域。比起具体的栩栩如生的神话的形象，哲学思维无疑具有抽象性和思辨性的特点。但思辨性不同于思辨哲学。因为对世界统一性和宇宙生成论最早的哲学解释，都是从可见的对人类自身生活具有决定性的因素出发的。

人类的生活经验不同于科学结论。生活经验依赖于观察，而科学结论决定于科学实验。所以最初的哲学总是与对生活的经验观察不可分。当被称为西方哲学第一人的泰勒斯说，万物来源于水，它表达的是一个事实，这就是人类的生存离不开水，没有水就没有人类；没有水就没有动物，没有植物，也没有生命，因而也就没有生命世界。万物来源于水，这个道理并不来自科学的研究而是源于生活事实。生命万物对水的依赖是普遍现象，所以这个命题的出现具有一定程度的普遍性。例如，中国哲学也有同样的思想，《管子·水地》一文中就说："水者，何也？万物之本原也。"在这一点上，管子的思想类似于西方的泰勒斯的观点。

水在人类生活，包括在农业生产和日常生活中的地位，决定了它在人类哲学思维中的地位。不仅上述的关于世界的本原问题，而且对人类至关重要的道德和人性问题，都源自对水的特性的体悟。《道德经》对水的德性可以说是称颂备至：“上善若水，水利万物而不争，处众人之所恶，故几于道。”《荀子·宥坐》中通过子贡与孔子关于水的对话非常生动地体现了古代哲学的这一特色。《荀子·宥坐》是否为荀子后学所作这无关紧要，重要的是它保存了重要的哲学思想资料。

据记载，孔子观于东流之水，子贡问孔子：“君子之所以见大水必观焉者是何?”孔子的回答完全以水来比喻儒家的一些最重要的道德范畴，他说：“夫水，大偏与诸生而无为也，似德。其流也埤下，裾拘必循其理，似义。其洸洸乎不屈尽，似道。若有决行之，其应佚若声响，其赴百仞之谷不惧，似勇。主量必平，似法。盈不求概，似正。淖约微达，似察。以出以入，以就鲜洁，似善化。其万折也必东，似志。是故君子见大水必观焉。”至于孟子与告子各自以水为喻来表明自己的性善论和性无善恶论，也表明了古代哲学与人类最切近的生活资源的联系。

同样，气也是人类生存不可缺少的。西方的阿那克西米尼说，气是万物的起源，没有气，人类就会因窒息而死亡。气，开始说的就是呼吸之气。气，在中国哲学中更为重要。气的一元论和气的本体论，可以说是中国哲学的支柱。通天下万物一气，一直是马克思主义哲学传入之前中国唯物主义哲学的主导思想。气支配自然，“阴阳失序，乃有地震”；气支配社会，王朝的灭亡是气数已尽；气支配人，“有血气，然后有心知”，“精神皆气也”。骨气、气节、阳刚之气，都是对人的品质的价值评价。从其根源看，这个气论原初也是来源于得气则生、无气则死这个简单的生活事实。没有气，就是死人，死人是一切都无从谈起的。从呼吸之气到整个宇宙的浩然之气，就是从生活到哲学的飞跃。至于中国最早的“五行相杂，以成百物”的五行说，难道不是因为人若离开金、木、水、火、土，就无法存活吗?

哲学来自生活，都是从与人的生存息息相关之物开始的。可是哲学终究是哲学。它所寻求的是非经验的东西，如世界的本原和世界的统一性之类的问题。但它力图从可见的东西寻求不可见的东西。虽然这种直接源于生活的哲学观念是直观的、朴素的、非科学的，但它确实与人的日常生活紧密相连。

在中国哲学中，这种直接源于生活的例子比比皆是。《韩非子·说林下》中关于以刻削即雕塑的道理说明办事留有余地的重要性。他说："刻削之道，鼻莫若大，目莫若小也。鼻大可小，小不可大也；目小可大，大不可小也。举事皆然。为其可复也，则寡败矣。"至于刻舟求剑、守株待兔、郑人买履之类都是以实际生活中常见的错误加以故事化的哲理寓言。自然界和日常生活中到处有哲学问题，哲学家之所以是哲学家，只是因为他们比常人多一双体察生活和自然现象的普遍本质和规律性的哲学眼睛。这双眼睛就是哲学智慧。

中国的《易经》是一部包含丰富哲学思维的不朽之作。它强调的就是哲学与生活的联系。"仰则观象于天，俯则观法于地，观鸟兽之文与地之宜，近取诸身，远取诸物，于是始作八卦，以通神明之德，以类万物之情。"观于天，天行健，君子以自强不息；观于地，地势坤，君子以厚德载物；观于鸟兽，知亢龙有悔，盈不可久也。根据人生的经验，懂得德薄而位尊，智小而谋大，力少而任重，终究不会有好结果；根据社会的变动，懂得应该安而不忘危，存而不忘亡，治而不忘乱，这样才能身安国保。这些极具哲学智慧的思想，都是与直接观察自然、社会与人生，从中得到的生命体验不可分的。

从科学的角度说，许多哲学命题似乎不可能成立。实证科学并不表明天行健，更不能从中引出君子自强不息的结论；也不表明地势坤，从中引出厚德载物的道德教义；至于盈不可久这种辩证思维，更不可能从根本不存在的"亢龙有悔"中引出。古代人的哲学思维，是直觉的体验性的思维，不可能根据自然科学原理来判断。尼采说过，不可证明的哲学推理不仅仍然有价值，而且一般说来比一个科学命题更有价值。就哲学命题中可能包含的智慧而言，尼采的这种说法有一定道理。当然我们不能因此把哲学置于科学之上。

如果说，最初的哲学思维方式是从可见的东西中寻求不可见的本质，而哲学的进一步发展，则是从不可见的不能感知的"东西"中寻求对可见的东西的解释。不是哲学原则来自生活，而似乎是生活依赖哲学。哲学的发展与人的日常生活越来越远，成为超越和凌驾于世俗生活之上有权解释和裁决世俗生活的最高原则。在西方中世纪，作为神学婢女的经院哲学，就是与人的世俗生活相脱离的关于彼岸世界和人的来世的哲学。神是宗教哲学用来解释世间一切现象的最终原因。

文艺复兴以后，哲学经历了从神到人的转变，是哲学从天堂再度进入人世的过程。人重新在哲学中占有中心地位。可是这种人只是认识的主体，而不是生活的主体。它已经高度理性化，变为理性的存在物。人的理性过度神圣化就会被独立化，哲学就会通过这种独立的理性再度升入神圣的天国，变为思辨哲学。这种哲学的特点，同样是轻视人们日常生活中可见的、直接的感性的东西，认为这些都是不真实的。真实的东西是永恒的、不变的、超越于人们感性经验之上的超验的东西。这个超出人的经验的东西，只能是无人的理性、精神。这种理性和精神，实际上就是宗教中的神的别名。

当哲学家以探求不存在于现象之中而存在于世界现象之后的东西作为哲学的最高追求时，就必然远离人的实际生活，变为一种由地下升到天国的思辨哲学。这种哲学发展到德国古典哲学特别是黑格尔哲学那里达到极端。例如，黑格尔的思辨哲学就是把名之为绝对观念的理性视为实体和主体，全部哲学就是这种观念的自我认识。人类生活和自然科学的成就反而变为他的思辨唯心主义的注脚。

哲学发展的上述两种状态，都存在不可克服的缺点。西方或中国古代的唯物主义学说，以人类生活中必不可少的要素来解释世界的本原和世界的统一性，虽然立足于人类的实际生活，但它并不能真正解释世界；思辨哲学关于个别是一般体现的观点，虽然包含世界的本质和规律性观点，但由于它在个别之外寻找一般，在现象之外寻找本质，必然轻视现实生活而高居尘世之上。

思辨哲学是对思想的思想，实际上是纯概念的逻辑推演。它晦涩难懂，与现实生活相脱离。连生长在思辨哲学气氛最浓的德国的叔本华都不同意哲学只在纯粹概念中讨论生活的观点。他说过，对哲学的奇怪和糟糕的定义是，哲学是一门由纯粹的概念组成的学问。甚至康德也得出了这一结论。真正哲学的生成不可能依靠编织纯粹抽象的概念，而只能以我们对外在和内在的世界的观察和经验为基础，要在哲学里做出真正的成就不可能通过试图组合概念就能达到，就像人们经常做的那样。人们无论怎样抬头不看地上，有心有脑的他们也不可能在世界发展中始终不曾投入行动和感受到完全彻底的震撼。尽管叔本华自己就是一个唯心主义的唯意志论者，但他反对哲学龟缩在纯概念领域的意见还是有道理的。

历史经验和现实表明，要妥善解决哲学与生活的矛盾，既要源于生活又要高于生活，就要善于从生活实践中捕捉哲学问题，把它升华为哲学智慧并以浓缩的方式变为哲学概念、范畴和哲学命题。

哲学必须始终保持与生活的联系。它不能高居由概念与范畴垒砌而成的神圣哲学家殿堂之中，而应该重新回归人的实际生活。

生活之树常青

我们生活在现实之中，不可能超越我们的现实世界去观察它之外的世界。人只能在自己的实践范围内认识对象。毛泽东说过，如何认识外部世界的问题，在实践以外是无法解决的。

当然，我们应该注意区分两个根本不同的命题：实践之外无存在和实践之外无认识。实践之外无存在是实践本体论的命题，它以人的生活世界来否定非人化的物质世界，从而把唯物主义变为存在依存主体实践的变相的唯心主义。

实践之外无认识是辩证唯物主义认识论命题，任何人都只能认识人们实践的对象，而没有超越实践的认识，否则就是天启、神授或唯心主义先验论。正因为实践范围并不是物质世界的极限，因而才能为人类实践和认识的无限扩展和深入留下无限的可能性空间；反过来，人类实践和认识的无限扩展的历史，证明任何时候的实践都不是世界的极限，而是可变的边界。在辩证唯物主义哲学中本体论和认识论是统一的，实践之外有世界和实践之外无认识在理论上是相互补充、相互支撑的。

哲学当然应该以科学发现为依据，尤其是在现代科学技术革命的时代。但哲学在当代同样不能忽视社会生活包括所谓的世俗生活。歌德说，日常生活比一部最有影响的书所起的教育作用更大。生活之树常青，就是他的名言。

我们说过，古代哲学智慧大多来自哲学家对日常生活经验和自然与社会现象的体悟。金、木、水、火、土、气，都是人类生存所须臾不可离的，都成为古代哲学思维的源泉。自然界的变化是可见的："希言自然，故飘风不终朝，骤雨不终日"；社会生活中的变化是可见的："金玉满堂，莫之能守，富贵而骄，自遗其咎"。至于"治大国如烹小鲜"，简直是从厨房中得出的治国之道的政治哲学。这种哲学"土"是"土"些，但观察深刻，可以为人们提供永久的智慧。

当然，哲学的进一步发展，经历了童年时期，进入资本主义科学工业发展时期，它必然要重视科学成就和工业实践。例如，马克思和恩格斯的哲学，就与19世纪的三大发现以及当时理论自然科学的许多伟大发现不可分。我们只要读读《自然辩证法》、《反杜林论》，以及马克思和恩格斯的其他有关著作，就能理解恩格斯说的科学与哲学的结合是辩证唯物主义产生的时代背景。

但是，马克思和恩格斯并没有因为重视科学而忽视生活。实际上，他们的双脚始终踩在两个轮子上：一方面，注重科学，包括自然科学和社会科学的新成就；另一方面，关注现实社会生活和社会问题，其中最根本的是无产阶级和人类的生存处境和解放道路问题。哲学与科学、哲学与生活的结合，是马克思主义新哲学的力量所在。

由于哲学的人文本性，在哲学与科学联系紧密的当代，哲学与生活的关系也不可能断绝。具有哲学智慧的人仍然会从生活中体悟哲理。著名的日本电器巨人松下幸之助对水的哲学体悟可以视为科学昌明时代生活哲学的体悟。松下有一次在庭院中散步，当他看到水塘边假山上的水，从高处急速冲下流到池塘每一个角落时，突然从水性中有所体悟。他悟到，水有清浊并吞、存清化浊的能力；水无常形，随器具而变，可方可圆，具有适应环境的能力；水变化无穷，可化汽、可成冰，液体、气体、固体，都可以是它的存在形态，水的渗透扩散力强；水久存必臭，流水不腐，不能停止运动：水越是激流越具有澄清力量，同样人需要有一定的压力才有所成就。据说松下由对水的体悟，提出了许多关于管理和经营企业的理念。

从水中能悟出哲学道理，无论是西方哲学还是东方哲学都不少见。中国的老子、庄子，以及《孙子兵法》中的许多军事思想，以水为喻之处很多。值得一提的并不是松下从水中得到体悟的内容，因为它并没有超出古代哲学的水平，重要的是在科学高度发达的当代，先进科技企业的管理者和经营者，仍然可能从生活中体悟哲学这种方式。它说明，即使在当代，从生活中体悟哲学真理仍然是一种学习哲学的方式。

当然，我们的才能有限，不可能既关注科学又关注生活，可能会有所侧重。这很正常，但总要有放脚的地方，不能悬空。可我们现在有些哲学论文，洋洋大观，看不懂，读不明，往往令人废书而叹。我们既离自然科学成就太远，也离实际生活太远。我自己就是这样。我常想，如果我们没有本领总结科学成就、总结人民群众的实践经验，又不能从自己在生活中观察到的一些事情中得到某些启发，总是迷恋于什么“哲学思考”、“哲学沉思”之类的空论中，这种哲学毫无用处，不要也罢。

关于回归生活世界

任何哲学命题的真实意义并非单纯在于命题本身，而在于这个命题提出的时代背景和哲学家对这个命题的论述。仅就回归生活世界这个命题本身来说，显然是唯物主义的。可实际上，胡塞尔的生活世界理论是为他的先验唯心主义作论证的。他一方面用回归生活世界来反对科学主义，反对把科学理论看成真实生活世界而不是看成源自对生活世界的抽象；另一方面又把生活世界看成是源自人的先验的自我意识。物并不是独立于人的意识之外的客观存在。物的存在是依存于关于物的意识的存在，一切对象都是由意识活动构成的。所以胡塞尔的生活世界与海德格尔的“此在”世界一样，都仍然是主体世界的依存物。

现在一些哲学家大力提倡回归生活世界，当然与胡塞尔不同。回归生活世界，对于反对那种脱离人的生活世界的思辨哲学来说是完全正确的。马克思和恩格斯当年创立马克思主义哲学时，就大力反对黑格尔的思辨形而上学，提倡哲学要从天上回到地上。马克思主义哲学以无产阶级和人类的解放为目的，当然要关注现实的人和现实的人的世界。可以说，在人类的全部哲学史中最关注生活世界的是马克思主义哲学。可是马克思主义哲学关注的生活世界不是单纯的主体世界、意识世界、现象世界，而是包括人与人类实践活动在内的真实的物质世界。

不仅马克思主义哲学强调要面对世界，而且叔本华也提倡走出纯概念的世界。他说，孤芳自赏式的、沉湎于自我的思考是缺乏推动力的。真正的思考是在和世界相遇时产生的。我们不能在概念中思考，我们在世界之中思考，思考反映了人与世界的全部关系。他还认为，人既存在于世界之中，也生存于世界之中。生存就包括正确理解如下一些问题：人与其他存在物的关系怎样，人如何鉴别或看待世界，在人的眼里世界的面貌是什么，他与世界的关系如何，等等。在任何一位明智的哲学家看来，离开人与客观世界的关系，哲学家是无所作为的。

可是我们回到的真实世界，也不是叔本华的作为意志体现的世界，而是真实的物质世界。它既包括先于人而存在的自然世界，也包括被改造的人化世界，以及由人的生存方式和制度与意识组成的人类社会。马克思主义哲学的卓越之处在于，并不会因为承认自然界的优先地位而忽视自然的人化，并不因为重视自然界的人化而忽视自然与社会的区别。自然、人化自然、社会是统一的物质世界的不同部分。它们分化与统一的基础是人类的实践。

本来，对马克思主义哲学的本质来说，并不存在回归生活世界的问题，因为它从来就关注现实生活，反对脱离现实的经院哲学以及各式各样的唯心主义。任何一个马克思主义哲学家如果脱离现实生活世界，回归抽象哲学的思辨王国，他就从根本上脱离了马克思主义哲学。反对这种倾向是完全正确的。

可是在一些作者的文章中，“回归生活世界”的口号往往另有所指。好像哲学的对象只能是人生活于其中的世界，如果承认在人的生活世界之外还存在未被实践的世界，存在一个还不为人所知的世界，就是思辨的形而上学。这样，自然界的优先地位这个唯物主义的基本前提就动摇了，世界的物质统一性原理也动摇了。因为人的生活世界，只能与人并存，人的生活世界不可能先于人而存在。先于人而存在的世界是非生活世界，可这种世界的存在正是他们着力反对的。据说人的实践之外的世界存在与否，毫无意义，它与哲学无关。如果这样，就要把无人世界交给神学和唯心主义。这种观点与胡塞尔的先验世界和海德格尔的此在世界，就会殊途同归。

毫无疑问，人直接能认识的世界只能是人的生活世界。歌德在讲到文学时强调过，人要面向现实世界，并设法把它写出来。他说，人所描写的正是他们在其中生活的那个世界。歌德所说，对文学艺术是千真万确的真理。人不可能以非人的生活世界作为文学艺术的对象。即使是神话，也无非是人的世界的神话化。

可我们不能用文学艺术的原则来限制哲学的视界。哲学是世界观。哲学世界观，是生活于现实世界的人对于自己生活于其中的世界的看法。这种看法中最重要的，就是不可避免地要提出这个世界从何而来，是原本就是人的世界还是由非人世界演化而来的这样一个问题。在我们生活其中的世界之外还存在世界吗？如果有，这个世界是物质世界还是非物质世界，是此岸世界还是彼岸世界？如果人的生活世界之外没有物质世界，那人化世界由何而来？这个问题是决定哲学路线的重大问题，是无法回避的。

我们有什么理由说，承认并坚持生活世界之外仍然存在一个非人化的世界，或称之为自在的自然，就是形而上学，就是否定生活世界呢？不能。思辨形而上学的特点，是轻视人的生活世界，是要在人的生活世界的背后寻找一个决定人的生活世界的东西，这种东西是共相，是理念，或者是黑格尔的绝对观念；而旧唯物主义的缺点不在于它承认世界的物质性，而在于它不理解人化世界是人通过自己的活动创造的世界，并不是从来如此的世界。世界由于人的活动而不断人化，而人化世界之外永远存在一个非人化世界。

辩证唯物主义既不同于唯心主义，也不同于旧唯物主义。它立足于现实世界，从现实世界出发并揭示现实世界如何由于人的实践把非人化的物质世界改变为人化的世界。统一的物质世界由于人和人的活动而一分为二：自在的自然和人化自然，或者说自在的世界和为我的世界，这两者是不可分的。这个转化就是人类社会的发展和自然的变化过程。如果我们用生活世界来局限整个世界，不仅为宗教和唯心主义的彼岸世界留下地盘，而且无法解释现存的人化世界究竟从何而来。所以马克思强调，当我们真正观察和思考世界的时候，我们永远也不能脱离唯物主义。

一些哲学家强调生活世界，强调马克思唯物主义的实践性是正确的，可是如果用实践世界、用生活世界来限制唯物主义的范围，否定自在世界和为我世界、非人化世界和人化世界的辩证关系，就会走向另一个极端。所谓自然只是一个社会概念、社会之外无自然、不存在自然辩证法只存在社会辩证法，以及马克思主义哲学就是历史唯物主义和并不存在辩证唯物主义世界观之类的看法，均由此而来。

任何一个正常而不是被哲学弄得糊里糊涂的人，都知道荀子说的“天行有常，不为尧存，不为桀亡”的道理。人类世界和人化世界只是无限世界的一个不断被人化的扩大的部分。我们不可能越出现实世界去研究整个物质世界，但我们应该而且必须立足于现实世界把整体世界放在哲学视野之内。把人放在现实世界之中，把自在自然与人化自然、自然界和社会连为一体，这样的唯物主义才是辩证的、彻底的、完整的。一旦把现实的人的世界从整个世界中分裂出来，或者把非人化的自然界排除在世界观之外，视为无足轻重的世界，彻底的唯物主义哲学就会由于这种分裂而走向灭亡。

我可以断言，没有任何哲学家能否定客观物质世界的存在。有位哲学家说过一段很精彩的话。他说现实是硬性的，迄今为止还没有任何哲学家能成功地将世界塞进自己的哲学体系中。的确，各种形式的唯心主义存在了几千年，换了一代又一代、一茬又一茬，客观世界照样存在，照样永远存在一个没有进入人们实践中的客观物质世界。这就是人类世世代代不断发展、不断开拓的无限可能性存在的客观根据。

哲学问题来自现实

实际生活中只存在问题，而不存在哲学体系。问题是实在的，体系是人为的，是建构的。问题就是实践和认识中遇到的难题或者说矛盾，而体系是对解决问题的系统的合乎逻辑的论证。无论是科学还是哲学，问题都是创造性思维的起点。离开问题的体系建构，只能是面壁虚构。

谁是哲学家？就是能提出哲学问题的思想家。问题越具普遍性、永恒性，在哲学史中的地位越高，影响越大。只研究哲学家思想的是哲学史家，不是哲学家。但哲学史家同时可以而且应该是哲学家，因为他在哲学史的研究中，发现哲学发展史中存在的问题，试图回答这些问题。这种哲学史就不是单纯的叙述史、编年史，而是问题史，并从问题的相关性中发现哲学思想发展的线索，发现哲学发展的规律性。

在我看来，哲学无所在，又无所不在。无所在，是在实际生活中并不存在独立自存的哲学问题，存在的都是具体的问题。而无所不在，是哲学就存在于人类所遇到的各种具体问题之中。这有点像庄子讲的道一样，道无所在也无所不在。哲学问题不是既成的，需要哲学家去捕捉。

就人生观来说，自古以来，人就在实际中生活着，不断生老病死，富贵贫穷。每个时代的人们都是这样。各有各的幸福，各有各的苦恼。我们现在也是这样。我们的社会存在各种问题，诸如就业问题、下岗问题、家庭问题、婚姻问题、股票投机失败自杀问题、一夜暴富又突然不名一文问题，等等。市场把所有参与者由必然性的个人变为偶然性的个人，变为命运不定的人。各有各的实际问题，就是没有一个独立的、无所依托的人生意义和人生价值问题。有的人感到活着没有意思，有的人感到活得很累，有的人春风得意生活得有滋有味，有的人一生坎坷总是命交华盖。但“生活着”的人就是过日子的人，他们不会考虑这里有没有人生观的问题。人生意义和人生价值问题就从众多实际生活中个人的不同际遇，包括所谓幸福的与不幸的，所谓活得很累、活着有意思没意思的具体问题中，提炼出“人为什么活着？生活的意义和价值究竟是什么?”这类形而上的问题。这是一种哲学的追问，是哲学家之所以成为哲学家的根本所在。

苏格拉底“未经审视的生活是不值得过的”的论断，之所以不是一般的格言而是最深刻的哲理，就是因为他提出的是人生的意义和价值问题。这是人人都存在但又不是人人都能自觉追问的问题。这个问题的提出，能帮助我们以哲学的眼光审视自己的生活，从而提高生命意义的自觉意识。

当代美国哲学家赫舍尔说过，人的难题产生于我们陷入了存在与期望之间的冲突与矛盾，即人是什么与人应当是什么之间的冲突与矛盾之中。人的实际生活中没有各种各样的矛盾，就不会产生人生观问题。如果离开实际生活中个人的不同际遇，这个问题就不存在。可如果离开对生活意义和价值问题的捕捉和追问，人的形形色色的生活际遇就是一个世俗问题，不会变成一个哲学问题、由形而下变为形而上的问题。

任何个人不会自发地追问这个问题。如果由于生活的困顿或不幸的遭遇，或久经沧桑而提出这个问题，这个人就超出了普通的经验思维而在进行自发的哲学思考。这种对人生的哲学思考非常重要。每个人都有生命，可不是每个人都懂生活的意义和价值。不懂生活的意义和价值的人，在实际生活中，或者是醉生梦死，尽情享乐，或者是感到无尽的烦恼和痛苦，觉得生命的存在就是一种负担。

生活的意义由形而下的问题变为形而上的问题，必须超越日常思维进入哲学思维。马克思曾以法国贵族为例说，在宫廷贵族那里，享乐哲学还保持着那种反映在回忆录、诗歌、小说等之中的直接的朴素的人生观的形式。只有在革命资产阶级的某些著作家那里，它才成为真正的哲学。

本体论问题被认为是哲学中最困难最玄妙的问题。哲学家从世界无穷无尽的多样性中提出一个不为普通人关注的问题。泰勒斯由于“水是万物之源”的命题在哲学史上处于极高的地位，他之所以被称为西方哲学第一人，就是因为这个论断突破了宗教和神话创世说的思维传统，从一切中看到“一”，从而提出了世界万物的共同本原问题。尽管泰勒斯之后有种种回答，但无论是西方哲学的火、气、原子，或者是东方哲学的五行说、气说、道说或理说，都是对同一问题的不同回答，哲学思路是一样的——从一切中寻找“一”。即使唯物主义关于世界统一性在于物质性的命题，也都是寻求多样性中的统一性。

世界究竟是客观的还是依存于主体的问题，个人在实际生活中并不会考虑。哲学家经常争论这个问题，可在实际生活中，从来不会发问：我正在吃的苹果是真实的苹果，还是我的观念的复合？苹果真的是红色的吗？苹果真的是甜的吗？家里的家具、房子，大家每时每刻实际接触到看到的东西的真实性，对于日常思维来说是无可怀疑的。在实际生活中，人人都是自发的唯物主义者，否则就无法生存。正如没有神，只有神学一样，世界上只有唯心主义哲学观点，没有唯心主义的哲学事实。唯心主义者同样受唯物主义规律支配。

当然，在实际生活中会发生为什么同一个苹果，有的人认为是甜的，有的人认为不太甜甚至有酸味呢？为什么有的人认为是深红的，而有的人认为不是深红而是淡红的，甚至色盲者完全看不到颜色呢？普通人在日常生活中不会从哲学上考虑这类问题，认为理所当然，就是这样。世世代代，人人如此，没有人怀疑过这种日常现象中有什么值得思考的问题。贝克莱之所以是哲学家，在于他关于“存在是被感知”的命题中就包含着一个日常生活经验中普遍存在但不为普通人所能提出的哲学问题，即人在感知事物存在时都是通过感觉器官，我们不能在感知之外去感受对象，而所有对象被感知时形成的感觉，只能存在于人的观念之中。任何人不可能脱离自己的感觉去感知对象，而关于对象的感觉除了存在于自己的观念中，不可能有别的存在。

每个人通过感觉感知对象这一普通事实，其深处就蕴藏着对象的存在究竟是依赖于我们的感知还是我们的感知取决于对象的哲学问题。但这个问题是分散地以非哲学的日常形态存在的，普通人根本不会思考也不会提出这类问题。只有以哲学的眼睛才能捕捉到这类问题，从而提出了普遍性的问题。这里涉及的是“哲理”而不是“事实”。从“事实”来说，任何事物的真实存在无可否认，连贝克莱自己也说，我没有取消世界的一草一木，可从“哲理”来说，任何对事物的感知只能存在于观念中。观念外的存在是不可能感知的，因而是不可能存在的。

历史领域也是一样，王朝的盛衰兴亡、弱国的崛起和大国的衰落，所谓“三十年河东三十年河西”，凭生活经验都是可以看到的。所谓“以史为鉴，可以知兴替”，仍然是停留在历史经验的层次。当提出“历史的动力是什么，为什么王朝有盛衰兴亡，历史发展有没有规律”这些问题时，就超出了日常经验而进入了历史哲学领域。正如黄炎培在延安向毛泽东提出的“其兴也渤焉，其亡也忽焉”的周期率，作为一种历史现象知者甚多，可作为一种规律，其深层原因确有待历史唯物主义去探索。

可以说，哲学问题无所不在，它普遍存在于实际生活中，存在于科学研究中，存在于实践和认识中，但不是以哲学形态，而是以具体问题的形式存在。哲学家就是这样一群人，他们是提问题的人，提大问题的人，从人们习以为常、自以为司空见惯的现象中发现普遍性问题。黑格尔说，哲学思想，普遍者为内容，而内容就是整个存在，什么地方普遍者被认为是无所不包的存在，则哲学家就从那里产生。这一点罗素也承认，他在《西方的智慧》中也说，当有人提出一个普遍性问题时，哲学就产生了。普遍性问题只能来自个别与特殊，哲学的生存权存在于各种现实的问题之中，离开现实问题就没有哲学。所以马克思强调，只要按照事物的本来面目及其产生的根源来理解事物，任何深奥的哲学问题都会被简单地归结为某种经验事实。

生活的智慧

会做饭、会炒菜、会料理家务，这是生活的技能。人们称赞“下得厨房，上得厅堂”的人。下得厨房，当然是会料理生活；上得厅堂，是善于人际交往。不仅是女人，男人也应该这样。这是世俗生活中的一种技能，对人的生活非常重要。这是生活中的形而下。

但人还应该有一种更重要的技能，这就是生活的智慧。因为人知道应该如何对待生老病死，对待生活中的挫折，其中包括如何对待升迁、发财，比起会做饭炒菜、会料理家务更重要。大家都知道飞蛾投火这句话。飞蛾有向光的生物特性，这是生物本能，也可以说是一种特有技能，但这种技能往往成为它的灾难，即投火而自焚。人也应该懂得祸福无常，懂得富贵而骄、自遗其咎的道理，如此等等。这是生活中的形而上学。古希腊哲学家爱比克泰德把哲学称为“生活的技艺”。这里说的技艺，不是厨房里做菜的本领，讲的是生活中包含的形而上的东西。

生活，既需要形而下，也需要形而上。没有形而下不行，生活中无一技能，完全生活在思辨中，不会有一种“人样”的个人生活，更不会有一种和谐幸福的家庭生活。一个四体不动、当甩手掌柜的丈夫，不可能受家庭欢迎。但又不能太现实，太世故，太陷于琐碎的生活之中。一个人只注重维持人的生物学生存，而过着无思想、精神贫乏的日常生活，显然降低了人的生活质量。人还需要形而上学，需要有点儿哲学思维。并不是每个人都会成为哲学家，但自觉或自发地都会有一些属于哲学性的思维能力。我们应该提高对这种思维能力的自觉性。

只讲形而下，对人可能是一种痛苦。我们可以看到在市场经济大潮中，一些人只是拼命追求金钱，或沉湎于物质享受，成天忙于工作，像投入生活的磨盘之中，没有一点静静思考、享受诗意的静闲。要有，也大半是红灯绿酒，这种所谓放松，仍然是生活在喧嚣世俗之中。我就见到过一些人，工资高高的，应酬多多的，整天忙忙的，内心感到痛苦而空虚。

生活需要智慧。据说美国西部开发时，许许多多的淘金者做着发财梦，拼命在矿上干着奴隶般的淘金工作。可有些人并不淘金，而是为淘金者服务：开洗衣店、饭馆、简易宿舍之类看似无金可淘的工作。可结果，淘金者并没有发财，而这些为淘金者服务的职业反而红火。因为淘到金是偶然的，而人人需要衣、食、住是必然的；淘金者是流动的，一批又一批因死亡衰老而不断更新，而小店则是固定地不断发展扩大因而致富。淘金可说是一种技能，而想到为淘金者服务的商机，则是一种商业智慧。

生活需要智慧。例如消费，似乎人人都懂，有人说，只要有钱，谁还不知道消费！其实不然。消费是一种文化，消费的性质、方式、目的，表现的是一种文明发展的程度。暴发户式的消费是一种炫耀式的消费。马克思在讲到人的消费时，把它看成是人的一种享受，要想有多方面的享受，就必须有享受的能力，因此消费者必须是具有高度文明的人。

消费与需要是不可分的。消费的本质是满足需要，可在社会中的需要是各式各样的。马克思在《1844 年经济学哲学手稿》中关于“需要、生产和分工”这一节中，把需要分为两种类型：一种是人的需要，一种是非人的需要。人的需要是满足人的生存、享受和全面发展的需要。这种需要在资本主义制度下不可能实现。

中国特色社会主义的伟大成就，使我国人民的消费能力和消费观念发生了巨大变化。过去那种“新三年，旧三年，缝缝补补又三年”的生活观念已不复存在，这是社会的进步和人民生活水平提高的表现。但是，社会主义不应该单纯提倡高消费而应该是合理消费，提倡有利于人的身体健康和精神境界提高的有益消费。

在社会主义市场经济条件下，生产者也会不断以制造新的产品和引进各种新的消费方式以获取利益，特别是广告的宣传和导向作用，使得如何消费更成为一种生活智慧。如果听信广告的花言巧语、沉迷于层出不穷的新商品，就只能成为商品的奴隶。作为一个消费者一定要有合理的消费观念。这种消费观念的最高原则就是哲学原则，即消费应该有利于消费主体自身的生存、发展和人的素质的全面提高。

如何对待人的欲望、习惯、选择，都是日常生活中普遍存在的问题，都有生活的智慧问题。人有欲望。七情六欲，这是任何一个正常的人必然具有的。马克思主义哲学反对禁欲主义，但也反对纵欲主义，倡导以理性节制、调整欲望从而使人的欲望的满足和满足方式合理化。这样，人既有生活的激情又有理性的调节。欲望是人的欲望，它是由人支配的，但超出一定的强度，就是欲望支配人，而不是人支配欲望。人变为自己欲望的奴隶。

同样，习惯是由人养成的，人是自己习惯的主人，但习惯一旦形成，人就变为习惯的奴隶，是习惯在支配人而不是人在支配习惯。特别是恶习一旦形成，有的终生难改，从而导致自身的毁灭。选择也是如此，虽然人有选择的自由，但错误的和不正当的选择，往往会使这种所谓选择的自由，变为貌似自由选择的一种任性妄为，与社会规则和自然规则相忤。

所以，一个有生活智慧的人，是一个知道如何对待欲望、对待选择的人。古罗马哲学家爱比克泰德说过：你是否愿意过错误的生活？你愿意生活在恐惧、悲哀或动荡中吗？无论是谁，只要他摆脱了悲哀、恐惧和动荡，那他就同时摆脱了奴役。任何人对身外之物的看重超过了主体自身，就是奴役。

奴役是来自对外在东西的非理性的追求和崇拜。在爱比克泰德看来，一个有智慧的人，除了知道什么是自己的、什么不是自己的，什么是允许自己做的、什么是不允许自己做的以外，还能有什么？在讲到选择时，他说，重要的不在于承认选择，重要的是在行为当中进行选择和拒绝，如何进行欲求和回避，如何处理事务，如何进行自我准备，以及是否与自然保持一致。

一个有智慧的人，不仅应该学会说“YES”，也应该学会说“NO”。在生活中对一切不正当的欲望和诱惑，要学会“拒绝”。不会说“不”的人，是危险的。

要懂理论哲学，更要懂生活哲学

学习哲学，当然要读哲学家的著作，特别是经典性的著作，但我更强调关注生活，能利用自己的所学在生活中体会出哲学道理。

有两种哲学，一种是哲学家的哲学，这就是历史上或当代一些哲学家创立的哲学体系。学哲学，当然要学习中国的、西方的、马克思主义的哲学家们的著作和思想。但我们不能忘记还有另一种哲学，这就是生活中的哲学。如果我们只懂书本上的哲学而不懂生活中的哲学，这就叫书斋哲学，是书呆子式的哲学。德国哲学家叔本华在《论哲学和智力》这篇文章中说过一段很深刻的话，大意是说，哲学家比起任何其他人更应该从直观知识中汲取素材，因此哲学家的眼睛应该永远注视事物本身，让大自然、世事、人生，而不是书本成为他的素材。他不能把书本视为知识的源头，书本只是他的辅助工具而已。当然叔本华的意思并不是说读书不重要，而是要读活书，活读书。我赞成这种说法。

生活中的哲学，就是我们在生活中发生的蕴含着某种哲学规律的生活状态。比如说，是什么力量使一个年轻漂亮的姑娘变为满头白发的老太太，把年轻的小伙子变为老头，把一个强大的帝国变为废墟，使古代文明消失？是运动，是变化。两个从小在一起的朋友，五十年后见面，会互不认识。唐人李益《喜见外弟又言别》中讲到两个表兄弟见面的情景：“十年离乱后，长大一相逢。问姓惊初见，称名忆旧容。”这种情况在生活中是常见的。为什么如此？是因为变化。变化是什么？是辩证法。变与不变就是个哲学问题。

任何老百姓都知道，事物是变化的，人也是变化的。漂亮的少女会变为老太太，风华英俊的小伙子会变为老头。只有白痴才会认为人是不变的。可是，这种白痴式的哲学家是有的，这就是认为一切固定不变的形而上学者。日裔美国人福山写过一本书《历史的终结》，认为资本主义社会是永远不变的，其实就是美国社会的发展已经终结。从世界上说，历史发展到资本主义社会已经至矣，尽矣，不可以加矣。福山就是这种认为世界永远不变的蠢人。可是变化是直观的可见的现象，而变化的原因是内在的。当我们从外在的变化进入对变化内在原因的思考时，我们就进入了哲学之门。

在日常生活中，人们从第一片树叶掉到地上，知道秋天到了，落一叶而知秋。这是联系的观点，也是一种关于事物的信息的观点。一个事物的变化与另一事物的变化相联系，我们可以从一个事物的变化中看到与它相联系的事物。如果事物彼此没有联系，都是孤立的，就不可能落一叶而知秋。凤凰卫视时事评论员阮次山在讲国际问题时说，世界如此复杂谁说得清楚，可是世界上任何事情都是有联系的，从它们的相互联系中可以认清政治事件的本质。

矛盾也是如此。同学之间有的有点小矛盾，特别是同宿舍的更容易产生矛盾。这就有个正确处理的问题。什么叫闹矛盾，就是把矛盾扩大、激化；可如果及时交流、化解，就能使矛盾得到解决。承认矛盾、解决矛盾就是哲学问题。像马加爵因玩扑克而杀死四个同学的事当然是极为个别的例子，但它同样告诉我们，矛盾如果不能及时化解而不断激化，就会变为对抗，采取对抗性的矛盾解决方法，就会导致悲剧。

至于像寓言中讲的守株待兔、刻舟求剑、郑人买履之类的看似荒唐可笑的事，日常生活中并不少见。一个人买彩票偶然中了彩，就以为同样的号码天天可以中彩；一个人思想凝固不变，以为一切都只能按老规矩办，不就是刻舟求剑吗？一个教条主义者，宁愿相信书本上的条条，而不相信实际生活，这与宁愿相信鞋样子而不相信自己的脚，有什么两样呢？虽然是寓言，但它们的真实性却在生活中。

恩格斯把凡事物都是过程的思想称为伟大的思想。可这个基本思想在现实世界中表现得特别明显。例如，一串葡萄虽然很简单，可是要有葡萄，从种树到结葡萄是一个很长的过程。没有过程就没有结果。过程是很枯燥的，可结果是很丰富的。做任何事情都是这样。例如学木匠，当学徒时天天重复同样的动作很枯燥，可一旦制作出好的家具，它的结果或说成果，就成为令人赞赏的艺术品。同样，开始学钢琴的人，单调乏味，旁人掩耳，自己也苦不可言。可一旦成为钢琴大师，他的弹奏就会成为人人爱听妙不可言的天籁之音。“此曲只应天上有，人间能得几回闻”，这都是长期练出来的。世界上的所有事物，只要结果不要过程是不可能的。这就是生活中的哲学。

当然，日常生活中的哲学道理，也就是我们说的生活中的哲理，并不是我们都能意识到的。例如“时间”，似乎人人都知道什么是时间，实际上并非如此。不说科学上的相对论，单从哲学上说，时间就存在着很深的哲学道理。时间按汉字是两个字，有时、有间。时，表示的是连续性，表示时间是连绵不断的过程；间，是间断性，表示间隔，表示连绵不断的时间可以间隔。所以时表示连续性非间断性，间表示间断性非连续性，可以分割。没有间，就无法说明现在是哪一年、哪一月、哪一日、哪一时、哪一秒。能说出，表明每一间断就是瞬间的停止。可是只有间，时间就停止了，不发展了，永远定格在一个时刻。这是不可能的。所以时的连续表示间断是相对的，没有一分一秒是停止的。当我们说出某某时刻时，它就变为过去，变为历史。哲学家说，人不能两次踏入同一条河流，讲的就是这个道理。

在生活中，真善美本来是统一的。一个人外表很美，但当我们知道他的道德品质很坏时，肯定会改变我们对他的外在美的感受；反之，一个人的外表并不美甚至很丑，但由于他的内在人格和善良的品性会使我们忘记他的外表而感到很亲切，像雨果《巴黎圣母院》中的敲钟人加西莫多一样。《庄子》中的智者都是缺胳膊少腿的人，这说明道德的善恶评价会改变对审美的评价。

同样，对美好东西的爱好和欣赏，会培养人们的道德品格，净化人们的灵魂。音乐、绘画、诗歌都能通过人文教化，提高人的道德品质和分辨是非善恶的能力。

美、善，又与真不可分。这个真不只是科学意义上所说的真理，在道德与审美中同样有真的问题。道德的真，表现为真诚。如果不真诚，表面上很善良、很谦虚，暗地里却使坏这叫伪善；在审美中，美的真表现为内容的合理性。艺术需要夸张，需要构思和意境，它不是现实生活的素描，但不能离谱，即有合理性。像鲁迅先生说的，燕山雪花大如席可以，因为北方天寒，的确有雪；可如果说广东雪花大如席，就是胡说。白发三千丈可以，因为它与缘愁似个长相连，这是夸张地描写一个人因愁而白了头。中国有句俗话，笑一笑十年少，愁一愁白了头，就是这个道理。若说黑发三千丈，就是胡说。可见，真善美是不可分的。这不仅是个学理的问题，也是生活中的大道理。

虽然生活中有哲学，有哲理，但人们在日常生活中，往往容易忘掉哲学，忘掉理性，完全受习惯的支配。比如，我们都知道吸烟有害，但吸烟者照吸不误，死不悔改；酗酒有害，但有人不可一日无酒，为什么？人们总以为人的每个行为都源于思想，其实不然。人的第一次行为源于思想感情，而以后同样的行为往往源于习惯。

在人的生活中，起支配作用的往往是习惯而不是理性。没有一个人发脾气是经过理性思考才发火的。经过思考他就不会发脾气。人经常是受习惯支配，好像不是我们支配习惯，而是习惯支配我们。不是我在发怒，而是怒气在支配我们，所谓怒不可遏就是形容这种状况。可是习惯是由我们自己形成的，因而如何形成良好的习惯是个大问题。如果在习惯的形成过程中，强调科学世界观的作用，强调理性和科学思维的作用，就可以形成一个良好的习惯。这对人的一生都起作用甚至是决定性的作用，习惯可以决定一个人的命运。

生活中的哲学，不是人人都能意识到的。这种哲学都是自发的、片断的、不系统的。因此，我们仍然要学习哲学，使那种不自觉的零碎的哲学思想变为自觉的系统的正确的哲学思想。但学习哲学绝不能归结为只读书，书中的内容终究是别人的思想。如果只读书，只研究别人的思想而忘记了自己的思想，叔本华把这比喻为把水从一个容器注入另一个容器。还说这种人好比一次次重复地把旧瓶子倒转过来，生怕遗漏掉最后一滴水，而对自己脚下潺潺流过的活水却无动于衷，视而不见。维特根斯坦也说过一句很有意思的话，他说，对一个学哲学的人来说，上升到荒芜的聪明的高峰还不如下到愚蠢的绿色山谷，因为那里有更多的青草。

这些哲学大家的说法，的确是至理名言。要真正理解哲学，一定要把书本哲学与生活哲学相联系。既从书本中学习哲学知识，又从生活中验证和体会哲学道理。这样，学哲学就不会是把水从一个瓶子倒入另一个瓶子的“瓶装水”，也不会上升到寸草不生的思辨山峰从而远离生活。

哲学断想

（1）文学家不仅要有风格，而且要有人格；哲学家不仅要有人格，同样要有风格。作者的风格，是他们思考的方式，表达思想的方式。风格具有独特性。模仿，就如同用别人的脸当自己的面具一样。

思想家同样要有人格。歌德说过，如果想写出雄伟的风格，他首先就要有雄伟的人格。这也是我们常讲的，文如其人。作家人格的高度，往往是他的作品的力度。虽然写英雄的人不一定自己就是英雄，正如写伟人的人不可能自己就是伟人一样，但我们无法想象作者能以饱满的激情和真实的情感写出自己不敬仰的英雄人物。

当然，文学艺术具有技艺性，有善于写作和不善于写作之分。号称灵魂工程师的人堕落并不罕见。但是如果由一个卑劣的心灵中流淌出一个高大的形象，肯定是口号式的、虚假的，不可能有真正的思想和艺术价值。

哲学同样如此。哲学家的著作不仅要有风格，同样要有人格。高谈理想、信仰、人文的哲学家自身道德低下、心胸狭隘、毫无哲学家气度的人并不少见。我们对哲学系学生的教育，不应该是单纯传授哲学知识，而且应该培养哲学人格。否则，我们用不着培养哲学家，多刻制些哲学讲演的录像和磁带就行了。

（2）人，都喜欢赞同自己意见的人，将其视为知音；而不喜欢反对自己意见的人，将其视为仇敌。可是相同的意见给自己增加的只是同一种东西，是自己早已知道的东西，而相反的意见增加的是新东西，是自己不知道的东西。党同伐异，在思想理论领域中是百花齐放的一大障碍。“双百”

方针落实之难，难在喜同、求同，而不知许多真知灼见往往开始会被视为另类。毛泽东说的真理开始往往掌握在少数人手里就包含这层意思。在民主制度的票决制中，我们应该少数服从多数；可在真理问题上，不能按多数与少数来决定。而应该以实践为标准，而且要经历一个时期的考验。

（3）文化符号具有某种象征性，但这种象征既有民族特性又有客观依据。莲花代表高洁，牡丹代表富贵，菊花代表气节，折柳代表送别，这当然具有中国文化特色。可它们也有客观依据。莲花出于污泥，牡丹大红大紫，菊残犹有傲霜枝，而古代河岸送别，多是柳树生长之处。任何文化符号的象征性，只有这个民族才能理解。因为它源于这个民族的生活，也源于这个民族的审美观念。

（4）地理环境在社会发展中的作用是个争论不休的问题，但自然环境对人的生活习惯的影响则是可见的。北方人善饮、喜饮，因为天寒；南方人特别是湖南、四川、江西人善食辣椒，因为潮湿。所谓不怕辣、辣不怕、怕不辣之类的调侃，具有地区性特点。山西人喜欢吃醋，据说是因为土地偏碱性，诸如此类。民间艺术品的地区性特征也与地理环境有关。游牧民族艺术品的载体多以兽皮制品为主，而以捕鱼为生的民族则多鱼皮制品。南方产竹区多竹雕和竹制品，而林区则多木雕和木制品，山区则多石雕。哈尔滨可以有冰雕，广东则不可能有；沙漠地区有沙雕，而平原地区则不可能有。诸如此类，其中都蕴含着哲学问题，可供思考。

当然，我们对地理环境的作用应该有恰当的估计。黑格尔说过一段很有意义的话。他说，我们不应该把自然界估量得太高或者太低，爱奥尼亚的明媚的天空固然大大有助于荷马诗的优美，但是这个明媚的天空绝不能单独产生荷马。

（5）我们反对个人迷信，但不能反对崇拜英雄。一个没有英雄的民族或不崇拜英雄的民族是孱弱的民族。一个民族的历史上英雄人物众多是这个民族的骄傲。

卡莱尔说，只要有人存在，英雄崇拜就会永远存在。古希腊的悲剧人物都是英雄人物。亚里士多德说，悲剧所模拟的是出类拔萃的人物。当然，文化观念不同，崇拜的英雄也不同。中国的古代英雄是道德型的，西方则是力量型的。例如，刘、关、张桃园三结义为世人所称赞，而曹操则被贬损。在中国，有力量而无道德，被称为枭雄。

资本主义是悲哀的。恩格斯说过，为资本主义的确立而努力奋斗的人物不少是“巨人”，是在思维能力、激情和性格方面，在多才多艺和学识渊博方面的巨人。可资本主义的统治确立以后，资本主义不再崇拜英雄。资本主义是金钱统治的社会，是金元帝国，崇拜金钱而不崇拜英雄。选举需要金钱，一人一票选举出来的并不是英雄式的人物，而是得票最多的政治人物。政治人物不等于英雄人物，其中不少是政客。

历史唯物主义从来不否认杰出人物的历史作用。群众的决定作用并不是杰出个人的作用的消解剂。社会主义国家应该反对个人迷信，但不能反对崇拜英雄。社会主义需要英雄，需要各个领域中的杰出的英雄个人，也需要英雄集体。我们有过劳动英雄、战斗英雄，在社会主义建设中我们也有过铁人王进喜式的人物，他们既是普通人又是英雄人物。在构建社会主义和谐社会、建设中国特色社会主义的伟大事业中，各个领域中都应该有模范式、标兵式可供学习的榜样性人物。他们不是革命战争年代中那种叱咤风云驰骋沙场的人物，但同样是我们时代的先进人物。有些文艺作品把反对“高、大、全”变为歌颂平庸，拒绝崇高，而且太多脂粉气，缺少对社会主义英雄的赞美和崇拜，这种风气需要改变。

（6）哲学不可能超功利。哲学有两种不同的功利性。一种是经济的，以哲学著作去获取稿费，这是资本主义市场经济产生以后才有的现象。古代无稿费，著述不可谋生，因而历史上的著作权是模糊的，作者是谁往往成为学术争论的问题。哲学家都是经济上的超功利主义者，像亚里士多德说的，我们探索哲理只是为了摆脱愚蠢。

古代哲学没有经济方面的功利性，但不等于超出一切功利。我认为，古代的著名哲学家以及他们的著作功利性是很强的。几乎所有的重要哲学著作，都与人类遇到的现实矛盾，包括人与自然、人与人，以及人与社会的矛盾有关。哲学家可以说是以哲学家的方式在对现实矛盾进行思考。所谓惊奇、求知，实际上都是客观矛盾引发的一种主观状态。如果哲学经典无所用，是不可能流传的。

（7）我们对客观事物的看法并不影响客观事物的本质，恩格斯说，鞋刷并不因为人们把它归入哺乳类而长出乳腺来。可是人对事物的看法，可以影响人们对事物的态度。人们对世界的不同的看法就是不同的世界观，它直接决定人在实践和认识中以什么态度对待世界。世界观的重要性正在于此。

（8）人在旅途。我反对人人生而平等的抽象学说，因为它不符合事实。在资本主义革命时期，就反对封建等级制来说，天生平等论是一种进步的学说，但不是科学的学说。因为在阶级社会中，没有任何一个婴儿可以脱离他们父母的阶级和家庭状况，从而抽象地谈论人人生而平等。

可我也不同意血统论、门第论，因为对任何个人来说，都没有一条事先筑就的现成的成功大道。口含金匙出生的人是有的，例如出生于豪门富贵之家的人，虽有余荫可恃，可自己以后究竟有无出息，前途如何，路还是要靠自己走。人的一生始终走在路上，直到终点。《战国策》中的名文《触龙说赵太后》，左师触龙劝赵太后让心爱的儿子长安君到齐国为人质，讲的就是这个道理。至于我们社会主义国家更应该如此。出生于高干和亿万富翁的家庭，竞争的条件和起点会比一般平民百姓强些，有利些，但他们自己一生的路，仍然要靠自己走。

人应当是什么，这是一个抽象的概念式的规定。人的出生并没有赋予他们应当成为什么人的目的，应当成为什么样的人，可能成为什么样的人，是在不断解决个人与自己存在的现实矛盾中造就的。人的一生是无法预料的，路是自己走出来的。没有任何人可以事先为自己写好传记。正像赫舍尔说的，做人就意味着处在旅途中，意味着奋斗、等待、盼望。

（9）骨相学，是一种古老的迷信。通过看相来预测未来的命运，显然是骗人的。可是其中又有某种哲学道理。有位哲学家说，面孔是信息，面孔会说话。这种说法有一定的道理。一个饱经沧桑者的脸和一个飞黄腾达者的脸，显然会各自刻下自己的不同痕迹。一个种地农民的脸和一个坐办公室官员的脸、一个忧郁症患者的脸与一个青春焕发对前途怀有美好憧憬者的脸的表情，不可能一样。人是一种包含自己生活经历的存在，他的经历会以各种方式表现在他的脸上。一个有生活经验、阅历很多的人，会凭借一个人的言行、举止，以及脸部所凝集的生活信息，做出某种判断。所有算命的人都是生活阅历较多、识人较多的人，即所谓老江湖，未经世事的毛头小子是不可能干这一行的。但脸上的信息表示过去，它们不能决定未来。根据看相测定命运是迷信，但根据脸部的信息判断一个人的际遇和处境是有生活根据的。这就是为什么历来星相家都自命为哲学家的道理所在。

（10）物极必反。这是生活中常见的现象。登到山峰必然要往下走，因为山峰是“极”，已无高可登。中国人说乐极生悲，也是讲“极”。

在哲学中这个“极”非常重要。刘基的《司马季主论卜》也强调这个“极”字：“蓄极则泄，闷极则达，热极则风，壅极则通。”老子在《道德经》中把它归结为：“反者道之动。”在实际生活中，我们要防这个“极”。凡事不可过度，运动过度、营养过度、劳累过度，甚至高兴过度，凡事走“极端”，必然适得其反。

适度原则，应该是我们处理实际生活中的各种关系的一个哲学原则。黑格尔说，举凡人间的一切事物——财富、荣誉、权力，甚至快乐、痛苦——皆有其一定的尺度，超越这个尺度就会招致沉沦和毁灭。

（11）整体观是哲学的一条重要原则，也是辩证的思维方法优于西方形而上学的思维方法的最主要之点。例如，手对人的重要性是不言而喻的，伟大的绘画家、音乐家以及各种传世的艺术作品，没有一样能离开手。可手的绝妙功能的发挥在于它是整体的一部分。

哲学家对“手”非常感兴趣，不断以手为例。黑格尔说，割下来的手，就失去了它的独立存在性，只有作为机体的一部分，手才能获得它的杰出地位。恩格斯说，手并不是孤立的，它仅仅是整个极其复杂的机体的一个肢体。列宁也说，身体的各个部分只有在其联系中才是它们本来应当的那样，脱离身体的手只是名义上的手。

我之所以引用不少关于手的议论，意在强调哲学并不神秘，在日常生活中就包含着深刻的哲学道理。任何事物都是相互联系的，任何有机体必然是一个整体。恩格斯特别强调，无论是骨、血、软骨、肌肉、纤维质等的机械组合，还是各种元素的化学组合，都不能造成一个动物。

整体观就是有机观。只有整体观才能恰当地评价整体与部分的关系。历史观同样如此。如果在评价历史人物时把他从他们所处的整体中，即时代环境、历史背景、历史条件和各种关系中孤立出来，就不是一个曾经有血有肉的活的历史人物，而是已经与历史相剥离的尸体。

(12）认识与境界。事实与对事实的认识，各有特点。事实是事实，这是一，可人对事实意义的理解可以有很多。日本人小幌右《五分钟的神学》中讲了一个故事，说是在参观印尼一座神学院时，神学院养鸡，鸡正在吃食，他问学生们看到了什么。有人说，当看到鸡时我看到了鸡蛋可以卖钱；有人说，看到了上帝，上帝创造了鸡供我们食用；有人说，看到了一个和睦的家庭，母鸡像母亲一样照料小鸡；如此等等。同一只鸡，可以有不同的回答。可是，这种不同的回答，实际上涉及的是价值问题，而不是事实。事实上仍然是一只鸡。事实代表的是存在是什么，这只有一种回答。价值代表的是人对事实的理解和追求，可以有多种回答。

(13）拙于用大。屠龙之术是无用的。庄子的寓言中说，有人殚千金之家，学习屠龙之术，三年技成而无所用其巧。因为根本就没有龙，所以这种屠龙之术是大而无用的。

哲学可不是无用的屠龙之术。我记得五十多年以前，当我一个族叔问我学什么时，我告诉他我在学哲学，他就认为不如学理工或学医有用。因为哲学所讨论的问题很大，有的很抽象，仿佛与实际无关。其实哲学不是屠龙之术，它有实际对象，大到宇宙、社会，小到人生处世，处处可用。问题在于善用，把哲学原理当成大而无当的空言，与实际相脱离，这就是“拙于用大”。

庄子讲的不龟手药的故事，就表明同一种东西有善用与不善用的区别。同样是不龟手药，宋人世世作为漂洗织物护手不冻的药物，而有人以重金购得这个药方，用于吴人与越人的水战，大败越人，割地封侯。能不龟手，一也；或以封，或不免于终身漂织，“所用之异也”。

同样是哲学，或者只是供清谈时用，满足思辨之好；或者是联系实际，真正作为思维方法，用以指导对宇宙、社会和人生问题的观察和分析。这是完全不同的。我们要防止哲学变为大言无用的“屠龙之术”，一定要面对现实，立足问题，即不能把哲学架空。

一些同行特别是年轻同行，过于爱好思辨，以为这就是学问。我总是说，千万别把哲学弄成屠龙之术。如果这样，既不利于哲学，也不利于我们这些哲学工作者自身，永远无法用其技。皓首穷经，结果仍然是一无所用。这可是我们学哲学的不幸。

（14）野蛮人的野蛮，是坦然的、真诚的、毫无掩饰的。而文明人的野蛮，则往往同时伴随着伪善。文明程度越高，野蛮的程度越大，伪善的程度越大。只要看看帝国主义战争的借口就知道，其借口都是传播文明和“普世价值”。中国自近代遭受西方侵略以来，入侵者没有一次不是以传播文明、征伐野蛮人为理由。马克思在一系列关于西方列强对中国的侵略战争中对这种文明的伪善进行过深刻的揭露。他说，当我们把目光从资产阶级文明的故乡转向殖民地的时候，资产阶级文明的极端伪善和它的野蛮本性就赤裸裸地呈现在我们面前。此话是一百多年前说的，至今这种文明掩盖下的伪善并未绝迹。

（15）信仰、信念、理想相互联系但各有特点。信仰是二元结构，有信仰者和被信仰者之分。宗教信仰的是上帝、神，或者其他崇拜物；革命者信仰的是马克思主义、共产主义。被信仰的东西是外在于信仰者心外的存在。

信仰有科学与非科学之分。信仰是不能强迫的。强迫的信仰，如同叔本华说的是强迫的爱，这是不可能的。任何强迫的爱都会变为恨，强迫的信仰会变成对这种信仰的厌恶。因此，真正的信仰必须内化为自己的内心的理念，这种化为内心的信仰就是信念。信念是内在的。当宗教信仰内化为内心信念时，就是宗教感情；当马克思主义和共产主义的信仰变为革命者的信念时，就成为坚定的立场和行动的指南。

信念在人们的行为中非常重要。一旦人们形成某种信念，它就会影响人们对某些相关信息的知觉。正如一位哲学家说的，一旦你将某个国家视为敌人，你就倾向于将其模棱两可的行为理解为对你表示敌意。信念，会支配自己对相关信息的判断。

理想，则是信仰的追求的目的性存在。科学信仰追求的是能实现的理想，而宗教信仰追求的是天堂、千年王国或者极乐世界，这些都是虚幻的空想。马克思主义不反对使用“信仰”这个名词，但认为信仰一定要转化为内心的信念和理想，变为实践的指南。马克思主义的信仰是科学的，信念是坚定的，理想是现实的。

（16）人要站起来。在从猿到人的转变中，类人猿的直立行走是最重要的一步。只有站起来，手才能解放，才能真正变为人。在地上四肢伏地，永远是动物。对人的思想来说，同样如此。一个宁愿永远跪着的人，是心甘情愿的奴才。恩格斯曾说过一些人之所以显得伟大，是因为我们总跪着。我们强调思想解放，就包含着人应该站着看问题，而不能永远趴着。

站着的人是有人的尊严的人，而不是徒有声名的人。声名是外在的，是别人的评价。一个人的声名大于他的实际价值，就是一种虚假的声名。善于沽名钓誉者可获一时之声名，但一旦被揭穿，则声名狼藉。而尊严是内在的，是不会被剥夺的永恒价值。有做人尊严的人是站起来的人，这种人比起徒有其名的人，迟早会被人认可的。

（17）幸福是不能单纯用物质财富占有指数来衡量的，因为幸福是个具有社会性和综合性的概念。幸福不能离开人类生活其中的社会，正如鱼不能离开它们生活其中的河流一样。即使饲料丰富，但如果整条河流被污染，鱼仍然不可能快乐地在水里游来游去。

人类生存其中的自然与社会状态是人的幸福感的最重要保证。英国《卫报》一位作者撰文说，为什么我们社会的生产越发展，人反而越来越失去幸福感呢？这是因为我们的社会是一个利己主义的社会，它破坏了我们的人际关系、亲情关系、家庭关系，以及人与自然的关系。生活在利己主义的人际关系和欲望之中，即使物质生活水平越来越高，也不可能有幸福感。贫困是不幸的，但富裕不一定就幸福。幸福源自矛盾得到正确处理后的和谐，包括人与自然关系的和谐、人与人关系（包括亲情和友情）的和谐，以及人的身心和谐。现代社会中的一些人，虽然收入极高，但家庭旅馆化、两性多元化、文化需求低俗化、精神空虚化，财富给他们带来的是什么？与财富共存的是各种各样纷至沓来的苦恼和困扰。

（18）每个人的幸福与不幸是各不相同的，但对人而言，不幸的存在是必然的，因为世界是充满矛盾的世界。人，对幸福并不敏感，所谓身在福中不知福，即使在别人看来幸福无比的亿万富翁、明星大腕、学者名流，同样会有自己的苦恼。人，一旦占有了某种东西，就会习以为常，如同磨光了的钱币，逐渐失去其光辉，可一旦失去，就会痛苦无比。因此，人对不幸比对幸福敏感千百倍。一个健康的人不会感受到健康的幸福，只有生病才会感受到失去健康的不幸。幸福是无法向下看，也是无法满足的。一个拥有百万家产的人看到拥有千万家产的人会感到不幸福；一个千万富翁如果变为九百万的富翁，也会感到不幸。

而不幸是可比较的，一个住房面积很小的人，看到街头无家可归的流浪汉会有满足感。正因为这样，不幸比幸福更能使人感悟人生。一个家道中落的人更能深刻体会到人情的冷暖。

所以，从哲学上说，制造不幸最好的方法，是向上看，同所谓比自己幸福的人攀比；医治不幸最好的方法是向下看，同比自己更不幸的人比较。叔本华说，对每一外在不幸和内在困扰之最有效的慰藉就在于，去发现那些比我们更不幸的人。

（19）怀疑在人的认识中是必要的。它反对独断论，犹如议会中的反对派，对错误、专权、独断的决议具有制衡作用。人需要有怀疑精神。宋儒朱熹说："读书无疑者须教有疑，有疑者却教无疑。"由无疑到有疑，再到无疑，是认识的必经之路。明代陈宪章也说："前辈学者贵知疑，小疑则小进，大疑则大进。疑者觉悟之机也。一番觉悟，一番长进。"

对哲学来说，怀疑就是追问。没有追问，就没有哲学。马克斯·舍勒在《哲学与世界观》中说，谁要从哲学角度建立世界观，必须敢于依靠自身的理性；他必须尝试着怀疑所有因袭之见；凡他本人不能明察和确证的，他都不应予以承认。

马克思主义认识论反对不可知论，反对绝对怀疑论，但提倡怀疑。怀疑即发现问题，没有问题，人类就没有需要认识的对象，没有进一步推动认识的动力。无论是科学研究还是哲学研究，如果从来就没有发现过任何问题，肯定终生一无所获。

（20）对我们普通人的思维来说，时间就是时间，是一分一秒的总和。可对哲学家来说，时间同时就是空间。马克思说，时间实际上是人的积极存在，它不仅是人的生命的尺度，而且是人的发展的空间。

人的可支配的自由时间越长，意味着人可以在其他领域中有更多的发展。自由时间越多，人的发展空间越大。因此，过长的劳动时间不仅消耗人的生命，同时也束缚了人的多方面发展的可能性。马克思坚决反对异化劳动，反对血汗工资制度，他说，一个人如果没有一分钟自由的时间，他的一生如果除了睡眠饮食等纯生理需要以外，都替资本家服务，那么，他就连一个载重的牲口都不如。

(21) 我们应该知道生命与生活的区别。任何活的有机体都是有生命的存在物。从变形虫到人，从植物到动物，概莫能外。如果一个人，在从出生到死亡的过程中，只是繁殖、饮食，由变老而最终死亡，那么这个人只是有生命而没有人的生活。

人的生命不同于其他有生命的存在物，就在于人的生命存在的方式是生活，是自我创造自己生活的一种生命过程。最好的良种马，从出生到死亡仍然是马，而人从出生到死亡蕴含着无限发展的多种可能性。韶山冲出生的毛泽东，后来成为新中国的伟大领袖。一切伟大人物的生长都是如此。人的出生是一种生物性存在，但在生长中会变为另一种人物。谁能在贝多芬婴儿时料到他日后会成为伟大的作曲家？但人能料到任何动物成熟后仍然是那种动物。

动物是类存在物，是无声的无意识的类存在物。某种动物只是它所属的类中的一员，它具有类的本性，不具有个体的创造性。动物的一切特性都是类的本性，而类是同一的。同类动物之间的差别是形体的、本能的。人不同于动物，人的个体与类的关系不是纯生物性的个体与类。人是具有个体性的类存在物，即人是有意识、有目的的存在物，每个人都在通过自己的努力创造五彩缤纷的生活。马克思说过，动物和它的生命活动是同一的。动物不把自己同自己的生命活动区分开来，它就是这种生命活动。人则使自己的生命活动本身变成自己的意志和意识的对象。有意识的生命活动把人同动物直接区分开来。

(22) 笑与哭。笑中有哲学，它不仅是养生之道，所谓“笑一笑，十年少”即是这个道理，也是人际关系的润滑剂；它有利于人际关系的和谐。可在生活中同样需要哭。为别人流泪，表示对别人苦难的同情和爱，正像叔本华所说的，倘若一个人还能哭，那么就证明他爱心未泯，同情心犹存。

小猫小狗也有情感，因而能成为人的宠物，它们会对人依恋，但不会笑也不会哭。它们的表达方式是类的生物学本能。笑与哭都是人的感情的表现，是情之所至，是人所特有的。为自己的错误流泪表示悔恨，为个人遭遇不幸或不公而哭是一种宣泄。男儿有泪不轻弹，只因未到伤心处。

假道学家们扬性抑情，认为人性是好的，而情是坏的。其实人若无情，没有喜怒哀乐七情六欲，就去除了人性的一个重要内容。人若无情不可谓之人。该笑则笑、该哭则哭，古人称之为性情中人。

(23) 习惯有两种：个人习惯和集体习惯。个人习惯是人在生活中形成的，它可以决定个人的行为，甚至决定个人的一生事业的成败。集体习惯是历史的积淀，是一种社会力量，它表现为一个民族的传统的道德风尚。一个民族的集体习惯，可以决定一个民族和国家的强弱兴亡。集体习惯是难以抗拒的，它有时比法律更有威力，因为它植根于人的内心，往往表现为所谓“人情”。这就是传统的惰性力量。培根说过，既成的事物，即使并不优良，也会因被习惯所适应而生存；新事物，即使更优良，也会因不适应于旧习惯而受到抵制。

传统并不都是坏的。有优良的传统，也有不好的习惯性传统。但无论如何，每个时代的人都不可能摆脱传统。我们必须继承我们民族的优良传统，也一定要破除不良传统。例如，在中国，婚丧嫁娶的繁文缛节，至今仍极为盛行。尤其在农村，一点也马虎不得。至于在其他方面，陈旧的观念和做法，仍然需要不断破除。因此我们一定要善于区分不同的传统，正确地对待传统。

(24) 同与异。人们在听意见时，都喜欢听相同的意见，听赞成的意见，而不愿意听不同的意见。《庄子·在宥》说：“世俗之人，皆喜人之同乎己而恶人之异于己也。同于己而欲之，异于己而不欲者，以出乎众为心也。”正因为喜同，可又存在不同，于是在政治生活中，政治家们在处理国际事务时提出求同存异。这是解决矛盾的一种重要方法。

可也有相反的方法，这就是求异存同。在探求真理时，在进行科学研究时，人们从相反的意见中，得到的启发比从相同的意见中得到的东西要多。既然相同，就不会有新意，可不同的意见甚至反对意见，往往会促进思考。这就是我们古代哲学智慧——和而不同的思维方法。相同的东西只是赞同，而只有相反的东西，才能推进人的认识，弥补自己意见中的不足或思考不周之处。

由此可见，在听取意见时，应该求异存同。因为反对的意见提供的东西比相同的意见多。在处理问题时，应该求同存异，因为求同则可有合作、互利、双赢的可能性。这是一种政治智慧。

(25) 论成心。人心不是一尘不染的明镜。人出生后，生活在社会中，生活在特定的文化环境中，从小到大，为许多习以为常的观念和习惯所熏陶，胸有成心。任何人都不是抽象的“人”，而是“我”这个人。认为人心可以像镜子，不迎不留，是不可能的。

镜子不会主动去照外物，而在与外界的关系中，人从来都是主动者、能动者。不是物向人走来，而是人向物走去；人也不可能像镜子，物去不留痕，而是不断地积累从外界接受的东西，层层淤积。人，可以发生遗忘，但总是不断沉积更新，越积越厚。人到老年成为一个由记忆和回忆组合而成的大仓库。唯心主义者总是过分强调自我，任何一个人都不是生活在纯粹的自我中，而是生活在传统与当代的文化环境中。如果一个人有哲学思维头脑，只要看看自己就会明白，自己思想中没有任何一个思想和观念是与生俱来的，都是在后天环境中形成的。

人没有“心”，有的只是大脑。“心之官则思”的说法，在古代尚可用，现代仍坚持此说就不合时宜了。因此，“成心”，就是人类在生活和实践中自我积累或学习得来的思维方式、价值观念和各种各样的知识的积累。这些在头脑中的存货，可以成为我们进一步认识的手段，像庄子说的“以已有之知求未有之知”。可是已有之知可以是进一步认识的思想资源，也可能成为我们接受新东西的障碍。先入为主之见，可以变为固守旧知的碉堡。

因此，要真正与时俱进，不为“成心”所缚，就必须学习哲学，更新思维方式和价值观念。不用哲学的智慧之水经常冲洗自己的大脑，大脑就会成为塞满陈年旧物的仓库，装不进任何新东西。所谓顽固、保守、守旧，就是头脑中旧的存货太多。

(26) 道与德。我们常用的道德这个概念，实际上可分为道与德。儒家的道是可闻之道，孔子说：“朝闻道，夕死可矣。”孔子说，自己“十五而致于学，三十而立，四十而不惑，五十而知天命，六十而耳顺，七十而从心所欲，不逾矩”，说的就是自己求道闻道的过程，而不是指一般的学习。

孔子的道是人伦之道，它支配人与人的关系。所谓道不远人，人之为道而远人，不可以为道。君臣有君臣之道，父子有父子之道，夫妻有夫妻之道，朋友有朋友之道。每种关系遵守相应的道，就是德。可见，孔子的道可通过规范而约束人的行为，告诉人应该如何做人。

老子的道是不可见的道，是先天地而生无象无声的宇宙之根。老子摒弃儒家的仁义道德，因为这些道德规范是违背“道”的，“大道废，有仁义，智慧出，有大伪，六亲不和，有孝慈，国家昏乱，有忠臣”。老子认为，只有得道才具有真正的德。德就是得，即得道。

孔子对道的看法，决定了他在认识论上主张学习，主张求知，主张“学而不思则罔，思而不学则殆”。而老子强调得道、体道，因而反对求知，主张绝圣弃智，认为人可以“不出户，知天下，不窥牖，见天道，其出弥远，其知弥少”。从认识论的角度说，我认为孔子比老子要正确。

其实，道德不能与知识相脱离。道德不能归结为知识，但道德肯定包含知识，即对自己所处社会关系的认知。我们提倡“八荣八耻”，就要知荣知耻。无知会导致道德的沦落，但知识又不等于道德，有知识而道德极坏的人并不少见。因此，道德不仅是规范，而更重要的是德性，是一种品质，是一种发自内心的自觉的行为。德性不好，或知而行，都谈不上道德。我们当前道德建设的关键，不仅要宣传，更要倡导践行。高尚的道德如果只是某一个人的行为，就会高不可攀。社会道德风尚应该成为一种相互影响的道德环境。古人非常重视道德的作用：“风俗之变，迁染民志；关乎盛衰，不可不慎也。”在一个好的社会环境中，自觉的道德行为才可以蔚然成风；而自觉的道德自律成风，才会形成一个好的社会环境。因此，我们树立道德模范，就是要为全社会树立一个可供学习的榜样。

(27) 道与理。中国人在生活中，无论处世、处事、处人，都重视讲道理。一个讲道理的人为人所尊重，不讲道理的人为人所不齿。一个人被指为“不讲道理”，就是霸道。霸道，首先就不讲理，失去道义。在世界政治中，以强凌弱，以大欺小，就是霸权主义；在日常生活中，蛮不讲理，就是牛二卖刀式的人物。大到国与国的关系，小到个人处世、处事、处人，都得讲理。不讲理，虽可得势于一时，从长远来看，终必搬起石头砸自己的脚，没有好结果。

道与理，其实是组合词，非常妙，包含着很深的哲理。中国哲学家中的“道”，既具有规律又具有道路的意义，理由道来，得道才能有理，违背道，肯定无理。理是对道的体认，像庄子说的“知道者必达于理”。我想一个在国与国的关系中不讲理的霸权主义者，肯定不相信“道”，不相信“多行不义必自毙”的规律。当年日本发动侵华战争，日本的军国主义者疯狂至极，认为“天下无敌”，可以为所欲为，结果如何？还不是以失败而告终。历史证明，任何侵略和压迫别的民族的国家，最终没有一个能长治久安，失败是迟早的事。翻翻史书，许多大帝国的崛起和衰亡的历史，无不体现了这条规律。无理者必背道，背道者必不能久。

真正得道明理的人，并不会因为“占理”而走向反面。中国人说，得理要让人，理直要气和，这也就像庄子说的“达于理者必明于权”。毛泽东当年对敌斗争时，强调有理、有利、有节。有理是前提，即使有理，也要有利，还要有节。这是真正地对待斗争的哲学智慧。这同只讲斗或一味讲和的哲学都是不同的。

明于权，就是不以得理而陷于另一种片面性。根据不同情况、不同对象，灵活地运用理。坚持“理”时，原则性和灵活性相结合就叫“权变”。权变是非常重要的，“明于权者不以物害己”。一个只知道原则性而没有任何灵活性的死板僵化态度，无论治国、治事、处世、处人，都很难达到预期的效果。

一个马克思主义者自以为在坚持马克思主义，可就是不知道权变，即如何从实际出发，灵活运用马克思主义，这种马克思主义本身就违背了马克思主义。列宁说过，马克思主义具有决定意义的东西是辩证法。没有辩证的态度，就是不知道权变。中国革命和社会主义建设中的教条主义，或“左”的思想，就是自以为得马克思主义之理而陷于“本本主义”。

权变，不是无原则随风倒，而是有原则，但不死守原则，一切以时间、地点、条件为转移。因为权变的依据是理，而理的依据是道。所以权变绝不是契诃夫小说中的“变色龙”。真正知道权变的，必然是“察乎安危，宁于祸福，谨于去就”，而不会以权变为借口而肆意妄行。

道、理、权，三者是统一的。得道知理，知理明变。这是我们工作的原则，也应该是我们做人的原则。

（28）行贤而去自贤之心。中国有句古话，无心为恶虽恶不罚，有心为善虽善不赏。我说这只有一半理，这一半理是着重动机在道德论中的重要性，可是道德也有效果问题，只讲动机而不讲效果，肯定是片面的。

康德在他的名作《纯粹理性批判》中，就把行为的动机与效果绝对对立起来，只是从行为动机方面考察人的道德行为。在他看来，只有从最纯正的动机出发的行为才是道德行为。人的道德行为所应该遵循的不是外在目的，而是实践理性的“绝对命令”。道德行为是“应当”而不是“因为”。康德认为道德是自律而不是他律的看法是很有见地的，说明道德不同于法律。但没有任何原因的“应当”是空洞的，康德的绝对命令软弱无力，只是一种道德哲学，不可能奉行，也无人奉行。

我认为在《庄子·山木》中讲的“行贤而去自贤之心，安往而不爱哉”的说法，不同于康德的绝对命令。因为“行贤而不自贤”是对的，做了一点儿好事就喜形于色，甚至自夸，生怕别人不知道，确非道德的本意。道德动机有深层原因，道德行为有社会和文化背景，但一个人的道德行为绝不应该以非道德的目的为动力。对于社会而言，道德规范的产生肯定是有原因的，人的道德行为肯定有道德的动机，有自觉的道德意识，而且会意识到这种行为的后果，并感受到道德行为的心理愉悦。

我们国家非常注意道德教育，这完全正确。但道德教育本身应该符合道德的本质，即道德的自律的本性。如果道德行为变为一种获取赞誉甚至某种目的的手段，这种所谓道德行为本身是非道德的。一些所谓慈善家大行善事，后来东窗事发，才知道原来所谓行善是“别有玄机”。类似的事，屡见不鲜。当然这种人不在我们所论之列，因为这种人连伪善都谈不上，完全是阴谋诡计，根本与道德不道德沾不上边。我要说的是，行贤而去自贤之心，道德教育不要搞形式主义。例如，我们学雷锋就要真正学习雷锋的精神，而不是顶学雷锋之名，行钓誉之实，为单位作总结准备材料。我们资助了别人不一定要别人站在台上三鞠躬感恩。有感恩之心也是一种道德，但当这种感恩不是自愿的而是出于无奈，这就不是感恩的道德之心。

道德教育最重要的是要使受教育者把道德规范内化，即变为自己的道德素质，确实融化在血液中，落实在行动上。这种视为“应当”、视为“当然”的道德行为，不是出于所谓道德本心，也不是“绝对命令”，而是长期教育内化的结果。我在日本的一个小区中住过一个暑假，看到日本人倒垃圾时将垃圾分类非常自觉，而且都是集中在离楼较远的地方，我没有看到不分类或随手扔垃圾的，也没有人表扬这种行为，也没有看到天天宣传，仿佛就应该这样，不这样反而不正常。这就是素质问题。

素质教育中的一项重要内容就是道德素质，当道德变为一种素质，内化为自己的良心时，就会行贤而无自贤之心。这种境界是真正的道德境界。

（29）气量的度。人的气量有个度，故谓之为气度。气量太小不好，可好好先生也不行。过犹不及，在人的气量问题上同样适用。

有的人气量很小，遇事计较，吃不得一点儿亏，或者实际上未必是吃亏，只是自以为吃亏，就会怒气难平。气量小，就是眼界小。气量，无非是以自己的尺子衡人量物。量来量去，总是觉得世道不平。

我国历来提倡肚量要大。诸葛亮三气周瑜，结果把这个年轻有为的东吴大都督活活气死。当然，这只是演义，不足为信。但这个故事的隐喻是清楚的，就是人的气量不能太小。否则，于事、于己都不利。

庄子说过："褚小者不可以怀大，绠短者不足以汲远。"褚，是布袋，布袋太小，就盛不了多少东西。绠，指用来从井里取水的绳子，绳子太短，深井里的水就汲不出来。庄子这话是用来说命的，命中注定的诸如像小的布袋和短的绳子一样，是不可改变的。不过我借用以喻人的气量。人的气量就像盛东西的布袋和井里打水用的绳子，太小太短都容不了人。这种小肚鸡肠的人是有的。我过去有个同事就是这样。气量小得要命，看见别人稍微得了点什么，就千方百计告黑状。长年为这种负性情绪所累，结果身染重病，不得享天年。从他身上，我确实看到气量与健康、事业的关系。一个人气量要大，有容人的雅量，肯定不会老琢磨人，不会活得太累。

可真理是具体的。我们提倡一个人要有容人的雅量，气量要大，可如果大到无是非、无原则，一味息事宁人、万般退让，这就不是雅量，不是气量，而是没有一点刚劲。这种气量，这种雅量，绝对要不得。当年鲁迅先生写《论"费厄泼赖"应该缓行》一文，就大力批评这种所谓雅量。鲁迅先生提倡"打落水狗"的精神，反对对坏人采取无条件宽容的所谓"绅士"风度。

当然，时代不同、对象不同，所论问题也不同。我们并不主张不问情况条件一味强调“打落水狗”的精神。我们提倡和谐，和谐精神就包括宽容精神，包括为人处世，气量要大些。可是，和谐也有个底线，对于不该“和谐”的人和事，也不能一味“和谐”。如果“和谐”这个口号变为坏人坏事的“护身符”，那可就是对好人不讲和谐。凡事都有个度，这个辩证规律，对于气量问题同样是适用的。

（30）美言与信言。如果一个人对一对正为孩子摆满月酒的父母说，你孩子长得天庭饱满，将来一定大富大贵，一定会受到盛情招待；可如果他说，这孩子将来会死，一定会遭到冷遇甚至是暴打。说大富大贵的是假话，说将来会死的是真话。这个例子我是从鲁迅先生的杂文中借用的，用以说明美言与信言不同。美言，即使是假话，人们爱听，而信言，即使真实，也不会受欢迎。这就是美言与信言的关系。老子在《道德经》中以他卓越的智慧曾对美言和信言作过区分。他说，美言不信，信言不美。好听的话不一定都可靠，而老实话不一定都动听。这的确是人生经验的结晶。

从哲学的角度，我把美言与信言的关系看作真理与谎言的关系。当然，这是对老子的话做了引申，具有借用的意义。但真理与谎言的不同确实可以看作美言与信言的关系。

“美言不信”，当然不是说，凡是美言都不可信，而是说凡是说谎话，一定要说得动听，迎合对方的心理，以博取信任。孔老夫子称之为“巧言令色”。越是谎话越要说得动听，可越是动听越是不可相信。谎言之所以要具有美言的外表，正因为它是谎言，需要借助美言来掩盖。

信言则不同。如果我们把信言称为真理，可以说，信言是朴实的，因为真理是平凡的，它不需要用比真理内容更多的话语来进行装饰或者粉饰。邓小平说过，马克思主义并不玄奥。马克思主义的道理是很朴实的道理。讲的也是信言不美的道理。我们有些年轻人不懂这个信言不美的道理，在理论上喜欢好奇猎异，以为越是新奇玄妙越是有理。就是不懂信言不美、美言不信的道理。

真理是朴实的，可是它具有严肃性和原则性。真理是严肃的，因为它要成为可信之言，必须实事求是，一是一，二是二，以事实为依据，来不得半点虚假。事实是不能伪造的。无论是自然事实或社会事实都应该真实。自然界的真实性是不以人的意志为转移的。《歌德谈话录》中记载了歌德关于自然界的谈话，他说，自然从来不开玩笑，她总是严肃的、认真的，总是正确的，而缺点和错误总是属于人的。自然对无知的人是鄙视的，她对有能力的、真实的、纯粹的人才屈服，才泄露她的秘密。的确，自然科学的真理就是揭示自然秘密的信言。之所以如此，就是因为自然科学以严肃的态度对待自然。

社会科学的真理也应该是信言，但社会科学成为信言要困难得多。因为社会事实不像自然事实那样具有为实践验证的客观性，社会事实具有一定程度的价值性，在不同人的眼中所认定的事实会呈现出不同的形态，因而对同一社会事实的解释可以完全不同。但是严肃的社会科学研究，同样要尊重事实并力求做出科学的解释。马克思主义的一个伟大功绩，就是它的历史唯物主义观点为使关于社会的学说成为信言提供了理论和方法。

真理是不能谦逊的。正如马克思所说的，真理不能谦逊，它必须不向任何权威低头，真理如果谦逊就会变成虚伪，而虚伪则失去了真理的本性。所以真理是无畏的。真理的不谦逊是真理的原则性，它不屈从任何非真理的压力。但真理不能谦逊并不是说任何自以为掌握真理的人不应该谦逊。这是两回事。并不是任何自以为掌握真理的人，真的就是真理的占有者，任何以傲慢态度而不是以谦逊态度对待客观事物的人，很难真正发现真理。真理不应该谦逊，可探索真理的人和探索的方式应该谦逊。特别是要正确对待不同意见。人类最大的缺点是喜欢相同的意见，而不喜欢相反的意见。其实，既然意见相同就得不到新东西，而从反对的意见中往往可以得到启发。从这个角度说，在对真理的探索中，从相同意见中得到的只是赞同，而从不同意见中得到的才是进一步探索的问题。真理的确是需要不断敲打才能发光的燧石。

真理要宣传，要灌输。有的学者反对马克思主义需要灌输，把灌输误为强迫，这是不对的。强迫是不以理服人，用一种外在的力量使对方接受某种观念或理论。任何强力都只能服人之口绝不可服人之心，强力是不可能产生灌输的效果的。真理的灌输不同，它是以理论的真理性为前提，以说服为手段，以内心接受为条件的一种教育方式。真理之所以需要灌输，是因为错误的观念天天也在以各种方式进行有声的无声的灌输。我们生活在社会中，无时无刻不在受各种传媒、影视、书籍的影响。我们可能形成正确的观念，也可能形成许多错误的观念。日复一日，错误的观念会成为成见、偏见。这就是真理需要灌输的根据。错误的观念通过各种渠道在灌输，真理反而在沉默。这不利于人的正确观念的形成。歌德说过一段很有见地的话：我们对于真理必须经常反复地说，因为错误也有人在反复地宣传，并且不是个别人而是大批人在宣传。这话说得真是太好了。任何生活在社会中的人都应该明白，我们自发接受的错误观念往往比自发接受的正确观念多。真理需要认真地进行教育和灌输。

“信言不美”，因而坚信真理需要很大的勇气，甚至要做出很大的牺牲。中国历史上许多忠臣为坚持正确意见而被杀被贬的不少，有的甚至抬着棺材上殿，以示必死的决心。

在日常生活中，有些人喜欢听点奉承话，是一个缺点，倒不致酿成大祸，最多是个人上当受骗，可在政治生活中，如果这样，当权者就只能耳聋眼瞎，处于重重蒙蔽之中。报喜者赏、报忧者罚，颠倒美言与信言，使真理和真理的捍卫者受屈，给国家和人民带来无穷的危害。区分美言与信言，防止阿谀奉承溜须拍马之徒得逞，既是一个体制问题，也是领导者的政治智慧问题。

（31）辨伪难。辨伪难，难在真伪莫辨，以伪为真。仁义道德也有真假之分。有的人满口仁义道德，实则为假道学、伪君子。庄子说过：“窃钩者诛，窃国者侯。诸侯之门而仁义存焉。”所有窃国者无一不以仁义自许，认为是道德最高尚的人。庄子还以防偷为喻，说为了防止小偷，人们把箱子锁得牢牢的，用绳子捆绑得结结实实的，自以为万无一失，可遇到大偷，锁得越牢，绑得越紧越好下手。他连箱子一并扛走，唯恐不牢，唯恐不紧。儒家的仁义学说，就是为了防止小偷捆绑箱子的绳索。这是庄子一贯的反对儒家仁义的看法，不足为怪，也未必正确。

我们暂且丢开庄子对儒家仁义学说的反对态度不说，但有一点足可启发我们，这就是辨伪。

仁义有真假，有的人以仁义为名，实则假仁假义。道德如此，任何学说、思想，都可能有真有假。以马克思主义为例，马克思主义是科学的革命的学说，但同样有真有假。在当代世界各种旗号的马克思主义为数甚多，真伪莫辨，至今对于什么是马克思主义仍是个争论不休的问题。更值得注意的是，马克思主义本来是关于无产阶级和人类解放的学说，是用来革命、治国、为人民谋利益的学说，但同样可以在马克思主义的外衣下从事颠覆马克思主义、从事与社会主义革命和建设目的相背离的理论活动。

有位哲学家说，人是所有动物中唯一会说谎的动物。道德有假仁假义，科学有真科学和伪科学，行为有真心真意和假心假意，学说有真有假。人生在世，可以说时时要学会辨伪。荀子在《解蔽》中说："凡人之患，蔽于一曲，而暗于大理"，并举例说："欲为蔽、恶为蔽、始为蔽、终为蔽、远为蔽、近为蔽、博为蔽、浅为蔽、古为蔽、今为蔽。凡万物异则莫不相为蔽，此心术之公患也。"如果说，荀子强调的是"物"为蔽的话，而在《邹忌讽齐王纳谏》中强调的则是"人"为蔽。邹忌自己明明不如城北徐公美，可是他的妻、妾、宾客无不赞扬他比徐公美。为什么？"吾妻之美我者，私我也，妾之美我者，畏我也，客之美我者，有求于我也。"因此他告诉齐王："今齐地方千里，百二十城，宫妇左右莫不私王；朝廷之臣，莫不畏王；四境之内，莫不有求于王。由此观之，王之蔽甚矣！"可见辨伪之难，故荀子称为"此心术之公患"。海德格尔强调真理是"去蔽"，也包含辨伪的意思。

如果说，在中国封建社会，一些思想家已经提出了辨伪、解蔽的问题，还是着眼于政治领域，在当代，这个问题则更具现实性和广泛性。在市场经济条件下，造假在社会生活的一切领域，尤其是日常经济活动领域具有普遍性。假货、假信息、假学说、假科学、假广告，当代人处在"假"的包围之中。打假已职业化，看似荒唐，却是事实。

伪之难辨，有二：其一，从客观上说，因为伪不同于一般的假。真伪相依而存。伪之能存在，就是它似真、逼真。因此，辨伪，就要知道什么是真，只有知道真，才知道什么是假。单纯从假本身着手难辨真伪。其二，我们不容易知道什么是真，因为我们从小到大受到的有形与无形的教育、各种直接与间接的影响，以及脑子中由于长期的积累所形成的先入为主的思维模式和价值观念，往往妨碍我们发现事物的真相。我们之所以难以辨伪，就是因为客观上的遮蔽、主观上的成见和定论，往往不知道什么是真，往往以假为真。

多年以前，我就存在这种真伪难辨的困惑，曾写过这样一首诗：

《南华》读罢掩卷思，人间何处觅真知。
药有真假多病识，情分冷暖遇难时。
生死无碍通大道，名利沉酣最为痴。
何必深山求佛法，阅尽沧桑自得之。

阅尽沧桑，就是人生经验的积累，不断地受骗，不断地去蔽，逐渐增加辨伪的能力。可谁也不敢夸口，他能达到对事物真伪洞若观火的境界！

（32）多知为败。在中国哲学中，老庄哲学最突出的一个特点是对“知”的否定态度。庄子说的“多知为败”，就表现了这一点。在当代科学如此昌明的时代，西方一些哲学家对科学技术进步负面效应的张扬，同样表明了一种对知的否定态度。不过时代不同，理由各不相同。庄子着重的是“知”对个人本性的斫伐，而当代西方人本主义则重视科学技术对人文精神的消解和生态环境的破坏。

在庄子看来，多知不利于人的养生，“目无所见，心无所知，汝神将守形，形乃长生。慎汝内，闭汝外，多知为败。”这种说法，与《道德经》中说的“塞其兑，闭其门，终身不勤。开其兑，济其事，终身不救”思想一模一样，无怪老庄并称。

在现代人看来，为什么无知能养身守形呢？真的是人生识字忧患始吗？的确，知识多的人容易东想西想，总不安分，不如大字不识、浑浑噩噩的人生活得稳妥平静。这种人对统治者也很有利。老子说过，要“虚其心，实其腹，弱其志，强其骨。常使民无知无欲，使夫智者不敢为。为无为，则无不治”，这倒是好主意，可很难做到。例如封建社会的愚民政策，最终没有一个成功的。

人不可能闭门塞听，守内闭外。在现实中，人必然要与外界接触，要与自己生活于其中的世界相互作用。即使“脱离红尘”，也只是从尘世到另一种尘世。人永远处在生活中。只是接触的东西不一样，从而不见可欲，则心不乱而已。绝对的闭外守内是不可能的。

其实，人对外界的接触，并不一定是消极的。声色犬马，醇香厚味，一切享受都要经由感官，但感官并非罪恶的渊薮，而是满足欲望的门户。

人在与外界的接触中形成什么思想，取决于头脑中先在的思想，即已有的人生观。难道现实中聋、哑、盲、五官闭塞的人不犯罪吗？现实中发现的聋哑盗窃集团并不少见。

好不好统治，并不决定于被统治者有无知识、识不识字，而是取决于阶级矛盾激化的程度。陈胜、吴广不识字，历史上农民革命中的起义者们多为文盲，照样“闹事”。秦始皇焚书坑儒，以为天下可长治久安，万世一系，可最终二世而亡。“坑灰未冷山东乱，刘项原来不读书。”以无知和愚民政策来统治天下，终难长久。

在当代，科学技术的进步是社会发展的重要推动力量，也是有利于人的品质优化、促进人的全面发展的力量。它的负面效应并不是来自于科学技术的进步，而是来自于使用科学技术的目的。人文精神不能也不应与科技的进步相敌对。任何反对科学技术进步的所谓的人文精神都是伪人文主义精神，都是与历史进步和时代的发展相悖的。科学技术是社会进步的力量，罪恶的原因不在于科学技术而在于利用科学技术的社会制度和人。我们要的是一个合理利用科学技术的社会制度和社会环境，而不是将科学技术妖魔化的进步。

“多知为败”，是个错误的哲学命题。无论在古代还是在当代都是如此。资产阶级在进行革命时，害怕群众无知，拼命启蒙，而当自己处于统治地位以后，又害怕群众有知，拼命宣传各种歪理邪说，以论证其统治的合理性与合法性。

社会主义革命不能也不会走这条路。我们党非常重视发展教育，启发民智，从来都宣传没有神仙和皇帝，只有群众自己才能救自己。对社会主义革命和建设来说，最大的危险不是群众有觉悟而是没有觉悟。

当然，对个人命运来说，“知多为败”也许有点道理。在中国革命的过程中，受伤害最多的是知识分子。有感于此，我曾写过一首诗：

莫说无才虚此生，有才未必即有成。
林秀风摧难为栋，野草轻贱吹又生。
贾谊沥血郁郁死，屈原怀冤愤自沉。
无人愿买痴儿药，莫读诗书少弄文。

这是一个不正常年代的不正常现象。一切都已经过去，当前我们处在“多知为胜”的年代。我们要发展哲学社会科学，培养大家，要发展科学技术，培养世界顶级的科学技术人才。我们国家把不少经费用在教育上，用在自然科学和社会科学基金上。就我所知，这些年光社会科学基金，就翻了好多倍。在经济全球化的时代，人才和知识的竞争，是最重要的竞争。

(33) 知愚非愚。最不可救药的人，是主观、固执、冥顽不化，而不是无知。无知可以变为有知，少知可以变为多知。而自以为知，以不知为知，必然终身不知。

庄子说：“知其愚者，非大愚也，知其惑者，非大惑也。大惑者，终身不解，大愚者，终身不灵。”大惑小惑、大愚小愚之分，在于自己对疑与惑的自省程度。

愚与昧不可分。愚者即昧于事理者，不理解却偏以为理解，因昧而愚。所有邪教的受害者，都是昧于对邪教本质的理解。昧的程度越大，愚的程度就越大。曾在中国流行的法轮功，其中不少人就是昧于对李洪志的歪理邪说。信徒的转化工作的难度，依昧的程度而不同。昧而不解的人很难转化，只能愚到底，凡是经过教育转化的，都是昧而能解的，从知愚到不愚。

知愚不愚。一个人知道自己愚，这种知愚是以知不愚为前提的。与不愚相比，才能发现自己的愚之所在。正因为这样，知愚就是不愚。没有一个人处在愚蠢中又能知愚的。知道自己愚蠢就是从昧的围城中走出来了。

惑与疑不可分。疑惑，因疑而惑。对认识而言，疑本来不是坏事，小疑小进，大疑大进，无疑不进。可有一个条件，就是疑不是目的而是探索真理的方法。它是问号而不能是无穷的逗号。疑而能解，解疑即解惑。疑而不解，就是惑。疑积累越大，惑的程度就越大。所以要解惑，必须解疑，知疑解疑就不惑。以疑为不疑，当疑而不疑，就是惑。惑而后知，说明惑已不惑。愚与不愚、惑与不惑是相辅相成的。从愚到不愚，从惑到不惑，其核心是个知字。要去愚解惑，就要在知疑知愚上下工夫。

对于一个人来说，愚与惑都是认识的极大障碍。庄子说：“小惑易方，大惑易性。”小的疑惑，可以使人的行为找不到正确的方向，容易陷入迷途；而终身不解的大惑，可以改变人的本性。社会上的那些贪赃枉法、杀人抢劫之徒，都是昧于法理、惑于钱财声色、愚昧透顶的人。也许有人会说这些人很聪明，手段很巧，用心很深，他们一点也不笨。其实，这正是“大惑易性”的表现。因为他们的所谓聪明、手段，都是用来干坏事，这种“聪明”越大、手段越巧，越说明愚蠢至极，不可救药。

要能知，就既要有知识，又要有知的能力。汉代刘向说过，“书犹药也，书可医愚”。读书就是求知。知识问题属于科学问题，因而要去愚解惑必须进行科普包括普法教育。很多邪教信徒缺少最起码的科学常识，很多犯罪者是法盲。可又不完全如此。一些科学家、哲学家，有些也成为邪教的信奉者，一些高级知识分子知法犯法，甚至一些法官、律师也加入了犯罪者的行列。这说明仅仅懂得一些科学知识和法律知识并不够，还要有行知即实践知的能力。知而不行非真知，知而能行才是真知。

我们从事教育工作，特别是从事思想理论课的教育工作，在一定意义上也就是在从事释疑解惑的工作。因为在现实中，人们特别是青年学生会遇到一些弄不明白的问题，在头脑中产生疑惑，这就是所谓认识问题。如果长期不解决，疑惑越积越多，问题越积越大，就会变为思想问题。因惑而疑，因疑而惑，因昧而愚，因愚而昧，像滚雪球似的，最后难以收拾。

(34) 至言与俗言。在当前市场经济条件下，市场对文化的冲击力如滔滔洪水，似乎难以抵挡。我们不断争论高雅文化与大众文化的关系，对舞台、电台、出版，以及各传媒为大众文化所占领，高雅文化被冷落而愤愤不平。一些理论家批评大众文化降低了文化的品位，认为大众文化是对人类精神的亵渎。这些说法，其错与否不能一概而论。

庄子说过，“大音不入于俚耳”，可是通俗小调，则听得兴高采烈。这就是说，群众喜欢他们能听懂的东西和与他们生活最为接近的东西。这也就是毛泽东说的群众喜闻乐见的东西。文化的功能是化人，要能化人，首先要他们乐于接受，能懂，喜欢。所谓“入于俚耳”，即是就此而言。纵然是阳春白雪，是精品、极品，群众不喜欢，不能欣赏，不能接受，也是枉然。可是我们又不能简单地以能否“入于俚耳”，即为群众所接受为标准。因为受众的欣赏、爱好、审美水平，不是一成不变的，是受一定的文化背景制约的。低俗的文化可以不断制造低俗的受众。这是芝麻榨油、油浸芝麻的关系。

作为观念形态的文化，可以划分为理论和世俗两种形态。理论形态包括两个层次，一个是意识形态部分，这就是哲学、法律、文学、艺术、道德、宗教以及其中的世界观、价值观、人生观。另一个层次是文化中的知识部分，包括科学、技术、语言以及各种意识形式中包含的客观知识。第二个层次相较于第一个层次而言不具有广泛性和群众性。它是由少数专业性的精神生产者创造的，主要以文字或符号为载体的一种文化形态。理论形态的文化，既可以是一个民族的经典传世之作，也可以是一般的不同于世俗文化的高雅文化。它处在文化结构的上层，具有导向和定位作用。

我们当前面临的高雅文化与大众文化的问题，不同于当年在延安发生的关于阳春白雪和下里巴人的争论。那是普及和提高问题的争论。毛泽东在延安关于文艺的讲话中关于提高与普及的关系的论述为革命文艺指明了方向，可我们当前的情况比那时复杂。在市场经济条件下，在各种传媒高度发展，文化产业化，文化生产和商业联姻，商业操作和利润追逐已成为大众文化的内在动因的条件下，高雅文化与大众文化呈现出多层次的矛盾。

在市场经济条件下，大众文化的趋向是不可避免的，也是一种有利于文化世俗化的进步倾向。但由于市场的先天缺陷，商业化的大众文化的格调和水平是多样的，它的功能也是多样的。有的有益无害，有的有害无益，有的无害无益。我们应该根据不同的情况采取不同的文化政策，加以调节、引导，很难抽象地说，群众喜欢的就是好的。票房价值表明的是经济效益而不一定是社会效益。因为大众文化如不加以引导，文化的创造、运作取决于利润，文化工作者的创作动力，不是激情，不是感情的爆发，不是真正艺术才能的显现，而是市场的需要，那么这种文化产品的特性就是商品而不是艺术品。

尽管在当代文化矛盾呈现出多种多样性，但高雅文化如何使自己在与大众文化的竞争中争取主动权，争取受众，这还是与普及和提高相关的老问题。尽管与当年延安的条件不一样，但问题是相同的。高雅文化既要保持自己的“神圣性”和“血统”的高贵，但还是要为群众所接受，因此，一定程度的大众化、群众化还是必要的。在群众的接受水平不断提高的基础上，阳春白雪同样会被群众所欣赏和喜爱。

我的专业是哲学。哲学也属于高雅文化，是神圣殿堂中的神像。可群众尤其是青年群众对哲学并不“感冒”。是年轻人不喜欢哲学吗？很难一概而言。问题出在我们自己身上。我们脱离生活，也不知道年轻人在想什么需要什么。我们只是把我们自己所想的塞给他们，而不是把他们需要的变为我们所想的。我们的哲学脚下没有土壤，面前没有群众。哲学智慧的源泉同文学艺术一样，同样存在于生活之中，存在于群众之中。

不少人包括我自己，不善于像当年艾思奇写《大众哲学》那样，把哲学变为有血有肉，与受众心心相印的东西。我们太倾心于抽象、思辨，写的文章让人看不懂，甚至不知所云。我认为，我们的哲学不能变成贵族哲学，我们的哲学家不能变为哲学家贵族。看不懂就是好的，这是蒙人的。康德的三大批判对普通读者来说非常晦涩，但康德并不以此自傲，相反却感到是个缺点。他在给朋友的一封信中说，缺乏通俗性，是对他的著作所提出的一个公正的指责。因为任何哲学著作都必须是能够通俗化的，否则，很可能是在貌似深奥的烟幕下掩盖着连篇废话。

真正高水平的哲学文章，不应该是根本看不懂不知所云的哲学文章。毛泽东的《论持久战》、《矛盾论》、《实践论》思想深刻，但通俗易懂，这才叫功夫。其实即使是马克思和恩格斯的文章，除早期部分文章外，并不都晦涩难懂。

庄子说：“高言不止于众人之心。”说空话，借以吓人的东西，只能是稻草人，不能“止于众人之心”。一旦真正高水平的东西不多，那种以次充好、假冒伪劣的东西一定会占领市场。这也就是庄子说的，“至言不出，俗言胜也”。

由此看来，埋怨是没有用的。书是花钱买的，戏是花钱看的。谁也不会把钱花在不喜欢的东西上。这就是“消费文化”的特点。因此，高雅文化要走出目前的窘境，应该提供给群众喜欢的作品。要使大声也能“入于俚耳”，必须是“至言”（有水平），而不是高言（空洞无物）。要使我们的文化市场净化，应该是至言和俗言相互补充，相互支撑，都能既“入于俚耳”，又能“止于众心”。

（35）人性与兽性。物有物性，人有人性，兽有兽性，乍看起来，理应如此，其实并不尽然。物有物性，这没有问题，任何物一旦失去本性，就不再是此物，动物也是如此。

人到底是否有人性，是个长期争论不休的问题。并不是因为人可以没有人性，而是对人性的理解各异。人终究是人，不是一般动物，人既是历史的前提，又是历史的结果。人随着社会变化永远处于不断完善的过程中。因而历朝历代，古今中外，都为这个“什么是人性”的问题吵得不亦乐乎，迄今依然。

人性问题虽然是个哲学问题，但它涉及各个学科领域和人的行为与思想的方方面面。著名哲学家休谟在《人性论》中，把各门科学研究比喻为夺取一个村庄、一个堡垒的战斗，但真正的科学研究应该直捣各种科学的心脏或首都，即人的本性。在他看来，一旦掌握人性，我们在其他方面就有希望轻而易举地取得胜利。

美国有位哲学家也说过同类性质的话，他说有关星球的理论绝不会成为星球存在的一部分，而关于人的理论却进入人的意识之中，决定着他的自我理解，改变着他的实际存在。

的确，在人类思想史上许多问题的争论，都离不开人性这个问题。道德学家说，人性是善的，所以道德之心为人所固有；有的人说，人性恶，道德是人为的，而人为即“伪”，是违背人的本性的。法学家说，人性应该是法律的依据，以人性为依据的法是善法，否则是恶法；有的法学家说，法就应该是惩恶。主张私有化的经济学家认为人性自私，因而私有制最符合人的本性，实行公有制则是通向奴役之路，而反对者则认为只有公有制才符合人的社会本性。几乎没有一个人文社会科学领域的理论问题甚至政治决策，不直接或间接涉及人性问题，只要寻找自己理论的最后依据，都绕不开这个问题。

物有物性，这容易理解，因为它是物，它的本性，就是它之所以是此物的本性。动物虽然有生命，但仍然属于物，属于“活物”，它的本性就是它存在的根据。庄子说，水鸟的腿虽然短，想人为地为它美容，接长点，“续之则忧”；仙鹤的腿虽长，如果弄短点，“断之则悲”。所以庄子得出结论：“长者不为有余，短者不为不足”，因为它们各自的本性即是如此。

这种说法，能用在人性上吗？不能。可是庄子以此喻人，似乎失之偏颇。他说，人应该有五个手指或脚趾，如有的人有六个手指或脚趾，这不符合人作为人的本性。但这里只能说明人作为物——自然存在物的生理结构，而不能以此诠释人性。“骈指”——六个手指或六个脚趾只是生理问题，而不妨碍人仍然是人，不影响人的自然属性。人性不是人的生理结构，而是人作为社会存在物，在历史中形成并不断随历史变化而变化的本质特性。

人作为人，当然有自然属性。自然属性不是指人的生理结构，而是指人作为人的一种共同的自然需求。自古以来都说，食色性也。人有生存的需求，因而必须食，有两性和种的延续的需求，因而有性。但动物与人不同。每一种属的动物的需求的方式是稳定的，需求方式的根本变化意味着物种的变化。当然，无论不同种的动物的生存和繁殖的方式如何不同，任何动物都有生存和交配的需求，这是共同的。动物中没有多妻制，没有通奸、纳妾，只有交配。这种需求是本能的，是动物的本性。

人则不同。人的生物学需求，即所谓“性也”的色与食是随着社会的发展而不断变化的。恩格斯说过，人是唯一能够由于劳动而摆脱纯粹动物状态的动物。所以人的“食与色”这种永恒的自然需求，不断人化，不断摆脱纯动物的状态。从杂交、群婚、对偶制到一夫一妻的变化表明，人的性的观念和方式是变化的；饮食也是如此，食物的品种、烹调方式和饮食观念是不断变化的。饮食之所以称为饮食文化，正在于饮食中有文化因素，而不只是单纯的吃喝。所以人的自然属性已经是社会化的自然属性。马克思关于这个问题曾有过非常精辟的论述。他说，吃、喝、性行为等，自然也是人的机能。但是如果使这些机能脱离人的其他活动，并使它们成为最后的唯一的终极目的，那么，在这种抽象中，它们就是动物的机能。谁要是从猪的吃食和人的吃喝中抽象出一个共同点，那就是吃，而不管吃什么，怎么吃，抽去饮食中的社会性因素和文化因素，人就降为动物。所谓衣冠禽兽，所谓兽性大发，就是形容这种人身上的动物性机能，完全从人的其他活动中，从社会文化、道德、法律各种因素的调节和约束中挣脱出来，在这种情况下，这种名为人的人已经不是“人”，而是回归为动物，“兽性大发”。

人性不同于动物本性，就在于它是社会铸就的，也可以说是人类自我铸就的。人在实践的过程中改造自然，创造历史，同时也在不断改变人性。马克思说，整个世界史就是人性变化的历史。我们在历史的不同时期，可以看到不同的人，看到不同的价值观念和道德规范，即人性的不同表现。“神女应无恙，当惊世界殊。”神会惊讶于世界的变化，这当然是诗化的说法，但人确实如此。如果让某一时代的人复活，异时异代而处，一定会茫然失措，因为他会发现他熟悉的世界不存在了，而现在的一切对他而言都是陌生的。即使他仍然具有“食与色”的机能，但他没有“这个”社会的社会特性和它所赋予的“食与色”的方式和观念。

人性是变化的这一点西方有些学者也是承认的。卡西尔在《人论》中说，并不存在一成不变的永恒的实体人性，人的本质永远处于不断变化和创造之中。人通过不断的文化创制，而不断突破自身的时空限制，所以整体的人类文化，说到底是人不断解放自身的力量。

人的本质与人性是相互联系又相互区别的概念。人的本质是就人与动物的根本区别而言的。这种区别就在于人的生命活动的性质与动物不同，人是依靠自觉自由的活动即劳动生存的动物，因而任何一个人都没有独自生存的能力与可能，人必然要相互交换自己的劳动才能生存，这就注定人必然存在于社会之中，是“类”存在物。人的本质在其现实性上是一切社会关系的总和，指的是人都是生活在一定的社会关系之中，属于一定的社会结构，没有抽象的无所依归的所谓人。正如一位哲学家说的，我走遍世界，只见过法国人、德国人、英国人，如此等等，而没有见过“人”。一般的“人”无非是对具体人的抽象，它只存在于概念中。人性与人的本质不可分。正因为没有抽象的人，人都存在于一定的社会关系之中，因而作为一般的抽象的人性也是不存在的。普遍的人性只存在于具体人性之中，是对具体人性的一种抽象。

如果说人的本质是社会关系的总和的话，那人性就不只是指人具有社会性，还包括人的自然属性。这是考察人的本质与人性的区别的最大不同。人性包括两方面，既有自然属性，又有社会属性。人的自然属性是不断社会化的自然属性，因而随着社会的发展和文明的进步，人的自然机能的实现越来越优化，或曰人化。这就是人的完善。

人性不能简单地等同于高尚。我们经常会看到一些文章或作品把人性神圣化。其实，人性由于与人的本质不可分，是在社会性中形成的，因而根据社会性发展的水平和人在社会关系中的地位，人性也是不同的。

人性有美丑善恶之分。美好的人性不是天生的，不是天赋人性，而是通过改变不合理的社会制度，加强文化教育和道德陶冶而形成的。高尚的善良的人性，需要环境的影响、培养、教育，而人性的丑恶方面，往往是社会丑恶和阶级特性丑恶方面的映现。

人性只有在与兽性相对立使用时才有美好的意思。例如，一只动物对另一只动物的处境漠不关心，没有同情，没有安慰，没有交流。人则不同，人有同情，有怜悯，有慈爱，有沟通，能够相互理解和帮助，可以对别人的痛苦感同身受，一掬同情之泪。正是根据这一社会现象，有位哲学家说，一个人对别人的痛苦，对别人人性的感受程度，是这个人身上的人性的标志。但在这种情况下使用的“人性”概念是狭义的，即人性等同于剔除人身上的一切动物性本能，只留有最美好的东西。如果超出这个范围，认为任何人的人性都是美好的，如果是坏人做坏事，那就是人性的异化，这只能是一种抽象的人本主义的历史观。

被称为美好的人性的东西，都是由人作为社会存在物而产生的。人是有意识的社会存在物，人处在各种关系之中。有人伦关系，就会有有关人伦关系的各种情感，如父母之亲、手足之情、夫妻之爱和人的相互依存关系，因而对同类可以有爱心、同情心、怜悯心，有民族关系，因而有民族情感，如此等等。一切被认为是最美好人性的东西都源于特定的社会关系。有人认为，父子之亲源于血缘，其实并非完全如此。在杂婚时代，在群婚时代，在只知有母不知有父的时代，就没有父子之情。一个长期离开本民族的人，民族情感就会逐渐淡化，几代以后慢慢消失而逐渐融入另一种民族情感。没有社会，就没有人性。

在不同的社会中，就会存在不同的人性。寡妇不准再嫁，自由恋爱的人要被沉塘之类，在当代人看来没有人性，可在当时的人看来则是理所当然。在那样的社会中，没有人从人性的角度提出过抗议，相反认为是正当的，为习俗所赞同。

庄子反对儒家的仁义道德是可以理解的，这属于不同的立场和不同的哲学观点，但不能一般地反对道德规范，不能认为所有道德都是外来的约束，不符合人的本性。人只有“任其性命之情”才符合人的自然本性。所谓“小惑易方，大惑易性”，就是片面强调人的自然本性。

弗洛伊德关于本我、自我和超我的学说，也是把社会规范特别是道德规范视为对本我的压抑。认为一些本我的东西被压制，变为潜意识，长期对本我的压抑，积淀在潜意识中的东西越来越多往往会成为精神病的根源。

实际上，人性需要培养和教育，这一点非常重要。在现代社会，必须强化人文教育，尤其是道德教育和社会主义核心价值观的教育。人的社会化过程，就是接受教育包括道德教育的过程，这也是人化过程。这不违背人的本性，恰恰相反是完善人的自然本性的过程。人的自然需求是不能消灭也不应该消灭的，但只有在社会中才能使人身上的动物性即所谓兽性不断人化，也就是不断社会化。

汤因比说：“人生在一定程度上是高尚的，而在一定程度上又是极端卑贱和耻辱的。我们是神和动物的一种讨厌的混合物。”所谓神与动物的混合物，就是本能的自然属性和社会文明陶铸的高尚人性的混合问题。哲学教育的一项重要使命，就是使人的自然要求符合社会道德规范和文明进步的要求。

（36）智者与仁者。真正的哲学家不仅应该是智者，也应该是仁者。就眼界、高瞻远瞩和明察秋毫的能力和思维水平而言，是智者；就对人、胸怀而言，是仁者。

文学讲究移情，如“感时花溅泪，恨别鸟惊心”、“记得绿罗裙，处处怜芳草”之类，化物为我，以物寄情。哲学可以这样吗？也可以，孔子说的“仁者乐山，智者乐水；智者动，仁者静；智者乐，仁者寿”不也以水和山的自然特性表现了智者与仁者的品格吗？

智者乐水，因为海纳百川，有容乃大。

仁者乐山，因为它巍巍然、崇高、庄严。

智者动，智者应该像水一样灵活，不凝滞固执。这也就是孔子提倡的四绝，即“毋意、毋必、毋固、毋我”。

仁者静，仁者的内心应该像山一样岿然不动。心静如山，无欲则刚。

所以，智者永远快乐，因为他的心像水一样澄明，能化解和消融一切烦恼；仁者能享天年，因为他的心像山一样静，静而后能定。从不心猿意马，放纵欲望，为无尽的欲望而焦虑、苦恼。山水的自然性格可以文学化，也可以哲学化。

当一个真正智仁兼备的哲学家不容易。既要有最高的哲学智慧，又要有仁者关心社会关心人民的宽阔胸怀。

（37）人与超人。尼采说，人是一个太不完满的物品。马克思也说，人永远处在不断完善之中。说法相似，实际上是两种完全不同的哲学。

尼采蔑视人，鼓吹超人，说人是应该超过的东西。它的所谓完善，就是由人到超人。超人是以对现实的人的极端蔑视为前提的。

马克思尊重人，马克思说的人的自由全面发展，有它的特定含义。自由不是绝对无限的，它是针对资本主义制度下人在异化状态下的不自由而言的，离开了资本主义的强迫劳动和谋生劳动来理解人的自由，就会把马克思主义变为唯意志论者。全面发展同样如此，它的参照系是资本主义制度下的分工造成的人的才能发展的片面化，劳动者变为生产工具，变为手，而脑力劳动者变为不会动手的脑，人脑。因此人的全面发展，不是人的万能化，不是消灭分工，消灭专业，而是人可以多方面发挥自己的潜在才能，而不会受旧的分工的限制。所以人的自由全面发展，就是由被异化的片面发展的人到人的全面发展的过程。

由人到超人，是现实的人的根本被抛弃。而由片面发展的人到全面发展的人，是人的自我完善。这种自我完善，是人类自身在改造旧世界的同时，对自身的改造。

人的完善不同于生物的进化。生物的进化，是由一种生物变化为另一种生物。这是自然选择。人的完善，不是自然选择也不是社会选择，而是人对自然和社会的改造。人没有变为另一种非人，人仍然是人。发生变化的是人的社会本性，而不是自然本性，是人的生存环境，而不是一种新人种。在新的社会环境和社会关系中，人不断培养自己作为新人的社会品质。

（38）粪堆里发现的钻石仍然是钻石。有位哲学家说，钻石不会因为埋在粪堆里就没有价值。此言有理。但我又想发表点儿不同的议论。钻石，是自然物，它的商业价值、审美价值，不会因为是从粪土中发现的而减少它的价值。可人不同。人需要培养，需要一个良好的生存环境，因此，一个国家的社会政治环境，是否有利于人才的生长，对一个人能否成为光彩照人“钻石般”的人才至关重要。在中国人中，聪明而有才智的青年并不少，可在中国旧制度的粪土中被埋没而不能成才的人也有的是。人才不是既成的钻石，在成为钻石之前，只是有待加工的矿石。

社会制度的性质和经济政治发展的状况，对一个国家人才的培养具有重要作用。当年龚自珍面对日落西山国如危卵的清王朝的政局，曾痛心疾首地呼喊：“我劝天公重抖擞，不拘一格降人才。”可在腐败专制的清王朝统治之下，人才是难以大量出现的。

社会制度是决定性的，可政策同样重要。我们党的知识分子政策是明确的：个人的前途，具有决定意义的不是家庭出身而是本人的表现。

可我们也推行过唯成分论的极“左”政策，也流行过“老子英雄儿好汉，老子反动儿浑蛋”的极端口号。我想现在的年轻人无论如何不会相信这是真实的，因为太离谱、太荒谬。两千多年前陈胜还说：“王侯将相宁有种乎！”两千多年后反而流行血统论，确实有悖人的发展和人才的培养。离开了产生这种口号的政治环境是绝对无法理解的。

任何有正义感的人都会承认，改革开放以来，我们的政治环境、言论自由和民主程度有了很大的发展。现在不会因为所谓家庭成分问题而被入“另册”。我们国家民主法治的巨大进步，确实表明社会主义制度正在不断完善。钻石不会因埋在粪堆里而失去价值，在社会主义民主制度下可以得到真正的体现。

当然，我们也应该注意近些年来悄然出现的另一种现象，一些人以出身“高贵显赫”、血统高贵而自傲，瞧不起普通工人、农民，这是另一种血统论，与“文革”中的血统论如出一辙，只是调了个个儿。开商店要抬出老字号，论出身要世代书香，或达官贵人之家。这种观点同样不正确。实际上，只有最没出息的人才会以祖宗自傲。出身的贫穷和“高贵”，只是天生而不是由本人决定的。钻石并不因为不产自矿石而降低价值，重要的是自己。社会主义制度的公正和正义性在于，它为各种不同出身的人，尤其是为被某些人瞧不起的工人和农民的子弟创造了一条通过努力显示自己才能的条件和机遇。

我是马克思主义理论工作者，我相信历史唯物主义。一个人的家庭背景是小环境，它的经济条件和文化条件、人际关系，对子女的前途会有影响。但社会是个大环境，它制约小环境，强化或弱化小环境的作用。出身高贵，在有些社会中是有利的条件。在东汉末，“四世三公，门生故吏遍天下”的袁绍家族可以处于有利条件，但当他失败以后大环境变了，就没有了这种作用。“上品无寒门，下品无世族”的唯成分论，不会具有长久的生命力。

一个出身工人、农民之家的人，在旧社会显然处于不利的地位，因为大环境就是不利于工农的。而在社会主义社会则不同，因为大环境与旧社会决然不同。相反，家庭出身高贵并不能证明他们在现在仍然享有天然的优越性，因为大环境已经不同。何况任何所谓的高贵家庭不可能永远高贵，只能是“曾经”，而不可能是“永远”。中国人都懂“富不过三代”、“穷不过百年”、“君子之泽，五世而斩”的道理。小环境的作用是有限的，我们承认，在当代中国，大多数工人特别是农民子弟，仍处于某种不利条件，这是因为我们社会的经济和文化的发展水平还没有形成对工人农民子弟发展有利的大环境。虽然政治上翻了身，但在经济和文化上还不能这样说。所谓向弱势群体倾斜就包含改变这种大环境的作用。我相信，再过若干年，就不会有人再以“贵族之家”为傲，也不会以“帝都”、“帝豪”、“庄园”作为商业广告。

按照历史唯物主义的观点，社会越发展，社会越进步，社会成员发挥自己才能的可能性就越大，人才来源的范围就越广泛。从奴隶社会、封建社会到资本主义社会是一个大转变；从资本主义社会到社会主义社会，更是一个大转变。现在唯成分论政策已经取消了，社会观念也发生了巨大变化。社会为各种家庭出身的人开辟了一条通过自我努力而成才的途径。这是社会主义优越性的一种表现。无论你是出身皇族贵胄、豪门望族，还是普通平民百姓，只要你真正是钻石，就不会被埋没。这不是超阶级的观点，而是社会主义的公平和正义。因为，对社会真正有贡献有现实价值的是本人，是本人的现实表现，而不是一个人无可选择无可改变的家庭出身。钻石不会因为产自粗糙的矿石而被抛弃，更不会因为在粪堆里被发现而失去钻石的价值。

(39) 善养生若牧羊。决定一个木桶盛水容量的不是最长的一块板，而是最短的一块板。这是智者之言。庄子假借田开之与周威公讨论养生问题时说："善养生，若牧羊然，视其后者而鞭之"，讲的也是这个道理。人各有其弱点或说软肋，必须倍加注意。

我喜欢读报，各种各样的信息知道不少，可越多越犯迷糊。有的人说，喝豆浆好，牛乳会致癌，特别是会导致乳腺癌。有的人说牛乳好，一包牛乳可以挽救一个民族，西方人孩子身高体健得益于牛乳。有的人说，维生素不能服用，容易致癌；有的人说应该经常服用维生素，各种微量元素最为重要。有的人说不能吃鸡蛋，胆固醇高，血管容易硬化；有的人说，胆固醇高有利于防癌。都各有所据，各有所本，都是医学或营养专家，真不知道该听谁的。

我这个人信医生又不迷信医生。我相信医学道理，但又相信自己的感受和身体给我的信息。我，终究是我。任何医生都无法感觉我的感受。我的主诉很难完整正确表达自己的感受，因为有时感受很难用语言表达。吃什么，不吃什么，我的意见是按哲学办，一是需要，二是适量。

需要是指自己缺少的东西，就是影响舰队的最慢速度的舰只，或影响羊群落在后头的羊。人应该补充自己缺少的东西，但要适量，最需要的东西、最有营养的东西都不能超过需要。像相声里说的，一口气吃半斤人参照样会一命呜呼。适量就是度。这两条原则一条是抓主要矛盾，另一条是适度，既不过也不太少。大快朵颐和吃什么都提心吊胆，是两个极端，都违背生活的辩证法。

其实何止养生，任何工作抓主要矛盾和把握度的原则都具有普遍意义。但是我们对这两点往往又不太清楚。

人在生活中往往是按习惯而不是按理性行事的。例如，爱吃的东西就会吃不停口，不喜欢的东西即使知道有营养照样一点不尝。度的原则是规律性原则，是理性原则，它与生活习惯往往是相反的。生活习惯合乎理性的人是少而又少的，可能连不少医生本人在内都为不合理的生活习惯所支配。据我们所知所见，医生中吸烟者就不在少数。

哲学是智慧之学。可要处处应用哲学，包括在自己生活中按理性办事是很难的。因为人除了理性以外还有非理性的因素。在人的生活中，非理性因素的作用是很大的。还是回到庄子那句话："善养生者，若牧羊然，视其后者而鞭之。"当非理性因素成为思维和生活中的主要矛盾时，就要努力克服它；当过于理性处处压抑自己时，就应该调节内心世界，使理性因素与非理性因素能相得益彰。这也是度，是处理理性与非理性因素相互关系的适度原则。

（40）人老了，会琢磨一些有关养生的问题，这大概是身体开始报警的缘故。在各种养生学中，都离不开哲学思想。《庄子》中的《养生主》篇，就非常具有教益。

人处在世界中，不断与外界接触，包括处事、处世、处人，在各种纷繁复杂的压力或烦扰中，如何保持心境安宁和身体健康，这是一门大学问。根据《养生主》篇，我概括出四个字："因其固然。"用现在的话说，就是遵循规律。只有因其固然，即按照生命的本性来利用生命，不要违背事物的规律，才可以保身，可以全生，可以护养精神，可以享受天年。庄子以庖丁解牛的寓言为例，对这四个字作了演习性的讲解。

解牛是门技术，可解牛的技术水平却是各式各样的。同样是解牛，好的厨师，一年换一把刀，普通的厨师，一个月换一把刀，而"庖丁"解牛，解牛数千历经19年没有换过一把刀，仍锋利得像"新发于硎"，像刚开刃的刀一样。

庖丁达到这样的境界，并非单纯依靠技术，而是"所好者道也，进乎技矣"。也就是说，他是以道来指导技术。所谓道，就是对牛的生理结构和如何最有效地解牛达到规律性的理解。那些经常换刀的厨师是盲目地乱砍乱剁，而他则是弄清牛的结构，对于哪里是大骨头和哪里是筋筋绊绊非常清楚，专找牛的筋骨空隙之处用刀，所以不用费力地去砍去剁，"彼节者有间，而刀刃者无厚，以无厚入有间，恢恢乎其游刃必有余地。是以臣之刀十九年而刃若新发于硎"。即使达到这样高的境界，他仍然小心翼翼，"吾见其难处，怵然为戒，视为止，行为迟，动刀甚微"。既懂规律又小心谨慎，自然是游刃有余。

这是个寓言，但它的哲学智慧是极其深刻的。

它告诉我们在技与道的关系上，要重视道的作用，即以道导技，以技行道。没有技，道是空的，可离开道，技永远达不到高妙超人的境界。一个人离开道，可能是技巧熟练的匠人，但不可能是大师级的人物。

它还告诉我们，要始终谨慎行事，不能得意忘形，沉迷于自己的技艺而无所忌惮。庖丁已达到“可以神遇，而不以目视，官知止而神欲行”的化境，但遇到难处，仍“怵然为戒”。

无论是所贵者道也好，还是游刃有余也好，都是建立在遵循规律的基础上，即“因其固然”。只有因其固然才是知“道”，只有“因其固然”，即掌握对象的规律，才能做到“游刃有余”。

养生的道理与庖丁解牛的道理一样，可以从中得到启发。所以文惠君才说，“善哉！吾闻庖丁之言，得养生焉。”

人的身体不是金刚不坏之身，它如同厨师使用的刀一样，经不起乱砍乱剁。如果这样，很快就会卷口。是英年早逝还是得享天年，很重要的一条，就是如何做到“因其固然”，正确使用自己身体这把“刀”。

人对自己的身体，“要知固然”：生活要有规律，生活方式要科学，要劳逸结合；又要不患得患失，不沉迷于名利，不整天处于一种焦虑之中，对非分之想要“怵然而止”。只有“因其固然”，对自己工作的对象有规律性的了解，又知道如何调节自己的身体，才能有余力和心力在工作和生活中保持一种“游刃有余”的心态。

“过劳死”是当今社会的一种新现象。名人剃发皈依佛门的报道也越来越多，这是不是从另一个方面透露出对解脱生活与工作压力的渴望？学点哲学吧，包括中国的古典哲学，如老庄之类。只要理解和解读的路子不偏不歪，就能从中得到很多启示。

(41) 主体性和“三自主义”。主体性是一个重要的哲学问题。主体性问题的提出，是西方哲学在经历机械唯物主义处于支配地位后的一次具有重大变革意义的思想突破。但是如果对主体性问题不加以辩证唯物主义的把握，在哲学上就会倒向唯心主义，以主体否定客体，以主体性消解客观性；而在伦理学上，主体性的放纵，就会导致崇尚个人绝对自由，追求个人满足，把极端的自私和利己行为视为张扬主体性。

中国没有经历过西方那种机械唯物主义处于支配地位的哲学发展时期，中国哲学没有像西方那样以自然科学作为理论支撑，因而中国哲学没有像西方那种对主体性的强调。但是中国哲学从个人修养的角度，对自我问题有许多精彩的论述。像孔子说的“三军可夺帅，匹夫不可夺志”，强调任何强力最多只能缄人之口，而不可能改变人的主体意志，不能禁止人思考或强迫人应该如何思考。人的意志是不可剥夺的。孟子赞扬“富贵不能淫、贫贱不能移、威武不能屈”的大丈夫，也可以看成是从个人气节的角度讲的主体性。

富有哲学韵味的庄子的“三自说”——“自明”、“自得”、“自适”，是关于自我的深刻阐释。

首先，要自明。庄子说：“吾所谓明者，非谓见彼，自见而已矣。”这与老子自知者明的思想是一致的。一个人要有自知之明是不容易的。人往往容易发现别人的缺点，可对自己身上同样的缺点却视而不见，甚至沾沾自喜。人生下来就有眼睛。眼睛是看别人的，不能自见，而要自见，必须借助中介。所谓以镜为鉴，以史为鉴就是这个道理。这当然增加了一层困难，不如看别人那样直截了当。可见自明不易。

其次，要自得，绝不能“不自得而得彼”。也就是说，人应该满足于自己手中拥有的，不要羡慕别人所拥有的。不少追星族，如醉如痴，疯狂不已，就是想成为像自己追慕的人一样的人。人应该是自己，应该成为自己，而不必成为别人。不接纳自己甚至鄙视自己，这是最大的祸害。一个终生摒弃自己而羡慕别人的人，心灵永远不会平静。

最后，要自适，不要“适人之适而不自适其适”。人应该服从自己的意志，做“自适其适”的事。这种心情最为惬意，最为自由。不要屈从别人的意志，做自己不愿做但为“适人之适”而不得不做的事。违背自己的意志，顺从甚至屈从别人是最不自由的。连孟子都认为这种顺从是“妾妇之道”，不值得。

当然，庄子的思想是追求自由、潇洒、无拘无束、不为名利所累的逍遥人生。他的三自主义，就是这种人生观的写照。这也算是一种主体性，但不是西方哲学中那种形而上的主体性，而是形而下的活生生的生活态度。

(42) 外重者内拙。在现实生活中，名与利可以是推动人奋发上进、舍命拼搏的力量。

可问题还有另一面，这就是名与利对人的阻碍。我们经常用“名缰利锁”来形容“名”与“利”对人的束缚。它像绳索一样，可以把人缚得死死的，使人的才能、潜力得不到正常发挥，更不用说超常发挥。名是好的，但虚名不可取，利也不是坏事，假如不取之有道，也是一把心灵自残的利刃。

庄子曾以赌博为例，说明他关于“凡外重者内拙”的哲理。他说，如果在赌博时以瓦片为赌注，人们容易发挥技巧，可是当以黄金为赌注时，往往容易因为害怕而不能正常发挥技能：“以瓦注者巧，以钩注者惮，以黄金注者昏。其巧一也，而有所矜，则重外也。凡外重者内拙。”在各种有名次的比赛中，一些本来实力很强的选手却失利了，其中很重要的一个原因就在于此。所谓心理承受力、心理素质，说到底就是这个问题：外重内拙。

人与外界的关系，可分为内与外两层。如果主体精神是内，主体精神以外的东西则为外。一个人过于重外，往往变为外在东西的仆人。按揭购买房子，经济压力太大会变为房奴。买车，压力太大会变为车奴。即使不贷款，也会终日为房子的清扫和车子的维修劳心费力。占有外在的东西越多，等于肩上扛的东西越重。越是注重外在的东西，越是劳神费力，由此得到的快乐越少。那是不是我们不能要任何东西，重新回到最贫困的原始状态呢？如果这样想，只能是思想的大倒退，也根本不可能。

人需要一定的物质条件才能生存。外重内拙讲的是对待物的态度，即人生观的问题。人为什么活着？是为物活着还是物为我活着？我们应该重视人的精神培养还是没完没了地追求对外在的物质的占有呢？

从人生观的角度说，解决外重内拙，一般有二法，一是役物，而不是役于物。役物，主动权在我，不以外物为重，放手一搏，可以有最高限度发挥潜力的可能性。役于物，是一种心理异化状态，患得患失，为恐惧、忧虑所笼罩。二是用志不分，即集中精神，心无旁骛。没有名利得失之虑，才可以用志不分。所谓不分心，一心一意，即此之谓也。

对这个外重内拙的问题，西方哲学家的看法也有很多相同之处。古罗马哲学家爱比克泰德说，当看到一个人焦虑不安时，他就会对自己说，这个人想要的是什么呢？因为如果这个人未曾想要不在控制范围内的东西的话，那么怎么会焦虑不安呢？这就是为什么琴师一个人演唱的时候，他会表现得不慌不忙，而当他一进入剧场，就会表现得慌里慌张的缘故。尽管他有优美的嗓音和令人叹为观止的弹琴技艺，但是他想要的不仅仅是演唱得好，而且还想博得掌声，而这已经不再是他控制得了的事情。

罗素是大哲学家，他就以自己演讲的经验验证这个外重者内拙的道理。他说，他一生中曾经做过多次讲演，开始时每一位听众都使我恐惧万分，神经非常紧张，以致讲得极不成功。后来，他渐渐知道了一个道理。不管说得成功与否都没有什么关系，事情无论怎样糟糕，地球依然在运转。后来他发现，他对演讲的成功与否担心得越少，演讲得越好。所以罗素总结说，一个能够超越于自己的思想和希望的人，就能够在日常生活中为自己找到闲适之地，而这对彻底的利己主义者来说是不可能的，因为他们太注重外在的东西了。

任何一个以教书和写作作为职业的人都会有这种经验，凡是自以为应该如何如何，总想博得学生喝彩的教师，这课是很难讲好的，文章也很难写好。因为他的心思不是用在讲课与文章上，而是放在显现自己如何高明，如何取悦于听众与读者上，其结果往往适得其反。这也算是一种外重内拙吧！

(43) 身残与智残。身残，是身体某一器官由于某种原因而失去正常的形态和功能。可人不仅可能身残，也可能智残。这里的智残，不是智障，不是弱智。智障仍然是生理的，是先天或后天产生的大脑运行障碍，是一种疾病。残奥会和特奥会就是极力彰显身残和智障者的自强、自尊和与命运奋斗的不屈精神。全社会都应该支持、同情和关怀智障者，这是社会发展和文明进步的表现。

哲学意义上所说的智残，不是指上述生理的而是指人的眼界、人的思维囿于某种成见或错误观念而失去辨别力和判断力，不知善恶，是非莫辨。这种思维狭隘、道德缺损的人，可视为智残，不同于智障者的思维智残。

庄子是区分智残与身残的："盲者无以与乎文章之观，聋者无以与乎钟鼓之声，岂惟形骸有聋盲哉？夫智亦有之。"庄子阐发的是重德性而轻外形的观点。庄子中的高人、至人都是形不全而德全的人。他们缺胳膊少脚趾，或为罗锅，可能达到“命物之化而守其宗”的境界。也就是说，任凭世界万物变化，都能顺其自然，而始终“执一”，即视万物为一体。这种人外形虽然残，但能官天地、府万物、齐生死。他们的言论在常人看来“不近人情”，实际上是因为常人“智残”，所以只能“惊怖其言”，对他们内在的精神世界不理解。

我们不必完全赞同庄子把至人神化的观点，也不必对他重德轻形带有寓言性的观点过分偏爱，但庄子不重视外在的形象而重视内在的精神的主旨却有可取之处。培根关于身残说过一些令人鼓舞的话。他说：“残疾并不是性格的标记，而只是导致某些性格的原因。身体有缺陷者往往有一种怕遭人轻蔑的自卑，但这种自卑也可以是一种奋发向上的激励。”他还说：“残疾者需要自我补偿，如果他们的意志坚强，他们就一定能把自己从卑贱地位中解放出来，以消除世人对他们的怜悯和轻蔑。”

事实证明，有些人虽然身残，但成就辉煌，成为最杰出的人。英国的大科学家霍金、中国的张海迪，莫不如此。近日报载，一个从小患小儿麻痹的妇女，潜心编织，编出的各种手袋，成为艺术品；有的双手断臂，以脚练字，终成书法家。世界上有不少这样身残志不残、残而不废、值得尊敬、值得仰慕的人。相反，有些人四肢健康，精神匮乏，道德缺损。这种人形全而德不全、中看不中用的人，我们家乡称之为绣花枕头。这种形全而智残的人，才是真正的残废。

身体健康，四肢健全，当然是莫大的幸福，但最幸福的人是身体与人品都健全的。如果万一不幸而致残，我看与其智残不如身残。身残犹可为，而最大的不幸是精神“死亡”，缺德致残，成为“行尸走肉”。

人，是要有点精神的。的确，人不同于一般动物，人蕴藏着发展的多种可能性。马克思、恩格斯、贝多芬，以及许许多多杰出人物，出生时与普通婴儿一样，可后来成为历史名人。而任何动物，例如刚出生的小马驹、小狗，成长后仍然是马，仍然是狗。如果成为名贵的马、名贵的狗，那也是由于品种而不是自己的努力。只有人才是自我创造的动物。人用行动来塑造自己，没有一个人能预先为自己写传记，人自己一生的行为就是传记。我们赞扬残奥会、特奥会，就是赞扬人类的这种精神。

（44）认识器官和享乐器官。人的五官，既是认识器官，又是人类借以生存包括享受的生物学器官。耳，既可以接收外来信息，通过声音形成对外界的认知，又可以是能听美声，甚至听靡靡之音的享乐器官；眼睛，既可以通过光线输入的外界信息形成认知，又可以是观看美色的享乐器官。人类其他感官都是两用的。这就是人之为人、人的器官不同于动物的器官的根本区别。

老子的一个失误，是把人的器官这两种不同功能相混淆。他轻视知识，主张绝学无忧，因而反对感官的认知作用，认为感官的认知就是享乐，会扰乱人的心灵的安静，“五色令人目盲，五音令人耳聋，五味令人口爽，驰骋田猎令人心发狂，难得之货令人行妨，是以圣人为腹不为目，故去彼取此”。提倡“塞其兑，闭其门”，所有的感官一概封闭。

其实人类的器官具有双重功能。眼睛喜欢看什么样的色彩，耳朵喜欢听什么样的音乐，并不决定于器官，而是取决于思想。感官对于认识而言，是通道，对于享乐而言，是生理器官。认知和快感是不同的。

马克思主义并不把这两种功能对立起来，而是正确处理两者的关系。对于人类生存来说，这两种功能都是不可或缺的。感官不发挥它的认知功能，人类就不可能有认识，同样如果不发挥它的享受功能，那人类就不能生存，即使生存，那样的生存与动物的生存也没有区别。

关键是发挥感官的享乐功能时不能放纵，要受理智的支配，消费必须合理，必须科学。要使人的享受器官成为使人真正成为人的消费器官，而不是放纵人的动物性；当发挥感官的认识功能时，要受理性的支配，使感官通道成为形成真理性认识的途径，而不是为感官所欺骗。我们应该协调地发挥人类器官的两种功能，使智慧人生与快乐人生、真理性认识与合理的享受完美地结合起来。

（45）达人知命。无论是哲学、文学，其主题都离不开命。东方古代讲天命，西方古代讲命运之神。没有命运观，就没有西方著名的三大悲剧。无论俄狄浦斯如何千方百计企图挣脱命运之神，仍然难以逃避弑父娶母的悲剧，这就是命。中国既讲天命也讲人的命。所谓生死由命，富贵在天。天命，是国家盛衰兴亡的主宰；人的命，是个人一生贵贱贫富的主宰。因此，知命变成是否明智的尺度。孔子就公开声明自己有三畏，其中最重要的一畏就是“畏天命”。

庄子是讲命的。他说："达大命者随，达小命者遭。"所谓大命，是自然本性所决定的命，是无法避免的。如人的生死寿夭，只能顺其自然，即随，顺从命运的安排。小命，是由个人的生命本性决定的命，贫富贵贱，境遇各不相同，但不要羡慕追求，而要安于自己的命运。遭，就是安于个人的遭遇。庄子主张顺其自然，既安于身外的自然——大自然，又安于自身的自然——小自然。这当然是消极的。随遇而安，乐天知命，没有苦恼，终究是消极人生。

在中国哲学中，只有墨子是旗帜鲜明地反对命定论的。墨子非命，他深知一切委于命的危害，"若信有命而致行之，则必殆乎听狱治政矣，卿大夫必殆乎治官府矣，农夫必殆乎耕稼树艺矣，妇人必殆乎纺绩织衽矣"。命定论对国家的危害太大，所以墨子强调"命者暴王所作，穷人所述，非仁者之言也"。

马克思主义当然反对命定论。规律论并非命定论。虽然马克思主义的反对者们往往歪曲马克思主义，把马克思主义辩证决定论的观点说成类似命定论的观点。

自然规律的载体是自然自身，人作为自然物当然要受自然规律的支配。人的生老病死是自然规律发挥作用的结果，也可以说是"命"，但并非是人的自然本性之外的命运，而是人的性命之命，即人作为自然存在物的本性。任何有生命的物体都有生有死，任何无生命的物体也都有成有坏。但人究竟能活多久，健康长寿还是英年早逝，甚至夭折，这不是命而是与社会环境，与个人的生活方式不可分的。社会贫穷，缺医少药，婴儿死亡率高，人均寿命就短。旧中国人均寿命三十多岁，现在七十不稀奇，八十小弟弟，九十多来兮。这与命有何关系，是社会制度与个人生活条件变化造成的。当然，遗传因素会在生命中起一定作用，但不是决定性的作用。人的生命状况主要取决于后天多种条件的综合作用。

社会发展有规律。个人的命运依附于社会规律的作用，这就是社会条件的作用。有的人现在发大财，成为百万千万甚至亿万富翁、富婆、富姐、富哥，如果没有改革开放政策，在"大割资本主义尾巴"、"宁要社会主义草、不要资本主义苗"的年代，这些幸运儿有这个好命运吗？没有。纵然有盖世的商业天才也只能是上山下乡或是在一般岗位上靠每月工资为生。仅此而已，岂有他哉！是改革开放政策创造了使他们成为现在的“他们”的条件。

或许有人会说，都处于同样的条件，为什么有人发财，有人打工，甚至衣食无着呢，这不是命吗？这不是命，这叫运。中国“命运”这个组词很有意思。既讲命又讲运。我们不同意讲命，但“运”不能否认。运是机遇，因为每个人的实际处境不同，机遇可能不同。所谓时来运转，就是因为时机变化而带来的好的机遇。所以运可以有好运，有坏运，有背运，有走运。所谓好运、坏运、走运、背运，与命无关，而是各人具体的“际遇”。运是偶然性，一个偶然的遭遇可能改变一个人一生的命运。关键是要抓住偶然性，不放过一切机遇。好运就是好的机遇，背运就是没有机遇，走运就是机遇来了，这都要求人发挥主体能动作用，寻找机遇，改变坏运。不要坐失良机，也不要遇挫即倒。对于一个没有上进心没有奋斗精神的人，永远不会走运。因为机遇永远属于有准备的人。因此个人的才能、努力和机遇的结合，就是好运。这一点连有的西方哲学家也不否认。赫舍尔在《我是谁?》中就说过，作为自然存在物，人受到自然规律的支配。作为一个人，他必须经常进行选择。

(46) 寿则多辱。恋生惧死，可以说是人的本性。求生是人的本能。当然，如果生比死更痛苦，就会以死求得解脱，这就是所谓安乐死。安乐死并不是怨生乐死，实在是生不如死。这是万不得已的事。

谁都希望长寿，可长寿有长寿的问题。所谓寿则多辱，则是长寿的坏处。我父亲属长寿之列，活到九十多岁。他经常对我说，人要寿而健。长寿而不健康是一种痛苦。我现在已入老者队伍，就深深地体会到这一点。

英年早逝，当然是一种不幸。可它如光照大地的流星，给人以壮丽的美感；又宛如定格中的最美的画面，留给人一种英姿勃发的永恒的记忆。可到老年，呻吟床榻，如同逐渐沉入黑夜，给人以无限的悲凉凄惨。

人生是多么矛盾呀！既愿长寿，又害怕长寿带来的一系列问题。既不愿夭年不永，可英年早逝远比老迈昏庸活着受罪要有价值。

老年，确实是人生最难处的时期，又是最需要哲学的时期。如何对待老年期，需要哲学智慧。如果完全从体力精力来说，确实是负担。美国诗人艾略特，在他的诗中表现了这种对老的无奈：

我老了……我老了。
穿裤子需要把脚往上。
我该把头发往后梳?
我可有胆量吃柿子?

其时作者才 29 岁，表现的是青年人对老年人的看法。但是，寿而多苦非年轻的诗人所能完全体会的。

叔本华是悲观主义者，对日薄西山晚景凄凉的老年充满哀叹。他说：“由生到死之路，就像生活之幸福和乐趣一样，是一条下降的道路：天赐梦幻的童年，热血沸腾的青年，吃苦耐劳的壮年，羸弱和常常令人可怜的老年，病魔缠身的晚年以及最后的碧落黄泉。”

当然，也有另一种老年观，像曹操《龟虽寿》中的“老骥伏枥，志在千里。烈士暮年，壮心不已”的乐观精神，或者像陆游那种“僵卧孤村不自哀，尚思为国戍轮台。夜阑卧听风吹雨，铁马冰河入梦来”的豪迈气概。普通人中能有几人像曹操那样一世英雄？又有多少能像陆游那样有才情有壮志的爱国诗人？

普通人有普通人的活法，有普通人的观点。这不是诗，不是雄心壮志的政治抱负，而是正确的常人的老年观。西塞罗论及老年的一些说法，于我们有用。他说，本身不知道如何过一个愉快而幸福的生活的人，无论什么年纪都会觉得很累。但是，那些从内部寻求一切愉悦的人绝不会认为那些因为自然规律而不可避免的事物是邪恶的。在这类事物中首先是老年：人人都希望活到老年，然而到了老年又都充满抱怨。人就是这样愚蠢，这样矛盾和不合情理！

老年人有老年人的问题，例如精力、记忆力或活动能力都会减弱，这是不可避免的。梁启超在《少年中国说》中对老年的痛苦说得很透。面皴齿尽，白发盈把，颓然老矣！若是者，舍忧郁之外无心事，舍悲惨之外无天地，舍颓唐之外无日月，舍叹息之外无声音，舍待死之外无事业，美人豪杰尚且如然，而况于寻常碌碌者耶？生平亲友，皆在墟墓，起居饮食，待命于人，今日且过，遑论他日？今年且过，遑知明年？普天下灰心短气之事，未有甚于老大者。梁氏所处的时代平均寿命很短，中国社会境况困顿，如此感叹，完全可以理解。

但年老之种种不利不是绝对的。西塞罗鼓励老年人说，只要经常活动、用脑，老年人仍可以保持良好的记忆力和活动能力，可以从事科学研究和写作。当然老年人的食欲和情欲能力不如年轻人。这是好事而不是坏事，这是自然给予老年人自我保养的方式。所以他说，我们的生命每一段都各有特色，因此童年的幼稚、青年的激情、中年的稳健、老年的睿智——都有某种自然优势，人们应该适合时宜地享用这种优势。正如我钦佩老成的年轻人一样，我也钦佩有朝气的老年人。凡力求保持青春活力的人，人的心灵是永远不会老的。当然，西塞罗这里讲的是奴隶社会的老年奴隶主，而不是普通人，不是奴隶。如果是贫病交加晚景凄凉的奴隶，可能会是另一种境况。

说实在的，寿则多辱是对普通人说的。虽然任何人老了都会有老年人的问题，但位高权重或家藏万金与贫病交加或衣食无着的老年人的境况迥然不同。

寿高多病是医疗问题，而衣食无着则是社会保障和社会福利问题。这都是普通老年人的问题。养生送死无憾，老吾老以及人之老，幼吾幼以及人之幼，是中国古代人的王道社会的理想。因而寿高是否多辱不仅是一个自然问题，而且涉及社会制度问题。

一个合理的社会制度，当然应该把尊老养老当成一个社会问题来处理。西方发达资本主义发展到现在，也与早期资本主义社会不同，把社会保障和社会福利放在重要地位。这是它们缓和矛盾、世界上两种不同的社会制度并存情况下赢得支持的重要方面。这是一些理论家们至今对西方的所谓“社会主义”津津乐道的原因所在。

市场经济是竞争经济，是嫌贫爱富、嫌老爱壮，不断把老的年龄标准往前提的经济。市场是冷酷的，是赤裸裸的现金交易。市场是不养懒人，不养闲人，也不养老人。要在市场下生存，只能向前冲。这是不以人的意志为转移的。这就是市场经济能提高效率的秘密之所在。我们不能用道德标准作为衡量市场经济合理性的尺度。可我们的市场经济是社会主义的。市场归市场，按它自己的规律运转，我们的社会制度则要保证由生产效率提高带来的成果能够合理进行分配，能惠及全体社会成员。这才叫社会主义市场经济。

我们国家是发展中国家，养老问题对大多数人尤其是农民来说，是个大问题。没有土地的依靠，家庭养老传统的破坏，孝道的失范，使不少老年人处于寿高则辱的处境。政府非常重视并正在逐步解决这个问题。医疗问题、社保问题包括农村低保问题，已为政府所重视。这是个好事。只有逐步使老有所养不成问题，老有所乐、老有所为才能有基础。这样，寿高则辱就纯粹变为一个人生观的问题，可单纯由哲学来解决。

莫里斯的一篇短文《人老了是什么感觉》，挺有意思。他没有寿高则辱的感觉。大概西方人不存在我们这种发展中国家的养老问题，但作为老年人共有的问题，如人老之后无复青春焕发时的那种气派，“满脸的皱纹，松弛的眼袋，下垂的屁股”，整个老态龙钟的形态是不可避免的。可他以西方人的自由观点来看待老年人，他认为老年人最大的优点是获得自由，人老了，也就懂得要善待自己，对自己少了些苛刻。人成了自己的朋友。当人慢慢老去的时候，就会变得达观，就更不在乎别人对你的看法。这当然不是说人老可以放纵自己，而是说可以不计较年轻时特别在意的东西，如名呀、利呀、美呀，别人对我如何看之类。老年可以说是精神上获得了解放的时期。有朋友告诉我一段顺口溜：60 岁官大官小一个样（都要退休），70 岁钱多钱少一个样（消费有限），80 岁房大房小一个样，既不会宾客盈门，也不会开舞会，而且房子越大越凄凉。是的，一个儿婚女嫁、衣食无忧、能摆脱一切欲望、在精神上获得了自由的老年人，比起为生活打拼、如牛负重的青年人来说是愉快的。这大概也就是庄子说的“佚我以老”的意思。

不过我的几乎全部著作都是进入老年后写的。中青年时期在各种运动中度过，老年倒变成了“卖老命”的时期。对我来说不是“佚我以老”而是“劳我以老”。但我愿意，我高兴。如果键盘声能与心脏的跳动同时停止，这将是我最大的幸福。

（47）外生者身存。人会死亡，所以有宗教。宗教信仰是对死亡恐惧的一种解脱。任何宗教都是把死视为回归，或回到上帝身边、或入天堂、或入极乐世界。总之，宗教中的死亡没有世俗人眼中的死亡那样可怕。有些人得绝症后往往容易皈依某种宗教，原因也在于此。

人，害怕各种能给自己带来危害的东西。对于这种东西，或者敬或者骗，总之不能得罪。这就是存在种种神灵的原因。清人熊伯龙说，人之所以畏神也，以畏死耳。涉江，险事也，则江涛有神。痘疹，危疾也，则谓痘疹有神。畏死之心迫，而后神明之说兴。知此，则推之火神，痘司，疟鬼，穷鬼，皆失实之言也。

在中国旧的观念中，几乎无物没有神，无处没有神。因为危险无处不在，所以神无处不在。当科学昌明以后，这种到处物化的神的观念可以消除，但人的宗教信仰并不会消失，因为死亡是不可消除的，人对死亡的恐惧可以说是人的一种本能。

哲学与宗教不同。马克思大致说过这类话，他说宗教求助于感觉，哲学求助于理性，宗教许诺人们天堂，哲学则许诺真理，宗教是恐吓，哲学则是教导。在对待死亡问题上哲学与宗教的看法的确不同。哲学不是许诺天堂，不是用死后的地狱或罚为猪狗的恐吓来劝人行善，而是教导人们理性地对待死亡。

老子《道德经》说过，生之徒，十有三，死之徒，十有三，人之生，动之于死地，亦十有三。在老子那个年代，人的平均寿命很短。真正能享天年的人不多，所以才会有“人生七十古来稀”之说。养生求寿成为人们的一种追求。但哲学既不是用低俗的关于神的观念来安慰或恐吓人，也不是教人专门讲究营养，以好逸少劳作为养生妙法。在哲学家看来，过分关注自身生命的人反而不得长生。老子说过，“生生之厚”的人反而活不长，庄子也说过，“外其生而身存”。兵法中就有置之死地而后生的说法。破釜沉舟，决一死战，反而会转败为胜，转危为安。个体的生命运动也是辩证的。

生命当然宝贵。贵生并不错，但这里有个哲学观念问题。究竟是重生的人活得长还是忘生的人活得长呢，似乎越关注自己生命的人越容易短寿。一个过分关注自己生命的人背负着求生的重担，心理负担太重。吃有讲究，这个不能吃那个不能吃，工作不能累坏了“身体”，整天生活在生命的重负之中，背负着“求生”的重担，活得很累。这种人反而是“求生得死”，辩证法是无情的。

哲学的生死观非常智慧。生命是一种有规律的现象，生死一体，无人能免。向死而生是生命的真实。死是自己生的结束，是另一个新生婴儿生命的开始。人类总是如此代代相继。任何个人都是生命无限循环中的短短的链条。生命是有限的，但人可以通过正确对待生与死而延长生命的周期。

人，如果过分惜生、惜命，把合理饮食、注意劳逸结合，变为刻意求生的一种追求，生就变为一种负担，而不能从合理的生活方式中得到生的乐趣。我们所做的一切都是在抵御死亡而不是在享受人生，这样的人生就不是快乐的人生而是痛苦的人生。一个终日提心吊胆为死而忧的人不可能活出情趣，活出味道，活出品质。

我得糖尿病多年。我注意饮食，但我喜欢吃的东西仍然会吃，包括南方人爱吃的甜食，我不会因为想多活一天、一月、一年或梦想长生而杜绝自己最喜欢的东西，只是适可而止不过量不暴食而已。

沉浸在对死的恐惧之中的人，不是一个智者应有的生活态度。哲学教导我们的就是正确对待死亡而不是害怕死亡。外生而身存，是真正的智慧。人不能免死，但能使生变为一种人生盛宴，变为一种享受，而不是活在世间只为赎罪或受罪。

（48）以恬养知。静而后能虑和利令智昏是认识中两种完全不同的心理状态。一个人内心浮躁，为利欲所左右，往往神志不清，不可能有正常的判断力，更不用说有智慧。因为对欲求和私利的无限追求，往往像眼睛蒙上黑布，什么都看不清，只见利，其他一概看不见。古时候有则故事，一个人看见别人的金元宝，拿起来就跑，被人抓住。别人问他，明明有人为什么还要公开抢东西。他说，我只见黄金不见人。这就叫利令智昏。

庄子提出了一个命题，叫“以恬养知”。用恬淡安静之心来涵养自己的智慧，这样智慧可以生成，但有了智慧又不用，“智生而无以为也”，叫作“以知养恬”。“智与恬交相养，而和理出其性。”智与恬两者相互作用，和便从人的本性中流露出来了。

显然，庄子“智恬互养”是为他的无为主张作论证的。如果能正确理解，我们还是可以从中得到一些有益的启示。这就是人应该有智慧，但不要汲汲于名利而滥用自己的智慧。一个自以为聪明、处处投机取巧、算计别人的人，到头来是没有好下场的，所谓“机关算尽太聪明，反误了卿卿性命”，指的就是这种人。

智恬交养的说法是深刻的，无智不足以养恬。一个真正聪明的人，能以自己的智慧保养自己的淡泊名利之心，功成身退，或不以利害身。而无恬不足以养智，只有真正淡于功名利禄的人，以恬淡之心处世、处事、处人的人，才能增长智慧，才能成为有智慧的人。一个背负名利重山、热衷权势、压得连腰都直不起来的人，怎么可能有智慧呢！最多只能说是精明，但精明并非智慧。

在世界上，对人的诱惑最大的就是名与利。古人说，天下攘攘，无不为名而来，为利而往。名和利可以给个人带来一时的荣耀和富足，但不见得能给人带来幸福。因为名既然可得，当然也可毁，利既然可得，当然也可失。汲汲于名利者一旦失去名利就会由幸福变为大不幸，由快乐变为极端痛苦。所以庄子认为，“丧己于物，失性于俗者，谓之倒置之民”。不倒悬于个人名利，也可以看作是一种精神解放。

我们并不抽象地否认名和利，因而并不完全赞同庄子的名利观。社会本来就是利益的结合体，人人上升到超越功利的所谓道德境界、天人境界是不可能的。革命就是为了利益而斗争。而在为利益而斗争的过程中，肯定会给那些给人民争取最大利益者带来最高荣耀。这是另一种名利观。所谓求名要求万世名，求利要求百姓利。马克思主义应该赞成这种名利观。在这种为人民争利益的名利观中，对于个人来说，以恬养智、以智养恬、智恬交养仍然有启示作用，可以防止个人把手伸得长长的。陈毅说过“劝君莫伸手，伸手必被捉”。这是至理名言，也是历史经验与人生经验。

（49）向死而生。到了老年想到死很正常，如果不想倒是奇怪。虽然人们老说要忘年，忘生死，一般人到了一定年龄会不由自主地想到这个“大限”。与其不想，不如想得透些，想得彻底些。这很难。古今中外多少哲学家、宗教家教人们如何面对死亡，可真正能解决问题的不多，因此这个问题不断有人讲，不断讲，但总讲不断。在我读过的书中，我觉得庄子的安时处顺说，还是有点用的，这当然还要靠个人的体悟。

道，是道家的最高概念。得道之人谓之真人。真人是超越生死的，“不知悦生，不知恶死”。因为对于道而言，人之有生死，是天道，而对于人而言天道在人身上表现为命，“死生，命也，其有夜旦之常，天也”。天有日夜，人有生死，这是不可抗拒的天道和人道。人最终的归宿是死，这是必然的。人要死得有尊严。不要像被赶往屠宰场的猪，东奔西窜，最终仍不免一死。

生死一体，由生至死是生命运动的周期。如果有生无死，这个生是不可能出现的。庄子充分认识到了这个过程："夫大块载我以形，劳我以生，佚我以老，息我以死。"把死视为劳累一生以后的休息，这种对死的态度，是一种智慧。劳动后的休息，那是最愉悦的时刻。

人的情感与理智是矛盾的。我们都明白，死不可拒，对任何人而言，一个也不能少，也不会少。可就感情而言，人都恋生怨死，这是人之常情，可以说，求生是人的本能。即使通达如庄子也存在这种矛盾，在著名的庄子鼓盆而歌的故事中，庄子就袒露了这种矛盾心态。惠子批评他妻子死了不哭泣悲哀，反而鼓盆而歌，是不通人情，庄子回答说，老婆死了，我能不难过吗？开始时我一样的难过，但我想一想，人已经死了，她已回归大自然这个巨室之中，得到安息，我还在哇哇大哭，这说明我根本不懂人的生命的规律，"自以为不通乎命，故止也"。庄子的不哭，不是无情，而是以理制情，也就是我们现在常说的"节哀"。从庄子的智慧中，我学到了很多东西。我曾写过一首诗赞颂庄子的这种生死观：

世上多少长生论，车载斗量等沙尘。
始皇求仙后人笑，徐福过海了无痕。
自古无人能不死，妄求不老痴可嗔。
庄子鼓盆通大道，向死而生是本真。

我们都知道生与死相连。不可能有生无死，我们都是向死而生。正因为有死，生命有限，才有生的意义和价值问题。一个无限的生命失去了它的存在的意义和价值，是死赋予生以价值，是死亡迫使哲学家们讨论生命的价值。生命的价值存在于由生到死的过程之中。

生死观的问题，不是乐生怨死，或乐死怨生，也不是对生死无动于衷，而是正确对待生死，以智慧的人生观度过有限的一生。

生，要乐生，即尽量创造"快乐人生"。所谓快乐人生，当然不是世俗说的穿金戴银，山珍海味，享不尽的荣华富贵。这种以生命博金钱、以满足感官为快感的人，不一定是幸福的。毫无疑问，人需要较好的生活条件，包括个人的健康、收入、家庭等，但更应该有好的心态。如果为名利所虑，为鸡虫得失而心无宁日，不可能有快乐人生，即使为世俗所艳羡，其内心不见得快乐，可以称之为成功的苦恼。

快乐人生有两种：一种是感官的快乐，一种是心智的快乐。感官的快乐不能完全否认，眼之于色，耳之于声，口之于味，得到满足会有一种快感，在一定范围内是合理的。但人还要更看重心智的快乐，即由于对别人的帮助、对社会的贡献而带来的道德感和神圣感，这是心灵的快乐。西塞罗在《论老年》中说，吃喝嫖赌的快乐能和求知的快乐相提并论吗？求知的乐趣，对于有理智、受过良好教育的人来说，这种快乐是随着他们的年龄的增长而增强的。在人的一生中，随着年老体衰，从感官得到的快感会逐渐消退，可心灵的快乐感受应该随着年龄的增加而加强，这才是快乐人生、智慧人生。

死，要死得有尊严。这是很难的，生死大关，人到此时，没有不留恋亲人、依恋人世的。可要认识到客观规律是任何人不可能抗拒的，因而理性的死与有尊严的死是不可分的。人到一定年龄应该有死的思想准备。"哲学就是练习死亡"，在这个意义上是可以成立的，即任何学习哲学的人，都应该从理智上接受死亡，把它看成是一种必然，用古典哲学家的话说，必然性就是命运。

（50）用志不分。意志是个心理学问题，也是个哲学问题。尤其是在人生观问题上，意志的重要性，老百姓都知道。父母教子女总说，人无志不立，鸟无翅不飞；还说有志不在年高，无志空活百岁。

在意志问题上，我不同意叔本华的唯意志主义的本体论观点。这种把意志视为宇宙本体、非理性高于理性的观点，无论在宇宙观还是在人生观上都是错误的。如果意志是整个世界的基础，是世界的终极存在，世界万物都是意志的表象，世界就是非物质世界；如果意志是生命的本质，是人的真实自我，人的一切追求、欲望、冲动都是这种神秘意志的作用，人就只能陷于永远无法满足的痛苦之中。不是人支配意志而是意志支配世界、支配人。

我们反对唯心主义的意志决定论，但我们重视意志在人的行为中的作用。孔子说过，“三军可夺帅，匹夫不可夺志”。三军可以失去主帅，但一个人不能失去意志。没有意志的人是软弱的没有原则的人。孟子心目中的大丈夫，就是“富贵不能淫，贫贱不能移，威武不能屈”、意志坚定的人。没有意志的人，中国人称之为软骨头。

不少人以为，马克思主义者反对唯意志主义，就是否定人的意志的作用，恩格斯曾经驳斥过这种观点。他说：“绝不能避免这种情况，推动人去从事活动的一切，都要通过人的头脑，甚至吃喝也是由于头脑感觉到饥饿而始，并且同样由于通过头脑感到饱足而停止。外部世界对人的影响表现在人的头脑中，反映在人的头脑中成为感觉、思想、动机、意志，总之成为‘理想的意图’，并且以这种形态变成‘理想的力量’。如果说一个人只是由于他追求‘理想的意图’并承认‘理想的力量’对他的影响就成了唯心主义者，那么任何一个发育稍稍正常的人都是天生的唯心主义者了，怎么还会有唯物主义者呢?”恩格斯还列举了法国唯物主义者狄德罗等人，认为他们都是意志坚定的人，为了真理和正义，而献出了自己的生命。

远的不说，就说中国的民主革命，经历了多少浴血奋战，多少艰难险阻，革命者都是意志坚定的人。两万五千里长征，就是人类历史上以钢铁般意志战胜敌人的围剿，战胜饥饿、战胜雪山和泥沼的最辉煌的凯歌。

智商和情商是我们的常用词。智商的重要性是人人皆知的。人都要有一定的专业知识、专业技能。智商越高，获得专业技能的速度越快，取得创造性成就的可能性越大。可是，人不是仅靠知识和技能就能获得成功的。人在工作和生活中会遇到种种困难，成就越大，需要克服的困难越多。在相同甚至不同的知识技能的条件下，成功往往属于意志坚定、锲而不舍的人。在克服困难中起决定作用的往往不是知识多少而是决心和意志。我们的教育应该改变单纯的知识培养，要培养学生百折不挠的意志和克服困难的勇气和决心。事业的成败往往是意志的决斗，有时取决于最后一刻的坚持或放弃。

我们要重视意志，但还要懂得如何应用意志。庄子关于“用志不分”，即意志要集中，做任何事情要一心一意不要分心的观点无疑很有价值。庄子《达生》和《知北游》中的两个故事，有一定的启发性。

一个是假借孔子看见一位曲背老人用竿子粘蝉，蝉在树上，老人仿佛是在地上捡东西，一粘一个准。孔子很惊奇，问他：“子巧乎！有道邪？”老人回答：“有道。”这个“道”就是勤学苦练，最后达到眼中只有蝉的境界。“虽天地之大，万物之多，而唯蜩翼之知。”孔子教导他的学生说，他达到这个水平，是“用志不分，乃凝于神”。全部意志都集中在蝉身上，心无二用。

另一个故事见于《知北游》，讲大司马家中有个专门为他锤制钩带的工匠。年已八十，可是锤制钩带时不差分毫。大司马很惊奇，问他如何达到这个水平。他的回答仍然是“于物无视”，“非钩无察”，也就是说，他的全部心思用在锤钩上，心无二用，才达到这个水平。这两个故事的结论都是一样的：“用志不分，乃凝于神。”学习任何东西，专心致志，就有可能达到出神入化的境地。

我为什么对这个问题感兴趣呢？这实际上是个哲学问题。人都有意志，可意志要发挥它的最大效能，需要有锲而不舍的精神。这种精神才能使主体的能动作用得到最大限度的发挥。在人生旅途中，在危险境地中，生存下来的大部分是意志坚强、锲而不舍的人。老子也非常重视意志，他说过：“强行者有志。”能够知难而进、坚持到底的人是有志气的人。

（51）论注意力。注意力有两个方向：一个是向外的，关注心外之物，关注实践和认识的对象；另一个是向内的，它向内用力，关注自我，关注自我的感受，自我的内心世界。对人来说，这两种注意力都需要。前者是以客体为对象的意识，后者是以自我为对象的自我意识。

唯心主义倡导向内用力，万物皆备于我，不假外求。这当然只是一种哲学学说，是不能实践的。如果一个人从生下来就与世隔绝，闭目塞听，天天向内用力，从自己本心中寻找真理，寻找佛性，我相信他肯定是个白痴，一窍不通。

一个人的注意力应该向外，关注外在世界，从万物中求理。这是辩证唯物主义认识论的基本道理，也是人类实践和认识史反复证明过的真理。当然自我内视或反问是必要的，但必须是建立在向外用力的基础上，正如牛的反刍，只有吃草之后才有东西可供咀嚼。

从心理健康的角度来说，一个人过分关注自我，往往会导致疾病，因为人的内感的敏锐程度与过分关注自我是不可分的。任何人都有这个经验，人虽然有牙齿，但平日没有人会注意到自己有牙齿。一旦牙痛，就会强烈感受到牙的存在，正如不头痛，不会想到自己是不是有头一样。

庄子在《达生》中曾讲到，为什么灵台可以“一而不桎”？所谓灵台是指心，所谓“一而不桎”，是说心如何做到不被桎梏，像戴上枷一样，关键是“忘”。忘，并不是任何人、任何时候都能做到的。要能忘必须心无所系，没有牵挂的东西。一个正在牙痛的人忘掉牙，头痛的人忘掉头，是不可能的。

忘之所以能忘，都是因为可忘，可忘是因为“适”。“忘足，履之适也；忘腰，带之适也；忘是非，心之适也。”鞋子不合适，脚不可能舒服；裤带太紧，腰不可能舒服。心也是一样，太多的忧虑，太多的心事，心不可能舒服。一个人老是什么都不满意，老是愤愤不平，一副怀才不遇的样子，那就永远不可能舒服，永远处于痛苦之中。

庄子为这种人开了一剂药：“始乎适而未尝不适者，忘适之适也。”一个人，只要不追求安适，就可以做到任何时候都处于一种心安状态，因为他根本忘记了“适”。不追求安适的人永远是“适”，而无时无刻不追求安适的人，反而不能安适。一个过于关注健康的人，反而难以健康，因为健康已经成为他心里的一个负担。

人有两种注意力，这是人比动物优越的地方。人若是不能意识到自我，没有自我意识，就不是人。内审力越强的人越敏感，因而也越容易感受痛苦。我们应该正确处理这两种注意力的关系。既关注对象，也要关注自我审视的能力，但为了不使自我关注的能力走向反面，应该把自我关注建立在对外关注的基础上，变为对实践经验的总结和反思。

爱因斯坦作为一名科学家，特别强调关注外界而不沉湎于自我，虽然人们不可能穷尽对象，但应该关注对象。他说，要不是全神贯注于客观世界——那个在艺术和科学工作领域里永远达不到的对象，那么在他看来，生活就会是空虚的。

（52）学会忍受痛苦。在人的一生中，有些东西是可以通过改变环境而发生变化的。例如，你的住房周围环境太吵，你可以挪个住处，你与同事有矛盾，闹得不可开交，领导或许会把你们调开。唯独内心的痛苦，是无法通过逃避而消除的。因为痛苦存于内心，它会随着你的心挪到你所去的地方。而且越是逃避，痛苦越深。急于解除痛苦本身的人就会陷入另一种更深的痛苦，即为解除痛苦而痛苦。由一种痛苦变成双倍痛苦。

庄子讲了一个寓言故事："人有畏影恶迹而去之走者，举足愈数，而迹愈多，走愈疾而影不离身，自以为尚迟，疾走不休，绝力而死。不知处阴以休影，处静以息迹，愚亦甚矣!"这个害怕自己影子的人，就是用逃避来甩掉影子。结果走得越快，影子跟得越紧，结果只能"绝力而死"。

人的痛苦是内心的，它类似于自己的身影，与自我合二为一。任何外在的方法都是难以解除的，唯一的方法是从自己的思想中寻找解除痛苦的方法。如果是可以解除的痛苦，应该针对痛苦的原因对症下药，如果是不能解除的痛苦，就应该学会忍受，随着时间的推移而逐渐使它淡化。时间是最好的医生，它能医治痛苦，条件是你必须学会忍耐。一些人不给时间这位医生以它唯一的药片——时间，结果也是"绝力而死"。有人说，不是可以外出散心，或者挪个居处，或者与朋友聊天来解除痛苦吗？对，这就是时间。所有这些做法都需要时间，都是在聊天、外出，或者其他活动中消磨时间，让时间这个变压器来医治自己的内心痛苦。这就是"处阴以休影"、"处静以息迹"。

夸父追日的精神，值得赞美，因为夸父追的是一种外在于自己的对象，隐喻中表现了中华民族自强不息的精神。一个人如果时刻不忘消除痛苦，这实际上是想用加速痛苦的方法来消除痛苦，正如愚人采取跑步方法来绝迹息影一样。

现代医学提倡带病延年，就是与疾病共处，不要念念不忘自己的病。一个人要身体健康，必须无病当有病，有病当无病。无病时像有病时一样注意保健，有病时像无病时一样放心。持有这种心态的人即使有病，康复的机会与时间，往往与"天天念念不忘"的人有两种不同的结果。

有个聪明人说过一句聪明的话，当你怒火上升时，对自己说：等五分钟再发火。五分钟过了，怒气也就消了。人的一生，免不了会遇到各种不顺心的事，会有这样那样的不幸与痛苦。学会区分痛苦的性质，同时要学会忍受痛苦，让时间来抚平痛苦的心。一点儿痛苦都不能忍受的人，有一点儿痛苦就急于消除的人，肯定会越来越痛苦。

(53) 论恐惧。恐惧有两种，一种是心理学意义上的恐惧，一种是社会学意义上的恐惧。它们的价值是不同的。

心理学意义上的恐惧，对人的危害之大，大于实际的危险。恐惧不同于焦虑，焦虑是引起人的警觉，预防危险，而恐惧则是使人失去对危险的心理承受能力而受到双重的伤害。有这样一个试验，法官判处一个囚犯死刑，对他说你可以选择放血，血流到一定时间你没有死可以赦免。然后把眼睛蒙上，把手伸出来放血，不远处放着一个拧开的水龙头，一滴一滴的响声让囚犯能听清。过了一段时间，囚犯脸色大变而最后突然死亡，而实际上根本没有放血。是否有这个试验暂且不说，但恐惧对人的危害确实是存在的。无论是医学、心理学或哲学都承认这个结论。

庄子也举过例子，他说一个醉酒的人坠车，其死亡的可能性比清醒的人要小。因为他没有恐惧，只有实际伤害。《庄子·达生》中说："夫醉者之坠车，虽疾而不死。骨节与人同而犯害与人异，其神全也。乘亦不知也，坠亦不知也，死生惊惧不入乎其胸中，是故迕物而不慑。"我开始读到此处不太相信，以为是哲学家的胡说。后来读到一条消息才相信此言深有哲理。《北京晨报》2007 年 6 月 27 日报道说，重庆一位旅客从重庆希尔顿酒店因醉酒从 22 层楼坠下，落到 9 层平台上，只是腰椎骨折，双下肢不完全性瘫痪和多处骨折，可生命没有危险。他自己根本记不起是怎样坠楼的，他已经完全醉酒，迷迷糊糊。如果他在非常清醒时失足坠楼，可能很难生还。因为一个清醒的意识带来的恐惧和挣扎，坠楼的生理伤害加上心理的恐惧，恐难以活命。

这当然都是极端的例子，在生活中很少发生。但恐惧作为一种社会心理现象可以说每个人都可能存在，只是对象不同而已。印度一位哲学家曾举过许多恐惧的例子，他说恐惧绝不是抽象的，我们的恐惧通常都和某个事物相关。你是否认识你自己的恐惧？怕失去工作，怕金钱匮乏，怕邻居对你的评语，怕成就不够大不受尊重，怕失去社会地位被人讥讽歧视。或是害怕痛苦和疾病，怕受别人的控制，怕没有爱与被爱的因缘，怕失去妻儿，怕死亡，怕活得像行尸走肉，怕寂寞无聊，怕不能活出个样子辜负家人的期望，怕失去别人的信任，如此等等。世界复杂多样，各人恐惧的东西都是依各人的处境而定。张三恐惧的事，在李四那里不存在，反之亦然。可恐惧作为一种心理现象却是普遍的。恐惧不同于无对象的病态焦虑，但也不同于有对象的焦虑。宗教哲学家克里希那提说，恐惧是生活中最大的问题之一。陷入恐惧的心，通常是困惑而矛盾的，因此必定会变得凶暴、扭曲而充满攻击性，但它又没有勇气挣脱旧有的思维模式，于是就变得极其虚伪。除非我们从恐惧中彻底解脱，否则我们只有继续追逐最高的目标，制造出各种神祇来解除我们的黑暗。

我们不是宗教家，我们是马克思主义者，我们懂得病态的恐惧与病态的焦虑症一样，是一种疾病，但社会中的恐惧不是病，而是由人的社会处境决定的。不是被雇用者就没有失业的恐惧，众多的白领怀有被“炒鱿鱼”的恐惧，原因就是他不是老板，可老板们害怕破产的恐惧也不是其他职业的人所具有的。老百姓有老百姓的恐惧，害怕通货膨胀，害怕社会不安定，害怕失业，如此等等。这些恐惧已经超越心理学而进入社会学的范围。

我们并不是不加区分地消除恐惧，而是要懂得恐惧的不同意义。社会发展是包含矛盾的。我这一生经历了从新中国成立到现在改革开放的整个过程。新中国成立后的一段时期只有解放的喜悦，没有忧虑，没有任何恐惧。生活水平低，工资低，消费少，住房小，但心情平和，没有欲望，只有工作。我现在的工资比20世纪60年代增加了很多倍，住房宽了，生活水平提高了。现在要想吃什么，要想买什么，经济不成问题，只是年纪老了没有这个需要。可很难说我没有任何恐惧感。是当时的知识分子都自觉奉行儒家“孔颜乐处”的教训？不是。而是当时国家处于封闭状态，与外部世界没有比较，社会内部没有多少差别，特别是解放的喜悦，人与人之间的平等关系，比较好的社会风气，使人忘记了物质生活的贫困。因为贫困从来就是相对的。大家的住房都很小，自己就不会感到住房特别小，大家手中都是紧巴巴的，都等到月底领那点工资，也不会感到自己特别穷。大锅饭下的生活是贫困的，但心理是平衡的。特别是对前途没有任何忧虑，满怀信心，肯定认为未来会比现在更好。当时最鼓舞人心的是来自电影《列宁在十月》中的那句话：“面包会有的。”不害怕通货膨胀，不怕银行倒闭，因为根本没有存款。也不怕下岗，因为终生为革命工作是天经地义的。这是不是说改革不好，改出许多后顾之忧来了？不是。任何不怀偏见的人都能感受到改革开放给中国带来的变化。无论从国际地位、从个人生活、从个人自由和民主权利来说，都是巨大的进步。

可为什么人的社会性恐惧与生活的改善会同步增加呢？年轻人感受到的压力是空前的，现在的大学生并没有我们上大学时愉快。毕业后的就业成为一大问题。求职应聘场所满地都是被践踏的简历，应聘时的问题也是五花八门，居然问年轻女学生穿什么颜色的内裤！广东也发生过亿万富翁派保安率领几百打手围殴民工致人死伤的事。这虽然是个案，但本质上表现的是资本对劳动的优势，招聘者对应聘者的优势。这样的事情发生在社会主义中国能让人不恐惧吗？

当前中国正处在市场化、城市化、工业化的进程中，但我们不能重复西方经历和正在经历的社会进程。我读了曹景行写的《香港十年》，其中描述一个由内地到香港的十几岁孩子林捷的遭遇，确实令人心酸。她在遗书中写道："我很累，这五年来我憎恨香港，讨厌香港这个地方，我还是缅怀过去十三年乡间的岁月，那乡土的日子。"当然林捷的例子有其他原因，可是一个社会如果让市场主宰一切，金钱主宰生活，肯定会使人产生恐惧。

一个孩子从幼儿园、小学、中学、大学到就业，一直都在奋斗，生怕慢了半拍，担心以后无法在社会上立足。一个人毕生都在跑马拉松，这样的生活方式能不令人产生恐惧感吗？恐惧来自压力，压力来自竞争，而竞争来自市场经济。可一个没有竞争，没有压力，人人对自己的职业、对自己的前途没有任何恐惧感的社会，形不成由竞争而产生的动力，这种社会会成为一个发展缓慢甚至停滞的社会。因此在我看来，市场经济是把双刃剑，它必须由社会主义基本制度来规范。

我对经济学一窍不通，但根据我这大半生的亲身经历，我相信我们国家必须搞市场经济，否则只能永远落后，我经历过"四两肉二两油"的计划经济的年代，当然不愿再回到过去的生活。可最难的是既保持市场竞争产生的压力，又能使人保持精神世界的高追求和安定，保持社会的和谐，保持对人的尊重而限制资本和财富的人格化的优越地位。这是个两难的问题。关键是社会主义市场经济中的"社会主义"这四个字不应是空头词句，仅仅是个修饰词，而应该确确实实是社会主义的市场经济。

一些经济学家只说市场经济是对资源和劳动力的配置，其实它已经远远超出了经济范围。金钱的作用已经渗透到一切领域，从政治、思想、家庭、婚姻、朋友，总之凡能渗透的地方都在渗透，一切都打上了金钱的烙印。一些看起来不可能的事都能用钱搞定。这种情况，能让人不恐惧吗？

社会主义市场经济使社会产生活力，个人对自己工作和事业失败的恐惧就是这种活力的具体表现。它使人勤奋、敬业，调动一切有利于推动社会进步的主观因素。一个人人可以一辈子不快不慢磨洋工混日子的社会，肯定是没有活力的社会。可是当市场的压力不是转变为活力，不是转变为自觉的竞争力，而是变为老百姓对个人前途和命运的忧虑，就会产生恐惧感。市场是战场，市场的压力可以变为活力，变为动力，在市场中应该比个高下优劣。当然这种市场竞争应该是合法的、符合商业道德原则的竞争。可在市场之外建立一个后方医院，让那些战败者、受伤者，可以有个治伤、疗养的场所。这当然不是简单的二分法，效率交给市场，公平交给社会主义，正如资本主义把肉体需求交给市场、把灵魂需求交给上帝一样。社会主义不是这样，社会主义既要进入市场之中又要在市场之外。在市场中，就是市场经济必须坚持公有制的主体地位，保持宏观调控的权力和效能，完善对市场的法律规范和道德规范。所谓在市场之外，就是不能把一切都推向市场，国家应该承担理应由它承担的任务，这就是国家有权征税的法律和道德依据。我们应该完善我们的社会福利和社会保障制度，让社会全体成员都能共享社会发展的成果。这样，市场竞争产生的压力就是活力而不会是恐惧。养生送死无憾，应该是社会主义题中应有之义。我们国家应该走中国特色社会主义道路，不能走资本主义也不能走所谓民主社会主义道路。党中央提出的以科学发展观为指导，强调深化改革，强调安定、团结、公平、和谐，实际上就包括使社会全体成员生活在一个没有个人后顾之忧、没有个人生存恐惧的社会环境中。而这个大的社会环境，不仅对消除对个人命运担心的社会性恐惧，而且对于治疗个人病理性的恐惧，都是有帮助的。

（54）向里用力和向外用力。人的一切认识从根本上说，都是对外界的认识。自然科学，就是对自然界的认识，社会科学，就是对人类生活其中的社会的认识。社会虽然不是自然实体，但它对任何生活于其中的成员，同样具有客观实在性。因为社会关系的性质和结构，对于生活在这个社会的全体成员都具有普遍性和共同性，它不以任何个人的意志为转移。不同的只是个人在社会中处于不同的地位，而不是社会性质依存于个人主体的感受。

从希腊神殿中的格言和苏格拉底倡导的“认识你自己”以后，有些哲学家把人的认识变为自我认识，把自我认识置于一切认识之上。实际上，人对自我的认识是认识的重要方面，但不能把它置于人的一切认识之上。对人的认识是认识世界的一个方面而不是全部，对人的自我认识不能代替对客观世界和对对象性事物的认识。

毫无疑问，人当然应该认识人自身，但这个人自身不能归结为认识个人的内“心”，认为世界上的一切都蕴藏在“心”中。人应该认识的是人的社会本性，人的自然本性，人与人的关系，人与自然的关系。只能从人的种种关系中才能认识人。我不赞成带有唯心主义性质的心性之学。如果孤立地认为认识人就是认识人的“心和性”，这种向内用力，只能是把人看成一个个孤立的具有天赋的个体，它内心蕴藏着一切。

孟子说人天生就有四端，人天生有恻隐之心、羞恶之心、辞让之心、是非之心。这四心就是仁义礼智的根源，因而万物皆备于我，人的学习不假外求，求其“放心”，即把丢掉了的本心找回来。对外界的认识就是人对自我的认识，对自我的认识就是对人的心与性的认识。其实人并不具有这种丰富性。人的内心世界原本什么也没有，它的丰富的内心世界是从社会中不断获取和积累的。从原始人到当代人的内心世界的丰富与发展，本质上是社会关系和社会交往的丰富和发展，是由外在的东西内化为人“心”的过程。我们应该区分内外世界，即人的客观世界和主观世界，应该懂得这两个世界在实践基础上的辩证关系。

人与动物不同。动物只有一个世界，这就是它们借以生存的外在自然界，因而动物只有适应而没有内心生活。而人有两个世界，外在世界和内在世界。人的意识既能意识到外在对象，作为对象化的意识，又能意识到自己的意识。人的意识具有对象和自我意识的双重功能和作用。所以人当然要认识作为个体的自我。这里既有客观地审视自己的认识论问题，又有心态和心理的自我调节的心理学问题。人应该反思自己，反思自己的行为，反思自己的心理状态，反思自己的人生历程，如此等等。鲁迅先生就说过，他不仅解剖别人更常常解剖自己。一个不认识自己、不了解自己的人，会陷于对自我认识的盲目状态，或自高自大，或自卑自贱。但我们从哲学上应该懂得，即使这种作为对个体的“我”的自我认识，也不是简单地向内用力或自我观照，而是必须分析自己的生活背景、生活历程、生活际遇、自己实际生活中发生的对自己影响最大的人和事。我，并不是一个封闭的思想实体，而是生活于社会各种关系中的活生生的现实的个人。要了解自己，就要了解自己的心理状态与实际生活之间的关系。

自我意识不是单纯对自己意识的意识，而是对自己意识与自身存在关系的意识。这个关系是复杂的，往往是隐蔽性的，或者经过多年的积累和沉淀，变为一层层的地质性的存在，连本人都无法认识自己。有哲学家说过，用十面镜子也无法认识自己的真实内心世界。任何一个心理学家离开了对咨询者的客观了解就不可能进入对象的内心世界，即使进入也会产生误解或抗阻。我们所能见到的自我是冰山的一角。心理学学派很多，但真正能像认识外在世界那样认识人的内在世界的，至今还没有。

近些年来由于人学成为显学，人的问题成为哲学中最重要的问题之一。可是有些哲学家把人学的研究立足于个人，而不是把人放在人当中研究，即不是把人放在社会中进行研究。现实的个人就是社会的个人，是在一定社会结构中实践着的个人。如果就个人研究个人，这种人从理论上说就是抽象的人。抽象的人是一种关于人的理论，而不是人的实际状态。真正的人都是现实的个人，抽象的人只存在于哲学家头脑的抽象思维之中。

所以，从人的内在世界与外在世界的关系来说，我们应该首先把重点放在外在世界，向外用力，人类的一切成就都是来源于对外在世界的改造。只有在这个基础上，我们才能比较科学地研究人的主体世界。因此，对主体世界的研究，始终离不开对客体世界的研究，而不是单纯向内用力。把人放在解剖台上，任何高明的医生都不会发现人的内心世界的一丝一毫，见到的只是人的生理结构、肌肉与神经。因此，对内心世界的研究不是医生的任务，而是哲学家包括心理学家的使命。

人，对世界的认识，既要研究外在世界也要研究内在世界，既要研究人类的内心世界，又要研究个人的自我世界。对人的内在世界的研究，不能变为单纯关注自我。我是应该研究“我”，但不能只是向内用力，忘记了世界，忘记了别人。歌德说过一段很有意思的话，人的全部认识和努力都是针对外在世界的即周围世界的，他应该做的就是认识这个世界中可以为他服务的那一部分，从而来达到自己的目的。只有在感到欢喜或痛苦的时候，人才认识到自己，也只有通过欢喜和痛苦，人才学会什么应该追求什么应该避免。

（55）论知止而后定。“安定”是名副其实的安定，用来镇定、安眠。可它是药，作用于人的生理。

还有一种思想上的“安定”，这就是哲学。《大学》开头就说：“知止而后有定，定而后能静，静而后能安，安而后能虑，虑而后能得。”一个人，如果不知止，不知止于所当止，就永远处于鸡虫得失、夜不能眠的窘境。这就要学点哲学。

对名利，要知止，不能永远无止境地追求名利。

对欲望，要知止，不能无限追求不合理的高消费。

对劳逸，要知止，既不能劳而不休，也不能逸而不劳。

总之，一切属于个人的东西，都应该有个“度”。人最难的就是知止。很少有人能止于所当止，也有不少人不知当止于何处。

人不可能没有欲望。没有对利益的追求，没有热情的渴望，历史就会停滞，社会的活力就会枯竭，人的精力就会萎缩。黑格尔把利益和热情视为历史发展的经纬线，就是看到了人的利益和对利益追求的进步意义。

这里的关键在于应该区别社会和个人。政府作为公权力的占有者和行使者，它有责任通过各种方式使社会全体成员生活幸福，在物质和精神上提供高质量的产品，以满足人民不断增长的需求。政府不能提倡“安贫”，所谓“贫穷不是社会主义”的道理就在此。实际上，在当代，即使发达资本主义社会同样声称要以消除贫困作为自己施政的方针，能不能做到是一回事，可它不能不以此为目标。民生问题、富民问题，从来都是治国的要枢。

可是，对个人而言，如何在社会发展中得到自己应该得到的那一部分利益，则应该是知止。不能无限追求、攀比，甚至不择手段来满足个人的私欲。也就是说，社会发展没有止境，而个人的私欲则应该有止境，这就是知止问题。

人，有情，有欲。人有喜怒哀乐，有各种欲求。而且人的各种欲求和情绪，不是枯井中的死水，而是如同日夜奔流的大河，时缓时急，跌宕起伏不定。没有情欲，就不是人。其实，即使遁入空门的出家人，心理上也不可能没有丝毫波纹。战胜这些“魔障”，就是修行。可人不仅有情有欲，还有理性。理性的产生是在人的进化中逐步形成的生理的机能，理性的内涵，则是社会的文化和道德规范的历史积淀。各种欲望和情感不停的冲撞对人的心理健康是不利的。庄子说过，人的各种欲望，“与物相刃相磨，其行进如驰，而莫之能止，不亦悲乎！”

可人又不能无欲，不能断绝一切欲望。这就存在一个知止的问题。张载说过：“欲不可绝，欲当则理。”人的心理不安定不在于有欲，而在于欲而不当，不知当止于所止。欲望无穷，永不知足，只能在痛苦和失望中了却一生。

学点哲学，确立一个正确的世界观和人生观，就能既保持旺盛的活力和热情，又知道当止于所止。知止而后有定，这可能是最好的“安定”药片。

（56）止于至善。人们常说，西方哲学重自然，中国哲学重伦理。其实不能绝对化。古希腊哲学家，如苏格拉底、柏拉图，都非常重视道德伦理学说。哲学史上把苏格拉底的哲学称为道德哲学的发端。西塞罗在《图斯库卢姆谈话录》中说，苏格拉底把哲学从天上召唤下来，寓于城邦之中，甚至引入家庭，迫使哲学思考人生和道德、善与恶。至于中国的道家如老庄包括荀子也重视人之外的自然和人自身的自然。

但总的说来，以孔子为代表的儒家学说具有道德伦理哲学的特色。由于儒家在中国封建社会长期占据统治地位，因而道德伦理学说使中国哲学的其他方面显得逊色。儒家经典《大学》的首句就是“大学之道，在明明德，在亲民，在止于至善”。追求至善，即终极的道德境界，应该是人生的最高追求和终生的修养。

强调道德教化并没有错。儒家的道德中确实有许多值得继承和发扬的东西。可是，儒家道德的作用是有限的。在封建社会中，儒家的道德对稳定社会秩序、协调人际关系起过良好作用，可它也束缚了人的个性，而且越到封建社会后期其副作用越大。“五四”时期进步知识分子反礼教，喊出“打倒孔家店”的口号，虽然过激，但符合时代进步的潮流。死抱住儒家教条，不吸收西方文化，特别是不接受马克思主义，中国只能仍在封建制度和思想意识的僵壳中挣扎。只有推翻旧的制度，我们才可能分清良莠，慢慢清理祖宗的遗产。

我从来不相信道德可以救国、救世，所谓道德江河日下、世风不古之类的考语，都是社会问题在道德问题上的折光。国民党败退海岛之前，在内地搞过新生活运动，大力提倡礼义廉耻、国之四维，提倡忠孝仁爱信义和平，还成立了一个道德重整委员会之类的组织，但是仍然没有挽救失败的命运。历史经验证明，任何一个王朝如果最后的法宝是求救于道德，结局是不妙的。

我们的社会性质不同。我们重视道德的教化作用，倡导以德治国，但它是与依法治国相结合的。而且更重要的是，德治与法治，都是以坚持社会主义的基本经济制度和政治制度为前提的。任何一个马克思主义哲学家都懂得经济基础和上层建筑的关系，都懂得道德作用的条件和界限。我们强调公平、正义，并不是单纯把它作为一个道德问题，而更重要的是分配和利益问题。公平从根本上说，最终必须落实到共同富裕、共享改革成果上；而正义，必须要排除对财富和政治权力的屈从，对法律和道德的践踏。如果由于长期分配不公而导致两极分化和阶层对立，所谓公平和正义都会徒有其名，沦为资本权力的遮羞布。

现在有些学者提倡读点中国的经典，包括《三字经》、《弟子规》这些儿童的发蒙读物，我认为很有必要。熟悉中国文化的经典是继承我们民族优良传统的一条重要途径，也是进行人文教育的一种方式。但一定要正确宣传。以孔子的仁爱为例，这是宣传最多的思想，但只讲孔子的“仁者爱人”，仿佛孔老先生是主张无是非见人就爱的博爱主义者。其实并非如此。孔子也说过：“惟仁者能爱人，能恶人”，有爱有憎，并非一味讲爱。有一次子贡问他：“乡人皆好之，何如?”孔子斩钉截铁地回答：“未可也。”又问：“乡人皆恶之，何如?”同样回答：“未可也。不如乡人之善者好之，其不善者恶之。”其他如“和为贵”、“和而不同”，都有个正确全面的理解问题。

何况时代不同了，儒家的主导地位及其维护的封建制度已成为历史。

在当代中国，应该用马克思主义提供的观点和方法，并结合当代现实对儒学的历史作用和当代价值以全面的、合理的理解。我们应该充分吸收我们民族的优秀传统文化特别是儒家文化，但一定要分清精华与糟粕。不要一听糟粕二字就冒火，这是另一种片面性。最全面的说法，还是毛泽东说的“取其精华，去其糟粕”。

(57) 不畏中的最可畏。人，对于自己感到害怕与危险的东西，总是心存恐惧和戒备的。可是对自以为没有危险的东西，往往很不以为意。其实最大的危险往往存在于没有危险的意识之中。火很热，令人望而却步、望而生畏，很少人会玩火；而水性温柔，波光粼粼，令人神往。可自古至今，死于水者不计其数，而死于火者甚少。人们提倡防火，宣传防火，而对水没有恐惧感只有亲近感。玩火者罕见，而以嬉水为乐者常见。古人说，“善泳者多溺”，信哉斯言！

《庄子·达生》中说，如果路上有强盗出没，则路人相诫，兄弟父子结伴而行以防盗，“必盛卒徒，而后敢出焉”。人们对危险的防范，是明智的表现。可是人们对于日常生活中的危险因素并不在意，甚至不清不楚。实际上，死于强盗的人很少，而死于不健康的生活方式的人很多。

在当今世界，每年因高血压、糖尿病而死的人不计其数，而且数目不断增加。过去是发达国家的多发病，现在变为发展中国家的常见病。这是餐桌上吃出的病，厨房里钻出来的病，不健康的生活方式惯出来的病。人们知道封阳台，安防盗门，甚至安探头以防盗，可对于不健康的生活方式的危害，却以为是最大的享受。

世界著名球王马拉多纳，就是因为不良的生活方式，包括酗酒和其他方面的问题，身体出现危机，多次入院治疗。一位曾经驰骋绿茵场的著名运动员，居然也会因为生活方式而损害健康，其他人可想而知。

中国也存在同样的问题。2005 年，我因为白内障住院，遇见一位由妻子陪护的中年人。他是某镇的党委书记，因为糖尿病并发肾衰竭和白内障，双眼失明，每天要做透析。闲聊时我问他：“你还很年轻，怎么病这么重?”他说：“是糖尿病。”我说：“糖尿病能控制呀!”他妻子抽泣地说：“吃喝是控制不住的。”我说：“你有病为什么还不注意?”他妻子无奈地说：“你不知道，他是镇党委书记，上级来人要陪吃，下村检查要吃请。

整年整月就是吃，结果吃成了现在这个样子。”我默默无言，无法为他喊冤，因为实在无冤可喊。这是真事。别的地方是否有类似的情况，我不知道。但报纸上报道过因为陪上级喝酒，“壮烈牺牲”的人不止一个。这种人不值得同情，但值得可怜。

“人之所取畏者，衽席之上，饮食之间，则不知为之戒者，过也!”庄子距今两千多年，也是孟子最高理想“七十者可以食肉”的时代，没有现在这么多豪华的酒席，大概也无公款可吃。可就是这个时候，庄子就提出了这种警告，真是了不起。从这里，我们不能不佩服哲学家的远见和智慧。

在习以为常的日常生活中，从不可畏之处识别可畏之处需要哲学智慧。一些人之所以不得享天年，不少是死于无知。这种无知不仅是医学知识的无知，同样也是对哲学的无知，不懂得危险往往存在于“无危险”之中。知险不险，不险有险，这就是辩证法。爱因斯坦是一位伟大的科学家，也是一位有哲学头脑的智者。他认为，简单淳朴的生活，无论在身体上还是在精神上，对每个人都是有益的。

（58）能与不能。《史记·项羽本纪》中记载了这样一个小故事。项羽从小学书不成，学剑又不成。他叔父很生气，就教训他。项羽说，学剑是学一人敌，我要学万人敌。所谓万人敌，就是学如何指挥战争，能统率千军万马。军事战略，在一定意义上说，也就是军事哲学。

的确，枪法准，是技术过硬，很重要；导弹制导精确，是武器先进，也很重要。可更重要的是善于用兵，《孙子兵法》讲的就是这个道理。用兵之法，运用之妙，存乎一心。世人称赞毛泽东善于用兵，说他胸中自有百万雄兵，这说明军事指挥艺术在战争中无比重要。

孔子与子路有一段关于如何行军打仗的对话。子路问孔子：“子行三军，则谁与?”孔子回答说：“暴虎冯河，死而无悔者，吾不与也。必也临事而惧，好谋而成者也。”这就是说，有勇无谋、空手打虎、无船涉险过河的人，我不和他们共事，只有深谋远虑、善于用计谋的人才是能共事的人。这里讲的“好谋成事”，在我看来就包含哲学思维。毛泽东就一再教导领导干部要“多谋善断”。

哲学不是万能的，它不能代替具体的技能和知识。一个哲学家没有战争经验，也不可能成为优秀的军事指挥员，更不用说成为统帅。纸上谈兵的人，并不是军事家而是空谈家。任何领域任何具体部门都是如此，各有所专，各有所长。哲学不可能包办替代，也不能包办替代。

哲学万能论当然是错误的。这就是历史上曾经存在过的哲学是科学之科学的观点，以为哲学是科学之母，一切科学原理都可以从哲学原理中引申出来。或者认为，哲学无所不能，只要懂哲学就能胜任一切工作，这种看法当然是一种哲学“狂想症”。

在当代世界，得这种病的人不多见，倒是哲学无用论比较普遍。哲学无用论当然也是错误的。一招鲜，吃遍天，要哲学何用？确实，如果我们满足于纯技能性的工作，要不要哲学的确无关紧要。一个勇猛作战遵守命令的战士就是好战士，可要当一名高级指挥员，要能行军布阵，就要有知己知彼的哲学头脑；当一个头痛医头、脚痛医脚的医生，有一定的医疗经验和医学知识就可以对付，可要当一位名医，杏林高手，就不仅要有关于人的整体观念和辩证治疗的本领，还要有身心统一的哲学头脑。其他专业都是如此，要进入更高层次必然要进入哲学领域。最近发生的一件事就很有说服力。美国遗传学家詹姆斯·沃森说，根据实验，非洲黑人的智商不如白人，不可能与白人同样聪明。这引起轩然大波，被谴责为种族主义言论。他是个生物遗传学家，根本不懂得哲学，在他眼里，人只是生物学的人，而不是社会性的存在物。人的智商不是在实践中形成的，而是由种族决定的。这当然是把各个民族分为劣等民族和优等民族的种族主义言论。

为什么哲学不具有具体操作的能力和知识，可又对各种专业和行当都有用呢？为什么面对具体事物，就事论事时可以不需要哲学，可一旦试图深入事物本质揭示对象的规律时又离不开哲学呢？原因就在于哲学原则的普遍性。普遍性对于哲学家与科学家来说都是非常重要的。

求知，说到底就是追求事物的普遍性。不追求普遍性而只关注个别性，这不是追求智慧和科学，而只能称之为“好奇”或“好打听”。像叔本华说的，哲学应该把某一专门的、稀有的、细致的或者是转瞬即逝的事物留给科学家，哲学家更加注重的是世界的整体以及它的本质和根本真理。正因为这样，哲学是统帅，而不是士兵，是乐队指挥，而不是乐器演奏者，一个伟大的思想家又怎么会置整体事物于不顾，只是局限于了解这一整体事物中的某一枝节和领域呢?

叔本华的上述论断有对又有不对之处。要理解普遍性，把握整体性和必然性，当然要求研究者具有普遍性和整体性观念。当人们认识到普遍性和整体性的重要，并力求在自己的研究和实践中探索这种普遍性和整体性时，就离不开哲学思维。

但不能因此而过分强调整体而轻视部分。强调普遍而轻视个别，必然陷入抽象。普遍只能存在于个别之中，整体只能存在于部分之中。因此哲学既不是万能的，也不是无能的。哲学家与科学家可以各有所长，术业有专攻；但哲学与科学又不能分离，不存在孰重孰轻的问题。哲学家应该多点科学知识，而科学家应该学点哲学。各囿一隅，贵我贱人，都是门户之见，不可能成为大家。

(59) 怀旧与传统。这是个既涉及哲学又涉及人生的问题。可能到了一定年岁的人，都会触发或多或少的怀旧情绪。或怀念童年时的游伴，或怀念母亲做的某种菜肴，或怀念故乡的某种风俗，总之童年的时光是值得回忆的。我想起了杜甫的“忆年十五心尚孩，健如黄犊走复来。庭前八月梨枣熟，一日上树能千回”的诗句，杜甫其时五十，按现在的标准只属中年。当时人的平均寿命短，可能此种年岁就有摆老的资格。

个人有怀旧之情，社会如何?作为人的总体性的社会同样有怀旧情绪。个人怀旧是由于年老，感韶华之不再，旧梦难寻，怀旧本质上是对人生短促的一种心理表达。那社会的怀旧是由什么原因导致的呢?在我看来是传统的力量。传统是人类社会中无论如何都无法抛弃的东西，任何社会的人都生活在双重文化环境之中，一个是传统文化的遗留，一个是现实文化的创造。这两者交织混合，构成人们现实的存在。

从社会发展来说，在变革时期往往是打破传统，抛弃传统。传统的惰性力量意味着守旧，成为社会前进的障碍。中国从“五四”时期到“文化大革命”结束，都处在这种没有“社会性怀旧”的时期。可到现在，拜孔子，诵诗书，办私塾，创国学，穿唐服，恢复中国特有的各种传统节庆，真是此一时，彼一时。这是什么力量?传统的力量，这是一种无形的社会力量。当人们感到原来的“破”已使人感到生活淡然无味，在寻找自己的精神家园时，传统是最重要的选择。因为它就存在于我们民族的血脉之中。

我认为，有些旧传统可破，应该破，如过分繁杂、铺张的婚礼和葬礼就应该废除。有些就不应该破，如中国传统的节日。现在有些学者主张恢复传统节日，我很赞成。为什么中国人要过洋节，如感恩节、复活节、情人节之类？我们有我们自己的节日。这些节日是我们民族性和民族认同的符号，也是全民族大团结的喜庆日。我就非常怀念小时候过的中国传统节日。五月端午，家家门口插菖蒲，小孩额头点雄黄，胸前挂香囊，包粽子，赛龙舟，很是热闹。中秋节的拜月，许多“热心人”在门口用砖砌成几人高的宝塔，明月高挂天空，点燃塔内的木柴，不断往火上浇白酒，火光冲天。沿河的住户，百十来米，就有一座塔，真像是“烽火台”。元宵的花灯，万人空巷，人头攒动。当然最温馨、最令孩子们兴奋不已的是春节，从腊月二十几开始，空气里仿佛就飘浮着年的味道。如今人老了，仍忘不了童年时过年的情景：

> 烛光摇曳炭火红，门神窗花春意浓。
> 瑞雪欣喜漫天舞，爆竹声声家家同。
> 守岁最盼天亮早，包包多多磕头虫。
> 此情此景尚可忆，只是已成白头翁。

早在19世纪40年代，当资本主义取得统治地位不久，马克思和恩格斯就深刻揭示了由资本主义工业文明取代农业文明带来的必然变化。资产阶级在它已经取得了统治的地方把一切封建的、宗法的和田园诗般的关系都破坏了。它无情地斩断了形形色色的封建羁绊，使人和人之间除了赤裸裸的金钱关系和冷酷无情的“现金交易”，就再也没有别的联系了。它把宗教虔诚、骑士热忱、小市民伤感这些情感，淹没在利己主义的冰水之中。总而言之，它用公开的、无耻的、直接的、露骨的剥削代替了由宗教幻想和政治面目幻想掩盖着的剥削。这真是妙笔如椽，切中腠理。

从社会发展来看，从以农业为主导的封建社会走向以工业为主导的资本主义社会，就是从农业文明走向工业文明，这种由相对封闭的、隔离的、单纯的、发展缓慢甚至可以说有点懒散的农业文明，转向开放的、联系的、发展迅速的、物质生活丰富和生活多姿多彩的文明，肯定是一种进步。农业文明是乡村文明，工业文明是城市文明。虽然马克思和恩格斯使用了一些道德谴责的语言，但他们丝毫不否认这种取代的历史进步性。大工业城市的出现，像是为一个国家和民族安上发动机，能带动周围农村的发展。

现实证明，离城市越近，离工业区越近，被带动发展的农村地区越多越广泛。可是，资本主义的内在矛盾使进步的同时付出了某种与传统断裂的代价。工业化和城市化的负面效应，随着进程的加速和普遍化而日益明显。城市文明造就了一座座直上云霄的高楼大厦，昔日农村文明的那种宁静、和谐、悠闲和浓浓的亲情与乡情，已为紧张、繁忙、压力和人际关系的疏远所取代。金钱成为支配人的一切行为的轴心。当然，社会是不可能往后退的。

一定的生产方式必然有与其相适应的生活方式。以往生活的传统随着农业生产方式主导地位的没落而没落。人们为了弥补生活中的这种空白，想方设法，使人们重新回归自然、享受自然。在经济发达的西方国家，各种度假村、乡村别墅以及传统生活方式的回归与兴盛，就是明显的例证。当然，这是富人的享受，对穷人而言仍然是可望而不可即的。

我们国家正在加快社会主义现代化、工业化和城市化的进程。市场经济的确立，金钱同样会变为生活的中心。我们国家的传统文化和风俗、节庆，由于市场化浪潮的冲击而被极度淡化。不要说鲁迅先生《社戏》中的那种生活情趣已经一去不复返了，即使是中国传统的节日也被西方节日所取代。近些年来，重新重视中国传统文化的宣传和学习，把传统文化看作中华民族复兴的重要思想资源。这确实是保存和弘扬我们民族精神的一个明智之举。

经过多年的反复，我们已经开始认识到民族文化传统的重要性。美国学者希尔斯在《论传统》一书中说，我们对待传统应该慎重，传统不应仅仅被当作障碍或不可避免的状况。抛弃传统应该看作新事业的一种代价，保留传统则应该看作新事业的一种收益。

现代化与传统并不是绝对对立的。因为各个民族的现代化进程，虽然有其共同性的一面，但又各有其特殊性。这种特殊性最重要的方面，就是各个国家和民族有自己不同的文化传统。中国不可能重走西方现代化的老路。英格尔斯在《人的现代化》一书中肯定传统对现代化的积极作用。他说，从历史发展上来看，现代化倾向本身就是人类传统文明的健康持续和延伸，它一方面全力吸收了以往人类历史所创造的一切物质财富和精神财富，另一方面又以从未有过的创造力和改造力把人类文明推向一个新的高峰。诚然，现代化过程必然使人们与某些传统的生活习惯诀别，但从一种新的意义上讲，现代人比传统人更能真正维护、珍惜和保存传统。

当然，这是一个艰难的过程。不仅要从理论上辨别哪些是传统文化中的精华，哪些应该是抛弃的糟粕，而且要采取有效的文化政策从传统文化中吸取健康和有益的东西。社会主义终究是一个新的社会，它需要社会主义文化。这种文化的产生，当然不是像当年的俄国无产阶级文化派主张的那样，是从文化废墟中生长出来的，而必须在人类以往的传统文化，特别是本民族的传统文化的思想资源基础上进行建设。

怀旧是个人的记忆，重视传统文化是民族的集体记忆。一个民族不重视自己的文化传统，就是一个集体失忆的民族，这是很可悲的。但是，如何把传统文化的继承与国粹主义、复古主义区分开来，与各种形式主义的纯商业化操作区分开来，是很困难的。这并不可怕。巨流之下必有泡沫，纳百川之海也难免有泥沙。只要在文化建设中坚持马克思主义的指导，就不会偏离社会主义文化建设的大方向。

（60）时代的启蒙与个人的启蒙。社会需要启蒙，在人类社会发展中有过启蒙时代。例如，西方中世纪以后出现的资产阶级启蒙时期。这是西方思想革命和社会革命时期。中国近代也有过启蒙思想，但很微弱，因为中国没有经历资本主义社会，也没有一个较强的资产阶级。中国真正的启蒙，应该说是马克思主义传入后的具有革命意义的启蒙。这个启蒙的承担者是中国共产党。

社会需要启蒙，个人也是一样。人人都需要启蒙，不同的是，时代的启蒙是思想家在起作用，而个人的启蒙，则是老师在起作用。韩愈在《师说》中说，古之学者必有师。师者，所以传道、授业、解惑也。人非生而知之者，孰能无惑？惑而不从师，其为惑也，终不解矣。

中国人有尊师重教的传统。一日为师，终身为父。同学之间，有同学之情，同窗好友具有兄弟姐妹似的情感。西方国家不断发生校园枪杀案，杀手向自己的同学、老师开枪，最近连芬兰这样的国家都发生校园枪杀案。这是中国人绝对无法理解和接受的。难道是因为西方资本主义条件下的学校，已经变为一个大商场，老师与学生是售货员与顾客的关系、同学之间的关系无非是同一商场偶然相遇购货的顾客吗？如果这样，真是教育的悲哀。

我是坚决反对在中国提倡教育产业化的。作为一名教师，如果我成为一个知识销售者，我以为这是对教师这个职业的极大不恭。神圣的教育事业，如果变为商业，校长是老板，老师是售货员，学生是买主，关系就可能恶化。我相信，社会主义中国的教育绝不会走市场化的道路。虽然师生如父子、同学如兄弟的时代，大概永远不可能复归，但我们应该提倡尊师爱生，保持社会主义条件下正常的师生关系。和谐校园、和谐师生关系，应该是我们构建和谐社会的重要部分。

我一生有两位启蒙老师。一位是私塾的老师，那是 20 世纪 30 年代，当我还是一个孩子的时候，家里送我到不远的一家私塾中“发蒙”。先生是依靠教私塾为生的老先生，在我们那个小小的县城里，很有名气，很受家长的尊重。他年老，身体又不好，经常靠在床上让大点的学生为他捶背捶腿，时不时地转过脸来对着我们大喝一声：“念书。”我们就像小和尚念经一样，摇头晃脑一通。这样读了两年，背会了《三字经》、《百家姓》、《千字文》。这是 70 年前的事。老先生早已作古，留下的只有不苟言笑、捶背捶腿的印象。

再一位是哲学启蒙老师，是萧前老师。他是我的第二位启蒙老师，是真正把我引上哲学之路的启蒙老师。1953 年我从复旦大学毕业后分配到中国人民大学马克思主义研究班哲学分班学习，是第一次接触马克思主义哲学。当时苏联专家也为我们讲课，但辩证唯物主义和历史唯物主义原理，更多的是萧老师讲，辅导老师是乐燕平。当时萧老师风华正茂，不到 30 岁，口才特好，讲课生动机智。每节课都有思想火花，很受学生们的欢迎。

1956 年我毕业后留在哲学系，变为双重身份：既是萧老师的学生又是同事。那一年，哲学系招了一届从 1956 年到 1959 年三年制的哲学研究生。学生是应届大学毕业生，也有其他大学来学习的教员。当时全国系统讲授马克思主义哲学的还不多，我们哲学系虽不是独此一家，但也是最重要的基地。我第一次具体担任的工作，就是和李秀林一道为萧老师当助教。我和秀林每人管两个班，随堂听课，搞课外辅导，组织课堂讨论，当时叫习明纳尔。可以说这是萧老师对我哲学启蒙教育的继续。

尼采说过，哲学家是死后才出生的，这句话很有哲理。位高权重的政治家是生前的，是“在世”的。在位显赫一时，可人走茶凉，或死后默默无闻，很快被人忘记。历朝历代那么多高官显贵，能数出名字的有几人？真正的哲学家，生前无权无势无钱，可死后当人们认识到他的功绩时，会越来越为人们所尊敬。萧老师的追悼会，一些学术界的知名长者被搀扶而来，许多学生从四面八方远道而来，对萧老师作最后的告别。这表明，在哲学界同行的心中，萧老师是值得尊敬的学者。

的确，萧老师是新中国成立后马克思主义学科的奠基者，为社会主义新中国培养了大批马克思主义哲学人才。在当今中国各大学哲学系或哲学界，很多学术骨干是萧老师的学生，可称得上是桃李满天下，至于再传，或三传，或四传，更是遍及全中国，甚至海外。萧老师对中国版的辩证唯物主义和历史唯物主义教科书的建设也是功不可没的。他不仅是艾思奇主编的哲学教科书的重要参加者，而且亲自主编过多种版本的教科书。这些教科书是全国同类教材的母本，它们在中国的马克思主义哲学教学中发挥了重要作用。饮水思源，中国哲学界永远不会忘记萧老师的贡献。

我们哲学系的马克思主义原理教研室，在失去秀林之后，又失去了马克思主义哲学学科的奠基者萧老师，同志们都感到是个无法弥补的损失。如果一个人逝世了，人们越来越为他的离去而感到惋惜，这就证明他不虚此生，可含笑九泉。萧老师和秀林都是这种人。

萧老师在哲学领域中的成就是巨大的，可在个人生活方面却有着痛苦和不幸。但萧老师的晚年是幸福的。我从学生的角度看，萧老师的老伴潘老师，对萧老师的照顾可说是体贴入微。12 年前，萧老师患脑出血，几乎走到生命的尽头，能够再幸福地多活这些年，能够多看看改革开放后的世界，能与子女团聚，享天伦之乐，全凭潘老师的细心照料。人生很难十全十美。晚年迟来的幸福，弥补了中年的不幸，也算是人生不幸中的大幸。

2007年8月，萧老师终于离开了我们。当我缓步灵堂，泪眼模糊中注视着萧老师消瘦、慈祥、仿佛安然入睡的面容，难以抑制内心的悲痛。55年的师生亲密交往画上了最后的句号。但半个多世纪的师生之情和思念，是终生难忘的。一个年老学生对逝去恩师的送别，一个生者对亲如家人的死者的怀念，情感的沉重，是年轻人无法体会的：

白头学生耄龄师，犹记当年受教时。
仿佛玉树临风立，又似大鹏展英姿。
几经磨难身不死，世人莫笑哲人痴。
乘鹤归去遗教在，师恩如山敢忘之。

后代不应该忘记自己时代的启蒙者，他们是先行者，是伟大的思想家；个人也不应该忘记自己的启蒙老师。他们可能是一个平凡的人，但是是我们的恩师。这是两种不同的启蒙，但都可以看作人类文明传承的方式。

（61）哲学家不是理性符号。中国人是最重师生情、同学情的。可说自古如此。一日为师，终身为父，说的是这种情感；同窗好友，说的也是这种情感。西方人也同样重视友谊，古罗马哲学家西塞罗就写过《论友谊》的专著。

在中国人民大学哲学系成立五十周年庆祝会上，来自全国不同地方的不少历届毕业生，聚集一堂。有的分别可能长达五十年，少的也有几十年或几年。天各一方，今天有机会如同家人团聚，叙师生情，叙同学情，叙朋友情，这是十分难得、十分珍贵的。

从来别时容易见时难。虽然说现在地球变小了，变为地球村，天涯咫尺。可对我们这些人来说，却是咫尺天涯。即使现在变成地球村，有飞机，有火车，有高速公路，可是各有各的工作，各有各的事业，各有各的小家庭，工作缠身，拖家带口，要见面并不容易。即使同在北京，见一次也很难。这次趁系庆机会相聚，可以倾诉离情，了却多年相念的渴望。“天意怜幽草，人间重晚情。”许多人已经是老年人，更知道久别重逢的人生意义，非常珍惜这次系庆，能见到多年不见的同学和学生，是人生的一件快事，何等高兴。

1956年中国人民大学哲学系在原来哲学教研室的基础上建系。我亲自经历了哲学系的成立，经历了哲学系的兴旺发达，那可是《红楼梦》的前四十回，是元妃省亲的时候。当时哲学系是全校最大、教员最强、学生最多、名声最响的系。同样我也经历了停办散伙的时期，在复校复系之后，在党中央要重视哲学人文科学政策的指引下，在教育部的领导和关怀下，在学校的直接领导下，经过多年的重建、发展，现在又重现生机，哲学系扩大为哲学院，哲学成为一级学科，成为由多学科组成的学科群，中青年教师人才辈出，新培养的学生事业有成，比我们当年强多了。长江后浪推前浪，世上新人赶旧人。这是大好事。

像我们这一代教员已经老了，有的已经去世，有的已经离退。我的老师仍然健在的只有乐燕平、钟宇人、杨宪邦等人。在系庆大喜的日子里，我们不会忘记那些为哲学系的建立和发展做出过贡献现已离退的教员，特别是那些为哲学系贡献一生已经去世的同志。人是有感情的，哲学家是有感情的，并不是纯理性的人格符号。没有思想感情的哲学家，是逻辑范畴，不是有血有肉的思想家。

哲学家可以寂寞，但哲学不会长期冷落。有的学生说，学哲学没有前途，问题是要的是什么前途？是金钱的“钱”，还是前途光明的“前”？要说金钱的“钱”，它可能没有“钱”途，历史上只有一个哲学皇帝，这就是写过《马上沉思录》的罗马皇帝，除此之外，腰缠万金的哲学家还是少见的。当然在当代哲学也可以赚钱，哲学在市场经济竞争中也可以大有作为。金钱买不到哲学智慧，但哲学智慧可以转化为金钱。因为一个有哲学思维的企业家，有哲学思维的高层管理者比没有哲学思维的企业家和管理人员在市场中更有竞争力。市场竞争是科学技术和产品质量的竞争，也是管理和经营的哲学智慧的竞争，是不同的经营理念的博弈。当然，哲学系毕业的绝大多数人，还是从事哲学教学和研究工作。就哲学自身来说，同样有前途。

历史和现实中的许多亿万富翁和拥有千亩良田的大地主，死后有谁知道他们？财富和金钱是流动的。哲学家说过金钱无主人，富不过三代；陆游在一首词中也说，千亩良田八百主。可一个伟大的思想具有永恒性。西方的苏格拉底、柏拉图、亚里士多德，中国的老庄孔孟，以及许多哲学家，即使死后哪怕两千多年，世世代代都知道他们。究竟算谁有前途？从长远来看，伟大的思想比金钱和财富更有前途，而作为这种思想的创造者同他们创造的思想同样不朽。

世界上没有任何一个行业能像哲学这样持久。哲学的功能，从大的方面说，可以救国救民，从《矛盾论》、《实践论》，到“科学技术是第一生产力”、“三个代表”重要思想、科学发展观和构建社会主义和谐社会，哪一个大政方针离得开哲学？有的直接就是哲学问题。从个人的角度说，个人的修身养性也需要有哲学思维。有哲学头脑的人，心胸不会那样狭隘，有不痛快的事，能后退一步想，能想得宽些看得远些，能心态平和，这还不算哲学的功劳吗？有位著名的教授今年 85 岁，仍然不断发表文章。我送给他一首诗，最后一句是“百岁可期仍健笔，都道哲人似仙人”。哲学能应用到自身，可以达到仙人的境界。不是那种不食人间烟火的根本不存在的所谓仙人，我说的是在市场经济中，在充满各种诱惑的人间，既有仙人般的智慧，又能超凡脱俗、洁身自好的人间仙人。我希望哲学系将来的毕业生，无论处于何种岗位，都能以哲学的智慧治国、处世、治身、治心，让那些不理解哲学的人看到哲学的真正力量。

众妙之门

季羡林老师在讲到中西文化时，曾用过“三十年河东三十年河西”这句中国的老话，表现了这位大学问家对中国文化在世界上的地位变化的乐观态度。哲学大概也类似于此。

黑格尔在他的《哲学史讲演录》中就说过，真正的哲学是自西方开始的，在东方、在中国找不到哲学知识。东方的思想应该排除在哲学史之外。后来梯利的《西方哲学史》的论调也差不多。他说，并不是所有的民族都有真正的思想体系，只有少数几个民族的思辨可以说具有历史。许多民族没有超过神话阶段，甚至东方民族如印度人、埃及人以及中国人的理论，也主要是神话和伦理学说。2000 年，德里达应邀访问上海时仍坚持此说，认为中国没有哲学只有思想。此言一出，曾引起中国学界关于中国哲学合法性的讨论。

真是风水轮流转。在当代，即使在西方，像黑格尔、梯利、德里达的这种观点日见其少，相反大力赞扬东方特别是中国哲学智慧的学者日见增多。因为生态恶化和社会矛盾的尖锐，他们把视线转向东方特别是中国，从中国哲学中寻求智慧。1988 年众多诺贝尔奖得主在巴黎集会，曾发表一份宣言，其中说，21 世纪，人类如果要想谋求真正的和平与幸福，必须回到 2540 年前的孔夫子的时代寻找智慧。其实，罗素很早就赞扬过孔子，他说一个具有如此卓绝能力和久存下来的思想体系必有它的伟大价值，而且一定值得我们尊重和研究。

中国无逻辑之名，但有逻辑之实。《墨经》中的逻辑思想就极为丰富。

同样，哲学之汉语译名虽然是日本哲学家西周于19世纪译自西方，但哲学的内容并不仅属于西方。任何民族都有自己的哲学。当然，成熟程度可能不一样，方式可能不一样，但绝不能说，只有以形式逻辑作为论证手段的纯思辨的形而上学才称得上哲学。那只是哲学中的一种。人人都有脚，但不可能有一双适合于每个人尺码的鞋。各民族哲学的思维方式和风格是多样的，在同中有不同，在不同中有同。

中国哲学与西方哲学都是哲学存在的不同方式，但它们的传统不一样。在古希腊，哲学是无所不包的知识体系。在以后的发展中，各种学科逐步从哲学中分离出来成为独立的学科。哲学的分化至今仍在进行。在西方，哲学曾被视为"科学之科学"，是科学之母，或者说是各种知识科学性的源泉和依据。当然，西方关于哲学的观念也在变。如果说古希腊时期科学的知识包括在哲学之中，都称为哲学，而现在则可以说哲学同时存在于各门科学之中。例如科学技术哲学、文化哲学、政治哲学、经济哲学，成为当代西方哲学的重要门类。

中国哲学不同。中国哲学不像古希腊哲学那样有一个独立的、无所不包的知识体系。中国哲学存在于文学、历史、小说、诗歌之中，甚至存在于各种实用科学之中。战国时代的诸子百家的学说中都存在哲学思想。像《孙子兵法》这样的著作既是伟大的军事著作又是哲学著作，屈原的《天问》是诗歌也是哲学，司马迁的《史记》虽为史家之绝唱，同时又贯穿"究天人之际，通古今之变"的哲学思想。甚至像苏轼的"明月几时有，把酒问青天"和"人有悲欢离合，月有阴晴圆缺"，都是既有美学境界又包含人生哲理的哲诗文合一的著名篇章。至于中国哲学对中国医学的影响更是不言而喻的，中医的整体观念、阴阳观念、天人合一观念就是一种哲学观念。说人与自然的关系失调，如温、寒、暑、燥会导致身体伤害，都会致病，这就是医学中的哲学。

哲学对中国人格的培养几乎涉及一切领域。例如李白的潇洒飘逸不拘礼法是受道家哲学的影响，杜甫的致君尧舜、忧国忧民的忠君思想则是受儒家政治伦理哲学的影响。陆游、辛弃疾等人充满民族爱国激情的豪放诗词，明显是受到爱国主义以及儒家关于杀身成仁、舍生取义，以及"富贵不能淫，贫贱不能移，威武不能屈"的气节观、骨气观的人格哲学的影响。

在中国哲学中，哲学作为科学之科学的思想并不多见，但哲学作为文化的灵魂和核心思想则比较突出。从事任何人文知识的研究都要重视哲学，文史哲合一是中国哲学的特点。正因为这样，中国重视哲学明道辨理的作用，它既是认识宇宙奥秘的钥匙，又是为人之道的宝鉴。

《道德经》第一章第一句就是："道可道，非常道。名可名，非常名。无名天地之始，有名万物之母。故常无，欲以观其妙，故常有，欲以观其徼。此两者，同出而异名，同谓之玄，玄而又玄，众妙之门。"在中国古代，哲学称为道学或玄学。老子哲学表现为对道的体悟，最核心的内容是关于有与无，即存在与非存在的辩证关系，既包括宇宙的本原的思考，也包括天地万物生生不息的运动和转化的哲学思想。这种关于道的学说是一切学说中最为深远的学问，是众多学说的入门途径，是打开宇宙奥妙的钥匙。故关于道的学说，其功能是"众妙之门"。

"众妙之门"的说法太妙了。仿佛宇宙是贮存人类全部知识的大殿堂，而它的大门是哲学，哲学是人们进入知识殿堂的必经之门。要登堂入室，必经此门。马克思说，哲学是人类文明的活的灵魂，也是把哲学视为贯穿全人类文明的核心。掌握哲学是掌握全部人类文明的关键。

我们不难发现老子哲学与孔子哲学的一个重大差别。老子关注的重点是本体论，是天道。老子关于道的言论，都是涉及天地起源、万物运转的规律。老子是以一个探讨天道的智者态度从事玄而又玄的高深哲学问题研究的。孔子关注的是人事。他确实与西方的苏格拉底相似，把注意力从天道转向人道。不同的是，苏格拉底在街头教学、辩论，而孔子是教育家，设帐授徒，号称弟子三千，贤人七十二。教授六艺，归总起来，"子以四教：文、行、忠、信"。都是关于如何做人、行事、处世的。可以说，孔子是思想家、教育家、伦理学家。

《论语》与《道德经》迥然不同，不只是风格问题，重要的是谈论的问题不同。老子以天地为对象，以道为核心，宏观宇宙，体察入微。而一部《论语》，则是言传身教，解疑释惑，对学习、为人、处世、事君、孝亲，均有所教。孔子对天怀有敬意，但不讨论本体论问题，不言天。"天何言哉，四时行焉，百物生焉，天何言哉！"天道远，人道迩，人应该研究人道。用现在的话说，一是元哲学，一是部门哲学，即教育哲学。

从《道德经》中我们看到的是一位哲学大师，从《论语》中我们看到的是一位办教育的“塾师”。老子是哲学家，孔子是圣人。老子被奉为太上老君，被神化、仙化，而孔子为王者师，被人化、圣化。可以说，老子与孔子各有所长。单纯从哲学上看，作为中国古代哲学家，当然要首推老子。罗素就非常赞许老子。他在《中国问题》中说，我们文明的显著长处在于科学方法，中国文明的长处则在于对人生归宿的合理解释。人们一定希望看到两者逐渐结合在一起。老子是这样描述道的运作的：生而不有，为而不恃，长而不宰。我想人们可以从这些话中获得关于人生归宿的概念，正如爱好思索的中国人一样。罗素对老子的评价是很高的。

我看重的是老子关于玄学是“众妙之门”的说法，它不同于西方把哲学作为科学之科学的思想。后者是凌驾于科学之上，从哲学中导引出一切科学结论；而前者则是人类在全部认识中登堂入室的路径，是“门”。我们应该重视和恢复哲学作为“众妙之门”的作用，即我们当代人说的世界观和方法论作用。

哲学作为“众妙之门”，表明哲学的确是追求智慧之学。在西方，哲学的原意就是爱智。有的哲学家说，哲学是爱智，它本身不是智慧而是对智慧的追求。这个论断我认为有一半是对的。因为哲学是一门穷根究底的学问，它不断追问为什么，而不是把人类已有的认识视为最终的真理，它面对已有的前提和结论，提倡批判性的思考和合理的怀疑，所以它是对智慧的追求。但是哲学如果只是对智慧的追求，而它自身不是智慧或者不包含智慧，就不可能成为智慧之学，我们无法想象一种自身不包含智慧的思想能追求智慧。历史证明，人类历史上存在各种哲学，列宁分之为聪明的哲学和愚蠢的哲学。显然以一种聪明的哲学为入门可以追求智慧，而一种愚蠢的哲学例如形而上学、机械论，或彻头彻尾的唯心主义哲学，就不能为我们提供追求智慧的理论和方法。所以哲学是智慧之学，既是对智慧的追求，也包含对哲学自身的反思，是一种像列宁说的聪明的哲学。

在当代中国，哲学是受冷落的，因为它没有市场效益。其实，这种情况在世界其他地方也由来已久。黑格尔是大哲学家，德国是哲学思想大国，可黑格尔在柏林大学、海德堡大学的演讲中都曾抱怨过哲学在他那个时代的遭遇：德国自有哲学以来，哲学这门学科的情况看起来从来没有像现在这样坏过。当然，黑格尔还是对哲学的复兴充满期待，认为这样的时机似乎业已到来，即可以期望哲学重新受到关注和喜爱，这门几乎消沉的科学可以重新扬起它的呼声，这个对哲学久已不闻不问的世界又将倾听到它的声响。黑格尔的期望终于实现了，可是以一种出乎他意料的方式出现的，即在他逝世以后的不久，德国产生了一种新的哲学，即马克思主义哲学，这种哲学逐步让全世界注意和倾听它的声音。

中国革命和社会主义建设与改革的成就，是在马克思主义哲学指导下取得的。即使它在世俗生活中受到冷落，也不能说明当代中国人不需要精神食粮。只要看看寺院香火的旺盛程度，就可以看到人们精神饥饿和信仰的失落已到何等程度！他们不是不要信仰，他们在寻找信仰，寻找自己倦怠不已的心灵的安放之处。可我们的哲学家没有把这些放在自己的视野之内，我们藏身于哲学王国的圣殿之中。

于丹的《〈论语〉心得》、《〈庄子〉心得》销售火爆，传给我们的信息是：哲学完全有最广阔的受众，但一定要走出自我构筑的哲学碉堡。这碉堡把哲学与生活相隔离，与群众的精神需求相隔离。如果这样，“曲高和寡”，只能是少数哲学家的行话和个人独白，路越走越窄。

毛泽东非常重视哲学的学习，《矛盾论》、《实践论》以及许多著作都包含着深邃的哲学思想。他不断教导领导干部要学习哲学，还多次倡导全党都要学习辩证法，按照辩证法办事。

我认为，要真心为老百姓办事，唯物主义和辩证法最重要，因为不实事求是，不具体问题具体分析，就会祸国殃民；如显摆权力，逞权威，甚至谋一己之利，不管老百姓死活，那只能走向唯心主义和片面武断的形而上学。

哲学的智慧

对智慧有两种不同的理解。一种是宗教所宣扬的神的智慧。基督教认为上帝代表智慧，有智慧的人就是信仰上帝的人。一种是人的智慧，即人间的智慧。马克思说过，宗教是来世的智慧，哲学是现实的智慧。因为宗教关心的是来世，是彼岸世界，是死后的世界；哲学关心的是现实世界，是今生今世。因此哲学代表的是人的智慧。

从哲学上来说，究竟什么是智慧，这是个很难回答的问题。智慧不等于天分，不等于智商高。当然白痴难以成为有智慧的人，但智商高只是生理条件优越，如后天不学习也不可能成为有智慧的人，王安石的著名文章《伤仲永》就是一个例子。古人说过，“小时了了，大未必佳”，也是这个意思。

知识也不等于智慧。哲学智慧不同于实证知识。比如说，知道水 0℃会结冰 100℃会变为气，这是科学知识，但由此知道量变可以引起质变并懂得防微杜渐，能够见于未萌而不是暗于成事，这是哲学智慧。知道树叶有正面有背面，房子有阴面有阳面，这是常识，可由此知道事物无不有两面，能够全面看问题，懂得兼听则明偏听则暗，这就是哲学智慧。知道水可载舟亦可覆舟是生活知识，可以此喻官民关系并从中引出治国之道，这是历史智慧。最有趣的是一些看似违背常识的论断却包含着深刻的哲学道理。说白马非马显然违背事实，可中国哲学中关于白马非马的命题却包含一般与个别关系的哲理。说卵有毛，显然不是事实，可如果卵无毛为什么鸡有毛？鸡的毛是从哪里来的？这显然包含哲学中关于抽象可能性与现实可能性、可能性与现实的关系问题，以及事物变化的同一性问题。飞矢不动不符合事实，可它揭示的运动过程中连续性与非连续性统一的观点，却是一个深刻的哲学命题。哲学智慧与实证知识的不同之处在于，它虽然要以具体知识为依据，但它揭示的是各种知识中蕴含的普遍规律和意义。

我们可以从各种百科全书中查到所需的知识，但绝不可能查到智慧。智慧是一种洞悉问题的能力，它是人类知识和个人实践经验的完美结合和升华。书读得多不一定有智慧，书呆子式的人物并不少见。但是哲学智慧又不能离开对哲学知识的学习和掌握。一个人根本不学习哲学，不了解有哪些哲学问题，有哪些哲学派别，有哪些大哲学家和哲学体系，马克思主义哲学的原理是什么，如此等等，不可能有哲学智慧。

智慧和知识不是相互分离的。赫拉克利特说过，爱智慧的人应当熟悉很多事情；西塞罗说，无知是智慧的黑夜，是没有月亮和星星的黑夜；爱尔维修说，无知会使智慧因缺乏食粮而萎缩。所以智慧虽然不同于知识，但智慧必须依赖知识。中国古代智与知是通用字，古书中的知字就是智字。一个既没有书本知识又没有实践知识的人是不可能有智慧的。一个既无文化素养，又闭目塞听，与外界隔绝不参与实践活动的人，怎么可能有智慧呢？

哲学知识是可以通过学习得到的，但哲学思维方式、思维能力、思维素质是要通过自己的体悟，并在实践中通过运用哲学才能逐步积累起来的。大家都读过《西游记》，孙悟空本领大，一个跟斗十万八千里，唐僧何必骑马长途跋涉，历尽千难万苦去取经呢？孙悟空背着他师父脚不沾地就把经取回来了，岂不省却了许多麻烦。不行，真经是要唐僧自己一步一步去西天取回来的，正如智慧是要自己亲身体悟和积累一样。唐僧即使有高徒齐天大圣，仍然要一步一步去西天取经，暗喻真经是要历经磨难才能取得的。智慧不是单纯的书本上的知识，而是一种在长期学习和实践过程中由知识和实践经验积累而内化成的特有的辨别力。

有智慧比有知识具有更高的判断力。毛泽东对历史非常熟悉，喜欢读史书。对他来说历史不是故事而是如何从中总结经验吸取智慧的借鉴。从李自成进北京又退出北京，最终起义失败，他得出：中国共产党 1949 年初进北京城，同样是进京赶考，可能及格可能不及格，从而寻找跳出历史周期率的办法。这就是历史智慧。邓小平提出“一国两制”解决香港澳门问题，这是政治智慧，是书本上没有的。

智慧不仅包括书本知识和实践知识，而且包括情感和意志，可以说，是知情意的和谐与统一。情是感情，一个情感淡漠、心胸狭隘、总是怀有嫉妒和负性情绪的人不可能是有智慧的人，而真正有智慧的人是乐观向上、助人为乐、怀有爱心的人。无论中国哲学还是西方哲学都认为，智慧与道德是不可分的。英国的大诗人雪莱说，一个人如果不是真正有道德，就不可能真正有智慧。

精明和智慧也是不同的。精明的人是精细考虑自己利益的人，智慧的人是精细考虑他人利益的人。在中国儒家哲学中，智慧与道德是一体的，智与仁是不可分的。获取智慧的过程，对于儒家来说，也就是道德修养的过程。“大学之道，在明明德，在亲民，在止于至善”，最终的目的就是追求“至善”这种道德境界。

孔子说自己的学习过程是，“十五而致于学，三十而立，四十而不惑，五十而知天命，六十而耳顺，七十而从心所欲，不逾矩”，也就是道德和智慧都达到可以随心所欲不逾矩的境界。真正达到这个境界的人，也是在尘世中最快乐的人。他用不着像贾宝玉那样因苦恼而出家当和尚，而能以平常的心态面对不可避免的生老病死和名缰利锁。孔子称赞颜回说：“一箪食，一瓢饮，居陋巷，不改其乐。”真正有智慧的人是人间最快乐的人。

不仅要有情，还要有意志。意志是非常重要的。孔子说：“三军可夺帅，匹夫不可夺志。”一个意志软弱、动摇、毫无进取心与一个坚强、正直、不随波逐流的人相比，后者肯定是一个更有智慧的人。

孔子说：“知者不惑，仁者不忧，勇者不惧。”只有知情意统一，才是有智慧的人，才可能成为一个真正的哲学家。如果把学习哲学等同于学习具体科学，是单纯知识的学习，这是违背哲学智慧的本性的。

哲学的视角

哲学领域中一个非常普遍的现象，就是同处一个时代，可是哲学可以完全不同，因而有各种不同的哲学家和哲学派别。当代如此，古代亦然。这说明哲学与时代的关系极为复杂，观察的切入点和角度各异，结论可以完全不同。

每读《庄子》，我常常诧异于战国时代何以有庄子这样如此痛恨仁义、贬谪圣人、非难道德、悟透人生的哲学家。“圣人不死，大盗不止。”简直把圣人视为大盗的帮凶。儒道墨法以及其他各家，时代大体相同，可学说各异。我们称其为“百家争鸣”，可为什么会争鸣，为什么能争鸣，似乎还得有所交代。

战国时代是中国变革的时代，也是纷争最为剧烈的时代，不同思想家都立足现实以求解救之道。以孔子为代表的儒家看到的是礼崩乐坏，他们采取入世的态度，倡导治国平天下，以个人正心诚意修身为基础，从道德入手，提倡克己复礼。“郁郁乎文哉，吾从周”似乎是复古，但从理论上说不是绝对的真正复古。古是无法复的。复古者非今也，因为凡主张复古者都是不满现实的理论表现。孔子有他的理想社会和理想世界。可以说，孔子是中国最早的托古改制者。孔子是用怀念过去批评当代，他的批评显得那样温文儒雅，整个批判的锋芒都被复古守旧的言论层层包裹而被钝化。我们现在所看重的是孔子的道德理想和社会理想中的合理的东西。但由于它是与复古守旧的言论相混杂的，完全可能被后世各取所需，各有所用。

墨子是个理想主义者，但采取的也是一种积极救世的态度。他企图以兼爱非攻的说教，息战息兵，这当然不可能为强者所接受，只能是一种空想。如果没有战国时期的战争和混乱，没有普通百姓的兵灾之苦，也不会有兼爱非攻之说。

庄子不同。庄子直指现实，不遮遮掩掩。《庄子》中的许多篇章都具有强烈的现实批判性。“今世殊死者相枕也，桁扬者相推也，形戮者相望也，而儒墨乃始离歧攘臂乎桎梏之间。噫，甚矣哉！其无愧而不知耻也甚矣！”意思是说，世道如此，遍地是因相互争夺而被杀或饿死的人，还谈什么道德仁义，非战非攻，简直是可笑至极。

庄子认为，人的本性就是织而衣，耕而食，悠游终日，如果一经治理，就会破坏人的自然本性，破坏人与人之间的关系。所以他主张，人应该任性命之情，追求个性自由、精神解放、逍遥自在、无忧无虑、率性真情。这才符合人的自然本性，才是役物而不役于物。能达到这个境界才是真人、至人。儒家所仰慕的尧舜禹汤周公，在庄子看来都不值一提。因为他们都是政治家——治国者，而庄子反对“治国”，正如马一经调教，烙蹄上索，就失去了马的本性，不成其为马一样。庄子不愿意为官，也就是不愿做一个为人治马的伯乐，宁愿当一个精神逍遥无拘无束借米下锅的老百姓。他反对儒家的仁义道德，认为“盗亦有道”。仁义道德可以成为遮羞布，人人可用，越有钱有势的人，越是满口仁义道德却干着不仁义不道德的事的人。他也反对置身庙堂，认为那不过是太庙里准备做祭祀用的牛，苏轼的“高处不胜寒”，可能亦本此说。

相同的时代背景产生如此不同的哲学学说，看似难以理解，实际上由于各种哲学学说以不同的观点来观察现实，因此提出的问题不同，解答的方式也不同。法家主张富国强兵，因而倡导变法，提倡耕战。儒家提出的是如何才能改变礼崩乐坏、大夫谋国、臣弑其君的局面，因而提倡德治，倡正心诚意修身齐家之说。这当然为历代统治者所欢迎，因而被请入庙堂，久而不衰。而墨家则坚决反战，因为战争对普通百姓无任何好处，可战争和阶级仇恨在阶级社会中是必然的，兼爱非攻之说，终属空谈，因而墨学终成绝学。庄子处乱世而求全身之道，采取处人间而疏离人间的方法，凡事不可太较真，以相对主义的态度来观察和处理一切问题。这是处于所谓“乱世”而自保的为人之道。这是一种消极态度。庄子鼓吹个人的精神自由，逍遥避世，这种态度于统治者不利，因而庄学从未成为主导意识，只为失意者所共鸣，因为他是弱者的哲学，而不是强者的哲学。可是弱可胜强，真正能全身、尽年、不处处争强好胜者，反而是甘处弱者地位的人。这种人既无阴阳之患，也无人道之患，活得潇洒自在，不失为个人的一种处世避世之道。这是庄学不绝于世的秘密所在。

当前我国正处在转型时期，社会处于急剧变动之中。稍加留意，我们也可以看到各种各样的哲学。我们是社会主义国家，马克思主义当然处于指导地位，是主流意识形态。可只靠宪法与法律并不能保证它在意识形态中的指导地位。我们非常重视马克思主义的理论建设和指导作用，但马克思主义被边缘化的现象还是存在的。在各种利益主体并存，各种思潮并现的条件下，要牢固确立马克思主义的指导地位，还有待努力。

就全世界而言，中国哲学界最为繁荣。任何国家都没有这么多的哲学系，也没有这么多的哲学工作者。因为我们有政治课，哲学是其中最重要的一门。可是哲学领域的思想理论并不统一，也很难统一。我们不像战国时期“百家争鸣”，因为当时各种学说旗帜鲜明，各有所说，彼此明白对方说什么，主张什么。我们这里都自称是马克思主义者或马克思主义的信奉者。实际上并非完全如此，哲学界的同人们也都会心知意。即使是马克思主义哲学的专业队伍，也是各有各人心目中的马克思主义哲学。我以为，最糟糕的是顶着一顶红帽子，而叫卖的是私货。与其如此，不如宣布自己信奉的是什么主义，可政策又不允许。这是一个极大的矛盾，弄得青年学生糊里糊涂，真假莫辨。我一直在思考，哲学中可以有派，不必都打着同一旗号，但要诚实，是什么就说什么，彼此争论，真理总是越辩越明的。马克思主义只有通过自身的理论建设，通过争论以真理说服人，才能真正在理论上确立自己的指导地位。

在市场经济条件下，最容易流行的是实用主义。中国的求神拜佛、烧香叩头与真正的宗教信仰无关，而是彻头彻尾的实用主义。有些干部居然相信大师，求神拜佛，看风水，寻坟地，改门楼，挂符咒。至于一些经理、老板，由于害怕市场经济中的偶然性，而把自己的命运托付给大师，这不足为怪。西方信教者也不少，但他们是赎罪者、忏悔者，而不是像中国人一样是求福求财求官者。中国人的信神、信大师，是把菩萨看成受贿者，他们不是信神而是向菩萨行贿。怪不得费尔巴哈说神是人的本质的异化。有什么样的人，就有什么样的神。中国人眼中的神也是贪官污吏，都像人一样可以行贿受贿。他们进庙下跪许愿或还愿，并不都是真正出于信仰，而是如同走后门送礼一样，向菩萨求官、求财、免祸。

精神信仰缺失的问题是严重的。我不相信毫无区分地复兴中国传统文化能解决这个问题，更不相信寺庙和教堂里的善男信女多了，就能解决信仰危机问题。其实这正是精神信仰危机的一种表现。

我们的哲学应该真正关注生活，面向世俗生活，不能仅限于哲学家的圈子。现代主义、后现代主义、结构主义、解构主义，或者什么主义之类，这只是少数同行争得起劲的问题，是学院哲学，与老百姓无关。实用主义似乎是最具生命力的哲学，它虽然高居哲学庙堂之上，但扎根于世俗化的实际生活之中。只有真正坚持马克思主义原则，依法办事，实用主义才不会处处通关过卡，才会在社会生活中消亡。

哲学的远见卓识

哲学的厚实基础当然是科学的成就，但哲学思维并不是对科学亦步亦趋。哲学中有些思想对科学而言，具有先导性。恩格斯在《自然辩证法》中曾以能量守恒定律和古希腊的原子论为例说，在哲学界早已被抛弃的一些命题，在自然科学研究中常常作为崭新的知识出现，甚至在一段时间内成为时髦。的确，哲学的论断可能是思辨的没有科学数据支撑的，但确有先导性和启发性。

《寂静的春天》的出现和联合国关于可持续发展问题的决议是20世纪70年代的事情，如今生态问题、可持续发展问题、科学技术作用两重性的问题，已为世人瞩目。因为生态问题危及人类生存，当然会为有关学科所关注。

我们的祖先对这个问题就曾有过精彩的论述。孟子说过："不违农时，谷不可胜食也；数罟不入洿池，鱼鳖不可胜食也；斧斤以时入山林，材木不可胜用也。"这不也包含着最朴素的生态资源可持续利用的思想吗？当然，两千多年前人与自然的关系不能与当代相提并论，可作为一种哲学思维方式不是很值得我们吸收吗？

再如庄子说的："弓弩毕弋机变之知多，则鸟乱于上矣；钓饵罔罟罾笱之知多，则鱼乱于水矣；削格罗落罝罘之知多，则兽乱于泽矣。""天下每每大乱，罪在于好知。"毫无疑义，庄子此说是服从他的绝圣弃智主义的，不符合历史进步的方向。但庄子作为一位伟大哲学家却看到了知识（当时还不可能涉及科学）对人类生存环境可能产生的负面效应。远在两千多年前，这应该说是具有远见的天才思想。

当然，思想最深刻的是马克思和恩格斯。马克思在《1844年经济学哲学手稿》、恩格斯在《自然辩证法》中都有关于人与自然关系的精彩论述。虽然在他们的时代，人与自然关系的矛盾远不如现在这样尖锐，但是他们的哲学智慧使他们能从自然规律和社会规律的高度，预见到对自然的掠夺性利用必将危及人类自身。在马克思和恩格斯的著作中，不仅对人类发出了防止自然报复的警告，而且提出了实现人与自然和谐的途径。他们从来不把人与自然的关系看成与社会无关的独立的关系，而是从人与人的关系相结合中来考察人与自然的关系。在某些科学数据上，当代生态学家，肯定超过马克思和恩格斯，但从哲学思维的深度和高度说，迄今一切关于生态的自然科学著作以及生态社会主义，都不能与之比肩而立。

哲学智慧在人类认识中是绝不可少的。一个哲学命题或一种哲学思想，由于时代条件和科学水平的局限，它在某些细节上往往会为后来的发展所超越，但它的远见卓识和思想闪光，会因时代的需求而被“重新发现”。哲学思维最大的优势不在于细节而在于宏观思考。没有宏观的眼光，思维必然是支离破碎的一孔之见。

哲学的真理性

哲学具有民族性，各个民族的哲学都有自己的特点和表达方式。哲学也有个体性，各个不同的哲学家和哲学体系也各有自己的特点，各有特别关注的问题和独特的哲学风格。这都不会有太多的争议，可是哲学有没有共性，有没有真理与谬误，有没有精华和垃圾之分？这是个有争议的问题。

尽管民族不同，有些思想却是相通的。例如，赫拉克利特说，人不能两次踏入同一条河流；中国哲学家说，江河之水，今犹古也，而非今之水即古之水。黑格尔说，“熟知非真知”，中国哲学家说，“人莫不饮食，鲜能知味也”。黑格尔批评康德在认识之前要探讨认识能力问题，是在未下水之前要学会游泳一样可笑，中国哲学也有类似的说法，“未有先学养子而后嫁者”。列宁说，真理朝相同的方向多走一步就会变成谬误，中国哲学家说，“过犹不及”。西方讲量变与质变，中国哲学家说，“千里之行始于足下，九层之台起于垒土”，“图难于其易，为大于其细。天下难事必作于易，天下大事必作于细”。西方哲学家讲矛盾，中国哲学家讲阴阳，西方哲学家讲对立统一，中国哲学家讲“凡物莫不有对”，“一中有二”。语言不同，时代背景各异，但内容何其相似！

哲学思想的相似性，源于世界的同一性。人类面对的是同一个客观世界。客观世界的某些带有规律性的现象，可以在不同地区表现出来，为哲学家们所体悟和把握。没有客观世界的规律性和同一性，就不会有哲学思想的相似性。马克思对哲学的共同本性，讲过一段很精彩的话。他说，哲学是不是应该按照俗语“一个将军一个令”那样，对每一个国家都有特殊原则呢？哲学是不是应该在一个国家相信 3×1=1，在另一个国家相信女人没有灵魂，而在第三个国家又相信有人在天上喝啤酒呢？马克思强调，哲学是问什么是真理，而不是问什么被看作真理。哲学关心的是大家的真理，而不是某几个人的真理。因此，他特别强调，要防止把民族幻想的视野和人类精神的真正视野混淆起来。

哲学不应该只是哲学家个人的自我呈现，也不是少数几个人的小集团或学派的独占物。凡是有价值的哲学思想，能给人以智慧和启迪的思想，一定包含着真理性认识的成分。它们可以在各种语言或不同表达形式中，找到相似点。那种逞口舌之能，凭思辨之力，写点只属于自己的东西是不能称为真正的哲学家的。因此哲学研究是一种严肃的艰苦的精神工作。

哲学是严肃的，是探求真理的学问，因此它能发挥多种职能。苏格拉底自称为牛虻，认为自己的哲学像叮在牛背上的虻虫，用刺防止当政者的委靡。孔子的同时代人称孔子为“木铎”，说“天下无道也久矣，天将以夫子为木铎”。铎是古代用以宣布政教法令的大铃，孔子的政治伦理哲学就类似于向人类宣布道德教律的大木铃。

黑格尔把哲学家称为黄昏时起飞的密纳发的猫头鹰，是对历史和现实的反思；而马克思则把自己的哲学比喻为高卢的雄鸡，是迎接革命黎明的第一声高鸣。

牛虻也罢，木铎、猫头鹰、雄鸡也罢，都是从不同的角度突出了哲学的某一方面的功能。但不管哲学的功能如何不同，有一点却是相同的，即自古至今，没有一个严肃的思想家把哲学视为自说自话可以不包含真理因素的“无用之物”。

如果我们提出这样一个问题，假如世界从来没有哲学会怎么样？肯定会有人说，不如没有食物那样重要。其实，这是不可比的。没有食物我们不可能生存，可没有哲学我们不可能思维。任何思维都离不开概念的运用和运用的方式。哲学思维发展的水平，对一个民族而言是代表着民族成熟的水平，对一个人而言是代表着人的智力发展的水平。古罗马哲学家爱比克泰德说，一个没有音乐修养的人，在音乐方面就是一个孩童；一个文盲在文学上就是一个孩童；一个没有哲学修养的人，在其生命中就是一个孩童。

恩格斯由于希腊哲学水平高而称其为早熟的民族，中国同样是早熟的民族。我们中华民族的发展得益于我们丰富的哲学遗产，至今仍在用它那蕴含丰富的智慧哺育着我们。中国传统哲学的智慧之所以可贵，正在于其中包含着真理的因素。

哲学的妙用

日本学者今道友信在《东西方哲学美学比较》中说，哲学这个名词，来自于希腊，指的是在地域上围绕地中海移动的体系性思想，在此之外的地方是不存在的，不能以这种思想展开之外的形态来思考。因而所谓“孔子的哲学”正如“厨房的哲学”一样，毫无意义、不值一提。此说不一定有道理。因为在人类生活中会遇到大体相同的问题，因而哲学思考具有普遍性，但解决的思路、方式或风格会各具特点。

在中国，老子《道德经》中称哲学为道学，是众妙之门。庄子与老子相似，在《天下》篇中称为道术，认为道术是关于宇宙和人生的基本原则。“神何由降?”“明何由出?”人具有的“神”与“明”即人的智慧从何而来？都是源于一，即源于道。得道的人是最神明的人。

与西方哲学相比，中国哲学是非常现实的。它不是纯抽象的概念式的思辨，而是与现实生活中的政治、人生以及人与人的各种关系分不开的。《道德经》全书五千言，八十一章，除了第一章比较抽象，因为它是全书的总纲，讲明它所论的是道，其余各章，都是非常现实的，取自生活或人们常见的自然现象。从暴风骤雨到厨房做菜，从盖房子要开窗口到车轮要有辐条这些日常现象中，得出治国、行军、做人、处世的大道理。人与人、人与社会、人与自我的哲学大问题融化在日常生活人人皆知的小事中。

庄子的哲学思想也是如此。《庄子》可以说是一部人生教科书，追求自由、洒脱、物我两忘的人生境界。没有说教，没有纯粹抽象的思辨和逻辑推论。虽多系寓言，多是神人、怪人、奇人，但他们的所言所行，都具有强烈的现实性，包含对现实政治的不满和批判。他主张的无为、顺其自然，以及各种处世的要言妙道，其中虽然有不少消极的东西，如能批判地吸收，我以为仍然有参考价值。中国哲学的深邃思想往往包含在非哲学化、非概念化和范畴化的形式之中，它们往往是以寓言、故事体现出来的，这一点西方学者不能理解，中国无哲学正是由此而来。

西方哲学的传统不同。西方哲学的知识论传统历史悠久，它追求的是逻辑性和系统性。因此，概念化的逻辑证明和思辨，成为西方哲学的两大特征。西方哲学与自然科学的发展联系紧密，与人的日常生活较为疏离。哲学家往往是科学家，而不是像东方那样往往是政治家，或大或小做过官，或多或少从过政。政治生活的历练，对社会生活的熟悉，使他们对人生和现实的关怀较之西方哲学家更为注意。当然，哲学不可能脱离现实，不可能完全生活在抽象的思辨王国。18 世纪的法国唯物主义哲学具有鲜明的战斗性特征，19 世纪德国古典哲学虽然比较抽象，但也是以西方哲学的方式反映时代的要求。

哲学不可能离开“人”的问题，只是方式与特点不同。西方哲学中的人道主义思潮从萌发、兴起，从抽象的人到具有鲜明政治性的自由、平等、博爱，都表明哲学终究与人不可分离。马克思主义也不能离开“人”，无产阶级和人类的解放当然也是“人”的解放，但不是抽象的人的解放，而是处于社会下层的全体劳动者的解放，这种解放的彻底性必然导致所有的人——不管愿意与否的共同解放，因为社会制度改变了，依靠这种制度处于统治地位的阶级也连同这个制度一道被解放了。可以说，一者是自觉追求解放，一者是被解放，合起来称为人类解放。

当代西方哲学非常注意人的问题，存在主义自称为人道主义，认为存在主义就是一种人道主义。这种人道主义确实表现了在资本逻辑生活下的个人的无助无告、心灵漂泊的苦闷和孤独。但个人主义的焦虑、苦恼、悲观，永远不可能解决个人的问题。个人主义是没有出路的，个人的解放从来都存在于集体的解放之中。只有在集体中个人才能获得自由发展的条件和可能。所以存在主义或人道主义倡导的关心人、爱护人，如果离开对当代社会的经济和政治制度的改变，只能是“摇篮曲”。

哲学的妙用，是妙不可言的，它确实能使我们通过对问题的追问而逼近真理。这是哲学不同于宗教之处。宗教使人沉睡，哲学使人清醒，宗教教人闭着眼，哲学教人睁开眼，宗教教人离世，哲学要人入世。宗教追求的是个人灵魂的得救，而哲学追求的是人类的解放。我们应该学习哲学，学习哲学才能理解宗教。

老子贵道，把哲学看成是关于道的学问。他说："道者万物之奥，善人之宝，不善人之所保。""虽有拱璧，以先驷马，不如坐进此道。"为什么要贵道，因为得道可以"求以得"，"罪以免"。

人们总是问学哲学有什么用？老子的"求以得"、"罪以免"算是一种有智慧的概括。所谓"求"与"免"都是指人知"道"以后的收获。"求以得"，当政者可以得到治国之道，治兵者可以得到行军布阵之道，为人处世者可以得到安身立命之道。所谓"罪以免"，即可在各种处境中避免错误。世界上有哪种学问具有这种妙用呢？当然是哲学，此为哲学无用之大用也。

再谈哲学的妙用

忧患意识，自古以来就是明智的当政者应该具有的政治意识。居安而不思危，往往会导致最大的危险。汉朝文景时期属于中国封建社会的盛世，可贾谊在《治安策》中列举文帝面临的危险。唐太宗时正当唐朝国力强盛时期，可魏徵在《谏太宗十思疏》中，以史为鉴，情辞恳切地说明居安思危的重要性："人君当神器之重，居域中之大，不念居安思危，戒奢以俭，斯亦伐根以求木茂，塞源而欲流长也。"

居安思危，可以说是中国政治哲学中的一项重要内容，为历代有为之君主奉为圭臬。中国共产党同样如此。即使我们改革开放以来成就如此巨大，综合国力大幅提升，我们还是要有忧患意识，要居安思危。

不仅治国是这样，在事业和生活中也应该如此。庄子说："察于安危，宁于祸福，谨于去就，莫之能害也。"这句话充满辩证法智慧，可以说是人生处世"莫之能害"的宝典。

第一条是察于安危。这很不容易，人往往容易把安与危视为二端。居安思危，要有远识，转危为安，要有胆识。只有智勇两全者，才能有胆有识。居安而不忘危，居危而能转安。

第二条是宁于祸福。这同样不容易。人都知道避祸求福，可祸福总是相依的。中国古人说，塞翁失马，焉知非福。人生中有许多因祸得福、因福转祸的例子。反右运动中，一些所谓右派因言获罪而被安排在图书馆或资料室，二十年坐冷板凳，埋头学术，粉碎"四人帮"后，脱颖而出，成为学术大家。也有一些"文化大革命"中靠造反起家，蹿到高位而最后锒铛入狱者，可说是因福得祸。我们的先哲老子在《道德经》中说，“福兮祸所伏，祸兮福所倚”，的确是金玉良言，足以警示天下人。

所谓宁于祸福的“宁”字，就是一种对待祸福的宁静心态，不因有“福”就不知天高地厚，忘乎所以，也不因祸事而一蹶不振，破罐破摔。事情在一定条件下都有可能向相反的方向转化。没有这个“宁”字，就会失福得祸。

第三条是谨于去就。这同样困难。去者，急流勇退，不恋位；就者，加官晋爵，飞黄腾达。面对这两种情况，人们往往进退失据。升迁绝不会犹豫，甚至千方百计往上蹿。有些人甚至为升官而使尽浑身解数，走门子，交票子，东窗事发，弄得身败名裂。去是退，也是一个关口。退位，交权，是个大考验。有些人刚退休不久，就身染重病。这说明退休引起的心理失衡足以伤身。其实不仅中国有，外国也有；不仅普通人会这样，达官显贵也会这样。最近有一条消息：法国《费加罗报》有篇文章，大标题是“布莱尔不甘心退休生活”。文中说，对于像布莱尔这样的政治家来说，离开唐宁街，就等于失去了人体的一部分器官。文章还列举了其他政治家，说约翰·梅杰用了一年的时间才恢复身心平静。铁娘子撒切尔夫人则从来没有真正恢复。对人来说，“谨于去就”的问题非常难。

庄子提出“谨去就”不是偶然的，他自己就是这样做的。庄子在濮水边钓鱼，楚王派大夫去请他做大官，他说，我宁愿做拖着尾巴在泥里活着的乌龟，也不愿留骨庙堂做高贵的占卜器具。惠子怀疑庄子到梁国是与他争相位，派人在国内大搜三日，准备逮捕庄子。庄子说，相位没什么了不起，在他看来只不过是一只腐烂的死老鼠而已。当李斯被推出东门杀头时，后悔不已。历史上这种恋位最后被杀的事并不罕见。庄子的“谨去就”，可以说是历史经验的总结。当然，这种封建时代的官场经验对我们并不适用。但是正确对待“去就”，对于我们同样是重要的。

庄子说的察安危、宁祸福、谨去就，是一种处世、处事的眼界和境界。虽然不一定完全适合我们，但确有可供借鉴之处，因为它包含着丰富的哲学智慧。

诗要有风格，哲学要有智慧。哲人的智慧就是有察安危的眼光、宁祸福的心态、谨去就的人格。这合起来就是一个大智大慧的智者。

科学的哲学与哲学的科学化

这是两个不同的提法。我认为可以有科学的哲学，但不能把哲学变为科学。所谓科学的哲学，就是以实践经验和科学成果为依据的科学世界观，它能接受实践的验证，并能对人类认识世界和改造世界的活动起到积极作用。

哲学和自然科学共有一个客观世界。自然科学认识和改造（通过技术）的世界，与哲学认识和改造的世界是同一个世界。为什么自然科学可以是科学的，而哲学就只能是哲学家们的主观臆测呢？从原则上说，哲学也可以是科学的，即对世界的本性和人类认识世界的途径形成正确的、具有普遍规律性的认识。当然，并不是任何哲学学说都能达到科学的水平，但我们不能否定哲学有达到科学水平的可能性。否定这种可能性，就会把哲学置于可以任人胡说的窘境。

哲学与自然科学虽然共有一个客观世界，但研究的范围和视角是不同的。客观的物质世界是自然科学的唯一对象，自然科学对世界进行分割性的研究，并且在研究时不考虑人和人的主体作用；而哲学则是以人与世界的关系为核心展开的，从总体上把握世界。在哲学中，人与人的主体性占有重要地位。但哲学与自然科学既然共有一个世界，共同研究一个世界，因而哲学同自然科学除了不同点，又有相同点。这就是哲学也应该像自然科学一样，以承认我们思想之外存在一个不以我们意志为转移的客观世界为前提。只有承认这个前提，才可能为建立科学的哲学奠定唯物主义基础。

哲学科学化的提法是试图把哲学变为一门具有实证性的科学。它以否定哲学与自然科学的差异性为前提，把哲学与自然科学相同的一面片面化，拒斥哲学的形而上学性的探索，企图把它变为纯粹的关于客体的科学。它还取消作为世界观的哲学的人文性质，把它变成一种对科学进行实证性的逻辑和语言分析的科学。其实，哲学不可能成为像自然科学那样的科学。哲学既不能撇开人单纯研究物质世界，也不能变为像自然科学原理一样的可以数学化的公式或公理。哲学既包含关于世界本性和认识的规律性层面的问题，又包含关于世界、关于自我、关于人生的价值层面的问题。哲学具有科学性与人文性双重性质，是不能变为实证科学的。所以，哲学与自然科学既具有高度的相关性和复杂的相似性，又具有明显的区别。

哲学不能变为实证的自然科学，但正确处理哲学与自然科学的关系无论对哲学还是对自然科学来说都是一个重要的问题。

在古希腊罗马时期，哲学与对自然的科学认识是混合在一起的。古代并没有以实验为基础的自然科学，那时关于自然的知识直接包含在哲学总体知识之中。人们在观察自然现象的同时，就会探求自然现象的本性和原因，这种探求也就是哲学思考。这个时候，不存在我们当代人类视野中的哲学与科学的关系。当时哲学家对哲学问题的思考和对自然现象的观察是合一的，哲学家同时也是自然科学家。恩格斯说过，最早的希腊哲学家同时也是自然科学家。泰勒斯是几何学家，据说他预测过一次日食，阿那克西曼德制造过日晷，毕达哥拉斯是数学家，是毕达哥拉斯定理的发现者。

当自然科学从哲学中分离出来以后，哲学与自然科学从内部合一的关系变为相互影响的两门学科的关系。自然科学的发展以及工业的发展成为哲学发展的强大推动力，而哲学的发展又以各种不同的方式充实着自然科学的成就。哲学依赖于自然科学，它从概括科学的原理和规律中得出结论，而自然科学也需要依靠哲学对自己知识的可靠性、正确性，以及获得科学知识的途径、方法、衡量标准进行论证。

文艺复兴以后，哲学的论断越来越依赖于自然科学的成就，而自然科学也越来越重视哲学的认识论和方法论作用。这是哲学发展的进步，也是自然科学的进步。哲学不再沉迷于对世界本原和现象背后实体的追求，而致力于主客体关系和如何认识世界问题的研究，而自然科学的研究也摆脱了原初的思辨性而建立在实验和观察的基础之上。

恩格斯充分肯定自然科学发展给哲学带来的进步。他说过，科学和哲学结合的结果就是唯物主义。17 世纪英国的唯物主义学说和 18 世纪法国的唯物主义学说都与当时自然科学的发展密不可分。可以说，没有自哥白尼以后自然科学的迅速进步，就不可能有取代宗教世界观处于主导地位的唯物主义哲学的发展。当然，自然科学发展的局限，也会对哲学的发展打上烙印。旧唯物主义具有的大体相同的局限性，也与当时自然科学发展的水平密切相关。

在经历了 18 世纪和 19 世纪上半叶理论自然科学的发展和诸多伟大发现之后，自然科学在哲学中的地位和作用越来越突出。这就为哲学由一种抽象的思辨性的形而上学，转变为具有自然科学依据的科学哲学奠定了基础。我们只要读一下恩格斯的《自然辩证法》和《反杜林论》等著作，看一下恩格斯关于马克思主义哲学是关于自然、社会和人类思维普遍规律的论断，就可以明白，与中世纪的神学相比，与种种唯心主义学说相比，马克思主义哲学是一种以自然科学成就为依据的、科学的世界观。

事物都是在矛盾中发展的，理论领域也是如此。自然科学的成就大大推动了哲学的发展，可它的成就又与哲学传统的思辨本性之间存在矛盾，这个矛盾随着自然科学成就的进展越来越突出。因此，有些哲学家或者按照自然科学的方式力图把哲学变为实证哲学，或者以反对本体论和所谓实体思维方式对形而上学采取拒斥态度，或者把哲学导向科学哲学，按照科学实在论和科学逻辑方法论来重建哲学，使哲学完全变为从属于自然科学的理论思维工具。

中国哲学发展的一个特点，就是中国哲学始终与理论自然科学比较疏远，而与人的政治生活和道德实践联系紧密。所以，在中国哲学中，人生观问题、道德伦理问题始终居于重要地位。但是，我们不能就此认为中国的哲学只是道德哲学与人生哲学。实际上在中国哲学中同样有本体论问题，中国哲学的道与气的学说就是关于世界本体的哲学。中国哲学中也有关于认识的学说，如形神问题、心与物的问题等。王阳明关于南阳镇看花的辩论，你不看花时，此花与你同归于寂静，你来看花时，此花在你心中明白起来，实际上是中国式的“存在即是被感知”。不过中国哲学中的本体论问题、认识论问题不如西方发达也确是事实，这和中国哲学与理论自然科学处于隔离状态有关。中国古代的哲学家很少同时是自然科学家，而在西方则很普遍。从古希腊罗马开始，这个传统一直延续到当代。西方哲学家同时是自然科学某个领域的专家的现象极为平常。

我一直认为，从历史的大传统角度看，在西方哲学中科学精神占优势，文艺复兴运动开始于西方，科学与哲学的联系西方比东方比中国强劲，文艺复兴运动同时也是自然科学家参与的反宗教反封建的运动；而在中国则是人文传统占主导，“五四”运动以后出现的科玄论战，本质上是倾向西方科学的知识分子与坚持中国传统哲学、赞同东方文化优越论者之间的哲学论战。

我们主张有科学的哲学，但反对把哲学变为实证科学即所谓的哲学科学化。哲学不同于自然科学，自然科学的结论真假易辨，是非分明，而哲学并不都是这样。哲学是哲理，没有任何哲学是不讲理的，不讲理就不是哲学。可是理有正理与歪理，即正确与错误之分。问题在于即使是错误的道理，其中肯定掩盖着一个人类认识的难题，否则它就上不了哲学史。所以哲学发展的历史，也是人类认识史。哲学史上各种哲学体系的交替的确不是一个体系打倒另一个体系的白骨累累的死人的战场，而是对人类认识和实践中各种问题的哲学探索。在这个过程中某个哲学体系消亡了，但它取得的智慧和知识留下来了，一代一代不断积累成为人类哲学智慧的海洋，或者说是哲学的宝库。

恩格斯是非常注意人类哲学智慧的积累的。他说过，在古希腊人和我们之间存在两千多年本质上是唯心主义的世界观。而在这种情况下，即使要返回到不言而喻的东西上去，也并不是像初看起来那样容易。因为问题绝不在于简单抛弃这两千多年来成果的全部思想内容，而是要批判它，要从这个暂时的形式中，剥取那在错误的、但为时代和发展过程本身所不可避免的唯心主义形式中获得的成果。

的确，在哲学史上每一个看起来荒谬的论点都是一个难题。例如，按照柏拉图的理念论，存在两个世界，一个是我们感官直接接触的世界，这是变动不居的世界，是不真实的世界；另一个是理念世界，作为感性世界模型的共相世界。这种说法显然是客观唯心主义的说法，是没有任何事实证明的。可是这个唯心主义的论断中却包含着三个道理：第一，世界确有本质与现象之分，现象是不断变化的，而本质是相对稳定的，仿佛是不生不灭的；第二，它确实表明，存在共相与殊相的问题，共相是稳定的，而殊相是变动不居各不相同的；第三，它确实表明，世界存在统一性，因而世界是一与多的结合。理念是一，而万事万物都是理念的多。其实中国哲学中也有类似的说法，所谓理一分殊，所谓月照万川，天上一轮月，江河湖海都有月，道理是一样的。

亚里士多德关于事物存在的四种原因，即形式因、质料因、动力因、目的因，显然具有唯心主义目的论色彩，所以才会为中世纪的神学家所尊重，可是如果我们从人的活动角度来理解，就可以看到，人的活动的确是有目的的，而且成为事物以具体形式存在的动力。木材成为桌子，既包含木工的目的也包含木工的制作，木工不赋予木材以形式和目的就不会有桌子，正如从采矿炼金到把黄金变为各种成品，都是一连串目的的实现。

即使马克思主义哲学以实践为尺度解决了世界客观性和认识真理性问题，但仍有不少哲学家提出了自己的观点。例如海德格尔关于存在的学说，认为人是所有存在中最为特别的存在，他是唯一知道存在、领悟存在的存在物，他称之为此在、亲在。存在就是人所是的存在。存在只有在人的存在中才能得到澄明。所谓澄明之境，就是主体内在的境界。这是以另一种方式表达唯心主义主体论观点。维特根斯坦说，世界不是事物的总和而是事实的总和，即由于语言的运用，世界是一些命题的组合。人没有语言就不可能命名世界中的万事万物，一旦被命名那就意味着我们与世界打交道，就是与自己的命名打交道，也就是与命题打交道。两千多年前的老子说的“无名天地之始，有名万物之母”也留下了这个难题。

总而言之，世界和世界的客观性问题，由于主体，由于存在主客体关系，由于语言而变得极其复杂，这就是唯心主义会以各种不同方式在不同时代一再出现的原因。可见，哲学中的错误并不等同于荒谬。任何错误中都包含着人类认识的难题。这就是为什么有的人喜欢叔本华、尼采、海德格尔的原因，或者说，任何新的唯心主义变种总有人赞同，就是因为它不是纯粹的胡说，而总是人类认识中的难题在主体中的体现。

正因为这样，我们不能简单地把哲学史看成唯物主义与唯心主义的斗争史，而应该同时把它看成人类认识史，看成人类在认识中不断解决困难的历史。一些朴素的、不具有科学实证性的哲学命题，作为人类的智慧仍具有长远的价值。例如，现在没有人再把万物来源于水作为宇宙生成的哲学命题，现在看来这个哲学命题显然是幼稚的。可是水对人和人类社会生存和发展的价值，对人的生命和所有生命现象的价值并不会因为它不再作为哲学命题而失去它的价值。当前人类越来越感受到万物来源于水这个命题中包含的哲学智慧。

马克思主义哲学既坚持哲学作为世界观的科学本性，坚持用辩证唯物主义观点考察世界、考察人的认识，又重视哲学的人文性质，重视哲学对人自身、对人的生存环境和人类解放道路的研究。

马克思和恩格斯重视自然科学的成就，经常关注自然科学中的伟大新发现；但他们又关注现实生活，关注现实的人和人的生存状况。马克思主义哲学不同于它以前的思辨哲学，它的立脚点不是无人身的理性和抽象的逻各斯，而是现实的世界和现实的生活，即生活在资本主义社会中的千千万万的普通劳动者。他们关注的不是抽象的哲学思辨，而是无产阶级和人类的解放问题。他们不是为创立哲学而创立哲学，哲学是他们批判现实和改造现实的武器，是为了使人类生存得更好。

马克思主义哲学对人生观的问题，对人的生活意义、价值和目的问题很少论及，因为在马克思主义看来，离开无产阶级斗争和人类解放的问题来论述这些问题，往往容易沦为道德说教和抽象人道主义的老调。但马克思和恩格斯并不否认人的道德和人生观问题的重要性。马克思的中学毕业论文已经证明了这一点。

在马克思主义哲学看来，无产阶级革命就是最好的道德培养剂，人们在改造客观世界的同时也在清除自己身上的污垢。从这个角度说，马克思主义哲学不是安身立命之学，不是个人修养之学，不是解除个人苦恼和烦闷之学；对于马克思主义哲学来说，最重要的不是单纯个人的问题，而是整个人类的问题。马克思主义哲学并不是轻视个人问题，而是强调个人问题的真正解决，只有依赖社会问题的解决才是可能的。一个合理的社会制度可以为千千万万的个人即为社会全体成员带来幸福，而单纯依靠个人奋斗解决的个人问题，可能会使个人摆脱贫困或使个人发财致富，可同时又为别的个人带来不幸，自己得到的同时是别人失去的。中国人说的“一家饱暖千家怨”，就是这种情况。这不是马克思主义哲学解决个人问题的思路。个人只有在集体的解放中才能得到解放。一部分人先富起来，如果最终不落在共同富裕上，这一部分先富起来的人也是不可能得到安宁的。这就是我们提倡的一部分人先富起来，不同于以往阶级社会中实际存在的一部分或一些人富裕的根本不同之处。

现在有些人喜欢讲生存论、生存哲学之类的东西，而且喜欢按个体生存论的观点或者按海德格尔的观点来解读马克思主义。这是不对的。存在主义讲的是个人的生存，讲的是如何去烦、去畏之类的心理感受。这不是真正的人类生存之道。真正讲生存，要像马克思主义那样讲人类的生存，因为在一个充满生存危机的世界中个人的生存问题是无法得到合理解决的。真正的生存，是追求一个合理的社会环境，一个合理的自然环境，这就是社会变革。通过社会变革追求人类的解放，这是马克思主义哲学不同于所有当代生存论的根本之处。用当代生存论来诠释马克思主义是不对头的。

哲学的使命

有人问我，你是干什么的？我说是哲学教员。夸大点是哲学家，谦虚点是哲学工作者。可人家又问，哲学工作者是干什么的？你们的使命是什么？这就很难回答了。我相信许多像我这样的人，从来没有考虑过哲学的使命问题。

一个理发师知道自己是干什么的。理发员就是为人理发，如何把头发理好，或者理得有点花样，顾客满意，这就是他们的使命。

一个修鞋的人知道自己的任务就是修鞋。把鞋修好、修结实，顾客拎破鞋而来，取好鞋而回，这就是修鞋者的使命。

一个厨师知道自己是做饭做菜的，把菜做得色香味俱全，食客称赞；医生知道自己是治病救人，行医济世；律师知道自己是为人打官司的。总之，各个行当、各个职业，都知道自己的使命和任务，知道自己在干什么，知道什么叫干好，什么叫没有干好。唯独哲学家缺少这种专业意识和自觉性。可以说，有的人一辈子都不知道何谓哲学水平高，何谓低。以为能写别人不懂的文章和著作，能思辨，能绕来绕去，就是高。连这点都没弄清楚，何遑论及哲学的使命？

哲学不是一种实用性技能，实用性技能是手艺，像理发员、厨师、木工之类。这些有技艺的人靠手艺为生，他们的使命就是他们的技能的实现，运用他们的技能实现他们的目的。一清二楚，没有什么可争论的。

哲学也不是一种专业性技能。医生、律师，都是具有专业性质的职业，有明确的职业分工和特殊的专业技能。干什么，为什么干，他们的使命和任务也是一清二楚的。

唯独哲学什么也不是。哲学不是实用性技能，因为它不是靠手艺为生，哲学水平的高低并不在“手”上；哲学没有一种工具，不像理发师有电剪，木工有刨子。哲学也不是某种具体的专业性技能，以具体的知识为手段。哲学家不能以哲学为职业，三百六十行中，没有哲学这一行当。当然，哲学家可以当教师教授哲学，他的职业是教师；可以当研究员研究哲学，他的职业是研究员。哲学是课程的内容、研究的内容。哲学是一种学科分类，而不是一种职业分类。

哲学既不是实用性技能，即一种手艺；也不是一种具体的专业性技能，可以成为社会的一种职业、一种行当。可哲学确实是人类不可缺少的最具重要性的一门学问。它代表的是一个国家、一个民族、一个社会所能达到的智慧水平。因为它是时代精神的精华，是文明的灵魂，是人类全部知识和实践的积极成果的凝结。因此任何一个国家和民族都以拥有伟大哲学家而自豪。古希腊罗马有苏格拉底、柏拉图、亚里士多德，德国有康德、黑格尔、费尔巴哈，中国有孔子、老子、庄子等。尼采说过，如果一个民族一个贤哲都没有，那是丢脸的事。

为什么对哲学会产生如此不同的评价？因为评价的标准不同。如果从直接实用的角度看，当然实用性技能最有用，谁的头发长了不需要理发呢？所谓“一招鲜，吃遍天”，讲的就是这种实用性。可如果着眼于一个民族的民族精神、道德教化和人文素质，必然要重视哲学的价值。如果哲学真的一无用处，这种文化现象岂不令人费解！哲学肯定有用，肯定有大用，但我们不知其用，不知应如何用，才认为它无用。因为知道哲学的大用就是理解哲学，而理解哲学就是一种对哲学作用的哲学理解，是有哲学素养的表现。

哲学实际上也是一种特殊的技能。这种技能，一般人很难理解，很难应用，也很难学会。因为它不像理发师有剪子，木工有刨子，医生有听诊器，律师有各种法律条文，哲学家似乎什么也没有。哲学的技能就在于它是思维的技能、思想的技能，它最大的技能就是引导或者教导人们如何进行抽象的理论思维。抽象思维的特点是不可能依靠任何有形的工具，像马克思说的，化学家可以用试纸，物理学家可以用显微镜，而哲学依靠的是抽象思维能力。如果说哲学有技能的话，哲学最大的技能就是拥有善于抽象思维的头脑——哲学头脑，善于观察事物的眼睛——哲学的眼睛，哲学家的眼睛和非哲学家的眼睛的区别就在于它能从现象看到本质，从事物看到过程，从现在看到未来，即所谓由此及彼，由表及里，察近观远，高瞻远瞩。哲学的眼睛就是哲学头脑的表现。没有哲学思维的头脑就不可能有哲学观察的眼睛，就不可能有理论思维能力，永远只能就事论事。

可以说，哲学是有技能的，并非人们所说的一无所能。它的技能就是思维的技能。怀特把哲学比作斧头，他认为，哲学是为某种目的而设计出来供使用的工具。就此而言，哲学与斧头并无二致。一种哲学可能比另一种哲学优胜些，意味着前一种哲学是一种较好的解释工具，恰似一把砍劈工具比另一把更锋利一样。当然，任何比喻都是不完善的。哲学不可能完全类似于斧头，因为它是具有高度哲学素养才能运用的思维工具。学习某一种技能要求的是训练，是熟练，而哲学的技能是包括人格、理性、信念在内的思维技能，而不单纯是一种实用性技能。它绝非无用，而是超越一切技能的最具价值的技能。

哲学需要专门学习，需要专门研究。否则何必办哲学系？哲学系就是对哲学进行专门学习和专门研究的。陈云说，学习哲学，终生受益，正是强调它是超越一切技能的最重要的技能。

要懂得哲学作为思维技能的重要性，就要理解人。人是宇宙中唯一能思维的动物。帕斯卡称人为“能思想的芦苇”。人虽然就其自然本能来说，与其他动物相比是最弱的，仿佛是芦苇，可人有思想，能思维，因而人能自觉地进行实践活动。这就是人作为人的力量所在。可以思维不等于善于思维，能实践不等于能正确实践，要使人成为具有创造性的人，不仅要能思维而且要善于思维，能实践而且要善于实践，就必须学习哲学。因为正确的实践和思维能力，都要求拥有关于世界、社会、人生的基本理论和正确的思维方法。这些不是任何具体科学、任何专门技能提供的。

哲学学说不同于教科书。哲学家的工作是创立哲学学说，而不是编哲学教材。没有任何一种哲学体系能包括各种不同的功能，因为哲学是多种多样的，它的使命也是多种多样的。中国哲学传统偏重政治、人生、伦理，所以中国哲学对如何做人、处世强调较多。例如，孔子把他的道德哲学视为修齐治平的箴言，老子视为“众妙之门”，庄子视为齐万物，一生死，达到至人、真人境界的要言妙道。张载的“为天地立心，为生民立命，为往圣继绝学，为万世开太平”至今仍为哲学家们称道。西方哲学传统重本体论、认识论、方法论，对哲学作为认识工具和思维方法的功能比较强调。

从哲学史看，中国哲学家负有政治和道德使命，西方哲学家负有科学使命。中国哲学家多是政治家，西方哲学家多是科学家，就可见一斑。当然这也不是绝对的。例如，费希特在《学者的使命》中也专门讲到哲学的人文使命，强调全部哲学，一切人类的思维和学说，其目的无非是要回答最高最深的问题，即人的使命是什么？通过什么手段才能最稳妥地完成这一使命？在费希特看来哲学的使命，在于回答人生的意义和价值。

在所有以往哲学中，马克思赋予哲学家以前所未有的最重要使命，就是不仅要解释世界，更重要的是要改造世界。哲学由哲学学说变为实践的哲学，变为行动的指南。当马克思说无产阶级是人类解放的心脏，哲学是人类解放的大脑时，实际上是说明哲学之所以能担当改造世界的伟大使命，因为它起着人类头脑的作用。一个人不可能没有大脑，正如人类不可能没有哲学。没有哲学的世界是愚蠢的没有智慧的世界。而对无产阶级的解放事业和社会主义建设事业来说，更是如此。这样，我们就可以了解为什么毛泽东如此重视哲学的学习，尤其是每当革命事业或社会主义建设因思想路线和思想方法的错误而遭遇挫折时，总是号召全党特别是高级干部学习哲学，并亲自指定书目，规定要读多少本书的原因。

我们说哲学学说不是教科书，但从功能的角度又可以说它是教科书，因为各种不同的哲学体系都会从不同的角度、不同的方面为人类的哲学思考提供智慧。哲学智慧就像大海，我们每个人都能从这个大海中获取自己需要的东西。

我们可以从各种哲学包括马克思主义哲学中，吸取它们各自的精华，概括出哲学的积极作用。哲学可以提供世界观，这是关于整个世界的总体性、本质性、规律性的哲学图景；哲学可以提供关于认识的理论，它是关于如何获得正确认识和检验认识的指导；哲学可以提供思维方法，因为关于世界的规律性的认识可以在实际应用中成为认识和思维的方法。恩格斯强调唯物主义辩证法是马克思和他自己“最好的劳动工具和最锐利的武器”。

总之，哲学是一种素质，是一种才能，是一种品格。真正具有哲学胸怀的人，目光远大、豁达、宽容、雅量，不会为鸡虫得失而斤斤计较。所谓“君子坦荡荡，小人常戚戚”，孔子所说的君子就是具有儒家道德哲学和人生哲学理想的人，小人则反之。

哲学，特别是马克思主义哲学是可以应用的哲学。无论是马克思、恩格斯、列宁和毛泽东都强调马克思主义哲学的应用性。毛泽东说过，对于马克思主义的理论，要能够精通它，精通的目的全在于应用。一种理论能够应用，意味着它具有某种“可用”的功能。哲学不是一种实用性技能，但它是比任何实用性技能更有用处的理论思维技能；哲学不是一种专门职业，但它是任何职业都离不开的一种特殊的职业。任何实用技能都离不开哲学。革命、建设需要哲学，日常生活也离不开哲学。一个好的厨师不仅要知道调和五味，而且要会看火候。调和五味就是和而不同，看火候就是掌握度。这都是哲学，他们不一定懂哲学但都在自发地按哲学规律办事。一个好的理发师应该根据脸型头型调整发型；一个好的律师一定思维严密，在法庭上语无伦次绝不会是一个好律师；一个好的医生绝不应该是头痛医头脚痛医脚，应该有辩证思维和整体观念，这是最简单的道理。尼采说过，在一切科学思想甚至猜想的深处都可以找到哲学思维的踪迹。所以，哲学无处不在，哲学无处不可用。问题是要学习哲学，掌握哲学，不要使应用庸俗化、简单化。

再谈哲学的使命

一个国家的经济发展、社会稳定，有利于科学和技术的发展。在山河破碎、民不聊生的旧中国，科学与技术的落后是不言而喻的。可对人文学科来说，不见得如此。诗人会因民族的苦难而大声呐喊，作家会因社会的黑暗而横眉怒对，愤而为文，字字泣血，句句如刀。所谓投枪匕首式的文字，只能是出于黑暗的压力。可国家太平，日子似乎很平淡，没有风暴没有雷电，也没有激情。如果不调整自己的思想方向，认清自己的新使命，很难出新的精品。小说只能是情爱文学，历史剧只能是戏说，影片多是拳头与床头。诗，不是风花雪月，就是自作多情、无病呻吟。好的作品多来自生活。许多著名的篇章是苦难磨出来的，不是酒足饭饱后侃出来的。“民族危亡多壮士，国家无事唱檀郎。”

文学名著是不可复制的，它只能应时而生。每个时代的作家如何适应自己的时代，明确自己新的使命，调整写作方式都是至关重要的，否则，只能挂笔或陷入平庸。在文学史上，有的作品有上半部而没有下半部，或者江郎才尽，这些都是常事。

历史是会有空白的。除了在文学史或其他思想史上，接连不断一茬接一茬出现伟大作家和思想家的事几乎没有。写作不是木工活儿，并不存在一种随时随地都能制作产品的不变技巧。思想终究是思想，在一种地方枝盛叶茂的植物换个地方或许会枯萎。何况“长江后浪推前浪”，“各领风骚”几乎是一种规律性现象。我们关注的重点应该是有没有新人，有没有新作品，这才是判断一个时代最重要的标准。

作家如此，哲学家何尝不是如此呢？人们总以为哲学家不食人间烟火，只要闭门苦思就能写出传世之作，这是不知哲学为何物的幼稚想法。真正有成就的哲学家是应时代需要而生的。尼采说，每当危机重重，时间之轮越转越快，哲学家就应运而生，天才产生于开始意识到自身危机的民族。

战国时期的百家争鸣，魏晋玄学、宋明理学的兴起，清末西学的传入，以及“五四”运动后马克思主义的崛起，无不有它们的时代背景和需要。西方也是如此，奴隶制时代的古希腊罗马哲学、资产阶级的启蒙哲学、英国唯物主义、法国唯物主义、德国古典哲学，以及后现代主义的兴起，无不基于社会的需要。有社会需要就会出现一批适应这种需要的人物。马克思主义哲学就是整个西方世界，尤其是英法德的无产阶级苦于资本主义矛盾而产生的对人类摆脱苦难的探求。没有资本主义的社会矛盾及其社会需求，马克思和恩格斯以及一大批哲学家是不可能产生的。

司马迁在《报任少卿书》中说过一段具有总结性的话，他在列举了从文王拘演《周易》以及历史上许多名人名著之后说，这些著作“大底贤圣发愤之所为作也。此人皆意有所郁结，不得通其道，故述往事，思来者”。这里说的既有个人遭遇，也有民族的不幸。民族危机往往会在更大范围内更广泛地推动文史哲的发展。文学家们喜欢讲 20 世纪 30 年代，20 世纪 30 年代不正是民族危如累卵的时期吗？20 世纪 30 年代是不可重复的。我们可以没有 20 世纪 30 年代，但我们不能没有新的文学和哲学。

怎么办？难道我们因为要出传世之作，就要整个民族重新陷于苦难吗？这当然是荒唐的想法。也没有人会这样想。新时代、新任务，为什么就不能出新作品呢？文章憎命达，对个人可能如此，做官就难以有空为文，或难以知道或了解下层人民的艰辛，难道整个民族也是这样吗？如果这样，就注定人文科学不能发展。因为中国社会只能越来越发展，越来越富裕，生活只能越来越好。这样，我们似乎陷入了一个怪圈：生活越好，人文越糟，整个民族都躺在沙发上听情歌打发无聊空虚的日子。这不就是整个民族的人文危机吗？精神的匮乏可能比物质的匮乏更可怕。

如果真是这样，这可是整个民族的平庸时代。我相信，正在建设中国特色社会主义的中国，是不会这样的。因为我们的时代和处境不允许我们这样。不始终坚持中国特色社会主义的前进方向，就是倒退或毁灭。历史并没有给我们进行保险，需要我们自己的努力。我们党一直教育全党全国人民要有危机意识、忧患意识，原因正在于此。

每个时代有每个时代的文学和哲学，成就和方式也不可能一样。文学史和哲学史上都有大年有小年，有高峰有低谷，不能说我们的文学和哲学当前就一定处于低谷期。其实，推动文学和哲学发展的动力因素有很多。改革开放三十多年来取得的伟大成就，无论对文学还是哲学都提供了可供总结的素材，其中有需要大力歌颂的旷世伟业，当然也有某些问题需要我们进行批判性的文学反思和哲学思考。问题在于我们的屁股已经习惯于沙发、身体习惯于宽敞的客厅，这才是危险所在。毛泽东当年说，中国的革命文学家艺术家，有出息的文学家艺术家，必须到群众中去，必须长期无条件地全心全意地到工农群众中去，到火热的斗争中去，到唯一的最广大最丰富的源泉中去，观察、体验、研究、分析一切人、一切阶级、一切群众、一切生动的活动形式和斗争形式、一切文学和艺术的原始材料，然后才有可能进入创作过程。否则文学艺术的劳动就没有对象，就只能做鲁迅在他的遗嘱里嘱咐他的儿子万不可做的那种空头文学家和空头艺术家。这段话，对我们的哲学同样适用。

我经常想，我们这些“哲学家”是什么人，要我们干什么？如果我们写的东西别人不爱看，看不懂，既没有对重大社会问题的哲学分析，也没有对理论问题的思想闪光，只有自言自语的哲学独白或对唱，这种哲学有用吗？能走多远？能不被边缘化吗？

我们的时代与社会为哲学的发展提供的可能性空间很大。仅就中国特色社会主义建设而言，需要研究的问题就很多。关于中国特色社会主义的科学理论体系、中国特色社会主义道路、科学发展观、和谐社会、中华民族传统文化和文化建设，其中不少是具有创造性意义的重大课题。不是没有什么可研究的，而是我们没有深入研究。

有一次我在平遥参观，看到旧县衙大堂上的两副楹联，一副的上联是“吃百姓之饭，穿百姓之衣，莫道百姓可欺，自己也是百姓”，下联是“得一官为荣，失一官不辱，勿说一官无用，地方全靠一官”。还有一副的上联是“不求当道称能吏”，下联是“愿共斯民做好人”。我们的有些干部看到这种楹联，不知有何感想。一些理论文章对于社会腐败现象，不痛不痒、不中腠理、说不清问题的实质，也没有可行的对策，这种所谓哲学思考是没有用的。

我们不是艾思奇写《大众哲学》的时代，但我们需要艾思奇写《大众哲学》的那种精神。哲学当然是一个需要专门研究的高深学问，也有特殊的专业要求。哲学家不是万事通，但马克思主义哲学家，应该接近群众、接近实际，能够对社会普遍关心的现实问题从哲学的角度给予分析，而不是缩在神圣的哲学殿堂里咀嚼自我。

哲学的软肋

所谓哲学的软肋并不是指哲学必然具有缺点。

哲学具有抽象性，它以普遍概念和范畴作为思维工具，它关于事物的普遍原则具有思辨性；它也具有非常识性，往往超越日常经验思维的界限，因而难以为常识所理解。这是哲学的特点、优点，而不是缺点。

可事物都有一个度，过犹不及对哲学自身同样是适用的。如果抽象变为无所凭借，上不着天下不着地，思辨就会变为纯概念游戏，在纯概念王国中绕圈子；如果超越常识变为违背常识，变得不可理解，就会把哲学引入死胡同，与人们的日常生活相脱离。这时候，抽象性和非常识性就会变为哲学的软肋，成为哲学的致命伤。

晦涩，是哲学的一大致命伤。歌德在其谈话录中就批评过德国古典哲学，他说，总的说来，哲学思辨对德国人是有害的，这使他们的风格流于晦涩，不易理解，艰深且使人厌倦。马克思在《第 179 号科伦日报社论》中也有过同样的批评，他说，德国古典哲学家们像魔术师，若有其事地念着咒语，而谁也不懂得他们在念些什么。

其实，从哲学上说，哲学家的著作并不都是晦涩难懂的。中国的《道德经》诗意盎然，而且句句来源于生活，庄子的文章恣意万洋，文采斐然，有人物，有对白，有寓言，有神话，引人入胜。它们以通俗易懂的比喻和故事表达最深邃的智慧。西方有些大哲学家也是如此。柏拉图的对话集并不使人昏昏入睡，如同戏剧对白，情节生动。

当然德国古典哲学的著作如康德、黑格尔的著作难懂，但并非不可理解，他们本身也并不以晦涩为荣。对此，康德自己就作过自我批评，他说，缺乏通俗性是人们对我的著作所提出的一个公正的指责。事实上任何哲学著作都必须是能够通俗化的，否则就很有可能是貌似深奥，而实际上废话连篇。只有像康德这样的大哲学家才会以如此坦诚的态度对待自己的传世之作，并不以晦涩难懂为荣。

哲学的吓人和吓人的哲学

哲学难懂，这是不少人的看法。但是，难懂不等于不能懂。哲学是讲哲理，只要讲理，有理可讲，把理讲清楚，哲学就并不难懂。反之，若是不讲理，或故意不讲理，那就不是哲学，而只是唬人的东西。蒙田说，艰涩难懂好比是一枚钱币，学者祭起它当法宝以掩盖自己学问的空虚，而蠢人则在付款时急于接受它。法国的德萨米在《公有法典》中也说过类似的话，复杂而不可理解的并不是哲学，而是诡辩家和政治家们用来偷换哲学的那种不像样的可笑行话和吓人的呓语。这些评语，都是对过于晦涩的哲学家的一种贬低。在我看来，哲学并不吓人，吓人的、令人望而却步的东西并不是哲学，而是哲学的扭曲。

当然，哲学有它自身的特点，例如它的提问方式和抽象的思辨式的表达，它特有的非实证性的哲学范畴，它的不同于文学或其他学科的话语，都会使最初接触哲学的人感到陌生难懂。因此，阅读哲学著作需要有一定的专业知识，需要耐心和钻研精神。

但哲学绝不神秘。哲学往往超越常识，把我们常见的、习以为常的、自以为熟知的问题，变为哲学问题，因而显得与日常思维格格不入，但只要我们立足现实，联系生活，就可以发现那似乎与常识相悖的东西中包含着我们从来没有思考过的问题。我们会发现哲学并不难理解，哲学蕴含的道理就在我们身边，就在我们的日常生活之中。马克思说过，只要按照事物的本来面目及其产生的根源来理解事物，任何深奥的哲学问题都会被归结为某种经验的事实。

例如，贝克莱的“存在即是被感知”，表面看来似乎很难懂，其实不然。你只要想想，所有的存在物不通过感知能知道它的存在吗？就像你房子里的书桌，你所见到的一切东西，难道不是通过你看到它、摸到它、触到它，你才说它存在吗？一切存在着的东西都要通过各种感官才能为人所知。这有什么难懂！马赫关于“世界是感觉的复合”的命题，也是同样的道理。难懂的不是它作为日常生活经验的命题，而是作为一个哲学命题对常见的事实加以哲学化的与日常经验相反的解释，即认为人不是通过感知感受存在，而是存在本身就是被感知。一个认识论问题，一个人如何认识的问题变为一个本体论问题，变为关于客观物质世界的客观性问题。

黑格尔说世界是绝对观念的外化，听起来似乎很深奥难懂，其实不然。人的观念支配人的行动，如果把人的观念变为一种与人无关的观念，这种观念就独立成绝对观念。像人的观念支配人一样，黑格尔的绝对的普遍观念当然也能支配世界。康德说物自体不可知，因为他把物自体放在现象之外。直接浮现在人的观念中的只能是现象，一个不存在于现象中的东西当然不能被认识，因此说现象背后还有一个无法被现象把握的物自体，这种说法在逻辑上是不言而喻的，一点也不奇怪。可在马克思主义哲学看来，本质虽然不能直接为感觉所把握，但本质的东西会在现象中重复出现，因而能为理性所把握。

康德还说真正的道德应该是绝对命令，它是超功利的。中国哲学不也这样说吗，有心为善，虽善不赏，无心为恶，虽恶不罚。只要把道德剥离产生道德的根源，哲学家们就会把道德规则内化为一种天赋的超越功利的内在的“良心”。

至于笛卡儿的“我思，故我在”的反命题“我在，故我思”不是同样能成立吗？难道一个没有肉体或肉体死亡了的人能思吗？可是，为什么笛卡儿这一明显违背常识的哲学命题能千古流传，一再被颂扬，被诠释，被研究，而“我在，故我思”只能是一个日常生活知识呢？这里存在一个哲学道理。人是用人的眼睛观察世界的，所谓用人的眼睛就是通过人的思想才能认识世界的存在。“我思，故我在”突出的是人的思想的作用或者说人的主体性。现在人们常说，世界存在于我心中，连广告词都说“思想走多远，你就能走多远”，意思也是说人只有通过思想才能把握世界。

如果说只有通过感知才能感受对象的存在，只有通过思想才能把握世界，这一点都没错，可说存在就是被感知，我思故我在，世界存在于我心中，这就是唯心主义了，因为任何人的实践经验和生活经验都表明，只有先存在才能被感知，只有现实的世界才能为思想把握，只有存在着的人才是能思的人，人绝不能感知思考一个不存在的东西，除非是妄想症，可妄想症是病态，哲学总不能把人都变成妄想症，变为“发疯的钢琴”。

或许有人会说，科学不需要幻想吗？不需要想象吗？不需要创造吗？任何幻想、想象、创造都是把不存在的东西变为存在的东西。这话是有道理的，但它绝不能证明人可以“无中生有”。因为任何能实现的科学幻想、想象和创造，归根结底还要决定于客观现实。我非常赞同歌德说的这句话：“一个伟大的自然科学家根本不可能没有想象力。”这种想象力不是脱离客观存在而想入非非的那种想象力，而是在客观的现实环境中，根据真实已知的事实尺度，来衡量未知的设想的事物的那种想象力。只有这样才可以证实这种设想是否可能，是否不违反已知的规律。这种想象力的先决条件就是要用开阔的冷静的头脑，在尊重现实世界及其规律的基础上，掌握并利用规律。歌德这句话非常正确，人是从已知世界中幻想、想象、创造未知世界，这才是真正的想象力和创造力。

唯心主义的任何命题，只要仔细想想都不是空穴来风，它们都有某种“事实”根据，但都是根据人是宇宙中唯一“能思想的芦苇”这个原则把这个根据作了主观的片面化的引申和发挥。

唯物主义更不难懂，它本身就植根于人的生活和实践之中。只要尊重实践，尊重事实，就会很容易理解唯物主义。世界是物质的世界，这有什么难懂？恩格斯说过，人并没有创造物质本身。甚至人创造物质财富的这种能力，也只有在物质本身预先存在的条件下才能进行。恩格斯以极通俗的例子告诉我们，当人们饥饿时，人的世俗的胃提醒他真正能灌饱他肚皮的是食物，而不是思想，他还以恋爱为例，说爱情第一次真正教人相信自己的身外的实物世界，它不仅把人变为对象，甚至把对象变为人。我们任何一个正常的人都知道，恋爱必须有对象，暗恋也有对象，而自恋并非恋爱。对象性存在是客观存在，谁能根据自己的主观意志否定世界的客观存在呢？除非疯人院里的狂人。

物质决定意识，意识具有能动的反作用，这些都不难理解，都是在实际生活中每时每刻发生的事。即使是最善于做白日梦的人，也不可能想象他没有见过的东西，或者重新在思维中组合他根本没有见过的东西。梦境中的东西，都超不出平日所思、所想、所见的范围。梦是非现实的，可梦的内容都是有迹可循的，它是现实的或以往积淀下来的东西的结果。尽管对梦的解释是个困难的问题，但我坚信梦是个人的，集体无法做梦。每个人的梦都与每个人的实际经历和感受不可分割，一个人不可能为别人做梦，也不可能共同做梦。这是对存在决定意识原理的有力证明。

不要把哲学看得太神秘，其实哲学就是人们实践和日常生活中熟知的东西的理论升华。任何看似高深甚至晦涩的哲学道理，只要我们着眼于实践，着眼于生活，一定能领会并逐步学会哲学思考，提高自己的哲学理论和思维水平。能突破传统思维模式，能从常见的、习以为常的、熟知的东西中追求真知，这就是创造性思维，这就是哲学思维。

在我看来，任何哲学的高深理论，只要你有本领穿过它晦涩的表达方式的丛林，丢开它的烦琐的论证和古怪的话语，联系现实，把它从天上拉到人间，都能得到理解和解释。至于你是否同意它的观点，是赞同唯心主义还是唯物主义，或者如何兼容并蓄，这是个人的世界观问题，不可强迫接受。但是我可以说，不要被哲学吓倒，任何最复杂的哲学道理，都可以从人类的经验包括个人的人生体悟中得到理解。一个任何人都读不懂、不知所云的哲学著作，不是真正的哲学著作；一个不求诸理性和理论论证而是以预言来唬人的哲学家，不是哲学家而是江湖骗子。

哲学的慰藉和慰藉的哲学

最近我读了一本书名为《哲学的慰藉》，作者在书中研究了苏格拉底、伊壁鸠鲁、塞内加、蒙田、叔本华和尼采等著名哲学家的思想。

我看重的不是作者对以上哲学家的生平、思想甚至逸事的论述，因为很多东西都是西方哲学史上常见的、众所周知的东西。重要的是作者表达了一种哲学观，即哲学应该起到慰藉作用，对处于各种不同境遇的人都可以提供应对环境的智慧启迪。正是按照这个原则，作者对上述哲学家进行了归类，有的称为对世界不满的慰藉，有的称为对缺少钱财的慰藉，或称为对挫折的慰藉、对缺陷的慰藉、对伤心的慰藉和对困难的慰藉。总而言之，在作者看来，哲学家就是这样一群人，他们的共同爱好在于就人生最大的痛苦的根源向我们说一些宽慰而切合实际的话。

当然，上述论断只是一种角度，是关于人生观的问题，哲学的实际内容要宽泛得多。哲学的智慧是无所不包的，大可以治国、临民，小可以治病、治身、治心。例如，《道德经》中的“治大国如烹小鲜”、“民不畏死奈何以死惧之”，就是治国方针，而枚乘《七发》中的楚客为吴太子治病的“要言妙道”，就是用哲学治疗忧郁症的范例，当然不只是忧郁症，也是很好的身心保健读本。至于庄子哲学则可以说涵盖了各种慰藉，如果真能按庄子的哲学“修炼”，人不仅会没有痛苦，而且会物我两忘，生死齐一，淡泊名利，安时处顺，达到真人、神人、至人的境界。这是一些中国哲学家追求的真正的安身立命之学。当然，也有人表示反对，例如王羲之在《兰亭序》中就批评庄子：“知一生死为虚诞，齐彭殇为妄作”，对庄子的齐生死寿夭很不以为然。

只要我们翻一下哲学史，无论是中国的还是外国的，主张哲学作为治疗之学、慰藉之学的观点并不少见。哲学确实在一定程度上也能起到这种作用，这是哲学不同于实证性的自然科学之处，自然科学可以帮助人类与自然进行斗争，但不能帮助人类战胜自我，它是向外用力而不是向内用力。

当然，哲学是各式各样的，观点各异，并不都能为人类解除痛苦。虽然尼采也强调哲学的慰藉作用，说哲学家一直在追求灵魂的安宁，但实际上尼采本人的哲学并不能使人的灵魂得到安宁和慰藉，而是更加痛苦，因为他的悲观主义哲学只能使人更加绝望。从一种悲观绝望的哲学中得到的只能是悲观绝望，这不是慰藉而是灵魂的“自歼”，不是摆脱痛苦而是以苦止苦。

此时，我想起了马克思主义哲学。马克思主义哲学不是慰藉的哲学而是革命的哲学，它没有把个人的痛苦作为一个孤立的哲学问题，而是关注整个人类的生存境遇和人类解放。就这点来说，它的确是革命的哲学，是一种不同于以往哲学的新哲学。无论马克思的个人生活如何贫困，无论马克思本人经受了多少打击，你在马克思的哲学中找不到对自己个人悲观命运的咏叹调，而只是对人类前途的关注，对社会的进步满怀希望。

有人会说，马克思主义哲学是革命者的哲学，它与我无关。我需要的是能为我个人解决痛苦、焦虑、烦恼以及一切与我个人的处境有关的哲学。它能够为“当下的我”指明出路，能让我应对各种不幸和在遭受苦难后得到心灵的慰藉。这种说法只对了一半。我们应该学习哲学史，从各种优秀哲学成果中吸取智慧，但我们要辨别哪些是饮鸩止渴式的慰藉，哪些是充满智慧的心灵疗伤的良药。要做到这一点，我们还是要对各种哲学进行马克思主义的分析。

我还要说，马克思主义哲学是革命的哲学，但绝不是与人生无关、与个人无关。其实只要善于应用，辩证唯物主义和历史唯物主义哲学同样能为解除个人在不同境遇下的苦恼提供正确的观点和方法。对这一点，我个人是有深刻体会的。我在《哲学心语——我的哲学人生》这本著作中，曾以我个人为例多次讲到这个问题。

人生最大的问题莫过于生与死。古往今来不少哲学家对死亡问题进行过各种各样的论述，可很少有哲学家从科学的角度谈论这个问题，多是叹宇宙之无穷、哀人生之须臾、消极出世的观点。可马克思主义哲学不同，马克思主义哲学虽然没有特意论证个人如何对待生与死的方法，但唯物主义辩证法从原则上为我们解决这个问题提供了正确的思维方法。恩格斯在《自然辩证法》中专门有一条题为“生与死”的论述。他说，今天，不把死亡看作生命的本质，不了解生命的否定本质上包含在生命自身之中的生物学，不被认为是科学的了，因此，生命总是和它的必然性结局，即总是以萌芽状态存在于生命之中的死亡联系起来加以考虑。辩证的生命观无非就是这样。但是，无论什么人一旦懂得这一点，在他面前一切关于灵魂不死的说法便破除了。恩格斯还说，只要借助于辩证法简单地说明生和死的本质，就足以破除自古以来的迷信。生就意味着死，难怪毛泽东把死亡称为“辩证法的胜利”。如果我们能站在辩证法的高度看待生与死的问题，肯定就不会为死亡寻找慰藉，因为任何慰藉都无法改变死亡这个事实。

虽然我们每个人都有不同的遭遇、不同的处境，但马克思主义哲学对我们同样有世界观和方法论作用。我们说的是权力观、利益观、荣辱观、群众观等，它们对我们每个人如何正确地为人处世，都有帮助。这种帮助不是寻求“慰藉”，而是以一种积极的态度对待进退、得失、穷达、安危、升降等各种各样的矛盾。这就是一种“风物长宜放眼量”的人生态度。

讲到哲学的慰藉，我想起自古以来一直对灵魂起慰藉作用的东西，这就是宗教。哲学与宗教的关系是十分密切的。哲学可以说起源于原始宗教和神话，在宗教的发展过程中，宗教哲学逐渐发展并获得了日益丰富的内容，如西方中世纪的教父哲学、中国的佛教和道教都具有相当丰富的哲学学说。没有宗教世界观的思想理论支撑，宗教就不可能摆脱原始宗教的朴素性而成为支配信徒的世界观。

哲学与宗教虽然都具有世界观性质，但两者又有本质区别。宗教崇尚直觉，而哲学崇尚理性；宗教关注来世，而哲学注重现世；宗教倡导信仰，而哲学提倡怀疑。正如马克思所说，宗教要求人们信仰，而哲学并不要求人们信仰它的结论，而只要求检验疑团。

正因为宗教关注来世的信仰主义本质，所以宗教哲学也就是一种慰藉的哲学。恩格斯说过，在各阶级中必然有一些人，他们对物质上的解放感到绝望，所以寻求精神上的解放来代替，追寻思想上的安慰，以摆脱完全的绝望处境。这样的安慰，必须以宗教的形式出现。

马克思主义对待宗教的这种慰藉作用的态度，随历史条件的变化而变化。在德国，当马克思和恩格斯与宗教进行斗争，为无产阶级和人类解放锻造思想理论武器时，他们对宗教的慰藉作用持坚决反对态度。宗教的苦难的确反映了现实的苦难，同时也是对现实苦难的抗议，它是无情世界的感情，但是这种抗议是无力的，是“被压迫生灵的叹息”。马克思关于“宗教是人民的鸦片”的论断，就是针对宗教的这种慰藉作用而言的。它突出了宗教对群众追求现实解放的阻碍作用，宗教把人对现实幸福和解放的追求引向彼岸世界，这当然不利于被压迫者的觉醒。因此，在马克思看来，反宗教的斗争实际上就是反对以宗教为精神抚慰的那个世界的斗争。

有的学者反对马克思关于“宗教是人民的鸦片”的论断。我认为，应该根据历史条件和这个论断的意义来评价它的正确性。马克思的这一论断适用于被压迫群众在进行解放斗争时对待宗教的态度，在是要革命、要解放、要今生的幸福，还是要天堂、要来生、要彼岸世界这个问题上，宗教对人民所起的作用的确是有如鸦片，它麻痹人的灵魂，消解人的斗争意志，要人安于命运和现状。但是，马克思的这一论断并不能代替对宗教的全面分析，不能否定宗教的文化价值和宗教的伦理价值，以及宗教在人类历史上曾经起过的积极作用。在取得政权以前，在要革命还是要来世这个问题上说，宗教是人民的鸦片，这个论断完全正确。

当无产阶级取得政权以后，如何正确对待宗教信仰自由，如何引导宗教与新社会相适应并发挥它的积极作用，这是另一个问题。我们当然不同意《展望21世纪》中的这种说法：如果我们不信仰某种宗教，就不能算是真正的人，因此我们应该选择的不是是否信仰宗教，而是选择好的宗教还是不好的宗教。我们主张宗教信仰自由，人们可以信教，也可以不信教，但不能信邪教。在社会主义社会要执行宗教信仰自由的政策。我们应该进行无神论宣传，但不能禁止人们信仰宗教。即使我们宣传无神论，我们也并不否认在各种宗教典籍中包含丰富的哲学思想、逻辑学甚至医学内容。宗教也可以作为文化来研究，毛泽东就说过，研究中国哲学不研究宗教是不行的。

同时，任何宗教都有自己的戒律，如所谓五戒、八戒或十戒，虽然说法不完全一样，但大体上是戒偷、戒杀、戒淫、戒谎言、戒贪等，都包含劝人为善、珍爱生命、乐于助人、慈悲博爱的积极内容，对人的言行具有约束和引导的作用。宗教的伦理道德要求高于世俗道德要求，对宗教信仰加以积极引导，有助于净化人的心灵。而且某些宗教教义，对人与自我矛盾、人与自然矛盾、人与人的矛盾的解决会有帮助。宗教信仰的积极方面对和谐社会的构建是有益的，问题是我们要引导宗教与社会主义建设相适应。

道存于屎溺之中

这个命题出自庄子，听起来有点不雅，然而确实是大智慧。这说明具有最大普遍性的道是无所不在的，即使最为世俗鄙视的屎溺中也存在道。我们也应该以这种观点来看待哲学。

这个命题来源于庄子和东郭子关于道的争论。东郭子打破砂锅问到底，一定要庄子回答道存在于何处，“所谓道，恶乎在”？庄子回答“无所不在”。东郭子不满意，一定要庄子指明道具体存在何处，庄子说，存在于蝼蚁之中，存在于谷草和稗子中，存在于瓦罐中，总之，存在之处越说越下。东郭子问庄子怎么越说越低贱？庄子说，你不是说我越说越低吗，告诉你，连屎溺中都存在道。道存在于屎溺之中，不是气话，而是真话，是最为智慧的思想，它表明了哲学规律的普遍性品格。不要限定道存在于何处，它是无所不在的，只要有物之处就有道。“至道若是，大言亦然。”最至高的道是这样，最具普遍性的言论也是这样。普遍性是“至道”与“大言”的本质。

由此我想起了哲学。在我看来，哲学可以称为至道，可以称为大言，它同样具有普遍性。唯物辩证法揭示的规律具有普遍性，马克思主义把它称为关于自然、社会和人类思维的普遍规律，原因正在于此。

难道屎溺之中不存在辩证法吗？在常人看来它是最贱的东西，在农民看来不是最宝贵的、最好的肥料吗？它是最臭的东西，不也是最香的东西吗？俗话说没有粪臭，哪有饭香，讲的就是这个道理！它既是人最不需要的东西——排泄物，又是人最不可缺少的生命之物，一个人连屎溺都没有，生命就终结了。中医看病必问排泄通畅与否。

“凡物莫不有两”这条规律，同样存在于屎溺之中。其他任何东西都是如此。人们常说，世界上没有废物，只有放错地方的宝物，也是这个意思。学哲学如果连这点简单辩证法的道理都不懂，就是白学。

可是，由于对哲学的理解不同，哲学的功能也不同。如果说哲学无是非对错，永无结论，那就不可能无所不在，而只能存在于人的辩论之中；如果哲学是语言分析，那就只能存在于逻辑分析之中；如果说哲学是人学，那就只适用于人，也不可能存在于世界之中；如此等等。哲学只有作为世界观，作为普遍规律才能无所不在，才能“无逃乎物”，在任何地方都能发现事物运动变化发展的规律。

马克思主义关于普遍规律的哲学，不同于思辨哲学。思辨哲学是学者哲学，与老百姓的生活无关，只存在于课堂上，存在于书本中，存在于哲学家的小圈子中。而关于普遍规律性的哲学不同，它存在于生活中，存在于工作中，存在于人的全部实践和认识之中。甚至如庄子所说的，存在于屎溺之中。

多年来，我一直反对哲学贵族化的倾向。我们的马克思主义哲学存在变成哲学贵族、贵族哲学的危险。哲学不能与群众无关，与生活无关，仿佛禅宗中的那些高人，彼此也许会心微笑，但别人不知所云。这种哲学受到冷遇，或者边缘化是必然的。凡是不符合社会需要、没有群众需要的思想是走不远的。艾思奇的《大众哲学》，在一些人看来也许哲学味不够，但在我看来，它在中国现代哲学史上的地位，远远超过一些只是放在图书馆角落里的所谓纯学术著作。

有些人总是问哲学有没有用，我说，任何东西有用无用的区分在于用与不用。不用的东西，就是没有用的东西。比如家里再好的东西，如果塞在柜子里照样是无用之物，何况一种思想、一种理论、一种学说。一些学者总是反对工具主义，似乎一说到哲学有“用”就贬低了哲学的高贵品格。这完全是旧哲学的观点。其实，哲学的产生绝不是由于惊奇，由于好奇心。毛泽东说过，哲学的研究，不是为了满足好奇，而是为了改造世界。的确这样。如果没有人与自然的矛盾，如果人不受自然的压迫和报复，哲学家会探讨自然哲学吗？如果历史没有兴亡，朝代没有更替，会研究社会历史规律吗？如果人没有生老病死，没有穷达祸福，会研究人生的意义和价值问题吗？古希腊哲学家说的惊奇产生哲学，实际上在所谓惊奇背后，隐藏的是人类对自己生活于其中的世界的不理解而产生的探索的冲动。

当然，学者们可以在另一种意义上反对“用”，即在反对个人名利，或卖论求官，或以学术作为晋身之阶的功利主义意义上反对“用”。这种反对是有道理的。像梁启超说的，所谓学者的人格是为学问而学问，断不以学问供学问以外之手段。故其性耿介，其志专一，虽然不用于世，然每一时代文化之进展，必赖有此种人。

这种以哲学作为牟取个人名利手段之用，马克思主义哲学同样反对。但马克思主义哲学必须有用于世，这一点是肯定的。脱离现实需要的纯学术研究与马克思主义的历史使命和功能是不符的。马克思主义需要学术研究，需要高水平的学术研究，反对急功近利，但任何高水平的学术研究归根到底要以解决人类所存在的难题，包括我们现实中重大的难题为目的。这种研究既有学术价值又有现实功能。

哲学兴趣可以培养

这些年来，哲学系的录取生，有的是第一志愿，有的是被分配来的，这好比我们老一代的婚姻，有的是自由恋爱，有的是父母包办。可是无论自愿也罢，分配也罢，都有个正确认识哲学的问题。

对哲学没有兴趣的学生，不见得永远没有兴趣，兴趣是可以培养的。所谓兴趣，就是对某种对象的爱好，能从其中得到乐趣，这取决于对对象的理解。一个没有音乐素养的人，即使听贝多芬的交响曲，也不会有兴趣。一个不懂京剧的人，看梅兰芳，看马连良，看最有水平的角儿，照样没兴趣。兴趣来自理解，理解来自学习。一个对哲学没有兴趣的学生，经过学习，可以产生对哲学浓厚的兴趣。这好比自由恋爱的可以闹离婚，而经人介绍成婚的夫妇，可以百年好合，感情很好。这取决于成婚以后如何培养感情，正如调剂到哲学系的学生，如何培养对哲学的兴趣一样。

马克思开始并不是学哲学的，在波恩大学一年级学的是法律，通过一年的学习才认识到哲学的重要性。马克思在 1837 年给他父亲的一封信中说过一句有名的话："没有哲学我就不能前进。"因为他在学习法律的过程中碰到许多哲学问题，于是转学到柏林大学学习哲学。

恩格斯是中学生，并没有进过哲学系，可对马克思主义特别是马克思主义哲学的创立，做出了独特的贡献。他写的《反杜林论》、《费尔巴哈论》、《家庭、私有制和国家的起源》等都是不朽的著作。

毛泽东没有进过哲学系，是学师范的，可写出了《矛盾论》、《实践论》、《关于正确处理人民内部矛盾问题》这样不朽的哲学著作。毛泽东对矛盾学说及其运用是非常杰出的。

牛顿是力学家，可写出了自然科学的哲学原理，爱因斯坦是科学家，可特别推崇哲学的重要性。据说，爱因斯坦很早就读过康德的《纯粹理性批判》，在大学里又选读过关于康德哲学的课程。对哲学的喜爱和深入研究所形成的创造性思维和想象力，使他能突破传统的时空观和经典力学，创立相对论。美国著名的华裔建筑家贝聿铭，就非常喜欢中国哲学，喜欢老子。他说，老子的著作对他的影响可能远胜于其他事物。至于当代西方自然科学家同时是哲学家的也很多。关键并不在于开始是不是有兴趣，有认识，关键是进入哲学这个领域，应该培养自己的哲学兴趣。兴趣是可以培养的。一旦对哲学产生了兴趣，就如同开始是包办婚姻，但产生了感情，就会终生不离不弃。

其实，一些同学对哲学不是毫无兴趣，关键是就业问题，说白了是"薪俸"问题。这就是学哲学没有前途的原因。不错，当今学财经、学法律、学管理，工资高，好分配。这种情况，在当前条件下是存在的，但情况也在不断改变。要知道，任何专业性的技能是受市场需要调节的，总有由热变冷的时候。学会计的多了，照样分配困难；学法律的多了，照样有分配问题。现在会计、法律、管理，也出现了分配难的问题。就这一点而言，我认为人文科学，包括哲学，反而没有这个困难。因为技能或专业的需求是有限的，可以饱和。我们并不总是需要那么多会计、计算机专家、律师，可哲学和人文科学是关系到全民的素质问题，面对的是整个民族。任何时候，任何国家，只要注重人的素质、人文教养和民族的文化传统，就要关注人文科学。哲学面对的是十三亿中国人，至少面对的是几亿青少年的人文精神的培养，怎么会没有出路呢？特别是当前重视先进文化的建设，重视人文教育，这方面的人才不是太多了，而是太少了。高质量的、有水平的哲学人才更少。

从人类历史的发展来看，无论是中国还是西方，都注重哲学人文科学的发展，人文科学在社会生活中处于主导地位。中国不用说，在西方，从古希腊罗马到文艺复兴，到法国哲学、德国古典哲学，人文科学一直处于主导地位，只是从 19 世纪开始，由于资本主义市场经济的发展和资本主义工业生产的需要，由于对利润增加的无限需要，科学技术成为第一生产力，才逐步把人文科学排挤到后面去了。可 20 世纪下半叶，随着生态环境的恶化、道德水平的下降、价值观念的失落，人们已经开始认识到轻视人文科学的危害，西方称之为人文精神的危机。这是由于片面强调自然科学和技术的功利主义，自然科学和人文科学分裂和对立造成的。

这些年来党中央一再强调要繁荣发展哲学社会科学，提出哲学社会科学和自然科学“同样重要”，投入大量资金加强马克思主义理论建设工程，怎么能说学哲学没有出路呢？许多著名的理工大学都在纷纷建立人文学院，不少理工大学认为没有人文学院是一种遗憾，而以人文学科为主的大学并不会认为没有物理系、化学系是一种遗憾，从这一点就可以看到学哲学的前途。

学哲学、人文科学还有一个好处，从专业的角度说永远不会下岗。做官到了年龄要退休，原来车水马龙可能而今门庭冷落。许多专业性的技能也是如此，都会退休。唯独哲学家、人文学者，可以有退休年龄，但可以终生思考，永不停止工作。马克思 65 岁坐在书桌边的扶手椅上死去，恩格斯 75 岁死前不久还写了著名的《1848—1850 年的法兰西阶级斗争》一书的导言。冯友兰 90 多岁完成了《中国哲学史新编》，巴金晚年还写了《随想录》。

西塞罗在《论老年》中说，在古希腊罗马，柏拉图临死前还在写作，伊索克拉底写《雅典娜女神节祝辞》时 94 岁，他的老师活到 107 岁，但从未停止过写作。只要活着，就可以思考哲学问题。而且由于生活经历丰富，知识积累多，可能思想闪光更多。哲学家不会江郎才尽，可以做到宝刀不老。思想家晚年更趋成熟，只有故意做翻案文章，才会抬高一个思想家的青年时期的著作而贬低其老年时期的作品。

至于“钱途”问题，这是个价值观和个人的追求问题。工资可能不一样，可对人类的价值是无法用金钱来评价的。第二次世界大战快结束时，美国在广岛、长崎分别投放了一颗原子弹迫使日本早日无条件投降。可投了原子弹以后咋办？原子弹解决不了这个问题。中国人早就有“马上得天下不能马上治之”的名言。当时有个著名的哲学人类学家本尼迪克特应美国政府之约经过调查研究写了一本书《菊与刀》的著作。她根据日本人的文化传统、民族性格得出结论，美国不能像统治德国一样统治日本，而应该保存日本的天皇制度和行政机构，以便减少阻力。结果，美国按照本尼迪克特的意见采取相应的占领政策，为美日同盟，为日本以后追随美国做出了具有决定意义的决策。你说原子弹重要还是哲学家重要，至少同样重要。这本书的价格并没有多少，可它的价值对美国是无法估量的。

同样，一部《论语》值多少钱，《道德经》值多少钱？能计算吗？它不仅对中华民族有价值，而且有世界价值，是世界文化瑰宝。李白的一首《静夜思》只有二十个字："床前明月光，疑是地上霜。举头望明月，低头思故乡。"培育了一代又一代青少年，至老仍能背诵，这岂是个人工资多少能回答的？有人说，我不管什么人民呀，什么民族呀，什么国家呀，我要的是工资高高的。如果真是这样想，我倒认为要好好学点哲学提高自己的人文素质，以便不把金钱作为人生价值的唯一尺度。

学哲学，不可能出那么多哲学家，但既然进入哲学系，就应该有这个追求。套用一句流行的话，"不想当元帅的士兵不是好士兵"，不想在哲学上有所为的学生，也不是一个好的哲学系学生。

叔本华说过，一个哲学家能为自己在哲学的青史中留下名字，就是一件相当了不起的事情。翻翻哲学史，数数著名的哲学人物，就会明白叔本华这句话的重要意义。

哲学家是死后才出生的

一种哲学思想被认识、被承认，也许是死后几十年、几百年的事情；而政治家在世时就叱咤风云，威名远扬。哲学家的财富是思想，思想的价值和意义是最难认识的，政治家的财富是权力、地位、功绩，而这些是人人可知、人人皆知的。

当然，政治家有两种不同的类型：一种是当权人物，是统治者，或者说是位高权重的人物。这种人的名依附着权，一旦手中无权，就会很快被人忘记。另一种既是当权人物又是伟大的政治人物。他们为国家立下丰功伟绩：国家疆土的开拓，民族的强盛，国家的统一，社会的进步。这种人属于伟大的历史人物，当然为后世景仰，青史留名。可是，作为历史人物，即使伟大政治家的影响也是很难持久和“增值”的。因为历史是变化的、发展的。随着王朝的盛衰兴亡、政权的更替，任何一个伟大的具有历史价值的当权人物，也会随着权力中心的转移而声名远不如生前。“惜秦皇汉武，略输文采，唐宗宋祖，稍逊风骚。一代天骄，成吉思汗，只识弯弓射大雕。俱往矣，数风流人物，还看今朝。”表明的就是这种规律，伟大历史人物的地位也是变化的。

哲学家则不同。哲学家无权无势无钱，是“三无”书生。他们的思想可能生前不被承认，不为统治者所赏识，也不为流俗所接受。因为任何真正伟大的哲学家的思想和行为，对他们的时代而言，都不同凡响，不合潮流，不迎合当权者，不为被传统思想束缚的人所理解。

孔子在他的那个时代，并无后来的辉煌。他周游列国，扼于陈，困于蔡，如丧家之犬，不为时人所认可。当时的评价是“四体不勤，五谷不分，孰为夫子?”庄子也是穷得没有饭吃，向河监侯借米下锅。

西方也一样。苏格拉底的天才并不为当时的人所看重，否则苏格拉底何致被判死刑。柏拉图、亚里士多德的名气主要是中世纪经院哲学兴起后才声名鹊起的。许多伟大哲学家的思想当时传播并不广，不少著作也是后学整理、辑佚的。一个民族要认识自己民族的伟大思想家需要时间，因为思想是非感性的，不能被直接感知的，而是要经过深入研究、经过时间的考验和融入民族的文化传统中而逐步为世人所接受和承认的。一旦凝为民族传统，思想由于超验的特性，就会成为民族文化的一部分，成为这个民族的性格、民族精神的塑造者而具有永久的价值。时代久远，并不会销蚀它的思想光芒。尼采曾说过，赫拉克利特永远不会过时。哲学是超越经验世界的创造，是神秘冲动的继续。后一半未必正确，但伟大的哲学智慧不会过时倒是千真万确的。

2007 年，我应邀去内蒙古讲学，曾去成吉思汗陵参观。我深有感触，写过一首诗：

万里扬尘铁骑奔，鞭梢雷鸣欧亚惊。
蒙元历史多声色，盖世天骄独一人。

读读历史吧，即使成吉思汗的铁骑风卷残云式地横扫过欧亚大陆，但已成为历史陈迹。其他如希腊的城邦繁荣，罗马帝国的版图，也已成为历史烟云。中国到清代前期 GDP 曾占到世界三分之一，是何等辉煌，可仍然避免不了以后瓦解、衰落的命运。而为各个民族创造伟大思想的思想家们，他们的名字连同他们创造的思想和著作，并没有随着帝国的兴亡而湮灭，仍然以他们的智慧哺育一代又一代的后人，甚至超越国界而影响着世界的人民，成为世界人民的共同思想财富。

中 篇

谁有资格称为马克思主义哲学家

任何一门技艺或专业，都有自己衡量的标准。判断一名歌手的水平，当然是他的演唱、他的嗓音、对歌词内容的情感的抒发，如此等等。判断一名作家的水平当然是他的作品，没有任何作品的作家则谈不上作家。在其他行业，工匠手艺的水平就是他的作品，木工的水平是他的各种各样的木制产品，铁匠的水平是他的各种铁制产品，如此等等。

最难衡量的是哲学家。按常理，哲学家也应该以他的产品为标准。一方面是思想，因为哲学家是思想家，是思想的制造者，能为人们提供智慧的启迪；另一方面，是他自己是否相信和实践自己的思想。一个不讲道德的道德学家，正如世界观颠倒和思想方法矛盾百出的哲学家一样，是假道学和唬人的哲学家。

当然哲学家不一定有著作。苏格拉底没有著作但他有思想，是真正的思想家。柏拉图在自己的著作中留下了他的老师的思想，同时也留下了自己的不朽声名。孔子也没有自己的著作，《论语》是他的学生记录的，可以说是中国式的苏格拉底对话集，可在这些对话中表现了孔子的哲学智慧和对道德形而上学的追求。哲学家不同于作家，他可以没有著作，但不能没有自己的思想，不能没有充满自己独特智慧的思想。所以衡量哲学家的标准是“思想”，是作为思想家的思想，即有没有用文字或语言表达的哲学思想。

正因为这样，真正的具有时代精神的哲学家必须提供反映时代精神精华的思想。它们可以是著作，也可以是学生的记录，无论表达方式如何，总之必须有思想闪光——具有启迪同时代人和后人的思想。这种思想，可能是引发时代震荡的雷电，也可能是静静流淌的智慧之河。这就是哲学家的使命。费希特在讲到哲学家时说过，我们应该记住自己是谁，记住我们的使命是什么，我们应该努力完成自己的使命。

在哲学的使命中，人们往往容易对马克思《关于费尔巴哈的提纲》第十一条产生误解：哲学只是用不同的方式解释世界，问题在于改变世界。不能由此得出结论，马克思不重视解释世界而只重视改变世界。马克思这条经典式的语录，不是比较哲学解释世界和改变世界哪一种功能更重要的问题。对马克思主义而言，这两者是不可分的。所谓解释世界就是认识世界，不能正确解释世界，人们在实践中也不可能正确改变世界。马克思是就旧哲学的缺点说的，它们只注重解释世界，但不以改变世界作为哲学的功能，从而把哲学局限在纯思维的领域。马克思这条经典语录的伟大价值在于，为历来哲学所没有提到的哲学功能增加了一个新的使命，这就是不仅要重认识，而且更要重实践。即哲学不仅要有言，而且要能付诸行，不仅是思，而且是做。

哲学家应该关注现实，哲学理论应该具有动员群众、组织群众、指导认识世界和改造世界的功能。这种功能是以往旧哲学所缺少的。马克思和恩格斯在自己坚持的唯物主义前面冠以“新”字的真正意义正在于此。改造世界，成为马克思主义哲学在全部哲学史上为哲学增加的新使命。哲学从天上降到地下，由纯粹形而上学变为兼具形上形下这两种特性的新哲学。

说以往哲学重在解释世界，绝不是说它对实际不起作用。这是两个不同的问题。哲学家是否以自觉改变世界作为自己哲学的使命是一回事，哲学家的哲学观点，对人类的行为、思想是否有作用又是另一回事。可以说，全部哲学，无论是错误的还是正确的，作为一种世界观和文化，都会以各种方式作用于人和人的世界。越是错误的哲学观点副作用越大。

哲学就其作用而言，都会通过影响人的思想而影响人的行为，特别是在社会变革时期更是如此。英国哲学家对英国革命、法国哲学家对法国革命、德国古典哲学家对德国革命的政治导引作用，都是如此。

可是这并不能否定马克思对旧哲学缺点的评价。因为在哲学史上，哲学自发地影响人和人的行为，与有意识地以改变世界为目的的功能是不同的。马克思强调的是哲学应该成为自觉地以改变世界为目的的哲学。

马克思主义哲学变革中最重要的一条，就是这种功能的变革，它是以改变现存世界为目的的哲学，因而是革命的哲学，是实践性哲学。马克思主义哲学明确宣布自己的立场、政治倾向、对现存世界的态度，衡量马克思主义哲学家水平的高低，不仅是能“思”，而且是能“用”，不仅是能“说”，而且是能“行”。

马克思强调改变世界，但丝毫不忽视正确解释世界的重要性。不能正确解释世界，所谓改造世界同样会变为盲目的行动。实际上，马克思和恩格斯的哲学观点及其运用，都包括对世界的科学解释。《资本论》就是一部科学地剖析资本主义社会的光辉著作。不仅如此，马克思和恩格斯的全部著作，都是对时代提出的重大问题的理论回答，换句话说，都是在解释世界。不同的是，这种解释是作为无产阶级革命的理论需求而产生、而运用的，因而同时是改造世界观的理论准备。

马克思主义哲学家可以有两种不同的类型。一种是直接参与并领导革命实践的革命者，无产阶级革命中的一些领袖人物都是如此。他们是改造世界的领导者，可他们同时又是具有创造性的马克思主义哲学家。马克思、恩格斯本人不用说，列宁、葛兰西以及毛泽东、邓小平，他们并不是专业的哲学家，而是革命家，是无产阶级的领袖人物。但他们对马克思主义哲学的贡献，使他们在马克思主义哲学发展史上占有重要地位。可以说，他们既领导改变世界，又科学地解释世界，在他们的实践中，这两者是合一的。

第二种类型是专业工作者。马克思主义哲学队伍中的大部分人都属于马克思主义哲学的理论工作者，特别是新中国成立以后我们党培养的大批马克思主义哲学工作者，他们主要从事马克思主义理论的研究、宣传、教育工作。这种类型的马克思主义哲学工作者，最容易“自我放逐”到纯粹解释世界的旧哲学的道路上去。其实，马克思主义哲学的理论工作者，同样要关注现实问题，要以自己的研究和教学为改变世界（改变学生的世界观、改变读者的世界观）发挥积极的作用。这也是发挥马克思主义哲学实践功能的一种方式。

结合实际的理论工作，以实际问题为中心开展的理论研究工作，以学生和读者的实际思想为对象的研究工作，是一种正确解释世界的工作，也是改变世界的工作。毛泽东就非常重视这样的理论工作。他说过，如果能应用马克思列宁主义的观点，说明一两个实际问题，那就要受到称赞，就算有了几分成绩。被说明的东西越多，越普遍，越深刻，成绩就越大。

马克思主义哲学既重视解释世界，又重视改造世界，正确解释世界正是为了更好地改造世界。解释世界与改造世界的结合，就是理论与实践的统一。在马克思主义者的队伍中，无论是实践的直接参与者，还是理论的研究者，从解释世界与改造世界的关系来看，两者是统一的。不能认为实践的直接参与者只是改造世界，而后者则是解释世界。两者只是分工不同，侧重点不同，但都体现了马克思主义新哲学的本质——解释世界与改造世界的统一，用我们熟悉的话说，就是理论与实际相结合。

有预见的马克思

真理与偶像是互不相容的，偶像往往要扯起真理的大旗，而真理则是粉碎偶像的理论武器。真正能征服群众的是真理而不是偶像。

马克思和恩格斯非常尊重真理，讨厌偶像，特别讨厌别人把自己树为偶像。马克思说过，不要利用我们的名字去蒙蔽工人，或者使自己成为任何愚蠢言行的工具。他还说过，我们两人都把声望看得一钱不值。马克思所说的“我们两人”是指他和恩格斯。马克思生前在反对法国的所谓马克思主义时就说过，我只知道我自己不是马克思主义者。这是马克思为了防止自己成为工人运动中宗派斗争的偶像，或成为别有所图的人手中摇晃的旗帜而说的。

伟大人物的言论在死后变为政治斗争的手段，这在历史上是常见的。各执一词或各取所需的事司空见惯，只是普通人不明真相而已。别的不说，恩格斯逝世前为马克思《1848—1850 年的法兰西阶级斗争》一书所写的导言，就成为各取所需的一个典型。列宁当年曾讲到过马克思被偶像化的问题，邓小平在反对“两个凡是”时提出了全面、准确理解毛泽东思想的问题。看起来对伟大人物的言论的不同引用和解读，往往是政治和思想理论斗争的重要方面。从这个角度说，我们不能不钦佩马克思和恩格斯的远见。

一个真正的马克思主义者，在马克思主义理论领域，在社会主义实践中，要避免“两个凡是”之类的错误，就必须解放思想，跳出传统的思维方式。封建社会有遗诏、圣旨、密旨、密诏之说，马克思主义者和共产党人，无论在理论领域还是政治领域都反对这一套。在马克思和恩格斯的文本中查出一句半句的言论作为某种观点或主张的立论的根据，这都违背实践是检验真理的标准和实事求是的原则。我们很多争论往往是本本主义的，争论双方往往各以经典文本中某段某句某字为依据。这种争论本身就是违背马克思主义的。

对于马克思主义来说，实践高于理论，实践具有普遍性和现实性的品格。马克思主义的正确性不能建立在对文本的解读上，而应该把马克思主义的基本原理应用于分析现实问题上。能正确解释问题、解决问题，达到认识世界和改造世界的目的，就是真正的马克思主义。一个马克思主义者必须承认实践的最高裁判权。如果只注重文本的片言只字的引证和个别命题的着意解解，而无视现实经验和实践，就会把马克思主义偶像化和神圣化。

不能忽视马克思主义的方法论原则

为了论证构建和谐社会的合理性，人们着力发掘中国传统文化中关于“和”的思想。这当然应该。一个重大的理论问题，不可能从虚无中产生，会有它的思想渊源。中国传统文化的深厚积淀，包含许多后人能利用的宝贵思想资源。我们不能数典忘祖，不能对中国传统文化采取虚无主义的态度，但对传统文化也应该持分析的态度，合理吸收，消化理解，正确运用。中国传统文化中有许多关于“和”的哲学思想，但绝不能断章取义，不能把它解读为只要和谐、不要斗争的思想。

我们对待中国传统文化应该像毛泽东说的那样，通过肠胃吸收与消化变成对自己有用的东西。取其精华，去其糟粕，应该是我们对待传统文化的基本原则。因此，以马克思主义的世界观和方法论为原则去分析中国哲学中的某些命题是完全必要的。以儒释儒当然是一种方法，这种方法往往超不出儒家学说自身的范围，而很难达到在当代用马克思主义理论吸取其合理思想的高度。我们仅以“和为贵”与“和而不同”为例，就可以明白这一点。

一位有历史感的理论家，都会明白“攻守异势”这句话的含义。在以往的阶级社会中，任何处于统治地位的阶级都会提倡“和”，即要老百姓服服帖帖，维护现存的制度和秩序，不准“犯上作乱”。当然，真正官逼民反时，统治者还是不讲“和”的，而是剿，或剿抚并用。真正有觉悟的老百姓也不是一味相信“和”，真正活不下去时也会揭竿而起，这是在中国历史上和世界历史上最为常见的事实。历代为统治者提供治国方案的思想家都懂得这个道理。

处于战争频仍、礼崩乐坏时代的孔子更懂这个道理。《论语》中的“和为贵”是反复被引用的经典用语。但孔子并不是任何时候都讲“和”，他是有条件和前提的，这就是“礼之用，和为贵”，并认为“先王之道斯为美”。也就是说，要维护礼，即维护周王朝的典章制度和伦理规则，才能讲“和”。和为贵，是礼之用的功能。和与礼，一为本，一为用。对违背礼的人，对所谓乱臣贼子是不能讲和的。乱臣贼子，人人得而诛之，这是孔子的坚定立场，一点也不含糊。正因为如此，历代尊孔的封建统治者都是采取剿抚两手，没有真正在任何时候任何情况下把“和为贵”当成最高原则的。

我们的国家是社会主义国家，要维护社会的安定、团结与和谐，这有利于全国最广大人民的利益，与历史上统治者提倡“和”的目的和作用是根本不同的。我们讲和谐，一切要有利于维护社会主义制度，维护人民的根本利益。或者借用一句孔子的话，是维护社会主义的“礼”，即社会主义的根本制度。因此“和为贵”是一个有价值取向的命题，在建设中国特色社会主义的实践中，它与坚持四项基本原则是统一的。

对“和而不同”也有个理解问题。不能以为“和而不同”只重视“和”，而不重视“同”，有没有相同之点是无所谓的。其实，完全排斥“同”，只有不同是不可能“和”的。因为没有任何相同因素的“和”，是绝对不同的“和”。这种“和”是“和”不了的。

毫无疑问，和而不同包含深邃的哲学智慧，是中国哲学的宝贵思想，我们可以从中得到很多思想启发。但这个命题强调“和”中的“不同”，而不强调“和”中也包括“同”，是有其特殊的语境与含义的。它强调“不同”，就其本意讲是指如何处理君臣之间两种意见的原则，即臣与君的看法要具有互补性质，做臣子的不能一味附和君主，而君主也不能一味要求臣下绝对听从自己的意见。《春秋·左氏传》中所载齐侯与晏子关于“和”与“同”的问题，讲的就是这个意思：“君曰可，臣献其否，以全其可，君曰否，臣献其可，以全其否。”这里所说的是只要不同、不要同的“同”是阿谀奉承、一味附和赞同的所谓“同”。一个真正忠于君主的人，要能从另一方面补充君主的意见；而开明的君主要能接受臣下不同于自己的意见。

《论语》中孔子关于和而不同的解释更为明晰。他说：“君子和而不同，小人同而不和。”同与和是区分君子与小人的标准。小人只讲“同”，只知对上唯唯诺诺，只知阿谀奉承，君子则能提出不同的意见，而不是唯上是同，唯人是同。所以“和”是两种相反意见的互补，不允许绝对的“同”，而绝对的“同”当然不能“和”，因为它没有差异，没有互补的可能。所以在这个范围内“和而不同”的论断是有价值的，是对待不同意见的正确态度。

但是，和而不同不能简单等同于对立统一规律。从哲学上说，没有“同”，两种意见完全不存在同一性，不存在相互沟通之点，“和”是不可能的。“海纳百川”之所以可能，因为川与海一样都是水，川水才能为海所纳，如果是垃圾，是排放的废物，就不能纳。有容乃大同样如此。任何事物总有可容与不可容之分。不可容忍、难以容忍的事则不能容。有容乃大并非无条件的，无条件的容导致的只能是一团折中主义的烂泥，不是有容乃大，而是有容乃混。

真理是具体的，抽象真理是不存在的。“和”中有“同”，“和”是包括“异”与“同”的统一，否则互补的可能性就不存在了。因而除了和而不同外，还可以求同存异，求大同存小异。在“同”与“异”中根据不同的情况，可以着重其中的某一方面，但并不否定另一方面的存在。如果将和而不同解释为只要不同，不要同，同不同是无关紧要的，同不同无所谓，那就没有任何原则。对立双方的相同之点，是矛盾双方能处于一个统一体中，能相互依存和转化的根据。完全没有共同点的两个事物或意见，也是不可能“和”的。“双百”方针，就有个共同的前提，就是遵守宪法，不违背四项基本原则，这就是“同”。正如构建社会主义和谐社会的可能性，正是以社会主义社会各阶层之间有共同的根本利益为前提的，否则构建具有共同社会理想的和谐社会是不可能的。

外部环境的和谐，和谐世界、和谐亚洲的构建，对于我们国家的社会主义建设是非常重要的，但绝不是说不要共同点。它是以放弃单边主义、放弃霸权主义、平等互利、尊重主权、不干涉内政为共同前提的。从这个意义上说，我们既要和，又要同。既要和而不同，又要有同可求，这在哲学上才是全面的。

构建社会主义和谐社会是科学社会主义思想史和实践史上的重大问题。对这个问题的研究，必须走出说文解字、引经据典的窠臼。“和”字或“和谐”二字有很大的解释空间，但我们要始终抓住“和谐社会是中国特色社会主义的本质属性”这个论断，离开这个根本点，任何解释都有可能背离马克思主义。

所以，对中国传统文化应该采取马克思主义的分析态度，不能每一个新举措，都要从古书中找论据。

当然，和而不同还有另一层意思，这就超出了处理君臣关系或区分君子与小人的范围，而涉及世界观和方法论问题，这就是它的哲学意义，即“和同之辨”中关于“和”与“同”的关系问题。《国语·郑语》中所载：“夫和实生物，同则不济，以他平他谓之和，故能丰长而物归之，若以同裨同，尽乃弃矣。”此处所谓同和以同裨同，是否认差异的绝对同一性，这当然是形而上学的思维方法，如所谓以水济水谁能饮之，若琴瑟之专一，谁能听之，这都是强调事物是多样性的统一，与君臣意见互补中所说的和而不同并不属于同一范围。因为这里不存在真假对错、是非曲直的问题。任何事物都是矛盾的统一体，因而任何事物自身都不是绝对的自我等同，必然是合同异才能“和”。

这种合同异而成的和谐思想，不只是中国哲学家的主张，西方哲学家也是一样。例如，歌德讲到艺术和音乐时特别强调这一点。他认为，眼睛不愿意只看到一种颜色，经常要变换另一种颜色。这是一个普遍规律。不仅眼睛，其他也是如此。大音阶和小音阶交替变化，就令人感到愉快，如果老是用大音阶或小音阶，就会令人厌倦。歌德的这一说法与中国哲学“声一无听，色一无文，味一无果，物一不讲”本质上是一样的，都把事物视为合同异的矛盾统一体。“和”中应该包括“同”，又不能限于“同”，而必须合异同以为“和”。

所以，我们在使用“和而不同”时，必须理解这一命题的实质，必须知道它所言何事，何事可用，何事不可用，这才是哲学。

辩证思维的灵活性与确定性

辩证思维当然具有灵活性，它不是僵死的、片面的、孤立的，但辩证思维包含着确定性，没有确定性的所谓辩证思维，就是诡辩。

明天会不会下雨？可能有雨。这个回答永远不会错。

明天会不会下雨？两种可能。可能下，也可能不下。这种回答，也永远不会错。

如果我断然回答：明天没有雨。或者回答：明天有雨。这种回答不是可能性而是必然性。这种回答比前一种回答危险。前一种回答永远不会错，但等于什么也没有说，后一种回答表面看来很片面，实际上是一种确定性，是我们真正的辩证思维所追求的。

凡事都应讲两点，两种可能性，但光是两点论不能简单等同于辩证法。毛泽东是辩证法大师，提倡两点论，反对一点论，但毛泽东所说的两点论是与重点论相结合的，而且是以对对象的矛盾分析为依据的，而不是抽象的议论。他说，基本的可能性只有两个，没有多个。这是因为一种事物在一个过程中，只有一个基本矛盾而这个矛盾的两方面各有一种要求，故有两种可能性。但现实性只有一个，是因为矛盾斗争的一方面被另一方面压倒，破坏了一个可能性，剩下的一个可能性则变成现实性。因此任何分析不能只停留在凡事都存在两种可能性的抽象命题上，必须分析矛盾双方的特点，以及何种可能性具有成为现实的最大可能性，并努力争取之或防范之。所以只有在详细分析矛盾各个方面，并指出何种可能性在何种条件下占主导地位，并如何防止在另一种可能性的条件下，才是真正的两点论。毛泽东讲的两点论是辩证法的两点论，而不是遇事只讲两种可能性和模棱两可的所谓两点论。

毛泽东在《星星之火，可以燎原》中回答“红旗能打多久”并分析革命高潮到来的可能性时，就不是用抽象的两种可能性作为保证永远正确性的法宝，而是在分析了各种条件之后，具体指出革命高潮到来的现实可能性：“我所说的中国革命高潮快要到来，绝不是如有些人所谓‘有到来之可能’那样完全没有行动意义的可望而不可即的一种空洞的东西。它是站在海岸遥望海中已经看得见桅杆尖头了的一只航船，它是立于高山之巅远看东方已见光芒四射喷薄欲出的一轮朝日，它是躁动于母腹中的快要成熟了的一个婴儿。”这是写于 1930 年 1 月的文章，这说明毛泽东从来没有把两种可能性当作一种不对事实进行分析而貌似辩证法的搪塞。

我们要讲两点论，也要讲重点论，要具体分析矛盾的主要方面和次要方面，分清两点论中何种可能性具有现实性。当要我们对问题进行决断时，我们不能只讲两点论，而且要讲一点论。一点论不是独断论、主观武断，而是建立在必然性的基础上。一点论是我们在判断时必需的，没有这种必然性判断，只有两种可能性的判断，就会遇事陷于游移不定的局面。必然性的判断，这种貌似片面的只讲一种可能性的判断，表明人的认识已由可能性进入必然性，进入事物更深层次的本质。

合理辩证法与神秘辩证法

读哲学史时有个现象总难理解：为什么唯心主义者的思维方法往往是辩证法，而唯物主义者的思维方法则往往是机械论和形而上学的。在这里，往往当然不是绝对的，因为古代朴素唯物主义与辩证法相结合的例子也是有的，但比较少。特别是到近代自然科学迅速发展以后，唯物主义的机械性和形而上学已成为它的一大特点和缺点。相反，德国古典哲学虽然是唯心主义者，但包含丰富的辩证法思想，黑格尔的辩证法被马克思称为近代辩证法的最伟大成果。

唯物主义与辩证法分割的原因何在？从认识论的角度说，唯物主义重物质，而物质没有主动性和能动性，物质自身的运动和矛盾深深隐藏在物质内部，不是凭直觉能观察到的，相反，凭直觉看到的是物质位置的固定性和不易觉察的量变中的质的稳定性；而唯心主义重精神，精神的特性是能动的、变化的。人的内心世界无一刻是平静的，思想感情是瞬息万变的；当把这种主观精神外化为客观精神时，就会认为世界上存在着支配世界万物的精神，或称为人类理性，或称为人类绝对观念。总之，物质是惰性的，而精神是能动的。因而当哲学家把物质与精神绝对对立起来并各执一词时，就会发生这种唯物主义与辩证法的分裂。

唯心主义与辩证法的结合对人类辩证思维的发展是有功的，但由于这种结合是非科学的，因而局限性也很明显。例如，黑格尔的辩证法就是神秘辩证法，因为作为辩证运动主体的是绝对观念，是绝对观念的自我运动和自我认识。黑格尔的辩证法虽然强调事物的运动变化，但它并没有真正触及客观世界和社会制度的变革。所以，在实际政治生活中黑格尔往往是保守的，他对普鲁士政府的态度、关于“凡存在都是合理的”为普鲁士政府祝福的模棱两可的哲学论断，都表明了这一点。神秘辩证法会磨灭辩证法应有的革命锋芒，马克思认为，黑格尔的辩证法是非批判的，它不能改变事物，只能停留在概念的自我运转中。

老子的辩证法也具有神秘性，因为它的辩证运动的主体是道，“道生一，一生二，二生三，三生万物”。道是不可见、不可言的，“道可道，非常道”。因而老子的辩证法思想中往往包含消极的方面，既然得可失，强可弱，物壮则老，不如守弱、处下、永远处于矛盾的次要方面，以避免转化带来的痛苦，所以老子主张守弱、处下、无欲。既然站起来就有可能倒下，不如永远卧在地下不起来，永无倒下之虑。这种辩证法是消极的。

老子这种消极辩证法对庄子的影响，在《庄子》中随处可见。其实，事物的转化是有条件的。人应该研究转化的条件，创造条件，防止好的方面向坏的方面转化，争取事物由坏的方面向好的方面转化。这就是主观能动性的发挥。如果在辩证运动中，完全排除人的主观能动性，只讲转化而不讲转化的条件，认定胜一定会转化为败，福一定会转化为祸，成功一定会转变为失败，如此等等，就会走向消极辩证法。

马克思主义辩证法是革命辩证法、它不仅强调实际地改变世界，而且主张人可以创造条件，促进事物向有利的方向转化，防止向不利的方向转化。水可为害，但可变水害为水利；物壮则老，但人可延缓衰老；有生必有死，但可以使人的生命在死后对后代仍具有价值。唯物主义辩证法应该是积极的，不应该是消极的。它从运动和转化中看到的是前进和上升，是人类的进步。

刘基的《司马季主论卜》就是一篇包含辩证法、但又对辩证规律作命运论解释的寓言式的文章。东陵侯邵平在秦朝灭亡后沦落，但又不甘为平民，到司马季主那里问卜求教。邵平提问的方式仿佛也很辩证，但抽去了事物变化的条件。他说，事物的发展总是有屈有伸、有起有伏、有去有还，我已经当平民很久了，有没有可能东山再起？请司马季主占一卜。司马季主回答说，枯草、龟壳是物，人比物有灵性，但不相信自己而相信没有灵性的物。事物发展是有因有果、有兴有衰的。过去的歌楼舞榭，现在都变成断壁残垣，昔日之所无，今日有之不为过，昔日之所有，今日无之不为不足。是故一昼一夜，花开者谢；一秋一春，物故者新。激湍之下，必有深潭，高丘之下，必有浚谷。你已经懂得了这个道理，何必再占卜呢？

事物的发展是辩证的。“旧时王谢堂前燕，飞入寻常百姓家。”朝代的兴亡、家族的兴衰、个人命运的起伏跌宕，同歌楼舞榭变成断壁残垣一样，都是常见的变迁，不足为怪。这个论断确实有道理。但有一条刘基没有说，任何变化，对某一王朝、某一家族、某一个人来说是悲剧，但却是历史进步车轮下被辗碎的碎片，是不足惜的。被历史抛弃的东西不可能卷土重来，即使复辟，也是短暂的。而有生命力的东西，即使遭到失败，终究会胜利。辩证法本质上是积极的、向上的。

古罗马皇帝哲学家马哥·奥勒留都懂得这个道理。他说，有人害怕变化吗？但没有变化什么东西能产生呢？又怎么能使宇宙本性更愉悦或对它更适合呢？木柴不经历变化能洗澡吗？食物不经历变化能得到营养吗？没有变化任何有用的东西都是不能形成的。当然，变化不等于发展，但没有变化就没有发展，没有发展就没有社会进步。流水不腐，一泓死水一定会成为臭水。

无论对自然界、社会，还是对人本身来说，辩证法的规律是不可抗拒的，变化是永恒的。在变化中，一切腐朽的东西都会为新生的东西所取代，虽然有曲折，有反复，辩证运动是一种积极向上的运动，它重视从变化中产生的新东西，而不为表面强大但实际上已经衰朽注定要灭亡的东西所吓倒。

辩证法的现实性

沧海桑田、草木凋零、英雄老去、美人迟暮，宇宙万物无一不处于变化之中。万事万物，有成有毁。任何东西都逃不脱变化。庄子说："藏舟于壑，藏山于泽，谓之固矣。然而夜半有力者负之而走，昧者不知也。"这个"有力者"就是变化。辩证法才是真正主宰世界变化的"上帝"。

变就是化，中国把变化组成词组，实在妙绝。无变则无化，化则表明在变。当然，变有可见不可见之分。可见之变，人们容易认识，不可见之变，则往往容易忽略。王夫之在《思问录》中说，头发指甲会长长，因为要理发剪指甲，其变化人人皆知，可肌肉变化则非人人皆知，以为人一生的肌肉就是初生时的肌肉。至于今时之日月非古之日月，更非人人可知。这样的人，无法与他们谈论日日新又日新的变化规律。

变化就是过程，所以辩证法可以说是过程哲学。没有任何东西是固定不变的，没有任何变化不经历一个过程。存在就是过程，自然发展是过程，社会发展是过程，人生也是过程。"天地者万物之逆旅，光阴者百代之过客。"在变化的过程中，有前进，也有衰败；有欢乐，也有痛苦。历史的车轮碾过一个又一个帝国的废墟，时间之流摧毁多少曾经显赫的富贵之家。在变化中虽然有衰落，但有新生。盛衰兴亡是一个整体变化运动中的不同环节。正是在变化中，自然在进化，社会在发展，人类在进步。因此，死不足悲，变不足畏，只有宗教和悲观主义者才会由变而推至四大皆空。

在变化中，凡是力图保持原有状态的，都会抗拒变化；凡是力图改变现状的，都会参与变化。从阶级关系看，这就是阶级斗争及其深刻的经济和政治根源。孔子说，父在观其志，父殁观其行。三年无改于父道，可谓孝矣。还说，郁郁乎文哉，吾从周，这就显得有点保守。无论儒家学说中有多少值得发扬的东西，都无法否认它的学说中存在维护既定封建秩序的保守性的东西。

正因为在社会生活中，变与不变涉及生活的诸多方面，从整个阶级的地位、家族的命运到个人的前途，如何对待变与不变，最能体现一个人的政治倾向和人生追求，特别是处在社会大变革时期更是如此。我钦佩那些中国民主革命时期出身豪门显贵、钟鸣鼎食之家的共产党人，他们参与改变中国现实的革命斗争，并非为改变个人的生活处境或为饥寒所迫而参加革命。现状的改变，对他们来说就是他们由之而出的阶级的灭亡、家族的衰败。他们是为崇高理想而斗争，着眼于整个民族的盛衰、国家的兴亡。他们背叛自己的阶级和家族，与家庭决裂甚至断绝亲情，站在引导社会进步变化的潮流前列，把自己的理想和命运与整个民族结合在一起。这种对待变化的态度是人生观的最高境界，远非高深莫测的天人境界能比。

我们正处于大变革时期，改革是我们当代中国的时代精神。三十多年的改革带来的变化和发展，举世瞩目。但社会改革不同于社会发展。社会发展可以是社会生产力和科技发展的伴随物，它具有某种自发性。而我们正在进行的改革具有目的性。因此，为什么参与改革，期待从改革中得到什么，是促进变化还是阻止变化，最能体现处在改革中不同人的心态。

变还是不变，什么可变，什么不可变，朝着什么方向变，这一系列问题把辩证法的现实性问题摆在我们每个人的面前。不懂哲学的人，以自己的行动本能地回答这个问题，而哲学则教导我们应该自觉地参与变化并把持变化的正确方向。我们应该学习辩证法。

辩证法与相对主义

辩证法包含相对性，但不同于相对主义。相对主义是相对性的绝对化，而辩证法中的相对性与绝对性是相互依存、相互渗透的。正因为这样，就世界万物和人的认识来说，有同有异，因而有可齐之处又有不可齐之处。“自其异者视之，肝胆吴越也，自其同者视之，万物皆一也。”如果否定事物质的区别，只强调同一，就陷于相对主义的诡辩论，蒸发掉其中的合理因素。庄子的确把大量闪光的思想埋藏在相对主义的泥淖之中。

齐万物，这是从本体论上否定世界的多样性。大木棒与小草、美女西施与丑女厉妫，其实没有区别。任何事物，如果按物的观点看，都是“自贵而相贱”；按照世俗的观点，贵贱不在于人自身的价值，而在于外在的物，即“贵贱不在己”；按照相同与相异的观点看，要说大，世界上最小的东西都可以说是大，要说小，世界上最大的东西都可以说是小；因为大小本来是相对的，如此等等，可是从道的观点看，万物没有差别，即“道通为一”。

马克思主义哲学也承认，世界为“一”，因为世界的统一性在于它的物质性，可是马克思主义同样承认多样性，世界万物各有其差异性。世界本来就是一与多、统一性与多样性的结合。只讲“一”，而不承认“多”，抹去事物质的界限，只能陷于绝对的相对主义。

在庄子看来，齐是非是认识的最高境界，执着于分辨是非，或者以自己所是非别人之所是，或以自己所非非别人之所非，只能处于永无休止的争论之中，睡觉不安枕，醒时不高兴，“与接为构，日以心斗”。世界本来就没有是非，事物本身都是两面的，就是的方面看，都可说是，就非的方面看，都可说是非。所以人的认识只能是“此一亦是非，彼一亦是非”。人的认识的最高境界，应该是忘是非。

齐生死，这是死生观的最高境地，被视为人对死的恐惧的真正解脱。“死生，命也，其有夜旦之常，天也。”人的生死如同白天与黑夜是天的运行一样是不可改变的。庄子做梦梦为蝴蝶，究竟是蝴蝶梦为庄周，还是庄周梦为蝴蝶是弄不清也不必弄清的，因为人生本来如梦，既然是梦，本无真假可言。很显然，这种生死齐一的观点，其消极性是很大的。

确实，在哲学领域中，庄子哲学的思辨性最强，对知识分子的影响最大。尤其处于政治斗争残酷的所谓“乱世”，它往往成为一些人安身立命、借以避世的哲学。魏晋时玄学之风甚炽，其原因可能在此。所以历来的当政者，喜欢儒学，绝不会喜欢庄学。

辩证法与相对主义的界限一定要清楚。如果辩证法走向相对主义，就会成为“变戏法”，钝化它的革命锋芒。在现实生活中，我们可以看到一些人发表意见，总是“一方面，又一方面”，无重点，无是非，貌似辩证，实为诡辩。

庄子哲学，确实是埋藏在沙粒中的黄金。“吹尽狂沙始见金。”历代对庄学的研究虽非显学，但成果不少。如何根据马克思主义的观点和方法提炼、取纯，或曰取其精华，去其糟粕，是要下很大功夫的。这是历史和时代留给当代人的使命。在对中国传统哲学的继承中，只讲儒学而忘记庄子是断然不可的。

辩证思维的本质是矛盾思维

任何一个重大的理论和实际问题，从其最深层的理论基础说都离不开哲学问题，构建社会主义和谐社会同样如此，正如党中央强调："任何社会都不可能没有矛盾，人类社会总是在矛盾中发展进步的。构建社会主义和谐社会是一个不断化解矛盾的持续过程。"

矛盾的本质是矛盾双方的对立与统一，或称之为斗争性与同一性。和谐并非矛盾的本质，而是矛盾的一种状态，当矛盾双方处于尚未激化的萌发阶段或者矛盾由于处理得当而得到妥善解决时，矛盾双方呈现的是一种和谐状态。辩证思维的本质是矛盾思维，是在对立中把握统一、在统一中把握对立的思维。仅仅从斗争中或从和谐中把握对象都不是辩证思维，而只是辩证思维的一个构成要素。把辩证思维的任何一个要素片面化，都会导致对马克思主义辩证法的曲解。

自从提出构建和谐社会以来，有些学者大力提倡所谓和谐哲学或和谐思维，说过去我们搞斗争哲学，把中国搞乱了，现在应该提倡和谐哲学。这是一种从一个极端偏到另一个极端的看法。把马克思主义矛盾学说归结为斗争哲学，显然是片面的。因为斗争只能是矛盾的一种属性，何况矛盾的性质和类型不同，解决矛盾的方法也不同。

关于矛盾解决的方式是强调斗还是强调和，毛泽东总是以矛盾的性质为依据的。《中国社会各阶级分析》一文开宗明义第一句话就是，谁是我们的敌人，谁是我们的朋友，这是革命的首要问题。即使对敌斗争，毛泽东也不是只强调斗，还提倡有理有利有节。在民主革命时期，国共就有过两次合作。统一战线是我党的三大法宝之一。毛泽东说过，和解、妥协、调和是可以有的，在过程发展的一定状态是必要的。停战、终止罢工、临时统一战线、某些合作，在阶级斗争中是存在的，但不是我们的总战术。不能和解与妥协，最后还必须用革命手段解决矛盾，这是总战术。至于对革命队伍内部出现的错误，毛泽东也不是只讲和，有错误就要批评，但强调要从团结的目的出发，经过批评达到新的团结。

毛泽东讲的始终是既对立又统一的矛盾对立统一规律。至于“以阶级斗争为纲”和“文化大革命”中的“打倒一切”，以及实际政治实践中的某些偏差和错误，这是对马克思主义哲学尤其是对对立统一规律运用的一种政治错误，而不能改变对立统一规律是宇宙普遍规律的本质。

根本不存在一种名为斗争哲学的哲学形态。的确，毛泽东使用过“斗争哲学”这种说法，但这是在一种特殊语境下说的有特定含义的说法，反映的是当时对一些问题的错误处理，不能作为毛泽东对马克思主义唯物辩证法特性的普遍概括。

如果说用斗争哲学来概括对立统一规律是片面的，那么用和谐哲学来取代斗争哲学则是倒向另一种片面性。实际上，构建和谐社会的方法论原则仍然是唯物主义辩证法，特别是它的对立统一规律。它是以承认矛盾、正确处理矛盾、化解矛盾为前提的。和谐不能简单等同于矛盾的同一性，同一性是矛盾双方可能和谐的基础，但矛盾双方要和谐，矛盾必须得到正确处理，所以和谐不是矛盾在任何情况下的一种既成状态，而是用正确方法处理矛盾的一种结果。党的十六届六中全会坚持唯物主义辩证法，全面分析了新世纪新阶段面对的多种矛盾，从矛盾出发论证了构建和谐社会的迫切性和重要性，而不是从和谐的现实出发来论证和谐的必要性。

或许有的论者会说，我们主张和谐哲学，但并不否认矛盾，不否认斗争。只是革命时要讲斗争，建设时要讲和谐。这种说法是把对立统一规律分成两段，一个历史时期可以只讲斗争性，而不要统一性和以同一性为根据的和谐，另一个历史时期可以只要和谐，而不要斗争性，不承认统一性中仍然存在对立的因素。其实，真正科学的唯物主义辩证法，革命时期讲斗争，同时也要讲统一性，也不能说建设时期只要讲统一性，在任何情况下都不要斗争性。邓小平是改革开放的总设计师，可他在反对“左”的同时，强调四项基本原则，毫不犹豫地倡导反对资产阶级自由化。至于在构建和谐社会的过程中，对贪污腐败、违法乱纪的斗争，从来没有停止过。如果以有利于构建和谐社会为借口，掩盖矛盾，该斗的不敢斗，该做的不敢做，该说的不敢说，这当然与构建和谐社会的本质南辕北辙。民主法治、公平正义，就包含着对违法乱纪和非正义现象的斗争。

矛盾的本质就是对立统一，既不能把它分为互不联系的两个阶段，也不能分为互不联系的两个方面。但是我们要根据矛盾的性质和类型，突出某一方面，采取不同的方法来处理。

是不是不同意存在一种独立的名为"和谐哲学"的哲学形态，就会妨碍建设和谐社会呢？不会。和谐哲学或和谐思维属于世界观和方法论层次的问题，它不能成为构建社会主义和谐社会的世界观和方法论指导原则。社会主义和谐社会的建立应该立足于正确处理我们面对的各种性质的矛盾的基础上。处理矛盾的方式越正确，矛盾化解越迅速，双方对矛盾处理的结果满意度越高，和谐社会构建就会愈有成效。反之，如果一切为了和谐，和谐就是一切，掩盖矛盾，对矛盾不敢接触，对冲突讳莫如深，其结果不可能是和谐，而是矛盾在隐蔽状态下不断激化，最终会导致矛盾的大爆发。因此正确处理矛盾仍然是矛盾理论的根本原则。毛泽东说过，一切具体的矛盾皆要消灭，这是相对的消灭，但消灭了又要产生，这是绝对的保存，是旧矛盾的消灭和新矛盾的产生。

是不是不同意存在一种独立的名为"和谐哲学"的哲学形态，就会妨碍建设和谐文化呢？不会。和谐文化是崇尚和谐的文化，建设和谐文化是要建立一种最大限度地增加和谐因素、最大限度地减少不和谐因素、有利于和能够促进社会和谐的文化形态。它既是社会主义和谐社会在文化形态中的反映，又是促进社会和谐的精神力量。和谐文化在我看来，就是社会主义先进文化的存在形态。它并非否定矛盾的文化，更不是各种不同的政治倾向和不同的价值观混杂融合为一体的文化。和谐文化是能正确处理社会思想文化领域中的各种矛盾、维护社会主义核心价值在文化中的引领作用的文化。

当代中国社会结构的变化包括各种利益阶层的出现、利益关系的变动以及生活方式的变化，既显示了社会发展的活力，但也是社会矛盾的多发期，因此要构建和谐社会，必须提倡要用和谐文化来化解矛盾，促进社会的和谐和安定。如果认为和谐文化就是一团和气的文化，是在任何问题上都好好好、是是是的文化，这不是社会主义文化，而是乡愿文化。

建立和谐文化有一些基本原则，如坚持马克思主义的指导地位，坚持先进文化前进的方向，坚持社会主义核心价值观。提倡和谐文化绝不是无原则地排斥任何斗争，而是坚持先进文化，提倡健康文化，改造落后文化，反对腐朽文化。

我总认为，在世界观和思维方法的层面上，以和求和，即以和谐求和谐是不可能的。只有从矛盾入手，以正确解决矛盾为途径，以追求和谐为目的，才能达到真正的和谐。和谐，是正确处理矛盾达到的一种状态。承认矛盾，用正确方法处理矛盾，其中包括根据矛盾不同的性质采取相应的解决矛盾的方法，这是我们的世界观和方法论原则。

破与立

脸要经常洗，不洗会灰尘满面；地要经常扫，不扫就垃圾成堆。思想领域也是一样，也要经常清扫。

不破不立，不止不行，这是唯物辩证法的具有普遍性的规律，也是在社会意识形态领域，正确思想战胜错误思想、真善美战胜假恶丑的规律。我们要坚持马克思主义，高举中国特色社会主义理论旗帜，就应该在思想文化领域中发挥社会主义意识形态的吸引力和凝聚力。我们不进行无谓的争论，但在事关马克思主义的基本理论，事关党的路线、纲领、旗帜这样的重大原则问题上，一定要立场明确，坚决批判各种错误思潮和错误倾向，以推进我们的改革开放事业沿着社会主义道路前进。

在中国特色社会主义的建设中，哲学科学的重要性不言而喻。资本主义是在封建社会的母胎中孕育成熟的，其哲学学说的主要功能是对资本主义社会诞生和存在的合理性作论证，而社会主义的产生和巩固以及改革都必须依赖于对人类社会发展的规律、社会主义发展的规律以及执政党的发展规律进行研究和把握。在中国，尤其要立足于对中国国情的研究，立足于如何把科学社会主义原则与当代中国的实际相结合。这当然是处于执政地位的中国共产党的任务，但也是全体理论工作者的任务。没有繁荣的哲学社会科学，没有一支高水平的马克思主义理论队伍和哲学社会科学队伍，就很难战胜各种错误思潮，难以充分发挥社会主义意识形态的吸引力和凝聚力，也不能有效地研究、宣传和推进创新理论。

在思想理论领域中，我们不能轻视“破”，但更应该重视“立”。无

“立”是不能真正“破”的，在一定意义上“立”比“破”更难。建一座楼需要几年，可拆除一座楼几天就够了。有一位哲学家说过，在思想领域中为什么往往容易导致否定多于肯定，批评多于建树呢？因为建树比批评要困难得多。

在社会主义思想理论领域中要有所建树，一定要贯彻“双百”方针。这是繁荣哲学社会科学的正确方针。马克思说过，我们赞美大自然赏心悦目的千变万化和无穷无尽的丰富宝藏，我们并不要求玫瑰花和紫罗兰散发出同样的芳香，我们当然也不能要求世界上最丰富的东西即精神性的东西只有一种存在方式，正如同每一滴露水在太阳的照耀下都闪耀着无穷的色彩，思想领域也是丰富多样的。

改革开放以来，在解除了“左”的教条主义的桎梏后，学术领域呈现出比较活跃的景象，这对于学术的繁荣是非常有益的。思想领域不能强求一律，不同学派之间的争论是有益于思想理论发展的，文化交流的规律不同于市场经济的物质交换规律。在市场交换中，自己占有对方的东西，同时失去了自己的东西。用20尺麻布换一件上衣的人得到了上衣失去了麻布，可是不同学派的争论和交流可以互补，从而获得更多的知识、更多的信息、更多的真理。这就是“和而不同”的好处。一种声音构不成美妙的音乐，一种颜色构不成美丽的图案，单一的味道做不成美食，孤立的事物无法考究，这就是破与立中蕴含的哲学意义。

个体经验与集体经验

在我看来，实践、经验、理论，这三者既相互联系又各有特点。

实践是现实的，具有时代性。每个时代的实践都在不断转变为历史。一个时代最具现实性的实践，对另一个时代来说就是历史。实践的现实性永远是暂时的、变化的。所以实践的生成和不断变化就是历史的生成和延续。

人类的实践经验与个体的经验不同。人类的经验具有共性，是人类作为主体的经验，不能以感性经验的形态而只能以理论总结的形式流传下来。个体的经验是不可能传授的，能传授的是物化的技能。个体的经验具有个体性，任何经验都是“这一个”经验者的经验，即与经验的主体合为一体。对个人来说，经验具有内在性、体悟性和个体性。每个人的经验对于他人而言是不可重复的。如果不同的人有类似的经验，那也是他自己的经验，肯定有不同的体悟。个体的经验只有融入集体经验中才能成为人类的财富，否则就会失传。人类的发展过程，就是个体经验不断失传而又出现新的个体经验的过程。

理论则是实践与经验的总结，是以文字为载体的。理论可以突破时空的间隔，具有可传播性、积累性和通过文本接受的可能性。但理论有两个局限性，一是不可能全面地总结人类的实践经验尤其是个体的经验；二是以文字为载体，具有间接性，因而存在在不同历史背景下被误读的问题。

《庄子》中的两则故事，对我们正确理解人类实践、个体经验与理论的关系很有启发性。

一是在《天运》中孔子与老子关于六经的争论。在孔子看来，《诗》、《书》、《礼》、《乐》、《易》、《春秋》，所谓六经是论先王之道的宝书，可我们现在“无所钩取”，实在可惜。老子反驳说：“夫六经，先王之陈迹也。岂所以迹哉，今子之言犹迹也。夫迹，履之所出，而迹岂履哉！”这个理由实在妙。六经是先王的陈迹，就像人走路踩出来的脚印。可脚印只是表明走过的路，而不是正在走路。每一代人都有自己的路，不可能踩着前人的脚印走。

理论与实践的关系，类似于走路与脚印的关系，即所谓迹与履的关系，一定的足迹是一定时期踩出来的，足迹与履相符，迹与履合。因此前人之足迹不能作为后人必须依迹而行的根据，否则就是以迹代履。

另一个故事是《天道》中轮扁与恒公就读书展开的辩论。书，在我们看来都是人类思想的精华，神圣至极。可轮扁公然说，恒公所读古人圣贤之书都是糟粕，而不是精华。恒公大怒，要他说出个道理来。轮扁以个体经验不可重复为由来说明这个道理。他终生以制造车轮为生，斫轮无数。可是其中的经验很难言传，他说：“斫车轮，徐则甘而不固，疾则苦而不入。不徐不疾得之于手而应于心，口不能言，有数存焉于其间。臣不能以喻臣之子，臣之子亦不能受之于臣，是以行年七十而老斫轮。古之人与其不可传也死矣，然则君主之所读者，糟粕已乎。”轮扁的结论是片面的，道理是深刻的，这个启示值得仅仅从书本中寻找真理者借鉴。

书，是文化和人类知识的载体，是不同时代的人的思想沟通之桥，它以理论的方式积累人类的实践经验。但又不能只读书，孟子说的“尽信书不如无书”是有道理的。书中的道理，即使是真理也是抽象的普遍性，因为它已经与产生这种理论的时代和个体的经验相剥离。《史记》中曾引用过庄子关于书的一段话：“子之所言，其人与骨朽矣，独其言在耳。”这句话适用于任何历史经典。留下的是书而不是经验者的活生生的生活经验，书可传而书的时代不可传，他们得之于手、应之于心的个体经验不可传。

由于个体经验的这种特性，所有手工艺的传授都是家传或者采取以师父带徒弟的方式，因为只有日夜不离，口传心授，才有可能把技艺之外的纯属师父个人经验性的东西，得其一二。不仅技艺，学术也有类似的情况。在古代，一个学派的形成，往往是在学说创立者的周围形成的，因为学生们并不是远距离地单纯从书本上读到老师的见解，而是从密切交往中亲身得到“师传”，所谓“入室弟子”，从而形成共同的见解。古代学派的地域性非常强，圈子比较小。实践交往的范围决定了理论传播的范围。随着资本主义社会的产生特别是在经济全球化的条件下，学术的传播范围和速度已完全不同于古代，但学派的地区性特征仍然会存在。

列宁强调，实践高于理论，实践具有普遍性和直接现实性，因此理论的运用必须结合实际才能发挥作用。马克思主义同样也是如此，否则，我们党何必如此强调马克思主义中国化的重要性呢！

马克思主义基本原理不是万能公式

马克思主义作为一个科学体系，当然包括特有的基本概念、范畴、命题和作为基本规律表述的基本原理。例如，关于生产力与生产关系矛盾运动的规律、经济基础与上层建筑矛盾运动的规律、阶级斗争的规律、辩证法的基本规律，如此等等。但是，马克思主义作为创造性的科学体系，从来反对把马克思主义的基本原理当作可以不管时间、地点、条件到处运用的教条。恩格斯曾经批评杰维尔，认为他把马克思主义当作只是在一定条件下起作用的一些原理，解释为绝对的原理。

最明显的例子是关于生产力的问题。列宁和毛泽东在革命时都曾经大力批判过庸俗生产力论。在俄国，这种理论的主张者认为，俄国的工人阶级不应该夺取政权，不应该进行十月革命，因为俄国的生产力还没有发展到进行社会主义革命的高度。列宁曾经痛斥过这种理论，称为庸俗生产力论。

在中国，毛泽东当年也批判过反对中国革命的这种理论的主张者。俄国和中国最终都取得了革命的胜利。在革命取得胜利以后，本应该利用手中的政权，大力发展生产力，为社会主义新制度创造牢固的经济基础，可是，一些人还以反对庸俗生产力为理由，坚持"以阶级斗争为纲"，把发展生产力诬为庸俗生产力论。他们完全脱离了两种不同社会环境、抛开了革命和建设两种不同任务之间的区别，把批评庸俗生产力论当成永恒不变的原理。

在如何对待反对所谓庸俗生产力的问题上，邓小平是把革命和建设分开的。在中国要不要进行革命战争的问题上，他坚决反对庸俗生产力论；在社会主义建设问题上，他坚持生产力最终决定作用的理论。1977 年 10 月，邓小平在与美国华裔作家林光达夫妇的谈话中，非常赞同列宁和毛泽东在革命时期反对庸俗生产力论的态度。他认为，列宁在批判考茨基的庸俗生产力论时讲，落后的国家可以搞社会主义革命，我们也反对庸俗生产力论，采取了和十月革命不同的方法，是农村包围城市，当时中国有了先进的无产阶级政党，有了初步的资本主义经济，再加上国际条件，所以在一个不发达的中国能搞社会主义。这和列宁讲的反对庸俗生产力论是一致的。

可是，在中国革命战争胜利后，在党的八大报告中，邓小平强调发展生产力，指出我们面临的主要矛盾是人民群众不断增长的物质和文化需要与落后的生产力之间的矛盾。在“文化大革命”后期复出后，邓小平主张大力恢复经济，发展生产，被“四人帮”诬为以三项批示为纲，认为是鼓吹庸俗生产力论。在粉碎“四人帮”后，邓小平作为党的第二代领导核心，提出了“一个中心、两个基本点”的建设中国特色社会主义的路线，把发展生产力放在中心地位，提出了“三个有利于”标准，采取了与革命时期批判庸俗生产力论不同的态度。这是一切以时间、地点、条件为转移的真正马克思主义者的态度。

可以说，对马克思主义所有的基本原理都应该采取这种态度、才是真正唯物辩证的态度、真正坚持实事求是和具体问题具体分析的态度。在对待资本主义、剥削、外国资本进入等问题上都应该采取这种态度。毛泽东说过，我们现在消灭资本主义，将来还可以搞点儿资本主义。在革命时，我们反对剥削，反对帝国主义的资本输出。可革命胜利后，在确立了社会主义基本制度后，又允许私有制的存在，允许、欢迎并尽可能多地吸收西方的资本，我们现在叫吸收外资，包括跨国公司和境外的私人投资。

马克思主义基本原理本质上是对基本规律的理论把握，没有对基本规律的认识当然没有基本原理。因此，如何对待基本原理实际上是如何看待基本规律的问题。普遍规律当然具有普遍性，可普遍规律起作用的条件并不是普遍的，而是各具特点的，因而对普遍规律作用的认识和运用就不能脱离它起作用的条件。这个条件最集中的就是历史过程本身。毛泽东当年在批评苏联政治经济学教科书时说过，规律自身不能说明自身。规律存在于历史发展过程中，应当从对历史过程的分析中来发现和证明规律。不从历史发展过程中的分析下手，规律是说不清的。他还批评苏联政治经济学教科书不从历史叙述和分析开始得出结论，而是从规律出发进行演绎。

把生产力与生产关系矛盾运动的规律放在中国发展的历史过程中来考察，我们可以发现它不同于西方发达资本主义社会的特点。在新中国成立前，中国虽然生产力的发展水平远远低于西方资本主义国家，但帝国主义经济、官僚资本主义经济和封建地主经济的生产关系没有容纳中国生产力发展的空间，除了革命以外，别无他途。西方生产力水平高，但生产关系容纳生产力发展的空间也大，特别是注意不断调整自己的生产关系和分配关系，从而可以继续容纳生产力的发展。这样，由于历史条件不同，生产力水平低的中国，生产力与生产关系的矛盾的尖锐程度远远高于西方。因而西方没有革命，而中国非革命不可。生产力与生产关系的矛盾运动规律是一样的，但历史条件不同即规律起作用的社会性质不同，因而它的表现方式和结果也不同。

当中国取得了民主革命的胜利，经过一定时期恢复经济以后，为了巩固政权与经济基础，为了集中力量进行建设，对原来的资本主义和个体经济进行社会主义改造是必要的。可以肯定，如果没有三大改造，不形成比较强的国有经济，国家不可能有计划地迅速建立初步的工业体系，工业和国防不可能从无到有，从小到大，就不可能研制出原子弹和氢弹。当时为了发展生产力，要求改变资本主义性质的生产关系，而现在为了发展生产力，又要发展私有经济。没有唯物辩证法的头脑是无法理解的。

这是不是庄子说的此一时非彼一时非？或者是像列宁说的头钻不进去则用尾巴钻进去的诡辩论？不是。马克思主义有灵活性，但也有原则性。灵活性是它的条件性，而原则性则体现为它的最终目的性。马克思主义是科学社会主义，建立一个没有剥削、一切成果由社会全体成员共享的社会，建设一个人人自由全面发展的社会，这个理想和方向不能变。在这个过程中，或曲折或绕行，或进一步退两步都是可能的。邓小平关于社会主义本质的定义仍然是有效的。我们现在强调科学发展观，构建社会主义和谐社会，实际上都是朝最终实现社会主义本质的方向前进。

发展资本主义不是我们的目的，“老板”这个称号是时代的产物，会随着时代的改变而消失。我们需要私有成分是为了建设中国特色的社会主义，而不是为了在中国建设西方推荐的资本主义制度。马克思主义是科学理论，不是能随便玩弄的魔棍。

马克思主义哲学视野中的科学

在哲学与科学的关系问题上，可以有科学的世界观，但不能把哲学科学化，即反对把哲学变成一种实证性的科学。如果哲学与科学的关系变为两种实证科学之间的关系，确实无异于尼采说的是对哲学的谋杀。因为一种与实证科学功能一样的哲学，是没有存在价值的。

在当代，由于生态环境恶化，严重影响到人类自身的生存，责难科学的论点时有所见，似乎科学发展是当今生态恶化的元凶，这当然是一种荒谬的哲学观点。难道在当代世界，我们还应该奉行老庄哲学的绝圣弃智吗?就科学讲科学是剪不断理还乱的，只有正确的哲学观点才能厘清当代世界生态环境恶化的本质。就这一点说，哲学变为实证科学也是不可取的。

无论是马克思还是恩格斯都非常重视科学对社会发展的作用，因为这种看法与他们的唯物主义历史观是一致的。主张物质生产归根结底是社会发展中决定力量的哲学，当然重视内在于生产力发展的科学技术在社会发展中的作用。

恩格斯在马克思墓前的著名讲话中，从历史唯物主义伟大发现的高度对马克思的科学观做过概括。他说，在马克思看来，科学是一种在历史上起推动作用的、革命的力量。任何自然科学的重要发现，都使马克思感到衷心的喜悦，而当他看到那种对工业、对一般历史发展立即产生革命性影响的科学新发现时，他的喜悦就非同寻常了。恩格斯还举例说，马克思曾经密切注视电学方面的各种进展，在马克思临死前不久，还密切注视法国物理学家德赛尔·德普勒关于架设输电线路的研究成果。

事实上，从近代科学产生以来，科学在改变着世界。特别是在当今世界，自然科学通过工业日益深入人的生活、改造人的生活。我们的生活不可能离开科学。从电冰箱、汽车到高速火车、各种先进飞行器以及网络，哪一样能离开科学的发明和创造呢？人类历史的发展证明马克思主义的科学观是正确的，没有科学技术的发展，就没有我们当今世界的进步。

按照马克思主义哲学的观点，科学发展的水平与生产力不可分，可科学如何被应用，又离不开生产关系的性质。当今生态环境的恶化，根本原因并不在于科学，而在于科学的应用。科学是人类智力的伟大创造，是人类自身创造力的体现。科学本身并不具有破坏性，科学作用的性质取决于如何应用，而应用的过程就是科学转变为技术的过程。科学原理技术化的过程，就包括为什么应用、如何应用以及对应用效果的事前估计和事后评价的问题。我们不能同意有些西方学者对科技发展采取全盘否定的态度。英国科学技术哲学家斯诺在《两种文化》中说过，反对技术恶果的唯一武器，还是技术本身。我们没有别的出路，在当今世界，我们无法退回到一个根本不存在技术的伊甸园中去。

历史证明，自然生态环境的恶化，与西方资本主义工业化的进程不可分。西方发达资本主义国家对利润的追求，使他们对自然采取掠夺的态度。西方工业化的程度与人类生态环境的恶化进程成正比。可是，当生态恶化以后，首先使环境得到改善的是这些曾经污染世界的先进国家。我没有去过西方，据去过的人说，西方发达国家的自然环境比我们强多了。当年恩格斯描述的早期资本主义状况已经看不见了。科学技术发展造成的问题在一定程度上可以由科学技术的发展得到缓和。所谓治理、环保，就是以科学技术解决科学技术造成的问题。

不过，西方国家可以利用它们的科技优势减少国内污染，可当今世界已成为一个整体，或者说成为一个地球村。西方发达国家可以把污染严重的工业转移到发展中国家，可他们也不能生活在月球上，可以打扫干净自己的房间，可屋前屋后不干净难道能使自己不遭受污染的危害吗？一个被污染的地球，绝不可能为某一个国家保留一片净土。气候变暖就是一个全球性问题。生态环境问题关系到全世界人民的利益，而从掠夺自然甚至掠夺世界资源中得到利益并造成污染的，首先是西方发达国家。毫无疑问，他们应该承担更大的义务。

当然，作为发展中国家，我们有我们的责任。我们有西方现代化的经验教训，我们不能走先污染再治理的老路。对西方资本主义来说，在一定程度上可以说是无可奈何，因为社会历史发展具有自发性，人们不可能一开始就能走上一条正确对待科学、对待发展的道路。尽管恩格斯在《自然辩证法》中提出过这个警告，可这对于为百分之三百利润可以上绞架的人是听不进去的。只有自然界的报复和惩罚，才有可能使人学会如何应用科学，如何对待发展。这也算是代价，算是学费，是全世界共同的代价、共同交的学费。发展中国家所受到的环境伤害远远大于发达国家。我们缺乏他们的科学技术和资本，也不会把一些有害的工业垃圾向其他国家转移，但我们应该吸取西方发达国家的发展的经验和教训。

从哲学的角度来看，当代科学技术的发展与生态环境恶化之间的关系，向我们表明了科技与人文结合的重要性。人类面临的生态问题、人与自然矛盾尖锐化的问题，不是任何一门单独学科能解决和回答的问题。它需要哲学、法律、道德、自然科学、工程技术等多种学科的综合研究。这些学科归纳起来无非是两类：自然科学、技术科学与哲学社会科学。对生态问题的解决，没有环境伦理、立法、自然科学（包括医学、生物学、动植物学、物理和化学等）和工程技术的发展，没有关于人与自然的关系，特别是关于生产关系、社会制度与生态问题辩证关系的马克思主义哲学观点，是很难有正确的认识和解决问题的途径的。例如，核聚技术是用来发电还是制造原子弹，这是个技术的应用问题，而技术的应用又取决于应用主体（包括国家、集团和所有者个人）的状况。马克思在《在〈人民报〉创刊纪念会上的演说》中，就是从科学与资本主义工业的结合中深刻地揭示了科学应用中产生的两面性问题：现代工业、科学与现代贫困、衰颓的对抗，是我们时代生产力与社会关系之间对抗的表现。

当然，如何应用科学，关键在于科学技术资本的拥有者。因为科学技术如何应用的决定权是资本运作的一种方式。资本拥有者并不是科学技术的发明和发现者，而自然科学与技术的发明和发现者并不是应用者，两者是分离的。但是，科学技术被滥用的可能性，要求具有良知的科学家和技术专家，应该考虑它们的应用后果。因而当前人类面临的全球化问题，对科学家和技术专家的人文素质提出了更高的要求。他们不仅应该是本专业的专家，而且应该具有对人类和子孙后代负责的胸怀，即具有正确的价值观和道德理想。爱因斯坦谆谆教导说：只懂得应用科学本身是不够的。关心人本身，应当始终成为一切技术的奋斗目标；关心人的劳动和产品分配以及一些尚未解决的重大问题，用以保证我们科学思想的成果会造福于人类，而不致成为祸害。在科学家埋头于图表和方程式时，千万不要忘记这一点。

在21世纪，科技伦理的问题将越来越突出。关键在于，科学技术的进步应服务于全人类，服务于世界和平、发展的崇高事业，而不能危害人类自身。建立和完善高尚的科学伦理，尊重并合理保护知识产权，对科学技术的研究和利用进行符合各国人民共同利益的政策引导，是21世纪人们应该解决的一个重大问题。

从教育制度的角度看，人类面临的全球化问题也警示我们应该反对重理工轻人文的倾向。自然科学与哲学社会科学如鸟之两翼、车之两轮的问题，是个世界性的问题，西方国家并没有解决这个问题。在西方资本主义国家，市场经济的自发效应必然是以最能谋生和获利为趋向。可我们是社会主义国家，我们不仅需要大量自然科学和技术方面的人才，在建设中国特色社会主义的宏伟事业中，同样需要高质量的哲学社会科学和人文科学的人才。这是关系到我们事业成败兴亡的大事。

在反对重理工轻人文倾向的同时，我们应该提倡科学精神与人文精神的结合。马克思主义讲的科学精神，就是求实精神、创新精神、批判精神与合理的怀疑精神。科学精神最根本的特点是反对盲从，反对迷信，一切都要经过实验的辩证唯物主义精神。人文精神，是一种新的具有科学精神的人文精神，它既不同于以人的不变本性为依据、以个人为主体、以个人利益为核心的资产阶级启蒙主义时代的人文精神，也不能简单等同于以儒家学说为代表的仁爱精神。马克思主义的人文精神，是与最终消灭阶级、消灭剥削、消灭压迫、争取人类的自由全面发展相联系的人文主义精神。进行马克思主义哲学教育，也就是进行马克思主义的科学精神与人文精神相结合的教育。

人类生态环境的恶化，既有科技层面的问题，更有社会层面的问题，能为这个问题提供深层次思考和解决方向的是马克思主义哲学。

世界观真的那么重要吗

一个人平常不会感到空气重要，用手捂住他的口鼻，或者把他锁在没有透气孔的箱子中时，他就会感到空气的重要。

在实际生活中，没有人会老想到世界观、人生观、价值观这些大问题，这类问题似乎很遥远，很渺茫。可一旦出事时，就会感到它们的重要。

身居高位，一旦锒铛入狱，在法庭上陈词痛哭时，就会归结到“权力观”、“群众观”、“利益观”之类的问题。

在因爱成仇或者殉情或者因绝情而犯罪时，会涉及恋爱观问题。家庭关系紧张，离婚散伙，会涉及家庭观、婚姻观问题。交友时，是交酒肉朋友还是知心好友，是相互利用还是真诚相助，这里就有个道德伦理问题。

人、在处理每件事情时都包含着支配自己行为的某种“观”。只是习惯使然，人们并不觉得有某种“观”在支配。人不是动物，人的活动不是本能活动，只是习惯成自然而已。为什么会说习惯决定命运呢？就是表面看起来的习惯后面都潜伏着某种“观”。

而在种种具体的“观”后面还有个更大的“观”。权力观、利益观、群众观、家庭观、恋爱观、婚姻观、幸福观，林林总总的各种“观”后面有个人生观、价值观的问题。因为家庭、婚姻、事业、财富、前途，总之，一切都关系到对人生的意义和目的的看法。在生活中，实际上总是存在着选择，而选择就是评价，就是价值观在起作用。而人生观和价值观归根结底是世界观，受世界观支配。

有什么样的世界观，就会有什么样的人生观和价值观。世界观似乎处于顶层，看起来是那样遥远、高深莫测、高不可攀，因而被认为是不着边际的而被一些人丢在脑后。可当归根溯源时，就会由权力观上升到人生观、价值观从而进入世界观。只是人们习以为常，不会想那么多，那么深。

世界观的重要性是容易理解的。如果科学家连世界究竟是不以主体意志为转移的物质世界还是一个主体可以任意构建的世界，是有规律的世界还是无规律的世界，是具有整体性的世界还是彼此互不相关的世界这样的问题都分不清，怎样进行科学研究呢？如果社会科学家连什么是社会、社会有没有规律都不清楚，如何进行专门领域的研究呢？如果不承认社会有规律，那他们自己的研究如同盲人摸象，它的价值和意义何在？

人文学科的研究者对有关人的问题，例如什么是人、什么是人性之类的问题没有正确的哲学观点，能进行具有科学性的研究吗？理论领域如此，实践领域同样如此。在实践中，如果根本不承认对象的客观本性，不承认对象的规律性，如何有效地改造世界、改造社会？无数事实证明，人类在实践中的失败都与不实事求是、主观、任意、盲目、自以为是不可分。

西方哲学也承认世界观对人的行为的重要性。例如，G. K. 切斯特顿说，对人来说，最实用、最重要的，还是他的宇宙观。房东太太在会见可能的寄宿者时，了解其收入固然重要，更重要的却是了解他的哲学。对于一个即将上战场的将军来说，了解敌军的数量固然重要，更重要的是了解其哲学。

把房子租给一个个人主义和实用主义者房客，肯定会产生很多问题，因为他的世界观决定他是一个自私自利难以和睦相处的人；在战场上与敌军作战时，对待一个刚愎自用、有勇无谋的将军，和对待一个小心谨慎、善于知己知彼的将军，战役战术肯定是不一样的。所有战争的情报最重要的是关于战争指挥者的情报。因为世界观支配人的行动，一个人怎样想，实际上是他如何思维；如何做，实际上是他的行为的价值选择。一个人可能不是每次行动、每件事都有明确的价值选择，而似乎只是一种习惯，甚至连自己都没有觉察到那潜伏在心灵底层、似乎深不见底的世界观的作用。当支配行为和思维习惯的世界观退居幕后时，人的行为和思维就似乎成为一种本能，顽固难改。

是不是只有出了纰漏时才会有世界观、人生观和价值观问题，而平平淡淡过日子或老老实实做人，就没有世界观的问题呢？其实，如果真的这样做，就是在按照正确的世界观、人生观、价值观行事。因为在良好的社会背景下，通过学校教育和社会影响，人养成了一种良好的习惯和生活态度，只是不自觉而已。如果能够从哲学的角度把这种自发性提高到自觉状态，就会进入一个新的境界。

为什么世界观会这样重要而我们又不觉得其重要呢？这是因为我们日常接触的都是具体的个别的事情，很少想到在具体问题中都潜藏着一个普遍性的问题。我们做每件事，事实上都在自觉或不自觉地进行选择，其中就存在价值观的问题。选择的标准、动机、目的、期待的结果都取决于对其中存在的普遍性问题的看法。比如身居高位，拼命受贿，开始可能也会害怕，但一定心存侥幸，认为不会被发现。受贿者之所以不会“金盆洗手”，总是越贪越大，都是因为不知道凡是事实最终是无法隐瞒的，重复多次最终都会暴露的道理。世界上的事物是相互关联的，受贿与行贿是相互关联的，而行贿者与受贿者又与另一些同类人有关联。任何一个链条断裂，都会拔出萝卜带出泥。所有贪赃枉法者从世界观上说都是唯心主义者。

美国学者理查德·维沃说，世界观对于人具有至高无上的意义，谁要是没有认识到这一点，谁就应该合情合理地设想由此而来的必然后果。不承认普遍性，也就是不承认超越经验的任何事物。不承认超越经验的任何事物，也就是不承认真理的存在，尽管人们总是想方设法地回避这个事实。

从哲学上说，世界上看似个别的彼此无关的事物，实际上都是彼此联系的。事物的普遍联系存在于所有事物中，个别性中存在普遍性。了解了这一点，我们就了解了世界观的重要性。它的重要性就在于，要善于从个别性中发现普遍性，并且又能从普遍性的高度看到个别的东西。

有名万物之母

《道德经》说："无名天地之始，有名万物之母。"这是一个充满哲学意蕴的论断。在这里，"无名"，是天地之始，"有名"，是万物之母。也就是说，天地万物产生之前是没有名称的，而有了名称就表明在人的观念中有了天地万物的存在。一个无以名之的东西是不能表明它的存在的。我们头脑中不可能有一个叫不出名称的存在物。

这是一个哲学本体论问题，具体表现为名与实的关系问题。究竟是以实定名还是以名定实呢？如果我们一开始把天名为地，把地名为天，是否天地就因此而易位呢？把太阳称为月亮，把月亮称为太阳，是否被称为太阳的月亮就会普照大地哺育万物，而被称为月亮的太阳就不再发光发热了呢？世界并不决定于名称，世界的客观性取决于我们面对的世界本身，而不是取决于我们对万物的名称。

有些哲学家认为，坚持世界是由语言决定的，世界的客观性问题就不存在，存在的只是我们开始使用什么名称来称呼我们的世界万物。随着名称的改变，人的视野中的世界就会是另一种世界。

有位哲学家就说过，人们一般都认为世界理所当然本来就有的，它的组成部分——如时间和空间、因和果、动物和植物、美国和加拿大等种种范畴——似乎是在我们登场之前很久就预先安排好了的，只待我们去发现，"现实"似乎就摆在那里，对每一个人都显出同样的面貌。总之，它们似乎是不言自明的。可实际上并非如此，我们面对的现实，只不过是我们对面对的现象做出的解释而已。

世界上本来没有美国，是我们把那个国家称为美国，所以才有美国。对于加拿大，是因为我们把那个国家称为加拿大才有加拿大。如果当时称呼不同，它们就可以是别的什么国家。世界本没有玫瑰花，是因为我们把那种植物称为玫瑰花才有玫瑰花。其他以此类推，世界万物的存在来源于命名。如果当初命名不同，我们当今的世界就会完全是另一个样子。

对于不懂马克思主义哲学的人来说，此说颇为有理。至今有些哲学家还坚持这种观点。对马克思主义的唯物主义者来说，事物的客观性是一回事，我们用什么名称命名是另一回事，同物而异名的东西很多，并不会因为名称不同而事物本身发生变化。同一种蔬菜，南方和北方可以有不同的称呼，可菜本身并没有发生变化。四条腿的凳子并不会因为我们称它为狗就会走路。现在一些不良医药经销商就是利用这种把戏，用不同名称称呼同一种药，可药还是那种药，名变而药未变。这叫商业欺骗。一本英国小说中讲过一个故事，一个牧师因为宗教教规规定礼拜六不能吃鱼，可他很想吃鱼，于是他在吃鱼之前不把鱼叫鱼，而称之为别的东西，心安理得地大吃一顿。唯心主义者大概都像这个牧师，以为改个名称就可以改变事物。只有蠢人才会相信，把男人称为女人就可以怀胎哺乳！

世界上的事物有两种，一种是原来就有的，一种是人们创造的。这两种事物在人们的认识和实践中都必然要给予名称。名是用来表示实的。名可以不同，但实并不因为名称不同而发生变化。美国可以不称为美国（美利坚合众国）而取个别的什么国名，玫瑰可以不称为玫瑰而称为别的什么花。总之，世界上所有东西的名称都是人为约定的，定名的原因多种多样。可客观对象本身却依然是那个事物，并不会因为名称不同而发生本质的变化。玫瑰并不因为不称为玫瑰而没有刺，没有香味。世界各国的语言不同，可以用不同语言称呼同一种东西。航海家们在航海中发现许多没有名称的无人荒岛并开始命名，于是世界上出现了以这个名称命名的岛。荒岛原本就存在，并不是实由名生，而是名由实起。无论称之为什么，都照样存在。

但名称并不是没有意义的。命名使世人知道世界上存在这个岛，存在这种植物，存在这种物品。一个没有名称的东西在人的心中是不存在的，更不用说长期存在。从这个意义上说，“有名万物之母”有其合理性。旧中国许多妇女没有名字，当然她们也活着，但永远是一个“无名氏”。除了她的家人或亲戚没有人知道她的存在。

就名与实的关系来说，唯物主义是以实定名，而不是相反。企图通过改变用词而改变事物的本质是不可能的。在当今世界，许多矛盾和斗争都被词语所掩盖。侵略、扩张被称为保护人权，颠覆别国的政权被称为颜色“革命”，总之一切东西都可以找到一个动听的词语。可世界的矛盾并不是词语的矛盾，斗争并不是词语的斗争。事物的本质并不因为用词不同而改变，所谓把握事物的本质，所谓实事求是，就是要重视本质、重视事实，从而揭露用词语层层包裹的虚伪性。如果一个人学哲学连这个道理都不清楚，那就太令人“失望”了。我不太相信广告的真实性，对于所有的广告，我只采取以实证名的办法。

每个人都有一个世界

每个人都有两个世界：一个是宏观的，大家共有的世界；一个是微观的，个人的世界。微观世界是个人的，每个人的家庭出身、人际交往、职业、生活方式、情趣，总之，一切只属于个人的与众不同的生活圈，都可以称为个人世界。不同年龄的人眼中的世界是不同的。风华正茂的人眼中的世界，绚丽多彩，而一个七八十岁的人眼中的世界，可能是另一个样子。每个人都有一个世界，说的就是这种仅属于个人的世界。这种个人的世界既是个人的境遇，又是个人此时此地的心境。一个人的一生，都生活在个人世界中，一切个性都是在个人世界中形成的。只要考察个人的思想、性格，都可以发现一个人与另一个人不同的个人世界。

世界是无限的，而个人世界是极其有限的。你知道那些明星的生活世界吗？你知道当代白领们的生活世界吗？他们的生活、情趣、享受，你知道吗？不知道。因为你没有或者根本不可能进入他们的生活圈子，也就是说我们都彼此生活在自己有限的世界中。这样就可以知道，为什么不同理论家的言论何以如此不同，因为他们是从他们的生活世界来观察生活的。鲁迅说过，煤油大王哪里知道北京捡煤渣的老婆子的艰苦，讲的就是这个道理。

社会学家称生活世界为社会分层，哲学家称之为每个人有每个人的世界。除生活世界不同外，个人的主体世界更是不同。可以说，每个人都拥有一个属于自己的内心世界。这个世界是封闭的，只有对知心人才有可能敞开心扉。

每个人有每个人的生活世界，但人类还有一个共同的宏观世界，即人类的客观世界。个人的生活世界只是这个共同的宏观世界的一个角落。它虽然小到微不足道，但对个人来说是重要的，因为它只属于自己一个人。每个人最关心的是自己的生活世界，因为这是属于他的。但最重要的并不是个人的生活世界，而是共同生活的世界。正如马克思说的，一条被污染的河流是不适合鱼类生存的。自然环境同样如此。生态环境恶化，不利于人类的生存，而不仅是不适于某一个人的生存，所以我们高呼："我们只有一个地球。"社会同样如此。一种不合理的社会制度，有利于统治者而不利于被统治者的生存，这只是暂时的，从长远看，统治者同样会因社会制度的不合理而使自己的内心世界和精神世界扭曲。马克思在论述资本主义社会的异化时就说过，在资本主义社会，凡是在工人那里表现为外化、异化的活动的，在非工人那里就表现为外化、异化的状态。

的确，资本主义社会的私有者，同样受竞争、破产和货币的支配，他们并不自由。在资本主义社会并不是人支配物，而是物支配人。一生为金钱拼搏的人，实际上处于一种异化状态，只是不自觉而已。因此，马克思把无产阶级解放同时称为人类解放。因为消灭不合理的资本主义制度，不仅工人从资本的奴役下获得解放，资本家也从自己资本的奴役下获得解放。不同的是，无产阶级的解放是兴高采烈、自觉自愿的，对于他们来说是盛大的节日，而资产者的解放则是被迫的、不得已的，对于他们来说是令人悲伤的末日。但从整体来说，人类创造了一个人人共有的合理的大世界，从而也就为自己的生活世界合理化铺平了道路。个人的生活小世界只是社会大世界的小角落。

能够想到这个宏观世界的人并不多，人最关心的还是自己生活中的小世界。正如一座大楼中，每个人都精心打理自己的房子，装修得漂漂亮亮，至于门外如何，似乎与自己无关。屋里像天堂，屋外则是垃圾场。这就是生活中的个人主义者。他们没有想到屋外是自己生活环境的一部分。正如社会一样，一种合理的社会制度和优美的自然环境，就是自己生存的一部分。垃圾成堆的河里没有活着的鱼，这个道理同样适合人类的大世界与小世界的关系。可惜有些人就是不知道，房内是自己的，屋外也是自己的。

提高对世界观重要性的自觉意识

毛泽东说过，世界观的转变是一个根本的转变。这说明世界观在人的思想和行为中具有主导作用。重视世界观是马克思主义的传统。马克思主义的产生就是从哲学开始转向经济学研究，从而使社会主义学说由空想变为科学的。不在哲学上发生根本变革，没有一个科学的世界观，马克思主义科学体系是难以建立的。重视哲学也是中国共产党的传统。直到现在，我们党一直强调对广大青年和干部进行树立正确的世界观、人生观和价值观的教育。这是思想理论教育的重中之重。

其实，重视世界观也并非马克思主义所特有的。我最近读了美国学者大卫·K·诺格尔写的《世界观的历史》，书中记述了许多哲学家强调世界观重要性的言论。当然，作者是从宗教的角度说的，目的是张扬基督教的世界观。他说，不同派别的基督徒们开始认识到，人们的信念和行为，以及各种文化现象，往往扎根于并表现了某些更深层次的隐秘的生命原则和人生观，无论他们是否意识到这一点。不仅如此，世界观在教会范围内还具有释义的作用，能帮助信徒理解《圣经》启示的无限维度和包罗万象的意义。在当代文化多元化的时代，要理解我们现在所处的文化旋涡，必须清楚地把握一个核心概念的发展历史，这个概念就是世界观。作者显然是站在基督教的立场，把基督教的世界观作为当代最重要的世界观来论述的。对于这点我们不能赞同，但他强调世界观对观察当今世界、观察人生的重要作用还是很有启发的。

世界观不限于哲学，但世界观的核心是哲学，哲学更离不开世界观。

世界观有两种形态，一种是世俗形态，一种是哲学形态。世俗形态的世界观是经验形态的，是从日常经验的角度对世界的自发认识，而哲学是世界观的理论形态，是以概念、范畴和基本理论的方式对世界的把握，它表现为各种不同的哲学体系。

世界观有广义和狭义之分。狭义的世界观是指对作为世界的本质和规律的普遍性的认识，一般称为本体论；而广义的世界观包括自然观、历史观、人生观、价值观以及认识论和方法论等诸多领域，因为世界不是抽象的总体性存在。现实世界就是包括自然、历史和人的统一体，它必然包括自然观、历史观和人生观、认识论和价值论。

世俗世界观是不自觉的。在日常生活中，随便问一个人：你有没有世界观、人生观和价值观？都会回答说没有，或者说不知道。因为人们缺乏这种对自我精神状态的自觉意识。人，一辈子都离不开世界观、人生观和价值观，但并不知道这一点。这就是哲学上的盲目性。

实际上，世界观并不神秘。住在任何地方的人都了解或至少想了解自己所住的地方，到一个陌生的地方总想了解这个新地方。为什么生活在世界上的人，不想了解自己生活于其中的世界呢？世界观就是生活于世界中的人，试图从总体上理解和把握人自己生活于其中的世界的愿望。世界观产生的缘由并不是由于惊奇，也不是由于精神上有一种内在形而上学的追求，而是由于人类生存或者说实践的需要。当人类处在自然的绝对统治下，受到各种自然灾害的困扰时，人对自然怀着一种敬畏、恐惧的心理，可是人作为能动的动物，又想征服自然，于是产生了神话的世界观、宗教的世界观以及各种天命论的世界观。

神话、宗教，都是人理解世界的一种方式。当人类按照理性的方式把握世界，从世界自身寻找对世界的理解时就产生了各种哲学的世界观。世界观支撑着人对世界的总体理解和理性把握，没有世界观，尤其是没有一个正确的世界观，意味着人对于自己生活于其中的世界是陌生的、不理解的，人在无穷无尽的宇宙面前，在浩瀚无垠的自然世界面前就会茫然失措。哲学世界观就是人类的精神家园，因为它是人类对自己生活于其中的世界的理解。“前不见古人，后不见来者。念天地之悠悠，独怆然而涕下。”就是对无限世界无尽历史的一种困惑。可以说，当人类对自己生活于其中的世界不理解时，就会在理论上、实践上甚至情感上陷于混乱。

人在实践，在生活，或多或少有一些对世界、人生、价值的看法。一些人求神拜佛，相信世界是由神、上帝或命运主宰的，这就是世界观——神学世界观。古埃及的金字塔和中国历代帝王的皇陵中，都有极其奢华的陪葬品，因为他们相信在阴间也跟在人世一样。他们相信有两个世界，此岸的现实世界，彼岸的灵魂的世界。

一些有知识的人，也相信星座，喜欢看相问卜。迷信数字是一种最古老的哲学，全世界许多民族都有，只是迷信的数字不同而已。因为自然规律可以表现为数字，而规律是必然性的，因而规律对人来说就是命运。命运是不可避免的，因而人尽量避开不吉利的数字，欢迎代表吉利的数字。对数字的迷信是对无可奈何的命运的恐惧。

在实际生活中，人的生活态度是各种各样的。有的人拼命赚钱，有的人及时行乐，有的人乐于助人，有的人拼命向怀里捞钱；有的人见义勇为，有的人只扫自家门前雪，不管他人瓦上霜；有的人一当上官就贪，大贪特贪，有的干部廉洁自律，全心全意为人民办事。各种各样的生活态度，折射出不同的人生态度。

对人的行为的评价、对事物的评价，每天都在进行，其标准就是价值判断。人的行为特点是有选择性的，愿意做这件事而不愿做那件事，这种愿意不愿意就是选择，其中就包括价值评价。只是有时是公开的，而大多时候是无声无言的。不管以什么方式，价值观是人的实践和认识中的内在要素，只是人们并不自知其为价值观而已。

任何人都会对世界有看法，但不能说都有关于世界观的哲学学说。哲学是关于世界观的学说，正如人生哲学是关于人生的哲学学说，价值哲学是关于价值的评价和选择的学说一样。可是当一个人对世界、人生、价值进行自觉思考并形成有条理有论证的观点时，这种世界观、人生观和价值观就进入了哲学领域。哲学的功效，就是帮助人们摆脱对世界、人生、价值认识的无意识状态，树立正确的世界观、人生观和价值观。

哲学自觉非常重要，实际生活中自发的唯物主义世界观，由于缺乏理论支撑，在碰到比较复杂的现象时，往往容易动摇甚至陷于唯心主义的泥坑。人生观也是如此。即使人生态度比较正确，如果没有一个自觉的坚定的人生观，在遇到地位变化或遭遇挫折时，都会使原来朴素的正确的人生态度发生急剧的变化。有些干部出身农村，未提拔前表现优秀，可一旦居于高位，就会逐步发生变化，甚至堕落成罪犯，原因就在于此。价值观同样如此。当我们说一个人说话的口气变了，看问题的角度变了，屁股越坐越歪，就是因为价值观发生了变化。原来朴素的价值观变为为某种特殊利益辩护的价值观。在生活中必须有坚定的世界观、人生观和价值观，才能保持正确选择的坚定性和连续性。“任尔东西南北风，咬定青山不放松。”

从事任何工作，要成为一个有理想信仰、有远大眼光、人文素养高的人，就要在世界观、人生观和价值观上摆脱自发的无意识状态，努力提高学习哲学的自觉性。

哲学主体与濠梁之辩

在西方哲学发展史上，笛卡儿的巨大功绩是确立了人的主体地位，在机械唯物主义与近代唯心主义主体论之间架设了思想桥梁。当然，他也带来了关于主体性的无休止的争论。

中国没有从机械论向主体论转向的问题。中国哲学从来就重视人在天地间的地位，倡导“赞天地化育，与天地同参”的哲学观念。但如何看待人的主体地位，同样存在争论。因为人与外界的关系是一种普遍性的关系，任何人都无法在自己的实践和认识活动中把主客关系一笔勾销。庄子与惠施著名的濠梁之辩，虽是故事，但很有哲学价值。

庄子与惠施同在桥上观鱼。庄子是辩方，首先说，你看鱼游得多从容，多快乐呀！

惠施反驳说，你又不是鱼，你怎么知道它快乐不快乐。

庄子说，你不是我，你怎么知道我不知鱼快乐不快乐。

惠施回了一句，是的。我不是你，不知道你，但你不是鱼，你也不可能知道鱼呀！

实际上，这种争论可以反复驳辩，不断继续下去。只要执着于我（个体）是唯一的主体，人与人之间不可能沟通，我就是我，就是一个永远扯不完的棉花絮。

人不是孤立的原子，人是一个整体。虽然人的存在方式是个体，但是现实的个体，是处于社会关系和社会交往中的个体。人有交往、语言、行为，在这个意义上，人是开放的。尽管人的思想、情感、感受可以隐蔽起来，人可以作假，可以伪装，所谓知人知面不知心，或者说人心难测，但这不能成为人根本不可能相互了解的屏障。

人是主体，但人是社会活动中的主体。因而个体不是唯一的主体，还有群体。人与人之间的相互了解存在于群体活动之中。人通过语言、活动、交往，可以相互了解，否则社会中的一切活动不可能进行。我们可以根据一个人的语言和行为来观察他们的内心世界，孔子说的“听其言，观其行”就是这个意思。

至于鱼快乐与否，当然是以人的心情为标准的。用快乐来形容鱼的状况，本来就是按人的经验说的。人在快乐时会手舞足蹈，而不痛快时会沉默无语。这种移情作用在古人的诗词中俯拾皆是。小鸟歌唱、鲜花怒放之类，在小学生的作文中都可以看到。至于“感时花溅泪”、“无赖春色到江亭”之类，表达的更是人的心绪。

我们面对的是两个世界：一个是人与人的世界，这是人的实践和交往世界，我们通过实践、语言、交往，可以相互了解；一个是人与物的世界，如果是物的本性，可通过科学解释，如果是以物抒情，则是人自身情感的折射。

庄惠之辩启示我们，绝不能把主体性变为个体性，变为彼此封闭的、没有窗口的单一个体的主体性；而在人与物的关系上又不能忘记审美世界的广阔性和多样性。尼采说过，在植物的眼里，整个世界就是一株植物；在我们的眼里，它则是人。

人是用人的眼睛看世界，才可能产生审美中的移情。但哲学世界、物理世界、审美世界面对的是同一个世界，只是观察的视角不同，主体所见不同，而不是世界不同。因而同一个世界，可以表现在多种多样的社会意识形式之中。

唯物主义的哲学结论需要有科学的支撑

物质第一性，意识第二性，是所有唯物主义哲学家的共识。其中大脑是思维的器官，又是最重要的。医学常识和人们的日常经验都可以验证，一个大脑有病的人不能进行正常思维。

唯物主义哲学虽然主张大脑是思维的器官，可大脑究竟如何思维，总是说不清。意识是被移入人们的头脑并被改造过的物质，可物质如何被移入人的头脑，如何被变为知觉与概念，也说不清。这些说不清，削弱了唯物主义关于物质第一性意识第二性的科学性。

的确，在宇宙的所有物体中，大脑是最复杂的结构。人的进化是在劳动中进行的，而进化的最美之花是大脑。人为万物之灵，其中最重要的是人有不同于其他动物发展水平的大脑。可人在对世界的认识中，对大脑的认识又是最薄弱的。因为它的结构太复杂，有人说人脑中的神经细胞多得如同银河系中的恒星。对大脑如何进行信息编码、记忆、储存和读取，为什么会做梦，等等，都不很了然。庸俗唯物主义说意识是大脑的分泌物，如同胆分泌胆汁一样，这一说法已成为哲学史上的笑柄。

最令人奇怪的是，人的大脑结构相同，可想法却是多种多样的。即使处于同一环境，面对同一对象，却可以做出不同的甚至相反的决定。这说明决定人的意识的不是大脑，而是别的因素。大脑只管加工，它如同机器。机器自身不会产生任何思想，一切取决于原料。可为什么大脑这个机器会塞进不同的原料呢？为什么用料相同，出来的成品却会不同呢？这是个极其复杂的问题。

大脑可能接触什么样的材料，取决于人们的实践；在同样条件下的实践，面对同样的对象，结论却迥然不同，则取决于人们不同的立场、思维方式以及已有的知识。天赋观念是没有的，但人的头脑的确不是一块白板，而是具有编程能力的接收器。这种编程能力实际上就是人在生长过程中积淀的知识，以及在家庭、社会、人际交往中积累的有形和无形的影响。

人一生下来就已经处在社会化的进程中。个人在成长中形成的思维方式，不断获取和积累的知识，对人的一生都会有巨大的影响。人要改变已有的认识，这无异于一场思想革命。一个能日新又日日新的人，就是能不断放弃原有错误认识的人。孔子说，自己行年六十而知五十九之非，今日之我而非昨日之我，这是很了不起的。这也是为什么我们强调解放思想，并且要继续解放思想的原因。

大脑既然是思维的器官，是不是如同机器有先进和落后一样，也同样有天才与蠢材之分呢？这确实是个问题。孔子不承认自己是生而知之的天才，而是学而知之的人，可又说唯上智与下愚不移，人还是天生有上智与下愚之分的。这说明他对这个问题也游移不定，没有说清楚。

大脑的区别似乎难以否认，确实有一些智力不同于一般小孩儿的超常儿童。爱因斯坦的大脑至今仍保留在医院中供研究，似乎也没有发现与常人有特异之处。有些人天生思维能力强些，有些人的某种感受器官，如对音乐或对色彩的辨别力强些，这种差异性肯定存在。世界上没有两片相同的树叶，为什么不能有两个有差别的大脑或感官呢？尽管染匠对色彩的敏感性，钢琴制造者或调音师对音色的辨别，都比普通人强些，其中可能有先天的因素，但主要还是专业实践的结果。

有些人聪明些，有些人迟钝些，有些人音感强，有些人没有音感，差异肯定存在，但绝不会有生而知之的人。天生的圣人是没有的。

况且先天条件的优越与否，对人的发展并不是决定性的条件。王安石的《伤仲永》就是一个典型例子。按现代标准，方仲永可算是个“天才”，小小年纪，“指物作诗立就，其文理皆有可观者。邑人奇之，稍稍宾客其父，或以钱币乞之。父利其然也。日扳仲永环谒于邑人，不使学”。结果这个天才人物，成年后“泯然众人矣！”所以王安石发了一通议论：“仲永之通悟，受之天也。其受之天也，贤于才人远矣。卒之为众人，则其受于人者不至也。彼其受之天也，如此其贤也，不受之人，且为众人。今夫不受之天，固众人；又不受之人，得为众人而已耶?”王安石的看法很正确，既承认智力的差异，又不把它绝对化。大脑条件再好，假如不学习，照样“泯然众人”。

进化论的创造者达尔文是伟大的科学家。可他就坦承自己不是天才，认为自己既没有极其敏锐的理解力，也并非十分机智。当然，作为一位伟大的科学家他有自己的成功之处。他说，他的成功的最主要因素是热爱科学，思考任何问题都有无限的耐心，在观察和收集资料方面，则勤奋努力，还有相当好的创造发明的本领和合理的想法。可见，达尔文并不认为自己是天才，他的成功来自于努力和勤奋。

只要稍微懂点人类认识史就可以发现，人的认识具有明显的时代制约性，即使是所谓天才人物也同样如此。歌德在讲到莎士比亚时说，莎士比亚的伟大多半要归功于他那伟大而雄伟的时代。歌德所说的时代制约性，在马克思主义看来，本质上就是实践的制约性，因为时代的真实内容就是那个时代达到的实践水平。

即使时代相同，如果智力非凡的人物脱离他那个时代，离群索居，照样会使他的才能得不到完美的发挥。恩格斯曾以费尔巴哈为例，认为费尔巴哈在 19 世纪 40 年代恢复了唯物主义的王位，可始终没有跨越旧唯物主义的樊篱，在历史领域中仍然是唯心主义者。恩格斯说，在社会领域中，费尔巴哈本人没有“前进”，没有超过自己在 1840 年或者说 1844 年的观点，这主要是由于他的孤寂生活造成的。

可见，所谓真正的天才，需要三个条件：一是正常或超常的智力，二是时代条件所达到的水平，三是本人的努力和与社会生活的密切联系，三者缺一不可。爱因斯坦只能产生在牛顿之后，绝不可能产生在牛顿之前。即使有爱因斯坦的大脑，如果生在原始社会也只有野蛮人爱因斯坦，绝不可能是相对论创立者的爱因斯坦。大脑并不具有决定意义。

艺术家也是这样。艺术需要时代条件，需要社会生活和社会交往，当然也需要才情，离群索居成就不了大诗人。古代有些诗人是成名后才隐居的，而不是因为长期隐居而成为诗人。离群索居可以成为野人，而不会成为诗人。王维的《终南别业》曰："中岁颇好道，晚家南山陲。兴来每独往，胜事空自知。行到水穷处，坐看云起时。偶然值林叟，谈笑无还期。"王维成名之后才可能有此诗才，有此心境，才有"别墅"可居，才有此等逍遥飘逸宛如得道真人般的诗句。如果从来就隐居或在农村耕田种菜，就不会有盛唐著名诗人王维，而只有老死穷乡僻壤不知其名的亿万农夫中的一位老农而已。

人，需要实践，需要交往，需要学习，天才人物同样如此。光凭一个好脑袋是不行的。古今中外，没有一个有成就的人物是只靠大脑成名的。大脑只是思维的器官而不是思想的源泉，这条唯物主义真理不能忘记。

唯物主义不是“唯脑”主义

尼采曾就哲学与科学的关系说过，哲学不会生长，并不随着其他科学的发展而发展，即使在某些领域，渐渐落入科学之手时也是如此。赫拉克利特永远不会过时。哲学是超经验界的创造，是神秘冲动的继续。我认为，这种说法并不全面。认为哲学的智慧不会过时是对的，科学无论怎样发展，中国的老庄孔孟、西方的苏格拉底、柏拉图、亚里士多德，以及其他的著名思想家的智慧仍在哺育后人。但不能由此得出结论，哲学与自然科学无关。实际上，自然科学的新发现往往离不开哲学思维的催生，而哲学的新结论同样离不开自然科学成就的推动。在人类思想史上，哲学与科学是相互推动、相互促进的关系。当然，也有不正常的时候，如哲学企图代替科学，自称为科学之科学，认为以往的一切科学结论都来自于哲学，或者科学企图消灭哲学，把哲学变为实证科学。但这种情况不会成为主流，因为会受到来自哲学与科学的双重反击。

在哲学史上以及在实际生活中，唯物主义遭到的曲解最多。一些哲学家头脑中的唯物主义是歪曲的，是哈哈镜中的唯物主义。他们认为，唯物主义不能成立，因为人的生理、身体并不具有意向性，可是人的思维具有超意向性，人可以超越当前而憧憬未来，可以为理想而牺牲，可以拥有各种各样的知识，可这些没有一样可以用人的生理来解释。人的思想是超越人的生理的，所以唯物主义是不能成立的。

这已经是老而又老的论据。恩格斯早就驳斥过，唯物主义承认大脑是思维的器官，没有大脑任何人都不能思维。人，只能用大脑思维。思维是大脑的机能，这是唯物主义的原则，也几乎是生活的常识。

可是唯物主义并不是只在人的生理与心理、肉体与灵魂的范围内考察人的思想。大脑只是思维器官，它并不能决定人的思想。从秦始皇到现在两千多年，人的思想变化很大、社会风俗变化很大，可人的大脑结构并没有变化，并不是由于大脑生理的进化导致人的思想和知识文化的进步。人，从变成人以后，生理的变化很小很慢，可人的思想变化很快。在革命时代和社会转型时期，简直是翻天覆地，可大脑的结构“依然故我”。把大脑决定思想说成是唯物主义的观点，这是误解或者说是丑化。这种唯物主义有过，就是庸俗唯物主义，曾受到马克思和恩格斯的痛斥。

人的思想并不是来自大脑。大脑只是思维器官。狄尔泰在讲到歌德时说，只要没有人认为，通过歌德的头脑结构或身体属性就可以推导出其激情、诗歌能力和智性反省，歌德就会变得更容易理解。显然，在狄尔泰看来，歌德的文学才能并不产生于他的大脑的特殊结构，而是他的时代。

马克思主义强调大脑只是加工厂，没有原料是不可能加工的。所谓原料，就是每个人从所处的社会中得到的各种信息。社会不同，生活方式不同，人的思想观念也会不同。尽管大脑生理结构未变，但由于社会存在发生了变化，人的思想也同样会发生变化，这叫社会存在决定社会意识。这是唯物主义的反映论原则，在历史领域中就是历史唯物主义的基本原则。所以，从秦始皇的时代到当代，中国人的大脑结构未变，可人的思想发生了巨大变化。而这个变化与社会存在的变化是不可分的。我们读一本名著，不仅可以读到作者本人的文采和思想，还可以读到他的时代。一本名著读不出作者所处的时代，肯定成不了传世之作。

唯物主义不是大脑决定论。在当代，由于科学技术成为第一生产力，知识分子的地位发生了重大变化。重视科学家，尊重知识分子，尊重脑力劳动，已成为社会的共识。但绝不能由此得出结论，科学技术的发展决定于科学家的大脑，一些伟大科学家的卓越成就是因为他有一颗不同于常人的大脑。

人的天赋或智商会有差异，但任何科学家的成就绝不可能超越时代的要求和条件。中国当代科学的成就，与中国社会的变化、生产的发展和经济实力的提升是不可分的。科学救国是中国多少代科学家无法实现的梦想，如今可能变成现实，这并不是因为科学家们的大脑一下子都变得比他们的前辈聪明，关键是社会存在的变化。唯脑主义不是唯物主义，而是貌似唯物主义的唯心主义。

马克思主义唯物主义坚持唯物主义的基本原则，否则就不是唯物主义。但它又不同于旧唯物主义，在存在与思维的相互关系中，把反映论原则上升到了一个新的高度；不仅反对唯脑论，也反对机械反映论；承认存在决定思维，但存在不会自动进入到人的思维中。是人向存在走过去，而不是存在自动向人走过来。走过来，是消极接受；走过去，是能动改造。人是在改造世界，是在改造自然、社会和人自身的过程中，不断获得知识的。

人是在实践基础上认识外部世界的，因此存在被反映到人脑中必然是一个复杂的过程。马克思说过，人的感受性具有人的而不是动物的性质，同一个对象在不同的个人身上会获得不同的反映，并使自己的各个不同方面变成同样多不同的精神性质。

人是按照人的感知方式来认识对象的，人把对象移入人的大脑中并加以改造。对象的“被移入”和“被改造”非常重要。“被移入”是人在实践中把对象移入人的大脑，对象的哪个方面被移入，可以因人而异因时而异，这就是认识的选择问题；“被改造”表明对象以什么样的形态呈现于人的观念之中，可以因人而异因条件而异，这就是认识的重构问题。对象的特性存在于客观事实之中，选择与重构存在于主体的认识行为之中。这两者的区别，是形成同一对象多种认识的原因。

选择与重构属于反映论的范围，是人类的反映的能动性的体现。人的认识不是照镜子，说的就是这种特点。人们常说脸丑不要怪镜子，镜子不会选择与重构，而人的认识则不同，所谓情人眼里出西施，就包含着选择与重构。至于拍艺术照，照片往往比本人漂亮得多，这不是照镜子而是摄影者选择与重构的结果。摄影器材只是起中介工具的作用，起支配作用的是摄影者的审美观点和摄影技巧。这实际上还是一种选择和重构。

由于反映中存在选择与重构，因此唯物主义反映论总是不断遭到责难。如果把选择与重构从反映论原则中独立出去，人的认识就会完全是主体的创造。这种选择与重构就会成为唯心主义的藏身之处。实际上，任何选择，都是有对象的选择，而不是无对象的选择；一个植物学家眼中的世界不同于动物学家眼中的世界，天文学家眼中的月亮不同于诗人眼中的月亮。这是反映的选择性，可他们所看到的都是现实世界的一个方面，只是着眼点不同而已。重构也一样，观念的重构是在观念中自行拆卸、组装或再创造。它不可能无中生有，画神画鬼，无非是脖子长三分或面目狰狞而已，千手观音无非是比人多些手罢了。

艺术中的创作更为复杂，它需要想象力和创造力，但任何艺术品都有其创作源泉，它在生活中同样存在可供想象的对象。任何选择与重构都有原型，只不过是放大或缩小，对对象进行再创造而已。中国的国画中既有齐白石画的白菜、小虾，又有无特定山水名称但仍然是以山水为蓝本的山水画。选择与重构受对象本身的客观性与认识主体的感知方式的影响，不是绝对自由的天马行空。在不同的历史条件和文化背景下可发现人的选择与重构具有差异性，在相同的历史条件与文化背景下可发现人的选择与重构具有共同性。这说明人的认识与选择是有规律可循的，也是有原因可找的。这个规律和原因归根结底不能超越反映论原则。

能动的反映论，表明人的认识有一个不同于动物的主体。这个主体就是自我。动物是纯粹本能的活动，只有人才有自我概念。人能自我审视，有自我意识。因此，哲学家们都重视自我。唯心主义如此，辩证唯物主义更是如此。

什么是自我呢？说法各异。唯心主义者认为自我是灵魂和观念，旧唯物主义者则强调人是自然存在物，自我是人的身体。两说均难成立。没有肉体的观念、思想，无所依附，不可能成为主体；单纯的肉体，没有观念、思想，也不可能是自我。如果只强调观念是自我，那就没有我。因为观念和思想总是处于不断变化中，今日之我非昨日之我。如果只着眼于肉体，那就只会看到人的生老病死而没有看到人的观念的变化，人与动物无异。其实，人作为自我是处于一定社会中的肉体与观念的统一体。人是实践着的能思维的动物。

中国哲学与西方哲学关于自我的论述的侧重点不同。西方哲学重认识论，因而重视认识过程中的主客体关系，强调的是认识主体；而中国哲学重伦理，重修养，因而重视主体自身的道德完善，强调的是道德主体。儒家强调正心诚意，以修身为本。修、齐、治、平，修身居首位。

道家同样重视自我，但强调的不是道德修养，而是个人智慧的培养。老子在《道德经》中强调“自见者不明，自是者不彰，自伐者无功，自矜者不长”，认为“知人者智，自知者明。胜人者有力，自胜者强”。老子提出要自知、自明、自胜、自强，不要自见、自是、自伐、自矜。这一系列观点蕴含着非凡的智慧，比单纯强调主体性的哲学更具生命力。

在一定意义上可以说，人最大的敌人是自己，最难战胜的敌人也是自己。自见、自是、自伐、自矜的人在社会中太多。人最难的是自知，最重要的也是自知。知道自己的缺点就是优点，只知道优点就是缺点；过分执着于缺点就会自卑，过于看重自己的优点就会自傲。

人最难战胜自己，比战胜敌人还难。坏习惯一旦养成，就会按照坏习惯生活，虽明知其坏，也很难纠正。习惯支配一生，直到死去。我曾有三十多年的烟龄，费尽牛劲反反复复才算戒掉。自胜者强。一个没有决心战胜自己的缺点和坏习惯的人，终究很难有成就。所以，哲学要讲主体性，要重视中国哲学这种自知、自明、自胜、自强的主体性。这是够人一辈子受用的智慧。

唯心主义何以“万岁”

这不是对唯心主义的崇拜，不是对唯心主义三呼万岁。这是规律。无论对唯心主义是赞成还是反对，欢迎还是拒斥，它都是不会消灭的，在哲学领域中，只有唯物主义而没有唯心主义是不可想象的；在实际生活中，人们都已进入绝对自由的境界，而不会因为新的奥秘而陷入新的迷信，这不可能。

原来以为科学越发展，宗教领域会越缩小，事实正好相反，宗教与科学齐头并进，教堂里的人越来越多；原来以为科学越发展，唯物主义的基础越牢固，可实际上在科学迅速发展的 20 世纪，西方各种带有唯心主义色彩的流派反而更多。科学技术的发展逐步把人的主体和主体性抬到至高无上的地位。

为什么会这样？抛开社会原因不说，也不专论列宁关于唯心主义认识论的根源，仅从人与世界这一永恒的关系来看，就可以明白其中的道理。

人类面对的世界是人的世界，而人是不能脱离世界的人。只要有人类存在，人与世界就处在一种不可分离的关系之中。人是用人的眼睛观察世界的。既然人是用人的感官来感受世界，用人的理性来把握世界，各种各样的唯心主义就在对人的主体性的片面理解中得出了唯心主义结论。恩格斯曾经说过，唯心主义停留在纯粹的主观领域，而不去研究任何其他的、比较疏远的、不从属于思维的根源。在他们看来，任何人的行动既然都是通过思维进行的，最终似乎都是以思维为基础的。

如果一切都要通过人的感觉和思维，那么人的感觉和思维就是最终的依据，根本不可能有唯物主义。自古以来的唯心主义都是这样论证的。无论中国还是西方概莫能外。中国哲学的吾心即宇宙，宇宙即吾心，心外无物，心外无理，就是这样论证的。王阳明说："人者，天地万物之心也。心者，天地万物之主也。心即天，言心则天地万物皆举之矣。"普罗泰戈拉说，人是万物的尺度，存在时万物存在，不存在时万物不存在。贝克莱说"存在就是被感知"，叔本华说"世界是我的意志"，海德格尔说"人是世界澄明之窗"，如此等等，道理都是一样的，即作为主体的存在，使世界万物存在的客观性成为不可能。一切都要经过人的感官和头脑，因而一切都成为主体的产物。世界成了头脚倒立的世界。

尼采也没有超出这种唯心主义论证方式的窠臼。我们可以引用几段话来证明这一点。他认为，在植物眼里，整个世界就是植物，在我们眼里，它们是人。人们希望认识物自体，但却只能认识他所认识的这个世界。认识只有作为按照某个标准（感觉）反映和量度自己的过程才是可能的。我们无法像世界所是的那样思考事物，因为我们根本就不能思考它们。自然既无所谓形状，也无所谓大小。只有在认识者眼中，事物才有大小，如此等等。道理只有一个，只要世界是人的世界，是人眼睛中的世界，就无法改变一切存在都要经过人的感官和思维才能被人掌握的这个事实，因而唯心主义就有永远存在的理由。

问题出在哪里？如果我们单纯停留在人与世界的关系中来思考世界的客观性，就永远摆脱不了唯心主义。唯心主义是不可能单纯依靠主体的理论思维和逻辑论证就能驳倒的。我们无法单纯在理论范围内证明世界的客观性，证明唯物主义的正确性。马克思说过，人的思维是否具有客观的真理性，这不是理论问题，而是一个实践的问题。人应该在实践中证明自己思维的真理性，即自己思维的现实性和力量，自己思维的此岸性。关于思维——离开实践的思维——的现实性或非现实性的争论，是一个纯粹经院哲学的问题。

一切唯心主义包括尼采提出的问题，其实都可以在实践中得到解决。人不可能从非人的眼睛中看待世界。我们只知道在人眼中狗是什么模样，我们永远无法知道在狗眼中人是什么模样。但我们知道，狗能正确辨别生人和熟人、主人与非主人。

对于人的实践和认识来说，我们并不需要知道在其他动物眼中世界是什么模样，我们只要准确地知道，在人眼中世界是什么模样就够了，因为这种认识能满足人的生存实践的需要。这种认识的正确性是能从人的实践中得到证明的。认识只能是人的认识，因而人的认识标准也只能以人的实践为标准；人能按照事物所是的那样思考事物，因为事物“所是”就是我们在实践中能获得预期效果的“所是”。认识在实践中的成功，就是对思维中关于事物“所是”的证明。

世界万物有大小之分，它并不依赖主体。人的判断只是比较事物的大小，而不是在思维中构建事物的大小。一幢六层楼房放在十八层的塔楼边是小楼，放在平房边则是高楼，这只是比较的参照系不同。如果把六层楼房放在十八层的塔楼边，孰大孰小是客观的，不可改变的。同样把它放在平房边，道理也是一样的。大小是客观的，只是比较的参照系不同，才会产生大小不同的答案。

要堵塞通向唯心主义的道路，必须坚持实践的观点。可要坚持实践的观点，又必须坚持唯物主义。一个哲学家只要坚持唯心主义，就无法单纯从理论上驳倒它。当然，随着人类社会的发展和科学的进步，唯心主义的新说法会越来越精致和严密，各种新流派会层出不穷。但道理都是一样的，只要它坚持唯心主义，就必然要否定世界的客观性和实践的验证性，单纯栖身于认识的主体之中。

天地有大美而不言

我不知道应该如何来评价西方哲学包括西方马克思主义的一些观点，例如卢卡奇否定自然辩证法，施米特否定非社会的自然概念，以及我们国内的一些学者步西方哲学家思想的后尘持有类似的看法，把承认世界观物质性称为本体论的思维方式而予以否定。此外，否定美的客观性，将美与审美完全等同，因而世界无美丑之分，美丑之分，存乎一心，这样，我们面对的世界完全是由主体决定的世界，是非、善恶、美丑，完全决定于主体自身。

我很怀疑这种学说，难道我们打倒了上帝，又要把人送回原来上帝的位置吗？人是创造性的动物，但不是万能的创造主。人的行为要受各种条件制约。连着力倡导“世界在你心中”的哲学家都说，个人永远是受制约的，不论是在印度或任何一个国家都是一样，人永远都受到社会、文化以及整个思想结构的制约。人的创造是在一定条件下的创造，因而人在任何时候永远都会面对一个客观的限制自我的世界。人首先得承认这个世界的限制，才有可能逐步超越这个限制。人始终处于现实性与超越性的统一之中。

庄子《知北游》中的一段话，很值得我们玩味。他说：“天地有大美而不言，四时有明法而不议，万物有成理而不说。圣人者，原天地之美而达万物之理。”撇开庄子借以立论的无为思想暂且不论，仅就这些思想本身来说，真是妙极！

天地有大美，四时有明法，万物有成理，这说明，世界确实是个客观的世界。谁能“原天地之美而达万物之理”，就是圣人。圣人不是无所不知的神，“大圣不作，观于天地”，没有天地为大美、明法、成理提供依据，也就不可能有圣人。

“四时有明法，万物有成理”是个重要的哲学命题，赞成者很多，但反对者也不少。马克思主义的唯物主义是现代唯物主义，这种现代唯物主义并不是一些人理解的否定自然界的独立性，把自然界完全融入社会概念中的所谓新唯物主义。事实上，自然界在人类以前就存在，在人与人类社会产生以后仍然存在。不同的是，人和人类社会的产生，意味着自然界的二分，一是人化的自然，一是自在的自然。自在的自然仍然存在，不断人化，这个过程永远不会结束，因此人类永远面对的是两个自然：人化自然与非人化自然。非人化自然处于优先地位，它是水库，人化自然则是引水的水渠。没有水库，水渠不可能有水，所谓人化自然就是一句空话。

“万物有成理。”自然辩证法是自然界自身固有的，把辩证法限定在社会范围内，只承认人学辩证法、实践辩证法、社会辩证法，而不承认自然界的运动同样受辩证法的支配，这是矛盾的。区别在于自然界的辩证运动是无意识的，是自然界物质载体的自我运动。不承认这一点，就是不承认物质与运动不可分，不承认没有离开物质的运动和没有离开运动的物质。

当然，思想前卫的人们可以不承认，可是自然界不会答应。自然界没有辩证法，就不会有春、夏、秋、冬的四时运转，不会有风雨雷电的天气变化，不会有日月的阴晴圆缺，人（作为自然存在物）就不会有生老病死。各种物质运动形态（机械运动、化学运动、物理运动、天体运动、生物运动等）的存在证明，社会辩证法不是唯一的辩证运动形态。我们可以说，自然界不存在相互联系和相互制约的辩证关系，就不会有生态环境的恶化和人类生存的危机。生态危机就是对人类破坏自然辩证法、破坏人与自然唯物辩证关系的惩罚。

天地有大美而不言，可能反对者不少。因为在一些人看来，美，离不开审美主体，如马克思就说过，没有音乐的耳朵就没有音乐。所以，美就是审美中的美。如果这样，美丑之分只能是主观的。情人眼中可以出西施，在每个情人眼中，自己的女人都是西施。这只能说是情感而不是美感。我就不相信白发相对的老年丈夫眼中看到的仍然是西施，而不是终生断守的老伴。人的情感是变化的，昨天爱得要命的“西施”，可能会分手而成为今天的路人、仇人。其实对象并没有变，变的是情感。所以，在我看来，情人眼中出西施之类的论断，不是审美，而是审情。

我一直认为，美是多样的。各种艺术品，是人类创造的。这是劳动创造的美，它们具有时代的、民族的甚至个体的特性。这种美与创造者的审美观不可分，也与时代和民族的文化背景不可分。一个时代或民族认为美的艺术品，在另一个时代或另一个民族也可能会得到认同，但程度肯定会不一样。这种差异性，不从社会历史的变化中很难得到合理的解释。

“天地有大美”的论断我认为是正确的。马克思并没有说没有音乐感就没有音乐之类的话，相反强调只有音乐才能激起人的音乐感。对于没有音乐感受的耳朵来说，最美的音乐也毫无意义，因为它们不是对象，我的对象只能是我的一种本质的确证。从这句话中得不出美完全是主观的结论。因为音乐感还是由音乐激起的。我不相信贝多芬和舒伯特的乐曲与其他任何一个三流甚至不入流的作品一样，会激起同样的音乐感。除非自己的父母听自己心爱的宝贝弹琴，才会这样。这不是听音乐，而是爱。

马克思从来没有否定美的客观性，他说过忧心忡忡的穷人甚至对最美丽的景色都没有什么感受；贩卖矿物的商人只看到矿物的商业价值，而看不到矿物的美的特性。可见，马克思还是承认景色有美与不美之分的，把美和审美区分开来。美的特性具有客观基础，而审美能力具有主体性。没有审美能力就不能创造美（艺术品），也不能发现美（人为的或自然的）。

自然界的美的价值是不能否认的。自然界生态环境的恶化，不仅破坏人的生存环境，也破坏人的审美环境。人面对巍峨的泰山可以产生崇高感，但面对一个小土包绝不会这样。面对一条臭水沟与面对西湖产生同样的美感，除非神经不正常，绝不会有此事。我就不相信张孝祥的《念奴娇》中的“玉鉴琼田三万顷，著我扁舟一叶。素月分辉，明河共影，表里俱澄澈。悠然心会，妙处难与君说”这样美妙的境界，不是月夜过洞庭而是面对小河小溪能产生的感受！美既要有具有美的特性的对象，又要有审美的眼睛，两者缺一不可。

辛弃疾说：“自有渊明方有菊，若无和靖便无梅。”这是就审美角度说的。陶渊明的采菊东篱、林和靖的梅妻鹤子，是一种艺术和生活的意境，但若没有菊与梅的植物学的独特特性，可能很难产生这种情感和美的欣赏。这与张孝祥词作中的哲学意义是相同的。没有客观对象特性的引发，便没有美的主体意境。

所以我从原天地之美、析万物之理中得出的一个结论是，一个唯物主义者也应该具有这种精神，不能认为美在天地之外只在头脑中，理在万物之外只在心里。心外无理是错误的，心外无美是片面的。境则心造，在我看来是唯心主义的命题。

播糠眯目，天地易位

“播糠眯目，天地四方易位。”这本来是庄子用来反对儒家提倡仁义道德，认为它迷惑人心，乱莫大焉，仿佛米糠飞进眼睛里，连方向都搞不清楚。我“断章取义”，从这句话中悟出另一个哲学问题，即关于感觉器官和感觉是否可靠的问题。这是一个关系到世界客观性的哲学大问题。

感觉在哲学中争论最大，久而难决。唯物主义与唯心主义、感觉论与唯理论，都围绕感觉的性质、作用、地位进行过争论，至今依然。这个争论最终会归结到世界的客观性问题上。罗素说过，我们可通过多种途径探讨哲学，但最古老而经历最多的途径则是通过对感官世界的实在性的怀疑所走的那条路。

世界可能是客观的吗？各种感官所形成的世界就是客观世界本来的面目吗？一个色盲眼中的色彩是真实的吗？我们可以假定大家都是色盲，难道原来的世界不会发生变化吗？青草不再绿草如茵，花卉不再万紫千红，整个世界为之“变色”。

当然我们还可以再假设：没有听觉，世界是无声的世界；没有味觉，所有的食品都是没滋没味的东西；诸如此类。假如认为感觉都属于主体，可以把它与客体相剥离，我们可能要回到佛教“色即是空，空即是色”的本体虚幻的境界。

说到感觉，绝不能忘记贝克莱。因为他关于“存在就是被感知”和“物是观念的复合”的观点太经典了，无法绕过。贝克莱强调，关于对象的感觉存在于观念中或者说存在于人的心里，例如苹果的香味、颜色、形状，都只能是由观念去感知，只能存在于人心之中，在人的感知之外不存在苹果。以此类推，我们可以说凡物都存在于心中，因为凡物的存在都离不开人对它们的感知。这就是唯心主义的逻辑，它把物和人对物的感知合二为一。

人不能离开感受感知物的存在，与物的存在是不是依赖感知，这是两码事。凡物必先存在才可能被感知，而不是由于感知才存在，这本是常识和日常经验，唯心主义却完全把它倒过来了。罗素就不完全同意贝克莱的这种说法。他同意感觉依存于主体，但不认同感觉只存在于人心中，把感觉和对象分割开来。

实际上，人们的各种感觉并不是对相关观念的感知，并不是红来自红的观念、甜来自甜的观念。颜色并非单纯来自视觉，甜味并非单纯来自味觉。白糖可以吃出甜味，可啃石块是啃不出甜味的。感觉是客观世界性质的主观映象。没有客体，就不会有关于客体的感觉，当然没有感官，即没有进入主体的通道也不可能产生相应的感觉。任何感觉都有“源”。一定频率的电磁波作用于视觉器官，才会产生颜色，一定频率的空气振动作用于听觉器官，才会有声音，其他如味觉、触觉、嗅觉，都是一定物质运动方式作用于相应器官的结果。

感觉不仅属于主体，而且是客体作用于感官的结果。一块石头猛砸脑袋和用一张纸片砸脑袋不会产生同等程度的痛感，把手放进火里烧和把手放进凉水里不会产生同样的感觉。

有人会说，痛是人的感觉，如果用石头砸木头，木头就不会痛。是的，木头不会痛，但用石头砸木头和用纸片砸木头的效果是一样的吗？不信你用石块和纸片分别砸砸自己的家具试试看？只有弱智者才不知道重力的大小来自客体自身的特性。木头不会痛，但它会破。对人而言，这种破，就是痛。否则为什么说头破血流呢！

对人来说，无论是对象还是感官，从本质上说都是相同的，都是物质性的东西。两种物质——外在的对象和内在的器官在实践基础上的结合才会产生感觉。空穴不会来风。

有人或许会说，如果感觉器官不是现在这样的，世界肯定会是另一番景色，现在的世界不是客观世界，而只是我们眼中的世界。这可是一个不可能解决的问题。

正如历史没有假设一样，自然也不能假设。现实的我们就是当前的我们，不可能成为另一个“我们”。设想如果有另一个“我们”，他们眼中的世界应该是怎样的，我们也无法知晓。

人的感觉器官是历史的产物，并不是先有人的感官才有世界和各种物质运动形式，而是恰恰相反。人的感觉器官和感觉器官真实反映的能力是在自然发展和人类社会实践中逐步完善的。人有可能正确反映外界刺激的能力。如果手在火里感觉不到烫，人的所有感觉都与对象无关，或有相应的刺激不会产生相关的感觉，人还能生存吗？人能生存就证明人的感官能正确接受外界刺激并做出正确反映。

人的感觉器官是世界进入的通道，但人的感觉器官有一定的局限，它的功能不如某些动物。嗅觉不如狗，视觉不如鹰，听觉也不如其他许多动物。人的感觉器官接受外界的刺激都有一定的范围。但是人类的感觉器官不是人类认识的界限。因为人有理性和思维，可以把不能直接感受的刺激通过仪器变为可接受的刺激。人的肉眼不能看见原子，但物理学家可以研究原子并制造出原子弹。人可以对直接或间接感受的东西予以理论分析，从而超出单纯感觉的直接性。恩格斯说，蚂蚁具有和我们不同的眼睛，它们能看见化学光线，但是，在认识我们看不见的光线方面，我们的成就比蚂蚁大得多。我们能够证明蚂蚁看得见我们看不见的东西，而且这种证明只是以我们的眼睛所造成的知觉为基础的，这就说明人眼的构造并不是认识的绝对界限。

由于人的主体性，人的感觉器官可能产生错觉。它可能没有正确反映对象，也可能在一定条件下歪曲对象，就像庄子说的“播糠眯目，天地四方易位”。当米糠眯了眼，人可能辨别不出正确的方位。可天地四方并不会因为你眯了眼睛而真的四方易位，正如太阳并不会因为你戴上太阳镜而不再发光一样。

错觉并不改变对象，而是错误地反映了对象。筷子放在水中看起来是弯的，火车铁轨远看似乎是交叉的，这些情况在人类认识中是常见的。错觉是由主体的生理结构或心理因素造成的，但不能得出主体的感觉可以改变世界的结论，因为任何错觉都能在实践中得到纠正。人们认定某些反映属于错觉，就证明人类有纠错的能力，有辨别是非的能力。这种能力就是正确反映世界的能力。

由于人的感觉器官在结构上具有共性，因而形成的感觉具有同一性。但由于器官的敏感程度和实践经验不同，又可能存在感受的差异性。同样是辣，江西人不怕辣，四川人辣不怕，湖南人是怕不辣。主体感受的差异性具有个体性和地域性。所谓众口难调和地方风味，都属于此类。

如何区分感觉的共性和差异性，属于生理学的问题。对我们来说，重要的是感觉的共性即感觉的同质性，因为关系到对象和对对象的反映问题。人的感觉器官假如不是五种，而是更多，世界也不会更加丰富多彩。因为人的感觉器官是在自然发展和人类历史中形成的，能满足人类生存和认识的需要，感觉器官的局限可以由理性来弥补，由科学技术发展来延伸。我们也无法设想由于人类感觉器官的结构不同，会存在不同于我们现在的世界的另一种世界。实际上，使世界发生变化的不是感官而是实践活动，实践在不断改变世界的面貌，而感官则在实践中感知世界。

世界不会由于主体感觉的差异性而失去它的客观性，相反由于人类的实践活动和客观世界的变化，会不断改变人类的感知能力和感知方式，染坊师傅有对颜色的特殊感知力、乐器制造者有对音色的敏感力，各行各业都有特殊的感觉力。但他们超出常人的是感知力，而不是从主体中产生的一种根本不存在的另一种对象性存在。

认识的条件性和局限性

人是在一定条件下进行认识的。认识的条件达到什么水平，认识才可能达到这个水平。历史上的杰出人物都不可能不受他们所处的历史条件的局限。恩格斯说，我们后人对我们错误的嘲笑，可能比我们对前人错误的嘲笑还要多。

在当代，有不少对历史上一些伟大人物的种种指责，但是如果让这些指责者处于当时的历史条件，能达到伟人们同样的水平，成就同样的事业，对历史做出同样的贡献吗？一个后时代的人，发现几十年甚至上百年前去世的人的某些错误与不足，并没有太大的困难。可这不能算是科学研究，而只能是过后的算账，不是总结，而是挑剔。

如此说来，历史不需要研究吗？前人的错误不需要总结吗？当然不是。对历史人物的千秋功罪可以评说，但必须是以历史唯物主义的观点和方法，即从每个人物的具体历史环境和条件出发，做出全面实事求是的评价。像毛泽东当年评价孙中山、斯大林，邓小平评价毛泽东那样，这才是科学的态度。

人的认识是受条件局限的，庄子认为有三种局限：拘于墟、笃于时、束于教。

拘于墟，就是为自己所处的地位所限，就像井底之蛙，所见的天只能是井口那样大。

笃于时，是受自己生活的时间（即时代）条件的限制。“朝菌不知晦朔，蟪蛄不知春秋。”因为生命周期太短，朝菌连一日的事都没有经历过，朝生暮死；夏生秋死的蝉，也不可能知道什么是春，什么是秋。“夏虫不可语于冰”，因为它根本没有见过冰。人不也是这样吗，人生不过七八十年，寿高也不过百来年，尽管生前所见不算少，可以拍着胸脯对小青年说，我过的桥比你走的路多；可他死后的事不可能经历，这是个无限的时间。任何人都受生命周期的局限。不要说普通人，即使像马克思和恩格斯这样的天才，也无法预料他们死后一百年或更长时间世界会发生什么变化。人的生命有限，决定人知道的东西是有限的。庄子说：“计人之所知，不若其所不知；其生之时，不若未生之时。”这句话是有道理的。

束于教，则是说人的头脑中有许许多多的先入之见，条条框框很多，思维方式已经被凝固化模式化了，本能地拒绝新的见解，这叫顽固不化。

关于认识的局限性，哲学家早就提出来了。柏拉图把人比作坐在洞穴中的囚徒，世世代代居住在洞穴中，根本无法看清洞外的情况。因此，人类只能把自己的感性世界当作真实的唯一世界，而无法想象还有另一个理念世界。培根系统地论证过四种“假相”，其一是族类假相，这是人类天生的本能难以克服的局限性，因为人总是以自己为尺度来衡量事物，主观成见是不可避免的；其二是洞穴假相，培根的说法不同于柏拉图。因为柏拉图是为他的理念世界与感性世界对立寻找认识论论据，培根则是强调人在认识实际事物时的局限性。培根的洞穴假相是人囿于自己的生理条件、心理条件、教育环境，难以摆脱偏见。而市场假相和剧场假相，则是人为社会文化背景和舆论导向所惑，就像市场购物和剧场观剧一样，往往会在市场或剧场的浸润下形成错误的观念。

培根的四相说对我们正确对待人类的认识很有启发性。我们自以为我们的观念就是我们“自己的”观念，实际上并非如此。我们的观念受到电视、报纸，以及种种畅销读物和文化快餐的影响。我们处在观念的围城之中，必须保持清醒的头脑，不要让有害的观念左右我们的思维。文化生态环境恶化的危害绝不亚于自然生态环境恶化的危害，只是很多人没有看清这一点。

认识的局限性是一个大哲学问题。从任何一个个体来看，人的认识都是相对的。时空的限制，决定了一个人的认识是有限的。无所不知无所不晓的人是不存在的。从这个角度说，庄子说“吾生也有涯，而知无涯”是对的。但人并不是孤立的个体，而是结合为群体，而且是代代延续的群体。因此，认识的局限会在群众和类的延续中不断得到弥补。人的认识就像一场永远不会结束的接力赛。没有不可认识之物，只有暂时未认识而由后代认识的事物。

马克思和恩格斯以早期资本主义社会的经济社会关系为依据得出的某些结论，至今仍具有真理性，原因正在于此。其不足之处可以由后人再发展，但已经取得的成果作为人类的遗产已经成为人类文化的一部分。后人评论前人容易，但后人要在前人基础上前进绝非易事。这就是裁判员不同于运动员，特别是不同于世界冠军的地方。

庄子的难题和马克思的答案

庄子和马克思，是两个国家两个时代的人。生不同时，死不同世，本无任何关系。可是思想家的思想绝不会因为国家或时代的不同，而无相通之处。

庄子是主张忘是非的，而且也没有是非，只有此亦一是非，彼亦一是非。原因是根本找不到区分是非的标准。他说，如果两个人辩论，你胜过了我，你就对了吗？我胜过了你，我就对了吗？谁来评判呢？和你意见一致的人来评判，既然意见一致，已先入为主，就不可能进行公正评判；和你意见不一致的人来评判，既然意见不一致，已成见在胸，也不可能进行公正评判。因此认识的是非，是不可能证明的，只能各是其是各非其非，彼此自便。硬要分明是非，只能是自寻苦恼。

马克思是怎么回答这个问题的呢？马克思在《关于费尔巴哈的提纲》中说过，人的思维是否具有客观的真理性，这不是一个理论问题，而是一个实践的问题。人应该在实践中证明自己思维的真理性，即自己思维的现实性，自己思维的此岸性，关于思维——离开实践的思维——的现实性或非现实性的争论，是一个纯粹经院哲学的问题。

庄子与马克思的观点，是众所周知的。之所以把他们拉在一起，是因为问题和问题的答案，如此天衣无缝，仿佛马克思是在回答庄子。一个生活在中国春秋战国，一个是一百多年以前的普鲁士人，相距两千多年，素无来往，马克思根本不知道有庄子，可问题的答案如此贴切，仿佛当面辩论一样。这说明哲学问题不是某一个人的问题，而是人类共同的问题。它的回答要具有真理性，正如问题本身一样，也应该具有普遍性。庄子的问题不仅属于庄子，不仅属于中国，也不仅属于春秋战国，而且也是人类认识中普遍存在的问题。中国有，西方也有，古代有，现代也有。马克思并非在回答庄子，而是回答所有具有同样思想的哲学家，是在解答人类认识中的难题。这个回答不仅适用他的时代，也适用于当代。

1978 年我们关于真理标准问题的大讨论就是一例，无论是问题或对问题的回答都具有普遍性意义。这正是哲学的意义所在，也是哲学的力量所在。

止于心，证于行

学习哲学有两种不同的态度：一是止于言，证于文；一是止于心，证于行。

所谓“止于言，证于文”，是对于一些人来说，他们所主张或赞同的哲学原则，只是作为自己的见解，只是口头上说说（止于言），或者写成文章发表（证于文）。这些人从来没有把哲学当成自己必须实践的信条，或指导自己行为的原则。实际上，不仅一些学者如此，这也是当前哲学教育中的一大问题。一些教师把哲学当作条条来传授，而学生必须熟背一些标准答案来应付考试。可以肯定，这种哲学教育方式成效是有限的。

“止于心，证于行”则不同。它强调的是对哲学要心领神会，即有所得，有所悟，真正在心灵深处扎根。它不是要证于文，只是停留于用嘴说或用手写，而是要证于行，即用自己的行动和实践来证实自己的哲学见解。马克思就是这样来践行的，哲学对于他不是单纯的学说，而同时是一种哲学信仰，是言行的原则。

“止于心，证于行”，此话见于庄子关于道的论述。庄子认为“道不可献”。要是道可献，人们都会把道献给国君、自己的父母、自己的兄弟和自己的子孙，可事实上并非如此。为什么呢？因为道不是随便可以得到的。“中无主而不止，外无证不行。”道只有安放在心里，才能说知“道”，只有用行动来证明，才是行“道”。

儒家和道家都讲道，但两者又有不同。儒家的道是人道，孔子就说过“天道远，人道迩”。儒家的道是人伦之道，可闻可知。孔子重视闻道，

“朝闻道，夕死可矣!”孔子一生都在努力闻道。他认为自己“十五而致于学，三十而立，四十而不惑，五十而知天命，六十耳顺，七十而从心所欲，不逾矩”。

在老庄那里，道是本体论意义上的道，难知难闻。因为可道之道已非常道。但人们还是可以通过学习一点一点地来体悟常道。可是有一个条件，这就是不能靠别人传道、献道，而是要止于心，证于行，自己去体道，才能成为得道之人。

鲁迅说过，写作没有秘诀可以传授，否则他首先就传给自己的儿子，可历史上父子同为作家的虽然有几对，但很少见；也可以传给自己的老婆，可夫妻同为作家的也很少见，即使有，也是先成为作家后才结婚，并非依靠枕边传授秘诀才成为作家的。

哲学可以说是道，古人就称哲学为道学。在一定意义上，哲学是“天道”，是关于宇宙和自然发展的普遍规律；是“人道”，是关于人类社会发展和人自身发展的规律。马克思主义哲学的普遍原则，要成为人们内心的信念，成为行动的指南，必须止于心，证于行，而不能只是说说写写而已。过去在学习毛泽东思想时常说的，要融化到血液中，落实到行动中。我以为这句话是正确的，它体现了马克思主义哲学作为世界观、人生观和价值观的实践本质。

天才与泥土

鲁迅曾经说过，碟子里生长不出茁壮的豆芽。要有好花，必须有好土。这个好土，当然是文化土壤。我们可以发现，无论是文学史还是哲学史都是如此，一个时代的天才人物往往不是一枝独秀，而是群星灿烂。古希腊罗马时期如此，中国春秋战国时期同样如此。文艺复兴、英国哲学、法国启蒙学派、德国古典哲学，无不如此。马克思主义也是一样，当时不只有马克思和恩格斯，而是一个学派，有不少著名的马克思主义思想家。

为什么会有这种文化现象？按照历史唯物主义的观点，当然取决于产生这些人物的时代需要和可能。歌德说过，我们都惊赞古希腊的悲剧，不过从正确的观点来看，我们更惊赞的是使它成为可能的那个时代和那个民族，而不是一些个别作家。如果一个有才能的人要迅速地幸运地成长起来，就需要一种昌盛的精神文明。歌德在谈到自己时说，如果他在顺便研究过的一些学科中做出了一点成绩，那就要归功于他出生的那个时代在自然科学的重大发明上比任何时代更丰富。这不是歌德的谦虚，而是一种正确的天才观的体现。

时代就是土壤，时代状况就是这种土壤肥沃或贫瘠的程度。一个民族总体的文化水平和教养，就是这个民族的文化土壤。

在我们当前的社会，教育发展迅速，就大学教育来说，已由精英教育向大众教育发展。可在大学扩招的同时，就业问题也随之而来。这当然是一个社会问题。对个人来说是残酷的竞争，从精英沦落为平凡的成员，可从社会发展的角度看，是社会的总体文化水平得到了前所未有的提高。如果出现在普通工作岗位上的都是高水平、高素质的人，这个民族的文化土壤就肥沃了，肯定能涌现出一大批思想家、科学家。

社会在发展。50 年前，高中生就是大知识分子，大学生就是精英，人人对他们仰目而视。一个文盲占多数的民族肯定是没有前途的。现在本科生似乎已不太稀罕，硕士、博士也在逐渐增多。这表明我们的社会和教育发展迅速，这是好事。大学生越来越多，可在整个国家人口中占的比例并不高。我们仍然是教育不太发达的国家。《哈利·波特》的作者是英国的一位家庭妇女，这种情况在中国是不可想象的。这就是英国文化普及后的一个必然结果。

不要光棍式的自由

有人说，人打光棍时是自由的，结了婚，自由就失去了一半，再生个孩子，自由又少了一半。因为在这种情况下，一个人处于自己的另一半的制约中。

人需要自由，别人也需要自由。在家庭中追求个人的绝对自由，就会破坏家庭，在社会中追求绝对自由，剥夺别人的自由，就会受到法律的制裁，最终自己也没有自由。有人认为“自由”就是“由自”，这种倒过来的说文解字式的解释，在哲学上是行不通的。因为现实证明，人不可能一切“由自”。

人是需要自由的，不仅是哲学意义上的自由，也包括日常生活中的行动自由。失去行动自由，即使天天有肉吃也是痛苦的。庄子说过，沼泽里的野鸡走十步才啄到一口食，走百步才喝到一口水，即使这样，也不愿意被养在笼子里失去自由。动物尚且如此，何况人乎！不过人的自由问题，远比这种低级的动物的自由复杂得多。

动物的“自由”不存在关系问题，它是个体活动的自由。人则不同，人是社会存在物。人的一切自由，都离不开社会。

就人与自然的关系来说，人要从自然界获得认识和行动的自由，不可能只依靠个人的力量，而必须依赖社会。人与自然的关系是由社会关系制约的，社会关系的性质，往往决定人以怎样的态度对待自然。人认识和改造自然的力量也是由社会力量决定的，社会、生产力、科学技术越发展，人从自然中获取的自由越多。当代人肯定比原始人更自由，社会的发展就是人的自由的进步。

人的自由不能离开社会关系。人处在社会关系之中，个体的自由都与自己以外的他人不可分离。资本主义社会没有真正的自由，指的就是这种自由的残缺性。拥有财富和资本的人拥有更大更多的自由，法律也保护这种自由。一般老百姓也拥有法律规定的自由，但往往由于缺少实现自由的手段而使法律成为一纸空文。

真正的个人的自由不能离开集体的自由，离不开合理的社会制度的保证。从这个意义上说，只有在自由的集体中才能真正获得个体的自由。很多人错误地解读《共产党宣言》中马克思和恩格斯关于“每个人的自由发展是一切人自由发展的条件”这句话，以为他们把个人自由置于集体自由之上，个人的自由是最基本的，只有每个人自由了才有集体的自由。这是本末倒置的看法。其实，在资本主义社会，个人的自由以牺牲他人的自由为条件，而在社会主义社会则相反，个人的自由是一切人自由发展的条件，之所以如此，是因为社会关系发生了根本变化。

对马克思和恩格斯关于自由的话只引证一半是不对的。全面的引用是“代替那存在着阶级和阶级对立的资产阶级旧社会的，将是这样的一个联合体，在那里，每个人的自由发展是一切人的自由发展的条件”。如果断章取义，把马克思和恩格斯强调的只有阶级消灭后，一个人的自由才不会变成别人自由的障碍，反而成为别人自由的条件的意思去掉，只要后半句话，就会认为马克思、恩格斯强调的个人自由是人类自由的前提，个人解放是人类解放的前提。如果这样，一个“个人自由至上”的马克思主义就被烘制出炉了。

观山与听琴

哲学与文学不同：一个侧重于形象，一个侧重于抽象。黑格尔说过，艺术家就不能用纯粹是思考的心灵活动形式，而是要守在感觉和情感的范围内，或者说得更精确一点，要用感性材料去表现心灵性的东西。但哲学与文学有相通之处。在中国的诗词中，通过形象的方式去感悟宇宙的浩瀚无穷，人生的生老病死与悲欢离合，满含哲理的诗并不少。这些诗的底蕴厚重，反复吟哦，既有美的感受，又可得到人生的真理。

哲学界一直争论主客关系问题，各持一说。许多人以马克思《关于费尔巴哈的提纲》为依据，反复辩驳。实际上马克思主义的说法，既不同于否定主体性的旧唯物主义，也不同于否定客体的唯心主义。没有客体，任何认识都不可能进行，但主体必然通过实践在客体上打上主体的烙印。人在实践中既改变客体又改变主体。但马克思并没有取消主客之分，没有将主体客体融为一体。

苏轼有两首诗，一首是《题西林壁》：

横看成岭侧成峰，远近高低各不同。
不识庐山真面目，只缘身在此山中。

这首诗从哲学上可以解读为，不同的人观览庐山，可以形成不同的景象。审美具有主体性。一百个人游庐山，可能有一百种感受。但不能说，有多少个人就有多少个庐山。克尔凯郭尔在《非科学的最后附言》中说，客观的重点落在说什么，主观的重点落在怎么说。在苏轼的诗中看什么，当然是看庐山。眼前的庐山只有一个。但怎样看庐山，不同的人眼中的庐山是不一样的。没有眼前的庐山，就没有眼中的庐山。客观的庐山虽然是“一”，但各人眼中的庐山是“多”。客体与观客体是不同的。不承认眼前的庐山是“一”就是唯心主义，不承认眼中的庐山是“多”就是机械反映论。唯心主义与唯物主义的争论，大多类似于眼前庐山与眼中庐山的争论。

另一首是：

> 若言琴上有琴声，放在匣中何不鸣？
> 若言声在指头上，何不于君指上听？

显然没有指头即弹琴的主体，琴就没有声音；可仅有主体，没有琴或曰没有客体，照样没有琴声。这是日常生活的常识，可在哲学家的视野中却是一个大哲学问题。

无独有偶，在西方，叔本华也曾以弹琴为例来说明他的哲学观点。他说，客体事物之于精神智力就如琴拨子之于琴弦。因此，相同的情景在不同的头脑中却引发出千差万别的思想。在人的花季，在思想能力达至顶峰时，所游之处，所见之物，都会向我们透露内在的深意，一连串值得记录的思想也就产生了。随着岁月的变迁，上述类似的时刻就越来越少。因为客体事物是琴拨子，但内在精神却是琴弦。琴弦能否发出和谐响亮的声音，根本决定于每个人头脑中所反映的世界。这一说法是深刻的。既承认需要琴拨这一客观事物，但也指出由于年龄的差异，对事物的反映是不同的。

这种差异性原因是多方面的，文化水平、教育程度都会有影响，年龄自然是其中重要的因素。能使老年人流泪的作品，青年人可能兴趣索然。

反映存在差异，琴要发出声音必须有琴拨子，即必须有人弹。这就是说，人的大脑不会自动产生思想，它是对外界事物的反映。唯心主义的错误不在于它强调主体，而在于它认为没有客体，一切都产生于主体，正如不用琴拨子，琴照样可以发声一样。

琴声是在主体（弹者）与客体（琴）的结合中产生的。当然，第三者要欣赏琴声，没有音乐素养也是不行的。所谓“对牛弹琴”，就是如此。

“为我一挥手，如听万壑松。客心洗流水，余响入霜钟。”反映的是李白面对如海松涛、晚钟悠扬，心似水洗、飘然欲仙的心境；而《琵琶行》中，尽管“大珠小珠落玉盘”，但白居易听出的是“弦弦掩抑声声思，似诉平生不得志”，得出的是“同是天涯沦落人，相逢何必曾相识”的感慨。

数的奥秘

世界上有两样东西是最真实的：一是形，任何物体都是有形的，占有一定空间；一为数，它是物体量的存在。关于形暂且不说，先说说数，因为数最为神奇。

哲学离不开数。毕达哥拉斯就是数学本体论者，视数为世界的本原。中国的占卜、星算术，都是以数字来解释自然和历史运行的规律。《史记》是严肃的学术著作，在《汉书·天文志》中就有以数字表征天运的记载："夫天运三十岁一小变，百年中变，五百年大变，三大变一纪，三纪而大备，此其大数也。"

马克思主义哲学关于量变与质变、关于度的理论，也都与数有关。毛泽东说过做任何工作都要"心中有数"。一个治理国家的人没有数的观念，不知道自己国家的人口，不知道有多少耕地和每年生产多少东西，就不可能治理好国家。离开数，就不懂中国的国情。

自然科学离不开数。马克思说过，只有运用数学的科学才是最严密的科学。自然科学的规律都要运用数学。一种理论就是一个数的模型，包括经济学也采用数学模型。

艺术离不开数。对称、和谐、均匀都与数有关。音乐就是七个音阶，可音乐千变万化，创造出世界上最美妙的东西。在中国文学史上，也喜欢用数字表现一个时期的文学名人，如建安七子、三曹（曹操父子）、竹林七贤、唐宋八大家之类，既简单易记，也表明他们之间的某种特殊关系。

迷信，更离不开数。迷信很多是对数的迷信。把数与历史联系在一起，朝代兴亡是天数、气数，而个人命运也多归结到生辰八字上。有些数被认为是吉利的，有些被认为是不吉利的。不仅在科学不发达的古代人们迷信，现代的人们也迷信。在西方，人们不喜欢 13 这个数字，认为它不吉利。中国人不喜欢 4 这个数字，因为它与死同音；喜欢 8，因为它与发同音。8、8、8 就是发、发、发。

中国人迷信数字，西方人也迷信数字。欧美人结婚迷信 7 这个数字，7 这个数字好，因为上帝创造世界用了 7 天。因此年轻人争着在 2007 年 7 月 7 日这一天结婚。莫斯科的结婚登记处排起了长队，甚至因排队而打架，登记处被迫延长办公时间。在美国，很多教堂从早上工作到深夜，以便新人举行婚礼，而且规定每场婚礼只能用十五分钟，不然人太多，满足不了需求。

在当今世界，无论中外，对数的迷信已经成为对科学的嘲讽，这也可算作生活中的真正“黑色幽默”。

在一篇名为《商业时代的吉利数字的崇拜》的文章中，就记载了日常生活中人们对数字的崇拜。炒股的股民如何迷信幸运数字，买手机的人如何注重尾号，公司开张如何选择黄道吉日，买房如何选楼层和房号，五花八门，稀奇古怪。在搞市场经济中，自己的命运似乎不是由自己支配的而是由一种神秘的力量支配的。亚当·斯密称之为“看不见的手”。这只“看不见的手”就是市场竞争的规律。在一些人的心目中，这只“看不见的手”就变成了由数字所代表的命运。崇拜数就是迷信命运，为胜利寻找吉兆，为失败找到一个令自己心安理得的解释。

无为与有为

不应为而为，是违背自然界规律；应为而不为，同样是违背客观规律。我们应该以人与客观规律的关系来判断有为与无为的是非曲直。

庄子是主张无为的。他的无为，并非无所作为的无为，而是不要人为，人为即“伪”。南海之帝与北海之帝为中央之帝开七窍的寓言故事记载，“日一窍，七日而混沌死”，强调的就是不要勉强而为，而应顺其自然。混沌之所以是混沌，就是它没有七窍，所以名为“混沌”。有七窍则不是混沌，开窍必死。这个寓言的隐喻，就是表达顺其自然的无为主张。

庄子的无为，显然是与人的本性不合的。人就是“有为”的动物。按照马克思的观点，人是“为我之物”，实践是人的生存方式。人的一切都是人创造的。人若诸事无为，人岂能成为人？所以，人不能无为。

可从另一个角度看，庄子的无为之说，又有其正确性的一面。人之所为，应该符合自然的本性，不能做为混沌开窍之类的蠢事，即不应妄为。在当代社会当为与妄为的事情都存在，既有依赖科学技术积极推动社会发展的有为，又有由妄为所造成的天灾人祸。当前生态环境的恶化即是妄为之灾。人，不可能无为无不为，而应有所为，有所不为。

从有为处着想，人的活动应该有利于人类自身的生存，而不能把掘坑种树变为为埋葬自己挖坑。这就要求研究自然规律和人类活动的规律。

从有为处着想，有两点应特别注意：一是既要明于天人之分，又要懂得天人合一。明于天人之分，就是知道天之所为与人之所为，各有自己的界限。自然界有自己的规律，是按自己的规律运行的，而人有自己认知与行动所能达到的界限。“知天之所为，知人之所为，至矣”。1993 年郭店出土的竹简“穷达以时”条就说“有天有人，天人有分。穷天人之分，而知所行矣”。只强调天人合一而不知天人有分是片面的，可又要在天人有分的基础上懂得天人合一。光知道天人各自的界限还不行，还要知道，一旦超越这种界限，不承认天人之间应有的依存与和谐关系，就会给人类带来灾难。

二是有为不能“扰民”。有为与扰民是不同的，有为是为民，但也可能扰民，有为而扰民的事时时发生。柳宗元在《种树郭橐驼传》中非常深刻地讲明了这个道理。他说，有些当官的喜欢不断发号施令，一会儿催耕催种，一会儿又下令养鸡养猪，“鸣鼓而聚之，击木而召之”，好像非常怜爱老百姓，结果带来的是灾难：“长人者好烦其令，若甚怜焉，而卒以祸。”这种“有为”即是扰民。老子在《道德经》中说“治大国，如烹小鲜”，真是治国之要道。鱼是要煎的，但要谨慎，小心，不要穷折腾。谁要在煎鱼时不断翻来翻去，煎出来的鱼只能是肉刺混杂。

马克思主义关于社会主义的伟大理想，不是把社会变为一个实现自己理想的大工地，不是一切都按社会主义社会的图纸进行。这不可能。计划越详细，越具体，越易陷于“乌托邦”，越易扰民。空想社会主义设想过许多方案，无一可行。在社会主义建设中，同样有过类似的教训。社会主义建设当然要有计划，有方案，但主要是发动群众，提高人民群众的积极性，另外，对任何计划或方案的实施要总结经验，不断修改，以符合实际。邓小平说的“摸着石头过河”，绝非只适用于改革开放，人类对社会规律的认识都处于不断摸索之中。旧的问题解决了，又会有新的问题出现，又需要再摸索，再总结。

不能与不为

孟子说："挟泰山以超北海，非不为也，实不能也；为长者折枝，非不能也，实不为也。"在现实生活中，我们往往搞不清不能与不为之间的区别。许多大工程未经论证，匆忙上马，最终变为烂尾工程；而为老百姓办一些实事，即便是举手之劳，也不愿出点力。有些人太看重政绩和面子工程，专为不能之"大事"，而不做能为之"小事"。

我认为，政府职能改革重要的一条，就是公务员要能分清不能与不为。能与不能，是是否按规律办事、量力而为的问题；为与不为，是为谁服务、是否"俯首甘为孺子牛"的问题。我们要多办能为之事，办好事，办实事。把实事办好，把好事办实。区分不能与不为，不仅是个哲学思维方法的问题，而且是"为"什么人的问题。能为而不作为，不能为而强行为之，一切以自己的有利与无利为尺度，这种人为官从政，无论官位大小，肯定不会是好官。

当然，并不是不能之事永远不能做，因为科学技术是发展的，条件是变化的。一些在当时、当地认为不能之事，后来有可能变为可能可为之事。因此，不能是相对的、变化的。在飞行器发明之前，人在天上飞，肯定如"挟泰山以超北海"，是不能的，可飞行器发明以后成为可能可为之事。嫦娥奔月是神话，可现在已逐渐成为现实。因此，我们不仅要懂得不能与不为、可能与可为的区别，还要懂得暂时不可能和永远不可能的区别。凡是违背客观规律的事绝不能办，因为它绝对不可能。谁要想制造永动机、长生不老药，谁想要地心没有引力，苹果不掉在地上而是朝上飞，社会发展不是向前而是不断复古往后退，诸如此类，当然不可能。可有些事并非违背规律而是条件不允许，这是可能之事但还不是可为之事，因而过急过早办，同样会失败。

马克思主义哲学是条件论者，不是无条件论者。能与不能、为与不为，还必须视条件而定。这就要求我们懂得可能与现实、抽象可能性与现实可能性，以及人的主观能动性的重要性和限度等哲学道理。

论自由精神与精神自由

有些学者赞扬西方具有自由传统，认为东方只重视道德而不重视自由。这并不全面。西方重自由，但重视的是个人在社会中的政治自由，政治自由后来与平等、博爱相联系，成为人们追求的社会理想。而东方重视的是人内在的精神自由，例如庄子就是这样，他的《逍遥游》最是典型。

人是肉体与精神的统一体，庄子更重视的是人的精神，而精神的本性是自由。真正内在的精神自由，必须摆脱外物的束缚，役物而不役于物，特别是要破除功、名、利、禄，使精神像“水击三千里，扶摇直上九万里”的大鹏，在天空中翱翔。比起满足“枪榆枋而止，时不至则控于地”的小麻雀，当然具有更大的自由。但这还不是庄子追求的自由。因为大鹏的飞翔仍然靠风力，如果“风之积也不厚，则其负大翼也无力”，这种“有待”的自由仍然不能算是真正的自由。真正的自由是“无待”的，是不依赖任何条件的绝对自由。“若夫乘天地之正，而御六气之辨，以游无穷者，彼且恶乎待哉。”

庄子所说的这种无条件的自由，是人不能达到的自由，而是虚构的“至人”才能达到幻想的“自由”。爱因斯坦说过，不能相信人类会有那种在哲学上的自由。每一个人的行为，不仅受外界的强迫，而且还要适应内心的必然。

无论是自由精神还是精神自由，均有其合理之处，人既要有外在的自由，即在社会活动中的自由，也要有内在的精神自由，即役物而不役于物的自由的精神境界。但这两者都是有条件的。人类在社会中获得的外在的

（人与人之间）自由和内在的自由（人的个性的自由全面发展），取决于社会生产方式的变革和社会制度的合理化程度。马克思和恩格斯创立的学说和毕生追求的理想，就是通过变革社会在实践中获得这两种自由。这两种自由的统一就是人的自由全面的发展。

未兆易谋

现在理论界有一种时髦的看法，就是否认自然辩证法，认为它是恩格斯弄出来的，与马克思的思想不符合，马克思是否认自然辩证法，只讲实践辩证法的，如此等等。其实，这些看法是没有理论依据和事实基础的。马克思在自己的著作中就有过不少自然界辩证运动的实例，在现实生活中自然界自身辩证运动的例子更是比比皆是，从风雨雷电春去秋来的自然运转，到生物的进化和地壳的变化，宇宙中哪一样东西是绝对静止，不是处在各种不同形式的量变和质变之中呢？如果自然界没有辩证法，世界就是死寂的凝固的不变的世界，无人的世界中怎么能产生人类，怎么还会有哲学家来发表这样的高见呢？没有辩证法的世界，就是没有世界，更没有现存的世界。因为没有运动的物质正如没有物质的运动一样，都是荒谬绝伦的。

《道德经》是一本辩证法的教科书，一本关于自然、社会和人生辩证法的教科书。书中有一句话，“其安易持，其未兆易谋”，就是从事物发展的量变与质变关系的辩证运动中得出的治国处事的重要结论。

世界上一切事物的发展都要经历质量互变，由量变到质变，由新的质变到新的量变过程。这是永恒的规律。所谓“合抱之木，生于毫末，九层之台，起于垒土，千里之行，始于足下”，就是对自然（合抱之木）、社会实践（九层之台）和个人行为（千里之行）都存在辩证运动的一种概括。

在实际生活中，一定要懂得量变的重要性。“其安易持”，并不意味着安不能转危，居安不应思危。而是处在安中，我们应该注意一切有利安的方面的量的积累，防止它向危的方面转化。居安思危，就是由于其安易持，不要等到不是思危而是已危，则悔之晚矣。可是，好的方面的量的积累一定要“持”，即坚持到底，“慎终如始则无败事”。许多人的失败，败就败在慎始者繁，而慎终者寡。不懂其安易持，而真正到了无可挽救时，就由安变危。“民之从事常于几成而失之”，就是这个道理。

防止由量的积累向坏的质变的转化，哲学家叫作看兆头，老百姓叫作看苗头。所谓“未兆易谋”，就是苗头的重要性。兆头或苗头，就是量的积累阶段。当不好的兆头一露头，就应该设法消除，这就是创造条件使量的积累向好的方面转化。“为之于未有，治之于未乱。”凡是处于刚刚萌发中的东西，是最容易防止的，如果一旦成势，再去防止，就很困难，甚至不可能了。所以“其安易持，其未兆易谋”，对治国治事太重要了。

一个高瞻远瞩的政治家，一个指挥百万雄师的军事家，一个管理巨大产业的企业家，他们的眼界、智慧，水平，就取决于他们能否运筹帷幄，对安与危、兆与成的关系能否正确处理。只要懂得“其安易持，其未兆易谋”，在对手尚未觉察时看出事情发展的苗头，抢先一步，就有必胜的可能。高卧于积薪之下的领导者，肯定会失败。

黑格尔说，量变是狡猾的，是理性的诡计。放眼历史，体察现实，真正见微知著，始终居安思危者，能有多少？几年前我曾写过一首诗，其中后二联为：

国盛仍应卧尝胆，民富不忘域外忧。
成败兴亡非天意，事在人为有远谋。

我们正处在发展的最好时期，但也是矛盾的多发期。社会中存在着各种矛盾，是马克思主义政治家不能忽视的一种“兆”。

倡导构建社会主义和谐社会，教育全党全体干部尤其要有忧患意识，这是历史经验的总结，也是“其安易持，其未兆易谋”智慧的运用。

利中之利与害

中国人把“利害”作为一个词组，这太有哲学韵味了。因为利不离害，害不离利。为利而受害或由害而变利的事情很常见。辩证法的规律是“无情的”。

古代中国哲学对于利的看法都着重利的有害的一面，而很少从利的正当和有益方面考虑。《庄子·庚桑楚》中说：“民之于利甚勤，子有杀父，臣有杀君；正昼为盗，日中穴阫。”这就是说，利是一切祸害的源头。这当然是一种唯心主义的历史观，道德评价高于历史评价。但对利益问题的考察不能只从道德的角度，而首先要从历史发展的角度来考察。离开利益问题，整个历史发展的动力就会掩盖在重重迷雾之中。

利益关系是人类社会普遍存在的一种关系。人类奋斗的一切都与利益有关，这是马克思的名言。有人认为宗教是超功利主义的，但在现实生活中宗教仍大有市场。我们看一看寺庙旺盛的香火，就知道此言不虚。

恩格斯曾经对黑格尔关于恶是历史的动力观点做过历史唯物主义的诠释。恩格斯说，自从阶级对立产生以来，正是人的恶劣的情欲——贪欲和权欲成了历史发展的杠杆，关于这方面，例如封建社会和资产阶级的历史就证明了这个道理。对利益的追求，促使新的阶级起来进行革命，推翻旧的统治和旧的生产关系，从而有利于社会的发展。起来斗争的阶级或集团并不知道历史规律或历史动力这类形而上的问题，他们直接的动力就是利益，他们为了自身的利益不自觉地充当了历史的“工具”。没有利益的驱使，就没有热情、追求和目标，社会就会像一潭死水。

但马克思、恩格斯的话绝不能成为利己主义、拜金主义以及种种不法行为的“护身符”。马克思、恩格斯是从历史唯物主义的高度，就社会关系的本质来说的。阶级社会的社会关系本质上是一种利益关系，因为经济关系是阶级关系的基础。没有利益关系的阶级关系是彻头彻尾的无稽之谈。全部阶级斗争都是围绕经济利益、政治利益、受教育和文化的权利而进行的。所谓为理想而斗争，只是利益在观念中呈现的理论形态，其深层基础仍然是利益。

但个人如何对待一己私利，则是另一回事。这里有价值标准的问题，也有法律规范和道德追求的问题。马克思一方面承认利益关系的必然性和正当性，另一方面也抨击个人主义和自私自利的现象。马克思说，自私自利就像老练的马贩子一样，把人们细细地从上到下打量一遍，并且认为别人也像自己一样渺小、卑鄙、肮脏。

利益是多样的。有公利、私利，有国家、民族、阶级的大利，也有一人之小利。利益的正当性与合理性取决于利益的阶级性质和获取利益的手段。黄宗羲《明夷待访录·原君》中在对利的分析中就直指历代帝王。他说：“古之人不以一己之利为利，而使天下受其利，不以一己之害为害，而使天下释其害。”可自从秦始皇建立家天下的专制制度以后，往往以天下之利尽归于己，以天下之害尽归于人，帝王“荼毒天下之肝脑，离散天下之子女”，“敲剥天下之骨髓，离散天下之子女，以奉我一人之淫乐，视为当然”。黄宗羲的批评代表了被压迫者的诉求，是完全正确的。

我们现在面对着一个如何对待利益的问题。市场经济本身就是一种求利经济，在市场中不讲利，那是笑话。现在最流行的一句话，就是在商言商，实际上就是说，商人（此处所谓商人包括各种企业、工厂，总之是以获利为目的的经济实体）就是要讲利，名正言顺。这种获利之风，已经不止是商业，而且扩展到政界、学界，可以说，能到之处无不去。所谓社会世俗化就是商业化、利益化。人们只要打开电视，翻翻报纸，商业气息就会扑面而来。这究竟是好还是不好？我认为，市场关系是经济关系，只能限制在生产、流通、分配、交换领域。它不能进入政界、学界，也不应进入家庭、婚姻和朋友关系中。也就是说，人的生活和各种关系不能商业化、市场化。未进婚姻登记处先进公证处，商量离婚如何处理财产，这叫契约化。我则不以为然。一种尚未结婚先计算如何离婚不吃亏的婚姻，绝不是婚姻，而是交易。

一个社会处处以市场为尺度，只能把人与人的关系淹没在寒冷的冰水之中，这种社会再富裕也不会使人感到幸福。我们不希望过“相濡以沫”的贫困生活，但也不希望相忘于富足的“江海之中”。可以断言，与相濡以沫相比，生活富裕而彼此计算的婚姻，肯定不幸福。

立百体而谓之马

具体问题具体分析是唯物辩证法的灵魂，庄子的从“目无全牛”到“立百体而谓之马”的论述，让我体会更深。

庄子在《养生主》中赞扬的解牛高手，在解牛时能目无全牛，他全神贯注的是哪儿是大骨头，哪儿是小骨头，哪儿是筋筋绊绊，哪儿是空隙。专找空隙之处，以无厚入有间，游刃有余，牛应手而解，刀长期锋锐如新。

可在《则阳》中又表明了另一种观点。庄子假借少知与太公两个人关于什么是马的对话，来说明异同关系。究竟什么是马呢？用手指马的任何一部分都得不到马的映象，如果指到马头说这就是马，对方会说这不是马而是马头，马头并不就是马。同理，指马尾、马腿、马肚子，得到的都不是马而是马的一部分。马究竟在哪里？“今指马之百体而不得马。而马系于前者，立其百体而谓之马。”马之所以是马，是由马的各个部分组合而成的，任何一部分都不是马，而是马的局部。所以世界上任何事都是“合异以为同，散同以为异”。庄子此处强调的是事物的整体性。离开全体的局部就不是局部，马头、马尾、马腿，离开马，就不是马而是马的一部分。

解牛时强调“目无全牛”，论马时强调“马立于百体”，看起来相互矛盾，其实，作为思维方法可以说是相反相成的。当我们的认识在于了解事物是什么时，总体性是最重要的，因为只有总体才能把对象看成一个整体，从整体上把握它的本质。当我们认识的任务在于把握事物的部分时，具体了解细节是最重要的。只有了解组成整体的部分才能了解其内部结构。详细了解牛的骨骼关节筋肉结构，可以暂时目无全牛，只管内部结构，因为全牛的观念已经是深入解剖的前提。可当我们的认识在于把握对象的本质时，总体性当然是最重要的。我们可以暂时放弃对部分的观察，只着眼于整体。这两种视角，各有其用。但是无论哪种思维方法，全局和局部从根本上说应该是统一的，这就是“合异为同，散同为异”。同异归根结底不能分离，只能在选择不同视角时暂时舍弃。在生活实践中，我们既要“目无全牛”，又要“立百体为马”，这两种思维方法同时并用，才是生活中的辩证法。

主体、主观、主观主义

我有时候随意翻一下哲学史，总是惊异于哲学的相似之处。尽管各个民族的哲学各有特点，中西哲学各有其不同之处，但有些说法又有共同之点。

例如，在西方，从普罗泰戈拉的“人是万物的尺度”到叔本华的“我是万物，除我之外，别无他物，一切因我而起”；在中国，从孟子的“万物皆备于我”到宋明理学的“心外无物，心外无理”，以及“吾心即宇宙，宇宙即吾心”，表述不尽相同，但基本思想非常相似，即“一切因我而起”。最近有一本书《世界在你心中》，道理也近似。

我们总是难以把“世界在你心中”和“你心中的世界”区分开来。世界并不在你的心中，但你心中可以有一个世界。前者属于世界的客观性问题，人类面对的是一个共有的“公有世界”；后者是各人在同一世界的不同处境，包括对世界的认识和反映，这是“私有世界”。哲学最难解决的问题之一，就是这两个世界的差异性。人，都是把自己“心中的世界”当成“心外的世界”，把“我心中的世界”当成“世界在我心中”。

何以知道我心中的世界并不完全相同于心外的世界呢？人难道能撇开我心中的世界去发现一个心外的世界吗？何以判断你心中的世界就比我心中的世界更接近心外的世界呢？不回答这些问题，“宇宙即吾心，吾心即宇宙”，以及世界在我心中之类的形而上的问题，很难得到满意的解答。

这的确是个大问题，可以说是本体论、认识论、人生观、价值观中的根本性问题，只要认真读读各种哲学著作，最后几乎都离不开从你心中的世界得出世界在你心中的结论。

从本体论的角度说，世界在我心中只能是一种唯心主义的世界观，包括中国传统的心性之学都属于这一类。世界在我心中，从常识来看，显然不符合人类的常识和生活经验。从人类的存在来说，任何科学史都表明在没有人之前，世界就存在。从个体来说，任何个人未生之前或逝世之后，世界照样存在。“没有你，地球照样转”，讲的就是这个朴素的道理。因此，个人的死亡，消失的是个人心中的世界而不是个人身外的世界，是属于个人的私有世界而不是属于人类的公共世界。

从认识论的角度来说，世界在我心中，得出的只能是否定真理客观性的不可知论和相对主义结论。因为既然世界在我心中，我对世界的认识就只能是属于我的认识。我的认识就是唯一正确性的认识。我无法也不可能赞同你的认识，因为它属于你心中的世界。我，是真理唯一的尺度。这样，全部科学，都失去了存在的可能性和依据。只要读读尼采关于认识的观点，就可以明白这一点。他说，对事物本身我们没有什么好说的，因为当我们要说事物本身时，我们就丢开了认识和衡量的立足点。一个性质对我们来说是存在的，就是因为它是由我们加以度量的。如果我们拿走尺子，还有什么性质可言呢？所以事物是什么，这只能由它们旁边的判断主体来确定。就事物本身而言的特性与我们没有什么关系。所以尼采说，人是万物的尺度，也是科学的尺度。

从人生观的角度来说，如果世界只存在于我的心中，那么我心中的世界随着我的死亡就消失了。人生如梦，只有及时行乐，享受当前才算是理解生活的真谛。其实，个人可以死亡，世界依然存在。人的意义和价值不仅在于个人自身的当前生存，也在于人类和我们的子孙后代。可持续发展，就是以世界的客观性为前提的，以任何一个人死了以后其子孙后代还要生存为前提的。

就价值观的角度来说，更是以价值评价的多元性来否定事实的客观性。评价从来都离不开个人，如何评价往往决定于个人对事物的判断。如果世界只存在于我的心中，那评价就与事实无关，只属于评价者，根本不存在客观评价。

解释学，其实最容易滑向这种唯心主义和相对主义。毫无疑问，解释学对解释者自身的文化背景和视角在解读中的作用，以及通过解读对文本内涵的丰富和发展的作用，在文化研究和文本解读方面都提供了许多有启发性的思路。但解释学面对的难题仍然是哲学问题。任何解释都是由人来解释的，而人是个体，各有各的文化背景，各有各的思想理论，各有各的思考方式，如果我们把解释局限在自我认识的范围而完全不顾被解读对象自身的客观性，那么这种解释只能是各是其是，各非其非。所谓一百个马克思主义研究者可以有一百种马克思主义之类的论断都源于此。

在人从自然界分化出来以后，人与世界的关系就是相互缠绕、不可分离的。只看到人的主体性，只承认人的主观世界，不承认客体和客观世界，或者相反，只强调世界的客观性，否定人的主体地位和主观世界，都是片面的。人不是生活在符号世界中。符号世界只是现实世界的代表，而非世界本身。我们离不开语言，但我们不是生活在语言世界、概念世界中；我们离不开思想，但不能说生活在思想世界中。符号、语言、概念，是主客体之间的中介，是人特有的在现实世界中从事实践活动的工具，而非世界本身。如果离开了客体，任何符号都没有价值，因为它无可代表之物，它什么也代表不了。

世界不是存在于人心中，而人心中可以有一个世界。人心中的世界是由心外进入心中的，它进入的通道就是实践。人在实践中把心外的世界变成了心内的世界。

镜像与映象

《坛经》中曾记载禅宗五祖弘忍的弟子慧能与神秀争夺衣钵的故事。两人各作一偈，以示自己对五祖心性之说的参悟。神秀的偈是："身是菩提树，心如明镜台。时时勤拂拭，勿使惹尘埃。"而慧能的偈则是："菩提本无树，明镜亦非台。本来无一物，何处惹尘埃。"这是一次宗教的争论，也是一次哲学的争论。弘忍支持的是慧能，认为神秀入门不得，不见自性。所谓不见自性，就是不符合唯心主义的心性之学。

从哲学的观点看，神秀的观点是有道理的；而慧能的观点是本心之说，是唯心主义的，立足点是无。可是在争夺衣钵的过程中，胜利者是慧能。这是心性之学对粗浅唯物主义的胜利。

其实，任何认识都是来自外界，不可能主观自成，正如镜子照物一样。只有镜外有物，镜内才能有物。人的思想也是一样。但镜像与映象是不同的，镜像是外物在镜子中的存在，而映象是外物在观念中的存在。人的反映的确有点像照镜子。认识首先需要认识的对象。没有对象的认识是无聊的废话，就这点来说，人的映象和镜子的镜像是一样的，都不是主观自生的。当然，这只是比喻，但这种比喻具有某种重要的意义。因为完全否认人的反映像镜子照物一样，需要有被反映的外物，要有反映的主体，或是镜子或是人，只能是唯心主义。

任何比喻都是有局限的，因为人脑终究不是镜子，人的认识远不是照镜子，而是立足于实践基础上的非常复杂的过程。但是反映论容易使人想起照镜子，因为在所有物体中镜子最具有这种反射功能。正像黑格尔说的，反映或反思本来是用来讲光的，当光直线式地射出去，碰到一个镜子时，又从这个镜子上反射出来，这便是反映。

马克思主义的反映论当然不是镜像论，马克思主义的反映论是能动的反映论。马克思主义强调认识的反映本质，但反对把人对事物的反映看成是镜子似的消极的被动的反射。人类的认识是包含选择、重构在内的极其复杂的抽象化过程。镜子是没有选择的，镜像是被动接受外物而产生的反应。人的反映是主动的有选择的。不是外物向人走来，而是人向外物走去。人向外物走去的最根本方式就是实践。认识是发生在实践中的选择过程。

说人的反映不同于镜子的反射，似乎无人不知，但不一定人人都知道其中的深刻含义。选择性是人的认识真正发挥功能的重要保证。面面俱到详尽无遗的整体认识，是没有的，也是不可能的。不同专业的人都是首先选择自己最需要认识的东西。只有这样，认识才有可能。能同时听到一切声音的听觉，是什么声音都听不到的；能同时看到一切的视觉，是什么也看不到的。正如恩格斯说的，一只眼睛如果能看见一切光线，那么就什么也看不见。思维也是一样，同时思考一切问题的思维是什么也不可能想出来的。认识都是选择，任何时候认识都是有限定的，这种限定就是认识选择性的必要条件。人的认识既然有选择性，因而目的性、价值性、利益性，甚至兴趣、爱好，都在个人认识的选择中起着作用。所谓专心、专注、视而不见、听而不闻，就是这种选择性。

人的认识有选择性，最关注对自己最有意义最有价值的方面，因而人的所见所闻所思所想，往往是见其所见，闻其所闻，思其所思，想其所想，从而使同一个世界变成各人头脑中的无数个世界，这一点也引发了关于世界的客观性的争论。在同一个世界中，人们看到的是不同的部分，世界的本来面目就是各人眼中看到的世界。参观同一个展览会，如果各写出自己的见闻，肯定是不一样的。一切唯心主义都能在客观世界和个体主体世界的差异之中找到存在的理由。

人的反映不同于照镜子。不仅镜子没有选择，而且镜子对外物没有加工，它是瑕疵毕现、忠实于原物的。人们常说，“脸丑不能怪镜子”。这是人的反映不同，有个对对象的重构过程。

在文学艺术中，人对对象的重构是很显然的，否则就没有文学艺术。生活只是源泉，文学艺术不是生活的镜像，而是意象，是对生活的再创造。人们都喜欢举凡·高所绘的《一双农鞋》为例，镜子可以如实地照出农鞋的样子，但这不是艺术，也没有任何艺术感染力。可凡·高所绘的农鞋却是艺术作品。因为从这双艺术化的破旧的农鞋中，人们想到的是一位饱经风霜的老人，想到的是一个贫苦农民的一生。这是对人们习以为常的旧鞋的艺术化。这就不是简单的反映，而是艺术构思。

王国维在《人间词话》中曾提出过“境界”说，认为词以有境界为最上者。有境界则自成高格，自有名句。文学艺术既可造境，亦可写境。造境纯由人的感受，写境则由他物引起。但写境并非机械地反映，必须有真情感受；造境也非天马行空，必须符合自然之理，这就涉及反映论的问题。艺术反映论肯定有其特点，它不能是“镜像”，而是艺术创造。但就其根源说，必须在生活中有所依据。黑格尔是客观唯心主义者，但他并不否认艺术创造同样需要感性材料，只是加工制作的方式不同而已。叔本华也强调艺术的想象力，想象力最明显地表现了艺术的重构作用，可叔本华并不把艺术只归结为想象，认为想象必须从外部世界获取了许多材料以后才能变得丰富起来，因为只有这些材料才可以填充它的储藏室。我们的想象需要接受材料跟我们的身体必须得到食物是一样的原理。

在人类的认识形式中，不仅文学艺术需要对对象进行重构，若即若离，实而虚，虚而实，形似神似。在科学认识中，同样需要重构，也就是毛泽东说的“去粗取精，去伪存真，由此及彼，由表及里”，就是思维对感性材料的重构。如果人的观念只是对事物形象的接受，那人类的认识水平永远处于人类的童年时代，没有概念化的思维。对象在理性认识中的重构，可以说是思维深化的必然要求，否则只能停留在对象的表层。

认识的能动作用，人的认识中的重构功能，是使人更远离了对象还是更接近了对象呢？这可是个重要的哲学问题。马克思强调意识是被移入人脑中被改造过的物质，相反，所有的不可知主义者、唯心主义者，包括像康德这样伟大的哲学家，都是把在思维中再现和重构后的对象，视为主体固有的东西，与客观对象之间有一道意识的屏障。重构论与反映论的脱离和对立，只能导致唯我主义和不可知主义。

其实，无论是人的感觉还是思维，无论是感性还是理性，从根本上说是能够正确反映对象的，否则人类就无法生存。选择不是歪曲对象，而是更有利于人类认识自己在实践中需要认识的东西。列宁曾说过，物质的抽象、自然规律的抽象、价值的抽象等，总之，一切科学的抽象，都更深刻、更正确、更完全地反映着自然。

当然，认识中的错误是常有的。可以发生在感性认识阶段也可以发生在理性认识阶段。错误的原因，有事物的矛盾还未充分暴露、认识条件的限制等，这属于客观原因，但更主要的是主观原因。人往往容易把产生错误的原因推到客观方面，其实，人作为认识主体，当头脑为成见、先入之见支配时，最容易发生认识的错误。有位哲学家说过，通常妨碍我们发现真理的，不是事物那诱人犯错误的虚假外表，同时也不是我们悟性不足所致，而是我们先入为主的观念和偏见。

偏见比认识错误离真理更远。认识错误可以改正，而心存偏见则会自以为是，顽固到底至死不知其错。从这个角度说，神秀说心如镜子一样，应该时时清洗，“时时勤拂拭，勿使惹尘埃”比慧能的“本来无一物，何处惹尘埃”更具真理性。

学习马克思主义哲学最大的用处就是洗脑。洗脑很难听，其实并不神秘。马克思主义哲学的唯物主义和辩证法，就是要清除自己头脑中的偏见、先入之见，坚持实事求是和具体问题具体分析。当然首先是自己洗脑。一个马克思主义哲学工作者首先得坚持辩证唯物主义和历史唯物主义的观点和方法，使自己的“思维之镜”少点尘土。其次是为别人洗脑，即宣传马克思主义哲学的世界观和方法论，帮助别人清除偏见，多点唯物主义，多点辩证法。

爱比克泰德在《哲学家谈话录》中说，如果哲学家的概念与专业毋宁说是帮助别人免于错误，那么，既然此人没有履行哲学的专业，为什么不拿掉他头上哲学家的帽子呢？人们也是这样来评价其他行业的人。这句话说得太好了。马克思主义哲学家既不为自己洗脑（树立正确的世界观、人生观和价值观），也不为别人洗脑，这种哲学家有何作用？

失其故行

在经济全球化的时代，对外开放，向西方学习是完全必要的。故步自封，顽固守旧，只能离开世界发展的大潮流，拉大与发达国家的差距。

十月革命胜利后，当苏联着手恢复国民经济建设时，列宁一再强调要向西方资本主义学习。他认为："社会主义共和国不同世界发生联系是不能生存下去的，在目前情况下应当把自己的生存同资本主义联系起来。社会主义能否实现，就取决于苏维埃政权和苏维埃管理组织同资本主义最进步的东西结合的好坏程度。"当然，当时不是列宁不愿向资本主义学习，而是西方封锁堵塞了向西方学习和取得经验与技术的一切可能性。现在的条件已完全不同于列宁的年代，也不同于"冷战"时的东西两大阵营对立。现在是经济全球化的时代，向西方资本主义学习的可能性和渠道是多样的。现在的问题不是不学习的问题，而是如何学习的问题。我想起了庄子关于"邯郸学步"的寓言故事，寿陵少年学步于邯郸，"未得国能，又失其故行矣，直匍匐而归耳"，如果我们忘掉自己的传统，又没有学到真正符合我国国情的东西，就会变成寿陵那位学行的少年，没有学会走路，回来后只能匍匐而行。

改革开放以来，公派或私人出国学习的人有很多。这是打开国门带来的好处，也是我们向西方发达国家学习先进科学技术和管理科学的重要渠道。但是，经验证明，任何出国学习的人，不应该忘记中国的文化传统和国情，否则就会成为邯郸学步的寿陵少年。有些"海归"不了解中国的国情，回来工作就很难得手应心。他山之石，虽可攻玉，但玉如何攻还要视玉而定。

不少行政官员到美国去学习政府管理，也许在技术层面，可能会有所得，但要学怎样执政，怎样行政，怎样管理，能学到什么呢？我不反对出国参观学习，但要知道，各级行政官员，最起码要在国内学会深入群众，学会为人民服务这些基本功。如果我们抛弃了这个传统，而只是在纯技术层面下工夫，弄不好会成为“寿陵少年”，忘其故行，匍匐而归。

即使在信息化时代，决定干部素质首要的还是为人民服务的观念和群众观点、群众路线的工作方法。不管如何电脑化、信息化，如果没有以马克思列宁主义为指导，以建设中国特色社会主义为目标的理想，即使办公效率再高再科学再先进，老百姓也只能是越来越遭罪。

管理从来离不开管理者和被管理者，管理的关键是人，谁管，管谁，如何管？并不是人和物的关系，而是人与人的关系。因而管理者以什么样的立场、态度和目的对社会进行管理，实际上是掌权用权者如何使用自己手中权力的问题，其中存在着权力观、利益观、群众观的问题。把政府管理和政治分隔开来，把管理非政治化，变为所谓超越政治的对管理普遍规律追求的科学是值得怀疑的。

认识没有“最后”

认识没有最后的界限，也没有最终的真理。认识是个无止境的过程。自然没有为人类认识树立一个就此止步的界碑。庄子说：“知止乎其所不能知，至矣”，“知，止其所不知，至矣”。按照这个说法，人只能知其所能知，在其所不能知的地方止步，或者在不知的地方止步，这才是至矣，即达到认识的最高境界。当然，如果人类不去追求所谓不能知或不可知的东西，可以免去许多人生的苦恼。

认识不会停止，关键是实践不会停止。生产要发展，科技要进步，人类要生存。所以存在于人类实践之中并作为实践最重要构成的认识停滞不前是不合逻辑的。宇宙是无限的，任何时候都要留下一个永远不能达到的领域，但不能达到和不能认识不同。不能达到是过程，不能认识是界限。永远有不被认识的东西，人类又在不断突破这个界限。世界确实有不可认识的东西，这就是上帝、灵魂和所谓自由意志。因为它们根本不存在，所以不可认识也无从认识。一根针尖上可以有几个“天使跳舞”之类的问题，是信仰领域而不是认识领域的问题，与认识论无关，只与个人的信仰有关。限制认识的可能性，就是给宗教信仰留下地盘。

康德是主张不可知论的，但与庄子的说法不同。庄子是从个体生命的有限性讲的，人不能以有限的生命追求无限的知识，而康德讲的是人的理性的局限。虽然客体刺激感受器官从而产生认识，但如果试图认识对象本身是不可能的。对象本身是物自体，不可能为理性所把握，呈现在人观念中的只能是现象。所以要真正研究认识论问题，首先要研究人的认识能力的界限问题。

事实上，人不可能在认识之外、认识之前先确立一个“不可知”领域的认识极限。因为人类的全部认识史都证明，人类已有的全部认识都是在不断超越已经达到的认识界限的基础上完成的。人类认识像接力赛。证明认识有不可逾越的界限的事实并不存在。科学的依据是事实而不是“假如”。黑格尔嘲笑康德关于在认识之前先研究认识能力的说法，是要人在未下水之前先学会游泳。庄子不知道他死后有康德，他倒先有个仿佛是针对康德的中国式的说法，“未有先学养子而后嫁人者”，意思和黑格尔的观点，不谋而合。

只有在认识过程中，人才知道每个时代能知和未知的东西。未知是特定条件下的未知，而不是人类的不可知。任何时代的未知都是上一代人留给后代的问题，只要有问题，迟早会有答案，只是这个答案可能出现在不同的国家或不同的时间。所有科学认识高峰的攀登者，都是回答人类认识中这些难题的人。所谓“站在前人的肩膀上的人”，或说“山高人为峰”，都是这些认识长途中最杰出的接力者，他们处在已有的人类认识之巅。

任何哲学家都不可能为人类规定一个认识的极限。哲学家只是一个人，而人类是生生不息的类整体。哲学家可以为人类的认识划定一个界限，这只是他个人立下的界限，人类的实践和认识会不断突破这个界限。任何所谓不可认识的界标，都是可移动的标尺。

宇宙是无限的，宏远浩渺，茫茫无际。任何时代的人类认识，从时间上说，只不过是白驹过隙，一瞬间而已；从空间上说，只不过是微小的尘埃和沙粒。人类已有的认识还只处在人类认识史的开始，在任何一个领域，人类已有的认识相对于自然本身的奥秘而言没有什么值得夸口的。

人类的认识，在任何时候都不是最后，也不是最真，而是永远处在攀登之中。在认识中，不存在“最”字。毛泽东当年批评林彪的“最、最、最”，从哲学上说，是十分辩证的。

非我无所取

由于出版《哲学心语》的需要，我翻箱倒柜找到一些旧照片，从小学、中学、大学直到如今。有个人照，也有合照。有一些老朋友已经先我而去，有些认不出，叫不出。连年轻时照片上的自己，我都仿佛素不相识。虽不至于“问姓惊初见，称名忆旧容”，但确有沧桑之感。

《哲学心语》中写过一篇文章《我是谁?》，强调“我”是变化的，没有一个永远不变的我。对此，庄子有“非彼无我，非我无所取”的说法。

没有不断变化的我，就没有活着的我，因为不再变化的我，已经是死去的我。可没有实在的我，所有的变化都没有主体，没有载体，变化就不可能发生。所以说我既是我又不是我，是我与非我的统一。这个过程就是生命的实现。

我的身体在变，我的思想在变。如果早知如此，应该每天写日记，看看自己是如何成为现在的我，肯定很有意思。可惜，我从无写日记的习惯，结果稀里糊涂成为现在这个糟老汉。

生理的变化人人都承认。没有一个老人不承认自己已变老，尽管有人倡导忘年、不知年，或者不服老。这种不承认背后隐藏的是对老的某种恐惧。实际上，从内心来说，所有的老年人都有老的感受，只是有人说，有人不说而已。美国一位学者说，我们的身体，虽然看起来和一年前一模一样，但在一年内身体已有百分之九十八的原子被我们所呼吸的空气、所吃的食物、所喝的水中的原子所取代。新陈代谢是宇宙的永恒规律，包括人自身在内，无不如此。虽然反对自然辩证法的人不少，但反对者无一不是在自然辩证法规律支配之内不断变化然后走向终结。

我们的思想也在变。不同年龄阶段的心理状态肯定有变化。少年时的童真、年轻时的壮志凌云，对老年人来说，很少能保持。当然，老不一定都会暮气逼人，老骥伏枥、志在千里者有之，但精力不济却也是事实，终究是伏枥老马，不可能再驰骋疆场、决战千里。毛泽东的《沁园春·长沙》一词，“恰同学少年，风华正茂；书生意气，挥斥方遒。指点江山，激扬文字，粪土当年万户侯。曾记否，到中流击水，浪遏飞舟”。当年指点江山、激扬文字、中流击水的湘乡少年，永远是中国历史上光照人间的英雄。可是任何英雄人物同样有年老体衰的时期，这是自然规律。当然，英雄人物的暮年，如同落日，夕阳西照，仍然壮丽感人。

人在变，可又有不变之处。我是我，又是非我。今日之我，从生理到心理是非昨日之我。但从“我”来说，昨日之我仍为今日之我。“我”既具有可变性，又具有同一性。只讲变，不讲不变，就会落入四大皆空、一切皆无的虚幻境界。

对作为主体的“我”来说，中国古代的哲学智慧比起原罪说、空无说，更有价值。例如，老子关于“自知者明、自胜者强”的观点，孔子的四毋：“毋意、毋必、毋固、毋我”，对正确对待自我具有实际价值。我活到这个年龄，深知很少有人能做到这些，但应该是所有人终生努力的方向。这种方向就是哲学修养。

万物皆变，只有万物皆变之理不变。这是对的。我在变，世界在变。我与世界都处于变化中。关于这一点，一些西方哲学家也是承认的。埃利斯在《生命的舞蹈》中说：“我们除了与自己一起不断变动外，我们与世界之间不能保持不变动。”“我们涉及主客体之间关系时，必须记住这一真理：两者的地位都不是不变的，两者在相互接近前都已改变。”

下　篇

价值与价值观

价值与价值观是相互联系又各有特点的两个概念。价值是一种客观的特殊的主客体关系。说它特殊是因为价值关系只涉及人与相关对象的关系；说它是客观的关系、是因为利与害、得与失，都不是单纯的主体的自我感受，而是实际的利益关系。这种利益关系从根本上说，是由不同的人在社会关系中不同的地位决定的。一个奴隶可以满足于自己的奴隶地位，但并不因此而改变奴隶与奴隶主的关系、改变奴隶与奴隶制的价值关系。

全社会有没有一个共同的价值观呢？可以说有，也可以说没有。说有，是因为人类生活的社会性，会要求制定一些有利于整个社会成员生存和发展的共同规则。这不仅对某一部分人有利，而且对整个社会有利。但又不能说价值观只能是共同的，一位学者说，价值观是人们所共同具有的区分好与坏、正确与错误，符合或违背人们愿望的观念。价值观是决定一个社会理想和目标一致的一般和抽象的观念。实际上，在阶级社会中，全社会或全人类的所谓普世价值是少而又少的。即使有，也是一种抽象的共性，往往表现为人类对未来的一种期待或追求。

现实的价值观主要决定于不同人的社会和阶级地位，因为这种社会或阶级地位，同时就是人在价值关系中的不同地位。但社会地位相同，价值观不一定就相同。人的价值观与价值关系存在差别。价值观是内在于主体的一种对事物进行价值判断的尺度。价值观的构成是复杂的，包括价值取向、价值选择、价值评价。如果说价值关系是特定社会关系中的不同人之间的利害关系，那么价值观则属于思想意识领域的问题。它由价值关系支配，但又不是绝对一致的。因为形成价值观念的并不是简单的经济关系，而是包括文化背景和传统意识的积淀在内的非常复杂的过程。在阶级社会中，被剥削者接受处于主导地位的剥削阶级的观念是非常普遍的。例如，同样是处于被压迫地位的奴隶，有满足自己奴隶生活的奴隶，有赞美奴隶生活的奴才，也有起来反抗奴隶主的革命者。他们的地位相同，但价值观念可以不同。

在中国，“三纲五常”等封建的伦理道德观念具有长久的影响。封建社会中的妇女对各种各样牌坊的敬重，对妇女沉塘的冷漠甚至“助纣为虐”的原因就是如此。鲁迅“哀其不幸，怒其不争”，就是对价值观念混乱造成的国民性孱弱的愤懑。

正因为价值观念的形成与文化背景不可分，所以价值观念不是孤立的。我们只要深入观察一下就会发现，在价值观中起支配作用的往往就是人们的世界观和人生观。只不过价值观与实际生活联系最为密切，最为直接。人，每时每刻都在选择，都在评价，都在自觉或习惯性地按自己的行为标准行动。人们对日常生活中发生的无数大事小事，这样看而不那样看，对满足自己需求的东西，这样选择而不那样选择，实际上都包含着对事物的评价，包含着价值观。但有时候善恶、利害、美丑这些价值判断都被简单化为个人的兴趣和爱好，而更深层的世界观和人生观往往处于重重迷雾之中。在“隐私”、“人权”、“自由”、“兴趣”等世俗化生活的合理要求中，往往使世界观、人生观、价值观变得面目迷糊难以辨识，这是我们当前思想理论教育的一个难题。

庄子的观点可以说是相对主义的，这一点在他关于价值评价标准的多元性中可以看出来。对于如何区分事物的贵贱与大小，庄子的回答是：“以道观之，物无贵贱，以物观之，自贵而相贱，以俗观之，贵贱不在己。以差观之，因其所大而大之，则万物莫不大，因其所小而小之，则万物莫不小。”这是一个观察的角度问题。总而言之，价值评价完全取决于观察的角度。从物自身的观点看，总是把自己看得高贵而轻视他物；从流俗的观点看，贵贱在于外物，如金钱、地位、名誉，而不在于人本身；从道的观点看，这一切区分都是不对的，万物齐一，本无贵贱、等级、大小、有用、无用之分，所有区分都是人为的。这种看法，实难令人认同。因为就人与对象的关系的角度看，价值关系的区分是客观的；就价值观的角度看，虽然是多元的、相对的，但相对性和多元性的根据同样是客观的，可以从价值与价值观的关系中得到合理的解释。

价值观如同世界观、人生观一样都具有广泛性，涉及人类生活的各个领域。在人与自然的关系中有对实践和认识成果的评价，在人与社会的关系中有对社会关系与社会制度的评价，在人与自我的关系中有对自我价值与社会价值的评价。各种价值关系和评价尺度都有自己特殊的标准，但是，在社会主义社会中存在的多种价值观中，必然有一种处于支配和主导地位的价值观，这就是核心价值观。社会主义价值就是社会主义时期的核心价值，并不存在社会主义的非核心价值。坚持马克思主义的指导地位，中国特色社会主义理想，以爱国主义为代表的民族精神和以改革为代表的时代精神，以及我们党倡导的“八荣八耻”的道德规范，必须在多种价值观中处于主导和支配地位。它们既反映我们社会制度的性质，又符合全体社会成员的共同利益，而且是我们社会前进方向的价值导向。

其实，每种社会制度都有自己的核心价值，这就是处于统治地位的统治阶级的价值观。例如，中国封建社会长期处于统治地位的核心价值，就是以儒家的忠孝仁爱礼义廉耻为主要内容的价值观。资本主义社会的核心价值，则是私有财产神圣不可侵犯，以及以其为基础的自由、平等、博爱观念。社会形态的变化，同时也是价值观特别是核心价值观的变化。社会主义价值观并不否定封建社会和资本主义社会价值观中的某些合理因素，但社会主义有不同于其他社会的核心价值。

社会主义的核心价值就是社会主义价值观。社会主义初级阶段存在多种价值观。它们各具自己的内容。我们不可能把社会主义价值观当作唯一的价值观，其他价值观都有各自存在的根据与合法性，但也可能存在与社会主义核心价值相矛盾甚至对立的东西。就社会主义价值观与其他价值观的关系来说，必须以社会主义核心价值引领社会思潮，并通过核心价值观的宣传教育，使其他价值观对社会主义价值观起协同作用。如果把价值观的多元性变为价值观之间的相互矛盾和相互冲突，甚至否定社会主义核心价值的主导作用，就会导致价值观念的混乱和颠倒，这对坚持改革开放是极为不利的。社会主义核心价值的提出，为价值观念多元性之间的关系及其作用规定了一个合理的空间。

再谈价值与价值观

价值观是当今的流行用语。价值观、世界观、人生观并称为“三观”。三观教育是思想理论课的重要内容。可究竟什么是价值、价值观，并不是十分清楚。不同的人对价值和价值观有不同的解读。

价值与价值观念是相互联系又相互区别的两个范畴。价值是一种客观关系，是人与物、人与人之间的客观关系，不因价值主体的承认与否而改变。

价值关系之所以是客观的，关键在于这种关系依存的对象的客观属性。在人与物的关系上，物对于人的价值，离开物的属性就不存在。马克思说过，如果去掉使葡萄成为葡萄的那些属性，那么葡萄对人的使用价值就消失了。水对人的价值是不言而喻的，没有水，人就不能生存。水资源的危机已成为人类的重大危机。为什么呢？这当然取决于水具有的能满足人的生理需要和其他需要的物理和化学特性。这种特性是客观的。所以水不仅对人有价值，对动植物，对一切生命都有价值。任何生命只是“哑口无言”而已，如果没有水，会以死亡和灭绝为代价来表示与水的价值关系的客观性。当然只是对象的客观属性还不能构成价值关系，还包括价值主体的需求。没有人对水的需求，人与水之间的价值关系就不能成立。同样，没有资本对劳动力的需求，没有工人的就业需求，雇主与工人之间的价值关系就不能成立。

人与人的价值关系不同于人与物的关系，它是以物为中介的人与人的关系。例如，私有制度下工人与资产者对所有制的不同关系，表现的是资产者与无产者的关系。但离开了财产占有关系，这种关系就不存在。所有制的改变必然是人与人的关系的改变。因而在社会领域中，以物为中介的人与人的价值关系，不同于单纯的人与物的价值关系。

西方有些学者以价值观念代替价值关系，否定价值关系的客观性，只承认价值观念。他们认为，价值（不论是肯定方面还是否定方面）绝不能作为对象本身的特性，它是相对于价值心灵而言的，抛开意志与情感，就不会有价值。当断言这个或那个有价值时，其实是在表达我们自己的感情。在我看来，这种观点混淆了价值关系与价值观念。价值观念不同于价值关系，价值观念是主体的观念，不是客观的关系而是对客观关系的主体把握。

价值观念不能离开主体，它是在一定的历史条件和文化背景下，不同的人对价值关系的把握，包括价值取向、价值选择、价值评价等。人的价值观念可以正确反映价值关系，也可能没有正确反映价值关系。在资本主义制度下的工人，称赞资本主义制度的人并不少。马尔库塞在《单向度的人》中就对这种价值观念的颠倒做过分析。在一种社会制度下利益受损害的人反而赞美这种制度的情况并不少见。奴隶社会中的奴隶赞美奴隶制，在历史上也是常事。正如《红楼梦》中的服侍主子的家奴对主子的敬重一样。所以奴隶主义不是奴隶主的主义，而是不觉悟的奴隶的主义，是没有觉悟的奴隶对价值关系的颠倒认识。

价值观与世界观、人生观一样，它的原则可以存在于各种文化形态和人的行为之中。道德中有道德价值的问题，美学中有审美价值的问题，宗教中有宗教价值的问题。但各个领域的价值观不是各不相关的。一种类型的价值观是一个统一的观念，可以表现在道德、审美、信仰或对人的行为评价中。一个以儒家的价值观念评价道德的人，在美学中必然也是主张儒家学说的，在行为中的评价标准必然是主张以儒家学说为尺度，主张非礼勿视、非礼勿言的。在任何社会中都会有核心价值，它贯穿于该社会的各种文化形态和人的行为的评价之中。在价值观念中，核心价值观念最为重要。核心价值观念集中反映价值体系的社会属性，反映它在社会中的地位，对于各个领域中的价值观念具有支配和导向作用。

价值观念既然是社会中某一群人或集团区分好坏、善恶、利害、对错的观念，必然具有多元性。因为社会是由多种利益群体组成的。在阶级社会中价值观念有阶级性。在社会主义社会中，由于就业方式、分配方式以及实际社会地位和生活水平的不同，价值观念是多样的。尽管社会价值观念是多元的，但为了社会的安定，任何社会都要提倡社会的共同价值观。这个共同的价值观，往往就是处于统治地位的阶级或集团的价值观。因为处于统治地位的阶级利用自己掌握的各种教育、舆论、宣传工具，进行日积月累代代相传的有形和无形的思想灌输，用自己的价值观作为主导的价值观。儒家价值观的主导地位，就与长期以来封建社会统治者的倡导与维护，与整个封建社会的教育，尤其是与科举制度和官吏任用的标准都密不可分。

几乎在社会大变动时期都会发生价值重估的问题，主要表现为对传统价值观念的重新评价，或者表现为激烈的反传统，或者表现为对否定传统的再否定的文化保守主义。西方文艺复兴时期的启蒙运动，是对古希腊罗马时期关于人和人的思想的一次重新发现，是被中世纪神学所压抑的古代人文思想的一次再生。而处在资本主义矛盾比较尖锐时期的尼采，对传统思想提出价值重估问题，是以一个战斗者的姿态，对传统采取一种蔑视的态度。大力提倡超人，实际上就是对现实和世俗的价值观念的否定。当代后现代主义中的激进派对现代化和现代主义的批评，实际上也是一次价值重估。

在中国，“五四”运动是对中国传统文化的一次重估。当代新儒家关于“五四”运动的评价，则是一次对重估的重估。价值观念重估的积极作用可以纠正人们对传统的片面认识，消极方面是带来思想混乱和原有价值观念的崩溃，从而使社会在思想观念上处于一种无序状态。思想和信仰危机突出的是价值观的危机。在变革时期包括社会改革的转型期，价值观是一个重要的问题。价值观的重建特别是核心价值观的确立，就是以价值观作为确立共同社会理想和行为规范的指导原则，从而发挥社会思潮的导向作用。

价值观是非常重要的。一个人的内在精神需求胜过肉体需求，重视正确价值观的培育，就是追求崇高的人；一个人的精神需求和生理需求、价值理想的追求和生存的追求和谐统一时，就是追求完美的人；一个人的肉体需求胜过精神需求，蔑视价值观，蔑视理想和信仰，这种人就是一个卑劣的人。

关于价值评价

一个人的道德可以是虚伪的，但道德作为评价标准并不是虚伪的。人心有杆秤。古代的暴君桀纣虽贵为天子，但后世的人并不因为他们贵为天子而尊敬他们，相反是遗臭万年。孔子、墨子在世时并无地位，“穷为匹夫”，但如果称赞一个当政者圣明，则曰“子行如仲尼墨翟，则变容易色称不足者”，可见，“势为天子，未必贵也；穷为匹夫，未必贱也”。庄子由此得出结论：“贵贱之分，在行之美恶。”《庄子》是不是庄子的观点，这不是我们研究的范围，且当别论，我看重的是“贵贱之分在行美恶”。

我们当前有一个大问题，就是价值观念混乱、道德失范，因而评价标准也各种各样。有人提倡能力本位。能力肯定重要，无论何种岗位都需要有能力的人。但能人并不一定是好人。无论是才能还是智能，理论能力还是实际操作能力，只是人的素质的一个方面，而不是以此为“最”。才必须与德相配合才能发挥才的正面作用。如果才与德不相称，才越大干坏事的本领就越大。坏人之坏，并非都无才，监狱里各种有才之人并不少见，有的可能还是“奇才”，他能想出的点子，能使出的招数，许多人都想不出。这种人不是无才而是“缺德”。我们党历来提倡德才兼备。以德驭才，则才如宝马良驹，驰骋万里；以才败德，则才如无缰野马，践麦毁禾。

我们应树立正确的评价尺度，这关系到整个社会道德风尚的确立问题，也是我们用什么样的价值观来教育我们下一代的问题。在实际升迁、用人方面，如果唯能是举，这种流风所及是很坏的。所谓带病提拔，有的人坐火箭不断腾空，但刚任高职就东窗事发。其中一个主要的原因在于只看有“能”，而对其他方面尤其是道德方面，疏于考察，结果为国家酿成大患。

论普世价值

价值关系都是现实的、具体的。各个时代、民族、阶级、集团，都具有不同的价值关系。不存在一种普世的价值关系，也不可能存在普世的价值。因为价值观从来都是与价值主体不可分的。没有一个具有共同利益的全世界统一的价值主体，何来普世价值？

当然可以说，人类就是共同主体，但这是一种毫无内容的抽象。因为直至今日，全世界的人并没有作为一个共同主体去行动，也没有一个国家或民族可作为全世界人类共同利益的代表。连联合国内部都在不断争吵，在不断斗争中取得某种妥协。遑论全世界一致赞同的价值观！

宗教和抽象道德论者都宣扬普世价值。我始终不以为然。从表面上看，爱人如己，爱你的邻人，“己所不欲，勿施于人”，“己欲立而立人，己欲达而达人”，都是放之世界而具有永恒价值的道德原则。此外还有西方的自由、平等、博爱、民主之类，似乎都具有普世性。

但是这些道德原则，只能是一种理想，一种期待，在当代没有现实可能性，因而不具有现实普世性。何况，涉及政治制度的民主、自由、人权、平等、博爱等，依据各国的条件和发展水平，都是具体的。西方国家所宣扬的民主，是否就是中国人民所要的民主呢？我们强调人民当家做主，是否能为西方国家所接受呢？西方向社会主义国家推荐的多党制，我们能接受吗？实际上，民主、自由、人权等作为概念各国都在使用，可实质内容大相径庭。

在利益对抗的阶级社会，没有一个阶级会奉行具有相同内容的普世价值。在存在各种社会制度的当代世界，没有任何一个国家在涉及国家、民族和阶级利益时会奉行这些原则，更不用说那些以霸权、强权为目的的国家。

所谓普世价值，只是用来说服安慰“好人”的，而不是用来感化“恶人”的。如果发展中国家或者被剥削者被压迫者，真以为当今世界能奉行这些所谓的普世价值，只能是世界级的“东郭先生”。

在一个利益对立和冲突的世界，普世价值、普世伦理，只能是宗教宣扬的东西。可以宣传，因为其宗旨本来是普度众生或者治人救世。能不能实行，无关宗教教义。因为宗教的本质是信仰，只要信就可以，并不担负义务。即使两军阵前血流成河，它仍然宣扬爱。自有宗教以来，就这样说，这样宣传，世界也未变得更加美好。

至于“己所不欲，勿施于人”之类的教导，也有两千多年了，但没有哪个统治者、政治家、军事家，或者某一个人一以贯之地奉行这个原则。它只能说是一种理想、梦想，绝不是现实。

我并不是抽象地反对普世价值原则，而是说，我们的头脑要清醒，要懂得说教是一回事，真正做到则是另一回事。美好的理想是一回事，现实可行性是另一回事。当今世界是充满冲突的世界，和平与发展虽然成为当今世界的主题，但有很长的路要走，否则改造世界、改造社会的必要性根本不存在。

或许有人会说，正因为很难做到，就更应该宣传普世价值、普世伦理。可向谁宣传？向手无寸铁的老百姓、无权无势的老百姓、被侵略者、受侮辱者，还是相反？要侵略别人、站在弱者头上的强势阶级实行普世价值，奉行普世伦理，只能是“与虎谋皮”。弱者听信这一套普世价值，会更加成为弱者，反之，强者利用这个原则，则可能更加成为强者。

人道主义好不好？当然好。但社会主义应该提倡的是社会主义人道主义。不能认为人道主义就是普世价值。一些西方国家，挥舞着人道主义的旗帜，以所谓自由、民主、人权的普世价值作为干涉别国内政，甚至作为发动战争的理由。其实，在人道主义的普世旗帜下掩盖的是利益，甚至是某些垄断集团的利益。英国《卫报》发表过一篇文章《伪善意的西方人应该感到羞愧》，揭露了一些高官，一方面大量赚钱剥削别国人民，另一方面又在该国鼓吹所谓民主。民主变为牟取暴利的手段和遮羞布。

不可否认，任何价值观、道德理想，都具有超越性，不是任何人、任何时候都能做到的，但是，任何价值观、道德理想的超越性必须具有现实可能性和合理性。在一个利益对抗的世界，要各国当政者奉行己所不欲、勿施于人的原则，除了作为争取或捍卫自身利益的手段和方式外，缺乏任何现实的可能性。

民族精神与时代精神

读历史书，从汉唐一直到明朝，或清朝前期，都感到有种快感，虽然所谓康乾盛世开始时已经不太妙，但百足之虫死而不僵，西方仍然不敢小觑，双方还可以在通商还是朝贡问题上讨价还价。可到两次鸦片战争、八国联军侵华、皇帝“秋狩”（实即逃窜），以及一连串的不平等条约，历史书已不忍卒读。我不是狭隘民族主义者，但任何一个有血性的中国人对中华民族的衰败，不可能无动于衷。因此，当毛泽东在天安门城楼高呼“中国人民站起来了”，怎么能不让人热泪盈眶呢！

改革开放以来，我们国家进入了一个飞速发展的新时期。中华民族的伟大复兴，成为中国共产党和全国人民的伟大历史使命。这不是再振汉唐雄风，而是比我们的祖先承担更大的国际任务和历史重任。我们要在一个占世界人口五分之一的中国，构建一个历史上没有、世界上没有过的社会主义和谐社会。这种社会可能是人类未来历史的前导。

构建社会主义核心价值体系，是中国共产党构建社会主义和谐社会、实现科学发展、继续深化改革、推进中国特色社会主义建设的伟大战略部署。构建社会主义核心价值体系，我们要注重弘扬民族精神和时代精神，才能凝聚起民族复兴的强大精神力量。

民族复兴，是中国共产党肩负的历史使命，是全国人民的热切期盼。中国是文明古国，有丰富的文化传统，有许多思想家、科学家、发明家、政治家、军事家、文学家和艺术家。汉唐盛世是中国历史发展的高峰。可当西方资本主义开始扩张，特别是鸦片战争以后，中国处于帝国主义列强瓜分的侵略和压迫之中。一百多年来，为中华民族的复兴，无数革命先烈前仆后继，英勇牺牲。中国共产党领导的中国革命的胜利，奠定了民族复兴的政治基础。而六十多年的社会主义建设，尤其是改革开放以来取得的伟大成就，指明了民族复兴的道路。民族复兴，这是当代中国最令人振奋、最具号召力的口号。

任何一个民族自立于世界民族之林，都要有两个支柱：一个是物质支柱，这就是物质生产的高度发展及其产品的丰富；另一个是精神支柱，这就是精神生产及其优秀成果的丰盈。一个民族的民族精神就是它的优秀文化传统的结晶。

民族精神是在一个民族中占主流的具有相对稳定性和共同性的价值观念、情感取向和心理特性的有机统一。它是一个民族赖以生存和发展的精神支柱，是凝聚和激励民族的精神力量。全部人类的历史都证明，没有凝聚优秀文化传统的民族精神的支撑，仅仅依靠军事力量而崛起的大帝国，即使占地万里，横跨欧亚，驰骋东西，也难以持久。历史上“其兴也渤，其亡也忽”的诸多大帝国的兴亡史就是明证。

对于一个民族而言，民族精神凝集的往往是民族的文化力量。一个民族的文化模式是在历史长河中逐步形成的，会对这个民族成员的思维方式、行为模式、价值观念和情感取向产生强大的作用，长期的文化积淀就会升华为民族精神。民族的凝聚力，就是由于文化认同而具有的民族归属感。对一个民族而言，民族文化及其凝聚的民族精神，就是维系这个民族生存、发展和稳定的思想黏合剂。民族精神是不同于经济力量、军事力量或政治力量的力量。

以民族成员为载体的民族精神包含多方面的内容，但爱国主义是其中最重要的方面。民族精神表现为一个民族的文化及其传统不同于另一个民族。没有文化的认同，就不可能有爱国主义的情感。热爱自己民族的人必然认同自己民族的文化，而文化认同必然包含对以这种文化为纽带的自己祖国的热爱。一个民族文化的精髓往往凝结为民族精神。民族文化的首要作用是民族的认同感和归属感的强化，从而培育人民的爱国主义情感。

由于民族文化具有民族归属和认同作用，因而由文化凝结的民族精神是民族团结的精神纽带和凝聚力量。对于一个民族来说，重视自己的民族精神并以优秀文化传统来培育自己的人民，就是强化自己民族赖以生存的团结、生存、发展的精神力量。历史证明，一个文化认同感强的民族，往往是最容易抗拒外来侵略、保持民族和国家团结、不容易为外来势力分裂的民族。中华民族几千年来一直维持团结统一，这种由文化认同而产生的爱国主义精神是非常重要的，因而即使有分裂也是暂时的。移居海外的华人华侨心向祖国，热爱中华民族，也是这种以文化为纽带的民族精神的作用。

一个民族、一个国家，如果没有自己的精神支柱，就等于没有灵魂，就会失去凝聚力和生命力。我们有丰富的文化遗产，有经久不衰的民族精神，我们一定要充分发扬民族精神，以强化民族复兴的精神力量。

在充分发扬民族精神时，我们一定要继承两个传统。一个是民族的传统，这就是中华民族在长期生存和实践中形成的以中国优秀传统文化为主要内容的传统。中华民族在几千年的发展中，不断培育了以爱国主义为核心的团结统一、爱好和平、勤劳勇敢、自强不息的民族精神。另一个是革命的传统，这就是中国共产党成立以来领导中国人民在革命斗争和社会主义建设中铸就的民族精神的新传统，包括从井冈山精神、长征精神、延安精神一直到社会主义建设和改革开放时期的“两弹一星”元勋们为祖国复兴而奋斗的献身精神。当代中华民族的民族精神，既是历史上我们民族优秀文化的长期积淀，又是近百年来特别是中国共产党成立以来烈士们用鲜血铸就的。忘记了革命传统铸就的新的民族精神，是片面的。我们当前进行的建设中国特色社会主义的伟大事业，同样需要这种精神。只要具有这种精神，我们就能克服前进中的任何困难。

民族精神并不是抽象的超历史的存在，而是具体的不断变化着的存在。既不能割断由之而来的历史传统，更不能脱离所依存的时代现实。前者称为文化的继承性，后者称为文化的时代制约性。时代制约性的本质，要求民族精神必须与时代精神相结合。

民族精神的时代性非常重要，脱离时代的民族精神就没有活力，没有现实的基础和当代价值。传统文化与文化传统是两个概念。传统文化表明的是文化的历史存在，是一个民族历史上存在的生活方式、行为方式、价值观念和思维方式及凝结于其中的民族精神；而文化传统表明的是传统文化的当代存在，是当代人根据自己的时代条件对民族精神的继承。没有传统文化，当然谈不上文化传统；可没有文化传统，则意味着传统文化的中断和民族精神的衰退。传统文化是依靠文化传统而延续的，民族精神是依靠每个时代的人继承和发扬的。可以说，没有一个现存的文化中不包含传统文化的因素。一种文化的活力不是抛弃传统，而是在何种程度上依据时代条件吸收传统，再铸传统。因此，我们在发扬民族精神的同时，还要充分发扬时代精神，使我们的民族精神能面对新时代新条件，充分应对时代的新变化。

时代精神有别于民族精神。民族精神属于一个民族，而时代精神属于一个时代。时代精神是在理论上把握时代的世界潮流、把握人类历史发展方向的进步观念，是一种与时俱进把握时代脉搏的精神状态。民族精神必须与时代精神相结合，不断以时代精神来强化和提高民族精神的现实性和时代性。

严格说来，在前资本主义社会并不存在当代意义上的时代精神。因为国家和民族虽然也存在，但地区狭窄，而且交往较少。所谓世界轴心时代，是就某种思想发展的高度相似性说的，而不是就交往说的。前资本主义社会的所谓时代性，往往是一个国家和民族社会形态发展所处的时期，而没有超出民族的范围。正如恩格斯说的，每一历史时期的经济生产以及必然由此产生的社会结构是该时代的政治的和精神的历史的基础。

在前资本主义社会，历史突出地表现为国别史，还没有转变为世界史。当今世界不同。在人类社会进入资本主义时期之后，国家和民族的壁垒逐步被资本的扩张打破，各民族的相互作用和世界性交往不断强化。尤其是在经济全球化、信息网络使世界连为一体的情况下，任何一个国家都无法置身于这个时代潮流之外。

当今时代是以和平和发展为主题的时代。时代精神最主要的特征是，开放、改革、创新与和谐发展。

开放是时代的要求。培根说过，一个国家，只要具有开放的心态和兼容并蓄的国策，并不断吸收各种人才，那么一定可以成为一个强国。他还以罗马为例说，一方面是罗马走向世界，另一方面是世界走进了罗马。

在古罗马时期尚且如此，在当代世界更不用说。在当代，任何国家要发展，都不能孤立于世界之外。在维护国家主权的条件下，应该采取开放的政策，进行互利平等的经济、文化交往。中国的发展不能离开世界，世界也不能离开中国。

改革是时代的要求。在当代世界，社会主义和资本主义两种不同的社会制度并存，各自都在对自己的社会进行调整以便在世界性的竞争中得到发展。西方资本主义在第二次世界大战以后的某些调整，对缓和内部矛盾和强化竞争力显然起到了积极作用。这就是为什么西方发达国家的所有制形式还能继续容纳生产力发展的关键。当然，资本主义的任何调整始终是有利于资本主义社会自身的，资本主义社会的基本矛盾不可能通过调整而得到根本解决。

中国进行的改革完全符合当代的时代精神。社会主义制度并不是一个可以脱离世界而独立存在的制度。它必须适应世界的变化，要通过改革不断完善自身，从而真正发挥社会主义制度的优越性。

创新是时代的要求。我们的时代是科学技术革命的时代，网络化、信息化已经成为推动社会发展的强大动力。科学技术的创新成为世界潮流。对中国来说，创新是民族进步的灵魂，是国家兴旺发达的不竭动力，是实现民族复兴的必经之路。不仅是科学技术，在社会科学理论、马克思主义基本理论研究领域，同样需要大力倡导创新精神。创新，是时代高速发展在精神观念方面的反映。

和谐是时代的要求。当今世界仍然存在多种矛盾和冲突，但和平与发展是世界发展的主题，是世界人民的迫切要求。我们提倡构建和谐世界，反对单边主义和霸权主义，倡导在国际事务中加强对话和协商，就是反映这种时代潮流。

在当代，中华民族的伟大复兴并不单纯决定于我们的民族精神，还决定于如何以新的时代精神丰富自己的民族精神。只有民族精神与时代精神相结合，才能最大限度地激发起民族复兴的精神力量。

论做人

从来没有人问，吃饭有什么用，穿衣服有什么用？中国古人说，食色性也，也就是说吃和繁殖是人的生物学本能，它们的用途，无须问，也没有人问。

可人不仅是动物，不仅有肉体的需要，人还是精神存在物，是有思想的存在物。考古学家发现，人类最早的岩洞里就有壁画，器物上刻有花纹图案。这说明当人类处在原始阶段时，就有比较简单的精神需求，说明人不同于动物。

任何人的一生有两件大事，一是做人，二是做事。而要事业有成，首先要学会做人。

首要是做人。维特根斯坦说过一句话，“让我们做人”。这句话意义深远，就是人应该懂得如何做人。孔子说：“古之学者为己，今之学者为人。”为己就是提高自己的修养，为人就是为了别的目的。所以古人称学习为“成人”教育，就是培养人成为人的教育。做人问题重要，因为人可以成为不同的人，可以成为好人，也可以成为坏人，可以成为崇高的人，也可以成为卑劣的人，可以成为有志气的人，也可以成为平庸的人。

只有人才有个“做”人的问题。动物没有这个问题，狗就没有如何做一头好狗的问题。即使有，也是狗的主人训练它成为一条不咬人的狗、不随地大小便的狗，而不是它自我意识到要做一条好狗。任何动物都是受本能支配的。所以动物只有类的属性，而不是个体的特性。人不同，人既有类的特性，又有个体的特性。成为什么样的人，就是每个人的差异性。虽然社会环境和家庭环境对个人成长有重要的作用，但个人在同样的环境下怎样选择同样具有重要的作用。没有一个人天生就是如此，而是在成长过程中形成的。任何人都不可能事先为自己写一部自传。

做人，就是要超越人的动物性本能，成为一个有文化有教养的人，尤其是要成为一个真正的人，即有理想、有信仰、有道德、自重、自尊、自爱、知荣知耻的人。

不知羞耻，就不算人。做人要知耻。孟子说："无羞耻之心，非人也。"陆九渊也说："夫人之患莫大乎无耻，人而无耻，果何为人哉?"所以做人是个哲学问题，是个世界观、人生观、价值观的问题。说一个人不像人，实际上是说，他的行为、思想完全违背了做人的基本道德原则，不是一个人应该做的事。所谓衣冠禽兽，甚至禽兽不如，就是说这种人不能算人，只能划归到依本能行事的动物行列中。

其次是做事，人是实践的动物，要改变世界，也就是做事。要有本领，要学习具体知识与实际技能。这看起来与做人无关，完全是工具性、技能性的问题，其实并非如此。

一个人做好事还是做坏事，对人民有利还是有害，并不完全取决于是否拥有某种技术，而在于如何应用技术。

只有坏人才会做坏事。是什么样的人，就会做出什么样的事。坏人肯定不会做好事，除非改邪归正。当然，人好，不见得就有本事。因此我们不仅要学做人，还要学做事，既有才还要有德，德比才更重要。我们不能提倡"能人主义"，而要倡导德才兼备。在现实社会中，能人犯罪的比比皆是。这个过错不在于"能"，不在于他是"能人"，在于错误地运用"才能"，他的才能如同强盗手中的武器，越精良越危险。

在做人方面，提高人的人文素质非常重要。在人文素质中，培养人文精神尤为重要。人文精神并不只属于哲学，人文科学，甚至自然科学对人文精神的培养都有其特殊的作用，尤其是文学、艺术。古希腊罗马和文艺复兴时期，文学艺术对人文主义的兴起的作用是众所周知的。哲学也有其不可替代的作用。只有哲学，才使人对人的尊重具有合理性和无可反驳的哲学理论根据；只有哲学，才能激发人的自我意识的觉醒。各门具体科学都是从哲学中吸取人文精神，然后以自己特有的学科方式来宣扬这种精神。哲学是人文精神成长的沃土，各门科学特别是人文科学中的人文精神本质上是一种哲学精神。

历史证明，没有把人从神的束缚中解放出来的思想解放和启蒙运动，没有针对人自身的价值、尊严、平等的哲学意识，就不可能有人文精神的萌发和张扬。哲学把人对自身的认识提高到了新的水平，培育了人文精神，并推动了人文科学的发展。

当然，没有一成不变的人文精神。任何一种人文精神的张扬都具有时代的特征和内涵。文艺复兴的人文精神，是一种反宗教、反封建、反特权，为新兴市民阶级争人权的精神。这种反映时代要求的人文精神，才具有最大的号召力。

当代西方的人文主义与古典人文主义产生的土壤不同。它不是反封建，反特权，要自由，要民主，而是在现代化进程中与科技发展伴随而来的种种问题，如生态环境恶化、人的道德规范失落和价值观念的混乱相联系的。也就是说，是与科学技术发展过分倾斜，而人的人文精神失落，人失去精神家园相联系的。因此，当代西方有些人文主义者不是像文艺复兴时那样反对宗教，相反，是把哲学神学化，积极宣扬终极关怀、终极价值、普世价值，从而把自身变为哲学式的宗教；也不像文艺复兴时的古典人文主义那样歌颂科学，推进科学，不是借助科学技术来改善人的处境，而是反对科学技术，把当代社会的一切问题归于科学技术。维特根斯坦说科技时代是人性终结的开始，有关伟大的进步的观念与那种认为真理最终会被认识的观点，都是一种错觉，科学知识中不存在良好的或值得欲求的东西，追求科学知识更新的人类则正在落入一个陷阱。

反对科学技术的人文主义，根源于资本主义现代化进程中的弊端，即与科学技术的发展相伴随的人的状况的恶化。其实这个问题，在资本主义刚刚开始时，卢梭在他的关于科学与艺术的著名论文中就已见端倪。后来随着科学技术的发展，这种情况越来越严重，最终形成科学主义与人文主义相对立的两种思潮。

在我国，“以人为本”所体现的人文精神是马克思主义的人文精神，吸收了人类历史与当代人文主义中积极的东西。例如，肯定古典人文主义的理性精神和尊重科学的精神，肯定当代西方人文主义反对科学技术片面发展而倡导重视人的人文精神的思想，但是“以人为本”在本质上又不同于古典的人文主义以及当代西方的人文主义。

“以人为本”是针对当代社会发展的目的和内涵同社会经济发展、人的发展和社会发展三者之间的关系失衡甚至对立提出的。如果经济发展带来的仅仅是社会的片面发展，以牺牲社会发展和人的发展为代价，这就与马克思主义的社会理想与价值目标相对立。以人为本是以中国特色社会主义建设的全面、平衡、可持续发展为前提，以实现社会进步和人的全面发展为目的的人文主义精神。这一精神不仅是我们党立党为公、执政为民的根本原则，也是各行各业的人做人做事的指导原则。当然，这一原则不能只停留在嘴上，写在总结上，引用在文章中，必须落到实处，必须制度化，只有这样，才能真正体现人民群众的根本利益，也才能解决近代以来科学主义与人文主义的长久对立。

人为什么要回报社会

如何对待社会，人与人之间的态度不同，观点迥异。有个人主义、功利主义、理想主义、献身主义，形形色色，不一而足。这就是社会，这就是人生。

人为什么要回报社会？我们只要看看，每个人一生从社会中得到的东西，远远多于对社会贡献的东西。我们坐汽车，可并不制造汽车；坐飞机旅行，可并不制造飞机；每天吃饭、吃菜、吃水果，可我们不是菜农、果农，也不下田插秧收割。总之，从呱呱坠地到回归自然，人的一生无一不是在享受着先辈遗留的或社会全体成员创造的物质产品和精神产品。我们享受社会和他人所提供的东西，我们当然也有义务向社会提供我们的产品。否则，人人都只要东西而不提供东西，社会这个总仓库就会空空如也。这是再简单不过的道理。

马克思主义从来主张，应该为社会谋福利。马克思和恩格斯一生都在为无产阶级、为人类解放做贡献。马克思中学时代在他的关于青年人选择职业的考虑的作文中就说过，如果一个人只为自己劳动，他也许能够成为著名的学者、大哲人、卓越的诗人，然而他永远不能成为完美无瑕的伟大人物。如果我们选择了最能为人类谋福利而劳动的职业，那么重担就不能把我们压倒，因为这是为大家而献身；那时我们感到的就不是可怜的、有限的、自私的乐趣，我们的幸福将属于千百万人，我们的事业将默默地、但是永恒发挥作用地存在下去，而面对我们的骨灰，高尚的人将洒下热泪。这是马克思年仅 17 岁时的志向，多么高尚，多么感人。

其实不仅是马克思主义者或革命者有这个志向，一个有良知的学者同样会具有这种高尚的品格。费希特在关于学者使命的著作中，就专门论述过这个问题。他说，为了能够向社会报答给我们做的事情，每个人都必须真正运用自己的文化来造福社会。谁也没有权力单纯地为自己过得舒适而工作，没有权力与自己的同胞隔绝，没有权力使自己的文化于他们无益；因为他正是因为靠社会的工作才能使自己获得文化，从一定意义上说，文化是社会的产物；如果他不愿意由此给社会带来利益，他就是从社会攫取了社会所有物。按照费希特的看法，一个人不回报社会就是从社会盗窃，因为人从生到死享用的东西都是社会所给予的，可对社会没有任何回报。

这个关于回报社会的问题，从哲学上说就是关于人的价值问题，是关于个人价值与社会价值的相互关系问题。一个人的社会价值，就在于他对社会的贡献或对社会的回报。一个人对社会回报越多，他的社会价值越高。历史上许多伟大的政治家、思想家、科学家，许多为社会创造永久思想财富的人当然是社会价值最高的人。

不仅是著名人物，为人类社会存在和发展提供物质生活资料的普通劳动者，同样是有社会价值的人。没有他们，社会就不可能存在，人类就不可能存活。人类的吃、穿、用，生活中的一切都是这些普通劳动者所创造的。一个对社会没有任何贡献的人，人们称为寄生虫，仿佛是附在社会机体上的多余的东西。

个人价值不是社会价值之外的独立自存的另一种价值。它与人的社会价值不可分离，是人的社会价值在自身的体现。一个社会价值高的人，意味着他的个人价值也高。人与人的价值的差异正在于对社会贡献的不同。我们歌颂、纪念、尊敬那些为国家、民族、社会做出贡献的人，实际上也就是对他们崇高的个人价值的肯定。我们提倡尊重劳动者、知识分子，从根本上说就是尊重他们对社会的贡献即他们的社会价值，与此同时，也就是肯定他们的个人价值。

这是不是说，个人价值与社会价值没有区分呢？不是。社会价值，是个人对社会的贡献，或曰对社会的回报，而个人价值还包括个人从社会得到的尊重和奖励，包括精神的和物质的奖励。这种个人价值的高低取决于社会价值。很显然，一个人的社会价值越高，他的个人价值就越高，这两者是正相关的。从个人与社会的关系来说，个人贡献给社会的东西是永恒的，个人贡献给社会的东西变为人类社会的一部分，而个人从社会中得到的物质性的东西，一点儿也带不走。可个人的价值并不因此而消失。人们永远纪念为人类做出贡献的人。物质的东西是暂时的，是死后带不走的，而个人的社会声名是永恒的。所谓永远不朽，万古流芳，讲的就是个人价值因其社会价值而永存。

我们不能把个人价值、自我价值与利己主义混为一谈。脱离社会价值追求的所谓个人价值不是真正的个人价值，而是沽名钓誉或不择手段为个人牟取不正当的利益，这是以损害社会利益或集体利益为代价的。这是利己主义。利己主义者所获取的东西并不表明他的个人价值，而是对社会价值与个人价值关系的扭曲。

个人价值与社会价值是统一的，当然也存在矛盾。这就是在不合理的社会制度下，真正对社会做出贡献的人，他们的个人价值得不到实现。在旧社会为整个社会提供生存资料的劳动者处于受剥削的地位，而一些对社会做出重大贡献的思想家、科学家，生前得不到承认，或者陷于极端贫困的窘境。这是社会不公平的表现。社会主义要解决这个问题，使人的个人价值与社会价值相得益彰。

为什么和为了什么

“为什么”和“为了什么”是两个不同的问题。“为什么”属于科学，是有关因果规律的问题；“为了什么”属于哲学，是有关主体目的的问题。

青蛙是绿色的，青草也是绿色的，蝴蝶色彩斑斓，花卉万紫千红，自然界如此多样。我们不能问“为了什么”，而只能问“为什么”。因为自然界没有目的，所有生物与非生物也都没有目的，只有自然选择和环境适应。如果把目的塞给自然界，那就会像恩格斯嘲笑的，把猫创造出来是为了吃老鼠，把老鼠创造出来是给猫吃。一旦提出“为了什么”，除了走向上帝或有神论以外，别无他途。

在哲学范围内我们不能问，人为什么活着。因为人为什么活着属于生命科学的问题。人的生命是自然给予的。人活着是人类的延续，无论生男生女都是传宗接代，男女结合再繁殖生命，循环往复，生生不已。这是人类生存的自然需求。不能对人提出人为什么活着的问题。任何人的出生都不是自愿选择的，父母不用征求胎儿的意见。人一落地就是活物，就是一条生命；否则是死婴，不是活人。

可我们可以而且必须问，人为了什么活着。这属于活着的目的，而不是活着的原因。因果律属于科学，目的论属于哲学。人为了什么活着属于对人生的价值、理想、意义的追问。人为什么活着理由相同，而人为了什么活着的目的，则大相径庭，各有各的打算。这属于人生观的问题。

有的人失恋了就寻死觅活，甚至自杀。这是为情活着，以身殉情。

有的人在市场竞争中破产或股票大幅缩水，投河自尽。这是为利活着，以身殉利。

有的人因为评职称或提升受挫，想不通，郁郁而死。这是以身殉名。

人类自杀的原因五花八门，不胜枚举。总之，都有个为什么活不下去的理由，都存在为了什么活的问题。

庄子虽然对生命很达观，但也不同意这种违背生命规律的死法。他说："小人则以身殉利，士则以身殉名，大夫则以身殉家，圣人则以身殉天下。故此数子者，事业不同，名声异号，其于伤性以身为殉，一也。"死的原因，多种多样，但都是为了自己的功名利禄。用现代的话说，都是只有自我，难以超越狭隘的个人眼界。

在为了什么活着的问题上超越自我的，首先是宗教。基督教宣扬博爱和普世价值，人应该为人类而活。佛教宣扬普度众生，解生民于尘世的倒悬之中。可这只能是教义，而不可能是现实。依靠任何一种宗教都不可能以自己的生命救生民于火海，最多只能是净化自己个人的灵魂。

马克思主义不同。以解放全人类为己任的革命者，应该为了人民和革命事业而活着，包括以身殉革命。这种殉，本身就包含着生活的意义。西方凭这一点把马克思主义比作宗教。马克思是教主，革命者是信徒，共产主义是天堂。这种类比是荒谬的。马克思主义的人生观就是革命者的人生观。它在革命时期是革命观，在建设时期是马克思主义的权力观和政绩观。虽然内容有别，但都是超越个人，在为人民利益鞠躬尽瘁、死而后已的精神上是一致的。马克思主义的人生观不是宣传博爱，不是忍辱负重，而是参与社会变革，是通过社会大变动来救民于水火之中。这不是一个人的力量能办到的，而是人民群众自己解放自己。革命者个人只是其中的一员，即使是伟大领袖，也是组织者和领导者，而不是救世主。

刚刚 17 岁的马克思，在他的中学毕业作文中，对人为什么活着交了一份感人的答卷：如果我们选择了最能为人类福利而劳动的职业，那么，重担就不能压倒，因为这是为大家而献身；那时我们所感到的就不是可怜的、有限的、自私的乐趣，我们的幸福将属于千百万人，我们的事业将默默地、但是永恒发挥作用地存在下去，而面对我们的骨灰，高尚的人将洒下热泪。只要读读这篇文章，一定会承认马克思后来成为世界人们心目中的那个马克思，绝不是偶然的，因为他在青少年时代就明确了人应该“为了什么”活着。所以，当他一旦生活在资本主义兴起的英国，目睹工人的生活，成为马克思主义“创始人”就容易理解了。

知足与不知足

在生活中，我们会遇到相互矛盾的格言或训诫，譬如知足常乐和知难而进。

知足常乐，是我们熟悉的生活格言，是解除烦恼、享受快乐人生的不二法门。老庄哲学的一项重要内容就是“知足”。可是知足往往以失去进取力、以消极无为为代价，从而为人们所诟病。

因而又存在另一种格言，这就是反对满足，提倡奋斗进取。像维特根斯坦说的，躺在自己已有的成就上就像躺在行进中的雪地上一样危险。行进者昏昏沉沉，最终在睡眠中死去。所以维特根斯坦强调，人要不断自我分析、自我批评才能进步。自我满足就是停滞，永远过着与过去一样的生活。

我们似乎处于相互矛盾的教导之中。其实在哲学家看来，这两者各有其用，可以统一，并行不悖。它们相互补充，反而有利于提升人的生命质量。

任何人都处于社会之中，既有个人生活的一面，又有作为社会成员的一面。因而对待生活应该具备两种态度。作为个人，对待功名利禄、对待个人所占有和将占有的东西，应该有个度。不过度追求身外之物，这就是知足。所以，知足是就“物欲”说的。

人最难满足的不是享受，一个刚刚享用过山珍海味的人，对马上再吃东西，即使是美食，也不会有兴趣。如果强迫他吃，他会感到痛苦。其他的物质享受也是一样。当达到一定的生理极限以后，再前进一步就是一种痛苦，就像费尔巴哈说的酒醉之后必然头痛。人最难满足的其实不是生理性需求而是欲望和贪心，像老百姓说的“人心不足蛇吞象”，“做了皇帝想登仙”，正所谓欲壑难填。人常常苦于欲望不能满足。欲望是永远难以满足的。因为能暂时达到满足的只是欲望的具体载体，而不是欲望本身。知足常乐，就是针对人的欲望说的。人应该知止。无论是对财产、名誉、物质享受的追求欲望，都应该有个度，而不是无度。关于这一点，弗洛姆说得很有道理：“无限制地去满足所有愿望并不会带来欢乐和极大的享乐，而且也不会使人生活得幸福。”

但对个人生活欲望和生理欲望的节制，不能理解为作为社会成员的个人，可以减少自己的社会责任。在对社会的贡献，在进行创造性劳动方面，人应该不满足于自己已有的成就。因为个人的贡献与社会对他的期望相比，永远是有差距的。个人已有的成就，永远不会是社会为他所设定的最后界限。当然，人的能力有大小，但只要有为社会做贡献之心，不断进取，就是一个有志气、热血的人，就是一个不知足的人。所以，不应知足是就个人与社会的关系说的，是就个人对社会做贡献说的。

人的追求是不同的。知足与不知足的标准也各不相同。孟子说：“说大人，则藐之，勿视其巍巍然。堂高数仞，榱题数尺，我得志，弗为也。食前方丈，侍妾数百人，我得志，弗为也。般乐饮酒，驱骋田猎，后车千乘，我得志，弗为也，在彼者，皆我所不为也；在我者，皆古之制也，吾何畏彼哉?”无欲则刚。没有个人私欲的人是在危难时最刚强最有气节的人。

足与不足表现的是两种完全不同的追求。孟子追求的是“富贵不能淫，贫贱不能移，威武不能屈”的大丈夫气节。这种不厌贫贱和不慕富贵，不是私欲无穷，而是以天下为己任，是能正确处理足与不足的关系。

知足与不知足，应视所为何事而定。就个人满足欲望尤其是生理需求而言，应该知足，所谓知足常乐，是就此而言的。就个人对社会的贡献而言，应该不知足。因为在个人的贡献中，最能体现人的价值的是为社会做出贡献而带来的成就感。

小孩子制作陶艺，一个个双手沾满泥土，但看着自己制作出来的小碗、小罐，兴奋无比，比爸爸妈妈买来的任何玩具都高兴。因为这是孩子自己的创造。产品，自己创造的产品，最能使自己高兴。可以说，创造是快乐的源泉。一个雕塑家看见自己的雕塑，画家看见自己的绘画，作家看见自己的作品，会感到由衷的高兴。一个人在贡献产品的同时，也给自己带来快乐。这是一种有成就感的快乐，是任何口腹之欲的满足都无法相比的。

理想的人生和人生的理想

理想人生和人生理想是不同的，但又不可分，它们之间存在辩证关系。

“理想人生”是很少的。“人有悲欢离合，月有阴晴圆缺，此事古难全。”李煜说，“人生长恨水长东”，以水向东流喻人生长恨，这是他个人的亡国之痛，不具普遍性，但理想人生很少倒是事实。当人们年老回忆往事，甚至在离开人世时，事事满意、毫无憾事者少之又少。无论是亿万富翁和权可倾国者，还是儿女事业有成者，都不可能自认为是毫无缺憾的“理想人生”。

人生理想不同于理想人生。理想人生是客观的人生历程，而人生理想确立的是人生目标。人只能确立人生理想，但无法肯定自己的人生一定是理想人生。人可以在人生理想的实现中来寻求自己的理想人生，离开正确人生目标的实现，就人生谈人生，这种人的人生肯定不是理想人生。所以对人来说，重要的不是追求理想人生而是确立一个正确的人生理想。只要人生理想正确，即使没有完全实现甚至没有实现，但努力过、奋斗过，就是有价值的。

人与动物不同。动物的生命是生存，而人的生命是生活。当然生活也包括生存，不仅限于生存，生活是有意识有目的的自我创造过程。理想就是在生活目的中最具自觉性和崇高性的一种形态。没有理想，人的生活就失去了生存的意义和价值。理想是人生意义和价值的承载者。苏格拉底说：“未经审视的生活是不值得过的。”所谓审视生活，就是认识自我，充分理解生命的意义和价值。

什么样的人生理想才是具有意义和价值的崇高理想呢？在革命年代，这很容易判别。在抗日战争时期、解放战争时期，以及鸦片战争以来的历次反对西方列强的战争中，人们都赞扬救亡图存，为国家民族复兴舍生忘死者是具有崇高理想的人。捧读黄花岗烈士林觉民写给妻子的绝命书和方志敏的《可爱的中国》，至今仍然令人动容。他们的崇高理想激励着一代又一代人。

有人说，在市场经济条件下谈理想，完全是迂阔之论，不合时宜。这种说法当然是错误的。不可否认，在市场经济的大潮中，如何对待理想、金钱、财富、个人名利，很多人是非界限并不清楚，至少不十分清楚。在有些人眼里，既然是市场经济，多赚钱是最为实际的。讲国家、民族、人民的利益，都是假、大、空。一句话，市场经济与理想是相悖的，它赋予人生意义和价值的唯一内容就是金钱。在市场经济条件下，就是要逃避崇高、消解理想、回归世俗、求利务实。

我认为，西方资本主义的市场经济以货币为中介，肯定会对人与人的关系，对人的价值观念、理想、信仰产生影响。西方流行的“把肉体交给市场、把灵魂交给上帝”的消费主义成为许多人的生存原则。但不能认为生活在市场经济条件下，人人必然如此。其实同样在资本主义市场经济条件下，由于理想不同，生活态度和价值观念也不完全相同。马克思和恩格斯，以及许许多多的无产阶级革命家，他们是生活在资本主义市场经济条件下，但他们具有崇高的革命理想。即使是直接从事经营的资本主义企业家，也并非个个把金钱视为人生的唯一意义和价值。比尔·盖茨以几百亿美元回馈社会，这样的企业家在西方也不少见。如果说在西方资本主义市场经济条件下尚且如此，在社会主义市场经济条件下，提倡理想，进行树立核心价值观念的教育更是理所当然的。事实上，在中国改革开放致富的企业家中，也有一些人开始关注社会公益和慈善事业，并不单纯把赚钱当成人生的唯一目标。这说明，同样生活在市场经济下，对待金钱的态度可以完全不同，关键在于人的价值观念和人生理想是什么。

在我国，由于经济形式的多样化、利益主体和分配方式的多元化，人们对生活意义和价值的看法并不完全相同。价值观念颠倒、道德失范的现象同样存在。这是市场观念泛化的消极面。这正是我们党提倡社会主义精神文明建设，提倡社会主义荣辱观所要着重解决的问题。应当知道，尽管和平年代与战争年代不同，革命年代与社会主义建设年代不同，但都需要理想作为人生价值和意义的支撑。认为搞市场经济不需要理想是不对的。其实，建设中国特色社会主义，完善社会主义市场经济体制，构建社会主义和谐社会本身就是一个史无前例的伟大社会理想，需要全体社会主义建设者通过自己的实践去实现。如果不提倡理想，人人只想发财、赚钱、牟利，我们的共同理想就会变成空中楼阁。

理想并非都是豪言壮语，高不可攀。理想既崇高，又平凡。“位卑未敢忘忧国。”一个医生，以仁者之心治病救人，力求医术精益求精，就是一个有理想的医生；一个教师，以教书育人为目的，一心为国家培养人才，就是一个有理想的教师；一个企业家，为社会创造财富，以财富回报社会，就不是一个单纯的牟利者，而是一个有社会理想的企业家。尽管行业、职务、能力不同，只要不是把职业单纯作为谋生手段，甚至作为牟利的工具，而是自觉认识到自己工作和职业的社会价值，努力做好本职工作，把它作为实现我们共同社会理想的一部分，就是有理想的人、高尚的人。

理想和信仰不可分。理想的理论基础是信仰。理想是否坚定，取决于我们的信仰是否坚定。理想决定行动，而信仰从理论和道义上支撑着理想。在中国革命战争时期，在战场上、刑场上视死如归者，都是具有坚定信仰的人。他们坚定地相信自己的崇高理想一定要实现，也一定能实现。

人，应该有信仰，而且是科学的信仰。没有信仰，就像船没有帆，没有前进的动力和方向。一个没有理想和信仰的人，仿佛是没有目标、没有驿站、永远处于途中的无休止旅行的人。这种旅行肯定是乏味甚至痛苦的。一个至死都不知道为什么活着的人的一生，大抵与此相似。所谓活得很累，往往就是这种情况。一些人之所以没有理想，实际上是没有正确的政治信仰。他们根本不相信社会主义，不相信马克思主义。我们并不反对追求个人致富，但我们反对拜金主义，反对以追求金钱为人生的最高目的；我们也不反对追求个人事业的成功，但反对以自我为中心的利己主义。年轻人应该以建设中国特色的社会主义作为我们的共同理想，在实现这个共同理想的过程中，完全有可能有条件实现自己的个人追求。因此，在进行理想教育时，必须同时进行社会主义信仰教育，只有拥有坚定的社会主义信仰才能有崇高的理想。

悲剧性的理想和理想的悲剧

理想不能脱离现实，如果脱离现实，就是空想。对个人来说，理想与现实相脱离，无非是好高骛远，志大才疏，一事无成；可对一个社会来说，如果强行推行一种与现实相脱离的所谓“社会理想”，就是乌托邦。要是用暴力强行推行这种乌托邦，就会化理想为反动，酿成历史的悲剧。这种理想是以理想之名出现的反历史的空想。无论推行者自以为动机如何高尚，如何为了民族、国家、人民，都难逃罪责。我称为悲剧性的理想，而它所造成的社会悲剧，可说是理想的悲剧。

恩格斯说过，违背辩证法是会受惩罚的。这个说法不仅是人对自然的态度，在社会领域同样如此。任何主观唯心主义，尤其是历史唯心主义，超越历史发展阶段，不管国情民情、生产力的发展水平，企图把自己认为最好的“理想”化作现实，结局只能如此，岂有他哉！历史是严肃的，不能容忍人们的戏弄。超越历史，必然遭到历史的抛弃。

马克思主义的社会主义是科学社会主义。它的科学性不仅在于以资本主义现实矛盾为基础，建立在对资本主义现实矛盾及其运动规律的分析基础上，而且在于遵循历史唯物主义的原则，以现实条件为依据。科学社会主义的社会理想是科学的，但它并不是随时随地都可行。

社会理想的科学性与现实可行性需要不同的条件。马克思和恩格斯对西方革命爆发的现实性就曾经做过总结。他们说，历史表明我们错了，我们当时所持的观点只是一种幻想。当时欧洲大陆经济发展的情况表明，资本主义还具有很大的扩展能力，而工人阶级自身还没有成熟到足以铲除资本主义生产的程度。这说明尽管欧洲是马克思主义科学社会主义的发源地，可不等于是它的第一个实现地。

当然，任何理想都具有双重性：现实性和超越性。我们强调社会理想的现实性，并不否定它的超越性。理想当然高于现实，如果与现实亦步亦趋，那就不是理想而是实际行动的具体步骤。卡西尔是唯心主义者，但他关于理想具有超越性的说法是有道理的。他说，一个伟大的哲学家的显著特点在于，他并不是根据纯粹现实来思考，如果不扩大甚至超越现实世界的界限，他的思想就不能前进一步。

共产主义的社会理想肯定具有超越性的一面，至今任何社会主义国家都不具备实现共产主义的可能性，可它同样又具有现实性，不仅就其理想的科学性来说，而且就一个真正的社会主义国家来说，它的实际步骤都在朝这个方向前进。中国特色社会主义就是科学社会主义与中国实际相结合的产物，是通向未来共产主义社会的实际步骤。社会主义和谐社会的构建，就是把中国特色社会主义理论和道路的现实性和超越性结为一体的创造。

要区分精神的两种作用

庄子是重视精神的。无论是《逍遥游》赞美的“至人无己，神人无功，圣人无名”的绝对自由的境界，还是他所极力赞颂的才全而形不全的形体残疾人，其实都是一种精神自由的境界。

在庄子看来，生命现象最重要的是精神而不是形体，精神是生命的主宰。他以一个寓言式的故事来说明这个道理：孔子使楚时，路过一个地方，看见一群猪崽欢快地吸母猪乳，忽然发现母猪是死猪，四散而奔。庄子由此感慨地说：“所爱其母者，非爱其形也，爱使其形者也。”人的生命现象不也是如此吗？即使沉鱼落雁，美若天仙，一旦死去，人见到的不是活人而是死人，照样会惊吓而走。活人与死人的区分在于精神而不在于肉体。由此可见，灵胜肉，精神高于肉体。

所有唯心主义都持有类似的观点，只是论证的方式各不相同。唯心主义论证的最大特点是混淆了两种精神。

一种是从生理学和医学观点的角度认为，生命的担当者是物质，而不是精神。人的死亡并非精神离人而去，而是形体即人的生理某一种或几种器官功能的完全丧失。形存神存，形亡神亡。生时的形体和死后的形体，就其外形看是一样的，实际上功能不同。一个在运转，另一个则完全停止。医学上把脑功能的停止视为死亡，而不把精神病视为死亡的原因就在于此。

另一种指支配人的行为，区分人的品格高下、贤与不肖，是精神而不是形体。人是要有点精神的。人的意识并非大脑的分泌物。人的精神面貌，集中表现了一个人的状态。重视精神，就是重视精神的超越作用，它能使人超越自身的局限性，从而成为一个高尚的人、脱离低级趣味的人、一个纯粹的人，而肉体的过度需求往往是一个人成为有教养的人的障碍。

可见，考察形与神的关系有两种不同的角度，就形与神相依的关系而言，当然是形存则神存，形亡则神亡，人死如灯灭，薪尽火不可传。可是，就精神的重要性而言，则是烛尽而火可传。这个火，不是独立自存的火，而是代表一种精神，代表一种人生境界和追求。唯心主义之所以是唯心主义，就在于把精神的个体超越性，变为精神在本体论上的独立性，从而陷入与人类的常识和实践经验相矛盾的境地。这种矛盾是客观唯心主义者和主观唯心主义者无法避免的。而旧唯物主义和庸俗唯物主义则由于精神对物质的依赖，而忽视了精神的能动作用，只把精神视为物质的附属物，从而不理解人何以成为万物之灵的根本原因。

马克思主义哲学是把精神对物质的依存性和超越性辩证地结合在一起的，既强调精神不可能离开物质而自存，又强调精神成为人内心的一点儿“灵明”，具有支配人的行为的作用。毛泽东说“人要有点精神”，就是就此而言的。

论耻辱感

党中央提出的“八荣八耻”的社会主义荣辱观，以马克思主义哲学为指导，以理想和信仰为内核，为社会主义精神文明建设指明了方向。八荣八耻的荣辱观极其鲜明地表现了马克思主义哲学世界观、人生观和价值观的生命力和当代价值，表现了理想和信仰的巨大力量。

世界上最勇敢、最坚定的人，是有崇高理想和坚定信仰的人。抱有什么样性质的理想和信仰，对一个民族和个人来说都最为重要。八荣八耻的荣辱观，在如何对待祖国、人民、科学知识、劳动，以及如何对待团结、诚实、守法和艰苦奋斗这些事关祖国和人民，事关构建社会主义和谐社会和培养社会主义道德风尚问题上，完全以辩证唯物主义和历史唯物主义作为世界观和方法论，彻底贯彻了爱国主义观点、人民群众观点、劳动观点、集体主义观点以及尊重科学、遵纪守法、艰苦奋斗、诚实守信的道德风尚。社会主义荣辱观中所贯穿的崇高理想和信仰，是非明确，旗帜鲜明，高瞻远瞩，振奋人心。

人，应该有理想和信仰。没有理想和信仰，就像在大海中航行没有帆，没有前进的推动力。没有理想和信仰的人生，仿佛是在大海中漂泊，没有目标、永不停靠地无休止地漫游。这种航程肯定是乏味甚至痛苦的。一个至死都不知道为什么活着的人生旅程大体与此相似。

从哲学的角度来说，光荣与耻辱是矛盾着的两个方面，是相互依存的。知道什么是光荣的，也一定知道什么是可耻的。荣辱是不可分的。培养光荣感就是培养羞耻心。八荣八耻中荣耻并提，相互对照，是对对立统一规律最生动最精辟的运用。

无论是一个民族还是个人都要有羞耻感，即知耻。知耻近乎勇。对于一个民族的强盛来说，知耻是非常必要的。马克思当年曾经猛烈抨击普鲁士专制政府的腐败并以法国和德国对比为例说：耻辱实际上就是法国革命对 1813 年曾战胜法国的德国爱国主义的胜利，耻辱就是一种内向的愤怒。如果整个国家真正感到了耻辱，那它就会像一只蜷伏下来的狮子，准备向前扑去。

鸦片战争以后，中国人民的民族耻辱感不断在增长。“五四”运动就是民族耻辱感的一次大爆发。没有民族耻辱感，就没有救亡图存的运动，就没有全民的抗日战争，就没有导致国家和民族解放革命的胜利。爱国主义就是一种集体的民族耻辱感。“士皆知耻，则国家永无耻矣；士不知耻，为国之大耻。”龚自珍的这句话，对媚外惧洋的腐败清政府，可谓切中腠理。

我们现在的情况当然不同。中华民族处于伟大民族复兴和举世瞩目的和平发展时期，民意风发，民志沸腾。但我们也应该看到，社会风气中仍然有许多不健康的东西。我们要牢记党中央倡导的“八荣八耻”，并以之作为行动的准则。在“八荣八耻”中，“以热爱祖国为荣，以危害祖国为耻”，“以服务人民为荣，以背离人民为耻”最重要、最关键。只要我们心中有祖国，有人民，热爱祖国，热爱人民，我们就有了区分荣辱、明辨是非的政治基础和思想基础。

我们一定要以马克思主义哲学为指导，以理想和信仰为内核来认识社会主义荣辱观，一定要把社会主义荣辱问题与中国传统的所谓“面子”问题区分开来。

中国人是最讲面子的。送礼不能比别人少，请客不能比别人差。没面子，在许多人眼里可是奇耻大辱。不仅个人，一家人都抬不起头。可中国人的面子，往往的确是“面子”，即要的是“脸”，满足个人的虚荣心。面子是个人的，最多是几个亲戚或家族的。面子要的是虚荣，而不是光荣。当然，爱面子并不完全是坏事。爱面子比不爱面子的人强。一个连面子都不顾的人必为人所不齿。可社会主义荣辱观不同，它不是个人的面子问题，小而言之，是对个人人格的尊重，对自身存在的价值和意义的尊重；

大而言之，关系到社会主义祖国的盛衰和人民的福祉。一个人如果只讲面子而没有正确的荣辱观，没有崇高的理想和坚定的信仰，在危难面前是会连面子都不要的。

我非常喜欢看《永远的丰碑》，每次都为先烈们的事迹所感动。他们为祖国为人民献出了年轻的生命，在祖国的前途和人民的利益问题上，他们明是非，为我们树立了知荣知耻的光辉的榜样。我曾经写过一首诗，赞扬先烈们的这种精神：

夕阳几度照青山，百年沧桑指顾间。
丰碑巍峨昭日月，刑场婚礼泣人寰。
民族危亡多壮士，国家无事唱檀郎。
我盼高歌舞剑器，狂飙席卷振阳刚。

改革开放以来，国家的经济得到很大发展，人民生活水平普遍提高。但我们要知道，对一个人来说，懂得物质享受很容易，可要树立正确的荣辱观，明是非，辨荣辱，并不容易。因为它需要马克思主义世界观的引导和滋养，要确立崇高的社会主义理想和信仰。党中央倡导的社会主义荣辱观，对于建设社会主义精神文明，对于坚持先进文化和社会主义的理想与信仰，非常重要。大力宣传和进行社会主义荣辱观的教育，一定能净化社会文化环境，形成有利于全体社会成员，尤其是青少年健康成长的思想道德环境。

一个没有正确荣辱观的社会即使经济发展了，也不会是风气健康、令人向往的社会；一个没有正确荣辱观的民族，是没有前途、日渐萎缩的民族；一个没有正确荣辱观的人，不会成为有理想、有信仰的人。我认为，这正是党中央倡导的以马克思主义世界观为指导的社会主义荣辱观的伟大意义所在。

金钱没有臭味

金钱买不到哲学智慧，但哲学可以提供对金钱的正确理解。古代罗马有位皇帝说过，金钱没有臭味。确实，臭味不在金钱，而在于如何对待金钱的人。所谓铜臭，其实是人臭。

金钱不等于财富，而是符号。对一个社会来说，最重要的是物质财富和精神财富。物质财富的增加，表明社会生产力的发展和国家富裕；精神财富的增加，表明一个社会文化产品的丰富。金钱的多少只表明在财富中占有的份额。如果没有物质产品，例如说，没有粮食，守着再多的钱仍然会饿死。离开了真实的产品，钱一无用处。钱的用处，在于作为流通手段、等价物，具有购买商品的功能。

在私有制社会尤其是市场经济中，人们常说，金钱不是万能的，没有金钱是万万不能的。没有钱就意味着贫穷，意味着不能从社会总产品中得到维持自己生存的东西。贫穷是不幸的，但有钱不一定就幸福。所谓金钱不是万能的，不单是指为官清廉，不接受贿赂，不是任何人都能用金钱买通的，而是说世界上有很多东西是钱买不到的。钱可以买到毕业文凭，但买不到学问；可以买到女人，但买不到爱情；可以买到豪宅，但买不到家庭，即真正意义上的充满亲情和天伦之乐的家庭；可以以山珍海味招待来客，高朋满座，但不能买到真正的友谊。总之，凡属真诚的东西都不是单纯用金钱能买的，能买的都是可交换之物。所谓黄金有价情无价就是这个道理。

金钱与幸福不是成正比的。西方发达国家自杀率高于发展中国家。幸福不是放在橱柜中的芭比娃娃，有钱就可以搬回家的。经济学家们把幸福等同于国民财富，忙于计算国民生产产值。有一门时髦的经济学称为幸福经济学，认为收入的根本作用就是使人幸福，金钱让人们享有更多的选择和最大限度的自由，这就是国家和个人都为更多的收入而奋斗的原因。但有的学者认为，虽然富人通常比穷人幸福，但一旦个人越过了贫困线，那更多的收入带来的幸福感就没有刚开始那么多。金钱积累到超过个人可用的数量，实际上后面的数字是一串符号。金钱对个人的作用是有限的，对社会的作用是无限的。如何使金钱发挥社会作用，这就是财富观的问题。

在传统社会金钱一般是传于子孙，但有见识的人都知道财不过三代，中国就有“传儿千金，不如传儿一经”的说法。所谓一经，即儒家经典。资本主义社会提倡回报社会，创办各种基金会和慈善事业。这是一种进步，但真正能这样做的人也并不是太多，因为金钱还是最具诱惑力的。金钱的普遍等价物的作用，使它凌驾于一切东西之上。幸福指数是很难确定的，因为幸福不能离开社会制度和价值观。幸福也不能单纯用金钱来衡量，但不名一文，流浪街头，肯定没有幸福感。任何安贫乐道的学说都解决不了温饱问题。一个人再清高也要吃饭。晋人清高，口不言钱，称为“阿堵物”，那是因为他钱太多，如果囊中羞涩，绝不会如此作秀。人总是要生存，要温饱，要享受。

但要把人类的生存问题和个人如何对待金钱的问题分清楚。就人类来说，当然是社会财富越多越好。社会的发展和进步是和社会生产总量的增加不可分的。只有在物质生产增加的基础上，社会才可能办其他事业。就个人来说，也需要一定的财富，才能保证自己的生存和尊严。这是马克思主义最基本的道理。古人都知道，无恒产者无恒心。这种恒产当然是私产，但私产是不是一定要成为资本形态，这是可以争论的。我认为，财产与资本不是相等的概念。随着社会的发展，个人的财产越来越多，但不是说私有制度越来越发展。共产党人的最终目标是消灭私有制，消灭剥削，消灭两极分化，但不是消灭个人对自己生活品的占有和不断增加财富。

但我们要超出单纯经济学的观点，要看到金钱除了发挥经济作用外，同时可能改变人的人生观，改变人与人的关系。凡是金钱介入的地方，人与人的关系都可能发生变化。亲人会为遗产而对簿公堂，爱情会因金钱而变味，夫妻会因金钱而反目，至于贪赃枉法和各种社会丑恶现象因金钱而泛滥，更是有目共睹。假如市场化成为一切领域的主导原则，其危害性会日见其深。

自古以来，对金钱的咒骂并不少见，但仅限于道德的评价，缺少理论的深度。马克思在《1844 年经济学哲学手稿》中对货币有过专门论述，也引用歌德《浮士德》和莎士比亚《雅典泰门》中对货币的文学性批评，马克思肯定这些批评，但从异化的角度对货币何以具有如此的力量做了理论的论述。马克思承认，社会交换中不可能没有货币，货币是需要和对象之间、人的生活和生活资料之间的牵线人。在市场经济中没有货币就没有生存权，正因为货币是这种“万能之物”，所以货币的力量有多大，我的力量就有多大。货币的特性就是我——货币持有者的特性和力量。货币使整个社会发生价值的颠倒，使一切人的和自然的特性变成它们的对立物，使事物普遍混淆和颠倒，把坚贞变成背叛，把爱变成恨，把德行变成恶行，把恶行变成德行，把奴隶变为主人，把主人变为奴隶，把愚蠢变成明智，把明智变成愚蠢。总而言之，在马克思看来，在金钱面前，一切都会变为相反的方面。为什么会这样呢？马克思指出，问题并不在于金钱，而在于使人发生异化的社会。在资本主义私有制下，金钱代表的是一种异化的力量，人受自己创造出来的货币的支配，因为经济关系的商品化本质使货币成为一种能购买一切的“万能之物”。

在马克思的理想中，如果要消除这种万能的力量，只有改造社会，使人的各种关系发生根本的变化，真正成为人的关系，而不是以货币为中介的关系。马克思认为，我们现在假定人就是人，而人同世界的关系是一种人的关系，那么你只能用爱来交换爱，只能用信任来交换信任。如果想得到艺术的享受，那你必须是一个有艺术修养的人。显然，我们离这个理想的距离仍然很远。我们正处在社会主义初级阶段，我们还要深化改革，完善市场经济体制，保护私有物权。市场经济和私有经济不断发展，既促进了生产发展和货通天下，使社会经济得到长足发展，但也有不少干部在金钱的冲击下而丧失立场。在生活的一切领域中人人都能感受到金钱的力量。如何在实行社会主义市场经济的条件下，防止腐败，防止由于金钱而产生的一切违背法律、违反道德的行为，这是我们应该认真研究的重大理论问题。

金钱没有臭味，但金钱可以使人变臭，甚至使社会变臭。我们不会幼稚到提议取消货币回到以物易物的时代。老庄哲学不能解决问题，儒家仁义之说同样如此。马克思和恩格斯关于社会主义革命成功后能消灭商品和货币的设想也不现实。关键在于在完善社会主义市场经济体制的同时，加强社会主义精神文明建设，倡导社会主义核心价值观念，真正通过实际政策把“共建共享”的方针落到实处。

人类精神世界的提高和衣食无忧，与对金钱的无限追求是相互制约的。当社会主义社会全体成员都能从社会发展中得到生活的保障，没有后顾之忧并且生活水平不断提高时，金钱对人们的诱惑力就会减少。我们要永远记住马克思的一句话，货币不是物，而是以物为载体的人与人的关系。

历史规律与历史目的

目的论是神秘主义的，无论自然目的论还是历史目的论都是如此。牛有角，因为它要保护自己，那羊为什么不长像牛一样的角呢？羊的角往里弯一点儿也保护不了自己，反而会带来麻烦。自然界的东西是不可能用目的论来解释的，合理的解释只能是自然自身的选择。对于自然物，我们不应该问“为了什么”，而应该问“为什么”。我们不能问牛为了什么长角，而只能问为什么牛长角而老虎不长角。“为什么”是对原因的探讨，这是科学的任务。“为了什么”是目的论的探讨，这会导致神秘主义。因为自然领域没有任何的最高存在物把目的赋予自然，自然界的原因存在于自然自身。

历史也是无目的的。历史有规律而无目的。规律是自在的过程，是历史自身的内在的必然性。历史不包含目的。资本主义社会出现的目的不是为了实现社会主义，正如封建社会的存在不是为了使人类有可能建立资本主义社会一样。社会形态之间的更替关系是客观的因果关系而不是目的关系。不能说社会发展是合规律合目的的过程。把目的赋予社会历史，就会把历史发展神秘化。

社会领域是人的活动领域，抱有活动目的的是人，而不是历史本身。但人的目的，受各种条件的限制，特别是受社会合力作用的制约，人的目的并不能都实现。秦始皇想万世一系，自称始皇，结果二世而亡。任何一个王朝都想父子相继，但都有末代皇帝。可以说，人在活动中完全实现既定目的是少有的。希特勒想征服世界，结果是在地下室自杀而亡；日本军国主义者侵略中国，结果是走上绞刑架。

其实，不仅是那些逆历史潮流而动的人和事，即使是革命者的目的也不是都能实现的。列宁缔造了俄国共产党，取得了十月革命的伟大胜利，斯大林实现了工业化和农业集体化，把苏联变为世界第二大超级大国。但70年后，苏联解体了，历史发生了逆转。列宁和斯大林及俄国共产党人最初确定的在俄国最终建成社会主义并实现共产主义的目的中途夭折，并没有完全实现。

人的活动的目的性与人的活动的合规律性不是一个层次的问题。人的活动有目的，但不一定都合目的。人的目的包括伟大人物的目的能否实现，取决于两个条件：

其一，客观条件的可能性和社会发展的规律性。中国20世纪五六十年代穷过渡的理想不可能实现，因为它超越了中国社会发展的阶段。

其二，即使目的本身不错，但一个伟大目的的实现是一个长期的过程，中间有许多环节和因素的作用。例如，十月革命的胜利是必然的、合乎规律的。但列宁的伟大理想能否实现，并不完全取决于夺取政权，更重要的是革命后的社会主义建设。长达70年的苏联历史中，太多的复杂因素导致了苏联解体的悲剧。这当然不是说，历史上曾经发生过的伟大运动和伟大人物的愿望都是空想，都没有价值。因为目的和目的的实现之间，有一系列条件和中间环节。任何一个重要链条断裂，都可能使目的不能实现。

历史证明，任何伟大革命家的目的虽然没有实现，但它对人类社会发展的功绩是不可磨灭的。它不仅在一段时期内打破了历史停滞不前的凝固胶着状态，推动了历史的发展，而且它的失败的教训也为后人的发展积累了经验。人类目的和理想的实现不可能是一次完成的，会经过反复，经过曲折，经过多次失败的教训。因此在人类活动中目的没有实现，意味着应该调整目的以便更符合实际。

在社会领域中，事与愿违的事屡见不鲜。因为社会不仅存在必然性，还存在数不清的偶然性。而且，人类对历史必然性的认识往往要经历一个很长的过程。在人类社会发展中，自发性、盲目性是不可能完全避免的。恩格斯说过，从马克思的观点看，整个历史进程——指重大事件——到现在为止都是不知不觉地完成的。列宁也说过，历史上常常有这样的事，本来想进某一房间结果跑到另一房间去了。我们应该重视历史偶然性的作用。

人的活动是有目的的。但社会改造运动不是建筑楼房，不可能按图施工。没有人能为改造社会绘制详图。人的活动目的的实现，是一个反复修改自己目的的过程。从这个角度说，没有最终一成不变的目的。恩格斯也是在这种意义上说过，我们没有最终目的，因为共产主义的实现是一个不断探索、改革、调整的过程。

人在实践中要使自己的目的具有现实性、可行性和客观依据，人的目的必须符合规律，而不是强使规律符合人的目的。当年罗马皇帝亚历山大因为皇宫周围蛙鸣如鼓，夜不能眠，就命令青蛙一律休息，不准鼓噪。这个命令只能是如同废纸。这是历史逸事，并不实有其事，但说明目的归根结底是以人的活动和认识符合规律为依据的。

论时势使然

庄子说过一段话，很有意思。他说："当尧舜之时而天下无穷人，非知得也；当桀纣之时而天下无通人，非知失也，时势使然。"所谓尧舜时无穷人，是说没有不得志的人，桀纣时无通人即没有得志的人。事实是否如此，另当别论，这属于历史考证的问题。我感兴趣的是庄子"时势使然"这四个字的结论，可圈可点。它表达了一种令人受益无穷的历史观，即任何个人的命运，都离不开时势。势是一个时代的趋势和力量，合起来则是时代本身包含的不可抗拒的潮流。

现在那么多有经营才能的企业家和身价亿万的富翁，仅仅是他们的个人才能造就的吗？不是。如果没有改革开放政策所形成的"时势"，他们的商业才能就显现不出来，就不可能有平台任其发挥。中国老一代民族资产阶级中善于经营、有商业才能的人不少，可最终免不了没落。这也是时势使然。

1978年恢复高考，为知识青年开辟了一条通向未来的宽广道路。如果仍然是只能上山下乡，他们的情况就会是另一个样子。

人们经常用"生不逢时"或"生当其时"来形容一个人的成就。这是有道理的。人的能力再大，都不可能与时势相抗拒。所谓命运，其实就是这种时势对个人的作用。命就是生当何时，运就是个人在这种时势中的具体际遇。

选择论者、自由论者，如存在主义哲学，都强调个人的选择和个人的意志自由，其实选择与自由的前提都是自己所面对的时势。超出时势范围的自由选择只能是一个梦想。“心在天山，身老沧州”，并非个人无才，而是时势使然。

个人是重要的，因为人的存在单位就是现实的个人。在同样的时势下，个人的主观努力，个人的能动作用不同，情况也会不同。可我觉得，任何关于人的问题的研究如果只着眼个人，而不把个人放在一定的社会条件下来认识，那任何个人的差别都只能是源于个人的生理特性或基因，而与他们各自的时代无关。这就连两千多年前的庄子的“时势使然”的历史观都不如。我们形容一个人发达，称为“得势”；走背运，称为“失势”。得势、失势这种老百姓的用语就包含着最朴素的哲学道理：时势使然。

历史不相信眼泪

老子在《道德经》中说："天地不仁，以万物为刍狗。"这就是说，天地没有对人类的偏爱，而是自然规律支配万物的生灭变化，像对待纸扎的祭品一样，祭后就烧掉，毫不吝惜。因为这是大仁，对万物一视同仁；从人类的角度来说，大仁仿佛不仁，因为没有对人类的特殊照顾。老子的天不是意志的天，不是道德的天，没有好生之德，而是以万物为刍狗。

由此我联想到人类历史。人类社会历史同样有规律，它没有偏爱，因而历史不相信眼泪。多少辉煌的帝国变成陈迹，多少雕梁画栋的宫殿荡然无存，多少王朝改朝换代，多少末代皇帝在哀鸣。历史上多少词客诗人写过怀古诗，有的为六朝的衰亡而惋惜："无情最是台城柳，依旧烟笼十里堤。"刘禹锡的《石头城》"山围故国，潮打空城"与他的《乌衣巷》"旧时王谢堂前燕，飞入寻常百姓家"同为怀古名句。一为感叹显贵家族的兴衰，一为感叹古金陵今南京城经历多少王朝繁华后的衰败。南唐后主李煜的对故国"恰似一江春水向东流"的无尽愁思，也只有文学价值，并不能引发人们对历史落败者的同情。人类历史有王朝的更替，也有不少的文明消失。文明的确是碎片，每个逝去的文明，留下的不是整体，只是碎片。或是埋在地底下，或是写在书本上，或残存在后人的风俗习惯中。

历史的车轮滚滚向前，它毫不吝惜地碾碎曾经存在过的一切，把它们变为自己的一部分，即变为历史。诗人怀古凭吊，虽然动人，但无法改变历史的辩证法。历史可以凭吊。后人凭吊前人，又为后人凭吊。历史也像以万物为刍狗的天地，任王朝盛衰兴亡，任国家崛起败落，任文明成为碎片。词客诗人们凭吊历史时凭借的是情感，而不是历史哲学。他们没有想到，没有这些不断化为历史惊叹号的王朝兴亡更替，就没有历史的前进。

历史真的是像以万物为刍狗的天地吗？历史的确没有眼泪，只有规律。但历史规律像自然规律一样，是在社会之外的另一种力量吗？文明的意义只是化为碎片，历史的价值只是历史的陈迹吗？不是。历史的意义和价值存在于现实之中。历史无情人有情。人并不是历史的刍狗，而是历史过程的主体。正像恩格斯说的，历史并不把人当作达到自己目的的工具来利用的某种特殊人格，历史不过是追求着自己目的的人的活动而已。实际上，创造历史的是人，凭吊历史的也是人。

自然规律和社会规律不同。自然规律的载体是自然物质，它外在于人。荀子说，“天行有常，不为尧存，不为桀亡”，就表明了这一点。自然规律对于人来说，具有先在性和永恒性。马克思强调，自然规律是根本不能取消的，在不同的历史条件下能够发生变化的，只是这些规律借以实现的形式。

在自然规律中，我们应该区分客观的自然界规律和科学规律。物体存在引力，这是永恒的自然规律，可牛顿发现万有引力却是在 17 世纪末。前者是客观的自然规律，后者是科学规律。科学规律的正确性需要科学实验和实践证明。科学规律与自然规律的关系以及全部自然科学的发现都是如此。科学规律是可以发展、补充、修正甚至证伪的，而客观世界自身的规律却“依然故我”，不会因此而改变。自然规律是一视同仁的，与社会制度无关。破坏自然就会遭受自然界的报复。资本主义制度下是这样，社会主义制度下也是这样，并不会因为是社会主义，自然界就会“特殊照顾”。这就是为什么社会主义照样发生生态环境恶化、人与自然的矛盾日趋尖锐的原因。原来我们对这点认识不足，总以为既然是社会主义制度就什么都比资本主义优越，连自然规律也会因社会制度不同而失去作用。还是荀子说得对：“天行有常，不为尧存，不为桀亡。”自然规律与人、社会是外在的关系。人，可以认识和利用自然规律，但却不会因为社会制度不同而改变它的作用。

社会规律不同。社会规律与人的活动、社会制度是不可分的。社会规律不是外在于人与社会之外的规律，而就存在于人的活动和社会之中。有什么样的社会就会有什么样的规律，而规律的形成和作用都是在人类的活动中实现的。马克思对这个问题有过精辟的阐述。他说，所谓“经济规律”并不是永恒的自然规律，而是既会产生又会消失的历史性的规律。任何一个只要是表现纯粹资产阶级关系的规律都不是先于现代资产阶级社会而存在的。所以，资本主义社会发展的规律是与资本主义社会不可分的，它是资本主义社会的规律，而且是在参与资本主义全部活动的人的实践中实现的。某一社会的规律不可能先于这个社会而存在。正如社会主义市场经济规律不可能先于社会主义制度的存在一样。尽管资本主义有市场经济规律，那是资本主义市场经济规律，而社会主义市场经济规律不可能先于社会主义而出现。当然作为市场经济会有某些共同点，这是因为它们有共同的经济条件，如社会化的大生产和商品的生产和交换，但各依社会制度不同而具有各自社会制度的本质特性。

人类能够利用自然规律，这一点人们容易承认。虽然自然规律也是看不见的，规律本来就是潜藏在事物内部的本质关系中。但人们从万物如刍狗的生生息息的万物运转中，可以发现它的规律性。这就是自然现象重复性中的同一性。可不少哲学家否认社会规律，他们认为，社会历史领域中没有自然界中的那种重复性。社会历史中的事件和人物都是一次性、不可重复的。关于这个问题，我曾在《漫步遐思》中通过社会事件和人物的单一性、社会现象的重复性和社会规律的同一性专门讲过这个问题，此处不再重复。我要强调的是，在自然界天地以万物为刍狗，在社会领域中也会产生以人为刍狗的现象，这就是社会规律作用的客观性问题。

社会规律虽然存在于人的活动中，但并不意味着人的活动都符合规律。这是两个不同的问题。前者是社会规律存在和起作用的条件问题，后者是人的活动能否达到目的的条件问题。所谓社会领域以人为刍狗，不是说人对规律性无能为力，而是说当人的行为违背规律，无论才能多大，主体性多强，只要逆历史潮流而动，最终照样失败。马克思在论述资本主义社会规律的作用时说过，大工业不会让自己的规律受工厂主的怯懦性随意摆布，经济的发展将会不断产生新的冲突，并使这个冲突达到顶点，它也不会容忍自己长期受一心向往封建制度的半容克地主的支配。

马克思的意思是，无论怎样反对和抗拒，资本主义生产方式都会战胜封建主义生产方式，曾经不可一世的封建贵族和领主终将没落并逐渐从历史舞台上消失；也无论资产阶级如何缓和内在矛盾，但矛盾和冲突会随着大工业的发展而逐渐激化，缓和是暂时的，资本主义制度终究会为更高的社会主义制度所取代，资产阶级也会成为多余的阶级而退出历史舞台。这就是封建贵族和领主的历史命运，也是资产阶级的历史命运。所谓历史命运，就是历史规律的作用的另一种表述方式。在阶级的更替中，可能有家庭的悲欢离合，盛衰兴灭，这就是一些历史的刍狗。

在中国近代历史运动中，人为刍狗的现象同样存在。难道人是任规律摆布的木偶吗？当然不是。因为所有参与活动的个人、集团、阶级和政党，都力求达到自己的目的，但相互作用中形成的规律是不以个人的意志为转移的。为什么呢？这是一种合力。但这种合力并不是创造规律，规律是不可能创造的，而是在每个社会的人们的合力中，在人们实际的经济政治活动中，直接形成各种经济关系、政治关系（阶级关系），而规律就是这种经济关系和政治关系的规律。

社会规律并不决定于参与活动的人们的意志，更不决定于个人的意志，而决定于每个社会性的实际存在的经济关系和政治关系。而每个社会的经济关系和政治关系形成的社会基本矛盾的运动和运行方向，就是社会发展中总是新的生产关系最终取代旧的生产关系，新的阶级取代旧的阶级。因为社会发展中伴随人类生产工具的进步而带来的生产力发展，要求新的生产力取代旧的生产力，从而引起社会关系和阶级关系的大变化。尽管这种变化是通过人们的活动实现的，但最有前途的阶级就是代表新的生产力、新的生产关系的阶级，这就是规律。

在中国近现代史上，蒋介石个人并非没有才能，麾下并非没有将才，并非没有发挥主观"能动性"，军队虽多，武器虽精，终于失败，成为历史的"刍狗"。中国古人说的得道多助、失道寡助，所谓多行不义必自毙，就是这个道理。如果在社会领域中，只讲主观能动性而不讲规律的客观性，只强调人的主体性，不承认人可能为历史所抛弃，从而成为历史规律的"刍狗"，都是片面的。

历史上多少显赫一时自以为可以一手遮天的阶级和人物，变为向隅而泣的可怜虫，变为历史的刍狗，难道还不明白这个道理吗？

历史的不幸与历史的公平

阶级社会处于各种相互交错的复杂的矛盾中，统治集团内部同样如此。伴君如伴虎，宦海浮沉是封建社会的常事。“一封朝奏九重天，夕贬潮阳路八千”之类的事无朝不有。

庄子就为这种处于矛盾旋涡中的人设计了一种自保方案。其实，这并非庄子独有，韩非就写过《说难》，剖析“说”之难，对君主不能不说，什么都不说，显得无能，又不能多说，如说不好“撄逆鳞”，龙颜大怒，必遭杀身之祸。韩非虽知“说”难，自己终难幸免。

庄子的方案中有一个很特别的地方，就是当生命与任务相矛盾时教人如何取舍。如果拼命完成使命，必危及健康，“事若成，必有阴阳之患”；如果爱惜生命，完不成任务，必受处罚，“事若不成，必有人道之患”。唯一的方法，是求为无用之“散木”，这种木材，没有用。用来造船则沉，作棺木则很快腐朽，用作器具则会速毁，以为门柱则会遭虫蠹。正因为它没有用，所以长寿：“是不材之木也，无所可用，故能若是之寿。”我认为，庄子不是在提倡混世，而是知处世之难，揭示了阶级社会中的一种不合理现象，木直先伐，秀木难成林，而无用之才可享天年。“贾谊沥血郁郁死，屈原怀冤愤自沉。”从不合理的社会现实中，庄子得出一个结论：“人皆知有用之用，而莫知无用之用也。”

庄子的说法令人沉重，但却是历史事实。中国封建社会中有两种类型的历史人物。一种是为国家、民族，或为理想事业“鞠躬尽瘁，死而后已”的人物。诸葛亮《出师表》曰：“臣受命之日，寝不安席，食不甘味，思惟北征，宜先入南，故五月渡泸，深入不毛，并日而食。臣非不自惜也，顾王业不可偏安于蜀都，故冒危难，以奉先帝之遗意，而议者谓为非计。”诸葛亮之是非得失，存而不论，但他以事业为重，而没有陷入庄子所设立的矛盾之中。因为他所求者大，即把事业理想放在个人生命之上。

可在封建社会中，也有另一种类型的人物。他们虽然有理想，有事业心，但忠不见信，能而遭谤，甚至遭杀身之祸。这种人并不少见。司马迁遭宫刑，岳飞死于风波亭，历史冤案，可以举出一连串。才大而不能善终者屡见不鲜。这是历史的不公与悲哀。连庄子这个智慧卓绝的有才之士，也只是做一个小吏，而且处处力求避祸，宁可曳尾泥涂，也不愿官居相位。

就这个问题说，社会主义制度是优越的。但社会主义社会如果法制不健全，同样难以完全避免历史上有过的悲剧。苏联党内斗争和各种政治运动中的冤案，为许多人所诟病，而且对苏联的解体起了推动作用。我们有我们的不幸，有我们的错误。从反右的扩大化到“文化大革命”，一些革命先辈遭受了不公正的对待，甚至失去了宝贵的生命。

当然，历史是公正的，人心是公平的。在中国革命中那些为历史做出贡献而身遭不幸的人，终究在历史上留下光彩的一笔，永为后人所景仰。我在参观湖南刘少奇同志故居时写过一首诗：“自古忠奸最难明，历史血染多泪痕。沉冤昭雪成旧事，世人犹记开封城。”少奇同志沉冤昭雪表明，社会主义制度是优越的。共产党人立党为公的本性，使其能够比较及时地发现和纠正自己的错误，还历史一个公正。

但历史也证明，社会主义制度政治体制的改革，社会主义民主和法制的健全，可以避免历史上屡见不鲜，我们自己的历史上也出现过的某些英雄受难、伟人遭毁、历史颠倒的现象。只有这样，庄子提倡的避难避祸的方法才会失去它的现实价值，失去它的政治意义，而仅仅成为一种保健的人生智慧。

历史进步的吊诡

恩格斯说过，大自然是宏伟壮观的，为了从历史运动中脱身休息一下，我总是满心爱慕地奔向大自然。为什么恩格斯这样说？因为人不可能离开自然，归根结底，自然界和历史——这是我们在其中生存、生活并表现自己的那个环境的两个组成部分。一个半世纪以前，当时生态问题并没有现在这样严峻，恩格斯已经感受到回归自然对人自身的调剂作用。

在当代人们更是如此，渴望回归自然。这并不是基于人的自然本性，而是工业化、城市化背景下人的生存状态恶化而造成的一种对工业生活方式的不自觉逃避。人需要新鲜的空气、清洁的水、新鲜的蔬菜；人需要逃避城市的喧哗、复杂的人际矛盾，需要生理的宁静和灵魂的休息；需要逃避用水泥和钢筋铸就的鳞次栉比的大楼，需要鲜花盛开的田园风光。从生理到心理，人都需要自然，需要农村。可他们需要的这种农村越来越少，范围越来越小。因为这是农业生产方式下的农村，而不是工业生产方式下的农村。一旦工业化、城市化和市场化的大铲车铲到农村，农业生产方式下的自然日渐破坏，不断为工业所掠夺，变为工业入侵的对象，变为工业的“殖民地”时，自然风光也日渐褪色。

工业入侵农业的过程，是社会进步不可避免的过程，否则，农村永远是代表封闭、保守、落后的符号。要进步，就要牺牲某些自然的优美。现在新发现的民居，让人赞不绝口的“原生态”，都是人迹罕至的原始村庄，或者是工业化尚未触及的地方，只要一旦被发现，便很快被卷入商业大潮和旅游大潮，自然界又失去了一块宁静的乐土。

与不同社会发展形态相联系的工业文明和农业文明，是两种不同的文明。生产方式决定生活方式以及人的生活习惯、观念和思想。

农业，重传统；工业，重开拓。

农业，重经验；工业，重科技。

农业，重乡土，重亲情；工业，重金钱，重利益。

农业，重守业；工业，重创新。

农业，重宁静，重和谐；工业，重往来，重竞争。

农业，重知足；工业，重享受。

农业，面对乡里；工业，面对世界。

农业文明下的治国方针，是民以食为天，丰衣足食；工业文明下的治国方针，是不断发展生产以增加财富。只有工业产品的需求才是无限的，才可能是无限的。

两种文明产生两种不同的人与自然的关系。因为农业生产方式下的全部产品，都是人类维持生存的必需品。人类的需求与人的生存融为一体。工业文明生产的是人类享受的奢侈品，是超越人的生存必需品之外但又能提高人的生活质量的产品。没有电视、电冰箱，人照样可以生存，但一旦发明了它们，就变成人的生活的一部分。工业产品与人的享受和物质生活质量的提高，融为一体。

人对农业产品的需求量是有限的，受生理制约，人对食物的需求达到一定的量就不再需要。鼹鼠饮河，不过果腹。可工业产品的需求是无限的，因为工业不断以新的产品制造新的需求，日新月异，花样翻新，不断创造，以获取最高利润。以自然产品为目的的生产是有限的，以利润为目的的生产是无限的。

工业生产方式的发展必然要不断开拓，不断消耗自然资源。农业生产方式爱护自然，农民像父母爱护子女一样保护土地，又像子女孝敬父母一样侍弄土地。农业自身的存在就要求关注人与自然的和谐，风调雨顺是最高的祈求。而工业往往像强盗一样掠夺自然。自然对它来说，并不是生命之源，而是意味着资源、财富、利润。这就注定了私有制下的工业不关心自然，而只关心自己的发展。

中国是社会主义国家，理应避免这种自我破坏。可是只要缺乏自觉性，工业发展的规律照样起作用。中国工业的迅猛发展，工业入侵农业的速度是惊天动地的。美国《国际先驱论坛报》有一篇评论称，中国环境污染问题的严重程度是前所未有的。从历史上看，任何一个国家在崛起为工业强国的过程中都会使环境遭受破坏，这种影响需要几十年的时间才能消除。中国崛起的速度和规模没有哪个国家可以与之相比，其污染严重的问题也是前所未有的。北京正在寻找能够让天空变得清洁的方式。应该说，这个评论是公正的。

汤因比在《人类与大地的母亲》中，对人类由农业文明过渡到工业文明很有非议：我们人类所犯的种种暴行给予我们带来的恐怖和耻辱已经告诉我们，文明完全没有出现过。它仅仅是一种努力或一种抱负，而这种雄心勃勃的志向，始终没有达到。汤因比的这种说法反映了人类进步的现实，工业文明取代农业文明，社会进步不断以人类反噬自己为代价，这真是人类进步的悲剧。迄今为止，工业文明在带来巨大进步的同时，又使人类陷入了新的生存困境。

我们不可能不要工业化，这是历史进步的必然。我们也不可能期望农业永远是前资本主义社会的农业，农村是陶渊明式的农村。这是浪漫主义的幻想。资本主义社会发展就是农业工业化、农村城市化的过程。

社会主义的农业同样需要现代化，需要工业的反哺。农村要成为现代化的农村，城乡二元结构的格局是要逐步改变的。党中央提出的科学发展观，建立社会主义和谐社会，建设社会主义新农村，就是为了避免西方工业化付出的沉重代价，走建设中国特色社会主义的道路。既要发展农业、发展农村，又要保护自然环境，减少工业化带来的危害。既要金山银山，又要绿水青山。我们期待以科学发展观为指导的中国特色社会主义建设，能为人类树立一个人与自然和谐、人与人和谐的现代化和工业化的新榜样。

社会主义与历史周期率

谁能料到，在阿芙乐尔号炮声中诞生的苏维埃政权，在经历了举世瞩目的辉煌之后，最终灭亡了。苏联解体，社会主义制度在苏联宣告结束。历史留下的是对斯大林格勒保卫战、攻克柏林、加加林的宇宙飞船，以及其他一连串重大业绩的回忆，当然也包括对斯大林的贬责和对苏联社会主义的种种怨言与否定。

相反，在经历火烧圆明园和南京大屠杀，受尽各种各样的不平等条约的屈辱，处于被帝国主义列强瓜分豆剖的中国，又以和平发展的新的姿态自立于世界民族之林，踏步走上了中华民族伟大复兴之路。

世界历史画卷跌宕起伏，风云多变。历史事件难以预知，但历史有规律可循。历史没有天降的奇迹，奇迹的创造者是民族的奋斗和觉醒。胡锦涛同志在十七大报告中强调的“三个铭记”，就是以理论的逻辑再现了中国人民在中国共产党领导下奋斗的历程。特别是关于中国特色社会主义理论体系和坚持中国特色社会主义道路的论述，对于防止在苏联出现的社会主义历史周期率在中国重演，具有巨大的理论和现实价值。

历史周期率问题，是 1945 年抗日战争胜利前夕，黄炎培先生访问延安时当面向毛泽东提出的问题。黄炎培先生问，中国共产党能不能跳出历史上“其兴也渤，其亡也忽”的历史周期率。毛泽东回答说：我们已经找到一条新路，这就是民主。只有人民监督政府，才不会人亡政息。民主，是毛泽东当年提出跳出历史周期率的最重要保证。

当年仍处在革命战争时期，黄先生提出的是一种抽象可能性，毛主席的回答虽然很原则，但却是最重要的原则。因为民主问题，涉及未来社会主义社会最重要的政治体制建设，确实是有效防止历史周期率的一个重要保证。毛泽东开的“民主”这个药方，应该说是高瞻远瞩，极具政治远见的。

后来，毛泽东在七届二中全会的报告中又说，可能有这样一些共产党人，他们不曾被拿枪的敌人征服过，他们在这些敌人面前不愧英雄的称号；但是经不起人们用糖衣裹着的炮弹的攻击，他们在糖衣炮弹面前要打败仗。在党中央由西柏坡迁进北京城时，毛泽东又以李自成为例说，我们是进京赶考，不要考试不及格。毛泽东的这些远见卓识都涉及历史周期率问题，但重点是如何巩固政权，不要走历史上农民革命的老路，不要因进城而腐化。

在社会主义政权逐步稳定以后，如何通过社会主义建设防止历史周期率问题，这也是毛泽东考虑的重大问题。毛泽东提出的关于正确处理人民内部矛盾、正确处理十大关系等问题，对中国社会主义建设都极具全局性、前瞻性、战略性。可毛泽东的注意力主要是放在政治上、阶级斗争上。经验证明，试图通过“以阶级斗争为纲”的路线来巩固社会主义，防止历史周期率，不仅无助于社会主义制度自我完善，无助于民生的改善，最终也无助于社会主义制度真正的巩固。

邓小平的伟大贡献是突破了狭隘的阶级斗争观点，把社会主义的巩固和发展，放在发展和解放生产力的基点上，提出了一个关系中国社会主义前途和命运的大问题，这就是什么是社会主义，如何建设社会主义。邓小平对这个问题的回答，是采取了改革开放政策，开辟了中国社会主义建设的新道路，开辟了马克思主义中国化的新境界。这个问题的提出在马克思主义理论和社会主义实践历史上，是一个伟大的飞跃。随后，在几十年的改革开放进程中，中国特色社会主义理论体系不断与时俱进。经验证明，坚持中国特色社会主义道路，既是最有效防止历史周期率的道路，也是实现民族伟大复兴的道路。

如果说十月革命是必然的话，苏联 70 年后的解体也是必然的。因为历史必然性并不是外在于人的活动之外的命运之神。苏联解体，是在长达三十多年“后斯大林”时期，苏联共产党自己的路线和政策一步一步筑就的。

科学回答什么是社会主义和如何建设社会主义的问题，是邓小平的伟大功绩。从此，中国社会主义踏上了举世瞩目的发展道路，中国龙开始腾飞。如果没有这个伟大的转折，不从“以阶级斗争为纲”转向以经济建设为中心，不迈开改革开放的步伐，继续穷下去，谁也无法保证历史周期率不会在中国重演。

在建设中国特色社会主义的历史进程中，十六大以来确定的科学发展观、构建社会主义和谐社会，是马克思主义中国化的最新成果，是中国特色社会主义理论体系的重大发展，也是最有效地跳出历史周期率，指导中国共产党和全国人民全面建设小康社会，逐步实现科学社会主义伟大理想的根本保证。

科学发展观是马克思主义中国化的一个伟大理论创造。有人说，西方早就提出了发展理论问题，自从《寂静的春天》出版后，人们已经关注发展问题。但西方所有关于发展的著作重点关注的是人与自然的关系问题，是由于生态环境恶化而敲响的警钟，都没有或很少涉及人与人的关系问题，尤其是离开西方现存的社会经济制度、政治制度，把发展问题单纯归结为保护生态问题。科学发展观吸取了西方现代化发展的经验教训，也总结了我国发展的经验，提出了以人为本的原则，它远远超出了人与自然的关系和单纯的生态环境问题，而是把科学发展观作为处理人与人的关系、人与自然的关系以及东部和西部、工业和农业、城市和农村以及各个利益群体的关系的根本原则。

以人为本的科学发展观的意义是巨大的。仅从历史周期率的角度看，是非常必要的。一个社会主义社会国家，如果不能以人为本，不改善民生、关注民情、倾听民意，不使社会全体成员共享发展成果，这种社会主义社会一旦有政治风波，人民就会袖手旁观，表现为政治冷淡主义。这说明，真正贯彻以人为本的原则，建设一个“学有所教、劳有所得、病有所医、老有所养、住有所房”的社会，这种社会是任何外来的与内在的反对势力不可能动摇的。在这样的社会主义社会中，人民是社会主义制度的真正的铜墙铁壁。以人为本的科学发展观是伟大的理论创造，也是社会主义沿着自我完善道路前进的群众保证。

构建社会主义和谐社会，从跳出历史周期率的角度看也是一项重大理论创造。我国正处于社会主义初级阶段，存在各种利益群体，存在贫富差距，存在多种矛盾。如何处理这些矛盾，使社会全体成员成为一种合力而不是相互对抗相互抵消的力量，构建和谐社会是一个重大的理论创造。和谐不是既成的自然状态，无论是自然还是社会，矛盾是事物的普遍特性。矛盾普遍性的理论是马克思主义哲学的一个根本原理。和谐是正确处理矛盾的结果。我们崇尚和谐，追求和谐，但以承认矛盾和正确处理矛盾为前提。和谐需要创造，和谐需要构建。构建社会主义和谐社会，是从正确处理社会各种矛盾的角度找到的跳出历史周期率的伟大构想。

论人类社会的假面舞会

有哲学家说，人类社会就是一个假面舞会，人人戴着面具；生活在野兽中比生活在人之中更安全、更温暖，动物没有假面舞会。叔本华就认为，世界上只有一种会说谎的生物，那就是人类。其他生物都是真实的——它们都坦白、公开地展现自己的本质，表露自己的喜怒哀乐。叔本华的观点虽然是愤世嫉俗之言，但有一定道理。因为叔本华以哲学特有的话语风格，而非经济学或政治学的理论分析，表达了对以私有制为基础的人与人的关系的不满。

中国哲学与西方哲学不同。古希腊哲学讨论最多的是公平、正义、自由，而中国哲学尤其是儒家哲学特别重视“信”。在儒家的“五常”中，信是其中重要的道德规范。孔子曰：“道千乘之国，敬事而信，节用而爱人，使民以时”，“君子不重则不威，学则不固。主忠信。无友不如己者。过则勿惮改”。人们对“无友不如己者”这句话歧义很多，认为孔子是势利眼，眼睛向上，但是从全句看，“无友不如己者”其实是主忠信的注脚，主要是讲不要结交那些不讲信用的朋友。对普通百姓，信是立身之本，“人而无信，不知其可也”。人不讲信用，像车没有辕木一样，是不能行走的。“一言既出，驷马难追”、“一诺千金”、“钱财如流水，信义值千金”都表明信在中国老百姓心中的地位。中国古代的“立木示信”，以千金奖励一个将木柱由城东搬到城西的人，示信于民。无论从政、经商、交友，都要守信。

信，表现的是一种社会关系，既有政治关系，也有人与人之间的交往关系。可这种关系的基础是经济关系。在人统治人、人剥削人的关系中，信的可行性范围是有限度的。它可以是一种道德理想和行为规范的要求，但很难成为普遍的社会现实。

当前社会道德失落、价值观念混乱的一个重要表现，就是诚信危机。

市场上假冒伪劣商品，让人防不胜防。至于各类花样翻新的骗术也太多。我经常接到各种各样的电话，从新产品的推销到所谓义诊。说句实在话，我没有一样是相信的。可一个社会如果到了好话坏话真话假话什么都不信的程度，确实是一种信任危机。

社会存在决定社会意识，一些人不愿意谈或不敢谈这条历史唯物主义原理。其实，离开了这条原理，很多问题就无法解释。改革开放是我们社会的大变化。市场经济的确立，分配方式和不同利益群体的出现，形成了不同于计划经济时代的新的社会存在。这种新的存在方式带来了经济活力，解放和促进了生产力，改善了广大人民的生活。这是有目共睹的。政治体制改革也取得了成效，现在没有人再害怕打小报告，不再害怕无中生有的揭发或大批判。政治自由和民主权利得到了保障，从而大大减少了需要用假面具来保护自己的必要性。人与人的政治关系中的诚信得到极大的改善，这是诚信中最为重要的。

当年列宁在苏联实行新经济政策时曾说过，社会主义共和国不同世界发生联系是不能生存下去的，在目前情况下应当把苏联的存在同资本主义的关系联系起来，社会主义能否实现，就取决于苏维埃政权和苏维埃管理组织能否同资本主义最新的进步的东西结合起来。

当代中国需要发展市场经济。同样，市场经济对资源和生产力的配置作用，对经营者、管理者和生产者的积极性和主动性的激发作用，都是毋庸置疑的。社会主义由于市场经济而充满活力。

私有经济的迅猛发展和物质财富的积聚，对人们的求富发财欲望的激发肯定有刺激和导向作用。这并非绝对是坏事。在一个生产力不太发展、生活仍不太富裕的社会，人们没有对财富的追求，不可能有高的工作和生活激情。但我们也应该看到，有些人会力图通过不正当手段去获取财富；况且，市场经济的作用和影响，绝不可能把自身限制在市场领域，它会渗入政治关系、思想文化等领域，并诱发拜金主义、利己主义、实用主义。

我们现在许多称谓都变了，老板成为对一切管理者、领导者甚至学科带头人的称呼。从哲学的角度来看，语言是直接的现实，称谓的改变就是关系变化的语言象征。

我们不是天真的理想主义者，我们是马克思主义者。像马克思批评普鲁东时说的，在经济生活中只要一方面不要另一方面、只要好的方面不要坏的方面是不可能的。特别是在社会主义建设中发展和利用资本主义性质的经济，实行市场经济运行方式，不对人们的思想观念发生某些消极影响是不可能的。问题是我们要保持清醒的头脑，要牢记党的十七大报告说的，要坚持党的基本路线，高举中国特色社会主义理论的旗帜、道路和方向。这样，随着社会主义制度的自我完善，市场经济的不断成熟，社会主义和谐社会的构建不断取得新成就，人们在政治交往、经济交往和日常交往中，可以坦诚相待，人类的“假面舞会”就会逐渐结束。诚信是相互的。要人家信任你，你必须具有被人信任的忠诚。马克思主义理想中的人与自然和谐、人与人和谐的共产主义，就是人人相互信任的社会。

应时而变

变的思想，无论在西方或东方都为大多数哲学家所承认。中国最古老的经典《易经》就是讲变化的。易就是变，生生之谓易。

变与易并提，表明变与易具有内在的同一性。天不变道亦不变的形而上学在中国从来没有成为主流。这是中国哲学与西方哲学的不同之处。

变作为一个万物皆流、万物皆变的哲学观念，可以涵括宇宙中一切事物。“应时而变”是一个很重要的哲学命题。庄子说：“夫水行莫如用舟，而陆行莫如用车。以舟之可行于水也而求推之于陆，则没世不行寻常。古今非水陆与？周鲁非舟车与？今蕲行周于鲁，是犹推舟于陆也，劳而无功，身必有殃。”庄子从舟车之分的比喻中得出一个结论：“故礼义法度者，应时而变者也。”

显然，庄子的这个结论是针对孔子的。因为孔子梦寐以求的就是恢复周礼。孔子对当时的礼崩乐坏，痛心疾首，“郁郁乎文哉，吾从周”。就这点而言，孔子的确有点保守。他不主张应时而变，而是主张复古。他说过：“父在观其志，父殁观其行。三年无改于父道可谓孝矣。”这种孝道观念在政治哲学中必然是守旧，是遵守祖制、祖宗之法不可变的保守主义。孔子学说中有很多好东西，但在应时而变的问题上是守旧的，这就是为什么维护旧秩序的人总是倾心孔子的秘密所在。

应时而变是一个重要的历史观念。一切推动社会前进的革命家，都是实行这个原则，否则不用革命。革命就是顺天理，应人心，是符合历史潮流的变。马克思主义关于随着生产力与生产关系的矛盾、经济基础与上层建筑的矛盾的激化和矛盾的解决，整个社会结构也要发生变化的观点，就是从科学历史观的角度论证应时而变的必然性与合理性。

我们正在进行的社会主义改革，就是社会主义进行的应时而变的伟大实践。恩格斯以一个彻底的辩证唯物主义者的敏锐视角指出，社会主义社会应该是一个不断改革着的社会。可是真正实现这个原则，需要依靠社会主义自身的实践经验，此外还需要高瞻远瞩的领袖人物。始于毛（泽东），创于邓（小平），不断与时俱进的中国社会主义改革，就是社会主义社会应时而变的伟大创举。

应时而变也是我们观察传统、对待理论和文化的重要思维方法。传统是重要的，一个失去传统的民族就失去了自己生存的根。可传统是变化的，而不是凝固的。黑格尔说，传统并不仅仅是一个管家婆，不是让人把它接受过来忠实地保存着，然后毫不改变地保持着并传给后代。它也不像自然那样，在形态和形式的无限变化中，永远保持其原始的规律，没有进步。传统不是一尊不动的石像，而是生命洋溢的，有如一道洪流，离开源头越远，膨胀得越大。

的确，传统是变化的。中华民族有许多传统节日，但不少被逐渐遗忘。不少关心民族传统的人大声疾呼，要保持和恢复中国传统文化，包括恢复和发扬传统节日。一个民族的节日，是先民在时间之流上系上红绸带，在无尽的前不见古人后不见来者的茫茫宇宙中，为民族确立的欢乐时刻。可节日的气氛会随着时间而被淡化。

李清照的《永遇乐》说："中州盛日，闺门多暇，记得偏重三五。铺翠冠儿，捻金雪柳，簇带争济楚。如今憔悴，风鬟雾鬓，怕见夜间出去。不如向帘儿底下，听人笑语。"虽是感时伤世之作，但说明了当时元宵节的热闹。

辛弃疾的《青玉案》同样记载了元宵节的盛况："东风夜放花千树，更吹落，星如雨，宝马雕车香满路。凤箫声动，玉壶光转，一夜鱼龙舞。蛾儿雪柳黄金缕，笑语盈盈暗香去。众里寻她千百度，蓦然回首，那人却在灯火阑珊处。"

一千多年前的元宵节，满城火树银花，香车宝马，吹拉弹唱，龙灯飞舞，盛装仕女如云，这种盛况，在当今可能一去不复返了。当然，可以有元宵节，但原来的那种文化内涵、那种全民狂欢的气氛随着“时”变，不可能再现了。所有的传统节日都是如此。能保存的是它的符号，而不是它的内涵，内涵应该随着时代的变化而增加现实的内容。符号是有意义的，它是民族特性的象征，这是传统节日的意义所在。因此，如何丰富传统节日的文化内涵，使它既保留民族特色又具有时代精神，这是需要共同研究的问题。

时变则世变，世变则事变，事变则理变。没有一成不变之事，也没有万古不变之理。所谓放之四海而皆准的马克思主义，同样是变化发展的，否则就没有与时俱进一说。应时而变，就是人类的存在。人是历史性的存在，是因时而变的。绝对的永恒不变的东西是没有的。

应时而变不会导致历史虚无主义。变，不是幻，不是消灭，不是无。变中有不变，不变中有变。变与不变不是两分的，不变在变之中，而变中包含某些不变的东西。变与不变，就是历史的存在和延续、伸展，是人类发展的继承（不变）与变（创新）。任何历史领域的继承都是在后人的创新中被继承，任何创新都是在对前人继承的基础上创新。

胡服骑射

继承中华民族优秀文化传统，我赞成；恢复中国传统节日，我也赞成；认真读点古代经典，我更双手赞成，尤其是我们这些搞文科的人更应该如此。当年毛泽东在延安时就大力反对言必称希腊、忘记老祖宗。我是研究马克思主义哲学的，但也经常翻翻经典。读得不多，理解不深，但还是很有教益的。我认为，对经典不能迷信，有个消化吸收的问题，青年、少年更应如此。

如何对待中国传统文化，这是个争论较多、极其复杂的问题。在这个问题上，我想谈谈着装问题。着装与恢复传统节日不同，每个传统节日在时间上都是有限的，而着装则是日常生活的一部分，必须有利于工作和生活。因此，我总觉得复兴唐装，恢复汉时衣冠，有点不太对劲。如果女同志不是参加婚礼或盛大庆典，无论上班还是上学，都穿着汉装唐服，是不是不太利索、不太方便呢？至于男士们长袍马褂，像舞台上的员外或小生，也不太像样子。

除非专家，普通人很难说清什么是民族服装。在封建社会服装代表的是等级和地位。司马相如与卓文君在成都当垆卖酒时只能穿上下分开的服装，那是店小二的服装。孔乙己即使穷困到偷书仍然穿破旧的长衫，表明他是读书人。在晚清，当立宪派提出立宪时，清政府迫于无奈，准备立宪，但提出三项条件，除了君权不可废外，还有两条：服制不可变，辫子不可剪。在当代资本主义社会，穿什么衣服是自由的。我在日本很少看到妇女在日常生活中穿和服，只有一次观看社区夏夜纳凉大会，看到一些中老年妇女穿着和服在临时搭起的舞台上载歌载舞，至于男人除了上班穿西服外，也看不出有什么民族特色，可日本人的民族情感却很强烈。

服装是变化的。而且变化的方向，似乎是以适宜生活和劳动为目的，而不是越来越繁复、费时、费工。当年赵武灵王变法，就涉及服装改革，因为骑兵的穿着需要利索，便于上下马快捷无羁绊，所以需要“胡服”，大概是短打式的衣装。当时很多人反对，赵武灵王说：“法度制令各顺其宜，衣服器械各便其用。故礼也不必一道，而便国不必法古。”衣服器械各便其用，我认为，这个原则很实用。

服装设计中小小的循环经常发生。服装的变化反映时代的变化。1921年诺贝尔奖获得者法国作家法朗士说，如果我死后百年还能在书林中挑选，既不选小说，也不选类似小说的史籍。我将毫不迟疑地只选一本时装杂志。看看我死后一百年的妇女服饰，它能给我显示的未来人类文明，比一切哲学家、小说家、语言家能告诉我的东西都多。服装，像是一面镜子，能标示出一个特定时期社会的政治、经济、文化和人们的生存状况。

有一篇文章《从文学作品看民国女子》，列举了巴金的《激流三部曲》、张爱玲的《金锁记》、张恨水的《啼笑姻缘》中几位女主人公的服装，这些服装反映了当时的政治状况、经济风貌、道德观念和风俗习俗，反映了女主人翁的身份、地位、气质和品位。这种说法完全正确。大家都知道，妇女的旗袍是中国的国粹，它的变化同样反映了中国社会的变化。旗袍原本是清朝满人入关前后八旗妇女的服饰。只有满人入主中原建立王朝成为中国的统治者，旗袍才可能成为中国妇女的服饰。而且在很长一段时期内，旗袍主要在北方流行，而南方妇女则仍然是传统的上衣下裙。这反映了明亡后南明在清人入关后一段时期内仍然存在的事实，只是后来随着清王朝统治变为正统，旗袍也就变为了民族服装。以后，旗袍慢慢淡出。现在除了正规场合西装革履外，人们的穿着五花八门，各随其便，这倒很符合“自由精神”。

服装在日常生活中以方便、舒适、清洁为主，正式场合，以庄重、严肃为主。至于是否有民族特点，这是个自然的过程。如果在历史发展中，一个民族的服装仍然保留有民族特色，当然应该穿，如果早已发生变化，也不应该人为恢复。而且我断言，也难以恢复。因为这是“逆历史潮流”

而动。即使成为时尚，也会是随风而来，随风而去。

我们应该重视民族文化遗产，但不要搞形式主义。形式主义不可能持久，正如现在的天价国学班一样。除了猎名者得名，猎利者得利外，不会有多大的实际效益。如果国学只要二十多个小时上个什么班就能得其精髓，中国传统文化也不可能流传至今，更不可能在当代世界“蹿红”。

富则多事

20 世纪五六十年代有一种说法，“穷则变，变则通，通则富，富则修”，似乎富一定变“修”。这种恐富、怕富的思想，好像社会主义不应该富，越富越危险。现在这种说法看起来非常可笑。邓小平说，“贫穷不是社会主义”，可谓一语中的，凝结了马克思主义在当代中国发展的新结论，开拓了对什么是社会主义认识的新境界。脱贫致富，成为中国人共同奋斗的目标。

可富有富的问题。社会学家们说，根据西方发展的经验，人均收入达到 1 000～3 000 美元时是矛盾的多发期和社会问题凸显期。有人说，我们国家 20 世纪五六十年代虽然穷，但穷得心安理得，社会风气好，人心齐。现在保安成群，坏人成帮，案件成堆，这不是富带来的吗？我认为，中国 20 世纪五六十年代的社会风气不是由于穷造成的，而是由于新中国成立以后人们对党的信任和对新社会的热爱。在当时实行平均主义、大锅饭，有一定的合理性。因为对于国民党统治下那种“一家饱暖千家怨”、“朱门酒肉臭，路有冻死骨”现象记忆犹新的中国人来说，这就是“公平”。因而即使穷，但穷而无怨，穷而无恨，尽管只有四两油、五两肉，但也安安稳稳过日子。

在中国，很早就有人提出过如何对待富的问题。在《庄子·天地》中记载了一个寓言性的故事：当尧在华封参观时，华封人向尧表示祝贺，祝尧“多寿、多富、多男子”。尧辞谢说，“富则多事”。华封人说，“富而使人分之，何事之有！”这个回答很好。富则分之，何事之有。当时所说的富而分之，显然是小农经济下的平均主义观。这种“富而分之”的平均主义政策，对于当时的社会稳定是有效的。一个人吃三个馒头，另外两个人看着，远不如三个人一起吃一个馒头公平。公平观念从来就没有越出社会历史的界限。中国历史上农民革命的口号均贫富、等贵贱等，就鲜明地表达了农民的公平观。

富有富的问题，但富的问题不同于穷的问题。中国经过三十多年的发展，国家开始富了起来，不少人的腰包鼓了起来，这是大好事，但是也存在一系列问题，包括三农问题、贫富差距过分拉大以及下岗失业等，真的是“富则多事”。看起来，“富而分之”的土方法仍然有效。不过，这里的“富而分之”不是某些经济学家眼中的杀富济贫，不是平均主义卷土重来。社会主义有社会主义的公平观，可以通过各种手段调节分配。初次分配和再分配都要处理好效率与公平的关系，再分配要更加注意公平。这样可以促进社会和谐，把所谓收入达到 1 000～3 000 美元时的矛盾多发期转化为平稳增长期。社会主义制度自身的优越性应该能做到这一点。

西方资本主义国家在几百年的发展中，已经从早期血汗资本主义过渡到“文明”资本主义，实际上就是通过高额税收、社会保障和社会福利，在一定程度上实行“富而分之”的政策。这是资本主义社会对贫富的自我调整，并不妨碍其仍然是资本主义社会。可见，富则分之，对于资本主义社会是最有效的自我保护政策。

一些人津津乐道于西方的民主社会主义社会，这实际上是改良的资本主义。我们不会走这条路，虽然从表面上看两者有相同之点，如多种所有制并存和混合经济，通过社会保障、社会福利来缩小贫富差别，等等。但我们是社会主义国家，虽然仍处在社会主义初级阶段，但总的发展方向是由发展中的社会主义走向发达的社会主义，继而实现共产主义理想。如果说资本主义社会推行所谓民主社会主义政策，对比早期血汗资本主义是向前迈进了一步的话，那么在中国鼓吹民主社会主义则是由社会主义向资本主义社会倒退。

现在我们面临一个如何做大蛋糕又如何分配蛋糕的问题。做大蛋糕非常重要，蛋糕太小，无论多公平，照样是穷。做大蛋糕，就是发展生产力，解放生产力。只要有利于做大蛋糕，我们都根据国情而予以采纳。财富的增加，不仅是个人发财，同时是社会财富总量的增加，民富才能国强。

可切蛋糕同样重要。除了继续做大蛋糕，切蛋糕也是一大问题。三农问题、失业问题、弱势群体的存在等，都凸显了富则分之的重要性。这不是平均主义，而是使社会全体成员都能享受到社会发展的成果。这是社会主义社会题中应有之义，构建和谐社会的本质就在于此。

穷则变，变则通，通则富，富则分。所谓分，就是利用各种手段调节分配。这样，富与分，调配得当，就不会“富则多事”，而是富则安，小富小安，大富大安，由小康社会逐步走向大同社会。

必然性与宿命论

凡是过去了的都是必然的——因为它是既成的、不可改变的。

凡是将来的都是偶然的——因为它是可能的、未定的。

这种区分很明确，既有必然性又有偶然性，但互不相关，彼此一分为二。其实这种观点等于不承认偶然性。所有过去的事都是必然的，虽然过去的事在未成为“过去”以前都属于未来的事，似乎有某种偶然性，但仍然会成为过去，因而仍然是必然的。结果，世界上没有偶然性，凡已存在和将存在的都是必然的、不可改变的。

凡是已经存在的事都是必然的，这一观点似乎有点道理。不是必然的东西怎么会存在呢？这种思维方式就是宿命论的思维方式。人有穷富寿夭，每个人的人生际遇不同；国有盛衰兴亡，各国发展的情况不同。为什么会这样呢？因为命。人的穷富寿夭是人的命注定的，国家的盛衰兴亡是国运注定的。人的命就是人的生辰八字，国的命就是天意。“命”存在的证明就是各国的现实和各人的现实，命存在的原因我们不知道，只能从结果来推断。这种推断永远不会错，因为现实是既成的。

马克思在论述历史人物时说过，如果“偶然性”不起任何作用的话，那么世界历史就会带有非常神秘的性质。的确，如果没有偶然性，人与社会都被一种神秘不可改变的必然性支配，这种所谓必然性只能是天意。任何人的努力都无法改变自己的命运，不努力奋斗照样前途似锦；如果注定命交华盖，即使舍命拼搏照样命途多舛。这种观点的消极作用是明显的。

对一个国家来说，如果只相信命，是不可能治国更不可能富国强兵的。这一点连古人都懂，在天命论最流行的封建社会，思想家和政治家们就利用统治者的作为和人民的意愿来冲淡天命论，提出天意服从民情的思想。“天意从来高难问”，但人心的向背就是天意的表现。要知天意，必知民情。顺天意，必须顺民情。这种学说很有意思，用天来管皇帝，因为皇帝是天子，儿子应该服从老子，可天的意见又表现在民情之中。这等于是用人民来“管天”。这种理论是对天命论、皇权专制进行限制的一种进步理论。

人们往往容易把偶然性与无原因等同，凡是有原因的事都是必然的。这种混淆必然性和偶然性与因果性关系的看法，必然导致否定偶然性，而且也弄不清必然性与偶然性的真实关系。

俄国的布哈林在1921年写过一本书《历史唯物主义理论》，是一本阐述马克思主义历史唯物主义的学术著作。布哈林就否定历史中存在偶然性，他说，社会科学中应当摒弃偶然这个概念。因为一切都是合规律地发生的，从无原因意义上讲的偶然的东西是不存在的，因此，历史偶然性也是没有的。必然的东西，就是从一定原因中不可避免地产生出来的东西。布哈林的这一观点是错误的，就在于把因果关系等同于必然性，凡是有原因的就是必然的。

把因果关系等同于必然性，肯定会走向宿命论，因为无论是在必然性还是在偶然性中都存在因果关系。只要有原因就是必然性的论断，就会把一切偶然的东西变成必然的。这正是宿命论在哲学上失足的原因。叔本华已经看出了这一点，他说，古人对命运的看法，不外乎就是他们在意识中确信发生的一切事情都被因果链条连接起来，这些事情的发生已经是完全固定、不变地确定了下来，不容有丝毫的更改，一如过去已经发生了的事情。

其实，因果关系是事物普遍联系的一种特殊状态。因果关系是把相互联系的事物从普遍联系中抽象出来，从它们产生的原因和结果的角度考察。没有处在因果联系链条之外的绝对孤立的事物，偶然性同样是有原因的。但这种因果关系的链条并非不可避免的，而是可以发生也可以不发生的，所以我们称之为偶然性。我以自己为例：我学习哲学，此生以哲学教学为职业，这具有偶然性。我在复旦大学读的是历史专业，根本不知道哲学为何物。但我走上哲学这条道路是有原因的，这就是毕业分配时我被分配到中国人民大学哲学研究班，如果是别的专业，我走的肯定是另一条道路。人的一生，就是处在各种偶然性之中。我学哲学是有原因的，但对个人而言这个原因并不是必然的。我的生命中并没有不可避免非学哲学的“命”。

任何偶然性又不是绝对偶然的。不能说未发生的事是偶然的，已成之事是必然的。绝对的偶然性与绝对的必然性一样，也会导致宿命论。恩格斯在《自然辩证法》中对必然性与偶然性的问题有过专门论述，认为偶然的东西是必然的，必然的东西同样是偶然的。这不是变戏法，而是深刻揭示了两者的辩证关系。偶然的东西之所以是偶然的，因为它自身不存在产生的内在根据，但它的出现肯定与必然性存在着各种方式的联系。还是以我学习哲学来说吧，当时我们全班的同学都是从各个大学来的应届毕业生，情况各异，专业各不相同，现在为什么学哲学呢？当然是因为新中国成立了，马克思主义成为国家的指导思想，国家需要大批马克思主义理论教学和研究方面的人才。这是一种必然性，是依存于社会经济和政治制度变革的一种必然性。我们从不同专业、不同学校走到一起来学哲学，正是反映了这种必然性。没有这种必然性，就没有我从学历史变为学哲学这种偶然性。这种转变，对我个人而言是偶然的，并没有上帝决定非这样不可。但从全国的角度说，新中国成立后的形势决定了一定会有一批人来学习马克思主义哲学，这是必然的。

现在一些私营企业家成为百万富翁、亿万富翁，他们能发财致富，当然是有原因的，有个人的才能、机遇等因素，但绝不是命中注定的。如果没有改革开放，国家不提倡和允许发展私有经济，不实行社会主义市场经济，他们能成为百万富翁、亿万富翁吗？是改革开放和市场经济的运行模式，使大批私营企业家和富翁的出现成为必然的、不可避免的。也就是说，社会大环境中蕴含的必然性，使得其中一部分人由于各种偶然机遇脱颖而出。所以必然性和偶然性是交织在一起的。不同的是，必然性是一，而偶然性是多。在当代，成为企业家和发财致富的道路和方式肯定是多样的，但必然性就是一，是改革开放和市场竞争中优胜劣汰的结果。

在科学领域，有人认为，偶然性是科学的敌人。这显然是错误的。科学虽然是探求必然性，但一定要重视偶然性。科学上的许多重要发现都与偶然性有关。

在日常生活中，城门失火、殃及池鱼的事不少见，偶然性给人们带来的伤害非常大。我经常告诉学生，要顺从必然性，提防偶然性，而蠢人则相反，对抗必然性，而对偶然性往往不以为意。俗语说，不怕一万，就怕万一。一万就是必然性，一万次重复意味着它是规律性的东西，可以是意料中的事情；而万一则是偶然性，是一万次中难得碰上一次的东西，是出乎意料的事情。对人伤害最大的事情一般出乎意料，开始时毫不在意。开车时注意万一，家里安心一万，就是这个道理。

真理需要寻找

真理不是唾手可得的东西，而是需要寻找的。歌德非常欣赏莱辛的话，假如上帝把真理交给他，他会谢绝这份礼物，宁愿自己费力去把它找到。只有自己通过努力找到的真理才是真正属于自己的真理，而不是教条。

科学家的使命就是寻找真理，不以探求真理为目的的不是科学家。许多科学家，其卓越之处就在于是新真理的发现者。发现的真理越具普遍性越深刻，成就越大。自然科学中新的真理往往表现为可以数学化公式化的定理，而在人文科学或社会科学领域则表现为一种具有真理性的新认识。这些真理的寻找者是真理的发现者，这些真理不是个人的意见而是能得到实践检验和人们认同的理论。真理就其本性来说是集体的产物，但就其发现的最终形式来说往往是与个人的名字联系在一起的。发现真理者在此之前是真理的接受者，他是在前人已有成就的基础上继续前进的。寻找真理与接受真理不能绝对对立，拒绝任何已有真理的人不可能成为新真理的发现者。

寻找真理源于需要。甚至可以说，在社会生活中对真理的寻找是自觉的。例如在旧中国，中国人民处于水深火热之中，人们都在寻找救国救民的真理。毛泽东在《论人民民主专政》中就曾经生动描述过鸦片战争以后中国的先行者们寻找真理的过程，中国人民从西方没有找到救国救民的真理，中国仍然受帝国主义的侵略，处于亡国灭种的民族危机之中。后来，在十月革命影响下的中国先进知识分子接受了马克思主义，才真正找到了一条救亡图存民族复兴的道路。很显然，推动先进的中国知识分子寻找真理的动力，就是中国社会自身的需要。

真理从接受开始，但同时也是寻找新真理的一种方式，因为这个过程，同时是检验、辨别、运用和发展真理的过程。马克思主义与中国实际相结合，马克思主义中国化的过程，就是接受真理和发现新的真理相统一的过程。中国革命者从俄国十月革命中找到了马克思主义，同时又在中国实践中不断发现适合中国实际情况的中国化的马克思主义。这是付出高昂代价以革命者的鲜血换来的对真理的新发展。

真理是需要寻找的。接受现成的真理，只是接受一种知识，并不能真正变为属于自己的真理。黑格尔说过，同样一种格言，年轻人和饱经风霜的老年人的体会是完全不同的。真理同样是如此。所以，寻找真理，既包括发现新真理，也包括用自己亲身的实践去体会和接受真理，使真理由一种既有知识变成自己的血肉和灵魂。

真理是需要寻找的。因为真理不是万古不变的教条。真理之所以是真理，是就它的内容而言的。当真理的内容发生了变化，真理的真理性也同时发生变化。真理内容的运用范围或者扩大或者缩小，甚至由于条件的变化而变为非真理。歌德说过，时间是一个怪物，像一个脾气古怪的暴君，对人们的言行每个世纪都摆出不同的面孔。在古希腊罗马时期是真理，现在则不然。在哲学史上，万物源于水，或世界是一团永恒不息的活火，对泰勒斯、赫拉克利特而言，是包含辩证智慧的天才思想，可在 21 世纪，不是从中吸取智慧，而是仍然坚持同样的哲学观点，只能被视为蠢材。

处在学习阶段的学生，都有一个接受真理的过程。学习的本质就是继承人类的文化遗产。但是，对既成真理的接受不能代替对真理的体悟，代替对新真理的寻找。我们提倡创造性学习，就是提倡在接受真理的过程中寻找真理。只接受真理而不学会寻找真理，就是一个在寻找真理的道路上永远长不大的人。

论个体生命的有限与认识的无限

人的生命是有限的，即使寿高八百的彭祖，终不免一死，可认识是无限的。生命的有限性和认识的无限性的矛盾，使庄子认为："吾生也有涯，而知也无涯。以有涯随无涯，殆矣。"所谓"殆矣"，即以有限的生命追求无限的知识是危险的。因为追求知识，必然睡时不安枕（"其寐也魂交"），醒时不高兴（"其觉也形开"），不断向外用力（"与接为构"），用尽心机（"日以心斗"），这些都不利于全生、尽天年，因此庄子主张绝圣弃智。

仅仅从个体生命出发来谈认识，必然得出这个结论。因为生命的确是有限的，牛顿认为，在科学史上，自己的成就像是大海边拾到的小小贝壳，微不足道。但是，人的存在方式虽然是现实的个人，但人的个体存在只是人作为社会存在的一种方式，而不是唯一的方式。人的社会性存在和历史性存在，才真正表现为人的本质。

人是社会存在物，个人认识的有限性，都可以通过作为社会存在物的人类的互补作用，而得到一定程度的弥补。从这个角度说，人的认识不是单枪匹马的堂吉诃德，而是集体拔河，一面是宇宙和人类社会的奥秘，一面是全社会的共同努力。

人还是历史存在物。人的代代延续，同时就是知识的延续和积累。人是凭借世世代代的努力，在探索宇宙和人类社会的奥秘。从这个意义上说，人的认识是接力赛，永不停步，一棒接一棒向前奔跑。

如果把人的认识仅限于个人，当然是有限的。即使是最伟大的个人，认识也是有限的。如果只有牛顿一个人，只有三大定律，人类对物理世界的认识不是太少了吗？爱因斯坦伟大，可只有相对论，不也同样是如此吗？何况仅凭牛顿一人之力，不可能发现力学三定律；仅凭爱因斯坦一个人，不可能创立相对论，这些成就是前人与同时代学者直接与间接的、有形与无形的合力的产物。牛顿坦言，他只是站在前人的肩膀上。庄子只从个体生命的有限性出发来观察认识，肯定不能得出正确的结论。

认识是社会性的认识。人的个体生命是有限的，但认识是无限的，因为人的个体生命只是人类生命中的一部分。恩格斯说，人的思维不是单个人的思维，它只是作为无数过去、现在和未来的人的个人的思维而存在，因此人的认识是通过人类生命的无限延续才能实现的。不能因为生命有限而怀疑个人认识的必要性、可能性和价值。恩格斯关于思维的至上性与非至上性关系的论述，对我们解决庄子提出的“吾生有涯，而知也无涯”的矛盾，指明了一条正确的道路。

个人的认识是有限的，面对无限的世界任何个人都应该谦虚；人类认识是无限的，任何个人都为无限的人类认识贡献自己的力量，我们应该为此而骄傲。虽然是一滴水，但同样可以纳入大海。

原版后记

《陈先达哲学随笔》中的前四本书，写作和出版时间前后经历十一年。《漫步遐思》出版于1997年，《回归生活》出版于2008年。《静园夜语》和《哲学心语》则分别出版于1998年和2007年。看起来每本书出版时间距离很近，实际上书的内容酝酿很久。

我读书有个习惯，有所感，会随手记下来。有时是一整段，仿佛已成文，稍加修饰即可；有的只是几句话，只是一些突发性的“灵感”，需要再加工和发挥。每本书成稿时，都是对多年点滴思考的再写作和凝练。

我把这几本书的写作比喻为农家盖房子，木料、砖瓦，平时有点积累，不过是堆在院子里，即写在笔记本上，当积累到一定时期需要盖房子时，再一样一样清理出来。我一直认为读书时多做笔记虽然是做学问的一个笨方法，但也是极其有用的好方法。人的头脑记忆有限，何况我天资平平，如果不随时记下点东西，恐怕读过的东西能留下来的并不多，更不用说在比较短的时间写成书。

我过去也出过一些书，写过一些论文，每篇都是洋洋万言。但我并不看重那些东西。因为那些东西似乎很“高深”，很有“学术”气，实际上我对所论之事、所论之理并没有深切的体会。我还是比较偏爱我这几本小书，因为它们是我用自己的话记录了自己的所思所想。尽管不少观点或者是受前人智慧的启发，或者有些材料取自于现实生活，但多少都加上了自己的想法。

我历来主张文章要通俗易懂。不要用生僻的词语，不要让人如读天书、捉摸不透。不能认为凡看不懂的就是好文章。文章中的道理可以很深刻，但行文一定要让人能读懂。“深入浅出”是评价文章的一个标准。写文章让同行都看不懂，更不用说非专业读者，文章的道理再深再好也是一件憾事。不能流通的货币，票面价值再高也是近乎废纸。

我还认为，文章水平的高低并不在于旁征博引，不在于长短，更不在于玄而又玄。有点味道的文章，无论长短，一定要说点“什么”，告诉人家点“什么”，这点所谓“什么”，就是要向读者传达你的想法、你的体悟、你的心得或者说思想“火花”。只要是从自己思想中流淌出来的东西，不管多少，不管深浅，总比东拼西凑的好。

说句实在话，我这个《随笔》是难登大雅之堂的小东西。人，容易敝帚自珍，我亦未能脱俗。这些小书是我进入老年后，一个字一个字在电脑上敲出来的。我喜欢这些东西，仿佛“老年得子”，有点偏爱。

我确乎老了，因为近年来越来越有种紧迫感。不过我这个人不太服老，总还想再写点东西，虽入老年，从未懈怠，至今依然，大有至死方休的意思：

日有黄昏岁有年，头白何须悲凄凉。
伏枥犹记千里梦，不贵脚力贵自强。

感谢北京师范大学出版社，感谢为此书出版付出辛勤劳动的编辑们。“为人做嫁衣”的事业是崇高的，值得作者和读者致以由衷的敬意。

陈先达

戊子年盛夏于中国人民大学宜园寓所

图书在版编目（CIP）数据

陈先达文集. 第 10 卷，回归生活/陈先达著. —北京：中国人民大学出版社，2015.9

ISBN 978-7-300-21842-7

Ⅰ.①陈… Ⅱ.①陈… Ⅲ.①陈先达-文集②哲学-随笔-文集 Ⅳ.①B-53

中国版本图书馆 CIP 数据核字（2015）第 211989 号

陈先达文集 第 10 卷

回归生活

Huigui Shenghuo

出版发行	中国人民大学出版社		
社　　址	北京中关村大街 31 号	**邮政编码**	100080
电　　话	010－62511242（总编室）		010－62511770（质管部）
	010－82501766（邮购部）		010－62514148（门市部）
	010－62515195（发行公司）		010－62515275（盗版举报）
网　　址	http://www.crup.com.cn		
	http://www.ttrnet.com（人大教研网）		
经　　销	新华书店		
印　　刷	涿州市星河印刷有限公司		
规　　格	160 mm×230 mm　16 开本	**版　　次**	2015 年 11 月第 1 版
印　　张	23.25 插页 3	**印　　次**	2015 年 11 月第 1 次印刷
字　　数	347 000	**定　　价**	1580.00 元（全 14 册）

陈 先 达 文 集

第11卷

宜园杂论

中国人民大学出版社 北京师范大学出版社

目　录

上　篇

中　篇

下　篇

上　篇

文化不能泛化

什么是文化？这是一个最令人挠头的事。西方学者定义之多，令人陷于“定义困境”，中国学者也是诸说杂呈。六十多年前，美国学者克鲁伯和克拉克在《文化，关于概念和定义的探讨》中就统计有近两百种文化的定义，现在肯定见涨。

在我们日常生活中，文化一词更是频频出现。酒的广告是酒文化，茶的广告是茶文化，吃饭叫饮食文化，穿衣叫服饰文化，还有旅游文化，四川有个县原来出现过所谓鬼文化，也有人提出厕所文化，以及各种各样名目繁多的文化。总之，文化二字，就如同小广告，任何地方都可以贴。

西方有的学者说，文化如同空气，无所不在。无所不在，是对文化定义见仁见智的重要原因。空气尽管无所不在，但空气和非空气还是能区分的，否则有关各种气体的科学研究无法开展，环境监测将成为一句空话。定义式的学术性的概括会争论不休，但对文化与非文化区分的大界限，总该有个大致接近社会现实的看法，否则对社会结构或文化建设实践都会发生误导。

窃以为，我们现在讨论什么是文化，能不能不从寻找定义出发，而是立足实际。例如，我们在中国特色社会主义建设中，提出中华民族文化复兴、提出要建设社会主义先进文化，如果我们对什么是文化的大致界限都不清楚，如何建设？看起来，在实践中人们对什么是文化还是理解的。没有人把修建高铁、修建三峡水库视为文化建设。即使是修建水立方、修建国家大剧院，也是文化场所建设，而不是文化自身的建设。这说明文化和文化载体是有区分的。尽管文化无所不在，但“在”的载体和“在”的内容还是有区别的。

在有些学者看来，文化是社会与自然的分界线，社会里的一切都是文化，文化就是社会里的一切。凡是人类所创造的一切，无论是物质产品还是精神产品，都是文化。一句话，文化就是人类创造的一切，或者说人所创造的一切都是文化。梁启超说过，文化，人心所能开出来有价值之共业也。梁漱溟也说，文化是生活的样法，文化，就是人生活所依靠的一切。20 世纪 80 年代，美国集中大批专家编写的《社会科学百科全书》中的“文化”条说：文化是由思想和行为的习惯模式所组成，文化包括价值、信仰、行为规范、政治组织、经济活动等，实际上，文化囊括社会中的一切。这是一种所谓大文化，或称之为广义文化。当然，梁启超先生并不否认狭义文化。他也说过，文化这个名词有广义、狭义两种，广义包括政治、经济；狭义的仅指语言、文字、宗教、文学、美术、科学、史学、哲学等。

我是狭义文化的拥护者。我不否认，从文化概念的功能角度看，广义的文化概念对人类学、考古学是必要的。我们在考古学中所使用的仰韶文化、大汶口文化、良渚文化讲的就是人类文明发展的状况，既包括它使用的生产器具和生活用具，也包括由它负载的观念。

从历史唯物主义的角度说，广义文化观使社会结构混乱不清，它很容易落入一种形式的文化决定另一种形式文化的理论窘境。一切都是文化，实际上等于说一切都不是文化。这种泛文化实际上会导致对真正属于文化领域的东西的否定。

文化当然是人创造的，但不能说人所创造的一切都是文化。人类为了生存，首先要进行物质生产，满足人类所需要的生产资料和生活资料。这是人类赖以存在的物质生产实践和物质产品，这些不能笼统称之为文化。我们不能以文化充饥，不能吃文化，穿文化。如果把一切视为文化，文化就是社会结构，社会结构就是文化，那就不存在唯物史观，只有文化史观。

与动物不同，人不仅有肉体生存的需要，还有精神生活的需要。如果人只要肉体生存，那人与其他动物就没有区别。精神生产的尺度不仅是对象性的尺度，而且包含人自身的内在需求。人有理性，有思维，有情感，一句话，人有人作为人所特殊需要的东西。人有情感，有对文学、艺术、音乐、绘画的需要；人有理性，有对信仰和科学真理的需要，有对哲学的需要；人有交往，有对语言、文字的需要，有对交往规则如道德规范，以及不成文规则如风俗、习惯的需要等。

人有精神生活，动物只有肉体的需要。它只有一个世界，这就是它赖以存在的客观的、物质的世界。它就是这个世界的存在物，是自然存在物，是自然的一部分。而人不同，人有两个世界。人不仅有一个赖以生存的自然界，而且有一个通过改造自然所创造的世界。这个世界我们称为人化的世界。人化世界既包括人化的自然界，也包括人的观念世界。

我一直坚持文化是观念形态，是理论世界、价值世界、意义世界。这样，我们才理解为什么说文化是民族的血脉，是精神家园。社会主义文化建设、中华民族的文化复兴，涉及的是中国传统文化与当代文化建设的关系、社会主义核心价值的建设、思想道德建设，以及哲学、道德、文学、艺术等，并没有把党的建设、经济建设、政治建设、社会建设、生态文明建设，统统称之为文化建设。如果这样，将中国特色社会主义理论、道路、制度的建设，统统归入文化建设，这不仅在理论上不可思议，在实践上也必然陷于混乱。

文化并不是仅仅指存在于人的头脑中的主观精神世界。它既然具有空气般的特性，无所不在，其作用当然也是无所不在的。一个时代的道德表现在人的行为中；一个时代的审美观念表现在日常生活和艺术作品之中。我们通过从地下发掘出的青铜器、陶罐和随葬品的造型、花纹、图案，能看到那个时代的人们的审美观念、宗教观念和死亡观念。文物就是文化的物化，它负载着一个时代的文化观念。故宫的建筑、苏州的园林、龙门的石窟、普陀的庙宇、王羲之的书法、齐白石的国画都是文化珍品。

衣服不是文化，但衣服上的刺绣、花纹、饰物可以表现一个民族和时代的文化观念，体现一个民族的审美观念。因此服装可以是文化的物质载体。住宅不是文化，但房屋的设计和建筑风格可以体现某种文化观念，中国的园林式的建筑与西方的哥特式建筑表现的是两种不同的文化风格。我们应该把文化和文化的载体区分开来。文化是观念形态，但它可通过语言符号，可以通过它的物质载体客观化，为人们感知、理解和接受。就文化和文化的物质载体的关系来说，内在于主体自身的文化观念比它的外在表现更根本。

我们说文化以物质为载体，但并不排斥非物质形态的文化。实际上，不少民间文化是口头传承的非文字的文化形态。这些文化的表现形式包括各类戏曲和相关的面具、服装制作工艺；舞蹈，如民间节日舞蹈、祭祀舞蹈、礼仪；音乐，如各类民族民间音乐以及乐器制作工艺；口传文学，如神话、传说、史诗、游戏和故事；各种精湛杰出的工艺和手工艺，比如针织、织染、刺绣、雕刻、竹藤编织、面人制作、玩具制作、剪纸等。这种文化形态不同于以文字为载体的精英文化或理论文化、文人文化。这是地地道道的原汁原味的民族的大众的文化，是与人们的日常生活不可分的世俗文化，是一个民族的生存和繁衍的文化凝结。它比任何一种文字形态更能体现一个民族的特性。一个民族的根往往更深地扎在这种文化之中。在一个国家工业化、现代化过程中，如何有效地保存这种文化，是维护民族文化的一个重要部分。

文化作为观念形态不仅有其物质载体，还与自然世界不能分割。文化离不开自然界，离不开人与自然的关系。自然物本身不是文化，但没有自然界就没有文化。树根不是文化，根雕是文化。我看过一篇关于“木质匠心”的报道，刊载了一些用黄杨木、椴木、桧木雕刻的作品，栩栩如生，确是匠心独具。石头不是文化，但石雕是文化，龙门石窟、敦煌的石窟是文化。各种雕塑、艺术制品，都是利用自然物为载体加上自然物本来没有的东西形成的，这是劳动对象化所创造的文化。这里所说的文化，就是体现在对象中的审美观念和艺术构思，就是其中体现的意境。这种被艺术精神对象化的东西才叫艺术品，否则只是一块石头、一个树根而已。文物是文化的外化或者说是以物承载的文化。

一个家庭的祖传文物不仅是财富，实际上也留下了祖辈们的爱好和文化品位，保留它同时也是保留对祖辈的怀念和记忆。一个家庭如此，一个民族、一个国家更是如此。文物之所以重要，因为它是一个民族的历史印记。我们重视文物并非单纯作为能以货币计算的财富，而是作为我们祖先的文化创造，作为他们通过文物留给我们的生活和文化信息。文物保留了先人历史的记忆，以及我们民族历史脚步的记忆。

在文学中，对自然的审美把握并不直接改变自然，但离不开自然。例如，夕阳、芳草是自然物，可“夕阳无限好，只是近黄昏”、“落日照大旗，马鸣风萧萧”、“枝上柳棉吹又少，天涯何处无芳草”就是一种以自然物为对象而形成的审美境界。“杨花榆荚无才思，惟解漫天作雪飞”，构思非常巧妙，通过杨花榆荚无情无思之物的漫天飞舞表达诗人对春天的感受。袁枚的《随园诗话》中说：“夕阳芳草无情物，能解都是绝妙词。”山、水都是自然存在物，它本身不是文化，但一经审美把握和艺术化就成为文化。山水画、山水诗都是中国文化的瑰宝。从中国传统艺术和诗歌中剔除山水诗、山水画简直是不可想象的。

文化的象征意义也很明显。在中国，莲花代表高洁，牡丹代表富贵，菊花代表气节，杨柳代表离愁别绪。这是一种象征，文化确实具有象征性特性。但这种象征性的文化观念不是纯主观的，而是与对象的特性有关的。莲出污泥而不染；牡丹大红大紫；菊花在冬天虽残犹有傲霜枝；而古代折柳送别，代表离愁别绪。这既因为送别之处一般在长亭和河边，是杨柳生长的地方，也因为柳絮会随风飘散，与分别相似，所以用折柳代表送别。杜牧的诗，一首名为《送别》：“溪边杨柳色参差，攀折年年赠别离。一片风帆望已极，三湘烟水返何时？”讲的就是河边送别。还有一首名为《新柳》，末联是“东门门外多离别，愁杀朝朝暮暮人”，讲的是长亭送别。以杨柳为情境更能感人，如“昔我往矣，杨柳依依。今我来思，雨雪霏霏”。雨、雪、柳均为自然物，但在特定时空下艺术化，情景交融，令怀有离愁别绪者捧读时黯然神伤。这就是自然物对象化的文化感染力。

可以说，没有一个中国传统文化的观念不存在生活依据。中国文化中将松、竹、梅称为岁寒三友，又称梅、兰、竹、菊为四君子，都是以自然物为象征的文化符号，既表达人的情感和思想，又符合这些植物的抗风雪霜寒或清淡素雅的生物习性。文化当然不仅仅是一种审美观念，不仅仅是文学、艺术，也是包括人类实践的各种理论升华，例如，哲学、道德、法律、宗教以及人类的风俗、习惯。总之，文化是有物质载体的人化的观念世界。

从社会结构看，社会是由经济、政治和文化构成的整体。经济、政治、文化当然不可分。文化渗透其中。经济中有文化，生产方式中总是伴随相应的文化观念，农业经济有农业文化观念、工业生产方式有工业文化观念，政治也是一样，不同的政治制度包含不同的政治文化观念，包括我们现在所说的官场文化。但这不能成为把经济、政治融化于文化的理由。它们相互联结，同时又有各自独立的地位和功能。

文化当然有它的特殊作用。在历史上，政治的作用，无论是政治制度、政治人物，还是威震世界的大帝国，都是暂时的，世界史往往呈现为新帝国的崛起和旧帝国的衰亡，没有永远不败的帝国。经济相对长久，但生产方式的更替、生产力的发展、工具的改进，也不断使原来先进的生产工具和技术过时，旧的生产方式为新的生产方式所取代。原来的生产工具不断被送进历史的博物馆。文化则不同。历史上一代一代的优秀文化具有长久的价值。李白诗："屈原辞赋悬日月，楚王台榭空山丘。"尽管楚怀王听信谗言而迫使屈原怀怨自沉，但屈原以自己的文化贡献而留名万世，赋悬日月，辞耀千秋，楚怀王则台榭荒芜，陵墓无存。李白以诗人的敏感性认识到，文化比权势更具永久价值。

文化当然也是发展的，但文化发展不是取代，而是如造山累土，薪火相传。我们当代人不可能再使用两千年前甚至两百年前的生产工具，甚至几十年前的工具和技术。但在现实生活中，伟大的思想家，无论是中国的孔孟老庄，还是西方的苏格拉底、柏拉图、亚里士多德，都仍在我们的思想中起作用。不仅是这些巨人，凡是文化史上的人物的思想都是人类的思想财富。马克思和恩格斯的思想更不用说，它存在于我们的现实生活的方方面面，这就是文化的力量。文化虽然是观念形态，但它的积累性、持续性和独特的社会功能，是任何其他社会现象难以具有的。

要坚持历史唯物主义的基本观点，我们只能把作为观念形态的文化视为上层建筑中的一部分。毛泽东在《新民主主义论》中使用作为"观念形态的文化"这一概念，因为文化还包括非观念形态的文化，例如科技、语言、逻辑等。观念形态的文化确实是上层建筑的重要组成部分。人类进行物质生产的同时还相应地创造文化，这样才能理解文化的产生和变迁。全部人类史，包括文化史都证明，随着人类满足自身存在的生产方式和生活方式的变化，文化也发生变化。文化不可能单纯从文化自身得到解释。一个民族不同时代的文化差异，与当时的生产方式和生活方式的特点不可分。文化当然有继承性和积累性，但文化演变的轨迹，以文化自身独特的方式反映出社会的变化。

构建社会主义先进文化，当然离不开社会主义的经济制度和政治制度。不能设想，在没有社会主义经济制度和政治制度的条件下，可以构建社会主义先进文化。马克思主义理论可以产生于资本主义社会，社会主义理想可以产生于资本主义社会，因为资本主义社会存在矛盾，其经济发展和政治发展为社会主义的产生提供可能性。但要构建作为社会结构组成部分的社会主义先进文化，必须首先奠定社会主义经济基础和政治制度，社会主义先进文化才有建立的基础，才有立足之地。

不把文化看成观念形态，文化自强、文化自觉、文化自信的问题就提不出来。只有针对作为观念形态的文化，才有文化自强、自觉、自信的问题。因为它涉及的是以什么样的视角，以什么样的态度认识中国传统文化和现代文化，以什么样的思路发展社会主义先进文化，包括如何对待传统文化与当代文化的关系，如何发挥文化作为软实力的作用，如何进行文化交流等诸多属于思想文化领域的特殊问题。如果文化就是一切，一切都是文化，所有关于文化建设的特殊问题都无从谈起。还是把文化回归文化本身吧。文化就是文化，它对人的素质教养功能、它的软实力的功能、它的人类知识积累功能，都表明它属于观念形态，是精神世界，而不能囊括社会中的一切。

我还要再强调一下，文化的本质规定和文化的作用不是一回事。经济不是文化，但经济思想和经济理论是文化；政治不是文化，但政治和政治制度中存在文化，包括政治文化、法律文化等。文化属于观念形态，但又无所不在。因为社会领域是人的领域，而人既是文化的创造者又是文化的产物。凡是有人之处，凡是人类实践和活动之处，文化肯定都在起作用。研究文化，既要重视文化作为观念形态的本质和特性，弄清它与经济、政治和其他社会现象的区别，又要重视它无处不在的功能。文化对经济建设、政治建设、社会建设、生态建设有不可替代的重要作用，但经济建设、政治建设、社会建设和生态建设并不能归于文化建设。

文化与文明

文化与文明究竟是一回事还是有区别，至今仍争论不休。人们往往将二者通用，但又想加以区别。著名的英国社会人类学家马林诺夫斯基在他的名著《文化论》中讲到文化与文明时说，“文化”一词有时和“文明”相混用，但是我们既有这两个名词，最好把它们分别一下。

文化与文明区别何在？不少学者强调文化的重要作用，把文化看成是文明的灵魂，而把文明看作是文化的物质的方面，是文化的外在表现。例如，斯宾格勒就抬高文化而贬低文明，认为人类的历史就是文化史。文明是文化的一个特定阶段，是文化发展不可避免的归宿。如果说文化是生命的灵魂，而文明则是文化的僵化。文化和文明——前者是一个灵魂的活生生的形体，后者却是灵魂的木乃伊。

汤因比也认为文化是文明的核心。文明是以文化为基础的历史形态，它是经济、政治和文化的统一体。这个统一体的基础是文化，而在文化中处于主导地位的又是宗教。各种不同文明就是各种不同宗教的反映，文明取决于构成其基础的宗教的性质。

有些中国学者用哲学范畴“体与用”关系表达文化与文明的关系。文化是一个民族的精神产物，能满足精神自身需求的就是文化；凡是一个民族的精神产物而能供给人实际生活以便利或享乐的，就是文明。文明是一个民族以其精神力量征服自然界的成绩；文化是一个民族的精神力量自求开拓发展的成绩。所谓东方文化优越论，就是东方有精神文明，而西方只有所谓船坚炮利的物质文明。文化高于文明，所以东方文化优于西方物质文明。

在我看来，很难把文化和文明截然区分开来，应该说它们是相辅相成的。文明是文化积极发展和实践化的成果，而文化是文明成果的精神和智力的提升。文明肯定表现了一种文化观念和文化活动，因为文明是文化观念的实体化；而文化的发展和发展程度肯定依赖不同时期人类文明的进步状况。不体现文化积极内涵的文明，正如全然脱离人类文明发展进程的文化一样，都是不存在的。但二者之间确实存在区别。

人类社会是经济、政治、文化构成的有机体。在这个统一的整体中，文化作为一定的经济和政治在观念形态中的存在方式，会包含一些落后的甚至野蛮的东西。前资本主义社会如此，资本主义社会中的文化垃圾更是比比皆是。即使在社会主义社会仍然会存在帝国主义文化、殖民地文化，以及封建文化残余。因此文化可以加上定语，革命文化、反动文化、进步文化、黄色文化、文化垃圾，如此等等。

文明与文化不同。如果说，文化表示的是社会结构的概念，那么文明表示的则是社会形态发展程度的概念。它既是一定时期人类创造的全部物质产品和精神产品以及规范人类行为的各种制度的总和，又是一定时期人类发展所达到的水平和状态。恩格斯曾经用文明时代表示社会发展中的一个阶段，人类经过蒙昧时代、野蛮时代，而进入文明时代。人类进入文明时代的门槛是奴隶社会。进入文明时代的标志是分工、交换、商品生产、体力劳动与脑力劳动的分离。可见，文明是表示社会进步程度和状态的概念，文明是相对野蛮而言的。文明是人类活动的积极成果，文明发展的程度是衡量社会进步的一种尺度。文明发展的不同程度集中表现了一个国家和民族发展水平在社会形态发展序列中的位置。由于衡量社会进步的标准是多方面的，因此文明可以区分为物质文明、精神文明、政治文明，在当代还要加上一个生态文明。

文化与文明可以是重叠的，但考察视角可以不同。当我们从文化角度考察故宫，可以强调它的建筑风格，体现设计者的审美观念、等级观念、天人合一的哲学观念等；当我们说它是物质文明时，我们强调的是故宫所表现的中国建筑工艺，甚至建筑用材所达到的水平。如果从制度文化考察资本主义和封建主义，强调的是体现资本主义和封建主义两种不同体制的政治文化观念、治国理政的观念，如人治、法治；而作为制度文明，强调的则是它们处于不同社会发展阶段，具有不同的政治组织和结构、分工、管理和行政效能等。

文化和文明发展方式不同。文明发展强调的是进步。文明的脚步是随着社会形态的演变而进步的，资本主义文明优于封建社会文明，正如奴隶社会文明不如封建社会文明一样。直接推动文明进步的是生产力的发展和科技的进步。例如在当代，能源直接影响社会文明的发展。其实，不仅是当代，在人类历史上新的能源都与社会文明进步息息相关。从烧柴、烧炭、电力、石油到核能的利用，是能源的变化也是科学技术的进步，与此同时也是文明，包括物质文明和生活方式的变化。可文化并非简单随着社会形态进步而进步，也不会简单由于新能源的使用而变化。谁也不会说，油灯下的作品一定不如电灯下的作品；用笔写的文章不如电脑敲出的文章。文化的发展不是简单的物质进步所能衡量的，而是各具时代的特色。

由农业文明发展到工业文明，文化未必也同步发展。在西方，马克思曾以古希腊三大悲剧为例，认为后来者不可能超过，它们可以说是巅峰。例如史诗，在资本主义时代就再也不能以那种在世界史上划时代的古典形式创造出来。在艺术领域内，某些具有重大意义的艺术形式只有艺术发展不发达阶段才是可能的。这种文化现象也发生在中国。楚辞、汉赋、唐诗、宋词、元曲都有自己的时代高峰期，后来者不可重复。哲学也是如此。中国战国时期诸子的哲学智慧，并不是后人所能复制甚至简单超越的，它是中国哲学智慧的一个高峰期。文明的发展是上升的，虽有曲折，但总的趋势是上升，文化在人类不同时期各有自己的高峰期。清人赵翼《论诗》："李杜诗篇万口传，至今已觉不新鲜。江山代有才人出，各领风骚数百年。""各领风骚"是对文化发展特点的最好描述。

一个社会的文明形态直接与生产方式相联系，文明形态就是属于特定社会形态的文明形态。文化则不同，文化与生产方式的联系往往有种种中介，其中最重要的是社会心理、社会情绪。文学作品，包括诗歌、小说，往往反映社会情绪和社会心理。当受社会反抗和不满情绪支配时，往往出现革命与反抗社会的作品。可当一个社会受奢侈与享乐情绪主导时，容易出现鼓吹享乐主义和腐朽生活的作品。说文学是社会的晴雨表，讲的就是这种社会情绪的中介作用。《义勇军进行曲》、《黄河大合唱》与《何日君再来》、《夜上海》反映的是不同的社会心理和情感。事过境迁，当社会情绪和心理变化后，它们之间的区别可能有点模糊，无关痛痒，可如果回到当年则完全不同。

哲学是超越社会情绪和社会心理中介作用而纯属哲学家思辨的产物吗？也不是。只要我们深入一个时代的哲学，我们可以看到这种联系。为什么战国时期会产生老子与庄子那样的哲学？如果没有战乱频仍，祸福无常，人的命运处于不能自己掌握之中，可能不会产生那样寻求解脱、齐万物一死生的哲学，也不可能出现守弱、处下的思想。如果没有春秋战国时的礼崩乐坏、杀人盈野，就无法理解何以会出现“郁郁乎文哉、吾从周”、克己复礼、重视仁义、倡导“和为贵”王道和仁政的孔孟学说。宗教也是如此，它并不会随着社会文明进步和科学发展而消失。文明进步可以使万物有灵论、神创论消失，但不能使宗教信仰消失。当生老病死、祸福无常，个人命运难以自主，宗教信仰就会存在，这与文明进步程度无关。宗教信仰是以人对超越个人的更高力量的追求和心灵安定的需要为中介的。遭受过重大打击或不幸，或极度失望的人，往往皈依宗教。宗教不仅是灵魂的慰藉，而且在信仰中伴随情感。宗教情感是强化和固化信仰的加热器。宗教情感越强，信仰越执著。以宗教为号召的战争是残酷的，充满献身精神，激情赴死，这就是宗教情感的作用。

文明形态的发展是进步和取代的关系；文化是继承和积累的关系。一个民族的文化可以传承，而文明形态则不同。一种形态的文明可以完全衰落，湮没无闻，或留下的只是文明碎片。西方文化从古希腊罗马至今仍拥有丰富的文化积累，可西方资本主义文明则在衰落。俄罗斯《独立报》2011 年 11 月 14 日发表莫斯科国际关系学院教授关于欧洲文明危机的文章说，曾经为世界提供科学、技术、文化、进步和自由舒适的欧洲，经过两次世界大战、多次血腥冲突以及对自然的掠夺，尽管现在表面上生活仍然富裕，但正在走向腐朽和没落。工业社会的道德沉沦，银行家和财团的贪婪引发的金融危机，表明以欧洲为中心的世界在日渐解体，随着以西方文明为主导的趋势的结束，世界舞台上正出现一个巨人——亚洲文明。作者说斯宾格勒在其名著《西方的没落》中已预见到西方文明的没落，西方文明的没落是资本主义制度没落的征象。

一个社会的文明形态是一元的，它以社会为尺度，是一个社会的经济、政治、文化和生态状态的综合体。文化则是多元或多样的。一个社会可以有主流文化、亚文化甚至反动文化、垃圾文化；而文明则是积极的成果，不存在不文明的文明、反文明的文明，但存在反文化的文化。黄色文化、暴力文化仍然称之为文化。因此文化建设中才存在大力发展先进文化、努力改造落后文化、坚决抵制腐朽文化的任务。文明可以消失，断壁残垣，成为历史的记忆，供历史学家、考古学家研究。不少文明已成为历史的陈迹，可文化则具有生命力。它会变化，会在历史进程中延续和积累。人类所取得的文化成果汇成一个民族的文化血脉，既可成为传统文化也可化为文化传统，成为一个民族的文化标识。

区分文化和文明有其意义，懂得两者的相互联系和区别，就可以采取不同的方法促进社会主义社会的文明和文化建设。文明建设是包括物质文明、政治文明、精神文明、社会文明、生态文明的社会总体的全方位建设；而文化建设则主要放在社会主义先进文化建设上，放在各种文化形式的建设上，核心是社会主义核心价值观念的建设。

文化与文化形态

文化有理论形态的文化，也有世俗形态的文化。文化的世俗形态，包括日常生活中的文化观念、民间文化和当代的大众文化。

日常生活中的文化观念，是指处于同一共同体中的人群的生活方式所共有的文化观念，以及人们风俗、习惯和通行的道德准则。这是某一民族、某一地区具有普遍性、群众性和相对稳定的文化形态。例如现今流行的饮食文化、服饰文化，以及酒文化、茶文化、旅游文化等，就是人的生活方式中的文化观念。

生活方式本身并不是文化，如何生活的观念才是文化。酒厂是生产酒的工厂，而不是文化工厂。酒厂作为企业有企业文化问题，但企业文化是文化的一种类型，它是企业的经营理念、价值观念、管理模式、从业人员的敬业精神和团队精神，而不是生产某一种物质产品特有的文化形态。酒本身并不是文化，它是通过复杂的生物化学工程酿造出来的一种特殊的液体饮料。但饮酒方式在生活中可有着文化蕴涵。所谓酒文化实际上是指饮酒方式中存在的文化观念，而这种饮酒观念，各个国家、各个民族可以各具特点。在中国传统文化中，酒与文学、酒与政治、酒与日常生活的交往和礼节都密切相关。

就酒与文学来说，饮酒与赋诗不可分。诗酒风流。李白斗酒诗百篇。陆游的《剑门道中遇微雨》："衣上征尘杂酒痕，远游无处不消魂。此身合是诗人未？细雨骑驴入剑门。"诗人可以是酒鬼、酒圣、酒仙；酒鬼不一定是诗人。再说，在中国，酒与戏剧联系也很密切，据内行说，京剧中不少剧目与酒相关，如《青梅煮酒》、《贵妃醉酒》、《三碗不过冈》、《太白醉写》、《斩华雄》、《霸王别姬》等，或直接写酒或间接写酒，似乎无酒不成戏。

酒也与政治相关。大禹说过，后世必有以酒亡其国者。纣王饮酒失国，历代帝王引以为鉴。周公曾发布《酒诰》，设立酒官，以礼来节制饮酒。《晏子春秋》有多篇是讲晏子谏齐景公酗酒的事，说景公饮酒酲，三日而后发，景公饮酒，七日七夜不止，公饮酒，日夜相继。齐景公酷好杯中之物，晏婴反复进谏，陈述为政酗酒的危害，终于“觞三行，遂罢酒”。前些日子，《参考消息》有篇文章《俄罗斯政治家与酒》就历数了俄罗斯的政治家，从斯大林、赫鲁晓夫，一直到叶利钦都嗜酒如命，酒精中毒。这对于俄国的政治不能说没有一点影响。而且在特定条件下，酒也可成为政治斗争的手法，鲁迅先生的著名文章《魏晋风度及文章与药及酒之关系》讲的就是这个。药是治病的，当时是矿物，酒是乙醇，都不是文化，可在特定的历史时期，例如在魏晋时期，文人们服药行散、狂醉滥饮，包含的是一定的政治与文化内涵：佯狂避祸，借酒装疯。

酒与日常生活关系更是密切。中国人婚丧嫁娶都有酒。酒可以代表喜庆，也可以代表悲哀。结婚摆酒闹酒；丧事也饮酒，“何以解忧，惟有杜康”。在中国，酒中有礼，敬酒有尊卑长幼的区别。酒中有德，酒有酒德。饮酒后胡言乱语、丑态百出是没有酒德。在中国狂醉滥饮尤为政治家所不取。正因为这样，包括中国封建社会在内的统治者都发布过禁酒令，企图通过禁酒来改善政治和社会秩序，但没有任何禁酒令能实行到底的，因为酒成为人们生活方式的一部分。根本方法是提高饮酒方式的文化内涵，使它成为有益的文明的生活方式。酗酒问题，在当代工业化和城市化的社会成为一个社会问题。在任何社会都会有醉酒的问题，但只有当代，酗酒才成为一个社会学研究的社会问题。生活节奏的过度紧张、个人与社会矛盾的激化，使得酒成为一种缓解各种生活压力的方式，从而导致酗酒，并随着社会矛盾的尖锐，酗酒问题也进一步恶化。

茶也是如此。茶叶不是文化，但饮茶作为生活方式的内容有特定的文化内涵。日本有“茶道”。茶中有文化，仅从饮茶方式来说，大碗茶——平民饮茶方式；功夫茶——消闲生活方式；《红楼梦》中的妙玉饮茶——雅人的方式；刘姥姥牛饮——俗人的生活方式；“夜半客来茶当酒”、“晴窗细乳戏分茶”——文人的生活方式。现在北京很多地方有茶艺馆，它不同于旧社会的茶馆，如著名作家老舍先生《茶馆》中的茶馆，因为时代不同、文化背景不同。虽然从商业角度看它也是营利性的，是高档的茶馆，但它的文化氛围与消费对象都不同。现在讲究的是文化氛围，名贵的茶叶、茶具、寂静无尘布置高雅的茶室、高昂的茶资。普通市民不见了，现在是白领，是经理、老总，或寻求小资意蕴的青年。这是一种商业文化，是茶与商业的文化联姻。高雅中渗透着世俗，世俗中有着高雅，我把它称为高雅的世俗或世俗的高雅。我有次到泉州开会，踱进一个茶店，清净整洁的店堂，服务员如同精心刺绣般地为客烹茶、分茶。马路上的喧嚣不见，心灵仿佛一尘不染。我有所悟，口占一绝：“茶中有道道入茶，杯小底浅意无涯。谁能品出其中味，胜过禅房听楞伽。”

吃中也有文化问题。吃，不是文化，而是生命本能。马克思说过，“饥饿总是饥饿，但是用刀叉吃熟肉来解除的饥饿不同于用手、指甲和牙齿啃生肉来解除的饥饿”。吃什么和如何吃中存在文化观念问题。西方人可以吃牛肉、牛排。牛肉是美食，猪肉也是，但决不能吃狗肉，吃狗肉在他们看来简直是野蛮人，可东方某些国家对狗肉情有独钟。有的民族不吃牛肉，视牛为神物；而有的民族不吃猪肉，视猪为天下最脏的东西。什么能吃什么不能吃，这是一种饮食的文化观念。现今规定有些东西不能上餐桌，这是环保观念，也是人类自我保护的观念。“非典”的流行据说与果子狸有关，吃成为一个医学问题。环保观念和医学观念都是一种文化观念。我看到一个粉丝众多的网站“掷出窗外”就是专门讲食品安全的。至于如何吃，由茹毛饮血到熟食，由熟食到美食，这是文化的进步。各个民族饮食中的礼节、规则、习惯都表现了一种文化观念，表现了人的文化素质和教养。在中国请客，大盘小碗越多越表示敬意，恰如其分则是小气，而小气是最为中国人所诟病的。

居住也渗透着文化。不仅建筑风格表现出审美观念，而且现在已进步到居住的生态环境和社区的文化氛围问题。不是一座单独住房的质量问题，而是楼群的布局和整体环境的协调问题。我看到一则卖楼广告，标榜自己的楼盘营造江南水乡风格的生态，营造更加人性化的生活氛围，将古代文化和现代文化、东方文化和西方文化、南方文化和北方文化相交融。这当然是广告，不可轻信，但它说明，文化观念已经渗入到房地产开发者的头脑。现在有人说，房地产的竞争已进入“文化战”。

行中也有文化观念。交通便利是路的拓展。路，既是文明的延伸，也是文化的传播与交流。海上丝绸之路，陆上丝绸之路，都突出一个“路”字。至于行的工具的变化，则是科技文化发展的一个标志。从走路到坐船，从骑马、坐轿到火车，从陆路到空运，从普通火车到磁悬浮列车和高铁，带来的不仅是速度的变化，也是空间观念和距离的变化。“朝辞白帝彩云间，千里江陵一日还。两岸猿声啼不住，轻舟已过万重山。”“千里江陵一日还”，既表现了李白在流放途中遇赦的欢喜心情，也反映了李白对速度的观念。“千里江陵一日还”，在当时已经是很快的速度了，可在现在的文化观念中则太慢。对于交通与文明的关系，恩格斯曾经以资本主义阶级文明为例说，资产阶级文明沿着海岸、顺着江河传播开来。内地，特别是贫瘠而交通阻塞的山区就成了野蛮和封建的避难所。对路的认识的变化，同时也是文化观念的变化。

至于人们在群体生活的交往中所具有的一定规则即风俗、习惯，则是一种不成文的法，比法律条文更有威力。例如如何对待死亡，就受文化观念的支配。中国奴隶制时代以人为殉，演变为陪葬制，普通百姓用纸人、纸马和其他纸制的生活用品。历代帝王的陵墓，如秦始皇的兵马俑的宏大雄伟，令世人惊叹。最近又发现秦始皇墓北侧另有一个比兵马俑规模大五倍的秦始皇陪葬坑，铜车马、珍禽异兽、百戏俑、兵马俑、百官俑，名目繁多。这种对待死者的态度，都是建立在人死后灵魂继续存在另一个世界，并且在另一个世界中仍然生活在与生前一样的文化观念基础上。

再如禁忌观念。禁忌最初是一种原始的文化观念，是人类早期由于对各种自然力量的敬畏、对自己命运的不可捉摸和无奈而产生的对自己行为的约束。它既可以是一种原始的宗教观念，也可以是生活中的世俗观念。禁忌是多种多样的，其中有一些是合理的、积极的，例如两性关系中的通婚禁忌。禁忌中也有很多是迷信和无知，现代科学发达，可人们头脑中各种禁忌并不少，从住房不能住 13 号到挑手机号、电话号、汽车牌照号。这表明，物质文明的进步并不能代替人的精神世界的进步。当代人的禁忌看起来莫名其妙，但都包含一定的文化观念——既有宗教传统的观念，也有哲学唯心主义——数字神秘主义的观念。鲁迅在《习惯与改革》中说过，“真实的革命者，自有独到的见解，例如乌里扬诺夫先生，他是将‘风俗’、‘习惯’，都包括在‘文化’之内的，并且以为改革这些，很为困难”。这个意见完全正确，风俗、习惯作为文化的一部分，比任何其他形态的文化更具有持久的生命力。

人们的生活方式、日常行为中存在文化观念。中国人的衣食住行，西方人的衣食住行，肯定都各有特点。而且这个特点不是笼统的东方人、西方人，即使同是所谓西方人，各个民族也都有特点；同是东方人，中国、日本、朝鲜、越南、印度等也都各有特点。进一步说，即使是中国人，古代人和现代人又不同。这种不同，就是生活方式中的文化观念的不同。所以人的生活方式和行为本身并不是文化，而是文化的载体。美国人类学家M. E. 斯皮罗的一个看法应该得到重视，他说，文化显然是行为的一种重要的决定因素，但是，文化本身并不包含行为。尽管文化涉及社会结构、社会组织、社会行为等问题，但是，文化本身并不包含社会结构、社会组织和社会行为。他认为文化是指一种认知系统，是一系列被纳入相互联结的有较高秩序的网络和结构中关于自然、人和社会的命题，这些命题既是指过程的，又是指规范性的。

世俗文化形态还有一个重要内容，这就是民间文化。例如，民间工艺、民间音乐、民间文学、民间舞蹈、民间传说、民间信仰以及民风民俗等。民间文化是真正具有群众性的文化，它与普通百姓的生活紧密相连。它的创造主体是群众，接受主体也是群众。它植根于民众土壤，又流行于民间，具有广大的群众性和地方特色。它是文化的一种重要形态。民间文化具有自发性和素朴性，因而良莠不齐。要建设先进文化，就应该在重视民间文化的保护、开发的同时，剔除民间文化的糟粕。

文化的理论形态和世俗形态不是彼此对立、毫无关系的，而是相互影响的。人的世俗生活中的文化观念可以理论化。我们在中国人的饮食文化、酒文化、茶文化中，可以看到不少文人的文化观念和生活情趣。文化的理论形态总是要表现在生活中，渗透到生活中，否则它就很难发生作用。中国传统文化中的儒家的伦理学说当然是理论形态，可它又深深地影响人们的实际生活。中国人讲究人伦，讲究孝道，不孝是受到社会指责的，讲究家庭责任，为父母争光；讲究亲情，兄友弟恭，长兄、长姐有照顾弟妹的道德义务，特别是父母死亡后更是如此，“长兄如父，长嫂如母”。中国人讲究人情，对朋友讲信义；一个人不讲人情，不讲信义，是为人所不齿的。在西方，一个人的妻子与自己的朋友偷情，可以被作为美谈，写成感人的小说；而在中国，则为人所不齿。在中国讲人情，人情大于王法的观念，是伦理型的中国文化不完美的地方。

学者们一般重视理论文化而轻视世俗文化，这是不对的。阳春白雪，和者实寡。世俗文化并非低俗文化，而是最能代表一个民族特征的文化，它与一个民族的日常生活紧密相连。一个民族的本质与特征，最根本的是其人文文化。科学技术的发展具有趋同性，因为自然规律是相同的，人文文化则是相异的，因为它是民族的。没有这种相异性就没有这个民族。而在人文文化中最具民族性的就是它的世俗文化。一个民族的现实发展水平和人民的素质，他们的喜怒哀乐，他们的亲情和人情都与他们从小生活于其中的民间文化不可分。我们经常说，东北人如何如何，湖南人如何如何，这些地区特性都表现了不同地区的风土人情。一个地区如此，一个民族更是如此。一个民族的特性更多地表现在它日常的世俗文化之中。

我们从一个国家到另一个国家，容易看到所谓异国风情，如不同的生活方式，不同的民居和建筑风格，不同的节日和风俗习惯。但一般旅游者很难从这些可见现象中看到其中包含的不同文化。其实这些都是不同文化，尤其是不同世俗文化的外在表现。中国人的春节拜年，端午吃粽子，八月中秋吃月饼，都是中国人的民族象征。一个民族的传统节日，往往像民族服装一样是民族的标志。如果没有世俗文化，我们对任何一个国家和民族，除了种族特征外，其他都无法识别，无非都是马路、高楼大厦、汽车、手机和空调。如果只到图书馆看它的传世之作来了解一个民族，是不可能了解这个民族的。一个民族的理论形态的文化，如果只是停留在书本上，脱离这个民族的世俗生活，是无法理解的。世俗生活可以说是理论形态文化的土壤和背景，理论形态的文化是世俗生活的理论升华。没有它，我们可以把任何一个民族的理论形态的文化从一个民族移到另一个民族。实际上这是不可能的。我们可以翻译别的民族的传世之作，但是我们不可能把产生这个传世之作的土壤即人民的世俗生活同时移到自己的国家。因而翻译就是翻译，并不是原文即不是原产地。我们可以通过翻译了解这本著作，但我们不可能通过它复制产生这个传世之作的文化背景。对于我们来说，这是外来文化，它只有被我们的文化吸收，才能变为培育我们文化的土壤。

无论是文化世俗形态还是理论形态，就其内容而言，归根结底都取决于人们生活于其中的社会。尽管人们的生活方式中某些文化观念，特别是风俗习惯，由于年代久远，难以考察，但从原则上说，它仍然与一定的生产方式和生活方式相联系。在游牧生产方式和农业生产方式下，人们会形成不同的风俗、习惯和道德规则。尽管人们日常生活中的风俗、习惯、传统很顽强，代代相传，但它仍然会随着生产方式和生活方式变化而变化，并且逐步形成与新的生产方式和生活方式相适应的风俗和习惯。

有人说，现在的春节就没有年的味道。春节是农业生产方式的产物，一年之计在于春。对于工业社会来说每一天都是一样的，都很重要。现在怎么可能有过去过春节的气氛呢？这种气氛是制造不出来的，因为生活方式、观念以及人与人的关系都发生了变化。现在送礼不提点心盒而是送一束鲜花，现在休闲的方式是旅游，这是城市化、工业化的生活方式引发的观念变化。在农业生产方式向工业化生产方式的转型中，一定会产生许多原来的民间文化失传的问题，包括工艺品的制作、传统烹调技术的失传，民间传说和民间文学由淡忘而湮没。这既是不可避免的，又需要认真分别良莠，根据其不同价值而采取不同的方法予以对待。因此，抢救非物质文化成为当代中国文化建设中的一项重要任务。

观乎天文与观乎人文

在中国最富辩证哲学智慧的经典《易经》中，就提出过“观乎天文，以察时变；观乎人文，以化天下”。天文与人文属不同对象，对它们的认知有不同的功能。在古代，占星术处于统治地位，认为观天象可以治国理政；治国家者必须观察天象，以明耕作渔猎之时序，并借此判断国家政治举措是否得当；人文是指社会人伦。通过人文教化，人们知道社会的人伦秩序，行为合乎文明礼仪。人文的作用就是教化天下。这不仅是我们的先人把天与人、天文与人文结合考察的极大智慧，而且使我们当代人有可能进一步理解它们之间的相互关系。如果用马克思主义来解读，清洗掉观察天文中包含的神秘色彩，理解为研究自然规律，清除观察人文中的唯道德论的局限，理解为研究人与社会发展规律，按人类面对的现实世界的认知结构，把天文与人文理解为关于自然的自然科学、关于人自身及其思想发展的人文科学，那理解它们的相互关联、相互作用会使我们对人文文化的重要性有新的体会。

自然科学的发展对社会、对人文的重要性是不言而喻的。马克思把科学称之为在历史上起推动作用的、革命的力量，重大的科学技术发明与发现往往成为撬动世界的杠杆。马克思说过，电的发现对资本主义社会来说是比巴贝夫更可怕的敌人。只要看看世界历史，看看当代世界由于科学技术成为第一生产力所产生的重大社会影响，就能懂得马克思的话。自然科学对人的思想观念的变化，对破除迷信、改变人的愚昧所起的作用也是巨大的，没有哥白尼、布鲁诺、达尔文等大科学家的发现，人们仍然被锁在中世纪宗教传播的上帝创世说中。

自然科学对唯物主义和辩证法哲学世界观的发展的推动更是显著的。在自然科学与哲学观念之间，在很长时间占主导地位的是自然科学的新发现。恩格斯说，随着科学的发展，唯物主义也改变自己的形态，就说明了哲学的发展依赖自然科学进步的状况。科学的重大新发展往往导致旧的哲学观念的突破。由机械论到辩证论、由形而上学思维到马克思主义唯物主义辩证法的产生，都与19世纪上半叶自然科学的重要成就不可分。当代由老“三论”到新“三论”也在影响哲学观念的发展。马克思主义哲学的产生扭转了哲学这种被动状况，由科学新发现突破原有哲学观念的状态，到主动关心世界科学技术的发展，并进行哲学概括。恩格斯的《自然辩证法》就是典范。在当代，主动总结科学的新发展应该是马克思主义哲学面临的时代任务。

我在这里感兴趣的不仅是观察“天文”对观察“人文”的作用，我更关心一个自然科学家的人文素质和教养对自然科学自身的作用。这个作用不可小觑。“观察人文，化成天下”，应该包括对自然科学家的人文培育在内。自然科学对象是自然界，其根本功能是了解自然规律，而不涉及自然科学家本身。人文学科不同，人文科学对象是人及其思想文化发展，它的直接对象就是人，因此人文科学的功能必然落实到人自身，即通过人文教化改变人的思想观念，提高人的素质。如果人文科学与作为主体的人的思想转变、与人的素质提高无关，人文文化就不可能发挥“化人”的作用。

自然科学研究自然界。自然现象本身没有是非、善恶、好坏。自然存在的一切都是“自然”的，即本来如此、本应如此，这是自然现象与社会现象不同之点。爱因斯坦说过，科学思维方式有一个更深层次的特点，即这个连贯一致的体系不带有感情的色彩。对于科学家而言，只有存在，没有什么愿望，没有什么价值，没有善，没有恶，也没有目的，只要我们留在科学本身领域之内，我们就不会遇到“你不应撒谎”之类的句子。自然规律本身与道德规范无关。可是研究自然规律的科学家是人，并非自然界本身。因此，作为自然研究者本身的主体的状态，他的人文修养，包括道德、价值观念、艺术修养，与能否让科学插上幻想的翅膀、具有科学创造力和想象力关系极大。一个科学家能否在自然科学研究领域中有所突破，固然决定于他的专业水平，但也在很大程度上决定于他的献身精神、道德情操和人文学识的水平。

自然没有目的，自然科学家有目的；自然没有情感，自然科学家有情感；自然现象没有好坏、是非、善恶，自然科学家的道德判断有好坏、有是非、有善恶。想想那些埋名隐姓于西北沙漠、不顾个人安危、为“两弹一星”做出丰功伟绩的科学家们，我们就能懂一个科学家对祖国对人民的赤诚之爱，就能理解献身于祖国舍身忘家的献身精神对于取得举世震惊的一声巨响所具有的意义。爱因斯坦、钱学森等科学巨人的伟大的创造性贡献与他们对人类福祉的关怀，对哲学、对艺术的极高造诣的关系，无可辩驳地表明人文修养对自然科学家的创造性思维的无可替代的作用。

爱因斯坦不仅有极高的哲学造诣，而且是一个爱憎分明的大科学家，他曾大力反对和谴责纳粹的残暴行为，倡导世界和平，批评资本主义的剥削制度。爱因斯坦非常重视自然科学家的道德精神，在悼念玛丽·居里夫人的文章中，他在赞扬居里夫人的科学精神和成就的同时，特别赞扬了居里夫人的道德精神。他说，“当一位像居里夫人这样杰出的人物走到了生命的尽头，我们不应仅仅满足于回顾她的成就为人类做出的贡献，杰出人物的道德品质比纯粹理智的成果对一个时代以及整个历史进程所具有的意义还要大。不仅如此，甚至后者的取得也要在极大程度上依赖于道德境界。而且这种依赖程度比通常认为的要大得多”。爱因斯坦的科学成就极大程度上依赖于他的道德境界，他把对科学与道德关系的认识放在人文精神的平台上来理解，而不是就自然研究自然。一个科学家成就越大，道德包括科学道德要求就越高；反之，道德自律越高，取得成就的可能性就越大。

当代中国具有世界声誉的伟大科学家钱学森，也是杰出的榜样。他不仅在科学上有卓越成就，而且具有强烈的爱国主义情怀。当新中国成立后，面对美国的种种刁难，他义无反顾地抛弃优厚的生活待遇和工作条件，回到一穷二白的祖国，为中国人民立下了子孙后代永志不忘的功业。钱学森不仅是伟大的科学家，他对哲学尤其是马克思主义哲学也提出了具有创造性的“大成智慧”，对科学艺术与现代科学技术的关系、对科学思维与艺术思维的关系都具有极为深刻的见解。钱学森不仅是科学与人文并重的倡导者，而且是实践者，是科学与人文珠联璧合的不世之才。郭沫若赞扬他：突破藩篱归故国，参加规划献宏猷。

“观乎天文，以察时变；观乎人文，以化天下。”以关于人文的智慧培养对自然奥秘的探索；以掌握自然规律的科学精神滋养人文精神，我们祖先的关于天文与人文关系的辩证智慧，给我们留下了宝贵的思想遗产。

双翼腾飞

在当代世界，科技与人文应该比翼双飞。单翼难以腾飞。这和前资本主义社会不同，处于全球化下的任何一个国家在发展中，都难独轮前进，单翼腾飞。科技与人文的关系问题，是当今哲学理论的一个热点。科技越发展，人类越是因科技发展而陷入种种困境，科技与人文的关系问题越是突出。如何看待和正确处理科技与人文的关系，不是一个纯抽象的理论问题，而是一个关系到如何观察当今世界、观察人类的前途和命运，以及全面贯彻和正确理解我们国家科教兴国方针政策的问题。

人生活在两种环境，即自然环境和社会环境之中，面对的是两种性质的矛盾，一个是人与自然之间的矛盾；另一个是人与社会之间的矛盾。人类需要自然科学和技术从理论和实践上解决人与自然的矛盾。自然科学就是人对自然的理论关系，而技术则是自然科学的实际应用，是人对自然的实践关系。可人同样需要人文知识来了解人以及人类社会自身。虽然有人认为自然科学与技术也属于人文范围，因为自然科学与技术终究是人创造的并为了人类自身的非自然存在物，但这只是从最广泛的人文意义上来说。我们这里讨论的科技与人文，是人类社会存在和发展的两种方式，即人类改造自然和改造社会的两种不同形态。

从人类发展的历史来看，在人类早期不存在科技与人文的区分。人类的原始宗教与巫术，既具有企图通过祈祷和各种魔法来调控自然、减轻和避免自然对人的伤害的意义，又具有人类行为规范和安置人类精神和心理的作用。当然，它既不是真正意义上的自然科学和技术，也不是人类对自身的正确认识。但它的功能，预示着人类社会存在和发展的两种方式，即调控自然和调控人类精神自身。科技与人文的区分应该是人类进入文明社会以后，但在人类长期发展中，科技与人文的地位和作用各不相同，这种地位和作用的变化是与生产方式的性质不可分的。人文知识的主导地位，是与农业生产方式占主导地位的前资本主义生产方式相一致的，无论是西方还是东方，在古代，人文知识都处于主导地位。中国长期封建社会中，儒家学说是修齐治平的经典，是以法律形式维护的主流意识形态。中国的科学技术在古代有很大成就，但在中国传统文化中，科技被视为雕虫小技，不为士林所重。中国知识分子的最好出路在于“学而优则仕”，科举制度以儒家经典为录取标准更是强化了这个取向，正所谓“十年寒窗无人问，一举成名天下知”。

中国人为官做宦都具有很高的文化修养。官员、诗人、文学家往往三位一体。翻开中国的文学史、哲学史，一些文学家、诗人、哲学家，大都为官从政，而且身居高位，如李斯、屈原、贾谊、刘禹锡、韩愈、柳宗元，以及王安石、欧阳修、王阳明。而且，中国的政治家在为诗为文时不都是谨遵儒教，板着面孔。王安石是政治家、改革家，位高权重，但他的诗词中也不乏浪漫情调，如“当初漫留华表语，而今误我秦楼约”之类。欧阳修是大政治家，同样位高权重，可也写些诸如“玉勒雕鞍游冶处，楼高不见章台路……泪眼问花花不语，乱红飞过秋千去”，完全像一个青年人，情感缠绵，浮想联翩。身居高位，从政之余则为文为诗，宦海失意后更显出文人诗人的一面，官文并举的人在中国文学史上并不少见。

中国传统文化中的人文文化具有强烈的政治伦理特色。它是为政者的人文修养，连做诗都是做官的必备条件，也是为政者的人格道德的培养。孔子说，“不学《诗》，无以言”。何以言，当然是外交礼节，因为诸侯结盟、会见、出使都要背诵《诗经》。在长期的封建社会中，我们出了不少足以骄世的集政治家、文学家、诗人、哲学家于一体的人。在中国历史上，忠君爱国、为道德理想而从容就义的不少，杀身成仁、舍生取义，这是古训。但像西方那样为科学真理而献身者在中国极为罕见。从我们的祖师爷孔子开始，中国人就轻视生产、劳动，韩愈在《师说》中宣扬“巫医乐师百工之人，君子不齿”。轻视生产，小视科技，大体上反映了中国儒家传统文化的片面性。

在西方的文化传统中，在前资本主义社会中同样是人文文化处于主导地位。古希腊罗马时期的哲学、文学是光耀夺目的，中世纪宗教处于主导地位，在文艺复兴时期，人文知识的学科尤其是文学和哲学得到从未有过的发展，而自然科学在反对神学的斗争中也起着特别重要的作用。许多科学家如哥白尼、布鲁诺、伽利略，都是名载史册的反宗教的英雄人物，他们为真理、为科学而不是为某种道德原则而坦然面对迫害、面对死亡。西方的文艺复兴是包括自然科学在内的反宗教的政治文化运动，是社会生活由神圣的天国转向世俗世界的必然表现。如果说中国传统文化的特点是重人文和重伦理的话，那文艺复兴时期的西方文化就是重科学和民主，反对专制的人文文化与倡导科学的科技文化在反神学的斗争中是携手作战的。西方资本主义兴起之初，自然科学和人文还是并重的，这是夺取政权和争取统治的需要。可是随着资本主义生产力的发展，工业生产规模越来越大，对自然科学和技术的需求越来越迫切，特别是在 20 世纪尤其是下半叶的科技革命，自然科学和技术的发展速度之快是前所未有的。我们可以说，资本的利润扩充了人的私欲，也扩充了对科技的需要，而工业生产的规模则为这种需要提供了可能。

古代领先世界的中国科学和技术，何以在近代如此落后于西方？这就是所谓的李约瑟问题。我以为，这个问题的核心是科技与生产方式的关系问题，把这个问题变为思维方式和传统文化的问题，会不得要领。如果我们着重从科技作为人类社会生存和发展的方式，从科技与人文主导地位的变化取决于生产方式的性质的观点来考察，可能有比较合理的解释。古代科技是以农业和手工业为基础的，中国发达的农业和手工业为科技的发达提供了经验和动力，但是，这种动力是有限的。西方文艺复兴处于资本主义产生和发展时期，强大的生产需要推动科学技术的发展，而中国仍然处于封建社会，缺乏资本主义工业生产方式对科技需求的强大推动力。也正因为中国近代仍然以农业生产方式为基础，因而在人文领域中，中国的知识分子走的还是“学而优则仕”的老路，知识分子的价值追求是科举、做官，而不是实业，更不是技术。

中国著名的社会学家吴景超在《积极适应环境的能力》一文中对此做

过精辟的分析，他说，中国的自然科学不发达，第一便是因为中国人的聪明才智，没有用在这上面。中国自西汉以后，知识分子的心力，都用在儒学的几部经典上面。这种毅力，假如改变了途径，用在自然科学上面，不见得就没有成就罢。一个在自然科学上没有下过功夫的民族，对于自然科学，自然就没有成绩可言。不过这个论断只适用于明中叶以后，因为在古代中国科技与西方相比仍然是发达的。因为当时中国的农业生产方式高度发展，在高度发展和比较成熟的农业和手工业基础上，完全有可能产生与其相应的科技尤其是技术的成就。

地缘方面的原因也不能忽视。我们处在东亚，当世界进入资本主义时，科技发达的国家都是西方国家。我们的近邻日本也是明治维新以后才开始发展的，而一踏上发展之路便对中国虎视眈眈。欧洲各国彼此距离很近，一国的发明不久便成为各国共同的所有品。研究瑞典文化的人曾经估计过，瑞典文化中，外来的成分比自己创造的成分多。我们中国因为交通不便，和外界接触极少，清代统治者又实行闭关锁国政策，所以近代科技落后是必然的。

中国是庞大的内陆国家，交通不便，容易与外界隔绝。可是地理因素并不是孤立的，如果中国经历过资本主义社会发展阶段，这种地理因素就不可能起到如此重大的隔绝作用。因为资本主义生产方式的本性就是扩张的、外向的、超国界的。只有农业生产方式才可以闭关锁国。可见，人文与科技在一个社会地位中的变化，与不同性质的生产方式在一个国家的主导地位的变化是不可分的。在农业生产方式的基础上，可以出现文人，出现出色的哲人、诗人、词人，但很难出现工业社会那样发达的现代科学技术和现代科学家。

科技与人文在社会发展中的作用是不同的。一个国家的科学技术的状况和发展水平，实际上是这个国家的发展水平和发展的后劲力量。科学技术是富国、强兵、裕民之基，尤其在当代世界，科学技术落后，就是国家和民族面临的危机。一个国家的人文文化的状况和水平，则是这个国家人民的道德素质和精神风貌，是这个国家和社会的秩序与正义和公平状态的显现。这是功能的区别而不是重要程度不同的等级差别。决不能说科技是社会发展的推动力量，而人文只是记录和解释这种推动作用。实际上两者都是推动力。科技作为生产力最重要的因素，起到推动社会物质生产发展的作用，而人文作为一种精神生产，作为社会思想和意识形态，不仅直接推动社会的精神发展、培育人文素质，而且可以反作用于物质生产。当然，精神生产是以物质生产为基础的，但物质生产并不能代替精神生产。社会物质生产发展而精神生产滞后的不平衡现象，是完全可能的，因为它们是两个各具特点的领域，但这种不平衡不利于社会的发展。特别是科技与人文的对立，往往是社会危机的信号。

在当代，与科技迅速发展和耀眼的成就相比，人文学科由于它的非生产性、非直接实用性，逐步被降到次要地位，作为人类社会生存和发展两种方式的科技与人文严重失衡。这表现在社会的价值导向中，则是重科技轻人文的现象。其实科技本身并不排斥人文。从道理上说，一个国家社会科技越发展越有利于人文的进步。科技与人文失衡和重科技轻人文导向，是由农业生产方式向工业生产方式转化的产物。资本主义工业的发展，特别是大工业中科学技术在生产中的突出地位，科技水平在资本主义市场经济竞争中的作用，都必然导致重科技轻人文的现象，使整个社会处于两种生产失衡的病态。对于一个社会而言，单纯的科技发展并不能给社会带来幸福，因为社会幸福不仅是物质生活，还包括社会的公平、正义和人的精神生活。因此一个合理的社会，既要有高度发达的科技文化，又要有优秀的人文文化。

我们要高度重视人文社会科学的重要性，但不能像当代有些人文学者特别是哲学家那样，对科技发展持反对态度。我们重视科学技术对社会发展的推动甚至革命性的作用，重视科技对人文文化的发展和不断促进作用。科技作用是双重的，首先是它的物质效应，即对经济、生产的作用，对生活的作用。它不仅通过科技的进步推动生产力的发展和社会的进步，而且改善人类的生活条件。没有科技就没有电视机、电冰箱、VCD、广播、互联网。苹果公司的创办人乔布斯英年早逝引起全世界的关注，不少名人甚至普通人表示衷心哀悼，就是因为他的贡献给世界带来了变化。

生态环境恶化决不应成为反对科技本身的理由。科技的发展还有促进人文的作用，即科技的发展有利于人的科学世界观、自然观的确立，科学精神的发扬有利于反对有神论，有利于人民文化水平的总体提高。爱因斯坦就非常重视自然科学的社会功能，他说科学对于人类事务的影响有两种方式，第一种方式是大家都熟悉的——科学直接地、并且在更大程度上间接地生产出完全改变了人类生活的工具；第二种方式是教育性质的——它作用于心灵。尽管粗粗看来，后者好像不大明显，但实际上至少同第一种方式一样锐利。

关于科技的负效应问题，我们应该进行马克思主义的分析。科学本身是人类智力的伟大创造，是造福于人类的，科学并不具有破坏性。科学成就的作用取决于如何应用，而应用的过程就是科学原理转变为技术的过程。科学原理技术化过程就包括如何应用以及应用的目的。核聚变的能量是发电还是制造原子弹，这是技术的应用问题。而技术的应用又取决于应用主体（包括国家、集团和所有者个人）的状况。一个半世纪以前，马克思在《在〈人民报〉创刊纪念会上的演说》中，就是从科学与资本主义企业的结合中深刻地揭示了科学应用中产生的两面性问题。他说，现代工业和科学的一方与现代贫困和衰颓的另一方的这种对抗是我们时代生产力与社会关系之间的对抗。我们伟大的文学家和思想家鲁迅关于电既可以用于富人的美容治病，也可用于被压迫者的电刑的论说也包含了这层意思。鲁迅并没有把责任推给电的发明者爱迪生，而是将矛头指向了电刑的应用者。据《参考消息》2002 年 10 月 28 日转载的英国《泰晤士报》的一篇文章报道，诺贝尔医学奖的获得者约翰·萨尔斯顿说，我们得把所有的发现看成是中性的东西，关键在于我们如何利用这些发现。他列举了炸药的发明和基因的发现在应用中可能具有的负效应。所谓利用，就是科学发明和发现的技术化过程。其实，在科学转变为技术过程中所产生的负效应，在未应用前应该禁止和防范，而在产生以后应该通过发展科学技术来解决。我们必须用以反对技术的恶果的唯一武器，还是技术本身。我们没有别的出路。我们无法退入一个根本不存在的没有技术的伊甸园。把当代世界的一切问题，包括生态问题，都归之于科学技术革新的进步，视科学技术革新为万恶之源，实在匪夷所思。如果人类不向往野蛮时代，就不应该反对科学技术的进步，而只能使科学技术的应用符合人类利益和自身的发展。

在处于发展中的当代中国，我们对科学技术的认识不同于西方某些思想家。各国发展水平不同，哲学观点也不同。西方发达国家科技发达，由此引发的问题也很多，包括环境和科技犯罪，因此，有不少西方思想家不加分析地对科技发展采取否定的态度。我们正处于现代化过程中，科学技术是现代化的支柱和脊梁，所以，我们对科技发展持肯定态度，甚至将之上升为国家的大政方针——科教兴国。但是，我们已经注意到西方科技发展的经验教训和当代世界科技应用中的负面影响问题，在大力发展科技的同时，也加强人文学科的发展。科技与人文并举，方能比翼双飞。

搭台与唱戏

文化搭台，经济唱戏，这是前些年对文化的经济功能的一种形象说法。现在我们对文化功能的认识已迥然不同。文化与社会发展、经济发展的关系，要远比搭台与唱戏复杂得多。文化已经成为综合国力的一部分，文化产业成为当今的经济支柱产业，成为我们转变经济增长方式的重要构成部分。文化强国，是建立社会主义先进文化的目标。

西方有些学者，包括塞缪尔·亨廷顿，强调文化对社会发展和经济的作用。他主编的《文化的重要作用——价值观如何影响人类进步》，以韩国和加纳为例，说 20 世纪 60 年代，韩国和加纳经济水平差不多，可 30 年后，韩国成为一个工业巨人，而加纳人均国民产值只有韩国的 1/14，发展快慢如此悬殊，能做何解释呢？无疑，这当中有许多因素，然而在亨廷顿看来，文化是一个重要原因。韩国人珍视节俭、投资、勤奋、教育、组织和纪律，加纳人的价值观则有所不同。简而言之，文化在起作用。

文化因素对经济的作用，究竟应该如何估计，看法也不尽相同。在西方一些学者看来，对一个社会的成功起决定作用的是文化。文化是决定性的因素，而政治对文化而言只是影响因素。他们认为，世界上一些国家陷于贫困、落后是由文化观念决定的。这种说法由于过分夸张，容易把真理变成谬误。一个国家落后的根源具有多种因素，不能仅仅归结为文化一种因素。例如非洲一些国家至今仍然落后和贫困，就与以往长期的殖民统治及其遗留的问题不可分，沉重的外债是其发展的重大障碍。据《参考消息》2002 年 9 月 22 日的一篇文章说，发展中国家的外债越还越多。文章以墨西哥为例，它有 3 300 万人是文盲，可用于还债的钱是其教育投资的 2.5 倍。从 1982 年到 2002 年还本付息 4 780 亿元。1982 年外债是 570 亿元，尽管不断还债，20 年后仍变成 1 520 亿元。每个人一出生就负债 1 570 元。据世界银行统计，整个第三世界加上东欧还债的钱达 4 万亿元，是本金的 6 倍。而墨西哥现在的负债额是原来的 4 倍。拉美 1982 年以来还债 1.4 万亿元，是本金的 6 倍。这么沉重的外债，其落后是不可避免的。如果未来西方发达国家的政策仍然是现在的政策，不发达国家经济和政治制度仍然是现今的制度，外债仍然是这样沉重，那么在经济全球化条件下富国与穷国距离越来越大的情况下，仅仅依靠改变文化观念就能改变这种世界格局吗？何况处在这种情况下的文化观念也不可能有根本的改变。社会是经济、政治和文化的有机体，它是以经济为基础、以政治为中介、以文化为导向的相互作用的复杂有机体。经济、政治不变，文化是不可能变化的。

文化在人类社会发展中的重要作用，是要高度重视的，问题是不能把文化的作用单一化，而要从经济、政治和文化相互关系中看待文化的作用。不能认为文化是自变量，与社会其他因素无关。实际上文化是因变量，文化以经济为基础，以政治为中介，但又能给经济和政治以巨大的反作用的力量。随着人类经济发展和政治格局的变化，文化的作用越来越重要。在当代中国，建设文化强国既是以三十多年来中国特色社会主义经济和政治建设的成就为基础的，也是它的必然要求，可以肯定，它必然反过来大大推进中国特色社会主义经济和政治建设的发展。如果没有三十多年的经济成就和政治改革的成果，建立文化强国是难以完成的。

韦伯关于新教与资本主义产生关系的理论论断，众所周知，他还断言儒家的思想和价值观不利于资本主义生产方式的产生和发展，这个论断已为东亚几个倡导儒家学说的国家和地区的经济迅猛发展所证伪。可正当人们沉醉于东亚儒家价值观的伟大成就时，前几年的东南亚金融危机又动摇了人们关于儒家价值观念是东亚经济繁荣原因的神话。新加坡的李光耀原来极力赞扬儒家文化对新加坡经济发展的作用，在金融危机以后，他又批评儒家学说的保守性，赞扬西方自由民主观念的作用。美国芝加哥大学教授，1992 年诺贝尔经济奖得主贝克尔在《亚洲虽然可能受到震撼，但并非不堪一击》一文中也说，亚洲金融危机可能终于破除了一种神话，即该地区的成功是由于一种优越的、根源于儒家思想的资本主义，这种资本主义对于西方倒霉的经济萧条等困扰具有免疫力。这些看法都是片面地看重文化对经济的作用，从一个片面跳到另一个片面。

新教的伦理观念和新教徒的节俭、勤劳并不是资本主义生产方式产生的原因，而是适应资本主义因素产生必然要求的道德品质。这种道德和价值观念又有利于资本原始积累时期资本主义的发展。任何国家的资本主义的发展和创业都要求节俭和勤劳，东方也是一样，改革开放以来我国有成就的民营企业可以说绝大部分都是如此。资本积累本身要求这种品质，而只有具备这种品质者才能有资本的原始积累。儒家道德观念肯定对东亚资本主义创业和规范市场经济主体的道德行为有积极作用，但单凭这种作用，它不可能成为阻止金融风暴的坚固堤坝。

中国是世界著名的文明古国。中国文化源远流长。中国的文化一直是很繁荣的，可中国文化并没有也不可能阻止中国沦为半封建半殖民地的悲惨处境。西亚、北非一些具有辉煌文化的文明古国也有类似的历史。一个民族的命运不能仅仅归咎于文化这一单一因素，最根本的是农业生产方式斗不过工业生产方式，封建的生产方式敌不过资本主义生产方式。这不是简单的中西文化的竞争，而是社会形态、生产方式、社会政治制度的竞争。离开生产方式的性质，离开社会形态所处的序列，单单着眼于文化是无法对文化的地位和作用做出正确评价的。

文化的作用是不应该低估的，尤其是在当代世界。问题是必须有正确的哲学观点，不能一般地、抽象地议论文化的高下低劣，不能一般地谈论文化的作用，而只能从社会结构的角度来看待这个问题。任何文化都是在一定的经济基础上产生并服务于政治制度的需要。因而文化的作用问题，实际上是文化与经济和政治制度处在什么关系之中，是促进作用还是阻碍作用？脱离一定的社会结构，文化的作用是说不清道不明的。文艺复兴时期兴起的反映市民经济和政治要求的文化，是有利于资本主义经济和政治制度的，而传统的为封建的生产方式服务的轻商文化则对资本主义发展起阻碍作用。同样，中国特色的社会主义文化是为中国社会主义的经济和政治制度服务的，而残存的封建文化和殖民文化，甚至传统文化中的某些观念，对于建设中国特色的社会主义都是有害的。

不仅如此，即使曾经起过积极作用的文化观念和道德规范也不是永恒不变的。同样的文化在不同的社会中，甚至是在同一个社会的不同时期，对于经济进步，也可能具有不相同的意义。以节俭为例，它曾在日本的经济建设中起了很好的作用，然而如今它构成了经济复苏的一个障碍。节俭对于经济发展很难说绝对有利还是绝对不利，正如奢侈品消费观念一样，都必须取决于经济自身发展的需求。当我们要拉动内需，不改变过分节俭的消费观念，显然有碍于经济的发展。正如重农抑商的政策、重义轻利的道德离开了以农立国是不可理解的，如果把节俭作为一种普遍的道德准则运用到市场经济中，那就更是荒谬。尽管节俭是中国人的美德，但我们现在不是简单地提倡节俭，而是要树立积极的、合理的消费观念。不倡导提高品质生活，拉动内需和经济增长肯定会受到限制。这就是旧有的文化观念对经济发展的不利作用。对于文化的作用的考察，要根据经济和政治制度的性质来确定与其相应的文化的性质。凡是促进和维护新的经济和政治制度的文化，都是在人类社会发展中起积极作用的文化；凡是妨碍新的经济和政治制度发展的文化和文化观念，都是消极的。

从社会形态总体性角度考察文化的作用，决不能把它分割为互不相关的三大块。从结构角度考察文化的作用，以为文化的反作用就如同地质构造中的板块相互碰撞一样，是一种外力作用，这种看法显然是不理解社会生活的本质。事实上，社会生活是一个整体，各种要素是相互渗透的。经济和政治中都有文化，正如文化中存在经济和政治一样。文化对经济和政治之所以有重要作用，正在于它不是外在而是内在于经济生活和政治过程的。农业生产方式中形成的观念，如重经验、重传统，缺乏改革思想，就存在于农民的生产和生活之中并支配农民的生产观念和生活观念。同样，资本主义工业生产方式形成的竞争观念、科学管理观念、改革观念，则存在于资本主义生产的经济活动中。政治领域也是一样，不同的政治文化存在于不同的政治活动和人的政治行为之中。这正是文化反作用的方式，它以其对全部社会生活的渗透力发挥作用。文化无所不在，文化和文化观念的作用也无所不在。

文化的功能是复杂的、多样的，因为文化是多种文化形态的复合体，哲学的作用，文学、艺术的作用，宗教、道德的作用，风俗、习惯的作用，各有其特殊的功能，彼此不能代替。但把一个民族的文化作为一个整体，我们可以发现不同的文化形式有某些共同的作用。

从认识角度说，文化有认识功能。无论是科技文化还是人文文化，它所包含的知识是人们从改造自然、社会和自我中积累起来的，因而有助于认识和调控人与自然的关系、人与人的关系、人与自我的关系。

从社会历史进步角度说，文化具有承载和传递功能。在文化的各种形式中，积累着人们认识世界和改造世界的经验和理论。人们正是通过不同文化形式把这种积累一代一代传下去。这种传递方式可以是符号——语言、文字；可以是物质载体——文物、艺术作品；可以是历时性的——从古到今；可以是共时性的——各国民族间的文化交流。文化的这种功能，使人可以在几年、十几年、几十年之内掌握人类几千年积累的经验，减少实践的盲目性、重复性。我们办学校，从小学到大学培养人才就是这个目的。如果每代人都从头来，那现在我们还是原始人。

从民族发展角度说，文化具有培育民族精神的作用。文化就其形态来说，可以是定型的显性形态，也就是以各种具体形态存在的文化，如哲学、宗教、道德、文学、艺术，这是可以区分的、有各自质的规定的文化形态；另一种是隐性的文化，它存在于各种具体的文化形态之中，可又不属于某一种文化形态，也就是一个民族的文化精神或称之为民族精神。民族精神虽然不是具体的文化形态，可它对一个民族而言是至关重要的。看一个民族文化的成熟程度，最重要的是看贯穿于其中的民族精神。

从社会制度的变革和稳固角度说，文化具有社会意识形态的功能。文化具有催化社会变革的作用。恩格斯曾谈到法国哲学对法国革命的作用。他说，法国人同整个官方科学、同教会、常常也同国家进行公开斗争，他们的著作在国外，在荷兰或英国印刷，而他们本人则随时被关进巴士底监狱。可正是他们为法国推翻法国专制制度进行了理论准备。据说法国大革命后，法国国王路易十六被关在巴士底监狱中说，是两个人消灭了法国：一个是伏尔泰，一个是卢梭。这里所说的伏尔泰和卢梭，可以视为法国当时先进资产阶级文化的代名词。当社会变革之后，在一定经济基础上建立起的文化，往往又是维护经济、政治制度的理论力量，这种功能往往是通过各种形式的文化中的价值观念来实现的，即一定的政治文化对某一种政治制度的认同，道德观念对某一种政治制度在道义上的认同。一定的文学艺术，总是通过歌颂或鞭挞来表示对社会的认同或反抗。什么是合理的，什么是不合理的，什么是善的，什么是恶的，在这些评价中，文化起着意识形态的作用。

现在没有人停留在改革开放早期文化为经济搭台唱戏的认识水平上了，但要真正认识到建设中国特色社会主义文化、建设文化强国，是完善、发展中国特色社会主义社会的必经之路，还要不断加深对文化的本质和功能的认识。

人不可无魂　国不可无文

人不可无魂，人无魂则死。国不可无文，无文化则或衰或亡。民族是文化的生命载体，文化是民族的灵魂。一个民族的境遇会在处于主导地位的文化的地位变化中表现出来。当一个民族的政治环境处于稳定和发展的时期，人们对处于主导地位的文化怀有无限的崇敬，例如，中国封建社会处于稳定发展和统一时，儒学的地位很巩固。可当国家陷于混乱时，儒家的地位就会动摇，如魏晋时期道家的兴起。当国家又趋于统一和稳定时，作为大一统的精神支柱的儒学又会再度复兴，如宋代以理学形式出现的新儒学支配了宋、元、明、清各个时代。鸦片战争以后，中华民族在列强侵略下陷入民族危机时，中国传统文化也随之发生危机。人们对一向崇敬的固有的传统文化，尤其是对儒学产生怀疑、反对和否定性评价，如五四时期的打倒孔家店和反对旧文化的新文化运动。

传统文化仍然是传统文化。五四时期的文化变革与其说是单纯的文化变革，不如说是政治革命的辐射，是政治变革要求的文化折光。不管参与者是否意识到这种文化之争背后的深刻的社会动因。主张批判旧文化、批判孔学的人与维护国粹、维护传统文化的文化本土主义者的争论，不单纯是文化问题上的是非之争，更有文化之争背后隐含的政治之争，即要不要变革被中国传统文化维护的封建制度，追求倡导科学与民主的西方资本主义道路。所以，五四时期新文化运动与其说是文化之争，不如说是关于中国社会的发展前途、社会走向之争。

中华民族的复兴当然包括中华民族文化的复兴。鸦片战争后中国传统文化的衰颓局面应该改变。中国特色的社会主义，反映在文化上也应该有特色，而最能体现其特色的社会性先进文化，不能是排斥自己传统的文化，而应该是包含自己传统因素的文化。孔子仍然是孔子，中国传统文化仍然是传统文化。可中华民族处境不同，对自己文化的评价不同，文化自强、自信、自尊的态度也会截然不同。鸦片战争以后的文化争论，与其说是文化危机，不如说是民族危机。在当代中国，与其说是单纯的文化复兴，不如说是民族复兴。中华民族只有复兴，才可能有文化的复兴，不仅是在国际政治上有显著地位，而且在文化上再现辉煌。一个屈辱的民族，在文化上也是屈辱的，即使它拥有文化名人，有辉煌的文化历史，也同样不为强国所尊重，不能自立于世界民族之林。

民族文化与民族境遇，可以说是一荣俱荣、一损俱损，但政治与文化又存在区别。政治变化的周期相对较短，而文化评价是长期的，是历史的。五四运动对传统文化的激烈批判态度，反映的是当时的历史变革的需要，可中国传统文化并不会因此而被永远打倒。应该以历史唯物主义态度对待中国传统文化，既不能搞虚无主义，也不能搞民粹主义。应该弄清我们究竟应该继承什么文化遗产，拒绝什么文化遗产。这也就是毛泽东一直倡导的“取其精华、去其糟粕”。当然，文化的精华与糟粕，不像苹果，可以切除烂掉的半个，保存好的半个。文化是一个整体，是不可分割的，任何外科手术都无法解决文化继承的问题。这就涉及消化问题，涉及咀嚼问题，涉及肠胃功能问题。所谓消化问题、咀嚼问题、肠胃功能问题，也就是文化研究问题。我们需要有一批文化研究者，尤其是中国传统文化研究者，有理论思维能力、分析能力，立足当代，面向世界，适应社会主义建设与科学发展的需要，通过对中国传统文化的认真研究，真正区分精华与糟粕，通过反哺式教育，传递给中国人民尤其是青年一代。

在资本主义社会，经济与文化之间，存在着不可解决的矛盾。一方面，生产力不断发展，科学技术不断创新；另一方面，社会道德水准却不断下降，价值观念发生危机。这种物质生产与精神生产的不平衡在资本主义刚刚登上历史舞台时就出现了。卢梭在他的获奖论文中，发现了这个矛盾，但他不理解这个矛盾。马克思论述过资本主义社会物质生产和精神生产的不平衡性问题，恩格斯也在《反杜林论》中对这个问题做过分析。资本主义社会的经济与文化关系的失衡，是以资本主义私有制为经济基础的社会不可避免的矛盾。西方有的思想家设想了一种混合结构，即经济上的社会主义、政治上的自由主义、文化上的保守主义，这是一种乌托邦式的设想，是根本不可能实现的。也有些思想家由于资本主义经济与文化失衡而反对物质文明、反对科技发展，倡导返璞归真、回归自然，这同样是一种错误的哲学思想。只有社会主义物质文明和精神文明同时并举，并且毫不放松抓到底，才有可能逐步解决文化与经济发展之间的矛盾，这是长远的目标，也是一个艰巨的任务。社会主义社会的发展应该是全面的。现代化的社会主义社会，应该是文化繁荣的社会。中国特色社会主义文化是当代中国之魂。没有发达而健康的社会主义先进文化，即使高楼再多，高铁再长，钱袋再鼓，也最多是暴发户，是所谓的经济动物。

在建设中国特色社会主义文化的伟大事业中，哲学社会科学的作用是无可替代的。哲学社会科学不同于存在于人们的行为与生活方式中的文化观念，它是一种系统化、理论化的文化形态。一个民族的风俗习惯和传统观念，以耳濡目染、润物无声的方式起作用，而哲学社会科学则是理论的学术形态，它具有自觉性、目的性和系统性。哲学社会科学处于人文文化结构的上层，它能丰富和提高一个民族的文化内容和文化层次，并通过各种渠道融入社会生活之中，发挥它的教化作用。哲学社会科学的繁荣有利于全民族思想理论素质的提高，有利于加强我们民族的文化凝聚力。没有科学的理论指导，就不容易在全社会形成共同的理想和精神支柱。没有自觉的道德纪律、没有较高的文化素质，就难以形成良好的文化环境。这是关系到我们能否继续推进改革开放和现代化的重要条件，也是关系到建设中国特色社会主义兴衰成败的重大原则问题。

在我们这样一个国家，要跨越“卡夫丁”峡谷，固然要充分吸收资本主义的科技成果，大力发展生产力，但也不可忽视坚定正确的政治方向、社会主义的道德情操和较高的文化修养的作用。人的素质问题是社会主义建设的关键问题，而素质不只是单纯的科技水平，它还包括人文素质，其中特别是哲学社会科学素质，如正确的世界观、人生观、价值观。发挥哲学社会科学的优势和专业特长，提高全民族的思想文化素质，从一定意义上说，就是造魂运动。有了这个魂，我们的事业就能长兴不衰。

文化承载与传承

黑格尔说过，文化不是一尊不动的石像，而是有如一道洪流，离开它的源头愈远，它就膨胀得愈大。这个看法是深刻的，不过黑格尔是西方中心论者，忘不了连带地批评中国。他说，在个别国家，确乎有这种情形，即它的文化、艺术、科学，简言之，它的整个理智活动是停滞不进的，譬如中国就是这样，两千年以前他们在各方面就已达到和现在一样的水平。

我们很难责备黑格尔，他生活在资本主义在西方兴起的时代，而此时的中国正处在封建社会崩溃、辉煌不再的落日时代。若说中国文化停滞不前却不是事实。中国战国时代百家争鸣，思想巨人群星灿烂，此后也出现过各有特点的高峰期，出现过思想大家，只是与西方启蒙运动兴起后的文化高潮相比，中国文化的确相对衰落。

在文化问题上，鸦片战争后的中国处于明显的矛盾之中。我们既有几千年丰富的文化遗产，是世界上少数几个文明古国之一，又是一个文化落后的大国。当西方资本主义如日中天时，中国正处于经济、军事、文化的没落时期。我们的文盲多、科学技术落后、教育落后，和西方资本主义国家特别与发达资本主义国家文化教育状况相比，半封建半殖民地的旧中国很落后。不少爱国志士为之奔走呼号，为之舍身忘命，为之奋斗牺牲。

新中国成立六十多年来，特别改革开放以来，随着中国社会主义制度的确立和经济的迅速发展，这种状况有很大的改变。但从 GDP 增长速度与外汇储备而言，我们的文化、科学、技术仍然落后于西方资本主义国家。在文化方面，“富爷爷穷后代”的状况还没有根本改变。当代中国文化缺乏创新，缺少能送到西方的当代中国文化。传统文化的输出是需要的，但我们不能光是送中国传统经典，因为很难单纯以中国传统经典来广泛吸引西方的年轻人，也不能单靠中国传统经典来“抵抗”西方自由、民主、平等、人权价值观对当代中国青年的消极影响。仅仅输送中国传统文化远远不够，要特别重视当代中国现代文化的建设和传播。

中华民族伟大的文化复兴不是文化复古的口号，不是在文化上回到古代，复汉唐衣冠和古礼古风，而是恢复中国以往在世界文化中的重要地位。我们要继承传统文化，更要发展社会主义先进文化，丰富和发展社会主义核心价值观，并以此为内容发展社会主义新文化。毫无疑问，创造当代中国文化，传统文化特别是儒学是重要资源，应该有专门研究，取其精华，去其糟粕，成为社会主义文化的重要资源。但不能以儒学取代马克思主义，成为中国特色社会主义的指导思想。

文化需要继承，企图割断中国当代文化与传统文化的脐带的文化虚无主义是错误的。但文化更需要创造，在文化创造中，高等学校肩负着特殊的使命，因为高等教育既是优秀文化传承的重要场所，又是思想文化创新的重要源泉。大力倡导文化传承与创新，是全面提高高等教育的必由之路。文化创造和传承的方式是多样的，在当代中国，高等学校是其中最重要的一环。古今中外，高等学校都肩负着文化创新和传承的使命。中国古代虽然没有近代意义上的高等学校，但有书院，有私塾，它们同样肩负着文化传承的任务。

在社会主义中国，一个优秀的高校教员，不仅要通过自己出色的科研成果进行文化的创造，而且要通过自己的教学进行文化传承。我们自己的科研成果，我们培养的学生的质量，既体现我们国家文化创新的能力，又体现文化传承的能力。全面提高教学质量，不仅是教育行政部门的事，不仅是学校领导的事，也是我们每个高校教员的事。我们在教学第一线，我们不是旧时代意义上的“文化人”，而是在教育领域进行文化生产和传承的智力“工人”，我们生产文化产品，是科研成果的直接创造者。说实话，我们这些教员的创新能力、创新意识、创新水平和对作为教师传道授业解惑的神圣责任感，直接关系着高等教育的质量。正如没有优秀工人的工厂不可能有高质量的产品一样，高校没有高质量的教员，尤其是一些大师级人物，缺少大量有前途的中青年教员，就难以肩负起高校发挥文化创新和文化传承、全面提高教学质量的重任。

虽然古老的哲学智慧是那样具有稳定性，但哲学同样需要创新。黑格尔在《法哲学原理》中曾经批评过一些哲学家，他们把哲学变为一盆冷饭，一炒再炒，端出来以飨大众。他强调，哲学的任务是发现新的真理，阐述真理，传播真理，而不能是不断重复真理。可在人文社会学科中，由于哲学学科的特殊性，哲学创新更显复杂和困难。哲学（包括马克思主义哲学）创新与继承，彼此不可分。

研究文本是哲学研究的一种必要方式，搞哲学当然应该认真研究文本。我们这些马克思主义理论工作者，应该认真研究和学习马克思主义经典作家的文本。从文本中，我们可以根据新的时代变化，发现文本中原来被忽略的处于萌芽中的重要思想和某些论断，可以对原来的论述进行新的理解和新的阐发，可以发现我们某些误解甚至错误的附加。但我一直认为，马克思主义哲学的研究之路，最根本的还不是解释文本，而是要立足实践，面对时代，面对现实。我们要认真读书，但不能唯书。把马克思主义哲学的研究重心放在文本上而不是放在现实上，按“西方马克思学”的文本研读方法来对待马克思主义，这不应该是我们的研究道路。马克思主义的研究成果和哲学学术论文，都放在如何解读文本上，放在词句、用语上以及概念，老在书本上打转转，也不是创新之路。其实，在哲学史上，凡具有创新意义的哲学都不是重复文本，而是开拓新路；不是解释原文，而是提出新的问题。对马克思主义哲学来说，更是这样。

在当代中国，马克思主义哲学创新的最根本之路，就是走马克思主义时代化、中国化和大众化之路。从根本上说，时代化，就是提出、研究和回答时代问题；中国化，就是提出、研究和回答中国问题；大众化，就是提出、研究和回答群众最关心最需要回答的问题。没有问题，不从实际问题出发，马克思主义就不需要“化”，只要寻章摘句，解文释义，搞本本主义，搞教条主义就行。“化”就是用马克思主义解决当代中国的实际问题，从而在解决实际问题中创造性地发展马克思主义。

马克思主义要中国化，必然与时代存在内在的、不可分割的联系，因为中国是世界的一部分，中国不可能脱离世界。马克思主义中国化不可能脱离时代关起门来独自进行。我们只要仔细研究马克思主义中国化各个时期的特点和内容，就可以看到其中凝结着时代精神精华的内容。时代化不单纯是时代背景问题，更是要准确捕捉时代提出的新问题，积极回应时代的挑战。中国化的马克思主义要能够提出时代问题和回答时代问题，引领时代潮流，只有这样，才能在国际上具有话语权，打破西方话语霸权；只有这样，中国的马克思主义理论工作者才能走向世界、走向国际理论舞台。人们一直认为，马克思主义理论研究者走不出中国的课堂，走不出中国国门，不可能走向世界，因为西方不认同马克思主义。当然，这其中有意识形态拒斥的原因，但如果马克思主义既具有中国特色，又能放眼世界，回答世界面临的时代性问题，它就具有话语权。不管愿意与否，他们在世界讲坛上都不能不倾听、不会不倾听中国马克思主义学者的声音。因为我们能对世界性问题提出比他们更具科学性和更有说服力的当代马克思主义解释。

中国化就是提出、回答中国问题。离开中国问题，马克思主义当然没有也不需要中国化。中国化，是一个动态概念。中国共产党建党九十多年来领导中国革命、领导社会主义建设、领导中国改革开放的过程，就是不断研究和解决中国问题的过程，就是马克思中国化的过程。不同时期有不同问题，因此，马克思主义中国化的内容也不同，就会有不同理论成果和实践成果。毛泽东思想和中国特色社会主义理论是马克思主义中国化的两大理论成果，而中国民主革命的胜利和中国社会主义建设、改革的辉煌成就是马克思主义中国化的实践成果。中国的马克思主义哲学工作者，我们这些高校的马克思主义哲学教学和研究者，必须认真研究马克思主义中国化问题。一个马克思主义理论工作者，如果不关心不研究马克思主义中国化问题，不根据马克思主义中国化理论和实践，创新马克思主义哲学学科和内容，包括教学体系和某些哲学话语，就不可能进行理论创新，不能把中国化的马克思主义传授给学生。马克思主义中国化的两大理论成果和实践成果，既是高校马克思主义哲学进行理论创新和文化传承的重要内容，又是进一步推动理论创新的思想指导。

大众化有个大众话语，包括马克思主义通俗化的问题，有个如何表述、如何使群众容易接受的问题。大众化还有一个更为本质的问题，就是高校理论研究和理论创新，不是脱离群众、闭门造车、自说自话、不食人间烟火。如果我们与群众之间被高校围墙相隔离，不关注群众想什么、有什么需要回答的问题，有什么困惑问题、有什么疑难问题需要解决，那马克思主义哲学大众化就是一句空话。大众化既包括大众的问题，又包括大众可接受的方式。马克思主义理论要说服群众，必须回答群众最为关心、最需要回答的问题，特别是理论和现实中的热点问题。从一定意义上说，马克思主义哲学本质上是群众哲学、大众哲学，是只有交给群众才有存在价值、才能发挥作用的哲学。马克思主义者关心的问题应该是群众最需要解决的问题，马克思主义基本原理、基本观点和中国马克思主义新的理论成果应该结合群众的问题，用群众喜闻乐见的方法和方式向他们宣讲，而不能由于艰涩难懂使他们对马克思主义哲学敬而远之。

哲学是一种专门的学问，它有自己特殊的范畴、概念，具有抽象的思维方式。马克思主义哲学要真正发挥作用，就不能只会讲哲学行话，不能用范畴解释范畴，用概念解释概念。思想要深邃，但表述应该通俗；把复杂深奥的哲学道理讲深讲透。没有语言的通俗化就很难做到大众化。毛泽东在延安批评过某些理论家的文章，说他们“下决心不要人看”，或者“语言无味，像个瘪三”。如果中国的马克思主义哲学工作者只会讲哲学行话，离开哲学范畴和哲学概念就不会讲哲学，那这样的马克思主义哲学在中国是很难发挥掌握群众的作用的。

各美其美 美人之美

费孝通先生关于文化“各美其美，美人之美”的说法，所言极是。我们反对西方文化中心论，认为那是欧洲殖民时代的文化自大；但也不同意东方文化优越论，它是受列强侵略的中国学者、文化保守主义者的文化心理。处在当代世界，重拾东方文化优越论不合时宜。中西文化，各有优点，又各有问题。应该持和而不同、海纳百川的文化心态。

在两种文化中，人的地位是不同的。西方文化中处于支配地位的是宗教文化，人生下来就是负有原罪的罪人，人的一生应该不断忏悔、不断赎罪。只有忏悔与赎罪才能得到赦免，死后才能进入天堂。中国文化是伦理文化，人不是罪人，而是人，人人皆可成为圣人、贤人，人人皆可为尧舜。人不是赎罪，而是修养道德，通过道德修养可以成为自立自强的人，因此中国文化提倡气节、骨气。西方宗教文化的道德作用是阻止人做坏事。中国伦理教人不要做坏事，是因为道德修养教人自觉为善。怕上帝惩罚而不敢为恶，作用有限，而通过道德修养达到不为恶，则是自觉自愿，无恐惧感，而是有快感。中国文化倡导“仁者寿，智者乐”，正是基于道德的感化作用，而不是对上帝惩罚的恐惧。西方文化有一个很大的矛盾，一方面宗教倡导原罪，人人有罪；另一方面，其哲学又倡导自由。负罪与自由不能并存，有负罪感的心是不自由的，因此，倡导自由的哲学往往不为宗教所接受。中世纪的宗教裁判所对异教徒的迫害，往往就是对自由的扼杀。

与其用儒家文化说明中国社会，不如用中国社会说明儒家文化。以孔子思想为核心的儒家文化，是在以血缘关系为纽带、以农业生产方式为基础、以宗法关系的政治制度为支柱的社会土壤上结出的文化之果。前者可以说是后者的文化形态，它产生以后又维持和巩固这种社会制度。儒家的支配地位稳定，社会就稳定；反过来说，社会动乱往往导致儒家学说权威的失重。农民战争后中国社会任何新王朝政权的建设，都必然是儒家的重建或发展。

西方文化中倡导亲子关系的相对独立性，孩子自小受到独立训练，与父母分开睡，十八岁即独立，而在中国，孩子从小受到无微不至的呵护。中国处理人与人之间关系时，倡导内敛、谦虚，而不像西方那样张扬个性、强调自我。我们很难将这种种区别视为两种不同的思维方式。其实最深层的原因还是基于社会生产方式和生活方式的不同而形成的不同的文化价值观念。包括中国在内的东方社会，工业生产方式起步晚，长期是农业生产方式，家庭结构稳定，因此重人伦、重亲情。而且，乡土社会可以说是熟人社会，重视人际关系，重视乡情、人情。西方资本主义市场经济发展早，是竞争社会，人要生存，必须从小培养独立意识，从小学会自立，不能像中国社会那样得到家庭、亲友和熟人的无私帮助。在中国最流行的话是“在家靠父母，出外靠朋友”，而在西方单靠关系是不可能生存的，必须靠自己。西方共餐是“AA 制”，而“做东”则是中国人的交友之道。

以货币和商品为中介的市场关系，最重要的不是人际关系，不是人情，而是你手中货币的多少，货币的力量就是你的力量、就是你的地位、就是你的身价、就是你的价值。因而西方社会从小培养的是金钱观念、竞争观念、自我奋斗观念，而不是有事找亲朋好友的关系观念。当东方社会转型为近代工业社会，转变为以市场为主导的社会后，很多农业生产方式下的观念也在逐步改变。观念的变化往往落后于社会存在，因此原有观念的影响仍然会长期存在。但中国三十年来的变化，已表明了这种趋势。企图通过复兴儒学来恢复中国历史上熟人社会的传统，恢复那种令人向往的浓浓的亲情、乡情、人情，我以为不太可能。即使可能，也可能与以法治国的道路相悖。我们应该在社会主义基础上建立新的社会主义人际关系，新的社会主义和谐的人际关系。这种关系既应该继承重亲情、乡情、人情中的好的传统，又要超越这种传统，清洗人情重于王法的观念，树立法治意识。

从思维方式说，很难简单说中国重视综合，而西方重分析；也很难简单认为重综合是整体思维，而重分析是形而上学思维。应该说，无论西方还是中国都有辩证观念。当然辩证观念各有特点，西方没有中国《周易》那样以卦的形式表达的变化和宇宙间事物的关系观念，但他们有他们的辩证思维方式，只要读读希腊罗马古典哲学著作就知道。只是因为后来分类科学发展，西方形而上学的思维方式兴起。中国思维方式没有受近代自然科学的洗礼或入侵，因而整体观一直占主导地位。但分析与综合、整体思维与局部思维不能简单扬此抑彼。没有把握局部的整体往往容易流于模糊和混沌，而没有整体观念的微观思维往往容易陷入孤立片面的观点。

西方哲学的特点是以形式逻辑为方法构建庞大的哲学体系，而中国哲学往往是语录式、寓言式或格言性，充满情感和想象的表达方式。无论是《庄子》、《列子》、《道德经》，都是如此，即使《论语》也是语录体问答式的表述方式，每章都是以首句中的字句为题，并非着意构建一个形式体系。梁启超在《中国历史研究法》中曾批评说，中国“古代著述大率短句单辞，不相联属。恰如下等动物，寸寸断之，各自成体。此固当时文字传写困难，不得不然，抑亦思想简单，未加组织之明证也，此例求诸古籍中，如《老子》，如《论语》，如《易传》，如《墨经》，莫不皆然”。中国哲学没有严密的形式逻辑论证是事实，但中国哲学有它的内在体系，即它的一以贯之的核心思想，如孔子的仁、老子的道。中国自然哲学不发达，最发达的是人生伦理观念，因而形式逻辑的论证并不重要，重要的是情与理的结合，情中有理，理中有情。

中西文化不存在绝对优劣的问题，无论是西方中心论或东方文化优越论，都是具有时代特征的片面观点。我们不能简单以西方的自由、民主、人权、人道与中国封建社会的专制、等级制和法定特权相比，来证明西方文化优越东方文化，也不能以中国农业社会中存在过的那种浓浓的亲情和充满诗意情感的人际关系与当代西方资本主义社会那种拜金主义、人际冷漠相比而赞美东方文化优于西方文化。因为其中很多不属于文化范围，而是社会制度和政治体制问题。就文化来说，东西文化不能简单区分高下优劣，它们各有传统，各有特色。

历史是发展的，可纵向比较也可横向比较。没有一个民族或国家的历史是一片光明的。历史有污点。任何国家的历史上都有战争、有杀戮、有压迫、有反抗，但也有发明、有创造、有业绩、有进步。中国历史确实值得骄傲，西方历史也不是一片光明。毛泽东在接见非洲朋友时评论西方历史说，西方帝国主义者自以为是文明的，说被压迫者是野蛮的。可是我们没有占领别人的地方，非洲也没有占领过欧洲，是欧洲占领非洲。帝国主义占领我们中国，这就很野蛮。我们中国过去现在都没有占领别的国家，将来也不会去占领美国、英国作为殖民地，所以我们始终是文明国家。

美国的历史光彩吗？难道至今只给印第安人一块保留地就是人道吗！人人有枪、人人可以开枪就是自由吗！选举时一人一票，抬进白宫后无能为力就是民主吗！资本主义社会诞生是历史的革命，资本主义文明是高于以往文明的一种先进文明。但先进的东西并非永远先进。随着资本主义危机，资本主义的文明和文化也在经历危机。

中国的历史也非一片光明，中国也有过文字狱，有文化专制主义，有过小脚，有许多我们今天视为污垢的东西，但更有伟大的发明和创造。不如此就不成为历史。中国封建社会比较早熟，文化也早熟。中国古代文化成就卓著，不是任何当代西方发达资本主义国家所能比拟的。中国落后是在西方资本主义逐步兴起之后，特别是由于清王朝的腐败没落，自鸦片战争以后，中国为列强侵略，各种不平等条约像重重大山压在中国人民的身上。一个被殖民的国家，当然会产生殖民文化。一个贫穷落后、教育不发达的国家，文盲占绝大多数，文化当然落后。这是必然的、不可避免的。不能以半封建半殖民地时民族危机中出现的文化危机，作为中西文化比较的坐标。

处在半封建半殖民地的中国知识分子，没有西方那种“绅士风度”、“贵族气派”不是很自然的吗？可是鸦片战争以来中国著名爱国诗人那些椎心泣血、义愤填膺的诗篇，岂是西方的所谓“绅士风度”、“贵族气派”能比的！以一个发达的资本主义国家的优点与一个半封建半殖民地国家的缺点比较，能得出正确的结论吗？

就文明形态整体而言，毫无疑问资本主义文明高于封建主义文明，特别是高于殖民地、半殖民地的文明。资本主义的人权、自由、法治、人道高于封建专制、人治和种种不文明现象，高于洋奴思想、媚外思想。但就文化而言，中国封建时代创造的文化与西方资本主义时代文化各有长处和短处，我们不能说西方现代哲学家比古希腊罗马哲学家更具智慧，正如不能说当代西方资本主义文化胜过中国传统文化一样。文明可以进行制度性的比较、进行古今比较，可以分别孰优孰劣，但是文化是不能简单以古今中外的差异来判定高下优劣的。文化发展如万里群山，有高峰也有低谷。就一个民族纵向说，在文化的某一特定方面，后人可能永远无法超越前人，正如马克思说当代西方文学的发展永远不会超越古希腊的三大悲剧一样，中国当代也不可能再现唐诗宋词那样的诗词盛况。就横向比较说，西方当代思想、哲学、文学，与中国传统文化相比也只能瑕瑜互见，决无绝对的短长。

区分文化与文明的重要意义在于，不能以西方资本主义文明高于封建社会文明，推论出资本主义社会的文化全部高于中国封建社会时代的文化；也不能因为中国封建社会中的文化有高于当代资本主义文化的东西，就断言封建社会的专制、人治、高于西方资本主义的人权、法治、人道。领域不同，衡量的标准各有尺度。

历史是曲折的，文化发展往往也是螺旋形的，仿佛否定之否定。例如，在中国农业生产方式基础上产生的中国传统文化，充满农业社会特有的乡土情怀和人情味。中国古代哲学关心人，关心自我的道德修养，对自然、对生命、对父母怀有敬重和感激之情。可是在西方工业文明下，由于科学昌明和人类对自然的空前改造，以及人与人关系的资本化，货币成为衡量价值的尺度，人与人的关系异化了。人们把眼光投向东方，投向中国传统思想和文化，企图在危机四伏的西方资本主义制度和以个人为中心的价值观念中，引进中国传统思想和文化来化解危机，挽救西方资本主义制度和混乱的价值观和道德观念。我以为这是不可能的。文化可以引进，可以借鉴，可以参考，但西方的病单靠中国药方，正如解决中国的社会问题靠西方药方，无法对症。任何社会问题的最终解决只存在于自己的社会的特殊矛盾之中。文化模式不能决定社会模式，相反，它是社会模式的现实形态。

在中国，随着多种所有制和以货币为中心的市场经济关系的建立，以及农村家庭结构的解体和原有关系的变化，中国传统的价值观念和道德也处在蜕变之中。高度工业化和现代化的西方，不可能在人际关系和道德观念上回到农业生产方式时代的中国，无论他们怎样向往，这种向往只是表现他们对现实社会的不满。当代中国同样不能回到古代理想化的中国，不能保存农业社会那种以儒家伦理为纽带的人际关系和家庭关系，更不能回到古代那种田园风光，而只能在中国特色社会主义生产方式的基础上，吸取中国传统文化的优秀因素，推动社会主义先进文化的建设。

文化与传统

传统文化与文化传统既相互联系又有区别。一个民族如果不存在某种传统文化，就没这种文化传统；反过来说，如果传统文化不化为文化传统，就失去了传统文化的影响力。在文化领域中，任何一个有作为的民族的文化使命，都是把自己民族的优秀传统文化变为世世代代绵延不断的文化传统，使它从文本走进现实。

传统文化只有变为文化传统，才是真正继承、发展和发挥传统文化作用的途径，否则，经典文本可以因年代久远而湮没失传，或不可理解。当年恩格斯曾说过，德国无产阶级是德国古典哲学的继承者。在中国，我们同样可以说，中国共产党是中国传统文化的继承者，而且是真正具有创造性的中国传统文化继承者。继承传统不是作为资料保存文本，而是继承思想，并把它创造性地发扬光大。中国是文明古国，是文化大国。中国在哲学、历史、文学、艺术、军事众多领域拥有难以数计的经典名著，有许多各具特色的思想学派，有不少声名卓著的思想大家。这些宝贵的思想资源如何化为现实的文化传统，有两条不同路径。

一种是师承和讲学的方式，它的影响主要是在知识分子阶层。古代的太学，后世的书院、私塾，都是传授经典的场所，而科举制更强化了这种传播的途径。通过这种途径，中国历史上出现了不同学派，出现了不少具有爱国主义精神和民族气节的杰出历史人物，也出现不少皓首穷经、以毕生精力在不同领域进行创造的思想大家。但这种途径有它的局限性。因为在一个文盲众多的国家，单纯以教授经典文献的方式是不可能普及的。古代的士和后来的知识分子都是它的接受者。这种传播途径单一，受教人数有限。真正熟悉经典、饱读诗书的人有多少?!

另一种重要的传播方式是经典世俗化。尽管中国不能人人阅读传统文化经典，但不能说文化经典与普通百姓无关。中国传统文化中所蕴藏的丰富的思想智慧、道德规范往往会通过格言、谚语以及日常交往的道德、风俗、习惯，通过口口相传的方式积累在民族的血脉之中，广为人知，成为一种民族精神。“忠厚传家久，诗书继世长”，这是中国人的治家格言，也是经典世俗化的途径。只要关注中华民族的民族精神，关注我们日常生活中充满智慧的谚语，关注治家格言甚至乡规民约，我们就能发现它们往往是传统的智慧的结晶。仁义礼智信在中国影响深远，在人际交往方面讲仁爱、守信义、重礼节，违背这些基本道德会受到舆论指责或导致自我不安。

传统文化转化为文化传统是在一定社会制度下进行的，这种转化会受到社会制度的制约。并不是所有的传统文化的精华都能化为文化传统。反对中国传统文化的人把传统称之为酱缸文化，认为中国人的一切缺点，都是这个祖传酱缸酿制出来的。有的学者又把儒学说成是天道、常道，全世界的文化都无法与之相比。“天不生仲尼，万古如长夜”，儒家思想如太阳东升西落一样是永恒的。这两种说法都是片面的。

“己所不欲，勿施于人”被定为道德黄金律，不少诺贝尔奖得主都投赞成票，似乎只要全世界的政治家都赞成这一条，就能从此天下太平，世界大同，永无战争，人间就能变为天堂。是的，政治家们口头上赞成这个原则，那些以己之不欲强加于人的人，也会点头称赞。赵普半部《论语》治天下，如果人人奉行“己所不欲，勿施于人”，那也可以说一语治天下。可在当代的国际关系中，这个黄金规则有实现的可能吗？只要看看当代世界的政治现实，大概都会摇头。应该说，这是我们的道德理想，是对人的教化，是应然而不是实然。孔子提出的“己所不欲，勿施于人”确实是伟大睿智的道德原则，这个原则是处理农业生产方式下人与人的关系、五伦关系、普通人际关系的原则。孔子时代的诸侯国，不是当代世界的国与国的关系。在当代强国与弱国、统治阶级与被统治阶级之间，有些强国、强人往往奉行的是相反的原则：己所不欲，强施于人。从纯粹道德规范角度看，把“己所不欲，勿施于人”确定为黄金律完全恰当，可作为当代世界普遍通行的政治原则则难以行得通。毛泽东对“己所不欲，勿施于人”做过评价，他说在政治上提出“己所不欲，勿施于人”是不适当的。只有在阶级消灭后，才能实现“己所不欲，勿施于人”的原则。

道德理想与现实之间存在区别。“己所不欲，勿施于人”可以说是伟大的道德理想，但不可能成为处理阶级关系、国家关系通行的原则。尽管在当代政治上很难成为通行原则，但作为中国传统文化，它对中国的当政者、对中国老百姓的行事方式有重要影响。中国历来爱好和平，没有西方殖民主义那样向外扩张和侵略的野心，历来主张国与国友好交往，互利共赢。在中国老百姓的日常交往中，“己所不欲，勿施于人”往往表现在中国人的亲情、友情之中，表现为宽恕之心、仁爱之心、包容之心。这就是传统文化通过世俗化方式化为文化传统的方式。只要我懂得这条原则的道德价值，懂得它的界限和对象，这条原则就是有益的，我就不会变为宋襄公之类的人物。

我们必须明白，中国传统经典中的智慧和道德理想并不都能成为现实。统治阶级的利益是一种传统文化思想的过滤器，它会把经典中有利于自己统治的思想强化、放大，并通过种种途径灌输到百姓心中去。在历史上，中国传统文化特别是儒学，往往会因为统治者的制度化的过滤而磨损它的积极的方面，而其中有利于稳定统治和秩序的封建伦理观念、等级观念又被强化、被放大。历代尊孔与反孔成为阶级斗争的映射，原因即在于此。统治者尊的不是真正的孔子，而是有利于他们或被他们利益过滤过的孔子，而反孔者反对的也不是真正的孔子，而是被统治神圣化为统治护身符和统治合法性精神支柱的孔子。

经典中的智慧和道德规范是文本，它能在多大程度上成为现实取决于统治阶级的现实需要。仁者爱人、王道、仁政，或者“民为重，君为轻，社稷次之”等，都可以称之为优秀的传统政治文化，但不能说它们是中国封建社会具有现实性的政治传统。因为封建社会没有也不可能形成真正的爱人观念，实行王道、仁政，实行民为贵、君为轻、社稷次之的政治传统。在长达两千多年的中国封建社会中，君为重，民为轻，官贵民贱。官是老爷，民是草芥，这是常态。所以鲁迅才会说，中国历史只有做稳奴隶的时代和做不稳奴隶的时代。就中国封建社会统治者与被统治者的关系而言，不可能民贵君轻、民主官仆，这只能是某些儒者的一种理想。而儒术独尊、百家罢黜之后，这种民贵君轻的思想除了被少数先进思想家接受外，并未被普遍接受。无怪朱元璋做了皇帝后对民贵君轻的言论极为不满，大怒之下取消了发明者孟子的陪祀资格，并将孟子逐出文庙。朱元璋刚刚脱贫，由和尚、叫花子跻身九五之尊尚且如此，其他皇帝和统治者肯定更从心底里讨厌这种不经之论，不过他们都会装模作样，没有朱元璋那样坦率而已。

以“和而不同”为例，这是最具智慧的思想，可在中国长期封建社会的实际政治生活中，真正敢于“撄逆鳞”的所谓忠臣并不多，喜欢诤臣的皇帝也不多。“天颜”是不能随便触犯的。在官场上报喜不报忧，最为普遍。封建社会久历官场的官僚，对上从来是同，永远高度一致，对下要求的也是同，永远唯命是从。儒家经典的政治哲学是理想，而不是政治现实，它为当政者确立了一个最高道德标尺，但由于阶级利益的局限，当政者不会照着做。

我们应该懂得一个民族的优秀传统文化和历代统治者的政治行为之间、道德理想和政治现实之间的区别。当然，历史就是历史，不能简单以封建社会的政治现实为据而一笔抹杀传统经典中光辉思想的价值。“厚德载物”、“仁爱万物”、“和而不同”、王道、仁政、民为贵、君为轻、社稷次之，永远是中国政治哲学的理想和宝贵思想资料，它们在封建社会难以实行，但它们并不因此而失去文化价值和意义，因为它们为政治思想和政治制度树立了一个理想境界，确立了一个评价政治家和政治理想价值的标尺。而对中国普通百姓而言，它们永远是值得珍视的宝贵的文化财富。这是一笔丰富的文化遗产，它们教我们如何做，但不是人人都能做到。其中包含了深邃的智慧和治国之道，又包含了做人的根本原则。治国之道由于它的理想化很难在阶级社会中为统治者所实行，但它仍有警示作用。做人之道对中华民族、对中国人民具有长远的教化作用，是宝贵的思想资源。

我们要高度重视中国传统文化，但不要抽象地笼统地赞美传统文化，而要以马克思主义为指导，清理包括儒家思想在内的丰富文化遗产。这种清理不仅是整理国故，注释经典，也应该是对照历史与现实，看看哪些是对的，哪些是不对的；哪些对我们社会发挥了好的作用；哪些是不好的作用，哪些是原意，哪些是后儒的附加；哪些已成为现实的文化传统，哪些还只是书本上的名句名言。以儒学为例，我们要明白儒家学说有两面，既有为君的一面，又有治民的一面。为君的一面是要统治者当仁君、施仁政，当好皇帝，爱民、恤民、怜民、畏民；治民的一面，是要老百姓循规蹈矩，尊礼守法，不要犯上作乱，遵守纲常名教。历来在现实中得到宣传、巩固、落实的，往往是治民的一面。至于对君的要求，即民贵君轻，王道仁政之类真正得到实行的是极为罕见的。读儒家经典而切切实实照着做的，不是最高统治者和老于官场的官僚，而是饱读圣贤经书、实践儒家理想的清官、诤臣，是以死为国的民族英雄。可是这种人终究是少数，而且往往是海瑞一类的悲剧性人物。

传统是一种巨大的力量，是思维方式、价值观念、文化道德、风俗习惯中都存在的力量。传统是被保存在民族中绵延不断并为后代运用继承的一种稳定结构，但传统不是凝固不变、永恒同一的，而是处于不断创造之中。早期的传统与历史的发展成反比，它的影响力不断减弱。但是，每一代人又不断地把自己的创造变为下一代人的传统。整个历史发展是不断突破传统、又不断形成传统的过程。传统永远是当代与过去的分界，因此传统与进步的关系是双重的。一方面，传统作为一种惰性力量，其消极方面是进步的重负，因此社会进步表现为对被视为神圣的传统的亵渎，表现为对传统中保守方面的突破与革新。可另一方面，传统中优秀的东西则是积极的，它凝聚了一个民族世世代代的智慧，成为一个民族赖以生存和延续的力量，并为该民族的进一步发展提供了新的平台。因此，一个民族的繁荣昌盛往往包括对优秀传统的继承，无视自己民族优秀传统文化的民族，是没有前途的。

我们应该重视传统，但要区分什么是复古、什么是继承。无条件地崇拜过去称之为复古，合理吸收，把它变为对自己有用的东西称为继承。关于复古与继承的界限，毛泽东的话很有启发，他说中国历史遗产给我们的东西中有很多好东西，这是千真万确的。我们必须把遗产变成自己的东西，然而我们中国有些人却去崇拜旧的过时的思想。还说，我们的态度是批判地接受我们自己的历史遗产和外国的思想。我们既反对盲目接受任何思想也反对盲目抵制任何思想。我们中国人必须用我们的头脑进行思考，并决定什么东西能在我们自己的土壤里成长起来。一个国家和民族，不能轻视自己的传统，但也决不能囿于传统、沉湎于传统。我们要前进，要创新。我们不可能在经济和政治上实现现代化，而在文化和道德上恢复旧的传统。正确的态度应该是：立足现实，继承传统，面对未来。

传统文化转化为文化传统不仅有社会制度的问题，还有一个文化土壤问题。外国优秀思想要在中国的土地上成长，就要通过吸收消化使它与本土文化相融合，否则难以生根发芽结果。不与中华民族文化嫁接，外国优秀文化永远是译本。中国历史上好东西的继承，也有接受的土壤问题，这就是传统与当代的问题。要使中国历史上的思想文化在当代成长，同样要适应当代现实的需要，必须有对传统的创造性转换。毛泽东有不少按照现实需要对孔子思想进行批判继承的案例。在“文化大革命”中，毛泽东是批孔的，他说“孔学名高实秕糠”，这种说法与他自己一贯提倡的正确对待传统文化的态度并不符合，是个特例。他曾说过“从孔夫子到孙中山都要总结，继承这笔宝贵遗产”。他对待儒学一直是抱着取其精华、去其糟粕的批判继承态度的。他在谈到儒家的父慈子孝时说，我们还是要提倡父慈子孝的，如果被父亲打得一塌糊涂，儿子怎么能孝呢？这是孔夫子的辩证法。在讲到孔子的正名思想时，他说，对“名不正则言不顺，言不顺则事不成”应该分析，从名实关系来看是观念论的，因为它突出的是名而不是实；可从实践角度看则是对的，因为做人行事不可能名不正而言顺，所以我们也要做正名工作。不仅是孔夫子，我们也在做正名工作。不同的是孔子正封建秩序之名，我们正革命秩序之名。类似这种对孔子思想继承改造的例子，在毛泽东的讲话和文章中俯拾皆是。

有人把不团结、不讲卫生说成是中国传统文化的恶果，这不客观。毫无疑问，这些缺点是存在，但不是中国人的民族性，也不是传统文化的罪过，而是旧时代造成的。中国人的不团结是旧政府的“功绩”，统治者最怕老百姓团结。一盘散沙是治理的功绩，越是一盘散沙越容易治理。不讲卫生是生活水平问题。当中国人民有一个强大的国家，有一个团结一致的政府，有较高的生活水平时，中国人同样会讲究卫生。什么样的高档奢侈品，什么样的五星级，都行。你想想，当一个食不果腹、衣不遮体的旧中国的子民，漂洋过海去谋生，要讲卫生，要有绅士派头，何其难哉！我相信，随着中国的富强、教育的发达，人民文化水平的普遍提高，看到的将是另一种模样的中国人。这是中国社会主义经济制度、政治制度、文化制度发展的当代产物。新的中国造就新的中国人。在这个过程中，中国传统文化通过化为文化传统发挥它的积极作用。

有的学者蓄意贬低中国传统文化。我看到一位美国华裔学者关于中西文化的文章。他特别反感说东方文化主要是中国文化能征服世界。这我同意，中国传统文化不可能成为医治西方制度疾病的万灵药，不可能也从不企图征服世界。但这位学者的立论是错误的，他认为中国文化是地区文化，而西方文化是普世文化，因为它源于基督教文化，其文化具有普世性，因此沿袭西方文化传统的自由、民主、人权观念同样具有普世性。在他看来，要西方人接受中国文化，就是企图把地区文化变为普世文化，这不可能；而要中国人接受西方文化，就是把普世的东西变为地区的东西，这是一种进步。这是资本主义文明殖民的老调。

当年马克思和恩格斯在《共产党宣言》中说过，资本主义在按照资本主义的面貌改变世界。现在的西方普世价值论者的本质，同样是企图按照西方的面貌来塑造世界。其实美国本身并不是自由世界。2010 年 2 月，美国发生一件因为税务问题而用飞机撞楼的事。一位名为斯塔克的人驾驶飞机撞击奥斯汀市国税局大楼，机毁人亡。在撞机前，他在网上发帖说：我平生第一次认识到，我生活在一个意识形态建立在彻头彻尾的谎言的基础上的国家，我还认识到不仅是我曾经那么天真，美国公众也是那么难以置信的愚蠢。他们沉醉于关于他们自由的废话，他们无视眼前发生的一切，继续沉迷于此。

我们当前文化建设的重要任务之一，是按照建设社会主义先进文化的需要，把传统文化中的优秀精华变为文化传统。如果传统文化仅仅是塞满图书馆、藏经楼的典籍，传统文化的精华养在深闺无人识，这不算文化传统。这不是保存传统文化而是保存图书。传统文化不变为文化传统、是传统文化的中断和失落。

多元性与先进性

文化多元性和文化先进性似乎不能两存，既然承认文化多元性，就不应该区分文化的先进与落后。提出建设社会主义先进文化，似乎就是对文化多元性的否定。这种看法是片面的。

从世界范围看，文化是多元的；从国内来看，同一国家各民族的文化也是多样的，各具特色。文化多元理论承认世界各民族的文化都有存在和发展的权利。各个民族文化从总体说，并无优劣高下之分。每个民族文化中都有维持自己民族生存和发展的精华，但也会有糟粕。文化多元理论是反对文化殖民主义和文化帝国主义的文化理论，但决不是说，任何文化都无先进与落后之分。任何文化中都既有优秀因素，又有陋风坏俗，有迷信落后形成的传统观念。例如，中国有优秀的文化传统，但谁也不会说，封建社会中形成的官场文化、重男轻女、妻妾成群，以及其他不良风俗，都应该在文化多样性的名义下予以保存。中国的文化名人辜鸿铭的文化观之所以为人诟病，就是因为他既赞扬优秀传统文化，又竭力为中国文化中极其落后的东西辩护。其实，在文化问题上相对主义和绝对主义都是片面的。

我们正在建设中国特色社会主义社会，因而必然提出先进文化建设的任务。我们说正在建设的中国特色社会主义文化，属于先进文化，并不是单纯基于意识形态需要的论断。社会主义文化不仅体现社会主义制度的本质，而且是以马克思主义科学世界观为指导的文化。在当代中国，坚持先进文化，发展中国特色的社会主义文化，加强社会主义精神文明建设，树立社会主义核心价值观，必须以马克思主义为指导。只有坚持马克思主义，尤其是马克思主义在文化建设中的指导地位，才能真正以科学态度继承中国文化的优秀传统，吸收外国文化的积极成果，才能引领国内多样的文化思潮，使其有利于而不是妨碍社会主义主流文化的发展。如果放弃或者削弱马克思主义在文化中的指导地位，西方腐朽文化就会乘虚而入，国内残存的资产阶级思想和封建思想就会沉渣泛起，大大冲击社会主义先进文化建设。我们正处在社会转型期，由于国际国内大环境和小环境的变化，各种思潮极其活跃，如果不坚持马克思主义在文化建设中的指导地位，就不可能真正有效地建设社会主义先进文化。

世界上没有一种文化会自认为是非先进的或落后的。在当今世界，站在不同的立场，对文化的先进与非先进的评价可能迥然不同。西方政治家和思想家认为他们那种以个人主义为核心，以维护资本主义制度为目标的自由、民主、人权观念是最先进的文化，而且是普世的、永恒的、终极的文化。资本主义自由、民主、人权观念在反对封建斗争中曾经是先进文化，起过引领当时社会思潮的作用。但随着世界进入社会主义革命时期，资本主义的自由、民主和人权观念，不断暴露出它的阶级局限性和虚伪性，以致在当代可以成为干涉别国内政和颠覆合法政权的幌子，从而失去它在资本主义取代封建主义时的光辉色彩。

坚持社会主义先进文化，坚持马克思主义在先进文化中的指导地位，是否会妨碍文化产业的发展？的确，在社会主义先进文化建设中，既要发展文化产业，也要发展文化事业。这两种文化实体有区别但也有共同性。文化产业既然是产业，它就有个经济效益问题。这是一切产业的共同本质。文化产业的发展要依赖先进的科学技术的承载。西方发达国家之所以能在世界上宣传它们的价值观念，在很大程度上受惠于它们的先进科学技术。这样，它们在取得最大经济效益的同时，又在意识形态领域占有某种强势地位。

西方文化产业，不单纯是牟利的文化企业，更是意识形态的阵地。对我们来说，无论是文化产业还是文化事业，虽然它们在产权和管理方面存在区别，但它们仍然都是社会主义制度下的两种文化单位，因此文化企业的经营者和文化事业的领导者，都应该以不同方式树立以马克思主义为指导的思想观念。在文化产业中，我们在谋求经济效益的同时，必须充分意识到产品的内在文化价值。即使在国际上，同样应该使我们的文化产品承载中国文化特有的价值观念，不能像西方政治家嘲讽的那样，中国只能出口电视机而不能出口电视剧。如果社会主义的文化产业不管社会效益，只管经济效益，媚俗、低俗，那就会成为资本主义的价值观念的“宣传员”，甚至有损国格、人格以迎合西方的需要，这肯定背离以马克思主义为指导的文化建设方针。这种文化产业不能称为文化产业，更不能称为社会主义文化产业。

强调文化产业也要以马克思主义为指导，是就指导经营方针和经营者的理念说的，而不是说文化产品都是硬邦邦的意识形态的话语。要使我们的文化产业的产品既有先进科技的承载，又具有中华民族文化包括中国特色社会主义核心价值观的内涵，使文化产品具有吸引力，就需要有文化创造力，不断革新文化创意。这是衡量文化产业经营者马克思主义理论水平和先进文化水平的尺度。

建设中国特色社会主义先进文化，马克思主义理论工作和哲学工作者应该发挥自己的特殊作用。全部人类文化史表明，在特定历史时期居于先进地位的文化都有相应的比较进步的哲学作为支撑。在中国特色社会主义先进文化建设中，马克思主义哲学工作者如何以辩证唯物主义和历史唯物主义为指导，就中国先进文化建设中的重大理论和实践问题，包括如何建立文化自觉、自信和自强的问题，进行理论探讨，提出积极的建设性的意见，是全体马克思主义理论工作者的历史使命。

文化交流中的安全防范

有位哲学家说，一个民族的文化是和尚的“百衲衣”，不是清一色的，而是布满各种颜色的补丁；也有哲学家说，文化是“杂种”，是“混血儿”，没有一个民族的文化能自吹为纯而又纯的纯种文化。这两种比喻都有道理。百衲衣，说明一个民族的文化是多样的；杂种、混血儿，说明文化是融合的。文化交流有特殊价值。如果说经济交流可以互利，政治交流有利于互信，那文化交流形成的某种文化认同则会成为人民之间的一种情感纽带。

在经济全球化条件下，文化交流频繁，这也是科学技术交流和保存的一种方式。马克思和恩格斯高瞻远瞩，早在一个半世纪以前在《德意志意识形态》中，就看到了交往对人类文明的价值。他们说，在某一个地方创造出来的生产力，特别是发明，在往后的发展中是否会失传，取决于交往的扩展情况，当交往只限于毗邻地区的时候，一种发明在每一个地区都必须重新开始，只有交往具有世界性质并以大工业为基础的时候，只有在一切民族都卷入竞争的时候，已创造出来的生产力才有保障。

在古代世界，无论是东方还是西方，都有文明被湮没，都有许多发明失传。中国历史上就有许多发明失传。因为没有交往，特别是世界性交往，一种新的发明和技术就没有在别的民族生根和保存的可能。随着近代资本主义兴起和世界性交往的频繁，发明创造和技术传播的可能性大大增加。尤其是当代，随着经济全球化和互联网的普及，技术交流非常迅速，任何新的发现、发明和创造，一旦产生立即会被传播、改进和再创造。闭关锁国的危害，与交往尤其是世界性交往对人类发展的意义，可以互证。中国三十多年来改革开放政策的正确性及其成就，也可证明。

文明发展规律总是较低文明被较高文明同化，即使前者在政治上是统治者。这是文明与政治的不同之处。政治上是有力者统治无力者，而文明上则是较高文明同化较低文明。蒙古族和满族入主中原后的中国历史就是如此，尤其是清朝皇室汉化程度之高是惊人的。马克思说过："相继征服过印度的阿拉伯人、土耳其人、鞑靼人和莫卧儿人，不久便被当地居民同化了。野蛮的征服者总是被那些他们所征服的民族的较高的文明所征服，这是一条规律。"不列颠人是第一批发展程度高于印度的征服者，因此印度的文明影响不了他们。这也是西方资本主义产生以后，殖民国家与被殖民国家文化交流的情况。

在汉唐时代，中国文化对周边影响巨大，尤其是对日本，日本大量遣唐僧就是证明。资本主义产生以后，尤其包括日本明治维新以后，西方和日本对中国文化影响很大。中国社会科学很多术语受日本翻译影响，有许多译名直接来自日本，有许多社会科学书直接译自日文。这告诉我们，在全球化的文化交流中，中国文化要走出中国、走向世界，必须发展自己的民族文化，建立中国特色的文化，在文化交流中要有自己的话语权，不能单纯引进西方的东西，例如，把西方马克思主义或后现代主义在中国组装一下重新输入西方，这不可能使中国文化走向世界。也不可能单纯依靠中国传统文化，单纯依靠翻译传统经典进行交流。尽管这两种方式都有其必要性，特别是中国传统经典的翻译和介绍更为重要，但仅如此还不可能真正获取世界性的话语权。

文化安全与文化交流不是对立的。以为强调文化安全就会妨碍甚至拒斥文化交流，而要文化交流就不能强调文化安全，在当代经济全球化和西方强势霸权的政治格局下，这是一种似是而非的二元对立的思考方式，容易忽视文化交流掩盖下的文化入侵。文化交流是人类自古以来就存在的交往现象，中国与西方、与周边各国，至少从汉唐就开始有文化交流。我们古代曾有过两条丝绸之路，一条是陆上的，从长安，经河西走廊，出玉门走葱岭这条路；一条是海上的丝绸之路，从广州、泉州、扬州，穿过马六甲的海上丝绸之路。经过两条路，既有贸易，又有文化交流，当时并不存在文化安全问题。汉代，佛教传入，这种传入是文化交流，无论传入或接受，都没有政治目的。

随着资本主义的兴起，西方资本主义国家在向外输出商品和资本的同时，也输出西方文化，包括西方的自然科学、社会科学和西方的资本主义观念。这种文化输出包括殖民文化，但总的说来具有进步作用，因为它是较先进的资本主义生产方式和资本主义文化观念向仍然处于封建的东方社会的国家的流入，客观上对封建文化是一种外来冲击。例如，自明清以后，通过西方耶稣教士的传教，中国人向西方学到了一些先进观念和科学知识。尤其是五四时期，科学与民主观念对中国社会和知识界起了很大的启蒙作用。当时也不存在文化安全问题，虽存在国家被殖民化或被瓜分的危险，但这不是文化入侵，而是资本主义经济和政治的殖民主义。文化入侵是经济和政治的殖民的必然结果，并不是文化入侵导致殖民化，而是经济上和政治上的被殖民打开了文化殖民的方便之门。

文化安全问题，是在全球化背景下出现的新问题。文化交流是世界文化多样性的必然要求，国家间经济往来的加强，也会带来文化上的交往。这是一种有益双方的交往，是文化上的相互吸收、相互学习，它表现文化包容性，是民族文化发展的一种方式。中国人并不拒绝西方文化。对别国的文化采取开放的心态，乐于吸收借鉴，是文化自信的表现，也是促进本民族文化发展的正确态度。文化交流不涉及文化主权，不涉及文化侵略、文化霸权，而是文化上的友好往来。文化安全是另一种性质的问题，它不是拒绝文化交流，但是防范处于经济和技术强势地位的某些西方发达国家把文化作为一种软实力，对别的国家进行文化入侵，以自己的核心价值和文化特性消解别国的核心价值和文化特性，影响他国人民特别是青年一代的文化认同，实现自己的政治目的。

美国领导人在演讲中就坦言，当今世界是英美主导的全球化世界，声言西方是全球活动的催化剂，要由自己的思想力量领导。西方的确一直在利用人权外交，把价值观外交作为手段，输出它们的核心价值观念，迫使其他国家就范。他们拥有先进的科学技术，利用互联网以及他们掌握的各种高科技传媒手段，因而很容易做到这一点。这就产生了文化安全问题。世界上一些地区和国家发生的所谓“颜色革命”，不能不说与此有关。这种价值观输出和人权外交，与其说是文化交流，不如说是意识形态的入侵。因为它并没有先进的文化内涵，没有科学知识含量或思想智慧，也不是怀着文化交流的目的，而是以西方资本主义核心价值观念为手段的文化入侵。对社会主义国家来说，这是全球化背景下要面对的新的文化挑战，如果西方资本主义的核心价值观念成为社会主义国家的主流文化、如果在意识形态领域中失去自己的主导权，失去了话语权，就铺设了一条通向颜色革命的思潮之路。

文化安全问题不是针对文化交流说的，而是针对文化霸权说的，是针对意识形态入侵说的。文化交流与文化安全是两回事。文化需要交流，安全需要防范。文化安全不是消极防御，而是强化文化自觉、自信，积极创造中国特色社会主义先进文化，大力构建社会主义核心价值观念，这既是文化的安全屏障，也是我们创新文化、进行文化交流的丰富资源。

坐下来对话

近年来“中、西、马”对话成为中国哲学界的热点，它反映了社会变化和哲学视野的变化，因为并不是在任何条件下“中、西、马”都可能对话。

中国哲学自传入西方，就对西方哲学发生影响，朱谦之先生有专著《中国哲学对欧洲的影响》。至于马克思主义哲学对西方哲学的影响也是存在的，可是，中国哲学与马克思主义哲学对西方哲学有影响，但不存在对话。因为西方主流哲学对马克思主义采取拒斥态度，也不承认中国哲学是哲学，只承认传统的欧洲哲学才是哲学，从黑格尔到德里达都是如此。拒斥马克思主义，否认或轻视中国哲学，何来对话？在西方，西方哲学和马克思主义的结合是存在的，如西方的弗洛伊德马克思主义、人本主义的马克思主义、结构主义的马克思主义等，这不属于马克思主义哲学与西方哲学的对话范围，而是用西方哲学思想重构马克思主义。这不是对话，而是嫁接，是把一种哲学嫁接到另一种哲学，产生不伦不类的东西。

中国共产党是以马克思主义为思想指导的党，社会主义中国是以马克思主义作为意识形态的社会。但中国共产党并不排斥中国传统文化和西方优秀文化。毛泽东在延安与英国记者斯坦因谈话时说过，我们坚信马克思主义的正确性，可是我们信奉马克思主义是正确的思想方法，这并不意味着我们忽视中国文化遗产和非马克思主义的外国思想的价值。中国传统文化是中华民族的文化，是中国人的文化之根，否定自己的传统文化，斩断自己的文化血脉，岂不如同自残?!

在革命胜利以后的一段时间里，由于“左”的思想和政策的影响，实际上对中国传统哲学和西方哲学采取的是单纯批判甚至否定的态度，不存在对话的可能性。对话问题的出现是改革开放以后，特别是近些年来才成为一个哲学热点问题，而且对话的条件和气氛越来越好。《中国共产党十七届六中全会关于文化重要问题的决定》中，对如何对待中国传统文化、如何对待西方文化都有过明确论述，中国共产党的文化政策是提倡和鼓励“中、西、马”哲学对话的。

中国哲学工作者的视野变得越来越具客观性和包容性。哲学容易搞关门主义和宗派主义。中西马哲学对话，要像费孝通先生讲文化问题一样，既各美其美，又要美人之美。各美其美不是溢美，而是真正知道研究对象的精华所在；美人之美，则是对对方的长处和贡献有一种同情的理解。米德在《心灵、自我与社会》中说，一个时期的哲学总是解释这一时期最可靠的知识尝试。承认各种哲学中都包括若干可供思考和应该认真思考的东西，才有对话的可能性。如果说像俗语说的，自己是一枝花，别人是豆腐渣，那就是聋子对话，只说不听。

对话有两种不同的态度：一种是“中、西、马”哲学专业研究者之间的对话，这是不同专业学者之间的对话。这种对话是一种学术交流，也是一种文化交流。对话者以科学的态度对待自己研究的对象，也会以客观的态度对待对方。另一种所谓“中、西、马”对话是不同哲学体系的信仰者、代言人、维护者之间的对话。搞哪种哲学就是哪种哲学的代言人，研究儒家似乎就是孔子的代言人、就是儒家的代言人，搞海德格尔哲学就是海德格尔的代言人，搞胡塞尔哲学的是胡塞尔的代言人，而研究马克思主义者就以马克思主义的代表者自居，这不是哲学家之间的对话，而是不同哲学“粉丝”之间的对话。这种态度不可能是真正有成效的、有意义的对话。这不是对话，而是对抗；不是讨论，而是辩论；不是交流，而是塞流。我赞成第一种态度，反对第二种态度。一个哲学工作者要以理性态度对待哲学，而不能以宗教教派的态度对待哲学。哲学不是宗教。哲学可以有学派，但不应该有宗派。哲学是爱智之学，对话是探讨智慧，智慧性的探讨。

“中、西、马”对话是可能的、必要的，也是困难的。哲学是多样的，各有其基本观点和论证方式，有不同的范畴和术语。并不存在唯一的哲学榜样。哲学具有民族性，而各民族的哲学又是以各种哲学体系方式存在。从这个角度说，黑格尔说哲学就是哲学史有一定道理。但又不能只有差异性，否则，哲学就不能成为一个学科，而且不同的哲学也不可能对话，因为它们根本不是同一类，如同把鸡蛋和苹果放在一个篮子里比较。其实，不管如何多样，“中、西、马”哲学都是哲学，都是哲学大家族中的一员。如果绝对不同，就不可能归于哲学一类。所以黑格尔一方面说哲学是哲学史；另一方面又说，哲学不管如何不同，它们的差别总不如白色和甜味差别大，它们有共同点，这个共同点，就是都是哲学。不同的哲学有共同点，最大的共同点就是，哲学是关于宇宙、社会、人生的根本原则。尽管“中、西、马”各有研究重点，但都从各种角度切入宇宙、社会、人生的普遍性的根本问题，所以哲学既有不同类型，又都是哲学。

哲学体系的多样性决定哲学对话的必要性，因为只有多样性的东西才可以互补。而不同哲学的共性，则决定哲学有对话的可能性，只有共性的东西才可以相通。有不同，才需要对话；有同，才可能对话。从这个角度说，“中、西、马”哲学对话的必要与可能，是由哲学自身普遍性与特殊性相统一的特性决定的。

对话是困难的。要使对话成为高水平的对话，就更不能简单寻找不同哲学中某些相同的说法，更重要的是看到各自的亮点和特殊智慧。困难来自哲学的特殊性，因为哲学有不同类型。哲学家由于类型不同，因此对同一问题同一概念有不同理解，我们可以以两个最关键的哲学概念“天”与“人”为例说明这一点。

“天”在各种类型哲学中都是极其重要的概念，但内涵不同。中国哲学中的“天”主要是天人合一之“天”。这种“天”是有意志、有灵性的“天”，它是道德之根，天道是人道的依据。“天”是人间祸福寿夭，是王朝盛衰兴亡的决定者，是最高的主宰。历代皇帝诏书开头都是“奉天承运、皇帝诏曰”。老百姓有冤枉都是呼天唤地，骂人做坏事就是丧尽天良，没有天理良心。这样就能理解为什么中国哲学家如此强调“知天命”，才能懂为什么最高的道德境界是“天人合一”。如果离开中国哲学，把“天”放在西方哲学或马克思主义哲学理论框架内就无法理解，可在中国哲学中没有“天”的概念，就没有中国哲学。把中国哲学的“天”一律换为西方的自然之天，就失去了中国哲学的本意。

在西方哲学中，“天”是自然之天，所以人从自然界分离出来，成为与自然相对立的主体，这才有主客二分。西方爱智哲学的最高目的不是止于至善，不是道德修养，而是寻找隐藏在自然背后的宇宙奥秘。他们认为自然喜欢隐藏自己，因此西方哲学之天与宇宙、自然是等同的。

马克思主义哲学中的世界概念，既不是中国哲学的“天”，也不是西方哲学的纯粹自然，而是现实世界。马克思主义哲学的世界概念是自在自然和人化自然的统一，是在自然、社会和人的统一中把握的现实世界。它否定意志之天，也批评只从自在自然角度考察自然的旧唯物主义，强调在人与自然、与社会的相互关系中把握整体性的现实世界。所以在马克思主义理论框架中承认中国哲学原有的“天人合一”论是困难的，只承认“主客二分”也是困难的。马克思主义哲学承认主客二分，但否定主客体绝对对立，它强调它们在实践基础上的统一，即承认被重新解读的天人合一；它否认意志之天，但强调物质世界有自己的客观规律。可见，作为哲学范畴，天、自然、世界在三种类型哲学中各起着不同的理论支架作用，它们包含不同的智慧，需要沟通。

“人”也是哲学中最重要的范畴。在中国哲学中，天、地、人并称为“三才”，不同哲学理论框架对人的理解是不同的。在中国哲学中，天地之中人最为贵，为什么？因为其他动物植物仅是生命，人不仅有生命，而且有情、有义、有道德。中国哲学中的人，是道德的人，人是道德存在物。在西方哲学中，人是自然存在物，人具有和动物一样的自我保存的特性，自我保存的人的自然本性决定人是自私的人。亚当·斯密《国富论》中的经济人假设，既是市场经济中人的行为模式，又是西方哲学中自然人观点在经济学中延伸的必然结论。而在马克思主义哲学框架内，人则是社会的人。中国哲学把人视为道德的人，因此它认为人性善；西方哲学认为人是自然人，人的本性是自私的，因为它要生存、要自保；马克思主义则认为人的本质在其现实性上是社会关系的总和，没有永恒不变的人性，人性的变化存在于历史的变化之中。中国哲学认为人是道德的人，人心向善，人皆可以为尧舜，满街都是圣人；西方宗教哲学则认为人是自然的人，生下来是罪人，因此人应该不断地赎罪；马克思主义则认为人是社会的人、实践的人，人在改变世界中不断改变自己、塑造自己。不同的哲学理论框架对同一问题有不同的观点，这是对话中的困难。类似的问题还多得很，如何求同存异，如何从其他哲学观点中发现可以吸收、借鉴的合理因素，是对话中需要解决的难点。

马克思主义哲学家可以用马克思主义的观点、方法研究中国哲学或西方哲学，但不能以马克思主义哲学的本质和观点来衡量其他哲学。我们必须明确，任何民族的哲学的存在和发展都有其必要性和合理性，正如事物的存在一样，没有任何存在价值的东西会消失，会被自然和历史淘汰。从这一点说，黑格尔说的“凡是现实的都是合理的”有一定道理。一个民族的哲学和哲学体系能存在和发展，肯定包含某些真理性因素，包含可继承的因素，否则一个民族的哲学就不成为民族的精神支撑。

我们不能以马克思主义作为衡量其他哲学的标准，只能将它作为研究方法。我们不能以是否认识世界和改造世界来衡量儒家哲学，不能以无产阶级的政治标准来衡量孔子，忘记孔子是封建时代的思想家。应该用马克思主义观点分析，把作为制度化、政治化的孔子和儒家，与作为伟大思想家、教育家、中国传统文化的伟大创造者的孔子做适当区分。前者是历代统治者政治化和工具化的孔子和儒家，历代统治者的尊孔尊的是这种孔子；后者是伟大思想家、教育家，是作为中国传统文化的伟大创造者的孔子，我们应该批判地继承其文化遗产。这样我们才能理解，历代统治者喜欢孔子学说或儒学中的什么东西，他们不喜欢犯上作乱，喜欢君子与小人之分、君君臣臣、父父子子之类有利于维持现成社会秩序的纲常名教；这样我们才能理解，为什么历代革命造反都反对儒家、反对孔子，而新王朝都重新尊孔；这样我们才能理解五四新文化运动的历史价值。蒙古人在草原上不尊孔，可是建立元朝以后在中原照样尊孔，满族在关外不尊孔，可建立清王朝以后照样尊孔。如果我们只着眼这一点，必然对儒家尤其是孔子采取全盘否定态度。只有区分儒家学说中的精华与糟粕，区分不同儒家、区分孔子学说的不同方面，我们才能既不抽象地提倡尊孔读经，也不会倒向否定中国传统文化、否定孔子、否定儒学文化传统的文化虚无主义。

我们不能离开中国哲学的语境讨论中国哲学，也不能用各种关于宇宙起源和人类起源的学说来衡量中国哲学的“天人合一”，衡量“吾心即宇宙，宇宙即吾心”、“心外无物、心外无理”之类的中国哲学命题。按照物质本体论和实证科学的标准，我们无法认同“天地与我并生，万物与我同一”的思想，无法认同“天人合一”的思想，更无法认同“吾心即宇宙，宇宙即吾心”，“心外无物、心外无理”，“万物皆备于我”的哲学命题。可是当我们把它看成是一种人生境界，就可以看到它的人生伦理价值。超出人生道德论范围，把它作为一个具有实证性的科学命题或本体论或知识论命题就会陷入理论困境。如果心外无物、心外无理，万物皆备于我，世界还有什么可研究的呢？没有。只有向里用力，一切求之于心。在我看来，作为道德伦理境界的天人合一是一种理想化的道德境界。没有人能说清楚，道德修养到何种水平才算天人境界，才算达到天人合一的境界，但它以知天意、知天命，符合天的要求作为人的道德修养标准，作为一种自我约束的力量，在一定条件下还是有道德规范作用的。我们也不能以认识世界和改造世界为标准来衡量西方哲学。伊格尔顿在《马克思为什么是对的》中说，历史上从来没有出现过建立在笛卡儿思想之上的政府，用柏拉图思想武装起来的游击队，或者以黑格尔的理论为指导的工会组织。

各种哲学有各种哲学的功能。无产阶级要革命，只能以马克思主义为指导。如果我们以马克思主义为标准，必然对西方哲学采取一笔抹杀的非历史主义态度。我们只能在思辨哲学的理论框架内判断西方哲学的命题。我们都知道黑格尔的绝对观念是荒诞不经的，但这并不妨碍他在对绝对观念发展的论述中包含有真理性因素。马克思肯定黑格尔关于绝对观念的异化中包含否定性辩证法的思想；恩格斯肯定黑格尔在头脚倒置的绝对观念中包含的辩证法的三条规律，在以绝对观念为核心的历史观中包含历史不是杂乱无章而是相互联系有规律的过程的思想；列宁甚至把黑格尔的思想称为历史唯物主义的萌芽。

对马克思主义哲学来说，对话是从哲学交流中吸取中西哲学的积极因素。马克思主义当然应该坚持马克思哲学的基本观点，不能把马克思主义哲学变为中国式的人生伦理型的哲学，所谓儒学马克思主义或马克思主义儒学化，都是错误的说法。马克思主义哲学也不能变成西方思辨型哲学、脱离现实、龟缩在纯哲学领域。

马克思主义哲学任何时候都应该是认识世界和改造世界的世界观和方法论。马克思主义哲学工作者应该重视对中国哲学和西方哲学的学习和吸收。马克思和恩格斯在创立马克思主义哲学的过程中，尚且从全部人类文化、从德国古典哲学以及他们的传统文化中吸取合理因素，为什么中国的马克思主义哲学工作者拒绝自己民族的传统文化、拒绝西方哲学的成就呢？没有人类文明，没有德国古典哲学，就没有马克思主义哲学的产生，同样，中国的马克思主义哲学工作者要创造性地丰富和发展马克思主义哲学，也应该走以马克思主义为指导、以中国传统哲学为根、以西方哲学家思想为资源的发展道路。更重要的是，“中、西、马”对话可以发挥推进马克思主义中国化、时代化和大众化的作用。

马克思主义与中国哲学结合是马克思主义中国化的主要内容。与西方哲学家对话，了解西方哲学的进展和问题，有助于马克思主义哲学家具有国际视野和问题意识。而且，中国哲学与西方哲学中许多生动的哲学著作，能改变中国的马克思主义哲学工作者的文风。我以为中国的马克思主义哲学工作者应该学学中外著名哲学家那样生动的文风，丰富我们的哲学语言。“中、西、马”对话对促进具有中国特色、中国风格、中国气魄的当代中国马克思主义哲学的构建会起到积极作用。

中国传统哲学仍然是中国传统哲学。马克思主义与儒学的对话不是改变儒学的本质，既不是马克思主义儒学化，也不是儒学马克思主义化。同样，西方哲学仍然是西方哲学，对话并不能改变各自哲学的性质。但中国传统哲学的研究要提高研究水平，就应该接受马克思主义作为研究指导。

中国哲学有历史吗？可能这是个怪问题。其实一点不怪。中国当然有哲学、有哲学史。中国有哲学家、哲学著作和哲学思想，而任何哲学家、哲学著作和哲学思想都是中国历史的组成部分。中国有历史，为什么作为中国历史和文化组成部分的哲学没有历史呢？但中国哲学思想是与各种思想融合在一起的，这是客观的历史事实。要把这些与客观历史不可分的哲学家、哲学思想、哲学著作从历史中发掘出来，析离出来，从文史哲合一的中国思想中过滤出来，书写中国特色的哲学史，很不容易。不能是按照历史顺序摆人头、摆著作，这不是中国哲学史而是中国哲学大辞典。中国哲学史要从理论上弄清楚中国哲学发展的规律，为什么这个时代会出现这样的哲学思想，它从哪里来，往哪里去？中国历史上有多种哲学体系，它们之间是如何相互作用、融合的？要发现中国哲学发展的规律，必须借助历史唯物主义的基本观点和方法，否则，我们就只有不为人知、不被理解的被湮没在客观历史的事实，而没有书写的中国哲学发展史。要使中国哲学的客观事实变为真正具有学术价值的历史著作，就不能以儒解儒，或以道解道，而应该学习马克思主义哲学。我们的前人，包括冯友兰先生、张岱年先生、任继愈先生，以及众多学者编著的中国哲学史，都力求这样做。现在要重写中国哲学史，只能继续沿着以马克思主义为指导的编写方向，才能比较真实地揭示中国哲学史的历史真相。

西方哲学研究也是如此。罗素说，哲学乃是社会生活与政治生活的一个组成部分，它并不是卓越的个人所做的孤立的思考，而是曾经有各种体系盛行过的各种社会性格的产物与成因，这时实际上罗素已经注意到，要使西方哲学的客观事实变为真正意义上的西方哲学史，必须有理论分析，而且是社会历史的分析，不能就哲学谈哲学。

“中、西、马”仍然是“中、西、马”，但不同专业都能从对话中受益。马克思主义哲学可以从中外哲学中得到思想资源，而中外哲学也可以从马克思主义哲学中得到分析自己的问题的基本理论和方法。何乐而不为？

我们要加强哲学对话，不能只限于哲学对话。如果只停留在哲学领域中的对话，只会成为哲学思想家们的对话，是范畴与范畴对话、概念与概念对话，是纯思想的交流与碰撞。这种对话是有局限的。

哲学与经济学的对话则不同。经济学与哲学最重大的区别是经济学的范畴、概念、问题具有直接的现实性、是现实经济生活的直接抽象，而哲学则具有抽象的现实性，它是对多门学科的再抽象。经济学离经济基础最近，而哲学离经济基础最远。如果说哲学领域中的对话是思想与思想的对话，那么经济学和哲学的对话则是思想与现实的对话。没有经济学就没有马克思主义。《〈政治经济学批判〉序言》解剖市民社会，引出了一系列结论，而且讲到没有经济学和马克思主义哲学就没有科学社会主义，这是恩格斯讲到《资本论》的时候一再讲到的问题。将马克思主义哲学和经济学分割必然有害。

当前马克思主义哲学研究的一大困境，是其脱离现实，特别是缺乏经济学的理论，总是停留在纯哲学的范围。同时，与科学社会主义理论分离，把马克思主义理解为为现实服务的工具，成为工具主义或者意识形态，好像马克思主义哲学越纯粹越具有学术性。这实际上掩盖了马克思主义本身的批判性和革命性本质。没有经济学研究，要真正搞懂马克思主义哲学，尤其是搞懂当代马克思主义哲学，几乎是不可能的。

经济学和哲学不可分割，没有哲学思维指导的经济学是不存在的。亚当·斯密写过《道德情操论》，也写过《国富论》，但是他最大的问题是将经济学和哲学分裂。《道德情操论》里面的人是有道德、有同情心的人，而他的《国富论》的人是经济人。这两种人是分裂的，分裂在于道德领域中的人的情感缺乏经济利益的基础，经济人假设论又缺乏道德同情心。他的道德情操论缺乏经济基础，而他的“经济人”理论则无视市场经济中的道德制约。这是哲学和经济分裂的恶果。

民族的衰颓与复兴

中华民族是伟大的民族，但鸦片战争以后逐步陷入困境。实现中华民族的伟大复兴，是近代以来中国人民梦寐以求的理想。

一百多年来，无数先烈力挽狂澜，前仆后继。“浊酒难销忧国泪，救时应仗出群才。拼将十万头颅血，须把乾坤力挽回。”秋瑾高呼的“力挽乾坤”就是复兴民族精神。中国共产党领导的新民主主义革命取得胜利，奠定了中华民族复兴的政治基础。六十多年的社会主义革命和建设，特别是三十多年的改革开放，开辟了民族复兴的新道路，多少代中国人的梦想正在逐步实现。

民族精神是民族生存和发展的精神支柱。民族精神、民族性和国民性在我看来是有区别的。民族精神是一个民族的文化中最优秀东西的长期积累，它凝结着一个民族的生命力、创造力和凝聚力。而民族性是一个中性词，它是在一定的地理环境、种族特性和文化濡染中所形成的民族心理特征的总和，它不同于民族精神，不只是由民族的杰出人物和民族精英所代表，而是绝大多数民族成员所具有的普遍特性。它也不像民族精神那样崇高、神圣、具有激励性。一个民族的民族性中有好的东西，也有不好的东西。而国民性又不能等同于民族性，民族性与种族相关，它属于一个民族，而国民性则是属于一个国家，它包括多个民族。

国民性，往往决定于一定时期的具体的社会制度，它具有极其明显的时代和社会特性。例如，当我们国家处于半封建半殖民地时，由于帝国主义的殖民文化和国势孱弱，某些人奴性十足、麻木不仁，或有其他种种恶习。这不是中华民族的民族性，更不是民族劣根性，而是压迫和奴役制度造成的国民思想道德的萎缩。五四时期许多先进知识分子特别是鲁迅对国民性的批判，实际上是对旧制度的抨击。

民族精神并不是民族的每一个成员必然具有，它往往体现在一些优秀人物身上，如杀身成仁，舍生取义，以及为国家而英勇献身的爱国主义精神，并不是每一个人都能做到，在国家危难时，照样有汉奸、卖国贼、民族败类。一个民族的民族精神需要培育，需要弘扬，而文化的重要作用就是培育民族精神，使它成为我们民族大多数成员的自觉精神。只有这样，才能改善民族性，提高国民性。

民族精神是一个民族文化的积淀，文化是一个民族成员自我认同的标志。这种认同就是文化的纽带作用。中华民族几千年来一直维持团结统一，文化的认同作用是非常重要的，即使分裂也是暂时的。移居海外的华人华侨心向祖国，热爱中华民族，也是这种文化纽带作用的表现。中华各族儿女共同创造的五千年灿烂文化，始终是维系全体中国人的精神纽带。一个民族的文化之所以具有民族纽带的功能，是因为它在共同的语言中蕴含着共同的心理、共同的价值观和思维方式，这既包括情感因素，也有心理因素和认知因素。

民族精神是民族成员中占主流的具有相对稳定性和普遍性的价值观念、情感取向和心理特性的有机统一。它是一个民族赖以生存和发展的精神支柱，是凝聚和激励民族的精神力量。纵观人类历史，没有优秀的民族精神支撑而仅靠军事力量崛起的大帝国，即使占地万里、驰骋东西，也难以持久。世界上“其兴也勃，其亡也忽”的诸多大帝国的兴亡史，就是明证。

民族精神凝结的往往是民族的文化力量。一个民族的文化模式只要在历史长河中形成，就会对这个民族成员的思维方式、行为模式、价值观念和情感取向发生强大的作用，长期的文化积淀就会升华为民族精神。民族的凝聚力，就是由于文化认同而具有的民族归属感。因此，对一个民族而言，民族文化及其凝聚的民族精神，是维系这个民族生存和发展的思想黏合剂，是不同于经济力量、军事力量或政治力量的长久起作用的精神力量。

以民族成员为载体的民族精神包含多方面的内容，但爱国主义情感是其最重要的方面。民族精神表现为一个民族的文化及其传统不同于另一个民族。没有文化的认同，就不可能有爱国主义情感。热爱自己民族的人必然认同自己民族的文化，而文化认同必然包含对以这种文化为纽带的自己祖国的热爱。一个民族文化的精髓往往凝结为民族精神。民族文化的首要作用是强化民族认同感和归属感，从而培育人民的爱国主义情感。

由于民族文化具有民族归属和身份认同的作用，因而由文化凝结的民族精神就成为民族团结的精神纽带。历史证明，一个文化认同感强的民族，往往是一个最强的抗拒外来侵略、保持团结的民族。一个民族、一个国家，如果没有自己的精神支柱，就等于没有灵魂，就会失去凝聚力和生命力。中华民族有丰富的文化遗产，有经久不衰的民族精神。我们一定要大力弘扬民族精神，激发民族自豪感，奋发图强、昂扬向上，推动民族复兴伟业。

在大力弘扬民族精神时，要注意继承两个传统。一个是民族的传统，就是中华民族在长期生存和发展实践中形成的以爱国主义为核心的团结统一、爱好和平、勤劳勇敢、自强不息的民族精神。另一个是革命的传统，就是中国共产党领导人民在革命、建设、改革中铸就的新传统。井冈山精神、长征精神、延安精神、西柏坡精神、雷锋精神、“两弹一星”精神、“98”抗洪精神、抗击“非典”精神、载人航天精神和汶川救灾精神等，都是民族精神最现实最生动的内容。

民族精神不是一种抽象的超历史的存在，而是具体的不断变化着的存在，既不能割断它由之而来的历史传统，更不能脱离它所依存的时代现实。前者可以称为民族精神的继承性，后者可以称为民族精神的时代制约性。时代制约性的本质，就是要求民族精神必须与时代精神相结合。

时代精神区别于民族精神。民族精神属于一个民族，而时代精神属于一个时代。时代精神是在理论上把握世界潮流、把握人类历史发展方向的进步观念，是一种与时俱进、把握时代脉搏的精神状态。民族精神必须与时代精神相结合，不断以时代精神来强化和提高自己的现实性和时代性。脱离时代的民族精神是没有活力的，也是没有时代基础和当代价值的。民族精神应该是永远流淌的活水，不仅要从本民族的优秀传统文化中吸收养分，而且要从自己所处的时代中吸收时代精神的精华。

严格说来，在前资本主义社会并不存在当代意义上的时代精神。那时，不同国家之间虽然也有某种程度的交往，但范围很小，历史突出地表现为国别史，还没有转变为世界史。在人类社会进入资本主义时期后，各个国家和民族之间的壁垒逐步被资本所打破，各民族的相互作用和世界性交往不断强化。尤其是在当代经济全球化浪潮席卷世界、信息网络使世界联为一体的情况下，任何一个国家都无法置身于时代潮流之外。对时代予以理论把握，形成时代精神的概念，要求对时代进行马克思主义的分析。当今时代是以和平与发展为主题的时代，当今时代的精神是以改革、创新、开放、和谐为主导的精神。

改革是时代的要求。当今世界，社会主义和资本主义两种不同社会制度并存，并且各自都在对自己的社会进行体制性调整，以便在世界竞争中获得发展。西方资本主义在第二次世界大战后的某些调整，对缓和其内部矛盾和强化对外竞争力显然起到了作用。当然，资本主义的任何调整始终都是有利于资本主义社会自身的，因而资本主义社会的矛盾不可能通过调整而得到根本解决。我国进行的改革完全符合当代的时代精神。社会主义制度不能脱离外部环境而独立存在。社会主义社会必须适应世界的变化，通过改革不断完善自身，才能真正发挥其制度的优越性。

创新是时代的要求。我们的时代是科学技术革命的时代，网络化、信息化成为推动经济社会发展的强大动力，科学技术创新成为世界潮流。创新是民族进步的灵魂，是国家兴旺发达的不竭动力，是实现民族复兴的必经之路。不仅在科学技术方面，而且在体制机制方面，在社科理论研究方面，我们都需要大力创新。创新意识，是我们时代的高速发展在理论上的凝结。

开放是时代的要求。当今时代，任何国家要发展，都不能孤立于世界之外。在维护国家主权的前提下，应采取开放政策，进行互利平等的经济、文化交往以及其他多种形式的交往。当代中国同世界的关系发生了历史性变化，中国的前途和命运日益紧密地同世界的前途和命运联系在一起。中国的发展离不开世界，世界的发展也离不开中国。

和谐是时代的要求。当今世界仍是存在矛盾和冲突的世界，但和平与发展是时代的主题，是世界人民的迫切要求。我们提出推动建设和谐世界，反对单边主义和霸权主义，倡导在国际事务中加强协商与合作，就是这种时代潮流的反映。

中华民族伟大复兴取决于民族精神，还取决于我们在新的时代条件下能否以时代精神丰富民族精神。只有民族精神与时代精神相结合，才能最大限度地激发民族复兴的精神力量。充分发挥民族精神和时代精神的凝聚力，从根本上说，也就是要建设以民族精神和时代精神为重要内容的社会主义核心价值体系。

精神需要安顿

从人类生存实践需要角度考察文化，最根本的需要可以说是精神需要，只有精神有安顿之处，人类实践才能和动物的本能活动区分开来。精神显现出人之为人的特点。有精神才有人的自我意识的能力，才有人的自主创造力，人才能创造文化和文明，使世界变得丰富多彩。但精神对人来说又是双刃剑，它既使人具有创造力，又可能使人罹患精神性疾病。我说的精神疾病不仅是个人心理或社会心理性疾病，更重要的是人类的精神危机、文化危机。因此人类精神需要文化的培养，需要文化安顿。而文化中最重要的当推哲学。有位诗人说过，哲学是乡愁，是寻找精神家园。哲学的确具有精神家园的作用，这就是哲学对于人具有安身立命的作用，它给人一个精神的安顿之处。但这种精神安顿不能只归结为人生观，归结为人生境界，而应该从更宽广的文化角度来理解。

哲学是从人类精神需要中产生的，但如果人类不摆脱蒙昧状态，就不可能产生哲学。人作为人的存在开始自己的人类史历程，逐步产生对自己生存环境理解的精神需要。原始宗教、原始神话本质上都是对精神的一种安顿方式。原始人类面对恶劣的自然环境，昊昊上天，茫茫大地，风雨雷电，洪水猛兽，疾病和瘟疫，极短的寿命，极偶然的意外死亡。人既要通过劳动维持自己的生存，又要面对自然威胁带给人类的恐惧。原始时代，人不是也不可能是自然界的主人，而是自然的十足的奴隶，在自然面前，人是如此渺小，因而对自然即对天地，满怀恐惧和敬畏之心。人对头上的昊昊苍天，对周围的山水草木，对风雨雷电都不理解，因而把它们神化、灵化，山有山神，水有水神，风雨雷电都各有神。总之，人为了自身的生存，为了减少对自然的恐惧，力求通过对自然现象的神化理解和各种祈禳仪式，求得生存，安顿心灵。

天地是如何开始的？我们这个氏族的祖先是谁？我们死后到哪里去？任何民族都有开天辟地的神，各个氏族都有图腾，有灵魂不死，有此岸世界和彼岸世界，也有战胜一切灾难的神话中的英雄人物。像中国的盘古开天辟地、女娲补天、夸父追日、大禹治水，都是自然力神化，既为了寻求解释、慰藉，用各种祈禳躲避灾难、保存生命，又使心灵和精神得到寄托，从幻想征服各种自然灾难的神话英雄中吸取精神力量。这就是适应人类生存需要的精神家园的最初形态，或者说最粗糙的形态。

随着人类智力和抽象思维能力的发展，人类面对自己存在的难题时，也不再单纯求助于具有感性形象的原始宗教和原始神话，而是进行理性思考和概念思维，从而开始进入哲学领域。哲学不同于原始宗教和原始神话，它不是通过自然力的神化来求得安宁，而是将精神安顿转变为对世界的认识和理解，在认识世界、理解世界中求得精神的安顿。柏拉图说，哲学起源于惊讶、诧异，他在《泰阿德篇》中说，惊讶，这尤其是哲学家的一种情绪，除此之外，哲学没有别的开端。可是，柏拉图没有说人类为什么惊讶，惊讶什么。

原始人的惊讶与哲学的惊讶不同。原始时代求助于原始神话和原始宗教，而哲学进行理性思考和逻辑论证，求助于理性来认识世界、解释世界。原始人的惊讶变为万物有灵论，而哲学家把惊讶问题变为哲学问题。例如，茫茫宇宙和天地起源，在哲学思维中转变为本体论问题，即宇宙生成和世界的本质问题；人有没有灵魂，人做梦是不是灵魂出窍，人死后有没有另一个世界，转变为哲学中的思维与存在的关系问题，转变为形与神的问题。人为什么有的穷、有的富，有的寿长、有的寿短，命运各不相同？是不是前生注定的，是不是命中注定的？逐步转变为社会问题，转变为社会历史观的问题。当人类为自己面临的生存困境求得精神的安顿，进行理性的、概念式的思考时，必然需要哲学，而不是原始宗教或神话。哲学对人类面对的世界的解释，不仅具有理解性的认识价值，同时具有精神和心灵安顿的作用。理解能使人由恐惧归于平静，一个无法理解的世界是最令人恐惧的世界。

在当代，人对许多过去不理解的自然灾难、对天灾人祸有了科学理解，可人的物质生活条件的改善、科学技术的发展，并没有使人普遍感到幸福，反倒使人感到苦恼，感到空虚，感到失落。社会生活越好，科学技术越发展，物质财富越增加，物质和精神的不平衡和矛盾反而加剧。历史很奇怪，穷的时候，各种心理疾病反而不多；社会越富裕，精神问题反而越来越突出。这就是哲学在当代越来越成为寻找精神安顿、寻找精神家园的社会大背景，因此有的哲学家把哲学干脆称为“心灵的慰藉”。

寻找什么样的精神家园，寻找什么样的安身立命之处，这就涉及需要何种哲学的问题。比如，原始宗教具有精神作用，现代宗教同样具有安身立命的作用。人们总以为随着科学进步，许多过去令人恐惧和不能理解的自然现象不再成为难题，宗教也会随之消失。可是相反，社会越发展，科学越进步，宗教信仰反而更加扩展，不少人甚至是科学家，可以一方面相信科学，一方面以宗教作为安身立命的精神食粮。宗教信仰具有巨大的精神作用和力量。

基督教提倡原罪，人生下来就有罪，人要永远赎罪，只有信仰上帝，永远忏悔，把灵魂交给上帝，心灵才能安宁。佛教要人相信佛祖，相信四大皆空，一切都看破，脱离红尘，才能脱离苦海，才能没有凡心，才能心安。我不反对宗教信仰，宗教信仰自由，个人可以信仰宗教。我也不否认宗教具有劝人为善、培养仁爱和慈悲心的道德教化作用，可这种作用是双刃剑。社会主义中国，不能以任何一种宗教作为整个国家和民族的精神家园和灵魂安顿之处。

当代人类仍然感到惶惶不安，感到精神无依无靠，不少人仍然求助于宗教，甚至求助于占卜，求助于风水先生、算命先生。号称文明人尚且如此，人类蒙昧时会如何看待自己？如何看待他们面对的世界？哲学已经代替原始宗教和原始神话成为认识世界和理解世界的高级形式，但仍然无法完全取代宗教，甚至消灭最粗陋的占卜和算命。人类任何时候都需要精神安顿，不是迷信就是科学，不是宗教就是哲学，但往往是同时并存。

最为奇怪的是，在当今科学昌明、马克思主义成为指导思想的社会主义中国，有些中国共产党的官员仍然迷信，屡屡陷入“风水门”的旋涡，改县政府大门的、改道路的、改地名的，认为只有这样才吉利，才可以官运亨通。这种迷信，既是出于无知，也是出于心虚，因为贪污腐败，害怕东窗事发，只有求神灵保佑。这也是一种精神安顿法，不过是最愚蠢最落后的精神安顿法。自欺欺人，其结果没有不倒台的。

自古以来，皇帝的陵墓要选择风水最好的地方，可照样有末代皇帝；富人选择坟地选择风水最好的地方，照样出败家子，富不过三代。有什么风水宝地呢？如果从自然环境的角度看，选择一个适宜建屋、适宜安葬的地方，并不错误，但如果说它能影响人的命运甚至子孙后代，能保佑人做坏事不受惩罚，则纯属迷信。这只是一种心理安慰和暗示，与家族的实际命运没有任何关系。

从原始宗教、原始神话到占卜算命再到现今寺庙的香火旺盛，都说明精神需要安顿之处，需要有精神家园。需要什么样的精神家园，这是我们面临的一个重要问题。

精神家园需要构建

当生态环境没有恶化到不适宜人类生存时，人们记起了人应该有环境优美的自然家园，使人既可以持续生存和发展，又能赏心悦目、心旷神怡、生活愉悦；当人们普遍感到人与人之间的冷漠，感到到处是欺诈、道德沦落和价值观念颠倒时，也会想到人的物质生存之外还有精神家园。人如果没有可以安身立命的精神家园，成为无家可归的精神流浪汉，就会产生非道德反社会的行为，或者表现出内心的焦虑、抑郁，表现出各种各样的不安和痛苦，甚至产生精神疾病。要知道，精神性疾病是生理病，也是一种文化疾病。精神家园对人类的生存和发展至关重要，其作用决不亚于自然生态家园。

人需要精神家园。黑格尔 1816 年 2 月 18 日在海德堡大学的开讲辞中，曾经号召学者们关注精神，回到较高的内心生活和较纯洁的精神活动。在他看来，时代的艰苦使人们对于日常生活中的平凡琐屑予以太大的重视，人们为了现实和较高的利益而斗争，忘记了精神领域。用黑格尔的话说，是世界精神太忙碌于现实，所以它不能转向内心、回复到自身。当代也有相似之处。虽然不是由于生活艰苦，但普遍的物质主义导致的不合理的消费主义和拜金主义，同样使人们只关注生活世界的琐事、关注个人的物质利益而使心灵空虚。

如何构建适宜人类居住的精神家园，同样是我们时代面临的问题。黑格尔是唯心主义者，他倡导的关注精神就是转向内心，回复到世界精神自身。我们不同。对我们来说，并不存在什么独立的世界精神，也不存在至善至美的内心精神世界。精神家园，无论是民族的还是个人的，都需要建设。创造以社会主义核心价值观为主导的社会主义先进文化，并使它现实化，既是构建中华民族的精神家园，也是为个人提供精神家园。

精神家园与文化不可分。文化是精神家园的底蕴、内涵和泉源。文化建设说到底就是精神家园的建设，但文化与精神家园又不能简单等同。传统文化是社会历史的一部分，当代文化是社会结构的一部分，而精神家园是文化精华的现实存在形态或实践形态。文化只有真正发挥它对人的实际教化作用，才能成为一个社会的精神家园，成为生活于这个社会的个人的精神安顿之所。图书馆的藏书再丰富，出版的书籍再多，如果不能通过各种渠道和方式内化为人们的信仰、道德和价值观念，不融入人的内心精神世界，也只能是一些文化典籍或出版物，不能成为现实社会的精神家园。

有丰富而久远的传统文化的民族，未必是有美好精神家园的民族。精神家园与精神家乡或精神故乡不同。希腊被黑格尔尊称为精神故乡是可以理解的，因为他认为世界精神是从这里开始运转的，是全部西方文化之源，德国的文化也是以古希腊为源头的。而精神家园是精神的存在方式，它既关乎现实的社会，也关乎现实的个人。

一个民族，不管它的先辈留下多么丰富的文化遗产或典籍，其祖先也不会永远是后世儿孙的精神护卫者。现实社会出现文化危机，统治集团道德堕落，群众精神迷茫，社会没有信仰，价值观念颠倒是精神家园荒芜的表现，是社会危机的心理表征。一个民族正生机勃勃、兴旺发达时，精神领域同样充满积极向上的精神。可是当一个民族处于没落期，民族精神受到种种摧残，发生精神危机，精神家园则会遭到破坏，显现出民族“精神不振”。一个社会现实的社会风气，人际关系的诚信程度，道德和信仰状况，个人的人生追求，就是衡量这个社会精神家园状态的晴雨表。

中国共产党领导的革命，不仅是经济革命和政治革命，也是思想革命。与半封建半殖民地的旧中国相比，新中国的人的精神从来没有这样振奋和高昂。但是我们也必须看到，中国社会正处在急剧的转型期，过去支撑中国人的信仰和道德失效了，新的道德和价值观念正处在构建中。精神家园问题，正是从当前对信仰、道德、价值重建，从对社会主义核心价值的构建的迫切要求中产生的。对中国特色社会主义建设来说，这是一个关系到改革开放方向的极其重要的问题。

要真正构建精神家园，必须把文化，包括传统文化和当代文化打造成具有时代意义和可行的信仰、理想和价值观念，变为现实社会中人们能从中得到坚定信仰和高尚道德情操滋养的精神之库，并通过各种渠道，包括家庭、学校，以及舆论传媒，输送到全体社会成员，尤其是青年人的心中。如果人们生活于其中的社会是一个讲道德、有诚信、可信赖、人人相互关爱的温暖的社会，这就是最好的精神家园。

我们国家花大量的金钱和人力编纂《儒藏》、《道藏》，编著各种古代经典，这当然是文化建设的一个重要方面。但如果仅仅有少数学者研究，或者摆在图书馆里束之高阁，与普通百姓毫无关系，这就不是精神家园。精神故乡可以是历史的、传统的，而一个时代的精神家园永远是现实的、当代的。在一定意义上可以说，构建精神家园好比建造一个水质符合标准的大水库，它是用来养鱼的，社会成员就像是水中的鱼。水质好，鱼也好。当然，这只是比喻。中华民族要实现伟大复兴，不仅要进行经济建设、政治建设、社会建设、生态建设，也要进行文化建设。社会主义先进文化建设就是构建现实的、有利于社会成员精神世界的精神家园。社会主义条件下的个人应该有个性，有个人精神自由发展的空间，但个人的精神追求应该与构建社会主义精神家园互相促进。社会主义精神家园是中华民族的共有家园，又是每个个人的精神家园，它为个人的精神发展提供了最宽敞的空间和平台。个人精神世界的多样化，会使社会主义精神家园丰富多彩，会成为百花齐放的社会主义精神家园中最美丽的花。

我们不赞赏精神平庸，但也不抽象地提倡特立独行的叛逆精神。在当代中国，个人精神世界的个性化，不应该成为拒斥社会主义主流价值的理由。当然，一个人的人生态度和价值追求，与居于支配地位的某种错误的价值观念相抗拒，可以是一种反世俗的具有进步性的叛逆精神。但如果与社会主义社会发展走向相悖，就不可避免地自我放逐，成为与社会主流价值格格不入的边缘化人物。的确，《庄子》对儒家仁义道德的抨击和放浪形骸、不拘礼法的生活态度，对功名利禄的超越精神，对生死的通达，都表现了一种独特的精神世界。魏晋时的名士们追慕老庄，薄名教而任自然，弃官纵酒，以清谈为乐，为自己构建了一个不同于主流价值的精神世界。他们具有其时代的特点和意义，脱离他们的生活时代就会误解他们特立独行的社会意义。

构建以社会主义精神家园，中国传统文化具有重要的作用。但传统文化并不是现实的精神家园，它可以说是中国人的精神故园或精神故乡。现实的中国人当然不能转回去生活在两千多年前的精神世界中。社会主义应该构建具有时代性、与社会主义社会本质相一致的精神家园。但是，社会主义不可能在文化空地上构建精神家园，它必须借助自己民族的传统文化，特别是哲学。

中国哲学，例如老庄哲学，具有精神安顿作用。现在读庄、释老、注儒的著作非常抢手，这表明了人们对中国传统文化的爱好。这是好事。我也经常翻翻《庄子》和《道德经》，理解虽然不深，但很喜欢。老子说处下、处柔，只有不争，才莫能与之争，确实具有智慧。有人说《道德经》是兵书或治国宝鉴，是治大国如烹小鲜的大智慧，政治家军事家都受益无穷。我们是普通人，就我们这类人而言，它既是处世哲学又是一种精神安顿法。它虽然不免有阿 Q 之嫌，但对过分追求物欲的人，仍不失为一种清心剂。

我个人在人生困境时，就反复读《庄子》，寻求精神支撑。我从个人经验中体会到，读古书取决于目的与心境。如果理解不深、不得要道，往往容易产生某种消极作用。我们是当代人，我们有自己作为当代人的生活方式和社会责任。如果人人都采取老庄那样的生活方式，社会就不可能进步。因此老庄哲学智慧作为个人修养作为个人对待名利的态度，有启示作用，但不能人人学老庄，否则，无为官之士、无可用之兵、无敢死之民，社会就无法正常运转。

孔子和儒家学说当然是重要的思想资源，但也不是现成的社会主义精神家园，因为时代不同。儒家主张忠君爱国，修齐治平，这是入世的、积极的，是大志向。“富贵不能淫，贫贱不能移，威武不能屈”的大丈夫精神，永远是我们需要的。张载说的“为天地立心，为生民立命，为往圣继绝学，为万世开太平”，也是这种胸怀。儒家学说中既有大志向、大胸怀，也有个人的道德修养和自律。这些都可供吸取，但当代中国人特别是青年不可能成为儒家期待的那种忠臣孝子、有儒者风范的谦谦君子。当代社会主义精神家园建设，不能是传统文化的回归和儒家理想人格模式的塑造，而应该根据社会需要对传统文化，包括儒家学说，加以重建，构建自己时代的精神家园。

社会主义精神家园的建设，最根本的是以马克思主义为指导，构建以社会主义核心价值为主导的社会主义先进文化。对我们来说，社会主义的精神家园的建设，不是为失落的精神和信仰找到安顿之处，而是发扬社会主义精神的积极的教化作用，培养一代新人。有人认为马克思主义作为认识世界和改造世界的方法论还行，但它决不能成为建设精神家园的指导，因为它是意识形态，缺乏精神魅力，不能成为个人精神的安顿。这种说法有一半是对的，但总体上是错误的。

马克思主义确实不是个人的安身立命之学，不是把个人修养当作最高价值的学说，它不会追求“天人合一”的道德境界，也不会提倡处下、柔弱。但马克思主义关于人类解放的思想，关于社会主义的理想是真正的大思想、大境界、大胸怀，这应该是全民族甚至全人类最高的理想追求。

马克思主义并不忽视个人修养和道德自律。马克思主义者不是非道德论者。马克思主义反对的是唯道德主义，而不是道德的价值。马克思主义重视革命者的道德的纯洁性、信仰的坚定性、价值的人民性。一个没道德、没有信仰、没有爱憎分明的价值观的所谓革命者，迟早会动摇、叛变，或因革命胜利、个人功成名就而腐化变质。在我看来，马克思主义既适合于治国，也适合于个人的道德修养。如果一个人真正全心全意为人民服务，毫不利己，专门利人，他当然是一个纯粹的人、道德高尚的人，这种人，既有利于国家、社会，也是全社会的道德表率。

软实力并不软

文化是软实力，学者和公众都无异议。可文化作为软实力，它的硬度，不仅取决于文化价值本身，而且取决于它背后的硬实力。别的不说，以中国传统文化为例，在旧中国，虽然西方也有少数学者翻译过中国传统文化的经典，而且一些著名思想家说过一些赞美之词，可中国传统文化对西方的影响还是微乎其微。一个孱弱贫穷的旧中国，单靠文化令世界尊敬是不可能的。而今，孔子学院遍布世界，孔子声名大振，中国传统文化受到西方学者的青睐，从根本上说，是中国的发展成就在文化上的反映。中国商品走向世界，中国影响走向世界，作为中国传统文化标志的孔子当然也要走向世界。其他几个文明古国的文化名人没有这种待遇，原因无他，国家还没有强大到令世人瞩目而已。

当然，文化软实力的硬度最终还在于文化自身。中国文化对当今世界的影响，固然要依靠中国硬实力的增强，更要靠中国文化自身的博大精深、源远流长。中国文化理当走向世界。我们应该建设文化大国、文化强国，提升软实力，增强中国文化尤其是当代中国文化在国际社会的影响力。

当今世界，文化被称为软实力，这极其明显地表明，无论对一个国家自身的发展还是国际交往，文化都越来越显示出它的重要作用。可是，文化作为一种软实力，它究竟是推动社会进步和促进国际间正常文化交流和友好往来的“软实力”，还是维护统治者的利益和国际霸权的软实力，却是大有可疑的。

“软实力”这个概念，是美国哈佛大学肯尼迪政府学院教授约瑟夫·奈提出来的，他说，自己在二十年前就意识到，美国虽然保持硬的军事实力和经济实力，但正在失去软实力。因为，国际关系理论受到“唯物主义”的偏见，窄化了权力概念，忽视非物质要素对行为主体产生的影响。因此他在纪念“9·11”十周年时着意重提软实力问题。他赞扬奥巴马在“9·11”事件后，将硬实力和软实力结合起来的整体战略。在与伊斯兰极端恐怖主义的斗争中，需要用硬实力对付那些恐怖分子，比如奥萨马·本·拉登，但是我们不能指望仅仅依靠硬实力去打赢这场战争，除非我们赢得了主流穆斯林的心。如果硬实力运用不当，导致新生的恐怖分子比我们杀掉的还要多，我们就输了。在全球化信息时代，“9·11”事件表明，美国拥有更高级的核能力，但要应对非对称的恐怖主义出其不意的袭击，软实力发挥了比以往任何时代都大的作用，而且它是战略实力的一大部分。可见，在当今世界，软实力既为美国反对恐怖主义服务，也为美国推行自己的人权外交和全球战略服务。

在“9·11”之后，美国也有不少人问：为什么有些人如此痛恨美国？他们当然不知道美国作为超级大国的霸权主义行径在世界人民中引起的反感，反而把问题放在软实力上，也就是让世界接受美国人的价值观，认同美国人的价值观。即使美国的软实力与硬实力结合，或者像他们说的软实力仍然是服务于美国的霸权主义政策，也未见得能够真正达到对美国“亲和”的目的。

文化软实力作为综合国力的组成部分，它的性质和作用，取决于文化的根本属性和内涵。软实力只能说明文化的作用，而文化的社会属性和内涵才能说明这种软实力的先进性。在作为中国软实力的文化中，我们应该重视传统文化，特别是在世界文化交流中，传统文化的作用是无可替代的。但我们同样应该重视社会主义先进文化的建设，应该向世界介绍六十多年来我们在各个文化领域中取得的成就，介绍中国现当代的文学、艺术、哲学等。与此同时，我们要以社会和谐、政治清明、和平发展的大国形象出现在世界人民面前。中国形象，就是一种软实力。当代中国在经济、政治、文化和社会建设中的新成就，都能成为软实力。中国应该向世界介绍中国。世界关注中国，关注中国发展，同样也会关心中国当代状况和进展。

或许有人会说，社会主义文化作为软实力不行，社会主义先进文化难以走出国门，因为它是意识形态而非文化。这是一种错误观念。社会主义先进文化当然是一种体现社会主义本质和以马克思主义为指导的当代中国文化。在国内，它有利于树立社会主义核心价值观，提高中华民族的人文素质，塑造高尚人格，在国际上，它反对文化冲突论，倡导文化友好交往和文化相互借鉴，有利于和谐国际关系的建立和世界多样性文化的共同发展。要让世界看到，改革开放以来的中国和平发展的理念、成就及中国人的价值观中凝结的先进文化的内涵，让世界看到中国文化产品中承载的中国价值，看到完全不同于霸权主义的另一种倡导和谐、倡导包容、倡导共赢的文化软实力。

在理解软实力时，应该懂得文化与软实力不可区分，但也要懂得文化与核心价值的界限，不能把两者完全等同。文化的传播，往往是文化的相互交流、融合、提高，给双方的文化发展都带来好处。核心价值则不完全相同。西方社会的核心价值的传播，更多的是一种文化的入侵。

西方强国，在当代主要不是依靠它们的优秀文化来实现文化交流，不是介绍亚里士多德、柏拉图、莎士比亚、康德、黑格尔的思想成就，而是以它们的核心价值作为软实力，实现它们的政治意图。因此，我们在对待西方文化时，应该区分它的核心价值和优秀文化。我们应该吸取西方文化中的优秀成果，防止西方核心价值以普世名义入侵。

文化创造性应该是社会主义文化建设中的一个重大问题。苏联解体证明，不管俄罗斯文化尤其是19世纪的俄国文学在历史上如何优秀，社会主义如果不在继承传统文化基础上创立先进文化，同样不会有文化话语权，同样会在激烈的世界文化竞争中被打败。我们当然应该重视中国传统文化，它是我们的民族文化之根，向世界介绍中国传统文化是应该的，但传统文化表明的是我们民族辉煌的历史，并不是具有时代特征的当代中国的先进文化。在当代全球文化交流和竞争中，如果社会主义中国没有自己的先进文化，没有自己的核心价值观念，只是单纯依靠传统文化，是不可能真正取得话语权的。建设文化强国，必须以马克思主义为指导，以社会主义核心价值为中心，以中国传统文化为根，以西方优秀文化为思想资源，建立具有时代特征、民族特征和社会主义特色的文化话语体系。

要形成当代中国文化的软实力，还必须有承载中国政治文化的话语和话语体系。在当代世界，西方文化霸权往往表现为话语霸权。由此看来，构建中国特色社会主义理论的话语和话语体系，是我们面临的一项重要任务。

社会问题分析的文化视角

一个民族的文化包含哲学、道德、宗教、风俗、习惯等，但是，文化不是它们的简单总和，而是它们相互结合成的整体，文化的力量远远大于它们简单相加的力量。它能对任何一种思想形态的产生和特点提供合理的解释，而任何一种单独的思想形式都无法解释一个民族特定时代的文化。

文化是一种背景，是一种土壤，是母亲，也是形成人的性格、解释人的行为的重要依据。文化分析应该成为社会和历史分析的重要视角。我们要理解原始哲学，就必须理解原始文化。原始哲学中万物有灵观、灵魂不死观念、物我不分的哲学观念，是在原始文化背景下产生的。这些观念是当时文化总体水平不发达的产物。在这种原始文化背景下，原始哲学、原始宗教、原始道德观念、不发达的艺术思维都处于大体相同的水平。

我们只有理解一个时代的文化背景，才能理解一个时代的哲学、流行风尚、流行观念。一个人的世界观、人生观、价值观，都与他所处的时代的文化背景息息相关，这就是为什么我们在不同时代能看到不同的哲学家的原因。甚至连精神疾病都与文化相关，现在有一门新兴精神病学名为文化精神病学，一些个体，由于其民族文化观念容易产生某种精神疾病，会产生相应的迷信观念和疾病观念，包括缩阳症、焦虑、集体自杀和群发的癔症等。

鲁迅《药》中的人血馒头可以治病的愚昧观念，就是一种文化观念。寡妇沉塘，这种灭绝人性的做法，会得到宗族的赞同，这是文化观念对人性的扭曲。“文化大革命”中，一些中小学生红卫兵活活把人打死，毫不手软，集体殴打欢呼，同样是“文化大革命”中所谓的“革命”文化观念对人性的扭曲。

人的行为究竟由什么决定？现在非常流行基因决定论。基因决定论是有利于种族主义的理论。动物可以通过选择、培育良种的方式来进行种的改良，人不能这样。虽然人也是生物学的个体，人的生物性特征有遗传作用，但人作为社会的人，他的行为和思想是后天的。我们强调先进文化的作用，反对暴力文化、色情文化、迷信文化，就是因为不同的文化会造就不同的人，影响人特别是青年人的思想和行为。

《参考消息》2001 年 8 月 6 日转载过一篇外国人的文章：《世界暴力现象大爆炸是谁的责任?》据说 1990—1994 年世界暴力犯罪增长了 50%以上，工业发达国家增长了 15%，拉美国家增长了 80%，阿拉伯国家增长了 112%。这是什么原因？基因论的观点认为男女生理结构不同，男性分泌的睾丸素是女人的 10～20 倍，说什么体内睾丸素多少与统治欲、自信度与自我评价程度有联系。在实验中，谁具有高水平的睾丸素谁就可以占上风。如果把两个男人放在一起，睾丸素水平高的居统治地位，所以睾丸素是暴力、犯罪的因素。这个问题在俄罗斯也引发过争论，俄罗斯《根据与事实》周报 2003 年 11 月 3 日发表一篇文章《先天杀人犯》，说安德烈和阿列克塞是孪生兄弟，他们的父母离婚，母亲因犯罪被关进监狱。这对孪生兄弟 18 年后因犯罪被关进同一监狱，由此引发犯罪是否有遗传基因的讨论。多数学者都否定犯罪基因说，强调社会环境、家庭环境的作用。一些学者承认个人的心理特征对于后天行为的影响，但又认为这些心理素质是与一定的环境相联系的。完全主张基因决定人的行为的观点的学者并不多。

我们应该高度重视文化对人、人的品质、性格的教化作用。文化不单纯是一个名词——各种社会文化形式及其传统，同时也是个动词——化人。荀子在他的著名文章《乐论》中通过对音乐作用的论述，实际上是对文化功能的论述，明确提出文化的化人作用。他说，“夫声乐之入人也深，其化人也速，故先王谨为之文”。为什么音乐具有化人的作用呢？按照荀子的说法，“夫乐者，乐也，人情之所必不免也。故人不能无乐”。人有情感需要表达，就要有发于声、形于情的音乐。“乐在宗庙之中，群臣上下同听之，则莫不和敬；闺门之内，父子兄弟同听之，则莫不和亲；乡里族长之中，长少同听之，则莫不和顺。”音乐的功能，实际上也是文化的功能。文化之所以能起到这种作用，是因为文化尽管属于精神生产，但它可以通过语言文字以及其他的物质载体，使其由个人意识变为社会意识，由主观精神变为客观精神，从而形成一种社会文化环境。

我们每一个人一出生就无可选择地生活于某种文化体系处于主导地位的社会文化环境之中，它将对我们每个人的一生产生巨大的影响。所谓人的社会化过程，就是接受文化的培育和熏陶的过程。即使没有受过正规教育，社会风气和家庭环境，也往往使人为这种社会文化中的世俗观念所同化。晏子说过一段话：“橘生淮南则为橘，淮北则为枳。叶徒相似，其实味不同。所以然者何？水土异也。”晏子这段话虽是用来回答楚王对齐国人的攻击的，可是说了一个重要道理。不同的植物有不同的自然生态环境，人也一样有自己的文化生态环境。人的不同，往往是由于生长的文化环境不同。文化环境有大环境有小环境。荀子说的“越人安越，楚人安楚”，是大环境。孔子说的“里仁为美”、“择仁而居”，孟母三迁，就是小环境。

在鲁迅的《随感录二十五》中，我们可以深刻感受到鲁迅对中国孩子成长的忧虑。鲁迅佩服严复对 19 世纪末中国人敏锐的感觉，因为他根据北京街头看到的情况为中国的孩子担忧。其实最为中国孩子未来担忧的还是鲁迅自己。旧中国的文化凋敝，教育不发达，穷人的孩子蓬头垢面地在街上转，阔人的孩子妖里妖气、娇声娇气地在家里转。转得大了，都昏天黑地地在社会上转，同他们的父亲一样，或者还不如。鲁迅认为，看十来岁的孩子，便可以预料二十年后中国的情形；看二十多岁的青年，——他们大抵有孩子，尊为爹爹了，——便可以推测他儿子孙子，——晓得五十年后七十年后中国的情形。鲁迅讲的社会环境，最核心的就是文化环境。

人是文化存在物，不仅人的行为形成受文化制约，人的行为的评价也会受文化观念的影响，不同文化观念下的人的行为评价也不同。同性恋，过去认为是一种精神病，现在在西方某些国家被认为是个人的性取向问题，属于人权范围，完全自由。同性的婚姻在一些国家合法化。一些怪诞的行为，特别是裸体的行为可以被视为艺术。在中国，同性恋只能在地下，同性婚姻不为法律所认可，街头裸体艺术既违背道德，也违背法律。脱离文化背景，就无法理解何以有完全不同的评价。

不要寻找人性的“别针”

究竟人性是善，是恶，是无善无恶，还是可善可恶，这是一个中外古今争论不休的问题。至今人文社会学科中的一些学者，对社会问题的解释方法，还是以人性假设为前提。似乎没有人性假设，一切社会问题和社会现象都无从解释。从三聚氰胺到毒馒头，到各种各样伤天害理、罔顾人命的事，都用人性恶、天生逐利本性来解释。可为什么同样是商家，做同样的买卖，并非从来如此，也并非人人如此？这里既有中国经济关系的变化，又有个人道德的缺失。用人性假设是无法解释的。

用人性解释社会问题并非当代哲学家的独创，古已有之，甚至可以说历来如此。亚里士多德在他的《政治学》中说，大家听到现世种种罪恶，比如欺诈和伪证的财物诉讼，以及谄媚富豪等被指斥为导源于私有制。实际上，所有这些罪恶都是源于人类的罪恶本性，即使实行公有制度也无法为之补救。还说，在财产问题上，我们也得考虑到人类的快乐和品德这些方面。某一事物被认为是你自己的事物，这在思想感情上有巨大作用，人都爱自己，而自爱出自天性，并不是偶然的冲动，人们珍爱自己的所有物并感到快意，实际上是自爱的延伸。霍布斯用“人性是自私的”解释人与人是狼的资本主义社会的丛林法则。亚当·斯密用人性的逐利本性解释市场经济中的看不见的手。

人性与对人性的假设是不同的。肯定人有人性，是肯定一种客观事实。人当然有人性，正如物有物性、兽有兽性一样。人性的假设是一种用普遍的永恒不变的人的本性解释一切社会现象的哲学观点。我们肯定人有人性，但不赞同用人性假设作为解释一切社会问题和人类丑恶社会现象的哲学观点。

人就其自然本性来说，与其他动物有相似的东西，人同样有生存和繁殖的本能。孟子说，“口之于味，在同嗜焉；耳之于声，有同听焉；目之于色，有同美焉”。所谓“食色，性也”，讲的就是人的自然本性。自然本性不能否认，应该重视，人可以以道德改善和提高自己的自然本性，但不能否定人的自然本性。例如生存与繁殖，即食与色，以及生老病死都是人作为人的自然本性，人可以注重养生，延年益寿，但人决不能完全不生病，更不可能不死亡。完全不生病、不死亡，是违背人作为生物存在的自然本性的。从这点说，庄子对待自己老婆那种看似不近情理的态度，鼓盆而歌，的确是智者的态度。我们安慰死者家属时最常用的是“节哀顺变”，节哀，是承认死亡的确会给家人带来痛苦，但要节制，因为死是不可避免的，要顺变。顺变者，变是规律。这其实是中国古老的生死智慧。至于饮食男女、七情六欲，人之大欲存焉，更是不能灭绝的。

人性中最重要的还是人的社会本性，我们通常所说的人性往往指的是人的社会属性，这是最为人所赞美的人性。确实，人在社会交往中、在人际关系中、在社会生存需要中，不断形成和积淀人与人之间的情感性因素，包括同情、爱、耻辱感、良心、包容心和宽容等。这是社会正常运转和交往所需要的人性因素。它可以随着社会的变化而变化其内容，人只有作为社会存在物，才会赞美这些历史积累的有利于人类交往、社会风气以及人际关系和谐的优美人性。

人并非是天生具有优美的人性。按中国哲学的说法，“天命之谓性”。人性是天生的，故人性谓之天性，人的良心称为天良。人的自然本性当然是天生的、与生俱来的。这里说的“天”不是指有意志的“天”，而是人作为人的自然本性，是一切人共有的。可人的社会性则不同，它不是天生的而是人自我创造的，是人对人的自然本性的人化。人是有意志、有自我意识的创造性的动物。实践是人的生存方式。人在改造自然的同时也在改造人类自身，使人类天生的自然本性不断社会化、人化。因此，人的社会特性的内涵是人的自然人化，是历史积淀，是教育和文化教养的结果。

人的社会本性与自然本性不同。如果自然本性是“同”，而社会本性则存在"异"。因为人的自然本性是生物学的，而社会性本性则是历史的社会的。人在人的自然本性人化中，形成许许多多优良品质，但也会形成坏的品质。事实上在任何社会中，作恶多端、丧尽天良毫无怜悯之心的冷血式的人，并不罕见，至于具有虚伪、狭隘、嫉妒之心的人更为常见。这不是本来善良的人性的异化，而是由社会成员各自的阶级利益和社会关系的地位铸就，是在不良的生长环境和教养中形成的人的坏的品质。特里·伊格尔顿在《马克思为什么是对的》中说："高尚的美德是植根于体制之中的，而非将正义的希望寄托于五花八门的人性之中。"还说："我自己的自我实现能帮助他人过得更好，都是因为这个合作性的、利益共享的人人平等的、共同治理的机构本质。这是体制的结构而不是个人的美德。"

人类的坏品质和行为往往不被视为"人性"，而是视为对人性的践踏。这对于提升人的尊严和价值是对的。但是不要忘记，人类的坏品质和行为实际只能属于人，而不属于其他动物。同那些优美的人性一样，这些都是特定条件下形成的人的社会特性，而非自然本性。不能抽象地认为人性等于善良、等于高尚、等于知荣知耻。凡是坏的品质和行为就是人的本性的异化。这种看法很容易陷入人性本善的抽象人性理论。

善与恶，并非人的本性，而是对人的行为和品质的一种道德评价。善恶属于道德规范，它为我们确立了一个评价人的行为和做人的标准。古代哲学家们具有人性不变的观点是可以理解的。从历史观来说，他们不可能持有历史唯物主义的分析方法；从历史自身来说，他们站在人类历史的早期，没有经历人性变化的长时段的历史进程。当我们从历史较长时段由后朝前追溯，我们从历史中看到不同的人性，看到几千年历史中人性的变迁，看到不同时期人们满足自己自然需求的不同方式。从历史的起点无法看到后来人性的变化，从后往前追溯能较清晰地看到历史的变迁同时是人性的变迁。没有历史观无法解释人性，没有历史发展的观点就看不到人性的发展。人性只有放在历史之河中才能显现它的流动变化的本质。

我们应该培养和赞美美好人性，批评对美好人性的践踏。人的自然本性则是人的本能，无好坏之分。但人的自然本能实现方式就不完全属于自然本能，而是进入道德评价的范围，有善恶之分。区分标准不是生物本能的需要，而是满足人的自然本能的社会方式。亚里士多德说过，"欲望有两种，一种是一切人所共有的，另一种则是特殊的附加的”。所谓“特殊的附加的”，就是自然本性实现的方式违背了做人的道德准则甚至道德底线。魏徵在回答唐太宗时也讲过这个道理。他说，“嗜欲喜怒之情，贤愚皆同。贤者节之，不使过度；愚者纵之，多至失所”。食前方丈、妻妾百人，这不是人的自然本性，而是统治者满足自己自然本性的社会方式，这种放纵之欲并不是人的天生的本性，而是由他们的社会地位和条件决定的。

法国哲学家阿兰在《幸福散论》中，提出一种人性的“别针”的说法，很有意思。他说，当遇到小孩哭闹，说什么也不肯平息下来的时候，保姆往往会对这小孩的性格，比如他喜欢什么，不喜欢什么，做诸般猜测，她会追溯遗传因素，认为孩子身上已经体现父亲的性格，直到保姆发现这一切真正的原因是一枚别针刺痛了他，这些心理学家的探索才算告终。阿兰告诫人们，千万别说人性本恶，千万别说他们生性如此这般，应该寻找“别针”。所有的社会现象、社会问题，包括犯罪、道德的堕落、食品安全，肯定都有社会深层原因。我们需要寻找原因，分析原因，而不是一切推给人性。在人文社会科学中，再也没有比用人性假设来解释一切更省事的，可也再没有比用人性来解释问题更无用、更不能说明问题的。这不是科学研究而是搪塞，用人性做借口的搪塞。貌似高深，实则空泛无力。

奴隶制时代杀人祭天、人殉，在现代人看来是没有人性、违背人性，可在那个时代这是再自然不过的事，绝没有人认为是违反人性，以人性名义提出抗议。当以人性的名义提出抗议时，表明这种做法已不合时宜，成为一种落后的非人行为。孔子批评说，始作俑者，其无后乎！表明不仅人殉已过时，连以俑为殉也是不道德的，因为俑形似人，以俑为殉，是对人的不尊重。孔子所处的正是奴隶制崩溃的大变革时代，人殉制度已经过时，因而才有孔子的这种批判。只有生产力的发展和奴隶成为能创造超过自身生存需要的产品时，人殉的非人性的观念才会形成。封建社会的望门寡，即未过门丈夫死了仍然要终身守寡，没有人认为违反人性反而尊为节妇；有夫之妇或寡妇与人私好要沉塘，没有人抗议为违背人性，相反赞成者居多，连父母或亲人都认为“理应如此”。这不是人性的异化，而是社会制度的封建本性铸就的伦理观念。只要资本主义取代封建社会，一切都会随之改变。并非人性变化推动社会变化，而是社会变化推动人性变化。抛开人性的“别针”吧，关注社会问题，寻求一切社会问题的社会根源，而不是把一切好事或罪恶都推给人性，这才是一个历史唯物主义者的理论态度。伊格尔顿说得对：“如果战争、饥荒、屠杀都源自人性的堕落，那我们就根本没有理由相信我们会有更好的未来。但如果这些都在某些程度上是不公正的社会制度造成的结果，而人类最多不过是这个制度的棋子，那么我们就有理由相信，改变这个制度就能带来一个更好的世界。”

人性的深度发掘

“文学就是人学”，学者们多年前做过论述。据说俄国文学家高尔基早就这样说过。当然，人并非文学的专有领地，任何社会科学都会以不同方式涉及人的问题。普列汉诺夫就说过，社会科学的所有分支，伦理学、政治学、法学、政治经济学等所考虑的其实是同一个东西：社会人的活动。不过它们都是从各自特殊的观点来考察这个活动。不同的是，文学自始至终着重对人和人性的描述。如果没有人，没有对人和人性的书写，就没有任何感人至深、引起读者情感共鸣的故事，这就是文学。文学必须写人、写人性，已为不移之论。如何写，是起于人性、止于人性，是停留在人性范围内，还是看到人性背后更深层的社会问题？对此当然各有所说。这种争论几乎是从文学产生之初就有。“发乎情，止于礼”，这是一种文学主张，情当然是人性，而礼则为社会规范。有情有理，理存情中，并不会失去文学的本性。

“人性的深度发掘”是时下的一个响亮口号，似乎也是评价一本小说或其他文学创作的标准。面对这个口号，我总是惶惶然，感到有点高深莫测，也感到困惑重重。如果文学就是发掘人性，而且是深度发掘，那人性深度在哪里？如果认为人性的深度就在于人性自身，人类的爱恨情仇、悲欢离合，人们行为中表现的种种所谓优美人性或者种种令人发指的兽行，原因都出在人性，那人性就是人的种种行为——无论是好的还是坏的，善举还是兽行，那就用不着改造社会，只要改造人性就可以了。我看这个论点有点玄。

人性是个老问题，中国争论了几千年，西方也是一样。性恶论者发掘到人的动物本能，认为人为了自我的生存和性欲残害别人是人性；当然也可以认为不记国难家仇，不记民族大义，具有上帝和佛陀般的怜爱万物、泽及天下的大爱之心，这种爱就是人性，而且是最光辉的人性。挖掘人性中最最善良或最最丑恶的东西，都是发掘。至于发掘到何种程度算是深度发掘，取决于作者对人性的看法。

窃以为，所谓人性的深度发掘是个比较含糊、难以捉摸的口号。它既可以展示种种感人至深的美德，也可以鞭挞令人发指的行为。但无论是美德还是兽行，都不应该理解为对人性的拷问或深度发掘，因为人性中并不必然地包含这些东西。人并没有天生的"赤子之心"或先天的邪恶之心。人性深深埋藏在人心的最深处，像海底石油或煤矿一样，需要发掘，需要深度发掘。实际上，人性的深度发掘，往往是作者自己对社会问题的一种人性化探索。鲁迅在为日本三笠书房《陀思妥耶夫斯基全集》写的一篇文章中，曾说到陀氏是作为"残酷的拷问官"，"把小说中的男男女女，放在万难忍受的境遇里，来试炼他们，不但剥去了表面的洁白，拷问出藏在底下的罪恶，而且还要拷问出藏在那罪恶之下的真正的洁白来"。鲁迅认为陀氏在小说中对人物的拷问，是出于对与陀氏同样处于俄国专制重压下的人物的境地感同身受的"热到发冷的热情"。这种所谓人性的拷问，与其说是拷问人性不如说是控诉社会。

人性并不是人作为生物学个体具有的实体性本性。人的生存本能、食色之性，是人与动物共有的，不是人独有的。以为这就是人性的全部，当然会把对这种本能以及为满足这种本能使用的各种最卑鄙的手段视为深度发掘，越丑越有深度。其实，食与色，即生存与繁殖是与人俱存的本性。人性的高下优劣不是人的自然本能，而是人满足自己作为生物实体的需要的方式。男女之间的性关系是一种自然关系，是两个社会存在物（人与人）之间的本能诉求。但究竟是杂交还是群交，是对偶婚还是专偶婚，是以婚外情、包二奶作为当代婚姻的非法补充，还是以白头偕老为幸福，却是由生产方式而产生的婚姻制度和家庭伦理观念决定的。在当代，结婚并非为了生育、传宗接代，而是两性的结合，是追求"性福"的观点时有所闻；第三者插足是应该赞美的高尚爱情而不是改革开放前说的乱搞男女关系、属道德败坏或流氓行为，这样的观点也经常听到。这反映的是时代变化，而非人性的变化。评价有高尚卑劣之分、合乎人性和违反人性之分，依据的是每个社会的道德标准，而不是永恒不变的抽象人性。人性尺度不是永远同一的，而是不断变化的，这种变化表明人性的尺度并不十分可靠。

人的社会特性是文化的产物，而文化的经济基础是生产方式。人是文化创造者又是文化产物。美国学者斯皮罗说，“我相信，对人的适当研究就是对文化的研究，而由于文化是可变的，所以对人类适当研究就是对文化全部变异的研究。由于文化随空间与时间而变化，由于行为在文化上是可变的，所以人性在文化上同样是可变的论断是无可驳斥的”。用生产方式来解释文化，用文化来解释人性，比起用人性解释人性更具说服力。

先验的不变的普遍人性是不存在的，即使是自然本性也会由于实现方式不同而具有社会特性。人的社会特性更是变化的，是特定时期文化的产物。爱并非人的天性，人是从自己的社会生活中，从与同类的相处中，从父母、亲戚、朋友的充满亲情友情的爱意中学会爱的。一个缺少爱的单亲家庭往往会影响孩子爱的能力，一个从小受到社会蔑视或有不幸遭遇的人，往往心怀愤恨。虽然只有人才有爱恨情仇的能力和感情，但爱恨情仇的原因和对象是由于社会原因而非人的自然本性。其他被视为美好人性的东西，如同情、怜悯、正直、忠贞、恻隐之心、羞耻之心，总之一切优良品质，无一不是后天的，而非与生俱来的。没有天生的坏人，也没有天生的好人。人的个性有遗传因素，但性格的多样性不是人性优劣的评价标准。一个社会学家、哲学家或文学家最关注的不是人的生存和繁殖本能（医学和生物学则另当别论），而是满足本能的方式。满足方式不是与人俱来的，而是由社会决定的。任何人生下来就生活于先辈创造的既成的文化环境中，因而对人性的看法和评价是不一样的。

最近，我读到一本名为《中国人的人性》的书，是美国公理会传教士阿瑟·亨德森·史密斯写的。年代久远，初版于 1894 年。这位传教士在中国留居五十多年，先后在天津、山东、河北等地传教，对中国了解不可谓不深。全书二十七章，对中国人的缺点，如爱面子、缺乏时间观念、柔顺固执、麻木不仁、缺乏公心、因循守旧、知足常乐以及蔑视外国人之类提到不少。很难说他完全说错了，或是说我们中国人中根本没有这些缺点。但如果把这些说成是中国人的人性或民族性，或国民性，就是把由特定生产方式、社会制度和文明与教育造成的某个时期的某些中国人的缺点普遍化和固定化，这就具有种族主义或西方殖民主义之嫌。不管作者主观意图如何，他潜意识中就是把中国人视为天生的劣等民族。其实，这些是中国小农生产方式、贫困、教育不普及和腐败的政治制度造成的。

有什么样的社会和文化就会铸造什么样的人。近代中国的出路是改造社会，而不是改造中国人的人性。中国人还是中国人，在不同的社会制度和文化背景下，随着文明进步和文化教育的普及，就会表现出不同的所谓人性。当代中国人，和处于鸦片战争以后沦为半封建半殖民地的先辈不同，表现出自强、自豪和自信，像毛泽东在新中国成立以后说的，中国人再没有那种殖民制度下的奴才相。一个外国人如果现在来中国参观，不可能再写出类似《中国人的人性》的书，因为他们看到的是另一个中国，另一个时代的中国人。人是会变的，人的变化反映的是人生存于其中的社会的变化、文化背景的变化；人性是会变的，人性的变化就是人的社会特质的变化。在社会主义中国，在市场经济体制下的中国人，再不会缺乏时间观念，也不会柔顺固执、麻木不仁、因循守旧、知足常乐，也不会有蔑视“洋鬼子”的排外心理。新的社会成就一代新人，成就新的品质、新的人性。

当年一些学者，包括鲁迅先生，赞扬《中国人的人性》，是可以理解的。因为他们对当时的现实可能有不少同感。他们痛恨这些缺点，希望中国强大，希望改变中国的状况。可以断言，如果他们活到现在，面对一个强大、发展、欣欣向荣的中国，面对敢于为天下先、具有创造性的青年一代，他们会为中国人感到自豪，为中华民族感到骄傲。当代中国学者应该写出完全不同的《中国人的人性》。

再说人性的深度发掘

可能是我多虑，如果不能正确理解人性的深度，很容易成为一种错误的理论导向。在人性深度发掘的“鼓励”下，宣传抽象人性学说的东西会不胫而走。

何谓人性深度，深度在哪里？底在哪里？食与色，那不是人性深度，那是一切动物性的深度。因为所有动物都有生存和繁殖的本能，植物也有种子的传播，凡是有生命之物都如此。人性如果停于此，就不是人性，而是人的动物本能。它无所谓好和坏，无所谓深与浅，它与人的生存不可分，是人得以生存和繁殖的基本条件。

好与坏在于人如何生存，而不是生存本身。人的出生，是自然界的赐予，是父母之恩。人是精子与卵子的结合也好、化学变化也好，都说明人有自然本性的一面。每个人的出生都没有选择自由，我的出生并不是我的“自由选择”。可我为了什么活着，这才是生活的目的，是可以选择的。食色与人的生命存在本体不可分。如果说这是人欲，此欲不可灭。没有食与色，没有七情六欲，人类不可能生存，但如何满足就有正当与非正当之分。是偷，是抢，还是依靠自己的诚实劳动，这就进入了道德与法的领域。人要繁殖，这是人的自然本性，如何实现和满足这种需求，就进入爱情、婚姻、家庭伦理范围，要受家庭道德与婚姻法的规范。

人有自然本能，而人的自然本能的实现，无一不与社会相关联。挣脱社会道德制约的自然本能，就是动物本能，弗洛伊德称之为本我，我们称之为兽性。当人为了生存和情欲，不择手段，违背社会通行的道德规范，这种人当然与禽兽无异，应该称为“不是人”，是“衣冠禽兽”。说挣脱道德和法律规范的人的本能就是真实的人性，就无异于赞美人的兽性。越是兽性越真实，虽然没有人敢这样说，但这样写的人还是有的。强奸者成为恋人、革命者与反革命者变为上床的情人，并不是由于痛改前非，而是由于情欲之火的燃烧。这就是把人的动物性本能合理化，赞美这种动物本能，把践踏社会道德规范视为“人性”的胜利。

人的一切社会特性，都是社会化了的深深打上社会和文化烙印的特性，而不是赤裸裸的动物本性，虽然人具有与动物相同的生物共性——交配与生存，但人满足生存的方式和手段不同。人不仅与动物不同，即使是人，也随着社会的变化而变化。现在开放的性观念是古代封建社会不可想象的。在封建社会，当代的性观念和性行为一定被视为兽性。封建社会寡妇不能再嫁，更不准未婚青年私订终身。饿死事小、失节事大的要求，被强暴一定要跳河投井才算节烈之类的观念，一定被当代人视为没有人性，是对人性的践踏。可在古代要立牌坊，受旌表，全家甚至全族都感到脸上有光。

人性就其本质来说，不是人的天性，而是社会和文化形成的人的社会特质。当我们对这些社会特质进行评价时，人性是我们用以评价的尺度。我们把符合做人的道德标准的行为称为有人性，违背做人的标准是没有人性，或称之为兽性。离标准越远越没有人性。这种人性尺度本质上是社会道德尺度。善与恶的道德观念是变化的，因而对人的行为是否符合人性的看法，也是变化的。

人之所以是人，就是因为人的自然本性不断被社会文化改造，具有越来越文明的特点，因而越来越具有人性。越来越文明只是就总的趋势说的，这并不排除有向后倒退的可能。比如在两性观念上倡导群交、性交换之类的观念和行为，这是性道德观念上的倒退，是由文明社会条件下的两性关系倒退回原始社会杂交、群交的两性关系。有人认为这是前卫掩盖下的性道德的堕落，而有人却认为是性观念的进步。这种行为是符合人性还是违反人性，有截然不同的看法，这说明人性的尺度不是永恒不变的，也不可能是完全一样的。

自然特性和社会特性都离不开人。不可能兽之体人之性，也不可能是人之体兽之性。人的自然本性与兽性不同。兽性是某一种动物的永远的特性，它附着于动物的生理机能。除非这种动物变化，否则它的本性不变。人的自然本性与人是合一的，只要是人就有相同的自然本性。但自然本性的实现方式与人并不是合一的，而是决定于社会生产方式和文化的发展。因此人的社会性并不附着于人的肉体，而是社会给予的。由于社会条件和文化教养不同，这种社会特质在个人身上的表现不是均匀的，也不是同质的。可以说，人的自然本性是内在于人的，是人生而有之的本能；而人的社会特性是非内在的，是社会给予的，是外在于我的。

我们常说动物通人性，如狗对主人的情感依赖，我们也说有些人干坏事是兽性大发。这不是说人有兽性、兽有人性。狗通人性，是以人的视角看待狗。其实，被豢养的狗对主人产生的依赖感就是它的本性。老虎或狼就不会由于豢养而产生像狗对主人同样的依赖感。即使马戏团驯虎采取“怀柔”政策，还是虎威难测，发生的惨剧不少见。2011 年 11 月 16 日报道，南非少校收养了一头因水灾而濒临死亡的幼小河马，它稍微长大便不断攻击人群，最后把自己的恩人咬死，变为腹中食。兽有兽性，各种不同的动物有自己的本性，这是正常的。人的行为完全不遵循道德规范，我们称之为禽兽不如或兽性大作。其实，这种行为仍然是人的行为，是人的本能欲望摒弃了人作为人的道德规范的约束。由于这种行为不符合社会道德规范，我们称之为兽性。其实善恶与动物本性无关。亚里士多德说过，“我们把其罪恶超过了常人的那种人称为兽性。其实，神之没有德性正如兽之没有邪恶也没有德性一样，兽性与邪恶不是同种的”。

我们把人类的残暴行为称为兽性，表明的是人对这种行为的抨击态度，而不是它真正是“兽之性”。人性与兽性是对人的行为评价的两种标准。马克思在 1843 年 5 月给卢格的一封信中评价民主制度和专制制度的优劣时，就是把尊重人、以人的态度对待人称之为人性，而把轻视人、蔑视人、不把人当人称之为兽性。他对卢格说，“专制制度必然具有兽性，并且和人性是不相容的，兽的关系只能靠兽性来维持”。人的行为符合通行的道德规范，我们称之为人性。人的行为不受道德规范约束，而受自己的本能所支配，不择手段违背社会道德规范，追求情欲的满足，这就是兽性，因为它回归于无限制地满足人与动物共有的生存和性本能的需求。

人类的所谓兽性非动物意义上的兽性，而是人的邪恶行为。这种邪恶行为仍然属于“人”的行为，但为了与人的高尚行为和情感相区分，我们把它称为与人性相对立的兽性，表示对它的鞭挞与否定。人的行为有两面性。我们用人性来表示人的高尚的符合道德的行为，而用兽性来表示人的邪恶行为。而人的行为的坏的方面，用道德评价来说就是恶。行为好的方面或坏的方面，都不是与生俱来的，不是内在于人的人性或兽性的外在化，而是在社会中形成的人的行为。如果动物能发言，一定会对人类用兽性来形容人的邪恶行为提出抗议。它们会说，那不是我们的兽性，而是你们的“人性”。我们兽类不存在强暴、不存在用最残忍的手段谋财害命，不存在为了房产杀死自己父母姐妹的残暴行为，不会有种族大屠杀等。总之，人的种种恶行是自然界所没有的，是只有“人”才能干出来的，都是人类社会特有的丑恶现象。把最美好的东西说成你们的“人性”，把最坏的行为说成是我们的“兽性”，是人的本性的迷失和异化，这是你们人类的偏见。自然界的丛林法则是动物的法则，而人类的丛林法则则是你们人类自己制定的，与我们动物无关。

不错，恩格斯说过，人是由动物发展而来的，人身上多少会保留一些兽性。这是就人与动物具有相同的自然本能说的，而不是说人是人性与兽性的混合物。恩格斯曾经嘲笑过那种说人一半是天使一半是野兽、为放纵自己情欲辩护的庸俗唯物主义观点。人的自然本性表明人从动物发展而来，具有相同的生理机能，而这种自然机能在社会发展中不断被人化，已经与动物的本能不同。饥饿总是饥饿，人与动物一样，但人类的饮食和饮食方式与狼群解除饥饿的方式完全不一样。我一直说，没有抽象的人性。但人性在哲学上可以被抽象化，当人被剥去社会特性，被抽象到最后，只剩下食与色，只剩下人的肠胃的消化和传宗接代的生殖机能，就是一种共同的人性。可实际上饮食男女并不是抽象的存在，而总是与饮食男女实现的方式结为一体。只要考察一下各个时代、各个社会、各个民族的生存方式就可以明白，人的自然本性是社会化了的人的本能。

人性最主要的特点是它的社会性，凡是被视为美好人性的东西都有其社会根源。孟子说善恶之心、是非之心、恻隐之心、仁义之心是天赋的，是人所共有的，其实不是。善恶之心、是非之心、恻隐之心、仁义之心都是一种结果，而不是人的天性。人需要教育、需要道德教化。不同社会会形成不同的道德观，因而什么是善，什么是恶，什么应该同情，什么不应该同情，都有各自的标准。日本侵略者在南京的大屠杀，对中国人有什么同情心？其中个别不忍心的日本兵肯定是会有的，这并不代表日本兵普遍保存有善良的人性，其中个别人的“不忍之心”是由于他以前接受的教育或反战的政治宣传而形成的一种同情心。如果个别日本兵的不忍之心代表人性，那大量屠杀中国人的日本兵的行为岂不是原有善良本性的迷失？其实，日本兵的残忍是军国主义的侵略性的表现，当战争结束后，日本社会回归常态，日本人同中国人一样是普通的百姓。他们中有的品质好，有的不好，有的善良，有的奸诈。

人性本善也是无法证明的，孩子落井人们会救表明人性本善，那见死不救甚至落井下石是不是说明人性本恶？人性本恶也是无法证明的，有见利忘义、作奸犯科的人，但见义勇为、为救国救民而牺牲自己的人并不少见。社会现象复杂多样，人生百态，各色人等都有，各个民族都一样。清一色由好人善人组成的民族或纯粹由坏人恶人组成的民族，都是不存在的。同情心从来不是抽象的。中国人说同病相怜，境遇相同的人容易产生同情心，而饱汉不知饿汉饥。要房地产开发商同情穷人无钱买房，同情贫民窟的老百姓，有点天真。只有上帝是抽象人性的代表，它代表爱，可上帝是不存在的。人把爱心寄托在人类自身的创造物——上帝身上，表示人对自身和人的现实境遇的无奈。

人的行为可以有好有坏。好坏都是社会文化造成的，而不是人的本性。有些作品对人性的深度发掘，是揭示出产生人的恶行的社会原因并给予合理的社会解释，张扬人的美好的品质，鞭挞坏的品质而不是停留在人性发掘自身，这种作品是有意义的积极向上的。停留在人性本身的发掘，永远没有深度。用人性来解释人的行为，等于用人性解释人性。用善性解释善行，用兽性解释兽行，循环论证，毫无深度可言。

照我的想法，与其沉迷于人性的深度发掘，发掘所谓的深藏的善良本性或丑恶本性，不如把历史和现实中英雄人物的业绩和普通人的劳动、斗争以及日常生活中的感人事迹加以集中，加以提高，加以提炼，发挥它的教化、示范和引导作用。雷锋精神是社会主义的时代精神，是社会主义的价值观念和思想道德的凝结，而不单纯是雷锋个人的人性体现。对于人的恶劣和残暴行为的揭露，不能归罪于人的丑恶本性，而要揭露这种行为的社会根源，从而为提高和发扬优美人性发挥文学的特殊功能。

人道主义问题讨论中的学术与政治

学术与政治的关系几乎是难以解开的死结，尽管曾经多次试图在这两者之间划一道线，可是很少成功。因为这两者的关系实在复杂。谁也不会说，没有学术问题，学术问题就是政治问题；可谁也不敢说，学术与政治无关，学术中无政治。看起来，这个问题无法抽象回答。

在苏联，赫鲁晓夫全部否定斯大林后，文学界出现了解冻文学，理论界随之掀起了强大的人道主义思潮。在中国也有类似情况。在批判“文化大革命”错误后，出现了所谓“伤痕文学”，不久就出现了关于人道主义和异化问题的讨论。其实，这种相似性只是表面的。苏联是全部否定斯大林，中国是在肯定毛泽东的历史功绩的同时批评毛泽东晚年的错误。中国的伤痕文学不是解冻文学，针对的是“文化大革命”时期的“左”的做法，并不是控诉所谓社会主义的暴政和专制。人道主义和异化也是为总结“文化大革命”历史经验，作为一个理论问题提出来的。作为一个学术问题，人道主义和异化问题无疑是重要的。

人道主义和异化原是两个问题。人道主义问题早于异化问题，无论是古希腊还是中国古代思想家都曾以各种方式表达过人道主义的思想，但并没有出现异化概念。尽管在马克思之前，异化曾经在资产阶级经济家、黑格尔和费尔巴哈哲学中出现过，但从马克思主义哲学来说，人道主义和异化成为相互关联的问题，是从卢卡奇提出物化问题，特别是马克思《1844年经济学哲学手稿》出版后开始的。在马克思这部著作中，通过人的本质的异化和复归，最终实现自然主义和人道主义的统一，使人道主义和异化相联结，人道主义的实现与消灭异化成为同一个问题的两个方面。

在西方理论界，尤其是西方马克思主义中，人道主义和异化是一个争论已久的问题。1983 年也成为中国理论界争论的问题。这个讨论事出有因。“文化大革命”十年，确实有不少违背人道主义原则和无法无天的事。人们需要总结经验，防止历史悲剧的重演，人道主义和异化成为理论关注的重要问题，完全可以理解。问题是 20 世纪 70 年代末和 80 年代初，中国理论界有些人以抽象人性论对社会主义制度的责难和控诉，使人道主义和异化这个理论问题在特殊背景下成为一个敏感的政治问题，使正常的学术讨论难以展开。

在那次讨论中，我也写过一点文章，算是一个小小的参与者。现在回想起来，学术问题转变为学术批判，阻碍了理论问题的深入探论。至今，什么是人道主义，什么是异化，人道主义和异化是什么关系，这些至关重要的问题，还是没有讨论清楚，留下很多理论困惑。学术批判代替学术讨论甚为可惜。学术问题应该通过学术讨论，即使是争论，也应该充分展开。这有利于学术的发展。学术问题政治化，反而不利于分清是非，使学术分歧成为永远解不开的理论死结。

从理论上说，如何看待人道主义确实存在不同历史观的问题。不能认为主张对人道主义采取分析态度的人，就是反人道主义，就是坏人、恶人；凡是主张人道主义的人，不管是何种色彩的人道主义，基督教人道主义也罢，空想人道主义也罢，就是好人、善人。离开特殊的历史背景和内容，只是停留在“人道主义”这个用语上，就难以判断是非曲直。

就资产阶级革命时期来说，市民阶级开始兴起，人道主义成为反对封建主义和僧侣贵族的旗帜，当然具有进步性。这种人道主义是以作为“类”的人的名义，以人性的名义为武器，并不妨碍它对封建特权和等级制度的批判。列宁在《我们拒绝什么遗产?》中曾经说过，我们往往极端不正确地、狭隘地、反历史地理解资产者这个词，不区分历史时代地把它同自私地保护少数人的利益联系在一起，不应该忘记在 18 世纪启蒙者即公认的资产阶级的先驱写作的时候，他们并没有表现出任何自私的观念；相反他们完全真诚地相信共同的幸福生活，而且真诚地期望共同幸福的生活。

人道主义作为一种理想和价值追求，在人类文化史中起着十分重要的作用。在世界文学史中，不少作家的作品由于包含人道主义的思想，包含对不合理的社会现实的控诉、对人类苦难的同情和对人与人之间以人相待的憧憬而广为传诵。如俄国伟大作家列夫·托尔斯泰的《安娜·卡列尼娜》、《复活》、《战争与和平》等作品，永远是世界人民的宝贵遗产。人们不会忘记《复活》中的聂赫留道夫的忏悔和作者对妓女喀秋莎·玛斯洛娃的人道主义关怀。可是，托尔斯泰的伟大的人道主义理想与悲天悯人的宗教情怀，无法改变俄罗斯沙皇时代农奴制的现实。这位伟大作家的人道主义梦想最终破灭，他自己高龄出走，结果冻死在小小的火车站上，给世人留下的是永远的缅怀。

马克思和恩格斯并没有否定人道主义的历史进步性，更没有否定伟大的文学艺术家们的人道主义情怀。但他们从资本主义制度下资产阶级与无产阶级对立的角度出发，批判以费尔巴哈人本主义为哲学依据的德国的“真正社会主义”和克利盖以“爱”为解放手段的社会主义学说。以爱和抽象的人性为核心的人道主义，不可能像曾经为资产阶级革命服务那样，为无产阶级革命服务。无产阶级需要马克思主义，需要以阶级斗争理论为指导的革命学说。资产阶级与无产阶级两大阶级利益的对立，决定了无产阶级不可能以“我们都是人”的人道主义作为解放斗争的旗帜。我们应该把关于人的问题的哲学探讨与人道主义历史观区分开来。人在社会中的主体地位问题，人的存在、价值与意义问题是重要的哲学问题。毫无疑问，历史唯物主义应该重视人的问题的研究，但并不是凡重视人的主体性和人的问题的重要性、重视人的价值与生存问题，就必须同时接受人道主义历史观。这是两个不同的问题。人道主义历史观的本质并不是它重视人的主体性和人在社会中的地位，而是因为它以抽象的人和人的本性作为历史观的核心。人本主义历史观与唯物主义历史观是两种历史观。我们反对的是人道主义历史观，而不是不加分析地反对人道主义，更不是反对人的主体地位和对人的问题的马克思主义研究。

无产阶级当然要解放全人类，这是无产阶级革命的最终目的。但首先要解放无产阶级和劳动人民自己，才有可能为最终解放全人类铺平道路。人类解放的可能性和道路，并不是基于人道主义的价值诉求，而是基于彻底消灭私有财产制度和消灭阶级的历史现实性和必然性。只有在这种条件下，包括资产阶级在内的所有人的解放才是可能的。恩格斯明确地说，无产阶级不能自认为自己的任务是解放“人”，是既代表无产阶级又代表资产阶级的“人”的解放理论，不是代表无产阶级而是代表作为“类”的人的解放的理论。恩格斯斥责这种说法是自作多情，是“披着羊皮的狼”。这决不是说无产阶级革命可以不讲人道主义。当然不是。在无产阶级革命过程中，应该尽可能采用更人道的方法，使革命过程少点破坏，少点流血。对待俘虏的政策要符合人道。在革命胜利后，更应该有条件地宣传和实行社会主义人道主义。社会主义人道主义不同于资产阶级人道主义的主要之点就是，它不是从抽象的人、抽象的人性和类本性出发，而是基于社会主义社会阶级关系的变化，通过社会主义人道主义政策，为逐步实现人的全面发展和人类解放这个伟大目的创造条件。科学社会主义学说，包括人类解放的理论，未来的共产主义就是自由人的联合体。这种社会的建立并不是依靠排斥阶级斗争和革命的方式来实现的。它不是以人道主义为理论依据，而是以历史唯物主义为指导，从生产方式的变革和阶级关系根本变化中寻求人类解放的道路。马克思主义的历史观是唯物主义历史观，而不是人道主义历史观。

关于人道主义的讨论，决不能停留在人道主义这个用语上。这个用语没有好坏对错之分，关键在于真假。也不能在“人是出发点还是目的”之类的问题上纠缠不休。必须问，你主张的是什么样的人道主义？你说的“人是出发点”是什么意思？你说“人是目的不是工具”是什么意思？如果人只能是目的不能是工具，那自辛亥革命以来的一百多年中，千百万怀抱理想和信仰的为中国革命视死如归的先烈，他们是谁的工具？他们心甘情愿做中华民族和中国人民的工具难道不高尚吗？如果把人是目的和工具问题抽象化，不问为什么以及做谁的工具，就只能为个人主义张目和辩护。如果认为革命不仁，以人为工具，如同“天地不仁，以万物为刍狗”一样，就从根本上背离了马克思主义观点。这样，任何革命、任何正义的战争都有罪，因为它的胜利都是以人、以鲜血、以活生生的生命、以无数人的妻离子散和家破人亡为代价获得的。

“人”可以是哲学用语，可以是生活用语，可以是类概念，是总体，任何个体都是人，也可以是个体，特指张三、李四，如此等等。人、人道、人性、人道主义作为哲学问题，都属于历史观中的问题，但不同的历史观对这些问题的本质的理解和解决方式有根本不同的看法。例如，“我”与“我们”用法当然不同。我是个体，只属于每个人自己，而“我们”则是群体。可是“我们”的范围大小不同。如果认为“我们”就是每一个人，那只有把我们扩大为“类”主体，才算有人类情怀，才算大爱无边。谁要区分“我们”中有不同的“我们”就是反人道主义，这当然不符合历史和事实。一个最简单的道理是，当两军对垒时，“我们”指的是我方而决不会把敌方包括在“我们”之中。当然现实生活并不都是两军对垒，但在用语中“我们”都是特指的，是“我”用来区分“我们”与“你们”的界限。这个界限可以是国家的、民族的、种族的、阶级的、阶层的、特定集团的，小到家族、单位。这说明“我”是实体性存在，而“我们”是关系性存在。没有实体就没有我；没有关系就没有我们。“我”只有在关系中才成为我，而“我们”也不是没有“我”的我们。“我”属于由一定社会关系结合起来的“我们”，而不属于抽象的“我们”。如果不承认这一简单事实，抽象掉一切差别，只沉醉于“我们”都是“人”，用“我们”掏空所指的“我们是谁?”就不可能给人以正确的世界观。

批判和反对抽象人道主义，决不意味马克思主义是非人道主义甚至是反人道主义。把揭示资产阶级人道主义的局限、真正分析资本主义社会现实、指明人类解放道路的学说的马克思主义诬为反人道主义，而让以传播先进文明和制度为幌子、犯下反人类罪行的一伙占领人道主义的道德制高点，这是只有在颠倒的世界才能有的超级谎言。

当代西方有些哲学家在另一种意义上使用人道主义和反人道主义概念。他们认为凡认为人是主体，主张人类中心主义的都是人道主义；而反对人的主体性、反对人类中心主义，例如结构主义和后结构主义，把历史视为无主体过程，人是被决定的，属于反人道主义。反人道主义并不是主张非人道，反人道，而是对人作为主体的不同看法。正是根据这个区分标准，连海德格尔都自称为反人道主义，因为他认为人并不是存在的主体，而是一种存在的牧人，人作为存在的牧人是被召唤来看护存在的真理的。他自认为《存在和时间》是反人道主义的，因为他认为人道主义对人的本质的最高规定并没有实现人真正的尊严，而只是把人视为主体而不是视为存在的牧人。这种关于人道主义和反人道主义的形而上学的探讨，与苏联和中国曾经发生过的关于社会主义与人道主义关系的争论，是两个完全不同的问题。一种是具有现实性的理论问题，一种是纯粹形而上学的思辨哲学争论。

历史不相信眼泪，马克思主义哲学家更不能迷恋抽象的概念。阶级社会的发展并不是按照人道主义美好的期待前进的。政治有特殊的发展规律。按照恩格斯的说法，“作为资产阶级启蒙运动的第一种形式的人道主义”，随着资本主义的胜利，人道主义“向自己对立面的转变”，“最终会达到与出发点完全相反的地点”，即变成“现代的伪善”。真是太有预见性了。在当代西方，“人道主义”不是正在变为“现代伪善”吗？即使是炮舰外交，即使是发射精确制导的导弹，用最先进的飞机狂轰滥炸，仍然以人道主义为幌子。在当代高举人道主义旗帜，任何对外战争似乎都具有合法性，并处于道义的制高点上。但认为只要高举人道主义的旗帜就真有救世情怀，有上帝的爱心，那真是太天真了。2002 年 2 月 6 日阿根廷新闻社发表的特约评论员的文章，以无可辩驳的事实揭露了西方正在进行的“人道主义”轰炸。历史和现实都告诉我们要区分什么是真正的现实的人道主义，什么是虚假的人道主义，什么是假人道主义之名而行反人道主义之实。不明白这些，我们就会淹死在“人道主义”抽象概念的陷阱之中。只有提高人的是非善恶界限，才能专注于所谓发掘人性，不致在人性的深度发掘中丧失文化和道德的教化功能。

当代西方人道主义的双刃剑作用

醉翁之意不在酒。中国人已经把欧阳修《醉翁亭记》中这句话，变为意在言外、另有所求的隐语。西方国家攻击社会主义国家是没有人道的“极权制度”、“专制制度”，国内顽固坚持资产阶级自由化的“精英”们，也片面夸大社会主义理想与现实之间的矛盾，以所谓“阴暗面”为依据，攻击社会主义是不讲人道的。其实他们并不是真正关心社会主义国家的人民，而是以极权制度为借口，另有所图。欧阳公的醉翁之意不在酒，用在此处，最为贴切。

我以为，没有一个真正的马克思主义者会不问是非，笼统反对人道主义。要想真正实现人道主义原则，必须建立相应的制度。没有基本制度保证的人道主义原则，无论多么动人，终究是个梦。恩格斯说过，“正义、人道、自由等等可以一千次地提出这种或那种要求，但是，如果某种事情无法实现，那它实际上就不会发生，因此无论如何它只是一种‘虚无缥缈的幻想’”。在人类历史上，只有社会主义制度才真正具有了实行人道主义的可能性。但这种人道主义，不是西方启蒙主义那种用眼泪、用宗教情怀、用“我们都是人”或抽象人性之类来论证的人道主义，而是真正通过变革现实确立社会主义制度，建立以人的态度处理人与人相互关系的规范和原则，使其成为具有经济的、政治的和法制保障的人道主义，马克思称之为“现实的人道主义”。

那些攻击社会主义社会不讲人道、没有人道的西方资产阶级理论家、政治家和自由化的“精英”们，是以资本主义为模式、为榜样的。其实资本主义社会自身就充斥着各种反人道的行为。尽管资本主义制度的先驱者们怀有人道主义理想，他们倡导的人文主义和启蒙运动表达了对实现人的价值、权利、尊严的渴望，但在革命后建立起来的资本主义社会并不是一个人道主义的社会，而是对理性和人道主义原则的讽刺。正是这种矛盾和反差催生了19世纪三大空想社会主义者的探索和思考。马克思在《论犹太人问题》中曾把这种矛盾称为“使人不解”的矛盾。他从资产阶级关于人道主义理想的诺言和资本主义制度间的现实矛盾入手，探求人类真正获得解放的道路。在《1844年经济学哲学手稿》中，他对在私有制基础上必然产生的异化现象做了分析，实际上是把资本主义私有制看成反人道主义的经济根源。即使在今天，发达资本主义国家工人的劳动条件和生活状况，同早期资本主义相比发生了变化，但资本并没有人道化，资本主义社会并没有变成人道的资本主义社会。劳动异化和人与人的疏远有增无减，凶杀、吸毒、种族歧视，虐待妇女、儿童和老人的现象层出不穷。这是有目共睹的客观事实。西方发达资本主义国家的所谓现代文明、福利、富裕的生活，是资本主义长期对殖民地人民的侵略、掠夺，用被压迫民族的血汗换来的。虽然人道主义曾经是资本主义制度的思想先驱们的斗争旗帜，但资本主义社会的产生和发展并不符合他们自己宣扬的人道主义。马克思说资本的每一个毛孔都浸透鲜血，形象地说明了资本主义制度的非人道本质。

这可不是马克思的偏见，当代西方进步思想家也是这样看的，伊格尔顿说现代资本主义国家本身就是奴隶制、大屠杀、暴力和剥削的产物。资本主义是在无数人的血泪中建立的，资本主义持续的时间相对较长，使人们忘记了它过去的黑暗和恐怖，这在一定程度上因为我们生活在现代。马克思没有患上资本主义健忘症，在一定程度上是因为他生活在他那个时代。当代资本主义是不是真正的人道的资本主义呢？伊格尔顿认为是否定的。他说，“资本主义社会无论怎样以自己的现代性为傲，它都充满了奇异的幻景和拜物教的狂热，以及一戳就破的肥皂泡沫般的神话和盲目崇拜。资本主义的启蒙，也就是它对超凡理性自鸣得意的信任，本身就是一种迷信”。伊格尔顿说得够尖锐。他不是共产党，也不是在煽动革命，只是作为一个有良知的学者陈述资本主义的当代现实。当然，我们并不以道德为尺度衡量历史。资本主义的产生是历史的巨大进步，资产阶级起过非常伟大的革命作用。但我们反对“资本主义是人道主义”，“社会主义是专制的、暴政的”等是非颠倒的说法。

社会主义制度在中国的建立，为真正贯彻和实现人道主义原则创造了历史性前提，提供了切实的保障。从经济上说，现实的社会主义社会是以公有制为主体的社会，它结束了人剥削人的制度。新的社会主义经济基础的确立，在很大范围内消除了劳动者与生产资料相对立的状况，改变了劳动者的雇佣地位。从政治上说，社会主义国家代表全体人民的根本利益，它运用法律和其他手段，保障劳动者的合法权益，与各种侵害人民利益，包括各种反人道行为进行斗争。从意识形态上说，在社会主义国家，马克思主义处于指导地位，它以科学的世界观和人生观教育群众，提倡共产主义道德，提倡和宣传社会主义人道主义原则。在思想理论领域，对资产阶级和封建的意识形态，对宣扬凶杀、暴力、恐怖的书刊影视进行必要的批判，加强社会主义精神文明建设，以利于贯彻和实行社会主义人道主义原则。

事实证明，中华人民共和国成立后，中国共产党继承和发扬毛泽东在革命战争年代倡导的革命人道主义精神，使之发展为社会主义人道主义。无论是新中国成立初期的剿匪反霸、救济失业、挽救娼妓乞丐、禁止吸毒贩毒，还是实行劳动保护和公费医疗；无论是致力于发展卫生事业，保障人民身体健康，努力消灭危害严重的流行病和地方病，还是尽力抗灾救灾，都既体现了社会主义制度的优越性，又贯彻了社会主义人道主义原则。即使在阶级斗争中，我们也在一定程度上考虑到社会主义人道主义原则。我们党对剥削阶级分子采取的是使他们在劳动中转变为自食其力的人的方针；对于一切不需要判处死刑的敌对分子也进行改造，给他们重新做人的机会。无须讳言，社会主义制度在其建立过程中也存在理想和现实的矛盾。同马克思恩格斯曾经设想的社会主义制度相比，同无数革命烈士为之奋斗的美好的社会主义理想相比，现实的社会主义社会仍然存在某些“缺陷”，甚至存在某些“阴暗面”，出现过一些违背社会主义人道的现象。“文化大革命”中某些反人道行为所造成的伤害，是应该永远牢记的。在现实生活中，人权状况也有不少不尽如人意的现象，某些已经消灭了的旧社会丑恶现象有沉渣泛起之势。

如何看待“文化大革命”中出现的反人道行为？如何看待现实社会中的丑恶现象？是不是我们的先烈的血白流了？是不是现实社会与我们先辈的理想渐行渐远？我们承认，社会主义理想和社会主义现实之间是有距离的。但这同资本主义制度下启蒙思想家的理想与资本主义现实之间的矛盾，是迥然不同的。资产阶级启蒙主义的人道理想同资本主义制度之间的矛盾是不可克服的，这是由资本主义制度的本质决定的。而在“文化大革命”中不尊重人权的现象，是由党组织完全瘫痪、失控，无政府思潮泛滥，特别是少数阴谋家和野心家煽风点火造成的。这些现象，非但不是由社会主义制度本质决定的，反倒使社会主义制度受到极大破坏。社会主义社会特殊时期反人道的现象，是社会主义法制的缺失和社会主义民主制度不健全的苦果。因此，只有依靠社会主义制度，依靠中国共产党领导的国家政权，才能真正在实际生活中贯彻社会主义人道主义原则。我们是在一个经济落后的大国进行社会主义建设，旧的封建传统很深，法制不健全。我们曾经有过错误和挫折。但一切真诚的、不怀偏见的人们都可以看到，六十多年来，中国共产党始终依靠社会主义制度自身的力量，不断纠正错误，平反冤假错案，使社会主义制度的优越性逐步得到发挥。

我们当前正在进行的改革，是革除旧的经济体制和政治体制弊端的改革，是社会主义制度的自我完善。我们始终坚持社会主义方向。我们提倡发展商品生产，但并不把等价交换当作处理当前条件下人与人关系的普遍准则；我们在生产中引进竞争机制，但并不把社会主义企业之间的关系变成尔虞我诈、你死我活的斗争关系；我们反对平均主义，提倡社会公平原则，特别是对老人、妇女、儿童和残疾人员给予照顾。通过改革，我们应该增加社会成员之间的凝聚力和向心力，使社会主义人道主义得到进一步贯彻，而不是相反。任何真正关心社会主义人道主义的理论家，都必须要关注社会主义制度自身的完善和发展。社会主义社会一变色，就是法西斯主义，一切旧的东西，一切违反人道的现象就会变本加厉、卷土重来。

中国社会主义建设六十多年来的经验证明，一种新生产方式和社会制度的完善和发展会经历一个过程，这个过程有失误、甚至挫折，历史上从来没有过的社会主义大变革，更是如此。“罗马不是一天造成的”这句西方格言是对的。把中国社会主义建设过程中的某些缺点错误地片面夸大，甚至污蔑为极权主义，无视中国的历史，也无视中国的现实，只能说这是别有用心。“极权主义”的帽子往往是西方某些国家企图实现自己政治阴谋的借口，须千万注意。我们的年轻同志一定要注意，不信你向外看，看看当今世界，特别是看看被神化为自由、民主、平等的西方世界，到底如何？是平等自由的天国，还是贫富对立的人间世界！

头上的天空与心中的道德

康德说过，有两样东西他最关心，一个是头上的星空，即宇宙；另一个是心中的道德。这实际上是说，哲学探索宇宙秘密，探讨人如何才能过合乎道德的生活。康德非常重视道德，他说过，人是作为动物的存在，但应该把自己提升为道德的存在物。作为动物性存在的人依本能活动，而道德的人则应该超越本我，按道德规范处理人际关系。

自然科学中有天体论，有宇宙起源学说，如霍金的学说。可这不是哲学，而是实证科学，它研究的是宇宙的物理规律。哲学研究的是宇宙观，即如何看待宇宙本质的观点。它是上帝创造的还是原本如此的？是精神的还是物质的？我们实际生活于其中的世界是“我的梦”，是意识和知觉中的假象，还是真实的、不依存于我的客观存在？任何一个人都可以死，任何一代人都可以死，甚至人类有一天会因为生态恶化而自我消失，但宇宙仍然存在。“尔曹身与名俱灭，不废江河万古流。”

关于人应该如何生活，生活的意义和价值问题是哲学问题，是人生观问题。心理学也研究人，当然只限于人的心理活动，各种各样的心理活动和活动规律。哲学的特点是宏观的、总体的，各门科学的特点是特殊的、中观或微观的。中国哲学，如孔孟老庄都强调天道和人道，但实际上是关于宇宙与人生的大道理。

做人要记住头上的星空和心中的道德。记住“天”，知道世界发展有规律。天网恢恢，疏而不漏，这不是“天”的意志，而是客观的因果规律。“种瓜得瓜，种豆得豆”，人的行为也是如此，做坏事而不要坏的结果是不可能的。违背自然的客观规律，会遭自然报复；犯罪作奸，会受到法律的惩罚。要记住，中国哲学强调“心”，不是心脏的实体的“心”，而是良心的“心”。善心并非天性，而是高尚的道德的内化。

人的外在世界和内在世界

人有外在世界，它是人生存和生活的根本。无论自觉与否，人都要认识与他们的生存相关的外在世界。对外在世界和内在世界的认识，随着人类实践的发展而日益深入和多样。但总的来说，人对外在世界的认识是两类，对局部的认识成为科学知识，对总体的认识成为哲学，或称为世界观。哲学体系在历史发展中越来越多样，科学的分类越来越细化。这就是科学史和哲学史。

个人的发育与人类哲学认识有相似之处，都是从外到内，从对象到自我。每个成年人都会有对世界自发的、不系统的看法。儿童也会不断问：这是什么？为什么？儿童最好奇，最喜提问。儿童的提问很简单，理解也很幼稚，可是在儿童的许许多多的为什么中，包含着哲学家以哲学术语表述的哲学问题。

小孩生下来可以认识爸妈，认识外部世界的某些东西，自己的玩具，但决没有自我的概念，也不认识镜子中的自己。对自我的认识是随着年龄增长而逐渐产生的。可要真正认识内在的自我，而不是外在的形象，是相当困难的，有的人一辈子都无自知之明，都不知道“我”。当一个人发展到能正确认识自己时，他就比较成熟了。越成熟越能认识自我。哲学的发展史也是如此。最早的哲学都是关于外部世界的哲学，关于对象的本性，关于存在的本性，而较少关注人自身。当哲学转向人自身，提出“认识自己”时，表明哲学研究产生了方向性转向。随着哲学的发展，“人”越来越在哲学中占据重要地位。

古希腊哲学就经历了这个过程。古希腊哲学是自然哲学，是关于宇宙的本质，关于存在的哲学探索，智慧之学是关于外在世界存在的学说。从苏格拉底提出“认识你自己”，道德伦理问题、人的生存意义问题才成为哲学关注的重点，哲学转向对人自身的探索。但真正这样做的是希腊时期的伊壁鸠鲁学派、斯多葛学派和怀疑论哲学，他们都主张追求快乐、平静，过简单的生活，认为这样的生活才是幸福的生活。中国儒家从孟子的“求放心”到陆王心性论哲学，都是把哲学安放在人的内心世界。哲学是安心立命之学。

这种转向是哲学的进步，但也有不足。因为转向人的内心世界，把人的外在世界和内在世界分割开来，就无法真正理解人的内在世界。只是向内用力，必然走向唯心主义，以为人的内心包含一切，只求内心，不假外求。世界上还有什么科学？还有什么发明？有什么规律呢？真正的哲学，既要研究人的外在世界，又要研究人的内在世界，研究人与世界的关系。不仅世界观不能离开人与世界的关系，人生观同样不能离开人与世界的关系。人生观重点研究人生的意义和价值，研究生活的目的，可这种研究如果不能建立在正确理解人与世界关系的基础上，就会走向悲观主义和虚无主义，或者享乐主义。试问，如果认为世界是虚幻的，一切皆空，人能不悲观厌世、及时行乐吗？在虚幻世界上，怎么可能建立积极入世的人生态度呢？

马克思主义哲学当然也研究人之外的世界和人的自我。马克思主义哲学能正确处理人的外在世界和人的内在世界的关系，既承认外在世界观的客观性，又承认内在世界的主体性。这两者之间存在复杂的关系。人的一切都是由外到内，人的感性认识和理性认识，人的所谓的良知良能，人的内在丰富性，无一不是外在于我，而非固有的。内在的东西又可向外转化，内在越丰富，它外化的现实也越精彩。人的内在世界的生成，外在世界的改变，内外世界的转化的基础都是实践。只有人才有内外世界的区别，尤其是主体世界，而不是只有一个世界——客观世界。人拥有一个丰富复杂的内在世界即内心世界，因此人是所有存在物中最复杂的存在物。自古以来，多少智者用尽心思才智思考这个复杂的存在物，从苏格拉底“认识你自己”开始至今两千多年，人仍然在什么是人和人的心理结构问题上争论不休。

知耻近乎勇

光荣与耻辱是矛盾的两个方面，是相互依存的。知道什么是光荣，也就明确了什么是可耻。我们既要培养光荣感，也要培养羞耻心。无论一个民族还是一个人，都要有羞耻感，要知耻。

知耻近乎勇。对于一个强盛的民族来说，知耻是非常必要的。马克思当年曾猛烈抨击普鲁士专制政府的腐败，并以法国和德国对比为例说，“耻辱实际上就是法国革命对1813年曾战胜过它的德国爱国主义的胜利，耻辱就是一种内向的愤怒。如果整个国家真正感到了耻辱，那它就会像一只蜷伏下来的狮子，准备向前扑去”。自鸦片战争以后，中国人民的民族耻辱感不断增长，五四运动就是民族耻辱感的一次大爆发。没有民族耻辱感就没有救亡图存运动，就没有全民的抗日战争，就没有民族的解放、国家的独立。爱国主义包含民族耻辱感。“士皆知有耻，则国家永无耻矣；士不知耻，为国之大耻。”龚自珍这句话，对惧洋媚外的腐败的清政府及其官僚，可谓切中肯綮。

我们现在的情况当然不同。中华民族处于民族复兴时期，民意风发，民气昂扬。社会风气总的是好的，精神文明建设取得了巨大成就。但我们也应该看到，社会风气中仍然有许多不健康的东西，存在着一些危害祖国、背离人民、愚昧无知、好逸恶劳、损人利己、见利忘义、违法乱纪、骄奢淫逸的现象。如果不消除这些现象，我们的民族就没有凝聚力，人民群众的创造性、积极性就得不到充分发挥，构建社会主义和谐社会的进程就要被延缓。正是在这种情况下，胡锦涛同志提出“八荣八耻”的荣辱观，为的就是树立良好的社会风气，提高人们的精神境界，为全面建设小康社会提供坚实的思想保证和强大的精神动力。

社会主义的荣辱观与中国传统的“讲面子”是不同的。旧风俗、旧道德中的“讲面子”，往往只是满足个人的虚荣心。“面子”是个人的，最多是几个亲戚或家族的。“面子”要的是虚荣而不是光荣。社会主义荣辱观不同，它不是个人的面子问题。小而言之，它是对个人的人格、尊严、存在的价值和意义的尊重；大而言之，它关系到社会主义祖国的盛衰和人民的福祉。一个人如果只讲“面子”而没有正确的荣辱观，没有崇高的理想和坚定的信念，在危难面前是会连脸面、人格、良心都不要的。

我非常喜欢看《永远的丰碑》，每次都为先烈的事迹感动。革命先烈为我们树立了知荣知耻的光辉榜样。在事关祖国的前途和人民的利益的问题上，他们明是非，辨荣辱。我曾经写过一首诗，赞扬先烈们的这种精神：“夕阳几度照青山，百年沧桑指顾间。歌乐红梅凌天地，刑场婚礼泣人寰。民族有难多壮士，国家和平唱情郎。我盼高歌舞剑器，狂飙席卷振阳刚。”

一个没有正确荣辱观的社会即使经济再发展，也不会是风气健康、令人向往的社会，一个没有正确荣辱观的民族，是没有前途的民族；一个没有正确荣辱观的人，决不会成为有理想、有信念的大写的人。这正是胡锦涛同志倡导的社会主义荣辱观的重大意义。

官德与民风

在人类进入阶级社会以后，法律和道德的作用是互补的。处于统治地位的阶级，总是要借助法律和道德来维护社会的稳定和正常运转。但是，法律和道德在生活中的作用是不平衡的。

中国传统文化非常重视道德的教化作用。孔子提出过“为政以德”。但是在两千多年的封建社会中，当政者主要还是借助暴力机构（国家和法）对人民进行统治，真正“为政以德”是极为罕见的。人治并非“德治”，它既可能超越法律，也可能践踏道德。

在资本主义社会，道德和法律失衡更为明显。在资本主义社会，法律具有最大的权威，成为公民生活中不可须臾离开的东西。“找我的律师谈”已经成为资本主义社会中有一定社会地位的人的口头禅。在西方社会中，法律压倒道德，世俗道德的作用日渐淡化，人们转而求助于宗教。宗教起着道德教化和灵魂安抚的作用。用法律来维持社会统治秩序，用宗教来净化和安慰灵魂，这就是西方所谓“法治国家”的现实。

中国是社会主义国家，我们的事业是正义的事业，我们的党、我们的社会、我们的干部和人民在根本利益上是一致的，因而才有可能既健全法制，建立中国特色的法律体系，又以德教民，提倡社会主义核心价值观的教育，借助于道德教化的力量来促进社会和谐。道德教育非常重要。法律的作用是惩罚犯罪，罚也有防的作用，但法律的本质并不是教，而是寓防于惩、寓教于惩。道德不同，道德的作用是教，以教为防。高标准的道德不是人人能做到的，但它仍有标杆、激励的作用。道德底线不能破，就是防。道德寓防于教。董仲舒说："夫万民之从利也，如水之走下，不以教化堤防之，不能止也。是故教化立而奸邪皆止者，其堤防定也；教化废而奸邪并出刑罚不能胜者，其堤防坏也。"

我们主张依法治国，建立法治社会，但也高度重视道德的作用。道德不能惩罚犯罪，但有助于防止犯罪。罪犯多少，是一个社会道德状况的测量器。法律和道德有交叉处。突破道德底线往往就会进入法律范围。不孝顺父母是道德问题，不赡养父母是法律问题；大男子主义是家庭道德问题，家庭暴力是法律问题。试图通过普遍立法来挽救道德是不可能的，但我们不能忽视法律判决的道德警示作用，何况还可以通过法律来防止某些突破道德底线的行为。

官德是首要的。吏治是治国的根本。官风不正，民风难整。以社会主义核心价值观教育干部，我以为是当前道德建设中根本的一环。干部的道德，就是共产党道德的尺度，人民是通过干部来衡量中国共产党的。总的说，我们干部中好的还是居多，但贪官也不少，酒桌饭局上的干部，拉关系、走门子、找路子、求阶进的干部也很常见。这种官风切不可长，它足以祸国、亡国，足以祸党、亡党。中国历史王朝易姓，政权更替，一个原因就是腐败。

官风和民风是相辅相成的。官风不正影响民风，社会风气不正也会影响官德。当今的大多数年轻的官员不是从战火中、从艰苦生活中、从社会底层上来的，而是学生出身的知识分子。他们是从当今社会中生长起来的"幸运之花"、"政治精英"。如果社会道德状况不好，从不好的社会风气土壤上栽培起来的果木，也很难成才。如今我们那么多人报考公务员，不亚于中国封建社会的"考功名"。如果这些公务员都有为人民服务的思想，这对干部建设是一件大好事；如果其中一小部分人把不良影响、歪风邪气带到"官场"，这种人的"官德"能高吗？"当官不为民做主，不如回家卖红薯"，这是封建社会老百姓对官的期待，也是一些有良知的官员的自许。社会主义社会的干部要求应该更高，可对贪官来说，却比骆驼钻针眼还难。

平心而论，中国普通老百姓是纯朴善良的，风气不正是社会某些不正之风"诱导"出来的，直白点说，是被逼出来的。孩子上学择校要"自愿”捐资助学，求医生能精心手术要“自愿”打点，办事要“自愿”送厚礼，如此等等。一切都是“自愿”，实际都是不自愿。要是有坚强和完备的制度保证社会公平和正义，一切都按章办事，老百姓怎么会乐于此种自愿呢！

我一直在想，有些人的心为什么变得这样黑呢？只要有钱赚，明知于人有害，也毫不手软。是因为文化水平低吗？不是。恰恰相反。凡是发明各种“新技术”的，具有赚钱“怪招”的，大抵都是文化高的专业人士，是知识分子和专业技术人员，而利用别人的发明赚点小钱的，倒有不少是文化水平不高的人。似乎道德水平与知识水平成反比，知识越多，危害越大。我想起蒙田说的那句话：一个人，若不学会做人的善良知识，其他一切知识对他都是有害的。

道德与文化教养相关，但并不一定成正比。普通老百姓道德比很多道德无良的知识分子更高。知识分子号称社会的良知。应该问问：理应执政为民的高学历干部自己官德如何？理应传道授业、为人师表的老师自己师德如何？理应救死扶伤的医生自己医德如何？理应专心学术的学者学风如何？我自己是知识分子，而且一生生活在知识分子圈内，我深知作为社会重要构成部分的知识分子道德滑坡对整个民族的道德教养的影响有多巨大。道德教育是当务之急。我们既不能像中国封建社会那样，重人治轻法治，也不能像西方资本主义社会那样，重法治而把道德教化交给宗教。社会主义国家应该具有法治和德治的双重职能，既重视依法治国，又重视以德化民。对全体人民，特别是党的干部，要进行道德教育。但抽象的性善论性恶论，都无助于道德教育。性本恶，则教育无效，必须罚之以刑；性本善，则无须教育，不学而能。这些说法都是片面的。孟子说过“徒善不足以为政，徒法不足以自行”，这是很有见解的。

法律和道德是相辅相成的。党中央对道德建设是极为关心的。2001年9月20日，正式颁布实施《公民道德建设纲要》。在此后十多年中，不断加强道德建设和社会主义核心价值观的教育，多次表彰全国道德模范，入选者遍布全国。道德模范事迹感动国人，对各个行业起到了表率和推动作用。尽管如此，道德建设仍然是我们当前面对的一个重大问题。

道德爬坡还是滑坡，已争论多年。各有道理。从社会发展来看，从长时段来说，当然是道德爬坡，任何时候都不能弹今不如昔、人心不古的调子。何况在社会主义中国，从大多数普通老百姓来说，我们很难说道德普遍滑坡。其实，普通人民之间有许多感人的道德事迹。不能否认有些干部、商业经营者，以及医院、制药厂、学校中确有一些人见利忘义。这种人数不一定很多，但他们干的事影响极坏，闹得人心不安。这些人并不能代表整个社会，但能抹黑社会、毒化社会。仅从这些人的行为看，确实存在道德滑坡现象，因为他们的所作所为是改革开放前极为罕见的。

一个民族的突发灾害会激发和提升道德潜力。我们国家在灾难时期，各级干部和人民解放军表现的道德觉悟是很高的。唐山地震时有不少感人的事迹，汶川地震救灾有许多感人的事迹。社会是个由各种阶层、群体、个人组成的，情况并非完全一样，道德水平参差不齐。洪洞县中无好人，不符合事实。官员的道德指标在于官场中奉行什么样的官场文化，职业道德要看各行各业的行业道德状况，普通百姓的道德指标在于在日常生活中的行为规范。这些方面，我们的确存在不同程度的问题，并不令人叫好。广东佛山一个两岁女孩悦悦，被两辆汽车碾过，前后两位司机尽管发现出了事故，仍然驰车而去。7 分钟内 18 位路人先后看到小孩倒在路上，无一人施以援手，或报警或把孩子移到路边。如此冷漠，我感到愤怒，感到悲凉。社会主义国家发生此类事，实在难以让人理解。有人说社会有病，确实有点病。有病不可怕，健康人同样可以有病，关键是不能讳疾忌医。知病者不病，不知病者病。只要承认有病并知道病之所在，就能治病。

一个人均收入高但却人性冷漠的社会，也不是宜居的社会，何况现在真正富裕者还是小部分人。庄子说："相濡以沫，不如相忘于江湖。"社会贫穷是人民的不幸，只有少数人富裕则是社会的不幸。既不应单纯赞美穷困中的"相濡以沫"，也不要富裕时"相忘于江湖"。最理想的是能在有难时"相濡以沫"，又能在富裕中"不忘于江湖"，和谐相处。可喜的是，最终一个拾荒的妇女对小悦悦施以援手了。为什么偏偏是一个贫困的城市边缘人物？可能她不怕被反咬，或许她从不读报，不知道媒体把救人有险的新闻炒得不亦乐乎，没有受到不良舆论导向的暗示和影响。总之，她做了一件好事。我突然想起鲁迅的《一件小事》。我从这位普通劳动者身上看到了希望，也得到了启发。人是道德行为的主体，人需要加强道德教育，但在道德教育中，媒体喜欢报道什么，热炒什么，也有很大的影响。受过教育、有文化的官员和知识分子的道德良心，不如一个拾荒者，确实令我们羞愧无地。

在当代中国，信教的人，尤其是信仰佛教和基督教的人越来越多，这不仅是一个信仰问题，也是一种道德不良的信号。人们感到人际关系冷落、道德失落，便到寺庙、到教堂、到自己的教友中寻找安慰和温暖，让失落的灵魂有个安顿之处。我们不反对宗教信仰，我们也在引导宗教与社会主义相适应。我不否认宗教对道德提高会有所裨益，但不能期望把灵魂交给上帝和神灵。

出现道德滑坡的原因是什么？有人说五四新文化运动以后的批孔，斩断了儒家的文化血脉。这种说法并不全面。袁世凯尊孔，当时道德如何？国民党在大陆一直鼓吹尊孔崇儒，提倡忠孝仁爱、礼义廉耻，并用斗大的字写在国民党党部大门两边的墙上，道德又如何？国民党官场不是腐败到兵败台湾吗？解放区，从中央苏区到延安，没有提倡尊孔读经，干部接受的是“全心全意为人民服务”的教育，谁能说解放区干部的道德水平比不上国民党统治区的官员？从中国的近代历史看，政治生态与社会道德水平高低，与是否尊孔读经不存在正相关的关系，因为尊孔崇儒有真有假。把孔子和儒学作为一种统治工具，而不是真心吸取其中的精华，治国教民，这多半是一种意识形态的骗局。袁世凯和蒋介石搞的都是政治，而不是真正热爱中国传统文化。无怪当年中国人民把“忠孝仁爱礼义廉耻”故意少写一个耻字，八个字变成七个字，咒其为“忘八”（王八），借以讽刺国民党中的有些人“满嘴仁义道德，一肚子男盗女娼”。自古以来，儒家就有君子之儒和小人之儒之分。在后世，尊孔同样有真有假，有文化继承，也有商业炒作。

中国共产党以马克思主义为指导，在政治上不走尊孔崇儒的老路。中国共产党主张正确对待孔子、儒家以及中国传统文化。毛泽东曾赞扬孔子，并说从孔夫子到孙中山都要总结，继承这份宝贵遗产。刘少奇《论共产党员修养》就贯穿着中国传统文化（包括儒家）的思想精华。中国共产党全心全意为人民服务的宗旨，可以说是继承、发扬和改造中国传统文化中的民本主义精髓的杰出范例。毋庸讳言，在“文化大革命”中我们对待中国传统文化曾经有过“左”的错误，但不能把它作为几十年后道德滑坡的根本原因。

中国有长达两千多年的农业社会，商业不发达，人际关系是熟人社会，重亲情重友情重仁义。新中国成立后三十年我们实行的是计划经济，人们之间没有竞争，没有贫富差别。在由计划经济向市场经济的急剧转变中，大多数人的心理对以货币为中介的市场经济关系缺乏适应性，加上法律和道德又滞后，人人致富心切，可又不是人人都致富有门。市场经济在解放思想、调动人的积极性的同时，也释放了人的某些私欲。市场经济的积极作用和消极作用相互关联。如何充分发挥市场经济的积极作用，抑制和防范它的消极作用，这是一个值得研究和重视的大的理论和现实问题。我以为，随着法制的健全和市场规范化，通过心理调适和政府对混乱市场的有效整顿，情况会逐步好转。

西方在现代化进程中，各种商业欺诈和不道德行为经历了相当长的时期，至今仍不断出现，但已不是小小的商业欺诈，而是像庞氏骗局这种特大金融诈骗。市场经济是好的经济运行机制，但不是好的社会运行机制。如果把市场观念引向社会各个领域，作为处理一切关系的准则，这个社会肯定是“冷酷的社会”。市场化的社会不是一个理想社会。

中国现在的社会条件变了，不再是革命战争年代。现在的干部的文化层次也高了，学生们对中国传统文化不熟悉。应该加强中国传统文化的教育，包括儒家学说中精华的教育。应该纠正之前对待传统文化的“左”的错误，充分重视中国传统文化在提高人文素质和道德水平中的作用，但在理论认识上应该有一个限度。道德问题，从本质上说是社会问题，应该从全面社会治理入手，辅之以道德教育（包括传统文化的教育）。把社会道德水平的滑坡归结为没有尊孔读经，我看有点玄。说句心里话，中国有一个孔子是中华民族之福，出现儒家学派也是中国的文化的幸运和骄傲。我主张应该读点中国传统文化的经典，也不反对有选择地对孩子进行一点启蒙诵读教育，但应该有一个正确的认识。如果试图单纯用《弟子规》、《孝经》或者其他什么经把我们的后代从小培养成温良恭俭让、中规中矩的谦谦君子，在震荡不安、强国环伺的当代世界，其效果究竟如何，我很怀疑。

有些学者对中国封建社会的书院和私塾怀有深情，我不否认这两种教育方式对中国文化传播的贡献。可在21世纪，中国的教育再回到书院和私塾时代，不可能，也不现实。全世界200所优秀高校中，英美两国几乎占半。西方和日本培养了不少诺贝尔奖获得者，都是归功于现代教育模式。针对中国现存教育制度的缺点和问题进行改革，而不能回归古代书院或私塾式的教育，这才是教育改革的正确方向。

对我们的孩子进行传统文化的启蒙是对的。我从来不主张把孩子培养出狼性，惯成蛮不讲理的人，也不主张从小就培养温柔敦厚的谦谦君子。毛泽东在70年前就说过，中华民族决不是一群绵羊。我们要用“富贵不能淫，贫贱不能移，威武不能屈”的精神教育我们的孩子，要重私德，更要重公德，行为要有规范，更要激发孩子的个性、创造性。只要看看中国周边险象环生的政治和军事环境，就能懂得用时代精神和爱国主义精神教育孩子、用社会主义核心价值观教育后代的重要性。中华民族是爱好和平的民族，我们从来没有侵略过别的国家，近代以来我们反倒屡遭西方列强的侵凌。我们的孩子从小应该树立“人不犯我，我不犯人；人若犯我，我必犯人”的信念。鲁迅对“犯而不校”早就有过批评，至今我仍认为有道理。

虽然出现少数人的道德滑坡，可我们的伦理学从来没有像现在这样繁荣。无论是课题的入选，还是人文社会科学重点课题招标，伦理学都名列前茅。这当然是好事。并不是因为伦理学繁荣才产生道德滑坡，而是道德滑坡引发伦理学者对道德问题的关注。正如对健康关心引发全民的养生热，养生书畅销流行一样。但我总觉得伦理学研究学术气氛虽然很浓，但针对道德问题的现实研究和对策较少或很少。伦理学研究中形而上多，形而下少。对为什么会出现影响整个社会风气的道德滑坡？真实原因何在？尊孔读经是不是重整道德之路？有水平有说服力的分析文章还很少。是太敏感？或是顾忌多？我认为，只要情真事真理真，即使论述有不当之处，也一定会受到当政者的欢迎，受到读者的欢迎。

工业化、市场化、城市化带来的道德问题，并非中国独有。生产力越来越发展，物质生活越来越丰富多样，高楼林立，科技成就惊人，自杀者也越来越多，亲情、友情越来越淡薄。人与人的居住空间距离越来越近，飞机和高铁拉近人的距离，可心灵间的距离越来越远。难道物质的丰富必须以道德和价值的失落、肉体的满足必须以灵魂的空虚为代价吗？是道德和价值随着社会的发展本应如此，像卢梭在法国社会科学院应征得奖的论文中说的那样，还是因为人们思想不解放，对新道德新风尚看不惯、难以接受呢？我以为可能两者都有，很难一概而论。既有某些人的道德水平滑坡的问题，也可能有九斤老太式的思想守旧的问题。以封建社会的道德观和价值观为尺度来衡量工业社会的现实，当然是守旧；如果以道德和价值进步的文化内涵为尺度，则可以发现我们国家的经济与道德发展确实存在不平衡的矛盾。

生产力发展与道德发展并不同步。生产力的发展和与其直接相连的科技发展，肯定快于人的道德和价值观念的变化。但决定性的因素还是所有制的性质和社会基本矛盾状况，西方生产力与生产关系的矛盾逐步尖锐化，表现在道德和价值观念中，就是人情冷漠和价值观念混乱。我们应该以西方发展历史为鉴，千万不要鼓了钱袋，空了脑袋，对自己的宠物无比深情，对人反而冷漠。如果贫富对立和两极分化成为常态甚至变本加厉，而不是一个短期的过渡状态，如果不阻止道德滑坡，西方工业化中的问题就会以不同方式在中国重演。中国以几十年时间走过了西方几百年才走完的道路，值得骄傲、自豪，但要防止西方几百年积累的矛盾在中国几十年的发展中再现。我们不能陶醉于胜利，应该居安思危，警钟长鸣。

核心价值在社会中的主导作用

“社会主义核心价值”是中国特色社会主义理论体系中的话语，它不同于西方鼓吹的抽象的“普世价值”。理论界关于普世价值的争论有点走题。我们不是争论世界上有没有普世价值，或者以后世界能不能形成普遍认同的普世价值。我们争论的是西方世界向我们贩卖的他们自己的自由、平等、民主、人权是不是普世价值。我们并不否认西方自由、平等、民主和人权包含的积极因素，但坚决反对把它们作为社会主义的核心价值。

核心价值可以有不同层面，包括国家主导的核心价值观、社会交往中人际关系的核心价值、个人人生价值中的核心价值，其中最为重要的是国家层面的核心价值，它具有引导和决定社会核心价值的功能。

从国家层面来说，它反映的是该社会基本制度的本质和核心价值；从社会主体角度说，它代表的是统治阶级的核心利益。它是核心价值，因为它支配和主导社会各个领域，如经济、政治、文化、道德各个领域的人的行为的价值规范。任何社会的核心价值的本质都是如此。“核心价值”理论的提出，为我们通过一个社会的核心价值观察社会的本质提供了新的视角。

西方有些政治家和学者坚持认为，资本主义社会的核心价值是自由、民主、平等，这些不仅是资本主义的核心价值，而且是普世的价值。这样，资本主义就在全世界占有道德制高点。我们有些人也这样相信，以为资本主义制度无比美妙。

在我看来，其实不然。资本主义是以资本主义私有制为基础的社会，它的根本原则是私有财产神圣不可侵犯，这一原则在核心价值上最集中的表现就是：私有神圣（私有财产神圣不可侵犯）、个人本位。维护资本主义私有制度既是资本主义国家机器、资本主义宪法和法律的核心任务，也是资本主义价值观的核心。个人本位是贯穿资本主义社会政治、文化、道德等领域的核心价值。在资本主义社会，凡属个人的东西，包括财产、权利、隐私，都是至高无上的，不容侵犯的。即使你误入他人住宅一步被枪杀，杀人者仍然无罪。

或许有人会问，私有财产神圣不可侵犯为什么是资本主义的核心价值？中国特色社会主义的物权法不也是保护私有财产吗？这是两个不同性质的问题。在社会主义初级阶段，我们以公有制为主体多种所有制共同发展，当然要保护合法的私有财产不受侵犯。但并不把私有财产制度视为永恒不变的，更不能把私有财产神圣不可侵犯视为社会主义的核心价值。社会主义本质最终是消灭资本主义私有制，消灭剥削和两极分化，这是邓小平在关于社会主义本质的讨论中早已明确论述过的。历史唯物主义以科学态度、以三个有利于为标准对待社会主义初级阶段的各种所有制形式，而不是以价值观为尺度进行判断。我们不把私有财产不可侵犯提升为社会主义核心价值。"物权法"有利于中国特色社会主义的建设，但不是共产主义的最终价值目标。

自由、民主、平等，作为一种思想，早于资本主义私有财产不可侵犯的核心价值的确立。在私有财产神圣不可侵犯载入资本主义宪法之前，它就作为资产阶级先驱者的理想出现在他们的著作中，可以说是反对封建等级制度和宗教黑暗的思想之光。当资产阶级社会取代封建社会，并以宪法和法律的形式确立资本主义私有制的原则后，私有制财产不可侵犯、个人本位就成为核心价值。自由、民主、平等逐步失去了它最初的先进性，而成为维护资本主义私有制度和个人本位的政治价值。表面上资本主义社会至高无上的普遍价值是自由、民主、平等，其实不是。还有比它们更高的价值，这就是私有财产制度和个人本位。马克思在讲到资本主义的自由、平等、人权时说过，资本主义制度没有自由就不存在摆脱人身依附关系的自由出卖劳动力的工人；没有平等就没有等价交换，因为特权是阻碍市场主体等价交换的政治障碍；人权最核心的是财产私有权。正因为这样，马克思说过，交换价值制度，或者更确切地说货币制度，事实上是平等自由制度，作为纯粹观念，自由和平等是交换价值过程的各种要素的一种理想化的表现，作为法律的、政治的和社会的关系上发展了的东西，自由和平等不过是另一次方的再生产物而已。马克思的话说得再明白不过。资本主义社会的自由、民主、平等、人权是资本主义私有制的运行机制在政治和法律观念上的规定，它们必须有利于维护资本主义私有制度和市场经济的正常运转。

不少人总感到不解：如果你不承认西方鼓吹的自由、民主、平等是具有普世性的价值，那社会主义为什么也需要自由、民主、平等呢？如果社会主义也主张保障自由、民主、平等，不就说明它们是普世的吗？之所以产生这个疑惑，是因为他们分不清核心价值和价值。自由、民主、平等不是资本主义社会的核心价值，而是它的政治制度和法律制度的价值。它服从而且必须服从私有制度和个人本位，并为其引导。如果在资本主义制度下，自由、平等、人权和民主的诉求不利于或侵犯资本主义私有制度和个人主义，它们就必须受到限制。这就是双重标准。

2011 年开始于美国纽约的“占领华尔街”运动漫延多个城市，甚至影响到欧洲一些国家，纽约警察对“占领”运动强制清场，逮捕两百多人，其他城市如盐湖城、丹佛、路易斯和费城也同样以警力清场。其他“民主”国家也采取同样的方式清场。请诸位想一想，这还只是根本不可能撼动资本主义制度的少数人的抗议运动，如果真的发生推翻资本主义制度的革命运动，你看看资本主义是否还会容忍，还会赋予革命人民以自由、民主、平等？不会，立马像马克思当年说的，使用步兵、骑兵、大炮。资本主义制度下的自由、民主、平等虽然貌似具有普遍性，但这种普遍性是抽象的，只有在资本主义制度范围内，在它的核心利益和核心价值不受威胁时才可能保持这种抽象普遍性。

我们不承认自由、民主、平等是资本主义核心价值，也不承认资本主义社会的自由、民主、平等是可以在任何国家任何条件都包治百病的万灵药方。但我们并不否认它们作为资本主义政治制度和法律制度的价值规范比起封建专制制度是巨大的历史进步，不否认其中有可供借鉴的东西。资本主义社会的自由、民主、平等既是反对封建制度和专制主义的人类文明成果，又具有不可避免的阶级性和狭隘性。在资本主义制度下，它不能游离于资本主义核心价值，即资本主义私有制神圣不可侵犯和个人本位之外，更不能与它们相悖。作为人类文明和文化进步成果的自由、民主、平等观念有可借鉴和可吸取的积极因素，因为社会主义是在资本主义已经取得的成果基础上前进的，我们不能否定自由、平等和民主观念的进步性，但资本主义私有制度神圣不可侵犯和个人本位的核心价值必须摒弃，必须改变，否则就没有社会主义革命的可能性和必要性。

由资本主义社会转变为社会主义是根本制度的变革，在价值观上的标志是核心价值观念的变化，必须摒弃私有制神圣不可侵犯和个人本位，而不是简单拒斥作为政治、法律价值和重大成果的自由、民主、平等观念。如果把资本主义的核心价值与作为维护和从属于这种核心价值的资本主义的自由、民主、平等观念等同并捆绑在一起，我们自己就会陷入既不否定又不能使用自由、民主等范畴的理论困境。

中国封建社会的核心价值是封建君主制和父权制，因此它的核心价值是三纲（君为臣纲、父为子纲、夫为妻纲）三从（在家从父、出嫁从夫、夫死从子）。忠孝仁爱、礼义廉耻与封建社会的三纲三从不同，它是文化和道德价值。作为封建社会核心价值的三纲三从是不可继承的，随着封建制度的崩溃和灭亡，它会随之逐步消失。可是忠孝仁爱和礼义廉耻是中国传统道德，其中包含有价值的思想，包含可以继承和发扬的道德资源。如果分不清封建社会的核心价值与文化道德价值，把反对封建专制制度变为反对忠孝仁爱、礼义廉耻，那只能是文化和道德上的虚无主义。

社会主义核心价值，同样要满足并反映中国特色社会主义的本质和核心利益，反映作为社会主义制度下全体人民的核心利益，这是社会主义核心价值不同于以往社会核心价值的特点。它的基本制度是社会主义制度；它的利益主体是人民。在构建社会主义核心价值时，社会主义核心价值与以往社会的核心价值不存在继承的问题，因为社会基本制度和利益主体不同。社会主义制度的变革同时也是以往封建社会和资本主义核心价值的变革，但可以批判继承人类文化和道德价值中的积极因素，改变其内容，使之成为社会主义的道德规范。社会主义仍然需要自由、民主、平等，需要讲忠讲孝、讲仁讲爱、讲信讲义，要知廉知耻，但不能简单地把它们作为社会主义的核心价值。因为核心价值的构建不是一般价值概念的移用，也不是简单的文化吸收和继承，而是要确立反映不同社会制度和社会主体核心利益的价值规范。

在构建中国特色社会主义核心价值观念时，我们不能简单移用西方和中国传统社会现成的核心价值，因为它们不能反映社会主义的本质和人民地位的根本变化。离开了社会主义本质和社会主义制度下人民的核心利益，根本不可能出现社会主义核心价值。生活在资本主义制度下为无产阶级解放而奋斗的倍倍尔曾说过，目睹资本主义条件下种种丑恶现象，目睹宗教唯灵论如金钱拜物教对群众的腐蚀，我们痛心疾首。我们多么渴望有朝一日在社会主义制度下逐步地、全面地、系统地实现我们的思想道德信念和核心价值。可见在倍倍尔看来，社会主义核心价值和社会道德，应该反映社会主义本质，具有不同于资本主义制度和中国传统封建社会的特有的价值规范。

什么是社会主义核心价值规范，见仁见智，各有所说。我以为最能集中反映社会主义本质和人民核心利益的价值规范，可以大致概括为"人民至上，集体优先，富裕公平，幸福和谐"。这作为核心价值是以往任何社会所没有的，它只能出现于社会主义社会，反映社会制度和人民地位的根本变化。

人民至上，反映的是社会主义社会人民当家做主的地位，这与中国传统社会的民本主义不同。民本主义理念是统治者为民做主；资本主义社会的民主是一种政治制度，是选举民主，当政者是统治阶级中的精英或政治代表，而不是人民当家做主。人民至上的民主是人民民主，即人民自己当家做主。尽管人民民主的实现方式也要通过它的代表人物和政治人物来实现，但人民具有知情权、参与权和最终决定权。

集体主义也是社会主义特有的核心价值，它不同于资本主义社会的个人本位，也不同于中国传统社会否定个人利益、个人独立性和个性的集权主义。中国封建社会的"集体"是虚幻的集体，是个人失去独立性并依附于父权的家长制，依附于国家的君主制。这是专制主义，而不是社会主义的集体主义。虽然它具有集体性的外表，但却以牺牲个人独立性为前提，根本不同于社会主义集体主义。集体优先是从个人与集体关系说的，集体主义并不否认个人的利益和个人独立性，并不否认独立人格的培养，而是强调个人利益只有在真实的集体中才能得到发展和保证。集体利益应该包括个人利益，当个人利益与集体利益发生尖锐矛盾时，应该提倡个人利益服从集体利益，而不是集体利益屈从个人利益。集体优先的价值取向，有利于社会主义的巩固、发展和改革，有利于社会主义国家每个个人的合理利益的实现，也有利于人民当家做主。

富裕和公平，我以为也应该是社会主义核心价值的重要内容。贫穷不是社会主义，社会主义应该是一个物质和精神都富裕的社会。尽管发达资本主义社会也很富裕，但富裕而不公平。它是少数人占有绝大部分财富，是贫富两极对立下的少部分人的富裕，是极大的不公平。社会主义的富裕是与公平相结合的富裕，它应该使社会富裕成为全体成员能共同享受的成果。小部分人的富裕，是不公平的富裕；而没有富裕的公平，也不是我们追求的公平，都不是社会主义。因此，彼此分离的公平或富裕都会失去它的社会主义内涵，不能构成社会主义核心价值。作为社会主义核心价值的富裕与公平，应该是统一不可分的。

幸福和和谐也是社会主义核心价值。尽管幸福是任何社会、任何个人都需要的，但幸福与和谐的结合是社会主义才有的特点。以往社会幸福都只注重个人的幸福，把幸福问题作为个人问题。一些人的幸福是建立在大多数的不幸甚至痛苦的基础上。在社会主义核心价值中，幸福与和谐相结合，幸福源自和谐，只有依法治国，保证人民具有自由、民主、平等权利，维护人与人和谐，人与自然和谐，人自身和谐，才能使幸福成为社会幸福，生活在这个社会中的每个人才能感到和得到幸福；而只有人们能从生活其中的社会中感到幸福，才能促进和谐。幸福促进社会和谐，社会和谐产生幸福。这种幸福与和谐的结合是以往任何社会也没有的。

正因为社会主义社会独特的核心价值，因此在核心价值指引下，对人类发展中形成的政治、道德、文化以及各个领域中的价值规范可以得到合理的吸收。可以说，由于核心价值的转换，在社会主义核心价值之光的照耀下，传统的自由、民主、平等，以及忠孝仁爱、礼义廉耻等价值规范获得了新的内容。

社会主义制度当然需要自由，包括言论、出版自由、人身自由以及其他在人类进步中获得的自由权利，但它必须受社会主义核心价值的引导，成为有利于社会主义制度、有利于人民利益的自由，而不是相反。而且社会主义自由超越了资本主义制度的界限，它的更高目标是人的全面自由发展，是自由与共产主义最高理想相结合。

民主也是如此。资本主义民主中有积极因素，包括一些有效的民主实现方式。凡是进步的可吸取的都应该吸取，但社会主义民主本质是人民民主，即人民当家做主；任何有利于人民当家做主的民主形式都是好的，任何妨碍人民当家做主的所谓“民主”都应该摒弃。如果在“民主”旗帜下与大部分人的民主相对立，压制大部分人的民主，这就不是社会主义核心价值引导下的民主，而是民主外表下的反民主。人权，不仅保护个人的财产权，而且在人民至上原则下保障广大人民的生存权、发展权和国家主权，因为社会主义国家主权就是人民权利的根本保证。没有国家主权，人权往往沦于空话。

平等，不仅是法律面前的平等，而且是实际平等，即从逐步缩小贫富差距，走向共同富裕，到最终消灭阶级。其他如中国传统道德规范中的忠孝仁爱、礼义廉耻等，既要继承又要创新，都要在社会主义核心价值引导下获得反映新社会人际关系的内容。忠，不是忠于个人而是忠于人民、忠于国家；孝，不是父权制下的绝对服从，而是对父母的感恩和物质与精神的赡养；仁爱万物不是众生平等的宗教精神，而是社会和谐、人和自然和谐的科学与人道精神；礼义廉耻中可以清除封建伦理杂质，贯穿社会主义荣辱观。可见，同样的价值规范，在不同核心价值主导下会有不同的内涵。如果核心价值不根本转变，人类社会原有的价值规范只是单纯移用，往往容易混乱不清。

核心价值是国家层面的价值，它不能代替其他方面的价值。人的行为要符合核心价值规范，如应该具有爱国心，具有职业道德，能够敬业诚信，在人际交往中友善对人；社会生活和社会交往要有交往的规范，创造一个适宜生活的宽松、公正、法治的社会。

不只要赦免火鸡

中国文化的一个特点就是感恩文化。梁启超先生在《中国历史研究法》中说，中国的祭祀就包含报恩思想。祭父母，因为父母生我养我；祭天地，因为天地给我们许多便利。父母要祭，天地山川日月也要祭。推之于人，为国家为地方除患难、建事业的人也要祭。报恩的观念便贯彻了祭的全部。古时的人常常因为感恩而尊所感的人为神，如祭华佗、祭关羽。中国人常说，受人滴水之恩，当涌泉相报。这凝结了中国文化中的感恩思想。中国历史上虽有过民族之间的战争，但从没有大规模的屠杀，更没有种族灭绝，更多的是文化交流与融合。最近读到一篇介绍美国感恩节由来的文章，深感西方殖民文化与中国文化的报恩思想迥然不同。作者在文中告诉我们，在美国的教科书里，有一个节日是必须要讲的，它融入每一个美国人的生活里，那就是 11 月的最后一个星期四——感恩节。

感恩节是美国人独创的节日。在这一天，美国人要举家团聚，一起吃“火鸡大餐”。这是美国人的传统节日，但它的起源并不是每个人都知道，它的起源已经淹没在厚厚的历史积层之中。节日的历史的起源对他们来说，已经没有价值，但为政者不可不知。

感恩节的由来要一直追溯到美国历史的开始。1620 年，著名的“五月花”号船满载英国国内不堪忍受宗教迫害的清教徒 102 人到达美洲。1620 年和 1621 年之交的冬天，他们遇到了难以想象的困难，处在饥寒交迫之中。他们被困雪地，当面临死亡的一刻，几只火鸡飞来，于是他们就吃掉了火鸡，渡过了死亡的时刻。冬天过去了，活下来的移民只有 50 来人。这时，心地善良的印第安人给移民送来了生活必需品，还特地派人教他们怎样狩猎、养火鸡、捕鱼、种植玉米、南瓜等。在印第安人的帮助下，移民们终于获得了丰收。在欢庆丰收的日子，按照宗教传统，移民规定了感谢上帝的日子，为“感谢”印第安人的真诚帮助，邀请他们一同庆祝节日。在第一个感恩节那天，印第安人和移民欢聚一堂，他们在黎明时鸣放礼炮，列队走进一间教堂，虔诚地向上帝表达谢意，然后点起篝火举行盛大宴会。第二天和第三天又举行了摔跤、赛跑、唱歌、跳舞等活动。第一个感恩节非常成功，其中许多庆祝方式流传了三百多年，一直保留到今天。

通过对所谓“感恩节”的了解，我们就不难认识美国的殖民文化。首先，他们忘恩负义。当印第安人给予他们慷慨大方的救助后，他们接下来就屠杀印第安人。其次，他们恩将仇报。他们不仅忘掉所受的恩惠，而且教育后代子孙要消灭你的恩人。屠杀印第安人就是一个典型的例子。今天，在美国，印第安人仅占总人口的1%左右。今天在对待中国的一系列问题上，也再次显示了他们的邪恶。当金融危机来临时，他们要求中国“同舟共济”；当危机稍缓，他们就开始对台售武、分裂中国，加紧对中国的围堵和炮舰讹诈。最后，在他们的信仰里，以屠杀和鲜血为他们的灵魂祭祀。在他们的教育里，火鸡是曾经救助他们的“恩人”，但除了每年在总统的“特赦”下，免除一只火鸡的死亡外，其他千万只火鸡，都被摆上他们的餐桌，作为他们的祭品。所以，在美国的国家战略里，战争和暴力绝对是第一要素和第一选择。在当今的美国，无论是“热战”还是“冷战”，无论是金融战争、货币战争还是粮食战争，都是要将其他国家和其他民族作为他们的祭品，作为他们感恩节餐桌上的“火鸡”。文章说，如果中国人民还不觉醒，还对美国抱有幻想，“美国的第一个感恩宴，印第安人最后的晚餐”，就会成为“美国的第一个感恩宴，中国人最后的晚餐”。

我不是民族主义者或什么民粹主义者，我是一个马克思主义者。美国的感恩节变为一个节日，变为美国人民共同的庆典，变成一种风俗，我们能理解美国人节日的狂欢心情。美国人民是优秀的，和世界人民一样是热爱和平的，美国有许多值得学习的地方。但统治美国的并不是普通百姓，而是特殊利益集团，包括军工业和金融集团，左右政策的是他们。毛泽东说对美国不能抱有幻想，很有远见，因为利益决定政策。所谓对美国不要抱幻想，指的就是对美国利益集团不要抱幻想。抗美援朝至今六十多年了，六十多年来，美国在世界上从来没有“静闲”过，一直以维护人道主义为借口发动战争。既用强力打压反西方政权，反对它眼中的“无赖国家”，又试验新式武器，消耗库存，推销军火，坐收多重利益。特别是苏联解体后，美国作为唯一超级大国从来没放松盯紧中国。独霸世界，一家独大。并不是美国人民喜欢战争，而是军火集团、石油和各种垄断集团需要战争。

美国当政者一定知道感恩节的由来。如果美国总统不是例行公事赦免一只火鸡，而是真心感谢印第安人，感谢世界为他们提供资源，提供低价商品，让他们过上最好的生活的世界人民，那才是真正的感恩。对美国当政者来说这大概不太可能，但这一切似乎都是应该的，因为美国是世界上最强大的国家！而且应该永远是世界上最强大的国家。

今年照例赦免了两只火鸡。它们是四千多万只即将送上餐桌的火鸡中最幸福的火鸡。如果美国当政者有一天在感恩节真心感谢世界人民，感谢使美国成为当代美国的其他国家的人民，而不只是赦免火鸡，那将是世界人民的和平福音。

我们希望有这一天，也相信最终会有这一天。

中　篇

哲学难题之谜的破解

布哈林在他的一本论历史唯物主义理论的书中说，人们不会去数落在窗户上的苍蝇有多少只，可是牧民会计算自己有多少头牛和羊，因为前者与个人生活无关，而后者即牛羊是自己的财产。人只关心自己或创造自己需要的东西。各门科学、各种技术，甚至各种风俗禁忌，无不如此，在社会生活中，与人类无关的学说是不可能产生的。哲学不是哲学家们闲极无聊的思索。虽然哲学需要思索，需要有闲暇，但思索与闲暇并不是哲学产生的原因，而是产生哲学的条件。

什么是哲学？是个难题。对学生是个难题，对教师是个难题，甚至对哲学家也是个难题。从来没有一种学科像哲学这样，它存在着、发展着，而且出现各种学派，但不知道是什么。都在追问什么是哲学。哲学家为“什么是哲学”而为难。黑格尔说过，哲学有一个显著的特点，与别的科学比较起来，可以说是一个缺点，就是我们对它的本质，对于它应该完成和能够完成的任务，有许多大不相同的看法。

罗素也说，哲学是无法定义的。他说，如果有人问我什么是数学，我们可以给他一个词典上的定义，说数学是数的科学，对于任何一个具体学科，我们都可以通过这种方式定义，但我们不能说哲学是关于哲学的学说，这种同义反复毫无意义。连黑格尔、罗素这样顶尖哲学家都为什么是哲学而为难，岂非咄咄怪事？

其实所谓难题，并不是说哲学家不知道什么是哲学，而是难在寻找一个一致赞同的“什么是哲学”的定义。迄今为止，这个共同定义还不存在。但每个哲学家都知道什么是哲学，都有自己的哲学观，对什么是哲学都有自己的看法。对哲学家来说，哲学就是自己研究的东西，自己研究的就是哲学。

在黑格尔看来，哲学本质的多义性是哲学的缺点，因此他要寻找“真的哲学概念”。只有“真的哲学概念”才能使我们理解那些根据“真的哲学概念”从事工作的哲学家的著作。黑格尔的“真的哲学概念”是什么？在他看来，哲学就是“反思的学说”，是对思想的思想。他说哲学是黄昏时起飞的猫头鹰，意思与反思一样，对事实的反思是对事实内在的反思，即对思想的反思。当黑格尔说哲学就是哲学史时，他实际是在说，全部哲学史或者说历史上的哲学家进行的全部工作都是对思想的反思，哲学史昭示给我们的是一系列的高尚心灵，是许多理性思维的展览，他们凭借理性的力量深入事物、自然和心灵的本质，即思想和精神。所以马克思说，对黑格尔来说，哲学家是“回顾既往的意识”，是“事后才上场的”。

黑格尔关于真的哲学概念，也只是聊备一说。从寻求各个哲学家都赞同的定义来着手解决“什么是哲学”，只能引起永无止息的争论。我们能不能换个视角，不着力寻找“什么是哲学”的共同定义，而是用历史唯物主义观点探求人类为什么需要哲学？全部哲学发展史向我们展示的内容究竟是什么？可能这个问题比较容易回答。

哲学离不开人类的需要。人与动物不同，动物是自然的一部分，它的生存是适应自然，而人类需要改造自然，为此需要理解自然，理解自己生存于其中的环境。哲学当然是哲学家的创造。哲学家都是按照自己的兴趣、学识和爱好创造某种哲学的。但把哲学的产生仅仅归为哲学家的个人兴趣，就永远无法理解什么是哲学。从根本上说，人类只有产生对理解自身生存环境的需要，才会产生哲学。没有人类对哲学的需要，世界上就不可能出现哲学家。人类需要哲学，才会出现哲学和哲学家。这不是实用主义。哲学确实是有用的。如果哲学根本无用，世界上就不会出现哲学。我们还没有见过绝对无用的东西能成为一门学问。哲学无用即有用，无小用有大用。大用仍然是用。古希腊罗马哲学家自认为是为哲学而哲学，毫无实用之意，这可以理解，因为他们大都是有闲有钱有奴隶的人，不是为了个人生存而爱好智慧。可他们自认为为知识而知识的哲学，就真的无用吗？不是，只要看到至今古希腊罗马哲学家的思想仍在影响人类，影响我们的思想和时代的哲学思维，就知道哲学是为“用”而产生的。尽管哲学家把哲学视为灵魂的追求，鄙视追求实用，但实际上，只要一种哲学产生出来，就会在或大或小的范围内发生影响作用。一个民族的哲学家越是伟大，他的影响作用越久远，就越超越国界，能说哲学与实用无关吗！

人类处境有相似之处，都要面对残酷的自然，面对许许多多困扰人类生存的自然问题，面对自己从何处来到何处去的问题。因此，如何认识与自己生存息息相关的自然、认识人类自己、认识人类生存于其中的社会，就成为与人类生存密切相关的根本性问题。人类要理解自然才会产生自然观，理解人和人类生活的意义才会产生人生观，理解社会才会产生社会历史观。人类生存需要解答的这些根本性问题，就构成哲学的本质。人类哲学思想不可能同时提出这些问题，而是先从对自然本质的探索，逐步发展到认识人类自己。当人类的自我认识发展到一定阶段，要求对人生百态和人类命运进行回答时，就会进入社会问题的探索。尽管人类对自然、人、社会的哲学探索过程中，可以产生不同的哲学家、哲学学派，哲学体系和人物的更替也因此表现为哲学史，但它展示的是从不同问题、不同角度、不同水平切入的对自然、人和人类社会普遍问题的求索。

没有抽象的自然、抽象的人和人类社会，它们都必然表现为特定民族生存中的现实自然、具体的人和具体的社会。尽管哲学具有共性，但由于各个民族生活于不同的自然环境，各自的生存条件的差异导致了各个民族发展水平的差异，因此，有的民族哲学思维发展较早，被称为哲学早熟的民族，如古代希腊、印度、中国，以及两河流域的埃及、巴比伦等。哲学具有民族性，会产生各种不同类型的哲学。而且随着时代发展，人类面对的自然、社会不同，人类面对的自身的问题也不同，因而会产生具有不同时代特征的哲学体系。没有抽象哲学家，哲学家都是现实的具有个性的思想者。因此，即使同一个民族、同一个时代，其哲学家的兴趣不同、关注的问题不同，问题的切入点和思维方式也不同，因而哲学是有个性的存在，这就是不同的哲学体系。由于哲学的民族性、时代性和个体性，会出现各种各样的定义。但无论对哲学的定义如何不同，从中外古今的哲学的内容来看，归根结底都不可能超出一个大圆圈，这就是都离不开对自然、人与社会的根本问题的探索。

不要抽象争论哲学是"一"还是"多"。哲学既是"一"又是"多"。哲学是"一"，但它的存在方式是"多"。哲学没有唯一的榜样，哲学以哲学家为承载器具，以哲学体系的方式存在，以民族的思维方式和价值观念的方式存在。哲学体系无论如何多样，它都是哲学，都属于同一学科，都是以各种方式探索自然、探索人与自然、人与社会，以及人与自我关系中的普遍性问题。哲学异中有同，哲学可以由于共同的对象而成为一个学科——哲学学科。

哲学体系间的区别是哲学问题探讨的方式和解决方式，运用的范畴和概念不同，而不是哲学与非哲学的不同，这种差别是同中之异。同中之异是哲学史；异中之同是哲学。人类的生存和实践需要解决的是共同的问题，决定哲学应该有共同定义；而哲学史展示的是差异性中的共同点，也表明哲学可以定义。

哲学从根本上说是源于人类生存的需要，源于人类对生存于其中的自然、社会和对人自身理解的要求。但人类并不是从成为人开始就有产生哲学的要求和能力，最初只有牲畜般的动物意识。哲学的产生需要人类文化的积累、抽象思维的发展，以及生产力的发展和体力劳动、脑力劳动分工的出现，需要一些有空思考的智者。不管哲学在何种条件下产生，它的产生决不是源于爱好思辨的哲人的头脑，也不是单纯出于惊奇，尽管哲学的产生需要哲学家和哲学探索的头脑，需要面对无法理解的种种自然现象的惊奇。哲学探索可以说是哲学探险和探奇。

对我们来说，探讨"什么是哲学"不是出于抽象思辨的爱好，而是具有现实意义。它能使我们更深地理解哲学的本质和功能，理解哲学家肩负的社会使命和学术使命。哲学史表明，哲学的产生就是为了人类生存和实践的需要，而不是单纯出于哲学家的思辨爱好。那种认为哲学应该高居哲学圣殿，离生活、离群众越远越好的观点，是与人类对哲学的需要相悖的。哲学史也表明，凡是伟大的哲学家，无一不对自己时代有关自然、人或社会的一些根本性问题，或者以哲学方式提出问题，或者探求答案。哲学研究需要闲暇，需要兴趣，但更需要对"什么是哲学"的正确理解。

哲学发展的历史与理论逻辑

哲学第一课就讲什么是哲学，往往讲不清。这是历史与逻辑的矛盾。从逻辑上说，要弄清什么是哲学，可从哲学自身的历史来说，哲学并不是从“什么是哲学?”开始的。

人们总以为没有哲学就没有哲学问题，其实相反，是没有哲学问题就没有哲学，也不需要哲学家。可哲学问题从哪里来，它存在于现实之中。现实中的人类生存困境和普遍性问题，并不是以哲学问题的方式存在，而是以实际问题的方式存在。要使实际问题变为哲学问题，必须有哲学家。哲学家是最善于把现实问题变为具有普遍性意义的哲学问题并以哲学方式回答问题的人。由实践中的普遍性问题产生对哲学的需要，哲学家又通过不断提出新的哲学问题推动哲学的发展。哲学史的起点不是“什么是哲学”，而是起源于实践问题的哲学化和对哲学问题的探索。我们学习哲学和哲学史不同。学习哲学和教授哲学开宗明义总是要先讲“什么是哲学”，可哲学产生和发展的实际历史并不是从“什么是哲学”开始，而是从人类生存面对的难题开始的。

从科学发展史来看，没有一门学科是从“什么是什么”的抽象定义开始的，而是从问题开始。任何学科都有一个发展过程。化学从炼金术发展而来，而不是从“什么是化学”开始；天文学也不是从“什么是天文学”开始，而是从占星学发展而来；数学不是从“什么是数学”开始，而是从实际测量的需要发展而来，如此等等。科学首先遇到的是问题，而不是“什么是什么”的关于对象的普遍性定义。化学的起源并不是首先问“什么是化学？化学的对象是什么”，然后再开始化学研究，其他学科的形成同样如此。化学开始孕育在炼金术中，即使当时接触到后来所谓的化学问题，也不知道这就是后来称之为化学的化学学科中的问题。科学发展总是从前科学到科学，而一门科学的产生是由问题逐步发展而来的。先有实后有名，学科名称是后来才有的。当代科学的分类是近代才逐步明确的，此前只有问题而没有相应的名称。例如，《庄子·外物》中就有“木与木相摩则然，金与火相守则流。阴阳错行，则天地大骇，于是乎有雷有霆，水中有火，乃焚大槐”的说法。这段话就涉及后来的物理学、化学、地震学各方面的问题，但当时中国并没有物理学、化学、地震学这些学科的名称。

中国近代自然科学的分类都是从西方引进的，但不能说中国在此之前在化学、物理学、数学、天文学等方面就没有成就。事实正好相反，中国古代没有近代科学的名称，但出现许多与近代学科有关的问题，并取得了重大成就，李约瑟关于中国古代科学技术成就的皇皇巨著以无可辩驳的事实证明了这一点。自然科学与技术的发展同样是先有问题，逐步明确研究的对象，才有学科的名称。全部科学的发展都是从问题开始，同类型问题研究的学者多了，逐步形成一门学科，然后才清楚这门学科独特的不同于其他学科的本质，即知道“什么是什么”这种关于学科对象本质的普遍性问题。所以问题——各个问题综合的对象化——逐步明确关于对象的本质，这是学科形成的历史进程。以为没有关于这门科学的对象的定义，就没有这种关于对象的问题和思想，是本末倒置。

哲学同样是从问题开始的。与科学不同的是，哲学不是从具体问题开始，而是从具有普遍性的问题开始。尽管科学也是从普遍性的问题开始，但它属于特定领域中的普遍性问题，即有限的普遍性，而哲学问题是具有普遍性的问题。黑格尔说，“哲学是以思想普遍性为内容，什么地方普遍者认为无所不包的存在，哲学则从那里开始”。罗素也有类似的说法，“提出普遍性问题，就是哲学的开始”。

恩格斯提出，哲学发展是从哲学基本问题开始的，它的最原始形式就是灵魂与肉体的关系。人死后灵魂到哪里去了？这是初民最普遍的问题，是任何民族的人都无法避开的问题。哲学基本问题由原始人关于梦、关于死后灵魂的去向的世俗问题转变为由理性来探索的哲学问题。罗素也强调哲学有自己不同于自然科学的问题，哲学问题是自然科学无法解决的。他说，思辨的心灵最感兴趣的一切问题，几乎都是科学所不能回答的问题，例如，世界是分为心和物吗？如果是这样，那么心是什么？心是从属于物的吗？还是它具有独立的能力呢？宇宙有没有任何统一性或目的性呢？它是不是朝着一个目标演进的呢？究竟有没有自然规律？我们信仰自然规律仅仅是出于爱好秩序的天性吗？人是不是像天文学家所看到的那样，是由不纯粹的碳水化合物合成的一块微小的东西，无能地在一个渺小而又不重要的行星上爬行着吗？还是他是哈姆雷特所看的那种样子呢？也许他同时是两者吗？有没有一种生活方式是高贵的，而另一种是卑贱的呢？还是一切生活方式都是虚幻无谓的呢？假如有一种生活方式是高贵的，它所包含的内容又是什么？我们又如何能实现它呢？善，为了能够受人尊重，就必须是永恒的吗？究竟有没有智慧这样一种东西，对于这些问题，在实验室里是得不到答案的。对这些问题的研究，就是哲学家的任务。

在哲学发展中，同类性质的问题逐步发展为哲学研究的对象，例如，凡研究世界的本质和规律的问题，我们称之为本体论，因而本体论成为哲学的最早的研究对象；凡属研究以人类如何认识以及能否认识世界的问题，包括理性问题、感性问题、认识的来源与标准、可知与不可知之类的问题，逐步发展成为认识论，认识论成为哲学学科的构成；关于人生的价值、意义中一系列问题成为人生论，人生观成为哲学学科的构成；人的行为的规范以及良心与自律，功利与正义等成为道德论，伦理学成为哲学的构成；关于社会发展中一系列问题使社会成为社会哲学研究的重要对象，社会历史观成为哲学学科的构成；关于人类如何思维，逻辑学和思想方法成为哲学学科的构成，如此等等。而且哲学中的问题和构成，由于时代的需求可以逐步扩展，因而哲学研究的范围，虽然会由于一些学科从哲学中独立出去而缩小，可又由于各个学科新哲学问题的出现而扩大。在当代，语言哲学、政治哲学、经济哲学、文化哲学、价值哲学已经成为哲学的热点。可以预料，任何新学科的出现都会同时伴随哲学问题，如信息哲学、技术哲学、环境哲学等。

在人类历史上，没有任何一个国家的哲学史是从“什么是哲学”开始的。古代希腊的泰勒斯被称为西方哲学家第一人，并不是他首先解决了什么是哲学的问题。他关于“万物来源于水”的命题并不是关于哲学定义的命题，而是关于世界万物有没有共同本原的问题。这是一个哲学本体论的问题，而不是关于哲学的定义问题。中国古代哲学特别是老庄哲学关于道的世界本原性的观点，也是对哲学问题的回答，而不是对什么是哲学的回答。我们称中国哲学为道学、理学、玄学，是学者们根据中国哲学特点对中国哲学名称的概括，道（道与世界）理（理与心、理与气）等都是哲学问题，而不是关于哲学的定义。

为什么哲学如此难以定义，没有一个共同赞成的哲学定义呢？这是因为哲学是从问题开始的，而哲学问题是现实的，每个时代会出现不同的问题。哲学家关注的问题不同，因而他们关于哲学的定义也会不同。他们不会先给哲学下一个普遍的定义，哲学是什么，哲学的对象是什么，然后再在哲学对象中选择自己研究的问题。哲学家的伟大之处，正在于他不断研究新的问题，扩大哲学研究的范围和视野，从而创造哲学研究的新领域，而不是按照哲学的定义来规定自己的研究范围。

在古希腊，哲学只包括物理学、逻辑学和伦理学，我们当代哲学中所涉及的哲学问题是逐步开拓的。由于时代限制，哲学问题视野的限制，哲学家们对哲学的定义都会不同，而且都是具有时代特征的定义。本体论的研究者们认为哲学就是本体论，而认识论的研究者们认为哲学就是认识论，有的强调哲学就是思维方法，或哲学就是人生哲学，就是历史观，甚至就是语言分析、就是逻辑学，各有所说，各有所本。实际上，每个著名哲学家都是新的哲学研究领域的开创者，也可以说是新的哲学对象的拓展者。当他们以自己关注的问题作为哲学的定义，由于关注的重点不同，“什么是哲学”就成为一个争论不休的问题。

哲学是无用之学，哲学无用之说由来久矣，非独当代。因为哲学不能提供任何具体知识，只供闲谈，魏晋时玄谈就是哲学无用的注解。这种看法当然表面。理解哲学史对我们理解哲学是非常必要的。只有理解哲学的发展史，才能深刻理解哲学的功能。在哲学史上，哲学新问题、新领域的创立都是哲学功能提供的。全部哲学史都表明，哲学的功能依赖哲学的发展。古代自然哲学以世界整体为对象，表现为本体论。尽管古代本体论由于历史条件局限，往往把对本体的探索表现为对世界背后本原的探索，因而往往具有思辨的形而上学特性。但对世界本质的探索确实是一个根本性的哲学问题，它为我们树立科学世界观开辟道路并提供线索。当哲学从对世界本身的探索转向认识人类自己，即转向人和人类主体，探索人生的意义和价值就成为重要的哲学领域。这是哲学的人生观功能。当哲学进展到以认识为对象，认识什么，如何认识，以及认识的过程、方式成为哲学对象时，就是它为人类提供对认识的认识的认识论功能。当哲学进入社会历史领域，产生历史哲学时，它为人类认识历史提供基本理论和方法论指导。当哲学突出语言分析，为确定概念的确定性与同一性时，逻辑思维便成为哲学的重要功能。马克思主义哲学把实践作为自己哲学的基础，把改变世界作为哲学目的，哲学的功能得到了升华。在马克思主义哲学中，它的功能可以说是全部哲学史的凝结。它既包括世界观功能、认识论功能、历史观功能和辩证思维的逻辑功能，又有人生价值观功能。

哲学体系与脚手架

我经常会收到热心的哲学爱好者或哲学工作者的来信，声称自己构建了一个新的哲学体系。满是箭头、圆圈、表格。我眼花缭乱，自愧不如，但也感到似乎这不是研究哲学的正确方向。别的哲学门类我不敢说，就我从事的马克思主义哲学这行说，我一直不主张把心思花在构建新体系上，要研究在当代、在中国，如何运用马克思主义基本原理，面对新的现实，捕捉具有时代意义、中国意义的问题，把实际问题提升为哲学问题，并从哲学视角予以探索和回答。这远比蛰居书斋构建自己的所谓新体系有意义。

我并不否定哲学体系的重要性。哲学体系有两种，一种是外在的体系，这就是主观的人为的结构，仿佛是为建造一座大楼而预先架起的脚手架。列宁曾经批评黑格尔那种三段式正反合的结构体系。列宁说过“辩证法的‘三分法’是它的外在的表面的方面”。这是一种刚性的强制性结构。当黑格尔自己的范畴逻辑体系不能合理演进时，他又往往支吾搪塞，不能自圆其说。

恩格斯对黑格尔哲学体系有过评论，他说：由于体系的需要，黑格尔常常不得不求救于强制性的结构，对这些结构，直到现在他的渺小的敌人还发出如此可怕的喊叫，但是这些结构仅仅是他的建筑物的骨架和脚手架，人们只要不是无谓地停留在它的面前，而是深入到大厦里面去，那就会发现无数的珍宝，这些珍宝就是今天也还保持充分的价值。恩格斯做出结论说，在一切哲学家那里，体系是暂时的东西，这恰恰因为它产生于人类精神的永恒的需要，克服一切矛盾的需要。要深入他的体系的哲学迷宫，发现其中真正有价值的思想。他劝读者不要重视黑格尔的体系，而要掌握他的思想精华。连黑格尔这样的大哲学家，恩格斯都不主张把注意力集中在他的体系结构上，何况我辈。

恩格斯反对强制性的外在结构性体系，但并不反对一切体系。任何一个伟大哲学家的思想都会有其内在的结构性体系，这就是一个哲学家思想中的一以贯之的主导原则以及观点之间的相互可证性和兼容性。恩格斯在批判杜林时就说过“本书的目的并不是以另一个体系去同杜林先生的‘体系’相对立，可是希望读者不要忽略我所提出的各种见解的内在联系”。内在体系不是脚手架，更不是一种强制性的结构，而是贯穿全部哲学思想的一以贯之的主导原则和全部观点的内在联系。

马克思主义哲学中，以实践为基础的辩证法与唯物主义的统一，就是贯穿全部马克思主义哲学的一个主导原则，无论是对历史观、认识论、价值学说，都是如此。列宁称赞马克思哲学乃至整个马克思主义之所以是严谨而完备的体系，就是因为它的全部学说之间没有理论和逻辑矛盾，而是相互支撑的理论大厦。我一直强调，辩证唯物主义与历史唯物主义并非两大块。在我看来，这种并列方式比较科学地、真实地表现了马克思主义哲学的两个特点：第一个特点是，辩证唯物主义这个名称，贯穿了马克思主义哲学自然观、历史观以及任何哲学问题，包括认识论和价值观的共同的基本原则，即都要坚持以实践为基础的辩证法和唯物主义相结合；第二，历史唯物主义这个名称与辩证唯物主义并列，并不是因为历史唯物主义可以不贯彻以实践为基础的辩证法与唯物主义相统一的原则，如果这样，就不可能有历史唯物主义。社会生活本质上是实践的，社会历史规律贯穿着唯物主义与辩证法的统一。在辩证唯物主义之外另列出历史唯物主义，既是为了突出马克思和恩格斯在人类哲学史上的新贡献，即历史观的变革，又突出了它在历史领域的特点。如果马克思主义哲学的名称不包括历史唯物主义，单纯以辩证唯物主义命名，就无以突出马克思主义哲学在历史领域的突出贡献；而如果只突出历史唯物主义，就会失去历史唯物主义的哲学前提和一般本体论支撑。

在特殊情况下，辩证唯物主义和历史唯物主义都可以单用作为马克思主义哲学的称呼。例如列宁 1908 年在“向报告人提十个问题”中第一个问题就是“报告人是否承认马克思主义哲学是辩证唯物主义”，这是针对马赫主义以唯心主义的经验批判主义修正马克思主义哲学说的，而不是对马克思主义哲学体系的全面表述。毛泽东也说过，我们的“世界观是辩证唯物主义，这是共产党的理论基础”。有时候毛泽东也单用历史唯物主义指称马克思主义哲学。早在给蔡和森的信中就说，“唯物史观是吾党哲学的根据”。在另一封信中又说，“我们是唯物史观论者，凡事要从历史和环境两方面考察才能得到其原因”。任何一个马克思主义哲学工作者都应当认识到，我们使用历史唯物主义指称马克思主义哲学时，同时包含对辩证唯物主义的承认；反之亦然。如果只承认其中一个而否认另一个，就是对马克思主义哲学基本观点的肢解。

现在有一种看法，认为马克思主义哲学只是历史唯物主义，从马克思主义哲学中完全排斥辩证唯物主义。这种说法是片面的。历史观在马克思主义哲学变革中的重要地位是不言而喻的，但这不能成为马克思主义哲学只是历史唯物主义的根据。强调马克思的伟大发现只是历史唯物主义完全可以，因为它确实是历史观的根本性变革；不像唯物主义和辩证法，曾经以各种形态存在于哲学史中，但如果全面表述马克思主义哲学科学体系的本质，只讲历史唯物主义则不可以。历史唯物主义如果失去了唯物主义和辩证法的支撑，在历史思维中就会成为无源之水、无本之木，这样的马克思主义哲学同样是半截子唯物主义哲学。旧唯物主义哲学是下半身唯物主义，而马克思主义哲学则是上半身的唯物主义。下半身唯物主义可以成立，所有旧唯物主义都是下半身的唯物主义；而没有下半身只有上半身的唯物主义则不能成立。在唯心主义基础上建立历史唯物主义，历史上从无先例。所以，我以为，马克思主义哲学的全称，还是以辩证唯物主义和历史唯物主义并称最为科学。当然，如果坚持辩证唯物主义与历史唯物主义基本观点，把马克思主义哲学称为实践唯物主义也无不可。实践唯物主义虽然突出了实践，但如果实践唯物主义成为辩证唯物主义和历史唯物主义的替代物，而不是另一种称呼，就难以表现马克思主义哲学在社会历史领域中的独特贡献和实践观点、辩证观点、唯物主义观点相统一的哲学特色。

不能把马克思主义哲学体系是什么，和不同时期强调的重点混为一谈。例如，中国先进知识分子最早接受马克思主义，是从接受历史唯物主义和社会主义学说开始，无论是李大钊的《我的马克思主义观》，还是毛泽东与当时在法国的蔡和森通信，都是强调历史唯物主义。但这不能成为马克思主义哲学只是历史唯物主义的理由。如果说，在 20 世纪 20 年代强调历史唯物主义，是因为历史唯物主义与社会主义思想的内在联系，为中国寻找出路的先进知识分子关注历史唯物主义，而毛泽东在延安 30 年代中期的名著《矛盾论》、《实践论》以及整风文献中强调“实事求是”、“有的放矢”、“理论与实践的统一”等观点中，辩证唯物主义又处于突出地位。到写“六评”白皮书时，历史唯物主义的重要性又非常突出。到《人的正确思想是从哪里来的?》、《关于正确处理人民内部矛盾的问题》时，辩证法和认识论问题的重要性又特别明显。

列宁也是如此。写于 1894 年的《什么是人民之友以及他们如何反对社会民主党人?》，重点就是历史唯物主义。在这本书中提出了两个归结，即把社会关系归结为生产关系，把生产关系归结为生产力，因为当时的任务是反对米海洛夫斯基的主观社会学，驳斥他对马克思历史唯物主义的攻击。可到 1908 年列宁反对马赫主义写作《唯物主义和经验批判主义》时，重点又转向辩证唯物主义。全书五章都与辩证唯物主义相关，前三章重点就是辩证唯物主义认识论与经验批判主义认识论的对立；第四、五章，从哲学史和自然科学新发现的角度，强化对辩证唯物主义基本观点的论述。列宁并没有忽视历史唯物主义，在第六章专门论述了历史唯物主义问题。正是在这本著作中，列宁提出了“辩证唯物主义和历史唯物主义是一块整钢”的著名论断。

不能说马克思主义哲学只是辩证唯物主义，或只是历史唯物主义，这两者统一地构成了马克思主义完整的新哲学。至于重点强调什么，是强调辩证唯物主义还是历史唯物主义，甚至重点强调某一个哲学问题，这是革命需要和理论斗争形势决定的，不是一成不变的。

有些学者认为，承认两大块就是把历史唯物主义看成辩证唯物主义的推广和运用。他们对运用说怀着一种理论恐惧症，这是对辩证唯物主义与历史唯物主义关系的误解。为什么不能简单说历史唯物主义是辩证唯物主义的运用和推广呢？因为历史唯物主义不是通过逻辑推论或演绎从唯物主义和辩证法中推论出来的。辩证唯物主义不是历史唯物主义推论的逻辑推论前提，朴素辩证法和唯物主义思想在哲学史上出现了两千多年，从来没有一个哲学家能从中推论出历史唯物主义。但并不能由此得出结论，说历史唯物主义可以不依靠唯物主义和辩证法。如果没有历史上唯物主义和辩证法的哲学积累，肯定不能凭空产生历史唯物主义。

辩证唯物主义与历史唯物主义有两种不同的关系，一种是无中介的关系，一种是有中介的关系。无中介的关系是就简单的推广应用说；而有中介的关系，是指马克思和恩格斯运用唯物主义和辩证法的思维方法研究历史和经济学，研究当时阶级斗争，创造了历史唯物主义，而历史唯物主义的产生又反过来促进辩证法和唯物主义进入了一个新的水平。因此，在马克思主义哲学体系中，辩证唯物主义和历史唯物主义两种名称缺一不可，只要不把它们的关系简单化，这种并列能恰当地反映马克思主义哲学的本质和特殊贡献。

列宁对马克思主义哲学的全称是辩证唯物主义和历史唯物主义，毛泽东也是一样。他在《新民主主义论》中对比中国共产党人和国民党人的世界观时曾说过："共产主义的宇宙观是辩证唯物论和历史唯物论，三民主义的宇宙观则是所谓民生史观，实质上是二元论或唯心论，二者是相反的。"

我们应该有哲学思维，懂得区别辩证唯物主义和历史唯物主义使用的不同场合。辩证唯物主义和历史唯物主义可以单独指称马克思主义哲学，但如果要从马克思主义哲学本质考察它关于自然、社会、人构成的现实世界的世界观时，那么，辩证唯物主义和历史唯物主义的全称是最恰当的名称。

哲学的科学性与科学化

哲学与科学的区分是长期争论不休的问题。过去罗素把哲学放在宗教与科学的中间地带，表明他认为哲学不是科学，也不是宗教，而是个无主空地，是双方争夺的地方。实证主义试图把哲学变为科学，但没有成功。苏联在解体之前，哲学界曾就哲学与生活、哲学与科学进行过激烈争论。中国在这个问题上也有不同意见，有的认为哲学学科应该科学化，否则哲学不能成为一个学科；有的认为哲学就是哲学史，哲学史就是哲学。各持一说，却都言之成理。我认为应该对哲学与科学关系进行具体分析，不应混淆，但也不能绝对对立。关键是要区分科学、科学性和科学化。

哲学不是实证科学。我们可以说出它们许多的不同点。例如，科学的对象是世界的特殊部分，而哲学是全体；自然科学是实证的，它以实验为依据，以公式、定理为表达方式，需要数据；而哲学表现为一系列抽象的概念、范畴，它需要的不是数据而是逻辑论证；科学规律适用范围是特定的，而哲学的应用是普遍的；科学发现可以常识化，历史价值与现实价值成反比，三角形三内角之和为180°是两千多年前历史性的天才发现，希腊人为此杀牛狂欢。哲学则不同，两千多年前的苏格拉底、柏拉图、亚里士多德以及中国的孔孟老庄的智慧至今仍然熠熠生辉，当代无人敢说自己的哲学智慧超过他们；科学结论的正确性是共识的、统一的、无国界的，而哲学并无唯一公认的标准答案；科学研究对象而不研究研究者自己，而哲学必须研究人与对象的关系；科学是实际应用，而哲学则是启迪和教化；科学的功能是探索自然规律，而哲学则具有批判反思功能。实证科学的原理是统一的。物理学、化学或其他实证科学，它的公式和原理必须是正确的，不能互相对立，如果有争论，必有对错。如果互有对错，则必然是相互补充，各占有真理的一个方面。哲学不是这样。我们不能简单说，苏格拉底的哲学是科学、柏拉图的哲学是科学或者不是科学；说老子的哲学、庄子的哲学是科学或不是科学，更难肯定其中一种否定另一种。从这个角度说，黑格尔把哲学视为哲学史有其道理，它肯定历史上哲学各有其存在的合理性，而不是白骨累累的战场，一个体系打倒另一个体系。

美国有位哲学家写过一本书《没有标准答案的哲学问题》，其中列举了关于上帝、价值、信仰，关于自由、平等和公正，关于义务和幸福，关于自由意志、思想和人性以及关于知识、科学和真理等诸多方面的哲学问题，都有不同的答案。毫无疑问，哲学问题由于种种原因，没有统一的得到所有哲学家赞同的标准答案。谁要和神学家争论，有没有上帝？有没有天堂？有没有彼岸世界？当然不可能有唯一的答案。和唯心主义者争论，世界是客观的世界还是依存于主体的世界？由工人和资产者争论什么是分配公平和正义？要一个富人和一个夜宿桥底的人争论，有别墅幸福还是有个栖身之处能遮风挡雨幸福？有多少钱算幸福？穷人与富人永远不会有相同的结论。可以说，关于本体论、认识论、价值论、人生观以及对社会现象的评价，对同一问题没有唯一的答案，更没有标准答案。不同的观点可能永远是鸡鸭对话。

我们还可以列举出种种不同，但并不能由此得出结论，说科学与哲学可以河水不犯井水。科学不是哲学，但科学中有哲学。任何一门科学中都会有哲学问题，这样才会产生物理哲学、化学哲学、数学哲学等，可以说，有一门实证科学就会有相应的一种哲学。同样我们可以说，哲学不是科学，但哲学不能拒斥科学。既不能拒斥实证科学，因为哲学需要总结科学成就；更不能拒斥广泛意义上的科学性，即真理性。如果哲学完全排斥科学性，就有理由放胆胡说。

答案具有多样性，没有标准答案并非哲学的缺点，而是优点，不同的答案从不同方面提供智慧，或者相互补充，这并非坏事，它可以拓展思维和眼界。但不能由没有标准答案得出结论，认为哲学完全属于哲学家个人，是永无了结的哲学争论。其实，任何一个伟大的哲学家的思想只要不是马克思批判的那种“哲学胡说”，其学说中就往往包含某些真理性因素。真理性因素也就是科学性的因素。哲学没有唯一的答案，没有标准答案是对的，如果说哲学答案都是等价的，其中没有真假对错、没有是非、没有高下优劣之分、没有智与不智、只有永远的争论，则不正确。如果哲学答案只有分歧，没有比较、没有是非，这样的哲学家岂非人人能当，人人可当？只要敢于胡说，就是哲学家。

没有唯一标准答案，与哲学能不能有比较正确或不正确答案之分、哲学思维中有无智慧或智慧多少之分，是不能混为一谈的。完全从哲学中排斥科学性问题，排除真理与谬误的问题，就会把哲学从人类智慧中驱逐出去。一个根本没有是非对错、没有可信与不可信区分的学说，谁需要它！总不能把哲学家归入占星相卜、江湖术士的行列吧。毛泽东是肯定唯心主义中也包含真理性颗粒的。他说，剥削阶级当还能代表群众的时候，能够说出若干真理，如孔子、苏格拉底，这样的看法才是历史的看法。孟子也有一部分真理。王阳明也有一些真理，全部否定是非历史的看法。

哲学有不同类型，对哲学科学性问题可以有不同的要求，但不管它以什么方式出现，都必须有其合理性和一定程度的真理性，才能称得上是真正的哲学。中国哲学主要是人生伦理型哲学。“大学之道，在明明德，在亲民，在止于至善。”追求明德、至善，这是儒学的目的，所谓为己之学而非为人之学，讲的就是这个意思。当然中国哲学并不限于人生伦理哲学，如墨子的逻辑与认识论思想、孙子的军事辩证法，都包含可验证的真理性因素。但它仍然是哲学而不是科学，它具有不同于实证科学的普遍适用性和表现方式的抽象性。

我们不会用科学标准来判断孔孟老庄，可《论语》、《孟子》、《道德经》和《庄子》并非都是纯思辨的无根之谈。其中不仅包含许多辩证法的智慧，而且包含关于修齐治平，关于人生修养，关于如何处世、如何处事、如何学习的内容，包含政治实践和人生经验积累，是关于政治和生活的真实智慧。

西方哲学是知识智慧型哲学。按照柏拉图的说法，哲学家是智慧的爱好者，他不是爱智慧的某一部分，而是它的全部。哲学是爱智，是追求智慧，是对智慧真诚的热爱和探索。智慧的一部分是知识，知识也是智慧，没有智慧的知识是不可想象的，但作为知识的智慧只是具体的智慧，是关于特定对象的智慧，而不是哲学智慧。哲学智慧是智慧的全部。哲学智慧是关于宇宙、关于自然、关于人生的大智慧。因此，西方哲学是沿着本体论、认识论这个方向逐步演进的。

我们不能以实证科学的实证标准来判断西方哲学的命题。泰勒斯关于水是万物之源的命题，我们赞赏的是这个命题的哲学智慧。因为他在人类思想史上第一次提出了世界统一性问题。水的存在形式是可变的，它可以是固体，即冰；也可以是气体，即水蒸气；也可以是液体，即江河湖泊中的水。水的存在形态是多样的，但本质是一，都是水。世界同样如此。很显然，这个命题具有人类早期思维的直观性，但它却包含着真理性因素，不仅世界的确存在统一性问题，而且选择水作为万物之源也不是毫无根据的。水对动植物生长和人类生存至关重要，没有水，世界就是没有生命的死的世界。我们现在仍然可以从哲学角度从这个命题中吸取哲学智慧，也可以从生态学角度从这个命题吸取科学智慧。

我们不能以医学标准来判断笛卡尔“我思故我在”的命题，按照生理学和医学的观点，大脑死亡，思想也随之消失，只有我在，我才能思，脑血栓影响我思，甚至让“我”变成痴呆。至于死亡，更是思维的停止，除非相信灵魂不死。可灵魂不死是反科学、反哲学的。我思故我在，从医学来说是不可想象的，但这并不妨碍这个命题包含着真理性因素，一个无思想的存在同样是不可能想象的，况且对人而言，思想比肉体对人更有价值，一个没有思想的人，是行尸走肉。何况从哲学发展史来说，经过中世纪的人，理性和思想被宗教禁锢，强调思想对人的重要性，强调人的主体地位，是很自然的。我们都知道黑格尔的绝对观念是荒唐不经的，但这并不妨碍他对绝对观念发展的论述中包含着真理性因素。马克思肯定黑格尔关于异化的观念中包含否定性辩证法；恩格斯肯定黑格尔在头脚倒置的绝对观念中包含辩证法的三条规律，在以绝对观念为核心的历史观中包含“历史不是杂乱无章而是相互联系有规律的过程”的思想；列宁甚至把黑格尔的思想称为历史唯物主义的萌芽。

如果水是万物之源、我思故我在、绝对观念之类如同上帝是否创造世界、天堂是否是好人的去处之类的宗教学说一样，是纯粹的信仰，而不包含哲学真理性因素，那它还算是什么哲学智慧呢？西方哲学史上的大哲学家的思想中肯定包含某些真理性的颗粒。与科学不同的，它不是科学公式而是哲学智慧，是智慧中的真理，是不以科学原理或公式形式表现的智慧性真理。哲学智慧之所以称得上智慧，必然包含一个“真”字。这个真可以是事实之真、生活之真或思想之真。在我看来，我们对于中外哲学史上各种哲学体系的衡量标准，不应是科学与否，而应该是是否包含哲学智慧，它们是否为人类智慧的积累、道德境界的提升以及人文教化提供了有益的东西。从这个角度说，哲学并不排除科学性。黑格尔把真理视为关于真理的学说，就包含哲学应该有可信性的意思。

当代世界是科学的世界，是科学最具威力的世界，但我们也不能要求哲学变为科学。哲学变为科学是哲学的终结，哲学应该保留它作为哲学的特色，现代哲学尤其如此。我们不会这样来要求胡塞尔、海德格尔、存在主义以及所有认为哲学只是自我意识的表现或我的表象的哲学思想。哲学大家庭可以容纳各种哲学思想和派别。自然界是多彩多姿的，思想领域也一样。各种哲学都属于哲学，因为它们从不同角度不同侧面对宇宙、社会、人生的大问题发表各自的见解，并且其中不乏推动真理探索的见解。作为哲学家，我们应该看重他们究竟提供了多少有价值、有创造性的智慧，而不是在多大程度上和自然科学的结论相偶合。

如果说因为哲学有不同类型，我们对人生伦理型的中国哲学、对智慧型的西方哲学不能提出科学化要求，只能以其中包含真理性因素作为判定其哲学史地位的依据，那对马克思主义哲学则应该提出科学化问题，因为它是实践认识型哲学，为人类正确认识世界和改造世界提供基本理论，为人类解放提供世界观和方法论的指导。既然是认识世界和改造世界，就要比较真实地反映世界的本质和规律。马克思主义哲学是以事实为依据、以规律为对象、以实践为标准的哲学。马克思主义哲学中任何一条原理，都是可以证伪的，都应该而且只应该由实践来验证它的真理性。

马克思主义强调世界是运动着的物质世界，难道我们每时每刻在人类生产实践和科学中不是和客观世界打交道而是和自我意识打交道吗？人类的认识只能来自实践，不可能是凭空产生，更不是从天上掉下来的，难道这条原则还要永世争论不休，不是每个人乃至全人类都可以从自己切身经验体会到的真理吗？难道你能感知你从来没有看过、没有接触过的东西吗？即使是做梦，也是日有所思、夜有所梦。我可以毫不怀疑地说，在马克思哲学中，没有一条原则是永无结论、没有真假对错的思辨命题，因为马克思主义哲学不是那种关于上帝、关于灵魂、关于意志自由、关于彼岸世界、关于来世或末世、关于什么是最高幸福、关于什么是道德的最高境界、关于什么是终极价值的思辨性命题，而是关于现实世界的智慧。它的对象是客观世界，它的观点必须符合世界本身。所以马克思和恩格斯把自己的哲学称为“科学世界观”，称为“科学唯物主义”。他们在《德意志意识形态》中说：“在思辨终止的地方，在现实生活面前，正是描述人们实践活动和实际发展过程的真正实证科学开始的地方。”此处所谓的实证性，也是马克思主义哲学的科学性的意思。马克思主义既然要指导人们认识世界和改变世界，就必须正确地反映世界。没有科学性的马克思主义哲学不是马克思主义哲学，只能是一些无用的哲学空谈。伊格尔顿说，历史上从来没有出现过建立在笛卡尔思想之上的政府，用柏拉图思想武装起来的游击队，或以黑格尔的理论为指导的工会组织。马克思彻底改变了我们对人类历史的理解，这是连最激烈的马克思主义批评者也无法否认的事实。就连反社会主义的思想家路德·维希·冯·米塞斯也认为，社会主义是有史以来影响最深远的社会改革运动，也是第一个不限于某个特定群众，而是受到不分种族、国别、宗教和文明的所有人支持的思想潮流。但是，有一种流行的观点认为，马克思主义和他的理论已经安息了。在资本主义刚刚经历了有史以来破坏性最强的金融危机的背景下，这样的观点更显得滑稽可笑。马克思主义是所有批判资本主义制度的理论中内容上最丰富、政治上最坚定的理论，如今人们似乎觉得已经可以把它作为久远的历史抛在脑后了。但马克思主义是真理性学说，它的正确性不会以某些人个人好恶而变化。

马克思主义哲学具有科学性，但它不可能穷尽世界、穷尽真理。马克思主义哲学需要发展，这是没有问题的，但原则上我们应该承认马克思主义哲学是科学的世界观，我们应该以科学的态度对待马克思主义哲学。各种类型的哲学都各有其用。我们可以从西方智慧型哲学中吸取哲学智慧，从中国人生道德型哲学中发展做人的准则，但任何哲学都不能取代马克思主义哲学特有的认识世界和改造世界的世界观和方法论功能。

马克思主义哲学的科学化是指它原理的科学性，即真理性，而不是指把马克思主义哲学变为一种实证科学。马克思主义哲学是哲学，不是实证科学。实证科学的命题的正确性在于命题本身，它注重的是同一对象的共同性而不是差异性，任何时间和地点的变化都不会改变实证科学原理的确定性；而马克思主义哲学的科学性原理不同，它的命题本身不但有科学性，还指导人们如何在实践中运用这些原理。如果不以马克思主义哲学作为指导方法，而是作为像自然科学那样不受时间地点等条件限制的普遍公式，就会使马克思主义哲学失去它的科学性，转变为它的对立面，转变为教条。所以马克思主义哲学的科学性，不仅包括原理的正确性，而且包括原理运用的条件性。从这个角度看待马克思主义科学化问题，就不能按照自然科学的标准和要求，脱离时代条件和特殊环境，追求它的绝对正确性和公理性，形成一套万古不变的原理和公式。马克思主义科学化问题研究，应该包括基本原理、原理的运用和原理的创造性发展。

马克思主义哲学的科学性并不排斥它的价值性。作为认识世界和改造世界的理论指导的哲学，其自身肯定包括为什么要认识世界和改造世界的问题，即目的性和理想问题。这个“为什么”中就包含马克思主义的价值诉求。但马克思主义哲学的价值诉求是以科学性为依据的，不是单纯的道德伦理诉求。马克思主义价值诉求一旦变为纯粹的道德诉求，就会失去其现实性与可实现性。我反对把社会主义理想价值化、伦理化的倾向。社会主义和共产主义不是基于道德的理想，而是以社会形态的更替的历史必然性为依据的理想。当革命者把社会主义和共产主义的必然性转变为一种理想来追求时，它就是信仰，把信仰内化为意志就是信念，以伟大理想鞭策自己的行为就是道德。理想、信仰、信念、道德都是价值追求。多少革命者怀着这种理想洒血沙场，走上刑场，前仆后继，视死如归。从它的内容来说，它超越难以捉摸、难以把握的天人境界，而追求更真实更高远的人生境界。因此社会主义和共产主义，对社会发展来说是规律，对于为社会主义和共产主义而奋斗的革命者来说是理想。马克思主义哲学不是冰冷冷的说教，而是包含理想和热情的真理。把马克思主义者变为舞台上马列主义老太太的形象，实际上是对马克思主义的一种丑化。

就马克思主义哲学的本质和功能而言，科学化是对马克思主义哲学的要求，不能把马克思主义哲学归入永无结论的哲学。我们应该继承马克思主义哲学坚持科学性与价值性统一的传统，总结当代各门科学的新成就和人类实践的新经验，推进马克思主义哲学科学化，无愧于马克思和恩格斯提出的马克思主义哲学是“科学唯物主义”、“科学世界观”。在哲学科学化的争论中，我们要区分科学、科学性和科学化。哲学不是科学。哲学变为实证科学是其末路。但哲学应该具有科学性，不管它以什么样的哲学体系存在，即使是唯心主义体系，只要它是真正的哲学智慧，就会包含某些科学性即真理性因素。没有任何合理性因素的哲学，只能归入马克思说的那种“哲学胡说”。

没有世界观的哲学可能吗

世界观不等于哲学，但哲学必须是世界观。马克思主义把哲学定义为关于世界观的学说，并非由哲学会议决定的，也并非哲学家人人举手赞同。世界观是任何哲学都无可避免的共同问题。人生活在世界中，每时每刻都在面对世界。人既然生活在世界上，就会有对世界的看法，只是埋头过日子的普通人不会去考虑这个问题，在他们看来，我们面对的世界是客观的世界，决不会是自己的梦，这是不言而喻的。他们都是素朴的唯物主义者，不是哲学家。马克思说过，“哲学不在世界之外，就如同人脑虽然不在胃里，但也不在人体之外一样”。哲学家之所以是哲学家，正在于他们思考人们习以为常但又至关重要的问题。

在人与世界的关系中，首先要解决的问题是，自己面对的是一个真实的世界还是虚假的世界？是客观世界还是自己的梦？如果世界果真是“凡所有相，皆是虚妄”，那一切都免谈。可这只是说说而已，世界照样存在。初民以来，一代又一代人都要生活于并面对自己的世界。世界的客观本性问题，是一切哲学体系得以成立的基础。马克思强调人对世界的改造，强调人化自然，但仍然把自然界的优先性放在突出地位，因为不承认自然界的优先地位，任何哲学问题都无从谈起。人化自然也好，人类实践也好，人对自然界改造也好，都必须先承认有一个自在的世界，才有可能把它一部分一部分地变为人化世界，变为为我的世界。

哲学是“系统化理论化的世界观”，这既是对马克思主义哲学的科学规定，又是对全部哲学史和人类哲学思维共同点的概括。哲学家们可以不承认哲学是世界观，但任何一个哲学体系都不可能排除贯穿其中的世界观。因为任何哲学都无法回避这个问题：人类面对世界是一个客观的世界还是依存于主体的世界？是真实的世界还仅仅是人类知觉中的表象？世界是有还是无？当然，这不是唯一的问题，但它是哲学作为哲学的共同基础性问题。不管哲学家对哲学如何定义，如何理解，提出何种哲学问题作为自己研究的主要问题，他们都无法回避这个问题。

系统化、理论化并不是哲学独有的，任何科学都是系统化、理论化的知识体系。具体科学也是关于世界的知识，难道科学不是以客观世界为对象吗？科学虽然也是系统化、理论化的知识，也是关于世界的知识，但它不是世界观，不是“观”，而是关于特定对象的具体知识。科学只关心自己研究的世界的局部，而非通观世界的本性和全体。没有任何一种自然科学是以世界的本性和普遍规律为对象的。更重要的是，科学研究从世界中排除人，不研究人与世界的关系，而哲学是把人包含在世界之中，对世界研究的核心是人与世界的关系。

同样，哲学也不同于宗教，因为宗教尽管包括世界本性的观点，例如基督教的创世说，佛教的四大皆空说，都包含对现实世界的看法，但它不是理论化的世界观，而是以信仰为基础，不具有可验证性。宗教关心的是彼岸世界，是来世的智慧，而哲学关心的是现实世界，是现实世界的智慧。任何宗教教义都不是以人类实践为标准、以科学事实为依据，而只是信，像有的神学家说的“越荒谬我越相信”。罗素说哲学是科学与宗教争夺的中间地带，这一看法是很有见地的，即便在当代也是如此。例如，马克思主义哲学是科学与价值的统一。如果片面强调价值，把马克思主义的社会主义和人类解放的理想变为终极关怀，变为终极价值，把共产主义理想变为追求千年王国，那就是把马克思主义宗教化；反之，如果不重视马克思主义中的理想、信仰和价值因素，把它与实证科学同样看待，就会走向实证主义。我们只要观察当代西方，就可以看到哲学的宗教化和实证化两种倾向同时存在。

日常生活的经验性思维中也包括哲学思维，生活中有哲学。但生活中自发的、由经验中得到的是零碎的、非系统的、非理论化的哲学思维。它具有经验性而非理论性，它不可能理论化，它不使用范畴、概念或理论原则，而是口头传授的经验，而且只有自己亲身经历过才能产生经验。一个没有经验的人，是不可能真正体会和接受别人的经验的。当经验变为可传授的经验时，它一定已经由经验性认识上升为理论性认识，即经过总结，变为理论。哲学是具有系统性的人类共有的智慧，而生活是零碎的个体性经验。

世界观可以说是任何哲学的共同本性，即任何哲学都明确地或隐含地以对世界本性的回答作为自己的基础。哲学可以在发展中衍生出种种不同领域，并产生具有普遍性的问题。它们不但直接或间接与世界本性这个问题不可分，反而以它作为解答全部哲学问题的立足点。

哲学是世界观的理论形态，并不是说世界本性是哲学的唯一问题，但它是哲学作为哲学特征的最主要之点。应该把哲学本性和哲学问题区分开来。哲学问题是属于哲学的问题。我们不能根据哲学问题来定义哲学。问题只是具体哲学体系或某一哲学家的研究对象，而不是哲学对象的本质。不同的哲学体系有不同的哲学问题，不同的哲学问题彰显不同的哲学家或不同哲学学派的特点，但任何哲学家或哲学学派都不可能回避世界观这个问题。

人类开始并不知道什么是哲学，哲学家开始并不知道他们研究的问题就是后来被称为哲学的哲学。它可以有不同的名称，西方称之为爱智之学，后来通称为哲学；中国称为道学、理学、玄学，并没有哲学这个名称。但有一点可以肯定，人类自身的生存、认识和实践，都要求人类不仅要了解世界的局部，同样需要了解世界的整体。世界整体是一，它至大无外，永远不可能全部进入人们的视线，人们接触的只能是部分。因而所谓理解世界整体，指的就是理解世界的统一性。这种统一性，有的哲学家认为是物质的，也有的哲学家认为是精神的。当然，世界只能一部分一部分地被人知觉，世界整体性是抽象的哲学观念，世界永远不可能以整体进入人的视域。人类无论何时何地只能接触或认识世界的部分，但它从世界的统一性出发，必然着眼的是世界共同本性。世界的共性即是世界整体。例如唯物主义承认世界的物质统一性，即把世界，无论是已经认识的或还未认识的、已经人化的或还未人化的，看成物质世界，这就是对世界的宏观的总体性把握。世界物质统一性的真正意义是排除彼岸世界、排除物质世界之外还有独立存在的非物质世界的可能。

哲学是世界观决不是说哲学只停留在对世界总体的把握上。世界是一个整体，但并非抽象的整体。在人出现后，世界就包括天、地、人。用现在的哲学术语说，世界是自然、社会和人的统一体。天与地是自然，人是天地之精灵，最为贵，因而哲学既包括自然观、社会观，也包括对人自身的认识。对人的研究贯穿于人与自然的关系、人与社会关系的之中。正因为世界既是统一的又是可分的，是包括多个领域的复合体，所以哲学研究有不同的切入点，提出不同的哲学问题，因而哲学体系从来不是千人一面，而是有不同的类型。同一类型的哲学又有各个不同的问题，例如，由于对本体论、认识论的研究，哲学着重于对世界的本性和认识的一般规律的研究，这种研究成果具有世界观和方法论功能。我们不能把这种哲学称为认知型哲学而加以贬谪，甚至以拒斥形而上学为名反对本体论问题的研究。哲学如果没有世界观和认识功能，不能为人们提供一个具有科学性的世界的哲学图景，不能为人们提供认识世界的正确的认识理论和思维方法，它就失去了对人类实践、对科学研究的价值和意义。

本体论和认识论并非哲学唯一的类型和功能。哲学对人生意义和价值的研究发展为人生论哲学，对人与对象的价值关系和评价事物的尺度的研究产生价值哲学。人生观和价值观是哲学的重要对象和功能，它们为提高人的精神境界，提高人的人文素质、道德素质，为人类安身立命提供任何其他学科都无法提供的重要原则。但也不能因此就认为人是哲学的唯一对象，哲学就是人学。没有世界观作为支撑的人生观和价值观是不存在的。哲学是包括对世界研究的多个领域、多种不同问题的具有多种功能的复合体，它的每一个方面都有特殊的无可替代的作用，本体论有本体论的作用，认识论有认识论的作用，价值观有价值观的作用，方法论有方法论的作用，人生观有人生观的作用，历史观有历史观的作用，如此等等。可以说，不同的哲学往往是着重某一方面或某几个方面，无所不包的哲学体系是很少见的。即使是所谓百科全书式的哲学体系仍然会有所侧重，康德最著名的是认识论，黑格尔是辩证法，费尔巴哈是人本唯物主义，而马克思则是历史唯物主义。

既然哲学包括各种不同类型，有不同的研究重点和哲学问题，那根据什么说哲学是世界观的理论形态呢？难道认识论是世界观吗？人生观是世界观吗？价值观是世界观吗？当然不能简单回答“是”或者“不是”。一方面，认识论、历史观、人生观、价值观都有自己特殊的对象和功能；另一方面，全部哲学问题和不同领域的哲学问题的最终解答方式，从根本上说都取决于它如何对待世界的客观性问题，取决于对人与世界关系问题的回答。也就是说，世界观在所有哲学问题中处于主导地位，是贯穿全部哲学的串线。许多哲学家不承认这一点，但实际上这个问题始终贯穿他所研究的问题。总之，一切被称为哲学研究的内容都或明显或隐蔽，或直接或间接地以处理世界本性和人与世界关系为前提。世界观归根结底决定认识论、人生观、历史观、价值观和方法论，从而把它们包括在哲学总体之中。

马克思主义把哲学定义为世界观，把存在与思维定为哲学基本问题，把唯物主义和唯心主义定为哲学两大派别，这完全是把哲学脸谱化、简单化的做法。这种说法如果不是偏见，也是误解。

世界观是哲学的共同本性，可哲学研究的问题是多样的。不同时代不同国家会产生不同的哲学问题。世界观并没有限制哲学的发展，没有限制新哲学问题的研究。任何新的哲学问题都不能没有世界观基础。存在与思维的关系是哲学的基本问题，而不是哲学中唯一的问题。它是基本问题，是指任何问题中都会以不同方式表达的问题。不是任何哲学都必须研究存在与思维的关系，不研究可以，但要在自己哲学思维中超越或者摒弃这个问题是不可能的。

哲学中唯物主义与唯心主义的划分问题，决不是界限分明的两军对垒，因为它们可能相互包含。哲学家可以承认或不承认自己属于唯物主义或唯心主义，但我们至今没有看到无所归属的哲学。例如，语言哲学如果把语言视为存在的家，就是唯心主义；把语言视为对对象的称谓倾向，强调名为实之宾，就是唯物主义倾向，这是哲学中的名与实的关系。哲学并不会因为这种划分而脸谱化简单化，同样是唯物主义或唯心主义，古今中外可以各有特点，不能相互取代，并不会因为有英国唯物主义，就不会出现法国唯物主义，或德国不再会出现德国的唯物主义。同理，并不会因为有了柏拉图，就不会再有黑格尔；也不会因为有黑格尔，中国的朱熹就无价值。

唯物主义与唯心主义的区分是哲学观点的区分，不能简单说唯物主义者一定比唯心主义者高明。按列宁的说法，有聪明的唯心主义者和愚蠢的唯物主义者，聪明的唯心主义者比愚蠢的唯物主义更接近唯物主义。聪明的唯心主义体系中可能包含智慧，德国古典哲学从康德到黑格尔对人类贡献之大是任何机械唯物主义无法相比的。何况唯物主义和唯心主义并不是绝对对应的。唯物主义体系中可以存在唯心主义观点，唯心主义体系中也可能存在唯物主义观点。我指的不是折中主义，而是一个哲学家的思想并不那么纯粹，而他的思想也不会一生不变。在唯物主义体系中包含唯心主义杂质，在唯心主义体系中包含唯物主义若干思想闪光，这种情况在哲学史上数见不鲜。

哲学体系可以不断更新，可以各有特点，但是一万年也无法消灭变化着的客观世界，消灭人与客观世界的关系，因而也不可能消灭对世界本性和人与世界关系问题的哲学争论，只是哲学形态、哲学问题、哲学论点和论据由于时代和民族的不同而不同。只要是哲学，就不可能不具有世界观的性质。世界本性不是唯一的问题。不直接研究世界观的哲学可以有，但没有世界观的哲学决不会有。我们永远面对世界，永远有一个客观世界。有世界而没有世界观，行得通吗！

世界与世界观

世界决定世界观，而不是世界观决定世界。尽管哲学家们说，每个人都是用自己的眼睛看世界，每位哲学家都是从自己的世界观中观察世界，甚至说世界就在我心中，但这些都无法改变人类面对的是一个客观世界这个事实。对这个世界可以有各种各样的看法，但看法仅仅是看法，客观世界仍然是客观世界。

不错，世界观可以影响人们对世界的看法，正如从有色眼镜中看到的世界不同于不戴眼镜的世界。可世界并不会因为眼镜颜色不同而变化，变化的只是自己眼镜中的世界，而不是眼前的世界。朱光潜先生说得对，凡是不能持冷静客观态度的人，毛病都在把“我”看得太大。从“我”这副着色的眼镜看世界，一切事物都会失去它们本来的面目。科学的世界观，必须以客观世界为依据，而不是相反。如果自己的眼睛观察到一个被歪曲的世界，那错误不在客观世界而在自己，正如哈哈镜中的人像，夸张的镜像在于哈哈镜而不在于哈哈镜外面的人。用世界和世界的变化来观察世界，就是充分考虑社会条件和时代性，坚持世界观应该与时俱进。

世界多样性是世界存在的形态，而世界的物质统一性，则是多样性的共同本质。当代科学的发展也极大地影响人们的世界观，例如相对论、系统论和量子力学的发现，表明微观世界受不同于宏观世界的规律支配。因此，对世界的看法必须考虑到科学新发展，肯定必然性的同时要重视偶然性，在考察全体与部分关系时要重视整体不是局部总和，而是具有新的性质。在互联网时代，对世界的相互联系看法和时空观念必然变化；中国古人持有的中国即天下、即世界的狭隘观念，在当代世界不可能存在。世界观是受世界支配的。狄尔泰说过，“每一种世界观都是取决于历史条件，因而是有限的、相对的”，“每一个世界观都是真实的。但每个世界观都是片面的”。

世界的客观性并不是空洞的物质外壳，而是包含现实的客观内容的存在。不同时代的自然界状态不同、社会发展水平不同，人的发展水平也不同。可以说，每个时代的人们都面对着不同的发展着的世界。世界是变化的，千变万化，犹如万花筒，因为构成世界的万物，无论是自然、社会还是人，都是变化的。万物皆变，唯一不变的是世界作为一个具有客观规律，不依主观意志为转移的客观世界。

把世界观简单化为人对永远不变的物质世界的反映与被反映的关系，除了世界物质性和物质第一、意识第二性外，别无他说，这是不对的。实际上，每个时代、每个民族的世界观都是丰富多彩的。自古至今，世界观的唯物、唯心的区分仿佛永远不变，因为世界是物质世界这个根本点不变，这是一种哲学错觉。实际上关于世界客观性的问题是一个具有基础性和永久性的问题。可如何论证，或赞成或反对，都会由于科学的新发现而出现新说，构成新的世界观。正如反物质的出现、宇宙大爆炸理论，以及旧三论和新三论所引发的哲学争论大大影响世界观一样。哲学家都是通过自己对科学和发展状况的理论把握，形成具有时代特征的哲学。当时马克思说真正的哲学是时代精神的精华，表明哲学的发展取决于哲学家自己所处时代的状况，而不是把世界视为一成不变的抽象世界。

一定不能忘记世界是变化着的世界，世界观并不是无主体的客观精神，它就是哲学家的创造。因此，每个时代的世界与世界观之间还存在一个具体的哲学家。创立新世界观是哲学工作，被把握在世界观中的世界是哲学思维中的世界，能把握时代精神精华的哲学家才是真正哲学的创造者。所谓时代精神，就是现实世界发展的规律性发展方向。真正哲学的创造者才是真正的哲学家，违背时代精神的旧世界观是时代的落伍者。如果世界观是世界的直接反映，那哲学家和哲学工作都是完全多余的。

自世界资本主义产生以后，由于西方资本主义的市场开拓和殖民主义政策，世界的联系越来越紧密。世界博览会的出现，就是世界各国加强相互联系的一种方式。当然，最初的主办者和参与者都是比较发达的资本主义国家，后来才有越来越多的国家参与，这表明世界联系越来越广泛。第一次世博会是1851年英国举办的，因为英国是当时世界上工业最发达的国家。这次世博会当时被称为万国工业品大博览会。此后世界博览会经常举行。它对资本主义发展和文化交流起到了推动作用。恩格斯在评论世博会时说，1851年的博览会给英国这个岛国的闭塞性敲起了丧钟，英国在饮食、风俗和观念方面已经国际化了。它在这方面取得的成就，使我们不禁希望英国的某些风俗和习惯在大陆上传播也像大陆上的其他习惯在英国那样得到传播一样。

在西方资本主义发展时期，中国正处于没落的半封建半殖民地时期，清政府自顾不暇，又害怕西方资本主义的入侵，除个别人以个人身份参与外，基本上置身世博会之外。因此，2010年上海世博会从国际意义、经济意义、文化交流意义，都是中国重返世界并成为世界瞩目的新兴大国的标志。中国由于与世界交往频繁，出国旅游人数的激增，世界性眼光、国际性眼光不断强化，清政府时代害怕洋人、闭关自守、拒绝西方优秀文化的心理一扫而光。这必然大大影响我们年轻一代的世界观。他们具有世界眼光，对世界的客观性、对世界是相互联系而不是彼此孤立、互不影响的辩证思维方式更容易接受。

哲学重要是因为它管思想，管如何思想。说它管思想，是因为哲学是关于如何思想的思想；任何科学都是对对象的本质和规律的把握，而哲学则是对那些成果的再思想，是从各门科学中总结出的具有普遍性的思想；说它管如何思想，是指人要思想，就要有思想方法问题，有如何思想才能达到正确结论的问题，否则，思想会碰壁，会走弯路。因此，正确的思想方法必须是与对象本质相符合的思想。这就显示出世界观的重要性。

没有客观世界观支撑的思维方法，不可能是哲学思维方法。哲学的重要性，就是正确思维方法的重要性。人要思想正确，必须思想方法正确。美国当代作家哈尼·鲁宾说过，“注意你的思想，它会变成你的语言；注意你的语言，它会变成你的行动；注意你的行动，它会变成你的习惯；注意你的习惯，它会变成你的性格；注意你的性格，它会变成你的命运。”

错误的思想会使你一辈子不幸，而正确的思想会使你的人生道路比较顺利。我们强调解放思想、转变观念，都是为了思想正确。正确的思想往往是正确行为的前导，而正确的世界观则科学地反映现实世界，它是人们在实践和研究中获得正确的思维方法的总结。

科学世界观应该是完整的

马克思主义哲学世界观不能仅仅归结为历史观。历史唯物主义在马克思主义哲学中的地位当然无可替代，但不能由此得出结论，说历史唯物主义是马克思主义哲学的唯一内容。马克思主义哲学世界观，应该包括自然观和历史观，因为自然与社会是世界的两大领域，而且自然是社会借以存在和发展的物质基础。排除自然的世界不是现实世界，排除自然观的世界观是不完整的世界观。同样，排除社会的世界也不是现实的世界，而是先于人类而存在的自然界。对这个世界，人类一无所知，世界只能是把握在哲学思维中的完整世界，但并不是说，自然观与历史观在马克思主义哲学中具有相同的作用。

恩格斯曾经把剩余价值学说和历史唯物主义称为马克思的两大发现，这表明剩余价值理论和唯物主义历史观在马克思思想体系中的特殊地位。完全可以说，没有历史观的变革，就不可能有马克思主义哲学的变革，也不可能产生马克思主义。唯物主义历史观在马克思主义体系中的巨大作用是无可替代的。没有历史观的变革，唯物主义自然观将仍然停留在旧唯物主义的水平。唯物主义历史观认为物质资料生产是社会存在和发展的基础，通过人的生产劳动把自然纳入生产对象，自然才不会与人相隔离。没有人化自然的思想，没有历史的自然观念，自然永远是一个没有人的实践的世界，永远是一个自在的不能进入人的世界。

如果没有历史观的基本理论和方法指导，马克思主义经济学说体系就难以确立，对资本主义社会形态的解剖也不可能。可以说，没有历史观的变革，就不可能有《资本论》的出现；如果没有关于历史必然性、社会基本矛盾和阶级斗争的理论，社会主义也不可能成为科学。当然，唯物主义历史观与经济学的研究和科学社会主义理论的形成是相互作用的关系，并不是历史观变革后才确立经济学和科学社会主义理论，它们是相互促进、相互推动的。但从理论逻辑上说，如果没有历史观的变革，经济学和科学社会主义的理论体系就会由于缺乏历史规律的支撑，而在原来的基础上止步不前。但不能因此就说，历史唯物主义是马克思主义哲学的唯一内容。正如不能把马克思的经济学仅仅归结为剩余价值理论一样，我们也不能把马克思主义哲学只归结为历史唯物主义理论，认为唯物主义历史观是马克思主义哲学的代名词或唯一内容。这样说既不全面，也不符合马克思主义哲学史的事实。

马克思主义哲学是世界观，而不仅仅是社会历史观。世界观必然要对人生活于其中的自然界有个哲学的看法。自古以来，哲学主要是自然观，因为就人类生存而言，在前资本主义社会与人的生活最切近、最易观察的就是自然。只是在进入资本主义以后，由于反对封建社会的需要，人们才把哲学视角转向社会，转向对社会规律和社会平等、人权、自由等问题的研究。这个过程是从维科开始的，马克思继承了这个传统。他超越自古以来只重视自然、重视自然本体论的传统，进入社会历史领域并以唯物主义和辩证法观点考察人类社会，实现了社会历史观的伟大变革。但这不能成为把历史唯物主义视为马克思主义哲学唯一内容的根据，否定马克思主义哲学自然观，或把自然观完全融入社会历史观，都是不完整的。

我们不能只重视历史的自然，不重视自然的历史。因为历史是自然对人的生成，或者说自然是在实践中的延伸，没有自然的社会犹如悬在半空，实在荒谬。人既然依赖自然为生，就不可能生活在没有自然的社会中，世界观就应该对自然有一个哲学看法。不变革自古以来的旧唯物主义自然观和唯心主义自然观，不包括自然观变革在内的历史观变革是不可能的，是无法想象的。

自然观与历史观不可分割，各有特点，不能相互隔离，也不能相互代替。没有唯物主义历史观的参与，没有自然人化观念，马克思主义自然观就超不出旧唯物主义水平。正如恩格斯批评的，只知道自然作用于人，而不知道人作用于自然的自然观是旧的形而上学的唯物主义。可是历史观并不能涵盖或取代自然观，因为只承认人化自然，只讲社会对自然的作用，把自然变为一个社会概念，而不承认自然作为自然实在的客观特性，必然陷入唯心主义。

自然界既有人化的领域，又有还没有进入人化范围的自在领域；有先于人并不依存于人的自然界，也有与人并存与社会不可分离的自然界；而且就自然界整体而言，人化领域比起未人化领域永远是无限小的领域，是一个由小变大的领域，而自然界决不会由于人化而被穷尽。人化是一个不断的过程，只要人类存在，人化就不会停止，未人化的自然则为人化自然提供空间。

人类可以消失，人化可以结束，而自然界则永远存在。面对这样一个人类赖以生存和世世代代不断人化的自然，哲学竟敢说它的存在毫无意义，真是胆大妄为。可哲学家无论如何狂妄，也不过是茶杯里的风暴。这样的哲学家一个一个死去，但自然界仍然以自己的存在对这种哲学进行无言的嘲笑。

自然界有它自身的客观规律，这些规律是自然规律而非社会规律，它不会因为人的参与而成为人化规律，也不能合并到社会历史观的领域。人只能利用自然规律而永远不能违背和创造自然规律。因此，马克思主义自然观有自身特定的内容。关于世界客观性和规律性问题，关于世界的辩证运动和运动规律问题，关于随着自然科学新发现如何进行新的哲学研究的问题，都需要专门研究。社会历史观并不能取代自然观，而只能防止自然观研究上的旧唯物主义观点的复活。自然辩证法是马克思主义世界观研究中的一个不可或缺的领域。

自然是历史的自然，而历史是自然的历史，这两者不可分。如果没有客观的自然，没有对对象世界的改造，社会是不可能产生的。社会在哪里？历史从哪里开始？历史从人类改造自然开始，社会是人改造自然过程中确立的各种组织、制度和行为方式的总和，它们全部依赖于人对自然的改造。没有客观的自然，社会就如同泡影，根本不存在。凡是没有人与自然发生关系的地方，就没有人类的社会和社会发展的历史。人类历史的基础，无非是人类对自然改造方式变化和更替的历史。全部人类意识形态的变化，都与人类的生产方式相联系，是它在人类意识中的反映和回声。

如果马克思主义哲学不想放弃对自然科学与技术研究的思想指导和方法论指导，不把它交给宗教和形形色色的唯心主义哲学，就必须要有自然观，有辩证唯物主义的新自然观，否则自然辩证法以及科学技术哲学必然成为马克思主义遗忘的角落。对自然科学与技术史的研究，也应该注重历史唯物主义指导作用。因为科学家是人，科学和技术的发明和运用不能离开社会，包括社会的经济和政治环境。自然科学与技术史的研究具有双重性，既是历史学科需要历史唯物主义指导，又具有自然科学的内容，需要有正确的自然观。

历史唯物主义不能轻视自然观领域中的辩证唯物主义观点。相对于社会而言，自然更是一个无限广大的领域，是一个直接影响人类社会生存和发展的领域。一个优秀的自然科学研究者应该掌握历史唯物主义观点，以便认识科学技术对生产方式和社会制度的依赖性，提高科学家社会责任的自觉性；他同样需要有正确的自然观，坚持唯物主义和辩证法的观点，肯定会有益于改进研究方法和思想方法。当然，不具备历史唯物主义基本观点的自然科学家照样可以在实验室进行自然科学研究，但他对自己研究成果的社会效用，对自己的成果将对人类产生何种影响缺乏认识。他可能是一个有成就的自然科学家，也可能是助纣为虐或为虎作伥的科学家。

自然界正在造反，正在惩罚人类，环境污染、生态恶化正在把“生存或灭亡”放在人类面前，世界末日论正甚嚣尘上，说 2012 年是世界灾难年，这是生态环境恶化的宗教化解释。我看过一位著名画家的大型油画《通向众冥的自由之路》，男女众生，各式各样的人似乎朝观众狂奔而来，惊怵、恐惧、绝望，仿佛世界末日来临了。有个身着白衣的女人，镇静地挺立着，面向前方，隐喻世界正处在毁灭的前夕，但还有希望。这是理想的幻灭，是幻灭中的理想。画家以艺术的形式，唤醒人对自身处境的反思，这是一种艺术观，同时也渗透着自然观和历史观。

改造世界与掠夺世界

应该正确理解马克思《关于费尔巴哈的提纲》第十一条中关于“问题在于改变世界”的论断。有的学者说，这个提法是片面的、有害的，你看当代世界生态恶化就是由于马克思的“改造世界”论断造成的。这当然应该归为奇谈怪论之列。只要认真一点读书就能理解，马克思是针对费尔巴哈和一切旧唯物主义者和思辨唯心主义哲学的缺点说的，提出的是历史赋予马克思主义哲学的改造旧世界的历史使命，这正是马克思主义哲学变革的关键所在。

哲学如果要发挥哲学的作用，就不能坐而论道，而必须能指导人们改造世界。马克思主义就是以改造旧世界、建设新世界、寻求人类解放为己任。马克思主义说的是改造世界而不是掠夺世界、掠夺自然。如果懂得“改造”和“掠夺”的区别，就不会发出此种怪论。改造世界，就是把世界越变越好，把旧世界变为新世界。改造社会，就是消灭剥削，消灭两极分化，共同富裕，建立人人向往的美好社会；改造自然，就是把自然变得更适合人类生存，真正使人类在地球上诗意地栖居。破坏自然不是改造自然，而是掠夺自然，它必然受到自然的报复，恩格斯在《自然辩证法》中对此早就有过警告。把马克思主义哲学关于改造世界的重要原理，与马克思主义关于人与自然关系的理论、关于规律客观性和主体能动性关系的理论与科学社会主义关于人类解放的理想，各自孤立，采取歪批三国的态度，任意解读，这是对经典的极不尊重。

马克思主义并不否定解释世界，或者说认识世界的重要性。它反对的是只说明世界而轻视改变世界的哲学。哲学的功能、哲学命题的真假对错离开实践只能是永无休止的烦琐争论，但并不能由此否定解释世界的重要性。不能正确解释世界，改造世界就没有依据，没有方向。马克思主义之所以是科学的世界观、历史观和认识方法，就是因为它建立在正确把握世界和人类历史规律的基础上，也可以说，马克思主义的实践功能及其有效性和科学性，同它能正确说明世界不可分。脱离革命实践的理论是空洞的理论，没革命理论指导的实践是盲目的实践。决不能把《关于费尔巴哈的提纲》第十一条对“旧哲学只解释世界”的批评，变为马克思主义只重视改造世界不重视解释世界，特别是把马克思主义实践观变成不问效果的盲目活动，把改造世界论变为破坏世界论，这是妄议妄论。

在认识世界和改造世界的问题上，应该懂得实践和理论之间的区分是理论的逻辑的，而在事实上是不可能绝对分开的。人的实践不同于动物的本能活动，就在于它是一种自觉的有目的的活动，实践中存在认识。各种实践中存在的认识有高下层次之分：日常活动中存在的是生活常识；生产活动中存在技能知识和生产经验；科学实践中存在的是科学理论或科学思维范式和思维方法；而在社会活动和政治斗争中存在的是社会理论。没有任何认识参与的实践就不是人的实践，而是动物的本能活动。动物本能不是实践而是动物的生存。

任何理论都会对社会发生作用。理论的功效，就是理论的效用和它的可应用性。不对社会发生作用的理论，不可能出现。凡是思想理论都有不同程度的功效，只是作用的性质和效用可能不同。从社会活动角度说，有的是正效应，有利于人们改造旧社会、旧事物；有的是负效应，维护旧社会、旧事物。以往的哲学当然对社会生活会发生影响作用，但以往的哲学没有把自觉改造世界作为哲学的使命。

应该分清两个不同的问题：一个是任何理论，包括哲学，都有它的效用；另一个是自觉地以改造世界为己任。从哲学有效用来说，任何哲学都有效用。例如，法国启蒙哲学家对法国资产阶级革命的作用，德国古典哲学家作为德国政治革命先导的作用，都是马克思和恩格斯曾经肯定的。其实，中国哲学对中国人的安身立命、修齐治平都有作用。在中国长期封建社会，儒家学说就发挥了它的思想主导作用；在西方，哲学对于西方科学和认识方法、思维方法都实实在在地发生作用。如果社会思想理论对世界、对社会、对人没有作用，那人类思想的正确与错误就与人类社会的存在和发展毫无关系，因而反对错误思想也没有必要。马克思《关于费尔巴哈的提纲》第十一条说的旧哲学说明世界，不是否定哲学思想的这种影响作用，而是说它们没有把自觉改造世界作为哲学任务。

就人与世界的关系说，以往的哲学着重于说明世界，即着重探索世界的本质、探索关于认识论或其他领域的种种哲学问题，而不是人对世界的改造和如何改造的哲学问题。以往哲学，无论是唯心主义还是唯物主义，关注的是世界的本质，而不是应该通过实践把世界改造成为什么样。唯物主义与唯心主义的争论，是围绕世界是什么的争论，而不是它应该“成为什么”的争论。

马克思主义哲学不同，它当然重视说明世界，从哲学理论上研究世界是什么。马克思主义哲学是关于世界物质统一性和规律性的理论，关于社会发展规律的理论都具有科学地说明世界的功能，但马克思的改造世界，不仅强调改造世界，而且强调把世界改造成适合人类生存的美好世界，而不是彼此对立的原子化的、异化的世界。

《关于费尔巴哈的提纲》就是这种改造世界的哲学纲领，第十一条则是改造旧世界的哲学宣言，其实质与《德意志意识形态》对费尔巴哈直观唯物主义的批判是一致的。马克思宣称，对实践唯物主义即共产主义者来说，就是实际改变世界。这里指的改变世界就是实现共产主义理想的革命实践。马克思创立的这种以改造旧世界、创造共产主义新世界为使命的哲学，当然是历史上从来没有过的哲学，这种哲学的产生才称得上是哲学中的革命。

实践不是单纯的物质性活动，同时也是认识过程，因此人的实践过程极其复杂，是包括知、情、意在内的统一过程。人的正确认识，对实践的指导作用，自不必说，如果认识不正确，当然会在实践中遭受失败或挫折。但是，实践能否取得成效不仅决定于认识，而且取决于意志和情感。

理论即使正确，但是如果没有不怕失败、不怕牺牲的意志，也很难成功。历史经验证明，在革命队伍中有些人并不是不懂理论，而是没有勇于牺牲的意志，稍有挫折，就会退缩，甚至叛变。孔子说，三军可夺帅，匹夫不可夺志，说明意志的重要。只要有“富贵不能淫，贫贱不能移，威武不能屈”的凛然之志，普通人同样能成为大丈夫。大浪淘沙，有多少人是因为意志软弱而背叛？我们常说，成功往往存在于最后坚持之中，这个最后坚持就是对意志的考验。

还有情感，情感在实践中、在认识中同样重要。真正的革命者都是有血有肉、有情有义的人。他们为中国人民的幸福而奋斗，怀着对革命、对人民的无限热爱走上刑场，是走向战场的血性儿女。没有情感的实践是没有的。认识的最高目的是对真理的追求，而对真理的追求需要热情，没有对真理的热情，就没有对真理的追求。恩格斯说过，热情之剑也像天才之剑一样锋利。如果说，天才是一种真理的直觉，那热情则仿佛是投向真理之火的飞蛾。

我们要重视情感在实践中的作用。从事一种工作时，怀有什么情感，效果是大不一样的。情绪，有积极情绪、消极情绪，有喜悦之情、憎恶之情，以不同的情绪从事实践活动，效果不同。我不相信，一个对革命事业没有情感的人，能舍生忘死；也不相信对社会主义事业没有情感的人，能尽力做好本职工作。凡是对群众困难不闻不问的干部，尤其是对处于危急之中的群众无动于衷的冷血干部，在实践中不可能有任何成就。在认识和改造世界中，我们不仅要研究实践论，还要研究人类实践中的意志和情感，力求在改造世界和认识世界的活动中做到正确的认识、坚强的意志、高尚的情感的统一。

人化世界同样具有客观性

人与动物有根本区别。动物与自然界合而为一，动物就是自然物，它是自然界的一部分。人当然也是动物，人有人自身的自然，但人是作为人的动物。人挣断了与外在自然的自然脐带。人不仅是自然的一部分，而且是自然界的对立面。人与自然的关系，由纯自然界内部关系变为主客体关系。人不再是由类人猿脱胎而来的动物，而是两脚立地的实践着的人。人作为有意识的主体屹立于世界，与外在自然成为主客体关系。主客二分不是哲学家的想象，而是人类脱离动物状态后的事实。

我看到不少哲学家常常喜欢引用马克思说的话，“（但是）被抽象地孤立地理解的、被固定为与人分离的自然界，对人说来也是无”，用以佐证“自然界离开人就是无”的论断。我总觉得这是误读。既然是掉书袋，我也掉一回，我把为什么马克思要这样说、针对谁说的，引证全一点。

首先要指出的是，这段引证去掉了前面“但是”两字。这个“但是”是关键，是决不可少的，有没有这两个字，意义完全相反。有了“但是”，很容易明白这段话是对黑格尔的批评。按照黑格尔的观点，自然无非是绝对观念的外化，为了从逻辑学到自然哲学，由抽象到直观的过渡，绝对观念把隐藏在自身的自然界释放出来。这样，黑格尔“便表现为决心承认自然界是本质并且埋头于直观”。在马克思看来，黑格尔的从绝对观念外化出来的自然界并不是真正的客观自然界，而仍然是范畴，所以在经常被引证的马克思那段话前面有“但是”二字，在后面紧接着的是“不言而喻，这位决心进入直观的抽象思维者是抽象地直观自然界的。正像自然界曾经被思维者禁锢在他的绝对观念和思想这种对它本身说来也是隐秘的和不可思议的形式中一样，现在当他把自然界从自身释放出去时，他实际上从自身释放出去的只是这个抽象的自然界，只是自然界的思想物”。可见，在马克思看来，在黑格尔那里，无论自然隐藏在绝对观念中，还是作为绝对观念外化释放出来，都是范畴。因此，这种自然界，是孤立地被理解、被固定为与人分离的自然界，对人说来自然是“无”，而不是说客观的自然界是只要没有与人发生关系就是“无”。把马克思对黑格尔绝对唯心主义哲学的批判，解读为马克思自己的主张，的确需要想象力。我之所以大段引证，是因为这段话被无数次引用作为马克思反对自然客观性的证明，作为马克思和恩格斯对立的根据。

马克思不承认自然的客观性吗？当然不是。马克思说得很清楚，人直接地就是自然存在物。人作为自然存在物，而且作为有生命的自然存在物，具有自然力、生命力，是能动的自然存在物，人的欲望的对象是作为不依赖于他的对象而存在于他之外的。“一个存在物如果没有自己的自然界，就不是自然界存在物，就不能参加自然界的生活。一个存在物如果在自身之外没有对象，就不是对象性存在物”，“非对象性存在物是非存在物”。我之所以不怕读者讨厌，大段引证，就是坚持最起码的唯物主义立场。自然界确实是客观的。作为人类改造的对象的自然界与人是有区分的，而不是无主客之分的。

主客二分是人脱离动物界以后的事实，但如何对待主客二分却是哲学观点。不能把主客二分理解为主客绝对对立，把客体存在于主体之外，理解为与主体无关，与主体不存在转化关系的僵死对立。毛泽东说得很清楚，人最初是不能将自己同自然界区别的，是一个统一的宇宙观。随着人能创造较进步的工具而有较进步的生产，人才能使自己区别于自然界，并建立自己同自然界对立而又统一的宇宙观。这是毛泽东用矛盾规律的观点观察世界的结论。

人从自然界分离出来后，不断通过实践改造世界。我们当代人面对的世界，是人类世世代代改造形成的世界，世界面貌打上了人的烙印。在人化世界中，我们可以发现人的目的和创造意图，可以发现人的烙印。因此，主客虽然是二分的，但又是统一的。统一是以二分为前提的统一，而二分又是以物质世界原来统一为前提的二分。主客二分的世界之所以能统一，是因为它分离的基础是实践，统一的基础也是实践。人是在劳动过程中把人自身从自然界中分离出来，使人成为人，成为与客体世界相区别的主体，又通过实践把它们统一起来。这种一生二、二为一的过程，就是人类生成史，也是自然对人的生成史。

无人的世界和有人的世界不同。在人类产生之前的世界无所谓主体与客体，而人类产生后的现实世界，就是主客体结构的世界。人面对的世界当然是人在场的现实世界，人不在场的人的现实世界是悖论。既然人在场，人的思想观念、价值观，甚至个人情绪、烦恼，就都会影响个人对世界的看法。但世界并不会因为个人看法而成为无数个世界。每一个人有一个世界，那是人心中的世界，是人自己眼中的世界，是人自己对世界的看法，是世界观，而不是世界自身。

世界并不会因人们的世界观不同而发生丝毫变化，实践则不同。实践实际地改变世界。世界因实践而发生变化，这就是自然的人化。世界观要影响世界就必须实践化，变为实践行动中的世界观。世界观实践化，也是实践检验世界观的过程。在实践之外争论世界观的是非对错是无谓的。马克思说的对，“人应该在实践中证明自己思维的真理性，即自己思维的现实性和力量，自己思维的此岸性，关于离开实践的思维的现实性和非现实性的争论，是一个纯粹经院哲学的问题”。我以为，主张哲学是一个永远没有结论的学科，就是把所有哲学问题都置于实践之外的经院化的流风余韵。马克思曾义正词严地说过，“当人们把哲学同幻想混为一谈的时候，哲学必须提出严肃抗议”。

人化世界并不会因为人化而变为非客观世界。人化世界仍然是客观世界，人化世界并不能因为有人而依存于人的意志，变为人主体意识一部分的世界。全部人类创造物，包括机器、铁路、飞机，创造出来之后就是客观存在之物，无论对制造者还是使用者都是一样。人化自然是整个物质世界的一部分，是物质世界的人化部分，而不是没有客观实在性的非物质世界，不是朦胧的混合体，不是主客不分的不能言说的世界。庄周梦蝶是哲学思辨而不是客观事实。

应该区分哲学范畴与客观世界。按列宁的说法，“范畴是把握客观世界之网的网结”。范畴的科学性在于它能真实反映世界。对马克思主义哲学来说，实践范畴确实非常重要，它是马克思主义哲学变革的关键。但它的重要性并不在于它是哲学范畴。实践作为哲学范畴并不始于马克思和恩格斯，也不只是马克思主义的专用品。“实践哲学”在马克思之前早有哲学家提倡过，而且无论是康德、黑格尔都在各自的意义上使用过实践范畴。在当代，实用主义更是重视实践。但这并不因此而改变它们的唯心主义本质。不同之处在于，马克思主义哲学的实践范畴真实地反映了人类实践的本质，即实践的唯物主义和辩证法本性。马克思不是把实践单纯作为哲学范畴，抽象地比较物质范畴与实践范畴哪个更重要更根本，而是把实践作为人类实际地改变世界的物质性活动，作为人类的对象化活动来考察，正确理解人的实践与作为实践对象的物质世界的关系。

实践作为人类的对象化活动，首先需要有一个可供改造的对象，没有客观对象如何对象化？没有客观物质世界的实践如何能进行？没有先在的自在自然，人类如何能把它变为人化自然？这种只承认人化自然否定非人化自然，把坚持世界物质性的论断视为旧唯物主义而加以排除的唯实践主义，不是在坚持唯物主义，而是在消灭唯物主义。

在我看来，这不仅是在消灭唯物主义，也是在消灭辩证法，因为它不知道人化自然之外的存在毫无意义，不知道人类的实践是否还要发展，认识是否还要深化？如果世界没有为人类保留一个没有被人化的客观的自在自然，人类的实践如何发展？认识如何发展？真正创造性认识总是从已知世界到未知世界，真正创造性实践总是开发新的人化世界。如果人化世界之外无世界，还有未知世界吗？还有未被人化的世界吗？如果哲学家把非人化世界打入毫无意义的另册，那这种哲学不仅是唯心主义的，还是形而上学的，因为实践和人类认识都由于再无人之外的世界而永远固化和止步不前。人类应该谦虚点，人类在任何一个时代的实践所能达到的范围都是有限的。个人如此，国家如此，人类同样如此。实践的无限性永远以有限的方式实现。

具有真理性智慧的哲学，不应该与科学、生活相矛盾。尽管它的结论不局限于科学与生活，但不能违背科学与生活。世界的客观性和物质性是所有自然科学结论得以成立和有效的根据。如果世界不具有独立的客观性，而是依存于实践，那自然规律只能是实践规律而不是物质世界自身的规律。这样，自然科学根本不可能成为科学。很难想象一个科学家怀疑有独立于研究主体而存在的真实世界。我们可以测量它的性质，我们可以观察它的变化，我们可以尽力去理解它、解释它，而且能按照人类对自然的科学认识来改造它，并达到预期成果。这种世界如果不是客观世界，它的本质和属性不是世界本身的属性，而是依存主体、依存主体实践的世界，说得通吗？爱因斯坦说过，相信独立于我们感知主体的外部世界，是所有自然科学的基础。自然科学的新发现，往往是未知客观世界和它的属性与规律的发现。实践只能改造世界而不能从“无”中创造世界。尽管有些科学哲学家否定世界物质性和客观性，但这只能在纯哲学范围做经院式思辨的高论，当他作为一个真正科学家进行科学研究时，必须回到承认对象客观性的唯物主义，否则他就不是一个科学家，而是一个幻想家或幻想小说的作者。

有学者说，世界是事的总和，事是人做的，世界就是事。这是一种很有意思的说法，当然也会有人有异议。其实，客观世界、历史、人的行为三者不同，又相互联系。世界就其客观性来说是不依存于人的物质世界。当人类改造世界，当人与自然的关系构成人的历史内容，历史就是历史事实的总和，包括历史事件和历史主体。从个人行为来看、从人的一生来看，就是人的一生行为或者说人的作为的总和。事的总和属于人，历史事实总和属于人的历史，物质世界的总和及其运动属于客观世界，这三者相互联系不可分割，而基础是物质世界。人通过实践把物质世界转变为历史事实和人的行为的内容，如果世界仅仅是事的总和，那世界的客观性就被一笔勾销了。

东篱无菊　南山难见

“采菊东篱下，悠然见南山。山气日夕佳，飞鸟相与还。”在当代，这种生活似乎只属于两种人：一种是很富很富的人，在山水灵秀之地修个别墅，每年去过几天悠闲生活。可他们决不会久居农村，更没有“结庐在人境”、“心远地自偏”的境界。几天的清闲无非是享受的另一种方式，是激烈竞争后的后方疗养。再一种是穷得很的人，是工业化还没有“化”到的落后地方。可他们决不会留恋农村，宁愿进城做打工仔、打工妹。

采菊东篱、优哉游哉的田园生活的时代，永远结束了。留下的只是文人心中的诗意幻想。这是时代的进步。虽然中国又见隐士遗风，据报载，在终南山、华山等名山胜景，出现结庐而居的“当代隐士”，可终究是少而又少。而且他们也不可能与社会和市场完全隔绝，真正隐居山林。至于休闲农业、果园摘果，就是花钱买劳动，除却商机外，也显露出城里人的某种心灵困境。

我们正面临生态环境恶化的困境，东篱无菊，南山难见。人类由于对自然掠夺而遭到报复，人们纷纷谴责主客二分，仿佛是由于主客二分才造成生态恶化，似乎主客不分，那就万事太平。这当然是海外奇谈。我一直说，主客二分是人之为人的特点，是人类进化的事实。人是从统一物质世界中分离出来的主体，这是客观的、必然的、不可避免的。除非世界仍然是无人的世界。既承认人与动物的区别，又否定主客二分，确实不可思议。主客二分是现实世界的客观状态，而不是哲学思维所能决定的。毛泽东早就说过，人最初是不能将自己同外界区别的，是一个统一体的宇宙观。随着人能创造较进步的工具而有较进步的生活，人才能使自己区别于自然界，建立自己同自然界对立统一的宇宙观。

人是主体，并不表明人从开始出现就自觉意识到自己的主体地位。人是否具有主体意识，是否认识人作为人的价值，是人的自我觉醒的标准。对作为主体的人的自我价值的探求，在西方从古希腊哲学、在中国从先秦诸子就开始了，后来逐步发展为人本主义或人道主义。人道主义并不是唯人主义。人道主义可以是抽象的博爱主义。中国古代的人本主义思想，不仅涉及人与人，而且涉及人与万物，倡导“民吾同胞，物吾与也”的仁爱万物的博大胸怀。

把当今生态环境恶化归罪于主客二分，实在有点匪夷所思。人类产生以后，就与物质世界形成主客关系。而生态环境的恶化并不是地球上一有人就开始的，它主要是资本主义工业化的伴生品，随着资本主义工业迅速发展特别是全球化而迅速恶化。这是资本主义现代工业无限追求利润、利用高科技对自然掠夺造成的，而不是主客有分造成的。在农业社会，人与土地如此亲近，对天、对自然如此敬畏。离乡背井之人，怀揣家乡之土；而久别回乡的人扑倒在地上，亲吻土地。人并没有因为有主客二分，就必然掠夺自然。从农业社会进入工业社会，从乡土化到城市化，人与自然渐行渐远。这是社会发展不可改变的历史趋势。尽管人类为这种进步付出了代价，可是仍然在继续朝这个方向前进。农村城市化、农民工人化、农业工业化，这已是人类发展和进步的必然选择，因而出现大批农村人朝城里挤，而一些富裕的城市人又向往田园的“回流现象”。

人类一方面享受工业进步，享受高科技成果；一方面又在遭受工业化带来的城市病和种种负面效应。问题出在哪里？是因为主客二分吗？回到“天人相类”、“天人相通”的哲学，就能消除生态环境恶化吗？不可能。中国不是有“天人合一”的文化传统吗？可我们中国生态环境恶化，并不比没有“天人合一”哲学传统观念的西方发达国家好。“天人合一”的传统并没有阻止当代中国的生态恶化。因为生态问题并不是一个简单的哲学思维问题，不是单纯由错误哲学造成的哲学灾难。在西方，它是一个制度性疾病；在中国，它是一个体制和政策性的失误。我以为生态马克思主义，或生态社会主义，比把生态环境恶化归罪于人类中心论，或求助于万物平等论者，更有思想、有水平、有远见，至少他们看到生态恶化问题的根源并不是一个思辨哲学问题，而是社会问题。

我们不应该忘记，人与自然之间是由社会制度链接的。只有在一定的社会制度，或者说一定生产关系内才有人与自然的关系。因而如何对待自然，并不决定于哲学意志，而是取决于社会制度的性质和人类生产的目的。主体自我意识过分强化是社会的产物，而不是社会生态恶化的最根本原因。对自然的掠夺是一种社会制度，通过满足人的不合理的消费需求而获取高额利润是一种制度性安排，而不是主客二分的恶果。当代生态环境恶化，归根结底是资本主义制度产生的结果，而世界性的生态恶化，是资本主义主导的全球化的结果。在中国，生态恶化与企业对利润的追求、私人违法开采甚至疯狂掠夺分不开。在我们这里，生态恶化背后同样受利益的驱使。可以说，人与自然矛盾的激化，从根本上说，并非源自主客二分，而是源自生产方式的内在矛盾。

我们当然不能往后退，不能反对科学技术进步、反对发展生产力，而只能往前走，朝不以自然为掠夺对象、不以自然资源为利润源泉的生产目的前进；不以追求奢侈性的高消费为拉动内需的手段，以法律和道德规范生产者的行为。我们要在改造自然的同时，创造一个有利于人类生存、使人能从中得到生活情趣和美的享受的环境。这种人与自然和谐的关系不是靠取消主客二分（主客二分是永远取消不了的，除非人回归动物世界），而是要正确处理生产力与生产关系的关系、生产与消费的关系、科学技术发展与科学技术应用的关系。其实马克思早就指出这种矛盾解决的途径。马克思把共产主义看成是对私有财产的扬弃，看成是“人与自然矛盾、人和人之间矛盾的真正解决”，是“对历史之谜的解答”。我们离这个目标仍然很远，但必须朝这个方向走，而不能背道而驰。

哲学作为一种思维方式对人的实践活动是有指导作用的。生态问题不是出在主客二分，因为二分不是由哲学决定的，而是人从自然中分离出来的必然规律。哲学思维能管的是应该如何正确对待主客二分。我们应该树立人与自然关系问题上的正确思维方式。由人的主体意识的觉醒、人的主体地位的片面发展，走向主体万能论，属于哲学问题。在哲学思维方式上，我们应该反对主客绝对对立的观点，但不能反对主客二分的现实和天人有分的哲学概括。那种夸大主体力量、不承认自然的客观实在性、不承认自然规律、以为人可以无限地从自然中得到自己需要的东西甚至竭泽而渔的观点，并不是来源于主客二分，而是来源于特定集团的利益追求。

真正的哲学家，不要在谴责天人有分、主客二分的哲学思想上做文章，而应该在如何对待“分”的问题上做文章。应该树立自然客观性的观点，树立自然有自身规律但不听命于主体的观点，实践观点也不是万能的哲学观点。实践的正负效应取决于实践的主观意图、目的是否符合客观自身的规律，是否超越自然的承载能力和可能性。只要人类存在，只要人作为实践者和认识者存在，人就是作为与客体相区分的主体存在，主客二分是必然的，而主客绝对对立的观点是一种哲学观点。主体是否对自然采取掠夺态度、是否以征服者的姿态对待自然，取决于社会制度的性质和人类对客观规律认识的水平。幻想通过人的道德境界或哲学境界，通过无物无我、无主无客来解决生态环境恶化，只能是哲学浪漫曲。

生态环境恶化敲响的不是主客二分的哲学丧钟，而是主客绝对对立、人类应该向何处去的警钟。把一个具有全球性的制度性的生态问题，变为一个单纯的哲学观点问题，真是太抬高哲学。其实在当代生态问题上，我们应该追问的是跨国集团、金融财团、垄断集团以及各种为私利而掠夺自然资源的人的法律和道德责任，应该追求的是如何构建合理的社会制度、合理的生产目的和消费模式，其次才是讨论哲学思维方法问题、讨论如何反对主客体绝对对立和人类是否是中心的问题。生态问题是现实世界的社会问题，是时代问题，正因为如此，它才能成为迫切的哲学问题。如果我们丢掉了第一个问题，把它变为纯哲学问题，在主客二分与具有伦理价值观性质的中国传统天人合一命题上，争论孰优孰劣，纠缠不休，那我们的理论视角、水平，距离历史唯物主义实在太远。

哲学智慧与科学原理

科学可以变为常识。任何一个科学规律的发现，在发明者的时代都是伟大的创造，但随着时代的进步，通过教育，它逐步变为常识。三角形三内角之和是180°，是数学中的伟大发现，为这个发现古代希腊人曾杀牛庆贺，可现在是小学生都知道。但这并不能磨灭它的历史价值。火的发现和运用是人类历史的伟大创造，完全可以说，没有火就没有人类，更不用说人类社会的发展和进步。现在家家点火，户户冒烟，只知道火的实用价值，谁还会想到火的发现在人类发展史上的伟大历史价值呢！

哲学命题大体类似。任何一个哲学命题，都必须历史地考察才能理解它的真正的价值。例如，历史是人创造的，在当代是人人都知道的常识，可是在中世纪神学处于统治地位的时代，在上帝创造人和世界成为具有法律约束作用的“真理”，不能怀疑、只能信仰的时代，这个命题的革命意义和价值简直是石破天惊、振聋发聩。它打破了神学统治和上帝的至上地位，这个原理可以引来杀身之祸，中世纪宗教裁判所的血腥历史证明了这一点。再如，马克思发现人类生产是社会存在的基础，人必须满足生活需要才能从事其他政治、思想活动，这在现在看来也是极为普通的观点，可是当唯心主义思想、观念统治世界时，这个观点具有划时代意义，像恩格斯说的，是对统治者的当头棒喝。对哲学中每个重要命题的审视，都应该具有这种历史观点。只有把它放在一定历史条件下，才能知道它的意义和价值。

任何唯心史观的命题的出现都不是偶然的，都有它出现的必然根据。

英雄史观的出现，是因为在社会政治生活中，处于历史舞台前台的就是这种人物，而群众永远是无名无姓的。以英雄人物和普通人相比，当然英雄人物是杰出的、对历史贡献最大的。可这不能成为英雄史观正确的依据。唯心主义重视精神而轻视物质。从社会性根源来说，与物质打交道的是生产者、是劳动者；与思想打交道的是思想者、是劳心者，“劳心者治人，劳力者治于人”的社会产生唯心主义有什么奇怪呢？

英雄史观的错误并不在于它崇拜英雄，真正的英雄可以崇拜，应该崇拜，一个没有英雄的时代是寂寞的，没有英雄的民族是孱弱的。英雄史观颠倒了两种关系：一种是英雄与时代的关系。就英雄人物与时代关系来说，是时代的需要创造出英雄人物。如果纠缠在“英雄造时势，时势造英雄”中就很难走出困境。应该说，时势造英雄是正确的，英雄并不能造时势，但可以引导潮流、影响时势，从而推动形势的发展。真正参与时势创造的不只是英雄，还有群众。辛亥革命后的中国时势，为中国共产党的产生奠定了政治基础，为思想解放开辟了道路。无产阶级领导的革命成为历史必然之势，革命必然会推选并筛选出自己的领袖。另一种是英雄与群众的关系，以一对一，当然是英雄胜过群众，但群众是集合名词，它代表的是人民的力量，是民心、民力、民意。任何英雄人物如果与群众脱离或对立，肯定失败。因此就英雄与群众的关系来说，决定历史的是群众而不是英雄。不管英雄顺境时如何得意，如何有权，如何呼风唤雨，可一旦失时、失众，就是孤家寡人，成为自刎乌江的项羽。多少英雄末路已经证明了这一点。

天命论、神意论、命定论，都是产生于人不能掌握自己命运的时代。当人发现自己的力量时，这些历史唯心主义观点的市场就会缩小。为什么市场经济下迷信反而盛行？因为人受看不见的手支配。一些人不懂是改革开放政策让他有发财致富的机会，而不是菩萨的保佑。为什么改革开放前三十年菩萨不保佑，偏偏现在显灵？可他们不这样想。市场经济这只“看不见的手”一旦被神化，就是命运，就是上帝。这就是寺庙香火伴随市场发达而旺盛的原因。你们只要看看不少商家都供着一尊大大的财神塑像，终年香烛不断，你就懂得这个道理。

哲学智慧与客观规律

哲学是爱智之学，它不能等同于对规律的认知。但不能把研究规律的专权只交给实证科学，以为只有自然科学或社会科学才与规律打交道，而哲学只能限于价值领域，只是人文教化作用，与规律性内容无关。如果哲学不包含任何具有规律性的内容，只是价值追求，很容易把哲学引向宗教。宗教对哲学的争夺，正在于否定哲学智慧中的客观规律性内容，把它变为追求无可验证的所谓终极价值。

价值与人文教化肯定是哲学的特色，但哲学不同于宗教的地方正在于它的价值理想和人文教化是以现实世界的规律为依据。否则在科学与宗教对哲学的争夺战中，哲学会日趋宗教化。哲学宗教化是哲学的末路。我读到的不少以哲学名义出版的关于人生修养和幸福的“心灵鸡汤”类的书，实际上是变相的宗教教义。

马克思主义重视哲学固有的人文教化和价值功能，但这种功能的大小、正负取决于以智慧形式呈现的哲学体系在多大程度上具有规律性内容。马克思在《第179号〈科伦日报〉社论》中在区分了哲学与宗教界限后说，哲学是不是应该按照俗语“一个将军一个令”那样，对每一个国家都有特殊原则呢？哲学是不是应该在一个国家相信3×1=1，在第二国家里相信女人没有灵魂，而在第三国家里却又相信有人在天堂里喝啤酒呢？哲学是问：什么样是真理？而不是问：什么被看成真理？它所关心的是大家的真理，而不是某几个人的真理。

哲学既然关心真理就不能完全排除规律性内容。没有规律性内容，就谈不上真理。马克思主义哲学关注规律的研究。规律是否会使马克思主义哲学“沦为”实证科学？不会。世界上没有任何一门实证科学像马克思主义哲学那样包括对自然、社会和思维普遍规律的研究。全部实证科学加在一起仍然是实证科学，而不是哲学，因为它是各门实证知识的叠加，而不是普遍性规律的揭示。何况在马克思主义哲学中不仅包括普遍规律，同时也包含以普遍规律为依据的价值追求。马克思主义的价值理想与对普遍规律的探索不可分地结合在一起。

我们说研究普遍规律是马克思主义哲学的特点，但不能由此得出结论，认为其他哲学可以把规律拒之门外。确实，其他哲学体系很少像马克思主义哲学那样直言自己探索规律。可哲学思想是哲理，既然是哲理，就要讲理，而哲理肯定会以不同方式包括某种具有普遍性的规律性认识，包括的成分越多，思想越深。我们以中国哲学中的老庄哲学为例。《道德经》中说，“千里之行，始于足下，九层之台，起于垒土”，“飘风不终朝，骤雨不终日”，这些思想之所以深刻，难道不是因为其中包括了对自然自身的辩证规律吗？“有无相生，难易相成，长短相较，高下相盈，音声相和，前后相随，恒也。”难道不是世界事物矛盾关系的真实写照吗？至于《庄子·大宗师》中说的，“死生，命也，其有夜日之常，天也”，“夫大块载我以形，劳我以生，佚我以老，息我以死”，描述的简直就是人的生物学规律和生命节奏。类似的论述很多，但是哲学并不会因此而变为实证科学，因为它把这些包含规律性因素的论断提升为智慧。例如，《道德经》从“有无相生，难易相成，长短相较，高下相盈，音声相和，前后相随，恒也”这种相互依存的矛盾规律性现象得出的是智慧性结论：“是以圣人处无为之事，行不言之教，万物作而不居，生而不有，为而不恃，功成而弗居，夫唯弗居，是以不去”。这种“生而不有，为而不恃，功成而弗居”不是实证科学，而是哲学智慧。《庄子》从“死生，命也，其有夜旦之常，天也”得出的是如同天有日夜一样，人有生老病死，因此应该知生知死、善生善死，对生与死应该处之泰然。这就是关于如何对待生与死的哲学智慧。庄子鼓盆而歌，节哀顺变，既是对待生死的科学态度，又是哲学态度。

在马克思主义哲学产生之前，哲学家并不明确哲学与规律的关系，但我们可以说，哲学思想实际上包括对规律的思考。思想越深刻，其中包含的规律性认识越多、越深。哲学不是以公理、公式、定律的方式，而是以哲学语言来表达这些思想的。形而上学的错误就是因为它违背世界相互联系和运动变化的规律。而一切以不同哲学语言表达的运动变化思想之所以具有哲理性，就是因为它符合世界运动变化的实际。我们称赞人不能两次踏入同一条河流，不正是因为它符合世界运动变化的总规律吗？我们反对实证主义关于把哲学变为科学的错误，但决不能排除哲学可以包含某些普遍规律的内容。我还是要引用钱穆先生的一段话，他说，“中国文化，乃是一个特别尊重道理的文化。中国历史，乃是一部向往于道理而前进的历史。中国社会，乃是一极端重视道理的民族。因此中国人常把道理两字来批判一切。如说什么道理？道理何在？又如问，你讲不讲道理？这一句质问，在中国人讲来是很严重的”。常人要证明道理，哲学家的哲学岂能不讲道理，“道”就是规律，“理”就是对规律的把握。如果哲学不包括丝毫规律性内容，它就不可能是哲学，只能是胡说；不会是智慧，只会是蠢话；不会有哲理，只能有歪理。

哲学可爱与可信的矛盾，就是“哲学智慧”与规律内容的矛盾。王国维不愧为中国的伟大学者，他看到这个矛盾，但无法解决这个矛盾。他说，“哲学上之说，大都可爱者不可信，可信者不可爱，余知真理，余又爱其谬误。伟大之形而上学，高严之伦理学，与纯粹之美学，此吾人之酷嗜也。然求其可信，则宁在知识论上之实证论，伦理学上之快乐论，与美学上之经验论。知其可信而不能爱，觉其可爱而不能信。此二三年来之最大之烦闷”。王国维关于哲学可爱与可信的矛盾确实存在，他对可爱与可信哲学的列举，表现了他个人的哲学观点。他解决不了这个矛盾，浸淫于悲观主义哲学之中，这种哲学上的悲观主义与政治的守旧思想相结合，让他只能自沉于昆明湖。

哲学可爱与可信的分离，同样是我们当前存在的问题。为什么一些人宁愿相信宗教，也不相信马克思主义哲学？宁愿相信无法证实的抽象人性论也不相信马克思主义的阶级论？相信电影和小说中那些根本不靠谱的关于抽象人性的描述，是因为它可爱、它温柔、它打动人心、它能赚眼泪，至于是否可信、是否可能，根本不在考虑之列。马克思主义的立场、观点、方法，他们感到很硬，一点也无温情、不吸引人，他们需要的是眼泪而不是真实，是超越阶级的人性，是超越对立的和谐，是超越一切阶级和等级，是超越贫富的同情心、怜悯心和爱心。最喜欢的言情小说是豪门千金富家小姐与贫穷青年的生死恋，作为特例是会有的，但作为通例是不存在的。他们要求的是个人的梦、是幻想，而不是社会真实。

《道德经》有句话“信言不美，美言不信”。就是说真实可信的话不一定是动听的话，说得天花乱坠、无比动人的话，不一定是可信的话。鲁迅杂文中有一个故事，说有人为儿子做周岁，贺客满门。有人说，这孩子将来会大富大贵，将来会长命百岁，主人非常喜欢，盛情招待。可有一个人说这孩子将来会死，结果被暴打一顿。说长命百岁、大富大贵是假话，未必可信，但可爱，很受听；说将来会死，可信，一定如此，但不受听。马克思主义确实使一些人感到冷冰冰，因为它讲阶级斗争，讲革命，而不是含情脉脉、温婉动听，可它面对的是阶级社会的现实，而不是面对幻想，它不掩盖统治者和被统治者利益的对立，以及由此必然导致的统治者和被统治者情感上的对立。作为个案，马克思主义并不否认会产生超越阶级贫富的爱情和同情，但它不是阶级之间的真实关系，而是特定条件下个人之间的关系。阶级问题上，它从来不宣传抽象的爱、抽象的人道、抽象的公正，而总是按照事物本来面目揭示事物，因而使人“扫兴”。

对广大群众而言，对热爱真理的人而言，马克思主义哲学不仅可信，而且可爱。可信，因为它以事实为依据，以实践为标准，与科学相符，与常识相符；可爱，因为它以绝大多数人的利益为旨归，它对人民、对广大无所依靠的人，怀着救世的激情，它不是用抽象人道主义和千年王国来安慰人，而是要人通过实际斗争争取人类自身的解放，争取人的自由全面的发展。这种哲学为什么不可爱？为什么是冰冷的呢？自马克思主义产生以来，为马克思主义理想而流血牺牲的烈士，哪个不是热情似火、爱心如炽呢？

什么样的哲学可信？什么样的哲学可爱？什么样的哲学既可信又可爱？对不同哲学的评价，表现出不同人的不同哲学情感。从根本上说，这种不同的哲学情感，不仅体现了人们不同的哲学认识，而且体现了希望通过哲学使自己成为什么样的人。你是什么样的人，你就会选择什么样的哲学作为自己的世界观。反过来说，你选择什么样的哲学世界观，你就可能把自己铸造成一个什么样的人。一个悲观的、消极的人会选择出世哲学；一个积极向上、对社会有使命感的人会选择入世哲学；一个积极投身中国革命的人会选择马克思主义哲学。哲学世界观的选择往往意味着人生道路的选择。一个哲学家如果极度悲观，其思想中一定充满消极、悲观、厌世、痛苦的情绪，或者非理性的反道德的情绪。哲学与哲学家不可分，哲学往往就是哲学家自己的生活方式、人格和个性。尼采、叔本华、福柯，或自杀，或发疯，与他们自己所持的哲学观点究竟是什么关系，发人深省，值得探讨。

我们学哲学，需要学习哲学智慧，但也需要理解其中蕴含的规律性的知识。不管哲学家自己自觉与否，承认与否，我们学习哲学一定要懂得，真正的智慧只能存在于包含某些规律性认识的哲学之中。其实不止是哲学，人文艺术之类，凡成为人类文化中的一个部门的，都是有道理可讲、有规律可循的，都是可以研究的。否则，无人能学，无师可教，无理可讲。毛泽东曾批驳过这种观点：有些人说中国民族的东西没有规律，这是否定中国的东西，是不对的。中国的语言、音乐、绘画，都有它自己的规律。

中国哲学不能“塌天”

“打倒天：唯物主义。”这是列宁在《黑格尔逻辑学一书摘要》中的批语，它表达的是西方哲学唯物主义对于“天”、即自然的看法。这种看法与中国传统哲学关于“天”的观念处于两种不同的思维框架，其哲学意义，不能简单类比。

在中国哲学里，“天”是最重要的哲学范畴。没有“天”，中国哲学可以说真的缺少“半边天”，难以理解。“天人合一”是中国哲学的台柱，是主干，没有关于“天的观念”，哪来“天人合一”说？因此，我们必须明确，不能把中国哲学的“天人合一”，与西方的“主客二分”放在一起比较优劣高下，也不能简单把中国哲学的“天”，与西方关于客体的观念比较。无论扬此抑彼，还是相反，都不全面。

中国哲学的“天人关系”，与西方哲学的主客体关系是两种哲学语言、两种思维框架。不存在优劣高下之分，只有放在各自的理论框架内才是可以理解的，才能深入理解其中包含的哲学智慧。那种由于生态恶化而用中国的“天人合一”来反对西方哲学的“主客二分”，或因“主客二分”的事实而无视中国哲学“天人合一”中包含的哲学智慧，都是片面的。海德格尔说的一段话很有启发，他说，对一个思想家的尊重，只有通过我们进行思考，而这就要求我们去思考在他思想中被思考过的所有本质的东西。

在中国古代哲学中，“天人合一”是重要的哲学思想。中国古代出现过“天命靡常”、“天听自我民听”、“天道远，人道迩，不相及也”等观点，把天意从来高难问、高不可及的“天”稍微降点格。当它与人并称，放在“天人合一”的理论框架，就可以由天知人，或由人知天，使天意难问变为天意可问。问民即问天，问天必须问民。

荀子的“天人相分”，柳宗元、刘禹锡的《天论》、《天说》，已经把天“物化”，把意高难问之天还归自然。但这种思想在中国哲学中不占主导地位，最具影响的还是“天人合一”的思想。“天人合一”的支流“天人感应”、“天人相通”、“天人相类”之类的思想具有神学性质，不足为资。但以意志之天、道德之天来规范现实的政治和人的道德行为，在一定时代和条件下还是有积极意义的。中国的政治哲学认为最清明的政治是符合天意、符合天命的政治；最高的道德修养、最高的境界是追求天人境界；最智慧的人生是知天命、安时处顺。尽管“天意从来高难问”，是无法探究的存在，但支撑中国两千多年来力求政治清明和道德至善的追求仍然是“天”，在中国封建社会中能管皇帝的，能抬出来吓吓皇帝的也只有“天”。“奉天承运，皇帝诏曰”的旨意，也是要抬出“天”，说明皇帝也要听天命而不能任意妄为。

中国的百姓也都把“天”视为最公正、最贤明、最神圣的主宰。“湛湛青天不可欺。”中国有冤有苦，哭诉的对象就是“天”。《窦娥冤》中窦娥冤屈无告时就咒天骂地：“天也，你错堪贤愚枉作天!”天理、天道、天良、天性，都离不开“天”。在中国哲学看来，最高的理是“天理”，最优美的人性是“天性”，最好的德是“天德”，因为德即得，得天理、不违天性，即为德。

在西方哲学中，“天”是自然存在物，它沿着另一种哲学思维方式前进。在原始社会，人刚刚脱离动物状态，人类和自然界的关系与动物一样，人对自然无比恐惧，自然力的神话化是必然的。马克思说过，自然界起初是作为一种完全异己的、有无限威力的和不可制服的力量与人们对立。人们对它的关系就像动物同它的关系一样，人们像牲畜一样服从它的权力，因而，这是对自然界的一种纯粹动物式的意识。这种动物式的意识就是把自然神化为“天”或“神”的“自然宗教”意识。

进入农业社会，农业生产依靠自然，风调雨顺则丰收，天旱或洪水则赤地千里，或尽成泽国。一切依靠“天”，因此农业社会的思想是敬天，对自然的神圣化是必然的。而工业社会是改造自然，认为人定胜天，因而

"天"的非神化是必然的。由惧天、敬天，到回归自然的天，是人类历史上人与自然关系变化的映现。在当代世界，由于生态恶化，又大力倡导敬畏自然。与敬畏自然相联系，各种宗教思想也从生态恶化和人文危机中得到新的生长点。我以为这是附着于生态文明的杂音。人类生态意识的培养应该以科学发展观为指导，依靠环境科学，而不能借助于宗教。

"天"，作为神的代名词，天命、天意，作为"天"的至上命令，在唯物主义哲学中必然遭到否定。列宁说的"打倒天，唯物主义"，指的是意志之天，是精神实体。但"天"作为自然界，是永远打不倒的。人要欺天、灭天，就是对自然的蔑视。当然在科学昌明的当代，人不能重回原始社会和农业社会的畏天、敬天。现在最流行的"敬畏自然"，应该理解为遵守自然规律。在任何其他意义上单纯倡导对自然的敬与畏，而不是倡导理解自然、掌握自然规律，都不是解决当代生态问题的正道。

在当代社会中，既不能重天小人，也不能重人欺天，我们应该提倡人与自然和谐，按自然规律办事，要在改造自然的前提下尊重自然，在尊重自然规律的前提下改造自然。不尊重自然，达不到改造自然的目的，而不改造自然的单纯的畏惧，使人又重新回归动物。这是世界观的倒退，"天"从人间重新成为"天帝"的代名词。

中国"天人合一"的哲学思维在古代有其存在价值和合理内涵。在当代，应该剔除它的天命论、意志论、天人感应论的神秘主义成分，吸取合理因素，在马克思主义关于人与自然关系的框架内，重新解读。决不要用"天人合一"来批"主客二分"，否定人是作为从自然中分离出来的主体而与自然相区分的存在；也不要把主客二分变为主客对立，应该看到两千多年中国哲学智慧中"天人合一"思想中的合理内核。

在"天"与"人"的辩证关系中思考天与人，就像司马迁说的"究天人之际，通古今之变"。应该在中国哲学与西方哲学之间架一座桥，这个桥就是辩证法。既承认"主客二分"，又反对主客绝对对立；既否认"天人合一"中的神学与神秘因素，又承认天人之间不能绝对对立，从"天人合一"中发现我们先人的哲学智慧。

没有私仇但最遭诋毁的马克思

恩格斯在著名的《在马克思墓前的讲话》中称马克思为当代最伟大的思想家，并说马克思未必有一个私敌，却是当代最遭忌恨和最受诬蔑的人。当时的各国政府，无论是专制政府还是共和政府，都诽谤他、诅咒他、驱逐他。不仅马克思那个年代，以后同样如此。最可笑的是希特勒，他在那本臭名昭著的《我的奋斗》中也疯狂攻击马克思。他对马克思以群众取代权势的特权、推崇群众而否定所谓个人价值的思想极其不满，说马克思主义如若成为一种宇宙定律，则人类共守的一切秩序势必灭绝而后已，如若这一原则行之于宇宙之间，那么宇宙必定大乱，行之于地球上，那么人类必同归于尽。可历史证明，真正给人类带来毁灭性灾难的正是这个法西斯恶魔。阴云遮不住太阳，真理的力量是不可战胜的。死后的马克思比生前的马克思对资本主义更有威胁。这位“最遭忌恨和最受诬蔑的人”，一百多年后，在西方被评为“千年思想家”的第一人。在人类历史上的伟大思想家中，像马克思这样被爱恨分明地对待过的是少见的。

这两种评价表明世界是矛盾着的世界。前者是资本主义世界的统治者、有产者，以及一切对马克思主义怀有最根深蒂固的偏见的人，而后者则是有良知、有思想的学者和知识分子。广大老百姓不会参与投票，因为这是学术界的事，他们对马克思是何许人并不了然，但只要把马克思消灭剥削、消灭阶级和贫富两极对立，让全体人民都过上美好生活的主张讲给他们听，我肯定他们一定会双手投马克思的赞成票。

马克思“最遭忌恨和最受诬蔑”，和他被评为“千年思想家”出于同一原因，就是他是马克思主义的创立者。马克思和马克思主义是不可分的。没有马克思，就没有以他的名字命名的马克思主义学说。马克思逝世了，但马克思主义的发展从来没有停止。马克思主义作为科学的思想体系，一旦被革命者和广大群众所接受和实践，就具有了永不停息向前发展的动力。马克思的英名因创立马克思主义而不朽，马克思主义则因与时俱进的品格而永葆青春。对马克思的最好纪念，就是研究他的学说和著作，坚持马克思主义，创造性地发展马克思主义，实现他提出的争取人类解放的伟大社会理想。

马克思主义自产生之后，一直是争论不休，是最受攻击的学说。这很容易理解。马克思一生反对资本主义剥削制度，揭示资本主义不可调和的内在矛盾，以无可反驳的逻辑论证资本主义灭亡和社会主义的胜利同样不可避免。这样的思想家能不受有产者的憎恨？能不受各式各样的剥削者的政府反对吗？马克思主义学说如果不受攻击，那就不是马克思主义，广受各种政治倾向、各种学派拥抱的所谓马克思主义，肯定是变了味的马克思主义。

在马克思主义中，最受攻击的又是历史唯物主义，可以说它首当其冲。这也不难理解。历史唯物主义原理被推翻了，马克思关于资本主义社会经济的分析也会被宣告为谬误，随之而倒的就是关于社会主义的学说。马克思主义中最受有产者痛恨的就是社会主义“邪说”，可要驳倒社会主义必须推翻马克思对资本主义的经济分析，而推翻马克思的《资本论》，必须首先驳倒历史唯物主义，因此，历史唯物主义自始就成为斗争的集焦点，这一点，连伯恩施坦都承认，他说过，没有任何人会不同意，马克思主义的基础中的最重要环节，也可以说是贯穿整个体系的基本规律，是它的特殊的历史理论，这一理论被命名为唯物主义历史观。整个体系在原则上是同它共存亡的。在这一理论受到限制时，其余的环节彼此相对的地位也相应地要受到影响。因此，对马克思主义正确性的任何探讨，都必须以这一理论是否有效这一问题为出发点。

不管对伯恩施坦如何评价，他对历史唯物主义在整个马克思主义中的地位的论述还是很有见地的。在马克思关于历史唯物主义的论述中，最受质疑的是他在 1859 年写的《〈政治经济学批判〉序言》。在马克思和恩格斯的全部著作中，它是唯一一次以类似公理的形式相对集中地论述了历史唯物主义最基本原理的著作。它简短凝练，都是论断式而非论证式，没有展开，没有实例。正因为这样，它不可避免地有其局限性。它的全部论断的着力点是人类的社会生产活动，对在人类生产活动中形成的生产力与生产关系、经济基础与上层建筑的关系，以及由于社会基本矛盾激化推动的社会形态更替的连续性、阶段性，做了环环相扣的规律性论述。但没有涉及社会形态发展的多样性，因而经常遭受诟病和质疑。确实，马克思的这篇序言，并不是对历史唯物主义的全面论述，它是与长期处于统治地位的历史唯心主义的决裂，它的确具有恩格斯晚年总结的过于着重经济基础决定作用而对上层建筑方面的作用存而不论的缺点。但不可否认的是，《序言》的确是对历史唯物主义基本理论和核心观点的总结。没有《序言》提纲挈领式的论说，我们很难把握历史唯物主义的核心观点。因此西方不少学者把针对《〈政治经济学批判〉序言》来进行批评决不是偶然的。只要推翻了《序言》中的论断，全部马克思主义理论体系就会随之倒塌。但《〈政治经济学批判〉序言》的理论价值和它对历史唯物主义科学体系的奠基式作用，是不可能被推翻的。全部历史唯物主义原理都是在它的基础上向前推进。沿着《序言》开辟的道路朝前走，是走向真理；反之，则是重新回到历史唯心主义。

龙种与跳蚤

恩格斯在 1890 年 8 月 27 日致保·拉法格的信中告诉他，马克思不承认自己是“马克思主义者”，还说马克思引用海涅的话，说“我播下的是龙种，而收获的却是跳蚤”。这显然是马克思对 19 世纪 70 年代法国一些自称为马克思主义者的人的不满，也是恩格斯对当时德国一些党内自命为搞马克思主义的大学生的不满。马克思不承认自己是马克思主义者，是对跳蚤们的不满，羞与为伍。可见，在马克思和恩格斯时代，所谓“马克思主义者”就有龙种与跳蚤之分，并非始于当今。按照恩格斯的说法，所谓“跳蚤”，就是“被歪曲得面目全非的马克思主义”。

马克思主义中的龙种与跳蚤之分说明，当代有些学者鲁鱼不分，把马克思主义与马克思（当然也包括恩格斯）对立并分割开来，鼓吹马克思以后的马克思主义是与马克思对立的另一种学说，他们不区分龙种与跳蚤，根本不承认马克思之后存在一个以马克思思想为依据的马克思主义学派。如果不是理论的无知，就是别有用心。要是这个论断能成立，那马克思主义就会随着马克思的逝世而终结，马克思以后就没有马克思主义。这种说法表面是推崇马克思，实际上使马克思思想后继无人，使马克思主义根本不成其为一个在当今世界最具影响力的思潮和学派，否定马克思思想的当代价值。

不错，在当代几乎所有标榜自己是马克思主义的学者都自称为马克思主义，而且是真正的马克思主义。他们的观点可以不同，甚至相互对立。有的学者根本不承认存在马克思主义，认为究竟什么是马克思主义取决于人们对马克思在不同阶段写出的书籍、小册子、论文和书信做出什么解读。按照这种说法，根本不存在马克思主义，只存在对马克思思想的不同解读。

马克思主义作为一种科学体系，它的内容并不取决于人们的主观解释，而是取决于它的客观内容和科学本性。在学习马克思主义基本原理时，首先要弄清什么是马克思主义，这对于正确理解和完整掌握马克思主义基本观点是至关重要的。毫无疑问，马克思的著作和文章是在不同时期写的，它会显出马克思发展过程的差异性。因此，衡量是否是马克思主义的方法论原则，不是对某个文本或文本的某句话的不同解读，而是贯穿马克思的全部著作（当然包括恩格斯的著作）中，反复论述、不断出现的具有规律性的论断，而且是从他们对历史和现实问题的实际运用中得到证明。这是马克思恩格斯著作中稳定的、一贯的、成熟的思想，它构成马克思主义的硬核。例如，辩证唯物主义和历史唯物主义的世界观、对资本主义社会形态和基本矛盾的经济学分析、追求无产阶级和人类解放的社会主义和共产主义理想等。如果一个学者或学派自称为马克思主义，而又反对辩证唯物主义和历史唯物主义世界观，为资本主义制度的永恒性辩护，否定社会主义取代资本主义的必然性和必要性，那就不可能是马克思主义。它可以称为任何主义，就是不能称为马克思主义，因为马克思主义从根本上说是为解决资本主义社会的基本矛盾、为无产阶级和人类寻求解放的学说。

马克思主义是与时俱进的学说，马克思和恩格斯的后继者，在实践中肯定要创造性地发展马克思和恩格斯的思想。因此，不同国家、不同地区、不同时间的马克思主义者会显现出各自的特色。马克思主义在各国的实践并没有唯一的模式，更没有一个标准的模式。但不能由此得出结论，认为当代马克思主义理论与马克思本人的基本原理是两种完全不同的体系。马克思主义理论是普遍性的东西，而实践则是具体的、特殊的。当具有普遍性的理论与实践相结合时，肯定会有新的结论。因此，马克思以后的创造性的马克思主义，肯定会与马克思的思想存在时代和民族特点上的差异性。

发展了的马克思主义仍然是马克思主义。真正的马克思主义与马克思本人的思想既一脉相承，又与时俱进。一脉相承是“同”，马克思主义必须坚持马克思思想的基本原理（而不是文献中的个别论断），否则它不能称为马克思主义，可它必须与时俱进，因而具有时代特点、地区特点、民族特点。但异中有同，这就是要自称为马克思主义，必须具有马克思思想的基本特征，遵循马克思对资本主义采取的批判性立场和寻求无产阶级与人类解放的主题。同中有异，这种“异”是时代特征和民族特征的理论凝结。抽象地说马克思之后的马克思主义与马克思的思想不同，难以判定其正确与否。一定要弄清他们所谓的同异之处，才能判断它的真假优劣。

马克思之后，各国马克思主义者都实践马克思主义，实现其理想的过程是一个充满探索和失败的过程，是在总结经验和教训中前进的过程。但不能由此得出结论，说马克思之后的马克思主义都背离马克思的思想。我读到一本关于马克思的复仇的书，不是论述马克思向反对马克思主义的人复仇，而是向那些试图实现他的理论的革命者复仇，据说他们曲解了马克思。资本主义在 21 世纪初继续充满活力，这些人以他的名义进行说谎、欺骗、谋杀，并提供了虚假的希望。错误冒险的瓦砾已经扭曲了对社会主义变革的思考。有必要回到马克思，以理解资本主义的长处和它充满活力的秘密。但是，经历了 20 世纪的惨痛经验之后，询问这些极限何时到达是一个愚蠢的行为。马克思是一位历史的天文学家，而不是一位占星家。按照作者的说法，马克思不会认为资本主义是永恒的，但他同样不认为资本主义是不能改变、不能创新和没有适应能力的。资本主义的局限性，必须从资本主义最大优点所包含的不足中去寻找——也就是说，用辩证法的方法去寻找。只有当资本主义不能进步时，它才会达到自己的极限。但是，只有那些在日常实践中创造了资本主义机制的人们才能觉悟到资本主义的局限，而且只有他们才能克服这种局限。尽管作者对马克思说了很多赞扬的话，但他把马克思逝世后的全部无产阶级革命活动一笔勾销，称之为冒险；而称实践马克思主义的马克思主义者欺骗、说谎，这完全是错误的。无论是苏联十月革命还是其他国家的社会主义革命，都是在实践马克思主义。实践中的挫折和失败并不是马克思主义者的罪过，而是革命的代价，是历史的教训。由于失败和挫折摒弃和攻击马克思主义才是“复仇”。

当代资本主义并没走到尽头，这不能成为不准许革命的理由。只要有了革命形势，马克思主义者就有理由组织革命，至于方式，依条件而定。谁也不可能保证革命一帆风顺、没有波折，也不可能保证社会主义革命胜利后不会发生历史的倒转。失败并不是否定革命的理由，苏联解体也不是断言十月革命是一种冒险的根据。历史的账是不能倒过来算的，十月革命的合理性在于当时是否具备革命的必要性和可能性，七十年后失败的责任应该由失败者承担，而不能由胜利的缔造者负责。社会主义革命这种世界的历史转折，可能会经过多次失败和反复。

资本主义可以自我调节、自我更新，而且其局限只能由创造了资本主义机制的人们才能克服，这种说法实际上把马克思主义者和共产党人排除在资本主义社会变革之外，只需要一个空头马克思，其他全由资本主义自己去自我调节和改革。这种马克思被高高悬在半空上。何况资本主义自我调节也是有限度的，资本主义始终无法摆脱危机和冲突。当代金融危机、美国“反华尔街运动”、反对金融财团、反对贫富对立的抗议都说明资本主义自我调节是有限度的。1％的人占有百分之99％的财富的社会，是不可能持续存在和发展的。资本主义社会并不像人们设想的那样充满活力和无限生机。当代世界证明，世界需要马克思，更需要马克思主义对当代世界矛盾的分析和对人类向何处去的理论分析，更需要马克思主义者的实践。当然这种当代马克思主义只能是龙种，而不是跳蚤。没有组织、没有目的、没有领导的自发抗议，表达的只是不满情绪，而不会使统治者感到恐惧。

如何认识资本主义，如何认识社会主义，尤其在当代经济全球化背景下，这仍然是个重大理论问题。当代需要马克思主义而且是真正具有创造性的马克思主义。马克思之后马克思主义并没有死亡。马克思并没有结束真理，而是为真理开辟了道路。但沿着马克思的道路前进，我们才会接近真理，如果背离马克思，只能走向泥坑。所谓背离马克思当然是指根本观点，而不是个别结论。列宁在批判波格丹诺夫时说过，如果在哲学上同马克思主义基础已经彻底决裂的人，后来又支吾不清、颠倒是非、闪烁其词，硬说他们在哲学上也是马克思主义者，硬说他们和马克思差不多是一致的，只是对马克思学说稍稍做了点补充，那么，这实在令人十分讨厌。

龙种与跳蚤的区分并非搞关门主义。马克思个人的理论力量和马克思主义具有广泛而深刻的影响。我们并不一概把西方马克思主义、后马克思主义，以及西方真心研究马克思和马克思主义的左翼学派视为异类。任何以严肃的科学态度对待马克思和马克思主义的学者都应该欢迎，即使有不同意见也应该重视。例如，特里·伊格尔顿在《马克思为什么是对的》一书中坦言："我对马克思的一些观点是持保留意见的。但是，马克思对他所生活的那个时代中的一些重要问题的真知灼见足以使'马克思主义者'成为一个令无数人心向往之的标签。弗洛伊德学说的真正支持者不会迷信弗洛伊德的全部观点，也没有一个阿弗雷德·希区柯克的影迷会认为这个大师的每一个镜头和每句台词都完美无缺。马克思也并非无懈可击，而我只想展示马克思的合理之处。"作者对西方社会十个典型的否定马克思主义的观点进行了反驳。这种以创造性态度对待马克思主义的学风值得赞赏。

根本否定马克思基本原理而又自称为马克思主义者的人应该归为跳蚤之列。在当代，马克思仍然是举世公认的伟大思想家，跳蚤的出现是不可避免的。弗兰索瓦·佩鲁也说过：毫无疑问，马克思激起了人数众多的诠释者的灵感，他们中有一小部分人亲自研究了马克思本人的出版物，但绝大多数是依据种种解释、复述和使之通俗化的评论进行诠释工作的。因此在某种程度上出现了马克思思想的退化现象，这种退化同马克思原来的见解相比，毫无精确性可言——这是具有丰富创造力的学说都无可奈何、必须忍受的一种命运。

美国原驻苏联大使马特洛克在《苏联解体亲历记》中谈到当年戈尔巴乔夫提出新思维，抛弃马克思主义关于阶级斗争学说时说，"如果苏联领导人真的抛弃这个观点，那么，他们是否继续称他们的思想为马克思主义也就无关紧要了，这已是别样社会里实行的别样的马克思主义，这样的马克思主义是我们大家都可以接受的"。什么叫跳蚤？资产阶级可以接受和拥抱的马克思主义，就是跳蚤。

跳蚤有左右之分。当年法国的左派是跳蚤，而今借马克思主义新思维之名，行反马克思主义之实者，也是一种跳蚤。当戈尔巴乔夫和叶利钦的势力壮大到无所顾忌时，完全撕下了马克思主义的伪装，公开高举新自由主义的大旗。这时跳蚤就变为具有毁灭性的蝗虫。不能阻止马克思主义中跳蚤的出现，也不能因为有跳蚤就笼统断言马克思之后的马克思主义与马克思本人的思想存在断裂，更不能借回归马克思之名，不加区别地否定马克思主义。坚持马克思之后的马克思主义根本不同于马克思，以跳蚤混同龙种反对马克思主义，这应该被视为当代反对马克思主义的一种论辩“策略”。

中国也有中国式的龙种与跳蚤。毛泽东早在延安时就说过，我们历史上的马克思主义有很多种．有香的马克思主义，有臭的马克思主义，有活的马克思主义，有死的马克思主义，把这些马克思主义堆在一起就多得很。我们所要的马克思主义是香的马克思主义，不是臭的马克思主义，是活的马克思主义，不是死的马克思主义。不过与西方当代跳蚤不同，中国的跳蚤诚心诚意相信马克思主义却不懂得什么是马克思主义，他们以教条主义、本本主义的态度对待马克思主义，结果就有断送中国革命大好前途的危险，沦为中国式的“跳蚤”。

马克思主义哲学家的风格

哲学与哲学家的风格不可分，哲学家的风格往往是哲学的人格化。马克思主义哲学该有自己的风格。我以艾思奇为例，我认识艾思奇同志，他不认识我。20 世纪 50 年代末，在中央宣传部的领导下，高级党校即现在的中共中央党校讨论过全国六本哲学教科书，他是主持人。人民大学哲学系也提供了一本教材，我是人民大学的一位小教员，随肖前老师一道参加教材的讨论，有机会亲聆他的意见。当时我还是一个年轻的教员，他是著名哲学家，没有任何交往，也没有交往的资格，但留下了深刻印象。

艾思奇是杰出的马克思主义哲学家，又是马克思主义哲学大众化的开拓者。或许有人会说，艾思奇的哲学著作，例如《大众哲学》、《哲学与生活》等著作，并无哲学创新，既没有创立一个新的哲学体系，也没有提出什么新的哲学命题，没有多少学术价值。这就涉及一个重大的理论问题，即哲学的类型和风格问题。我们应该按照什么标准来衡量一个马克思主义哲学家?

自古以来，无论是东方还是西方，都有不同类型的哲学和哲学家。不同的哲学有不同的功能和使命。例如，德萨米认为哲学是要引导人们获得幸福；费希特认为全部哲学，一切人类的思维和学说，整个哲学研究工作就在于回答人类的使命和学者的使命；黑格尔认为哲学的目的就在于认识唯一的真理；而费尔巴哈则认为哲学能给予自己永生的金苹果，能够为自己提供现世的永恒的福祉，使自己变得无限的丰富。至于视哲学为精神的家园，为安身立命之学，无论中外古今更为普遍。

哲学家与哲学不可分。哲学可以说是哲学家的存在，是他表现自我哲学体悟或哲学创造的一种方式。有什么样风格的哲学家，就会有什么样的哲学。而一个哲学家所处时代与自己的生活经验，决定他们会创造出什么样的哲学。在这个意义上我们可以把哲学家称为哲学的“容器”，容器与容器所盛的内容已经联为一体，这都决定于产生这种哲学和哲学家的经济、政治和文化土壤。时代不同，哲学不同，哲学家的类型也不同。德国的马克思主义者梅林说：“哲学是怎样的，哲学家也就是怎样的，反之亦然。哲学家的属性，即哲学的主观条件和因素，同时也是哲学的客观条件和因素。”

哲学家有各种类型，这是哲学家的时代特征的哲学凝结。有自称牛虻式的哲学家，如苏格拉底，他宁愿饮鸩而死，也不改变自己的信仰；有宁愿做像暴风雨中仍然吃食的猪一样内心平静的哲学家，如怀疑主义者皮隆；有宁愿曳尾泥涂也不愿置身庙堂的哲学家，如中国的庄子；有终身不婚、以哲学思辨为人生最高乐趣的哲学家，如康德；也有极度悲观、愤世嫉俗最后以发疯了结的哲学家，如尼采；当然也有关注现实以变革世界为己任的哲学家，如马克思和恩格斯。康德可以终生不离开哥尼斯堡成为一位伟大思想家，这是因为他思考的问题，可以在书房中、在散步中达到别人达不到的境界。而艾思奇则不能。艾思奇信奉的哲学要求他必须成为我们见到的艾思奇，否则他就是一个普通人，不能成为马克思主义哲学大众化的开拓者。马克思主义哲学的本质决定他必须是关注现实、关注生活、关注国家民族命运的哲学家。

并不是所有哲学家都勇敢无畏，都能对自己时代的问题做出积极的反应，也不是所有哲学家都具有批判精神、怀疑精神和敢于说出自己见解的勇气。抽象地说，一个真正的哲学家要能够感觉自己关注的东西，能够以哲学方式说出激动自己心灵的感受，即使触犯当权者的利益也无所惧怕。可哲学家并非人人如此，也不可能时时如此。因为哲学的批判精神往往会与现实发生矛盾。特别在中世纪宗教处于统治地位的时候，任何倡导理性、鼓吹自由、主张无神论和反对宗教的思想，都会被宗教裁判所送进血与火的炼狱。专制统治是不利于哲学思想的发展的，它与作为哲学本性的自由精神是相悖的。在专制制度下，哲学不是专制制度的敌人就是专制制度的思想牧师。其实，在利益分裂的社会中，超越一切利益关系、无偏无倚超然出世的纯哲学和纯哲学家是很少的。因此哲学的阶级性和哲学家的阶级的局限，会钝化哲学的批判功能，甚至使它发生扭曲。

马克思和恩格斯创立的马克思主义哲学，是一种新类型、新风格并具有不同于以往哲学功能的新哲学。马克思主义哲学是变革现实的哲学。这种类型的哲学家不是纯学者型的哲学家，不是专以著述为务，在书本中讨论生活的哲学家，而是理论与实践相统一的哲学家。其中不少人本身就是革命和建设实践的直接参与者和领导者，是以自己的生命和鲜血实践自己社会理想的哲学家。我们国家曾经发生过的“邓小平有没有哲学思想，算不算一个哲学家”的争论，原因也在于不理解马克思主义哲学的类型和风格。因为在一些人的头脑中，在书斋中从事纯哲学研究和著述、有砖头厚的纯哲学著作的人才算哲学家。至于参与实践、能从实践中总结哲学智慧并对实际发生重大指导作用、能以最明白易懂的语言阐述最深刻道理的人不算哲学家，也不算有哲学思想。这是按照以往哲学的标准来衡量马克思主义哲学和哲学家，对马克思主义哲学和哲学家这种新的类型的本质与特征缺乏理解。

要知其文必知其人，要知其人必知其时。艾思奇在写作《大众哲学》、《哲学与生活》时，并不是作为一个哲学家居高临下向世人宣扬自己的哲学构思或奇想，而是以一个青年革命者的火热的精神，在民族危难、青年人处于苦闷彷徨的时候，用生动的语言，结合社会实际和中国面临的问题，向他们宣传马克思主义哲学的基本道理，为他们指明了一条出路。艾思奇是一个马克思主义哲学家，是马克思主义坚定的信仰者、勇敢的实践者、热情的宣传者。对他来说，最重要的是结合中国实际，向青年人宣传马克思主义哲学的普遍真理。在 20 世纪 30 年代，这种启蒙作用，是马克思主义在中国传播史上的一件大事，也是马克思主义哲学不同于以往旧哲学的类型、风格与功能在中国的一次展示。

马克思曾经批评过旧哲学：“哲学，尤其是德国哲学，喜欢幽静孤寂、闭关自守并醉心于淡漠的自我直观；所有这些，一开始就使哲学同那种与它格格不入的报纸的一般性质——经常的战斗准备、对于急需报道的耸人听闻的当前问题的热情关心对立起来。从哲学的发展来看，它不是通俗易懂的；它那玄妙的自我深化在门外汉看来正像脱离现实活动的稀奇古怪；它被当做一个魔术师，若有其事地念着咒语，因为谁也不懂得他在念什么。”而艾思奇同志的著作，新颖、现实、生动，以最为通俗易懂的方式，向中国人特别是青年人展示了另一种哲学。艾思奇的著作在中国革命时期所发挥的作用，在马克思主义中国化和马克思主义哲学大众化的地位，是同时代其他纯学术著作不可比拟的。

艾思奇同志理论与实际相结合的精神，面对群众、面对生活的学风，是留给我们哲学工作者的一笔宝贵财富。我们希望少点体系的构建者，少点闭门造车、蛰居书斋面壁虚构、生造哲学命题和术语的哲学家，而多些以艾思奇为榜样，关注生活、立足实践、面对群众的哲学家。

毫无疑问，哲学作为一门古老的具有丰富的自然科学知识和社会科学知识内涵的学问，需要有高度、有难度、有深度、有新的创造。正如任何科学一样，马克思主义哲学也需要面对具有专业知识的同行。但科学要在更大的范围内发挥作用，就必须以一定的方式面对普通群众，这就是科普。自然科学需要科普，社会科学也需要科普，马克思主义哲学更需要科普。如果说，其他学科的普及，属于群众的教育和素质问题，而马克思主义哲学的科普，这是关系到马克思主义哲学的本质与功能问题。马克思主义哲学如果不交给群众，就会变成书斋里的哲学，失去了它产生的意义和价值。

一百六十多年以前，马克思说过：“哲学把无产阶级当做自己的物质武器，同样地，无产阶级也把哲学当做自己的精神武器；思想的闪电一旦真正射入这块没有触动过的人民园地，德国人就会解放成为人。”还说：“理论一经掌握群众，也会变成物质力量。”一百多年以后，毛泽东说过：“要把哲学从学生的课堂和书本上解放出来，变为群众手中尖锐的武器。”毛泽东的话是继承马克思的思想，真正实现和发扬马克思主义哲学的群众性和实践性的正确道路。

艾思奇的历史地位和他的著作的价值，就是马克思主义哲学风格和使命的实践者和体现者。艾思奇并没有去构建一个什么体系，可是他最为真实、最为正确地理解马克思主义哲学的本质与功能，是真正的马克思主义哲学家。

问题研究与体系构建

马克思主义哲学当代形态的构建，是近年来颇受关注、也很流行的响亮口号。学者们对如何构建马克思主义哲学的当代形态有不同的理解。我拜读过一些学者的文章，读过关于构建马克思主义哲学当代形态的论谈，受益良多，但也有些糊涂。

有两种不同的构建路径。一种是针对马克思主义哲学自身的构建；一种是针对原来哲学教科书中的缺点，尤其是针对以往对实践在马克思主义哲学家中的重要地位的漠视，重新编写一个建立在正确理解原著文本基础上、具有时代特征和民族特色的哲学体系或教科书。这是两种完全不同的构建路径。

在当代中国构建一个与所谓传统马克思主义哲学完全不同的新形态，我肯定这条路走不通。其实，这条路西方多年以前就有人走，西方各种各样的新马克思主义名号很多，包括异化的马克思主义、人本主义马克思主义、弗洛伊德马克思主义、结构主义马克思主义、存在主义马克思主义，不少已成为明日黄花。这条路是注定走不通的，因为它们采取歧解的方式，摒弃对马克思主义的全面把握，取其一点，构建一种与马克思主义哲学不同的另一种哲学。这种哲学注定与马克思主义处于对立状态。尽管它也以马克思主义为名，但名存实亡。

当代中国的马克思主义即中国特色社会主义理论、道路和制度，不是不同于传统马克思主义的新形态的构建。从本质上说，中国特色社会主义理论是对马克思主义的坚持与发展，因为，贯穿于其中的仍然是马克思主义的基本原理，它的发展在于结合中国实际创造性地发展马克思主义。从社会主义的形态看，毛泽东早就说过，“不要搞两个主义，就是一个主义——马克思列宁主义。中国革命的思想、路线、政策等等，如再搞一个主义，那么世界上就有了几个主义，这对革命不利，我们还是作为马克思列宁主义的分店”。无论是毛泽东思想还是中国特色社会主义理论，都是与马克思列宁主义既一脉相承又与时俱进的学说。它的核心是马克思主义的基本原理，它的特点是中国化，是马克思列宁主义与中国实际相结合，它的结论是符合中国国情的结论。它肯定要以自己的新理论贡献于马克思主义的科学体系，汇合于马克思主义之中，可它的本质就是马克思主义，是当代中国的马克思主义，而不是与“原有”的马克思主义，即有些学者称之为“古典马克思主义”、“经典马克思主义”、“传统马克思主义”根本不同的另一种形态的马克思主义。马克思主义就是马克思主义，它可以而且应该根据不同的时代、不同的国家的实际而具体运用，并以新结论补充和发展马克思主义，成为马克思主义在不同国家、不同时代的新发展，这不会改变马克思主义作为马克思主义的本质。马克思主义本身就是一种形态，不存在与马克思主义本质不同的另一种马克思主义新的形态。

毫无疑问，在当代中国，从马克思主义哲学研究角度看，如何会通中西，既充分继承中国传统文化（包括传统哲学）中的精华，又注意吸取西方哲学（包括近现代哲学）的积极成果，以其为思想资源，使中国的马克思主义哲学研究及其成果更具中国特色、中国气派和中国风格，很有意义。如果这种哲学能构建出来，其核心和基本原则部分将仍然坚持马克思主义的基本原理，并以马克思主义基本原理为指导，会通中西，而不能背离马克思主义基本原理，另起炉灶。因此，这种构建仍然以坚持马克思主义哲学最基本的原则作为马克思主义哲学在当代中国的发展。马克思主义哲学仍然是马克思主义哲学，而不是传统儒学的现代版，也不是“中、西、马”的混合物。我一直对马克思主义哲学当代形态“构建说”、“重构说”持有怀疑态度，并不是说马克思主义哲学无需发展，也不是说中国马克思主义哲学不应该具有中国特色、中国风格，而是说在马克思主义学说名义下的任何构建必须是马克思主义的，必须是对马克思主义哲学的坚持和发展。只有坚持马克思主义与实际相结合，坚持马克思主义、发展马克思主义才是正确的方向。这个正确方向决定任何构建都必须是马克思主义的。

钱穆先生是国学大师，他说过一段话我认为很有见解。他说，“若思想脱离了大众，仅凭一二人戛戛独造，纵或深思密虑，穷搜冥索，或于书本文字上阐述陈说，或于语言辩论上别创新解，或就个人会悟提出独见，或从偏僻感触引申孤诣”。一旦脱离了群众，既非从大多数人心里出发又非能透进大多数人心里安顿，此等思想，则仅仅是少数人卖弄聪明智慧，虽未尝不苦思力索，标新悬奇，获得少数聪明智慧，喜卖弄，爱炫耀者之学步效颦，但其与大多数人心灵无交涉。则此等思想，仍必归宿于书本上、语言上，流行于个别偏僻处，在思想史上决不起大波澜，决辟不出新天地。

哲学形态当然是变化的。恩格斯说过，“随着科学的发展，唯物主义也会改变它的形态”。整个哲学发展史也证明这个论断是正确的。因为从朴素唯物主义到机械唯物主义、再到马克思主义的辩证唯物主义历史唯物主义，的确发生了哲学形态的改变。虽然它们都属于唯物主义范畴，但其时代特征、阶级特征、哲学内容都发生了重大变化。这种形态改变经历了很长的历史时间。从古代朴素唯物主义到机械唯物主义差不多一千多年，再从机械唯物主义到马克思主义的辩证唯物主义也有几百年。这期间，社会形态和阶级关系发生了根本变化，这就要求改变原有哲学形态的科学与实践的大发展。我们不能从以往哲学历史的简单类比中引申出马克思主义哲学在当代中国也要发生新的形态的变化，原有的辩证唯物主义、历史唯物主义要为另一种新的哲学形态所取代。其实，我们坚持的哲学形态仍然是辩证唯物主义和历史唯物主义，没有构建也构建不出别的新形态。至于辩证唯物主义和历史唯物主义原理的新的丰富和发展，这是肯定的。无论是毛泽东思想还是中国特色社会主义理论，都包含马克思主义哲学的新发展，但这不是新的形态的构建。它们都属于马克思主义，是当代中国的马克思主义，是发展着的马克思主义，而非信奉另外一种什么新主义。

有些学者批评以往教科书对实践在马克思主义哲学变革中的地位和

作用没有足够重视，没有全面体现马克思主义哲学本质，这种批评是正确的。三十年以来，我们对实践在马克思主义哲学中的地位和作用有了更深更全面的理解。实践唯物主义就其本义而言并非马克思主义哲学新形态的构建，实践观点本来是马克思主义哲学的应有之义。在马克思主义哲学中，实践具有本体论功能，即人化自然是人类面对的现实世界；实践具有认识论功能，没有实践观点没有马克思主义认识论；实践具有价值论功能，价值判断最终判断还要依靠实践，而不能停留在主体范围；实践具有人生观功能，人对信仰、理想、意义的理解表现在他的实践中。在马克思和恩格斯本人的哲学思想和著作中本来不存在实践与物质对立的二元化观点，无所谓马克思主义哲学的重建，只有教科书体系的重新编写。重新审视原有哲学观和教科书的缺点是有益的，但就马克思主义哲学形态而言，实践观点只有在与唯物主义、辩证法和历史唯物主义相结合中才具有真理性。

不能以重视实践为理由否定自然界的优先地位，否定人化自然来自人对自然界的人化是片面的。实践是感性世界的基础，但不能说是全部物质世界的基础。这是两个不同问题，不能绝对对立。世界的物质统一性解决的是世界的本质问题，它强调世界的物质统一性，反对存在彼岸世界、极乐世界、天堂、绝对观念和“理的世界”。

我们只有一个世界：物质世界。主观世界并非独自存在的世界，而是从物质世界派生的精神世界，从其内容来看，是物质世界的反映，其依存主体是作为自然存在物和社会存在物的人。而实践是现实的感性世界的基础，强调的是现实世界在实践基础上自然、社会和人的统一。这是人化世界，它的存在并不排斥非人化世界的存在。因此，世界的物质统一性和实践是感性世界的基础，是两个相互补充相互依存的命题。

我重视实践唯物主义与辩证唯物主义争论的积极意义，重视实践唯物主义倡导者的合理思想，但我从一开始就反对实践唯物主义与辩证唯物主义和历史唯物主义的对立。在我看来，实践观点、辩证观点、唯物主义观点应该是统一的。马克思的时代如此，当代同样如此。

哲学教科书的编写突破原有的教材体系，这与重构马克思主义哲学新形态是不同性质的问题。教科书应该修改、重编，新中国成立以后我们的哲学教学就出版过各种本子，做过多次重编。马克思主义理论建设工程开启以后，我们应该探索如何编出具有中国特色的教科书，充分吸收马克思主义中国化的重要成果，以便更有效、更准确、更全面、更现实地阐述马克思主义哲学。这种根据当代科学技术成就，根据马克思主义中国化的成果，纠正过去教科书中的缺点和前人对马克思恩格斯文本解读中的错误或不足，深化对实践本质和功能的理解，是马克思主义哲学研究进步的表现，但这不能理解为摒弃辩证唯物主义和历史唯物主义、建立所谓马克思主义哲学新形态。

马克思主义哲学研究主题的转移同样是明显的。马克思恩格斯关注的重点是如何为无产阶级和人类解放提供“头脑”，即创建新哲学的问题。列宁关注的是社会主义在一国（俄国）胜利的问题。毛泽东关注的是中国革命的特殊道路问题。邓小平关注的是什么是社会主义和如何建设社会主义的问题。江泽民关注的是如何与时俱进、继续深化中国特色社会主义建设和党的建设问题。胡锦涛关注的是科学发展观，是如何坚持以人为本，全面、协调可持续发展，如何构建社会主义和谐社会的问题。在马克思主义中国化的进程中，作为马克思主义哲学根本内容的辩证唯物主义、历史唯物主义并没有发生哲学形态的变化，但它的内容得到丰富、发展和创造性应用。

一脉相承和与时俱进是马克思主义哲学的本质特征。无论是在社会主义革命和建设实践中具有突出理论贡献的领袖人物，还是以马克思主义学术研究为终身任务的理论工作者，都不是通过构建与辩证唯物主义历史唯物主义不同的新的哲学形态，而是通过对实际问题的解决和理论问题的研究来丰富和发展马克思主义哲学。哲学界现在关注人的哲学问题、文化哲学、价值哲学、经济哲学、环境哲学、生态哲学等，这是哲学学科繁荣的表现，表明哲学研究向深度和广度发展。马克思主义哲学工作者决不能忽视这种进步，但它不是马克思主义哲学的新形态或所谓当代形态，只是哲学的分支或部门。我们不能以具体哲学分支代替马克思主义哲学基本原理的研究，而要从中吸收新东西以丰富原理。

不能把其中任何一个部门哲学或哲学问题独立地称为马克思主义哲学的当代形态。把马克思主义哲学形态的构建理解为马克思主义哲学与时代的结合、与实际的结合，理解为当代关注重点的转移和内容的创新，理解为马克思主义哲学应该充分表现当代的时代精神，这种尝试是有益的。但无论怎样构建，都不能背离马克思主义哲学的基本原理，不能背离实践观点、辩证观点、唯物主义观点和思维方法。

学术评价与学风建设

说句实在话，我最害怕为人作序，害怕把序写得近乎墓志铭，只说好的；更怕写书评，近乎为书做广告，当托儿。不如此，又成为不知人情世故的书呆子。书评本来是评书，可在中国变为“书颂”。我们是礼义之邦，不讲情面的学术批评，容易结仇。可没有学术批评，学术又难以进步，学风难以端正。尽管作序或书评不是学术批评的适宜场所，但应该提倡在学术类杂志上发表学术评论文章。

谁来评价？我们不能说中国的学术水平只能由中国学者评价，外国人不能置喙；反过来说也是如此。我们也不能说学术评价只能是学者们的专利，普通读者无权对学术问题发表意见。学术评价就是学术评价，它的着眼点应该是学术，是学术水平，它应该有学术评价标准。

学术包括不同领域、不同学科。科学技术领域与人文社会科学领域差别很大，具体评价标准不完全相同。即使是科学技术领域，科学与技术评价也不能一样。科学学术成就的评价标准是新发现；而技术成就则是新发明；科学成就的功利性、实用性是次要的，重要的是它的理论价值。它的应用可能要经过若干年，方显奇效；而新技术发明的直接目的是实用，能立竿见影。以能否立竿见影作为评价科学的标准，正如以几十年或几百年后的功效来评价技术发明一样，是标准错置。人文社会科学的评价标准又不同于科技。人文学科的评价标准主要是它的文化价值，是它的育人和教化功能。而各种社会科学评价标准则是它的社会功能，即它是否对各个社会构成要素，包含经济、政治和人口问题等有独到见解或解决方案、对策。社会科学是通过解决社会问题显示它的功能，而人文学科则是通过教化育人显示它的功能。

无论评价的主体是谁，是专家或是“草根”，无论是中国学者评价其他国家的学术，还是外国学者评价中国学术，也无论是科技领域或人文社会科学领域，既然是学术评价，从哲学来说，就可以提出具有普遍性的评价标准：第一，评价必须有理有据，言之有理，持之有据。按通俗说法，就是摆事实、讲道理。没有事实，不讲道理，不能称之为严肃认真的学术评价。第二，必须没有学术成见、学术歧视、学术偏见，党同伐异不是学术评价而是学霸学阀。这就是学术评价的客观、公正原则。第一个原则可以称之为学术评价的科学原则；第二个原则可以称之为价值原则。只要不违背这两个原则，任何人都可以成为评价主体。这样的评价态度，不论是对某部著作、某种学术观点，还是对中国学术水平和发展状况的总体评价，都是可接受的，是有益的。

我们不是狭隘的民族主义者，我们并不排斥外国学者对中国的学术评价，只要这种评价是实事求是，至少不是怀着意识形态偏见的蓄意攻击、丑化，我们都欢迎。他山之石，可以攻玉。当然，有一点必须明确，尽管学术是天下公器，人人可以评价，但由于学术与政治难以完全分离，因此，中国学术评价，尤其是对当代中国特色社会主义理论、道路和制度的评价，应该由中国学者根据中国的实践经验进行。外国学者的评价可以认真听取，可以参考，但必须分析。把外国学者的意见不加分析地作为评价中国学术的标准，是本末倒置。人文社会科学的评价没有统一的国际标准，更不能抽象地鼓吹与国际接轨。

过去受“左”的思想影响，存在以意识形态取代学术评价的倾向。比如认为唯心主义是反动的，唯心主义是剥削阶级的哲学代表，唯心主义无一可取之处；唯物主义是进步的，是革命阶级的哲学。这种价值评价没有科学依据，也与哲学史不符。其实，马克思、恩格斯、列宁都不是这样。恩格斯赞扬德国古典哲学是德国革命的政治导言；当欧洲哲学界把黑格尔当成一条死狗时，马克思仍然以曾经是他的学生而骄傲。列宁也曾以黑格尔为例，说聪明的唯心主义比愚蠢的唯物主义更接近聪明的唯物主义。恩格斯和列宁都曾经多次批判机械唯物主义和庸俗唯物主义。毛泽东也肯定唯心主义中会包含真理性颗粒，他说，剥削阶级还能代表群众的时候，能够说出若干真理，如孔子、苏格拉底，这样的看法才是历史的看法。孟子也有一部分真理。王阳明也有一些真理，全部否定是非历史的看法。毛泽东对孔子、孟子、王阳明的评价表明，把传统文化、唯心主义和唯物主义简单化、脸谱化的学术评价是违背马克思主义具体问题具体分析的思维方法的。

辩证唯物主义不是合题

哲学家爱哲学思考。有些学者对黑格尔的三分法情有独钟，他们认为唯物主义是正题，唯心主义是反题，辩证唯物主义是合题。辩证唯物主义克服了唯物主义和唯心主义各自的片面性，达到唯物主义与唯心主义的统一。听起来似乎有理，实则大谬不然。恩格斯在《致爱·伯恩施坦》的信中批评："说什么唯物主义同唯心主义一样，二者都是片面性，应当结合为一个更高的统一体，这种说法是陈词滥调。"当时恩格斯下的考语：陈词滥调，至今没有断过，而且还在以创造性面貌出现。

说唯物主义与唯心主义各有其片面性，并不错。旧唯物主义确有其片面性。它们重视物质、对象意识、客观性和必然性，而唯心主义则重视精神、自我意识、主体性、偶然性。重视物质，必然重视客观性，因为物质的存在是不依存于主体的，而客观性中包括必然性，客观性表明它不受意志的自由支配。唯物主义强调人应该重视对象自身的客观存在和规律性；唯心主义重视精神，精神是主体的特性，即使黑格尔的绝对观念也是主体，所谓客体即主体，仍是自我意识，而自我意识不受外界支配而只决定于自我，决定于自我的一念之间，是偶然的、随意的，没有任何外在必然性能支配"自我意识"。精神是绝对自由的，与必然性无关。唯物主义和唯心主义在物质与意识关系问题上各执一面。

当马克思是黑格尔的信奉者时，他相信唯心主义，因而更倾向伊壁鸠鲁的原子偏斜说，因为"偏离"表示自由，可是当马克思转向新唯物主义后，他能正确处理必然与偶然、对象与自我意识、物质世界和精神世界的关系，在实践基础上把它们统一起来，克服了旧唯物主义和唯心主义的各自片面性。必然性一旦与偶然性对立，就成为宿命，变为天意；而偶然性与必然性相脱离，同样会走向命定论。不能解释的偶然性，就是宿命。这两者殊途同归。

我们应该重视物质世界，重视世界的客观规律，但同样应该重视主观世界，重视精神领域。物质世界是人与动物共有的世界，而精神世界则是人独有的世界，这是一个复杂的世界，一个人有一个精神世界，而且各自不同。精神世界最容易封闭，一个人的内心世界很不容易为另一个人所知，中国人说人心难测，知人知面不知心。精神世界的确是自由世界，精神世界的本质是自由。没有自由，就没有也不可能有精神活动。

一个人的精神世界要健康丰满，就必须培养，而哲学最大的功用便是培养精神世界、提升精神世界。重视精神世界的人都重视哲学，因为哲学给人精神自由。伊壁鸠鲁说过：要得到真正的自由，你就必须为哲学服务。凡是倾心降志地献身于哲学的人，用不着等多久，他立即会获得解放，因为服务于哲学本身就是自由。他还说青年人不应该耽误了对哲学的研究，老年人也不应该放弃对哲学的研究，因为谁要使心灵健康，都不会为时尚早或者为时已晚。谁如果说研究哲学的时间尚未到来或已过去，那么他就像那个说享受幸福的时间尚未到来或者已经过去的人一样。

精神世界是个复杂的世界，它的许多秘密仍有待人们研究和揭示。物质和精神相互转化，物质变为精神，精神作用于物质的机制仍然是一个重要的研究课题，这是一个脑科学、神经科学以及心理学在内的跨学科的交叉研究课题。这不是哲学一家能包办的。哲学只能回答哲学的问题，这就是存在和意识的关系问题。人的思想究竟从哪里来？人的正确思想究竟从哪里来？人的意识能否作用于物质？如何作用？迄今为止，更深一层的问题，物质和意识相互作用的机制，包括社会机制和人的生理学机制，仍然裹着层层谜团，有待多种学科的深入研究。

辩证唯物主义是合题的说法，似是而非，容易误导人。唯物主义和唯心主义是两种哲学原则。旧唯物主义的片面性是在唯物主义基础上的片面性，而非唯物主义自身的片面性。物质第一性、意识第二性原则是正确的，没有什么片面性，片面的是旧唯物主义没有看到精神的能动作用。马克思唯物主义仍然坚持物质第一性、意识第二性的原则。唯心主义关于意识第一性、物质第二性的观点，是唯心主义哲学基础上的片面性。它的可取之处是，这个原则承认精神的能动作用，应该摒弃的是唯心主义哲学意识决定存在的根本原则。毛泽东指出过它们各自的长处和短处："观念论哲学有一个长处，就是强调主观能动性"，"机械唯物论不能克服观念论，重要原因之一就是在于它忽视主观能动性"。

毛泽东并没有忽视两种哲学的根本区别。唯物主义和唯心主义是两种哲学体系，是不可能相加的。唯物主义和唯心主义的区别不是抽象地比较物质和精神哪个更重要。物质与意识、第一性与第二性、反映与被反映的关系，是关于精神的本源性问题，而不是物质与精神哪个重要、哪个不重要的问题。就其重要性来说，同样都重要。而且在不同条件下，它们的重要性是变化的。马克思在《关于费尔巴哈的提纲》第一条批评了旧唯物主义和唯心主义各自的片面性，但并没有各打五十板。唯心主义观点属于根本性的哲学路线错误，而旧唯物主义的错误属于旧唯物主义形态的一种局限性。马克思并没有因为批评旧唯物主义而否定唯物主义原则，而仍然自称为唯物主义，是唯物主义的最高形态。这一点，我们从马克思自称为新唯物主义就可以知道。

应该说，辩证唯物主义不是唯物主义和唯心主义的合题，而是对唯心主义合理因素的积极吸取，对唯心主义根本原则的摒弃；是对唯物主义片面性的克服，对唯物主义基本原则的发展。

哲学不会终结

马克思主义有没有哲学？历史唯物主义是不是哲学？如果我们从马克思和恩格斯著作中寻找他们对旧哲学的否定就不可能得出正确的结论。马克思的时代正处在德国哲学变革的时代，即由传统的思辨哲学转变为呼唤建立对世界改造的新哲学的时代。马克思恩格斯经常使用哲学这个称呼来指称旧的思辨哲学，他们关于“哲学的终结”，或“我们的理论不是哲学而是世界观”之类的提法，都是在批判旧的思辨哲学语境下使用的，表达的是对旧的思辨哲学的超越。至于马克思和恩格斯用以超越旧的思辨哲学的哲学思想，仍然是哲学，是哲学大家族中的一员。只有哲学才能超越哲学，以非哲学超越哲学是不可能的。

马克思和恩格斯从来没有否认自己的新的唯物主义和辩证法属于哲学。从哲学史看，唯物主义和辩证法两千多年来都属于哲学领域，而不是非哲学。中外古今都是如此。只不过马克思主义哲学不再是那种从头脑中把主观联系强加于客观世界、单纯停留在解释世界范围的思辨哲学。如果马克思和恩格斯著作中到处可见的唯物主义和辩证法思想，不能表明马克思主义有自己的哲学基础，那他们用以研究资本主义经济和把社会主义从空想变为科学的世界观和方法论是什么呢？不称之为哲学，应该称为什么？称为历史科学，可以吗？在一定意义上说可以，即马克思理论是对自然史和人类史的经验总结。可总结自然史和人类史仍然需要世界观和方法论的指导。如果不是人类几千年哲学史积累的唯物主义和辩证法思想提供的前进的基石，马克思和恩格斯在一无所有的哲学废墟上能创造出马克思主义哲学吗？绝无可能。

只要稍微熟悉马克思主义哲学发展史，读过马克思 1837 年在波恩大学写给他父亲那封为在康德、费希特和黑格尔哲学问题上何去何从而苦恼迷茫的信，读读马克思和恩格斯的全部著作就能明白，马克思主义中包含哲学，马克思主义的产生离不开哲学，贯穿马克思和恩格斯全部著作的始终有同一种坚定的世界观和方法论原则。马克思在 1837 年给父亲的信中说“没有哲学我就不能前进”，可以说这是他一生的信仰。马克思强调历史科学，说他们唯一知道的科学就是历史科学。这是有特殊含义的。因为在马克思看来，无论自然还是社会都是历史性的存在，因为时间和空间是事物运动的方式。无论自然还是社会都是变化的，今天的现实就是明天的历史。对事物研究的历史视角，是任何学科研究都必须具有的。这就是我们常说的历史感。

任何一门学科都包含原理和历史两个相互联系的部分。原理部分也不是超历史的，它的成果、结论也在不断转变为历史即学术史。没有历史感就没有认识对象，因为对象的存在就是历史性的存在。这并不意味着马克思和恩格斯把一切科学，无论是自然科学还是社会科学统统称为历史科学。不承认科学的分类，就是不承认自然和社会是两个领域，不承认自然和社会中各自存在不同的运动形态需要专门研究。如果这样看，不符合科学史发展的实际。

重视经典与本本主义

我们反对本本主义，但不能反对本本，马克思主义的经典文本仍然是我们掌握马克思主义观点的基本教材，因为马克思和恩格斯的思想不在他们的文本之外，而包含在他们的著作中。不管当代唯心主义解释学如何强调意义在本本之外，是读者读出来的，我们仍然不相信这种无视“原本”的说法。不信，你试试能不能在中外古典名著中读出马克思主义。如果能读出，除了主观附会以外，不会有别的结果。

马克思和恩格斯创立的马克思主义，当然存在于马克思和恩格斯自己的原著中。任何一个马克思主义理论工作者，都应该学习马克思和恩格斯的原著。不能全读，至少应该选择最具代表性的著作加以精读、思考，掌握其中的基本观点。

我们重视经典，但不把文本教条化，因为我们区分他们著作中阐述的基本原理和个别结论，分析他们得出结论的历史背景、条件和得出结论运用的方法。如果说，只读马克思和恩格斯的本本不一定成为马克思主义者，但根本漠视文本、任意肢解文本决不可能成为马克思主义者。有人说，本本并不能提供思想，提供思想的是阅读者自己。不同的读者对文本的解读不可能一样。这是六经注我的说法。没有六经，不读六经，读者能从自我中产生思想吗？显然不能。要能做到六经注我，首先得读，得我读六经，根本不读，岂能从碰撞中产生火花？做学问的读和求思想的读是不同的。做学问的读，即研究作者的思想，必须尊重作者，要求真，不能把自己的主观见解甚至臆测加在作者身上，读出原本中没有甚至反对的思想，只能说是曲解；但如果是想创造自己的思想，则不同。它关注的不仅是作者怎样说、说什么，而且是自己从中能生发出什么。重点是我怎样想，而不是对方怎样说。这只能归之为读后感，而不是追求原作的思想。

马克思主义不是教条，而是指导我们实践的世界观和方法论。这完全正确。但有一点要注意，在强调这个命题时必须防止把世界观和方法论空心化。不理解和掌握马克思主义基本原理，不学会运用马克思主义基本原理，世界观和方法论就是一个空壳。世界观是有内容的，这就是马克思和恩格斯关于世界本质和它的基本规律，即他们对自然、社会和人类思维规律的揭示。没有思想内容就不是世界“观”，而是世界本身。世界观是被把握在理论和范畴中的世界；而方法论则是世界观的运用。用世界观来观察世界，分析问题，就是马克思主义的哲学方法论。

当然，由世界观变为方法论和具体方法，不是简单倒过来就能办到的，其中有许多中介环节和理论转化。但从根本上说，世界观之外没有马克思主义方法论；而基本原理之外没有马克思的世界观。马克思主义世界观和方法论作用，决不是轻视经典的根据，也不是无视马克思主义基本原理重要性的借口。恰好相反，应该认真学习经典，应该正确而熟悉掌握马克思主义基本原理。

哲学是理性的力量，它提供的是善于理性思考、条分缕析和合乎逻辑表达的哲学思维方式。哲学也是一种创造思维，它能给予人一种想象力，因为辩证法提供人们由此及彼、由在场到不在场的联想力量，可以使人超越眼前可见的东西，而在思想中构建并未见到、尚未出现但可以合理想象的东西。爱因斯坦推崇人的想象力。他在《论科学》一文中说，想象力比知识更重要，因为知识是有限的，而想象力概括着世界观的一切，推动着进步，并且是知识进化的源泉。想象要不成为胡思乱想，必须有知识积累做依据，但有知识的人并不都具有想象力。知识是已有的，而想象是未有的，它要求从已有到未有，必须有超越现有既成知识的创造性思维能力。没有创造力，没有创意，是不可能有想象力的。没有想象力就不可能举一反三，充分发挥人的主观能动性。世界上许多伟大发明，许多新东西的创造，开始都是出乎意料的，是在原来知识范围内难以想象的。难以想象的东西变为能够被设想，正是由于想象力。

哲学有什么用，不能离开哲学的特点，哲学是观，宇宙观或称世界观、人生观、价值观。它的作用就在于“观”，为我们提供一个从总体观察自然、社会、人生的理论和方法论视角。总体是非常重要的，世界总体就是由局部构成的，没有局部当然没有总体。可是总体不是局部的总和，总和具有单纯局部没有的新的质。任何一个局部只有放在总体中才能理解。中医强调总体，不是头痛医头脚痛医脚，这是它的优势。如果没有辩证唯物主义关于世界客观性的观点支撑，任何物理学家、化学家，总之任何一个具体自然科学家都会陷于没有对象的理论困境。像马赫那样把世界视为感觉的复合还有什么科学呢！其实，马赫对力学的贡献，正在于他在科学研究时抛弃自己的哲学，而在哲学研究时抛弃自己的科学研究。唯心主义科学家永远处在科学与哲学分裂的矛盾之中。

临渊羡鱼，不如退而结网。水中有鱼，没有网只能望鱼兴叹，退而结网，才能得到鱼。这说明做任何事，方法（工具）的重要性。毛泽东说过要过河必须有船、有桥。网、船、桥，都是工具，也是得鱼、过河的方法。人类认识最重要的是思维方法。思维方法是多样的，数学方法、系统方法、统计方法都是认识方法，但是范围有限的科学方法。最具普遍性的方法是哲学方法。思维方法应该是哲学的重要性功能。马克思主义哲学尤其如此。不发挥思维方法的作用，马克思主义哲学认识世界和改造世界的功能成为空话。

唯物主义是方法，观察的客观性、实事求是是方法，辩证法是方法，这些方法反对孤立、静止、片面看问题，要我们全面地从发展中看问题。不具备这种方法，往往看不清问题的走向和本质。历史唯物主义也是方法，是研究历史、评价历史人物的方法。不要因为反对工具理性，连马克思主义作为方法论的功能也反掉了。马克思主义没有工具作用就会变为教条。毛泽东特别看重马克思主义的工具作用。他说要把马克思主义当作工具看待，没有什么神秘，因为它合用，别的工具不合用。资产阶级的唯物主义不合用，只有马克思主义的历史唯物主义，就是辩证唯物主义，运用到社会问题上成为历史唯物主义才合用。

我们把方法比作工具，这只是比喻。网与水中的游鱼，桥和船与河流，并无内在的本质同一性，而是外在的纯工具性的关系。哲学思维方法不同。它必须与对象具有本性的同一性。如果世界根本不是运动的，那辩证法根本不可能成为方法。辩证法不崇拜任何东西，按其本质来说，它是批判的和革命的，因为现存事物的肯定性中就包含否定性，存在中就包含必然走向结束的因素。如果辩证法的批判性、革命性只是马克思哲学具有的特性，而不是客观事物本身具有辩证本性，不是事物本身在肯定中包含否定，在不断运动变化，那辩证法的批判革命的本质纯粹是主观的，是一句空话。

如果世界是依存主体的，只能是主体心中的世界，那唯物主义和观察的客观性根本不可能成为思维方法，而只有用唯心主义，用我认为是如何就如何的方法，这就是从主观出发而不必从实际出发。我反对有些人否认实践范围之外的世界，认为它是“无”的观点。在有些学者看来，这种观点十分保守。我不这样认为。因为按“无”的观点观察实践之外的世界，最终必殃及实践范围内的世界。因为实践范畴外原本无的世界，何以变为有的世界。以无为本是不能成立的，只有对具体事而言，是有无相成，可以由无到有。可对整个物质世界而言，它是自存的，既不是上帝创造的，也不是人创造的，人的创造是把有的世界变为自己追求的世界。

全世界只有六十多亿人，而地球只是一颗小小的行星。人类赖以生存的自然环境是一个由岩石圈、生物圈、大气圈、水圈四大圈层层相依、相互制约而组成的巨大系统，即地球生态系统。地球生态系统还与它之外的天文宇宙系统息息相关。它们相互作用，无论地球内部或与之相联系的宇宙系统的外部环境的任何变化和异动，都会对人类和人类社会带来严重的损害。这些都是在人类实践范围之外的存在。不管人类认识与否，它都在对人类发生影响。任何时代在人的已有的实践的范围之外都有一个无限的世界有待人类去开发去认识。这才是科学的唯物主义的辩证的思维方法，因为它符合物质世界的客观事实。

每个人不管自觉与否都会有对外在世界的看法，从这个角度说每个人都有自己的世界观。或者是自发的，或者是自觉的，或者是感性的，或者是理性的。每个人的世界观当然是自己的，但并不完全属于自己。不能说世界六十多亿人有六十亿种世界观。其实，理论形态的世界观是少量的，作为哲学体系的世界观是有限的，而且可以区分为不同类型。我们普通人所拥有的对世界的看法，并非来自自己的思维创造。他们可能没有学过哲学，甚至不知道什么是哲学。但哲学的影响无处不在。人们通过学校、通过报纸、通过各种传媒，通过社会交往和父母的影响，或自己日常生活经验形成的一些片断零碎的对世界的看法。这种经验性、常识性的对世界的看法并不构成一种独立的哲学世界观形态，而是对既有的先存在的哲学世界观以自己可能接受的方式分享或占有。这种被动接受的影响，最容易成为错误世界观的俘虏。这就是为什么强调要学习马克思主义哲学，树立科学世界观、人生观和价值观的原因。

屠龙与解牛

没有人会问医学有什么用，医生能治病，因此医学又称为医术。也没有人问，物理学、化学、生物学，总之一切自然科学有什么用，因为它们都能转化为技术，科学是技术的理论依据，而技术是科学原理的实际应用。在自然科学中学与术是统一的，并称为科技。唯一例外的似乎是哲学。哲学无一技之长，无一专之能，是有学而无术。面对此种怀疑之论，我想起《庄子》中关于屠龙与解牛的两则寓言。

屠龙术大而无用："朱平漫学屠龙于支离益，殚千金之家，三年技成而无所用其巧。"屠龙术无用，天下既无龙可屠，则无人真有屠龙之术。庖丁解牛则不同。庖丁为文惠君解牛，不仅庖丁"恢恢乎其于游刃必有余地"，而且被解之牛"不知其死也，如土委地"。庖丁得意已极，"提刀而立，为之四顾，为之踌躇满志，善刀而藏之"。为什么？因为庖丁明白自己需要解决的问题——解牛，懂得解牛的规律——牛的骨骼结构，有好的工具——刀刃若新发于硎，而且谨慎小心，"吾见其难为，怵然为戒"，不搞主观主义，一切按照牛自身结构的规律办，因此技巧之高超，臻于极境。庖丁解牛可谓道技合一，有道有技，以技传道，以道引技："臣之所好者道也，进乎技矣。"

"哲学无用"说，是有些人把哲学视为屠龙之术。确实，如果马克思主义哲学成为假大空，不面对实际，不能解决问题，只是空谈"哲理"岂不是大而无用的屠龙之术吗？一些人把哲学家视为谈玄论道、逞口舌之快的畅谈家，似乎哲学家都应该是一些脱离实际、可与猪同槽共食的人物。

如果关注现实，研究和解决实际问题，就缺少哲学味。这个印象可以源自某些哲学家，但它不适用于其他哲学家，更不适用于马克思主义哲学家。

凡称为“学”，必有所长、所专，否则何以成学。学与术是不可分的，无一用之学，岂能妄称为“学”。哲“学”同样有用，哲学并不是有“学”无“术”，而是有学有术。但这种术，不是屠龙之术，而是解牛之术。我们应该善于掌握马克思主义哲学基本原理，并把它化为思维方法和工作方法，面对现实，分析问题，把马克思主义原理真正作为解牛之刀。

毛泽东说过，“没有哲学家头脑的作家，要写出好的经济学著作来是不可能的。马克思能够写出《资本论》，列宁能够写出《帝国主义论》，因为他们同时是哲学家，有哲学家的头脑，有辩证法这个武器”。毛泽东讲的是经济学家，实际上不限于经济学家，而是具有普遍意义。我们读读毛泽东自己的《论持久战》，他以唯物主义辩证法分析中日矛盾，对双方各自的长处和短处、优势和劣势，条分缕析，指出速胜论和亡国论都是错误的，科学地预见到抗战三个阶段，并得出最后胜利必然属于中国的结论。其分析之精，判断之准，确如庖丁之解牛，臻于妙境。

毛泽东曾经把马克思主义者分为两类，一类是死的马克思主义，臭的马克思主义；一类是活的马克思主义，香的马克思主义。马克思主义哲学如果脱离实际变为屠龙术，属于前者；而注重马克思主义中国化，注重实际应用就是解牛术，属于后者。我一直反对马克思主义哲学停留在概念之中，沉迷于鸿篇巨制而不着边际的空泛之论，反对马克思主义哲学走经院哲学的老路。马克思主义哲学需要解牛术，要摒弃屠龙术。

哲学是有用的、能用的。但哲学只有在用中才能显示它的作用。无论什么岗位，哲学都是有用的。孔子说“君子不器”，不是像器具一样，只能一物一用。马克思主义哲学也是“不器”之用。它无一技之长，而有万技之长。无一专之能，而有万专之能。一个真正的马克思主义哲学工作者应该掌握马克思主义基本原理，犹如手握解牛刀的庖丁，面对需要解决的问题——即待解之牛，按照对象自身的规律办事。立足实际，面对问题，无论是认识世界还是改造世界都如同庖丁解牛，则无往而不胜。我们不要做喜谈屠龙之术的空头哲学家，应该效法庖丁解牛掌握解牛之术。李瑞环的哲学著作名为《学哲学用哲学》，命名得当，意义深远，表明马克思主义哲学的基本原理与应用的统一，马克思哲学的“学”与“术”的统一。

在哲学系关于哲学问题讨论的一次会议上，我对学生说过三句话：哲学有用，哲学家大有可为，哲学院前程无限。历史将证明，股票、投资热是少数人的，法律的作用的范围是限定的，而哲学智慧是永恒的，应用范围是无限的。只要是人，只要思考，只要想对自己研究的问题有规律性的把握，永远离不开哲学和哲学思维。

任何科学家都要思考，普通人也要思想，思想是人的本性，可思想必须有思维方法。哲学可以说是思维的艺术、生活的艺术。这种思维艺术的集中表现就是方法论。认识世界要有认识世界的方法；改造世界要有改造世界的方法。马克思在青年时代就认识到，没有哲学就不能前进，因为缺少思维的工具；毛泽东把哲学比之为望远镜和显微镜也是突出哲学的方法作用。这种思维艺术是任何学科无法取代的。哲学之所以有无用之大用，正在于此。

可深可浅

哲学的功能可说有大用，也有小用。从大处说，对实践有用，人是行动的动物或者说是实践的动物。人要实践，要在实践中达到目的，就不能没有哲学指导。人的实践是有意识有目的的活动，这是一回事，这是人不同于动物本能活动的特点。可是意识是否正确，目的是否能实现是另一回事。世界上没有“心想事成”的事，如果都心想事成，都可以成为千万富翁亿万富翁，谁不想?“心想事成”只是过年时的恭喜话，正如恭喜发财、长命百岁之类一样是不能当真的。人要在实践中取得成功，达到目的，必须按规律办事，必须从实际出发，不能搞主观主义，这就是哲学问题。哲学思维决定成败。如何想对如何做具有支配作用，其效果也完全不同。如果只要是实践，就必定成功，那世界上还有什么实践的失败呢？任何时候，实践都具有两种可能性，或成功或失败。

任何一个辩证唯物主义者都必须高度重视实践在马克思主义哲学变革中的关键地位和作用。一个真正理解实践重要性的学者，必须承认实践是有对象的实践，它可能成功也可能失败，可能是正效应也可能是负效应。为什么有生态恶化？为什么世界会被人类“改造”得不利于人类生存？难道他们不是在从事实践吗？他们的行为不是实践吗？当然是实践，但不是正确的实践，因为它违背客观对象自身的规律。因此人类实践中要树立关于对象的客观性和客观规律观念。不承认对象的客观实在性、没有规律观念，实践肯定失败。而规律只能存在于客观事物之中，存在于被实践的对象之中，而不是存在于实践主体的观念中。规律是人们实践的规律，但人们实践不一定符合规律。我们说社会规律是人的行动的规律，指的是人的实践应该符合规律，而不是规律依赖实践。真正的实践唯物主义者必须同时是唯物主义者，必须是辩证法者。

对认识有用。哲学不是一种具体的认识，但其中包括关于如何认识才能认识的哲学理论，因此这适用于任何认识。当有的哲学家强调哲学就是认识论时，他们强调的也是哲学指导认识的功能。人要做的事无非两种，一种是改造世界；一种是认识世界。改造世界不能没有哲学的指导，否则就是盲目的实践，就是轻举妄动，没有不碰钉子的；认识世界同样要有如何认识世界的方法。辩证唯物主义和历史唯物主义的重要性，就是因为它对我们如何认识世界有指导作用，否则何必学它？马克思主义哲学之所以是科学世界观方法论，就是因为它为我们认识世界提供了一种科学思维方法。

哲学家有故事、有轶事，可以写出生动的哲学家传记。苏格拉底之死，孔子死前的梦，庄子临终前与友人的对话，可以写得感人至深，兴趣盎然。可哲学思想不像小说那样有完整的故事情节，像诗歌那样讲究韵律。但哲学同样具有魅力。哲学的力量是理性，哲学的魅力是智慧。一个有哲学头脑的人面对问题，尽管千头万绪也能很快理出头绪，把它条理化；懂得从哲学高度理解事情的本质，而不是停留在表面层次；能够用明确的概念和语言表现自己的观点，因为哲学思维方式是理性思维，是合逻辑的思维。当然有的哲学著作中也有生动情节，如柏拉图的对话，中国的《论语》、《庄子》、《列子》；也有诗歌式的表述，如西方古代的《物性论》，中国老子的《道德经》。真正有哲学水平的文章，不会是条理不清、逻辑混乱，或一二三四、甲乙丙丁中药铺式的八股，而应该是具有整体性闪烁智慧火花的隽品。

对科学研究有用。任何一门科学，无论是自然科学还是社会科学，都不可能没有哲学。哲学与科学是相互依存的。哲学道理可以从科学中总结出来，而科学又要应用哲学的思维方法，离开哲学，科学就寸步难行。科学研究总要有研究对象，没有对象就没有科学研究。如果“心外无物”，“心外无理”，那科学研究什么呢？只能向内用力，从人心中求理、求规律，这还有科学吗？还算科学吗？至于矛盾观、一分为二、实事求是，都是基本的研究方法。任何科学思维都不能离开哲学。一些大的科学家都有自己的哲学思想，有的还是哲学家。没有哲学思维的科学家，往往是科学工匠，而不可能是卓尔不群的科学大家。

哲学对人的人文素养、对人的道德境界的提升功莫大焉。朱熹说为学可以“变化气质”，哲学就是一种能变化人的气质的学问。它使人明白，使人智慧。一个没有哲学素养的人，往往心胸狭隘，鼠目寸光；一个不知道为什么活着、为了什么活着、不在意如何做人的人，往往会是沉迷酒色的酒囊饭袋。一种积极向上的哲学，可以改变人生、塑造人生，变化人的气质，既能高瞻远瞩，又能体察入微，心胸宽大，不计得失。真正有哲学头脑的人，聪明中似乎透着呆气，实际上呆气中充满智慧。

有人说，你说的道理我承认，但我从哲学书中看不出这种作用，看到的都是玄而又玄的东西。不错，哲学著作包括经典，不是像我这样直白地说的。哲学家著作中包含的真理性认识，要我们去体会、去学习、去运用。比如《道德经》中“道可道，非常道；名可名，非常名。无名天地之始，有名万物之母”，似乎是毫无用处的重复之词，实际上道理很深刻。世界上的规律和语言之间关系就是这样。凡是可以用语言表述的规律，都是可变之道，而不是不变之道；可以说出来的规律，不是永远不变的规律，这就是马克思主义说的规律的历史性，规律依据规律作用的条件而变化。凡是可以叫得出的名称，都是能用名称来表达的东西，可名之名。可名之名不是不变的。被名之物不存在了，名迟早会消失，至于一物多名是常见的。

人与世界的反映与被反映关系，虽然包括客观世界的主体形象，尤其是艺术中的形象思维，但不限于形象，而是以语词为中介的关系。人以语言为中介把握世界。人的思维是用语言思维。没有语言就没有思维，就不可能思维。因此，哲学思维表现为概念、范畴和哲学命题方式的思维。人可以用形象来表达对世界的认识和理解，但形象表达是有局限的。因此，研究如何更精确、更有效、更符合逻辑地表达世界是哲学家的一个重要课题，否则，分析哲学家就不可能产生。语言也有局限。有些是无法用语言表达的东西，包括自己的思想感情。

世界上的东西，并不是一切都可名、可言。新现象的发现、新规律的发现，同时就是新对象新规律的命名。至于说，“无名天地之始，有名万物之母”，道理也极其深刻。天地万物本来无名，都是由人命名的。海德格尔说，存在在思中形成语言，语言是存在的家。这种说法只有从命名这个角度看有其正确性，但万物的存在并非因名而存在。在名和实的关系上，实决定名。因实而有名，而非因名而有实。与其说语言是存在的家，不如说存在是语言的皈依之处。但能否正确把握世界，还必须概念准确。在这个意义上，哲学训练也就是如何准确运用概念的训练。读哲学经典要善于咀嚼、善于体悟、善于吸取，而不是现成的拿来。现成的拿来的东西是教科书的条条。哲学教科书的作用是有限的，只是入门，而且往往由于过分规范化模式化，而失去哲学的诗意韵味和丰富的智慧内涵。我们可以读读教科书，把它作为入门，但千万记住，哲学一变为可供背诵的条条，就已经远离哲学作为爱智之学的本质。

不仅大事离不开哲学，生活也不能离开哲学。哲学家当然应该进行哲学思考，但哲学家不能只生活在高耸入云的哲学王国中，应该放下身段，关注生活。从生活中体悟哲学。我说深浅由之，也就是说不要忘记生活“小事”中的哲理。哲学与生活并不两隔，生活中到处有哲学。

人总要睡觉，睡醒是相对睡着而言的，这是一对矛盾，相互依存。如果没有这个矛盾，只睡而不醒，那就是长眠，安息，表示生命的结束；只醒而不能入睡，不仅饱受失眠之苦，而长期不睡，只能永远长眠。中国古人说，不觅仙方觅睡方。这就是要求正确处理睡与醒的矛盾。起床后上班下班是一对矛盾。没有只上班不下班的，也没有只下班不上班的。这叫劳逸结合。如果只下班不上班那叫失业待岗，自然不存在上班与下班的矛盾，因为矛盾一方已经不存在，另一方自然也不存在。这一切都表明，睡与醒、起与卧、劳与逸是相互依存的。缺少其中一个方面，另一方面则不存，这就是人的生命的终结。有人会说太庸俗。其实，这只是一个简单的道理，人人懂得，但并非人人都能做到。一个生活方式科学而有规律的人，远比杂乱无章的人身体健康。人的生活方式要有秩，有秩就是正确处理矛盾。由于日夜颠倒、劳逸失度而导致早死早衰的人，我见过，还是同行。学哲学而不会按哲学规律生活，自食其果。

生活中要有变的观念，没有变的观念连日常生活都无法料理。饭菜不能放久了，放久了会馊。什么是馊？就是变。如果没有变的观念，就以为它永远不会馊。为什么会发明冰箱，就是利用科学发明一种通过降温延缓食品的变质的贮藏功能。老朋友见面互不相识："十年离乱后，长大一相逢，问姓惊初见，称名忆旧容。"如果不承认事物可以变，人可以变，那就不会承认面前站立的人是老朋友，永远不会认识"同桌的你"。冰放在地下不见了，变成一摊水；美女不见了，变成老太婆。过去在"左"的路线影响下，总认为出身好就是品质好。这都是形而上学观念。实际上出身好有的也会变质，出身不好，思想可以很进步，人是可变的。哲学道理多得很，无一不可以体现在生活中。这不都是生活常识吗？没有"变"的观念，连起码的生活都不能料理。

在日常生活中，没有哲学思维很多问题不理解，也不会问，只是糊涂过而已。如果我问昨天存在何处，你知道吗？明天在哪里待着，你知道吗？如果不知道只能坠入唯心主义，世界无过去、无未来，只有当下，只有当下一刻、一秒。可一刻、一秒也不是可以无限分割吗？结果只能是它一切皆空，都是幻相。为什么有人相信四大皆空，一切都如过眼烟云？原因在于他不知道"刚才"到哪里去了，明天又从何而来，他们不懂得时间变化的本质。如果你懂时间是物质运动存在的方式，昨天没有了，不是变成无，而是它存在于运动变化的物质之中，物质变化中留下时间的印记。我的昨天，留在我的脸上，岁月沧桑，人变老了，就是昨天存在标志。留在我的人生经历上，它转化为我的人生阅历和经验，我个人的历史，就是我的一生时间的记忆。物质文化和精神文化保存的就是人类过去的时间的积累。人类的明天随着物质运动变化连续变化而到来。普里戈金引用过柏格森的《创造进化论》中这样一句话：我们越是深入地分析时间的自然性质，我们就越加懂得时间的延续就意味着发明，就意味着新形式的创造，就意味着一切一切新事物的连续不断地产生。昨天到哪里去了、过去到哪里去了？就存在于世界万物的推陈出新、不断地消失和产生之中。

人生不能没有哲学。人为什么活着，活着有什么意义？这就是哲学问题，人生观问题。苏格拉底说，未经哲学审视的生活是没有意义的生活。一个不知道为什么活着的人，是很累很累的，最终会感到厌倦。我读过一本关于宗教的书，说来说去就是向你宣传为上帝活着。如果活着就是没完没了地赎罪，在我这个世俗的人看来，倒是很累很累，生活的确没有意思。

中国人说不是冤家不聚头。夫妇就是欢喜冤家。既欢喜又是冤家。街头行走的男女没有矛盾，所谓陌若路人。如果结为夫妇就成为一对欢喜冤家，会发生矛盾。如何处理矛盾就成为后院是否安静的关键。最近我遇到一件事，更坚定了我对哲学有用的信仰。有个非常有成就的文学家，有极高的文学造诣，可就是家庭关系搞不好，闹离婚，并非有外遇，而是彼此思想方法不对头。男的是文学家，说自己在家里老婆从来没有赞扬过他的文学成就，在社会上谁都赞扬他。女的信教，总是用宗教的仪轨要求男的，不准这不准那，一切按教规办。一个要对方赞扬自己的文学成就，一个要对方的行为符合宗教仪轨，在一起就吵。我对他们说，他们的思想方法有问题，既不懂角色转换，也不懂换位思考。他们都弄错了自己在家庭中的角色。在家里，男的是丈夫、是父亲；女的是妻子、是母亲。他们在家里是夫妻关系，不是文学家和宗教徒的关系。回到家，放下你们各自的社会角色。如果一个部长回到家仍然端着架子，要老婆儿女把自己当部长供着，客客气气，毕恭毕敬，家里还能有热气、还能有温暖、还能有亲情吗？毛泽东主席是全国人民心中的伟大领袖，可在儿女面前仍然是父亲，不是领袖、不是主席，因此毛泽东和普通人一样充满亲情和天伦之乐。只要看看电影《毛岸英》就知道。

还有，必须要学会换位思考。文学家不能只站在文学家位置思考对方，要求别人都要懂你的文学，赞美自己的文学成就，否则就是俗人。宗教信仰者不能用宗教要求对方，否则就是异教徒、就是罪人。任何人如果不懂得角色转换和换位思考，在任何地方都永远处理不好人际关系，更不用说日夜相处的夫妻关系。

我知道不少高水平的哲学学者，对小中悟大、浅出悟深会置之一笑，这算什么哲学。大学问家是新概念的创造者，哲理高深，非常人能及。确实哲学智慧高于生活经验，要超越生活经验，但它不能违背生活经验。真正的哲学智慧在生活中也一定能得到验证。马克思认为哲学要是不同于健全人的感觉和以这种感觉为依据的理智，不可能存在。哲学家只往天上看，不注意脚下，弄不好会掉在坑里。我以生活为例说明哲学的功能，决不是说，我们只要注意生活琐事，而是说一个人如果连生活中的哲学道理都不懂，还能指望他懂哲学用哲学吗？因此我认为哲学对问题的分析要能大能小，有浅有深，由小入大，由浅入深，把哲学学习弄活。

不要定义式思维

任何科学都应该注意概念和范畴的定义，这是衡量一门学科对问题的论述是否科学的一个标准。尤其是教科书，对关键概念更应该有较准确的定义，定义混乱或自相矛盾，说明作者自己对问题没有弄明白。定义的优点是它的普遍性和简明，能使读者把握所定义对象的本质。

我们要定义，不过要反对定义式思维。辩证思维是非定义式思维，是具体问题具体分析。毛泽东多次说过，我们讨论问题，应当从实际出发，而不从定义出发。还说，定义是分析的结果，不是分析的出发点。研究问题应该从历史分析开始。定义式思维只管定义，而不管现实，这是教条主义思维方式。定义的优点是它的普遍性，可缺点也是它的普遍性。世界上不存在抽象普遍性，现实存在都是普遍性和特殊性的统一。抽象普遍性只存在于概念中。从定义出发，就是从抽象概念出发。定义的运用如果脱离特性，就会陷入抽象思维，而真理性思维永远是具体的。

当代理论领域中很多都是由于定义式思维引发的。例如什么是正义？什么是平等？什么是和谐？什么是公平？如果从定义出发，企图寻找一个公认的共同接受的定义往往陷入无休止争论的理论困境。因为现实生活并不存在抽象的平等、正义、和谐、公平等。任何概念都具有抽象性，它的真实内涵必须附在具体内容上。

在社会生活中，对同一个概念很难有一个普遍接受的定义。在阶级社会中，我们不可能有相同的正义观、公平观、平等观、和谐观。在简单事物中，在日常生活中，我们对于此事公平还是不公平比较容易判断，可是要上升为概念和定义并使它具有普遍适用性就很困难。没有任何人对什么是美、什么是丑，给出一个人人赞同的定义。你能告诉我什么是美人？没有人能说清楚。可是当两个人站在你面前，谁美谁丑，还是能区分的。具体事物容易辨识，抽象概念难以把握。但认识要超越感性上升为理性，又必须把握概念。

概念难以定义，具体事物容易辨识。马克思说过，在日常生活中，需要加以判断各种情况很简单，公正、不公正、公平、法理这类概念，甚至应用于社会事物也不致引起什么误会，可在经济关系方面的科学研究中，如我们所曾看到的，这些说法却会造成不可救药的混乱。如何处理概念的抽象性与具体性、普遍性与特殊性对认识至关重要。

在阶级社会中，在利益对立的社会中，在政治领域，概念的抽象性总是内含着具体内容。奴隶社会正义和公平观，就是由奴隶主规定的。奴隶主认为使用奴隶是完全公平和正义的，包括当时一些大哲学家都是如此的看法。连奴隶都认为这是天经地义的，因为时代局限了它们的眼界。奴隶主义不仅是奴隶主的主义，也是奴隶赞同的主义，因此才被称为奴隶主义。要奴隶反对奴隶主义，意味着已经不是跪着的奴隶，而是革命的奴隶。这是社会矛盾激化、社会变革的风暴快要到来的思想象征。

能说当前按要素分配不公平吗？你能为了公平不保护私有者的产权吗？你只能规定最低工资，然后以税收来限制私有者的财富增长过快，但不可能以此消除贫富差别。在社会主义初级阶段，保持可接受的差距就是公平，这就是当前的公平。你不可能用共产主义关于公平概念衡量初级阶段的现实。你可以建立出租房、两限房，调控房价，但不可能消灭别墅和豪宅。中国社会主义初级阶段有其相应的公平、正义与和谐原则。想寻找一个没有矛盾和冲突的和谐、不包括不平等在内的平等、没有不公平的公平，只能是乌托邦。我总以为，在中国政治学研究中，如果步西方老路，从公平、正义、和谐的抽象定义出发用以衡量现实，不是从事实出发研究如何在事实仍然存在的不公平、非正义、不和谐现象中建立一个当前的有效的维护公平、正义、和谐的机制，而是在抽象概念中翻跟斗，只能陷于定义与事实矛盾的困境。

任何概念都具抽象性，因此无法通过概念做出无条件正确的定义。任何定义都是有局限的，正确性是有条件的。什么是忠诚？老老实实是忠诚，对敌人老实不就是叛变吗？说假话不对，对亲人隐瞒绝症病情不对吗？什么是人权？保卫杀人罪犯的人权而不维护受害人的人权，是维护人权吗？什么是自由？不准吸烟是妨碍抽烟者的自由吗？任何概念抽象化都会失去它的真理性，真理永远是具体的。维特根斯坦曾说过，哲学是一场永远的战斗，它反对用我们的语言作为手段来使我们的理智入魔。在卑人看来，只在抽象定义中翻跟斗，不能自拔，就是入魔。

真正理解一个哲学命题，要不陷于抽象概念无休止的争论，最好的思维方法，就是立足实际的具体思维方式。为什么思维与存在关系是哲学基本问题，一些哲学家不承认，有些哲学家认为只适用于西方不适合中国。之所以如此，因为他们就概念讨论概念，就哲学讨论哲学，而不是从哲学与生活、与科学关系中讨论哲学问题。人类全部生活与实践表明，任何一个人无论自觉与否，无论从事哪种实践和认识，都不可避免地面对一个对象。科学研究有研究对象、实践有实践对象，认识有认识对象，没有对象就不可能进行科学研究，不可能生产，不可能有认识。外国如此，中国也如此。古代如此，当代也如此。既然科学研究、实践和认识都有对象，自然会存在我面对的对象是真实存在的呢，还是我的幻影？是存在于我的思想之外，还是存在于我的思想之中？我们能真正认识它吗？我们认识的是对象还是自我？这是任何人每时每刻都会碰到的问题，只是由于不是人人都是哲学家，不会自觉地提出这个问题。哲学家之所以是哲学家，就是因为他从人们实践和认识普遍存在的问题中提出一个人人碰到可又提不出的具有普遍性的问题。哲学基本问题就是这样一个普遍性的问题，这个问题就是主客体关系。人是主体，对象是客体，人有意识，而对象是客观存在。否则任何实践与认识活动都不可能。事实是普通的，可认识到这个事实并上升为哲学基本问题，是一种真正的哲学自觉。哲学基本问题不是从哲学定义出发推论出来的，而是从人类实践和思维的事实出发提升为哲学基本问题。哲学基本问题不是从定义出发，而是从哲学史和人类思维的事实出发。由于各国的哲学不同，因而表达的方式会不同。西方称之为存在和思维、物质和意识，中国哲学家称之为天人关系、形神关系、理气关系、事理关系。表达不同，范畴不同，实质一样，都表示人们在实践中不可避免地存在主体与客体的关系。

一切否定哲学基本问题的哲学家，都是缩在哲学的象牙塔中，进行纯概念的争论、抽象定义的争论。一旦进入现实生活，就会发现这种争论纯属无谓之举的口水战。因为人人、天天、事事，都在以主体的身份与客体打交道，以自己的意识与对象性存在打交道。只是常人不自觉其为哲学基本问题而已。只要立足人类实践和认识实际，哲学基本问题很容易理解。

我们要摒弃抽象定义式思维，注重从实际出发。普世价值的争论，往往也是由于陷于抽象定义式思维的争论引发的。只要立足现实，观察当今世界的现实，注重西方资本主义社会的自由、民主和人权的实际状况，而不是停留在抽象概念上，西方号称普世价值的价值是他们的政治价值，而不是核心价值。在西方自己国家尚不具有普遍性，在全球就更不具有无条件的普世性。美国前助理财政部长罗伯茨在 2012 年 4 月 28 日发表的文章《华盛顿正在把世界引向无法无天》中说，美国政府官员经常以反民主和侵犯人权为由批评其他政府。然而，除以色列外，没有任何其他国家会向别的主权国家掷炸弹或发射导弹杀害这些国家的平民。阿布格里卜、关塔那摩以及“中央情报局”的其他秘密监狱，就是小布什和奥巴马政权对人权的贡献。华盛顿还侵犯本国的人权。华盛顿剥夺了美国宪法赋予民众的自由权，并声称不打算履行必要性的法律程序就无限期拘捕美国公民。奥巴马也漫不经心地表示，将谋定被认为对美国构成威胁的美国公民。文章还列举了美国许多践踏人权，动不动对主权国家实行制裁的霸道行为。总之，号称“人权卫士”的美国并不尊重人权，不仅不尊重别国的人权也包括美国公民的人权。

向辩证法要智慧

列宁曾赞扬黑格尔，说聪明的唯心主义比愚蠢的唯物主义更接近聪明的唯物主义。很显然，列宁赞扬的是黑格尔的辩证法，而不是他的唯心主义。批评的是旧唯物主义的形而上学，而不是它的唯物主义原则。用全面的、发展的、变化的观点看问题的人，比片面的、静止的、僵化的观点看问题的人更聪明、更明白。这是全部人类实践活动和认识反复证明了的真理。任何一个熟悉一点马克思主义发展史的人都知道，凡是真正继承和创造性发展马克思主义的无产阶级革命家和理论家，他们的智慧既是实践经验的凝结，又是得力于辩证的思维方法。任何思想僵化、故步自封的人，只能把马克思主义变为教条。

列宁是伟大的马克思主义者。列宁不仅在《谈谈辩证法》、《辩证法十六要素》等名著中发展了马克思主义的唯物辩证法，而且运用辩证法来分析帝国主义时期的各种矛盾，写出了《帝国主义论》等一系列光辉著作，成为帝国主义和无产阶级革命时代的马克思主义的开拓者。谁都知道毛泽东的哲学智慧卓越超群。毛泽东的智慧当然是中国人民伟大革命实践经验的升华，同时也是来自他对辩证法的精通。毛泽东的确是辩证法大师。这不仅是表现在《矛盾论》、《关于正确处理人民内部矛盾的问题》、《论十大关系》等著作中，而且贯穿他的全部理论和实践。人们只要看看《毛泽东选集》中关于《中国的红色政权为什么能够存在?》、《星星之火，可以燎原》和军事辩证法方面的著作，以及他在《论持久战》中对中日双方的矛盾的分析就知道。无论是理论和实践，毛泽东都是辩证法大师。而他晚年的某些错误，又与他违背辩证法的形而上学片面性不可分。这一点从反面说明了辩证法的重要性。

同样，邓小平也是精通辩证法的。只有用发展的观点观察当代世界观察当代中国，才可能真正做到实事求是和解放思想。我们纵观邓小平伟大理论，他反对“两个凡是”，确立“一个中心、两个基本点”的建设有中国特色社会主义的路线和方针、打破计划与市场绝对对立的定势思维、提出物质文明和精神文明两手抓的方针、制定一国两制的方针等，都体现了辩证性。他不是在非此即彼两极对立的框架中思维，而是既坚持原则又善于灵活地运用彼此联系的思维方式。

当然，他们都是伟大人物，不能类求。但这不是说，辩证法只对那些伟大马克思主义者才是重要的，对我们则无关宏旨。其实，对我们同样重要，而且在某种意义上更加重要。因为我们没有他们的才能，没有他们的经验和阅历，没有他们关注全局的条件。我们的见识由于我们个人条件的局限极易限于一隅，容易知局部而忽略全局、知眼前而不知未来、见树木而不见森林。我们更应该求助于辩证法，从辩证法中吸取智慧以弥补我们的局限。

我们现在干部的状况与“文化大革命”以前不同。现在各级干部包括高级干部的文化水平都很高，大专普遍，硕士、博士也已经不是“稀有品”。这当然是大大的好事。但是干部水平并不仅仅取决于文化高低，极为重要的一点还有他的思维方法和工作方法。你是个什么样的干部，你的才智和能力，老实说并不取决于你手中的文凭，也不完全取决于你有多少知识，而是取决于你如何思考、如何工作，即如何开动你的大脑以及应用大脑中储藏的知识。这就是干部素质问题。要思维必须运用概念，必须要有思维方法。经验证明，光书读得多、知识多的人并不一定有智慧。我们的眼力不够，必须借助望远镜和显微镜。哲学特别是辩证法就是我们的望远镜和显微镜。它使我们看得远些，看得深些。

社会发展本来是辩证的。特别是我们正处在由计划经济向市场经济体制转轨时期，社会变化更为深刻，关系错综复杂。既要以经济建设为中心，又要正确处理与两个基本点的关系；既要以公有制为主体，又要多种所有制经济共同发展；既要深化改革，又要正确处理它与发展和稳定的关系；既要充分发挥市场机制作用，又要加强、改善与宏观调控的关系；既要抓物质文明，又要抓精神文明；既要发展经济又要考虑到可持续发展，如此等等。而且在整个社会主义建设中都有个正确处理人民内部的矛盾问题，包括先富与后富、就业与下岗、发达地区与老少边穷地区的矛盾。很显然，我们的各级干部承担着高举中国特色社会主义理论的伟大旗帜、把中国社会主义事业全面推向21世纪的历史使命。如果不懂辩证法，不善于分析矛盾解决矛盾，是很难圆满完成党和人民赋予的重托的。因为说到底，能否真正坚持中国特色社会主义理论、道路和制度，能否在工作中取得突出成绩，关键是能否正确处理面对的各种矛盾和关系。在重大的事关全局的各种问题上，从担任领导的角度看，任何形而上学的片面性都会造成重大损失。

或者有的同志会说，辩证法学过多少遍，没有什么新玩意儿，无非是全面性、两点论之类，谁都懂。我看按现在干部的文化水平，要背点条条是不难的，难在把原则变为智慧。因为智慧不是哲学条条，而是被灵活运用于实践中、工作中，甚至生活中的哲学。一个人不管读过多少本哲学教科书，要是除了能背诵几个条条外不会应用，谈不上有什么哲学智慧。就拿全局与局部问题说，市场经济体制下与计划经济体制下出现的问题不同，处理的方法也不尽相同。市场的竞争大大提高了局部的主动性，有利于全局，但局部利益的驱使，又可能使全国一盘棋的思想大大减弱，地方保护主义严重滋长。也许这些具有地方保护主义思想的干部，从课堂上、从书本上学过全局与局部的关系，但并没有把哲学原则变为智慧，依然是眼界狭隘，甚至鼠目寸光。他们没有弄懂全局与局部的关系，没有吃透“覆巢之下焉有完卵”的道理。以邻为壑，整个国家的经济上不去，光你一个地方一个地区繁荣昌盛是不可能的，即使繁荣也不可能持久。

量变到质变，似乎学过哲学的人都懂，可不见得都能把它变为智慧。有的人一听说建设好社会主义需要十几代甚至几十代人，似乎目标很遥远与我们无关。其实，它的远近取决于我们每代人的努力。社会主义正在建设中。只要我们方向对头，齐心协力，上下同心，速度就快，目标就近，否则就会慢而远。如果背道而驰，则永远达不到目的地。所以，社会主义建设中的远近快慢问题，离开辩证思维方法是理解不透的。

就是这同一条量变到质变的道理，不同的人理解和把握可能大相径庭。有的人能敏锐地注视着工作中的微小变化，促进和加速有益的量的积累，防止不利的因素，及时化解矛盾，有的人，在矛盾积累到突然爆发之前，还是视若无睹，高枕无忧。事物是变化的，在量变阶段往往不易觉察。量变是狡诈的、平静的、迷惑人的，但总有先兆可寻。一个人在工作中能见微知著、防微杜渐，有远见卓识，就能把量变到质变的哲学原理变为实际的智慧。反之，量变与质变的条条背得再熟，也只能打零分。辩证法的规律是客观的。自觉地应用辩证法就是智慧，违背辩证法就会受到惩罚。

无敌国者国恒亡，这是中国的古训，包含着辩证法智慧。美国人有人也懂。《参考消息》2011 年 5 月 3 日发表《美国新闻与世界观报道》周刊网站首席经济学家的文章《为中国赶超美国欢呼的四个理由》，就是阐述这个思想。他认为中国实力增强，对美国未必是坏事，因为美国需要一个有力的竞争对手来激励自己的进步。快速退步比温水煮青蛙的慢慢衰退要好对付，遭遇竞争对手可以迫使美国尽快行动起来解决经济问题，而且能使美国认识到不必花大笔预算也能繁荣经济，总之，中国这个对手的竞争有助于美国的发展。本来利用正在发展的中国促进美国的发展，不是零和而是争取双赢，对两方都有利，可美国的鹰派视中国的发展为其霸权的威胁，总是千方百计地采取各种手段遏制。司马昭之心路人皆知。美国某些政客并不是争取互利双赢，而是用心险恶，把“无敌国者国恒亡”变为其霸权主义的根据。

在中国传统哲学中，无敌国者国恒亡是一种政治智慧，是说一个国家要居安思危。对外，我们主张友好交往，发展睦邻关系，在中国历史上，从来没有侵略过别的国家。在近代屡遭西方列强和日本军国主义的长期侵略。我们可以不记历史前仇，但不能忘记历史教训。对内，我们要发展，不动摇、不懈怠、不折腾，坚持中国特色社会主义道路。美国寻找敌人、制造敌人的思维方法，不是辩证法而是“冷战”思维。我们是广交朋友，决不制造敌人。我们没有假想敌，但也决不会无视现实存在着的危险。

下　篇

实践论·天才论·基因论

人的正确思想是从哪里来的？毛泽东当年写过一篇文章题目就是这句话。在这个问题上，和历史上的唯理论或经验论不同，马克思主义哲学做了科学的回答。它超越了把人单纯作为认识主体，而是同时把认识论问题放在历史唯物主义理论框架中来考察。毛泽东说，马克思以前的唯物论，离开人的社会性，离开人的历史潮流发展，去观察认识问题，因此，不能了解认识对实践的依赖关系，即认识对生产和阶级斗争的依赖关系。

按照天才论的说法，有的人天生就是正确的，因为他们是天才。这种说法当然不正确。有人曾赞扬孔子是天纵之圣，孔子很明确地说，我不是天才，“我非生而知之者，是学而知之者”，所以孔子提倡学习。“学而时习之，不亦乐乎”和“温故而知新”都表明这一点。在当代科学发展的世界，说有人是生而知之的天才是不会有多少人相信的，可是现在以医学名义宣扬的基因论，倒是有不少人相信。在当代，天才论和宿命论似乎找到一个很好的科学根据，这就是基因学说。人的一切都可以用基因解释，一些人犯罪是天生的、吸毒是天生的、才能是天生的，总之，人与人的差别都能在基因中找到根据。DNA 能解释一切。这当然是错误的生物社会学理论。

人的基因，对于个人的某些生物学特性，对于遗传性疾病肯定有作用，但犯罪、贫穷、才能、吸毒等社会现象，其根源在社会而不在人的生物基因。否则，血统论、种族优越论都是合理的，人不是由社会条件和自我创造决定的，而是由命注定的。过去称为命，现在科学术语叫基因。这当然不符合事实，中国人说富不过三代，穷也不过三代，老子英雄儿子没有出息极为常见。

英国《泰晤士报》2010年3月20日，汉娜·德福林发表文章评论遗传学者戴维·申克的著作《每个人身上的天才》时指出，有人认为，数学头脑、音乐才能或者良好的口才都是与生俱来的，它存在于我们的基因当中。作者不同意这个观点，认为我们对伟大成就的决定因素抱有严重误解。我们的基因不会使我们成为平庸凡俗之辈，为什么？作者认为，我们的DNA远非固定不变的设计图，其实不断受到外在因素的影响，先天因素与后天因素是不断交互作用的。遗传基因可能有效，可能无效，这要视周围环境而定。如果我们能把握这些环境的影响，我们就能逾越所谓固有的局限。肯尼亚马拉松选手的成功要归结于固有的长跑传统，因为许多肯尼亚儿童从7岁起每天就要跑8～10公里上学。如果每个肯尼亚儿童上学都有校车，就不可能如此，当然这并不否认人的天赋存在差异，所有的人都无所不能，而是说如果不相信一切皆有可能，就无法成就任何事业。基因论中蕴含的宿命论因素，大大削弱了人的主动性和积极性。

从大脑来说，人的智力天生会有某种区别。人的智商不同，正如人的各种器官一样。有的人确实比较聪明，少年时代就表现出某种特殊才能；有的手比较灵敏，也许是天生适宜钢琴的手；有的脚比较适宜跑步。每个人生理器官的差异确实存在，但是智商也不是不变的。根据挪威科学家研究发现，多上一年学可提高智商4分，至少学校教育在青春期最后几年对青少年有着重要作用。

宋代著名政治家王安石的文章《伤仲永》，讲的就是一个天才少年仲永，因为不学习，天天被父亲领着走亲访友到处炫耀他的聪明，结果长大以后一无所能，“泯然众人”，变得毫无出息。大家知道，以《时间简史》而声名著世的霍金，是继牛顿、爱因斯坦之后的科学巨星，被称为“轮椅上的天才”。他21岁起患运动神经元疾病，被终身困在轮椅上，只能靠电脑模拟器发音。可他的成就并非天生的。不仅由于他的天才，更得益于优良的教育。他在21岁罹患疾病之前，已获牛津大学物理学位，随后又在剑桥大学研究理论物理和宇宙学。可以说，他是高智商、高教育和自我奋斗结合的典范。

天才是靠不住的。何况我们讨论的不是器官的差异性，而是有没有不学而能、不学而知的天生的良知良能，或者说天纵之圣。手适合弹钢琴，能不经过刻苦学习和训练就成为钢琴家？再聪明的大脑，能不能自动产生知识？知识属于认识，从人类知识来源说离不开实践。个体知识的接受，离不开学习。再聪明的人把他关在房子里同样是白痴。尽管并非努力都能成功，但成功必须努力。古人说“天道酬勤”是有道理的。基因论貌似唯物论，因为基因是物质，实际上并非用物质解释一切都是科学的唯物主义。基因论超越解释人的遗传性疾病，而推广到社会论和认识论，就是变相的唯心主义，因为它是以基因论面目出现的命定论、天才论。

从认识论来说，人有三个头脑。一个是作为思维器官的生理大脑。它没有先天认识，而是认识的生理能力。智商有高低，但智商高低只是认识的条件，而不是认识的来源。人还有知识大脑，这是来自学习，读的书越多越有利于人的智慧的提高。此外还有生活的大脑，这来自生活阅历和生活经验。生活经历和生活阅历可以增加人的知识和智慧。《红楼梦》里秦可卿房中的对联“世事洞明皆学问，人情练达即文章”，就是此意。

认识与前识

在当代，认为人的认识是先天固有的先验论难以传播，但变相的先验论仍然存在，这就是所谓前识论。认为人的头脑并不是一张白纸，人在认识事物时都是在固有的认识框架里填入认识，仿佛填字格一样，因此是前识决定认识。这种看法有一半道理，但从认识起源来说仍然是错误的。它能解释思想的外在影响，但不能解答人的思想究竟从哪里来这个根本性的哲学问题。

人在认识事物时头脑的确不是一张白纸，有现实的和传统思想的影响而形成一些成见。比如，我们当代人每时每刻都在受电视、电影、报纸、书籍的影响，一句话，我们生活在受各种外来舆论的影响之中。著名的哲学家培根就提出过四种假相说，认为人的头脑中有一些错误观念，它们形成偏见、成见，妨碍人们的正确认识。一种是族类假相，即来源于人类天性中的普遍缺陷。也有个人教育和环境形成的错误，他称之为洞穴假相。还有来自别人例如其他哲学体系，仿佛是在剧院里看戏一样，把布景当成真实的存在，这是剧场假相。最难抗拒的是市场假相，这就是通过与人交往所受到的错误影响，就像是在市场上买到假冒伪劣的商品一样。这些分析都是深刻的。人在认识时会有一些错误观念、成见、偏见。所以实事求是如此困难。可到此不止，问题并没有解决。

人是在一定条件下认识事物的，条件会限制人的认识。柏拉图洞穴假相我理解为哲学隐喻，把人比拟为在洞穴中面壁而坐永远看不到身后，只能看到由火光映照在墙上的影子。人的认识条件犹如洞穴，任何人都生活在自己时代的洞穴中，会受自己时代条件制约，包括传统观念和从社会上得到的习以为常的观念的限制。恩格斯也说过，人都是在一定条件下认识事物，条件达到什么程度，认识才能达到什么程度。无论是前识论或洞穴论，都表明人的观念不可能超越社会已有的认识的影响，无论这种认识是传统的还是现实的，都不能超越自己时代的限制。我们总以为我的观念就是“我的”，实际上是不断从社会、从报纸、从书本、从别人、从教育、从父母的抚养中得来的，天长地久，就以为是自己的。一旦生根就顽强难改。所以人要有自知之明。要善于从实践中验证自己的观念是否正确，否则就永远是面壁而坐的穴中人。

无论是柏拉图还是培根的说法，只能说明人的认识由于种种原因可以形成偏见、前识、成见，可以有条件限制，但并没有说明人何以形成偏见、前识、成见。没有解决这些偏见、前识、成见从何而来？所谓认识的先验模式从何而来？这才是哲学需要回答的问题。这个问题的本质是人出生时头脑是不是一张白纸？人是不是带着偏见、前识、成见出生的？是不是带着某种先验认识模式出生，往后只是往其中填充自己的经验？如果是，当然归为先验论；如果不是，头脑这张白纸上的字是从何而来？如果我们从人类的认识与个体的认识过程的相似性来看，我们可以看到婴儿出生除了本能外是无知的。正如鲁迅先生说的，天才诗人的第一声啼哭决不是一首诗。的确，诗人出生的啼哭和普通孩子的哭声一样，只不过是啼哭而已。诗人是后来造就的。如果坚持唯物主义，我们只能认为人出生时大脑是一张白纸，字是后天写上去的。就这点说，个体的认识和人类认识发展规律是相似的。个体的认识发展是人类认识的再现。人类的发展是从无知到有知，从知之甚少到逐渐增多。个人也是如此。

辩证唯物主义既然强调反映论，认为正确思想是与实际相符合，如何解释为什么面对同一对象，有人形成正确思想，有人形成错误思想呢？单纯用存在决定思想无法回答这个问题。同一个家庭的兄弟姐妹的思想不同，甚至双胞胎生活在同一环境中，接触同样对象、受同样教育，认识也会不同。这就进入人类认识的社会历史领域，进入社会对人的认识的制约性问题。

马克思主义认识论与唯物主义历史观是不可分的。不能脱离人的社会制约抽象研究认识问题。人是能动的主体，它不是消极接受外界事物的一种容器。它是主动认识对象，接受对象，理解对象，不是照单全收，而是有取舍，有自己的解读，从而得出不同的认识。人是社会的人，在认识对象和认识主体之间存在一个关键环节，这就是人的社会实践活动。对象——社会实践——主体。人是通过社会实践接触对象、接受外界信息，才形成自己的思想的。如果撇开社会，只是在认识主体和认识客体之间的关系上探讨认识来源问题，就永远跳不出旧唯物主义机械反映论的框框，上升为能动的辩证反映论。

不能因情背理

粉碎“四人帮”之前，我们实际政治生活中有过“左”的错误。尤其是十年“文化大革命”，全面内战，打倒一切，确实从肉体到感情上伤害了不少人。为此，有些理论家对对立统一规律中关于斗争是绝对的观点，提出异议，认为斗争绝对性就是鼓吹斗争哲学，是我们社会一切“左”的东西的哲学根源，尤其是十年“文化大革命”一切不法行为的哲学根源。对“斗争”的憎恶可以理解。感情会影响对理论家们理论的接受和解读。但我们不能因为实际生活中“左”的错误，不能因为反对片面斗争的观点和做法，而归罪于辩证法关于对立统一的规律，进而根本修改辩证法，用所谓“和谐哲学”代替所谓“斗争哲学”，把相互不可分的斗争性与统一性分裂为水火不容的和谐与斗争两个对立面，从而肢解对立统一规律。

当前很多哲学家在着力研究和谐哲学、和谐思维，这当然很重要、很必要。这对于我们一段时期实际政治生活中片面强调斗争、不讲和谐的“左”的错误是有帮助的，但是我们要区分哲学命题的正确性和实际工作中“左”的错误的暂时性。不能因为实际政治中的错误而根本修改马克思主义基本原理。

马克思主义哲学不是斗争哲学，而是反映事物内在矛盾对立与统一关系的哲学。不错，毛泽东是说过马克思主义是斗争哲学这句话，那是在特殊环境和语境下说的。当时有人反对共产党，说共产党搞斗争哲学，毛泽东接过这个茬说，有人说我们党的哲学叫斗争哲学，我说你讲对了，自从有了奴隶主、封建主、资本家，他们就向被压迫的人民斗争。斗争哲学是由他们先发明的。被压迫人民的斗争哲学出来较晚，那是斗了几千年，才有了马克思主义。可见，毛泽东这里说的“斗争哲学”，不是就马克思主义哲学本质说的，而是指阶级斗争，是指自从社会存在阶级以来，统治阶级与被统治者之间存在斗争说的。就阶级关系来说，就无产阶级革命战争来说，马克思主义当然主张阶级斗争，不会搞阶级调和。但在阶级斗争策略的运用时，也不能一味只讲斗争，在一定条件下可以有阶级之间联合、有休战。毛泽东在抗日战争中处理国共两党矛盾时，强调有理、有利、有节，就是对立统一规律的灵活运用。

对立统一规律是客观规律。对立统一规律的本质和运用是不同的，运用时应该审时度势，有时强调斗争、有时强调联合。但这不能改变对立统一规律中矛盾斗争性和同一性的关系。斗争的绝对性，讲的事物运动变化的绝对性，而统一的相对性是讲事物质的稳定的相对性。世界上万事万物莫不如此，概不能外。当然，斗争并不都是刀光剑影、血肉横飞、有你无我、有我无你的生死决斗。这种斗争只是解决对抗性矛盾的一种方式，无论是抗日战争战场，还是解放战争战场；无论是敌我双方两军对垒，还是地下斗争，都是如此。作为对立统一规律中的斗争性是一个概括性极强的哲学概念，是指矛盾双方具有的相互排斥性，它普遍存在于两种不同性质的矛盾中，没有相互排斥，就没有矛盾。绝对同一性的事物是不存在的，也是不可能变化的。凡存在物必然包含着相互排斥相互依存的两个方面，否则就不是真实存在的事物。

恩格斯反复说，自然界中的物体——不论是死的物体或活的物体——的相互作用中既包含和谐，也包含冲突；既包含斗争，也包含合作。还说所有的两极对立，都以对立两极的相互作用为条件。这两极的分离和对立，是存在于它们的相互依存和联结之中，反过来说，它们的联结，只存在于它们的分离之中，它们的相互依存，只存在于它们的对立之中。没有对立性或斗争性的相互依存和没有依存性的相互对立性都是不存在的。

我们要坚持对立统一规律，根据不同条件正确处理矛盾斗争性和同一性的关系。但任何时候都不能只讲统一性不要斗争性，只讲和谐不讲矛盾，不讲在正确处理矛盾、化解矛盾中以求和谐。以和谐求和谐是得不到真正的和谐的，得到的可能是暂时和谐的假象，是矛盾的被掩盖。只要矛盾依然存在并不断发展，这种假象中的和谐会为相互排斥的斗争性所打破。马克思曾经尖锐批评卡尔·海因岑：在他看见有差别的地方就看不见统一，在他看见有统一的地方就看不见差别。

世界上不存在没有矛盾的和谐，和谐是矛盾双方处于相对稳定的一种状态。我们追求人与自然的和谐、人与人的和谐，就是通过正确处理矛盾，使矛盾双方相互依存成为矛盾的主导地位，从而减少它们之间的冲突。我们在处理矛盾时，着重哪一方面，这要依据实际情况和实践需要。构建社会主义和谐社会，是根据社会主义社会本质而确定的一种政策。它建立在承认矛盾和正确处理矛盾，尤其是人民内部矛盾的基础上，而不是否认矛盾、抹杀矛盾、掩盖矛盾。维稳是和谐的要求，但维稳不是用强力固化甚至激化矛盾。维稳不是扬汤止沸，而是釜底抽薪。没有马克思的矛盾观，就不可能树立科学的和谐观。和谐观不存在矛盾观之外，而就是矛盾观中的一个不可分割的重要内容。列宁说过，共产主义没有对抗，但仍然存在矛盾。矛盾与世界同存，与社会并存，只是矛盾的性质和解决的方式随着矛盾的性质和矛盾存在的条件不同而不同。

"左"的错误应该批判，但对立统一规律不能废除。重要的是正确处理矛盾斗争性和统一性的关系，而不是只要一面、不要另一面。我们不能因情背理，因为有过"左"的错误而否定对立统一规律。如果这样，只能由一个片面跳到另一个片面。我们情感上厌恶斗争和喜爱和谐是一回事，矛盾自身都必然包含着双方的斗争性和统一性是另一回事。我们如何使情感与规律相符合，从而使自己的活动不会因情背理，这无论对处理国内矛盾还是国际矛盾都是重要的。

追求和谐是我们的价值理想，但和谐从来不是事物的既成状态，更不是事物的唯一状态。和谐与差异并存，是正确处理矛盾的结果。不解决矛盾或任矛盾激化，就必然破坏和谐。没有一个思想家会不问是非无条件赞美和谐。连孔子都说，为和而和，不以礼节之，不可为也。中国革命数十年，是血与火的斗争。我们即使想"和"，国民党同样要剿共剿匪，欲"和"而不能。现在革命胜利了，共产党执政，强调"和"是对的，因为我们当家，要团结全国人民，要团结世界人民，但我们知道"和"不可能是一厢情愿的，而是双方都要有“和”的意愿。

有人说中国共产党领导人民革命是破坏“和”，革命烈士不算英雄，只能是破坏和平的杀手，这种历史观当然反动之极，但追根寻源与我们理论界无条件吹捧“和”不无关系，使一些人有所谓理论根据和中国传统文化的根据，用所谓和谐史观来抹杀中国共产党的革命史，甚至往烈士脸上吐唾沫。谓予不信，请读读标题为《内战无正义》之奇文。其中写道：“那些在内战中为了一党一派的利益相互杀戮而殒命的殉难者不应在这里与民族英雄一样被祭奠。尽管他们也是死得惨烈，但是我们无法回避一个事实是：他们是因政见不同又不愿意和解而拿起武器的，他们是因兄弟相煎，手足相残而付诸流血的，他们发动或参与的内战不仅给中华民族造成了巨大的灾难，也拖慢了民主进程的历史车轮。他们的牺牲与壮怀激烈的民族英雄有本质的不同，或者根本不能称其为‘人民英烈’，内战中取得胜利的一方强行加冕的荣誉，无法取得全民族一致的认可或缅怀，如果将其作为‘爱国主义’题材教育后人，不仅离题万里，也深深埋下中华民族再次相互内斗的隐患。”“如果为了一个什么理由一定要书写他们的生平的话，站在忠于历史的基点上，站在真正的爱国立场上，为了警示后人永远鄙视民族的内战或内斗，他们的生平碑文上应抹掉什么‘死的光荣’之类的溢美之词，改为‘卒于内战’则更为确切。”看起来，没有历史唯物主义观点，以无条件的“和”作为世界观和历史观，肯定要重新改写中国历史、中国农民战争史和中国革命史。这是我们自己在理论上作茧自缚，为反对者提供哲学依据。

我们不能把无产阶级革命者，包括革命领袖的革命斗争精神混同于斗争哲学。革命者需要斗争精神，没有斗争精神，没有勇于牺牲的精神不能成为革命者。有的人以毛泽东青年时代说的“与天斗，其乐无穷；与地斗，其乐无穷；与人斗，其乐无穷”来坐实毛泽东从来就是搞斗争哲学的。这不是误解就是蓄意往毛泽东脸上抹黑。这些名言，表达的是毛泽东敢于反抗旧的统治者的革命精神。这是毛泽东的精神，也是中国共产党人的精神。如果中国共产党人没有敢于斗争、勇于斗争的革命精神，能有今天吗？革命能胜利吗？

“为有牺牲多壮志，敢教日月换新天”就是这种精神。难道革命者不要革命斗争精神，还要学我佛如来，或者耶稣基督教导世人那样，逆来顺受，宽容忍耐，以待死后进入天堂吗？简直是海外奇谈。从马克思主义创造者马克思开始，就提倡革命者要有斗争精神。读读 19 世纪 60 年代马克思回答他女儿燕妮的提问吧，当燕妮问她爸爸：“您对幸福的理解是什么?”马克思回答是“斗争”。马克思所说的“斗争”就是革命精神。与他所回答的“您最珍爱的男人的品德是什么？是刚强”，“您的特点是什么？目标始终如一”，“您对不幸的理解是什么？是屈服”，“您最厌恶的缺点是什么？是逢迎”，表现的就是革命者的斗争精神。斗争精神不仅是马克思的个人品格，同时也贯穿马克思和恩格斯的全部著作，无论是论战性著作还是非论战著作的精神，都是革命的批判精神。斗争精神也贯穿于中国共产党的革命史。在民族危亡或阶级矛盾激化时，可以借用马克思引用的乔治·桑历史小说中的一句话：不是战斗，就是死亡；不是血战，就是毁灭。问题的提法必然如此。我们应该反对片面的斗争哲学，但革命者要有敢于斗争的精神。这是完全不同的两回事。

衡量实践标准的标准

有次学生来家聊天，提出一个问题：应该如何理解实践是检验真理性认识的唯一标准？他说：马克思和恩格斯说过无产阶级革命只能在资本主义发达的西方首先突破，而不是首先发生在落后的东方，而十月革命前，俄国布尔什维克和孟什维克的争论就是围绕这个问题展开并区分的。十月革命胜利的实践证明列宁是正确的，孟什维克是错误的。可是七十多年后，苏联解体和资本主义复辟，似乎又证明孟什维克关于俄国的资本主义并没有成熟到能进行无产阶级革命的论断是正确的。否则何以在七十多年后，资本主义在俄国再度复辟呢？

究竟如何判断实践是检验真理性认识的唯一标准呢？是以一次实践检验为准，以多少年为准，还是以最终结局为准？可最终结局在哪里？列宁从原则上说过实践检验是一个历史过程，是全部实践总和的著名论断，可如果这样理解，这个标准的长期性变为非确定性，使得这个标准很难掌握。辩论的双方可以各有说辞。甲方说，十月革命证明资本主义落后国家可以首先取得社会主义革命胜利；乙方说，七十多年后资本主义复辟证明，资本主义落后国家不可能取得社会主义革命战争胜利，革命只是冒险，最终会失败。双方都可以说，实践已经证明自己的理论判断。

实践作为检验认识真理性的标准有两个不同的问题。一个属于唯物主义的问题，即认识正确与错误的标准是什么？只有实践。离开实践讨论真理问题是经院哲学。说铅笔放在空气里是直的是事实，铅笔放在水中看起来是弯的也是事实。白天的世界是真实的世界，为什么我梦中梦见的世界就不是真实的世界呢？凭什么前者是事实，后者是虚幻？如果仿照这个例子，庄子同样可以说，我不是蝴蝶是事实，我梦见自己变为蝴蝶也是事实。这是诡辩。铅笔放在水中看起来是弯的不是真实的铅笔，而是特定条件形成的错觉。人类实践已经证明这一点，并能从理论上解释为什么直的铅笔放在水中看起来是弯的。正如我做了一个梦是事实，可我梦中所发生的一切并非事实，而是梦。实践是检验真理性认识的唯一标准，只有这个标准，不能有别的标准。这是认识标准的绝对性。如果离开人类实践，我们就无法区分真理与谬误、事实与非事实、梦与非梦。

不要忘记实践标准的辩证法。不能说十月革命胜利证明列宁关于俄国在条件成熟时应该革命的理论是正确的，而七十多年后苏联解体，资本主义复辟，则证明列宁错误而孟什维克关于俄国革命不可能胜利是正确的。应该懂得，实践标准的适用性与被检验的论断不可分。我们不能离开问题的具体内容来判断检验标准。无论是认识还是实践检验都是历史的具体的。

列宁与孟什维克当年争论的问题是，经济落后的国家在时机成熟时可不可能夺取政权，应不应该革命？还是要等待资本主义发展成熟，即使有可能夺取政权也宁可放弃革命等待？这是一个关于无产阶级在时机成熟时应不应该革命的议题。十月革命和中国革命都证明列宁和毛泽东关于俄国革命和中国革命的判断是正确的，是经受住革命实践检验的真理性认识。苏联解体和资本主义的复辟是另一个问题，即无产阶级取得政权以后，如何建设社会主义？资本主义有没有可能复辟？如何防止资本主义复辟？改革开放以来，中国共产党已经认识到这个真理，也认识到这些挑战。党中央一直教育全党要有忧患意识、要居安思危，就是要警钟长鸣！

中国革命九十年，经过三次实践大检验，第一次是中国是否应该革命，能不能革命？是否应该等资本主义发展到高水平才进行革命？1949年中华人民共和国的成立证明，毛泽东关于中国民主革命的思想是正确的，是经过民主革命和中华人民共和国的建立的实践检验的。第二次是新中国成立后社会主义改造和建设的是非得失、正确和失误，三十年实践的检验证明其中既有伟大成就也有失误和教训。中华人民共和国的建立证明的是民主革命理论的正确性，不能预知和保证社会主义时期的方针政策的正确性。这样才有批评“两个凡是”，才会有实践是真理检验标准大讨论的必要性问题。第三次改革开放是针对苏联和中国社会主义建设的经验和教训提出的。这个政策至今同样经历了三十多年的检验。中国经济腾飞，成为世界第二大经济实体，中国各方面取得的伟大成就，证明中国特色社会主义理论、道路和制度的正确性，但也证明，我们必须不断调整政策，与时俱进。三十年的改革开放就是改革、深化改革、总结经验、不断接受实践检验的过程。

不能认为经过实践检验的正确认识，在任何条件下永远适用，无须再接受检验。因为在另一个时期，面对的是新问题，寻求的是新答案，原有的认识必须继续接受检验。刘国光先生在一篇文章中讲到，邓小平关于“一部分人先富起来”的政策是正确的，它对于改革开放中推动生产力的发展、摆脱普遍贫困有积极作用。可是经过三十年，特别由于贫富差距拉大，财富向少数人集中，“一部分人先富起来”的政策已经完成它的历史使命，现在应该转向强调“共同富裕”。不能因为强调共同富裕，就否定一部分人先富起来的正确性；反之亦然。这就是实践检验标准的相对性、阶段性问题。

实践检验与需要被检验的命题是不可分的。当被检验的议题不同，原来的检验的结论只适用于原来的议题。经过实践检验的结论的正确性是有条件的。当条件变了，问题变了，必须要经过新的实践检验。我们必须把实践是检验真理的标准放在辩证唯物主义关于认识总过程的规律中来考察，这就是实践、认识、再实践、再认识，循环往复，以至无穷。每一循环的内容，都进到高一级程度。被实践检验过的真理仍然要发展，而作为检验真理的标准——实践也是发展着的实践。我们应该用辩证法的观点看待实践，不能把实践标准庸俗化，变为一锤定音。任何经过实践检验的真理都是具体真理，而不是抽象真理。在实践面前永远不会有“凡是”，只有在实践中不断发展着的真理性认识。

至于有的学者主张实践是检验真理的标准，而价值是检验实践的标准，这无非是把人推入无休止的循环逻辑论证中，因为价值仍然属于主体实践的目的和评价领域。主体的目的和评价正确与否要以实践为检验为标准。这就像一个笑话中说的，有人问别人现在几点钟？那人看看钟回答几点。“你的钟准吗?”“准。我是根据城楼的报时的鸣炮对的。”又问城楼上放炮的人，“现在几点，准吗?”“准。我是按钟放炮的。”按钟放炮、按炮对钟式的关于实践检验标准的回答，只能沦为笑谈。

我想再强调一次：检验实践的标准仍然是实践。人类的实践是连续不断地在实践、认识、再实践中发挥自己检验真理性认识的终极效能的。

熟知与真知

哲学不是哲学知识的叠加，光有哲学知识不算哲学水平高，更成不了哲学家。哲学需要读书，但更需要体悟，在实践中、在生活中体悟。有的人总认为哲学只存在于厚厚的书本中，而且是奥义书，必须高人指点才能窥其点滴。其实哲学并不是哲学家的专利，哲学就存在于生活之中。

莫里哀《醉心贵族的小市民》喜剧中有个人物茹尔丹，他是小市民，偏偏醉心于贵族，处处要假装爱艺术、文学。他弄不清什么是散文，别人告诉他你说的就是散文。他说，天啦，我整天说散文不知道什么是散文！恩格斯曾引用过这个故事。他说，“人们在远知道什么是辩证法以前，就已经辩证地思考了，正像人们远在散文这一名词出现以前，就已经在用散文讲话一样”。同样，哲学也是如此。在我们日常生活中就存在哲学。

我对我的学生们说，我们面对两种哲学，一种是生活中的哲学；一种是书本上的哲学。你们不但要学习书本上的哲学，更应该注意生活中的哲学。哲学既不能没有形而上的问题，即纯哲学问题，也不能没有形而下的问题，即生活中的哲学问题。没有形而上只有形而下，哲学就变为生活常识，可没有形而下，哲学就在天上，没有着陆点，永远与人的生活相分离。

哲学家的哲学，就是历史或当代一些哲学家创立的哲学体系。例如，中国古代的老子、庄子，西方的苏格拉底、柏拉图、康德、黑格尔等。这些人提出了基本的哲学概念、范畴和理论体系。我们进哲学系，当然要学习哲学家的哲学，学习中国的、西方的、马克思主义的哲学经典著作，学习他们的哲学思想。这是非常重要的。

我们不能忘记还有另一种哲学，这就是生活中的哲学。如果我们哲学系的学生，只懂书本上的哲学而不懂生活中的哲学，这就叫书斋哲学，是书呆子哲学。德国哲学家叔本华在《论哲学和智力》这篇文章中说过一段很深刻的话。大意是说，哲学家比起任何其他人更应该从直观知识中汲取素材，因此哲学家的眼睛应该永远注视事物本身，让大自然、世事、人生，而不是书本成为他的素材。他不能把书本视为知识的源头，书本只是他的辅助工具而已。当然这不是说，读书不重要，而是要读活书，活读书。我这一生一个重要体会是，如果一个哲学家一开口只会讲哲学范畴、哲学概念，不会用人们听得懂的话讲哲学，离开范畴概念就不会说话。这种哲学家在我看来不算入流。生活中的哲学，不是以命题、范畴的方式呈现的，而是我们生活中经常发生的，能从中体悟出哲学道理的生活状态。生活中的哲学智慧是丰富多样的，无论是“变”、“联系”、“矛盾”、“过程”等都是活生生的生活观念。

没有“变化”的观念，我们就无法理解现实。如果没有变化观念，在思想中，宇宙是停滞的，社会是枯竭的、人生像没有波涛的死水，正如戏剧没有跌宕起伏、没有高潮一样无趣。可是难道因为我们没有“变化”观念，世界真的不变吗？不会。事实会把变化的观念像楔子一样揳入人的头脑。只有榆木脑袋才会否认事物会变化。生活到处都有变。历史也是如此。历史的变化把一个强大的帝国变为废墟，使古代文明消失。世界多少文明中断和消失了，多少曾经辉煌一时的帝国，如罗马大帝国、波斯大帝国、奥斯曼帝国、蒙古大帝国，都消失了。这就是历史的运动、就是历史的变化。

变化是什么？是辩证法。所以日常生活现象中变与不变就是个哲学问题。任何老百姓从日常生活中都知道，事物是变化的，人也是变化的。漂亮的少女会变成满脸“火车道”的老太婆，风华正茂的英俊少年会变为秃顶老头。年轻的姑娘们热衷照相，想方设法留下一些漂亮的照片，潜意识中就是留住青春，害怕变化。挡不住变化的是自我，而永远留住青春的是照片。秦始皇梦想长生不老，万世一系，永远是秦朝的天下，这就是不变的思想。美国人福山写过一本书《历史的终结》，认为资本主义社会是永远不变的，其实就是美国社会的发展不会终结，也就是说历史发展到资本主义社会，就是至矣，尽矣，不可以加矣。事实迫使他不得不改变看法。

变，是最常见的自然和社会现象，因而也是最重要的哲学家范畴。我们最早的哲学著作《易经》。易就是变易。生生之为易。穷则变，变则通，通则久，革故鼎新都涉及变。中国改革就是变，从观念到体制都在变，中国社会起了翻天覆地的大变化。美国奥巴马的竞选口号就是“变”字。12月12日是日本汉字选举日，2008年日本当选汉字就是“变”字。由日本京都清水寺住持森清范贯主在长1.5米、宽1.3米的幡上写了一个大大的“变”字。这是日本人对经济、对政治、对世界局势现状的一种看法，即2008年世界是个多变的世界。我们正处在急剧变化的时代。

古代有一个故事，说的是一个儒生找裁缝做衣服，衣服前短后长，他不乐意，说为什么前短后长？师傅说，你未发达，逢人低头，自然前面短点，便于弯腰。后来他考中状元，又找他做衣服，变成前长后短，他又不乐意，问为什么这次前长后短，师傅说，这次你做了官不用低头而是挺胸、昂头，自然前面长点好。这不仅是裁缝师傅，而是哲学成衣，成衣哲学。人的地位会变，思想也会变，至死顽固不化，带着花岗岩脑袋见上帝的人也有，尤其在政治领域。但不能由此得出结论，人是始终如一，永远不变的。就人的实际存在而言，人是会变的。人的思想变化，最集中的是他的世界观和人生观的变化。

一个平日汲汲于名利得失的人，如果得了癌症，幸而不死，他的好胜心，功名利禄心，金钱无限追求之心会变淡，转归平常。一个与死神擦身而过的人，对一些事很容易看透，似乎变成另一个人。一位出身很苦、受过饥寒的人，有一天突然处于高位，地位发生了变化，思想也随之发生变化，有的变得奢侈而贪婪，欲壑难填，仿佛变了一个人。地位会改变人的思想。陈胜为王以后，一伙年轻时代的同乡穷哥儿们远道来看他，嘻嘻哈哈，还以为是当年结伙耕田时的陈胜，结果落个有来无回。《史记·陈涉世家》有生动记载：“陈胜王凡六月。已为王，王陈。其故人尝与庸耕者闻之，之陈，扣宫门曰：‘吾欲见涉。’宫门令欲缚之。自辩数，乃置，不肯为通。陈王出，遮道而呼涉。陈王闻之，乃召见，载与俱归。入宫，见殿屋帷帐，客曰：‘夥颐！涉之为王沈沈者！’楚人谓多为夥，故天下传之，夥涉为王，由陈涉始。客出入愈益发舒，言陈王故情。或说陈王曰：‘客愚无知，颛妄言，轻威。’陈王斩之。诸陈王故人皆自引去，由是无亲陈王者。”

陈胜是两千多年前的人，可当今社会有些人做了官，说话口气会变，态度会变、思想感情会变，世界观和人生观都会变。真是“一阔脸就变”。有的为保住官位，为了飞黄腾达，可以毫无理智的迷信，包括改变办公楼的大门，修坟，上庙，抢头柱香，或一些荒诞不经令人喷饭的迷信行为。这不像现代人，更不像是共产党的官员，仿佛古代原始的万物有灵论者。人是会变的。革命前与革命后会变，做官前与做官后会变，不名一文到腰缠亿万会变。记住，人会变的，这就是永远要拒腐防变的道理。

过去总认为人的智商是不变的。唯上智与下愚不移，其实这是一种错误的观念。智商会变。小时了了，大未必佳，这是中国古人的见解。王安石《伤仲永》中说的就是一个天才少年变为泯然众人的故事。最近，英国《卫报》发表的脑科学研究的报告也证实了这个真理。美国学者发表文章说，过去智商被认为相对稳定的，而且在小时候就基本定型，其实智商并非一成不变，它在青少年时期可能发生巨大变化。思维活跃而敏捷的人智商会变高，不爱锻炼脑力的沙发土豆则不同。这种差别可以使一个普通人的智商一跃而成为天才，反之亦然。另外有则报道说，国外教育专家研究，教育可以改变智商。变，是不可战胜的规律。我们应该树立万物皆变、只有万物皆变不会变的意识。我们应该树立变的观念。

在日常生活中，人们从第一片树叶掉落地上，知道秋天到了，落一叶而知秋。这是什么？是联系的观点，也是一种关于事物的信息的观点，一个事物的变化与另一事物的变化相联系。我们可以从一个事物的变化看到与它相联系的事物。如果世界事物彼此没有联系，都是孤立的，就不可能落一叶而知秋。你看凤凰台主持人阮次山讲国际问题时说，世界如此复杂谁说得清楚，可是世界上任何事都是有联系的，从它们相互联系中可以认清政治事件的本质。

矛盾也是如此，同学之间有点小矛盾，同宿舍特别容易发生矛盾。这就有个正确处理问题。什么叫闹矛盾，就是把矛盾扩大、激化，可如果及时交流、化解，就能使矛盾得到解决。这就是哲学问题。像马加爵因玩扑克而杀死四个同学当然是极为个别的例子，但它同样告诉我们矛盾如果不能及时化解而不断激化，就会采取对抗性矛盾解决方法，结果导致悲剧。

在现实世界任何事物都是个过程。关于过程的思想是最重要的哲学思想，恩格斯称之为伟大的哲学思想。万物都是一个过程。例如，一串葡萄很简单，可是要有葡萄，从种树到结出葡萄这是很长一个过程。没有过程就没有结果。过程是很枯燥的，可结果是很丰富的。人也是一样。例如学木匠，当学徒，天天重复同样的动作很枯燥，可一旦制作出好的家具，它的结果或说成果，就成为令人赞赏的艺术品。一个开始学钢琴的人，练琴时使人掩耳，自己也苦不堪言，可一旦成为钢琴大师，他的成果就是辉煌的。只要结果不要过程是不可能的，要重视过程。台上一分钟，台下十年功。这就是生活中的过程哲学。

为什么要注重日常生活？因为许多哲学问题蕴藏在生活之中。为什么有人只重视伟大人物而轻视百姓，重视重大政治活动而轻视日常生活？因为他们不能从日常生活中提炼出哲学思想。在社会生活中，在政治舞台上活动的人物是如此辉煌有色有声令人眼花目眩，而老百姓的生活是如此平淡，年复一年的生产劳动是如此单调乏味，可有谁能从这些平淡乏味的为满足人类生存的物质资料和生活资料的生产中看到历史的力量呢？是马克思和恩格斯的唯物主义历史观。恩格斯说过，“当居于统治地位的封建贵族的疯狂争斗的喧叫充塞着中世纪的时候，被压迫阶级的静悄悄的劳动却在破坏着整个西欧封建制度，创造着使封建地主的地位日益削弱的条件”。劳动者的劳动是静悄悄的，平淡的，可是正是这种看似平淡乏味日常生活化的劳动中蕴藏着变革社会现实的力量，因为生产力的发展，社会经济条件的变化，新的因素的成长，都是从这些看不见的变化中静悄悄地逐步孕育成熟的。

劳动的基础性作用和经济最终决定作用是不可分的。任何反对历史唯物主义的人都会以反对经济决定论为名反对经济的最终决定作用，历史和现实都会证明这种看法是错误的。把经济视为唯一决定因素是机械论的，但经济的最终决定作用是不能否认的。中国改革开放以来三十多年的变化，大量的美元储备，世界各国的大量的中国制造，进出口贸易的庞大数字，亿万富翁排名的人数增多，经济实力增长推动中国在世界上的影响力的变化，是谁创造的？劳动者，管理人员，技术人员，更包括亿万计的农民工，整天在流水线上埋头劳动的普通打工仔和打工妹。他们是静悄悄地劳动，没有显赫的功绩，没有惊天动地的戏剧性情节，可正是他们在悄悄改变中国，改变世界。使世界震惊，使头号霸主美国、使世界对中国刮目相看的正是普通劳动者的劳动成果。美国《时代周刊》2009 年第 12 期封面上刊载中国工人的照片，就是证明。这并不表明他们重视普通劳动者，而是面对中国变化的事实。文化的积累也是静悄悄地。人类许多文化名人，终生冷落，甚至贫困而死，但他们为一个民族为人类创造的成果却是光辉的永恒的。劳动是社会存在和发展的基础，文化是人类文明的延续。它们都是在日常的，持久的，一年一年、一代一代不间断地进行。

革命、战争与日常劳动不同，它们是短期的、爆发式的。革命是人类社会的重要推动力，是一个民族重大历史事件甚至重大节日。人类社会没有革命的平静进化是不可能的，也不可想象。革命的重要作用是改变旧的生产关系或已经腐朽阻碍发展的政权。这完全必要，因为它为劳动和文化的继续积累开辟新的可能性，任何告别革命或者蔑视革命的理论都是错误的。无论是世界史还是中国史都证明，具有重大变革意义的政治事件，对历史发展具有重大的甚至具有历史转折的作用。因为它为人类经济和文化活动创立了一个更有利于发展的政治条件。但任何政治革命只是人类社会发展中一个短时间的震荡和运动。它解决的任务是政治任务，可社会发展是整体性的。其中起基础性主导作用的是人类悄无声息的、日复一日年复一年的物质生产，而在人类思想领域中，长期起作用的则是文化的缓慢的积累。人类社会的发展不能单纯依靠政治革命，而最终必须利用革命的成果来发展生产和发展文化。政治革命永远不能代替社会的日常变化。社会变化不同于政治革命。社会变化是全面的，非暴力的，平稳的，较缓慢的，它涉及全部社会生活的变化。虽然没有令人目眩的耀眼的光芒，却是社会发展中长期起作用的动力。

至于战争，在社会发展中同样是不可避免的。国内战争属于革命范围，此处所谓战争是国与国之间，或民族之间的战争。自从人类进入阶级社会后，这种战争也是经常发生，至今人类在经历两次世界大战之后，局部战争仍然不断。侵略战争是破坏性的，对人类发展起着阻碍和摧毁作用。但为保卫国家和民族的正义战争，却往往是唤醒民族潜力，激发民族活力的清醒剂。一个能奋起抵抗外敌的民族是值得尊敬的，反抗侵略者的领导者与组织者是民族的英雄。我们反对非正义的侵略战争，但我们歌颂反抗侵略的战争。不区分战争的性质、不区分侵略和反侵略，抽象地鼓吹人性与战争的对抗的观点是不正确的。但战争总是人类长期发展中的阶段性现象，而非社会常态。而人的日常劳动和生活是社会常态，是年复一年，月复一月，时时刻刻都在进行。我们既要关注社会的急剧变化，又要关注人的日常生活劳动，从中可以发现许多哲学道理。

哲学回归生活，不是蔑视经典、回归平庸。而是既要重视经典，更要重视生活。要善于从平凡的日常劳动和生活中，捕捉为人熟知但不真知的哲学问题。不是把生活作为书本的注脚，而要把书本作为生活的注脚，这样的哲学家才是贴近生活、贴近群众的哲学家。

真理·无知·偏见

对象不是真理，真理是对对象的认识。前者属客体自身，而后者属于主体认识。对象与真理存在矛盾。对象是自在的，而当表现为真理时，则必须使用语言，用概念、范畴、判断的形式把它固定下来。这样，对真理的探讨，就陷入了由语言而带来的困境。

一旦对象被固定为语言，则真理与对象的本性会发生矛盾。对象处于相互联系的世界整体之中，可任何真理性的认识，都是对整体世界的一个侧面的判断。具体对象的存在是有条件的，而真理性判断往往是未附加条件的。对象处于运动、变化中，而真理一旦成为真理往往被认为是永恒的、不动的。因此真理要与对象的辩证本性相符合，它同样应该是辩证的。真理不能片面，因为对象是整体。真理不能是无条件的，因为对象是有条件的；真理是要发展的，因为对象是运动变化的。真理的具体性、全面性和变化，就是真理与对象本性的符合。可很难达到这一点。因此真理性认识，永远是过程。可以说，我们永远走在真理探索的道路上。“在路上”，这是真理认识之路的最好的表述。

在真理问题上最容易发生的就是形而上学真理观，即认为真理永远是真理，是不变的。凡能变的不能称之为真理。这种看法是错觉。因为任何真理性认识都是在一定条件下达到的认识。条件所达到的水平，就是认识所能达到的限度。因此，随着条件变化，人类的认识会变化，由不全面到比较全面，由不太深刻到更深刻。全面性和深刻性是没有最后界限的，是不断发展的过程。这就是人类认识的进步。在真理问题上，“最”字不适用，只有比较。其他也如此。最美是美的敌人，是美的终结，因为比起最美，其他一切都成为丑；最坏，是坏的否定，因为相对最坏其他都是好。最真，是对真理的否定，相对于最真，其他都成为假。

真理的客观性不等于真理的永恒性。真理的客观性是就真理内容说的，它承认真理性认识中包含不依主体意志为转移的客观内容。而永恒性则是脱离客观对象把真理凝固化，因而永恒真理只属于真理的思辨王国，与客观对象无关。真理的可变性与诡辩论不同，因为真理的可变性不否定变中有不变。凡属于真理的内容的发展都是扩容，即加深对真理的认识和扩展对真理的认识，而不是抛弃原有的真理。真理的发展是从相对真理走向绝对真理的过程，而不是由真理走向对原有真理的全盘否定。

真理的全面性并不是对以判断形式存在的真理表达方式的否定。任何全面性都是有限的，人类只有把世界打碎才能形成判断，任何判断都是对世界一个最小最小的一个侧面的认识，全面性是指不能把任何一个真理性认识片面化，必须力求对客观世界尽可能进行多角度的把握，因而往往是多个判断的结合。可以说，真理性认识是多角度的结合的判断，而不是单个孤立的判断。把单个判断绝对化往往容易陷入片面性。

真理、错误、无知和偏见各不相同。真理是对象的正确反映，而错误则是不正确反映。认识中的错误常常难以避免，并不可怕。因为它发生在认识过程，可以在实践和认识中得到纠正，无知可以学习，最可怕的是偏见。无知是在认识之外，并未进入认识过程。无知可以通过学习来增加知识。只要知道自己无知，就可以变为有知。而无知者往往自知无知，有学习的愿望。

人不怕错误，也不怕无知，最可怕的是偏见，因为偏见既不是单纯错误，也不是简单无知，而是固化的先入之见，对是否真理和错误一概漠不关心。无知可以导致偏见，但无知导致的偏见可以改正，因为它是无知；一旦有知，就可以幡然悔悟，消除偏见。但由于利益即由于立场而固化的偏见，则很难改正。无知可变有知，而偏见离真理最远。在现实政治生活中，终生囿于偏见而不承认自己有偏见的人不少，所谓带着花岗岩脑袋见上帝，就是指这种人。

事实与思辨

在我看来，唯物主义是客观事实，唯心主义是思辨难题。因而它们在哲学史上各有存在的价值和理由。

感觉是客观世界进入主体的第一道门。没有感知，当然不知道对象的存在，可存在并非因被感知才存在。人不可能在感觉之外去感觉对象，也无法通过感觉证明离开感觉的对象仍然存在。这种证明要求是悖论。如果全部争论仅限于哲学范围内，争论是没有结果的，这正是唯心主义者坚持唯心主义，难以被说服的原因。因此，马克思主义哲学是在科学与生活中验证哲学命题的，正如恩格斯说的布丁的证明在吃，要知道梨子的滋味要亲口尝一尝。有人说吃与尝不都是味觉吗？不对。吃与尝不只是味觉，而且是一种活动。没有这种活动，就不能知道布丁和梨子的滋味。尽管吃与尝是通过味觉来感知对象，但对布丁和梨子的滋味是由于对象（布丁和梨）作用于感官才产生布丁和梨子的滋味。如果不是先有对象和人作用于对象的感知活动，光凭感觉是不会产生布丁和梨子的滋味的，不信你咬咬石块，能咬出布丁和梨的味道吗？在纯思辨范围，争论布丁和梨子的滋味只能永无结论。

任何感觉都是人对对象的感觉，无对象就无感觉。这是科学与生活的结论。视觉既离不开视觉神经，又不能没有被看的对象。视与所视不同。能视是眼睛的功能，所视必须有对象。看与被看都是实实在在的客观物质性的东西。视神经逐渐萎缩，就会导致失明；没有被看的对象，就没有看到东西一说。可见视觉神经虽然属于主体，离不开主体，但要在视觉中产生对象的形象，必须是看与被看的统一产物，缺一不可。其他感觉无不如此。没有听神经和被听的对象——声波，就没有听的感觉；没有味神经和食物，就不可能产生关于某种食物的味道的感觉。这是医学的结论，也是正常人日常生活的经验。如果没有对象，听到，这是幻听，白日见鬼说明精神出问题。生理解剖证明，没有对象和没有感知对象的物质性器官，就没有相应的感觉。

思辨哲学家说，“火不热”，热是人的感觉，火自身是不热的。这当然是诡辩。热，的确是人的主体感觉，是人用来表示对某种状态的主体感受，不同的人会产生不同的耐冷耐热度。但这种量的差异不能说明热纯属主体感受，与对象无关。火要是不热，生米如何煮成熟饭。无论是用柴，还是用电，反正都是因为产生热能才能把饭煮熟。如果可以没有任何能量转化加热，饭能煮熟，水能由冷水变为开水，才能证明火不热。

说火不热，完全利用人作为主体的主观感受，否定感觉内容的客观性。其实，如果把开水浇在动物身上与浇在人身上的后果是一样的，都会烫伤。即使动物不会说热，也不知道什么叫热，不会说出火不热的高深思辨命题，还是嚎叫着跑开。不仅是有感觉的动物，即使是放一根毫无感觉的木棒在火里同样会燃焦，放一张纸会化为灰烬。人、动物或者毫无知觉的木棒，放在火里，结果是一样的，但只有人才会感觉热，知道热，言说热，所以火不热是经院哲学的思辨命题，只属于人。不走出作为主体的人的感觉自身，只能是无休止的争论。如果放在科学与生活中，就不攻自破。各种唯心主义只有在科学与生活范围外，在纯粹思辨领域才能存在，一旦付诸实践就难以存身。说火不热，完全是诡辩。不信请他钻入炼钢炉试试，看他能否成为太上老君炉里的孙悟空。

经院哲学此类命题，当然是诡辩，但其包含了认识的主体性引发的哲学难题。人能否突破主体性对人的限制，成为哲学认识论中长期争论的问题。凡是囿于主体性，而不能通过实践从客体性角度考察问题，往往困死在自我中心围城中跳不出唯心主义如来佛的手心。

唯物主义尊重事实，与科学和生活相符的事实，而唯心主义的命题往往是一个哲学难题。我们无法用我感觉到、我看到、我听到等去证明有一个不依赖于人的客观世界。因为人不能超越感觉去感觉、超越思想去思想。一旦我们把感觉和思想看成主体与外界对象的屏障时，唯心主义就有说辞。可一旦付诸实践，求助科学和生活，唯心主义就难以藏身。这就是为什么唯心主义哲学家只讲哲学，高踞远离尘世和世俗生活的哲学天国。

日常经验有局限性，不如科学理性。例如，按生活经验，地球是不动的，太阳是动的，因此才会看到太阳从东边升起，到西边落山，人才能在地球上站稳。托勒密地球中心说符合日常经验，哥白尼关于地球环绕太阳旋转不符合人的日常经验，但符合科学。现象与本质不同。凭经验往往看到的是现象，而本质则要依靠科学和理性。古代有个诗人对能看见太阳大为不解，都说太阳远在万里之外，居然就在我们头上，抬头能见。这就是用经验代替理性的困惑。

唯心主义的确如列宁所说是不结果的花。以唯心主义指导科学研究，科学研究就不可能进行。科学是最唯物主义的，它需要研究对象，研究对象自身的规律。不符合对象规律的主观设想是错误的，不能在实践中被证明的所谓理论是永远的假设，以唯心主义指导生活，人类就无法生存。因为生活时时刻刻都在证明，是人存在于自然之中，而不是自然存在于人的思维之中。人是用大脑思维，而不可能有无头脑的思维。人的任何思想，即使是思维创造物，也都是以各种不同的方式反映存在。有些认识，尤其是艺术，因为中间环节太多，太复杂，主体创造性空间很大，因此难以发现艺术构思与实物之间的反映与被反映的关系。艺术创造与科学反映的同异，正是认识论需要解决的问题，但艺术创造并不是主体是唯一创造者的凭证。

哲学不能远离生活；哲学不能脱离科学。古希腊时代哲学家往往是自然研究者。而在中世纪的宗教哲学和经院哲学切断了哲学与科学的关系。马克思在《1844年经济学哲学手稿》中曾批评哲学与科学的疏远，提出哲学与自然科学要重新结合。列宁也有过哲学与自然科学联盟的著名号召。这是世界性问题。

科技文化与人文文化对立的裂痕。在西方，哲学与自然科学的联盟并没能真正实现，虽然在科学哲学中自然科学与哲学相结合，但并非以推进唯物主义，反对唯心主义为目的，相反科学哲学中呈现出各种唯心主义思潮。在中国，距离自然科学与哲学联盟更是遥远。如果自然科学与哲学处于隔离状态，尽管唯心主义是不结果的花，但由于当代唯物主义哲学缺乏科学的助力，唯心主义思维的精致和深邃仍具有思维诱惑力。

艺术中的虚与实

如果艺术只看重神似，鄙薄形似，是片面的。任何画都应在似与不似之间。只是似，就是实物，不是艺术；完全不似，无迹可寻，不知何物，也不算艺术！白石老人画的虾、大白菜以及其他日常生活之物，无不是极高的艺术珍品，但任何人都不会认不出老人妙笔下的白菜和虾，疑为它物，而非白菜，非虾。神似应以形似为据，又高出形似。没有一个画家能画出鬼，只能画出像人的鬼。著名的《钟馗嫁妹》中的钟馗仍然是人的模样，只是夸张点而已。包括鲁迅《社戏》中的活无常仍然是人的模样，只是可亲可笑。

我读到徐悲鸿先生 1947 年给少年刘舒勃写的一封自己如何画马的信，对哲学很有启发。徐先生说，“学画最好以‘造物为师’。故画马必以马为师，画鸡必以鸡为师。细察其状貌动作神态，务扼其要，不尚琐细。最简单的学法是用铅笔或炭条对镜自写，务极神似。我最爱画动物，皆对实物用过极长时间的功。以马论，速写稿不下千幅，并学过马的解剖，熟悉马之骨骼肌肉组织，然后详细审查其动态神情，乃有所得”。这说的是艺术，也包括哲学道理。如无形似不可达到神似。先有形的了解掌握才可达到神似。如无形似，所谓神似，一定是主观臆测，妄意为之。由形似进入神似，是飞跃，是上升。

我在想，人类认识不也是如此吗？反映论不是机械反映论，因为能动反映包含对象在主体意识中的构建，可任何构建如果不以反映为基础，即不以对象自身的真实存在为基础，那种构建必定脱离对象，完全是主观臆造，决不可能具有真理性。因此真理性认识，必定要以客体为对象、为原型。当然仅仅如此达不到对事物的本质的深度认识，因而必须去粗取精，去伪存真。这种改造制作，类似艺术中形似进入神似。在艺术中，称为形象思维，在科学中可以称为抽象思维，在哲学则为概念思维。

如果我对我的学生们说，你们用不同方式把我的面貌记录下来：第一个人用照相机，第二个用画笔，第三个人用文字。第一个得到的是照片，第二个人是画像，第三个人是文章。可以肯定我的面貌在他们那里，各不相同。不仅表达方式不同，对我的面貌描述也不同。即使同样是照相，由于技术、选择的角度和光线不同，会有不同。画像和文章的描述相比，差距会更大。因而可以说，在他者眼中，“我是什么样”是非确定的，一千个人眼中有我一千个模样。这是所有唯心主义反对唯物主义最有力的武器，或者说最有力的根据。也是唯心主义难以驳倒的难题。可智力正常的人都不会因为我在别人眼中不同而怀疑“我是我”。别人眼中的“我”是他对我的印象，而我的存在是唯一的，真实的。

反映不能离开主体及主体使用的中介，因而对同一对象的主体反映存在差异性。能否由此得出结论，唯物主义被驳倒了，没有客体就没有对客体的认识，这个原则是错误的？不能。只要我们把这三种方式——照相、素描和文字比较，你就可以发现它们的相同之处，因为它们面对的是同一对象。它们相同之处，是客体决定的。而差异处则往往是主体自身选择的角度和不同的感知决定的。没有反映的差异性，就没有认识的主体性。如果素描的结果根本不同于对象，不能称之为素描；如果文字的描写，相识者读不出被描写者的形象特征和性格，则是不入流的作者；人物摄影最真实，虽然仍有水平高下优劣之分，但因为它的中介是物（摄影器材），主体对对象的主体渗入部分属于艺术，而对象则是被摄者。因此就形象而言，照片最接近对象。

人类对历史事实、对社会现象和事件的认识，已经不是单纯对对象的形象反映所能类比的。从认识论来说，形成更为复杂更为特殊的主客体关系，需要专门研究。虽然对自然客体和社会客体的认识存在巨大差异，但原则上应该承认，在人的认识中，客体是被动的，是反映对象；主体是能动的，是反映主体。承认观察的客观性，就是坚持唯物主义，反对唯心主义。承认差异性，就是承认反映的主体性和价值性，反对机械反映论。

认识条件的限制主要来自客体，而认识中的错误主要来自主体。客体是认识中的“的”，而射手则是主体。射不中的，责任不在靶子而在射手。不能把认识中的错误推给对象，而提高认识的唯一途径，是提高主体的认识能力和思维方法。“有的放矢”在于射手，“无的放矢”也在于射手。

生活·哲学·艺术

哲学源于生活，但它在以后的发展中越来越远离生活，从地上升入思辨的天国。在人类哲学的童年，哲学与生活是紧密相连的，无论是东方还是西方都是如此。因为哲学本身就是为解决人类生存中所面对的问题而产生的。当人类的思维跨过对人类自身存在和它面对的自然力量的原始神话以及原始宗教的解释时，就进入了哲学领域。

人类的生活经验不同于科学结论。生活经验依赖观察，而科学结论决定于科学实验。所以最初的哲学总是与对生活的经验观察不可分。当被称为西方哲学第一人的泰勒斯说，万物来源于水，它表达的是一个事实，这就是人类的生存离不开水，没有水就没有人类。没有水也没有动物，没有植物，就没有生命，因而也就没有生命世界。万物来源于水，并不来自科学的研究而是源于生活事实。生命万物对水的依赖是普遍现象，所以这个命题的出现也具有一定程度的普遍性。中国哲学有同样的思想，《管子·水地》一文中就说，“水者，何也？万物之本原也”。在这一点上，管子的思想类似西方的泰勒斯。

水在人类生活，包括农业生产和日常生活中的地位，决定了它在人类哲学思维中的地位。不仅上述的关于世界的本原问题，而且在人类最重要的道德和人性问题，都源自对水的特性的体悟。《道德经》关于水的德性可以说是称颂备至：上善若水，水善利万物而不争，处众人之所恶，几于道。至于老子与孟子各自以水为喻来表明自己的性无善恶论和性善论，也表明了古代哲学与人类最贴近生活资源——水的联系。

同样，空气也是人类生存不可缺少的。西方的阿拉克西米尼说，气是万物的起源，正在于没有气，人类就会因窒息而死亡。气，开始说的就是呼吸之气。气，在中国哲学中更为重要。气的一元论和气的本体论，可以说是中国哲学的支柱。通天下万物一气，一直是马克思主义哲学传入之前中国唯物主义哲学的主导思想。气支配自然，阴阳失序，乃有地震；支配社会，王朝的灭亡是气数已尽；支配人，有血气，然后有心知，“精神皆气也”。骨气、气节、阳刚之气，都是对人的伦理品质的价值评价。从其根源看，这个气论实际上也是来源于得气则生、无气则死这个简单的生活事实。没有气，就是死人，死人是一切都无从谈起的。从呼吸之气到充沛整个宇宙的浩然之气，就是从生活到哲学的飞跃。至于中国最早的“五行相杂，以成百物”的五行说，难道不是因为人若离开金木水火土，就无法存活吗?

哲学来自生活，都是从与人的生存息息相关之物开始的。可是哲学终究是哲学。它所寻求的是非经验的东西，如世界的本原和世界的统一性之类的问题。但它力图从可见的东西寻求不可见的东西。虽然这种直接源于生活的哲学观念是直观的、朴素的、非科学的，但它确实与人的日常生活紧密相连。

艺术也源于生活，最原始的艺术都是对生活现象的模仿，而艺术创造的理论往往是生活经验的启发。韩非子《说林下》中关于以刻削即雕塑的道理说明留有余地的重要性。他说，“刻削之道，鼻莫若大，目莫若小也。鼻大可小，小不可大也；目小可大，大不可小也。举事皆然。为其可复也，则寡败矣”。

哲学与艺术也是不可分的。它们可以说是关于世界的两种语言：一为形象，一为抽象。但内容可以相通。无论是关于宇宙还是关于社会和人生，无论是忧国忧民或是个人的喜怒哀乐，感时伤世，都可以写成哲学论文，也可为诗、为画。不仅情感可相通，所涉及的理论问题也可相互关联。艺术理论领域中许多争论都是哲学性质的争论。

哲学与艺术当然有区别。这种区别在于，艺术着重的是一般中的个别，艺术的个性要求它必须是个性化，只能是“这一个”。哲学则是个别中的一般，哲学是从个别中发现一般，发现普遍性和规律性。艺术中不可能没有哲学。因为艺术中必须有所言说，即使是无声的言说，它也表达了创作者的所思所想。这种所思所想并不仅属于创造者个人，它越是能引起共鸣，越是具有普遍性。而普遍性正是哲学追求的东西，所以真正艺术品就是形象化的哲学作品。在它的个性中必有共性。达·芬奇说过，鄙视绘画的人，既不爱哲学，也不爱自然。意思可能是关于自然的绘画，实际上表现的不是静态的自然，而是人与自然的关系。包括审美关系和价值关系。这就是哲学问题。

我曾经参观一次画展，画展中展出的三个部分：当代人的人格符号、中国古村落和当代中国最具现代化的建筑，如鸟巢。这三组不同符号，从时间向度看是三个时间段，即过去、当代和未来。把它作为一个时间之流的整体，它以符号表达的主题和核心在我看来涉及的是一个，即如何处理传统与现代化的关系。

中国古村落，是以传统山水画表达当代人对历史和传统文化的记忆。尽管山水画是中国画中最常见最具特色的一种绘画形式，可是在经济全球化席卷世界，在中国迅速实现工业化、城市化，人与自然和谐问题成为全球性问题，尤其成为处于发展中的当代中国最尖锐问题时，以中国古村落为题材，唤醒人们对中国历史和文化的记忆，具有不同于历史上的山水画的当代社会问题的哲学意蕴。

人格画，是各式各样的人格符号，如焦虑的、愤怒的、恐惧的。从哲学审视，如果离开了当代人格的审视这个特定的背景，就会变成脸谱画，失去了它的时代特征。我们的时代或曰当代，是经济全球化时代，是科技革命时代，是市场经济渗透到各个领域的时代。我们的生存空间越扩大，我们的心灵空间就越来越缩小，紧迫感越来越强烈，因而各种神经症越来越常见。弗洛伊德的泛性学解释不了这个问题，我看只有马克思关于异化的理论才能给予解释。各种人格符号是我们时代的人格异化符号。

人格符号是社会心理学的。因为各种符号代表的是社会心理的类型。人的心理是内在活动，但他的性格特征，可以长年累月逐步地被凝结在人的脸上。人的脸可以说是人的符号最集中的表现。表情就是人的内心的外在表现。满脸沧桑和满脸阳光是不同的人生和境遇。人格符号又是艺术的。而且是最困难的艺术表现。艺术以实体为对象时可以感知，山水虫鱼花草树木、男女老少的人物肖像都是有可感知的对象为依据的。对与不对，像与不像可以评价。可人格符号是以内心活动为对象，以人的面相为载体，以眼睛为窗口。而且它涉及的不是个体，某一个焦虑者，某一个深思者，而是一个类型。焦虑者、抑郁者的共性，这就要求作者具有高度哲学思考、概括能力和艺术表现能力，能在有限的画面以最具典型的线条，概括同类人物的基本特征，可又不失其为艺术。从人格符号画看，它体现的是社会心理分析与艺术的构思的结合。如果离开了处于转型期的当代中国，人格的审视就会变为脸谱，失去它的转型期的时代特征。各种人格符号是处于转型期的我们当代人的处境的一种心理状态的艺术表现。

山永远是山，水永远是水。可画中的山水应该具有时代特征。世界是发展的，中国是变化的，自然界也是变化的。人对自然的改造，虽然要充分考虑自然界自身的规律，但山水面貌的变化是必然的，它显示的是人类的进步和社会的发展。我们尊重自然，但反对片面的自然崇拜。如果自然不发生任何变化，社会就不可能发展。如果说中国古村落唤醒人们对自然的尊重、对中国历史和文化的记忆，那现代建筑的符号，如鸟巢这类符号，则是时代的发展和社会的进步在建筑风格的一种表现，是以符号表达的中西文化的交流，是全球化下跨文化交流的必然性和必要性。

纯粹从哲学上说，这三种符号连续起来看，把它看作是动态的过程，它以艺术符号，以形象思维的方式诉说在现代化进程中，既不要由于经济竞争的激烈而使人处于各种焦虑状态，不能因为现代化和工业化而破坏自然，割裂中国历史和文化的传统，但又不能拒绝西方文化的吸收。民族传统不能是停止不动的，因而具有现代气息和风格的建筑，不能认为是对传统的背弃。关键是正确和妥善处理传统与现代化的关系，处理中西文化的关系。在继承传统基础上推进现代化，在现代化进程中，在中西文化交流中发展传统。

造物无言却有情

造物无言却有情。世界是人类生存的世界。它是客观的，又在不断被人化。在人类对世界各种把握方式中，可以是科学的、哲学的，也可以是艺术的。

清人张维屏《新雷》中说："造物无言却有情，每于寒尽觉春生。千红万紫安排著，只待新雷第一声。"科学求真。从科学角度把握世界，世界就是物质世界，世界的规律是物质运动的规律。科学只求真，不求情。造物无情，一年四季是地球环绕太阳旋转所致。老子在《道德经》中早说过，"天地不仁，以万物为刍狗"。天地无情，任万物自生自灭。可张维屏的《新雷》把世界情感化拟人化了。

艺术求美。美中有情，求美必求情。世界无情，求情必移情，世界拟人化。一年四季春夏秋冬的运转是自然规律，并非造物主的安排。可诗人就把冬去春来、新雷报讯、百花即将绽放的喜悦之情转为造物主的无言有情。天地无言有情，把一切都安排得合乎人情人心。这是艺术不同科学处，在科学里，雷是阴电和阳电，百花春天绽放是植物生长规律，与人无关。而在艺术中，则赋予情感，可以表达喜怒哀乐："感时花溅泪，恨别鸟惊心。"

从哲学角度把握世界，既包括科学的求真，也包括艺术中的美，可以说是真善美的统一。求真理，就是坚持世界的客观性，从客体观察客体，求美和善就是如何把世界变得更美更善，更适合人类的生存。马克思主义科学世界观既包括科学规律，也包括价值和理想的诉求。

真正的哲学智慧不应该是冰冷冷的。哲学不仅通过批判性表现自身的感情，包括哲学方式的抒发愤懑，对现实的批判和对人民苦难的关怀，而且就其表达形式来说，可以是散文、诗、寓言。哲学与诗联姻，在中外哲学史与文学史上并不罕见。哲学可以采取诗的形式，而诗中也可蕴含哲理。中国古代哲学智慧的瑰宝《道德经》就是一部优美的韵律诗。屈原的《天问》就有许多哲学式的追问和深邃的哲学思想。寒山、拾得的诗几乎篇篇既是诗又是哲学，当然是谈禅。苏轼的《题西林壁》："横看成岭侧成峰，远近高低各不同。不识庐山真面目，只缘身在此山中。"这既可以说是关于认识论的诗，也可以说是诗的认识论。古代罗马哲学家卢克莱修的长诗《物性论》共六卷，就是有关古代原子论唯物主义思想的系统阐述。

我于诗是外行，但偶尔心血来潮有所感，也喜舞文弄墨写点旧体诗，融进诗中的多是个人的人生体悟。我曾应邀到湖南长沙参加学生答辩，结束后游张家界，就写过题为《游张家界·观山》的两首打油诗：

一

鬼斧神工入画难，　峰笼云纱有无间。
雄若武士高举剑，　秀似美女立迎郎。
最爱雨过晴空洗，　十里滴翠溪水忙。
为人莫作风飘絮，　心自岿然应学山。

二

仿佛天上泼墨来，　万种风情巧安排。
两峰相对龙虎斗，　层峦叠翠赛花台。
微雨轻烟云雾绕，　远山夜色胜锦裁。
负手方知闲心好，　观景更悟鸡虫哀。

这种诗，当然不入流。但它凝结了我的人生体验。"为人莫作风飘絮，心自岿然应学山。""负手方知闲心好，观景更悟鸡虫哀。"这是久居闹市，长年伏案，而且有过小小挫折的我突然投入大自然景色中的顿悟。

哲学与诗又是矛盾的。这是两种思维方式。诗，是形象思维。它满纸激情，语言不规范、模糊甚至朦胧。哲学，是抽象思维。它要求理性地思考，概念精确，语言规范，前提和结论之间经得起敲打和挤压。即使是非理性主义的哲学著作，它的思维方式仍然是理性的。这样以哲学方式写诗，在诗人看来是哲学，在哲学家看来是诗，都会摇头，两边都不讨好。

哲学的存在方式可以是多样的。重要的不在形式而在思想，在于哲学的存在方式。它既要具有真理性又要具有个体性。哲学如果没有真理性，哲理中没有“理”，当然不能算哲学，但如果哲学与哲学家个人的体悟完全脱离，没有生命的搏动，没有生活的体验，没有个性，只有纯逻辑的推论，这种哲学肯定是枯燥乏味的。说句良心话，读这种文章，我宁愿喝茶。

祸福相依

辩证思维是科学思维。我们需要辩证思维，它是唯一能帮助人们正确思维的方法。辩证思维中最核心的是要全面性，全面性的本质是两点。

世界上好事坏事、可能不可能不是绝对固定不变的。例如蟑螂是最令人厌恶的小东西，厨房出现蟑螂必须除之而后快，可最近科学研究发现蟑螂或可成为新型抗生素来源。据说蟑螂脑中至少有九种分子可杀死金黄色葡萄球菌，可以制成新药。这就是由坏东西变成好东西。我们已有的抗生素公认是好药，青霉素挽救人类生命的功劳几乎是医药界的革命。可是大量抗生素应用，产生一种超级细菌，无药可治，比一切传染病都可怕，因此抗生素现在控制使用。这说明救命药可能变成索命药。

我们都知道科学技术在人类社会发展进步中的作用。近代文明的发展，就是建立在科学技术革新的新发明和发现的基础上。马克思把科学称之为社会的革命力量。邓小平称之为“第一生产力”，都是表明科学技术的重要性。我们当代生活，从汽车、空调、电视机、互联网无一不是科学技术发展的结果。可是科学技术在给人类带来社会进步和生活水平的提高外，也带来另一方面，这就是生态环境的破坏和人类自身生存的危机。最明显的例子是氟里昂，氟里昂是新制冷剂，是电冰箱空调制冷不可缺少的制冷剂。可它又是大气层臭氧的破坏者，由于臭氧层的破坏，导致紫外线辐射增强，人类患白内障、皮肤癌的发病率大量增加，这就是好处与危害并存。科技发展和应用的正负效应问题越来越为人类所注意。因而科学运用问题变为政治问题，变为科学伦理问题，甚至变为与当代世界人类生存息息相关的生态环境问题。

世界上这种好坏转化的事普遍可见。老子感叹人们对这种祸福、正奇、善夭看不明白，并且长期不理解。“祸兮，福之所倚；福兮，祸之所伏。孰知其极？其无正。正复为奇，善复为夭。人之迷，其日固久。”毛泽东的《矛盾论》也专门就对立面转化问题做过论述。怎么办？难道因为有副作用我们就不要发展科学技术吗？难道因为服药有副作用，我们就不要治病服药吗？当然不行。关键在于我们的思维方法应该是辩证的，要衡量利弊、得失、轻重，并且弄清楚转化的条件。中国古人说过，两利相权取其重，两害相权取其轻。事物两面性是普遍的，头脑也应该是辩证的。

台风，在人们眼中是最可怕最有害的天灾，台风危害确实大，但人们对台风的看法是片面的，实际上台风对人类也有有利的一面。据专家分析：在人类对淡水需求日益剧增的今天，台风这一热带风暴可以带来丰沛的淡水，对台风地区的淡水供应和生态环境都有重要意义。台风能够驱散靠近赤道的热带、亚热带地区的热量，地表沙荒得以缓解，四季才分明。据说台风最高时速可达 200 公里以上，其能量相当于 400 颗 2000 吨氢弹爆炸所释放的能量，这样，台风运动所产生的巨大能量流动使地球保持热平衡，人类以此安居乐业，生生不息。台风与闪电作用后产生具有活性的短链水分子，而这些水分子增添地球上生物的活力，从而保持地球生态的持久性。台风还能够增加捕鱼产量。台风使江海底部营养物质卷上来，鱼饵增多，鱼群在附近水面大量聚集，渔夫捕获量自然增多。

危机这两个字充满辩证法，有危有机。危中有机，机中有危。一个民族或个人遇到危机当然是陷入困境，但危机有两面性，既是危又是机。为什么？危把问题暴露在人面前，使人认识困难所在，从而寻找解决问题的方法。如果没有危机，就只能是隐患，而隐患比危机可怕，因为危机是被认识到的隐患，而隐患是没有发现的潜伏的危机。一旦隐患发作就能置人于死地，如心脏病人猝死就是隐患未发现变为无可挽回。马拉松运动员的突然倒地、排球著名运动员的猝死球场都是如此。

中国人说多难兴邦，也是看到危机的正面意义。机中可以有危，因为机是转眼就没有的。如果错过时机，就是失败，所谓机不可失，时不再来。总而言之，危中有机，机中有危。如果危中无机，不叫危机只能叫危险，危险不同于危机。险是有险无机，因此危险的事不要冒险。如果机中无危，也不叫危机，只能叫机遇、机会。机遇，或者俗话说的运气。机会、机遇都是来自外部条件，稍纵即逝，时不可遇，机不再来。所以哲学教导人们抓住机遇，善于危中求机，但不要指望运气。这才是唯物主义辩证法。

复杂性·简单性·辩证性

从自然科学理论发展看，在传统经典科学范式的局限性日益暴露的过程中，复杂性理论是逐步兴起的。经典科学范式的典型特征是强调世界的线性确定性和因果决定论，认为世界在本质上是简单的，复杂只是世界的表面现象。20 世纪之前自然科学在这种简化、还原范式的支配下，取得了巨大的成就，但结果是以在此范式支配下所发现的新成果否定了自身。

20 世纪初，作为现代科学前沿的物理学获得了突破性进展，量子力学、相对论打破了自牛顿以来经典力学的“科学”神话，粉碎了科学的“绝对真理”，人们开始认识到世界的相对性。20 世纪 60 年代以来，科学发生了更为深刻的转型，出现了从简单性科学向复杂科学的转变，各种关于非线性复杂系统的研究取得了实质性进展，人们认识到，在自然、社会、思维中更为普遍存在的是非线性。经典科学范式本质上是关于简单性的科学，主张将自然还原为简单的数学关系，探求数量间线性的决定性因果关系。

复杂性科学则是将复杂的自然界本身看作是复杂的现象，依靠整体的、非还原的、非决定的、不可逆的观念来研究复杂的现象本身，反对经典科学化繁为简的线性思维方式，提出复杂的、非线性的思维。这一切都要求人们把复杂性当作现实世界的固有属性来认识。世界观是复杂的，无论是自然界、人自身、人类社会都可以视为复杂的系统。整个世界就是巨大的开放性的复杂系统。但任何人都不能以复杂性科学为根据反对唯物主义辩证法。当人们试图从复杂性原理中引申出反对唯物主义辩证法的哲学思潮时，原本科学的复杂性原理就会失去它的科学性。

马克思主义辩证法强调辩证法、认识论、逻辑三者的一致。客观辩证法是基础，人的辩证思维是对客观辩证法的反映。如果把主观辩证法与客观辩证法割裂开来，辩证思维不能成立。马克思主义辩证法不是建立在经典力学基础上，它是总结 19 世纪理论自然科学的发现，它超越形而上学机械决定论的水平。唯物主义辩证法与近代科学发展方向完全吻合。它需要当代科学的论证但不会被推翻，因为近代科学同样是受辩证法规律支配的。世界是普遍联系的整体。没有任何绝对孤立的东西。任何存在都不是唯一的，都处于联系之中。

英国《观察家报》网站曾载文报道，人类进入 21 世纪以后，全球蜜蜂呈灾难性锐减，引发全球生物灾难。美国从 2006 年开始至今有三百万蜂群，而全球有数亿蜂群死亡。人类食物三分之一，要靠蜜蜂授粉，包括水果和蔬菜。蜜蜂死亡对人类来说是灾难性的。世界是复杂的、事物是复杂的。世界越复杂，越需要唯物主义辩证法。没有人敢断言，系统论能取代矛盾论，突变中没有量的积累，信息论能消灭物质论，宇宙大爆炸能否定物质世界无限性的论断。

有人说，不仅复杂世界是对辩证法的否定，即使在宏观世界辩证法规律也不存在。以水济水，仍然是水，有什么样质变？持这种看法的人应该知道一点点生活常识，一滴水是一滴水，可大量“一滴水”可以成为河，再多是海，再多就是洋。任何一个有头脑的人，更不用说地理学家都知道，沟、河、海、洋当然都是水，可是由于水的不同量而形成的沟、河、海、洋在地理学上是有质的区别的。积土可以为山，很显然“一捧土”就是土，而无数的“一捧土”可以成为山，甚至成为泰山，难道泰山与“一捧土”没有质的区别吗？集腋成裘，难道一件皮大衣与“一根狐毛”没有区别吗？

年龄一天天增加，这个人还是这个人。这是无知之言。随着日子增加，人由婴儿变成少年、成为中年、成为老年，这是人生的不同阶段。然后是由生到死。人生各个时期阶段的变化如果说是部分质变的话，由生到死则是根本性变化。如果没有日复一日、年复一年，个体在成长中部分质变，最后的根本质变，由生到死由何而来？一块砖一块砖加起来仍然是砖，这在建筑学上也是无知之言。一块砖就是一块砖，可多个“一块砖”结合在一起就会变为建筑物，变成大楼。难道大楼与一块一块砖没有质的区别吗？一个人加一个人仍然是人，但人的不同数量结合可以成为社区、城市、国家。难道，一个人与社区、与城市、与国家没有质的区分吗？一百元人民币是纸币，再加一张仍然是人民币纸币，不断加下去仍然是人民币纸币，摞得再高它仍然是人民币纸币。这在经济学上也是无知之言。少量人民币是钱，可是达到一定量的人民币可以成为资本。拥有几张人民币是穷人，可拥有大量人民币是富人。难道资本与口袋中的钱、穷人与富人没有性质区别吗？其实事物是量与质的统一，量变会引起质变是普遍规律。在复杂或简单世界，都是具有普遍性的规律，只是表现和特点不同。

矛盾同样如此，以复杂性否认矛盾，以系统论否认矛盾已是老调。复杂系统是多重矛盾构成的，而不是无矛盾的事物。宇宙是最复杂的整体，不能说宇宙是排除矛盾的复杂整体。宇宙各个领域都存在不同的矛盾，从天体运行，到生物、动物、人类社会不同领域都包含各自的矛盾，不同的矛盾特殊性构成事物运动形态的质的区别。

矛盾的普遍性从来都是矛盾的特殊性结合在一起的。认为复杂性是非矛盾性，完全无视事物的本质。社会同样是复杂的有机体，谁敢说社会是非矛盾的存在。社会作为整体有它的矛盾，这就是社会基本矛盾，而社会不同领域有其各自的矛盾，如经济、政治、文化、思想领域都有各自特殊的矛盾。无矛盾社会是胡说。即使是我们构建和谐社会也不是企求构建一个无矛盾社会，而是构建各种矛盾得到正确处理的和谐社会。

局部与整体关系是复杂的。马克思主义辩证法从来没有把整体视为局部的简单相加。总体大于局部，否则马克思主义不会有有机体概念。总体不是局部总和，但总体与局部不可分。只有从总体角度观察才能深刻理解局部。中国古人早就懂得这个道理：不谋全局者不足以谋一域，不谋长远者不足以谋一时。离开人的有机体，就不能理解手的功能。脱离身体的手只是名义的手。但局部对总体也不只是单纯的构件。有关键性局部，有不重要的局部。没有手的人不仅可以存活，而且可以大有作为，独臂将军、独臂作家、独臂名人并不罕见。但没有大脑、没有心脏人就不可能活。

胜败乃兵家常事，但屡败屡战与屡战屡败不同。屡败屡战有望胜利，而屡战屡败最终是灭亡。维特根斯坦说，眼睛只有在脸上才微笑。这是对的。如果眼睛长在额头上面，它就不可能显示人的笑容，而是一种丑陋。美不也是如此吗？明亮的大眼睛长在眉毛下面是美的，如果长在眉毛上面就成为怪物。同样的大眼睛，只要挪个地方就不同。部分，只能是整体的部分，部分只有在整体中才有它的适当地位。同样，整体如果没有各个部分的有机结合，整体肯定是不完善的。这就是部分与整体的辩证关系。

原因和结果的关系也是复杂的。马克思主义者不会简单从结果推论结果。原因可以是多种的，但结果的表现可以有相同之处，一个好的医生决不会因为发热就认为是感冒，因为发热的原因可以有无数种，感冒只是可能性之一。真正研究因果关系，应该研究它的复杂多样并且考虑因果作用的条件性。马克思说过，相同的原因，在不同条件下可以有极不相同的结果。

再如必然性和偶然性的关系，唯物主义辩证法从来不会说，偶然性不重要、偶然是科学的敌人之类的话。火山的偶然爆发可以毁灭一个国家，或一座城市，地震、流行瘟疫，都是如此。但这不能成为科学研究中只要重视偶然性就行的理由。科学应该重视偶然，但还是要从偶然性中探索必然性。一次偶然的地震可以毁灭一座城市，但对地震的规律的探索仍然有意义。地震决不是上帝的意旨，而是板块移动的规律现象。我们现在不能预报只说明我们对地震运动规律还没有认识，决不是它没有必然性。

社会生活包括个人的命运，受偶然性影响很大。一次偶然的机会可以使人改变命运，但偶然决不会脱离必然而独立起作用。1977 年高考改变许多人的命运。如果不恢复高考，个人命运就不可能改变。由于高考而改变命运的幸运者看似偶然，但其中存在着社会必然性。正如现在那么多富翁，亿万富翁、百亿富翁，每个人都有自己的特殊机遇，即偶然发家的机遇，但如果没有总的改革开放形势，在中国不可能出现个人成为富翁、更不用说成为亿万富翁的偶然性。偶然性与必然性相联系的观点、偶然性具有重要作用的观点、从偶然中寻找必然的观点，都不可能被推翻。无论是复杂事物还是简单事物均如此。

社会也是一个复杂整体，它的变化可以从许许多多简单变化中观察到。一个似乎微小的变化，可以“一叶知秋”。六十多年社会变化的特点是越来越世俗化。我仅以称呼为例。新中国成立以前，夫妻之间的称呼没有直称老公老婆的。老公老婆，至多是第三者对对方家庭夫妻的称呼，你老公在家吗，或你老婆在家吗？不是夫妻彼此的“爱称”，只是普通低层百姓之间的用语，不登大雅之堂。知识分子中没有这种称呼，至于富贵之家更没有。新中国成立以后，称呼发生根本性变化。夫妻称为爱人，人与人之间包括上下级称同志。爱人表示婚姻基础发生变化，是以爱为基础的婚姻；同志表示人与人之间关系的变化，是以同一目标为对象的关系。这是新社会人与人关系变化在称呼上的表现。也表示新中国成立前三十年，是一个政治主导型社会。改革开放以后，政治色彩越来越淡薄，金钱意识越来越浓，称呼也在变。没有人称同志，同志另有别意甚至是隐喻，夫妻直称老公老婆，表示夫妻关系越来越世俗化，不再突出爱情是婚姻基础。小姐时髦过一段，现在成为贬词。大大小小的头儿，无论是国家机关还是私营，无论是学校还是工厂，凡是直接与自己相关的领导一律称为老板，表示新的人身依附关系。社会越来越世俗化，注重的是金钱、地位、利益。它的好处是调动人的追求利益的积极性，从而努力打拼，不好的是世俗化伴随庸俗化、功利化，从而是人情的淡化。从一滴水可以看世界，从一个称呼可以看社会变化。也许不必对称呼大惊小怪，不过哲学家如果不懂称谓变化的社会学意义，就缺乏观察的敏锐性。

我以为，对于建设具有高度物质文明和精神文明的社会主义社会来说，这种称谓变化象征的社会趋向并不好。我们应该反对社会生活政治化，但也不能太世俗化。虽然市民社会和公民社会领域有区分。市民社会是日常生活领域，公民社会则是政治领域。两者可以不同。但对社会主义社会来说，一个人的市民身份和公民身份具有同一性。无论在任何领域，都不能没有政治理想、没有信仰、没有原则。即使在市民社会领域中，也不能只有利益、只讲利益。这样就会成为实用主义处于统治地位的社会。如果社会主义社会，所有人尤其是青年人都变为实用主义者，这个社会很危险。即使再富裕，也不是最宜于生存的社会。社会就是人与人关系的结构。如果人与人之间除了赤裸裸的利益关系没有别的关系，就是很可怕的社会。

辩证法是宇宙普遍规律，它既支配简单事物，也支配复杂事物。科学在不断发展，辩证法的内涵在不断丰富。但如果把辩证法规律从自然界、从人类社会、从思维中驱逐出去，从所谓复杂性原理中排除出去，从所谓简单事物中排除出去，辩证法只留下徒有其名的辩证思维，这只能是没有实质内容的空壳。

循名求实

唯物主义的辩证思维不是形式思维，不是纯概念思维。它循名求实，不是停留在概念抽象共性的表层，而是深入概念的内涵。通俗点说，这叫既知其一又知其二。知其一，即知道概念的共名即词语，知其二，即知道共名下的内涵和殊相。只知有一不知有二，永远是停留在表层。

我们可以以民主为例。民主无论作为一种思想或作为一种制度，都有几千年的历史。古希腊就有奴隶主民主制和实现民主的方式。资本主义社会，民主和民主制度更是政权组织和运行方式。民主比起封建专制的确有其进步性，人类也为民主的实施积累了许多可供借鉴的经验。但仅就概念而言，民主是共名，任何现代国家不能拒斥民主，但其内容并不相同。如果只知民主概念的普遍适用性，而不知其内容的差别性，这叫只知其一，不知其二。

在当代，没有一个国家或当权者会说，我不需要民主，但民主内容可以不同。邓小平说过，中国人民今天需要的民主，只能是社会主义民主或称人民民主，而不是资产阶级的个人主义的民主。有人说社会主义民主不算民主，而只有西方民主才算民主，为什么？难道民主只有一种唯一的模式吗？有什么理由说，西方的民主就是普遍适用的民主呢？而中国社会主义民主就不算民主呢？在我们看来，西方民主是少数人的民主，是残缺不全的民主，而不是人民真正当家做主的民主。可见，民主与什么是民主总是捆绑在一起的。民主不可能是抽象的。以抽象方式存在的只能是民主这个共名，只是概念，而一进入各个时代和国家的民主制度的实际内容，民主概念内涵的差异就立刻显现出来了。

没有只有空名而没有内容的民主，民主必须具备一定的内涵，否则它就不存在。因此全部问题在于确定民主的真正意义。没有抽象的普遍的民主。列宁说过，马克思主义者决不会忘记提出这样的问题：这是哪个阶级的民主？谁的民主？我们应该把民主的形式和实质区分开来。如果知道民主形式是什么是知其一的话，知道民主实质则是知其二。无论是投票、普选、辩论、演说，都只是民主实现的一种方式，任何民主都可以采用，但并不能说明凡是这样做的就真正在实行民主。代表谁的利益才是民主的本质。马克思曾经把资本主义普选制的民主，称之为几年一次通过选票把统治者中的一些人抬入政府从而使统治获得合法性的外衣。

对于当代资本主义社会来说，民主确实是最好的统治形式，因为它具有柔性而非刚性。刚性外壳会爆破，而柔性是具有弹性的统治。政党轮替永远给失望者以希望。其实，资本主义制度下执政党与在野党地位可变，可阶级的统治地位不会变，因此，这种政党轮换本质上是“换马”，而不是骑手。

一切民族都将走向社会主义，这是不可避免的，但是一切民族的走法不会完全一样，在民主的这种或那种形式上，在无产阶级专政的这种或那种形式上，在社会生活各方面的社会主义改造的速度上，每个民族都会有自己的特点。一个国家采取何种政治制度必须考虑民族传统、社会特点和人民教育状况。

西方的民主制并不是万能的。非洲、亚洲和拉丁美洲一些实行所谓民主制的国家陷入的政治动荡，就是证明。我们当然需要民主，如果没有民主，就不能发挥人民当家做主的积极性，不能广泛吸收群众意见，但我们同样需要集中，没有集中的民主是无政府状态，是社会分裂的催化剂。我们正在推进的政治体制改革，就是完善社会主义民主体制的改革。

民主和民主制是有区别的。正如人权的价值诉求与人权现实状况不能等同一样。抽象地说，民主和人权是各国都需要的，但民主制即实行民主的模式并不都是一样的。西方民主有西方民主的模式。即使同是西方资本主义国家，也不是完全一样。美国总统并非普选制而是选举人制，英国、法国是普选制。美国是三权分立，而英国是议会制，议会具有立法和行政权。至于人权状况都是名义多于实际。

西方的人权和民主，在我们看来缺点甚多。它过于强调个人权利，往往导致个人利益第一，不利于集体利益。它的所谓分权往往是代表不同利益集团，往往因为不同利益集团而争论不休、争夺不休而妨碍国家政策的决策和贯彻。特别是在经济与文化落后的国家，按照西方民主模式实行的所谓自由、民主、人权往往导致国家秩序混乱和政府瘫痪。我们需要民主，但要适合自己状况的民主模式而不能照抄西方模式。歌德谈话录中记载过他一段话，借用于此处很为合适。他说，“对于一个国家来说，只有植根于本土，出自本国一般需要，而不是猴子式摹仿外国的东西，才是好的”。

辩证思维是具体思维，循名求实，以实责名，而不是只知其一不知其二的纯概念式思维。如果只停留在民主、自由、平等、人权概念上而不考察其实质，是只知其一不知其二，往往落入西方玩弄的那种以自己的特殊价值冒充普世价值的陷阱。

事同·理同·心同

哲学具有民族性，哲学家具有各自的民族烙印。这是毋庸讳言的，世界上没有唯一的哲学家榜样。说只有西方哲学才是哲学，其他民族都没有哲学，原是西方中心论的观点。黑格尔这样说，德里达这样说。这容易理解，他们都是西方人，可东方人也有受西方哲学的影响而持此说。例如，日本作家今道友信在《东西方哲学美学比较》中就说，“哲学这个名词，由来于希腊，指的是在地域上围绕地中海移动的体系性思想，在此之外的地方是不存在的，不能从这种思想的展开之外的形态来思考。因此所谓‘孔子哲学’，正如‘厨房的哲学’之类毫无意义，是不值一提的”。

冯友兰先生则以思与辩，而不是以东西方思维方式不同作为区分哲学标准。冯先生说，哲学乃纯思之观点，对于经验做理智地分析，总结及解释，乃又以名言说出之者。哲学之有靠人之思与辩。说哲学是思与辩，这是不错的。没有思，则不能从具体经验中发现一般；没有辩，则不能以抽象概念论述之。任何一个哲学家的哲学著作，其中都存在思与辩，只是表述方式可以各有特色。

谁能说《道德经》不是哲学著作，不是传世之作、不朽之作？可是《道德经》八十一章，乃至每章的各段之间并非按西方逻辑推论形式构建的。谁能说《道德经》各章和各个命题间的哲学思想没有内在联系、没有内在体系呢？其中以“道”为本体，以辩证思维为核心，贯穿于自然、社会和人生之中的是具有中国语言和表达特色的活生生的辩证法。其中的辩证法思想，可以在西方或其他辩证法类型中，在不同的语言和表达方式中发现类似的思想。

我发现外国与中国有些思想是相同的，都极具哲理。比如："诸多事物，均有两道。正反两面，互相对照。长短松紧，快慢多少。薄厚轻重，冷热低高。软硬黑白，清浊混淆。各有所长，处置周到。"这是缅甸的一本名为《密达沙》的书中的话，如果把《道德经》或中国哲学中相关的思想放在一起，很难说无相通之处，至于一些劝人为善的道德箴言，也往往如此，如"推人与扶人，皆是一双手；赞人与陷人，皆是一张口；宁用扶人手，莫开陷人口，手温嘴不恶，人才够朋友"。这与中国人的人生哲学和道德箴言，如《菜根谭》之类不是非常相似吗？

的确，世界上有些辩证道理，有些为人处世经验，有些处世哲学，都会有相通之处、相同之处。这不是因为人性的抽象普遍性，而是因为具有相同的生活经验。我们都是人，都同样是社会存在物，可能会在人与自然相处中、人与人相处中，乃至自我内心面对同样类似的问题，积累相同的经验，因而有相同的体悟和智慧。虽然语言和表达方式会各不相同，但道理可以相通。中国哲学家说，人同此心，心同此理。这句话是以心为根，我以为应该倒过来说，事同则理同，理同则心同。因此各民族的哲学思维之间，有许多哲学道理、道德箴言，有相通、相似、相同之处。这就是哲学可以交流、文化可以交流、人的思想可以交流的原因。

能使高深趋于平凡，是最好的哲学。其实无论中外，真正有智慧的哲学思想虽然深邃睿智，但道理易懂，不是超凡入圣凌驾于俗众之上、让人无法看懂的无字天书。蒙田说过一句话：在我们的知识中，我认为升华到最高层次的知识似乎也就是最通俗和更浅显的。蒙田的话和我们的孔子说的"极高明而道中庸"有相通之处。做学问不是踩高跷，踩高跷还是要靠自己的脚，高跷不算脚。只有丢掉高跷，脚踏实地才不会累。

一些生活的真理都具有共同性。例如什么叫有道德？蒙田说我要求自己，敢于做的事情就要敢于说出来，不能够公之于众的事就不要想。行为是道德的试金石。如果道德培养的是两面人、伪君子，这种道德就是伪道德，这种人就是伪君子。中国哲学中的知行合一，主要就是针对道德的知与行说的。道德在于行，古今中外都一样，这也是事同则理同。

还有不要为情绪困扰，情绪变化很快，任何人只要略加注意，就会发现自己决不会两次都处在同一个心境里。应该学会化解自己的情绪，顺其自然。只要不强化它，时间会化解一切。

人要有智慧，对于坏的情绪不仅是要散心，而且要化解。能够驱散我们烦恼的是智慧和理性，而不是远离人世的海角天涯。野心、贪财、恐惧、焦虑并不会因为我们换了地方而远离我们。蒙田形象地比喻为，就像骑在马上的骑士一样，马与骑士形影不离，烦恼会跟着我们进入修道院和哲学讲堂，即使我们在沙漠、岩洞、玩牌、书斋都不能使我们摆脱它们。除去烦恼的方法，应该是解决引起烦恼的问题，而不是消极逃避。烦恼与自我是零距离，它就附于自己的内心深处。人可以躲债、躲人、躲地震，总之一切外在的东西都可逃可躲，唯独不能躲开自己。烦恼，不会因为挪个地方而消失的，而必须是真正理性地化解。放下而不是背在身上到处躲藏。这就需要哲学化解。这个道理，中外哲学甚至宗教哲学讲的都差不多。

一个有智慧的人是不会害怕不同意见的。相反的意见，对自己来说是增加一种看法，而相同的意见无非是附和，相同而已，并没有增加什么。喜同恶异、固执己见的人往往是片面的，他没有从别人的反对意见中增加新的东西。哲学家一直告诉我们要正确对待相反意见。西塞罗说，没有矛盾也就没有争论。当有人与我对立时，他就会引起我的注意而不是我的愤怒。因为反对意见既不会冒犯自己，也不会对我造成什么损害，只会使自己得到更多的启发受到更多的锻炼。歌德也发表过相似的意见，他说我们赞同的东西使我们处之泰然，我们反对的东西才使我们的思想获得丰产。中国古人说，人应该有诤友，而不要事事赞同的朋友。中国哲学中“和而不同”讲的就是这个道理。

我反复说没有抽象的人性，但不是说人作为人没有任何共同的东西。例如人都有理性、有欲望、有激情。没有欲望，人就没有需要，就是活着的死人。没有激情，就不会有追求的动力。可欲望和激情可以是非理性的、受本能支配的，因此它可能把人引入歧途。人必须有理性。人的理性不是消解和阻止欲望和激情，不是存天理灭人欲，而是欲望和激情正确的导向。没有欲望和激情，人的理性是可怕的、冷冰冰的。欲望和激情没理性是野火，会烧毁自己。人都有七情六欲，理性、欲望、激情的合理结合才是一个完美的人。这样的人生才是有意义的人生。人始终做到结合很困难，年轻时欲望、激情容易压倒理性，成为狂热分子，而年老容易没有欲望、激情，心如枯井，这是可以理解的，因为欲望和激情往往具有生理特性，但即使老人也应该具有理想的追求和对真理的激情，否则就成一个人的符号，而不是真正活着的人。学习哲学，就是要学习如何保持理性、欲望和激情三者的合理统一和平衡。这样的人生，无论年轻还是年老都是有味的。

人的相互依存性是普遍的，古今中外，概莫能外，凡是人都处于人群之中。动物能够不依赖另一个动物而生存。一条狗并不依赖另一条狗而生存。可人不同。没有一个人能够独自生存，人生活在人之中。没有一个人具备独立生存的本领。人的需要是通过另一个人而得到满足的。这就是社会分工，没有分工，人就不可能生存。从原始社会最简单分工到今天世界范围的国际分工，都表明一个事实，人是社会存在物，是只能生活在社会中，彼此依存的社会存在物。人的存在既然是相互依存，既然不能分离，为什么在中外社会中都存在人的高下贵贱、统治与被统治呢？这就必然进入阶级和等级区分问题。全世界都一样。资本主义社会的最大进步是取消特级特权，但贫富区分依然存在。人生而平等只能是学说，而不是事实。

事同则理同。只要有阶级，无论古今中外，国家和法律都有阶级性。只有傻瓜才会相信阶级社会中的国家代表全民，法律代表公平与正义。其实，统治阶级的国家总是要防止老百姓起来造反，不管这个制度是否合理，只要法律总要维持现存的社会制度，公平与正义就是建立在抽象的公平和正义概念上。真正的公平和正义应该体现在维护谁的利益，维护多数人还是少数人的利益？建立在司法是否公正上，是否做到真正在法律面前人人平等？社会主义国家同样不是全民国家，而以无产阶级为领导、以工农和知识分子联盟为基础的国家。我们的法律是社会主义法律，是维护广大人民利益的法律。

在任何社会中，国家、法律从来都是以公平、正义、全民的代表的面貌出现的，公然宣称只代表一部分人的利益的国家与法律是没有的。因此，我们应该通过它维护谁的利益，多数人还是少数人的利益，以此判断它的实质。列宁说过一段非常著名的话："要是一下子看不出是哪些政治集团或者社会集团、势力和人物在维护某些提议，措施等等，那总是要提出‘对谁有利?’这个问题的。”还说，“别相信空话，最好是看看对谁有利!”

世界是复杂的，世界上各个国家都有其特殊性。但只要事同，理同，则人心有相同之处。也有相反的说法。例如钱穆先生说，“千百年之上有圣人出，此心同，此理同。千百年之下有圣人出，此心同，此理同。故可以百世以俟圣人出而不惑”。其实，只要加以分析就知道，事同，即有相同之事，才有相同之理，有相同之理，才会形成相同的观念，即所谓心同。似乎不应倒过来说。

实事求是何其难也

在中国，“实事求是”这四个字，虽非人人皆知，至少稍有知识的人，都会说。从来没有人自愿承认自己所作所为不实事求是。可在实际工作中，真正实事求是难以哉。长期以来，我们仅仅把实事求是当成一个哲学命题，当成认识论问题，以为强调调查研究、多下去走走就可以实事求是，其实并非完全如此。在有些情况下，敢不敢实事求是，是个政治品质问题，愿不愿实事求是，是个道德品质问题，如何实事求是才是认识论问题。

在原则问题上，能坚持实事求是，不唯命是从，在上级表示宽容和民主的情况下比较容易，而在与上面的意见相反的情况下则很难坚持。在党的民主集中制遭到破坏时更加困难。中国共产党人没有死谏一说，我们是马克思主义者，但因为坚持实事求是而酿成悲剧的事是有的。在“大跃进”年代，彭德怀因为坚持实事求是，付出了极大代价。这位战功卓著、为人民立过不朽功勋的“彭大将军”终因为民“鼓与呼”遭受贬谪，最后含冤而终。彭德怀的冤死，表明他是一个极有无产阶级党性、极有共产主义道德的人。知道“大跃进”浮夸饿死人的不少，可据实力争敢顶敢说的人并不多。相信亩产万斤的人不多，特别是老于农事的干部心里有数的人，肯定不少，但跟着往上加产量的人特多。看起来最实事求是的是《皇帝的新衣》中的小孩，他敢于说皇帝是光屁股的。原因是他没有恐惧，没有私心，只有事实，或者说心中只有真理，大臣们则不然。安徒生这篇童话的永久价值正在于它揭示了一个真理：无私才能无畏。

毛泽东把能不能实事求是说成是党性问题，是有没有党性或党性纯不纯的问题，非常正确。没有党性或党性不纯是决不能也不敢实事求是的。“舍得一身剐，敢把皇帝拉下马”，“五不怕”之类，讲的都是政治胆量问题，即舍身求法、为民请命，把一切都置之度外。没有人民的利益高于一切、党的利益高于一切的信念，在事关个人前途和命运的问题上是很难做到实事求是的。

当然，敢不敢坚持实事求是还有另一面，即党内政治生活正常化。没有党内的民主，没有集体领导原则，权力过分集中甚至一个人说了算，是很难使实事求是的路线真正得到贯彻的。“楚王好细腰，宫人多饿死。”这种现象在封建社会是必然的。在社会主义社会，如果党内民主集中制受到破坏也容易发生。

毛泽东虽然倡导既有集中又有民主，既有纪律又有自由，既有统一意志又有个人心情舒畅、生动活泼的政治局面，可实际上从 1956 年开始特别是在“文化大革命”中，我们党内生活就极不正常。“一言堂”和个人崇拜，使坚持实事求是路线的干部为此付出了巨大代价。这说明，要真正使实事求是的路线得到贯彻，既要教育各级干部敢于说真话，又要上级领导容许、提倡、鼓励说真话，能听得进不同意见。否则，实事求是只能是一句口号。邓小平总结了“文化大革命”的教训，强调在党内生活和国家政治生活中，要真正实行民主集中制和集体领导。“一言堂”、个人说了算、集体做了决定少数人不执行等毛病都要坚决纠正。应该说，改革开放以来，是党内生活和国家政治生活民主空气最好的时期。这是我们改革取得重大成就的原因。但不能说，现在就一切完美无缺万事大吉。在一些干部中，说空话说假话，不实事求是的情况并不罕见。这方面，积极稳妥地推进政治体制改革，建立和完善党内民主制度，还有很多事要做。

在日常生活中，在与人交往中，从来没说过一句假话的人是没有的，我们也不能这样要求，在这里不能乱扣不实事求是的帽子。这里包含一个做人的道德问题。对这种人只讲认识论是不够的，必须进行社会主义道德教育。但我们提倡在重大政治问题上、在处世、处事、处人的重大原则问题上，应该力求实事求是，一是一，二是二，不饰非，不溢美，不隐人之善，不掩己之过。这种人，是有党性的人、道德高尚的人。即使由于认识限制一时难以达到，一旦觉悟是能勇于承认错误并改正的。

不能说一个人只要党性强、道德水平高就可以自然而然地实事求是，还有一个思维方式的问题。从认识论角度看，也有个如何才能做到实事求是的问题。毛泽东当年提出实事求是问题时，既从党性角度讲到反对主观主义问题，批评主观主义是没有党性或党性不纯的问题，也从哲学角度讲到如何实事求是的问题。教导我们要从国内外、省内外、县内外、区内外的实际情况出发，从其中引出固有的而不是臆造的规律性，即找出周围事变的内部联系，作为我们行动的向导。而要这样做，就还须不凭主观想象，不凭一时的热情，不凭死的书本，而凭客观存在的事实，详细地占有材料，在马克思列宁主义一般原理指导下，从这些材料中引出正确的结论。这里包括极为丰富的需要认真研究的认识论和方法论问题。如何才能做到从实际出发、如何才能占有材料、如何运用马克思主义基本原理分析材料、如何把正确的认识化为行动的向导、如何检验我们从中引出的结论的正确性问题，这些都是需要我们认真研究和实践的问题。历史事实证明，一个人不管党性多强、道德水平多高，如果在思维方法上不坚持从实际出发、掌握充分可靠的材料，不善于运用马克思主义基本原理进行分析，同样难以做到实事求是。

我一直认为，马克思主义哲学既有科学性问题又有价值性问题。在马克思主义哲学中任何一条原理，都包括这两方面的问题。就拿实事求是这个原则来说，能讲的人不少，真正实践并不容易。因此，学习马克思主义哲学，应该与改造世界观和人生观相结合才有成效。对别人讲马列是容易的，对自己讲马列是困难的，哪怕是坚持50%都不容易。做一个彻底的唯物主义者，要无私无畏，不改造世界观、人生观是不行的。不相信，我们可以扪心自问，面对重大的原则性的尖锐问题，如果从私利出发，我们敢于实事求是、能够实事求是吗？

实事求是是马克思主义的灵魂，也是毛泽东思想、邓小平理论的精髓。我们就实事求是问题发表了不少文章，但很少读到谈实事求是和群众路线关系的文章。其实这是一篇大文章。要实事求是当然要坚持从实际出发、坚持调查研究、正确处理主客观关系等。这是属于认识论方面的问题。可要做到实事求是同样离不开历史唯物主义，离开了群众和群众路线，是很难做到实事求是的。只有从亿万人民的实际处境着眼，才会有实事求是的政策。

在社会生活中，尊重实际、尊重实践、尊重群众是一致的。所谓从实际出发，最根本的就是从群众的实践活动出发。无论是在战争时期、社会主义建设或当前的改革开放时期，最正确的政策的产生和制定，都必须从群众的实际状况和需要出发。不管主观愿望如何好，任何脱离群众实际水平和状况的政策，都会犯“左”的或右的错误。1958 年的“大跃进”、人民公社化和总路线的教训证明了这一点。我们党历来强调从群众中来，到群众中去，集中起来，坚持下去。就是因为它把马克思主义的历史观与认识论结合在一起，使得实事求是这一原则的贯彻有群众路线做保证。我们还应该明白，我们不是为了实事求是而实事求是，而是因为只有以实事求是为基础的路线和政策，才能切实保证群众的利益。

共产党人一切行动的最高准则是最广大群众的最大利益。最实事求是的政策是符合群众利益的政策，反过来说也行，最符合群众利益的政策是最实事求是的政策。如果心中没有群众，制定政策时就容易主观武断，好大喜功；执行政策时就会唯上、唯书而不唯实。因为唯上、唯书可以邀功，可以有“政绩”，可以得到上级的青睐。这是关系到个人仕途升迁的“大问题”。至于群众利益和群众意见只要能糊弄过去就行。是焦裕禄、孔繁森式的干部能实事求是呢，还是陈良宇之流能实事求是呢？除非是白痴，没有不明白的。心中没有群众，决不能实事求是，这是颠扑不破的道理，也是再简单不过的道理，可不是每个掌权者都明白的道理。领导者往往特别喜爱听话的干部，以是否服从自己的意见为升迁选拔的标准。这样的用人制度，当上级决定与实际不合，要下级实事求是地把群众利益放在获取上级的好感之上，没有高度的党性是难以做到的。

群众路线是共产党人的生命线。我们现在很长一段时间不太强调这个问题的重要性，以致我们的年轻干部忘记了还有这条路线。单位无论大小，都是领导说了算。据说上级是绝对真理、下级是相对真理、群众没有真理。这种段子有点夸大其词，但这种情况不能说没有。要真正做到实事求是，而不致变成一个空头口号，不仅要进行认识论的宣传，而且要进行群众观点的教育。要使我们的干部懂得，共产党的任何干部，对群众漠不关心甚至损害群众利益，对群众的不满和意见满不在乎，这就不是共产党人。如果说对一个人的意见还可以“满不在乎”，对少数人的意见还可“听之任之”，可对社会群众性的不满漠然处之，其结果只能极大挫伤群众积极性，甚至危及社会的安定团结。其实即使是对个别人或少数人的意见也应该重视，根据不同情况予以妥善处理。

我们党和毛泽东同志历来重视信访工作，重视群众来信，其原因正在于此。现在有学者提议取消信访制度，据说它的存在妨碍建设法治国家。这当然有道理。如果法院判决不算数，领导批示管用，自然不利于建立法治社会。但如果法制不健全，老百姓缺乏对司法公正的信任，完全取消信访，人为地维护司法威信，也很难做到。如何处理这两者的关系，可以说是我们法治建设的测量器。

邓小平同志为我们树立了把实事求是与尊重群众、尊重实践相结合的典范。这表现在他尊重群众的创造性和首创精神。我们的改革从农村开始，从农村中的联产承包责任制开始就是证明。邓小平非常尊重群众的物质利益，把发展生产力使广大人民富裕作为制定政策的最重要原则。只有关心群众利益特别是物质利益，才可能实事求是，才不会制定超越阶段甚至不管群众死活的荒谬政策。邓小平批评“四人帮”的穷过度，说国家这样大，这么穷，不努力发展生产，日子怎么过？我们生活如此困难，怎么体现出社会主义的优越性？“四人帮”叫嚷要搞“穷社会主义”、“穷共产主义”，还说共产主义主要是精神方面的，简直是荒谬之极！邓小平说：社会主义必须大力发展生产力，逐步消灭贫穷，不断提高人民的生活水平。他还痛心地说：“我们干革命几十年，搞社会主义三十多年，截至1978年，工人的月平均工资只有四五十元，农村的大多数地区仍处于贫困状态。这叫什么社会主义优越性？”制定政策从实际出发，从群众利益角度说，就是看群众答应不答应、高兴不高兴、拥护不拥护、满意不满意。符合最广大人民最高利益、为大多数人民拥护的政策就是可行的政策。邓小平制定的一系列改革开放政策都体现了尊重群众、尊重实际、尊重实践这三者统一的特点。邓小平提出的“三个有利于”标准，归根结底是以群众根本利益为标准。因为社会主义生产力的发展、社会主义综合国力的加强，最终符合并落实到社会主义国家中广大群众的根本利益上。否则，即使有资本主义发达国家的生产力水平、有他们的综合国力，但贫富对立、两极分化，这也并不是我们的目标。我们的目标是通过解放生产力，发展生产力，消灭剥削，消除两极分化，最终达到共同富裕，大多数人的利益（长远利益和目前利益）是共产党人制定政策的出发点。牢固站稳这个出发点，才可能实事求是，才愿意实事求是，才能够实事求是。

重视人生观

强调人生观，是中国哲学尤其是儒家哲学的特点。按照冯友兰先生的说法，哲学是对于人生有系统的反思的思想。

虽然每个活着的人都在生活，生活是人生的内容，但不是每个人都思考生活，思考生活的意义和价值。不少人活着，从生到死，一生忙忙碌碌。有痛苦，也有欢乐，但从没有思考过人为什么活着、生活的意义和价值问题。他们有生活，而没有对生活的反思。从而也没有对生活反思的思想，即没有自觉的人生哲学。

在苏格拉底看来，没有经过思考的生活是不值得过的。这当然是哲学家的话，普通老百姓不少仍然是年复一年、代复一代这样过。可是真正遇到生活难题、发生危机时，就往往一死了之。至死仍不明白，人为什么活着。20世纪60年代，我在湖南搞“四清”时，邻队有个妇女因为家里一头母猪发瘟死了，就喝农药自杀了。这固然是由于生活的贫困，但不能不说她缺少对生命意义和价值的理解。在中国农村，有时为了一点家长里短的小事，自杀的妇女并不少见。生命，对于她们似乎是“轻于鸿毛”，并不承载着意义和价值。

毫无疑问，人生哲学是哲学的重要内容，特别是对中国儒家哲学更是如此。中国儒家的核心就是教人如何做人，属于人生哲学，陆象山说，“人生天地间，为人当尽人道。学者之所为学，学为人而已，非有为也”。当然中国哲学并不限于人生哲学，例如，《道德经》和《庄子》中不少关于本体论的哲学观点，墨家就有许多逻辑和认识论的观点，法家就有许多政治哲学的观点，兵家有战争哲学尤其是军事辩证法思想等。至于西方哲学，从古希腊自然哲学、德国古典哲学到现代哲学就包括本体论、认识论、历史观、人生观、价值论等众多领域。哲学不能仅限于人生哲学，中国哲学也不能仅归结为人生哲学。但重视人生哲学确实是中国哲学的一大特点。

应该重视人生哲学，但不能把人生哲学与世界观相分离。人生观并不具有独立性。它不能脱离世界观、历史观、价值观和认识论。纯粹的人生观是不存在的，它都有世界观和历史观的前提，有认识论和价值论的支撑。例如宗教哲学关于人生没有意义，只有一个苦字，人生的最好归宿是脱离苦海。修行，出家，跳出红尘，就是活着的时候脱离苦海的第一步。为什么"红尘"是苦海呢？难道它不是人生存之地吗？不是人的世俗生活快乐之地吗？这是我们俗家的看法。在佛教人生哲学看来，其实红尘是虚幻，贪恋红尘是痴迷。实际上它只是过眼烟云，是空无。四大皆空，即人的世界实际上是"空"，因为构成世界的"四大"即四种元素，实际上是人心的幻相，而非真实存在。《金刚经》中"凡有所相，皆是虚幻"讲的就是这个意思。人们所有情欲追求，所有的嗔、痴、爱、恨，都是人心造成的。《坛经》中，惠能以"菩提本无树，明镜亦非台，本来无一物，何处染尘埃"的偈语，以明心见性超过神秀而成为衣钵传人。空，世界是空，人生是空，人追求这个不存在的空世界，只能是苦。这种世界观基础上的人生观，必然看破红尘，遁入空门，还能有别的么！

历史观同样制约人生观。个人主义的历史观，肯定根源于唯心主义历史观，认为在社会中个人至上。像鲁迅嘲笑的，最好世界是自己一个人，加上一个自己所爱的人，再加上一个卖烧饼的。相反，历史唯物主义正确理解个人与社会的关系，把个人的前途和命运与社会的前途和命运联系在一起。个人只有在集体中才能生存，才能发展。唯我主义的个人，是痛苦的个人。有痛苦或欢乐，连倾诉和倾听的对象都没有。心中只有自我的世界，是最痛苦最孤独的世界。

人生观也不能离开认识论。对世界和社会，如何认识，对人自身如何认识，可以直接决定一个人的人生态度。可以说错误的人生观，都是建立在对社会、对自我的错误认识基础上。而正确的人生观往往是对人与人的生活意义和目的的理性认知。

人是社会的主体。任何哲学中不可能没有人。世界观，是人的世界观，是人对自己生活于其中的世界的总体看法。没有人，当然没有世界观问题。认识论，是关于人如何认识世界的理论，没有人，当然无须研究认识论，认识本来就是人的认识。价值论同样如此，人就是价值的主体，没有人，当然不存在价值与价值评价问题。

从人是主体中，可以得出两种不同的结论：其一，既然人是主体，因此世界观不可能是唯物主义的，不可能有科学世界观，因为人的世界就是人心中的世界，它依赖于人心。唯心主义的哲学命题是：世界存在于你心中。所有唯心主义都是这样论证的，都是从心到物。其二，认识论也不可能是唯物主义的，因为认识是人的认识，一千个主体对同一事物有一千种认识。所以在这种认识论中，关于真理，关于真理标准以及全部认识问题，都不可能具有客观内容，只不过是主体自身的看法而已。唯心主义无法走出“自我中心”的困境。

在马克思主义哲学看来，世界观虽然是客观世界在认识主体中的存在，但世界的客观性，它的状态、规律并不取决于人的看法。世界的客观性并不是主观认定，而是人类的实践反复证明了的真理。当地球上没有人时，就有世界；有了人，人仍然是人生活在世界中，而不是世界存在于人的心中。当世界出现人并参与改造世界，世界并不会因为人化而变为主体性存在，它仍然是客观存在。世界观的正确与否，取决于对世界本身的正确把握和人类对这种理解的实践的证明，而不是取决于哲学家的哲学。哲学并没有创造世界，而是创造世界观。

人类面对的是现实世界，重视人化自然完全正确，但不能否定自在自然的存在和它的潜在的实践价值和认识价值。没有自在自然哪来人化自然？当代生态环境恶化是对不承认自然的实在性，不承认自然辩证法学者们的抗议。要真正重视实践和人化自然，首先要承认自然的先在地位，承认人化自然与自在自然的统一性。人在人化自然过程的成功与失败、正效应还是负效应在于它是否符合自然本身的客观规律，而不是符合主体的愿望和意图。实践的重要性不言自明，但实践的重要性正在于按照已经掌握的自然规律不断把自然人化。而人化自然是否有利于人类自身，不在人化而在它是否违背自在自然而被异化。人化自然的合理性，本质上是被运用于实践中的自然规律的物化，是自然本身的规律的被实践化。

认识同样如此。认识是人的认识，是人对人之外的对象的认识，而不是人对自我的认识。即使人对人创造的对象的认识，也是对已成之物的认识。对象具有客观实在性。在河边玩的小孩可以用瓦片甩向湖水激起连续的波纹，他之所以能欣赏自己的杰作，是因为波纹并不会因为是他制造的而失去它的对象性，失去它的客观性。同样站在河边的其他的孩子，也可以欣赏到伙伴的创造物。认识有真假对错，就是因为认识是对对象的认识。毫无疑问，对同一对象的认识会出现差异性，这是由主体差异产生的。主体是能动地反映对象。不管不同的主体存在多少差异，但从根本上说，是对象的性质决定认识的内容，而不是认识赋予对象以特性。把对象没有的特性强加于对象，这叫认识的错误。除非有嗜臭之好，没有人会把臭水沟当成美景，在它旁边流连忘返。

哲学当然要重视人生观。没有人生观，哲学是不全面的，但哲学又不能只讲人生境界。把哲学归结为人生观，把人生观归结为人生境界，把境界归结为道德，不管按照什么标准把人生境界分为几个层次。但如果把哲学归结为对人生境界的追求，就大大缩小了哲学研究的领域和功能，因为哲学的核心是世界观，其中还包括认识论、价值论、人生论。没有世界观的人生观，就像没有地基的建筑物会倒塌。而且世界观、历史观、认识论、价值观不正确，人生观也不可能正确。脱离世界客观规律的人生境界和追求，只能是虚无缥缈不可捉摸的幻想境界。镜花水月，无论多么美丽、诱人，都是空的。

成人之学

人，按生物学规律生下来就是人，可按社会观点，如果人不经过学习，就不能成为真正意义上的人。

中华民族具有重视学习的传统。《论语》首篇“学而”，开宗明义就是：“学而时习之，不亦说乎?”孔子把学习视为人生最快乐的事。荀子《劝学》篇倡导终生学习：“学不可以已”，而且把是否学习看作是人们知识、道德水平上优劣的根本原因。就人的本能来说，“生而同声”，可“长而易俗”，“教使之然也”。《三字经》是启蒙课本。它就教人从小重视学习：“玉不琢，不成器，人不学，不知义。”再好的璞玉，不经过高手雕琢，成不了美玉器皿；人也是一样，即使先天素质好，不学习同样不能成才。

培根也特别重视学习。他说求知可以改进人性，而经验可以改进知识。人的天性就如同野生的花草，求知学习，好比修剪花草。他还具体说，读史使人明智，读诗使人聪慧，演算使人精密，哲理使人深刻，道德使人高尚，逻辑修辞使人善辩。总之，知识能塑造人的性格。看起来中外古今的思想家都一样重视学习。

人是唯一不能单纯依靠本能生存的动物，需要学习。某些动物脱离母胎后，也会得一些生存技能，但这种“学习”本身就是动物本能的一部分。人不同，人的学习使人超越本能，获得一种由集体创造的社会力量，成为用人类创造的知识武装起来的人，成为真正社会意义上的人，而不是本能的人。

任何一个文明社会都知道学习的重要。自古以来，不同的社会都设立有教育机构，不管它的名称如何、教育方式如何，但宗旨都一样，就是对自己社会成员进行教育。孔子不仅倡导学习，而且自己就是学习的典范。有人曾赞扬孔子是天纵之圣，孔子很明确地说："我非生而知之者，好古，敏以求之者也。"他说自己"学而不厌，诲人不倦"。到了晚年，他还说如果天假以年，还要好好学习《易经》，这样就可以少犯错误。

学习的方式和途径多种多样。从小学、中学到大学，这是学习，是正规的学习。工作以后，同样要学习，而且更应该学，这是在职的学习，是自学。自学比正规学习更重要，也更难，因为人一生坐在教室里的时间总是有限的，而自学必须陪伴我们一生。自学更需要自觉，需要恒心、毅力和决心。

"书山有路勤为径，学海无涯苦作舟"。学习离不开"苦"与"勤"，自学更是这样，更需要坚持。社会在迅速进步、科学技术日新月异，处在知识爆炸、信息爆炸的时代，任何人停滞不前，满足原有的一点知识肯定要落后。学习是终身的事，终身学习、学习终身。当一个人终身学习，学习就成为一种生活方式。

很多人，都比较注意学习专业技能，因为它被看成是"硬件"、"本领"、"水平"乃至是"资本"，但却容易忽视的是学习马克思主义特别是当代中国马克思主义理论。如果没有坚定的政治信仰，就会为各种各样的错误思潮所俘虏，一心当"能人"，鄙视"贤人"，这种学习是片面的甚至是危险的。因为一个人有才无德，能量越大，本领越大，对我们事业的危险性就越大。历史和现实都证明这一点。负有一定领导责任的人应该多学习马克思列宁主义的经典著作，学习毛泽东思想和中国特色社会主义理论体系的主要著作。这是管思想、管方向的，关乎我们的事业，关乎党和国家的命运。

要重视学习，还要善于学习。学习方法要明确，最重要的是能理论联系实际。学习态度要端正，要实事求是。"知之为知之，不知为不知，是知也。"学习目的要正确，不是"装门面"，不是"镀金"。孔子曾经批评他自己时代学习态度不正的现象，说"古之学者为己，今之学者为人"。为己，就是从学习中提高自己；而为人，则是做给别人看的。看来，学习态度是个古已有之的问题。

人是社会动物，学习是一种社会性的行为，是获取社会力量的唯一途径。善于学习，于个人而言，可以最大限度地实现自己的价值；于政党而言，可以永葆先进性；于国家而言，可以保持快速、长期的发展。我想这是我们党强调要建设马克思主义学习型政党的根本原因。

我这个人别无所长，如果说有点优点，那就是喜欢读书。今已过八十，仍嗜好读点书。有次我买了几本书，在电梯里碰见同楼的人，他看见我手中拎书，很诧异，他说："你这个年龄还买书？"我嘴角动了一下，无言以对。大概我们彼此都很奇怪。他奇怪我这个年龄还买书；我奇怪为什么这个年龄就不能买书。我心想，我不会打麻将，不会遛狗，也无狗可遛，除了读书我还能干什么？可我决不是因为无事可干才读书，读书对我来说，就是干事。各有所好，岂可强求。不过我想即使老年，只要脑子没有罢工，还是读点书好。从读书得到的乐趣决不亚于从牌桌上得到的快乐。老年读书，无功利、无作业、无考试，如秉烛观花，自有另一番乐趣。

个人主义者的人生是痛苦的

人生观的重要性是由人的实践需要决定的。人不仅是肉体的人，是生物学的人，人最本质的是社会的人。人的思想、心理不仅受个人在社会中的地位和状态的制约，更受他持有什么样的人生观的影响。

尽管不是人人都懂哲学，都学过哲学，但无论谁都会自发地拥有被专业哲学家称为人生观的思想因素。它不是以理论形态，而是表现在思想和行为中的人生态度。有些人有所求而无力解决时，会求神拜佛。没有生儿育女，会求送子娘娘；要发财，会拜财神。诸如此类，是自发的有神论者，相信有支配自己命运的超越人世的独立力量。找对象，旧社会会考虑对方的门户、地位、声望，现在找对象据说是三有：有房、有车、有钞票。至于做人不要被乡里乡亲瞧不起，要活得有脸有面。其中都有人生价值观问题。

人会生病，例如感冒，脑炎之类。这是生理的病，是作为生物学的人的生理病；可人还可以有心病，会感到烦、感到苦恼、感到生活没劲，甚至会悲观。这不是生理病，而是心有病。心病除了一些人确由生理即大脑神经引发的疾病，如抑郁症外，很多情况下是一种生活意义缺失的病。这种思想病我称之为哲学病，即一个人对人的生存意义、生活目的和自己的生存价值的怀疑或者自我贬低。这时候最好的治疗不仅是服药，而是学习哲学，特别是人生哲学。当然不是学习悲观主义的哲学，例如尼采、叔本华之类的哲学，而应该学习有助于寻找失落的积极人生哲学，尤其是学习马克思主义哲学。

马克思主义哲学是一种乐观主义的人生哲学，它教导人应该突破自我为中心的个人主义范围，把自己的生命和力量贡献给人类。当一个人把自己的生命和生存价值，与无数人的生存的幸福结合在一起时，就能突破个人主义的硬壳，关注别人和人类的幸福。当人注视别人，尤其是大多数人的幸福时，会发现自己一点小小的痛苦或者不幸根本算不了什么。

当人只关心自己、只有自己时，永远是烦、永远是不满足、永远是痛苦。因为即使一时得到满足，无尽的欲望又使他陷于不满足的痛苦。可当他把对自己的关心，分散到关心别人，分散到许多人甚至人类时，就会有一种由道德高尚感和成就感产生的幸福和满足。杀人者手有血迹，心存恐惧；献花者手有余香，心怀满足。孔子说“仁者寿”，实际上就是心地仁慈带来的身心健康。

难道人类的一切烦恼和痛苦都是个人主义吗，都是思想病吗，都能由哲学解决吗？当然不是。人可能会有生理疾病造成的痛苦和不幸。即使这样，以哲学作为辅助仍然有助于缓解身心痛苦。人是一个整体，生理与心理是相互影响的。人生理出现病症时，如果在服药的同时，给予心理开导和正确的思维方法，肯定有助于疾病的治疗。当代世界各种各样的心理治疗都承认这一点，承认思想能影响生理。

所有信仰宗教的人都是有问题不能解决的人，是为人间烦恼所困扰的人。特别是受到人生挫折的人，更容易执著地信教，甚至出家。因为宗教信仰者反复的祈祷和赎罪仪式，往往会使人心灵归于平静，特别是一颗受伤的心，会从信仰和祈祷中得到安慰。口诵“阿弥陀佛”仿佛可以忘掉一切，忘掉过去，把自己的一切都托付给佛祖，托付给神，等于是把自我放在无足轻重的地位。这种把自己放在微不足道的地位的人，就没有痛苦。因为人的痛苦往往是自大和占有欲的膨胀带来的。宗教的灭绝尘心，看破红尘，实际上是通过消除欲望，使心灵重归平静。这种作用实际也是起一种心理治疗作用。中国的老庄哲学，同样具有这种作用。老庄主张少私寡欲、清静无为，功成身退，一切顺其自然，不要强求。用这种生活态度对待生活，超越生死、超越苦乐，还有什么个人痛苦呢！这就是道家会变为道教的原因，也是在中国儒佛道可以合流的原因。

我当然不主张通过宗教来缓解个人的不幸和痛苦，也不完全赞同老庄哲学避世无为以安心的人生哲学。但其中确有可以吸取的东西。这就是人不要把自己想象得了不起，什么都是我、我、我，就没有一点无我、忘我的思想。一个人哪怕有一点点无我和忘我的思想，遇到问题能退一步想，能为别人思，能换位思考，能少多少痛苦！什么都是我、我、我的人，肯定一生是痛苦的，因为他一生都生活在“我”这个笼里，即生活在自我的笼子里。眼中无人的人，很难做人，更难做一个快乐的人，更不用说一生快乐的人。

一个顺其自然的人，不容易焦虑。把“一考定终生”抛之脑后的人，肯定没有高考焦虑症；一个不心存恐惧的人，不容易产生恐惧症；一个能不在乎自己美与丑的人，不容易产生自恋症和自卑症；不在乎别人对自己评价的人，不容易产生社交恐惧症。总之，生理病有生理原因，但思想和心理的反作用不容轻视。活得累，是累在过于看重自我；活得潇洒、轻松，是因为甩掉背上过分自我的背包，轻装前进。放下，只要能放下，就不会有太多的烦恼，也用不着出家、信佛。

人类社会是发展的。由农业社会转入工业社会，生产力发展，科学技术进步，物质消费丰富，可患心理疾病的人不断增加。人变得焦虑、心烦。为什么？过分的不正当竞争、失业、贫富差距的拉大、物欲的膨胀，由一个农村的熟人社会投身到城里陌生人社会，如片帆入海，无助感、失落感甚至恐怖感都会引起心理变化。三十多年的改革，我们确实取得了巨大成绩，可是在人的道德和价值观上，在人与人的信任度上，我们也付出了太大的代价。

为什么信教者翻倍增加？因为灵魂没有安放处。只能从信仰中寻找一个可以暂避的角落。为什么道德教育和价值观对有些人不起大作用，因为社会某些令人不快之处，往往在给道德宣传和教育打折扣，甚至提供逆差对比。宣传越是过分，效果越差。因为老百姓不看说的，只看实的。如果社会发生腐败、官员腐败、市场欺骗盛行，普通百姓不求上帝求谁去？当然求清官最好，可不是到处都有清官，即使清官想有所作为，如果不能通过制度抑制权力和资本的勾结，不能用大力气反对这种勾结，清官也会变质。制度比清官可靠。中国特色社会主义制度建设，中国特色社会主义法律体系的完善，是当务之急。

市场经济是社会化大生产下合理分配资源和劳动力的经济运行机制，应该不断完善市场经济。完善，就包括抑制市场经济的负面效应，防止市场观念对政治、对思想、对道德的支配。市场经济是好的经济运行机制，但不是好的社会运行机制。如果市场观念成为我们社会各个领域的主导观念，社会主义就会腐败变质。我们应该建立有效防止市场经济导致腐败的制度和监督措施。一个小小的科长、股长甚至出纳、会计都可以动辄贪污和挪用上千万上亿，这当然是制度的缺失。

我们应该发展完善市场经济，但决不能忘记社会主义这四个字，社会主义市场经济如果只强调后面四个字——市场经济，而忘前面四个字——社会主义，由于以货币为中介的关系支配一切，信仰失落和道德滑坡就会越演越烈。如果没有正确人生观的导向，把市场竞争中的人生视为斗牛场的搏斗人生，人生必然是痛苦的，永远无法摆脱失败的焦虑和恐惧。

人生抉择

人的实际生活是人的最现实、最切近的生活。就哲学是被把握在它的思想中的时代而言，人生观比本体论、认识论中的哲学问题更接近自己的时代和现实生活。人生观问题都是生活在现实中的人对自己生活其中的生活感受的哲学性概括，它表达的是人对自己生活中的道德和事件的看法。生活的意义、价值、目的问题，都与人对现实生活的感受不可分。满意不满意，应该不应该，有价值无价值，都是人的现实生活的折射。

当然，人的人生观，也必然要受哲学世界观、历史观的支配。但并不是绝对的必然一致。因为，人生观既有形而上的方面，也有行为中的实际道德问题。它不仅包括关于生活的意义、目的、价值这样一些形而上的问题，也包括人应该如何做人，即人的行为准则、规范以及面对具体境况应该如何作为的问题。

一个唯心主义者，可以是一个具有高尚道德和做人原则的人；反之，一个唯物主义者也可能是贪婪之徒。这要取决于时代。因为处于民族存亡、国家危急之际，哲学家可能突破在纯哲学范围的唯物主义唯心主义的界限，而在现实中做出正确的人生抉择。

国难当头民族危亡的年代，人生观的是非判断，不显得那么困难。因为社会矛盾就以其现实性帮助人们选择，迫使人们选择。是醉生梦死、花天酒地，还是共赴国难、为民族存亡而战，谁是谁非，一清二楚。中国的抗日战争时期、解放战争时期，向前追溯到从鸦片战争以来的历次反对西方列强的战争，人们都赞扬舍死赴难的人，批判卖国求荣、批判发国难财的人。

可在和平年代特别是在市场经济大潮中，究竟什么样的人生观是正确的？如何对待金钱、对待财富、对待个人名利？是非界限并不清楚。在致富的口号下，在发展生产力的口号掩盖下，各色人等的内心世界是很难看穿看透的。都在改革大旗底下活动，都接过了“让一部分人先富起来的”口号，至于是如何富，是以自己的劳动、才能、发明、创造致富，还是坑蒙拐骗致富，就置之不问，这就不是一个宜居社会。笑贫不笑娼，决不能孕育出好的风尚。当代英雄，已经不是战争和革命年代的英雄。当代英雄是手握着苹果手机、坐在转椅上发号施令的人物。在这些人中，不少是站在时代潮流前列的有功于社会的人物，但也有一些是社会蠹虫。

就拿知识分子来说，古时称为士大夫，是要讲究气节、讲究安贫乐道的。所谓“先天下之忧而忧，后天下之乐而乐”，所谓“杀身成仁，舍生取义”，表现的就是这种精神。这是封建社会为知识分子即当时的士大夫所立下的做人标准。“士不可不弘毅，任重而道远。”个人处世为人的态度、面对民族危机中的立场甚至改朝换代中表现出的对新旧王朝的态度，都被看成是个人人格的试金石。其实这个标准具有极其明显的时代和阶级特征。

人生观问题与生产方式、生活方式是不可分的。在农业社会中，道德价值、德性、德行，放在个人行为的首要地位。中国人重德性。钱穆先生说过，“我们中国人，一向不在喜欢说，某人的哲学理论如何好，或者某人思想体系如何好，却总是说某人德行如何好。这一层，我们可以说，在中国思想里，似乎认为重德，更重于思想与理论。换言之，在中国人心里，似乎认为德行在人生中之意义与价值，更胜过于其思想与理论”。孔子说：“饭疏食，饮水，曲肱而枕之，乐亦在其中矣。不义而富且贵，于我如浮云。”还说，“君子谋道不谋食”，“朝闻道夕死可矣”。颜回的“箪食瓢饮，不改其乐”为孔子所称赞。历来孔颜乐处，成为品格高尚完美人格的典范。在一个以小农生产为基础的社会，生活方式的简朴和少量需求即可生存的条件下，这种人生观可以存在和得到赞同。随着资本主义的兴起和发展，生产方式的扩大和产品的丰富，功利主义逐步会成为一种处于主导地位的人生观。满足个人生存和发展的物质需要被认为是人生合理的追求。单纯以道义与德行作为人生最高目标和尺度的人生价值观不会“行时”。“宁在宝马中哭，不愿坐在自行车上笑”就是这种人生价值观。

随着资本主义私有财产制度的发展，功利主义朝着两个方向发展：一个是导致利己主义、拜金主义。利己主义无视道德原则，或者说把利己主义的原则奉为至高的唯一生活原则。利己主义把功利与道德的矛盾推向极端，从而把功利主义原来具有的进步性蒸发殆尽。另一种是把功利主义由个人的生活原则提升为社会的普遍原则，即以“福利社会”，或以社会成员的普遍福利为目标。可是，在以私有制为基础、以贫富两极对立为现实的社会，是不可能完善地、持久地解决普遍福利问题。因为公平与效率的矛盾，在资本主义社会是不可能解决的。在西方某些发达的社会中，较好的社会福利与个人的拜金主义利己主义同时并存。而且后者的力量必然使得普遍的福利原则陷于困境。当代西方一些国家包括北欧所谓福利社会发生的财政危机，由紧缩而引发的社会动乱和抗议表明了这一点。

尽管当代资本主义的反消费主义和回归自然运动，是对过度追求消费的一种反作用，但是这种力量是微弱的，是不可能遏制人的消费欲望和追求的。人只要生存着，对物质需要的追求就不可能消失。只要发展经济，国家和政府就会千方百计用各种手段刺激消费，增加内需。生产并非单纯满足需要而是不断产生新的需要；需要也不是单纯满足生存而是被调动起来的物质欲望。

马克思主义反对资产阶级的功利主义，但并不抽象反对功利主义，正如它反对利己主义，但并不抽象地提倡自我牺牲一样。毛泽东对这个问题做了最精辟的论述。世界上没有什么超功利主义，在阶级社会里，不是这一阶级的功利主义，就是那一阶级的功利主义。我们是无产阶级的革命功利主义者，我们是以最广最远为目标的革命的功利主义者，而不是只看到局部和目前狭隘的功利主义者。因此正确处理功利问题，特别是个人利益与集体利益关系问题，始终是人生观中的根本性问题。由于现实社会主义运动中经历了具有不同性质的发展阶段，因而如何看待和处理个人利益与集体利益的关系，具有时代的和民族的特色。

新中国成立以前，在我们党领导的民主革命过程中，提倡革命人生观，把一切甚至整个生命贡献给革命事业。在当时，革命者个人利益与革命利益完全是融合的，个人利益就包括在整体利益之中。革命的失败，也是个人理想的失败和个人利益的丧失。革命的胜利，同时也是个人社会理想的实现和生存条件的改善。的确是休戚与共，荣辱一体。毛泽东在《纪念白求恩》、《为人民服务》和《愚公移山》中所提倡的那种胸怀天下、放眼世界的白求恩的国际主义精神，毫不利己、专门利人、全心全意为人民服务的张思德精神，那种下定决心、不怕牺牲、排除万难去争取胜利的愚公精神，高度表现了共产党人的本质，体现了革命与战争年代的时代特征的最高道德境界。

全国胜利以后，人们处于革命激发的革命热情和对新的生活的憧憬之中。尽管当时人们的生活水平仍然很低，但胜利的喜悦和比较平等的分配方式，使人们对自己并不高的生活仍然抱有一种满足感。人们并没有把目光转向注视个人利益和个人主义存在什么区分，而是采取一种模糊的方法，不做区分。人们并不着力追求个人利益，为个人利益而努力似乎是可耻的。这时，对个人利益的关注处于一种“休眠”状态。因为一切都由组织安排好了，用不着个人操心。争取可耻，操心白费。这种道德观虽然“高尚”，但在“高尚”中隐含着个人生命力的窒息。

在改革开放的浪潮中，社会经济结构的重大变化，多种经济成分和分配方式的出现，使人们的观念发生和继续发生重大变化。利益观念从“冬眠”中苏醒过来，以新中国成立以来从未有过的力量冲击人们的头脑。与利益观念伴生的既有力求上进、充分发挥自己的才能以改变自己的命运，也有个人主义、拜金主义、利己主义的滋生和泛滥。人们仍然不能区分个人主义与个人利益。不同的是现在倒转过来，把一切个人主义的东西都视为正当的个人利益，正如以前把正当的个人利益都混同于个人主义一样。历史转了一个大圈子，似乎在发生“价值重估”。有些人对人们萌发的对利益的正当追求采取排斥态度，忧心忡忡。可有人对革命道德和具有高尚道德的模范人物采取肆意嘲笑的态度，大力张扬利己主义并为利己主义寻找人性的证明。

义利之辩在不同时期的内容和意义是不同的。在我们国家，义利之辩既是道德问题也是人生观问题。它发生在我们社会经济转型时期，具有鲜明的时代特色。市场经济的确立和一系列改革开放政策的推行，使人们有可能而且关注到个人利益，从而调动了人的积极性。竞争意识、效率意识和开拓创新意识的深入，都包含着利益问题。但是，市场经济条件下利益关系大调整和经济成分的多重存在，必然产生利益主体的多元化格局，有可能引发价值观念混乱与道德滑坡。否定革命人生观、嘲笑英雄人物、诋毁社会主义道德原则和规范的文章时有出现。

事实证明，时代虽然不同，人生观问题，即人生的意义和目的问题并没因此而消失，反而更加凸显。因为对个人利益追求的合法性和正当性，使得如何看待个人利益和集体利益关系问题、获取个人利益的方式和手段问题、生活目的问题更为重要。

没有人没有过痛苦。但我们要懂得痛苦的个人与个人的痛苦的区别。一个人的痛苦，是真正撕心裂肺的痛苦，而群体性的不幸、痛苦往往成为相互间的支撑和安慰，是个人痛苦的止痛剂。这说明，个人是孤立的，只有生活在群体中才有力量。痛苦可以分担，快乐可以共享。存在主义的最大错误是把人作为彼此独立的个人，专注个人的内心世界，个人始终无法摆脱“烦”和苦恼。其实，人的生活的意义和价值问题，不能只求之于个人，必须从个人与他人、与群体的相互关系中寻找。只为自己活着的人，痛苦是个人承担的重担，是沉重的，而快乐是一己的、有限的。而为他人、为群体而活着的人，既包括个人又为他人带来快乐和幸福。这种幸福和快乐是增量的，是无数个人的幸福和快乐的总和。

可以说，自古以来，没有一个真正的哲学家是倡导个人主义的，极端利己主义是资本主义社会的产物。在一个人人管自己、上帝管大家的社会，个人主义和拜金主义是不可避免的，而且是必需的。因为这是他们生存的哲学，甚至是一种生存方式。在狼群中生活只能是丛林规则。社会，一个合理的社会，是道德的培养基地和保证。在一个金钱挂帅的社会，道德不滑坡是不可能的。如果我们仅仅呼唤道德回归，而不同时清理社会垃圾、打扫房间，如同缘木求鱼。从古至今，道德呼唤从未间断过，但从来没有效果。它只能使好人更加无助，坏人更加无忌。当你看到没有人会去帮助倒地的老人，不出手救人，怕不能脱身受连累时，你必须同时制定相应法律，支持做好事反受当事人诬赖的人。

法律与道德有交叉处，法律对道德的扶持是必要的，在一定条件下法律介入是必要的，是对正义的支持。对整个社会来说，应该惩治贪污腐败，消除两极分化，真正建立共富的社会。社会风气好，人人自觉，不教而行；否则，有教不行，哪怕天天头条喊破嗓子也无济于事。只着重呼唤道德重建不是最好的办法，要进行综合治理。

人是传统与现实的交汇

人的伟大之处在于人不是限于本能，而是超出本能。超出本能的方法，就是学习。

人有本能也有技能。本能是先天的，是生而有之，如会哭会笑，会吃会喝，会走会跑，会生衍繁殖。这是不学而能的。另一种是技能，这是后天的，是从学习中得来的，只有前一种本能，人只能是动物，而后一种技能才使人超越动物而成为具有自我创造能力的人。

技能是广义的，包括知识、才能和科学水平，总之，人的一切非本能而得自后天的东西都属于技能的范围。本能的东西越多，越近乎动物；技能的东西越多，越显出人的社会本性。歌德说：人不是光靠他生来就拥有的一切，而是靠他从学习中所得到的一切来造就自己。

人是传统与现实的交汇。从这个意义上可以说是被塑造的。可能有人不乐意，会跳起来。什么，我是被塑造的？对，就是这样。不要总是说，我、我、我。大概很少人考虑过自己的思想观念中，哪些真正属于自己独创的，哪些是自己一生从家庭、从学校、从社会交往中、从电台、从报纸中得来的。一句话，是从传统和现实中得来的。

其实，我们的思想中，真正属于自己个人独创的是少之又少的，尽管我们都不断标榜自我，仿佛自己是能独立自主的个体。特别是西方存在主义鼓吹的自我选择自我设计，真以为自己的思想、自己的处境是自我设计出来的。这只是假象，我们的思想首先是被决定的，被环境、被传统、被社会决定的。但由于我们不是被强迫接受、被强迫洗脑，而是不知不觉中被影响、被教育、被诱导，所以我们的思想始终具有独立的外表。那些自由主义思想家们都以为自己是真正的自由思想家，其实连他们自己那个自由主义也是特定环境下形成的，没有资本主义的孕育、生长和成熟，就没有自由主义思想的产生。关于这个问题爱因斯坦说过：我们对待事物的态度在很大程度上是由我们孩提时不自觉地从周围环境中接受的观点与情感决定的。换句话说，除了遗传的天赋与品质外，是传统使我们成为现在的样子。我们只是在极少情况下才会认识到，与传统的强大影响力相比，我们自觉的思维对我们的行动与观念的影响是多么微不足道。

当然，人不是也不应该是传统的容器，人应该发挥自己的主动性。这样，人必须正确对待传统，弄清哪些传统是好的，应该继承和发扬，哪些应该破除，打破传统。爱因斯坦还说，轻视传统当然是愚蠢的，但是如果我们要使人与人之间的关系不断地朝好的方向变化，那么随着与日俱增的自觉性的不断提高，理智的不断提升，我们必须对传统采取一种有分析的批判性的态度。应当尽力认识到，在我们所接受的传统中，哪些对我们的命运和尊严具有破坏作用——从而相应地塑造了我们的生活。任何人的成长不能摆脱传统，但我们要以积极的具有批判性的思维态度对待传统。

爱因斯坦对科学与社会的关系的看法是，科学通过两种方式影响人类：一种是科学技术改变人的生存和生活方式。这容易理解。多少科技的发明创造，使我们享受当代生活。但还有一种往往不为人们注意，这就是科学通过作用于人类的心灵，克服了人类在面对自己和面对自然时的不安全感。使人类克服对自然恐惧的不只是哲学理性，同时也具有自然科学的知识。古代许多迷信都是出于无知，无知必然愚昧。而在近代，往往也是在科学没有对问题提供可靠答案的地方，最容易出现迷信，无知的迷信。

科学对无神论的支持，破除对鬼神的迷信；对天气的预测，对风雨雷电的研究，破除对各种自然现象的恐惧与迷信。在科学面前，万物有灵论不可能存在。在科学面前，上帝也只能转向人的内心，而不可能成为创造世界的神。凡是科学达不到的地方，迷信就可能存在。由于地震暂时不可能预报，命运论也必然存在。当今，有许多怪现象，如知识水平很高的人同样迷信，相信占卦，进庙抽签，迷信星座，迷信数字。职位很高的人也迷信。这不难理解。凡是自己不能把握自己命运的地方，都会产生迷信。

高考录取与否，自己无法决定；恋爱能否满意，自己无法决定；市场上能否赚钱，自己无法决定，总之凡是自己不能决定的事情总要找一个能代自己决定超越自己的人，这个人就是神。越是想赚钱越迷信，越是高考没把握越迷信。道理很简单，凡是自己想得到而又没有把握时，最易迷信。

人是被塑造的，这决不是说人是玩偶。也不是说人是被从一个模具里塑造的。不是。人是主体，是有个性的人。人在接受外界东西的同时，会经过自己的头脑筛选、过滤、改造。人有意志，有选择的能力。因此，人在实践和生活中会形成不同的自我。可以说，一个人是一个模具，这个模具就是他的特殊环境和主体的选择能力。因此，人是各具个性的人。

人有思想是人优于一切动物的地方。思想可以使人认识世界，发现真理，使人具有改造世界的能力。但我们要正确对待人自身的思想，即思想也可能成为隔绝人与世界的关系。如果固执地坚持旧观念、旧思想，就会成为原有思想的奴隶。这样，人虽然没有成为外界环境的奴隶，但变成自己思想的奴隶。在这种情况下，解放思想，就成为人能否进一步发展的关键。个人如此，社会也是如此。社会意识往往落后于社会存在，社会可能会为过时的旧观念、旧思想阻碍。当社会历史发生变革，或者说革命时期，总要伴随思想革命就是如此。所谓启蒙，就是反对旧观念、旧思想。由此我们可以看到传统的双重特性，它既是人类社会进一步发展的财富也可能成为社会变革的思想绊脚石。历史发展中的所谓遗老遗少，就是坚持旧观念旧思想阻碍社会发展的人物。

的确，人受自己思想支配，一点也不比受外界环境支配少。当由社会环境中产生的思想被凝固化，它比环境更具束缚力。因为环境是外在的，而思想无时无刻不与人相伴相随。人可以由一个地方迁移到另一个地方，可以避开自己不喜欢的人和事，但人永远不可能抛开自己形成的思想，只能带着自己的思想一起“转移”。任何逃避的方法都无法真正解决思想矛盾，只有改变自己的思想观念。与其挪动地方，不如改变思想。改变地方而不改正思想，到任何地方矛盾依旧。而改变思想不挪动地方，矛盾同样能得到解决。从这个意义说，人并非受命运支配，而是受自己的思想观念支配。命运、八字并不存在，真实存在的是自己的思想观念。铁的囚笼可以打破，而自我囚禁的思想牢笼是任何外在力量都无法解除的。解铃还得系铃人，必须进行自我思想革命。

人比上帝伟大是因为人有思想。有思想的人比一切不思想的神像和木偶都胜一筹。但思想也可自我束缚，变为另一个不是上帝的上帝。必须正确对待思想。孔子提出的“四毋”很有价值，即毋意、毋必、毋固、毋我。不要太臆测、太肯定，总认为自己所认定的必然如此；不要太坚持或者说太固执；最后不要唯我，不要把主体性发展到自我第一的思想。这些说法无疑正确而且极具启发。

学会做人

人的一生有两件大事，即做事和做人。做事，是工作，要认认真真，水平越做越高；做人，要老老实实，品格日益提高。哲学，尤其是马克思主义哲学，可以是既教人做事，又教人做人的哲学。做事，离不开世界观、认识论和方法论。而做人，则离不开人生观。它们当然不能截然分开，而是相互影响，但还是各有所侧重。我特别强调做人的问题。

学哲学，首先要学做人。这最重要。学校是传授知识的地方，更是培养人才的地方。要是人才，首先是个“人”，才能叫人才，如果品质恶劣只能称坏才而不是人才。

人是要学会做人，读书是成人教育，使人成为人的教育。这是人的特点。狗不用学做狗，因为不用学它就是狗，即使是经过训练的狗，成为宠物仍然是狗，只不过是高贵点的宠物狗而已。杂技团会表演数数、钻圈的狗仍然是狗。所有的动物都是如此，这是动物的本性。人不同。我们经常批评一个干坏事的人，说他不是人，或称为衣冠禽兽。要学会做人，即具有人所应该具有的社会道德品质。我们的思想政治课、道德品质课一个首要的任务，就是要解决这个如何做人的问题。

我一直不赞同单纯的能力本位主义、能人主义之类的观点。能人很重要，但能人兼坏人比没有能力的人危害大得多。真正能想点子做坏事的人决不会是弱智，都是些有本事的人。庄子说过“大盗不操矛”。凡是动刀动枪的都是小家伙，真正盗窃国库连小手指都不动就能弄上亿的人，不少都是有文凭有才能的人。你可以看看现在出大问题的人，大多是有文凭的人，是所谓能人。有能而无德，危害最大。我们提倡德才兼备，以德为先、又红又专。

有人一听又红又专就不舒服，我说，你不要不舒服，事实就是这样。不过红的内涵不同而已。秦桧文章好，书法好，是状元，汪精卫既有文才又一表人才，结果如何，至于陶希圣、周佛海，都非等闲之辈。历史上这种人太多太多，有才而无德，结果变为不耻于人类的狗屎堆。

学会做人，主要说的是大节，说的是处理个人与社会、与民族、与国家的关系。孔子也说，“大节不逾闲，小节出入可也”。做人首要的是注意大节。当然，在处理人际关系中，小节往往也不应过分马虎，多关心和照顾你旁边的人。就算个人与个人关系来说，1 加 1 等于 2，1 减 1 等于 0。都是 1 与 1 的关系，可是加法和减法的得数，完全不同。这个加与减就是处理两者的关系。我的孙女读大学时，我对她说，你首先要处理好与你宿舍 6 个人的关系，要做加法，都是好朋友，不要减法，彼此弄得矛盾对立。如果 6 个人全是加法，你将处在一个非常好的小环境里，别人愉快，自己也心情愉快；如果减法，全宿舍的同学都不理你，那你的宿舍生存环境极端恶劣。一个人不能处理好与宿舍 6 个人的关系，能处理好全班关系吗？不能处理同学关系，进入社会能处好个人与社会的关系吗？学会做人就是学会处理人际关系。因为人是社会存在物，离不开社会，正如鱼离不开水一样。水好鱼就好，水不好鱼也不会好。水不好罪过在人，而不在鱼；而人际关系不好，很大原因往往在于自己，是自己制造的。

我为什么总教导学生学会夹着尾巴做人，不是要人没有出息，也不是反对个人争当英雄。英雄人物永远是值得景仰的。但个人英雄主义则不同，他不是当真正的英雄，而要当个人英雄，认为世界离开我就不转了，哪有这回事。世界离开任何一个英雄人物，照样前进。看看历史，数数历史上的英雄人物就知道。有些人只看到历史舞台前台的领袖型人物，当权人物，而看不起群众。人民群众不是名人，在历史上是无名氏，只是一些张三李四王五之类不起眼的角色。可是世界上任何伟大事业，没有一件是由伟大人物一个人完成的。没有人民群众他就是孤家寡人，一事无成。没有士兵，就没有元帅。懂得这个道理，就能懂得如何做人。何况你还不是英雄，而且未必就是英雄。生活证明，凡是搞英雄主义的人，总想高人一头，到哪里都搞不好关系，不信你试试。

人当然有自由意志。人的行动由意志指导而变化，表明人的意志是自由的。但是意志自由是相对的，它的自由表现在人的行动中，但就为什么有这种意志而不是那种意志，为什么这群人的意志是这样，而另一群人是另一种意志，肯定在意志自由背后，有它的可以分析的原因，有它决定各自不同意志的条件，就此而言，意志自由又不可能是绝对的。

历史唯物主义并不否认意志自由，但要求分析各种意志产生的原因，这种原因决不是来自主体自身，而是来自所处的外在环境。只要我们承认意志自由是有原因的，就表明意志自由不可能违背因果规律。因此意志自由和历史规律论不是绝对对立的，而是相互作用的。历史唯物主义肯定意志的作用，但意志自由的可能、大小、范围是受限制的。例如，你可以把水放在火上烧，这样就会成为开水；你也可以取下来不烧，这样水永远不会成为开水。放在火上或不放在火上完全由你自由决定，但会有两种不同的结果，即是开水或仍然是冷水，这可不是由你的意志自由决定的，而是由水与火的客观关系决定的。正如自杀一样，从 18 层楼往下跳或不跳，这是由你的意志决定的，表现为所谓意志自由，往下跳和不往下跳完全是两种结果——死与生，这两种不同结果不是你的自由意志决定的，而是由高空坠落的力学规律和各种偶然因素决定的。

人的活动是自主的，人的行为是可以选择的。可是人的自主选择是有限度的，人不可能超越客观可能性进行选择。存在主义者萨特片面强调自我设计、自我选择，他认为只要我活着，我就能逃离他人为自己设定的“所是”，而使自己成为自己“所是”的人。似乎人能任意把自己塑造为自己所是的人。这不过是一种幻想。连萨特本人也无法逃离资本主义的制约成为自己幻想中绝对自由的人。马克思说过，人总是在他的生活范围里面、在绝对不由他的独立性所造成的一定的事物中间去进行选择。人不能在不可能中选择。电影院失火，能逃生的只能是窗户或门，不可能学崂山道士穿墙而出。何况崂山道士也是以头破血流收场。可能性与不可能性就是选择的限度。

意志自由涉及人的行为动机问题。人的任何动机都表现为人的观念和意志，人的一切都必须通过人的头脑。人的意志不是绝对自由的，也说明人的动机不是完全主观的，虽然它表现形式是主观的，是主体的动机。但任何动机都是人的动机，而人是现实的人，是处于一定社会条件下的人。任何人具有某种动机不是空穴来风，同样是有原因的。这种原因，就是产生动机的种种条件。各人所处的条件不同，所以动机各异。如此分析人的动机，可以使我们更深刻理解历史事件、历史人物行为的深层原因，而不致把一切都归于自由意志。

德国、意大利、日本发动第二次世界大战，当然是由希特勒、墨索里尼和日本裕仁天皇决定的。但发动战争的原因不能归结为他们的动机，而是当时德国、意大利和日本国内的经济和政治条件推动的，不是单纯出自个人的自由意志。动机论和意志论不足以解释历史，而往往会掩盖历史真相和历史的深层原因。

意志并非绝对自由和动机背后还有动力的观点，是否会为罪犯开脱？不会。我们不是宿命论者、不是机械论者。战争是有原因的，但发不发动战争，能不能寻求别的解决方式，以及在战争中如何对待被侵略国的人民，如何对待俘虏，这完全决定于战争发动者。原因是客观条件，以什么态度对待和解决决定于人自己。罪犯决不会因为有原因脱逃惩罚。第二次世界大战结束后的东京审判就是如此。

人不应各筑碉堡

没有信任，人就是各自龟缩于自己心灵堡垒中的人，不会敞开心胸。我们现在面临着信任危机。陌生人不相信，即使是朋友也不全相信。只有亲戚之间才有信任，而且在涉及利益问题时有时也会产生猜忌。不少人不相信台上做反腐报告的官员，以为是作秀，甚至怀疑他本人就不干净；不相信广告，不管是名人是大腕，反正都是糊弄人；报纸是有偿新闻，食品和药品的安全更不可靠。其实并非完全如此，可是一旦失去信任，社会出现信任危机，好的也是坏的，真的也是假的。中国古代政治家懂得失信的危险，才有“立木示信”的故事。

没有信任，人与人之间只有冷漠；没有信任，社会令人恐惧。没有信任，当然没有信仰。因为没有可信任的东西，要信众信仰什么？信仰是以相信为基础的。连最基本的信任都没有，何谈理想和信仰？

没有信仰，就没有理想。理想是对信仰的执著和追求。没有信仰，也就不可能有道德自律。一个没有信仰的人根本不可能有道德自律。道德是建立在内心的信仰基础上。即使是相信来生、相信因果报应，也有种对做坏事的恐惧感。没有任何信仰的人是最可怕的人。人人变为怀疑主义者，对于一个社会是最可怕的。一个大多人都缺乏信任感的社会，是任何法制和道德都难以奏效的。

市场经济是经济运行的机制，市场关系是以货币为中介的经济关系。全部市场化就是金钱主宰一切。一切向钱看的观念，就是市场拜物教的观念。市场观念不能无限扩张，无所不在。市场观念进入政治领域必然是贪污腐败，钱权结合；进入家庭，必然亲情沦落，六亲不认，夫妇关系由情感结合变为金钱黏合；进入整个文化领域，必然走向低俗和媚俗；进入教育必然是知识商品化，师生关系买卖化，师道沦落，尊严无存。市场需要包装，需要营销，因而夸大其词的宣传和花样翻新的广告，欺骗、谎言随着所谓营销策略油然而生。当然，我们要求助于法律和道德。我们反复强调市场经济是法治经济，是道德经济。我们强调亚当·斯密，不但是他的《国富论》，还有《道德情操论》。可宣传归宣传，信任危机依旧。当一切都可以用钱搞定时，任何规范都失灵，这是最可怕的。

彼此信任往往是熟人的世界，彼此不信任是陌生人世界。信任问题是在市场经济条件下，以货币为中介的人与人的关系中产生的问题。彼此都是陌生人，并不认识。唯一认识的是钱，唯一能信任的也是钱。异化世界是人受物支配的世界。在私有制下的世界是异化的世界。劳动者创造产品，不仅不能占有产品，反而为自己创造更多奴役自己的资本。异化世界是陌生世界，但陌生世界不等于异化世界。人化世界中的一切产品都是人创造的，但并不是人人都能认识和理解这些产品。我们使用手机，但使用者并不理解手机制作和运行的原理；我们使用电冰箱、洗衣机，总之，世界上所有东西对制造者来说是熟悉的，而对使用者来说都是陌生的。科学越进步，人类面对的是一个越来越巨大的陌生世界，可以说，对于当代来说，专业范围外，我们都是文盲，世界对我们都是一个陌生世界。这是一种进步。

社会发展也是如此，农业社会是乡土社会，也是熟人社会。乡土社会中有一套乡土道德，这当然是以自给自足的小农生产方式为基础的道德。因为它封闭，彼此都是熟人甚至连亲带故。做人，在这个圈子里是首要的。不要说偷盗，即使是失信也是没有面子的事。在熟人社会，面子有时比生命都重要。道德就是生命，不仅是个人、家庭，甚至是整个家族的荣誉。所谓兔子不吃窝边草，就是说即使做坏事，也要远离家乡、避开熟人。

工业社会是陌生人社会。这是以市场为联系纽带、以货币为中介的社会。大量农民工从农村进入城市，由农民变为农民工，就是由熟人社会进入陌生人社会。市场经济社会是陌生人的社会。所谓陌若路人，大概是陌生社会的特点。在这个社会中，道德感、羞耻感，在人与人之间变为第二位，反正彼此不认识，没有面子问题。法律关系变为第一位的。一切诉诸法律大概是这个社会的特征，无怪西方人特别是美国人，动不动就是找律师。律师同牧师一样不可少。前者管世俗关系，后者管灵魂。

生产方式变了，人们之间的关系肯定会随之发生变化，包括价值观念、道德观念也会变化。不管我们对乡土关系和乡土道德怀有多少诗意般的留恋，已经很难复生。不用说进入城市卷入工业化和市场化中的农民。即使是仍然在农村，人与人的关系，包括道德观念也在发生剧烈的变化。如何使市场经济下的陌生人社会，仍然保持人与人之间的人情味、道德感，有亲近感和羞耻感，这可能是我们社会建设中的一个难题。

GDP 当然重要，尤其像中国这样一个发展中的国家，发展始终是重要的任务，但它并不是一个社会是否幸福的唯一标志，单纯的 GDP 标准有某种误导，幸福指数更有意义。一个国家的目标不只是创造财富，特别是如果大多数财富集中在少数人手里，财富带来的是社会动荡。经济学家卡罗尔·格雷厄姆说过，幸福是比收入复杂得多的概念，但也是值得称颂的更雄心勃勃的政策目标。我们现在已开始注重幸福指标问题，当然，真正用幸福指数来取代 GDP 指数还有一段很长的路要走。

相互理解

理解当然是人所特有的，只有人才能相互理解。川端康成说，“东京的狗就不了解伦敦的狗。岂止不了解，恐怕连做梦都没有梦想过。山南的桔梗花恐怕看不见山北的桔梗花就完全凋零了”。川端是文学大家，用的是文学语言，讲了一个人不同于动物和植物的事实。但人是不是都能相互理解？不能，只能说，人存在相互理解的可能性，而真正理解则决定于理解者各自的状况。

理解和了解不同。了解是知道，属于对某事的掌握，但了解不等于理解。理解不仅是对某事的了解，而且包含情感，是一种同情性的了解，包含着宽容。可以说，了解是知道，而理解包含知和情，是知道与情感的统一。人能相互理解，当然是基于人是有意识、有情感、有语言和相互交往的社会动物。人有意识，可以理解对方；人有情感，可以憎恨或同情对方；人有交往，在交往中能彼此理解。彼此孤立的个体，不存在理解。而人有语言，有相互理解和表达理解与交流的工具。

“理解万岁”，是现在很流行的一句话。这说明人渴望能相互理解，而不是彼此隔膜，甚至对立。可人能不能相互理解，又并不那么简单。人作为主体，都是处在自己的认识为自己限定的范围内，因而人能不能越出个体主体意识而理解对方呢？这成为一个哲学问题。按照庄子与惠施的濠梁之辩，按照“子非鱼安知鱼之乐，子非我安知我不知鱼之乐，子非我安知我不知子之乐”这样的逻辑无限推论下去，人与人当然无法相互理解。因为人都分割为自我意识所封闭的独立个体。这个推论是以人既无行为（思想的外在表现）又无语言（思想的物质表达）为前提的。实际上，人的意识并不是彼此隔离的屏障，而是具有相互理解的思维功能。当然，自我意识的个体性和主体性，确实给人的相互理解带来一些麻烦。但这不是人相互理解的不可跨越的障碍。打破这种障碍，是通过交往进行交流与沟通。如果把人看成一个个具有自我意识的独立的个体，像古代希腊哲学家说的是彼此独立的原子，而且是没有窗户的原子，当然不能相互理解。

老死不相往来的人，的确不存在相互理解的可能性和必要性。但人是社会存在物，人处在彼此交往的社会关系之中，完全存在相互理解的可能和必要，否则，社会就无法存在，也不可能运转。当社会抽象成一个个彼此独立的个体，人就不是“类存在物”，而是成为类似川端康成说的彼此不可能也不必要了解的东京的“狗”与伦敦的“狗”。人被降低为动物，这可是对人最大的不敬。

人能相互理解，不等于人人相互理解。在现实社会中人们难以沟通、互不理解，甚至对立的事屡屡不鲜。因为理解既然包含同情，就有个感情问题。有感情，就会产生是同情还是憎恶，是亲近还是漠不关心的问题。鲁迅说，美国的煤油大王，不能理解北京捡煤核儿的老太太的生活艰难，讲的就是这个理。因此在阶级社会，相互理解会受到阶级立场的制约。我不知道，西方那些强国的统治者，那些跨国公司的老板，那些大军火商，能不能理解发展中国家人民要求发展、改善自身生活的强烈情感？我想不一定能理解，因为各自立场不同，所谓立场不同，从根本上说，就是利益不同。

人的相互理解，与人的处境、境遇不可分。“同是天涯沦落人，相逢何必曾相识。”这是境遇相同，同处于沦落的苦境。尽管一为朝廷官员，一为长安歌女，地位、身份根本不同，很难相互理解。可当前者为官遭贬，而原为一曲红绫不知数的当红歌女成为人老珠黄的商人妇时，原来的等级差别消解，变为处境相同，才有“同是天涯沦落人，相逢何必曾相识”的感人之言。境遇相似容易理解，能理解会引起同情，有同情才会有共鸣。

“理解万岁”是个好口号，只有理解才可能有包容。不理解不可能包容。可要做到相互理解不容易。因为即使没有既得利益的限制，人也不可能以一个空白脑袋去理解对方或事物。德国有个思想家说过，一个想要理解某种意义的人完全必然地将持先入之见，从而首先将其自我带进理解过程。的确，人在理解某人某事之前，可能有先入之见，甚至偏见。这就存在理解时，如何消除成见、偏见的问题，存在一个世界观和认识方法论问题。要真正比较真实地理解对象，必须坚持实事求是和辩证思维方法。要学会设身处地，学会换位思考，在逐步接近真实中才能理解。成见不除，偏见不消，人要相互理解难矣哉！

理想·胸怀·眼界

阶级社会中的阶级关系并非泾渭分明的，尤其是思想领域。你看，马克思主义的创造者是两个出身富裕家庭和资产阶级家庭的知识分子。马克思的父亲是律师，燕妮家是贵族。至于恩格斯的家庭更是工人的对立面，是工厂主。恩格斯自己就经商。可就是这个身为商人的恩格斯亲身调查，深入工人生活，写出了《英国工人阶级状况》，这是科学社会主义史上第一部关于工人阶级的苦难和它必然反抗资产阶级的著作。既充满对工人阶级的同情，又寄了满腔热情。就是这样两位伟大学者成为无产阶级和人类解放学说的创始人。其实何止是马克思和恩格斯，早于他们的那些空想社会主义者包括欧文、傅立叶、圣西门都出身上层家庭。

中国革命战争过程中，这种情况并不少见。国民党高级将领傅作义的女儿傅冬菊就是地下共产党党员，北京和平解放时成为傅身边的“坐探”，没有共产党理想和为中国革命的胸怀，这种被视为违背人伦的事是不可能的。蒋介石的文胆陈布雷的女儿陈琏，就是地下共产党员。这种背叛自己家庭、抛弃富裕生活和高贵门第、投身革命自愿受苦的精神确实令人敬佩和永志不忘。

可人有相反的情况。有些出身贫苦、遭受旧社会压迫的人，投身革命，英勇作战，不怕牺牲，可胜利后进城就逐渐变质，像张子善、刘青山这类人。他们在胜利前是英勇斗争的战士，可胜利后变为贪污腐败分子，权力变为手中的工具。改革开放以后在不同条件下这种情况以另一种方式出现。有些来自农村家庭贫苦的孩子，上大学，参加工作，不久被提拔为一定部门的领导，理应报效国家、报效社会，但有的很快腐化变质，成为犯罪分子。其贪婪之心，出乎人们的想象。为什么？因为他们没有远大理想和胸怀，他们的全部努力和奋斗都是为改变自己个人的处境，为一己私利。心中没有祖国、没有人民，只有自我。这种人当自己原定目的达到后，又会产生新的更高的目的。旧的目的到达催生新的目的，而且是高速度的往下滑，结果是不择手段地腐化和堕落。

没有理想信仰而处于高位、要位，位高权重是最危险的。一个人的家庭出身并不能决定个人的最终选择。出身不能选择，道路可以选择。决定道路选择的是个人的理想和胸怀。没有理想、信仰、胸怀，只为改变个人命运，因缘际会突然发迹，其腐败是必然的。

历史证明，在阶级斗争激烈、统治阶级处于崩溃时，往往会从统治阶级的营垒中分化出一批有眼光、有理想的先进人物，转到处于反抗地位被压迫者的阵营。在《共产党宣言》中，马克思和恩格斯说过：在阶级斗争接近决战的时期，统治阶级内部的、整个旧社会内部的瓦解过程，就达到非常强烈、非常尖锐的程度，甚至使得统治阶级中的一小部分人脱离统治阶级而归附于革命阶级，即掌握着未来的阶级。所以，正像过去有一部分贵族转到资产阶级方面一样，现在资产阶级中也有一部分人，特别是已经提高到从理论上认识整个历史运动这一水平的一部分资产阶级思想家，转到无产阶级方面来了。

别的国家不说，就中国而言，从辛亥革命以来一百多年，从中国共产党成立以来九十年，出身于剥削阶级而投身于中国民族民主革命的知识分子，极为常见。辛亥革命时，烈士中像方声洞、林文、林觉民这样家庭富裕又有海外或留学经历的不少。至今捧读林觉民的《与妻书》仍能催人泪下。中国共产党的领导人中，也有不少宁愿脱下西装、皮鞋，出身富家名门，学历很高的洋学生。

当然，这种转化是有条件的。《共产党宣言》提出两个条件，第一个是社会条件，这就是阶级斗争的决战时刻，当统治阶级仍处于上升或稳固时期，这种情况难以产生；第二是个人条件，这就是理论和信仰，对社会发展的前途有比较明确的自觉意识。

在中国，那些叛变家庭，投身革命的中国知识分子，都经过对国民党由失望到反抗的过程，由追求正义到树立正确理想，到成为舍生忘命、宁死不屈的革命者。没有理想和信仰的支撑是不可能的。在革命时代，这些革命者同时是理想主义者。在当代中国，这两个条件都发生变化。第一，现在有些来自农村贫困家庭的少数有学位的贪官，已经不是旧中国的被压迫者，他们不存在反抗求解放的问题。他们已经跻身各种领导层中的一员，他们追求的是满足个人不断膨胀的欲望；第二，旧中国的那些出身高层的知识分子，背叛家庭，宁愿脱下西服和旗袍，抛弃山珍海味，以一种救世入地狱的精神投身革命，因为有崇高理想和信仰的支撑。而这些出身农家原来贫困的知识分子本应为自己父老乡亲、为国家出力，可他们没有理想，两眼盯住的是权力和金钱。在他们看来，市场经济正是他们捞钱发财的好机会，职位就是手段。什么社会主义，什么为人民服务，对他们来说，只是做报告时伪装自己的口号而已。历史和现实都证明，没有理想，就没有眼界，也没有胸怀，只有一己私利的人，无论他过去如何贫困受苦，出身如何好，只要随着条件改变，一旦脱贫掌权，多半会走上腐败的不归之路。

对人来说，理想和信仰是人生永远的不灭之光。毛泽东是个理想主义者、革命的理想主义者，特别看重理想。他说过，要强调共产主义前途、远景，要用共产主义理想教育人民。还说，不能把人引向追求一个爱人、一座别墅、一辆汽车、一架钢琴、一台电视机，那样为个人不为社会的理想上去。千里之行，始于足下，如果只看到足下，不想到前途，不想到远景，那还有什么旅行的兴趣和热情呢？毛泽东的时代与现在不一样，有他的时代局限性。一座别墅、一辆汽车、一架钢琴、一台电视机现在很平常，不能说想拥有这些就是没有革命理想，但如果不是计较这些细节而是从理想角度说，毛泽东的话有道理。我们生活可以越来越好，也应该越来越好，但理想不能丢。一个只满足和追求于个人拥有的东西，而没有理想，正如旅行没有目的一样，还会有共产主义理想的兴趣和热情吗？肯定不会有。

哲学家眼中的自由

“生命诚可贵，爱情价更高。若为自由故，两者皆可抛。”我们都很熟悉这首充满激情、斗争高昂的著名诗篇。自由高于生命、高于爱情，是最高的价值。人人喜爱自由，没有人反对自由。马克思说过，自由确实是人所固有的东西，连自由的反对者在反对实现自由的同时也实现着自由。他还说，没有一个人反对自由，如果有的话，最多是反对别人的自由。可见，自由向来就存在，不过有时表现为特权，有时表现为一种虚幻的普遍权利而已。

希腊奴隶社会有民主制，奴隶主有自由，奴隶并没有自由；农奴制的旧西藏，农奴主享有自由，百万农奴毫无自由。这种少数人的自由，多数人被剥夺自由的自由，本质上是特权。是以特权为后盾的少数人的自由，或以自由为表现的特权。前资本主义社会，特权就是自由，自由就是特权。普遍自由的概念是资本主义社会的特色。普遍自由是资本主义反对封建特权的斗争旗帜，也是资本主义取得政权后，确立资本主义市场经济所必须的条件。

市场经济需要自由。没有市场经济就没有普遍自由，而没有自由就不可切实推行市场经济。正因为资本主义下的自由与市场经济的内在关联，因此它反对人身依附，反对贸易特权，反对一切妨碍资本主义发展自由的种种障碍，倡导普遍自由。也正因为它是资本主义制度下的自由，这种“普遍自由”不可能是真正普遍的。恩格斯尖锐地指出，资本主义的政治自由是假自由，是一种最坏的奴隶制。这种自由是徒具空名，因而实际是奴隶制。因为它同样在普遍自由的名义下，使另一部分人失去自由。

在当代，谁要反对自由，哪个国家反对自由，可以说是恶名远扬。自由是道德的制高点。当代资产阶级，尤其是西方资本主义文明国家总是占有这个制高点。在西方攻击社会主义社会最顺手的武器就是所谓自由。尽管资本主义不会放弃普遍自由旗帜，但实际上西方资本主义社会没有那么多自由。形式上，自由属于任何一个公民，但实际上，通过种种条件的限制硬性或软性地剥夺自由。资本主义的言论自由，往往属于财团，属于传媒集团掌握的电台、报纸，在当代还要加上最有效的网络。如果除一张嘴以外没有任何舆论工具的人，言论自由是有限的。出版自由也一样，属于出版企业的人，除了作品外一无所有的作者，这种付钱的出版自由往往是场噩梦。如果作品不能带来商业利益，或不符合主流价值观，作品往往胎死腹中或老死闺阁；至于贸易自由也是有限度有条件的，贸易保护主义往往是强势资本主义国家对付发展国家设下的贸易壁垒。何况资本主义制度下往往以维护个人自由名义，掩盖社会的贫困、不公和非正义。

我们反对抽象自由，老老实实地说，我们着力保障人民的自由，而不能给反对社会主义的人以自由。我们从不虚伪地宣扬“普遍自由”。我们都能看到，自从改革开放以来，由计划经济朝市场经济转变后的几十年来，实际生活中的自由度越来越大。无论是言论、出版、居住、出国包括出国旅游方面都是如此。至于经济方面对外贸易、国内贸易拥有的自由，比起改革开放以前不可同日而语。现在有些人是奉行一切向钱看，过分热衷于追求功利，浮躁、焦虑、攀比、生活意义的迷惘、信仰失落和价值观念混乱，内心如焚，不得一刻静闲。钱袋鼓了，内心空了；自由多了，道德约束少了。我倒是觉得，对这些人，我们应该提倡追求点内心自由。如果内心没有一点空间，没有自由地安静地的思维空间，不能让浮躁、焦虑之心有片刻安闲，肯定会越活越累、越活越没劲、越活越迷惘。肉体也随着灵魂的肿胀而萎缩。这种人应该多追求点内心自由。

在中国传统哲学中，自由往往指的是精神世界，即主体自身的内在世界的自由。庄子追求的自由，就是一个人能摆脱名缰利锁、摆脱身外之物奴役而自得其乐的个人精神世界的自由。像《逍遥游》扶摇直上九万里在太空中翱翔的大鹏。这种自由观，作为一种道德修养、作为一种精神世界的生命的安顿，有一定意义。当然，对真正处于受压迫受奴役者来说，追求这种自由往往会陷于自我麻醉，不利于思想的真正的觉醒。何况追求这种精神自由在封建社会也有一定限度。魏晋时的所谓“竹林七贤”，崇尚老庄，任情率性，蔑视礼法，放达自由。自以为追求内心世界的自由，政治管不着，结果有人仍死于外在世界的政治限制。

马克思主义从来不否定外在自由，即社会为人的发展所提供的可能性空间。但它既不同于资本主义那种以市场经济的自由为标尺、以资本主义制度许可为范围、以个人为立足点的外在自由观。也不是脱离外在自由条件、单纯缩进内心世界追求内在自由的自由观。中国传统哲学的自由观主要是道德境界，追求内心自由，而不是资本主义式的自由。近代资本主义产生和资本主义思想传入中国后，个性解放和民主、自由等具有现代色彩的自由观同样会产生。这是时代使然，当代中国人当然不能只追求庄子那种逍遥游式的自由。

马克思主义追求的是自由，是由社会主义宪法保障的自由，从最终目的看是追求人的自由和全面发展的自由。这种自由并不排斥个人自由，而是每个人的自由成为其他人自由发展条件的自由，是一种个体自由与类的自由相统一的自由。这种自由观也不排斥个人精神世界的内在自由，但这种内心世界的精神自由不是纯道德修养或个人人生境界的追求，不是单纯清净无为，而是以消除异化（物的异化和金钱拜物教）的奴役而获得的精神世界解放的自由，是人的精神世界的普遍提高。即使在社会主义条件下，我们也要防止马尔库塞在《单向度的人》中批评资本主义工业社会出现的那种丧失了自由和创造力、满足于物质生活和物质追求、不再想象或追求与现实生活不同的另一种生活的人。在当代现实社会中，那些整天忙于追求高消费、变为物质奴隶、没有内心精神生活的人并不少见。

我们应该发展生产力，提高人们的物质生活水平，应该继续健全法制，遵守宪法，保障人民的自由权利。但我们还应该倡导追求自身内心世界的自由。我以为，一个在获得外在自由的同时、获得精神解放的人、获得内心自由的人，才是一具完整意义上的“自由人”。内心没有一点自由空间的人，真是活得太累太累。庄子说过，房间的空间太小，姑嫂会闹矛盾；一个人内心空间太小，六神不安。还说，“嗜欲深天机浅，静悟，见天机”。苏轼以他诗词创作的盖世之才也有这个体会，他说，“欲令词语妙，只需空且静”。一个塞得满满的房子是什么也容纳不下的，一个被私欲填得没有一点空间的心灵也是如此。人的物质欲望越多，内心自由空间就会越小。越是物化的人越不自由。试问，一个整天忙于追求物欲而内心处于焦虑、苦恼、烦躁的人，能称之为自由的人么？

信仰・理性・行动

有位先生上门聊天，很是感叹：没有信仰的人是最可怕的人，不怕天、不怕地、不怕神、不怕鬼。总之什么都不怕，都敢干。言下之意，在当代只有宗教才能匡正世风人心。我说，先生之言有理，但不全。有人相信上帝，有人相信佛陀。上帝要人人相爱、佛陀教人慈悲为怀。这都是劝人为善。这些完全可以理解，宗教开始都产生于人间的不平，它当然宣传爱和众生平等。虽然这是在宗教框架内，但实际上已进入伦理学——宗教伦理。

宗教有文化作用，也有道德教化作用。可宗教道德有个无法解决的矛盾，如果劝善拒恶是建立在对天堂的向往和对地狱的恐惧，建立在轮回或因果报应的信念上，这种教化作用是有限的。它不是一种道德自律，而是一种恐惧。恐惧产生的道德往往是外在力量的压抑，人变得渺小。我们无法企图以为宗教真能救世、真能匡正世风人心。真正发生效用的倒是对善男信女们，他们本来就是“良民”，是一些普通的百姓。西方有些大科学家也信教，他们不是偶像崇拜，也不会相信上帝创世或天堂地狱之类的说教，他们是把宗教作为一种处理人际关系和自我约束的伦理原则。这些有积极作用。对以宗教牟利，或以宗教为政治统治手段的人，宗教无助于自己的道德，只是一种工具而已。

唯物主义者、无神论者，不信仰宗教，不见得道德水平低。恩格斯在讲到法国唯物主义时说过，唯物主义者同自然神论者伏尔泰和卢梭一样，几乎狂热地抱有社会进步信念，并且往往为它付出个人最大的牺牲。如果说有谁为了真理和正义的热诚而献出了整个生命，那么，狄德罗就是这种人。

马克思主义者是无神论者，真正的马克思主义者是具有爱心和崇高道德理想的人，他们爱人民，爱受压迫、无依无靠的亿万劳动者。这是一种大爱。多少人为了这种爱而牺牲在刑场、战场。这种为人民解放、为社会主义理想而舍身忘家的人，与对天堂向往和对地狱恐惧而行善的人，道德水平不在一个层次上。

不信神的人有些可能是坏人，敢于为非作恶、做坏事，而信仰宗教的人可能有慈悲心、菩萨心，但也可能相反。我们不来说中世纪宗教裁判所的残忍，不来说《十日谈》中那些令人捧腹但又发人深省的对教会的讽刺，就以资本主义扩张时殖民战争为例，那些在所谓落后国家烧杀掠夺为所欲为的强盗们中，虔诚的基督徒还少吗？在当代西方神职人员中，性侵犯者也屡见不鲜。至于旧西藏农奴主和上层僧侣们不都是某种宗教的信仰者甚至是誓死的护法者吗，道德水平又如何呢？历史和现实都证明，道德水平高低无关有无宗教信仰。

马克思主义者也有信仰，但不是宗教信仰。有位哲学家说过，如果我们信奉一种哲学学说，我们有权利追问我们为什么应该相信它。的确，信仰需要有充分的理论依据和逻辑论证，要有经得起反驳的理由。没有理由的信仰是盲从；没有真理性的信仰，往往陷入迷信。马克思主义者信仰马克思主义，因为它是一个经过严密理论论证的、经过实践检验的科学理论体系。它既是科学理论，又是理想信仰。有些人认为现在还信仰马克思主义，肯定是被洗脑，或者思想太不解放。我就亲眼见过这样的事。当我们到外地参加一次关于马克思主义的讨论会，在机场出口处见到举着某某会议的接人牌子时，一些人很表诧异。惊奇之意，十分清楚：怎么现在还会有这种会！“道不同，不相为谋”，信哉斯言。

信仰是人不同于动物的一个特点。有意识有思想的人也是有信仰的人。区别只在于这种信仰科学不科学、坚定不坚定、自觉还是自发，而不是有与无。那些被认为干坏事而没有信仰的人，其实是既没有对末日、天堂地狱的恐惧、没有因果报应的宗教信仰，更没有伟大的理想信仰，但他们肯定有一种信仰，这就自发地相信“人不为己，天诛地灭”。他们可能不知道何谓信仰，也不知道自己怀着这种观念也是一种信仰。因为这种极端利己主义的信仰与他的人生观是合而为一的。他怀着一种极端自私的人生观，认为人的本性是自私的，这种坚定不移的观念就是他的信仰，而他的这种信仰就是他的人生观。这种极端自私的人生观成为信仰，这种错误人生观与信仰合而为一的自发信仰，危害性最大，也最为顽固。

在当今的所有信仰中，争论最大甚至需要用生命来实现的科学信仰是马克思主义。如果前资本主义不算的话，在当代西方“文明”的资本主义社会，没有人因为你相信上帝、相信佛陀而迫害你，也不会因为你相信实用主义或者利己主义而歧视你，可相信马克思主义则不同。马克思主义涉及他们的根本制度问题，涉及维护谁的利益问题。因此信仰马克思主义，同时意味着具有反对剥削制度、反对资产阶级统治的政治信仰。这种信仰，得不到统治阶级的默许更不用说赞同，有什么奇怪呢！

如果你只是说说而没有行动，在当代西方世界可以容忍，因为它标榜信仰自由，但有一个条件，你不能按照马克思主义原则而进行斗争，并企图按照马克思主义来改变资本主义社会。讲坛马克思主义、论坛马克思主义，对资本主义社会无害、无大害，相反彰显它是自由民主的国家，可一旦真正企图实现社会主义行动，那就对不起，照样会镇压，会取缔。美国不是有过麦卡锡主义吗？现在可能没有明目张胆的麦卡锡主义，可有中情局。何况只停留在讲坛、论坛的马克思主义，就其作为马克思主义的作用而言，是有限的。这就是为什么西方不会禁止马克思主义，但不准有马克思主义者的革命行动。西方可以不断出现各种各样名称的马克思主义，但是不会容忍出现真正以马克思主义为指导、把变革资本主义付诸行动的革命政党和革命行动。在《西班牙起义报》2012 年 1 月 1 日发表的文章《美国是一切危机之母》中讲道，占领华尔街运动不只是对华尔街贪得无厌的回应，而是对已经腐化的整个制度的回应。这场运动为僵化的现状提供了唯一的希望。但运动的参与者是昙花一现，还是能坚持下去并与其他国民找到交点，为一个充满不公正和矛盾的体制带来根本性变革仍有待观察。这场没有领导、没有理论指导的运动是难以持久的。可以肯定，占领华尔街运动暴露了资本主义的矛盾，但并没有如何解决矛盾的答案。资本主义向何处去这个马克思早已提出和解答的问题，对于当代的抗议者仍然是个悬案。在这场运动中，你没有看到西方马克思主义者的身影，没有听到他们的言论。我以为，如果马克思主义和群众运动，尤其是和大规模群众性反抗运动相脱离，这种马克思主义与马克思主义创造者的理论相距太远。当然纯粹马克思主义的研究者、“马克思学”的学者是需要的，但他们不是马克思主义的真正信仰者更不是实践者。他们不是革命者而是学者。

信仰需要理由。马克思主义者信仰马克思主义，当然有理由。迄今为止，在当代世界，马克思主义对于立志改造社会、改变世界的人来说，最具有理论说服力和理想吸引力。在人类历史上，有哪一种学说像马克思主义这样为人类，为全世界被侮辱、被压迫的人类、民族谋利益谋解放的学说？有如此合乎逻辑的最具理论说服力理论论证的学说？

宗教不可能解放人类。原始基督教的产生虽然具有革命性，但后来蜕变成统治者对群众进行精神奴役的工具。中国历史上的农民战争曾利用过宗教作为组织手段和凝集方式，但这不是解放人类的战争，而只是一种斗争的组织工具。宗教不可能解放人类，它只可能解放信仰者个人的灵魂，但代价是牺牲自我，跪倒在自己崇拜的偶像面前，而不能真正解放成为大写的人。

马克思主义不同。她是人类解放的旗帜，是世界上各国共产党人、马克思主义者斗争的旗帜。从十月革命至今近百年，共产主义革命此起彼伏，在困难中前进。马克思主义不仅是一种信仰，而且是一种理论，是一种运动，是一种亿万人参加的群众性运动。坚定的马克思主义信仰是真正共产党人的政治优势。邓小平说过，过去我们党无论怎样弱小，无论遇到什么困难，一直有强大的战斗力，因为我们有马克思主义和共产主义的信念。事实证明，不管苏联解体和东欧剧变带来多少伤害，但马克思主义并未消失，社会主义并未失败。中国特色社会主义的成就，世界资本主义的经济危机，再度显示马克思主义的理论威力。

信仰需要理由，可信的理由总是与理性思考不可分。信仰的科学性就在于它是经得住实践检验的具有真理性的认识。信仰是否坚定，不仅要有理论的支撑，更需要行动，言行不一的“信仰”不是真正的信仰。我们孔夫子也说过，“始吾于人也，听其言而信其行；今吾于人也，听其言而观其行”。看起来，连孔子都自我检讨，不能轻信，要看其是否言行一致。信仰，只有言行一致才算真正的信仰。行动的侏儒和语言的巨人，不管如何激昂慷慨，终究不算具有真正的信仰。

在历次革命中，都能见到一些激昂慷慨、悲歌击筑，甚至以咬破手指写血书表态明志的人，但并非每个人都能坚持到底。1939 年毛泽东在纪念五四运动二十周年时专门讲过这个问题。他说，有些青年，仅仅在嘴上大讲其信仰三民主义，或者信仰马克思主义。这是不算数的。真正的信仰应该是言行一致的，而且判断一个人的信仰应该是听其言、观其行，看其对人民群众的行为。毛泽东曾以张国焘为例，说他不是信仰过马克思主义吗？他现在到哪里去了呢？他一小差开到泥坑里去了。大浪淘沙，历史的考验是信仰真假的见证。

哲学断想

（1）自然科学和社会科学发展不平衡。爱因斯坦说，人类在自然科学和技术领域里产生了这么多极为成功的学者，但长期以来，对困惑人类的许多政治冲突和经济压力的适当解决却束手无策。的确，当代自然科学发明和技术的进步巨大，社会科学却举步维艰。因为自然科学技术进步可以推动生产发展，而社会科学的创造和真理的发现必然涉及人类的利益，对一部分人有利，必然对另一部分人不利。有利者是弱势群体，不利者是既得利益者，因而社会科学的真理性突破，很难得到统治者支持，会受到打压。只要看看马克思在资本主义制度下的贫困生活就可以知道。除马克思之外，可以说凡是为穷人、为被压迫者说话的社会科学发现，在剥削阶级社会都难以成为主流意识形态。只要看看当代西方关于人文社会科学种种大大小小的奖项就知道。真理没有阶级，但什么被认为是真理以及真理的发现和运用是有阶级性的。

（2）生物的本性很少改变，除非它进化为另一种生物。生物是本能地生存。它的本身特性的改变，表明它不再是它自身，而成为另一种生物。人不同。人的生物学特性同样改变很慢，我们很难说当代人与我们的祖先，与秦朝、汉朝的人，从生物学特性来说有多少变化。人的社会性则不同。人是社会存在物，人的变化最根本的是人生存于其中的社会的变化，包括社会的社会组织、社会结构、社会文化、科学技术的变化，以及由此决定的人的思维方式和观念的变化。不仅不同于秦汉，就是与新中国成立前相比也发生了巨大变化。不仅与新中国成立前相比，就是改革开放以来三十多年，也发生了巨大变化。我们经常说“70”后、“80”后、“90”后就意味着十年一大变，这是人类社会的特点。人是依靠自己的劳动、自己的实践创造自己的生活。人的创造性活动，在创造物的同时，也在改变人自身。人改造自然、改造社会，也在改造自己。这是人优于一切动物的地方。在万物之中，人最为贵，不是决定于抽象的人的价值，不是决定于上帝的意志，而是决定于人的这种自我创造性。可人生活在矛盾之中，人在创造自己，又在毁灭自己。不仅以战争的方式毁灭自己，两次世界大战，死人无数；就是在日常生活中，人通过生态环境的破坏不断杀害自己。这就是我们为什么必须进行社会主义革命的理由。创造一个合理的不是人类自掘坟墓的社会，这就是人类的觉醒。

(3) 美国人从不讳言美国利益，美国所做的一切都是捍卫美国利益。美国利益高于一切，是美国制定对外政策的根本原则。从来没有一届美国总统不说美国利益、不讲全人类利益高于一切之类的空话。而号称社会主义国家的苏联，从赫鲁晓夫开始到戈尔巴乔夫，大肆宣扬全人类利益高于一切，煞有介事仿佛世界的救世主，具有最最博爱的人类胸怀，而且越唱越高。结果呢？全人类高于一切并没有感动西方，他们并不领情，照样是“冷战”不断。苏联终于在全人类利益高于一切的宏论中寿终正寝。普京当政后，把从赫鲁晓夫首创，戈尔巴乔夫、叶利钦继承的“全人类利益高于一切”的混话扔掉，明确捍卫俄罗斯的国家利益。

当代世界有没有全人类利益？有的，例如全球生态环境恶化问题、核战争问题之类都涉及全人类利益，甚至全球化下的世界性经济危机都要求各国“同舟共济”。问题在于事关全人类利益的问题如何处理，不见得各个国家都把人类利益放在第一位，只要看看京都议定书问题、温室排放指标问题的争论就知道。在事关全人类的问题上，仍然不是抽象的全人类利益第一，而是存在国家利益问题。在国家之间会存在利益交汇，应该互利共赢。将来总有全人类利益高于一切的一天，但至少现在不是，而且也不可能是。

(4) 书不尽言，言不尽意。任何书，都不可能把一切道理说全面，任何话都不能表达作者的全部意思。因此，批评一本书，只能就书内所说，批评其观点对与否，不能说他哪些话没有说，哪些不全面之类的考语。这不是评书，而是求全甚至可能坠入吹毛求疵。全世界从来没有一本无所不包无所不说的绝对全面的书，即使是大百科全书也不能说全面无遗。因此，对任何思想家思想的研究，都不能就一本书做出判断，必须以他的全部著作为据。这样就可以看到他思想的全貌和变化历程。当代所有肢解马克思或宣扬马克思恩格斯对立的人，往往断章取义而缺少对马克思和恩格斯全部著作的综合研究，都是一章一节，一枝一叶，目无全牛，瞎子摸象。我们应该把研究与阅读区分开来。研究一位学者的思想，应该尊重原作。虽然绝对客观很难做到，因为研究者的时代、文化背景和素养会影响解读，但我们应该明白这一点。不能把自己的思想和解读视为原作。例如马克思的“宗教是人民的鸦片”的著名论断，如果脱离《论犹太人问题》和《〈黑格尔法哲学批判〉导言》所论述的政治解放和人类解放的根本问题，片面解读“宗教是人民的鸦片”，就会引申出错误结论。马克思强调的是尽管宗教是现实苦难的表现，是对现实苦难的抗议，但它只能是被压迫生灵的叹息，是无情世界的感情，它可以安慰但不能解救。世界上没有救世主，也不可依靠救世主。无产阶级要获得彻底解放，只能自己靠自己。正是在这个意义上，马克思说“宗教是人民的鸦片”。这个论断不是对宗教、对人类文化贡献的全面评价。就无产阶级必须摆脱精神枷锁，走上革命之路来说，精神鸦片之说无疑是正确的。如果在思想文化领域推而广之，甚至作为革命胜利后宗教政策的依据就不正确。阅读不同于解读。解读应该重原意，而阅读重心得。阅读心得可以发挥，可以体会，可以改造，可以重构。研究应该尊重著者原意，阅读应该尊重读者个人心得。恩格斯说过：一个人如想研究科学问题，首先要在利用著作的时候学会按照作者写的原样去阅读这些著作，首先要在阅读时，不把著作中原来没有的东西塞进去。

语言也是如此。言不尽意。言外之意往往是读者根据自己的时代、文化背景和原有的思维模式，做出各自的判断。因此，一本书，特别是格言，短句，不同人做各种解释的空间更大，这正是解释学之所以大行其道获得赞同的原因。语言越短，解释的可能性越大。中国哲学为什么能有如此大的适应性，就是因为它往往是格言式的。没有前提，没有过程，没有形式逻辑推论，只有饱含智慧的话语，如“天人合一”、“内圣外王”、“和而不同”，言简意赅，给后人留下根据时代做出不同解释的充分空间。

（5）自卑与自傲。有的人自卑，有的人自傲。自卑的人认为自己不如别人，可别人认为他很不错，很有吸引力。相反，自傲的人，可能在一些人看来不怎么样，自我欣赏而已。这里错误都出在“自”上。自以为如何如何，无非是我对我自己的看法。一己之见，靠不住。我们老祖宗说，自知者明，真是智慧高超之言。人最难的是自知。不少有才能的人由于自我估计失误，或过高或过低而毁了自己。要做个明白人，必须自知。对自己的长处和短处有个较明白的了解，才可以扬长避短。

自知难，知人也难。我们对别人很难有公正的评价。这是由于多种因素的作用，或由于感情，例如偏爱，没有多少人对自己的子女有正确的估计，往往都是偏高或偏低。偏高是爱——视而不见，偏低——也是爱，期望过高，恨铁不成钢。再如正在热恋中的人，是智商最低的人。爱，迷了眼睛。还是老祖宗说得对，知人者智。一个智者，对别人能做出接近实际的判断，不会为感情所欺骗。要做到自知、知人，就离不开哲学。因为哲学提倡的唯物主义和辩证法，要求我们实事求是，要求我们看人看事要全面，要一分为二。凡事都能分析，能全面，不是只见树木，不见森林。这是哲学比任何实证科学优越的地方。

（6）不要为虚名所累。名望和清静是完全不相容的两码事。名望是渴望别人记住你、赞扬你，名望是人永远在场。而清静则是不在场，愿意退出，自我满足，别无他求。其实名望很多是虚假的。黑格尔说，一个人能受到自己仆役的钦佩是很少见的。仆人眼中无英雄，因为整天在一起，缺点看得清清楚楚，只有远看才能造神，很多名人都是由重重帷幕造成的。

人应该自知，如果确实认为自己了不起，著作等身，飘飘然，我劝他参观图书馆，看看那浩如烟海、汗牛充栋满屋满架的图书，就知道自己的那几篇文章，几本书摆在那里，实在微不足道。何况并非都是传世之作，无非是一本书而已。在市场经济时代，有钱就可以出书。现在出本书，实在不足道哉。

（7）有些喜欢逛商店的人，从不买东西，总是空手而归。何必逛？答曰：喜好。这种喜好我不理解。有人说，陶渊明先生喜读书，不是也不求甚解吗？何必一定要有所得。不求“甚”解，甚解者，牵强附会，寻找微言大言。错不在解，而在甚。欣然意会，陶公还是很高兴的。蒙田说，读书对我的好处主要就是可以通过读书中的各种事物来启迪我的思想，运用我的判断，而不是充塞我的记忆。好读书，不求甚解，决不是逛商店空手而归。读书要有收获，正如种田一样。不问收获，只问耕耘之意，不是不要收获，而是说及时播种耕耘，自然有收获。这只问耕耘的目的归根结底还是收获。颗粒无收，决不是农民的理想。读书也一样，总要有所获。我每读一本书，即使是一张报纸，能有一两处有启发，就是收获。最怕，书报一丢，依然故我。

（8）哲学家应该学会讲普通人的话。我们有些哲学家不会讲日常话，只会讲哲学概念，离开哲学概念就不能讲哲学。这叫只讲哲学行话而不会讲普通人的“人话”。讲哲学，当然要运用范畴，问题是在解释这些范畴必须用老百姓喜闻乐见的话语，随处可见的事实把深奥的哲学道理讲明白。不能用范畴解释范畴，用概念解释概念，在范畴概念中打转转。黑格尔要求德国哲学应该讲德语。他说一个民族除非用自己的语言来习知那最优秀的东西，否则，这东西就不会真正成为他的财富。还说我也在力求给哲学说德国话。

在中国讲哲学，应该会讲中国话。所谓中国话，当然不是指用中文写作或讲授，而是哲学中国化。用中国话讲讲马克思主义哲学不容易，它要求理解中国，理解中华民族传统和当代文化。用中国话讲西方哲学更不容易。因为马克思主义哲学本应中国化，九十年来它已经积累了不少经验，可用中国话讲西方哲学还困难多多。这是西方哲学只停留在少数专业学者范围的原因，这是西方哲学面临的困境。

（9）马克思说过，真理像燧石，只有在敲打中才能发出火花。中国人也常说，真金不怕火炼。真理之所以是真理，就是经得起千锤百炼。不同意见驳辩，对真理的发现有好处。

真理与意见不同。真理应该具有普遍性和不可颠覆性，否则它就不是真理。意见往往是个人的。它可能对，也可能不对。没有一个人的真理，只有一个人的意见。意见不需要共同性，而真理则需要共同参与。多人参与，能纠正可能的错误。多数人的思考比一个人的思考能更客观、更全面。历史证明，开始发现某一真理可能是一个人，可要发展并使其更趋全面，并非是一个人之功，而是共同事业。个人可以有其突出贡献，但继续发展和推进仍然需要多人的参与，这就是学派形成的过程。意见不能形成学派，只能成为小集团，形成宗派。学派是学术发展的动力，而宗派，党同伐异，则是学术发展的阻力。我们要学派，不要宗派。

（10）过犹不及，过与不及均有害，无分轾轻。不及是达不到，而过则是超过。可从补救的可能性来说，过比不及的危害更大。不及尚可弥补，而过则往往无可挽救。夹生饭，还有法可想，而一窝烧煳的饭，不可再食。一块布做内衣，裁大了可以再裁小点，而裁小了就无法变大。毛泽东说“可杀可不杀者一律不杀”。杀了，无可回生，而不杀尚可平反。这类教训很多，说“左”比右好是错误的。纠“左”要难得多，因为它已造成的危害无法弥补。当然反“左”时防右，反右时防“左”，最好。

在哲学中，中庸之道是最复杂的问题。不仅孔子主张中庸之道，西方亚里士多德也同样。他说，美德乃是一种中庸之道，它乃是以居间者为目的，过度和不足乃是恶行的特性，而中庸则是美德的特性。毛泽东曾说过，矫枉必须过正，不过正不能矫枉。这是针对湖南农民运动中各种保守主义和改良主义说的，而不是任何情况下都必须“矫枉过正”。相反，毛泽东赞扬孔子的中庸之道，说中庸是孔子的一大发现，一大功绩，是哲学重要范畴，值得很好解释一番。当然，中庸并不是简单居中。不左不右不是方位，不是指居中，而是指正确。正确就是不左不右，如果把中庸解释为凡事居中，做人左右逢源，做事不敢突破陈规旧俗，该变革时永远保持事物的规定性，这样的中庸之道就不是哲学智慧，而是乡愿哲学、保守哲学。

（11）柏拉图说过，一个人的脾气是随和还是怪戾，可以显示出他的心灵是善良或者歹毒。这句话有点过，不能一概而论。各人的性格不同，脾气暴躁或随和是一种性格差异。但如果在上级面前，唯唯诺诺，而在下级面前，脾气暴躁。这种暴躁与随和因人而异，就不是性格，而是人格。

从做人态度来说，我主张性格随和点好。卑人无才无职无位，终生是一名教员。在中国人民大学近六十年，与一些工人，一般干部多有来往，至少路见时彼此打个招呼，聊几句。我当然也有一些学术界朋友，其中也有名人，从不攀附。声望高低无碍于做好朋友。企图以交朋友为梯子，心有所求，则与交友之道无关，应另列马屁章或入厚黑学教材，或入最时髦的所谓公关学教材。我对“无友不如己者”另有所解。

做人要平易近人，切勿装出一副高人的样子，似乎学问高深如海，装腔作势，此种人最为无聊。蒙田说，“别人琢磨着如何使自己的思想显得空灵和高深，我却会努力地使自己的思想感情浅近平实。在我的心中，拔高和夸大都是有害的”。“在不懂的人中间充内行，说话还煞有介事的，那其实是愚蠢的”，“要使自己平易通俗，这样你周围的人才会更加喜欢你”。蒙田虽然做过波尔多市市长，有自己的城堡，但终究是大思想家，这些议论都是至理名言。

（12）习惯决定命运。要从小重视良好习惯的培养。坏习惯是最可怕的，习惯的确是一位粗暴而阴险的教师，它会悄悄在我们身上建立一种权威，起初它是那么温和谦恭，但时间一久，它便会扎根，而最终暴露凶悍而专制的面目。“习惯是人的第二天性”。战胜自己的坏习惯，的确比战胜对手更困难。我们的教育尤其是家庭教育最重视的是知识学习，是分数，而不注重优良习惯的培养。习惯的培养就是品质培养，一生受用，而知识可能过时，可能变旧，可能忘记，而优良习惯一生相伴，往往是最困难时的朋友，是成功的支柱。我们一位留日的学生，因为家长不能满足他的要求，居然在满怀思念之情的母亲于机场接机时，当场把她用刀杀死。谁之罪，当然罪在他自己。可父母有责，望子成龙，结果成为狼。可叹，可悲，可怜，足以为中国父母戒。应该从小重视孩子优良习惯的培养。

（13）历史无规律论者的根据，是历史事件个别性、偶然性，是主体活动的结果。历史事件是个别的，但无数个别性存在共性。历史事件是偶然的，但大量偶然中存在必然，历史事件是人的行动的产物，但人的行动不是绝对自由的。因此，孤立的历史事件中很难发现规律，但从一连串事件中可以发现它的相似性和重复性，发现偶然性中的必然性，从人的行为中发现它的制约性。社会规律是在一个较长的时间段才能存在并起作用的规律。无论是动态规律还是统计规律，都是如此。生产力决定生产关系的规律，并不否认一个国家可以在很长时间存在上层建筑与经济基础不相适应的情况。规律的强制性作用往往表现为破坏性后果，这要经历一段时间才能显现出来。

不从历史唯物主义着眼，不能理解为什么四大发明在西方的作用和在中国不一样。火药在中国是敬神的鞭炮，而在西方是炸毁封建贵族城堡的炸药；印刷术在西方促进学术的发展和传播，成为科学复兴的手段，而在中国则是印古书、家谱的印刷手段；指南针在中国变为看风水的罗盘，而在西方则是航海的指针。这说明同一种发明的运用取决于不同的生产方式。中国封建时代的某些发明在中国开花，在西方结果。离开了对生产方式的分析，则不易理解。

(14) 不是人控制情绪，而是人被情绪控制。人在冲动的时候，是情绪在指挥着自己说话，而不是我们自己在说话。在发怒时，自己说了什么可能并不知道，怒不择言，就是如此。制怒是一种很重要的道德修养。人要控制情绪，更要控制欲望。可人往往为欲望所控制，而不是自觉控制欲望。自觉控制欲望需要理性，懂得欲望的危害。当一个人沉湎于享乐的时候，享乐本身也就是痛苦。一个人天天参加宴会，肯定面对山珍海味感到不如喝粥有味，正如一个锦衣玉食者会感到生命空虚一样。生命的快乐在于张弛有度、有变化、有节制，而不是享受无度。过度享受最终给人带来的是痛苦。因陪酒而醉死时有所闻，真是舍命陪君子。我在医院时就见过一位刚过四十岁的镇委书记，双眼因糖尿病失明，因尿毒症透析。他妻子诉苦说，上级来检查工作要请吃；下去要被请吃；同事联络感情要陪吃。因吃成灾，吃来吃去吃成这样。我说，不吃不行吗？不行。吃，是当今官场文化的一部分。这确非我辈蛰居书斋的老朽能理解的。我想起了西塞罗的话，“寻欢作乐，声色狗马是轻浮的伙伴，与它们为伍其实并不快乐；处于逆境时坚定平静，经常更为幸福”。

(15) 偶然的联系和必然的联系是不同的。出门听到乌鸦叫和出车祸是偶然联系，是不可重复的，而醉酒驾车出车祸则具有极大的可能性，是可以重复的。每年因醉驾而死亡的人数证明这一点。把偶然性必然化，往往导致迷信；而把必然性即使是统计必然性偶然化，也会导致冒险时的侥幸心理。一个人因为喝了某座庙前池塘中的水，而恰好治好了病，结果人们以为是仙水，都去喝庙前水治病，这就是把偶然性必然化，求仙水者不绝于途。治好了，是水；治不好，是命。仙水能治病，可以用个别事实证明，不能治病可以用大量事实证明。可因为他信，信则迷。可以说，凡是把偶然性必然化，或把必然性偶然化的人，最后都会陷入命定论。

（16）知识的作用必须物化，马克思从来没有否认知识的物化作用。他说过人的创造物“是物化的知识力量”。固定资本的发展表明，一般知识已经在多么大的程度上变成了直接的生产力，从而社会生活过程的条件本身在多么大的程度上受到一般智力的控制并按照这种智力得到改造。它表明，社会生产力已经在多么大程度上，不仅以知识更新的形式，而且作为社会实践的直接器官，作为实际生活过程的直接器官被生产出来。保护知识产权从根本上说，也就是保护生产力。

自从培根提出知识就是力量以来，知识在人类社会进步中的作用是有目共睹的，但这不是纯粹停留于书本上的知识，而是通过知识的物化。没有知识的物化，知识始终是知识，而不是实际地发挥作用的知识。当代社会发展证明，新的知识物化时间越短，社会发展速度越快。从资本主义产生以后的世界，世界随着知识物化时间越来越短而迅速推进。中国要缩短与西方发达世界尤其是美国的差距，必须发展教育，不断知识创新。在当代世界，谁拥有发达的普及的高水平的教育，能提供新知识、新发明，并加速转化，就能立足于世界先进国家的行列。

（17）经验的吸收既要靠经验，更要靠理论。封建社会新王朝重犯前朝错误的不少。不仅是封建君主，中国共产党是用马克思主义指导的党，可我们也一再犯同样的错误。例如，中央苏区反AB团、延安整风中的抢救运动、反右派、反“胡风反革命集团”、反右倾机会主义等，在“文化大革命”中更是登峰超绝，都是类似或同样的错误——“左”的错误。为什么会这样呢？因为犯错误者可以是不同的人。前人的经验是前人的，别人的经验是别人的。如果不从更高的理论层次来把握经验，只是停留在经验认识层次，要依靠经验吸取经验，只能一代一代永远犯同样的错误，永远无法吸取经验。理论则不同。理论认识超越经验的范围，从规律层次上把握经验，以理论对待经验和单纯以经验对待经验是完全不同的。我们一定要重视理论分析。只有理论才能超越单纯经验的局限。我以为，我们对“文化大革命”问题进行高度的有说服力的理论分析还不够，更多是停留在感性层面、控诉层面，对其产生的原因、危害，如何防止重演分析不够。我们不能轻视当前存在的一股怀念“文化大革命”思潮的暗流，如果仅仅用一个极左回潮的论断是消除不了思想隐患的。经历过“文化大革命”的一代人不会再希望“文化大革命”发生，可对于没有经历过“文化大革命”的我们的后代，“文化大革命”的经验对他们是陌生的。既谈不上以经验吸取经验，也谈不上从理论上深度理解“文化大革命”的教训。

我们的后代或许会问：这究竟是为什么？为什么这个席卷全国、震惊世界，十多亿人仿佛都“神经发作”陷入“疯狂”状态的“文化大革命”会发生在社会主义中国？世界历史上从来没有哪个开国者会通过自己的手毁灭自己创造的政权。任何对领导者的心理学分析、动机论分析，或是什么个人恩怨、抽象人道主义、人性异化都无法对这种暴风狂雨式持续十年的运动做出有说服力的理解解释。没有深刻理论说明的教训，不可能转变为真正具有警世作用的教训。理论，只有理论才能把不可理解的事实变为可理解的事实。

（18）中国哲学说“朴散则为器”，从实践角度看是有道理的。朴，只是没有用的原木，但它可以用作制造各种器具的材料，可以散为器。金矿可以炼金，黄金可以制作各种金首饰、种种金属器皿。劳动的本质就是朴散为器，把劳动对象变为各种可用之物。在朴散为器的过程中，人也学会了种种技能和智慧。如果认为需要返璞归真，即反对朴散为器，反对由此产生的人类的技能和智慧，认为人会因此变得贪婪、道德败坏，从而反对知识，这是一种错误的历史观。确实，随着人类朴散为器的能力的增加、科学技术的进步，人类变得越来越不如先前那样淳朴，工业社会比起农业社会，人际关系、亲情、人情似乎都在倒退。人与人的关系越来越远，越来越陌生，越来越没有同情心，金钱变成生命的主宰。表面看仿佛是由于科学技术进步导致的，其实，在科学与人文之间，在技术与道德之间有一个把两者结合的社会制度。科学与人文分裂的祸根是制度，而不是技术。原子核裂变的能量，可以发电，可以制原子弹，也可以化疗治病。这一切取决如何应用技术，而不是取决于技术本身。人类的一大悲哀或者说不合理之处是，新技术的发明者并非技术的占有者和应用者。发明者是科学技术家，而占有者应用者是政治权力和资本权力。如何应用是掌握在技术占有者手中，而不是在发明者手中，因为技术成为资本的构成部分。科学技术是生产力，但不存在没有归属和占有者的生产力。老庄推重朴，反对巧，认为智者伪也。倡导绝巧弃智，复归自然，返璞归真。这只能是一种哲学主张，不可能是真正的历史和现实。

(19) 信息并不神秘，对能理解的人来说，任何东西都可以是信息。破案高手，就是能从蛛丝马迹中发现破案的信息。连垃圾中都有信息，垃圾可以传达互不相识的人的信息。我看过一篇小说，描写两个单身，一男一女，隔邻而居，从未来往，只是彼此通过对方倒出的垃圾，判断对方的性格和生活方式。垃圾中倒出的是生活垃圾，传出的是喜欢吃什么，生活习惯，是不是经常在家集会，与什么人往来，上哪家超市，爱不爱卫生，总之，通过垃圾能大体判断一个人。这就是信息。信息表明世界的可知性和可理解性。对人也是如此。认识自然，认识世界，不都是通过信息吗？美国和北约以人道主义和保护平民说事，进行轰炸，传达的是他们可以以任何理由颠覆他们不喜欢的政权信息。美国之所以能击毙拉登，其中一条就是根据垃圾燃烧。不倒出垃圾，证明这家人的主人不同于常人，处于绝对保密状态。这是线索，而线索就是联系，被联系的物体就是信息的载体。事物不是孤立的。联系的方法，是认识的重要思维方法。刑侦专家、物证专家都同时是哲学家，都善于理解各种有助于破案的信息。没有联系观点，没有信息观点，永远不可能破案。

(20) 科学语言与日常语言不同。科学语言是国际性语言，是通用的，一个物理学的规律或公式，只属于某一民族，不可能是科学的，自然规律的普遍性决定自然科学语言的世界性、国际性。而日常语言当然是民族性甚至地方性的，它不是通用的，必须翻译。但任何翻译只能传达内容，而无法传达不同语言特有的奇妙之处。翻译的最高境界是信达雅，这很不容易。即使如此，也不可能与对母语的理解相比。至于哲学语言，哲学风格更是民族性的而不是国际性的语言。中国哲学的天、阴阳、气、道、性、器之类是西方没有的；而西方的质、量、否定、规律、必然性之类，也是中国哲学语言没有的。哲学概念、用语，只要具有科学性是可以借用的。中国当代哲学许多用语多半来自通过马克思主义为中介的西方哲学，我们不能因其来自西方而非中国固有范畴而拒绝使用。哲学概念具有民族特点，而哲学概念所表达的哲学思想，并不会因为东西方不同而无法交流，因为哲学概念的内涵和表达的智慧是可以相通的。只要我们认真学习中外哲学史，就可以发现思想家们有不少类似的说法。

（21）年已八十多，各种机器都不太灵光，但大脑仍很活跃，不时会冒出一些突发奇想，这大概证明我仍活着。笛卡尔说“我思故我在”。从医学看当然不能成立，但从哲学看有道理。哲学家证明自己作为哲学家的存在，就是他仍在思考哲学。不思考就是一个哲学家哲学生命的结束。思想先于肉体结束，这对人是最大的痛苦。对哲学家尤其如此。不思考哲学问题不是哲学家，即使仍然活着，是活人，但不是作为哲学家的存在。

哲学家为什么要思考？据说没有目的、没有动机，只有爱好。我不这样认为。农民播种，目的明确，是收获庄稼，工人知道自己生产的目的，是生产产品，以及生产什么样的产品。哲学家也应该知道自己为何思考，思考什么。正如从未制作过家具的木工，从未种过田的农夫，都是徒有其名的木匠和农夫。职业不仅是专业，而且是决定你是什么样的人的活动方式。如果一个哲学家从不思考，不知道思考什么，也不知为何思考，就不是一个真正的哲学家。思考的功利性是一回事，思考的目的性是另一回事。任何哲学思考都应该是有目的的思考，有目的的思考才有结果。我们应该反对个人功利主义，但不能反对思考的目的性和有目的性的思考。我读过我的同行俊秀中一些学者的文章，我读不懂，弄不明白说什么。我就会反问我自己，这篇文章是功利性的还是目的性的？他们为什么要写这篇文章，告诉我们什么？太晦涩，难懂，云山雾罩。据说这就是“学问”。

（22）从思想方法角度说，哲学的作用可以归结为两个字，破与立。破是分析对象，揭露矛盾，无论是实际矛盾还是理论矛盾。立是解决矛盾，对于思考者而言就是对如何解决矛盾做出回答。至于如何揭示矛盾和解决矛盾，其中包括一系列的方法，如实事求是，从实际出发，具体问题具体分析，如归纳、演绎，总之所有方法都必然有助于揭露矛盾、解决矛盾。如果马克思主义哲学无助于指导揭示矛盾和解决矛盾，一无用处。揭示矛盾和解决矛盾，对于哲学来说是个难题。真正揭示矛盾和解决矛盾，必须调查研究，必须掌握材料，面对事实，而事实正是哲学家最薄弱的环节。哲学家之所以流于空谈，就在于不了解实情，只是在纯概念王国中驰骋。有人说，不对，你看那些大哲学家哪个不重视概念，包括康德、黑格尔，哪个不是在概念中思考。其实，这些大哲学家之所以伟大，就在于看似纯概念思维，实际上都包含丰富的历史和现实的内容。《精神现象学》就是一部以纯概念形式表现的真正的人类精神发展史。

(23) 孔子是智者，他站在河岸上感叹：逝者如斯夫，不舍昼夜。希腊哲人说，人不能两次踏入同一条河流，表达的都是万物皆变化的思想。这是事物和表达事物的概念不同之处。从概念说，我们可以说，人能永远踏入同一条河流。黄河仍然是黄河，长江仍然是长江，亘古未变。这是名和实的矛盾。河水流动而河名不变。概念是最缺乏灵活性的。一旦命名，对象就似乎固化。因此，列宁把是否承认概念具有灵活性视为辩证法与形而上学的一个根本区别。

(24) 就数学说，两点之间直线最短。就人生说，从生到死没有直线，只有曲线。人的一生跌宕起伏。人生从来不是绝对完满的。传奇人生就是曲折人生。人生没有曲折，没有高潮低潮，一生平安，老死牖下，肯定平淡无奇。只有伟大人物才经得起大起大落，或者说是大起大落造就了伟大人物。天将降大任于是人也，必先苦其心志，劳其筋骨……行拂乱其所为，大概是这个意思。跌宕曲折成就了伟人，伟人大都有过曲折。毛泽东、邓小平都如此。历史上很多杰出人物大抵这样。屡败屡战与屡战屡败是不同的。

(25) 人与其他动物不同。动物只有一个家，这就是它们生存其中的自然界。人不同，人有两个家，一个是人生存其中的自然与社会，这是与人不可分的客观世界。另一个是人的精神家园，它既包括作为主体的人的内心世界，也包括以社会意识方式存在的人特有的文化世界。生态环境恶化是人的外在生存世界的恶化，而作为文化的精神家园的破坏，则呈现为人的道德、理想、信仰和价值的颠倒与混乱，导致人内心世界主体精神的恶化。精神家园的破坏，其危害性远比生态环境的恶化更大、更持久。弗兰·佩鲁说，文化危机要比经济制度失灵更为深刻，其原因在于人们的思想和感情发生了危机。建设中华民族共同的精神家园是社会建设面临的一项重要任务。只有两个世界，自然生态世界和文化世界都适宜于人类生存，才能形成人的丰满的内在精神世界。

(26) 良才、良医、良相各不相同，但都是良，道理相通。韩愈《进学解》是一篇很著名的关于师道的文章。其中有个观点很有启发。他说盖房子用木料，有的适合做房梁，有的适合做檩子，有的适合做门栓，总之各有其用，好的木工善于用各种材料建筑一座房子，如果都想做房梁，没有其他材料配合，房子就盖不起来。良才之良在于用才，良医之良在于开方，而不在于药。药无贵贱，在于配伍，善用则灵。用人亦如此。量才录用，各尽其能，各得其所。大才小用固然是浪费人才，小才大用，不堪重任，同样是误国误民。良相在于知人善用；良才在于择才用才；良医在于配伍。这种思维方法是整体性的思维方法，而不是单打一的形而上学。

(27) 历史是人自我认识的镜子。人不可能脱离历史。人的全部活动的成果最终都积淀在历史中。人只有通过历史才能认识自己。人性是变化的。一些看起来仿佛永恒不变之性，如人的同情心、爱、利己心，或其他一些在各国各个民族到处可以见到的人的一些共性都是历史造就的。离开人类社会共同性就无法理解人性的共性。任何社会都是人类社会，都存在家庭、夫妇、子女关系，存在朋友关系，存在人与人的相互依存关系。没有一个人能生活在社会之外，即使是鲁宾逊也只是暂时游离出来的人类中的一员。有同样的社会关系，同样的家庭血缘关系，有同样的人与人之间的相互依存关系，必然使同情、爱、怜悯，以及憎恨或其他感情成为人类社会到处可见的普遍现象。可是它的表现方式和内容，仍然会随着时代变化而变化。只要考察历史就会明白这一点。只要立足于历史和历史的变化，不变的人性就无立锥之地。

(28) 我们可以反对英雄史观，但不能反对英雄。没有英雄只有庸人的时代，是寂寞的可悲的平庸时代。从人类社会发展来看，我们经历了英雄政治、伟人政治和民选政治各种不同时期。英雄人物的时代，往往是需要统一和向外扩张的时代，包括亚历山大大帝、秦始皇、成吉思汗、彼得大帝等，这是英雄政治的时代；伟人政治是变革的时代，是根本推翻一个社会和开辟历史新局面的时代，如华盛顿、列宁、毛泽东这类人；民选政治是选举政治的时代，而非创业多为继承或守成时代。被选举出的人物，可以是英明政治家，也可以是滥竽充数的政客。这取决于社会根本制度和选民的素质与水平。有什么样的选民，就会有什么样的当选者。英雄和伟人并不是任何时期都有的，是时代需要造就的，而当选者在任何多党制的选举中都有，只要是选举制总会有人当选。英雄和伟人不是票选出来的，而是时代和历史造就的。从一定意义上说不是选民，而是人民和历史的抉择。

伟大人物和英雄人物的出现是时代需要，因而在同一时代往往是群星灿烂，因为时代的舞台相同。毛泽东时代出现的人物，不只是有毛泽东、周恩来、朱德等。光湖南就出现不少英才。至于中国革命中出现的众多杰出的政治家、军事家，更是不胜枚举。列宁和斯大林时期也是如此。政治领域如此，思想文化领域也是如此，人才成串出现。古希腊时期、中国的春秋战国百家争鸣时期、法国启蒙时期、德国古典哲学时期、马克思和恩格斯以及第一国际时期，都是如此。中国20世纪30年代，在文学艺术领域，也是成群出现的，并不是只有鲁迅一人。

社会主义社会不同于西方资本主义社会。西方重票选，当选者即当政，不行，下台后再选，政党轮替是换马。社会主义不仅重选票，而且更重民意、重历史自身的选择和淘汰。选票似乎是民意，其实不一定，选票可卖可买，可操纵，而且可以利用报纸、电视拉票。在西方当选者是领导人。在中国当选者是领袖型人物，是领导地位和领袖才干的合一，是民意和历史选择的合一。

（29）柏拉图说，吾爱吾师，吾更爱真理；孔子说，“当仁，不让于师”。意思相同，都是不让于师，可重点不一样。柏拉图强调的是真理，在真理面前，我们应该更爱真理，如果老师有错，应该不让于师，而孔子强调的是在为“仁”的面前，我们应该勇于承担，不能落在老师后面，可对错误和缺点则应该为尊者讳。

中国哲学和西方哲学既相异也有相通之处。在异的方面，西方把真理放在首位，中国把道德即仁与不仁放在首位。相同之处在如何对待老师的问题上，都主张还有比老师更重要的东西。在西方是理，在东方是德。主张吾爱吾师，吾更爱真理，是理在师之上。主张重师尊道的中国，把道放在师之上。师之可尊、应尊，是因为传道，因此，当仁必不让于师。这两种传统都可取，都应该继承、发扬。在做学问上，我们应该提倡追求真理，提倡吾爱吾师吾更爱真理。在做人的问题上，我们应该提倡当仁不让于师。

(30) 真理与事实有区别。真理不是存在本身，而是对存在的判断。只有判断才有真假对错，而存在永远是存在自身。存在无真假。铜不是黄金，铜与黄金的区分是事物之间的区分，不是真理与谬误的区分。但把铜说成是金，或把金说成是铜的是人，是人的认识。认识有真假之分。正如鹿与马的区分是动物自身的区分，无真理与谬误之分，只有指鹿为马，或指马为鹿才有真假之分。真理属认识范围。把真理说成是去蔽，只有这个蔽是指人对事实的遮蔽才有意义，而存在本身不存在去蔽的问题。因为蔽，是人之蔽，是人对事实判断之蔽。正如荀子《解蔽》中说的，所有的蔽都是人之蔽，而不是事物本身的蔽。事物自身的存在都是原本如此，错误来自人对事物的认识。当列宁把客观真理说成是认识中包含的不以人的意志为转移的内容时，强调的是认识中的内容，而不是不经过认识的客观事物自身。事物本身是无真假的。只有把假当真才有真假。假药之所以是假药是因为当真药卖。如果标明是假药，则是真。离开认识讨论真理问题毫无意义。

(31) 人的自由全面发展不是培养万能人。分工是社会进步的必然趋势，是不可能消除的。自由全面发展的人，决不是无所不会的万能人。自由发展是相对于资本主义条件下的不自由，即终身被束缚在某种职业，是对劳动纯为谋生手段而不能发挥个人兴趣和才能而言的。所谓全面发展是指不再因片面的强制性分工而造成的畸形的、单一的发展而言的。在旧的分工下，体力劳动者只发展自己的四肢、体力和肌肉，流水线的工人更是如此。而脑力劳动者变为肌肉萎缩、不会从事任何体力劳动的用脑人。全面发展从根本上说，就是消除体力劳动和脑力劳动的对立，消除人变为越来越细的分工的奴隶而压抑自己多方面潜在才能发展的可能性空间。任何全面都是有限制的，这种限制是人的生命和能力的限制，而不是谋生手段的强制性限制。只要劳动不再是个人谋生手段，而是一种人可以在自由选择的领域中从事自由自觉的活动，而且可以在任何有助于发展自己才能和兴趣的领域中劳动，就是自由全面的发展。马克思自己对人的全面发展做出过明确的说明，他并没有把全面发展理解人能无所不能，而是说个人的全面发展，只有到了外部世界对个人才能的实际发展所起的推动作用为个人本身所驾驭的时候，才不再是理想、职责等，这也正是共产主义者所向往的。人不可能自由到没有约束，全面到无所不能。人是人，不可能成为全能的上帝。只有与资本主义社会异化劳动相对而言，只有对社会条件限制人的潜在才能发展而言，自由全面发展才是有意义的，才是可以理解的。除此而外，都是浪漫空想和乌托邦。

(32) 在资本主义市场经济中价格与价值存在分离，每样东西都有价格。甚至连人、人的良心都可以变为商品，标明价格。我们并不懂得价格背后的真实价值。一幅齐白石的画，在拍卖市场可以知道它的价格，可是它的文化意义和艺术价值并不能以价格多少来判断。几乎所有的文化商品包括艺术作品、书籍都可以标明价格，但它的实际文化价值我们并不知道。知道价格，要有商业头脑。要知道它的市场价格背后的文化价值，需要文化素养。一本文学名著作为出版图书可以标明定价，但它的文化价值并不能定价。而且各人的文化素质高低不同，各个艺术鉴赏家的水平不同，对它的文化价值的把握也不相同。这就是市场经济下的文化产品的价格与价值的背离。追求票房价值，实际上是追求利润，票房不是影视社会价值评价的尺度。

(33) 中国语言不仅是文化载体，而且包含丰富的人生智慧与哲理。“寻短见”即一例。“寻短见”意谓一个人不能遭受任何冤屈，或其他不得意之事，不然即自我了结。自杀，俗话谓之寻短见。可见人的见识确有短见和长见之分。短见，是说目光短，看不远，见识少，见识短。长见，当然广于见闻，因而凡事能看得远，想得开，应对有方。而短见则拙于见闻，容易悲观、失望，受不得半点委屈、半点冤枉、半点挫折。而有见识者往往是经历过风风雨雨，见过世面，甚至在人生途中几起几落、几落几起。“长见”不单是来自书本，更重要的是来自人生阅历。“牢骚太盛防肠断，风物长宜放眼量。”这是毛泽东历经挫折的人生经验的总结。

人当然应该尊重生命，爱惜生命。“寻短见”也是对生命的不尊重。中国人对正常死亡，主张顺应自然，节哀顺变，而对非自然死亡，则重视死的价值。正是在这种价值评价中，有“短见”与“长见”之分。无意义的自杀，是短见，不值；为抵抗外敌死于疆场，为革命死于刑场，这种死，值得，称为死节。司马迁说的：“人固有一死，或轻于鸿毛，或重于泰山。”就是对生命的两种不同的态度。“我自横刀向天笑，去留肝胆两昆仑。”这不仅是谭嗣同视死如归的英雄气概，而且是长见，因为他看到没有不流血的变革。要流血自我开始，则是为变革的长远计。

如何对待生死有长短之分，日常生活也有长见与短见之分。有的人，见不得同一单位、同一科室的人有任何比自己好的成就，常常怀有嫉妒之心，总希望别人倒霉。这种人是短见，鼠目寸光之辈。有见识的人，希望朋友、同事都有成就，在这样众多有成就的人的气氛中工作，这样的环境，对自己的进步是有益的。处在一个人人比自己水平低、没有任何有成就足以为范的人的环境中，处在一个庸人的环境中，自己永远是同样低水平的庸人。水涨才能船高，难道这个道理还不明白吗？

（34）社会由人组成。没有个人，就不可能有社会，而没有社会，当然也没有个人。任何人都生活于一定社会，游离于社会之外的个人是不存在的。马克思曾经批评费尔巴哈说，他不知道他所说的个人都属于一定的社会结构。可是个人与社会又存在区别。尽管社会是由众多的个人活动形成的，但从个人与社会关系来说，社会比个人具有重要地位。是社会决定个人，而不是个人决定社会。任何一个单个的个人都不能改变社会，即使再伟大的个人也不可凭一己之力量，改变社会。正如泰山虽然不辞细土，大海不择细流，但一捧土终不同于泰山，细流终非大海。一些个人主义者、自由主义者不懂这个道理，总是把个人放在社会之上，不是考虑如何通过改变社会造福于个人，而是突出个人把个人的利益放在社会整体利益之上。他们不懂，再品种优良的鱼苗放在一池污水中也是难以存活的，而水质优良适宜全部鱼类生存。少数鱼不能存活是鱼自身的问题，而水中的鱼都出问题，肯定是水的问题。鱼苗的好坏，只祸及少数鱼自身，而水则殃及全体鱼类。革命家总是关心社会胜过关心个人，而个人命运的改变是寄希望于社会的改变。这就是中国近百年来社会变革的历史经验。

（35）不能断章取义地摘录《共产党宣言》中“每个人的自由发展是一切人自由发展的条件”。仿佛马克思和恩格斯认为个人自由高于一切人的自由，先保证个人自由才能发展其他一切人的自由，这完全是歪读。一切人的自由的可能性，并不是先从单个人的自由开始，而是从改变社会开始，所以《共产党宣言》明确指出，“代替那存在着阶级和阶级对立的资产阶级旧社会的，将是这样一个联合体，在那里每个人的自由发展是一切人自由发展的条件”。严格说来，马克思讲的是换水的问题，而不是换鱼的问题。先把水换了，消灭阶级对立的资本主义旧社会，才有可能是个人发展为其他一切人发展创造条件，个人自由与人类自由成为良性互动。而资本主义社会是你死我活自由竞争的社会，一些人的获胜（获得自由）意味着另一些人的被压迫（失去自由），只有新社会才可能是每个人的自由，不仅不妨碍他人的自由，而且是其他人自由发展的条件。如果弄不清鱼与水的关系，就会颠倒社会与个人的关系。现在流行的那种没有前提断章取义的引用，可说是差之毫厘，失之千里，弄拧了。

（36）世界上并不存在抽象的人。只存在一种人，即现实的人。人都是现实的人，都生活在现实的社会中。抽象的人只是一种关于人的学说或者说观点。现实的人既然是生活在现实社会的人，必然具有历史性、时代性、民族性，在阶级社会中还具有阶级性。现在一些文学作品中最爱用的一句话就是“我们都是人”，或者“我也是人”。这句并没有错，但如果以此表明自己行为的正当性、合理性或合乎人性，则不然。只停留在“我们都是人”，“我也是人”，而绝口不提自己所作所为属于哪种人，这就是重新回到费尔巴哈的类概念，人，只有男人与女人。如果确实这样，当然很好。我们都是人，相亲相爱，拥抱亲吻。不过不能解释现实社会中人与人之间除了相亲相爱之外，还充满仇恨、战争、杀戮、剥削、相残。自杀式的恐怖活动可以坦然献出生命，可见仇恨之深。“本是同根生，相煎何太急”。用“我们都是人”是无法解释的。世界并不会因为我们都是人（生物学意义上的类）而相亲相爱。中国古人说，人心不同，各如其面。如果一个理论家，一个文学家、艺术家，只知道我们都是人，而不知道还要懂得是哪种人，其作品可能充斥“言不及义”的胡话。

（37）我们不要再幻想农业社会那种浓郁的亲情，再想那种充满爱意的天伦之乐。家庭结构并不是凝固不变的，家庭血缘并非永远是一样紧的牢不可破的联系纽带。一切都会随着生产方式的变化，随着谋生方式的变化而变化。马克思说，大工业在瓦解旧家庭制度的经济基础以及与之相适应的家庭劳动的同时，也瓦解了旧的家庭关系本身。我们感叹中国农村家庭结构和家庭伦理关系变化，可是城里的家庭结构和家庭伦理、婚姻观、恋爱观早就变化。农村通过城市化在步城市的后尘。

前资本主义社会血缘关系起着重要作用，而在原始社会，血缘关系起着举足轻重的决定作用，恩格斯说过，亲属关系在一切蒙昧民族和野蛮的社会制度中起着决定作用。当血缘关系在社会生活中起着重要的纽带作用，亲情必然浓浓的，亲情与血缘观念紧密相连。随着社会发展，血缘关系在社会中的作用下降，家庭结构发生变化，亲情同样会发生变化。当经济关系支配家庭关系，支配夫妇兄弟姐妹甚至父母子女关系，那种家庭血缘纽带已经松弛，为遗产而对簿公堂，甚至出人命的事已屡见不鲜。这是历史的进步，还是进步的历史代价，看法不同，取决于各自的价值观。我认为往回走，不行；赞美现状，也不行。随着社会主义的成熟，社会主义应该有高于封建社会、资本主义社会更合理的家庭结构和人际关系。

（38）庄子说，相濡以沫，不如相忘于江湖。这话只有一半对。相濡以沫，是和谐，是温暖；相忘于江湖，是富裕。如果仅仅富裕而变成个利己主义社会，变为人人顾自己、上帝管大家的社会，即使生产力发展，也不是适宜人类生存的社会。难道西方高消费社会的现实应该是我们的未来吗?

现在不是革命战争年代，我们不可能期盼革命者的后代都像父母或祖父母辈那样，具有拼死疆场的革命豪气和自我牺牲精神，也不能笼统反对干部子女经商，既经商就可能越做越大，变成富翁、富姐。但我们应该反对利用特权一夜暴富的不法之徒。我们也不能阻止广大群众经商牟利、阻止发财，但我们应该反对造假制假，反对见利忘义之徒。有些人不是一般的诚信缺失，简直就是谋财害命。说中国老百姓仇富，是不实之词。令老百姓不满的并不是劳动致富，而是暴富，是不择手段的掠夺式的敛财。

革命并不是目的，革命目的取决于进行革命的阶级。资产阶级革命是以建立资本主义制度，创造一个强大的资产阶级为目的。社会主义革命以建立社会主义为目的，而不是创造和壮大拥有大量财产的所谓新资产阶级为目的。我们追求共同富裕，而不是少数人的富裕。中国特色社会主义社会的可靠牢固支柱并不是少数富豪，仍然是广大平民，全国人民。谁都能切身感受到，中国社会确实在变，总的是在变好，变富，变强。但也有一些事在变坏，从人际关系、价值观念到道德水平，从官风到民风，变得令人扼腕嗟叹。我们并不期待绝对完美的社会，但期待一个不断走向完善的社会。

(39) 有人说，计划经济时代，人是单位的人，这是一种人身依附关系。现在好了，人是自由的，你可以炒我的鱿鱼，我也可以炒你的鱿鱼。计划经济时代终生在一个单位固然有其缺点，但人们对他们终生为其服务的单位和同事之间怀着一种情感，我以为还是好的。现在的人不断跳槽，个人与单位、员工与公司除了利益关系没有任何情感关系，人变成经济人而不是情感人，不见得好。

有人说，人挪活，树挪死，这句中国人的老话颇有哲理。树与人不同之处在于人有主体能动性，而树完全依赖环境。当一棵树挪到它不适宜生长的环境，就会枯死，除非以多少代死亡的代价，最终才逐渐存活下来。不仅是树，任何动植物与环境的关系都是适应关系。人不同，人具有适应各种环境的能力，因为他不是单纯适应，同时也是改造环境以适合自身的要求。这就是人的主体能动性。人与环境是相互作用的关系，而动植物是适者生存自然选择的关系。人挪活是从人与环境的关系说的，并不鼓励人们不断地跳槽、不安心本职、这山望着那山高。人才交流是对的，人才流动也有一定的合理性，终身属一个单位的计划经济时代应该终结，也已经终结。任何事超出合理范围就会走向反面。有些单位所谓人才引进，就是旧戏班的“挖角”。对一些人，所谓人才流动就是哪里收入高，对自己有利，就千方百计走人，至于原有单位对自己的培养，不在话下，毫无一点感恩之心。这种方式的人才流动，没有什么可称道的。水池只有堵塞才需要流动，本来就缺水的水池还要被流动，岂非要干涸。不少情况下的人才流动是由本来人才不多或者只此一人的单位，流向人才成群的单位，这不合理。就中国而言，这种流动一个人才也没有增加，只是庙小难以留人而已。

(40) 鱼生活在水里，但鱼并不知道水对它生存的价值。只有当鱼被捕离开水，才以本能的挣扎表示它对水的依赖。人也是一样。人生存在社会中，生活在人与人的关系中，人并不知道社会对个人存在的意义和价值，人际关系对人的生存的意义和价值。可当一个人独自被抛弃到野外，远离人群孤独无奈时，才会想到社会对人的重要性、群体对于个体生存的重要意义和价值。空山足音，一个人迷路时听到有脚步声，比最好的音乐都动听。个人主义者只知道我、我、我。他不了解当世界只存在我时，这个世界是毫无意义的世界，而我也是一个不可能存在的、无足轻重的沙粒。人的本性是社会性动物，是只有在社会中才能存活的存在物。自我至上的人生，只知有我的人，是孤独的、无助的、痛苦的人生。人只有在人群中才有快乐。在家，是天伦之乐；在机关，是朋友之乐；在社会，是人群之乐。这种乐人之乐，天下同乐之乐，才是真正的快乐。

（41）人生的意义和价值问题，不是纯思辨的哲学问题，也不是坐在书房中苦思冥想能参透的问题，它是与人生经验不可分的，只有在得失和跌宕起伏中才能体会。一个疾病缠身的人，才知道健康的价值；一个面临死亡的人，才知道生的价值；一个亿万富翁在生命尽头，面对死亡时，才会理解财产的真实价值；一个人远离祖国受人欺侮时，才知道祖国强大的价值。人生的意义和价值并不是从个人自身中产生并以个人为标准衡量的，它表现在人与人的关系中。当一个人真正要为别人、为社会、为祖国的幸福而做某种选择或牺牲并感到“应该如此”时，这种人生是真正有价值的人生。也许生命很短如流星，但光芒四射，照耀天空。人生的价值很难以生命长短计，只要读读历史包括近百年的革命史，就懂得这一点。“寿数岂独长为贵，体用不二最上乘。王勃早逝名千古，庾信文章老更成。”这是我多年前写的一首诗中的四句，表达的就是这种生命观。英雄老去，美人迟暮，终是憾事。“自古美人如名将，不许人间见白头。”美人之美与名将之名，并不取决于生命长短，而是其美与名。

（42）人老了，如何正视现实，承认年老是一个重要问题。不服老不行，过分悲老也不行：“况人情老，易悲难诉。”老了，不可能回到年轻时代，但老年人应该知道老年人的长处。正如春、夏、秋、冬四季各有自己的看点，春光明媚固然好，夏天充满生气，秋季满眼金黄赏心悦目，冬季千里冰封，万里雪飘，具有雄浑之美。人老是冬季。老有老的好处。人老了，少了名利束缚，少了情欲的诱惑，少了怒气，少了争夺，少了青年人的浮躁，可以一心一意地读书、写文章。这不很好吗？如果人老仍很贪婪，成天算计得失，真是愚不可及。我们的孔夫子就告诫老人：“老年戒之在得。”蒙田也说，“人到了暮年，身体的条件给我提出了警告和劝告。使我越来越清醒理智。青年人正在走向社会，走向声誉，而老年人是过来人”。我以为蒙田的话是告诉我们应该知老，不是无所作为。思想之神是不会嫌弃老者的，相反，生活的阅历和读书的积累仍是我们的优势。我们应该与青年比思想，而不是比体力。“古来存老马，不必取长途。”老马识途就是用处。

(43) 孔子说过，不知生，焉知死。知生不易，知死更难。即使知道人人会死，一个也不会少，不会优待任何一个人，但人还是很难坦然面对死亡。这是人之常情。平静的死去是一种幸福。哲学应该让人知道生死之理。这个理不单纯是医学之理，还应该是人生哲学之理。应该懂得在死之前，人是活的，应该充分珍视生命，就是珍惜生死之间的这若干岁月。千万不要生的时候不珍惜健康，而临死时又万分留恋生命，害怕死亡。生的时候，不知有所为，而死时为虚度而悔恨。这叫不知生死。

老年人最忌讳的是死字。我以为一个学哲学的人不应该有这个忌讳。希腊哲学家早就说，哲学就是练习死亡，意思是生与死是哲学中的大问题，哲学家就是要人摆脱对死亡的恐惧，更好地面对生存。庄子是对死亡认识最为通达的，他说过死生如日夜之常，好像天有白日和晚上一样是自然不过的事，还说过，人的生命就是大块载我以形，劳我以生，佚我以老，息我以死。死是安息，是劳累一生的最后的休息。从人类学角度说，死不是绝对坏的事，试想人永远永远无休无止地劳累，即使活着与天地一样长久，难道不是一种痛苦吗？像神话中不断推石头上山的西西里弗，终生不停地劳役，不也是一种惩罚吗？何况，如果人不死，地球难以承载，也是人类的灾难。对人来说，最重要的不是两头，即出生与死亡，因为这是超出人的能力支配的自然规律作用。贵为帝王、总统、亿万富翁，贱为平民草根，任何人一律平等——有生有死。无非是生与死的喜乐哀荣不同，结果一样。最重要是中间，即生与死之间长短不一的过程之中。人的价值、人生的意义，就在这个过程之中。

不必思索为什么有生，为什么有死？这是医学的任务，不是哲学的任务。生命是父母给予你的，死亡是自然决定的。个人的哲学考虑应在生死之间，即人的一生应该如何度过，什么是有意义的人生、什么是无意义的人生。林则徐说的“苟利国家生死以，岂因祸福避趋之”。毛泽东说的生的伟大、死的光荣，都是生死观。

（44）世界的事情都必须经历由可能性变为现实。可能性是重要性范畴。但可能性决不应该成为不确定性，成为“也许可能吧”的同义语。有些人，对任何事情，哪怕是荒唐不经之事都说：有可能。宁愿信其有，不愿信其无，变成一种处世哲学，一种思维方式。各种各样的迷信、骗局，神医之所以得手，就是因为人们缺乏理性思维，不能区分可能与不可能。对违背科学、违背常理之事不敢说：不，不可能。

我们要区分抽象可能性与现实可能性，区分在一定条件下不可能在另一条件下变为可能的“可能性”。在医学不发达年代，通过搭桥、支架挽救心脏病患者不可能，因为这种治疗方式没有产生，但在当代极为普通。这种由不可能变为可能是基于医学的发展，而不是把根本不可能之事变可能。在人类科学技术日益发展的当代世界，原来不可能的事变为可能的事会越来越多。在一定意义上可以说，科学技术的进步，就是把原来认为不可能的事变为可能并逐步变为现实。但这决不能成为取消可能与不可能的界限，从而认为世界上一切都是可能的，而是要基于科学与理性的判断，敢于说：不，不可能。

（45）认识世界和改造世界也是不断解决疑、惑、悟、迷的过程。我们主张疑，但反对哲学怀疑论。疑是逗号，是问号，结尾是句号。虽然不是所有疑问都能很快解答，或一次得到解答，但从哲学认识论来说，它是以世界的客观性和可认识性为前提的。不管认识之路如何艰难，人类认识终究有真假，有对错，有是非，会有答案。有些哲学问题不会有最终的答案，但人们仍在探索中前进，可以取得阶段性成果。这些阶段性成果是照耀进一步前进之光。人不可能穷尽世界，但能认识世界。除非作为认识对象不是现实世界而是彼岸世界，如上帝、意志自由、灵魂、终极价值之类的思辨性的对象，可以永无争论，没有结论。其实，这些问题不属于认识论而属于信仰领域，它不需要结论，也不可能有结论。

（46）怀疑论是一种哲学世界观，它对世界的客观性、对人类认识的可能性，甚至对自我的实在性表示怀疑。以这种世界观作为方法论的指导，则对问题的判断永远是问号，永远是无休止的逗号。没有任何问题可以划句号。怀疑不同于怀疑论。怀疑是深入思考的动力，是寻找答案的冲动，是推动人类认识前进和发展的风帆。我们主张怀疑应该是合理的、有根据的疑，而不能是无端的疑、毫无根据的疑。例如，就读书而言，中国古人都主张疑。没有疑，就是没有问题。没有问题，当然也就不会有着力解答问题的必要，没有必要，当然也就不可能有任何收获。所以，大疑大悟，小疑小悟，无疑无悟。

疑可以通向悟，也可陷入惑。由疑而悟，是以疑为疑，追求对疑的正确回答；由疑而惑，只疑不悟，永远不追求答案，因而只有疑，迷惑重重，思想混乱，不知路在何方。这种疑而无解的疑，往往使人陷入惑。在现实生活中，我们会经常对一些问题产生困惑。这种困惑如果成为我们寻找正确回答的动力，就是积极的，相反，就会陷入永远困惑的泥淖。

(47) 我们反对怀疑论，但主张怀疑。或者说，对什么事都要问个为什么？问为什么就是寻求正确答案，这就是疑的力量所在。怀疑论作为哲学，把怀疑变为一个永远没有答案的哲学问题，把问题变为永远的无解。这是人的认识能力的腐蚀剂。怀疑论哲学是对人的认识能力的毁灭性打击，是对真理的蔑视，是对实践的否定。于有疑处、该疑处，不疑，岂止不疑，而且深信不疑，就是迷。所有迷信，如神鬼之事，本来于事无据，于理无凭。比如对上帝创造世界，信徒深信不疑。可如果上帝真的能创造世界，上帝应该有多大的手呀！任何实物的创造都离不开手，上帝创造如此具有无限性的世界，如何创造？用什么材料创造？还有中国老百姓求神拜佛，求财求富，求子求官。总之，一切自己所需要所想要的东西，都希望能从求神拜佛中得到。这难道可信吗？人的愿望各不相同，神答应哪个人的要求？神是最公平的，当然要满足所有求神者的要求，人人如愿岂不是对相反愿望的人不公平吗？有首诗说："耕田欲雨刈欲晴，去得顺风来者怨。若使人人得遂愿，造物应须日千变。"本来，神鬼存在都是极可怀疑的事，王充《论衡》就是破神鬼之疑的著名哲学著作。可多少年来，还是有不少人信。应疑处不疑，深信不疑，只能昧于事、昧于理，陷于迷信。执著的迷信就是愚昧。

(48) 人最为天下贵，这是中国传统哲学的思想。人为贵，当然正确。人为什么为贵？据说是因为人有信、有义、有道德。不错，人是道德存在物，动物是非道德存在物。可令人不解的是，非道德存在物的动物，很少伤害同类。而只有自许为道德化存在的人，才有背信弃义，才会以最残酷的手段伤害作为同类的他人。

据报道，波兰著名城市华沙千多条腊肠狗大出游，主人为他们的宠物精心打扮，全城轰动，观者满脸欢笑，主人得意扬扬，仿佛万圣节一般。人们爱狗甚于爱人。我们这里也有对父母不尽赡养责任、不孝，而对自己的宠物，特别是宠物狗毫不吝啬、大把花钱的人。人与宠物的这种关系，应该使人愧对同类。

看起来，在所有动物中，其实最不讲道德的是作为道德化存在的人类自己。人受到伤害，可以从动物中、从自己的宠物猫和狗中得到慰藉，而从他人那里得到的可能是嘲笑，甚至幸灾乐祸。其实人并不是天生有道德的动物。道德是后天的，是文化长期的积累和内化。

后　记

此书正当完篇，恰逢龙年春节。窗外的鞭炮声不断，把我的思绪引回那永远消逝了的童年。我把这篇《头白忆年》作为后记，追寻那难以忘却的记忆。

我是江西鄱阳人，家住鄱阳镇。鄱阳古名番邑，又称饶州，可算古城。范仲淹就当过饶州知州。小城还算繁华，麻石街道，砖木瓦屋。商店集中在东门口街道两边，沿河有些商行。沾鄱阳湖的福，新中国成立前鄱阳号称鱼米之乡。在农业社会，有米有鱼是一大优势。水路也方便。每逢过年，家家门上都端端正正贴上大红对联，大多是年关时卖字为生的人写的，有点水平。尤其是商家门上的对联更加气派、工整。除夕整夜鞭炮声不断。小城是熟人社会，直到元宵节，路上来来往往的人，见面拱手，个个拜年，年味十足。

我家是开渔行的，算是小康之家。和所有小孩一样，我最高兴的事是过年。一入腊月，天天盼，天天算。腊月二十四是小年，从爆竹散发的硫磺味里闻到浓浓的年味。过年最累的是我妈，忙着做米酒、熬冻米糖，准备年夜饭。我满屋跑来跑去，高兴不已。最喜欢的是围着熬糖锅转，等着吃起锅后的锅巴，又酥，又脆，又甜。我现在也算见过点世面，参加过大大小小的宴会，可再也没有吃到过这么有滋有味的东西——锅底。大概童年吃过的最喜欢的东西，那种味道此生不可再得，是永远的梦。

除夕守岁，红烛映照贴在门楣上的剪纸和房梁上的对联，全家围着炭火盆，我依偎在母亲身边，当时只道最平常，自己结婚生子特别年老后才品出其中的爱：

烛光摇曳炭火红，门神窗花春意浓。
瑞雪欣喜漫天舞，爆竹声声家家同。
守岁最盼天亮早，包包多多磕头虫。
此情此景尚可忆，只是已成白头翁。

初一最高兴的是去外婆家拜年。外婆家在管驿前，离我家大约二里路。管驿前是古代鄱阳湖水道的一个驿站，户不过百，都是靠捕鱼为生的渔民。女孩从七八岁开始就削卡子，卡子是一种原始的捕鱼工具。女孩陪嫁的东西，就是自己从小用削卡子刀赚的钱一点一点积攒起来的。我爷爷辈也是渔民，我家祖屋在管驿前。到外婆家拜年最忙，都连亲带故，家家要到。新年失礼，这可不是小事。我父亲老教我说，“新春不拜年，平素无来往”。家家都用醪糟煮蛋、炸年糕招待。还都有个说法“蛋”是“元宝”，年糕是“高升”，寓意是升官发财。开始满口生香，几家下来肚子发胀。但我最喜欢的还是外婆家的黄芽鱼煮米粉和藕丸子。去年回乡时写过一首诗，其中颈联是：“藕丸聊解思乡渴，黄芽鱼香忆亲情。”指的就是这件事。不是鄱阳人，很难理解这两种菜肴中包含的深深思乡之情、思亲之情、思年之情。

在外六十多年，很少回家过年。从 1953 年来北京，也已近六十年。过了这么多年，再也没有小时的年味。人到老年，年味会淡。如今社会发展，生活富裕，大城市的孩子们对过年大鱼大肉、新衣新帽，不太感兴趣。他们天天过年。但对我来说，增加了另一种乐趣，这就是新年儿孙们回家团聚。当我把压岁钱塞到外孙女手中时，我的疼爱之情比她的高兴之情浓多了。送压岁钱的比收压岁钱的高兴，和我们小时真的不同，社会变了。

确实，社会在变，年味在变，过年的方式也在变，但对中国人来说，多少年来有一点不变：这就是在外的孩子不论多远都要想方设法回家过年，父母则千方百计要让孩子们在过年时感受到家的亲情温暖。我自己也是这样。看到儿子夫妇每年不管多忙都要回国；看到老伴为他们在厨房忙个不停，不禁想起当年我妈妈对我的情景：

莲子有芯人有根，风雨何能阻归程。
窗外星空天撒花，厨下慈母烩情深。
犹记当年围炉夜，米酒飘香雪迎春。
不意此生京城老，卧听鞭炮梦难成。

当代社会，空巢越来越多，子女难得在一起。过年，是子女对父母的情、父母对儿孙们的爱最集中的一次爆发。这些年，不再在家里做年夜饭，都是在饭馆中订餐，总觉得缺了点什么。不过，不管过年的方式如何变，亲情与爱不会变。这就是中国人过年的真正的人文蕴涵。这也可称为中国人的“年文化”吧！

图书在版编目（CIP）数据

陈先达文集. 第11卷，宜园杂论/陈先达著. —北京：中国人民大学出版社，2015.9
ISBN 978-7-300-21842-7

Ⅰ.①陈… Ⅱ.①陈… Ⅲ.①陈先达-文集②哲学-随笔-文集 Ⅳ.①B-53

中国版本图书馆CIP数据核字（2015）第214475号

陈先达文集　第11卷
宜园杂论
Yiyuan Zalun

出版发行	中国人民大学出版社		
社　　址	北京中关村大街31号	邮政编码	100080
电　　话	010－62511242（总编室）		010－62511770（质管部）
	010－82501766（邮购部）		010－62514148（门市部）
	010－62515195（发行公司）		010－62515275（盗版举报）
网　　址	http://www.crup.com.cn		
	http://www.ttrnet.com（人大教研网）		
经　　销	新华书店		
印　　刷	涿州市星河印刷有限公司		
规　　格	160 mm×230 mm　16开本	版　　次	2015年11月第1版
印　　张	25 插页3	印　　次	2015年11月第1次印刷
字　　数	375 000	定　　价	1580.00元（全14册）

陈先达文集

第12卷

史论拾零

中国人民大学出版社 北京师范大学出版社

目　录

上　篇

下　篇

上 篇

催生还是谋杀

中国有句俗话叫“两说着”，意思是两面看，这倒符合“两点论”。我看，历史哲学对历史学科是助产婆还是置于死地的杀手，也是两说着。如果能吸取历史哲学中的成就，着力解决历史哲学中提出的难点和疑点，肯定有助于历史学科的科学化；如果掉入历史哲学所挖的洞穴爬不出来，就是杀手。只要看看有些所谓历史著作和论文，就知道我言不虚。

“什么是历史事实?”是历史哲学问题，是历史哲学不断追问的问题。古今中外，很少实际的历史学家怀疑历史存在事实，或者首先要弄清“什么是历史事实?”这个形而上的问题，才从事历史写作。如果这样，我可以肯定，到现在为止都不会有历史著作。没有任何严肃的历史学家会认为自己所写的历史著作完全不是事实，而是胡扯。只有制造轰动效应的人才会以玩世不恭甚至轻薄的态度对待历史，弄出这玩意儿，那玩意儿。当然，历史学者之间关于历史事实和评价会有不同的看法。据说在那不勒斯国家博物馆有一座希罗多德和修昔底德的两面雕像，头背着头，朝相反的方向看。头靠头如此接近，可观点又如此迥异。这是以暗喻的方式说明历史学中会存在分歧。对于一门学科来说，这很正常。

“什么是历史事实?”是个形而上的问题，可以纷争不休，可历史研究照样进行。中国是历史著作最发达的国家，《春秋》、《国语》、《战国策》、《史记》、《汉书》以及各个王朝为前朝所修的历史著作，不计其数，在西方，无论是希罗多德的《历史》，还是修昔底德的《伯罗奔尼撒战争史》著作，我相信没有一个历史学者是不相信历史有事实而写历史的。除了自觉的历史的伪造者或戏说者，根本不相信历史真实性而从事历史写作的人是没有的。

真正的历史学家最基本的一点按其本性是倾向于历史有事实，写历史起码要尊重事实，叙述事实。尽管由于种种原因，历史事实材料的发掘或叙述会有某种困难，但寻求历史真实是历史学家的天职，否则，历史学的存在就是对历史学的自我否定。历史学家相信历史的真实性，而历史哲学则要批判性考察历史真实性的哲学前提。

真正历史学家是实践的历史学家，即从事历史研究而不是沉迷于抽象历史哲学命题争论的学者。正是在这个意义上，有的学者把历史学家比喻为“手艺人”。学习历史，就像是学细木工，要经过帮工这个阶段，通过做历史，成为历史学家。不错，历史学家需要从事历史研究，需要有历史研究的专门技术，但历史学家的水平绝不是用熟练还是笨拙能区分的。

历史学是一门科学，它的确有不同于别的学科的专门的技艺，但在历史学中具有重大意义的是历史观。有位学者说过，完全不受哲学浸染的历史学家是凤毛麟角。尽管在历史哲学产生之前，历史学家没有为“什么是历史事实?”而争论不休，也没有因它困扰而裹足不前，但在著作中仍然为某种哲学历史观支配。或者是坚守“秉笔直书”和“位无常奉”的素朴的唯物主义和具有辩证性的历史观，或者是“民惟邦本，本固邦宁”的民本主义历史观，或者是天命论、历史循环论、神学史观、英雄史观等。不存在不为某种历史观支配的历史书写。

历史观是处理历史材料、解释和理解历史材料的根本原则。但不存在否认历史有事实而又从事历史研究或写作的历史学家。

历史观支配历史学的历史著述是一回事，而对历史的哲学前提的考察是另一回事。历史学科学化水平与历史观的性质不可分，历史观决定对历史资料的采信和对历史事实的解释。历史学家不是手艺人而是科学家。它在处理历史材料时无可回避地要面对一系列根本性的哲学问题，正是这一点，使得历史哲学成为历史学研究中的生死门。

从维科开始的历史哲学，晚于中外古代历史研究的实践。自维科以后，历史是人创造的，人能认识自己创造的历史以及历史有规律的观点，大大改变了历史意识和历史观念，突破天命史观、神学史观的樊篱，对于历史学科科学化无疑起了极大的推动作用。但对历史哲学提出的什么是历史，什么是历史事实以及人们是否可能认识历史等问题的错误解答，无疑是历史科学化道路上的理论障碍，它使历史科学化的可能性化为乌有。

法国年鉴学派大师马克·布洛赫留下的未完成著作《为历史学辩护》。历史学需要为自己的存在而辩护，就是因为它面临历史哲学，尤其是批判历史哲学的挑战。历史研究对象的间接性是困难所在。历史学家绝对不可能直接观察到他所要研究的事实。按照马克·布洛赫的说法，没有一个埃及学家看过拉美西斯，没有一个研究拿破仑战争的专家听到过奥斯特里茨战役的炮声。我们只能通过目击者的记录来叙述以往的史实。因此，我们处于一种困境，就如同警官要力图重构犯罪现场一样，又好像一位卧病在床的物理学家，只能通过实验师的报告来了解实验的结果。总之，与对现实的了解相反，对过去的了解必然是间接的。这说明原本对历史事实的朴素信仰，由于历史哲学的产生而成为问题。历史学需要为自己辩护，辩护它作为一门学科存在的合理性、它的科学性何以可能、它的价值和功能等一系列历史学性命攸关的问题。这些问题超出了纯粹历史领域而进入哲学领域，历史哲学成为历史学与哲学的交叉，历史成为各种历史哲学争夺的场所。历史学作为学科的困境，由于历史观察的间接性而产生无休止的争论。这种争论说到底是关于如何看待历史学的哲学问题的争议。历史学作为学科的困境，往往就是历史的哲学困境。

历史哲学的产生和它对历史学的“入侵”，是历史学的杀手，还是历史学研究视野的扩展和历史学科更趋科学性的产婆？不能绝对非此即彼。历史哲学，对历史学是个双刃剑。它既可以促进历史学的发展，也可能毁掉历史学，是历史学科真实性的杀手。问题在于历史学家如何正确分辨和对待历史哲学中的种种观点。据说过去法国有位历史学家在演讲中说，对于历史学家来说，“哲学探讨”是大错特错。他引述另一位学者的话说，历史学家研究历史时通常不考虑历史学的局限与条件，他们这样做大概是正确的，还是各司其职的好，一般而言，历史学在开始研究历史时最好不要好高骛远，否则将一事无成。这话有一定道理，但历史学家成为历史哲学家是一回事，历史学家能否完全不理会历史哲学的影响，排除历史哲学的影响是另一回事。正如19世纪中叶，自然科学家们不可能排除哲学一样，当代历史学也无法不理会历史哲学。

“物理学，当心形而上学啊!”这曾经是19世纪自然科学家们的口号。恩格斯说过，自然科学相信，他们只要不理睬哲学或羞辱哲学，才能从哲学中解放出来。但是，因为他们离开思维便不能前进，而且要思维就得有思维规定，因此自然离不开哲学。自然科学家尽管可以采取他们所愿意采取的态度，他们还是得受哲学的支配，问题只在于：他们是愿意受某种蹩脚的时髦哲学的支配，还是愿意受某种以认识思维的历史及其成就为基础的理论思维形式支配。当代历史学与历史哲学的关系，面临同样的问题。要从历史学中完全排除历史哲学的影响是不可能的，问题是接受哪种历史哲学。

历史学家应该关注历史哲学。很显然，被称为思辨历史哲学肯定历史有其规律的观点，对历史学有促进作用。它使历史学超越传说、神话，超越单纯叙事，而向探求历史规律的高层次跨进。

思辨历史哲学年代久远。黑格尔可以说是思辨历史哲学的高峰。黑格尔的历史哲学的核心是理性主宰世界，世界历史是精神在各种最高形态的、神圣的、绝对的过程的表现。世界历史只是它的舞台，是它的财产和它实现的场合。黑格尔用理解来解释历史，解释世界历史为什么从东方开始，经过希腊罗马，再到普鲁士。他也用世界理性或说绝对精神来解释英雄人物，认为英雄之所以是英雄是因为在他们的目的中分享有世界精神的目的。他正是以这种观点说拿破仑是骑在马背上的世界精神。这不单是对拿破仑的赞叹，也是对自己历史观的自我展示。这个科西嘉人二十多岁就破奥地利，远征埃及，击溃俄奥联军，占领普鲁士，战功赫赫，称霸欧洲，而1806年10月又兵临耶拿，此时黑格尔正在耶拿，他亲睹拿破仑刮起的旋风，称赞拿破仑是骑在马背上的世界精神，完全可以理解。这不是预见而是对既成事实的哲学图解，正如说世界精神的运行是从东方，经希腊罗马到普鲁士一样。黑格尔说过，哲学家是反思，是跟随事实之后的思考，或者像是黄昏后才起飞的密纳发的智慧之鹰。我想，如果黑格尔见到拿破仑兵败莫斯科，两次被放逐，兵败滑铁卢，最后死于圣赫勒岛，是不是还会说他是骑在马背上的世界精神，还说他的目的是世界精神的体现呢？我看很难说。

黑格尔用绝对观念解释历史和历史人物有难以自圆其说的破绽，但他的思辨历史哲学确实包含不少卓越的思想。马克思主义经典作家对他虽有批评，但往往赞扬有加。当黑格尔被当成一条死狗时，马克思以自己是黑格尔的学生而自豪，并且以自己在《资本论》中卖弄黑格尔的逻辑学而得意。恩格斯说黑格尔的伟大功绩是把整个自然界的、历史的和精神的世界描写为一个过程，即把它描写为处在不断地运动、变化、转变和发展中，并企图揭示这种运动和发展的内在联系。列宁在他的关于《历史哲学》摘要中直接称赞黑格尔在历史动力问题上，强调人们遵循的是利己主义，爱的动机比较少，而且范围也比较窄的观点“接近历史唯物主义”。这里所说的利己主义不是道德概念，而是人们对利益的追求。在摘录黑格尔关于人为了自己的需要，以实践方式同外部自然界发生关系，他借助生产工具来征服自然界，满足需要的观点时，旁批为“黑格尔在这里已经有历史唯物主义萌芽”。

拿破仑是骑在马背上的绝对精神的命题中隐喻伟大历史人物都是时代的产物，黑格尔关于地理环境对社会发展的作用、关于个人的热情、利益和目的的追求在实现理性诡计中的作用，关于绝对世界精神自东方向西方运行的观点，都在唯心主义外表中包含思想闪光。我相信历史学家能够从黑格尔的历史哲学中吸取有用的东西。

我们从柯林武德关于“一切历史都是思想史”的论断，关于历史就是思想史，史学的确切对象乃是思想，并不是被思想的事物，而是思想本身，可以看到黑格尔关于历史的本质和对历史认识的影子。但柯林武德反对实证主义，反对剪刀加糨糊的史学，强调历史事件中贯穿着思想，历史事件并非仅仅是现象，仅仅是观察对象，而是包含着对历史进程中思想的看法，对于研究历史还是有重要意义的。总的来说，思辨历史哲学是唯心主义的，如康德的自然设计、黑格尔的理性和理性的诡计、柯林武德的一切历史都是思想史，都具有明显的唯心主义性质，但思辨历史哲学中蕴含的历史规律性和辩证性的观点，为历史学可能成为科学提供了重要的理论启示。

历史哲学是哲学的特殊存在形态。当哲学由本体论转向认识论时，历史认识论会逐步成为历史哲学的中心。其中，克罗齐的学说最具代表性。

克罗齐的关于历史学的著名命题：一切真正的历史都是当代史，影响至深，至今仍是历史学不可能成为科学的依据。克罗齐的论断提出了两个问题：一个是任何历史学家都在自己的时代从事历史研究和著述，历史学家的观点、视角、兴趣、关注点，都不可能跳出自己的时代，即每个历史学家的“当代”。历史研究的兴趣，关注的问题和研究动机都受自己时代的影响，根本与现实需要无关、为历史而历史的研究是毫无意义的。从这个角度来理解克罗齐的论断，无疑对历史研究是有启发的。

历史学家都生活于特定时代和确定的历史条件下。他们无法超越自己的时代和历史条件去研究和认识历史。历史学家对历史事件和人物的判断都具有一定局限。全部人类认识，就个人而言，谁能超越自己的时代和历史条件呢？难道自然科学家能超越自己的时代和历史条件吗？不能。恩格斯说过，人都是在一定条件下认识事物，条件达到什么程度认识才能达到什么程度。可是我们有没有由于自然科学家的时代和历史条件性而否认自然科学的科学性呢？没有。可见，问题并非仅在于认识主体的条件性而不涉及认识对象的客观性问题。

历史判断的当代性能不能变为被研究的历史事实和历史人物的当代性呢？这是克罗齐提出的难题。历史认识的当代性涉及的是历史研究的主体及其历史价值观的当代性。历史研究主体的时代性是变化的，他们的历史价值观是不断变化的。因此当代性是一种永恒的当代性，在任何时代都适用。任何一个时代对生活于其中的人都是当代。可历史事实和历史人物应该有自己确定的时代，有自己真实的内容。我们可以改变观察历史的观点，但不能改变历史的事实。除非我们发现新的材料，发现原来史料中的错误。能否从人类对历史事实的判断中过滤出真正的事实。原本如此的事实，成为历史研究中的一个难题。

克罗齐的论断对追求历史真实性的历史学可以说是猛击一掌，它能够促进历史学家更谦虚地看待自己的历史结论，更加实事求是地进行历史研究。但它的副作用也是不言而喻的。“一切历史都是当代史”论断的绝对化、片面化，必然导致相对主义和历史虚无主义。任何历史书写者都属于特定的历史时代，人的生命有限，对历史事实不可能都亲见亲闻，而历史书写的对象或通史，或断代中的事件或人物属于另一个时代，甚至年代久远。片面强调一切历史都是当代史，必然是把人类的全部历史当代化或当成当代史，每一代历史学者都是按照书写者自己的时代、观念、思想重构历史过去，而且是永远不断地重构过去。“历史真实”永远笼罩在不可信的迷雾之中。以这种历史观指导历史写作，往往会自觉或不自觉地沦为历史的伪造者，尽管自认为是合理地构建过去。有位学者说得好：谁会在乎历史学家的马后炮呢？我们应当提醒那些学者不要沉迷于自己的观点便忘了当时的可行性。

难道历史学家能跳出自己时代回到所书写的历史年代再亲历一番吗？能不考虑每个历史研究的当代需求吗？当然不可能。既然不能，那所谓历史事实只能是“当代”作者写入书中的所谓事实，真正的历史事实永远是康德的物自体，只能是一种假定。如果每个历史学家、每代历史学家都能通过写作把历史变为“自己的当代史”，那就等于宣布历史无“彼时”、“彼地”，只有“此时”、“此地”。这样的历史不是历史自身，而是历史哲学。如果坚持一切历史都是当代史必然要把历史学从科学研究中驱逐出去，变为当代人的创作，这种史观最容易助长历史附会、影射史学。历史现实化，现实历史化，这对两者都有百害而无一利。

“一切历史都是当代史”虽然以反对历史本体论为前提，吊诡的是它照样是建立在唯心主义历史本体论的基础上的。克罗齐明确宣称让我们怀着更大的信心回到起点，回到真正的起点去，这个真正的起点不是回到已被搅乱的和已被自然化的事实方面的起点，而是回到思索和建造事实的心灵方面的起点。历史事实并不是真正的历史事实，在所谓事实上看到的只是思想的光芒在闪烁。对克罗齐来说，只有思想才是历史研究的起点和终点。精神不是历史建造的第一步，而是历史建造的全部。我们可以看到，如果没有唯心主义历史本体论的支撑，“一切历史都是当代史”的认识论论断，就难以自圆其说。

历史无事实在纯思辨领域可以是头头是道，可一遇到现实就会碰壁。如果历史无事实只有书写，那我们每天眼前发生的种种经济、政治事件，现实人物包括政治家、科学家等各式各样的人物，是真实的还是虚幻的？如果现实是真实的，为什么一旦成为昨天、前天，变为历史就不具有真实性，而只能是任凭人们书写的“今天”呢？仅仅因为渐行渐远，或年代久远，无从稽考吗？从哲学上说，无论年代多么久远，已成历史的事实永远是“曾经”的事实，能磨灭的是历史的记忆，是历史原来的载体而不是事实“曾经”存在过本身。如果历史不具有真实性，那现实也不可能具有真实性，因为历史就是过去了的现实，而现实就是正在继续的历史。历史按其本性来说是开放的，现实不是历史的终结，而是历史的延伸、一切都处在历史的发展过程之中。“一切历史都是当代史”，就是没有历史，没有过程，只有当下。历史无真实也就是现实无真实。既没有客观历史自身，也没有对历史的真实的或比较真实的记忆和书写，也没有当下的具有可靠性的真实认识。

不具真实性的往往是历史书，因为历史书可以伪造历史，而客观历史本身是既成的，无法伪造。历史之所以需要专门研究就是因为历史真实性不是唾手可得的，需要文献整理、地下发掘、历史考证，需要多学科的配合。恩格斯说过，在历史研究中弄清楚一个问题需要多年的努力。正因为这样，才显出历史学科成为科学的重要性。历史观不能代替历史，思想不能取代事实。

克罗齐关于一切历史都是当代史，或者说所谓批判历史哲学把历史科学的可能性集中于历史认识论问题的研究，对历史科学的发展有促进作用。因为研究推动历史研究者如何正确处理历史事实和自己历史判断的关系，能够探求更真实揭示历史真实性的方法和途径。我们应该重视以往哲学在历史哲学中取得的成就，从其中的重要命题中汲取因素。但要看到从总体上说，历史本体论和认识论的对立，都会使历史学面临困境。这种对立既不能树立正确的历史观也无助历史学的研究，而是使两者的关系陷于混乱。

后现代主义可以说是对现代性的一种逆动。后现代的历史哲学也是对传统的历史哲学的一种反叛。后现代主义的历史哲学作为后现代主义思潮，反映了对资本主义现代性的不满，这种不满在历史学中表现为对传统历史哲学的颠覆，对理性、对历史确定性和规律性的摒弃。它已经完全摒弃了历史本体论和历史认识论的争论。什么大叙事、本质、规律、真理全是废话。如果没有宏大叙事，没有规律，没有本质，历史唯物主义根本不可能成立。至于历史的书写，也必须有叙事，甚至宏大叙事，有对历史事实中存在的本质和规律的揭示，否则，只是细节，只是历史碎片。历史学已不再是历史学，而最多是文学，而且是不入流的文学。

历史文本化、文学化、语言化是后现代主义历史哲学的一大特点。后现代主义史学思潮的代表性人物怀特·海登的话就很典型。他认为任何历史事实都不可能超越表达这些历史事实的语言，这就是蓄意把历史事实和历史事实的语言表达混同。基于这个前提，在他看来，历史学在写历史，与其说是追求真理，不如说是追求语言的修辞成果。历史语言与文学语言一样，都是书写表达某种愿望的虚构故事，是人们想象的产物。

詹姆逊虽然说过历史本身在任何意义上不是一个文本，也不是主导文本或主导叙事，但是他还是强调历史离不开文本，我们只能了解以文本形式或叙事模式体现出来的历史，换句话说，我们只能通过预先的文本和叙事建构才能接触历史。对历史文本的理解，当然不能离开历史研究的主体，因此我们根本没有离开过家园，我们对“理解”的感觉与心理投影没有什么区别，我们不能接触到与我们的现实真正不同的另一种现实的陌生性和抵抗性。我们需要考虑到我们同过去交往时必须要穿过想象界，穿过想象界的意识形态，我们对过去的了解总是要受制于某些深层的历史归类系统的符码和主题，受制于历史想象力和政治潜意识。

福柯则从另一个角度对待历史文本，他把对文本的解释权放在文化中考察。他反对当代解释学绝对化现象，他说不存在什么绝对的诠释学，因为我们永远不可能肯定手里掌握的是最后一版文字，永远不能肯定它是否还有其他的含义。同样，我们永远不能肯定存在绝对的语言学。因此，无论从哪一方面讲，我们永远不能肯定掌握绝对的普遍形式或绝对的最后一版材料。在福柯看来，文本对历史研究没有多少价值，他承认自己是以文字游戏来使用“考古学”这个词的；用它表示对于“档案”的描述，而一点也不是为了去发现以往的骨骸。所谓“档案”，福柯所理解的，首先就是在一种文化中被保存、重复使用、一再被重复、又被改变的一堆被言说的事物。总之，所有这些由人们所制造的言说之物，参与到他们的实际活动技术和他们的制度之中，同时，也同他们的生存和他们的历史交织在一起。对于这些言说物，我并不打算从构成它们的语言和语言系统方面，而是从产生它们的操作过程去尝试研究。因此，福柯认为问题可以这样来表述：在一个特定的时期内，为什么以及通过怎样的机制，人们可以说这些而不说别的？而且，被说的这些又从来没有被人们说过？如果愿意的话，也可以这样来概括：要对特定的历史条件进行分析，由于这些历史条件，人们才认识到该说什么和不该说什么，认识到人们在其所说的事物中究竟改变了哪些事情。

总之，历史研究对象的间接性，它使用文本为载体，文本的文化内涵和语言符号，为历史学通过文献研究而达到客观性和科学性的追求设下了种种障碍。如何突破西方语言学转向带来的种种哲学问题，包括后现代主义历史哲学对历史学提出的责难，确实是当代历史学面临的难题。

历史哲学由于它的思辨性和抽象性似乎声誉不佳，往往为一些历史专业学者所拒斥。法国学者雷蒙·阿龙在《历史哲学导论》中论及科学和历史哲学时曾说过，在法国，历史哲学是一种如此之声誉扫地的文科行当，竟致没有人敢承认自己是搞历史哲学的。人们把它和科学对立起来，犹如幻想之于严谨，直觉之于知识更新那样。但是阿龙并没有不加分析地把历史哲学与历史学对立起来。他区分两种历史哲学：一种在科学之后形成的历史哲学，还有一种在科学之前形成的历史哲学，前一种支配着对事实的选择，后一种主要是统一本来就相互紧密联系着的精神世界和现实世界。他认为科学与哲学存在统一和真正区别。说统一，是因为前者至少部分地包含有后者所赋之以形式的东西；说区别，是因为前者要服从多样性并始终意识到自己的特殊性。历史哲学家的特点就在于通过一种双重的努力对共同的经验的贡献并使它的判断具有无限的性质。

历史哲学不是历史的杀手，也不一定是救治历史学科科学性缺失的良医。但不管历史哲学的观点如何纷乱杂陈，它提出的观点或难题会从正面或反面促进历史科学的科学化。历史学与历史哲学应该是相互辩论、相互促进使双方都得到发展。如果把历史哲学与历史学的关系当成赛场的运动员和裁判的关系是不正确的。历史学家应该重视历史哲学提出的问题和思想，但不能不加分析地奉为圭臬。事实上，没有一个严肃的世界史学家会按照世界历史是绝对观念从东方到西方，最后在德国最终实现来编写世界史；也没有一个严肃的历史学家研究罗马史、研究中国古代史，会认为可以不尊重罗马和中国古代已经证实的历史事实，片面地强调它是当代人按当代人的观点写的当代史。如果同样的是罗马史、中国古代史，使用的是彼此矛盾的史料，其中肯定有真伪，有全面与片面之分。如果材料无所谓真假，能是历史研究吗？不是。历史研究要重视历史事实，也要重视理论，不可偏废。

中国历史最长，历史著作在世界史学著作中最为丰富。中国不仅有史学传统，也具有丰富和富有的智慧和历史理论。与西方不同的是，中国不是从抽象的思辨哲学的本体论、认识论和语言学转向来规定历史写作，来论述历史理论的，而是与实际的历史写作结合在一起的。历史理论就寓于历史学的实践之中。中国古人强调，“未尝离事而言理”。中国历史学不是抽象争论“什么样是历史事实？”或历史是否能认识之类的纯哲学问题。中国历史理论讨论的历史理论问题都是实际历史变迁、王朝更替、治乱兴亡中存在的具有普遍规律性的问题。究天人之际、通古今之变对中国古代历史著述具有总纲性质。当然随着时代发展，对天人之际中的“天”有不同的解释，天与道、与理、与民结合，越来越清洗掉其中的天命论色彩。

我们并不否认中国传统历史理论中存在天命论和过分重视道德作用的唯心主义史观的杂质。尤其是因为关注王朝的治乱盛衰，存亡绝续，因此重政治轻经济，重帝王将相而轻庶民百姓。尽管《史记》中有《平准书·序》和《货殖列传》、有关于陈涉起义和战国游侠的记载，但从总体上说，历史书大都是偏政治轻经济、偏帝王将相轻庶民百姓。这个缺点并非中国独有，可以说中外历史书都是如此，这是历史条件决定的。我们最看重的还是中国历史理论中包含的尊重事实和历史变易的思想，时变则事变、便国不法古的社会进步论思想，重视民本，重视富民、教民的民本主义历史理论等。这是中国历史学的一笔宝贵的财富。

中国近代经历过从传统史学到当代史学的新史学革命，也经历了从新史学到马克思主义史学的根本性变革。新史学革命是历史观的变化，是以历史进化论取代传统历史理论。随着新史学革命，西方的实证主义、实用主义、新康德主义、新黑格尔主义等也开始影响史学界。但是真正使中国历史学发生根本性变化的是十月革命以后，马克思历史唯物主义的传入和运用，马克思主义史学开始取得重大成就。中国老一代史学家，如郭沫若、侯外庐、范文澜、翦伯赞、吕振羽等人关于中国古代社会研究、关于中国通史或专史研究，都显现了历史唯物主义作为历史方法论的重要作用。历史唯物主义的产生，为历史学科科学化奠定了理论和方法。正如对待中国传统文化一样，如何从传统历史理论中取其精华，去其糟粕，仍然是我们面临的重要任务。

历史观与历史

有学者放言，历史学家是历史的创造者，历史是历史学家创造出来的。这是不实之辞，甚至是狂言。

历史是人民创造的，它表现为每个时代人类生活其中的社会现实。历史学创造的不是历史，而是历史读本。如果能比较真实地再现历史，那也是历史的文字副本；如果不真实，那就是哈哈镜中的历史。所谓创造历史的历史学本身就包含在历史中，他们如果真有所创造，可以在史学史中占一席之地。马克思曾经以嘲讽的口气说，“当教授们创造历史理论的时候，历史本身却继续急遽向前奔驰，根本不顾教授先生们的历史”。

不同历史学家可以创造不同的“历史”。“天命”论笔下的历史，是天命支配历史的“历史”；理性主宰支配世界笔下的历史，是理性在世界运行的“历史”；英雄史观笔下的历史，是英雄创造世界的“历史”，如此等等。其实，这只是学者们心中的历史，并非真实的历史。想想看，如果一百个历史学家写出完全不同的一百种历史书，难道我们的祖先就生活在一百种历史环境中吗？没有一个稍具头脑的人会这样认为。只能说学者们写出了一百种历史书，决不会说人类经历过一百种历史。在不同历史学的理论框架中，历史会呈现不同形态，但历史的真实过程是唯一的。

我以为，与其说不同的历史学家创造不同的“历史”，倒不如说不同的历史创造不同的历史学家。因为支配历史学写作的不同历史的历史观，首先是历史的产物，然后历史学家再根据历史观创造构建自己视野中的所谓“历史”。我相信一百种历史学家对同一历史可以写出不同的历史著作，但我断言他们决拿不出一百种完全不同事实的所谓“事实”。

有人总以为历史学家信奉什么样的历史观，是历史学家个人的理论造诣、价值取向、个人学术兴趣问题。其实不尽然。历史观当然与历史学家个人的特性相关，但具决定性的是他们所处的历史条件。出现某种历史观是特定历史条件的理论化凝集。如果只看到历史学家个人对某种历史观的偏爱，而看历史观都是一定历史条件下的产物，肯定是非历史主义的。选择什么样的历史观与个人信仰、兴趣、追求不可分；但产生什么样的历史观则是由历史条件决定的。处于一定时代条件下的历史学家，对历史观的构建不可超越他生活其中的历史条件。没有任何历史学家能超越自己的时代条件，创建一种自己时代不可能出现的历史观。不同历史学家对历史观的选择，都只能是对可能存在的历史观的选择。如果只承认从不同的历史观可以看到不同的历史描写，而看不到历史对历史观的制约性，这本身就是一种以非历史主义的态度对待历史观。其实，对历史观如何观察本身，就是一种历史观。

哲学刚产生后，哲学家关注的是自然而不是社会历史领域，因为与他们生存最直接相关的是他们赖以生存的自然。他生于斯，死后回归于斯。当他们把目光开始转向社会历史领域时，对于一个面对自然灾难没有力量，农业生产要靠天吃饭，产生天命论历史观是再自然不过的事。既然关系人类生存的农业听命于天，取决于是否风调雨顺，在中国这个农业民族，天命论的历史观是中国早期农业社会历史观的必然形态。何况统治者也需要天命论来论证自己统治的合理性。

绝对的天命论也无法解释另一个王朝产生的合理性，无法解释历史的变化和王朝的盛衰。因此随着历史潮流的发展，必然会出现“天行靡常”，“惟德是辅”，提出“天视自我民视，天听自我民听”的历史观。天、道、德、民在历史观中的结合，大大弱化了天命论的命定论色彩，这不仅能用来解释王朝更替的合理性，也有利于限制“王者无敌”的专权思想，注意民心、民意和统治者的道德，以保长治久安，而不是一味信赖天命。

只要读读《史记》就知道，司马迁既讲天命又不处处依赖天命。《史记·高祖本纪》中神化刘邦的降生，“其先刘媪尝息大泽之陂，梦与神遇。是时雷电晦冥，太公往视，则见蛟龙于其上。已而有身，遂产高祖”。再加上“斩蛇起义”，一个上天注定的汉朝开国皇帝就这样制造出来了。可当项羽兵败垓下，仍不服输，认为非战之罪，乃天亡我也，借天命为自己辩护时，又被司马迁一顿好批。他数落项羽：“自矜功伐，奋其私智而不师古，谓霸王之业欲以力征经营天下，五年卒亡其国，身死东城，尚不觉寤而不自责，过矣。乃引‘天亡我，非用兵之罪也’，岂不谬哉！”可见司马迁“究天人之际”的天是有弹性的。它有时可以是天命，但更多与人事相并，既重天又重人事。而并不一味信天，如西方神学决定论信上帝一样。

在西方，宗教处于支配地位，特别是中世纪是神权处于统治的时代。中世纪的欧洲是宗教世纪，必然是神学历史观处于支配地位的世纪。中国的历史不同于西方，中国没有宗教处于支配地位的时期，中国从秦朝以后就是大一统的中央集权的君主专制的国家，因此，在中国的“天”虽然同样具有神圣性，但天没有被宗教化、神学化、人格化，而是天与理、与道相联系。天理、天道，是中国天命论历史观的核心。尽管董仲舒也弄了一套具有神学色彩的天人感应的历史观，但在儒家正统思想处于主导地位的中国，“天”始终没有完全被神化。“天意从来高难问”，“天道远，人道迩，不相及也”的思想占有重要地位。

无论是东方或西方，英雄史观都占有重要地位。古代的英雄史观，英雄不是凡人，而是神话中的英雄，它并不具有英雄崇拜的色彩，而是幻想克服自然破坏力的神话化。阶级社会不同，在政治舞台前台活动的都是政治家或其他有权有势有地位的人物，老百姓是草芥。历史前台人物被夸大就产生英雄史观，在中国，天命论与英雄史观往往又是结合的。新王朝建立都要归之于天命所归，而英雄人物的诞生是承天命而生，是“天将降大任于斯人”。应天命而生的英雄都是星宿下凡。天命论与英雄史观结合，占星相卜成为历史观的一部分也是时代使然。

当西方资本主义兴起，在反对封建社会、反对神权的斗争中，人本主义历史观的产生是必然的。如果人不战胜神，资本不能战胜王权，人权不能取代特权，资本主义不可能取得胜利。尽管古代希腊罗马有人文主义思想萌芽，如果没有市民社会触发探索社会动力的需求，它也不会被重新发掘。人道主义历史观是适应资本主义需要产生的一种历史观。

马克思主义历史观的产生，则是与无产阶级与资产阶级斗争相伴随的，它是资本主义条件下的产物，没有资本主义社会，没有无产阶级，就不可能产生历史唯物主义。恩格斯说过，马克思的唯物史观帮助了工人阶级，他证明：人们的一切法律、政治、哲学、宗教等观念归根结底都是从他们的经济生活条件、从他们的生产方式和产品交换方式中引导出来的。当无产阶级成为反对资本主义，为谋求自身和人类解放时，资本主义自身的矛盾和阶级社会的现实，又必然产生唯物主义历史观。

历史观决定于历史条件，而且具有民族特点。因为历史条件总是与民族特点相联系的。例如，中国是“无神”的天命论，而西方是神学决定论。天命代表的是天道，而神学的最高主宰是上帝。西方是人本主义历史观，中国是民本主义历史观。人本主义历史观是在反对神学历史观中产生的；而民本主义历史观则是在限制君权需要中产生的。我们有些学者把中国的民本主义历史观等同于西方的人本主义历史观，或互用，或通用，其实存在差别。人本主义历史观中的人是“类”，是超越阶级、等级，与神相区别、与动物相区别的人。这是一种抽象的人。而中国民本主义中的“民”是确定的，是与以君主为总代表的大大小小的官员相对的人群，或者说是平民。它没有超越阶级或等级，相反以这种区别为前提。由此引出的政治结论也不相同。西方由“类”出发，强调的是普遍的人权，是自由是民主；而中国民本主义历史观则强调民为邦本，本固邦宁，重民心，顺民意，关注民生，而不是着重抽象的人权、民主和自由。倡导“政之所兴，在顺民心；政之所废，在逆民心”。你只要看看当今世界中国和西方的政治现实，就可以明显地看到这两种不同历史观传统对现实政治的影响。社会主义同样需要民主、自由、人权。在社会主义中国，民主、自由、人权要真正变为人民的民主、人民的人权和人民享有的自由，它必须与关注民生、重视民意、顺从民心为旨归，否则就会坠入抽象人本主义历史观的理论陷阱。

每种历史观总是具有时代制约性。当资本主义兴起后，欧洲在世界上的强大地位使得欧洲中心论的历史观处于主导地位。辩证法大师黑格尔亦不能免，他就颂扬欧洲、轻视亚洲、蔑视非洲。他说，地中海是旧世界的心脏，因为它是旧世界成立的条件和赋予旧世界以生命力的东西，没有地中海，世界历史便无从设想，至于亚洲，受制于欧洲是亚洲帝国的必然命运，非洲则不属于世界历史范围。这不能认为是一种对世界历史的正确的历史观，只不过是对当时资本主义兴起后世界体系实际格局的描述，然后以绝对观念运行的哲学理念为名予以哲学认可。

从世界历史说，非洲和亚洲在世界历史上对人类文化上有杰出的贡献，绝不次于后起的欧洲。在古希腊罗马以前，亚洲和非洲文明就高于欧洲。只是资本主义之后，欧洲逐渐处于领先地位。当经济全球化和西方经历它的高峰期而逐渐显出颓势、新兴国家不断崛起时，西方中心论的历史观失去它的主导地位，逐渐为世界历史观或全球史观所取代。

世界历史眼光应该说属于历史。历史自身为人的历史视野的拓展提供了可能。马克思说过，“世界史不是过去一直存在的；作为世界史的历史是结果”。马克思只能产生于资本主义时代。世界历史眼光只能产生于资本主义时代。在马克思关于资本主义到处在世界落户，东方屈从于西方，农业屈从于工业历史思想中，突破了历史仅限于民族范围的观点，具有更宽阔的世界历史视阈。但在马克思的时代，欧洲中心论的历史观仍然处于主导地位。因为资本主义起源于欧洲，马克思的时代正是资本主义兴起、亚洲及其他地区处于被殖民的时代。马克思当然不同意欧洲中心论，只要读读他在论中国、论东方的论文中对欧洲殖民主义的谴责，就可以知道。

在全球化时代，情况发生了重大变化。地球变为一个地球村，世界各国的经济、文化、人员交往从来没有当代如此紧密。特别是欧洲以外的国家，亚洲、非洲，以及世界其他地方逐渐摆脱资本主义早期，包括 20 世纪早期那种屈从于欧美发达国家的格局，显现出一种新的崛起的姿态。欧洲中心论已经没有实际和理论上继续存在的可能性。历史观永远离不开历史，离不开历史的发展。历史观的发展水平往往以理论形态表现历史发展的水平。

从人类历史来看，世界相互交往经历了三个阶段。在前资本主义时，只有少数国家存在交往关系。例如，罗马帝国与北非、西亚的关系，主要是军事的关系，在征服中也有文化交流，文化交流只是军事交往的副产品。可历史的果实往往不取决于人的意志。军事征服建立的帝国可能变为历史记录，而撒下的文化种子却带来人类文化的进步。中国汉唐对外是文化交往，如对日本、对朝鲜、对周边诸国。因此研究东亚诸国的历史，必须考虑各国的文化交流关系。但这个时候的历史眼光，还是地区性视野，范围的有限性源自交往有限。

资本主义时代是西方向外扩张和殖民时代，这决定于资本主义制度和资本主义市场的本性。如果研究鸦片战争、八国联军侵华战争，研究中国近代史，不考虑资本主义时代向东方的殖民政策，光说什么中国闭关锁国政策，说什么中国人拒绝西方文明，仿佛中华民族本性就是一个排外的民族，是一种错误的历史陈述。锁国，是弱者对强者的消极防范；排外，是被害者对加害者的本能反抗。不如此就弄不清楚虎门火烧鸦片和义和团的性质，弄不清楚自唐朝以后一贯友好交往的中日，何以在近代结怨如此之深。这是西方殖民政策和市场扩张遇到抵制的必然结果，是日本资本主义化、军国主义化，走出岛国向外扩张的必然结果。

也只有在这种历史背景下，才能理解中国何以发生维新运动、发生洋务运动、发生清朝的所谓预备立宪。这都是在世界资本主义时代到来，作为封建帝国的中国自存和免于灭亡的一种自救运动，因而本质上都是改良的，它是封建生产方式面对资本主义世界自我保存的一种挣扎。这条路走不通才有辛亥革命。在中国资本主义走不通，最后只能选择社会主义道路。这仍然是世界历史决定的，因为处在西方强大的资本主义世界支配下，它们需要的是殖民地，是为它们提供市场和原料，而不是与它们并立的发达的资本主义国家。中华民族试图通过建立资本主义制度崛起，根本不可能。中华民族的救亡图存和民族复兴，只能走另一条路，这就是仿效俄国革命的路。俄国的路也不是俄国一个国家能决定的，它是世界资本主义矛盾的产物，是资本主义矛盾在薄弱环节的突破。没有世界资本主义的矛盾，就没有俄国十月革命，没有俄国十月革命，就没有中国共产党的成立，也没有中国革命。革命战争不能输出，但革命形成的世界环境却是客观的，它必定对别的国家发生影响。尤其是由于地缘关系中国与俄国是近邻，正处于被资本主义侵略苦无出路的中国先进知识分子，接受俄国的影响是必然的。

当代是全球化的交往。这种影响不同于古代军事和文化交往，也不同于资本主义早期扩张时期的殖民交往，而是一种新的交往方式。当代全球化本质上是资本主义处于主导地位的全球化，它是资本主义扩张方式的新发展。但不同的是卷入全球化大潮的不是殖民地，而是处于发展中的国家。其中不少国家显现了强劲的发展势头，登上世界经济和政治的舞台。与19世纪至20世纪上半叶相比，世界发生了巨大变化。因此，“全球史”的研究和写作已浮出水面，曾经被认为没有历史的民族或国家，在史学著作中获得与西方国家同样的地位。美国史学家斯塔夫里阿诺斯的《全球通史》成为畅销书，就是适应这种历史转变。

全球化虽然改变了人们的历史视野，但全球化对人类发展来说，客观上是个双刃剑。马克思曾经论述过，由于生产方式发展而产生的相互交往的强化，当世界市场形成时，它会变为一种异己的力量：各民族的原始封闭状态由于日益发展的生产方式、交往以及因交往而自然形成的不同民族的分工消灭得越彻底，历史也就越成为世界史。而且指出，与世界史的形成相伴随的是作为异己力量世界市场的形成，单个人随着自己的活动扩大为世界性的活动，越来越受到对他们说是异己力量的支配，受到日益扩大的、归根结底表现为世界市场的力量支配。当代，在经济全球化情况下，由一国经济危机或金融危机引发，可以迅速影响其他国家，证明了马克思的理论穿透力。

马克思并没有把世界市场的形成单纯看成是消极的力量，相反他看到世界市场的形成，交往的强化，有利于世界共产主义革命，而且有利于个人全面的发展，每一个单个人的解放的程度完全是与历史转变为世界历史程度一致的。因为只有世界市场的形成，单个人才能摆脱种种民族局限和地域局限而同整个世界的生产发生实际联系，才能获得利用全球的这种全面的生产能力。马克思在19世纪中期，就看到世界市场的两重性，对我们全面正确理解经济全球化的两面性是最好的指导。

马克思主义的历史观是世界史观。它要求我们对自己国家的分析，放在世界范围来考察。这种历史观的变化是由历史自身发展决定的。在当今世界，我们要善于从自己的角度观察世界，也要从世界角度观察自己。只有放在世界中通过比较才能真实认识自己。没有世界眼界，就是没有历史唯物主义眼界。

正是基于历史观与历史的内在联系，我们强调在当代要坚持历史唯物主义。这不是简单出于意识形态的原因，也不是基于马克思主义教育灌输的正统观念，而是基于时代的要求。在当代，只有历史唯物主义才具有对历史和现实的科学解释力。在当代还没有任何其他哲学，为我们正确认识现实和历史提供比历史唯物主义更有效的解释理论和方法。

历史唯物主义的基本原理是否有效不应在概念上打圈圈，应该求之于当代现实。例如，美国何以发生金融危机，离开对资本主义基本矛盾的分析，离开对资本主义制度的分析，专门进行对高管的道德谴责或归之于监管不力，能说清楚吗？对西方为什么坚持所谓价值观外交，向别的国家发动战争，如果离开对帝国主义本性和对资源的掠夺，离开了金融财团、军工财团、石油财团的利益对政府政策的支配，离开资本主义制度下权力与资本的联姻能说清楚吗？对中国和平崛起的包围，不从根本制度着眼而归结为文化冲突或价值观的冲突，问题能说清楚吗？我以为，从历史自身验证历史唯物主义的正确性，比在概念范围内抽象争论更有价值。

英雄与英雄史观

在资本主义时代，英雄史观必然衰落，因为历史进入选民用选票决定谁能当选，谁成为领导者的时代，而不再是战场上、马背上的英雄决定民族和个人命运的时代。资本主义统治者可以轮换，选出来的不再是英雄，而是政治家甚至是能言善辩的政客。

在市场经济中，崇拜的不再是英雄而是财富，或者是歌星、影星。而各种“星”本质上是财富的符号。追星取代了英雄崇拜，这是市场经济条件下历史观的世俗化。

马克思主义的历史观本质上是人民史观或群众史观，但历史唯物主义不反对崇拜英雄，只反对个人迷信。个人迷信和崇拜英雄是不同的。一个没有英雄的历史是不可想象的；没有英雄的民族是没落的民族。我至今对一些杂志和书籍对毛泽东的不实谤语，感到不平。毛泽东晚年确有错误，在中国长期革命中处理党内问题也有过失误，但毛泽东终究是中国人民革命杰出的历史人物。鲁迅曾指诽谤者为“叮在战士身体上的苍蝇”，用于诽谤毛泽东的人，此语也很适用。如果群山无高峰，人间无伟人，历史会为此失色。

每个国家、每个民族都崇敬自己历史上的英雄人物。任意贬低自己民族的英雄人物，是民族的自我损毁。我们应该反对个人迷信，但要树立对英雄的景仰与崇拜，为青年、为后代树立可供学习的楷模。当代有各种追星族，有所谓粉丝，球迷粉丝、歌星粉丝，不仅成堆，而且成团，据说有粉丝团，甚至有专人组织，而且出现粉丝经济、粉丝代理人。粉丝并非坏事，追星也不违法。只要不陷于非理性的疯狂，原本可以不予置评。但如果可以如此崇拜歌星球星影星，而崇拜对民族做出巨大贡献的英雄人物反而受奚落，就不正常。如果我们的青年一代只沉迷追星时尚，而嘲笑英雄人物，这个民族能自立于世界民族之林吗？我看很玄。

辛弃疾的《南乡子·登京口北固亭有怀》：“何处望神州？满眼风光北固楼，千古兴亡多少事，悠悠，不尽长江滚滚流。年少万兜鍪，坐断东南战未休。天下英雄谁敌手？曹刘，生子当如孙仲谋。”“生子当如孙仲谋”，表现了对三国时英雄人物，尤其是孙权承继父兄、坚决抗曹的赞扬，也是对备亡国之礼、肉缚舆榇、被虏至洛阳的孙皓的鞭挞。这实际上是对南宋统治者偏安临安、不思北伐的暗讽。

当然，一个民族的英雄不仅是叱咤风云、青史留名的伟人，普通人中同样有英雄。明人张溥写的《五人墓碑记》就是为反抗魏忠贤及其党羽而被杀害的五个普通人而写的墓碑，赞扬他们“明生死之大，匹夫之有重于社稷”。在社会主义时期如王进喜、雷锋、吴斌等同样是英雄人物。

我们反对英雄史观，但不能反对崇拜英雄。我们的时代，我们的国家，我们前无古人的伟大事业，应该在各行各业，在各个领域，涌现更多的足以为榜样的英雄或英雄式的人物。据有的学者介绍，郁达夫先生说过，没有伟大的人物出现的民族，是世界上最可怜的生物之群；有了伟大人物，而不知拥护、爱戴、崇仰的国家，是没有希望的奴隶之邦。这段话，说得太好了。

历史观与历史研究

历史观既然是历史的产物，就不能脱离历史研究。恩格斯曾经以嘲笑的口吻调侃德国哲学家，说他们热衷于谈论如何写历史，但从来不写历史。这种所谓历史哲学家只是抽象的历史哲学家，因为他们不会运用历史理论进行实际的历史研究。

郭沫若先生说，犹如必须精通烹调才能治好烹调，但厨师不能专拿烹调术来享客，历史学家当然也不能专门拿历史研究方法来教人。在历史研究中，只有历史唯物主义，只有历史唯物主义的一般原理而没有史料，那是空洞无物的。郭老这个比喻通俗易懂、极为精彩。

历史的写作是历史观的试金石。马克思和恩格斯极其重视历史研究。在他们看来，历史不是死的过去，也不是随意摆弄的工具，历史是智慧的启示。恩格斯说过，我们根本没有想到怀疑或轻视历史的启示；历史就是我们的一切，我们比任何一个哲学学派，甚至比黑格尔，都更重视历史。还说我们需要深入研究人类史，因为几乎整个意识形态不是曲解人类史，就是完全撇开人类史。的确，马克思和恩格斯不仅创立了新历史观，而且注重运用自己的历史观观察和研究历史。

马克思一生都关注历史研究，包括思想史和人类社会发展史。马克思在大学期间就注意历史研究，他研究过法国革命史，包括路德维希的《近五十年》、兰克的《德国史》。他为撰写毕业论文而研究和摘录的《关于伊壁鸠鲁哲学的笔记》，就是对古希腊罗马哲学思想史的研究；在长达四十年的《资本论》写作期间，同样注意经济史和经济学说思想史的研究，包括重农学派、英国古典学派的亚当·斯密、李嘉图以及庸俗经济学家的研究。这些研究成果后来整理为《剩余价值学说史》。晚年，马克思仍然关注历史研究。逝世前一年多，马克思还认真阅读德国历史学家施洛塞尔的《世界史》(18卷)、博塔的《意大利人民史》、科贝特的《英国和爱尔兰的新教改革史》、休谟的《英国史》、马基雅弗利的《佛罗伦萨史》、卡拉姆津的《俄罗斯国家史》、赛居尔的《俄国和彼得大帝》、格林的《英国人民史》并写下大量批注，对公元前1世纪到公元17世纪欧洲的历史做了批判性的评述，为后世留下了《历史学笔记》。

马克思和恩格斯还亲自撰写历史著作。马克思的《路易·波拿巴的雾月十八日》、《1848—1850的法兰西阶级斗争》、《德国革命与反革命》就是马克思那个时代的当代史。《原始基督教史》、《德国农民战争》以及《家庭、私有制和国家的起源》都是马克思主义历史唯物主义和历史写作相结合的典范之作，既有史实又有哲学的分析。其中，既有所谓大叙事的历史著作，如《家庭、私有制和国家的起源》，也有微观的历史著作，如《路易·波拿巴的雾月十八日》。

恩格斯曾经赞叹马克思的《路易·波拿巴的雾月十八日》这部天才著作中所显现的历史分析力量。对于马克思和恩格斯来说，历史唯物主义是历史研究的工具，也是观察现实的工具。没有历史眼光不可能透视现实，而没有现实观察能力也不可能有真正的历史眼光。马克思和恩格斯所发表的关于19世纪中叶东方和中国发生事件的评论表现的洞察力，就充分体现了历史唯物主义的现实观察力。

毛泽东是历史唯物主义的继承者和创造者，他的不少文章和著作坚持的历史观，就是历史唯物主义的基本观点。不仅在《中国革命和中国共产党》和《新民主主义论》中对中国历史、中国封建社会特点、中国近代史进行了分析，即使在著名的政治论文，如《论人民民主专政》和六评美国白皮书的文章，都是通过对中国近代史和中国人民所经历的历史道路的总结，以历史经验支撑和强化自己观点的说服力。

毛泽东终生喜欢历史，他读过和圈点过的史书，难以数计。毛泽东的读史评论，无论是对历史事件和历史人物的评价都表现了历史唯物主义作为历史方法论的力量。如果一个历史唯物主义的信仰者，完全不懂历史，既不会分析历史问题，又不会以历史唯物主义方法观察现实，只是在几条原理中兜圈子，从概念到概念，应该说是空头的历史唯物主义研究者。

唯物主义历史观具有坚实的历史依据，因此也是我们观察当代一切问题的立场、观点、方法。在当代，如果对任何国际和国内问题的分析，没有历史唯物主义观点就很难得出正确结论。一个历史学家如果不具备分析现实问题的能力，也很难期待他在历史研究中有重大建树。一个学者对眼前发生的现实问题都缺少判断力和分析力，怎么能期待他对几百年、几千年已经湮没不可直接接触的人与事发表中肯的评论和见解呢？不可能。有些人对历史之所以敢于胡说，就是因为反正历史是已经过去了的事，人是古人，死无对证。他们对历史毫无敬意。如果这样对待历史研究，那除了戏说和虚构外不可能有严肃认真的科学研究。我说的是现实问题的判断力，而不是要求历史学家都研究现实问题。历史学家当然是研究历史，但对历史问题的判断力与对现实问题的判断力应该具有同一性，即历史观。一个历史学者的历史观不仅关系历史研究，也关系对现实问题的判断力。

我们只是一些普通的哲学工作者，当然不可能具有历史专业学者的水平和深厚的历史知识。但懂点历史对我们是极其必要的。没有历史知识和历史感，哲学最容易陷于思辨，而历史知识是医治抽象思辨的良药。即使黑格尔式的思辨，也是在思辨中具有历史感。

要加强历史认识论的研究

历史认识论问题是历史科学化的道路最难解决的问题，又是非弄清不可的问题。如果坚持历史无事实只有书写，历史学永远无法跨越历史怀疑论、不可知论和历史虚无主义的壁障。如果把历史书写等同于历史史实，必然走向历史独断论，排除历史书写的多种可能性。

历史哲学随着哲学的认识论转向，滋生出思辨历史学与批判性历史学的对立。因为历史本身确实可以包括两个不同方面，一方面是人类的创造性活动、过程和创造产物；另一方面是人类对自己创造活动的创造性过程的理解和认识。前者我们称之为历史的本体；后者称为对于历史的认识。当历史哲学把两者视同水火，就会产生思辨历史哲学家和批判历史哲学家不同流派的对立。

对立双方各有其困境。如果历史没有事实，只有历史主体的认识，历史认识客观性何以可能？如果历史没有事实，历史没有本来面目，历史学无非是历史学家天马行空各逞才能的书写，历史学无非是各自在讲各自编排的故事。历史学家是说书艺人，历史学何能称“学”？如果历史只有本体而无认识主体，何必需要历史学家，何必需要历史研究，历史书连“断烂朝报”都不如，何能称历史学？

如果既不否认历史的客观本体又不否定历史的主体，把历史视为历史主体与历史客体无止境地对话、辩论、交流、重构或不断改写？算不算解决问题呢？也不算。如果不把历史认识放在相对真理和绝对真理相互关系中来认识，无休止的对话实际上是对历史科学性和客观性的软性拒斥。

历史唯物主义当然不同意否定历史的客观性，如果否认历史的客观性，历史作为一门科学根本不可能成立；但也不能简单否定历史认识的特殊性，否定历史哲学研究中确实存在许多历史认识论问题需要深入研究。我们反对批判的历史理论否定历史客观性的观点，但承认它确实提出了历史唯物主义者需要认真研究和对待的问题。观点错误并不意味着问题不对，理论存在疑难才产生问题，历史唯物主义如果不能回答或不深入研究历史认识难题，就很难牢固确立自己在历史领域中的指导地位。

克罗齐说一切历史都是当代史，自有其合理之处，因为任何历史学家只能在自己的时代条件下认识和评价历史；可如果这样，就不会有正确的历史认识和评价。以当代的历史条件、当代人的是非观和价值观，评论古人之是非得失，容易失之偏颇，因为被研究者和研究者各人所处的时代完全不同。可是又不能简单反过来说，历史学家应该把自己置身于所研究的历史人物和历史事件的环境中，设身处地、将心比心，对历史上发生的事件和历史人物给予一个同情的理解。

设身处地、将心比心的认识方法不是无条件地认识历史的科学方法。有些事有些人物可以设身处地同情地理解，但不能一概如此，否则所谓“设身处地”、“将心比心”往往容易陷于辩护，因此“同情地理解”确实存在一个历史理解的方法论与道德界限问题。安托万·普罗斯特引用格林的话说，深入地、带有同情地解释至少暗中是一种原谅。并以美国杰弗逊和美国宪法的制定者为例，这些人没有释放他们的奴隶，也没有将废除奴隶制写入宪法，他们自有其可以理解的理由，然而试图理解这些理由就是予以原谅。

的确，真正的历史学家对于自己的研究对象不能是简单地设身处地、将心比心予以同情地理解。如果我们研究秦桧为什么和金人讲和，为什么要以“莫须有”的罪名在风波庭冤杀岳飞，给予同情地理解，必然是岳飞念念不忘二圣，念念不忘“靖康耻，犹未雪，臣子恨，何时灭”。念念不忘以“还我山河：迎二圣归京阙，取故土上版图”为奋斗目标，以弱势对强势，是自取灭亡。秦桧无罪，因为其背后是高宗，他是执行者；高宗与金人求和也自有其理由，既不希望二帝回銮，也因国力不如金人，因此“和”为上策，可以偏安临安。这种求和的偏安造就了南宋政权的稳定，并有利于江南经济文化的繁荣；相反，岳飞不顾宋朝国力，只想当忠臣，主战，必然战祸连绵，生灵涂炭。所谓同情地理解的历史哲学，弄不好就是是非颠倒，黑白混淆。

钱穆先生对这个问题有过精辟分析："高宗自藏私心，一意求和。对内则务求必伸，对外则不异屈服。"在论及秦桧时则说，"一方面知道金国之内情，一方面窥破高宗之隐私，遂出来力主和议，因此再登相位"。可见，君臣二人均非好货。高宗要保住帝位，最怕徽钦二帝归来。先后解除主战派将领岳飞、韩世忠、刘世光、刘奇等人的兵权。一个迎合"上意"，再居首辅，以个人之利益置于国家与民族利益之上。君非明君，臣非良臣。因此，对高宗和秦桧就不能简单地同情理解，而应有是非曲直之分。

谁要对李鸿章签订《马关条约》予以"同情地理解"，可以有数不清的理由。如果北洋海军不是全军覆没，如果不是日本武力胁迫、伊藤博文的强硬态度和浪人刺杀，如果中国国力强盛，如果不受恭亲王派遣、慈禧首肯，李鸿章不会当议和大臣，屈辱签字，背卖国的千古骂名，真是冤枉也哉；慈禧也有慈禧的理由，如果不是你北洋水师窝囊，全军覆没，我何致同意这个条约？与其亡国灭种，不如签订所谓"俾两国及其臣民重修和平，共享幸福"的条约，以求安定。站在慈禧和清政府立场上，"量中华之物力，结与国之欢心"。这就是"理"，这就是她的卖国有理。

蒋介石抗战期间，一边抗战，一边反共，掀起几次反共高潮，如果予以同情地理解，一定会认为他这样做自有他的理由。因为他怕共产党在抗日战争中壮大自己的力量，不得不既抗日又反共，时势使然，不得不如此。

这种例子可以不断举下去。任何历史人物和历史事件在当时都"自有其理由"。"有原因"不等于"有道理"。再坏的人再坏的事，在当事者看来都是有理由的、自以为正当的。历史学家难道要承认这些理由的正当性吗？难道要把自己设想为高宗、秦桧、慈禧、李鸿章、蒋介石，重新体验一下他们不得不如此的理由吗？当然不能，也不应该。

正如自然界一样，历史是在矛盾中发展的。如果说，设身处地、将心比心考察历史人物是一种认识历史的方法，那为什么不考察对立的一面呢？例如，考察高宗和秦桧不得不和的理由，为什么不站在他们的对立面考察一下主战派的理由呢？读一读范成大《州桥》：“州桥南北是天街，父老年年等驾回。忍泪失声问使者，几时真有六军来?”这不是有情有理吗？同样，只考察慈禧、李鸿章因战败不得不签订卖国条约的理由，为什么不考察中国老百姓的立场和感受呢？我们通过丘逢甲1896年的诗：“春愁难遣强看山，往事惊心泪欲潸。四万万人同一哭，去年今日割台湾。”难道读不到另一种理吗？为什么只考察蒋介石不得不一面抗日一面反共的“理”，不考察中国共产党反对国民党大敌当前不团结抗战、做亲痛仇快的事的正义立场呢？可见，要使“设身处地”、“将心比心”的所谓同情理解不变成对历史“罪人”的同情和辩解，就必须考察矛盾双方。这样，就不是设身处地、将心比心，而是站在正确立场上，运用历史唯物主义分析当时矛盾双方各自的地位和立场，分析谁代表历史的进步方面，谁代表落后方面，而不是无是非地设身处地、将心比心。从这个角度说，历史学家有点像法官，把历史上的人和事放在历史的法庭上审判。也正因为如此，历史唯物主义反对客观主义，反复强调历史学是一门有阶级性的学科，历史学家不应该采取超然世外、无爱无憎、不偏不倚的所谓客观立场。

历史唯物主义分清是非功过，但不以今日之是非论古人之得失，苛求古人。历史唯物主义总是把历史人物放在历史条件下分析。我们高度评价历史人物对人民、对民族、对人类的贡献，但不是求全责备。毛泽东在《纪念孙中山先生》一文中对孙中山先生给予高度评价，但并不否定孙先生的不足。他说：“像很多站在正面指导时代潮流的伟大历史人物都有他的缺点一样，孙先生也有他的缺点方面。这要从历史条件加以说明，使人理解，不可以苛求于前人的。”这是一种真正的历史唯物主义态度。

历史已经是永远消失的“过去”。我们不可能要求历史学家脱离自己的时代评价历史；但评价不能代替历史事实。我们也不可能置身其中，在思想上重演过去，对历史予以同情地理解，因为历史上的人和事都有是非功过。我们可以历史主义地分析，但不可能超然物外，不持立场。

历史认识论的研究中的问题很多，困难也很多。自然科学对象是现存的自然界，它与认识主体形成现实的主客体关系。认识对象明确，主客体关系明确，实践检验也比较明确。而历史认识则不同。历史认识的主体与客体并不构成现实的主客体关系，它存在时空间隔。历史是逝去了的存在，已由存在变为非存在。我们是依靠文献、文物或地下发掘考古来研究历史。这些材料并不完全，何况文献记载并非完全可靠。历史认识表现为历史知识，它是人对历史的记忆，它只能近似地接近历史事实，而不可能是绝对的复原。

我们通过历史研究，不断追赶寻找历史的真相。历史始终会存在种种历史之谜。因此对同一时代，同一历史阶段，同一历史人物的研究，往往会发现新材料，提出新的观点，这很正常。至于如何认识历史，它在方法论方面有什么不同于自然科学的特点，在历史评价上，既不把一切历史视为当代史，把古人变为今人；又不能简单置身历史中，设身处地把自己变为被研究者，把今人变古人。西方历史哲学在历史认识论方面提出了很多难题，需要深入研究。不研究，绕开问题走，无法进一步推进历史唯物主义。

历史的重要性与价值评价

历史的重要性与历史的价值评价不同。历史的重要性是指人物和事件在历史上的地位和作用，而历史的价值评价则是指对它的作用和意义的评价。

历史的重要性是不言而喻的。从我们的存在来说，没有历史我们自身就失去了存在的任何可能性。当代是由历史发展而来。从后人可以从历史中吸取经验和教训来说，历史也是重要的。我们的智慧来自历史的继承，是积累性的智慧，是一代一代人的经验和智慧的结晶。

毛泽东说“历史的经验值得注意”，我们经常说的“忘记过去就是背叛”，讲的都是历史自身包含的经验的重要性；另外，历史虽然已经成为过去，但不是成为“无”，而是人类社会进步的积累——物质财富的积累、精神财富的积累。恩格斯说，没有奴隶社会就没有当代西方文明，讲的就是这个意思。没有传统的历史中国，就没有当代中国。社会主义中国，没有前三十年就没有后三十年。历史如长江之水，是不能切割的。这是历史唯物主义观点。

历史作为人类创造性活动和产物，包含从物质到文化多方面的意义；而历史价值观则是对历史事件和人物的不同评价。历史价值观具有主体性特点，它主要与自己的立场和历史观不可分，它也受个人偏爱、成见、先入之见与传统观念的影响。历史自身蕴含的实际作用是客观的，而历史的价值评价并不都能与客观历史相合。这种背离，就是价值评价的失衡或混乱。

在历史研究中，应该区分历史的重要性与价值评价，否则历史无法研究，而且也不可能有正确的评价。

从历史自身来看，正面人物与反面人物、英雄和奸雄、忠臣与奸臣、创业之主与亡国之君在历史上都不能缺位，都是历史的重要人物。在宋史中的岳飞与秦桧、在太平天国革命史中的曾国藩与洪秀全都是历史的重要人物；正如第二次世界大战中的希特勒、东条英机、墨索里尼与罗斯福、丘吉尔、斯大林同样重要。中国革命中的毛泽东与蒋介石也是如此。历史就是历史，历史人物一方失去另一方，就不成其为历史。这是历史事实，并非历史价值评价。历史重要地位是指他们各自成为他们时代历史舞台中的主角，而评价则对他们各自的地位和作用做出或褒或贬，或褒中有贬、贬中有褒的分析性评价。任何具有重要影响的人物，无论中外，都重视对自己的评价。中国更是如此。素来有所谓“一字之褒，荣于华衮；一字之贬，严如斧钺”之说。中国有影响的人物非常重视自己的历史定位。

在历史研究中，不可能排除历史价值观。历史已经消逝，历史学的复原即历史的书写，必然要根据史料和记载去构思。这与工匠修复破碎的花瓶或文物不一样，花瓶是完整的残存的原物，它的复原标准就是花瓶自身；而历史要靠史学家依据材料重构。历史的书写必然有史学家价值观的参与，从材料的选择到解释到评价，都会受到书写者的时代、政治立场、理论水平的制约。史学、史才、史德、史识的不同，会使同一类著作呈现不同的水平。

历史学中不存在价值中立。历史认识这个特点决定历史认识论和历史价值论是不可分的。历史认识中包含历史的评价，伪造历史的事很常见。历史认识可靠性往往会受历史价值观的制约。只叙述而不解释的历史学是没有的，只摆事实而不讲道理的史学不是史学而是史料学，可纯粹史料的安排也会渗透史料编选者的观点。价值观的错误，往往会导致不真实，甚至有意伪造历史、歪曲历史。

历史价值观中对同一历史事件和人物评价的矛盾，有学术水平问题、历史工力问题，但更多是表现不同利益的矛盾，即历史研究者自觉或不自觉代表某种利益。所有的历史学家都认为自己是公正的、客观的。特别是那些所谓纯学者更是如此。除非御用的史学家，有意歪曲历史的学者是很少的。但我们应该明白，在学术领域中阶级性往往是看不见的手，是现实的阶级和阶级状况、政治观点以一种不声不响的方式长期浸润和濡化的结果。我们只要看看日本历史教科书的编著者对待日本侵华战争和南京大屠杀的立场，看看我们有些历史学家指责太平天国革命的愚昧，痛斥义和团装神弄鬼和极端民族主义的立场，就知道，在他们自以为公正的后面往往隐藏错误的历史观。

这当然不是说历史价值评价是二元对立的，只能说好或只能说坏。好就是一切均好，坏就是坏到一无是处。真正与科学性相结合的价值观应该受科学理性支配，对历史和人物采取分析的态度。太平天国的成就、失败及其经验可褒可贬，曾国藩的事功道德文章同样有可褒可贬之处。但不是半斤八两，调和折中。而是有分析，有态度，把它们放在特定的历史条件下加以评价。马克思对资产阶级革命和资本主义就有过赞扬之词，中国共产党人对太平天国的腐败、内斗和对待中国传统文化的错误态度有过批评，对曾国藩个人道德文章并非一概否定，毛泽东年轻时就非常服膺曾国藩。科学历史价值观和宗派主义的狭隘性并非同义语。但在清政府极端腐败临近灭亡之际，太平天国农民革命给予其沉重一击对历史是一个推动。曾国藩可以是清王朝的中兴名臣，但不是中华民族的救亡中兴名臣。同样，义和团反映的是对西方殖民主义的民族义愤。它以迷信方式组织和发动群众，以血肉之躯抵抗洋枪洋炮，这是民族的悲哀，而不能归罪于义和团的愚昧。只要看看印第安人，看看非洲一些民族以弩箭和符咒反对、抗击殖民者的屠杀就知道。当代中国历史学家有权利居高临下扮演一个事后聪明人的角色，对太平天国、对义和团片面进行指责吗?

吴佩孚是直系军阀，当年战祸连绵，自然有他一份罪过，可他没有做日本人的走狗，保留了一点民族气节，还是值得称道的。有一联云：“得志时不纳妾、不积金钱、饮酒赋诗，犹是书生本色；失败后不出洋、不入租界、灌园抱瓮，真个解甲归田。”传为吴作，也许好事者所为，我无考证，但这副对联，能不因恶掩善，对如何评价历史人物还是有点参考价值。

无论在中国还是在外国，历史学家似乎具有随意书写历史的权力。历史学家按照什么样的价值观以评价历史和人物，形式上是自主的，实际上是被他的历史观和政治立场决定的。历史学家并不是站在历史之外，他就在历史之中，处在他书写历史的现实时代的环境之中。卡尔在《历史是什么?》中说，“历史学家毕竟是单个的人，像其他单个人一样，历史学家也是一种社会现象，他不仅是其所属社会的产物，而且也是那个社会自觉或不自觉的代言人”，“历史学家是历史的组成部分，历史学家在队伍中的位置就决定了他对待过去的视角”。可以说，历史学和历史学家自身也是一种历史现象，只有以历史的视角评价历史学家，才能理解历史学家的历史定位。

再说历史的价值评价

历史学中有三个重要元素：叙述、理解、解释。叙述是指对历史事实的清理，在史学中它面对的是各种历史资料。研究历史必须从事实出发，资料力求真实、全面。恩格斯说过历史研究“只说空话是无济于事的，只有靠大量的、批判地审查过的、充分掌握的历史资料，才能解决这样的任务”。可只有资料并非史学，即使编年、年谱的编著也有指导原则，因此，理解和解释是以事实为依据的史学中的思想之光。

宋人吴缜对事实、评价有很精彩的论述。他说，“夫为史之要有三：一曰事实，二曰褒贬，三曰文采。有是事而如是书，斯谓事实。因事实而寓惩劝，斯为褒贬。事实褒贬既得矣，必资文采以行之，夫然后成史。至于事得其实矣，而褒贬文采则阙焉，虽未能成书，犹不为史之意。非乃事实未明，而徒以褒贬文采为事，则是既不成书，而又失为史之意矣”。应该说，这个论述充分表现了中国史学的优良传统，以及著史应该以事实为据的实事求是原则。

理解和解释与历史事实的关系，实际上就是历史学中价值与事实的关系。在历史学中，价值中立是不可能的。所谓客观性不是价值中立，而是科学性，如实地揭示历史真相。可要如实地揭示真相，必须有立场，即有观察问题的价值观念。在社会生活中，没有一个人可以超然世外，总是同情与自己相同处境的人，憎恨压迫自己同类的人，总是会为自己和所属阶级的成功而喜悦，为他们的不幸而悲伤。历史学家也是如此。称太平天国为洪匪、义和团为拳匪、共产党为赤匪的历史学家，不可能揭示历史的真相。历史学家企图非意识形态化是不可能的。只要看看中日之间为教科书而争论，就明白这一点。

罗素说过，历史学家对他所叙述的事件和他所描述的人物应该怀有感情。当然，历史学家不应该歪曲事实，这是绝对必要的，但要他不偏袒他著作中所叙述的冲突和斗争的某一方，则并无必要。一个历史学家对一个党并不比另一个更为偏爱，而且不允许自己所写的人物中有英雄和坏人，从这个意义上的不偏不倚的历史学家，将是一个枯燥无味的作家。如果这会使一个历史学家变得片面，那么唯一的补救办法是寻找持有相反偏见的另一位历史学家。

罗素的话有一定道理。我不怀疑，历史的价值判断会导致历史学家对历史事实的倾向性选择。只选择能说明自己的观点的所谓材料，而排斥相反的材料。也就是说价值判断使历史学家只看到自己愿意看到的东西，甚至一叶障目而不见泰山。这种情况会有，但这不是也不可能是从历史学中清除价值判断的理由。历史学像其他社会科学一样应该提倡百家争鸣，而不是定于一论。1965 年，郭沫若曾发表《由王谢墓志的出土论到〈兰亭序〉的真伪》，从文章和书迹两个方面否定《兰亭序》是王羲之所作。高二适发表《〈兰亭序〉的真伪驳议》，表示不同意郭老意见，郭在高文后又写了《〈驳议〉的商讨》。毛泽东当年就对高二适与郭沫若关于王羲之《兰亭序》的争论表示赞同。因为只有学术争论才能澄清事实，使真理越辩越明。摒弃价值判断追求历史真实性，这是不可能的。只有通过学术争鸣，辩论、考证，才有可能接近历史的真实。

历史学当然不只是关于过去发生过什么的记载，而应该同时包括对原因的探索，从中发现有益于后人如何行动的经验教训。历史学不只是叙述而必须同时是解释，叙述是事实的陈述，而解释则是对历史事件的理解。如果单纯着眼于解释，自然可以说任何史学家都可以有自己的解释，没有人能说自己的解释是唯一的最后的解释。可从事实的叙述来说，又必须强调同一事件的事实叙述不能彼此完全不同，甚至矛盾。同一事实陈述多样，说明事实不清，于事无凭，则于理无据。这种事实不清的历史，不可能是信史。历史学始终应该追求事实与价值的统一。

为现在而研究历史和为现在而篡改历史，两者是根本不同的，我们往往将它们混为一谈。历史研究的特点是回溯性研究，后人对自身时代的关怀和需要产生研究前人的兴趣，而不是为前人的需要而研究前人。后人研究前人，事实必须求真，理解必须求理。没有人敢公然倡导伪造历史。清乾隆皇帝在他下令编撰的《御批通鉴辑览》的编纂原则，也是“必公必平，惟严惟谨”。可真正做到不容易。因为相对任何社会科学来说，历史学中价值中立更不可能。

从来不存在一个没有立场的历史学家和历史著作，史书不可能避开关于历史事件、人物和意义的评价问题。历史价值评价是主体性的，它依评价者的立场、观点、方法不同而有完全不同甚至对立的评价。我们以美国当政者如何评价朝鲜战争和越南战争为例，就可以极其鲜明地表现评价的主体性。《光明日报》上发表的《战争纪念碑上的美国》对我很有启发：“在美国华盛顿的中心广场上，以庄严、古朴的林肯纪念堂和方尖塔形的华盛顿纪念碑为中轴线，与之垂直，在这条线的左右侧，分别矗立着美国越战纪念碑和美国朝鲜战争纪念碑。朝鲜战争纪念碑的主体是一组 19 个真人大小的不锈钢士兵的群雕像，19 个士兵都戴着钢盔，披着雨衣，持枪前行，他们的表情很警戒也很紧张，碑文写道：我们的国家以它的儿女为荣，他们响应召唤，去保卫他们从未见过的国家，去保卫他们素不相识的人民。”文章还介绍了中轴线另一侧的越南战争纪念碑。在美国当政者看来，这两场战争都是保卫自由、民主的战争。把为美国的侵略政策充当炮灰的士兵塑造成为自由民主而牺牲的勇士，历史完全被颠倒了。这种评价，是与事实完全不符的价值评价。它体现的是一种错误的历史观，但是他们绝不会以为错。

事实评价与价值评价不能等同。事实是属于客观的历史进程，价值评价是关于事实价值的主体判断。但真正具有价值的有教育意义的评价，必须尊重事实，以事实为基础。任何建立在歪曲事实、伪造事实基础上的所谓价值评价，是最没有价值的价值评价。如果以历史价值多元性为掩护，歪曲中国历史，甚至反对毛泽东，丑化中国共产党，散布历史虚无主义，必须对此进行批判。因为价值多元性属学术观点，而反毛反共属于政治问题，是以历史价值为掩护的违法违宪行为。

价值评价的主体性不能归结为历史学家个人的主体性，个人的评价只是一种方式，而且具有极大局限性，因为它容易为个人的条件和既得利益所限，而真正构成评价主体的应该是广大人民群众。广大人民群众的人心所向，他们赞成不赞成、满意不满意应该成为历史学家价值评价的依据。在当代，不能以历史学家是非为是非，而应该以广大人民的是非为是非。毛泽东的咏史词中就包括历史人物的评价，例如《沁园春·雪》的下阕："惜秦皇汉武，略输文采，唐宗宋祖，稍逊风骚。一代天骄，成吉思汗，只识弯弓射大雕。俱往矣，数风流人物，还看今朝。"这是以词的形式概括地评述历史人物。尽管这些都是杰出人物，但真正的英雄是革命人民。

历史价值观非常重要。历史不会自动教育人，它总要通过历史的书写即历史学总结历史经验，发挥它的教育作用。这就是历史学的作用，是史学的功能，所谓一切历史都是当代史，如果是重写历史事件，甚至杜撰、戏说，这都是历史虚无主义和历史唯心主义。事实不能杜撰，但历史的意义和教训可以加深，可以有新理解。时代在变化，认识可以深化。任何倡导历史重写，都应该是更接近事实，更接近真理，而不是单纯做翻案文章。

中国历史学有一个优良传统，就是把历史事实和历史评价区分开来。历史事实属历史本身，而历史评价属历史书写者本人，是分开的。我们从《史记》中的《秦本纪》、《秦始皇本纪》和贾谊的《过秦论》，可以看到这个特点。《秦本纪》对秦的谱系多属纪实，直到秦初并天下为三十六郡，秦始皇崩，子胡亥立为二世，三年诸侯并起叛秦，赵高诛二世立子婴。月余，诸侯诛之，遂亡秦，完全是纪实。《秦始皇本纪》从交代秦始皇"秦庄襄王之子也。庄襄王质于赵，见吕不韦姬，悦而取之，生始皇"开始，详细叙述秦始皇并六国封泰山，东游遇险，后出游死于途中，直到陈胜起义，秦灭亡，完全是纪实。注明"太史公曰"的议论放在末尾，是分开的："秦王足己不问，遂过而不变。二世受之，因而不改，暴虐以重祸。子婴孤立无亲，危弱无辅。三主惑而终身不悟，亡，不亦宜乎？当此时也，世非无深虑知化之士也，然所以不敢尽忠拂过者，秦俗多忌讳之禁，忠言未卒于口而身为戮没矣。故使天下之士，倾耳而听，重足而立，拑口而不言。是以三主失道，忠臣不敢谏，智士不敢谋。"

即使是以史论为特点的文章，在涉及历史时仍然要尊重事实。《过秦论》不同于《秦始皇本纪》，它以政论为特色，它虽然重点是放在秦始皇“奋六世之余烈，振长策而御宇内”开始，夹叙夹议，但仍然以史实为据不是放空炮。贾谊的评论同样是放在后面，虽然比较偏于道德评价，“一夫作难而七庙隳，身死人手，为天下笑者，何也？仁义不施，而攻守之势异也”。得天下之后，攻守异势，要求不同，这是很有见解的评论，至于说仁义不施导致秦朝二世而亡，则未必如此。

柳宗元和王夫之则超过贾谊和司马迁对秦朝功过是非的判断，因为他们提升到制度比较的高度评价，不是一味的道德谴责。柳宗元在《封建论》以汉唐历史事实为根据总结：“汉有天下，矫秦之枉，徇周之制，剖海内而立宗子，封功臣。数年之间，奔命扶伤之不暇，困平城，病流矢，陵迟不救者三代。后乃谋臣献画，而离削自守矣。然而封建之始，郡国居半，时则有叛国而无叛郡，秦制之得亦以明矣。继汉而帝者，虽百代可知也。”王夫之的《读通鉴论·秦始皇》同样以史实为据对封建制和郡县制优劣得失进行比较：郡县者，非天子之利也，国祚所以不长也；而为天下计，则害不如封建之滋也多矣。呜呼！秦以私天下之心而罢侯置守，而天假其私以行其大公，存乎神者之不测，有如是夫！若夫国祚之不长，为一姓言也，非公义也。秦之所以获罪于万世者，私己而已矣。斥秦之私，而欲私其子孙以长存，又岂天下之大公哉！

事实是彼时彼地，评价是此时此地。“论”应该从史出，而不是“史”从论出。如果以理性主宰世界、一切历史都是思想史或一切历史都是当代史为指导研究历史，这种所谓历史是一种什么样的历史，不想可知。它不是历史，而是每代人对历史的重建。在重建中，历史事实变为漂浮不定的泡沫。

卡尔在《历史是什么？》中批评那种认为历史是由一大堆已经确定的事实构成的观点。历史学家可以在文献、铭刻等诸如此类的东西那里获得事实，就像在鱼贩子的案板上获得鱼一样。历史学家收集事实，熟知这些事实，然后按照历史学家本人喜欢的方式加工，撰写历史。在卡尔看来不可能先弄清事实，然后再解释，解释比事实更重要，如果把事实比作果实的内核的话，解释则是果肉，是用来包裹果实硬核的更重要的部分。这种看法显然把什么是历史事实和如何收集和发现事实混为一谈。历史研究不可能先把事实收集完备再解释，而是相互促进的过程。一个历史观点的形成往往要经过多年的研究，这是理论解释不断深入和事实收集不断完备的过程。解释不能代替事实，解释应该建立在事实基础上。如果解释是比果核更重要的果肉，没有解释就没有事实，事实依赖于解释，显然值得争论。我们这里曾经流行过的以论带史大概源于此。

历史的道德评价

历史价值的评价既包括历史定位的评价，也包括道德评价。当然重点应该是历史事件和历史人物在社会发展中作用的评价，即对于国家和民族的发展起推动作用还是阻碍作用。当然，历史也不能完全排除道德评价。

历史人物的道德评价，不能拘于小节而无视大节，或者说苛求私德而忘却公德。卡尔在他那本名噪一时的《历史是什么?》中反对把道德评价引入历史研究。他说“毋庸置疑，当今已不要求对历史学家对其笔下人物进行道德的审判，历史学家的立场与道德家的立场不必一致。亨利八世或许是一位好丈夫，却是一位坏国王”。这当然可能，正如希特勒是杀人魔王，可与爱娃却情深爱笃，难道希特勒能称为道德高尚吗？卡尔也知道完全排除道德评价在历史研究中的地位是不合适的，因此他加上一个条件，“当一种品质对历史事件产生影响时，历史学家才会对他的这一性格发生兴趣，假如他的道德过失像亨利二世一样对公共事务并没有产生多大的明显影响，历史学家则不需要关注这个问题。不仅恶行如此，而且美德也是如此，巴斯德和爱因斯坦在私生活方面是人们的榜样，甚至完美。但是假设他们是不忠的丈夫、狠心的父亲、寡廉鲜耻的同事，那么会削弱他们的历史成就吗?”这个说法有道理。历史学家不应关心与历史事件无关的私德，可当他们的残忍和暴虐与反历史的罪行结合在一起时，道德评价则是正当的，是清算罪行的一部分。第二次世界大战后的东京宣判，既有战争罪行的事实依据，也有对战争罪犯反人类罪的道德谴责。牟宗三先生在《历史哲学》中说，“历史判断既非道德判断，亦非科学方法之下的认知判断。道德判断足以抹杀历史。科学判断则是把事物理化使之成为非历史。但光道德判断固足以抹杀历史，然就历史而言，无道德判断亦不行。盖若无道德判断，便无是非。所以，在此，吾人只就道德判断予两者之对比而融和之皆予以承认”。

至于对历史做过杰出贡献的人物，也会涉及道德评价问题。这种评价是重公德而不能拘小节。道德瑕疵不能掩盖他们的历史贡献。金无足赤，人无完人。对历史杰出人物道德的过分苛求，把历史变为道德教科书不是研究历史的正确方法。中国古代历史观和历史书的一个不足就是把道德评价摆在首位：“别嫌疑，明是非，定犹豫，善善恶恶，贤贤贱不肖。”朱熹则认为读历史书也应该如此：“读史当观其大伦理，大机会，大治乱得失。”王朝之盛衰治乱，天下之得失兴亡，似乎都系于统治者一人之道德水平，此种看法言之过当。

对伟大人物的理解不能单纯聚焦于他个人，而必须是他的时代需要和文化背景。这样我们才能理解他何以产生，为什么会产生。就伟大人物个人研究个人，不可能真正理解个人，因此必须提出个人与时代的关系。某个具体人物的出现是不可预测的，也无须预测。这个论断的认识论价值，是使我们不会陷入对英雄人物的天命论和神秘主义。我们不可能在毛泽东之前断言一定会出现一个毛泽东。说没有某某人也会产生另一个人物，这是以历史条件和时代需要为据说的。只要历史和时代有需要就会产生相应人物，至于是谁当然取决于个人的才能和某些历史的偶然性。无数的历史偶然性和个人生活经历中的偶然性，对于某一具体伟大人物出现都会有影响，但历史人物不能超越时代的需要则是必然性的。

历史人物的产生是时代和历史的需要。既然是历史人物，对他们的评价当然不能离开历史。伟大历史人物就是历史的一部分。对历史人物的评价也就是对这一时期历史的评价。邓小平在讲到对毛泽东的评价时说，“对毛泽东同志晚年的批评，不能出格，因为否定这样一个伟大的历史人物，意味着否定我们国家的一段重要历史”。邓小平坚持对毛泽东的公正评价。现在我们可以看到它的重要意义。要是全盘否定甚至丑化毛泽东，中国已经不再是现在的中国。

说到历史人物评价问题，最近读到一篇并非中国大陆作者关于毛泽东的评价文章，标题很有意思：《假如中国没有毛泽东》。这里运用“假如”，不是对历史的否定而是一种论证方式，其意是中国当代的现实证明，不能没有毛泽东。文章说：“对毛泽东诸多网友有不同的看法，有崇拜他的，有憎恨他的。但是我认为评价一个人有一种比较客观存在的办法，就是把一个人从历史上抽走，假如人在历史上不存在，看人类社会过去与现在比较。如果更好一些，那么这个人起的正面作用，而如果更差一些，那么这个人起的是负面作用。对制度也是一样。”论者在这个前提下，列举了如果没有毛泽东将如何？“首先中国共产党不会有机会执政。”因为“像王明那样‘左’或像陈独秀那样‘右’都不行”。然后论者还列举了许多条，如中国版图不是今天这个样子。外蒙已由国民党同意独立；而新疆和西藏都会爆发独立；吸毒将泛滥全国。国民党禁毒禁不住，云贵川成为世界最大的毒品生产基地；黑社会和匪患也到处泛滥。直到现在台湾也没有彻底剿灭黑社会；中国的工商业发展将长期受到外来资本的打击而萎靡不振。中国将长期不会造飞机、汽车、轮船。在列举了许多条之后，作者总结说，“总之，如果没有毛泽东，那么中国现在就是菲律宾或者印度尼西亚的样子。因此，世界上的事情就是这样，鱼与熊掌不可得兼，你要避免‘文化大革命’和反右，就避免不了艾滋病吸毒泛滥成灾，国家没有强大的国防而四分五裂，你要一个没有吸毒，没有嫖娼，没有拐卖妇女儿童，没有美军在大街上任意强奸妇女，没有土匪，没有绑票的有着强大国防的社会，那么你就要承受知识分子去打扫厕所，当官儿的经常受到迫害及相当长时间受到美国军事包围和经济封锁使百姓们也不大富裕这样的代价，究竟喜欢哪样，诸位网友看着办”。

作者看法不一定全面准确，中国“文化大革命”及某些“左”的错误不是取得成绩必须付出的代价，而是必须总结的教训，不能再犯。但是作者的主导思想是正确的，毛泽东在中国的历史地位是不能否定的。如果没有毛泽东当然是一个“假定”，这个假定的实质并不是真正没有毛泽东，而是反证中国当代历史现实包含毛泽东领导的不朽功勋。毛泽东不是个人，他是中国共产党第一代领导核心。当然，我们可以说，如果没有毛泽东，中国只要有革命要求，迟早会有人出来领导，最终会取得革命战争的胜利，但会长时间在暗中摸索，会有更大的牺牲、更多的曲折。这就是中国人民敬仰和怀念毛泽东的原因。

毛泽东当年写过一首七律《读〈封建论〉·呈郭老》，实际上是坚持一种历史唯物主义对历史人物评价的历史观。“劝君少骂秦始皇，焚坑事件要商量。祖龙魂死业犹在，孔学名高实秕糠。百代多行秦政法，十批不是好文章。熟读唐人封建论，莫从子厚返文王。”当时正当批儒评法，毛泽东关于孔学的评价、关于十批判书的评价具有鲜明的时代烙印，不为定评，是否正确可以有不同看法。我感兴趣的是毛泽东对秦始皇评价所表现的一种历史观。对伟大人物的肯定评价，应该是把他对民族、对后世的开创性的无可替代的功绩放在首位，还是把道德的评价放在首位、通过道德的审判而对杰出历史人物采取否定态度？这是历史观问题。

毛泽东对秦始皇的评价，不是放在历代有些学者扭住不放的焚书坑儒上，而是把他放在统一六国、书同文、车同轨、实行郡县制上。这对中国的统一、对中国行政制度、对中华民族的发展都具有不可磨灭的历史贡献。没有大一统观念和中央集权制度，不可能确立中国人至今拥有的中华民族共同情感和认同。如果这样，世界上这个人口最多、拥有56个民族、各有自己语言和民族文化的巩固统一难矣哉！秦始皇对中华民族这个功绩岂是焚书（儒家经典）坑儒（据说有四五百人之多）的过错所能掩盖和抹杀的。单纯从儒家仁义道德角度看，可以说他是暴君；可从历史进步角度说，他的行为代表的是中国统一和制度改革的历史前进方向。

钱穆先生在《国史大纲》对秦始皇有过公正评价。他说，秦并六国，中国史第一次走上全国大统一的路。秦政府对统一事业，亦大有努力，举其要者，如废封建行郡县。筑驰道，统整各地制度风俗，开拓边境，防御外寇。此皆为完成大一统的新局面所应有之努力，大体言之，秦代政治的后面，实有一个高远的理想，奉不失为顺着时代的要求与趋势而为一的进步的政治。钱先生虽对儒家文化的倡导最力，但并没有步历代儒者一笔抹杀秦始皇的仁义道德论的历史观。

李斯实为秦国开国功臣，为二世所杀，李斯死后不久秦亡，当然不会说李斯的好话，所以在读《史记·李斯传》之后只会感到他是个惯于权术的阴谋家。可是在梁启超先生看来，李斯的功业很大，制定秦国的开国规模，间接又是后来的矩范，汉代制度十之八九，从秦代而来，梁先生说，李斯是一个大学者，又是头一个时代的宰相，凭他的学问和事功，都算得上历史上的伟大人物，很值得表彰一下。

道德判断是由判断主体的道德观念决定的。单纯道德评价的最大局限，是它以道德规范为尺度评价历史人物的行为，而不顾及这种行为的长远的历史影响和作用。几乎没有一个开创时代的人物，没有道德瑕疵，能经得起纯道德的审判。开创汉王朝的刘邦是个流氓式的人物，而唐太宗李世民的贞观之治，交口赞誉，称他为历史上的英明之主，可他逼父杀兄，通过“玄武门”之变而登上皇位，并不符合儒家孝悌的道德标准。明太祖朱元璋第四子燕王朱棣，以藩王的身份，叔父的辈分，夺取侄子建文帝的帝位，符合儒家道德标准吗？可明成祖修《永乐大典》，派郑和七下西洋、五出漠北，算得上是明朝不辱太祖的有为之君。尽管朱棣得位诛杀齐泰、黄子澄、方孝孺，灭其族，其中因方孝孺受牵连而死和充军者无数。至于旧臣被杀、自杀者甚多。建文旧臣，尤其是方孝孺的道德气节为人赞赏，明成祖对忠于正统的旧臣的处置，虽然显出残忍，但并不影响对他历史地位的总体评价。

相反，无论纳粹分子，如何从道德上美化希特勒，都无法改变希特勒的罪恶和他对人类犯下的罪行。正如不管一些人如何在道义上评价斯大林，都无法改变斯大林在苏联社会主义巩固和发展、苏联卫国战争胜利、苏联摆脱贫困落后崛起为超级大国的历史作用。俄国有些历史学家说，苏联反法西斯战争的胜利是人民的胜利，与斯大林无关，而苏联解体和社会主义制度的灭亡，则是由斯大林的社会主义模式造成的，与后斯大林时代历届领导，尤其是与戈尔巴乔夫、叶利钦无关。这当然是以个人道德上的好恶代替历史事实。我们有些学者在对毛泽东的评价中，同样存在这个问题，甚至以极其肮脏的语言不断泼脏水。这已经不是道德评价，而是卑劣的政治手段。

我不是说历史人物无须道德评价。胜利者不受道德约束的观点是不正确的。但道德评价必须是第二位的，它不能超越历史人物的历史功绩。我们不能把道德的批判变为道德的审判，把历史研究变为道德的法庭。尤其是不能以错误的道德为评价标准。如果以儒家的孝悌爱民为标准，我可以说，在中国历史上没多少皇帝在道德上是合格的。秦皇汉武、唐宗宋祖、一代天骄成吉思汗，终究是历史的英雄人物，哪一个符合儒家的道德标准？他们的英名在于事业的辉煌，而不在于所谓道德的高尚。

况且道德的评价，是对历史人物的行为的评价。它必须是具体的，即符合社会公认的道德原则的评价，而不能是以抽象的公平、正义、善良、人性，诸如此类存在歧义的概念作为标准的评价。恩格斯在《再论蒲鲁东和住宅问题》中曾说过，“希腊人和罗马人的公平观认为奴隶制度是公平的；1789年资产阶级则要求废除被宣布为不公平的封建制度。在普鲁士的容克看来，甚至可怜的专区法也是破坏永恒公平的”。所以，关于永恒公平的观念不仅是因时因地而变，甚至也因人而异，它是如米尔柏格说的那样，“一个人有一个理解”。

如果以儒家的尺度来评价历史人物，往往突出的是儒家的标准，以儒家的道德论是非。不仅历史人物难以如此评价，即使对文学诗歌也难以评价。我们可以朱熹评杜甫《乾元中寓居同谷县作歌七首》诗为例。朱熹说，“杜陵此歌七章，豪宕奇崛，诗流少及之者。顾其卒章，叹老嗟卑，则志亦陋矣。人可以不闻道哉！”按孔颜乐处的标准，谋道不谋食的标准，杜甫叹老嗟卑的意境当然不高。可儒家的道德标准不能是评人的唯一标准，更不能是诗歌的标准。有人反驳朱熹的评论是道学家的过苛之论，因其未遭杜甫当时的境遇而已。李清照为宋代首屈一指的女词人。本为赵明诚的夫人，后赵死，《云麓漫钞》说清照改嫁张汝舟，与张交恶，对簿公堂。宋人笔记中不少记载此事，因而影响对李清照的评价。虽然不得不赞其词，但不耻其人。这种道德评价是儒家式的，以所谓个人道德取代文学成就。道德化的批判在中国小说中更是常见，包括名著如《三国演义》这样的传世小说。《三国演义》中对曹操的评价突出的是奸和诈，而对刘关张突出的是仁和义，诸如“挂印封金”、“华容道”。曹操统一北方的事功和文学上杰出成就的历史功绩都被一笔勾销。

历史价值评价包括道德评价，但不能归于道德评价。例如资本主义社会代替封建社会，工业生产方式取代农业生产方式，工业化、城市化、市场化的进程，会伴随传统道德与价值观念的变化，人际关系的变化，其中主导方面是社会进步，同时也是社会某些方面的后退。人类不能因此阻止历史的脚步，重新回到封建社会、回到温情脉脉的所谓“人情社会”。历史进步是要付出代价。但代价论不能变辩护论，这就在保持社会进步方向的同时，克服历史进步的消极面。

改革开放三十多年的功绩是有目共睹的，但代价也不小。我们的正确看法，应该是坚持改革开放，但要正视改革中出现的问题，要对问题有清醒的认识和处理方法。我们不能抽象地说改革中的问题是因为改革不到位，也不能抽象地说改革中的问题要在深化改革中解决，而应该明确哪些不到位？问题出在哪里？应该具体深化改革方案，反思改革中成功与存在的问题，总结得失。这才是对待改革的郑重的马克思主义态度，实事求是的态度。充分肯定成绩，明确问题，继续坚持改革开放，坚持正确方向的改革开放。这是中国特色社会主义发展的历史大方向。

历史价值评价着眼点，就是历史的大方向和历史的进步。从事伟大变革的历史人物，如果他的行为推进社会进步，就是肯定性评价；如果站在历史潮流的反面阻碍历史进步，就是否定性评价。在这个社会历史进步方向问题上，历史评价的尺度就是历史发展自身的大方向，而不能以道德评价取代历史评价。

马克思写过一篇名为《道德化的批判和批判化的道德》的评论文章，其中就讲到关于历史的道德批判问题。他批评一些所谓道德批判，往往是把激昂之情同庸俗之气滑稽地结合在一起，自称只关心问题的本质，但又经常忽视问题的本质，庸夫俗子以自己的道德高尚而自鸣得意。马克思强调历史的进步，从旧道德观念看来往往是不道德的，例如各国人民的宗教幻想把无罪的时代、黄金时代列在史前时期，从而辱骂了整个历史。又如在轰轰烈烈的革命战争时代，在强烈的、激情的否定和背弃的时代，例如18世纪，出现了善良的大丈夫，出现了以停滞状态的田园生活来同历史的颓废相对抗的有素养、作风正派的盖斯纳之类的色鬼。在马克思看来，历史的进步有时会表现为对传统的亵渎，被保守者视为不道德，是对道德的背弃。可见，在道德评价历史人物和历史事件时必须认真考虑自己运用的道德标准。如果以遗老遗少的心态评价社会变革，当然不可能有公正的评价。

史学功能与责任

史学的意义与历史的意义不同。历史是人类实践活动的成果，历史意义蕴含于人的伟大创造之中。人的活动，无论成功或失败都有意义。成功提供经验，失败提供教训，两者都对后人具有警示和启迪作用，这是实实在在的历史遗产。而史学的意义在于它能把历史中蕴藏的意义，变为人类自觉的历史智慧。

对史学来说，成功的智慧固然重要，失败的教训尤其弥足珍贵，因为那是自己或别人、古人或今人用血换来的智慧。司马迁在《太史公自序》中对于《春秋》作为历史著作的意义做过多角度的论述："故有国者不可以不知《春秋》，前有谗而弗见，后有贼而不知。为人臣者不可以不知《春秋》，守经事而不知其宜，遭变事而不知其权。为人君父而不通于《春秋》之义者，必蒙首恶之名。为人臣子而不通于《春秋》之义者，必陷篡弑之诛，死罪之名。其实皆以为善，为之不知其义，被之空言而不敢辞。夫不通礼义之旨，至于君不君，臣不臣，父不父，子不子。夫君不君则犯，臣不臣则诛，父不父则无道，子不子则不孝。此四行者，天下之大过也。以天下之大过予之，则受而弗敢辞。故《春秋》者，礼义之大宗也。夫礼禁未然之前，法施已然之后；法之所为用者易见，而礼之所为禁者难知。"尽管司马迁对《春秋》的意义的论述仍然是儒家的历史观，没有超越传统的君君臣臣父父子子的局限，但他关于历史著作对政治和人伦具有重大价值的观点，仍然可以借鉴。

魏徵在《群书治要・序》中论及史书作用时也说，"左史右史，记事记言。皆所以昭德塞违，劝善惩恶，故作而可记。薰风扬乎百代，动而不法，炯戒乎千祀，是以历观前圣，抚运膺期，莫不懔乎御朽，自强不息，朝乾夕惕，义在兹乎”。强调史书可以“昭德塞违，劝善惩恶”，“懔乎御朽”，“自强不息，朝乾夕惕”，即强调历史记载在道德教化和政治治理方面都有其特别重要的作用。

历史包括人类全部活动。人类实践方式是多种的、成果是多方面的，因而历史的意义可以包含经济、政治、文化、道德多方面的意义。人类各种活动都有相关的历史学说。经济史就是总结人类经济活动中的经验和教训，政治史是总结人类政治活动中的成功与失败的经验与教训，伦理史总结人类道德的演变，哲学史则是人类哲学思维史，如此等等。每种实际活动过程都是历史，都可以有相应的历史记载。

历史中既有事，也有人。事件是客观事实，人是活动的主体。在史学中，作为史学对象的人和人的活动是客观的，而史学则是对历史中人和事的主体书写。可以说，史学就是人写人，写人的活动和他们的创造过程。但历史学不会因此混同于文学。文学的主角是虚构的人（除传记或历史小说的主要角色），故事可以是虚构的。而史学则不同，人和事都力求真实。

没有史学书写，历史自身蕴含的意义无法自我彰显和被理解。尽管客观历史需要通过史学的揭示和研究，但不是史学赋予历史以意义，而是历史书写承担有揭示历史意义的功能。这就是史学的功能。如果历史的书写只是事件的记载，是一本流水账本，这种历史的书写没有价值。史学的价值在于史实的真实性和历史意义的科学性。以铜为镜可以正衣冠，以史为鉴可以知兴替。之所以可以以史为鉴，就是因为历史自身包含着前人活动的经验和代价。梁启超在《新史学》中对史学的意义做过高度评价：“史学者，学问之最切要者也，国民之明镜也，爱国心之源泉也。今日欧洲民族主义所以发达，列国所以日进文明，史学之功居其半焉。”

重视历史是中国的传统。中国有最长的历史，也有最发达的史学。在中国，“古之王者有史官。左史记事，右史记言”。据牟宗三在《历史哲学》中介绍说，周之史官，若史佚、辛甲，皆开国元老。史官地位特受尊敬，故设官分职。这说明中国很早就有史官设置，而且地位特高。

司马迁在《报任安书》中说，“仆之先非有剖符、丹书之功，文、史、星、历近乎卜、祝之间，固主上所戏弄，倡优所畜，流俗之所轻也”。这应该视为牢骚话，不能当真。在中国封建社会史官虽然品级不一定很高，但因记载皇帝言行，地位重要，也可说是近臣。司马迁虽为“刑余之人”，仍能陪同汉武帝泰山封禅，史官的地位可见一斑。至于司马光以如此显赫地位主持《资治通鉴》的编写，可见皇帝对历史编写的重视。至于专设国史馆为前朝修史，考前朝之得失，已成为中国历代王朝的惯例。应该说，在封建社会史官也算居庙堂之高，比起一些居江湖之远的哲学家和词客，地位还是高的。即使他们中有一官半职者，也不如史官被重视。李白发过牢骚。虽然杜甫最守规矩，一心“致君尧舜上”，但也不满意自己的境遇。请读读杜甫的《奉赠韦左丞丈二十二韵》中的诉苦：“骑驴十三载，旅食京华春。朝扣富儿门，暮随肥马尘。残杯与冷炙，到处潜悲辛。主上顷见征，欻然欲求伸。青冥却垂翅，蹭蹬无纵鳞。甚愧丈人厚，甚知丈人真。每于百僚上，猥颂佳句新。窃效贡公喜，难甘原宪贫。”

尼采是价值重估的倡导者，但他并不否定历史学的作用。他说过生活需要历史学的服务，指出历史学在三个方面属于生者。它属于作为行动者和追求者的人，属于保存者和敬仰者的人，属于作为忍受者和渴望者的人。尼采因此把历史学区分为三类：纪念式的历史学、好古式的历史学和批判式的历史学。尼采不赞成只懂得保存生活，而不懂得创造生活。他知道人类不可能摆脱历史，因为我们既然是过去世代的结果，我们也就是他们的迷乱、情欲和错误乃至罪行的结果。任何人都不可能摆脱历史的链条，因此人类必须重视历史，历史学能够为生活提供服务。每个人和每个民族都各自按照自己的目标、力量和需要而急需过去的某种知识，时而是纪念式的历史学，时而是好古式的历史学，时而是批判式的历史学。

尼采反对纯粹的、仅仅旁观生活的思想家，也反对把历史学家仅仅看成满足求知欲、通过知识才能得到满足的人，将知识的增多看作目标本身的人。尼采认为历史永远仅仅是生活的目的，一个时代、一种文化、一个民族与历史学的自然关系是，对过去的知识在一切时代里都只是在服务未来时才被渴求的，不是为了削弱现在，不是为了切除一个有生命的未来的根。我们是为了生者而研究死者，为了现在而研究过去。尽管尼采的哲学所受争议颇多，但他对历史学意义的理解，无疑还是很有启发的。

历史学的意义是建立在历史的意义上。历史有意义，历史学才有功能，因为历史学的功能就是对人类历史活动的成果及其得失成败批判性地叙述、理解和总结。有的学者说，只有科学技术才有价值，人文学科没有意义，这种说法是极端狭隘的。我们就以历史学为例。历史学可以说是集体的记忆。一个民族的历史是民族的集体记忆。一个人，如果只记住眼前而忘记昨天，这个人只生活在当下，可当下也会变为过去，在记忆中消失。只知道今天的人是患了健忘症。如果一个民族没有历史意识，集体失忆，不知道从何而来，不知道自己民族的昨天和前天，这个民族不也是患上集体健忘症吗？这种没有传统、没有历史记忆的民族是接近消失的民族。

人类不同于动物的一个重要特点，就在于人有历史记忆。动物本能地活在当下，没有历史观念。动物的历史是人为它们书写的。人不同，每个人都有历史观念，知道自己的昨天和前天。一个家族有历史记忆，这就是家谱、族谱。历史学家有历史观念，他们研究自己的民族和国家的昨天和前天。历史记忆越强的民族，越有凝聚力和向心力。忘记过去就是背叛，没有历史记忆的民族，就没有民族光荣感和耻辱感。集体失忆是最可怕的。如果全体中国人都忘记了中国历史，尤其是鸦片战争以来的历史，甲午中日战争、抗日战争的历史，就没有当代中国的复兴。龚自珍说，“要灭人之国，必先灭其史”。

不要忘记过去，当然要记住民族遭受的耻辱。这既不是什么民族悲情主义，也不是什么愤青愤老，而是记住历史的教训。有的人把我们对鸦片战争以来近百年的历史记忆，称之为历史的悲情主义，主张不必再提西方帝国主义和日本侵华的历史，否则就是民粹情绪。这种说法如果不是别有居心，就是无知妄言。我们可以忘记仇恨，但不能忘记历史。把仇恨与历史一并忘记，肯定是一个没有希望穷途末路的民族。

改革开放三十多年来，中国特色社会主义的成就是举世瞩目的，但是中国共产党领导人一直强调我们应该具有忧患意识，要居安思危。由此我想到毛泽东对汉代贾谊和唐代马周的称赞。毛泽东之所以称赞贾谊，因为在他处于史称“文景之治”的文帝御下的大好形势下，在《治安策中》煞风景地痛哭言事，指出国家之隐患：“窃惟事势，可为痛哭者一，可为流涕者二，可为长太息者六，若其他背理而伤道者，难遍以疏举。进言者皆曰天下已安已治矣，臣独以为未也。曰安且治者，非愚则谀，皆非事实知治乱之体者也。夫抱火厝之积薪之下而寝其上，火未及燃，因谓之安，方今之势，何以异此！本末舛逆，首尾衡决，国制抢攘，非甚有纪，胡可谓治！陛下何不一令臣得熟数之于前，因陈治安之策，试详择焉！”

处于贞观之治盛世的马周，与贾谊一样具有居安思危的忧患意识。贞观六年，时任监察御史的马周上书言事，痛陈弊政中潜伏的危机。他以历史经验为鉴，说“臣历观前代，自夏、殷及汉氏之有天下，传祚相继，多者八百余年，少者犹四五百年，皆为积德累业，恩结于人心。岂无僻王？赖前哲以免。自魏、晋以还，降及周、隋，多者不过六十年，少者才二三十年而亡。良由创业之君，不务广恩化，当时仅能自守，后无遗德可思。故传嗣之主，政教少衰，一夫大呼而天下土崩矣”。他还提出“以人为本”，并注重直接管理百姓的基层官员的选择：“临天下者，以人为本。欲令百姓安乐，唯在刺史、县令。县令既众，不能皆贤，若每州得良刺史，则合境苏息；天下刺史悉称圣意，则陛下端拱岩廊之上，百姓不虑不安。自古郡守、县令，皆妙选贤德，欲有擢升宰相，必先试以临人，或从二千石入为丞相。今朝廷独重内官，县令、刺史，颇轻其选。刺史多是武夫勋人，或京官不称职，方始外出。而折冲果毅之内，身材强者，先入为中郎将，其次始补州任。边远之处，用人更轻，其材堪宰位，以德行见称擢者，十不能一。所以百姓未安，殆由于此。”马周重视基层官员的选拔，重视从基层官员中擢升重臣，都极有见识，可以说是培养治国良才的要言妙道。

江泽民最近在为《简明中国历史读本》撰写的序言中，特别强调学习历史的重要性。他说：一个民族的历史深刻影响着一个民族的现在和未来。今天的中国从历史上的中国发展而来。我们国家和民族的发展史，包含着治国安邦的道理，也揭示了今天我国发展道路的必然性。要夺取改革开放和社会主义现代化建设的成功，我们不仅应该懂得中国的今天，而且还要懂得中国的昨天和前天。江泽民虽已年过八十高龄，但以自己领导中国改革开放的实践经验和理论创造的智慧，深知学习历史的重要。他语重心长地教诫说：一名领导干部不善于从历史中吸取营养，不可能成为高明的领导干部；一个政党不善于从总结历史中认识和把握社会发展规律，不可能成为顺应历史潮流的自觉政党；一个民族不善于从历史中继承和发展本民族世界和其他民族创造的优秀文明成果，不可能屹立于世界民族之林。多读中华民族发展史，可以使我们加深民族感情、增强民族自信心，更加信心百倍地投身坚持和发展中国特色社会主义、实现中华民族伟大复兴的宏伟事业。

其实，不少政治家都重视历史。法国历史学家安托万·普罗斯特在《历史学十二讲》中也曾说到法国人对历史的重视。他说在 1982 年的一次部长会议上，讨论到历史教学问题，密特朗总统就说，一个民族不教授自己的历史就丧失了自己的认同。与会者都表示同意。还说法国人一致认为，他们的民族认同，甚至民族之存在都要通过历史教学获得：一个社会若是逐渐在学校里取消历史课，便等于自杀。可见重视历史是许多有远见的政治家的共同见解。

走笔到此，我想起 20 世纪八九十代曾风头十足大有一扫史坛陈旧之气的历史虚无主义思潮。他们主要是以重写历史为名，对中国近代史进行改写。真实的历史是已经存在的事实，是无法用笔改写的。所谓改写无法重新评价，无非是以兜卖自以为是的“真理新发现”。其中不少是具有浓厚洋味的西方汉学家眼中的近代中国史，或是告别革命的历史。

我要请教，改写历史的历史价值的重估者，你们承不承认中国自鸦片战争以后逐步沦为半殖民地半封建社会？曾经被迫签订过数以千计的不平等条约？曾经一次次割地赔款，白银花花地流向外国？租界难道是为中国人设立的天堂？你们承不承认，康梁变法、洋务运动或中体西用并没有为中国找到一条出路，大清国的所谓预备立宪只是一纸空文？你们承不承认，西方资本主义不是来中国当救世主、不是来传播先进文明，而是掠夺，而是占领，是当主子，而不是当志愿者？不懂，可以读读马克思当年论印度、论中国的文章。

你们承不承认辛亥革命推翻了封建帝制，中国共产党领导的革命建立了中华人民共和国？不平等条约没有了、租界没有了，帝国主义赶跑了，中国人民从此站起来了，是好事还是坏事？这就是一百多年来中国的历史，真实的历史。你们用一连串鬼都不信的“如果”、“假如”为中国人民铺设了另一条路，能行得通吗？改良主义不是试过吗？师夷长技以制夷的路走通了吗？洋务运动现代化，除了几条船，几个兵工厂，真的“化”了吗？如果中国不独立，一个没有主权的国家能实行现代化吗？中国到1949年新中国成立前“化”的如何？有多少吨钢？能造飞机，造汽车？连火柴都不会造而名为洋火。居然还要说，如果中国没有革命，中国共产党不搞革命，中国可能比现在更现代化，生活更富裕，人民更幸福，我真不知如何说好。反正中国历史是既成事实。你们尽管可以重新评价，但这种历史学家绝不可能为人所信服。当然，中国人从苏联解体前泛滥多时的对苏联和斯大林的重新评价中，得到教训。中国会保持对虚无主义思潮的警惕。

我们重视历史的意义，重视史学的功能。封建社会史官职位是官，修史是国之大事，属官办。当然，《史记》和《汉书》均为个人著作，但他们的身份均属官员，可以说著史已“报批”，而非个人私底著作。除了稗官野史、笔记小说之类，私人著史是冒风险的事。随着封建社会的结束，历史成为一门学科，编书著史成为民间学术性的活动，具有较大的自由，即使在社会主义中国，历史的教学与著述也属于学术范围。从事历史工作，对个人而言既是一种学术分工，也是一种职业、一种谋生手段。但谋生与责任并不能对立。一个木工以制作家具谋生，但他仍然要把家具做得好；一个厨师以厨事为业，但尽量把菜做好成为头厨名厨，艺术家以艺术为职业，可以说是以艺术为生，这并不妨碍他精益求精，争取成为伟大艺术家。在市场经济条件下，职业、谋生、学术之间并非完全不相容。不同的是如何处理它们的关系，是把作为谋生手段摆在第一位，以名利为最高目标，还是把学术放在第一位，以职业作为生活的手段。学术应该是学者立命之本，谋生是他的立身之地。

历史学家应有社会担当。中国历史上有过不少至今仍是史学工作者榜样的人物。最著名的当推公元前607年，晋国史官董狐因记载“赵盾弑其君”一事，不惧强权，与当权者赵盾据理力争的事；公元前689年，齐国太史一家三兄弟因记载“崔杼弑其君”，前仆后继，大哥二哥被杀，三弟仍然承担起作为一个史官的责任。尽管当代历史工作者的社会地位可能不如封建社会的史官，可“历史之笔”赋予这种职业以重大社会责任。历史学家对历史如何书写，在讲台上如何讲，将什么样历史观、将什么样的历史事实教给学生，极大地关系着青年一代的爱国主义和民族精神的培养，具有政治导向和价值导向。就这点说，历史学所负的责任，比任何一门社会科学更重要、更直接，更关乎我们青年的未来。

历史事实不能虚构

有位学者说，历史处于科学与虚构之间。从科学角度说，历史是应该以事实为依据的科学，可从对历史的描述来说属于艺术，它往往是一种虚构。罗素曾说过，哲学处于科学与宗教之间的中间地带，历史似乎也难免这种命运，处于科学和虚构之间。历史变为科学，就是力求避免历史变为艺术的命运。

历史有事实吗？有的历史哲学家说，历史事实都是历史学家眼中的事实，是过滤的经过筛选的所谓事实，而不是客观历史自身的事实，有不少是伪造的事实。历史自身的事实是无法知道的，知道的都是进入历史学家眼中的所谓事实，这些事实只能说是历史学中的事实。正如世界没有本来面目而只能是人眼中的世界一样，历史事实也只能是历史学家眼中的事实。这种说法并没有完全错，但不完全。

我们这里讨论的是历史事实而不只是史书史实。历史书记载的不一定全都是历史事实。不仅历史可以伪造，即使是口述史、回忆录、亲历记之类的记载也不一定完全可靠。由于记忆失误，或为尊者讳、为亲者讳、为自身讳各种原因，历史类书籍中关于事实的记载可能失实。

中国传统都是后朝为前朝修史，可信吗？当然不会认为句句可信、事事可信。后朝的立场不可能同于前朝的立场。但后朝为前朝修史也有其有利的一面，因为它是后朝，没有前朝史家的顾虑，如不敢言、不便言、只求符合上意，因此对前朝人物是非过功的褒贬，对“隐秘”的揭示，对举措之是否得当的评价，往往有可能跳出当事者当时者的迷局和政局，切中腠理。

孟子说的“尽信书则不如无书”，对于历史书而言更有道理。这说明读史书应该逐步培养自己的辨别力和判断力，也就是培养自己的历史智慧。史书有真有假不能成为否认历史的根据。有些学者以写历史是什么玩意儿、什么东西之类的历史故事为卖点，很吸引眼球，但作为严肃的历史学者来说，以这种态度对待历史是极不严肃的。历史研究是寻找真实，而不是以单纯虚构故事情节取悦读者。

在现实社会中的人，自己面对的现实是否都可信？我们每天都听广播、看报纸、看电视、上网，我们接触到国内、国外多少信息，有人称之为信息爆炸。那怎么办？这要靠自己的头脑分析。这种分析取决于个人的水平。有的人轻信，信谣、传谣，有的人就能分析，能够比较正确地观察和分析现实。如果说，现实中每日每时发生的事的真假、报道都不一定真实，需要自己辨别，为什么对历史史实，即历史文献，包括史书，或其他材料，就可以因其是历史就一概否定，认为历史无事实呢？因为历史是过去了的事，不可信，那现实也不可信。因为现实就是未来的历史，历史是过去了的现实。可是反过来说，因为历史是过去了的现实，一切均可信，那等于说现实中一切关于事件的文字报道都是可信的。生活告诉我们并非如此，假新闻、假消息，各种伪造很多。因此，历史文献不可不信，也不可全信，正如现实中的假新闻一样，历史上的伪书、假托，以及赝品也多得是。现实信息需要辨伪，历史同样如此。伪的存在并不说明就不可能有真，恰恰相反，无真即无伪，无伪即无真。

历史事实不能只是某一历史学家眼中的事实，一个人眼中的独有的事实不能认为就是事实。历史事实应该具有客观性，它对所有历史学家都是事实。历史事实具有客观性、共同性是就历史研究提出的“问题”说的。不针对问题，无法辨识某时某地某事是事实或不是事实；离开问题关于历史事实的争论毫无意义。

法国的历史学家安托万·普罗斯特在《历史学十二讲》中说，历史学实际上无法以事实为起点：没有问题，没有预设，也就没有事实。他还引用《历史哲学》作者的话，历史研究并不是从搜集、思考那些未经解释的粗糙事实开始，而是首先提出问题，这个问题会让历史学家去寻找有助于解决它的事实。所有的历史研究都是以这种方式聚焦于某些特定的问题或难题之上，这些问题或难题就确定了历史研究的主题。

任何科学研究都是从问题开始，历史学也不例外。把历史事实同历史问题的研究结合起来考察是正确的。但必须明确，历史事件的真实性并不是源自问题、源自提问，更不是源自对问题的假设。历史史实的搜集和整理源自问题，而是否是历史事实不是决定于问题，而是决定于历史事件自身的客观本性。历史上从来没有发生过的事件不可能成为历史史实。1937年12月13日日本攻占南京后进行长达四十多天的大屠杀，并不是因为研究日本侵华战争史才产生“南京大屠杀”的史实，而是因为日本攻占南京后确实发生了大屠杀才成为研究对象并作为日本战争罪行的历史史实。先有历史事件才可能成为历史史实，否则就是历史的伪造。

历史学家研究的“问题”，只能是“真问题”而不是“伪问题”，必须是从客观上已经存在的事实中捕捉研究的问题，问题不是单纯源自学者的头脑。当然，发现问题、提出问题表现学者的学术功力，提出问题能推动学者的研究并推动进一步搜集和研究历史资料，但历史事实并不是植根于和依存于学者的问题，而是由于对问题的研究才使客观事件成为具有历史价值的史实。

历史事实要有证据，就这点说，历史学家有点像法官审判。有学者说，无证据，便无论断；无事实，便无历史学。这句话，有道理。历史论断的证据是历史事实，而事实不能徒托空言，要有证据。中央电视台制作的大型文献纪录片《烽火1937——从日本档案解密卢沟桥事变》以“让日本人自己出镜举证”的方式，以日本战争亲历者及专家学者政要对“卢沟桥事变”的史实口述、客观评点为主题，以日本国家历史档案为佐证，梳理、揭秘“卢沟桥事变”中鲜为人知的历史细节，无可辩驳地证明卢沟桥事变不是偶然的，它是日本军国主义向外扩张的必然结果。

从中日两国关于钓鱼岛主权的争论就可以看到证据的重要性，它构成历史事实的核心。钓鱼岛自古以来就是中国的领土，中国明清两代均已将它列入中国管辖范围。日本是利用中日甲午战争后签订的《马关条约》强占“台湾”及其附属岛屿。1943年《开罗宣言》规定日本将侵占的中国领土归还中国；1945年《波茨坦公告》再次重申《开罗宣言》的规定。

1945年8月日本无条件投降，理应全部兑现《开罗宣言》，可1971年美国私下把钓鱼岛行政权交给日本，但中国政府从来不承认。而日本拿不出任何证据证明所谓“自古以来就是我国领土”。如果1895年的侵占、1971年的私相授受就是所谓日本的“自古以来”的证据，简直是对历史的嘲弄。

研究历史不仅要有文献资料和其他根据，还要有对材料的考证和辨伪。从文献资料到各种可以确证事实的信息，确定是否是历史事实，必须有证据。没有证据，就无法确认为事实。要有证据，必须能辨伪，这就是考据。考据学是一门专门学问，是历史研究中不可缺少的学问。对于历史求真而言，考据学的产生功不可没。中国清代乾嘉以来的考据学派虽然有可议之处，但他们主张的“去取出入，皆有明征，不徇单辞，不逞臆见，信以传信，疑以传疑”的实事求是学风，仍是可取的。

18世纪巴黎大学考试时就出过一道哲学题：人们是如何证明史实的？这是个历史学题，也是一个哲学题。历史哲学和历史学家不断以实际研究完善对这个问题的回答。文献、档案当然是重要证据。可不限于文献和档案。中国学者倡导的二重证明，即地下发掘与文献资料的互证应该是一大创新。

我读过李济先生的《中国文明的开始》，是他的儿子、我的多年同事光谟兄赠送的。李济先生大作的第一个标题就非常明确点出考古的意义：“挖掘中国的历史”。1929年春，李济先生主持的安阳发掘，即河南殷墟发掘团，通过几次发掘得到甲骨、古器具、兽骨、蚌壳、陶片，最为珍贵的是有殷商时代占卜文字，以地下出土文物证实《诗经·商颂》所载“天命玄鸟，降而生商，宅殷土芒芒”的盘庚迁殷并非传说。当然，李济先生强调“现代中国考古学的工作，不仅限于寻找证据以重现中国过去的光辉，其更重要的责任却是回答以前历史学家只是隐约感知到的、而在近代科学影响下酝酿出的一些新问题”。随着考古学的发展，考古发现的增多，不仅使人们对一些湮没无闻或诸多存疑的文献资料得到有力的佐证，而且对文献没有记载的历史，通过考古发现，不断延伸。新中国成立以来我国的考古发现成就卓著，对历史研究做出了重要贡献。据报载，2012年6月宝鸡考古有一重大发现，其出土的商周青铜礼器数量之多，体形之大，规格之高，保存之完整，工艺之精美，发现大器皿之多，为研究商末周初社会历史提供了丰富的实物资料。可以说，考古不仅证实历史，而且是延伸历史。

陈寅恪先生的以诗证史法，也是一种重要方法。当然，以诗证史只能是印证，而非孤证。但诗对史书记载的真实与否还是有参考价值的。例如，曹操的《蒿里行》中的“白骨露于野，千里无鸡鸣。生民百遗一，念之断人肠”，确实表明史书记载的东汉末年的北方的军阀混战，局面极其混乱，也表达了曹操对这种割据式混战的反对态度，表明他统一北方绝非偶然。杜甫名为《忆昔》的诗，其中记及唐玄宗开元时的所谓盛唐气象：“忆昔开元全盛日，小邑犹藏万家室。稻米流脂粟米白，公私仓廪俱丰实；九州道路无豺虎，远行不劳吉日出；齐纨鲁缟车班班，男耕女桑不相失；宫中圣人奏云门，天下朋友皆胶漆；百余年间未灾变，叔孙礼乐萧何律。”这不是“歌德”诗。开元确实是盛唐时代，但已开始面临危机。

小说并非历史，但真正伟大作家的小说，确实具有某些历史功能，不过是以文艺形式表现出来。恩格斯 1888 年致玛·哈克奈斯的信中曾这样评价巴尔扎克的《人间喜剧》：巴尔扎克，我认为他是比过去、现在和未来的一切作家都要伟大得多的现实主义大师，他在《人间喜剧》里给我们提供了一部法国“社会”，特别是巴黎“上流社会”的卓越的现实主义历史，他用编年史的方式几乎逐年地把上升的资产阶级在 1816—1848 年这一时期对贵族社会日甚一日的冲击描写出来，这一贵族社会是在 1815 年以后又重整旗鼓的，并尽力重新恢复旧日生活方式的标准。我想细细体会恩格斯的话就能弄懂毛泽东劝彭德怀读《红楼梦》，并说自己是把《红楼梦》当历史来读的道理。不仅是小说，即使是画也可传达和保留历史的信息。例如北宋末年画家张择端的《清明上河图》中描绘的北宋都城东京市民的生活状况和汴河上店铺林立、市民熙来攘往、运载东南粮米财货的漕船通过汴河桥紧张繁忙的景象，可佐证研究北宋东京城市经济及社会生活的宝贵历史资料。梁启超先生在《中国历史研究法》中曾讲到《水浒传》关于鲁智深醉打山门固然不是历史事实，可元明间犯罪之人，得一度牒可以借佛寺作逋逃薮，却为一事实。还说小说作者无论骋其冥想至何程度，而一涉笔叙事，总不能脱离其所处之环境，不知不觉遂察当时社会背景写出一部分以供后世史家之取材。对小说与历史关系的这种看法，很有见地。我们可以说，历史虽然是过去了的现实，但历史的信息却可以各种方式存在。正史的记载，仅是其一。善治史者，可以从各方面取材。

历史书写的艺术性

罗素做过一次“历史作为一种艺术”的著名演讲。他谦称自己不是专业历史学家，而是一个历史著作的“消费者”，即读者。罗素并不否认历史学的科学性，但认为历史学与物理学、数学不同。乘法表虽然有用，却很难叫作美，历史属于一个不同的范畴。历史像人们公认的诗歌那样，是每个人精神生活值得向往的一部分。如果历史要起到这种作用，那它只能通过迎合那些非专业的历史研究者的兴趣才行。

关于历史是科学还是艺术的争论，在罗素看来是毫无意义的。他认为历史既是科学又是艺术。他以英国的历史学家特里维的《英国社会史》为例说，它是科学的，但从艺术观点来看又是艺术的，它的艺术性决不减损它的科学性，反之，它的科学性也不会损害它的艺术性。罗素提出了一个历史书写的方式问题，这是一个重要问题。历史既要尊重事实，但又要具有艺术性，特别是传记性的记载，那栩栩如生的描述，那些绘声绘色的对话，真像是在读一本小说。可是科学性与艺术性的结合，在何种程度上依然维持它的真实性？谁能保证艺术化中不存在虚构成分呢？有的学者就说过，历史处于科学与虚构之间。

《史记》是正经八百的史学著作，被誉为史家绝唱。《史记·列传》中不少关于人物的历史记载，读起来类似小说，仅举《项羽本纪》和《廉颇蔺相如列传》中关于鸿门宴和廉颇蔺相如相争为例，那种极具戏剧性的场面，人物的对话，内心活动的描述，似非历史学家亲见难以书写，可司马迁显然不可能亲历亲见。请读读在涉及项刘鸿门宴那段叙述：

写刘邦赴宴见项羽时的谦恭和惴惴不安：沛公旦日从百余骑来见项王，至鸿门，谢曰："臣与将军戮力而攻秦，将军战河北，臣战河南，然不自意能先入关破秦，得复见将军于此。今者有小人之言令将军与臣有隙。"项王曰："此沛公左司马曹无伤言之；不然，籍何以至此。"项王即日因留沛公与饮。项王、项伯东向坐。亚父南向坐。亚父者，范增也。沛公北向坐，张良西向侍。范增数目项王，举所佩玉玦以示之者三，项王默然不应。

写著名的项庄舞剑更是精彩之绝：范增起，出召项庄，谓曰："君王为人不忍，若入前为寿。寿毕，请以剑舞，因击沛公于坐，杀之。不者，若属皆且为所虏。"庄则入为寿，寿毕，曰："君王与沛公饮，军中无以为乐，请以剑舞。"项王曰："诺。"项庄拔剑起舞，项伯亦拔剑起舞，常以身翼蔽沛公，庄不得击。

写张良的机智、樊哙的勇猛和义责项羽，绘声绘色：于是张良至军门，见樊哙。樊哙曰："今日之事何如?"良曰："甚急。今者项庄拔剑舞，其意常在沛公也。"哙曰："此迫矣，臣请入，与之同命。"哙即带剑拥盾入军门。交戟之卫士欲止不内，樊哙侧其盾以撞，卫士仆地，哙遂入，披帷西向立，瞋目视项王，头发上指，目眦尽裂。项王按剑而跽曰："客何为者?"张良曰："沛公之参乘樊哙者也。"项王曰："壮士，赐之卮酒。"则与斗卮酒。哙拜谢，起，立而饮之。项王曰："赐之彘肩。"则与一生彘肩。樊哙覆其盾于地，加彘肩上，拔剑切而啖之。项王曰："壮士，能复饮乎?"樊哙曰："臣死且不避，卮酒安足辞！夫秦王有虎狼之心，杀人如不能举，刑人如恐不胜，天下皆叛之。怀王与诸将约曰'先破秦入咸阳者王之'。今沛公先破秦入咸阳，豪毛不敢有所近，封闭宫室，还军霸上以待大王来。故遣将守关者，备他盗出入与非常也。劳苦而功高如此，未有封侯之赏，而听细说，欲诛有功之人。此亡秦之续耳，窃为大王不取也。"

最后写刘邦借上"洗手间"赶紧脱身："樊哙从良坐。坐须臾，沛公起如厕，因招樊哙出。"

再请读读《史记》中，关于蔺相如完璧归赵后廉颇与蔺相如相争极具戏剧性的叙述：

写廉颇居功自傲和心胸狭隘：以相如功大，拜为上卿，位在廉颇之右。廉颇曰："我为赵将，有攻城野战之大功，而蔺相如徒以口舌为劳，而位居我上，且相如素贱人，吾羞不忍为之下。"宣言曰："我见相如，必辱之。"

写相如的政治远见和气量：相如闻，不肯与会。相如每朝时，常称病，不欲与廉颇争列。已而相如出，望见廉颇，相如引车避匿。于是舍人相与谏曰："臣所以去亲戚而事君者，徒慕君之高义也。今君与廉颇同列，廉君宣恶言而君畏匿之，恐惧殊甚，且庸人尚羞之，况于将相乎！臣等不肖，请辞去。"蔺相如固止之，曰："公之视廉将军孰与秦王？"曰："不若也。"相如曰："夫以秦王之威，而相如廷叱之，辱其群臣，相如虽驽，独畏廉将军哉？顾吾念之，强秦之所以不敢加兵于赵者，徒以吾两人在也。今两虎共斗，其势不俱生。吾所以为此者，以先国家之急而后私仇也。"

写廉颇知错识错的大将本色：廉颇闻之，肉袒负荆，因宾客至蔺相如门谢罪。曰："鄙贱之人，不知将军宽之至此也。"卒相与欢，为刎颈之交。

后人据《史记》中有关情节变为著名经典剧目"鸿门宴"与"将相和"，长演不衰。

或许人们会怀疑：这是历史事实吗？司马迁参加过那次鸿门宴会？见到过蔺相如完璧归赵和廉颇与相如闹矛盾吗？他们各自的心理活动和言行，司马迁怎么知道？这个问题，历史学对修昔底德的《伯罗奔尼撒战争史》中的描述就提出过：《伯罗奔尼撒战争史》中所记录的话语，是否真有人说过，或者修昔底德是否真的忠实记录下来了？司马迁也承认《史记》所记之事并非亲见亲闻，他在《报任安书》中说是"网罗天下放失旧闻，略考其事，综其始终，稽其成败兴坏之理"。也就是说，历史记载不可能都限于亲见亲闻。如果以此要求，除回忆录之类的书则无历史著作。这并不重要。重要的是历史人物的言行与心理活动与他们的场景相符，具有可理解性。

司马迁关于鸿门宴和完璧归赵后廉颇与蔺相如闹矛盾，即使是小说家也未必能写得如此有情有理、有事有人，真可谓妙笔生花、永世不朽。毫无疑问，历史书写只能适度文学化，但过度艺术化会影响它的真实性和可信度。尽管《史记》是"无韵之离骚"，我们仍然承认它是"史家之绝唱”，认为它属于历史而非小说。

文史哲合一是中国文化特色。中国的历史书写，既讲究可信，也讲究可读。《春秋左传》、《国语》、《史记》，以及不少历史著作的编撰都继承这个传统。你读读《左传》中的《郑伯克段于鄢》、《楚武王伐随》、《曹刿论战》、《伍子胥奔吴》、《烛之武退秦师》、《申包胥乞师》，等等，既是历史又是文学。有人、有事、有情、有景、有对话、有心理活动。叙事清楚，形象生动，说理透彻，脉络清晰。中国历史著作中往往引人入胜，的确像罗素要求的达到艺术的高度。即使如此，历史学仍然是历史学，历史的书写应该是历史著作而不是文学。

历史科学与作为文学的历史剧和历史小说的根本区别在于，历史应该以基本事实为基础，尽管史学家应该有想象力和文学才能，也会有铺陈和演义，但基本的、重大事实必须力求真实，经得起推敲和考证。项羽设鸿门宴和蔺相如完璧归赵这些历史事实应该是真实的。至于人物的心理活动、对话不一定句句是实，也无从考证。重要的是人物的心理和对话完全符合实际的场所下的情景，是后人完全可以理解的。

历史书写的特点应该以事实为据，想象是文艺的特性。即使是以历史为题材的传记文学在具有关键意义的重大事件上也不应该离开事实，否则就只能说是戏说，与历史无关。就这一点说，在历史科学中，事实在历史书写中与在自然科学中具有同样的重要性。只是历史事实更难把握而已。只有忠实于事实才能忠实于真理。没有事实就没有科学，也没有历史科学。

历史的书写可以很文学化，从这个角度说，历史的确也可以说是一门艺术。但历史的有趣不能是瞎编的。有位历史学家说，有些人总以为写历史是枯燥无味的，这很奇怪，其实大多数历史是编造出来的，既是编造出来的，完全可以很有趣。这就等于说，历史是无趣的，要有趣必须编造。这种说法是对历史成为科学可能性的否定。其实，历史本身就是最丰富、最生动、最有趣的。历史本身包含的内容肯定比史学更丰富、生动，出乎人们的想象。我相信全世界没有任何一个历史学家能把历史自身的真实丰富性内容完整呈现给读者。有哪位作者能如实地把解放战争时期的三大战役中真实的战斗场景，指挥员、战士们浴血战斗的内心活动，许许多多感人的细节全景式地再现出来呢？生活是艺术的源泉，生活比文艺更丰富、更真实。历史现实与历史书写的关系同样如此。历史无法表现自己，它要通过历史学家的研究和书写来呈现自身的极小极小部分。历史学家可以通过对材料的选择、安排，把历史的矿藏变成制成品，写得引人入胜。

历史就是历史，戏剧就是戏剧，不应等同。《三国演义》和舞台上的曹操是奸诈阴险、刚愎自用的人物，尤其是《捉放曹》、《蒋干盗书》中的曹操。实际历史上的曹操不是如此。他是在军事、政治、文学方面极具才能，对中国北方统一做出杰出贡献的历史人物。鲁迅在《魏晋风度及文章与药酒之关系》中说过，“其实，曹操是很有本事的人，至少是一个英雄，我虽然不是曹操一党，但无论如何，总是非常佩服他”。毛泽东对曹操结束汉末混乱的局面，统一北方，为后来西晋统一铺平了道路的功绩是赞许的。1954 年夏，毛泽东在北戴河填过一阕名为《浪淘沙·北戴河》的词，其中下阕是：“往事越千年，魏武挥鞭，东临碣石有遗篇。萧瑟秋风今又是，换了人间。”毛泽东对当年东征乌桓、东临碣石写下了著名《观沧海》一诗时踌躇满志、英雄兼诗人的曹操，满怀赞赏。1959 年 1 月，郭沫若发表《谈蔡文姬的“胡笳十八拍”》对曹操进行新的评价。不仅郭老一人，翦伯赞先生也发表《应该替曹操恢复名誉》。这就说明，受正统观念影响的剧目不能等同于历史研究。误戏为史，从戏剧中吸取历史知识极不可靠。当然，戏剧有戏剧的价值，但我们必须把剧当成剧。

历史写作可以艺术化，但历史不能艺术化，过度艺术化会损害历史的科学性和可信度。这是个难题，我水平低，无从回答。但如何掌握这个度？原则上尊重事实是第一位的。

发言权与发言者

实证主义史学家强调事实，强调历史要让事实自身说话。强调历史事实是正确的，可历史事实自身无法说话，让事实说话的是人，是史学家。可以说，历史事实是具有发言权的凭证，而发言者则是解释历史事实的史学家。

一个历史学家没有历史事实，或者以伪造成的所谓事实为依据，就应该剥夺他的发言权，因为他说的都是空话甚至是编造的谎言。毛泽东当年说，没有调查就没有发言权。这是针对现实问题说的。这个原则对历史研究同样有效。

历史调查，就是掌握真实的历史资料。历史学家要获得发言权，首先要掌握相关问题翔实丰富的资料，但又不能仅仅依靠材料，还要历史学家能就资料做出正确有说服力的历史分析。为此，历史学家必须有正确的历史观，有正确辨别史料真伪并由其得出正确结论的理论思维能力。

蔑视哲学、蔑视历史观，任何历史学都不可真正具有发言权，至多是历史资料的编排。其实，资料的编排，包括目录、体例和材料的选择本身都可以隐含着编排者的观点。排斥历史观，历史自身拥有的发言权，不可能自动使历史学家成为发言人。马克思和恩格斯拥有对某些历史问题的发言权，是因为建立在事实的基础上。马克思非常注意历史的实证研究，他研究过具体的历史，如1844年法国阶级斗争史、拿破仑第三的政变历史、法国巴黎公社史，通过读书笔记搜集大量历史材料，如克罗茨纳赫笔记、历史学笔记等。没有广泛的实证知识，没有对经验历史的探研是不可能有历史发言权的。

无论是自然科学还是历史科学都重视事实，都应该从事实出发。但历史材料都是具体的，它涉及的是一次性的、不再重复的事实。三湾改编只有一次，八一南昌起义只有一次，井冈山斗争只有一次。自然科学则不同，自然科学注重的是普遍事实，不断重复的事实。正因为历史科学的事实是个别的，因而历史的书写具有描述性和叙事性，但历史也不能排斥综合和归纳。

没有个别性，就没有普遍性。美国的罗杰·G. R 牛顿在《何谓科学真理》中说，“科学仅对我所称的普遍事实感兴趣，也就是可重复的和可再现的事实：这些形成了理论和定律的试金石。当然，为了建立普遍事实，我们必须依靠许多个别事实。测量必须被重复、测量的结果构成一个特定事实，而这些从其自身角度看，是不被当作有科学价值的个别发生的事实”。对科学这种纯自然界科学的定义，必然把历史科学放逐出科学之外。历史科学在任何意义上都不能是科学，因为它没有具体事实的可重复性。

对可重复性的这种限定性理解是狭隘的。在历史科学中，任何具有重大意义的一次性事实，其中所包含的价值和意义并不限于一次性的事实本身，而是可以具有普遍意义。规律的重复性，不是具体事实的重复性，但没有不可重复的一次次具体事实，则不可能有对规律的把握。毛泽东说过，规律是存在事物在运动中反复出现的东西，不是偶然出现的东西。规律在不同的事实中反复出现，因此能被认识。

历史唯物主义最大的优势，是它以历史的实证为依据，而不是抽象的推论。它不仅重视“能见”的历史事实，更重视历史事实存在规律这个具有根本意义的事实。马克思和恩格斯的《路易·波拿巴的雾月十八日》、《1848—1850 年的法国革命》、《德国革命与反革命》、《德国农民战争》、《家庭私有财产和国家的起源》等著作都是如此。既具不可重复的实证性材料，又有对事实背后的规律把握。历史唯物主义不仅以具体的一次性的事实为依据，而且以在任何社会普遍存在的具体事实为依据，如人类的生产活动。不管在不同社会中，生产者、生产对象、产品如何不同，生产是社会存在和发展基础这一点是共同的、重复的。离开这个最基本的不断重复的事实，就不可能有历史唯物主义。这是马克思和恩格斯不同于只知道事实的一次性，而不知道从一次次具体事实中看到重复性的历史哲学理论的优越之处。

历史事实与历史细节

历史事实研究应该重视历史细节，可历史细节不可能全部掌握，也无必要全部掌握。如果把历史全部细节等同于历史事实，就是把历史事实推向永远不可知的暗箱，走向否定历史事实。我在读卡尔·贝克尔的《什么是历史事实?》时，就深深感到把历史事实混同于历史细节，会给历史学带来致命的伤害。

卡尔问："历史事实是什么?"他以恺撒渡河为例说，"我们举个简单事实，它就像历史学家经常谈起的那样'简单'，即'公元前49年恺撒渡过卢比河'，这是一个大家都知道的事实，而且具有某种重要性，因为在任何一部关于伟大的恺撒的历史著作都提到它。但是这个事实果真这样简单吗? 它具有我们一般认为是简单扼要事实那样清晰的轮廓吗? 我们谈论恺撒横渡卢比河，当然不是指他一个人横渡，而是指他的军队一起横渡。卢比河是一条小河，我不清楚恺撒渡过这条河用了多少时间；但是这次渡河肯定伴有许多动作、许多语言和许多思想。这就是许许多多较小的事实组成了一个简单事实，即：恺撒渡卢比河；如果有一个叫詹姆斯·乔伊斯的人知道并叙述所有这些事实的话，那么无疑需要有一本794页的书来描述恺撒渡卢比河这个事实。因此，简单的事实最后看来绝不就是一个简单的事实，而是许许多多的一个事实的概括罢了"。

这是个具有迷惑性却站不住脚的例子。如果把数不清的无数细节都视为历史史实的必要部分，我可以断言永远不会有历史科学，不会有历史研究，也不会有所谓历史事实。历史和历史学不同。历史是人类全部发展进程，包括无数人和历史事件，其中历史事件的细节是无穷无尽的。可历史学并不奢望知道全部历史事件和全部细节，也不可能知道。当年列宁讲到马克思的《资本论》时说过，资本主义经济运动如此复杂，即使有一百个马克思也不可能揭示资本主义经济运动的全部规律。规律尚且如此，何况是历史细节。即使人人变成历史学家也不可能重视人类全部历史过程的细节。

一部抗日战争史，不可能包括每一次战役、战斗，也不可能包括每一个牺牲的烈士的姓名。只能是重要的战役、重要的将领。如写中国解放战争史，没有辽沈战役、平津战役、淮海战役则不可能是中国解放战争史，可没有一次小小的不具重要性的战斗，则不妨碍它仍然是中国解放战争史。如果要求历史书对全部细节无所不包，那就不是历史书，而是客观历史本身。可历史本身不经过研究、书写，是不可能为人们所知的，永远是康德所说的物自体。

历史学追求的是被书写的历史事实的客观性，而不是全部历史细节的客观性。自然科学也不例外。任何一门科学都只能有限地把握对象而不能全部囊括对象。例如天文学，天上的星星无穷无数，真正被命名的只是无限宇宙中极少的一部分，难道未认识、未命名的“满天星斗”就不是客观的星星吗？天文学就不是天文学吗？

任何科学研究都是科学家对事实的过滤、选择，剔除一些，留下一些。为什么？因为科学研究的是问题，而不是每一个细节。问题总是重大而具有概括性。关键是论述问题时留下的事实是不是真实的，而不在于它是否经过选择。因为科学不是举例，必须概括、归纳、提升，这样它必然有所取舍，而不是事无巨细全部必录。

历史学不同于历史哲学。历史学对自己研究的历史事件和历史人物的细节，应该尽可能多地了解。这是对的。胡克说：“哲学家们从大处着眼，历史学家们则从小处着手。”这个说法有一定道理。但从小处着手的历史研究，也不能纠缠于历史细节之中。历史细节有重要的、不重要的；有决定性、非决定性的。并非任何细节都同等重要，也不要期望历史研究能掌握全部细节。对历史研究来说，应该重视重大的、具有决定意义的细节。包括历史重要细节的历史写作，不仅不会概念化，而且生动可读。

不仅不能以历史细节否定历史事实，同样也不能以历史应该描写细节来否定历史应该研究规律。历史细节不仅不应该成为从历史学中排斥历史规律的理由，相反历史细节的描述应该成为导向历史规律的入门。没有细节，就没有历史学。可只有细节而不揭示历史的规律，就是鸡零狗碎的故事。或者最好也是讲了一个故事的小说而不是历史著作。

历史的客观性本身包括全部细节，但历史学中的历史史实不包括也不可能包括全部细节。历史学是对历史中的问题的研究而不是历史的全程摄影；历史事实、历史规律、历史细节应该统一于历史研究之中，它们在历史学中是不可截然分开的。历史事实包括历史细节，但不等同于历史细节；历史规律也不是历史事实和历史细节的集合，而是对不可重复的历史事实中的本质重复性的把握。历史学追求的是被书写的历史事实的客观性，而不是全部历史的细节的毛发毕具。

有人说，历史学中没有事实，而只有对历史的价值判断。这种说法不对。历史学中的事实与历史的价值判断往往结合在一起，但我们还是能分清哪些部分属于事实，哪些属于价值判断。任何历史学的记载都包含某种价值倾向，价值判断中可以有事实，事实叙述中也会有价值评价。我们应该学会区分哪些属价值判断，哪些属事实叙说。日本与中国全面战争开始于 1937 年的 7 月 7 日，发生在北平的宛平县卢沟桥，是日本对中国的侵略。这难道不是事实吗？日本与中国打了八年，最后投降，不是事实吗？“侵略”、“投降”的用语都是包含价值判断的用语，但并不会因此而妨碍历史事实叙述的真实性。

历史上发生过的某些重大事件、重要人物可以是真实的存在，没有争议，可往往存在不同的评价。评价是主观的，但只要价值评价不是偏见，不是主观武断，必须以事实为依据。比如南京大屠杀是事实，尽管我们无法确定被屠杀的绝对准确的人数，也没有被屠杀者的姓名、年龄和性别的详细记录，我们知道这种情况在战争中是普遍的。我们决不会因为无法统计纳粹究竟屠杀了多少犹太人，多少男人和女人，而怀疑德国法西斯屠杀犹太人这个判断的真实性。南京大屠杀人数多少属于量的规定性，而屠杀属于质的规定性，是对整个南京大屠杀性质正确把握的基础。南京大屠杀是经过“远东国际军事法庭的调查报告”以及“远东国际军事法庭”确认的，并对大屠杀的元凶甲级战犯松井石根处绞刑，谷寿夫被引渡给中国政府处死。多少年来，日本军国主义残余侵略势力一直在大造翻案“舆论”，胡说“南京大屠杀”是“中国人捏造的谎言”。历史事实并不会因为日本右派的历史价值观而不再是历史事实。在事实与价值相矛盾时，只能改变价值服从事实，而不能使事实屈从价值判断。这是历史学的重要性原则。

认为历史无事实，历史只是历史学家的看法的观点，是对历史学的彻底否定。我们之所以能分清戏说和历史，真实的历史和历史的伪造，是基于历史有事实而不仅仅是价值判断。毛泽东是中国共产党的领袖，他的全部革命活动，从建党到 1976 年 9 月 9 日逝世的全部过程是历史事实。毛泽东的一生就是毛泽东的历史；毛泽东的历史就是毛泽东的一生。毛泽东的一生和共产党的历史是结合的。对毛泽东的评价可以是多样的，可毛泽东的全部活动的事实只有一个，这就是毛泽东本人以自己领导中国人民革命伟大活动书写的历史。我们不能把评价作为事实，用评价代替事实。我们见到的关于毛泽东的种种不实之词，都是企图以评价取代事实。

当然，历史完全可以有很多事实不清的悬案。虽然经过不断地发掘、考证、研究，可以逐步达到对事实的一定把握，但历史之谜始终是存在的。无论是历史事件、历史人物，还是文明和文化形态的消失中，都存在所谓历史之谜。历史之谜从本质上说就是历史学中尚未解决的问题。有的学者编过此类书，或名世界历史多少多少谜，或名中国历史上多少多少谜。历史之谜是历史科学应该关注的。但历史之谜有的有价值，有的没有什么价值，纯属猎奇。坊间有些所谓揭秘之类的书不过是制造轰动吸引眼球的垃圾。

历史学当然要区分历史之谜的学术价值，真正探索对理解人类历史、重要历史人物具有重要价值隐而未知的事实或细节。这种追求破解历史之谜，是真正寻找历史事实的真相。如果一味迷恋于所谓揭秘，弄些耸人听闻荒诞不经的东西，这不是历史研究而是以贩卖历史秘密牟利的学术贩子。

历史书写中的事实

历史有没有事实，历史学家能不能正确叙述事实，这是一个争论不休的问题。应该承认，历史事实是客观的，因为它是前人的实际活动。越是历史越真实，因为它已无法篡改。能改的是关于历史的记述而不是历史本身。帕斯默说，正像没有任何描述是关于法国革命战争的正确叙述一样，不可能有关于事件正确性叙述那种东西。其实，这种说法涉及的是关于历史书写而不是历史事实本身。对法国大革命的书写，保皇党和革命党肯定不一样，但这不能说明有两种法国大革命、两种事实。

历史书写受历史学家的学识、对材料的掌握，以及政治观点和价值观的影响，肯定会有差别。但这种差别应该属于历史书写的差别，而不是历史事实的差别。历史的基本事实，通过历史资料和文书档案，从种种途径以多种历史研究方法是可能弄清，或者有可能逐步弄清的。即使历史事实清楚，而关于同一事件的历史书，照样存在差别。

历史的书写最具政治性和价值性。历史大变动，往往会带来历史的书写的大变动。苏联解体后反对斯大林、反对社会主义的所谓历史著作大量出现。像《二十世纪俄国史》这样长达 2 000 页，声称要以人的尊严、自由、幸福和人极大限度地发挥潜力的可能性书写俄国 20 世纪的历史，无非是揭露斯大林的专横、社会主义的暴政，为被十月革命推翻之后受到处决的末代沙皇尼古拉二世鸣冤，对苏联曾经取得的成就一笔抹杀，大肆渲染革命战争胜利后苏联人民的苦难和被残害。20 世纪的俄国史就是一部苦难史，斯大林的罪行史。编者的政治立场，历史价值观不言而喻。其实，在中国，在重写历史的口号下的历史翻案风也不时可见。在中国，终难成风，不像已经蜕变的苏联。中国重写历史的政治和价值倾向也值得注意。历史是可以重写的，但应该越写越接近实际，而不是只做翻案文章。

历史科学不同于作为文学的历史剧和历史小说。事实是科学的基础，而想象是文艺的特性。以历史为题材的文学，在具有关键意义的重大事件上也不应该编造事实，否则就只能说是戏说，与历史无关。就这一点说，在历史科学中，历史事实与在自然科学中同样重要，只是更难把握而已。只有忠实于事实才能忠实于真理。没有事实就没有科学，也没有历史科学。我们并不否认，由于历史的特点，它是已经过去了的久远，时空间隔，真相被重重帷幕掩盖。要揭开历史面纱，有时很难。难，不能成为历史可以臆造的理由。

为现在而研究历史和为现在而篡改历史，两者是根本不同的。有些学者往往将它们混为一谈。历史研究的特点是回溯性研究，后人对前人的研究。中国历代修史都是后代为前朝修史，胜利者为失败者修史，因而往往注意前朝的是非得失，试图引以为戒。这就说明，后代为前朝修史是为了自己的需要，而不是为修史而修史。正如我们编国民党史、编“中华民国”史之类的史书一样。的确，是后人对自身时代的关怀和需要产生研究前人的兴趣，而不是为前人的需要而研究前人。前人已经成为过去，他们没有这种需要。为活人研究死人，而不是为死人而蔑视活人。我们对苏联解体中教训的重视、对世界第一个社会主义国家历史经验和教训的重视，目的是坚持四项基本原则，坚持改革开放，坚定地坚持中国特色社会主义理论和道路，决不重蹈苏联的“改旗易帜”的覆辙。

历史不能假设

历史不能假设，因为历史是既成事实。历史是过去，过去这个词意味着以后不会再改变。能改变的是对过去的认识，而不是过去了的事实。认识可以逐步加深，但事实永远是无法改变的。西方历史哲学否认历史事实的客观性，将历史事实与历史史实视为绝对同一。立足于这个观点，等于历史学的自杀。因为书写中的所谓历史史实，是历史学家眼中的历史事实，至于它是否是历史事实还有待验证。后人对前人历史著作中的历史史实纠谬的书不少。

历史不能假设，是历史科学化能够确立的一块基石。社会与自然不同。自然科学在探索自然规律时，假设是通向科学规律发现之路。在自然科学中不能没有假设；而在历史领域中假设只能引起混乱。如果要说历史研究中有假设的话，那只是历史书写者的自我假设，而不是对历史自身的假设，历史是既成之事，无可改变，不可能由历史学家为论证自己的观点而被假设。

历史不能假设，因为它是既往事实。正如一位学者说的，过去的事件已成为事实，而事实是不能改变的。它是现实而不是可能性。好像掷骰子，掷下去之前存在从 1 点到 6 点的全部可能性，而掷出之后的点数就是事实，不存在出现其他点数的可能性。对于已经掷下去的骰子，任何假设，都是无用的。历史同样如此。

有的学者反对历史不能假设的观点，认为是机械论，是命定论，历史只能像已经发生的那样，不能有别的可能。这种说法是把可能性与现实性混为一谈。历史在发展中存在多种可能性，并非一种可能性。但当其中一种可能性已经实现，其他可能性被排除后，它的实现性就成为不可改变的事实。即使苏联现在已经解体，它也无法改变俄罗斯曾经发生过十月革命的事实，曾经存在过苏联并成为当时世界超级大国的事实。事实存在后的变化和事实曾经存在过，是不同的两个历史事件。一个在前，一个在后。

历史不能假设，但不是说在历史研究中一概排除假设。历史假设的意义，在历史学的研究中是为了证明某件已经成为现实的历史，肯定有其成为现实的原因。寻找到它为什么只能这样，而不是如假设者主观“假设”那样实现，有利于更深入分析历史发展中的必然性与偶然性。这种假设其实是一种反证，是说明历史不能假设。

有位学者说“人们常常一再重申：写历史不用‘如果’。但实际恰恰相反。当然，历史只有一个，它已经过去，幻想着过去的事物是另一番模样，这样做一无用处。乍看上去，想象法国大革命未曾发生，法国在1940年没有战败，铁路没有发明出来，或者罗马帝国没有种植过葡萄，这些都是徒劳无益的”。但作者认为，历史中的“如果”对认识历史有一个好处，这就是如果我们不想想过去的事物是否能以别样的情形发生，那么我们能够理解它们何以如此发生的么？想象另一种历史是找到实际历史的唯一途径。这种假设，实际上是对历史可以假设的否定，以假设来论证历史不能假设。

在中国近代史的研究中，我们能见到各种各样的历史假设。有人说，如果袁世凯不告密，或者慈禧不突然从颐和园回銮，光绪不致被囚，中国的维新变法就会成功，中国就会走上与当代中国完全不同的另一条路；也有人说，中国如果不走革命之路，而走宪政之路，走共和之路，中国当代情况会是另一番景象。总之，各个历史学家可以为中国在清末发展道路提供各种假设。可真正事实只有一个，洋务运动成效甚微，维新变法以血染菜市口而失败；辛亥革命的伟大功绩是推翻长达两千多年的封建专制制度，但并没有真正建立一个独立、自由、民主的共和国。这种种假设都反过来证明，是革命而不是改良才是中华民族当时唯一的出路。

历史学中假设论会一再出现。为什么？因为社会历史在发展中存在无数偶然性和多种可能性。如果历史没有偶然性和多种可能性就不会有假如论。可历史不能假设，因为历史是已经实现了的现实。历史已经排除了多种可能性，只承认一种可能性，这就是已经变现实的可能性；也排除了其他无数的偶然性，包括参与运动的个人命运的偶然性，只承认一种实现了的由多种偶然性造成的现实。这种战胜其他无数偶然性而成为现实的历史趋势中就包括必然性。所有历史假设论者，在历史已经成为现实后仍执着于偶然性和多种可能性，这是一种思想方法的错误。

历史不能假设，但我们从各种历史假设中能够看到历史假设论者的价值取向。通过“如果”表现作者对既成的历史事实或惋惜，或谴责，或总结经验，或跌足追悔的一种历史心态。例如，我们现在有些论者断言，如果中国不发生辛亥革命，清王朝继续存在，在皇上恩准下进行资本主义式的改良，中国可以仿效英国光荣革命或日本明治维新，走君主立宪之路。如果不是革命党人搞什么辛亥革命，就不会有袁世凯称帝，就不会有军阀混战。总之，一切按君主立宪走，现在的中国美妙无比。何以为证？没有。一切都是“如果”。可历史是不能假设的，这已经是公认的常识。这种如果只能表示假设者的厌恶革命、告别革命的历史价值取向，不可能改变中国历史，说明中国历史。

毛泽东在《论人民民主专政》中关于近代中国历史的论述，可以看成是对这种“假如”论者的最好驳斥。毛泽东说，自 1840 年鸦片战争失败那时起，先进的中国人，经过千辛万苦，向西方国家寻找真理。洪秀全、康有为、严复和孙中山，代表了在中国共产党出世以前向西方寻找真理的一派人物。要救国，只有维新，要维新，只有学外国。那时的外国只有西方资本主义国家是进步的，它们成功地建设了资产阶级的现代国家。日本人向西方学习有成效，中国人也想向日本人学习。可是帝国主义的侵略打破了中国人学西方的美梦。中国人向西方学得很不少，但是行不通，理想总是不能实现。多次奋斗，包括辛亥革命那样全国规模的运动都失败了。可见，维新、立宪、资本主义民主共和国，以及其他方案，不是没有试过，可是都行不通。事实证明，中国只有走俄国十月革命的道路，实行共产党人领导的革命才可能推翻旧中国，为建立新的自由、独立、民主、富强的新中国开辟道路。毛泽东总结的是历史经验，是历史走过的实际过程。这不是“如果”而是事实，是被理论把握和叙述的事实，是中国鸦片战争以来一百多年的历史事实。历史“假如”只能存在作者的头脑中，而事实是铁打的客观存在。

的确，密纳发的猫头鹰黄昏时才会起飞。智慧老人的脚步总是比现实来得要迟些。历史活动中的人需要经验，需要教训，需要积累，需要停下来反思自己走过的路。中华民族自 1840 年以来浴血奋斗的历史，中国共产党 90 年的革命和建设的历史，已经证明革命是中华民族自救的唯一道路。此时仍然宣传可以走君主立宪之路的“如果”论，实在是匪夷所思。

在对苏联解体的研究中，我们可以提出如果赫鲁晓夫不在二十大的秘密报告中全盘否定斯大林，开启全盘否定苏联社会主义成就的先河，而是采取在反对斯大林的个人迷信的同时，认真改革原来的体制或政策错误，苏联不至于会解体。这种假如，对苏联解体毫无意义，因为苏联解体是历史事实。但是这种“假如”对于进行改革开放的中国则具有总结历史经验教训的意义。这不是关于苏联历史的假设，而是对以苏联解体为前车之鉴的历史经验的假设。因此在总结经验的意义上，这种“假设”有一定的借鉴意义。因为它涉及的不是历史，而是自己当下的未来的走向。

历史研究中的假设还有一意义，这就是涉及关于历史发展趋势的判断。这种假设从本质上说并不是对历史的假设，而是对历史发展可能性的判断。它不是事实，它能否成为事实取决于将来，而不是现在。可以说这种假设是预设的逻辑前提。只要满足这个条件，历史存在某种可能。它不是历史事实，它能否成为事实取决于它假设的客观依据是否存在。最著名的是马克思的《路易·波拿巴的雾月十八日》，对路易·波拿巴复辟帝制的必然结果的判断。他说，“如果皇袍终于落在路易·波拿巴的身上，拿破仑的铜像就将从旺多姆圆柱顶上被推下来”。历史完全证实了马克思的这个“如果”。因为这个关于路易·波拿巴复辟帝制的“如果”结局，是建立在对法国 1851 年 12 月到 1852 年 3 月历史分析基础上，对法国未来走向的判断。这个如果不是对历史的假设，而是对现实多种可能性的判断。

现实意识和历史意识

现实与历史不可分。现实是历史在当代的延续的历史，而历史则是消失在时间中的现实。历史和现实之间的界限是移动的。这种移动就是历史的发展。

基于历史与现实的区分，人类有两种意识：现实意识和历史意识。现实意识是人类直接面对的正在发生的现实的意识，这是一种直接实践性的意识，即当下意识；而历史意识是对人类已经逝去的历史的意识，这是非直接的实践意识，是一种回忆性或者说是记忆性意识。我们普通人拥有的主要是现实意识，或称日常意识。历史学家是专门研究历史的，或百年，或千年，总之是拥有历史意识。历史学家是历史记忆的人格载体。

任何历史学家都是生活在当下，而不是生活在历史中。在研究中，他的思考可以沉入历史；在实际生活中，他生活在现实。可以肯定，任何历史学家如果对自己生活其中的现实中的一切没有真情实感，对历史上发生的重大事件也很难有感情上的激动和深切了解。正如马克·布洛赫说的，“对现实的曲解必定源于对历史的无知；而对现实一无所知的人，要了解历史必定是徒劳无功的”。

张和声、程郁两先生在《为历史学辩护》译者序言中，曾引陈寅恪先生《陈述辽史补注序》中，以忧时伤世的感情袒露自己在抗战孤岛香港读《建炎以来系年要录》时的心灵感受。陈寅恪先生说自己“在仓皇逃生之际取一巾箱坊本《建炎以来系年要录》，抱持诵读，其汴京围困屈降诸卷，所述人事利害之回环，国论是非之纷错，殆及世态诡变之至奇。然其中复有不可甚解者，乃取当日身历目睹之事，以相印证，则忽豁然心通意会。平生读史四十年，从无此亲切有味之快感，而死亡饥饿之苦，遂亦置诸度量之外矣”。《建炎以来系年要录》一书编者为时人李心传，该书记述了建炎元年（1127）至绍兴三十二年（1162）共三十六年的史事。汴京陷于金人，北宋政权从此结束。高宗南渡实际是仓皇南逃，偏安临安，并非中兴。南渡后，和、战之争不断，主和派势炽，而主战者则屡遭挫折。陈寅恪先生面对日本在中国的大举进攻，类似秦桧式的汪精卫之流卖国投敌、国都南迁，绝大部分国土沦入敌手。怀有爱国心的陈先生，身处孤岛，此时翻阅此书，其心情不问可知。陈先生的现实感与历史感合而为一，读历史，也在读现实。

历史学家，当然是研究历史。历史学要与历史资料打交道，要与故纸堆打交道，要与古人打交道。这不是说，历史学家的视野只能局限于自己的专业范围，可以无视自己生活其中的现实世界。历史学家不能把自己封锁在历史中。沉迷于历史，而忘记了现实，不可能成为一个真正有水平的历史学家，最多是资料员或档案文书保管员。

盗墓者不是考古学家。盗墓者注重的是墓中古物的商业价值，而考古学家注重的是出土文物的历史价值。历史学家注重的不单纯是资料，而是历史资料的历史意义。尼采说的有一定道理：“过量的历史将会损害活生生的人。”这就要求历史学家要有现实意识，而不是为了死人忘记了活人，为了过去忘记了现在。

一个历史学家对现实的判断力，他的家国情怀往往影响他对历史相关事件的看法。没有现实感很难理解历史。普通人也是如此，不用说历史学家。我记得抗日战争时期，当听到岳飞的《满江红》歌曲，许多人就感到热血沸腾；听到流亡三部曲就潸然泪下甚至掩面而泣。当我听到有人议论说，如果中国当三百年殖民地就太好了，我暂且不说爱国不爱国，至少是无知妄言，没有亲身遭受过抗日战争的苦难，更没有过过日本人统治下的“王道乐土”下的亡国奴生活，如果有过沦陷区生活经历的感受肯定不说这种混账话。

现实意识是对现实的关怀，是拥有对现实事件的分析和判断能力。如果一个历史学者对现实的问题、对现实的苦难、对活生生的人都无关痛痒，我们怎能期待他对历史事件能做出正确的评价？一个伟大的数学家、物理学家可以沉迷于自己的专业而对现实发生的事茫然无知，仍然可以成为一个有成就的数学家或物理学家，可是一个历史学家如果对现实中发生的事件都漠不关心，对国内外现实重大事件和人物行为的是非曲直，都不能有自己的看法，我们怎能期待他对与自己相隔千年甚至几千年的人和事能有正确的判断，能触动自己的情感之弦呢？

一个否定无产阶级革命的人，能正确评价历史上的农民革命吗？一个把中国革命视为灾难的人，能正确评价近百年中国人民的反帝反封建的革命斗争吗？不可能。对历史事件和人物的是非曲直判断，往往是对现实是非曲直判断的一种投影。当然这两者有区别，各有特点，一个是历史，一个是现实。

历史研究由于与研究者无直接利益关系，而且事实和材料越发掘越多，经过证伪、考据、争论，可靠性越大，因此判断的客观性可能性较大；而现实问题由于种种原因，扑朔迷离，是非真假曲直判断不易。“不识庐山真面目，只缘身在此山中。”但两者还是相通的，这个相通之处，就是研究者的基本立场、观点、方法。可以说，一个历史学家的世界观和历史观贯穿于他对历史和现实问题的判断之中。

历史意识，是处于现实中人对自己先辈在过去实践中创造的经济、政治、文化以及各个领域中的成就和失败的事实和价值的意识，是对历史中哪些是丰富的成果和哪些是糟粕的意识。因此历史意识除了追求事实的真实性外，应该重视历史的意义。如果历史没有意义，当然无须历史意识，可如果我们没有历史意识，就不可能捕捉历史的意义。无论是历史意识和历史意义都属于历史科学的范围。不同的是历史意义即历史对现实的作用表现的是历史发展的连续性和继承性。生产力发展有连续性，文化发展有连续性，民族性格甚至民族心理发展都有连续性，没有这种连续性，人类就不可能存在，一个民族失去这种连续性，就是这个民族的消失；一个国家失去这种连续性，就是国家的消失，人类失去这个连续性就是人类的消失。没有历史就没有现实；无论承认与否，历史都在起作用；而历史意识则属于历史认识主体的意识，有无历史意识是衡量人类对自身发展历史的认识水平的尺度。

历史意义和历史认识不可分。中国人常说“观今宜鉴古，无古不成今”。就很通俗地表现了历史意义（无古不成今）和历史意识（观今宜鉴古）的关系。学习历史，就是提高自觉的历史意识，从而提高对客观历史的认识。

历史需要总体性思维

关于世界是一个相互联系的整体的观点，由来已久。无论古希腊哲学家还是中国古代哲学都承认世界是一个整体。但是历史唯物主义的总体性思维不是停留在世界是一个整体的混沌浅层，而是正确处理自然、社会、人之间的关系，尤其是人类的精神世界与物质世界、主观世界与客观世界的关系。它反唯心主义，也反形而上学。它是在实践基础上的唯物主义与辩证法的统一，并把总体性转为一种思维方法。

从总体性概念的起源角度说，黑格尔当然功不可没。但是黑格尔总体性观念是唯心主义的辩证法，他提出的主体即客体、客体即主体，是以理念主宰世界、绝对观念既是主体又是客体为立论依据。因此，在黑格尔的总体性概念中，绝对观念成为主导，而人是微不足道的。尽管他承认在社会领域中，人的热情和对利益的追求作为历史动力是必不可少的，但它只是理念实现自己目的的工具。恩格斯说过，黑格尔的历史观的前提是抽象或绝对的精神，这种精神正在以下面这种方式发展着：人类仅仅是这种精神有意识的或无意识的承担者，即群众，因此，思辨的、奥秘的历史在经验的、明显的历史发生是黑格尔一手促成的。

在20世纪20年代重提总体性的是卢卡奇，但他的思想渊源是黑格尔。人们称卢卡奇是黑格尔马克思主义不是没有道理的。卢卡奇借反对第二国际的机械主义，反对马克思主义的科学主义和实证主义解释，殚精竭虑要恢复总体性范畴在马克思主义中的核心地位。他的那本与所谓传统马克思主义决裂之作《历史与阶级意识》的主导思想就是总体性原则。尽管卢卡奇强调方法论的重要性，强调反对经济决定、反对实证主义，强调主体性，强调无产阶级的阶级意识的重要性，都有其合理之处，但他把总体性和主客体统一论导向否定经济的最终决定作用则是片面的。在他看来，并不是经济动机在历史解释中占首要地位，而是总体性的观点使马克思主义同资产阶级科学有决定性区别。总体性范畴、整体对各个部分的全面的、决定性的统治地位，是马克思取自黑格尔并独创性地改造成为一门全新科学的基础方法的本质。卢卡奇这种说法显然是片面的并背离历史唯物主义的本质。

更为错误的是卢卡奇片面强调在总体中主体和主体的主导地位，否定自然优先地位而走向唯心主义。从本质上说，卢卡奇的无产阶级既是主体又是客体的观点，是黑格尔关于主体即客体的翻版。这种主体即客体的总体性，往往把世界变为无法分清的“一锅粥”。

马克思的思维方式是总体性思维。唯物主义辩证法不仅把现实世界视为包括自然、社会、人相互关联的存在的整体，而且强调物质资料生产方式是社会存在和发展的基础，也是自然得以人化的原因。在社会总体中，人并不是作为实现理性的工具，也不是实现历史目的的工具，人是历史的创造者，是社会总体得以运转的主体。

总体性是世界的关联性，但这种关联性并没有消除自然和社会的区别、消除社会中物质因素和思想因素的区别、消除主客体的区别。世界不可分割，社会中各种因素不可分割。不可分割，不是不可分清。总体性不是混沌性。第一性和第二性，决定作用和反作用不能消失也不会消失在人类面对的社会总体性中。否则，社会就不是作为一种物质形式，而是作为主体的异化，或者回到黑格尔作为绝对观念的异化。

历史唯物主义的总体性概念，既是一种本体论概念，是对自然和社会存在客观性的承认，又是一种辩证思维方法。作为思维方式，总体性是一种辩证思维。它的核心是全面性，反对孤立、片面和单一的观点。考察任何因素时，必须认识到它只有在总体中，在相互关系中，其中任何因素才是可理解的。我们不能脱离生产力考察生产关系，也不能脱离生产关系考察生产力，只有在它们相互制约、相互关联中才能理解它们是否适应。生产关系是否先进取决于它是否有利于推动生产力发展，而衡量生产力的社会性质也不能离开生产关系。我们不可能期待封建生产关系下能够有与资本主义同样水平的生产力。如果这样，封建生产关系就已经或即将面临覆灭的命运。也不可能把不断发展的生产力限制在过时的旧生产关系中。再如考察经济基础与上层建筑关系时，同样如此。脱离经济基础的性质和发展水平，无法判明上层建筑是否适应；反之离开上层建筑中存在的种种弊端，无法说明经济基础需要如何改革和发展。要把握社会形态和社会结构，就必须把生产力、生产关系、经济基础、上层建筑视为一个整体，并充分估计它们的相互作用和反作用。而且要高度重视主体在其中的作用，因为全部社会结构是在人的活动中形成的。

总体性思维不是因素论，不是折中论。它决不停留在社会现象的表层，而是走向历史的深处。马克思说过“历史一切真正的进步，都是当历史学家从政治形式的外表深入到社会生活的深处时才能取得的”。深入到社会生活深处，也就是深入到社会历史深处。这个深处就是现实的人的现实活动，是他们在现实的活动中创造的社会总体，而自己又成为由自身创造的社会总体决定的部分。人的主体地位并没有给人恣意妄为的特权。

在中国哲学中，王夫之关于社会制度相互关系的论述很有意思。他在《读通鉴论》中说过：“一代之治，各因其时，建立一代之规模以期相扶而成治，故三王相袭，小有损益，而大略皆同。未有慕古人之一事，独举一事，杂于古今之中，是以成章者也。”这句话有一定道理。任何社会中的某一制度、政策或措施是否有效，往往存在于整体的相互联系之中。如果独取其一事，未必有效，因为社会条件不同。所谓社会条件不同，也就是其他因素不存在，从而难以“独举一事”。我们的改革就不是孤立地对某一种体制的改革，而是充分考虑相关因素的制约，在改革中推动改革的纵深发展。这就是现在倡导经济、政治、文化、社会、生态五位一体的原因。

历史中的地理因素

王勃年少时的传世名作《滕王阁序》，一上笔就极力赞誉滕王阁所在地“豫章故郡，洪都新府”的地理形势，并赞扬“人杰地灵”。

“人杰地灵”是个很有意思的历史哲学命题，它涉及如何看待地理环境与人物的关系。地灵，可以是人文概念，主要内容是文化环境。当一个地区或一个城市，由于交通要道，或是经济和政治中心，文化发达，形成通都大邑，形成具有特色的区域文化和文化传统，文风特盛，有利于人才成群地出现。我最近读到一篇载于《北京日报·理论周刊》，宋磊先生题为《文章之士，特盛于江西》专门论述宋代地域文化与人才分布的地域特色的文章。因为我是江西人，尤其是文章涉及我的家乡鄱阳，更感兴趣。文章以陈寅恪先生“华夏民族之文化，历数千年之演进，造极于赵宋之世”为主导，着重论述从地域看，宋代文化中江西无疑是一个重要区域。在唐宋八大家中，江西就占了三家：欧阳修、曾巩、王安石。当时欧阳修就发出过感叹：“区区彼江西，其产多材贤。”南宋李传道为杨万里所作谥告中说：“窃观国朝文章之士，特盛于江西。”文章引用宋人倪朴的话：“大江之西，国朝以来异人辈出，人物之盛甲于东南。庐陵欧阳公首以古学为天下倡”，并引用南宋黄次山的话，“江西士大夫多秀而文，挟所长而与时而奋”。清人李绂《南园答问》中说到江西文风时也说，“古今大家，七有其三；文章佳篇，十居其五”。只要翻翻宋词选集一类的书，从中可以看到一连串赫赫有名的人物，如晏殊、晏几道、欧阳修、王安石、黄庭坚、姜夔，杨万里，等等。我对其中引用宋人的话，对当时饶州文风盛况的铺张描述，特感亲切，因为我是鄱阳人，也就是古饶州，我有点“乡粹主义”。这大概就是人杰地灵，或地灵人杰。地域文化孕育人才，人才的成群出现又推动了地域文化。

自然环境，名山大川，风景优美，可以直接激发人的视觉的美感，的确有利于开阔人的胸怀和眼界。但有个条件，必须有能感受自然美的眼睛。唐代一些著名的山水诗人的诗中有画的诗篇和人生体悟，首先是个诗人，而不是自然直接会产生诗人。虽然早在唐代王勃的《滕王阁序》中就赞美江西地理条件：“星分翼轸，地接衡庐。襟三江而带五湖，控蛮荆而引瓯越。”宋代，特别是南宋后江西地域文化的发达，与北宋政权灭亡，重心南移，南宋政治、经济、文化发达，而江西与宋代政治中心临安不远相关。历史证明，凡是与一个国家的政治文化重心“帝都”地理接近，都有利于文化的发展。

黑格尔在《历史哲学》中对地理环境的作用提出了很有价值的见解。他不把地理环境看成是外在于社会的自然条件，而是看作“精神所从而表演的场地，也就是一种主要的，而且必要的基础”。他提醒人们“要注意一个地方的自然类型和生长在这土地上人民的类型和性格有着密切的联系”。他持论辩证，并没有走向地理环境决定论“我们不应该把自然界估计得太高或者太低：爱奥尼亚的明媚的天空，固然大大地有助于荷马诗的优美，但是这个明媚的天空决不能单独产生荷马。而且事实上，它也没有继续产生其他荷马”。

看起来“人杰地灵”中的“地灵”应该包括自然与人文两方面，而且各有各的重要作用。对产生思想家、诗人而言，人文环境更重要，而对生产和经济发展而言，自然条件作用更为突出。

当代一些人把中国古代具神秘论色彩的风水学说当成生态环境学说，或者当成地理环境与社会发展关系的学说，这完全是“忽悠”。它们可以说是南辕北辙，风马牛不相及也。风水学说关于择坟建房要讲究风水，它关系到主家甚至子孙后世的兴旺发达，这完全是一种迷信。建房有条件可以寻找风景秀美之处，择坟也可以考虑周边环境，这完全合理，但说它与个人甚至家族及后人命运相关，岂不妄哉。自古以来，帝王择陵是国之大事，哪朝哪代因择陵而长治久安、万世一系？也没有哪个富人因择地而葬，富过三代，并无永远不败之家。

历来对历史唯物主义关于地理环境在社会发展中的作用有个误解，仿佛历史唯物主义只承认生产方式的主导作用，轻视甚至否认地理环境对社会发展中的重要作用，把承认地理环境作用一概称为地理环境决定论。这种观念是错误的。马克思和恩格斯没有论述地理环境的作用，但并不否认它对人类社会的发展的作用。马克思在批评《哥达纲领》关于劳动是一切财富源泉时，特别强调劳动只有与自然相结合才能创造财富；恩格斯曾经论述德国一些山区由于交通不便而长期处于落后状态。马克思和恩格斯都重视自然条件对社会发展的作用。马克思在《经济学手稿》中说过，“一旦人类终于定居下来，这种原始共同体就将随种种外界的，即气候的、物理的等等条件，以及他们的特殊的自然性质——他们的部落性质——等等，而或多或少地发生变化”。在《资本论》中还讲到古代公社的生产方式不同，取决于它的自然环境，“不同的公社在各自的自然界环境中，找到不同的生产资料和不同的生活资料。因此，它们的生产方式、生活方式和产品，也就各不相同”。看起来越是人类早期，地理环境的作用越大，甚至决定人类采取何种生产方式。

宽广的草原适宜于游牧生产方式，大江大河的灌溉方便适宜于农业生产方式，而海洋易于商业的发展。恩格斯对文明的走向与地理环境的关系做过深刻论述。他说奥地利王室一开始就是欧洲的野蛮、保守、反动的代表，因山区交通阻塞而更加巩固的宗法关系产生愚昧，野蛮又造成冥顽鄙陋，而奥地利王室的权力正以此为基础。还说，资产阶级文明沿着海岸、顺着江河传播开来。内地，特别是交通阻塞的山区就成了野蛮和封建的避难所。在历史唯物主义中，承认地理环境对社会发展中的重要作用和反对地理环境决定论从来不是一回事。

普列汉诺夫认为，地理环境的性质既决定人类满足需要的那些自然界物体的性质，也决定人自身为了同一目的而生产的那些物体的性质。他举例说，凡是没有金属的地方，当地的部落不可能靠自身的力量越过我们称之为石器时代的那条界限。同样，为了从原始的渔民和猎人过渡到畜牧和农耕也需要地理环境的相应属性，在这个场合就是需要相应的动植物区系。他引用摩尔根的话，西半球缺乏适于驯养的动物以及东西半球动植物区系的差异，在两半球居民发展行程中造成了巨大的区别。这些看法我认为是正确的。尤其难得的是，普列汉诺夫提出地理环境和生产力相互关系的看法。他强调社会和地理环境之间的关系是出乎寻常地变化多端的。人的生产力在它的发展中每进一步，这个关系就变化一次。因此，地理环境对社会的影响在不同生产力发展阶段产生着不同影响。

普列汉诺夫最引争议的观点是他说的“归根结底决定全部社会关系发展的生产力的发展，是由地理环境的属性所决定的”。这种看法与他关于生产力和地理环境之间的函数关系相矛盾。毫无疑问，在当代科学技术高度发展的条件下，社会生产力发展与地理环境之间关系存在两种趋势：一方面科学技术革新发展，有可能通过新的科学技术减少对天然资源的依赖，可另一方面又加强了对天然资源的依赖。当今世界，对石油、对矿藏、对海洋蕴藏的资源的争夺，日趋激烈。由地理环境的间隔而形成的地缘政治，在国际关系中的作用越来越重要。一个不为人知的地下矿藏和专属经济区的资源的发现和开采，可以极大地改变相关国家的发展水平，也会使相关国家为主权而引发矛盾和冲突。

当代生态恶化所引发的有关可持续发展的问题，使人们的注意力更加关注自然，包括气候变化、冰山融化所产生的海平面上升的灾难性后果。我们仅以气候为例，气候对农业生产的影响早为人们注意，可是在当代全球化时代下，气候的全球治理已成为一个国际问题。从《京都议定书》的制定到2009年哥本哈根气候大会关于减排的争论，都说明人类生存环境包括原来不太注意的气候变化，都成为当代世界人类社会发展的重大问题。

在研究东西文化，例如中国文化和西方文化区别中，应该充分考虑大陆和海洋的作用，但不能绝对化。对大陆国家而言，当生产力比较低下时，大海可以成为交往的阻碍；可随着生产力发展，它可以成为促进社会交往的航道。因而海的作用，决定于一个社会生产力发展水平而不是海本身。

中国文化的发展没有中断，中国大陆四周有山有水为屏障，与外界隔绝有一定作用，但更重要的是因为中国自古以来就是大一统的国家。虽然有政权的更替、有北方民族入主中原但同属中华民族，没有统一国家的长期分裂。中国只有王朝的更替，政权的分治，而没有国家的分裂。东晋、西晋、宋辽金元是政权分治，而非多国并立。天下大势合久必分、久分必合是中国自古以来王朝和政权更替的概括。罗马灭亡后分成许多国家；各个国家发展自己的民族文化，因而原有的文化自然中断，而形成各自独立的国家和独具特色的文化。中国文化没有中断，得益于中国的统一。

我们承认，地理环境包括资源、地形和气候，都会影响社会发展。自然资源作为生活资料的丰富当然有利于社会发展，地处酷热或严寒会影响生产的方式，地理环境如处于海洋或大陆，对一个国家和民族的发展都会有影响。中国大陆，由于海洋和大山阻隔，与世界交往不便，而形成向西发展的态势和统一的幅员辽阔的大帝国。地理对于中国疆域边界的形成肯定会有影响。但地理环境的有利和不利的影响作用，会随着科技的发展进步而发生变化。日本资源匮乏，但科学技术的发达，仍然处于世界发达国家前列。当今世界盛产石油的大国，由于资源而积累大量财富，但单纯依靠资源并不能推动社会整体发展。对处于大陆地区的国家，海洋在生产力低下时成为障碍，可当生产力发展和国力强盛时，成为交通要道。生产力发展和科学技术的进步，可以变天堑为通途。正因为地理环境作用取决于生产力，而不是社会发展决定于地理因素。

历史无目的

我对历史合规律与合目的的提法一直心存疑虑。这个说法似乎成为我们哲学界不少同行们的共识。马克思主义哲学界不少同仁把它视为马克思主义哲学原理，其实，这个观点源自康德，只要读读他的《历史理性批判文集》就清楚。

历史无目的，马克思和恩格斯反复论述了这个道理。他们说，从前的目的论者认为，植物所以存在，是为了给动物充饥，动物所以存在，是为了给人类充饥，同样，历史所以存在，是为了给理论充饥。人为了历史而存在，而历史则为了证明真理而存在。

在《神圣家族》中，他们在批判青年黑格尔派的观点时强调，历史什么事情也没有做，它“并不拥有任何无穷无尽的丰富性”，它并“没有在任何战斗中作战!”创造这一切、拥有这一切并为这一切而斗争的，不是“历史”，而正是人，现实的、活生生的人，“历史”并不是把人当作达到自己目的的工具来利用的某种特殊的人格。历史不过是追求着自己目的的人的活动而已。马克思也曾批评说，历史本身是一个客观的过程，历史本身并不具有目的性，可是在一些思辨哲学家看来历史本身具有目的，好像后一个时期历史乃是前一个时期历史的目的，例如，好像美洲的发现的根本目的就是要引起法国革命。

德国古典哲学家是伟大思想家，可他们的历史哲学也是目的论的哲学。康德历史哲学的中心就是历史的两重特性，即历史既是合规律又是合目的的过程。康德历史哲学的立足点是他关于理性的学说，理性既是支配历史本身的规律，又是历史实现的目的。这个理性的实质，就是自由、平等、人权，等等。这个理性原则的逐步实现，既是历史自身的规律又是它的目的，也符合人的理性的追求。

黑格尔实际上也是历史目的论者，因为他同样主张理性支配世界，世界历史就是理性实现的历史。只不过理性非常狡猾，它的目的是潜在的，隐性的，它通过人的热情、渴望和对利益的追求来实现自己的目的。表面看是人的目的，而其实是世界理性的目的。这种以理性为主导的历史合规律合目的的原则，从根本上说是资产阶级革命战争时代关于自由、平等、博爱、正义、公正政治追求的哲学化和理想化。

历史无目的。因为历史的本质是人的实践活动。人的活动是有目的的。人类实践是一种自由、自觉、有目的的目的，小到木工制作一张桌子、金匠制作一个金首饰，画家画画，作家写作，都是如此。即使单个人的自主活动是有目的的，但不是都一定能合目的。木工不见得每次都能打出合乎自己目的的家具，画家不见得每幅画都很满意。其他个体的活动也都如此。人的主体的合目的性是长期的实践过程。如果单个人自主活动尚且如此，群众性的创造历史活动更是如此。有目的和合目的是不能等同的。

太平天国起义者有目的吗？当然有，但并没有实现他们在地上建立有衣同穿、有饭同食、无处不均匀、无处不平等的目的，而是以天京的陷落，石达开全军覆灭于大渡河的悲剧为结束。这种结局绝不是他们的目的。义和团扶清灭洋的目的达到了吗？没有，得到的是八国联军的入侵，北京的劫难和各种不平等条约。戊戌变法、洋务运动、预备立宪等运动，哪一样达到运动发动者的目的？没有。

历史没有目的，人的行为并不能都实现自己的目的。甚至像列宁说的，历史往往开玩笑，本来要进一个房间却走进了另一个房间。希特勒的目的是征服欧洲、征服世界，结果是龟缩在柏林地下室中服毒而死；墨索里尼被游击战士吊死；妄图占领中国称霸亚洲的东条英机等人被送上绞架。这肯定不是他们的初衷，不是他们的目的。历史从来不是由人的目的决定的，即使是呼风唤雨、掌握无上权力的强者，也不是心想事成、万事如意的。

西方国家的所谓正义之师，以人权的名义进行军事干预似乎也没有实现预期的目的。从朝鲜战争、越南战争，以至伊拉克、阿富汗，好像都是如此。当然，没有达到或者没有完全实现目的，不能说明它没有历史影响。目的论是一回事，影响论是另一回事。政治活动尤其是大规模的军事行动，即使没有达到发动者设想的目的，但给社会历史发展带来的影响是不可忽视的。第一次世界大战、第二次世界大战，对战后世界的经济格局和政治格局的改变都是巨大的。

历史目的论本质上是天命论、神学决定论、理性支配世界论的变种。历史有规律而无目的，人的活动有目的并不一定都符合规律。人的活动能否达到目的，取决于人的目的在何种程度上符合社会历史规律。尽管历史规律并不存在于人的活动之外，而且要通过人的活动起作用，但它与人的活动不能画等号。规律是人的活动中形成的不依赖于人的目的的客观必然性。

人的目的有近期目的和长远目的，人的原定目的落空或与结果相互矛盾，在历史上并不罕见。无论是中国史还是世界史，我们都可以发现事与愿违的事。否则，人类历史永远是一出大团圆的喜剧。规律在一定历史时期内是相对稳定的，而人的目的是变化的，人应该不断在实践中根据实际情况修订自己的计划和目的，使目的接近规律，而不要妄想让规律迁就目的。

我们反对历史目的论，但承认对于人的活动来说，目的是极其重要的。一个人生活没有目的，是懒散的人生、空虚的人生，没有价值的人生。契诃夫说过：感到自己在这个世界上是多余的装饰品，那是很难堪的，活着而又没有目标是可怕的。政党也是如此。没有目的即没有党纲，不可能组织成为一个政党，更不会成为有作为的政党；没有发展目的的政府是不作为的政府，没有远大发展目标的民族是衰落的民族。中国近百年的历史，多少仁人志士前仆后继，不怕流血牺牲，目的就是救亡图存，为建设一个自由、民主、独立、富强的中国而奋斗。

共产主义不是资本主义自身发展的目的。历史唯物主义也不按目的论原则来认识任何社会形态之间的关系。封建社会的出现不是实现奴隶制蕴藏的目的；资本主义社会的出现不是为了人类可能进入社会主义社会。社会形态的关系并不是目的与手段的关系，而是归根结底受生产力制约的社会形态的演变关系。资本主义社会发展生产力，不断进行科学技术革新，直接目的是资产阶级实现对利润的最高限度的追求，至于由于生产力高度发展所引发的生产力与生产关系的矛盾和对抗并不包含在资产阶级发展生产力的目的本身。它们的生产目的就是利润、利润，最后还是利润。资产阶级直接目的是自身的利益，而不是为社会主义创造物质基础。马克思和恩格斯是根据对资本主义社会矛盾的分析得出资本主义生产方式过渡到社会主义的必然性。共产主义社会形态不是人类历史发展自身的目的。共产主义理想是处于资本主义社会的理论家，根据资本主义社会自身矛盾的发展和走向提出的目的。

马克思和恩格斯虽然以科学态度对待人类社会发展，反对历史目的论，但他们充分认识到人的活动目的性的重要性，殚精竭虑一生进行理论创造，就是为无产阶级运动创造一个能自觉指导自己行动、正确确立自己奋斗目标的理论；他们直接投身当时的工人革命运动，从事组织政党，创立第一国际和第二国际，就是为了有一个能够正确指导实现目的的领导力量。他们反对蒲鲁东，反对巴枯宁，反对各种各样的机会主义的错误理论，就是因为他们妨碍无产阶级以正确的方式和途径实现自己的目的。马克思主义反对伯恩斯坦的“目的是没有的，运动就是一切”，就是反对共产主义政党没有目的的随波逐流，这样必然会蜕变为机会主义。

历史的因果律

因果性是自然界和社会中普遍存在的一种联系。自然界的因果性虽然遭到不可知论者的怀疑，认为只是前后相继，并非因果。可是人们只要通过实践创造相同的原因可以制造相同的结果，证明自然界存在因果制约性。例如加热能把水的温度提高，可以不断重复，证明加热是水的温度上升的原因。如果加热过程中，因为渗水灭火温度没有升高，反证加热是温度升高的原因。有结果和无结果都证明因果规律的客观性。

社会现象中因果关系比较复杂，但也是相互联系的一种方式。列宁说：“‘因果关系的运动’实际上在不同的广度或深度上被捉摸到、被把握内部联系的物质运动以及历史运动。”历史往往多种原因形成一种结果，或者一种原因可以造成多种结果。不过不管如何复杂，社会现象不可能是无原因的。

在自然科学领域中否定自然现象存在因果关系的较少。尽管休谟认为在人类知觉经验中呈现的只是前后的关系，而非因果关系，但在自然科学中占主导地位的仍然是承认因果律，尤其是自然科学家。因为无论是在科学家的实验室中，还是在实际生产实践中，关于自然现象的因果关系都能通过实践重复出现。一个能为人类实践验证或制造的可预测的结果，迫使自然界科学家必须承认因果律。没有因果律自然界就不可理解；不相信因果观念的自然学家不可能真正从事自然科学研究。

社会历史领域不同。历史事件的非重复性，社会现象的差别性，使历史领域中的因果律问题成为争论不休的问题。不少历史哲学家宣称要将因果关系的原则从历史领域中驱逐出去。我们从梁启超先生在《中国历史研究法》和《中国历史研究法之修补及修正》中关于因果观念由肯定到否定中可以看到历史学家关于历史因果观念游移难决的心结所在。

梁先生在《中国历史研究法》中强调，记述人类社会赓续活动的体相，校其成绩求得其因果关系，以为现代一般人活动资鉴是史。而且对何谓因、何谓果、何谓条件也进行过分析。他说，可能性谓之因，使此可能性触发谓之缘。他以第一次世界大战为例说，军国主义之猖獗，商场竞争之酷剧，外交上同盟协商之对抗皆是因，奥储被刺使可能性爆发谓之缘。“因缘生果，果复为因，此事理当然之程序也。”他强调研究历史应该注重因果关系：善治史者不徒致力于各个之事实，而最要着眼事实与事实之间的因果关系。后来在《中国历史研究法之修补与修正》中因受西方哲学尤其是笛卡尔的影响改变了看法。他认为宇宙事物可分为自然、文化两系，自然是因果律领域，文化是自由意志的领域。历史为文化现象没有因果关系。历史为人类心力所造成，而人类心力之动，乃极自由而不可方物，心力既非物理的或数理的因果律所能完全支配，则其所产生之历史，亦与之同一性质。梁先生难以跨过因果律卡夫丁峡谷，就是因为历史是人创造的，而人的意志是自由的。由具有自由意志的人所创造的历史怎么可能受因果律支配呢？对人的主体地位、对人的意志自由的唯心主义理解是历史因果观念的最大障碍。

没有一个历史唯物主义者断言，历史领域像自然领域一样只要原因相同，结果必相同，存在能解释一切社会历史现象的普遍的、同一的因果律。在社会历史领域，极为相似的原因，由于历史条件不同结果可以完全不一样。水旱灾患可以成为封建社会农民起义的原因，可在中国三年自然灾害时期虽然生活困难，但社会仍然安定平稳。在苏联和东欧市场化和私有化改革导致的是苏联解体、东欧剧变，是社会主义为资本主义所取代；在中国实行由计划经济向市场经济转型，进行国企改革，发展民营经济，导致的是中国社会主义经济发展成为世界第二大经济体。在苏联，反对斯大林的个人迷信导致的是自由主义思潮大泛滥；在中国反对毛泽东的晚年错误和个人崇拜，导致的是思想解放和迈开改革的步伐。即使是当代世界性的经济危机，对各国的影响程度、结果也不会是完全一样的。

从一定意义上我们可以说，历史学是关于历史事件原因的科学。如果不能分析和理解历史事件的原因，历史学还有什么用？只是记载事实、叙述事实吗？可对事实的叙述，如果没有历史事件前因后果的叙述，能叙述清历史事实吗？历史的发展是连续的、持续的，前后相继的过程。如果没有因果关系，历史是由一个个孤立的、彼此毫无关联的事件构成，哪有什么连续性、持续性和继承性？这不是历史，也不可能是客观的历史。按照历史中没有因果的模式的历史写作，根本不是历史科学，什么也不是，连小说最离奇的情节都还有臆测的因果可循呢。

历史起码要尊重五个“W”，即什么人？什么事？发生于什么时间？什么地点？为什么？前四个“W”，属于事实叙述，或谓之叙事，后一个“W”，即 Why？可名之为求理，即寻求因果关系。如果单纯叙事而不能说明为什么，这不算历史学。何炳松先生在翻译美国鲁滨逊《新史学》的序中也讲到因果关系对历史学的重要性。他说，历史学要成为科学，必须先变为历史的才可，就是说，研究历史不但要知其“然”，而且要研究历史的“所以然”。19 世纪以前的历史学家，是没有人类进步的观念的。到了现在，我们才知道世界是一个变化的东西，各种制度多是进步的结果。“历史的继续”是一个科学问题。研究变化的程序，是一个科学问题，亦就是历史潮流所以升为科学的缘故。

历史上凡是著名的史学著作对于自己研究的历史人物和历史事件都存在对原因的分析。《新书·过秦论》中说，“察盛衰之理，审权势之宜，去就有序，变化有因”。去就有序，变化有因，就是承认因果关系。法国的孟德斯鸠的历史著作就名为《罗马盛衰原因论》，就是探讨罗马由盛转衰的原因的。它通过对当时罗马出现的一连串的杰出的政治家、国王和统帅，民主共和制度和正确的战术，无限的拓展、迅速出现的腐败，苏拉、庞培、恺撒的矛盾和个人野心，以及恺撒死后罗马的乱象、东方帝国的混乱，为读者展现了罗马盛衰的原因。

历史学不能没有因果观念。历史领域中的因果观念有两个不同层次，社会历史领域与自然领域一样也受因果律支配。任何社会现象的产生不可能是无原因的。任何人举不出任何一个重要历史事件的产生是无原因的，只有我们没有发现它的原因，或由于原因太复杂，一时找不出原因，但决不会无原因。谁能说唐代藩镇之乱、安史之乱没有原因？谁能说唐玄宗奔蜀是没有原因？只有白痴历史学家才会这样说。我们研究中国近代史，例如研究鸦片战争、研究太平天国运动、研究洋务运动，如果不研究为什么会发生鸦片战争，为什么洪秀全一批人会发动和组织起从广西金田开始的农民革命，为什么处于风雨飘摇中的清政府统治下会发生洋务运动，如果没有因果观念，不探究其中原因，请问我们能真正理解鸦片战争，能理解太平天国运动成因和失败，能理解洋务运动吗？尽管各有各的原因，但每次重大历史事件肯定都有原因和引发的结果，这是必定无疑的。

把一切推给自由意志很荒谬。连所谓自由意志也不是绝对“自由”的，也是有原因的。为什么英国人会产生借口鸦片贸易发动鸦片战争的自由意志？而且后来英法都产生联手发动第二次鸦片战争的自由意志？为什么清王朝会有开展洋务运动和后来面临末日时产生推行新政和预备立宪的自由意志？难道英法发动侵略战争的自由意志，清王朝统治者具有推行新政和预备立宪法的自由意志，可以用他们的意志自由，而不是由他们各自的经济和政治利益来解释吗？一切都是有原因的，包括看似自由的意志都是有原因可解释的。

当然，历史事件的原因很复杂，有远因、近因，直接原因、间接原因，内部原因、外部原因，相互交织，在历史研究中厘清历史事件原因是很困难的。但理不清原因和没有原因完全不同。理不清原因，说明需要研究；没有原因，说明不需要研究，一切交给自由意志就万事大吉。李大钊先生在《史学概论》中说，历史研究，不仅以考证确定零零碎碎的事实为能事；要把人事看作一个整个的、互为因果、互有连锁的东西去考察。如果从社会历史研究中排除对事件原因的研究，那历史发展就是一个个前后相继毫无关联的孤立事件，那要历史学干什么？另一个层次是涉及具体历史事件的因果关系。可以说，在不同历史条件下，在不同时代，各种历史事件的原因和引起的后果都是具体的，必须具体分析。在具体历史事件的层面，我们不能企求用同一原因解释不同国家、不同时代的社会现象。

无论在哪种意义上，客观历史本身存在因果关系；历史学研究历史，必须探索原因，一本有水平的历史著作，对自己书写的历史事件和人物的出现及其功过应该交代前因后果。如果对历史重大事件产生的原因及其影响都不交代，或认为用不着交代，何必研究它呢？

司马迁在《报任安书》中讲到他因遭遇宫刑而发奋著《史记》时有一段话，对我们理解这个问题很有启发："仆窃不逊，近自托于无能之辞，网罗天下放失旧闻，略考其行事，综其终始，稽其成败兴坏之纪，上计轩辕，下至于兹，为十表，本纪十二，书八章，世家三十，列传七十，凡百三十篇，亦欲以究天人之际，通古今之变，成一家之言。"可见，司马迁著史记的目的是"究天人之际，通古今之变"，"稽其成败兴坏之纪"。这个对人类历史的究、通、稽，如果否定因果观念根本提不出来。

正因为社会领域中因果关系存在两个不同层次，因此具体历史事件和人物各有其特点，不可能塞进同样的因果关系中。例如，在任何社会形态中，生产力对生产关系的性质、水平、类型，归根结底具有最终决定作用；任何社会阶级区分和斗争都是与特定的生产方式相联系的，等等，这种具有普遍作用的因果关系不能成为解释具体历史事件的具体原因，而只能是作为指导研究历史的基本理论和方法。如果不具体研究历史，不研究历史事件的具体的因果关系，以为光凭几条普遍性的因果规律就能解释一切历史事件，必然流于空谈。可是如果不具备历史普遍性的因果观念，就无法理解历史发展的规律性。

因果关系不等于必然性。有原因不等于必然如此，因为原因可以有必然的原因，有偶然的原因。一个人发生车祸，肯定有原因，但不一定必然，并非他非被压死不可。如果这样，这就是命定论而不是因果论。车祸绝大多数是偶然性造成的，是可以避免的。而必然性因果关系是不可避免的。例如，陈胜吴广因遇雨失期当斩而举行起义，遇雨是偶然的原因，可以遇雨也可以不遇雨，因此，陈胜吴广的起义可发生也可不发生，但在封建社会发生农民革命，则是具有必然性。雨不能成为农民革命的普遍原因，而只是陈胜吴广起义的诱因；秦末农民起义的原因在于社会矛盾，这是必然的原因。刘邦项羽没有遇雨这一偶然事件，照样举兵抗秦。

任何对因果关系的考察，都是具体现象之间关系的考察，因果关系是针对特定结果的关系。在一连串关系中无法追问因果，无限因果关系就化作事物的普遍联系。从普遍联系着眼，就是无限联系的链条，因果关系就失去了它作为因果关系的本义。这一点，对历史研究特别重要。如果无限地因果探究，历史根本无法研究。中国革命战争的原因是什么？中国沦为半殖民地半封建的原因是什么？如此等等，都是探讨具体问题的具体的因果关系。如果研究中国共产党的创立并领导中国革命的原因，通过不断的因果关系追问，一直追到秦皇汉武甚至追到更远，这不是研究历史而是说相声。当然，因果关系是复杂的。从重大历史事件来说，有远因、有近因，有内因、有外因，有客观原因、有主观原因，有主要原因、有次要原因。因果关系不是线性的单一的关系，而是复杂的因果联系之网。因此恩格斯说过，对一个历史事件的研究都要十几年甚至几十年时间。但社会历史领域中对历史问题的研究是具体的，对因果关系的研究以能说明或解释历史的真实原因为目的。因果关系的研究必须有“到此为止”，以说明具体事变为限。

历史的进步与退步

康德在《历史理性批判文集》中曾提出过：人类是在不断朝着改善前进吗？他的答案是否定的。他承认历史进步的矛盾。

在康德看来，进步问题不是直接由经验就能解决的。即使我们发现人类从整体上加以考察，可以被理解为在漫长的时间里是在向前的和进步的；可是也没有一个人能因此就认定，正是由于我们这个物种的生理禀赋，目前就不会出现一个人类倒退的时代。相反地，如果它向后并且以加速堕落沦于败坏，以为就不会遇到一个转折点，可以凭借着我们人类的道德禀赋，它那个行程就会再度转而向善。康德承认进步中会有退步，但人类只凭经验无法相信社会进步。社会总体进步是由于人的向善天性，而这种天性就是理性。一句话，即使经验地考察可以发现退步，但理性的合目的、合规律原则支配社会必然总体是进步的，是趋向永久和平的。

历史唯物主义反对历史进化论，反对用生物学进化模式和范畴来诠释社会。反对进化论不等于反对社会进步的观念。社会发展当然包含社会进步，发展这个概念就意味着社会进步。社会生产力的发展、科技的进步、文明和文化发展水平的提高，人对人的态度由杀人祭天到人权观念，等等，都是社会进步的内容。社会没有进步，人类就永远处在蒙昧时期，永远不可能迈进近代文明的大门。但是历史唯物主义不是把社会的进步建立在人类的向善本性上，而是建立在人类社会存在和发展的物质基础上。

社会的进步是与人类生产力的发展，以及在生产发展基础上人类文化的发展不可分的。人类推动社会进步的动力不是基于向善的本性，而是基于对自身生存和发展条件的改变。正因为人类生产力的进步，文化的不断积累，因此人类社会总的方向是不断进步的。只要考察中国历史，仅有文字可考的几千年历史来看，唐虞夏商周，秦汉晋隋唐，宋元明清到今天，中国社会历史不是沿着总体进步方向发展的吗？只要参观历史博物馆就一清二楚了。用所谓黄金时代、白银时代、青铜时代、黑铁时代来绘制人类社会历史是扭曲的，是哈哈镜中的人类历史。

人类社会历史的进步是包含矛盾的。进步是描述社会历史总体方向性的概念，而不是目的性概念，不是说历史朝既定的进步目标前进。我们说过历史无目的，目的是人的活动的特点。人的实践活动，尤其是生产活动本身决定历史不可能静止，更不能永远停滞不前。但历史进步不可能是直线的、平坦的，像行走在宽阔的大道上。人类社会历史的进步是在矛盾中前进的，有时会遭受巨大灾难，从自然灾难到社会灾难。例如中国历史上除了造成百姓流离失所、田园荒芜、千里无人烟、百里无鸡鸣的战乱之外，最重要的是自然灾害，人类社会历史的发展是在与自然相互作用下发展的。自然灾害，包括水旱洪涝地震等，都会影响社会发展和百姓的生计。据历史记载，从公元前 206 年后到 1949 年新中国成立，就发生较大的水灾一千多次。地震也是危害社会和人民生命财产极大的自然灾害。仅新中国成立后的各种自然灾害，以及唐山地震、四川汶川地震，都是如此。当然，自然灾害影响社会发展，但人类在抗灾救灾中也在推动社会发展。李冰父子修的都江堰水库至今仍在利国利民。它是人类面对自然灾害的积极反应。中国历史就包括一部中国先人的抗灾救灾史。可以说，人类由于自然灾害而影响社会和民生，又由于抗灾而推动社会进步，可以视为对社会发展的一种补偿。人类对自然灾害的挑战——应战方式，不是简单对抗，而应该包括服从自然规律，保护环境。否则单纯的对抗式的应战，危害更大。这如同用抗生素来抵抗炎症一样，社会也是如此。

从近代西方进入资本主义社会后，中国社会历史的发展由于外来侵略而陷于困境。从 1842 年签订《南京条约》开始，到新中国成立前国民党政府先后签订的不平等条约达一千多个。除割地外，光被勒索的所谓赔款就是天文数字。《南京条约》赔款二千一百多万银元，相当于当时清政府财政收入的三分之一；《中日马关条约》除割让台湾全岛及其附属岛屿外，还勒索巨额赔款二万万白银。一千多个不平等条约是一条又一条套在中国人民颈上的绳索。在长达一百多年中，中国沦为半殖民地半封建社会，使旧中国陷入国弱民穷、科技落后、处于受西方帝国主义任意宰割的悲惨处境。一部中国近代史，就是由于帝国主义侵略而陷于面临民族存亡续继的危机，也是中国人民反对帝国主义和封建主义斗争的历史。中国人民经过前仆后继百年斗争，最后是中国共产党领导的革命的胜利根本改变了中国人民的命运，拨转了中国社会发展的航向，改写了中国的历史。可以说，近百年中国社会的沦落和复兴是在血与火的洗礼中艰难行进的。历史的进步，付出了重大牺牲。这种牺牲可以视为对历史进步的代价。

历史进步并不是一个充满玫瑰芳香的字眼。在阶级社会中它可能经过流血、破坏。那些诅咒中国共产党领导的革命是所谓人海战术，所谓血流成河，都是以抽象人道主义来反对革命的人，都是不知社会进步为何物，不知社会进步代价的人。他们享受革命成果但咒骂革命的残酷。他们无视进程中每次历史代价都会以历史更大的进步作为补偿。中国革命进程中的破坏，会在胜利后的建设中百倍千倍偿还。当代中国的辉煌成就，就是对鸦片战争以来、对中国共产党建立以来牺牲的先烈英灵的告慰。

历史进步不是抽象的总体性的概念。社会形态和更替总的方向表示社会历史的进步，但并不意味着一切方面都超过前人。我们在哲学文化上还是推崇苏格拉底、柏拉图、亚里士多德，推崇孔孟老庄和历史上一些杰出思想家，推崇希腊罗马的三大悲剧的永恒的无法超越的价值，推崇《史记》、《汉书》。可是这并不是说孔孟老庄的时代、古希腊苏格拉底、柏拉图生活的时代比现代更好。这是两种不同的进步尺度。

历史进步的观念是一个关于社会形态发展的观念，在社会形态更替中，新社会形态在生产力、科学技术、政治制度和社会物质文明方面的总体性进步，并不是意味着在任何方面都超过前人。文化的发展就有特殊性。中国的楚辞、汉赋、唐诗、宋词，都是某个时代特有的，后来无法复制和超越。历史进步观念不是直线的、单一的，而是复杂的、多方面的，在文化领域中社会进步可能包含某些前人达到而后人无法企及的成就。

历史进步论不是进化论。自从世界进入资本主义社会后，西方工业化和城市化形成的贫民窟，成为附着社会的毒瘤；科学技术的进步成为自然环境破坏的杀手。尤其是自从20世纪中叶以来，世界有识之士不断敲响人类会因科技的无节制利用而面临自我毁灭的危险。我们只有一个地球，可这个地球已经不能成为人类的家园，而是灾难发生地。从人类历史上看，在20世纪，历史进步是随着科学技术的飞速发展、社会的物质生产加速度地发展，可人类在精神领域中，包括价值观念和道德领域的某些方面又在迅速堕落。物质生产和精神生产似乎是各自面向一方的双头鹰。这是当代人类社会进步从来没有遇到过的新问题。

任何充满诗意地回到农业时代的田园诗般的浪漫主义幻想都是不可取的，让人在地球上诗意地栖居在当代也只是哲学家的善良愿望。历史是不可逆转的。问题的解决存在于问题自身。我们不可能回到没有科学的时代，回到拒绝技术的时代。任何反对科学技术进步、反对工业化和城市化历史走向都是做不到的。我们需要的是寻找克服科学技术应用的副作用的社会环境和政策措施，尽可能把它限制在人类可接受的最小的副作用范围。在全球化时代需要国际合作，需要发达国家负起保护环境的更大责任，发展中国家应该从发达国家走过的道路中吸取教训，要以西方现代化的负面作用作为前车之鉴。

人类社会历史的进步是螺旋式的，不是笔直的。社会进步是有代价的。按照尼采的看法，进步是一个现代化的概念，一个错误的观念。从价值上讲，今天的欧洲人远不如文艺复兴时期的欧洲。这是悲观主义历史观。从总体看，如果以人类发展中取得的成就和损失相比，进步是主导的。如果能画出一条人类社会进步高峰期的连线，可以看到曲线的朝向是向上的，下降是其中的一段。社会发展悲观论、世界末日论之类是毫无根据的。我相信人类有智慧解决自己面对的问题，而不会让世界之舟沉没。

历史的意义

“历史是什么?”是历史哲学中的根本性问题。在思辨性历史哲学或者批判性历史哲学，它没有明确提出来，但它是不同历史哲学立论的依据。不同学派的历史哲学家都有各自对历史的本质的看法。英国学者卡尔以自己 20 世纪 60 年代在大学的演讲结集为《历史是什么?》出版，像一块投向水中的石头，激起关于历史是什么的公开争论。

其实，早在卡尔提出这个问题之前，马克思和恩格斯就曾经对历史是什么做过明确的论述。从历史的主体说，历史是人追求自己目的的活动；从客体说，历史不外乎是各个时代的依次交替。撇开人和人的活动创造成果只在历史材料和对历史材料解释之间兜圈子，永远无法理解历史的本质。

历史的意义问题是以历史的本质为依据的。历史是人创造的，历史的意义也就是说人的创造活动意义问题，是人的世世代代的创造成果的意义问题。据有些学者的说法，历史没有意义，历史的意义是历史学家赋予的。例如贝克尔就说，就事件本身而言，它没有任何意义，它之所以对我们具有某种意义，并不是由于它本身，而是由于它作为另外一些事件的象征。波普也在《开放的社会及其敌人》中说，事件本身没有意义，只有通过我们的决断才能取得意义。如果历史无意义，实际上是说历史是已死的过去，历史上人类的全部活动用其成果都是作为消失了的存在，变为无。

诗人咏史之作大抵容易凭吊遗迹，伤旧怀古，感人世之沧桑，谈人物易逝，旧迹难寻。刘禹锡《西塞山怀古》：“千寻铁锁沉江底，一片降幡出石头。人世几回伤往事，山形依旧枕寒流。”传诵千古的苏轼《念奴娇·赤壁怀古》，劈头就是“大江东去，浪淘尽，千古风流人物。故垒西边，人道是三国周郎赤壁”。然后是遥想当年小乔初嫁时，雄姿英发、羽扇纶巾的周郎，遥想当年多少豪杰，在赤壁合演了一幕中国历史上著名的赤壁之战。可如今赤壁究在何处？也只能是听人说说而已。“青山依旧在，几度夕阳红。”几乎是诗人们怀旧的共同感叹。

我们不能否认，历史中地区有战争、有苦难。有围绕权力而展开的阴谋，也有平民百姓为生活而苦苦挣扎。但不能因此而否认历史的意义。叔本华完全以他悲观主义的人生哲学解释历史。在他看来，人类愚蠢得不可救药，竟然一定要把历史看作有价值的东西。其实历史明摆着只是杀戮、苦难和不幸的记录。我们的世界是一个贫穷者的世界，只有相互吞噬才能生存下去的世界，是在焦虑和贫困中度日，常常受着痛苦的折磨、痛不欲生的人生战场。人们是在为瞬间的满足不断地拼搏，猎者和猎物、压力、欲求需要、焦虑、尖号、哀号，如此这般，直到永远。

科学的历史视角不同于文学，不是单纯情感的抒发，也不是叔本华式的悲观主义的咏叹调，一笔勾销人类历史。科学的历史观应该是理性地思考。既看到历史上人生的痛苦，又看到人类的辉煌创造；既看到历史会变为断壁残垣，又看到它为后人积累的丰富的物质财富和文化遗产。

如果谁说，任何倾国倾城的美女都是一堆白骨，任何英雄人物都是一座陵墓。谁也无法否认，到头来必然如此。无论王嫱、西施、飞燕、玉环如何美艳绝伦，都早已成为冢中枯骨，任何英雄人物最终留下的也只是坟墓，有的可能连坟墓都没有。古代著名的宫殿园林楼台亭阁都变为荒土。刘基在《司马季主论卜》讲的：“是故碎瓦颓垣，昔日之歌楼舞馆也；荒榛断梗，昔日之琼蕤玉树也；露蚕风蝉，昔日之风笙龙笛也；鬼磷萤火，昔日之金缸华烛也。”这是历史事实。逝者已矣，旧迹旧寻，这是历史的演变，可人类在这种演变中把历史的流逝变为历史的积累，在前人的成就上不断前进。不如此，就没有历史的进步，没有人类的发展。

谁能设想没有几千年历史发展和文化积累，能有今天的中国?！正如马克思、恩格斯在“历史不外是各个时代依次交替”的论断后，得出的不是消极结论，而是接着说，“每一代都利用以前各代遗留下来的材料、资金和生产力；由于这个缘故，每一代一方面在完全改变了的条件下继续从事先辈的活动，另一方面又通过完全改变了的活动来改变旧的条件”。

人生不是如梦，历史不是空无。一代代劳动者创造变为生产力的延续，一代代伟大思想家的创造变为文化经典和文化传统，一代代伟大历史人物的功绩变为历史的楷模、变为历史进步的助力。它表面上似乎不存在，但它实际存在于我们的现实当中。汉唐盛世、六朝金粉、秦淮旧景会成为永远的过去；大江东去，浪花可以淘尽英雄人物，但历史并不会因此而毫无意义。现实是历史的延续，没有过去就没有现在；没有秦始皇统一，没有书同文、车同轨，没有历代有为之君和我们的先辈的开疆拓土，就没有当代中国；没有以往历史的杰出人物，中国就是一个没有英雄的民族，没有历代文学家、艺术家、哲学家留下的经典，中国就是一个没有文化的民族。一句话，没有古代的辉煌，当代中国就会黯然失色。历史是一种积累，仿佛积土为山，如果我们只看到泰山巍巍，看不到层层积土，那是一种小学生的历史观。当代中国是历史中国的发展。我们之所以要以史为鉴，就是因为它确实可鉴，因为它存在规律。水可载舟亦可覆舟、历史周期率，创业难守业更难之所以成为历史的教训，是因为它确实是历史自身包含的意义，并不是历史学家主观创造，而是总结出来的，前事不忘，后事之师。

现实就是历史的延续，历史已经达到的高度，是我们前进的起点。而且历史的意义还表现在，前人活动中的成功和失败，为后人留下了经验和教训。尽管它隐藏在历史事件和人物的活动中有待历史学家去总结，但总结是对历史本身的总结，而不是把历史没有的东西强加于历史。说历史没有意义就是把人创造历史的活动及其成果，一笔勾销。恩格斯在《英国状况评托马斯·卡莱尔的〈过去和现在〉》一文中特别强调：“历史的启示”，反对“轻视历史，轻视人类发展”。他强调“为了认识人类本质的伟大，了解人类历史上的发展，了解人类一往直前的进步，了解人类对个人非理性的一贯有把握的胜利，了解人类战胜一切似乎超人事物，了解人类同大自然进行的残酷而又胜利的斗争，直到具备自由人的自觉，明确认识到人和大自然的统一，自由地独立地创造建立在纯道德生活关系基础上的新世界”，为了了解这一切，我们应该研究历史，因为一切都存在于历史的启示中。

历史的意义是历史作为人类实践活动的经验和成果对后人所具有的影响、教育警示和启迪作用，是实实在在的人类遗产。历史学的意义则是对历史客观意义的主体书写。没有历史书写，历史自身的客观意义就无法彰显和被理解。尽管历史意义需要通过书写揭示和研究，但不是历史书写赋予历史以意义，而是历史书写承担有揭示历史意义的功能。这就是史学的功能。如果历史的书写只是事件的记载，是一本流水账本，这种历史的书写没有价值。史学的价值在于史实的真实性和历史意义的科学性。以铜为鉴可以正衣冠，以史为鉴可以知兴替。之所以可以以史为鉴，就是因为历史自身包含着前人活动的经验和代价吸取的教训。

我们不可能排除社会历史观的世界观基础。因为对人类社会历史本体的确认往往受其世界观决定。如果像佛教宣称的四大皆空，显然人类历史与世界万物一样，也是过眼烟云，任何历史事件和历史人物，无论人物的善恶，还是事业的成败，到头来“是非成败转头空，青山依旧在，几度夕阳红”。如果按照马克思主义哲学关于世界客观性、世界是物质的唯物主义世界观，社会历史的本体同样具有物质性，是客观的并非空无。社会领域是人的活动领域，社会的物质性不能脱离自然，但又不等于自然，它是人类改造自然的物质生产活动。人类的物质生产活动是客观性的活动。生产是一种对象化的活动，没有自然界就没有人类生产活动的对象。从人类社会中排除自然界，社会就“无地自容”。因此社会本体中包括自然因素但又不等于自然本体论。它是包括人与自然、人与人关系的物质生产活动，是一切经济、政治、文化的基础，是历史的发源地。

历史不是事件的集合

恩格斯说世界不是一成不变的事物的集合体，而是过程的集合体，这一点不仅指自然界，同样适用于社会历史。

历史的持续性不容易发现。岳飞、文天祥、史可法是不同时代的人，仿佛是一个个毫无关系的个体。其实，他们表现了一种包括爱国主义和民族气节的中华民族精神的连续性。春秋战国时期诸子百家与汉代经学、魏晋的文学与哲学、隋唐兴起的佛学、宋明理学，等等，似乎是不同时代的学术思潮，彼此各存在于自己的时代，没有直接师承关系，其实它表现了中国发展的内在持续、继承、融合关系。生产力的发展同样如此，一个民族的生产力是持续积累的过程。后代是在前代生产力基础上发展的。可以说，一个民族的社会生活的方方面面看似孤立的现象都存在内在发展的持续性。这种持续不是凭直觉、凭表面现象的观察能看到的，需要科学的历史眼界和科学研究。例如，各种学术史就是研究一个民族的学术思想的内在持续发展的历史。如果是数人头，列著作的历史，肯定是低水平的。正如对中国历史的研究，如果只知道王朝的排序，知道秦、汉、晋、隋、唐、五代十国、宋、元、明、清的先后相继，不知何以相继，它们之间在文化、在思想、在制度上有何承继和沿革，有何损益，这不是历史，而是年表。

从表面看，历史事件和人物仿佛各自独立，实际上各依存于特定历史环境，而联系就存在于历史环境的变化和延续之中。这种连续性中存在历史因果关系链条，存在规律性。历史之可以认识，正在于它不是事件的堆积，而是有内在联系可供探索，有因果关系可供分析。

由于历史的具体性，由于联系的多样性，人与事关系的错综复杂，历史画面绚丽多姿，极具故事性。每个国家、每个民族、每个时代的人与事，无论是文治武功，无论是盛衰兴亡，有喜剧有悲剧，跌宕起伏，多姿多彩。历史写作之所以可以引人入胜，也正在于此。

历史的持续性不是平稳的，毫无曲折的，暂时的倒退和逆转，都是可能的。从封建社会进入资本主义，生产力和科学技术的发展，人类思想观念的变革都是空前的。而 20 世纪下半叶，社会主义在苏联东欧地区的失败，由社会主义变为资本主义，就是世界历史的一次大逆转。在由封建社会进入资本主义社会时，传统价值观念也遭受前所未有的变化，贵族精神、骑士精神为资本主义金钱至上所取代。因此，对资本主义仇视的浪漫主义思潮兴起，对资本主义精神极端蔑视，对中世纪的乡村和田园风光满怀留恋和回忆，成为贵族的哀婉绝响。马克思主义当然反对这种守旧的历史观，但是这不意味着马克思赞同资本主义的一切。他对资本主义异化和金钱至上同样持批评立场。不同的是马克思期待一个更高更合理的社会、有更高的道德的社会，有更好的田园风光、有美丽的未被工业污染的乡村。这种社会只能是他所期盼的社会主义社会，而不是向中世纪农业社会的回归。这种历史前进中引发的问题，肯定有内在原因可供探索，否则就无法理解。

人类历史前进的步伐有跃进，有发展，也有中断；有震荡，也有后退。中断，表现一种文化的湮没，民族的衰落或分解。在世界历史上，中国的历史发展表现出极大的历史连续性和继承性。我们以当代中国为例，我们处在社会主义建设的转型期。前三十年和后三十年不仅发生具有重大意义的转折，同时存在历史的连续性。如果把两个三十年对立起来，就无法理解中国特色社会主义建设的历史。

我们在前进，大步前进。同时我们在道德和价值上付出的代价，引起人们的忧虑。我们需要大力发展经济，一个贫穷落后的中国要想复兴，不发展经济是不行的。但又不能单纯关注经济的发展，关注生活的富裕，而忽视了年轻一代的思想和理想教育。工业生产下滑可以赶上，农业歉收来年可以有丰年，而思想滑坡是无法很快补上的。思想是一种传染病，它们可以相互影响。精神文明建设的重要性是无可估量的。思想越滑越往下滑，因为它变成一种社会环境，在这种环境下生长的第二代、第三代，理所当然地认为不正常状态是常态，而老一辈的思想是落后可笑的。历史具有连续性，一个时代的风尚和思想影响是深远的。这种影响就是历史连续性的一种表现。

中国人对历史情有独钟。我们不仅历史最长，对历史记载也最完备。钱穆先生在他的《国史大纲》引论中，曾讲到中国历史记载悠久，从古代《竹书纪年》载夏以来，有三千七百多年。历史记载无间断，自周共和行政以下，明白有年可稽。自鲁隐公元年以下，明白有月日可详。记载体例较完备，有编年、有纪传、有纪事本末。中国历史的连续性在中国历史的记载中得到体现。

历史现象的相似性

历史事实表现为历史事件，历史事件的特性就是一次性。任何历史事件都是特殊的、发生的时间和空间是不可重复的，否则不是具体的历史事件。历史事件的具体性和时空特性，决定它只能是一次性的，不可重复的。有的学者正是以此为根据否认历史的科学性，认为不管历史学是不是尚处在“童年”，它确实不是一门科学。

科学对象是重复发生的现象，而历史处理的是新颖的事件，独特的情景，它们永远不会完全在同一地点出现两次。历史事件或称为历史事实，它的本性是拒斥科学的。没有类，就没有科学。不错，历史事实和历史事件不可分，它不可重复。可社会历史现象与历史事实不同，社会历史现象是历史事实的外在表现，它可以属于不同的历史事实。

人类社会现象具有相似性。社会历史现象的载体就是历史事实或历史事件。如果没有一次次不可重复的历史事实和历史事件，现象的相似性则无所“寄托”。历史学家在研究不可重复的历史事实或历史事件的独特性时，会通过发现其中作为社会历史现象的相似性。通过分析现象相似的因果关系，就可以上升到对历史规律性的认识。

拜金主义几乎是阶级社会普遍存在的现象。马克思在《1844 年经济学哲学手稿·货币》中，专门论述了以货币为中介的市场经济条件下，由于对金钱的崇拜而导致的价值观念的颠倒。并引用莎士比亚《雅典的泰门》的话作为佐证。雅典的泰门生活于古希腊罗马时代，莎士比亚的剧本反映的是资本主义开始以金钱而傲视没落贵族的时代；马克思则是资本主义矛盾开始比较尖锐的时代。可以说是三个不同时代。可都是对金钱崇拜的抨击，只是深度不同、表述形式不同。

早在中国封建社会的早期，就曾经有人对金钱的作用有过入木三分的揭露。西晋时期的鲁褒的《钱神论》就很具代表性。他在文章中虚拟了一个书呆子式的人物，这个人两手空空去走后门，鲁褒就教训他说：钱这个东西“内则其方，外则其圆。无翼而飞，无足而走。解严毅之颜，开难门之口。无远不往，无深不至。钱之所佑，吉无不利。排朱门，入紫闼；钱之所在，危可使安，死可使活；钱之所去，贵可使贱，生可使杀。又曰‘有钱可使鬼推磨’，而况于人乎”。还说：“子夏云：‘死生有命，富贵在天。’吾以无生无命富贵在钱。何以明之？钱能转祸为福，因败为成，危者得安，死者得生。”其实封建社会历代都有这种类似的文章。唐代有张说《钱本草》以药名喻钱。清代桐城派戴名世著《钱神问对》也都是历数钱之为恶。元代张可久写有《醉太平》曲子形象地嘲讽对金钱的崇拜：“人皆嫌命窘，谁不见钱亲。水晶环入面糊盆，才沾粘便滚。文章糊了盛钱囤，门庭改做迷魂阵，清廉贬入睡馄饨。葫芦提倒稳。”为什么市场经济不发达的封建社会也会出现类似莎士比亚在《雅典的泰门》中抨击的拜金思想呢？因为都是私有制社会，货币作为一般等价物，它代表财富，成为人们追逐的对象，因而产生类似的思想。

相似性是“相似”而不是“重复”。因为它们各自产生的条件不同。雅典的泰门生活在奴隶社会，因为由富变穷，为自己的家由宾客盈门变为门可罗雀而愤愤不平，从而感到有钱和无钱不同；鲁褒是西晋人，以及随后的几位作者都处在封建社会，他们对钱的感受是从人际关系中，尤其是官场来往中体会钱的作用。而马克思是在资本主义社会，他是从市场经济角度描述货币作用，特别是资本权力所导致的货币拜物教论述货币在异化中的作用。所以，马克思在强调历史有相似性时特别强调，相似性各有原因，必须分析。他说：“极为相似的事情，但在不同的历史环境中出现就引起了完全不同的结果，如果把这些发展过程中的每一个都分别加以研究，然后再把它们加以比较，我们就会很容易地找到理解这种现象的钥匙。”

历史相似性的根据是什么？修昔底德认为是人性的共同性，他在《伯罗奔尼撒战争史》中说，“古往今来，人就是人，有不变的人性，因此，过去发生的事情在未来会以十分相似的方式重复出现”。马克思主义历史观不同意历史相似性基于人性普遍性的看法。人是社会的人，即使人性具有共同的社会特性，这种社会特性根源在于社会，否则何以称为社会本性呢？没有不依赖社会的社会本性。历史现象相似性的根源在于社会本身。尽管社会条件不同，历史事实和事件各不相同，但在不同历史条件的历史事实和事件会呈现某些相似性。只要通过深入分析相似性和差异性的原因，就可以由对因果进行分析进而发现社会规律。所谓走向历史的深处，其中一个表现就是由相似性到因果性、再到规律性。

西方资本主义兴起时，发生文艺复兴运动。当代中国崛起时，也提出民族文化复兴的口号。何其相似，但情况不同。文艺复兴运动是新起的市民目光投向古代希腊罗马，从中世纪中走出来的新兴市民阶级，没有可能从自身和中世纪的思想中寻找自己需要的思想理论表达，而古代的人文思想对于论证自己同样是人，是与封建贵族和一切以往的上等人一样是人，应该具有自己的平等权利。这是资本主义萌芽时期人文主义兴起的原因。

中国社会主义文化复兴，并不存在向古代寻找思想指导的问题，我们并不需要儒家或其他各家指导我们如何建设中国特色社会主义。我们的思想指导就是中国马克思主义。但我们为什么要提倡文化复兴呢？第一，在世界文化格局中，中国应该恢复曾经存在过的在世界上的文化强国地位；第二，在社会主义先进文化建设中，我们应该吸收中国传统文化中优秀的东西。社会主义的前三十年，我们在文化建设中的问题不少。我们不知道应该如何对待文化遗产和继承什么文化遗产，如同洗澡抛掉婴儿一样，教训太多。

相似性不等于规律。相似，可以是非本质的，也可以是本质的。事件的相似性，引导人们深入对历史事件的理解，在相似后面发现规律。例如，任何社会都必须生产才能存在；生产劳动是任何社会普遍存在的首要活动；阶级社会都有穷有富，都是穷人比富人多。奴隶反对奴隶主的斗争、农民反对地主斗争、无产阶级反对资产阶级斗争，虽然发生在不同社会，但有相似性，都是被剥削者和被压迫者反对另一些剥削者和压迫者的斗争；凡是反抗，政府总是镇压，总是站在统治者一边镇压被剥削者，从来没有相反的情况。这种相似性引导人们认识物质生产的作用、劳动的作用、阶级和阶级斗争在阶级社会中的作用。

历史事件的不可重复性不可能排斥社会现象的相似性。历史相似性的历史认识价值，在于它能引导历史学家寻求历史因果性，从而发现历史规律。重视历史相似性的研究，重视历史相似性，何以依赖不同的社会历史条件并产生不同结果的研究，是对片面强调历史事实不可重复的解毒剂。

在历史研究中，应该重视相似性，但要善于区分相似性，不为外表相似而迷惑。《吕氏春秋》有段话说到相似性对人的认识的危险性，“使人大迷惑者，必物之相似者也。玉人之所患，患石之似玉者。相剑者之所患，患剑之似吴干者、贤主之所患，患人博闻辩言而似通者。亡国之主似智，亡国之臣似忠。相似之物，此愚者之所大惑，而圣人之所加虑也”。最好的玉工也害怕石块形象似玉，难以分辨；最明智的君主，也会为能言善辩、表面博闻强记的人迷惑，误以为是有为之臣，如此等等。《吕氏春秋》此处说的是辨人，而不是历史。但对我们如何从相似性区分不同的相似性，既重视历史的相似性又不为相似性所惑，透过现象看到本质，才能发现历史的规律性，很有启发。

历史周期率

在人类历史上，无论是西方或是中国，在社会发展中都会发生王朝的盛衰荣哀，政权的存亡绝续。千古兴亡天下事，各国如此，中国尤盛，因为中国历史特长。

中国历史书特别看重的就是政权更迭、江山易手、王朝兴亡的经验。一部二十四史可以说都是各自探究前朝兴亡得失的历史，寻求通古今之变之道。古人说过，“凡读史，不徒要记事迹，须要识治乱安危兴废存亡之理”。毫无疑问，无论是著史、读史，阐明和理解治乱安危兴废存亡之理，是非常重要的，当然不是唯一的。

在古代，人们不能正确解释王朝的盛衰兴亡，一些学者用天命或天道循环加以解释。这种解释具有神学和宿命论色彩，不足以解释历史治乱存亡。必须从历史自身解释历史。

历史研究中，“存亡之理，卒难理会”。在中国历史变迁中，史家都很注重秦朝和隋朝的经验，因为国祚短而兴起突然。秦自统一称帝号，始皇至二世而亡，不过十五年；隋自开皇九年破陈，统一中国至炀帝而亡，不过三十年。两个王朝的创业者都是雄才大略、叱咤风云的人物，可继承者不仅无法开创新局面，连守成都没有做到。国祚运短，在中国历史上是绝无仅有的。历史学家已注意到，“隋之得失存亡，大较与秦相类”，都是“其兴也勃，其亡也忽”。

《过秦论》对秦亡经验总结过，《隋书》也总结隋亡的经验，但都比较着重为政失德，君昏臣奸。这个说法不能不说有一定道理。因为执政者如何处理政事，如何对待百姓、如何约束自己的行为，如果君不君、臣不臣，当然政权难以持久。但是道德论的解释同样有明显的局限性。历史证明，亡国之君的道德水平并不都比开国创业者的道德水平低。创业之君的残暴、专制、独断，可能远过于亡国之君。可结果不同，这与社会矛盾的激化程度分不开。如果不从历史规律中得到解释，难以解开历史上王朝存亡继绝之谜。

黄炎培先生在1947年7月初到延安考察与毛主席的对话中提出的历史周期率，涉及一个历史规律性现象。当然，黄老是根据自身的人生阅历阐述这个问题的。他说我生六十多年，耳闻的不说，所亲眼看到的，真所谓“其兴也勃焉”，“其亡也忽焉”。并总结说，“一部历史，‘政怠宦成’的也有，‘人亡政息’的也有，‘求荣取辱’的也有。总之没有能跳出这周期率。中共诸君从过去到现在，我略略了解的了。就是希望找出一条新路，来跳出这周期率的支配”。显然，黄老是针对国民党的腐败和中国共产党有可能执政说的，也可以说是一个善意的预告。黄先生用心良苦，希望中共在得到天下以后，能找到一条新路，跳出兴亡周期率的支配，避免历史上“人亡政息”、“政怠宦成”的覆辙，不愧是中国共产党的亲密朋友。毛泽东当即自信地回答：我们已经找到新路，我们能跳出这周期率。这条新路，就是民主。只有让人民来监督政府，政府才不敢松懈。只有人人起来负责，才不会人亡政息。

周期率为什么会成为阶级社会的历史规律？为什么历代王朝跳不出这条规律？看待历史周期率既有科学历史观问题，也有历史价值观问题。

从科学历史观来说，开国皇帝、创业者是何等雄才大略，在历史舞台上有声有色，秦皇、汉武、唐宗、宋祖、一代天骄成吉思汗，都是闪闪发光的人物。可末代皇帝，身死国灭，或仓皇辞庙，成为俘虏，或以自缢殉宗庙社稷。当然有个人才能问题，创业者如无特殊才能，在群雄角逐中难以取胜；取胜后难以治国，难以成就一番事业。他们实行比较宽松的与民休息轻徭薄赋的政策，严惩贪污，管束官吏，而且能够听取不同意见，并不是他们特别英明、仁慈，而是鉴于前朝失败的经验，时势使然。末代皇帝并非都是无能，而是经过或长或短时间的发展，社会矛盾积累到无法解决的地步。其最基本的矛盾是生产关系与生产力的矛盾。农业社会的生产关系主要是土地所有制，而生产力则是直接从事劳动的农民。当土地集中，剥削和赋税加重，经济凋敝，民不聊生，再加上官僚机构的扩大，官员腐败，民怨沸腾，甚至水旱虫患，都能引起动乱，只能以政权易手了结。在积重难返的困境中任何人都显得无能和无奈。从历史价值观来看末代皇帝并不值得怜悯，在这种情况下只有改朝换代才能疏解矛盾。

历史周期率是社会进步的外在表现。尽管对一个王朝而言、对末代皇帝而言是一个悲剧，但对社会历史来说是一个进步，是扫除积习，清除腐败，在调整矛盾中继续前进。不管南唐后主李煜“归为臣虏”后抚今追昔的词如何哀婉动人，如何具有艺术感染力，也只是文学而已，而赵光义巩固政权和继续推动统一在中国历史上也算得上是一个丰功伟业的人物。王朝周期率所表现的开创、发展、腐败、垮台江山易手，似乎是不断地循环，实际上是一个螺旋式的上升过程。社会的演变和进步，就是如此无情地以旧王朝为新王朝取代为阶梯的。

问题是如何看待社会主义中的周期率问题。这不同于历代王朝的更替，具有不同的性质。因为历史上的周期率在一种社会形态内的政权易手，它不改变社会形态的性质。中国两千多年，一部二十四史记载的是中国封建社会的发展史，是封建社会形态内部的王朝变化史。

社会主义社会的周期率问题则不同，它是社会形态的倒退史，属于旧的生产方式、旧的社会形态压倒新生的社会生产方式和社会形态。这不是上升，而是逆转。不管人们对苏联解体如何评价，对苏联原来体制的弊端如何批评，对苏联时代的民主、人权问题有种种非议，但作为一个新的社会制度，比起旧沙俄，比起资本主义制度，苏联十月革命和建立新的苏维埃政权是历史的变革，是历史的巨大进步。与前社会主义时代不同，苏联的解体和资本主义在苏联再度得势并不是不可避免的。如果苏联的所谓改革不是用新自由主义的药方，嘴甜心苦，也不致灭亡。如果苏联共产党的领导人不是改旗易帜，根本改变社会主义路线，自行宣布解散共产党，自我毁灭，而是切切实实改革已经发现的体制弊端，何至如此！

毛泽东深谙历史，也理解黄炎培先生的担心，并且知道中国革命队伍的主力是农民。毛泽东在革命即将胜利进入北京时，一再提醒全党要吸取李自成的教训。毛泽东一生对反腐败极端重视，注意防止在社会主义中重演历史周期率。毛泽东错误地发动了一次“文化大革命”，我们很难借此推断他的动机，种种阴谋论没有说服力。以毛泽东当时的权威和号召力，排斥异见用不着如此全国规模的大运动。但无论何种说辞都不能成为必须如此的理由。因为它对中国造成的伤害是严重的，后遗症也是严重的。“文化大革命”这样暴风骤雨式具有无政府色彩的群众运动，具有极大的破坏性，它既无助于防止历史周期率的重演，也无助于防止官员的腐败。它有暂时的阻吓作用，但无根除作用。运动过，有些人可能变得更贪婪。

历史证明，在中国防止历史周期率，防止苏联解体在中国的重演，就是正确进行改革，包括社会领域中多方面的改革。历史并没有注定苏联一定解体，也没有注定中国改革绝不会有丝毫风险和曲折。胡锦涛同志说，“过去先进不等于现在先进，现在先进不等于永远先进；过去拥有，不等于现在拥有，现在拥有不等于永远拥有”。要防止历史周期率在中国的重演，最根本的是共产党自身的建设。中国共产党是执政党，是中国特色社会主义事业成败兴亡的关键。对于中国社会主义事业来说，决定性的因素是中国共产党的状况。可以说是成也萧何败也萧何。

90 多年来，中国取得的光辉成就镌刻着中国共产党人的卓越奋斗的功绩，但我们党内当前确实存在一些令人担忧的问题：包括一些党员社会主义信仰的动摇、贪污腐败。加强党的纯洁性，提倡理论自觉与自信是中国共产党的建设面临的头等任务。物必自腐而后虫生。全部历史的经验，特别是社会主义自身的经验都证明，政权更替的责任首先是当政者自身。我们应该牢牢记住人类的历史经验，尤其是苏联社会主义失败的教训，把毛泽东与黄炎培在延安窑洞中关于历史周期率的著名谈话，作为不断长鸣的警钟。

历史终结论的哲学迷误

历史的车轮滚滚向前，历史巨人的步伐永不停步。多少帝国的衰亡和崛起，多少王朝存亡灭替。世界政治格局会变；一国的历史会变。变，是历史的常态。不变，就没有历史，没有世界史，也没有国别史。

在世界历史上，罗马帝国、拜占庭帝国、波斯帝国、奥斯曼帝国、蒙古帝国，当然还有中国的秦汉王朝都是盛极一世的帝国，声威远扬，但都成历史陈迹；资本主义兴起时，继西班牙、葡萄牙之后的是号称日不落的大英帝国。在20世纪上半叶开始，美国超过英国，成为世界最强国。特别是当20世纪末苏联解体后，美国独大，成为当世头号霸主，志得意满，耀武扬威。可现在似乎开始在步历史上强国的后尘，走下坡路。虽然至今美国仍然最强最发达，但已显出“下半世的光景”。历史的步伐何曾止步。

日裔美国霍普金斯大学教授弗兰西斯·福山，1989年在苏联解体东欧剧变之际，志得意满，在杂志上发表长篇论文《历史的终结?》鼓吹西方资本主义的自由民主制度是“人类意识形态发展的终点”，“是人类最后一种统治形式”。也就是说，资本主义和资本主义制度是人类社会发展的最后形式，是人类历史的终结。有什么事实和哲学理论根据? 没有。唯一的根据是苏联的解体、东欧社会的剧变，由社会主义倒退回资本主义。可这只是历史长途中的曲折，是历史前进中向后的倒退。它并不能代表整个世界历史的走向。英国有位学者批评福山终结论说，“虽然许多社会制度都喜欢用‘不朽’的神话掩盖自己终将灭亡的本质，但世界上的任何事物都有始有终。正如一场‘登革热’会让人重新认识到自己身体的存在，一种社会组织出现问题时，人们才能真正认识到他们习以为常的制度的本来面目”。

伊拉克和阿富汗并没有如美国期待的那样建立稳定有效的民主体制；世界一些国家试图在仿效西方民主制中得到发展，但却陷入政治动荡和经济困境。事实显示西方的所谓民主自由体制并不是救世的良方妙药，更不是历史的终结。美国所夸耀的所谓民主已蜕变为金钱民主。美国前总统卡特都感叹美式民主的堕落，他在 2007 年 5 月接受记者采访时说，乔治·华盛顿和托马斯·杰斐逊要是活到今天，还能当上总统吗?！我不知道，我们永远也不知道，有多少具备总统潜质的人，就是因为不愿意或者不能募集到大量竞选经费，而永远与总统宝座无缘。

在拉美、在非洲强行推行的所谓自由、民主制度的恶果，中国特色社会主义的伟大成就表明，在当代世界，社会主义具有极大的发展潜力。迫于事实，福山不得不放弃他的“历史终结论”。在 2009 年 1 月接受日本《中央公论》记者专访时不得不承认“客观事实证明西方自由民主制度可能并不是历史进化的终点。随着中国的崛起，所谓历史的终结有待进一步推敲和完善”。事实比人强。福山承认事实，也可说“从善如流”，倒不失为一个学者的态度，没有死抱住“历史终结论”不放。

我感兴趣的是为什么福山会搞出一个终结论？我以为从理论上说可能有两个原因。一个是建立在西方的一种错误的、虚幻的政治观念，即所谓“合法性”的基础上。在福山看来，资本主义是自由、民主的制度，是最具合法性的制度。而社会主义制度则是不具合法性的专制制度。说到这一点，我想起了国民党政府在行将垮台的前夕还在南京搞了一个国代会选举总统，还假惺惺地配上几个竞选者以造成蒋介石当总统是民选的、最具合法性的总统，国民党政权是合法政权。当然，懂点政治的人都心知肚明，这种合法性是制造出来的，不过历史证明，这种所谓合法性并不是救命稻草，蒋介石还是下野，隐退老家，国民党还是败退台湾。最后在台湾又复任视事，并没有再来一次所谓合法性。

在历史唯物主义看来，普选虽然可以使统治者获得法律或者宪法所赋予的统治合法性，但这种合法性对于一种社会制度来说并不具有绝对性。一种社会制度或政权的合法性并不是形式的民主或自由赋予的，从根本上说，是它是否真正代表多数人民的利益，是否得到人民的拥护。当资本主义制度的阶级冲突、矛盾激化到革命时，任何所谓合法性都会变成稻草人，不可能支撑即将倾倒的大厦。把选举产生的合法性视为政权的永久保障，只是一种政治幻想。

从哲学上说，历史终结论与历史目的论是不可分的。历史既有目的，当历史目的达到后，自然就是历史的“终结”。历史终结论与历史唯物主义是对立的。历史唯物主义中就包含历史辩证法。恩格斯说过，现代唯物主义本质上是辩证的。历史唯物主义中任何一条基本原理，既是唯物主义的又是辩证的。生产力与生产关系、经济基础与上层建筑的原理，揭示的并不是社会主义的静态结构，而且是社会基本矛盾。正是它们之间的矛盾，社会不可能停滞不前；社会形态的理论揭示的不仅是社会形态的构成，而是社会形态的更替和规律；历史唯物主义阶级斗争理论，揭示的不仅是阶级的构成决定于社会生产方式，而且揭示的是历史上阶级构成的变化和阶级社会发展的直接动力。历史唯物主义关于阶级斗争理论优于此前思想家关于阶级斗争的学说，就在于其中贯穿唯物主义和辩证法。我可以打赌，没有人可以从历史唯物主义原理中找到一条原理，只有唯物主义而不包含辩证法的理论。

西方有些历史学家诬赖历史唯物主义也是“历史终结”论，因为它把共产主义作为奋斗的目标，就是认定历史发展会终结。这种说法是蓄意混淆共产党人奋斗目标与人类历史发展终结的界限。历史唯物主义是历史发展论，它反对任何形式的历史终结论。历史不可能终结，也不会终结。资本主义社会不是历史的终结，共产主义社会也不是历史的终结，它们都是历史发展过程中一个阶段。不同的是资本主义社会是阶级矛盾最后一个社会形态，而共产主义是没有阶级的社会的开始。

马克思在《1844 年经济学哲学手稿》中说，共产主义“是作为否定之否定的肯定，因此它是人的解放和复原的一个现实的、对下一段历史来说是必然的环节。共产主义是最近将来的必然形式和有效原则。但是，这样的共产主义并不是人类发展的目标，并不是人类社会的形式”。资本主义社会中的人与自然的矛盾，即人对自然界的掠夺和自然界对人的报复；资本主义社会人与人的对抗性矛盾，即阶级压迫和阶级斗争，在未来共产主义社会可以解决，但共产主义并不是无矛盾的社会。共产主义社会仍然继续发展，而且发展更为迅速。共产主义理论回答的是资本主义社会向何处去的问题，而不是人类社会在何处终结的问题。后一个问题是假问题，是根本不存在的问题。

共产主义社会终结人类的前史，即动物式的生存斗争史，从而揭开了人类发展史的新的一页，即按照人的全面发展和自由自觉的劳动来进行历史的创造。这个过程，不会完结。我们无法预测共产主义社会以后的社会，也无须预测。不同时代的人有不同的任务，人类只能解决历史提出的任务。资本主义社会中的人寻找的是资本主义社会向何处去的答案，而不是寻找人类在共产主义社会以后向何处去的答案。如果这样，我们只能陷于空谈和幻想，而忘记眼前紧迫的现实任务。这是资产阶级及其理论家最乐意见到的。

人类没有最后的社会，也没有至善至美无以复加的理想社会。早在一百多年以前，恩格斯就对历史终结论做过批判。他说："历史同认识一样，永远不会在人类的一种完美的理想状态中最终结束；完美的社会、完美的'国家'是只有在幻想中才能存在的东西；相反，依次更替的一切历史状态都只是人类社会由低级到高级的无穷发展进程中的暂时阶段。每一个阶段都是必然的，因此，对它发生的那个时代和那些条件说来，都有它存在的理由；但是对自己内部逐渐发展起来的新的更高的条件来说，它就变成过时的和没有存在的理由了；它不得不让位于更高的阶段，而这个更高的阶段也要走向衰落和灭亡。"这是真正彻底的无所畏惧的历史发展辩证法。

黑格尔曾宣布普鲁士的君主制是历史的终结，福山宣称资本主义的自由、民主、人权即资本主义制度是历史潮流的终结，都已沦为笑柄。宣扬这个制度终结或那个制度终结同时意味着它的历史的终结目的。终结论就是倒过来的目的论，反之亦然。

不肖而能于贤者为其权重位尊

人民群众是历史的决定力量，很多人不相信这条原理，因为在实际生活中，我们看到的是政治舞台前台的力量，是统治者的力量，是英雄人物的力量，而群众则是渺小的，是任人宰割的、役使的、跑龙套的。可是，如果我们不停留在历史的表层而深入历史的内核，则会观察到历史的另一面。

在封建社会中，天无二日，皇帝就是一个人，所以皇帝自称寡人、孤家。满朝大臣比皇帝人数多得多，可是仍然俯首听命于皇帝，皇帝具有生杀予夺的权力。为什么多数人怕一个人？从全国来说，老百姓比官员多得多，比如一个县，老百姓比县长多，可老百姓还是要听命于官，尊称为县太爷。当然，全国都得听命于皇帝。因为他有才能吗？不是。“贤人而屈于不肖者，则权轻位卑也；不肖而能于贤者，则权重位尊也。尧为匹夫，不能治三人，而桀为天子，能乱天下。吾以此知势位之足恃，而贤智之不足慕也。”韩非是法家，讲的是法家的道理，此言有理，但韩非并不知道是什么支撑统治者的权力，而只知道法势术。

在封建社会，才能中等甚至像晋惠帝那样“何不食肉糜”的白痴皇帝也不少见，只要在位，仍然是位尊权重，一言九鼎，金口玉言。为什么？因为他掌握权力，什么是权力？就是他掌握军队、警察、监狱等可以使用的镇压工具。皇帝一人统治天下，依靠的不是个人才能，而是权力。如果没有国家机器，没有文武百官，没有军队，也不过是一介凡夫，即使本领再大也是虎落平阳，龙困浅水，什么也不是。

另一方面是思想传统的力量。这就是人们认为这种一人统治全国，少数统治多数是正常的，理该如此。这就叫作正统观念。改朝换代时，人们不习惯，要当忠臣，不当贰臣，忠于一家一姓。其实，这种正统观念就是一种偶像崇拜。陈独秀在《新青年》发表过一篇文章名为《偶像破坏论》就讲过这个道理，他说："其实君主也是一种偶像，它本身并没有什么样神奇出众的作用，全靠众人迷信他，尊崇他，才能号令全国，称作元首。"可是这种崇拜观念在封建社会未出现崩溃时是不容易打破的。君主观念在封建社会是天经地义的。这是长期封建社会制度化统治的结果，而不是原因。最根本的还是权力的统治。而权力的基础则是经济制度。在长期权力统治下形成的理应如此观念，就是正统观念。观念是权力的思想辅助器。

权力是如何维持的？靠税收。大小官员要薪金，或称俸禄，兵要粮饷，总之维持这个权力需要钱。哪里来？来自老百姓。是人民进行生产才能创造物质财富，才能有税收，才能有官俸有军饷。物质生产才是社会存在和运转的基础，才是任何政治权力得以运转的基础。

老百姓或称之为群众，是物质资料的生产者，而一切权力的掌握者和运用者都不是生产者，而是统治者。可如果劳动者不劳动，这个社会就不复存在。这就是为什么封建社会比较开明的政治家倡导民本主义，教导储君水可载舟亦可覆舟，这并不是出于道德、出于爱民，而是出于对老百姓是生产者和兵源这个简单的经济事实和政治事实的确认。

封建社会，如果农民不耕田纳粮，不当兵，皇帝还能当下去？官，还能做下去？不能。所以归根结底，皇帝的权力、官员的权力是老百姓用赋税支撑的。如果老百姓起来造反，不纳粮不当兵，这个朝代就是末日了，又得换一茬人。这就是封建社会农民革命。社会最后的决定权是群众，只是群众平日无声无息，默默以生产支撑社会，仿佛牛马，而一旦走投无路，生活不下去，起来造反，就会成为王朝兴亡的决定力量。这个时候仿佛一切都倒转过来了，不是老百姓怕官，而是官怕老百姓，不是老百姓怕皇帝而是皇帝怕造反的老百姓。这时才显示出群众是最终决定历史的力量。历史证明，人民群众始终是历史决定力量的最后"发言人"。

资本主义之所以比封建社会进步，它不同于皇权至上，而是民权，即实行民主制。可资本主义民主制，本质上是精英政治或称精英权力，仍然是少数人的统治。它同样需要官员，这些所谓被选举出来的官员，仍然是由最高权力中枢控制的。军队、警察、监狱不属于某一党派而属于国家，可资本主义国家就是资本家的大管家，是资本主义制度的维护者。军队、警察、监狱是维护资本主义私有财产制度和国家制度。而维护费仍然是靠税收，没有税收就是财政赤字、财政悬崖，政府就会停摆。

你看看美国两党为加税还是缩减开支而开打，弄得奥巴马焦头烂额。税收似乎是富有者的负担，税收的本质就是剩余价值的分割，它是由生产者生产的剩余产品转化的形态。在资本主义社会同样是没有劳动者（包括体力劳动和脑力劳动，或者说白领、蓝领、工人和技术人员），照样没有税收的源泉。当然在经济全球化时代，跨国资本可以依靠国际贸易赚取世界的财富，但归根结底也是生产者生产出来的，不过是由穷国转到富国而已。物质资料生产是资本主义社会得以存在和运转的原则没有变，只是方式不同。

资本主义要存在必须倡导民主，因为普通劳动者是资本主义社会存在下去的支撑。资本主义政治统治方式或者政治制度的进步并不是道德的进步，而是生产方式变化的必然结果。有资本主义生产方式，在资本主义生产方式基础上必然建立资本主义的政治制度，不可能设想在资本主义生产方式上建立封建皇权制度。即使资本主义社会可以有国王、有王室、有公主、有王子，但已经是资本主义化的国王、王室、公主、王子。它要按资本主义制度的规则生存。它不具有封建社会的政治权力，而是稳定社会和民心的传统和道德力量，是国家和民族的象征。它是由资产阶级供养的社会稳定器。

社会主义社会不同，它既不同于封建社会的民本主义，也不同于资本主义的民主制度，但同样有个如何对待老百姓的问题。社会主义需要民主，这种民主在中国特色社会主义理论的制度中集中表现为“以人为本”。在中国以人为本既是一种关于发展的观念，又是一种制度安排。它突出了人民在社会主义制度下的地位。就他们是社会主义社会存在和运转的基础而言，这一点同以往社会一样。劳动者的生产是社会主义国家财政和赋税收入的来源。不发展生产，社会主义就不能生存和发展，而生产总是由生产者来生产的，普通的工人、农民、知识分子的劳动是社会主义存在和发展的基础。但有一点根本不同于以往封建社会和资本主义社会，虽然劳动者仍然是生产者，为国家提供财政和税收，但取之于民用之于民，劳动者同时是国家社会的主人。

封建社会、资本主义社会、社会主义社会老百姓的地位各不相同。在封建社会是平民（草民），在资本主义社会是公民（市民社会中有投票权的市民），而在社会主义则是人民（既是平民、公民，又是主人）。如果在社会主义社会，群众只是封建社会当兵纳粮的平民，只是资本主义所谓公民社会中能参与政治活动、有投票权的公民，而不是国家的主人，这就不是社会主义的以人为本。这只能算是资产阶级的政治解放，而不是朝人类解放的方向前进。投票权重要，但被选出的人为谁服务？代表谁的利益？更重要。如果选票仅仅为政客抬轿，抬进政府后，轿夫依然处于轿夫的卑微地位，是永远的抬轿者。迷恋于这种选票民主的人，只配当轿夫。

载舟之水和覆舟之水

同样是水，为什么既可载舟又可覆舟呢？其实，载舟之水和覆舟之水是不同的。载舟之水是风平浪静之水，而覆舟之水则是狂风大作、浪急水高之水。人也是一样。在以往社会，载舟之水，即服服帖帖当兵纳粮之民，是处于当稳奴隶时代的人民，还能活命还能生活下去的老百姓。这时的人民可以说是"沉默的大多数"，虽有不满、怨言、腹诽，但决不反抗；而覆舟之水，则是处于无法活下去揭竿而起的老百姓，由沉默变为呐喊和咆哮。

这两种情况表现了人民在不同处境下的不同作用。平时是载舟之水，是整个社会得以生存和发展的基础，没有载舟之水，社会这条船就不可能前行；而覆舟之水，则是社会变革的决定力量，把整个社会的规则，奴隶与主人的地位颠倒过来。平时那样温顺，谦恭，老实之民，一旦揭竿而起，则成为改变社会状况、决定整个社会变革的力量。老百姓跪着：载舟之水；老百姓站起来：覆舟之水。这就是为什么历代统治者采取愚民政策，不希望老百姓懂的太多。连我们的先圣孔夫子都说，民可使由之，不可使知之。资产阶级革命也一样。资产阶级革命时害怕群众不觉悟，拼命启蒙；当无产阶级起来反对资产阶级时，他们最害怕无产阶级觉悟，因而千方百计欺骗群众、愚弄群众。

只有懂得这个道理才能弄清楚，为什么中国历代帝王或储君从小就受水可载舟、亦可覆舟的教育，可照样有昏君、有亡国之君、有末代皇帝、有改朝换代。因为从根本制度来说，金字塔式的封建统治，必然趋势是加重剥削，层层剥皮，最后王朝易姓。即使唐代贞观之治老百姓仍然是牛马，而不是主人。读读杜甫、白居易的诗就可以知道。老百姓在封建社会不可能真正永远当载舟之水。

儒家的所谓王道仁政只是治国理想、道德诉求，在封建社会是不可能实现的，正如西方的所谓人道主义，也是少数思想家少数启蒙精英们的理想和道德诉求，在资本主义制度下也不可能真正实现一样。理想实现的基础是现实，否则理想永远是长夜难醒的梦。只有改变现实，才能使理想变为现实。

鱼失水则死，水失鱼犹为水也

这是魏徵上唐太宗疏中引用荀子的话。这个意思比“水可载舟，水可覆舟”更深刻。覆舟和载舟是说封建社会倡导民本主义在如何保证老百姓永远是“载舟之水”，而不要成为“覆舟之水”。而“鱼失水则死，水失鱼犹为水也”，则是进一步说明，帝王不能离开老百姓，离开老百姓的皇帝必是亡国之君；而王朝更替，天下易姓，老百姓仍然是老百姓，仍然生存和传衍。一句话，帝王不能离开百姓，而老百姓并不依赖帝王。如果用我们马克思主义的话来说，就是人民群众才是历史的决定力量。

不少历史唯心主义者总觉得人民群众只是草根，并没有什么作用，决定历史的是英雄。他们说，多少队士兵等于拿破仑呢？多少二三流的诗人才可以构成一个莎士比亚？多少位普通科学家才能完成爱因斯坦的工作呢？拿破仑就曾宣称，一支由狮子指挥的老鼠军队，比一支由老鼠指挥的狮子军队，要好得多。其实，这个比喻极具迷惑性但并不恰当。人与人之间的才能肯定有差别，一个人比另一个人甚至比另一些人更强，更有才能，这是不可否认的。但我们这里讨论的问题不是个人与个人的比较，不是否认人的才能差别，不是否认英雄人物、天才人物的独特作用。我们这里说的是，任何一个人的作用都不可能超过人民群众的力量。一个是个人，一个是集体。再伟大，个人就是个人；再平凡，集体就是集体。集体迸发的力量是任何个人无法比拟的。

就个人与群众关系而言，任何个人，无论才能多大、本领多大，都不能超越群众集体。拿破仑的狂言，只是说明谁更适合担任统帅，但如果没有士兵，任何统帅都是孤家寡人。说群众是无数个零，只有前面的一，才使它变为巨大的实数，可有没有想过，如果离开后面无数被视为零的个人，前面单个的一，只不过是微不足道的最小的个位数而已。

唐人刘长卿《送李中丞归汉阳别业》诗："流落征南将，曾驱十万师。罢归无旧业，老去恋明时。独立三边静，轻生一剑知。茫茫江汉上，日暮欲何之"！统帅的力量在于士兵，士兵越多越有力量。没有士兵的统帅，只是一个徒有其名的统帅。"茫茫江汉上，日暮欲何之!"，就是一个没有士兵的统帅的命运。

没有士兵的统帅，其力量还不如一名手握武器的士兵。因为他已经没有后面被视为微不足道的无数个零的群众和士兵。你只要看看伊拉克的萨达姆、利比亚强人卡扎菲悲惨的下场就懂这个道理。卡扎菲身为统帅时是何等威严，因为背后支撑的是大量士兵；可当他藏身下水道时，敌不过一个手握武器的普通战士，任人凌辱，一枪毙命。何止萨达姆、卡扎菲，你看从突尼斯、埃及、也门的强人的命运就懂得这个简单道理。司马迁说过，"猛虎在深山，百兽震恐；及在槛阱之中，摇尾而求食，积威约之渐也"。被摘除皇冠的帝王，连普通百姓都不如。

人心向背，是社会发展和政治变革中的决定性因素。"得人心者得天下，失人心者失天下"是一条历史规律。一些人总认为老百姓只能埋头过活，默默生存，永远是沉默的多数。其实老百姓中蕴藏的力量像寂静的火山，一旦爆发就能喷发出巨大的能量。自古以来，多少盛极一时的帝国，多少末代皇帝，多少侵略者，都是被人民的力量打倒的。鱼失水则死，水失鱼犹为水也，的确是至理名言。

这条规律，对社会主义国家同样是适用的。为什么当戈尔巴乔夫解散共产党，叶利钦站在坦克上发表演说，炮轰杜马，苏联人民包括广大共产党员表现得如此冷漠呢？其中一个重要原因，就是苏联共产党长期的官僚主义、不断膨胀的既得利益集团，漠视群众利益、严重脱离群众形成的政治冷淡主义造成的。列宁缔造的布尔什维克党是伟大的党，斯大林领导的社会主义建设把苏联变为超级大国。可是在长期执政中严重脱离群众的恶性发展，其后果就是当克里姆林宫上空的红旗陨落时，没有大的震荡。一个脱离人民群众的共产党，一个社会主义社会，无论过去做过多少好事，当逐渐脱离群众甚至变为压迫群众的特权集团时，只能成为“失水而死”的鱼。

群众观点是历史唯物主义的基本观点；群众路线是中国共产党的基本路线。中国共产党是依靠人民的力量才取得胜利。毛泽东早在20世纪30年代，当中国共产党和中国红军被国民党强大力量围剿，处于劣势时就说过：国民党在实行其堡垒政策，大筑其乌龟壳，以为这是他们的铜墙铁壁。同志们，这果然是铜墙铁壁吗？一点也不是！你们看，几千年来，那些封建皇帝的城池宫殿还不坚固吗？群众一起来，一个个都倒了。俄国皇帝是世界上最凶恶的一个统治者，当无产阶级和农民革命起来的时候，那个皇帝还有没有？没有了。铜墙铁壁呢？倒掉了。同志们，真正的铜墙铁壁是什么？是群众，是千百万真心实意地拥护革命战争的群众。这是真正的铜墙铁壁，是什么力量也打不破的，完全打不破的。中国共产党的历史和革命战争史，充分证明了这一点。陈毅说过，淮海战役的胜利是老百姓用小车推出来的，非常形象地表达了这个真理。

“失水而死”的危险，一般不是来自取得政权前，而往往来自取得政权后。取得政权前，老百姓的重要性是不言而喻的；而得天下后往往以为天下大定，大权在手，不会成为失水之鱼。封建社会总结过这条经验。唐太宗李世民与群臣讨论过创业与守成的关系问题。贞观十年，他问身边的臣子：“帝王之业，草创与守成孰难?”房玄龄回答是“草创为难”。而魏徵深谋远虑，他说，“帝王之起，心承衰乱。覆彼昏狡，四海归命，天授人与，乃不为难。然既得之后，志趣骄逸，百姓欲静而徭役不休，百姓凋残而侈务不息，国之衰弊，恒由此起。以斯而言，守成则难”。

中国共产党同样有创业与守成的问题。只是我们不是守一家一姓之业，而是守住千百万烈士牺牲而取得全国人民的社会主义大业。而且我们不但是“守”，而且是不断地“创”。社会主义就是不断改革和革新的社会。无论是夺取政权前还是取得政权后，中国共产党都是依靠人民，始终坚持群众路线。胡锦涛在庆祝中国共产党成立90周年大会上讲到，90年干了三件大事，每一件大事都是“紧紧依靠人民”才取得的。并强调在新的历史条件下，必须坚持以人为本、执政为民的理念，牢固树立马克思主义群众观点、自觉贯彻党的群众路线。始终保持党与群众的血肉联系。强调“密切联系群众是我们党的最大政治优势，脱离群众是我们党执政后的最大危险”。

由载舟覆舟关系到鱼水关系，再到血肉关系。这三者，不是彼此对立的，而是历史经验的层层累进。中国共产党与群众关系是血肉关系，血肉相连，不同于封建社会的君民关系。但在血肉关系中包含载舟与覆舟和鱼失水则死的关系。

当前我们社会中存在的腐败现象、钱权勾结现象，以及一些干部对群众疾苦的漠视和不作为现象，严重损害党群关系。中国共产党的建立是中国开天辟地的大事，取得政权花了 28 年，建立了新中国。新的创业，即建设社会主义小康社会、建设发达的社会主义仍需要多少代人的努力。我们在任何时候都不能忘记历史唯物主义关于人民群众的基本观点，不能忘记中国共产党的群众路线。苏联解体的教训不能忘记。中国共产党 90 年胜利的历史经验不能束之高阁。我们要永远记住：“鱼失水则死。”

秦人不暇自哀而后人哀之

杜牧在《阿房宫赋》中关于秦王朝经验总结时说，“秦人不暇自哀而后人哀之；后人哀之而不鉴之，亦使后人而复哀后人也”。这是历史理论中的一个重大问题。

人究竟能否从历史中吸取经验教训？中国传统重视历史经验，倡导以史为镜，中国惯例都是胜利者为前朝修史，目的也是论前朝之得失，以便借鉴。西方人也说，读史使人明智。可黑格尔不相信，他在《历史哲学讲演录》中说，“经验和历史告诉我们的是这样：各个民族及政府从来都没有从历史中学到什么，也从来没有按照历史中所能吸取的那些经验行动”。

中国人重视历史的传统，重视历史的教训。著有传世《史记》之作的太史公司马迁，特别重视历史经验，说“居今之世，志古之道，所以自镜也”。唐代史学家吴兢撰写的《贞观政要》是一部传世之作，是有关唐代贞观年间李世民与名臣魏徵等人的关于如何治理国家的经验总结。讲君臣关系、君民关系，以及轻徭薄赋、劝农课桑、廉洁奉公、任贤纳谏等一系列治国方略，有许多至理名言，如“理天下者，以人为本”、“凡事皆须务本，国以人为本”、“竭泽而渔，非不得鱼，明年无鱼；焚林而畋，非不得兽，明年无兽”、“君本舟也；人水也。水能载舟，亦能覆舟”、“鱼失水则死，水失鱼犹为水也”，等等，都足以传世。几乎历代中国储君从小就接受“水可载舟，亦可覆舟”等的教育，可是几乎最后都是在农民被迫起义中灭亡。尽管都在研究历史，研究历史的经验，但都无法避免王朝的更替。因为历史有自身发展规律。从每个王朝创业之主的生气勃勃，“勤政爱民”到逐渐积弊难返，矛盾激化，载舟之水变为覆舟之水，最后是旧王朝覆灭，新王朝诞生。历史的进步就是这样在不断存亡兴废中，以新王朝的雄壮序幕开始，以末代皇帝仓皇辞庙的悲剧结束。

每个王朝的创业者都是以长治久安、万世一系为目的总结历史经验。李世民与魏徵的一段对话就说明这一点。贞观六年，太宗谓侍臣曰：“看古之帝王，有兴有衰，犹朝之有暮，皆为蔽其耳目，不知时政得失。忠正者不言，邪谄者日进，既不见过，所以至于灭亡。朕既在九重，不能改善见天下事，故布之卿等，以为朕之耳目。”魏徵回答说：“自古失国之主，皆为居安忘危，处治忘乱，所以不能长久。今陛下富有四海，内外清晏。能留心治道，常临深履薄，国家历数，自然灵长。”李世民的求治心切，魏徵的回答也很有理。唐王朝为中国历史增光添彩，贞观之治尤为唐之盛世，但“国家历数，自然灵长”之说，不可能实现。安史之乱后日渐衰落，至公元 907 年梁王朱全忠篡位灭亡，一个轰轰烈烈的唐王朝也只延续了 289 年。

黑格尔说人类不能从历史经验中学到什么的说法，有一定道理，但理论依据是建立在历史事件的个别性，不可重复上。他强调每个时代每个民族都有其特殊情况，都是一个个别的状态，必须而且只能从自身出发做出决定。实际上历史事件的不重复性并不是历史经验无用的根据，因为个别中可以包括一般。

历史经验对于统治者无用的最根本原因，在于它们企图找出一条使统治者的统治和剥削永存的经验。这当然不可能，因为历史决没有这种统治者永远是统治者的经验。当人们总结历史经验的目的与历史规律相违背时，经验是无用的。历代帝王总结经验都是为了万世一系，子孙永继，这是任何人都无法达到的。即使英明如李世民，贤相如魏徵，也不可能达到。例如，水可载舟、水可亦舟之理，历代皇帝都知道，民为邦本、本固邦宁之理也都知道。李世民说得非常恳切：“为君之道，必须先存百姓。若损百姓以奉其身，犹割股以啖腹，腹饱而身毙。”可是，封建社会发展规律只能“割股以啖腹”，因为随着王朝腐败，赋税日重是规律性现象，“任是深山无人处，犹自无计避征徭”说的就是这种情况。

一个所谓“明君”，往往是注重历史经验的统治者，他可以从历史中吸取经验，实行某些所谓善治、善政，振兴王朝，而一个“昏君”实行的政策，可以加速王朝的灭亡。但是任何经验都不能与历史规律相背。《贞观政要》中的种种至理名言，都难以挽救历代王朝的灭亡，因为他们总结经验的出发点不是为了老百姓，而是为了使百姓永远成为载舟之水，可统治者的本性又使它必须依靠加强赋税积累财富，维持统治者的奢侈生活、全部官僚机构和军队的费用。他们的“以人为本”或“以民为本”不可能是真实的、彻底的，而是巩固统治的一种治国方略，并非真心爱护老百姓。魏徵说的，“竭泽而渔，非不得鱼，明年无鱼；焚林而畋，非不得兽，明年无兽”。这就是为什么历代统治者并不能真正从历史中吸取经验的原因，因为支配历史发展的是社会基本矛盾规律。

最著名的要算《资治通鉴》。司马光奉旨编纂长达354卷、历时19年而完成的这部历史巨著，目的很明确，就是“鉴前世之兴衰，考当今之得失，嘉善矜恶，取是舍非，足以懋稽古之盛德，跻无前之至治，俾四海群生，咸蒙其福”。试图维持宋王朝的长治久安，可历史极具讽刺性，在成书后不到42年，兵临开封，宋朝徽钦二帝均成俘虏。康王南迁，偏安杭州，虽名临安，一直临安到连“临安”均不可得，最终为元所取代。看起来，不管《资治通鉴》或者什么历史书，对统治者而言都只能是警钟，而无法根本解决封建王朝的长治久安问题，因为剥削阶级社会基本矛盾的逐渐激化，虽欲久安绝无可能。

王朝兴亡是规律。与人民为敌，终究会灭亡。蒋介石是一个突出的例子，蒋在与共产党斗争中，非常重视王阳明和曾国藩，王、曾既是理学家又是平定农民革命的统帅，他们有如何攻心的策略，又有如何平定农民起义的作战经验。可是不论蒋介石如何重视王阳明与曾国藩以儒家正统战胜“异端邪说”，重视破山中贼和心中贼，既搞军事围剿又搞文化围剿，还有什么新生活运动、道德复兴运动，终究没有挽救自己的失败的命运。王阳明和曾国藩对付的是缺乏理论和严密组织和纪律的农民；而蒋对付的是由共产党领导的农民，对付的是马克思主义。这是大大不同的。王阳明和曾国藩的经验救不了蒋介石，“新生活运动”也无济于国民党的长远统治。

中国共产党领导的无产阶级革命，不同于以往任何革命；它建立的政权也不同于历史上任何剥削阶级政权。中国共产党人吸取历史经验的立场和目的不是为了少数人的利益，而是为了中国人民的解放和全国人民的长远利益，决定了中国共产党人有可能从历史中吸取有利于革命和建设的经验和教训。

毛泽东说过，历史的经验值得注意。毛泽东对郭沫若写于抗日战争后期的《甲申三百年祭》推崇备至，不仅批示《解放日报》全文转载，并印发全党作为整风学习文件。李自成进北京后迅速腐化，不只是身居高位的牛金星一人，而是大小官员弹冠相庆，搜刮钱财。中国共产党领导的革命主力同样是农民，可以说是一种新式的农民革命。作为农民革命领袖的李自成在占领北京后，结果退出北京，兵败身亡，足以为训。毛泽东之所以重视这个经验，是因为中国革命同样面临农民进城的问题。他在七届二中全会上即向全党敲出警钟。在进入北京途中，又一再提出不要学李自成。这就是吸取历史经验。“宜将剩勇追穷寇，不可沽名学霸王。”毛泽东在解放军占领南京大喜后挥笔写成的诗中的这两句，既包含着楚汉之争兵败垂成的丰富历史经验，也是对当时有人提出的划江而治的回答。

毛泽东一生都注重历史经验和教训的吸取。全国胜利后，反腐败问题成为毛泽东注意的一个重大问题。至今腐败仍然是威胁中国共产党的心腹之患。党中央自改革开放以来，一直提出要注意反腐倡廉问题，就是吸取历史的经验。邓小平从苏联解体中吸取经验，提出发展生产力、解放生产力，提出社会主义的改革开放问题。胡锦涛从世界工业化历史中，从当代生态恶化问题中，提出可持续发展问题。这都是从历史中包括从世界历史中吸取经验教训。

为什么同样是从历史中吸取经验，一则无效，一则有效呢？因为中国共产党是代表老百姓，而不是代表一小部分统治者为巩固自己的统治而吸取经验。在中国共产党的实践中，历史规律、历史经验、人民利益这三者是一致的。历史教训和历史经验对我们是有用的。这说明吸取历史经验有个立场问题，有个为什么人的问题。

凡逆历史潮流而动的人，不可能从历史中真正吸取教训，因为他们总以为自己的统治与前人不同。可时代在进步，历史在前进，天下之公器，不可能永远为一小撮统治者所独霸。凡是为了老百姓，真正代表老百姓利益，就可以从历史教训中吸取经验，因为它是顺应历史潮流，代表最大多数人民的利益。历史潮流是历史规律的外在表现，是民心向背的凝集：“顺之者昌，逆之者亡。”

历史的重要性在于它包含的经验对于现实的人具有启示意义。毛泽东说到蒋介石不会停止反共时说过，“看看他的过去知道他的现在，看看他的现在知道他的未来”。我们当然不能说任何事情过去如此，现在如此，将来必然如此，因为条件和环境可能会发生变化。因此对历史经验的吸收不是简单地根据过去的事实做出判断，而是要上升到对事物本质和规律性的认识上。毛泽东对蒋介石的论断就是建立在对蒋的阶级本性的认识上。希腊历史学家里比乌斯在《历史》中说，单单陈述一个事件的发生当然是有趣的，但没有教育意义。而当这种叙说再以事件发生的原因加以补充说明时，历史研究才能有益。因为只有以类似历史情况和我们自己的处境相比，才能从中取得推断未来的方法和基础，因为只有学习过去，才能学会在现在情况下，什么时候行动应当谨慎些，什么时候行动应当勇敢些。李维在《罗马史》中也说，历史研究之所以健康而有益，主要是由于这一点：你可以从中看到各种经验教训，就如刻在纪念碑上，从这些教训中，你可以替你们自己和你们的国家选择怎样模仿的东西，从这些教训中避免那些可耻的思想和后果。可见历史的教训在于事件中包含的经验，而不是事件本身。事件本身不会以同样方式重复，但由事件总结出来的经验和智慧具有启发思维的价值。

人们重视历史的经验，当然是立足于现实的需要。因此现实会成为历史问题研究热点的推动力。毛泽东重视郭沫若的《甲申三百年祭》，因为中国共产党的革命本质上是无产阶级领导的农民革命，同样有个农民进城的大考验。我们重视历史周期率、重视苏联解体的经验都与中国社会主义革命面临的现实问题有关。与现实无关的历史，不可能为人所重视。反对经世致用传统，鼓吹为历史而历史也只是一说而已，我认为绝大多数史学家不会赞同。

历史是人类智慧的大海

我说过，黑格尔说人类不能从历史中吸取经验有一定道理，但不全面。黑格尔说的人类没有从历史中学到什么，只是对那些企图从历史经验中学到永远保持自己特权和统治的人来说，是正确的。正如侵略者一样，有多少侵略者能从历史经验中吸取“多行不义必自毙”的教训？历史经验证明，没有一个民族可以长期统治别的民族，没有一个侵略者最终不会失败。第一次世界大战、第二次世界大战都以侵略者的失败而结束。可是凡侵略者没有人会相信这条经验，总认为自己是例外。东京审判至今已六十多年，日本甲级犯受到应有的惩罚。可日本右翼仍然不承认战争罪行，企图复活军国主义，重走当年老路。要侵略者从侵略者的下场中吸取经验，停止侵略如同缘木求鱼，是不可能的。这同样是一条屡试不爽的经验。

历史是人类创造的。人类的全部创造，从物质到精神无不包含于历史之中。阶级斗争只是历史的一部分。人类经验不限于阶级斗争的经验，它包括以往人类的全部经历，包括人与自然关系、人与人的关系，以及色彩斑斓、威武雄壮的历史事件、伟大历史人物、思想家、政治家。历史宛如浩瀚无垠的智慧和经验的大海，后人可以从历史中得到教益。

从思想史角度看，人类的种种思想和文化都积淀于历史之中。历史学家可以总结历史经验，政治家可以总结治国理政经验，科学家可以总结科学创造和发展的经验，各个领域的思想家可以总结思想发展的经验，例如哲学离开哲学史的总结，就不可能有新的创造和发展。

从政治角度看，人类在治理国家和社会管理中，也积累有丰富的经验。尽管没有一个王朝可以万世一系，但绝不是说新建立政权不能从前朝的失败中吸取任何教训。永久的统治经验是没有的，但如何有利于政权的巩固和推动社会发展的经验教训还是有的。这些经验和教训，既有实践价值，也给政治思想史的研究者们留下了可供总结的材料。

在世界上，中国是少有的几个文明古国之一，有几千年的文明史。有素称发达的农业和手工业，有许多伟大的思想家、科学家、发明家、政治家、军事家、文学艺术家，有丰富的文化典籍。不仅有几乎包括中国历代王朝变迁的官方史书，还有不少私人著述、稗官野史、笔记小说。可以说是一个历史智慧的大海洋。

毛泽东非常重视历史。他在延安整风中，把重视历史学习与重视理论和重视实际并列，强调“不要割断历史，不单是要懂得希腊，还要懂中国，不但要懂得外国革命史，还要懂中国革命史，不但要懂得中国的今天，还要懂得中国的昨天和前天”。毛泽东不是一般号召而是身体力行，终身都保有对历史的浓厚兴趣，可以说达到手不释卷的地步。甚至临终前几天仍在读书。

毛泽东对中国历史著作非常熟悉，曾圈点二十四史。对历史上的著名战争非常熟悉，如对楚汉成皋之战、新汉昆阳之战、袁曹官渡之战、吴蜀夷陵之战、秦晋淝水之战在相关处有批注。这里有个题外话。毛泽东并非行伍出身，他虽然当过半年新兵但并没有参加过任何战斗。当年项羽对他的叔父说，他不要学剑而要学兵法，不学一人敌要学万人敌。毛泽东从小学教员、图书馆管理员，可说是一介书生变为统领千军万马、运筹帷幄、决胜千里的世界性的军事统帅，靠的不是勇力而是智慧，包括历史的智慧。毛泽东一生没有摸过枪，但指挥过无数次决定中国命运的大战役。这具有中国“文人武化”的传统。中国历史上一些有名的军事战略家和军事思想家，并非武人而是书生。他们统观全局，指挥若定，文武兼备。

毛泽东对历史上一些著名人物的言行也非常熟悉。不仅评点他们的得失，对其中的警句名言了如指掌，并经常推荐给其他领导阅读，以便从中吸取历史的智慧。据报纸文章介绍，毛泽东从 1952 年到 1976 年前后二十四年不断阅读《二十四史》。写有大量批注文字，涉及历史人物的评价、治国治军的政论政见政纲。关于战争、战役及其战略战术，等等。应该说，熟知历史典籍对毛泽东思想的形成显然有重要作用。

历史是智慧之海，黑格尔关于人类从历史中学不到什么的说法，是以偏概全。当然，历史包含的智慧要成为人类的智慧，需要转换，这种转换就是历史学家和人文学家的任务，也是我们学习历史的目的。历史的价值不在仿效，而在智慧。当我读到《触龙说赵太后》中，当赵太后不愿以自己心爱的幼子长安君到齐国当人质，齐国不愿出兵，赵国危殆，左师触龙劝告太后说，“位尊而无功，奉厚而无劳，而挟重器多也。今媪尊长安之位，而封以膏腴之地，而不令有功于国。一旦山陵崩，长安君何以自托于赵？老臣以媪为长安君计短也，以为其爱不若燕后”。太后曰：诺，恣你之所使也。于是为长安君约车百乘质于齐，齐乃出兵。这种智慧和眼光对于所有当权者如何对待自己的子女都最具教育意义。可是如果不经过《战国策》留之后世，如珍珠之埋于泥土，不为人知。历史事实中蕴藏的智慧，必须经过历史学家包括所有学者的总结和阐发。史学之功，可以是思接千载，视通万里，但全部历史学总和，从人类历史这个智慧之海中舀取的也只是一勺而已。历史可以不断研究。

历史学家的睿智

历史材料与历史智慧不同。历史材料是前人以各种方式遗留下来的关于历史事实的信息；而历史智慧则是后人从历史材料中获得的历史意识。历史智慧当然要依靠历史材料否则是空，但历史材料不等于历史智慧。历史智慧是一种历史的眼光、历史的睿智。学习历史既要重视历史材料，更要重视历史智慧。

我读过胡克《历史中的英雄》一书。尽管全书可议之处不少，但对其中的两段话深有感触，我以为它表现了一位历史学家、理论家的睿智。

一条是说，“对于一个战败的敌国加以侮辱而不紧跟把它的重整军备的潜力加以彻底的破坏，则另一次战争将会在下一个世代发生”。另一条说，“假如一个国家渐变为富饶，并更加爱好和平，而邻邦国则仍然贫穷饥饿，但拥有良好的军备，则一旦找到借口时，这个繁华的国家就会受后者的侵略”。当我看到邻国军国主义的还魂和重整军备，咄咄逼人；当我看某些国家鼓吹“中国威胁论”，企图阻碍中国的和平发展，我突然想到上面胡克的两段话，虽然《历史中的英雄》已发表多年，作者也早已仙逝，但是我们察之于当代，不能不钦佩作者的远见卓识。

日本侵略战争失败，东京审判，虽然战争罪犯得到了应有的惩罚，但并没有得到道义上的清算，极端右翼分子死不认罪，仍待机而动。中国虽然是大国，但是爱好和平的国家，中国从没有向外扩张的历史。近百年来一直遭受列强的欺凌。中国改革开放以来奉行和平发展的路线。中国从不对任何国家构成威胁，奉行大小国家一律平等的外交政策，但仍然发生胡克说的，以小欺大的现象。当然小的背后仍然是大，无大不可能“以小欺大”。

读历史，从汉唐一直到明，或清朝半段，都感到有种快感。虽然所谓康乾盛世已经开始不太妙，但百足之虫死而不僵，西方仍然不敢小觑，还可以在见皇上是下跪还是鞠躬、是通商还是朝贡问题上讨价还价。可自两次鸦片战争之后接踵而来的是八国联军、一把火把圆明园化为灰烬，皇帝“秋狩”，实即逃窜，用银子稳住皇位。此后一连串不平等条约，丧权辱国，中国历史书已不忍卒读。我不是狭隘民族主义者，但任何一个中国人对这伟大中华民族的衰退败落，不可能无动于衷。因此，当毛泽东在天安门城楼高呼：中国人民站起来了！怎么能不让人热泪盈眶呢！

中国共产党领导的人民革命胜利后，中国已为民族复兴奠定了政治基础。改革开放以来，中国经济得到飞速发展，中国开始和平发展。中国已成为世界第二大经济体。其实按中国人均计算，中国远远落后于西方发达国家。中国是地地道道的发展中国家。西方国家的普通百姓和有远见的政治家，对中国的迅速发展予以支持和高度评价，可西方某些政治家和怀有偏见的理论家们，不断鼓噪“中国威胁论”，或散布“黄祸”之类耸人听闻的言论，以图遏制中国。要说威胁，其实不是中国的发展威胁西方，倒是某些西化和分化论及其图谋威胁中国。苏联解体和东欧剧变后，西方某些政治们的言论和作为不能不令人怀疑“中国威胁论”背后的真实动机。

不错，与改革开放前相比，中国经济得到较快较好的发展，成就举世瞩目。可我们从未忘记，中国经济在世界 GDP 占有的份额，远远不如历史上的中国。据历史学家的统计，1750 年，清乾隆十五年，中国 GDP 位于世界第一，占 32%，其时印度占 24%，欧洲英法德俄意五国共 17%。到 1830 年清道光十年仍占 20%，还是高于其他国家。中国自古以来就是人口众多幅员辽阔的大国，也可以说是东亚强国，但与周边国家和平共处，从来没有向中国境外扩张的历史。中华民族自古以来就是一个热爱和平的民族，有史为证。中国没有侵略别国的历史，近代以来倒是有屡遭侵略的历史。随着西方资本主义工业迅速发展和中国封建社会性的解体和陷入半封建半殖民地，中国政治腐败，经济落后、军事弱小，屡遭列强侵略和掠夺。各种不平等条约把中国变成西方列强的猎物。人为刀俎，我为鱼肉。中国一部近代史，可以说是帝国主义侵华史，当然也是中国人民救亡图存奋起自卫的历史。中国多少爱国的仁人志士，为中华民族的独立，流血牺牲，前仆后继。

在新中国成立以前，西方殖民主义者对毫无自由和人权的旧中国非常“热爱”。他们住在租界高级住宅中，享有治外法权，享受中国特色菜肴。他们是中国这块土地的主人，中国人反而是奴隶。这样的中国是毫无“威胁”的“可爱的中国”。可一旦当长期被奴役的中国人站起来了，不再仰人鼻息，或者对西方的做法稍微表示一点中国人的爱国主义尊严，就要祭起“中国威胁论”的法宝，大喊大叫什么“民族主义”。用中国老话说，的确是“只许州官放火，不许百姓点灯”的混账逻辑。

中国的和平发展，对世界不仅不是威胁，而是很大的贡献。中国经济发展，为世界提供最广大的市场，也为世界输送廉价的商品；中国自卫的军事力量的一定发展，有助于世界稳定，防止大规模战争；中国文化繁荣，有利于世界文化的多样性和文化交流。总之，一个发展着的中国，是世界格局稳定的重要因素，何来威胁呢！

关于中国发展道路问题，我想起了钱穆先生的一段论述。钱先生不是马克思主义者，也不是共产主义的赞同者，但他以历史学家的睿智和对历史的理解发表了一个很有意思的见解。他承认：“社会有它的内在必然的发展，中国社会不会长期停留在殖民状态下，也绝不会再回到宋明以来科举社会的老路去，然则中国社会最近将来的发展路向又将怎样呢？这一发展不能像预言家般确切指出，但有几点该可以提及。”尽管当时大陆已经解放，中国新民主革命胜利后会走向社会主义革命，钱先生避开了这个问题，这完全可以理解，我注重的是钱先生几点意见中表现的历史学家的眼光。他说，中国社会决不能靠古老的农村经济做中心，但中国究竟是一个大农国，将来发展也绝不会脱离农业的基础。中国社会必将工业化，走上以新科学工业配合农业，先复兴本国经济，然后再配上国际贸易，来在整个世界经济圈中占一席地位。这一趋势，人人能言，毫无疑义。还说，中国社会决不能而且断不该走上资本主义社会的路，这是了解中国传统文化及现代世界潮流趋向的人，所同样首肯的。钱先生还根据中国近百年的历史事实，批评离开中国历史和现实谈论中国发展，他说，一百年来中国知识界，始终没有勇气接受此教训。他们老在争论应该抄袭谁，模仿谁，换言之，哪一个外国可为我们的标准。他批评中国现阶段中之知识分子，正在模糊地崇拜西方，积极从事于全盘西化，不着边际地憧憬恳切期求跃进于某一西方国家化的新范畴。我们暂且不论钱先生是否以传统东方文化和新儒学反对全盘西化，对我而言宝贵的是他指出中国不能简单效法西方走资本主义道路。

钱先生主张立足中国社会和文化传统来讨论中国的前途。他说，若我们要真正期望有一个真正的新社会出现，必先有针对中国自己社会的一番新知识与新理解。姑举共产主义，我这里并不想对马克思、恩格斯的唯物史观与阶级斗争学说做学理的争论，但马氏一派的理论，在苏维埃社会的实现，也已经列宁、斯大林诸人针对俄国国情的好几番变动。中国至少也该有中国自己的列宁与斯大林，这应该是在中国热心马克思思想运动的志士们所应该首先憬悟的。目前大陆共产党所热切向往的苏联，自然有些可学，在这古今中外的复杂条件下，如何斟酌运用，这需要一种智慧。

我不嫌冗长引用这些是说明，历史学家如果真正尊重历史，可能会超越某些政治家的狭隘眼光，从历史的高度来审视历史和历史的发展，得出比较正确的结论，就这点说，历史学家比所谓政治家更有远见。

历史上的统治者与思想者

中国古代的士，与近世的知识分子的地位、价值取向和使命感不完全相同，当然也有相通之处。如果说资产阶级抹去了一切向来受人尊崇和敬畏的职业的灵光，变成了出钱招雇的雇佣劳动者的话，近世中国知识分子中不少人仍崇尚中国古代士人的民族观念、尚气节、重视家庭和个人声誉。

的确如有的学者所说，中国文化有与其他民族、其他社会绝对相异之处，即中国社会有士之一流品，而其他社会无之。中国社会的士在社会上有其特殊地位，在文化传统上有其特殊意义与特殊价值，首推孔子。孔子提倡“士志于道”。孔子周游列国是为了推行他的理想，誓言“道不行，乘桴浮于海”，结果还是不用于当世。

战国时代的游说之士则不是为了传道，而是凭三寸不烂之舌和政治谋略，为统治者出谋划策，实现自己的政治理想和个人抱负，建功立业，如苏秦、张仪之辈，古称纵横家。苏秦原本打算推行连横的策略，便去游说秦惠王，秦惠王以羽翼未丰不能高飞为说辞推脱，苏秦前后上书十多次，他的主张终未实现。后来转而说赵王倡合纵之说，持六国相印，红极一时，终被拆散，一一为秦始皇所灭。故或合纵或连横，或事秦或反秦，都无所谓，重要的是个人的功名利禄，这与孔子的谋道不谋食，不属同一档次。

古代的游说之士，要依靠君王成就自己的主张，因而必须揣摩“上意”。战国时代大思想家韩非深知此理，他的名篇《说难》就是讲游说的难处的："凡说之难，在知所说之心，可以吾说当之。"韩非列举了种种难处，可以说是一部游说指南，最后仍因李斯谗言而被处死。

游说之士也并非专事逢迎没有个性脾气的人。齐隐士颜蜀与齐王当面辩论王贵还是士贵？齐王左右说，当然是王贵；颜蜀说是士贵："昔者秦攻齐，令曰：'有敢去柳下季垄者五十步而樵采者，死不赦。'令曰：有能得齐王头者，封万户侯，赐千金镒。由是观之，生王之头，曾不若死士之垄也。"当然，这属于狡辩或诡辩，但敢与齐王辩论就了不起。

自孔子创儒家学说后，士逐渐与儒合一为"儒士"，不同于战国时期游说诸侯展现和兜售自己所学与政治抱负的游士。特别是自汉武帝罢黜百家、独尊儒术后，儒士地位日隆。自隋唐实行科举后，中国古代士人用不着当说客游说君主以求实现自己的理想和抱负，也不必师黄老而市隐、山隐；而是有一条通过考试堂而皇之跻身统治集团的晋身之阶："十年寒窗无人问，一举成名天下知。"科举制度从根本上改变了中国古代士特别是儒士的命运。士通过儒的道路由边缘而进入社会中心。

中国封建社会政治体制的得失、中国古代士人对统治者的依附关系的得失，究竟如何评价，我没有这个水平，不敢妄言，但有一点我知道，中国古代士人通过科举成为官僚集团一员的人中，立德、立功、立言者并不少。科举制是中国人的一大创造。范仲淹《岳阳楼记》中的名言："居庙堂之高，则忧其民；处江湖之远，则忧其君。是进亦忧，退亦忧。然则何时而乐耶？其必曰：先天下之忧而忧，后天下之乐而乐。"可见忧患意识，忧国忧民意识是中国士人的传统，也是中国知识分子的传统。

但自古以来，真正按照孔子儒学规范言行的知识分子与统治者的关系往往存在矛盾。统治者要为我所用，而儒家知识分子强调独立人格。孔子说"士志于道，而耻恶衣恶食者，未足与说也"，"士不可以不弘毅，任重而道远。仁以为己任，不亦重乎？死而后已，不亦远乎？"尽管孔子、孟子，也曾周游列国，游说当权者，但他们是实现自己的理想，而非企图凭三寸不烂之舌，辩才无碍，以求晋身的说客式的"士"。

真正伟大的哲学家、思想家大多是理想主义者，而政治家或统治者大多是现实主义者。当然，我说的思想家的理想和现实政治的矛盾，指的是真正有理想有贡献的伟大思想家，至于以理论家、思想家出现的阶级统治合理性的辩护者，甚至御用理论家或文人不在此列。儒学有君子之儒，小人之儒，区别也在于此。

我们可以孔子、孟子为例，无论是民本主义、还是王道仁政，凝结的是思想家的伟大理想，是一种愿望。可在中国长期封建社会中没有一个现实的统治者真正能实行民本主义，实行王道仁政。因为统治者与被统治者的利益矛盾，决定统治者不可能真正实行王道仁政、实行民本主义。封建制度的本质决定没有这种实现的可能性。统治者要的是老百姓既当兵纳粮又老老实实听话，做顺民而不要做“刁民”，做良民而不要做“暴民”。

历代统治者口中的“民本主义”与思想家理想中的“民本主义”不能等同。皇帝对老百姓并不能真正实行什么民本主义，而是奴隶主义。柏拉图在《治国篇》借苏格拉底与特拉叙马柯的争论说过，羊倌或者牛倌把牛羊喂肥育壮，并不是为了牛羊好，而是为了主人和他们自己的利益。毛泽东说到过国民党的爱民，他说国民党也需要老百姓，也讲爱民。不论是中国还是外国，古代还是现在，剥削阶级生活都离不开老百姓。他们讲爱民是为了剥削，为了从老百姓身上榨取东西，这如同喂牛差不多。

思想家的理想，往往会成为统治者统治的幌子，而不是真正实行的政策。清王朝康乾盛世时文字狱杀人最多，动不动就灭门灭族，连师生关系都不放过。有学者写文章说，所谓文景之治也并不是伊甸园，有的皇帝光是为自己修陵墓长达28年之久，大量使用囚犯从事苦役，死人无数，白骨累累。那位在戏台上风流儒雅、“秀术”可亲的乾隆皇帝，实行的也不是王道仁政。被称为盛世的清王朝，文字狱沾满着士人的血腥。阶级社会的历史真实，不是理想家的理想，而是包含老百姓的血泪写成的苦难。

伟大思想家的民本主义理想与中国封建社会政治现实不能混为一谈。孙中山在《支那保全分割合论》中说：“自秦灭六国，废封建而为郡县，焚书坑儒，务愚黔首以行专制。历代因之，视国家为一人之产业，制度立法，多在防范人民，以保全此私产；而民生庶务，与一姓之存亡无关者，政府置而不问，人民亦无从监督政府之措施者，国自为国，民自为民，国政庶事，俨分两途。”封建社会是帝制社会或称之为专制社会，而不是民本主义社会。民本主义是思想家的理想，而远非封建社会的政治现实。

罢黜百家、独尊儒术后，孔子地位越来越高。因为在统治者看来，孔子的思想有用，孔子的招牌更有用。这个“用”，并不是真正照着做的“用”，真正把他的政治理想变为现实的“用”，而是其中有统治者认为有利于巩固自己的统治的东西。历代统治者真正实行儒家倡导的王道仁政是很罕见的，往往是儒表法里。说一套做一套。包括清朝康乾文字狱杀那么多人，仍然是大力提倡尊孔，北方草原游牧民族蒙古人进入中原，也是如此。这能怪孔子吗？能怪儒家吗？不能。因为他们是思想家并不是当权者，他们只能思想而无权行动。

孔子在中国的困境在于过度被政治化。当然孔孟都有自己的政治理想，但不是历代统治者实践的理想。对于统治者的统治而言，孔子不是自我政治化，而是历代统治者使其政治化，把他作为护身之符、护国之宝。不幸也在过度被政治化，因而历代要革命，要犯上作乱冲决思想牢笼，都必然把矛头针对孔子。不反对孔子就不可能理直气壮地造反。

中国社会的历史，在思想领域中是尊孔与反孔并存的历史。稳定时期是尊孔，社会变动时期往往兴起反孔的浪潮。很难说尊孔是错的，如果真正把他作为思想家教育家和中国文化的伟大创造者来尊；也很难说反孔是错的，如果反对被层层厚粉装饰、作为统治者维护自己统治的孔子。尊孔与反孔的是非对错都必须分清尊什么，反什么，为什么尊，为什么反。脱离一定历史条件下抽象谈论尊孔与反孔这个中国政治史和思想史上的大问题的是非曲直，脱离历史唯物主义，往往不得要领。一人翻五四运动的案，就是不懂这个基本道理。

“道不行，乘桴浮于海。”实际上在长达几千年的封建社会中，孔子的理想并没有实行，也不可能实行。孔子在统治者中的地位很高很高，可他的治国理想真正实行者寥寥。而独尊的是出于政治需要经过历代不断改造加工伪饰的圣人孔夫子。我以为在当代，应该摘下历代帝王戴上的种种政治帽子，还原孔子伟大思想家、教育家和中国文化的伟大创造者的地位。他是一个伟大思想家，而不应成为政治家手中的“玩偶”。

社会主义同样也不能抽象地鼓吹实行仁政。孔子尊称为素王，其实他只能是素王，只有王者之名而无王者之实的王。孔子当不了真正的皇帝。不仅他，所有的儒家都当不了皇帝。如果他当了真正的皇帝，肯定他不可能是儒者。帝王之家很少按儒家孝悌原则行事的。“自古皇家最无情。”兄弟相残、父子相疑、后妃相嫉，刀光剑影的事屡见不鲜。宫闱中往往充满血腥。按儒家伦理标准最不合格的不是普通百姓，倒是历代统治者。

“内圣外王”是最高要求，是儒者们追求的最高理想价值。既有内圣之德，又有外王之功。真正修炼到“内圣”的道德水平，肯定当不了皇帝，也成就不了外王的事功。皇帝如果修到内圣，就无霸道之政，无弑父灭兄的权力之争，个个行为符合圣人理想标准。可如果皇帝真正成了圣人，搞王道仁政，谁当兵？谁纳粮？谁来养活大大小小的统治者？老百姓不满，抗捐抗税，起来反抗怎么办？剿吗？抚吗？还是剿抚并用？任何一种方法都有悖于“内圣”，而只有维护统治、巩固皇权才是实实在在的利益所在。这还不明白吗？至于为官从政真正按照内圣外王的要求，往往也是悲剧性人物。皇帝要的并不是臣下个个成为“内圣”，而是顺从的旨意的臣仆。“内圣外王”永远是儒家难以企及的最高理想，而非现实。

在阶级社会中，对封建统治者来说，儒家学说最能用、最有用的是上下尊卑、井然有序，不准犯上作乱之类的思想。而其中的民本主义和大同理想等，都是只能说难以做的，只能是永远的理想，甚至简直是挂在公牛颈上“此处出卖牛乳”的奶牛牌。法家的严刑峻法是只能做不能说的，永远是政治现实。在道义上儒家占优势，而法家处于劣势，可在政治实践上，儒家往往处于劣势，大行其道的是权势术。

我们当代肯定孔子，是肯定他的伟大文化贡献，肯定他思想中有关伦理道德和做人的原则，从中吸取合理因素构建社会主义核心价值，而不是做当代的新儒者。所谓儒学复兴只能是文化意义的，而不能是政治实践的。在政治实践中，我们搞的是马克思主义，而不是儒学。其实，自古以来，任何统治者都没有真正按照儒家的人本主义和王道仁政办事，最感兴趣、最愿照着做的只是其中能稳定现行统治秩序的思想。

西方社会伟大思想家的命运同样如此。从古希腊人文主义到当代各种著名人道主义者倡导的人道、人本、人的尊严、普遍的爱等，都只能归之为思想家的理想，而非政治现实。奴隶社会、封建社会实行的当然不是这一套，即使资本主义社会，它们虽然是以高举自由、民主、人权作为斗争旗帜取得统治权，可当政以后，并没有真正实行许诺过的普遍的自由、民主、人权。在国内实行的是有限度、有选择的有利于巩固资本主义制度的自由、民主、人权，而在国际上，则变为侵略和战争的借口，成为他们得心应手的话语霸权，用马克思的话说，就是“不断宣扬仁义道德，又不断将它们破坏”。美国号称自由世界，可美国华盛顿大学教授最近发表《美国不再是自由之地的十个理由》的长文，历数美国授权刺杀美国公民、无限期拘押、独断专行的司法、未经许可的搜查、秘密法庭以及持续监视公民等反人权行为。

当代西方统治者的人权观与他们伟大先驱思想家所憧憬的理想南辕北辙，对不上号。思想家所设想的无差别的自由、民主、人权，虽然是伟大理想但注定是空想。资产阶级的政治家并不会按照他们先驱者的理想为政。资本主义社会的各种财团和垄断资本家也不会真正奉行人道主义理想和思想传统。对他们来说利润是第一位的，不择手段地攫取超额利润才是真理，才是最伟大的理想。据《印度快报》2011 年 11 月某日刊载的文章说，在过去五年，包括西方欧美一些大制药公司，把印度这样的发展中国家作为西方高价出售的药物的试验场，把人作为实验室的小白鼠，不少人为此而送命。这就是当代西方的人道主义和文明。资本主义制度先驱人物的人道主义理想和他们后世子孙行为方式相距何止十万八千里！

自古以来，真正伟大思想家的思想理想和现实统治者的政治需要不可能合拍。一个是言者，一个是行者。言者要讲理想，讲道德，要超越狭隘利益；而行者要讲实效、讲利益，要维护特定统治阶级集团的利益。当然他们可以摇晃思想家的旗帜，但绝不会真正照着做的。西方以人道主义和保护平民的口号进行大轰炸，这叫伪善，正像中国历代统治者无论多残酷，仍然要讲民本主义，讲王道仁政一样。对于思想家来说，民本主义是理想；对于政治家来说，民本主义是工具。懂得这个道理，就懂得理想和现实的区别、真正思想家和作为政治统治者的区别。也就懂得中国两千多年的封建社会发展史。

伟大思想家的理论和思想可以为统治者所用。不过不是以实践者的方式用，而是作为旗帜，作为有利于统治的工具而用。但是思想的力量与统治的力量不同。统治的力量是短期的。一个皇帝的统治的时间或长或短是几十年，一个王朝最长也几百年。至于资本主义的民选总统或一届或两届，而日本的首相经常短命。思想的力量则不同。其中的智慧和真理可以百年千年，甚至世代相传。

伟大思想家的思想可以超越他的时代，为人类提供具有永远价值的思想理想。尽管它可能为当时的统治者所利用，但更能为后世真正提供智慧。当世统治者着眼的是有利于统治，而后世着眼的是其中包含的真理和文化。统治者是政治的力量，它随着居于最高地位统治地位的结束而结束，随着改朝换代而终结，而思想理想是真理的力量、智慧的力量、文化的力量。它层层积累成为一个民族的永远的财富。当然它也会变化，但不会消失。中国封建社会结束了，儒学仍然存在。孔子仍然存在。普鲁士王朝结束了，康德、黑格尔思想光辉仍然存在。古代希腊奴隶社会早没有了，苏格拉底、柏拉图、亚里士多德的思想永远为后世所学习和景仰。

我们一定要把思想家的理想和封建社会的政治现实做点区分。封建社会的存在有其合理性和必然性，中国长达两千多年的封建社会中有非常灿烂辉煌的业绩，但在民本主义问题上、在君民孰重孰轻问题上，决不能忘记它是封建社会。不管封建社会的思想家包括经典中有多少值得我们今天吸取的东西，但那些都是理想，是思想家的期待，决不是封建社会的现实。邹容说的“中国之所谓二十四朝之史，实为一部大奴隶史也”，虽是为革命做马前卒的愤激之言，但君民之间是主奴关系，而不是民贵君轻，这是全部封建社会的政治现实。鲁迅也发表过类似的意见。封建社会的政治现实与思想家经典文本中的理想，绝非一回事，也不可能是一回事。理想永远高于现实。

当然，封建社会的政治现实并非一片黑暗，凡是帝王都是坏蛋，这是左派幼稚病。封建社会不可能直正实行王道仁政，不等于封建社会对中国社会的发展没有贡献。皇帝不可能是仁慈的圣人，但不能否认历史上有有为之君，对中国历史做出过普通人难以做出的贡献。美国学者伍德把帝王分为三种：优秀的、普通的、低劣的。中国历史上有的帝王开疆拓土，对中华民族的团结统一、对中华民族文化的发展做出过重大贡献。毛泽东在《沁园春·雪》中列举秦皇、汉武、唐宗、宋祖，以及一代天骄成吉思汗，把他们称为中国历史上的“无数英雄”。把封建帝王理想化是一回事，实事求是地分析帝王的历史作用是另一回事。

辛亥革命已百年，五四新文化运动至今也将近百年，想想为什么会发生辛亥革命？辛亥革命功绩何在？想想为什么会发生五四新文化运动？“打倒孔家店”的口号当时有何意义？一定会明白其中的道理。这样我们在清理文化遗产中，才能区分孔子的理想与封建社会的现实；区分国民党的尊孔与共产党的重视传统文化之间的区别。

毛泽东是强调这种区别的。毛泽东说过，关于孔子的道德观，应该给予唯物论的观察，加以更多的批判，以便与国民党的道德观有原则区别。国民党在这方面最喜引用孔子的话。毛泽东说的就是国民党利用孔子的旧道德来维护他的统治，而共产党人继承五四反对旧道德提倡新道德，提倡科学与民主的传统，以批判继承态度对待孔子和儒家学说，这完全不同于袁世凯和国民党的尊孔。弄不清这个区别往往会或左或右，在如何对待孔子和儒家学说问题，不知所从。

在以往阶级社会中，伟大思想家与统治者、理想与现实之间存在分裂、矛盾，甚至背道而驰。这个矛盾在社会主义革命中得到合理的解决。马克思主义的伟大理想和无产阶级革命家的政治实践之间是统一的。无产阶级革命家是为马克思主义的伟大理想而奋斗的战士，无产阶级革命是为实现马克思主义伟大理想的实践，而社会主义社会则是逐步实现马克思主义伟大理想的政治现实，在一定意义上也可以说是“试验场”。因为马克思主义伟大理想和现实之间也会出现矛盾。这个矛盾不是现实背弃理想的矛盾，而是如何在实践中更好地按照各国条件逐步实现共产主义理想，使理想更具现实性和可行性。

我不讳言，在社会主义中国，处于当政以后的中国共产党与知识分子关系也不是毫无矛盾的。夺取政权以前，知识分子受重视，因为是夺取政权；革命需要知识分子。而投身革命的知识分子的奋斗目标与党的奋斗目标一致，推翻不合理的旧社会、旧制度，向国民党争自由、要民主、要人权。新中国成立以后，可以说是“攻守异势”，原来处于被统治地位的中国共产党现在自己当权，成为如何对待知识分子对自由、民主和人权的要求的对象，而知识分子又如何区分不同制度下的自由、民主、人权的内涵，清除民主个人主义，特别是资本主义自由、民主和人权的消极影响。1949年以后我开始上大学，经历过思想改造、反“右”、“文化大革命”，据我亲身所见所闻，中国共产党与知识分子双方都经历了一个饱含痛苦的磨合过程，经历了纠正错误、总结经验、不断进步的过程。

我们不应该忘记，自鸦片战争以来，自辛亥革命以来，自中国共产党成立以来，曾经出现无数为中华民族的复兴、国家的富强、人民的解放，前仆后继的浴血奋斗的先进的知识分子。这些知识分子不同于古代的士。社会主义的知识分子更不是中国古代的士，不是科举时代的儒生，也不应该是资本主义社会雇用的脑力劳动者。我们可以充当智库，但不是古代的说客；可以考公务员，但不应该是猎取功名的儒生；可以依靠自己的知识和技术谋生，但不应该处于脑力雇佣者的地位。中国当代知识分子应该继承古代士的优良传统，继承他们以天下为己任、重视气节、重视人格的独立精神。但应该具有新的名格，应该成为与中国社会主义的前途同命运、共呼吸、休戚与共的社会主义社会的主人。

历史与悲剧

历史如人生，有喜剧，有悲剧。马克思在《路易·波拿巴的雾月十八日》中说，“黑格尔在某个地方说过：一切伟大的世界历史事变和人物，可以说都出现两次，他忘记补充一点：第一次是作为悲剧，第二次是作为笑剧出现”。马克思是针对拿破仑第三企图效法伯父复辟帝制必然演变为一场闹剧说的。但确实包含丰富的哲理。悲剧不同于笑剧。悲剧如落日，壮丽而余晖照人；笑剧，则为贻笑后世的茶余谈资。

从中国历史人物来说，历史的悲剧往往发生在，即使道德、气节都可留名后世，但因为与历史发展趋势相背，壮志难酬，终于饮恨而死，成为历史的悲剧人物。在中国历史上，历史悲剧性人物有三种不同情况：

一种是西方工业文明向落后农业文明扩张，如亚洲一些国家沦为西方资本主义的殖民地。这是历史的必然，资本主义本性就是向外扩张，而在扩张中工业文明高于农业文明，战胜农业文明也是势所必然。西方资本主义入侵落后农业国，既破坏原有的社会的经济政治结构，又在客观上促进落后地区的资本主义因素的增加。马克思在多篇关于中国和印度的评论中讲到西方入侵的双重作用：一个是破坏的使命，即消灭旧的亚洲的社会；另一个使命是重建，即在亚洲为西方式的社会奠定物质基础。他说：“英国在印度斯坦造成社会革命完全是受极卑鄙的利益所驱使，而且谋取这些利益的方式也很愚蠢。但是问题不在这里，问题在于，如果亚洲的社会状态没有一个根本的革命，人类能不能实现自己的命运？如果不能，那么，英国不管干了多少罪行，它造成这个革命毕竟是充当了历史的不自觉的工具。”西方的殖民政策起到的主要是破坏作用，殖民地的民族资本主义并没有得到发展。不列颠人是第一批文明程度高于印度因而不受印度文明影响的征服者。他们破坏了本地公社，摧毁了本地社会中伟大和崇高的一切，从而毁灭了印度的文明。他们在印度进行统治的历史除了破坏以外很难说还有别的什么内容。

尽管西方资本主义工业文明向东方农业文明社会的入侵会促进资本主义因素的发展，从而有助于封建社会结构的解体，但这不能成为应该欢迎资本主义殖民的理由。殖民地人民反抗资本主义以炮舰政策为后援的贸易政策，是正义的。无论是鸦片战争、义和团运动都是反抗外国侵略的正义斗争。可历史是捉弄人的，殖民地人民反抗西方资本主义入侵处于矛盾之中。一方面，它是正义的，是维护主权，保卫国家的斗争；可另一方面又可能成为失去与西方工业文明交流、自我封闭的屏障。

西方工业文明战胜农业文明、新兴资本主义国家战胜腐朽的封建制度，即使是曾经强大的大国如中国，也是势所必然。因而出于民族大义，抗击西方列强入侵的历史人物，到头来都成为悲剧性人物。林则徐终因鸦片战争、流放新疆而死于途中；八国联军以义和团运动为借口的入侵，遮盖了义和团反侵略的正义性，使其仍成为抨击的对象。

林则徐“苟利国家生死以，岂因祸福避趋之”的胸襟，具有爱国情怀，在道义上具有优势，可从历史潮流看失败是势所必然。处于历史颓势中的杰出人物和焚烧鸦片的历史运动，都成为祭坛上的牺牲品，林则徐壮志未酬，终于成为悲剧性人物。

另一种是中国内部王朝政权的更替。例如满族崛起、清兵入关、明朝政权结束，这是明代政权腐败、而游牧民族以其方盛之势的必然结果。不管崇祯作为帝王个人道德如何为后人称道，但明朝末年，吏治腐败，矛盾重重，农民揭竿，民怨沸腾，已经腐朽不堪一击。李自成因农民革命的局限性攻入北京终未成事，而满族以新生力量挟崛起之势入主中原。清王朝代替腐朽的明王朝，满族这种新血液注入统治集团，对中华民族的发展起到重大促进作用。可以说，清王朝的建立，明朝的灭亡并非逆历史潮流而进。但不能由此得出结论，明末如史可法等抗清的将领，誓不降清的顾炎武、王夫之等一批士大夫，都是不识时务的人物，相反，投降清兵的洪承畴、吴三桂，倒是先知先觉，是顺应历史潮流的杰出人物。这种历史观是把成败当作人物评价的标准。

事实上，史可法等抗清将领是民族英雄，而洪、吴等是变节者。前者都是些可歌可泣、有骨气有气节堪为表率名留青史的人物，而后者则是历史洪流中的政治侏儒。很显然历史必然性与个人命运之间存在矛盾。历史很捉弄人。凡是衰世乱世或国之将亡，往往会有一批以身许国，赴汤蹈火之忠臣烈士。这种矛盾铸成了历史人物的悲剧。这种人物在历史上不乏先例，如宋朝的岳飞，坚持抵抗，终死于风波亭。可秦桧与岳飞忠奸之分，历史上千年以来已成定论，不应因为当代民族关系的变化而变更历史的结论。

从历史价值观看，明朝将领和知识分子抗击满人入关，保卫明朝是对自己的故土和民族的感情。如果认为降清是深明大义，抗清是冥顽不化，这种纯粹客观主义的历史观并非历史唯物主义。历史唯物主义认为，在历史发展中，历史人物的评价不能以历史结果的胜败为尺度，而应以当时人物所处的历史条件为依据。在巨大的历史变革中，没有任何历史人物会采取超然一切的态度，总是会站在其中的一边，否则就不是历史人物。当两个民族各自的政权以国家形式存在时，抗击入侵者，从道义上说具有正义性。以历史发展趋势为标准放弃道德价值观，采取无所谓的超然态度显然是不对的，从这一点，时人必须以自己身处其境，对保持民族气节而最终失败的历史人物才可能有同情的理解。

再一种是国内阶级斗争，被压迫者推翻压迫者的政权，这种情况与前两种完全不同。处于统治地位中的开明人物，从统治集团中分化出来倒向被压迫者一方，既是顺应历史潮流又是弃暗投明。在这里，历史规律与道德是一致的，如果以骨气、气节为理由，坚持与人民为敌，则无论从历史规律和道德判断上说都是错误的。

在解放战争时期，有些在抗日战争中拼死沙场，战功赫赫的名将，在内战中坚持忠于国民党反动政权，忠于蒋介石，终成解放军的俘虏。“朔方健儿好身手，昔何勇敢今何愚。”这些人也是一种历史的悲剧人物。可与前人不同，这些人只能说是不识时务、不辨潮流的历史罪人，并不具有真正的道德至上性。因为共产党代表整个民族利益，而国民党代表小部分人的利益。前者是新生力量，而后者已非当年国共合作和联合抗日时的国民党。

历史进步往往付出代价。历史悲剧性人物，在中国共产党领导的革命内部也存在。一些共产党人在“左”倾路线中被误杀；“文化大革命”中如彭德怀等一批叱咤风云人物被冤屈；老舍这样著名作家投身太平湖；陈琏等这些出身豪门，抛弃一切投身革命而最终被迫害致死的革命者，都是具有悲剧性的人物。这种革命队伍中的极“左”错误本应避免，但终未幸免，这也是历史的悲剧。2004 年，我到湖南宁乡瞻仰刘少奇的故居，有感于少奇的遭遇，回来写过一首诗：“自古忠奸最难明，历史血染多泪痕；沉冤已雪成旧事，时人犹记开封城。”

历史上个人的悲剧是多样的。但最不该发生的是为自己的理想而奋斗的战士死在自己的监狱里，死在误解自己的战友手里。这才是真正的悲剧。

历史的悲剧式事件和悲剧人物，是人类历史发展中不可避免的现象，可以说是历史发展祭台上的牺牲。恩格斯说，“历史可以说是所有女神中最为残酷的一个，她不仅在战争中，而且在和平的经济发展时期，都是在堆积如山的尸体上驰驱她的凯旋车”。

历史悲剧的原因是多样的，形式也是多样的。但它的根源在社会自身，而不是社会之外的天命、宿命。黑格尔是一个历史人物的悲剧不可避免的宿命论者。他认为历史人物是经绝对观念达到自己目的的工具。无论多么伟大的人物都是如此。只要他们的事业一旦完成，他们就将为历史所抛弃。因此，英雄人物的一生都在辛劳和困苦之中度过。或者早死，或者被杀，或者被放逐，总之，当绝对观念实现了自己的目的，英雄人物就会像用旧了的手套一样被抛弃。

历史最终是公平的。后人不会忘记那些对人类做出过贡献的人物。在“文化大革命”中惨遭迫害的刘少奇说过，历史是人民创造的，最终也是人民书写的。的确，无论是十年、百年，甚至千年，历史终会向对历史做出过贡献的人物还以公道。

劳动与劳动者

劳动伟大与劳动者地位的卑微，在阶级社会，中外古今，大抵皆然。只是时代不同，表现和程度各有差异。我们党提出劳动者的尊严，提出有尊严的劳动，说明即使在社会主义社会，由于种种原因，劳动的伟大与劳动者地位的崇高真正结合，也绝非易事。

在中国最早的诗集《诗经·伐檀》中，就有这种抗议之声，“坎坎伐檀兮。置之河之干兮。河水清且涟猗。不稼不穑，胡取禾三百廛兮？不狩不猎，胡瞻尔庭有悬貆兮，彼君子兮，不素餐兮！”至于以后历代这种不平之鸣更多。“陶尽门前土，屋上无片瓦。十指不沾泥，鳞鳞居大厦。”“昨日入城市，归来泪满巾。遍身罗绮者，不是养蚕人。”中国封建社会中为此类现象鸣不平者不乏其人。千百年来当人们读到白居易《卖炭翁》“可怜身上衣正单，心忧炭贱愿天寒”的诗句时，依然会为之动容。

劳动者贫困和地位卑微的原因何在？古代人不清楚，往往归为命。所谓“死生有命，富贵在天”。“命”，成为维持社会稳定或自我安慰的心药。这种命定论的观点并非中国独有。古希腊哲学家塞涅卡也说过，愿意的人，命运领着走，不愿意的人，被命运拖着走。他的劝告是：顺应自然，服从命运。两千多年来，命的观念是中国老百姓颈上的思想枷锁。

在资本主义社会，这种矛盾更为尖锐突出。与前资本主义不同的是，它不是个体劳动者的贫困，而是资本主义私有制下雇佣劳动者的贫困。资产阶级学者不再用“命该如此”来解释，而是用“理”该如此来解释。

资产阶级经济学家们说，有产者按资本收入正如劳动者靠劳动收入一样，是最为公平合理的。萨伊的价值构成理论，利润是资本的收入、地租是土地的收入、工资是劳动的收入，就是“理”该如此的经济学论证。否则，社会将是一潭死水，没有前进的动力。这个“理”当然是有产者的“理”。

确实，这种分配方式对资本主义生产方式只能如此，必然如此，它有利于资本主义制度下生产力的发展。但资本主义剥削方式的历史必然性和合理性，不能成为雇佣劳动剥削制度永恒性的根据，更不能成为劳动者必须永远受剥削的根据。“该”如此，不能是永远“该如此”。马克思承认资本主义制度的历史合理性，但批评把资本主义制度永恒化的理论家是“蠢材”，“不懂得资产阶级制度的伟大和暂时存在的必然性”。列宁则直接对把资本主义制度的合理性永恒化斥之为“资本家有学问的奴仆”。

资本主义社会产生了专业的脑力劳动者，他们也属于劳动者的行列。与前资本主义社会不同的是，封建社会所谓“劳心者”往往属于统治阶级队伍。在战国时代的士，最有水平的是游士，类似当代智库性人物，不过他们不是群体而是个人。用，则有地位，不用，则无地位。中国的科举制度，把读书人跻身统治阶级开辟了一条道路。除少数所谓处士、隐士外，封建社会的士人多附属于统治阶级。

资本主义社会的专业脑力劳动者多属于雇佣劳动队伍，属非统治阶级。马克思在《共产党宣言》中说：“资产阶级抹去了一切向来受人尊敬和令人敬畏的职业的神圣光环。把医生、律师、教士、诗人和学者变成了它出钱招雇的雇佣劳动者。”体力劳动者和脑力劳动者的地位和收入不同。脑力雇佣者地位高于体力劳动，白领高于蓝领。但他们本质上也是雇佣劳动，是谋生的劳动。

在资本主义制度下的劳动不是惩罚，而是自愿的“被劳动”。它是职业、是谋生手段，是一家人生存之所系。但工人从这种劳动中得不到喜悦和自我创造本性的发挥。他们既厌恶这种劳动又害怕失去这种劳动。失去劳动就是失去生存。马克思对异化劳动曾有过尖锐的抨击。他说工人“劳动不是自愿的劳动，而是被迫的强制劳动。因此，它不是满足劳动需要，而只是满足劳动需要以外的一种手段。劳动的异化性完全表现在：只要肉体的强制或其他强制一停止，人们就会像逃避鼠疫那样逃避劳动。外在的劳动，人在其中使自己外化的劳动，是一种自我牺牲、自我折磨的劳动”。这就是资本主义社会中一种极不合理的劳动状态。

马克思倡导“解放劳动”，不是说不要劳动，而是使劳动真正成为人的自由自觉的活动，成为一种享受、成为人的自我创造和成长。“解放劳动”的真正含义就是解放劳动者，使劳动者真正成为社会的主人，成为最受尊敬的人。这是马克思和恩格斯毕生为之奋斗的理想。重新恢复劳动和劳动者尊严的理想，就是共产主义理想。

我们国家正处在社会主义初级阶段。由于中国社会主义社会建设的阶段性特点，我们确立的是以公有制为主导多种经济成分同时发展的经济结构。在中国仍然存在相当比重和各种形式的私有制，存在雇佣制度，存在比较严重的贫富失衡现象。我们党倡导以人为本，提倡人的尊严，倡导尊重劳动，尊重劳动者。但由于资本与劳动关系的特殊性，农民和农民工仍然是弱势群体。尤其是崇拜资本、崇拜权力，资本与权力的非正常结合，更加深了劳动者的边缘化。劳动与劳动者地位不相称的情况依然很严重。这是个值得重视的社会现象。随着改革开放的深化，我们党正在采取有效政策逐步改变这种情况，恢复劳动和劳动者在社会主义社会应有的地位。应该说，劳动受尊重的程度、劳动者的政治权力、文化权力和对经济发展成果的共享程度，是社会主义社会本质的一个重要体现。

要真正使劳动成为具有创造性的人们热爱的自觉活动，而不是单纯的谋生手段，我们还有很长一段路要走。可喜的是我们迈开了脚步，正在朝这个方向前进。这是引导我们前进的旗帜。

历史与理论的自觉和自信

继文化自觉与自信问题后，学界又提出了理论的自觉与自信问题。虽然它们涉及的范围、主题和解决的问题不同，但从问题本身来说，无论是文化的自觉自信，还是理论的自觉自信都与历史有关。只有正确总结历史经验，才能使自觉与信心有历史依据。

文化自觉与自信的论题，当然具有中国特色社会主义建设的时代特征，但是如何对待中国传统文化是重建文化自觉自信的一个重要方面。中国以往历史著作比较着重王朝的治乱安危盛衰兴亡，但只是其中一个方面。与政治治乱相比，思想文化著作在中国历史典籍中占据很大分量。只要翻翻《四库全书》关于经史子集的书目就可以看到中国传统文化的典籍的确是世界之最。这都是我们先人的智慧结晶。古代虽然没有近代的思想文化的学科分类，但中国古代典籍中包括哲学、史学、文学、政治以及科学技术多方面的思想。研究中国历史，尤其熟悉中国的思想文化的历史，能够树立起对中国文化的自觉与自信，能够采取正确的态度对待自己的传统文化。

可以说，在近代以前，中国没有产生文化危机感。虽然中国古代有过百家争鸣，后来不同学派也有过争论，但这都是中国文化内的争论。从总体上说，中华民族对自己的传统文化的崇敬与自信，从来没有动摇过。文化自信心的动摇是与民族危难程度并日而增。鸦片战争后一百多年中，其间流行过的排斥中国传统文化，鼓吹全盘西化的西化论。也有对这种思潮反弹的排斥西方文化的种种论调，从中体西用到具有文化保守主义倾向的本土文化运动。这两种都以不同的方式表现为缺乏对中国传统文化的正确认识。全盘西化是从否定方面表现了这种文化自觉自信的缺失，而传统文化优秀论拒斥西方文化中的优秀因素，则从绝对肯定方面表现了这种自觉自信的缺失，是面对西方文化“入侵”时的恐惧和抗拒心理。

中国共产党人倡导并正在进行的社会主义先进文化建设，就是立足实践，以史为鉴，既反对全盘西方论也反对中国文化优越论，坚持以马克思主义为指导，以中国传统文化为根，以西方先进文化为营养，创建中国特色的社会主义文化。这是历史经验的总结，是一百多年来中西文化争论历史的总结，也是中国社会主义文化建设实践历史经验的总结。

在当代中国社会主义文化建设中，文化自觉与自信的核心是理论自觉与自信。理论自觉和自信，主要是指对马克思主义，尤其是对中国特色社会主义理论、道路和制度的自觉与自信。如果说，文化的自觉与自信的建立离不开历史，离不开中国传统文化的历史和近百年中西文化争论的历史，同样马克思主义理论的自觉和自信，也离不开历史，离不开马克思主义发展史，离不开马克思主义中国化的历史。

马克思主义是在一定历史条件下产生的。马克思主义同样有一部发展史。马克思主义从创立、传播到苏联、中国以及其他社会主义国家的胜利，可以说是凯歌行进，其中虽然也有曲折斗争，但总体是上升路线。自苏联解体和东欧剧变以后，一些曾经号称马克思主义者的理论家表示忏悔、觉醒，向西方理论输诚；西方理论界顽固坚持反马克思主义立场的学者欢呼胜利，马克思主义似乎在西方预言家的咒骂中走向死亡。但事实并非如此。从金融危机到经济危机，以及西方新自由主义的药方失灵，资本主义“无危机”论、“历史终结”论破产，马克思主义热急剧升温。熟悉和研究马克思主义产生至今的一百七十多年的历史，其中高潮与低潮、胜利与挫折交互转变能够坚定我们自觉捍卫和发展马克思的信心。这一历史事实连吉登斯也不否认。他说，马克思主义以前也被宣布过死刑，却不止一次从骨灰中爬起，而且经常是那些试图战胜它的思想派别使它获得新生。他还说，与其他领域一样，知识文化领域也不乏这样的时尚：或许尘埃落定之后，那些一度对马克思充满幻灭感的人又重新回到了马克思。当世界上所有国家出现前所未有的危机之时，当财富和权力的不平等鸿沟日益加深之时，可以肯定，马克思主义仍然将存在在其中有的地方。可见，不管吉登斯如何看待马克思主义，马克思主义没有消失也不可能消失的历史事实他还是承认。马克思主义是“不死鸟”，“不死的凤凰”，它必定会不断地从烈火中再生。这就是历史，一百七十多年的马克思主义发展史。

马克思主义传入中国后，也有一部马克思主义中国化的历史。马克思主义传入中国近一百年，中国历史发生和正在继续发生巨大变化。近一百年，其中包括近三十年的民主革命，包括正在进行的六十多年的中国社会主义革命和建设，尤其是自1978年开始的改革开放时期的历史证明。中国最初的革命者是在暗中摸索救国救民之道，摸索如何走出民族存亡困境，正是马克思主义的传入，成为指引中国走出黑暗历史隧道的火炬。马克思主义中国化的历史，就是中国历史三次飞跃、两大理论成果产生的历史。中国近百年的历史，为我们提供了最充分的理论自觉和自信心。我们不能忘记历史，不能忘记马克思主义发展史，马克思主义中国化的历史。

理论的自觉与自信，与我们所有的人，包括党、政、军、学都有关。与我们这些理论工作者关系更为密切。当年恩格斯讲到德国工人运动时说过：“如果工人没有理论感，那么这个科学社会主义就决不可能像现在这样深入他们的血肉。”这是讲的19世纪下半叶德国的工人运动。可如今德国包括西方发达资本主义国家，工人是否还保留这种理论感呢？没有理论感的工人及其政党，最多只有抗议，而没有前景。恩格斯还有一段话，我认为也至关重要，是对领导者说的。他说：“特别是领袖们有责任越来越透彻地理解种种理论问题。越来越多地摆脱那些属于旧世界观的传统言辞的影响，而时时刻刻认识到，社会主义自成为科学以来，就要求人们把它当做科学对待，就是说，要研究它。”

我们要重视理论的自觉与自信。要把理论的自觉自信既建立在现实的基础上，也建立在自己走过的道路的历史上。在历史蕴藏的丰富经验中，包含如何确立对理论自觉和自信的回答。

历史观中的爱国主义精神

爱国主义与国家的存在是结为一体的。随着国家的交往特别是国家间的战争，爱国意识逐渐觉醒。爱国情感不同于民族情感。爱国主义超越国家组成的民族的差异性而形成同属一个国家的共同思想，是这个国家全体成员对自己的祖国的情感和热爱。爱国主义能产生的原因，基于国家成员与国家之间的利益与情感关系。国家能代表与保卫个人及其家庭利益；而国家的存在和发展又要依赖全体个人的支撑和维护。国与家不可分。爱国情怀，也是家国情怀。

世界上没有一个国家不提倡爱国主义，不管它是什么样制度的国家。当然，爱国主义是一个具有不同历史内涵的概念，应该分析。在封建社会，忠君与爱国往往结合在一起，因为皇帝往往作为一个国家的代表与象征。资本主义社会的爱国主义，往往与占主导地位的统治者的利益相联系。社会主义制度下的爱国主义，则与热爱社会主义祖国融为一体。

在阶级社会中，个人利益与作为虚幻共同体的国家之间往往存在矛盾，从而个人与国家之间的利益和利益纽带会发生松弛与断裂，国家认同危机表现的是对统治者的信任危机。当然，爱国主义尽管具有不同内容，但有共同点。这就是爱国主义总是与捍卫国家主权与国家利益相关。我们钦佩林则徐“苟利国家生死以，岂因祸福避趋之”的精神，并不会因为他维护的是清王朝的政权而失去他的爱国主义价值。在外敌面前，国家利益高于统治者与人民之间的矛盾，忠君就代表爱国，爱国表现为忠君。中国历史上也有过民族之间的战争。当中华民族内在以政权的方式存在的民族之间，如果发生战争往往具有国与国对抗的外表。这种民族政权之间的战争也还是有是非，有主动进攻与防御之分，有正义与非正义之分。因此，对民族对抗中历史人物的评价，必须具有历史主义观点。我们称颂文天祥“人生自古谁无死，留取丹心照汗青”的不屈精神，喜欢《正气歌》；不认为秦桧比岳飞更为主张民族和谐，不认为洪承畴、吴三桂比史可法更具有远见，更识时务。历史就是历史，历史不应该现代化。不能以今日之民族关系，衡量历史上民族政权战争和人物之是非。

爱国主义与民族主义之间存在联系。民族主义表现为民族成员对本民族的热爱；同时也是对作为多民族共同体的祖国的热爱。不包括任何民族主义的爱国主义缺乏群众支撑，没有爱国主义的民族主义缺乏历史正当性。民族主义情感不等于民族的狭隘性，不能混同于狭隘民族主义。我们反对狭隘民族主义，但不能笼统不分是非地反对一切民族主义。特别是当祖国遭到侵略时，民族主义情绪的高涨是爱国主义情感的加热器和象征。

民族主义精神是民族文化的凝结，以民族成员为载体的民族精神包含多方面的内容，爱国主义情感是其中最重要的方面。没有文化的认同，就不可能有爱国主义情感。热爱自己民族、热爱自己民族文化必然包含对以这种文化为纽带的自己祖国的热爱、对生我养我的祖国的热爱。一个民族文化的精髓往往凝结为爱国主义精神。民族文化的首要作用是民族认同感和归属感的强化，从而培育人民的爱国主义情感。历史证明，一个文化认同感强的民族，往往是最容易抗拒外来侵略、保持团结的民族。中华民族几千年来一直维持团结统一，由民族文化认同而产生的爱国主义精神起着非常重要的作用，因而即使有分裂也是暂时的。移居海外的华人华侨心向祖国、热爱中华民族，也是这种以文化为纽带的民族精神的作用。

社会主义核心价值中强调爱国，北京市把爱国主义纳入北京精神，完全正确。自从中国沦为半封建半殖民地以来，中国人民表现的爱国主义精神总是与反对帝国主义侵略、追求民族解放和独立相联系，爱国主义运动同时是一种具有民族解放精神的救亡图存的革命运动。近百年来，在反对外来侵略和争取民族独立的爱国主义斗争中，广大北京人民具有光荣的爱国主义传统。1900 年八国联军入侵中国，火烧圆明园，是西方帝国主义强盗对中国人民犯下的滔天罪行。八国联军占领北京一年多，北京人民对帝国主义充满切齿之恨。帝国主义的侵略激发了全中国人民，尤其是处于战乱中心，身受其害，目睹强盗行径的北京人的反帝爱国热情。邓小平曾经讲到过八国联军对中国人民的伤害，讲到一个爱国的中国人对八国联军侵略行为的无比愤慨。他说，“我是中国人，懂得外国侵略中国的历史。当我听到西方七国首脑会议决定要制裁中国，马上联想到 1900 年八国联军侵略中国的历史”。八国联军的侵略和火烧圆明园，是中国人心中永远的痛，也是圆明园所在地北京人心中的伤痕。我们不是狭隘的民族主义者，我们可以忘掉仇恨，但我们不会忘掉历史。

北京也是五四运动的发源地。五四运动是直接由列强在巴黎和会上公然把理应归还被德国占领的青岛转让给日本，对作为战胜国的中国的又一次无耻的分赃性侵略。北京的爱国学生们愤怒了，北京各界市民愤怒了，中国人愤怒了，这导致五四爱国运动的爆发，并由北京迅速扩展到其他城市。北京人又一次感受到五四爱国主义运动的洗礼。1937 年 7 月 7 日，在卢沟桥，打响全面抗战第一枪是在北京。卢沟桥的第一枪，不仅是中国人民反对日本帝国主义侵略的第一枪；从一定意义上说，也是以后爆发的第二次世界大战反法西斯战争的第一枪。

新中国成立以后，北京作为中华人民共和国的首都，北京人作为首都的市民，一直具有饱满的爱国主义精神。可以说，爱国主义是中华民族的优良传统，也是北京市民的优良传统。在中国特色社会主义建设中，在北京市的各项建设中，我们应该继承这个传统，发扬这个传统。

提倡社会主义爱国主义，就要倡导正当的民族自豪感和民族的文化认同。民族自豪感是爱国主义存在和发展的精神支柱。如果一个民族的成员不爱自己的民族，不认同自己民族的文化，不热爱自己故土，就不可能具有爱国主义情感。我不同意不加区分地贬低民族主义，不同意把民族主义一律混同于狭隘民族主义、民粹主义。培根有个看法可供思考。他说过国家的强弱，并不仅决定于拥有多少高墙、坚堡、火炮、火药、战车、骏马。从根本上说，只有民气强悍英武，国势均敌才能强盛而不可侮。

社会主义的爱国主义当然包含民族主义成分，但不是狭隘民族主义。中国人可以说是最少狭隘民族主义情绪的民族，我们对中国人民近百年来的苦难历史并没有忘记，但并没有仇外情绪。你只要看中国人如何对待西方人、如何对待非洲人、如何对待日本人，你就可以看到中国人的宽大仁厚。与中国人在其他一些国家的遭遇相比，与曾经发生排华的国家相比，中国人热衷于狭隘民族主义吗？不是。中国人现在是敞开胸怀对外开放。培根还说过一段很有意思的话，一个国家，只要具有开放的心态和兼容并蓄的国策，并不断从外吸取人员和文化上的精英，那么也一定可以成为一个强国。他以罗马为例说，一方面是罗马走向世界、另一方面是世界走进了罗马。这是几百年前的话，而且是以罗马为例，充满历史智慧。罗马走向世界，世界走向罗马的说法，可圈可点。如果在古罗马时期尚且如此，当代中国更应该如此，也更能如此。但决不能把中国维护主权、把中国人民对千方百计打压中国的不满的爱国主义说成是狭隘民族主义，在攸关国家核心利益的问题上要中国人摆出一个所谓泱泱大国的气度，这就不大对头。我们的孔老夫子尚且说，我们不能以怨报怨，也不能以德报怨，而应该以直报怨。

爱国主义情感的培养与历史关系最为密切。爱国主义是人民在千百年形成的自己的世世代代生于斯、归于斯、生息于斯的故国故土的情感。这是一种现实情感，也是一种历史形成的情感。通过历史教育是爱国主义情感培育的一种方式。钱穆先生是历史学家，深知历史培育的意义。他说过一段对我们很有启发的话。他说，若一民族对以往历史无所了知，此必为无文化之民族。此民族中之分子，对其民族，必无甚深之爱，必不能为其民族真奋斗而牺牲，此民族将无争于并世之力量。故欲其国民对国家有深厚之爱情，必先使其国民对国家以往历史有深厚的认识。欲其国民对国家当前有真实之改进，必先使其国民对国家以往历史有真实之了解。我人今日所需之历史智识，其要在此。

钱先生的论述，极具见解。没有爱国热情，很难有学习自己国家历史的热情；相反，如果对自己国家的历史茫茫然，不以为憾事，很难确立爱国主义感情。两者兼备，相得益彰。

盖棺未必论定

盖棺论定，是中国关于历史人物评价的一种说法。《晋书·刘毅》中有“丈夫盖棺事方定”。陆游《病起书怀》一诗中的名句：“位卑未敢忘忧国，事定犹须待阖棺。”这句可以包括两层意思，一层，人已经死了，无论为恶为善，都不能再有所作为，可以为其做结论，这是以死为界；另一层，是逝者已矣，无论功过，可以做个结论，以便了结。如果苛求不已，鞭尸扬灰，有失厚道。

从历史评价角度看，盖棺未必论定。这与苛求不已、鞭尸扬灰是两回事。在中国历史或世界历史，争论几百甚至千年的事与人并不少见。人类历史上影响至深的莫非人和事。这两者当然不可分，事是人做的，而人是做事的。虽然论事时会涉及人，论人时会涉及事。可在历史研究中，这两者又可以分开。可以主要是评价重大历史事件，也可以主要是评价历史人物。无论是事还是人，盖棺不能定论的比比皆是。其中既有学术研究问题，也有不同的政治观点问题。

对人类历史发展最具重大意义的事莫过于革命。革命包括改革，革命是比较彻底、比较激烈的改革；改革也是一种革命，不太激烈的革命。但改革并不等于革命，革命往往同时是政权的更替，而改革往往是维护和巩固既有政权。这丝毫不降低改革的意义，因为只要符合历史潮流的改革，确实有利于社会历史的发展。任何改革都会有阻力。因为改革必然涉及利益的调整。改革力度，涉及利益调整的深度和广度。在历史上，几乎没有不存在争论的改革。

从盖棺未必论定角度看，中国历史有几次改革值得借鉴。一次是公元前 356 年的秦孝公时开始的商鞅变法。他通过编制户口，加强刑罚，鼓励发展农业，奖励生产，奖励军功，取消世卿世禄制，废井田，开阡陌，承认土地私有，推行县制，由国君直接派官吏治理。整顿秦国社会风俗，实行二十等爵制度，有利于秦国经济繁荣，军力强大，国力强盛，促进了封建社会经济的发展，加强了新兴地主阶级的中央集权制度。贾谊《过秦论》说，秦孝公因为商君佐之，内立法度，务耕织，修守战之具，外连衡而斗诸侯。于是秦人拱手而取河西之地。秦始皇“能奋六世之余烈，振长策而御宇内”的基础是商鞅变法奠定的。

结束西汉，建立新朝的王莽新政则不同。如果说商鞅变法的指导思想是：“治世不一道，便国不法古”的变革思想，而王莽则是“独尊儒术”。他企图恢复古代的井田制度，实行土地国有，实行酒、盐、铁器政府专卖，禁止私人贩售，剥夺富豪铸币的权力，货币由中央政府统一发行，山上水中的自然资源全部国有，由政府开采。王莽新政彻底以失败告终，不像商鞅变法那样具有重大历史作用。至于王莽的改革何以失败，是真的复古，或托古改制，是效果问题还是动机问题，至今仍然争论不休。王莽早已不在，可王莽改革的方向问题仍然存在。

北宋王安石变法是中国历史上一次重大事件。王安石被列宁誉为是“中国十一世纪伟大的改革家”。熙宁二年（1069 年）二月，王安石开始推行新法，采取一系列改革措施，如立青苗法、市易法、保甲法、均输法，以及改革赋税，推行方田、均税。熙宁九年，王安石求退金陵。元祐元年（1086 年）司马光执政，尽废新法。王安石《答司马谏议书》和三不畏名言，天变不足畏、先王不足法、人言不足恤，掷地有声，大有拼老命之意，但变法终于失败。王安石变法的失败表明，任何改革在涉及利益调整问题上，都困难重重，积重难返。王安石改革的失败，预示着北宋统治行将结束。

从 20 世纪来说，世界有两件大事。一是十月革命，一是中国革命；从改革来说，一是苏联的改革，一是中国的改革。结局完全不同。

十月革命开辟了人类历史的新纪元。斯大林逝世后，苏联在全盘否定斯大林开始的非斯大林运动后思想基础上开始的所谓“改革”，终于导致苏联社会主义的灭亡。中国的改革走的是另一条路。在近三十年社会主义建设成功与教训的基础上开始的改革开放，中国坚持中国特色社会主义理论、道路、制度，终于成为世界第二大经济实体。尽管中国改革仍然面临许多问题，但我们改革方向明确。通过不断总结经验，调整政策，沿着正确方向前进。既不会人亡政息，也不会率由旧章，僵化保守。而是坚持马克思主义中国化，与时俱进。

革命包括改革是社会利益的大调整，是利益的调整，必然会有不同的意见和评价。这一点，弗朗西斯·培根也知道。他在一篇名为《论革新》的短文中说，社会改革难免触犯既得利益。有些人会得益，受益者固然欢欣，而受损者则必然要诅咒那些改革的发起者。从抽象意义说，培根的说法是对的，但他忘记了一点，改革受益者是谁，受损者是谁？这也就是列宁说的，“对谁有利?”这是判断改革性质的根本尺度。

改革当然会得到受益者的拥护，遭到受损者的抵制。社会主义改革只能以绝大多数人民利益为主导。“以人为本”，才是真正社会主义的改革。改革过程中也会有人付出代价，例如中国国企改革中，大批工人下岗，待业。中国改革的方向是共同富裕。从长期看，国家富强必然有利于全国人民包括原来在改革中受损的一些人。真正的改革，必然照顾弱势群体，惠及全国人民。

苏联的所谓改革，彻底颠覆了原来的社会主义基本制度，恢复资本主义制度。一部分人得利，成为亿万富翁，成为大财阀，而广大俄罗斯普通劳动者的利益受损。这种改革，对社会主义而言是失败，对资本主义来说是胜利。

对原来两个社会主义大国两种改革不同结局的看法，是普通百姓的看法，也是站在老百姓一边的理论工作者的看法。但有些理论家持相反的意见。这并不奇怪。如果没有分歧倒很可怪。例如苏联社会主义改革的失败，连现在俄罗斯的领导人都承认，苏联解体是20世纪地缘政治的悲剧，而中国有些论者仍视苏联解体是历史的进步。

对中国的改革则反对坚持四项基本原则，坚持以公有制为主体、多种经济同时发展的改革，认为旧路新版，只有以西方的普世价值为目标，朝私有化、民主化、自由化方向发展、完全融入西方世界，与西方接轨，才是真正的改革。虽只是枝头蝉鸣，和者甚寡，但不能不警惕。

历史上除了重大历史事件，就是重大人物。包括正面人物，也包括反面人物，只要在历史上有过重大作用的人物都会有不同评价，不可能是盖棺论定。历史上的人物如秦始皇、曹操、隋炀帝、慈禧、曾国藩、李鸿章、孙中山、蒋介石等，我们不说。仅以社会主义中两个最重要人物斯大林和毛泽东为例，就可以看到盖棺未必论定这个历史现象。

斯大林逝世后，赫鲁晓夫在 1956 年苏共二十大的“秘密报告”中对斯大林采取控诉式的全盘否定的评价，无论对世界对苏联都是一次政治思想的大地震。斯大林是杀害苏联一些党和国务活动家的罪人，是社会主义建设中所犯错误的唯一责任人，是应对卫国战争初期的军事失败承担责任的人，至于卫国战争的胜利与斯大林无关，这是苏联人民的胜利。自 20 世纪 50 年代中期以后，在苏联开启了几十年的彻底否定斯大林的思想理论运动，尤其是临近解体前一些年，更是登峰造极、万口同诛。通过所谓公开性彻底否定斯大林，控诉斯大林和社会主义制度的罪恶，为最后扫除障碍铺平道路。

斯大林逝世近 60 年，苏联解体 20 多年，对斯大林的评价的争论并没有结束。在他逝世 50 周年之际，一份民意调查显示，俄罗斯人仍然对这位苏联领导人看法不一。不少人认为斯大林继承了列宁的事业，完成了苏联的社会主义改造，对国际共产主义运动的发展有一定贡献，打败法西斯德国日本关东军，对取得第二次世界大战的胜利做出了不可磨灭的贡献。“第二次世界大战”之后，苏联在经济、军事和国际政治等方面都得到进一步的全面加强，最终成为与美国共同主导世界事务的超级大国，使苏联成为世界最强国之一。英国前首相丘吉尔在 1959 年 12 月 21 日斯大林 80 岁诞辰之际（当时斯大林逝世已经六年），在下院发表演说时说：对俄罗斯万幸的是，在它经受艰难考验的年代里，领导它的是天才而且坚忍不拔的统帅约·维·斯大林。他是一位杰出的人物，赢得了他所生活的我们这个残酷时代的敬仰。他的著作有一股磅礴无比的力量。这股力量在斯大林身上是如此巨大，以至在一切时代和一切民族的领导人中，他仿佛是无与伦比的。斯大林接受的是还在使用木犁的俄罗斯，而他留下的却是装备了原子武器的俄罗斯。这是对共产主义毫无好感、终身反对苏联的老对手的评价。这种评价不可能有丝毫阿谀奉承，因为决无此必要。毛泽东对斯大林的大国沙文主义作风是有意见的，但评价不怀私见。毛泽东说，斯大林不是在所有问题上，而是在一些问题上犯了错误。还说斯大林是三分错误，七分成绩，总体来说还是一个伟大的马克思主义者。

毛泽东是具有世界影响的伟大历史人物。毛泽东在中国人民、在世界人民中的地位，在有良知的中国知识分子包括国际友人和理论家心中具有崇高的地位。毛泽东一生确实有过错误，尤其是晚年的错误更为严重。但毛泽东仍然是中国人民伟大领袖，是人民心中的大救星。中国共产党 1981 年《关于建国以来若干历史问题的决议》对应该如何评价毛泽东、毛泽东思想以及毛泽东晚年错误有过明确的结论。可是近些年非毛思潮、重新评价毛泽东的言论不时出现于某些报刊。这只能是小部分所谓“反毛”精英们的意见，决不能代表广大人民的意见。我可以斩钉截铁地说，所谓重新评价毛泽东、彻底否定毛泽东，不可能得到全国人民的赞同。用否定一切的态度对待历史，用彻底否定态度对待毛泽东这样的民族伟人，其后果是极端严重的。殷鉴不远，近在北邻，岂可忘哉！

当时毛泽东在讲到赫鲁晓夫否定斯大林时说过，一百年后还会有争论。我看关于毛泽东的评价，也会如此。争论会有，盖棺不会论定。即使在俄罗斯，关于斯大林的争论也没有结束。历史就是如此，而且历史越往后，历史的评价会越公正。

就事而言，可以说凡属具有重大意义的历史事件，总是存在不同看法。例如对十月革命的意义，有不同看法。在中国对于推翻帝制，创建共和的辛亥革命有不同看法，对中国共产党领导的创建社会主义中国的革命同样有不同看法。按照他们的观点，中国走了一条错误的道路，应该是通过保存清王朝，通过君主立宪的方式实现现代化，建立一个与西方相同的自由、民主、平等的共和国的所谓宪政道路。

当年毛泽东说过，斯大林的事一百年还会有争论。看起来将不止一百年，现在已经六十多年仍在争论。在中国对毛泽东的评价同样存在争论，至今也有三十多年。看起来，与斯大林一样，再过一百年也会有争论。从历史的长度看并不奇怪。秦始皇距今已两千多年、曹操、隋炀帝也都是古人还在争论。慈禧、孙中山，也都早已安息于陵墓多年，不与世事，仍旧不能论定。最年轻的蒋介石也都属太爷爷辈，不是仍然是历史学家争论的对象吗？特别是他的日记公布后，将会有更频繁的不同意见的争论。

盖棺论定，难矣哉！因为历史的评价从来不可能一锤定音，时代的发展、政治时势的变化、阶级关系的大调整，甚至一种新历史观思潮的出现。都会对历史上的人和事引发不同的看法。树欲静而风不止，历史评价的反复也是如此。

下　篇

为什么是马克思和恩格斯

19 世纪 40 年代，人类思想史上的重大转折是马克思主义的产生。从历史观来说，是由传统历史哲学向新历史观的飞跃。而实现这个转折的是两位德国的年轻人——马克思和恩格斯。

有人说，如果马克思柏林大学毕业后，能如愿以偿地在耶拿大学谋取大学讲师职位，那就多了一位大学教师，少了一位新历史创造的马克思。如果恩格斯按照父亲的安排，继承父业，一心经商，那就多了一个资产者，少了一个新历史观的共同创造者。把从传统思辨历史哲学向新历史观的飞跃，建立在这个“如果”上，纯属荒唐之言。就“如果”来说，我们可以提多如牛毛的“如果”，可事实只有一个，这就是在 19 世纪 40 代下半叶，由马克思和恩格斯创立了新的历史观，实现了由思辨历史哲学向新历史观的飞跃。对一个认真的历史学家来说，面对既成的事实，重要的是分析而不是假设。

伟大理论和理论的创造者不可分，但又不能等同。是社会对新理论的需要产生了理论的创造者，而不是没有某个人就不会产生某种具有时代特色的新理论。一种新的理论的产生，是深深扎根于社会需要之中。马克思恩格斯在《德意志意识形态》中有一段话十分经典：一切划时代的体系的真正内容都是由于产生这些体系的那个时期的需要而形成的。所有这些体系都是以本国过去的整个发展为基础的，是以阶级关系的历史形式及其政治的、道德的、哲学的以及其他的后果为基础的。这段话用来说明历史观的变革十分恰当。

马克思和恩格斯恰恰出生于19世纪的德国，从个人生命的诞生来说当然具有偶然性。可作为新历史观的创造者，则不是纯粹偶然的，而是成熟于他们出生后的全部生命过程，是由时代需要与个人特殊才能相结合产生的。

马克思和恩格斯生活于无产阶级作为一个新的政治力量登上西欧历史舞台的时代。每个阶级都有自己的历史观。一个新阶级的出现必然会要求与自己阶级地位相应的历史观。无产阶级这个一无所有的最具组织性和新生产力代表的阶级，要获得阶级自觉，不可能沿袭传统的封建社会的神学决定论、天命论，也不能采用资产阶级的抽象人道主义的历史观。尚未觉悟的普通工人、下层群众处于贫困绝望境地时会相信命运、相信鬼神、相信来世；也可能把希望寄托在资产者的善心和慈善救济上。可作为一个新阶级来说，天命、上帝，救不了无产阶级；我们都是“人”、“人生而平等”之类的空口许诺，也与无产阶级的实际处境大相径庭。无产阶级需要一个真正能代表自己利益的历史观。这种历史观就是历史唯物主义。因为只有历史唯物主义才是真正适合无产阶级的阶级地位、生活条件和认识自己的历史使命需要的历史观。恩格斯在《法学家的社会主义》中，曾经深刻地论述过阶级关系变化与历史观的变迁的相关性。

处于同样的历史条件、面对同样的文化思想传统，并不是任何人都能创造新历史观。这取决于个人。个人的政治倾向、天赋和渊博的学识，铸就了新历史观创造者的马克思和恩格斯，而不是成为一个普通大学教授或商人。应该说不是出生，而是全部生活活动铸就了马克思和恩格斯。

马克思和恩格斯都曾经对黑格尔哲学、包括他的历史哲学最为服膺，曾经赞美理性的力量。恩格斯在1840年1月21日写给好友弗里德里希·格雷的信中对黑格尔的《历史哲学》赞扬备至，说它是“一部巨著”，说自己“每晚必读”，“它的宏伟思想完全把我吸引了”。至于马克思在1837年就读于波恩大学给父亲的那封著名的信，最充分地表现了对黑格尔著作的痴迷。可就是这样两位黑格尔的崇拜者，推翻了老师的理性支配世界的思辨历史哲学，创造了新历史观。

马克思的中学毕业作文，显示少年时代的马克思就志存高远，以能服务人类为最大的幸福。他的大学博士论文以抽象的哲学方式表现了对自由的向往和普鲁士专制制度的不满。至于他在《莱茵报》发表的多篇尖锐评论文，为穷人辩护，矛头直指普鲁士政府和林木所有者。他发表在《德法年鉴》上的两篇文章《论犹太人问题》和《黑格尔法哲学批判·导言》完全站在无产阶级的立场上，提出人类解放问题，并论述了无产阶级的历史使命。马克思参与成立工人的国际组织，以毕生精力从事《资本论》写作，为寻求无产阶级和人类解放的必然性寻求理论论证。这是原来政治倾向和思想理论的必然发展。这样一个马克思，即使历史命运让他当上耶拿大学教员，按他的激进的民主革命思想和哲学倾向、按他对普鲁士专制制度的痛恨、对无产阶级的历史地位和使命的认识，能成为哥尼斯堡的康德，成为在纯精神世界徜徉的黑格尔吗？成为一个终身站在讲台上的教授吗？不可能。

恩格斯虽然出身富商，但有着对普鲁士的不满和对穷苦人的同情。他年轻时与朋友的通信和文章，特别是《乌培河谷来信》表明恩格斯处于萌芽时的政治倾向。这样我们才可以理解，恩格斯何以到伦敦后能深入工人进行调查，写出控诉资本主义的《英国工人阶级状况》。一个像恩格斯那样能抛弃香槟和红葡萄酒、远离上流社会、对工人怀有无限同情深入工人进行实际调查的人，真心实意背叛本阶级的人，会心安理得地终生当资本家吗？也不可能。

有人说，难道历史注定只能由马克思和恩格斯创造新历史观吗？这样提问题是抽象的。马克思和恩格斯成为我们今天看到的马克思和恩格斯是有原因的。马恩同时代也有不少才学之士，包括他们的青年黑格尔运动时的一些“战友”。但就坚定的无产阶级政治倾向、个人的天赋和才能，对人类知识尤其是对 19 世纪人类在经济学、社会主义和哲学的理解和掌握方面，可以说无过其右者。

马克思和恩格斯继承了英国古典经济学的劳动价值论，可回答了他们无法回答的剩余价值从何而来的问题；他们继承了三大空想社会主义者关于社会主义的思想，但回答了他们无法回答的为什么资本主义必然为社会主义所取代、如何取代、由谁来完成这个历史使命的问题；他们继承了黑格尔的辩证法和费尔巴哈的哲学思想，但回答了如何使辩证法成为唯物主义的辩证法、抽象的人如何成为现实的人的问题。这些问题构成了剩余价值学说、科学社会主义学说和辩证唯物主义自然观和历史观的核心。当时没有任何理论家，更不用说当时被他们称为神圣家族的一群青年黑格尔派们能回答这些问题。甚至这些问题对他们来说没有成为问题，根本没有进入他们的理论思考视野。马克思和恩格斯成为马克思和恩格斯的秘密，就存在于他们多达一百多卷的著作中，存在于他们的全部活动中。

就当时而言，马克思和恩格斯远远把同时代的思想家们抛在后面。时代选择了马克思和恩格斯，而马克思和恩格斯以自己的杰出贡献改写了人类思想史。可以说，是马克思和恩格斯生活的历史条件、个人的政治立场、思想理论积累、个人天赋与实践经验，种种因素的结合，推动他们成为新历史观的创造者。时代赋予历史唯物主义理论以内容，而马克思和恩格斯的个人才能赋予这种理论以独特的风格和特色。

新历史观是马克思和恩格斯共同创造的。马克思是第一提琴手，恩格斯是共同创造者。他们是新历史观的创造者，但真理并不仅仅属于个人。只有属于个人的意见，没有仅属于个人的真理。事实上在马克思之前，已经有人发现一些历史唯物主义的因素。恩格斯曾提到过法国一些历史学家关于阶级斗争的观点，提到摩尔根的《原始社会》，说他们都包含有历史唯物主义的因素。马克思和恩格斯之前如此，他们逝世以后有更多的追随者和学生，形成一个具有世界影响的马克思主义学派。新历史观并没有随着它的创立者的逝世而销声匿迹，而是成为世界性思潮。新历史观引发的历史观的伟大变革，的确可以称为思想领域中的日出，至今已成为最具影响的历史观。只有真理之花才能永葆青春，常开不衰。

对于历史唯物主义变革的意义，比较客观的历史学家是承认的。美国新史学的创始人罗滨逊在《新史学》说，最早对于过去的历史，提出一系列新颖而重要问题的，不是一个历史学家，而是一位经济学家，他还对历史学家没有弄清楚的事物提供了科学的解释。这里指的经济学家就是马克思。年鉴学派大师级人物布罗代尔在讲到马克思时也曾说过，像二加二等于四一样，马克思是当代历史科学的奠基人。比起现代一些否定历史唯物主义的学者，这些评论更客观更具学术眼光。

只有一种历史唯物主义

我们比马克思和恩格斯幸福得多。我们生活在当代，占据有利的时代优势；我们拥有解释权、拥有随意解释马克思和恩格斯的话语权，这是西方解释学赋予我们的权利。据说拥有这种权利，我们就比马克思更了解马克思，比恩格斯更了解恩格斯，我们能从他们的著作中读出他们自己都不知道的思想。

关于历史唯物主义本质的各种各样的解释论中，我深深地感到我们占尽一切优势，因为马克思和恩格斯没有发言权。他们只有书面发言，即所谓文本，而文本又抵挡不住解释学的大炮。当我们拥有解释学这门新武器时，可以无坚不摧、无城不克。每个人都是伟大理论家，因为我们都是读者，都是研究者，都有解释权，而马克思和恩格斯是死者。生者比死者占尽“生”的优势，可以滔滔不绝地解读。针对这种解读，有位理论家不无讽刺地说，“也许马克思当初根本没想到后人会咬文嚼字地解读他的思想”。

不过我还是要说，如果我们的讨论不是站在唯心主义解释学的立场上，而是回归历史唯物主义，用历史唯物主义态度来讨论历史唯物主义，分清楚我们是在讨论什么是马克思恩格斯创立的历史唯物主义，而不是发表每个作者对历史唯物主义是什么的个人见解。我们应该尊重马克思和恩格斯本人的意见。历史唯物主义不仅存在于他们全部著作的分析方法中，也存在于他们坚定地为无产阶级解放奋斗的实践活动之中。

马克思和恩格斯不会知道他们死后会有所谓解释学的兴起，而且变为可以肢解他们思想的“剃刀”。不过有一点他们看到了，就是在一位思想家死后随意解读的注家蜂起是可能的。因此马克思特别强调：“一个人如果想研究科学问题，首先要在利用著作的时候会按照作者写作的原样去阅读这些著作，不要把原著中原来没有的东西塞进去。”

恩格斯似乎有同样的预见，他告诉拉法格，“尽量逐字逐句地用马克思的话来表达这些论点，那是不够的；把马克思的话同上下文割裂开来，必然会造成误解或把很多东西弄得不太清楚”。

当然，关于什么是历史唯物主义的学术讨论是有益的，它扩大了我们的眼界，纠正了过去对历史唯物主义可能存在的片面的、错误的理解。不过我要说，我们不能把当代人关于什么是历史唯物主义的理解强加给马克思和恩格斯。尽管西方解释学送给了我们这个“解剖刀”，不过弄不好会割伤自己的理论之手。

在一些人看来，持这种观点的是老派人物，但我还是相信理解一种学说或思想家自己的思想，最可靠的方法仍然是根据他们自己的著作，并把它们提到一定的历史范围，即以他们自己的历史时代来考察，而不是把他们拉到我们的时代。我们不是问你的看法是什么，而是事实是什么。如果你们回答：没有事实，只有看法。要是这样，根本不可能有共同语言，用不着讨论。一个不以原著为前提的讨论，根本不可能进行认真的有价值的讨论，只能是自说自话。

我看重的是：马克思和恩格斯为什么要创立历史唯物主义？是什么推动他们创立历史唯物主义？是时代背景，我在《由传统思辨哲学向新历史观的飞跃》一文中说过，这里从微观领域，从马克思和恩格斯的个人思想的转变发表点意见。

马克思在著名的《政治经济学批判·序言》中，坦露心胸说明了是什么问题使他“苦恼”，第一个问题是利益的问题。因为在关于林木盗窃法的辩论中，马克思发现他的实际观察和自己头脑中的黑格尔观念发生冲突。按照黑格尔的观念，国家是伦理观念的实现，普鲁士国家是绝对观念的实现；按他关于出版自由的辩论，特别是关于农民因捡拾树枝而被国家和法律宣布为盗窃的不公正的现实，他发现黑格尔关于国家是伦理观念的实现的观点与现实不符。利益，林木所有者的利益才是决定国家的本质。

他说，国家是“林木占有者的工具”、“一切国家机关都应成为林木占有者的耳、目、手、足，为林木占有者的利益探听、窥视、估价、守护、逮捕和奔波”。

私有者的利益决定国家，但利益是什么？利益是由经济领域中的财产关系决定的，按当时黑格尔的用语就是“市民社会”。马克思由此迈出了关键一步，在《黑格尔法哲学批判·导言》以及尚未完稿公开出版的《黑格尔法哲学批判》中得出“市民社会决定国家”的结论。可市民社会当时对马克思仍然是抽象的概念，为了了解什么是市民社会，他转向经济学研究，并由经济学研究中得出了关于历史唯物主义具有决定意义的简洁扼要的定义性的总结。这是任何研究马克思主义的人都知道的常识。

恩格斯对马克思由于着手物质利益问题的研究而打开通向历史唯物主义的大门，有过肯定性论述。他说，“对莱茵省议会辩论的批评，迫使马克思着手研究有关物质利益的问题，在这方面他获得了一些从法学和哲学都不曾提供的观点。马克思从黑格尔的法哲学出发，得出这样一种见解：要获得理解人类历史过程的钥匙，不应当到被黑格尔描绘成‘大之顶’的国家中去寻找，而应该到黑格尔所那样蔑视的市民社会中去寻找”。

还有一个不容忽视的推动力。这就是马克思对当时在德国传播的社会主义和共产主义“肤浅言论”不满意，可是又坦率承认自己缺乏研究。马克思对经济学的研究具有双重作用：既发现剩余价值的本质，从而发现无产阶级的处境、历史使命，又发现由于社会主义基本矛盾激化必然导致的社会形态的更替的必然性。由哲学转向经济学研究的两个伟大成果——剩余价值理论和历史唯物主义，成为科学社会主义的理论根据，从而解决了他在莱茵报期间对英法空想社会主义肤浅言论的不满。

从马克思当时思路来看，历史唯物主义基本原理涉及的范围就是社会发展基本规律，它包括人类在生产实践活动中形成的生产力如何决定生产关系，经济基础决定上层建筑，社会基本矛盾的激化如何推动社会形态的更替，包括在人类活动中形成的社会基本结构、社会基本矛盾、动力、社会形态的更替。因为当时主要针对的是历史唯心主义，特别是以黑格尔为代表的思辨历史哲学，因而重点是把历史唯心主义翻转过来。马克思在《政治经济学批判·序言》（以下简称《序言》）中概括的只是历史唯物主义基本原理的核心，而不是对历史唯物主义完整论述。如果没有这个核心，就没有历史唯物主义。

马克思的概括是经典的，但不是完整的，它存在恩格斯晚年指出的过于着重经济基础、而对上层建筑的作用没有给予充分论述的缺点，即使包括在《神圣家族》、《德意志意识形态》、《关于费尔巴哈提纲》的一些重要思想，例如实践是社会的本质、人与自然统一、人的主体性、人的自由全面发展等重要思想，并没有被概括在这个经典公式中。这些没有概括进去的思想与《序言》中的基本思想并不矛盾。历史唯物主义基本原理仅限于《序言》是不行的，可背离《序言》的经典论述是万万不行的。《序言》中没有概括进去的思想没有一条能否认或根本动摇生产方式和交换方式作为社会存在和发展基础的根本原则。它并不是另一种历史唯物主义，而仍然是《序言》中没有包括的马克思和恩格斯自己的思想，这些思想不能成为反对《序言》经典式概括的根据，而只能是它的补充。相反它如果违背或脱离《序言》，这些思想就会成为无根之本，不能成立。

马克思不是康德黑格尔式的学者，可以悠闲地推敲、精细地构建一个整体的历史唯物主义体系，也不是哲学教师在编写《历史唯物主义教程》。他们是新理论的创造者。对他们最有意义的是反复坚持作为历史观变革的根本思想，而不是毫无遗漏的表述。马克思如此重视他从经济学研究得出的结论，因为它解决了他的苦恼问题，实际上也是解决两种历史观对立的根本性问题。在《序言》中他并没有想到要完整地概括一个历史唯物主义体系，而是欣慰于自己从经济学研究得出的结论，终于解决了自己理论苦恼的问题。

马克思和恩格斯的对立是没有根据的。从恩格斯一生的言论和著作来看，他明确支持马克思《序言》中关于历史唯物主义的根本观点。他在不少著作和序言中，一再把生产方式和交换方式作为社会存在和发展的基础，把物质生产方式决定社会政治和精神生活视为历史唯物主义根本性原理，并多次告诉读者他所说的历史唯物主义根本原则是什么。

从恩格斯个人经历来看，他关于历史唯物主义的表述不是在迎合马克思，而是自己的主张。他说自己在曼彻斯特时异常清晰地观察到，迄今为止在历史著作中根本不起作用或者只起极小作用的经济事实，至少在现代世界中是一个决定性的历史力量；这些经济事实形成了现代阶级对立所有产生的基础；这些阶级对立，在它们因大工业而得到充分发展的国家里，因而特别是在英国，又是政党形成的基础、党派斗争的基础，因而也是全部政治历史的基础。马克思不仅得出同样的看法，并且在《德法年鉴》（1844 年）里已经把这些看法概括成如下的意思：绝不是国家制约和决定市民社会，而是市民社会制约和决定国家，因而应该从经济关系及其发展中来解释政治及其历史，而不是相反。恩格斯在《英国工人阶级状况》中运用的就是自己得出的历史唯物主义结论，把工人阶级的悲惨处境、工厂主的剥削、工人的出路都放在资本主义生产方式中来分析。

最容易引起争论的是《1844 年经济学哲学手稿》（以下简称《手稿》），似乎它才是另一种历史唯物主义的范本，西方鼓吹的就是这种观点，所谓马克思哲学和恩格斯哲学对立也是以此为据。这是经不起反驳的。

《手稿》中有许多思想后来在《德意志意识形态》和《资本论》中得到继续发挥，但有的被抛弃，例如关于历史发展是人的本质异化和复归、私有制的扬弃是人性复归的论断。在《关于费尔巴哈的提纲》第六条中，马克思直接批判费尔巴哈关于人的本质的理论，说费尔巴哈把宗教的本质归结为人的本质。但是，人的本质并不是单个人固有本质的抽象物。在其现实性，它是一切社会关系的总和。费尔巴哈把人的本质理解为类，理解为一种内在的、无声的、把许多个人纯自然地联系起来的共同性。在《德意志意识形态》中，马克思曾提到在他的某些早期著作中可以见到一些习惯的哲学术语，如“人的本质”、“类”等，给德国理论家们以可乘之机去不正确地理解真实的思想并以为这里的一切都不过是他们穿旧了的理论外衣的翻新。

马克思没有提到《手稿》。因为《手稿》并不是正式出版的著作而是不为人知的笔记。马克思所说的对自己过去信仰的一种清算，其实也包括对没有发表的手稿中包含的费尔巴哈的影响的清算。但《手稿》中许多重要思想仍然在马克思以后的著作中得到发挥。恩格斯从来没有反对《手稿》中包含的一些重要思想，包括劳动对象化思想、人既是自然存在物又是社会存在物的思想、整个世界史不外是人通过人的劳动而诞生的过程的思想、劳动是自然界对人说来的生成过程等。相反，这些思想在他们合著的《德意志意识形态》中、在恩格斯个人著作中都得到继续发挥。

如果以人性异化和复归为主轴构造出另一个马克思，或者另一种历史唯物主义，那就是“剑走偏锋”。用马克思的话来扼杀恩格斯，同时也是杀死马克思自己。如果不坚持以人的本质异化和复归为主轴，不可能构造出另一种历史唯物主义。如果真的坚持以人性异化和复归学说为主轴构造出一种所谓历史唯物主义，以对抗《政治经济学批判·序言》中的经典表述，就是对全部历史唯物主义基本原理的颠覆、对科学社会主义基本原理的颠覆。因为把共产主义，把扬弃私有制，把人与自然、人与人的和谐建立在人性复归的期待上，科学社会主义又重回“乌托邦”。

同样，这样构造出来的所谓“历史唯物主义”，也是对马克思对资本主义的经济学分析、对剩余价值理论等的颠覆。当资本主义的经济范畴不是建立在资本主义生产方式基础上，而是建立在人性异化和复归的基础上，《资本论》应该改称《人性论》。这样《资本论》就失去了作为科学经济学的特性。

我相信稍有马克思主义知识的人都能懂，为什么西方如此卖劲地高抬《手稿》，并不是看重其中显性的或具有发展为历史唯物主义潜在可能性的思想，而是拾回并赞扬马克思和恩格斯摒弃了的人性异化和复归的思想。企图以此为根本原则从中构建出另一个马克思主义、另一个历史唯物主义。这种历史唯物主义既可以分裂马克思和恩格斯，又可以推翻所谓传统的历史唯物主义，一石二鸟。英国学者特里·伊格尔顿懂得个中道理，他在《马克思为什么是对的》中说了一段反对马克思恩格斯对立语带双关的风趣话：“女权运动诞生之初，一些出于善意却弄巧成拙的男性作家曾经写道：当我提到‘人’这个词的时候，我指的是男人和女人。在此我也想以同样的方式声明，当我提到马克思的时候，我指的是马克思和恩格斯。”

马克思和恩格斯对立论，由来久矣。有什么根据？难道因为马克思没有写《自然辩证法》、《反杜林论》，只写《资本论》而无暇顾及总结自然科学成就，无暇顾及自然界而只顾解剖资本主义社会，就表明他们对立吗？难道马克思发表过反对自然界有辩证法的文章和言论吗？表示过反对《反杜林论》的基本观点，而不是参与过其中经济学某些章节的撰写并读过原稿吗?

马克思在世时，《自然辩证法》还是札记，并未完稿，也未公开出版，但你能断定马克思会反对辩证法规律吗？难道《资本论》中不是运用他们共同创造的历史唯物主义原理吗？不是以“卖弄”黑格尔的辩证法而自豪吗？在《资本论》关于货币转变为资本、关于商品两重性、劳动两种性、关于私有制的重新被剥夺，我们不能在其中读出运用量变质变、否定之否定以及矛盾分析方法吗?

恩格斯曾经谈到过他们的各自关注点为何不同的原因。他在《论住宅问题》第二版序言中告诉我们：由于马克思和我之间有明确分工。我的任务就是要在定期报刊上，因而特别是在同敌对见解的斗争中，发表我们的见解，以便让马克思有时间写他那部伟大的基本著作。因此，在大多数情况下，我都必须采用论战形式，在反对其他种种观点的过程中，来叙述我们的观点。最为一些人所诟病的《反杜林论》就是这种首先在报纸上发表的论战性著作，是发表“我们的观点”的著作。而《反杜林论》与《自然辩证法》大体属于同一时期、同一观点的著作。

我真弄不明白，马克思和恩格斯友谊和学术交流终生不渝，从来没有向外人吐露过他们之间存在学术观点的根本对立。马克思可以和鲍威尔、可以和赫斯、可以和他曾经共同战斗的青年黑格尔朋友公开决裂和笔战，而不能公开表示反对也曾经参加青年黑格尔运动的恩格斯吗？为什么？难道真的就是因为西方某些学者说的，他要依靠恩格斯接济的英镑为生吗？或者是他们各自理论水平太低，根本没有意识到两人在理论上存在原则分歧吗？如果这样，为什么还要共同撰写《神圣家族》、《德意志意识形态》和《共产党宣言》呢？为什么恩格斯在亡友遗稿发现《关于费尔巴哈的提纲》把它与自己的《终结》一书放在一起出版，并誉为“新世界观的萌芽”呢？是自我反对，还是蓄意让马克思出丑？他还称马克思为第一提琴手，还在马克思墓前发表如此高度评价马克思的悼词，这一切都在表演？都是在玩假面游戏吗？只有当代一些“伟大”学者才能看出来，真是“伟大”!

我以为只要稍知马克思主义发展史的人都知道，包括在巴黎经济笔记中的《手稿》大概写于 1844 年 5、6 月间，可他于同年下半年与恩格斯共同撰写《神圣家族》，根本没有坚持人性异化和复归为主线来阐述，相反，强调粗糙的物质生产是历史发源地，群众是历史的创造者，等等。而在1845年春写了以费尔巴哈的观点为批判对象的《关于费尔巴哈的提纲》，还与恩格斯共同撰写《德意志意识形态》。这个《关于费尔巴哈的提纲》和《德意志意识形态》对《手稿》中人的本质异化和复归的观点是持批判态度的。如果马克思一生仍然坚持人性异化和复归作为历史唯物主义的主导原则，此后与恩格斯的合著，长达四十多年的终生合作，可能吗?

有位哲学家说过，要真正评价一个伟大人物，如不能与其比肩，至少要达到他胸部的高度。我不知道西方那些揭露马恩对立，揭露恩格斯是马克思主义伪造者，揭露还有一个为恩格斯反对、而为马克思赞同的另一个马克思主义、另一个历史唯物主义的学者，有哪一个达到了马克思和恩格斯这两位理论巨人的膝盖部?

马克思和恩格斯是两个有个性和独立性的人。他们在出身、经历、性格、才能、写作风格方面会各有特点。他们都有自己特别关注的问题、各自擅长的领域，差别肯定存在。即使同一个人，在不同年龄段都可能有思想的变化，何况是两个人。可是我们在这里讨论的不是两个现实个人的差别，而是两种思想家、两种主义和两种理论的对立。这种对立论，不能成立。

我们说只有一种历史唯物主义，指的是马克思和恩格斯19世纪上半叶创立的历史唯物主义。它是针对德国思辨哲学从历史之外寻找对历史的解释，针对费尔巴哈的抽象人本主义，针对如何使无产阶级正确认识自己在资本主义社会的地位和使命的需要。他们并没有打算创造一个包罗万象的历史唯物主义体系，他们的根本任务就是把思辨历史哲学为代表的历史唯心主义翻过来。

关于马克思创立历史唯物主义的理论动机，恩格斯有过明确说明。他说历史哲学，特别是黑格尔所代表的历史哲学，认为历史人物的表面动机和真实动机都绝不是历史事变的最终原因，认为动机背后还有应当加以深究的动力；但是它们不在历史本身中寻找这种动力，反而从外面、从哲学的意识形态把这种动力输入历史。

从历史之外把自己幻想的联系强加于历史，这是传统思辨历史哲学家的特点。康德的自然理性、费希特的绝对同一、黑格尔的绝对观念都是如此。而马克思和恩格斯创立的历史唯物主义要从历史自身、从人类创造历史的实践活动中发现历史的本质和动力，而马克思在《序言》中的经典论述，就是对从历史自身发现历史规律并用简洁语言高度概括。我们说只有一种历史唯物主义就是指这种历史唯物主义。它随后的完成、成熟、发展是一个过程。但它是历史唯物主义科学理论体系的基石。

历史与史学的主客体

在历史唯物主义研究中，我们会遇到主客体关系的三种形态：

第一种是人与自然的主客体关系，如果从历史唯物主义中排除人与自然的关系，就没有历史唯物主义。生产、生产力、生产关系，就是以人类改造自然为目的形成的关系。因此人与自然的主客体关系自然是历史唯物主义的重要内容。

第二种，是人类社会的主客体关系。人与自然的主客体关系，不等于人类社会的主客体关系，它们是两个相互联系但不同的领域。社会领域中的主客体关系，是作为历史创造者主体的人与人类在创造的社会的关系。虽然人自身就包含在社会之中，但从创造与被创造的角度看，我们可以把作为主体的人与人所创造的社会关系视为主体客体关系。

第三种是历史学中的主客体关系，即客观历史与历史研究者的关系。这种关系只存在于历史研究领域。这三种不同的主客体关系，既有区别，又有联系。

人与社会同人与自然都存在主客体问题。它们不是互不相关的两种截然不同的主客体关系。与自然相关的主体，同时是历史中的主体；反之亦然。无论是自然还是社会，主体只有一个，那就是现实的人；而客体有两个，自然与社会。由于人是社会的人，人与自然的关系，不可能存在于人与社会关系之外。

社会历史中的主体与客体关系，同样不是超越人与自然关系之外的关系。任何历史时期的历史主体，都是受人类改造自然能力制约的主体；历史客体则是以生产方式为基础的社会结构。从社会中排除人与自然的关系，则没有历史的主体与历史的客体。因此人的社会性不可能排除人的自然特性。不包括自然属性的人类，是不存在的。

人与社会的主客体关系包含人与自身历史的关系，因为历史就是社会的发展的持续过程。从人与社会关系中排除历史，就不可能有持续的人与社会关系。在一般人的思想中，人与自然的关系是现实的，时刻都存在的关系，而历史是已经过去了的存在，无法构成主客体关系。也就是说，自然与人的关系中，自然是永远的“在场者”，而在历史的主客体关系中，历史是永远的“缺席者”。这种看法的误区是把历史的主客体关系，与历史研究中的主客体混为一谈。

从严格意义上说，历史的主客体就是社会的主客体关系。历史与社会不可分。社会是历史的载体，而历史则是社会的运动变化。可以说，社会是历史的横切面，而历史则是社会的纵向面。从横切面考察的历史，则是对一定时期的社会的考察。唐史，研究的是唐代社会，宋史，研究的宋代社会，既可以综合研究，也可以分为政治、经济、文化等各种专史研究。从持续性过程考察人与社会的关系，称为历史的主客体关系。因此历史的主客体关系，其实就是每个时代的人与社会的关系。我们不能把唐代的人的活动与唐代的历史分割开来。只有从唐代人的活动，包括当时的统治者与百姓，包括经济、政治、文化各种活动的综合考察，才能理解唐代的历史。对历史而言，历史的主体和客体都是在场者，缺少其中一个，就构不成当时的社会，也没有后人眼中的历史。

真正困难的是历史研究中的主体与客体。历史学作为一门学科有历史认识主体与认识对象的关系。梁启超在《新史学》说，“凡学问必须有客观主观二界。客观者，谓所研究之事物也。主观者，谓能研究此事物之心灵也。和合二者，然后学问出焉。史学之客体，则过去、现在之事实是也。其主体，则作史者心中所怀之哲理是也。有客观而无主观，则其史有魄无魂，谓之非史焉可也”。当然，偏于“主观而略于客观者则虽有佳书亦不过一家之言，不得谓之为史”。这里说的主客体是就历史研究说的，而不是指历史自身的主客体关系。

历史认识主体不是单纯心灵或哲理，而是以史学家身份存在的现实的个人。对每个时代的研究者而言，历史研究者永远是当代的，他必然受到自己时代的人与自然关系、人与社会关系制约。人与自然关系的制约，表现为生产方式规模对研究者历史视野的影响；人与社会关系的制约，表现为研究者在社会关系中的地位，会影响他对事实的选择和价值判断。

通常历史既可以指客观的历史进程，也可以用以表示对客观历史进程的书写，即史学。这两者应该是辩证统一的。不经过历史的书写，客观历史进程不为人所知；而历史书写如果不以客观历史进程为依据，则不可能成为具有可信度的历史书写。全部历史理论的争论，都是围绕历史客观进程与历史书写之间的关系展开的。无论是思辨历史学或批判历史学，无论是实证历史理论或年鉴学派，以及其他各种各样的历史理论，都离不开历史过程与历史认识的关系。从本质上说，这是哲学基本问题在历史领域中的特殊形态。

客观历史对于历史研究者来说，始终是过去。历史研究主体是追求历史的真实，但他永远不可能面对自己研究的客体，直接面对的只能是历史残存的结果，是文献，档案，文物，各种各样的历史记载、笔记，总之不是客观历史本身。历史研究是借助于一系列中介接触客体。历史研究者与历史的关系，永远是在场的研究者与缺席的历史的关系，而与自己面对的历史资料的关系，则是直接的关系。所以有个哲学家说，就历史而言，文本之外空无一物。正因为这样，历史认识的真理性和可能性，成为争论不休的问题。

历史本身仿佛类似康德的物自体，是永远不可知的。历史学家面对的是历史的文字记载，而且是不完全的记载。对记载的真实性，可以从各种角度提出质疑。记载者有自己的立场和选择，而历史学家根据这种经过选择的文献的记载书写历史，又经过一道选择。似乎学者有理由说，历史学家书写的不可能是真正的客观历史，而只能是历史学家个人的历史书写。法国学者米歇尔·德·塞尔托在《历史与心理分析》一书中，就把历史学定位为科学与虚构之间。他说，科学和幻想的组合就是历史，是从过去回返到现在的表述当中。从更广义的角度上讲，这种科学和幻想打破了“现在”和“过去”之间泾渭分明的状态，将史学建立成一种古今关系，一边是知识主体，另一边是客体；一边是表述者，另一边是被再现的对象。历史是“被假定为外在的客体”，因为历史是特别的缺席者，是“消逝的东西”。这确实是史学中的难题。

就人类客观历史进程而言，当然有主客体关系。作为历史创造者的现实的人，就是历史的主体，而他们实践活动的成果，即每个社会的社会结构，它的全部物质产品和精神产品就是历史的客体。没有实际存在的历史主客体关系，就不可能有历史认识中的主体与对象。问题在于我们在历史研究中，通过对历史遗留的信息能在何种程度上把握客观历史自身？这取决于历史学科发展的水平和对材料的掌握。

历史能否认识，是一个似是而非的问题。没有任何史学家敢断言，人类能认识全部历史。即使人人是史学家，人人都能书写历史，也不可再现历史的全貌、历史的整体和过程。历史是永远不可能重现的存在。所谓历史认识或历史书写都是对特定时期的历史，某个国家或民族，某个阶段，或历史的某一方面，或某个历史人物的认识。历史研究范围是有限的。历史研究是就有限的历史问题，通过对有关文献资料、档案材料、或其他信息研究，取得相对真实的历史认识。

在相对确定的范围内，我们认为历史认识具有客观性和可知性。历史研究要求于事有据、于论有理。于事有据，就是基本事实要可靠或比较可靠；于论有理，就是历史研究者的理论分析和价值判断有道理，不是主观武断的臆测之论。在历史著作中对同一事件的记载，可以有出入甚至矛盾。这没有关系，事实记载的不同，可以迫使研究者寻找正确的事实；理论分析和价值判断的分歧，可以通过学者的讨论和争鸣而求得比较合理的判断。即使判断存在不同，难以弥合，这也没有关系。因为历史科学性的基础是事实，只要有事实依据，在不断研究中会逐渐得出比较接近事实的评价。就这点说，历史科学与自然科学有相似之处。任何自然科学包括自然科学的总和，都无法把握整个自然界。进入自然科学研究的总是有限的领域，对自然界探索领域的扩大是逐步的，是整个人类的任务，而且是永远的任务。历史研究同样如此。进入历史研究中的历史是有限的历史。历史研究领域的扩大和真理性探索也是逐步的。只要人类存在，人类对历史的探索不会停止。

历史唯物主义关注思辨历史哲学和批判历史哲学提出的问题、难点及其包含的合理因素，但历史唯物主义既不同于唯心主义的思辨历史哲学，也不同于批判历史哲学。不能由于客观历史属于过去，就根本否认史学中的认识和认识对象，不能在一定程度上可以再现历史的主客体。如果这样，历史学研究就根本不可能具有科学性。

当代有些学者认为，历史学追求的是历史叙述的语言形式，是从历史的残留物中构造出富有内容的历史故事，是将回忆和记忆作为现在生活实践的文化力量；在史学中，涉及的是想象而非知识，是主观的诠释而非客观的事实，是隐喻和叙事策略而非概念和理论，是陈述而非阐述，是导向力量而非客观性，是虚构而非经验，是媒介而非内容。这种历史观在当代已经由历史编纂学扩展到电影和电视。文学和艺术通过影视变为历史的代言人。历史变为戏说。

也有学者强调，历史本来就不属于科学，它是人文学科，只能通过所谓历史发挥人文教化作用。如果历史书写都是不真实的，是编造的，所谓道德教化，所谓历史经验，都是用假话骗人，何来教化作用呢！历史事实只有具有真实性，才使人相信；只有具有科学性，才能使人信服。以事实为据，以理服人，才能发挥历史学承担的教育意义。

历史认识只有通过历史信息的中介，指向客观历史事实才具有真假问题。有真假问题，才有是非对错。历史学对象与自然科学对象不同，但不能说历史学直接面对的文献记载和档案文物，绝对不可信。语言是可信的，因为它是人类几千年长期实践中交流思想的工具，人们的生存证明语言是可以用作交流工具的；文字是书面的语言，语言可信，证明文字也是可信的，文字可以正确表达事实。文字记载并不是历史不可信的理由。

尽管书不尽言，言不尽意，但由文献记载的历史仍然具有一定的可信度。当然，记载的错误或失实都是可能的，但是历史中有多种方法，包括文字记载与地下发掘相结合、以诗证史、诗史互证、校勘，考证各种方法，力求寻找真实的证据来提高史实的真实性。历史学者的立场和观点的正确与否，会影响记载的真实性。这正是需要历史学家进行考证和辨伪工作的原因。

无论历史研究是中介性的研究，也无论历史研究对真实性的追求有多大难度，都不能否认历史认识中主体与研究对象的关系，必须以客观历史的主客体关系为依据。如果只停留在史学认识的主体与研究对象范围，而把客观历史自身作为物自体排除在历史研究之外，历史学就不是科学，剩下的只是戏说，或历史艺术化、文学化的道路。以历史为据的马克思主义历史观也失去了立足之点。

唯心主义的避难所

"最后避难所"这个说法是恩格斯提出的。他在讲到马克思发现历史唯物主义伟大意义时说，它的伟大意义是把唯心主义从它的最后避难所历史领域驱逐出去了。避难所一词，很形象、很贴切，意涵极深。它不仅深刻揭示了唯物主义发展的路径，也说明在社会领域发现唯物主义之艰难。

自然界不能成为唯心主义的避难所，唯心主义在自然界难以长久存身。自然界不仅是辩证法的试金石，也是唯物主义的试金石。自然界以其自身的存在反驳唯心主义。对自然界来说，人是迟到的客人。不仅自然界先于人，自然界数不清的生物都先于人。人的产生对于自然时间，可以说微不足道。人首先是来源于自然、依赖自然，才有对自然的利用和改造。任何否定自然客观性的唯心主义，在自然面前都会碰得头破血流。

而且在自然领域中，唯物主义对唯心主义还具有双重优势：一是科学。实证科学的发展不仅粉碎粗制的上帝创造世界的神学唯心主义，也不断驳斥各种精致的由重重概念编织的思辨唯物主义。自从科学摆脱宗教和神学的桎梏获得生存权，从哥白尼、布鲁诺，以及随后的诸多科学发现，都在论证唯物主义。唯心主义与科学是相悖的。唯心主义只能龟缩在哲学家的书本里和课堂里，不可能真正撼动自然界的客观性及其规律。唯心主义哲学家一个又一个作古，地球照样在转，太阳照样升起，世界照样按照自己的规律运行。唯心主义很难在自然界找到永远栖身之处。恩格斯在讲到自然科学发展的哲学意义时说过："现代自然科学和现代工业一起变革了整个自然界，结束了人们对自然界的幼稚态度和其他幼稚行为。"

另一个把唯心主义从自然界赶走的是人的实践和日常生活经验。人在生产实践中直接与自然界打交道，没有一个生产者会否认自己劳动对象的客观实在性，会怀疑它究竟是感觉的复合呢，还是真实的不付钱就买不回来的原材料。没有一个生产者会为他的产品是真实物品而非观念复合而担心。顾客也是如此。他们担心的只是物品的质量和价格，而非它的真实存在。在生产实践中，从厂主到工人，人人都是自发的唯物主义者，否则根本就不可能进行生产实践。

人的日常生活也是如此，人的日常生活无时无刻不在证实对象性存在的客观性。你们想想，人在日常生活中如果都把自己看到的，听到的，总之通过感官所能接触的对象看成是自己的感觉、观念，也分不清自己是生活在梦中，还是生活在现实世界，这种人还能生存吗？错觉会有的，但错觉不可能是共有的。错觉被纠正和造成错觉的秘密为科学揭示，更说明人类感觉具有真实性内容。

传说有两个哲学家，一个是唯心主义者，一个是唯物主义者，争论对象的客观性问题。一个说，对象在我心中，存在于观念中，一个说，对象是客观实在，存在于我之外，不依赖于我。争论不下，唯物主义用脚猛踢一个石子，问唯心主义者：我踢的是在你之外的石子，还是你观念中的石子？还有的哲学家用自己的右手指着自己的左手问唯心主义者：我指的是你的左手还是我自己的左手，我有左手是存在我的意识之外，还是指的是关于左手的观念而非实在的左手？事实证明，我用脚踢的是实实在在的石头，而不是观念的石头，我的右手指的确实是左手，而不是梦。这当然属哲学趣事。但任何头脑正常不被唯心主义彻底洗脑的人，都会相信这个再朴素不过的道理，更不用说全部自然科学和人类的实践。

有人会说，这算什么唯物主义？太庸俗。确实它很平常，没有高深论证。正如布丁的证明在吃一样，它没有烦琐而吓人的论证，但它真实，无可辩驳。唯物主义的道理朴实、平凡，但却是真实的道理。它年复一年、代复一代、国复一国、人复一人不断被人类自身的实践所证明。

西方自从挣脱宗教和神学束缚后，唯物主义在英法变成一种强势哲学。英国的培根、霍布斯，18 世纪法国的百科全书派的那些具有战斗性的哲学家们，包括拉美特里、爱尔维修、狄德罗、霍尔巴赫等，都是哲学领域中的唯物主义著名代表人物。可他们在社会历史领域中仍然是唯心主义。恩格斯曾经指出，他们的唯物主义有三大缺点，其中一个主要的就是历史唯心主义。即使到了19世纪上半叶，当费尔巴哈恢复了唯物主义王位，他在历史领域中仍然是唯心主义。自然唯物主义与历史唯心主义似乎各有半壁河山。这当然是形象说法，实际上在自然领域中，唯心主义仍然存在和不断转向，尤其在认识论领域得到显著发展，但总的说来，本体论上的唯心主义难立足。

没有人照样有自然界，这决定唯心主义在自然界领域难以占据领导地位，更不用说独霸自然界。可没有人，就没有人类社会。人的确与社会难解难分。庄子说的“天地与我并生，万物与我为一”，用在人与自然的关系上显然不符，可社会领域确实如此。社会中的一切，从经济制度到政治制度，从思想到文化，无一不是由有意识、有思想、有目的活动的人创造出来的。既然一切是由人创造的，很容易把一切归结于人；既然创造社会中一切的人是有思想、有情感、有意志、有目的的人，就很容易把一切创造物归之于人的思想、观念、理性和目的。似乎主体的绝对决定性在自然界行不通，但在社会历史领域中理所当然。正是由于人与人的思想、理性、意志在社会历史中的创造作用，使社会历史领域能成为唯心主义藏身之处，成为最后“避难所”，而且是永久性的“避难所”。只要人是历史的创造者，用人的思想和理性来解释社会历史的理论就很难绝迹。

哲学史中有一个似乎很奇怪的现象。马克思主义产生之前，在长达几千年中，自然唯物主义与历史唯心主义并存。无论就一个时代、一个国家，甚至同一个哲学家来说，即使是唯物主义者，也是半边（自然界）是唯物主义，而在另一边（社会领域）是唯心主义。无论是西方还是中国，尽管也都提出过一些具启发性见地，包括维科关于历史一般规律和卢梭《社会不平等起源》与《社会契约论》中阐述的某些观点，但总体上说，唯心主义在社会历史领域长期处于统治地位。马克思主义产生以后，唯心主义历史观在社会领域中仍然以各种方式存在。

恩格斯说以往一切哲学家都是用社会意识来解释社会存在，自从马克思发现历史唯物主义之后，找到一条从社会存在解释社会意识的道路，从此唯心主义从它的避难所中被驱逐出去。可见，恩格斯说历史唯心主义从社会这个最后避难所驱逐出去，只能从历史唯物主义变革的意义角度来理解，而不是说从此历史领域中再也没有唯心主义立足之地。

历史唯物主义从劳动中找到了打开历史之谜的钥匙，并用人们的社会存在说明社会意识，从而使旧的历史唯心主义难题得到破解。古代与宗教融为一体的天命论、神学目的论不再盛行，但理性或世界精神主宰世界之类的观点兴起。即使理性和世界精神主宰世界的观点被马克思轰倒，唯心主义又会改变花样。例如，随着认识论转向、语言学转向，历史唯心主义也会利用认识论和语言学转向中出现的哲学问题，产生历史唯心主义的新形态。例如，后现代主义的历史观强调“事实无它，仅是语言性存在”，或者“文本之外，别无他物”。历史变为文本，理解变为解读，对历史事实的叙述变为主体的书写，对史料的整理和考证变为解读。在当代，历史唯物主义在认识论中，在语言学中找到新的滋生地。

总而言之，历史唯心主义比自然唯心主义活得更长、更久，更难驳倒。只要人是社会主体，人是历史创造者，历史唯心主义就会利用人的主体地位和人性以各种形态出现。尽管花样翻新，但万变不离其宗，都是把人的思想和意识作为攻守兼备的碉堡。因此如何解释人和人的创造作用、解释人的思想、意识、理性，包括非理性在历史中的作用，成为历史哲学中的难题。人学，成为当代两种历史观激烈争夺的阵地。

马克思唯物主义历史观重视人与人的问题的研究，它既不同于机械论哲学，也不同于旧的历史哲学，不同于后现代主义历史哲学。当代的历史唯物主义者不否认西方人本主义历史观对人的研究的某些成就，不否认历史的和后现代主义历史哲学的某些成就，尤其是他们提出的种种难题。但是历史唯物主义否定思辨历史哲学从历史之外把“规律”强加于客观历史进程的做法；否定批判历史哲学利用历史认识论中的种种困难否定历史客观性的看法，也反对抽象人本主义用人性解释历史的观点。

历史唯心主义可以赖在社会历史领域，以各种方式与历史唯物主义进行争夺战。但不能掩盖一个事实，这就是历史唯物主义自产生以来，它对其他各门社会科学的影响是举足轻重的。仅就历史领域而言，它的世界性影响就不可估量。杰弗里·巴勒克拉根据联合国教科文组织编写的《当代史学主要趋势》曾高度评价历史唯物主义的作用。他说，在导向反对唯心主义历史学的各种因素中，马克思主义思想起了特别重要的作用。在历史研究的发展过程中，马克思主义的重要性在于，当历史主义本身困于内部问题而丧失早期的生命力时，马克思主义为取代历史主义而提供了有说服力的体系。马克思主义影响之所以日增，原因就在于人们认为马克思主义提供了合理地排列人类历史复杂事件的使人满意的唯一基础。

在当代世界，在历史研究或历史哲学的研究中，无论是持赞成还是反对态度，都不可能绕开历史唯物主义。历史唯物主义在实践中、在理论上取得的成就决定，尽管很难把历史唯心主义从它的最后“避难所”完全驱逐出去，但它的范围会逐渐缩小。

历史唯心主义为何难以驱逐

历史唯物主义的创立是马克思历史观的变革，这是恩格斯提出来的。他在《卡尔·马克思》这篇文章中说，马克思“在整个世界史观上实现了变革”。而变革的核心，就是关于“一切历史变动的最终原因”的发现，马克思根本扭转了以往一切历史唯心主义从思想中、从政治变动中寻找历史变动最终原因的观点，从而形成了两种根本不同的历史观。伊格尔顿也承认，历史唯物主义的产生根本改变了人类对历史发展的看法。

唯物主义历史观的变革是历史观的根本变革，但不是对历史上哲学家和历史学家在历史观领域取得成就的否定。实际上，在马克思主义历史观根本变革之前，在人类思想史上关于社会历史提出过不少有启发性的重要思想。仅就中国而言，史书之丰富，见解之深邃，并世不多见。我们探讨的是唯心主义历史观为什么不会一直占领历史领域，而不是否定以往历史观中的合理思想。至于有些学者把这些合理思想称为广义历史唯物主义，把马克思的历史唯物主义称为狭义的历史唯物主义，这可能不妥。因为历史唯物主义是用以指称马克思创立的历史观的专门称谓，那些包含某些合理因素的历史观只能视为历史唯物主义产生的前史。

“唯心主义万岁”，这是毛泽东的话。因为有唯物主义而无唯心主义是不可想象的。只要人是主体，人以思想去把握存在，唯心主义就会以各种理由存在。即使一种体系过时，又会产生另一个花样翻新的体系。但相比之下，在历史领域中的唯心主义比自然领域的唯心主义更顽强持久。为什么？这个问题很复杂，既有阶级利益问题，也有学术难点问题。

从政治角度说，因为历史唯物主义具有极强的阶级性，它可以说是全部马克思主义科学体系的历史观的理论支柱。历史唯物主义不仅对于理论，而且对于实践都是最革命的。只要把它应用于现代，一个伟大的、一切时代最伟大的革命远景立即会展现在我们的面前。马克思对资本主义的分析，被喻为“工人阶级圣经”的《资本论》巨著，以及社会主义从空想到科学的转折，都与历史唯物主义不可分。

恩格斯曾从政治角度评价历史唯物主义的发现为什么会遭到如此激烈反对。他说，政治论证的全部传统的和习惯的观点都被这个原理否定了；爱国的义勇精神愤慨地起来反对这种无理的观点。因此，新的世界观不仅遭到资产阶级代表人物的反对；而且也必然遭到一群想靠自由、民主、博爱的符咒翻转世界的法国社会主义者的反对。

统治者及其理论家必然仇视关于社会历史发展规律的理论、千方百计歪曲马克思主义辩证历史决定论的科学内涵，因为承认客观规律、承认生产方式在历史发展中的最终决定作用，等于承认自己的统治的暂时性和历史变革的必然性。统治阶级及其理论家当然不能接受。

反之，历史唯物主义被推倒，整个马克思主义的体系必然随之倒塌，无产阶级和人类解放的理论，也随之付之东流。可见，马克思主义的基础中的最重要环节，也可以说贯穿整个体系的基本规律，是唯物主义历史观。整个体系在原则上是同它共存亡的。这一理论受到限制时，其余的环节彼此相对的地位也相应要随之受到影响。因此对于马克思主义的正确性的任何探讨，都必须以这一理论是否有效和怎样有效这一问题为出发点。

除了政治层面上的问题外，还有学术问题。虽然它与政治层面的问题往往纠缠不清，但把一切对历史唯物主义的质难都归为政治问题甚为不妥。学术问题，必须通过学术讨论来解决，如果历史唯物主义对种种理论质难，不能做出合乎科学、合乎事实、合乎时代的回答，怀疑和批评历史唯物主义的声音仍会不绝于耳。

马克思从劳动中找到了破解历史之谜的钥匙，并得出了社会存在决定社会意识的结论，是对历史唯心主义的致命一击，可并没有把历史唯心主义击倒。人类社会历史领域中难点问题特多，包括社会历史的本质、历史规律的客观性、历史发展动力、历史必然性和因果性、人在历史上的作用。几乎每个问题都存在难点，存在争论。马克思和恩格斯终其一生都在从事推翻资本主义的革命实践，从宏观上创建马克思主义理论。他们在历史观上最大的功绩是把被历史唯心主义颠倒了的根本问题颠倒过来，揭示了社会发展最基本规律并提出一系列具有潜在发展力的创造性思想，但他们不可能对全部历史唯物主义问题都进行详细论证。我们可以在他们的文本中发现许多尚未展开的思想。特别是它的论战性和奠基性，因而概念的使用并非始终如一的。论述的侧重点也由于论战对象不同而有所不同。许多理论空隙处，往往会为不同的解读、为争论留下很大的空间。

社会历史领域是人的领域，可以说转弯抹角最后都能通过人归结为人的思想意识的决定作用，从而通向历史唯心主义。就以社会存在和社会意识问题为例，就可以看到，如果不能正确理解社会存在和社会意识的关系，就难以摆脱历史唯心主义。

一种最流行的指责是，社会存在与社会意识的划分是传统主客二分在历史观中的翻版，不能成立。社会中不存在这种二分区分。社会意识同样是社会存在，而社会存在中全部贯穿着社会意识。能设想作为社会存在基础的物质资料生产方式中没有人的意识参与吗？能设想一切社会存在物不是人的意识参与创造的吗？反过来能说社会意识不是社会存在吗？社会存在与社会意识关系是同一的，根本不存在第一性与第二性关系，不存在决定与被决定关系。

当年俄国的波格丹诺夫就说过，人们在生存斗争中，只有借助意识才能结合起来，没有意识就没有交往，因此形形色色的社会生活都是意识——心理的生活。社会性和意识性是不可分离的。社会存在和社会意识，按这两个字的确切的含义来说是同一的。至今我们会在国内外杂志上看到不少这种理论，或改头换面的这种理论。

为什么这种说法振振有词，为什么坚持这种观点的人能俘获不少人甚至一些所谓创造性的“马克思主义”理论家的赞同呢？原因就在于社会中的一切的确是有意识的人创造的，是有人的意识参与的，企图在社会各个领域中排除人与人的意识根本不可能。社会存在和社会意识作为历史唯物主义的哲学范畴，并不是主张社会存在是没有人的意识参与的纯客观存在，也不否认社会意识是社会现象的一种存在方式。社会意识从来都是社会中的存在，而不是社会之外的存在。非社会的社会意识是悖论。

马克思和恩格斯关于社会存在与社会意识关系的伟大发现，不是对社会各种存在形式的分割，而是解决社会结构中的深层次问题，即社会发展的源泉应该在哪里去寻找，是从人们的意识中寻找还是从人们生活其中的社会存在中去寻找？社会意识从哪里来？是人们头脑中固有的，主观自生的，还是由人们的社会存在决定的？我们为什么会在不同社会看到不同的社会意识形态，是由于不同时代人们具有不同大脑结构吗？或者社会意识是无解的，本来如此，根本用不着追导它的来源？如果这样，全部社会科学还有什么必要研究，如何研究？不弄清社会意识的来源，不弄清社会存在与社会意识的关系，津津乐道的是两者统一，无分轩轾。这是在统一的掩护下为历史唯心主义放水。

自从人以人的方式存在后，人的大脑结构改变极其缓慢，不同的社会意识只能求之于不同时代的社会存在，即主要是作为社会存在和发展根本内容的生产方式。社会意识是被意识到的社会存在。尽管社会存在是人创造的，是由有意识的人的活动参与形成的，但参与这种活动的人并不理解他们会形成什么样的社会存在。社会存在不依赖社会意识，相反它是社会意识形成的根源。只有这种观点才提供我们正确理解社会变迁和社会意识变化的依据。任何一个探索社会意识形态演变理论的研究者，探索不同社会的风俗、习惯、道德以及其他种种与社会意识相关形态的研究者，如果停留在社会中的一切都是有意识的人参与的，社会存在与社会意识不可分，不可能走出低层次的经验思维水平。对社会的观察如同雾里看花，永远走不出唯心主义制造的"绝对同一"论的理论困境。

还有经常受到曲解的是关于实践的观点。实践对人类生存的重要性是不言而喻的。马克思主义哲学高度重视实践在辩证唯物主义本体论、认识论和历史观中的重要作用。没有实践观点就没有马克思主义哲学的变革。唯其如此，科学把握实践的本质，关乎正确理解马克思主义哲学，尤其是历史唯物主义的关键。

人的实践活动包括三个构成要素：一个是对象，没有对象不可能实践，我们把对象称之为客体；另一个是主体，即有意识有目的进行实践的人，我们称之为主体。再一个是中介，即人用来进行改造对象的工具。没有工具，主客体之间不可能发生关系。这样，人类实践活动包括两类因素：物质性因素和意识性因素。包括对象、工具以及作为主体人的自然存在都属于物质因素。人不是自我意识，而是“现实的、有形体的、站在稳固的地球上呼吸着一切自然力的”存在物。意识因素包括实践的意识性、计划性、目的性。如果扩大点，还包括实践中人的理性、激情、欲望等。实践的意识性因素必须有载体，它的载体就是人。

马克思说过社会生活在本质上是实践的。凡是把理论导致神秘主义方面去的神秘东西，都能在人的实践中以及对这个实践的理解中得到合理的解决。这说明实践观点在历史唯物主义中的举足轻重的地位。说实在话，实践的三重结构，以及作为肉体和精神统一存在的人，处处都存在历史观的理论陷阱，只要抽象地片面地夸大其中任何一个因素，都可以为历史唯心主义找到藏身之地。

有的学者片面强调实践活动的物质性，把实践纯物质化、客观化，以便排除人和人的思想、意志和目的来“保卫”历史唯物主义。这只能是帮倒忙，排除人和人的思想的“实践”，无自觉意识的所谓实践，已经不是人的实践而是动物的本能活动。人又成为动物。这种生物学唯物主义远远低于历史唯心主义的水平。

人的主体性、意志、理性、目的是历史观中难以解开的死结。当把实践中的精神客观化，变成无人身的精神，就会导向理性支配世界的客观唯心主义，黑格尔的理性支配世界的历史观就是这样；当把实践中人的意识性因素变为决定性因素，就会导向意识决定存在，导向一切历史的本质就是思想，历史学就是对思想反思的主观唯心主义历史观；片面强调实践中的非理性，就会导向历史观的非理性主义；片面强调理性，就会导向抽象理性主义的历史观。把人性抽象化，片面强调人性决定历史，就会走向抽象人本主义历史观。

我记起了列宁在《谈谈辩证法问题》中关于唯心主义认识论根源的一段话：人的认识不是直线，而是无限地近似于一串圆圈，近似于螺旋的曲线。这一曲线的任何一个片断、碎片、小段都能被变成独立的直线。而这条直线能把人们引到泥坑里去。直线性和片面性、死板和僵化、主观主义和主观盲目性就是唯心主义的认识论根源。我看列宁这段话用在说明由于割裂人的自然性和社会性、主动性和被动性，割裂实践中主体、客体、中介的统一，把其中某一因素片面夸大发展成各具特色的历史唯心主义观点很为合适。马克思似乎早已经估计到这种片面化的可能性。他在作为历史唯物主义起源的《关于费尔巴哈的提纲》第一条中，既批判旧的唯物主义，又批评那种从抽象方面夸大人的主体性的唯心主义。马克思堵死了通过实践中任何一个因素导向唯心主义的各种通道。

历史唯心主义何以难以驱逐，除了政治因素、理论因素外，还要想到现实因素。这就是时代在发展，它不断地提出新的问题。如果当代马克思主义者不能运用历史唯物主义分析和回答人类面对的迫切问题，就会把解释问题的理论主导权拱手让出去，大大损害历史唯物主义的威信，而且让各种反对历史唯心主义的观点有“用武之地”。

如何看待社会领域比自然领域更关乎人们的利益，而且社会问题缺少直观性、实证性和可实验性。从自然唯物主义到历史唯物主义的道路，布满理论陷阱，用了几千年才发现历史唯物主义。真是漫长的哲学之路。可以肯定，历史唯物主义的创立，不可能把社会历史领域的唯心主义全部驱逐出去。正如自然领域一样，社会历史领域两种历史观之间的矛盾、争论和诘难，将会是长期的。这并不是坏事。真理像火石，只有在敲打中才能发出火光。没有历史唯心主义，只有历史唯物主义一家，不符合辩证法。

哈贝马斯重构论的理论困境

历史唯物主义重建或重构是当代一个颇为响亮的口号。重建、重构在实际生活中容易理解。重建，就是完全拆除旧建筑，建造一座新建筑。重构，则是拆除旧建筑，但材料还可以用，但必须按照新的图纸构建一座新建筑。这两种用法，用在历史唯物主义的所谓重建、重构上我以为都不合适。我认为对待历史唯物主义的科学态度应该是强调发展，如果离开历史唯物主义核心观点的所谓重建与重构，就会与历史唯物主义南辕北辙，不是一条路。

英国的乔治·莱尔因在他那本名为《重构历史唯物主义》不太厚的书中说，尽管哈贝马斯好像是第一个正式提出重构历史唯物主义的作者，然而，在他之前已有不少人阐述了类似于重构这样一个题目。当然，这些人中间对重构有着完全不同的理解和应用。每个作者都有他固有的或明确的意义，并且都用各种方式来论证重构的必要性。莱尔因列举了阿尔都塞、卢卡奇、科恩、萨特等人，认为他们也主张重构历史唯物主义。其实，情况各不相同。对萨特来说，不存在重构问题。存在主义与历史唯物主义是两种历史观，根本无法在存在主义的框架内来重构历史唯物主义。至于卢卡奇则是强调马克思思想中的黑格尔因素。葛兰西则是强调实践哲学和意识形态领导权问题。他涉及的是对第二国际或苏联时期关于历史唯物主义著作中存在的问题的一些不同看法，并没有企图重构与马克思历史唯物主义不同的另一种历史唯物主义，恰好相反，他认为自己才是马克思历史唯物主义思想的真正继承者。阿尔都塞、科恩也非重构，而是以分析哲学或结构主义为方法作为解读历史唯物主义的一种方式。

我认为，真正举起重构旗帜的还是法兰克福学派社会批判理论的代表人物哈贝马斯。他开始说是重建，是把历史唯物主义进行分割和重组以便更好地达成其没有完成的内在目标，最后干脆抛开所谓“重建”，用交往理论取代历史唯物主义关于物质生产的理论，以抽象的主体间性取代在实践中形成的主体际关系。一句话，既非历史唯物主义的“重构”，也非“重建”，而是建立与历史唯物主义完全背离的另一种所谓社会批判理论。

哈贝马斯把他的交往与劳动区分开来，批评马克思的劳动理论不如他的交往理论具有广泛性和批判性。不过，我不相信人类社会存在脱离劳动的交往。交往首先发生在劳动实践中，交往是一种关系即交往关系，它是人类在生产实践中产生的关系。人类社会所有交往活动，无论通过市场经济活动交往或政治交往、思想交往，以及日常生活中的交往活动，归根结底都是以人类生产实践为基础的交往关系的延伸。生产力发展水平决定交往的范围，而交往者在社会生产关系的地位决定交往的社会性质。在小农经济条件下，多少农民足不出乡里，交往关系极其有限。我知道我家鄱阳农村离镇不过二十里的老农，终生没有到过鄱阳镇的不计其数。在工业生产方式条件下，形成较广泛的交往关系。总而言之，交往不能脱离劳动实践，一个社会交往发展水平取决于生产方式发展的水平。全球性的交往是经济全球化的结果，而不是经济全球化的原因。把交往从劳动中剥离，就是把交往关系悬在空中。

主体间性，从历史唯物主义角度看就是人际关系。社会中的人不是单纯的个体，而都是处在一定关系之中。因此所谓主体间性是人作为社会存在物的必然关系。但主体间性不是单纯两个生物个体之间的关系，是一个社会生产中形成的各种社会关系把主体结合在一起。因此主体间性并非主体的特性，而是以主客体关系为基础的主体间的关系。单纯的独立的主体是抽象的原子，根本不是现实的人。不以劳动为基础的主体际关系，无非是各个抽象个人之间的关系，这种关系，从其现实来说是不存在的。当哈贝马斯否认劳动是交往的基础，可又强调主体间性，不知这种主体间性是如何形成的？依我看，这种主体间性是纯粹的抽象，而不可能是实在的关系。我们不否认交往、商谈在伦理行为、在民主政治中的作用，甚至在国际交往中的作用。我们应该重视交往与商谈，但不能期待在脱离社会生产关系和背景基础上的交往、商谈能建立普世性的道德、法制，以及符合公平正义的合理社会。这可能只是学者们书斋中的梦想。

哈贝马斯批评马克思关于劳动与交往相互关系的理论。按照哈氏的看法劳动与交往无关，他的所谓交往理论就是建立在交往与劳动无关的基础上。他寄希望于不同利益主体的交往、对话与商谈达成合作与协调，并以此作为社会发展动力、社会发展规律，作为衡量社会进步和划分社会形态的标准。按照这种理论的重构，实际上是对历史唯物主义的瓦解。

交往可以是一种实践活动，但它不可能离开人类的生产实践。无生产实践，不结成生产关系、不交换自己的活动，人类就不可能有其他方面的交往。这是人们的日常生活经验。语言是交往的工具或中介。不是因为有语言才产生交往，而是因为劳动和交往的需要才产生语言。至今人们从最简单的经验事实都可以体会到，凡是彼此没有交往或缺少经常性交往的地方，彼此语言就听不懂，尽管都是“同县”。把交往关系仅视为主体际关系，和其他活动，尤其是生产活动分离开来，变为仅仅归为以语言为中介的交往，于事无凭、于理无据。

哈贝马斯是社会批判理论家，是西方 20 世纪下半叶影响很大的思想大家。对他的社会学方面的理论贡献，我不太了解，应该多多学习。但他以交往理论取代历史唯物主义，通过以语言为中介的交往、商谈就能达到理想的社会的论断，我断断不能相信。康德的道德绝对命令相信者寥寥，更没有人实行，也无法实行。以康德绝对命令为榜样的哈贝马斯的商谈伦理能否实现，能否通过交谈、商谈，能否谈出彼此同意的理想社会，我也怀疑。我坚信实践是检验理论真理性认识的唯一标准。自从盘古开天辟地至今，还没有看到任何借助语言商谈或交往而改变社会现实的例子，更不用说改变世界。过去没有，现在也没有。只要世界仍然是利益对立，纷争不断的世界，丛林法则、弱肉强食、穷兵黩武的国家肯定存在。哈贝马斯社会批判的尖锐性、可行性，究竟何在，处在不同社会背景，具有不同学术传统的学者可能难以理解。但期望能用这种社会批判理论取代历史唯物主义，大概是一种理论奢望。

历史唯物主义需要重构的理由充足吗？据说历史唯物主义创立于资本

主义时期，已经不适合晚期资本主义，晚期资本主义需要交往理论。这个理由不能成立。阿基米德浮力原理发现于公元前两百多年；发现三角形定理的毕达哥拉斯是古希腊哲学家，中国的最早算术著作《周髀算经》也有关于勾股弦定理的记载。难道因为已过两千多年，就不适用吗？有人或许会说，这种类比不合适。前者是自然规律，后者是一种学说，不可类比。历史唯物主义虽然创立于19世纪40年代，马克思和恩格斯在有生之年仍在不断完善和成熟。但历史唯物主义揭示的实现的人和社会发展规律，并非关于早期资本主义的发展规律。它是关于人类社会的发展规律，而非社会发展某一阶段的规律。社会规律与自然规律各有特点，但有作为规律的共同点，即只要有规律起作用的条件，它就具有普遍适用性。没有一个人能指出创立于早期资本主义时代的历史唯物主义基本规律，现在已经失效了，需要代之以交往理论。理论的适用性取决于它的真理性。真理无新旧，也不以时间长短为衡量标准。可以有最古老的真理，也可以有最新的谬论。不以人类物质生产关系为基础的所谓交往关系，举世皆无，至今亦然。

哈贝马斯批评历史唯物主义缺乏批判性维度。真有意思。世界上有哪种学说具有马克思主义的批判性？马克思主义是从批判资本主义社会需要中产生的，马克思主义才是真正的社会批判理论。康德号称批判哲学，写过《纯粹理性批判》、《实践理性批判》、《判断力批判》，那可不是真正意义的批判，批判只是考察的意思，并无火药味，只有学术气。马克思曾经说过黑格尔有一个完全否定的和批判性外表的“是非批判”的实证哲学。

康德的批判属于纯理性和认识论领域，黑格尔则是纯概念领域。而马克思的批判则是从资本主义社会的肯定性看到它的否定性，从存在中看到它必然灭亡，并主张实际地改变资本主义现实。为此，马克思把自己的哲学称为批判的革命的哲学，其中当然包括历史唯物主义。只要读读《共产党宣言》、《资本论》，以及马克思和恩格斯的全部著作，可以说批判即革命性是它的最重要的特点。无批判性即无马克思主义。

马克思主义既主张武器批判，也重视批判武器。这两种批判是相互联系的。马克思在《黑格尔法哲学批判·导言》中说得很清楚，批判的武器当然不能代替武器的批判，物质力量只能用物质力量来摧毁；但理论一经掌握群众，也会变成物质力量。在当代世界，马克思主义哲学包括历史唯物主义，仍然是最具批判性的哲学。对于这种哲学，哈贝马斯居然说它缺乏批判性维度，主张重建，实属可笑。

西方有些学者并不认同哈贝马斯构建的历史唯物主义属于马克思主义。吉登斯就批评哈贝马斯的交往理论说，“哈贝马斯继续把自己当作马克思主义者，实际上，哈贝马斯只是非常形式化地对待马克思，马克思许多重要观点在他那里遭到抛弃”，还说，“哈贝马斯与马克思的距离何止十万八千里。如果说哈贝马斯是最后的马克思主义者，他之所以堪当此任，无非是因为其思想与以前长期所认为的马克思主义大相径庭”。吉登斯并不是马克思主义者，而且对马克思主义多有指责。由一个西方学者批评另一个西方学者的重建理论，挺有嚼头。

另外出版《重构历史唯物主义》的作者乔治·莱茵也批评哈贝马斯从生产到交往的转移，使得他极为轻视以物质生活为基础的阶级冲突，并用曲解的交往思想取代了它们。重构从根本上改变了大多数人所认同的历史唯物主义本来面目。

法国学者洛克莫尔的《历史唯物主义：哈贝马斯的重建》已看清哈贝马斯重建论的本质。他指哈贝马斯由对历史唯物主义批判性解读的方式对其进行重建，并且最终用另外一种理论来取而代之。这是一种利用重建达成新理论的替代的策略。在我看来，洛克莫尔说出了一个很重要的事实，在当代，谁要反对马克思主义、反对历史唯物主义这个具有世界性影响的学说，很难简单取代或彻底否定，往往采用抽象肯定、具体否定的曲折的手法，在历史唯物主义的旗帜下摒弃历史唯物主义。说哈贝马斯的思想路线图，是由历史唯物主义理论重建到理论替代这个结论性的考语，可以说切中真理。可见，这种“重建”历史唯物主义，往往是在“重建”掩护下的消灭。

创造性发展不是简单重构

我们反对哈贝马斯对历史唯物主义的重构，指出这种重构的理论必然陷入困境。但我们并不反对历史唯物主义的发展。历史唯物主义必须发展。历史唯物主义是历史观的伟大变革，但它是没有结束的变革。历史唯物主义和整个马克思主义和马克思主义哲学一样，都是与时俱进，永远不会停滞，也不能停滞。马克思主义发展的停滞，就是生命的终结。

历史唯物主义在当代应该发展。当代现实并不是历史唯物主义的单纯试金石，不是仅仅用以验证、说明历史唯物主义正确性的新例证，而是历史唯物主义更加锋锐的磨刀石。当代现实，既是对历史唯物主义基本理论的实践检验，又是推动历史唯物主义发展的动力。

马克思和恩格斯逝世后的一百多年中，历史唯物主义在俄国革命、中国革命和社会主义建设和改革中，在西方某些马克思主义学者中，不断地得到丰富和发展。我们面临的全球化的当代世界，包括正在建设中国特色社会主义的中国，现实提出许多马克思和恩格斯创立历史唯物主义时从未遇到过的问题，包括人与自然界关系的当代特点问题，科学技术在当代社会发展中的作用问题，经济全球化中的国际关系中的经济、政治和文化发展问题；当代资本主义向何处去的问题、社会主义的前途和命运问题、当代中国发展的模式和道路问题、阶级斗争理论和阶级分析方法是否已经过时，如此等等。另外，随着对马克思和恩格斯文本的研究，会发现以往没有关注甚至忽略的重要思想和具有现实意义的问题。这些都要求我们正确对待历史唯物主义已有的原理，以开放的创造性态度对待历史唯物主义。

对历史唯物主义的当代阐述包括两方面，一方面是对时代新课题的创造性回答，以此丰富历史唯物主义；另一方面是通过深入研究文本发现既往未被发现、未重视或长期被误读的原理，恢复马克思和恩格斯对它的论述。这两种情况都要立足现实，面对问题，以马克思主义的态度对待历史唯物主义的发展问题。因此，我们应该树立正确对待历史唯物主义基本原理的原则的态度。马克思和恩格斯是著作等身的伟大思想家。他们的著作之多是罕见的。据说《马克思恩格斯全集》历史考证版计划出版的就有114卷，其中包括著作、文章、多次草稿、笔记摘要和通信。仅马恩之间的通信就有4 200封之多。可以肯定其中有许多思想可供研究，可供发掘。

马克思文本学在当代中国逐渐受到重视，这对丰富和发展马克思主义包括历史唯物主义，很有帮助。但我们应该区分马克思主义的基本原理的研究和历史研究。就基本原理研究说，任何一个理智的研究者都会懂得一个根本道理：像马克思和恩格斯这样的作家正式出版作品的思想成熟度要高于手稿，定稿要高于初稿，三稿要高于二稿，正式寄出的信件中表达的理论见解，要比信件的拟稿或草稿成熟，因为它经过充分考虑。要知道马克思和恩格斯生活在言论比较自由、出版比较自由的资本主义社会，尤其是离开了普鲁士，长期居住英国。他们没有必要像中国封建时代的学者那样不敢公开发表意见，要把具有叛逆思想的著作藏之深山，以待后人，或者微言大义，采用隐喻手法，或自称为“焚书”以掩蔽。我敢说，马克思和恩格斯定稿并出版的著作是他们的真实思想，也是我们研究马克思和恩格斯基本理论的主要依据。至于从马克思和恩格斯思想发展史角度看，研究一稿、二稿，草稿或定稿，甚至合作著作中各自所撰写的章节，修改的字迹，都有文本学意义。但以这种研究作为修改成熟著作和已公开发表著作中包含的基本原理，甚至成为所谓重构的根据，成为所谓马克思和恩格斯对立的依据，则需再三深思。在我看来，这是一种错误的理论研究道路。

至于有的学者以重建的名义来批评哲学教科书体系和内容的缺点，这是另一回事。教科书的缺点当然可以批评。世界上没有一本完美无缺的教科书，更没有囊括本学科全部真理的锦囊妙书。马克思主义哲学教科书做不到，其他教科书也做不到。世界上没有任何一门学科的教科书能做到。

教科书就是教科书。它只能起教科书的作用，只是对本学科最基本、最必要的理论的条理化传授。根据历史唯物主义教科书来判断马克思和恩格斯创立的历史唯物主义，这等于按照素描来衡量本人一样。何况画家水平有三六九等，教科书编著者也一样。马克思主义哲学教科书，包括中国的哲学教科书中不准确，不全面，或者遗漏马克思和恩格斯原著中一些重要的历史唯物主义重要思想，都是可能的。教科书需要不断修改、甚至重编。虽然作者也可能以“重建”或“重构”或“新编”为名，这只是要求读者重视自己的观点，提请注意而已，而非真正对历史唯物主义来一次外科手术。这与上面所谓重建或重构并非一回事。其中对教科书的批评可能有其合理之处，不能因其使用“重构”“新编”书名而存“先入之见”。对教科书的编写应该持开放态度，对历史唯物主义的发展同样应该持开放态度。但有一个界限，历史唯物主义只能在历史唯物主义基本原理基础上发展；而教科书的编写的重编应该越来越正确、全面反映历史唯物主义基本原理及其新成就。

从经验世界到超验世界

马克思曾说过，德国哲学从天国降到人间，和它完全相反，他自己的哲学是从人间升到天国。天国与人间，当然是比喻的意思。德国哲学主要指黑格尔的思辨哲学，正如他把苹果与梨视为水果观念的体现一样，他用处在尘世之外的绝对观念解释自然和社会中的一切。这是从超验世界下降到经验世界。马克思和恩格斯相反，他们是从经验世界到超验世界，也就是从人间到天国。《德意志意识形态》中说的："在思辨终止的地方，在现实生活面前，正是描述人们实践活动和实际发展过程的真正实证科学开始的地方。"这段话的真正意义是指明了从天国至人间与从人间到天国的根本区别。

我们以思辨历史哲学和历史唯物主义的根本区别为例。思辨历史哲学即马克思和恩格斯批评的"独立的哲学"是非实证的，因为它是在历史现实之外、把它们关于历史的观念强加于历史之中。它们的出发点是抽象的观念或者抽象的人；而历史唯物主义具有实证性，因为它作为出发点的现实的人和他们的生活需要以及生产活动，都是通过经验可以观察到的现实的人和实践活动。

历史唯物主义是最为现实的、具有经验性的哲学。历史唯物主义与人类日常生活密不可分。历史唯物主义的创立过程表明，马克思不是从抽象思辨，而是从人类生存的一个最为常见但往往为哲学家不重视的简单事实，即人类为了生存首先必须吃、喝、穿、住，然后才能从事政治、科学、艺术、宗教这些高尚的、超世俗的活动。历史唯物主义不能离开衣、食、住、行，不能离开人类生存需要的生活资料的生产活动。因而衣、食、住、行中有哲学，生产中有哲学。中国古代哲学强调百姓人伦日用是有道理的。历史唯物主义的基础就存在于人类的生产和生活实践之中。

但历史唯物主义又不是“沉没”于日常生活之中的生活哲学。历史唯物主义从人类生存需要和满足生存需要的方式中发现历史的一般规律。上升到规律性的认识就超出了日常生活经验的范围。尽管自古以来，人类都知道只有满足吃、喝、穿、住之后才能从事其他活动，不能喝西北风。自古以来不少哲学家懂得民以食为天的道理。《孟子·梁惠王》中说，“五亩之宅，树之以桑，五十者可以衣帛矣。鸡豚狗彘之畜，无失其时，七十者可以食肉矣。百亩之田。勿夺其时。数口之家可以无饥矣。谨庠序之教，申之以孝悌之义，颁白者不负戴于道路矣。七十者衣帛食肉，黎民不饥不寒，然而不王者，未之有也”，这是孟子为推行王道仁政提供的理想社会的方案，孟子并没有上升到社会发展规律，但他懂得民生、发展生产以及使百姓不饥不寒在政治治理中的重要意义。古人说过，“夫饥寒并至，而能无为非者寡，然则温饱并至，而能不为善者希”。这是关于衣食与道德相关性的最朴素的道理。

可是仅仅知道衣、食、住、行的重要性，还没有进入历史唯物主义大门。经验事实不能代替理论概括。马克思说过，“现代历史著述方面的一切真正进步，都是当历史学家从政治形式的外表深入到社会生活的深处才取得的”。所谓社会生活的深处，也就是历史的深处。这个深处就是隐藏在日常生活即为满足人类衣、食、住、行的生产活动的规律。马克思用一个人人能懂的道理说明这个真理。他说现在生产面包是用蒸汽磨，而从前是用风力磨和水力磨，更早的时候是用手推磨；生产面包不同的这些生产方式完全不取决于他吃面包这一简单行为，我们在其中看到的是生产方式发展规律的历史。如果不能从衣、食、住、行日常生活，进入到生产方式及其规律，就只能停留在日常生活的经验层面。

历史规律是历史过程的内在本质，虽然它不能脱离人们的生产和生产活动，可是人们又不能从人的生活方式中、从生产和生活中直接“看到”这些规律。要从经验进入超验，必须进入理论思维。自古以来没有任何人能否认人要穿衣吃饭，否认人类生存需要衣、食、住、行，为此必须生产人类生存需要的东西，可是历来都是到此止步。人们天天如此生活、年年如此、代代如此，似乎平淡无奇，毫无惊人之处。没有能知道其中有道、有规律、有超乎日常生活的最伟大的真理。谁发现了这个真理，谁就真正进入到历史的深处。马克思在《政治经济学批判·序言》中就是从人类满足生活的生产活动中发现社会发展规律，如人类的生产力如何决定生产关系，经济基础如何决定上层建筑，它们之间如何发生矛盾，又如何引起社会形态的变化。这是历史唯物主义高于其他一切历史哲学的地方，它立足生活和生产实践，又超出人们的直观经验，从中发现长期为狭隘的生产方式和认识主体的历史局限性所遮蔽的规律。

马克思和恩格斯在历史领域中的伟大发现，就是立足于人类现实需要，从人类生活和生产中揭示出人类社会发展一般规律。正因人们只能看到日常生活而不可能看到超验性，因此历史发展一般规律受到不少理论家的否认。他们说谁见到过生产力与生产关系矛盾运动规律，见过经济基础与上层建筑相互作用的规律，见到过社会形态更替的规律？总之，他们进入到规律领域、进入理论思维领域却仍然停留在经验中，仿佛只有像见到的人要穿衣、人要吃饭、人要生活、人要生产这些人人可见的日常事实一样看到规律才能相信。他们看到个人，但看不到阶级；看到生产，但看不到生产力和生产关系；看到社会有变化，王朝有兴亡，政权有更替，看不到这些事实背后，或者说事实深层中蕴藏的规律。这是一种经验主义的思维方法。不懂得科学需要抽象、需要概括。科学的抽象和概括，比眼见的事实更真实。

从人们日常生活，从生产中发现历史唯物主义一般规律，但人们不可能直接看到生产力决定生产关系、经济基础决定上层建筑规律，以及社会历史规律。因为对规律的把握已经上升到理论领域，它的表现方式是范畴和概念。马克思说过，“日常经验只能抓住事物诱人的外观，如果根据这种经验来判断问题，那么科学的真理就会总是显得不近情理了”。恩格斯也曾经批评一些经验主义者，“先从感性的事物得出抽象，然后又期望从感性上去认识这些抽象的东西，期望看到时间、嗅到空间，经验论者深深地陷入经验体验的领域内”。不少怀疑历史唯物主义关于社会发展一般规律的学者，就其思维方式来说，往往深陷入这种经验主义的思维之中。

历史唯物主义从日常经验到超验最大的飞跃，就是发现物质资料生产方式和交换方式是社会存在和发展的基础。衣、食、住、行是人人能见的，而物质资料生产及其规律则不是凭经验能见到的。有人说，在虚拟经济时代这个观点已经过时了，现在是虚拟经济处于支配的时代。这种说法完全违背历史唯物主义基本原理，也不符合事实。物质资料生产方式之所以是社会存在和发展的基础，是因为只有物质生产才能为人类提供生产生存需要的生产资料和生活资料。实体经济就是直接从事人类需要的物质产品和精神产品的生产和交换的经济活动。没有实体经济就没有可供人类生存和发展需要的物质和精神产品，画饼永远不可能充饥。

虚拟经济是在借贷资本和信用制度基础上产生的，以股票、债券、不动产作抵押资本形式。它不具有直接生产物质产品的功能，本身也不具有价值。它只能作为未来收入的一种凭证。股票、债券之所以有收入，收入高低并不取决于它自身，而是取决于它所代表的实体经济生产状况。任何社会都不能靠虚拟经济生存，而只能依靠发展实体经济，如果停止生产，哪怕是一年、一个月，甚至一个星期，社会的存在都难以为继。正像马恩在《德意志意识形态》中说针对费尔巴哈说的，“这种活动、这种连续不断的感性活动和创造、这种生产，正是整个现存的感性世界的基础，它哪怕只中断一年，费尔巴哈就会看到，不仅在自然界将发生巨大的变化，而且整个人类世界以及他自己的直观能力，甚至他本身的存在也会很快就没有了”。

要吃、喝、穿、住，要生存生活，首先要有实实在在的物质生产，虚拟经济的积极作用，在于它通过融资为实体经济提供资金支持，如果虚拟经济过度膨胀形成经济泡沫，就会引发金融危机、妨碍和影响实体经济的发展甚至导致经济危机。企图把当代社会的存在和发展置于虚拟经济的基础上，轻视实体经济，与历史唯物主义原则相悖而行。要是人类能靠股票债券生存，不必生产，那就谢天谢地，阿弥陀佛。可只有在天国才可能，人间永远要进行物质生产。

马克思批评过去的一切历史观不是完全忽视了历史的这一现实基础，就是把它仅仅看成与历史过程没有任何联系的附带因素。根据这种观点，历史总是遵照在它之外的某种尺度来编写的；现实的生活生产被描述成某种史前的东西，而历史的东西则被说成是某种脱离日常生活的东西，某种处于世界之外和超乎世界之上的东西。这样就把人对自然界的关系从历史中排除出去了，因而造成了自然界和历史之间的对立。因此这种观点只能在历史上看到元首和国家的丰功伟绩，看到宗教的、一般理论的斗争，而且在每次描述某一历史时代的时候，它都不得不赞同这一时代的幻想。难道到了 21 世纪由于虚拟经济，人类已经不再需要生产，重新回归虚拟世界、依靠观念、依靠各种符号就能生存的时代吗？这是永远不可能实现的幻想。

论日常生活

历史唯物主义基本规律的发现，历史唯物主义的创立，是从为人们习见的吃、喝、穿、住这些世俗的生活的生产开始的，是由经验世界到超验世界。可历史唯物主义的基本规律并不处于超验世界，它就存在于现实的经验世界之中。因此，历史唯物主义学说必须从超验世界观回到经验世界，否则永远悬在空中。运用历史唯物主义的观点考察社会历史，是从超验世界返回现实世界。既然历史唯物主义的发现是从满足人们生活资料的生产开始的，那我们就从最熟悉的日常生活看看如何运用历史唯物主义。

熟知非真知。自古以来，每一个当政者无不知道衣、食、住、行的重要，老百姓缺衣少食，江山难保；每一个家庭都知道，开门七件事，柴、米、油、盐、酱、醋、茶，缺衣少食，老少不安。只要不是白痴，没有不知道的。但是在历史唯物主义视野之外，这些只是毫无新奇可言的世俗生活，似乎没有多少哲学道理。可是以历史唯物主义观点来考察日常生活，就可以看到其中隐藏的奥秘。

衣，是人类不同于其他动物的生理需要。遮羞并不是发明衣服的原因，赤身裸体的羞耻感，是随着穿衣成为一种常态而逐渐形成的。最早人类是裸体的，从树叶兽皮到能纺织，这是一个漫长的社会发展过程。

在人类进步中，穿什么和如何穿反映了社会生产水平、生活方式，甚至阶级和等级区别。总之，衣，既可遮羞，抗寒，又可以是阶级和等级的符号，可以成为社会风尚、道德，甚至价值观念变化的象征。材料、式样、风格可以反映社会的变化。不同的衣着，可以反映生产方式、生活方式甚至政治制度的变化。在封建社会，穿什么有严格的等级规定，不仅式样甚至颜色都不能随便。司马相如与卓文君在成都当垆卖酒，一代写手司马相如也只能是店小二着装；孔乙己沦为乞丐偷书，仍穿长衫，表示是有身份的读书人。资本主义社会没有限制，这表明资本主义是一个主张平等的社会，是一个反对封建等级制的社会，因此也只有资本主义才有所谓时尚，才有所谓流行服装，穿衣百无禁忌，有钱什么都可以穿，越新奇越时髦越被追逐。当然也有人类的道德底线，在大街闹区裸体仍然是禁止的。以农业生产方式为基础的封建社会则不同，农业社会是一个稳固缺乏流动性的社会，服装式样可以长时期不变。资本主义社会是交往广泛、变化最快的社会，因而服装的变化也最快。在经济全球化下，世界交往带来的是衣着方式的国际化，巴黎流行的服装或时尚可以很快在其他国家流行。西服在中国是所谓正装，似乎是不少庄重场合下的礼服，长袍马褂随着旧社会的结束而退场。照理说，中国人应该有自己的民族服装，特别是在正式场合。这是一个国家的象征，正如国旗一样。可是由于西学东渐，西服成为中国知识分子的正式礼服，相沿成习，难以更改。可是随着文化复兴，唐装又逐渐重新走上服装舞台。不过唐装热能持续多久，取决于社会的变化与需求。可以说，服装史，也是一部社会发展史。能弄懂历史唯物主义，肯定能从这个人人必穿的服饰变化中，读出历史、读出时代、读出社会的变迁。

食，吃的重要性是不言而喻的。中国古人说，国以民为本，民以食为天。食，是人的生存的需要，同时又是阶级、等级和贫富区别最为明显的标志。“朱门酒肉臭，路有冻死骨”，这是古代诗人的描写。当代也是如此。当代世界有富国与穷国的区别，国内有穷人与富人的区别。这种区别的一个表现就是食。吃什么，如何吃？一个不能满足人民果腹的社会，是不可能稳固的社会。任何社会的动乱最根本的原因是饥饿。中国古代农民起义都是在荒年，易子相食，无法生存时，被迫揭竿而起的。为什么资本主义社会实行社会保障制度和社会福利制度？是为了资本主义社会的长治久安，而不是单纯出于人道关怀，也不是简单的慈善事业。虽然其中包括人道和慈善，但最本质的还是一个社会制度和生产方式自我维持和保存的机制。即使在中国封建社会的乡村也有所谓“义仓”、“义田”，即每个村储备一定数量的粮食，以防灾荒。这是老百姓的自我救治。一个不能满足人类生存所需食物的统治者，是不可能继续统治下去的。

为什么我们注重脱贫，注重缩小差距？这是中国特色社会主义事业成败的大事。邓小平总结苏联解体经验时把发展经济放在首要地位，把发展生产力和解放生产力放在首要地位，原因是只有生产力发展，才能满足人民的物质需要和文化需要。一个人民生活总是落后于西方资本主义社会的社会主义国家，其优越性是无法表现的。一段时期可以理解，勒紧裤腰带建设可以理解，但长期则不可。马克思主义重视吃，但历史唯物主义是从吃中，即人们吃什么、如何吃中看到的富裕与贫困，是阶级、阶层和利益分配问题，而不是一个纯生理需要的功能。历史唯物主义重视吃饭，但不能简单把历史唯物主义称为"吃饭哲学"。因为历史唯物主义从人人要吃饭这一生理需要中，发现在满足人的吃饭需要中存在重大哲学问题，即生产方式与生活方式问题。《舌尖上的中国》影片别出心裁之处，就是把美食与满足口腹之欲与文化传统、生活礼仪结合在一起，显出"吃"中的文化蕴涵。

住，即人类的栖身之所的问题，这是人与动物不同之处。动物只要洞穴，人则不行。当然，人也有洞穴阶段，那时人还未进化到真正意义上的人，如北京猿人、山顶洞人。人是要有住所的，不管如何简陋。就这一点说，农业社会的人比工业社会的人好，农村的人比城里人幸福。农业社会中的人，不管如何，总有一个茅屋可以栖身。工业化则不同，被卷入工业化大潮的农民，住房问题成为严重问题。马克思在《1844 年经济学哲学手稿》中，专门讲到无房可住栖身于地下室的工人，其居住条件类似于原始人的洞穴。

恩格斯在 1872 年写过三篇批评蒲鲁东等人关于解决工人住宅问题的文章，后来合编为《论住宅问题》出版。在 1887 年二版序言中，恩格斯是从生产方式角度论述工人的住房问题。他说从工场手工业和小生产向大工业过渡，并且这个过渡还由于情况极其顺利而加速的时期，多半也就是"住房短缺"的时期。一方面，大批农村工人突然被吸引到发展为工业中心的大城市里来；另一方面，这些老城市的布局已经不适合新的大工业的条件和与此相适应的交通，街道在加宽，新的街道在开辟。铁路穿过市内。正当工人成群涌入城市的时候，工人住房却在大批拆除。你不能不佩服恩格斯这段论述的远见卓识。这个远见卓识来自历史唯物主义观点。他把住房问题放在生产方式变化中思考。当由农业生产方式转变为工业生产方式，当农民大量变为工人，就会出现住房问题。这个规律，在当代新兴国家包括中国，同样在起作用。

住房问题与生产方式相联系，它必然与财富分配方式、阶级对立、贫富区分相联系。富人住的是高档别墅式的楼宇，穷人无栖身之所。至于古代封建帝王的宫殿别苑，极尽奢侈，更非寻常百姓所能想象。建筑是一门艺术，它为人类留下了许多宏伟壮丽令后人叹为观止的瑰宝。但在特定历史条件下，客观上是为统治者、为富人的艺术，为神的艺术。“南朝四百八十寺，多少楼台烟雨中。”历史上与现实中建筑学的成就，与穷人无关。穷人无法分享建筑学进步的成果。在资本主义社会有产者、富有者园林式别墅与穷人路栖街头并存。

随着社会文明发展，住的问题已经由单纯个人住房问题变为整个城市建设问题，即把城市建设为宜居城市。宜居城市的建设又不可能取代普通百姓的住宅问题。一个满布贫民窟的城市不可能是宜居城市。可见如果把住房仅作为住所，而不从生产方式和社会制度考虑“住”的问题中蕴藏的社会问题和哲学问题，就找不到如何通过改革解决住房的出路。

行，就是交通。同样与生产方式不可分。在农业生产方式下，交通不可能发达。没有现代化生产方式，就没有现代化交通工具。农业生产方式没有广泛市场，当然就没有大流量人员交往，道路的阻隔不成其为问题。而在资本主义生产方式下，随着资本主义市场繁荣，随着远距离运输和交往频繁，交通必然开始发展。国内市场繁荣，国内交通发达；世界市场形成，国际交通发达。“朝辞白帝彩云间，千里江陵一日还。”李白视为神速，可如今世界变为地球村，世界各国的来往，朝发夕至极为平常。只有生产方式的变化才能解释行中的时空观念的变化。物质交往方式的变化，是人们在交通上相互联系方式变化的基础。

交通，不仅是加速物流、人流，还可加强文化交流。交通发达的地方，也是人的思想最易变化和开放的地方；相反交通闭塞，往往是文化落后、思想落后，旧传统最易保存的地方。《桃花源记》中人的“黄发垂髫，不知有汉，无论魏晋”，依然保持原来传统，就是因为与世隔绝。这个理想国，这个小农的理想国，在工业生产方式发达、世界连成一片的当代决不可能产生。全部人类史证明，近海比交通不便的内陆开化早；平原比交通不便的山区开化早；而铁路所经之处比远离铁路地区更易发展。要致富，先修路，是有道理的。在资本主义工业化和市场化时代，几乎没有资本不能到达的地方。只要有钱可赚，一定以把交通延伸到穷乡僻壤，延伸到最为落后的地方。这就是所谓开发。

衣、食、住、行是人的生活方式的内涵，它决定于生产方式，这说明生活方式是由生产方式决定的。而存在于人的生活方式中的人类文化现象，归根结底是由生产方式决定的。农业生产方式有农业生产方式的生活方式，从而有农业文化；工业生产方式有工业生产方式的生活方式，从而有工业文化。农业生活方式不会有夜生活，日出而作、日没而息，而夜生活则是工业生产方式下城市化的特点，它与商业的繁荣不可分。商业越繁荣，越需要夜生活，也越有可能夜生活。夜晚是白天的继续，这是城市；白天是夜晚的结束，这是农村。

人类的衣、食、住、行是由生产方式决定，当人类发生生活危机，即一部分人或大部分人的衣、食、住、行陷入困境，就会影响生产方式的稳定。革命归根结底就是由于生活，由于大部分人缺衣少食引发的。所谓活不下去，本质上是生产方式的危机。民生问题，对任何社会都是重要的。可民生问题的解决离不开生产方式的变革。任何一个朝代的统治者都知道这个道理。《管子·治国》中说，“凡治国之道，必先富民。民富则易治，民贫则难治”。虽然管子的“富民”思想是“牧民”，《管子》一书中就有《牧民》篇，以民为本的措施是治理的手段，但民本主义与专制暴政相比，仍不失为封建社会进步的政治理念。

民本主义最核心的就是“以民为本”，实现丰衣足食的理想，让老百姓能生活得好，这样才能长治久安。但是人类原有的社会制度中，根本不可能解决富民问题。前资本主义社会不用说，因为生产方式的阶级本性和生产力不发达，不可能做到人人富裕。发达资本主义照理可以做到，因为它们的生产力发展很高，物资丰富，但同样不可合理分配。它们以社会福利和社会保障制度作为解决贫富过分悬殊的替代方式。但社会保障和福利制度仍然是治标，而不是治本。这种措施不可能解决社会贫困人口问题。资本主义生产方式是私有制社会，生产资料属于私人，财产属于个人，不可能共同富裕，否则就不是资本主义社会。民主社会主义企图在保存资本主义制度下走出资本主义制度的困境，事实证明不可能。北欧一些所谓福利国家也捉襟见肘，福利难以为继。

中国特色社会主义的建设，是以共同富裕为目标的。一部分人先富起来，先富帮后富，然后达到共同富裕的富民道路是正确的，但其中也存在体制性问题。按照市场经济规律，先富起来的人越可能不断积累财富，因为拥有致富的条件，而贫穷者依靠打工为生则很难致富，即使其中有极少数幸运者由打工而逐渐发财致富，同时又会有另一部分人为他们打工。先富能否帮后富，能否达到共同富裕，是需要路线和政策保证的，而不纯粹是个人道德问题、觉悟问题。在当代中国，脱贫仍然是个重大问题。因此，我们要以科学发展观为指导，不仅要发展生产力，还要调整分配制度和税收制度。要解决生产力与生产关系、经济基础与上层建筑中存在的某些不适应的矛盾，都要求进一步深化改革。

衣、食、往、行中有哲学，有政治，有治国安民之道。共产党的领导者如果漠视人民的日常生活需要，漠视衣、食、往、行问题肯定不是好的领导。我读过《北京日报·理论周刊》的一篇文章，题为《陈云曾建议成立“穿衣问题小组”》。文中介绍说，陈云认为，“吃、穿、用、油、盐、柴、米，这是人民的大事。共产党必须关心人民群众的切身利益。不能解决实际问题谈为人民服务，则是一句空话”。特别提出“粮食问题是最重要的问题”，粮食问题没有办法解决就“只好回延安去”。陈云为《吃的选择》一书题词就是，“民以食为天，人民吃得如何是关系国运昌盛的大事”。他还建议成立“穿衣问题小组”，专门研究解决穿衣问题。

我以人们的日常生活中存在哲学问题为例，说明历史唯物主义不能悬在半空，必须从超验世界回归经验世界。这只是一例。人类社会各个领域都是现实生活领域，都应该在历史唯物主义视野之内。用历史唯物主义观察社会、观察历史、观察现实，我们就可能如烛洞明、察微入渐，思想理论境界高出一筹。

历史唯物主义不是套语

在学习历史唯物主义中，最容易犯的毛病是贴标签，把历史唯物主义的基本原理当套语用，会造成比公然反对历史唯物主义更大的伤害。直接公开反对历史唯物主义，读者知道你持什么观点，如果把历史唯物主义当套语，旁征博引，很容易误认为这就是坚持历史唯物主义。这实际上是败坏历史唯物主义的声誉，尽管出发点并非如此。这就是为什么恩格斯在晚年通信中，强烈地反对把历史唯物主义当作现成公式和套语的原因。反对历史唯物主义变为套语，也是保卫历史唯物主义。不过这是另一种方式，是以正确对待历史唯物主义来保卫历史唯物主义。

恩格斯批评当年自称为历史唯物主义信奉者的德国青年派说，我们的历史观首先是进行研究工作的指南，并不是按照黑格尔派的方式构造体系的方法。并强调如果不把唯物主义方法当作研究历史指南，而把它当作现成公式，按照它来剪裁各种历史事实，那么它就会转变为自己的对立物。马克思也是强烈反对历史唯物主义套语化。他警告式地指出，在历史科学中专靠一些公式是办不了什么事的。马克思的经济学研究、历史学研究都是运用历史唯物主义的卓越范例。

贴标签的方法是最低级的也是最无用的方法。贴标签可以有多种方式。例如，把专制暴君的标签贴到秦始皇、斯大林、毛泽东身上，把中国称为专制国家、把美国说成自由世界时，使用的也是贴标签的方法。专制、暴君、自由、民主等用语，当他们根本不考虑事实如何，随时可用随处可贴，实际上也是一种标签。这种贴标签式的方式，除了表达贴标签者自己的政治观点和历史价值观外，什么也说明不了。套语只是套语、标签也只是标签，无改于事实本身。

我记起偶然读到的叶利钦 1998 年 7 月 17 日在沙皇重新安葬的葬礼上的演说，为十月革命给苏联人民带来的世纪伤痛表示忏悔。他把杀害俄罗斯帝国最后一位沙皇尼古拉二世和他家族的事，称为俄国历史上最耻辱的一页，并称十月革命后社会主义时期，是一个血腥的世纪，俄国失去和谐的世纪。叶利钦不仅是为沙皇一家之死表示忏悔，实际上是对俄国十月革命的彻底否定，对苏联人民长达 70 年的社会主义建设的否定，极其明显地表明了他的政治立场。可他的控诉、谴责，不过是为布尔什维克的行为贴上一个“暴行”的标签。这种标签是人类历史上所有反对革命者常用的标签。叶利钦除了贴上标签外，并没有真正揭示事情的本质。

我们并不认为杀害沙皇一家是正确的，中国对清逊帝即后来日本的傀儡皇帝溥仪采取通过改造使其成为公民的政策，并为其安排工作，这是革命人道主义的做法。沙皇一家是在 1918 年 7 月 17 日凌晨仓促被处决的，这与当时新建的苏维埃政权由于白军的进攻处于危殆中的紧急形势不可分。这是一个错误的决定，但是一个不得已的决定，我们不能忘掉俄国是世界第一个进行社会主义革命的国家，当时处于十四国联合进攻和国内白军叛乱，新生的苏维埃政权岌岌可危。这是处于脆弱而立足不稳政权自我保存的决定。只有把沙皇一家之死放在人类第一个无产阶级革命，孤立无援、四面受敌的历史条件下才可以理解。

任何事情都不能脱离历史条件。处死皇帝并非十月革命的首创。法国路易十六在法国大革命时期就曾被送上断头台。虽然在法国庆祝革命 200 周年的庆典上，法国总统也表示处死他是个悲剧，但认为是不可避免的，我们并没有看到法国大张旗鼓为路易十六之死忏悔。因为忏悔表示对资产阶级革命的否定，也是对当今法国资产阶级统治的否定。叶利钦不同，他以俄国总统身份对处死沙皇一家的忏悔，与彻底否定十月革命相结合，以沙皇之死来证明十月革命的非正义性和残暴。从为苏维埃政权免遭颠覆而仓忙杀害沙皇一家，到 80 年后叶利钦以总统身份的忏悔，我们看到是俄国历史的变化。这个变化包含着深刻的历史内容。看起来叶利钦连资产阶级政治家都不如。资产阶级政治家在 200 年后对处死国王表示惋惜外，还肯定资产阶级革命的正当性和处死路易在当时条件下的不可避免性。看起来，一个“叛变”了的社会主义国家总统远不如资产阶级总统的历史视野。

革命与人道的关系是雨果著名小说《九三年》中的难题，也是雨果无法解开的心头之结。革命应该包括人道主义，倡导革命人道主义，但没有人道主义的革命。革命过程不可避免地会有流血、会有彼此相杀、会发生一些所谓违背人道的行为。这是革命洪流中的浊水。但我总以为真正的革命，革命者对待反革命远比反革命对待革命者要宽容得多。只要稍有历史知识，包括中国革命的历史的人就会明白。我不是为革命中的非人道现象辩解，但主张应该具有历史唯物主义的眼界。不加分析地用“人道”、“暴行”作为套语，套在革命的头上会障蔽人们对历史过程的正确认识。

我们反对那些歪曲历史真相的套语，也反对把历史唯物主义变为套语。即使以“坚持”的名义，同样是错误的。应该把历史唯物主义作为分析方法，反对套语化、标签化。历史唯物主义只有同时作为方法，才能充分发挥它的作用，显示它新历史观的功能。缺少方法论的历史唯物主义是不完整的，是残缺的，无法显示历史唯物主义伟大变革的意义。

什么算套语，什么不算套语，往往容易混淆不清。我以为根本区别在于是否坚持历史唯物主义的方法论功能。套语是从原则出发，“逼迫”事实强就原则，削足适履；而分析方法是立足事实，运用历史唯物主义的观点分析现实。可以说，分析方法是直立着的，以事为据；而套语则是倒立着的，以“原理”为据。

关于中国社会发展形态演变的争论，我以为就有方法论的问题。有的学者认为中国同西方一样经历五种社会形态，否则就是背离历史唯物主义；相反则认为五种社会形态对中国不适用，有的认为中国没有奴隶社会、有的说没有封建社会。奴隶社会、封建社会属于西方社会发展序列，东方社会属于亚细亚生产方式。从方法论角度看，这两种观点形似对立，本质上是一样的，都是把历史唯物主义视作剪裁历史公式。前者强调普遍性而不承认各个国家可以有自己的特点；后者只强调特点而不承认普遍性。各执一词，殊途同归。实际上，五种社会形态理论是人类历史发展一般规律或称之为总规律，而各个国家或民族社会发展则可以有其特殊性。

列宁说过，“世界历史发展的一般规律，不仅丝毫不排斥个别发展阶段在发展形式或顺序上表现出特殊性，反而以此为前提”。列宁以这种方法论为指导，在研究东方共产主义发展道路时强调，要善于把共产主义共同的和基本的原则应用到各个阶级和各个政党相互关系的特点上去，这种特点每个国家各不相同，我们应该善于研究，探求和揣测这种特点。

从社会发展规律角度看，中国社会发展与人类历史发展总规律的方向是一致的，这就是中国社会发展在经历原始社会、奴隶社会、封建社会以后，在封建社会晚期同样孕育着不成熟、不发展资本主义因素，但由于外部条件的变化和中国封建社会小农生产方式的稳固性和上层建筑中重农抑商政策的阻滞，中国资本主义社会终于没有形成一个独立的社会形态，而只是包含着被压抑中挣扎的资本主义因素。在西方资本主义入侵下的中国的资本主义与封建主义的结合，使中国偏离正常发展轨道，沦为半封建半殖民地社会。

中国社会的发展与西方相比有特点，相对于古希腊罗马而言，生产奴隶多于家内奴隶，奴隶与奴隶主的人数比远远低于奴隶制发达的希腊罗马，奴隶制下的文化辉煌也远不如后者。相对于西方的领主制的封建社会而言，中国封建社会无论从所有制和政治制度而言都不同于西方社会。中国虽然有发达的、成熟的封建社会，但从中没有生长出资本主义社会。中国是在苦于资本主义发展不足、“三座大山”压迫重重下进行革命的，并在革命胜利后进行社会主义建设。中国社会与西方社会发展总方向是一样的，但并不是西方社会发展的翻版。可以说，中国社会有特色，奴隶社会有特色、封建社会有特色、社会主义社会也有特色。正因为有特色，因此，运用历史唯物主义时必须分析，而不是套用，简单地把特色问题归结为社会形态理论适用或不适用的问题，必然导致理论错误。

历史方法论需要加强研究

历史唯物主义方法论功能，并不是历史唯物主义中的一个部分，而是指作为整体的历史唯物主义。历史唯物主义的基本理论，既是历史观又是方法论。历史方法论可以说是处于实践和运用中的基本理论。但又有它作为方法论的特殊方式，而不是简单把原理倒转过来就可以做到的。方法论需要专门研究。

阶级社会存在阶级和阶级斗争是基本理论，用这种观点观察阶级社会现象的阶级分析就是方法，阶级分析方法。但阶级分析方法应该有一套如何进行阶级分析的具体方法。生产力与生产关系基本矛盾运动规律的概括是理论，可是当从是否符合生产力发展、是否有利于解放和发展生产力来安排各种所有制时，这就是方法。经济基础决定上层建筑是基本理论，分析上层建筑和上层建筑改革时，着眼于它是否有利于发展社会主义经济基础来安排上层建筑的体制和体制改革，这就由理论转变为方法。

方法的核心是基本理论，但是处于运用中的基本理论。既然是运用，就必须考虑到对象的特殊性，结合特殊性的运用就是方法论。否认特殊性就是公式化。由基本理论到方法运用不是简单地倒转过来就可以办到的。它必须立足现实，从实际出发，紧紧扣住对象自身的特点。无论是社会形态分析原则、历史主客体相结合原则、历史辩证分析原则、矛盾分析原则、阶级分析原则、历史主义原则、历史人物评价原则，等等，都不简单等于基本原理，而是原理的方法论运用。

正因为历史唯物主义强调方法论，强调针对具体对象进行具体问题具体分析，而不是套用。因此任何专靠引证，专靠引用经典中某句话，或某个论断来回答和解决现实问题都无济于事。以引证代替分析就是贴标签。实际情况是千差万别的，各有特点，而马克思和恩格斯的论断总是具体的、有针对性的。列宁说过，“资本主义这种或那种类型的发展因素有可能无穷地复杂地结合在一起，只有不可救药的书呆子才会单单引证马克思主义关于另一历史时代的某一论述来解决当前发生的独特而复杂的问题”。至于在战场上临时翻阅《孙子兵法》，或起义时从《资本论》中寻找起义时机是否成熟，不可能实有其事，但这是对教条主义只重视引语的思维方法的一种调侃。

不是说理论分析不可以引证，但要分清引证与论证不能等同。引证不等于论证，以为引证就等于证明是错误的。引证是有条件的。被引证的论断不应该是对于具体事件的个别结论，而是具有普遍性的、规律性的结论。而且即使是普遍原理在引证时，同样必须与对具体对象的具体分析相结合。只有在经过具体论证中恰如其分地引证才有助于论证的力度。引语不是真理的标准，而是对真理的论证。论证正确与否，最终还要依靠实践检验。

要使历史唯物主义原理不沦为标签，还必须注意基本原理的相关性，不能孤立片面强调其中任何一个方面。在强调阶级分析方法时，必须考虑物质资料生产方式对阶级关系的制约作用。阶级和阶级斗争只有在有利于解放生产力、有利于和促进社会变革时才是正当的，而脱离生产和生产方式需要的所谓阶级斗争往往阻碍和破坏生产力的发展。在“文化大革命”中流行的“阶级斗争，一抓就灵”、“以阶级斗争为纲”口号的错误，就在于把阶级斗争的作用绝对化、片面化；道德教育是重要的，如果根本忘记了道德属于上层建筑，道德问题不可能与社会经济和政治相脱离，就道德讲道德，期望单纯通过道德教育提高道德水平是不可能的。道德教育如果变为一种说教往往是软弱无力的。社会道德水平的提高需要依靠社会综合治理。

再如考察一个国家生产力的发展与社会变革关系，不能孤立地考察生产力的水平，必须考察生产关系的性质及其对生产力发展的可容纳度，还要考察上层建筑的状况，即把社会基本矛盾作为一个总体，在总体中考察生产力与生产关系矛盾规律的作用，才能真正理解和把握生产力的最终决定作用。如果脱离社会基本矛盾，把生产力作为孤立因素就会背离历史唯物主义。

历史辩证法是历史方法论的重要内容。但历史辩证法并不是与历史唯物主义相分离的。不能认为历史唯物主义只是唯物主义，在唯物主义之外还有历史辩证法。这种理解是不对的。马克思和恩格斯都强调现代唯物主义本质上是辩证法的，历史唯物主义中就包含历史辩证法。而不是历史唯物主义之外还独立存在一个历史辩证法。阶级的存在和划分是由处于一定发展阶段的生产方式决定的，可阶级之间的对立统一关系，它们的发展辩证法，就存在于依靠生产方式决定的阶级区分之中。阶级间的对立统一关系与阶级的实际存在是不可分的；生产力的决定作用，与生产力和生产关系矛盾运动规律是一体的。没有历史辩证法就没有历史唯物主义。所以恩格斯说，唯物主义历史观及其在现代的无产阶级和资产阶级之间的阶级斗争的特别应用，只有借助于辩证法才有可能。

强调历史辩证法，就是强调反标签化。辩证法的灵魂，具体问题具体分析，一切以时间、地点、条件为转移，就是与标签化不相容的。把历史唯物主义原理标签化，是对历史唯物主义生命力的扼杀。

当然，要避免标签化，同样也要强调唯物主义原则。首先是求真的原则。它是建立在历史唯物主义承认社会历史事件的客观性基础上。如果社会历史事件及其关系没有客观性，完全依存于观察的主体，那就不可能强调求真原则，因为无真可求。从实际出发和实事求是就不可能成为首要的方法论原则。列宁强调的观察的客观性，应该是具有普遍性的哲学方法论原则，只是自然科学研究和社会历史研究各有特点。

在自然认识领域，主体与对象之间是一种现实性的实践关系。自然科学或自然对象的研究者直接面对对象，它的真实性是能通过人类直接实践得到证明。恩格斯说布丁的证明在吃，茜草中提取染料可以驳倒不可知论。社会历史领域就不可能这样。因为社会现实是人的活动领域，事件的参与者都是直接或间接的利益攸关者。对什么是社会事实，由于利益的支配会有各种看法，甚至偏见，甚至视而不见。况且当现实成为历史，成为非直接的当下的社会事实而成为历史事实时，求真更为复杂困难。因此，社会事实和历史事实求真必须是一个过程。社会事实的认定也许在当时或短期就可以有是否事实与偏见的判定；而历史事实则要经过较长时间的考证辨伪，经过众多学者的争论才能确定，甚至长期争论悬而不决。因此，在社会历史领域坚持唯物主义远比自然研究领域更为困难。这也是社会历史领域唯心主义远比自然领域更长久、更牢固、更难克服的原因。求真务实、具体问题具体分析是要费脑筋、费时间、费工夫，积长年累月之功，甚至花费毕生之力，而贴标签则是思想懒汉，是人人都能做到的。这就是为什么人们往往喜欢引证，而不喜欢分析的原因。

马克思主义中国化就是马克思主义运用于中国革命和建设过程，按照中国情况，得出符合中国实际的结论，依靠“套语”、依靠引证绝不可能。我读《毛泽东选集》深深感到这一点。例如《毛泽东选集》首篇《中国社会各阶级的分析》，它运用的基本原则是历史唯物主义关于阶级关系依赖经济关系，而不同阶级和阶层的政治态度则决定于经济关系和阶级地位。可是它完全立足中国实际存在的阶级关系，根据不同阶级和阶层，明确敌我友，确定了与苏联革命不同的处理中国各阶级和阶层关系的方法。《中国红色政权为什么能够存在?》以历史唯物主义的方法分析中国实际情况，从五个方面确定红色政权能够长期存在，不仅回答了红旗能打多久的问题，并根据中国情况确定“工农武装割据”的革命路线。任何一个读过《毛泽东选集》的理论工作者都能体会到毛泽东对历史唯物主义娴熟的运用。其中没有纯范畴推演、没有套语、没有八股，没有根据某条原理应该如何如何，全部分析都是立足中国实际，以历史唯物主义作为分析方法得出正确的、可行的结论。

历史唯物主义不只是方法

“工欲善其事，必先利其器。”这句话完全正确。一个木工不仅要有刨、锯、斧、锛等工具，而且工具要锐利。否则，任何家具都制造不出来。“临渊羡鱼，不如退而结网。”不结网，只能望鱼兴叹，无法捕鱼。刨、锯、斧、锛、网都是工具。就这点说，历史唯物主义也是工具，是“思维工具”。

但有一点根本区别，刨、锯、斧、锛、网都是技术工具，它与对象并无内在同一性，只有工具性。随着科学技术发展，当代木工可以不用传统的刨、锯、斧、锛，捕鱼也不用祖祖辈辈捕鱼的工具渔网、渔钩。工具的可变性是技术工具的特点。历史唯物主义不同。它是思维工具，是哲学思维工具，历史唯物主义的思维方法与被思维的对象具有内在的同一性，相对稳定，不像技术化工具的多变，可以时过境迁弃而不用。

列宁曾经提出过辩证法、逻辑和认识论三者一致的著名论断。辩证法既是客观规律，又是认识论，因为认识就是辩证的；又是逻辑，因为辩证逻辑的本质就是逻辑思维中的辩证法。历史领域，社会发展的基本规律同样是认识社会历史的基本方法。历史唯物主义具有双重特性：它既是关于历史过程的理论，可以说是历史本体论；又是历史方法论，是观察历史的思维方法。它之所以是观察历史的方法，首先是因为它是关于历史过程的理论，否则它就不可能是方法。历史认识的基本方法尽管有它自身的特点，但就它的根本内容来说是被运用于历史认识的社会基本规律。

阶级分析方法就是被运用于历史分析中的阶级斗争理论；从社会存在

的根源中寻找社会思潮、分析社会思潮的方法，就是被运用于分析中的社会存在与社会意识的理论；从一个时代的物质生产方式中分析那个时代的思想和政治结构，就是被运用于分析中的经济基础与上层建筑理论；我们在分析此次西方经济危机时，不是单纯停留在监管不力或银行高管的个人道德品质，而是直入资本主义社会基本矛盾和资本的逐利本性问题，就是根据历史唯物主义关于资本主义制度的基本理论；我们评价历史人物时，把他们放在一定历史条件和时代背景下来评论他们的功过是非，就是基于历史唯物主义关于任何杰出人物都是时代的产物，不可能超越历史和时代限制的观点。毛泽东对孙中山的评价，既是历史唯物主义观点又是辩证的分析方法。离开基本理论的方法，就是离开对象本性的纯主观的方法；不具有方法论作用或不能化为方法的所谓基本理论，就是教条主义的理论。马克思和恩格斯之所以强调他们的理论不是教条而是观察世界和历史的方法，正是基于理论和方法的统一。

历史唯物主义不同于历史进化论，也不同于历史循环论。但历史唯物主义关于历史螺旋性前进的理论，既包括历史进步的客观必然性，又包括历史仿佛复归的辩证现象。历史循环论把历史变作无数互不相关的自我封闭的圆圈，每个圆圈都经历兴起、发展、灭亡的过程，因此历史没有发展、没有进步，只在盛衰兴灭中转圆圈；而历史进化论把历史的进步视为自然界的进化，而把历史进步视为简单的直线的没有曲折的上升运动。历史唯物主义关于社会进步的观念是充满辩证法的历史进步的观念。社会发展从社会形态演变看是进步的上升的过程，而不是循环运动；无论是社会五形态论或三形态论都是前进运动。社会形态更替中包括曲折、退步、反复、复辟，甚至向后的倒退，而且有些现象仿佛回归，例如，与无阶级的原始社会相比，未来的共产主义社会重新回归共有、没有阶级、没有剥削。社会经历公有制——私有制——公有制，无剥削——有剥削——无剥削，仿佛否定之否定过程，实际上是在更高基础上的回归。我们称之为“历史辩证法”。用这种方法观察历史是历史的辩证思维，但历史辩证法是历史自身具有的，而不是研究主体强加于历史的。

历史本体论与历史认识论

在思辨历史哲学与批判历史哲学中，乍看起来好像历史的本体论与对历史的认识论是完全分开的。其实不是。我们可以说，任何历史哲学都是两者的统一，只是重点不同而已。

黑格尔认为世界理性或绝对观念是历史的本质，历史的运动及其规律就是绝对观念的运动，因此黑格尔的历史认识方法就是通过纯逻辑的方法，用概念的纯逻辑发展来揭示绝对观念的运动的思辨方法。克罗齐虽然重点在于历史的认识，一切真正的历史都是当代史的命题似乎只是历史认识论的命题，实际上同时是否定历史的客观性，是关于历史本体论的一种判断。提出思辨历史哲学与批判性历史哲学的区分，是对历史哲学发展走向的历史考察。从这两种历史哲学的本质看是无法分割的，只是着眼点重点不同而已。

历史唯物主义自觉地处理历史潮流本体论和认识论的关系，它既不以历史规律论取代对历史认识论和方法论的专门研究，也不把历史观仅仅归结为历史认识论和方法论。历史唯物主义反对把历史的本质归结为思想的观点，反对研究历史是对思想的反思之类的唯心主义思辨理论。创造历史的人是有思想的人，创造历史的活动是有思想、有目的的活动，但历史的本质不是思想而是人们的物质生产活动，是能够通过经验见证到的具有现实性的物质活动，其中最基本的是生产实践，也包括各种形式的实践活动。在人类实践活动中的思想可以凝结为各种思想史，无论是哲学史、宗教史、政治史、伦理史等，它们的本质都不能也不应该从思想本身得到解释，它的秘密存在于各个时代的生产方式和交换方式中，存在于最终决定的各种类型的实践活动之中。马克思强调历史的世俗基础，而不是强调历史的思想基础。

历史中当然有思想，可思想本身并不具有绝对独立性而是具有相对独立性。它具有依存性，而不是自存性。我们不能把马克思强调思想本身的没有独立的历史、没有独立的发展，理解为思想完全是消极的、被动的，而是强调思想独立性的相对性和依存性。因为从事物质生产和物质交往的人们，在改变自己现实世俗基础的同时也改变着自己的思维和思维的文化产物。这就是历史唯物主义基本原则，不是意识决定生活，而是生活决定意识。意识任何时候都只能是被意识的存在。这就决定历史认识方法不能头脚倒立，必须从社会经济基础中发现观念的秘密，而不是相反。

在正确理解历史唯物主义在处理基本理论与认识方法时，应该重视历史观、历史、历史研究之间的关系。就历史唯物主义与历史的关系说，历史是基础，是历史决定历史唯物主义而不是相反。没有对历史的科学研究就不可能形成科学的历史观。可历史自身远比历史唯物主义丰富、复杂、多样。因此，历史唯物主义对历史研究而言，它不可能是教义，不可能提供普遍有效的教条，而是进一步研究的出发点和研究使用的方法。如果企图把历史唯物主义作为逻辑推论的大前提，用以剪裁历史就会回归唯心主义历史哲学的老路，这样，历史观变革就会化为乌有，回归旧历史哲学的老路。

历史学需要历史唯物主义作为历史方法论的指导，而历史则需要深入地专门研究。历史观不能代替历史研究。恩格斯说过，必须重新研究全部历史，必须详细研究各种社会形态存在的条件，然后设法从这些条件中找出相应的政治、司法、美学、哲学、宗教等的观点。离开运用历史唯物主义作为方法论对一个国家的历史研究，从历史唯物主义基本原理中永远推不出任何具体结论。

历史唯物主义的方法并不排斥属于历史学科的专门研究方法，正如唯物主义历史观不能排斥史学理论一样。不同的是历史唯物主义是从宏观角度论述作为认识社会和历史的方法。它不仅适用于指导历史学的研究，而且适用于全部社会科学。即使研究自然科学发展史、技术发展史，同样要以历史唯物主义为指导。

在历史唯物主义中，本体论与认识论同样不可能分离。可以说合则两利，离则两败。不以社会自身的发展规律为依据的历史方法，无论名目如何繁多，终究不可能成为通向真理性认识的最有效途径和方法。

阶级分析方法不能摒弃

毛泽东是个大诗人，他曾用诗的形式表现社会发展的思想。《贺新郎·读史》一词中说的："人世难逢开口笑，上疆场彼此弯弓月。流遍了，郊原血。"就是对人类历史阶级和阶级斗争的诗的形象表达。

阶级、阶级斗争、阶级分析方法，当代一些社会理论工作者不感兴趣，或视为理论禁区，不敢谈，也不愿谈。可是研究社会科学，无论是研究历史还是分析现实，完全把阶级、阶级斗争和阶级分析方法，弃之如敝履，如何研究？回想改革开放之前，在"阶级斗争，一抓就灵"、"以阶级斗争为纲"时期，谁要是否认阶级斗争和阶级分析，那还了得。可现在似乎完全走向一个相反的方向。主导的理论倾向对个人的影响不可回避，但理论工作者不能随风倒，应该有自己的理论坚定性。

有学者说，阶级斗争并不是历史唯物主义的根本性观点，马克思自己就说过，在他之前资产阶级经济学家和法国史学家就发现了阶级和阶级斗争。这只有一半是对的，但并不全面。英国古典经济学家从经济研究中发现阶级，但并不赞同阶级和阶级斗争；法国史学家承认有阶级斗争，但不知道阶级产生的根源，并把阶级斗争局限在资产阶级与封建贵族之间的斗争，并不具有历史普遍性，从而体现它的政治倾向对阶级斗争理论彻底性的限制。马克思不同。马克思给魏德迈的那封著名的信中关于阶级与阶级斗争讲了三条，强调他们关于阶级和阶级斗争的观点不同于英法的历史学家和经济学家。这不仅仅是因为英法的历史编纂学家只承认从中世纪起到资产阶级与封建贵族的斗争，而历史唯物主义强调全部阶级社会的历史都是阶级斗争史，更重要的是历史唯物主义强调阶级斗争与生产发展的一定阶段相联系，它的存在和斗争方式依赖物质生产方式，以及主张通过无产阶级专政最终过渡到消灭阶级。把阶级的区分和阶级斗争的必然性建立在对生产方式不可分离的联系的基础上，并把阶级斗争视为到达无阶级社会的过渡。把马克思主义关于阶级和阶级斗争理论混同于以往英法历史学家和经济学家的水平，岂非理论盲目吗？马克思指出阶级和阶级斗争理论并非自己首创，并非轻视它的理论的意义，相反，马克思通过区分表明自己关于阶级和阶级斗争理论的重要性。只有正确理解它才能完整地理解历史唯物主义关于生产方式作为社会存在和发展的理论。试想如果把阶级和阶级斗争理论从历史唯物主义中剔除出去，阶级社会中生产方式的内在矛盾如何通过人与人的关系体现出来？阶级社会社会形态如何过渡？阶级社会如何过渡到无阶级社会？马克思不是偏爱斗争，而是把它视作历史规律，把它作为过渡到消灭阶级和阶级斗争的必经之路。如果从历史唯物主义中删去阶级和阶级斗争理论，不仅在理论上无法认识历史和现实，而且在实践上使无产阶级解放成为一句空话，成为永远的乌托邦。

这样，我们才可以理解为什么马克思和恩格斯对自己队伍中反对阶级和阶级斗争的言论如此“不可容忍”。他们在 1879 年给奥・倍倍尔等人的通告信中，非常严肃地提出，将近四十年来，我们一贯强调阶级斗争，认为它是历史的直接动力，特别是强调资产阶级和无产阶级之间的斗争，认为它是现代社会变革的巨大杠杆；所以我们决不能和那些想把这个阶级斗争从运动中勾销的人们一道走。后来恩格斯又以个人名义在《英国工人阶级状况》1892 年德文第二版序言中，更加严厉地批评鼓吹不偏不倚的超阶级的社会主义者，说他们如果不是还需要多多学习的新手，就是最凶的敌人，披着羊皮的豺狼。之所以用语如此尖锐，就是因为他们背弃阶级斗争观点和阶级分析方法。在无产阶级还未取得政权仍处于被统治地位时，鼓吹放弃阶级斗争只能永远处于被统治地位。

在当今西方发达国家还有阶级和阶级斗争吗？据说既没有马克思和恩格斯在资本主义早期说的那种私有者，也没有无产者。现在的资产者究竟是谁？产权是以股票方式存在。持股人是谁不知道，持股人是流动的。工人同样可以持有股票。工人可以有住房、有汽车、有电冰箱、凡是有产者能享受的东西，他们也可占有。他们不是无产者，据说也属于有产者。在一个亿万富翁可以穿牛仔裤、运动鞋，可以与员工同在食堂进餐，而工人同样可以穿西服，可以休假的社会，谈论阶级和阶级斗争似乎是“闭眼”不看事实。这就是一些论者振振有词地否认发达资本主义国家仍然存在阶级的根据。不过我要问一下，西方社会有雇用者和被雇用者吗？在一个有人凭借资本雇用工人，而工人只能依靠出卖劳动力以工资为生的社会，能没有阶级区分吗？在一个极少数人凭借资本收入占有绝大多数财富，而大多数人没有或只占有极少财富的社会，能说没有阶级区分吗？在历史唯物主义中，阶级本来就是经济范畴，是按人们在生产关系中处于不同地位来划分的。难道在当代西方资本主义，在生产或流动领域，所有的人在生产中都处于相同的地位吗？都共同占有生产资料吗？共同劳动吗？

无产者、无产阶级、工人阶级是同一阶级的不同称谓。划分的标准是以靠出卖劳动力为生，还是通过资本获取劳动力创造的剩余价值？钱不生钱，钱必须成为资本依靠劳动力创造才能增值。“有产者”、“无产者”的“产”，不是指生活资料，不是指有没有电冰箱、汽车，而是指凭借它拥有并使用能合法地占有剩余价值的货币资本或物化资本。马克思说过，任何经济学家也不会想到把礼服列为我的私有财产，因为它不能使我支配任何甚至是最少量他人的劳动。也许只有私有财产的法律家和思想家还能瞎扯这类东西。

只要资本主义社会仍然是资本主义社会，就必须有工人，有人为它做工。资产阶级不可能没有工人，没有雇用工人的资本主义社会是不可能存在的。实际上，资本主义工业化过程就是制造近代无产阶级的过程，源源不断地把农民变为工人，把居民变为工人。这个过程并没有结束。当然，工人阶级构成会发生变化，随着科学技术发展，白领工人可能多于蓝领工人，第三产业的工人比重可能超过第一、第二产业的工人，某些生产部门女工可能多于男工；脑力工人多于单纯体力工人。这是工人阶级结构的变化，而不是工人阶级的消失。白领工人仍然是工人，脑力工人仍然是工人，女工、外籍劳工仍然是工人。马克思似乎早就预料到随着科学技术发展会产生这种变化。他在《资本论》中说过，资本主义生产方式的特点，恰恰在于它把各种不同的劳动因而把脑力劳动为主和体力劳动为主分离开来，分配给不同的人。但这种区分，丝毫也不妨碍脑力劳动者对资本所有者的关系也是雇佣劳动的关系。他们同样直接从事物质财富的生产，不仅把自己出卖的劳动力的价值再生产出来，并且还直接为资本家创造剩余价值。脑力劳动的劳动同样是由有酬劳动加无酬劳动的剩余劳动组成的。读读马克思这段话，你不能不佩服马克思的天才预见。白领工人尽管是“白领”，它仍然是当代工人阶级的构成部分。

看看当今西方世界，是不是存在为数众多依靠劳动为生的人？是不是有众多失业工人，生活在贫困线以下的工人？尽管他们与马克思《1844年经济学哲学手稿》描述的地下室和居住在只能称为“停尸房”的工人、和恩格斯的《英国工人阶级状况》中的工人相比，生活发生了变化，能够享受到的物质文明的成果不一样，但仍然贫困。贫困的标准可以变，享受科技成果的程度可以变，但富裕与贫困的对立，两极分化的情况没有变。不仅没有变，而且越来越呈现分化和对立状态。面对当代世界这种状况，居然说工人阶级消失了，全都变成有产者，马克思关于阶级和阶级斗争理论已经过时，如非谎言，就是患上盲目症。

阶级分析方法是历史唯物主义关于阶级理论的重要组成部分。如果阶级理论不能转变阶级分析方法，马克思关于阶级和阶级斗争理论与英国、法国经济学家和历史学家的区分就失去重要价值。马克思关于阶级理论不是单纯陈述阶级社会的事实，而在于它给人们一个认识历史和现实的方法。像列宁说的，马克思主义给我们指出了一条指导性线索，使我们能在这种看来迷离混沌状态中发现规律性，这条线索就是阶级斗争的理论。

不少人一听阶级分析方法就反感，认为阶级分析方法就是划成分。这种错误确实有过。例如“文化大革命”时期流行的“红五类”、“黑五类”，或者什么“老子英雄儿好汉，老子反动儿浑蛋”之类的极“左”思潮，中国封建社会的门阀制度就是这样。从婚姻到选拔官吏都论门第与出身，寒门仿佛异类。所谓“士庶之际，实自天隔”。我们党的政策本来是有成分论，但不唯成分论，重在表现，但经常出现歪嘴和尚念经的事，只讲成分，不重表现，极大地败坏了历史唯物主义阶级分析方法的声誉。历史唯物主义阶级分析方法是严肃的具有科学性的认识方法。它对于我们研究历史与现实、研究历史人物、研究思想和思想史都有方法论价值。

历史唯物主义认为，自从进入奴隶社会后，各个社会形态都存在阶级和阶级斗争。这个结论是以阶级和阶级斗争与生产发展到一定阶段为依据的，只有在生产过程中，出现少数人占有生产资料而多数人依靠劳动为生，就会出现阶级。阶级的存在和区分不是主观决定的，而是取决于在生产中不同的地位。把阶级和阶级斗争问题放在生产方式中来考察，是历史唯物主义阶级理论的一大特点，也是优点。在当代中国，阶级斗争不是主要矛盾，但是由于国内因素和国际因素的影响，阶级斗争还在一定范围内长期存在，在某种条件下还有可能激化。阶级分析方法并没有失去它运用的现实基础。

有阶级就会有矛盾和斗争。毛泽东的咏史诗中说的，“人世难逢开口笑，上疆场彼此弯弓月，流遍了，郊原血”。这首词写于1964年强调阶级和阶级斗争问题的前夕，显然具有时代烙印。但人类阶级社会存在阶级和阶级斗争，确是事实。斗争方式、尖锐程度是各不相同的。中国奴隶社会是否有过大规模奴隶起义，我弄不清楚；西方有过斯巴达克起义，这是逃亡奴隶斗牛士的起义。奴隶是奴隶主的工具，如同物品一样，奴隶主没有奴隶不能生存，而奴隶离开奴隶主没有生存手段和资料。奴隶的反抗一般不是起义，而往往表现为消极劳动或逃亡。奴隶主义是套在奴隶头上的精神枷锁，是迫使奴隶对奴隶主在精神上的绝对服从。农民不同，中国封建社会中农民起义是世界之最，任何朝代都有或大或小的起义。被迫为匪、当山大王更为常见。官逼民反，落草为寇，虽然也是一种反抗形式，但并非正道，他们既反官府也祸害百姓，往往最后沦为官府的爪牙和帮凶。

历史唯物主义对历史上的阶级和阶级斗争持科学态度。恩格斯说过，马克思了解古代奴隶主，中世纪封建主的历史必然性，因而了解他们的历史正当性，承认他们在一定限度的历史时期内是人类发展的杠杆，因而马克思承认剥削，即占有他人劳动产品暂时的正当性。以为阶级分析方法是逢剥削阶级必反是误解。历史唯物主义从生产方式的结构中看到奴隶和农民反抗的局限性和悲剧性，但对被剥削者和被压迫者不畏强权奋起反抗，仍然抱有同情和赞赏。

在人类阶级社会历史上真正完整意义的阶级斗争，是无产阶级反对资产阶级的斗争。这是有组织、有领导、有政党、有理论的、自觉的阶级斗争。尽管这种斗争同样经历过自发的、零星的无组织的过程，但终究随着马克思主义产生而进入了由自在转变为自为的阶段。这是奴隶的逃亡和农民的自发斗争无法比拟的。资本主义生产方式造就了不同于历史上的奴隶和农民的新式劳动者。大工业生产的社会性和集中性、劳动者文化素质的要求提高，都有利于出现历史上从来没有过的包括经济斗争、政治斗争、思想斗争在内的阶级斗争方式。把阶级和阶级斗争与生产发展联系在一起考察，充分体现了历史唯物主义阶级分析方法的科学性。

阶级分析方法决不排除剥削阶级和伟大历史人物对人类的贡献。阶级的区分是相对稳定的，它是由社会生产关系的性质决定的。具体人物的阶级属性和贡献并不取决于个人的阶级出身，而是取决于其对国家、对民族和对人类的贡献。对剥削阶级的杰出历史人物和文化创造者的杰出人物贡献的评价，同样是如此。在中国历史上，一些有远见卓识和雄才大略的君主，或政治家、军事家，对于中国国家的统一和发展做出过杰出贡献。恩格斯出身工厂主，而且自己也经商，马克思出身律师家庭而夫人燕妮出身贵族，有谁比他们对无产阶级更忠诚、更热爱，贡献更大？中国共产党内著名领袖人物不少家庭出身富有，可他们对中国革命无比忠诚。彭湃家是海丰首富，广有良田，可彭湃却是著名的农民运动领袖。

思想史领域运用阶级分析方法，更不能简单化。过去我们曾经出现过孔子、老子究竟属于什么阶级的争论？对其他有影响的思想家的阶级归属问题也发生过争论。无一争论有结果。原因很简单，思想家之所以是思想家，是因为不可能简单按成分分别高下优劣和以阶级归属来区分和评价的。如果这样，任何领域的思想史用不着研究，按家庭出身和本人成分排队即可。这算什么思想史，又不是思想领域中的“土地改革”。这是一种理论幼稚病。

马克思说过，小资产阶级思想代表本人不一定是小业主，而是他们的思想观点超不过小资产阶级范围。如此说来，岂非阶级分析方法对思想史和思想家的研究无效吗？不是，仍然有效。根据社会存在决定社会意识的原则，任何一个社会出现的思想意识都是由社会存在决定的。在不同的社会、不同的所有制基础上会出现不同的思想理论。最能从理论上反映出不同所有制的要求的思想家，不一定都是与这种所有制关系最为密切的人。

地主出身的革命家和思想家可以代表和反映农民的要求，正如出身资产阶级的革命家和思想家可以代表和反映无产阶级要求一样。你只要看看三大空想社会主义者，不是出身贵族就是出身富有。社会问题突出、阶级矛盾尖锐往往会导致一些具有反思能力和理论造诣的思想家突破家庭和出身的局限，转向另一个阶级。这种着眼社会的震荡而不是单纯着眼个人；着眼阶级矛盾阶级关系的变化而不是单纯个人的原本的阶级归属，这就是历史唯物主义阶级分析方法应有之义。按阶级划分和本人出身来衡量思想家的方法是机械论，而不是历史唯物主义的阶级论。

阶级和阶级斗争理论是历史唯物主义的重要内容，而不是历史唯物主义全部，它与全部历史唯物主义原理处于不可切割的联系之中。有些学者批评毛泽东在《丢掉幻想，准备斗争》中说的，“阶级斗争，一些阶级胜利了，一些阶级消灭了。这就是历史，这就是几千年的文明史。拿这个观点解释历史的就叫历史的唯物主义，站在这个观点的反面的是历史唯心主义”，是对历史唯物主义本质的歪曲，是以阶级斗争为纲的思想理论根源。不客气地说，这是鸡蛋里寻骨头，为批判而批判，根本没有读懂这段话的原意。毛泽东亲自为新华社撰写的评白皮书的文章是对美国国务院白皮书和当时的国务卿艾奇逊给美国总统杜鲁门信件的评论。毛泽东在这里根本不是以一个学究的态度讨论历史唯物主义有哪些基本原理，它们之间有什么关系，而是战斗，是驳斥美国国务院白皮书和艾奇逊对中国革命的原因和性质的歪曲，以及把希望寄托在中国国内的少数所谓民主个人主义身上，鼓动他们起来反对共产党、反对新政权的煽动言论。要用什么样的观点来分析美国国务院白皮书和艾奇逊的言论呢？当然是阶级斗争观点和阶级分析方法。在这种背景下突出阶级分析方法难道错了吗？难道在檄文式的评论中要去全面叙述历史唯物主义基本原理，应用全部基本原理吗？只有书呆子才会这样要求。

在历史唯物主义中最受责难、争议最多的是关于阶级和阶级斗争理论。可以肯定，没有一个统治阶级和它的理论家会赞成或客观地对待历史唯物主义阶级斗争理论。因为它太具斗争性和针对性。我记得新中国成立前国民党统治时期，“宣传赤化思想、鼓吹阶级斗争”是连在一起的杀头罪名。的确，历朝历代哪个统治者欢迎阶级斗争理论？西方资本主义国家号称民主国家，号称言论自由国家，如果宣传阶级斗争，宣传革命，同样不受待见。吉登斯被认为是比较进步的思想家，他可以批评哈贝马斯以交往理论取代历史唯物主义的重构论，但他同样反对阶级斗争理论，他说马克思的阶级斗争观从来问题不断，至少自马克斯·韦伯以降，它就成为争论的焦点，它太过于集中生产资料所有制，太过于与马克思创建社会主义新秩序的抱负连在一起。还说，马克思的方法即其历史唯物主义思想，充满了各种瑕疵。人类历史并不是阶级斗争史，也不是由阶级斗争所主导，甚至并非归根结底是由生产力发展水平所决定的。我们从吉登斯批评阶级斗争的理论中可以看到，他之所以反对阶级斗争理论是因为它与改变私有制、与创立社会主义联系在一起。如果没有这种联系，历史唯物主义关于阶级斗争的理论岂不是重新回归英国法国经济学家和历史学家的水平吗？那马克思对阶级斗争理论的独特贡献就会化为乌有。

论历史条件

历史唯物主义是历史条件论，而不是无条件论。历史唯物主义从不认为历史是按预先制订的方案运行的，不管这个方案的制订者是神、是上帝、是英雄伟人，或者是像黑格尔那样用绝对观念绘制历史运动路径的智者。

历史没有预先规定的路线图。历史研究中，应该对人在活动中形成的历史条件为同时代人、为下一代人活动形成的制约性的分析。这种客观条件隐藏着研究重大历史事件和历史人物产生的秘密。没有任何重大历史事件不是一定历史条件下产生的；没有任何伟大人物成为伟大人物可以脱离自己成长的历史条件。对历史条件的分析，应该是历史唯物主义关于历史研究的重要观点和方法论原则。

历史条件是社会处于一定时期的经济条件、政治条件和文化传统等的有机总和，它形成特定的社会历史背景。对于特定社会历史条件的研究是多方面的，它会涉及对经济史、政治史和文化史多学科的研究。这种研究对于理解某一重大历史事件和历史人物是完全必要的。我们无论考察任何历史事件、历史人物、社会思潮，都不能离开它产生的历史条件。英格兰历史上伟大君主伊丽莎白和俄国风流女皇叶卡捷琳娜二世，都是历史上声誉卓著的女皇。可是一个是英国、一个是俄国，历史条件完全不同，铸就了各具事业成就和生活风格特色的女皇。我们要区分和理解伊丽莎白与俄国叶卡捷琳娜的差别，就应该研究英国史和俄国史上那个时期的全部社会历史条件。

列宁在《列夫·托尔斯泰是俄国革命的镜子》中对托翁思想矛盾的分析完全以俄国的历史条件为依据。列宁说托尔斯泰的作品、观点、学说中的矛盾是明显的。一方面，是一个天才的艺术家，不仅创作了无与伦比的俄国生活图景，而且创作了世界文学中第一流的作品；另一方面，他是一个发狂地笃信基督教的地主。一方面，他对社会的撒谎和虚伪做了非常有力的、直率的、真诚的抗议；另一方面，是一个托尔斯泰主义者，即一个颓唐的、歇斯底里的可怜虫。列宁指出托尔斯泰的观点和学说中的这种矛盾并不是偶然的，而是 19 世纪最后 30 年俄国实际生活所处的矛盾的表现。托尔斯泰观点中的矛盾，的确是一面反映农民在俄国革命活动中所处的各种矛盾状况的镜子。俄国的历史经济条件既说明发生群众革命斗争的必然性，也说明他们缺乏进行斗争的准备，像托尔斯泰那样不抵抗邪恶。可见，离开俄国 19 世纪最后 30 年的历史条件就无法理解托尔斯泰思想观点中的矛盾。

对中国历史人物的分析也应该如此。秦始皇统一中国的功绩是值得大书特书的。秦王嬴政之所以能成为中国第一个皇帝——始皇帝，不简单取决于个人的才能而有其产生的历史条件。贾谊《过秦论》中说到秦始皇之所以能振长策而御宇内，吞二周而亡诸侯，履至尊而制六合，执敲扑而鞭笞天下，威震四海。却匈奴七百余里，胡人不敢南下而牧马的强大国力。这是因为他“奋六世之余烈”，在继承他的先辈为他创造的既成的历史条件下活动的。没有秦孝公的苦心经营，没有商鞅变法的成果，没有随后“惠文、武、昭蒙故业，因遗策。南取汉中，西举巴蜀，东割膏腴之地，北收要害之郡”，没有扩张疆土，就不可能有秦始皇统一六国的丰功伟绩。秦国几代人创造的历史条件，奠定了秦始皇发挥个人能力的历史舞台。

对中国鸦片战争以后一个半世纪的历史人物的分析，决不能离开中国近代史。我们可以看到不同历史阶段会出现不同的历史人物。戊戌变法时喋血菜市口的六君子，代表的是面对西方殖民主义入侵，试图依靠皇帝变法图强的一群觉醒的士人。他们是科举制度下的文人，又是亡国危险下的觉醒者。他们视死如归，是最早为中华民族复兴的自愿牺牲者。我们从谭嗣同的《狱中题壁》：“望门投止思张俭，忍死须臾待杜根。我自横刀向天笑，去留肝胆两昆仑”中可以看到这种精神。但是由于历史条件的限制，他们把希望寄托在开明君主自上而下的维新变法上，终于抱恨终天。

以孙中山为代表的革命派则不同，他们已不寄希望于当政者而是组织政党进行武装起义。虽经多次挫折，屡败屡战。从陈天华投海、秋瑾的从容就义，到黄花岗的七十二烈士，直到武昌首义终于推翻腐朽的清王朝，结束了延续两千多年的帝制，为民主共和开辟道路。这都是中国近代历史上为救亡图存、为中华民族复兴前仆后继可歌可泣的人物。他们当然有他们的局限性，这种局限性是由历史条件决定的。只能由历史条件来解释，而不能苛求，像毛泽东纪念孙中山的文章中分析的那样。这是真正的历史唯物主义分析方法。

中国共产党人是在另一种历史条件下出现的另一类型的革命人物。从笔下有风雷、胸有百万雄兵的世界级的领袖人物毛泽东到他的叱咤风云的战友，都是杰出的政治家和军事家。他们继承了自鸦片战争以后中国为救亡图存、为中华民族伟大复兴不惜牺牲的无数志士仁人的遗愿，可他们又是在完全不同的历史条件下活动的人物。这就是俄国十月革命形成的不同的国际环境、马克思主义在中国传播的新的思想理论启蒙、旧民主革命的不彻底性留下的历史重任，中国人民依旧处于“三座大山”之下苦苦挣扎。这些不同的历史条件，造就了以新的理论为指导、肩负新的历史使命登上中国政治斗争舞台的中国的共产党人。

任何重大的历史事件和历史人物的产生，都必须有一定的历史条件。没有这个历史条件就不会发生这个历史事件，不会产生这种历史人物。它产生于历史之中，而不是历史之外。不能把历史条件论简单归结为历史决定论。历史条件论是对无条件论说的。历史无条件论是历史唯心主义，如果认为毛泽东这样的人物既可出生于中国，也可出生于非洲，既可生于20世纪灾难深重的中国，也可产生于鸦片战争前的中国；如同说在原始时代的野蛮人中可以出现相对论理论，只要爱因斯坦出生在他们那个地方就可以，这才是天方夜谭。

历史条件论并不是简单的历史决定论，而是重视历史条件对历史人物和历史事件发生的制约作用。历史条件不是唯一的必然如此的条件，还有许多因素参与其中。谁也不会说有了历史条件一定出现毛泽东、爱因斯坦这样的人物。在特定历史条件下，具体历史事件和人物的出现是许多因素综合作用的结果。事件和人物都是具体的，它的出现受其自身和其他条件的制约，不可能从历史条件中推论出具体事件和具体人物。谁也无法在法国没有出现拿破仑之前预测法国一定会在某个时刻出现一个震惊欧洲、远征埃及的拿破仑。除非历史宿命论和天命论者，谁都不会相信这种说法。

孟子说“天将降大任于斯人也，必先苦其心志，劳其筋骨，饿其体肤，空乏其身，行拂乱其所为，所以动心忍性，增益其所不能”是有道理的。没有一个伟大人物从历史条件中自然成长起来，像森林中的蘑菇一样。都是在探索中、在艰苦磨炼中生长的。中国共产党的卓越领导者在成为马克思主义者之前，都是经历过探索才找到马克思主义的。1917 年仅 19 岁的周恩来热情迸发的诗：“大江歌罢掉头东，邃密群科济世穷。面壁十年图破壁，难酬蹈海亦英雄。”表现他东渡日本就是为中华民族的复兴而下决心面壁十年以求救亡之道，如果不成，宁愿效法蹈海的先烈陈天华以死唤醒人民。毛泽东写于 1918 年《送纵宇一郎·东行》的诗，也是把东渡日本视为寻觅救国图存民族复兴之路的“唐僧取经”。当时中国的先进分子目光聚焦于日本是不可避免的，因为原本落后于中国的日本，经过明治维新脱亚入欧的改造成为东方强国。可事实证明，明治维新脱亚入欧之路在中国无法拷贝。中国有特殊的历史条件，腐朽的清王朝不会允许触动王权损害统治者利益的改革；西方资本主义国家也不会允许中国成为另一个发达的资本主义国家。经过一段摸索后，最后走上组织共产党以马克思主义为指导的中国革命道路。这条道路才是当时中国历史条件下真正实现民族复兴之路。

在历史唯物主义中，历史条件论起着解释历史认识的方法论作用。历史认识的特点是回溯性的。历史条件对历史事件制约的分析，不可能在历史事件的开始，往往是事件行将结束或已经结束，只有这时历史事件与历史条件的内在联系才能被揭示。历史人物也是如此。对任何伟大人物只有在成为伟大人物后，才能成为历史解释的对象。历史唯物主义在解释任何历史人物时，都必须考虑历史条件。即使对毛泽东的晚年失误，也只有放在一定历史条件下才是可以理解的。

对现实问题的分析必须注重对现实条件的分析。这是历史条件分析方法的逻辑延伸。凡是考虑历史问题不能离开历史条件；同样考虑现实问题不能离开现实条件。在《资本论》中马克思对资本主义的分析，在《路易·波拿巴的雾月十八日》对拿破仑政变的分析，立足于当时法国阶级斗争形势条件的分析；毛泽东在《论持久战》中关于中日战争的三个阶段及中国最终必胜的可能性的分析；在全国革命即将胜利，关于党内可能出现腐败现象，一些人可能被糖衣炮弹击中的分析，都是立足现实条件对现实人物和可能发生的现实事件的分析。

历史决定论并非一无是处。即使反对历史决定论的胡克也承认历史决定论的某种历史认识价值。他说过，社会决定论者给现代思想界留下一份丰厚的遗产，它的作用不限于我们了解天才怎样受文化的种种限制，而且也使我们对于文化的各种形式之间相互发生的影响更加敏感，尽管它荒谬地夸大了这种相互影响的范围。但是其中最重大贡献还是由于他们坚持历史具有决定趋势的观点，尽管其中具有某种形而上学的神秘色彩，但的确体现着某种真理。历史唯物主义不赞同把历史决定论绝对化。但承认历史条件对伟大人物和历史事件的产生，具有举足轻重的前提性的条件作用。脱离历史条件，任何历史人物和重要历史事件的出现都是不可理解的。

治鱼还是换水

批评者说，马克思主义存在“人学空场”，患有“人学贫血症”。反对者说，马克思主义以无产阶级和人类解放为目的，难道无产阶级和人类不是人吗？打个比方，如果养鱼池发生鱼瘟，是一条条治鱼呢，还是整修养鱼池，消毒或换水呢？所有批评马克思主义存在人学空场或人学贫血症者都是治鱼派，一条一条治鱼，因为他的立足点是个人；而马克思主义把问题的根源归结为社会问题，即养鱼池出了问题，首先是换水，才能治鱼。如一条条治鱼，得救的最多是少量的鱼，而换水则能使所有的鱼得救。所有的鱼得救，最终还是返回个人。这种个人不是孤立的个人，而是集体中的个人，即生活在社会中的个人。这就是无产阶级和人类解放理论。救人派和换水派，我以为是各自不同的历史观。

在我看来，自古以来无论中外，“神圣”或世俗的治鱼派都反对换水，因为换水必然涉及社会变革，而救鱼则只要关心个人的灵魂救治。无论是基督教还是佛教或其他宗教的根本点，都是治人。基督教教人赎罪，不断赎罪，可以得救。这是一个个治人，得救者是信徒，是虔诚地把自己的一切献给上帝的信徒，当然死后可以得救，进入天堂。从基督教产生至今已两千多年，教堂遍及全世界各个角落，忙于传道治人的神职人员数量惊人。可至今真正通过信仰宗教得救的人有多少？除了自以为得到灵魂的安慰，或者个人某些烦恼的解脱者外，穷人仍然是穷人、富人仍然是富人，社会各种不公平现象和各种罪恶、人间的各种悲剧，照样时刻在上演。通过传道，人是救不完的，也是救不了的。病鱼照样不断，鱼池依然是肮脏的鱼池。

佛教同样如此。四大皆空也罢，看破红尘也罢，并不能使人得救，只能使焦虑的心灵得到自我镇定。可以削发，但削发不等于能真正削掉烦恼。何况一个首先自我放弃的人，把自己交出、看空一切的人，能算得救吗？身未死心先死，算得救吗？宗教不可能救世，只能救那些深陷心灵矛盾或为种种烦恼挫折而感绝望的人。这是治病鱼，而非换水。这就是马克思说的“宗教是人民的鸦片”的原因。这个论断并不是对宗教的全面评价。马克思从来承认宗教的文化功能，它对艺术、绘画、文学、音乐的巨大影响。说“宗教是人民的鸦片”只是就宗教只救人而不是换水说的。当人们仰望“上帝之国”或“极乐世界”，统治者最为放心和安心。所以马克思说，废除作为人民幻想幸福的宗教，也就是要求实现人民现实的幸福。要求抛弃关于自己处境的幻想，也就是要求抛弃那需要幻想的处境。换句话说，要真正救鱼必须换水，而不是安慰鱼的“灵魂”。至于宗教的其他功能仍然会保存，但在治鱼还是换水的问题上，我认为宗教不能救世，几千年的历史就是证明。

叔本华的解脱，萨特的自我选择、自我设计，都是治鱼而非换水。在叔本华眼中，人是意志的动物，有意志就有欲求，人为自己的“欲望”而折磨。为了满足欲望，不断追求，追求不能满足，不满足拼命追求，永远陷在“不满”和“追求”的痛苦中。痛苦，就是黏合意志与欲求之胶。这种距离永远不可拆除，因此人生的本质就是痛苦。人得救的唯一道路就是“解脱”。“解脱”是自救之道，这是宗教的老话，并无新意。至于萨特开出的片面强调“自由”的药方，通过自我设计、自我选择来创造自己的本质，成为自己所是的那种人，这也是幻想。至于中国哲学中的“坐忘”或回归本心，都是治鱼之学，而非换水之学。

人是社会的人。人不可能离开社会和社会实践而达到自身的完善。也无法在一个满池污水中成为一条快乐的鱼。人不可能离开社会而“独善其身”。依靠个人信仰而得救，只是个人心理上的。依靠自我选择和所谓自由而成为独立的自我，是一种幻想。萨特本人至死都没有实现自我选择的理想。所有的存在主义者自身的存在表明，他们的存在最终仍然取决于他们生活其中的社会，而非自我。一个人的痛苦永远是无法解脱的痛苦，由两个人分担的痛苦会减轻一些，而由社会来解决的个人的痛苦，将会使个人看到希望。叔本华的孤独的个人，只能是永远痛苦的个人。存在主义的个人，只是永远生活在自我选择中而又不断失望的人。

马克思主义认为人的问题，不止是单个人的处境问题，也不是单纯灵魂问题或心理问题。在同一社会中，个人处境可能不同，富贵寿夭、穷达贫贱、身心健康，各不相同，不能一律而论。我们这里讨论的不是这些差别问题，而是如何看待人与社会的关系问题。人的问题，是通过一个个解决个人问题而达到社会问题的解决，创造出一个美好世界，还是首先解决社会问题，即把通过社会制度性的变化，为每个人能自由全面发挥自己才能和潜力的社会创造条件呢？当然是后者。个人得救，只是个人的；社会得救，才是全体的。

在我看来，社会发展的首要问题，第一步是换水问题，而不是治鱼的问题。我们只要读读《共产党宣言》中关于“社会主义和共产主义的文献”这一节，就可以知道这个道理。《共产党宣言》为什么批判封建社会主义呢？因为他们不准换水，反对以资本主义社会制度取代封建制度，他们把“无产阶级的乞食袋当作旗帜来挥舞”，企图重回美妙的封建社会。可是在封建社会，个人能获得超越等级制的公民权吗？《共产党宣言》为什么批判保守的或资产阶级社会主义呢？因为他们也不准换水，即不准改变资本主义制度，只讲救鱼，改善工人处境从而“保障资产阶级社会的存在”。《共产党宣言》列举了经济学家、博爱主义者、人道主义者、劳动阶级改善派、动物保护协会会员、戒酒运动协会以及形形色色的改良家，都是不准换水，只乐于救鱼。可是在资本主义社会，任何慈善事业和所谓人道关怀，都不可能根本改变无产阶级和被剥削者的处境。它可以暂时止痛，但绝不是根本治疗。

人与社会的关系，不是豆子与瓶子的关系。从瓶里倒出的豆子仍然是豆子，可人如果离开社会就不是人。一个人的命运、前途与处境，始终与自己所处的社会合而为一。有些学者从《共产党宣言》中只引用一段话，“每个人的自由发展是一切人的自由发展的条件”。仿佛是先解放每一个个人，一切人才能得到解放。不必换水，先治好每条鱼，有朝一日所有的鱼都活蹦乱跳。这是幻想。《共产党宣言》讲得非常清楚，“每个人的自由发展是一切人的发展”之所以可能，是因为社会发生了根本变化，即“代替存在着阶级和阶级对立的资产阶级旧社会的”，“是一个新联合体”，即革命后建立起来的新社会。不是一个个个人先获得自由，才使全体人获得自由。走这条路永远不可能有自由。因为它不是以换水为前提，而是以一条条治鱼为前提。它给的是改良主义的幻想，保存的是剥削制度。

我想起一个诡辩哲学的命题，有位哲学家说，你承不承认一粒谷子掉在地上没有响声？承认。那一斗谷子倒在地上也没有响声。因为一粒谷子不响，所有谷子加在一起仍然不会响。如果认为“一切人的自由发展”是“每个人的自由发展”的叠加，思维方法与此类似。事实上，单纯个人的自由发展，不仅不是一切人自由发展的条件，相反可能是障碍。从有阶级以来，社会发展就是如此。总是一部分的自由，以牺牲大部分的自由为前提。因此，在阶级社会中能获得自由的始终是一部分人，永远不会有无限叠加的可能性。只有在代替资本主义社会的“自由联合体”，即马克思追求的人类解放的社会中，每个人的自由发展与一切人的自由发展才能相互促进互为条件。马克思和恩格斯在《共产党宣言》中讲的，“每个人的自由发展是一切人的自由发展的条件”中的每一个人，就是社会主义中的“每一个人”。

历史唯物主义首先是换水派，重视制度变革在社会发展中的作用。但它不是乌托邦主义者，从来不认为一旦革命获得胜利，人民掌握政权，一切个人的问题都能得到解决。马克思在《哥达纲领批判》中说过这个问题，他说我们这里所说的是这样的共产主义社会，它不是在它自身基础上已经发展了的，恰好相反，是刚刚从资本主义社会中产生出来，因此，它在各方面，经济、道德和精神方面都还带有它脱胎出来的那个旧社会的痕迹。

中国近代史上无数仁人志士为中华民族伟大复兴而前仆后继，就是为了换水，即推翻旧的制度，建立新制度。只有国家好、民族好，个人才有前途和幸福。中国社会主义革命胜利后建立社会主义政权，为绝大多数人提供发展和改善的可能性和现实性。这是任何单纯救鱼的改良主义都无法做到的。中国有过改良主义者，没有一个成功的。中国民主革命的胜利建立中华人民共和国，以及随后建立的社会主义基本制度是一次大换水。三十多年的改革开放实际也是换水，因为体制也是“一泓池水”。当然改革不是社会基本制度的变换，但社会主义经济、政治、文化、社会体制的改革意义，同样是涉及全体社会成员的利益。我们不同的人面临的个人问题，包括就业、住房、医疗、上学等问题，这些问题的解决都有赖换水即体制改革，建立一个合理有效的住房、医疗、教育体制。凡是具有普遍性的问题都具有社会性质，必须着眼于社会，依靠社会改革来逐步得到合理的解决。换句话说，它是换水而不是单纯救鱼。只要水质好（体制健全），就适宜于养鱼。我相信，通过体制改革，我们面临的问题能逐步得到解决。

如果不换水（健全体制），问题难以解决。仅以贪污腐败为例，我们反腐力度不可谓不大，每年受各种处分的公务员不可谓不多。可仍然前任刚判，继任者仍然重蹈覆辙，甚至集体贪污，这说明存在体制上的漏洞。仅仅依靠单纯道德教育是不够的，必须有一套行之有效的制度。制度健全，坏人不敢干坏事，否则，好人也可学坏。当我看到一些出身农村、家庭贫寒、依靠国家资助得以完成学业刚刚走出校门的青年，一旦掌权，甚至是个小小职位，也走上犯罪道路，我深感历史唯物主义是正确的。水比鱼重要。换水可以救一批鱼，而单纯救鱼，则鱼不可尽救，其他鱼也跟着患病。

教条主义是反历史主义

教条主义者的最大特点，是陷于对教条执迷不悟的迷信之中。其实没有万古不变的教条。儒家中有人断言“天不生仲尼万古如长夜”，或者奉孔子学说为天道、为至道、为万古不变之道，也不过是极言其学说的价值而已。没有人真的认为孔子学说就是一句顶一万句的绝对真理。其实，从孔子没后至今两千多年，儒家的学说也是变化的，否则就没有儒学史。只要一部《论语》足矣，这可以说是儒学教条主义。

马克思主义中也有教条主义。教条主义的本质是反历史主义。历史是发展的，理论必须与时俱进。这一点古人都知道，世变则事变，事变则理变。在马克思主义队伍中从来没有人承认自己是教条主义，都是创造性的马克思主义者。即使教条主义，也坚持自己是最坚定的马克思主义、百分之百的马克思主义。

什么是坚定的马克思主义，什么是教条主义？什么是创造性的马克思主义，什么是在创造性的掩护下的背离？界限并不十分清楚。这个问题从恩格斯晚年特别是在他逝世以后，争论已经一百几十年。在当代，修正主义一词已从马克思主义辞典中删去，因为谁也弄不清楚在当代谁是修正主义呢？有没有修正主义？西方马克思主义、后马克思主义或者其他种种名称的马克思主义，谁能把它们归入马克思主义的异类呢？

是不是马克思主义总该有个标准吧？我们并不认为，只要原原本本坚持马克思主义基本原理就是马克思主义，而应该把如何对待马克思主义基本原理同样包括在判断是否真正马克思主义之内。如何对待马克思主义，这个问题本身就是判断真假马克思主义的一个根本性问题。什么是马克思主义和如何对待马克思主义是不可分的。

列宁提出过如何对待马克思主义的三条原则，很有启发性。一是历史地考察原理；二是要同其他原理联系起来考察原理；三是要同具体经验联系起来运用原理。这三条可以说是以马克思主义态度对待马克思主义的根本原则。这个原则本质是对待马克思主义理论的历史主义原则。

应该历史地看待每一条马克思主义基本原理，也就是说应该研究马克思是在什么样的历史条件下、什么样的语境下提出这条原理的。按照马克思自己的说法，每个原理都有自己的世纪。马克思为什么强调现实的人，因为马克思创立自己学说时，在历史观和社会主义学说方面，遇到的是费尔巴哈人本主义、施蒂纳的抽象人的学说，以及以人本主义为依据的所谓真正社会主义学说。不解决出发点的问题，就无法前进。为什么马克思强调经济即物质生产在社会中的决定作用，因为从来历史观都是把经济排除在历史观之外，把天意、神、理性、绝对观念作为历史的本质和历史发展的基础。有人说历史唯物主义原理太肤浅，无非是吃饭哲学，可吃饭的重要谁都知道，中国古人说过国以民为本、民以食为天，衣食足而后知礼义，不早就知道历史唯物主义吗！这是蓄意贬低历史唯物主义，否定历史唯物主义的创立是历史观的巨大变革。第一，历史唯物主义关于物质资料生产方式决定作用是解决历史存在和发展基础问题而提出的命题，是针对历史上几千年存在和流传的天命论、意志论、观念论、英雄决定论、抽象人性论等。也就是说，它的最重要意义是把传统历史观倒转过来，把一直被理论家们轻视的物质生产和劳动引进历史观领域，离开了传统唯心主义历史观历史背景就不可理解这个命题的价值。第二，历史唯物主义不是简单认为人要生存必须首先满足衣、食、住、行的基本需要，而是从这个基本事实出发揭示出一系列范畴和规律，如生产力、生产关系、分工、交换、分配以及社会基本矛盾、社会形态等。吃饭的重要性自古以来没有人不知道，可把它作为社会存在和发展的基础并发现其中一系列规律则是历史唯物主义的独特贡献。否则何以称为伟大发现？发现的不是吃饭的重要性，而是从日常生活的需要中发现人类存在和发展的物质基础及其发展规律。没有关于社会发展规律的发现而只停留在“人要吃饭”并没有到达历史唯物主义，最多是站在历史唯物主义大门门口。再如，《共产党宣言》中说的每个人的自由发展是其他人自由发展的条件。这是针对阶级消灭以后人与人的关系说的，是针对资本主义现实中一部分人的自由就意味着另一部分人不自由说的。如果不消灭阶级对立，不建立社会主义社会这个先决条件，个人自由并不能成为其他人自由的条件。如果抛开了这个前提条件，抽象地说每个人的自由是其他自由的条件，仿佛个人自由比一切人的自由更重要，个人自由是人类自由的基础，马克思主义变成个人自由优先于人类自由，要解放人类首先要一个一个解放个人的荒谬理论。

还要重视原理之间的相互关系。历史唯物主义中没有孤立的原理，它们是相互关联的，这就是马克思主义体系的整体性。马克思主义是一个整体，原理之间互相支撑，存在逻辑的一贯性，因此在原理运用时不能把任何一条原理片面化，必须考虑原理之间的关系。例如，当强调生产力决定生产关系时，不能忘记上层建筑因素的作用，当强调阶级斗争是阶级社会发展直接动力时不能忘记社会基本矛盾的基本动力作用，必须将两者联系起来，形成社会发展动力系统观。阶级斗争必须有利于解决社会基本矛盾、推动社会发展才是积极的，如果扩大化不利于甚至激化社会基本矛盾，就是违背历史发展的人为的不合理的斗争。因此任何时候都不能脱离社会基本矛盾片面强调阶级斗争的动力作用。原理的关联性不一一列举。可以说，在马克思主义中，每条原理都与另一些原理相联系。我们应该善于运用作为总体的马克思主义，而不是零打碎敲式地运用其中一条原理而置其他原理于不顾。我们不可能同时运用不同原理于同一对象，也没有必要，但心中必须有整体观念，不能用此失彼。只顾此时此地可用而不顾及它的真理性。这样做就是实用主义，而不是马克思主义。

更应该注意原理应用的具体性。原理运用时必须考虑对象的实际情况，即列宁说的具体的历史经验。也是毛泽东一贯强调的从实际出发，反对本本主义。例如，是生产力的迅速发展，要求突破旧生产关系，还是由于生产关系的束缚而导致生产力的萎缩，这两种情况是不同的。在西方，是封建社会末期生产力的发展，要求突破封建社会的生产关系和社会制度，采用在实际生活中相当发展的资本主义生产方式，资本主义已经在封建社会母胎中孕育成熟。随着资本主义生产方式的确立，生产力得到更迅速的发展，不到一百年创造了历史上几千年没有过的生产力；而在旧中国则是由于旧生产关系和上层建筑的束缚使民族资本主义因素被压抑，生产力极度萎缩，因而革命胜利后，当务之急是先发展生产力，而不是急于彻底消灭资本主义因素。中国不是苦于资本主义发展，而是苦于资本主义发展不足。中国社会主义生产力的大发展，是社会主义革命取得政权以后，从一穷二白生产力极端低下开始的，因此如何利用资本主义因素来发展社会主义生产力是面临的新课题。中国的社会主义革命和西方资本主义革命不同。后者是在生产力高度发展下的革命；前者是生产力萎缩下的革命。这两种情况都符合历史唯物主义关于生产力与生产关系矛盾规律理论。只是重点不同。

社会冲突的根源并非单纯生产力发展的高度，而是生产力与生产关系之间的矛盾。不管生产力水平多高，只要生产关系能容纳它的发展，就不会发生革命，不管生产力水平多低，只要旧的生产关系不能容纳它的发展，就会革命，就应该革命。旧中国，不能容纳生产力发展的不是资本主义生产关系，而是“三座大山”，即帝国主义、封建主义和官僚资本主义。如何利用资本主义来发展和建设社会主义，是在逐步摸索中特别是在改革开放中得到明确论述的，并上升为中国特色社会主义理论和道路的构成要素。

中国共产党 90 年马克思主义中国化的历史，证明列宁提出如何对待马克思主义基本原理三原则是正确的。不仅是政治实践，也是理论工作者在研究马克思主义时应该牢记的。可以说，一个马克思主义者并不是仅仅熟知马克思主义基本原理，而且应该懂得如何对待马克思主义。以马克思主义态度对待马克思主义就是真正的马克思主义。毛泽东在《反对本本主义》中讲的就是这个道理。任何教条主义本质上是反历史主义，它忘记了时间、地点、条件。

历史偶然性与历史预测

是否能预测不是衡量历史唯物主义是否具有科学性的根据。历史充满偶然性，历史事件不可能预测。人生和自然也是如此。

人生充满偶然性。人的一生不可预测。对人生而言，偶然性同时是机遇。可以说，机遇是抓住并能最佳运用的有利的偶然性，而偶然性中有不少是失去了的机遇。算命相卜以及什么星座之类预言个人命运，都是有意无意的骗局。尽管相信的人会有，但按生辰八字或祖坟风水决定个人命运前途的事，根本没有。世界上同一年、同一月、同一日甚至同一时刻出生的人何止千万，难道都有相同的人生吗？即使是孪生兄弟，个人境况际遇各异者也多得是。

自然科学是精密的最具预见性的科学，可自然界同样充满偶然性，不可预测或者还不能预测的事多得很。日食、月食能预测，但天气预报并不是绝对准确。天有不测风云，准确预报仍有待气象科学的发展。至于地震预报仍然是地震学中的难题。有人就曾提议与其花大量经费研究预测，不如用于防震。这表明对地震预测没有信心。据《参考消息》2012 年 10 月 24 日载，意大利一家法院判处 7 名科学家和专家犯有过失杀人罪，理由是他们未能在 2009 年的地震发生前警告拉奎拉市民。那次地震导致 300 多人死亡。这一判决震惊世界，尤其是引发科学家的抨击。全世界科学家都谴责这一判决荒谬，他们说至今仍然没有可以预测地震的方法。欧洲地质学联合会地震部门负责人说，“我们深感担忧。受到考验的不仅只是地震学，而是整个科学”。这种说法是正确的。科学预测需要宽容，预报则需要谨慎。

科学即使是自然科学也不是万能的。它是科学，而不是预测学。自然科学中能准确预测自然界具体变化的学科，并不太多。自然界是一个无限复杂、气象万千、变化无穷的世界。物理学对物理现象的研究只是物质世界的极小部分，化学也是一样。可以说，任何一门自然科学对自然研究对象都是不可能穷尽对象，不可能做到对自己研究对象的具体变化准确预测。病毒学家也没有可能预测会突然出现“非典”，出现何种冠状病毒的新变种。只有在事件发生后加以研究，提出预防和治疗措施。至于以后冠状病毒还会发生何种变化，也难预测。只知道会变，但不可能知道如何变。变是自然之理，如何变则依赖具体环境的变化。自然界还会在何时、何地、以何种方式出现病毒的新变异，是无法预测的。即使号称精密的自然科学也是推测多于预测、假设多于断言。

没有一个理智的学者，会由于自然科学对自然现象的变化不可能事事准确预测而否定自然科学。如果谁把自然科学变为自然界的预测科学，认为自然科学可以洞悉自然界的一切具体变化的未来，这不是科学而是迷信，重新回到占星术的时代。普列汉诺夫说得对，他说弹道学能够解释弹头运动，它能预见它的运动。但是任何时候也不能告诉您这个弹头恰恰炸裂成多少片而且每一个碎片飞向何处。但这丝毫不会削弱弹道学得出的那些结论的可靠性。

如果对具有重复性的自然现象研究的自然科学，尚且难以准确预测，更不可能事事预测，何况社会领域。社会历史现象是难以预测的。把《易经》神化为预测的哲学，变为星卜算命之学是对《易经》的神化和曲解。至于有人说作于唐代的推背图预测到中日为钓鱼岛必有一战，更是荒唐至极。唐代连钓鱼岛主权之争都不存在，何言预测。至于什么玛雅人关于2012年12月21日世界末日的预测，以及其他种种关于某月某日是世界末日的预言，不是迷信，就是骗局。它只是迎合当代由于生态环境恶化而引起的人人自危的心理而已。

历史唯物主义不是预测的科学，而是一种历史观。它为人们提供正确认识历史的方法。它承认历史具体事件的不可预测性，应该是历史唯物主义坚持科学性的表现。把历史唯物主义变为算命先生是对历史唯物主义的曲解。尽管历史唯物主义对具体的历史事件或人物的出现不能预测，也不会枉费心力去预测，但对已经出现的历史事件或人物，可以提供科学的有说服力的解释理论和方法。

秦二世元年，陈胜吴广被征渔阳服役，途经大泽遇雨延期，冒死被迫揭竿而起。事发突然，不可预测。周恭帝显德七年，大将赵匡胤借口率军抵御北汉与辽联合侵犯，在今开封附近发动“陈桥兵变”，号称士兵拥戴，黄袍加身，得以取代北周成为宋朝开国之君。陈桥兵变也事发突然，难以预测。七七卢沟桥事变，日军借口演习，士兵失踪，突然向宛平发动炮击，也是事发突然，难以预测。所谓突发、不可预测，指的是具体历史事件发生的时间、地点、参与的人物、借口，以及事件发生的方式的不可预测性。任何具体历史事件都是具体的独特的单一事件，发生于特定时间、地点，有具体人物，并且它受各种条件和偶然性影响。在人类社会中即使明天会发生什么具体事件，我们也是无法预测。社会领域中突然事件的发生是经常的。

偶然的突变事件的不可预测性，并不是说它是不可理解的。这是两回事，历史事件发生的方式是不可预测的，但偶发事件原因是可以理解的。只是它由结果的分析回溯原因，而不是由原因到结果。因为事件尚未发生，并未形成因果关系。从因果分析中除去特殊原因即特殊条件，可以发现历史的必然性。陈胜吴广起义事发突然，但封建社会农民因劳役赋税无法承受而造反的事是必然的，苛政猛于虎。秦末举事并非陈胜吴广一处，而是烽烟四起。陈桥兵变，事发突然，不可预测，但当朝廷王权衰落，大将拥兵自重，这种事就有可能发生。赵匡胤当了皇帝才会导演“杯酒释兵权”的戏，以预防陈桥兵变故事重演。日本发动七七事变，以士兵失踪为借口，发起突然袭击，事发突然，不可预测。但引发七七事变产生的必然趋势，是可以理解的。历史唯物主义的科学性，在于它能对突发重大事件的本质予以科学的解释，而不把一切推给偶然性。这是历史唯物主义的一个重要功能，从历史事件包括突变的不可预测事件中寻找可理解性。

历史唯物主义虽然不是推背图，不是算命先生，不是对未发生的具体事件的预测。但历史唯物主义由于它对历史规律的把握，为我们立足现实，对历史走向的多种可能性或趋势可以做出正确判断。这种关于未来历史走向的判断，我们不称为预测，而是科学预见。科学预见是以历史规律为依据的。毛泽东在《星星之火，可以燎原》中说，“马克思主义者不是算命先生，未来的发展和变化，只应该也只能说出个大的方向，不应该也不可能机械地规定时日”。星星之火，可以燎原是规律，处在当时矛盾重重的中国必然会发生革命，但何时、何地、何种方式由星星之火，变为燎原之火，革命战争要经历什么样的艰难曲折，何时能“一唱雄鸡天下白，万方奏乐有于阗”，取得全国性胜利，这是由历史发展的条件决定的，不可能预测时日和方式。不难明白，毛泽东在 1930 年 1 月写的这篇满怀革命激情和憧憬的名文《星星之火，可以燎原》时，当然不可能预料到以后中国革命，会以人类战争史上空前规模的三大战役，会以千帆竞发百万雄师过大江的方式，取得决定性胜利。

历史唯物主义不是预测学，历史科学也不是预测学。历史唯物主义水平再高，也不可能不研究中国历史，光凭历史唯物主义原理就可以得出有关中国历史分期、中国封建社会的特点，或者中国为什么没有走上像日本明治维新那样的道路问题的科学结论。对各国的历史研究来说都是如此。历史唯物主义是研究历史的理论和方法，而不是历史推论的逻辑前提。哲学史不是哲学而是哲学的历史，是关于哲学发展的历史；历史哲学不是历史而是历史的哲学，是关于历史的哲学。历史唯物主义要发挥作用必须研究历史，要理解一个国家的发展必须研究这个国家的历史。

历史研究也不是预测学。历史是回溯性研究，是对既成事实的历史研究，对历史上已经发生的事和历史人物的研究。历史科学追求正确叙述事实和理解事实，从事实中发现历史的规律，而不是预测未来。历史研究是站在历史的末端往回望，而不是站在起点预测未来，从这个意义上说，历史研究有点像黑格尔说的黄昏时起飞的密纳发的猫头鹰。我们不能从任何一个单一的历史事件中断定过去这样，现在必然这样，现在这样，未来必然也是这样。因为条件是变化的。偶然因素是多样的。但当我们把历史看成一个连续过程，通过科学的历史观对历史经验的总结，可以有助于更好地理解现在，而正确把握现实，有助于比较正确地把握未来的走向。“观今宜鉴古，无古不成今。”古今关系是发展着的、变化着的关系。但从历史智慧角度看，历史有借鉴的作用，增加人们对现实和未来判断的智慧。

胡锦涛说过，浩瀚而宝贵的历史知识既是人类总结昨天的记录，又是人类把握今天、创造明天的向导。

历史唯物主义的科学性并不决定于对具体事变是否能预测。立足现实，详尽地占有材料，运用历史唯物主义的基本原则，有助于我们对历史未来走向做出判断。这不是关于未来具体历史事件和人物必然如何的预测，而是根据现在已经出现的某些现象对历史走向趋势的判断。这种判断是以已经存在的某些事实为依据，它不是纯主观的猜测。我们还是以日本对中国侵略为例。日本侵略中国的“9·18事变”在没有发生前，我们不可能预测1931年9月18日在沈阳北大营必然发生日本军突然向东北守军发动进攻的事件，正如1937年7月7日北平卢沟桥事变尚未发生时，事先预测必然在7月7日会发生卢沟桥事变一样。突发的具体事件无法预测。但以正确的历史观为指导，结合具体的历史经验，能提供历史走向可能性的预测，事前做好防范。根据明治维新以后日本的政治和军事发展，根据中日甲午战争以后日本对中国怀有侵略图谋和行为的历史，可以判断日本具有向中国发动侵略的可能性。这种预测是一种以大量事实（包括历史事实和每天发生的现实事实）为依据的现实可能性的预测。事实上自甲午战争以后，中国有识之士不断大声疾呼，警惕日本的侵略野心。这是基于历史和现实形势判断做出的关于中日关系历史趋势走向的科学预测。

任何前瞻性的战略研究，都是以正确的哲学思维为指导，结合历史和现实，关于未来多种可能性的判断。历史唯物主义作为一种科学历史观，它的功能是提供正确的基本理论和思维方法，从历史和现实的研究中能得出具有远见的结论，而不是仅仅按照历史唯物主义原则进行纯逻辑的推测。没有事实依据的推测永远是空洞无效的，如果不考虑条件和条件变化带来的影响，不提防各种难以预测但可能发生的偶然性，就会使任何自以为科学的判断落空。

社会和自然

人生活在自然和社会两种环境中。科学的历史观当然应该理解自然、理解社会、理解自然与社会的关系。否则，要想建立科学的历史观只能是缘木求鱼。可偏偏在这个有关自然和社会的问题上，毫不夸张地说，有点旧论泛起。

由于当代生态恶化，因而自然神性说似有卷土重来之势。自然不是物质的世界，而是有灵性、有神性的世界，人应该敬畏自然，而不是改造自然。尼采说，上帝死了，因此西方人道德堕落；中国人的“天”塌了，因此人们不敬天、畏天，没有天理、天良。似乎只要中国人都敬天、畏天，就可以人人向善。如果这样，我们就会重新回归以哲学名义宣扬的宗教神学。其实，道德问题是社会问题，它与“天”无关。神道设教或借天说事，是宗教而非科学。

天是自然之物，就是物质世界，并无神性，也无人性。神性是自然规律的神化，人性是人把自身的权利折射于自然。我们当然应该敬重自然，因为自然有自己的规律。违背自然规律会受惩罚、会受报复。这是自然的报复，而不是“天”的惩罚。恩格斯早就讲过这个问题。敬重自然的原因并不是因为天有神性，而是因为它有规律。主张自然有神性，必然是对自然心怀恐惧、畏惧；承认自然有规律，必然是尊重自然规律、遵守自然规律。自然没有人性，人应该平等地对待自然、应该善待自然并不是基于自然具有人性，而是因为只有以自然为友，才会不致由于人类自身的行为而受到自然规律的惩罚。自然的惩罚是人类自己对自己的惩罚，而不是因为自然界的神性或人性。这是两种完全不同的历史观。

在当代世界，自然、社会和人的关系发生了巨大的变化。自然已经不再具有古代那种使人畏惧的魔力，但也不是可以任人驱使的奴仆。人类自身的历史，已经把正确对待自然、社会和人的关系的观念技揳入人的头脑。人与自然平等、善待自然的观念逐渐深入人心。环保观念变为一种新的道德风尚。

自人类出现以后，自然就在不断人化。在历史唯物主义中，人是现实的历史的人，自然是历史的自然。历史是自然在人化中的自我生成，而自然是不断历史化的自然。我们既要重视自然的历史，又要重视历史的自然。重视自然的历史，就是承认自然有自身的历史，自然的人化是由非人化自然转变而来。因此自然优先地位不能被漠视；重视历史的自然，就是重视自然历史中包含历史的自然。在考察历史时，不能把自然排除在外。

在自然、社会与人的关系中，一些理论家常常把自然界和人类周围感性世界混为一谈。其实两者有区别。不区别，就很容易陷入历史唯心主义的泥淖。自然界是一个无限大的概念，在一定意义上与宇宙同义；而人类周围的感性世界则是人化自然部分，它是自然界中最小而时时刻刻在向纵深扩大的部分。人类周围的感性世界并不是某种开天辟地以来就始终如一的世界，而是工业和社会状况的产物，是历史的产物，是世世代代活动的结果。正如本特利在《政府秩序》中说的，当我们对于地下的金矿没有什么作为，或者不打算有什么作为的时候，它对于社会毫无作用。可是，当我们喧嚷着要探勘金矿的时候，地下有无金矿就成为一个重大因素了。没有发现的金矿是自在自然，进行勘察、开采的金矿是人化自然。可作为人化自然的金矿，当然是以地下先存在金矿为前提。

有些西方马克思主义者倡导“社会自然”概念。只承认自然是社会化的自然，而排斥非社会化的自然。卢卡奇、施密特都是这样。骤然看来似乎这种观点非常坚持马克思的实践观点，实际上是把马克思的实践观片面化。马克思从来不否认自然的先在地位，不否认在人类感性世界之外还存在非人化世界。如果把实践观点与自然先在性对立起来，必然走向反面。

宇宙发展史，就是从自然中产生社会的历史。相对自然而言，人类社会“出生”之晚，“寿命之短”，简直无法相比。没有人对自然界的改造，社会何以形成。一个历史唯物主义必然是承认自然界客观性的唯物主义者，而唯物主义者不一定是历史唯物主义者。马克思和恩格斯批评费尔巴哈，说当他是一个唯物主义者，历史在他的视野之外，而当他注视历史时，则唯物主义在他的视野之外。在费尔巴哈那里，自然与历史是分离的、唯物主义与历史互不搭界。马克思在《1844年经济学哲学手稿》中对自然与历史的关系做过明确的论述："历史本身是自然史即自然界成为人这一过程的一个现实部分。"没有自然界的先在地位，没有自然界的长期发展，人类社会不可能产生。社会就是整个物质世界的人化部分。

好像有这样一种议论，马克思主义哲学的唯一形态就是历史唯物主义，不包括关于自然的唯物主义观点。即使有，它也是历史唯物主义中一部分，因为自然就是历史的自然。除此而外，历史唯物主义不承认存在人类社会之外的自然界。这种说法，在我看来似欠妥当。自然和社会是人类生存两种不同的环境。社会不可能离开自然。社会是物质世界的特殊部分，它依存于自然。离开自然就不可能有社会。马克思主义的历史唯物主义关于劳动、关于生产力、关于生产方式等基本观点，如果不承认自然的客观实在性和优先地位，必然会从历史唯物主义中排除人与自然的关系，从而使这些历史唯物主义的基本范畴成为空洞概念。历史唯物主义不能停留在一般唯物主义的水平上，但必须以一般唯物主义关于世界的客观性为前提。不与自然进行物质交换的人类社会是没有的。而与自然的物质交换，就是承认非人化自然的存在并逐步对它进行人化。

人化自然依赖人类社会，可整个自然界并不依存于社会。自然具有自身的独立性。没有人类社会时，自然界就存在，先于社会而存在。尽管哲学家们可以说，这种自然对人毫无意义。没有意义是一回事，是否存在是另一回事。存在是关乎客观性问题，意义是关乎人的价值判断问题。我们只能从存在的方式中看出意义，而不能以是否有意义决定它是否存在。社会通过劳动不断进行自然的人化，但人化自然并不会因为人化而变为非存在；何况在人化自然之外存在一个无限的独立存在的自然界，它有待一代一代人去继续人化。如果可以打譬喻的话，人化自然只是一小杯水，而非人化自然是汪洋大海。可以不断地为人类劳动实践提供对象，如同大海能不断为一杯一杯水提供水源一样。正因为自然界这种特点，因而使得一些自然唯物主义者执着自然的客观性和优先地位，而不懂得人对自然的改造。他们只看到大海，而看不到人类手里捧的杯子可以从大海中不断取出水。他们的视野囿于自然界自身，跳不出自然界的圈子。因而只能是形而上学的唯物主义者、机械唯物主义者，而不可能是历史唯物主义，永远是半截子唯物主义。历史唯物主义和自然唯物主义的分界线在于，历史唯物主义是在实践上把社会和自然作为统一的物质世界的不同运动形态来把握，既承认自然界的先在性和优先地位，又强调它与社会存在不可分割的联系。既从自然角度看待社会，承认社会对自然的依存关系；又从社会角度看待自然，看待人类社会对自然改造、对自然界带来的变化。

对历史唯物主义来说，承认自在自然与人化自然在实践基础上的统一极其关键。否认这种统一，就没有历史唯物主义。如果实践之外世界是无，人类何以会有现存的人化世界。否认客观自然界似乎很激进，很重视历史唯物主义，其实是架空历史唯物主义。一个没有自然界优先地位的历史唯物主义，不可能是历史唯物主义，而只能是在自我意识或是无人身意识范围中运转的历史唯心主义。

否认自然辩证法，否认人化之外的自然界，把自然界完全变为一个社会概念，是狂妄至极的说法。自然界没有辩证运动，任何自然科学就没有研究的可能性，研究自然界规律的自然科学，就包括对规律中存在的矛盾和变化的揭示。没有形而上学的自然规律，任何自然规律都是辩证的。而且如果自然界没有辩证法，人类社会的产生是不可能理解的，没有自然界长期的自发发展和变化，人类社会不可能产生。说自在自然界对人类没有意义，是无知之谈。如果真是这样，人类何必花大力气研究天体起源、宇宙起源和地球起源，研究地质史，研究人类产生之前的什么这个世纪那个世纪。要知道那都是根本没有人类的世界。是研究自然自身的历史，而不是研究人化自然界的历史。

社会存在在哪里？你看见过社会？你可以看到人、看到高大的楼房、宽阔的高速公路，能看见各种物化的东西，但看不到社会。这些能看到的物化的东西，无一不是自然物的人化。社会并非实体性存在，而是人的有组织的结构性存在，它包括人在改造自然中建立的生产方式，以及在生产方式基础上建立的上层建筑，它构成社会。自然向人类社会发展的路线图，可以说是自在自然不断变为人化自然的过程。人化自然与人类社会同时存在，相互作用。只有人类社会产生后才能有自然界的人化，反过来又只有自然界人化才能构建人类社会组织和制度。请问，如果没有自然界，没有人对自然的改造，社会如何产生、在何处安身？社会就屹立在不以人的意志为转移的客观的地球上。社会总不能凭空从天而降，也不可无立足之地。

历史唯物主义永远不可能排除自然观。如果承认有自然界，又设想可以没有自然观是荒谬的。问题是不能把历史观与自然观对立起来。在马克思主义哲学中，它们是相互支撑相互渗透的。历史唯物主义中包含人与自然的关系，从历史唯物主义中排除自然界，排除人与自然的关系，就没有历史唯物主义。可是历史唯物主义如果只承认处于社会范围内的人与自然关系，而不承认处于社会范围外的自然，把自然只看成社会的自然，而不承认作为自然的自然，历史唯物主义就失去产生的继续发展的前提。历史观不可能取代自然观，处于人与自然关系中的自然，终究是自然界有限的部分，还有无限的自然存在。社会的发展、历史的进步，就是自然同时被人化的过程。

人与自然、人与社会

人类历史进程中存在着自然、社会和人之间的复杂关系，历史研究必须顾及三者的辩证关系。

自然与社会相比哪个力量大？人定胜天的说法，当然是说社会力量比自然界力量大。不过我以为还是自然力超过社会力量。自然是无限的世界，而社会是有限的；地震台风以及任何严重自然灾害对社会造成的破坏，都可以很巨大，甚至于超过社会的承受能力。建立于公元前600年的意大利那不勒斯附近的庞贝，就是在公元79年一瞬间毁于维苏威火山爆发，成为永远深埋于地下的古城。自然可以毁灭一种文明，可以埋葬一座城市，甚至改变一个民族的命运。你看看，美国的科学不可谓不发达，防灾抗灾力量不可谓不强大，可在2012年10月末的飓风“桑迪”面前，仍然回天无力，显得力不从心。“桑迪”灾及十多个州，不仅水淹为患、房屋毁损，而且交通断绝，由于停电一片黑暗，甚至美国最为重要的竞选活动都不得不叫停，转而救灾。政治强人与自然巨人相比微不足道。决不能说非人化自然对人毫无意义，飓风并非人化自然，不是风电，而是实实在在的自然自身的力量。

至于社会与个人而言，社会力量更是超过个人力量。任何个人都无力单独与社会对抗，如果单枪匹马与社会对抗，就会沦为堂吉诃德式的人物。当然，个人并不是社会中微不足道的小卒，当个人的对抗与历史发展规律相符合，成为众多个人的代表和组织者时，就不会是永远的孤独的个人，而是代表一种社会力量的先知先觉者。这种个人会由普通的个人成为时代的伟大人物；革命时期的伟大人物，革命的组织者，开始就是看似孤立的个人。

同样，在人类历史发展进程中，当人类处于早期往往屈服于自然力的自发力量，崇拜和恐惧自然，把超自然力赋予自然，形成对自然宗教式的膜拜。对自然的各种祈祷和祭拜仪式都类似对自然的一种“贿赂”，以求让人在对自然的恐惧中解脱出来。随着历史的发展，科学技术的进步，社会从自然的崇拜者变为改造者，从而摆脱天命论和神学决定论。可是，当人类盲目相信社会力量而藐视自然力量，由对自然的顺应到蔑视，人类由此不断遭遇自然的报复和惩罚。蔑视与惩罚成正比。我们当代改造自然力胜过我们的祖先，可我们受自然之害也远超过我们的祖先。

人类对社会历史认识的深度，是随着理解自然、社会、人三者相互关系而变化的。无论是西方还是东方，开始都是从超自然力量中寻找对社会历史的解释，人处于微不足道的地位。在西方称之为神，神学决定论；中国称之为天，天命论。神与天具有相同的意义，都是超越人自身、支配人间的力量。人类在自然和自然灾害面前的无力、对自然满怀恐惧与敬畏；在社会中个人的命运沉浮难料，只能把自己托付给看不见的手，这只手可以有各种名称，天意、命运、运气。总之不是人自己。个人的命运可以交给神，人间最高统治者地位也需要得到神的认可，赋予它神圣性与权威性。这些都会使神或天的存在不可避免。寺庙中的神像塑得高高的大大的就是形成人的一种恐惧感和精神控制。天命论或神学决定论是人类处理自然、社会与人的关系的神学形式。

当科学发展，人有力量改造自然而不是完全依赖自然时，人对自然力量的自信，开始表现为对理性力量的自信，因为科学的发展与理性力量的发展不可分。当对人自身力量的崇拜转变为对科学的崇拜时，在哲学历史观上很容易踏入理性崇拜，陷入理性支配世界或绝对观念支配世界的误区。由神学决定论、天命论转为哲学化的比较精致的有逻辑论证的唯心主义历史观。马克思和恩格斯依据人类历史和现实经验中的社会、自然和人的关系，唯物辩证地处理三者的关系，创立了历史唯物主义。历史唯物主义关于人与自然、人与社会的相互关系，关于自然、社会、人在实践基础上统一的观点，不断为历史发展所证实。

神学历史观或天命历史观，会随着科学发展和社会进步而被削弱，但决不会绝迹。西方虽然自称是民主自由的社会，但社会的不公平、正义的缺失、人间的痛苦与罪恶，使人仍需要上帝作为赎罪和忏悔的对象，作为人间温暖和爱的源泉；在中国，天命论的历史观并没有退场，而是沉渣泛起，弄得乌烟瘴气。有些人弄不懂，为什么科学如此昌明，中国社会越进步，占卜算命装神弄鬼的人反而越来越多。当官员的升迁决定于上级，当个人的发财致富决定于市场的盲目力量时，相信命运、相信风水的观念会滋长。因为个人命运不定，被一种自己无法掌握的力量支配，就会信神，而神的现实可见存在就是庙里的神像，即使是木偶，只要放在庙里就会成为崇拜对象。认为个人命运决定于祖坟风水、住房的朝向甚至自己“衙门”的大门朝向，一些稀奇古怪、匪夷所思的事都时有所闻。心胸坦荡、心无所求的人不敬神，因为他无所求。凡有所求只有两途，或求人，或求神。求人者，怕人；求神者，怕神。这说明，在当代中国有些人的历史观仍然停留在命定论，连理性决定论的水平都没有达到，更不用说历史唯物主义水平。看起来，对这些人还要进行历史唯物主义的“扫盲”。

个体与类

如果我问一个人：你看见过人没有？他一定会认为你在发神经。我们每天都在和人打交道，都看到人。可是你看到是什么人，或张三，或李四，或王五，都是个人。你看不到任何不是个人的人。这种人是看不见的，它是一种抽象的“类”概念。它包括每个人，可又不是单指某个人。它指的是人这个类。在类的意义上，我们可以说，我们都是人。我们可以在电影、小说，或其他文学著作，当说到敌我双方、或生死决斗的双方最后和解时说的一句话就是：“我们都是人。”甚至在抗日战场上用自己的生命保护敌人反而牺牲自己时临终的一句话也是：“我们都是人。”“我们都是人”，充满温情，据说最具人性。“我们都是人”这句话在文学上甚为通行，仿佛站在道德制高点、人性的制高点，可在我们这些哲学工作者看来这个口号最具争议。

对什么是人，可以有生物学和哲学两种不同的视角。从生物学角度说，我们都是人，因为我们都属于人这个物种。不管男人、女人，好人、坏人，自己人或敌人，古代人或现代人都是“人”。可如果以这种观点来观察社会问题就会得出荒谬的结论。根本不必区分是非、善恶、对错、敌我，反正我们都是人。马克思曾经批评斯蒂纳，批评他单纯把人看成“类”的观点。他以嘲笑的口吻说，为什么要区分动物、植物，区分各种事物？它们都是“物体”；为什么要区分各种人呢？我们都是“人”。

历史唯物主义并不否认，人是“类”。人作为自然存在物，同属一个类——人类。因此，人有相同的生存和繁殖需要的机能和生物特性。可人不仅是自然存在物而且是社会存在物。作为社会存在物，人的社会特性使人的自然特性打上社会烙印，从而有各种各样的人。这就是不同阶级、阶层赋予的特性。这是一种可变的特性，随着社会阶级关系的变化而变化。仅仅用个体与类的观点不能对人作出科学解释，必须把作为生物学个体的人同时作为现实的个人，超越生物学的眼界，把人与人的关系放在特定的社会关系下来观察。这样，我们在观察社会问题时就不会用“我们都是人”这个断言来抹平人与人之间的区别，从而掩盖社会矛盾和社会问题的本质。

在社会历史研究中，“人”作为不必区分的类概念并不通用。古代奴隶社会就不承认奴隶是人，西方资本主义殖民时期的种族主义者，也不承认被殖民者的人民是“人”。西方神学中的人是罪人，生下来就有原罪；中国古代儒家也有君子与小人之分，而且按孟子的说法，“人皆有不忍人之心”。“无恻隐之心，非人也；无是非之心，非人也；无羞恶之心，非人也；无辞让之心，非人也。”因此道德成为人之所以为人的标准。只有当西方资产阶级反对封建制度时才产生无区别的人的概念，这就是所谓人道主义思想。人道主义思想的核心就是人，是没有任何区别也不必区别的作为“类”存在物的人。其实，这种无区分的人只在物种学上存在，在实际社会生活中并不存在。不必长篇大论，只要看看阶级社会的实际情况，包括举着人权旗帜、宣扬人人生而平等的资本主义社会的实际处境，只要不是傻瓜，都能明白。

现实的个人，当然也是个人。但不是单纯生物的个人，而是处于一定的社会结构之中。直观看，每个人都是单独存在；从社会角度看，人是关系性的存在。没有游离社会结构之外的个人。从生物性的个人出发，参与市场经济的人就是“经济人”，是只为自利而追求最高利益的经济动物；从社会的人出发，市场经济下的个人是处于相互关系的个人。市场经济下的个人活动必然要受经济规律、法律和道德的制约。如果市场经济下个人的经济活动成为无法制、无道德、不择手段的牟利活动，其危害性是非常大的。爱因斯坦并不是社会主义者，但他认识到只强调个人利益的商品经济，必然存在问题。他在1938年一篇名为《留给后人的话》的文章中说，“商品的生产和分配是完全没有组织的，这导致每个人都生活在恐惧之中，担心被排斥在经济循环之外，这样的话，他们就会苦于想要各种东西却又无力购买，而且生活在不同国度的人们在不定的时间里还互相残杀”。多么有远见呀。两次世界大战本质上就是争夺市场、争夺原料的战争，是资本主义市场经济扩张本性引起的战争。

市场经济是人类文明的进步，是人类发展不可逾越的阶段。但在市场经济下产生的竞争意识，具有两重性。它激发人的上进心、潜力和才能，但也可能无止境地释放人的最恶劣的私欲，激化人与人之间的矛盾。这一点，爱因斯坦看得很清楚，并对后者表示反对和担忧。他在批评资本主义时说过，“对个人的摧残是资本主义最为严重的弊病。我们整个的教育制度都深受其害。人们把过分夸张的竞争意识灌输给学生，并培养他对富有掠夺性的成功顶礼膜拜的心理，以此作为他的未来生活的准备”。我们现在流行的不能输在起跑线上的论调，不就是从小灌输这种恶性竞争的观点吗！起跑线在哪里？是从胎教开始，还是从幼儿园开始？这种不能输在起跑线上的论点，既可能是各种以营利为目的的教育商家的市场操作；也可能是市场恶性竞争给教育制度带来的负面苦果。它剥夺了童年的快乐，窒息了孩子的创造性，而且是完全服务于应试教育的“垫脚板”。

历史唯物主义反对把人单纯放在个体和类的生物学框架下考察，这对我们理解一切社会问题都是至关重要的。我们以“什么是幸福”为例。“什么是幸福”是一个争论不休没有标准答案的问题。它虽然没有标准答案，但应该有一个观察问题的正确方法。这就是要跳出个体与类的关系，超越所谓人的类本性的狭隘视野。以生物学个体作为出发点，自然认为幸福纯属个人的问题。凡是“我”感到幸福的事就是幸福的。每个人在幸福的追求上都是利己主义者，这是人的类本性。而从人的社会性出发，必然会考虑到幸福离不开社会，因为个人是社会的个人，而不是一个两脚动物。一个经济发展、社会公正、依法治理、社会保障系统健全的社会，是个人幸福的社会保证。生活在一个战乱频仍、经济凋零、民生维艰、暗无天日的社会，人是不幸的。在抗日战争时期，沦陷区的人民幸福吗？不要说国破家亡不可能幸福，就是局部性的社会灾难，如某个城市突然大地震，或者特大洪涝灾害，或者泥石流，这个地区遭受灾难的人会感到幸福吗？不可能。人不能离开社会谈论个人幸福，因为人是社会的人。鱼不能离开水，整条河流污染，鱼是不能存活的。当然，人是个体，各有自己的特殊性，幸福问题又不能离开个人。每个人的经济状况、家庭婚姻、身心健康水平、人际关系、事业成就，都会影响个人的幸福和幸福感。不同的人生态度和价值追求，会成为影响个人幸福感的重要因素。

我反对那种离开社会状况，把幸福单纯说成是个人道德修养、人生境界的观点，反对提倡人应该向内心追求幸福，即使生活在污泥和臭水沟里都应该自得其乐的幸福观，这是愚人哲学、奴隶哲学，是忽悠人的哲学；但我也不认为生活在同样社会条件下，个人的幸福和幸福感会是一样的。例如同样生活在社会主义中国，虽然总体比新中国成立前的幸福和幸福感普遍提高，但个人所处的环境不同，每个个人的幸福和幸福感不可能一样。这不仅因为个人在社会中地位不同、条件不同、机遇不同，而且个人的人生态度和价值追求不同，幸福和幸福感当然不会相同。但是，只要中国特色社会主义建设确有成就，就为每个人生活在这个社会中的个人提供机遇和通向个人幸福的可能性和道路。住在精致装修一尘不染宽大的住宅中会非常惬意，可如果是跨出屋外，到处堆满垃圾，极端肮脏的环境，是否会感到幸福呢？我很怀疑。不把幸福看成是一个社会概念，只看成个人的事，就如同这套住房的主人一样。

《参考消息》2010年8月19日有篇标题为《走进最幸福的国度——瓦努阿图》的报道。这是个位于南半球太平洋小岛的只有二十万人口的小国，被英国新经济基金组织列为世界最幸福国家：慢节奏的放松心情，衣、食、住、行简单易得，顺应自然知足常乐，几乎与当代市场经济的价值观、幸福观背道而驰。没有市场、没有竞争，东西放在路边篮子里标明价格，任人自取，钱盒放在篮子边上，无人看守。记者总结说，它的环境没有被工业污染，海水蔚蓝透亮，空气新鲜纯净，它的人民没有被物质欲左右，保持纯朴善良、热情好客的传统。还说，他们有着最亲密的人际关系。在一个经济全球化席卷的世界，几乎任何角落都卷入市场经济和工业化浪潮的时代，这似乎有点天方夜谭。我想起中国老子的最高理想，就是“小国寡民。使有什伯之器而不用；使民重死而不远徙。虽有舟舆，无所乘之，虽有甲兵，无所陈之。使民复结绳而用之。甘其食，美其服，安其居，乐其俗。邻国相望，鸡犬之声相闻，民至老死不相往来。”这种幸福观，老子所处的那个商品交换和交往关系极不发达、自给自足的小农生产方式与生活方式合一的时代，完全可以理解。瓦努阿图人就是瓦努阿图人，是一个未卷进世界资本主义浪潮，与外界没有交往，有着丰富天然生活资料不用剥削即可生存的人，所谓“穿衣一块布，吃饭一棵树”，因为树上长满可供生活的各种果实。住宿有棚屋，因为热带，无须防寒，棚屋即可栖身。这就是说，瓦国的生产方式和生活方式决定了他们的幸福和幸福感。他们不理解市场经济下为物质欲望所控制的人对幸福的感受，我们也无法理解他们何以会感到幸福和快乐，因为衡量的尺度完全不同。当代瓦努阿图的那种生活状态，那种自得其乐的幸福和幸福感，可以为生活在竞争激烈、物欲横流的后工业社会的人所羡慕，但我想如果生产方式发生变化他们决不愿意永远过这种清贫生活。我们一些富人要过，也是在风景绮丽处买个别墅作为休闲处。瓦努阿图人的幸福和幸福感，只能是瓦努阿图人才能具有的。人是社会的人，离开特定社会追求普遍的抽象的幸福和幸福观如水中捞月。

法国的马克·布洛赫也说过，从本质上看，历史学对象是人，但是复数的人即人类，而不是孤立的个人。他说优秀的历史学家犹如神话中的巨人，他善于捕捉人肉味道，人才是他追寻的目标。历史学家并非抽象地思索人类，他们总是自然而然地注入时代的气息，因为任何人都是生活于一定的时代。超越时代的人是不存在的。因此，历史研究具有双重维度：时间和空间。任何历史人物、事件都发生在一定的时间和空间中。所谓时空就是时代，是时代最基本的要素。只有把人和事件放在一定时空背景下才是可理解的。历史研究中分国家、分朝代，就包括不同国家、不同时代、不同王朝的变化，也包括人的变化。

历史规律与历史唯物主义

对历史唯物主义来说，承不承认社会发展有规律，这可不是一个普通的学术问题，而是历史唯物主义的生命线。不承认社会发展规律，历史唯物主义就不能成立；不承认社会历史规律，历史学只能是艺术而不可能成为一门科学；不承认社会历史规律，人类在社会实践中只能是无头苍蝇，乱撞乱碰。社会领域成为一个斗牛场，完全凭个人的技术与体力取胜。胜者为王，败者为寇，似乎胜败与历史规律无关。这样的社会历史是一团永远无法厘清的乱麻。

社会规律存在何处？谁见过社会规律？其实，任何规律都是看不见的，自然规律也是一样，天文学规律并不写在天上。万有引力并没有写在苹果上。规律是看不见的，但由规律支配重复出现的现象是能看见的。凡是向上抛一个物体，无论是石块还是书本毫无例外地往下掉。我们看不见力学规律，我们能见到这些现象。当我们理解了万有引力，就能理解这些重复性现象的本质。我们从重复现象中发现规律，以规律的视角理解重复现象。

社会历史规律也是如此。社会规律存在何处确实是一个问题。自然规律我们可以说是以物为载体的规律，那社会规律呢，它有没载体？普列汉诺夫曾提出过这个问题。他说，当我们批判了德国唯心主义把规律归为意志和绝对观念之后，试问我们将把规律归属于什么呢？自然界规律我们可以归属于物质的属性，可社会规律就远不是这样简单，为什么？因为社会是人的领域，是自我意识、理性占统治地位的领域，当我们摧毁了规律的观念载体后，社会规律似乎就成为无家可依的游魂。

旧的观念载体被摧毁，有人以唯物主义的名义找到了新的载体，这就是人的实践。对吗？我以为对，又不完全对。没有人类实践，当然不可能有社会规律。社会规律是在人的实践中形成和通过人的实践实现的。但人的实践不能成为社会规律的载体。从历史上看，人的实践是发展、变化的。社会历史规律则是社会自身发展的规律，而不是人和人的实践的规律。每代人都会死亡，人可以一代代更换；实践也在发展和变化，可只要社会形态没有发生更替，属于这一社会形态的规律就仍然在起作用。只要人类社会存在，人类社会发展和一般规律就仍然起作用。当然，随着条件变化具有不同的时代特征，但不会根本改变规律的本质。这说明社会规律有其不同于人和人类实践的载体。

在社会生活中，凡是工业化，都是农民不断转化为工人，农村缩小城市扩大的过程；凡是城市化，都发生住房不断拆迁，城市中心高楼化，相对贫困人口边缘化的过程；凡是不断印纸币，就会发生通货膨胀，货币贬值。无论美国如何强大、富有，握有印钞票的权力，但不断量化货币，同样会通货膨胀，并且不仅国内而且包括世界性的输出性通货膨胀，美联储也无法废除这条规律。

我们能看到这些现象，但并不理解这些现象。社会规律存在于社会现象的隐秘深处，它是社会现象之间的本质联系。通货膨胀并不存在于钞票上，而是存在于货币供应和需求的关系上。两极分化并不存在于富人和穷人的身体上，而是存在于财产关系和市场关系的本质联系上。一个真正的思想家，是那些能从社会现象变化中把握和理解社会规律的人。这种被理解了的社会规律，用中国哲学来称谓可以称为“理”，对“理”的系统论述，就是“论”。我们常说的“理论”，如果是真的科学理论而不是胡扯，就是对规律的正确把握和对规律概念式的表述。

社会规律就历史认识来说，就表现为历史发展之“理”，而对“理”的论述就是“论”。我们不可能“离事”而言理，离“理”而言“论”。事外无“理”、无“理”则为“空论”这一点，王夫之在《读通鉴论》也讲过。他说，只有对事理“引而申之，是以有论；浚而求之，是以有论；博而证之，是以有论；协而一之，是以有论；心得而可以资人之道，是以有论”。历史唯物主义就是关于社会历史发展规律的一种理论。就表现形式来说是由一系列概念、范畴、基本原理组成的观念体系，就其内容来说是客观规律。

社会规律当然不能离开人类的实践活动。历史是人追求自己目的的活动，可追求的结果并不直接决定于每个人的主观追求，而是集体合力的产物。资本主义社会规律是资本主义社会的规律，而不是作为人的资产者的规律。资产阶级同样受这个规律支配。资产者可以换代，某个资产者可以破产，可以出现新的资产者，但资本主义社会规律照样发挥作用，不管资产者是谁。无论资产者是张三李四还是王五，人可以换代，规律依旧。这就是资本主义国家的总统可以不断换届，资产阶级人员构成可以变化，但资本主义仍然是按照资本主义发展规律运转的秘密。

说社会历史规律是社会的规律，当然不是说社会规律与人和人的实践无关。社会生活的本质是人类的实践，因此社会规律是在人类实践中形成又必须通过人类实践来实现的规律。但是人类实践成败与否、实践的正效应与负效应，取决于人类实践活动是否符合规律，而不是相反——规律是否符合人的实践愿望。人类实践活动直接创造的是对象化产品，而不是创造规律。

社会规律是长时段规律

历史唯物主义认为自然规律与社会规律作用的方式不同。就时间来说，社会规律是大尺度规律，它起作用的时间有的需要几十年甚至几百年。例如，社会主义革命在一个国的胜利和建设，需要几代甚至几十代人，其中还可能存在反复，至于世界性的历史转变则需要更多世代才有望实现。因此往往被视为千年王国或乌托邦。生产力决定生产关系的规律也是如此，适应生产力发展要求的生产关系的全面确立，往往要经过很多年才能逐步形成，例如封建社会在母胎中从成熟到诞生，到占主导地位经历了很长的历史过程。社会主义更是如此，中国在长达 60 年中不断调整所有制结构，以适应和促进生产力的发展。

自然规律不同，它立竿见影，对规律作用范围内的全部自然现象毫无例外起支配作用，的确是铁的规律。向上抛苹果，毫无例外地往下掉，决不会往天上飞；往上抛任何物体都一样，都受地心引力支配。个体生命毫无例外地会死亡，没有例外，求仙拜佛都是愚蠢至极。如果发生例外，肯定会发现例外的原因，即规律起作用的条件发生变化。

由于社会历史规律长时段的特点，往往容易得出两个结论：第一，由于时段长，容易否认社会历史发展有规律。因为在这个长时段中，历史中有许多偶然性、许许多多无法预测的事件的出现，使人看不到社会发展规律的作用。实际上规律就是通过无数偶然不测事件起作用。第二，由于历史发展中出现的反复，例如苏联解体东欧剧变，资本主义复辟，从而怀疑由资本主义向社会主义转变的两个必然性规律的真实性。

社会发展是个过程，社会矛盾从开始萌芽、发展、激化到解决是一个过程，因而规律作用的实现也必然是个过程。例如历史周期率总是经过一段时间才能发挥作用。秦朝二世而亡，而汉唐王朝长达几百年。但无论长短，总的规律是一样的，没有一个王朝没有末代皇帝，更不存在万世一系的王朝。社会矛盾从萌芽、积累到积重难返、回天无力，总是需要时间。处理好，时间会长；处理不好，矛盾激化快，更替快。国运长短不是命运决定的，而是决定于当政者处理矛盾的政策。但是无论当政者如何英明，当社会矛盾积累到无法解决时，王朝更替的必然性就会到来。末代皇帝并非都是昏君，但也无力对抗社会规律，无法解决长期积累起来的社会矛盾。

社会历史规律是算总账而不是算细账的。一个社会统治者每一次倒行逆施，专横、压迫，似乎可以恣意妄为，仍然无妨统治。可经历几代积累到官逼民反时，政治危机就会到来。中国人说，善有善报，恶有恶报，不是不报，时间未到，时间一到，全都报销，用来形容社会规律作用的特点，颇为贴切。善报和恶报的出现可能不是自身，而是应在后继者。

中国新民主革命经过 27 年再加旧民主革命共 38 年，如果从鸦片战争算起共一百多年。就是说，经过一百多年才完成了中国半封建半殖民地向近代社会的转变。而且这个转变仍未结束。年鉴派历史学家布罗代尔在他的著名文章《长时段》中说，“马克思的天才，马克思经久不衰的力量和秘密，来源于他第一次以历史的长时段为基础制定了真正的社会模式”。没有长时段观念，就没有历史观念，就很难发现社会规律。就事论事，目光短浅，着实没有历史眼光。

波普之所以反对历史规律，其中一个原因就是没有长时段观念。在他看来，历史研究的对象是独一无二的个别现象，而通过观察一种独一无二的事件，无法检验一种普遍的规律。所以他明确说：“从我们的观点看来，不可能有什么规律。”当然，如果把历史事件看成孤立的彼此无关的现象，当然无法发现规律。如果从历史长时段看，把历史事件看成彼此联系的历史长过程的一部分，情况就完全不一样。在历史事件彼此联系中，呈现的是历史之流，而不是孤立的事件。从每一个事件来看，它似乎是偶然的，但无数偶然事件中贯穿着一种历史必然性。片断中呈现的偶然事件，在历史长过程中体现一种必然性。规律存在于过程之中，而不是存在于某一独立的事件中。日本人从甲午海战到东北“9·18事变”，到1937年七七卢沟桥事变，尽管每一次具体事件都可以有它的具体原因，都有它偶然引发的因素，但从历史的长时段看，日本对中国的侵略是必然的、不可避免的。这一连串的事件是互相联系的，是日本明治维新后军国主义化的必然结果。

波普反对历史进步，他说“对我来说，倒退比进步容易得很”。否认历史中存在进步不符合历史事实。历史中存在退步不能否认，但不能由于一个时期出现的退步，就否认历史发展总体是处在社会进步之中。进步是一个历史过程，它不是指一时一事。在一段时间内，历史的倒退是可能的。在历史长时段总的进步趋势中，可能包括短时段的历史退步。因此进步是一个长时段的包含矛盾的概念。它描述的是历史的总趋势，而不是全部历史的细节。

不能否认历史的进步。难道有人真会相信我们的时代与茹毛饮血的原始人处于同一水平吗？任何不怀偏见的人都能看到，社会是发展的，时代是进步的。不管其中包含多少苦难，多少曲折，仍然在螺旋式前进。不管当代一些人如何吵吵世界末日，世界仍然在发展、在进步。人类自己以退步为代价酿成的进步的苦果，一定能在进步中得到解决。后代比当代人会更加智慧，更加理解社会和自然规律。历史悲观论、末日论是没有根据的。

为什么不能创造社会规律

人能制定规则。可以制定排球比赛规则、足球比赛规则。所有运动比赛规则都是人制定的。人，可以制定个人生活的规则，几点起床，几点睡觉，几点用餐之类按自己制定规则安排生活。人也可以制定社会交往规则。人的行为的法律规范、道德规范，都是人自己制定的。可是没有人能制定力学运动规律、制定生命规律、制定社会规律。规律与规则的一字之差，谬之万里。一个是人为的，一个是客观的不以人的意志为转移的。不管个人如何制定生活规则，都不能违反生老病死的规律。一个社会无论法律如何严密、道德规则制定得如何周全，都不能阻止王朝的衰败、阻止社会发展形态的更替。

人类创造社会，也就是创造人类自身的历史。既然历史是人创造的，为什么不能创造社会历史发展规律？似乎按照逻辑推理，人既然创造历史当然包括创造历史规律。这个推理不对，因为人的活动与历史规律并不是直接的创造与被创造的关系。规律的客观载体不是人的实践活动，而是在实践中创造的社会关系。社会规律是社会关系运行的规律，社会关系在人的交往活动中一旦被创造出来，就具有不依赖于人的意志的特性。私有财产制度是人创造的，它不是自然界原来就有的，可私有财产制度一旦产生并成为社会的经济基础，它的运行就会按照私有制度特有的规律运行，而不是按照人的愿望运行。只要有私有财产制度，就不可能阻止与它相关的阶级的存在，阻止维护私有制度的国家的存在，阻止贫富对立、阻止两极分化存在。像前面说的，纸币是制币厂印出来的，可只要投放市场，它就受货币流动规律支配，当货币发行超过需求，就会通货膨胀。既要大量发行货币又要稳定物价，这是不可能的。国民党当年大陆发行金圆券，金圆券玩不通也发行银元券，照样不能行。结果通货膨胀，一麻袋钞票只能买盒火柴。机关枪大炮也阻止不了这个规律起作用。历史规律同样是不以人的意志为转移的，以意志为转移的是人的活动，而人类活动对象化形成的客观关系是按它自身的规律运行的。人的活动是创造性的，可这种创造的结果并不取决于创造者，而是取决于被创造物自身。这就是为什么人创造了制度，又可以为自己创立的制度所奴役的秘密所在。

据说，历史上最聪明的皇帝之一戴克里下了一道命令，规定全国物价。结果证明：并非世界上所有法律和惩罚都能禁止人们在市场上贱买贵卖，市场贱买贵卖是规律。只有当供过于求时物价才会下降，供不应求物价的上涨是必然的。或者发各种票证过平均的但物资匮乏贫穷的生活，前三十年我们经历过。供求规律是无法取消的。压制这个规律的作用只能是贫困的平均化和普遍化。还有一个故事说，爱德华时的英国议会要求全国劳动者和手艺人协会维持他的工资率，并禁止他们在乡村之间迁徙，但是也无法禁止。因为想用行政命令禁止一个扎根于当时经济必然中的工业化进程是不可能的。

在社会规律争论的背后

关于规律问题的争论是一个学术问题。对规律问题的不同看法，是学术分歧。可也不全然都是一个学术问题。在特定条件下，承认规律性与否的背后，可以存在不同阶级或集团的利益。因此关于社会规律的争论，既可以是一个纯学术问题，也可以是一个利益问题。问题是看谁在争论，为什么而争论。

中世纪的宗教与神学家们就不承认客观自然规律，不承认自然科学。因为它与宗教，与创世说是违背的。承认自然规律和自然科学，就等于承认创世说的荒谬；推倒了上帝至高无上的地位。这就是自然科学能成为资产阶级手中反对封建制度和神学统治武器作用的原因。

在资本主义社会，西方不少思想家和理论家可以承认自然规律的客观性，承认自然界的因果制约性，因为自然科学和技术的发展符合资产阶级发展生产力的需要，没有科学和技术的发展，就不可能从自然界获得更多的财富，获得更多的利润；可是他们否定社会发展规律。因为承认社会发展规律，承认社会发展运动和变化，就等于承认自己的社会制度和社会不会是永恒不变的，自己的阶级统治的永恒性就会受到质疑和挑战。因此他们最乐意宣传历史发展终结论。封建社会的君主和帝王们最喜欢的是万世一系，而资本主义社会的统治者们最乐意的是资本主义历史终结论。这就是为什么在资本主义取代封建社会的革命时期，一些具有启蒙思想的思想家们还在一定程度上承认社会规律，而越到后来越在反对历史决定论的旗帜下反对历史规律论。因为历史规律论是当头棒喝，或者说是悬在头上寝食难安的达摩克利斯之剑。社会发展规律论，可以说是向资本主义制度永恒性的挑战书。

无产阶级不同，它需要从历史发展规律角度来获得无产阶级和人类解放的历史必然性的规律支撑，获得社会主义取代资本主义的可能性和必然性的理论依据。这就是为什么历史唯物主义把研究社会发展一般规律，尤其是资本主义社会发展规律置于研究的核心内容和首要地位的原因所在。

恩格斯反复强调历史唯物主义的对象是研究社会发展的一般规律。“历史的发展像自然的发展一样，有它自己的内在规律。”还说，历史唯物主义归根到底，就是要发现那些作为支配规律在人类社会的历史上为自己开辟道路的一般规律。无论恩格斯是强调现实的人及其社会发展规律，还是社会发展一般规律，社会规律始终是关键词。没有对一般规律的研究，无产阶级解放和人类解放就失去规律和理论依据。

马克思和恩格斯对立论者总是强调，恩格斯是机械论者，因为他强调社会发展内在规律；而马克思似乎强调人，强调主体性而不强调规律。这当然不是事实。当马克思说过，我的观点是：社会经济形态的发展是一种自然历史过程；不管个人在主观上怎样超脱各种关系，他在社会意义上总是这些关系的产物。可以说，研究社会发展规律是马克思和恩格斯的共同主张，是他们能够合作的思想理论基础。有些理论家鼓吹马恩对立，集焦点往往就是通过所谓对立，把承认规律的恩格斯打成机械论者，而把马克思塑造成历史规律的否定者，借马克思打恩格斯，借规律论攻打有规律论。醉翁之意不在酒。借马克思的所谓主体论反对恩格斯的有规律论，实际上就是阐发自己的主张。

历史唯物主义由于它关于社会历史规律而遭到当代西方资产阶级理论家们、政治家们的一致的反对。原因很简单，历史唯物主义关于历史规律论与科学社会主义的内在联系，与社会主义由空想变为科学的内在联系，与马克思在《资本论》中对资本主义社会的剖析的内在联系，注定规律论必然遭到他们的反对。只要推翻历史唯物主义关于社会发展规律的理论，社会主义取代资本主义是历史必然的学说，和马克思对资本主义经济学分析以及由此引出的剥夺者被剥夺的预言，就都成为建立在沙滩上的建筑物，不推自倒。

要研究规律的类型

我说的规律类型不是指规律起作用的范围，如普遍规律、特殊规律。而是就规律的性质说的。规律按其性质来说，可以区分为自然规律、社会规律、认识规律。

自然规律是外在于人的规律。自然规律的载体是物质世界自身，它存在于人之前和人之外。荀子说的“天行有常，不为尧存，不为桀亡”。讲的就是“天道”，即自然规律的特点。

人化自然并不能否定自然规律的客观性。自然可以人化，但自然规律不会人化。任何符合自然规律的人化，对人是福；这就是人类改造自然的正效应；而违背自然规律的所谓人化，得到的不是自然的人化，而是自然的异化，这就是人类实践的负效应。有人会说，这岂不是说人是自然的奴隶吗？人的主体能动性何在？不对。人不是自然的奴隶，但也不是自然专横的主人。人就是人，既依赖自然，又能改造自然。人的能动性表现为能创造自然界没有的东西。任何人化自然物都不是以既成形态存在于自然界，而是自然界从来没有的东西，是人的创造。水库、火车、飞机、高速公路和高铁，总之人类的创造物都体现人的主体能动性。但是，没有任何一个人类创造物都是以利用自然规律为依据的，而不是按照自己创造的规律创造出来的。飞机是人创造的，但飞机能飞行的规律并不是人创造的。当然制造飞机的规律不是以既成形态存在于自然界的。飞机的制造得力于人类对空气动力学、对材料学、对力学等的综合研究，而且还决定于工业发展水平，总之是对各种相关规律学科发展的综合运用。这种规律的综合运用，既体现社会工业发展水平和各门科学发展的水平，更体现人类科学研究的思维创造性。人如果不学会利用自然规律，任何合乎人类需要的人造物都不能制造，怎么能说承认自然规律，人就会变为奴隶呢！倒应该反过来说，人不承认自然规律，瞎碰乱撞，真的就是受困于自然的寸步难行的奴隶。

社会规律是人的实践中形成和在实践中实现的规律，但它不是人的规律而是人类社会的规律，它的载体是社会关系。社会规律的形成是在人的活动中形成的。个人活动都是有意识的自觉的活动，可对究竟会形成什么结果是无意识的。可以说，社会规律体现的是个人有意识和集体的无意识力量，是一种社会合力。列宁在批评波格诺夫否定社会规律时说，人们在进行交往时，是作为有意识的生物进行的，但由此决不能得出结论说，社会意识和社会存在是同一的。在一切稍微复杂的社会形态中，特别是在资本主义社会形态中，人们交往时并没有意识到这是在形成什么样的社会关系，这些社会关系又是按照什么样的规律发展的。例如，一个农民在出售谷物时，他就和世界市场上世界谷物生产者发生“交往”，可是他没有意识到这一点，也没有意识到从交换中形成什么样的社会关系。

普列汉诺夫也举过一个古代罗马的例子：人们自觉地追求自己的特殊的、个人的目的。他们中间每个人都自觉地追求，比方说，大大增加自己的财产，而从他们单个人活动的总和中会产生他们根本不曾希望而且大概也没有预见过的某些社会后果。富裕的罗马公民购买了贫苦农民的土地。他们每个人自然都知道，由于他的活动，某个张三和李四会变成没有土地的无产者。但他们中间谁预见过，大地会毁灭共和国，而随之毁灭意大利？他们中间谁曾意识到、谁能够意识到自己发财欲望的历史后果？没有人能够，没有人意识到。而事实上的结果是，共和国和意大利都毁灭了。普列汉诺夫得出结论说，从单个的人们自觉的自由行动中，必然产生出他们意料不到、不曾预见的、涉及整个社会即影响同一相互关系总和的后果。这样一来我们就从自由领域转入必然性领域。

可见，规律并不因为是在人的活动中形成的，就成为可以以人的意志为转移。集体无意识活动形成的规律对任何个人而言，它的支配作用是客观的、普遍的、不可抗拒的。如同人利用自然规律一样，人也能认识社会规律从而在行动中利用社会规律。社会规律在人没有认识之前表现为一种盲目的不可理解的力量，当它被神秘化就是天命、天意、命运。而在认识之后，就会变成一种有利于人的自觉活动的力量。

有些哲学家说，自然界的本质是物质，而社会的本质是思想，是由人的思想创造的，它体现的是人的思想、意识、目的，因此社会不可能有规律，只能由人的思想支配。不怕做不到，只怕想不到。世界可不能这样简单。我想世界不要有战争、家家有住房、人人有工作，你能办到吗？自古以来，多少思想家、理想家，能想到的事多得去，可真正能办到的寥寥无几。能办到什么，不能办到什么，取决于社会制度和生产力发展水平，而不是你要什么，不想要什么。任何超出社会制度和生产力水平的所谓理想，只能是空想。

有人说不存在历史规律。历史是已经过去了的事实，何来历史规律。的确，历史已经成为过去的现实。现实中存在的是历史的影响，而不是历史本身。历史既然称为历史，当然是非现实的存在。但不能由此否定历史规律，因为历史规律本质上就是社会运动规律。不存在脱离社会运动的历史规律。社会和历史本不可分。没有社会，历史运动就没有载体；没有历史，社会就没有运动和发展。历史始终是社会发展的历史，而社会则是处于历史发展中的社会。从一个特定时段考察的历史，就是社会；从连续性考察的社会，就是历史。因此，马克思关于社会结构矛盾运动的规律、关于阶级和阶级斗争的规律，关于人在社会中作用的规律，既是社会规律也是历史规律。历史可以成为过去，但社会依然存在和发展。通过社会结构及其矛盾运动规律，就能判定历史运动的规律。

认识规律，具有自然规律和社会规律的双重特点。从大脑作为思维器官角度研究人类认知，具有自然科学特点；从认识的社会制约性角度研究认识规律，具有社会规律的特点。毛泽东在《实践论》中曾批评脱离社会历史条件研究认识的错误观点。

自然规律存在于自然现象中，社会规律存在于社会现象的本质联系之中，认识规律存在于主体认识之中。离开认识主体就没有认识规律。但认识规律同样是认识的客观规律。例如，人的认识只能来自实践，不接触外物就不能形成对外物的认识，认识都是从感性认识才能进入理性认识。人对事物的认识是一个过程，都是先认识现象才能认识本质，没有对现象的认识就没有对事物本质的认识。人的认识是个过程，都是从不知到知，从知之甚少到知之较多的积累过程等，都是对任何人起作用的普遍规律。

思维规律属于认识规律范畴。思维是人的思维，思维不可能离开思维着的头脑。因此对思维的自然科学角度的研究与脑科学不可分；但从社会规律角度说，思维要有成效就要遵守思维规律。例如人的思维要正确，必须遵守的观察的客观性规律。认识必须符合对象、反映对象。指鹿为鹿是对，而指鹿为马就是错的。对象是有矛盾的，人类就不能采用无矛盾思维的方法；对象是运动变化的，就不能用静止、僵化的思维方法；正确思维必须遵守形式逻辑的规律；要辩证地认识对象必须辩证思维，符合辩证思维规律。

规律和规律的应用是不同的。规律是客观的，不以人的意志为转移的；而规律的应用则是主观的，能否应用规律取决于人们对规律的认识和自身的利益。可以学会按规律办事，也可能恣意妄为，逆规律而行。前者能取得成功，即使暂时有挫折，终能胜利；后者即使得意于一时，志得意满，终会失败。古今中外，概莫能外，只要稍有历史知识都能明白。

历史不能简单类比

历史事实虽然是个别的不能重复的，但历史现象可以具有相似性。卡尔说，“伯罗奔尼撒战争和第二次世界大战是完全不同的战争，但是历史学家却把它们叫作战争”。“当现代历史学家撰写英国革命、法国革命、俄国革命和中国革命时，他们使用同样的手法。历史学家并不真正对独特性感兴趣，他们真正感兴趣的是独特性中概括出来的一般性。”说历史与概括无关，这是废话，历史学因概括而繁荣昌盛。人类对历史教训感兴趣，是在于如何保证自己不重蹈覆辙。

由于客观历史存在共性，历史研究可以从类似现象中做出概括。但历史研究中的概括有个限度，这个限度就是规律。超出规律允许范围的概括，把不同时代和不同条件下的事件简单类比，往往容易犯反历史主义错误，甚至为历史影射、历史比附的做法张目。

事实必须求真，理解必须求理。我们可以站在时代高度理解过去，从历史规律中学习。例如毛泽东作于 1949 年 4 月豪情满纸、大气磅礴的著名诗篇《人民解放军占领南京》其中的一联：“宜将剩勇追穷寇，不可沽名学霸王。”就是以楚汉之争中的项羽为鉴，号召将革命进行到底，既不能上敌人划江而治的阴谋当，也不能占领南京后不挥兵南下，使祖国陷于分裂。项羽常以仁义自诩，错过鸿门宴的机会，又在进入长安后不乘胜追击，而自以为已经胜利，引兵东归。结果落得个兵败垓下，自刎乌江，演出了一幕别姬的悲剧。

总结经验，不是站在当代伪造过去。秦以后历代都重视秦王朝如彗星过空的短暂命运中的经验。最著名的当数贾谊的《过秦论》，他是站在汉王朝如何巩固的角度总结经验而不是简单比附。他的结论是“一夫作难而七庙隳，身死人手，为天下笑者何也？仁义不施，攻守之势异也”。秦始皇自以为天下大定，收天下的铁器铸成金人十二，可以传之万世，结果二世而亡。关键在于统一六国后忘记了地位的变化，不知道攻守异势。攻守异势，对于革命者来说是条很重要的经验。当处于被统治地位时，可以暂时不管吃饭问题，只管破，不管立；可一旦取得政权，仍然像革命时期那样不知道老百姓都得向你要饭吃，要房住，现在是我们当家，如果当家不理事，不管饭，当甩手掌柜，最终会垮台。这样的总结有深度，有价值。相反如果采取影射方法，为了反对国民党和蒋介石的独裁和专制，把蒋介石描绘为当代秦始皇；而为了诋毁毛泽东，又把毛泽东喻为当代秦始皇。这不是研究历史，而是把历史变为影射现实的工具。这样既歪曲了历史，也不能真正理解现实。实际上秦始皇是伟大历史人物。统一六国，书同文，车同轨，建立中央集权的郡县制，这是中国社会的巨大进步。蒋介石根本不可能与秦始皇相提并论。至于毛泽东对中国历史的贡献是另一种性质的，是在不同历史条件下对中国历史的不同贡献。秦始皇的专制与暴政，与蒋介石也是不同性质的问题。秦始皇处于封建社会，平定六国，他的残暴和专制在封建社会是不可避免的，甚至可以说是恶完成了善，而蒋介石的独裁和专制则是对内排除异己，对外反对共产党，阻碍社会进步，是真正的专制和独裁。至于毛泽东“文化大革命”中的错误，是一个革命者的错误，是对革命形势估计错误。秦始皇、蒋介石、毛泽东，各不相同，任何脱离历史条件和阶级背景的简单类比，都只能谬之千里。这种类比不是科学概括，而是影射和比附。影射和比附是科学的历史研究中最为禁忌的。

历史与意志

人不是历史的工具，而是历史活动的主体。人是通过自己的实践活动创造历史的。人的创造活动是自觉的有意识的活动。实践观念与实践活动是不可分的。实践观念既包括理性也包括意志，它存在于人的实践活动之中。马克思说过，正是由于人的实践活动的自觉性，“人使自己的生命活动本身变成自己的意志和意识的对象”。

意志参与人的种种活动起着重要作用。战争是双方的物力、财力和军力的竞争，也是统帅的战略指挥的斗争，可也包括双方统帅意志的斗争。苏联卫国战争中列宁格勒三百个日夜、莫斯科的保卫战和在德军兵临城下的十月革命庆祝活动表现的都是意志。岂止统帅，几乎从指挥员到战场上相互战斗的士兵都包括双方意志的斗争。朝鲜战争中中国人民志愿军卧雪吞冰、小米步枪战胜强大的对手，就包括双方意志的较量。“两军相遇勇者胜”，讲的就是意志的作用。一个国家需要国家精神、民族需要民族精神，一个人也需要有个体精神。精神最直接体现就是实践中的意志。失去精神支柱就是意志的瓦解和涣散。一个意志坚强的人可以克难攻险，而一个意志薄弱的人可以遇难而退，甚至本不是困难也裹足不前。意志是人作为主体的体现。我们最古老的经典《易经》中说，“天行健，君子以自强不息”。自强不息就是一种意志。孔子说：“三军可夺帅，匹夫不可夺志也。”不可夺志是意志坚定。毛泽东说“人要有点精神的”，强调的也是意志。

意志的重要性是不言而喻的。问题是如何看待意志可以有完全不同的观点。我们批评叔本华、批评尼采并不是因为他们重视意志，而是因为他们把对意志的重视引向唯心主义的唯意志论方向。叔本华把意志视为世界的基础，宇宙中一切事物都是意志的体现。对人而言，意志是一种盲目的本能力量，它无止境的渴望和追求。而尼采则把意志变为权力意志，变为渴望统治和权力的追求。无论是叔本华还是尼采，意志都是非理性的力量。而历史唯物主义不否认意志中包括的非理性因素，但真正起积极作用的意志是理性与正确信仰的力量。只有意志以理性和正确信仰为基础才是正能量而不是负能量，相反，如果意志变成盲目的非理性的力量，则是一种破坏力量。日本的武士道顽抗至死的所谓“玉碎”精神貌似意志坚定，实则是非理性主义和军国主义结合的怪胎。

人有意志，人的意志必然通过实践而凝集在人自己的创造物。但人不能完全凭借自己的意志，完全按照自己的主观意图创造历史，像画家创作自己的画卷一样。如果人类能按照自己的意志创造历史，历史早就是天堂，早就无比美好。谁愿意创造一个充满贫困、充满战争和苦难的世界呢？谁不愿意把自己的国家和民族创造得无比美好呢？我们的祖先最早提出“大同社会”、“小康社会”的理想图景，但在中国几千年社会中不可能实现，只是一个理想者的“梦”。为什么？人是在一定条件下进行创造活动的，人无法超越自己活动的条件。胡克说：“不管人们创造什么，一支枪或一本书，一次战争或革命，另外一个社会或另外一个人，他们的创造总要受一定条件限制的。就连人们所设想的那个神，也都在当时的物质条件支配之下，进行创造的。”“凡是承认人们确实能创造自己历史的历史哲学，也都得把它本身跟当时的各种历史条件联系起来。它要充分地估计到，某一个时期，人们进行活动的各种条件的比重。”

重视历史条件的制约性并不是否定人的意志的作用，而是把意志作用的范围和可能性置于现实的基础上。鸦片战争以后各种救亡图存方案的破产表明：中国只有革命一条路。而这个革命不可能是法国资产阶级的1789年法国大革命、英国的光荣革命，而只能是按中国历史条件和特点的中国革命。中国革命终于取得胜利，日本共产党、印度共产党成立都很早，可印度和日本并没有发生像中国一样的革命，而且越来越失去社会影响。这里既有革命政党的路线方针问题，又有各不相同的历史条件和不同的国情。

人的意志不是人的生物学功能，而是人的社会性的凝集，因而不同社会的人会表现出不同的意志。例如小农生产方式下是分散的，像马克思说的，像一袋土豆。没有组织起来的农民的力量是单薄的，意志趋于保守，甚至软弱。而工业生产方式的工人，由于工业生产的特点具有更强的组织性和斗争性。在当代中国，憧憬中国民族伟大复兴之梦的中国人民，焕发出前所未有的意志。宣扬那种为国防事业而呕心沥血、顽强拼搏、鞠躬尽瘁的精神，就是这种爱国意志的最高体现。

历史中的杰出个人

有人说，人生是小舞台，历史是大舞台。在人生的舞台上的表演者，是个人；在历史大舞台上的表演者，是全体社会成员，是人类。

当然，这种区分是相对的。人生似乎是个人的舞台，表演者是个人。实际上，一个人的一生是在与其他人相关中度过的。人生没有独角戏。一个统治者的一生与被统治者不可分；一个统帅的人生与他统率的士兵不可分。可以说，没有一个人是在与他人无关的舞台上完成自己的生命历程的。个人的生命舞台是社会舞台中的一角。

对历史唯物主义来说，把杰出个人与普通个人对立起来是错误的。的确，与杰出个人相比，普通的个人只是一抔泥土，而作为历史杰出个人往往是人群中起伏的山峦。普通个人虽是泥土，可当凝结在一起则可以筑起坚不可摧的长城。真正杰出的个人是对泥土起凝聚作用的水。这就是领导、团结和组织作用。

历史唯物主义反对把杰出个人与人民的作用对立起来，抽象争论哪种力量更大。片面强调人民群众的作用、无视杰出个人的作用是错误的；片面夸大杰出个人的作用，无视人民群众历史创造者的地位更与历史事实不符。在历史上，只有群众选择领袖，而不是领袖选择群众。只有群众抛弃领袖，而领袖永远不可抛弃群众。任何所谓伟大人物，如果站在人民的对立面，到头来都会变成被扫进历史的垃圾堆。这种事例，历史并不罕见。

毋庸置疑，杰出个人与任何一位普通个人相比，在历史上的地位和作用是不同的。我们可以记起历史上伟大个人的名字和事迹，但普通个人死后，除了自己的子女家人或家谱外则湮没无闻，当把普通个人只看成个人，个人始终是微不足道的个人。当把个人看成有领导有组织的群众中的一员，则凝集的个人力量会发生质的变化。这时的个人就不只是个人，还有另一个称呼即人民群众。革命进程中所显现出来的人民的力量，就是一种有领导有组织的群众力量。

革命当然并不是时刻都会发生的，日常物质生产对社会的基础性的决定作用，由于它极为平常、极为常见而被思想家所轻视。这就是英雄史观难以绝迹，占据历史舞台的主角始终是杰出历史人物的原因，也是群众史观难以真正确立的原因。杰出人物的作用是可见的，是显性的；而群众作为维持人类生存和发展的支柱的作用，并不为人们所看重。只有马克思主义才把隐藏在人们习以为常的日常生活中的秘密揭示出来。熟知而非真知的道理，在这个历史观重大问题上表现得极为明显。

群众史观并不否认杰出个人的作用，但是把两者结合在一起，既评价杰出个人的领导组织作用，又肯定人民群众的最终决定作用。一些理论家认为，历史唯物主义关于杰出人物作用的观点，与他们主张的历史中有决定因素理论两不相容。俄国的米海洛夫斯基就说过，“历史必然性的思想和个人活动作用之间存在冲突”。社会活动家是“被动者”、“是历史必然性的内在规律从神秘的暗窖里牵引出来的傀儡”。

胡克则从另一个角度质疑“历史决定论”。他认为如果承认杰出个人的作用，就不应该承认历史决定论：形形色色的社会决定论者，尽管从理论上说，个别人，不论其地位如何，在历史里无足轻重，可他们写起历史来，却不能不承认，至少某些人，在某些重要关头，在改变历史走向时，起了决定作用。恩格斯讲到马克思、托洛茨基讲到列宁、俄国官方讲到斯大林的时候，他们的态度与他们的意识形态是不一致的。

的确如此。古今中外能为历史书记载的都是有名有姓的杰出个人，而普通百姓则名不见史传。这是两个不同的问题。一个是历史的记载的问题，历史书写的当然只能是有名有姓的历史个人；一个是历史观的问题，如何看待杰出人物与人民群众的问题。这个矛盾是历史书写的矛盾，应该通过历史书写所贯彻的历史观来解决。群众史观不是主张历史书中写普通百姓，像书写杰出人物一样，个个有名有姓。这是一种幼稚的想法。当我们把杰出个人的作用放在特定的历史条件下，从时代需要和他们与人民群众的关系角度来评价他的成败得失功过是非，重视物质资料生产在社会发展中的作用、重视阶级斗争在历史发展中的作用，就是贯彻群众史观。

认为承认杰出人物的历史作用与所谓的“历史决定论”两不相容，是根本不理解马克思关于历史中决定论的辩证性质。既然历史是人类创造的，作为人类中的杰出人物，自然有其不同于一般群众的突出作用。杰出人物的作用，是任何历史书写都无法否认的，也是普通个人无法取代的。任何国家和民族在各个领域中都有自己崇拜的杰出人物。别的不说，仅就中国近百年历史而言，谁能否认孙中山、毛泽东、邓小平对改变中国历史的作用？孙中山领导的旧民主革命结束了长达两千多年的封建帝制，开辟了中国走向共和的新道路；毛泽东领导的新民主主义革命和社会主义建设，把中国由一个半封建半殖民地的旧中国，变为一个独立的社会主义新中国；邓小平则开辟了建设中国特色社会主义的道路。孙中山、毛泽东、邓小平，是在中国近百年历史上推动中国历史转折的杰出人物。

我们承认杰出人物的作用，是否就应该否定历史中客观的多种因素中有一种主导的最终起决定作用的因素呢？当然不是。杰出人物是历史和时代造就的。只要认真考察任何一个杰出人物都能发现他们打上自己时代的深深烙印。离开了清末人民的反对清王朝要求结束帝制、要求洗刷自鸦片战争以来的中华民族的屈辱史，就无法理解为什么会产生孙中山和一批为中华民族复兴而自我牺牲的杰出人物。不理解辛亥革命以后中国依然遭受“三座大山”压迫，种种向西方学习方案均陷于破产的中国历史，就无法理解中国共产党的创立和毛泽东的历史地位；离开世界变革的潮流和中国社会主义原有体制和建设面临的新困境，就无法理解邓小平。杰出人物的产生是因为他们符合时代的要求，也正因为这样，在同一时代，杰出人物的产生往往不只是一个人，而是群星灿烂、人才辈出。孙中山的同盟会是这样，中国共产党更是这样。改革开放时代也是这样。群星灿烂、人才辈出的历史现象说明，凡是具有时代性的杰出人物出现，不仅是个人才能的出众，确实是时代的需要。

有人形象地说，伟大人物对历史的变化的作用像手表与时间一样，变更手表的时刻不能加速时间的变化，这是机械论而不是历史唯物主义的辩证决定论。任何一个历史人物对历史可不像手表与时间的关系。手表不能作用于时间，而历史人物出现于历史中，而且是历史过程中实际起作用的因素。他们影响历史，对历史发展的进程或加速或阻碍。甚至历史人物的个人性格、爱好、道德，甚至“不爱江山爱美人”的作为都会给自己时代的历史打上烙印。这是因为这不是普通人的爱好、性格，或道德与生活，而是处于领导地位或掌握权力的个人。是他们的权力和地位使他们的性格、爱好和道德成为历史发展中起作用的因素。一个脾气暴躁、性格怪僻或爱色如命的皇帝或统帅，可以影响治国理政或战争的胜负。如果是一个普通人具有同样的脾气和性格，对历史没有任何影响，至多是影响家庭和朋友间的交往，在历史上不会留下任何痕迹。

在政治生活中，一个历史人物一旦占据权力核心，就不会同时再出现另一个处于同样地位的人物。文化领域不同。一个伟大的科学家不会妨碍同一领域另一个科学家的出现，正如可以同时出现一批诗人、作家、哲学家和艺术家。因为活动领域不同。但与政治领域中的杰出人物一样，文化领域中杰出人才的出现，也可以成群出现，例如所谓“轴心时代”和中国的“百家争鸣”，就是历史上群星灿烂的时代。

马克思主义的辩证的历史决定论，肯定历史人物的卓越作用。伟大人物是由历史的要求和历史的考验相结合而成的。没有毛泽东就没有新中国，是从结果说的，是从既成的历史事实说的，是从历史经过 28 年革命过程和曲折过程的最终结果说的，而不是从毛泽东出生说的，不是从毛泽东走出韶山冲时说的。毛泽东诞生时是一个普通的婴儿，和常人一样。从韶山冲走出的是一个农家子弟，开始时是一个有才华、有抱负的热血青年。时代的需要不是一句空话，它可以凝结在杰出人物的成长过程之中。

从井冈山到胡宗南进攻延安，毛泽东曾经过多次危险。任何一个偶然的因素，都可能遭遇不测。谁能断言中国历史注定只有毛泽东一个人能担当这个历史伟大使命呢？当然不会。只要中国历史需要，只要革命在前进，肯定会有新的人物来替代这个历史的空缺。我们在革命战争年代牺牲过不少有才能的杰出人物，革命并没有因此止步。可是谁也不会说，一定会出现和毛泽东一模一样具有伟大统帅才能、战略眼光，能在挫折中挽救中国革命、挽救党的人物。领袖人物的空缺是能弥补的，但同样才能的人物不一定会两度出现。我们反对个人崇拜，但充分肯定毛泽东的历史地位。我们充分认识到中国有了毛泽东，中国革命减少了在暗中摸索，少走弯路、取得缩短全国胜利时间的伟大功绩。而绝不是说，中国革命就永远不会胜利。这才是历史唯物主义的态度。

普列汉诺夫在反对曲解马克思的历史决定论时说过一句俏皮而智慧的话。月食是自然规律，没有人为促进或阻止月食而组织月食党。社会必然性不同，社会必然性是人参与形成和实现的。承认历史规律和历史必然性不会削弱人的主观能动性，陷于消极无为，相反，越是相信历史发展规律，越能鼓舞斗志，因为坚定相信历史发展规律，会转化为人的坚定信仰，顽强的斗争意志，累败累战的必胜信心。不相信历史发展规律的人，会成为随波逐流的实用主义、机会主义者。

在中国革命过程，无数烈士怀着中国革命必胜的信仰走上刑场。“砍头不要紧，只要主义真。杀了夏明翰，还有后来人。”以及方志敏《可爱的中国》中表现的坚定的信仰，都是建立在革命必胜的信念基础上。这种信仰用哲学语言来解读，就是对历史发展规律的信心。

历史人物的角色定位

杰出人物是历史人物，但对历史发生过重大影响作用的小人物不一定都是杰出人物。可以说，领导历史潮流，推进历史发展的人物是历史上的正面人物，而站在历史潮流的反面，阻碍历史发展的是反面人物。英国17世纪诗人弥尔顿曾说过，“只有做出伟大事业的，或是教人怎样做出伟大事业的，或是用适当壮严风格来描述这些大事业的人们才配得上这个称呼”。当然，这只是从主导方面说的，历史人物不是戏剧舞台上的人物，一眼就能看穿的脸谱化人物。不过从人物终其一生来看，这种划分可以说得过去，只是不要简单化、脸谱化。

尽管历史人物的角色定位不同，但有一个共同点，任何对历史发生过作用的人物都是历史人物，都有其历史时代的印记，什么样的时代出现什么样的人物。无论是正面人物还是反面人物，都是如此。时代不是演戏中的舞台布景，只是人物表演的衬托。对历史人物来说，时代以它的需求和特色深深影响人物的性格、才能和政治走向。没有这个时代，就不会有这种人物。上帝都没有能力让马克思和恩格斯及其理论产生于东方中国，也不可能让毛泽东和毛泽东思想产生于发达的西方资本主义国家。它可以传播但不是原产地。

毫无疑问，叶利钦和戈尔巴乔夫对苏联解体和苏联共产党失去政权是起重要作用的因素，因为他们处于领导者的地位。可叶利钦和戈尔巴乔夫并不是从天而降的，他们是从苏联的思想和政治土壤中生长起来的。如果没有赫鲁晓夫开始的全盘否定斯大林，没有所谓解冻后开始的抽象人道主义的长期在思想意识形态领域中大大肆虐泛滥，没有几十年对苏联社会主义建设成就的彻底否定和歪曲，没有西方和平演变的攻势，苏联共产党就不可能出现叶利钦和戈尔巴乔夫这样的领导人，即使有，也不可长期居于高位而不被轰下台，更不可能成为苏联和苏联共产党的最后埋葬者。

物必自腐而后虫生。苏联社会自身开始的长期蜕变，才形成产生戈尔巴乔夫、叶利钦的思想和理论土壤，才会出现这样的最高领导者。叶利钦和戈尔巴乔夫的出现是苏联几十年自身变化的结果，他们是非斯大林化的文化背景下培养出来的知识精英。而这种领导人物的出现反过来加速和最后完成这种变化。最后由叶利钦来宣判苏联共产党解散和全面复辟资本主义道路的判决书，已经是水到渠成，无可挽回。几十年的思想自由化的宣传，对社会主义制度阴暗面的揭露，与苏联社会体制自身的僵化和社会主义民主建设的缺失纠缠在一起。

很多事件和传言，真假难辨，是非不清。西方有位思想家说过，只要交给我麦克风和电台，我什么都能办到。民心和党心，在这种多少年自我丑化思想宣传论中逐渐发生变化。叶利钦和戈尔巴乔夫这样的领导人物，必然应时而生。他们的作为不会遭到也不可能遭到大多数人民和党员的反对，更不用说全民和全党的反抗，相反会被认为是历史的进步而受到欢迎。叶利钦和戈尔巴乔夫的功过是非，现在仍然存在争论。这是可以理解的。任何历史人物作为的评价，往往是在历史过去很长一段时期以后。当然，历史会算账，但历史是总账，不会是零星结算。只有历史，只有人民，只有后代，才能对叶利钦和戈尔巴乔夫及其推行的所谓改革进行最终判决。

在同一个时代，有成就的人物可以成群出现。可是每个人仍然是各具特色、各有才能、各有特殊贡献的唯一的“我”。伟大历史人物是时代造成的，但决不会是一个模子里铸造的铸件。他们之间就才能、智慧和风格来说，不可能一模一样。中国如果没有产生孔子，没有产生《论语》，决不会因为时代需要会产生另一个孔子和《论语》。所有历史人物都出现一次，只有一个。只有一个莎士比亚、一个爱因斯坦、一个马克思、一个列宁。这就是我们看重历史伟大人物的原因，因为他们的作用是不能彼此代替的。缺少其中的一个，就缺少一个历史盛宴中的宾客，从而无论是政治史、文学艺术史、科学史、宗教史都会有不同的书写。历史唯物主义要求的是解释，理解为什么会产生莎士比亚、爱因斯坦、马克思、列宁、毛泽东。他们出现于他们那个时代的原因及其历史地位，而不是在人物没有出现之前的预测会出现某种人，或者已经出现之后又揣测没有他们历史将会如何如何。这不是严肃的历史研究，而应归于瞎扯。

时代需要正面人物，也需要反面人物。只有反面人物也构不成历史。没有一个只有杰出人物而无历史反面人物的时代。而且反面人物的水平与正面人物的水平不会相距万里，否则构不成有声有色的历史，也不可能在同一历史舞台上形成对手。当然，正面人物和反面人物的区分是复杂的，可以变化的。何况评价标准不一样。但历史注定正面人物与反面人物必然会是出现在同一个时代的两极对立。

时代的非选择性

人只能选择行为不能选择时代。不少唯心主义者夸大主体的选择作用，以此反对历史唯物主义。其实人，面对既成世界，既具有可选择性，又具有不可选择性。一个最简单的生活经验就能说明这个道理。你能选择你的父母吗？不能，这是不可选择的；人能选择自己的结婚对象吗？可以选择。结婚可选择，可人能选择自己的儿女吗？不能。人能选择职业吗？可以。人能在没有这种职业的时代，例如古代，选择原子能研究为职业吗？不可能。即使在职业选择自由的社会，你的选择一定能实现吗？双向选择不是对自由选择的一种限制吗？人可以在有鱼的河里钓鱼，但不可能选择在干涸的水沟里，或在没有鱼的河里钓鱼。总而言之，生活经验告诉我们：人既有选择性又具有不可选择性。马克思说过，如果个人要进行选择，总是必须在人们生活范围里面、在绝对不由他的独自性所造成的一定事物中间进行选择。例如作为一个爱尔兰的农民，他只能选择：或者吃马铃薯或者饿死，而在这种选择中，他并不永远是自由的。可见选择的主动性属于个人，而能够选择的条件是客观的。选择的条件就是对自由选择的一种限制。正如同在一个发生火灾的电影院里，观众只有在有门的出口处才可能夺门而出。中国人常说的一句话：没门。没门，就是无可选择的意思。选择万能的说法是错误的。

个人生活如此，人与社会和历史的关系同样如此。从代际关系看，任何一代人面对的都是上一代人创造的既成的历史事实，包括前人创造的生产力和生产关系、政治制度和文化传统。这是无可选择的。人生下来就处于一个既定环境中。这是历史条件对人的制约性。历史条件的制约性突出地说明传统在人类社会发展中的作用，任何一代人都不可能摆脱传统对现实人的影响和制约关系。不能脱离上一代人创造的生产力和生产关系，也就是每代人都是面对既成的生产方式；不可能摆脱既成的政治制度，也就是说人的出生都是面对既成的国家形式、政权组织形式；更重要的是每代人都面对既成的文化。这种文化表现为传统文化对现代人的观念支配。

马克思在《路易·波拿巴的雾月十八日》中讲的，“请出亡灵”，说“一切已死的先辈们的传统，像梦魇一样纠缠着活人头脑”。讲的就是思想传统的作用。马克思以波拿巴为例，他之所以能在法国复辟称帝，借助的就是拿破仑的亡灵，是法国的小农的拿破仑观念，即拿破仑是小农利益的代表，他能满足法国小农对小块土地的要求，虽然伯父死了，他们把希望寄托在侄儿身上。这就是在当时法国阶级斗争的情况下，一个流氓般的小人物能在法国政坛上呼风唤雨的原因。

从同时代人的关系看，任何个人都生活在社会中，而不是独立的个人，因此他们彼此具有一种相互制约的关系。这就是社会制约性。这说明人的创造性活动，并不是在自己任意选择的条件下进行的，而是在既成的历史条件和现存的社会条件下进行的。人类活动的本质，是通过自己的实践活动改变既成的条件，而不是任意甩开既成条件随心所欲地创造。

马克思在《路易·波拿巴的雾月十八日》中关于历史是人创造的、但人不可能随心所欲地创造历史的论断，关于演员和剧作者的比喻讲的就是上述道理。《德意志意识形态》明确讲到这两种制约性：“一个人的发展取决于和他直接交往的其他人的发展；彼此发生关系的个人的世世代代是相互联系的，后代人的肉体是由他们的前代决定的，后代人继承前代积累起来的生产力和交往形式，这就决定他们和前一代的关系。总之，我们可以看到，发展不断进行着，单个人的历史决不能脱离他以前的或在同时代人的历史，而是由这种历史决定的。”这个原则就是马克思所说的历史条件决定论原则。

任何一个人的人生经验和实践活动都能证明，没有一个人也没有任何一代人，能超越社会条件和历史条件的限制，随心所欲地进行所谓创造。有人说，这岂不是机械决定论或宿命论吗？不是。难道主张有条件就是机械决定论和宿命论吗，那无条件的绝对创造算什么论呢？其实人的创造性都是从现有条件出发，既依靠原有条件又改变原有条件、创造新的条件的统一。人在一定条件下创造，又通过改变条件进行新的创造，从而突破原有条件的限制。

不能说强调条件就是否认自由。鸟在天空中自由飞翔，鱼在水里自由嬉游。海阔凭鱼跃，天高任鸟飞，但不能说鱼和鸟在海中或空中都有同一样的自由。鱼的嬉游自由，不可能离开水；鸟的飞翔自由，不能越过天空。这就是自由的条件限制。如果调换一下，把鸟沉入大海，或把鱼离开水都没有自由。王夫之说过，“圣人不能为时，亦不能失时。时非圣人所能为也，能不失时而已”。王夫之此说很有见地。人在社会中的自由也是如此。人有自由，但不能是超越历史和社会条件的限制的绝对自由。

历史条件和社会条件对人而言是个大舞台。演戏不能没有舞台。但在舞台上演出什么样的戏，演员的水平，是演得有声有色还是平庸无奇，这决定于演员而不只是决定于舞台。在同一舞台，可以有不同角色、不同的演技。演员完全有发挥自己才能的机会。但任何社会演员都不能在既成的历史条件和社会条件之外演戏，没有历史舞台，就没演员锻炼和表演演技的场所。主体具有选择性，人能选择的是自己在同一时代下如何行动，而不是选择时代。自己的行动是能选择的，而时代是不可能选择的。识时务者为俊杰，而与历史潮流相悖而行，只能为时代抛弃，沦为向隅而泣的可怜虫。

论“历史决定论”

反对“历史决定论”，几乎是所有反对历史唯物主义者的共同借口。的确，“历史决定论”最容易产生误读。仿佛历史唯物主义主张历史上的事件和人物，都是在未出现之前就注定必然如此。

有人说，按照历史唯物主义的观点，假如莎士比亚不是于 1564 年 4 月 23 日降生在埃文河边的斯特拉特福，那么社会经济的各种力量综合的结果，必将会使他降生在另一个地方；假如莎士比亚不幸夭折，是一定会有另一个母亲，生产一个和他一模一样的人物。如果 1769 年 8 月 15 日在法国科西嘉岛没有出生拿破仑，一定也会有另一个母亲生出一个拿破仑。总之，按照所谓“历史决定论”，非生一个莎士比亚、出生一个拿破仑不可。这不是历史唯物主义而是历史神秘主义。

莎士比亚是某年某月在某地由某个父母生出来的，但生出来的并不是作为伟大戏剧家的莎士比亚，而是一个除了呱呱啼哭什么也不是的婴儿。鲁迅先生说得好，即使是天才，生下来的第一声啼哭也不是一首好诗。莎士比亚是成长起来的，是由英国社会环境、文化传统和他自己的努力奋斗造就的。任何伟大历史人物都是如此。认为历史注定某年某月在某地一定出生某个人物，而这个人物就是注定后来成为某个名人的某人。这种观点是对历史的绝对的无知。把这种观点称为马克思的“历史决定论”，这是往马克思历史唯物主义脸上抹黑。这种观点不应该称为历史决定论，而应该称为历史预成论或历史神秘论或宿命论，连机械论都说不上，是不折不扣的历史胡说。

马克思和恩格斯没有使用过“历史决定论”的提法。他们承认在社会结构或历史发展过程，在诸多因素中会有一种因素与其他因素相比起着最终决定作用。历史唯物主义的创立或新发现，说到底就是对历史中这种起决定性作用因素的发现。恩格斯说过，“根据历史唯物主义的观点，历史中的决定性因素，归根到底是直接生活的生产与再生产”。还说，“不是人们的意识决定人们的存在，相反是人们的存在决定人们的意识”。这里都出现“决定”的用语。在马恩著作中，这种提法很多。很显然，在马克思的历史观中，“决定”一语不是指具体历史事件和人物产生的必然性和不可改变性，不是否认历史事件和人物产生的偶然性和不可预测性，而是指从宏观角度看，社会结构和历史发展中决定性因素是物质资料的生产与再生产，因而社会发展是有规律的，而不是任意的。至于伟大历史人物的产生则是由社会历史和时代需要决定的，他产生的原因的历史背景是变动的，会受到各种因素的影响和制约，包括各种偶然因素。

马克思关于历史中有主导的、最终起决定因素的理论，本质上是历史规律论而不是机械决定论。这种观点可以称为辩证的历史决定论。它反对历史多因素决定论、反对历史无规律论和历史唯意志论，而不是反对历史偶然性、反对主体选择性、反对影响历史的多种因素。历史唯物主义关于历史中最终决定因素的观点是关于社会宏观结构的规律理论，而不是关于历史人物和历史事件必然如此论。

列宁明确使用过历史“决定论”这一提法。他在批评俄国自由主义民粹派米海洛夫斯基把历史决定论和人的意志对立起来、否定历史必然性的观点时说过，“决定论思想确认人的行为的必然性，摒弃所谓意志自由的荒唐的神话，但丝毫不消灭人的理性、人的良心以及对人的行动的评价。恰巧相反，只有根据决定论的观点，才能做出严格正确的评价，而不致把什么都推到自由意志上去”。这里使用的“决定论”非常明确是在与唯意志论对立的意义上使用的。

历史唯物主义并不在任何意义上否定意志自由。从人必须服从规律角度说，人的意志是不自由的，人没有违背规律而能获得不受制约的自由意志。但在人的具体行为中，人能自由选择自己的行为。在这里，意志自由表现为行为选择的自由。拿日常生活打比方，人可以决定自己此时此刻是否喝水，可以喝也可以不喝，这是个人的自由；但人不可能有永远不喝水的自由，这违背人的生理学规律；正如吃饭一样，人可以随意安排自己吃饭的时间和喜欢吃或不喜欢吃什么的自由，但人没有永远不吃饭而能生存的自由，因为这违背人作为生物有机体的规律。在历史领域中也是如此。一个暴君手握生杀予夺的大权，有任意赏赐，甚至处死人的自由，但没有逆规律而行能永远保持政权的自由。可见，在规律与意志关系的层面上，意志要真正获得自由，必须服从规律，从认识和利用规律中获得意志自由。

因果关系论是历史唯物主义的重要内容。否认因果关系必然否认历史唯物主义。世界上有没有没有原因的结果？没有。有没有没有结果的原因？也没有。如果有原因而无结果，那就不叫原因；有结果而无原因，那就不是结果。因果关系是相连的。如果经常起作用的原因没有相应的结果，那肯定是因果关系起作用的条件发生变化，使原来的原因不起作用。在这种情况下，这种原因就不是原因，它没有构成原来期待的因果关系；但有另外的因果关系在起作用，这就是使原来因果关系发生变化的原因在起作用，原来期待的结果没有出现而是出现另一种结果。有心栽花花不发，无心插柳柳成荫。不是证明没有因果关系，正好说明只要条件改变，原来的因果关系就会改变。这说明因果关系的客观性，它不单纯取决于人的“有心”或“无心”，而同时要取决于条件。

承认辩证历史决定论，必定要承认因果论，但承认因果论，不一定就是科学的历史决定论。究竟是神学决定论、天命论、命定论、机械论还是马克思的辩证决定论，这取决于如何看待因果联系的性质，看待必然性与偶然性的辩证关系。

历史唯物主义承认历史因果性，但因果性不等于必然性。偶然发生的事件同样有原因，因果性并不排斥偶然性。否定偶然性的决定论是一种机械论的观点。布哈林在他的《历史唯物主义理论》一书中说，“在社会的历史发展中严格说来是没有任何偶然现象的：不论是考茨基在做了一个布尔什维克革命的噩梦的那个晚上彻底失眠也好；不论是奥地利皇储在大战开始前不久被刺杀也好；不论是世界大战爆发也好——总之，一切事件，从微不足道的事件直到震撼世界的当代大事为止，所有这些事件都同样不是偶然的，同样是受原因制约的，即同样是有因果必然性的”。按照布哈林这种没有偶然性的说法，一切都是注定的。每一个历史事件、每一个历史人物的降生和他一生的辉煌成就，每一步都是注定必然如此。如果这样，历史确实像马克思说的具有神秘的性质。

布哈林的错误在于把因果性混同于必然性。世界上任何事件都有原因，但不能反过来说凡是有原因的都是必然的。偶然性之所以是偶然性，在于它的出现并非由事件本身决定不可避免一定出现的。奥匈帝国王储斐迪南大公在萨拉热窝被暗杀，与第一次世界大战并不存在本质联系。没有王储被暗杀，第一次世界大战照样可能会发生。因为第一次世界大战的根本原因是基于争夺殖民地与瓜分势力范围的斗争。奥皇储被杀是导火索，它加速了第一次世界大战的发生，而不是没有奥储被刺就绝对没有第一次大战。奥匈帝国王储斐迪南大公在萨拉热窝被暗杀，对第一次世界大战而言是偶然现象。引发第一次世界大战的偶然性可以是多种多样的。可是当奥皇储斐迪南大公在萨拉热窝被暗杀成为事实，它就会参与到第一次世界大战发生的原因之中。尽管不是主要原因而是诱因。诱因仍然是原因，但不是必然如此的原因。如果没有帝国主义争夺殖民地和资源的矛盾，单纯的王储被暗杀可以成为外交纠纷，不一定能引发第一次世界大战。

卡尔在《历史是什么?》中曾批评波普否认历史决定论，深刻地指出了决定论与因果关系存在不可分的联系。在卡尔看来，所谓决定论，即每一件事情的发生都有一个原因或一些原因，除非某事中的一个原因或几个原因发生了变化，否则不可能以别的形式发生。他批评波普断言在人类事务中，每一种情况都是可能的这种观点既无意义，也不真实。离开因果关系抽象地说任何事情都是可能的，确实毫无意义。任何可能性都是与一定条件的因果关系不可分的。日常生活中，我们可以相信任何事情都有原因，这是我们理解周围将要发生的事情能力的一个条件，但不能相信任何事情都是可能的。我们不能相信月亮会掉在地球上，相信科学会发明长生不老药，使人永远不死，可以冰冻千年死而复生，以及诸如此类的奇谈怪论。那些保证人能死而复生的人，在他自己死后永远都不会实现，谁去找他算账？到哪里找他算账？相信一切都是可能的，只能陷于迷信。

历史不能假定。历史是既成之事，是不能由任何人改变的。历史假定论的本质，是反对历史必然性的一种方式。历史假定论的哲学基础是万事可能论，任何事情都是可能性，那就不存在必然性。辩证的历史决定论并不否认可能性的多样性，因而人在多种可能性中有选择的空间。历史必然性的实现方式也要经历从可能变为现实的过程。可能性的存在不是没有原因的，而是有原因的，可能性变为现实也不是没有原因的，而是有原因的。为什么这种可能性变为现实，而不是那种可能性变为现实，肯定是有原因的。比如说，为什么在中国资本主义道路没有变为现实？君主立宪没有变为现实？袁世凯复辟帝制只是黄粱一梦，而只有中国共产党领导的革命变为现实呢？肯定有原因。也就是说，那些可能性没有成为现实有其原因；某种可能性成为现实也有其原因。

历史必然性就是通过人的主观能动作用，实现某种可能性与排除其他可能性发生实现的。经过人的主观努力，占主导地位可能性变为现实。必然并不是径直实现自身，都有通过可能性转变为现实的过程。而这个过程充分体现了人的主体选择和能动作用。当可能性已经成为现实，成为既成之事，任何假定、任何选择的可能性都是纸上谈兵。这就是历史不能假设的关键。某些曾经存在过的历史事件的可能性和选择性，由于历史成为既成事实而宣告终结。

马克思的辩证历史决定论是就历史有规律角度说的，而不是历史一切都安排妥当，无须人努力。社会领域如此，自然科学领域也如此。2011年1月15日报道国家最高科技奖获得者王振义院士征服急性早幼粒细胞白血病，就是一个运用规律使可能性变为现实的绝好例证。王振义院士利用一种原来治疗皮肤病被称为全反式维甲酸的药治病，使这种最凶险的白血病癌细胞“改邪归正”，病变的细胞变为正常细胞。之所以能做到，自然是客观上癌细胞蕴含转变的可能性。但仍然需要对这种可能性的认识并创造条件才能把这种转变由可能性变为现实。这就是人的主观能动性。如果癌细胞本身不存转变的可能性，当然不能转化；但有可能性转化，而人们没有发现它的转化规律并通过主观努力创造条件促进它的转化，也不可能转化。人对规律的利用就是把客观可能性转变为现实。得了癌症历来被认为是无可挽回的宿命，当代医学正在研究如何治疗癌症并在某些领域取得可喜成果，可以说是一种科学与宿命的战斗。

论宿命论

马克思辩证的历史决定论包括必然性，但不排斥偶然性，重视因果关系但不排斥因果关系的可变性。在历史发展中，突发的偶然的事件会影响必然的实现进程，但偶然性往往是历史的插曲，不会最终改变历史进程。因为必然性是由稳定的、占主导地位的因果关系支配的，而偶然性的因果关系是不稳定的，是可能出现也可能不出现的次要的因果关系。在西方所谓民主国家的总统选举，谁当选，谁没有当选，有多种偶然性因素的影响，甚至包括自然灾害的因素，或某种突发事件的影响，但任何人当选都不能改变资本主义国家的体制和根本路线、根本政策，因为这是由资本主义制度本质的必然性决定的。偶然性可以影响必然性的实现和进程，但不会取代必然性。

在实际生活中虽然有些人相信宿命，但任何人绝不可能是一个彻底的宿命论者。彻底宿命论者是无法生存的。相信自己命不当死长命百岁的人，也不会用手去摸电门、去跳河、去撞汽车，以验证自己命不当死。有病还是愿意上医院，急病还是同意抢救。做生意还是观察行情，过马路还是左顾右盼，看看有没有汽车。其实，在现实生活中，“宿命论”是事后对事件发生的一种解释，而绝不是事前的预测。是一种对自己命运不佳或背运的一种心理安慰，否则无法释怀。宿命论是一种心理安慰法，不可能成为一个无逻辑矛盾的哲学。

任何一个真正的历史人物，都不会相信天命论、宿命论。创业的君主，用尽心机，废寝忘食，拼死沙场，身经百战，他决不会相信天上会掉大饼。“秦失其鹿，天下共逐之。”鹿死谁手，靠的是战斗，而不是天命。“天命所归”之说，都是事成之后的一种马屁话或用以哄哄老百姓。没有一个末代皇帝不拼命挣扎，甘愿失败的。气数已尽，也都是失败或即将失败为自己作为亡国之君的一种宿命论解释。气数已尽，实际上是民意已失；解释为天意，实属死不认错。

刘邦开创汉朝，他明白不是天命所归，而是用人得当。他总结过自己成功的经验，“夫运筹帷幄之中，决胜千里之外，吾不如子房；镇国家，抚百姓，给饷馈，不绝粮道，吾不如萧何；率百万之众，战必胜，攻必取，吾不如韩信。三人皆人杰，吾能用之，此吾所以取天下者也”。可是项羽，兵败自刎于乌江，还说，“天亡我也，非战之罪也”。这完全是自我推脱。其实刘邦看得清楚，“项羽有一范增而不能用，此所以为我擒也”。历史的宿命论都是对历史既定事件的一种神学解释，而不是历史中人的行为的指导，相信宿命，一切坐待天命，人类历史上就没有多姿多彩有声有色的人类活动。

中国古代一些著名思想家知道命定论的危害，如战国的《墨子》，汉代王充的《论衡》。我们以墨子为例，他可以说是比较深刻看到命定论的本质和危害的思想家。他认为命定论是销蚀人的意志和力量的错误观点。在《墨子·非命上》中就有一段历数命定论观点危害的精辟之论：“执有命论之言曰：命富则富，命贫则贫，命众则众，命寡则寡，命治则治，命乱则乱，命寿则寿，命夭则夭。”如果都以命定论为行为指导，其结果是人把自己的一切行为和遭遇都推给命。人穷归为命该如此。“昔上世之穷民，食于饮食，惰于从事，是以衣食之财不足，而饥寒冻馁之忧至；不知曰，‘我罢不肖，从事不疾’，必曰我命固且贫。”而亡国之君，不知自省，不知自己“为政不善”，反而说，“吾命固失之”. 宿命论是沦为最粗糙的天命论的世俗版。

回到社会形态理论本义

我读过一些学者关于马克思社会形态理论争论的文章，如五形态理论和三形态理论，哪个更真正代表马克思社会形态理论，五形态是否具有普遍性，还是仅属于欧洲某些国家，三形态比五形态更具普遍性等。我从中得到很多启发，但也有一点不满足，社会形态理论不能只限于五形态三形态范围，它的最核心思想是包括社会形态的结构、社会基本矛盾、社会基本矛盾的解决方式以及社会形态更替的内在规律性的理论。究竟是五形态或三形态，则是对社会基本矛盾运动中不同问题的回答。

从历史唯物主义对社会形态理论论述的完整性来看，我以为应该首推《政治经济学批判·序言》。在《政治经济学批判·序言》中的各个论断之间逻辑严密，彼此不可分离，层层递进。社会发展形态五形态或三形态的区分从属于社会结构和社会基本矛盾运动。只有在生产方式变化的基础上，才能理解不同的区分标准。

社会形态理论的核心是社会形态构成理论。社会结构的内在矛盾就是社会基本矛盾，即生产力与生产关系、经济基础与上层建筑的矛盾。物质资料生活方式是社会全部政治思想上层建筑借以建立的基础。社会形态发展的基本动力就是社会基本矛盾的运动；在阶级社会中它表现为阶级斗争。社会形态更替的顺序问题取决于每个社会形态的社会基本矛盾的特点。前一种社会形态的成熟中孕育着后一种社会形态产生的必然性。这是以每种社会形态充分发展和成熟为前提，至于非典型状态并没有考虑在内。五种社会形态的演变并非在社会基本矛盾运动之外的先验结构。不能设想人类进入原始社会之后就开始了五种形态社会自我运动。原始社会并不包含人类进入封建社会的可能性。即使是与原始社会相接的奴隶社会，也不是母系社会或者父系社会中就已确定的发展图式，而是原始社会解体时生产力发展和私有财产制度产生才孕育出的一种社会形态。它表明人能够创造出比自己消费更多的产品才会产生“以人为工具”的奴隶社会。可以说，任何一种社会形态的交替，都是前一社会形态即将解体中孕育新社会形态的可能性中产生的。封建社会早期并没有产生以资本主义生产方式取代封建生产方式的必要性、可能性，非要等到封建社会发展到比较成熟，劳役地租变为货币地租，商业和市场发展才慢慢显现产生资本主义的可能性。恩格斯在讲到论封建制度向资本主义过渡的可能性时说过，货币在中世纪早期的典型封建经济中几乎没有地位。封建主或者是用劳役形式，或者是用实物形式，从他的农奴那里取得他所在地需要的一切，每一座封建庄园都自给自足。这种经济情况下根本不可能萌生资本主义。相反，凡是货币关系排挤了人身关系和货币贡赋排挤了实物贡赋的地方，封建关系就让位于资产阶级关系。可见，封建社会向资本主义社会过渡决定性的要求是在封建社会解体时的经济发展，而代表这种经济发展的政治力量是事后登上政治舞台成为推动社会形态演变的主角。而且当时他们也并不知道它是什么性质的社会。资本主义社会的名称是后来出现的。启蒙学者称之为理性社会，或市民社会。马克思称之为资本主义社会。社会主义社会形态同样如此，随着资本主义社会的发展，农村凋敝，农民破产，拥入城市，各种社会矛盾特别是资产者和无产者矛盾尖锐化，因而产生对资本主义社会制度的不满，向往人人平等、没有剥削、没有私有财产制度的社会。这个社会的称谓当时也是多样的，或称为共产主义，或称为社会主义。社会主义的理想经历了长期的酝酿和发展，经历各种形态，最后产生马克思主义的科学社会主义理想，它是建立在对资本主义社会基本矛盾分析的基础上，从资本主义社会自身找到社会主义社会产生的必然性。当然，马克思关于未来社会主义社会的构思都是针对资本主义社会的弊病的，具有理想性质。但不能称为乌托邦，因为它的现实基础是资本主义社会的基本矛盾，而非理性或人性，或抽象的公平、正义。可以说，马克思关于五种社会形态理论既有理论根据又有事实根据，而理论根据是以事实根据为前提的。因为马克思和恩格斯在世时，他们已经通过历史研究肯定在他们生活其中的资本主义社会产生之前，人类已经出现过三种社会形态，即原始社会、奴隶社会、封建社会，这是历史事实；而他们生活其中的资本主义社会，是他们时代的社会现实。唯一没有亲眼见到的是属于他们为之奋斗的社会主义社会。它是在马克思逝世以后三十多年、恩格斯逝世以后二十多年第一次在俄国出现。现在这种社会形态已经在中国开花结果。可见，马克思关于五种社会形态理论不仅有历史唯物主义核心理论的支撑，同时是建立在对历史事实的总结和概括基础上。人类社会存在五种社会形态是无可争议的。它的伟大创造性在于它不是简单的事实的叙述，而是对事实的理论解释。即从社会结构和社会基本矛盾运动中叙述了社会形态更替的进程。这就是《政治经济学批判·序言》的中心思想。

关于社会发展的形态和阶段。在马克思和恩格斯著作中，我们可以发现多种划分标准，如自然经济、商品经济、产品经济；原始共产主义、私有制社会、共产主义社会；游牧社会、农业社会、工业社会。尤其是著名的三形态理论，即人对人的依赖性的社会形态、以物为中介的依赖形态、人的全面发展的社会形态，如此等等，所有这些划分都从特定角度表述了人类社会的大体进程，引起异议者较少，唯独五种社会形态学说争论最大，反对者最多。学术争论是正常的，可以有各种不同意见。

但有一点不能忽视，五种社会形态理论不像自然经济、产品经济、商品经济，或游牧社会、农业社会、工业社会那样表现的非阶级特性。也不像以物为中介的依赖关系，可以成为不必区分资本主义社会的市场经济和社会主义市场经济的界限。只要存在商品和货币的社会，人与人的关系都可归入以物为中介的关系。以物为中介是对市场经济的一种具有普遍共性的概括。五种社会形态则不同，它的划分最为明确地表现了由无阶级社会向有阶级社会的过渡；由公有制向私有制过渡，并极其明显地表述了阶级斗争是阶级社会直接动力的观点，以及资本主义社会形态必然为社会主义社会形态所取代的观点，并认为它是不可改变的规律。这就是我们称之为两个必然性的规律。社会形态的变化不可能是纯粹的。实际上每种现实的社会形态过渡中，都存在复杂的多种社会形态并存的过渡时期。资本主义因素很长时间内存在于封建社会中，正如封建的东西在资本主义社会，甚至在社会主义社会同样会存在一样。但这并不妨碍马克思关于五种社会形态的理论。因为在一切社会形式中都有一种一定的生产方式处于主导地位，它是普照之光，决定社会性质。正因为这样，以生产方式的主导地位的转换为依据划分社会形态是合理的。五种社会形态理论可以说是以浓缩形式凝结了历史唯物主义关于生产力与生产关系、经济基础与上层建筑、阶级斗争以及两个必然性理论的全部内涵。其他任何划分标准都不具有这种理论功能。而且只有站在五种社会形态理论划分标准的高度，才能不会停留在自然经济、产品经济、商品经济，以及游牧经济、农业经济、工业经济等划分的区限性而深入社会形态的本质特征。因此关于社会形态理论是一个学术问题，但由于它与阶级斗争理论、两个必然性的理论等的内在不可分割的理论和实践联系，在特定理论背景下，理论争论背后可以隐藏着意识形态动机。

三形态理论无疑是马克思关于社会形态的一个重要思想，它从作为社会主体人的发展角度来划分社会形态，揭示了人的发展进程。可是如果把它放在《政治经济学批判·序言》之外用它取代五形态理论，三形态理论就是不可理解的。离开社会基本矛盾运动和阶级斗争直接的社会形态变化，离开人的本质是社会关系的总和，就无法理解人的变化，无法理解社会何以会从人对人的依赖关系，转变为以物为中介的关系，并最后发展到人的全面发展的关系。《经济学批判手稿》和它的序言之间存在不可分割的理论联系。三形态理论从主体发展方面论述社会形态，与五形态理论从生产方式变化论述社会形态变化可以视为理论上的相互支撑而不能绝对对立。

社会形态与社会

社会形态和具体社会是不能等同的。社会形态是对众多具体社会共性的理论概括，而任何一个具体社会都具有特殊性。任何社会形态都是以具体社会的方式存在。只有两个同属一种社会形态的具体社会，没有两个实际存在的社会是一模一样的社会。同样属于资本主义社会形态，英、美、德、法、日本等国各有特点。我们可以用资本主义社会形态概括它的共性，但不能用它抹杀它们各自的特点。社会主义社会同样如此。研究任何一个国家都既要注意社会性质，又必须注意它的特点。说英国是资本主义国家，美国是资本主义国家，而不理解它们之间的差别，不知相同和相异之处，这种认识肯定是肤浅的，一定会为研究美国或研究英国的专家所耻笑。

列宁把马克思关于社会形态更替的规律称为“人类历史的总规律”。这表明列宁并不把五形态视为每个民族都必须顺序而进的历史发展过程。列宁强调世界历史发展的一般规律，不仅不排斥个别发展阶段在发展的形式和顺序上表现出特殊性，反而是以此为前提的。但如果以此为据否定五形态理论则是错误的。五形态发展既然是人类历史的总规律，它必然会以各形式对各民族历史进程发生作用。这也是马克思关于五形态理论的理论价值和方法论作用所在。

任何社会发生形态更替的动力，都存在于社会基本矛盾之中。这对任何社会来说是普遍的。社会的更替在任何国家都必然符合世界历史发展总的顺序性，不可能是逆向、倒流，或可以随意跨越。不可能某一个国家是由资本主义回到封建社会，而在另一个国家是从原始社会进到奴隶社会。世界各国历史发展总的顺序不能是杂乱无章的，也不能与人类发展总规律相悖而行。一个国家的社会更替发生复辟、发生曲折、发生倒退是可能的，但这终究是历史的插曲，是短暂的并非最终的结局。而且倒退也是向它由之发展而来的社会的倒退，社会主义只能是资本主义复辟而不可能是回到封建社会甚至奴隶社会。西方自罗马帝国灭亡后，分裂成诸多小国，也只能是以不同速度逐步发展为比较先进的资本主义，而不可能回到原始社会或回到古希腊的发达的奴隶制。具体社会发展与社会形态更替从总体方向说具有相同性，但不是每种社会形态都孕育成熟，完整和具有同样的发展高度。

五种社会形态当然是一种具有历史性的概括。在人类遥远的未来究竟会出现什么样的社会形态，我们不可预测，但有一点可以肯定，共产主义社会也绝不会是人类历史的终结。但到目前为止，人类历史上只出现过五种形态，并不存在第六种社会形态。这一点对我们考察历史极其重要。中国半封建半殖民地社会并不是第六种社会形态，而是已有的中国封建社会和西方殖民主义的资本主义相结合的怪胎。北欧的民主社会主义也不是超越资本主义和社会主义的第三条道路，或第六种社会，而是改良的资本主义。中国社会发展的道路或发展模式，也不是第六种社会形态。它就是具有中国特色的社会主义社会发展模式。有学者说，中国特色社会主义既不是资本主义，也不是社会主义，那到底是什么呢？据说是第三条道路。这当然是错误的理论。中国当代社会形态的本质是社会主义，是具有中国特色的社会主义。从社会形态说它没有超越社会主义社会的形态，但从具体社会特点说，它具有中国特色。

历史唯物主义决不能成为套语，成为标签，而应该是分析社会的历史理论和方法。例如，中国理论界长期存在关于中国封建社会性质的争论。一些学者否认中国存在封建社会，因为从秦始皇开始就实行中央集权的郡县制，实行的是专制制度而非封建制度，中国也没有西方的领主庄园制，不存在贵族，不存在农奴，而只存在地主与小农。总之，中国与西方如此不同，西方可以称为封建社会，中国只能称为专制主义社会。这种说法，我一直不以为然，这实际上走向另一个片面，以具体社会的特点取代社会形态的理论分析。

历史唯物主义关于奴隶社会、封建社会指的是社会形态，而不是只指某一时间段的具体社会的本质。中国秦汉以降的社会与西方资本主义革命胜利以前的社会肯定各有特点。但不能说它们不可以纳入同一概念——封建社会。西方是封建社会，因而能产生资本主义；中国是东方专制主义社会，因而中国不能过渡到资本主义社会之类的论点难以成立。其实专制主义或专制政权并非中西社会的根本区别。西方封建社会的政治上层建筑，同样是专制主义，同样是专制政权，这样才有资产阶级革命反专制、反特权、反等级的资本主义民主革命。马克思认为封建社会不同于资本主义社会的基本特征，从经济基础来说，是封建土地所有制；从上层建筑来说，是专制君主制。从这个角度说，中国秦汉以后的社会当然属于封建社会形态。至于中国封建社会具有自己的特点，而且在中国封建社会不同阶段又各具特点，例如，秦统一前封建原意是封邦建国，而秦统一后是郡县制，尽管汉代分封建过同姓王和异姓王，但经吴楚七国之乱后分封制逐渐消亡，仍然是大一统的中央集权制；唐末虽然地方势力坐大，发生藩镇之乱，仍然是中央集权制。中国经历两千多年的社会发展中，不同时期会发生某些特点，但作为社会形态来说仍然是封建社会形态。中国原来“封建”一词是指封邦建国，但不能否认长期以地主土地所有制为主的生产方式，以非货币地租为剥削方式、以君主制为核心的上层建筑的中国社会属于封建社会形态。历史唯物主义关于社会形态学说关注的是社会形态分类，但不否认国情各异，同一社会形态中的具体社会可以各有特点。

跨越“卡夫丁峡谷”的假定

跨越卡夫丁峡谷问题，是马克思对俄国革命者维·伊·查苏利奇关于俄国历史发展前景，特别是对俄国农村公社的看法，是对俄国能否在保留农村公社基础上不经过资本主义社会走向社会主义社会问题的回答。马克思对这个问题很重视，回信几易其稿，非常慎重。

马克思用“卡夫丁峡谷”来形容资本主义社会，这表明马克思当时对资本主义社会的另一种看法。公元前321年，萨姆尼特人在古罗马卡夫丁城附近的卡夫丁峡谷击败了罗马军队，并迫使罗马战俘从峡谷中用长矛架起的形似城门的“牛轭”下通过，借以羞辱战败军队。在《共产党宣言》中，马克思曾经高度评价资产阶级和资本主义制度对人类的贡献，在这里用“卡夫丁峡谷”说明资本主义对人类既是伟大贡献的同时，又是一种灾难。马克思关于跨越卡夫丁峡谷的问题，成为历史唯物主义的一个争论难题，似乎马克思以“跨越”论否定自己关于社会形态发展理论。我以为，这是对马克思给查苏利奇的信的误读。

在马克思看来，俄国是否能跨越资本主义阶段存在两种可能性，而不是只有一种可能性，更不是必然性。马克思既没有肯定俄国农村公社有生命力，也没有否定它没有生命力。俄国能否不经过资本主义的卡夫丁峡谷以条件为转移。有跨越问题上马克思是条件论者。外部条件是俄国与世界资本主义同时存在，不是与世界资本主义相隔离，它可以不经受资本主义生产的可怕的波折而占有它的一切积极成果；从国内条件看，俄国农村公社有两重性，这对俄国发展有利。一方面，俄国公社保留的公有制以及公有制所造成的各种社会性关系，使公社基础稳固；另一方面，房屋的私有、耕地的小块耕种和产品的私人占有又使那种与较原始的公社条件不相容的个性获得发展。当然，这种两重性也可能逐渐成为公社解体的根据。所以俄国是否能跨越资本主义卡夫丁峡谷，有一点是肯定的，即俄国都必须发展资本主义因素，即充分吸取世界资本主义的成就。如果以为脱离世界资本主义发展，拒绝资本主义成果可以跨越，那是纯粹的民粹主义空想。可见马克思关于跨越卡夫丁峡谷，指的有可能跨越作为资本主义社会形态完整阶段，而不是指可以拒绝资本主义的成就和国内发展的资本主义因素。以后的事实证明，俄国没有跨越资本主义，在斯托雷平的改革以后，资本主义在俄国得到发展，虽然远远落后于西欧资本主义。列宁就写过一本《论俄国资本主义的发展》的书，以统计数字说明俄国资本主义的发展。俄国不是没有资本主义，而是苦于资本主义发展不足。这就是列宁在俄国十月革命政局稍处稳定后，即开始利用资本主义建设社会主义的新经济政策的原因所在。在社会主义建设中，资本主义已经取得的成就是不可能绕过的，尤其是对资本主义发展不足的原来比较落后的国家。这说明俄国并不是在公社基础上发生社会主义革命的，而是在资本主义已经发展但还不十分充分的基础上发生革命的。俄国总的历史进程，与马克思关于社会形态更替的顺序相一致，只是没有经过充分的资本主义发展阶段。至于苏联解体，社会主义被颠覆，资本主义重新复辟，这是历史暂时的“向后一跃”。其中原因很多，但有一点必须注意，即西方对苏联的长期封锁，“冷战”形成的两大集团的对立，使苏联在新技术的采用上受到极大限制，苏联在科技方面越来越落后于西方发达资本主义国家，从而影响整体经济的发展。苏联在社会主义建设中，没能实现马克思在《复信》中所期待的俄国必须发展资本主义因素，即充分吸取世界资本主义的成就，如果脱离世界资本主义发展，拒绝资本主义成果就不可能完成跨越。

有些理论家说，马克思反对把他关于西欧资本主义起源的历史概述，变成一般发展道路的历史哲学理论，表明五形态理论已经出现缺口，是对他自己在《政治经济学批判·序言》中论述的否定。这种看法是不对的。因为马克思回答的关于资本主义原始积累方式问题，是不是俄国也要重复英国那种剥夺农民、迫使农民离开土地、完成生产者和生产资料分离的资本主义原始积累方式，马克思认为不一定。事实上资本积累的方式是多样的。要剥夺农民，不必都像在英国和其他国家那样，把他们从土地上赶走，“剪刀差”就是一种剥夺方式，是一种原始积累的方式。历史总是国别史。英国资本主义发展中的“羊吃人”的历史，它的原始积累的实际历史过程，是不可复制的。任何民族进入资本主义社会都会有自己的特点。因而马克思强调的是资本主义在英国发展的历史不能变为普遍规律，而不是指不经过一定程度的资本主义因素积累就可以跨进社会主义。马克思关于英国资本主义原始积累的历史不可复制的历史与社会形态更替的客观规律并不矛盾。

任何一个国家，如果按照其内部规律发展，资本主义社会是不可跨越的，问题是迟早问题，进入方式问题。否则，它只能停留在前资本主义阶段，永远处于落后状态。而且所谓跨越资本主义“卡夫丁峡谷”，是就作为完整社会形态的资本主义的消极后果说的，而不是说可以跨越资本主义在发展阶段取得的积极成果，也不是指社会主义社会的建设可以不借助任何资本主义因素。

在关于跨越卡夫丁峡谷问题上，我认为西方有位学者的论述是对的。他说要建设社会主义，首先必须要有资本主义的发展；建设社会主义的国家也许不需要经历资本主义的发展，但必须要有其他经历过资本主义的国家。马克思认为俄国可以跳过工业资本主义阶段而在农民公社的基础上实现社会主义，但他并没有说，俄国社会主义的实现不需要外部的资本主义资源。一个国家或许不需要经历资本主义的阶段，但要发展社会主义，这个国家就必须从其他资本主义国家那里获取资源。例如中国没有过完整的资本主义社会发展阶段而进入社会主义，但它并没有摒弃资本主义社会取得的文明成果，而且在它取得政权以后仍然在利用或发展资本主义因素。即使一时被全部消灭，私有制和个体经济仍然会通过改革以民营经济的方式再现。世界上如果没有资本主义发展，任何一个民族超越资本主义发展阶段进入社会主义是完全不可能的。因此，跨越指的是作为社会形态的资本主义发展阶段，而不可能跨越资本主义社会中取得的生产力和科学技术成就。对于一个跨越性的社会主义社会来说，其中必然包括或者要发展相当程度的资本主义因素。中国特色社会主义道路并没有摒弃资本主义的积极成果。一些人把中国特色社会主义称之为中国特色资本主义是完全错误的。他们把作为社会形态的资本主义社会与资本主义的积极成果等同，把建设中国特色社会主义中利用资本主义等同于发展资本主义。中国是坚持社会主义道路的社会主义国家，但仍然要借助资本主义行之有效的方法来建设社会主义，这是社会主义初级阶段的特点，是中国国情决定的现实。

不利用资本主义就不可能建设社会主义。列宁和毛泽东对此都有过明确的论断。和苏联十月革命情况相似，中国也曾长期被西方封锁。毛泽东早在新中国成立之初的《论人民民主专政》中就表示要与西方做生意，但西方想扼死新生的社会主义政权，采取封锁和以战争相威胁。直到中国依靠自力更生，强大到西方不得无视中国的存在，才逐步在政治和经济上进行有限的交往。邓小平的改革开放政策，特别是加入世贸，中国参加全球化进程，明显加速了中国的发展。中国特色社会主义建设充分利用世界资本主义的成就对社会主义建设带来的好处，但防止资本主义的和平演变的图谋。

中国特色社会主义理论、道路、制度是马克思主义中国化的第二次飞跃，是中国共产党人的伟大创造。它完全符合马克思当年关于东方落后国家跨越资本主义阶段的必要条件的论述，又有中国社会主义建设实践经验的总结，形成新观点和新理论。中国改革开放以来三十多年取得的成就，是经济落后的东方大国，坚持社会主义道路、利用资本主义成就跨越卡夫丁峡谷的成功范例。

两个不能与两个必然

马克思在《资本论》与《共产党宣言》中都宣告了资本主义必然灭亡和社会主义必然胜利。通称两个必然性。可在《政治经济学批判·序言》中又提出了两个不可能："无论哪一个社会形态，在它所能容纳的全部生产力发挥出来以前，决不会灭亡的；而新的更高的生产关系，在它的物质存在条件在旧社会的胎胞里成熟以前，是决不能出现的。"这就是通称的两个不可能。这是历史唯物主义的重要性命题。它都是建立在社会基本矛盾运动规律的基础上。可是在中国，这个原理被当成一些人反对社会主义革命和建设的所谓"早产论"的根据。

根据某些论者的看法，中国根本没有资格进行革命，尤其是社会主义革命，因为中国生产力落后，没有革命条件，也没有建设社会主义的条件。如果这样，中国革命错了，中国社会主义道路选择错了。既然如此，怎样解释中国革命的胜利，怎样解释中国特色社会主义取得的伟大成就呢？是对历史唯物主义教条式的理解重要，还是对中国现实的理解本身重要？我们应该相信哪一个？是相信那些教条主义者，在中国具有革命条件并能取得政权时放弃革命，坐等资本主义发展成熟，还是具有革命的必要性和胜利可能性时，领导中国人民进行革命，以便为建设社会主义开辟道路？如果走前一条路，只能断送中国革命，断送几亿中国人民的幸福，成为中国革命和中国人民的罪人。中国特色社会主义的辉煌成就不是已经反证所谓"早产论"的荒谬吗！

中国革命违背两个决不能吗？没有。我们对两个决不能理解必须采取辩证的态度。马克思主要揭示生产力与生产关系矛盾运动是社会发展的动力。可生产力与生产关系矛盾在不同社会形态中有各种表现。原始社会，由于生产力发展和私有制产生，促使原始社会过渡到奴隶社会；西方中世纪以后，市民社会的发展，生产力的发展要求改变封建的生产关系，它的特点是生产力迅速发展，旧生产关系成为生产力发展阻力的同时，并为新的社会到来创造条件。

生产力与生产关系矛盾冲突也有相反的情况。不是由于生产力迅速发展要求改变生产关系，而是生产关系的桎梏使得生产力萎缩、民生凋敝。它表现为官逼民反，不起来革命，就无法活命。罗马帝国灭亡时，罗马奴隶制下的状况就是如此。罗马奴隶制灭亡并不是因为生产力发展要求改变奴隶制，而是整个上层的腐败和罗马社会的衰落。征服罗马的日耳曼人，比起罗马社会生产力要低得多，是野蛮人入侵文明人，促使罗马帝国灭亡。这个例子可以使死抠只有生产力充分发展才能改变生产关系理论的人晕倒。

社会革命中不仅要考虑生产力因素，还要考虑到上层建筑的作用，因为它们是相互联系的社会基本矛盾。政权腐败往往是革命的重要原因。这种情况中国历史上并不少见。中国宋朝中原政权败于北方的金人，无论就文化还是生产力来说，中原发达的宋朝肯定超过金人，可是金人最终攻降汴梁，北宋政权灭亡。赵构仓皇南渡，被追得不断迁都，最后偏安杭州。可是南宋最后亡于北方草原游牧民族蒙古族。南宋居江南富庶之地，文化很发达，为什么会亡于文化与生产力远不如己的游牧民族？因为腐败。早在南宋建立不久，偏安江南，生活奢侈之风就已很盛。南宋诗人，我们江西老乡杨万里的著名诗篇："山外青山楼外楼，西湖歌舞几时休。暖风熏得游人醉，直把杭州作汴州。"对政府腐败奢侈糜烂之风极为不满。明代高度的生产力和发达文化，亡于比它落后得多的北方的满族。如果不把社会基本矛盾运动当成一个整体，不理解上层建筑参与生产力与生产关系矛盾运动，就无法理解。这违背了历史唯物主义原理？没有。任何取得胜利的落后者，最终仍然要采用并发展被征服者的生产力，而且被先进文化所同化。但这是在取得政权之后的事，而不是前提。

中国之所以发生中国共产党领导的革命，并不是因为资本主义生产力的充分发展，恰好是因为民族资本主义在半封建半殖民地社会，在“三座大山”的压迫下不可能得到发展。清政府腐败已极，发生辛亥革命；辛亥革命胜利后，中国陷于军阀混战，社会生产力不能发展，经济凋敝，民生多艰，中国没有出路：或者是革命，或者是灭亡。中国革命，从辛亥革命到中国共产党领导的革命，既是救亡图存、保国保种的革命；也是为中国人民求解放的革命。这种情况与马克思的理论并不矛盾。因为马克思说，一切社会冲突在于生产力与生产关系的矛盾。而生产力迅速发展要求突破生产关系，和生产力萎缩要求改变生产关系本质上一样，都是源于生产力与生产关系的矛盾，只是表现方式不同。前者是旧生产关系束缚已经从母胎中成熟的生产力；后者是旧生产关系及其上层建筑，使生产力无法在旧生产关系和上层建筑下得到正常发展，更不用说发展成熟。

尽管旧中国生产力水平不高，仍然没有可容纳它发展的空间，因此，中国革命仍然是解放生产力的革命。而且由于生产力在旧生产关系下没有得到发展，革命胜利后必然要把发展生产力、解放生产力放在首要地位，因为新的社会主义生产关系不可能依靠低下的生产力来巩固和发展，这仍然是马克思主义关于生产关系必须与生产力相适合的规律在起作用。如果生产力长期落后于生产关系，社会主义就不可能巩固和发展；如果社会主义社会所有制结构不利于生产力发展，社会主义同样不可能巩固和发展。这就是中国实行改革开放，确立以经济建设为中心，通过调整所有制结构，把发展生产力和解放生产力放在首要地位的原因。由“发展是硬道理”到“科学发展观”，转变经济增长方式，其中一个重要方面都离不开发展和解放生产力。

在关于中国科学技术发展的“李约瑟难题”问题，也只有历史唯物主义才有可能给予较合理的解答。李约瑟在他的《中国科学技术史》中提出一个问题：如果我们的中国朋友在智力上和我完全一样，那为什么像伽利略、托里弗利、斯蒂文、牛顿这样的伟大人物都是欧洲人，而不是中国人或印度人呢？为什么近代科学和科学革命只产生在欧洲，为什么直到中世纪中国还比欧洲先进，后来却会让欧洲人抢占了先机呢？怎么会产生这样的转变呢？回答这个问题的关键是把科学技术的发展仅仅归结为个人才能问题呢，还是看到推动科学技术及其人才产生背后的生产方式的动力和社会需求呢？如果只是把科学技术视为科学家个人的创造，而完全无视推动人才产生的动力，很难理解在前资本主义社会曾经在世界科学技术处于领先地位的中国，为什么会落后于资本主义兴起的欧美？原因在于资本主义生产方式优于封建生产方式；资本主义的上层建筑优于封建社会的上层建筑。工业生产方式对科学技术的推动和需求远远超过农业生产方式；资本主义对待科学技术的态度比起重义轻利，视百工为贱民，视技术为小道，把应试做官视为士人唯一出路的观念远远有利于科技的发展。北魏贾思勰《齐民要术》、宋代学者沈括的《梦溪笔谈》、明人李时珍的《本草纲目》和宋应星的《天工开物》都是中国科学技术和医药名著，但作者和著作在中国封建社会的声名和地位并不高。这就是西方文艺复兴以后，科学技术超过仍处于封建社会并沦为半封建半殖民地中国的原因。

在我看来，历史唯物主义关于社会基本矛盾的理解论能帮助我们回答李约瑟难题，而且也是我们正确理解生产与科学技术关系的指导原则。不能以科学—技术—生产的公式取代恩格斯关于生产的需要比十座大学更能促进科技发展的观点，认为这个公式只适用于是资本主义早期，现在是科学决定一切。我以为这种说法值得商榷。科学技术的发展不可能脱离生产实践，但又对生产具有重大反作用。尽管科学—技术—生产成为当代科学技术重要作用的一种表现方式，但就科学技术发展动力和最终来源说还是生产。生产—科学—技术—生产—科学—技术—生产是一个连续不断的过程不能单纯截断其中一个片断，把它们对立起来。科技的发展和需要决不能源于科学家的头脑，而只能源于人类社会生产和其他方面对发展科学技术的需要。这个历史唯物主义原理，我可以大胆断言是千古至理，不可能被推翻。

历史的长卷

我们不能只是对大自然的千姿百态赞叹不已，却用色调单一的刻板公式去想象历史。其实，人类社会同样是绚丽多彩的。如果17世纪德皇的宫女们在花园中找不到两片绝对相同的树叶来驳倒莱布尼兹的话，我们同样可以说，没有两个绝对一模一样的国家。人类历史是一幅多姿多彩、丰富多样的长卷。全世界如今有近两百多个国家，难以计数的民族。任何国家和民族在不同的历史时期，以及处在同一社会形态下的不同国家和民族，都会各有自己的特点。每个民族、每个国家都有已经书写的或者没有书写的历史。即使书写的历史也难以全部完整地记载自己国家和民族的历史。历史的斑驳灿烂、姿态各异是难以完全为史书所复制的。

这岂不是否认了历史的规律性吗？没有。正如莱布尼兹所说的没有两片绝对相同的树叶并不排斥光合作用的规律一样，国家的差异性并不排斥规律的共同性。把同一性和差异性对立起来是形而上学的方法。无个性即无共性，共性存在于个性之中，这已经近乎是常识了。但是熟知不是真知，我们往往容易忽略最常见的东西。

马克思关于社会形态的学说，揭示了人类社会发展的普遍规律，但是马克思并不把它看成是剪裁历史的公式，并不否认深入研究同一种社会形态下各个国家的民族特点的必要性。马克思就研究过亚细亚生产方式。恩格斯在《家庭、私有制和国家的起源》中，就分析研究过易洛魁人的氏族、希腊人的氏族、罗马的氏族、克尔特人和德意志人的氏族。即使以揭示资本主义共同经济规律为对象的《资本论》，其中关于原始积累的分析也充分反映了英国的特点。事实上同一种社会形态下的国家，不可能绝对一样。古希腊的奴隶社会不同于东方，也不同于英国和法国。世界历史的统一性和多样性是相结合的。历史自身就蕴含着特点，没有特点，就没有国别史、民族史，这是显而易见的道理。我们反对简单的历史类比，因为它撇开特点，把相似当作等同；我们赞成科学的历史比较，因为它在异中求同，同种求异，更加丰富对一般规律的理解。削足适履，把丰富多样的历史塞进一个模子里去的做法，列宁斥之为“对马克思主义的讽刺”。他生动而深刻地指出：“再没有比‘为了历史唯物主义’而一律用浅灰色给自己描绘这方面的未来，在理论上更贫乏，在实践上更可笑了：这不过是苏兹达利城的拙劣绘画而已。”

历史不是用一种颜色绘成的古代俄罗斯苏兹达利城的拙劣绘画，而是波澜壮阔、色彩多样的巨幅画卷。无论东方和西方，整个人类必然要走向共产主义，这是普遍规律。但是，夺取了政权的各国人民，不可能按照一个模式，而必须结合本国的特点进行社会主义建设。列宁强调说：“一切民族都将走向社会主义，这是不可避免的，但是一切民族的走法却不会完全一样，在民主的这种或那种形式上，在无产阶级专政的这种或那种形式上，在社会生活各方面的社会主义改造的速度上，每个民族都会有自己的特点。”在以往社会形态的更替中，虽然各国都有特点，但是特点不见得都是优点，而且这种特点是自发形成的。历史是人类自己创造的，在剥削制度下，他们并不是按照共同的意志，根据一个共同的计划进行活动。正如瑰丽多彩、玲珑剔透的山水特点显示的主要是自然力量一样，各个国家和民族的历史多样性和特点，是人们意图相互交错的产物。

社会主义社会的命运和前途也是多样的。苏联的解体和中国特色社会主义道路取得的举世瞩目的成就，就是证明。中国特色社会主义道路和制度，最明显不过地体现了社会形态的共性及其存在方式的多样性。不从社会形态角度理解一个社会，就不能理解中国社会的社会主义本质；而不从多样性角度理解中国社会就不懂中国社会主义的特色。

异化不是历史的宿命

对象化和异化不同。黑格尔把对象化与异化混为一谈，结果异化成为人类永远的宿命。因为对象化人类实践活动的必然过程和结果，既然对象化必然异化，人类岂不是永远摆脱不了异化吗！马克思异化理论中最大的一个贡献是区分了对象化和异化，把资本主义条件下的异化劳动与资本主义私有制视为不可分，从而避免把异化视为人类全部历史的宿命。

1983 年那场关于人道主义和异化的讨论，半途而废。人道主义总算有点讨论，而异化问题几乎成为雷区。社会主义存在异化吗？社会主义被颠覆，是社会主义自身必然异化的表现还是反对社会主义势力活动的推动？是坚持社会主义方向的必然结果，还是实行全盘私有化的结果？一句话，社会主义是被异化还是社会主义自我异化？如果是自我异化，我们必然重复黑格尔对象化与异化同一的理论；如果是被异化，我们必须应用马克思的异化观，分析社会主义发生异化的根源，何以会发生异化？如何防止异化？

如果社会主义会自我异化，那社会主义是永远无法实现的乌托邦，苏联解体，十月革命成果毁于一旦是历史注定的宿命。如果社会主义是被异化，那就要以各种方法防止社会主义被异化。苏共莫斯科最后一位市委尤里·曾罗科耶夫在发表于 2011 年 12 月 25 日《俄罗斯战略文化基金网站》的文章《苏联解体 20 年：谁之罪？怎么办?》对苏联解体，社会主义制度如何被颠覆的过程和原因进行了分析，反驳了苏联解体不可避免命运的观点。作者承认改革是必要的，但并不意味着非要打破社会政治制度、毁掉在 20 世纪的大多数时间得以延续的地缘政治实体苏联。在 20 世纪 80 年代中期，苏联经济占全球 GDP 的比重为 15%～16%，而如今不到 3%。苏联的体制无疑应该进行调整，但苏联这个拥有 1 900 万苏共党员的超级大国，一夜之间轰然倒塌，为什么？是自我异化吗？是不可避免的命运吗？不是，它是由三大力量合力作用的结果。首先是当权者，苏联时代的政治精英无力应对时代的挑战，一些人甚至走上背叛道路，他们取消宪法第六条，剥夺苏共在政治社会生活中的领导地位，并且通过了一系列所谓改革法令，使经济崩溃不可避免。作者点名最高层的叛变行为，包括戈尔巴乔夫、雅科夫列夫、谢瓦尔德纳泽，加上签署解散苏联的“别洛维日协议”的叶利钦、克拉夫丘克、舒什克维奇以及他们的帮凶布尔里斯、盖达尔、沙赫莱、科济列夫。此外，作者特别指出“戈尔巴乔夫是党和国家的掘墓人”，是“破坏国家统一和社会政治制度的那些行动的倡议者和实施者”。

作者还列举了其他两个重要因素，一个是以美国为首的外部势力从自身的政治和经济利益出发，利用各种手段摧毁苏联；另一个是西方大国情报机构齐心协力，利用各种活动团体和非政府组织，从理论上、从舆论上蛊惑群众，使反共反苏思潮终于占据主流。可见，社会主义在苏联的失败是与社会主义制度的本性相矛盾的。它们利用第一个社会主义国家实际政策与体制的缺点和缺乏经验，各种反社会主义势力的综合作用，最终压倒了社会主义因素，走上了被异化之路。

社会主义是亘古未有的人类新事业。它与西方资本主义国家在经济、政治、价值观念方面的不同，使它们感到恐惧与威胁。经过几百年发展的资本主义势力是强大的，资本主义观念的影响是深远的。社会主义国家不是在与外界隔绝情况下进行建设，而是在波涛汹涌大风大浪中行船，它在实现过程中必然困难重重。况且千百年传统和旧习惯的改变，新的社会关系和制度，并不是人人都能接受的。社会主义社会中存在的反对社会主义的思想，包括输入的和国内土壤上生长的因素，包括官僚主义、过分集权以及贪污腐败，这些都不是社会主义社会本质的自我因素，而是与社会主义相异的他者。这种潜在因素的膨胀，不加制止，一旦酝酿成熟，只要任何一个引线都可以引爆。

据俄罗斯时事评论网 2012 年 11 月 7 日报道，在苏联解体 20 年后的十月革命节，俄罗斯近半民众正面评价十月革命，认为十月革命是国家发展的强劲动力，开创了历史新时代。这说明经过 20 年的现实教训与苏联时代对比，与 1989 年那个喧嚣混乱的年代相比，不少人逐渐趋于理性。如果苏联在社会主义建设中能够避免由教条主义转向西方新自由主义，能够认真改革原来体制中存在的问题，坚持正确的政治和理论导向，被异化不是不可避免的。

中国共产党人在改革中具有高度的理论自觉性，清楚认识到改革中存在风险，其中包括党内和政府内存在的腐败现象，这是附在社会主义制度和共产党身上的异己因素。它的继续滋长是致命伤，可以导致党亡国亡。中国共产党人始终保持忧患意识。中国共产党既不会走封闭僵化的老路，也不走改旗易帜的邪路。只要坚持改革开放，坚持四项基本原则，中国社会主义就不会被异化，而能在一个拥有十三亿多人口的、原来经济落后的东方大国，创造性地实践科学发展观，实现中国人民伟大民族复兴。

论“经济决定”论

经济决定论的罪名，似乎成为马克思的历史唯物主义的原罪。无论是蓄意曲解或误解历史唯物主义的学者，都咬定历史唯物主义是经济决定论。但他们都没有对经济决定论的是非曲直加以分析。说句不客气的话，有点像中国俗话说的：“一犬吠日，百犬吠声。”

我们先从马克思的《政治经济学批判·序言》说起。马克思在《政治经济学批判·序言》中关于历史唯物主义基本规律的概括当然是经典的，但它具有时间特征。它发表于1859年，即马克思思想发展的中期，当时面临的任务仍然是确立不同历史唯心主义的根本原则，因此马克思重点关注的是生产力决定生产关系、经济基础决定上层建筑，以及它们之间的矛盾如何推动社会形态的更替，至于生产关系对生产力的反作用，上层建筑对经济基础的反作用，并不是考虑的重点。正像恩格斯后来总结说的，在早期他和马克思都是把注意力放在经济决定作用上，以便反对传统的历史唯心主义，对其他社会因素的作用没有予以全面的论述。这是时代和任务产生的必然局限性，后来恩格斯在晚年对这个问题做了重点论述。这种局限性可以理解。如果一开始就要求马克思和恩格斯创立一个相对完整的历史唯物主义体系，这是不可能的。如果说其中存在某些片面性，也可以说是深刻的片面性。没有这种片面性，就不可能为历史唯物主义奠定唯物主义基础。

经济决定论的争论可不是新问题。马克思逝世后，恩格斯晚年遇到的一个重大理论问题就是这个问题。当时的德国青年大学生中，有些人片面强调经济单一的决定作用，有的感到很困惑向恩格斯请教。连有些马克思主义者也没有分清历史唯物主义和经济决定论的界限，例如拉法格这样与马克思最为亲近，可说是亲炙弟子，也把历史唯物主义说成是经济决定论。他在《思想起源论》中就说，经济决定论，这是马克思交给社会主义者的新工具。何况当代蓄意反对历史唯物主义的理论家。恩格斯晚年在这个问题上发表过精辟见解，成为马克思逝世后恩格斯晚年对历史唯物主义的重要贡献。

我们应该科学理解历史唯物主义关于经济最终决定作用的原则。它强调的是生产方式作为社会存在和发展的基础作用，而不是单纯追求 GDP，因为 GDP 表现的只是国内生产总值，而不是经济发展的全面指标。但我们决不会由于反对少数人的唯 GDP 思想，而轻视 GDP 在中国特色社会主义中的地位和作用。GDP 是经济发展的重要衡量指标，应该重视。尤其是对我们这样一个原来经济落后国家，转变经济增长方式，保持适度的 GDP 增长非常重要。

在中国特色社会主义的经济建设、政治建设、文化建设、社会建设、生态文明建设中，经济建设仍起着基础性作用。以经济建设为中心不能变化，它既是历史唯物主义关于经济是社会发展的基础的基本原理，也是科学发展观坚持的重要原则。胡锦涛在十八大报告中说，“以经济建设为中心是兴国之要，发展仍是解决我国所有问题的关键。只有推动经济持续健康发展，才能筑牢国家繁荣富强、人民幸福安康、社会和谐稳定的物质基础。必须坚持发展是硬道理的战略思想，决不能有丝毫动摇”。这是真正的历史唯物主义，与经济决定论毫不相干。任何一个人都能明白，产品是要生产出来的，画饼不能充饥。不发展经济并保持一定的经济增长速度，也就是说没有 GDP 不可能完成党中央提出的 2020 年比 2010 年实现国内生产总值和城乡居民人均收入翻一番、全面建成小康社会的宏伟目标。

有学者说，在长期封建社会中，中国的 GDP 一直是世界前列，即使到清朝前期仍然居世界首位。这是事实，但不能成为轻视 GDP 的根据。两者不可简单类比。在封建社会，中国 GDP 总量是建立在农业生产的基础上。当全世界仍然处于农业社会时代时，中国在农业生产中 GDP 的总量在世界占有的份额，代表的是富裕和强大。可当西方进入资本主义社会并开始工业化则不同，因为已出现新生产方式、新的社会形态。它比起封建社会、比起农业生产方式具有优越性和后发力量。尽管明末和清康乾时期在GDP总量上仍占有优势，但已是落日余晖。到了鸦片战争之前，尽管GDP仍然占有世界可观的份额，已是不堪一击的泥塑巨人。为什么，错误在于GDP吗？不是，而是生产方式和社会性质。是封建的农业生产方式落后于工业生产方式，封建社会落后于资本主义社会。这是两种生产方式的较量，而不是GDP的较量；是GDP构成的较量，而不是GDP总量的较量；是腐朽保守的封建政治体制与西方资本主义民主制度的较量。一种社会形态处于没落时，GDP暂时优势，也无非是死而不僵的百足之虫，是无法与西方新兴资本主义相抗衡的。我们之所以反对单纯唯GDP，是因为仅仅GDP并不能反映实际的生产力状况和科学技术水平。有些国家靠石油而拥有大量财富，并不证明它们的生产方式先进；如果单纯依靠劳动力和资源换来的GDP的增长，并不表示拥有先进科学技术和生产力。转变经济增长方式比单纯GDP重要的原因在此。

当代中国不同。在确立了中国特色社会主义的中国，GDP的重要性在于它与中国特色社会主义道路和制度的先进性相联系。高度的生产率是新社会最终战胜旧社会的保证，这句名言不应该忘记。单纯GDP主义以及一切向钱看的拜金主义，重物质轻精神并不是历史唯物主义。历史唯物主义的本质是关于物质生产方式是社会存在和发展的理论。我们和西方的竞赛不单纯是经济总量的竞赛、GDP的竞赛，而是两种生产方式、两种经济体制的竞赛，两种发展观的竞赛。如果由于批评单纯GDP主义、反对一切向钱看的拜金主义而反对发展经济、动摇历史唯物主义关于经济在社会中的基础性地位是荒谬的。恩格斯说过："刺刀尖碰上了尖锐的经济问题也会变得像软绵绵的灯芯。"刺刀是政权和武装暴力的代名词，说它在经济问题面前只不过是软绵绵的灯芯，这种比较虽然是极而言之，但表示了历史唯物主义的根本观点。在社会发展中具有最终决定作用的力量仍然是经济和经济制度。我们只要看看西方的经济危机和财政困境对于整个社会包括军事力量的影响就会明白这一点。

当然，经济的最终决定作用是就它在社会结构整体中的地位说的，而不是社会中的一切现象，都可以从经济发展中得到解释。恩格斯说过，要从经济上说明每一个德意志小邦的过去和现在的存在，或者从经济上说明那种把苏台德山脉至陶努斯山脉所形成的地理划分扩大成为贯穿全德意志的真正裂痕的高地德意志语的音变的起源，那么不闹笑话，是很不容易的。社会现象复杂，任何社会现象都企图求之于经济解释是徒劳的。恩格斯还说过，19世纪经济落后的德国，相比英法而言仍然是第一小提琴手。恩格斯对作为上层建筑观念形态的哲学特点的解释，并没有简单求之于经济发展水平。他不仅重视一个民族的文化传统，而且非常重视一个民族的民族特性对于哲学特点的影响。他在《英国状况》中讲到德国发生哲学革命时说，德国人是信仰基督教唯灵论的民族；法国人经历了法国政治革命，因为法国是信仰古代唯物主义的民族；而英国人的民族性是德国因素和法国因素的混合体。恩格斯认为这需要详细地、认真地加以探讨，因为不同的民族性所占的地位，直到今天在我们的历史哲学里还很少阐述，或者更确切地说，还根本没有阐述。而这种区别是不能简单从经济发展差异中得到合理解释的。

在社会发展中从来不是单一的经济因素起作用，而是多因素起作用。但历史唯物主义不是多因素论，因为它在多种因素中抓住其中起主要决定作用的因素即经济因素。恩格斯说经济是中轴线，其他影响因素归根结底是围绕经济这个中轴线发生作用。最终起决定作用的是经济，但在过程中各种因素都发挥作用。托波尔斯基说，当我们谈到作为一种理论的历史唯物主义时，我们所指的是一系列的关于过去事件的一般陈述，即解释社会中的运动和发展的陈述。这个说法有一定道理。历史唯物主义是从生产方式的最终决定作用来解释社会运动和发展的基础，而不是对任何一种社会现象都要给予经济学的解释。

在历史研究中，在注重经济具有最终决定作用的同时，应该关注上层建筑各个因素的相互作用。在人类社会结构中，无论政治因素、文化因素以及各种各样的因素，包括自然因素和地理环境都有它的作用。但最终的决定作用仍然是经济。任何社会的发展，一个社会能否在文化和教育以及社会其他方面得到发展，能否有抵御自然灾害的能力，归根结底取决于生产力的水平和社会提供的物质财富。经济发展不能代替社会方方面面的发展，但没有经济发展社会绝不可能发展。在历史唯物主义的运用中，我们应该重视经济在社会发展中的最终决定作用，但如果只停留在这一点，就仍然是一种宏观大叙事，而对每个社会的差异性和特点，对多种多样的社会事实，无法从其他多种因素的作用中得到合理的解释。历史唯物主义是关于在各种社会因素中经济起最终决定作用的理论，而不是简单的经济决定一切的理论。

论生产和劳动

生产观点和劳动观点，是历史唯物主义中的重要观点。没有生产观点，就无法理解人与动物的区别，理解社会的存在和发展。西方有些论者说马克思推崇生产就是推崇资本主义雇佣劳动，有利于资本主义。不客气地说，这是不值一驳的诋毁。

在历史唯物主义理论中，生产既有普遍性又有具体性。生产不是资本主义特有的，没有一个社会可以不要生产；停止生产就停止社会的生命；劳动是人的生存方式，是人与自然界的物质交换，没有劳动就没有人类。这是人类存在的历史事实。

生产与劳动不可分。没有不需要劳动的生产，也没有不进行生产的生产劳动。劳动和生产的不同内涵，是考察角度的区分而不是彼此可以分离。生产的普遍性表明劳动也不是资本主义社会独有的。但没有抽象的生产和劳动。不同社会的生产是以不同的方式进行。不仅生产力水平和生产工具不同，生产关系也不同。不同的生产方式构成不同的社会形态，各有质的规定性。劳动由于和劳动者、劳动对象和所有制结合的不同方式，劳动具有不同性质，如奴隶劳动、个体农业劳动、资本主义雇佣劳动、社会主义劳动等。如果从劳动分工角度和职业区分来说，劳动更具有多样性。

历史唯物主义承认生产与劳动性质和方式的差别性，并且以这种差别为前提来历史地考察不同的社会形态。生产一般是不存在的，但从哲学上说可以有“生产一般”的概念，它概括不同条件下生产的共同点。同样，没有纯粹抽象的劳动，这并不妨碍以人的类本质角度考察人与动物的根本区别。没有这种对劳动的抽象，就不理解劳动在人类社会存在和发展中的作用，不理解劳动对人的发展的意义，就是对劳动的认识永远处于经验的层面，不能上升到哲学家的高度。

生产方式在人类社会发展中的普遍基础性作用与资本主义生产的特殊性质不能混为一谈。资本主义生产是剩余价值的生产，是以追求利润、利润最大化为目的的生产。因此发展生产和提高生产力是他们达到这一目的的手段，没有利润就没有生产动力，正如一种嗜血的神没有鲜血就无法存活一样。马克思主义对资本主义的批判，都是对资本主义生产的性质和目的的批判，而不是对资本主义推动生产力发展成就的批判。也就是说，它针对的是生产方式，而不是生产本身，不是对生产在社会发展中的地位和作用的否定。

人与动物最根本的区别在于人的劳动，其他的一切区别都是从这里发生的。人是所有动物中，唯一依靠自己的劳动维持生存的动物。阶级社会劳动者的卑微地位，遮蔽了劳动的创造性作用和劳动者的历史主体地位。但劳动在人类自身发展的作用，不会因为劳动者地位卑微而改变，也不会因为推崇劳动就成为各种不合理的劳动制度的辩护词。

在所谓文明社会，劳动对劳动者来说的确是一种折磨。这表明劳动并不是抽象的，它与生产关系不可分。在阶级社会中，劳动不仅为生产资料占有者创造物质财富，而且可以成为统治者对被统治者违犯法律的一种额外惩罚。劳役、苦役失去了劳动应有的尊严，使它成为一种灾难，成为对人的自尊、自爱本性的一种摧残和践踏。马克思重视劳动在社会发展中的地位，但正是马克思强调由于剥削制度而被强制的劳动最令人厌恶。

历史充满吊诡。异化劳动的可憎之处在于异化，而不在于劳动。当我们参观金字塔，游览长城，徜徉在颐和园、故宫，当我们看到如今世界大城市中那些高耸入云的摩天大楼，看到种种新奇的建筑物，看到的是令人叹为观止的壮丽、巍峨和雄伟。我们看不到奴隶的泪水和骸骨，看不到当代建筑工人的血汗。历史就是这样。当人类劳动以文明成果的形式留给后世，子孙们享受的是成果，而不是咀嚼成果中凝结的血泪。劳动者以自己的苦难，为人类留下了美，留下了文明的果实。他们无名无姓，可他们的业绩永远镌刻在人类文明史上。这就是历史，是人类的文明史。这是劳动者的伟大，也是历史唯物主义把历史视为劳动人民历史的根本原因。想想看，如果没有世世代代劳动者的劳动，我们现在看到的世界无非是未曾耕耘杂草覆地的原始荒原。

劳动对人类是最最重要的。只有劳动才改变了人与自然的关系，使本能的人最终脱离动物成为人。因为劳动才逐渐产生意识和彼此交流的语言。也正因为劳动才产生社会。从此，人的发展，不是依靠自身器官的进化，而是人类从事劳动的生产工具的进步。这种进步是无止境的。人的生理变化是有限的，而劳动工具的改进和生产力的发展是无限的。建立于劳动工具改进和生产力发展的人类社会，其发展是加速度的。马克思赞美劳动和劳动者，并不是赞美剥削制度，只是肯定它的历史合理过渡性。马克思从劳动中找到了打开社会历史之谜的钥匙。不从劳动着手，就无法发现人类在劳动中形成的社会结构和它的运动规律。

论科技决定论

有一次与学生交谈，他问我：既然科学技术是第一生产力，为什么不能说历史唯物主义是科学决定论？生产力、生产工具、科技究竟是一种什么样的关系？这个问题的理论界限确实重要。古人说，差之毫厘，失之千里。

马克思的生产力理论，在历史唯物主义中起着支撑作用，动摇生产力理论必然导致历史唯物主义理论体系的崩溃。吉登斯便明确断言，“如果历史唯物主义概念意味着可以从生产力不断发展的角度来理解人类社会生活，这就是一种前提的误置”。这与马克思和恩格斯坚持生产力总和决定着社会状况的论断完全相反。

我们往往容易把马克思的生产力理论，变为生产工具决定论，这是不对的。它们不可分，但不应混淆。生产工具当然是生产力的重要构件，使用什么样的生产工具，是生产力发展水平的标志。但不能根据马克思说的“手推磨产生的是封建主为首的社会，蒸汽磨产生的是工业资本家为首的社会”，就认为生产工具能直接决定社会性质和社会形式。其实，马克思这段话是把生产工具作为生产力的具有物化性质的代替物说的。一个社会的生产力无法保存下来、使用生产工具的劳动者已经死亡，能代表一个时代生产力水平高度的是遗存的生产工具。正如我们只能借助动物的遗骸认识死去动物一样，我们只能借助生产工具的遗骸认识已经过去了的社会形态。只有生产工具而无劳动者，不能构成现实的生产力。因此，一个社会的生产力是生产者与生产工具结合，两者分离就不是生产力。单纯的生产工具只是生产力的遗骸。放在博物馆和展览馆的生产工具只能是展览品，而不是现实的生产力。关于这一点恩格斯说得很清楚，“正如蒙昧人和野蛮人同他们的生产工具分不开一样，轮作制、人造肥料、蒸汽机、动力织机同资本主义生产也是分不开的”。退出生产过程的生产工具，只能陈列在博物馆或展览馆，而非现实的生产力。从国外买进的先进工具，如果无人会使用或不投入生产过程，只能成为任其在露天里生锈变为一堆废铁。

人拥有的两种器官：一种是人的自然器官，这就是手，手是人的劳动工具；另一种是人为的器官，这就是人所造的生产工具。人的自然器官完全是属于个人的，比如我的手、我的身体。可人为器官则不同，它不是某个人的器官，而是社会器官。生产工具具有社会属性，它属于社会，作用于社会，因此生产工具的变化会引起社会的变化，但有个条件，生产工具必须是在实际生产过程中应用的工具。普列汉诺夫曾说过，人对自然界的生产性作用的过程不是仅仅以劳动工具为前提。劳动工具只是在进行生产时所必需的资料的一个部分。所以对生产关系、对社会发展的最终决定是生产力，不是劳动工具的发展，而是生产力的发展，即生产工具与作为劳动主体的人相结合的实际生产和再生产。

还有的理论家不区分生产力最终决定作用与所谓科技决定论的界限，往往把生产力的决定作用视为科技决定论。这不正确。科学技术在人类生活中的作用，在人类社会发展中的巨大作用，都是毋庸置疑的。人类从历史发展中可以见到，科技革命与社会革命具有关联性。科学技术可以改变生活、改变生活方式、改变世界。但有一个先决条件，这就是科学技术必须是在实际生产过程中发挥作用的科学技术。也就是说，它是作为生产力中组成要素的科学技术，而不是在生产过程之外的纯理论性的东西。世界各国的专利局中，各种发明创造多得不可胜数，都在档案袋中沉睡，并没有变成生产力。在当代，科学技术之所以是第一生产力，是就它在生产力中的地位和作用说的。当科学技术转化为生产力，在实际生产过程中应用对生产率的提高能引起惊人的变化。如果不作为生产力的构成要素，不在实际投入生产过程，说不上是第一生产力。

火药、指南针、罗盘、印刷术是中国伟大的四大发明，是中国对世界的贡献。可它们在生产和航海中发挥作用，却是在资本主义产生后的西方社会。在中国用以制作鞭炮的火药，在西方成为攻破贵族堡垒的炸药和大炮。风水师手中的罗盘变为西方航海中的指南针。科技的发明、发现、运用，最终还是要取决于生产的需要，取决于它在生产力构成中具有的地位。

美国的理论家威姆·肖在《马克思的历史理论》中也强调，生产力就是生产过程中那些既是基本的、又是本质的要素，不能把它广义理解为包括社会进行生产所必需的一切活动和因素，而只能狭义地理解为劳动过程的简单因素，就是说，它是那些由分析表明为构成直接生产过程本身的因素。劳动过程是生产物质使用价值的过程，借助于生产工具，人的活动从一开始就对它作用于其上的劳动造成一种变化，创造出一个产品。任何劳动过程都包括劳动力和生产资料；而这些要素将被认为构成马克思所理解的生产力。威姆·肖的这个看法很重要。

我们要重视生产工具的作用，生产力的发展与生产工具的改进不可分；我们要重视科学技术在生产力中的作用，尤其在当代。但它们都是生产力构成中的因素，而且起着前所未有的作用。但科技不能离开生产过程与生产力相分离。科学向技术创新的转化，以及它们在生产过程的实际应用，是衡量科技在生产力中实际作用的尺度。

生产力的质的规定性

物质性是生产力的本质特征，但生产力并非纯粹的物质因素，马克思使用过精神生产力、科学生产力概念，表明生产力中包括劳动者的智力水平、科技水平。但生产力的最本质的特征是生产产品的能力，是人与自然的物质交换。精神生产力、科学生产力都是由于它提高人与自然交换的能力和效率增加物质产品因而被称为生产力的。在生产过程之外，不生产任何产品当然不能称为生产力。

文化原本不是生产力。自古以来，文化都属于人的文化素质和道德教养范围，是精神领域。文化是民族的精神家园，是民族的灵魂。可在资本主义工业生产方式兴起后，当文化成为一种产业，文化不仅通过劳动者的人文素质和科技素质来影响生产力，而且直接变为通过生产文化产品以获取利润的生产部门。为了衡量文化产品的经济价值，我们也把文化称为文化生产力。这已经是生产力的转义。它不能概括文化的本质，而只是在极小的部分才适用。

在当代中国特色社会主义建设中，出现文化产业，文化生产力的概念也随之出现。我们正通过文化体制改革，解放文化生产力，使文化产业成为我们经济的重要部门和发展重要支柱。文化产品可以进入市场，可以计算投入产出、计算成本和经济效益。但是，文化产业与其他产业不同。构成文化产业的产品包括两个方面，一个是文化产品的价值内涵；一个是生产文化产品的科技水平。当代文化产业的竞争，不仅是产品的文化的内涵及其负载的价值观念的竞争，而且包括它的制作、它的科技水平、它的生产批量和流通，它的市场经济效益方面的竞争。科学技术与文化相结合的程度及其市场效益是衡量文化生产力的标准。我们在科学技术与文化结合方面与西方发达国家相比还有很大差距，因此需要通过体制改革进一步发展文化生产力。

但不是所有文化都是生产力。文化既可以是产业，也可以是事业。对文化事业我们不用文化生产力，而用文化创造力。我们要通过双百方针，发展文化创造力，繁荣社会主义先进文化。文化产业和文化事业是我们繁荣社会主义文化的两个轮子，不能偏废。而且在社会主义中国，文化产业也不同于一般的产业部门。它既有娱乐性，又负载着价值观念，承担着宣传教育的功能。文化产品应该坚持社会主义核心价值，既要内涵有益，至少是无害，又要具有科学技术的先进性。正因为文化产业不包括全部文化，而只是其中的一部分。因而从文化总体来说，文化不能产业化、市场化。因而文化生产力应用范围是有限的，它限于文化产业部门。在整个文化领域，我们更应该提倡正确导向、提倡文化的创造力和创新力。

在社会中，影响生产力的因素是多样的。几乎全部上层建筑因素，没有不影响生产力的，但不能把上层建筑称为生产力或统归为生产力。例如，人口出生率会影响一个国家的劳动力数目，人口老化或少子化都会影响劳动力，但我们不能把生育视为生产力；父母与子女的关系不是生产者与产品的关系；劳动者的健康状况显然会影响出勤率，但我们不能把医院和医疗保健称为生产力。马克思说过，罪犯对生产力的发展的影响，可以研究得很细致。如果没有小偷，锁是否可以发展到今天完善的程度？难道我们能因此把小偷也归入生产力吗！没有战争就没有许多新的科学技术的发明，在人类历史上许多发明都开始于军事，尤其在当代，难道我们也要把战争称为生产力吗！如果这样，社会领域没有一样可以与生产力无关，统统归入生产力范畴，历史唯物主义关于生产力理论将会陷于混乱。

教育生产力的提法也不少见。按传统马克思主义的观点教育原本属上层建筑领域，存在于直接物质生产和生产过程之外。已经投入生产过程的毕业生，不是教育而是教育的最后产品，即投入现实生产中的现实的劳动者。无论他们从事的是生产管理，还是技术工作，都构成现实的生产力的人的要素。我们不把教育称为生产力，也就是不能把教育部门变为一种产业部门。教育产业化会导致教育商业化，改变教育本质及其社会责任，会毁灭教育。不把教育称为生产力，不把教育产业化，丝毫也不降低它们在人类社会发展和进步中的地位和作用，相反更突出它自身的特殊的作用。正如我们不把全部文化都称为生产力，并不降低文化的重要性一样。文化和教育的作用是物质生产不可替代的。如果以为只有把它们统统纳入生产范围才算重视文化和教育，反而降低它们的特殊作用和价值。

动力的动力

说句实在话，马克思创立历史唯物主义时，着重的是对历史规律总体性的、宏观的把握，并没有对每个原理都精雕强刻。全面性对于一种学说的创立者来说，既不可能，也无必要。历史唯物主义的确留下许多不同理解和争论的空间。这并非坏事。对于新学说的创造者重要的是创新原理，而不是精雕强刻。什么都说得清清楚楚、详详细细，这就不是一种新学说的创造者，而是关于某一问题的专门著作。即使是专著也不可能囊括无遗。任何一位伟大理论的创立者的思想理论，都会为后人留下继续研究和发挥的理论空间，仿佛“语焉不详”。我们经常说，大师点睛、匠者描眉。

理论创造者是新理论的点睛之人。例如关于生产力是社会发展的最终力量，这当然是历史唯物主义原理中的点睛之笔，但生产力的最终力量又是什么？马克思和恩格斯并没明确论述。关于生产力动力问题就是很有争议的问题。我记得“文化大革命”前上海著名教授李平心就是因为在这个问题上发表过论文而遭到批判，可是理论问题是不可能靠政治批判解决的。至今这个问题，仍然不太清楚。如果说是生产力是最终决定力量，它决定生产关系，那什么决定生产力？回答是：生产关系。我们陷于无休无止的论证循环。有些学者为了摆脱这种理论困境，提出生产力的动力在于生产力自身，即人与自然的矛盾。

人们在生产中，或者说在改造自然的过程中，总是自觉不自觉地推动生产力的发展。对不对？对，又不完全对。说它对，因为生产力的提高确实是在生产过程中发生的，如果人们不进行生产就不可能推动生产力发展。可光凭这点，许多重要问题仍然解释不了。为什么有的时期生产力发展快，例如当资本主义生产关系代替封建生产关系后，生产力发展迅速。按马克思的说法，资本主义在它不到一百年的阶级统治中所创造的生产力，比过去一切世代创造的生产力还要多，还要大。可有的历史时期生产力发展缓慢，甚至停滞。历史中既有过一天等于二十年，也有过二十年等于一天，这就是历史发展的跃进时期和停滞时期。这种情况在一国历史上绝非罕见。

为什么奴隶不喜欢劳动，得用皮鞭迫使他们劳动。马克思形容奴隶是戴着锁链的劳动。当奴隶变为农奴，可以有自己的一小块土地或一点点收获时，劳动兴趣就会提高。从表面看，生产力的发展动力存在于生产力自身的人与自然的矛盾，但更深入观察你会发现，生产力不仅存在自身的矛盾，还与生产关系构成矛盾。可以说，生产力的发展受双重矛盾制约。当所有制关系发生变化，会改变劳动者对劳动的兴趣和热情，自己占有生产工具的农民比农奴愿意劳动，因为他们是为自己劳动。农奴比奴隶有点劳动兴趣，因为他不再是奴隶主的生产工具。可见，生产力的发展动力不能离开生产关系的状况，单纯着眼于生产力中人与自然的矛盾，离开人与人的关系，离开生产力与生产关系相互关系的性质、矛盾的程度，对作为生产力直接主体的劳动者的生产兴趣和动力来自何处，就无法理解。为自己利益而劳动比为主人利益而劳动更具积极性，这种兴趣源自生产关系的改变。劳动兴趣的提高直接表现在劳动者的劳动态度和积极性中，因而推动生产力的发展。可见，从生产力与生产关系矛盾运动中来考察生产力的发展动力，比单纯从生产力自身考察生产力更科学的更具有可理解性，因为劳动者生产兴趣不是个人对劳动的爱好，而是受物质利益支配。如果仅仅认为生产力发展动力在于生产力自身，那改变生产关系的革命就是多余的、不必要的。这个看法显然与历史变革的事实不符，也容易得出错误的政治结论。

科技应用和生产工具的改进对生产力发展的推动作用是不言而喻的。表面看，科技和新工具的应用似乎是生产力发展自身的需要，其实在资本主义社会中，直接生产者对科技和新工具的应用并不积极甚至反对。如资本主义早期工人破坏机器。历史证明，如果新的科技和工具的应用会损害直接生产者的利益，如加重劳动强度或引起失业都会如此。而最乐意科学技术和新工具的应用，提高劳动生产率，增加产量，减少劳动者的是生产资料的占有制，而不是被雇用者。可见，即使是科技的发展和新生产工具的应用都要求考察的视角，从单纯生产力转向生产关系。

总之，关于生产的力发展动力问题，不应该只从生产力自身的矛盾来考察，而应该关注生产力与生产关系的矛盾。撇开它们之间的矛盾，是什么问题也说不清楚的。

为什么“必须”适应

学生们在学习生产关系必须适应生产力的性质和水平的规律时总是问：为什么必须适应？谁规定必须适应，不适应又能怎样？确实“必须”二字似乎有点蛮横，但确实是“必须”。这个“必须”表明人的主体性同时又表现规律的客观性。

你翻翻中国历史书特别是经济史，你会发现历史上一个常见现象是，历史变革往往是与所有制变革和生产力的发展相关联，人们可以放弃旧的所有制形式，决不会放弃已经获得的生产力，因此历史表现为所有制关系更替和生产力发展连续的历史。

人类的生存直接依赖生存的生活资料和生产资料，是由生产力即人对自然的改造生产出来的，而不是直接由所有制提供的。所有制是组织生产的形式。当它适合生产力时会提高生产力，而当它落后于生产力时会阻碍生产力的发展。人们不能因为旧的所有制而放弃发展生产力，而只能为发展生产力而改变所有制关系。这就是必需的根据。但提出并承担改变所有制历史使命的是人，是新的生产力的代表者或占有者，因为他们的利益与改变旧的所有制息息相关。

改变所有制有两种情况。一种是改良，主动调节生产关系以缓和矛盾。中国封建王朝所实行的限制土地兼并政策，就是一种主动调节，因为土地过分集中危及封建政权的存亡。中国曾出现过限制土地兼并的各种措施。如北魏至唐朝前期实行的均田制，宋朝的王安石变法，明朝张居正草拟的一条鞭法，清朝康熙年间的摊人丁入亩制度等，都是为此。但由于封建制度的本质，这种调节是有限度的。封建王朝的更替往往是由于土地过分集中，富者良田阡陌，贫者无立锥之地，最后导致农民革命。政权更替后往往使用原来的土地兼并暂得以缓和，从而使生产力得到发展。

当代资本主义也在主动调节生产关系，马克思在《共产党宣言》以及《资本论》中曾经宣布资本主义丧钟已经敲响，但至今西方资本主义仍然具有活力。尽管仍然在不断发生危机，但总能一次次渡过危机并得到发展。其中一个重要原因就是主动调节生产关系，以适应当代世界的科学技术的发展。这是西方发达资本主义国家仍然能保持稳定、缺乏革命形势的重要原因。

中国共产党领导的革命是一次改变旧的所有制关系、解放生产力、发展生产力的革命。民主革命胜利后，通过土改消灭了旧的土地地主所有制，彻底切断了土地兼并的源头。通过没收官僚资本，建立社会主义公有制；通过社会主义三大改造进一步为社会主义制度建立经济基础。如果说，民主革命的胜利是用革命手段推翻“三座大山”和随后的所有制的改造、改变所有制关系的话；那么 1978 年则是通过社会主义改革方法调整生产关系，建立以公有制为主体、多种经济所有制共同发展的经济结构，使生产力的解放和发展的速度达到前所未有的水平。

强调生产关系必须适应生产力的性质和水平，不是否定生产关系的重要作用。无论从理论上还是实践上生产关系的重要性都是不容置辩的。生产关系概念的提出是历史唯物主义创立的一个重要标志，没有生产关系概念，没有所有制在人类社会发展中的作用，就不可能确立生产力与生产关系关系的理论、经济基础和上层建筑的理论、社会形态的理论。而从实践上说，所有制不是消极被动的，它既可以束缚也可以促进生产力的发展。资本主义时代生产力大发展，工业革命、科技革命、信息革命都是发生在资本主义生产关系确立之后，显现出资本主义所有制远比封建制度具有无可比拟的优越性。正因为这样，《共产党宣言》中充分肯定资产阶级革命和资本主义所有制的重大历史意义。新中国成立后一穷二白状况的改变是在革命胜利、建立社会主义经济制度以后。尤其是改革开放以后逐步确立的以公有制为主体、多种所有制经济并存且同时发展的基本经济结构，使中国社会的生产力高速发展，成为世界第二大经济实体。这是所有制体制改革带来的巨大变化。人自身的利益是“必须适应”的理由所在。

另一方面，从客观规律看，人不能任意选择生产力，也不能任意选择生产关系。这两个“不能任意选择”决定生产关系必须适合生产力的性质和水平。不能任意选择生产力，不仅因为它是一种历史既得力量，是由前一代人创造的社会力量，每一代人生下来都是面对既成的无可选择的生产力状况，而且现实生产力也不是任意可以选择的。因为劳动者的技能、素质是积累的，先进的生产工具的发明及其生产，需要相应的生产水平和技术水平。劳动者的水平、科技水平、新的生产工具应用都不是下一道命令就可以的。“大跃进”时期的土法炼钢证明，土法是炼不出钢来的，除非回到古代炼铁的时代。

有人说，为什么不能选择生产力，我们的跨越式发展不就是选择生产力吗？不对。跨越式发展不是任意选择生产力，而是建立在跨越的新的可能性基础上。中国特色社会主义制度的优越性，其中包括所有制关系的多样性提供的生产力发展的动力和创新力量；当代中国科学技术发展水平和科技人员的高素质以及向生产力转化的速度和条件的根本改变；经济全球化下世界性的交往，使得中国不必追随西方工业化时期生产力发展道路亦步亦趋，可以迎头赶上甚至超越。相对中国已有的科技水平而言，这种迎头赶上甚至超越，就是跨越。跨越式发展不是任意选择生产力，而是中国特色社会主义体制和全球化条件下的交往提供的可能性的充分应用。当年马克思给维・伊・查苏利奇的著名复信在谈到俄罗斯是否能跨越资本主义的卡夫丁峡谷时，也提出了关于生产力的跨越思想。他说，俄国为了获得机器、轮船、铁路等，是不是一定要像西方那样经过很长一段机器工业的孕期呢？回答是否定的。机器、轮船、铁路对当时沙皇俄国来说都代表最先进的生产力。在马克思看来，只要俄国善于利用和吸取西方成果，完全可以不跟随西方工业化道路亦步亦趋。不是“亦步亦趋”实际上就隐含着生产力跨越发展的可能性。这不是无条件的任意选择，而是对世界已有科学技术发明的吸取和自我创新。

所有制关系也不能任意选择。乍一看似乎所有制可以任意选择，因为所有制在法律上表现为财产所有权，可以通过政权力量剥夺一种所有权和确立另一种所有权。这只是一种假象。任何凭借政治力量任意选择一种所有制关系，到头来仍然不可能维持和巩固。中国社会主义建设有过这种教训。一大二公的所有制终于陷于困境，而不能不改革就是证明。所有制的建立当然是由人确立的，但不能是任意的，它必须适应生产力水平和性质的要求。打个浅显的比喻，仿佛脚与鞋，鞋子太小夹脚不能迈步；太大也走不远。说所有制不能任意选择是就生产关系必须适合生产力要求说的。落后与超前都不利生产力发展。如果硬要说，可以凭政权意志任意选择生产关系，而不必考虑生产力的性质和水平，历史会证明它行不通。历史会以极大的代价迫使人们醒悟，生产关系必须适应生产力的性质和水平。

社会不是生物群体

现在医学有长足发展，特别是关于基因学说的发展，对社会科学尤其是法学带来重大影响。抑郁症，以往都归结为思想落后，现代医学证明它与大脑的化学变化有关。至于狂躁症的杀人，心理疾病引发的人行为的异常，并不少见。但不能因此就认为社会现象，包括各种犯罪、种种反社会行为，都能从医学得到解释。说强暴行为是源于雄性激素分泌过多；刑事罪犯是源于基因，即有天生的犯罪基因。诸如此类的说法，都是把社会问题生物化。不能认为是正确的哲学解释。不可否认，有些人犯罪确有生理原因，可这终究是特例，而不是解释社会现象的通例。如果一切都能从人的生理现象得到解释，那可以把全部人文社会科学都包括在医学之中，包括在基因学说之中。这当然是无稽之谈。

人的智力发展当然与大脑的发展有关。在人类进化中，人的大脑肯定也在进化。可是当人成为人以后，似乎并没有发现当代人比几千年前我们的祖先大脑结构有什么重大变化。人类社会的发展、人类文化的进步和科学的发展，并非源于大脑的生物学进化，而是人类的实践和交往的发展。正是人类的实践由低级到高级的发展，交往频繁，教育发达，推动人类智力的发展。

我们会发现现在的孩子，越来越聪明，智力开发也越来越早。当然不是源于生物的进化而是社会进步。我的小外孙女才十岁，跟着父母到过欧洲、东南亚不少国家旅游，知道的东西比我这个老头多得多。所见者广，所识者多，并不是他的先天基因注定比我聪明。我以为，除了少数天才人物和智障外，我们绝大多数人的智力并没有太大的区别。我们的智力的发展决定于我们的学习、教育和交往。读万卷书，行万里路，是有道理的。

西方早期有些社会学家把社会看成类似生物机体，这样不可能科学理解社会的本质。例如，孔德把社会结构生物化。家是细胞，阶级或种族是社会组织，城市和社区是社会器官。社会的进步类似生物的进化。斯宾塞则认为社会是由营养系统、循环系统、调节系统构成的整体。工人和农民是营养系统，它供应社会的需要；商业是循环系统，它保证流通；政府和政治家是调节系统，它保证社会正常运转。如果社会生物化，就无法正确理解阶级、阶层和国家的本质；也无法理解人的社会本质、理解人的社会化进程。

历史唯物主义学说创立至今已经一百六十多年，它成为我们各门社会科学的理论和方法论基础。社会科学发展证明，它的产生不仅推翻了历史唯心主义，而且为堵塞生物社会学以及社会达尔文主义的入侵提供了科学依据。在当代，原有的历史唯心主义失去市场，但随着医学和生物学的进步，以所谓科学为依据的关于人和人类社会的错误学说具有极大的迷惑性。这是当代坚持历史唯物主义必须注意的新特点。

社会结构不是建筑物

在历史唯物主义基本理论中，经济基础与上层建筑是关于社会结构的观点。它在人类历史上第一次明确地指出人类政治、法律和思想借以产生的基础。当然，基础与上层建筑是一种形象性比喻，决不能理解为社会像一座建筑物一样，地基与建筑物可以区分为不同空间，相互隔离。但它又不是单纯的借喻，它在理论上阐明了经济的基础作用。上层建筑只能建立在经济基础之上，如同楼房的建造必须有地基一样。

社会结构是有机体，而不是空间可感性的立体结构。没有与上层建筑诸因素完全无关的纯经济基础。上层建筑诸因素都会以各种方式存在于经济基础中。例如在经济基础中处于主导地位的所有制，就与具有法律意义的财产关系联为一体，不存在没有产权关系的所有制形式。经济基础不可能是无人的，它是一定时期中的人与人的社会关系。而人就是具有思想和意识的社会存在物。全部经济基础中每一个要素都与上层建筑要素不可分割。人的政治观念、法律观念、道德观念包括财产观念、贫富观念、消费观念等都是经济基础在人的意识中的折射。只是人们并没意识到这种关系，以为人们头脑中的种种观念，与他们生活其中的生产关系没有关系。只有历史唯物主义理论才揭示出这种关系。

决不能由它们不可分离就得出结论，经济基础与上层建筑是混而为一的，不可区分也不应区分的。经济基础就是上层建筑，或者说经济基础就包括上层建筑。否则，就是二分，就是割裂。这种思维方式是纯经验的而非理论思维。理论思维的抽象作用正在于从经济基础与上层建筑诸因素经验层面的不可分中，区分出它们之间的决定与被决定、作用和反作用关系。这样才可能发现社会结构，发现历史发展规律，才可能建立历史唯物主义。如果我们在不可分割的社会有机体的诸要素中不去区分经济基础与上层建筑，而是满足于不可分，那我们永远无法跨越历史唯心主义设置的它们“同一性”的栏栅。

社会的经济基础与上层建筑，不是建筑物中的上层与下层的结构关系，而是上层建筑存在的基础和产生的根源关系。一个社会建立什么样的上层建筑，为什么会产生这种政治观念、法律观念、道德观念而不是另一种，它的秘密存在于一个社会的经济基础之中。马克思在《路易·波拿巴的雾月十八日》中通过对法国波旁王朝、奥尔良王朝和七月王朝法国社会现实的分析得出结论说：“在不同的占有形式上，在社会生存的基础上，耸立着各种不同的、表现独特的情感、幻想、思想方式和人生观构成的整个上层建筑。整个阶级在它的物质条件和相应社会关系的基础上创造和构成这一切。”这段话再清楚不过地表明，经济基础与上层建筑既可分又不可分。可分是指两者存在决定与被决定关系，不能合一；不可分是指它的相关性，不可分离。

普列汉诺夫发展了马克思关于经济基础与上层建筑的理论，由二分到五分：一，生产力；二，生产力状况制约的经济关系；三，在特定经济基础上生长的社会——政治制度；四，部分由经济直接决定，部分由生长在经济之上的全部社会——政治制度决定的社会心理；五，反映这种心理的属性的各种思想体系。我们不能根据这种划分，把普列汉诺夫的五分法，理解为把马克思关于经济基础与上层建筑二层楼房，变为五层楼。稍微有点历史唯物主义常识的人决不会这样想。普列汉诺夫五分是对马克思关于经济基础与上层建筑的发展。他第一次在上层建筑中划分出社会心理，把它与思想体系相区分，并指出它们之间的关系。

从本质上说，普列汉诺夫的五分与马克思的二分本质上是一致的，最终都要归结到经济基础与上层建筑的关系。普列汉诺夫对自己的五分法的本质做过总结。他说这个公式广泛的给历史发展的一切形式提供位置，同时又完全没有能超越各种社会力量之间的相互作用。这个公式是一元论公式。这个一元论公式就是历史唯物主义关于经济基础与上层建筑关系的观点。无论是二分、五分，从根本上说，归根结底是告诉我们应该从何处寻求上层建筑各种现象的答案。经济基础与上层建筑既具有社会历史本体论的意义，又具有历史方法论意义。它指明分析社会形态本质和揭示上层建筑的秘密之路。

历史唯物主义关于经济基础与上层建筑的关系并非抽象图式，它不否认不同社会形态下的各自特点。例如在前资本主义社会如奴隶制社会或封建社会，上层建筑尤其是政治和宗教因素就与经济关系纠缠更深。奴隶社会中，奴隶与奴隶主的关系不单纯是经济关系，而同时是深入经济关系之中的政治关系。奴隶主不仅占有生产资料而且在法律上明文占有奴隶，奴隶是作为生产工具而为奴隶主所占有；在西方封建庄园经济中的农奴与封建领主是人身依附关系。人身依附不仅是经济关系也是政治关系。中国改革前西藏的农奴制也是这样。

资本主义社会则不同。在资本主义的生产关系中，资产阶级与无产阶级是纯经济关系，既不存在人身占有，也不存在人身依附，完全是资本与劳动、雇佣与被雇佣的关系。他们在法律上具有平等的权利。在资本主义的社会结构中，市民社会与公民社会、经济关系与政治关系界限相对清晰。但这种清晰并不表明资本主义社会上层建筑不是由经济基础决定的。事实正好相反，当资本主义社会的结构和阶级关系不再为种种中间环节所掩盖时，经济基础对上层建筑的最终决定作用反而更清楚。资本主义社会的国家本质，它的政治和意识形态的阶级趋向，极其明显表现资本的作用。资本主义政治是金钱政治，这是普选制无法遮盖的。马克思的历史唯物主义之所以从解剖资本主义社会入手，就是因为它成熟的社会结构中表明的经济、政治与思想的关系，撕去了含情脉脉的温情面纱，比前资本主义更易厘清。

历史唯物主义关于经济基础与上层建筑的理论，既是社会形态的普遍理论，又是任何一个具体社会的社会结构理论。作为社会形态的理论，它强调的是普遍性和同一性，我们可以区分为五种社会形态；可作为社会存在结构的“理”，它在相同经济基础的国家又各具特点，必须具体分析。同样是资本主义社会，但从政治结构来说，有的是议会民主制，有的是总统制，有些发达国家议会与王室并存，与天皇并存。在一个发达的号称人人平等的国家仍供养王室，似乎不可思议。其实它与资本主义制度并不矛盾。

因为对资本主义统治来说，王室是一个很好的平衡器。政府几年轮换，你方唱罢我登台，而王室具有崇高威信，成为社会制衡的重心。当发生政治危机或矛盾尖锐时，王室往往成为调解器。社会公众对王室具有一种来自传统的尊重和精神上的信赖。资本主义宁愿花纳税人的钱来供养王室，因为它不干预政治，不与政府争权，王室的存在对资产阶级统治有利。

为什么有的资本主义国家没有王室，有的保留王室，如果局限于经济基础与上层建筑的分析视角，而不同时深入一个国家的文化与传统是不可理解的。当资产阶级通过激烈斗争取得政权的国家如法国，国王被送上绞架，自然不可能保留王室，资本主义与封建复辟经过长期残酷的斗争；而英国资产阶级通过所谓光荣革命成为统治阶级，资产阶级取得政权是妥协的产物，因而英国王室得以长期保留。可见，当封建社会处于统治地位的王室和贵族，像马克思说的俯身拾起从资本主义树上掉下来的金苹果，不反对处于统治地位的资产阶级，自身也完全资产阶级化，则它们在本质上是一致的。王室的保留对资本主义社会稳定有利。可见资本主义社会国家体制不同于封建社会，但政治体制往往是根源于资产阶级取得政权的初始条件不同沿袭下来的传统。例如美国的三权分立的政治制度，就是南北战争结束美国统一后确立的，相沿至今。

在中国，辛亥革命推翻了清王朝，但对清逊帝仍有优待条件。依然居在故宫，有经费，俨然在紫禁城保留一个小朝廷。张勋复辟，溥仪成为日本人的工具，成立伪满洲国，当上了正德皇帝，经历这一段变故，当然要彻底清除帝制。不是中国取消皇帝称号，而是皇帝以投降卖国而落个自我取消。中国没有君主立宪的可能，清王朝决不会放权，因为改革势力和资本主义因素没有发展到能迫使它让权的地步；也没有保留王室的可能，它时刻梦想复辟。这是历史条件形成的。

至于相同经济基础条件下，各个民族的文化特点更是如此。它不会因为社会性质相同而消除文化多样性。我们在西方资本主义国家可以见到不同风格的文化和保留的文化传统。不能教条主义地对待经济基础与上层建筑理论，看不到一个民族的文化传统和政治传统对造成同一社会形态下不同社会的影响。还是一句老话，历史上有同属于一种社会形态的社会，但没有一模一样的具体社会。

生产方式与创新驱动机制

人类社会发展，我们可以发现两种不同的机制：一种是重复性机制；一种是创新性机制。两种机制各有其不同的作用。没有重复性机制，人们在实践中的经验就无法积累，无法继承。没有创造性机制，就没有质变和跃进。创新往往是在原来重复性基础上的突破。人类社会的进步，包括新的生产工具的发明、文化的发展和科技的进步，往往是依靠社会的创新推动。社会进步的速度与创新动力密切相关。要考察创新的动力来自何处，如何驱动，又必须分析生产方式对创新的制约作用。历史唯物主义关于生产方式的理论为我们理解创新和创新驱动力提供了新的理论视角。这种视角与把创新归为少数天才人物的创造观点是迥然不同的。如果我们按照人类创新能力把人类历史分为三个阶段：前资本主义社会、资本主义社会和社会主义社会。你可以明显看到创新速度是完全不同的。社会发展的速度越来越快，发明创造越来越多。社会仿佛一个旋转的陀螺。这种不同，就是来自不同生产方式提供的不同的驱动机制。

在前资本主义社会，如果我们以中国历史为例可以发现，由旧石器到新石器、到青铜、到铁器，都可以视为一种创新。我们根本无法说明是哪一个人首先发明和应用的，每次转变和创造都经历了很长的重复积累时间。当时社会生产力很低，创新往往是自发的，甚至可以说是无意识的，是生产实践中缓慢地逐步积累的结果。在中国长达两千多年的封建社会，科学技术取得骄人的成就，为世界所称道，李约瑟对此给予很高的评价。但封建社会的生产方式不利于创新，因此相对于资本主义社会而言，封建社会的创新动力是不足的。不仅农业生产方式的狭小和自给自足的生存方式缺少市场机制的动力，而且封建社会的上层建筑中的政治统治方式和主导观念，如重农抑商、轻视劳动、重义轻利等政策和观念，以及封建社会知识分子以学而优则仕为最高理想都不利于科技创新。你只要看看一个事实就知道，在中国历史上一些有过杰出科学技术发明的人，只能归为能工巧匠范围，远不如那些做官做宦、金榜题名的人受到尊重。

当人类进入资本主义社会以后，创新成为资本主义工业生存要素。任何一个企业，如果没有产品创新、技术创新，就会在市场竞争中陷于失败甚至破产。资本、市场、利润，都成为资本主义创新的驱动机制。这个机制是前资本主义社会所没有的。在资本主义社会任何发明、创造都属于个人专利，受到保护。发明者、创造者有名有姓，而不像封建社会大多无名无姓或虽有名有姓而不显达于当时，往往是死后之名。当资本主义进入当代，进入全球化时代，世界性的资本流动，全球性市场、国际性的跨国企业，更是有力推动创新、产业升级和产品更新。

如果说前资本主义社会，以及资本主义社会早期，创新往往是个人的、无组织的。可在当代资本主义社会则不同。有国家级的实验室，人员多、投资多；大企业有创新团队。国家成为创新推手，企业成为创新基地，人才成为创新的人力资源。资本主义生产方式不允许资本主义企业长期进行重复性劳动、长期使用同样的没有改进的技术和工具，资本主义竞争法则是：要么发展，要么灭亡。但由于资本主义生产方式的固有矛盾，包括经济危机和失业率的居高不下，仍然会抑制资本主义社会创新能力的发挥。

在当代中国特色社会主义建设的中国，我们在创新方面具有许多资本主义不具有的优势：我们有政治优势和精神优势。在中国共产党领导下，我们有能力有条件把创新作为国家发展的战略，把重大创新列为国家创新项目；我们有财力重点投入；近些年来国家对重大项目和人才的投入不断加大；我们的教育发展迅速，人才资源丰富，后备力量雄厚；在精神方面，有为中华民族复兴而劳动的强大动力。我们正在不断完善的社会主义市场经济体制，有利于建立以企业为创新基地，以市场为导向，产学研相结合的创新体系。尤其是国家推出的联合创新体制，更有利破除人才壁垒，整合资源，推动创新。可以说，中国特色社会主义制度自身蕴藏着不同于以往任何社会形态的创新驱动机制。只要看看我们近十年来在科技方面取得的跨越性发展就会知道，创新绝不是与生产方式性质、社会形态无关的纯智力竞赛。

对于人文科学来说创新的问题较多，首先会遇到创新动力和对创新的理解问题。技术创新的动力，可以直接来自以市场为中介的生产发展的需要。而自然科学创新的动力，可以来自解决技术难题的需要。这都与社会主义市场经济的完善和生产发展密切相关。如果哲学社会科学工作者也全以市场效益作为研究的取向，往往容易急功近利，简单重复甚至粗制滥造。以市场为导向，可能会诱发哲学社会科学研究工作的不良并发症。哲学社会科学理论工作者必须以自己的专业作为科学研究和思想理论阵地，以党和人民的最高利益为动力，自觉地提高创新文化能力，而且明确自己传承优秀文化的历史使命。这是哲学社会科学的繁荣之路。即使在文化产业中，在应用先进科技于文化产品中，也必须进行文化创意的创新。

人文学科创新有自己的特点和难点。技术创新是取代性的。每个时期技术创新都是取代性的，有了新技术决不会再用旧技术，有了拖拉机决不会用牛，有了新式农具不会再用旧的犁耙。每次技术包括生产工具的创新都意味着更高的劳动生产率。我看过一张获得 2006 年美国《国家地理》摄影奖的照片《田园牧歌》，照片画面是一个老农在用牛耕田，“牛”和老农的结合成为艺术对象，而不是现实的生产力。一切过时的生产工具都只具有考古价值，最好的命运是送进博物馆。

科学不是取代性的，而是阶梯式的递进。科学越来越发展，越来越丰富。后来科学原理并不否定以前的科学成就，但比前者更发展。数学，越来越多的分支远远超过古代的简单的数学原理，相对论、量子力学超过牛顿经典力学。科学不会像技术那样变陈旧，也不会像工具那样送进历史博物馆。原来科学原理可以由于文化普及而成为知识，但不会失去它的价值。

人文科学不同，人文科学的创新不能是取代性，也不能是阶梯性，而是继承积累性的。人文科学创新必须同时包括继承、积累、创新三大要素。没有继承，不可能创新；没有积累，也不可能创新，因此人文科学必须特别关注正确处理传统与现代的关系。人文学科的创新是继承积累性创新，是在创新性中继承和积累。无法简单比较人文科学“新”与“旧”。谁也不能说，《汉书》水平高于《史记》，《资治通鉴》高于《汉书》和《史记》，“后马克思主义”、“西方马克思主义”高于所谓古典马克思主义，即马克思和恩格斯创立的马克思主义。后出的不一定高于前出的。哲学也是如此，不能说现在的后现代主义或海德格尔、胡塞尔比苏格拉底、柏拉图更具智慧，比我们的老庄孔孟高明。人文科学必须有积累、有继承，没有深厚学养，只能空谈创新。哲学智慧具有永恒性、文学艺术瑰宝具有永久性。这是它不同于技术和生产工具创新的地方。

人文学科能不能贯彻协同创新、联合创新？人文科学协同创新有没有可能？这个问题会有不同看法。有的学者说，人文社会科学的著作是个性化的著作，古今中外有影响的著作都是举一人毕生之力，而不是共同写作。这个话有道理，但不能绝对化。因为我们这里讨论的是协同创新，而不是简单编一本书，也不是共同写一本学术专著。协同创新的重点在于创新，而协同联合是达到创新的组织方式和途径。它关注的不是专业领域中的纯学术问题，而是中国特色社会主义实践中包含重大而现实的理论问题，包括道路、理论、制度建设方面的问题需要研究。这些重大问题的研究涉及经济、政治、哲学、社会学诸多方面的问题，采取多学科协同和联合攻关，是人文学科创新的一种新驱动机制。

意识形态中的主流与边缘

历史唯物主义关于经济基础与上层建筑理论，高度重视上层建筑的作用，特别是意识形态中主流区分，以及主流与边缘变化所产生的社会后果。马克思说过，一个阶级在经济上处于统治地位，它的意识形态也会处于统治地位。从意识形态角度说，社会形态的变化，也就是原来旧的意识形态由主流成为边缘并逐步消失，而原来处于边缘的意识形态上升为主流意识形态，处于统治地位。新阶级意识形态真正成为社会主流是社会稳定政权巩固的重要支柱。

近百年来，马克思主义在中国地位发生了根本变化。马克思主义哲学由边缘到主流是中国革命胜利的过程，也是马克思主义中国化伟大成果产生的过程。20世纪初期，中国接受马克思主义和马克思主义哲学的是少数先进分子。他们处于受压制地位，人数不多，手中掌握的舆论工具也很少，可以说是苦斗时期。在北洋军阀和国民党时期，马克思主义被视为洪水猛兽，宣传马克思主义是要坐牢和杀头的。后来，中国共产党有了自己的根据地，特别是到延安以后，马克思主义哲学有了公开宣传和学习的权力。延安成立哲学研究会。毛泽东的哲学论文《实践论》、《矛盾论》，可以说是代表中国马克思主义哲学最高水平的著作。但从全国来说，马克思主义哲学仍然处于边缘地位。解放区是边区，国民党统治全国绝大部分地区。在国民党地区，处于主导地位的是国民党的意识形态。

马克思主义哲学由边缘地位到主流地位的转变，是随着中国革命取得全国胜利而确立的。中国共产党处于执政地位，同时也确立了马克思主义在意识形态中的指导地位。中国革命的胜利，是马克思主义哲学由边缘到主流转变的关键。但是执政地位只能从政治上保证马克思主义哲学的主流地位。在思想理论领域是否真能处于主流地位，单纯依靠行政权力是不够的。理论的真正主流地位决定于理论自身的真理性和理论魅力。

马克思主义哲学在中国百年地位变化，经历了三个阶段：第一阶段，国民党与共产党两个政权对立，国统区和根据地分治时期，处于主流地位的是非马克思主义的哲学形态。但马克思哲学在国民党统治区为追求中国解放、追求进步的热血青年和进步知识分子所欢迎。只要看看艾思奇的《大众哲学》的发行和传播就知道。第二阶段是中国革命胜利后直到“文化大革命”结束，马克思哲学处于兴旺发达时期，全国干部都热烈学习马克思主义哲学。我 1953 年来人民大学，1956 年哲学系成立，那时哲学系红得发紫，是全校第一名牌大系，考生是最优秀的。马克思哲学的这种地位，维持了将近二十年。我可以毫不犹豫地说，这是马克思主义哲学对广大知识分子和青年哲学工作者的启蒙教育时期，应该说成绩是巨大的。现在仍然活跃在马克思主义哲学领域中的马克思主义哲学工作者包括知名学者，不少是这个时期培养和成长起来的。但这个时候由于“左”的路线的影响，马克思主义宣传和教育方面也存在不少需要改进的地方。第三阶段是真理标准讨论之后，对马克思主义教科书体系和原来我们对马克思哲学的理解提出了许多值得思考的问题。应该说，时代问题和哲学领域提出的挑战，是马克思主义哲学的发展和巩固主流地位的好机会。这个时期思想活跃，但在面对时代问题包括中国现实问题以及理论问题的挑战，我们有的学者由于过分强调哲学自身的学术化，对现实问题和理论问题往往处于失语状态。这对马克思主义哲学主流地位来说，是一种危险。

最近三十多年，马克思主义哲学界出现两种新情况：一是马克思主义哲学的发展和繁荣，出现新的研究领域和分支，涌现不少年轻有为的哲学家。我上哲学研究班时，学马克思主义哲学只有辩证唯物主义和历史唯物主义，现在马克思主义哲学向深度广度发展，出现了马克思主义价值学、政治学、文化学、文本学等；而且对马克思主义哲学经典研究也很有新深度、新广度。新领域、新人才的出现是非常可喜的现象。另一方面也出现新问题。这就是颇为流行的所谓实践哲学、讲坛哲学、论坛哲学的分离和矛盾的问题。实践哲学是指国家意识形态，即作为党的指导思想的马克思主义哲学中国化的伟大成果，当代中国马克思主义哲学；讲坛哲学是指课堂上讲授的马克思主义哲学，是哲学教学；论坛哲学是指学术杂志的哲学文章或各种哲学论坛的学术演讲。这三种哲学，本应该相互关联。实践哲学的伟大成果本身就是一种理论，而且是发展了的马克思主义理论，应该进教室、进课堂、进头脑，成为课堂哲学的必要内容，也应该成为论坛哲学探讨的主题。这三种哲学相互关联互相促进，对马克思主义哲学主流地位的巩固是有利的。但如果这三者处于矛盾和脱离状态，论坛上新论不断，甚至也有怪论，对已经实践检验的基本原理不断进行主观臆测式的质疑，学生无法分辨、无所适从，容易陷于思想混乱。这种情况，我以为不利于马克思主义哲学的课堂教学，从而不利于高校的政治思想理论课的功能正常发挥。

在民主革命时期，党的指导思想和马克思主义理论家的理论工作是完全一致的。理论家不是单纯学者，而是革命工作的组成部分。在延安，毛泽东的《矛盾论》、《实践论》等既是论文，又是讲稿，又是指导思想。三者完全一致。艾思奇、胡绳，或其他马克思主义哲学家的哲学演讲与他们的著作都是如此。新中国成立后，前二十七年也不存在这种分离。杂志上不可能发表质疑或不赞成马克思哲学某个观点的文章，课堂上更是如此。这或者可以说是在马克思主义哲学基本理论上的“舆论一律”。它保证了马克思主义哲学基本原理的权威，但又可能会窒息哲学思想生机。三者并存是改革开放后出现的现象，是思想理论研究自由度的扩大的结果，应该看成一种进步。有争论比没有争论好，理论上有不同意见比舆论一律好。它有利于马克思主义哲学的发展和避免僵化和教条化。但是我们也应该看到它可能带来一些负面影响。有区分地吸取论坛哲学成果，有分析地借鉴西方马克思主义哲学的成果，而不是单纯求奇、求新、求异见，这取决于我们教师自身的马克思主义哲学水平和鉴别力。如何在这三者之间取得协调，相互促进，是我们当前哲学教学面对的大问题。

我说过，随着中国革命战争的胜利，马克思主义哲学由边缘成为主流。但主流地位不是不可改变的。其实消解或解构主流意识的言论或观点，我们也时有所闻。即使掌握政权后，马克思主义仍然存在由主流再度边缘化的可能性。这种边缘化可以出现两种情况，一种是苏联解体。当权者自动解散共产党，取消马克思主义指导地位。政权变色，必然是马克思主义主流地位的丧失；另一种是马克思主义理论工作者面对时代问题，面对理论问题处于失语状态，而让西方错误思潮占领我们的理论阵地，长此以往，马克思主义慢慢就会失去主流地位而被边缘化。这种温水煮青蛙的方式同样应该引起高度警惕。在社会主义中国，如果马克思主义哲学逐渐被边缘化，其后果是严重的。苏联解体的教训不能忘记。

中国共产党对维护马克思主义在意识形态的指导地位是一贯的、认真的、毫不动摇的。在当代中国，坚持中国特色社会主义理论包括科学发展观，就是坚决维护马克思主义在意识形态中的主流地位，防止马克思主义边缘化的坚固壁障。坚持和捍卫马克思主义在意识形态中的主流地位，必须掌握马克思主义的话语权。话语权问题在当今世界政治和理论生活中，非常重要。可以说失去话语权往往导致主流地位的边缘化。

仓廪足与饱暖思淫欲

中国古人说，衣食足而知礼义，可又说饱暖思淫欲。乍一看，似乎矛盾，实际上是互补的。衣食足而知礼义，是指仓廪足，即社会富裕。社会富裕，肯定有利于社会道德水平的提高；饱暖思淫欲，饥寒起盗心，讲的社会财富分配不公平，所谓一家饱暖千家怨。如果用历史唯物主义观点来解释，这两个看似矛盾的命题，实际互补。可以说前者是代表生产力的发展水平，而后者表示生产关系的性质，即所有制和分配关系。由此我想到，我们应该高度重视发展生产力，同时要重视生产关系，尤其是所有制和分配在社会发展中的地位和作用。

生产力的最终决定作用是毫无疑义的。生产力与上层建筑是什么关系？它能不能直接决定上层建筑？这是个争论的问题。我以为生产力不能直接决定上层建筑，必须以生产关系为中介。离开生产关系，就无法理解，生产力的最终决定作用。

在哲学原理教科书中，生产力与生产关系、经济基础与上层建筑是分开讲的；可在实际生活中，它处于一种不可分的状态，是作为社会基本矛盾起作用的。这就形成了生产力、生产关系（生产关系的总和构成一个社会的经济基础）、上层建筑之间环环相扣的关系。这种关系是社会形态的结构，也是具体社会存在的实际状态。要研究生产力与上层建筑的关系，必须在社会基本矛盾运动的理论框架内才不致产生误解。

生产力不能绕开生产关系直接决定上层建筑的性质，也不会因为生产力的发展而改变上层建筑的性质。生产力必须通过生产关系才能具有最终决定作用，经济基础是生产力与上层建筑之间的中介。西方发达资本主义社会无论生产力水平如何发展，当生产关系没有发生根本变化，它的上层建筑仍然是资本主义性质的。同一个道理，即使社会主义国家的生产力水平暂时低于西方资本主义社会，它的上层建筑仍然是社会主义性质的。因为在生产力与上层建筑之间有一个重要环节即生产关系，它构成上层建筑借以建立的经济基础。

生产力不可能绕过生产关系直接决定上层建筑。一个社会在经济基础处于支配和统治地位的阶级，同样会在政治和思想中处于统治地位。国家的性质、思想意识形态的领导权往往就是掌握在经济基础处于主导地位的阶级手中。社会的性质、国家的性质、意识形态的性质，都是决定于占主导地位的所有制的性质，而不是直接决定于生产力水平。历来的阶级社会性都是如此。只有资本主义所实行的普选制度，所倡导的自由、民主、人权往往容易掩盖它的国家政权和意识形态决定于资本主义所有制的实质。似乎它们的总统是全民的总统，它们的价值观念是全民的普遍的价值观念，其实所谓全民的价值观是长期灌输和教育形成的。被统治阶级接受统治阶级的价值是阶级社会普遍的社会现象，这是统治合法的观念支撑。

生产力不能绕开生产关系，即绕开经济基础决定上层建筑，似乎可以绕开生产关系直接影响上层建筑的各个不同环节。一个社会处于主导地位的所有制是相对稳定的，也就是说经济基础是相对稳定的，社会性质可以在相当长的时期保持不变，可社会是变化的，生产力是发展的，科学技术是进步的，它肯定会对上层建筑的因素发生作用。中国在长达两千多年的封建社会中所有制的性质基本未变，但上层建筑因素还是在不断变化，包括作为上层建筑核心的封建政权行政机构的变更、官制的变化、风俗的变化；但只要是社会的社会形态性质不变，这种变化都是在封建制度范围内允许的变化；正如当代科学技术的进步，可以改变政府的办公形式，网络时代对政府施政、对于人的思想观念都会发生影响。可是，无论生产力如何发展，无论当代网络如何发达，科学技术如何进步，它不会改变不同社会形态上层建筑的根本性质。资本主义国家和社会主义国家可以运用同样的科技，但不会因此而使它们趋同。不通过生产关系，生产力不可能直接决定上层建筑。如果生产力发展到要改变上层建筑，首先与它发生矛盾的是生产关系，必须通过建立适应该生产力发展的新经济基础，这就必然导致革命和变革。

可以这样说，生产力与上层建筑的关系可以区分两种情况。在社会变革时期，当生产关系不能容纳生产力的发展而发生革命变革时，这时，生产力通过变革生产关系对上层建筑的改变发生决定作用；而在社会相对稳定、占主导地位的所有制关系没有发生根本变化时，生产力和科技发展对上层建筑诸因素只发生影响作用，而影响的性质、深度、方向仍然要视生产关系性质而定。

在历史唯物主义理论中，我们既要坚持生产力最终决定作用的观点，但决不能忽视生产关系，尤其是所有制和分配关系。要记住：仓廪足虽可以知礼义，但饱思淫欲与饥起盗心，朱门酒肉臭与路有冻死骨可以并存。这就是生产力发展增加社会总体财富与生产关系中分配不公并存的结果。因此，真正解决社会问题，既要重视发展生产力，又要重视生产关系，特别是所有制和分配关系。只有实行共同富裕才能消除仓廪足与朱门酒肉臭路有冻死骨可以并存的不合理现象。

社会基本矛盾与物质利益

社会基本矛盾是客观规律，它不会自动起作用。生产关系不会主动适应生产力的需求；上层建筑也不会主动适应经济基础。一切都必须通过人的活动。谁担当使它适应的任务，用一句时髦话来说，谁就是利益攸关者。新生产力的代表者，旧生产关系的受害者，要求改变旧的生产关系和旧的上层建筑；相反，旧生产关系利益代表者，旧上层建筑的主导者竭力维护旧生产关系和旧上层建筑。在阶级社会，这就是阶级斗争。这种斗争的核心就是为阶级利益而斗争。

在中国特色社会主义建设中，情况虽然不完全相同，但始终存在利益问题。邓小平的“三个有利于”标准讲的就是利益问题，不过不是狭隘的个人利益标准，而是广大人民群众利益、民族利益、国家利益。所以在社会基本矛盾运动中，无论是阶级社会还是非阶级社会，矛盾的实质是都会触及利益矛盾，矛盾的解决同样是利益问题。而且当进一步深化改革时，也会出现利益调整问题。当深化改革触及某些既得利益者的利益时，深化改革会存在阻力。可见在改革的整个过程，无论是改革开始迈步，还是攻坚和深化都存在利益问题。

没有抽象的生产力，所有制就是生产力中人与生产工具的结合方式，它表明生产资料和产品为谁所有。没有所有制和对劳动对象和生产资料的占有方式，根本就不存在生产力；同样，生产关系也只存在于生产过程中。不进行生产，没有人对自然的关系，人与人的关系就不可能存在。生产力之所以起最终决定作用，正在于劳动力与生产工具的最好结合方式，就是能推动生产力发展从而增加产量提高生产率的最佳结合方式。当生产工具与劳动者的结合方式一旦阻碍生产力发展，妨碍提高生产率，减少收放，必然会要求改变这种结合方式。改变劳动力与生产工具结合方式本质就是改变生产关系，改变生产资料的占有方式。如果是生产资料占有者自觉改变，就是改革；如果是新生产力的代表起来变革，就是革命。因此，当生产力与生产关系发生矛盾，当生产关系阻碍生产力发展时，需要改变的是生产关系而不是生产力。这时生产力代表改变生产关系的是主动者，而旧生产关系的维持者是被动者。主动者与被动者地位的区别涉及的是利益的区别。

在社会基本矛盾中，无论是生产力、生产关系、经济基础、上层建筑中的主体都是人。社会基本矛盾和矛盾的解决都必须通过人和人的活动。从社会基本矛盾的运动中排除人就没有社会基本矛盾，也没有社会基本矛盾的运动。在阶级社会中它表现为阶级斗争。每次社会关系的变革都是利益的大调整。普列汉诺夫对这点看得很清楚，他说社会变革是个复杂的过程，在这个过程中，社会各成员的利益以最奇异的方式聚合在一起。对一些人来说维持旧秩序是有利的，于是他们使用他们能用的一切手段来保卫旧秩序，对另一些人来说，旧秩序已经变成有害和可恶，于是他们竭尽他们所有的全部力量来攻击这些旧秩序。而且普列汉诺夫还认为，当共同反对的旧秩序被推翻后，革新者的利益也远不是始终相同的：对一些人说来某些改革重要，对另一些人则是另一些改革更重要。在改革者的营垒中产生了争论，斗争变得复杂起来。这种因胜利而发生分歧在历史上并不罕见，核心问题是利益的新调整。

历史辩证法比上帝的力量大

“天”与“道”是中国哲学的重要范畴，包含着中国哲学智慧。但董仲舒的“天不变，道亦不变”最难理解，高深莫测。我们无法证明天是否变，道是否变？因为天与道处于超验世界。难怪连我们的先圣孔子都感叹：天道远，人道迩，何相及也。

社会不同，社会是经验世界。人人都生活在社会之中，可以亲身目睹或理解社会的变化。所谓富不过三代、王朝的变换都极为常见。当然并不是任何人都能理解社会的变化。承认社会的变化属于经验层面，而理解必须超越经验而上升为理论。其中对理解社会变化至关重要的是历史辩证法。每种社会形态都有其产生和更替的过程，作为它具体存在方式的社会当然也是变化的。否则社会形态的变化就不可能。没有任何一个国家和民族的历史是完全停止不前的，只不过发展和变化的速度不同。有的二十年等于一天，有的一天等于二十年。历史可以有暂时的停滞，也可以有急剧的变革。

社会历史辩证法是唯物辩证法。它是唯物主义的，因为它是以社会自身的物质性存在为载体的；反过来说，它是辩证的，因为社会本身就是按照规律进行运动、发展、变化的。并不存在两种彼此分开的社会历史规律：一个是历史的唯物主义规律；一个是历史的辩证法规律。它们两者是合二而一的。物质生产资料在社会中的决定作用就是辩证的，因为它的决定作用是通过社会基本矛盾的方式实现的，而且会受到来自上层建筑的反作用。阶级的存在是阶级社会中的客观的现实的存在，它的存在是依赖于不同的人对所有制的不同关系，可以说是一种以物为中介的关系，而基本阶级之间的对立统一关系，就存在于社会基本阶级区别之中。离开现实的阶级载体，就没有阶级斗争的辩证法。

在自然界中，以物质为载体的物质与运动的统一，在哲学思维中，表现为以实践为基础的唯物主义与辩证法观点的统一；在社会历史领域，物质资料生产方式和以其为基础的整个社会结构的运动变化，在历史观中，表现为历史的唯物主义与历史的辩证法的统一。在马克思的历史观中，历史的唯物主义与历史的辩证法是不可分的，否则它就不是历史的唯物主义。正如恩格斯说的，现代唯物主义本质上是辩证的。

量变与质变的规律不仅是自然界的规律，同样也是社会历史的规律。只是由于社会生活的特点，它不可能与自然现象中水的结冰和汽化，或化学分子结构的变化那样明显，但社会领域同样受量变质变的规律支配。没有原因的社会突变，没有量变积累过程的社会质变，都是不可能发生的。历史发展中大国兴衰是不是也符合这个规律？有的学者只强调大国兴亡的积累性，即量变。如诺斯的制度变迁说，就是把大国的兴亡放在制度的渐进性的变迁上；可是社会历史证明，大国的灭亡的表现往往也具有突然性，如大山之倾倒，突然发生。苏联解体就是如此。其实任何推翻旧制度的变革都具有这种剧变的外观。

美国学者弗格森在《大国崩溃可能骤然发生》的书中，以苏联解体为例说明大国的崩溃是突然的，因为它是戈尔巴乔夫当政不到五年里分崩离析的。他说，“如果有一个帝国跌落悬崖而不逐渐衰落，那就是列宁创造的苏联”。其实，苏联解体同样经历过一个量变积累过程，只是在没有突然解体前，不为人们所注意而已。他还说，人们通常认为历史的发展是周期性缓慢的进程，大国会从诞生、成长、主宰逐步走向衰落是一个过程，实际上历史有时是几乎静止不动，有时则突然加速，像美国这样的大国与所有复杂体一样，在一段长时间段里运行看似平衡，然后会在刹那间毁灭。压死骡子的是最后一根稻草，社会领域中的突变也会如此。只是理论家或历史学家往往难以辨别这最后一根稻草是什么，在何时以何种方式发生。

马克思在讲到社会发展时说过，一切发展，不管其内容如何，都可以看作一系列不同发展阶段，它们以一个否定另一个的方式彼此联系。没有质变就没有否定，没有否定就没有质变。这一点，社会领域和自然领域发展过程具有类似性，都有表现为突然发生的质变和否定。其实，只承认突变不承认量的积累，与只承认量的积累不承认突变一样，都是片面的。罗马不是一天造成的。大国的灭亡既有渐进性又有突变性，两者是不可分的。量变是隐性的，而质变是显性的，往往表现为突然的。一个帝国突然衰落有个量的积累过程。中华帝国到康雍乾仍为大国、强国，鸦片战争后突然衰落。其实，中华帝国的衰落也是逐步的。从资本主义在西方兴起开始，中国虽然仍处于封建社会所谓盛世，已开始了必然衰落的过程。康雍乾的强大只能视为落日的余晖。因为封建制度在西方资本主义的入侵下，注定是没有前途的。正如《红楼梦》中的贾雨村评论荣宁二府一样，表面看仍很气势恢宏，实际上内里已蛀空了。

苏联解体看似突然，其实，从赫鲁晓夫开始孕育了这个进程，这是长达四十多年的进程，对于只有七十多年的苏联来说，四十年不算不长。衰落不是一夜之间形成的，但它的结果可以在一夜之间以红旗从克里姆林宫突然降落为标志。不管赫鲁晓夫主观意图如何、动机如何，当他开启全盘否定斯大林、否定苏联历史时就启动了这个进程的魔盒。历史进程是不能以动机为评价标准的。大国兴亡都有量的积累，但它的实现往往表现为突变。某个掌权人物可能站在这个过程的起点，他甚至没有意识到是起点，以后会发生什么变化，而另外一个掌权人物则站在历史变化的另一端，成为扳动突变机制的人。

大国兴亡并不是因为它注定是所谓“失败国家”，而是因为社会矛盾的激化。当内外矛盾逐渐积累到无法解决的时候，就会发生倾倒。社会革命就是如此，它的产生也要经历量的积累。星星之火，可以燎原，星星之火变为燎原之火，当然有个过程。没有一个大国的兴亡是突然的无缘无故发生的，都是矛盾长期积累，积重难返；没有一次真正的社会革命是突然的，都是矛盾积累的结果。量变和质变的辩证规律，同样是社会发展的规律，只是表现方式不同。

美国仍然是当今世界最强的国家，是世界大国。它已经取代英国的世界地位近百年，苏联解体后又成为唯一超级大国。可是从“9·11事件”

之后，议论美国衰落的文章渐多，连美国自己的报刊也常有此种议论。当然美国当政者不会承认，因为这种议论动摇民心、军心，美国只能是世界第一，不会做第二。确实，它现在仍然是世界最大经济实体，是军力最强、科学技术最发达的国家。没有国家会与它争霸世界。历史并没有注定它必然衰落，但也没有注定它必然不会衰落。

美国至今仍然以人权卫士自居，站在历史的道德制高点上。已经有不少文章揭露美国人权的伪善。连曾任美国第 39 任总统、2002 年诺贝尔和平奖获得者吉米·卡特 2012 年 6 月 25 日发表在美国《国际先驱论坛报》上的文章《一份残酷而异常的记录》都批评美国的人权。文章认为过去十年来，美国最高官员正在将包括美国公民在内的民众作为海外暗杀的目标，利用无人机搞定点清除伤及无数平民百姓，美国在侵犯人权的道路上越走越远，美国正在放弃它作为全球人权捍卫者的角色。文章大声疾呼，我们必须说服华盛顿根据国际人权规范，扭转方向，重新获得道德领导权，因为多年来，我们一直将这种规范作为我们自身的宝贵财富。看起来"人权"这块贾宝玉的"通灵宝玉"也不灵了，美国无法再占领道德制高点，完全显现霸权主义超级大国的真面目。可是，这究竟能维持多久呢？

历史并不以人的意志为转移。最近美国《纽约时报》发表了一篇《重新定义第一》的署名文章说，"我们当中的许多人仍然生活在自认为是世界上最强大、最成功的国家里。但随着美国经济停滞不前以及中国的崛起，这样一个时代似乎行将结束"。我不排除是用捧杀和唱衰互为表里的方法来宣扬中国崛起的威胁，我们也从不自许为能很快超过美国。我们与美国在许多方面都有差距，更不会与美国争强、争霸。但从历史规律看，任何一个大国，不可能永远称霸世界。大国会有兴衰，问题是时间和方式。世界历史上大国的轮替兴衰证明了这个真理。难道世界历史不是证明没有永远的超级大国吗？英国从日不落帝国成为今天美国的跟班，唯美国马首是瞻，从第一世界大战算起也不到百年。

美国《时代周刊》发表署名作者的文章描述了美国梦的升起和陨落。"美国梦"曾是激励一代一代美国人，吸引无数贫穷的移民或冒死偷渡到美国寻梦的人，可是现在美国梦已开始陨落，因为经济不平等的加剧、失业率高居不下、国家财政长期的岌岌可危，美国最引以骄傲的所谓民主、自由的政治制度没有显示出有任何能力解决问题的方案。作者认为，美国政府让梦成为不可能，贫富差距使梦想成为虚幻。美国梦的陨落是美国或迟或早从超级大国地位的陨落。2001 年诺贝尔经济学奖得主施蒂格利茨 2012 年 6 月 26 日发表于英国《金融时报》的文章《美国不再是机遇之地》也讲到美国梦的破灭。美国的贫富不均处于一个世纪以来的最高点，原因在于美国的政治制度制定了牺牲其他人群的利益而让富人受益的规则。美国曾经不辞辛苦地创造美国机遇之梦，然而今天这个梦成为一个神话。马丁·路德金的“我有一个梦”没有实现。整个美国梦又变成黄粱之梦。中国人也有梦。与美国梦不同的是中国梦不是世界霸主之梦，不是个人发财致富之梦，而是中华民族伟大复兴梦，它是百多年来中国人民为之奋斗的目标。

历史辩证法的力量比上帝力量大。一个民族和国家在历史发展中，有盛衰治乱，即治世和乱世、衰世和盛世。它们可以转化。从国际地位看，世界强国不必然永远是强国。历史上有多少强大帝国分裂、瓦解，盛极而衰，由辉煌走向日落。而一些被压迫的民族，可能再度辉煌和崛起。这就是历史辩证法的表现。我们没有见过上帝搬动过一根稻草，但我们看到在人类实践中历史辩证法之手，在不断地重新安排世界。这只手，既是人类自身之手，又是历史规律之手。

有人说历史并没有客观辩证法，只有人的辩证法，主客体辩证法。这是错误的。社会历史辩证法并不是无人的辩证法，社会就是人的社会，它不可能离开人的活动。但社会历史唯物主义并不是人赋予社会的，也不是由于主客体的作用，而是社会自身发展的辩证法。人创造社会，但并没有创造社会历史的辩证规律。

历史中的人性

我曾经在上一本随笔中写过两篇关于“人性深度发掘”的短文，意犹未尽，还想从历史与人性关系的角度说点想法。

人性问题的确是一个永恒的主题。中外哲学史、思想史、文学史，总之全部人文社会科学都会直接或间接与人性问题有关。关于人性的争论也是持久的，几乎贯穿全部人类思想史各个领域。性善、性恶、性无善恶，各种观点的争论至今依然。我们看到坊间出版的书，有《人性的缺点》，也有《人性的优点》。励志书多以人性善为依据，而愤世嫉俗者又多半是人性恶的拥护者。其实，人性是复杂的，它既可以表现为人性的缺点，也可以表现为人性的优点。黑格尔就说过，“有人以为，当他说人本性是善的这句话，是说出了一种很伟大的思想，但是他忘记了，当人们说人本性是恶的这句话，是说出了一种更伟大得多的思想”。其实，无论是人性的优点还是缺点，或者说性善性恶都有其社会根源，而不能止于人性本身。

历史中的人性问题是无法回避的。历史是人创造的，而人当然有人性。一部人类历史，从一定意义上可以说是人性的铸造和展现的历史。在政治斗争和战争中，我们可看到历史人物之间迥然不同的人性显现，有的阴险诡诈、心狠手狠、毫无怜悯之心。可有的却心怀苍生、以我不入地狱谁入地狱之心，为人民利益国家利益而甘心赴汤蹈火，对人民充满爱，而对敌人则满怀恨，光明磊落、爱憎分明。据说古罗马皇帝尼禄是历史上公认的暴君，弑母、杀妻，杀人成性，成为人人闻之色变的暴君。近代，希特勒、东条英机、墨索里尼结成轴心同盟，发动第二次世界大战，这些人都是最为残暴的人物。希特勒屠杀犹太人的罪行，几百万人在焚尸炉中化为灰烬；东条英机、土肥原之流的日本战犯在中国的三光政策、南京大屠杀，罪行累累，罄竹难书。这些人的残暴、凶恶，亘古未有。他们可以说集中表现了人性的最恶劣的方面。有人说这不叫人性，应该称为兽性。兽性无非是因为他们的行为和战争罪行不仅超过了人之为人的底线，而且是人类罕见的残暴，与禽兽无异，可以说是灭绝人性。但这种灭绝人性的兽性仍然是发生在人身上，实际上是人性的另一面，即人性中最恶劣的方面。

历史上也有另一种人，他们在斗争中，英勇、顽强、面对死亡可以视死如归，可内心又充满同情和爱。只要读读林觉民《与妻书》的那种对新婚妻子的至深至爱之情，对挽救民族危难必死的赤子之心，读之感人至深、催人泪下。聂荣臻在战场上收养敌方遗孤，也最为感人。共产党人战场英勇杀敌，战场下最具人情、亲情和友爱之情，表现了一种高尚的优美的人性。至于普通人在日常生活中既有悲离合欢，也有恩爱情仇；既有舍命救人的人，也有谋财害命甚至不惜灭门的人。我们可以看到历史中人的行为中无处不存在不同人性的展现。如果我们只满足于人性的层面而不知何以如此，何以有不同的人性表现，永远不能理解历史。

人性与历史的关系是争论不休的问题。人性决定历史的历史观并不少见，实际上并不是人性决定历史，而是历史决定人性。有人引用恩格斯对黑格尔的评价，似乎他赞成人性决定历史的观点，这是误解。恩格斯的话是针对费尔巴哈人本主义关于爱是历史动力的观点。他说在黑格尔那里，恶是历史发展的动力的表现形式。这里有双重意思，一方面，每一种新的进步都必然表现为对某一神圣事物的亵渎，表现为对陈旧的、日渐衰亡的、但为习惯所崇奉的秩序的叛逆；另一方面，自从阶级对立产生以来，正是人的恶劣的情欲——贪欲和权势成了历史发展的杠杆，关于这一方面，例如封建制度和资产阶级的历史就是独一无二的持续不断的证明。当革命打倒旧事物旧秩序时会被认为是恶，实际上这种所谓恶只是被打倒者对事件的道德评价。至于封建社会和资产阶级的历史中，在政治斗争和权力斗争中表现出的贪欲和权势的现象后面，是以通过人的情欲和权势争夺解决历史自身中的矛盾的实现方式。李世民玄武门之变，杀死建成元吉，负有杀兄逼父抢夺帝位之名；燕王朱棣的所谓靖难之役，借清君侧为名，以叔父身份抢夺帝位。在夺权斗争中有借口、有阴谋、有权术、有血腥味。他们并不是道德的化身而是政治人物。从历史和政治角度看，唐太宗和明成祖都是历史有为之君，对中国社会历史进步有过重大贡献。这两种情况在人性恶的背后有其更深的社会根源。

历史不能归为两种人性的斗争，归为善与恶、天使与魔鬼的斗争。第二次世界大战中希特勒、东条英机之流表现的人性灭绝并非人的本性的异化，而是由法西斯主义和军国主义的侵略性决定的。德国纳粹的法西斯主义、日本的军国主义并不决定于希特勒、东条英机个人的人性恶，而是德国与日本经济和政治向外扩张的必然结果，是德国和日本的经济和政治决定法西斯主义和军国主义的逆流汹涌。共产党人所表现的人性中的耀眼光辉，是无产阶级革命性和历史使命决定的。因为这种革命像熔炉，在不断造就革命者的品格。当德国在第二次世界大战后彻底清算战争罪行、清算纳粹主义之后，德国人照样成为普通人，因为已经铲除了产生纳粹的政治和思想土壤；而日本对历史没有清算，至今仍然存在军国主义思想和一些极右人物，因此东条英机类的灭绝人性式的人物就可能会再度出现。这不是德国人的人性比日本人的人性善良，也不是日本人比德国人人性恶，而是各自的社会现实铸就的。

人欲问题是人性中一个难题。据说，乾隆下江南到镇江问一座庙里的高僧，你每天亲眼看见长江每日来往船只，究竟有多少条船？高僧答曰：只见两只船。乾隆不解，问为何只有两只船？答曰，名利两船而已，熙熙攘攘为名利而来来往往。把人为满足自己的衣、食、住、行而从事的活动，简单归结为名利欲，必然引申为人的贪望是创造历史的动力，人欲决定历史。

人要生存，必须生产，必须生产满足自己生存需要的物质生活资料，并为此而从事活动，或农业，或工业，或商业，或从事种种其他行业。这是人类生存不同于动物的特点。人进行活动当然需要有欲望、有追求、有热情。人类没有欲望，没有热情，没有伴随人类欲望而从事的实践活动就没有人类历史。不能把人类生存需要的生产活动简单归结为对名与利追求的人欲。人欲有合理的也有不合理的。满足人类生存需要的人欲，包括所谓食与色是人类生存的永恒需要。如果把人为生存需要而从事的活动，把“人欲”全部纳入贪欲与权势范围，必然把人类全部历史归结为由人性决定和实现的历史。这种历史观是错误的。

人不可能超越利益，人的全部活动都与利益有关。但这不能成为人性自私的根据。马克思是严格区分各种不同的利益。他把纯粹个人的私利称之为自己脚底的鸡眼，有些人一遇到别人妨碍他获取私利就像踩到他脚下的鸡眼一样。利益是多种多样的。有个人利益、集体利益、阶级利益、民族利益、国家利益。名与利的内容是随着社会条件变化而变化的。封建社会追求良田千顷、金榜题名是一种利益观；资本主义社会个人的发财致富和不择手段沽名钓誉是一种利益观；社会主义提倡的为人民服务，“求利要求百姓利，求名要求万世名”也是一种利益观。这都具有不同的时代特点，把它们一概纳入名利的概念中，从而得出人的贪欲与权势欲是历史动力的结论，完全是混淆概念。

人就其类本性来说，永远是人；人就其社会本性来说，永远是变化着的人。否则，我们无法解释，为什么我们在不同历史条件下见到的是不同的人。人是变化的，人性是变化的。唯一不变的就是人仍然是人，这种“人就是人”的人，是一种具有相同的生理机能的生物学个体。这种生物个体是承载着人的社会性变化的生命存在。我们应该重视人的生物学特性、人的自然特性；人有情、有欲、有生存本能这是共同点，但是应该看到人的这种自然本性通过不同社会之火的陶冶，也是变化的，会变得更符合理性、更符合文明，因而情欲具有人作为社会人的特性，而不再是人的原始的自然本性。所谓人性的弱点，就是自然本性压制人的社会本性，任凭情欲之性扩张；所谓人性的优点，就是社会本性使情欲的实现合理化，具有人作为社会存在物的特性。

人性是在社会中，也就是在历史中形成的。我们在农业社会中看到的那种亲情、乡情和人情，可能令处在激烈竞争中的资本主义社会的人羡慕但无法得到。当农民处于自给自足的小农经济中，一切都显得那样的纯朴，厚道善良，决不会像被卷入市场化出现的分开种菜，自己家里人吃的是天然的、无害的菜，而市场上卖的可以不考虑别人的健康，只要能赚钱就行的有“毒”的菜。这种人虽然不多，但仍可为鉴。这不是人性恶的体现，而是被卷入市场竞争中的小农缺乏法律和道德观念所致，只要进行教育和规管是可以解决的。把它视为永恒不变的人性恶，是对人类历史的误读。我想起《墨子·所染》中记载墨子看见匠人染丝得出的人性体悟。“子墨子言见染丝者而叹，曰：‘染于苍则苍，染于黄则黄，所入者变，其色亦变，五入必，而已则为五色矣，故染不可不慎也。’”墨子此说在两千多年前人性本善处于主导地位的时代，是非常深刻的思想。

不是人性决定历史，而是历史决定人性。历史的变化就是人性不断变化的过程，因而必然不断展现人性。不变的人性永远无法承载变化不居的历史。一百多年前，普列汉诺夫就指出过人性决定历史的矛盾。他说，如果人的本性不变，那么怎么能用它解释人类智慧发展或社会发展进程呢？任何发展的进程是什么？是一系列变化。可不可以用某种一成不变的人性来解释这些变化呢？变量之变是因为常量不变吗？普列汉诺夫对马克思的人性观予以高度评价。他说，按其对科学的巨大重要性来说，可以大胆地拿这一发现同哥白尼的发现相提并论，以及一般地同最伟大的、最富有成效的科学发现相提并论。把马克思的人性观比为哥白尼天文学发现是有道理的，因为这都是根本观点的翻转。

人需要教育

任何现实的人都是生活于一定的社会结构之中的。历史中的人就是属于一定社会结构的人，一定社会结构的人就是历史中的人。

不应该把个人与社会抽象地对立起来。个人是社会的个人，而社会则是个人的共同创造。个人只能属于一定的社会，而社会则是体现了该时代个人的创造力和智慧的共同体。社会不是任个人任意进出的房间。把个人视为绝对独立的原子式的个人，就是把社会单纯看作与个人无关的容器。这完全不符合历史和现实。如果不懂得一定历史时期的人都是属于特定社会的人，那写历史就分不清社会性质，写社会就分不清处于什么样的历史发展阶段。从事文艺创作，写社会只能是历史的穿越；写历史就只能是社会的颠倒。如果唐朝的人穿清朝的服装，说当代的语言，甚至网络语言，这种历史书能读吗?

人不能离开历史，就是不能离开社会，人的一生都在社会中，受社会影响甚至可以说是被社会创造出来的。人的出生不是自我决定的，我们是被抛到这个世界上来的。人无法选择自己出生的社会，也就是说无法选择自己出生的历史时代。这一切都是被动的。人一来到这个世界，就开始接受所处环境的影响。我们之所以在不同时代、不同社会、不同民族、不同国家发现具有不同的思想观念、价值观念，不同的生活方式的人，就是因为他们所处社会的历史时代不同。

香港《明报》2012 年 9 月 10 日载有日本创价会名誉会长池田大作的一篇文章，名为《育儿是一种生命艺术》，文章就特别强调家庭教育的重要性，强调父母对孩子生长的影响，“因为对于人来说，最初和最受影响的教育环境，就是家庭”。他还说到现今社会，凶恶犯罪、劣质欺凌等事件是数不胜数，它们毒害了儿童和少年的身心，引用卢梭在《爱弥尔》中的一段话“家庭生活魅力，就是坏环境最好的解毒剂”。一个人从小从家庭接受的教育，会决定他进入社会对待周围环境影响的态度。人需要教育。这一点中国的启蒙课本《三字经》开篇就说，人之初，性本善。性相近，习相远。苟不教，性乃迁。养不教，父之过。教不严，师之惰。除了性本善可争论外，其中关于家庭教育、社会教育对人的形成的重要性甚为有理。

人既有理性的方面又有非理性的方面。教育在于发挥理性对人的主导作用，减少和制约非理性的因素对人的行为的支配作用。当一个失去理性而任由非理性支配自己的行为，往往违法乱纪，甚至践踏人性，做出令人震惊的事。十年“文化大革命”时期有些红卫兵以打人为乐，武斗时的残忍行为，多是非理性的行为，很多的行为出于无知。在社会生活中盲目地听信“妖言”，也是缺乏理性思考的表现。最近闹得沸沸扬扬的“神水”事件就是这样。浙江台州温岭市有一处山泉，传说这泉水能包治百病，结果一些人趋之若鹜，疯抢不休。实际上所谓“神水”完全是污水。如果这些人多点理性，何至如此。相信世界末日、玛雅预言之类也是一种非理性思考。至于抢购蜡烛、贮存食品简直荒唐至极。

如此说来，人岂不是成为历史的被动的没有主动性的社会玩偶吗？不是。人既是被动的又是能动的。人一方面接受社会的影响和铸造，同时人又通过自己的行动改变人的社会环境和活动条件。人是实践的人。人是在一定条件下进行实践的，条件达到的水平会制约实践的水平。人又是通过一定条件下的实践不断改变条件，也为自身的活动创造有利于自我发展的新条件。这就是人与环境的互动关系。这个互动关系的决定环节就是实践活动。这样马克思的历史唯物主义破除了在人与环境相互创造问题上循环论证的理论困境。

人是历史中的人，因此人生观与历史观不可分。李大钊先生强调，历史观，实为人生观的准据，欲得一正确的人生观，必须先得一正确的历史观。的确，有历史眼界和没有历史眼界的人，在遇到人生挫折时处理完全不同。“风物长宜放眼量”，放眼，就是用历史的长镜头看待人生。司马迁遭受宫刑的奇耻大辱，之所以能坚持完成《史记》这部“史家绝唱”的传世之作，可以说得自他的历史眼界。他在《报任安书》这篇披肝沥胆、千百年后仍令读者动容的信中，对历史与自己的人生选择有过描述。他说，“人固有一死，或重于泰山，或轻于鸿毛，用之所趣异也”。自己这个刑余之人之所有活下去的勇气，就是因为他看到，“古者富贵而名磨灭者，不可胜记，唯倜傥非常之士称焉”。他列举了一系列历史上遭受厄难而不屈服于命运的人，从文王拘而演《周易》，仲尼厄而作《春秋》，屈原放逐乃赋《离骚》，到韩非囚秦，作《说难》、《孤愤》。还说“左丘明无目，孙子断足，终不可用，退而论书策以舒其愤”。总而言之，历史表明，凡是不屈服于命运的人，终有所成，他自己也向他们学习。虽然“草创未就，会遭此祸，惜其不成，是以就极刑而无愠色。仆诚已著此书，藏之名山，传之其人通邑大都，则仆偿前辱之责，虽被万戮，岂有悔哉！然此可为智者道，难为俗人言也”。俗人，即眼光短浅之人。历史眼光，使人更重视名节、历史定位和后人评价，而不是鼠目寸光，专注于自己短短一生而管它死后遗臭万年。文天祥在被俘北上作《过零丁洋》一诗中流传的千古名句：“人生自古谁无死，留取丹心照汗青”，前一句，是人生规律，后一句是人生的历史视角。人有生有死无一例外，而作为一个历史人物最重视的是自己的历史定位和历史评价。

个人主义只是一种人生观，而不可真正成为现实，没有任何人可以真正独自生存。如果真正让一个人孤独生活，不接触任何人，这是对人最大最严厉的惩罚。历史证明，没有一个人能依靠自身而不依赖社会，不依赖别人能生存下去的。没有他者，自我也不存在。古代绝对不可能产生资本主义时代的那种个人主义，因为在生产力低下条件下，人都是从属于一个共同体，是氏族或家庭中的一员，离开这个共同体就不能生存。古代最严厉的惩罚，就是驱逐出氏族或家庭，变为离开集体的孤独的个人。只有在私有制产生以后，特别是当生产力发展，人变成以物为中介而不是直接依赖集体的人，个人主义思想才有得以迅速膨胀和不断滋生的土壤。绝对个人主义是资本主义私有制的必然产物。个人主义作为一种人生观是历史的产物，也会历史地消失。社会主义的理想是恢复个人与社会的和谐关系。我们既不主张回到古代那种重集体轻视个人的原始集体主义；也反对当代资本主义那种个人利益第一、重新陷入个人与社会即与他人对立的个人主义。我们主张个人与社会共同发展。通过社会发展来促进个人发展，通过个人发展来推动社会发展。马克思和恩格斯关于共产主义是自由人联合体的理想就是这样。

“活在当下”，这是一句具有禅学意义的说法。有些人信奉这句话，以为这样的人生就没有痛苦，“活在当下”把自己与昨天、与明天完全隔开来，仿佛在一条即将沉没的船上，自己能安全地处在一个密封的舱中。这种生活没有历史感，人是在历史的持续中生活，不能缺少历史感。按照尼采的说法，这种“活在当下”的生活是动物式的生活，因为“动物就是非历史地生活”。他举例说，请看一看在你身旁吃草的牧群：它们不知道什么是昨天，什么是今天，它们来回跳着，吃着，歇息着，消化着，又跳着，就这样从早到晚，日复一日，毫不客气地愉快和不快，亦即对眼前的桩子的愉快和不快，因而既是不忧郁也不厌烦。尼采说的“活在当下”是动物式的生活我认为有一半道理。人既要有历史感，不要忘记历史，又要生活在当下。这个活在当下，不是宗教式地“空无”而是立足现实，重视当代。重视历史而不陷于怀旧和沉湎过去，重视现实而不能忘记历史的经验和教训。

历史证明，没有一个人能依靠自身而不依赖社会、不依赖别人就能生存下去。没有他者，自我也不存在。人只能生活在集体中才成为人。孤独是最难忍受的。单身监禁是比死刑更严厉的惩罚。马克思说过，单身监禁是对人性的摧残。宇宙航天员应该说无论身体素质还是心理素质都是第一流的，可是也很难长久适应太空中的寂寞和孤独，会发生激烈的心理变化。《光明日报》有篇文章《太空行防“心理病”》中就列举许多事例说明这个问题。其中讲到 1985 年苏联航天员瓦林京在执行联盟 T-14 飞行任务时，焦虑、食欲差、睡眠不好，最后因情况未见好转提前返回地面。这不是个案。20 世纪 70 年代，天空实验室 4 号、阿波罗 9 号、苏联礼炮 7 号航天员都有类似感受，孤独、无聊最为难受。这是由于身处狭小空间缺少人际交流，不能形成丰富人际关系造成的情绪不稳。体检未发现异常，完全是孤独和寂寞所致。人是社会存在物，人性最重要的就是人的社会特性。在社会中生活、在集体中生活，在与他人和谐相处中生活，是符合人的社会本性的生活，或者说是无愧于人的生活。

图书在版编目（CIP）数据

陈先达文集．第 12 卷，史论拾零/陈先达著．—北京：中国人民大学出版社，2015.9

ISBN 978-7-300-21842-7

Ⅰ．①陈… Ⅱ．①陈… Ⅲ．①陈先达-文集②哲学-随笔-文集 Ⅳ．①B-53

中国版本图书馆 CIP 数据核字（2015）第 211988 号

陈先达文集　第 12 卷

史论拾零

Shilun Shiling

出版发行	中国人民大学出版社		
社　　址	北京中关村大街 31 号	**邮政编码**	100080
电　　话	010－62511242（总编室）		010－62511770（质管部）
	010－82501766（邮购部）		010－62514148（门市部）
	010－62515195（发行公司）		010－62515275（盗版举报）
网　　址	http://www.crup.com.cn http://www.ttrnet.com（人大教研网）		
经　　销	新华书店		
印　　刷	涿州市星河印刷有限公司		
规　　格	160 mm×230 mm　16 开本	**版　　次**	2015 年 11 月第 1 版
印　　张	25 插页 3	**印　　次**	2015 年 11 月第 1 次印刷
字　　数	375 000	**定　　价**	1580.00 元（全 14 册）

陈 先 达 文 集

第13卷

散步·路上

我与学生聊哲学

中国人民大学出版社 北京师范大学出版社

序

八十岁以后，学院领导照顾我，再也没有让我在教室里上大课了。学生知道我喜欢散步并且比较准时，路线也固定，他们喜欢和我聊天，有时特意站在我必经之路等着我，陪我散步聊天。下面记下的一些感想式的东西，其中有些是学生们散步时向我提出的问题，我边走边随口说说。如果我觉得有点意思，会回来翻翻书，加工，扩充。散步是我的生活习惯。另外，学生也会到我家里，谈些哲学问题。学生走后，我也会把谈话内容经过加工后敲在电脑里。这些东西是我晚年生活的一部分。

“教学相长”，的确如此。学生年轻，思想比我敏锐，从网上知道很多东西。他们过的是集体生活，彼此交谈也会产生许多想法和问题。交谈并不是负担，而是一种思想交流，彼此受益。边走边聊，也可算是除课堂教学外的另一种教学方式。可惜现在老师多住在校外，上课来，下课走。学生可能很长时间见不到导师。房改后校内即使有教员，也多已退休。学校，仿佛是知识交易市场，而不是教师和学生融合相处充满文化氛围的文化殿堂。这种情况是好还是不好，我也分不清。我仍然是老脑筋，我还是喜欢一个师生共处的校园，而不只是学生公寓。我们谈起北大的燕东园或什么园的名教授的故居，至今仍津津乐道，因为它代表一种校园文化。这种情况可能要成为历史陈迹了。

我和学生谈的没有什么深奥的哲学思想，我也谈不出什么深奥的哲理。我喜欢从问题中体现智慧，喜欢能思考的头脑，而不喜欢玩弄概念，更不喜欢看不懂、听不明的道理。

哲学思维当然需要概念，也离不开概念。但体会哲学道理，回答问题，不一定非得搬弄概念不可。纯概念式的思维往往流于空洞。中国式的思维方式更接近生活。从生活中悟出哲学道理，讲授哲学道理更深刻易懂。《道德经》中的"九层之台，起于垒土；千里之行，始于足下"，比纯粹从概念上讲述量变与质变的关系更易懂。庄子以"夏虫不可语于冰，非无冰也，以其未见冰也"，说明个人生命短促带来的认识局限性，多形象、多贴切。孔子以"逝者如斯夫，不舍昼夜"，说明世界事物的运动变化；以"岁寒，然后知松柏之后凋也"，说明人的高尚品格应该经过实际考验。这种例子太多，中国哲学没有抽象说教和概念式演绎，而是结合生活实际，从生活实际中悟出哲学道理。我喜欢这种方式。这能真正表现一个人的哲学智慧水平，而不会使人被云山雾罩的概念弄得头脑浑浑。

我不是否定哲学知识和哲学概念的重要性。没有概念，就没有哲学，也没有哲学思维。我只是说，我们既要有运用概念思维的能力，也要有面对现实通俗讲解、从问题和对问题的回答中体会哲学的能力。如果离开概念就不能讲哲学，正如没有讲稿就不能说话一样，只能说是智慧的欠缺。

哲学追求的是智慧，是关于智慧之学。学习哲学，当然要重视学习哲学史，而哲学史往往同时是概念和范畴发展史。中外历史上大哲学家的思想是他们的智慧，但对我们来说只是哲学史知识。知识是别人的，而智慧必须是自己的。知识可以学习，而智慧必须内化为自己的血肉和灵魂，变为自己的思维方式，变为自己应时处理和观察对象的思维能力和决断力。有哲学史知识的人不一定有智慧，像熟读兵书的赵括，拥有太多的兵书知识但无用兵的智慧，一上战场就一败涂地。一个善于玩弄哲学概念、可以有N多哲学知识的人，不一定是有哲学智慧的人。

古代哲学家有对话体，对话体也可以看作聊哲学。我们先圣孔子的《论语》也是对话，其中也有闲聊的东西。你看其中不少师生对话，仿佛在聊天。《论语》中记载孔子与学生子路、曾点、冉有、公西华在一起聊，要他们各言其志，师生聊得很热闹，像是一幕折子戏。当其他学生说完远大志向后，孔子听到曾点的志向是春游："暮春者，春服既成。冠者五六人，童子六七人，浴乎沂，风乎舞雩，咏而归。""夫子喟然叹曰：吾与点也！"这哪里像上课，仿佛是朋友聊天，这多好。孔子因材施教无愧为

“万世师表”。

我总以为，课堂听、课下聊，各有长处。听，是接受；聊，是对话。听，可得到一些知识；聊，才能碰出思想火花。有时，聊胜过上课。“听君一席话，胜读十年书”，看来古人也有主张聊的。

目　　录

第一章　人性的观察

第二章　生活的世界

第三章　命运的省思

第四章　社会的思考

第五章　历史的世界

第六章　文化的视野

第七章　认识的解剖

第八章　学术的价值

第九章　辩证的思维

第十章 哲学的追问

第一章

人性的观察

1. 谈人

你们学哲学，首先要理解世界的客观本质，如果这个前提动摇了，其他重大哲学问题的解答就不可能正确。但同样重要的是，你们应该要理解人的本质，理解人在世界中的地位和作用。不理解人的本质，不理解人的实践活动，即使你承认世界的客观性，同样超不出旧唯物主义的水平。我们今天探讨一下关于人的问题。人的问题是个大题目，与人文社会科学各门学科相关，牵涉的问题也最多。这里我们从哲学角度聊一个最重要的问题，这就是人的出现对世界究竟有何意义。

从广义上说，人也是动物，灵长类动物。世界上动物的品种是极其多样的，而且在自然的发展过程中，不断有品种消失，新的品种产生。例如，古代的恐龙。在生态环境恶化的当代，一些动物濒临灭绝的消息，时有所闻。人不同。人是世界上唯一的独特品种。虽然人也经历过进化的不同阶段，但人作为动物中的一种特殊的类存物，是唯一不能消失灭绝的动物。人的消失和其他动物某一品种的消失，意义完全不同。人是唯一通过实践为自己创造生存条件的动物，是有思想、能思维的动物。

人有肉体和精神，是两者的统一。其他动物基本上是肉体性的存在。高等动物也有某些意识和心理的萌芽，但仍然是动物性的本能意识与心理。人不仅有意识而且能意识到自己的意识，即自我意识；人不仅有心理，而且能分析和理解自己的心理，能调控自己的心理。特别重要的是，人是思想的动物。思想以语言为载体，是具有创造性的、反复的、能动的思维过程。思想就是能让人的意识停下来只关注某一点，反复思考、思索

的过程。它的成果是精神产品。王安石写作《泊船瓜洲》的推敲过程就表明人的思想的能动性："京口瓜洲一水间，钟山只隔数重山。春风又绿江南岸，明月何时照我还。"据说，其中"春风又绿江南岸"的"绿"字，是经过反复推敲才定下来的。原来用"过"字，又用"到"字，又用"入"字，均不满意，最后定为又"绿"江南岸。这就是思想，又思又想，即反复思索。

我们是人，都有思想，但我们多半停留在日常思维的水平，而日常思维往往是习惯性思维。早上起来穿衣、吃饭、上班、回家，一切完全按习惯行事。从早到晚，日复一日，甚至年复一年。我们的思想已经习惯化，而习惯是最无创造性的。我们的哲学史、文学史、科学史都是思想史，不是思维习惯史；我们的政治家、科学家、学者都是思想家，他们不是习惯性思维而是创新性思维。一个按习惯思维的人，成不了思想家，也上不了思想史。人有思想，但不是人人都能成为思想家。我们应该重视思想，这是马克思主义哲学不同于旧唯物主义哲学的地方。笛卡尔的"我思故我在"命题的意义不在于它的科学性，而在于哲学智慧，它强调人是思想的动物。

人是肉体性存在，所以人受生物学规律支配。人的生命是有限的，人的体能是有限的，总之，一切肉体性存在都是有限的。世界奥运短跑冠军只是人间的冠军，在动物世界连兔子都跑不过。跳高冠军也跳不过跳蚤。跳蚤可以跳过自己身体的几百倍高的高度，而世界奥运跳高冠军跳不过自己身高的两三倍的高度。举重冠军无法与骆驼相比。人，就其肉体性存在而言，是无法与其他动物相比的，并不比其他动物优越。

人的肉体是不自由的。手的长度是有限的，所以单纯依靠手，拿不到距离一米远的东西。同样，单纯依靠脚，不可能周游世界。思想不同，思想具有创造性和自由性。手不长，可以发明工具延长手臂；脚走不远，可以发明火车、飞机。总之，一切肉体的限制都可以因为思想的发明和创造而得到克服。这就是有人的世界和无人的世界的根本区别。

人，不仅是从动物中提升出的一种源自动物又高出动物的新物种，而且改变了世界的面貌。没有人，世界就失去了能了解世界自身的动物。张载所说的“为天地立心”，照我的解读，天地是自然物，它本无心，它不能了解自己，能了解天地的只有人。只有人，才了解天，懂得天行健；了解地，懂得厚德载物。这就等于“为天地立心”。有人的世界和无人的世界完全不同。无人的世界是自在的世界，按自然规律演化，而有人的世界是可以创造人化世界的世界。人化世界是双重规律的世界，不仅受自然规律支配，而且受社会规律支配。

人依存于世界又改变世界。人与世界共同变化。世界的人化与人因改变世界而发生的进步是共进的。不同的是，人的进步不是动物的进化，而是社会的产生、社会的进步。没有人化，就不会产生文化。文化是人化的结果。文化，是人改造世界的副产品。之所以说是副产品，是说人在创造生存资料和生活资料的同时，也在创造文化。副产品，毫无贬低之意，只是说人首先是生产生存的物质资料，然后才有文化活动。可是这个副产品对人类社会进步和发展来说，其重要性是不言而喻的。没有文化和文化活动，人类为生存而进行的物质生产就如同动物的觅食。如果这样，人就不是地球上唯一的独特品种，而是动物世界中多了一个“人”这种动物物种。人失去了人特有的价值和意义，也失去了他们产生和生存的必然性，这样，有人的世界和无人的世界便毫无区别。

意义、价值问题都与人这个“物种”的独特性相关。没有人对客观对象的本质和规律的把握，就不能理解对象。然而，只有理解对象，才能有对对象意义的把握。同样一个对象，对不同的人意义可以完全不同。一棵树，对于一个植物学家和一个非植物学家来说，意义完全不同。植物学家可以说出许多关于树的道理和它对人生存的意义，而外行除了说它是树以外，可以说是一无所知。理解越深，越能懂得对象的意义。价值也是如此。知道它的意义，也就知道它的价值，因为价值与意义不可分。连它的意义都不知道，何以知道它的价值呢？对于外行，也许一块真正的和田玉与一块石头差不多，根本无法分辨，因为他不理解对象，所以也不可能知道玉的意义，从而也不知道玉的价值。可是，只有人而无对象，也不存在意义和价值的问题。意义和价值都是关于对象的意义和价值，如果不存在树，当然也就不存在关于树对人类生存的意义和价值。不存在和田玉，也就不存在和田玉的意义和价值。意义和价值都不能是纯主体的，也不能是纯客体的，而是主客体之间的一种关系。这个关系是可变的，因为主客体关系不是抽象的，它总是一定条件下的主客体关系。人类对对象的意义和价值的理解是变动的。我小时候，甲鱼是最不值钱的，在我们家乡不能上桌待客，可现在却成为珍品。为什么？因为人们发现了它的营养价值。这种情况几乎天天都会发生。对象的意义和价值处于不断被发现的过程之中。

对对象的意义和价值的发现，就是对一个原本不理解它的存在价值的东西，发现了它的存在价值，揭示了它的存在意义。人对对象的认识不能止于对规律的认识，而必须进入对对象的意义和价值的认识。这才知道它是什么，而且知道它对人类自身的生存有什么意义和价值。如果只认识虫草而不知道虫草的药用价值和营养价值，这不能算是对虫草的认识。只不过是认识虫草就是虫草而已，这是只知其名而不知其实。凡是只知名而不知实的认识，都不可能进入价值和意义认识的层次。

人，是镶嵌在自然界王冠上的宝石。他改变了世界的纯自然进化，由自然史进入人类史；改变了自在世界的面貌，产生了人化世界。人化世界丰富多彩。这是我提醒你们研究人的出现的哲学意义的原因。要认真地从马克思主义哲学高度理解人。人跪倒在自然面前，把自然神化，变为自然的奴仆，这是人类早期的不幸；可人若企图取代万能的上帝，以为人无所不能，这又是自然的灾难，归根结底还是人类自身的不幸。当人类由于自然的惩罚而真正陷于灭绝，世界还归无人的世界，这与恐龙或某种动物品种的消失可不是一回事，世界将真正变为一个寂寞的世界！

2．谈我

年轻人喜欢把我字挂在嘴上，我如何如何。但我劝你们，应该要有自我意识、重视自我，更应该从哲学高度懂得“我”的意义。否则，过分的自我是自己人生的一种灾难。

我是唯一的。世界上只有一个我，不会有第二个我。但我作为人的存在不是唯一，人的存在中包括每一个我，我只有在人的存在中才能成为我。我是唯一的我，而不是唯一的人。德国哲学家施蒂纳在其著作《唯一者及其所有物》中，就把我的唯一性变为人的存在的唯一性，鼓吹极端个人主义，我之外的存在都是为我的存在，因而个人自由是绝对的、无条件的。

实际上，“我”只有在“非我”中才能生存。“非我”中除物外，最重要的是“他人”。“我”只有生活在人中才能成为我。因而，我的自由是有条件、有限度的。只要有两个人，彼此对对方的自由就是一种限制。同一宿舍就没有通宵吵闹的自由，在马路上就没有横冲直闯的自由。人也不可能幻想不依靠飞行器在太空中自由飞翔。这是外在条件的限制。《庄子·逍遥游》中描写的那条北海的鱼，化为大鹏，抟扶摇直上九万里，在太空中自由飞翔。即使如此，庄子也承认大鹏的自由还是“有待”的，即“御风而行”。没有风，大鹏也难以乘风而行。“有待”即是条件。庄子追求“无待”即无条件的自由，这也只是庄子作为哲学家的一种追求而已。实际上，“无待”的自由是不存在的。

不仅有外在限制，还有内在限制，即人自身的意志、能力对自由的限制。人可以在思想中认为自己是绝对自由的，可以狂思乱想，甚至妄想。实际上，人的幻想能力再大，“上穷碧落下黄泉”，可“碧落”和“黄泉”就是范围。无论艺术家、科幻小说家怎样自由思想，无论乌托邦主义者怎样构思未来，我们都可以发现人的思想的制约性，发现思想自由的限度。人的所思所想，无论怎样自由，都不可能超越自己的思想能力和认识能力的限度。

人的所思所想，可以分为“远见”、“短见”。有的人高瞻远瞩，有的人鼠目寸光。人的思想是自由的，但不会因此每个人的思想的自由“度”就完全一样。有的人即使给他最充分的思想自由，仍然超不出鼻子底下的一些琐事。法律规定的思想自由权和人实际具有的自由思想力是不同的。前者是法律问题，后者是哲学问题。思想自由不仅是一种权利，而且是一种能力。

自由主义最大的错误就是追求无条件的自由。自由不能是抽象的，也不是绝对好的东西。绝对自由祸害无穷。马路上的绝对自由就是车祸，婚姻的绝对自由就是家庭的解体。公民的绝对自由就是社会解体、社会秩序混乱，国家办不成任何一件大事。绝对自由的反面就是人人没有自由。正如民主一样，绝对民主就是专制。在某一宗教信仰占统治地位的地区，绝对民主就有可能是宗教极端主义对非教徒的专制；在种族歧视的国家，绝对民主就有可能是占国家人口多数的民族对少数族裔的专制。绝对民主就是绝对专制。在社会领域，自由、民主、人权都必须有规则，即有法律规定。

对我而言，我是唯一的，但每个人都是一个我；人不是唯一的，人是由无数个我组成的。因此，我请诸位注意，凡是强调我的时候都必须考虑到，除我之外，还有无数个我，即别人。只知道有我，不知道还有你和他的人，在哲学上是唯我主义，在道德上是绝对利己主义，而在政治思想上必然是绝对自由主义。在地球上不存在我是“唯一者”的王国，这只能存在于哲学的幻想中，可哲学家同样生活在你我他之中。鲁迅曾嘲笑这种人说，世界最好有三个人：除了我和我的爱人，至少还有一个卖烧饼的。

这个道理似乎中国帝王都懂。皇帝称孤、称寡，并非狂妄而是自谦自警，提醒不要因为失德无道而成为孤家寡人。孤家寡人就是独夫，也就是孟子说的未闻弑君只闻诛独夫。难道我们还要由于绝对个人主义而成为21世纪的孤家寡人吗？

3. 谈头脑

列宁说要靠头脑工作，而不只是靠舌头来工作。可我们经常是靠舌头工作，说空话，不干实事。中国老百姓讽刺这种干部是“口号”挂在嘴上，“不准”贴在墙上，坏事落在行动上。

为老百姓干实事，是不能专靠舌头的，而必须依靠大脑。只依靠舌头，空话永远是空话。依靠大脑才能出点子，出好点子。要由大脑指挥舌头。如果让舌头指挥大脑，巧舌如簧，喋喋不休地说空话，则无一可用之策，无一可行之事。靠舌头，就是空谈误国；靠大脑，才能实干兴邦。可大脑是思维的器官，它自身不会产生思想。光靠拍脑袋是有害的。要充分发挥大脑的作用，必须要有正确的思维方法。我们专业的重要功能就是提供科学的思维方法。

做实际工作要靠大脑。毛泽东说多谋善断，多谋，就是动脑子。我们搞哲学同样要依靠大脑。我的意思不是说其他人可以不用头脑思维。用大脑思维，不是哲学家的特点，而是人的共性。我说哲学家要用脑子，就是说哲学家要善于思索，善于辨明种种不同哲学思潮的本质，不要追风闻味，凡追风闻味者，往往是赶时髦，而非坚持真理。列宁就曾经批评当时俄国一些马克思主义哲学工作者，他们背离马克思主义哲学的基本原则，以所谓探索之名为当时流行的唯心主义学说所俘。他们不是用头脑思索哲学，而是追风闻味，把马克思主义哲学当作用旧的手套，结果掉入时髦唯心主义的陷阱。列宁把他们称为“哲学上的无头脑者”。

头脑如何思维这是一个脑科学问题，极其复杂，至今仍是黑箱，但大脑是思维器官，这个哲学命题不会因为脑科学仍在研究而不可信。因为医学证明，无论是脑梗塞、脑溢血或老年痴呆都影响正常思维，这说明大脑是思维器官这个哲学命题是不可能被推翻的。

我们要做一个坚定的马克思主义哲学工作者，必须头脑清醒。头脑清醒不是指大脑生理运行正常，而是指观点正确、思维清晰。技术可以依靠电脑，清醒的思维必须依靠头脑。你们要重视电脑，更要重视头脑；否则，永远成不了哲学家。

4. 谈眼睛

眼睛是视觉器官，没有眼睛就会失明。这一点谁都知道。可我们搞哲学的人不能只停留于此。对我们来说，眼睛包含太多的哲学问题。你用眼睛看到的对象，是否就是外在的真实的对象呢？为什么同样是用眼睛看，对同一对象可以形成无数不同的映象呢？康德关于物自体的学说，贝克莱关于存在就是被感知的学说，以及现在风行一时的“一人一世界、世界就在你心中”等观念，都是重要的哲学问题。这就存在眼前世界和眼中世界，即心外的世界和心中的世界，是一个世界还是两个世界的问题。哲学路线上的分歧，从根本上说都离不开这个问题。争论了几千年，至今仍在争争吵吵。

我们今天不探讨这些问题，而只聊一个问题，即眼睛的问题。没有眼睛就会失明，就是盲人。可有眼睛照样可以失明。这种“失明”，我们称为“失察”，是失之“明察”。看问题可以有远见、有高见、有浅见、有短见，有的明察秋毫，有的目不见泰山。原因当然不在于眼睛的视觉功能，而在于对眼睛所感知的事实的不同判断。眼睛的生理功能就是看，作出判断的不是眼睛，而是思维。

中国人常说，知子莫若父。其实最不了解儿子的可能是父亲，不要看是在自己眼皮下长大的，但常常却因为爱蒙蔽了眼睛。天下真能看出自己儿子缺点的父亲并不多，看出缺点不为其辩护的父亲更不多。有人调侃说，恋爱时智商最低，是白痴。父母何尝不是如此。古今都证明，凡对子女溺爱的人，头脑是昏的，眼睛是瞎的。有的学者曾以明代宰辅杨士奇为例。杨是江西泰和人，出身寒门，早年为塾师，能做到宰辅，确实不易，说明他不是不明事理的人，可偏偏在对待儿子的问题上看不明白。明明他儿子横行乡里，无恶不作，有人告诉他，他就是不信，反以为是嫉妒，后来儿子犯罪被判重刑，他才后悔莫及。

什么是有色眼镜？自私是有色眼镜，溺爱是有色眼镜，各种各样的利益是有色眼镜。凡为利所蔽，就如同戴上有色眼镜，与自己利益相关的事不容易看清楚。所谓当局者迷，当局者，就是利益攸关方。千万别以为认识就只是用眼睛看。认识是复杂的，有知、有情、有意。认识活动不是单纯的看和反映，而是有着情感与意志参与的复杂过程。就情感而言，凡自私之心、溺爱之心等都影响认识。可以说，不出自公心、为私心所蔽，就不可能有科学认识。列宁说过，只要几何定理触犯一些人的利益，就会有人要求修改。人的意志，同样参与认识活动。真理性认识是个艰苦过程，失败、再失败，历尽磨难，像唐僧取经一样，科学家为一件发明或发现终生奋斗的事例不少。在科学领域中，没有意志，半途而废，很难有所成就。马克思在《资本论》中把科学研究比喻为爬山，只有不畏艰险的人才有可能攀到高峰，这是很有道理的。不畏艰险，就是意志坚定。

眼睛是感觉器官，是外界事物进入大脑的通道。一个人闭目塞听，通道不畅，当然影响认识。但有眼睛不一定就能形成正确的认识。一个人思想不对头，思想方法不对头，把事实放在他面前，他照样看不明白。这就是为什么可以有失明的哲学家、科学家、文学家，而同时会有一群眼睛明亮的大傻瓜。你们要保护眼睛，更要保护大脑。中国哲学把大脑称为“心”。我们不仅要用眼睛看，而且要用心思考。

我想起《六祖坛经》中神秀和慧能各做一偈争夺衣钵的故事。神秀的偈是：“身如菩提树，心如明镜台。时时勤拂拭，莫使惹尘埃。”而慧能的偈则相反：“身非菩提树，心非明镜台。本来无一物，何处惹尘埃。”结果是神秀落选，慧能得传衣钵。我们普通人难以理解，何以慧能高于神秀。大概禅宗的禅在于玄。如果心外无物，心性本空，人类如何认识？我们无法按唯物主义原则来理解禅宗。我读《五灯会元》就读不懂。不过我还是说，坐禅谈玄，可供清谈，但绝不能治国、治事，也难治身。你们可以读点这方面的书，但不要入迷。你们一定要注意，心盲比目盲更不幸。

5. 谈坐

社会制度与日常生活有关系吗？当然有。日常生活中的不少规定往往可以表现社会制度的本质。在封建社会中，衣食住行都与等级制不可分。就说坐，名堂就很多。

小时候，父亲总是教我：坐要有坐相，站要有站相。我不懂何谓坐相、何谓站相。我父亲从小当学徒，垂首侍立惯了。他的坐相与站相大概是学徒的规矩。后来，我读点历史书，知道点人情世故，才知道“坐”不简单，可以传达很多信息。如踞坐、前席、短坐，都表明不同的身份和态度。

《史记·高祖本纪》中载，刘邦因攻秦军，战不利。“西过高阳”，自称高阳酒徒的郦食其求见，“沛公方踞床，使两女子洗足。郦生不拜，长揖，曰：‘足下必欲诛无道秦，不宜踞见长者。’于是，沛公起，摄衣谢之，延上坐”。还有一段是记载秦末名将英布见刘邦的故事，说英布在叛楚归汉之时曾去见刘邦。“淮南王至，上方踞床洗，召布入见，布大怒，悔来，欲自杀。”英布见刘邦踞床见他，视为最大侮辱，甚至想自杀，可见踞坐是最为无礼。床，胡床，就是现在的椅子；踞坐，大概是两只脚叉开，显得傲慢无礼。

古人席地而坐，如果屁股离开后腿，上半身朝向对谈的人，即所谓“前席”，大概是恭敬之意。唐人李商隐的诗：“宣室求贤访逐臣，贾生才调更无伦。可怜夜半虚前席，不问苍生问鬼神。”我们不管汉文帝是关心民生还是求长生之术，我们注意的是“虚前席”这个肢体语言表现的礼

节，代表的意义。如果真有此事，可能收获不大，因称之“虚”前席，白白地浪费了宣室的夜半秘谈。

坐的学问大，在不同社会制度下具有不同的政治化的符号意义，例如在中国封建社会，坐什么、如何坐，等级森严。皇帝坐的是龙椅，任何人都不能一试，哪怕是坐片刻，都得满门问斩，因为坐龙椅说明有叛逆之心。即使龙椅空了，太监经过龙椅仍然如同见皇帝一样毕恭毕敬。据说北宋时期，一品官员坐的是凳子，二品官员坐的是坐凳。有一个叫丁谓的大臣从一品降至二品。皇帝说赐坐，太监拿来凳子。他连忙说他是二品，太监马上换成坐凳。资本主义社会取代封建社会以后，这套严格的等级排座的规矩没有了。但国家首脑会见，如何排座位，如何接见，仍然是坐有坐相、站有站相。两边侍立的人员，都是训练有素的，一点也乱不得。如果接见时叉开双腿或者来个二郎腿，是严重失礼，甚至成为外交事件。我们普通老百姓交往没有这么多规矩，但还是有些基本的东西。不会让来客傍坐，更不会让来客坐矮凳，自己坐沙发。除非是自己的晚辈，否则对来客绝不会如此。

坐，仅是一例而已。坐的方式由席地而坐到垂足而坐，坐具从简单到如今品种繁多、高档华贵，都与社会发展变化相联系。透过人们的日常生活，衣食住行，穿衣吃饭，既可以看到一个民族生活方式的文化传统，又可以看到其中体现的社会发展和制度性变化，而且可以看到礼，包括礼仪、礼节、礼数在社会人际关系中的作用。一个不讲“礼”的社会，如同不讲“理”的社会一样，令人不快。

2013 年 9 月 6 日参考消息有篇文章是转载英国《每日邮报》9 月 4 日的文章，标题是《奥巴马踩桌照挨批》。该文章报道奥巴马在白宫办公室多次穿着鞋子把脚搁到桌子上，文章批评“奥巴马总统坐没有坐相”。

你们是哲学博士，不仅要会讲理，讲哲理；也要讲礼，讲人际交往之礼。有理、有礼，这样才显出你们的素质。

6. 谈人情

人情，是极具温馨的字眼。情感，是人们相互联系的精神纽带。亲情、友情、爱情，历来为人称道。人而无情，岂可为人。鲁迅先生说“无情未必真豪杰，怜子如何不丈夫”，足见鲁迅爱子之心。但人情也有其消极方面。我不是说现在的人情债成为生活之累，这还是小事。人情大于王法的观念，就极端不利于法治国家的建设。在中国，我们会犯一些错误，往往是受三姑六姨之累，被拖下水的。

在西方，这个问题比较清楚，法律高于人情。可中国不同，中国传统文化尤其是儒家文化重伦理和人情。孔子曾与人争论父亲偷羊，儿子要不要告发的事。这是涉及法律与伦理关系的大事。孔子主张“父为子隐，子为父隐”，伦理置于法律之上。这个问题历来引起争议。美国哥伦比亚学院哲学教授史蒂芬·T·阿斯玛出版了名为《反对公平：赞成偏袒》的书，就认为“世间上没有绝对的公平”，认为亲亲相隐“并非自私行为”，在日常生活中，人们都在情感上倾向亲情，而非倾向公平。他说，“在西方，无论是童话寓言、宗教文本，抑或哲学伦理，都鼓励人们淡化人情纽带，要求公平地分配各方权重。但我认为孔子的亲亲相隐原则有着特殊的价值和意义。以人们的日常生活为例，例如我开设的一个酒馆需要乐队，即使我哥哥的乐队的水平比另一支乐队的水平低，我仍然会优先照顾我哥哥”。作者在这里混淆了两个不同的问题。在人们的交往中，肯定有亲疏远近、朋友与路人之分。人们在困难中更自然地指望从亲人或朋友那里得到帮助，而不是从路人那里得到帮助。因此，毫无疑问，在情感上倾向于前者而不是后者。这里不存在法律问题，也不存在法律意义上的公平问题。这是纯粹的私人交往，利益上的照顾与否只涉及照顾者和被照顾者之间的个人关系，而不涉及法律规定的第三者利益。

在日常生活中，我们不可能排除情感因素。人际关系中就包含主体之间的情感关系。对亲人和朋友不可能没有情感上的偏爱，一视同仁只是说说而已。关键是情感倾向涉及的问题的性质。撇开问题的性质，抽象地争论情感因素在人际关系中是否应该被排除，难以说清。在涉及民族大义、大是大非的问题上，应该坚持大义灭亲的原则，这是中华民族的优秀传统。《铡包勉》久演不衰，成为保留剧目的原因正在于此。包公既依法处置侄子，又安慰劝说嫂子，严格执法，又低头赔情。

在不涉及大是大非的问题上，情感偏向当然应该尊重。然而，当问题涉及法律，则是另一性质的问题。例如，名义上公开招标，但暗中却偏袒亲友，这就超出了情感因素的范围，涉及法律问题。包括高考、公务员考试等，都应该按规定办事。事先已为所有人设定共同标准，任何人在这个标准面前都应该平等。如果在标准面前以亲情为依据而摒弃共同标准，这种亲情偏向就是徇私。

徇私与“隐”不同。徇私是枉法，而“隐”是不主动举报。当“隐”成为包庇罪犯，则同样成为法律问题。在法庭上亲人可以不举证、不检举，但不能做伪证；可以对判决表示赞成或反对，或者对判决有情感上的期待，这都是可以理解的，但不能通过各种方式干预审判。南非残奥运动员世界冠军皮斯托瑞斯枪杀女友的事，检察官以无可辩驳的理由说明是蓄意谋杀，而皮斯托瑞斯坚持是误杀。当时出庭旁听的父亲、哥哥、姐姐坚信是误杀。这种所谓“坚信”，往往是由于情感的原因，而非事实的依据。法律可以不采用，但不能认为他们的“坚信”有罪。

由于中国长期的农业生产方式和以其为基础的人际关系，故而中华民族具有人情大于王法的观念传统。这不利于法治建设。在情感与法律的相互关系上，法律应该具有至上性、权威性。在法律面前应该人人平等，不能因为是名人、要人、亲人而徇私枉法。法律强调的是理，个人强调的是情；法律强调的是公平，情感强调的是偏袒。它们分属于不同的范围。如果法律以情为依据进行判决，就是徇情枉法；如果对判决的期待不存情感偏向，则是无情。

我遇到过一位农村学生，其就业选择颇费周折。按照他自己的志愿和条件，到高校比较合适，可父母、亲戚都希望他在政府机关工作，尤其是在本省、本市。有些人以为只要家里有人在政府工作，就不仅可以抬头做人，而且会带来许多方便。如果碍于亲情，选择在政府机关当公务员，首先要弄清人情与王法的关系。这不仅是个法律问题，也是个哲学问题。任何时候都不能把亲友之情置于法律之上。中国至今仍然是人情社会，如果为人情包围，很容易掉进人情陷阱。

7. 谈性情

中国语言中，性与情合组为“性情”。这不是单纯的词组，而是有着深刻道理的哲学范畴。

没有性，就没有情。人类的男女之情源自性，父子之情、父母之情、兄弟姐妹手足之情源自人的血缘关系。人的性欲、人的血缘关系都属于人的自然本性。只要是人，就有情欲；只要是人，就有血缘关系。因此，情是性的必然表现。性不可见，能见的是情。情是性的外在流露或迸发。

人不仅有自然之性，这就是男女之情、血缘之爱；人还有社会性，这种由人的社会性产生的情，则具有社会特性。人的爱国之情、乡土之情、朋友之情，都不是源于自然本性，而是后天的社会性情感。从爱好来说，人还可以对某种东西怀有特殊感情，爱之如命，如对舞蹈、对音乐、对文学、对京剧、对昆剧或其他剧种等。人可以各有所爱，甚至爱之成癖。这不是自然本性，而是在某种特殊境遇中形成的感情。“情有独钟”，是情不同于性之处。人的自然本性相近，而情则可“独钟”。比起那源自自然本性的自然之情，社会之情处于更高的层次。它体现人的文化素质和教养，反映社会文明和道德发展的水平。

无论中外，凡属感人之作都是歌颂情而非渲染性，把情放在性之上。我记得我读《唐宋传奇》之《李娃传》，就深为长安娼妓李娃与常州刺史荥阳公的公子的不离不弃的爱情故事所感动。唐玄宗李隆基当皇帝不怎么样，可由白居易一曲《长恨歌》中的“七月七日长生殿，夜半无人私语时。在天愿作比翼鸟，在地上愿为连理枝”，而被塑造成为多情的风流皇帝。秦观之《鹊桥仙》，以七夕牛郎织女星相聚为喻，歌颂情胜于欲。下片中之“柔情似水，佳期如梦，忍顾鹊桥归路。两情若是久长时，又岂在朝朝暮暮”，为千古绝唱。人们喜欢《卖油郎独占花魁女》中的卖油郎，而痛斥《杜十娘怒沉百宝箱》中的李甲，就是情与欲的选择。至于脍炙人口的《罗密欧与朱丽叶》，感情至深，同样如此。人的情爱源于欲，又高于欲，这是人与动物的不同之处。爱情不是动物的发情，而是人的感情。我们现在流行的床头加拳头的影片，与中外名著中的关于情爱的书写相比，高下立见。

我们重视情，当然不会无条件地贬低欲，欲不可纵，但不能废，应该以义制欲；情可感人但应有度，应该以理制情，即情不应该是非理性的。看到当代年轻人因恋爱而殉情，我总是想，我们的时代是新时代不是封建时代，封建时代殉情可以具有反封建的意义，而在当代为失恋而殉情，则是一种错误的婚恋观。不过话又说回来，当代殉情者极少，而忘情、滥情甚至无情者则更多。

据说，大学生中谈恋爱的成功者极少，毕业后劳燕分飞者不罕见。这可以理解，恋爱时期本来就是一种选择，无可非议。而博士生中夫妇重新组合的也有所闻。这种情况与大学生谈恋爱不同，因为双方已经不是自由之身，各有家庭。因此，这种感情中更应该注重理性的思考，才不会成为情的奴隶。我们是老辈人，可能思想大大落后于时代。但以理制情的哲学原则，我以为在任何时候都是有用的。

8. 谈庸人

你们是博士，当然不能被归为庸人，你们是高水平的人。但是，文化水平高、学历高与一个人是否是庸人并非绝对对立的。是否是庸人，关键看如何处理理想和现实的关系。

庸人，是没有远大理想、鼠目寸光的人。有理想、有信仰的人，必定是高瞻远瞩、不为一时得失而动摇的人。信仰和理想是精神支柱。而一些所谓“现实主义”者往往是实用主义者。他们的所谓现实就是眼前的现实，而不是发展着的现实。适应眼前现实，必然不讲原则，只讲当下有用。

马克思主义者是理想主义者，也是现实主义者。两者是结合的。不包含理想的现实主义，往往就是将就眼前的事件，放弃原则；而没有现实基础的理想主义，往往是空想，是乌托邦。恩格斯说得很形象：“我们不应该为了理想而忘掉现实，为了席勒而忘掉莎士比亚。”既要仰望天空，更要脚踏实地，否则会成为被侍女嘲笑因仰望天空而掉入泥坑的泰勒斯。

对理想与现实的关系，中国是有过经验教训的。“大跃进”时的十年内超英赶美和跑步进入共产主义，是空想，而不是理想。列宁说：“不这样把理想归结为事实，这些理想始终是天真的愿望，决不可能为群众所接受，因此也决不可能实现。”我们现在的思想倾向，包括我们的博士生的思想倾向，值得注意的是缺乏理想主义，过于现实主义。他们把共产主义理想视为乌托邦，当作笑谈。津津乐道的是手中握住的麻雀，嘲笑天空展翅的雄鹰。这种所谓现实主义者，实际上应被归于嘲笑理想的庸人之列。

一个民族挤满了太多这样的庸人，必然缺少生机活力，这是民族的灾难。

最没有力量的国家，是人心涣散、理想缺失的国家。虽然人口众多，但若人心涣散，国家仍然是孱弱的。中国近代历史证明了这一点。虽然是小国，但若人人怀有理想和信仰，国家仍然是不可征服的。列宁说过，一个国家的力量在于群众的觉悟。只有当群众知道一切，能判断一切并自觉地从事一切的时候，国家才有力量。觉悟就包括对理想和信仰的坚持。我希望你们既有高学历、高水平，又有远大理想和抱负，才不会坠入庸人的行列。文化水平不高但有强烈的家国情怀的普通人比高学历的有学问的庸人，更受人尊重。

9. 谈心胸狭隘

心胸狭隘，可能是性格问题，可能是眼界问题，但更可能是思维方法问题。心胸狭隘、目光短浅、好忌妒的人，事事感到不痛快、不快乐，不可能健康，更不用说长寿。牢骚太盛防肠断，风物长宜放眼量，这是一种哲学眼光。有这种眼光的人，是大气度的人，是永远乐观的人，也是最不容易患心理疾病的人。从这个角度说，思维方法的确重要。庄子说“病病者犹未病”，还说“外生则生存”，都是很好的药方。至于枚乘《七发》中的楚客为吴太子治疗的药方，则完全是哲学的方法。吴太子患的是心病，心病只有心药医。楚客的一席话使吴太子不药而愈，这大概就是近世的话疗。

当代西方有学者提倡治疗哲学，即哲学可以治疗疾病。有的说可以治抑郁症。能否治疗抑郁症，我不能断定，因为抑郁症是一种疾病，需要服药治疗。但我相信心情开朗、思维辩证、不钻牛角尖，对防止疾病，无论是生理的还是心理的疾病，肯定会有帮助。

我对孔子说的“知（智）者不惑、仁者不忧、勇者不惧”这三句话，特别喜欢。我把它视为快乐哲学。智者，不信鬼神，不迷信命运，不信偶像，因而不惑。智者相信理性，能够分清是非，对事、对人能作出正确判断。不惑非常重要。庄子说：“小惑易方，大惑易性。”小的惑可以使人无法辨别方向，而大惑则可以改变人的本性。仁者不忧。人的忧，或忧富贵贫贱，或忧生死寿夭。仁者，不惧贫贱，不忧生死，何忧之有？勇者不惧。勇者并非勇于力，而是勇于心。能够战胜自己的私欲、错误。胜人者有力，而胜己者才是内心真正坚强的勇者。我们常说，要勇于承认错误、勇于承担责任、见义勇为、勇于战胜自己，这都与勇于对待自己有关。恃强凌弱者仅具匹夫之勇，见到更强者则成为懦夫。

存在主义是一种悲观厌世的哲学。如果我们信奉“我的存在是我最大的负担”，若烦、畏是人的本真，我们不可能过有意义的快乐的人生，最终只有自我了结完事。叔本华、尼采都是哲学的大家，但他们的哲学无助于人过快乐的生活。与其相信叔本华、尼采的悲愤疾世的哲学，我宁愿人们践行“知（智）者不惑、仁者不忧、勇者不惧”的教导。

10. 谈焦虑

你们是不是有时会感到焦虑？焦虑是个心理学问题，但我们学哲学也应该懂得焦虑的本质和消除焦虑的方法。

并非任何焦虑都是坏事。正常的焦虑可以提高人的警惕性，可以促使人想方设法避免危险，可以成为行为的一种动力。焦虑是人们正常生活的一部分，但对不应该焦虑的事过分焦虑，则是一种病态。这种事事焦虑不在我们讨论之列。

没有人没有过焦虑。消除不必要的焦虑的方法，可以是心理学的，也可以是哲学的。最简单的哲学思维方法就是善于计算事件发生的概率，而不能陷于"一切都有可能"、"万一"、"也许会"、"谁说得清楚"之类的思维方式。如果坐飞机心里怀有"可能"、"万一"，肯定一上飞机就七上八下。坐火车也是如此，甚至走在人行道上也可能有"万一"的时候。报纸上就有汽车冲上人行道把在车站候车的人撞死的报道。如果我们怀着"一切都有可能"的思维方式，就会终日惶惶不安。怎么办？应该具有计算概率的思维。

我们不能把危险的程度建立在"一切都有可能"、"万一"上，而应该建立在概率上。例如，每年飞机失事死亡的人数是多少，还不及汽车的千分之一。人行道上等车被撞的可能性是多少，几十年难遇。有过睡觉猝死的人，难道因此人人都不睡觉吗？实际上猝死的人数占正常死亡的人数的比例微乎其微，可以放心睡觉。凡事应该通过计算概率来确定应对方式。对应该焦虑的事，提高警觉性；对不应该焦虑的事，放心睡觉。要不，只能终日处于焦虑之中。

当然，这只是解除焦虑的思维方法，绝不是说可以无须防范概率小的偶然事件。人应该防范偶然性，但不能害怕偶然性。害怕偶然性，必然焦虑，因为人时刻都处在自己无法把握的偶然之中。为可能出现的危险担忧和对它进行防范是不同的。比如，坐飞机是安全的，但有偶然性，因此，坐飞机应该按照要求系好安全带。又如，猝死的概率是极小的，但应注意健康保护，检查身体，有心血管病、高血压要积极治疗。这是防范，与害怕猝死而终日惶惶不安完全不同。前者为万一而害怕一万，后者为万一而提高警惕，提防一万中出现“万分之一”。有哲学思维的人应该防范偶然，但不害怕偶然；提防万一，而不害怕万一。只有这样，才能安心生活。有这种思维方式和行为方式的人，才是智者，有点哲学家的味道。

中国有个成语叫“杞人忧天”，语见《列子·天瑞》：“杞国有人，忧天地崩坠，身亡所寄，废寝食者。”这个成语故事是嘲笑那些瞎操心的人。杞人忧天固然可笑，天不会塌，可天上掉石头砸死人却是事实。2013 年 2 月 15 日早晨，俄罗斯车里雅宾斯克州的上空突然掉下重十吨的陨石，震塌房屋，震碎玻璃，近千人受伤。据科学记载，陨石是常见天文现象，是小行星相互撞击而产生的碎片。“天”时刻都在掉，不过掉下的不是“天”，而是天上星星的碎片。看来杞人忧天还真有点道理，然而我们因此要像古代杞国人那样天天惴惴不安吗？当然不必。陨石砸伤脑袋的概率，微乎其微。如果每天为此日夜担心，就近乎患焦虑症了。

11. 谈谦虚

年轻人血气方刚，年少气盛，容易狂放不羁，出语伤人。这不好。人应该学会谦虚，要学会谦虚。谦能得人，虚能容人。要实心实意地有谦虚之情，必须懂得为什么必须谦虚的道理。不懂谦虚之道的谦虚，往往是假装的。凡是假装的谦虚都会因人而异，因势而异。“一阔脸就变”，这不是谦虚，而是虚伪。谦虚与虚伪往往容易相混。你们是哲学博士，是高学历者，在中国马克思主义哲学博士并不太多，你们必须懂得谦虚。

从知识角度看，我们的水平是有限的。知识的海洋，浩瀚无际，专业各异，自然科学、社会科学、人文学科，种类繁多，哲学只是其中之一，而马克思主义哲学又是众多二级学科中的一种。即使你们是马克思主义哲学的博士，可是马克思主义哲学也是一个庞大的学科群，不仅包括马克思主义哲学史，还包括马克思主义哲学原理。而马克思主义哲学史就极其丰富，一个人毕生研究马克思很不容易，还有恩格斯，如果要精通他们二人的思想就更不容易。从纵向方面看，马克思主义哲学包括一百七十多年的历史，人物众多，流派纷呈。我看没有一个人敢言自己精通马克思主义哲学史，原理同样如此。老实说，其中一个原理的深入探讨都可能需要多年的努力。“学业有专攻”，我们不可能全能。至少应该懂得这一点。了解这一点，我们就会谦虚点，不会目中无人。此其一。

从辩证法角度看，谦虚之道就是辩证法。中国古人说，尺有所短，寸有所长。尺与丈相比，当然短；寸与分相比，当然是长。长短相较而存在。懂得辩证法的人，才会懂得谦虚。水太满则外溢，器具太满则不能盛物。你们是博士生，属于有学问的人，但不是什么都能。我以太阳和月亮为喻。太阳的光辉普照大地，月亮的清光举头可见。但即使如此，它们仍然有照不到之处。灯烛之光，无论如何都无法与太阳和月亮相比，但它可以照到太阳和月亮照不到的地方，例如桌子底下、地窖中或其他任何太阳和月亮照不到的角落。这就是说太阳和月亮无论怎样普照大地，由于高高在上，都会有照不到之处；灯烛无论怎样微弱，也可以照到太阳和月亮照不到的地方。古人说，“日月至光至大，而有所不遍者，以其高于众之上也，灯烛至微至小，而无不可之者，以其明之下，能照日月之所蔽也”。我们从这里可以悟出一个道理，人切莫自大，自大为臭。再伟大的人，也可能有失察之处；普通人，也可能有千虑之一得。如果认为博士毕业就高人一等，这就不懂哲学。

在人际关系中，谦虚的人最容易团结人，受人尊重，而狂妄自傲的人，最不招人待见。《易经》中说，“有一道，大足以守天下，中足以守国家，小足以守其身，谦之谓也”。可见谦虚的重要性，守天下、守国、守身都离不开谦虚。老子《道德经》中以水为喻教导人们应该谦虚：“江海之所以能为百谷王者，以其善下之也。”还说，“上善若水，水善利万物而不争，处众人之所恶，故几于道矣”。我已八十多，虽然阅人不多，阅世不深，但还是看到过凡是桀骜不驯、老子天下第一的人，没有一个有好结果的。要记住我对你们说的，尽力做事，夹着尾巴做人，这是谦虚而不是怯懦。

真正有学问的人是谦虚的，因为他志存高远，目标远大。费希特在《论人的使命》中讲过这个道理，他说，“学者有理由成为最谦虚的人，因为摆在他面前的目标往往是遥远的，因为他应该达到一个崇高事业的理想境界，而这种理想境界他通常仅仅是经过一条漫长的道路逐渐接近的”。最骄傲自大的人，往往是最没有学问的人。最自满的人，往往是半瓶醋。半瓶醋自以为是满瓶，故称为自满。真正满瓶就不会晃来晃去。

12. 谈消费

你们现在的消费观念和水平与我的子女读大学时的消费观念和水平，不可同日而语。时代不同、条件不同，但基本的哲学道理应该相同。消费型社会面对的一个最大问题，是如何看待消费与节约的关系问题。

按发展生产来说，必须拉动需要，特别是内需；按治国教民来说，应该提倡节约。如何找到节约与发展生产、推动内需之间的平衡点，是个难题。问题是如何区分正当消费与奢侈。在这个问题上，哲学家与经济学家可能存在分歧。经济学家着眼于经济的发展和生产力的提高，以需要为动力，以消费促生产，而哲学家则考虑过度消费对人、人性、人的道德产生的负面影响。

在我看来，奢靡之风和过度消费不属于拉动内需的范围，是既不利于生产发展也不利于人的健康发展的畸形消费。它就是浪费资源、破坏环境。虽然它能增加 GDP，可这种 GDP 是不值得夸耀的。我们应该满足人的正常需要，包括物质的和文化的需要。我们应该反对拉动内需旗帜下的奢靡之风。

情不可绝，欲不可灭，但必须以理制情，以理制欲。社会越发展，特别是市场经济下的牟利引导，种种煽情纵欲之诱惑扑面而来。纵欲是对民族精神的戕伐。古人都知道欲不可纵，提倡节欲。“夫人生而有情，情发而为欲，物见于外，情动于中。物之感人也无穷，而情之所欲也无极。是物至而人化也，人化也者，灭天理矣。”“夫欲至无极，以寻难穷之物，虽有贤圣之姿，鲜不衰败。故修身治国也，莫大于节欲，《传》曰：‘欲不可纵。’”

《说苑》中也反复论述到情与欲的关系：“孔子曰：中人之情，有余则侈，不足则俭，无禁则淫，无度则失，纵欲则败。”在当今社会中，我们见到一些官员和老总的自我败亡之路，无不是在财与色上栽跟斗，即败于贪财纵欲，也就是古人说的“物至而人化”。

而今的博士生毕业没有条件可以奢侈，会有一段时期生活感到紧张。我说的话，这对你们生活条件改变后有好处，也算防患于未然。

13. 谈死

人世间最重大的事，莫过于死。没有死亡，就没有宗教。宗教就是创造一个不死的世界，让灵魂继续在另一世界存活。没有死，哲学就会失去最有智慧的部分。如何对待死亡，是哲学智慧的重要部分。如果没有死亡，庄子哲学就会失去它的价值。甚至可以说，全部中西哲学中许多重要内容都会因此失去光彩。使人从死亡的恐惧中解脱出来，是古今中外许多哲学家全力以赴的事，可不会有任何结果。对死亡的恐惧似乎是人的本能的一部分。蝼蚁尚且贪生，何况人乎！哲学家谈论生死几千年，宗教从产生起无时无刻不要求人从死亡中解脱，向往极乐世界或天堂，可人还是愿意留在人间。可不能由此得出没有必要讲生死观的结论。

对死的分析可以有两个角度：科学的角度和价值的角度。科学的角度容易讲清楚。像庄子说的，生死如日夜之常，是自然规律。恩格斯在《自然辩证法》中说过，“今天，不把死亡看做生命的本质因素、不了解生命的否定从本质上说包含在生命自身之中的生理学，已经不被认为是科学的了，因此，生命总是和它的必然结局，即总是以萌芽状态存在于生命之中的死亡联系起来加以考虑的。辩证的生命观无非就是如此”。恩格斯还补充了一句，“生就意味着死”。生死相依，再蠢的人、再怕死的人都无法否认这个事实。这是铁的规律。虽然曾经有过秦始皇求长生不老药，有过汉武帝受李少君之骗的事，但人人会死，一个也不能少，毫无例外。

对死的科学分析是容易的，是无法否认的，最难的是价值判断。既然人终究必有一死，那生还有什么意义呢？贤与愚、肖与不肖、好人与坏人、穷人与富人、达官贵人与贩夫走卒，最终都是坟头一个，有什么区别呢？亚里士多德在他的《伦理学》中也说过，死亡是终结，而且对于死者来说，一切都随着他个人的死亡而丧失了全部价值。的确，人的死亡意味着人间一切的了结。人的价值被死亡所淹没。如果按照这种死亡观，人的生存没有任何意义，因为最终必有一死。可我们要弄明白，死是生命的终结，但不是生命价值和意义的终结。不是有人说过，“有的人活着，他已经死了；有的死了，他还活着”。

我们可以反过来说，如果人人不死，都与天地同老，与万物同春，那人的生存有什么意义？何必讨论人生意义和价值问题呢？人生意义和价值问题的产生，正在于人人有死，人生短促。如何在有限人生中尽一个做人的责任，这才产生人生意义和价值问题。不死的东西不存在价值问题。不同的人生观价值观，主要表现为对生与死的意义的不同认识。所谓“人必有一死，或重于泰山，或轻于鸿毛”，讲的就是在短暂人生中的人生意义问题。“人生自古谁无死，留取丹心照汗青”，是一种对人生意义的理解；好死不如赖活，又是一种理解。由于人皆有死而否定人生的意义，否定对生的价值判断，两眼一闭，管它怎么说呢。如果抱着这种生死观，为善为恶、好人坏人都是一样，反正人人归于一，最终都是死。这种生死观是最无道德、最无责任、最无担当的生死观。

死，是无可逃避的。由于有死亡而看破红尘或人未死而心先死，都解决不了生死问题。如果寻求解脱，从对死亡的恐惧中解脱出来，最好的方法就是勇敢地面对死亡，快乐地生存，过有意义的生活。如果逃避死亡，寻求解脱，实际并未解脱，因为心存解脱之心，证明仍生活在对死亡的恐惧之中。真正的解脱应该是既认识死的必然性，又懂得生的价值。既热爱生命，又敢于走向死亡。这才是真正懂得生与死。孔子告诉他的学生，“不知生，焉知死”，这是充满智慧的回答。死是必然的，不需要探讨，不请自来，要紧的是如何过有意义的生活。只有生的伟大，才有死的光荣；若生的卑鄙，则死的猥琐。

你们正年轻，如旭日东升，正是早上八九点的太阳。生与死的问题没有进入脑海中，不像我这个老头子。可是你们不仅是年轻人，还是一名哲学博士。作为哲学博士，你们必须考虑这个问题，因为生死观是哲学中的重大问题。不思考这个问题，不能树立正确的生死观，你们的哲学就学不好。

第二章

生活的世界

1. 谈生活世界

我们生活的世界是物质世界，是一个不依存于我的世界。世界的物质性讲的就是，人生存于客观世界之中，而非客观世界存在于我心中。存在于人心中的世界，只能是客观世界的主观存在。这是唯物主义和唯心主义争论的最大的原则问题。

从本质上说，我们生活于其中的世界，是物质世界，但不是与我无关的世界。人只能生存于人自己创造的世界之中。我们把这种由人和人类活动构成的多姿多彩的世界，称为生活世界。这是人类活动的世界。如果停止生产，人类生活世界就不复存在。除物质生产外，人还有政治活动、文化活动，包括人们的婚丧嫁娶、生儿育女等。总之，一切世俗生活都属于生活世界，它构成了人类社会。马克思关于社会生活的本质是实践的论断完全正确。如果没有人类种类繁多的实际活动，社会及其多样性就不复存在。人类生活世界不是离开物质世界的另一个世界，它存在于物质世界之中，是在客观物质世界被人化的过程中出现和存在的“人”的世界。

生活世界是属人世界。生活世界并不能取代物质世界。除了“人”的生活世界外，动物有“动物世界”，植物有“植物世界”。可以说，世界包括“各界”，有无数各种各样的小“世界”。人的世界之外，还有无穷无尽的世界。人有意识，也最为狂妄，自以为人的“生活世界”就等同于世界全体。纳须弥于芥子之中，其实人的世界在客观世界中如同芥子，地球村只是一个小小的村庄。但对人来说，它确实是一个重要的大村庄，人类世世代代生于斯，老于斯，代代相沿，人至今仍生活在地球上。

生活世界是人创造的世界，是一个能够适合人生存与需求的世界，因为它是人的对象化世界。人把它艺术化、科学化、合理化。自在世界不可能满足人，人以创造满足自身的存在，创造出许许多多原来世界没有的东西。但人化世界又不等于合理世界，不等于一切都合乎人类生存需要的世界。人不仅有可能破坏自然，还有可能破坏社会自身。在生活世界中，每个阶级的处境不同，人的境遇也各不相同。有富人、有穷人，有人杀人、有人被杀，有种种不公正不合理的现象。生活世界时时刻刻都在上演各种戏剧，有悲剧有喜剧，有战争有苦难，有天灾有人祸。正因为现实的生活世界并非都是合理世界，更非都是理想世界，因此，进入阶级社会以后，就产生了各种对现存世界、对现存社会种种不合理现象的抗议。它可以表现为艺术，即诗歌和小说；也可以表现为理论，即社会理想。

中国儒家经典《礼记·大同》期待的就是一个理想化的世界，但实际上也是对现存世界的抗议。“大道之行也，天下为公，选贤与能，讲信修睦。故人不独亲其亲，不独子其子，使老有所终，壮有所用，幼有所长，矜、寡、孤、独、废疾者，皆有所养，男有分，女有归。货恶其弃于地也，不必藏于己；力恶其不出于身也，不必为己。是故谋闭而不兴，盗窃乱贼而不作，故外户而不闭，是谓大同。”从《诗经·伐檀》到屈原的《离骚》……中国历朝历代忧国忧民的诗人的诗歌中，无不包含强烈的批判社会现实不合理现象的内容。

西方也是如此。不仅有柏拉图的《理想国》，托马斯·莫尔的《乌托邦》、康帕内拉的《太阳城》以及著名的英法三大空想社会主义著作，它们无不包含对现实生活世界的强烈批判。著名的弗洛伊德主义精神分析学家埃里希·弗洛姆写的《健全的社会》就是从精神病学、从人格健全的角度批判资本主义的名作。

人的世界是人创造的适合人生存的世界，这是人类文明的进步；同时又包含不合理的部分，这是进步的代价。这就是矛盾。人的生活世界既有人与自然的矛盾，也有人与社会的矛盾。否定生活世界的合理性，赞美莽莽未开化的原始状态，企图倒转历史车轮，回到太古时代；或倡导看破红尘，栖身寺庙，退回山林做隐士，都不是解决人类世界不合理现实的方法，最多是独善其身而已。可在混浊的泥水中独洁其身，是很难的。

当然，不承认人类世界中存在不合理性，单纯为现实辩护则是另一种错误。黑格尔虽然是辩证法大师，但他说的“凡是现实的都是合理的”，明显包含为普鲁士帝国祝福和辩护的意涵。经过恩格斯的解释，它才被赋予真正辩证法的新意。

生活世界既是合理的又是不合理的。它具有合理性，人类文明、文化积累以及社会的发展和进步都是一代代人创造的结果。但它又存在不合理性，因此必须改造。马克思主义对待人类生活世界的态度既是肯定的，又是批判的、革命的。它从肯定中看到否定，从存在中看到发展，从消灭中看到新生。资本主义社会矛盾的激化之所以产生马克思主义、产生共产党，就是为了改变不合理的生活世界，创造一个理想的生活世界。马克思主义者是理想主义者，他们不满意现实世界才追求理想世界，但他们又是现实主义者，他们立足现实，构建理想的生活世界。马克思主义的社会主义之所以被称为科学社会主义，就是因为它立足现实，把对社会主义理想世界的追求建立在对资本主义现实的分析批判和充分吸收的基础上。

回归生活世界，成为当今哲学研究的一个重要趋向。但你们要注意，对生活世界的研究要防止经院哲学。只在概念上兜圈子，在主体意识范围内兜来兜去，弄得神乎其神，这不是真正回归生活世界，而是离生活世界越来越远，因为真正的生活世界就是现实世界，就是人生活于其中的客观世界。它是充满矛盾的非理想的世界，也是人类社会发展无法逾越的世界。以其为基础，人类便能创造更美好的未来。

2. 谈尊重生命

尊重生命，这是不错的。人的生命只有一次，弥足珍贵。世界上什么东西都能用钱买到，唯独生命是无价的，当然应该尊重生命。所谓尊重生命主要是指尊重人的生命。至于尊重其他动物的生命问题，则涉及生态问题、环保问题。我们不能滥杀其他动物，这不是出于宗教的众生平等或其他抽象道德原则，而是人与自然的和谐相处。但不可能人人食素，以某些动物为生是人类生存的需要。人可以合理饮食，但不可能绝对素食。那种既要食肉又要君子远庖厨式的人道主义，我认为是虚伪的。人不仅食肉，而且会为了自身的生命而消灭危及人类生命安全的动物，包括禽流感时期大量扑杀鸡群。我还没有见过以尊重生命、众生平等的名义对此提出的抗议。

尊重生命与生命至上主义不能等同。生命就其作为生命而言，对所有人都是一样的。西方一些学者，一方面，对十月革命和中国革命中因各种原因而死的人满怀人道主义情感，对革命者百般指摘；可另一方面，对几百年来西方殖民主义对殖民地反抗者的杀戮，对当代战争中死于先进武器下的大量无辜人民，不置一词。尊重一些人的生命，而又不惜毁灭另一些人的生命，这种具有明显倾向的所谓尊重生命，并非对生命的真正尊重。你们可以看到一个似乎矛盾的情况：高唱尊重生命者可以同时是最不尊重生命者。他们在战争中重视自己“零伤亡”，可又不断发明能一举消灭对方的先进武器。究竟是尊重生命，还是轻视生命？这难道不说明，尊重生命是个抽象的命题？他们肯定会区分谁的生命应该受到尊重，谁的生命不该受到尊重。新疆发生恐怖活动，许多无辜人民遭到杀害。西方某些人不关注被暴徒杀害的群众，反而指摘中国的反恐斗争。可见，尊重生命往往成为当今世界政治斗争的话题，映射出某些西方大国的偏见。

生命宝贵，自不待言。但在社会生活中，还有高于生命的东西。“生命诚可贵，爱情价更高。若为自由故，两者皆可抛。”裴多菲这首诗的可贵之处，在于他没有抽象地宣传生命至上主义，而是必要时把理想和信仰放在生命之上。我们的先圣孔子说过，“朝闻道，夕死可矣”。鱼与熊掌不能兼得时，孟子主张“舍生取义”。可见在孔孟看来，道与义的重要性在生命之上。

战争会死人。一将成名万骨枯，这是历史事实。“可怜无定河边骨，都是深闺梦里人”，也是历史事实。古来如此，当代也会如此。可战争确有正义与非正义之分、侵略与反侵略之分。如果我们的军人不准备打仗，不准备牺牲，奉行生命至上主义，就不能克敌制胜。对军人而言，爱国主义教育就包含必要时为国牺牲的教育。在中国长达二十八年的革命战争中，在抗日战争中，在多次保卫国家的战争中，我们牺牲了无数的革命战士。一个个可贵的生命、一个个鲜活的生命、一个个年轻的生命死于战场。有的永远埋骨异国，有的甚至骸骨无存，难以魂归故里。但我们不能因此对侵略者就不抵抗。毛泽东在《为人民服务》中说：“要奋斗就会有牺牲，死人的事是经常发生的。但是我们想到人民的利益，想到大多数人民的痛苦，我们为人民而死，就是死得其所。”当然，我们应该爱护生命，应当尽量减少不必要的牺牲。我们应该关心战死在他国的中国军人，尽量使遗骸还国，魂息故里。但抽象地宣传“生命至上”，宣传生命的“终极价值”，而没有任何具体的分析，只是就生命谈生命的宝贵，是一种哲学的错误。我们应该尊重生命，但更要尊重生命的意义和价值。否则一部人类历史、一部世界史，只是彼此的杀戮史，而非同时亦是保卫祖国、维护正义的历史。这种生命观要不得，你们应该用历史唯物主义的观点剖析。

3. 谈活和为了什么活

人活着和人为了什么活着，这是两个不同性质的问题。人活着不是人生观问题，而是属于自然科学，或者说是生物学问题。人活着是因为出生，人是父母所生；地球上存在人类，则是生物的进化。一个人，如果没有父母两性的结合，就没有自己；而没有生物的进化，则没有人类。可人为了什么活着不同，这是人生观问题。人活着可以说是自然因，而人为了什么活着则是目的因。

人活着是不由自主的，不是个人能决定的，任何人都不能决定自己的出生。而人为了什么活着，则决定于个人抱有什么样的人生目的。活和为了什么活是不同的。正如人们常说的，吃饭是为了活着，而活着不是为了吃饭。不吃饭不能活是生物规律，活着有没有饭吃是社会规律。饥饿是生理反应，反饥饿则是社会革命运动。

人活着的原因，人人相同、古今相同、世界相同，都是源于自然原因。可人为了什么活着，则各不相同。例如，孔子为道而活着，“朝闻道，夕死可矣”。他称赞颜回，一箪食、一瓢饮，回也不改其乐的求道不求食的人生态度。这就是儒者最为赞赏的“孔颜乐处”。可有的人是为了自己而活着，例如杨朱讲的“拔一毛而利天下，不为也”，人活着就是要全真保身；老庄也是主张人要活得自在，自得其乐，要像在天空自由飞翔逍遥游的大鹏，而不能乐人之乐。所以，孔子的入世、佛教的出世、庄子的避世，都属于人为了什么活着，都包含人生观问题。“今朝有酒今朝醉”和“先天下之忧而忧，后天下之乐而乐”，是不同的人生态度、不同的人生目的，即不同的人生观。

人生观的核心是理想和信仰。区别人生观的界线是不同的理想和信仰。人为了什么活着，就是指人怀有什么样的人生理想。对自己理想的执着追求就是信仰。信仰从属于理想，是实现理想的精神动力。理想支撑信仰，没有理想就不可能有坚定的信仰。共产党人视死如归的信仰是因为其理想的高尚和坚定。信仰动摇就是理想的破产。当前所谓信仰危机，本质上就是理想的缺失。没有理想，信仰当然会动摇；没有信仰，理想就难以支撑。如果认为共产主义是渺茫的乌托邦，如果因为社会主义现实生活中存在的诸多坏现象而感到理想破产，消沉愤世，则必然导致信仰危机。

信仰危机是人生观问题，可它的根源却在于世界观和历史观的错误，因为它不能对社会问题有正确的观察和分析。社会主义作为理想是完美的，因为它是图景；而作为现实总是会有各种各样的实际问题。因此，美好的社会主义社会是需要建设的，而不是一盘既成的美餐，端上来就可以吃的。贪污腐败需要反腐、道德需要教化、人的素质需要提高，社会主义就是在克服种种污泥浊水中前进。立志改变这种不合理的现实就是理想，相信它一定能改变就是信仰。如果没有这理想和信仰，面对种种不良社会现象感到无奈，必然会愤世嫉俗，甚至消极低沉。

马克思主义的共产主义理想并没有像宗教那样，约许人间天堂。约许是空头支票，永远无法兑现。马克思主义的科学社会主义是一种科学学说，是指导人们为社会理想而斗争的学说。它以社会历史规律为依据，描绘了人类社会发展的美景，但它要求组织政党动员群众为理想而奋斗。以争取人类美好社会为目标而奋斗是理想，相信它最终能实现就是信仰，而为了这个理想和信仰而实践就是行动，就是革命、建设、改革。

人与动物不同。动物也有生命，但动物不存在生命观的问题，它们是本能的生存。人不同，人有意识，有能力进行反省，因而能反问自己为了什么活着。可仅仅是有意识还不能提出这个问题。不少人生活一辈子，从生到死并不曾自我探询过“为了什么活着”，可以说是糊里糊涂的一生，甚至是浑浑噩噩的一生。他们没有意识吗？不是，他们全部活动都是有意识的、自觉的活动。但是，他们没有哲学反思意识，没有对人生意义探询的哲学意识。

人生观问题属于哲学意识，只有哲学才能提出人生的目的、意义、价值的问题，提出人为了什么活着的问题。也正因为这样，哲学意识可以说是一种痛苦的意识，即所谓智慧的痛苦。从来不追问“人为了什么活着”的人，整天浑浑噩噩。他们没有痛苦，但也不懂生命的意义。古代希腊哲学家皮浪赞赏狂风暴雨中船上仍然平静进食的猪。人人如果都如同这头猪一样的平静，当然没有痛苦。如果哲学都把人变为猪，当然不存在“为了什么活着”的问题。人终究不是猪。这就是人活着，还要问为了什么活着。我希望你们能思考这个问题，不要钻在抽象概念中出不来。

4. 谈“使人成为人”

你们是博士，同时是人。男博士、女博士都是人。因此，如何做人是你们的必修课。博士都是成年人，受教育多年，自然懂这个道理。如果不懂如何做人，光做博士，最终仍然是失败的。我曾经见过，苦读多年成为博士，但由于做人不地道而身败名裂的事例。

你们是马克思主义哲学专业的博士，既要懂中国哲学也要懂马克思主义哲学。其中都有做人的道理。中国哲学立足教化，追求道德完善，使人成为道德的人。马克思主义哲学立足变革，追求人的解放，使人成为自由全面发展的人。这是两种不同的哲学，各有其用，不是相互对立的。

中国哲学使人成为人有两个不同层次。一个是理想层次，这就是儒家追求的圣人、贤人，老庄哲学追求的至人、真人。这可不是人人都能达到的。虽说人人皆可为尧舜，可真正成为尧舜者，自古以来有几人？满街都是圣人的说法，无非是人性本善的另一种说法。中国历史上圣人、贤人，少之又少。至于至人、真人，更是渺茫难求。按照庄子的说法，“古之真人，其寝不梦，其觉无忧，其食不甘，其息深深”。他还说，“古之真人，不知说生，不知恶死，其出不欣，其入不距”。我不知哪位哲学家达到了这个境界，不知如何使人达到这个境界？我们不必追求这个境界，也不可能有这个境界。如果追求这个境界，我们就走火入魔了。

我认为真正有作用的是现实层次，即中国传统文化中关于如何做人的规范和如何处理人生问题的哲学原则。例如，儒家倡导的忠、孝、仁、爱、礼、义、廉、耻，父慈子孝、兄友弟恭以及做人要讲诚信，“人而无信，不知其可也”。孟子倡导的人要有恻隐之心、羞恶之心、辞让之心、是非之心，乃至“贫贱不能移，富贵不能淫，威武不能屈”。这些都不像圣人、贤人那样高不可及，而是现实社会中做人的样板。庄子之安时处顺、淡泊名利，也不失为一种处世做人的方法。

马克思主义哲学是另一种哲学，它不是专注人的道德修养，在道德和境界意义上使人成为人，而是在实际生活中追求人的解放，使处于异化的人成为自由全面发展的人。马克思主义哲学首先是革命哲学，而不是道德哲学。在马克思主义哲学看来，道德修养无论修养到何种超凡入圣、炉火纯青的地步，终究是个人的道德修养。对广大受压迫的群众来说，最重要的不是追求个人道德的完善，而是追求解放。统治者最乐意看到的是道德完善的人，而不是追求解放具有强烈反抗意识的人。

当然不能说，马克思主义哲学不重视做人。在人压迫人的社会斗争中，需要有革命情操的人，需要有为理想、为人民而顽强不屈，甚至牺牲自己生命的志士仁人。毫不利己、专门利人，摆脱了利己主义低级趣味的道德，应该说是人间最高尚的道德。你只要看看多少革命者在刑场上、在监狱中、在战场上表现出的那种视死如归、感人至深的情操道德，还能说马克思主义者是非道德论者吗？不能。在革命胜利前，马克思主义哲学重视革命者自身的道德情操和革命的坚定性；在革命胜利后，重视群众性的道德建设，重视核心价值建设。但马克思主义哲学不以道德批判取代社会批判。道德问题是社会问题的道德表征，它是一种症状，而不是原因。不正常的道德状况是社会中存在不正常的社会原因的道德表征。正如发热不是病，而是病的症状一样。通过教育使人成为人，涉及的是个人，一个个现实的个人。任何一个社会，永远不可能通过每个人个人道德的提高而变为合理的社会。马克思主义哲学通过改革社会，为人成为自由全面发展的人、成为有共产主义道德的人创造社会条件。这是唯一现实的可行道路。

你们是马克思主义哲学专业的博士，首先应该成为一个马克思主义者，把马克思主义基本理论变为自己的一种道德情操；观察问题、处理问题，应该讲立场、讲原则，应该有理想、有信仰。同时，应该学习中国传统文化，从中国传统文化中学习做人的基本原则，懂得孝敬父母、和睦家庭、讲信义、重友情。这样，你们的哲学才算没有白学。

5. 谈民不聊生

哲学家不能不食人间烟火。你们是博士，虽然是学哲学的博士，但同样要关注民生问题。民生问题既是一个经济学问题，也是一个大哲学问题。

对任何帝国、任何王朝来说，民生的重要性都是不言而喻的。帝国的灭亡、王朝的更替，最终都在于人民难以存活。一个社会民生多艰的原因可以是多样的，或是帝国无限扩张和战争导致的民不聊生，或是王朝的徭役和赋税过重导致人民难以生存。如果一个社会不能保证社会成员的基本生存权，这个社会是不能持久的。国以民为本，民以食为天。不解决民生问题，天就会塌。民生的重要性，中国和世界的政治家、思想家都是知道的。中国书籍中就有许多这方面的论述。但它为什么重要、有什么规律，却并不一定知道。马克思的杰出贡献在于从这个日常生活道理中发现了人类社会的秘密。你们是搞历史唯物主义的，应该从历史唯物主义的高度看待民生问题。

为什么历代统治者都知道民生重要，但又不能真正重视民生呢？因为这不是一个认识问题，而是决定于生产关系的本质和实际的政治制度。当统治阶级和统治机器全部要依靠人民供养时，只能是搜刮，越多越好。剥削制度的本质决定了人民的负担只能越来越重。中国历代王朝从兴到亡，都从轻徭薄赋开始，都以民不聊生揭竿而起告终。

在西方资本主义国家，尤其是发达资本主义国家，不存在原来意义上的民不聊生的问题。资本主义的社会福利和社会保障制度相对完善，这是资本主义制度至今仍然没有发生马克思曾经期待的社会革命的原因，也是它们奉行高税收、高福利的原因所在。因此，有些学者认为历史唯物主义关于社会革命的理论已经过时，这种说法似是而非。

历史唯物主义关于社会发展的基本规律是社会基本矛盾运动规律。这种矛盾在不同的社会形态中有不同的表现。在生产力发展低下的前资本主义社会，这种矛盾的激化表现为普遍饥饿和百姓为生存而抗争。当生产力提供的东西不足时，饥饿是社会革命最主要的原因，而一部分人饥饿缘自财产制度。资本主义制度下生产力高度发展，不会发生社会普遍性饥饿问题，可是社会基本矛盾仍然存在。它表现为社会的贫富两极对立和人与自然矛盾的激化。社会一小部分人占有社会绝大部分财富，并为追逐最高利润而掠夺自然。当代贫富对立和生态恶化，使人们认识到资本主义制度的不合理性。可以这样说，前资本主义社会是因为穷，因为比较普遍性的贫穷而革命，任何一次大的自然灾害都会成为革命的导火线；发达资本主义社会则会因为富而革命，不是普遍的富，而是富而不均，两极分化，少数人占有绝大多数财富，引起抗议和动乱。这还是民生问题，只不过是另一种意义上的民生问题，是富裕社会中的穷人问题。

对发展中的中国而言，民生问题既包括发展生产，做大蛋糕，也包括缩小贫富差距，完善社会保障制度，建立一个学有所教、劳有所得、病有所医、老有所养、住有所居的社会主义社会。

在社会主义中国解决民生问题，同样是调整社会基本矛盾的过程。要发展经济，没有生产力的发展，没有社会财富的大大增加，就不可能改善民生。要调整分配关系。要反对腐败。政治要清明。只有建立一个为人民服务的政府，只有健全具有中国特色的法律体制，才能充分发挥上层建筑在调解社会主义基本矛盾中的主导作用。单纯的财富增加，并不能保障民生，因为它可能为一小部分人占有。民生问题也包括文化民生。要提高全体人民的道德文化素质，而不只是满足物质需求，还要有一个适宜人类生存的生态环境。在当代社会主义中国，民生问题实质不单纯是经济问题，不单纯是发展生产力的问题，而是涉及整个社会的社会系统工程。只有历史唯物主义总体社会观才能正确回答这个问题。你们虽然不是学经济的，但完全有发言权。

6. 谈信

信，也就是诚信，是涉及社会生活多个层面的问题。作为一个历史唯物主义的研究者，应该从三个层面考虑这个问题。

一个是个人的道德层面，这关乎每个人，包括你们和我。做人要讲信。信由人和言构成，就是说话要算数。中国古人说，“一诺千金”，“君子一言既出，驷马难追”，讲的都是信。这一点，你们一定要注意。不要为一时痛快，随口答应不容易做到的要求。轻诺必寡信。中国传统道德把信列为忠孝仁爱信义和平的八德之一。孔子说过，“人而无信，不知其可也”。《群书治要》中引《袁子正书》中的话：“唯君子为能信，一不信则终身之行废矣，故君子重之。”一个说话不算数、失信于人的人，是不可信任的人。这种人，在社会上难以立足。

一个是社会层面，这就是社会诚信，人对社会的信任。商店里出售假冒伪劣商品，牛奶里含有三聚氰胺，药厂里制造假药，诸如此类的失信对企业是致命伤，往往导致倒闭。同仁堂的信誉是建立在诚信的基础上的：炮制虽然繁荣，必不敢减人工；品味虽贵，必不敢减物力。如果社会中的各个部门失信多，集合在一起就会造成社会信任危机。社会信任危机是非常可怕的，银行失信，会发生挤兑；商品品牌危机，就会倒闭。社会信任危机，往往是社会危机的信号。但只要国家没有发生信任危机，就可以运用上层建筑加强规管，调控社会信任危机，稳定社会信心，使社会正常运转。作为一个历史唯物主义者必须懂得社会信任危机的哲学意义。

信，最重要的是人民对政府的信任，即国家信任。这是最根本的。中国传统政治文化最重视信，民无信不立。秦孝公变法时，商鞅采用立木示信的方法来动员老百姓树立对改革的信心，结果获得成果，为秦始皇统一六国打下基础。可以说秦国商鞅变法的成功来自获得百姓的“信任”。中国历代有作为的君主都懂这个道理，一旦失信于民，政权的根基就动摇了。《论语》中子夏有一段话说，“君子信而后劳其民；未信，则以为厉己也”。国家要获得人民的拥护，首先必须获信于民。

政府守信与失信，不是道德问题，而是社会制度问题。而且，判断政府是否失信的标准不是言而是行，即实际政策。孔子提出“听其言，观其行”的方法，这是判断政治家诚信的标准。这是唯物主义的方法。列宁也说过，判断一个人，不是根据他的言论，而是根据他的行动。这种思考方法，对于我们理解西方民主制度下的所谓竞选语言最为有用。竞选时期，政客们可以提出各种许诺，开出各种支票。一旦上台，很少兑现的。这叫竞选。中国的社会主义制度不允许玩弄西方政客的手段。中国共产党的承诺是以党的政策方针和决议的方式公布的，而非电视台竞选时的空头支票，而且承诺必须在实践中予以证明。

对社会主义中国来说，是否履行承诺，不仅关系到主政者的政绩，而且关系到社会主义政权的公信力，是如何处理政府与人民之关系的关键问题。在西方所谓民主社会，竞选时政客说尽的好话可以不作数，一届一届的新当选者可以许下无数新的诺言，兑现与否最多影响是否连任，不会改变社会制度的性质。资产阶级国家仍然是资本主义性质的国家。言行不符可以成为资产阶级政治家的竞选常态，竞选语言可以成为一种竞选文化。资本主义国家的当选者可以失信，把竞选时的承诺作为竞选语言。社会主义国家则不行。“失信于民”对社会主义是极大的祸害。我们应该从历史唯物主义高度来理解信的问题，不要将其仅仅看成一个道德问题。

7. 谈利益

你们要注意，对利益的关怀不能等同于坚持历史唯物主义。你们应该分清利义之争中的利与义的关系，分清社会生活中人民群众的利益与个人私利的区别。如果胡子眉毛一把抓，就弄不清应该赞成为利益而斗争，还是弃小利而取大义；弄不清哪种正确，就会在理论上沦为利己主义的同伙。

马克思曾经说过，人们的一切斗争都是为了利益。这是针对那些只重视观念而不懂得物质利益在社会中的地位和作用的历史唯心主义者说的。强调物质利益就是强调物质资料生产在社会发展中的作用，就是重视生产力和生产关系在社会发展中的作用。只有发展生产力才能为社会提供物质财富，只有合理分配才能保证利益的公平。因此，在社会生活中，一定要区分是绝大多数人的利益，还是一小部分人的利益；是国家利益、民族利益，还是某个既得利益集团的利益。并非争利益就是唯物主义，而讲风格、讲道德就是唯心主义。如果这样，那就把一个历史唯物主义的命题引到了荒谬绝伦的境地。

利益当然也包括个人利益。马克思并不否定个人利益，为阶级利益和人类利益的斗争中就包含为每个成员的利益的斗争。否定个人利益，集体利益就是虚幻的。但个人利益有正当和不正当之分。与集体利益、与他人利益相抵触、相矛盾，或凌驾于他人之上的个人利益，是一己私利。马克思把这种私利极妙地比喻为个人脚底下的鸡眼。如果有谁触犯他的私利，就犹如踩痛了他的鸡眼一样。马克思强调，“有人可能踩了我的鸡眼，但他并不因此就不是一个诚实的、甚至优秀的人。正如你们不应该从你们的鸡眼的立场来评价人一样，你们也不应该用你们私人利益的眼睛来看他们”。不能单纯以“有利”“无利”作为评价的标准，而要看谁的利益，什么人的利益，多数人还是少数人的利益。从大多数人的利益出发与从个人私利出发，虽然都涉及利益问题，但是性质完全不同。一己私利，往往是遮蔽正义的眼罩。

义与利的问题是中国政治哲学、道德哲学中的重大问题。义利之辩是中国哲学中的大辩论。对于这个大辩论的正反辩方难以简单地肯定谁是谁非，必须弄清义与利的性质。不加分析无条件地说“君子喻于义，小人喻于利”，我认为是不对的。以求义与谋利作为划分君子与小人的界线，是一种道德唯心主义。谋利，关键是为谁谋利，谋什么样的利；求义，关键是求什么样的义。一概否定谋利正是马克思在创立历史唯物主义时期所批判的观点。可是，当只谋一人之利，谋国君之利，情况则不同。《孟子·梁惠王》中孟子反对梁惠王一见面就问，先生不远千里而来，何以利吾国，然后推及大夫问，何以利吾家，推及士庶人等问，何以利吾身，变为上下交征利，“其国危矣”。孟子的治国药方，“亦有仁义而已矣，何必曰利”。孟子推行的是王道仁政，将其置于这种利之上，站在孟子的立场看是有道理的。因为梁惠王所问之利并不是人民之利，而是国君之利。大夫、士庶人等所问之利也属于一己之利。为这种利而争夺不休，当然有害于王道仁政之大义。可以将这种非百姓之利的国君、大夫之利称为“专利”。“专利”用现代语言说，是“既得利益”。维护少数人的既得利益，并非历史唯物主义的主张。专利的危害古代人都知道：“夫荣公好专利而不知大难。夫利，百物之所生也，天地之所载也，而有专之，其害多矣!”

我们应该站在历史唯物主义的高度理解马克思关于人的物质利益重要性的真正意义，不要庸俗化。不要以为讲利益就是合理的。你们看，在国际政治中流行的一句话：“没有永久的朋友，也没有永久的敌人，只有永远的利益。”这一针见血地揭穿了某些国家的行为原则。理解这一点，才能理解世界的风云变幻，才能理解同盟者分分合合的原因所在。无论其如何以保护别国人民，以人道、公平、正义为掩护发动对别国的侵略、轰炸，只要记住它们关心的不是别国的人民而是自己国家的利益，就不会被其蒙蔽。而国家利益是虚幻共同体的利益，实际上是统治集团的利益，仍然属于“专利”。当年马克思在《共产党宣言》中批判封建主义社会时说过，它们“把无产阶级的乞食袋当做旗帜来挥舞。但是，每当人民跟着他们走的时候，都发现他们的臀部带有旧的封建纹章，于是就哈哈大笑，一哄而散”。可是在当代，有些论者往往对一些国家以保护别国人民为旗帜的行为背后隐藏的极其卑鄙的利益原则缺乏认识。如果一个历史唯物主义者不能区分物质利益在社会生活中的作用问题和它的合理性问题，就没有真正理解历史唯物主义的这个重要原则。

8. 谈贡献

你们要把贡献和追名逐利区分开来。如果你们读了博士，花费了国家和家庭大量的经费，却不能对国家作出更大的贡献，那读博与不读博又有什么区别呢？要理直气壮地多作贡献，必须厘清贡献与追名逐利的区别。

我们反对追名逐利，但提倡贡献。有人会说，能够追到名获到利，不是也因为作出了贡献吗？作出贡献，不是也可以给自己带来名和利吗？这种“一致论”似是而非。我们承认，这二者之间会有某种交叉点，在顺利时可能有某些一致性。可是，当个人利益与集体利益发生矛盾时，它的区别就立即显现出来了。追名逐利的目的在于自己，而贡献的目的在于社会。当个人利益不能满足时，追名逐利者可以撂挑子，甚至成为研究团队中的害群之马；相反，则是越困难越向前。追名逐利是困难时获得成功的阻力，而为国家和集体作贡献则是困难时获得成功的动力。

冯兰友先生曾说：“世界本非为人而设，人偶生于其中耳”；“此世界既非为人设，故其间之事物，当然不能尽如人意”。改造世界是人类生存和发展的必然之路，人就是生活在改造世界的实践中。人生的本质其实就是改造世界和社会。人的价值、意义就是以其在改造世界和社会中的贡献大小为尺度来衡量的。伟大人物之所以伟大、杰出人物之所以杰出，就是因为他们对改造世界社会的贡献大。

贡献与地位和权势不能等同，有地位、有权势不一定就是有贡献。我们说人民群众是历史的创造者，尊重人民群众在历史上的地位，就是因为如果没有这些普通劳动者默默无闻地贡献，世界就不可能这样，社会就不可能这样。我们的衣食住行、我们社会的存在和发展，无一不依靠劳动者世世代代的贡献，依靠其中杰出者的卓越贡献。这就是我们尊敬贡献者而鄙视追名逐利之徒的原因。

借用培根的话，我们可以把追名逐利比为蚂蚁努力为自己积存食物，而把贡献比为蜜蜂的采花酿蜜。蚂蚁，为自己积存食物，可以破坏河堤，千里之堤溃于蚁穴，可以祸害食物，可以危害花草树木。总之，蚂蚁的努力对于自身有利，而对别的东西有害。而蜜蜂则是无条件的贡献，越努力贡献越大。正如利己主义者干劲越大，越有害于社会；而贡献者的努力越大、干劲越大，则贡献越大。

9. 谈识时务

你们可不能把“识时务”和契诃夫小说之《变色龙》中那位专横跋扈、媚上压下、见风使舵、随机应变的奥丘梅洛夫式的人物混为一谈。如果弄不清这个区别，你们就很难评品历史人物。

孟子的名言：“富贵不能淫，贫贱不能移，威武不能屈，此之谓大丈夫。”又赞扬孔子，“圣之时者”。时者，识时务也。识时务者为俊杰，亦为我们祖宗之宝训。可识时务又往往会成为一些人投敌叛变的借口。因此，守气节与识时务，似为两难。我读明代大学者黄宗羲《明夷待访录》，深感如何处理识时务与守气节为评价大变动时期中国历史人物的一大难题。

黄宗羲有生之年正值晚明清初的大变动时期。他父亲黄尊素惨死于阉党，而他自己又遭有拥戴之功的阮大铖的迫害。按一般常理，明朝对黄氏父子刻薄寡恩，与黄宗羲有杀父之仇。可是，清兵入关，黄宗羲一直起兵抗清。他不应清康熙皇帝征召，拒绝博学鸿儒科考试，潜心著述，成为一代宗师。他的《明夷待访录》在中国政治思想史上占有极其重要的地位，是政治学的扛鼎之作。就当时的历史发展趋势而言，明朝的灭亡和清朝入主中原是不可避免的。明代自万历之后日趋腐朽，始亡于李自成的最后一击，终亡于清兵的入关。效忠腐朽的明王朝，抗拒不可阻挡之势的清朝，可以说是不识时务；可反对异族入侵，维护已经不可救药的明王朝，又可视为有民族气节。这样在历史大变动时期必然陷入两难之中：抗清是民族英雄，还是迎清兵入关是识时务？究竟是史可法、黄宗羲等人冥顽不化，还是洪承畴、吴三桂等人识时务？这是个重要的历史观问题。如果不解决这个问题，不仅明末清初的历史要重写，而且有关类似问题的全部历史都要重写。这可是考验一个马克思主义者历史唯物主义水平的试金石。

我认为，评价历史人物必须具有历史观点。在历史上，战争有三种不同情况，必须具体分析。不能把“识时务”与“守气节”抽象化为一种可以不分情况普遍适用的道德范畴。中国历史上的民族战争，有入侵与反入侵之分。站在维护民族利益立场，抗拒入侵者是正义的，拒不降敌为此而牺牲者是有气节，否则即为变节投降。秦桧与岳飞忠奸之分正在于此。按例，明末抗清者为有气节，而洪吴之流非识时务而是卖身求荣。尽管北宋灭亡，偏隅江南的南宋也朝不虑夕、意图苟安、屈辱求和以自保，但是如果认为主战派为顽固派，认为投降派为识时务者，就是颠倒历史。明末清初的抗清与迎清人物的评价应亦如此看。当时并不是统一的民族国家，而是两个政权，各有保护自己的人民免遭入侵者杀戮和土地不被侵占的责任。

第二种情况是国与国之间的战争，有侵略与被侵略、占领与反占领之分。尽管西方工业文明高于中国的农业文明，资本主义社会形态高于封建社会形态，但是这不能成为西方殖民主义向外扩张的正当理由。它们不是输送文明而是侵略。因此，反对西方殖民主义、反对帝国主义是爱国。此时的民族主义与爱国主义是重合的。把义和团视为仇外的野蛮人，把鸦片战争中的反抗视为拒绝贸易、闭关锁国，都是站在西方殖民主义者的立场说话。此时，所谓“识时务”者则为卖国，而反对帝国主义则体现了中国人民不屈不挠的爱国主义情操。当时清末确有一批开风气之先的人物，但在国家民族存亡之际，他们注定是一群悲剧性的人物。

第三种情况是国内的阶级斗争，被压迫者反抗统治者的斗争。这是正义的、合乎历史规律的斗争。此时，“识时务”就是弃暗投明，转到人民这边来。中国近代以来，许多有识之士就是这样做的。国共内战特别是解放战争时期，国民党将领中起义人士都属于这种“识时务”者；相反，顽固坚持反共立场，为国民党尽忠者并非明智者，因为他们分不清究竟应该忠于民族、忠于国家、忠于人民，还是忠于个人和党派。

历史情况不同，对守气节和识时务应该具体分析。毛泽东在《别了，司徒雷登》中说："我们中国人是有骨气的。许多曾经是自由主义者或民主个人主义者的人们，在美国帝国主义者及其走狗国民党反动派面前站起来了。闻一多拍案而起，横眉怒对国民党的手枪，宁可倒下去，不愿屈服。朱自清一身重病，宁可饿死，不领美国的'救济粮'。唐朝的韩愈写过《伯夷颂》，颂的是一个对自己国家的人民不负责任、开小差逃跑、又反对武王领导的当时的人民解放战争、颇有些'民主个人主义'思想的伯夷，那是颂错了。我们应当写闻一多颂，写朱自清颂，他们表现了我们民族的英雄气概。"读懂了毛泽东的这些话，就能弄懂何谓气节，何谓顽固，何谓识时务，何谓变节。

10. 谈功成身退

自隋唐科举制后，儒生们最得意的两件事是：洞房花烛夜，金榜题名时。其实，最为得意的是金榜题名。洞房花烛，人人可有；金榜题名，并非十年寒窗者人人可得。科举制时代，不少读书人一生没有半点功名。《范进中举》是《儒林外史》中写的最为精彩的一篇。可金榜题名后又如何？无非是为官做宦，跻身统治者的行列，荣宗耀祖，光耀门楣，享尽荣华富贵。

做官，是做清官，还是做贪官；是做忠臣，还是做奸臣；是做一个尸位素餐的木偶官，还是做一个真正为民办事的好官，对此作出正确的选择是至关重要的。自古以来，庸官不少，真正有能力办事的清官或有建树的官往往又下场不妙。我记得豫剧《徐九经升官记》中，身处官场、亲身经历官场腐败的徐九经唱了一段历数做官难的苦水，很有意思。我感兴趣的不是做官的问题，而是中国封建社会并不鲜见的，官员在建功立业、声名显赫、权倾一时不得善终的社会现象。因此，哲学家总结出一套关于个人在政治领域中应该如何自保的哲学。

老子在《道德经》中多处提到功成身退的思想。“功成而弗居，夫唯弗居，是以不去。”后来又反复说，“功遂身退，天之道也”。从《道德经》全书看，这并非着重强调历史上一些名臣良将的不幸遭遇，不是历史经验的总结，而是关于对立面转化的辩证思考。在老子看来，“反者道之动”。世界事物都会向相反方向转化。在社会生活领域，功成身退也符合天道，立功而不居功，反而会永久保存功劳，“夫唯弗居，是以不去”。反之，则会身败功去。

在中国长期的封建社会中，功成身灭是不少声名显赫人物的悲剧性遭遇，故有伴君如伴虎之说。明智者倡导“激流勇退”，而不是恋栈贪位，导致杀身之祸。李白生于唐代，这方面的历史经验够多。他在《乐府·行路难》中历数：“吾观自古贤达人，功成不退皆殒身。子胥既弃吴江上，屈原终投湘水滨。陆机雄才岂自保，李斯税驾苦不早。华亭鹤唳讵可闻，上蔡苍鹰何足道。”李斯为秦国立过大功，为秦国的强盛作出了杰出贡献，可是秦始皇死后，李斯死于赵高谗言，为二世所杀。据说，临刑前谓其子曰：“吾欲与若复牵黄犬，俱出上蔡东门逐狡兔，岂可得乎！”李斯之死，往往为许多身居高位者借鉴。千百年来，人们读苏轼的中秋赏月兼怀弟弟的名篇《水调歌头》，对其中的“我欲乘风归去，又恐琼楼玉宇，高处不胜寒。起舞弄清影，何似在人间”作出政治解读，“高处不胜寒”，“何似在人间”，成为政治险恶、高位难处的隐语。

对有志者来说，这是个非常难以处理的问题。不恋高位，像庄子那样视相位如腐鼠，不愿做留骨庙堂受人供奉的神龟，而宁愿在泥里做曳尾而活的泥龟。这种看透世情的高人终究是少而又少。针对处高位而惴惴不安的心态，我们的先人还是给出了一个处方，即以入世之心办事，以出世之心处世。当奋发向上时，应该有雄心壮志，立功于世；但功成弗居，不居功自傲，不忘乎所以，仍然谦以待人，不做违纪违法之事。或许可两全。至于因以功臣自居，进城后腐化堕落如张子善、刘青山之流，那根本不在此列。现在这种情况也不少见。一些人前半生兢兢业业，后半生飞黄腾达，身居高位，贪赃枉法，落个死刑或无期，那是罪有应得。此种人，与立不世之功却成为政治牺牲品者，不在同一等级上。

政治确实是个高危“行业”，可它是关系国家、社会发展的重要领域。那些欣喜于金榜题名之士与关心国家民族安危而投身政治领域者是不能类比的。前者的目的是个人、是家族，而后者的目的是国家、是民族。为个人的目的而置身官场，确实应该懂得功成身退，而为国家、为民族，则应该“苟利国家生死以，岂因祸福避趋之”。这种为国家、为民族作出贡献的人，即使成为政治祭坛上的牺牲品，也永远会为后人怀念尊敬。从长久看，历史是公正的，终有昭雪之时。岳飞、于谦之死，至今仍永志不忘。苏联和中国共产党内也有曾经为人民立过大功而被诬陷遭迫害的人。他们的不幸遭遇令人悲愤。但终究会还以清白，历史得以重写。人们永远不会忘记为人民作出贡献却屈死的人。

老子的功成身退、庄子的拒绝做官的哲学，有可吸取之处，但不能成为共产党员的处世原则。一个马克思主义政党，应该依法治国，依法治党，实行有效的民主制度，杜绝或防范中国封建社会中功成身灭的悲剧重演。经过六十多年的社会主义政治建设，我们在这方面已经积累了足够的经验。最可笑的是，当代中国有些官员因贪污腐败而身陷牢狱，其中有些被处无期徒刑甚至死刑，他们都高调倡言后悔从政，并留言子女切勿从政。他们不是归罪于自己的贪污腐败，归罪于贪婪之心和黑手，而是归罪为“从政”，仿佛从政必贪。这不是真正认错，而是死不悔悟。无产阶级的政治同时是具有政治道德的政治，不同于封建社会的官场斗法和资本主义选举政治中的彼此攻讦和诬陷。

11. 谈游泳

“为了学会游泳，必须钻到水中去。”这句话你们都懂，是老黑格尔的话。这是真理。在岸上永远学不会游泳。即使可以在岸上模拟训练，但终究不是实践。学习还不是实践，而是实践的准备，要真正学会游泳，还得下水。如同读书，读书只是做事的准备。能否真正运用书本知识，还要靠实践。学习得知识，实践出真知。知识与真知的区别在于，知识是书本上的，是间接经验，是别人的；真知才是自己的，是才干，是本领。世界上有不少书呆子，也有不少读书不多但有实际才干的人。看看历史上的刘邦、朱元璋的雄才大略，岂是读书人能比？

你们是博士，不要自以为有书本知识，就狂傲不羁，以为老子天下第一。博士是学历，是文凭，不是才干的证明。马克思在致女儿燕妮的信中说，说大话和做实事是不可调和的两个极端。如同游泳，站在岸上说自己可以横渡太平洋，随便怎么吹都可以，可往水里一跳，能游多远，立马见效。不要满足于文凭，还是多多下水吧。

从这里，我想到中国传统政治体制的人才选拔制度。封建社会的科举制，虽然考取进士可以做官，但大多从基层做起，增长才干。“宰相必起于州部，猛将帅必发于卒伍。”《后汉书》中有段关于重要领导选用问题的议论很有意思：“天下枢要，在于中书，尚书之选，岂可不重？而间者多从郎官，超升此位，虽晓习文法，长于应对，然察小惠，类无大能。宜简尝历州宰素有名者，虽进退舒迟，时有不逮，然端心向公，奉职周密。”大有从下层干部中选贤与能的意思。

我们现在一些领导，大多从基层干起，实际上是在水中学会游泳。村官制度，肯定也有利于干部的培养。西方的选举制，它们自夸是最民主的制度，有无从政经验、有无才能、有无实绩都无所谓，只要竞选中得票超过对方就行。这是无须下水学游泳，是从岸上直接往水里跳。哪种制度优越，由于民族政治文化传统和国情不同，自难抑此扬彼或相反。中国特色社会主义的干部选拔政策有自身的传统和国情。以西方之药治中国之病的体制改革方案，反正我以为不会对症。

12. 谈风雨

自然界有风雨，甚至暴风骤雨。这是自然现象。但自然界的风雨不会太久。老子在《道德经》中说，“飘雨不终朝，骤雨不终日。孰为此者?天地”。社会中也有风雨，这就是政治风云。政治中的风雨时间长，其猛烈不亚于自然界的风雨。在社会性政治生活中，政治斗争现象是不可避免的，也是必然的。它对社会进步有推动作用，但也可能带来误伤和冤屈。你们生长在改革开放政治清明的当代，没有这种经历，最好也不要再有这种经历，但作为一个人生哲学问题，我还是对你们唠唠。

清代一位著名学者有副名联：“莫放春秋佳日过，最难风雨故人来。”“最难风雨故人来”，语意双关，既可以是真正风雨交加，老友来访，烹茶相对，特别温暖；也可以是身遭厄运，人人如避瘟疫，见面绕开走，此时如有旧友来访，不避嫌，不绝交，一如旧时，也可谓“最难风雨故人来”。

资本主义社会比封建社会进步的一个重要方面，就是法治取代人治。一切按法律程序办，罪与非罪，犯罪主体明确，谁的罪就是谁的罪，无株连之事。因而，在法治社会，不会有“最难风雨故人来”的感受。封建社会不同，尤其是中国封建社会，株连之事是常态。一人有罪，株连三族，父族、母族、妻族均难逃厄运。有时甚至株连九族，从老祖宗到玄孙，一并治罪。这是农业社会宗法制度下生存方式的特点。老百姓不是作为具有独立人格的公民，而是作为家族的一分子，甚至是整个宗族的一员。同宗、姻戚、师生、朋友，成为一个关系网。当统治者一收网，全在网中。清朝因文字而兴大狱时，株连之众，可以说是残忍之极。被称为盛世的康雍乾三朝文字狱之多，可以说是历代王朝之最。像戴明世案、庄铤龙案、吕留良案都是大文字狱，累及师生。龚自珍的“避席畏闻文字狱，著书都为稻粱谋”，就是牢骚话。

中国由于法制不健全，在一段时期内，因为政治运动怕受牵连，朋友断绝往来、陌若路人的事常有。既有怕株连者，也有对方情况不明，尚无结论，不去找麻烦的自保。这点可以理解。我自己对这点有特别体会。“文革”后期因写作组的错误，我接受审查，有些熟人也避之不及。我从不怪他们。一是我确有错误，应该接受审查；二是我自己的错误，他们并不知底，何必增加别人的麻烦呢！将心比心，如果换作我，也会如此。我是过来人，对“最难风雨故人来”感受最深。我曾在我的一本书中说过一件事，在我接受审查时，过春节放假三天，我的老支书生怕别人看见，有天晚上九点多偷偷地到我家来看我。他是老延安，是老革命。前些年逝世，这件事此生难忘。雪中送炭，总是会令人感激不尽。

改革开放三十多年来，我感受最深的就是建立法治国家，以法治国，有法可依。因此，人们不会害怕无故被牵连，更不可能被株连。“最难风雨故人来”成为一个关于风雨夜故人来访的诗意描述，不再具有社会政治意义。这就是三十多年来国家的进步，社会的进步，政治体制改革的重要成果。

第三章

命运的省思

1. 谈人生之路

你们年轻，人生之路才刚开始，甚至可以说还未上路，因为你们还在学校，没有进入社会。进入社会才是真正踏上人生之路。

人生有三路：平坦道路、穷途末路、歧路岔路。绝对平坦之路是没有的。没有人一生是无风无浪、绝对平安的；如果有，一定是庸人，是不可能有任何进取和成就的人。穷途末路，也不是一般人的路，或者是作奸犯科之徒的路，或者是穷兵黩武、向外侵略的国家的路。我们普通人的人生之路更多的是歧路、岔路。

在人生关节点上，在存在多种道路选择时，人一定要慎重。古人对歧路最为重视。《荀子·王霸》中记载杨朱哭衢途的故事："杨朱哭衢途曰：此夫过举蹞步而觉千里者夫!"一举足则成千年恨，差之毫厘，谬之千里，此之谓也。因为衢路是有多种通向的歧路，是可东可西可南可北的岔口。走错了，就会遗憾终生。《淮南子·说林训》讲的是同样的道理："阳子见逵路而哭之，为其可以南，可以北。"这是人生之路。至于分别之路，"无为在歧路，儿女共沾巾"则不在此列。此处歧路，是朋友分别之路。

人的一生有时会有一些关节点，即道路选择。在大是大非面前，头脑一定要清醒，走正路而不能图捷径，更不能走邪路。误入歧途，幡然悔悟，回头是岸，则善莫大焉。你们能保证自己一生都是走在康庄大道上吗？不可能。我们是学马克思主义的，坚持马克思主义，还是离经叛道，或者逃离马克思，都是事关我们理论生命的道路选择问题。在理论领域，岔口、歧路、岔路很多。尤其是当代西方思潮泛滥，马克思主义、毛泽东

思想、中国特色社会主义理论遭到了一些人的贬损，是思想上可南可北可东可西、容易动摇之时，更应该注意道路和方向的选择。

2. 谈生命的短暂

当我听到有些学生轻生时，总有说不出的难过。我们应该对生命怀着某种敬畏，应该懂得生命的价值。生命本来就很短，对于很短的生命不知爱惜，反而自我毁灭，既对不起国家、对不起父母，也对不起自己。

我们要重视生命。因为它短暂，更要珍惜。因为它短暂，才显现它的价值。试想，如果人人长生不老，那人的生命有什么稀罕和可贵呢？人生苦短，这是中外古今的共识。1996年诺贝尔文学奖得主波兰女诗人维斯拉瓦·辛波斯卡在一首题为《博物馆》的诗中写道：

> 这里有一把扇子——粉红的脸蛋哪里去了？
> 这里有几把剑——愤怒哪里去了？
> ……
> 王冠的寿命比头长。
> 手输给了手套。
> 右脚的鞋打败了脚。
> 至于我，你瞧，还活着。
> 和我的衣服的竞赛正如火如荼进行着。
> 这家伙战斗的意志超乎想象！
> 它多想在我离去之后继续存活！

“物是人非”，同样是中国诗人对生命短暂的感叹。放在博物馆里的东西，肯定比人活得长。任何东西进入博物馆都获得永恒，唯独人进不了博物馆，除非木乃伊。可木乃伊令人想到的是生命的短暂。人只能进入历史博物馆，而历史博物馆是历史，而非现实的人。

其实，不用去博物馆，只要举头四望你就可以发现生命的长度。它不如一棵树，不如一块岩石，不如一条河流，更不如一座小小的山丘。它也不如自己的创造物。你们家里或许有祖传的衣柜、挂钟，祖传的字画，甚至祖父母、太祖父母用过的遗物。你们的生命虽然也属于你们家的祖传，但与其他祖传物的生命相比，你们的生命最短。尽管如此，最有价值的却是人的生命，而非物。它虽然短暂，却是永恒物的创造者。人用最短暂的生命创造了物的永恒。这就是人的生命的尊严和价值。

当然，人的生命的价值是不同的。圣者与王者的历史定位，不在于生前富贵，而在于贡献。贵为高官，死后默默无闻者多矣。你们能数出古今多少宰相、多少状元的姓名？即使贵为帝王的，你们又能记住几人？除了专门的史学家，活在百姓心中的皇帝实在太少。“纣为无道，见称独夫，仲尼陪臣，谓之素王。即君子不在乎富贵矣”，讲的就是生命的价值。你们要珍重生命，不仅为父母、为国家，更是为自己。充分发挥短暂生命可能包含的无限价值。

自杀，患严重抑郁症的自杀不在论列，因为这是一种病，我说的是正常人的自杀。如有些年轻人为情所困，因失恋而自杀，或为某种挫折而自杀。叔本华说过，当人感到自己面对的痛苦和困难超过自己生存的承受时，就会自杀。其实，这不能成为自杀的理由。自杀是自杀者的解脱，但却把痛苦的绞索套在了自己亲人的脖子上，使他们永远无法解脱。勇敢的一跳并非勇敢，而是怯懦，他们在困难面前失去了克服困难的勇气。有些博士生因为论文未能通过或一时未能就业而自杀，则是更傻。因为这些都是能克服的困难。有自杀的决心而无修改论文的决心，难道自杀的代价比撰写论文付出的代价要小吗！

3．谈命与运

我知道你们学生中有些人痴迷星座，不知是自以为时尚追潮，还是真相信？如果一个学哲学的人相信这个千百年来不断被揭穿的迷信，那可学不好哲学。除非利用自己学到的一些哲学名词去当大师，加入骗子的行列。以《易经》行骗的风水师或大师不少，我都是一笑置之。这种玩意儿，中国历史上有不少方士、术士或江湖骗子玩过，除了骗骗想长生不死的帝王以外，终究成不了气候。

在中国词语中，命运虽然连用，但命与运不同。命具有不可改变的特色，它是注定的。这是一种迷信观点，相信天命或人命，都是一种迷信。没有人的人生际遇是由天命或自己出生的年月日决定的。运是一种机遇，它不同于命。命是内在的、不由自主地被决定的，实际上是对自己境遇的无可奈何的一种事后解释；而运则决定于一个人遇时、遇人或时代变化带来的机遇。中国人称之为走运。

1977 年恢复高考对一些人来说是机遇，而不是命。因为这个可能性是为每个知青提供的，可有的人抓住了这个机遇，有的人就错过了。为什么？因为要使这种可能性成为改变自己命运的机遇，取决于自己。机遇偏爱有准备的头脑，同样的情况，对一些人是机遇，对另一些人就不是。所谓运气好，就是充分利用机遇提供的可能性，否则就会擦肩而过，失之交臂。我们不要相信命，但要充分抓住“运”。命是不可改变的，它削弱人的奋斗决心；运是可以变化的，时来运转。因此，运是时运，运取决于时。不改革开放，任何人都不会遇上变为亿万富翁的好运；不恢复高考，任何人都不会遇上进入大学学习的好运。

你们看看我们社会中一些亿万富翁就知道。他们是如何产生的，是因为命好吗？为什么在改革开放前，人们的命都好，但不要说亿万富翁，就连一个万元户都没有。连傻瓜都知道，是改革开放和发展多种所有制经济为他们提供了发财的机遇。为什么越是发达地区，越是沿海地区，富翁越多，人们下海时都往广东、往深圳跑？不就是因为那里是改革试点区，商机多吗？时间就是金钱，效率就是生命，首先出现在深圳难道是偶然的吗？同样星座，也可能同年同月同日出生的人，如果处在西北落后地区，可能就没有这个“命”，没有这个运。现在开发大西北，原来落后的西北地区，在发展的同时肯定会产生一批亿万富翁。他们会应运而生。

毛泽东在《湖南农民运动考察报告》中曾经以生动的语言对迷信命运的农民讲过这个道理：“信八字望走好运，信风水望坟山贯气。今年几个月光景，土豪劣绅贪官污吏一齐倒台了。难道这几个月以前土豪劣绅贪官污吏还大家走好运，大家坟山都贯气，这几个月忽然大家走坏运，坟山也一齐不贯气了吗？”当然是由于农民起来革命。也就是说条件变了，因而命都变了。不管什么星座，统统无用。

从历史唯物主义来看，一个最简单的道理是：凡是大的变革就会改变一些人的命运。一些人走运，一些人倒霉；不管他们什么星座，不管他们是否同年同月同日生。因为条件变化，人的命运就会变化。运取决于时，是时代提供的条件，运是时运。但同样的条件不一定每个人都交好运，因为运还要依靠自己把握。一个人的运气，可以说是对时机的主体把握。被把握的时机就是机遇，好的机遇就是运气。一个智慧的人不要相信命，而要使机遇变为改变自己的时机。要善于抓住时变，不要白白放过。人的一生可能有许许多多的偶然性。可偶然性不等于机遇，因为它可以被轻轻放过，也可以被抓住，抓住了就是机遇。学习哲学的一个重要任务，就是要具有善于抓住有利时机的智慧。个人如此，国家也是如此。

我们看到现在有些名人包括明星，相信大师，求神拜佛，闭关坐禅。求神拜佛、闭关坐禅是个人私事，无可无不可，但拜大师实在没有必要。法力无边的“大师”不少是江湖骗子，专门欺骗那些钱多多。没有太多哲学思维的名人、富婆为风水师所骗的事，在内地和香港都有。这并不奇怪。相信命、相信星座和八字之类荒唐的人，肯定会受骗。

我推荐你们读一读唐代裴潾上的《谏宪宗服金丹疏》中的一段话："自去岁以来，所在多荐方士，转相汲引，其数浸繁。借令天下有神仙，彼必深潜岩壑，惟畏人知，凡候伺权贵之门，以大言自炫奇技惊众者，皆不轨徇利之人，岂可信其说而饵其药耶！"凡是自称能起死回生的大师，能指引迷津、知人休咎、祈祷免灾者，都是骗子之流。当然他们专门骗名人、骗明星，因为只要一人上钩，就是最有效果的广告。这就是他们必骗名人绝不会骗穷人的道理。

4．谈性格与命运

你们几个都是我的学生，但性格各不相同。据有的专家说，性格决定命运，思想决定生活。此话有理，但都只说对了一半。命运是非决定的，没有人出生时就被决定了一世的命运。命运是人生历程中由各种因素决定的。其中有偶然的机遇，也有各种主客观条件，但性格确实是其中的重要因素。一个心胸狭隘、固执、主观的人，或者软弱、马大哈性格的人，在处理人际关系以及个人发展方面都会受到障碍。相反，一个心胸开阔、办事认真、性格坚定的人，处理人际关系、就业或从事任何工作获得成就的概率肯定高于前者。

思想决定生活，也甚为有理。一个人所抱有的思想往往决定其行为和生活态度。一个悲观的人，不可能有积极的生活态度，也不会积极参与社会生活，往往无病呻吟，提不起精神；相反，一个乐观的人，行为是积极的，生活是快乐的、向上的，遇到困难可以自我化解。悲观者，每天都是阴暗情绪；乐观者，则天天阳光灿烂。在旅途中剩下半瓶水，一个悲观主义者想到的是“只有”半瓶水，而乐观主义者想到的是“还有”半瓶水。这个“只有”和“还有”的不同判断，可能就是决定他们能否继续走下去的意志分界线。人生旅途也是如此。有的人偶遇挫折就悲观失望，走上绝路；而有的人一生坎坷，却屡挫屡起。这是不同的思想在起作用。思想支柱就是精神支柱。它视之无形，实则力量巨大，可以影响人的一生。

当然，性格与思想不是互不相关，而是相互影响的，但各有特点。性格相对稳定，甚至终生难改；而思想则往往随境遇变化而变化。性格的形成中有思想的参与，性格一旦形成就似乎固化；反过来，性格也会影响对一种思想的接纳或排斥。因此，思想好有利于塑造好的性格，而性格好也有利于接受有益的思想。

说到此，并没有完。如果性格决定命运，思想决定生活，那又是什么决定性格，什么决定思想？性格中是否有遗传成分，我们弄不清。但可以断言，性格决非“天性”、“本性”，更多是后天形成的。如果性格是天性，那人的命运就是前定的、不可改变的。这是变相的宿命论。同样，如果无法回答思想的来源，必然认同思想是人头脑中固有的观念，我们就又回到了天赋观念的陈词滥调。

人是社会的人，人的性格与思想的形成离不开自己生活于其中的社会环境，包括家庭环境、学校教育环境、人际交往和社会整体环境。其中家庭在幼儿甚至少年时期，具有重要作用。一个单亲家庭和一个完整的家庭，一个终日争吵的家庭和一个和睦相处的快乐家庭，对孩子性格形成的影响是大相径庭的。而入学后，学校教育，尤其是中小学教育对青少年性格与思想的形成，具有重要作用。这时性格趋向于定型，而思想的吸收也最为快捷和牢固。

18世纪法国著名哲学家和教育家卢梭在其经典著作《爱弥儿》中对教育在性格和思想形成中的作用做过深入的论述。虽然卢梭过分推崇顺从人的自然本性，但他还是主张让教育同生命一起开始，即从一开始生活，人就应该接受教育。应该教育孩子保护好自己，教育孩子经受得住命运的打击，不要把豪华和贫困看在眼里。必要的时候，在冰岛的冰天雪地里或者马耳他岛的灼热的岩石上都能够生活。要持续不断地锻炼孩子，用各种各样的考验来磨砺他们的性情。教他们从小就知道什么是烦恼和痛苦。通过这些考验，孩子便获得了力量。卢梭的自然主义教育理论虽有可议之处，但他主张顺应儿童的本性，让他们的身心自由发展的观点，对于我们用应试教育来剥夺孩子的童年快乐，束缚孩子的自由发展，是有警戒意义的。

知识可以改变思想，习惯则与性格相伴。从小就应该特别关注良好习惯的养成。期待大学教育改变从小形成的习惯，是很难的。积习难改，性格终老。思想不同，它可以随着人的经历和受教育的程度而发生变化。改变习惯和性格比改变思想困难。我们可以育苗，但很难修理已经长成的大树。

5. 谈逢时和安时

我很羡慕你们，你们的学习条件比我年轻时好得多，你们可以用来学习的时间比我年轻时多得多。你们应该比我们老一辈有成就，否则你们对不起你们的时代。

生不逢时，是一些怀才不遇者的牢骚话；不过，也不是毫无道理。人确实有个逢时的问题。解放初，我知道最受尊敬和重用的是三八式、老延安。年轻人是愣头青，当然不能担重任。可现在，省部级干部中“50后”、“60后”是常态。这是国家后继有人、兴旺发达的表现，值得庆贺。当然，我们也有千千万万新中国成立前或新中国成立初期参加工作的人，至今仍然是普通干部。甚至老延安、老红军，也不一定人人都有很高的职位。这就不简单是个人能力的问题，而是时代使然。

我记起在一本书中读到过，汉朝一个什么皇帝见执戟侍卫中有一须发皆白的长者，很是奇怪，问他何以这个年龄还干这个活？他回答说：陛下重用老臣时，臣正年少；可当陛下重用青年时，臣已年老。这就有个逢时与不逢时的问题。这种事，在生活中常见。就拿高校评职称来说，现在的教授、博导，三十多、四十多甚为常见。各种各样学者的光荣称号也是越来越多，为留住人才，各地相互竞争。现在，如果五十岁仍未评上高职，就坐不住了。可我们那辈人中，退休后仍是讲师的大有人在。至于评上教授时的年龄，五十多极为常见。我们那辈人中一些人虽然很有学问，但到退休时仍未当上教授、博导的，很多很多。我当过一阵子系主任，最难处理的就是这种事。这就有个逢时的问题。年轻人机遇好，碰上好时光，理应如此。如果现在高校评职称还像我们那辈人一样，职称变为安慰奖，评上不久就退休，于教育和科学的发展都极为不利。

时，并非单纯时间，而是时间中包含的社会内容。时，表现特定时间的经济、政治、文化的发展状况和水平。所谓逢时，就是时代提供给自己以最好的发展可能性。同一年龄段的人生活于同时，但不见得人人有相同的机遇，因为时与机遇是不同的。就如同 1977 年恢复高考时，成百万知识青年不可能都获得上大学的机会一样。生逢其时的人，有如何把“逢时”变为“机遇”，如何紧紧把握机遇、努力上进的问题；对于错过机遇、在原地踏步的人，又有如何安时处顺、淡定自然的问题。要不然，不逢时者或逢时而错过机遇者，就难以存活。逢时者如何“趁时”把握机遇，不逢时失去机遇者如何“安时”处世，都是人生哲学问题。

6. 谈“另一个世界”

有的哲学家说，唯物主义是硬心肠的哲学，唯心主义是软心肠的哲学。唯物主义认为人死如灯灭，化为一缕青烟，回归自然，这多没情趣。如果人死后有灵魂，有另一个世界，可以照样和亲人相会，可以享受人世间同样的生活，多好呀。这样死亡就不可怕，只是由一个世界转到另一个世界。你看《聊斋志异》中的鬼多痛快，可以恋爱，有情有义，比人间还好。没有对死亡的无奈，就没有神；没有对生的眷恋，没有对死亡化为无的恐惧，就没有鬼。鬼魂的存在给人以希望。神给人以自赎自救的希望，鬼给人在另一个世界永生的希望，而魂则可以在另一个世界继续生存。

有神论比无神论更能安慰群众，尤其是安慰痛苦的群众，原因正在于此。可是这种安慰是虚幻的。马克思在《〈黑格尔法哲学批判〉导言》中说过，“宗教里的苦难既是现实的苦难的表现，又是对这种现实的苦难的抗议。宗教是被压迫生灵的叹息，是无情世界的情感，正像它是无精神活力的制度的精神一样”。只是在说完这些话以后，马克思才说，“宗教是人民的鸦片”。因为它如同止痛剂能够暂时解除人心灵的痛苦，但令人产生痛苦的世界依然存在。我们还是要相信唯物主义，不管死后如何回归自然。不管唯心主义如何心软，不管有神论如何给人以死后的乐趣，如何给人提供一个美妙的天堂，其终究只是个“故事”，从来没有人能成为这个“故事”的主角。它是世世代代害怕死亡的人永远做不完的梦。把他们从梦中唤醒，他们说你是硬心肠。如果人人变为软心肠，期望有天堂，有阴间，有来世，人人可以相见于九泉，难道世界就会因此变得更好吗？不会。你看看宗教信仰盛行、人人祈祷、个个虔诚的国度，照样战乱不断，民不聊生。两个不同宗教的斗争，相互往死里整，心肠一点都不软。

哲学与文学不同。哲学不能宣传来世，文学则可以有梦中相见。文学并非相信来世、灵魂、阴间，而是以此来抒发一种感情。苏轼梦亡妻的著名悼亡词《江城子》："十年生死两茫茫，不思量，自难忘，千里孤坟，无处话凄凉。纵使相逢应不识，尘满面，鬓如霜。夜来幽梦忽还乡。小轩窗，正梳妆。相顾无言，惟有泪千行。料得年年肠断处，明月夜，短松岗。"梦中有深情，深情中有梦。感人至深，不存在唯物主义和唯心主义的问题，因为它是文学而不是哲学。

我对"明月夜，短松岗"的凄凉景象有一次切身感受。我在干校劳动时，有次从南昌回干校，正是月夜，从刘家站火车站下车到干校有十几里。途中一片荒野，没有人家。中途要经过一个坟地。短短的松树，就散落在一个个坟堆之间。在月色下，四周无声，凄清如许。我突然想起苏轼的"明月夜，短松岗"的悼亡词，我第一次为艺术的感染力所震撼。月夜独行，挥之不去。

7. 谈书

你们问，应该如何对待读书。我只有两句话，一是认真读书，二是不迷信书。

首先是认真读书。你们是博士，当然应该认真读书，得多读，得读好。否则，何以为博？关于书的重要性，世界上许许多多的学者都有过名言。书是人类文化和知识的文字载体，它凝结了先人和时人的知识和智慧。读书，在一定意义上就是站在前人的肩上。孔子总结过自己的经验，说："吾尝终日不食，终夜不寝，以思，无益，不如学也。"思，当然重要，但不学而思是白搭，应该是学而思，以学为基础。

再者是不迷信书。亚圣孟子说过，"尽信书不如无书"。这不是与孔子唱反调，各自强调的重点不同。孟子说的不能尽信，不是说不信。尽信与不信不同，尽信是迷信。书是人写的，书中所言之事不一定全是事实，故而历史学分支之中存在考据学；书中所言之理不一定完全正确，有科学与不科学之分。列宁曾说过，只要几何定理触犯人们的利益，就有人企图推翻它，何况是与人们利益关系最大的各种各样的社会科学方面的书籍呢？因此，读书必须用头脑读、有分析地读，不要盲目地相信书中所说的东西。毛泽东说过，除了科学，什么都不要信。科学就是经过实践检验过的真理性认识。而盲目相信古人的书、相信洋人的书、相信权威的书，不管他们说得对不对，照章全收，这就是迷信。正如毛泽东说的，对的就是对的，不对的就是不对的，不然就叫迷信。要破除迷信。不论古代的也好，现代的也好，正确的就信，不正确的就不信；不仅不信而且还要批评。这就是科学态度。读书要有科学态度。

真正的马克思主义者从不迷信本本，即使马克思的本本也不迷信。这就牵涉到写文章著书普遍存在的问题，我们总是引用经典作家的话，以为引证就是证明，就是无可辩驳。这样对吗？我认为引证不等于证明，而只能对论证起一种辅助的作用。这种作用，庄子称为“重言”。重言不是论证，而是借助权威的言论以证明。

在对问题的分析中，对马克思主义经典作家的话的引证是必要的。但这种引证必须建立在对问题分析的基础上，而不是用引证代替论证。论证的特点是具体问题具体分析，是独立地运用马克思主义基本原理分析自己时代面对的问题。引用切合自己分析的引证是有力量的，否则就是教条。列宁说过，只有不可救药的书呆子才会单单引证马克思关于另一历史时代的某一论述来解决当前发生的独特而复杂的问题。

毛泽东是大力反对本本主义的。他说过，“以为上了书的就是对的，文化落后的中国农民至今还存着这种心理”。但毛泽东并不否认马克思主义本本的重要作用，他说：“马克思主义的‘本本’是要学习的，但是必须同我国的实际情况相结合。我们需要‘本本’，但是一定要纠正脱离实际情况的本本主义。”

我们可以以马克思关于资本、货币、市场的分析为例。马克思说过，资本一到世间从头到尾每个毛孔都沾满了肮脏的鲜血，在讲到货币时曾讲到以货币为中介会颠倒人与物的关系，使物质增值、人贬值，促使人产生拜金主义思想，而市场关系必然会导致资本的积累和贫富分化。这个理论当然是针对资本主义条件下的资本逻辑说的。这是否适用于社会主义？适用于中国特色社会主义？就不是单纯靠引证能解决的。引用者可以以此来否定改革开放政策的正确性，否定者则以为马克思的论断与中国特色社会主义无关，已经过时。这两种态度都是停留在以引证取代论证的水平上。我们应该从马克思的分析中，看到马克思是如何看待资本主义条件下资本、货币、市场的本质，它们的运作方式及后果的；弄清在社会主义条件下如何发挥资本、货币、市场的积极作用，避免它们的消极作用。这就不是单靠引证能做到的，而必须运用马克思主义的基本原理分析社会主义制度下的资本、货币、市场的本质，它们的运作方式和后果及可能引发的问题。

引证往往容易削足适履，对号入座；应用则是具体问题具体分析。我读你们的博士论文，往往感到引证太多，分析太少；别人的东西太多，自己的东西太少。单看论文后面的书目就吓人。我知道有些是作者虚张声势的疑兵阵，仿佛十面埋伏，实则是空营。不过，这不是做学问的好方法。读书如嚼馍，消化吸收是论证，原馍吐出是引证。我们要提倡论证，避免简单引证。

8. 谈神

书本迷信与宗教迷信是两种不同的迷信。书本迷信是信书，以为书中的话句句是真理；宗教迷信则是信神，以为神是万能的。

迷信与信仰不同，信仰可以是无功利的，是出于内心对善和美好愿望的追求，而迷信则有所求。中国人的信神，具有浓厚的功利主义色彩。想发财拜赵公元帅，拜财神；求生育，拜送子观音。有所求，必许愿，仿佛神也会受贿，如世人一般。许愿就是对神行贿。

普通百姓求神，是求好运；坏人，则是做了坏事求心安，求免遭惩罚。北洋时代，杀人如麻的军阀，下野后多拜佛，有的成为居士，手捻佛珠，口念南无，如孙传芳、靳云鹏辈。当代中国，一些贪官特别迷信，简直匪夷所思。其中一些是领导干部、是共产党员，其迷信之荒唐比旧时代不识字的农村老妇更胜一筹。如原铁道部部长刘志军迷信甚深，为求“平安”，他长期在家烧香拜佛，还在办公室里布置了“靠山石”。一些项目的开工竣工，刘志军都会请“大师”选择黄道吉日。据说此类人物并不少见，大大小小的官员都有。他们养肥了一批风水大师，养肥了某些精通“易”术的所谓未卜先知的人物。还有财路不正、身家亿万的富人，由于内心不安，迷信至深。反倒是普通草根，吃安心饭，挣流汗钱，无非分之想，无昧心之事，虽文化水平不高，但不迷信，因心无愧怍，用不着提心吊胆，不怕半夜鬼敲门。

书的力量和人的力量是正相关关系，人从书中汲取正能量，增强自身的力量。培根的名言“知识就是力量”，表明了这种正相关关系。而神的力量和人的力量是反相关关系。神在人心目中越有力量，人越没有力量。中国人说，人无法，求菩萨。凡是人能办到的事，人便不会求神。能做试管婴儿，有治不孕不育的妇产医师的地方，人们不会去求送子观音；能人工降雨，人们不会去求龙王爷；依靠自己的能力发家、财路正当的人，不会去求神拜佛，求菩萨保佑。

9. 谈风水

自古以来，相信风水的人不少。在旧社会，我也见过迷信风水的商人或官员。稍富裕点的人家，父母选择坟地，也会请风水师。这都不难理解，这是旧社会。旧社会是迷信的社会，因为人们唯一能诉求的就是神，而不是人；主宰命运的是神，而不是自我奋斗。不可理解的是，在社会主义新中国风水之风仍然如此盛行。各种各样的大师不断出现，其中有的只有小学水平，有的是识字不多的农村妇女，只因巧舌如簧，能言善骗，少数达官贵人、明星名人便被忽悠得团团转。

美国纽约时报网站 2013 年 5 月 10 日发表了《中国官员通过风水寻求仕途捷径》的文章，看了令人脸红。文章介绍某地国资委官员认为自己屡受调查，是因为马路对面烟草公司门口有对外形凶恶的石狮子，然后这位干部便建造了一堵石头墙用来阻挡石狮子的煞气，还说“现在立了这个屏风，情况好多了”。作者评论说，如今“马克思主义在中国逐渐褪色，古代迷信卷土重来，占卜指南填满书店货架，算命的忙着提供有关星相和数字命理的昂贵咨询。企业巨头纷纷向风水大师寻求商业建议。这场神秘主义的复兴正在最不可能的领域吸引越来越虔诚的追求者：主张无神论的中国官场”。河北高邑县县委书记崔欣元在县委对面的马路中间放了一架退役的歼击机，以为这样他就能“飞”到中国权力的最高层。

我怀疑这是国外对我们的污蔑造谣，可我们自己的“国家行政学院”2007 年对 900 多位公务员的调查报告中也说 52%的县级公务员承认相信求签、相信面星相或解梦。我知道封建社会官员迷信的人有，但我从未读到在府县衙门里设置镇山石或各种避邪物的记载，衙门就是办公审案的地方。“可怜夜半虚前席，不问苍生问鬼神。”汉文帝也算一代英主，此事至今为人诟病。而我们有些共产党的官员迷信超过封建社会的官员。说句实话，我这个共产党员为此感到羞愧。

如果我们的干部如此素质，能指望他们担任建设中国特色社会主义的重任吗？难矣哉！由此我想到我们这些哲学家、理论家以及全国的思想政治教员，面对全国迷信大流行是如此无能为力。在全国的社会科学杂志上、在报纸上也未见过有关科学无神论的宣传，更不用说广泛的无神论教育。我们是不是失职？如果我们连面对最低级的迷信思潮都没有战斗力，这样的马克思主义哲学要它何用！

迷信并不是中国独有的。美国趣味科学网站在 2013 年 9 月 16 日发表的一篇名为《人类为何如此迷信?》的文章（转载于《参考消息》2013 年 9 月 17 日），专门讨论了这个迷信问题。作者说，自古以来迷信似乎是不分国界、不分文化传统的人类的通病。即使在现代社会，迷信仍然广泛地影响着人类的日常生活。根据调查，美国差不多有一半人说自己至少有一点迷信，有 13%的美国人会对住在宾馆 13 层很介意，有 9%的人会要求换房间。人类为什么会迷信？因为迷信的根源是缺乏控制力。人类为了获得更大的控制力，当某种重要的东西面临风险而结果又不确定的时候，迷信就被用来弥补这个缺口，让我们感觉更有信心。作者列举了各种各样的迷信。风险越高，主观上能控制掌握的可能性就越少，就越会迷信。作者的这种解释，对我们理解中国贪官们的迷信心理很有启发。在中国，贪污腐败的确是高风险的行当，尤其在新一届中央领导雷厉风行、老虎苍蝇一起打的反腐行动不断展开的情境下，更是如此。因此，他们没有别的保护伞，没有自恃的硬后台，只能求助于迷信。理解这一点，就能理解中国官员腐败与迷信同行，中国官员拜大师、信风水的原因了。

10. 谈“我深信”

在论坛上，我们可以听到发言者为证明自己论断正确，往往说：“我深信。”有些博士论文中，作者为强调自己论点正确，也使用这句话：“我深信。”其实“我深信”只不过是“我深信”而已，不见得别人与你一样“深信”，因为别人深信的是你论证的逻辑力量和事实依据，而不是你的“我深信”。

我希望你们一定要区分“我深信”和使别人深信。真正有说服力的好文章不是“我深信”，而是别人深信。关于深信与不可深信的区别，列宁说过一段很有意思的话：“我们还是愿意听取统计学家们根据事实而不是根据‘信念’作出的论断。然而，申明自己的‘信念’并不总能说服别人。”多讲事实，少讲我深信。口吐莲花、捶胸顿足而没有任何事实的“我深信”之类的保证，切记不可深信。

在历史研究中，要让别人深信你的“我深信”，必须依据史料。我们反对单纯以史料取代史学的观点，但历史研究要不说空话，就必须依靠历史资料。历史资料是历史的信息。没有历史资料的历史学，如同没有建筑材料的纸糊房子。恩格斯是重视历史理论的，但他同样重视研究历史资料，不能空对空，不能以“我深信”来打发读者。恩格斯说过：“唯物主义的认识的发展，哪怕是单单对于一个历史实例，都是一种科学工作，要求多年的冷静钻研，因为这是很明白的，单靠几句空话是做不出什么来的，只有大量的、批判地审查过的、透彻地掌握住了的历史资料，才能解决这样的任务。”在发言中、在文章中，尤其在博士论文中，要少点“我深信”，多点事实和对事实的理论分析。这是做学问的最基本的道理。

这个问题在我们哲学领域中比较难，因为我们不是历史学科，我们很少运用材料，缺少实证性是我们学科的特点。但哲学同样存在“我深信”和使别人深信的问题。哲学是运用概念的学科，但概念推论以及关于它们相互关系的论证的强大力量在于其所具有的逻辑力量。逻辑力量同样是巨大的，它可以具有使人不可反驳的力量。黑格尔的《逻辑学》从存在出发的一环一环的概念关联，完全依靠的是逻辑力量。虽然其中存在勉强跳跃和牵强附会的地方，但马克思、恩格斯和列宁还是赞许的，因为它的逻辑关联在一定程度上以逻辑形式反映了客观事实的进程。关于存在论、本质论、概念论以及其中各个概念之间关系，列宁在《黑格尔辩证法（逻辑学）的纲要》中说了一段总结性的话：“概念（认识）在存在中（在直接的现象中）揭露本质（因果、同一、差别等等规律）——整个人类认识（全部科学）的一般进程确实如此。自然科学和政治经济学（以及历史）的进程也是如此。所以，黑格尔的辩证法是思想史的概括。从各门科学的历史来更具体地更详尽地研究这点，会是一个极有裨益的任务。总的说来，在逻辑中思想史应当和思维规律相吻合。”黑格尔的逻辑力量是事实力量的逻辑图影，无怪恩格斯说黑格尔的唯心主义中充满唯物主义的内容。

如果一篇博士论文，除了重复“我深信”的语句外，既没有事实的力量又没有逻辑的力量，要使别人深信是很难的。

第四章

社会的思考

1. 谈中外古今

“究天人之际，通古今之变，成一家之言”是司马迁在《报任安书》中提出的中国思想家的最高追求。晚清以后，应再加一个“会通中西”，从而“学贯古今，会通中西”成为近世学人追求的最高境界。可我要说，似乎无人敢夸口自己是这种人，也没有公认的这种人。从具体知识来说，无人能对中外古今的学术无所不知。做不到，也无须做到。“人生有涯而知无涯”。你们是博士，实际上也是所知有限。号称博士，最大弱点是并不博，一篇论文是专而又专。但是，“中外古今”作为一种思维方法是可以学习的。毛泽东倡导的“古今中外”的历史研究方法，就是一种观察历史的辩证方法。

古与今统一的方法，是把一个民族的历史作为一个过程，作为一个连续的过程来看，弄清它从何而来才能知道到它现代何以如此，为何如此。中与外是比较方法，只有比较中国与外国，理解它们的异同，才能理解中国的特点。在研究古今时，当然以今为主，因为研究古的目的是为了了解今，了解现代何以如此，为何如此。一个民族的传统和历史对形成现在的时代有着非常重大的影响。历史研究不是为古而古。当代人不是为古代人活着，而研究古代是为了当代人更好地活着。观今宜鉴古，无古不成今。研究古今，重点在今。

在研究中与外时，中心应该是中。中国人进行中外比较研究，当然是为了中国，通过了解世界来了解中国。正如毛泽东说的，研究中国就要拿中国做中心，要坐在中国身上来研究世界的东西。我们有些同志有个毛病，就是一切以外国为中心，做留声机，机械地生吞活剥地搬来外国的东西，而不去研究中国的特点。不研究中国的东西，而去搬外国的东西，就不能解决中国的问题。所有主张不加分析地把西方民主制、多党制、议会制搬到中国来的人，都不懂得毛泽东说的“古今中外”的方法。

毛泽东讲到中西文化关系时曾非常形象地说：“学外国织帽子的方法，要织中国的帽子。”这是洋为中用的通俗说法。学外国不是目的，而是发展自己民族文化的一种途径。如果只学习他们织帽方法而不会织自己的帽子，这种方法不会取得成功。在讲到中外关系时，毛泽东还说我们当然要提倡民族音乐，作为中国人，不提倡中国的民族音乐是不行的，但这并不是说要排斥西方的东西。他以军乐为例，军乐队总不能用唢呐、胡琴，这等于我们穿军装要穿现在这种式样的，而不能穿那种胸前背后写着勇字的褂子，民族化不能那样。乐器是工具，当然工具的好坏非常重要，但是如何使用工具才是根本。外国乐器可以拿来用，但是作曲不能照抄外国的。这说明文化和文化载体不同。正如电视机可以引进，但上映的还是要有自己的风格、价值观和反映中国实际内容的电视剧。

我们做不到学贯古今、会通中西，但如果牢牢记住并学会这种古今统一的思维方法，那么即使我们研究的是一个局部的、具体的问题，我们观察问题的眼界也可以完全不同。

2. 谈“两个坚持”

中国共产党的诞生先于中国社会主义制度的建立。中国共产党建立已经九十多年，而社会主义基本制度的确立才近六十年。没有中国共产党的建立和领导的革命，就没有中国的社会主义社会。这与西方资本主义制度的建立历史过程不同。美国的民主党和共和党、日本的自民党和民主党等都是资本主义制度确立以后建立的。美国的独立战争不是由政党领导的战争。日本资本主义制度是在明治维新以后逐步建立的，而自民党、民主党都是在第二次世界大战以后建立的。资本主义社会是在封建社会胎中逐步孕育成熟的，没有资本主义政党也可以建立资本主义社会。资本主义社会的政党是选举政党，是为选举而建立的政治组织。社会主义则不同。它是要在推翻旧制度的基础上建立新制度，没有一个以马克思主义为指导的无产阶级政党领导的斗争，就不可能建立社会主义社会制度。这是历史唯物主义中的一个重要理论问题。

资本主义社会是包含在封建社会中的资本主义经济发展到一定程度才产生制度化的资本主义，而社会主义社会是建立于旧制度中的共产党经过长期斗争才建立的社会主义。这种历史特点决定，为选举而组织的资本主义社会政党可能实行多党制，而为创造社会主义而建立的无产阶级政党只能是一党制。中国共产党的领导与社会主义社会之间的这种不可分离的特殊关系，是历史地形成的，是不可改变的。

在中国，坚持中国共产党的领导和坚持社会主义制度，是一荣俱荣、一损俱损的关系。共产党如果放弃社会主义理想和信仰，则不再是共产

党，而是挂着共产党招牌的假共产党。如果没有以马克思主义为指导的有组织的无产阶级政党为之奋斗，那么社会主义只能是一种学说，不可能成为运动和制度。因此，共产党与社会主义之间的彼此脱离是两者的不幸。恩格斯在 1891 年致倍倍尔的信中说："德国党和德国社会主义科学之间哪怕是有一点不协调，都是莫大的不幸和耻辱，更不用说二者之间出现裂痕了。"当代世界社会主义运动中，这种两隔离的状况不断出现。共产党的社会民主党化和科学社会主义的不断民主社会化，同时并存。这种趋势违背了历史规律，只能是既断送科学社会主义，又断送共产党。

在"两个坚持"中，关键是坚持共产党的领导。社会主义制度的建立、巩固、改革，起决定作用的是共产党，因为它是领导者。取得政权后，最大优势是什么？是手中有政权，能运用手中政权办大事、办实事，实现社会主义理想。可最大危险是什么？也是取得政权，难在执政。取得政权前，中国共产党腐化的可能性很小，几乎没有。残酷的斗争，敌人在帮助清党。意志不坚定者、背叛者，一个个被清除出去。留在党内提着脑袋干革命的都是信仰最坚定者。执政表明地位的变化。地位的变化说明参加共产党不仅没有危险，而且可以带来某种利益。腐败与权力同行。

俄国十月革命时，几万党员能夺取政权；而七十年后几千万党员却丢掉了政权。明白这个道理，就会明白为什么最大危险来自党内，就会明白两个坚持中关键是坚持共产党的领导。坚持共产党的领导，重中之重是纯洁党的队伍，提高执政能力，清除腐败。这个问题看起来是政治学问题，其实它包含一个重要的哲学问题。制度是由人创立，由人来维护的。社会主义制度也是如此。没有社会主义社会，共产党可以在条件成熟时通过革命创建社会主义；而社会主义社会一旦不由共产党领导，则社会主义仍然可以回到资本主义。这就是为什么我们始终反对多党制，始终坚持中国共产党领导下的多党合作制的原因所在。

3. 谈政治与人性

你们问，在文学中有描写人性的问题，在社会历史发展的研究中是否同样有这个问题？我们的哲学教科书中没有讨论过这个问题。我们学过人的主体性、主观能动性等，都是从人的活动能力方面讲的，没有涉及历史与人性问题，即在人的活动中，通过情欲和权力欲表现出来的人性问题。我们研究历史唯物主义，应该研究这个问题，否则历史人物和事件就无血无肉，人仿佛是提线木偶。

在历史中，尤其是在政治斗争中不断发生着权力欲与亲情的矛盾。在矛盾中往往是政治权力的争夺压倒亲情，私欲战胜人伦。西周时代是孔子梦想的理想时代，他说“郁郁乎文哉，吾从周”。可周刚灭商二年，姬发病而死，年幼的儿子诵，即后来的成王继位，周公旦代行国政。族弟管叔和蔡叔叛乱企图夺取政权，结果管叔被杀，蔡叔被放逐。这是叔侄兄弟之间为争夺王权而展开的斗争。

《左传》中记载的“郑伯克段于鄢”，对于权力欲与亲情的矛盾描写得最具戏剧性。庄公的母亲武姜，偏爱小儿子段，千方百计要求庄公照顾小儿子段。结果段的势力膨胀，表现出野心。但庄公仍然听之任之，若无其事。等到段公开打出造反旗帜举事时，庄公才觉得火候到了，是时候了，可以动手发兵讨伐段。从纵容、放任，到起兵镇压，步步有计划，招招有预谋，政治手段极为高明。其中夹杂的母子之情、手足之情，都是这出历史剧中的权力欲下的次要因素，是阴谋实现的一种方式。

至于秦始皇死于途中，胡亥与赵高合谋矫诏逼死太子扶苏，即位后诛杀诸兄弟姐妹，残忍至极。只有权力欲，何来亲情！汉朝吴楚七国之乱，兄弟叔侄之间的生死搏斗；李世民玄武门之变，预谋杀死建成、元吉；武则天杀死太子和诛杀夫族；清朝雍正即位前的明争暗斗，即位后对亲兄弟的贬压等，封建社会宫闱中的血雨腥风，屡见不鲜。儒家伦理对帝王并无约束力。真正遵守儒家伦理，把它作为自己行为准则并内化为“良心”的，往往是普通百姓。

说到权力欲胜过亲情的例子，我想起曹丕与曹植之间的故事。曹丕想借故迫害曹植，命他七步为诗。曹植作诗一首：“煮豆燃豆萁，豆在釜中泣。本是同根生，相煎何太急。”是否真有其事，我们不管它，但同根相煎之事在权力斗争中并不罕见。其实，不仅在政治权力领域，民间因遗产而引发的兄弟姐妹对簿公堂乃至拔刀相见的事件，在当代中国社会也时有所闻。只不过民间的财产纠纷是一个民事案件，是社会性新闻，不如政治斗争那样为历史所关注而已。

这就涉及一个重大理论问题，就是人性在历史中的作用问题。我从来不相信儒家人性本善之类的说教。权力欲可以归为人性，亲情也可以归为人性。为权力而弑父、诛杀手足，可以说是体现人性恶的方面。在历史上，我们没有见过因顾及亲情，“天良”发现，在权力斗争中不忍心下手的例子。无怪黑格尔说，恶是社会发展的动力。在政治斗争中，权力与亲情之间的矛盾从浅层次看是人性问题，但从更深的层次看则是经济与政治关系中的利益问题。政治斗争中权力之所以压倒亲情，是因为权力的统治带来利益，包括经济利益、政治利益。而在利益背后有不同的利益集团。如果没有阶级，没有国家，没有统治与被统治之分，没有统治阶级中的利益集团之分，就不会有政治权力之争。没有私有财产制度，就没有为遗产而兄弟相残的事。为权力而灭绝亲情，根源不是人的本性，而是经济利益和政治利益；为财产而对簿公堂、恩断情绝的根源是私有财产制度。因此，隐藏在人性善恶深处的是利益，而利益背后是生产关系和人们在生产关系中的不同地位。

4. 谈顶层设计

这是流行的政治用语，可要正确理解顶层设计，应该从哲学层面懂得“摸着石头过河”与“顶层设计”的关系。如果不摸石头，也就是说对实际情况不了解，则不能从实践中得出经验。不知深浅，贸然入水，弄不好会淹死。顶层设计不是处于顶层的人从头脑中想出来的规划，而是从实践中调查得出的关于全局的方案。摸着石头过河不是不要理论，每次过河时都是在摸不同的石头，而不是摸同一块永远不动的石头。因此，顶层设计也不是永远不变的设计，而是根据不同时期的实践经验进行设计、修改设计。正如毛泽东说的，“我们要建筑中国革命这个房屋，也须先有中国革命的图样。不但须有一个大图样，总图样，还须有许多小图样，分图样。而这些图样不是别的，就是我们在中国革命实践中所得来的关于客观实际情况的能动的反映”。

以为摸石头是基层的事，顶层设计是上层的事，彼此分离是不对的。领导不仅要善于吸收基层摸石头提供的经验，而且还要亲自去摸石头，才能做好顶层设计，这就是调查研究；而基层则需要在顶层设计指导下摸石头，才不会瞎乱摸。把顶层设计看成是政治精英们的事，把摸石头看成是基层干部的事；画大样的不必有实际经验，而实践者可以心中无全局，这种两者分离的做法，是违背实践论原则的。

智库当然属于精英，各种专业的精英。中国特色智库能为顶层设计的完善和政策研究提供智力支援。中国特色智库的成员，不是摇羽毛扇的诸葛亮式的人物。智库凝聚着集体智慧。若智库的参与者只有理论而无实践经验，只了解外国不了解中国国情和特色，便不可承担这个任务。中国特色智库具有专业知识，但还必须立足中国实际，放眼世界，面对中国问题，既有处于顶层那种高瞻远瞩的视野，又具有摸石头的实际经验。

毛泽东当年说过，“在担负主要领导责任的观点上说，如果我们党有一百个至二百个系统地而不是零碎地、实际地而不是空洞地学会了马克思列宁主义的同志，就会大大地提高我们党的战斗力量，并加速我们战胜日本帝国主义的工作”。毛泽东提出的这一任务，当代仍然有效而且迫切。此外，根据中国特色社会主义建设的需要，我们党还需要培养出一批兼具顶层设计与基层经验于一身的智库人物。你们是博士生，应该为建设中国特色社会主义贡献力量。如果你们中能出现中国智库式的人物，我一定感到无上光荣。

5. 谈国家

国家是经济上占据统治地位的阶级进行阶级统治的工具，国家的本质与功能是历史唯物主义的重要问题。马克思主义经典著作，包括恩格斯的《家庭、私有制和国家的起源》、列宁的《论国家》、毛泽东的《论人民民主专政》都论及这个问题。我们有些学生在这个问题上不太清楚，因为他们听惯了我们说的服务型政府、国家的管理职能，就以为国家是个全民的大股份公司，不理解国家的本质。政府与国家不能画等号。政府是国家权力机关的执行机关，政府的性质是由国家的性质决定的。政府可以换届，政府的组成人员可以更替，但国家性质不会因此而变化。服务型政府、国家的管理职能等，不是对国家本质的概括，而是对政府职能的一种表述。一个政府是否能真正成为服务型政府，能把社会管理好，最根本的取决于国家的性质，当然也取决于政府的执政能力。

马克思主义关于国家的基本观点是，国家是阶级矛盾不可调和的产物。国家在一定程度上和一定范围里具有管理职能，具有服务职能。一个根本不具有社会服务和管理职能的国家，是不可能维持的。但国家并不直接行使这种职能，这种职能是由政府承担的。正因为政府的本质是由国家的本质决定的，所以服务职能、管理职能不是超阶级的。以所谓抽象的公平、正义为行使公共权力的基础，这是幻想。管理职能涉及谁管理，管理谁，如何管理；服务同样涉及服务谁，为谁服务。国家的阶级本性就能够比较清楚地显现出政府服务职能和管理职能的倾向性。虽然，有些理论家宣传西方国家是全民国家，事实是，至今只要是国家就不可能是全民的。

全民普选是可能的，但选出来的政府不具有阶级性而属于全民，这是不可能的。只要看看号称民主国家的西方所实行的对内对外政策，就清楚它与财团的关系。一个社会中在经济上处于统治地位的阶级，就是这个国家的政治统治者，是国家本质的决定者，这是马克思主义关于国家问题的一条基本原理。

我们的国家是社会主义国家，应“以人为本”，应建设服务型政府，使社会管理服务于大多数人民。为人民服务，是我们全体政府公职人员的义务。但社会主义国家同时具有保卫国家、防止外来侵略的职能；具有反对恐怖主义、维持社会主义稳定的职能。军队、警察和法院这些强力部门，仍然是国家构成中的重要部分。而在上层建筑中，马克思主义仍然是处于主导地位的意识形态，是社会主义国家的意识形态。

其实，资产阶级思想家虽然以人性论为基础来论述国家，但都不否认国家的强制性、权威性和统治性。马基雅维利在《君主论》中就毫不讳言，君主作为国家的统治者，必须培植一支忠实于自己的军队，建立维护国家统一的法律体系，并采取胡萝卜加大棒的方法，争取民心和使人民就范。霍布斯在其名著《利维坦》中以契约论的思想论证国家的起源，但他同样认为要走出人对人是豺狼的丛林法则，就必须让渡自己的权利给一个能代表集体的人，这就是国家。国家是恶兽利维坦，它既保护人，使人们不像在丛林中那样相互伤害，可同时国家又会吃人，因为国家代表暴力。

讲到国家职能时，不能不说到税收。税法是一门专业学问。我们搞历史唯物主义的不懂税法，但应该懂得一个基本道理，因为它与历史唯物主义关于国家的职能相关。恩格斯在《家庭、私有制和国家的起源》中讲到国家不同于旧的氏族组织的不同之点：一是它按地区来划分它的国民；二是公共权力的设立。可要维持这个公共权力，就需要公民缴纳费用，即捐税。所以，国家的职能有两个。一个是委派官吏。既然按地区划分，当然要有管理者，这就是官吏。在专制制度下，官吏是由统治者委派的。在民主制度下，官吏是选举产生的。但不管委派还是选举，总要有“官”员。另一个是征税。公共权力需要税收来维持。随着官吏队伍的扩大，军队、警察以及各种公共开支越来越多，财政开支越来越大，捐税就越来越重。封建社会有苛政猛于虎之说，苛政主要是税赋。过去老百姓嘲讽国民党，将国民党“万岁”称为国民党“万税”。随着封建制度向民主制度的转变，委派官吏变成了选举官吏。但捐税在任何社会制度下都始终存在。自古以来，不管国家的性质如何变化，征税是不变的。国家需要税收是合理的，关键是向谁征、如何征、做何用。道理似乎不难，主要是向富人征税。可在阶级社会中，富人有种种方法合理避税，而百姓无法逃税。过度征税，苛政猛于虎，民怨沸腾，难以久安。

从《诗经·伐檀》对统治者横征暴敛的咒骂起，中国历代诗歌中都有反对过重赋税的鼓与呼，即使封建盛世的诗歌也是如此。只要读读唐诗就知道。“民财匮矣，而求不已，下力极矣，而役不休，欲怨叹之不生，规其宁之惟永，犹断根以续枝，剜背以裨腹，刻目以广明，割耳以开聪也。”即使是牛马也需要草料，何况是老百姓。老百姓无法生存之时，就是统治者的末日来临之时。“民之所恶者莫如死，岂独百姓之心然，虽尧舜亦然，民困衣食将死亡，而望其奉法，不可得也。”

自古以来，没有不向农民征税的，只有当代社会主义中国免除农业税，种田还有补贴。这体现了社会主义制度的优越性。可国家总要靠赋税才能存在。没有税收，国家就无法运转，社会各项建设也无法进行。服务型政府没有钱，就无法为百姓服务；管理型政府没有管理费，也难以管理。这个道理老百姓都懂。但我以为，从社会形态角度看，社会主义不同于资本主义，我们不可能指望单纯依靠通过税赋缩小贫富差距。这是一个重要举措，但并非唯一的方法。因为贫富差距问题属于分配问题，它不可能离开所有制问题。生产决定分配，这是马克思主义经济学的基本道理。

税收的多少，取决于整个国民经济的发展。水少鱼多，鱼是养不大的。这就牵涉到公有制的支柱作用。社会主义国家如果没有公有制，一切依赖私有者税赋，是走不远的。按照历史唯物主义关于生产方式是社会存在和发展的基础的理论，社会主义公有经济应该是社会主义经济结构中的主体，它同样应该为国家作出最大贡献。无论这种贡献称为上缴利润或称为税收，总之，既然它是公有经济，就必须发挥公有经济的支柱作用。同时，我们要发展其他所有制经济，增加税收。

财富是生产出来的，而生产要依靠实体经济。靠出卖土地、靠发行债券，而不发展生产，财源肯定枯竭。历史唯物主义是把社会主义的存在和发展建立在物质资料生产方式的基础上，而不是建立在虚拟经济的基础上。不进行物质生产，靠股票、靠债券、靠量化货币，任何社会都无法维持。总之，在物质生产之外去寻找社会存在和发展的基础，是行不通的，除非人不要衣食住行，可以依靠吸西北风为生。如若这样，人类自己也会随着生产的停止而终结。

国家是上层建筑，它的性质决定于经济基础。它的职能和发挥职能的方式，也取决于经济基础和在经济基础中处于主导地位的阶级或社会群体。这样看，才是历史唯物主义观点。

6. 谈封建主义

如果我问你们有没有封建思想？你们一定会否认。我们是现代知识青年，是博士，怎么可能有封建思想呢？其实，在当代中国，每个现实的思想都不是纯而又纯的，而可能是复杂的混合物，其中有社会主义思想、有资本主义思想，也可能有封建思想。但是，其中会有一种思想是主导的，可以说是矛盾的主要方面，其他则表现为思想残余。尽管非主要方面也可以影响人的行为，但我们判断一个人的思想状况往往是就其主要方面来评价的。我们绝不会片面到说一个人思想进步，比如说一个社会主义者，他头脑中就是百分之百的社会主义思想，不会有任何其他思想。反之，亦然。

社会是现实的，包含各种因素。人的思想也是如此。比如你们头脑里占主导地位的可能是社会主义思想，但同时也可能有资产阶级思想，甚至封建思想。比如找对象时的门第观念、等级观念，找工作时的官贵民贱观念，生孩子时的重男轻女观念，结婚后的大男子主义，可能在一些人的头脑里都会有不同程度的反映。只不过我们缺乏自我审视的意识而已。谁会管自己的思想属于什么性质呢？反正思想就是思想。常人可以如此，但哲学家不应如此。

近代以来，中国不是苦于资本主义高度发展，而是苦于资本主义发展不足。直到把国民党赶到台湾之前，中国就国民党统治区而言，在思想领域中处于主导地位的是西方殖民主义思想和封建思想或两者结合的怪胎，而科学、民主和其他比较优秀的资本主义启蒙思想在中国并不发达。因此，中国革命胜利后面临两重任务，既要合理利用资本主义因素，又要反对封建思想残余。可资本主义思想的消极面与封建主义思想作为一种思想倾向，可能此消彼长。“文化大革命”中的红五类、黑五类之类的东西，正是中国封建社会等级制度下的血统论的再现。

马克思从来不认为无产阶级内部的思想都是无产阶级的。马克思和恩格斯认为无产阶级在革命中领导地位的确定并非是因为无产阶级天然地具有最高尚的道德品质，而是因为资本主义制度下无产阶级的阶级地位决定他们必须要反抗资本主义制度。仅就道德而言，他们中一些人可能沾染旧社会肮脏的杂质。恩格斯在《英国工人阶级状况》中曾经讲到这个问题，并描述过其中有些人的吸毒和卖淫。因此，革命过程对于无产阶级来说，同样是自我提高的过程。列宁在《关于自决问题的争论总结》中也说过这个问题：“无产阶级决不会仅仅因为它完成了社会革命就变成圣人，保险不犯错误和没有弱点。可是，可能犯的各种错误（以及自私自利——企图骑在别人头上），必然会使它认识这个真理。”

我们千万不要为有些出身农村、受过高等教育、当了大官的贫家子弟贪污腐败而惊奇。成分不是保险箱。毛泽东强调成分论，但不唯成分论，重在表现，这是符合历史唯物主义阶级分析方法的论断。相反，龙生龙，风生风，老鼠的儿子会打洞，则是十足的封建思想。你只要看看“文化大革命”初期一些红卫兵的思想，就可以看到其中“左倾”思想幼稚病与中国封建思想的结合。

对一个革命者来说，理想、信仰比出身重要。理想信仰如同钙，缺钙的腰直不起来，理想和信仰缺失的人，就是精神上缺钙。中国革命中的不少高级领导多出身于所谓“黑五类”，他们对革命忠心耿耿，抛弃一切义无反顾地献身革命。只要翻翻中国革命史，包括鸦片战争以来的历史，就会懂得这一点。真正愿意为信仰而牺牲的，是有革命理想的人。单纯为改变个人命运或荣宗耀祖而参加革命的人，一旦地位发生变化，就容易蜕变。我们应该高度重视大学生的理想和信仰教育，不仅注意反对资本主义思想，也要指出其中哪些是封建思想，拼爹拼娘、讲门第、重官轻民的思想，是十足的封建思想残余。不要单纯强调知识改变命运，把学习完全视为个人或家庭的投资。我们要不断提高社会主义思想，注意资本主义思想的影响，同时防止封建思想的浸染。

7. 谈我们社会的性质

我知道你们在争论我们社会的性质，是社会主义，是中国特色社会主义，还是中国特色资本主义？社会主义和中国特色社会主义有没有社会性质的区分？我的回答是：中国特色社会主义社会就是社会主义社会，是具有中国特色的社会主义。现实生活中，说中国特色社会主义社会是社会主义的、是资本主义的，都大有人在。说是社会主义社会的理由是，我们社会是中国共产党领导的、以公有制经济为基础的社会。说是资本主义社会的则说，我们是存在私有制、存在雇佣劳动、存在富人和穷人、存在两极分化的社会。至于从社会现象和道德层面来说，凡是西方社会存在的现象，从吸毒到妓女，从贪污到抢劫杀人，我们当代社会不次于西方社会。何以证明我们的社会是社会主义?

如何从历史唯物主义角度分析我们的社会性质呢？这是对你们理论的一次考试。谁也无法否认从经济基础到上层建筑、从文化到思想，我们的社会中的确存在各种各样的资本主义因素。问题是能否得出结论，中国社会是资本主义社会？我以为不能。要正确认识这个问题，既要辩证考察资本主义社会和社会主义社会两种不同社会形态之间的关系，又要动态地考察我们社会的状况和发展方向。

从社会形态发展角度说，马克思在《资本论》之《第一版序言》中说得很清楚，一个社会就算已经发现它的运动规律，它也还是不能跳过或以法令的方式废止自然的发展阶段。但它能够把生育时的痛苦缩短并且缓和。中国有可能不必重复西方的发展道路，有可能不必等待资本主义高度发展并确立资本主义社会后才开始无产阶级革命。由于中国面对的特殊的国内和国际环境，中国有可能分两步走，在民族民主革命胜利的基础上继续进行社会主义革命。中国可以超越资本主义社会阶段，但不可能进行没有资本主义发展的社会主义革命。在半封建半殖民地基础上建设社会主义是不可想象的。

中国前 30 年社会主义革命取得了重大成果，建立了社会主义基本经济制度和政治制度，但资本主义经济没有得到有效的比较充分的发展，因而经历了一个时期快速发展以后，陷入了缺少投资、市场狭小、缺少多种经济成分相互推动的困境。事实证明，资本主义社会阶段可以超越，但资本主义因素不可超越。在当代中国，私有经济以民营经济的方式存在，它的存在和发展对中国社会主义建设是极其必要的。资本主义不等于祸害，而缺少资本主义经济因素的纯而又纯的社会主义，往往容易陷于发展的困顿。

三十多年的改革开放成就证明，我们可以越过完整的资本主义社会阶段，但不能排除资本主义因素，更不可能把它当作田间的杂草和稗子清理得干干净净。历史证明，这样做是有害的。社会形态的更替不可能是简单地前后相继，往往有各种因素交叉的阶段。这叫社会形态的更替，这个过程可能很长。代替资本主义社会的是社会主义社会，但不是也不可能是纯而又纯的社会主义。这是规律。因此，主动通过充分吸收外资、发展国内的民营经济来推动中国经济的发展，是一条正确的道路。这可以加速中国特色社会主义社会的进程，减少超越资本主义发展阶段带来的不足。

中国进入社会主义与当年俄国十月革命后进入社会主义有相似的地方，就是社会落后、生产力落后，没有经历过资本主义社会高度发展的阶段。这个不足不是不准革命的理由，但它是无产阶级取得到政权后，在何种程度上发展资本主义，弥补本国资本主义先天发展不足的理由。十月革命胜利后，列宁曾在《在全俄工会中央理事会共产党党团会议上关于租让问题的报告》中说过，“社会主义共和国不同世界发生联系是不能生存下去的，在目前情况下应当把自己的生存同资本主义的关系联系起来”。他还在《苏维埃政权的当前任务》中说过，“社会主义能否实现，就取决于我们把苏维埃政权和苏维埃管理组织同资本主义最新的进步的东西结合得好坏”。

资本主义因素并不可怕，可怕的是资本主义因素无节制地泛滥，压倒社会主义。当代中国社会中存在的资本主义经济是可控的、可调节的经济。中国特色社会主义本质上是社会主义社会，因为我们国家是共产党领导的，以公有制经济为主体，以马克思列宁主义、毛泽东思想和中国特色社会主义理论体系为指导的社会。我们的社会发展方向明确，我们要经过中国特色社会主义道路通向未来的共产主义社会。共产主义始终是中国共产党人的目标和最终指向。我们可以利用资本主义因素来建设社会主义，但绝不走资本主义道路。

我们并不否认，我们社会存在不少与社会主义本质不相容的、老百姓深恶痛绝的现象。它是否影响我们对社会性质的判断，主要看中国共产党对它采取何种态度和措施，是助长它，还是通过健全法制、强化教育逐步减少它。罗马不可能一天建成。社会主义是美好社会，但不是在梦中绘就的乌托邦，它是由现实的人建设的现实的社会。在建设过程中，由于经济环境的改变，由于人的素质以及各种各样的外部和内部的因素，不仅会沉渣泛起而且有些可能变本加厉。这就要求综合治理。中国共产党和政府采取的坚决打击和整治措施，表明我们是坚持社会主义方向的。中国特色社会是正在建设的社会主义，但并不是高度发达完善的社会主义。正因为这样，一些肮脏的东西、一些令人深恶痛绝的现象的出现是必然的。越是如此，越发显示出坚持中国特色社会主义理论、道路、制度的重要性。

我们在用唯物主义考察我们社会性质时，不能简单地把社会主义和资本主义视为水火，视为两极对立，不能把社会主义社会中的资本主义因素，视为决定中国社会性质的决定因素。我们既要牢牢把握它们之间的联系和界线，又要切实考察我们社会的性质、发展方向和前途。这样才能既不会僵化保守，又不会改旗易帜，而是坚定地沿着中国特色社会主义道路前进。你们应该通过对我国社会主义性质问题的思考，更加坚定社会主义理想和信仰。

当然，我们也清醒地看到，坚持中国共产党的领导、坚持马克思主义的指导地位、坚持社会主义方向，仍然是我们在意识形态领域中应该时刻关注的重大问题。企图改变中国特色社会主义道路的外在和内在因素仍然存在，而且会随着国内外形势的变化而呈现出某种波浪形态。没有忧患意识，没有居安思危的思想，不是马克思主义者。

8. 谈资本与资产者

你们问我，按照马克思“资产者是资本的人格化”的思想，所有资产者的本性都是唯利是图之徒。如果这样，旧中国不少民族资本家为中国的抗日战争毁家纾难，如何解释？西方有一些资产者把自己的财产归还社会，作为慈善或公益事业，又如何解释？这是我们面对的现实问题。如果我们不能全面正确地理解马克思的思想，往往无法在理论上化解这道现实的难题。这就要考验我们运用历史唯物主义的水平。

我们应当区分资本的本性和具体资产者的个性。资本的本性是逐利的，像嗜血者嗜血一样。因此，资本的投资者需要回报，这一点全世界都是一样。恩格斯在《英国工人阶级状况》中说：“一切生活关系都以能否赚钱来衡量，凡是不赚钱的都是蠢事，都是不切实际的，都是幻想。”资本的本性就是获取利润。没有利润对资本而言，如同人没有空气。资本没利润就失去了资本的本性，正如人没有空气必然死亡一样。诅咒资本家的贪婪，把资本的本性当作资产者的个性，是本末倒置。

资产者投资必须符合资本的本性，寻找最有利的投资场所和领域，只有傻瓜才会做赔本买卖。这是资本的本性必然决定的资产者资本运作的特性。但资产者是现实的人，是可以具有多样性格、多方面修养的人。作为现实的人，他必须体现生产关系的总和而不是单一的资本的本性。

人所处的社会关系的总和是多样的，所以不同的资产者具有不同的多面性，而不是清一色的唯利是图者。他们是具有不同个性的现实的人。当他们作为资产者投资企业时，他们当然要受资本的本性的支配，希望回报，而且希望高回报。可当一个资产者作为社会成员而不是作为投资者时，他可以回馈社会。此时，他是作为社会公民，而不是作为投资者。正如中国抗日战争时期的一些爱国的民族资本家，可以毁家纾难，因为他们是作为中国人民，而不是作为投资者在进行投资。作为投资者进行企业经营时，按资本要求追求回报；作为中国人民，必然具有爱国心。投资，毫无例外地希望回报，而且利润越高越有动力。没有一个资本家例外，中外都是一样，这是资本家的共性；作为具体的人，在不同境遇中可以有不同的作为，因为此时他是另一个身份，扮演另一种社会角色。资本的本性和资产者的具体个性不能简单画等号。以为凡是工人都大公无私，凡是资产者都唯利是图，用清一色的色彩来描绘具体的资本家或工人，是教条主义，而不是历史唯物主义。我们很长时期受这种教条思维方法的束缚，简单地按成分来决定某人本质好或不好，弄得许多社会现象和具体问题无法合理解释。

9. 谈比较

有些人从国外旅游回来，或者从书本刊物中看到一些有关国外情况的介绍，很可能产生一个问题：究竟是资本主义制度好还是社会主义制度好？有些年轻人弄不清楚这个问题，也不知道应该如何回答。这里既存在思维方法问题，也存在情感和价值取向问题。

我先讲思维方法，这就是如何比较的问题。比较是一种科学研究方法，现在不仅有比较历史、比较哲学、比较文化，凡是各个学科都可能运用比较方法，因为思想和事物一样都有相同或相异之处，有同异，就可比较。社会也是如此。你们说的，究竟是资本主义制度好还是社会主义制度好，就存在如何比较的问题。社会形态与社会制度的形成属历史过程，所以社会制度的比较既存在纵向比较，又存在横向比较。两种比较并用，才能更好地回答这个问题。

从历史发展来说，资本主义也存在纵向比较的问题，这就是与它由之而产生的封建社会的比较问题。资本主义社会比封建社会优越，这是不言自明的。尽管资本主义社会刚刚诞生之时曾受到封建思想家的抨击和嘲笑，但资本主义社会终究以它的优越性战胜了封建社会。至今世界上真正的封建社会有几个？马克思就曾经从纵向发展角度高度赞扬，“资产阶级在历史上曾经起过非常革命的作用”。它创造了完全不同于埃及金字塔、罗马水道和哥特式教堂的奇迹。不到一百年的时间，它就创造了比过去一切世代创造的生产力还要大、还要多的生产力。至今西方发达资本主义在科技发明创造方面仍然具有活力，从先进军事技术到民用的电子电器等方面的发明，都说明了这一点。我们从来没有否认西方资本主义的成就，也没有否定吸收西方先进科学技术的重要性，改革开放就包括这方面的内容。

问题是我们这里不是讨论资本主义在历史上的进步性和贡献问题，而是社会主义与资本主义两种社会制度比较的问题。这属于横向比较。当代世界是资本主义与社会主义并存，而且资本主义处于支配地位的世界。没有一个现实的社会主义国家是由高度发达的资本主义社会脱胎而来，因而现在的社会主义国家在生活水平、社会保障和社会福利、生态环境、科学技术发展等方面，与发达资本主义国家比较，还有距离。这就是一些人在思想认识上产生社会主义不如资本主义的原因。

但是，资本主义制度和社会主义制度的横向比较不能离开纵向比较，因为它们的产生和建立都经历了一个历史过程，因而横向比较时容易忽视各自的纵向历史，单纯横向比较是不客观、不科学的。我们不能仅仅从横向角度，把一个经过几百年发展的高度发达的资本主义社会与一个正在成长中的社会主义社会作比较。资本主义社会从 16 世纪开始至今已经数百年，它在向外殖民时期积聚和掠夺了世界的财富，才造就了少数发达资本主义国家。而中国依靠社会主义制度在六十多年中，通过中国特色社会主义的建设，成为世界第二大经济实体，它的崛起不是依靠战争和海外掠夺，而完全是依靠社会主义制度自身的力量。中国的崛起显示了社会主义制度的优越性。

对于经历过旧中国的人来说，社会主义社会比资本主义社会优越，是不言而喻的。这是我们六十多年来的亲身感受，而我们的第二代、第三代有些人则不一定这样看。他们看到的是西方资本主义的富裕、发达、高福利，而中国现实的社会主义仍然有许多不能令人满意，甚至令人十分不满意的地方。因为两代人比较的方式不同。老一代人是将横向比较放在纵向比较的历史进程中来比较，而新一代的有些人往往单纯趋向横向比较，而完全撇开纵向比较，因而缺少历史感。

中国的社会主义是在半殖民地半封建社会的旧中国的基础上建立的，是从没有钢、没有任何工业，甚至不会生产火柴而称之为洋火的基础上建立的。而西方资本主义经过了几百年的发展，是在殖民掠夺基础上逐步发展起来的。中国科学技术、人均收入水平、社会保障制度仍然落后于发达资本主义，这不是社会主义制度不如资本主义制度，而是社会主义中国在某些方面还落后于西方发达国家。但中国在世界上的地位和国力，远比不少现在仍然实行资本主义制度的国家更为重要和强大。只是与为数很少的发达资本主义国家（如美国）相比，还有相当差距，可就其发展速度和可能性限度来说，并不逊于美国。从制度角度说，美国是夕阳而中国是朝阳；从现实角度说，美国是百足之虫而中国则是新生的社会主义婴儿。没有历史和发展的眼光，鼠目寸光，只看到现实而看不到发展，不知道从基本制度高度来观察社会主义和资本主义，而是从中国和美国现实力量角度比较两种制度，很多事情看不明白。

一个人的前途在于它的发展潜力，而不在于它的现状，所谓前途不可限量，指的就是潜力；一个社会同样如此，社会的优越性，在于它发展的可能性、发展速度和发展空间，而不在于它的现状。现状是可以改变和正在改变的。一个具有发展潜能的新生制度，当它从旧制度母胎中脱胎而出时总是弱小的，新生之儿其形必丑。黄毛姑娘十八变，越变越漂亮，老太太则只能越来越丑。当资本主义刚兴起时，封建贵族瞧不起那些暴发户，嘲笑他们不如贵族有教养、有风度，他们说要多少代才培养一个贵族；可当资本主义社会完全取代封建社会后，贵族没落，所谓骑士精神变为笑料。像堂吉诃德式的人物，或像莫里哀戏剧中的那些贵族式的人物，成为了被讽刺的对象。

社会主义制度比资本主义制度优越。现实的中国社会主义在一些方面，不如美国的发达资本主义。这就是矛盾，是社会形态与具体社会之间的区别。从社会形态序列看，社会主义高于资本主义社会形态。从具体社会看则不一定，这是因为具体社会从产生、发展到成熟必须经历一个过程。到中国两个一百年，即建党一百年和新中国成立一百年，或更长的时间再来横向比较，社会主义制度不如资本主义制度的论调肯定要破产。

10. 谈发展的代价

有一个问题，你们应该重视，这就是发展和代价问题。历史唯物主义研究不能忽视这个问题。发展是一个哲学概念，辩证法就是关于运动、变化、发展的学说。发展也是历史唯物主义的重要范畴。没有发展，就没有历史，也就没有历史规律。历史唯物主义就是关于现实的人及其社会发展规律的学说。因此，正确理解社会发展非常重要。

历史唯物主义不是历史进化论，不是用生物进化模式来观察社会。社会的进步表现为社会的发展，而不是自然界的生存竞争，不是一个物种消灭另一物种。但是，社会发展或社会进步同样有代价问题。恩格斯说过，历史上没有一次重大历史挫折不是用历史进步来补偿的，这句话我们也可以反过来说，社会历史进步往往会付出代价。你们看资本主义几百年来的进步给自然带来的破坏，环境的污染，以及在向外殖民过程中带来的屠杀甚至对原始部族的灭绝，这些都已经载入历史。但资本主义的诞生，从总体上来说是进步的、发展的。当然，现在面临一个可持续发展的问题，这是发展的代价积累到人类和自然难以承受的临界点。

中国社会发展也面临着处理发展与代价的关系问题。特别是中国是后发展国家，这个问题更加严峻。新中国成立以后，我们以六十多年的时间把中国从一穷二白建设成世界第二大经济实体。尤其是改革开放后的三十多年，发展更为迅速。中国以几十年的时间，走过了西方资本主义工业化几百年的历程。这是中华民族复兴的伟大成就。在中国，工业化、城市化、市场化几乎在同一过程相伴而行。发展迅速，因而发展中出现的问题和代价也更为明显。

在西方资本主义社会，混乱的市场经济逐步规范化、秩序化，食品的安全问题，环境的治理问题，贪污腐败的防范问题，以及法律和制度的建设，都是经过较长时间才缓慢地逐步完善的。当代西方发达国家的生态环境、社会公德意识以及各种社会保障和社会福利制度的建立，都经历了长期的发展。可是至今问题仍然不少。旧的问题得到缓解，新的问题又不断出现。资本主义制度决定它不可能真正解决人与人的矛盾、人与自然的矛盾。资本主义社会形态的发展是人类发展史上的巨大进步，同时也带来不少前所未有的问题。

中国既要用很短的时间在工业化、城市化以及市场化方面，以最快的速度超越西方，又要在短时间内避免西方用几百年时间逐步消化和调整的矛盾，这需要高度的政治智慧。高速发展可能带来高代价。如何处理这些问题，是一个大考验。我们不可能因为出现问题而停止发展，发展是硬道理；又不能因为发展而漠视问题。科学发展观提出的可持续发展的方针是一种新的发展思路，是尽可能减少发展的代价的正确发展路线。我们要发展，就是要科学发展。

中国社会迅速发展所带来的矛盾，表现在诸多方面。人与自然的矛盾，即生态环境问题是一个大问题。中国河流污染、空气污染、生态破坏已经引起党中央的高度注意，党中央已经采取种种措施改善生态，努力实现可持续发展。我认为生态环境修复相对容易，因为只要节能环保科技的进一步发展和利用，就可能使环境的破坏得到有效治理。

我认为最突出的代价是人的代价，其表现为物质与精神层面的矛盾。物质生产力和社会物质产品的成倍增长，几十倍的增长，与人的道德、信仰、价值观念的滑坡并存。在经济高速发展的同时，道德、信仰等方面的重建是当代中国面临的重大问题。中国三十多年来经济发展，总体生活水平的提高是有目共睹的，但幸福感、安全感、快乐感、人际关系的亲近感反而下降，这也是不争的事实。

精神建设、物质建设、科技发展各有自己的特点。物质产品的增速会因为引进先进的科技而得到很快的提高；科学技术的发展有赖国家经济的投入，如果国家有充足的经费投入也能比较快的发展。可人的精神和文化素质的培养与提高，社会主义新人的培养绝非快速能完成的。可以有速成的英语教学，或者其他什么研究之类，但绝不会有道德速成班、人的素质速成班。可以有培养人的礼仪（无论是国际的或国内的）的速成班；也可以有各种交谊舞甚至最潮的流行舞蹈的速成班，这是技能，可以速成。可人的内在素质，即人的文化、道德、信仰、价值的培养绝不可能有速成班；尤其一个民族的整体素质的提高，需要长期教育和培养。历史证明，农业歉收可以期待来年；GDP 下降趋势可以采取各种措施扭转。道德滑坡、年轻一代的信仰危机、价值观念混乱，不可能像工业与农业生产滑坡那样得到迅速扭转，这要经历一个较长的过程。这需要的是综合性的治理，单纯的说教是无济于事的。

中国社会正处在大变动时期，理论家们称之为社会转型期。由计划经济转为市场经济，由单一公有制经济转为多种所有制经济成分并存；农民离开土地变为农民工，自给自足的小农经济卷入市场经济的大潮。这种急剧转化不少人不适应。曾经长期生活在计划经济体制下的老一代人，不一定适应市场经济下的人际关系，更不会迅速适应以货币作为衡量标准的生活态度，因而一些人会有九斤老太的思想和怨言；在市场经济下成长的新一代，因为缺乏正确的观念会迅速膨胀对金钱和物质的无限追求，在没有钱是万万不能的市场经济条件下，自觉或不自觉的拜金主义，似乎难以避免。当农民没有卷入市场经济之前，似乎是那样纯朴、老实；可当卷入市场经济之后，也会玩弄一些欺骗的小手段。一切都在变，变得与在自己原来的处境下形成的思想不适应。或者是保持原来的思想，从而格格不入；或者利用大变动时期法律和道德的滞后，狠狠捞一把。发财欲望的迅速膨胀催生了众多的贪官和腐败分子，也毒化了社会。

观念是由现实决定的。但观念不仅应该消极地肯定现实，包容现实，而且应该具有理想性。真正的转变观念，不能理解为“凡是现实的都是合理的”。不能认为市场经济下的观念，应该是人人具有工于计算、铢两必较的《威尼斯商人》中的夏洛克精神。当市场观念成为主导和处理人与人之间一切关系的原则，当人们把自己的良心、人格、婚姻都变为用金钱可以衡量的东西的时候，伦理法则就变为了丛林法则，这个社会肯定是冷酷无情不宜人居的社会。这肯定不是我们希望建立的社会。

社会主义核心价值的倡导和实践，就是要解决市场经济下这个两难问题，既要搞市场经济，又要防止市场观念无限泛化，防止它无孔不入，侵入政治、思想、文化、教育、人际关系等各个领域。两手抓，两手都要硬，就是要解决这个矛盾。这是个艰巨的任务。GDP或其他生产指标的统计可以量化，而思想、道德、信仰、价值观念则难以量化。虽然我们有种种问卷，但真实性却是值得怀疑的。内心深处的思想最喜欢隐藏自己。当然，道德的不可计算和量化，并非道德不可知。它就表现在社会风尚中，表现在人际关系和各种社会事件中。一个不用防盗门的社会的社会秩序，肯定比家家变成堡垒的社会的社会秩序令人安心；人们相互信任比相互提防的道德风尚好；发生事故有路人出手相助，比扬长而去冷漠相待好。同居一层却老死不相往来、从不问名通姓，肯定会让人向往"隔篱呼取尽余杯"的生活。一个社会的社会思潮走向、每个人的理想追求、各种社会案件的发生率、人际关系的亲密度等，就是一个社会的道德测量器。它们虽然不如经济指标那样可以数字化，但人人可以感受。我们党非常重视核心价值的建设，重视意识形态工作，重视理论工作。我希望能像重视生态环境那样重视思想生态、文化生态。这样，我们为社会迅速发展所付出的代价就会最小，成就就会最大。

11. 谈多难兴邦

这里有个历史辩证法的问题。多难兴邦，还是多难亡邦，这两种可能性都存在。难，有两种：一是特大自然灾害；另一是社会性灾难，这主要是外敌入侵，国家的兴亡。可以说，天灾人祸都可以成为难。

难可以兴邦，也可以亡邦，关键在于抵御难的能力。也就是说，关键在于转化的条件和人的主观能动性。多难，不一定必然兴邦。只要看看世界史、世界历史地理就可以知道，由于外敌入侵或特大灾难造成的国家的分裂、民族的衰败，并不罕见。因此，多难兴邦是有条件的。难，能否成为一个动力，取决于三个条件：有作为的统治集团、比较有效率的政权和人民的团结。

中国古人说“多难兴邦，玉汝于成”是有道理的。这是积极鼓舞人民克服抵御灾难的辩证法。它教导人民在任何大难面前树立起必胜的信心和决心。这是中国传统文化中的一笔宝贵财富，是我们民族得以克服重重困难、屹立于世界的精神支柱。

但我们也清楚地知道，一个民族抵御灾难的能力往往与政权性质和直接行政的官员相关。我们以治黄为例。黄河是哺育中华儿女的母亲河，它孕育了黄河文明，可也带来了不定期的灾难。治黄，是历代政府的重要任务。可在两千多年中，黄河决口 1 500 多次，重大改道 26 次，给人民群众带来了极大的祸害。历代治黄成效不大，主要是因为官员贪污、中饱私囊、消极作为。至于政权因腐败无能而易手的事，更是常见。1840 年鸦片战争以后，清政府由于腐败无能，从 1840 年的《南京条约》开始，先后被迫签订了一千多个不平等条件。由此中国可以说灾难深重，陷于瓜剖豆分的亡国绝境。可清政府仍然推行“宁予友邦，不予家奴”的卖国政策。国难激起人民救亡图存的斗争。在太平天国运动、义和团运动以及随后的反对袁世凯签订卖国二十一条等运动中，中国人民爱国主义热情高涨，可惜报国无门，难以救国于危难，因为政权仍然掌握在封建统治阶级手中。

辛亥革命推翻封建王朝以后，开始有点转机。历经军阀混战，到中国共产党与国民党联合抗日的胜利，才真正把国难变为兴邦的动力。抗日战争的胜利，是自鸦片战争以来中国反抗外敌侵略的第一次胜利，根本扭转了清政府腐败无能、只知签订卖国条约对外投降的局面，激发了中国人民的爱国热情和民族自信，也激发了改造中国的革命热情。列宁在《第二国际的破产》中说得很对：“这次战争的经验，也和历史上任何一次危机、人们的生活中的任何一次大灾难和任何一次转折的经验一样，使一些人茫然失措，意志消沉，却使另一些人受到教育和锻炼。而且大体说来，从整个世界历史来看，除某些国家衰落和灭亡的个别情况外，后者的数量和力量要比前者更大。”

中华民族近一百多年来的历史，就是一部多难兴邦的历史，就是追求民族复兴的历史。每次失败都是一次民族的屈辱，同时也是一次民族的觉醒。站在民族前列唤醒人民大众的人物，就是杰出的历史人物。这种人物，中国近现代史上比中国以往任何朝代都要多得多，因为中国近百年的苦难最多、受灾最重、创痛最深。但是没有中国共产党的创立，没有中国人民创立自己的政权，也只能在苦难中奋力拼搏，成效甚微。

新中国成立后，条件发生了根本性变化：一是有了中国共产党的领导，中国共产党成为我们中国特色社会主义事业的领导核心；二是有了人民自己的政府，有了施政的权力和能力；三是有了全国人民的大团结，原来被视为一盘散沙的中国人民，成为了有觉悟有组织的社会主义国家的人民。这三个条件使“多难兴邦”从一种哲学思想，从一种民族精神变为了一种现实。

六十多年来，中国的发展并非一帆风顺，而是在种种灾难、斗争中走过来的。我们曾有过抵御外敌的战争，每次都维护了国家的领土完整和国家的尊严。我们更有过多次天灾。我们经历过三年自然灾害，经历过唐山大地震，经历过四川汶川大地震……灾难中表现出的党的领导、政府的施政能力和人民的同胞情谊，使灾难成为振奋民心的民族精神，在重建中推动着经济发展。中国幅员广大，几乎年年都可能有各种各样的大大小小的自然灾难，但中国人民在克服自然灾难中，加强了环保意识和生态建设、加强了减灾救灾能力。

在社会主义条件下，“多难兴邦”真正落到了实处。用历史唯物主义观点考察这个变化，你们可以得到从书本上得不到的东西。

12. 谈“民”的地位的演变

你们一定要弄清楚中国传统民本主义、西方人道主义、马克思主义的人民至上主义之间的界线和关联。既不能混淆不清，又不能绝对对立。不能把中国传统民本主义视为西方人道主义的中国版，当然也不能把西方人道主义等同于中国传统民本主义。其实这些思想各有特点，不应脱离历史条件简单类比。这样说，不存在抑此扬彼或抑彼扬此，只是从历史观角度说明它们由于历史条件不同而不同。应该把中国传统民本主义、西方人道主义、马克思主义的人民至上主义思想放在不同的历史条件下来考察。我们应该发现它们之间的差异性和一定程度的相关性。

民本主义是中国的传统。“民为邦本，本固邦宁”出自《尚书》，这是最经典的民本思想。后来《管子·牧民》对这个思想论述很透彻，不是格言式，而是有较系统的论证。它的立足点仍然是“民为邦本，本固邦宁”，但重点是放在为政者如何“牧民”。通过“牧民”达到“本固邦宁”的目的。治国爱民如农家爱护牛一样，善于“牧”。农家爱护牛有其爱护牛的方法，君主治国也一样。《管子·牧民》中总结了一整套方法，包括务农时、守仓廪，如何使老百姓衣食足、知荣辱，反对过分剥削老百姓等。此外，其特别重视价值导向和道德规范在治理国家中的重要作用，提出礼义廉耻为国之四维，四维不张，国乃灭亡，正所谓：“礼不逾节，义不自进，廉不蔽恶，耻不从枉。故不逾节，则上位安；不自进，则民无巧诈；不蔽恶，则行自全；不从枉，则邪事不生。”

人与牛不同。牛，不会反抗，而民不一样。牧民不同于牧牛，民心向背决定国家命运。“政之所兴，在顺民心；政之所废，在逆民心。民恶忧劳，我佚乐之；民恶贫贱，我富贵之；民恶危坠，我存安之；民恶灭绝，我生育之。能佚乐之，则民为之忧劳；能富贵之，则民为之贫贱；能存安之，则民为之危坠；能生育之，则民为之灭绝。故刑罚不足以畏其意，杀戮不足以服其心。故刑罚繁而意不恐，则令不行矣；杀戮众而心不服，则上位危矣。”《牧民》篇是以“牧”为主题，但它在封建社会中提出顺民而不逆民，富民而不贱民，这是极为难得的。在我看来，民本思想是一笔宝贵财富。可封建社会的内在矛盾总会使民本思想大打折扣，甚至成为一种摆设或笼络人心的骗术。

民本主义在中国封建社会中很难行得通。孟子比较开明，但“民为重，社稷次之，君为轻”的话不可能真正得到帝王的赞同。明太祖朱元璋由“民”当上“君”，立场完全不同，他一看到孟子这段话，几乎要取消孟子配享太庙的资格。其实孟子的话并没有超出传统民本主义的范围，只是说得更明白，更在理。民为“贵”，不是地位的“尊贵”，而是因为民是纳粮当兵之源，是国家强盛稳固的基础。如果不贵民，让百姓能活下去而且活得好，则社稷难保。社稷重于君，这个道理也很明白。社稷指的是国家，社代表祭祀，稷代表农业。祭祀与农业比君主重要。只有贵民，才可保社稷；只有保社稷，君主才能坐稳大位。因此，按次序应该是“民为贵，社稷次之，君为轻”。这是极其智慧的政治学的排次方法，最终落脚点还是保持君位。这不是价值观上的民贵君轻，而是如何维护君主地位的民贵君轻。

柳宗元《送薛存义之任序》中的思想比孟子的“民贵君轻”更进了一步。此文虽为送别，文章极短，但实际上是一篇著名的政论文章。柳宗元在序中除了送肉饮酒，表示惜别之意外，重点在于嘱咐薛为官之职：“凡吏于土者，若知其职乎？盖民之役，非以役民而已也。凡民之食于土者，出其什一佣乎吏，使司平于我也。今我受其值怠其事者，天下皆然。岂惟怠之，又从而盗之。向使佣一夫于家，受若值，怠若事，又盗若货器，则必甚怒而黜罚之矣。”官吏是老百姓用钱雇佣的长工。长工不仅不干活，反而盗窃主人的财富，这个道理说得通吗？“今天下多类此，而民莫敢肆其怒与黜罚者，何哉？势不同也。”

明代黄宗羲在《明夷待访录·原君》中说的，“古者以天下为主，君为客，凡君之所毕世而经营者，为天下也。今也以君为主，天下为客，凡天下之无地而得安宁者，为君也”。柳宗元讲的是官与民，黄宗羲直指君与民，思想本质一样，老百姓是主，君是客。这是极其进步、极具远见的政治观点。我们可以看到，由民为邦本，到民贵君轻，再到民主官仆或民主君客，中国封建社会的关于老百姓在国家中的地位的思想是不断进步的。可是，封建社会终究是封建社会，是君主专制社会。官贵民贱是通例。只要社会仍然是封建社会，君民地位是不变的，官民地位是不变的。尽管柳宗元的思想激进到类似当今西方老百姓是纳税人的思想，可是在封建社会老百姓就是天经地义的当兵纳粮人，不是资本主义社会的纳税人，也不可能享有资本主义社会中公民的权利。因此，封建社会不可能产生资本主义的民主思想，也不可能产生天赋人权的观念，民主官仆、民主君客已经到顶了。

按中国封建社会的实际情况，有治世，有乱世；有盛世，有衰世。但老百姓始终是当兵纳粮人。“兴也苦，亡也苦。”统治阶级是“衣租食税”的阶级，他们要搞民本主义，行得通吗？早在《诗经·伐擅》中就提出过抗议。《礼记·檀弓下》记载孔子过泰山侧的故事：“子过泰山侧，有妇人哭于墓者而哀。夫子式而听之，使子路问之曰：‘子之哭也，壹似重有忧者。’而曰：‘然！昔者吾舅死于虎，吾夫又死焉，今吾子又死焉。’夫子曰：‘何为不去也？’曰：‘无苛政。’夫子曰：‘小子识之，苛政猛于虎也！’”杜甫的《三吏三别》、皮日休的《悯农》、柳宗元的《捕蛇者说》都是为百姓诉苦的名作。读读《聊斋志异·促织》中人变成蟋蟀以玩官差的故事就可以知道，老百姓对统治者变着花样敲骨吸髓的无偿差役怨恨之深，他们根本不相信什么民本主义，只相信“牛本”主义。

民主、民权思想是资本主义社会的产物，也只能是资本主义社会的产物。卢梭写《社会契约论》之时，已经是18世纪中叶，资本主义开始向封建制度发起冲锋。因此，卢梭的主权在民的思想，成为了西方独立宣言和人权宣言的思想先导。柳宗元的民主官仆、黄宗羲的民主君客思想是封建社会的极致，不可能进一步发展出主权在民的思想并创立政治制度。两者的社会条件和阶级基础不同。

但即使是资本主义社会，资产阶级先驱者的民主、人权思想，在现实资本主义社会仍然是理想多于现实。资本主义社会的民主突出地表现为选举民主，一人一票，公民都是选举人。可资本主义的选举往往是金钱民主，而且投票率并不高，并不真正代表全体民意；至于人权也往往是空话多于事实。就以号称最自由民主的美国来说，各种歧视，包括种族歧视、性别歧视，比比皆是。况且，被选出的国家领导人的国内外政策，即使违背民意，老百姓也无法制约，最多是政府与议会无休止的扯皮。资本主义民主往往变为以“民主”形式出现的柔性专制。

我们并不否定人类历史的进步，特别是政治思想史的进步。它为人类政治和思想进步积淀了智慧和财富。无论是中国传统的民本主义的重民、贵民、富民的思想，还是西方的自由、民主、人权观念，都是人类的思想财富，有助于社会主义的治国理念和制度的借鉴。但社会主义中国奉行的不是传统的民本主义，也不是简单搬用西方资本主义的政治体制。我们可以吸收其中的积极因素，创造具有中国特色的社会主义政治理念和政治制度。我们不是满足于为民做主，呼唤当代的包青天、海青天，而是真正以民为主，奉行“人民至上”的社会主义原则。我们的核心理念是“人民至上”，我们需要的是创立保证“人民至上”、与人民在社会主义国家当家做主的地位相适应的民主制度和法治制度。一切符合人民当家做主的制度、政策和法律都是善治善法，反之都应该改革，这样才能逐步实现共产党人的最高理想。从传统社会的为民做主的理想到真正的人民自己做主，这条道路并不平坦，但它关系社会主义社会的前途和命运。苏联的解体表明，一旦社会主义革命时期许诺的人民当家做主的权利没有逐步变为现实，而是由希望变为失望，人民就会政治冷淡，对社会主义的前途和命运漠不关心。这就是戈尔巴乔夫得以解散苏联共产党，叶利钦可以炮轰杜马而没引起震荡的深层原因。

13. 谈劳动成果

你们会看到一种社会现象，这就是无论是上层人物还是普通人，我们都会为历史文物的精巧绝伦或雄浑壮美而惊叹不已。我们在龙门石窟、云冈石窟高大而形态各异的佛像面前，在秦始皇兵阵栩栩如生的兵马俑面前，都会如此。我们看到了物，但忘记了人，我们往往赞美劳动产品却忘记了劳动者。这里就有一个历史唯物主义问题，为什么会见物不见人呢？为什么劳动产品如此受人追捧，而劳动者的地位却如此低贱，无人知其姓名，仿佛不曾存在过呢？从历史上看，很少人注意到劳动者的功。像柳宗元在《梓人传》中那样赞美能工巧匠，像宋应星在《天工开物》中那样鄙弃“知其味而忘其源”的“纨绔子弟”与“经士之家”却专注于农业和手工业技术的发明和创造的学者，在封建社会可以说是凤毛麟角。

我们赞美万里长城，可批判秦王朝的苛政；欣赏孟姜女哭长城，可同情为修长城而服劳役的刑徒或平民。我们批判清政府的腐败，慈禧的专横，为修颐和园而挪用海军军费，可我们赞美颐和园的湖光山色、绮丽风光。颐和园成为北京甚至全国一景。历史上此类甚多。隋炀帝修运河南下游玩，运河成为人民的灾难，可却无意中成为一条交通要道。晚唐诗人皮日休写有《汴河怀古》：“尽道隋亡为此河，至今千里赖通波；若无水殿龙舟事，共禹论功不较多。”中国有多少帝王的陵墓，陵墓中埋下多少宝物，修陵墓劳民伤财，有多少人为此家破人亡。可陵墓可以成为历史文物，而成千上万的修陵者则成为了无人吊念的骸骨！

劳动者地位的卑贱和劳动产品的辉煌并存，而且产品越辉煌劳动者付出的血汗越多。这多么矛盾！马克思的异化劳动为我们揭开了这个历史之谜。物的增值和人的贬值同时并存，这就是阶级社会的历史现实。马克思的历史唯物主义把这个观点翻转过来了，这就是劳动人民是历史的创造者的观点。劳动者的伟大铭刻在劳动产品上，可以说，每件辉煌传世的劳动产品都映现着劳动者的伟大。当然，随着时间的流逝，现实不断变为历史，劳动者的劳动创造为历史淡忘，而劳动产品作为人类文明价值的一面随着历史的发展而日益显现。在古董市场上赞赏历史上四大名窑之窑品的人，当然不会记起窑工。在人类历史上，劳动者以自己的血汗甚至生命为人类创造了物质文明和精神文明，但留给自己的却是苦难。以往全部人类历史都是如此。只有历史唯物主义关于劳动人民是历史创造者的理论，才还他们以历史地位，使淹没在伟大劳动产品背后的劳动者站到了历史的前台。从劳动产品中我们看到劳动者，从劳动者的劳动中我们看到劳动产品。劳动者的高贵与劳动产品的辉煌并世而立。这就是马克思主义的历史观、劳动观。

第五章

历史的世界

1. 谈学点历史

你们是读研的博士，方向是历史唯物主义。你们不仅要研究历史唯物主义基本原理，也应该懂点史学和史学理论，这样才不至于空对空。

历史与史学不能等同。钱穆先生在《国史大纲》引论中说："我民族国家已往全部之活动，是为历史。其经记载流传以迄于今者，只可谓是历史的材料，而非吾侪今日所需历史的智识。材料累积而愈多，智识则与时以俱新。历史智识，随时变迁，应与当身现代种种问题，有亲切之联络。历史智识，贵能鉴古而知今。至于历史材料，则为前人所记录，前人不知后事，故其所记，未必一一有当于后人之所欲知。然后人欲求历史智识，必从前人所传史料中觅取。若蔑弃前人史料而空谈史识，则所谓'史'者非史，而所谓'识'者无识，生乎今而臆古，无当于'鉴于古而知今'之任也。"可见，历史、历史材料、历史智识有区别。前两者属历史客体，后两者合称史学。历史材料既具有客观性，可以整理、梳理，但也不可避免地会融入整理者的个人史观。

中国史学最为发达。按钱穆先生的说法，有三个特点。第一个特点是悠久，从黄帝传说以来约得四千六百年，从古书纪年载夏以来，约得三千七百年。第二个特点是无间断，自周共和行政以来，明白有年可稽。自鲁隐公元年以下，明白有月日可详。第三个特点是历史记载体裁较完备，有编年、有纪传、有纪事本末。钱先生说，若一民族文化之评价与其历史之悠久博大成正比，则我华夏文化于并世固当首屈一指。

为什么中国历代如此重视历史记载呢？魏徵在《群书治要》的《序》

中说得很清楚："窃惟载籍之兴，其来尚矣。左史右史，记事记言，皆所以昭德塞违，劝善惩恶，故作而可记，薰风扬乎百代，动而不法。炯戒垂事乎千祀。是以历观前圣，抚运膺期，莫懔乎御朽。自强不息。朝乾夕惕。义在兹乎。"这就是说，从历史经验中吸取教训，对治国理民、劝善惩恶、自强不息，具有时刻警惕不重蹈历史覆辙的作用。

我们中国人不会忘记自鸦片战争失败，签订《南京条约》以后的近代史。这是一部民族屈辱史，也是一部浴血奋斗的历史。我们不忘记近代百年史是为了自我鞭策。我们并不记恨，更不会操弄民粹主义。我们不应忘记近代百年史，忘记就是背叛。可据《华尔街日报》2013 年 7 月 12 日的文章介绍的两位美国学者的新作，似乎中国应该忘记过去，应该"淡化百年耻辱史"。他们说，西方都是重视纪念自己民族的光荣，美国纪念《独立宣言》，法国人纪念攻打巴士底狱，而中国学者却念念不忘自己近百年来的失败。真是站着说话不腰痛。

自资本主义诞生以来，西方强国的历史就是殖民史，就是向外扩张的历史，而东方尤其是中国就是受侵略、受压迫的历史。数不清的不平等条约像绳索一样捆住中国人的手脚。他们要我们忘记自己的屈辱史，而学他们一样庆祝自己的光荣史。可我们近百年来的历史就是一部民族屈辱史和民族奋斗的历史。我们能忘记吗！忘记这段历史，何来民族复兴！他们教导我们，“应该抛开百年民族屈辱史，这个时期已经结束了。世界已经改变，现在需要一种新的叙述方式，以建立其宣称的平等的和一种新型大国关系”。问题是西方某些大国的炮舰政策，种种霸道作为使中国人无法忘记自己近百年的历史。若中国人忘记自己近百年的屈辱史，不发奋图强，所谓大国关系就永远无法建立。一个忘记自己刚刚过去屈辱历史的民族，受到的不会是尊重，不是平等对待，而是被轻侮、被蔑视。当代西方某些国家不是尊重弱小国家的国家，不是平等对待其他弱小国家的国家。要想和它们平等地坐在一张桌子边讨论，必须有坐在同一张桌子上的资本。这就是当代世界的政治现实。

根据我一生的经验，你们这些研究历史唯物主义的博士生，不能满足于历史唯物主义原理，应该读点历史书，尤其是中国近代史。一个只能背基本原理而根本没有历史知识的历史唯物主义博士，是不合格的。

2. 谈向历史学习

历史既可指称客观历史，又可指称历史学著作。向历史学习，当然是指向历史本身学习。可是不阅读历史著作，向历史学习又会成为一句空话。史料翔实、观点正确的历史著作，对我们向历史学习非常重要。这就是世界各国没有不重视历史教科书编写的原因。

历史是人们过去全部活动的总和，它比任何历史著作都丰富无比，一百个一千个一万个历史学家也无法把握历史的全貌。列宁说过，一切历史，特别是革命的历史，它的内容总是比最优秀的政党、最先进的阶级的最有觉悟的先锋队所想象的更丰富，更生动活泼，更巧妙。历史尽管比历史著作丰富，但历史认识中的客观历史对人而言更深刻，因为它是经过研究、经过总结、得出了教训的历史认识。

客观历史是自在的存在，而被把握在历史著作中的历史则代表历史的自觉。正如地下丰富的矿产，只是可能的财富而非现实的财富。历史学的功能正是发掘历史的财富，为人类的存在和发展提供经验和教训。不要听信为史学而史学的论调。如果史学的目的就在于史学自身，而不在于研究客观历史；如果历史书正确与否与历史无关，只与书写者和阅读者有关，那又何必费力去追求信史呢？一个有良知的历史学者，一个有历史使命感的历史学家，应该是历史真相的发掘者、历史事实正确的解释者。历史的伪造，是对客观历史的亵渎。

你们要有能力区分历史与历史小说、历史剧。艺术是可以虚构的，可历史学是不容许想象的，而是以事实为依据的科学研究工作。你们应该懂得《三国志》与《三国演义》的区别，懂得《三国演义》与《曹操与杨修》新编历史剧的区别。当然，我们不可能对历史进行专业性的研究，学术有专精，样样都通总是少数人。但我们作为一个历史唯物主义研究者至少应该有点历史知识，对中国历史上一些重大历史事件和历史人物有个大概的了解。

3. 谈历史与史学

你们应该懂点历史。按历史唯物主义的看法，历史、材料、史学三者既有联系又有区别。历史是人类客观活动过程，材料是人类历史活动留下的印记，而史学则是基于材料对历史客观真实性的探求。当然，材料具有双重性，一是客观的文物，包括地下发掘和不同时代留下的历史残片；另一是前人的记载，即著作或档案。后一种材料可真可伪，需要考证。历史学家是通过材料研究历史，历史不能空谈。历史研究具有实证性的特点。

历史研究受三种条件的制约：一是材料制约，随着历史发展，人类对同一时代的历史人物、历史事件发现的材料可能越来越多；二是时代的变化，历史学家对历史的认识不能不受自己时代的制约；三是持有不同观点的历史哲学。因此，历史研究中的分歧、不同观点是不可避免的。但是无论观点如何不同，有一个基本原则是不能否认的，即历史事实不容伪造和否认。观点可以不同，但对同一历史事件的历史事实必须是相同的。如果历史事实不同，则两者中必然有一为伪造，或两者都具片面性。因此，考证历史事实应该是历史学的基本要求。历史认识是变化的，但历史认识的变化不是做翻案文章，而是基于新事实或新观点对历史认识的再深入，是越来越正确地理解历史，而不是与历史事实渐行渐远。

历史唯物主义应该重视历史研究。历史学的重要性在哪里，在于它以历史书写和文字记载的方式告诉我们先人的历史事迹、创业的艰难和历史的教训。一个家庭不应忘记自己的祖先，一个民族同样不应忘记自己民族的历史。爱家的人必然怀有对先人的敬意，爱国和爱自己民族的人必然怀有对自己民族和国家历史的敬意。钱穆先生说得对：若一民族对其以往历史无所了解，此必为无文化之民族，此民族中之分子对其民族必无甚深之爱，必不能为其民族奋斗而牺牲，此民族终将无争于并世之力量。

一个民族发展的不同时代，甚至不同的王朝都各有特点，所以断代史甚至专门研究某一个王朝的历史，都有它的价值和必要。但如果仅有断代史或王朝历史，而无一国之通史，则这个民族的发展没有连续性，也没有贯穿此民族连续发展的基础。自始至终贯穿其中的是什么？可以有不同说法，有说是民族精神，可民族精神实难具体，也难捉摸；也有说是文化，使一个民族发展具有连续性的是文化，文化不断，则民族历史不断。中国历史不断就是因为文化，尤其是儒家大一统文化。这种说法有其合理之处，但若仅停止于此，也难说清楚。为什么在世界众多文化，如古希腊文化、印度文化、两河流域文化等中，偏偏儒家文化连续发展，而其他民族文化会中断呢？必有其中断的原因。

一个民族的历史的连续性的基础是它的物质生产方式发展的连续性。中国自秦统一后是农业社会，在它的基础上建立的中国长达两千多年的统一的中央政权，没有像罗马帝国分裂后那样形成不同的民族国家，也没有像两河流域文化地区发生那样的国家大变动，中国始终是一个统一的中国。儒家大一统的文化观念和文化，秦代确立的中央集权的郡县制的政治制度在其中起了重要作用。中国的历史是一部有头有尾的通史，而不是各个朝代的断代史，也不是国家长期分裂的历史。

4. 谈历史的世界

你们大概知道，世界有历史，即世界史。世界史并不是世界各国历史的总和，而是世界各国交往和相互影响的历史。近代发展起来的全球史观，就是一种世界史观。你们不一定知道，世界不仅有历史，而且世界也处在历史中，即世界是历史的世界。我们现在所处的世界并不是从来如此，而是历史地形成的。

世界是变化的世界。当代世界一强独霸的世界格局，是苏联解体后形成的。世界进入资本主义社会后，经济和军事在世界上处于领先地位的国家是此起彼伏，呈现大国盛衰和崛起的世界历史。在前资本主义社会，世界是各个国家各自发展的世界。各国按照自己社会发展规律发展，只有极少数国家之间以不同方式存在某种交往。例如，古代罗马帝国以军事征服的方式与西亚北非发生文化交往；中国与世界交往是与周边各国进行文化交流，其中尤其是儒学对周边国家影响深远。但这种交往都不可能改变各国的历史发展进程。当西方资本主义兴起后向外殖民，世界格局逐渐发生变化。西方资本主义不断向外扩张，企图按照资本主义的面貌改变世界。世界不少国家沦为西方资本主义国家的殖民地，非洲、亚洲、拉丁美洲都是如此。整个亚洲都是殖民地。中国太大，不能由一个国家殖民，因而被许多国家分占，成为所谓半殖民地国家。资本主义的入侵不仅使被殖民国家沦为殖民地，而且深刻影响到被殖民国家的经济和政治，从而使社会发展发生形态的变化。

以中国为例，由于西方殖民主义的入侵，中国在明末已经开始的资本主义因素受到抑制，民族资本主义始终无法发展，中国由封建社会进入半殖民地半封建社会，而不是按照世界历史发展规律，由封建社会的成熟而进入资本主义社会。中国的半殖民地半封建社会不是独立的社会形态，而是西方资本主义与中国封建主义相结合的怪胎，它严重阻碍了中国社会的发展。如果按照中国历史自身的发展，经过一段时期完全可能发展到资本主义社会，可以说是资本主义列强的入侵打断和扭曲了中国历史发展的正常进程。中国人民自此产生了一个新的历史使命，即反对帝国主义和反对封建主义。中国进行了长期的反帝反封建的民族民主革命，它既包括旧民主主义革命也包括新民主主义革命。这个革命开始是以人民群众自发的方式显现的，如太平天国、义和团。这种自发方式的斗争往往包含非理性主义的因素，并且注定是悲剧性的。

辛亥革命是一次有组织的民族民主革命，但是旧式民主革命，是不彻底的革命，因为领导革命的是资产阶级革命派。接着这条路继续前进的是中国共产党领导的革命，它是辛亥革命未完事业的继续。革命的胜利使中国历史发展由扭曲道路又转向正轨，即沿着社会主义方向前进。中国拨转自己社会历史发展的航程，是在世界资本主义高度发展的背景下发生的。它有一个前有未有的机遇，即利用西方资本主义的积极成果的可能性。中国特色社会主义完成的是双重任务，坚持社会主义方向，同时给曾经产生又遭压抑的资本主义经济以发展的新空间。

当代世界是资本主义经济占主导地位，资本主义话语成为主导话语的世界。各国的发展不可能不受到世界资本主义的影响。因此，思考马克思主义之社会形态发展理论时，必须考虑这个情况。马克思主义之社会形态发展理论是世界发展理论。在西方资本主义产生并向世界扩张的历史进程中，各国发展的历史更替往往会受到资本主义世界的强力影响而发生多种变态。不考虑变态只考虑常态，往往会陷入理论困境。这就是我们既要理解世界史又要研究历史的世界的原因。

5. 谈历史研究

历史不会自己说话，需要历史学家利用历史事实说话。这就是历史研究。历史学家如果立论没有事实根据，就是空话。可光有事实而无观点，则是材料的堆砌。这不是史学而是史料学，即使是史料的归类也有个安排的问题，即选用什么材料和不选用什么材料。历史研究始终是观点与史料的结合，立论的根据和基础应该是事实，论从史出，而不是史从论出。历史材料必须经过研究，不研究就没有历史科学。列宁在讲到统计工作时强调的也是同样的道理。他在《莫斯科省的工作日和工作年》中说，“统计工作不是把数字随便填到几个格格里去，而应当是用数字来说明所研究的现象在实际生活中已经充分呈现或正在呈现的各种社会类型”。

历史研究不可能详尽无遗地书写历史，即使断代史，即使一个人物，都不可能事无巨细详尽无遗。历史细节无穷无尽，否则不称之为细节。如果追求历史细节的绝对完备，就没有历史研究，也不可能进行历史研究。现实研究也是如此。列宁在讲到对资本主义研究时说，“在资本主义的世界经济中，即使有 70 个马克思也不能够把握住所有这些错综复杂的变化的总和；至多是发现这些变化的规律，在主要的基本的方面指出这些变化及其历史发展的客观的逻辑”。研究从来就是去伪存真、去粗取精，详尽无遗并不是科学研究的方法，也不可能做到详尽无遗。作为历史研究的方法，历史唯物主义的重要性正是在于其是社会历史研究中由此及彼、由表及里、去伪存真的科学方法。

这里涉及一个所谓历史大叙事问题。一些学者强调细节，反对大叙事，反对关于历史规律性的研究，这个倾向值得注意。历史学不是哲学，它当然不能陷于纯逻辑的叙述。历史中会有引人入胜的故事，有任何小说家都无法想象的情节复杂的故事，但这不是故事而是历史事实。历史学不是讲故事，因为具有故事性情节的事实是历史的构成内容，它要能说明历史中的重大历史事件或历史人物，而不是以故事性情节取悦读者。历史学家可以具有小说家的艺术才能，但历史学家不是小说家。历史学既要有大的叙事，又要有历史过程、事件、人物的重大细节的内容。

6. 谈历史感

历史感就是历史的眼光，考察任何问题，都必须把问题放在一定的历史背景下来考察，考察该问题产生和发展的基本历史联系。它在历史上是怎样产生的，在发展中经历了哪些阶段，现在的状况如何？正因为这样，历史研究必须要具体地研究历史过程，而不能专靠逻辑推论。马克思在《政治经济学的形而上学》中说："在历史科学中，专靠一些公式是办不了什么事的。"历史公式不能提供真实的历史，而只能提供历史的抽象，而且往往是僵死的脱离具体的抽象。

历史唯物主义是沦为历史公式还是科学原理，这取决于如何对待历史唯物主义。如果不是立足于各国不同的实际情况，而是削足适履，把各国不同的历史作为填充历史唯物主义原理的填充物，那历史唯物主义就会变为抽象的历史公式。充气娃娃并不是真娃娃。如果坚持马克思和恩格斯一生不断提醒的把历史唯物主义作为分析实际历史的基本理论和方法，则它是唯一科学的历史理论。要坚持历史唯物主义，不仅要理解什么是历史唯物主义的基本原理，还要懂得如何运用基本原理。我们当前历史唯物主义研究中的一个重大不足，就是只关注如何理解基本原理，围绕着基本原理争论不休，而不关注如何运用这些原理。实际上运用是否有效，往往就是自己对历史唯物主义基本原理理解正确与否的证明。

运用历史唯物主义的一个重要原则，就是对历史事件和历史人物的研究都要具有历史感。没有历史感，对任何历史问题的理解都是肤浅的、粗线条的，不可能真实理解。例如，不把俄国革命放在特定历史条件下来理解，就无法理解俄国从十月革命胜利到最后解体，到普京恢复俄国大国地位的种种努力中出现的各种各样的重大事件、各种类型的历史人物。如果不把它们放在各自的历史背景下，就是不可理解的。为什么列宁会主张从战时共产主义过渡到实行新经济政策？为什么斯大林会强行推行工业化和农业集体化？为什么会发生联共30年代党内的大清洗？为什么会出现赫鲁晓夫的秘密报告和反对个人崇拜？为什么苏联会出现戈尔巴乔夫、叶利钦这样的埋葬苏联的人物？离开它们的历史条件和背景都无法理解。历史感不是合理性的辩护，而是对历史事件和人物产生原因的探讨。没有历史感，就只有叙述而无历史的自觉认识。没有历史感的历史叙述，一切都是偶然的。不能从偶然性中看到历史的必然性。

不仅对历史事件、历史人物的理解要有历史感，对思想史的研究同样如此。伟大思想家和伟大理论的产生的意义只有从其产生的历史中才能理解。我们在研究思想史时，有两种视角：一个是问题的视角，一个是答案的视角。从问题的视角来说，一个思想家的成就在于他提出了前人没有提出的问题。这个问题是其所处的历史时代的问题。从答案的视角来说，就是一个思想家对问题的回答在其所处的历史背景下是否具有创造性。例如，马克思和恩格斯在19世纪40年代提出的资本主义向何处去、人类向何处去的问题，提出的无产阶级和人类解放的问题，就是在他们的历史条件下存在的问题；而马克思和恩格斯的伟大成就，就是从各个方面回答这些问题。马克思的经济学说尤其是剩余价值学说，从资本主义生产方式的本质、劳动与资本的矛盾的角度揭示了这些问题的答案。哲学是从世界观、历史观的角度回答这些问题，从无产阶级解放的物质武器与精神武器的角度回答这些问题；而科学社会主义学说则是从两个必然性和社会主义取代资本主义的途径、方式的角度回答这些问题。从历史背景看，当时只有马克思和恩格斯才科学地提出和回答了这些问题，从而创造了马克思主义。离开了它的历史条件，是不能正确理解马克思主义产生的意义和价值的。我们现在以为这都是一些老生常谈，可把它放在特定的历史背景下来理解，就可以发现它是石破天惊、振聋发聩的理论。

马克思关于社会生活本质是实践的理论、关于存在决定社会意识的理论、关于社会历史规律的理论、关于人民群众是历史创造者的理论、关于社会基本矛盾的理论、关于社会形态的理论，现在看起来似乎极为平常，但如果把其放在一百七十多年前，放在唯心主义历史观处于主导地位的历史背景下，放在神学决定论、天命论、英雄决定论、思想决定论的历史背景下来考察，就可以理解它的价值，理解什么叫历史观的伟大变革，因为它把几千年处于统治地位的历史观倒转过来了。把历史事件包括思想理论放进历史进程中来理解，这就是历史感。

7. 谈历史的尝然

坚持历史唯物主义的一个基本前提，就是必须承认历史事实的客观性。如果历史根本无事实，只有各自的理解，历史唯物主义就无立足之地。不承认历史事实的历史唯物主义，怎么能被称为唯物主义呢?

针对日本某些政治家以侵略无定义否认日本侵略史的观点，韩国总统朴槿惠说，日本与韩国一个是侵略者、一个是被侵略者的历史，一千年也不会改变。冯友兰先生也说过，历史中的事皆一往不再现，而却非无有，不但非无有，而且不可改易，对过去和现在亦非无力。事物之过去者皆成为历史中之事物，皆是《墨经》中所谓“尝然”。“已然则尝然，不可无也。”例如中日甲午之战已成过去，已不存在，但曾经有过中日甲午战争之事实，即中日甲午之战的“尝然”，则仍然存在，而且永远存在。不但此事实、此“尝然”存在，而且中日甲午战中之任何一事，无论其为若何微细的事，虽现在不存在，然而曾经有其事之事实，即其事之尝然，亦存在，而且永远存在。如李鸿章之人已成过去，已不存在，但曾经有李鸿章这个人之事实，即李鸿章之人之尝然，则存在，而且永远存在。历史是客观的，是曾经存在的事实。一个严肃的史学家应该承认历史的客观性，否则就没有历史研究的必要性和可能性，对根本不存在的东西有什么必要进行研究呢?

我们不仅要承认历史事实，而且要弄清事与理的关系。我们常常听到对一些人的评论，说某人不知事理。不知事理，是说既不知事，又不知理。不知事，是不了解情况；不知理，是即使他知此事，也不一定知道事中之理。这说明事与理是有区别的。事是个别的，变化的；理则是贯穿于事中的普遍性。不可离事而言理。理在事中，无此事则无此理，可理又不完全随事亦步亦趋。可以有千年不变之理，但没有千年不变之事。因此，用历史唯物主义观点看待事与理的关系，有助于我们树立正确的历史观和方法论。我用三句话来概括：第一，不能离事而言理，理在事中；第二，事变理可不变；第三，事与理相互作用，理随事变，因理成事。

不能离事而言理，无此事即无此理。这是从理的产生和根源说的。没有君臣关系，当然没有如何处理君臣关系之理。没有夫妻关系，当然没有处理夫妇关系之理，先有夫妻关系才产生夫妻之理。没有国家关系，当然没有处理个人与国家关系之理。没有兄弟关系，当然没有处理手足关系之理。所谓理，就是规则。总是先有此事才有关于此事的规则。如果说理在事外，理在事先，那就是说世界上没有产生一夫一妻制，先有一夫一妻之理；没有国家，没有君臣，先有君臣之理；没有建立学校或没有师生关系，先有师生关系之理。这种说法不可理解。有此事，才有此理。理源于事，这是唯物主义观点。如果没有事先有理，理何所依载，何所存在，除了说它是“天理”以外，别无他说。理源于天，“天理”当然是唯心主义宇宙观。天，作为自然存在来说，除了天体运行规律外，并没有任何道德的承载。

可以说，无千年不变之事，有千年不变之理。事是具体的、个别的、历史的、变化的。个体的君臣关系是可变的。每个王朝有不同的君、不同的臣。即使同一王朝，不同皇帝继位有不同的君臣关系。夫妻关系也是如如此。没有不死的夫妻，总是一代一代的不同的夫妻。这叫没有千年不变之事，岂止千年，百年会变，十年也会变。可在长期封建社会中，君臣关系之理不变。臣要忠君，服从君，君上臣下从不会变。夫妻关系也是如此。具体的夫妻关系是可变的，可封建社会中夫权制关系，在家从父、出嫁从夫、夫死从子的原则没有变。这就是事可变，理未变，理比事长久。因为事是具体的、个别的，而理则具有普遍性、规范性。这样，才会产生董仲舒的“天不变，道亦不变”的哲学思想，产生“三纲”是天理不可变的思想。这都是把事与理相隔离的结果。任何理，一旦从事中抽象出来，就会成为独立自在、僵死不变的范畴。

我们还要注意一条，这就是理随事变，事随理变。事与理是辩证关系。从理的产生看，理在事中，无此事则无此理。因此，归根结底，事变理也会变。时代变化，社会变迁，理也在变。封建社会的君臣之理，随着封建社会的灭亡而结束。社会主义社会的上下级关系，不是君臣关系，不能实行君臣之理；干部与群众关系不是官民关系，不能官贵民贱。夫妻关系也是如此。社会主义中夫妻关系不能是男尊女卑、出嫁从夫的关系，而应该是男女平等、互敬互爱的关系。所以，事变理也应该变。如果社会主义处理人际关系行封建社会之理，那么当然行不通。这是一方面。我对于现代有些人狂热地要恢复古礼，感到有点滑稽可笑。另一方面，理又不是消极地跟随事变，毫无作为。而是随着新的关系确立产生新的理，这些理能够促进新的关系的发展和完善。例如，社会主义制度下的上下级关系不是君臣关系，在工作上是上下级关系，存在服从与执行的关系，但在生活中是同志关系、朋友关系。这种良好关系并不是很快能建立的，可能要经历一个过程，调整和完善的过程。而且对某些领导来说，始终无法建立这种融洽的关系。正如夫妻关系，虽然男女平等互敬互爱之"理"出现了，但未必人人能建立这种良好关系。这就是事随理变，但理也起着规范生活和行为的作用。我们要重视事，也要重视理。"不讲理"是不行的。一个人被归为不讲理的人，就是牛二卖刀式的人物；一个国家被视为不讲理的国家，就是霸权主义国家。这种人，这种国家，从长远来看，终究难以立足。中国人说，有理走遍天下，无理寸步难行。

8. 谈历史的逻辑

我们搞历史唯物主义，不仅要重视历史事实，而且要关注历史逻辑。没有历史逻辑，历史唯物主义就不可能把历史事实上升为历史规律，也无法使事实成为有条理、可理解的事实。

现实历史是复杂的、交叉的、丰富的，而逻辑可以是纯粹的，可以排除复杂性使其简单化，以便从规律上把握历史进程。例如，在具体的历史环境中，过去和将来的成分交织在一起，前后两条路相互交错。雇佣劳动及其反对私有制的斗争在农奴制时代就已经萌芽了，在专制制度下继续存在。这并不妨碍我们从逻辑上把历史发展过程的几大阶段分开。所谓社会形态学说和社会形态的更替与演进，就是从纯逻辑上说的，而不是说一种社会形态在事实上可以纯而又纯，不存在交叉或过渡。社会主义就是社会主义，不可能有资本主义因素。事实上资本主义社会仍然长期保留有封建社会因素，甚至还存在隐蔽的奴隶制。

你们要注意，我们学界关于历史唯物主义五种社会形态学说的争论，往往是不懂得区分逻辑与历史，从而各执一词。五种形态的依次更替是纯逻辑的，而各国和各民族的现实是历史的。因此，在各个国家或民族中，社会形态的更替会出现多样性，出现变形，带有各个国家或民族的特点。当然，历史与逻辑并不是绝对对立的。研究历史要从事实上把握，从而显示出各个国家历史的具体性和特殊性；可要从理论上把握一个民族的历史发展脉络，就必须清除掉覆盖于其上的由各种特殊性造成的多样性，寻找出它的发展的逻辑脉络。这样，就能从理论上既解释每个国家社会形态演进中发生曲折和变化的原因，又能把握它的总体走向。你们看看当代世界各国的情况，无论它们有多大差别，就社会形态的演进来说，没有不可归属的社会制度，也没有超出人类已知的社会形态，只是发展阶段不同、成熟程度不同、发展特点不同。

9. 谈历史眼光

历史眼光与历史的长度不可分。要有远大的历史眼光，必须懂得历史的长度。你们要懂得具体事物的变化可以是迅速的，可以日新月异，但一个国家的历史演变进程是长期的。考察历史与考察具体事物不同。世界历史的尺度是以数十年，甚至以数百年为长度来衡量的。资本主义的兴起，大国的崛起和兴亡都经历了一个长时段。荷兰、西班牙、英国、日本、德国、苏联的崛起和衰落都经历了一段时间。美国取代英国成为世界霸主也经历了不短的时间。从世界历史的角度来看，十年二十年的变化甚至可以略去不计。中华民族复兴是百年大计。从鸦片战争以来已过了一百七十多年，从新中国成立以来已过了六十多年。我们仍然期待两个一百年，建党一百年、新中国成立一百年，有更大的变化。

世界历史的尺度不是衡量实际政策的尺度。在实际工作中，在中国特色社会主义建设中，我们不仅应该有只争朝夕的精神，而且要善于因时而变，与时俱进。只有无数短期的变化和积累，才能造成历史长度的巨变。“九层之台，起于垒土；千里之行，始于足下”，这是历史的辩证法。

伟大的政治家都是有远大眼光的人物，他们懂得历史的长度，绝不会是鼠目寸光的人。什么是战略思维，就是懂得历史长度的思维。战略家们把眼前的事放在历史长河中考察、权衡、布局，考虑它几十年甚至百年或更长时间的后果。如果历史没有长度，那只能将就眼前事变，过一天算一天。

你们读读《触詟说赵太后》中赵太后与左师触詟的一场争论。赵太后刚执政，秦国加紧对赵国进攻。赵国向齐国求救，齐国要以赵太后幼子长安君作为人质才肯出兵，太后爱子心切，不肯，任何大臣进言都不听，并明言：“有复言令长安君为质者，老妇必唾其面。”老太太发怒了，谁再说就要朝谁脸上吐口水。可左师触龙进言，他打动赵太后的就是长远的历史眼光。他问赵太后：“今三世以前，至于赵之为赵，赵王之子孙侯者，其继有在者乎？”赵太后说：“无有。”触龙又进一步问，不仅是赵，其他诸侯有相继为侯的没有？太后回答，没听说过。于是触龙从历史长远角度出发劝告：“此其近者祸及身，远者及其子孙。岂人主之子孙则必不善哉？位尊而无功，奉厚而无劳，而挟重器多也。今媪尊长安之位，而封以膏腴之地，多予之重器，而不及今令有功于国。一旦山陵崩，长安君何以自托于赵？老臣以媪为长安君计短也，故以为其爱不若燕后。”太后被历史经验说服了，为赵国长久计，于是说：“诺，恣君之所使之。”于是，“为长安君约车百乘质于齐，齐兵乃出”。实际上，赵太后与左师触龙的争论，就是有关历史眼光的争论，是仅看到目前，还是看到未来，有长远的历史眼光。

毛泽东著名的《在中国共产党第七届中央委员会第二次全体会议上的报告》就是一篇具有远大历史眼光的报告。此时是 1949 年 3 月，新中国成立前夕。毛泽东就在筹划未来。他说：“夺取全国胜利，这只是万里长征走完了第一步”。并且预言，“敌人的武力是不能征服我们的，这点已经得到证明了。资产阶级的捧场则可能征服我们队伍中的意志薄弱者。可能有这样一些共产党人，他们是不曾被拿枪的敌人征服过的，他们在这些敌人面前不愧英雄的称号；但是经不起人们用糖衣裹着的炮弹的攻击，他们在糖弹面前要打败仗。我们必须预防这种情况”。正是毛泽东的这种历史眼光，虽然出现过刘青山、张子善这样的人，但总体上中国共产党进城后保持了党的纯洁性。毛泽东还提出“两个务必”，“务必使同志们继续地保持谦虚、谨慎、不骄、不躁的作风，务必使同志们继续地保持艰苦奋斗的作风”。毛泽东从保持中国共产党永不变色、社会主义长治久安的角度关注党的建设的眼光，就是一种历史的眼光。他考虑的不是胜利后的短时期，而是中国共产党、中国社会主义的百年大计。

10. 谈历史时间

我们讲世界物质性时，讲时间和空间是物质存在的方式，讲的是自然时间和空间。时间是物质运动的持续性，空间是广延性。时间与空间都与变化的主体，即物质运动，密不可分。这个原则在社会历史领域则表现为社会历史的变化。历史时间不是抽象的持续性，而是持续中包含着社会的变化。在社会中，时间持续性是历史事件的变化、王朝的更替、历史背景的转换、不同的历史舞台人物和角色的上场与下场、文化的积累、文明的变迁。空间也不是单纯的广延性。历史的空间是各国、各民族生存的相关性。地缘政治就是空间的政治。各个国家的相邻，边界、领土、领海等有关主权的问题，就是涉及各国社会的历史空间问题。这是从横断面说的。从纵向说，在历史空间中发生的空间变化，是国家的变迁、民族的迁徙以及移民在空间的移动所带来的社会变化。

历史空间持续的变化，是在历史时间中持续的空间变化；历史时间持续的变化，发生在历史的空间之中。它们是不可分的。空间不只是历史延续的舞台，历史的空间就是历史时间延续性自身。历史地理，既是历史的空间也是历史的时间。原来不毛之地，可以变为繁华的城市；原来繁华的城市，也可能由于航运没落而没落，甚至由于自然突变而变为荒无人烟的不毛之地。

城市名称随着历史持续性而变迁，古今异名；地形地貌，也会在历史延续中发生变化。时间变化影响历史空间；空间变化影响历史时间持续的内容。人类生存的相互空间关系是随着历史变化而变化的。原来相距万里、互不来往的空间关系，可以由于社会进步而变为近在咫尺。李白诗中“千里江陵一日还”，现在坐飞机往返只在笑谈之间。经济全球化，尤其是互联网的出现，完全改变了人类的空间观念。而空间的变化也加速了人类社会发展的时间进度。在历史变化中，时间离不开空间，空间也离不开时间。社会的变化，就是时空统一中的变化。“天涯若比邻”在古代是情感世界的距离，在当代则是现实世界的空间距离。

历史时间不是匀速的，不像自然时间可以用计量器来衡量。从古代铜台滴漏，到钟表，到当代最精密的原子钟，计算的都是自然时间。历史的变化无法以自然时间计算。发展有缓慢时期、有快速时期，所谓一天等于二十年，也有二十年等于一天。人类社会的发展不是均速的，各国的发展及其相互间的比较也是如此。农业社会是缓慢的，因为农业生产方式的特点决定它不可迅速，我们不能说中国封建社会处于长期停滞时期，但相对于工业社会，其发展肯定是缓慢的。决定社会发展快慢的是生产方式。生产力中新的工具和技术，生产关系的合理性都是影响社会发展快慢的重大因素。为什么农业生产方式的发展慢于工业生产方式，这不是取决于人的智力而是取决于生产方式的特点。农业生产是以自然节气为依据的重复性生产活动，它不能违背自然节气。春耕夏种秋收冬藏，在严寒地区冬天就是猫冬，成为非产时间。农业劳动是重复的，劳动产品也是重复的。再则，农业生产方式是小生产，三亩土地一头牛，不少农民连牛都没有。落后的生产工具，范围极小的生产地块，不可能也不需要科学技术，更不需要用新的科学技术，经验成为农业生产中最主要的生产技能。因此，农业生产方式下，生活节奏慢，日出而作，日落而息，日复一日，年复一年。生活方式是由生产方式决定的，农业生产方式和生活方式是慢节奏的、缺少变化的，除了传统节日的调剂外，生活是缺少文化内涵的。而工业生产方式不同，它不是简单再生产，而是扩大再生产；它不是依靠经验，而是依靠科学技术，而且由于竞争规律，它必须不断创新技术。工业生产与城市化相联系。城市化、工业化必然加快生活节奏。生活节奏快，也推动社会发展的速度。

从中国历史来看，中国社会发展速度最快时期是新中国成立以后这六十多年，尤其是改革开放以来三十多年。这种发展速度是历史上从来没有的。因为六十多年来，开始了社会主义四化建设的进程。再加上工业化、城市化进度加速，社会发展必然加速。

中国共产党关于中国特色社会主义的理论、道路和制度，大大解放了被旧体制束缚的生产力、劳动积极性和各种潜力。当然，在社会时空中，各个领域中的发展速度不可能是同步的，有的迅速，有的滞后；从空间说，沿海地区与内陆地区、东部与西部都存在不平衡。人的主观能动性对自然时间是无能为力的，并不会因为我们把手表拨快而改变自然时间，也不能改变自然空间，天体之间的关系非人力所能调控的。社会时空则不同，它与人类实践不可分。社会发展的速度，各个领域发展速度的协调、均衡，空间布局的合理性，可以由人对规律的认识和人的行动而发生变化。

11. 谈历史考据

我们当然不能说，凡是历史著作中的史实都是真实的。历史史实不同于历史事实，而是对历史事实的史学书写。可能真实，也可能不真实。我们搞历史唯物主义的人的一个重大不足，就是我们自己无法辨识史料的真伪，因而很可能由于材料的误导而得出错误的理论结论。如何选材，是我们历史唯物主义具体运用时必须充分注意的问题。恩格斯的《家庭、私有制和国家的起源》就利用了美国人类学家摩尔根的《古代社会》这部著作和马克思的材料。马克思自己在进行研究时大量阅读了历史学家和人类学家的著作，例如，他晚年的《历史笔记》、《人类学笔记》中就包括大量的摘录。

历史考据是追求历史史实真实性的一种方法。正因为这样，我们肯定清代乾嘉史学家考据对历史学的贡献。“避席畏闻文字狱，著书都为稻粱谋。”不管是什么社会政治原因促使考据学高潮的出现，但它的贡献不会因政治原因而逊色。考据的目的并非单纯的好古癖，而是追求历史事实。清代考据学著名代表人物钱大昕说过，古人著史由于种种原因可能出现史实错误。他说过，“史臣载笔，或囿于闻见，采访弗该，或怵于权势，予夺失当。将欲补亡订误，必当博涉群书”。

其实何止中国古代史，就拿中国共产党党史、国民党党史、民国史和中国社会主义时期的历史，就有不少需要考证的历史史实。不仅正史，即使回忆录这种体裁的历史，也会有讹记、失记或记忆错误之处。至于由于历史观不同对同一事实记载出现差异，更是常见。我们不是历史学家，我们没有专业素养，但我们不要轻视历史考据这门学问。这是一门大学问。没有比较切实的历史史实，历史唯物主义研究就会成为无米之炊。

12. 谈考古

哲学家应该养成一种理性思维习惯，不要轻信。因为在市场经济条件下，造假太多。市场上的假古董不可怕，因为人们都有心理准备。不管古董市场如何热闹，淘宝的人如何多，真正认为能从市场淘出真物的人并不多，即使受骗也只不过损失一点钱而已。危害最大的是学术性造假，因为它涉及历史的判断。

历史研究方法中有二重证史法，即文献史料与地下发掘相结合。考古学是保障历史研究科学性的重要支柱。可是正如历史文献可以伪造一样，所谓考古发掘也可伪造。《中国社会科学》2013 年 2 月 22 日杨阳的文章《日本旧石器考古造假风波》报道，日本著名考古学家藤村新一，时任日本东北旧石器文化研究所副所长，2000 年 10 月 22 日在日本宫城县上高森遗址工地上，自己动手用小铲子掘坑埋下随身携带的几块石块，并且是在几个地点同时埋下。几天以后，即 10 月 27 日藤村在几十位媒体的见证下，成功发掘出 6 块约 70 万年以前旧石器时代前期的石器，宣称这是又一次考古重大发现，是日本本土第一次出现旧石器史前文明。藤村的全部造假都被《每日新闻》记者偷偷安放在现场的监视器拍个正着。藤村的造假被揭穿。据藤村坦白，他主持的 42 次考古均有造假。原来所谓的数万年、数十万年前的石器都是打造后埋下再发掘出来的。这说明地下考古学同样需要防止伪造。当然，这不能否定地下考古发掘的历史价值。伪造终究会被发现。为历史学是人文科学还是自然科学争论不休的学者们应该弄清一个道理：人文科学绝不能排斥必要的科学实证方法，更不用说对规律的探索。无论是人文科学还是自然科学在涉及事实的问题上都是一样：尊重事实。

13. 谈古今之辨

你们应该懂得客观历史进程中的古今关系与历史研究中的古今关系的区分。历史进程中的古今关系是客观的历史自身的关系，是历史的真实进程，而历史研究中的古今关系是如何研究历史的问题。

中国古人说，观今宜鉴古，无古不成今。其实这句话包括两层意思。观今宜鉴古，讲的是研究历史，要了解当代何以如此，应该了解它的历史，现代中往往存在历史的影响；现代发生的事虽然不会是古代的重复，但历史可以成为理解现代的借鉴。无古不成今，讲的是历史客观进程。任何一个国家或民族的现在都是由古代发展而来，没有过去就没有现在。现在是过去在新的历史条件下的继续和延伸。正因为无古不成今，所以各个国家、民族都有其特殊性，它们都有独特的历史源头和进程。没有两个完全一样的国家，因为它们有各自的“古”，因而有自己特殊的“今”。没有唐虞夏商周、秦汉魏晋、宋齐梁陈隋唐、宋元明清、民国，就没有当代中国，就无法理解当代中国。古今是相对的。现在的古，就是当时的今；现代的今，是千百年后的古。因而古今之分都有时间坐标。但历史发展的连续性和继承性并不会因为古今区分坐标的变化而变化，无古不成今，是永恒不变的历史真理。正因为无古不成今是客观历史本身，才使观今宜鉴古成为可能。

观今宜鉴古讲的是历史的认识。厚古薄今、厚今薄古或是古非今等都属于如何研究历史和认识历史的问题。客观历史本身无所谓厚薄是非。厚薄是非是讲人对历史的认识和评价。孔子的“郁郁乎文哉，吾从周”，表达的是对东周末年乱世的不满，对乱臣贼子把一个盛世搞成礼崩乐坏的乱世的不满。在中国历史上，向往过去往往是对现实不满的一种表述方法，可以说是托古言今。真正相信越古越好的学者，我看不多，倒是不满现实、托古以言今的多。像王莽那样真正想效法古代搞所谓改革的人，历史上是极少的。这种人最后被好古所埋葬。有位学者说，古可好，而不可泥，圣人亦不可背时而复古，确是知古知今之言。

从历史发展的连续性来看，古与今是无法分割的过程，恰似长江之水，不能断流。因而，史学必须会通今古。清代学者王鸣盛把儒者分为俗儒与通儒，说："学问之道，当观其会通。知今不知古，俗儒之陋也；知古不知今，迂儒之癖也。心存稽古，用乃随时，并行而不相悖，是谓通儒。"

恩格斯曾以马克思的名著《路易·波拿巴的雾月十八日》为例，说马克思为什么在事变正在发生时，能对路易·波拿巴政变的发生原因及其结局作出如此天才的分析呢？就是因为他懂法国史。恩格斯说过，"马克思不仅特别热衷于研究法国过去的历史，而且还考察了法国时事的一切细节，搜集材料以备将来使用。因此，各种事变从未使他感到意外"。也就是说，马克思对路易·波拿巴政变的判断是基于对法国的历史的把握，即对法国的过去和当代的把握。

仅以中国社会主义六十年多为例，虽非古今之分，仍存在过去与现在之别。正确对待改革开放前后的关系，把它们看成社会主义在中国发展的一个整体进程，既看到它们不可分之处，又看到它们之间的区别。如果不能会通，对社会主义中国六十多年的历史就不可能有正确的理解。你们应该记住这句话。

在历史研究中，存在过关于厚今薄古是否正确之争。从历史自身来说，不存在厚与薄的问题。它们是历史发展的不同进程，无古即无今，不存在孰重孰轻的问题。从研究角度看，"古"当然要研究，不研究"古"，就没有必要存在历史学科，也没有必要进行历史研究。可历史研究的目的，它的立足点的确是为了今而研究古，为了当代人而研究古人，或者说为了活人的需要而研究先人。从这个角度说，厚今薄古是有道理的。如果我们把"不薄今人爱古人"，改为"不薄古人爱今人"，是否好点？兼顾古今，各有专攻，但历史研究的根本目的仍然是为今而古，而非为古而古。

第六章

文化的视野

1. 谈文化的重要性

文化问题是当今的理论热点，好像国外也是如此。我看近年来的博士论文大量是以文化问题为题，这并不坏，可以拓展马克思主义哲学研究的领域和视野。但我要告诉你们，主张文化哲学是马克思主义哲学的当代形态的说法，难以服人。

文化问题是需要关注的问题，正如政治问题、道德问题、经济问题可以成为一个时期的关注点、重点，但不能因此说政治哲学或道德哲学是马克思主义哲学的当代形态。问题具有时代性，是变化的，一时成为重点，不见得永远成为重点。但马克思主义哲学的本质不会因为问题重点的转移而改变。如果马克思主义哲学在当代不再关注资本主义社会的前途问题，不再关注无产阶级和人类解放问题，而只关注文化，变成文化哲学，那就不是马克思主义哲学。马克思主义哲学从实践领域遁入纯学术领域，它就没有存在的必要。

在当代世界，研究文化哲学并非马克思主义哲学独有的。但无产阶级和人类解放的世界观和历史观、辩证唯物主义和历史唯物主义则是马克思主义哲学独有的，是马克思主义哲学的本质。这种本质不会因为问题研究的重点转移而发生形态上的变化。我们以马克思主义哲学作为指导来研究文化问题，马克思主义哲学并不因此而变为文化哲学，正如我们以马克思主义哲学作为指导来研究伦理学，马克思主义哲学的当代形态不会变为道德哲学一样。

文化的重要性是不言而喻的。但你们一定要弄清文化的重要性与“文化决定论”两者的区别。文化重要，但文化决定论是不对的。在当代世界，尤其是大国之间的博弈，起主导作用的仍然是经济力量和政治力量，是经济实力和军事科技的发展水平。文化是综合国力的一部分，在国际交往中文化作为软实力的作用不容忽视，但没有硬实力的后盾支撑作用，文化的作用同样是有限的。美国的霸气十足并不是单纯依赖文化，美国的牛仔文化似乎并不十分吸引人，普世价值之类也往往是言行不一，没有多大威信。它主要依靠的是世界第一大经济实体、强大的军事实力和科学技术。软实力当然并不软，它有硬度，但软实力的硬度往往取决于硬实力的硬度。

一个民族的盛衰兴亡并不取决于单一的文化因素，而是多种因素共同作用的结果，其中具有决定作用的是生产方式的性质和生产力的发展水平。中国封建社会的发达有赖于发达的农业生产方式和比较完善的中央集权的政治制度。文化在其中起着精神黏合和民族凝聚的作用。如果生产方式落后，仅凭曾经发达的文化这单一因素同样是不行的。一个社会的盛衰强弱决定于经济发展水平、政治清明和军力强大，而不是单纯取决于文化状况。在中国历朝中，宋朝是中国文化发展较高的时期。明代宋濂在《太史苏平仲文集序》中说：“自秦以下，文莫盛于宋”。不仅宋词成就卓著，宋朝文化在哲学、文学、绘画各方面都大放光彩。连贵为君主的徽宗赵佶的艺术成就也名载史册。无怪陈寅恪先生说：“华夏民族之文化，历数千年之演进，而造极于赵宋之世。”可是与汉唐相比，宋代又是国势最弱、边患最重的王朝，受制于辽与西夏。虽然文化发达，但冗兵冗官，国势衰弱，最后北宋亡于金，徽钦二帝成为俘虏；南宋被赶着到处跑，亡于元。这是一种奇怪的现象。文化高的敌不过具有朝气但文化不高的北方游牧民族。中国发展到明末清初，传统文化仍然是传统文化，但随后中国几陷于灭亡境地。有数千年文化传统的中华民族，受制于日本，更不敌西方尤其是没有多少文化底蕴的美国。

文化决定论是错误的，这当然不能成为轻视文化的理由，但绝不能主张文化决定一切。文化只有与经济、政治、军事相辅相助而行才能发挥它的巨大作用。中国共产党改变中国的斗争，首先是军事斗争，夺取政权，然后是运用政权进行经济建设和文化建设。五四新文化运动的成就及其局限性已经证明了这一点。单纯文化运动可以发挥启蒙作用，但不能改变社会。物质力量靠物质力量来摧毁，理论掌握群众才能变为物质力量。马克思的这段名言，永远可以成为我们研究文化问题的指导原则。

2. 谈文化与文明

你们问我文化与文明是否有区别？是否应该有区别？我以为应该有。没有区别，何必要有文化和文明两个概念；没有区别，何以说明在文明形态处于高一级的社会不见得文化处处都高。例如，资本主义文明高于封建文明，但不见得资本主义社会的文化处处高于封建社会的文化。我看当代西方资本主义社会包括发达资本主义社会文明程度虽然高，但在有些文化方面，例如哲学、文学方面，并不比中国封建社会的文化更优越。中国孔孟老庄，《红楼梦》等四大名著，汤显祖的临川四梦，都是当代资本主义社会的文化无法企及的。

文化是观念形态，它是价值和意义。无论经典文化或世俗文化都是如此，只有承载的价值和意义的高雅低俗与流行范围大小的区别。文明则是人们的生活方式、人们的行为举止的外在表现。我们到一个国家去参观，可以通过它的建筑、交通、环境以及人的行为和举止观察到这个国家文明发展的程度，但并不能直接观察到文化。文化是内涵性存在，是观念的、思想的、价值性的东西。不能目观，只能体悟和理解。随地吐痰，表明文明程度低但并不表示文化低，世界上没有吐痰文化和非吐痰文化。正如厕所内的卫生状况代表文明发展程度而非文化发展程度，没有什么厕所文化。厕所文化，完全是贴标签。

文明可以接受、移用。科技和科技产品，近代的铁路、电话以及一切西方发明的代表生产力进步的东西，都可以借鉴，可以学习，可以仿造。文化则不同。文化不可能简单引入。文化可以交流，可以相互学习，但文化的吸取必须以自己的民族文化为底色，是吸收而不是被同化。一个民族的文化被同化，表明这个民族之根已枯萎，它必将退出历史舞台。日本在中国台湾进行“皇民教育”，这是一种文化殖民，是搞文化同化。文化殖民比经济殖民危害大。经济殖民为了掠夺资源，搜刮财富，可能会保存一些为殖民需要而进行的基础性建设，当殖民地获得解放时，可能会保留一些这样的物质财产；文化殖民不同，它是思想的同化，它留下的不是物质，而是殖民者灌输的奴化思想。因而，文化殖民比经济殖民更危险。

近代以来，特别是鸦片战争以后，西方文明在中国的传播很广泛。先进的科学技术、廉价的商品以及各种所谓的奇巧淫技都会进来。但西方要以它的文化征服中国，则不可能，因为中国落后是文明的落后，封建文明无法对抗资本主义文明。但文化不同。中国几千年传统文化中积累的智慧和思想绝不低于西方文化。西方在殖民中国的同时，也企图用殖民文化在思想上奴役中国人。这肯定培养出了一些具有殖民主义思想的人，尤其是在知识分子中，但它不可能以西方文化取代中国文化。

文化与文明的不同步，是中国近代文化发展的一个特点，也是中国衰败的表现。在中国长期封建社会中，中国文明与文化的发展水平是合拍的。而在近代则不同步，因而才可能产生“中学为体，西学为用”的思想。“中学为体”的错误，恰好在于它的“体”是政治制度，是君主专政。这恰好是西方民主制度文明优于中国传统君主制度文明的地方。不管怎样解释，这个口号是维护封建社会基本制度的改良主义或保守主义口号。

文化与文明不同之处还在于，技术和商品方面的输入可以不受思想抵抗，只要便宜适用即可。可文化不同。不同文化之间有冲突的一面。任何民族只能吸取适合自己民族需要的文化，因为文化是观念形态，而非工具性的东西。毛泽东在六评白皮书中的《历史唯心论的破产》一文中说，任何思想，如果不和客观实际的事物相联系，如果没有客观存在的需要，如果不为群众所掌握，即使是最好的东西，即使是马克思列宁主义，也是不起作用的。我们是反对历史唯心论的历史唯物论者，应该认识到文明的输入可以夹带文化的输入，但不等于文化的输入。我们不应该拒绝西方文明，尤其是科技文明和制度文明中的某些合理因素，但我们要防止西方腐朽文化的入侵。从本质上说，西方自夸的软实力就是一种文化入侵，因为价值观念是文化的内核。西方输出的所谓普世价值，既具有政治性又具有文化性。

3. 谈文化与器物

你们参观文化遗址时会发现，文化与器物不同。文化的可贵之处在于它可延续而泽及后人，器物则可用于当时而毁于以后。阿房宫化为废墟，无论《阿房宫赋》如何铺陈，留下来的只是著名的赋，而阿房宫则无迹可寻。《论语》、《道德经》、《庄子》等历代经典至今犹存，可同时代的器物大多化为乌有。

我们重视文化内涵的建设应该重于文化载体的建设。与其建造豪华的大楼不如多建造一些学校。培养人才是立国之本。所谓薪尽火传者，文化；而薪尽火灭者，宫殿楼宇。真正治国者注重科学文化和教育而不忙于建设豪华楼宇，更不应为了发展旅游而把早已不存在的东西重新建筑。修复古董、遗址重建之类，与文化建设风马牛不相及。我到日本最大的感受是其并无太多的高大建筑，普通百姓的住房也不宽敞。但日本的学校与科学投资的比重甚大，这也许是日本以资源匮乏的岛国而能成为东亚强国的一个很重要的原因。重视文化内涵的建设应该重于载体的建设。如果我们建筑了豪华的歌剧院、音乐厅等，但没有相应的高水平的剧目上演，岂非空壳。

重视文化，必须重视文化传播者，其中尤其应该重视教师。你们很多人毕业不愿当教师，教师与官员相比属于“寒儒”。可从作用来说，不能这样看。我们常把教师比作蚕与蜡烛，因为教师一生从教如春蚕吐丝，蜡烛照人。“春蚕到死丝方尽，蜡炬成灰泪始干。”教师应该是最具尊严、最值得敬重的职业。不过，而今在某些学校，师德不存，教师与商人相类。

单纯以教牟利，这种教师不属于文化的传播者，而是贩卖应试知识的商人，如《儒林外史》中的所谓选家马二先生，为举子应试而选范文以牟利。此种教师与文化建设无关。应试教育中滋生出的商机，产生了一大批教商，为应试教育推波助澜。

4. 谈文化形态与文化传统

不知道你们发现文化理论中的一个矛盾没有？我们一方面说，作为观念形态的文化是经济和政治的反映；可又说，文化是民族的血脉，是民族之根。这两种说法不矛盾吗？如果文化是经济和政治的观念反映，它就不可能是民族的血脉，因为它随着经济形态的变化而变化；如果它是民族的血脉，就应该一以贯之，是永恒的，存在于整个民族的历史之中，它就不会随着经济基础和政治制度的变化而变化。如何合理地解释这个问题，我看是考验你们的理论水平的时候了。

这个“矛盾”的关键在于，一些人没有分清文化形态和文化传统。一种社会的文化形态是由它的经济形态和政治形态决定的，前者是后者在观念上的反映。封建社会的文化形态不同于奴隶社会的文化形态，正如社会主义社会的文化形态不同于资本主义社会的文化形态。不同的文化形态依存于不同的经济、政治形态。文化传统不同。文化形态随着社会经济、政治形态的变化而变化，可在文化形态的变化中，一个民族的文化仍然存在继承、传承、积累关系。文化传统就是把不同文化形态中优秀的东西变成一种传统文化。这种不断积累起来的文化传统成为一个民族的血脉，成为民族的文化之根，这就是文化形态的变化并不会导致民族分裂和民族认同丧失的原因，因为传统文化以文化传统方式继续传之后世。

政治形态、经济形态、文化形态这三者的关系是依存关系，前者的变化会导致后者的变化。但其中文化传统最具持久性、稳定性和继承性。一个社会政权的变化需要的时间最短。俄国十月革命取得政权，只是短暂的一幕，由阿芙乐尔军舰上的炮声到进攻冬宫，很快就推翻了沙皇政权，这是政权变革。可是建立社会主义经济制度则需要几十年甚至更长的时间；而俄罗斯的文化传统则并没有随着经济和政治的变化而中断，它仍然成为新的无产阶级文化建设和经济建设的宝贵遗产。只要读读列宁反对无产阶级文化派的文章就能理解这一点。

我们还可以中国革命为例。中国革命取得政权比俄国花费的时间长，中国共产党成立后经过二十八年的武装斗争，才取得全国政权；可是社会主义经济制度的建立和完善则比夺取政权的时间更长，至今我们仍在不断完善社会主义经济结构。毛泽东说，夺取政权只不过是万里长征的第一步，确实是高瞻远瞩之论。社会主义文化的建设时间会更长。社会主义文化建设是在继承中华民族五千年文化传统基础上的建设，是中华民族五千年文化血脉的传承。文化传统就存在于文化形态的变更之中。

文化传统在社会发展中的作用是至关重要的。凡是没有文化支撑仅仅以军事力量确立的帝国，都不可能持久。古代罗马大帝国，横跨欧亚非，结果仍然解体；英国建立了一个日不落的大英帝国，结果仍回到英伦三岛；苏联建立了一个包括十几个共和国的联邦共和国，1991 年同样遭受解体的命运。没有共同文化基础的政治结盟，可能会分裂。中国则不同。中国从秦汉的大帝国开始，越发展越巩固和扩大。前者仅凭军事力量的征服，所以军事力量衰落后，国家势必瓦解。中国不同，它是不断地融合，由不同的民族成为一个民族——中华民族；产生一个共同文化——中华民族文化。尽管它包含若干不同的民族，但它们共同认同中华民族，认同中华民族文化。中国也发生过分裂，但分裂总是暂时的，强大的文化凝集力终究会战胜分裂走向统一。这是世界上任何单纯以军力扩张建立而无文化认同的帝国不可比拟的。这就是我要告诉你们的，文化传统比文化形态的生命和作用更长久的原因。

历史唯物主义关于作为观念的文化形态是经济形态和政治形态的反映的理论是正确的，它是存在决定意识的贯彻；而文化传统是一个民族的血脉，具有继承性，也是正确的，这体现了文化发展的辩证法。因为在变化着的文化形态存在积累和传承。文化在文化形态的变化过程中不会化为虚无，而是以文化传统的方式发挥作用。历史唯物主义既是唯物主义的又是辩证的。

5. 谈民族命运与文化命运

一个民族的文化与作为的它载体的民族是不可分的。民族的盛衰存亡决定文化的命运，没有一个民族衰败而它的文化却能得到独立发展的。如果存在，仍然是作为历史的遗迹而非活的文化机体。中华民族在长期历史中熠熠生辉，为世界景仰，因为在封建社会时代中国是世界最强大而又是文化最发达的国家，周边国家都向中国学习。日本唐代遣唐使、遣唐僧之多，史有记载。

自从西方资本主义兴起，特别是鸦片战争以后，中国逐步沦为殖民地半殖民地，中华民族的文化在世界舞台上也失去其昔日耀眼的光辉。日本脱亚入欧，就是一个明显的证明。清代末期，历史上从来以中为师的日本变为中国人的老师，留学“东洋”成为一时之最。近代中国的名人留学日本的最多。这并不是日本的传统文化比中国的传统文化悠久或优越，而是由于明治维新后日本成为东亚强国，对亚洲尤其是东南亚国家具有吸引力。中国人沦为东亚病夫，文化则不再为世界所重视。孔子也被冷落，绝无今日到处建学院吃西餐的辉煌。何也？民族衰败。

中国社会主义革命后，尤其是改革开放以后，中国国力强盛，成为世界第二大经济实体，成为有影响的大国，中国文化在世界舞台上也随之重新焕发活力。孔子真正走出国门，孔子学院在世界很多国家落户。这绝非单纯文化之力，而是民族复兴的硕果。我们不会忘记西亚、北非、地中海地区、两河流域曾经是人类文明的摇篮，有过灿烂光辉的文化。可是随着国家的分裂、民族的衰落，它们逐渐被边缘化。虽然仍然留下许多文物、古迹，但往往成为考古对象、旅游观光之处，而不是国家强盛的象征。

亚洲也有同样的经历。张之洞曾在《劝学篇》中沉痛地叙述，若不变法，中国引以为傲的固有传统文化也会沦落，中国人民也会沦为奴隶，中国“圣教将如印度之婆罗门窜伏深山，抱残守缺；华民将如南洋之黑昆仑，毕生为奴，求免笞骂而不可得矣”。历史证明，民族命运决定个人命运，民族兴衰决定文化兴衰。真正热爱中国文化的有志之士，首先要关注中华民族的复兴，坚持把中国建成世界一流强国，在这个过程中，文化复兴才有牢固的经济基础和政治基础。

文化当然不是社会中的被动因素，它必然积极作用于经济和政治。但在当代中国，能积极作用于社会主义经济和政治的文化最主要的不是儒学或诸子之学，而应是与社会主义经济基础和政治制度相适应的社会主义先进文化。社会主义先进文化当然应该从中国传统文化中，包括从西方优秀文化中吸收积极的因素，任何非古排外的做法都是幼稚的。如果我们试图把中国传统文化不加区分地移植到社会主义经济基础的土壤上，肯定不可能结出好的果实。有生命力、有活力的不断发展的中华民族，只能通过吸收，才能从中国传统文化和域外文化中得益。囫囵吞枣，只能食古不化、食洋不化。

我一再向你们强调，文化是重要的，认真学习中国传统文化和西方优秀文化是重要的。我们应该有一批人真正坐下来清理一下中国传统文化的家当。我说的当务之急不是编著各种各样的类书，中国从不缺乏这样的类书，缺乏的是真正的研究。我们要从中国传统文化中提炼出精华来反哺中国学术界，甚至普通民众。我们也应该有一批高水平的翻译家，像当年严复一样能介绍西方的新思想、新成就，以营养我们自己文化的身躯。如果我们的文化建设是忙着建设所谓文化旅游景点，争夺死去几千年的名人故里，这是在钻钱眼，与文化建设无关。

对建设中国特色社会主义来说，完善社会主义市场经济体制是极其重要的。所谓完善，按我的理解不仅是经济领域，而且包括市场经济体制对整个社会的作用，应该充分发挥它的积极作用，防止和减少它的消极作用。因此，我们必须弄清楚完善市场经济和文化建设之间的关系。文化产业的建立可以有利于文化创新和传播，有利于促进文化发展；但文化不能完全市场化，文化建设的目的不是赚钱而是育人、化人。在发展文化产业的同时，要注意文化事业的发展，注意公共文化的建设。

6. 谈思潮

在研究思想史时，你们应该区分个人思想与社会思潮。一个人的思想是可变的。毛泽东也说过，他小时候信佛，后来信孔子，再后来信仰马克思主义。当然也有相反的情况。一代代中国共产党员中，朝相反的方向逆转、叛变革命的人也有，如汉奸周佛海之类的人。至于像苏曼殊、李叔同，由文学家、艺术家变为居士，甚至出家人，在中国历史上也不少见。个人信仰是可变的。尤其在大变革的动荡时期，更是如此。可一个社会出现的思潮则是相对稳定的。梁启超在《近代学术概论》中说过，“凡思非皆能成潮，能成潮者，则其思必有相当之价值而又适合于其时代之要求者”。个人的思想变化是在思潮中发生的变化，是思想大潮中的浪花。只要存在相应的社会基础和需要，某种思潮就会出现和存在。

研究个人思想的转变，应该研究传主的人生经历和生命历程，而研究社会思潮则应该研究社会存在，从社会存在中寻找某种社会思潮出现与流行的答案。当然这二者有联系。一个人的思想变化，只能由一种思潮转向社会上已经存在和出现的另一种思潮。因此，个人思想的转变往往是对既成思潮的选择，表现为个人信仰的转变。正如列宁在《打着别人的旗帜》中说的，“个人和某些团体可以从一方转到另一方，这不但是可能的，而且在每次发生大的社会‘动荡’的时候甚至是不可避免的；某一流派的性质并不会因此而有丝毫的改变；一定的流派之间在思想上的联系也不会改变，它们的阶级作用不会改变”。这种对个人思想与社会思潮相互关系的研究方法，是历史唯物主义的研究方法。

个人思想与社会思潮存在的基础，归根结底存在于客观的社会关系之中。有什么样的社会存在就会出现与其相应的社会思潮，而任何个人思想的变化是个人在各种社会思潮之间的选择。这种选择的客观原因存在于个人所处的社会关系之中，而选择的主观原因则在于个人独特的生活经历和政治倾向。

在我们社会中，最值得注意的是社会思潮。有哪些思潮，什么思潮处于主流地位？这是把握社会思想动向和意识形态领域斗争中的重要方面。在我们社会，可以说各种颜色的思潮，红的、黑的、灰的都会有。我们对西方的新自由主义、民主社会主义、历史虚无主义以及某些“左”的思潮的影响状况，应该了然于胸。对于一些号称大 V 的所谓公知的影响应该重视。意识形态领域最复杂，是政策最强的领域。一些错误思潮往往以学术自由、言论自由的面貌出现，尤其是打擦边球的东西，很难把握。我经常想，我们这些号称马克思主义的理论工作者要在意识形态领域中起到正确的导向作用，必须自己坚持马克思主义，在理论上立场坚定，能够识别具有倾向性的思潮，尤其是当它以学术面貌出现时，要具有敢于批判的理论斗争精神。

7. 谈儒教

你们问，儒学是宗教吗？如果把它立为儒教，变为人们的宗教信仰，不是能更好地发挥它的教化作用吗？我的回答是否定的。

把儒学宗教化，倡导成立孔教是近代的事。辛亥革命后，清朝的遗老、封建文人等相继组织了“孔道会”、“孔社”、“尊孔会”、“孔圣会”等尊孔复古团体。1912 年 10 月 7 日，陈焕章等以“昌明孔教，救济社会”为宗旨，在上海成立孔教会。后经袁世凯政府批准，在全国各地设立分会。次年 2 月，发行《孔教会杂志》作为机关刊物。9 月 27 日在山东曲阜召开第一次全国孔教大会。11 月推选康有为任总会会长，张勋任名誉会长，陈焕章为主任干事，总会迁至北京，后要求定孔教为国教。虽然经过张勋、段祺瑞、曹锟、吴佩孚等的倡导，但终难把儒家变为儒教、变为孔教，因为这与孔子创立的儒家学说的本质是相矛盾的。

历史上看，中国不同的朝代可以支持某种宗教或学说，例如，汉代重黄老、唐代重佛教，但总体上说，儒学在封建社会中一直处于主导地位。这并不是因为它是宗教，发挥宗教作用，而是因为它的学说。中国历史上并不存在把儒学变为宗教的思潮。孔子的头衔虽然很吓人，但都是皇帝赠送的谥号，或谥为公、或为侯、或为王（即文宣王）。他的至高无上的地位是大成至圣先师，是传道授业解惑教师的祖师爷，而不是菩萨或救世主之类。孔子也从不自称为天才，非天纵之圣，是学而知之，非生而知之。如果儒家学说变为儒教，就会丧失它作为中国传统文化核心的崇高地位，而变为一种宗教教派。人们崇拜孔子，把他作为神而不是作为圣人，把

《论语》作为“圣经”而不是作为文化经典，把祭孔变为祭神，孔子从人间升入天上，儒学从思想变为永恒不变的教义，这不是提升儒学，不是尊敬孔子，而是将孔子变为三支香、两根蜡烛就可以打发的偶像。

中国习惯称呼的儒、释、道，并非在宗教意义上并称。儒、释、道并非三种宗教的合一。儒释道合一是从思想史角度说的。儒学是儒家学说，道不是道教，不是张天师而是道家老庄的思想。他们是思想家，不是教主。释，指的是佛学思想而非佛教。新道学、新儒学都是吸收其他学说而形成的。新，就是新在吸收。儒的新，新在吸收道教和佛学思想。著名的苏轼和佛印交往深厚，苏轼喜欢谈佛论道。晋代的新道学，虽然尊老庄，但同样吸收儒学中的思想。西方有宗教派别之间的矛盾和斗争，甚至流血斗争。不仅基督教与伊斯兰教之间，即使在原先同为基督教的天主教、东正教和新教之间，同样会进行斗争。中国的和尚与道士可以合作道场，但绝没有头戴方巾的儒生参与佛道合作道场的怪事，也绝无请儒生与和尚、道士同堂做法事的事。因为在世人眼里，儒家根本不是一种宗教，也不具有宗教的法力。

从思想史的角度，在中国儒释道能会通、能和平相处，在于它们的文化特质，而非宗教性。儒、释、道并非三种宗教，不存在教派之争，不存在思想学说上绝对的对立，反而存在互补。儒家积极入世、佛教出世、道家顺世或避世。作为处理人生问题的不同态度，各有其用。儒家主张仕，读书做官；佛教主张修；道家主张隐。隐是当隐士，隐居山林田园；受道家影响的儒士在为官不得意时，则会隐于市，即大隐隐于市。顺利时，入世做官；不顺利时，可以避世；如果倦于政治，可以信佛学。“英雄到老都信佛，将军解甲不言兵。”北洋军阀下台后在天津当寓公，靳云鹏、张宗昌等都到天津著名的居士林拜佛。放下屠刀立地成佛。著名军阀孙传芳就是在居士林被一名妇女因报父仇而刺杀于佛堂。严格说，他们信的不是佛学学说，而是佛教。

在中国，儒家从来没有变为宗教。在长期封建社会中，它发挥政治、伦理作用，为皇帝治国提供治国方案。宋代宰相赵普说的所谓“半部《论语》治天下”，讲的就是这种作用；自隋唐科举制建立以后，它逐渐成为天下读书人取得功名的敲门砖。对于社会成员而言，它起着规范人的行为的作用。儒家学说的重大作用是教化，而不是神化。虽然儒家学说关于天、关于天命的观点也有超越世俗的神圣性，但只是其中的极小部分，极大部分都是世俗性的教化。儒家学说不主张鬼神崇拜。子不语怪力乱神。儒家主张祭祖，这是追远，是怀念先人，是孝道，而不是相信死后仍然有灵魂；儒家重视祭祀，但祭神如神在，只是一种礼仪。孔子像没有摆进神殿，孔庙是读书人祭孔的地方，而不是烧香叩头求财求福的地方，不具有“有求必应”的功效。

我以为，儒学变为儒教或孔教，会带来一系列问题：中国历代主张以儒治国，政权成为政教合一的政权，而非世俗政权，皇帝同时是教主；中国儒学在世界的传播，不是文化交流而是传教；世界上到处建立的孔子学院不是学院而是教堂；中国的读书人是儒教徒，他们与伊斯兰教徒、与基督教信徒相处，多增加了一层关系即不同宗教的关系；祭孔不是尊重中国传统文化，不是凝集世界华人的文化向心力，而是朝圣。这样，把一个很容易说清楚的事，越弄越乱。

8. 谈道德评价

你们学习，不仅要学知识，还要学做人。学做人最重要的是学做人的道德。不要以为博士就不需要道德教育，这是错误的想法。文化层次越高，道德要求应该越高。但是，道德作为个人立身之本和用道德来评价社会，是不同的。历史唯物主义者应该懂得这两者的区别。列宁在《什么是人民之友》中批判米哈洛夫斯基时，对这个问题讲得很清楚。

马克思主义不同于空想社会主义，他并不以社会主义理想制度适合人类天性、适合道德生活概念为满足。马克思并不限于从道德上评论现代制度，除了评价和斥责这个制度，他还对这个制度做了科学解释，把这个在欧洲各国和非欧洲国家表现得不同的现代制度归结为一个共同基础即资本主义社会形态，并对这个社会形态的活动规律做了客观分析。这说明在马克思主义历史观中，道德和价值评价必须从属于科学评价。真正合理的道德价值评价，对一个制度的道德指摘必须以科学评价为依据。否则，以旧的价值和道德标准作为评价标准，必然是保守的、倒退的社会历史观，永远是一种今不如昔的历史评价。

一个人的行为有道德底线问题，对于一个社会成员的道德要求也有个底线问题，但评论一个社会制度不存在道德底线问题。因为社会形态的演变、社会制度的更替、王朝的盛衰兴亡，是社会矛盾激化的结果，而非它突破人类的道德底线。崇祯皇帝吊死于煤山，并非因为道德不好；相反，他被公认是最有道德的皇帝，而刘邦、朱元璋史称无赖，没有人说他们道德高尚。

这当然不是说，道德与社会无关。道德不是评价社会发展和历史人物的尺度，但社会更替时，旧社会旧政权行将灭亡的时期，必然同时伴有旧社会道德风气的腐败。这是旧社会的尸体被装进棺材时发出的腐臭。这是一种暂时的现象。因为社会更替时期，两种道德状况可以并存。既存在旧社会的行将灭亡而带来的社会道德堕落，特别是统治集团和阶级的腐败，也存在新阶级的出现产生的新的道德风尚。随着新社会的建立，新道德会逐渐处于主导地位。因此，社会道德在历史上总的说来是进步的，而不是人心不古，一代不如一代。

只要看看中国 1949 年前后的社会情况就知道。日本投降、抗日战争结束后，国民党开始忙于接受，接受大员变为劫受员，他们利用各种名目进行搜刮，当时流行的五子登科，即房子、票子、车子、女子、儿子，就是国民党接受大员们的丑照。从国民党开始内战到行将退出大陆的这段时期，社会动荡，整个社会道德急剧下降，黄赌毒成为社会公害。可是当全国胜利后，中国共产党采取果断措施，改造妓女，禁止赌博，新的社会风气取代了旧社会堕落腐败的道德风尚。社会更替带来道德风尚的转变，而不是道德的转变带来社会的转变。社会是道德的基础和温床。改造社会环境是道德净化的根本。

毋庸讳言，我们当前道德状况不能令人满意，这与社会的急剧变化相关。我们正处于社会转型期。不是社会形态的转型，也不是社会性质的转型。我们仍然是社会主义国家。所谓转型指的是由原来单一公有制转为以公有制为主体多种所有制同时存在、由原来的计划经济转为市场经济。这属于体制的转型，属于社会主义社会的自我完善进程。多种所有制和市场经济必然会反映在道德上。既出现了在市场经济条件下积极进取的精神和以中国特色社会主义为共同理想的道德风尚，也出现了因市场经济环境变化而诱发的拜金主义和理想、信仰的缺失，即道德滑坡现象。这两种现象同时存在。我们应该进行社会综合治理，完善和规范市场经济，践行社会主义核心价值的教育，通过社会中的好人好事和道德模范人物强化正面引导。在道德问题上，传媒尤其是互联网起着重要作用。一个夸大的甚至无中生有的报道会迅速传遍全国，影响极大。要重视社会舆论的导向和它在净化道德环境中的重要作用。

9. 谈话语权

马克思主义哲学革命不是单纯提出新的话语。马克思主义哲学革命根本上是思想革命，马克思主义的特有范畴是对新思想的概念表述。离开特定内容，所谓话语只是一个词。

马克思主义哲学中有两类概念和范畴。一种是沿用历史上哲学家曾经使用过的范畴和概念，包括量、质、度、矛盾、物质、意识、生产力、价值、劳动、劳动力、市民社会、异化等。马克思和恩格斯著作中大量概念、范畴是历史的遗产。另外有一些是马克思和恩格斯著作中特有的范畴，如经济基础、上层建筑、生产关系、生产力、社会形态、社会经济形态、剥削等。但无论是原有概念的借用还是新概念的创造，都与马克思主义哲学的变革相关，都注入了新的内容。因此，话语权的问题本质上是思想领导权的问题，而不是单纯创造一个新词汇。

自由、民主、人权、国际社会，诸如此类的词语成为西方世界的话语权。这些词语，我们同样使用，我们不能拒绝使用自由、民主、人权、国际社会。可含义不完全相同。因此，作为西方话语权的自由、民主、人权、国际社会，包含西方赋予的特定含义。例如，"国际社会"一词，往往就是指以它们为主导的国际秩序和国际规则。只有西方的民主才是民主，而社会主义的民主则被认为是"专制"；只有西方的人权是人权，社会主义的人权被认为是虚假的。总之，不符合西方标准，它们就不承认。它们只承认西方的自由、民主、人权才是真正的自由、民主、人权。正如"国际社会"这个用语，只有符合西方国家的秩序和规则才称之为国际社会，而其他大多数国家的不同意见则可以被排除在国际社会之外。这就是话语霸权。

话语权的确立，既要依靠一个国家的软实力，更要依靠一个国家的硬实力。因为话语权表现的是一个国家在世界中的地位。没有国际影响力或者贫困落后，在国际舞台上必然处于失语状态。话语权不一定是话语霸权。中国奉行和平外交，奉行大小国家一律平等的政策，奉行建设和谐世界和与邻为善的政策，从不把自己的意见强加于人。我们应该重视本国在世界舞台上的话语权，但我们反对话语霸权。在构建中国特色社会主义话语中，我们哲学工作者应该尽到自己的责任并发挥专长，因为构建概念和话语是哲学思维的任务。如果中国的马克思主义哲学家只知道使用西方原有的概念，而不能创造反映中华民族特色和中国气魄的新的话语，我们就无法在世界哲学论坛上发声。

谈到话语权问题，我们不能忘记国内。网络时代，往往会出现网络上的话语权问题。这就是有些大 V 利用自己的网络地位，发布虚假信息，制造谣言，散布错误理论，从而起到影响社会和网民的作用。这是我们理论工作者应该注意的。因为它不仅显示了新科技问题，也往往显示了意识形态领域中的某种动向。

10. 谈名门政治与传统观念

你们不要光听西方宣传它们如何民主，没有世袭，一切通过普选，中国共产党如何不民主，一党专政。你们应该学会用自己的眼睛观察事实。

中国共产党的最高领导，哪一代领导是父子相继？中国共产党当政后，六十多年换了多少届领导，哪一届是父死子继的，是不经党内选举的？你们看看我们近邻日本号称民主国家，具有西方民主价值观，可他们的首相、阁僚中出自政治世家的有多少？你们数数。就拿美国来说，父子总统也不乏先例。如果此事发生在中国，你们会说是专制，可在资本主义国家，这叫民主。为什么？你们会说，他们是通过普选的，是选举产生的。普选是民主的唯一标志吗？那为什么中东那些经过选举产生的领导，一个个被轰下台，被杀被囚呢？据说是因为不符合西方民主标准。可见，西方民主的标准是双重的。我们普选上台是民主，你们即使普选上台也不算民主。我说你民主，就是民主，即使三代相继仍然是民主。我说你不民主，即使你是选举上台的仍然是专制独裁。这就是西方的逻辑。

你们是学习马克思主义哲学的博士，应该学会用历史唯物主义的方法分析问题。在西方所谓民主选举中，有两个重要因素必须充分考虑，这就是政治名门的政治优势与经济优势和群众中的传统观念。政治世家代表的不只是一个家庭的力量，而是一种政治力量。它不是一家，而是同一集团的政治代表，所以在选举中占有政治优势；他们往往是拥有大量财产的富人，而且与大的财团有着广泛的联系。另一方面是传统观念。政治名门不仅代表一种政治势力，同样代表一种政治观念或政治理想。当这个政治观念经过长期宣传为群众所接受时，就会成为一种在普选中发挥作用的观念传统。马克思写的《路易·波拿巴的雾月十八日》，说法国人因怀念老拿破仑而拥戴他的侄儿。同样，在日本，当日本国内右倾化情绪高涨时，岸信介代表的政治理念，同样会成为一种在选举中起作用的传统观念，从而有利于他的家族当选。二战后日本一些战犯的后人当选议员或入阁，就是一种名门政治。从浅层次看是民意受到影响，从深层次看是政治传统和观念传统在起作用。

你们要深入学习历史唯物主义关于人的学说。千万不要以为参与市场经济活动的人是“经济人”，都是赤裸裸的经济动物，对自己追求的利益没有任何盲点；也不要认为参与普选的都是理性的选举人，每人投下的一票都是理性的个人意志的表现，而没有接受传统观念的影响，没有被不断轰炸式的舆论鼓动，甚至金钱收买。其实普选不仅是选举者的选举，而且还是包括报纸、电台等各种传媒以及各种政治势力，甚至包括黑社会势力参与的大博弈。把西方普选制理想主义化，排除政治世家和传统观念的作用，是一种政治幼稚病。

11．谈向西方学习

你们都读过庄子吧。其中在《庄子·秋水》篇里有个寓言故事，说的就是那个“学行于邯郸，未得国能，又失其故行”，结果是爬着回来的“寿陵余子”。我们千万不要成为“失其故行”的“寿陵余子”。

我们当然不能拒绝向西方学习，但不能“失其故行”。你们问，我们为什么不能采用西方的多党制度和三权分立制度？我们不是清王朝的顽固守旧派，我们的改革开放就包括吸收西方先进的文化和科学以及其他积极成果，但我们不能采用西方的基本政治制度。因为基本政治制度不是具体体制，而是由社会形态决定的包括国体和政体在内的上层建筑的核心部分。西方的多党制、总统制或议会制，并不能改变西方社会制度的资本主义本质。

你们说，西方实行多党制，这就是民主。我要说，是，又不是。从总统通过普选、政党轮替来说，是两党或多党制；可从代表处于社会统治地位的阶级来说，它同样是一党制。美国的民主党和共和党代表的是同一阶级中的不同财团，而不是利益对立的阶级。当权的始终是同一阶级的不同集团，军火集团、石油集团、金融集团、通信传媒集团等，它们本质上是一个阶级。因此，轮替的是政党，而不是阶级。你们只要看看日本就知道，民主党通过购岛把我们的钓鱼岛国有化，自民党上台继续变本加厉推行同样的政策。它们是执行不同政策的两个党吗？不是，是一个党，即代表日本右翼势力的政党。只是从可以通过选举轮流执政来看，是两个党，但绝不是两个阶级利益迥然对立的政党。在西方，任何所谓民主国家绝不会容许代表工人阶级的政党与代表资产阶级的政党通过普选轮流上台执政，实行各自的政策。自从资本主义诞生至今，在任何一个号称民主的资本主义国家从来没有发生也不可能发生这种“民主选举”。

西方所谓两党或多党轮流上台，本质上是换马，是不断给失望的国民以希望，不断地许卜新的诺言、新的保证，从而继续维持它的阶级统治。然而，无论轮换多少次都不会改变资本主义国家的本质。没有一个西方国家会把无产阶级政党的领导人选为总统。马克思在讲到西方的普选制时说得很明白，无非是三年或四年一次轮流把统治者中的一员抬进政府。至今为止，历史上或现实上都没有通过两党或多党制轮换执政而改变西方国家资本主义本质的事。

相反，如果社会主义国家实行多党制或两党制，倒可以改变社会主义国家的性质。这件事在我们近邻已经发生过。为什么？因为在社会主义国家处于统治或领导地位的阶级是无产阶级和广大人民。中国共产党是代表全国各族人民利益的党，如果成立与中国共产党相对立的反对党，那它们代表谁的利益？如果代表与人民利益一致的某一阶层的利益，那就是参政党，可以参政、议政，这就是我们现在实行的中国共产党领导下的多党合作制。在社会主义中国，当然不允许成立反对中国共产党领导的反对党，更不会允许通过所谓普选轮流坐庄，让它们上台执政，这关系到中国国家的性质和道路，关系到全国人民的根本利益。要中国共产党将经过长期武装斗争牺牲无数烈士取得的政权、将经过六十多年社会主义建设和改革建设的社会主义国家，拱手交到一个反对中国共产党、反对社会主义的反对党手里，这是为什么？难道为了洗刷所谓“一党专政”的恶名，荣获“开明国家”的形象而置十多亿人民的利益于不顾吗？除了无产阶级事业的叛徒，任何一个马克思主义政治家都不会干这种背负千载骂名、永远钉在耻辱柱上的事。

西方有西方的传统，包括政治传统。西方资本主义建立已数百年，它的民主制度成为资本主义统治的最好形式，马克思和列宁都称之为资本主义统治最好的外壳，因为它有弹性。张三不行，李四上台，李四不行，王五再来，每次都有新诺言，带来新希望。希望、失望，再希望、再失望……在希望和失望的交替中，始终保持资本主义制度的稳定性。西方式的民主制度对西方资本主义国家可以是好的统治形式，但它不适用于中国。中国难道不需要民主、不需要选举、不需要吸取西方某些有效的治理形式吗？当然不是。我们需要的是人民民主、协商选举，它比黑金政治、买票卖票、电视台的政治秀更能代表民意。我们有自己的文化传统、有几千年治国理政的经验，其中有许多值得批判继承的东西。自秦统一后，中国实行的就是中央集权的制度。官吏选拔是选贤与能，官员须经地方历练才能逐步升为大员。这种制度与靠竞选演说、电台辩论的表演民主，哪样更符合中国的文化传统和实际呢？当然是中国自己的传统。我们应该学习西方好的东西，但更应该继承我们自己好的东西。

我对学生说，你们要懂得西方的国情、西方的社会制度，更要懂得中国的国情、中国的社会制度。以西方之药来治中国之病，以为两党轮流执政制就没有腐败，民主制就能发展强大，这是一种政治幼稚病。请看看当今世界实行这种制度的国家，没有腐败吗？没有层出不穷的政治贿选丑闻吗？在当今仿效西方民主制的国家中，有哪几个国家如中国一样一跃而成为世界第二大经济实体？为什么我们要放弃行之有效的社会主义基本制度而采用西方的政治制度？如果我们采用西方的政治制度，是否同样应该采用西方的经济制度？你们考虑过这个问题没有？政治制度变了，经济制度依旧，可能吗？一个马克思主义哲学家如果连经济基础与上层建筑的相互关系、阶级与政党的相互关系都不懂，实在太没有水平了。

你们眼中盯住的只是为数甚少的几个发达资本主义国家。你们知不知道，它们之所以发达并非因为资本主义比社会主义优越，而是它们在全世界还很落后的时期建立了新兴的资本主义制度。资本主义比社会主义的出现早了几百年。当时的世界，尤其是东方为新兴资本主义发展提供了前所未有的拓展和殖民空间。西方那些最早发展的资本主义国家的现代成就，是几个世纪以来倾世界之力打造而成的。而现在那些企图仿效西方民主制度获得同样成就的国家是资本主义“盛宴”中的迟到者，连敬陪末座的资格都没有。不信，你们看看中东、拉丁美洲的情况就知道。

第七章

认识的解剖

1. 谈认识论

我们学习历史唯物主义绝不能只限于历史唯物主义，而应该研究一般哲学问题，包括认识论问题，因为社会历史领域同样有认识论问题。历史认识论应该是马克思主义哲学认识论中的重要部分。不懂马克思主义哲学认识论，历史认识论就缺少哲学依据。我发现有些论者在社会历史领域摒弃辩证唯物主义认识论，结果陷入历史唯心主义。

不管哲学家主观认识如何，哲学对如何认识世界起着方法论的作用。唯心主义否认认识对象的客观性，把认识看成是主体对对象的投射；而唯物主义要求认识是关于客观对象的认识，把认识视为对对象的反映。正是在这种意义上我们把唯心主义和唯物主义的认识论，概括为从意识到物质和从物质到意识的两条不同路线。这当然不是关于物质和意识关系的全部内容，但它解决了一个极其重要的问题，这就是认识来源问题。

历史认识同样有来源问题。历史认识来源比自然科学认识的来源复杂、困难。它不可能通过观察、实验或其他方法直接作用于认识对象，而是间接地以历史资料传递的残存的信息为对象，间接地把握、理解和研究对象，所以历史认识论需要专门性研究。它必须以哲学认识论为导向，并考虑到社会历史认识的特点。

哲学认识论具有方法论意义，它能指导如何进行认识，但它不能取代认识。任何一门科学本质上都是在进行认识，没有认识，就没有科学研究。物理学提供对物质世界的物理规律的认识；化学提供对化学世界的变化规律的认识。社会领域也是如此。社会学起着认识社会的整体或局部的作用；经济学起着认识社会经济规律的作用。历史学起着认识历史的作用，认识各国的历史、各个时代的断代史。各门学科的认识不可能由哲学认识论提供。

我们对各国、各民族的具体历史的认识，是由历史学提供的。因此，历史唯物主义要进入对具体历史的认识，对每个时代、事件、人物的历史背景的认识，必须求助于历史学。马克思的《路易·波拿巴的雾月十八日》关于法国从二月革命开始到拿破仑第三政变的叙述属于历史研究，而对其规律性的把握则依靠哲学方法论。因此，马克思的天才著作《路易·波拿巴的雾月十八日》可以被视为哲学与历史学的结合。

离开各门科学的认识史，就难以形成科学的认识论。列宁在《哲学笔记》中特别强调，逻辑和认识论应当从全部自然生活和精神生活的发展中引申出来，认识论是各门科学经验的总结。如果不研究自然科学认识史、社会科学认识史、儿童智力发展史、语言史甚至脑科学史等，认识论的研究往往成为没有认识的认识论研究，只能是纯思辨的。我至今仍感到我们哲学研究最大的缺点是跛腿，缺乏科学知识的支撑。尤其是认识论方面的研究，任何一点进展都不可能在纯思辨领域中达到。交叉研究、多学科研究，对哲学越来越重要。习惯于思辨的我们，愿意在书房中踱步，凭着思维的力量天马行空，也不愿跨过纯哲学的界线。古代也许可行，然而在科学昌明的当代，这是一条没有出口的死胡同。研究一般哲学认识论，必须有具体科学史的知识；研究社会认识论，必须有各门社会学史的知识，尤其是历史知识。没有历史认识的社会认识论，只能流于空谈。

2. 谈解释世界

你们读博士，严格说来并没有进入实践领域，仍然是在认识领域，是在学习如何认识世界，以备毕业后投身实践。这个学习阶段很重要。

我想起马克思《关于费尔巴哈的提纲》中的第十一条。有些学者对这条有点误解，以为马克思不重视解释世界，只重视改变世界，这种看法是不对的。马克思的话是针对旧哲学说的。只解释世界而不重视改变世界是旧哲学的缺点，因为它无法承担无产阶级面临的任务。马克思创立新哲学的任务是为无产阶级改变自己的处境、改变资本主义社会服务的，所以才有这段话。这不是说，马克思不重视解释世界、不重视说明世界，只重视改变世界。实际上马克思和恩格斯一生都在从事科学研究。科学研究的首要任务就是要说清楚你所研究的问题和对象，这就是在做用科学的理论和方法解释世界的工作。马克思以毕生精力从事《资本论》写作，就是在解剖资本主义，说明资本主义社会，说明资本主义社会的内在矛盾及其必然被社会主义社会取代的原因。马克思主义哲学不同于旧哲学的关键之处，不在于它是否解释世界，而在于它的研究目的和研究成果，目的在于改变世界，即为实践服务，而不是在解释世界面前止步。马克思不是为哲学而哲学，而是为改变世界寻找新世界观的理论支点。

对于一种科学理论来说，要真正发挥它改变世界的作用的前提是，必须能正确解释世界、说明世界。不能解释世界、说明世界，所谓改变世界岂不是空谈？马克思恩格斯非常重视理论研究工作，列宁和毛泽东也是如此。在他们领导革命的过程中，研究理论、概括革命经验成为其革命工作

的不可分割的组成部分。只要翻翻《列宁文集》，翻翻《毛泽东文集》，就会懂得这个道理。领导如此大的变革、领导不断壮大的中国共产党，不懂得解释中国社会、不能说明中国社会，能胜利吗？

毛泽东在 1941 年的一次谈话中（后来收入《毛泽东调查文集》）说，“认识世界，不是一件容易的事”。的确，改变世界是个长期的艰巨的任务，可正确认识世界也是极不容易的。改变世界离不开正确地解释世界。如果我们这些理论工作者的理论研究成果，不能正确回答实践中提出的问题，从理论上给以正确的回答和解释，那要我们干什么呢？

我们要全面正确理解马克思《关于费尔巴哈的提纲》中的第十一条，理解马克思此话的针对性以及提出的语境和背景；否则，就会陷于经验主义。正因为这样，毛泽东在驳斥王明时说过，认识世界是为了改造世界，人类历史是人类自己造出来的。但不认识世界就不能改造世界。没有革命的理论，就没有革命的运动。还说，“一个马克思主义者如果不懂得从改造世界中去认识世界，又从认识世界中去改造世界，就不是一个好的马克思主义者”。他批评王明这些人，“老爷们既然完全不认识这个世界，又妄欲改造这个世界，结果不但碰破了自己的脑壳，并引导一群人也碰破了脑壳”。

你们读点思想史的著作，读点马克思主义哲学史的著作，你们会发现，在人类历史中，最重视实践的是马克思和恩格斯，同时从世界观上、从人类社会总体观上、从对资本主义社会的解剖上，提供正确认识的也当首推马克思和恩格斯。马克思和恩格斯以毕生之力为无产阶级服务。可他们并没有也不可能真正从事领导无产阶级改变世界的革命实践。他们在世时并没有发生无产阶级革命。马克思和恩格斯并没有参与巴黎公社革命。可以说，马克思和恩格斯最大的功绩在于留下了大量的著作，包括对那次具有改变社会性质的社会变革——巴黎公社的总结。

马克思主义哲学既重视认识世界又重视改造世界，这两者是统一的。旧哲学不重视改造世界是它的缺点，这个缺点不是我们可以不重视认识世界的理由。我们当代马克思主义理论研究的一大缺点，就是没有真正重视对当代世界包括当代中国的深度的理论性研究，因而我们缺乏对当代世界的真知灼见，也就是缺乏有理论说服力的解释当代世界的巨著。至于在对中国特色社会主义理论、道路和制度的研究方面，我们仍在许多方面需要深入研究。我们是理论工作者，我们不能脱离实践，但我们的责任是从事理论工作，以精湛而深刻的理论分析为实践服务。不从事理论研究，不从事认识和解释当代世界和当代中国的现象的研究，要理论家干什么？

3．谈现象

无论在认识领域或实际工作领域，无论是人际交往或日常生活，最具迷惑性的是现象。因为人们直接看到的就是现象，目之所及，耳之所闻，无不是现象。从对象本身来说，有本质与现象的区别，人们不可能通过五官直接看到蕴藏在事物内部的本质联系。何况在社会生活中还有虚假现象的制造者，伪君子、骗子、神医、各种各样的虚假广告、虚假信息，均属此类，不胜其假。

科学研究的功能就是通过现象深入本质，发现事物的规律性。毛泽东在《在中国共产党全国代表会议上的讲话》中谈到科学研究的必要性和重要性时说过，“人们必须通过对现象的分析和研究，才能了解到事物的本质，因此需要有科学。不然，用直觉一看就看出本质来，还要科学干什么？还要研究干什么？所以要研究，就是因为现象同本质之间有矛盾”。毛泽东还强调要区分现象和假象，他说：“假象跟一般现象有区别，因为它是假象。所以得出一条经验，就是尽可能不要被假象所迷惑。”通过现象可以认识本质，而迷惑于假象则会歪曲本质。但当假象被科学揭示为假象，则可以通过对假象的科学分析而深入本质。因为在形成假象的真实原因中就包括对本质的理解。如同铅笔放在水中看起来是弯曲的，只要知道它是假象并知道为什么放在水中看起来是弯曲的原因，就更可以理解在本质与现象的环节中，可以存在假象。假象一旦被确认为假象，便可以有助于认识本质。一个懂得铅笔或筷子放在水中看起来是弯曲的原因的人，显然比不懂甚至误认为它是弯曲的人，更懂得光的折射原理，更理解光的本质。

在社会生活中，我们应该具有知人善识的能力。贪官标榜清廉，信誓旦旦；骗婚者，比任何人都表现得对爱情无比忠诚。大奸似善，大恶似良，自古如此。不要听其言、信其行，而要听其言、观其行。行为，特别是较长时间的行为，最终会暴露一个人的真正本质。伪装是不可持久的。如果真有人一世伪装而不被认破，那也无法逃过历史最终的裁判。

现象问题不仅对哲学非常重要，而且对人的认识和实践都非常重要。因为在人的意识中呈现的只能是现象，而本质只能呈现在思维中。如果我们停留于现象，那就永远无法摆脱唯心主义，摆脱宗教。因为现象在意识中的呈现，往往会把对象移入主体，否定对象的客观本质。世界是作为现象在视觉中呈现的，世界一切事物都是变化的，可见的变化也是以现象呈现在人的感觉中的。世界空无，如过眼烟云，这是现象世界的特性。可是变中的不变，现象中的本质，永远只能通过现象才能把握。

认识自然、认识社会甚至观察人，不能脱离和无视现象，但永远不要只停留于现象，只能把现象看作进入本质的通道，这是我对你们的劝告。

4. 谈事实

我想你们不会是历史虚无主义者，但你们也可能会受这种思潮的影响。尤其是在当代历史领域，历史观最为混乱，可又最具影响力。你们一定要提高理论识别能力。

在现实社会中，当事实表现为现实时，人们便无法否认。马克思主义者在制定政策时非常重视事实。列宁多次说过事实的重要性。他说英国谚语说得好，“事实是顽强的东西，不管你愿意不愿意，你都得重视事实”。还说，“马克思主义是以事实，而不是以可能性为依据的。马克思主义者只能以确切的、有凭有据的事实作为自己的政策的前提”。他认为，马克思主义者可能犯的最大的最致命的错误，就是把空谈当作事实，把虚假的外表当作实质。

可当现实翻过一页，变为历史时，历史有无事实成为历史学争论不休的问题。为什么当现实变为历史，今天变为昨天，历史事实就成为不可信的东西呢？如果历史事实不可信，为什么目前现实是可信的呢？因为眼前事实人人可见，而历史事实剩下的是文献记载、文物或其他信息，失去了它的直接现实性。如果只坚持文字记载是记载者的主观价值的体现，文物是断片残简，都不可信，历史学就不可能成为一门具有可信度的学科，而只能是戏说。如果历史无事实，史学不可信，凡是成为历史的事都不可信，那么今天的事实也不可信，因为今天的事实就是明天的历史。依此类推，世界无一可信的事实。这样，我们不仅是历史虚无主义者，简直是世界虚无主义者。什么都不可信，唯一可信的是自我。可自我何以可信呢？

用什么来证明我是可信的呢？没有一个人能用“我”来证明“我就是我”，必须有你存在。彼得可以证明保罗是保罗，但不可能证明彼得自己是彼得。这样，否定他人存在的客观性，就同时排除了自身存在的客观性。这种哲学，除了混乱以外，不能教导人们任何有用的东西。

事实是不能否认的。自然界的事实不能被否认，否认自然界的事实，就没有自然科学；社会事实不能被否认，否认社会事实，所有的报纸、电台就都是胡说；历史事实不能被否认，否认历史事实，全部历史书就都是戏说。事实就其存在来说是不能被否认的，但伪造事实，颠倒黑白是会有的。因此，作为一个哲学工作者，我们提倡尊重事实，但不要轻信，应该有辨别真假的能力。这就进入了科学认识的领域。

5. 谈观察

你们在日常生活中很容易发现，人们对同一对象往往会得出不同的结论，这是每时每刻都发生的。为什么会如此呢？并不是人人都懂得。熟知非真知，一些人往往就是从认识的主体差别性这个极为平常的生活现象中走入唯心主义，因为他们看到了这个现象，但无法解释这个现象，因而只好听信各种各样花样精巧的唯心主义胡说。

我们面对的是无限的、多样的世界。人们对世界的关注力和观察力是各不相同的，从而在人的心中产生无数不同的世界，即多样化的主观世界。

从关注力来说，动物学家关注的是动物，植物学家关注的是植物，艺术家关注的是山水，而哲学家关注的是哲学：行到水穷处，坐看云起时。他关心的不是山水本身而是对它的哲学体悟。我们不能因为人们关注点不同而否认世界的多样性。如果对动物学家来说世界就是动物世界，对植物学家来说是植物世界，依此类推，必然是一人一世界。

从观察力来说，也是各不相同的。毛泽东说一起游香山，游的地方虽然一样，但是每个人写出来就不一样。这不仅有文章风格问题，而且各人观察的着力点也不一样，感受也不一样。几乎对同一事物、同一对象，由于观察力不同会形成不同的主观印象。

关注力和观察力属于认识的主体性，但世界只有一个。正如香山还只是一个——客观的香山，不会因为描写不同而出现无数个香山。世界在我心中，每人都有一个世界，这只能就反映而言，而不能就客观世界而言。

客体是一，而主体反映是多。这就是主客体的差别性。可是要正确反映客体，还是要以客体为准，不能以主体为准。不管关注点如何不同、观察力如何不同，不管人们对世界关注如何多样，不管游香山的人有多少，写出的游记有多么不同，他们的对象都是同一个世界、同一个香山。关注点、观察力和观察角度的不同涉及的是主体认识，它不能取代世界客观自身。

我这里只讲观察，观察可以多样。但观察还有正确与否的区分，正确的观察离不开正确的思维方法。陈云曾经强调学习哲学最要紧的是把思想方法搞对头，学习正确观察问题的思想方法。他强调我们观察、分析和解决问题的方法是唯物辩证法，也就是毛泽东说的实事求是、从实际出发。从实际出发不是一句简单的话，因为实际就其存在来说是全面的存在，如果只看到片面，不算从实际出发，虽然片面是全面的一部分，但不能把部分当作整体。如同两人看招牌，一个看到正面，一个看到反面，虽然都是招牌的内容，但不全面。如果各执一词，就是片面性。片面性不是毫无根据，而是根据不全面，所以叫作片面性。

还有一条很重要，全面性的本质在于规律性认识，并非面面俱到。按毛泽东的说法，聪明人和蠢人以是否掌握规律为分界线。掌握客观规律，就比较主动、比较自由，就变成比较聪明一些的人。如果不认识客观规律，在不认识它以前，我们的行动总是不自觉的、带着盲目性的，这时候我们是一些蠢人。毛泽东在对 1958 年“大跃进”时期干的许多蠢事做自我批评时，就坦言干过许多蠢事。在实际工作中，减少片面性，就可以减少蠢事。

一人一世界是错误的，但一人一心中有一世界则是正确的。要使自己心中的世界具有客观性，必须使主观世界符合客观世界，这有利于正确认识和改造世界。这是一个过程，而且是无止境的过程。问题是要承认这个哲学道理，而不能沉迷于有些哲学家鼓吹的“世界就在你心中”的观点。

6. 谈调查

你们现在仍在学习阶段，但要克服哲学空对空，一定要树立调查研究的观念，把它视为马克思主义哲学最重要的部分。说句实在话，唯物主义哲学最重视调查研究，可我们这些唯物主义哲学工作者最讨厌调查研究，喜欢在书斋里踱步，思接万里、天马行空。

当然，我们的学科有自己的特点，我们不可能像其他学科包括社会学那样进行社会调查，包括田野调查。哲学偏重于思考。但从广义上来说，哲学同样要注重调查。了解世情、国情、民情，了解世界大势，了解我们思想理论领域中面临的问题和各种思潮。这都属于广义的调查范围。如果我们哲学工作者既不研究哲学史，也不关注现实，闭目塞听，只是依靠啃概念为生，不可能成为有出息的哲学家。

有人说，康德一辈子待在哥尼斯堡，不是成为了大哲学家吗？康德待在哥尼斯堡，可他思考的哲学问题却是哲学历史和现实中长期存在的难题。形式上他脱离现实世界，实际上他的思考却与世界思想发展同步。黑格尔也是如此。黑格尔哲学是概念哲学，又是最具现实性的哲学。人们透过黑格尔哲学不仅能看到当时的德国，而且能看到黑格尔的时代。所以，恩格斯才会说，德国古典唯心主义哲学中充满唯物主义的内容。

与实际工作不同，与具有实证性的学科不同，哲学调查有它特殊的表现形式。但我相信，既不懂哲学史，也不关注现实状况，只关心自己如何摆弄概念的人，不要说成不了哲学家，其所写的文章也没有人爱看，除了自我欣赏外，知音不会很多。这并不因为曲高和寡，实际是曲并不真高，而是乱弹。哲学的专业特殊性，使得我们容易变为书斋哲学家，这对于马克思主义哲学来说是致命的软肋。我读过一些哲学文章，往往“望文兴叹”，原因就在此。

搞哲学，似乎从没有听说要搞调查研究。这是因为我们把调查研究理解得太狭隘。选定一个研究课题，必须调查历史，即以往研究的状况；必须调查现状，即当代人有哪些研究成果；必须调查实际问题，即这个研究要解决什么问题，难点是什么，怎样才能进行创造性突破。这些都属于调查研究之列。如果一个学者对自己研究的课题的历史、现状、问题一无所知，指望他能写出好东西，难矣哉！我多年参加全国社会科学基金课题工作，深知凡是入选的课题，这些方面做得都比较好。

7. 谈眼睛向下

上与下不是对立的。但眼睛“向上”与“向下”是对立的，因为它们是两种不同的工作方法。正如不要“唯书”而要“唯实”一样，“书”即马克思主义的本本，与“实”不是对立的，但“唯书”与“唯实”作为两种工作方法是对立的。

眼睛向下，是深入群众的另一种说法。相对于领导、相对于干部，群众属于“下”。这个“下”，不是地位的定性，而是对领导和群众关系的形象比喻。如果眼睛向上，那就是“唯上”，是非对错以领导的标准为标准。

眼睛向下，就是立足实际。因为群众是社会的物质生产者，是全部社会生活的参与者和国家全部政策措施的最终接受者。任何政策的实施最终总是要落实到群众头上。正确也好，不正确也好，它的效果如何，满意不满意，群众感受最深、最真实，因为他们是社会的基本成员，是政府各种措施实施对象的永远的在场者和接受者。他们虽然不一定能从理论高度理解他们面对的问题，但他们最切实感受到问题所在。从这个角度说，眼睛越向上，对实际情况越隔膜，越容易产生官僚主义；越往下走，则越容易了解民情、民意。唯物主义要求眼睛向下，因为“下”就是真实的实际情况所在。

基层干部的重要性在于他们具有双重性：对上级领导他们是下；而对他们“治下”的老百姓，他们又是上。为人民办好事的是他们，因为他们最接近群众；可办坏事称王称霸的也可能是他们，因为他们直接管理群众，是群众的“顶头上司”。古代政治家都懂得严格选择基层官员的重要性。古人说“不怕官只怕管”，因为真正与百姓打交道的是基层干部，而不是高级干部。高级干部并不可怕，因为他们会走。这就是领导干部必须下基层，必须直接深入群众而不能只听汇报的道理所在。

为什么毛泽东要强调调查研究？调查研究就是眼睛向下。毛泽东说调查研究好比十月怀胎，解决问题如同一朝分娩。还说，没有调查就没有发言权。毛泽东重视调查研究就是重视唯物主义。要了解对象的情况，必须了解对象的历史和现状。调查包括了解对象的历史和现实，了解历史就是了解问题如何产生发展，了解现实就是了解它现在变成什么样子。因此，调查既包括历史，也包括现状。这是唯物主义原则，也是群众路线的原则。调查是掌握第一手资料，研究是从资料中找到解决问题的正确方法。因此，调查和研究既可洗刷唯心主义，又可防止官僚主义。这种基于唯物主义的方法当然不同于唯心主义的思维方法和工作方法。一个是走出去，到实践中去，到群众中去的方法；一个是闭门造车，拍脑袋的方法。结果肯定完全不同。当然，调查既是唯物主义的又是辩证法的，因为事情处于变化中。调查与研究不可分，光调查不研究，一大堆死材料也是没有多大用的。这是另话，这次不说。

实际工作，要眼睛向下；我们搞哲学，也要眼睛向下。说句实话，搞哲学眼睛向下最不容易，因为有些哲学家一直宣称哲学本来就不是为群众的，哲学是哲学家的事，与群众无关。哲学凌驾于群众之上是旧哲学的最大缺点。如果你们抱着这种思想，可以写几篇文章，但不可能成为思想家，更不可能在马克思主义哲学中有新突破。你们不要把毛泽东说的让哲学从哲学家的书本里、从课堂上解放出来看成一种政治号召，实际上这是一条发展马克思主义哲学的道路。

8. 谈直面世界

你们考虑一下，你们能不能抛开自己已有的思维框架，直面世界、直面人生，凭自己的原本意识去看、去听、去感受、去体会，从而获得事物的所谓本真的认识？不可能。

我们必须反对“天赋观念”。人没有天赋观念是就人的观念来源说的，没有一个人是带着观念出生的。出生时，人的大脑就是一张白纸。人的大脑可以进化，但无论怎么进化，不可能具有先天的观念。

可就个体的认识来说，人的大脑不是一张白纸。人是社会存在物。无论是在学校受教育者，还是从未进过学校的文盲，都是处在受社会影响之中。可以从父母、从学校、从周围的人、从社会接受一些观念，作为思想积淀存储于自己的头脑中。接触越广泛，影响越大。在社会中，传统影响、习惯性思维、社会思潮都在塑造人。我们说现在小孩子越来越聪明，智力越来越发展，并不是因为他们有天赋观念，而是因为他们出生后接触的周围环境不同。可以说，从有识别力开始，他们所接触的东西就不同，“见多”必然“识广”。

没有一个具体的个人，可以赤裸裸地、一无所有地通过纯属自己的原始意识直面世界。如果这样，传统、教育、社会习俗以及人类相互交往，对人类的认识就没有任何影响。这种假定是不合理的，是把人视为绝对孤立的独立单元，把人视为一张白纸。

人有前识，是否与马克思主义认识论相矛盾呢？不矛盾。前识并非天赋观念，而是来自社会，源自人是社会成员。人只有在人中才会成人。人有前识，但前识并非不可改变。人的认识如流水，在人生经历这个河道中会改道。这就是通过自身的实践活动和认识活动，丰富、补充或纠正前识。没有一个成熟的人会把儿童时期形成的认识一成不变地保留终生。如果这样，一个人的智力停留在儿时，这是痴呆。

应该承认人有前识与后识。前识来自社会的传承和影响，后识来自个体自身的实践。弗洛伊德在心理治疗时过分重视前识，把成年后的一切心理疾病都追溯到幼儿时的创伤的观点，遭到不同心理学家的反对。根据我自己的观察和分析，儿时的心理创伤肯定会对人的一生有影响，但不会人人如此、永远如此。创伤可以平复，认识可以改变。不承认这一点会把人变为只有前识而无后识的人。

9. 谈解剖

哲学家面对的事实是有限的，接触的范围是有限的。我们不可能事事经历，也用不着事事经历。因此，解剖不仅是实际工作方法，也应该是我们科学研究的方法。

任何解剖都只能是个别的，没有可能也无必要对同一类事物进行解剖。如果这样，就失去了解剖的方法论价值。通过解剖某一事物，就可以把握同类事物，我们称之为抓典型。毛泽东曾以解剖麻雀为喻，极为恰当。

我们不可能面对一切情况，可又必须了解情况，为此必须在大量事件中抓住典型事件。典型具有代表性。马克思在讲到自己写作《资本论》时说，他在研究资本主义时为什么选择英国，就是因为当时资本主义国家的典型是英国。他说："因此，我在理论阐述上主要用英国作为例证。"列宁也推崇抓典型的思维和工作方法。他在《俄国社会民主党的土地纲领》中说过，"在解决某个错综复杂的社会经济问题时，起码的一条，就是要求首先抓住最典型、最不受局外的和复杂的环境影响的情况"。还在《关于合作社的决定草案和指示》中说，"调查的目的是：详细研究虽然为数不多但很典型和确切的事实"。毛泽东倡导的解剖麻雀的方法，也是抓典型、解剖典型的方法。一般寓于个别之中，对典型个别的分析有助于我们真正把握一般。当然不能停留于典型，抓住典型后还要回到一般，通过应用看看它是否真正把握事情的本质。这就是由个别到一般，由一般回到个别的方法。

典型不是唯一的，它是众多普遍存在中最具代表性的。只此一家、别无分店式的典型肯定是虚假的。因此，要区别唯一性和典型性。凡是“唯一的”东西肯定不具有典型性，而且可能不是事实。例外与唯一不同。例外是众多中的例外，而唯一是没有其他东西的唯一。例外是特点，而唯一是非存在。世界没有唯一，但可以有例外。

我们重视事实，重视从总体中把握的事实，即处在联系中的事实，而不是孤立的事实。脱离总体的个别事实并不能反映事情的本质，因为凡事都可能有例外。列宁特别强调事实的总和，他在《统计学和社会学》中说：“在社会现象领域，没有哪种方法比胡乱抽出一些个别事实和玩弄实例更普遍、更站不住脚的了。挑选任何例子是毫不费劲的，但这没有任何意义，或者有纯粹消极的意义，因为问题完全在于，每一个别情况都有其具体的历史环境。如果从事实的整体上、从它们的联系中去掌握事实，那么，事实不仅是‘顽强的东西’，而且是绝对确凿的证据。如果不是从整体上、不是从联系中去掌握事实，如果事实是零碎的和随意挑出来的，那么它们就只能是一种儿戏，或者连儿戏也不如。”

在理论论述中，少不了举例，但要注意举例不是证明，也不能证明，只不过是例证而已。只有经过分析后佐以例证才有价值，单纯摆出的一些毫无联系的事例，在科学研究上是没有说服力的。我在你们的论文中经常看到以举例代替论证。可是事例是列举不完的。怎么办？研究需要搜集大量材料，包括重要的和不重要的、典型的和非典型的，而论证时使用材料，则应该列举典型的材料，而不是列举一系列毫无关联不能说明问题的事例。没有综合，说明没有抽象思维能力。综合需要抽象思维和概括出共性，而不是列举。

10. 谈概念

你们往往误解什么叫论文的高水平，会为一些作者善于摆弄概念，或摆个概念的迷魂阵而吓倒。概念加概念的论文往往比分析实际的文章容易发表，因为它显得深不可测。

搞哲学，当然要与概念打交道。搞艺术，需要形象；搞哲学，需要抽象。抽象，就是要在概念王国中驰骋。驾驭概念的能力，往往就是哲学思维能力的体现。但搞哲学不是玩弄概念。是运用概念还是玩弄概念的最根本的区别，在于概念的运用是否包含客观内容。黑格尔的著作几乎是概念的自我运动，但马克思和恩格斯从来没有指责过黑格尔玩弄概念，相反，赞扬他在概念运动中反映客观辩证进程。马克思还以自己能在《资本论》中运用黑格尔的这种运用概念的逻辑方法而自豪。

还有一点，在于如何处理概念的确定性与灵活性的关系。概念具有确定性，又具有灵活性。没有确定性，就会陷于概念的玩弄；没有灵活性，就会陷于僵化。例如，革命这个概念是指一个阶级推翻另一个阶级夺取政权的群众性斗争。在这种意义上，革命不是改革，而是夺取政权。与革命相对立的是改良，它是保存原有制度下的量变。但在另一种条件下，革命可以指称改革。例如，中国的改革虽然是在维护社会主义基本制度下的改革，但就其艰巨性、深刻性和广泛性来说，可以被称为革命。关于革命与改革的关系，列宁在《关于纪念日》中说：“改革的概念，无疑是同革命的概念相对立的；忘记这种对立，忘记划分两种概念的界线，就会经常导致在一切历史问题的论述上犯最严重错误。但是，这种对立不是绝对的，这个界线不是死的，而是活的、可变动的，要善于在每一个具体场合确定这个界线。”正是在这个意义上，我们把 1978 年开始的改革称为革命。这是自上而下的革命，是在中国共产党领导下的自我革命，而不是被革命。它不是推翻政权，但仍然可以被称为革命。只有懂得概念的确定性和灵活性，才不致混淆我们的改革与推翻政权的革命的区别，又能理解我们面临的改革任务的艰巨性和复杂性，理解它在体制改革中的革命意义。

11. 谈理性

你们是有理性的，但是你们也会有非理性行为。人是一种具有理性的存在物，但人不仅有理性，即具有运用概念进行判断推理的逻辑思维能力，而且有非理性因素，即不通过概念思维直接表现为情欲的冲动、直觉、灵感、顿悟等。当然人并非理性与非理性的混合物，人就其本质和主导方面来说仍然是理性存在物。人的非理性是受而且能够受理性制约的。如果非理性因素摆脱理性的支配，人完全由非理性主导，人就会堕落为动物，所谓兽性大发，就是非理性因素压倒理性因素。你们中会有人在朋友集会酒醉时胡言乱语，甚至胡作非为，这时理性已失去作用。至于因失恋冲动而杀人或自轻的事也时有所闻，这也是非理性行为，如果冷静下来，恢复理性思考，就可以避免这种灾难。理性与非理性是构成人的思想情感的两种因素。理性是在人类进化中产生的。人人生而有理性。人类理性思维的能力是与历史发展相伴而行的，它是客观的，存在于人自身。在人类身上，理性与非理性并非绝对对立的，更不是像船舱中的隔断，可以彼此封闭，防止进水。非理性的冲动有时会超越理性，而理性的能力有时会阻挡不住非理性的暴发。非理性因素的存在是不可避免的，人不可能是纯粹的理性动物，重要的是人能以理性减少非理性因素的消极作用。

理性主义和非理性主义是两种不同的哲学思潮。不能认为理性主义和非理性主义各有片面性。在历史上，理性主义是一种进步的社会思潮，理性是科学思维的支撑，非理性往往是迷信的温床。封建社会本质上鼓吹迷信，包括对统治者的个人迷信、对神的迷信，提倡盲从，反对人们的独立思考。倡导理性对封建统治不利，对宗教处于统治地位的中世纪社会秩序不利，所以资本主义社会取代封建社会时，理性必然反对迷信。资本主义产生的时代是理性统治世界的时代，像恩格斯说的是把一切都放在理性审判台进行审判的时代。那时的自然科学家作为反对封建专制的参与者，都是无神论者。他们既反对封建制度又反对教会统治，他们倡导理性，反对迷信。

当资本主义社会建立以后，随着人们对理性的极度失望，宗教信仰卷土重来。此时，宗教已不再为封建制度服务，而是成为资本主义制度的精神压舱石。人们需要从宗教那里获得医治失望的安慰剂。此时，支撑科学的理性，分化为工具理性与价值理性。一些科学家成为工具理性主义者，他们在实验室里、在科学研究中是理性主义者，他们并不相信上帝能解决科学问题，而是相信数据、相信实验。在科学研究中，他们要问为什么，要寻找答案；可在价值理性方面，他们推崇上帝是最高价值，倾向宗教信仰。在教堂里，他们只有信仰而不研究，从不问为什么，从不寻找上帝能否创造世界以及如何创造世界的科学答案。宗教信仰只关乎个人的生活态度，与自己的科学研究无关。

科学家们信仰宗教并不妨碍他们成为科学家，因为他们并不把宗教信仰变为科学研究，也不把科学研究变为宗教信仰。科学研究与宗教信仰在他们的生活中是分开的。进实验室是科学家，进教堂是信徒。工具理性与科学同行，价值理性与信仰同行。这种与信仰同行的价值理性中往往渗进非理性的迷信因素。科学与理性结合得牢固与否还要取决于社会因素。在一个以利润为目的的社会，理性是不完整的，它突出地表现为工具理性与价值理性的分离。在资本主义社会中，科学理性的发展、工具理性的盛行可以齐头并进。

非理性主义思潮是对科学理性失望的一种表现，也是对理性的一种反动。我们应该关注科学理性压倒价值理性的缺陷，但不能倡导非理性主义。从叔本华、尼采到后现代主义中的某些思潮，非理性主义逐渐流行。我们应该尊重理性，防止理性主义的片面性，但必须反对非理性主义。非理性主义往往是迷信的温床。毫无疑问，宗教的偶像崇拜中包含着非理性因素，因为崇拜中起作用的不是思考，不是理性，而是盲目地相信或盲目地信仰。我们不反对宗教信仰，尽管其中包含非理性因素。宗教信仰自由是我们国家的基本政策。但我们应该批评有些人（包括著名主持人、著名演员等）拜倒在一些大师面前，因为这不是宗教信仰。名人不是在任何问题上都是名人，不是在任何问题上都能理性地思考。他们的“名”在于他们的本行，在“本行”之外并非都是“名人”，甚至可以显得非常外行。以为名人就是事事有名、处处有名，这是我们对名人的迷信。名人表现出的某种迷信是可以理解的，名人并非理性的化身，同样是理性与非理性因素的混合物。在他们的专业范围内他们可以理性地判断和行动，可在他们无法理性思考的领域，非理性主义往往容易占上风。

12．谈偏见

没有人敢说自己没有任何偏见。不知你们有没有胆量拍着胸脯说自己毫无偏见。我不敢说，因为偏见一旦成为偏见，偏见持有者是不会承认它是偏见的。自觉为偏见就是偏见的消除。

价值评价是主体对客观事物的一种具有主体性特点的判断。评价有正确与不正确之分。评价的主体性不能成为任何评价都是合理的根据。价值评价受多种因素的影响。对同一现象可以有完全不同的评价。其中影响评价的最重要因素是利益。利益是客观的，它取决于人们在生产关系中所处的地位，这就是不同阶级集团和个人作出不同评价的原因。这种利益通过主体形式呈现，往往表现为个人的好恶、偏爱，甚至表现为非理性的崇拜。在价值评价中，偏见最具盲目性和非理性。因为它是偏见，往往无理可讲，说不通。著名社会心理学家、哈佛大学教授马扎林·巴纳吉的《盲点：善良人心中的隐蔽的偏见》是专门从心理学角度研究偏见如何影响人类行为的著作。作者说，正如人眼有视而不见的盲点一样，我们的无意识中也包含隐藏的偏见，这些偏见通常针对那些我们不熟悉的团体。

偏见影响行为是肯定的。为什么会产生偏见？我认为，偏见不是取决于不同的种族、性别和生理特点，而是在社会中产生并通过各种渠道传播和相互影响而形成的顽固观念，如性别偏见、种族偏见、职业偏见或地区偏见。正因为它通过传播和相互影响而凝集于人的无意识中，因而并不是每个人都抱有同样的偏见。不是所有白种人都有种族偏见，所有男性都有性别偏见。这一切，都取决于个人接受或抵制社会中产生的偏见的力量。

也正因为偏见具有社会特点，所以同一社会中处于同一地位抱有同样偏见的人可能更多。白人占主导的西方社会容易产生种族偏见；男权社会容易产生性别偏见；处于高社会阶层的人，对某些低社会阶层和某些行业容易产生阶层、行业偏见。偏见本质上是社会的，而非生理的，也非纯心理的。因此，必须在社会背景下分析影响价值评价的偏见。学习马克思主义哲学的一个目的，就是要确立观察的客观性和全面性。客观而全面，就不容易产生偏见。即使囿于环境产生了偏见，也容易自我反思。反思，是克服偏见有效的思维方法。

我们应该提高自己的反思能力。反思，就是内省。《论语》记载曾子话："吾日三省吾身：为人谋而不忠乎？与朋友交而不信乎？传不习乎？"就是一种反思。《论语》几乎是一本伦理教科书，它的反思是道德行为反思。哲学反思当然不限于道德范围，而应该是一种普遍的思维方法。

13．谈伪

虚伪与伪在哲学上不一样。虚伪是指做人的道德，而伪是自然与人为的关系。孔子说："巧言令色，鲜矣仁！"巧言令色大概是最虚伪的。花言巧言，说得非常好听，装出一副毕恭毕敬的样子，实际内心并非如此。孔子特别反对。《庄子·盗跖》中也说，"好面誉人者，亦好背而毁之"。这就是当面一套，背后一套；当面捧人，背后又诋毁。这就是两面派。两面三刀，最为人所不齿。说谎话、说假话，不能一概归为虚伪。有所谓善良的谎言，如向亲人隐瞒严重病情，向好友不谈自身困境。这不是虚伪，而是善良，能体贴人。我们要反对虚伪，但不能反对必要的假话。你们一定要注意做人的道德，不能当面说人家好话，背后又贬低别人。这既伤人，也伤己，而且这种作风最为人诟病。

伪，在中国哲学中有另一种含义。荀子说："无性则伪之无所加，无伪则性不能自美。"性，是本性，是自然，而人为则是对性的加工。加工为人为，人为则为伪。这样理解的人性，只能是自然的本性，所谓"食色，性也"。这样来理解伪，显然有局限性。

人的自然本性本无所谓善恶是非，不能加以价值评价。人为的东西则不同，它是对人的自然本性的加工，是超出人自然本性的附加。它可善可恶、可美可丑。人的食欲和情欲，无善恶美丑，可满足食欲情欲的方式则不同。食前方丈，侍妾数百人，属于实现方式，是对作为人的食欲和情欲的社会附加物。它是社会的，而非自然的；是后天的，而非先天的。人的自然本性不变，但自然本性的实现方式却不断变化。人性的变化，突出地表现为人的自然本性的实现方式的变化。如果脱离人的社会本性，必然认为人性是不变的。因此，认为人为为伪，是不对的。“玉不琢，不成器。人不学，不知义。”这种观点比起人为为伪更为正确。社会发展、文明进步、文化发展，就是人为因素超过天然因素。哲学对培养人而言就起着琢玉作用。如果哲学赞扬人的自然本性而反对琢玉，就是取消了哲学的育人功能。

老庄的顺其自然不应理解为人应该保持自然本色而不能做人应该做的事。顺其自然，如果理解为人不应违背自然规律，不能“逆天”而行，对人生是有积极意义的，如对生死、对名利、对无法挽回之事，应该顺其自然，但对能够做、应该做、有百分之一希望的事，应该尽力为之。即使失败了，也无怨无悔。我努力了，我不后悔。这就是中国人说的，尽人事而听天命。人不能让一切停于自然状态，社会的进步、人的发展，就是人的不断社会化，也就是人为因素越来越多、越来越好、越来越美。

我们应该反对虚伪，这属于做人的道德问题；我们不能反对人为，因为人就是一种有人为能力的动物；否则，不能被称为人，过人的生活。只能本能地生活，就退回到动物世界了。

第八章

学术的价值

1. 谈尊重科学

尊重科学有双重含义：一是坚持马克思主义的科学性，把马克思主义作为一门具有科学性的学说来研究、来应用，而不能以实用主义态度来对待马克思主义；二是马克思主义要成为科学，必须尊重其他科学，因为马克思主义的科学性是建立在总结和吸收其他科学成就的基础上的。从马克思主义发展史中我们可以看到，马克思主义的发展总是与新的科学成就相伴而行的。其他科学达到科学水平，为马克思主义科学发展搭起有利的平台。

我们是搞马克思主义哲学的，对我们来说，哲学和科学不能对立。在古代，哲学直接面对世界，不是也没有条件以科学为中介进行哲学总结，所以古代哲学具有直观性和智慧性的特点。它往往表现为格言、寓言或体悟，表现为诗化性的哲学智慧，而非规律。马克思主义哲学之所以不同于以往的哲学，是因为有两个客观条件。一个是社会条件，新阶级的出现，要求出现一种能科学地解释世界和能动地改变世界的哲学，这个条件决定不能再走经院哲学坐而论道的思辨哲学道路。如果马克思主义哲学走这条老路，无非是在一百种哲学中再增加一种哲学，一种新经院哲学，何来哲学变革？还有一个条件就是自然科学的进步。19 世纪 40 年代自然科学理论进步，许多新自然科学的发现，突破了以往统治哲学领域的形而上学思维方法。马克思主义哲学之所以成为科学世界观，凭借的是 19 世纪 40 年代科学发展为它提供的材料，使它可能摆脱旧的经院哲学。严格说来，资本主义产生以后，不仅是自然科学的新发现，在人文社会科学领域中，哲学社会学说的成就，包括维科以后的社会历史观、空想社会主义学说、德国古典哲学的成就，其实都有助于马克思主义哲学的科学性的确立。后人是站在前人肩膀上。这个规律对马克思和恩格斯同样适用。

马克思主义哲学的科学性并没有使它变为一门实证科学，而仍然是哲学。因为它思考的不是某一专门领域中的问题，而是具有普遍性的哲学问题。这些哲学问题可以是曾经在思辨范围内争论过的老问题，也可以是新问题。马克思主义哲学与以往哲学的不同之处是在科学基础上对老问题的重新思考，又在科学新发现的基础上提出新的哲学问题。马克思主义哲学命题是哲学的，又是可以得到科学证明的哲学命题，而不是纯逻辑推论。例如，马克思主义哲学主张物质第一性、意识第二性，其中每一个方面的论证都离不开科学。物质第一性的主要表现是大脑是思维的器官，并不存在无头脑的思维。这个哲学命题同样为脑科学所证实。脑科学证明，人的大脑如果出现疾病就会影响人的正常思维。老年痴呆症就是最唯物主义性质的病例，只是至今人们还没有发现脑部变化的物质原因。唯心主义倡导的观念独立和绝对自由是毫无根据的。连唯心主义者自己都在用大脑思维，包括提出“我思故我在”命题的伟大哲学家笛卡尔也是用大脑思维才能提出这个哲学命题。如果较真，应该说是因为有笛卡尔这个人的存在，且他是个大脑正常思维的人，才有这个留名千古的哲学命题的提出。

物质先于思维而存在，这个哲学命题同样要借助科学。自然发展史、生物发展史都证明人和人的能思维的大脑是生物长期进化的结果，所以人和人的思维不可能先于物质世界而存在。自然界的优先地位的确立，是以全部科学为依据的。唯物主义强调人的思想内容是存在的反映。无所见则无所思。大脑只管能思而不管所思。没有可以思考的对象，则没有可思。没有见过牛的人的头脑中不可能有牛的形象。古人说南人未见过骆驼，谓之为马肿背。任何一个人的头脑中都不可能出现自己从来没有看到过的东西的真实形象，这就是思想是存在的反映的确切证明。妄想症的妄想是不正常的，是病态，可妄想的内容超不出社会上曾经发生过的事件的范围。无对象，则无关乎对象的思想，这是任何诡辩都驳不倒的唯物主义真理。

哲学不能违背科学而要借助科学，但哲学不等于科学，因为物质第一性、意识第二性是哲学命题而不是科学命题。没有一个脑科学或生命科学提出这个命题，哲学的内容远远超出自然科学的内涵。哲学关于大脑是思维的器官、思想是存在的反映的命题，是一个普遍性的命题，它适用于所有的人，任何民族和任何时代的人。脑科学是一门实证科学，它只研究大脑为什么能思维以及如何思维的生理学基础，但不能回答为什么同样是人脑会有不同的思维方式以及不同的思维内容。不同时代的人、不同国家的人为什么大脑结构相同，可对问题的看法以及各自的价值观却可能南辕北辙？这是脑科学无法解释的，必须求之于哲学。就以中国历史为例，自从秦始皇统一中国以来，人们的大脑变化不大，但思想内容则是不断变化的，否则就没有中国思想史。

世界上各个民族和种族的人具有相同的大脑结构和生理机能，但思维内容、价值观却如此不同。我们要跨越机械唯物主义进入历史唯物主义，因为人类认识离开认识者的社会地位和历史发展，光从大脑本身是无法得到解释的。毛泽东在《实践论》中开章明义就批评旧唯物主义："马克思以前的唯物论，离开人的社会性，离开人的历史发展，去观察认识问题，因此不能了解认识对社会实践的依赖关系，即认识对生产和阶级斗争的依赖关系。"

马克思主义的唯物主义不是仅限于在科学范围内解释唯物主义，而是对唯物主义予以辩证法的理解。人的思想虽然依赖于人的大脑、依赖于社会存在，但它还具有能动性和相对独立性。对自然和环境的适应原则，无论是对人还是对高等动物都适用。但人的思想有能动性，也就是说人不仅有适应原则还有改造原则，即不仅是被动的而且是能动的。人的能动作用是使人超出动物的重要原因。因此，对马克思主义哲学家来说，只有从社会历史角度来考察，才能彻底地辩证地解决物质与意识、思维与存在的关系问题。既要考虑到人的自然属性，从人的大脑的功能角度考虑物质与意识的关系，又从人的社会性角度考虑物质与意识的关系。因此，马克思主义哲学中并不存在两个彼此独立的命题：存在决定意识、社会存在决定社会意识。它们本质上是一个命题，马克思主义哲学讲存在决定意识时，就包含着社会存在决定社会意识；反之亦然。因此，谁要在马克思主义的唯物主义和历史唯物主义关于物质与意识关系问题上划出一个绝对界线，就是从历史唯物主义倒退到旧唯物主义。

2. 谈学术性

近些年来，我在评审和指导博士中发现一种倾向，就是你们有的人认为，离现实远点、更远点，学术性强就是一篇好的博士论文。我说，博士论文要有学术性，这是天经地义的，在学术上一文不值，无所言说，这种论文写它干什么？但学术性是否就是在概念中翻跟斗，不知所云呢？当然不是。学术性是追求真理性。真理离不开概念，但真理并不是从概念推演中获得的。学术不是玩弄概念，不是纯逻辑推演，而是来源于实践又能指导实践的具有真理性的研究。

任何能称得上是学术研究的工作，都必须具有双重特点。一是回答现实的实际问题而不是伪问题，选题中所论述的问题必须是确实的。研究上帝是否存在，研究一个针尖上能站几个天使之类的问题，不是学术问题，因而也不是科学研究的问题，而是信仰领域中的问题。它既不能证实，也不可能证伪。对信仰者它就是真的，对无神论者它是彻底的谎言。二是它必须有助于正确指导实践活动，并能在实践中得到验证。只有这种研究才称得上是学术研究，也只有这种理论才具有学术性。

毛泽东在《整顿党的作风》中专门论述过什么是理论研究，什么是理论家的问题。他说："我们所要的理论家是什么样的人呢？是要这样的理论家，他们能够依据马克思列宁主义的立场、观点和方法，正确地解释历史中和革命中所发生的实际问题，能够在中国的经济、政治、军事、文化种种问题上给予科学的解释，给予理论的说明。"既不能解释历史和现实问题，又无助于人们的实践活动，只为满足自己的思辨爱好、思辨兴趣而建构的这个体系、那个体系，貌似吓人，仿佛是庞大的建筑，实际上是一淋雨就满是漏洞的纸房子。这不叫学术工作，谈不上学术性。

马克思主义是具有实践性和学术性的学说。马克思主义面对的问题是实际的，回答问题是经得起实践检验的。因此，要掌握马克思主义，必须进行严肃认真刻苦的学习，而马克思主义专业的博士论文要追求学术性，必须进行艰苦的科学研究。恩格斯在《德国农民战争》之《1870 年第二版序言的补充》中说过，“社会主义自从成为科学以来，就要求人们把它当做科学来对待，就是说，要求人们去研究它”。恩格斯在讲到马克思的《资本论》研究的学术性时说，政治经济学不是供给我们牛奶的奶牛，而是需要认真热心为它工作的科学。马克思为《资本论》殚精竭虑四十年，这算不算学术工作？当然算。它远离资本主义社会的现实吗？没有。是对资本主义社会现实亦步亦趋吗？不是。它基于资本主义社会现实，又超越资本主义社会现实，因为它揭示了资本主义产生、发展和必然灭亡的规律。

应该说，越具有现实性，越具有学术性，因为现实永远是为生活于现实社会之中的人所关心的。生活于当代社会之中的人们不会关心秦汉晋隋唐的社会现实，除非历史研究，而历史研究也不是为古而古，而总是与现实有关。现实性是哲学社会科学研究的重要因素。只要这种所谓“现实性”不是对现实不公正现象的辩护或论证，而是真正进行科学剖析，为人类指出前进的方向，这种学术性就永远为人们所欢迎。

只有自己感兴趣或只是少数几个同行感兴趣的学术性，是走不出书房门或学术小圈子的。全部人类历史证明，这种所谓“学术性”著作能传下来的几乎没有，正如某些闺阁诗一样。凡是能流传下来的都是具有社会意义而又具有学术性的著作。王船山本欲藏之名山的著作之所以没有被埋藏在深山，就是因为它既具有现实性又具有学术性。后人不会让其藏之深山，而是传之于世。

追求一个人的所谓学术性，是没有学术性的；只有追求社会意义上的学术性，才是真正的学术性。学术性的特点具有相对持久性和稳定性，因为其中包含某些真知灼见。转瞬即逝的所谓学术性，不是真正的学术性，而只是一张获得博士证书的入场券。如果你们的论文的“学术性”在答辩结束后就被宣告终结，这种学术性，我劝你们还是不要追求为好。

3. 谈认识对象

人们的生活和实践是最唯物主义的，唯心主义作为一种事实永远找不到证据。你们谈恋爱叫找对象，老百姓口中叫处对象。马克思说过，恋爱是最唯物主义的，没有对象就不可能恋爱。自我恋爱叫自恋症。你们研究学术，当然要找准对象。开题报告就是报告论文论述的对象。

任何认识都是对对象的认识。没有对象，就不存在认识。对象问题是认识论中的重要问题。认识对象是客体，但客体不作为问题进入人们的认识范围，就不会成为认识对象。我们之所以要认识某个客体，就是因为它作为我们遇到的问题而存在。人们并不需要也不可能认识全部客体，而是要认识作为问题而出现的客体。如果不存在问题，何必认识呢？PM2.5，只有作为空气严重污染问题才为人们注意和研究。否则，它即使存在，也不是认识对象，而是一种存在于空气中却不为人知的颗粒物而已。

世界是无穷无尽的客观世界。人类绝不会去研究不作为问题存在的客体；反过来说，如果问题不是客体中存在的问题，这个问题也不可能作为对象出现在人们的认识之中。因此，问题与对象是同一的。从存在论角度说，对象是客体；从主体关注点和需要解决的角度说，我们称之为问题。没有不依附于对象的问题，也没有不作为问题的认识对象。对象不作为问题，它就融合于一般存在之中了。因此，对问题的了解，必须依赖对问题所依存的对象的了解。正因为这样，调查研究就是对对象的认识过程，就是寻找解决问题的方法的途径。问题的历史和现状调查清楚了，解决的方法自然有了。

你们写论文一定要有问题意识。我现在这样说，已经是老生常谈了，毫无新意。可我读你们的论文时仍然感到这个问题存在。如果你们研究西方马克思主义或西方哲学的某个人物，为什么要研究他，他提出的哪些问题值得研究，他提出的问题对你们有什么启示？没有问题，只有生平、著作和思想介绍，严格说这不是写论文而是写人物简介。而这种论文是最好写的，也是最无价值的。除非你们写的不是博士论文，而是关于人物介绍的小册子，这应另当别论。

4. 谈数据

我们处于信息化时代，社会数据的收集和传播是以前无法想象的。随着信息化的发展，可以肯定各个领域数据的出现将更是大量的。评论家说，牛津大学学者迈尔-舍恩伯格和《经济学家》杂志数据部主编肯尼思·库克耶合著的《大数据时代》是一本揭示思维变革的书。现在人们通过互联网搜索可以得到大量的各类数据，包括流行病的情况、消费者对商品的需求等，总之社会种种信息均可以从网络中得到。决策者根据大数据即可应对。这样，我们的思维方式应该发生如下改变：社会需要在一定程度上抛弃对因果关系的执迷，代之以简单的对应；不需要知道为什么，而只要知道是什么。这将推翻数百年的既定的重视因果关系的做法。这种说法有一定道理，但不能片面化。这涉及一个重大的哲学问题，因果思维是否会为单纯的数据思维所取代。如果说随着对数据的占有越来越多、越来越快捷，人们越不需要因果分析，那么我们的认识就永远只知其然而不知其所以然。

大数据本质上属于统计学。传统统计的速度、效率都有局限，所以信息提供的大数据可克服传统统计的局限。但数据依然属于统计范围，它可以提供决策的根据，但不能提供对原因的了解。大数据处理的都是针对迅速变化的现象的应对性决策，而不是规律性把握。没有因果关系的把握，就不可能有对对象规律性的理解。特别是在历史领域中，不可能像日常变化那样出现大数据，而只能是对既定事实的搜集和研究。在历史研究中更不可能排除因果关系的观念。在社会规律的研究中，同样如此。数据提供的仍然是现象，对本质的理解仍然需要对因果关系的分析。可以依据大量现象制定临时有针对性的对策，但不能依靠这种对策理解社会规律。以大数据排除因果，以统计数据取代规律性分析，就是以量代替质。这在哲学上是不能成立的。

5. 谈问题

我反复对你们说，无论是日常学习还是撰写论文，一定要重视发现问题、提出问题。如果你们在三年学习中，从来没有思考过任何问题，也提不出自己思考过的问题，只是读呀，看呀，老是听别人说，自己不会说，不可能期待写出高质量的博士论文。

问题就是矛盾，哪里有矛盾，哪里就会有问题。问题分为真问题和伪问题。凡是真实存在的矛盾是真问题。真问题是可以最终找到答案的问题，而假问题是永远无法找到答案的伪问题。我们的哲学研究为太多的伪问题困扰。真问题是有答案的问题。虽然不是立刻就有答案，但只要是真问题，总能找到答案。

寻找真实的问题，比寻找答案困难。发现问题，需要从没有问题中发现问题，而答案则是锁定问题后的研究。提出问题的，可能是一个最具智慧的人；而寻找答案的，则可能是众多的研究者。

问题，尤其是提出真问题是极其重要的。没有问题的研究是无的放矢，没有问题的学习是没有效果的。没有问题的答案不可能判断对错，没有问题的思考是不可能产生的。马克思关于问题的重要性有过经典的论述。斯大林也说过，“正确地提出问题对于解决问题有巨大的意义”。

我们要学会善于发现问题，正确提出问题。一个政党提不出自己面临的问题就没有前进的方向；一个国家提不出自己国家面对的问题就会无所作为。在当代，不懂时代问题，就不可能处理国际问题；不懂国内问题，就不可能有发展方向。问题，才是指引人们全力以赴的奋斗目标；没有问题，就如同在大海中航行而无目的地的船，只能随波逐流，永远无法靠岸。我们不是政治家而是哲学研究者，你们中有些人会成为有成就的哲学家，但你们一定要培养自己学习和研究的习惯，努力发现问题，提出问题，通过自己的努力寻找问题的真实答案。

要提问题，必须有疑问。我们反对怀疑论，但不能反对怀疑。怀疑论是一种哲学理论，它与不可知论相伴随，而怀疑则是一种正常的思维方式。可以说，怀疑论是没句号的怀疑，永远是问号的怀疑；而怀疑是寻找答案的怀疑，随着确实答案的出现画上句号。没有疑问，永远发现不了问题，提不出问题。创造性思维就是具有怀疑能力的思维，它打破传统的解决问题的方式；最保守的思维是习惯性思维，是轻车熟路、率由旧章。中国古人说，大疑则大进，小疑则小进，无疑则不进，是有道理的。读书如此，做事如此，发明创造也是如此。没有一个新发明新创造是在认为对原来的成就毫无可以改进可能的情况下出现的。可以说，新发明新创造对原有成就而言，都包括某种怀疑的因素。这是一种积极的推动创造的怀疑。

我要告诉你们，从我对哲学的学习来说，怀疑与怀疑论最大的区别，是怀疑是有解的，而怀疑论则具有独断论性质，是无解的。因为怀疑是对认识对象中没有解决问题的怀疑，通过研究和探索能找到答案。而当怀疑转向主体自身的认识能力，则陷入认识主体性设置的陷阱。从世界自身来说，人能认识世界是可以证明的，因为人们的实践证明人能够正确行动并取得预期效果。人对世界的认识是逐步的，人总是一点一滴地积累对世界的认识，这就是科学史。如果怀疑主体的认识能力而不求助实践，人能否认识世界就变成了一个经院哲学的问题。正如不让下水要人学会游泳一样，要人从主体自身认识能力中证明自身的认识能力，这是不可能的。认识的至上性和非至上性，也是从人类实际认识史中总结出来的。要记住，问题应该是对象中存在的真实问题，回答和解决问题则是主体的认识能力。主体认识能力从解决对象存在的问题中得到证明，把对认识能力的怀疑指向主体认识自身，只能陷于怀疑论或不可知论。

6. 谈学科交叉

你们学习哲学的条件比我们好，因为你们的知识面比我们宽，接触的东西比我们多得多。由于时代的局限，我们当时学习哲学，范围很窄，只是学了一点马克思主义哲学的基本原理，很少一点科普常识。你们有条件也有能力关注当代学科的交叉。不要仅仅困死在哲学领域，而要伸头向外瞧瞧。我说过，哲学中的问题离不开问题中的哲学。

学科分类是按研究主题来分类的，如物理、化学、生物等都有自己特殊的研究对象，否则学科无法分类。可任何一个学科的问题不是孤立的。例如，法律问题中可能存在道德问题，不仅道德问题与法律问题有时会发生交叉，而且法律判决者在判决中可能会受到自己道德的影响，例如，是出自公心还是私心，就不仅是法律问题，也包括道德问题。法官不是自动执行法律条文的机器，而是人，他们会有自己的价值观和道德观点。这些都会影响法律的审判和司法。法律中的道德问题是交叉性问题。

哲学也是如此。哲学之所以是哲学而非文学或历史，就是因为哲学研究的问题是哲学问题，包括本体论、认识论、人生论、价值论、方法论等。这些问题是哲学研究的对象，并不是说其他学科就不存在本体论、认识论、人生论、价值论、方法论问题。哲学学科是独立的学科，但哲学问题并不是与其他学科无关的独立问题。任何学科都会存在这些问题，它们以各自特殊问题的方式存在。它们只研究自己学科范围的问题，当其迈出专门学科范围而进入对这些问题的哲学思考时，就进入了自己专业中的哲学领域。因此，物理学不是哲学，但物理学中存在哲学问题；化学不是哲学，但化学中存在哲学问题；法学不是哲学，但法学中存在哲学问题。不是任何一个学科的研究者都是哲学家，但他们都离不开哲学思维。无论他们意识到与否，愿意与否；无论他们是处理学科的专门问题，还是处理自己的人生问题，都会碰到哲学问题。只不过他们不一定意识到自己进入了哲学领域。

哲学问题具有双重性：既具有普遍性，它无所不在，所以我们要善于从各门学科中、从生活中发现哲学问题；又具有特殊性，属于哲学研究的对象。哲学问题越具有普遍性，这种哲学越具有生命力。墨家具有丰富的认识论、逻辑和科学思想，但墨家终究成为绝学，因为中国封建社会中不存在推动科学和认识论发展的需要；相反，儒家学说因为是关于人生伦理、关于如何维护社会秩序的思想而成为正统，因为大一统的封建社会需要这种学说，统治者需要治国方案，老百姓人人都离不开如何处理亲情伦理问题、如何处理做人的问题。我们可以看到战国时代百家争鸣、诸家蜂起，可是在长期封建社会中有的发展、有的衰落、有的成为绝学，根本原因是社会的需要，只有社会才是社会思想的过滤器。儒家学说在中国社会的深厚基础是它历经两千多年仍然发挥作用的原因。儒家学说属于国学范围，在中国接受教育，无论何种学科的人都需要学习一点中国传统文化包括儒家学说。这些是无法用学科分类来拒斥的。

7. 谈科学技术

由于当代生态环境恶化，有些学者把科学技术的发展视为祸首，仿佛其为罪恶之源。你们是搞马克思主义的，一定要有正确的科技观。

马克思对科学技术的发展从来抱着的是一种积极乐观的态度，视其为推动社会的力量、为历史发展的大杠杆。科学技术的发展带来的问题，不是根源于科学技术自身，而是根源于运用科学技术的社会条件和目的。社会条件和运用目的属于社会制度和生产关系领域，而不是科学技术本身。

你们读过马克思 1856 年 4 月 14 日那篇《在〈人民日报〉创刊纪念会上的演说》吗？如果仔细读读就能回答一些人对科学技术发展的责难。从历史进程来看，的确是科学技术越发展，生态环境越恶化。科学技术发展史与生态破坏史，变成同一历史进程的两个方面。人类难逃生态破坏的厄运，它注定要为科学技术的发展买单。越是资本不到之处，越是社会落后之处，越是具有令人神往的田园诗般的迷人风光；反之，生态破坏与科学技术的进步如影随形。如果不对这种人类社会发展中的矛盾现象进行科学分析，把它归为科学技术的进步，归为社会的发展和进步，那么社会发展、科学技术进步还有什么意义，不如回到原始社会那种“天地与我并生，万物与我为一”的蒙昧时代。原始社会最好，石器时代最好，自然环境一点也没有被破坏。可那时人生活在自然的压迫之中，时时刻刻都有被不可抗拒的自然灾难吞没的危险。马克思主义者，历史唯物主义者应该赞扬科学技术进步给人类带来的解放作用。资本主义在人类社会发展中的功绩，在于它推动了生产力的迅速发展，推动了科学技术的进步。科学技术在资本主义时代的发展是人类以往历史上从来没有过的。近代科学技术的发展，对人类文明的发展居功至伟。谴责科学技术是完全错误的，应该遭受谴责的是运用科学技术的方式，而不是科学技术本身。

在人类历史上，社会的进步以自然的破坏为代价的这种现象，是与社会财产制度不可分的。资本主义制度决定了资产者是为了最有效地打败竞争对手、为了追逐最高利润而发展新技术，而不会顾及自然自身的承受能力。可是自然辩证规律不会顾及资产者的愿望，它以环境破坏的恶果向人类发出警告。这一点西方学者和资产者不可能没有感受。因此，当代比较发达的资本主义国家不同于早期资本主义国家，不同于恩格斯在《英国工人阶级状况》中描写的情况，环境保护成为发展生产的必须关注点。发达资本主义国家经历了由发展到治理的过程，国内生态环境获得了比较满意的改善。但资本主义的逐利本性使得它们利用全球化把污染工业转移到发展中国家。因此，生态环境问题的本质，即生态与社会制度的关系并不会因为发达资本主义国家国内生态环境的改善而失效。

马克思把这种矛盾视为现代工业发展中的生产力与社会关系之间的矛盾的表现。因此，从当代生态环境恶化中得出的结论，不是不要发展科学技术，而是要改变运用科学技术的社会条件和目的。这就涉及社会革命和制度变革的问题。历史唯物主义者不是末日论者，也不是科学技术发展无限论者，而是社会革命论者。我们要反对以资本主义方式运用科学技术，反对以自然为掠夺对象，反对为高额利润而牺牲自然。因此，治理生态环境首先是治理社会制度。

在社会主义中国，同样存在改变经济增长方式、加强环保理念、健全环保法制的问题。科学发展观的提出，就是在坚持发展是硬道理的同时，坚持保护自然，寻求建立人与自然的和谐关系。这种和谐关系的建立首先是进行体制改革，同时要依靠科学技术的发展，没有先进的科学技术，依然采取落后的技术显然会破坏环境。从根本上说，科学技术的发展有利于保护环境，而不是破坏环境。科学技术发达国家的环保工作比科学技术落后国家的环保工作做得更好的原因，就在于前者有更发达的科学技术。

我们陷入了一种悖论：科学技术的发展破坏了环境，而保护环境仍然要依靠科学技术的发展。解铃仍需系铃人。以消灭科学技术来挽救环境是荒谬的。科学技术应用中的问题，应该通过改革科学技术应用的目的和体制，发明更加有利于节能环保的科学技术来解决。我们是历史唯物主义者，我们反对在考察科学技术问题时割裂生产力与生产关系，把科学技术单纯当成科学技术。应当把科学技术视为生产力，而把它的运用和目的视为生产关系。科学技术的运用取决于生产关系，而不是取决于科学技术自身。马克思关于私有制的扬弃的理论是确立人与自然和谐、人与人和谐道路的理想，为确立一个能够合理的、为人类社会进步而运用科学技术的新制度提供了理论基础。如果只限于科学技术而谈科学技术的正负效应，只就保护环境而谈论保护环境，就永远走不出科学技术发展的二律背反的困境，走不出人类因科学技术发展而陷于自我毁灭的历史宿命。

8. 谈规律性认识

历史唯物主义为什么如此重视社会发展规律问题呢？从根本上说，历史唯物主义与历史唯心主义两种历史观的对立和区分，最后会归结到是否承认社会发展规律的问题。不承认社会发展规律，历史唯物主义就无产生的必要，也谈不上社会历史观的根本变革。恩格斯在马克思墓前悼词中，之所以以达尔文和马克思作比照，就在于恩格斯认为达尔文发现自然规律，而马克思在历史观上最伟大的贡献就是发现历史规律。历史唯物主义的本质，就是关于现实的人及其社会发展规律的科学。没有社会发展规律的发现，马克思的历史唯物主义就失去了它的意义和价值。

从实践角度看，共产党人革命必须重视规律问题。只有建立在规律基础上的认识，才是具有战略性、全局性和前瞻性的认识。相反，则往往目光短浅。例如，抗日战争中的速胜论和亡国论都是基于对当下某一“事件”的判断，而不是全局性的规律性的理解。一个从日本人进攻的节节胜利得出亡国论，一个从台儿庄的胜利得出速胜论，两者都是基于事件而不是基于战争规律。对中日战争的规律性把握，是以对两个国家的经济、政治、人口、资源的全面估计为依据的，这就上升到了理性认识。毛泽东说过，规律是“全局性的东西，眼睛看不见，只能用心思去想一想才能懂得，不用心思去想，就不会懂得”。因此，规律性认识不能局限于单个事件，而必须上升为对大量事件的理论思维。

规律是看不见的，不是凭经验能理解的。但是规律的作用是能感受到的。任何人都看不到电磁运动规律，但如果用手去触摸电门，碰撞高压线，肯定会被电死。死，就是电磁规律作用的结果。也就是说，人能感受到违背规律的结果，但不能通过感觉认知规律。即使触电而死，也是至死不知电磁运动规律；正如从高楼往下跳，直接的后果是死亡，而不是感知力学规律。规律是看不见的，是不能凭感觉、凭经验认知的，但违背规律的后果是能感知的。只有对规律的认识才能解释后果，但对后果的感知不能解释规律。社会领域也一样。我们可以看到大国的兴衰，可以看到王朝的更替，看到革命与战争，看到“朱门酒肉臭，路有冻死骨”，但我们看不到规律。我们直接看到的都是现象，而规律隐藏在现象的深处，这就是认识规律比认识现象重要、比认识现象困难的原因所在。

9. 谈理与论

你们是博士生，一定要能写一手好文章。不能写文章的博士不算合格，这当然是对文史哲专业说的，至于科学技术则另有要求，不在此论之列。要写好文章，就应该懂得理与论的关系。明朝嘉靖年间礼部尚书夏言批评当时科场文风，“以艰深之词饰浅近之说，用奇僻之字盖庸拙之文”。我们现在有些哲学文章，并无新的见解，但论述极其艰涩，仿佛与夏言对科举考场文风的批评有点类似。

刘勰在《文心雕龙》中说，“理形丁言，叙理成论。词深人天，致远方寸”。这很有道理。理只能用文字来论述，而论述必须讲理。没有理的论，是空论。有理有论，才成为理论。如果理论没有适合的表达方式，逻辑混乱，词不达意，则不称其为理论。没有哪种能称得上真正理论的学说是讲不出理的论。没有理的论，是空论。可即使有理有论，如果不能用准确、生动、沁人心脾的文字来表达，也难深入人心，即入人的方寸之间。当年山东大学教授高亨称赞毛泽东的文章和诗词“笔下有雷声”，“细检诗坛李杜，词苑苏辛佳什，未有此奇雄。携卷登山唱，流韵壮东风”。梁衡在《文章大家毛泽东》中对毛泽东的文章也推崇备至。

毛泽东是理论高手，也是文章高手。他非常注意文风。他在《工作方法六十条（草案）》中专门讲过改进学风与文风问题，提出写文章要有三性：准确性、鲜明性、生动性。我认为这对我们哲学工作者如何写文章同样有指导意义。我读过一些哲学论文，洋洋洒洒，动辄万言，云山雾罩，不知所云，太晦涩、太难懂。说句心里话，作者自己是否懂，我还在两疑之间。一个自己都没有弄清的理论问题，怎么能说清楚呢？说不清楚，何言准确呢？而文章如果没有准确性，就不可能鲜明。观点鲜明取决于理论自信，如果自己都弄不明，何来自信？无鲜明性当然也不可能生动。因为脱离准确、鲜明的生动，就会成为油腔滑调，或者是说相声似的生动，而不是理论文章要求的生动。

我读毛泽东的哲学文章，包括“三论”以及其他政治、军事中涉及哲学思想的文章，理论深邃、文采斐然，读这种文章是一种享受。我们应该从毛泽东文风中学习如何写文章，力求理、论、文三者能统一。这不容易做到，但应该是我们努力的方向。

我也希望你们读点古文，如果不能大量阅读，至少要读读《古文观止》中的名篇佳作。《孟子》也很有嚼头，其中论辩、说理都很有说服力，文章也很有风格。另外，我建议你们读点鲁迅的东西，尤其是杂文。现在有种论调说鲁迅的文章不符合主旋律，因为它的批判性和战斗精神似乎对社会主义有害，这属于不懂文学为何物的奇谈怪论。鲁迅文风有他特有的风格，他不可能如同当代有些年轻作家那样俏丽、轻松和多用时代流行语，甚至网络用语。他是在战斗，与旧社会战斗，与一切恶势力战斗。他的批判精神和战斗精神并不是人人喜欢的，但是是我们民族精神的一部分，是永恒的财富。哲学不是文学，但马克思主义哲学同样需要批判精神，也需要战斗精神。我们哲学缺少的正是这种精神。任何真正称得上是理论的马克思主义哲学文章，若从头至尾没有烟火气，没有一点点热气，只有概念到概念，说内心话，我不佩服。

10. 谈理论的重要性

你们是哲学博士，研究的是马克思主义理论。我们这些人往往被视为没有真才实学，是耍嘴皮子或玩笔杆子的人。在一些人眼里，理论就是空话，不如一技之长。

社会上有些人轻视理论，把理论归为务虚。其实，务虚不是虚务，务虚是务实的引导，是务实之前的思想武装。据陈晋先生的文章《务虚之用》，毛泽东非常注重务虚，他曾对《旧唐书·李百药传》中介绍唐太宗重视务虚之言——“罢朝之后，引进名臣，讨论是非，备尽肝膈，唯及政事，更无异辞。才及日昃，命才学之士，赐以清闲，高谈典籍，杂以文咏，间以玄言，乙夜忘疲，中宵不寐”——的批语是“工作方法”。可见毛泽东视务虚为一种“工作方法”，而非清谈。

毛泽东自己就始终注意务虚，他不仅要求领导干部读书，介绍好的文章供他们阅读，而且批评只务实不务虚。他在《工作方法六十条（草案）》之二十二条中说：“成天忙于事务，那会成为迷失方向的经济家和技术家，很危险”。还在《庐山会议讨论的十八个问题》中讲到读书问题时说：“不要像热锅上的蚂蚁，整年整月陷入事务主义，搞得很忙乱，要使他们有时间想想问题。”另外，毛泽东曾在1958年在成都召开的中央工作会议上，专门就务虚问题讲过话，他说：“过去也不是一点虚没有务，也谈了一些，可以有那么一点时间不谈具体问题，专谈一般的思想性质和理论性质的问题”。“先实后虚或先虚后实都可以，可以专门开一次实的会，也可以专门开一次虚的会。也可以同时并举。不过现在就希望多一点虚更好，因为过去太实了。我看我们这些人，比较太实了一点。要逐步引导我们各级党委的同志关心思想、政治、理论这样一些问题”。务虚，既可以是实中的虚，即专门问题中的理论问题；也可以是虚中的虚，即与经济问题或其他具体问题相区别的思想理论问题。无论何种意义上的虚，都显示了理论问题的重要性。我们这些人于实际工作者而言，属于务虚者。我们有我们的任务和作用。

毛泽东关注务虚的重要性，实际上也就是关注理论和理论工作的重要性。这不仅对各级领导加强理论素养重要，对群众同样重要。理论一旦掌握群众就会变成物质力量。没有理论武装的群众是乌合之众；没有理论指导的运动是盲目的运动。就科学研究而言，理论的重要性在于它是一种思维方式。理论思维方式不同于经验思维方式。经验思维方式是个体的不能重复的浅层次的思维方式；而理论思维方式是具有普遍性的可重复的深层次的思维方式。它不停留于现象，而是要进入事物的本质。因此，理论思维的力量在于它是规律性思维。一个人的思维如果只能停留于经验层面，不能把问题提高到理论层面来分析，无论是从事实际工作、写文章或者做报告，都上不去。

哲学思维就是理论思维。它能把看起来千头万绪、杂乱无章的问题，归纳得有条有理，从而找到最有效的解决方式。恩格斯曾经批判轻视理论思维的自然主义思维方法：“唯一的问题是一个人的思维正确或不正确，而轻视理论显然是自然主义思维的最确实的道路，因而也就是不正确思维的道路。”我们强调理论的重要性，但我们就要以自己的思考和观察问题的能力证明这一点。我们从事的就是务虚的工作，真正要务出一点道理来，不能空谈或玄谈。哲学最大的危险就是容易玄谈。

11. 谈理论的运用

你们不仅要掌握基本理论，还要注重运用。要懂得理论运用的正确与否，关键在于是否了解所运用的条件。离开条件谈论运用马克思主义，肯定是无的放矢。

理论和理论运用的条件是不同的。理论具有普遍性，可理论面对的运用条件是变化的、多样的。因此，教条主义和创造性马克思主义的根本区别在于是否考虑运用条件。恩格斯在《致维·伊·查苏利奇》的信中说过，在他看来，“马克思的历史理论是任何坚定不移和始终一贯的革命策略的基本条件，为了找到这种策略，需要的只是把这一理论应用于本国的经济条件和政治条件。但是，要做到这一点，就必须了解这些条件”。因此，任何一个马克思主义理论家，如果不了解理论运用的条件，就不可能真正运用马克思主义理论。恩格斯自谦自己不知道俄国的情况，因而没有资格对俄国革命前景问题作出判断。

列宁同样非常重视理论运用的条件。他在《立宪民主党人的胜利和工人政党的任务》中说：“我们不否认一般的原则，但是我们要求对具体运用这些一般原则的条件进行具体的分析。抽象的真理是没有的，真理总是具体的。”抽象真理和具体真理的区别就在于运用的条件性，把真理视为无条件的普遍适用的真理，就是真理的抽象化。具体真理则是有条件的真理，我们应该根据不同的条件具体运用真理。所谓条件，就是客观现实。这是考察和解决问题的基点。最危险的是把主观愿望当成客观现实。列宁强调问题不在于愿望，不在于动机，也不在于言论，而在于不以这些东西为转移的客观环境。这就是强调条件的重要性。

有一种观点极其错误而且有害，它说马克思主义中国化证明马克思主义是错误的，否则何以要中国化？既然要中国化，就说明它不适用于中国，意思是既然要经过化，就说明原原本本的马克思主义对中国无用。这种看法，我归之为完全违背马克思主义本质的奇谈怪论。

马克思和恩格斯从来就强调他们的理论提供的不是教条，而是行动的指南。马克思主义不仅要中国化，可以说在任何国家要发挥作用都必须“化”，即与各国的具体情况相结合。对各国的实际情况而言，马克思主义是一种普遍性理论，它的力量在于运用和结合。你们可以看看世界社会主义运动的情况，凡是能将马克思主义与本国情况结合的共产党就能得到发展和壮大，相反，则会失去它的影响甚至逐渐消失。

毛泽东当年曾经批评中国的教条主义，“不管事物内部情况，将马克思主义原理硬套在事物上，说该事物应如何如何。这就是‘全然从外面去应用马克思主义原理’”。从外面应用马克思主义，表面上是无上尊崇马克思主义，实际上是把马克思主义变为无用之物。毛泽东认为这种“马克思主义”还不如狗屎，狗屎还可肥田，这种教条主义的“马克思主义”是臭的马克思主义，有百害而无一用。马克思主义能够中国化，而且一经中国化就产生不可战胜的力量，就证明它具有真理性和当代价值。中国化证明的是马克思主义的力量而不是相反。如果马克思主义不具有普遍的真理性，那么无论如何“化”都是无用的。

只有本来正确的理论才有可能化，即具体地运用到各国；对原来错误的理论，无论怎样化都是无用的。近代曾经有各种各样的思潮传播到中国来，但真正能与中国实际相结合并指导中国革命的，只有马克思主义。其他一些思潮随着马克思主义在中国的胜利而逐渐消失。能中国化的理论一定是具有真理性的理论。

以化和无需化来判断马克思主义是否具有真理性者，以马克思主义中国化来否定马克思主义者，忘记了一条起码的真理，即马克思主义理论的真理性是有条件的，运用也是有条件的。无处不可用、无病不可医的万灵药，是骗术，不是科学。无视中国化的马克思主义的本质是马克思主义而不是另一种主义，说明我们对马克思主义、对马克思主义中国化的理解，离真理超过万里之遥。

12. 谈学以致用

读书是高尚的，无人反对；可要说用书，似乎就是功利主义，就不那么高尚了。真有点奇怪。学以致用，是中国的优良传统。为知识而知识是古希腊一些哲学家的主张。古希腊学者确实倡导过为认识而认识，这不难理解。他们既有钱、有闲，更有奴隶为他们服役。研究哲学或研究其他知识对他们来说，就是一种生活乐趣。可奴隶主的生活状态和对待知识的态度，不能成为衡量知识本质的尺度。它是特定时代的产物，不能作为治学通例。

当然，用有不同的用法。封建社会科举制下的“十年窗下无人问，一举成名天下知”的苦读，或者当前的应试教育以及各种考研班之类的读书，确有功利性质。但不能因此一概反对书要用。书要读，也要用。说用书，是说应用书中的知识，继承和应用人类积累的经验。任何知识，尤其是科学，就其产生的深层动力而言，都是因为社会需要才成为人们探讨的对象。完全无用的东西，是没有人研究的。即使人屎马尿成为研究对象，也是因为它们有研究的价值。

从有用的角度看，书也是工具。书是工具，我不是指工具书，如辞典、辞海，而是指书对我们有用。当然它不同于刀、锯、斧、镐这些器具。它显得高贵，因为它是人类智慧和精神的产品。但它不可能高贵到一尘不染，被放进殿堂中供奉起来。旧时代一字不识的老太太，见到有字的纸一定要捡起来、毕恭毕敬，表现出对书的敬畏，说到底是因为她们懂得识字有用，书有用，虽然她们不一定知道它的用在何处。生活告诉她们有知识比没有知识有用，识字的人比睁眼瞎有本领，因此，她们才产生对字、对有字的纸的敬畏之情。

你们要读书，更要学会用书，而且要牢记，书是因为有用才显得宝贵。我们不是藏书家，但藏书的可贵在于为人类用书提供了可能性。如果藏书家的藏书永不示人，如同“养在深闺人未识”的美女，老死闺阁，再美也是枉然。

图书馆比旧式藏书家的可贵之处就在于它不仅“藏”，而且供人“用”。但藏书楼自有它的功绩。中国一些著名的藏书楼如浙江宁波天一阁、清朝北京故宫文渊阁、清嘉庆十二年余姚人黄澄量所建私人藏书楼五桂楼、清人孙衣言所建玉海楼以及徐家汇藏书楼等都保存了大量珍贵图书。这是对中国文化的贡献。如何既藏又能用，既开放又能保护，是文化建设中的新课题。

13. 谈学者的社会责任

我不是学者，更不敢妄称学者。你们有无限的潜力，有可能成为学者，所以首先应该明确学者的社会责任。要不然，对为什么要读博，弄不清楚。

我长期在高校工作，也写点东西。我为什么要写这些文章，我的文章，我的书，究竟对别人包括对社会有什么影响，我没有很好地考虑过。似乎文章的发表和书的出版本身就是目的，最多给个人带来某种声名和经济利益，至于它们的更大目的即学者的社会责任，则很少考虑。这说明我只是作为普通的个人，而不是作为学者在思考。

马克思特别强调学者的社会责任。他说一个人有幸从事科学工作，不能像钻在奶酪中的虫子，只顾自己。马克思就是一个勇于承担并明确自己社会责任的学者。他遭受迫害，经常被驱逐，老年时贫病交加，但他以毕生之力从事学术工作。毫不夸张地说，马克思和恩格斯是有史以来最具社会责任感的学者，他们为无产阶级和人类解放寻找道路。学者，有大有小。但既然跻身学者之列，就应担负一定的社会责任。

我在想，各行各业的人都应该明确自己的社会责任。他们的社会责任就是他们的工作目的。一个厨师钻研烹饪技术，提高厨艺，是为了使食客满意；一个木工提高工艺，制造最好的家具，是为了使顾客满意；一个理发员研究发型，提高技术，是为了使去理发的人满意。诸如此类，不胜枚举。可以说，各行各业的从业者都知道承担社会分工给予的任务，也知道自己是干什么的，如何干好自己的活。就这点而言，学者往往还不如匠人

懂得自己的社会责任。

德国哲学家费希特写过一本书——《论学者的使命》，就是谈学者的社会责任的。他以各行各业为例，说每个阶层都是必不可少的，每个阶层都值得我们尊敬。给予个人以荣誉的不是阶层本身，而是很好地坚守阶层岗位。每个阶层只有忠于职守，完满地完成了自己的使命，才会受到更大的尊敬。学者呢？学者也应该有自己的社会责任，应该明确和完成自己的社会责任。由于学者从事的工作的特点，往往容易忽略社会责任问题。因为其他职业服务对象明确，是为别人服务，不是自我服务。服务好别人，就是自己的社会责任。而学者往往认为自己的对象就是学术，而不知道学术并不是目的，而是学者完成自己社会责任的方式。学者的任务是追求真理，阐述真理，传播真理。各个领域专业不同，但学者应以探索真理和传播真理为目的，这是相同的。这个目的是艰巨的、遥远的，而且往往不是一个人能完成的。因此，与其他各行各业相比，学者应该更谦虚、更努力、更具有社会责任感。事实相反，有些学者往往自视高人一等，往往忽视自己的社会责任，把学术工作看成自己的私人领地。

法国雷蒙·阿隆曾经说过社会有两种知识分子：一种是国王的顾问，即专家型知识分子；另一种是启示的信徒，通常为预言家或某种意识形态的鼻祖。当代史学家皮埃尔·罗桑瓦隆则说自己愿意成为第三类知识分子即介入型知识分子，履行社会批判责任，也肩负着为未来发明工具的使命。他认为自己的政治概念史的研究就是肩负着这种使命。

你们是博士，是高层次人才，是准学者或准备在某一天成为学者，我希望你们认真考虑一下这个问题。这样，你们才能有远大的志向和眼光。

第九章

辩证的思维

1. 谈辩证思维

学习辩证法不能光从书本上学，还要关注历史和现实。只要放开眼界，你们就可以看到辩证思维方法并非马克思独有的，在东方和西方、古人和今人，只要具有理性思考能力几乎都会在不同程度上具有辩证思维能力。你们翻翻中国哲学史、西方哲学史，其中有不少辩证法大家。但只有马克思主义哲学才使辩证思维变成科学世界观的重要内容，由朴素辩证法转变为科学辩证法，由唯心主义辩证法转变为唯物主义辩证法，尤其是确立了历史辩证法。在马克思主义哲学中，辩证法成为一种科学的自觉的思维方法。

“相反相成”是马克思主义矛盾辩证法中最重要的方法。毛泽东在《矛盾论》中论之甚详，并且运用最为娴熟。只要读读毛泽东的著作，考察毛泽东领导军事斗争、领导中国革命和社会主义建设时的政策，就不难理解。相反相成的思想，可以说古已有之。老子《道德经》中就有许多著名的关于相反相成的名言，如“有无相生，难易相成，长短相形，高下相倾，音声相和，前后相随”。而且特别强调：“恒也”。也就是说相反相成是规律性的。

最近我读到报载英国的已故首相、著名的铁娘子撒切尔夫人在 1979 年 5 月 4 日勉励自己的朋友时引用过一段话，我看就深刻而辩证：“凡是有不和谐的地方，我们要为和谐而努力；凡是有谬误的地方，我们要为真理而努力；凡是有疑虑的地方，我们要为信任而努力；凡是有绝望的地方，我们要为希望而努力。”不和谐与和谐、谬误与真理、疑虑与信任、绝望与希望，都是可以相互转化的。正是在这个转化中，这位铁娘子自诩为获得和谐、真理、信任和希望而努力。关于铁娘子的政绩，我无从评价，也不是我能评价的。我欣赏的是这种思维方式。铁娘子之所以“铁”，是否和这种灵活的思维方式有关，值得传记作家研究。

辩证法永远是乐观主义者的哲学。否认转化，把一切视为固定不变的形而上学是绝望的悲观主义哲学。我从报纸上读到，据说托马斯·爱迪生在发明电灯之前做了超过两千次的实验。有个年轻记者问他，为什么会遇到这么多次失败。爱迪生回答：我一次也没有失败，我发明了电灯，这只是一次经历了两千步的历程。中国人说失败是成功之母，失败往往是成功的先导和演练。爱迪生把此前两千次失败不视为失败，这说明他非常明确地知道，失败是一种结果而不是过程。处于过程中的失败，不是真正的失败。失败和成功是可以转化的。没有转化观念，只知失败就是失败，就不可能获得成功。凡是为某种不幸遭遇而自杀者，都是陷于绝望而看不到希望的人；凡是执着谬误而不自觉的人，都自以为是绝对真理的占有者；凡是什么都不信的人，以为天下无可信之事的人，自己就陷于“相信”自己的“一切都不可信”的理论困境。真理存在于辩证法之中，片面性会永远陷于谬误的泥塘而不能自拔。相反相成，创造条件向相反方向转化，防止向坏的方向转化，是永远乐观者的哲学。

2. 谈思维方法中的质和量

你们问马克思主义哲学基本原理有什么用，什么量变质变不都是空道理吗？我说，如果这样想，说明你们根本没有入哲学之门。不懂得质与量的道理，大不能治国，小不能治身。

要治国，必须有质的概念，只有把握质的概念才能把握社会发展的方向。我们社会的性质、国家的性质、政权的性质、所有制关系的性质等，必须弄清楚。有些人误读邓小平关于不要纠缠于“姓社姓资”的著名论断，以为我们治国理政中涉及发展根本方向问题也不要区分“姓社姓资”，这完全是与多次强调坚持四项基本原则相矛盾的。

光有质的概念不行。没有量的概念，质的判断就是空洞的。例如，中国是具有中国特色的社会主义国家，因为我们是以公有制为主体多种所有制成分并存和同时发展的国家。可如果我们根本没有关于公有制在国民经济中比重的概念，我们就无法准确判断我们应该采取什么样的政策进一步巩固中国特色社会主义制度及其改革方向。数的概念，就是量的概念。凡是“差不多”的“差不多主义”，就是心中无数。国家有多少人，男女比例如何，地下资源、陆地疆域、海洋疆域情况如何，都必须做到“心中有数”。中国历代封建王朝都重视人丁田亩赋税的统计，西方也是如此。我读过名为《末日审判书》的书。它说的就是英王威廉一世在征服英格兰之后，1086 年下令进行全国土地调查，掌握全国的土地占有、人口分布及动产情况，了解直接封臣的人数、土地和牲畜总数以便收取租税，加强财政管理，并确定封臣的封建义务。调查内容包括当地地产归属，每个庄园

的面积、工具和牲畜数量，各类农民的人数，以及草地、牧场、森林、鱼塘的面积，该地产的价值等，内容十分详尽。当代信息化时代更重视数字，可以说是数字化时代。“大数据”为对量的了解注入了前所未有的可能性。

通俗点说，质的概念是要知根，知道自己是什么样的国家；数的概念就是要知底。一个家庭要知家底，否则日子就过不下去；月光族就是不知底，没有量的概念。治国更要知根知底。甚至小到一个人的健康状况，也要有量的概念，没有量的概念，不知自己血压、体重、各项血检指标，就是对自己的健康不知底。有些人猝死，就是因为不知底。对自己健康既不知根，没有质的概念，即不知道自己属健康、亚健康还是不健康；也不知底，不知道自己身体的各项指标，尤其是血压和心脏负荷，结果一旦超过负荷，就发生猝死。

人们对量的把握随着科学技术的发展不断发展，从简单计算大小轻重，到越来越精密的度量衡，到处理大量数据的计算机。现在的云计算是每秒多少亿次计算。人们处理量的认识能力空前提高。这种提高将进一步推动对事物性质和规律的认识。无论在科学研究领域或日常生活中，我们常说：请拿出证据来。证据最重要的就是数据。没有数，就谈不上证据。

笼而统之的东西或只有结论而无数据的论断，是不可信的。我可以举个例子，有些国家尤其是美国鼓吹“中国威胁”论。好，请拿出证据来。中国的军费是多少、美国是多少，中国的飞机多少、美国多少，二战后美国打过多少次仗、主动发动过多少次战争、中国向谁发动过战争，按数据对比就知道，谁在威胁当今世界！

在辩证法思维方法中，毛泽东重视数的观念，他在《党委会工作方法》中共提出十二条，其中第七条就是“胸中有数”。毛泽东说，对问题一定要注意它们的数量方面，要有基本的数量分析。任何质量都表现为一定的数量，没有数量就没有质量。我们有许多同志至今不懂得注意事物的数量方面，不懂得注意基本的统计，不懂得注意主要的百分比，不懂得注意决定事物质量的数量的界限，一切都胸中无数，结果不能不犯错误。我忘记了《差不多先生传》是不是胡适先生的短篇小说，我在中学时期读过，印象很深。这位先生什么事情都是差不多，没有一个准确的数的概念。“差不多”，也是中国人的口头禅。这是一种非哲学思维。你们是哲学博士，如果只是在概念上背诵质变量变规律而不能实际运用，不懂在实际生活中这个规律无处不在，无时不在发生作用，这种哲学就白学了。

3. 谈现象与本质

我们对现象与本质的理解往往容易经院化。实际上这对范畴对我们正确理解现实非常重要。马克思批评庸俗经济学家只看到现象而看不到本质。他在《致路德维希·库格曼》中说："当庸俗经济学家不去揭示事物的内部联系却傲慢地鼓吹事物从现象上看是另外的样子的时候，他们自以为这是作出了伟大的发现。实际上，他们所鼓吹的是他们紧紧抓住了外表，并且把它当做最终的东西。"例如，庸俗经济学家认为资本获取利润、土地获取地租、工人的劳动获取工资，因而没有剥削，因为各人得到自己应得的部分。这完全抹杀了剩余价值的本质。所以，马克思说："但是，在这里事情还有另外的背景。内部联系一旦被了解，相信现存制度的永恒必要性的一切理论信仰，还在现存制度实际崩溃以前就会破灭。因此，在这里统治阶级的绝对利益就是把这种缺乏思想的混乱永远保持下去。"

由马克思和庸俗经济学家关于现象和本质的争论，你们可以看到被哲学家视为纯粹哲学范畴的现象和本质，在经济学中，这是与人们的实际利益息息相关的问题。资产阶级经济学家为了资产者的利益就掩盖价值构成的本质，只停留在人人能看到的资产者分到利润、土地占有者获取地租、工人拿到工资这种表面现象，而不敢揭示事物的本质，以便掩盖资本主义剥削制度。

从范畴角度看，现象与本质是一对哲学范畴，它们具有抽象性，可以不具人间烟火气，可只要一旦与现实相联系，你们就会发现它们在全部社会生活中都是至关重要的。不懂得区分本质与现象，或者观察问题只满足于现象而不深入本质，永远是玉石不分的"理论盲人"。

4. 谈因果联系

在理论研究中或实际生活中，如果没有因果观念，你们会寸步难行。研究因果关系理论在哲学中极其重要。当然，在这个问题上分歧最大，争论最多，不过不管分歧与争论如何大，马克思主义哲学研究者都应该是辩证唯物主义因果论的坚持者。

哲学和科学都离不开对原因的探索。科学是关于具体对象的具体原因的学问；哲学是探求普遍原因的学说。水为什么会结冰，这是物理学回答的问题；铁为什么会氧化，这是化学回答的问题，人为什么会生病，这是医学回答的问题。这些都是哲学无法回答的。哲学家不是物理学家、不是化学家、不是医学家。但从水可结冰、铁可生锈、人可死亡，从世界万事万物的具体变化中，哲学发现一个普遍现象，即世界万物都存在变化，不存在永恒不变的东西。万物皆变，只有万物皆变不会变。

变，总有变的原因存在。因此，我们要养成用因果观念分析问题的习惯，凡事总有原因，都要问一个为什么。为什么，就是对原因的探求。探求事物因果关系不容易。人类无数种疾病都不知道原因，只能对症治疗。有的甚至如何对症治疗都不知道，人体太复杂。世界也太复杂，许许多多的自然现象的奥秘我们还不知道。哲学家说自然喜欢隐藏自己，所谓隐藏自己就是隐藏原因，我们只是知道“然”，而不知“所以然”。怪不得古代有位哲学家说，发现自然界某一事物的原因，可以奖励一颗皇冠上的珍珠。

各门科学都在探求原因，而哲学则要从本体论、认识论、方法论上总结因果关系的意义。任何科学研究都要研究因果关系。不能无限地追求因果关系，不能无限地伸展因果关系的链条。因果关系是普遍联系中的一个环节，如果要不断地寻找因果关系，把普遍联系变为因果无限的链条，反而使因果关系变得模糊不清。因果关系都是具体的，只有对特定事件的分析才是有意义的。

因果关系是多样的，有主要的、次要的，有内因、有外因，有远因、有近因。必须分清各种原因。在主次原因分析上要善于把握主因。主因就是具有决定性作用的关键性原因。在无数原因中之所以是某个因素成为主因、成为关键性原因，是因为它在特定条件下的特殊作用，即在历史发展中的某个关节点上的作用。中国的改革开放的深层原因是基于中国社会发展的自身的需要，是“文化大革命”十年后中国此时正处于向何处去的历史节点。“四人帮”的覆灭使改革开放由历史自身的必然要求成为社会现实。我们往往把“四人帮”被粉碎视为改革开放的原因，实际上“四人帮”被粉碎是中国社会发展要求改革开放的结果。“四人帮”被粉碎是中国社会改革开放变为现实的历史节点。只有立足于中国社会主义发展自身的考察，才能理解改革开放的内因。也只有把中国的改革开放放在当代世界背景下考察，才能理解它的外因。

远因与近因的区别也是相对的。远因不可能远到无限远。例如，日本在卢沟桥“七七事变”中向中国发动全面侵略，它的远因最远可追溯到明治维新后，日本强大后开始的向外扩张。不能再远。历史上，中国和日本相处是和平的，唐代的遣唐僧、遣唐使就是证明。再远的历史构不成中日战争的远因。因此，对因果关系的考察必须针对具体问题、具体事件，而不能无限延伸。

进行因果关系的考察，必须把普遍联系的链条切断、打碎。否则，就会融合于普遍联系之中，失去了因果关系的特定意义。中国人说，“打破沙锅问到底”，在一定意义上是对的。但这个底不能无限追问，否则离原来探求的问题将渐行渐远，甚至越来越远，根本忘记了自己是从什么问题出发的。这样，不仅弄不清因果关系反而坠入无底深渊，越探索越发糊涂。

因果关系是客观的关系，对因果关系的研究当然应该具有科学性和客观性。在自然科学研究中，这种要求是合理的。即使对同一问题的因果关系存在不同看法，但通过实践或长期实践是非对错会得到证明。可在社会生活中，尤其在政治领域中，对因果关系的看法往往会受观察问题的立场的影响，从而得出完全不同的结论。例如，日本近年来在右倾化道路上越走越远，不断扩军，其把原因归于中国的鱼政船在钓鱼岛的巡航，越巡航日本越有理由扩军。美国有些媒体也在制造这种颠倒是非的言论。这就完全颠倒了因果关系。是由于日本穷踞钓鱼岛，才有主权之争；是由于日本把钓鱼岛国有化，才有中国鱼政船的巡航；是由于日本自己修宪要成为所谓正常国家，否认二战国际秩序，才有它不断以各种借口的扩军。日本疯狂扩军甚至妄图重新走上军国主义的道路，内在原因在于它的既定政策，而外在原因则在于配合美国重返亚太的战略。在社会领域，对某一重大事件原因的认定不可能采取纯客观的立场。

我们在研究因果关系时，必须考虑到自然与社会的区别。在自然界对因果关系的研究属于自然科学，它的因果联系是可以重复的。只要条件相同，可以重复实验。社会具体历史事件是一次性的，它的具体的因果关系是不可能重复的。因此，对因果关系的判断往往决定于观察者的立场和价值观。因此，对同一事件的因果关系可以有完全相反的说法。日本打到中国来，我们说是侵略，他们说是把中国从西方殖民主义统治下解放出来。日本安倍晋三的侵略无定义论就是一种否认因果关系的谬论。在社会生活中，具体事件的因果关系是不能重复的，第一次世界大战、第二次世界大战、日本侵华战争或美国发起的多次中东战争，都有各式各样的具体原因。但其中必然存在共同的原因，这就是无论何种战争，战争作为一种阶级社会处理国际关系的手段不会是无原因的。这种普遍原因就是战争的规律。战争是政治的继续。任何对外战争都是为特定的经济和政治目的服务的。这个关于战争因果关系的普遍规律是我们分析具体战争的指导原则。有了这个原则，我们就不会为种种为侵略战争辩护的所谓原因迷惑，诸如为人道主义而战、为保卫价值观而战、为人权而战等。这些都不是战争的原因，而是占据发动战争之道德制高点的一种障眼法。

5. 谈偶然性

你们学哲学必须懂得如何在实际生活中运用必然性与偶然性的范畴，不要把它们视为纯形而上的问题。

聪明人顺从必然性而提防偶然性，而蠢人则害怕必然性而不提防偶然性。死，是必然性，智者不会为死而终日惴惴不安，但他们绝不立于危墙之下，因为墙倒塌而致死的不幸事件是可能发生的。酒驾者认为酒醉被查或发生事故只是一种偶然性，有多少人未被查出也从未出事故。他们不懂必然性是一万，应该顺从，而偶然性是万一，应该提防。偶然性是科学的敌人的说法，在科学研究中是错误的，科学是从偶然性中发现必然性。在日常生活中，也应该重视偶然性对人带来的影响，好的偶然性是机遇，坏的偶然性是危险。

偶然性存在于三个领域：自然界有自然现象的偶然性、社会领域有社会历史的偶然性、人生有人生的偶然性。如何看待它们，决定于相应的世界观。如何看待自然界中的偶然性属于自然观，如何看待社会历史中的偶然性属于社会历史观，如何看待人生中的偶然性属于人生观。

在任何领域，否定偶然性都会导致神秘主义。上帝是否会掷骰子，就是爱因斯坦与海森堡关于自然领域中的必然性与偶然性的争论；社会历史中的必然性与偶然性的争论，是天命论、宿命论与社会发展规律论的争论；人生中的必然性与偶然性的争论，表现为无条件的选择论与有条件的能动论的争论。

在人的生活中，偶然性无处不在。人的一生充满偶然性。一个人买了一张别人的退票遇到车祸，或因出差到唐山而遇上1976年那次唐山大地震，或因为改签而避开了一场空难，也可能因改签而恰好遇上一次空难，偶然路过出售彩票的商店买了一张彩票而中头彩，或因为偶然的交通事故而丧命。如果我们否定人生中的偶然性，就会陷于命定论、前定论。我们每个人，即现在的我，都是一个现实的存在，但同样是由多种偶然性铸就的存在。拿我自己来说，我考大学时，同时被复旦大学和南昌大学录取，复旦录取是登报而无通知，南昌大学是有通知而未登报。我是先看到报纸因而进入复旦，由复旦又被分配到人民大学。从既成事实看，我的现状是无可改变的，可从它的形成来看，每一步都包含某种偶然性和可变性。其中任何一个环节的变化，都可以改变我现在的人生，形成另一个不同于现有的另一个“我”。

人有生有死是必然的。可如何生如何死充满偶然性。由于洗澡感冒而引发肺炎死亡，或在某地感染禽流感而死亡，或路过某工地恰巧被掉下来的水泥块砸死，这都是偶然性。总之，人的最终死亡是一种必然，而死的方式和原因可以有千百种。

偶然性是无法预测的，你到王府井碰到分别三十年的老同学，这当然是偶然的，除非你们事先约定。每一方去王府井都是有原因的，都是可以由自己做主的，可以去可以不去；但在王府井恰恰与老同学相逢却是不由自主的，不是任何一方事先决定的，而是由两个各自不同的原因造成的。

偶然性不可预测，但并不神秘。彩票中有人中头彩是必然的，因为彩票中本来就规定有头彩；只是对具体个人来说是偶然的，所以某个人中头彩是必然中的偶然。发生空难必然死人，唐山地震必然死人，火车出轨会死人，这些都是必然的，至于谁碰上则是偶然的。任何偶然都是必然中的偶然。偶然性对于所有碰上的人都是偶然的。唐山地震对于对那些刚好出差的人是偶然性的，因为他们没有死于唐山地震的必然性。必然性存在于个人之外，对于所有的人都是必然的，因为必然与规律不可分；偶然性的原因存在于个人行动中，没有同样行动的其他人不会同时发生同样的偶然性。

偶然性的世界，是使人惴惴不安的世界。心灵的安定会被偶然性扰乱。一个人走进野兽出没的深山，会提心吊胆，因为他无法预料哪里会窜出一只野兽来，所以进入深山不可能有走在大街上的那种安全感；买股票的人会感到不安全，因为股票的涨跌无法预测，更无法由自我决定；出海打鱼的渔民有遇到台风的偶然性；开车有出车祸的偶然性。总之，人的周围存在无数偶然性，因而人有不安全感。这是人信仰上帝、信仰命运的原因。出海的渔民家家相信妈祖；做生意的商人相信财神，你们可以看到商家都供着一尊菩萨。这些都是偶然性无法预测的心理安慰剂。

偶然性无法预测，但是可以防范，因为偶然性既是无限的又是有限的。说它无限，是从世界角度说的；说它有限，是从人的活动范围说的。例如，根本不买股票，就没有因买股票而发财或破产的偶然性；从不坐飞机，就没有空难的偶然性；从不喝酒，就没有因醉驾而发生车祸的偶然性。总之，某些偶然性都与相应活动有关。偶然性与主体活动方式相关，无相关性则无此种偶然性。王府井来往的人多得很，老友相逢这种偶然性，只有对相关人来说才存在。买彩票中头彩，对所有购买同样彩票的人来说，都只是一种“可能性”，而只有对中头彩的人，这种“可能性”才称为“偶然性”。因此，世界上的偶然性是无穷无尽的，各个人的偶然是各不相同的。

偶然性具有不可预料性、不确定性，是不期而遇的。它既可以成为一种机遇，带来好运；也可以成为一种霉运，带来厄运，毁灭人生。因此，一个智慧的人应该懂得防范不利的偶然性，抓住有利的机遇。这就要求人有个有准备的头脑。例如，出海打鱼要关注天气预报，要根据自己的渔船的大小而决定捕鱼的远近，要安装定位和呼叫器等，坐飞机要系安全带，买股票要考虑自己的承受能力和树立风险意识。这就是中国人说的，有备无患。备，是对偶然突发事件可能性的准备；无患，即对策和预案。进工地戴安全帽，坐飞机系安全带，不酒驾，都是一种相应活动的规则。凡是规则，都有防范偶然性的作用。修水库，防范洪水；设消防队，防止火灾。所有应变措施、应变机构都有防范偶然性的作用。减少导致伤害的偶然性的最可靠的方法，就是估计某种活动产生不测事件的可能性的范围和防范方法。

不仅要有防范偶然性的备案，而且应该有心理准备。应该懂得偶然性的概率，否则只能始终惴惴不安。空难的概率是多少？中头彩的概率是多少？这样才不会一坐飞机就全身发抖，也不会整天想买彩票发财。这叫有主见。把自己交给偶然性的人是不幸的人，因为他们把自己交给上帝、命运，而不是交给自己。所谓交给自己，就是理解与自己活动相关的偶然性，具有防范意识。

你们是哲学博士，如果这点道理都不懂，哲学对你们来说就只能是卖弄知识的摆设。

6. 谈偶然性的原因

世界上没有没原因的结果，偶然性也有因果关系。必然性与偶然性的区分不在于有无因果关系，而在于这种因果关系是必然的还是偶然的。一个人出车祸，被汽车压死是偶然的，因为此人生命中并没有注定被汽车压死的原因；如果一个人用手触摸高压线，或触摸电门，死亡则是必然的，因为这个原因在于人是导电体。虽然两者都有原因，但一为偶然，一为必然，区分就在于前者原因是外在的，刚好人与汽车相撞，汽车并没有要压死此人的必然性，或此人也没有一定要被汽车压死的必然性，否则只能相信命运；后者的原因是必然，因为触电能死人是必然的。无论是谁，是张三李四，是王五李六，同样如此。这是规律，是必然性，因为人是导电体，人人如此。

偶然性不能被当成必然性，因为原因在此事物之外，必然性不能被当成偶然性，因为原因在事物之内。但它们又不可分。偶然中会存在必然，因为某人虽然没有死于车祸的必然性，可是在一定条件下，当汽车此时此刻经过此路，而此人又恰恰此时此刻违反交通规则横穿马路，从而造成这起车祸，这就是两个偶然性的交会产生的必然结果。正如高压线断了掉在地上会电死人，如果此人恰好踩上高压线则会被电死，如果避开高压线则不会被电死。踩上或不踩上是偶然的，而踩上会触电，不踩上则不会触电，则是必然的。

历史事件中这种情况太多。辛亥革命发生在十月十日，是因为事情暴露，仓促提前举事。辛亥革命发生的具体时间，肯定具有偶然性，但反对清王朝的民主革命则是必然的。它不是因为计划的偶然暴露，而是由于中国封建社会处于崩溃前夕，各种矛盾激化，清政府彻底腐败，革命已成燎原之势。革命比原定计划提前，决定于某个偶然突发因素，而革命的发生则是必然的。所有历史事件的发生都会具有必然与偶然的双重性。如果不是偶然暴露，辛亥革命也可能发生在别的时间、别的地点，可能使中国这场著名的革命具有不同的形态。但中国人民的民族民主革命则是必然的，只是发生的迟早、举事的方式、参与的具体人物不同，从而会给我们至今仍在纪念的革命绘上不同的色彩。但当这种偶然性变为现实，就成为历史事实。现在来争论辛亥革命是不是可能不发生在武昌，不发生在十月十日，对已经是历史事实的重大事件再设想另一种可能性，除了制造噱头以外，毫无意义。

7. 谈可能性

可能性与现实性作为范畴，具有重要的方法论意义。我们制定政策、处理工作、办事，都应该把立足点放在现实基础上，而不是放在对可能性的期盼上。正如列宁在《论策略书》中所说："马克思主义者在分析形势时，不应当从可能出发，而应当从现实出发。"可能性，只能是预案而不能是执行方案。执行方案必须立足现实。当然，现实不是凝固不变的。考虑变化，应当考虑多种可能性。一个哲学家应该懂得运用这对范畴，找准立足点，只有立足现实才能理解现实和现实的走向；观察未来走向，应该考虑多种可能性，只有充分估计可能性，才能进行合理的有利的选择。

选择建立在多种可能性的基础上，没有多种可能性就没有选择。必然性是拒斥选择的，必然性的特点是认识和利用，这叫因势利导。如果要想选择不变为主观的一厢情愿，不变为永不能实现的梦想，就必须建立在现实性的基础上。没有可能就没有选择，不立足现实性就不能进行正确的选择。你们在人生途中，尤其是关键时刻都可能面对多种可能性，无论是爱情、婚姻、就业以至工作的调动，都需要选择。懂得可能性，懂得可能性与现实性的关系，不只是摆弄抽象的哲学范畴，对你们的一生至关重要。

8. 谈界限

任何事都有一个度，即界限。真理有界限，真理向前走一步就会变成谬误；严肃与谦逊也是如此。马克思在《评普鲁士最近的书报检查令》中说："过分的严肃就是最大的滑稽，过分的谦逊就是最辛辣的讽刺"。在日常交往中，例如到别人家做客，过分礼貌，处处谦让，过火了，主客两方都不安。所以，中国人说"客随主便"，这是非常智慧的生活哲学。礼貌过了界，就会变成虚假。而虚假的客人，是最使人难受的。《论语》中记载了孔子的一段话，"子曰：'巧言，令色，足恭。左丘明耻之，丘亦耻之。匿怨而友其人，左丘明耻之，丘亦耻之。'"表面上恭恭敬敬、装作谦虚，可内心却虚假，这是最令人讨厌的。做人要老实，老实就是讲礼而不过分，真诚而不虚假。

讲到界限有个问题无法回避，这就是如何评价孔子的"中庸之道"和毛泽东的"矫枉必须过正"，因为它们都涉及界限问题。"中庸之道"作为人的行为和认识的规范来说有其合理之处。毛泽东承认它是辩证法的一个构成要素。例如，子贡曾经问过孔子，子张与子师谁更优秀？孔子回答："子张太过，子商又过于谨慎。"子贡说："是不是子师好点？"孔子回答："过犹不及。"过与不及都不好，这就是辩证法。

在涉及社会变革的问题上，"中庸之道"就不能被奉为规范。因为按照"中庸之道"，永远只承认量变而不承认质变，即不承认社会变革需要超过原来的量的界限，或者说需要过"度"，需要越过界限，不准越限，就没变革。因而，革命往往要超出原来的社会设定的界限，这种超越界限与认识的片面性和真理的越界是不同性质的问题。

“矫枉必须过正”是毛泽东在《湖南农民运动考察报告》中针对农民运动中的所谓过正行为说的。革命是一种大的变革，不可能那么中庸、雅致、从容不迫。对几千年的封建势力的反对，必须用大力气，毛泽东正是在这个意义上说“矫枉必须过正”。这是对反对农民运动的一种回答，而不是鼓励做任何事情都过正。我们不能脱离特定语境和对象，把“矫枉必须过正”作为人类行为和认识的通则。

真理是具体的。在认识范围，在人的行为的合理性范围，主张“中庸之道”、“过犹不及”，是合理的，但在社会革命问题上一味倡导中庸，则会阻碍变革。同样，在大力反对某些年深日久积重难返的旧事物、旧弊端，以“矫枉必须过正”来反对旧势力的指摘，有其合理性，但“过正”不是目的，“矫枉”才是目的。“过正”是特定时期特定问题达到矫枉的一种方式。“正”才是目的。从目的来说，“过左”“过右”都不正确，而“正”在不左不右之间，即适度。如果不问条件、不问问题，不问纠正何种错误，一律都要“矫枉过正”，就已经“过正”了，变成了谬误。

9. 谈条件

在历史唯物主义中，我们很少讲到条件问题，是把它放在辩证唯物主义中讲的。但我们一定不要忘记，历史唯物主义分析任何问题都必须注重条件。

本体论中存在条件问题。同一事物在不同条件下会有不同的结果。桔“生于淮南为桔，淮北为枳”，指的就是条件对事物自身的制约性。认识论中同样有条件问题。脱离条件就不可能正确认识事物。可以说，脱离条件，事物的本质是无法认识的。砒霜是药还是毒物，取决于是用于治病还是用于谋杀；一支钢笔是写字的笔还是文物，取决于场合：二战日本无条件投降，在美国军舰密苏里号签字时的笔的作用是签字，和别的笔一样，可一旦被送入博物馆，就成为了有历史价值的文物。

历史的因果关系同样是有条件的，不能抽象化。相同的原因，可以产生不同的结果，而相同的结果可以出自不同的原因，因为真实的因果关系都是在特定条件下的因果关系。真正具有科学价值的历史分析，必须重视对被认识对象的条件的分析。历史唯物主义同样要注重条件的分析。马克思在致《祖国杂志》主笔的信中，讲到他在《资本论》中对古罗马失去土地的无产者没有变为雇佣劳动者，而在资本主义社会原始积累时期大批失去土地的农民却变为雇佣劳动者时说，显然相同的事件，只是因为发生在不同的历史环境之中，便产生了完全不同的结果。分别研究这些发展形式，然后比较之，便容易解释这个现象，但拿着一般历史哲学理论，是永远不能解释的。

为什么社会主义革命没有发生在生产力发达的西方资本主义国家，而偏偏发生在比较落后的俄国？为什么比俄国更落后的中国会继俄国十月革命之后，建立了社会主义？为什么苏联解体，社会主义在苏联遭受巨大挫折，而在中国却取得了前所未有的举世瞩目的成就？要分析这些问题，就必须把各个国家发生的事变，放在各自的内部条件、外部条件下来分析。离开特定条件，一切都无法理解。

现在西方有些政治家鼓吹“中国威胁论”，认为中国强大就会向国外扩张，是对世界和平的威胁。西方政治家是从西方资本主义一些强国的崛起的情况来推论的。资本主义国家的兴起确实如此。西班牙、葡萄牙、英国、美国、沙皇俄国、纳粹德国以及明治维新后的日本，无不如此。这是由它们的国家性质决定的，资本主义本质决定这些国家强大后必然向外扩张，有条件也有能力向外扩张。资本主义历史证明，对世界造成威胁的就是当时处于强势发展中的某些资本主义帝国。中国不同。中国是社会主义国家。中国既没有向外扩张的历史，也没有向外扩张的现实需要。中国特色社会主义建设需要和平的国际环境，需要各国的友好交往。永远不称霸是社会主义中国的基本国策。现在如此，将来也是如此。一个国家的强大就是威胁，就必然向外扩张，这是脱离国情、世情的抽象论断。

10. 谈情理

我们分析问题，要合情合理；做事情，要合情合理。这里所说的情是指“情况”、“情景”，通俗点说，就是合乎实情。如果不符合实情，当然无理可讲，即使讲理，也是假道理。

情理还有另一意义。情，指的是人的情欲；理，指的是理性，它的具体化即规范。如何看待人的情欲与理性的关系，是人生观中的重大问题。如果反对情欲，只强调道德的至上性，这就是以道德的名义对人性合理需求的压制。这种所谓道德高尚，是伪君子、假道学。我们之所以反对“存天理，灭人欲”，是因为人欲不可灭。与人欲相对立的天理，无非是假天理之名的旧理教的神化。

情欲与理性的矛盾，自古以来就存在，它的表现形式可以有差异，但本质是一样的。例如，柏拉图在《斐多篇》中谈论的肉体与灵魂的关系，本质上就是情欲与道德的关系。他认为人的肉体是情欲需求的根源，也是情欲实现的载体，而灵魂的本性是纯清的。“灵魂有肉体陪伴，肉体就扰乱了灵魂，阻碍灵魂去寻求真实的智慧。”这样，人的肉体成为了灵魂达到纯洁的障碍。至于基督教宣传救赎、忏悔，也是牺牲肉体的情欲，以便灵魂得救。

马克思主义承认人的自然需求的必然性，人作为自然存在物，当然有生存繁殖的需求；否则，人就不是有生命的个体。但人是社会的人，人的自然需求不断地人化，摆脱动物式的满足和满足方式，这就是人类文明的进步、道德的进步。这种进步与灵魂无关。人没有宗教所宣扬的寄居于肉体中的灵魂。人是会思想的有理性的社会存在物。人的思想和理性不能脱离人的身体，离开身体则不存在。人死如灯灭。人死后灵魂离开身体而到处游荡，可以轮回，这是宗教学说而不是科学。看起来这种谬说有些抬头，我经常看到有关某些大师宣传灵魂不死的报道。21世纪，科学昌明的当代，宣传这种荒谬不经的东西，居然有人相信，真有点悲哀。这说明我们无神论的宣传太不到位了。

肉体不是罪恶之源，情欲并不可耻；可耻的是，不以人的方式而以动物的方式来满足情欲。在这种情况下，人就是两脚动物，这种以“人性”名义出现的人的情欲的满足，本质上与兽性无异。禽兽不如、衣冠禽兽等贬义词，指的就是这种摆脱社会道德和法律规范的情欲的满足。马克思在《1844年经济学哲学手稿》中对这一点有过深刻的论述。他说：“吃、喝、生殖等等，固然也是真正的人的机能。但是，如果加以抽象，使这些机能脱离人的其他活动领域并成为最后的和唯一的终极目的，那它们就是动物的机能。”

人类文明的进步，使人的情欲的实现和实现方式更加符合社会道德和法律规范。人的教养水平就是人的社会化水平，就是人的文明化程度。马克思曾以人的最基本的需求即两性关系为例说明这个问题，他认为从人的两性关系的处理方式中，“可以判断人的整个文化教养程度”。当人的情欲企图摆脱社会规范，并以人性的名义追求“性解放”从而导致情欲泛滥时，人类就从文明社会倒回到了野蛮时代。千万不要以“人性”的名义为集体淫乱辩护。集体淫乱是“文明”和“人性”掩盖下的原始杂婚的当代变形。

11. 谈黑与白

非黑即白、非白即黑，这种思维方式是形而上学的思维方法。如果我们学习马克思主义哲学，不能摆脱这种思维方式，确定辩证思维方法，对历史事件、历史人物，尤其对重大历史事件和复杂历史人物，不可能作出较为准确的判断。

小孩子看戏最容易问的问题就是这个人是好人还是坏人？成年人的思维方法也容易绝对化。最容易区分的东西当然是白与黑，因为界线分明，而最难认识的是灰色，非白非黑，亦白亦黑。这也许是反腐斗争中灰色收入最难查清的原因。在认识领域不能采用非白即黑、非对即错的两极对立的思维方法，因为真理与谬误既有界线但又非绝对对立，因而必须辩证思考。

西汉时的思想家扬雄在《法言》中说过一段话："真伪相错，则正士结舌。真伪相冒，是非易位，此邦家之大灾也。"意思是真伪是相错的，也就是真理与谬误并非绝对对立的，因为被视为真理的认识中可能包含某些谬误，而被视为谬误的观点中可能包含某些真理因素。遇到这种真伪相错纠缠在一起的情况时，最聪明的人都会张口结舌，说不清楚哪个对哪个错，必须分析性地思考。

在认识领域中，不仅存在真伪相错，而且可能存在是非易位，也就是说是非颠倒，真伪难分。这种情况的危害性最大。因此，在认识过程中遇到真伪相错的情况时，要善于从真理中发现错误因素，从错误中发现真理因素，不能非此即彼。可是在应用这种思维方法时又不能采取折中主义，此一是非，彼一是非，不分真理与谬误。这样就会陷于是非易位、真伪相冒的错位。总之，要承认认识的复杂性，不能简单化、片面化。既要防止非白即黑，又要防止黑白不分。要区分真伪，但不能非黑即白；要辩证思考，但不能此一是非，彼一是非。

要在思想方法上解决这个非白即黑的形而上学方法问题，首先是要学会分析。毛泽东在《学习和时局》中专门讲到分析的重要性。他说，列宁认为对具体情况作具体分析是马克思主义的最本质的东西，是马克思主义的活的灵魂。我们许多同志缺乏分析的头脑，对于复杂事物，不愿作反复深入的分析研究，而爱下绝对肯定或绝对否定的简单结论。“非白即黑”，就是绝对肯定和绝对否定的典型表现。我们发现在近代史人物和思潮的研究问题上的一些翻案文章，往往是把自认为过去被颠倒的事再颠倒过来，往往陷入另一种片面性。

12. 谈新与旧

历史发展的本质，就是新制度代替旧制度、新事物代替旧事物、新思想代替旧思想。时变则事变，革故鼎新是普遍规律。庄子曾以舟与车为例说明适时变化的必要性。他说："夫水行莫如用舟，而陆行莫如用车。以舟之可行于水也而求推之于陆，则没世不行寻常。古今非水陆也？周鲁非舟车与？今蕲行周于鲁，是犹推舟于陆也，劳而无功，身必有殃。"舟只适用于水，车适用于陆地。周鲁时代不同，不可能把周的一套搬到鲁国来。

可是，新旧事物和制度之间不是绝对对立的。在现实中，总是能发现历史的影子。其中有些是不适合新时代的旧制度、旧思想的残余，经过或长或短的时间慢慢消退。可有些是积极因素，它会以变化了的形式继续存在，它表现为历史的连续性。我们以科举制度为例。隋唐时建立的科举制度是对魏晋时代的门阀制度和九品中正制度的一次巨大革新，改变了"上品无寒门，下品无士族"的社会性不合理现象，这是中国文官制度的一大创造，为平民中的杰出人物开辟了一条参与政治的道路，扩大了封建官僚队伍的来源，提高了官员的素质。这个制度从隋大业三年开始到清光绪三十一年，实行了一千三百多年。在这段时间，通过科举选拔的确出现了一批政治家。可是随着年代日久，科举制这一原本是重大官吏选拔制革新成果的新制度的弊端逐步呈现。不仅是科场舞弊，更严重的是科举的课目和题目程式化，考试变为为圣人立言，并无真才实学。不仅影响了官员的质量，而且影响了整个教育的方向。因此，到清末，废科举、办学校已成为改革必然之势。可以废除科举制度，但考试制度并不会因废除科举制而消失。考试作为选拔的一种方式有其合理性和必要性，世界各国都有各种不同的考试，包括公务员考试制度。

全国革命胜利之前，我们的干部是革命干部，所有参加革命的人都是革命干部，革命干部是革命队伍中的一员。全国革命胜利之后，凡是参加工作的人自然是大大小小的国家事业机关的干部；大学生毕业分配是国家干部的重要来源，不存在再考试问题。中国当代公务员的国考，是改革开放后从 20 世纪 90 年代开始的新举措。国家公务人员的考试在一定程度上继承了中国科举制度选拔官员的办法，但改正了原有科举制度的缺点。公务员考试获得的是资格而不是功名，可进国家机关当公务员，也可自主择业。而且，国考合格不是做官而是当公务员，逐步积累从事实际工作的经验。我们可以看到，公务员考试制度改变了获得文凭即获得干部身份的流弊，是真正培养各个工作岗位有工作才能的后备队伍，其中涌现了一批既有实际文化素质又有实际经验的治国理政的人。

公务员考试不同于中国封建社会的科举制，但人们能从中看到中国科举制对中国政治文化的影响。如果只知道新与旧有界线而不知道它们有联系，那就是根本没有历史眼光。

13. 谈经与权

马克思主义哲学中有条原则，叫原则性与灵活性相结合。这在中国哲学中，就是经与权。它是中国传统思想中最具辩证法的思想。柳宗元说：“经非权则泥，权非经则悖。”“经”与“常”，都是普遍性，老子《道德经》中说的“道可道，非常道，名可名，非常名”，“常道”、“常名”中的“常”，指的就是普遍性与永恒性。而权与衡是相互联系的。所谓权衡，就是从实际出发，采取相应措施。不懂权衡实际情况，所谓坚持原则，就是顽固不化；背弃原则、只知权衡，则是机会主义，是变色龙，是对原则的背叛。

在实际工作中，有经有权、有原则性有灵活性，是最好的思维方法和工作方法。列宁强调的“具体问题具体分析是马克思主义的活的灵魂”，毛泽东确立的“有理、有利、有节”，都是经与权相结合的原则。马克思主义中国化就是经与权的结合。坚持马克思主义普遍原理，是“经”；根据中国实际应用马克思主义，是“权”。

14. 谈有用与无用

和你们谈这个问题，似无必要。哲学系本科生有些是分配的，而你们是博士，是以哲学为业的，可以说是自觉自愿投身哲学这门专业的，当然知道哲学的有用与无用的问题。可我们大家都生活在市场经济条件下，我们观察问题的眼光可能自觉或不自觉地受市场观念的局限。如果能获得最大经济回报的专业就是最有用的专业，哲学当然属无用之学。如果没有一个正确的观点作指导，哲学这个冷板凳很难长久坐下去。哲学当然有哲学的效用标准，这个标准就是作为能思想的人的需要。

就对人的生物性生存来说，就直接创造物质财富、满足人类直接生存的需要来说，当然最有用的是数理化或其他技术性知识。可人同时是精神性存在。人有精神性需要。哲学可以提高人的人生境界，道德可以规范人的行为，艺术可以增高人的审美情趣和气质，音乐可以愉悦人生、和谐人生。中国历来重视乐教。《荀子·乐论》中说，“夫声乐之入人也深，其化人也速，故先王谨为之文。乐中平则民和而不流，乐肃庄则民齐而不乱”。哲学教育、道德教育、美学教育，总之一切人文教育都是人的培养不可缺少的。理工农医以及一切科学技术工作者，都需要培养人文知识，否则会沦为工具化的人，会成为不完整的人。

冯友兰先生说：“哲学本来是空虚之学。哲学是可以使人得到最高境界底学问，不是使人增加对于实际底知识及才能底学问。”老子以为道与为学作为区分标准。哲学是为道，不属于为学。确实，哲学与实证科学对人的教育发挥着不同的作用。一者是培养人的世界观和人生观，完善人的道德和提高人生境界；一者是培养人的改造自然的本领，提高人的生存才能。这两者都需要。前者使人成为人，后者使人成为具有某种专业才能的人。可它们又不能只讲分，而必须讲合。空谈哲理而不务实际，会成为空谈家、清谈家；对于这种人，哲学确实会陷于无用，不是哲学无用，而是他根本不打算用，也不善于用。如果只谈实学，重视技能培养而无哲学头脑，则不仅人生境界低、思维能力亦低，在专业领域也不可能取得突破成绩。没有思维方法的突破，很难有实际科学的突破。马克思主义哲学的重大变革，就在于把哲学变为认识世界和改造世界的思维方法。既发挥哲学自身的思维方法的特点，又避免它与人的具体认识和具体实践相脱离，流于空谈。马克思主义哲学家不应该只是空谈哲学的哲学家，不应该只停留在书本上，而应该直面现实，关注现实，走理论与实际相结合的哲学道路。这是马克思主义哲学家不同于以往一切哲学家的特点。

周总理是“千古一相”，是新中国的大总管。他在政治、军事、外交等诸多方面的才能都是后人无与伦比的。周总理就善于进行哲学思维。1963 年 4 月在同当时埃及部长执行委员会主席阿里·萨布里的谈话中，就专门讲到中国人办外交的哲学思想，极其生动地表明了哲学思想的重要性。周总理说：“我们中国人办外事有这样一些哲学思想”。然后讲了几条原则：第一，“要对等，不要将己见强加于人”。这是中国人协和万邦的思想。第二，“决不开第一枪。人家可以先对我不好，我们决不会先对人家不好”。这是中国哲学讲理的思想。处理国际问题，先要占理。谁开第一枪，谁就首先输理。第三，“来而不往，非礼也”。不开第一枪不是无原则地退让，不是软弱可欺，应该有所准备，进行还击。这是有理、有利、有节的原则。第四，“退避三舍”。这就是我先退，给你警告。再来再让，但事不过三。这样做是为了给予对方时间考虑，有两种可能，一种是对方因此而谨慎行事，可以避免战端，另一种是对方无视警告，只能还击。朝鲜战争就是如此。周总理总结说，我们中国人办事就是根据这样一些哲学思想。我们应该从周总理讲外交应该有哲学思想中体会到更多的东西。

如果人作为人只有物质需要，当然可以不要哲学。如果要超越动物生存本能的水平，作为思维着的人来生活，就需要哲学，只有哲学才能提升人的人文和思维素质。哲学之用，大可治国，小可治身。《道德经》中说，“治大国如烹小鲜”。这句名言，就极其智慧地说出了治国之道，可以抵得上无数本政治学教科书。

15. 谈借口与诱因

我们以往历史唯物主义教科书中，在历史唯物主义中很少讲因果关系问题，是放在辩证法的范畴中讲的，很少涉及社会历史问题。至于在因果关系中，对借口与诱因的区分则更少涉及。这样妨碍了我们深入地理解历史现象。

借口与诱因貌似相同，实质各异。借口，是实现阴谋或某种既定政治目的而制造的“原因”，而诱因则是真实的客观原因，但不是主要的原因。例如，1931 年 9 月 18 日，日本关东军以南满铁路被炸为理由，突然向北大营发动进攻，几天即占领沈阳，并很快占领全东北。这是为实现侵略阴谋制造的借口；1937 年 7 月 7 日卢沟桥事变，也是以日本演习士兵失踪要进宛平城搜寻为借口，突然发动进攻。这里的所谓“原因”都是借口，与事件的本质毫无关系。

第一次世界大战爆发时的奥皇储被刺是第一次世界大战争的诱因，因为奥皇储被刺不是战争任何一方的预谋，而是引发战争的客观导火线。清代“文字狱”都是以文字中包含对朝廷的不敬为理由，镇压汉族知识分子，实际上都是制造的由头，不是真正的诱因而是借口，没有这篇文章可以有另篇文章，找不到这个原因还可以找另一个原因。凡不是真实的原因而只是自认为的“原因”，都是借口。

在以往阶级社会的政治生活中，在国际关系中，这种制造借口的事例屡见不鲜。它往往容易与诱因相混淆。中国人说“欲加之罪，何患无辞”，讲的就是借口而不是诱因。诱因是真实的原因，但不是主要原因。如果没有主要原因，它就不会构成诱因。例如，美国炸我驻南联盟大使馆、南海撞机等事件之所以没有引发中美战争，没有成为引发中美战争的诱因，没有成为发动战争的借口，是因为双方都没有为此而战的意愿。因而，它是一个外交事件而没有成为战争的诱因。因此，诱因作用的大小和后果，只有依据它在整体事件中的地位才能确定。美国以伊拉克拥有大规模杀伤性武器为由发动伊拉克战争，目的达到后说是情报错误，其实拥有大规模杀伤性武器是借口，真实目的是推翻萨达姆，而情报错误则是对借口的掩饰。

一个有眼光的历史研究者研究历史时必须区分借口与诱因。借口是制造的，它与事变本身不存在任何客观的因果关系；而诱因，则是事变因果关系中的一个小小环节，它只起引爆作用，当它没有引爆事变，它就不再是诱因，而是一个普通的甚至微不足道的事件而已。

第十章

哲学的追问

1. 谈“为什么?”

你们可以问问自己，在学习和研究哲学的过程中，你们提出过什么样的哲学问题?独立探讨和回答过什么问题?你们发表的文章中有没有问题，还是仅是没有问题的论述?你们在开题报告中准备提出什么样的问题作为论文的核心内容?我没有问你们读过哪些书，因为书读得再多而没有问题，提不出问题，也是白搭。

有人说哲学家像小孩，或者说小孩像哲学家。哲学家与小孩子有个共同点，这就是提问，总是在问“为什么?”。小孩最喜欢问为什么，为什么星星会眨眼?为什么地球动而我们不会跟着动?总之，领着孩子上街，要不断地回答他的提问。哲学也是提问。不同的是孩子没有概念思维，他的提问都是针对具体对象的提问，碰见什么问什么。哲学家的提问是对具有普遍性的问题的提问。哲学问题都是普遍性的问题，属于概念思维领域。影响最大的哲学家，是能提出新问题的哲学家。提问题，等于悬挂黄榜。一个哲学家提出的重大哲学问题可以推动同时代人甚至以后多少代哲学思维的发展。我曾记得我学习哲学时，听过有名的哲学家讲康德哲学，综合判断和分析判断这好懂，讲到康德关于先天分析判断何以可能时，老师急得团团转，我们都如同腾云驾雾，不知所云。至今好像哲学家也说不清先天分析判断何以可能，这成为认识论中的一大难题，哲学史上的悬案。

马克思非常重视问题在人类认识和实践中的重要意义。他关于问题重要性的著名论断，理论工作者们耳熟能详，人人皆知。在实践中、在研究中，真正注重提问题的并不多，更不用说提出新的具有时代意义的问题。

我们的缺点是，写文章或写书注意的不是如何发现问题、提出新问题，而是构建体系。用众所周知的东西、用貌似高深晦涩难懂的东西、用自我创造的概念，构筑一个所谓的体系，也许你们认为这就是研究哲学。其实这种没有问题的体系，如同一栋曲径通幽的深宅大院，很大、很空。站在门口往里瞧，很吓人，但真正坐下读，你们会发现除了概念套概念，什么东西都没有。

2. 谈时代精神的精华

为了简便，我们习惯使用“哲学是时代精神的精华”，似乎这是马克思关于哲学本质的经典表述，其实这是误读。这样理解，离开了马克思1842年抨击《科隆日报》社论提出这个著名论断的历史背景。

马克思说的是“任何真正的哲学都是自己时代的精神上的精华”。这个“真正的”定语是不能忽略的，更是不能删去的。删去了就无法理解在同一篇文章中，马克思并不是赞扬任何哲学，相反，他对经院哲学采取的是批评态度。马克思说：“哲学，尤其是德国哲学，爱好宁静孤寂，追求体系的完满，喜欢冷静的自我审视”。还说：“哲学，从其体系的发展来看，不是通俗易懂的；它在自身内部进行的隐秘活动在普通人看来是一种超出常规的、不切实际的行为；就像一个巫师，煞有介事地念着咒语，谁也不懂得他在念叨什么。”可见，马克思并没有抽象地把任何哲学都视为时代精神的精华。

马克思关于真正的哲学的论断，是对《科隆日报》的政治编辑海尔梅斯对《莱茵报》攻击的反驳，因为《科隆日报》在它的179号社论中猛烈抨击马克思主编的《莱茵报》，说他们认为通过报纸传播哲学和宗教思想，也像报纸上攻击这些思想一样，都是不能允许的。它的攻击矛头直指马克思，因为马克思当时参与青年黑格尔左派运动，正在利用黑格尔哲学中的积极因素反对普鲁士专制制度和宗教，并在《莱茵报》上宣传这种哲学观点。马克思当时维护黑格尔哲学，维护青年黑格尔派从黑格尔哲学中得出的反对宗教、反对普鲁士专制政府的结论。也就是把黑格尔哲学导向实际

的政治生活，使之走出纯思辨的领域。这当然不是黑格尔的本意，但黑格尔哲学辩证地表现了时代精神，包含着对现实的批判因素。

马克思是在哲学与宗教对立的意义上强调"真正的"哲学是时代精神的精华，因为它追求的是真理，而不是信仰。仍然是在这篇文章中，马克思强调，"哲学是不是应该照'每个地方都有自己的风俗'这句俗语所说的那样，对每一个国家都采取特殊的原则呢？哲学是不是应该在一个国家里相信 3×1=1，在第二个国家里相信女人没有灵魂，而在第三个国家里却又相信有人在天上喝啤酒呢？难道存在着植物和星辰的一般本性而不存在人的一般本性吗？哲学是问：什么是真实的？而不是问：什么是有效的？它所关心的是一切人的真理，而不是个别人的真理；哲学的形而上学真理不知道政治地理的界限；至于'界限'从哪里开始，哲学的政治真理知道得非常清楚，而不会把特殊的世界观和民族观的虚幻视野和人的精神的真实视野混淆起来。在所有维护基督教的人中间，海尔梅斯最无能"。从这段话中我们可以看到，马克思强调只有追求真理、反映真理、反映人类精神的哲学才是真正的哲学，才是时代精神的精华。宗教不可能是时代精神的精华；只表达个人哲学见解而不能反映真理的哲学，也不是时代精神的精华。不要以为任何人自称为哲学家的人构建出的哲学体系，都是时代精神的精华。其实这种哲学不是时代精神的精华，而是一文不值的“哲学胡说”。“哲学胡说”是恩格斯批评当时一些哲学的用语。

什么样的哲学才是时代精神的精华呢？马克思在论述真正的哲学是时代精神的精华之时作过阐述：“哲学家并不像蘑菇那样是从地里冒出来的，他们是自己的时代、自己的人民的产物，人民的最美好、最珍贵、最隐蔽的精髓都汇集在哲学思想里。正是那种用工人的双手建筑铁路的精神，在哲学家的头脑中建立哲学体系”。他还强调，任何真正的“哲学不仅在内部通过自己的内容，而且在外部通过自己的表现，同自己时代的现实世界接触并相互作用”。

马克思上述关于真正的哲学是时代精神的精华中所说的时代精神，概括起来就是三个关键词：时代、人民、实践。

第一个关键词是时代。时代精神就是一个时代里反映时代进步要求的精神，因此，真正的哲学必然是引领时代思潮和时代潮流的哲学，是与时代相向而行而不是相背而行的哲学。

第二个关键词是人民。作为时代精神的精华的哲学必须能把人民中最精致、最珍贵和看不见的精髓集中在自己的哲学思想里。真正的哲学体系并不是哲学家冥思苦想、面壁虚构或闭门造车能构造出来的。进行哲学研究时可以闭门，可真正的哲学智慧不是闭门可得的。世界上没有一个仅属于个人的真理，哲学智慧同样如此。

第三个关键词是实践。哲学不仅从内容来说是实践的总结，而且就其作用来说，也应该与世界相互接触和相互作用。一个对人类认识世界和改造世界不能直接或间接起作用的哲学，不可能是时代精神的精华。

只要把马克思 1842 年《〈科隆日报〉第 179 号的社论》中关于真正的哲学是时代精神的精华的论断，与他在《德法年鉴》中的文章，与他两年之后的《关于费尔巴哈的提纲》联系起来考察，尤其是与其中的第十一条联系起来考察，就能懂得马克思关于真正的哲学是时代精神的精华的深刻含义。他是对新哲学的呼唤。只有这样理解，才能懂得马克思关于哲学满含热情的期待：“哲学是被它的敌人的叫喊声引进世界的……对于哲学来说，敌人的这种叫喊声就如同初生婴儿的第一声啼哭对于一个焦急地谛听孩子哭声的母亲一样；这是哲学思想的第一声喊叫。哲学思想冲破了令人费解的、正规的体系外壳，以世界公民的姿态出现在世界上。”

我们这样解读，并不否认其他哲学对人类思想的贡献。可以说，凡是在哲学思想史上对人类智慧作出贡献的哲学家，都在不同程度上具有时代特性，都在不同程度上吸取了人民的智慧，都对人类认识世界有不同程度的贡献。他们是思想家，而不是哲学掮客。

3. 谈哲学难题

哲学不同方面有各自的根本性难题。世界观中的难题是主观世界和客观世界的关系问题。有没有客观世界？客观世界是否就是主观世界中映现的世界，这两者是否具有同一性？康德用物自体把这个问题搁置了，可实际上哲学不可能绕开这个问题。我们在实际生活中，天天碰到这个问题。

认识论中的难题是人的认识从哪里来？认识具有客观性吗？判断客观性的标准是什么？庄子在两千多年前就提出了这个难题。他说："既使我与若辩矣，若胜我，我不胜若，若果是也，我果非也邪？我胜若，若不吾胜。我果是也，而果非也邪？"怎么办？找个裁判。谁当裁判？"吾使谁正之？使同乎若者正之，既与若同矣，恶能正之？使同乎我者正之，既同乎我矣，恶能正之？使异乎我与若者正之，既异乎我与若矣，恶能正之？使同乎我与若者正之，既同乎我与若矣，恶能正之？"说来说去，是非对错是无法证明的。从庄子这个难题的设置中，你们可以看到马克思的伟大。因为马克思在《关于费尔巴哈的提纲》中第二条说得很清楚，离开实践讨论认识的是非对错只能是经院哲学。庄子这里绕来绕去的反复论证，就是把认识局限在纯认识的范围内来讨论。

价值论中的难题是价值的本质问题。如果价值就是满足需要，毒品对吸毒者最有价值，赃物对罪犯最有价值，侵略对侵略者最有价值。价值需要说陷于困境。可说价值与主体需要无关，那价值判断就是无主体的判断。无主体的价值判断同样会陷入理论困境。因为在现实社会中，我们看到对同样对象、同样问题，由于判断主体不同，价值判断大相径庭。认为价值判断与主体无关的论断也站不住。诸如此类的例子，我们可以举出一大堆。价值满足需要说有其不足之处，可如果脱离主体需要讨论价值，其矛盾并不比需要说的矛盾更少。因而，必须进入科学与价值关系的研究，进入人的社会和需要主体的社会关系制约性的研究。把价值判断与科学判断分开，把价值判断当作与科学判断无关的问题，把判断主体当作与社会关系属性无关的人，价值问题永远争论不清。

人生观最难的问题是人为了什么活着，这是涉及人生意义、价值、理想、信仰等的重大问题。人类延续离不开繁殖，性是人成熟后的本能需求。它表现为欲。有欲则有情。情是欲的表现，欲是情的内核。人不仅是生物个体，同时也是社会存在物。人作为社会存在物有精神需求，这就是理想、信仰。人的两性关系不是简单交配，而是升华为爱情，演绎出感人至深的爱情故事。《梁山伯与祝英台》、《牡丹亭》、《西厢记》以及《红楼梦》大观园中的那些少男少女们之间的情感，都不能被还原为简单的男女情欲，可其中确实有情欲。有情必有欲，但有欲不一定有情，这是人的恋爱与动物交配的根本区别。物的需求压倒精神需求，人返回动物；精神需求调节生物需求，则是理想人生。

人不可能绝欲灭情，也不能纵欲滥情。平衡情与欲的是理，理性与理想。由理性来衡量欲望的正当性和情的合理性限度。当“理”以理想的形式存在，这种人就是有信仰有道德有人格尊严的人，是自尊、自爱、自信的人。这种人的理想超出了本能的欲望，使欲望转变为一种动力或正能量。相反，纵欲伤身，滥情伤人。《诗序》中说，“发乎情，止乎礼义。发乎情，民之性也；止乎礼义，先王之泽也”。所谓“止乎礼义，先王之泽”，讲的就是社会规范。人的情欲一旦挣脱社会规范，人就动物化了。历来最有影响的爱情诗都是歌颂情而非欲，如秦观《鹊桥仙》之“金风玉露一相逢，便胜却人间无数”，“两情若是久长时，又岂在朝朝暮暮”；苏轼悼亡妻之《江城子》，“料得年年断肠处，明月夜，短松岗”，读之催人泪下。我不喜欢当代所谓的爱情电视剧，床头加拳头的戏是欲压倒情。其中有情，也是滥情，以滥情为美，混淆了人与动物的界线。

人生是一个包含喜怒哀乐、悲欢离合、幸与不幸的过程。喜剧是对欢乐和幸福的表达，而悲剧则是对不幸和悲哀的抒发。人们喜欢喜剧，因为人们希望圆满、大团圆；可人生不可避免地会有冤屈，有不幸，有不公的遭遇。要倾诉，最佳表现方式是悲剧，如《窦娥冤》。自然灾害之所以构不成悲剧，是因为它缺乏社会因素，缺少人与人的关系。可天灾中人的不幸遭遇，灾害中人与人相互关怀的复杂情感和动人故事，则能构成具有社会性的悲剧故事。唐山地震中的家破人亡，相互救援或家庭重组，可以成为一出悲剧。而单纯地震则是自然灾害。人生观不会研究自然灾害，但会研究自然灾害中人的表现，如本能求生欲望和社会互助精神。

4. 谈哲学开窍

陈云说，学习哲学，终生受益。不仅受益，而且是终生受益。为什么是终生受益？这是哲学与专门知识和技能的一个重要区别。专业知识属于专门领域，它提供的是特定领域的知识；它受益时间不是终生的，具有职业特性。一个外科学医生不再上手术台，意味着技能有效性的结束。几乎所有专业知识和技能都面临在职与退休的年龄时限，从这个意义上说，受益不是终生的。

哲学不同，它不受领域限制，任何领域中的人都需要哲学；更重要的是它不受年龄限制，哲学受益是终生的。无论在职或退休，年老或年轻都有用。哲学是关于世界观和人生观、关于如何正确思维的学说，只要是人，不管哪种人，不管哪种职业的人，不管哪个年龄段的人，只要活着，就会面对人生，面对人生的各种问题，就会面对各种人生境遇；只要是活人，就会思考问题，处理问题，要使思考正确、处理得当，就要有思维方法。学好哲学，终生受益，就是因为它不受年龄、专业的限制。很多人不明白这个道理，以为哲学只是哲学系学生的事，是哲学家的事。所谓哲学无用，就是建立在这种哲学非技能性的认识的基础上的。

终生受益表现在哪里呢？在于学习哲学可以使人开窍。“开窍”非常深刻形象。凡事不开窍，就不可能认识正确，也不可能办好事。人有七窍，一窍不通，人就不能活；思想也有窍，思想不开窍，就活不明白。我们常说，哲学是智慧学、是明白学，就是陈云说的能使人开窍。人类如何认识、如何实践，都有个窍门。这个窍门不是偷巧、走捷径、卖弄小智慧，而是大智慧，这个大智慧就是哲学道理。

你不认识那个事物，怎么办？去接触它。毛泽东说过，要知道梨子的滋味就得亲口尝尝。对工作没有把握，心里没有底，怎么办？多练习练习。处理事情的本事来自实践，实践出真知。初到一地，初接受一项任务，情况不了解、不熟悉，怎么办？多调查调查。没有调查就没有主意，这就是毛泽东说的，“没有调查，没有发言权”。这就是开窍，知道认识、正确的认识应该向哪里用力。缺乏办事能力却又不去实践，幻想一觉醒来变成万能博士；下车伊始，哇啦哇啦，以为有锦囊妙计，这些都叫思想不开窍。

面对复杂事物、复杂问题，怎么办？要善于分析。分析就是分析矛盾。千头万绪，先理出主要矛盾。牵牛鼻子就是抓主要矛盾。不知如何解决不同的矛盾，必须区分矛盾的性质。有的人，家庭不和，老闹矛盾，怎么办？分析原因。家庭不和是结果，结果的产生肯定有原因，只有找出原因并分析原因，才能消除结果。原因不除，结果难消。这就是哲学的因果思想。这都是普通哲学道理，但管用。可能懂的人多，真正能懂、能用的不多。真懂、真用，就开窍了。

这就是马克思主义哲学一贯倡导的唯物辩证的思维方法和工作方法。调查就是坚持实事求是，一切从实际出发；分析就是辩证思考。辩证、全面地看问题，就会开窍。国家发展时，要有忧患意识，居安思危；国家困难时，要有信心，坚信虽然道路曲折，但前途一定光明。马克思主义哲学的功效就是开窍，因为它为我们提供实事求是和辩证的思维方法。如果马克思主义哲学不能作为方法论而只是教条，只是空论，只是玄谈、清谈，则一无用处。马克思主义哲学之所以能开窍，是因为它是思想开锁的钥匙。方法论问题对马克思主义哲学是至关重要的，是生死攸关的。没有方法论作用，就谈不上认识世界和改造世界。思想开窍，这是马克思主义哲学思维方法的妙用。

说终生受益，说开窍，我必须说到没有人愿意听却又不得不听的事，就是生命终结撒手人寰这事。没有一种知识能像哲学这样伴随人一生。当大限已到，有一种正确哲学支撑，便可以坦然面对死神，因为思想已经开窍，认识到死是一种自然规律，是人人不可避免的归宿。我告诉你们，为什么西方人死时会找个神父或牧师，这是临终前灵魂的关怀，让死者平静地面对死亡，把死视为上帝的召唤，回到上帝的怀抱。无神论者难道就没有灵魂的安慰吗？有。这就是哲学。哲学关于生老病死的规律，关于死的必然性，同样是一种安慰。不过这种安慰不是宗教的上帝而是自然规律。真正认识了规律，同样可泰然面对死亡。

5. 谈同性恋问题的哲学视角

同性恋是以同性为对象的性爱取向和行为。它是社会学的研究对象，是性学的研究对象，也有学者称之为亚文化现象，属于文化研究对象。哲学谈论同性恋问题，似乎是越界。但我不这样看。同性恋现象是超越国界、超越民族文化传统、超越阶级、超越文化水平、超越贫富的极为广泛的社会现象。甚至超越时代，中国古代历史中就有过关于帝王同性恋的记载。我们从对同性恋的各种不同看法中，能够得到一点哲学启示。这就是，人类社会对同一问题总会有不同的甚至对立的看法。

同性恋是否是性取向的倒错，同性婚姻是否合法，各有说法。有辩者说，何谓正常不正常，从异性婚姻看，同性恋不正常；可从同性恋角度看，异性婚姻也不正常。两者无所谓正常不正常，只是各自标准不同。有的人认为，同性恋是不道德的，是违背自然本性的，是病态。赞同者的看法则相反，认为自然界中高等动物就有同性行为，同性恋符合人的自然本性。西方有些国家不仅反对歧视同性恋，而且争取同性婚姻合法化。有些国家已经承认同性婚姻。同性恋本来是事实的同性婚姻，只是未经法律认可而已。争取同性婚姻合法化，涉及的是利益问题，包括社会福利、社会保障和子女收养等问题，也包括政治家争取同性恋者的选票问题。

同性相恋可以视为个人私事，不予干涉；社会也可以容忍，不应加以歧视。曾经有过把同性恋视为可以治疗的精神疾病，这个看法被否定了。最近爆出一个新闻，曾经有37年反同性恋历史的“反同”团体“出埃及记”的主席阿兰·钱伯斯公开承认自己是同性恋者，承认依靠信仰的力量能使同性恋恢复正常是个欺骗。据说同性恋是无法治疗的，也是不需治疗的，所有寻求治疗的没有一个成功的。这是个可以长期研究的生理学、心理学甚至人类学的问题。我们没有发言权，但我们可以从历史唯物主义角度探讨这个问题。

我作为一个哲学工作者，把同性恋和同性婚姻合法化分为三个不同的问题。一个属于性取向问题，任何人无权干涉，这是私事。一个属于法律问题，不同的国家可以采取不同的政策，可以认可合法化，也可以不认可合法化，这属于立法问题。各个国家可以根据国情、文化传统、宗教信仰而定。性取向是个人问题，别人可以少管闲事；同性婚姻合法化是各国的立法问题，别国无权议论。

第三个是从家庭功能的理论角度考虑，哲学工作者有权发表意见。因为家庭婚姻制度不仅是个人问题，而且是社会问题。它涉及全社会的共同利益。从性取向来说，在人类社会中，由于机缘，同性相恋可以常见，不仅监狱、军营或某些特殊场合，即使正常社会交往中也可以发生。某些同性之间特别亲近，情谊特深，特别投缘，甚至好过异性，这并不奇怪。中国古代帝王中也过“断袖之癖”的故事。性取向不只是情感，而是两性之间的一种性行为。这属于个人私事，不在议论之列。

我说的是家庭制度，即婚姻制度的社会本质。从人类社会存在和发展的需要看，异性婚姻是人类社会得以存在、人类得以衍生的自然要求。有人认为婚姻作为人类社会存在和人类繁衍的基础的观点，极其陈旧。婚姻就是两个人的性爱，与传宗接代无关。同性恋婚姻是一种完全基于性爱的婚姻，是最道德的婚姻。在我看来，这也只能是聊备一说，有点似是而非。婚姻不单纯是为了传宗接代，但婚姻的社会功能的确包括类的延续。动物界同样如此。动物界中一种动物能否延续主要仍然依靠雌雄结合。中国把结婚生育视为传宗接代的观点，错误并不在于传宗接代，而在于重男轻女。只承认生男孩香火有继，而生女孩则是绝后，这是封建男权社会的思想。从人类社会总体来看，没有女孩，同样无宗可传，无代可接。因此，生男生女都应该被视为社会存在和发展的需要。

从历史唯物主义观点看来，社会存在两种生产，即物质生产和人口生产。人口生产是社会存在和发展的重要方面。而人口生产的承担者必须是异性婚姻。这是异性婚姻的社会功能。至于从器官构造，人有男女、动物有雌雄来看，异性婚姻制度更符合自然规律。按中国哲学，一阴一阳谓之道。阴阳相合，男女结合，才能有种的延续和社会的存在。《易经》中说的，“有天地然后有万物，有万物然后有男女，有男女然后有夫妇，有夫妇然后有父子”，这个道理还是对的，虽然其中夹杂一些封建伦理杂质。人的雌雄之分、阴阳之别、生殖器官的构造，都符合异性婚姻，符合人类社会的存在和延续。

同性恋是无须批准的。同性婚姻可以由国家法律批准其合法化，可以由新的婚姻观认同它的道德性。但不一定表明它符合自然规律，符合社会存在和发展的规律。从人类社会总体来看，同性恋仍然是极少数，可以容忍，不能歧视。少子化、老龄化都已成为严重的社会问题，在这种背景下，如果一个社会的同性婚姻过多，超出社会存在和发展的人口最低需要，社会状况将如何？领养吗？无处可领养，无人可领养。不播种，是长不出果实的。

人权，是顶大帽子。盖上人权的纹章就占领了道德制高点。把同性恋婚姻视为人权，反对就是剥夺人权，只能说明西方某些人的人权观的荒谬。一个无缘无故开枪杀害三四十个人的杀手，不能被处以死刑，这叫“人权”，可无故被杀者没有人权，只有被杀的“死权”，岂不荒唐！生育权，是一种人权；异性婚姻家庭承担着保证社会存在和人类延续的责任，更是人类生存权、民族生存权。以为只有同性婚姻合法化才算保护人权，全世界许多国家、民族，包括美国不少州不批准同性婚姻家庭合法化，难道都不讲人权吗！这是人权的滥用。

从性学角度研究同性恋是一回事，从法律角度批准同性婚姻合法化是一回事。从两种生产方式、从家庭的社会功能和婚姻伦理的历史唯物主义角度研究这个问题，又是一回事。你们是哲学博士，应该懂得这种区分。不要被一些人的鼓噪弄昏头脑。

6. 谈哲学的现实性与超现实性

学哲学的人往往容易陷入玩弄概念，这不好。你们一定要注意。哲学具有双重特点，现实性与超现实性。哲学与概念打交道，它具有超现实性。哲学思维方式是概念性的思维，没有一个哲学概念和范畴具有直观性。谁看见过物质，我们能看见的是各种各样的物体；谁看见过运动，我们能看见的是火车在运行、汽车在飞跑、人在走路、风在刮、云在动。人有生有死，气候在变化，春去秋来，如此等等，谁也看不见变化，只看见具体事物的变化，而看不见无变化主体的变化自身。谁也没有见过矛盾，但见过战争，见过群体事件，见过城管与小贩追逐，见过夫妻吵架，见过邻里斗气。总而言之，没有任何人见过矛盾，只见过矛盾着的人和事。哲学中的概念、命题、范畴，都不具有直接的现实性。恩格斯说过，我们既要进入抽象领域又要直接看到抽象，这是不可能的。这是一些哲学家至今仍在嘲笑马克思主义哲学关于世界是物质的、物质是运动的、运动是有规律的命题的原因。他们不理解这种高度抽象性所蕴涵的真理性力量，对世界任何的哲学观察如果偏离了这些高度概括的原则，就会陷于困境。

哲学具有超现实性，又具有现实性。哲学概念、范畴的普遍性内涵都可以通过实际存在成为具体的、可感受的，而不是永远处于彼岸世界。我们看不到物质，但能看到各种各样的物体，具有抽象性的物质概念就存在于世界多种多样的物体之中。物质是对万事万物的本质的概括。物质不是某一种物体，但它又包括每一个物体。这种既不是某一种物体又包括世界所有物体本质的概念，只能是世界的客观实在性。

既具有现实性又具有超现实性，这就是哲学的妙用。它能为我们理解对象提供抽象的思维方法，即概念式的思维。一个人没有概念，就不可能进行抽象思维。一个没有数的概念、只会用手指头算数的人，是野蛮人。如果没有运动、发展、变化等概念，就没有辩证思维。只就事论事，不进入概念的思维，是原始思维。

7. 谈改变自我

从认识论角度看，我不同意向内用力的哲学，把哲学学习完全指向人的内心世界，而忘记了对象，这不是学习哲学的方法，尤其不是学习马克思主义哲学的方法。我们反对单纯向内用力。人只能在改变外在世界的同时改变人类自己。革命家、改革者是改变外在世界；普通工人、农民从事生产也是改变外在世界；我们做工作也是改变外在世界。教员教书是改变学生，培养学生。如果教学对学生不起一点作用，这肯定不是一个称职的教员。人的内在世界的丰富，人的道德境界的提高，不是闭门修养能达到的，而是在实践中获得的。因为人在改变世界的同时，自己也在变化。老子说的“不出户，以知天下；不窥于牖，以知天道。其出弥远，其知弥少。是以圣人不行而知，不见而名，不为而成”，在马克思主义者看来，这种观点显然是不正确的。人只能在改造客观世界的同时改造自己的主观世界。这个道理极其普通，你们都耳熟能详，用不着讨论。我在这里从另一角度讲改变自我的问题。这不是从改变世界中改变自我，而是要如何改变自我适应世界的问题。人与外在环境的关系，既有改变环境并从改变环境中改变自我，但有时也需要有改变自我适应环境的能力。

我曾经遇见过一些人，他们对工作环境不满意，对领导不满意，对人际关系不满意，总是不自在、烦恼甚至苦恼，总是觉得别人亏待自己，一副怀才不遇的样子。换个工作吧，过一段时期，故态复萌，又是不满意。这个不满意，那个不满意。他们从来没有考虑过，别人满意你吗？领导满意你吗？周围的同事满意你吗？一个在任何地方都感到不满意的人，是否

应该考虑自己，而不是单纯考虑环境。有些人的烦恼并不是来自环境，而是来自自己对环境的错误看法。这时责任在于自己，应该改变自己以适应环境，而不可能处处要求环境适应自己。如果家庭闹矛盾、夫妇不和，必须从自己方面考虑是否处理不当，要改变自己适应对方，不能一味要求对方适应自己，否则矛盾只能越闹越大，苦恼越来越多，最后只能离婚了事。这叫没有自知之明。

人贵有自知之明，这是我们老祖宗处人处世的智慧。我们的先圣孔子也强调，“不患人之不己知，患不知人也”。他还提出要做到四绝：“毋意，毋必，毋固，毋我。”一个人太主观、太在乎、太顽固、太自我，我看任何环境对他都不合适，或者反过来说，他对任何环境都不合适，因为没有一个环境是专为他一个人设置的 VIP 贵宾室。当一切烦恼、苦闷、不适应都来自自身时，改变的应该是自己，是自己对环境的看法。

我们应该区分认识论中的主客体关系和人生观中的人与环境的关系。就其来源说，人的认识，人的主观世界，来自客观世界，人是在改造客观世界中改造主观世界。可是从个人与自己的小环境而言，当自己的主观要求与环境不适应时，不能一味强调改变环境，应该勇于检讨自己的看法是否合适，如果问题在于自己，应该勇于改变自己。

改变自我比改变环境更难。我们经常说，我的最大敌人就是我自己。战胜自己有时比战胜环境还难。“自我”是长期形成的具有相对稳定的性格、意志、思想的存在物。因此，一个真正智慧的人，既要懂得改变环境，不同流合污；又要懂得改变自己，纠正自己的缺点，以适应环境。前一种是革命和变革，后一种是处人处世。任何时候都是常有理的人，坚持要改变别人而不改变自己的人，永远是苦恼的人、烦恼的人、牢骚满腹的人、恨恨而死的人。这种人是蠢人，而绝非智者。

要改变自我不容易，因为人的思维方式具有惰性。人往往按固定的思维方式思维。我们要培养积极的思维方法。半瓶水，对于一些人来说只是半瓶水，太少；对另一些人来说，不错，有半瓶水；一百里走了五十里，对一些人来说还有五十里，对另一些人来说只剩下五十里。人无千日好，花无百日红。这是一种辩证的思维方法。这就告诉我们得意时不能志得意满，忘乎所以。官场中，有些人身败名裂，无一不是忘乎所以的结果。

改变自我，要重视生活阅历。自我往往是在生活中养成的。“纸上得来终觉浅，绝知此事要躬行。”对哲学同样如此。《易经·系辞传》中说“近取诸身，远取诸物”。有生活经验的人往往是有哲学智慧的人。我们现在这些哲学博士，从小学、中学、大学，终年泡在书本中，哲学道理说起来可能头头是道，可不会变为自己的思维方法。要求改变别人而不知道改变自我的人，凡事都是责人严而责己宽的人，对自己的工作单位从来没有满意过的人，都是没有经过社会生活磨炼、没有碰过钉子的人。我自己一生最感缺失的也是生活经验，因而对哲学的理解往往是书本的。活到老年，我越来越崇拜真正识大体、有眼界、有分析力、有判断力的人，这是真正有哲学智慧的人，而不是那些能引经据典的人。能引经据典无非是能引经据典而已。学富五车值得夸耀的不是有五车书，而是学富五车，即满腹经纶，而不是满腹牢骚。

8. 谈人类世界

你们是否注意到有这样一种观点，其认为马克思主义哲学就是历史唯物主义，或者说历史唯物主义就是马克思主义哲学。它厌恶自然和自然观，总想让自然变为社会的附属物。这种观点，无论从历史还是从现实来看，都有可议之处。本来强调历史唯物主义在马克思主义哲学中的特殊地位，强调马克思主义哲学变革突出地表现为历史观的变革是正确的，然而过犹不及。没有自然观的历史观，不可能产生历史观的变革。

物质世界和人类历史不是大圈圈套小圈圈的关系，人与社会的关系也不是细胞与社会机体的关系。人类历史领域是自然发展的高级阶段。人类社会的产生，是由自然向人类社会的飞跃。没有自然界，就不可能有人类社会，而由自然界向人类社会的飞跃并非自然自身发展的简单延伸，而是与人类进化相联系的。自然界是人类社会产生的前提。由自然到人类社会，不是世界物质的大圈圈中出现了人类社会这个小圈圈，而是世界物质运动形式上升进程中的一种飞跃。

世界不能归结为自然界，也不能仅仅归结为人类社会。世界是总体性概念。在人类社会产生后，它包括人类社会和人类自身。但世界绝不能缺少更不能排斥自然界。既然世界不能排斥自然界，哲学中就应该包括自然观；有人类社会，当然有社会历史观。它们有区分但不能彼此排斥。马克思的历史唯物主义把自然界放在历史唯物主义视野中来考察，在具有自身规律的客观自然界的发展和变化中，看到人的因素、社会的因素。但历史唯物主义并没有也不可能取消自然界，不可能把自然观合并到历史观中。

自然界有其自身的特点和规律，不仅需要有专门的自然科学研究，也需要专门的哲学研究。如果从人类社会领域中排除自然，排除人与自然界的关系，人类社会就是空中楼阁，不可能存在。如果历史观没有坚定的唯物主义自然观为前提和基础，历史唯物主义就不可能产生。

认为人之外的自然界是无，毫无意义，这是书生空论。没有意义和不存在，是完全不同的。有没有意义，是对人而言的；存在与否，是对自然界自身而言的。这两者不应混淆。被认为没有意义的、超出人的实践范围外的存在，在人类实践历史进程中源源不断地进入人的实践范围，由所谓无意义变为有意义。如果它根本不存在，何以能转变呢？正如地下金矿，不为人知，毫无意义，但它确实存在。当人开始开采时，它就由无意义的矿藏变为有意义的矿山。金矿可以炼出黄金，黄金可以变为各种黄金饰物，成为艺术品，但这一切变化的可能性都取决于地下的确存在金矿。

一个哲学家尤其是马克思主义哲学家，绝不能厌恶自然，厌恶自然观。我们应该反对旧唯物主义，而不是反对唯物主义。尊重自然，包括尊重它的客观性和自然规律，应该是作为马克思主义哲学家的基本条件。一个连自然界的客观实在性都不承认，企图把自然界合并到社会，让社会吞并自然，让社会历史观吞并自然观的马克思主义哲学家，只能打引号。

9. 谈自然界的优先地位

有些人在阅读《德意志意识形态》时，只注意人化自然的论述，仿佛将马克思关于“自然界的优先地位”的论断当作对人化自然重要性的陪衬，认为其无关紧要。如果这样看，那就大错特错了。马克思当时对费尔巴哈批判的重点是清算旧唯物主义的缺点，批判他不了解实践对自然人化的重要意义。费尔巴哈并未否定自然界的客观性，因此，马克思对这个问题无须多着墨。但自然界具有优先地位的论断，却不是随随便便可有可无的赘语，而是马克思主义哲学的一个重要命题。

只有承认自然界的优先地位，自然界才有可能人化。人类对自然的改造，在何种程度上能达到预定的目的，是否会受到自然的报复，关键仍在于是否承认自然界的客观实在性，承认自然规律的客观性。自然界的客观性不能否认，自然规律不能违背，这就是自然界处于优先地位的证明。

我们只有重视马克思的这个论断，才能理解人类社会的产生和发展。人类社会的产生和发展都离不开自然界。如果自然界的存在对人化自然不具有优先地位，那生态环境恶化和自然对人的惩罚就是不可理解的。我们绝不能轻视自然界的优先地位的论断。尤其是面对当代频发的自然灾难、生态恶化危及人类生存时，更应该记起马克思的这个论断。这不仅是个哲学问题，而且是个与人类生存攸关的实际问题。

自然界的优先地位重要，可马克思又着墨无多，在皇皇巨著《德意志意识形态》中就那么一句话，这与马克思关于人化自然的论述，与马克思批判费尔巴哈时强调的“他周围的感性世界决不是某种开天辟地以来就已存在的，始终如一的东西，而是工业和社会状况的产物，是历史的产物，是世世代代活动的结果”的长篇论述相比，可以说少得可怜。其实，在《德意志意识形态》第一章“费尔巴哈”部分，核心就是通过批判费尔巴哈的旧唯物主义，创立历史唯物主义，当然不会重点论述自然界的优先地位问题。如果作为一个马克思主义哲学的重要原理来说，这个论断的重要性是不言而喻的。不以它为前提，历史唯物主义的确立是不可能的。读马克思和恩格斯的经典著作都必须考虑到他们提出的原理的条件和历史背景，他们的论断不能离开他们论述的语境。没有着力强调自然界的优先地位并非其不重要，而是论述问题的角度不一样。列宁就不同。当我们阅读《唯物主义与经验批判主义》尤其是前三章时，会明显感到他与《德意志意识形态》论述的问题不同，因此，强调的着重点也不一样。我们不能以《德意志意识形态》来反对《唯物主义与经验批判主义》中关于自然界客观性的论述，同样，也不能以《唯物主义与经验批判主义》来反对人化自然。

10. 谈物质恐惧症

你们要注意，理论界有种物质恐惧症。具有这种症状的人害怕谈论物质本体论，以为承认世界的物质性便会跌入机械唯物主义的万丈深渊。其实马克思主义哲学关于世界的物质性的论断，根本不同于旧唯物主义。它既不是寻找万物背后的本源，也不是寻找物质世界的构成。它探讨的是，我们面对的世界是客观世界还是依存于主体意识的世界？马克思主义哲学关于世界的物质性的含义，最根本之点就是强调世界的客观实在性。物质并不是藏在世界万物背后的实体，而是客观世界本身。恩格斯称物质为物体的总和或物体的抽象，就是这个意思。否定世界的物质本体论，就是否定我们面对的世界是客观世界。

实践的重要性是不言自喻的。它与物质本体论并不矛盾。从客观本性的角度来看，世界是物质世界；从人改造世界的角度来看，世界是对象化世界。不坚持世界的物质性，就会失去马克思主义哲学的唯物主义本性；不坚持科学实践观，就不可能发生马克思主义哲学的变革。世界的物质性和实践的首要地位属于不同范围的问题。前者指世界自身的性质，后者指人对世界的作用。在马克思主义哲学中，它们是统一的。我们应该根据不同的问题，确定“物质”与“实践”概念在马克思主义哲学中的地位。当问题是关于对象世界是否是客观世界时，当然要强调世界的物质性；当问题是关于马克思主义哲学的变革时，当然要强调实践的重要性。不承认世界的物质性，就没有马克思主义的唯物主义；不承认实践在马克思主义哲学中的首要地位，就没有马克思主义哲学的变革。我们理论界关于这个问题的争论，往往没有分清问题的性质与论述的角度。

物质是哲学概念，它必然具有概念的特性，即物质是看不见的。我们能见到的都是具体的变化着的物体。任何概念都是如此。当具体的对象上升为范畴、概念，就进入了抽象思维领域。我们看不见“运动”，但可以看见运动之物在运动。正如我们看不见“人”，只能见到张三、李四一样。我们是通过运动之物把握运动，正如我们是通过张三、李四等具体的个人看到人一样。一些哲学家对世界的物质性提出质疑，对物质概念提出质疑，就是因为他们不懂物质是“共名”。难道因为从来没有人看到过物质，看到的只是具体的物体；从来没有看到过人，看到的都是张三、李四，我们就否定物质的存在，否定人的存在吗？

我们不可能从视觉中见到抽象，只能见到具体的东西。任何有理智的人都不会否认，我们看到张三就是看到人。从逻辑上，不能说人是张三，但可以说张三是人。除非思辨哲学家，没有任何人会在具体的人之外去寻找“人”，正如不要吃桃子和苹果，而只要吃水果一样。这已经是老生常谈了。对抽象的东西的把握，需要抽象思维。我们看不到物质，但我们能看到形形色色的物体，从天上的星星、月亮、太阳到大江大河，到各种各样的动物植物、男人女人。物质就是对具体实物本质的概括，是它们的总体。无论具体实物的存在多么的多姿多态、色彩斑斓、各具特性，但有一个共同特性，即它们都具有客观性，都是对象性存在。

哲学的物质概念解决的就是世界的客观性问题，承认世界的客观性就是承认它是物质世界。不承认世界的物质性，就是不承认它是客观世界。所谓存在是被感知，世界是感觉的复合，世界是绝对观念或主客体的同一性，都是以各种名目否认世界的客观性，也就是否认世界的物质性。物体是个体，而物质是对物体的本质的抽象和概括。我们能见到的物体或暂时没有见到的物体，无论它以什么形态存在，都是物质存在的具体形态。物质世界至大无外，至少无内。无论内外，都可以被包含在物质之中。这就是物质这个概念的妙用。它包含全部物体又不归结为某一物体。物质恐惧症就是抽象恐惧症。具有这种症状的人讨厌物质这个概念，因为其看到的只是物体，而无法从感觉中感觉到对具体物体本质的抽象。

关于这个问题，你们可以查查恩格斯在《自然辩证法》中的有关论述。恩格斯批判经验主义者，“先从感性的事物得出抽象，然后又期望从感性上去认识这些抽象，期望看到时间，嗅到空间。经验主义者深深地陷入经验体验的习惯之中，甚至在研究抽象的时候，还以为自己置身在感性体验的领域内”。恩格斯以物质和运动为例，反驳经验主义者耐格里说没有看到物质和运动，恩格斯回答说：“当然不知道，因为物质本身和运动本身还没有人看到过或以其他方式体验过；只有现实地存在着的各种物和运动形式才能看到或体验到。物、物质无非是各种物的总和，而这个概念就是从这一总和中抽象出来的，运动本身无非是一切感官可感知的运动形式的总和；‘物质’和‘运动’这样的词无非是简称，我们就用这种简称把感官可感知的许多不同的事物依照其共同的属性概括起来。”我们不可能从现实世界作出抽象，然后又企图从感觉中直接感觉这些抽象。我们反驳有些人否定物质本体论时，必须认真思考恩格斯的这段话。

哲学是运用概念的思想学说，概念是不可能通过感觉感知的。你们永远不可能看到矛盾、质、量、生产力、生产关系、社会形态。总而言之，你们看不到任何普遍性的东西，可它却实际存在，它存在于具体对象中。哲学的妙用，就在于它的概念和范畴为思考具体问题提供关于对象本质的思考。如果只看到具体对象而不能进入本质，这是浅层次的、对现象的认识；只有运用概念才能深入事物的本质，这就是概念、范畴的妙用和功能。

11. 谈地形与地图

要理解为什么唯物主义是正确的而唯心主义是错误的，你们就想想地形与地图的关系。究竟是地图应该符合地形，还是地形应该符合地图呢？除了傻瓜，谁都懂。地图是按照地形绘制的。颠倒地形与地图的关系，就不懂区分唯物主义和唯心主义的重要性。

一个错误标识的地图只能误导人，错误的理论同样如此。我们只能修改地图以反映地形，不可能修改地形迁就地图。理论何尝不是如此！只有根据实际发展理论，不可能强求实际迎合理论。削足适履，只能失败。马克思主义理论更是如此。

地形与地图的关系只是比喻。马克思主义只是普遍原则，它并没有标明各国的路应该如何走的路标。马克思主义不是地图，也不是 GPS，不能当地图用，而只能是指南针，是大方向。具体的路如何走，仍然要依靠走路人自己去探索。因此，马克思主义从来不是君临实际之上，而是要立足实际、符合实际。这就是马克思主义必须中国化的根据。岂止中国化，在任何国家，马克思主义都必须本国化。正如恩格斯对美国工人党说的，你必须脱下它的外国服装，必须成为彻底美国化的党。你不能期待美国人向自己靠拢。你是少数，又移自外域，因此，应该向大多数本地的美国人靠拢。所谓马克思主义纲领向本国人靠拢，就是向实际靠拢，就是马克思主义在美国必须美国化。我可以肯定，凡处于边缘状态的马克思主义政党，都没有解决马克思主义本国化的问题。西方国家最害怕的是马克思主义的本国化，而不是论坛化、讲坛化。前者是对统治的威胁，而后者则是坐而论道。

用地形与地图来说明唯物主义和唯心主义的区别，说明从物质到意识还是从意识到物质两种不同的思维方法，是有说服力的，但是不能简单化，因为唯物主义和唯心主义之分远比地形与地图的关系复杂。按地图来规定地形，显然是错误的。可理论终究不是地图，而是主体对客体的把握，它具有能动性和反作用。而地图对地形只能如实绘制，一山一水，毫无差错。必须克服旧唯物主义的机械性和形而上的缺点，必须认识到唯心主义关于人的主体性和意识能动中的合理性中包含的辩证法思想仍然是对人类哲学思想的一种贡献。列宁提出聪明的唯心主义和愚蠢的唯物主义之分，并称赞聪明的唯心主义比愚蠢的唯物主义更接近聪明的唯物主义。

在哲学基本问题上，我们应该坚持唯物主义，坚持按地形绘制地图，而不能相反。正是在这个最重要的观点上，列宁在《哲学笔记》中批评说："辩证法的拥护者黑格尔不能理解从物质到运动、从物质到意识的辩证的过渡——尤其不能理解后一种过渡。"可是在涉及辩证法问题、涉及意识的反作用以及人的能动性时，我们应该关注唯心主义取得的成就。这样，关于地形与地图的比喻才不会绝对化、片面化。

12. 谈格言

年轻人喜欢格言，因为它以最凝练的方式启迪人的智慧，但我们必须明白，任何单独一句格言都不能构成永恒真理。当格言表现为一个论断时，必有它产生的历史背景。例如，马克思说的“宗教是人民的鸦片”。此说出自《〈黑格尔法哲学批判〉导言》，时当 1844 年。此时德国正要结束宗教革命转向政治革命，请问在此时此刻宗教对政治革命，对动员无产阶级而言，是清醒剂还是麻醉剂？答案是不言而喻的，它起着精神鸦片烟的作用，因为它使被压迫者沉迷于对天堂的幻想，而忘掉现实的不幸和斗争。如果不加分析地把这个论断作为关于宗教本质的普遍判断，就会失去它的真理性。既不理解人类历史，也会在现实中导致错误的宗教政策和社会分裂。

宗教的功能是多种的。它的功能的性质和作用往往离不开它的历史背景。宗教，可以是政治斗争的工具，如英国封建社会中王权与教权的斗争；可以是极端恐怖组织进行恐怖活动的思想工具；也可以在行为上自我约束，成为引导人们道德向善、以诚待人的宗教教导，因而真正虔诚的信徒往往是具有道德心和爱心的信徒。在当代西方资本主义世界，流行的是“把肉体交给市场，把灵魂交给教堂”。在生活上是追求高消费，满足欲望，可空虚的灵魂仍然需要上帝指引。我有一个女学生，很善良的女孩子，出国留学五年，回来后精神不佳，经常处于一种内心痛苦状态。我开导过多次，后来她每星期都上教堂，皈依基督教，慢慢有些好转。她感到有种精神寄托，在教友中寻找到一些慰藉。我相信对虔诚教徒来说，宗教信仰可以起到某种道德教化和灵魂安慰的作用。但我要说，宗教信仰可以救人，即陷于精神困境的个人，但不能救世。它可以使特定的个人得到精神解脱，但不可能改变世界、改变社会。世界因科学技术而发展，因生产力的发展而进步，但人的道德和精神世界并没有因宗教而改善。基督教、伊斯兰教、佛教等创立至今已有两千多年，世界并没有因为宗教而成为一个没有战争、人人相爱的世界。宗教可以劝世，但不能救世。

一些人认为西方道德和社会秩序的良好完全依赖宗教，这是言过其实。他们忘记了西方还有一句格言，“把罪犯交给法庭”。在西方，宗教确实发挥了教化的功能，这对西方一些虔诚信徒的道德水平起到了提升作用。这些人怀有对上帝的爱，对人类的爱，对末日审判的恐惧和对天堂的向往。甚至在社会主义中国，宗教也不是鸦片烟，它仍然具有道德和伦理教化功能。宗教最大的危害在于它的政治化。宗教与某种政治势力相结合，往往会激化民族矛盾和社会矛盾。我们奉行宗教信仰自由的政策，但反对宗教沦为某种政治势力的工具。

有的论者说，中国当代社会出现道德问题是因为人们没有宗教信仰。他们提议把中国儒学变为儒教，似乎只要儒学变为儒教就可以发挥西方宗教类似的作用。我对此说持保留态度。这个问题我们上次在“谈儒教”中说过，在此不重复。在这里我要强调，儒学中可能包含某些信仰因素，因为对“天人合一”中之“天”给予超自然的解释，就会引向对有意志的“天”的崇拜。可儒学本质是一种人文文化，而不是宗教。儒学创始人孔子从来没有被神化，没有被抬进神庙，而是被抬进孔庙。孔庙是读书人朝拜之地，而非乞求长生、解脱或有求必应的庙宇。在中国人眼中，孔子是人而非神，是圣人而非凡俗。孔子之能是学而能，多闻、多识，而非天纵之圣。中国所谓儒佛道三教合一说，只是从思想中的某些相通之处说的，而非从宗教角度说的。孔庙中并无释迦牟尼和元始天尊，佛殿中也从无孔子。把儒学变儒教之说有之，但从无此种事实。对读书人来说，得意时拜孔，失意时读庄甚至遁入空门，朝钟暮鼓，青灯黄卷。这是儒佛道三种思想有某些交汇之处，而非三教合一。至于中国百姓，他们没有强烈的宗教教派思想，可以拜和尚，也可以敬道士。和尚、道士共集一堂的事，是常有的。可和尚、道士、儒生共聚一堂做法事的事，从来没有过。

西方发达资本主义国家的道德状况，与文明进步、文化普及有关，而非单一的宗教因素。事实上，西方的暴力事件、流行的黄色文化所引发的社会事件，并不少见。至于神职人员中的丑闻，也时有所闻。有人说，西方的科学家也信教并没有妨碍他们成为大科学家。这种现象必须分析。一个大科学家成为科学家并不是因为他信教，反之，他信教并非因为他是大科学家。这是并存关系，而非因果关系。科学家可以信教，正如教徒可以成为科学家一样，因为他们用不同的思维方式解决不同的问题。科学家在实验室中，身份绝不是教徒而科学家，他在科学中必须依靠数据、依靠实验、依靠事实，而不能依靠上帝、依靠祈祷；可在教堂中，他是信徒，他不能以科学精神研究上帝是否真能创造世界，真能在七天中创造万物。宗教对他就是一种信仰，而非科学研究对象。对他来说，上帝是否存在并不是他的研究课题，而是从宗教中获得爱心、净化心灵或救赎自我。因而，科学与宗教、科学家与信徒可以并行而不悖。当它们错位时，矛盾就会激化。当牛顿把第一推动力交给上帝，他在这个问题上就不是科学家，让上帝来解决科学还未解决的问题，是科学的败笔；当哥白尼以科学态度研究天体运动，他就不仅不可能成为教徒而且会遭受教会的迫害。

中国并无宗教传统，借神道设教的事古代有过，但也逐渐被文化发展淘汰。中国改善道德风尚，不应从宣传宗教入手，而应推进改革，缩小贫富差距，惩治腐败，改良社会风气，改善人际关系，使人能从社会、从人际关系中得到温暖和关爱，而不是把头朝向天空，希望从上帝处得到爱。爱应在人间，不应在天上。

13. 谈用书难

读书人喜欢读书，这极为平常，也极为正常。不喜欢读书的“读书人”，不算读书人。但只读书而不会用书，往往是书痴。用书比读书更难。读书可以带来愉悦，可以坐在沙发上，半靠在床上，甚至完全平躺，优哉游哉！可用书，则要实践，要身体力行，要改变原来的自我。按照我的体会，读书是享受，而用书则往往是痛苦。它要洗脑、磨炼，要言行合一。

清人张潮在《幽梦影》中说，“藏书不难，能看书为难；看书不难，能读为难；读书不难，能用为难；能用不难，能记为难”。这后一句话可议可辩。记，绝不会难于用。博闻强记是一种本事，但绝不是读书的目的。单纯能记住书中所言，与临时查用区别不大。“学止于行而已”，这是中国老话。不会用只能记，最好也不过是书橱，不足为贵。但前几句话很有启发。

读书、教书的人，爱书无可指摘。可我发现，我的书真正读过的不多。我没有珍本孤本，也没有特别宝贵的书，都是书店里随时能买到的普通的书。就连我自己家里不太多的藏书，我也没有全读过。经常发生原有的书不知压到何处，想起要读时又买一本。我不谈藏书，因为我们这种知识分子的工资收入无资格谈藏书，最多是买几本普通的书。看起来，买书不难，能看为难，说得对。几乎没有人能读完自己买的书，怪不得古人说，买书不如借书。借书限期还书，逼着非尽快看完不可，而自己买的书往往以为不急，随手一放，结果“无疾而终”。

看书不难，读书为难，亦为知味之言。看书，可以是消遣，可以是随便翻翻，可以漫不经心，可以无所得；读书，则必须认真思考，做笔记，写心得。根据我的经验，看书宜多，读书宜精。看书多，增加知识，扩大视野，而读书则可以深入研究，举一反三，碰撞出自己的思想。当然读书不能是单纯喜欢读，书痴并非读书，而是对书的一种癖好。如果读书无助于做人与行事，与未读无异。能记并非最重要的，重要的还是用。能记，可以引经据典，头头是道，终无实际本领。文人谈兵终为纸上谈兵，不能实战，如赵括，熟读兵书，但最终却全军覆没，此为能读书而不能用书之千年宝鉴。

14. 谈历史唯物主义的最大贡献

马克思社会历史观的最大发现是什么？一个是对人类社会历史发展规律的双重发现。恩格斯说过，像达尔文发现有机界的发展规律一样，马克思发现了人类历史发展的规律；再一个是特殊规律，即资本主义生产方式和建立在它基础上的资本主义社会产生、发展和灭亡的规律，这属于特殊规律。这两个领域中的规律是相互联系的。再一个是由于历史规律的发现而提供的观察社会历史的方法论原则。我们在以往无论是讲授还是学习历史唯物主义时，偏重于基本原理，而往往忽视它的方法论原则。

马克思以人类普遍规律为指导，发现资本主义社会特殊规律，这就是贯穿《资本论》的方法论；而对资本主义的解剖又深化了马克思对人类社会普遍规律的认识，因为人体解剖的确有助于猴体解剖。对资本主义社会的认识，有助于对前资本主义社会的认识。马克思不是为探求社会规律而探求社会规律，而是将其与寻求人类解放道路联系起来。因此，人类社会发展规律、资本主义产生和发展规律最终的落脚点，必然是研究资本主义过渡到社会主义的规律问题，即我们通常说的两个必然性规律。没有两个必然性规律，就没有马克思主义的科学社会主义。

这就是马克思两个伟大发现与科学社会主义的关系。如果说人类普遍规律和资本主义特殊规律的发现引起了人类社会历史观的根本变革，为社会主义从空想到科学提供了理论前提，那么历史唯物主义在当代的价值则是为我们观察当代世界提供方法论原则。只要看看改革开放以来，邓小平理论、“三个代表”重要思想、科学发展观以及中国梦的提出，我们就可以极其清楚地看到历史唯物主义的方法论作用。因为它始终以改革开放为动力，以适时调整社会主义基本矛盾，即不断解决生产力与生产关系、经济基础与上层建筑的矛盾为内容，以实现中华民族伟大复兴为目的。历史唯物主基本原则是中国共产党确立最适合中国的道路、路线、制度的思维方法。

我总觉得我们在历史唯物主义的研究中缺少这一大块，即关于历史唯物主义与当代中国特色社会主义建设的研究。我们的研究者把太多的注意力放在历史唯物主义的体系建构、某个基本原理如何理解、原著中某句话的解读等问题上面。这些问题当然可以研究，也有必要研究，但不应该是我们历史唯物主义研究的主要方向。

15. 谈历史唯物主义的辩证本性

西方一些学者把历史唯物主义说成是机械论、宿命论，说历史唯物主义把人视为历史的玩偶、否定人的主观能动性等，罪状甚多，这完全不符合事实。你们绝不能人云亦云。

如果马克思是这些学者伪造的那种所谓历史决定论者，马克思何必费终生之力去创造马克思主义呢？学说本身就表明思维的力量，表明主体的力量。马克思和恩格斯又何必组织国际工人协会呢？何必鼓吹革命呢？各国马克思主义者何必组织政党呢？何必搞罢工呢？何必组织革命呢？特别是中国共产党何必为了民族解放如此浴血奋战，牺牲那么多革命者呢？历史证明，马克思主义是最重视人的主观能动性的主义，马克思主义政党是最重视组织群众进行斗争的政党。但马克思主义政党又是反对主观主义，强调按规律办事的政党。因此，马克思主义政党绝不搞盲动主义，不是随时随地鼓吹革命，而是重视社会历史规律。它之所以组织政党、组织群众斗争，是因为它相信资本主义制度不可能是永恒的，是可以改变的，因此，马克思主义政党进行的不是无指望的斗争。马克思主义者又是最坚定的辩证法者，他们认为革命是不可能制造的，一切都依时间、地点、条件为转移。社会革命有高潮时期，有低潮时期，有完全缺乏革命形势的时期。这正说明了历史发展是辩证的，是曲线而非直线，是“之”字形而非“一”字形。

在某一具体社会中，从资本主义过渡到社会主义要经历若干代人，而且可能出现反复。社会形态的世界性转变，即人类社会以一种社会形态取代以另一种社会形态，更是人类历史发展的漫长过程。当今世界是资本主义社会制度处于主导地位的世界，但在某些国家仍然存在封建制度，甚至奴隶制度。这种情况符合历史辩证法，世界的发展并不是步伐一致的列兵行进。世界史表明，人类并不是同步进入同一社会形态的，总是有先有后。所谓先进与落后，就是以它们进入更高一级社会形态来划分的。

世界进入资本主义社会，可以说是进入一个发展辩证法表现得更为明显更为突出的时代。资本主义社会的变化比以往任何社会都快。马克思曾经在《共产党宣言》中生动地描述过资本主义社会的辩证发展。他说："资产阶级除非对生产工具，从而对生产关系，从而对全部社会关系不断地进行革命，否则就不能生存下去。反之，原封不动地保持旧的生产方式，却是过去的一切工业阶级生存的首要条件。生产的不断变革，一切社会状况不停的动荡，永远的不安定和变动，这就是资产阶级时代不同于过去一切时代的地方。一切固定的僵化的关系以及与之相适应的素被尊崇的观念和见解都被取消除了，一切新形成的关系等不到固定下来就陈旧了，一切等级的和固定的东西都烟消云散了，一切神圣的东西都被亵渎了。人们终于不得不用冷静的眼光来看他们的生活地位、他们的相互关系。"说得淋漓尽致，入木三分。没有高度的辩证法思维，何能看得如此透彻入微！

对比一下福山的历史终结论，你们会发现形而上学的思维方法是如何背离现实的。当然社会发展从来是遵循辩证法的，不管承认与否，它都会像木楔子一样楔入人们的脑袋。福山在事实面前终于收回了他的历史终结论。早期资本主义社会到发达资本主义社会，是一个在危机、冲突、调整和自我修补中发展的社会。资本主义社会同样是一个活的机体。当代资本主义社在不断调整自己，充分发挥资本主义上层建筑的自我调节作用。当代世界革命的沉寂并不奇怪，但矛盾并没消失。历史唯物主义关于社会基本矛盾的理论对于资本主义社会同样是有效的。资本主义社会作为社会形态究竟还要存在多少年代，我们不知道，但我们知道没有一种社会形态会永恒不变。社会主义社会同样如此。社会主义社会也是一个存在矛盾、不断变革的社会。六十多年来，中国社会主义社会的发展同样证明了这个真理。

16. 谈马克思主义思想中的死东西与活东西

理论界经常争论马克思主义的当代价值。你们采用的是什么方法，是从马克思主义中区分出哪些仍然有用，哪些已经过时？哪些仍然应该遵守，哪些应该抛弃？如果这样思考，方法论就不对头。

没有一个伟大思想家的著作中包含的是永恒不变的真理。随着时代的变化，后人都会探讨这些思想家的思想中哪些仍然是有价值的，哪些是过时的。1907 年意大利哲学家克罗齐曾提出过黑格尔哲学中的死的和活的东西的著名论断，表明任何思想家思想中都包含“死的东西和活的东西”。没有任何活的东西，思想家就失去存在的价值；没有死的东西，那就不是思想家而是永恒真理的化身。人类思想发展是思想积累、继承、创造的历史。积累和继承是对活的东西的肯定，而创造就是对死的东西的摒弃。

我认为，这种关于死的东西和活的东西的区分的观点不适用于马克思主义。这并不是说，马克思主义是永恒不变的真理，而是因为马克思从不把自己的学说视为一成不变的教条，更非包医百病的万灵药方。因此，我们不能从马克思和恩格斯的书中挑出其中哪些是永恒不变的真理，是永远活的东西，而哪些已经死了，可以不必研究。活着的，抱住不放；死了的，弃而不用。这种对待马克思主义的态度就是违背马克思主义。

马克思主义本质并不是一系列真理的汇编，而是为我们提供观察分析问题的基本观点和方法。一个创造性的马克思主义者并不期待从马克思和恩格斯的原著作中寻找那些现成的可以不用费劲拿来就可以用的所谓“活的东西”，抛弃那些自以为无用的“死的东西”。我们应该从世界观和方法论的高度来看待马克思主义。如果以教条主义态度对待马克思主义，那全部马克思主义都是死的东西；如果以创造性态度对待马克思主义，那马克思主义就都是活的东西。

历史唯物主义的当代价值，讲的就是历史唯物主义作为历史方法论的价值，而不是某一具体论断的价值。历史唯物主义关于社会历史规律的思想、关于生产方式作为社会存在和发展基础的思想、关于阶级社会中存在阶级和阶级斗争的思想等，都具有方法论价值。可是这些思想并非可以轻易粘贴的标签，在运用时仍然要结合各国的具体实际。当标签用，就是死东西，不管它原本如何正确。当思想方法用，就都是活的东西。马克思主义是一个整体。马克思主义是活的马克思主义，是就马克思主义作为科学体系说的。只有寻章摘句，对号入座，才会说哪些有用，哪些无用，哪些是活的，哪些是死的。

马克思和恩格斯的著作都是在特定的历史条件下写的，都是基于当时时代的判断。正是在这些基于时代的判断中，包含着超越时代的真理性，这就是马克思和恩格斯之所以伟大之处。他们没有脱离时代，但又超越了时代。我只举一个例子，例如生产力发展的无限可能性与地球资源有限性的矛盾，是在20世纪下半叶因生态环境恶化才为人类所注意。我们只有一个地球的思想在20世纪下半叶才开始成为风行世界的口号。在马克思生活的时代，工业革命刚刚开始，人类为生产力仿佛从地底下涌现而惊愕不已，不可能提出资源有限性的问题。当时人类抱着生产力可以无限发展的乐观主义态度，不会产生地球会被科技毁灭的悲观主义的观点。马克思当时没有也不可能面对这个问题。因此，马克思当时对生产力的论证，重点是放在生产力发展对人类社会发展的作用及其重要性上。但我们能说，马克思关于生产力的理论过时了吗？西方有些学者就是这样看的。他们批评马克思的生产力的乐观主义是错误的、已经过时，实际上是把马克思的生产力理论当成死的东西，予以抛弃。这种看法是错误的。

马克思的生产力理论不是孤立的理论，它是与生产关系理论相结合的生产方式理论的一个方面。谁能由当代生态恶化，由自然对人类的报复而得出结论，说马克思的生产力理论是错误的？任何一个马克思主义理论家都能看到，在当代生产力的发展仍然是社会发展的推动器。生产力的落后意味着社会的落后，生产力发展的停滞意味着社会发展的停滞。在当代，科学技术被誉为第一生产力，正是由它在当代生产力中的地位决定的。生产力决定生产关系的理论仍然是历史唯物主义不可推翻的基石。撼动和抛弃生产力理论就是釜底抽薪，就是从根本上推翻历史唯物主义。

马克思重视生产力发展的重要作用，但没有忽视生产关系对生产力发展的反作用。马克思当时已经注意到，在资本主义登上历史舞台后，人与人的社会矛盾而非人与自然的矛盾处于突出地位。而人与自然矛盾的解决取决于人与人的社会矛盾的解决，因此，马克思在《1844 年经济学哲学手稿》中，把私有制的扬弃视为人与人的矛盾、人与自然的矛盾的解决方法。因此，马克思当时是在社会关系范围内考察科技发展的负面效应的。只要读读马克思 1856 年 4 月 16 日在伦敦的著名演说，也就是他在《人民报》创刊纪念会上的那篇学说，我们就知道，马克思从没有说一个社会只要生产力发展一切问题就都可以得到解决；相反，他说由于生产关系的制约，生产力的发展、科技的进步会产生许多不合理的社会现象。马克思当时称之为异化。当然，当时正是资本主义发展时期，马克思不可能预见现在出现的生产力发展与资源有限的矛盾问题、生态严重恶化的问题，甚至地球会不会被毁灭的问题。但是，马克思把人与自然的关系放在人与人的关系范围内来考察，把生产力的发展放在与生产关系相互联系中来考察的原则，具有重要的方法论价值。在当代，谁要不理解对利润的无限追求、对资源的掠夺、千方百计满足不合理的高消费的生活方式对生态造成的危害，就是一点也不懂马克思主义。这不是生产力的罪过，而是制约生产力的生产关系的罪过，是在生产关系中处于主导地位的阶级或集团的罪过。

恩格斯曾讲到自然对人类的报复，讲到人类对自然的每次胜利都受到自然界的惩罚问题。恩格斯设想随着社会主义胜利，自然界对人的报复问题即生态问题，可以随之解决。恩格斯的思路是正确的。但现实情况远非如此。社会主义中国的生态环境恶化并不次于西方资本主义国家，因为我们是后发展国家。当西方处于向外扩张的殖民发展期时，我们处于被剥夺发展权的殖民地地位；当我们可以发展时，人类生态环境污染已为西方资本主义发展付出了沉重代价。我们是迟到的发展中国家，或被称为处于发展中的国家。我们与西方在生态问题上有共同利益，这就是人类同处于一个地球；可又有矛盾，这就是高度发展的资本主义国家和曾经的殖民地国家发展需要的矛盾。不放在历史唯物主义视野下，看不清楚这些问题。

我们不可能从马克思和恩格斯的著作中发现地球毁灭的预言和解求之道，但我们可以从他们关于人、自然、社会相互关系的哲学论述中，得到解答历史之谜的方法论原则。马克思主义的基本观点和方法，永远是活的东西。如果采用形而上学的方法，硬要区分马克思主义中的死的东西和活的东西，肯定会走向马克思主义过时论，即使被认为是活的东西，脱离具体条件，变为抽象真理，同样会由活的东西变成死的东西。其实，一些被认为是过时的论断，只要能理解得出这些论断的条件以及如何得出这些论断的方法，不原封照搬，就同样有用。

不要把马克思主义变为语录，变为由许许多多不同的论断组合起来的百科全书，随时供引用、查证。如果这样看待马克思主义，肯定会发现不能一一对号。所谓死的东西和活的东西的区分，就是由这种思想方法而来。

后　记

这本小书算是写完了，有个结束。但我自己与学生的交谈，我的哲学思考没有结束。只要身体许可，这种方式的交谈还会继续。这是一种幸福。能与青年学生们交谈，能不断以他们思考的问题来推动我自己的思考，这是极为难得的。我仿佛是一部年代久远、思想陈旧的时钟，学生们不断地以他们的新问题防止我的思想停摆。

图书在版编目（CIP）数据

陈先达文集. 第13卷，散步·路上：我与学生聊哲学/陈先达著. —北京：中国人民大学出版社，2015.9
ISBN 978-7-300-21842-7

Ⅰ.①陈… Ⅱ.①陈… Ⅲ.①陈先达-文集②哲学-随笔-文集 Ⅳ.①B-53

中国版本图书馆CIP数据核字（2015）第214476号

陈先达文集　第13卷
散步·路上
——我与学生聊哲学
Sanbu Lushang

出版发行	中国人民大学出版社		
社　址	北京中关村大街31号	**邮政编码**	100080
电　话	010－62511242（总编室）		010－62511770（质管部）
	010－82501766（邮购部）		010－62514148（门市部）
	010－62515195（发行公司）		010－62515275（盗版举报）
网　址	http://www.crup.com.cn		
	http://www.ttrnet.com（人大教研网）		
经　销	新华书店		
印　刷	涿州市星河印刷有限公司		
规　格	160 mm×230 mm　16开本	**版　次**	2015年11月第1版
印　张	21.5插页3	**印　次**	2015年11月第1次印刷
字　数	309 000	**定　价**	1580.00元（全14册）

陈 先 达 文 集

第14卷

我的人生之路

陈先达自述

中国人民大学出版社 北京师范大学出版社

序

我下决心写这本书，缘自老家堂侄的来信。他说陈家要修谱，还告诉我原来家谱排行是：“心明德致知，为先学哲贤，清勤绍世泽，福寿乐绵延。”还要我再续二十个字，作为后世子孙的排行。我原来只知道我父亲一辈的排行是“为”字，我父亲名“为善”，我伯父名“为龄”，我叔名“为松”。我在家谱中的排行是“先”字，我的堂兄弟都是按“先”字排行。他还说要我写个家庭人员的情况，包括我的子女和第三代，说你离家六十多年，我们都不知道你在外面的情况。我这才想起，北京并非我的家。我的根在江西鄱阳县一个小小的渔村。

我笑称自己是“北派”，不同于当今追梦的“北漂”。我是 1953 年国家用一整列火车从上海输送到北京的应届毕业生中的一员。“派”与“漂”一字之差，代表不同的年代。我的人生历程，是从江西小小的县城定居于首都北京；专业是从历史到哲学；心路历程，是从热情迸发到一度失落，再到找回自我，晚年又进入第二个春天。这一段路，我走了八十多年。

短短的途程，漫长的人生，复杂的心态。这本书，记的只是比较牢固地粘在记忆中的人和事。我感谢我的发小刘锡荟，他帮我记起我俩青少年时代的一些事；感谢老同学复旦大学教授祝启秀，她也八十多岁了，土改时的事她还记得清清楚楚，是她帮我回忆的，还寄来复旦的一些照片。

我想起苏轼的《和子由渑池怀旧》：“人生到处知何似，应似飞鸿踏雪泥。泥上偶然留趾爪，鸿飞那复计东西。老僧已死成新塔，坏壁无由见旧题。往日崎岖还记否，路长人困蹇驴嘶。”八十多岁的人读这首诗，和年轻人感受肯定不同。人生感悟与年龄、经历密切相关。体悟，是人生经历在心灵的折射。我没有东坡先生贬谪为官、雪泥鸿爪般的生活，但久离故土，忘却的东西很多，也有“飞鸿雪泥”似的感受。

“路长人困”。一个活到八十多岁的人，写的东西会带有太多的老人的回忆与伤感。没有办法，因为它是现在写的，只能是现在的我写过去的我。写到过去，写到一些人、一些事，难免伤情。我有时暗自惊诧，是我吗？怎么这么快就到这个年龄。小时候在家乡见到五六十岁的人都觉得老得不成样了，而其实比我现在的年龄小得多：

似梦非梦八十年，有苦有乐有酸甜。
雪泥鸿爪犹留迹，人生岂是过眼烟。
耻图虚名卖朽骨，纵情挥笔不为钱。
半世文章成旧纸，敢辞衰老续新篇！

我们都是被扔到这个世界上来的，也都会被送回原处。生命，其实就只是生死之间这一小段。这段时间可长可短。有些人是夭折，有些人是英年早逝。当然更多的是瓜熟蒂落，回归自然。趁“上帝”还没有收回人间旅游的“护照”，我应该留出时间为自己写点什么。

我的儿女都是在北京长大，自认为是北京人。他们对我的出生地，既没有印象，更没有乡恋。我有时向他们说说老家如何如何，他们根本不感兴趣，让我很有点失落。看起来，从我算起，陈姓又有一支要在北京扎根。再过几代，他们根本不可能有人再说“我老家”，最多是“祖籍”。即使后代偶尔闲谈中有人提起“祖籍”，也会说我们不知道是哪代老祖开始迁来北京的。从我的子女开始，似乎已落地生根。正如现在的我，只知道是鄱阳人，老家是鄱阳管驿前。我也弄不清陈氏家族是从何处迁来的？老祖是谁？为什么会落户管驿前？从何代开始以捕鱼为生？看起来，不仅一个民族需要知道自己的历史，一个家族也是如此。可真正要知道从何处来、到何处去并不容易。我估计多少代以后，仍然居住鄱阳老家的陈姓家人，就不会知道管驿前陈家还有一支迁居北京。至于由何年何人开始，也会湮没在历史的尘埃中。想到这点，我不仅由先前修谱的反对派变成支持派，还决定以回忆的方式写点关于自己的东西。

以前，也有人劝过我写回忆录。我总认为我们这些普通人没有什么可写，也没有必要写，茫茫沧海中的一滴水而已。可反过来想，普通人也是社会的一员，普通家庭也是社会的组成部分。一个人的经历，一个家庭的历史，会反映时代变化、社会变迁。让自己的后人知道自己的祖先从何处来，何年何人开始定居北京，多少会有点意思。虽无显赫祖先，虽无光辉业绩，总该让他们知道我出生在江西鄱阳一个小小渔村，因为工作关系开始在北京定居下来。将来多少代，茶余饭后谈起自己的祖先也多点谈资。这也算家史吧。当然，对后人是遥远的历史，对我却是满怀乡思的现实。至今，浓浓的乡情仍不时会在心头升起。要不是已到高龄，我真想回老家东湖边弄个房子住住，重温我的青少年时代。人老思乡，也许是难舍童年时代生活的潜意识。我曾因为做梦还乡，醒后写过一首诗：

久居北京喜还乡，风景依旧似当年。
踏破全城人不识，惊起方悟梦魂牵。

写自己大概最容易，因为写的是自己；但也最难，因为写的是自己。容易，因为写的是自己经历过的事；难，难在写自己的生活、成长、思想，留个真实的自己。人很少有愿意光着身体让人看的。西方人注重隐私，中国人难道没有私密的东西吗？也会有。

有位著名学者说过，“人生不如意事十八九，可与人言一二三”。又有一位著名学者说过，“假话不说，真话不全说”。一句假话不说，很不容易。真话不全说，人都有难言之隐。这些学者都是历经沧海的学界泰斗，知人阅世，自有见识。的确，胸无纤芥、心如明镜的人很少。事无不可对人言，是一些人标榜自己的欺人之谈，不是实话。连子见南子都要赌咒发誓，为自己表白。他是圣人，尚且如此，何况无数的非圣人呢。

我是个普通知识分子，人微言轻。真话、假话都不打紧。既没有难言的真话，也没有文过饰非的假话。写文章从无抄袭，做人规规矩矩。从背后踢人家屁股的事从来没有干过。可我终究是人，多少总会有点“活思想”，有过幻想，有过青春的萌动，有过人生挫折，也有过想不通甚至心存腹议的思想。前卫的裸奔者会有，但真实思想的裸奔者没有。即使有，也是穿着肉色衣服。肉体可以袒露，灵魂喜欢隐藏。我尽量写得真实，即使是政治问题犯忌也无所谓。到我这个年龄，应该是无所求的时候，我会真实地暴露自己的思想。

五一节偶至校花园，见喷泉晶莹剔透的水柱，忽有所悟。我写了一首诗：

喷泉如柱亮如银，华灯映照格外明。
谁人能与侬相比，面对晶莹愧煞人。

无怪乎中外哲学家都赞美水，以水为喻。世界上有谁敢言自己能与水的清纯、透明和宽容相比呢？我写的即使是半勺水，最好也应该是清水，而不是不见底的混沌浊水。我记起《庄子·德充符》中的兀者申徒嘉反驳子产“计子之德，不足以自反邪”的指摘时说，“自状其过以不当亡者众，不状其过以不当存者寡”。人往往容易为自己辩护，我知道这个哲学道理。我知道有人会借自传美化自己、自吹自擂，甚至攻击他人。即使日记也不是字字可信，事事可信。研究者最重要的一个功能就是辨伪，还历史以真相。这是对名人说的。我们这种普通人不会有人来挑剔，也不值得挑剔。但我们也应该力求真实，对得起自己，对得起自己的子女，也对得起熟人和老友，让他们不至说，这个家伙在说谎。

目　录

第一章　我的爹妈

我是江西鄱阳人。1930 年旧历十一月十一日生于鄱阳镇。因为第一次普选登记，旧历改为阳历，我出生时的旧历十一月十一日应为当年阳历 12 月 30 日。所以我的生日变为现在的生日。

我是渔民的后代，商人的儿子。现在我们陈家的儿孙辈中，大学毕业生不稀罕，研究生、博士生也不少，而当年我是我家第一个大学生，不仅是我家，也是我这个陈姓家族的第一个大学生。我自己家族六十年的变迁，是社会变迁的缩影。渔民的后代永远靠打鱼为生的传统，在新社会已经被打破了。

一、渔民的后代

我祖辈世居管驿前。从何代起，我不清楚。我查了查家谱；据说，陈氏始于周朝，武王将女儿嫁给一位功臣的儿子——满，封于陈，陈国都于宛丘即今之河南淮阳，后人遂以国为姓。按此，胡公满是我们老陈家第一代祖宗，至今有三千多年。陈氏到唐代达到鼎盛时期，家族昌盛。到宋仁宗嘉祐年间，义门陈氏发展到三千九百余口，田庄三百多处，为北宋中叶最大的家族。后因繁衍过多，威胁王权，朝廷抑制义门陈氏，分移陈氏于全国各路州镇，陈姓遂遍及全国。其中有一支由安徽祁门移居饶州即鄱阳镇管驿前，这就是我们这支陈姓的正宗老祖宗，至今有四百多年。家谱的源流考究有多少可信度，当然可以存疑，但家谱对了解本族之发展、和睦族谊有帮助，谁也不会较这个真儿，非弄个一清二楚不可。

管驿前是个渔村，陈、张、邱、董多姓杂居。旧时婚姻不过十里，彼

今日管驿前

此都有亲戚关系。我外婆家姓张，我姑父家姓邱，这种结亲关系很多，亲上加亲，多少代人算下来，外人很难弄清楚有多少层亲戚关系，连称呼都是多重的。我过年去外婆家拜年，要走很多家，都是亲戚，热闹得很。

渔村无闲人。靠着鄱阳湖，管驿前绝大部分家庭都以捕鱼为生。情况好点的人家，有一条小船，船两边各有一排鱼鹰，学名鸬鹚，俗名水老鸦，是专门用来捕鱼的。它们都是渔家的宝贝，很被看重的。鱼鹰的颈都用一种我不知道叫什么的绳子扎住，它看见鱼，会一个猛子扎下去咬住，仿佛猎犬咬住猎物，绝不会松口。渔民从胜利归来者的嘴中取出鱼，然后塞进一条小鱼。既不能让它白干，否则没有积极性；可又不能吃得太饱，太饱也没兴趣干。动物怎么也没有人聪明。没有鱼鹰的渔家，用鱼钩网捕鱼，要一人撒钩网，一人划船。

捕鱼并不比干农活轻松，是全家齐上阵。女人在家要整理渔网，叫理卡子，要往每个鱼卡上挂鱼饵。鱼饵是田螺里剔出来的肉。还要像盘丝带一样，把渔网一圈一圈按顺序盘好。捕鱼时往水里撒网，叫放卡子。放之前要理好，这样放卡子时就不会乱，也不会彼此缠住。女孩子从小干的是削卡子的活。长到七八岁能干活的年龄，就是每人一把刀，天天削卡子。卡子约两寸长，两头尖尖，鱼卡上挂有鱼饵，鱼要是吞食鱼饵，卡子一松开就把它卡住了，跑不掉。女孩子长大后的陪嫁东西，就是从小用削卡子挣的钱慢慢积起来的。我母亲和几个姨从小也是干这种活。新中国成立前，没有哪家的孩子读书，女孩更不用说，一个个都是文盲。像我妈、我姨都是“睁眼瞎”。我妈、我姨连大名都没有。我妈的名字可能是新中国成立后选举时按照小时家里名字的读音“翻译”成一个像模像样的大名。我都不知道这个名字的写法，还是后来她来北京，报户口时我才知道我母亲的大名。

我们家是渔民，究竟从哪代开始捕鱼，我说不清。我不是出生在管驿前老屋，而是出生在离老屋不太远的小镇上。鄱阳是古饶州治所，算是比较发达的地方。小镇有商家，有学校，在当时看来，就仿佛是城市一样，实际上我只是由镇边上进入比较热闹一点的中心而已。

二、商人的儿子

我父亲从小在他伯父开的一家鱼行里当学徒，因此没有继续捕鱼，而变为卖鱼。鱼行开在镇上新桥附近的柳树巷口，面对河宽水碧的饶河。沿河多商家，往来商船不断，有点繁荣景象。

父亲从小过继给他的伯父当儿子。父亲的伯父行大，他自己有儿子，但不务正业，更不会经营。上世纪 20 年代，花了点钱捐了个小官，弄了个屠宰局的差事。穿上屠宰局的制服，背个斜皮带，好像做了什么大官。后来江西军阀垮了，那个屠宰局的差事也没有了，白花了一笔钱。我的祖父看着自己的儿子太不争气，就把自己弟弟的儿子，也就是我的父亲过继在他的名下。这样，我的父亲从小就离开管驿前到镇上鱼行里当学徒。

我那位捐钱弄个屠宰局差事的伯父，随着军阀混战结束，屠宰局换人，也就“罢官”回家。回来后，他曾经开过一个教几个学生启蒙的私塾书馆。几张桌子，十来个小小学生，教《三字经》、《百家姓》之类的东西。因为学塾就在他自己家的后院，我也曾在他那里混过几个月。我看他的文化水平也高不到哪里，略识之无而已。快到老年，不知什么样的机缘改变了年轻时的游逛习惯，他突然对信佛怀有了一种狂热。家里弄了一个佛堂，他经常坐在佛堂前念经。念的什么我也不懂，更不记得，只记得他终日坐在佛堂前念经的模样。不知是忏悔年轻时的荒唐，还是老来寂寞突然觉得人生无味。他的内心世界是一个孩子无法懂的。他死时，我还记得是按和尚"待遇"处理的——火化。火化，这在当时是不寻常的。如果他不留话，是无人敢做主火化的。

父亲闲谈时对我说过，他的伯父也就是他过继的父亲死时，家里很困难，鱼行生意不景气，几乎要倒闭。他临死前对我父亲说，只有把担子交给你啦。我父亲苦苦经营，幸好遇上一位在鄱阳开钱庄的叫四海的安徽人，他看我父亲诚实，有点出息，不像我那伯父，很信任他，同意在他的钱庄里可以用两千块额度的信贷。当时都是用银元，两千元据说是一笔不算小的数目。从这以后，鱼行维持下来了，而且不断发展。我父亲曾经无数次讲到四海这个人如何好、如何好，四海死后多年，他说起四海仍然是一种感激涕零的样子，真可谓终生难忘。一直到我父亲年老，住在我这里的时候，闲聊时还常常提起这件事。他们那辈人是知道感恩的，多少年过去，仍念念不忘。

你知道鱼行是做什么买卖的？不是卖鲜鱼，而是卖鱼货。到鱼汛期，一船船各种各样的鲜鱼由渔民送来，收购以后，由女工把鱼一条一条剖开，然后由伙计们用盐水浸泡，变成咸鱼。经过反复晒，变成干咸鱼，打成一包包的咸货。每包至少重百十来斤，卖到一些专门收购的南货店。都是整批发货，整批收购。我估计交易双方都是多年的往来户，银钱是事后结算的。我从小就看惯了一人一把刀的剖鱼的女工、腌鱼的师傅，闻惯了奇臭无比的卤水味道。收购活鱼季节很是热闹。整船的鲜鱼送来，女工们围着堆积成山的鱼，一条条剖开。灯火通明，人声嘈杂。当时没有电灯而只有一种汽灯，灯里装的是煤油，有个纱罩似的东西作为灯管，打足气后燃烧照明。当时这种汽灯是最明亮的灯，没有别的比它更亮的照明工具。

卤水味是很臭的，这是对付国民党兵的最好武器。每当国民党的兵要号民房驻军，我父亲就让师傅们把腌鱼的卤水不断搅动。并排几十口一人高的大缸中的卤水，一起散发出来的味道，臭气逼人。国民党的兵也受不了这个味道，往往过门而不入。

我家商号的名称是“陈万集鱼行”，在我们县算是有点名气的商家。我父亲是个好强的人，也是一个善于经营的人。等到抗日战争结束后，家里似乎比较富裕。虽然继续用悬挂在大门门楣上的“陈万集鱼行”这块招牌，其实已经不做鱼货生意，而是变成既自己坐庄也做行庄的商家。来收购的客户称为水客，吃住都在我家，因此每天吃饭的人很多。由行里伙计下乡代购，赚取佣金，类似中介。自己也把鄱阳特产，如米、豆、芝麻等派店员押运到上海、武汉、广州等地去卖，再运回当时本地缺少的洋货。这个生意一直做到临新中国成立。我父亲看鄱阳没有发展前途，于是只身到南昌，与人合伙开了一家“六丰公司”，仍然是做杂粮生意。后来统购统销，接着公私合营，从此没有生意做。1956 年我父亲被安排在一个粮站当职员，专门管发粮票、收钱之类的事。具体做什么我也不十分清楚，因为此时，我在北京工作，很少有机会回家。

“文革大革命”中，我父亲也在劫难逃。他在鄱阳时曾担任过县商会副会长之类的职务。商会本来是商人的行会组织，属于民间组织，可国民党为笼络和控制商会，商会中的人都要集体参加国民党。就因为这么一档事，父亲在一个不足四人的小粮站就算大批斗对象。经过反复调查，没有查出什么劣迹，后来就下放劳动。父亲要求回老家劳动。我家本非农民，又不在农村，他就联系下放到窑头陈家。窑头陈家，是管驿前陈姓中的一支，不知猴年马月哪代祖宗开始迁到窑头，成为另一支，但仍然属于同姓同宗，我父亲就借住在旧相识的一位陈姓农民家的灶房中。自己做饭，下地时与妇女在一起做点轻微的劳动，看看打谷场，轰轰鸡鸭。落实政策后又回到原单位粮站，因为已过退休年龄，没有继续工作。1976 年父亲退休，由我最小的妹妹顶替。

父亲退休后来过北京几次，和我们同住。可我们当时住房也很紧，他住在朝北的一间小房子里。世面他见过，钱曾经有过，大房子也住过。这些对他都无所谓，能和儿孙住在一起，他也很满足。他心情是很矛盾的。我们家世世代代是渔民，不要说大学生，连识字的人都很少。我父亲只读了几年书，可他写得一手好字，自己又粗通中医，家中或亲戚中有人生病，他也会开个方子让试试。他总笑我：“你还是大学生，字像鬼画符。”

他老说一笔字很重要，像一个人穿件好的长衫一样，肚子里有没有学问谁知道，可穿在外面的长衫一眼就看到。我父亲极爱干净，在我家总要弄得整整齐齐。他看不惯我满桌零乱，衣服不整，经常说我，但我积习难改。我与他不一样，父亲从小当学徒，起床第一件事就是扫地，下门板，把桌子抹得干干净净。他的童年受苦，而我的童年享福。

我父亲常说，送儿子读书是卖儿子。因为上了学再也不会回到原来的小县城去。我与父母也是聚少离多。从高中毕业出来到上海上大学，后来到北京，拖儿带女，回去的机会不多。父亲也不愿意儿子没有出息，回到原地，过他一样的生活。何况新中国成立后他自己的生活也变了，他原有的一切都化为泡影，日渐老去。由原来精明能干的商人，变成依靠儿子的不起眼的老头儿。我妹妹的儿子现在是个大地产商，是新时代的富翁。他老说像外公这样精明的人，要是年轻时碰到现在这个环境一定能“弄出个响声”，意思是比他强。父亲谈起往事总是说，其实家里并没有多少钱，做生意的人是过眼钱，都是善用别人的钱。看起来红火，架子大，大多是空的。可他在我祖父死后把一个身负债务濒临倒闭的鱼行，弄成当地名声很响的商行。即使是过手钱，也还是要有点经营之道，才能玩得转。

父亲不是理论家，当然不懂大道理，他们旧时代商人的结局是时代的必然。尽管他们不是坏人，也不是罪人，但他们必然是新时代的弃儿。新时代需要新一代的商人，并不是因为个个能干，而是生逢其时。有的发财手段并不咋样，可照样属民营企业家，比资本家光彩多了。我想我父亲至死也弄不明白这个理儿，他只读过几年私塾，哪能弄懂改革开放这个大道理。

父亲有一套养生方法，在旧社会，商人不嫖、不赌，没有不良嗜好，是很难做到的。我小时候，家中厅堂里也不时有人打麻将，这是当地的绅商联系的方法。无论输赢，我父亲绝不打到通宵，总是半路由别人接手。他喜欢走路。下放劳动时已经六十多岁，每逢进城回镇，差不多三十里，来回都是走。当然不走也没有别的方法，没有公交，也没有其他交通工具。下放养成走的习惯，即使来北京住在我家仍然不改。我儿子和外甥跟爷爷一道游颐和园、圆明园，也是走来走去。孩子回来往床上一躺，不断喊累。老人一点事也没有，笑他们还不如老头儿。

父亲没读过多少书，可他弥留时的那种安详，比哲学家还哲学家。我姐告诉我，父亲这次生病前似有预感。过去只要有病，哪怕是点小病，一定上医院。我二妹洁涛和妹夫仕云都是大夫，看病方便，住院也不难。可这次不同，他感到不舒服，自己先到南昌八一大桥桥头拍了个全身相，还去澡堂洗了澡。回来后，几天没有起床，吃得也很少。姐妹们一定要他去医院，他说不用看，休息休息就行。就这样，在床上躺了几天后，守在床边的姐妹问要不要叫我回去，他摇摇头，闭上眼睛，安详地去世了。父亲去世后我们整理遗物，发现个笔记本，上面把我寄给他的钱，钱数、时间，一笔一笔写得清清楚楚。他从不亏欠别人，包括自己的儿子。这大概是商人的习惯，账目清清楚楚。

也许他由一个学徒跻身商界翘楚，由老板变为粮站的办事员，由给别人发工资变为只靠几十元退休金为生，不时要靠儿子接济，他一生在贫困与富裕中翻滚，享受过生活也吃过苦头，看透了一切无所留恋；或许是他期盼能与小儿子在地下相见，这是他多年来的隐痛，他乐意到另一个世界。他死时的安详，令我不解。父亲生于1905年8月28日丑时，殁于1998年7月15日晨4时15分，走完了他九十三年的人生旅程。

父亲肖像

我妈是另一类型。旧式家庭妇女，小脚，大字不识。既不懂买卖上的事，也从不过问父亲的事。她很仁慈，也很迷信。吃花斋，每逢初一、初八、十五、二十三，要吃素。经常会给庙里、尼姑庵里送点油钱，捐点香火钱，保一家平安。我外婆家比较穷，我外公以卖鱼为生，每天挑着鱼盆到镇上卖鱼。当时县里最热闹的地方叫东门口，鱼盆就放在地上等候买鱼的。卖完鱼准时会来我家看我母亲，看看外孙。我母亲总是事先沏好一杯茶，等他。喝完茶，歇歇脚，坐一会儿就走了。很少见过他在我家吃饭。我现在猜想，大概是我家吃饭时乱哄哄的，前后屋很多桌，他不愿人家看见他在我家吃饭，有损女儿的脸面。旧时代的人很古板，很讲面子。女儿就是女儿，儿子就是儿子，他们思想上界限很清楚。

母亲最疼我，总护着我。我因为太淘，有时被父亲罚跪，时间长了，她会偷偷要别人说情。最难忘的就是母亲每晚塞在我被子里的梨。我的儿女们一定不懂，梨算个啥，要我吃我都不吃。可在我们那个年代，七十多年前，在一个小小的县镇里，可不是人人能吃到梨的。梨是送来的。卖梨的人手挽装梨的篮子，用块白布蒙着，上面还放张红纸，说是送梨。不是说卖，说送。卖是不能上门的，送是来客，仿佛走亲戚。没有价钱，也不会开价，看着给，当然只能多，不会少。这是一种卖梨的方法，约定俗成。晚上睡觉，掀开被子，会发现被子里塞个梨。梨好像是专给我一人的赏赐品。当时以为理所当然，毫无感谢之意。母亲逝世以后，我想起这些旧事，心中愧疚得很。

母亲肖像

母亲在北京住过些时候，帮忙带孙子。当时工资很少，我没有孝敬过她，也没有想到尽孝这件事。怪不得我们老家有句谚语：眼泪是往下流的。一代一代都是这样，看看我老伴对待我的儿女、孙辈，我才真正体会到这句话。尽孝要趁早。我现在的经济条件、生活条件，能够尽点孝心，可子欲养而亲不待，为时已晚。所有年轻人都体会不到这一点，所有能体会到的老人都错过了孝亲的机会。

母亲本来身体不错，因为人胖，行动不便，有一次从竹床上摔了下来。竹床是用像床板似的竹片架在两条长的木板凳上。摔得很重，老年人不经摔，大腿骨折。虽经治疗，终因年老，不能下床，躺了几个月并发肺炎在医院中去世。母亲生于1905年农历正月初六，殁于1988年阳历9月9日晚约8时左右。比我父亲寿短，活到八十三岁，正好是我现在这个年龄。

我父母葬在南昌昌北一个公墓里，没有埋葬在老家鄱阳。家里的祖坟山早没有了，很多坟都平了，变成公路。我姐妹们都在南昌，葬在鄱阳也没有多大意思，清明连扫墓的人都没有。我的溺水而死的弟弟的墓，也从鄱阳迁来葬在我父母的合墓边，在阴间陪伴他俩。

清明祭扫

我良心至今不安的是，在父母生前我与他们聚少离多，没有尽过孝，他们逝世时，我也未在床前送终，全是我的姐妹料理。我三妹夫兴焰出力尤多。我父亲生前常说，送儿子读书就是卖掉儿子。确实如此。想想当今的空巢老人，儿女们出国留学，有的在国外风光得很，可家中的父母牵肠挂肚，年节时不过一个越洋电话而已。即使如此，父母还是愿意儿女在外面闯世界，不愿他们一事无成。我的父母何尝不是如此。我并没有出国，只是在北京，也是聚少离多。我虽然弄了教授、博导之类帽子，与他们何关，能就近照顾的还是文化水平不如我高的女儿。老人们至死也不愿麻烦儿子，没有得到我任何实际的回报，可说起儿子在北京当教授，仍然高兴得很。只有自己老，才能体会什么叫老；只有自己当父母，才知道什么叫父母。经验无法传授，只能一代一代老去，一代一代留下回忆与惭愧。没有人敢说，自己对父母的爱，能与父母对自己的爱相比。人到老年都会留下永久的悔，悔年轻时聚少离多，不懂父母的心：

虚名何能解亲愁，别多聚少六十秋。
宁守空巢盼展翅，唯恐鸟倦归林投。

长年思念增白发，春去冬来扳指头。
遥望南天心愧疚，我今年老感同受。

三、淘气学生

我是1930年旧历十一月十一日卯时生，肖马。我下面有个弟弟叫先昶，据说是出麻疹并发肺炎死的，其时刚三岁。我毫无记忆。我们那个年代，孩子不成长到十八岁，都不算成人。这个“不算成人”，不是从年龄上说的，而是说随时都有死亡的可能，还不算“人”。十五岁是一个关口。真正成人，要过很多关，其中麻疹就是一大关。我叔叔的两个孩子，都没有活过三岁，全是出麻疹转肺炎死的。我满十五岁时，家里为我做了“成年礼”。这个不是西方的成年礼，而是中国式的，请了一些和尚、道士在家“打醮”，搞了三天。这是为孩子长大成人，对上天神灵表示答谢的意思，大概是神圣领域的“送礼”。

不仅要打醮，还要还愿。记得大概是地藏王菩萨生日那天，我上穿黑色上衣下身系条裙子似的打扮，双手捧一个小凳子，凳子头上有个香座，插上几根点着的香，走三步跪下磕头，叫“拜凳凳香”，当地叫“朝香”，类似朝圣的意思。这叫还愿。大概是我父母对天许下愿，祈求老天不要像我得麻疹的弟弟和叔叔的两个孩子一样把我也收回去。“人无法，求菩萨”，只有向上天许愿，孩子才能活下去。我活到了十五岁，感谢老天爷没有让我夭折，该还愿了。现在我懂了，还愿，是旧社会对婴儿死亡率高无奈、无能的表现。

我是当时家中唯一的男孩。我有一个姐姐，几个妹妹，旧社会重男轻女，我们那个小地方更是如此，因此我特别得宠。我家里老说我命好，因为我出生后，家里商业经营逐渐好转，经济条件越来越宽裕。我最得宠，也最淘气。读小学之前，在我那位伯父开的家塾里混过几天，后来又到本城一位有点名气的私塾先生家发蒙，也不过是《三字经》、《百家姓》之类，除了上学下学在一个挂在堂前的孔子像面前磕头，除了老先生的严厉和经常躺在床上要学生捶腿以外，不记得真正学到点什么。我还是太小，不懂事。

正式读书，是在景德寺小学。景德寺据说是宋真宗以自己的年号“景德”在全国多处建立的寺庙。我读书的景德寺是否也是此时所建，不清楚。至少在我上小学时，不像是座有过辉煌过去的寺庙。它格局很小，只有关公坐像，未见其他遗迹。除关公以外，旁边是些教室，可能是过去的殿堂改建的。关公大驾为什么供在景德寺，无从考究，然也可见关公在中国人心目中无处不在。我在景德寺读到小学毕业，至今仍然记得其中几位老师。一位是语文教员，就是我那位塾师的儿子，不过塾师是私人授教的蒙童老师，而他是国民政府的正式教员。还有两位女老师，一位姓吴，一位姓施。我上小学时，她们也都还年轻，可后来终身未嫁。那时的小学教员，算是小镇上的人物。现在的年轻人，包括现在的小学老师无法理解上个世纪 30 年代小学老师在小镇上的地位和受人尊敬的程度。女老师是有头有脸的人物，找个中意对象不容易。如果自矜自持，不从流俗，过了嫁期，嫁人更难。新中国成立后我还见到过她们，都是满头白发的孤身老者。她们的人生是旧时代职业女性的写照。

我上小学从来没有认真读过书，经常逃学。我姐姐比我高几班，每天像押逃兵一样押着我。我走前，姐姐走后。有时我故意落后，一转眼，从小弄里溜跑了。跑到一处离学校不远的油坊，坐在碾芝麻的牛车上玩。伙计们也乐意有人坐在牛车上，可以看着牛，不让它停下来。我坐在牛车上，不时从车上跳下来，从碾槽里抓把芝麻塞在嘴里，又一纵身跳上牛车。玩累了，芝麻也吃饱了，拖到放学时回家。我父亲忙生意，没时间过问，我母亲大字不识，不懂，只要按时回来就行。我姐姐也不“揭发”，骂我几句了事。

小时候，因为做生意，来客多，我还学会了抽烟。抽烟有两种待遇，一种是送上水烟。水烟，是一种像盒子炮一样的东西，里面是水，烟丝放在烟筒上，吸烟要有捻子，用火点着烟丝用力吸，烟是经过水过滤从嘴里吐出来，似乎比吸香烟危害小。另一种待遇是香烟。所谓香烟，就是纸烟。当时，小地方没有外国烟，都是本地产的人工手卷的烟。卷烟的是女工，每人一台用木材制造的卷烟机，一次也就只能卷几根。因为是抗战期间，好像烟名是国光、爱国之类。这种烟是放在桌子上的，我悄悄拿几根，说偷也行，反正大人不知道。我也学会了推牌九。年头久了，我现在都忘记了，当时很熟练。我把小时候这些糗事讲给我孙女听，她说：“爷爷，你这是不良少年。搁在现在，早让退学了。”

有时，我父亲生气也会惩罚我，主要还是因为玩牌九赌钱。当时，鄱阳的商业还算发达，因为水路运输比较方便，来往货船多，上货下货，有很多挑夫，我们当地称为“八股索”，因为他们的生活工具就是扁担和挑担的绳子。这都是些穷苦人，靠卖苦力为生。船码头就在我们家门口不远，这些挑夫们在没有来船上下货时，就集中在我家隔壁一户人家推牌九。我也参加，挤在一张四周围着人的桌子边。人挨人，汗味四溢，赌徒却根本不在乎，全部精神都集中在下注时翻牌上。我年纪最小，对输赢无所谓，偏偏我手气好，输少赢多。我记得当时有位挑夫愤愤不平地说：“狗屎蓊猛草，蛆往鱼里拱。”猛草是长势很好的草，本不用施肥，可偏偏有狗屎蓊草；鱼本来是长蛆的东西，蛆很多，可蛆偏偏往鱼里拱，拱即钻也。意思是越有钱赌钱越赢。这是句无奈又充满愤恨的话。我当时年纪小，不懂，现在我才体会到这句话的分量。因为推牌九赌博的事，我父亲特别生气。他也不打我，而是罚跪。我家前厅有座一人高的菩萨，叫杨四将军。专门有个神龛供着，有长明灯，一个小学徒专门负责添油、点香。据说，这是一次发大水漂到我家门口被捞起的，后供奉多年。罚跪没有固定时间，有时很长，有时短——这要看有没有人给我说情。

我最爱听说书，说的就是《彭公案》、《施公案》、《七侠五义》、《精忠说岳》之类。离我家不远有座华光庙即是说书场子，华光是何方神圣，不知道。只记得多年失修，庙宇破旧，四周围墙倒塌，只有大殿还比较完整。殿很大，显见昔日的辉煌。说书人是我们当地唯一一位说书的人，他的场子也是独此一家。我记不得他年龄多大，只记得他是个盲人，我们当地称他为瞎子。他在大殿里摆上几条长凳，没有茶水，我们那个小镇的人还没有那么阔气，只是听说书。散场收点钱，那时人都很淳朴，没有半路收费的，也不会有人半路溜号，都是老熟人。我不够资格坐条凳，不是交不起钱而是年龄不相称，一群老人中夹着一个小孩，而且都认识这是某家某家的孩子。我是坐在菩萨的神龛里和菩萨一起听说书的。每晚必去，“且听下回分解”，把你吊着非去不可。有一次坐在菩萨龛里睡着了，家里四处找人，结果又是一次罚跪。我的小学就是这样混过来的，没有正正经经读书。上中学，开始也好不了多少。我感谢家庭的宽容，感谢当时的学校对学生并不苛求。我的个性没有受到太大的戕伐，过早地被扼杀。如果像培植盆景那样精心修理，一切按照家庭和老师的意志发展，我不会是现在的我，至于将成为什么样的我，难以想象。

四、弟弟之死

我最大的弟弟名先昶，死于麻疹，是夭折。我父母虽然在闲谈中会提他们这个儿子，但于我毫无印象。我最感伤心的是我第二个弟弟先觉的死。他比我小十一岁，生于1941年。我离家上大学时，他刚十一岁，比我清秀、聪明、可爱。我弟弟的死，是我家的大变故，也是我心中永久的痛。

我上大学后，父亲在南昌，开始是经商、开公司，后来被安排在一家粮站当职员。家中只有我母亲和弟弟两个人。当时家中经济很拮据，我没有多少钱寄回家，父亲工资更低，留在家中的母亲靠卖一些旧家具或其他东西补贴家用。后来我弟弟高中毕业当了小学教员，母子相依为命，守着已经变得很小的旧居过活。

1962年夏天，家乡正发大水。鄱阳湖边，几乎几年就涨一次大水，从涨水到退水要几个月。那时，我姨住在我家。她家从来是租房子住，母亲讲，不如姐妹相伴。我姨家的表弟在邮局当邮差。有一天他们表兄弟到河边洗澡。我弟弟不会游泳，两个人是去洗澡。走在路上弟弟被一块石头绊了一跤，一头栽到桥下。鄱阳是水路，过往的船很多，但没有人伸以援手，只要顺手拉一把，经过挣扎浮出水面的弟弟就不会淹死。可当时终年在水路上行船的人都很迷信，在水里捞人就是挡住淹死的死鬼寻找投生的替身，那么自己就可能当替身。他们绝不会救溺水的人，谁愿意当替身呢？我弟弟的死，对我年老的父母是致命的一击。我和姐妹都赶紧回家。我父母对着灵堂上弟弟的相片，天天撕心裂肺地哭喊、诉说，我们的劝说一点用处都没有，只有跟着流泪。这个弟弟是父母第二个儿子，父母对他比对我的感情更深，我从高中毕业后回家次数少，可这个弟弟短短一生就是在我父母眼前终日相伴。当时又是家里经济困难时期，母子相濡以沫，格外亲。弟弟没有了，家不成家，留着房子还有什么意思呢，物是人非，睹物伤情，不如卖了，断了念想。从此我母亲迁居南昌依我姐姐居住。后来父母都老死南昌，再也没有回到伤心地。

父亲和弟弟

我和弟弟相处时间不长，我上大学时，他还是小孩，写得一手好字，春节时替人写大门的春联。他身体不好，医生说是肺病，为治病，我父亲可以说是卖光了家中的东西。病好了，高中毕业，当了小学教员。他曾给我写信要来北京和我同住。当时我是单身助教，经济也很困难，住在一间用作厨房的不足6平米的小房里，负担不起。当时都是低工资，刚毕业能好到哪里！至今我仍既悔又愧。如果当时我弟弟来北京与我一起，能继续上学，或找个事做，手足相依，即使再困难点，他也不会溺水而死。人生的偶然性太大，一个偶然机遇会改变命运：

青春十八少年郎，似是龙王觅东床。
传书柳毅去不返，终生思念满惆怅。

除这个最小的弟弟外，我还有几个姐妹。父母生于光绪年间，是皇帝的子民，传统思想很重，重男轻女。我姐姐读到高中就辍学，不久与我的表哥结婚。这个表哥是我二姑妈的儿子，我姑妈早孀，把儿子托给自己的弟弟照顾。我这个表哥一直在我家当店员。我父亲重亲情，我大姑妈的儿子，二姑妈家两个儿子，三姑妈家几个孩子都在我家做店员。此外，还有几个外姓店员。他们之间也会有矛盾。我第一次听到“黄马褂”这个词时不懂，后来才知道是指我的表哥们属于“皇亲国戚”的意思。这种半家族式的商行完全是旧式的，即使没有新中国成立后的公私合营，也不会有发展前途。

我姐姐出嫁时，送嫁的是我，由弟弟送嫁是我们当地的习俗。我舅舅家没有男丁，我两个表姐出嫁都是我送嫁，我嘛事不懂，任人摆布。当时出嫁最风光的是前面抬着花轿，抬着嫁妆，吹吹打打，送嫁的人坐在东洋车即人力车上。当时的东洋车其风光可能如同现今的宝马。我这位唯一由我送嫁的姐姐，新中国成立后参加工作，在工厂里当个小职员，直到退休。我姐夫 2013 年春去世。

我有三个妹妹。大妹比我小三岁，从小送给人家当童养媳。不远，就是隔壁一家开柴行的小康人家。不是家里养不起，而是不愿养，因为女孩迟早都是别人家的人。她公婆都是老实的平民百姓，待她像对待自己的女儿一样。不是小说里受苦的童养媳，而是对等的联姻。大妹后来也走出家门，在商店里当了货员。2013 年 4 月因胆囊癌去世。三妹，也是从小就抱给人家当女儿。养父是安徽人，在镇上一家大酱园当店员，一直没有孩子，所以收我妹妹当养女。当地有个风俗或者迷信，总认为抱个孩子后可以生育，一般会取个吉利的名字，叫招弟、望弟。后来，我妹妹的养父母家真的连续生了几个孩子，有男有女，也算是我妹妹带来的好运。有了弟妹，我妹妹在养父家仍然是最珍贵的。因为我家不是因为穷才把女儿送人，所以两家像亲戚一样地来往。这个妹妹后来顶替我父亲，在粮站工作。

我的大妹、小妹都是读到小学。二妹幸运点，高中毕业时，家里经济困难，父亲在粮站当小职员，工资很低；母亲和小弟弟在家靠卖家具贴补家用，因此父亲反对她继续考大学。我支持这个妹妹继续上学，后来她考上医学院。我那时升为讲师，稍宽裕点，可以寄点伙食费，但也少得可怜。二妹毕业后，当了医生。他们夫妇二人都是医生，看专家门诊，算是事业有成。

我们这代人是经过困难生活的。可我们的子女不同，生活条件好多了。学历都高，至少是大学毕业。有的在国外发展，有的在国内当高管，或当教授。至于第三代，简直是生活在蜜罐里还嫌不甜的人。比起我的姐妹们，看着第三代，很有感叹。

六十年前，我从复旦分配来人大，尚为一人。后来，我二妹的孩子考取清华。他可是个聪明过人又吊儿郎当的家伙。十七岁入清华建筑系，是我和我父亲亲自送他去报到的。即使是考试期间，每天照踢足球不误，眼镜不知换过多少副，都是球场业绩。毕业后考研究生，成绩优秀，可是那年刚好临时加试政治课。他以为是做样子的，草草完事，结果不及格。老师爱莫能助，感到可惜，把他介绍到另一个院校读研究生。临面试，找不

与在京妹妹一家

到人，他到承德旅游去了。我到他宿舍中去寻他，还以为走进了垃圾场，门口堆放着久未清扫的垃圾。人终于回来了，刚下火车，就去面试，总算录取了。毕业后工作几年去了美国，现在在美国硅谷工作。我三妹的女孩考取对外经贸大学，男孩考取北外。而且人越来越多，另外两个外甥女，都在北京工作、安家，都有了孩子。看着妹妹一大家人，都有出息，我心里特别高兴：

负笈京城六十年，满桌欢声笑语甜。
逝者如斯东流水，一代更比一代强。
日行万步长伏案，无关名利爱书香。
头白齿豁不怜老，尚思为国写千篇。

五、根断叶散

我父亲终究是商人，比我母亲有远见。他总说人得有个家，没有家，儿女们没有根，就散了。他说的家是屋，有屋，儿女们才有落脚的地方，外出的亲人才可能回来，也愿意回来。鸟有巢，才会归来。

小弟弟死后，父亲决心卖房子。最后一个留在家中心爱的儿子没了，他完全绝望了。家不再成家，根不再成根，留着空屋还有什么意思？看着伤心，不如卖掉：

> 长大成家各西东，多年难得一相逢。
> 旧居易主换别姓，无根落叶类飞蓬。

房子并不等于家，但家得有个根据地，外出的儿女才觉得有根。我家的祖屋在管驿前，那是以前我太爷爷住的。我奶奶和我伯父一家人住在一起。我小时候常去老屋，那是我奶奶终老的地方。老屋是栋极普通的民房，砖木结构，泥地，有烧饭的灶房，我记忆中很旧、很旧。鄱阳中学校址就在高门，在管驿前附近。我上高中时还经常去老屋，伯伯和伯母都疼我，堂兄比我大很多，比我父亲小不了多少。他一直在我家管账，上个世纪60年代就去世了。

我自己的家在镇上，离老屋也不太远。我每天上学都是走来走去。上午放学回家吃中饭，再上学，每天来往四趟，不觉得远。当时人人如此，不像现在的孩子，有车接车送。我记得我奶奶年老卧病时，我父亲料理完事，每天晚上一定要由我家到祖屋去看奶奶。当时，没有电灯，更没有路灯。由一个学徒手提马灯照明引路。没有多久，我奶奶就去世了。

镇上的房子是开鱼行用的。前半部是我祖父留下的，很大，但很旧，是腌鱼、存鱼之处和伙计们的住房。后来不做腌鱼生意，改做商行，就变为水客们的住房。我父亲后来接着前边的商行后面盖了一栋新屋。这可能就是他毕生的心血，是为儿孙们留的根。盖房子用了三年，用的木材是专门由放树行放排人从山区放来的，很大，很粗。房子是旧式的，面积不小，楼上楼下都有住房。房柱是比碗口要粗得多的树。正厅靠房梁处安放祖宗牌位的下面是一张大条案，两边是对联。再两边各有五张太师椅，两椅之间是高脚的茶案。因为房子大，还住过国民党的壮丁。

现在的年轻人不知道什么叫壮丁，这是国民党征兵的一种方式。看过四川喜剧《抓壮丁》的人还记得其中的角色，虽有夸张，但国民党的兵役制确实腐败。壮丁是抓来的，不少是被买来顶替的。过去我家隔壁有个小酒店，老板是个老太太，她的儿子游手好闲，不务正业，他有个不要本钱的发财的窍门——卖壮丁。只要谁家被抽丁，舍不得儿子当兵就买他去顶。不到几个月就回来了，下次有人买兵，他又去，用现在的术语是“壮丁专业户”。保长知道，收兵的知道，顶头上级也会知道，上下其手，保长是中介。我就是不知道当时的国民党高级将领知道不知道，“委员长”知道不知道。如果知道，那么对自己败退台湾的原因，他们应该清清楚楚。有一年，国民党收兵的军官收集壮丁后，要先找个地方关押，然后才能解到上饶交差。不知为什么号上我家楼上关壮丁，一百号人关在楼上，吃喝拉撒睡全在楼上，屎尿从楼缝里往下流，臭气逼人，没有办法，花了一笔钱给接收壮丁的军官，才算送走瘟神。

我比较详细地说这座房子，是说一件现代人无法理解的农业社会老年人的心理。我父亲为盖这房子大概花尽了他一生的积蓄，他对我说为盖房子负过债。为什么如此费劲，我想他是在为子孙们筑巢，以为子孙可以就此安居。这当然是旧时代老一辈人的梦。这栋住房因为沿河造河堤、扩路，两次改建，越改越小，我最后一次看到这座旧居，已经小得不像样子，好像由原来光彩照人的艳丽女郎，变成了既丑又矮的龙钟老妇。1980 年我父亲以六千元卖给公家一个机关当职员宿舍。从此我的父母再也没有回过这个痛失爱子的伤心地，我们兄妹们也再没有回去看看这座已经卖掉的房子。

父母与我及四姐妹夫妇于南昌合影

我父亲一生拼搏，由学徒到老板，最后死于拮据和寂寞。可他的第二代、尤其是第三代外孙女和外孙、孙子孙女们都有着比他有意义的生活和前途。我不用对新中国成立后的社会变化做大叙事，仅仅从我父母到我和姐妹们的儿女们三代的变化，就可以看到社会的进步。家是社会的细胞，各式各样的家的变化就是社会的变化。像我家这样，由旧式商人家庭的兴起、衰败到子女各奔前程，就是社会六十年历史变化的缩写本。

第二章　小城旧事

我有一位中学同学移居美国多年，我怀念她，也怀念中学时代，为此写过一首小诗，其中就有“小城旧梦”四个字。“小城旧梦”指的是我中学时代的旧事。

从1944年下半年我上中学到1950年上大学，是我此生在家最长的时间。除大学时期几年寒暑假外，来北京工作后回去的次数屈指可数。中学时代是人生成长中的特别时期。我有无数难以忘怀的记忆，有青少年的好友，也有青春时期的躁动，以及许多复杂的情感纠结。小城虽小，可对在此度过青少年时期的我，却是梦中永远的记忆。

一、中学时代

我读中学时，镇上有四个中学。一个是省立第十中学，即鄱阳中学。校址在鄱阳的高门，离镇中心不远。据说，鄱阳中学历史悠久，它的前身是1902年创立的饶州府中学堂。另外三个是私立的，学校的创办人都是当地有名的乡绅。一个是芝阳师范，创办人姓姜，是国民党的要员，民国时期的立法委员；一个是士行中学，据说创办人姓周，也是望族，忘了是国民政府财政部要员还是江西裕民银行的行长，校址在东湖荐福寺，以晋太尉陶士行的名字为校名；再一个是正风中学，创办人姓胡，三兄弟都是有头有脸的人物。老大是什么职位不清楚，二哥是国民党中将，曾任国民党骑兵学校教育长，老三是直接主持学校的校长，是国大代表，不清楚还有什么别的头衔。一个人办一所学校，既是造福桑梓，也是培植自己的势力。

我开始读的学校是芝阳师范。名为师范，其实并非专门培养老师，就是普通中学。1944 年，我刚上初中，小学时的顽劣未改，仍然是调皮捣蛋，不正正规规地学习。学期结束接到的成绩单，可想而知：留级，也就是蹲班。我在这里，学习上没有任何收获，但结识了一个交往终生的朋友，至今快七十年了，仍然是好朋友。他聪敏、会读书、文理科都强，可就是和我这个学习差劲的同学关系特好，这也许就是投缘。

我们中学隔壁就是孔庙，有个魁星楼，这种安排挺有意思。一个是读书人的老祖宗，大成至圣先师，另一个是专管科举录取的星宿，只要魁星用笔一点就能考取功名。看起来古人也懂，光书读得好，只拜孔子不够，还要拜魁星，否则功名无望。我在芝阳师范读书时，孔庙还有点气派，塑像完整，殿宇也很大，有点昔日光辉的痕迹。魁星楼则不行，已经年久失修，残破不堪。大概是因为早已废科举，用不着巴结魁星，他只得“下岗”，楼阁荒废，也是情理之中的事。魁星楼有二层，楼梯没有了，要到二层必须攀登。这是个危险的活，掉下来，不呜呼哀哉也得残废。可当时正是懵懵懂懂的年龄，对什么是危险毫无概念，只知好玩，经常攀爬。魁星楼很高，二层更高，下面就是住户。我们就从楼上往人家屋顶上抛石头砸瓦砾，惹得住家户高声叫骂。真是调皮。

在芝阳师范半年，有三个收获：一位结交终生的朋友，一张留级的成绩单，再一个就是攀楼的记忆。

留级无所谓，那时学制没有现在这样严格。这里不行，转个学，继续上学。第二学期我转入了一个新办的中学——正风中学，开始了新的学习生活。留级是件好事，算个黄牌警告。在正风中学四年半，开始知道守点规矩。学习成绩也还可以，最烦数学，爱好文学，有点文艺青年的样子，只是土壤不行，没有发芽，更没有成长。

正风中学校长胡溥清，是美国哥伦比亚大学的毕业生。他在外面工作多年，为什么会在 1944 年回家乡办学？是不是因为姜、周两家各有一所中学，自己也应该在家乡树立人望，联络乡情，培养地方势力？不太清楚。至少我知道 1948 年国民党选国大代表，全校师生上阵投票助选是有的。记得全校学生还到胡家吃过面条。在我们家乡，请吃面是一种礼遇。

中学同学聚会

正风中学没有校舍，租用鄱阳唯一的一家天主教堂的空地盖了简陋教室。没有宿舍，学生住在“积善堂”里。“积善堂”是新中国成立前停放棺木的地方。外省、外县在鄱阳经商或谋事的人，终老鄱阳，因为交通或其他原因，家里无力扶柩还乡安葬的，都会把棺材停放在“积善堂”。有的可能已停放多年。学生宿舍就在停棺房旁边，中间隔堵墙。寄宿生可以说是与亡人相伴，好像当时也没有害怕。大概学生人多势众，根本没有把这些当回事。我也短期住过一段，图新鲜，后来还是住在家里。校舍不好，可教员却是第一流的。抗日战争时期上海沦陷，一些大学教员逃难到鄱阳落脚，只有到中学当教员一途。当时我的化学教员、英语教员、物理教员，都是外地来的。只有语文和数学教员是“土产”，但都是高水平。数学老师是武汉大学数学系毕业生。我对数学不感兴趣，但这位教员的教学水准有口皆碑。我记得一本《范氏代数》的课本，除标点符号外，大概他都烂熟于胸，上课根本用不着书本，只是我实在不争气，辜负了老师的教导。新中国成立后，数学老师就调到南昌一所大学数学系教书去了。如果没有点名气，不可能由一个县城直调省会大学教书。1949 年 5 月 1 日鄱阳解放，正风中学停办，合并到鄱阳中学。我在正风中学一直读到高二下学期，共四年半。在鄱阳中学，从 1949 年 9 月到 1950 年毕业考大学只读了一年，完成高三学业。鄱阳一共四所中学，我读了三所。时间最长的是正风中学。

二、风流倜傥的语文教员

我的语文教员俞伦是本地人，是一位没有学历但却精于国学、佛学，能赋诗填词、风流倜傥的年轻教员。对他来说，当教员不是谋生，因为他根本不存在生计问题。上课时，坐黄包车来学校，在我们县大概他是唯一的人。

他的父亲是本地一位名中医。在我们家乡一提起他，可说是无人不知无人不晓。能请得起他看病的人大概不会很多。他有专门的洋车夫，出诊费大概不会少。我当时很小，不关心此事，只知道他的大名。我们城里只有一位西医，开了一家诊所，看西医的人不多，大家仍然是相信中医。西药太贵，不用说盘尼西林，连磺胺都是宝贝。我记得有一年我父亲的脚趾长了个疮，发炎，请西医看，服的就是磺胺片，似乎这是救命药，很贵很贵。新中国成立前，西医在我家乡不可能有发展。两家樟树人在鄱阳开的中药铺，都是大商号。西药店，没有。

俞老师的父亲，这位名中医，在新中国成立后的“镇反运动”中被枪决了，当时，我已上大学，不知道罪名是什么。听说是恶霸，是挑动两姓械斗的黑手。在旧社会农村，争水、争地或其他任何一件事都能引发两姓村民的械斗，而械斗必然出人命。他是名医、乡绅，这种事也可能沾上点什么，至于是不是罪该至死，很难说。如果念及他的医术，也可不死，不过械斗中死过人的一姓，大概不会放过他。

他的儿子，就是我这位语文教员教我时，是家势正旺之际，是《红楼梦》的前几十回，只要看看我这位老师到学校来是坐黄包车，就知这个架势。他是以教书为乐而不是为糊口的人。他的中文水平确实好，非现在一般语文教员可比，尽管他不是哪个大学中文系毕业，可家学渊源，再加上家里有钱，自己有闲有爱好，不必为生活操心，读点古书，吟诗作赋，很容易造就一位风流倜傥、恃才傲物的公子哥儿式的书生。

旧课本基本上是古文和诗词，他讲得明白易懂、生动有趣。初二时，有次他讲荀子的《劝学篇》，他还没开讲，我把“荀子”读为“苟子”，他说不是“狗子”是“猫子”，满堂哄笑。

俞老师走过一段华盖运。新中国成立后三天，正风中学的校长胡溥清因为自己是国大代表，又是地方士绅，还在省政府任过什么职务，害怕自己前景不妙，于是想逃走。当时南昌还没有解放，他是先坐一条小船到鄱阳湖一个地方，然后不知用什么办法逃到南昌，到南昌后去了广州，再到台湾，据说曾在台湾师范大学教书，老死台湾，没有回来过。我这位语文教员是送他到鄱阳湖上船逃走的人。是出于义气，还是出于同事的情谊，我不清楚，总之他干了这件事，由此引来牢狱之灾。他被捕后，送到鄱阳珠湖农场劳改。这次劳改改变了他的命运。

劳改对我这位老师来说是个生死关。他原本是个养尊处优、不知穷困为何物的公子哥儿，终日劳动，肯定经不起几下折腾。幸运的是，有次在劳改农场劳动时，劈面看见个女子，仿佛是比我低一班的女学生，她是管理劳改的干部家属，自己也是干部，她望了他一眼，彼此没有说任何话。几天以后，他被调到农场医务院当医生，为劳改犯看病，这一下轻松多了。何况他有家传，父亲是名医，自己也粗通医学，虽然不及父亲，在农场当个医生蛮够格。经过几年，自己医道有了进步，期满释放回到镇上重操旧业，慢慢成为县里的名医，在一家很大的中药店当坐堂医生。他当过语文教员，通诗词，懂佛学，当过鄱阳诗词学会的会长并主编《鄱阳诗刊》。他多次来北京，我们在京的学生看望过他，畅谈终日，很多事都是他告诉我们的。我曾写过一首诗《呈俞师》向他请教，也是表达老学生的师生之情；

词章白石国手医，文苑杏林两相宜。
莫谓小城无俊秀，师传原不让昌黎。

这首诗曾登载在他主编的《鄱阳诗刊》上，老师很高兴，说我们师生是在相互吹捧。你自诩为“小城俊秀”，封我为“鄱阳韩愈”。他晚年活得很舒心，当了政协委员、诗刊主编，成了地方名人。前几年春节，我打电话向他拜年，他说自己近来身体不太好。不久就谢世了，年近九十，算是高寿。他一生经历坎坷，总算最终有个好结果。

三、英语老师和他的女儿

我初一时的英语老师姓沈，是一位女教师。夫妇二人都教英语，是从沦陷区来避难的。抗日战争胜利后，就离开鄱阳去了上海。因为时间短，没有多少印象。

我要说的是另一位英语教员邱老师，也是本地人。准确地说，不是这位邱老师，而是他的女儿。我与他的女儿还有其他几位男女同学，虽然不是同一班级，但来往密切，经常在一起玩，关系很好，可以说是终生之交。鄱阳是个小县城，但新中国成立前我读中学时，社会风气并不封建，可能是因为逃避战火，许多外省人尤其是上海人来到这里经商、教学，吹来一些新风。当时在正风中学旁边有一栋用鱼鳞板搭起的民房，外表很美，里面装饰也很洋化，就是一位从上海迁来的有身份的“难民”的临时住房。每个星期在这里都举办交谊舞会，参加的人都是外来的和鄱阳当地的名流。附近居民在窗外围着往里看的不少，因为他们从来没有见过男男女女搂着抱着转圈子这种新玩意儿。

我这位英语老师是本地人，和我的语文教员一样，也是当地望族。他原本不是中学教员，据说在上海一家英国机构中任职，因战争回到家乡，应校长特邀加盟这家新建的中学以壮声势。这位英语教员与美国哥伦比亚大学毕业的校长，在学校里两人交谈用的就是英文，没有听过他们说中国话，连争论、吵架都用英文。这也许是在学生面前显摆树立威信，也许是在教员中显得高人一头。原因是什么说不清，反正是彼此只说英文。

我这位英文教员与语文教员性格迥然不同。语文教员是风流倜傥的名士派，而英语教员则是不苟言笑满脸严肃令人害怕的英国绅士。两人性格不同，但命运相同。他是新中国成立后送我们校长逃亡的三位教员之一，可能还有别的什么事，反正在“镇反”中与我那位语文教员一样被捕劳改，听说是被从课堂上叫出去的。他大概不是在珠湖农场劳改，不像我那位语文教员有贵人相助。劳改释放后，夫妇二人落脚在景德镇，以何为生，不清楚。只知道他死于“文化大革命”。想想看，一位从外地来的劳改释放犯，即使罪罚已抵销，仍然逃不掉革命狂潮中革命群众的“火眼金睛”。街道居民哪里能弄到多少批斗对象，好不容易有这位，当然要充分利用。可能要不断跑场，左斗右斗，能有好结果吗？他死后，他的妻子，在柴房中上吊死了。

邱老师的女儿、我的女同学洛琳，天真活泼，嗓子好，能歌善舞，中学时代是个最有亲和力最讨人喜欢的同学。但她的命运也很坎坷，她考入湖南最有名的医学院，当学生时就被划为“右派”。她那时最多十七岁，一个从小县城来的女学生，怎么可能有那么多“右派”思想呢?！不可想象。那个年代当了“右派”可不是好玩的，仿佛是脸上的刺字。毕业后，被分配到一个地区的卫生学校当教员。她和所有同学都断绝了联系，我曾多方打听，就是不知道她的去向，仿佛石沉大海。后来我知道，她非常顽强，没有被命运击倒，在遗传学领域做出了成绩。当地上级部门曾经考虑提拔她负责卫生局工作，她没有心动。可能是因为心中的伤痛没有平复，也可能是留恋学术，怀有对政治的恐惧，总之，她情愿当一个平民，当一名教员。几年后，通过考试，她调到一个大城市的大医院继续从事遗传学方面的研究，成绩突出，英文版《中国日报》曾经以一整版篇幅报道她的事迹，还附有她的一张大照片。她曾连任两届全国政协委员，每次来北京开会，我们在北京的几位老同学都要聚会畅谈，非常高兴。政协委员任期换届后，夫妇两人移居美国。是继续自己的研究工作，还是放弃一切过平常百姓的生活？不清楚，因为移居国外后，开始时通过几次电话，后来已断绝联系。

她老伴是她的医学院同学，是位儿科外科医生，没有在美国开业，年龄大，在国外开业，实非易事。听说，前几年她与老伴随团来国内旅游，在无锡时，因为旅游大巴快开车，她老伴快跑了几步，结果上了车突发心脏病，来不及上医院救治，死在车上。她老伴临死时说了一句：糟糕，没有带心脏急救药。看起来，美国医院也非绝对可靠，他们回国旅游前都做过体检，没发现有心脏病。一辈子为别人治病，结果自己死于同行粗心的诊断，真是“宿命”。他在无锡火化，骨灰带回美国。死在国内，终究算是不幸中叶落归根的另一种方式。听同学传来的消息说，我这位老同学，有个女儿在美国，入乡从俗，他们按照美国人的生活方式，不住在同一个城市。丈夫死后，这位老同学孤身一人，晚景不佳。据说皈依天主，做义工，教美籍华裔孩子学中文。为什么要皈依天主，是因为遗传学太高深，对人的命运包括自己的命运是由于基因，由于遗传密码，还是由于无法避

我与邱洛琳（邱洛琳已移居美国）

免的宿命无法解释，只能乞求上帝，像一些科学家把未知或不可知问题的回答交给上帝一样，还是因为父母的惨死、丈夫的不幸、自己的孤独，需要除科学以外的另一种精神支柱？她的归宿是一些命运多蹇看破红尘的知识分子，甚至大科学家的共同出路。灵魂领域是个黑洞，上帝的力量是如此巨大，一切人，从不识字的文盲到高级知识分子，只要失望和伤痛没有抚平，通通自愿地跪倒在十字架下，投入上帝的怀抱。我是一个无神论者。我不相信上帝，也不相信菩萨。虽然家里极迷信，小时跟随母亲进过庙里拜佛，也当过朝圣的香客，但我没有“慧根”，不相信偶像崇拜。作为一个哲学家，我懂得人的精神支柱极端重要，它对生命的重要性如同贾宝玉颈下的通灵宝玉。这种精神支柱是各式各样的，它可以是革命理想，可以是宗教，也可以是哲学。反正精神需要支柱，这就是人之为人的特点。我自己因某次经历，一度迷恋《庄子》，对此有深深的体会。

这位中学时代老同学的父母之死，以及她自己大学时的经历，是她亲口告诉我的。上世纪 80 年代有一次我到广州开学术会，刚巧是她工作的城市，她专门过来看我。我开会时，她在我房中等了很长时间。开完会，服务员说有人找，我一推开门进到房里时，不禁紧握双手，这位多年打听不知音信的老同学，仿佛天外来客。我们畅谈很久。她多次拭泪，把她父母的死、自己的遭遇告诉我。

我这位女同学，我英语教员的宝贝女儿，是几个玩伴中最讨我们喜欢的一个。她年龄最小，我们都逗她叫我们舅舅。她能歌，嗓音好，能演戏，出足风头。人不算漂亮，个头不高，娇小乖巧。我记得每次她到我家找我时，总是站在门口的台阶上，一言不发，面露微笑。仿佛不必说什么，我就跟着出去玩。她丈夫死后，她再也没有与我们几个同学联系。不知是心灰意冷，往事不堪回首，还是把自己的一切献给上帝，不愿再回首尘世。一个活泼天真的少女死了，一位最好的同学死了，一个著名遗传学家死了。我说死了，不是真死了。她可能还在异国某个城市生活着，跪在上帝面前祈祷。对我们这些老同学来说，她此生已经消失了，但从感情说，她仍然活在我们记忆中，活在我们互相打探她的消息的交谈中。我们北京几个老同学见面时交谈的第一句话是："琳叻还是没消息!"我写的《小城旧梦已难寻》的小诗就是怀念这位老同学的：

一

世间岁月最无情，青春化作白头吟。
大洋两岸相对望，小城旧梦已难寻。

二

无拘无忌结伴玩，小城小街小时光。
头白思旧常忆起，而今才知不寻常。

四、我的发小锡荟

我与地理老师感情不一般。我并不爱好地理，我的立体感、方向感都很差，每次画地图、画铁路线，都不太合格。我对地理教师的感情是因为他的儿子刘锡荟是我最好的朋友，是我的发小。我是他家的常客，而且常常蹭饭。并不是他家的伙食比我家好，而是一种情感的依恋。老师像我的父辈，师母就像我自己的妈，慈善亲切，说话带点乐平腔。我在他家蹭饭，他们热情招待，没有一点嫌弃。

地理老师叫刘圻，又名匡南。"匡"是庐山"匡庐"的意思。刘老师出生在庐山白鹿洞，在庐山的南麓。老师的爷爷在白鹿洞书院教书，因此以“匡南”为自己的爱孙命名。刘老师以前在九江南浔铁路工作，抗日战争爆发后回到鄱阳，后就在士行中学、正风中学教书。新中国成立后正风中学并到鄱阳中学。刘老师在正风中学和鄱阳中学两次当我的老师。

刘老师有三个儿子，大儿子我从未见过。他在厦门大学读机电系，大学毕业后只身到台湾就业。原以为台湾与大陆只是一海之隔，来去容易，谁知 1949 年国民党一败涂地，退守台湾，海峡成为多少家庭亲情隔绝的深堑。我的老师和师母有生之年，再也没有见到这个钟爱的大儿子。还没有等到台湾开放大陆探亲，我同学的大哥就埋骨台湾，只能魂归故里。二儿子锡芷我比较熟，是学土木的，比我大几岁，在江西省粮食厅当总工，专管江西各地的粮库建造。我欠他一笔人情，终生不忘。当时我研究生刚毕业还未上班，要到沈阳去看一位朋友，没有旅费，我写了一封信给他，他给我邮来了 20 元钱。那时 20 元不是一笔小数目，至今快六十年没有偿还。因为 20 元越来越缩水，时间越久，越无法还。他可能早忘了，我却记得，永远不会忘。这是一笔连本带利无法还清的人情债，它见证的不是钱，而是爱屋及乌的情感。他爱弟弟，对弟弟的好友当然格外看待。

老师的三儿子也就是锡荟，是我最好的朋友。中国古人在描写朋友交情时说过：白发如新，倾盖如故。有人一辈子相识，直到白发相向，仍然如同新朋友，没有感情，没有心灵沟通，没有交过心，仿佛相识多年的路人而已。可有的人相识不久，倾盖之时，就如同老朋友。我和锡荟就是这样。其实，我们真正做同班同学只有半年，都在芝阳师范读书。半年后，我转到正风中学，他转到鄱阳中学。新中国成立后，正风中学合并到鄱阳中学，我们又同学，但他玩单杠摔断了胳膊，停学，变成比我低一级。我们实际同班只有半年，可友谊终生，至今已七十年了。是缘分还是性格，我也说不清，反正很投缘。

其实，我们两个人的家庭背景完全不同。我家世代渔民，我父亲是商人，他家是书香门第。我记得他家的住房虽然不如我家大，但气氛不同。大门里是个小小的花圃，有花坛，种有各种花草。大门外悬有“赐进士出身”的匾，房子叫“墨庄世第”。进门的廊柱上的楹联是：“阶前碧草含生意，天上浮云写宦情。”门上贴的对联是：“三百六旬新岁月，二十四代旧书香。”宁静幽雅，温馨宜人。

我们年龄相当，他只比我小 10 个月，性格相近，都比较淘，不过他学习比我好。文理科都行，属于尖子生，是我们这群人中的头面人物。而我则偏文科，见到数学、物理脑袋都是大的。他也淘，在芝阳师范中学屡次攀魁星楼的“共犯”就有他。2013 年冬我还写过一首小诗，问他还记不记得这档子事：

低头无语暗思忖，往事似假却是真。
当年攀楼曾揭瓦，而今头白踽踽行。
旧友零落知音少，尘心已远常闭门。
世局如弈乱人眼，卧读诗书坐看云。

他还记得当年攀爬魁星楼，往楼下掷瓦屋主叫骂的事。如今他也年过八十。八十寿诞时，他两个儿子在一家大酒店为他祝寿。来宾很多，绝大多数都是他科技界的同行。我们在北京的几个鄱阳中学同学都去了，热闹了一阵子，谈起往事，不胜今昔之感。

我、锡荟与洛琳

我这位同学是学工科的，原本学建筑，分配到中国科学院地球物理所研究地震，后来又调到哈尔滨力学所，是一个“头头儿”。在“文革”中，

“头头儿”和“走资派”是同义语，弯腰挨斗是日常功课。他曾写过一首诗记当时的事：

牛棚归来温旧梦，十室十空[1]余废铜[2]；
匆匆脚印今何在，繁忙室务白倥偬[3]。
和谐之声不复闻，月移星斗[4]嚣尘中；
研习力学十余载，方知何事曰“虚功”[5]。

他怕我看不懂，还为自己的诗作注：

［1］从牛棚出来以后，去“老一室”的那些实验室转了一转，全毁了。故云“十室十空”，借成语“十室九空”之意。

［2］剩下的都是“废铜烂铁”了。

［3］“倥偬”指繁忙紧迫，“白倥偬”即现代话说“白忙乎”。

［4］王勃《滕王阁序》有“物转星移几度秋”，故云“月移星斗”。

［5］调侃语，用力学上的“虚功”，表达几年来大家的努力都付之东流。

实际上，他不是在做虚功。我这位同学，在力学、模糊数学、电子信息方面都很有成就，担任过电子研究所的领导。不像我，连芝麻官都没有做过。他是“双肩挑”的干部，既能搞学问，又能指挥人。我不行，当了两届哲学系主任，自知不能胜任，落荒而逃。我们都已到耄耋之年。每年还能见次面。春节期间几个鄱阳老同学还会轮流做东，在家聚会，聚会讲的都是家乡话，当然有点走调。后来改为餐馆，这两年连餐馆聚会都感到有点力不从心。我记起孟浩然的诗句：“不才明主弃，多病故人疏。”“不才明主弃”，倒不是。我们很满意自己的境遇，得到信任和量才使用。何况现在已是耄耋之年，不存在用与弃的问题。“多病故人疏”，倒是事实。人越到老年越思念老朋友，可见面却越来越困难。“多病故人疏”，这是老年人的一大寂寞。

五、并非年少轻狂

我相信人青春年少时都会有各种成年人视为不当的行为，轻狂者有之，叛逆者有之，情痴者有之。我则是有点痴愚，重感情但不懂什么是感情。

1949 年 5 月鄱阳解放，正风中学并入鄱阳中学。我读的是高三，是中学最后一年。高三分甲乙两班。我分在甲班，不知为什么。当时并无文理分科一说。我的成绩不算太好，但比芝阳师范留级时好点，知道用功。但仍然偏科，喜好文科。当时壁报是各个班级展现自己班级风貌的橱窗。我不会画报头，这是个艺术活，但我经常写文章，尤其是白话诗，有时一首诗就是一个版面。作文课从来没有按命题作文，总是任意而为，有时是一首诗，有时是写一篇自认为是小说的东西。其实都很幼稚，老师也从来不说什么。当时没有现在的高考压力，也没有考不上大学就是塌天的感觉。当时能考上大学的并不算太多，考不上也不算丢人。我仍然是偏科，没有为高考而恶补数理化。

今日鄱阳中学

在鄱阳中学读高三时，我没有住在家里，而是与人合租在十八坊一家民居的一间房子里，三人合住。吃饭也是在住房家包伙。包伙的不是房东而是另一个房客。一个中年妇女，有文化，不知道什么来历。中学生不关心这些，只要饭菜可口就行。当时在外面合租不大的房间，吃包伙，而不愿住在家里，可能是一种开始摆脱家庭的内在潜意识的作怪。理由冠冕堂皇，离学校近。

与我同住的两个同学都是本地人，一个姓史，一个姓朱，以后的命运各不相同。姓史的当了多年小学教员，后来考上大学，毕业回到鄱阳一个中学教书，直到退休。朱姓同学就没有这么幸运。他原本是我们三个人中，不只是我们三个人中，而且是全班全校最为特殊耀眼的一个人物。他从何处来，我不知道，只知道有点来历。他是本县珠湖人，家里可能有人在国民党政府担任过什么差事，他自己也是新中国成立前不久从外地转来鄱阳读书的。穿着打扮与我们不同，脚上是一双长筒皮靴，锃亮锃亮，我们从未见过。他告诉过我曾到过马尼拉，当时马尼拉对我们来说就是一个遥远国度的名城。高中毕业后，我到外地上大学，与他没有联系。后来有人告诉我他被捕劳改，曾在南昌看见过他，低着剃光的头，排着长队在路上走。劳教几年后释放，回到自己家乡教小学。至今，我仍然不知道这位同学的来历，不知道他为什么会被捕。前些年一位考入中国人民大学的年轻同乡来看望我，闲谈中得知来客也是珠湖人，我曾向他问起我这位老同学。真巧，他们两家前屋靠后屋，是同宗。他称他为爷爷，说他原来当小学教员，儿子也不上进，生活很清苦，已经去世多年。这是我唯一知道的确切消息：他死了。留下的只是当年他那洋气、与众不同、在我们这些“土产”学生中显得有些傲慢、沾沾自喜的印象。对我来说，他仿佛是存放多年的拷贝，残存的都是无法链接的镜头。

有件事难以出口，可不能不说。我如今是老者，可我也年轻过，高三那年正是青春焕发的时期。歌德名著《少年维特之烦恼》中的维特也是少年，虽然不是年轻人个个都有维特那样的经历、才华和命运，但肯定会有过维特式的烦恼。这是一种青春期成长的爱意萌动的烦恼，是无法描述、不可言说但又不断撞击心灵的烦恼。这不是恋爱，而是一种最具“贬义”的称呼：单相思。

当时租屋在十八坊，学校就在附近。每天上学下学时都会看到来来往往的同学。有次我注意到一位女同学，年级比我低。她和另一个女同学同行，常常在我租住的屋子前经过。我突然产生一种说不清的感觉，是爱意的突然苏醒，是一见钟情，还是年轻人的鲁莽？反正是心里有所念想，特别希望能天天见到她：

远望乍见识君初，花衫短发十五余。
弹指而今五十载，似梦似真音信无。
最喜澹湖操场走，十八坊口脚停步。
少年旧事虽可笑，人性稚真不算愚。

这首诗需要注解，外人难懂，现在早已过保密期。澹湖，是澹湖小学的简称，是那位女同学的住地。她当时寄住在一位当小学教员的亲戚处。有时我会去这个小学的操场走走，希望能偶遇；也会从窗外往里看看。“十八坊口脚停步”，十八坊是我的租屋所在地，是同学来往必经之路，是有利地形。我经常站在门口，有意无意望着过往的同学。现在想起来可笑至极，可当时却是情不自禁，不觉得幼稚可笑。对方可能只有十五六岁，我当然也大不了多少。从不相识，也从无来往。既非同班也非同乡，可以说套不上任何近乎。连一句话也没有说过，对方根本不知道有这么一个傻瓜为了多看她一眼会在小学操场溜达，会站在租屋门口看着来往的同学。现在回想起来实在有点可笑，可当时是生活中一件难以释怀的大事。

我是一个重感情的人，我的内心世界远比我外在的东西丰富。我当时的内心世界，这位同学永远不知道，即使感觉有点异常，也会认为我是中学生的胡闹。当时她只是初中二年级的学生。这种起哄调皮捣蛋的事，在中学里并不奇怪。这位同学不久就转学到外地去了。对我来说，这种“激情迸发”的时间也只有半年多。我很快告别中学时代，参加高考。“浪漫狂想曲”的独奏，落下帷幕。

人生年龄段不同，情感随着生理、心理、人生经历变化而不同。少年人无激情和老年人的不合理的情痴，都有悖常理。“少年旧事虽可笑，人性稚真不算愚”，说的是少年心态，这是为当时“灵台中矢”的辩解。时过半个世纪，有时会想起这件旧事，觉得甚为可笑，“去时悄悄睹面难，少年痴迷几近狂。云英已嫁孙绕膝，岁月满脸老裴郎”。

后来这位女同学离开鄱阳中学转到外地继续上中学，之后考入一所著名大学的中文系，毕业后曾在文学研究所当研究生。在现代文学的教学、学术上很有成就，家庭生活也很美满。我曾收到一位朋友的赠书，其中间接有一些关于我这位同学的经历，我才知道她从中学开始到退休后的人生历程。她中学时父亲去世，家庭贫困，完全靠自己顽强奋斗的不屈精神，成为著名的现代文学教授。读完后，我曾记下我的感受，写了一首小诗：

岁月无痕亦有痕，凄婉艰辛倍感人。
读罢掩卷赞五巧，晚霞映照镶飘云。

常言童言无忌，老人也可倚老卖老。如果有机会再见，我真想问问这位老同学：“你当时一点也不知道有个傻瓜经常站在十八坊租屋门口盯着望你?”现在彼此都是翁妪，各有幸福家庭，儿孙绕膝，没有任何禁忌，这种问题料无大碍。只是它能解开我六十多年前心头之谜，也可作为老年时的笑谈。

六、难忘的芝山与东湖

芝山与东湖，是我乡思中的两个符号。不，不仅是符号，它是我思乡之情的承载。

芝山，是鄱阳城北的一座山。据县志记载，芝山古称素山，唐朝薛振当饶州太守时，曾在此获三株灵芝，后改为芝山。山上有座庙，庙不大，但在我们县，芝山庙算是座大庙，香火极旺。每年地藏王菩萨生日或其他佛教节日，香众还是很多的。庙的规格和我见过的其他庙宇一样，都是进门四大怒目金刚，然后是大雄宝殿，背后是手持法鞭的韦陀。再进去两侧厢房，是主持的僧房。平时很清静。我们有时也进庙去看看，不过对和尚和菩萨没有多大兴趣。我们感兴趣的是山上的一个亭子，名为芝山亭。从山脚到芝山亭距离不短，不知是哪位乐善好施者从山下修了一条长长的阶梯，有好儿百个台阶。即使这样，从山下拾阶而上也还是要点脚力的。但对我们这些人来说，小菜一碟。

芝山亭

芝山，算是我们县一处游玩处，仿佛由来已久。宋朝刘季孙在饶州监督酒务时就曾到芝山寺游玩，并写过诗：“呢喃燕子语梁间，底事来惊梦里闲？说与旁人浑不解，杖藜携酒看芝山。”我们每年中小学春秋两季远足，现在叫郊游，就是到芝山，最远到风雨山。风雨山是另一座山，也有一座庙，庙前有棵树，当地人称为“松柏将军”。树上的大树包，据说是陈友谅的箭射的。幸亏这棵树，朱元璋没有被陈友谅射死。后来，朱元璋荣登大位，论功行赏，当然忘不了这棵树，封为“松柏将军”。人是最不喜欢寂寞的，不喜欢平淡，喜欢有点故事。现在如此，过去也如此。明明就是一棵极普通的松树，非得造出一个朱元璋大战陈友谅，这棵树才有点意思。当时并无今天的旅游业，更没有制假造假的旅游文化。看起来，制造假古董，古已有之，不过于今为烈而已。我看到报上登载的各种各样的抢名人、名地、名物时就想，这和我家乡的“松柏将军”一样。只不过当时只为有趣，现在是为钱，但手法如出一辙。

因为风雨山较远，我们常去的是芝山。芝山离城不到五里，就在城边。当时城很小，山算在城外。现在已经被圈在城里，山上现在已建成芝山公园。芝山周围别墅如林，不是旅游地，而是居民区。新中国成立前，所谓春游，就是由老师领着各年级学生，自带食物和水，到野外玩玩而已，没有多少花样，但当时还是少年的我们却觉得激动人心，非常期盼。

上中学，尤其是高中后，对那种春游没有兴趣了，学校也不组织，但我们自己会三三两两到芝山去“自由行”。男同学结伴去，女同学也会结伴去。有一次，我们几个男淘气鬼在芝山碰上几位同校的女同学，这些淘气鬼对女同学极为不恭，可以说是近乎“挑衅”，按照现在的标准近乎无赖行为，好在当时我们小县城的人都还很朴素，不会扣这个帽子，更不会到学校告状，只是各玩各的，不理不睬而已。

当时“芝山风波”的女同学中，就有我们后来在北京经常见面聚会的好朋友。其中一个是陈舜苹。她家姐妹太多，我们都叫她七妹。她家是我们县的大族，她哥哥陈明在我们那里是位名人，嫂子丁玲更是名作家，是斯大林文学奖的获奖者。不过这都是以后的事，她哥哥在当时是“赤色分子”，属于被家里“忘记”的人。一位家有良田千亩，自己在上海上大学的洋学生，情愿抛弃一切参加共产党，跑到延安去革命，应该说是了不起的。我这位女同学新中国成立后不久就被她哥哥接到北京华北大学读书。后来转入中国人民大学俄语系。我们几个老同学陆续来京，在北京相会。有次聊天我们谈起高中时的“芝山风波”，她说不记得有这回事。可能是真的不记得，也可能当时真没有当一回事。她结婚时，我和锡荟去参加她的婚礼。刚参加工作的穷学生买了点什么不记得，大概是像册之类的东西，兴冲冲去参加婚礼，我们也算是娘家人吧。可下车后我发现讲稿落在车上。讲稿于我可是大事，我是第一次当教员，没有讲稿第二天上课怎么办。于是我们两人又坐车赶到总站，天保佑，东西还在，那几十张破纸，谁稀罕！失而复得，仿佛是我捡到一个宝物，而不是我把丢了的东西找回来。可是婚礼却错过了。

人是很容易满足的。制造快乐的最好方法，是先丢东西然后再找回来。当然这一切都应该不是预谋的，而是自然的。东西虽然没有增加，可找回东西时同样找回了快乐。人生很多时候是这样。我有个朋友被诊断为肺癌，开了胸，打断肋骨，结果不是肺癌，高兴得很，千谢万谢。仿佛没有肺癌全靠开胸所赐一样。

芝山，其实就是一座普通的山，既没有泰山的巍峨，也没有黄山的俊美，可它牵着我的乡恋。一位在鄱阳工作的中学同学来北京出差，到我家看望我，四十多年未见，交谈竟日，谈往事甚欢。临别时我写了一首诗赠送他，其中就特别提到芝山：

老来方知人生短，犹记共桌抵足眠。
江南三月花似锦，小城夜半米酒甜。
旧日同学能有几，头白情深信是缘。
芝山亭子应仍在，已是几辈新少年！

除芝山外，还有东湖，东湖面积不小，就在城里。东湖边有些景点，因为没有修理，不大为人注意。湖中心曾有浮舟寺，只听人说起，没有见过。小时我家在沿河新桥柳树巷口，离东湖不远。柳树巷是条长长的里弄，前对河，后通街，巷里有不少住家。商行都沿河，有航运之便。商店都在街里，来往人多，购物方便。东湖就紧接我家旁边的一条小弄施家巷的尽头处。到东湖有一条小街叫磨子桥，是一座石砌的拱形桥。再进去是

今日东湖

浮舟寺，是一座寺庙，实际上我小时已经没有寺庙，改建为中学，是士行中学的校址。磨子桥两边人家都是以磨豆腐卖豆腐为生。在我小时候，磨子桥的豆腐是一种品牌，只是当时没有品牌一说，但大家认可确是事实。除其他豆制品外，热腾腾的豆浆是一绝，每早可以送到需要的人家。我现在喝过的各种饮料，无法与之相比。也许这就是乡恋。

对于一个从未走出家门的中学生来说，东湖是美妙无比的。湖里鲫鱼很多，打鱼的是一人划桨，一人捕鱼，捕鱼用一种形似梳子的工具，只是两边不是梳齿而是尖锐的铁钉，在水里用力来回划。倒霉的鱼被铁齿穿住，就跑不了。新打的鲫鱼用文火煨汤，鲜美极了。这可是我们家乡的上等菜肴。东湖还有满湖的莲藕、菱角。菱角肉，洁白晶莹，甜脆鲜嫩，好吃。满湖荷叶和荷叶下的游鱼，一派生机。

我们这些穷乡僻壤的中学生，自有我们自己的乐趣和游戏，每当月色如银的夜晚，我们会聚集在磨子桥头，玩联诗缀句游戏，或是成语，或是诗句。如有人出一成语，少说一字：“无计可施”少“施”字、或“无处可逃”少“逃”字。谁抢先联出“施”字、“逃”字就算拔得头筹。联诗也是第一人出首句，如“离离原上草”，如有人马上接下句“一岁一枯荣”，就算得分。有时更难点，就是一人一字，看谁熟谁快，如第一人出一字为“一”，接下去的人缀为“诺”，第三人缀为“千”，第四人为“金”。如果第一人出一生僻字或怪字，则后面的人往往无法缀句，但出字者最后必须说出谜底，如无此成语就要罚他。这是穷乡中学生的游戏，此事已过六十年，记忆犹存：

岁月无情亦多情，雪泥鸿爪尚有痕。
难忘桥边明月夜，联诗缀句笑声盈。
当年十七今双七，旧友四散半凋零。
莫怜桥下已逝水，应喜新月照新人。

可能我家乡现在的中学生们，知道磨子桥的不多，即使知道，也不会再在桥头玩这种游戏。他们有更有趣花样更多的新玩意儿。可能不少人在网吧或宅在家里玩“星球大战”呢。

我们那代人对芝山、对东湖怀有乡恋，现在这代人不可能理解。他们离我们那个时代太远了。芝山、东湖对他们大概已经不像我们心中那样占有重要地位。如果他们将来和我们一样在他乡定居，他们会怀念什么？什么都不怀念？不太可能。乡思是中国人的传统情感。无论走到哪里，都不会忘掉青年时家乡的深情：“藕嫩莲鲜鲫鱼肥，燕子穿梭蘸水飞。湖岸杨柳丝丝牵，头白万里夜梦之。”这就是我梦中的东湖。

贾岛有首诗名为《渡桑干河》：“客舍并州已十霜，归心日夜忆咸阳。无端更渡桑干水，却望并州是故乡。”我在鄱阳生活的时间不到我现在生命的四分之一，此生绝大部分时间都在北京，必将终老于此。然而我的真正故乡是江西鄱阳，对北京没有产生过“却望并州是故乡”那种深情。我始终认为自己是外来户，我的思乡之梦没有断过。青少年时代的记忆和感情如此牢固，终身难忘：

京华半纪人已老，愧我无成发早花。
少年不解乡思苦，头白思归恨无家。
父母坟前满宿草，小城亲友半凋谢。
百尺竿头尚思进，路远山高日已斜。

七、月夜过鄱阳湖

我的家乡在鄱阳湖滨。鄱阳湖周围有几个县，但只有我家乡以湖命名，这是鄱阳人引以为傲的。当年曾把县名改为波阳，很令我们失望。当然，鄱阳湖属于鄱阳周围数县，属于江西，属于中国。不过我还是要说，我们鄱阳人还是因以湖为名感到光荣。别人问我哪里人，他们不知道鄱阳，我总要加一句就是鄱阳湖的鄱阳，似乎就再不用多解释。天下无人不识君，鄱阳湖！

可我们生长在鄱阳湖边的人，与那些诗人墨客体会到的并不完全相同。渔民爱湖，又怕湖。他们爱湖，湖是他们的衣食父母，赖以为生；怕湖，无风三尺浪，湖中捕鱼是一险境，因为船小，往往不足以抗拒鄱阳湖的风浪。我祖父的兄弟中就有一位在捕鱼时因风浪淹死在鄱阳湖里。旧社会，渔民死在鄱阳湖中的并不少见。至于那个神秘的湖口沉船之谜，至今仍令人不解。

在旧社会，鄱阳差不多每三年就会发一次大水。这可不是外人理解的速来速退的水，而是从端午节到中秋长达几个月的大水。水，并不是从门口进来的，而是从地底下冒出来的。一天一天看着它往上涨，可以涨到比一个半人还高。交通断绝，各家仿佛都生活在孤岛上。我家要从树行租来由树捆绑而成的戏台似的树排，树排放进屋内，在屋里的柱子上缚紧。人就生活在树排上。最可怕的是大风暴。鄱阳湖上的风暴之大，没有经历过的人无法想象。因为水大，县城就在湖中，湖水浩瀚，连成一片。城在水中，水在城中。风暴来时，湖面黑云翻滚，电闪雷鸣，好像有无数条黑龙在头顶上盘旋。房屋随时可能随着树排有力地撞拉而倒塌，令人十分恐惧。水要三个月才可以退尽，吃喝都成问题。我读王勃《滕王阁序》中的名句："虹销雨霁，彩彻区明。落霞与孤鹜齐飞，秋水共长天一色。渔舟唱晚，响穷彭蠡之滨；雁阵惊寒，声断衡阳之浦。"的确是秋色迷人，渔人无忧至极，不过这只能是王勃极尽想象之力，以生花妙笔酬应之作，他偶经此地，不可能体会到狂风暴雨湖水逞威之时的另一面。范仲淹亲自体会过鄱阳湖，因此虽未去过岳阳楼，但关于洞庭湖的描述就注意到天高气爽与狂风大作时的区别："若夫淫雨霏霏，连月不开。阴风怒号，浊浪排空，日星隐曜，山岳潜形。商旅不行，樯倾楫摧。薄暮冥冥，虎啸猿啼。登斯楼也，则有去国怀乡，忧谗畏讥，满目萧然，感极而悲者矣。”

我虽生长在鄱阳县，但对鄱阳湖没有多少认识。我害怕涨大水时、狂风暴雨时的恐怖，也害怕过湖时的风浪，坐在船上总有一种惴惴不安的感觉。但有一次月夜过湖，算是我此生唯一一次体会到鄱阳湖的美。唯一一次，以后再没有这种人生体验，也再没有这种机会。那是1947年的中秋，在报考无锡国学专修科考试完后与朋友从南昌一道回家。刚好是中秋，夜色如水，月明如银，湖水平静。我和朋友并排躺在船舱顶的地上，眼望明月，除轮船的马达声外，四周悄然，进入一种无法言说的境界，当时水平低，说不出什么，只知道太美太美。对鄱阳湖涨水风暴时的恐惧一扫而空。多年后，我读到张孝祥《念奴娇·过洞庭》一词，上片中的“洞庭青草，近中秋，更无一点风色。玉鉴琼田三万顷，著我扁舟一叶。素月分辉，明河共影，表里俱澄澈，悠悠心会，妙处难与君说”，太好了，“妙处难与君说”。大词人尚且难言自然妙境，何况我这个中学生呢。我有中秋过鄱阳湖的经验，只是心里有说不出，一读到这首词，唤活了我的记忆。我不自量，也追忆当时残存的记忆拼了一首《月夜过鄱湖》的诗：

宇宙一色水连天，凌空皓月送归船。
疑是瑶池碎玉镜，波光粼粼满湖面。

少年时代怀有的对风暴和巨浪的恐惧，转变为现在的怀念和无限遐思。鄱阳湖一浪接一浪的白色波涛，承载着湖滨小县中生长的我的太多乡思。

每次家乡来人，我总要打听打听鄱阳湖的情况，包括水位、生态、航道各方面的消息。听到湖水渐少，我就会怀念湖面宽阔、烟波浩渺月夜过鄱湖的美景。现在高速公路发达，鄱阳到南昌只需两小时，过去坐小汽船早晨六点开船，往往半夜才到，不顺利的话还要在船上过夜。从方便程度来说，过去无法与现在比，可坐船所能见到的湖边风光也为坐汽车的速度所吞没。有次过鄱湖遇阻，在康山停靠避风，曾上山参观。我记得有座

鄱阳湖

庙，好像有三十六位塑像，据说是朱元璋得天下后，不忘在鄱阳湖与陈友谅水战时的大将，立庙塑像，供后人拜祭。高速路的兴，航运的废，既是社会交通的进步，也会带来人文景观的消失。

多年以后，我夜过三峡，把它与此次月夜过鄱阳湖相比，是另一种情致。20世纪80年代，我到武汉参加学术讨论会，会后主办单位曾组织参观三峡。我们先到宜昌，然后乘船游长江。进入三峡，两岸悬岩峭壁，山峦起伏。山间人家，灯光点点。毛泽东梦想的“三峡出平湖”正在逐步变为现实。这是中国人多年的梦，几代人的梦。有过无数次争论，经过反复论证，征求各方面的意见，权衡得失，终于举全国之力，动员移民，开始动工。这样雄伟的涉及几百万人的大工程，只有中国共产党，只有社会主义制度才能办到。

自白帝城顺江而下，夜眺三峡水电站截流工地处，正值半夜，我站在甲板上，倚着船的护栏，夜晚的三峡工地一片灯火，可比节日的火树银花更加壮丽：

两岸壁立江流急，山间人家别有情。
凭栏寒风望远景，落月坠星遍地明。

对比我年轻时中秋夜过鄱阳湖那种皓月送归船、波光粼粼满湖面的自然景象，两种风光截然不同。一个是自然美景，一个是展现人的力量，也可以说是人创造的美景。它既是功效性的，又具有审美价值。可是，人的力量既有创造性又具有破坏性。鄱阳湖由于围湖垦田、过度开发而导致生态破坏，尤其是处于湖水干涸期时，我年轻时看到过的那种美景，也可能一去不复返了。三峡工地的落月坠星、灯光璀璨美不胜收，如果三峡水库出点问题，它带来的危害将不仅使美景化为乌有，而且危及人的生存。

自然，有自然的不可替代性；人力，有人力的创造性。如何使两者成为和谐的有机体，这是哲学问题，也是实践问题。我们要鄱阳湖，保护鄱阳湖，我们也要三峡水库，愿它成为造福儿孙的千秋伟业。

八、拜年拜谱拜山年

我离家至今已六十三年，有近六十年没能在家乡过年。我最怀念的是小时掰着指头急切盼望过年。那是年味十足的年。

和所有小孩一样，一入腊月，我就天天盼，天天算。腊月二十四是小年，从爆竹散发的硫磺味里已经能闻到浓浓的年味。过年最累的是我妈，忙着做米酒，熬冻米糖，准备年夜饭。我满屋跑来跑去，高兴不已。最喜欢的是围着熬糖锅转，等着吃起锅后的锅底，又酥，又脆，又甜。我现在也算见过点世面，参加过大大小小的宴会，可再也没有吃到过这么有滋有味的东西。大概童年吃过的最喜欢的东西，那种味道此生不可再得，是永远的梦。

除夕守岁，红烛映照贴在门楣上的剪纸和房梁上的对联，全家围着炭火盆，我依偎在母亲身边，当时只道最平常，自己结婚生子特别是年老后才品出其中的爱：

烛光摇曳炭火红，门神窗花春意浓。
瑞雪欣喜漫天舞，爆竹声声家家同。
守岁最盼天亮早，包包多多磕头虫。
此情此景尚可忆，只是已成白头翁。

初一最高兴的是去外婆家拜年。外婆家在管驿前，到外婆家拜年最忙，都连亲带故，家家要到。新年失礼，这可不是小事。我父亲老教我说，“新春不拜年，平素无来往”。家家都用醪糟煮蛋，炸年糕招待。还都有个说法，“蛋”是“元宝”，年糕是“高升”，寓意是升官发财。开始吃得满口生香，几家下来肚子发胀。我最喜欢的还是外婆家的黄芽鱼煮米粉和藕丸子。去年回乡时写过一首诗，其中颈联是“藕丸聊解思乡渴，黄芽鱼香忆亲情”，指的就是这件事。不是鄱阳人很难理解这两种菜肴中包含的深深的思乡之情、思亲之情、思年之情。

从1953年来北京，过了这么多年，再也没有小时家乡的年味。人到老年，年味会淡，加上如今社会发展，生活富裕，大城市的孩子们对过年大鱼大肉、新衣新帽，不太感兴趣。他们天天过年。但对我来说，增加了另一种乐趣，这就是新年儿孙们回家团聚。当我把压岁钱塞到外孙女手中时，我的疼爱之情比她的高兴之情浓多了。送压岁钱的比受压岁钱的高兴，和我小时真的不同，社会变了。

儿子一家回国过年

社会在变，年味在变，过年的方式也在变，但对中国人来说，多少年来有一点不变，这就是在外的孩子不论多远都要想方设法回家过年，父母则千方百计要让孩子们在过年时感受到家的温暖。我自己也是这样。看到儿子夫妇每年不管多忙都要回国；看到老伴为他们在厨下忙个不停，不禁想起当年我妈妈对我的情景：

莲子有芯人有根，风雨何能阻归程。
窗外星空天撒花，厨下慈母烩情深。
犹记当年围炉夜，米酒飘香雪迎春。
不意此生京城老，卧听鞭炮梦难成。

当代社会，空巢越来越多，子女难得与父母在一起。过年，是子女对父母的情，父母对儿孙们的爱，最集中的一次爆发。这些年，不再在家里做年夜饭，都是在饭馆中订餐，总觉得缺了点什么。不过，不管过年的方式如何变，亲情与爱不会变。

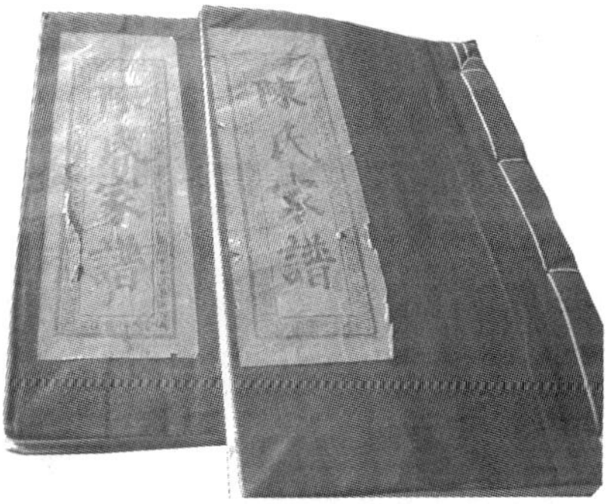

陈氏家谱

我小时候，新年过后，还要举行拜谱。陈氏宗族的全体男人集中在一起，表示对祖先的怀念和追思。这大概是慎终追远、不忘祖先、不忘自己的根的意思。谱牒，应该是中国历史的一部分。实际上许多名门望族的谱牒包含有丰富的史料，即使是平常人家，也会有一些能反映社会变迁、人口迁徙方面的材料。毛泽东就提倡研究家史、村史。有段时期，我们把它视为搞封建、搞宗族主义的非法活动，予以取缔，其实这是一种“左”的思想作祟。我记得我家里曾经有过一本家谱，是石印的，记载陈姓由来、各房各支男丁排行和女子嫁到何家。儿媳属自己家族，与丈夫同列，并把子女记载在下边。女孩只记载婚嫁，而不记载在别姓所生子女，因为他们属于外姓，不能说这种记载不合理，这是以姓为宗的必然要求。族谱原来存放在我家。我家败落后，这本族谱下落不明。是当作“四旧”扔了，还是当破烂卖了，不得而知。

拜谱是很隆重、很庄严的事。我印象最深的一次拜谱是到远离管驿前几十里外的名叫窑头的另一支陈家。原先如何分开的，我弄不清楚，我只记得我当时十几岁，可辈分高，比我大很多的人称我为叔叔、爷爷的都有。这种称呼中蕴涵着严格的宗法制度的残迹，不管我几岁，称呼的辈分是不能乱的。我感兴趣的不是辈分，而是草台戏。连演三天，天天看戏。戏还没有开演，各家男女都背着长凳占据有利地形，最积极的是小孩，在戏台下钻来钻去。我们的地方戏是饶河调，我看不懂，也听不懂，只是觉得好玩，一群半大小孩在人群中凑热闹。这是我参加的唯一一次两个陈姓分支集在一起拜谱的盛典。平常每年拜谱最有吸引力的是谱饼——一种为拜谱的人分派的专门定做的糕饼。饼很大，但不好吃。

拜山年，也是过年的一项重要活动。拜山年是向山拜年，实际上就是扫墓。人总是葬在山里，祭祖也是向山拜年，感谢大山对我们亡故的先人的慷慨接纳。陈家未出五服的各房男丁集合在一起去祭扫祖坟。祖坟，在离城不太远的朱家桥岑家山。为什么是岑家山而不是陈家山，是变音还是另有别的原因，不清楚，反正是祖坟山。可能有十几二十来里，我记不清，走得很累，有时是骑在大人的肩上。祭完坟还要吃饭，是在看坟人家里。饭菜是专人从城里挑去的。在这个人家歇脚、喝茶、闲聊。无非是谈谈年成、坟墓看管之类的事。吃完饭，我还是被大人驮着回来。

年间一个大节目是张王菩萨出行。万人空巷，仿佛是全城一次盛大节日。张王菩萨，就是唐代安史之乱中死守睢阳的名将张巡。史书记载他督战时“大呼辄齿裂血面，嚼齿皆碎”。张巡死守睢阳，为唐王朝阻止叛军的南下取得最后胜利立下战功。张巡在关中地区立庙祭祀不少见，可无论从籍贯、从战场来说都与我们鄱阳无关，既非乡党，也非亲戚，在我们家乡立庙，而且年年出行都是红红火火，从未懈怠过。可见张巡人望之高。中国人有把忠孝仁义、为国牺牲的英雄神化的传统。关公不用说，到处立庙，张巡被供在我们县城，而且专门为其建庙。张王庙在我们县城，无论妇孺，人人知晓，不只是庙名而且是地名，比任何一个地名都响亮。你看张王菩萨出行那气势，八个壮汉抬着安放神像的坐椅，健步如飞，后面跟着一大群人，前呼后拥，一同飞奔。所到之处，鞭炮不断，烟尘四起。张王菩萨经过我家门口时，我家一些好事的伙计也不断放鞭炮。似乎张王菩萨神座停放门口时间越长越有好运，这个长度是用不断放鞭炮来留住的。张王菩萨出行完后，接着不久就是元宵节，又是一番热闹。舞龙灯的一伙一伙，各式各样的龙灯，其中以用我们家乡装木炭的炭篓子为龙身，外面蒙上红布的龙为多见。有的用几十个炭篓接成一条长龙，舞起来，很是费力，不仅要技巧，还要有体力。大商家门口会有桌子，摆上炸年糕招待。

小时候，我家乡端午节、中秋节也有一些特点。每逢端午节，有的家门口会插一些艾叶菖蒲，据说是避邪的。孩子脸上特别是额头点一些雄黄，胸前挂个香囊。家家包粽子，包粽子是一项手艺，不仅外表有棱有角，更不能煮散，变成糯米饭。“龙头舴艋吴儿竞”，赛龙舟是中国端午节的传统节目。我们家乡在鄱阳湖边，赛龙舟是重头看点。赛龙舟那天，沿河两边都站满观看和大声喊叫助阵的人。好看的是，艄公都站在各自龙舟尾部突出的一根长长的木棍样的东西上面。艄公的本事与潘阆钱塘观潮词中“弄潮儿向涛头立，手把红旗旗不湿”的本事不能相比，但这都是些水性极好的青年壮汉，在船艄上翻上翻下，玩各种花样，别有情趣。有时竞争太激烈，还会因此而打架。过完端午节到六月初六，我家还有自己的一个特别节目，这就是我家供奉的那座菩萨杨四将军的生日。我就不懂何以知道这个木偶的生日？是自定的还是传说？反正这一天我家要请一个戏班子唱戏。所谓戏班子，不是草台戏，而是提偶戏，后面站着的艺人用线提着，一边不停地牵动木偶，一边自己唱。观众多是小孩子，大人似乎不感兴趣。没有台子，就是站在地上，前面围个半截幕布就算戏台。这种戏只能哄菩萨，哄孩子。

中秋，可能各地都一样。无非吃月饼，拜月。我们家乡有种月饼叫葱饼，每到中秋我就会想到这种月饼。后来我的姐妹们会托人带来，不过再也吃不出过去的那种味道。有点特色的大概是烧宝塔。沿河商行多，靠河，路宽，空地多。中秋前，年轻人就在空地上用砖头砌成宝塔。高高的，矗立在河边路上。隔一段路有一个，仿佛烽火台。中秋节入夜，明月当空，就用木柴点着宝塔，然后不停地往塔里倒烧酒，火焰冲天。因为沿河宝塔多，此起彼伏，成为一条火龙。火树银花不夜天，这算是小小县城中秋一景。

年龄渐长，书读得多些，会思考一些问题。我想，人是需要娱乐自己的。一年四季，各有节日，固然是传统，为祭神或其他什么理由，反正都是全民的狂欢日，民族的狂欢日。它是民族凝聚力、自我认同的符号，又是一种精神的放松，为一生劳累的人找到一个自我调节的节点。人逢喜事精神爽，节日是人们最高兴的日子。想想看，如果一年三百六十五天，天天一样，毫无变化，该是多么没有色彩的岁月呀！

九、旧梦难寻

从大学毕业来北京，开始是刚工作，全心投入教学，无暇回家；后来是儿女绊脚，回不了家。举家还乡，当时经济拮据，没有那么多旅费。一拖再拖，终未如愿。我的父母虽然来过北京，家庭团聚，但终究解不了我的乡思，总想旧地重游，找回失落的梦。

20 世纪 90 年代，我有两次机会回鄱阳，都是趁讲学之机。一次是到安徽大学，从黄山市经景德镇回鄱阳。再一次是到江西师范大学，从南昌直接回鄱阳。可惜，来也匆匆，去也匆匆，都是只住了两个晚上。总算了却心愿，圆了多年的回乡之梦。

可我回到的鄱阳，和我梦中所思的故乡，落差太大。完全像是回到另一个地方，许多地方不认识，即使有些地方能叫出地名，也是似曾相识，景物完全不同。第一次住在鄱阳宾馆，第二次住在饶州宾馆。宾馆越住越大，越住越豪华。这样豪华的宾馆，大城市也不是很多，足见变化之大。住在饶州宾馆，深夜倚在窗前，望见东湖马路两边的路灯，看着湖边别墅式小楼中隐约的灯光，感慨万千，心如潮水，久久难以平复。我想起过去的家乡，看到今天的变化，感情复杂难言。是喜欢旧鄱阳，留住破碎的梦，还是为家乡的变化而欢呼，把怀念变为对家乡的新情感？反正那夜难以入睡，写下了我回乡的感受：

一

梦回惆怅终成行，归来仿佛入错城。
当年旧迹无觅处，不是路人似路人。
藕丸聊解思念渴，黄芽鱼香忆亲情。
八十还家应嫌晚，相识唯有芝山亭。

今日鄱阳镇

二

麻石街道半掩门，临河水碧远山青。
小巷深处无车马，夜静锣声报时更。
一年最是春节好，满城拱手古风存。
而今民富高楼立，旧梦难寻反觉生。

三

魂牵梦绕五十秋，近家情怯喜兼忧。
当年长辈多归土，昔日同窗已白头。
最喜桑梓翻天变，道路宽阔楼接楼。
莫惜熟地无陈迹，逝者如斯景似流。

我是搞哲学的，一辈子讲辩证法，讲万物皆变。怎么真正看到进步，反而会以怀旧之情来衡量变化呢！确实，世界复杂，进步中有些会是退步。我参观苏州周庄时，就深刻感到这种矛盾和不协调。当年应任平邀到苏州周庄，周庄曾经是被遗忘的角落，按新标准，住房破旧，街道狭窄，弄里几乎是门对门可以伸手借物。可正因为这样，它无闹市之喧嚣，风景古朴宜人。这是发展中的矛盾。有些地方因落后未被现代化，其古貌得以保存；有些地方因迅速现代化和大规模拆迁，而失去昔日迷人的风光。我深感现代化中如何保存非物质文化遗产，成为一项需要大眼界大视野才能处理的城市建设中的难题。参观周庄时，我写下自己的观感：

船娘摇橹唱山歌，吴侬软语奈情何。
两岸民居推窗语，屋有流水似枕河。
石桥如画江南景，小巷深处摊位多。
净心何如游古镇，胜过深山拜佛陀。

在鄱阳只逗留了两天，忙得不可开交。家里同族兄弟为我举办了一个团圆聚餐。摆下几桌酒席，除几个同辈外，其他叫我爷爷的、叫我伯伯的我一个也不认识。即使同辈，也是似曾相识，都是白发苍苍的龙钟老者。我专门去看了看我魂牵梦绕的地方。十八坊，面目全非，没有一点印象。正风中学，天主堂不见了，小路口的地名，本地年轻人都不知道，只知道新地名什么什么大道。东湖，原来宽阔的湖面被一分为二，中间横穿一条新修的大马路，很有气魄，两边是路灯，入夜站在饶州宾馆的窗前远眺，像眨眼的星星。鲫鱼不会有了，荷叶、莲蓬也不会有了，用腰盆采菱的乐趣不会有了，菱角大概成为稀罕的东西，或者被一些垃圾食品打败了，成为老年人的记忆。

返乡时与族人合影

原来闹区集中在东门，北门外很荒凉，完全是农村。破屋茅舍，泥土小路。现在正在继续开发，高楼拔地而起，住宅连排。从东门口到北门外一条笔直宽阔的马路，原来的一条巷、二条巷直到九条巷，变成油条式的小弄堂。县城在不断扩大，变得更加现代化。有的士，有公交。原来姜家坝、王家洲、古乡渡，都是地道的乡村，油墩街则更远，现在则都连成一片。我站在街口，所有的人都是擦身而过，无一相识。我想大喊：我回来了，我的家乡！人们瞧着这个从未见过的人，一定会以为是从外地流浪来的疯子。

返乡时与堂兄弟合影

“芒鞋破钵无人识，踏过樱花第几桥”，是处在异国的诗人“何时归看浙江潮”的故国之思。“熟地旧迹无处找，满耳乡音陌生人”，是少小离乡的归人的怀旧伤感。我既高兴又失落，既感慨家乡的沧桑巨变，又因旧梦难寻而有某种失落。

第三章 破碎的历史梦

我在上海只有三年。就我一生来说，至今只占二十八分之一。可它的意义不能以时间长短来衡量。到上海读书，是我未来走进学术领域、融入更大社会的关键一步。

一、考入复旦历史系

应该说，考入复旦是我第二次参加高考。第一次是 1948 年，我高中还没有毕业，已被无锡国学专修科正式录取。无锡国学专修科是什么样的学校，校长唐文治是何许人，国学是什么，我一无所知。报考完全是偶然的。我与当时中学一位好友看到招生广告，就报考了，因为我们都喜欢文学，以为国学就是文学，考一考试试。考试报名要高中毕业文凭，我们没有。我那位同学不知道用何妙法搞了两个假高中毕业文凭，有模有样，有校长印章，有照片，不知花了几斗米——当时米就是计价的标准和货币。新中国成立前，谁查真假，毕业文凭这种除了报考以外一文不值的东西，更不会有人查。前几年，我每次走过校门口看着抱孩子的妇女招揽顾客兜售假证，就会联想起这桩往事。

我俩居然被无锡国专录取了。可是去不了，当时正值解放战争，打得很激烈，人心浮动，何况当时年龄还小，无锡又远，家里不让去。人生是一串偶然性。如果当时上了无锡国专，我现在干的是什么行当？在哪里？可能是另一种情况。历史不可能假设，人生也是如此。你的一生，就是你现在的一生。第二条路已被你已经走过的和现在正在走的路堵死了。我，就是现在的我，是唯一现实的我。设想另一个我，只能跌入烦恼的深渊。

人生之路的车票永远是单程票，没有回程。任何人都必须注意脚下的每一步。

我那位与我同时报考无锡国专的同学，很有文学才能。他父亲新中国成立前当过我们县的公安局长，新中国成立后被捕，瘐死狱中。他考上北京大学东语系，学的是越南文。毕业后，曾在语言文字改革委员会工作，住在沙滩附近原北大红楼的宿舍里。我在人大工作时有时会去他家。他高度近视，看书如同与书接吻，可写诗写文章还都行。后来调到南宁准备成立一个什么学校，学校最后没有办成，他被重新分配到南宁一所高校教书。有次他来北京办事，我们畅谈终日，都是一些陈谷子烂芝麻的旧事。从此以后，再也没有见过面。听朋友说，他晚景还不错，生活安定，前些年已经告别人世。

当年，“红五类”、“黑五类 ”界限分明，是“文化大革命”时极左思潮影响下“血统论”的怪胎，并非党的政策。“文化大革命”前家庭出身并不是分界限。我这位同学的父亲属于“历史反革命”，当时正在服刑期间，他同样考取北大，同样得到组织信任，原准备调到南宁担任越语教员。我们有些年轻人误信一些人的谗言，以为从新中国成立开始，出身不好就得不到党的信任，在任何领域都受到歧视。就我所知这绝非事实。绝对保密单位我不敢说，因为我不了解情况，至少考大学、分配、就业，没有任何歧视。不信，你看看在新中国成立后由共产党一手培养起来的大学教员和各类高级知识分子中，所谓“黑五类”有多少！改革开放前三十年我们在科学技术领域中取得的成就，一批批从国外回来的“黑五类”、一批批从高校毕业的“黑五类”，得到党的信任和重用，如此卖力地为社会主义新中国忘我工作，如何解释？我说这个问题，是要告诉现在的年轻人，不要轻易把改革开放前的中国共产党领导描绘成白衣秀士王伦一流人物。实际上，他们心胸很广大。

我是 1950 年高中毕业正式参加高考的。我的考点是浙江大学，我记得当时浙江大学在求是桥。我有个中学同学的哥哥正在浙大读书，读机电系。他代我弄了个住的地方。我一个多月没有出过门，窝在借住的宿舍里备考。杭州的美景，不管是西湖还是灵隐寺，对我都不存在。唯一存在的就是校舍与食堂。考试一完，当晚就坐火车赶回南昌，参加南昌大学的考试。那时不像现在的全国统考，只要时间不冲突就可以多头报考。录取概率会多一些。我报考的是复旦新闻系和历史系。新闻系没考上，被录取在历史系。南昌大学录取的是第一志愿文史系。复旦是报纸公布录取名单，南昌大学是通知书。看到报纸录取名单在前，接到通知书在后。如果接到通知书在前，也可能会在南昌上大学。我们那一届毕业生，出省上大学的好像并不多。谁考上谁没考上也弄不清，当时没考上大学没有现在这样大的压力，找个普通工作谋生很正常。

复旦大学在邯郸路，离北四川路虹口公园还有一段路。从北四川路底到复旦，有段时期没有公交车，是坐“二等”。“二等”者，是坐在自行车的后座上，用现在都能了解的话就是骑车带人，不同的是要付费，这是一种谋生职业。后来有烧木炭的公交，车顶上背着一个大鼓包。复旦，按现在标准看校园不大，当时最吸引人的建筑是登辉堂（现改名相辉堂），其实也只是二层小楼。登辉堂与图书馆之间有一片绿地，草色茵茵，是复旦校园的一处美景。因为四周建筑不多，这片小小的绿地，更是耀眼。历史系有没有办公室，我没有印象，如果有，也只是一个小小的房间。没有听说过系主任办公室或教学秘书之类的设置。全校学生不多，估计不会超过一千人。我所读的历史系，我们那届最后可能只有二十多人，我记不清了，反正很少。还有更少的，我的上一届、上两届的师哥师姐们只有十几个人。据说数学系有的年级一个班只有一人。当时也不觉得奇怪。像现在小校万人，大校十万大军，当时不可想象。

尽管从现在看，当时的复旦校园不大，学生不多，可名气却不小。我是从小小的县城突然走入大上海，进入复旦，仿佛小鱼掉入大海。我是个外乡人，当时上海人一般瞧不起外地人，一律称之为“乡下人”。即使上海本地人，如果是浦东或者离城区较远的，仍然被视为“乡下人”。这并不奇怪。新中国成立前，上海是全中国最繁荣最发达的商业城市、国际都市。十里洋场，不夜之城，扩大了上海人的眼界，也连带给有些上海人带来地区性的骄傲。这种地区性的骄傲北京人也有。不过不是上海人那种洋气，而是“北京大爷”气。这是久居天子脚下留下的“贵族气”。过去文人所谓的“海派”和“京派”，大概就是这两种气的不同表现。

复旦大学相辉堂（原登辉堂）

我读历史系时，同班中上海人居多，即使是外地人也是附近城市的学生。终究是新中国成立了，而且处在政治气氛最浓的转折时期，轻视外地人肯定会归入旧思想。像我这样来自江西小县的学生，在班里仅我一人。我们关系都不错，他们都叫我“老表 ”。至今，我与一些同学仍然有联系，见面称呼我仍然是“老表”。即使我的真实姓名他们一时记不起，叫不出，“老表”这个称呼他们不会忘记。

我读历史系时，淞庄和德庄是我们的宿舍。这两个地方我都住过，住淞庄的时间长点。淞庄，听说是日本人留下的房子改建的，都是毗连的二层楼房，有厕所和洗脸的设备。楼上楼下都住学生，上下铺，不太挤，也不宽。吃饭不用交钱，全体学生都是每月发一张饭卡，有日期，就餐时像部队一样拿着餐具，由大师傅打菜。吃饭不成问题，对我来说最困难的是洗衣服。我从来没有干过这种“营生”，从小都是家里管。不洗也得洗，总不能三年不换衣服。我洗衣服最省力的方法是泡衣服，先把衣服放在洗脸盆里浸泡几天，然后用水漂漂捞起晾晒，就算完成洗衣大业。三年，都是这样混过来的。

复旦大学原淞庄旧址

复旦大学原德庄旧址

我读书时，淞庄门前的马路很热闹。对门是苏北来的两兄弟开的老虎灶，可以打开水，兼带可以洗澡。学校没有公共浴室。洗澡，简单极了，就是几个彼此隔开的狭小房间，可以安放一个木澡盆。盆底有一个木栓塞住，洗完澡拔塞放水。门口还有一溜商店，也有小餐馆。我最喜欢的是阳春面。大概当时大学生的最高消费就是阳春面。出淞庄转到直对校门还有条马路，叫国权路，比淞庄门前那条路宽大，也更热闹，有书店，还有一家高级餐馆，至今我还记得它的名称是“来喜饭店”。三年，我就是在这条路上，来来回回，留下了足迹，也留下了对母校的怀念。

二、大师云集

我一辈子都是读书、教书。我有种感觉，学生对老师的感情与印象，小学深于中学，中学深于大学。我在复旦三年，老师都是大师级人物，可我印象模糊。我这个从乡下来的学生，对历史学，对历史领域的著名学者一无所知。这些老师对我而言，只是老师而已，根本不知道他们都是历史学界响当当的大师级人物。可能是因为当时正处在新旧交替的历史转折时期，无论多著名的知识分子，都是思想改造的对象。作为改造对象的老师在学生中的威信，可想而知。何况我们并不知道什么叫学问，也不知道他们有多大学问。到我这个年龄才知道，要知道别人有多大学问不容易。正如量米的桶，桶的大小，不能说明米的多少。中国人说“海水不可斗量”，就是这个道理。从我这个刚进入大学的无知学生的视角，怎么能知道我们面对的都是名师名人。

历史系并不大，可能只有十几位教员。主讲的都是教授，没有听说谁是讲师，或者副教授。可能当时不是教授，就没有学校会聘用。当时给我们上过课的老师有周谷城、周予同、谭其骧、陈守实、胡厚宣、马长寿，还有位教日本史的姓苏的老师，教世界史的姓潘的老师，名字记不起来了。现在任何历史系的学生都知道他们的大名，放在世界上也是“誉满全球”的人物。可“大师无名”，对当时的我来说却是一位普通教员，没有什么特殊感觉。

周谷老给我们讲过世界史；予同先生不是教他最专门的经学史，而是

复旦大学历史系 1953 届毕业照

历史文选选读；谭先生也不是讲历史地理，而是教魏晋南北朝；陈守老不是讲中国土地制度史，而是教中国近代史；厚宣先生既非讲考古学，也非讲甲骨文，而是讲古代史。说句实在话，讲课内容印象不深。因为正在搞思想改造运动，几乎每一门课都是有头无尾，连中段都没有。经常停课，一个学期下来，上不了几次课。印象最深的是，周先生有次说，人生无宴饮，如同长途跋涉没有中间休息站。他说他们有几个朋友就经常聚会小酌。予同先生有次讲到与五四运动有关的一个问题，在课堂上号啕大哭，我们也弄不清是什么突然触动了他。可能是因为他学生时代参加过五四运动，是火烧赵家楼的学生代表，有今昔之感。我们那个年龄，怎么可能理解他呢！守老的脾气较急躁，也很直很倔。我印象里他上课骂过另一位教授，什么原因，骂了什么都记不清了。还有一次他上马列主义课，讲到工人阶级时，用陆阿狗、张阿毛作为代名词。有人递条子，批评他不尊重工人阶级，守老在登辉堂的台上大为生气，骂道："是哪个团员写的吧？"不肯再教，挥袖而去。还传说守老对思想改造运动不积极。在一次别的教授做思想检查时，他靠在椅子上两眼朝天，爱听不听的样子。别人批评他态度不好，他回答说，你也可以这样嘛！守老 1974 年死于肺癌，留下有关中国土地关系史的著述、札记、史料摘录，不下 100 万字。他的《中国古代土地关系史》是去世后由上海人民出版社出版的。

胡厚宣老师调到中国社会科学院后，我和另一位同学曾经到历史所去看望过他。谭先生来北京编历史地理图册，我们也见过面，他还请我们几个同学上过一次小馆子，好像是在东四附近。我上世纪80年代去上海时，曾看望过谭先生，他当时住在复旦招待所，可能是学校的特殊安排。他似乎得过中风，见面时我见他行动不便，语言迟滞，说不出一个完整的句子。大概不久就去世了。

我们虽然是大一的学生，可教课的老师都是国宝级的人物。当时他们都是壮年，解放初，二周先生、守老最多也就是五十刚出头，谭先生、厚宣先生可能不到四十岁，正是有为之年。我们这些人，四五十岁时还为职称的事烦心，属于所谓中青年教师。与我们的老师相比，的确惭愧得很。我们这些老师如果生逢其时，有我们现在这个条件和安定环境，凭他们的学术造诣可以为中国学术界作出更大的贡献。人一生各不相同，有得时、逢时，有失时、背时。有个别到我家求助于我的来客，动不动就封我为“哲学大师”，甚至“泰斗”。我听了浑身不舒服，起鸡皮疙瘩。我当然知道这是客气话，有的是奉承话，我绝不会无知到连自己姓什么都不知道。现在学术界大师帽子满天飞，都是廉价的，甚至假冒伪劣。与我的这些大学老师无法相比。听到现在大师之名不胫而走，往往会令我产生“黄钟毁弃，瓦釜雷鸣”的联想。

当时历史系只有一位年轻教员，就是胡绳武老师。他刚毕业不久，好像是1948年，我们进校前两年留系任教的，新中国成立前能留系很不简单，没有突出才能是不可能的。我在历史系时与胡先生没有接触。“文化大革命”后期，他调到《历史研究》编辑部，后又转到国家文物出版社，最后在中国人民大学历史系任教。到人民大学后，我们接触多了，在校园里也经常碰面。胡先生对中国近代史，尤其是晚清史、辛亥革命史的研究有突出成就。他和金冲及先生合作的关于辛亥革命的专著，影响很大。他长期和冲及先生合作。冲及是我历史系的学长。虽然我们同年生人，但他成熟早，比同龄人高出一头，不像我这个来自穷乡僻壤的乡下人。他在复旦当团委书记时，我是团员，是他的“治下”，在登辉堂听过他做报告。他在近代史、辛亥革命史方面的研究成就卓著。他主编的领袖传记问世后，一时洛阳纸贵。冲及是知名学者，是复旦历史系上世纪50年代初我们同学中的佼佼者。

我在复旦历史系读书，没有上多少课。既没有教科书，也没有讲义，没有一门课有头有尾。老师们忙于思想改造，不断深挖自己的旧思想，无心教学；我们学生们也有自己的“忙”，忙于到市内一些中学去控诉美国在朝鲜的战争暴行。当时抗美援朝战争开始，全国都投入支援中国人民志愿军入朝抗美。大学生也不例外。历史系组织了一个宣讲队，到中学宣传。刚好，我们系高年级有位朝鲜同学姓尹，是朝鲜籍还是中国朝鲜族，我也分不清，反正他会朝鲜语。我们系有个女同学为他当“翻译”。翻译，当然是打引号的，先弄个中文稿，尹说几句，女同学就宣读几句，仿佛在译，其实是读。效果还是很好的。大学生正是热血沸腾、最容易接受爱国主义和国际主义教育的年龄。我们还参加“镇反”和“肃反”的宣传，是到上海一些里弄里向居民宣传。有的同学还临时调到公安局去工作。

在大一期间，我们班由胡厚宣老师带队到南京进行考古实习。说是考古实习，实际上是参观南京新发掘的南唐二陵，即五代十国时期南唐先主李昪及其妻宋氏的钦陵和中主李璟及其妻钟氏的顺陵。我们住在南京博物馆，在中山陵附近。我们什么也不懂，只是看了看新发掘的陵墓，出土文物已移走，空空的；参观了博物馆陈列的展品，对陶瓷瓦罐，也看不出子丑寅卯。对一些刚入历史系大门几个月的学生来说，一切是那样新奇但又不可理解。考古没有学到什么，陶瓷瓦罐的意义和价值也不懂，倒是对南京城有点印象。号称虎踞龙盘的国民党的首都，当时是那样破旧，我脑子里只记得两样东西。一个是马车，从城里到中山陵博物馆没有公交，只有马车。不仅郊外，城里也只有马车。第一次坐马车很有趣，两排长椅子，相对而坐，每排只可以坐三个人。赶车的马夫坐在辕上，戴着一种旧毡帽，挥着鞭子，嘴里喊着大概只有他的马才能听懂的命令。到站有人上下，时走时停。一股扑鼻的马粪味，也无所谓。这种马车与莫泊桑《羊脂球》中那种六驾马车，自然无法相比。另一个印象是南京到处都有卖的大饼，大如锅盖，称锅盔。这个称呼，可能言其大而结实，宛如战士的头盔。这是南京卖苦力的人爱吃的，又大又抗饿。我买过一次，实在咬不动。可能现在不会再有这么大这么粗的东西，要有，也已精加工，变为怀旧者的食品。前些年，我去过一次南京，与六十年前相比完全是两个城市。夜游秦淮河，各式灯笼挂满商家门脸儿，夜市如昼又霞光满天，确似人间天上。可惜，沿河排档连成一线，河水如墨，散发出一股臭气，有点煞风景。现在可能情况已发生变化。人们对古代诗词中描述的秦淮河，可能还会向往。

在大学时期，最重要的一次社会活动就是参加土改。我们是在 1951 年 10 月底去皖北的，同去的有系里的老师，也有我们班的学生。我们先到五河县，坐一只小木船，女生在船舱里，男生在上面甲板上。一共就十几个人，船在淮河走了一夜，到五河上了岸。第一夜，是在一个大房子里住下的，大概是大地主的房子，有像模像样的玻璃门窗。院子里有猪自由散步，我们感到很奇怪。谭先生没有带过冬的东西，写信叫夫人寄来，结果夫人寄来的是化妆品，让他哭笑不得。我们同学阿秀家寄来了棉鞋，是她父亲的棉鞋，不好穿，她就给了谭先生。后来，女生住到了庙旁的一间空屋子里，地上铺了草。男生也住在附近。老师们住在街上的房子里，也是打地铺。予同先生是复旦土改工作队的大队长，余开祥是副大队长。复旦同学上岸后，在街上看到炸丸子，一哄而上，予同先生开大会批评大家说："我想起了美国兵到上海的样子。"说得大家都不好意思地笑了，以后就再没有人去了。经过短期集训以后，复旦同学就和苏北土改工作团合并了。在一起听报告，进行政策学习。学习完以后，就分配到村子里去。每个同学搭配一个苏北工作团的工农干部。

在五河土改时，我与一位苏北土改队的队员在一个村子。村名我记不起来了。主角是他，他是真正的土改干部，我只不过是个大学一年级的学生。我一个人住在一个农民家里，这是我生平第一次感受到农民的贫困，以前从来没有想到世界上还有这样穷的人。这家没有被子，全家挤在一张床上。没有各自的洗脸毛巾，全家共用一条破烂的擦桌布式的东西。一年四季都没有热水，要用热水就用一种泥制罐子塞在做饭的炉灶里烧。我有自己的铺盖，因为天冷，垫被下面加了一层稻草。从来没有米饭，餐餐吃白薯。我是交饭费的，为了改善我的生活，这家男人会推个独轮车到蚌埠去买点面条，不是白面的，是绿豆或杂豆面。可他自己仍然吃白薯，小孩子会哭。有次他对我说，你们大学的饭真好吃。我说，你怎么知道？他说，我们这里的人，春天播下种就不管了，到上海去谋生，有的在桥上帮车夫推车上坡，有的当苦力。没有办法的人就会手提一个小桶，把你们学生倒掉的剩菜剩饭掏回来，非常好吃。秋天回来，有收成就收点，没有收成开春后又去上海。当时淮河经常发水，非旱即涝，农民真是穷极了。我从来没有接触过中国农村，更没有见过皖北五河这样穷的农村。我也不知道当时地主有多少地、生活如何。这种事，当地土改干部知道，我一窍不通。我只看见过一个地主家的女人，手里托着一簸箕混着稗子的稻谷去推磨脱皮，碰见我，口中自言自语又像是对我说，家里有孩子，什么吃的都没有。她认为我是年轻学生，不是正经八百的土改干部，说几句也不怕。我没有搭话，各走各的路。

第一期土改结束，我们会合的地点是霸皇城，据说就是项羽自刎的地方。在那里集训了一个阶段，开始第二期土改时，已经是冬天了。土改地点是在灵璧县。我们坐了马车，在月光下连夜奔跑。一路上见到的是河畔的大石头，一堆连着一堆，起初还以为是许多人群，后来才明白是石头。到灵璧后，我与同班其他三位同学分到乡公所。因为没有下村子，没有多少事情做，整天就是看书。住在乡公所，自己做饭，吃的是咸菜。乡公所旁边有个小店卖咸菜。有次我好奇跑到这家老板后院里，院里有几口咸菜缸，缸边四周有蛆在爬，真恶心。我从小到大没有见过这种“阵势”，从此不再去买咸菜。

第二期土改结束了，就从灵璧回到上海。这时候，好像春节已经过去了。没怎么休息，就开始了互相交流土改体会，大会小会，天天开。然后，很自然地就过渡到思想改造。思想改造怎么搞的我记不起来了。有位女同学后来说，土改时我曾经向你借了《共产党宣言》，读得非常认真，做了笔记，回到学校，在思想改造的小组会上，我谈了自己的共产主义理想，受到你的批评，说我讲的是假话，害得我哭了好几天。我听了很是吃惊，还有这档子事，自己可是一点印象也没有。我当时多幼稚呀，女同学心细，情感细腻，不像我们这些男生大大咧咧，尤其是像我这样从小城来的“乡巴佬”，更不懂不能伤女同学的心。年轻时多蠢。

三、我的大学同学

解放初，各学科之间并无“冷”“热”之分。文史学科不像现在这样掉价，会计、经管、法律也不像现在这样挤破门槛。历史系当时不冷也不热，其他各系学生也不多。我们班起初有三十四个同学，参军参干运动中走了五位，中途退学的有五位，转系的有四位，转到外语系、物理系或新闻系。也有从外系转来的，当时就有一位同学特别爱好历史，从化学系转到历史系。按照现在的标准是从米箩跳到糠箩里，从火炉里钻进了冰箱。当时可没有这个概念，都是按照自己的兴趣和爱好而不是纯功利主义目的选择专业。这样，可能对一个人的人生之路会更好点。我们当时是自己选择专业，现在是父母和市场决定自己选择专业。我们是自己走路，现在是各种因素推着自己走路。

六十多年了，当时同学的印象像逐渐褪色的照片，有的完全变成光板了。印象较深的几位同学，我还记得。我们班有位女同学，她 1949 年 5 月跟随她哥哥去台湾，从 1949 年 9 月到 1950 年 5 月在台湾大学考古人类学系读书。1950 年 5 月底回到香港父母处，然后在 1950 年 7 月 17 日只身回到上海，考上了复旦大学历史系。当时能够从台湾、香港回到仍然贫穷的大陆，很不简单。追求进步，是当时年轻人的思想主旋律。这位女同学说我批评她有资产阶级思想，她感到委屈，完全可以理解。

桑咸之与我是复旦历史系同学，后来又是人民大学的同学。在复旦历史系时，他是团支部书记，为人非常忠厚，学习努力。1953 年毕业分配时，我们一同分配到人民大学马克思主义教师研究班。我在哲学班，他在中共党史班。另外还有几个同学也都分配在不同的研究班学习。当时是北方干部南下，南方知识分子北上，我们从上海分配来北京时，整整一个专列，都是应届毕业生，像运军队一样运到北京。咸之研究班毕业后留在中共党史班当教员。他的教学、研究都获得好评。他为人谦和，待人诚恳，同事关系也很好。中国人民大学评职称比较困难，欠账太多，摆不平。他长年没有评上教授，可能心情不太好，有心脏病、高血压，可仍然坚持工作，为完成自己的专著《晚清政治与文化》，耗尽心血。有一天正准备像往常一样开始工作，先拉开窗帘，可能是用劲太大，猝死书桌边。他的

《晚清政治与文化》是一本很有学术价值的书，可以说是他的毕生心血，书中附有他十首论史诗，品评当时人物。诗评，是史学与文学的结合，显示出他的史学眼光与才情。这本书在他去世后由学生资助出版，总算没有成为埋在沙堆里的珍珠，被世人遗忘。

桑咸之是1995年逝世的。他比我小一岁，当时还不到六十五岁。对做学问来说，仍然是有为之年。他去世后，我曾写过一首悼念诗：

痛哭兄台叹士穷，才高命蹇古今同。
笔走龙蛇堪传世，诗可佐酒磨剑功。
晚清史论具慧眼，娓娓善教学者风。
最令朋辈伤心绝，死后声名生前空。

我们班有位同学是虔诚的基督徒。虔诚到每餐饭前必须祷告，从来不回避我们。同桌吃饭，天天如此，餐餐如此，大大方方，仿佛在完成一项神圣使命。我不知是怎样分配的，他居然和我一样分到人民大学哲学系学习马克思主义哲学。真是两难。一个有神论者，天天要批判有神论，学习无神论，能学下去吗？读了一年，实在纠结，提出退学。学校还是很民主的，了解这个情况后批准退学。他后来到南京神学院深造，这才是鱼归大海而不是晾在岸上。这位同学，政治上很进步爱国，曾担任某神学院院长，连任两届全国政协委员。来京开会有空时都到我家坐坐聊聊。我曾赠他一首诗，我说我是无神论者，你是有神论者，这不妨碍我们的友谊：

有神无神任自由，同窗同室最难求。
宇宙奥妙无穷尽，放飞心灵各逍游。

你搞你的有神论，我坚持我的无神论。信仰自由，不要因信仰不同而影响朋友关系，更不能对抗。宗教，对人类文化的发展曾经起过重要作用，现在仍然在起重要作用。稍有历史知识的人都知道，它对艺术、对文学、对绘画、对音乐、对人的道德培育都有特殊功能。我对真正虔诚的宗教信徒是尊重的，以宗教为幌子从事政治活动的人当然不在此列。

宗教被有的人认为是与人类社会完全脱离的，其实并非如此。宗教同样具有社会现实性并积极干预社会生活。基督教最具政治性，它在中世纪政治生活中起着重要作用，而且它通过传教直接作用于信徒的灵魂。它通过信徒以信仰和情感结合的关系网，成为一种巨大的社会力量。伊斯兰教也与信徒的个人生活紧密相连，成为信徒的生活方式、行为规范。就宗教与社会的关系而言，长期以来佛教宣传的是脱离尘世，出家，不关心世事，出家当和尚是修行，是看破红尘，成为与世无争的方外之人。高僧的高，体现在个人修养和佛学义理上，是高僧大德，与世人无关。然而，随着时代变化，当代佛教也逐渐提倡人间佛教。不再强调出世、个人修行、身居山林禅寺，而是积极关注社会、关注人间。星云大师就认为传统佛教强调出世，太过神圣，没有走向民间，与百姓存在一定的脱节现象。星云大师的人间佛教强调从山林走向社会，从寺庙走向家庭，从出家走向在家，从只谈玄论道走向实践，强调人与人之间要讲人道与慈爱，讲忍耐，人间佛教主张对国家要有信心，对社会要有信心，对家庭要有信心，对自己对朋友要有信心。这样佛教就改变了历来身居山林不预世事的出尘态度，而进入社会生活之中。这是一个值得称赞的转向，也是佛教发挥积极作用的方式，否则，佛教寺院和僧众只是消耗社会财富而无补于社会。

真正具有仁爱之心，遵守戒律，实践自己信仰的信众值得尊重。现在的社会上刮起的“宗教风”，不是宗教，而是迷信风，它与信仰无关，而是装神弄鬼。有些官员通过风水寻求仕途捷径。据说有个官员认为自己屡受调查，是因为马路对面烟草公司门口那对外形凶恶的石狮子，后来这位干部建了一堵石头墙用来阻挡石狮子的煞气。还说立了这个影壁后，现在情况好多了。真是可笑之极！古代迷信卷土重来，占卜指南填满书店货架，算命的忙着提供有关星相和数字命理的昂贵咨询。政客和企业巨头纷纷向风水大师寻求商业建议。河北某县县委书记在县委对面的马路中间放了一架退役的歼击机，以为这样他就能飞到中国权力的最高层。国家行政学院 2007 年发布了涉及 900 多位公务员的调查报告，据称 52%的县级公务员承认相信求签、相面、星相或解梦。这不是宗教信仰，而是向菩萨走后门，如同走上级的后门一样，在他们眼里菩萨照样会受贿，只要买通菩萨就可以免灾，如同买通上级就有保护一样。照我看，这是对虔诚信仰的亵渎。我尊重我这位同学，因为他是真正的有信仰者；我根本不相信所谓星相占卜大师，也蔑视乞求上天保佑、问计于大师的腐败分子和一切奸诈之徒，当然也不盲目相信神职人员的品德。任何宗教中都会存在各种违背教规的恶劣的人和事，比如不断被揭露的某些基督教神职人员的性侵事件就不少。

2006年5月应许俊达邀到安徽大学讲课，先上九华山后上黄山。九华山是全国四大佛教名山之一，是地藏王菩萨道场。山中寺庙林立，香火旺盛。我瞻仰了九华山上的一些佛寺。我不信教，包括佛教，虽然由儒入佛，曾经是中国一些知识分子寻求解脱、安身立命之路。我是无神论者，佛经可以读，应该读；菩萨不可信，不可拜。我曾写过一首诗：

微风斜雨瞻名山，多少寺院云雾间。
弥陀肚大容万物，金刚怒目看尘寰。
人生谁无烦恼事，泥塑岂能有锦囊。
心态平常即成佛，何必磕头捣蒜忙。

我的同班同学中，毕业以后各自的境遇并不相同。有的参军参干，有的去了朝鲜战争前线，有的南下。分别之后，从无消息。同学中最多的是普通的中学教员、大学教员。也有发展比较顺利当上各级领导的；也有命运不佳，从风光一时掉入低谷的。我同班中就有位同学，大学时代是我们班上的尖子生、地下党员、学生干部，也有写作才能，当时是耀眼人物。他出身资产阶级，家庭富有，新中国成立前他父亲把一部分资产转移到台湾，而他却参加地下党，走的是与父亲和家庭相对的道路。就是这么一个人，在“文化大革命”中一步一步卷入政治斗争，先成为上海市委写作组的领导并在市委担任要职。从1964年起，他就在上海市委直接领导下撰写所谓“反修批修”的专业文章。1965年初又为姚文元写文章做一些资料性工作。他以后成为写作组的领导，并为批判《海瑞罢官》的文章的撰写出过力。无论在复旦、在上海都算是台面人物。“四人帮”被粉碎后，上海“四人帮”余党仍在负

大学毕业照

隅，据说他也牵涉其中，当然难逃牢狱之灾。开始我很难相信我这位大学时极具组织才能、成绩突出、平易近人的同学，会成为上海帮派中的重要人物。斗转星移，大学毕业已六十年，我头脑里仍然是大学时代的形象。然而人的际遇各不相同，随着条件的变化，人的地位是会变的。

历史上，中国有些知识分子的命运实在不怎么样。依援攀附，热衷权力的人当然会有。由于许多偶然因素，身不由己掉到坑里的人也有。现在好了，“文化大革命”结束了。法治在健全，民主在进步，三十多年的改革成就举世瞩目。作为一个知识分子，我最深的感受是只要自己是一个真正有良知的学者，正正派派，老老实实做事，就不会再有“殃及池鱼”的事，更不会有飞来横祸。我对我的学生说，你们要珍惜这个来之不易的机会，努力学习，在学术上创造成就，不要蹉跎岁月，对不起我们现在这个时代。

我们历史系的学生不多，我与高年级同学也有点往来。有位刘姓同学与我关系较好。他们夫妇俩都是我师兄师姐。女的是51级，男的52级。他们结为夫妻，是我前些年才知道的。我曾写过一首诗，作为迟到的祝福：

师兄师姐好姻缘，涸鲋相濡老更甜。
水经有注情无注，何妨牵手学少年。

他曾回赠我诗一首：

德淞心迹多旧缘，日月如水酿酸甜。
留得陈醪多把注，最醉人处是当年。

我又回赠了一首诗：

手捧华翰思万千，回首已是六十年。
体衰难载厚情重，头白常欠忆旧眠。
瓶尽醇醪犹可沽，世间从无再生缘。
人生似梦实非梦，风雨坎坷本自然。

有些话外人看不懂。“德淞心迹”，是指我们当时历史系学生的宿舍淞庄和德庄。“水经有注情无注”，是说这位同学对《水经注》有较深的研究，出过专著，至于家庭生活如何我不了解，所以有“情无注”这句话。“涸鲋相濡”，说的是这位学兄也有过曲折人生。他们如今都是耄耋之年，身体欠佳。我祝他们家庭幸福，白首相伴，如同初恋。旧日历史系同学不少到了另一世界，我们仍然健在，不用再为过去的历史背负十字架。

1953年毕业离开后，我一直没有回过上海。前些年应上海财经大学张雄教授、鲁品越教授邀请参加关于财富问题的学术讨论会。我对经济学本是门外汉，想趁机回趟久违的上海，也就大胆答应了。还在会上做了一个关于财富的报告，就是后来发表在《哲学研究》上的那篇关于历史唯物主义视角下的财富问题的文章。随后，复旦哲学系吴晓明教授又热情接待，安排住在复旦高级宾馆，终于回到母校。学校已经大变样，淞庄、德庄没有了，都变为教师的宿舍楼，显得有点陈旧。登辉堂改名为相辉堂，一点也没有昔日的光彩。可能是自己的眼睛变大了，登辉堂就变小了。校园比原来大得多，建筑更多也更高，双子楼特别突出。过去，五角场离校园如此远，如此偏，完全是农村。我在复旦读书，只步行去过一次。现在热闹非凡，商店林立，入夜霓虹闪烁，一点也不像旧日的五角场。

与老伴在复旦大学校门合影

人也在变化，我们都变老了。我们一些仍在复旦和在上海的老同学聚过一次餐，是复旦哲学系资助的自助餐。相见时执手问年，都差不多。英雄老去，美人迟暮，为人生最大不幸，我们普通人也是如此。聚餐时，我瞧着过去在眼中高不可攀的漂亮的“上海小姐”们，一个个变成白发老妇，而几位男同学也步履迟缓，老态龙钟。保罗眼中的彼得，与彼得眼中的保罗，彼此都只见对方，看不到自己。我想他们眼中的我肯定也是如此，可能更惨不忍睹，老得不成样子。“恰同学少年，风华正茂”，而今都已发白如霜，不胜今昔之叹。这有什么奇怪，六十年是一甲子，何况已是六十多年啦。

复旦历史系同学

我在家时，曾无意中发现过我在复旦历史系读书时的一张照片，头上是一顶新中国成立初流行的那种八角形帽子，口袋上方别着一枚三角形的复旦校徽。左看右看，是我，又不像我，似曾相识，又有点陌生，“照片仿佛旧相识，镜中已是白头人”。我把照片给我的孙女看，她说不像。当然不像，我照这张相时，不用说她，连她父母都不知道在哪个世界等着呢！

我也曾到市内去看，过去读书时，由复旦到浦东远得很，我有个老乡在浦东教中学，我曾去过一次，坐汽车，坐叮叮当当的有轨电车，还要等船过江，一折腾老半天，回来又是这样。当时去一趟浦东比现在去一趟东京好像要远得多。现在可不是这样，高架桥仿佛是眨眼间就到了东方明珠大楼。站在楼上观看如蚂蚁般的人潮、如玩具般的汽车流，不胜今昔之叹。我去过最热闹的淮海路、南京路，新中国成立初都很萧条冷落，现在完全是国际大都市的气魄。感谢复旦哲学系安排两位办公室的工作人员，陪我和老伴重游南京路、淮海路。其中一位是扬州人，还热情邀请我们有机会去扬州。我感谢他们的热情陪伴，曾以诗相赠：

不嫌翁媪双白头，久违淮海六十秋。
往事依稀犹可忆，旧迹难寻梦中求。
蓦然回首惊耄耋，最喜步履健如牛。
他年如践扬州约，二十四桥月下游。

上海，是我走出县城的第一大站；复旦，是我人生转折的重要节点。虽然只有三年，但记忆是终生的。校园登辉堂前的绿草地、淞庄、德庄、国权路，以及阳春面的鲜美，仍不时会浮现脑际。我感谢母校的教育，怀念已经作古的老师，怀念仍在复旦和上海的老同学，“但愿人长久，千里共互联”，在互联网时代，距离再远也近。

我最终没有走上历史研究之路，只能算是破碎的历史梦。

第四章　由上海到北京

在老家只有十九年；上海上大学三年；从复旦毕业分配来北京，至今已六十年。人生旅途中，北京占几近四分之三。而北京六十年，从学习到教书基本上都是在中国人民大学校园中度过的。过去读到“十年一觉扬州梦”，觉得十年太长太长，现在一看，十年太短太短，只是弹指一挥间。

如果说，从小县城到上海、考入复旦是人生的转折，那么从上海到北京、进入人大就是更大的转折。因为这是我人生道路的定格、我的学术专业的定格。从此，就与马克思主义结缘，学习马克思主义哲学、教马克思主义哲学。我不敢自吹自己是坚定的马克思主义者，但我信仰马克思主义。不管国家遇到多大困难，我个人遭遇如何，我虽然也有过困惑，有过苦恼和迷茫，但从根本上说，我没有动摇过对马克思主义科学性的信仰。

北京六十年，是我人生经历中比较有意思的阶段。有过顺利时期，也有过曲折；有过非常努力的日子，也有过看淡人生的低谷期。我的人生说不上跌宕起伏，但平静的湖水中也有过旋涡。我喜欢读书，但生活给我的教育更具价值。我许多文章尤其是随笔都融入了我的生命体验。我可以毫不夸张地说，北京的六十年是我人生中比较有光有色的一段。

一、叩击哲学之门

从复旦历史系毕业后，我被分配到中国人民大学，分配到马克思主义哲学研究班，我事先都一无所知。一切都是服从组织安排。按照当代青年的说法，叫没有自我选择，没有主动性，没有自由，可我当时认为这一切都是理所当然的，从来不问为什么。只知道，组织安排就是国家的需要，没有二话。

上世纪 50 年代初来人民大学的复旦历史系校友

与上海相比，当时的人民大学可以说是真正在北京郊区。西直门是一座残破不堪的旧城门，出西直门外就是一片农田，一眼望过去没有任何建筑，更不用说高楼大厦。人民大学对面什么商店也没有，只有一个草窝式的房子，一对夫妻在那里卖馄饨。甚至在上个世纪 70 年代末，人民大学复校的时候，当代商城一带仍然只是种菜养猪的农户。

1953 年，人民大学招的研究生特别多，过千人。当时我们马克思主义班研究生住宿和上课在现今中央财经大学里。当然，当时还没有中央财经大学，其校址是人民大学的地方。第二年我们搬到西郊本部，住在六处平房里，方位大概是现在的品园一带。

当时不是导师制，而是研究生班，整天课程满满的。学员主要是从全国各地来的大学毕业生，也有一些调干生。我们班，是 1953—1956 年马列主义研究班哲学分班，年龄最大的一位老大姐徐鸿来自延安。她原是上海纱厂的女工，参加地下党，后来到延安，是个“三八式”；还有路逸，也是大姐，不过比我们大不了多少，也是老革命。人特好，总是微笑。她是回民，有一次一个女生在她宿舍里炖猪肉，她二话没说，只是到外面避避，半句重话都没有，她知道这批刚毕业的大学生根本不懂什么叫民族政策，什么叫尊重不同民族的风俗习惯，唯一知道的是我们都是同学，都是同志，没有任何界限。这两位大姐是我的入党介绍人，对我很爱护很关怀。

最小的一位同学是福州大学的应届毕业生李月英，我们管她叫“小麻雀”。是南方那种娇小秀气的姑娘，学习特别用功，胆子也特小。毕业后分配在北京师范大学哲学系当教员，可能是因为妈妈不习惯北方的生活，怀念家乡。他们举家调到福州一个师范学院工作。上个世纪 80 年代在福州开全国社会科学规划会，我曾到她家去过，老同学见面特别亲热。前些年，说是因癌症不治逝世。我们同班中年纪最小的一个走了。

从专业学习的角度看，当时我们班的同学中，没有一个原来是学哲学的。著名的红学家李希凡原来是山东大学中文系的。我对他印象最深的是每次上俄语课，他总坐在后排，躲得远远的，最怕老师提问。他当时的全部心思可能都在贾宝玉、林黛玉身上，正专注于《红楼梦》的研究。岂止是俄语课，其他课程对他也是一种干扰。纸面上的考试分数可能不如其他同学，但他学有专长，比我们强。他一鸣惊人，发表了关于《红楼梦》的文章，得到毛泽东的支持，没过多久，人就不见了，据说是调到《人民日报》还是别的什么单位，专搞他的红学去了。

汪永祥是经济系的，和我是复旦同学，不过彼此不认识。我们是同一趟车拉到北京的，都分配到哲学班。在复旦我虽然不是经济系的，可与经济系有点关系。我曾选修经济系的《资本论》课程，讲课的是著名的经济学家，一位姓漆的教授，共三个学期。说是《资本论》课，实际上是马克思主义经济学原理，对我以后学哲学有帮助。永祥是我们哲学研究班的党支部书记。他很能干，善于团结人、帮助人。我们关系很好。毕业后，我们留在哲学系共事，可以说是终生朋友。

我还有个同学，说同学是就人民大学研究班说的，实际上他的级别比我们高得多，是调干生，也是地下党，工作能力和学习成绩都是佼佼者。毕业后，曾担任高校领导，是独当一面的人物。可他一个出入有车，有高

与汪永祥（左一）、吴伟东

级住房，有地位，说话有人听，事情有人办，在旁人看处于来求之不得的地位的人，却选择定居国外，多年后埋骨异域，不知为什么。难道真的是古人说的，“英雄到老都归佛，将军解甲不言兵”？突然看破人生，悟透一切，把青年时代的理想化作一缕青烟吗？人有得意、有失意，有自以为失意，实际上在旁人看来处境非常不错，人的内心世界真是一个复杂的黑箱。不过想想也不奇怪，不是也有外国人久居中国，死后埋骨于此吗？为什么中国人就不能这样呢？现在是全球化时代，一个离退休人员，即使是革命者，离休后选择与儿女在一起，在他国养老，死后把骨灰留在儿女所在国，免除儿女每逢清明时的遥奠或回国扫墓，也不失为一种归宿，我们应该能理解。

我们研究班的同学来自不同系科，偏偏没有哲学系的毕业生。新中国成立前哲学系很少，只有北大、武大有哲学系。我对哲学一窍不通，中学时都没有听过“哲学”这个词，在复旦读的是历史系，对哲学也一无所知。虽然现在上哲学研究班，实际上是一张白纸。研究班是我的哲学启蒙班。当时给我们上课的主要是苏联专家，比较著名的一个叫凯列，来中国时是一个年轻讲师。后来还有几位专家，除了巴尔道林、伊奥尼基外，其他的名字都记不起来了。他们都是教授，但似乎讲课效果都不如凯列。我们的翻译都是高水平的，男男女女都是人民大学俄语速成班自己培养的。当时哲学翻译是钟宇人，温文儒雅，一表人才，俄语特别棒，翻起来从不嗑巴。我们的课程主要是辩证唯物主义和历史唯物主义。此外还学习中共党史、政治经济学、联共（布）党史。除教党史的何干之、胡华外，其他教员是华北大学自己培养的教员，都很年轻。我们也学点自然科学，如物理学、心理学、生物学，是从中国科学院请来的，都是大专家。大专家教普通课，现在认为是了不起的创举，当时极为平常。一些入门的、普及性的知识，对我们学哲学来说终生有用，可惜太少。我们这批人一个最大的短板是只懂点社会科学，而对自然科学非常欠缺。一条腿走路，大大妨碍了我们在哲学领域的发展。

研究生时代

三年研究生班学习，最大的收获是学到了一些马克思主义哲学的基本观点，读了几本经典著作。尽管当时理解并不深，但总算打下了一点儿基础。就我个人的体会来说，这些基本理论和原著的学习的确是终身受益，特别是马克思、恩格斯的著作。我们当时的理论水平，学习的课程，我们的哲学史的知识面，可能无法和现在的哲学系学生相比，可我们学习的热情、执着的理想和追求，不客气地说，要比现在不少哲学专业的学生强。我们学习马克思主义哲学的热情高，目的明确，因为我们知道我们出去是当教员，是要去传播马克思主义哲学火种。

与复旦时期的三年相比，人民大学研究班这三年不同。基本上没有各种运动，任务就是学习、学习、学习。一天课都没有停过，天天就是学习。星期六晚上有交谊舞会，这是教员或少数活跃分子的事，也与我们无关。我从来没有上过舞场。所谓舞场，就是现在最老的图书馆前面一块小小的水泥地。没有乐队，也很少有成对的男女舞伴，大都是男的与男的跳，女的与女的跳。

研究生时代的图书馆（现人民大学学生活动中心）

刚来北京时，我们的宿舍在现在的中央财经大学校园里。那时还没有财大，地方属于人民大学。只有四座楼，排列成一个口字形，一千多名研究生都住在那里。班主任是聂真，副主任记得是张腾霄，总支书记是陆迅。没有多久，我们搬到现在的校园里，不过那时的校园可没有现在这么气派，都是平房，没有高楼，唯一的高大建筑就是现在面对东校门的一座

人民大学求是楼（原灰楼）

楼，当时叫灰楼，而且没有现在这样高，最高层是后来加盖的，也没有后面的附属建筑。整个校园就这么一座楼，是人民大学的标志性建筑。学生每人发一个马扎，是开会用的。无论大小会都是坐马扎。一人一个，放在自己的睡铺底下。

三年学习的费用完全是国家供给。我们是应届大学毕业生，每人 25 元，调干生 27 元。当时 25 元完全够用，大灶餐费每月 8 元。八人一桌，坐齐吃饭，吃完走人。冬天的棉衣是灰布的上下装。不用买书，不同课程该看什么参考书，都是学习班长去图书馆按人头领回来发给我们，考试完毕交回去。我曾看到当年研究班时的一张旧照片，年青的面容，青春焕发的笑脸，勾起了昔日的记忆：

八路棉服赤子心，天南海北分外亲。
满脸灿烂阳光照，沐浴真理向光明。

马克思主义研究班的三年，是从旧时代转向新时代的思想解放的狂飙时期。我们政治热情高涨、学习热情高涨，同学之间团结友爱，无忧无虑，一心就是学习。没有经历过我们那个年代的人，是无法理解的。

53 级哲学班入学六十周年座谈会

二、他们叫我“傻小”

在我们班，他们都管我叫“傻小”。这是昵称、爱称，绝无贬义。我傻吗？当然不傻。叫我傻小的同学也知道我不傻。研究班三年学习，我几乎全部课程都是优，只有一门党史考试得了良。当时学习方式是学苏联的，每讲后都有讨论课，由专门的辅导老师主持。学生踊跃发言，实际上每次讨论都像是一次辩论会，最后主持教员做结论，指出哪些说法对，哪些说法不对。当时考试全部是口试，也是学苏联的。口试比笔试紧张，主要是心理紧张，不仅考题是抽答，而且主考教员可以追问，甚至多次追问，一次口试仿佛过堂。我从来不怕考试。有些同学总想往后排，我则自告奋勇往前挤，考完了就轻松了。现在课堂讨论、口试全取消了，我总觉得有点“玉石俱焚”。每章课后的讨论，对加强理解、巩固成果、纠正错误很有效。听完一门课，教科书用完就卖掉，也从来没有过讨论、答疑，这种课往往收获不大。口试也不能全部否定。笔试仿佛是远距离放枪，而口试是面对面的搏斗，有来有往，水平如何容易看出来。现在笔试分数高的学生，不一定是水平高的学生，高分低能的不少，口试就很难蒙混过关。这个问题在当前无法解决，一个班的学生太多，每个课堂都有讨论、口试的话，时间成本太高。

我的绰号叫傻小，有点冤。第一个发明这绰号的是谁，不知道，反正没有恶意。叫开了，就成为关系较近的同学对我的通用称呼。凭什么叫我傻小？我们班确实出过件傻事，但主犯可不是我。当时，我们住在六处平房，冬天，每间宿舍生个大炉子取暖，烧煤球，特别暖和。有年过春节，宿舍凑钱买了只鸡，改善改善，也热闹热闹。把打水的铁皮桶盛水当锅，把鸡放在炉子上炖，准备美餐一顿，鸡倒是炖烂了，谁知根本不能吃，因为没有开膛，鸡肚子里的脏东西没有掏尽："囫囵入桶水沸腾，香气臭味满室闻。原是肚内藏宝物，笑倒床上互骂声。"吃没有吃成，留下一个大笑话。这是谁之过？不清楚。六十多年前的这件案子，至今没有破，也用不着破。炉火通红，满室生温，相互笑骂，留下多美好的记忆！

凭学习成绩没有人会叫我傻小。可能是因为我生活自理能力确实不如我的那些同学。我也从不计较什么，没有多少心眼，与全班同学都相处得很好，有点傻乎乎的。傻小就傻小，我欣然接受，从不以为是一种冒犯，反而很亲切。至今有些已经是爷爷奶奶、太爷爷太奶奶辈的老同学，见面仍然叫我这个昵称。

我们班还有几个特别的绰号。有位女同学叫"蛮姑娘"，是南开大学历史系的毕业生，皮肤有点黑。在我看来，她一点也不蛮，非常善良，也非常开朗，从来没有姑娘家那种扭捏作态的样子。我对她印象很好，因为性格相近，都有点马马虎虎，不计较什么。她有什么不明白的地方经常会问我，好像我是她的辅导员，其实，我的水平并不比她高。她是南开的应届毕业生，也是历史系的，出身大知识分子家庭，父亲是留美的，是大学教授。她虚心好学，"不耻下问"，我一点也不觉得她蛮。可绰号发明出来了，叫开了，想改太难，除非你发脾气，可谁会为绰号发脾气呢，除非是真正的傻瓜！据我的观察，凡是同学中当面称呼绰号的人，都是大家愿意交往人缘好的人；凡是背后称绰号而不敢当面称呼他的人，都是令人讨厌或害怕的人。这一点判断力我还是有的。

我对这位蛮姑娘同学印象很深，是我同班女同学中印象最深的一个。她的遭遇不算好。她从人民大学毕业后好像换过几个单位，工作似乎都与学术无关。她的女儿生下不久，放在人民大学的幼儿园。有天晚上她不知从哪里赶来看女儿，是我陪她去看的。孩子都已入睡，她站在窗外朝里看，然后又匆匆忙忙走了。人民大学复校后，她调入人民大学历史系，算是回到高校从事教学。因为长期脱离高校，急需追赶，非常用功，可以说是拼老命。没有几年，正值壮年的她得了乳腺癌。她重病时，我到她家看过她。她看见我嘴角微动，眼中有泪，勉强微笑。我这个人嘴笨，不善于安慰别人，更不会说些明明无用的骗人话，相对无言，坐了一会儿，我就离开了。没有多久，她就去世了。她可能是我的同学中走得最早的一个，也是我仍然会常常记起的一个：

灰飞烟散三十年，花落匆匆实堪怜。
夜半梦回惊起坐，笑容依稀似生前。

蛮姑娘不蛮，可小二黑真黑。“小二黑”是我们班同学李武林的绰号。他肤色明显有点黑，绰号名副其实。他是四川南充人，好像是四川大学毕业的，读的也是历史系。他在班上学习成绩很好，也很能干，人很善良，我们关系非常好。他毕业后曾在人民大学哲学系当教员多年，教西方哲学

1954 年五一劳动节

史。上个世纪60年代，他调到山东大学，当过山大哲学系主任、山东哲学学会会长，在西方哲学史方面的研究很有成就。上世纪60年代，人民大学哲学系调到山东大学的不只武林一个人，而是端走了半个哲学系。当时山大校长成仿吾与人民大学的领导胡锡奎都是老革命，更是老相识、老交情。成老提出要人，当然没有二话，一挑就是一大帮。问题是校长同意，还要教员愿意。按现在一些人的想法怎么可能调得动呢？由北京调到济南，由首都调到省会，谁愿意去？能不讲价钱？不会。当时教员非常明确，自己属于国家，国家需要的地方就是我们应该去的地方。不像现在，人才要挖。所谓人才引进，其实是重金礼聘。不过我想不通：你挖走一个，原来的学校少一个，中国的人才，能够因为你挖我挖而增加吗？这又不是开矿挖煤或者开采稀有元素。除非引进海外人才，在国内挖来挖去，一个也不增加，不过挪了个地方而已。除增强了被挖者的名气、薪金、地位以外，什么才能也没有增加。我对此种挖人才的“挖”法、做法，多年心存腹议。这种意见，在有关会上也发表过。有本事培养人才才叫办学，办学不仅培养学生，也包括培养一批教员。如果他们在这所学校由少及壮，由壮及大，没有多少长进，那么这个学校的学术氛围和学术风气就很成问题。彼此挖人才只能是旧戏班的“挖角”。

或许有人会说，你这是旧思想，况且你老了，谁要你。的确，人老珠黄，打蔫的白菜，没人要。可我对我最亲近的人也明确说过，不管别的学校出多少钱，都不能见异思迁。出外讲讲课可以，这是学术交流，资源共享，但“老九不能走”。中国人民大学培养了我们，我们在此工作多年，应该为办好人民大学出力。此外，既能完成学校任务，同时能为需要的学校出点力，这是好事，不能一概反对，但天天跑场子，并不好。一摞讲稿，到处跑场，结果把自己的学术跑空了，名气跑坏了，学风跑糟了，不能提倡。

三、我的哲学启蒙老师萧前

萧老师是2007年8月9日逝世的，享年八十四岁，如果不是身患当代仍无法医治的绝症，八十四岁并不算太老。萧老师的逝世是中国哲学界的损失，更是人大哲学系的重大损失。对我来说，则失去了一位哲学启蒙的恩师，也失去了一位长期的同事。他的死，把我带回了当年研究生时代。

我、秀林（右一）和萧老师

我们听过几个苏联专家讲辩证唯物主义与历史唯物主义，但大部分哲学原理课还是萧前老师讲的。当时老师风华正茂，刚刚三十岁出头。一表人才，口才又特好，讲课生动机智，每节课都有思想火花，很受学生们的欢迎。萧前老师是新中国成立后马克思主义哲学学科的奠基者，为社会主义新中国培养了大批马克思主义哲学人才，他也是我走上哲学之路的引路人。在当今中国哲学界或各大学哲学系，很多学术骨干都是萧老师的学生，萧老师可称得上是桃李满天下，至于再传、三传乃至四传弟子，更是遍及全中国，甚至海外。萧老师对中国版的辩证唯物主义和历史唯物主义教科书的建设也是功不可没。他不仅是艾思奇主编哲学教科书的重要参加者，而且亲自主编了多个版本的教科书。这些教科书是全国同类教材的母本，在中国马克思主义哲学教学中发挥了重要作用。饮水思源，中国哲学界永远不会忘记萧老师的贡献。

萧老师一生并非一帆风顺，坷坷坎坎不少。上世纪 60 年代家庭的不幸，对萧老师是一个沉重打击，后来个人生活也频遭变故。在“文化大革命”中，也因两派派性斗争，身心受摧残。一直到改革开放以后，萧老师才真正发挥他的作用，担任辩证唯物主义学会的执行会长、历史唯物主义学会的顾问、国务院学科评议组哲学组的召集人，对全国哲学学科的建设起了重要的推动作用。这时，他的个人生活也幸福美满，过了几年舒心安稳的日子。可好景不长，不久他连续遭受疾病重创，都是致命的，是从死亡线上抢救回来的。

我和萧老师个人关系很好，我得到他的教育和提携。1956 年从研究生班毕业以后，我留在哲学系工作，那年哲学系刚建系。我刚开始留下来，是当 1956 年入校的哲学研究班的辅导教员。萧前老师讲课，我和李秀林辅导，每人担任两个班的辅导员。萧老师对我非常器重。

晚年，我们师生之间可能发生了一点嫌隙，其实是因为缺乏沟通产生的误解。萧老师倡导实践唯物主义，但他非常明确，他倡导的实践唯物主义与辩证唯物主义并非对立的。实践性是针对旧唯物主义说的，而唯物主义是针对唯心主义说的，因此实践唯物主义既反对旧唯物主义又反对唯心主义。这我完全同意。但我不主张用实践唯物主义作为马克思主义哲学的唯一合理名称而取代辩证唯物主义和历史唯物主义，把辩证唯物主义和历史唯物主义视为斯大林主义哲学模式。我曾多次就这个问题发表文章，包括哲学论坛上的发言，都是主张马克思主义哲学可以多名并称，重要的不在名称而在实质，即承不承认世界的物质统一性，承不承认自然界在人类以前仍然存在，在人的实践范围之外仍然存在一个无限的物质世界等待人们去实践、去认识。不能说实践范围之外的存在是无。存在问题是本体论问题，它和认识论问题、价值论问题既有关联又有区别。没有进入实践范围内的物质世界，不可能成为认识对象和价值对象，但不能说它不存在。更不可以抽象地说，它的存在没有意义。如果人类产生之前、进入实践范围之前的自在自然没有意义，现存感性世界从何而来？自然界的优先地位、自在自然的意义，正在于它为人化自然、为人类感性世界提供物质前提和条件。我们应该重视人化自然，重视人的实践，但巧妇难为无米之炊这个简单道理不能否认，否则唯物主义的存在就失去事实和理论论据。其实，我与萧老师的观点并无对立，我很赞赏我们哲学系的专家们在构建实践唯物主义体系中取得的新成果。虽然对其中个别观点持有保留的看法，但在马克思主义哲学应该是实践性、辩证性和唯物主义统一的观点上是完全一致的。这种实践唯物主义的倡导者与摒弃世界的物质性，专注于主体性和实践观点而从根本上背离唯物主义是不同的。实践观点在全部马克思主义哲学中有重要地位，它的本体论功能、认识论功能、价值论功能，尤其是在历史观中的地位应该被充分估计，但实践观点的强调不能以牺牲唯物主义、牺牲客观规律、牺牲自在自然对人化自然的优先地位为代价。

病中的萧老师（右二）

我相信，如果我向萧老师坦陈我的观点，他肯定会同意的。可惜，萧老师声望正隆、如日中天时，我没法向他解释；待我有可能向他解释时，萧老师多次病危，我更不愿意打扰他。在这个学术问题上，我们师生都没有打开心扉交心，最终让他带着对我的误解离开人世。天人远隔，再无解释的可能了，我至今仍感遗憾。我想起我当年读研究生时的萧老师：

白头学子作古师，犹忆当年受教时。
玉树临风多仰慕，西装革履显英姿。
循循善诱讲马哲，境高旨远阐新思。
黄金百镒未为贵，师恩如山敢忘之。

四、倒霉的哲学论文指导老师

一位学识丰富、能言善文、家庭幸福美满的大学老师会去偷书，又因为偷书而毁了自己、毁了家庭。我说的这位老师是教我中国哲学史的一位姓杨的老师。听说他在新华书店偷书被店员发现，被拘留，后来到他家搜查还发现学校图书馆的一些书，是偷的还是借的，我不清楚，反正他被劳改多年。

我至今想不通，他为什么要去偷书？没有钱买书？不是，他偷的是不值钱的书，何况他那时是讲师，不会穷到偷书。他还请我们去他家吃过一次饭，很丰盛，似乎并不缺钱。还是像孔乙己那样为自己辩解，偷书不是贼？中国知识分子读书爱书，偷书不为偷，是爱书。好像这个理由也不对。他是个读书教书的人，知道偷字是什么意思。不管偷什么，偷就是偷。我只有一个解释，就是癖，有偷书癖。当时没有心理鉴定之类的规定。该他倒霉，命交华盖。正好当时整顿社会秩序，严打各种犯罪行为，他碰到枪口上。中国有个口号叫从重从严，以这个原则量刑，谁碰到枪口上谁倒霉。所以狡猾的人，懂得避风、躲过风头。只要风头一过，就会回归平静。我不是法律专家，只是凭直觉感到这种风头上从重从严、平时则从宽处理，似非最好的执法之道。我想，如果不是刚好碰上中央一家大报头天发表严厉打击犯罪的社论，而是平时偷书，则最多警告、罚款或交由学校处理，不致判刑，使一个有学术造诣的大学教员毁了自己的前途，家庭也解体。听说他结束多年劳改后分配在一个大的研究单位做资料工作。大约十多年前我还收到他寄给我的一本关于文天祥的专著，没有寄信地址，大概是“无颜见江东父老”的意思，但他寄给我，说明还记得我。

他记得我是有原因的。他教过我们中国哲学史，还是我的论文指导教师。我们毕业时也要交一篇论文，说是作业也可以。没有评审，没有答辩，也没有学位。我们虽然在研究班学习了三年，但当时还没有学位制度。他名义上是我的论文指导教师，实际上题目、文章都是我自己弄的。他最后看过给了一个“优”。毕业后这篇发文章发表在1956年的《教学与研究》上，第几期我忘了。这是我的第一篇文章，引导我跨入学术之门的第一张入门券。我记起他，就想起这篇文章，记起这篇文章，就记起这位倒霉的老师。

这篇文章，不仅让我记起这位背时的老师，而且感谢一个刊物，即我们学校最早的刊物《教学与研究》，记起编发这篇文章的总编王南同志。文章发表时我年轻，又刚刚毕业，总编不太放心。他是一位非常健谈、学识渊博的同志。人们说他一张中药方的药名都能滔滔不绝讲半日，的确是上知天文下知地理，无所不知无所不晓。王南同志在编发文章的过程中多次问我，是不是抄的。我说不是，是我自己写的。他是老八路，我是小青年。他这样问，说明他直率，也说明他认真，怕刊物上出现“文抄公”，损害刊物的名声；也是对青年作者的爱护，怕我刚上文路，就摔跟头。第一篇文章的这点小趣事，至今仍然没有忘记。我写文章至今仍坚持说自己的话，写自己的想法，不克隆别人的东西，连自我克隆都会内疚。这应该是我第一篇文章第一位责编的功劳。

王南同志早逝世了。我这位论文指导老师是否健在，不得而知，去世的可能性很大。如果当时三十多四十岁的话，至今也已百岁。他不是名人，不可能有讣告，也不会有任何公开消息，不知他的生死存亡。但他仍然活在我的记忆中。为了偷书而致身败名裂，不值得，也很可惜、很可怜。

五、我与秀林

在我研究班同学中，秀林是最优秀的。他是我们的学习班长，个子高高的，喜欢打篮球，与外班赛球，是主力；人也长得帅。按照现代姑娘找对象的标准，肯定是上等的。可是他的妻子却是一个普通的农村姑娘，文化水平不高，长得也远不如秀林，在外人看来不般配，可是他们夫妻相依相守，不离不弃。我记得在研究班时，有位姑娘相中了秀林，倾心于他。当时他已经结婚，妻子在农村老家，可他没有任何动摇。光凭这一条，就够当代一些青年学习。后来他妻子户口迁入北京，安排在幼儿园工作，是普通工人。她是位贤妻良母，对秀林照顾得无微不至。秀林喜欢饮酒，每餐都得喝几口。偶尔买只烧鸡，好的全给秀林，她吃一些鸡头鸡屁股。秀林去世后，他妻子虽然孤单，但生活还不错，因为秀林的儿女都很有出息。儿子在美国定居，是农学博士，女儿也是博士，长期在日本、加拿大、美国、香港多地居住。经常会将妈妈接到自己家里去住。秀林来不及得到的享受和子女之爱，全都留给妻子，是对这位苦了一生的女人的最好回报。他妻子2013年春节期间因肺癌去世，我去他家设立的灵堂吊唁，看着他的照片，我想起许多往事。当年我与秀林合作写文章，到深夜就在他家喝玉米粥，热气腾腾，香味扑鼻，现在任何美餐都吃不出这种滋味。我刚结婚那年暑假妻子来北京探亲，我们没有房子，就住在秀林家。他在另一间房子里的地上铺上厚厚的棉垫作为床，热情招待我们。至今，我老伴还会唠起这件事。我老伴与秀林的妻子关系极好，见面亲亲热热像姐妹。这两位女人性格差不多，都是心里只有丈夫、儿女，没有自己的人。

秀林和我是同班同学、同事，又是最好的朋友。我们都是1953年大学毕业后分配到人民大学马克思主义研究班哲学分班学习的。他来自山西

上世纪 50 年代的秀林夫妇

大学，我来自复旦大学。都不是科班出身，他读的是教育，我学的是历史。在研究班学习期间，每当学期考试结束，我们总是要自我犒劳一下，下小馆子撮一顿。他自斟自饮，我吃菜相陪。1955 年他提前留哲学教研室。我于 1956 年毕业留系。哲学系就是那年建系，我们又成为同事，相知相交三十多年。

秀林是我们哲学系优秀的教员，更是马克思主义哲学原理教研室的学科带头人。他对哲学教研室学科领先地位的确立功劳很大。上世纪 60 年代他曾参加艾思奇主编的全国通用的哲学教材的编写。人大复校以后，他又陆续参与主编适用于专业和文科的两种《辩证唯物主义和历史唯物主义》教材。这两种教材，不断加印，一版再版，不仅我们系用，全国许多学校都用。印数之多，影响之大，在同类教材中是绝无仅有的，确实是“洛阳纸贵”。

一提到秀林，我们就会想到他参与主编的教材；一提到哲学原理教材，我们就会想到秀林。这种联想是很自然的，不仅是因为秀林对这两部教材的编写贡献最大，而且是因为教材的影响大。一本好的教材，不仅对学生学习十分重要，而且代表了哲学系的总体水平，表现的是这个教研室全体教员的凝聚力和学术造诣。可以说，一本好的教材就是这个系的标志物。我就亲耳听见有外校的青年教师对秀林说："您的教材是我的领路人。"这不是客气话，在很大程度上反映了这两本教材的巨大作用。

我与秀林

秀林有段时期遭遇并不好。"文化大革命"时期，被当作"修正主义黑苗子"挨斗，有一次我亲眼看见他倒在地下被几个学生拖着走。后来在江西"五七"干校，又被作为"五一六"分子审查，吃尽了苦头。我们在路上相遇，只能相对注目，后来情况好转，我曾到锦江他家去看过他，还在他家吃过饭。"文革"结束后，特别是粉碎"四人帮"以后，才华横溢的秀林才有了出头之日。

秀林为人厚道，讲交情，对朋友很信任。在我人生最困难的时候，秀林正处在事业辉煌时期。他出席各种重要会议，也是学校的理论红人。而我正在受审查，人人见我绕着走。我们是两种处境，可秀林没有嫌弃我。审查期没有假，只有洗澡或理发可以暂时请一两个小时的假，我总是借这个机会偷偷到他家坐一坐。虽然相对无言，但从眼神里可以看出感情上并不疏远。天道不公，秀林好日子开始不多久就死于癌症。他生病期间我多次看望他，最后一次住院是在很远的一个地方，试验性的大剂量的化疗很快就摧毁了他残存的一点体力。最后逝世于医院。秀林逝世时只有五十六岁，正是有为之年。同事们无不悲痛，我更是如此。我曾写过一首诗寄托我对他的哀思：

生也艰难死亦难，幽明路隔两茫茫。
上天忌才欺人老，摧尽鬓毛骨肉残。
风雨坎坷识马力，涸鲋濡沫见肝肠。
托体山阿君已去，我与何人论文章。

2007 年李秀林逝世 20 周年纪念会

我这一生来往过的人不少，见过的人也不少。中国人说，一死一生，交情乃见。一富一穷，一贯一贱，同样如此。从“文革”中他的不幸到我被审查，我们之间的相互信任、相互同情，没有动摇。我们彼此坚信对方不是坏人。这种信任，就是交情，就是感情。

我记起一件往事。当我们集中在北大红楼办学习班时，春节前一天，宣布我们除夕晚上可以回家过年。有位北大的教师“待遇”比我们高点，是属隔离性质的，不能回去。他上厕所时在走廊里碰见我，偷偷地说：“你告诉我爱人，我过年回不去。”我回家时绕路匆匆忙忙赶到他家，对他爱人说了一句就连忙回家。没有这种经历的人，很难理解此时对想回家的我，一分钟都是宝贵的。就这件事，这位朋友多少年后都没有忘记。人啦，对困难之中微不足道的一点点帮助都会终生铭记的。漂母一饭之恩，韩信终生不忘，非一饭有千金之贵，而是济人之难，急人之急，比平常宴请更使人感恩不已。

第五章　踌躇满志

从1956年留哲学系工作到1966年“文化大革命”，这十年相对安定，虽然中间也有些运动，但于我并无太大影响。这十年是我埋头读书的积累时期。在向科学进军的鼓舞下，我有点雄心壮志，也稍有成效。

一、留哲学系工作

1956年毕业后我曾回过一趟江西老家。研究班三年从来没有回去过，当时回趟江西比现在出国麻烦多了。要换两次车，还要等过江。在长沙过一夜，在南昌等船又要过一夜。左折腾右折腾，没有六天到不了家。这次毕业，非回去不可。在武汉，有位同学想把我留在武汉大学。我还去见过当时的校长李达，他是我仰慕的名人。个子不高，体态很瘦，但很有精神，说话带点湖南口音。寒暄几句我就走了。探亲回来后我才知道，哲学系已决定我留校。这一决定，从此我就在北京扎根了。暮春三月，草长莺飞的江南美景只能留在回忆中。

到哲学系以后，我、李秀林为萧前老师当助教。萧老师为56级三年制的马克思主义哲学研究班主讲马克思主义哲学，我和秀林分别担任辅导员，各管两个班。其实，研究生的年龄不比我小，多系大学教员或调干生。我们关系都处得很好。“反右”运动中，我没有参加研究班的运动，因为他们的能力比我强，支部书记都是来学习的调干生，根本用不着教师参与。我们教研室也不记得有谁划为“右派”。资料室划了个“右派”，因为不在一个小单位，也没有参加过他的批判会。“反右”运动时，我们只是学习文件，提高认识。当时，人民大学最风头的人物是林希翎，法律系学生，能言善辩，极具煽动性和吸引力。我没有听过他

与罗国杰（左一）、张腾宵合影

的演讲，他在西郊人大，我们在张自忠路一号俗称铁狮子胡同一号。说句实在话，当时我也弄不清“右派”是怎么一回事，只知道他们要“杀共产党”，要搞“政治设计院”、“轮流坐庄”之类，其他有什么也不很了然。反正党中央、毛主席号召“反对右派分子的猖狂进攻”，肯定是对的。

“反右”运动结束后，1958年我们班的学生去沙河劳动，我和张腾宵也跟着一起下去。张是班主任，我是教员。当时沙河似乎很远，我们都住在农民家。我和腾宵住在一家农民的前院的空房子里，房子收拾得很干净，地上有个地火炉，是取暖用的。我没有劳动过，腾宵挥着鞭子，有模有样，真像是赶马车的老把式。我坐在马车上，一同去拉东西。腾宵老拿这件事取笑我，说我不会使铁锨，不会挑土，也不会锄地。确实是这样，我一辈子也没有干过体力活。

回来后，就参加编哲学教科书。集中在人民大学附属中学，完全是“大跃进”的方式，动员了不少教员包括学生。我记得我执笔的是“否定之否定”这一章中的一节。虽然水平不高，也是一种锻炼。

当时是人才缺乏的年代，也是敢于大胆使用年轻教员的年代。我毕业不久就给哲学系本科上经典著作课，给 57 级讲过《唯物主义与经验批判主义》。说实在的，我自己都没有弄懂，连半瓶醋都谈不上，简直就是空瓶子。人要磨炼，讲课逼着我读书，逼着我思考。除了教书，还时常发表点豆腐块式的文章。我还保留了这些小文章，如《革命英雄主义和个人主义》、《雄心壮志与好高骛远》、《具体领导与包办代替》、《多数与少数》等随笔式的东西，后都收集在合著的《划界线》小册子里。1958 年还出版过一本书。说是书，只有三万来字，比一篇长文长不了多少。现在看，太幼稚。可人应“不悔少作”，正如成年后不要为光屁股时的照片害羞。不管怎么说，也是算是学步，不学，长大后就永远迈不开腿。

1958 年，我们系自己编书对我来说是一次锻炼。1960 年，人民大学和北京大学部分教员集中在北京市委党校联合编书又是一次锻炼，不过这次锻炼很苦，因为当时正值三年自然灾害时期，食堂伙食很差，经常吃菜窝窝。有天吃饭，同桌的人仔细瞧着秀林的脸说：“你发胖了”。当时，都不知道为什么秀林突然胖了。过几天，在饭桌上彼此瞧着都说你胖了，他胖了。我们那时不知道什么叫浮肿，为什么浮肿，没有这个经验。我没有浮肿，可能是因为他们个子高，消耗大。可我同样有反应，爬不了楼，上二层楼就喘。到市委党校校医院看病，一量血压，高压才 75，低压 50。医生没说什么病，开了几丸“人参归脾丸”，说是多休息休息就好了。没有几天，编书领导小组指示下来了，一律不要开夜车，晚上早睡觉，才知道什么叫浮肿。书后来没有继续编，只出了一个上册，《辩证唯物主义》。下册《历史唯物主义》，由我和北大教员柯木火集中在北京市委宣传部理论处修改，稿子交了，未见出书，流产了。

没有经过那个年代的年轻人，不可能理解那个年代，也不可能理解我们。浮肿就浮肿，工作照干，毫无怨言，也不讲价钱。因为那时苦，大家都苦，我们的粮食定量不断减少，最后变成每月 26 斤，而体力工人，尤其是煤矿工人比我们的定量高得多。17 级以上干部每人两斤黄豆，称为“黄豆干部”，13 级以上的高干有两斤肉。如此而已，别无特权。这样的情况，我们能有牢骚吗？我们相信中国共产党，相信毛主席，困难是暂时的，一定能挺过去。我曾想到一个哲学问题，人容易共“苦”，只要比较公平，“苦”能共；可同“甘”不易。这就是为什么现在虽然富裕，可能再不会有浮肿依然拼命干活的精气神儿。富是好事，苦不值得赞扬，但“共苦”的精神值得发扬；正如虽然不能“同甘”，但应该朝这个方向努力，尤其是在思想上。没有共苦精神，在那样困难的条件下隐姓埋名在西北沙漠之地搞出“两弹一星”，根本不可能。记住，1964 年，就是全国大灾害后的一年，就是在赫鲁晓夫说的五个人穿一条裤子、喝清水汤的年代，终于升起了蘑菇云。如果我们能以这种精神进行中国特色社会主义建设，有什么困难能难倒我们呢！

二、马克思主义哲学的“鹅湖会”

1960 年春，在现在的中央党校校内举行了哲学教科书的讨论会。全国共送审六本：北京有三本，党校本、人大本、北大本；武汉一本，上海一本，吉林一本。这是新中国成立以来第一次哲学教科书的讨论会，规模不小，档次也很高。中宣部理论局局长洪禹亲自出席会议，全国送审单位有五十来人参加，主持人是著名哲学家艾思奇。我是个小小的讲师，是跟随萧老师和教研室其他同志与会的，主要是去学习、听会。这个会很长，是马拉松，共开了两个多月，如果要讨论，仍然可以开下去，因为哲学问题是个无底洞。会议结束时，当时中央两位“大领导”康生和陈伯达都来了，还讲了话。陈伯达的话仿佛是外国话，无人能懂，居然要有人翻译，真是海外奇谈。一辈子在外面，仍然改不了闽南腔，不可思议。从那次会议以后，我此生参加过多次教科书的编写，也当过主编，至今仍不时会参加此类讨论。我有一个体会，马克思主义哲学内容和体系会随时代变化而变化，会增加新内容，会更具时代特色、民族特色。可是谁要试图推翻马克思主义哲学基本原理，否定马克思、恩格斯、列宁、毛泽东已经取得的成就，另起炉灶，没有一个成功的。如果教科书编写的重点是把辩证法放在前面或是后面，历史唯物主义是打散穿插论述或是集中论述，唯物主义是只讲历史唯物主义而把世界物质性、物质第一性和意识第二性视为旧唯物主义的残余而摒弃，这样编写教科书，就是瞎子点灯白费力。我积六十年经验证明，马克思主义哲学中凡属规律性的内容，只能根据新条件运用和发展，可以结合中国实际，结合科学发展充实新内容、新材料而不可能任意删除，主观处理。我至今读到多种新编、新新编、再新新编的教科书，都不可能在根本规律性的论述上出新花样。除非完全脱离马克思主义哲学范围，把西方哲学、中国哲学、马克思主义哲学的内容全部捣碎掺和在一起弄一个四不像的东西，然而如果这样，你就无权称其为马克思主义哲学教科书，可以称为专著，称为某某体系，但绝不能把它作为马克思主义哲学教科书。

我把这次六本书的讨论会称为“鹅湖会”，是比喻的意思，而不是不同学派的辩论，分歧是有的，讨论很热烈，但都属于马克思主义哲学中的争论，而不是不同学派的辩论。

与陶德麟夫妇

在这个会上，我很荣幸地认识了武汉大学的陶德麟。他比我小十个月，当时正是年轻有为的年龄，他是李达的助手，是编写武大本的主要参加者。当时我们不熟，没有交往，后来因为社科基金评审会我们经常见面，有时也会同时出席一些会，慢慢成为朋友。他原来是学经济的，哲学造诣也很高，诗词都有功底。他八十华诞时，我曾贺以小诗。并序：

贺德麟八十华诞

上世纪50年代末，全国六本马克思主义哲学教科书集中在中共中央党校讨论。艾思奇主持，为时二月。德麟为武大成员。我也躬逢盛会。当时我们均为青年教员，弹指五十多年。值德麟八十大寿，忆往事以诗贺之。

不是鹅湖似鹅湖，湖畔盛会识荆初。
珞珈才子惊四座，江南俊秀冠群儒。
宝刀至今能削铁，笔有雷鸣道不孤。
人生百岁不为老，八十只算半征途。

陶德麟八十华诞与夫人

贱寿八十时，德麟也以诗为我增色。抄录于下：

贺先达兄八十华诞

陶德麟

五十年前幸识君，当时英锐已超群。
胸罗正气常忧国，笔扫彤云只务真。
耿耿丹心昭皓月，拳拳厚德育芳林。
满园新叶皆才俊，犹待期颐引路人。

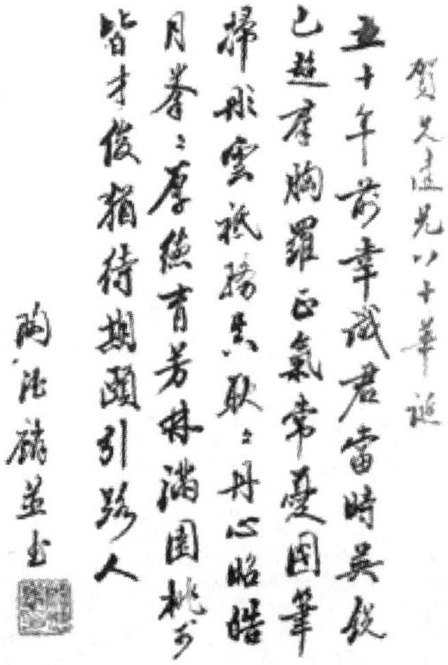

陶先生贺诗

当年，参加六本教科书讨论时，我们都是青年人，刚三十来岁，如今都是耄耋之年。我们会面时谈起这件事，不胜今昔之感。

还有一个人，这就是艾思奇。他不认识我，我们也从无交往。他名声大，是马克思主义哲学大众化的开拓者，对马克思主义哲学在中国的传播有杰出贡献。我记得当时他五十上下，体态微胖，完全是一个学者的样子，不像党的高级干部，也不像是从青年时代起就声名卓著的人物，不显山露水，很朴素。我们这辈人中，五十岁时有他那样成就的人似乎还没有。

理论界对艾思奇有些看法，无非是因为综合经济基础论与单一经济基础论、一分为二与合二而一的争论有不同见解，这算什么。学术分歧应该说是正常的，它不能成为评价一个人的标准。我认为艾思奇同志永远是马哲工作者的光辉榜样。

我虽然没有直接听过艾思奇同志讲课，也没有机会当面求教，唯一一次接触就是党校六本书的讨论会上听过他多次发表意见。我对他非常敬仰，他的著作和文章就是我的老师，是新中国成立后我们党培养起来的全体马哲工作者的集体老师。艾思奇同志在马克思主义中国化和马克思主义哲学大众化相结合方面所取得的功绩，永远铭刻在马克思主义在中国的传播史和发展史上。

前些年人民出版社出版了《艾思奇全书》八卷本，其中包括从1933年到1965年作者逝世前不久的全部著作。这些著作表明，艾思奇同志虽然英年早逝，但他在党的理论战线上毕生捍卫马克思主义，创造性地坚持和宣传辩证唯物主义和历史唯物主义，无论在革命胜利前还是新中国成立后，艾思奇同志在党的理论领域都功勋卓著，还曾得到毛泽东同志的赞扬。

至少从三个方面来说，艾思奇同志都是我们中国全体马克思主义哲学工作者的光辉榜样。他是毛泽东倡导的马克思主义中国化的积极推动者、实践者。他以其著作为我们做出了马克思主义中国化的榜样。他是马克思主义哲学大众化的创造者。他的著作既深刻又通俗易懂，根本不同于我们时下见到的那种看不懂读不明的文章和著作。他是理论联系实际、有的放矢、真正发挥马克思主义哲学改造世界和认识世界功能的理论榜样。在中国特色社会主义道路的建设中，我们党特别需要像艾思奇同志这样高水平的马克思主义理论家。

或许有些人会说，艾思奇同志的哲学著作，既没有创立一个新的哲学体系，也没有提出新的哲学命题，只是通俗的宣传性的哲学著作，没有太大的学术价值。这些人的标准是旧哲学的或者说是经院哲学的标准，而不是马克思主义的实践标准。哲学有各种类型。马克思和恩格斯所创立的马克思主义哲学，是一种新类型、新风格并具有不同于以往哲学功能的新哲学。马克思主义哲学是变革现实的哲学。这种类型的哲学家不是单纯学者型的哲学家，不是缩在书房里进行纯学术著述、在书本中讨生活的哲学家，而是理论与实践相统一的哲学家。艾思奇同志既是直接参加中国革命和社会主义建设的革命者，又是以自己的理论著作为革命与建设进行理论总结和升华的马克思主义理论家。因此，要真正理解艾思奇同志的哲学贡献、理解他在马克思主义中国化和马克思主义哲学传播史上的地位，就必须理解马克思主义哲学的类型、风格和功能。要超越按以往旧哲学的标准来衡量马克思主义哲学家的狭隘眼界。

要知其文，必知其人，要知其人，必知其时。《孟子·万章下》：“颂其诗，读其书，不知其人，可乎？是以论其世也。”讲的就这个道理。艾思奇同志的著作，尤其是他的《大众哲学》、《哲学与生活》等著作，并不是一个哲学家居高临下，向世人宣扬自己的哲学构思或纯属个人的奇想异想，而是以一个马克思主义者的革命精神，在民族危难、青年人苦闷彷徨的时候，用生动的语言，结合社会实际和中国面临的问题，向他们宣传马克思主义哲学的基本道理，为他们指明了一条出路。我们可以说，艾思奇同志著作的理论和实际作用，是任何纯哲学思辨的煌煌大作无法相比的。那种著作可能摆在图书馆一角，布满灰尘，无人问津，而艾思奇同志的著作却在现实生活中发挥巨大的动员和教育作用。谁有水平？道不同，不相为谋。标准可以完全不一样。

艾思奇同志毕生是一个马克思主义哲学家，是马克思主义坚定的信仰者、勇敢的实践者、热情的宣传者。他在民主革命时期对中国青年人的启蒙作用，在社会主义革命和社会主义建设时期对马克思主义哲学教科书的建设、对马克思主义哲学和毛泽东思想的积极宣传和创造性的推进作用，都使艾思奇同志在马克思主义中国化的历史上、在中国马克思主义哲学传播史上，留下了自己光辉的名字。

马克思曾经批评过德国旧哲学脱离实际，晦涩难懂。这种学风在我们当前哲学界仍然可以看到。正因为这样，艾思奇同志这种理论联系实际，面对群众、面对生活的学风，是留给我们哲学工作者的一笔宝贵财富。在进一步进行改革开放，坚定地进行中国特色社会主义建设的当代中国，我们马克思主义哲学工作者更要以艾思奇同志为榜样，关注生活，立足实践，面对群众，关注社会主义建设中的哲学而不要做空头哲学家。正因为这样，我们今天纪念艾思奇同志，学习艾思奇同志的哲学思想，更具现实意义。

一百六十多年以前，马克思说过，理论一经掌握群众，就会变成物质力量；一百多年以后，毛泽东说过，要把哲学从学生的课堂和书本上解放出来，变为群众手中尖锐的武器。艾思奇同志一生的道路，他的历史地位和他的著作的价值，就是马克思主义哲学这种理论风格和使命的具体实践与光辉体现。我们当代中国的马克思主义哲学工作者，应该以艾思奇同志为榜样，关注现实，在马克思主义中国化上狠下工夫，为我们党的理论事业、为中国特色社会主义伟大事业而努力。这就是艾思奇的道路，也是他为我们树立的榜样。

很可惜，艾思奇因突发心脏病逝世，年仅五十六岁，正当壮年。如果能健康活着，至少还能为中国的马克思主义哲学事业多工作三十年。再过三十年，也不过是八十多还未到九十，这个年龄现在很平常。黄楠森享年九十二岁，韩树英老师仍然活跃在中国马克思主义理论舞台上。天不假年，艾思奇的过早逝世是中国哲学界的一大损失。

三、我第一次站在北大哲学系的讲台上

我此生有两次站在北大的讲台上。第二次不堪回首，第一次，稍微有点色彩。

第一次站上北大讲台是上个世纪60代初，那时我还是一个三十出头的青年人，是讲师。北大可是最著名学府，哲学系更是老牌名系，予何人也，有什么能耐，什么也没有。我是沾我老师萧前的光，也是沾关锋、吴传启的光。当时的关锋，还不是后来“文化大革命”中呼风唤雨、权倾一时的关锋，而是《红旗》（即现在的《求是》前身）杂志文史组的组长；吴传启也不是“文化大革命”中的一派“头头儿”，而是哲学学部的研究员。他们都比我级别高，声名人。萧老师把一部分任务交给我，把我也作为辩证逻辑课的讲课人员。

我初出茅庐，接受萧老师这个任务，极其认真地备课，极其认真的研究、看书，讲稿一字一句写得清清楚楚，不敢懈怠。这门课首先是在人大讲，是为哲学系开的课。可能是因为效果还不错，北大也来请，于是我第一次走上北大讲台。全部课程可能是十二讲。我讲了三讲：论假设、关于辩证逻辑的判断、关于实践标准和逻辑证明。后来，我调到新成立的马克思主义发展史研究所，就没有再继续这方面的研究，这条路刚迈了第一步，就停步了。

课虽然停了，可是我的研究没有白费。我的讲稿成为我的两篇哲学文章。关于判断问题的文章发表在《新建设》1963年第5期，名为《谈谈辩证逻辑关于判断的几个问题》。年轻人可能不知其名，老一辈的学者都知道当时的《新建设》可是全国顶尖的文史方面的杂志。它在学术界的声名远远超过现在的一切刊物。我一个刚三十岁的年轻讲师的文章，它居然

不嫌位卑名低，全文发表。这是一篇近两万字的长文，我的《文集》中没有收这篇文章，因为我觉得它不太到位，没有解决辩证逻辑形式化的问题，而形式化是逻辑思维规律的特点。我当时的思想，始终为辩证法与形式逻辑是高等数学与初等数学的关系所困，找不到出路。

《谈谈辩证逻辑关于判断的几个问题》刊载于《新建设》1963 年第 5 期。

我最近把这篇文章找出来再仔细读读，又有点不忍割爱，因为其中确实提出了一些有意思的看法。例如，文章中提出和形式逻辑一样，辩证逻辑也应该研究判断。但是，它们研究的依据、研究的方面却是不同的。这不是单纯的科学分工，而是表明人们对判断这一思维形式认识的不同深度。辩证逻辑对判断的研究，远远超出了形式逻辑的狭隘界限，处在认识的更高阶段。提出由概念向判断的转化的问题，反对把概念和判断截然分成两个阶段，提出概念和判断相互依赖和相互转化问题。人类认识的深化，不可能是由概念到概念，由判断到判断的直线性的发展，而是表现为各种思维形式相互转化的过程。

这篇文章还提出，人类实践活动是概念向判断转化的基础和动力，但这种转化的可能性，存在于概念的辩证本性中。概念不是僵死的，而是相互转化的，不是彼此孤立的，而是相互联系的，概念只有在相互联系、往返流动中才能反映活生生的现实。当概念由于自身的辩证本性，突破片面性和孤立性的局限，进入相互联系和转化的过程，事实上已经超出单纯概念的范围，而进入判断的领域，因为判断正是通过概念的内在联系和转化来反映客观事物及其属性、关系的一种思维形式。由此可见，概念的辩证本性，要求自身发展为判断。另外，在概念这种思维细胞中，已经包含着同一和差别的矛盾、个别和一般的矛盾，即包含着尔后判断中一切矛盾的萌芽。这些矛盾在概念中还是潜在的、尚未展开的，而在判断中则获得了外在的表现，获得两极化，判断的主词和宾词的一系列矛盾，集中地表现了概念所包含的矛盾，因此由概念向判断的转化，正是概念内在矛盾的必然展开。如果概念不包含上述矛盾，它是不可能发展成为判断的。正确的判断和正确的概念分不开，概念错误，判断不可能正确。但是，仅仅概念正确，还不足以保证判断正确，这里还有一个实践的问题。因此，我们不能从概念出发，而应该从实际出发，面对现实，正确运用概念，发展概念，以便引出符合实际情况的判断。

文章还专门研究判断的辩证法和辩证判断的区别与联系。唯物辩证法的规律是事物发展的最一般规律，判断这一思维形式，同样是受辩证法规律所支配的。研究判断的辩证本性，对于正确地把握判断的本质有重要的意义。任何一个判断都是内容和形式的统一体。判断的内容是客观世界在人们思维中的反映，而判断的形式则是以主宾词所表示的逻辑结构，它是判断内容借以存在和表达的方式。如果我们从运动变化来考察人类的认识，立刻可以发现这种思维形式和内容不相适应的状况。例如，我们开始知道铜能导电，作出“铜能导电”这一判断，后来随着人类认识的深化，不仅知道铜能导电，而且知道金、银、铁均能导电，在这种情况下，单称判断这一判断形式，落后于人类认识的内容，不足以用来概括人类已有的认识，要求过渡到特称判断。判断形式和内容相适应又不相适应，随着人类认识的深化，不断由一种形式转化为另一种形式，这是认识深化的必然现象。

判断的辩证本性，还在于任何判断都是同一和差别、个别和一般的辩证统一。这些矛盾是概念内在矛盾的进一步发展，原来隐藏着的矛盾，在判断中获得了外在的表现，因此，由概念向判断转化，不是矛盾的终结，而是矛盾的展开。不具备同一性，表明两种现象之间没有直接联系，不可能构成一个判断，否则，只能是无意义的文字游戏，如说“美国不是石头”、“美国不是大象”之类，只能认为是无聊的废话。“东京是日本的首都”这一判断，表面看起来不存在个别与一般的关系，而事实并非如此。“日本的首都”这一宾词，即揭示了东京的特殊性，它是属于日本的，而不是任何别的国家的，但又揭示了它的普遍性，即它和华盛顿、伦敦、北京一样，都是首都。

文章还专门研究了判断的辩证法和辩证判断的区别。判断的辩证法是思维形式的辩证法，它是任何判断所固有的，无论自觉与否，承认与否，只要是判断，其中都必然包含上述矛盾。辩证判断则不同。它是自觉地进行辩证思维的成果，它要求揭示事物的内在矛盾，揭示事物的对立统一等，并通过辩证判断的形式把它反映出来。关于如何对待矛盾是辩证逻辑与形式逻辑区分的一个重要点。辩证逻辑认为矛盾是客观的，没有什么事物是不包含矛盾的，没有矛盾就没有世界。既然客观世界普遍存在矛盾，思维是否应该反映这些矛盾呢？回答是肯定的。这样一来，辩证判断和形式逻辑的矛盾律似乎是绝对排斥的，承认前者必然导致取消后者。许多资产阶级学者正是这样议论的。他们打着维护形式逻辑的幌子，否认客观矛盾，否认辩证判断，其目的不仅是反对辩证逻辑，而且也是歪曲形式逻辑，使它成为排除客观矛盾的形而上学。

文章试图圆满地解决矛盾在辩证逻辑中如何表达的问题。辩证逻辑十分重视形式逻辑在正确思维中的作用。但辩证逻辑承认客观矛盾，承认应该在思维中反映它。我还试图对辩证判断的形式进行分类。“既是——又是”这种判断形式，是通过宾词用相互对立的概念，直接反映对象的内在矛盾，反映对象的二重性。但这种判断形式容易不分主次，因而从第一种判断形式过渡到第二种判断形式，这就是“是——但是”。并举毛泽东同志在《关于正确处理人民内部矛盾的问题》中说：“日本打到中国，日本人叫胜利。中国大片土地被侵占，中国人叫失败。但是在中国的失败里面包含着胜利，在日本的胜利里面包含着失败。”“是——但是”，揭示矛盾双方的相互包含及其转化。“是”用以肯定事物的基本性质，“但是”表明事物的性质不是纯粹的，不是凝固不变的，它可以转化成它的反面。毛泽东同志关于坏事转化为好事的判断，就是采取这种形式的范例。

文章太长，不能一一说明。五十年后，我奇怪我当时怎么弄出那样多的“怪想法”，还说得似乎有条有理。如果我现在重写，肯定写不出来。但我还是不满意，因为它过于思辨，而不能提供有价值的辩证思考方式。一篇文章，无论写得多么玄，多么有哲学味，如果除了“吓人”以外，不能提出具有可验证性的思维方法，仍然是不结果的花。

我比较喜欢我的另一篇文章，这同样是辩证逻辑课的讲稿改写的。这就是发表于《教学与研究》1963 年第 3 期的《实践检验与逻辑证明》。我特别强调实践检验和逻辑证明是不同的。把逻辑证明和实践相并列，认为真理有两个标准是错误的，但是，否认或贬低逻辑证明的作用也是片面的。辩证唯物主义在承认实践是检验真理唯一标准的基础上，正确估计了逻辑证明的作用，并科学地阐明了这两者的关系，全部文章都是围绕这个中心层层展开的。

文章论述了为什么认识自身或客观对象不可能成为认识的真理标准，不是据以区分真理和谬误的准绳。强调真理的标准，从本质上说，也就是据以判明和衡量主观与客观是否相一致的标准。这种标准是实践。离开实践，试图从认识的自明性或以客观对象自身为标准都是不对的。把逻辑证明和实践检验并列为两个标准是错误的。

文章从各个方面论证了为什么实践是检验认识真理性的唯一标准，并论述了检验真理性认识的方式，以及实践标准的绝对性和相对性。实践是检验真理的唯一标准是马克思主义哲学中的一个普通常识，不承认这一点，就不是马克思主义者，但根据我当时的研究，像这篇文章如此多方面地论证实践是检验真理的唯一标准的文章当时并不多。

这篇文章的特色不仅在于强调实践是检验真理的唯一标准，而且对逻辑证明的必要性及其在真理认识中的作用作了较为细致的分析。强调逻辑思维在科学思维中是绝对必要的，它是真理性认识的一个必要环节。因为逻辑的可证明性是真理性认识的重要特征。客观真理和独断论、信仰主义是不相容的，它不仅能经受实践检验，而且在逻辑上是经过证明或可以证明的，是经得起逻辑上的推敲和反驳的。一个充满逻辑矛盾的理论不可能是真理性认识。但无论逻辑证明如何重要，它都不能取代实践标准，因为逻辑并不提供真理性认识真假对错的标准，而是借助于前提，通过推理，从理论上说明某种学说的真理性，或者它在逻辑上是不可能成立的。一个认识真理性的最后证明仍然是实践。文章强调，无论逻辑证明在人类思维中如何重要，单纯的逻辑证明是驳不倒唯心主义、不可知论以及形形色色的错误理论的。世界上说得头头是道、貌似有理的荒谬理论并不少见。文章强调，实践检验和逻辑证明必须结合，既有事实根据，有人类实践的历史和经验的依据，又有理论上的充分说明。逻辑证明和实践标准的统一本质上就是理论与实践的统一。我们能驳倒“两个凡是”的错误，不仅依靠中国社会主义建设二十七年的实践经验，而且依靠对这种经验给予充分的理论总结。对“两个凡是”的批判，既是实践的批判，又是理论的批判。

在当时，这篇文章只是一篇纯学术文章，没有多大影响。它是哲学，而不是政治哲学。它没有背景，没有现实对象，对现实没有任何作用。我自己多年后重读这篇文章后深深地感觉到，任何理论的批判、哲学的批判，只有当它代表社会进步的要求，才具有现实意义并对现实起重大作用。一个极为平常的道理，一篇并非字字珠玑的绝世美文，能够切中时弊，及时地敏锐地感受时代的脉搏，感到社会进步的需求，吹响号角，这才是理论水平，才是马克思主义理论工作者的最高作用和荣耀。对马克思主义哲学来说，任何沉迷于抽象思辨而被困死在纯概念的围城之中走不出来的做法，与马克思主义的本性都是相悖的。这种人可以成为一个学者，但不会成为一个马克思主义理论家。

这篇文章发表后，也有不同的看法，主要来自逻辑学界，我就接到一篇强调逻辑也是真理的标准的稿子。寄给我，大概是商榷的意思。我没有回答。因为实践是唯一的标准，并不是说事事都要实践检验。这种理解是不对的。谁也不会说，“人都是会死的”要人死光了才能证明。凡人皆有死，张三是人，张三会死。这个推论并不需要等张三死后才能证明其正确。凡人皆有死，也不必等人死完了才能证明其正确。这不等于有两个标准，因为凡人皆有死是由实践证明了的真理。这个实践并非完全归纳，而是科学研究即科学实践证明了的真理。没有任何傻瓜为了证明火能烫伤，就让人人都把手伸进火炉中去实践。经过实践检验过的科学原理作为科学知识为人接受，不必每个人都重复实践。这不仅是逻辑的力量，因为逻辑体现的不仅是思维的力量，更重要的是实践的力量。列宁专门在论述“逻辑的范畴和人的实践”关系时说，“人的实践活动必须亿万次地使人的意识去重复不同的逻辑的格，以便这些格能够获得公理的意义”。

我除了发表过较为满意的文章外，也写过错误文章。我在《光明日报》和《教学与研究》发表过批判“合二而一”的文章。一篇是《杨献珍同志所追求的‘全面性’究竟是什么?》，还有一篇是《徒劳的辩解》，都是一些“棍子哲学”，断言合二而一是矛盾调和论、是形而上学的世界观之类的结论。这说明哲学与政治的关系极为复杂。我们这些“书呆子”型的人，很难掌握这个分寸。

在辩证逻辑课中，我承担了三讲，前两讲都已作为文章发表，只有《论假设》迟迟未能成文。为什么我花费了不少精力研究的这个问题不能成文，像前面两篇文章一样发表呢？因为很多问题没有搞清楚。我知道，在自然科学领域，假设是通向发现客观规律的必经之路。可是自然科学是我的短板，我不懂自然科学，更不懂科学史，因此感到具体论证很吃力，只能讲些抽象空洞的道理，我自己都觉得没意思。特别是当时，我对假设在社会科学领域中的作用从理论上应该如何把握感到困惑。历史不能假设，这一点我当时有明确的认识，历史是既成事实，任何人都无法改变，只有面对事实承认事实；可历史学及其他社会科学能不能采取假设的方法，我犹豫不决。胡适的“大胆假设，小心求证”的方法，在历史学及其他社会科学是否能用、是否适用，当时我头脑中没有形成看法，写不出像样的东西。结果此文胎死腹中，最后连手稿都在“文化大革命”中当废纸处理了。我现在想回过头来再研究这个问题，感到学力和精力都不够。这是一个重要问题。对自然科学来说，假设的重要性已成共识。在社会科学则不然，尤其在历史学中，历史假设已成为历史观中的重要问题。历史事实不存在假设问题，但在史学方法论和价值观方面不应回避这个问题。因为我们通过史学作者对历史重大事件的假设性论述，可以看到他的治学倾向。

四、厂桥招待所

厂桥招待所原来是中央办公厅的一个招待所，现在好像改建为金台饭店。我没有进去过，只是路过时记得金台饭店仿佛是原来中办招待所的旧址。说到这个招待所，因为我在其中住过不短的时间。那几年构成我理论生命中值得回忆的一小部分。

我不知道是如何被派去的，反正是组织上的决定，但由谁决定，我不知道。对于我们那个时代的共产党员来说，从来不打听这些事。组织决定就是服从，没有人东问西问，讨价还价。报到以后才知道是搞点资料，为写“反修”文章做准备。

当时，正是中国和苏联两国关系、两党关系急剧恶化的时期。也就是所谓中苏大论战时期。当时有两个地方，一个是钓鱼台，另一个就是厂桥招待所，是写作和翻译人员的住地。我们这个组就住在厂桥招待所。每天吃饭时很热闹，写作人员、翻译人员济济一堂。人我都不认识，可能其中有不少名人，我当时还是小小的教员，对他们不熟悉。

中苏两国关系、两党关系，从苏共二十大以后就开始有点紧张，后来急剧恶化。这里原因确实很复杂，既有国家利益之间的矛盾，也有意识形态上的分歧。再加上苏联一贯的大国沙文主义做法，引起中国共产党人的不满。事实上在大论战全面开始之前，1956 年赫鲁晓夫全盘否定斯大林的秘密报告，就为大论战撒下了种子。1956 年《人民日报》连续发表《论无产阶级专政的历史经验》、《再论无产阶级专政的历史经验》，《一论》、《再论》实际上已拉开论战的帷幕。后来纪念列宁诞生 90 周年的《列宁主义万岁》等三篇文章，已经有浓浓的火药味。从 1963 年 9 月到第二年 7 月发表的若干评论文章，通称“一评”、“二评”直至“九评”，完全是撕破了脸的大张旗鼓的论战。我看到的那些在厂桥食堂就餐的人，可能就是文章的参与者和翻译者中的一部分。

我们这个组的组长听说是陈伯达，但从来没有见他来过。说代组长是范若愚，也没有见到过。实际负责人是中央党校的一位老同志江流。他是一位理论修养极高、党性极强的马克思主义理论家。我记得还有上海华东师大的冯契、东北工学院的陈昌曙。昌曙和我是人民大学研究班的同学，他是一个很有才能的人，当时虽然年轻，但已发表多篇文章。现在已经是科学技术哲学领域中的领军人物，听说身体不太好，有点脑梗，但仍然在写东西。还有几位的名字已经忘记了。近半个世纪前的事，很难记全。

我们集中在厂桥招待所，主要是汇集有关矛盾的问题。既有苏联学者对矛盾的观点，也包括当时苏联的社会矛盾，据说是为撰写从哲学高度总结的评论性文章做准备。后来不知为什么这篇文章没有写。可能是因为赫鲁晓夫下台，也可能是因为其他客观存在的原因。具体原因我们不得而知，反正不久我们就各回原单位。

究竟如何评价当年的中苏大论战，这是个困难的理论和实际问题。历史和现实条件都与半个世纪前不同。苏联已经解体，社会性质发生了根本变化。中国也在改革开放中调整了内外政策。我们无法以今日之是非判断当时之是非，也无法以当时的是非之争来衡量当今中国的变化。既不能此亦一是非，彼亦一是非，又不能思想僵化。这是个有待深入研究的理论问题。

说是踌躇满志的十年，实际上只有八年。因为回到学校不久，就到湖南湘潭参加“四清”运动。我们马克思主义发展史研究所的人员被分到麦子石公社，离湘潭县城不远，只隔一条易俗河。我分到一个大队当队员。“四清”运动怎么搞，我们也不清楚，反正是清理“四不清”干部。至于何谓“四不清”干部，实在没有标准，无非是多吃多占，一个如此贫困的农村大队长能多吃多占多少东西？我们队有个队长据说是“四不清”，要他清退。他没有什么值钱的东西可退，于是要把他为父母准备终老的棺材顶数。我们当时多愚蠢，多幼稚，多“左”。无论按中国传统人情还是按农村习俗来说，用为父母终老的棺材顶账，简直不通人情，也得不到农民的赞同。事情当然办不成。父母要拼命，队干部万般无奈，默默无语。此事最后不了了之。

后来，我调到公社里，在张腾霄手下工作，当时他有什么头衔我不太清楚，反正我们是听吩咐。我与所里另一位教师承担编共产主义教材的任务。我们编一讲，腾霄审一讲。编完后印成一本，不知何用，也不知去向。现在来看，都是一些书生腔的空话。我们也写过简报，没有一个稿件印发过。当然是我们水平低，不符合农村工作简报的规格。其实也不尽然，后来才知道，发哪个大队的简报不那么简单，要看是不是有领导蹲点，有领导蹲点的大队不仅简报次数多，也可能会有点救济方面的照顾。我们是一群书生，哪懂这一套，只能怨自己水平低。

“四清”于1965年五六月间结束。湖南已经热得不得了。我们从长沙回到学校。当时，我在新成立的马克思主义发展史研究所工作。1964年按照毛泽东的指示，全国成立了多家研究所。人民大学有两所，除我们所以外，还有苏联东欧研究所。这两个所的规格都很高。我们所的所长是郭影秋，副所长是张腾霄；苏东所所长是孙泱，副所长是刘佩弦。这两个所属同一总支，都在三处平房中办公。成立后做的唯一一件事，就是接受中宣部的指示，搜集、翻译、整理关于苏联特权阶层的材料。材料弄完了，“文化大革命”的风暴很快开始了，研究所也名存实亡。我认为这两个所

湖南社教运动时留影

的停办十分可惜。就马研所来说，全国没有哪个马克思主义发展史研究所有如此强大的力量。几经周折，人员大减，马研所现在成为马克思主义学院的一部分。

从我 1956 年留系到 1964 年调入新成立的研究所工作，不到十年，实打实算只有八年，中间经历“反右”、“大跃进”、三年困难、“四清”等运动不少。但总的来说，这八年还是读了点书，参加过教材编写和讨论，讲过课，写过两篇有点意思的文章和一些豆腐块东西，总算没有白过。跨入 1966 年的第二个十年，即从“文化大革命”到 1976 年的十年，可以说是失去的十年。

第六章　失去的十年

“文化大革命”对别人来说是十年，对我来说不止十年。从 1966 年“文化大革命”开始，到 1978 年我从北大回到人民大学，总共十二年。这十二年我有过短暂的光彩时刻，更长的时间是处于人生低潮。“不识庐山真面目，只缘身在此山中”，跨过这个十多年，回过头来才慢慢能理解它。当然，也仍然留有太多的困惑。

一、一张大字报

不是说我写的大字报，在“文化大革命”中我没有写过一张大字报。我实在没有什么好写的。我说的是别人贴我的一张大字报，也是唯一一张大字报，一张莫名其妙没话找话说的大字报，说我在 1962 年第 12 期《前线》杂志上发表的文章《去芜存菁》是“大毒草”。我的这篇思想杂谈的文章，讲的是如何读书。文章中明确说，“问题不在于读书，更在于如何读书。去芜存菁是读书的科学方法”。都是老生常谈，既无微言大义，也无弦外之音，只不过文字稍微活泼点，是随笔式的东西，而且发表很早，离“文化大革命”开始还有四年多。这位仁兄居然找出这篇文章并把它和邓拓的《燕山夜话》挂在一起，说是为邓拓的“反党黑话”摇旗呐喊。真是高抬我，当时我连《燕山夜话》的作者是谁都不知道，能挂上吗？何况，这只是一个青年教员的普通文章，与时政毫无关联。这张大字报的作者可能是不甘寂寞，凑凑热闹，也可能是看见别人都在写大字报，此人没有什么可写的，找出我这个小人物的一篇不起眼的文章，牛刀小试。大字报贴在当时职工食堂的西墙上，大概是现在“水穿石”咖啡店的位置。这种大字报引不起观众的兴趣，既没有黄色新闻，也没有黑色内幕，何况我是无名之辈，谁也不知道我，文章又没有足以引起公众兴趣的内容。这张大字报贴出不一会儿，就被别的大字报盖上了。当时还没有搭席报，而是贴在墙上，贴大字报好像在抢地盘，你刚贴罢他又来，一层一层往上糊，像糊墙似的。

《服从多数，尊重少数》一文刊载于《前线》1963 年第 2 期。

这位老兄从鸡蛋里挑骨头、上纲上线的水平不高。如果有点眼光，他倒可以发现我发表在 1963 年第 2 期《前线》的另一篇文章《服从多数，尊重少数》。这是一篇多少有点政论性的文章，因为文章提出一个重要问题，即如何发扬民主的问题。我提出应该重视票决的民主方式，但又不能迷信票决。因为多数票并不表明就是正确的，真理在少数人手中的事并不少见，程序民主不应该绝对化。因此我提出“服从多数，尊重少数”的主张，而且对尊重少数着墨甚多。当时“反右”斗争结束不久，阶级斗争火药味浓重，提出“尊重少数”应该说是有点见识。文章中还批评西方的普遍自由的观点。当时还没有出现普世价值这个概念，实际上这篇文章中包含批评后来普世价值的某些观点。这位大字报的作者对一篇并无多大价值的《去芜存菁》胡说乱批，而对这一篇文章则轻轻放过，可见“文化大革命”时期铺天盖地的大字报的水平，真正能落实的几乎没有。我现在再重读这篇五十年前的文章，仍然感到许多观点并未过时，而且更具现实价值。我把它写进我这个回忆录中，公示于众，说明我年轻时的思想比年老时还敏锐些。

说句实在话，“文化大革命”之前，在上世纪 60 年代前期，我自己至今比较满意的文章，除了《实践标准和逻辑证明》外，就是这篇《服从多数，尊重少数》的短文。因为它提出了程序民主和真理认识的矛盾及处理方法的问题。文章提出，意见不统一，究竟服从谁，按谁的意见办事？要是开的是“神仙会”、学术会，促膝谈心，各抒己见，当然不存在这个问题，但是当问题需要立刻解决，需要采取一致行动的时候，就必须“议而决，决而行”。如果对于该决该行的事，也争论不休，相持不下，组织就会涣散、瓦解，就会什么事也办不了。很显然，为了要“决”要“行”，必须有一种意见作为大家共同遵守、一致行动的准则。这种意见就是在发扬民主的基础上，经过充分讨论，经过表决后的多数人的意见。“少数服从多数”是民主集中制的内容之一，坚持这个原则，是巩固组织、加强团结、充分发挥群众积极性的重要保证。可是民主程序和真理性认识之间可能存在矛盾，因为少数人的意见不一定错，因而我们必须尊重少数，但这决不能成为要多数人服从少数人的理由。一般说来，在经过充分讨论后，多数人的意见往往是正确的。但是，如果少数人的意见确实正确，虽然未被大多数人所接受，经过一段时间的考验，大家的认识提高了，原来的多数会转化为少数，而少数会转化为多数，使正确的意见处于支配地位。从长远来看，服从多数决不会埋没真理。但是，在少数人的意见未经证实为正确之前，还没有转化为多数人的意见之前，我们不能因为自己认为它是“正确”的判断，而要求多数人服从它。如果这样做，事情就会弄乱。程序性民主是应该遵守的。服从多数排斥了少数人的“自由”，但排斥的是为所欲为、不受约束的自由。服从多数决不排斥社会主义的自由，相反它以这种自由为基础。少数和多数不是谁主观圈定的，而是在自由讨论的过程中形成的，只要我们从人民的利益出发，确认自己的意见正确，不管这种意见是否同多数人的意见一致，都可以充分讲出来，说服别人；当根据多数人的意见作出决定之后，还可以保留自己的意见；在执行决议的过程中，还可以根据实际情况继续反映自己的意见。这难道不自由吗？人民内部的这种自由，是任何剥削阶级社会的自由无法与之相比的社会主义的自由。

我们主张少数服从多数。道理很清楚：多数人的意见，多数人主张、同意办的事，总是反映了多数人的利益，根据这种意见办事，就会有较广泛的群众基础，就能团结大多数人，发扬他们的积极性；多数人的意见，一般说来，能够集思广益，比较正确地反映客观情况。即使多数人的意见不一定完全正确，甚至不正确，在经过充分讨论、说服解释之后，群众仍然坚持，那说明认识在目前条件下只能达到这个水平，如果硬要强迫他们接受少数人的正确意见，效果一定不好，反而不如让群众在实践中吸收经验教训，通过事实来教育自己。吃一堑，长一智，只要领导者不放任自流，善于及时总结经验，就能变多数为少数，变少数为多数，使正确意见占上风。看起来这种做法走了点弯路，实际上是走了捷径。当然，我们主张服从多数，但也主张尊重少数，把这两方面结合在一起。所谓尊重，不是说少数可以不服从多数，可以不受纪律约束。尊重，主要是指多数应该在政治上以平等态度对待少数，不能歧视他们；应该使他们畅所欲言，并且虚心听取他们的意见，吸收他们正确的意见，或意见中的正确的部分；允许他们坚持自己的意见，也允许他们在认识到自己的错误之后，再来改正自己的意见。这种尊重是积极的，是增强团结、防止片面性的重要措施。特别重要的是，尊重少数，可以充分发挥社会主义制度的优越性，造成生动活泼的政治局面。如果视少数为异己，对他们另眼看待，就会堵塞言路，也听不到相反的意见。由此可见，服从多数与尊重少数是相辅相成的。如果把上述两个方面对立起来，割裂开来，片面地强调其中任何一个方面，都会导致绝对自由和绝对集中的错误。只有尊重少数，才能做到真正服从多数。因为服从是对少数而言；反之，只有服从多数，少数才能受到尊重。如果一意孤行，自由行动，就没有理由要求多数尊重自己。文章区分了“服从多数”与“尊重少数”的适用范围。它是组织原则，不是学术争论的原则。在艺术风格上，我们从来不主张“服从多数”。科学上不同学派也可以自由争论。程序民主原则在学术是非问题上是无用的，在这里应该遵循的是“双百”方针。多年以后，我重读这篇五十年前的文章，感到它虽然很短，却不比我后来的大块文章的含金量少。这引起了我对自己学术之路的反思。如果此后五十多年我继续沿着独立思考之路进行学术研究，写点有见解的文章，而不是无棱无角的学究式的论文，成就可能会更大些。不过这是条风险的理论之路，人生很难预料。

这篇文章，曾经得到我的一位中学历史老师的极力赞赏。文章发表后不久，我回鄱阳老家探亲，顺便去他家看看，他是上海光华大学毕业的，曾教过我历史。他家离我家不远。见面时，连连夸我这篇文章写得好。我理解他说写得好的意思。并非文章有多好，而是他当了多年“右派”，没有多少人上门。他读到我这篇文章，有点精神安慰，好像自己就是处于真理的少数一样。空谷足音，自然很高兴。其实，我这篇文章与“反右”无关。因为我当时没有这么高的水平，并没有认识到“反右”是扩大化，不应该那样搞，我只是从一般道理说说，是否真理性认识并不是以多数与少数为划分标准的。少数人可能代表真理，多数人也可能犯错误。但按民主程序投票，少数应该服从多数；按真理论原则，多数并不代表正确。这最多是书生之见，论者无心，读者有意，可见，处于不同环境的人对同一篇文章的评价可以大相径庭。

二、“文化大革命”中的非理性主义狂潮

在“文化大革命”中，我很幸运。我没有在哲学系，而是在研究所。研究所没有学生，当时没有学生，就好像没有火药、没有雷管，不容易引爆。李秀林就比我倒霉。建所时系里把我两人分开，系所各分一个。秀林随萧前老师留系，我随徐琳到研究所。我算是免遭一劫。秀林被打成“修正主义黑苗子”，面对学生，能好过吗！“文化大革命”中我没有挨过一次斗，他不断被批斗，被踢倒后倒拖着走。学生，自己的学生，突然变得如此疯狂，像罗马广场火烧布鲁诺时吐口水的群氓，回想起来真是不可理解。

“文化大革命”开始不久，我就参加“大串联”。我不是红卫兵，但也不是“当权派”，不是什么“学术权威”，没有人不准我串联。我们一共有十多位教员一同出去。与红卫兵不同，我们自己背着行李，也不白吃饭，我们是自己花钱在饭馆吃当地的风味小吃。对我们来说这是一次全国的免费旅游；对许许多多的红卫兵“革命小将”来说，是一次到处造反、到处点火、到处揪斗的革命。

“大串联”坐火车实在困难，何况我们还背着行李。“革命小将”不用行李，红袖标就是万能通行证。我们不行，我们背着行李挤车，每次都是战斗。人潮如洪流，体力不行根本挤不上车。好在当时年轻，还能挤。上了车，也没有座位。椅子背上，椅子底下，行李架上，只要有一点点空隙的地方都会挤上人。现在的春节返乡潮无法与它相比。火车运行根本没有正点这个概念，一停就是十几二十个小时。我们从北京到郑州不知走了多少个小时，从郑州到西安更慢。我们就是这样挤车、下车，读读大字报，吃吃小馆子，看看各处景点。到过西安、成都、重庆、昆明，最后回到北京，花了一个多月。回到北京后，不知何时突然开始武斗。人民大学当时的两派也动用长矛、弹弓，卷入你死我活的斗争中。我当时住在城里张自

忠路宿舍，武斗是在西郊本部。听说在一次武斗中还死了学生，其中一个是女学生。她弯下腰去扶一位被刺倒的同伴，自己也被对方从后面刺倒了。

这是一个非理性的狂热的时代，是在革命名义下为所欲为无法无天的时代。学生可以随便揪斗老师，可以揪斗校长，只要以革命的名义就可以随便闯入政府机关，不管地位多高的干部都可以揪斗。只要手持“红宝书”，高喊“造反有理”，似乎可以畅通无阻。谁也无法制止，也不敢制止。回想起来，这是一个后人无法理解的时代，全民疯狂的时代。我没有派性，也不是狂热分子。我自己身处狂潮中，也难辨是非，往往成为受难者的围观者。我在铁一号看见过一群中学生坐在大卡车上高喊口号，一位女教员胸前挂着牌子，名字上打个大大的叉叉，剃个光头，弯腰低头，站在卡车中央，任人凌辱。这是些什么人？一群无知的中学生，也许就是她的学生。在非理性主义支配下，他们的狂热相互激发，毫无怜悯心，毫无同情心，像一群狼崽子，而我却成为无动于衷的旁观者。我想起鲁迅先生的小说中对围观杀人者麻木不仁的悲愤，我也成为围观者。这件事我终生感到羞愧。

人民大学也笼罩在“革命激情”之中。贴大字报的席棚整夜亮着电灯，人群川流不息。大字报也是越写越长，一贴就是一面席墙，似乎是作文比赛，揭发的事越来越耸人听闻。越是耸人听闻，围观者越多。人，最在乎保护自己的隐私，又最乐于看别人的隐私。有的人自己的裤带系得牢牢的，但乐意看到别人的裤子掉下来。

我们的校领导胡锡奎、郭影秋、孙泱都是在劫难逃。胡锡奎已经不在人民大学，时任西北局的书记，可谓位高官显，照样因为所谓的草岗子监狱叛徒案被揪回人大批斗。老头子很倔强，每次批斗大会要他承认自己是叛徒，他每次都梗着脖子不肯低头，倔强地说，我不是叛徒，你们去问问彭真。最后被冤死狱中。一位经历过生死斗争、献身革命的老同志就这样了结了一生。孙泱是我们的副校长。他是革命烈士孙炳文的儿子，曾任过朱德的秘书，也是老革命。说抓就抓，被一派长期关禁闭，最后死得不明不白，这也成为“文革”中一个没有结论的无头冤案。

何老何思敬是我们哲学系第一届系主任，也是个老革命。他是声名卓著的马克思主义理论家、翻译家，曾翻译过不少马克思主义的经典著作以

何思敬同志

及黑格尔的著作。在延安时期，他曾任哲学研究会副会长，与毛泽东、朱德等党和军队最高领导人在一起研究哲学。他是延安的著名人物，也是陪伴毛泽东去重庆谈判的法律顾问。他是我见过的最真诚最谦和的老革命家、理论家。有几件事我终生难忘。

当时哲学系教员都住在铁一号。开始我们住在红二楼同一层，我们一些年轻教员合住在一个套间里，何老家住在我们下面的一个单元里。我们当时年轻，没有家 ，又是夜猫子。中饭是早饭，晚饭是中饭，过了半夜会到东四牌楼的大同酒家夜宵，无非是各种各样名目的粥，包子甜中带咸，很合我们这些南方人的口味。吃完夜宵往往还要侃侃大山，脚下不知轻重。有天半夜我们正热闹着，何老穿着睡衣敲门，说："你们轻点，我失眠。"转身就走了，一句责备的话也没有。我们赶紧散了，各自睡觉。

后来，何老搬到红二楼丙组三层，我住在乙组一层。何老喜欢下象棋，他和一位年龄相仿的国家计委的一位离休干部经常在红二楼门口的院子里下棋。有一天下棋时天气有点凉，就转到我家继续手战。我家虽然挤，但在一层不用爬楼。何老连输了两盘。我那时年轻，不懂看棋不语的规矩，指指点点，结果何老又输了。突然何老把棋盘一推，勃然大怒，说，"你们两个欺侮我一个！"拂袖而去。我不知所措。过一会儿何老来道歉，而且是两次登门。后来才知道他当时正患甲状腺亢进的病，有时不能控制自己的情绪。有次碰见他夫人，她叫我不要和何老下棋，我才知道何老发脾气的原委。何老对我们这些普通教员，特别是年轻教员特好。每次去西郊人民大学本部开会，都会让我们搭车，回来总招待我们到东安市场对面金鱼胡同的和平餐厅吃一顿。就是这样一位毛泽东称为"有正义感、有勇气、有学问"的理论家、老革命，在"文化大革命"时期被一群小流氓不断抄家，不断折腾。结果不明不白地死了，到后来什么原因也没有查出来。你看看，无法无天到何种程度！

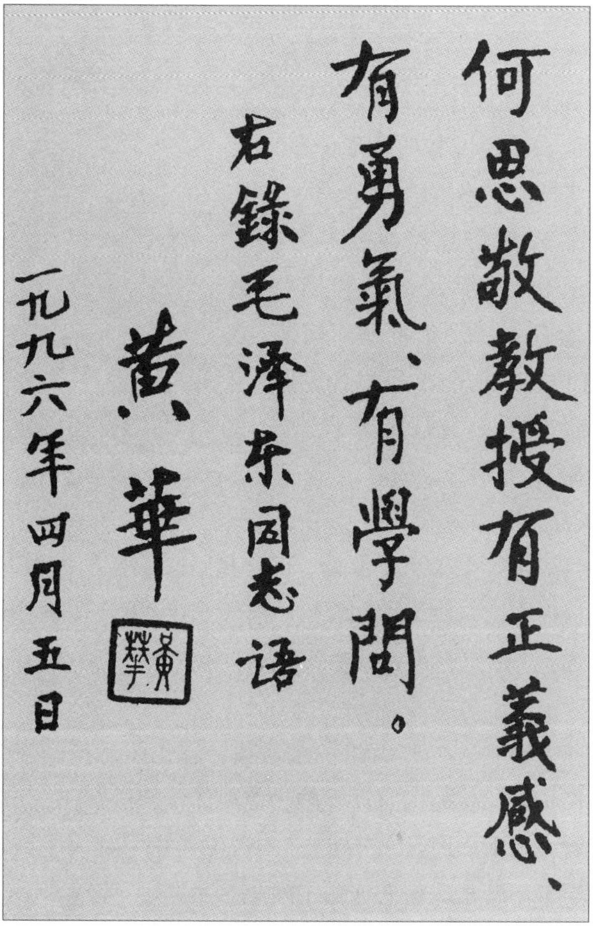

黄华录毛泽东致何老赞语

还有我们的校长郭影秋，他也是一位老干部、大干部，当过云南省委书记、省长，原来准备调国务院协助周总理工作，是吴玉章老校长向总理要来的，担任我们的副校长。在人民大学期间，住房条件一般，他与何老都住在名为“一处”的平房里，东西各住一头。郭校长在“文化大革命”前调北京市委任书记，“文革”中多次被揪回学校挨斗。后来又传什么“二月兵变”，人民大学准备驻军为“兵变”做准备，越传越神。郭校长因

“文化大革命”的摧残，身体不好，不知因什么病从大腿下截肢。郭校长文武全才，能诗能史，著有《李定国传》。他深入群众，深得师生的赞誉。复校后，他托着假肢为复校操心费力。郭校长于1985年病逝，才七十多岁，原本还可以多工作些年。他逝世后我曾写过一首诗寄托我的哀思：

抗日何曾问死生，湖西肃托劫后存。
南征挥师汗战马，边陲主政衣满尘。
乐作园丁育桃李，细究明史擅诗文。
可怜头白肢体断，再无风雨也无晴。

人大校园内郭影秋塑像

我与影秋校长素无来往。我只是一名普通教员，他不认识我，但我对他的“文革”遭遇甚感不平。人民大学非只郭校长一人，胡锡奎、孙泱等一大批老同志都罹难遭屈。这一段历史，愿后人永以为鉴。

三、我对“文化大革命”的反思

在“文化大革命”中，我应该属于“逍遥派”。我虽然也参加了一派群众组织，实际是挂名的。我没有写过大字报，基本上是随大流。人是麻木的，没有太大的震动，更没有思考。为什么许多的老革命被打成“走资派”，有名学者被打成“反动学术权威”，遭受摧残；有的关进监狱，有的冤屈而死？不少人既坐过国民党的牢，又坐共产党自己的牢。这正常吗？当时我从来没有问过自己这个问题，也没有这个政治的敏锐观察力。我只不过是一个小小的教员，没有政治经验，可以说是懵懵懂懂。

多年以后，当我冷静下来反思这段历史时，我开始能够理解我亲眼所见的很多令人发指的事。“文化大革命”不是突然爆发的，而是经过了一段时间的理论和思想酝酿过程。从苏共二十大赫鲁晓夫的秘密报告全盘否定斯大林开始，到两论无产阶级专政的历史经验，到中苏大论战，再到“四清”运动，我们能够体会到毛泽东当时主观上考虑的是如何巩固社会主义、防止“资本主义复辟”。基于对当时国内国外形势的错误估计，毛泽东试图以这种动员群众的“大民主”方式来防止他担忧的所谓“资本主义复辟”。我以为在毛泽东的思想中，两种思路交织在一起，一个是“左”的思想和路线的主导，另一个是对社会主义纯而又纯的理想主义。他既心怀对巩固社会主义和防止资本主义复辟的忧虑，又找不到发扬党内民主、采取正确有效方法解决矛盾的正确途径。这两种思想错综复杂地纠缠在一起时，起主导作用的是“以阶级斗争为纲”。再加上个人被过度神化，怀有大野心的“四人帮”把持“中央文革小组”，终究酿成社会主义历史上长达十年之久的动乱。

我猜想，在延安窑洞中与黄炎培的谈话一直萦绕在毛泽东的心头，历史周期率的问题是他进城时考虑的重大问题。毛泽东精通历史，熟读史籍，尤其对李自成退出北京，一场席卷北方、最终推翻明王朝、把崇祯送上煤山的农民革命，终因进城后迅速腐化而彻底失败的历史十分了解。毛泽东在七届四中全会上的讲话，在进北京时一再强调的进京赶考不要考试不及格，都表明这种担忧。这种担忧发展到极端，就是“文化大革命”。从他的思想发展的脉络来看，可以说是一脉相承的。不同的是，原来着眼于国内干部进城的腐败，后来苏共二十大赫鲁晓夫的秘密报告，以及赫鲁晓夫提出的一系列缓和与西方关系的外交路线和观点，触动了毛泽东的敏感神经。毛泽东有一种危机感，他错误地估计了中国国内的阶级斗争状况，担心在中国出现赫鲁晓夫式的人物，同时对中国这种一穷二白的国家应该采取何种有效的措施建设社会主义，也还没有形成完整的明晰的路线图。

从原则上说，毛泽东知道不能照搬苏联的路，中国应该走自己的路，但这个路究竟是一条什么样的路，如何走，仍在摸索中。用民主方法来避免社会主义的历史周期率，这是毛泽东与黄炎培的谈话中提出来。可把社会主义“民主”，变为“文化大革命”的那种无政府主义“大民主”，变为“四大”，变为“群众说了算”，则是民主的恶性发展。这种“民主”不是社会主义民主，而是无政府主义。这种“民主”要不得，无政府主义的民主就会演变为“暴民”专政。

不仅在中国历史上，即使在世界历史上，也从来没有发生过一种所谓革命，像中国“文化大革命”这样，已经处于社会统治地位的领导者，把斗争矛头指向自己建立的党、自己从生死斗争中取得的政权、自己在长期斗争中生死与共的革命战友，这究竟为什么？我是搞理论的，近些年我曾反复思考过这个问题。毛泽东是中国共产党的领袖，是中国社会主义新政权的创建者，他有什么理由要亲手摧毁自己创建的党，摧毁自己出生入死创造的新政权？这不可思议，也出乎正常人的思维。我坚信毛泽东是基于如何巩固社会主义政权，怀着对“资本主义复辟”的担忧甚至恐惧，以为把民主发展为“大民主”就可以避免他担心的事发生。实际上“文化大革命”的结果完全与他的愿望相反。全国武斗、打倒一切，搅乱了全党，搅乱了全国，搅乱了军队，把一场席卷全国的“革命”变为一场历史的悲剧。不仅是那些受迫害的老革命的悲剧，也是那些所谓“革命小将”的悲剧。我以为也是毛泽东自己晚年的悲剧。

历史发展的规律不以任何个人的主观动机为转移，不管这种动机如何高尚、如何自以为正确。历史有自己的规律。社会的本质是一个有组织的机体。人民群众在组织和领导下才能充分发挥创造历史的作用。如果在共产党执政的社会主义社会，号召踢开党委闹革命，无条件、无规则地发动群众闹革命，必然使整个社会陷于无政府状态。而在无政府状态下的群众，就会成为乌合之众，即使有似乎组织严密的各种自发的群众组织，实际上仍然是无政府状态。这种所谓群众组织最容易受野心家的操纵和煽动，变为自己实现野心的工具。我亲眼目睹过北京“文化大革命”中“天派”“地派”之间你死我活的斗争，后来才知道他们背后还有黑手。

处于无政府状态下的自发的群众运动，非理性主义的恶性发展是必然的。这种群众运动必然成为伤害社会自身的盲动力量，而且是一时难以收拾善后的力量。以为无领导的“大民主”能巩固社会主义，是一种浪漫主义的政治幻想。我是经历过“文化大革命”的人，你千万不要以为毛泽东的威望已经达到顶点，真个“一句顶一万句”，真个“最高指示不过夜”，实际上很多是形式主义的。无非是半夜敲锣打鼓，游行喊口号。毛泽东说，要文斗不要武斗，不要搞派性，不要打倒一切，要大团结。谁听？谁都不敢说不听，谁都是在高喊落实最高指示，高举手中摇晃着的“红宝书”武斗，继续沿着无政府状态引发的混乱按惯性滑行。最后，还是不得不派军宣队、工宣队，进驻工厂，进驻学校。“文化大革命”初，派工作组进校被批为反动路线，到最后还是依靠军宣队、工宣队进校进厂稳定局势。运动仿佛回到起点，历史真会开玩笑。这个起点和终点的圆圈式的运动说明，在中国任何涉及社会变革的大的运动，没有中国共产党领导，没有正确的理论导向，仅凭自发的群众运动，有百害而无一利。

“文化大革命”有太多的经验教训可以总结。在中国搞社会主义，期望用砸烂各级政府组织，把整个社会推向无政府状态的方式达到巩固社会主义、防止资本主义复辟的目的，如同以为自焚能达到再生一样愚昧。全国当时都陷于疯狂或半疯狂状态。举国皆醉我独醒的人也有，终究是少数。而且当时越清醒，就越可能有把自己推向峭壁悬崖，甚至推入刀山火海的危险。

在当前错综复杂的国内外形势下，坚持正确的改革开放方向，巩固和建设中国特色社会主义，粉碎有些人复辟资本主义的幻想，的确是社会主义社会执政党应该关注的大问题。毛泽东晚年的一些说法、做法有不少可议之处。如引用列宁的话说，小生产者每时每刻产生资本主义，说商品生产、八级工资制是复辟资本主义的基础等，都不符合社会主义初级阶段的中国社会现实。按这种理论必然要根除产生“资本主义”的苗苗，这样只能使社会主义中国永远陷于贫困。至于以“大民主”的方式发动群众斗干部，所有干部，大到上层领导，下到支部书记、班主任，都是“走资本主义道路的当权派”，要批倒斗倒，这样能改善干群关系吗？不可能。这实际上是从另一个角度激化干群矛盾。我如今反复思考这个理论问题，觉得毛泽东担忧的“大问题”值得重视，但毛泽东解决这个“大问题”的思路和方式，不能采用。

苏联解体和苏联社会主义模式失败的教训是深刻的。改革开放以来，党中央领导不断提醒全党要坚持正确的改革方向，反对走思想僵化的老路，也反对走改旗易帜的邪路。党中央不断告诫全党要有忧患意识，强调贪污腐败会导致亡党失政。不断地敲警钟，说明党中央一直牢记毛泽东担心的“大问题”，但是采取了完全不同于毛泽东的方式来解决这个问题。建设社会主义社会需要民主，需要适合中国国情的民主，而不能搬用西方的民主，也不能依靠无政府主义的所谓“大民主”。我们坚持中国特色社会主义理论和道路、不断完善中国特色社会主义制度和体制，纠正毛泽东晚年的错误，同时也以新的理论创造和新的实践来解决毛泽东所担心的“大问题”，解决社会主义的历史周期率问题。

我是个老百姓，是个无职无权的知识分子，但我入党近六十年了，我对国家前途和历史周期率问题，无论从理论上还是从实践上都非常关心。我赞成“治党要严，治官要廉”。贪污腐败是附着在中国共产党身上的毒瘤，如不大力整治，必然是亡党亡政。我从新的中央领导的决心中看到了希望。苏联十月革命时几万党员取得政权，七十年后几千万党员丢掉政权，这个教训是深刻的。苏联解体后，我曾写过一首诗表现这种担心：

暮年哪能不惜身，为解忧愁且满斟。
仓多硕鼠思良药，国有墨吏盼贤臣。
百年苦斗烈士血，美人侍宴席上珍。
北邻近事宜记取，红旗坠地悄无声。

回到当年。军宣队进校以后，学校相对平静了。当然各种清查运动还在进行。在“文化大革命”中，我基本上是个“逍遥派”，清查与我无关。我们就是不断地学习。我也替我们研究所宣传队写过署名“任大宣”、“任达”的评论文章，发表在《人民日报》上。学习一段时期后，到 1969 年上半年，我们去锻炼，在现在有名的燕山石油化工厂劳动。天天是磨钢条上的铁锈，或其他非技术性的体力活。劳动了多长时间，我记不清楚。到 1969 年 12 月 29 号，我第一批去江西干校劳动。我的生日是 12 月 30 号，去干校是我 39 岁生日的前一天。这年的生日是在火车上度过的。不像现在，小小的孩子过生日，又是吹蜡烛，又是唱生日歌，又是切蛋糕，当时无所谓生日，处在那种革命狂潮中，生日不生日根本不在乎。成年人如此，小孩子更甭提。

四、干校生活

2008年，我回江西时特意到干校旧址去了一趟，看看曾经待过的地方，也算是一种怀旧。人到老年特别容易怀旧，即使对很多人来说，干校不是值得怀念的地方，不过我具有另一种感情，因为我是江西人，我的家乡离余江不远。因此我对干校多了一层情感，这就是家乡的情感。

从鹰潭坐小车到刘家站干校，是一条直达的马路，很快就到。原来干校自己修建的一排排红石房子仍然存在，只有几家住户，其他的都已空无一人。有一家住房门口站着一个老人，比我如今的年龄还小点。原来住满干校人员的工地住房，热热闹闹，人来人往，现在显得那样寂寞和冷清。房子新建时是那样光鲜，一排排像队列整齐的士兵，现在一眼望去，显得那样苍老破旧。原来有名的水晶宫，突然变得那样矮小，变成堆积东西的仓库。人是容易怀旧的，即使看到的是残破景象，仍然有一种亲切感。农民有不少自己盖有新房子，已经看不上这些红砖薄瓦只有一层的单间住房。这一排排住房在凛冽的寒风和夏日的酷暑下成为一段历史的见证，它在风化中逐渐老去，随同时代变化而为历史所遗忘。

我在干校三年，第一批去，最后一批离开，对干校生活有些感情。不同的人，由于境遇和经历不同，对干校生活有不同的感受。有的人是带着一些历史包袱甚至“帽子”下去的；有的人在干校清查“五一六”运动中遭受无情打击，自然觉得干校生活不堪回首。清查运动是很猛烈的，甚至可以说是残酷的。经济系一位姓陈的教员就是因为清查而在蚊帐内割腕自杀。一声不吭，这要多大的必死决心。我的一些好朋友也被逼承认是“五一六”分子，上台坦白，现身说法，号召执迷不悟者猛回头。后来证明，“五一六”纯属子虚乌有，捕风捉影。

还好，我很平安。什么审查、清理都与我无关，我就是一个普通的下放教员。我很习惯那里的生活，因为我就是附近人。余江与我们是邻县，虽然离家近二十年，可自小的生活环境使我能很快适应。况且，我的姐妹们都在江西，难得有这个机会能经常见面。我妻子和孩子没有下去，妻子留在工厂劳动，我没有后顾之忧。三年干校，我留下的愉快回忆远多于埋怨。

开始到干校，我们第一批都住在工地，我们住在艾家的一座戏台似的楼上。人挨人，铺挨铺，能住下就行。我被分配在木工房，我哪里能干木工，这是技术活，一位姓于的师傅用电锯锯木头，我打下手，递个东西。后来，我也跟着师傅上房钉檩条，铺油毡，爬上爬下。其实我根本不会钉、不会铺，笨手笨脚，气得师傅骂我：读书读蠢了。确实，干这个行当，我怎能不蠢呢？孔子的学生樊迟请学圃、学种菜，被孔子骂为小人；这位木工师傅骂我不会劳动，只会读书，是蠢人。一个训斥学生从事体力劳动，是小人；一个训斥我不会体力劳动，是蠢人。指责的原因完全相反，可追求的取向完全不同。这时我才理解，《论语》中记载的孔子同时代的人批评他五谷不分、四体不勤，何谓夫子哉！这完全是因为价值取向的不同。

后来，第二批、第三批人陆续来了，人多了，分成五个连队，各有任务。我们研究所分在五连，和出版社、幼儿园是一个连。连长是幼儿园园长，一位很好的女同志。五连有茶厂，采茶季节要制茶。我分在种菜班。种菜似乎是个轻活，但实际并非如此。吃菜时不知道，自己种菜时才知道，不容易。光施肥就不得了。厕所离菜地有几百米远，江西的木粪桶又重又笨，一挑粪至少有一百五十斤，我使尽吃奶的力气也挑不动。我们班长是幼儿园的采购员，人特好，叫老根，大名是什么我不知道。他很照顾我，知道我力气小，叫我挑半桶。半桶也不轻，我只挑半桶，走路还像醉打山门，踉踉跄跄。不挑粪，种菜秧，看似轻活，弯腰就受不了，别人是躬身，我是蹲着，还是不行，我彻底服输。好在干校并非劳改所，能干就多干，像我不能干就照顾点，没有人会说你。我后来被调到队部办小报，是油印的，两个人，另一位同志的名字已经记不得了。在干校，我还讲过经典著作，课堂是工地大操场，听众我弄不清，反正从工人到干部，到教员可能都有。那个时候，没有参考书，也没有辅导材料，反正讲成什么样就什么样。

最累的劳动是到南昌挖塘泥。不知是哪位领导的主意，要我们把南昌百花洲湖底的塘泥挖起来，运到刘家站干校种水稻。可即使是最贵的稻子，一斤也抵不了一斤塘泥的运价。我们住在一个小学里，冬天天冷，南方经常下雨，我们的衣服从来没有干过，回来就用火烘。塘泥挖起来还要用火车运到刘家站，从刘家站到干校至少有十几里路，用大板车运到稻田里，这可是个硬活。不要说驾辕的要身强力壮，在前面拉套的也不得了。十几里路，一路小跑，现在想起来都觉太“伟大”了。我记得驾辕的是杨瑞森，都管他叫大杨，身高可能有一米八，年轻力壮。我只拉套。一辆车有几个人，跑着拉，我往往变成被车拉着小跑。人家拉套都在前面拉，我拉套落在后面。一趟跑下来，累得臭死。这是我在干校干过的最累的活。石工班比我们更累。打石头，从石山上把一块块红石开出来，然后按尺寸大小要求凿成四四方方长条形的石砖，一天干下来，腰都累得直不起来。现今人民大学的一些著名学者，如伦理学家罗国杰、社会学家郑杭生等，都是石工班的好手。当年他们把一百多斤重的红石，通过搭在地下和高墙上的长长的跳板，抬到已砌高的墙上，旁观的人会替他们担惊受怕，连本地老乡都佩服。这就是当时的一些知识分子，一些不少后来成为著名学者的“老九”们。

累是累点，但我没有干校仿佛是地狱、劳改所的感受。干校附近的农民非常羡慕我们的生活，当地流行一个关于人民大学“五七”干校的顺口溜：“穿得破，吃得好，光着膀子戴手表。”在世代耕田的农民看来，能过上这样的生活，简直就是天堂。我们下放劳动，工资照发。每年的探亲假，无论多远，旅费全部报销。也许人民大学的干校宽容些，也许因为我是普通教员，不是“走资派”或什么“分子”，比较自由。每月休假四天，是集中休息。一到休息日，不少人就到离干校二十里地的鹰潭去改善改善。去鹰潭全靠两条腿，早去晚归，算下来来回也有几十里路。当时在我们眼中，鹰潭就是大城市。其实鹰潭不大，只一条正街，两家饭店，一家是鹰潭饭店，另一家是华侨招待所。所谓改善，无非是面条或包子，一个烧泥鳅就美味无比。走得更远能到龙虎山、南昌、庐山。有位著名学者告诉我，他说我到过你老家鄱阳，四天大休，我从刘家站出发到余干，到你们老家鄱阳，再到抚州，然后回干校。我有时会去南昌、丰城。我姐姐下放在南昌郊区向塘大队，大队给了一栋住房，似乎新建不久，有房，有厅，有一间很大的厨房。基本上没有多少劳动，我姐姐养了一大群鸡，只要我去总要炖鸡，农家土鸡的鲜美味，现在想起还会流口水。我妹妹夫妇是医生，从九江回乡当赤脚医生，就在我妹夫家的大队里，赤脚医生受欢迎的程度是现在苦于医患矛盾的大医院永远达不到的。

当然，也许各个干校不同，各个人的情况不同，很难以偏概全。这三年的生活，现在回想起来还是蛮有意思的。我想，知识分子一生有个机会干点体力劳动，接触农民或工人有什么不好？我总觉得一个一生大部分时间在城市待着的读书人，尤其是人文社会领域的学者，有机会到农村、工厂体验会有好处。至于不顾老弱残疾，风烛残年举家搬到干校，这种方式不值得赞扬，因为既浪费国家钱财、浪费人才，也耽误研究时间。但对我这样的人，确实有点好处。我至少现在懂得吃饭不易、吃菜也不易。会读书、会舞文弄墨的人并不比能工巧匠、比老于农事的农民聪明多少。只不过条件、机遇各不相同而已。

由此，我想到与我们差不多去干校的同时，还有大批知识青年上山下乡。前几年，人民大学为77、78级复校的第一届学生入学三十年举行了隆重庆典。不少学生从国外飞来，厅外汽车成行。礼堂里六百来人，不少人是各界精英。我曾为他们讲过课，我应邀参加并发言。他们都是一些

77、78届学生入学二十年庆典致辞

“功成名就”的所谓成功人士。面对如论礼堂的满堂欢笑，面对一个个神采飞扬的昔日知青，我感慨良多，曾写下两首诗：

一

岁月何曾空蹉跎，有汗有泪有折磨。
明珠沙埋终难掩，放眼精英惊满座。
海外归客从天降，轿车排排似长河。
天变地变人亦变，我伸双臂引吭歌。

二

岁月如水亦如歌，丑鸭现已变天鹅。
共衣推食当年事，久别重逢感慨多。
今日欢会集四海，明朝星散隔山河。
宴罢举杯道珍重，抬头望月心依然。

“文化大革命”中的知识青年上山下乡政策，不得人心，不仅使父母为尚未成年的儿女担心，也耽误了不少青少年的青春年华，妨碍他们继续求学。不少返城的知青由于无一技之长，文化水平不高，难以立足，生活困难，境况不佳。这都是问题。可是知青中确实又涌现出不少杰出人才，从政界到文学科学技术界，各个领域都有他们的身影。他们当然是百里挑一、千里挑一的幸运儿。他们有机遇，更重要的是自己的奋斗。他们的经历对他们日后事业成功有重要作用。如何全面评价这种两极现象，从上山下乡和插队知青的分化中，我得出一个结论，青年学生适当下乡劳动，接触生活，接触普通民众，对自己的学习和人生发展有利，但过长的没有指望和明确方向的纯粹劳动不能提倡。我招收博士研究生快三十年了，我最有成就的几个学生都当过知青，都有过或长或短的下乡生活经历。他们特别重视学习机遇，如饥似渴，对理论问题的领悟力都比应届生强。这个现象很值得我们深思。

凡事不可太过。“度”，是哲学问题，也是实践问题。青春不能浪费在无目的无指望的劳动中，但有目的有要求地在或长或短的时间里让学生进行一些劳动，接触下层，了解生活中的艰难，对青少年的成长是有益的。这是个教育方针问题，很值得教育者深思。

五、参观井冈山

干校快结束时，组织了一次全体人员分批参观井冈山的活动。这是个“英明”的决定，使我们接受了一次红色文化的感性教育。我是江西人，但也是第一次到井冈山。

我们干校离井冈山有点距离，一个在赣东北，一个在赣南。井冈山属湘赣交界处，地形险要，在罗霄山脉中段。我们从余江坐车到井冈山，走了两天。第一天在吉安过夜，第二天从吉安上山。参观了三湾改编的旧址、毛泽东与朱德在宁冈砻市会师的地方。当晚住在茅坪，继续参观红军医院，知道国民党军攻占井冈山后红军伤员被屠杀、看过朱德带人挑粮上山的羊肠小道、观看过黄洋界的战斗遗址，见到过忘记了是袁文才还是王佐的家属，听他讲述了当年的斗争情况。井冈山斗争是占山为王，但不是旧式的农民山大王，而是以马克思主义为指导的有奋斗目标有纲领有纪律的起义者。只要读读毛泽东的《中国的红色政权为什么能够存在?》、《井冈山的斗争》、《星星之火，可以燎原》就可以知道。

重游井冈山

井冈山是为革命做出过贡献的革命根据地，井冈山的斗争是中国革命史上辉煌的一页，井冈山的精神是革命的宝贵传统。多年后，我第二次参观井冈山时正值朱毛会师 80 年，重游黄洋界时，已经是苏联解体、社会主义在苏联失败以后，我心有所感，写过一首诗：

再上井冈

云拥黄洋雾濛濛，仿佛仍有炮声隆。
裹伤空腹拼死战，青春血染别样红。
峥嵘岁月弹指过，英名不朽与山同。

硝烟虽散忧患在，莫教父老泣江东。

这是我作为一个普通知识分子、一个老共产党员，对革命先辈艰难创业的敬意。参观井冈山，必然会想到毛泽东的峥嵘岁月。本性是文人、诗人、书生的毛泽东，终于举起革命的旗帜，以井冈山为起点，建立以江西瑞金为中心的革命根据地，进而率领部队进行长征，四渡赤水，爬雪山，过草地，最终立足陕北，把延安变为全国进步青年向往的革命圣地。读读毛泽东的《忆秦娥·娄山关》："西风烈，长空雁叫霜晨月。霜晨月，马蹄声碎，喇叭声咽。雄关漫道真如铁，而今迈步从头越。从头越，苍山如海，残阳如血。"《七律·长征》："红军不怕远征难，万水千山只等闲。五岭逶迤腾细浪，乌蒙磅礴走泥丸。金沙水拍云崖暖，大渡桥横铁索寒。更喜岷山千里雪，三军过后尽开颜。"还有其他一系列长征路上的诗篇，大气魄、大手笔，都是纯文人不能写出的史诗般的英雄诗篇。"马蹄声碎，喇叭声咽"，"苍山如海，残阳如血"，雄伟壮丽，凄凉中的悲壮，悲壮中的凄凉；"更喜岷山千里雪，三军过后尽开颜"，自信豁达，豪迈喜悦。

与老伴在井冈山留影

毛泽东是世界性伟人，是中国百姓倾心敬仰的各族人民的领袖，他为中国人民的解放立下了百世难忘的丰功伟业。毛泽东一生的光辉与晚年的失误相交织，使晚景显得有点凄凉。我毫不讳言，我尊敬毛泽东，一个一生为中国人民奋斗，把全家七口贡献给中国革命，运筹帷幄，决战千里，而且创建了毛泽东思想的人，难道不应该尊敬吗？晚年的他的确有错误，但晚年的错误不应该成为一些人贬低毛泽东和毛泽东思想的理由。党中央《关于建国以来党的若干历史问题的决议》对这一点写得很明白，可是在思想理论领域总是或隐或现地有一种"非毛"思潮、"重新评价"思潮，虽然只是少数人，可暗流涌动，对坚持中国特色社会主义、坚持改革开放的正确方向极为不利。

毛泽东逝世时，我和全国人民一样陷于悲痛之中。毛主席逝世，巨星陨落，举国哀恸，瞻仰遗容，不胜悲戚。我在吊唁毛主席后写过一首诗，表达了这种感情。这不仅是我个人的感情，而且是全国绝大多数人民的感情：

如磐重石压心头，长夜无眠泪自流。
缓步灵堂疑是梦，哀乐低回泣声稠。
笔下风雷惊日月，胸中韬略照千秋。
十万万人齐肃立，素花如雨洒神州。

在纪念毛泽东诞辰 110 周年时，我又写过一首纪念诗。毛泽东逝世虽已多年，但其功绩彪炳千秋，中国人民世世代代不会忘记：

神州百年忧患多，黑夜难明叹沉疴。
名园灰烬奇耻绝，南京屠城血成河。
疮痍满目金瓯碎，国弱民穷奈敌何。
力挽狂澜三山倒，时人犹唱《大风歌》。

我喜欢读点诗词，与我读过的一些豪放和婉约的著名诗篇相比，我更喜欢读毛主席豪放与婉约化为一炉的辞章。经常翻读，是最好的心灵享受：

豪放胸怀婉约情，橘子洲头问浮沉。
霜重东门横塘月，蝶恋一阕泪倾盆。
娄山关险西风烈，战地黄花香醉人。
再造中华功盖世，绝妙好词马背吟。

我是个马克思主义哲学工作者，也多少读过一点史籍。我反对英雄史观，但我从不反对崇拜民族英雄。没有英雄是一个民族的悲哀，一个没有可歌颂的英雄的时代是寂寞的时代。中国从鸦片战争以后，在历次革命中涌现出许多可歌可泣的英雄人物，在中国共产党领导的革命中更是如此。当然，英雄不只是毛泽东一人，那是英雄辈出、群星灿烂的时代，但毛泽东是其中最卓越者，是代表性人物。否定毛泽东，就是否定中国革命史，否定中国共产党党史。只要打开全盘否定毛泽东这道闸门，反对共产党、反对社会主义的思想就会像无法抵挡的洪水。苏联全盘否定斯大林的后果足以为训。我读过一些因个人恩怨而批评毛泽东的文章，其中并非真正地吸取教训，而是怀着某种政治目的的不实谤语。鲁迅曾指诽谤者为“钉在战士身体上的苍蝇”，我以为某些反毛非毛者多类此：

黄河滔滔长江急，五岳峦嶂高入云。
地无山川钟灵秀，自然失色处处平。
历史何尝非如此，难有完人有伟人。
功过颠倒白变黑，中华何来灿星明。

参观井冈山以后不久就进入分配阶段。我们这些人原本要移交江西，可当时知识分子仍然没有走出“老九”行列，江西主要领导不愿背这个包袱，百般推脱，这样反而成全了我们这些人。最后决定我们分批回京等待分配。最早分配时仍然具有“文化大革命”时期“左”的特点，家庭成分好的先分配。即使是夫妇，也是谁成分好谁先走。这是分配者的决定，还是接受单位的用人标准，我不知道，反正开始就是这样分配的。后来大批回京，改变了这种零打碎敲的方案，而是整建制的分配。一个单位的人统一分配到一个单位，能散能收。郭影秋终究是带过兵的人，知道一声令下，就可立即归编。复校时证明，这是非常英明的决定。我们两个研究所全部合并到北大哲学系，既属北大哲学系领导，又有独立总支，处于一种半独立状态。复校时全部回人民大学，也有少数人因各种原因，留在北大。我没有一道回来，因为当时我在学习班学习还未结业。

六、掉进“梁效”

我分配到北大共六年。第二次进北大可没有第一次风光。第一次是站在哲学系的讲台上讲课，是外请教员；第二次，是站在审判台上，交代问题。不过并非一开始到北大，就命交华盖。我曾经考虑要不要写这段历史。写吧，实在不堪回首，这是我人生经历中最暗淡的一页；可不写吧，就不是真实的我，知道的人也会说我隐瞒历史。人的一生，不可能一帆风顺，毫无挫折。写，应该写。真的写，写真的。写真的，既可彰显党的实事求是政策的正确性，又可说明一个人摔跤不要紧，最要紧的是不能一蹶不振，要站起来。孔子说，“三军可夺帅也，匹夫不可夺志也”，三十多年来，我尽了我的力量，日夜兼程，总算有点小小的回报。

我是 1973 年初随同研究所整体分到北大的。我风光过一段，就是讲《反杜林论》，出了点名。我在长安大戏院讲过。那是个三层的戏台，座无虚席。听众有多少人，我不知道，反正很红火，仿佛名角在唱戏。那时讲课没有分文报酬，也没有饭吃，只有一辆破旧的面包车来接。接我的人，不相信我就是要到长安戏院做报告的“教授”。他问我的一位同事，是他吗，怎么像一个农民。这件事是后来同事告诉我的。这位司机看我像农民，一点也没有走眼。我就是这样。刚从干校回来，身上也没有像样的衣服，气质嘛，也不是那种器宇轩昂、眼睛朝上的人。他怕接错了，问问别人，毫无贬损的意思。何况我那时根本不是教授，而是小小的讲师。

我还在更大的讲台上讲过课，这就是中山公园音乐厅，这可是个大场子。有多少人，我说不清，只见人头攒动，满满的。有北京市干部，也有中央机关的干部，据说还有从外地赶来听课的。不是我有多高水平，而是正碰在点子上。当时毛泽东正号召全党学习经典著作，我沾了这个光。蜀中无大将，廖化做先锋。讲完课，唇干舌燥，腹内空空，原样送回。没有一文钱，也没有一顿饭。现在的青年可能不太理解这种不讲报酬的劳动。

我还到学部，就是现在中国社会科学院近代史所系统讲过《反杜林论》。听课的是所内人员，有职员，更多的是研究人员。这次待遇好点，讲完课，留饭，是食堂里打的饭，比我在家里好不了多少。还有位我很熟悉的大姐一道去，她是一位名教授的夫人，是近代史所的熟人，可她是听课者，连饭都不多打一份。

我是讲课出名惹的祸。我弄不清为什么党委会调我去写作组。后来有人告诉，因为据说我在北大讲《反杜林论》时，写作组支书是党委常委，也在听课。可能他以为我既然能讲课，当然也懂点马克思主义。当时，写作组基本上是中文系和历史系的教员组成的，缺少熟悉马克思主义经典著作、能引经据典的人。1974 年，大约 4 月，忘记是哪一天，我们所总支的组织委员刘同志通知我到北大人事处报到，说是有任务。他也不知道是什么任务，只是叫我去报到。我来到北大人事处，一位军宣队员对我宣布说，调你到写作组去工作，这是党的信任，好好工作。几句官腔式的交代话后，从此我就“交上好运”。老子说，“祸兮福之所倚，福兮祸之所伏”，一点不错。我由于讲课出名而中选，又因中选而调（掉）进“梁效”。这是近四十年前的旧事，年轻人可能不知道什么叫“梁效”。“梁效”就是北京大学、清华大学“两校”写作组的谐音。

周一良先生说自己“毕竟是书生”，还出过一本书，书名就是这个。周先生是大学者，世界知名，他自称为书生，够格儿。我只能说我是白痴，政治白痴。在研究班，人家称我为傻小，我不承认，比读书，他们一点不比我聪明；可在政治上，我确实是傻小，或称白痴。当年，不知道什么机关为某重要领导找文字秘书，曾想调我。我的领导张腾宵挡驾，说这个人不行，不会保密。这件事是后来他告诉我爱人的。腾宵是我的领导，也是我的朋友，对我十分了解，也十分照顾。他说我不会保密是婉言谢绝之意，因为他知道我不适合这种工作。说得好听些，我是个书生，直白点说是个书呆子似的人物，我哪能弄清那些复杂多变的政治上的事。

为张腾宵（前排左一）祝寿

我大概是1974年4月被派到两校写作组的。我去时这个写作组已经成立了一段时期。据说开始是从北大清华调了一些人整理林彪的尊孔材料，编写《林彪与孔孟之道》。这似乎是1973年年底的事，1974年“批林批孔”在全国铺开后，这个组变成写作组。我去时，写作组分两个组，一个是注释组，都是一些专攻古典文学和历史的名教授，开始我不知道他们是干什么工作的，后来才知道，他们是专门为上头指名要的某篇诗词或这个赋那个赋作注的。要标明读音，要解释原意，用的是毛笔蘸红墨水，字体端正，仿佛朱批。只有这些高水平的古典文学和历史学专家才能当此重任。他们都上了年纪，组里很照顾他们，每天可以回去睡觉，按时上下班。我分在写作组。写作组基本上是北大、清华的教员。清华教员，多半是人民大学分配到清华的政治课教员。我们都是熟人。我在范达人小组，除范外还有何芳川，他们都是北大历史系教员，比我小六七岁。

写作组住地是蔚秀园北京大学专家招待所，我住在二层的一间套房里。我住里间，清华一位教员住外间。他的老爸可是世界名人，“批孔”运动全面展开后，我这位室友不见了，据说是调回清华了。大概因为乃父是世界著名的新儒学家，又在台湾，由他担任“批孔”重任似不合适。他因父亲不受信任，又因父亲而得免灾，真是塞翁失马，焉知非福。在写作组我偶尔能见到迟群、谢静宜。他们有时会来，我们无个人来往和私人接触。我们的直接领导是进驻北大的军宣队员，他是北大党委常委，又是写作组的支部书记。副书记一个是清华的，另一个是北大的。他们三人算是直接领导。

在写作组的两年半中，我曾经在集体场合四次见到过江青。第一次是到写作组不久，大概是6月上旬，在人民大会堂一个小厅里，江青主持什么“批儒评法”的座谈会。当时还有其他领导。我们一些人在后排边上，只是听听。接着不久，写作组一部分人，还有几位北大、山东大学的著名教授，随同江青去天津。开始我们不知道是去天津，只是要我们待命，用汽车运到火车站，上了专列，还是不知道去哪里，到站后才知道是天津。我们一些人住在天津市委招待所。在天津只有一次活动，这就是江青在全市大会上讲儒法斗争，我们这些人随同天津市干部坐在下面听。我们是高级跟班，是列宁曾说过的“有学问的奴仆”。不管当时是否自觉，实际作用就是这样。天津之行结束，也随同到小靳庄，据说是京剧之乡，样板戏人人能唱。除我们这些人，还有当时文化部的“头头儿”，包括演《红灯记》李玉和的浩亮，演芭蕾舞《红色娘子军》洪常青的刘庆棠。小靳庄完事，又摆驾銮到杨村一部队，江青又表演了一番。我始终没有弄懂，这是干什么。反正当时觉得能跟随江青出去，到处受礼遇，都是高规格接待，自然高兴。还有一次就是写作组全体人员随同去大寨参观，听她在大寨公社一个礼堂中讲儒法斗争；地震时期，江青自称是代表毛主席来看看我们，还分别照过相，或一人或三三两两，连传达员、炊事员都一人来一张，无一遗漏。就是这次，我与江青有过一张合照。二寸大小，黑白的，早已收缴。也许这就是政治，是政治家的笼络人心，是拉近关系的“亲民秀”。反正当时我们这群书生，或者说白痴，面对这种玩弄人于股掌之中的野心家表演的“秀”术，毫无反感，反而沾沾自喜，自以为荣。

在写作组，我最主要的错误是写文章。我们组写的文章可能比较多，其中我参与的错误较重的文章是批“三项指示为纲”、批“翻案风”之类的文章，批判矛头直指小平同志。说句可以指天对日的话，我的确没有发现写作组有人反周总理。总理逝世后，写作组内设有灵堂，我们都戴黑纱。灵堂前行三鞠躬礼，表示哀悼，灵堂大概只设了半天，下午就撤了，当时也没有想过为什么会撤。在写那些文章时，当时心中明确的批判对象是小平、周荣鑫、耀邦、李昌等，因为批教育领域中的所谓“翻案风”，批“科学技术汇报提纲”、批“三项指示为纲”目的的指向都很明确。当时我绝不以为错，我们的思想长期浸泡在“左”的思想染缸里，染出来的布只能是这种颜色。“近墨者黑”，“入鲍鱼之肆久而不闻其臭”，古人的话一点也不错。

我在写作组两年半，就我个人而言，全部文章都是《人民日报》、《红旗》杂志、《光明日报》的约稿，或小组接受大组的任务。没有一篇是迟群、谢静宜直接布置的。其实，我当时根本不知道党内有个“四人帮”。这是粉碎“四人帮”后揭批他们的罪行时我才知道的。据说当时不少人都知道，就我们不知道，这说明我们是不被群众信任的。我自己参与错误文章的写作不是偶然的。尽管调入写作组是党组织的决定，尽管我可以有各种客观理由为自己的错误辩护，但文章是自己写的，既不是高额奖金的收买，也不是用枪逼着写的。如果自己不是长期受“左”的思想毒害，写出的文章口径不可能合拍。也就是说，写出的文章不可能符合当时的要求；能符合，说明文章的错误自己负有主观责任。

对我们组来说，最要命的一篇文章就是《永远按既定方针办》。这是我们小组三人共同的责任，虽然初稿完全是按《光明日报》提纲的要求，由何芳川拟草稿，我们共同修改完成的。何只用了半天就写好了，我们共同修改后交《光明日报》。这篇稿子是《光明日报》的命题作文。约稿时间是 9 月 16 号毛泽东追悼会后的第二天，20 号我们组三个人按约去《光明日报》社当面听取《光明日报》副主编提出的详细要求和写作提纲。24 号交稿，此后我们再也没有接触过这篇文章。为什么 10 月 4 号突然在《光明日报》头条发表，我们一无所知。过去我对这篇文章的认识有着一种抱屈情绪，总觉得这是一篇约稿，而且提纲是由《光明日报》定的，文章早在 9 月 24 日即已交稿。这说明我没有从思想上真正认识自己的错误。实际上在毛泽东逝世后，自己思想深处仍然是要继承毛泽东的革命路线，率由旧章，本质上是一种“按既定方针办”的思想。即使没有《光明日报》的约稿和提纲，由我们自己拟题写这类纪念文章，调子也不会有多少变化。因为当时就是这种思想，就是这个认识水平，有无约稿，是否分配到我们三个人，这一切偶然性背后有一种必然性，即以当时的思想水平、认识水平，写出的就只能是这种调调的文章。虽然是《光明日报》的约稿和提纲，但具体的错误观点和行文出自我们之手。几个小人物的并非有什么指示的约稿之作，在中国政治中起了那样大的作用，当然是我们做梦也想不到的。

从历史的角度看，此事看似偶然，实际上体现着某种必然性。经过严格审查，我们写作此文的来龙去脉终究查清了。对我们来说真是不幸中之万幸。我们感谢党的实事求是政策。这时我已年过不惑，职为讲师。当时讲师似乎是不算太低的职称，实际上水平也不过尔尔。“文章千古事，得失寸心知”，这个古话我读过、听过。这只能是对个人为文而言。那种阳为“批儒评法”，实际上是在当枪手的文章，寸心难知。

粉碎“四人帮”后，“梁效”半夜被查封，我在家睡觉，不知道。第二天，我照常去北大招待所上班，走到半路才知道这件事。写作组房间里的一纸一字、任何与文字有关的东西都被查封，只有洗漱用具例外。从那天起，我就再也没有进过北大专家招待所。这是好事，便于彻底清查。我在写作组待了两年半，学习班办了两年多，我分配到北京大学六年多，基本上是在搞大批判和被批判中度过的。只有自己受批判时才体会到被批判的滋味。虽然两种批判的性质不同，但内心感受到的压力是相同的。

学习班期间，我们集体住在未名湖畔的红二楼二层。此时，未名湖的景色对我们已经不存在，我们每天就是写检查、交代，或者接受各种形式的批判会。最大的一次在首都体育馆，大概有上万人吧，我们低头鱼贯而进，弯腰而立，低头而退，哪能知道确切有多少人。我们是幸运的。虽然免不了训斥、批斗，但从无逼供，也从无体罚，很文明，很讲道理，晓以利害，是教导和劝说。而且最后的处理是实事求是的。我至今仍然感谢党的实事求是政策。这么大的运动，这么猛烈的斗争，这么一个翻天覆地的变化，我们最后受到如此实事求是的对待，我内心是感激的。如果是“文化大革命”时期，我们的命运简直无法想象。

我们这群人并没有辜负党的正确政策。学习班结束后，经过多年的努力，这批人中有不少在中国哲学、西方哲学、美学、古典文学、马克思主义哲学、印度问题研究等领域成为有相当知名度的学者，对中国学术界多少有点贡献。我想，如果当时采取“文化大革命”时期的处理方法，扫地出门很省事。在扫帚下，这些人都是一堆垃圾；而在实事求是的处理下，吹吹灰放在桌上，可以成为一盘菜肴。当时，这群人正当壮年，仍然大有可为。后来这些人的成就，证明党的实事求是政策是正确的。中国古代求贤有“千金市马骨”的故事，既然能善待这些本来已经批臭的“落水狗”，何况那些真正的千里马呢？对我们这些写过错误文章的作者能够予以实事求是的处理，这种处理方式，对于我们以后敢于接受上级委派的写作任务，大胆从事写作是有好处的。否则，前车之鉴，都会把集体写文章、奉命写作、参加写作组视为畏途。这对于党的理论宣传和研究工作不一定有利。

由《永远按既定方针办》这篇文章，我想到何芳川，想到我自己。何芳川自学习班结束后回到历史系，曾担任过历史系主任，后任北大副校长、海外教育学院院长、校务委员会副主任以及各种社会职务和多校兼职

2014 年人民大会堂春节联欢

教授，出版过不少著作。可以说，在事业和学术两方面都有建树，取得了史学界公认的成就。不幸的是，正当有为之年，他突然于 2006 年 6 月 29 日因急性白血病去世。我接到北大治丧委员会通知，惊愕不已。我深知他为人单纯，才华横溢。我辗转反侧，夜不能寐。我没有出席他的追悼会，我知道以他的地位和声誉，一定是死后哀荣，吊者冠盖云集。我只能心中默默祝愿他地下安息，并以诗悼之：

犹记北招识君时，文采风流李杜诗。
落水幸喜未灭顶，翻身弹指痛仙逝。
祸福无常天难料，赤心不改世人知。
大才遽折应一哭，毁誉死后两由之。

我自己从北大学习班回来后，内心有过起伏，开始有点消极，但很快得到克服。回到人民大学时我已四十八岁，但随后也得到信任和重用，曾担任过两届哲学系主任，担任过校内外多种社会职务。这说明领导信任我，理论界同仁理解我，并没有因为我的错误而嫌弃我。我从十一届三中全会以来所写的东西，是我“文化大革命”期间不知多少倍，有些文章和书，在哲学领域发生过一定的影响。我感谢党的信任，感谢中央的英明政策，没有实事求是政策，这些人只能成为“四人帮”的殉葬品。

陈雨露校长与一级教授及荣誉一级教授开会

可悲的是我们在粉碎“四人帮”之前，根本不知道党内有个“四人帮”。可能有人认为这是推卸责任，经过我们那个年代的人都知道，谁要是怀疑中央有两派，第一个罪名就是“分裂中央”。我从新中国成立后入团、入党，受的是“驯服工具论”的教育。对党中央、党的领导怀着无限信任，对党组织分配的任务从来不会有任何怀疑。虽然“四人帮”临近灭亡前，耳语满街，天怒人怨，我们还是稳稳坐在小楼里炮制文章，浑然不觉。我一辈子搞的是马克思主义哲学，实际上未能得其皮毛，连一点点政治嗅觉都没有，更何言辨别政治方向。我是跪着写作，不会站着思考。可话又说回来，就算我思考，以自己当时那种思想状态，能思考出什么名堂呢！

古人说，“少年处不得顺境，老年处不得逆境，中年处不得闲境”。这种说法是正确的。少年得意往往忘形，现在某些“富二代”、“官二代”年少疯狂，不知王法，屡屡犯事；老年则由于身体和精神衰弱，难以承受逆境。我们当时正处于中年，而党的政策又实事求是，因此结局是很圆满的。

我还想到我们小组的组长范达人。我看到过国内报纸海外版的一篇报道：东方神医范达人。我知道范在问题解决后曾到美国哈佛大学访学、教书，可不知道他一跃而成为神医。据报道他退休后开了一个按摩医疗所，还带了两个美国徒弟，生意还不错，被誉为“东方神医”。我不禁哑然失笑，看起来，美国人也“崇洋迷外”。崇东方之“洋”，迷异国神秘医疗之“外”。我不知道他有这个本领，可能是他早年在部队中当过卫生员，学过一点按摩。人又聪明，能糊弄外国人。当然也不排斥真有点什么祖传秘诀之类。人总是要生存的。他在美国以按摩为生，这是我从报纸上知道的一点点关于他的消息。

在写作组时，范比我小六七岁。当时可能只有三十出头，人很精干，也能写，听说是北大历史系的青年才俊。我们既入火坑，理应自责自省。说句实在话，我们的命运比起有些平白无故受冤受屈的老一代知识分子好多了。我们是错有应得。他能出国，能上哈佛访学，这说明现在究竟不同于极左的时代。他曾多次回国，我从未见过。这些往事，是人生中的一段遭遇。错误已经铸成，噬脐莫及。人到八十岁已属高龄，去日苦多，青春早已不再。去国日久，能无故国之思？

我们“左”的思想是特定时代的产物，我们“左”的错误是特定时代的产物，甚至像我们这种类型的人，也是特定时代的产物。这种性质的错误希望永远成为历史，也肯定会成为历史。不仅我们的错误，连我们这些人的生命也即将成为历史。现在的青年理论工作者比我们幸运得多，他们能做出我们永远达不到的成绩。

第七章　十年贻误　日夜兼程

一、哲学上的自我赎救

1978年人民大学已经复校。当年10月审查结束后，我回到人民大学原单位马克思主义发展史研究所。开始两年多是“靠边站”。总支对我似乎不知如何安排。原打算要我去资料室，因为在一般人眼中教员去资料室算是降格使用，可又无法公开说出我不能留在研究室的理由，我并没有受任何处分。结果我仍在马克思主义发展史研究室待着。当然，暂时是“冰冻”状态。全体普调工资，我们除外。这对我个人毫无影响，对我有影响的是我自己内心思想的矛盾和冲突，是内心灵魂的对话和反省。

人很有意思，生病时可能不觉得太难受，因为正在病中，而身体恢复时反而特别疲劳。我在北大办学习班时忙于写交代、接受批斗，在严词训斥下陷于麻木。回来后，心情反而起伏不定。我想到中国知识分子的命运。自古以来，似乎总有些知识分子在大政治变革中难逃噩运。或因为自觉附逆，或因被卷入政治急流之中，但他们都知道自己是在干什么，为什么。可我，究竟为了什么？关于知识分子，毛泽东说过，皮之不存，毛将焉附？知识分子的毛总得附在一张皮上。是呀，新中国成立以来，特别是入党以后，我要求进步，热爱社会主义，热爱共产党，我总以为我是附在共产党这张皮上，可结果变成附在“四人帮”这张臭皮上。列宁在说过，历史往往会开玩笑，原以为进入一个房间，可结果进入到另一个房间。人生可能也会如此。

清算“梁效”罪行时社会上流行一句话：“小报看大报，大报看‘梁效’。”这是事实。全国的小报看大报，各省大报看“梁效”，的确如此。“梁效”在当时搅乱全国的舆论中起了极坏的作用。尽管不少文章是“两报一刊”的约稿，但直接炮制者是作者。中央大报提供的是一个舆论平台，而在这个舞台上演唱的主角是“梁效”。“四人帮”既掌握过“两报一刊”，也可通过迟群、谢静宜来实现他们的宣传意图。我自己在“梁效”两年半，不管主观意图如何，实际作用是充当了搅乱舆论的写手。四十年前受审查时，压力很大，但在涉及文章事实方面我没有说过一句假话；四十年后的今天，我对我当时承认过的文章中的“左”的错误，至今依然承认。因为现实证明，“左”的路线已经走到尽头。我们的文章为“左”的东西摇旗呐喊，鸣锣开道，理应受到批判。

周一良先生在《毕竟是书生》中说到“四人帮”垮台，自己受审查时，收到过骂自己为没有气节的“无耻之尤”之信。冯友兰、魏建功、林庚、周一良这四个名重一时的学者被封为“商山四皓”，并附有诗作。“商山四皓”是指秦始皇手下的四位博士，虽然自称隐者，实属御用。指责这四位著名学者没有骨气人品，可见全国人民对“四人帮”恨之入骨，因而一切与这伙人有丝毫牵连的都在无耻文人之列。这当然是对实情不太了解，是对“四人帮”的愤怒之火溅在他们身上的一点小小的火星。在当时情况下，群众的激愤之情可以理解。

“四人帮”粉碎之初，坊间传言，两校写作组的成员每人都打营养针。这当然不是事实，但我们的生活的确有照顾。我们只交十元左右的伙食费，每人每天补助三四角钱，而且每晚过十二点备有夜宵。在当时，这是远远超过普通教员的生活水平的。不过我们失去很多自由。星期天晚上必须回去，过年也只休息几天。在集中审查期间，有时以请假为名偷偷溜回家看看孩子，沿途看见小商小贩，虽然苦点累点，自由自在，心中有种羡慕之感。我想要是我一字不识，不会舞文弄墨，现在何至如此呢！说句实在话，当时心中有股消极情绪，想起“人生识字忧患始”的话，很有点凄凉之感。

回来后“靠边站”两年多。《庄子》和《古文观止》是我灵魂的慰藉。我反复读《庄子》，几乎翻烂了；反复读《报任安书》、《司马季主论卜》。我不断地想突破自己思想的围城，重新燃起几近熄灭的思想之火。我知道得意时拜孔子，失意时读《庄子》，这是不少中国知识分子的“命运”，也是中国独特的文化现象。其实孔子也不一味讲入世，讲立德、立功、立言。他也有一套自我保存的方法，“用之则行，舍之则藏”；“邦有道，不废；邦无道，免于杀戮”；“达则兼济天下，穷则独善其身”。儒者也不是一味往前冲，还是有进有退，但以进为主。庄子则不同，一部《庄子》全部是要人远离官场，视相位如腐鼠，与其留骨庙堂，不如曳尾泥涂。“桂可食，故伐之；漆可用，故割之。人皆知有用之用，而莫知无用之用。”还说，“事若不成，则必有人道之患，事若成，则必有阴阳之患”。我读到这些，联系到自己在“梁效”无日无夜、无节假日，结果变成千夫所指的御用笔杆，感到倒霉已极。我当时的思想认识很肤浅，把自己的遭遇归为偶然因素，如果写作组支书没听我讲课，或者我不略通文字，不会舞文弄墨，可能会逃过一劫。其实，我们这些人在长期“左”的思想影响下，头脑中充满“无产阶级专政下继续革命”、“反修防修”诸如此类的东西，因此很容易适应写作组的写作要求，对自己写的东西不会有任何怀疑和反感。文章虽是报社约稿，可文章是自己写出来的。因此从思想根源来说，犯错误不是偶然的。如果能对当时舆论导向和风向有点敏感性，我也不致在“四人帮”被粉碎之前，对民意毫无所知。我不知“梁效”已在10月10日夜被查封，第二天早晨仍然从家里到写作组去上班，说明自己多么闭塞，多么无知。

我当时反复读《庄子》，留下了几首诗，反映我当时灵魂在彷徨、挣扎：

一

少小不才老大休，身无长技霜白头。
直木先伐人间世，鸣雁免烹理易求。
百岁光阴终弹指，死后虚名一荒丘。
书香醉人最为乐，每得佳句解千愁。

二

夜读《离骚》，记起《庄子·人间世》诸文，发现两种处世态度，各有其用。以出世之心做入世之事，难矣。

莫说无才虚此生，才高未必即有成。
林秀风摧难为栋，野草轻贱吹又生。
贾生沥血郁郁死，先生怀怨愤自沉。
无人愿买痴呆药，多读史书少弄文。

三

平生最喜读《南华》，寓重庄谐笔生花。
望洋方知自身丑，伏案更感知无涯。
头白何须讳年老，枯树仍可着新花。
宁为夸父追日死，不作夏虫耻作蛙。

四

《南华》读罢掩卷思，人间何处觅真知。
药有真假多病识，情分冷暖遇难时。
生死无碍通大道，名利沉酣最为痴。
何必深山求佛法，阅尽沧桑自得之。

其时的内心是矛盾的。一方面读庄子，一方面反复诵读《报任少卿书》，想从中找到突破思想消极围城的良方。我特别喜爱司马迁给处于绝境的人以希望的、世代传诵的那段名句。司马迁“刑余之人”，“身残处秽，动而见尤”，仍然以古人为例，毫不气馁，他历数文王、孔子、屈原、左丘明直至孙子膑足、不韦迁蜀等以自励，终于完成被史家称为“千古绝唱”的《史记》。而我们无非是被严词训斥、审查、批斗，既无皮肉之苦，又没有任何处分。比起“文化大革命”中那些受冤屈的革命干部，我们这点算什么呢？何况我们得罪了全国人民，得罪了全党遭受过迫害的人。群众激愤，理该如此。回校后，我仍然继续从事理论研究工作，有什么理由消极呢？我不断地自我追问，不断地反驳自己。我站在自己内心的法庭上，是原告也是被告，是罪犯也是辩护律师。别人的批判可以口服心不服，可自责是灵魂无法逃遁的鞭笞。

我反复读刘基的《司马季主问卜》，懂得事物都有因果关系，有昔日才有今日，必须具有辩证法的眼光，才能从困境中找到出路。暂时坐坐冷板凳，有好处，让自己有机会思考、总结。我终于找到了突破思想围城之路，再度奋起，决不自甘下坠。我要从自己制造的思想困境中再度站起来。

二、重返哲学讲台

回到人民大学后的两年冷板凳，是一个极好的读书机会。我一心一意研究马克思的早期思想，尤其是研究《1844年经济学哲学手稿》（以下简称《手稿》），在这个领域中多少取得了一点成就。我算是在高校比较早地系统讲授《手稿》的教员。我写过两个讲稿，一个是总的讲授，分十多次讲完，这是在课堂上讲的；另一个是领读，逐字逐句逐段解释，是对几个研究生讲的，很随便，插话的、提问的都有，像个传道授业的样子。这个课困难比较大，不能卡壳，事实上，我对原文很多地方没有弄清楚，似懂非懂，含糊其辞的地方不少。反正刚开张的烧饼店，第一次卖炊饼，学生也不挑剔。课堂上不同，不懂的我可以不讲，主动性比较大。我还是尽可能讲得好点。这是审查结束后重返讲台的第一次课，无论如何不能砸锅。我比较仔细地读《手稿》，还读了点相关著作。可不懂外文，有很大局限。但我还是克服困难，写出了一个讲稿。

我意识到《手稿》如何讲，是一个重大理论问题，更是一个有关如何引导学生今后方向的大问题。《手稿》争论大。一位伟大的思想家在去世之后，由于发现他没有发表的著作引起争论这种事，在历史上是常见的，但像马克思《手稿》这样引起世界范围持久争论的还是少见。

马克思一生写了很多书，给我们留下了许多宝贵著作。但还没有一本书像《手稿》这样，虽然篇幅不太大，十几万字，只有百十来页，然而发表以后，半个世纪以来，竟引起了如此激烈的争论。而且，这些争论一直延续到现在还没有休止。这是为什么呢？一方面它反映了马克思主义在当代政治生活中有着突出地位，另一方面也反映了各种不同观点和各种不同学派，企图在马克思主义著作内部找到自己的观点和倾向的根据。

我“靠边站”，有的是时间，我不断考虑，《手稿》为什么会成为争论的中心呢？仅仅因为它是早期著作，或者说因为它早，也不确切。1902年梅林整理和发表的马克思的博士论文，以及后来1972年第一次公开发表的《黑格尔法哲学批判》，都比《手稿》写作时间早。可见“早”并不是引起争论的唯一原因。那是不是因为这书的不完全成熟引起争论呢？也不完全这样。如博士论文不比《手稿》成熟，那时马克思的基本观点还是黑格尔唯心主义的东西。究竟是什么道理？除了客观原因之外，我个人认为主要是在《手稿》本身，在于《手稿》的理论特点。就是说，在于《手稿》的理论特点和阐述问题的方式，给各种不同的政治观点和理论观点留下了一些回旋的余地。《手稿》被整理公开发表，仿佛是在马克思主义理论的大海中投下一块巨石，引起了轩然大波，争论得波涛汹涌，至今仍然时起时伏，从未停止。有些学者，主张回归青年马克思，反对以《共产党宣言》、《资本论》为代表的老年马克思。他们认为老年马克思不如青年马克思，已经倒退了、老化了，认为老年马克思已摒弃青年马克思的人道主义和异化的主题，摒弃以人性的异化和复归解释历史而转向具有机械论的历史唯物主义。

虽然这个问题也具有政治性，但仍然是个学术问题，纵然有错也是学术观点错误，料无大碍。我全心投入这个问题的研究，我要以自己的研究成果正确阐述这个问题，不能推波助澜。我要对得起第一次重返讲台。我梳理了国内外开始出现的某些过分抬高早期著作而贬低晚期成熟著作的错误观点，对《手稿》中一些关键问题，包括人本主义和自然主义、异化和异化劳动、私有制和异化的关系、关于人性异化和复归、关于《手稿》中包含的历史唯物主义天才萌芽的闪光，以及它如何体现经济学、哲学和社会主义三者结合的问题，做了一些探讨。我的理解虽然肤浅，不深刻，但打下我继续研究马克思主义思想史和马克思主义哲学的基础。在学术研究上，没有白费的劳动。不像我在写作组写的那种强词夺理、以势压人的大批判文章，那不仅是做虚功、白费功，而且是为虎作伥。

我在讲授《手稿》时深感自己经济学知识太少，虽然我在复旦历史系读书时选修过三个学期的《资本论》，但实际上只相当于现在大学里普通的政治经济学原理的水平，根本不够用。我意识到，《手稿》实际上也是一本经济学笔记，其中关于哲学、关于共产主义的观点都取决于经济学研究的成果。但马克思主义经济学研究仍在起步中，因此《手稿》中两种思维方法并存：一种以经济学分析为基础的包含历史唯物主义萌芽的方法；另一种是思辨的方法，以人的本性为基础，讲人的本质的异化和复归。这便构成了这本早期著作的特色。两种方法交叉使用，而且是矛盾着的，所以才出现了围绕它所展开的争论。

马克思当时的思想得益于经济学的研究，可同时对经济学的研究同样得益于正在形成中的历史唯物主义思想。这一点在如何对待庸俗经济学，对待亚当·斯密、李嘉图的劳动价值论中可以看出。马克思说过，他是从国民经济学的各个前提出发的，从对国民经济学“工资、利润、地租”的分析出发的。马克思采用了他们的语言和规律，因为他当时还没有自己的经济学，还未形成自己特有的范畴。所谓“劳动、资本、土地的相互分离”，实际上就是私有财产，因为私有财产的特点就是劳动、资本、土地的相互分离。

马克思与古典经济学所使用的前提相同，但得出的结论却不同。英国古典经济学派从这些前提出发，认为这些前提是合理的，马克思也从这些前提出发，但马克思认为这些作为前提的东西是不合理的。英国古典经济学派对私有财产当然是赞同的，认为工人依靠工资为生是合理的。马克思也运用了古典经济学派的概念、规律和前提，但马克思并没有停留在英国古典经济学派为私有财产做辩护的水平。相反，马克思从这些前提出发，利用了他们的前提，利用他们自己的话来反对他们。英国古典政治经济学从私有财产这个事实出发。但是，它没有说明私有财产是怎样产生的，而是把私有财产当作一个既成事实的前提，并且认为人类自始至终就有私有财产，把私有财产看成是合理的、天经地义的、合乎人性的永恒事实。

英国古典经济学从资本、土地、劳动分离这个既成事实出发，它并没有提供一把钥匙去理解为什么人类社会中会产生出劳动、资本、土地相分离这个事实，为什么有的人劳动却没有资本，有的人有资本却可以不劳动，有的人可以占有土地地租等等。并不是人类与生俱来便是如此的。马克思从对这些问题的思考中，逐步发现剩余价值，创立了历史唯物主义。

我首先在人民大学哲学系开设《手稿》课，这也是我们哲学系建系以来第一次开设这门课。效果还不错。听课的是学生，也有少数教员。后来，又被外请到河北大学、北京师范大学系统讲授。讲稿的翻印本流传很广。最值得怀念的是中山大学哲学系叶汝贤请我到广州，为他举办的全国马克思主义哲学史讲习班讲授《手稿》。听课的都是全国高校讲授马克思主义哲学史的同行，当时这门课正处于起步阶段。这是我第一次去广州，也是我第一次结识汝贤。他比我小六岁。我住在中山大学，是一座小楼式的住房，据说是什么名人住过，房子是中西合璧的建筑。不过我住的时候，似乎不复昔日风貌。上楼时楼梯“咯咯”作响，房间也很一般。至于吃饭，与学生一道在食堂排队凭饭票买饭，毫无特殊。汝贤尽其所能地接待我，他陪我逛过一次佛山。天公不作美，大雨倾盆，我们被淋成落汤鸡。他自己掏钱请我在一家小店里吃了一碗面条。这都是我终身难忘的。可惜，前几年，汝贤突然因脑血管瘤破裂医治无效逝世，刚七十多点。汝贤的死，是中大哲学系的损失，也是我们中国马克思主义哲学界的损失。对于我，则是失去了一个同道、挚友。

士不可以不弘毅，任重而道远。用这个标准来衡量，要求太高，我没有这个水平。但我多少读过点书，懂得一个简单的道理：被不幸击倒，有人怜悯；自作可怜相，躺倒不起来，只有被世人嘲笑。我不能成为被嘲笑者。党的实事求是政策，给我以机会，我重新返回讲台并获得掌声，这给我以力量。虽然不再有长安大戏院、五一公园、中山音乐厅那样人头攒动的热烈场景，可这次不同。那种场景是一种政治力量，是自上而下号召学习的推动，而这次听课的人虽然不太多，却是不远千里来自四面八方自愿听课的，掌声也不是礼节。我获得再度站起、奋然前行的推动力。而且对我自己来说，通过《手稿》的研究和讲授，我形成一个牢固的看法，马克思主义是一个整体，三个组成部分不可分。我们不可能成为全面的行家，但至少不能割裂。一个根本不懂经济学，也不关心社会主义命运，除了自己的那些抽象哲学概念以外，一概不感兴趣的马克思主义哲学研究者是徒有其名的。对经济学、科学社会主义研究者来说，轻视马克思主义哲学，只守住自己那一小块园地，也不会有太大的后劲。研究本专业，对另外两门也应略知一二。完全跛脚，走不远。这是我终生的信条，也是我反复向我的研究生强调的。可惜他们不少人连本门都自顾不暇，何谈其他。这大大降低了我们马克思主义研究生的专业质量。

我从讲课中重新获得勇气，我深知不能自己躺倒。站起来，我可以成为受人尊重的大学教员；躺倒不干，就是一文不值的废物。我不能躺倒，必须日夜兼程，把失去的时间夺回来：

风光岂独艳色好，霜染枫林亦醉人。
休怨上天增白发，脱尽牙齿舌犹存。
往事不宜频回首，荒园勤锄尚可春。
况复柳媚山川绿，十年贻误日兼程。

我毫不羞愧地说，不管成绩如何，从这以后，我确实是日夜兼程，无休无止地读与写。大量著作和文章都是20世纪80年代以后写的。

三、我又发表哲学文章

“又发表哲学文章”，不是说这是我平生写的第一篇文章。“文化大革命”前我发表过多篇文章。但这篇文章是我回到人民大学经过两年冷板凳后第一次发文章，是“靠边站”后精心研究的成果。这就是发表在《哲学研究》1981年第8期的《评费尔巴哈在马克思早期思想中的地位》一文。文章水平如何是次要的，主要的是这家全国著名的哲学专业刊物能够而且敢于发表我的文章，在当时很需要敢于担当的精神。按照当时不成文的潜规则，名字见诸报刊，表示此人没有问题。我知道《哲学研究》是个重视学术水平的杂志。我并无门路，完全是自由投稿，试试看。我记得责编姓李，是个有水平的老编辑。他很快就与我联系并编发。我至今仍然记着他。我们需要这样有担当精神的编辑。

《评费尔巴哈在马克思早期思想中的地位》刊载于《哲学研究》1981年第8期。

文章是我研究《手稿》的副产品。研究手稿离不开两个主要人物，一个是黑格尔，一个是费尔巴哈。不研究费尔巴哈就弄不清马克思为什么和如何离开黑格尔，走向新的哲学世界观的创建。费尔巴哈可以说是马克思的先驱、朋友、对手和必须超越与清算的信仰。因此我首先发表关于马克思和费尔巴哈关系研究的成果。正如《手稿》序言中明确指出的，费尔巴哈关于黑格尔哲学本质的发现，使得马克思自己跟唯心主义哲学辩证法划清界限一事成为必要。在《手稿》中，马克思同费尔巴哈的关系是复杂的，在很多方面马克思超过了费尔巴哈，但是又在某些方面保留了费尔巴哈的痕迹。要真正理解马克思和费尔巴哈的关系，必须用发展的观点，首先考察在马克思早期思想中他同费尔巴哈的关系。正确理解这种关系对科学理解马克思的早期思想至关重要。其实，这个问题不仅事关马克思的早期思想，也关系到对马克思思想发展的轨迹，或者说思想发展路线图的论断。

在 20 世纪 30 年代马克思的《手稿》发表以后，西方就开始了早期马克思关于人道主义的研究，这股浪潮越卷越大。在这个总的浪潮中，存在两种相反的水流：一种以资产阶级存在主义和某些马克思主义学为代表，他们根据马克思主义早期思想中所残留的费尔巴哈的因素，力图以资产阶级的抽象的人道主义来钝化、歪曲、溶解马克思主义；另一种情况是马克思主义者从维护社会主义法制、维护社会主义制度出发，对于在社会主义条件下人的价值问题、人的地位问题、个人与集体的关系问题进行马克思主义的研究，因而完全否定费尔巴哈对马克思的影响，否定人本主义思想中的积极因素。

这两种不同的水流、两种不同的倾向是不能混在一起的，但思想领域却不同于数学领域，可以有两条不相交的平行线。在两种倾向之间的某些论点上，有可能发生互相诱发、借鉴和影响的作用。不管怎么说，这是两种倾向。不能由于西方用存在主义歪曲马克思主义，所以我们就拒绝对人的问题进行研究。

在我看来，费尔巴哈在马克思的思想转变中起了纽带和桥梁的作用。也就是说，马克思开始是借助于费尔巴哈的一些研究成果来批判唯心主义的。早在 1845 年的《英国工人阶级状况》一书的序言中，恩格斯就指出：在德国公开拥护这种改造的人们当中，几乎没有一个人不是通过费尔巴哈对黑格尔哲学的克服而走向共产主义的。过了四十年以后，恩格斯在《费尔巴哈论》的序言中又重申了这个观点，即费尔巴哈是我们和黑格尔之间的中间环节。列宁在《哲学笔记》一书中讲到马克思的思想发展，是从黑格尔出发，经过费尔巴哈才走向共产主义的。费尔巴哈不是马克思的最终目的，他起到一个中间环节的作用。正因为马克思以黑格尔为出发点，以费尔巴哈为桥梁，所以马克思早期对待黑格尔和费尔巴哈的态度是不一样的。一个思想家寻找一个出发点，是要经过痛苦的摸索的，马克思对黑格尔这个出发点，在波恩大学和柏林大学时都是厌恶的，不喜欢黑格尔稀奇古怪的调子，只是参加博士俱乐部后才慢慢对黑格尔发生了兴趣，找到了这个出发点。可是对费尔巴哈不一样，1841 年费尔巴哈《基督教的本质》一书刚出版，马克思就热烈赞扬它的解放作用。这是因为当时青年黑格尔派在黑格尔哲学解体过程中正陷入走投无路的矛盾。费尔巴哈的书为他们指明了道路，就像一个人过河没有船而突然发现了一座桥那样高兴。

费尔巴哈搭起的是唯物主义之桥，也就是说马克思吸收了费尔巴哈唯物主义的“合理内核”。但是，我们往往比较容易忽略费尔巴哈的人本主义的作用，把其人本主义仅仅看作唯物主义肤浅的不确切的表述。其实，费尔巴哈的人本主义是唯物主义的。当然不能倒过来说，唯物主义都是人本主义。应该说，费尔巴哈的人本主义是战斗的唯物主义，是 19 世纪唯物主义的最高成就。费尔巴哈人本主义不仅恢复了唯物主义权威，同时，在反对唯心主义宗教和反对思辨哲学的斗争中，以人的本质代替神的本质，用人代替自我意识，费尔巴哈的人本主义重新确定了人在哲学中和在整个自然界的地位。马克思继承了这个传统。可以这样说，从费尔巴哈的抽象的人到马克思的现实的人的过渡，构成了马克思早期思想发展的一条重要的线索。马克思 1844 年《手稿》的突出的哲学成就，是在关于人的本质的论述中隐含着正在形成中的某些辩证唯物主义和历史唯物主义原理。从马克思当时使用的术语来看，他借助费尔巴哈但又超越费尔巴哈，形成正在破茧而出的马克思自身的特点。

第一篇文章的发表，增强了我的自信心。一个好的编辑，对于作者的成长是有功的，虽然他们为人作嫁，但得过帮助的人是感恩的。1956 年我在《教学与研究》发表第一篇文章，我永远忘不了编辑对青年作者的教导；这次又算第一次发表文章，不是人生第一次，而是重生后的第一次，我又遇到一个好编辑。

第二年，即 1982 年我又在《中国社会科学》第 2 期发表《马克思关于异化理论的两次转折》，这也是一篇分量较重的论文。《中国社会科学》

是全国顶尖的刊物，我没有任何熟人，又曾经是“负罪之身”。文章的责编后来告诉我，收到文章，他从头到尾看过以后，很为赞赏，立即找主编准备采用。没有关系，没有后门，当时刊物的学风相当好。我一年之内，相继在全国顶级哲学刊物上发表文章，表明理论界同仁已开始接受我，并没有因为我的错误而嫌弃我。这对我是极大的鼓舞。十一届三中全会以后，情况发生了巨大的变化。小平复出，我们才有了出路和盼望。因此我对第一次发表我的文章的《哲学研究》和《中国社会科学》杂志至今仍然怀着感激之情。人在困难时期最知感恩。

四、第一次出版哲学专著

我说的专著是指个人著作，即 1987 年第一次出版的《走向历史的深处》。在此之前，我参加过我所集体编写的几本书，一本是上海人民出版社出版的《马克思恩格斯思想史》。这是一本很有特色的书，据我所知在中国第一次把马克思主义作为一个整体，叙述马克思和恩格斯思想发展的历史。本书出版于 1982 年 11 月，全书四十三万多字。我执笔前三章，并对全书进行审读和润色。此外，还有我与靳辉明合著的《马克思早期思想研究》，是由北京出版社出版的，也是上世纪 80 年代初。这本书影响比较大，因为是第一次全面阐述马克思早期思想的著作，特别其中对人道主义、异化等重要问题都有自己的看法。另外还有一本书，即全所大部分人参与合作的《马克思主义基本原理教程》，这也是一本全国首次把马克思主义三个组成部分作为统一整体来叙述的著作。现在很流行关于马克思主义整体性的问题，几十年前，我们马克思主义发展史研究所的同仁就已按照这个思路著书立说了。

第一本个人专著

当然，其中还留下一个难题没有解决，即如何解决三个部分真正统一而不是分成三个部分论述的问题。但无论如何，它是个国内第一部此类的马克思主义基本原理著作。由我主编，辛仲勤、靳辉明、奚广庆、郭继严任副主编。他们都是我们所的顶尖人才。辛仲勤逝世多年，可能只五十岁出头，英年早逝。辛的父亲当过西北农学院院长，是著名农学家，可辛仲勤朴实无华，就是一个普普通通的教员，一点也看不出是名人之后。其他几位现在也已是耄耋之年。广庆做过官，当过司长，也早已退休。多年前就听说郭继严生病了，现在已久无音信。辉明按辈分属学生，实际上我们是朋友，是同事，也是合作者。马克思主义研究所初创时，人才济济，正是黄金时代。复校后，原来的教员开始退休，现在仍然健在的已寥若晨星。马克思主义发展史研究所早已合并到马克思主义学院，比起原来所的范围小多了。我有时很怀念初创时代，怀念旧日的同事。

1989年，我和我的两位学生合作，出版了《马克思恩格斯哲学思想研究总览》一书。1990年8月，《被肢解的马克思》出版。这本书我酝酿了很长一段时间，这是一本理论著作，也是一本历史著作，它对当代西方各种企图肢解马克思主义的学说进行了批判性的考察。我的几个学生协助我共同完成了这个工作。

真正属于我个人的第一本专著，是1987年这本《走向历史的深处》。这是日夜兼程的成果。本书以人类对历史规律的探索历程为前导，着力研究马克思的历史观的形成。论述马克思如何突破以往历史观的局限而走向历史的深处，即发现历史自身规律的过程，深刻揭示了马克思的历史观在人类历史观变革方面具有的划时代意义。其中特别对《手稿》的重要范畴和思想理论价值、内在矛盾和通向唯物主义历史观的必然性进行了有价值的探索。本书在马克思主义哲学和马哲史领域产生较大影响，被一些高校马克思主义哲学、哲学史教学指定为参考书，并有多篇书评予以高度评价。

《走向历史的深处》是一本具有历史特点的著作，必须尊重历史；它又是极具现实性的著作，必须立足现实。面对当代国内外，尤其是西方学者对历史唯物主义的曲解或挑战，它既要较真实地再现马克思创立唯物史观的历程，又要对近年来涉及马克思唯物史观的讨论所提出的一些重大理论问题做出自己的回答。作为对马克思主义探源的一本专著，我力求全面理清唯物史观的基本原理、基本观点、基本范畴的来龙去脉，力求对马克思有关历史观的著作，尤其是其中一些重要著作，做中肯而简明的评介。这本书通过对马克思历史观精雕细镂，为读者提供了关于马克思创立唯物史观历程的一幅完整的图像。从中不仅可以清晰地看到马克思创立唯物史观的过程，了解到唯物史观的基本原理、基本观点和范畴的萌生和形成过程，而且，还为弄清涉及唯物史观的一些争论的问题提供了比较明朗的背景。这本书1994年获北京市哲学社会科学奖特等奖，1995 年获原教委（现教育部）优秀科研成果一等奖。此前，于 1988 年曾获人民大学优秀著作奖。书出版后，曾有多家刊物发表书评，如《唯物主义之光——读〈走向历史的深处〉》、《着力揭示科学历史观的形成和发展的内在逻辑》、《读〈走向历史的深处〉》等，均给予高度肯定。有些学校定为研究生必读书。此书是二十六年前出版的，成书则更早，现在有些学生或同行见到我仍然提到这本书，这对我是个极大的鞭策。

《走向历史的深处》是回校坐冷板凳坐出来的，以后又经过几年努力深化和加工，前后有六年之久。当时还不会用电脑，无论寒暑，一笔一划在稿纸上写。天道酬勤，此话不假。如果我回校后因“梁效”挫折而消极，结果完全是另一样的。我感谢太史公的《报任安书》，感谢他为一个读书人遭受挫折后应该如何对待自己做了不朽的榜样。庄子只能作为如何安时处顺，如何对待名利和生命的一种选择，而不能成为失意者安藏灵魂的洞穴。我从庄子影响的消极围城中走出来，迎着崎岖的无人路径艰难前行，甚至是爬行。我终于爬出了洞穴，看到了太阳，看到了光明，看到了希望。

五、应邀到北戴河度假

北戴河度假，我以前也去。人民大学在那边有个休养所，那是吴玉章老校长的专用疗养所。吴老交给学校，变成全校教师暑期度假的地方，工会每年都会组织学校教工轮流去度假。可 2001 年这次不同，这是中央组织部人才办专门组织的全国国防科技和社会科学专家代表的休假，是一项极大的荣誉。我有幸得到这次机会。这是我从北大回到人大以后，放下包袱，日夜兼程，埋头工作的一次奖励，也是政治上不计前嫌的认可。我自然感到高兴。这次度假可以带家属，我和老伴一道住在国务院一个招待所里，我叫不出名称，反正居住条件不错，没有那种喧哗的感觉，很清静。

应邀北戴河度假

就是在这次北戴河度假中，江泽民总书记在与全体应邀参加休养专家的座谈会上，发表了著名的“八七讲话”，提出了哲学社会科学与自然科学技术四个同样重要的论断，为推动全国哲学社会科学的发展和创新注入了新的力量。这是一次有关社会主义国家如何对待哲学社会科学的具有全局性、战略性和前瞻性的讲话。我作为一个一生从事哲学教学和研究的教员，从讲话中获得一生忠诚于马克思主义信仰和与时俱进的力量。除了座谈会外，在休养期间，每晚都有演出，白天会组织一些参观。这是我一生难忘的一周。

北戴河度假后，我对哲学社会科学的作用和我们的任务做过一点思考。我连续发表过几篇关于哲学社会科学与自然科学四个同等重要性的文章。包括刊载于《中国人民大学学报》2003 年第 3 期的《论哲学社会科学的地位和作用》、《广东社会科学》2003 年第 6 期的《论哲学社会科学重要性的社会制约性和理论依据》，以及发表于《中国社会科学》2004 年第 4 期的《哲学社会科学的作用和学者的使命》等论文，为重视哲学社会科学鼓与呼。

我们当然知道，哲学社会科学与自然科学发展不平衡，是人类历史中存在的普遍现象，只是情况依国情和传统不同而不同。在西方资本主义革命前，西方资本主义产生和发展也要借助哲学社会科学的力量。恩格斯称赞文艺复兴时期的那些思想家是给现代资产阶级统治打下基础的人物。此外，法国的“百科全书派”、伏尔泰、孟德斯鸠、卢梭，英国古典经济学家亚当·斯密和李嘉图等，都是为资本主义诞生，为资本主义经济制度、政治制度的确立和完善在思想理论方面发挥过重大作用的功勋性人物。可是当资本主义制度确立以后，资本主义工业化的需要把对自然科学和技术的发展要求提到了首要地位，以便最有效、最迅速地增强资产阶级的国力和增加有产者的财富。

在资产阶级取得政权以后，哲学社会科学的地位发生了变化，整个社会的发展重心逐步向自然科学和技术倾斜。这是任何力量都无法阻止的趋势，因为它最深刻的根源在于资本主义生产方式本身。如果说，在18、19世纪这种倾斜还只是开始，到20世纪，特别是它的下半叶，当科学技术成为第一生产力，成为资产阶级和它的大垄断集团与跨国企业获得高额利润、成为在国际竞争中击败对手的决定性力量时，这种倾斜就不断增强。毫无疑问，西方发达资本主义国家需要各种各样的智库，而智库的主要成员是哲学社会科学方面的顶级专家。但就社会全体而言，哲学社会科学与自然科学技术相比，仍然不如后者那样为社会所重视。

按中国传统来说，自然科学技术在封建社会中并不被重视。中国重视文人而轻视“匠人”。虽然中国科学和技术都有伟大的发明家和新的创造，但农业生产方式决定它的发展有着无法越过的障碍。没有大生产需要的推动，没有资本和市场，自然科学和技术革新发展的动力是不足的。相反，读书做官，科举功名成为士人的毕生追求，学而优则仕的传统不利于自然科学和技术的发展。在中国历史上，官员、诗人、文人可以合为一体。中国唐宋八大名家，多半是集官员、诗人、文人为一体的人，可集科技与官员为一体的人，在中国历史上很少见。

中国共产党领导的革命的胜利，当然是依靠马克思主义，依靠哲学社会科学。但在革命取得胜利后，为了建设新中国，当然要注意培养自然科学和各种技术人才。不如此，就不会有“两弹一星”的突破，不会有我们社会主义工业的现代化，不会有当代中国经济迅速发展为世界第二大经济实体的成就。可是对于社会主义国家来说，哲学社会科学关系到国家的命运和前途。科学技术包括军事力量，对保卫社会主义国家非常重要，是国之干城。但是再强大的科学技术也不能保证社会主义不变颜色。卫星可以上天，红旗并不会因此就不落地。不能用军事力量、科学技术力量迫使人从内心深处确立对社会主义基本制度的认同。对社会主义基本制度的价值认同，尤其是对社会主义核心价值的认同，既要靠社会主义制度自身优越性的充分发挥，也要靠思想、理论、信仰的教育。没有价值认同的社会制度，是不可能稳固的。社会主义在苏联的失败，不是因为没有原子弹、没有航母、没有先进飞机。从赫鲁晓夫打开了全盘否定斯大林的潘多拉魔盒起，苏联在意识形态和理论阵地开始被撕开了一个缺口。这个缺口没有及时堵住而是不断扩大，波及全部哲学社会科学领域。历史学领域弥漫的是否定苏联革命和社会主义成就的虚无主义；文学领域最流行的是攻击社会主义、鼓吹抽象人性和抽象人道主义的作品；新闻媒介则是制造各种各样丑化社会主义和苏联共产党的小道消息和谣言：只要指导思想一倒，哲学社会科学各个领域中的错误思潮就会随之而风生水起。如果社会主义国家哲学社会科学是这样的状况，社会主义怎么能不垮台？

苏联社会主义模式的失败，在一定意义上可以说是以哲学社会科学为代表的社会主义意识形态大溃败为标志的一种失败。苏联一位持不同政见的哲学家季诺维也夫在他的著作《俄罗斯共产主义的悲剧》中，把苏联的解体视为“意识形态的大溃败”。他说，在西方生活方式的迷惑下，西方的价值体系得到了巩固，以前所未有的力量向人类发起攻击，苏联也被纳入其影响范围。他们从一个极端走向另一个极端，成为来自西方的意识形态、心理攻击最软弱的目标。他还说，苏联的官方意识形态完全不能坚持自己的社会制度的正面成就、批评西方的缺陷，对于来自西方的、集中的意识形态的攻击缺乏准备；国家在意识形态方面惊慌失措，出现了意识形态逃兵、叛徒和反复无常者。意识形态的领导者们开始投奔敌人方面，开始了一场一切涉及苏联历史、苏联社会制度和整个共产主义的聚会。苏联解体前夕，哲学社会科学领域的混乱状态达到极其严重的地步。这种思想理论的混乱的结果是众所周知的。

自北戴河提出“四个同等重要”的“八七讲话”后，就我所知，中央有关部门对哲学社会科学的发展和创新非常重视。我多年参加全国社会科学基金的评审工作，眼见国家投入的资金翻倍地往上加。各种资助，包括后期的、委托的，以及各种有利于哲学社会科学发展的投入不断增加，确实有利于我国哲学社会科学的繁荣与发展。虽然与自然科学技术的投入相比差距仍然很大，但学科各有特点，不能简单比较投入资金的数目。

除了国家的投入外，我以为最重要的是，在这个领域中工作的人对自己使命和任务的认识。我们往往容易把自己从事的专业，仅仅看成属于个人的。这是我的专业，这是我的著作，这是我的文章，总而言之，我所做的一切都属于我个人，都只与我有关。确实，我们所做的一切都是个人在做，这是脑力劳动个体化的一种方式。可从更高的层面来看，我们所做的一切都是社会分工的一个领域。我们的著作和文章是整个社会精神生产的一部分，是写给别人看的，是用这种方式影响社会。哲学社会科学的任何一个专业，既是个人的专业，又是社会的分工。

德国哲学家费希特在其《论学者的使命》中，论述了作为一个学者对人类承担的任务。他提出一个尖锐的问题：学者的使命是什么？学者同整个人类及其他各个阶层的关系怎样？他们用什么手段才能稳妥地完成自己崇高的使命？他明确回答：每个人都必须真正运用自己的文化来造福社会。谁也没有权力单纯为自己过得舒适而工作，没有权利与自己的同胞隔绝，没有权力使用自己的文化于他们无益；因为他们正是靠社会的工作才能使自己获得文化，从一定意义上说，文化就是社会产物，社会所有物；如果他不愿由此给社会带来利益，他就是从社会攫取了社会所有物。这是何等的胸怀！

我想到我自己的一生。我从事哲学工作至今快六十年，最缺少的是什么？是理论自觉。“文化大革命”前没有这种认识，基本上就是教书，至于作为一个哲学工作者的社会使命问题从来没有考虑过。写作组审查结束后，我从消极方面看待自己的工作领域，认为是一个危险的领域，稍有不慎就有可能掉入陷阱，“弄文罹文网”，对写作怀有一种恐惧感，远离政治、远离现实，最好。经过重上讲台，重新执笔，慢慢恢复自信。但对于一个马克思主义理论工作者的重要性，对自己工作的社会使命，认识仍然不足。北戴河度假亲自聆听“八七讲话”，隔年即2002年又在人民大学再次聆听江泽民的“4·28讲话”，开始对哲学社会科学的重要性，对我们自身的社会使命感的认识稍微有点提高。哲学社会科学确实需要创新，需要发挥具有中国特色的智库作用。除政府加大投入、领导重视以外，特别重要的是我们这些在这个领域的人强化对自己的工作性质和使命的认识。“四个同等重要”，是对政府说的，对有关领导部门说的，也是对我们这些在这个领域中工作的人说的。如果我们自己没有对哲学社会科学重要性的自觉、自信的认识，用钱是堆不出第一流学者、第一流著作的。

与戴逸夫妇、龚书铎夫妇在北戴河休假

在度假期间，我傍晚就在海边散步。望着山边渐渐沉下去的太阳，迎着轻轻拂面的海风，想着自己从学习班结束后二十年的变化，无限感慨。北戴河也发生了很大变化。上世纪50年代末，我去过一次。那时，游人很少，只有少数度假疗养的人，人民大学的休养所只有一处面海的较小的一排房子。附近基本上没有商业，没有小贩，没有游人。这次去大不一样。北戴河变成一个旅游城市，小排档多得是，游人如织，热闹非凡；海水污染很严重，刚捞上的螃蟹也很难买到。发展旅游与保护环境存在很大的矛盾。对比我前后两次在北戴河看到的自然风景，有点失落：

二十年后又重游，涛声依旧不胜忧。
螃蟹难觅似绝迹，鱼虾悭缘也难求。
小楼毗邻城市景，排档摊贩满街头。
迷人风光但剩海，浪花如泪水诉愁。

从2001年至今，又过了十多年。我想北戴河的环境治理一定会变得更好，不会再"迷人风光但剩海，浪花如泪水诉愁"。因为年事已高，我再也没有去过北戴河。真希望再去看看。

第八章　立足现实　面对问题

从 1981 年在《哲学研究》发表《评费尔巴哈在马克思早期思想感情中的地位》开始，此后三十多年里，我不断地写点文章。我这个人不善思辨，也不好思辨。我不喜欢玩弄概念的文章，也从不写这种文章。三十多年来，我的文章的特点是，无论深浅对错，都与理论界关注的热点问题有关。我虽然不高调参加辩论，但文章内容都与回答辩论中的问题相关。我不高调，是因为理论问题很复杂，很难把握；直面问题，是因为它是我的理论写作风格。我宁愿不写，也决不写别人看不懂的概念套概念的文章。

一、关于人道主义问题的大争论

这是我重返讲坛，再度执笔碰到的第一次大讨论。起因是 1983 年周扬在纪念马克思逝世 100 周年大会上做的关于人道主义与异化的报告。那次报告在中央党校大礼堂举行，座无虚席，我也是其中的一名听众。由广播员代念文稿，结束后掌声雷动，在会场上没有什么低头耳语的议论。散会后的第二天，听到传说有不同意见，会继续开会。我不是被应邀的发言人，具体情况我不知道。1984 年胡乔木的《关于人道主义和异化问题》出版以后，理论探讨似有转向批判的趋向。但观点分歧并未弥合，对立由公开变为私下。

我也写过关于人道主义的文章，算是一个小小的参与者。1987 年《哲学研究》发表过我的《评资产阶级人道主义的出发点》，这是一篇纯学术性文章，从理论上说明为什么资产阶级革命时期提倡人是出发点的观点。此文被《哲学研究》评为优秀论文一等奖。后来，又发表过《论人道主义的历史演变》、《论现代西方哲学的人本主义趋向》等文章。我写这方面的文章不是为“参战”，而是因为我对这个问题多少有点看法。从北大学习班结束后，我有近三年时间钻研《手稿》，对讨论中的问题和分歧并非一无所知。现在回想起来，这个原本应该是学术问题，学术问题转变为学术批判，阻碍了理论问题的深入探讨。至今，什么是人道主义，什么是异化，人道主义和异化是什么关系，社会主义有没有异化、可不可能异化，这些至关重要的问题，还是没有讨论清楚，留下很多理论困惑。学术批判代替学术讨论有其负面作用，甚为可惜。学术问题应该通过学术讨论来解决，即使有争论，也应该充分展开，各抒己见。这有利于学术的发展，而学术问题政治化，反而不利于分清是非，使学术分歧成为永远解不开的理论死结。

1983年那场关于人道主义的讨论事出有因。“文化大革命”十年动乱中，确实有不少违背人道主义原则和令人发指的无法无天的事。人们需要总结经验，防止历史悲剧的重演，人道主义和异化成为理论关注的重要问题，完全可以理解。周扬从“文化大革命”中大量存在的反人道主义行为出发总结历史教训，强调人道主义的重要性，自有其积极方面。问题是当时苏联出现的抽象人道主义泛滥，中国理论界上个世纪70年代末和80年代初，有些人以抽象人性论对社会主义制度发起了责难和控诉，人道主义这个理论问题在特殊背景下成为一个敏感的政治话题，正常的学术讨论难以展开。

从总结“文化大革命”反人道主义行为的教训角度说，对广大群众尤其是青少年宣传社会主义人道主义，反对对人的非人道行为完全应该。尤其是经历过“文化大革命”的浩劫，这种宣传尤其必要。但如果仅停留在对人道主义水平的分析上，不可能解决问题。不仅因为世界上形形色色的人道主义名目繁多，包括资产阶级人道主义、小资产阶级人道主义、宗教人道主义、基督教的救世主义等。而且以人道主义为思想武器，最多是谴责、控诉，或者是眼泪、同情，而不能说明反人道主义行为的原因，也无法采取有效地防止此类行为再度重演的措施。“文化大革命”中大量非法的、残暴的、令人发指行为的原因并非源于人性恶，也不是源于人性的异化，而是有其深层的社会原因。这个深层社会原因的分析，应该求之于历史唯物主义，而不能归为人性与反人性、人道主义与反人道主义的浅层分析。从我来说，这种看法与对周扬报告的批判无关，而是此前我在研究《手稿》时就形成这个看法，并在 1981 年和 1982 年分别发表在《哲学研究》和《中国社会科学》的文章中就表达过这种看法。

在 1983 发表于《哲学研究》的《评资产阶级人道主义的出发点》是讨论“人是马克思主义的出发点”的。我不同意这个命题，我认为这个命题由于它的抽象性，容易成为一切哲学和社会科学理论错误的哲学前提。不错，在《德意志意识形态》中，马克思、恩格斯强调他们考察历史的方法不是没有前提的。“它的前提是人。”似乎是为了避免误解，他们立即加上但书：“但不是处在某种虚幻的离群索居和固定不变状态中的人，而是处在现实的、可以通过经验观察到的、在一定条件下进行的发展过程的人。”他们批评说，“费尔巴哈设定的是‘一般人’，而不是‘现实的历史的人’”。马克思反复强调，“人不是抽象的蛰居于世界之外的存在物。人就是人的世界，就是国家，社会”。根据贯穿《马克思恩格斯全集》中关于人的全部论述，我们可以看到“人是马克思主义的出发点”的命题，很容易掉入抽象人道主义的陷阱。

以“人”作为出发点，对于资产阶级革命战争而言具有巨大的政治号召力。处于上升时期的资产阶级的政治家和思想家不承认自己是特定阶级的代表，而是代表“人”的利益。资产阶级越是把人抽象化，以“人”的名义讲话，就越是把人与神的对立、广大被统治者同封建专制制度的对立推向极端，使这种矛盾尖锐化、公开化和典型化，并使自己对宗教和专制制度的抨击具有浓郁的人类的情感色彩。新兴资产阶级需要广泛动员第三等级的群众，需要把自己特殊的阶级利益隐藏在所谓“人”的利益背后。

如果以“人”为出发点，对资产阶级革命是一种历史必然性，那对无产阶级革命来说，摒弃这种出发点，同样是一种历史的必然性。无产阶级负有不同于资产阶级的历史使命。资产阶级的利益要求它掩盖自己革命的性质，而无产阶级则要求揭示自己革命的性质；资产阶级把阶级对立化为抽象的人，而无产阶级要求从“人”的背后看到阶级；资产阶级把自己的特殊利益冒充为普遍利益，而无产阶级要求在“普遍利益”的空泛议论中看到无产阶级和资产阶级利益的根本对立。因此无产阶级要摆脱以“人”为出发点的抽象人道主义，揭开覆盖在对立阶级之上的含情脉脉的面纱和各种幻想。马克思主义以人类解放为终极目标，但人类解放，无产阶级自身首先要获得解放，因此，马克思主义政党领导的革命的性质是无产阶级革命，或称社会主义革命，而不是一切“人”参加的、为了“一切人”的革命。

我这篇文章的缺点是对人道主义作为一种理想和价值追求，在人类文化史中起着十分重要的作用没有给以论述。在世界文学史上，不少作家的作品由于其中包含人道主义的思想，包含对社会不合理现实的控诉、对人类苦难的同情和人与人之间以诚相待的合理关系的憧憬而被传颂。例如，俄国伟大作家列夫·托尔斯泰的《安娜·卡列尼娜》、《复活》、《战争与和平》等作品，永远是世界人民的宝贵遗产。人们不会忘记《复活》中的聂赫留道夫的忏悔和对妓女卡秋莎·玛斯洛娃的人道关怀。可是托尔斯泰的伟大人道主义理想与悲天悯人的宗教情怀，无法改变俄罗斯沙皇时代农奴制的丑恶现实。这位伟大的人道主义者最终梦想破灭，自己也高龄出走，冻死在小小的火车站上，给世人留下的是永远的缅怀。

马克思和恩格斯并没否定人道主义的历史进步性，更没有否定伟大文学家、艺术家们的人道主义情怀。但他们从当时资本主义制度下资产阶级与无产阶级对立的角度出发，批判以费尔巴哈人本主义为哲学依据的德国“真正社会主义”和克利盖以“爱”为解放手段的社会主义学说。以爱和抽象人性为核心的人道主义，不可能像曾经为历史上的资产阶级革命服务那样，原封不动地为无产阶级革命服务。无产阶级需要马克思主义，需要以阶级斗争理论为指导的革命学说。资产阶级与无产阶级两大阶级利益的对立，决定无产阶级不可能以“我们都是人”的人道主义为解放斗争的旗帜。

上海人民出版社赠笺

另外，1983 年我与靳辉明合作在《红旗》杂志发表过一篇关于马克思在历史观上的伟大变革的文章，主要是论述马克思的历史观是历史唯物主义，而不是人道主义、人本主义，马克思主义历史观不能称为人道主义历史观。至今我仍然坚持这种观点。马克思的历史本质是历史唯物主义，而不是人道主义。我们只要读读《德意志意识形态》，尤其是读读《政治经济学批判·序言》中马克思对自己如何清算费尔巴哈的信仰，如何通过物质利益的探讨走向历史唯物主义，特别是其中关于历史唯物主义基本规律的经典概括，我们无论如何不能把马克思的历史观概括为人道主义历史观。明明是历史的唯物主义，它从人的物质生产实践中，发现生产力与生产关系规律、经济基础与上层建筑规律，以体现人类社会的基本矛盾如何导致阶级矛盾的激化，如何导致社会形态的更替等。这些观点与历史上以“人”为出发点的历史观不能相提并论，不能共用同一名称。马克思主义的历史观只能是历史唯物主义，而不是人道主义历史观，否则就不存在历史观的根本变革。我们文章的不足是，没有重视马克思历史观对人的问题的研究。马克思的唯物主义历史观作为科学与价值的统一的历史观，不仅应强调它发现人类社会历史的规律，而且更应该重视它的价值取向，重视追求人类解放、重视人的价值和尊严。因此马克思主义历史观不是人道主义历史观，但马克思主义人道主义、马克思主义历史观中存在人道主义价值取向应该承认，并大力强调。当然，马克思主义历史观的价值取向并不能改变其唯物主义本质，因为它的价值取向是以历史观的科学性为基础的。人类解放、人的价值的实现，人的尊严和平等的实现，是以最终消灭阶级和私有财产制度为基础的，而不是建立在人性的实现或人性复归的基础上。

二、异化不是社会主义历史的宿命

异化问题，是周扬报告中的另一重大理论问题，也是争论的重点，对于当时的中国理论界来说，异化比人道主义更陌生、更难理解。

从历史上看，人道主义和异化原是两个问题。人道主义问题早于异化问题。古希腊和中国古代思想家都曾以各种方式表达过有关人道主义的某些思想。在西方称为人文主义和人本主义，在中国称为民本主义。当时并没有出现异化概念。人道主义和异化成为相关的问题始于卢卡奇提出物化问题，特别是马克思《手稿》的出版，其中关于人的本质的异化和复归，使人道主义和异化相联结，人道主义的实现与消灭异化成为一个问题的两个方面。在西方理论界，尤其是西方马克思主义中，人道主义和异化是一个争论已久的老问题。1983 年它也成为中国哲学界包括理论界争论的问题。

关于异化问题，我在 1983 年那场争论之前曾写过文章。这就是发表在《中国社会科学》1982 年第 2 期的《马克思异化理论的两次转折》，这篇文章与争论无关，因为它早于周扬的报告，但它决定了我对异化问题争论的立场。另外，1984 年我在《中国社会科学》发表《评西方马克思主义的新发现》，专门评论西方关于异化的观点。还在当时的《红旗》杂志发表过关于社会主义异化的文章。

《马克思异化理论的两次转折》刊载于《中国社会科学》1982 年第 2 期。

我对异化问题所持的观点，是强调马克思关于异化的理论是动态的，而不是静态的；是复合的，而不是单一的。《手稿》中关于异化劳动的理论，是对异化问题最完备的论述，但它既不是起点也不是终点，至少从《黑格尔法哲学批判》起有一个演变过程，其中经历了两次重大转折。第一次重大转折是从异化到异化劳动。我充分肯定异化劳动的理论价值，强调《手稿》中的异化劳动研究的不是一般商品生产，而是资本主义的商品生产；剖析的不是两个私有者的交换关系，而是无产者和资产者在生产中的关系，《手稿》中的异化劳动不是一般的商品生产劳动，而是雇佣劳动。马克思在论述了工资、利润、地租之后，集中地阐述了异化劳动，深刻揭示了其中包含的阶级对抗。马克思在《手稿》中对异化劳动的种种分析，如工人同自己产品的关系、同自己劳动的关系、同其他不生产的人的关系等等，实质上是对资本主义生产方式的解剖。异化劳动在马克思早期思想中有着重要的地位和作用。如果说《手稿》是创立包括哲学、政治经济学和科学社会主义在内的完整的马克思主义体系的开端，那么异化劳动的理论则是当时把这三者统一起来的集结点。

我强调黑格尔的异化观是唯心主义的，而不是人本主义的。在黑格尔那里，作为异化主体的是绝对观念。在他看来，绝对观念是唯一能动的、创造性的力量，而物质是被动的、消极的。黑格尔并不重视人。他用自我意识来代替人，把复杂多样的人类现实当作自我意识的特定形式，当作自我意识的规定性。马克思在剖析黑格尔的异化主体时指出：那个知道自己是绝对自我意识的主体，就是神，就是“绝对精神”，就是自己知道自己并且自己实现自己的理念。并且指出，绝对观念是“作为过程、作为把自己外化出去并且从这种外化返回自身、同时又使外化回到自身的主体的绝对主体”，整个异化和异化的扬弃，无非是绝对观念“在自身内部的纯粹的、不停息的旋转”。黑格尔的主体是一架发了疯的钢琴，但却弹出了美好的乐章，它以抽象的、神秘的形式强调了主体的能动作用，从而为真正的主体——现实的人的现实活动找到了纯逻辑的、思辨的表达。

马克思透过对异化劳动的剖析，肯定了物质资料生产在社会发展中的决定作用：宗教、家庭、国家、法、道德、科学、艺术等等，都不过是生产的一些特殊的形态，并且受生产的普遍规律的支配；肯定了劳动是人的本质：有意识的生命活动直接把人跟动物的生命活动区别开来；揭示了人类历史的最根本内容：全部所谓世界史不外是人通过人的劳动的诞生，是自然界对人说来的生成。马克思把劳动引入历史，为历史观找到了坚实的基础。

异化劳动理论凝结了马克思的经济研究成果。从异化到异化劳动不是异化范畴的纯逻辑演绎，而是以经济学研究为中介的一次飞跃。异化劳动理论也是马克思当时批判资产阶级国民经济学的武器。异化劳动理论也凝结了马克思关于共产主义的设想。他把共产主义看成是“私有财产即人的自我异化的积极的扬弃”，看成是对资本主义制度下存在各种异化现象这种“历史之谜的解答”。把积极扬弃私有财产看成是共产主义主要内容这一天才发现，使马克思超出了平均共产主义和空想社会主义的水平。马克思关于异化劳动的理论是非常丰富的。它贯穿于哲学、政治经济学和科学社会主义的各个领域，凝集了马克思到1844年的重大成就。

我虽然重视异化劳动理论，把它视为通向历史唯物主义的必经之路，但也论述了异化劳动理论的缺点，因而产生了第二次转折，这就是从“个体和类的矛盾”到发现“生产力和生产关系的冲突”的转折。这个转折比前一个转折更为深刻。马克思从异化到异化劳动，是朝这个方向迈出了决定性的一步，但并没有完全摆脱费尔巴哈从人自身、从人的个体和类的矛盾来论述异化的影响。

从我当时对费尔巴哈哲学肤浅的认识来说，我认为个体和类的矛盾是费尔巴哈人本主义异化观的核心。他正是用人的类本质同人相异化来批判宗教，反对思辨哲学，并把解决类本质同人相异化的矛盾看作消除社会弊病的途径。马克思在欢呼费尔巴哈的思想解放作用时，接受了费尔巴哈的影响，他的异化理论就是从这里起步的。马克思在《德法年鉴》上的两篇著名论文中关于政治解放和人类解放的论述，其中一个主导思想就是沿着解决个体和类的矛盾这一思路展开的。马克思认为，政治解放，即资产阶级革命并不是彻底的解放，因为它并没有解决个体和类的矛盾，相反加深了这个矛盾。资产阶级革命获得胜利的国家，一方面把人变成公民，变成法人，即人在政治领域中成为有主权的人；另一方面把人变成市民社会的成员，变成利己主义的、独立的个人。这种人是无教化的、非社会的人，是失掉了自身的、自我排斥的人，是被非人的关系和势力控制了的人，一句话，还不是真正的类存在物。

马克思把资产阶级的人权分为两部分：一部分是政治权利，即公民权，这是参加国家共同体的权利，是同别人一起才能行使的权利；另一部分是同公民权不同的所谓人权，即作为市民社会成员的权利，例如财产权，这是脱离了人的本质和共同体的利己主义的人的权利。这两种权利的区分正是个体和类的矛盾的反映，只有人类解放才能解决这个矛盾。人类解放不仅在政治生活中使人成为类存在物，而且在经济生活中也使人成为类存在物。正如马克思所概括的，只有当现实的个人同时也是抽象的公民，并且作为个人，在自己的经验生活、自己的个人劳动、自己的个人关系中间，成为类存在物的时候，人类解放才能完成。正是在寻求解决个体和类的矛盾时，马克思的思想发生了远远超出费尔巴哈的重大变化。他不仅突破了费尔巴哈的民主主义局限，提出了人类解放问题，而且发现，要使人类解放，必须解决市民社会的问题，使人从私有财产和金钱下解放出来。马克思的《手稿》就是沿着这个方向前进的。

《手稿》的突出成就，就是不再从人自身、从个体和类的矛盾中探求异化，而开始把着眼点转移到经济分析、转移到对资本主义生产方式剖析的基础上。马克思把私有制看成是共产主义的理论和经验的基础，把各阶级利益的敌对看成是阶级社会结构的基础，把劳动和资本对立的激化看成是私有制必然灭亡的内在根据。

无论是对异化劳动的根源、表现的分析，还是对异化的扬弃的预言，都是以经济分析为依据的。年轻的马克思虽然思维敏捷、才智过人，但他并不是先知，而是殚精竭虑的探索者，他要不断消化和清洗从历史传统中吸取的东西。事实上在《手稿》中，仍然残留着费尔巴哈关于个体和类的矛盾这一观点的痕迹。

我们重视充分估价异化劳动理论的成就，但也要看到它的不足之处。马克思就在《德意志意识形态》中，进一步找到了决定社会关系的力量——生产力，在人类思想史上第一次发现了生产力和生产关系辩证运动的规律，并对社会结构和社会形态更替的规律作了比较明确的表述。《德意志意识形态》是在《手稿》的基础上前进的，它吸收了《手稿》中的许多重要观点，但在异化问题上也发生了根本性的变化。马克思清洗了残留的人的类本质和人相异化的观点，明确指出，“按照我们的观点，一切历史冲突都根源于生产力和交往形式之间的矛盾”。这一根本转折带来了许多重要观点的变化。

从我当时的认识来看，对异化作为一种哲学范畴，对它的方法论和认识论价值的重要性缺乏认识，尤其是对社会主义制度下是否可以使用异化范畴持否定态度，对西方学者关于异化问题的研究更多的是持批判态度，较少发现它的合理因素。1984 年我在《中国社会科学》发表的《西方马克思主义的新发现》，就是批判过多，对其中是否有值得思考的问题，一字未提，这反映了当时仍处于对异化问题批判的气氛中。

按我当时的认识来说，我通过对马克思思想的初步研究，发现自从马克思以雇佣劳动取代异化劳动，以剩余价值转化为资本成为再压迫工人的力量以后，已经包含产品异化的思想。马克思在著作中的确不太使用异化这个词，因为当时德国有些学者利用马克思使用与黑格尔、费尔巴哈相同的概念，而把他的思想视为旧思想的翻版。马克思不太用这个词，不表示异化作为一个哲学范畴不再具有价值。这个哲学用语应该视为一个概念而不是一个用语，它表述的是一种哲学观点，主体自身的活动会创造出一种与自身相对立的力量，反转来压迫主体自身。

异化问题本来可以是个学术问题，为什么当时如此敏感呢？因为它与人们最关切的“社会主义异化论”相关。似乎承认社会主义中有异化现象，就是主张社会主义会异化，就是反对社会主义。我自己当时也是持这种看法。我发表在《红旗》1983 年的文章《为什么说社会主义异化论是错误的?》反映的就是这种思想。按照当时实际情况来说，主张者认为社会主义社会是消灭异化，但仍存在异化现象，除自然的异化外，在思想上、政治上、经济上都有异化现象。社会主义社会中存在着不符合社会主义本质的社会性现象，是不能否认的。但这些现象是否可称为异化，可以见仁见智，各持一说。但当时把以异化来概括这种现象称为“社会主义异化论”并持批判立场，与其说源于异化概念不如说是源于政治考虑，认为凡主张社会主义存在异化现象的都是主张社会主义必然发生异化。三十年以后再来看这个问题，特别在当代生态如此恶化、苏联早已解体的情况下再来回顾这个问题，的确有许多有关社会主义中异化现象的理论问题，有待研究。可在当时的政治情况下，不可能进行这种研究。

社会主义社会中存在不符合社会主义本质的现象，社会主义制度下同样存在生态环境恶化，这也是不能否认的。这种与社会主义本质相对立的现象，在经济、政治、思想领域中都存在，在人与自然的关系上也存在。是否可用异化来概括这些现象，可以争论。应该承认“异化论”是一家之言，是一种观察这些现象的视角。但还可以有另一种视角，这就是用历史唯物主义观点进行分析，认为从资本主义母胎而来的社会主义不可避免地会存在这些现象，而且社会主义社会存在继续产生这些现象的土壤。如果对于社会主义时期不可避免存在的旧制度的残余，任其发展，就可能危及社会主义制度自身。

我根据自己对异化理论的研究，认为要科学地分析社会主义中异化现象存在的原因，必须坚持历史唯物主义观点，而不能用异化范畴解释社会主义中的异化现象，用异化解释异化，是在原地踏步。异化范畴的本质是主体自身创造的产物返回压迫主体自身。可社会主义社会并不必然如此，否则社会主义的建设者同时就是社会主义的消灭者。关键在于要区分马克思的异化观与黑格尔的异化观。黑格尔异化观中，对象化与异化是同一的，强调对象化必然产生异化。而马克思则把对象化与异化分开，认为对象化并不必然产生异化，对象化产生异化必须有它的根源，例如，资本主义社会异化劳动的根源在于资本主义私有财产制度。当代生态恶化不是源于人对自然的改造，而是源于这种改造的目的是追逐利润最大化。为了利润不惜破坏环境，在社会主义制度下的某些企业中同样存在这种现象。这是导致对象化产生异化的原因。同样，社会主义社会存在的异化现象，不是源于社会主义制度下广大人民的对象化即创造性活动，而是对这种创造性活动的错误导向。因此社会主义社会中的异化现象是社会基本制度的对立物，是附着于社会主义社会的脓疮和毒瘤。社会主义社会应该不断消除这些现象，不能让社会各个领域中存在的与社会主义本质相对立的异化现象不断膨胀。否则它就有可能断送社会主义。

苏联社会主义模式的失败可以视为社会主义制度的蜕化或异化，因为它向相反的社会转化。原因并不是苏联人民建设社会主义的创造性活动，也就是说并不是由于对象化，而是源于与社会主义本质相对立的因素不断膨胀，并最终压倒社会主义因素。异化不是社会主义社会的历史宿命，否则，任何社会主义建设都是毫无指望的乌托邦。但异化确实是社会主义中存在的危险，只要社会主义中与社会主义本质相异的因素无限发展，就可能导致社会制度的异化。从这个角度来分析异化问题，提出社会主义存在异化现象和异化危险，我认为具有警示作用。

在当时，由于异化问题的政治敏感性，根本没有展开讨论的条件，因此社会主义存在异化，社会主义中的异化现象是主体活动的必然结果还是在特定条件下对象化的产物，社会主义对象化是否必然导致社会主义异化，社会主义应该如何对待社会中存在的异化现象，都没有触及，更不用说深入讨论。1983 年那场关于异化问题的争论，更是草草收场。事情已经过去三十多年。周扬和乔木两位主要当事人都已离开人世。许多重大理论问题仍是悬案，可在理论领域中，重大理论问题是无法绕过的。只要没有明确的比较清晰的理论答案，总会以不同的方式不断出现。

三、人性不是解释社会问题的万灵药方

人道主义问题、异化问题并不必然与抽象人性论相联系。马克思主义完全可以在历史唯物主义理论框架内考察人道主义和异化问题，考察人性问题。当然，也存在另一种可能，即以人性的异化和复归为理论支架来论证人道主义问题，即人的本质的实现和异化的消除问题。在马克思自己的《手稿》中，人本主义和自然主义问题、异化问题都是与人性的异化和复归相联系的。由于当时马克思的思想处于急剧的转变中，人性的分析与经济学的分析往往相互交织和相互矛盾，这两种分析的交织，给后人留下许多可争论的空间。

在1983年那场关于人道主义和异化的讨论中，没有涉及人性问题。因为双方都是力求站在马克思主义的立场上，各自以马克思的经典著作为依据，以人性异化和复归来论证人道主义和异化观点的文章虽然有，并不多见。但是人性问题，无论作为一个哲学问题还是文学问题，始终是存在的。在哲学领域中没有人敢树立起人性论的大旗，文学则不然。文学的对象是人，文学即人学，写人而不写人性，则出现在小说中的人就不是现实的形象饱满的人，而是一群机器人。因此，人性问题始终成为文学中争论的焦点，甚至理论死结。然而，其根源在于哲学。

我没有写过直接论述人性的文章，我自觉没有这个水平。但我的著作中不少地方涉及这个问题。例如，我在《马克思早期思想研究》中，就专门讨论过马克思关于人性异化和复归的思想。后来在随笔中也对“人性深度发掘”的口号发表过看法。我自知这是个难题。古今中外，千百年来，关于人性问题众说纷纭，从无一致的结论，至今依然。可是在社会科学领域，尤其是文学领域，每个学者都有其自觉或不自觉的人性观作为自己研究的出发点。“经济人”的假设强调逐利是人的本性；主张严刑峻法的法家学派以人性本恶为前提；主张教之以德、导之以礼的儒家学派则以人性本善为前提。阶级斗争论者否认存在普遍的人性，而抽象人道主义者则认

为人性是普遍的。人性假设，几乎是各种不同学说隐秘的理论前提。物有物性，兽有兽性，人有人性，这是不言而喻的道理。以为讲人性、人情、人道就是“人性论”，这是极左的思想。我们曾经因为批“人性论”而使一些作家遭受冤屈。

不能把人性的抽象和抽象的人性混为一谈。人性作为一个关于人的本性概念，当然是一种抽象，它是从包括每个人的具体人性中抽象出来的概念。正如水果是从梨、桃、苹果中抽象出来的一样。但不存在抽象的人性，正如不存在抽象的水果一样。人性的抽象和抽象的人性是不同的。人性的抽象是说人性这个概念是通过抽象形成的，没有抽象就不可能形成人性概念；而抽象的人性是说人性与具体的人是相分离的，是一种永恒不变的普遍的本性。

不存在抽象的人性，它都是与具体的人相结合而存在的，因而人性必然具有时代、历史，甚至阶级特色。例如，“爱”、“同情”可以是一种抽象，是对人类存在的“爱”和“同情”的共性的一种抽象。但不存在抽象的爱。因为爱，总有“谁爱”、“爱谁”、“为什么爱”的问题。同情，同样存在“谁同情”、“同情谁”、“为什么同情”的问题。《琵琶行》中的名句“同是天涯沦落人，相逢何必曾相识”，因为他俩一为受贬谪的官员，一为老大嫁作商人妇的歌女，处境相同，才产生同情。如果说存在抽象的爱，爱是超历史超时代超阶级超民族的，一个人就可以爱任何人，不管他是朋友，是敌人，是杀人犯，还是你的父母和亲人。一个人具有同情心，就可以同情任何人吗？据我看，社会现实中从来不存在这种现象。所谓没有抽象的人性，就是指这点说的，而不是否定人的爱心、同情心。我们不能说人可以没有人性，但可以说人没有抽象的人性。没有人性和没有抽象的人性，看似相同，实则是两种完全不同的人性观。

文学当然要描写人性，写人而不写人性是荒谬的。问题是如何描写人性。如果文学只着力于人性自身，而且只号召“深度发掘人性”，就有可能剑走偏锋。时下，人性的深度发掘是一个响亮口号，似乎也是文学评论中高度评价一本小说或其他文学创作的标准。面对这个口号，我总是惶惶然，如果文学就是发掘人性，而且是深度发掘，那人性深度在哪里？如果认为人性的深度就在于人性自身，人类的爱恨情仇、悲欢离合，人们行为中表现的种种所谓优美人性或者种种令人发指的兽行，原因都出在人性，人性就是人的种种行为——无论是好的还是坏的，善举还是兽行——的最后根源，那就用不着改造社会，只要改造人性就行。以改造人性代替改造社会的观点，历史唯物主义者是不可能接受的。

人性的深度发掘是个比较含糊的问题，至今我没有想明白，人性的深度在哪里？既可以认为展示种种感人至深的高超美德为深度，也可以是在鞭挞令人发指的行为的名义下展现人的至恶至丑为深度。我以为，无论是美德还是兽行，都不应该理解为对人性的拷问或深度发掘，因为人性中并不必然地包含这些东西。人并没有天生的“赤子之心”或邪恶之心，它深深埋藏在人性的最深处，像海底石油或煤矿一样，需要发掘，需要深度发掘。实际上人性的深度发掘，往往是作者自己对社会问题观察的一种人性视角。如果只关注人性自身的美丑善恶，而撇开产生它的社会，往往会成为掩盖人性背后隐藏的社会问题的遮眼罩。

离开人生存于其中的社会，谁也无法说清楚什么是人性。人性并不是实体性存在，像人的五脏一样具有可视性。人的自然本性表现在人的生存本能中，所谓食色性也，指的就这个。但这种自然本性并非人特有的，而是人与动物共有的。以为这就是人性的全部，将描述这种本能以及为满足这种本能使用的各种最卑鄙的手段，视为对人性的深度发掘，越丑越有深度。其实，食与色，即生存与繁殖的确是与生俱来的本性。可人性的高低优劣不是人的自然本能，而是人满足自己生存需要的方式。男女之间的性关系是一种自然关系，是两个社会存在物（人与人）之间的自然本能要求。但究竟是杂交还是群交，是对偶婚还是专偶婚，是以婚外情、包二奶作为当代婚姻的非法补充，还是以白头偕老为幸福，都是基于生产方式变化而产生的婚姻制度和家庭伦理观念的变化决定的。人性的优劣不表现在生存需要，而是表现在满足生存需要的方式。

人的社会特性是文化的产物，而文化的经济基础是生产方式。人是文化创造者，也是文化产物。美国学者斯皮罗说，我相信，对人的适当研究就是对文化的研究，而由于文化是可变的，所以对人类的适当研究就是对文化全部变异的研究。由于文化随空间与时间而变化，由于行为在文化上是可变的，所以人性在文化上同样是可变的论断是无可驳斥的。用生产方式来解释文化，而用文化来解释人性，比起用人性解释人性更具说服力。

我们总是认为，爱是天性。其实人是从自己的社会生活中，从同类相处中，从父母、亲戚朋友的充满亲情友情的爱意中学会爱。一个缺少爱的单亲家庭往往会影响孩子爱的能力。一个从小受到社会蔑视和有不幸遭遇的人，往往心怀愤恨。虽然只有人才有爱恨情仇的能力和感情，但爱恨情仇的原因和对象是由于社会原因而非人的自然本性。其他被视为美好人性的东西，如同情、怜悯、正直、忠贞、恻隐之心、羞耻之心，总之一切人所赞美的优良品质，无一不是后天的而非与生俱来的。没有天生的坏人，也没有天生的好人。

人性不能解释社会，而只有社会才能解释人性。以人性解释社会并非当代哲学家的独创，可以说古已有之，历来如此。亚里士多德在他的《政治学》中说，大家听到现世种种罪恶，比如欺诈和伪证的财物诉讼，以及谄媚富豪等被指斥为导源于私有制。实际上，所有这些罪恶都导源于人类的罪恶本性。即使实行公有制度也无法为之补救。还说，在财产问题上，我们也得考虑到人类的快乐和品德这方面。某一事物被认为是你自己的事物，这在思想感情上就发生巨大作用。人都爱自己，而自爱出自天性，并不是偶然的冲动，人们珍爱自己的所有物并感到快意，实际上是自爱的延伸。霍布斯用人性是自私的解释资本主义社会丛林法则；亚当·斯密用人的逐利本性解释市场经济中的“看不见的手”。

在一般日常用语中，人类的坏品质和行为往往不被视为“人性”，而是视为对人性的践踏。这对于提升人的尊严和价值是对的。但是不要忘记，人类的坏品质和坏行为实际只能属于人，而不属于其他动物。同那些优美的人性一样，这些都是特定条件下形成的人的社会特性，而非自然本性。不能抽象地认为人性等于善良、等于高尚、等于知荣知耻，凡是坏的品质和行为就是人的本性的异化。这种看法很容易陷入人性本善的抽象人性理论的泥潭。

我读到法国哲学家阿兰在《幸福散论》中的一个提法，叫人性的“别针”，很有意思。他说，当遇到小孩哭闹，说什么也不肯平息下来的时候，保姆往往会对这小孩的性格，他喜欢什么、不喜欢什么，作诸般猜测。她会追溯遗传因素，认为孩子身上已经体现父亲的性格，直到保姆发现真正的原因是一枚别针刺痛了孩子，这些心理学家似的探索才算告终。阿兰告诫人们，千万别说人性本恶，千万别说他们生性如此这般，应该去寻找刺痛小孩的别针。所有的社会现象、社会问题，包括犯罪、道德的堕落、食品安全，肯定都有社会深层原因。我们需要寻找原因，分析原因，而不是一切推给人性。在人文社会科学中，再也没有比用人性假设来解释一切更省事的，可也再没有比用人性来解释问题更无用、更不能说明问题的。这不是科学研究而是搪塞，用人性做借口的搪塞。貌似高深，实则空泛无力。

封建社会的“望门寡”，即女子未过门，未婚夫死了仍然要终身守寡，没有人认为这违反人性，反而尊其为节妇；有夫之妇或寡妇与人私好要沉塘，没有人抗议为违背人性，相反赞成者居多，连父母或亲人都认为“理应如此”。这不是人性的异化，而是社会制度的封建本性铸就的伦理观念。只要资本主义取代封建社会，一切都会随之改变。并非人性变化推动社会变化，而是社会变化推动人性变化。抛开人性的“别针”吧，关注社会问题，寻求一切社会问题的社会根源，而不是把一切好事或罪恶都推给人性，这才是一个历史唯物主义者的理论态度。伊格尔顿说得对：如果战争、饥荒、屠杀都源自人性的堕落，那我们就根本没有理由相信我们会有更好的未来；但如果这些都在某些程度上是不公正的社会制度造成的结果，而人类最多不过是这个制度的棋子，那么我们就有理由相信，改变这个制度就能带来一个更好的世界。

我们不一定专门研究人性，但我总认为我们从事哲学工作，以及其他社会科学研究的人，都应该有一个正确的人性观。人性、人情、人道等是不能随便否定的。马克思主义并不否认人性，而是给人性一个既合乎科学又能促进人的全面发展的价值期待。

四、对苏联社会主义模式失败的哲学思考

苏联“8·19”事件使我感到震惊，我对克里姆林宫的红旗降落存在一种失落感。当代中国理论界对苏联社会主义模式失败的评价是大相径庭的，有人认为是历史的进步，是从专制走向民主；也有不少理论工作者认为是历史的倒退。从制度选择角度说，各国人民都有自

主选择的权利，别国无从置喙。当然，中苏有过大论战，有过珍宝岛上的冲突，但作为一个马克思主义理论工作者，从世界社会主义运动高度来思考，对曾经为世界历史开辟新航线的十月革命的硕果，七十多年后终于从社会主义之树上掉到地下，要说无关痛痒，漠不关心，那才不可思议。我毫不隐讳，我对社会主义在苏联的失败怀有一种惋惜和伤感之情：

问君此刻意若何？长夜不眠且放歌。
西风残照红旗落，泉下英灵涕泪多。
无边战骨埋荒草，连片别墅阔人窝。
水行深处悄寂寂，俯身侧耳听洪波。

中苏学者哲学研讨会

我记起我的苏联之行。大概是 1990 年，我随同我们教研室的萧前、钟宇人、李德顺，应当时苏联社会科学院哲学研究所邀请去过一趟苏联。因为经费不够，没有乘飞机，坐的是北京到莫斯科的国际列车。大概用了七天六晚，因为是第一次去，很兴奋，当时不像现在这样的年龄，并不害怕长途。没有多少外汇，不敢上餐厅用餐，准备了一路上吃的东西，主要是方便面、玉米面一类速食方便食品，弄得我现在一闻方便面之类的东西，便会作呕。其实，餐车上的东西很便宜，一元人民币能换几个卢布，

赴苏联

我们不懂，硬是吃自带的方便面，这叫受洋罪。与如今出国的人相比，那时简直是穷光蛋一个。

坐火车累些，但有个好处，可以饱览沿途风光。这可是个长距离，离开二连浩特，经过蒙古以后，火车奔驰在辽阔的西伯利亚土地上。我们见到贝加尔湖，见到一排排白杨。可惜我不是艺术家，没有艺术家的眼睛。进入苏联以后，见到不少站都有人上来换卢布或是换货，当时中国的“倒爷”不少，他们会用俄语讨价还价。我对这个没有兴趣，有时呆呆地瞧着窗外，看着不断向后倒退的俄国风情的房子，或成片成片的森林。俄罗斯的自然资源确实丰富。

在莫斯科，我们住在苏联社会科学院的招待所里。当时苏联物资开始紧张，我们带了点小礼品，如风油精、万金油之类的东西，送给清洁楼道的俄国大婶们。她们都很高兴，说“司巴昔波”（谢谢），我会来一句“聂奇渥”（不客气），我也只会这么一句。开了几个座谈会，参观过苏联的艺术馆，许多著名的油画，包括肖像画，逼真入微。欣赏了反对拿破仑的莫斯科保卫战巨幅油画，如同身处其境，仿佛听见隆隆炮声和士兵的高喊冲锋声。看到这些油画，我想到齐白石大师的虾、鱼、白菜，栩栩如生，寥寥数笔，仿佛天成。两个民族，两种风格。艺术极具民族性，难以简单评说高下。

在苏联，我最出洋相的一次是在列宁格勒，现改名为圣彼得堡。我们参观冬宫后，一同逛广场附近的一个商场。不知何时他们先走了，我一个人怎么也找不到回住所的路。我从小就不辨东南西北，只知前后左右。前后左右它是以自己为坐标，我前面我后面，我很清楚，可东南西北与我无关，它是客观的方向。分不出就是分不出。结果，我花了几个小时都找不到回住地的路。我用蹩脚的俄语问苏联社会学院招待所在哪里，一个单词一个单词蹦的话，谁也听不懂。后来我写在小纸片上给人看，有个人似乎看明白了，带我走了一段，我发现不对，因为从我住地到广场很近，现在走了很长一段路，尽是我没走过的地方，原来他误以为我找列宁格勒大学哲学所。我又折回广场，冷静下来仔细观察，终于发现了我记得的一个标志，走了不到十分钟就到住地了。他们正在着急，商量要不要报警。他们开玩笑说，我们以为你叛逃了！我现在想，人有迷失方向的时候，一个民族，一个国家是否也有迷失方向的时候？

我们在莫斯科时，只感到物资紧张，西红柿和黄瓜是放在玻璃框里当水果卖。我到过莫斯科最著名的库姆商场，商品匮乏，到处排队。俄罗斯人素质还是很高的，排队时静悄悄的，有的手里还捧着一本书。我买了一件呢子大衣，真正的俄罗斯风格，质量好，实用，但并不美观。售价用一个小标签连在大衣内部口袋上方，真正是计划经济计划到“一丝不苟”的地步。我们在苏联待了一星期，又原路返回，还是国际列车。来回路上两个星期，开会、参观加在一起才一个星期，从时间算真不划算。原路返回，对沿途景色就没去时那样兴致勃勃，多半聊天或躺在床上休息。

离我们那次去苏联不到一年，局势急剧变化。当然，冰冻三尺非一日之寒，这是矛盾长期积累的结果。但戈尔巴乔夫和叶利钦执行的路线和政策，对苏联社会主义的失败起了最后的决定性作用。我以为他们不是在棺材上钉最后一枚钉的角色，而直接就是社会主义社会的埋葬者。如果不按照西方提供的“百日私有化”的药方，所谓“民主化”的药方，不取缔苏联共产党，即使改革政策中出现重大错误，仍然有自我疗伤的机会。可是

苏联之行

苏共的最后一位领导者、社会主义国家的领导者成为埋葬者、送葬者，这还有什么可说的呢？自然是回天无力！

苏联解体，社会主义在苏联失败之后，理论家们争论苏联社会主义的失败是必然的还是偶然的，应该由谁承担历史的责任。我曾写过一篇文章《社会主义的必然性及其实现方式》讨论这个问题。苏联从一个强大的社会主义国家蜕变为资本主义国家，而原来比较贫困的社会主义中国却在改革开放中迅速崛起。为什么同样是社会主义国家却有两种命运？如果社会主义优越于资本主义，那苏联为什么会解体？如果社会主义不优越于资本主义，那为什么中国会在坚持社会主义基本制度的框架内取得如此重大的成就？社会主义社会取代资本主义社会有没有必然性？历史的偶然性，以及具有自己个性、在特定历史时期站在政治舞台上的历史人物，在多大程度上决定中国与苏联社会主义社会发展的不同命运？这既是一个历史哲学问题，同时也是一个现实问题。问题及其答案都存在于苏联和中国社会主义事业各自的历史发展中。

如果说苏联社会主义失败是必然的，那么十月革命就是错误的，是一次注定要失败的冒险。苏联社会主义不仅是早产儿，简直就是畸形儿。如果说是偶然的，那苏联这个庞然大物，这个唯一能与美国和西方资本主义世界抗衡的社会主义大国，这个使美国乃至整个西方社会在战后不能无所顾忌、为所欲为的大国，在经历了举世瞩目的辉煌之后，终于由于偶然因素的作用而解体，由于偶然因素的作用而导致资本主义复辟，这也无法令人信服。一种偶然产生的社会制度不可能有如此辉煌的历史业绩；而一种必然产生的社会制度也不会仅仅因为偶然因素而灭亡。

我们一些理论家们争论苏联社会主义失败必然性问题，仿佛谈论月食与日食一样，认为它从开始就预先注定必然失败。其实，苏联所发生的一切，存在于苏联的历史发展过程中，存在于苏联共产党领导的活动中。离开苏联社会主义近七十年的历史，就既不存在苏联社会主义失败的必然性问题，也不存在导致苏联解体的各种不同个性人物出现的偶然性问题。

十月革命是一场具有世界历史意义的伟大革命，说它纯粹是偶然的，是列宁的阴谋，当然是完全错误的。一场作为世界历史创举的伟大革命不可能纯属偶然。偶然因素可以成为诱因，但不是历史发展的决定因素。十月革命后，苏联的发展举世瞩目，在一段时期内西方世界曾为之惊慌失措，这就说明十月革命是合理的，是顺应历史潮流和符合民心的。十月革命的必然性存在于人类社会形态更替的规律和俄国特殊条件相结合之中。如果人类社会没有进入资本主义社会，不存在资本主义社会由于自身矛盾必然过渡到社会主义社会的规律，就根本不可能有十月革命。如果俄国不是当时资本主义世界矛盾最尖锐而又最薄弱的环节，社会主义革命也不可能首先在俄国爆发。可以说，世界历史的总规律和第一次世界大战后俄国面临各种矛盾的特殊条件孕育了十月革命。而列宁缔造的俄国布尔什维克党坚持正确的领导，适时地利用俄国二月革命胜利后的局势，以及俄国资产阶级临时政府对解决战争、对俄国农民要求解决土地和面包问题的无能，使十月革命由可能变为现实。十月革命的必然性存在于世界资本主义发展规律、俄国的特殊条件和社会矛盾以及列宁和俄国共产党的活动相结合之中。主体的参与是社会规律起作用的特点，社会主义革命也不例外。

历史并没有注定苏联七十年后必然解体，亦没有注定社会主义一定会失败。然而事实无情，苏维埃政权经历了七十年的耀眼辉煌，却在国内外、党内外政治力量的合力作用下，在群众的不满甚至不明就里的参与下，最终垮台。这种解体的必然性同样存在于国际条件和苏联国内条件之中，存在于处于执政地位的苏联共产党的活动之中。苏联解体的必然性是在特定的历史条件下，由苏联共产党执政时期自身活动的错误逐步积累而成的。

斯大林的执政，为苏联的崛起立下了汗马功劳，但他以阶级斗争和党内斗争来巩固政权，不承认社会主义社会有矛盾，不承认需要正确处理和用不同方法解决不同性质的矛盾，实行专政和高压政策，对苏联社会主义社会不正常的发展负有一定的历史责任，留下了隐患。但起决定作用的是斯大林逝世后苏联共产党的历届领导者。他们作为斯大林之后的当权者和决策者，完全有可能结合苏联的实际，真正按照社会主义原则纠正斯大林和斯大林时期的错误。可他们走的是另一条路。在斯大林死后出现的两种可能性中，苏联共产党的领导人做了错误的抉择。赫鲁晓夫想纠正斯大林的错误，进行改革并没有错，可是他以全盘否定斯大林、否定苏联社会主义建设的历史来开启改革的闸门，迈开了错误的步伐。赫鲁晓夫以后的几届苏联共产党领导人，一方面，在理论和舆论上，对由于全盘否定斯大林而诱发的苏联国内反马克思主义思潮演变为丑化和诋毁社会主义制度的思潮，采取了放任态度；另一方面，在经济和政治上，仍然维持斯大林时期确立的原有体制，而没有进行真正卓有成效的改革，从而使苏联经济陷入停滞状态。这种经济基础与上层建筑之间的矛盾，即意识形态中诋毁社会主义和马克思主义的舆论泛滥与奉行原有经济体制并存之间的矛盾，严重影响了苏联的生产力和科学技术的发展，使人民生活水平远远落后于西方发达国家。在意识形态领域，马克思主义被边缘化、被丑化，思想极度混乱。按照历史唯物主义的观点，一切社会冲突归根结底存在于社会基本矛盾之中。当苏联意识形态陷入极度混乱、生产力和科学技术发展陷入停滞、人民生活水平陷入贫困时，解体的必然性也就在不满中悄然形成。原苏共领导人戈尔巴乔夫和叶利钦并不是凭空冒出来的人物，而是从苏联全盘否定斯大林、否定社会主义历史的土壤里成长起来的一代。他们登上苏联政治舞台，是应时而出。

俄国 1917 年的十月革命和七十多年后苏联克里姆林宫红旗降落，是 20 世纪社会主义运动中一头一尾两件具有世界性意义的大事。它们不是相互排斥非此即彼。我一直认为十月革命是必然的，苏联七十年后的解体也是必然的。这两个必然性之间表面上似乎矛盾，如同水火冰炭，实际上是可以并存的。因为从十月革命的必然性到苏联解体的必然性之间有一段很长的历史过程。正是在这一历史过程中，苏联共产党执政纲领、路线、方针的失误，以及苏联共产党自身的腐败为其灭亡创造了条件。产生十月革命的条件和七十多年后苏联亡党失政的条件完全不同。这样，你才可以理解，几万党员可以夺取政权，而几千万党员可以丢掉政权。十月革命的必然性并不能导出苏联社会主义最终胜利的必然性。这是两种必然性。任何伟大的马克思主义理论家和革命家，都不可能为他们身后提出一个永恒不变的治国方案，也无法保证他们开创的事业在多少代以后不会中途夭折。古人说，创业难，守业更难。社会主义伟大事业不同于任何封建王朝，它只能在不断变革中完善、巩固和发展。

社会必然性与自然必然性起作用的方式不同。在自然领域，必然性的实现表现为一系列因果制约性而非目的性的参与，是纯客观的过程；社会领域是人的领域，人的目的性是社会必然性实现的主体因素，在必然性的实现中，人的目的性起着重要作用。社会发展存在着多种可能性，其中必然性、偶然性、因果性和目的性相互交错。主体对必然性自觉把握的程度，目的的正确选择和实现方式，都会影响历史必然性的实现。苏联共产党和中国共产党是世界上的两个大党，苏联和中国建立社会主义制度后，社会主义基本规律都在起作用，历史并没有注定苏联必然解体，也没有注定中国社会主义必然取得如此重大的成就。苏联社会主义和中国社会主义两种不同的结局，根源于苏联共产党和中国共产党采取了不同的路线、方针、政策。

秦人不暇自哀而后人哀之。俄罗斯选择什么道路是俄国人自己决定的。但作为一个曾经的社会主义大国，其兴衰对于社会主义国家具有警示作用。警钟长鸣，保持中国共产党的先进性和纯洁性是发挥中国共产党领导作用的保证。作为一个马克思主义理论研究者，必须关注苏联亡党失政的教训。不加分析，抽象地鼓吹社会主义在苏联的失败是历史的进步的论调，决不能苟同。

中国的社会主义道路与俄国不同。俄国取得政权并没有经过长期的大规模的武装斗争，阿芙乐尔军舰的炮声和攻下冬宫的少数工人就宣告了沙皇统治的垮台。中国不同，中国革命的胜利是经过二十八年浴血战斗，经过舍生忘死的斗争才取得的。它是无数革命者鲜血浇灌的胜利果实，来之不易，应备加珍惜。我在观看电视剧《长征》时写过一首观后感诗：

拼却头颅血浮舟，赢得自由满神州。
前人种桃后人摘，今人复为后人筹。
国盛仍应卧尝胆，民富不忘域外忧。
成败兴衰非天意，事在人为有远谋。

在观看《历史的丰碑》时，众多烈士惊天地泣鬼神、刑场就义的镜头，我深深为之感动：

夕阳几度照青山，百年沧桑指顾间。
歌乐红梅凌霜雪，刑场婚礼泣人寰。
民族危亡多壮士，国家无事唱檀郎。
我盼高歌舞剑器，狂飙席卷振阳刚。

事在人为。中国革命的胜利果实需要坚定地实行改革开放政策来发展和巩固，也需要用我们革命先辈的创业史、我们民族的苦难奋斗的历史教育我们的青年。前事不忘，后事之师；北国殷鉴，决不可忘。我们要牢牢记住两方面的历史经验和教训：苏联大国的兴衰，中国的和平发展。我们要避免苏联的覆辙，也坚定地走自己的道路。为此我专门写过《历史周期率与中国特色社会主义》，此文发表在于《马克思主义研究》2008 年第 1 期；《历史周期率研究》，刊载于《中国社会科学》内部稿，这两篇文章都是试图从苏联解体以及中国改革开放的成就两个不同的角度总结社会主义运动的经验和教训。

五、我对萧黄哲学争论的态度

我看到有些关于中国马克思主义哲学的著作，说中国当代哲学有三个学派：一个是唯实践主义，一个是实践唯物主义，再一个是辩证唯物主义。我不以为然。我的意见是中国马克思主义哲学中还没有形成学派。当然有学派并非坏事，它是学术繁荣和发展的一种表现，问题是我们现在并不存在他们所说的三种学派。

主张马克思主义哲学是以实践为基础的超越唯物主义和唯心主义的哲

学，也只能算是个别学者的观点，和者实寡，真正拥护并追随的并不多，不能说中国有一个马克思主义“超越论”学派。其实，这种“超越论”不是新发明。恩格斯早就批评过认为唯物主义和唯心主义是两个片面性并寻求超越的观点。至于列宁的《唯物主义与经验批判主义》，从“代绪论”到“结论”，贯穿全书的主线就是反对“超越论”这种哲学中的第三条路线。列宁旗帜鲜明地坚持彻底的唯物主义路线。他说：和马克思完全一致并同马克思密切合作的恩格斯，在自己的一切哲学著作中，在一切问题上都简单明白地把唯物主义路线跟唯心主义路线对立起来。不论在 1878 年、1888 年或 1892 年，他对于“超越”唯物主义和唯心主义的“片面性”而创立新路线（如创立什么“实证论”、“实在论”或其他教授的骗人理论）的无数煞费苦心的企图，一概表示轻视。我以为，超越唯物主义和唯心主义的唯实践主义在中国没有形成一个学派，也不可能形成一个学派。

“实践唯物主义”倡导者的观点差别极大，很难说是一个学派。我的老师萧前倡导实践唯物主义最力，他是在反对没有把实践提高到在整个马克思主义哲学中应有的高度，而仅仅把实践看作马克思主义哲学认识论的首要问题。萧前老师反复强调实践唯物主义与辩证唯物主义并不是对立的。它在反对旧唯物主义时强调实践，在反对唯心主义时强调唯物主义，因此萧老师的实践唯物主义是两面开战，既反对旧唯物主义，又反对唯心主义。至于那种极端的实践唯物主义，主张实践本体论、实践一元论，反对世界的物质性和世界的物质统一性，把人类产生之前的自然界，实践尚未达到的自然界统统认为是“无”的观点，虽然有人赞成，但并不多。因为此说实在与自然发展史、人类史、科学史太不符合。除了自说自话的哲学家，我看能有理有据、理直气壮坚持这种实践唯物主义学说的实在不多。正因为实践唯物主义学派中观点混杂，甚至彼此矛盾，因而使我既难以肯定又难以否定，有时只好沉默。

至于所谓辩证唯物主义学派，我们应该具体分析。如果是说坚持中国共产党一贯倡导的马克思主义哲学世界观，坚持辩证唯物主义和历史唯物主义，我以为中国的马克思主义者，都应该属于这个学派。这种辩证唯物主义学派高度重视实践在马克思主义哲学中的地位和作用，坚持辩证唯物主义和历史唯物主义的统一。如果把辩证唯物主义学派理解为始终坚持苏联的哲学教科书体系，或者说坚持斯大林联共（布）党史教材第四章第二节的体系，我以为当代中国并不存在这种僵化的所谓辩证唯物主义学派。我们现在编写的哲学教科书或发表的文章，都承认斯大林的体系存在严重缺点。多年来马克思主义哲学界都力图结合中国特色，总结新的经验，编写具有中国气魄和中国特色的教科书。

我很光荣地被一些学者列入辩证唯物主义学派，附黄楠森先生之骥尾，我自然高兴，也是对我的高抬。但我在任何意义上都不属于无条件地反对实践唯物主义的行列，也不属于无条件地赞同黄先生把辩证唯物主义视为总体，把历史唯物主义视为部门哲学的看法。有人批评我胳膊肘往外拐，人民大学哲学系的教员不站在萧老师一边，而站在黄先生一边。这是误解。我在我的老师萧前和黄先生之间不存在选边站的问题，因为我有我自己对问题的看法，与两位老师都既有同又有异，异中有同，同中有异。我这个人有个毛病，在理论问题上缺乏灵活性，不论远近内外，我只管我自己怎样看，得罪人与否不在考虑之列，无怪人称“傻小”。

与黄楠森（前排左三）等合影

我是萧老师的入室弟子。我虽然不是黄先生的及门弟子，但黄先生比我年长九年，是我的老师辈。我很早就知道黄先生的大名，但无交往。从上世纪 80 年代初开始，我与黄先生每年都在社科基金会上碰面。后来黄先生不再参加评审会，我们也会在一些学术会议上见面。黄先生与我可以说亦师亦友。后来，他渐入高龄，我也年老，参加学术会议的“积极性”越来越小，但每年春节都会互致问候。黄先生在马克思主义哲学、哲学史方面的学术造诣极高，是我们的领军者。他晚年仍旧保持旺盛的创造力。人学的开创性工作，主编马克思主义哲学创新体系的鸿篇巨制，都表明了这一点。黄先生八十岁、八十五岁、九十岁三次重要寿期，我曾写过三首诗祝贺。虽然见面少了，但以诗传情，也不失为知识分子的一种交往方式。黄先生虚八十，我七十。我对他笑称，我们是七老八十。他过生日当天，我曾贺之以诗：

身如药树君真健，温和谦恭长者风。
字字珠玑叹妙笔，桃李满园道不穷。
未列门墙心私淑，每聆高论暗称同。
双手过顶三敬酒，我祝先生百岁红。

双手过顶，尊以师礼。一眨眼他八十五，我七十五，又以诗为贺：

欣逢八五庆生辰，犹记八十客盈门。
虽说五年弹指过，又见纸贵洛阳城。
大名岂独铅字铸，道德文章两相能。
百岁可期仍健笔，都道哲人似仙人。

黄楠森夫妇

末联“百岁可期仍健笔”，是羡慕他年过八十仍笔耕不辍；“都道哲人似仙人”，是赞他为人谦和，即使发生争论，笔下也从无霸气，仍然娓娓道来，心平气和，从不以势压人。黄先生有学者风、长者风、仁者风。

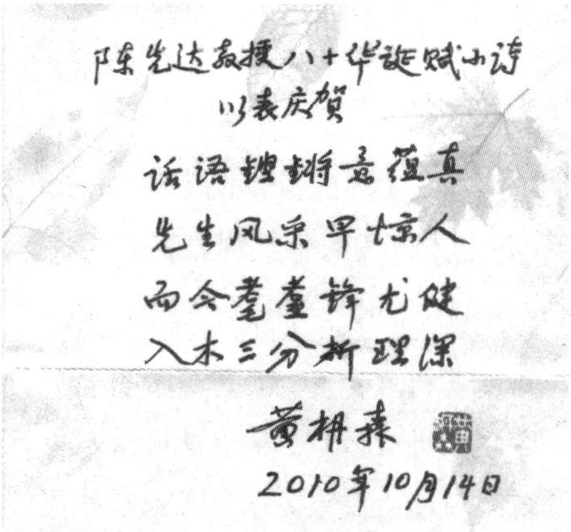

黄先生贺诗

我八十岁时，黄先生曾寄诗为贱寿祝贺：“话语铿锵意蕴真，先生风采早惊人。而今耄耋锋尤键，入木三分析理深。”这是对我的鼓励和厚爱。我虽年老，在他面前也不敢妄称高龄。转日，黄先生九十大寿。“秀才人情一张纸”，我也贺以诗：

五十年前是我师，五十年后情更深。
莫谓荷戟独彷徨，同一战壕两老兵。

“莫谓荷戟独彷徨，同一战壕两老兵”，这是有感而发的。我知道有些学者对黄先生的某些观点持有异议。这并不奇怪，也很正常。学术讨论有助于学术的发展。但我对在同一刊物约集多人对德高望重的黄先生采取围攻式的批判有不同看法。我也发过两篇文章，对事关马克思主义哲学本质的问题表示看法。“莫谓荷戟独彷徨，同一战壕两老兵”，指的是在维护辩证唯物主义、反对否定辩证唯物主义方面，黄先生并不是孤立的。虽然我与黄先生在辩证唯物主义与历史唯物主义关系问题上，在如何论证作为世界观的辩证唯物主义问题上，也有差异和各自不同的论证方法。但在辩证唯物主义和历史唯物主义是不是马克思主义哲学，是不是中国共产党人的世界观这个根本原则问题上，我们是一致的。“莫谓”一句，指的就是这场“公案”。

我一直在考虑，究竟萧老师倡导的实践唯物主义与黄先生坚持的辩证唯物主义的根本分歧何在？萧老师否认世界的物质性和物质统一吗？否认世界是运动着的物质和物质世界始终处于运动中吗？我没有看到萧老师有这种看法，相反他坚持实践唯物主义与辩证唯物主义的一致性、非对立性，反对对实践唯物主义的唯实践主义解释。黄先生否认实践的重要性，否认没有科学实践观就不可能有马克思主义哲学的变革吗？我也没有见到黄先生有这种看法。萧老师强调实践观点是整个马克思主义哲学的首要和基本观点，而黄先生认为实践是认识论的首要和基本观点。我认为这种分歧源于考察哲学的不同视角，而不应该视为根本对立。

萧老师强调的，是实践在整个马克思主义哲学变革中的作用。如果在马克思主义哲学中仍然是物质观处于首要地位，那与旧唯物主义无异，何来哲学的变革？萧老师的着眼点是马克思主义哲学自身，或者说是一种马克思主义哲学的哲学观，是新旧唯物主义根本区别，着眼的是马克思主义哲学变革的关键所在。从马克思哲学不同于旧的唯物主义哲学，从实践贯穿全部马克思主义哲学中的地位来看，显然，强调实践在马克思主义哲学中的首要地位，我以为是合理的；但如果换个哲学视角，不是考察马克思主义哲学的变革，而是考察人的实践与实践对象的关系，考察实践与物质世界的关系，毫无疑问，自然界处于优先地位。没有物质世界，就不可能有人类实践活动，没有自在自然就不可能出现人化自然。而且，人的实践的成功与失败并不决定于实践自身，而决定于是否符合客观世界的规律。相对于人类面对的无限的物质世界而言，人的实践能力终究是有限的，它不能违规操作。要改造世界，先要服从世界，任何违规操作，企图把自己的意志强加于自然，只能受到自然的惩罚。从这个角度说，世界物质性的观点，是马克思主义哲学关于世界本质的首要观点。动摇这个基本观点，就是马克思主义哲学从唯物主义行列中的自我放逐。不管马克思主义哲学如何变革，它仍然属于唯物主义，它没有变到唯物主义之外去。在我看来，对马克思主义哲学变革来说，实践的观点肯定是首要的基本观点，否则，就没有马克思主义哲学的变革；而在讨论客观世界的本性时，必须坚持我们的世界是一个客观的、不依存于主体意识的客观世界，是物质世界。只有先肯定世界的物质性，人类才有可能进行对象化的实践活动。与人和人的实践相比，世界的物质性、自然界的优先地位是不能否定的。否则，就违背自然发展史，违背人类发展史。这样，我们才能理解，为什么任何一本认真严肃的哲学教科书，既坚持实践是马克思主义哲学的首要和基本观点，可在论述马克思主义哲学时，又都把世界的物质性和物质统一性作为开篇，原因正在于此。

萧老师和黄老师都已作古，这是我们马克思主义哲学界的损失。他们争论的问题可能仍未解决。我希望年轻一代的马克思主义哲学研究者不要在实践唯物主义、辩证唯物主义或者其他名称上进行争论，必须对马克思主义哲学中的重大问题进行研究。关于实践唯物主义与辩证唯物主义之争，我也发表过几篇文章。例如上个世纪 80 年代发表于《哲学动态》上的《我对实践唯物主义的几点看法》，我对实践唯物主义完全是采取分析态度而不是简单的否定或肯定。后来在 2010 年 7 月 8 日的《中国社会科学报》发表过《马克思主义哲学的时代思辨》；《马克思主义研究》2011 年第 8 期发表《正确认识实践唯物主义，牢固树立辩证唯物主义和历史唯物主义世界观》，我对实践唯物主义一直采取分析态度。后来我不再写这方面的文章了，我感到乏味。因为我发现没有交锋点，也没有对话式的讨论，只是各说各话，枉费唾沫，不如坐下来喝茶。

萧老师是我的恩师、业师。我最大的遗憾是没有和老师交流思想，谈谈彼此对一些学术问题的看法。萧老师处于学术巅峰时，我正处于冷落时期；等我慢慢缓过来，在学术界开始露面时，萧老师连续两次得病，第一次是脑溢血，经过抢救幸能存活，但失去语言能力，无法交流，我也不忍心打扰他；第二次，又得膀胱癌，病重卧床，更无法谈这些纯学术问题。我始终没有机会向萧老师解释我的看法，以致师生之间存在某些隔阂，我至今仍感内疚。现在天人两隔，要想解释已无可能了。

六、从对价值问题的无知到开始关注

在我开始学习马克思主义哲学的那个年代，价值这个概念仿佛是西方资产阶级哲学的代名词。我既不懂什么是价值，也没有在课堂上听过有关这个问题的讲授。价值哲学是在改革开放以后逐渐为中国哲学界所重视，有一些学者在研究价值方面做出过贡献。记得20世纪80年代初，我参与萧老师博士生李德顺的毕业论文《价值论》的答辩。当时我自己没研究过价值哲学，这方面的知识很缺乏，提过一些外行问题。这对我是一次教训，事情过了三十年，我至今未忘。年轻人思想敏锐，可以得学术风气之先。老年人应该向年轻人学习。

随着近些年来关于普世价值的争论，关于核心价值观问题的提出，我也开始关心这个问题。我没有着力于价值定义的研究，因为我觉得一陷入定义的争论，就会没完没了。我力图从历史唯物主义角度对价值问题进行一些探讨。《哲学研究》2009年第4期发表过我的《论普世价值和价值共识》。我的基本观点是三句话：慎用普世价值，坚持核心价值，增加价值共识。此文被多家杂志转载。我还考虑过一个社会的核心价值与社会制度的关系。从国家层面、从社会层面、从个人层面，核心价值都与人们生存其中的社会制度不可分，因此我撰写了《核心价值与社会制度的制约性》，发表在《中国特色社会主义研究》杂志上，我把核心价值的讨论从抽象的哲学思辨领域置于现实的基础上，试图跳出单纯概念和范畴组合的局限。

关于普世价值的争论，我以为不应把重点放在探求有无普世价值、如何定义普世价值的纯理论问题的争论上。问题起源于西方发达资本主义国家，尤其是美国把它们的自由、民主、人权奉为普世价值，不仅向全世界推销，而且作为他们评价其他国家的标准，对不奉行他们所说的普世价值的国家，说三道四，甚至在必要时成为介入别国内政的借口。我们拒斥西方鼓吹的这种“普世价值”，因为其意识形态性远远压倒它具有的历史进步性。

西方的自由、民主、人权观念和制度决不是普世价值。因为它包含一个不可解决的矛盾，即价值主体与价值本质的矛盾。价值不可能具有抽象的普世性。有放之四海而皆准的普遍真理，而没有放之四海而皆准的抽象的普世价值。这是真理与价值之间最重要的一个区别。因为真理是主客体的认识关系，它涉及的是认识内容的客观性问题，而价值是主客体的一种需要和满足需要的关系，它涉及的是利益，特别是核心利益关系问题。即便是放之四海而皆准的普遍真理，也要与各国实际相结合，否则就是抽象真理，而抽象真理会因为缺失具体性而转化为谬误。真理尚且如此，何况价值？

价值的绝对性和普世性与价值关系的现实性两者不能兼容。价值判断是主体性判断，而价值的现实关系是不以主体意志为转移的客观关系。《红楼梦》中贾宝玉手下的高级丫环可以对自己的地位做出满意的价值认同，但无法改变她们与主子之间实际的主奴关系。称颂资本主义、满足于资本主义制度的无产者，已经成为当代西方工人运动的一大障碍。如果社会主义国家把西方的所谓普世价值当成自己的价值追求，就是对自身制度的本质和利益的实际价值关系的背离。

西方的所谓普世价值不可能是绝对的、普世的。世界各国的制度和民族特点各异，不可能奉行与西方完全相同的所谓普世价值。当今世界奉行同一种普世价值的共同主体并不存在。当今世界并没有以全世界所有国家为同一主体，也没有共同认同的普世价值，更不可能以西方的价值作为必须奉行的普世价值。什么是普世性？是指民主、自由、平等、人权的名称、用语吗？它们是通名，都可以用，但其内容并不相同。按照历史唯物主义基本观点，民主作为一种政治制度属于上层建筑，它不可能是抽象的。邓小平明确指出，中国人民今天需要的民主，只能是社会主义民主或称人民民主，而不是资产阶级的个人主义的民主。

有人说社会主义民主不算民主，而只有西方民主才算民主，这就已经离开名称的争论，而涉及实质性内容。什么是民主？是不是只有西方那一套才叫民主，而社会主义民主无权称为民主？这是谁规定的？在我们看来，西方民主是少数人的民主而不是人民真正当家做主的民主。可见，民主这个名称可以是共名，可当进一步问什么是民主，你需要的是什么样的民主时，在这个层次上，不可能存在一个抽象的、世界共有的、普世的民主。强调民主普世性的人，认为西方的自由、民主等等是普世的，即是人类终极价值，哪一个国家都应该照搬照用。这种观点是“西方中心论”的继续，或者说是“当代历史终结论”的话语霸权在价值观上的表现形态。有人或许会说，民主就是民主，它应该是普世的，如果是这样，那只能掏尽民主的内容，等于说民主只能是形式不能涉及内容，可没有内容的民主算什么民主？民主必须是有内容的而不能只是形式的。民主不仅是一种方式，而且必须包括它是什么人的民主、是多数人还是少数人的民主？这已经是老生常谈，可确是真理。这种民主的指向，就是民主的价值内容和意义，或者说是民主的实质。马克思和恩格斯强调民主必须具备一定的意义，否则它就不存在。我们应该把民主的形式和民主的实质区分开来，无论是投票、普选、辩论、演说，都只是民主的方式，但并不能说明凡是这样做的就是民主，不这样做就不是民主。如果买票拜票，通过千般手段百样花招当选上台的统治者，上台后与人民的利益相悖，只为特定集团服务的民主就是民主，社会主义国家的人民宁愿不要这种民主。因为这种民主只能是残缺不全的民主，甚至是假民主，它并不能真正代表广大人民的利益。如果我们醉心于几年一次、把某些人抬入统治集团的民主，而不管他们是否为人民办事，或者满意于这次选的人不满意，下次再抬另一个政党、另外一些人，再不行，再选。如果这就叫民主，那老百姓永远是抬轿的轿夫角色。我看，醉心这种民主只能是醉心选举游戏，而不是真正觉悟的社会主义人民应该追求的民主。

在实际生活中，我们往往容易把西方坚称的普世价值与价值共识相混淆。我们反对西方宣称的普世价值，但承认人类在一定范围内、一定问题上可以存在某种价值共识。价值共识不是脱离各个民族的价值而独立存在的抽象共相，而是在人类文明进步中、在各民族文化交流中逐步形成的对某些基本价值的认可；它是有条件的、历史的、变化的。例如 1948 年 12 月 10 日联合国通过的《世界人权宣言》，就是对人权这个问题的某种价值共识，它代表该宣言的签字国对一些基本的人权的认可。但这并不意味着《世界人权宣言》中列举的是超越历史和国家的普世价值。因为它具有时代性，产生于第二次世界大战之后，它表明人们对战争的反省、随着人类社会发展、人的社会地位和政治地位的提高而发生的变化。《世界人权宣言》可以看作人类历史进步的一项纪录：其中所列举的人的权利是历史的产物，其产生和完善经历了一个历史过程。即使在西方发达国家，所谓自由、民主、人权至今仍然是残缺不全的，并没有成为人人享有的普遍价值。

任何被大多数人认可的价值共识都具有时代性，应该符合时代的要求，是时代和社会自身实践成果在理论上的反映，而不是少数智者对绝对真理的发现，或慈悲家们救世主式地向世人宣示的约定。宗教家可以认定自己的教义具有普世性，它囊括全体世人，是救世的，是普度众生的，但宗教之间或教派之间的纷争甚至战争证明任何一种宗教都不可能具有普世性。它的普世主义不可能得到认同。任何一种宗教的普世性，只是一种宗教信仰和教义。宗教教义不具有普世性，而且彼此对立、冲突，因而产生了把各种宗教共同认可的东西确定为普世伦理的需要，普世伦理应时而生。其实，这种所谓普世伦理只能是一种底线伦理，是对人类社会规范或人类进步实际成果的一种肯定。如果这些规范具有现实基础，它可以起宣传和警世的作用。但如果企图把它作为全世界都应该遵守的道德规范，那就只能是一种良好的愿望，并无现实可能性，全人类行为是不可能通过道德约定或制定规范或发布宣言来统一的。因为人类的道德自觉，尤其是世界范围内的被认可的道德规范，是一种道德价值共识；这种共识的可能性与现实可行性，与人类社会进步、与各个国家和民族的发展水平和社会状况是不可分的。尽管道德家们、思想家们可以逞抽象思辨之伟力，找出一些似乎是人人都理应赞同和遵守的价值而称为普世价值或者普世伦理，但它们在现实中并不具有普世性，最多是一种理想，是一种期待。

我们不赞同西方宣扬的所谓普世伦理，但我们不能否定人类的基本价值及其可能达到的某种共识。人不是以抽象的类作为全球统一主体，也不可能从抽象的普遍人性中引申出普世价值；但人作为社会的主体，无论属于哪一个种族、民族、国家，不仅具有某些共同的自然属性，而且都要解决人与自然、人与人的关系问题，面对某些相同或相似的问题，从而逐步积累一些相似的认识、经验和体验，形成一些对人类的生存和发展具有重要意义的基本价值。它们可以存在于物质文明中，也可以存在于精神文明中。价值共识就是对不同民族创造的物质文明和精神文明中积极合理因素的某种认同。例如在当代，民主、法制、自由、人权、平等、博爱、和谐等观念就是一些价值共识。价值共识不同于西方宣扬的普世价值。西方普世价值强调的是自己认定的价值的普世性、无差别性；而价值共识的范围则可大可小，共识的程度可高可低，并且价值共识作为一种理论承诺，和它的实际状况并不都吻合。

价值共识不是约定的，不是少数天才思想家的发现，而是人类历史和社会进步逐步形成的，具有客观的历史必然性。它并非逻辑、理性必然性的产物，也不是伦理学中的应然或“绝对命令”。价值共识以各民族实际创造的多样文化中的积极因素为依托，存于各种具有民族特性的文化之中。例如，西方人可以从东方人特别是从中国传统文化中吸收一些合理的思想，正如中国人可以从西方文化思想中吸收合理思想一样。孔子的“己所不欲，勿施于人”存在了两千多年，到 20 世纪末才被宗教家和伦理家们定为普世价值而且是黄金规则。这是现代道德危机和价值失落引发的对东方文化的需要，而非因为天才人物突然发现了它的普世性。当中国处于半殖民地半封建社会、处于被压迫被瓜分的状态时，中国传统文化中的优秀东西并未被世界认可、赞扬。尽管孔子的“己所不欲，勿施于人”在当代可以作为一种价值共识，但实际上人们的行为是否都奉行这个原则，尤其在强国与弱国之间是否遵守这个原则，则是另一回事。

我同意英国诺丁汉大学中国政策研究中心主任郑永年在关于“中国在压力中崛起”的文章中说的，西方在利用军事同盟遏制中国的同时，还利用普世价值作为价值外交。如果说军事同盟体现的是硬实力，那么价值外交更多地体现了软实力，这就是希望把西方的民主和人权价值观融合到西方对华政策的方方面面，尤其是经济贸易。俄新社在一篇题为《人权武器不合时宜》的报道中论证西方以人权为武器的实质时说：“美国及其欧洲盟国”企图将民主或人权的标准强加于其他国家，“它与欧洲当年打着传播‘文明’与基督教的旗帜，戕害众多生命或文明如出一辙”；还说，“在美国，为外国谋求人权是一个数亿美元的庞大产业，金钱、激情、意识形态和颠覆活动交织在一起。方法众所周知：倚重许多国家的亲美反对派，或者干脆自己出马打造一个反对党，将之塑造为权利和自由的唯一捍卫者，然后对其公开援助。这即是说，美国豢养着全球最大的颠覆机器”。可见，西方推行的并不是什么普世价值，而是他们自认为的普世价值，即有利于西方的价值外交的特殊价值。而且可以说，它们在所谓普世价值问题上也是双重标准，而且具有极大的虚伪性。美国中情局人员向全世界揭露的“棱镜”项目证明，美国不仅通过互联网监听本国公民，侵犯本国人权，而且监听世界各国，尤其是对中国大规模的有计划的黑客入侵，尤为惊人。这就是他们所谓的普世价值！

在考虑价值问题的时候，我形成一种看法，与其在普世价值的抽象定义上争论不休，不如直接分析西方鼓吹的普世价值的本质及其意识形态性质。而且我们更应该关注核心价值的研究。西方普世价值是撇开社会制度的本质的纯概念抽象，而核心价值则是以一个社会基本制度的本质和处于统治地位阶级的核心利益在价值观中的凝结。它是核心价值，因为它支配和主导整个社会领域中的各个领域，包括经济、政治、文化、道德各个领域人们行为的基本价值规范。任何社会的核心价值本质和功能都是如此。因此在阶级社会中，任何社会的核心价值都具有鲜明的阶级性和历史性。它属于统治阶级，但统治者总是力图把它变成全社会的共有价值；它是历史的，但企图把它变为超历史的永恒价值。

有一个问题，我以为有点混乱不堪，这就是关于西方的自由、民主、平等、人权价值属性的认知。在我看来，它既非资本主义社会的核心价值，更不是具有普世性的价值。尽管它们的政治家们、理论家们这样宣传，以便占有道德制高点，其实不是。资本主义是以资本主义私有制为基础的社会，它的根本原则是私有财产制度神圣不可侵犯，这一原则在核心价值上最集中表现就是：私有神圣（私有财产制度神圣不可侵犯）、个人本位。资本主义私有制度既是资本主义国家机器、资本主义宪法和法律必须维护的核心利益，也是资本主义价值观的核心。个人本位是贯穿资本主义社会政治、文化、道德等领域中的核心价值。

我们很多人分不清资本主义的私有财产神圣不可侵犯，和我们的物权法中保护私有财产的界限。在社会主义初级阶段，我们实行以公有制为主体、多种所有制经济共同发展的基本经济制度，当然要保护合法的私有财产不受侵犯。但我们并不把私有财产制度视为永恒不变的，更不把私有财产神圣不可侵犯视为社会主义的核心价值。社会主义本质是解放生产力，发展生产力，消灭剥削，消除两极分化，邓小平在社会主义本质论中早已有明确论述。历史唯物主义是以科学态度，以三个有利于为标准对待社会主义初级阶段的各种所有制形式的。保护私有财产制度是一种有利于发展生产力和解放生产力，有利于中国特色社会主义建设的法律规定，而不是共产主义的最终核心价值目标。

在西方，自由、民主、平等、人权作为一种理想思想，早于资本主义私有财产不可侵犯的核心价值的确立。最早的资产阶级启蒙思想家，真诚地怀有普遍平等的愿望。在私有财产神圣不可侵犯还未载入资本主义宪法之前，它就作为资产阶级先驱者的理想而出现在他们的著作中。当时它可以说是反对封建等级制度和宗教黑暗的思想之光。当资产阶级社会取代封建社会，并以宪法和法律形式确立资本主义私有制神圣不可侵犯的原则后，私有制神圣不可侵犯、个人本位成为核心价值。自由、民主、平等、人权逐步失去了它的先驱者们当时提出的那种理想性、普遍性和先进性，成为维护资本主义私有制度和个人本位的基本政治价值。

表面上，资本主义社会至高无上的普遍价值是自由、民主、平等、人权，其实不是。还有比它更高的价值，这就是保护私有财产制度和个人本位。马克思在讲到资本主义的自由、平等、人权时说过，资本主义制度没有自由，就没有能够摆脱人身依附关系自由出卖劳动力的工人；没有平等就没有等价交换，因为特权是阻碍市场主体等价交换的政治障碍；人权最核心的是财产私有权。正因为这样，马克思说，交换价值制度，或者更确切地说货币制度，事实上是平等自由制度。作为纯粹观念，自由和平等是交换价值过程的各种要素的一种理想化的表现，作为法律的、政治的和社会的关系上发展了的东西，自由和平等不过是市场经济的自由平等关系的另一次方的再现物而已。马克思的话说得再明白不过。资本主义社会的自由、民主、平等、人权是资本主义私有制及其市场经济运行机制在政治和法律观念上的提升和保证。所谓自由民主制度最有利于维护资本主义私有制度和市场经济的正常运行。

我们不承认自由、民主、平等、人权是资本主义核心价值，也不承认它是在任何国家任何条件下包治百病的万灵药方。但我们并不否认它作为资本主义政治制度和法律制度的基本价值规范，比起封建专制制度是巨大的历史进步。但我们应该清楚，在资本主义社会它具有双重性，既是反对封建制度和专制主义的人类文明和文化的积极成果，又具有资本主义制度不可避免的阶级性和狭隘性。在资本主义制度下，它不能游离于资本主义核心价值，即资本主义私有制神圣不可侵犯和个人本位之外，更不能与它相悖。作为人类文明和文化进步成果的自由、民主、平等、人权观念有可借鉴和可吸取的积极因素，因为社会主义是在资本主义已经取得的成果基础上前进的，但资本主义私有财产制度神圣不可侵犯和个人本位的核心价值必须摒弃，必须改变，否则就没有社会主义革命的可能性和必要性。由资本主义转变为社会主义是根本制度的变革，在价值观上最具标志性的是核心价值观念的变化，必须摒弃私有制神圣不可侵犯和个人本位，而不是简单拒斥作为政治和法律价值和重大成果的自由、民主、平等、人权观念。

同样，中国封建社会的核心价值是："三纲"，即君为臣纲、父为子纲、夫为妻纲；"三从"，即在家从父、出嫁从夫、夫死从子。这是维护封建的君权、父权和夫权制度所必需的价值规范。封建社会的核心价值"三纲三从"是不可继承的，随着封建制度的崩溃和灭亡，它会随之而逐步消失。尽管我们某些地方可能还会有官贵民贱、夫权、男权、父权的思想残余，但它已经没有制度保证。如果在社会主义社会仍然鼓吹"三纲三从"，那就完全与时代、与社会制度相悖。五四新文化运动的进步性正在于它反对旧的纲常名教。忠孝仁爱和仁义礼智信、礼义廉耻则不同。它是中国传统文化和道德的基本价值，包括可以继承和发扬的道德资源。如果分不清封建社会的核心价值与文化道德基本价值，把反对封建专制制度变为反对忠孝仁爱、仁义礼智信和礼义廉耻，把一切传统文化和传统道德全都称为旧文化旧道德，那只能是文化和道德上的虚无主义。

当代中国的社会主义核心价值，既不能脱离社会主义形态的根本属性，又不能离开中国的文化传统和民族特色。它反映中国特色社会主义制度的本质和核心利益，反映社会主义社会制度下的全体中国人民的核心利益。这是社会主义核心价值不同于以往阶级社会核心价值的特点。它的基本制度特性是社会主义制度；它的利益主体是全体人民。因此，在构建社会主义核心价值时，社会主义核心价值与以往社会的核心价值不存在继承关系，因为社会基本制度和利益主体不同。社会主义制度的变革同时也是以往封建社会和资本主义社会核心价值的变革，但可以批判继承作为人类文化和道德积累的基本价值规范中的积极因素，改变其内容，构建社会主义社会中人的行为和道德规范。社会主义仍然需要自由、民主、平等、人权，需要讲忠讲孝、讲仁讲爱、讲信讲义，要知廉知耻，但我们不是简单把它们移作社会主义核心价值的规范构件，因为核心价值的构建不是原有一般价值概念的移用，也不是简单的文化的吸收和继承，而是要凝练反映社会主义制度本质和全体人民核心利益的具有特色的主导价值规范。我们提出的实践和培育的社会主义核心价值中可以发现似乎常见的价值规范，但它在社会主义核心价值观念中，已经被注入新的内容，而不是原有价值范畴的简单挪用。如果不注入新内容，而是把它作为社会主义核心价值的构成要件，就不能反映社会主义的本质和人民地位的根本变化。因此，离开社会主义制度本质和社会主义制度下人民的核心利益，单纯在概念和范畴组合上下工夫，很难真正凝练出符合社会主义制度本质、符合人民根本利益、能为人民所理解所接受和实行的核心价值。例如在社会主义核心价值中也有民主，但它反映的是人民民主；也有富裕、和谐、幸福等我们熟悉的范畴，但它在社会主义核心价值中都被赋予新的内容，例如，富裕和公平不可分，贫穷不是社会主义，社会主义社会应该是一个物质和精神都富裕的社会。尽管发达资本主义社会也很富裕，但富裕而不公平。它是少数人占有绝大部分财富，贫富两极对立下的小部分人的富裕，导致的是极大的不公平。社会主义社会的富裕应该是与公平相结合的富裕，它应该使社会财富成为全体成员能共同享受的成果。没有公平的小部分人的富裕，是不公平的富裕；而没有富裕的所谓公平，即所谓“共苦”，也不是我们追求的公平。不患寡而患不均，是小农的公平观念，不是社会主义观念。因此，“公平”与“富裕”如果彼此分离，任何一个单独的规范都会失去它的社会主义内涵，不能构成社会主义核心价值。作为社会主义核心价值的“富裕”与“公平”，应该是统一不可分的。“幸福”与“和谐”也是如此。尽管幸福是任何社会、任何个人都需要的，但“幸福”与“和谐”的结合是社会主义社会的特点。以往社会幸福都是注重个人的幸福，把幸福问题作为个人问题。少数人的幸福是建立在大多数人的不幸甚至痛苦的基础上。在社会主义核心价值构成中，“幸福”与“和谐”相结合，幸福源自和谐，只有人与人和谐，人与自然和谐，人与自身和谐才能使幸福成为社会幸福，成为生活在这个社会中的每个人能感到和得到的幸福，而不是所谓主观的幸福感或个人的心理感受；也只有人们能从生活其中的社会中感到幸福，才能促进和谐。幸福促进社会和谐，社会和谐产生幸福。这种幸福与和谐的结合也是以往任何社会也没有的。

社会主义核心价值体系和核心价值，是一个既具有现实性又具有高度理论性的问题，是我们这些马克思主义理论工作者应该关注和研究的问题。现在已经不是上世纪 80 年代我刚开始听到这个概念的年代。现在是 21 世纪，是文化和文化软实力、价值和价值观处于极其重要地位的时代。如果我们真正关注时代的问题，就必须关注价值观和社会主义核心价值的研究。

七、理论晚节

革命者有晚节问题，做官的有晚节问题，我们这些普通的理论工作者有没有晚节问题呢？我认为有，这就是理论晚节。我从事马克思理论工作近六十年，我看到苏联解体、社会主义遭到挫折时，不少过去的马克思主义理论家的“忏悔”和反戈一击；看到中国有些过去的革命者、理论家对毛泽东无中生有的无所不用其极的攻击，深感理论晚节对马克思主义理论工作者的重要性。这可说是理论工作者的立身之本，是理论工作者的人格和尊严。理论领域中的变色龙，与革命中的叛变者具有相似性。只不过，理论上的叛变往往很难被识别，容易与创造性相混淆。

有位朋友在交谈中问我：“你真的信仰马克思主义吗？”我问他：“为什么不信仰？”他说：“苏联解体了，社会主义在苏联失败了，最后还是转向资本主义。”还说，“中国三十多年改革中，贫富分化、贪污腐败、群体事件突发，证明以马克思主义为指导只是一句空话”。我反驳他说：“请你告诉我，苏联解体、社会主义在苏联失败，是因为坚持马克思主义还是背叛马克思主义？取缔共产党，取消马克思主义的指导地位，实行休克疗法，推行私有化，哪一条符合马克思主义！”“中国近三十年改革开放的成就，你能否认吗？是运用什么主义取得的？邓小平的社会主义本质论和‘三个有利于’标准、江泽民的‘三个代表’学说、胡锦涛的科学发展观，以及习近平提出的中华民族复兴的中国梦，哪一条不以马克思主义基本原理与中国实际相结合为依据？”

我们现实中的问题当然存在，有不少不尽如人意的地方。可这些问题，哪一条符合马克思主义基本原理？哪一条是由于坚持了马克思主义基本原理？而要解决这些问题，哪一条能离开马克思主义基本理论和方法论的指

中国特色社会主义理论研讨会

导？社会主义运动史证明，凡是坚持马克思主义与本国情况相结合就能胜利，有困难也能在不断克服中前进。相反，则必然失败。正反两方面的经验和教训，都证明在当今世界最有效地指导认识世界和改造世界的理论和方法，仍然是马克思主义。此外，没有任何理论能担当这个任务。中国当代马克思主义的本质就是马克思主义与中国实际情况相结合。

我曾经接受过《人民日报》、《光明日报》的访谈，讲自己的治学道路，讲对马克思主义的坚定信仰，讲我们这个专业应该是专业、职业和信仰的统一。这些访谈都曾见报。最近，我专门为教育部主管的《中国高校社会科学》2013 年第 1 期写过一篇文章《论马克思主义理论教员的专业与信仰》，我反复强调我们马克思主义理论工作者应该自尊、自信、自强，对我们这些老一代马克思主义理论工作者来说，是保持理论晚节的问题，对青年马克思主义理论工作者来说，如果不信仰马克思主义又在这个领域中工作，只有两条路：或者是离经叛道，或者是在马克思主义领域中跳“假面舞”。

我们要有理论自觉。就是要认识到我们从事马克思主义理论研究和教学工作的重要性，自觉坚持马克思主义。我们不要屈服于市场的诱惑和某些错误思潮的压力，更不要害怕某些无知者的狂言。我们应该懂得，作为马克思主义理论研究者，在这个领域中如果能取得某些成就，它的价值决不次于其他任何领域；作为高校教员，一个优秀的马克思主义哲学理论教员的责任和贡献，决不逊于任何专业学科的教员。我们的教学面对的不是某一个学科而是全体学生，我们在讲台上宣传什么，可以影响学生的一生。专业知识可以影响人的就业，可在职业选择多样化的市场经济条件下，不一定人人从事本专业的工作；专业知识可以因职业选择不符而被搁置，甚至无用武之地，而我们的研究成果和教学，可以影响一个人的人生道路，影响人的思维方法、价值取向和整体素质。谁能回答我：我们这个工作不重要吗？对培养合格的德才兼备的学生而言，它比起那些纯专业课程不重要吗？只有目光短浅的人才会这样看。

我们要有理论自信。因为我们信仰的是科学理论，而不是非理性的盲目崇拜。马克思主义是具有实践性和学术性的理论。马克思和恩格斯终生都在从事学术研究。恩格斯说过，社会主义自成为科学以来，它要求人们把它当作科学看待，要求人们去研究它。恩格斯在讲到马克思的《资本论》研究时说，政治经济学不是供给我们牛奶的奶牛，而是需要认真热心为它工作的科学。马克思以四十年不懈的工作从事《资本论》写作，马克思和恩格斯以毕生之力从事马克思主义科学体系的创造性的学术工作。他们留下的卷帙浩繁的著作和手稿，以无可辩驳的事实证明马克思主义理论值得任何追求科学真理的人为之付出毕生的精力。

我打过一个比方，对于马克思主义的信仰者来说，马克思主义学说是一座高山，世界各国的马克思主义实践者和理论工作者都在攀登马克思主义这座山。这座山有高峰，有险峰，但没有顶峰。马克思主义是永远发展着的学说。我始终相信马克思主义是真理。当代世界出现的种种问题，从西方的资本主义社会向何处去、文化危机、金融危机，到一些国家的贫困落后、苏联解体东欧剧变，到中国特色社会主义理论、道路和制度的建设，如果不以马克思主义作为分析的基本理论和方法，当代有哪种学说能担当这个任务呢？没有。

对于那些反对和攻击马克思主义的政治家和学者来说，马克思主义同

“历史唯物主义与中国问题”开幕式发言

样是一座高山，是挡住去路无法逾越更无法绕过的高山。你只要看看当代那些反对马克思主义的学者，哪个不是拿马克思和马克思主义说事儿，哪个不以推翻马克思主义理论为自己的学术“使命”？可是从马克思主义产生以后，没有任何理论家，包括所谓伟大思想家能够达到推翻马克思主义的目的。日裔美国学者富山的“历史终结论”终于破产；亨廷顿的“文明冲突论”虽然表面上可以解释西方在中东和世界某些地区发动的战争，但实际上在宗教与文明冲突背后都隐藏着经济利益和政治利益。在当今世界，没有一种社会理论和学说能像马克思主义这样仍然具有解释世界和指导改变世界的理论能力，如若不服，请举出哪一种理论在当代具有马克思主义这样的理论力量？没有。对这种具有科学性并经过实践反复证明的真理没有自信，那你相信什么呢?!

当然，我们马克思主义理论工作者的自尊、自信应该建立在我们自强的基础上。我们首先应该自己看得起自己、相信自己，要使别人尊重和信服，我们必须自强，在这个领域中，无论是从事研究还是从事教学，要做出成绩来，要拿出成果来。我们上要顶天、下要立地。顶天，就是要认真学习、阅读、钻研马克思主义经典著作。如果我们从事马克思主义哲学研究和教学，连最重要的马克思主义哲学经典著作都不读，写文章、讲课，以能引用西方学者某句话为学问，马克思、恩格斯、毛泽东、中国特色社会主义理论，讲起来不那么理直气壮，那就难怪别人小瞧我们的专业，因为我们自己就先怯三分。下要立地，立地，就是要接地气，对马克思主义极其重要。马克思主义时代化、民族化、大众化，就是接地气。时代化，接世界之气；民族化，接中国本土之气；大众化，接大众之气。别的哲学可以直面原本，解读、注释、引申、发挥，可这不是马克思主义研究和教学的路子。马克思主义必须时代化、民族化、大众化。在这个过程中，我们应该面对当代世界和中国特色社会主义建设中的重大理论和现实问题，面对群众中存在的问题。如果既不读原著，又不研究现实问题，我们的理论研究和教学怎样会有成效呢？只有自强，加强自身的理论修养和对实际问题的了解，我们才有自尊的资本，才有自信的底气。

“马工程”研讨会

我一生从事马克思主义哲学的教学与研究。我深深地感觉到对于我们这些人来说，最惬意的人生是专业、职业、信仰的结合。我们的专业是马克思主义，我们的职业是马克思主义理论教员，我们的信仰是马克思主义。我们应该热爱我们的专业、享受我们的职业、坚定我们的信仰。我们应该信我们讲的、我们写的，它应该出自我们的内心，应该是从心底里流淌出来的。如若相反，则是最痛苦的人生。

我们从事马克思主义理论研究，第一，问题应该是现实的。所谓现实，并不是说哲学都要直接讨论现实政治问题或社会问题，而是要能为正确认识和解决自己面对的重大现实政治问题或社会问题提供哲学智慧。第二，理论分析要深刻。“理论”一词倒过来就是“论理”。真正的理论就要论理，不讲理就不是理论。要让人接受马克思主义哲学，必须有说服力，最大的说服力就是文章中的“理”。如果一篇文章无理可说，全是新概念、新术语，云山雾罩，就不能称为理论文章。第三，表述要通俗。写文章，浅入浅出没水平，浅入深出低水平，深入浅出才是高水平。特别是马克思主义理论文章，应该注意文风。马克思主义哲学既是一门高深的学问，同时又是大众的哲学，是只有通过宣传大众、交给大众才能发挥作用的学说。晦涩不应该是哲学的本性。连康德这样以晦涩著称的哲学家都主张文章应该通俗，应该大众化，他深以自己的著作难懂为憾。

活到老，学到老。对于马克思主义理论工作者来说，只能效法推石上山的西西弗斯，终生劳作不息。关注现实，不断研究和思考新的问题，这是一种痛苦，幸福的痛苦，也是一种幸福，痛苦的幸福。

第九章　晚年生活

染尽层林遍峦峰，夕阳斜照相映红。

人生晚景若得似，黄昏犹有妙趣浓。

如果六十岁是老年的起点，我早进入老年；六十五岁算老年，我也早进入老年。我现在是超老年，按中国古代传统属耄耋之年。老不一定就朽，老也不一定就衰，从北大回来时我说过，十年贻误日兼程。进入老年是我一生中最有意义的一段。我的绝大部分著作、文章都是这个时期自己在键盘上敲出来的。尤其是晚年的六本随笔，是我的最爱。

一、六十五岁学电脑

1995年我已六十有五，理应是含饴弄孙、牵狗遛鸟的年岁，可我却偏偏不服老，开始学电脑，向新技术进军，真有点忘乎所以。我又不会拼音，南方人咬字不准，常常出错。我下决心学五笔打字法。五笔快，不必挑来挑去。

我们家乡有句话，四十不学艺。人到中年，再学新玩意儿确实不易。林语堂引施耐庵《水浒》中的话，“人生三十未娶，不应再娶；四十未仕，不应再仕”。语堂先生当然不同意，但他也无法否认，人到中年是一大关。他说，人到中年，有两件事使你不能不注意——讣闻不断地来，有些性急的朋友已先走一步，同时眼前又会出现一大批青年小伙子。自己的伙伴一个个人蛰了，把世界交给青年人，眼前但见少年多，这正是一般中年人的写照。中年人尚且如此，何况我已经是标准老年。以现代标准六十五岁为老年人，我也够格了。我居然要学电脑。可我就是学了。

学电脑

只要有决心，做学问对年龄的要求不那么严格。还是语堂先生说得对，如果年届不惑，再学习溜冰、踢毽子、放风筝，偷闲学少年，那自然是秋行春令，有点勉强。半老徐娘，留着刘海，躲在茅房里穿着高跟鞋当踩高跷般练习走路，那也是惨事。中年的妙趣，在于认识人生，认识自己，从而做自己能做的事，享受自己能享受的生活。语堂先生的态度是积极的，但他的标准并不高，是指年届不惑，不应消极。在我们这个时代，女到四十一枝花，男到四十正当家。不过我早过四十，已是耳顺之年，比语堂先生中年人的标准多了一小半。可我还是学半老徐娘穿高跟鞋踩高跷，硬是学会了电脑。

世上无难事，只怕有心人。苦是苦点，各种方法都用过，键盘上贴字，背字根，家人手把着手教。最终还得靠自己。整天整天在键盘上泡着，一来二去，慢慢会了一些，能打点东西，高兴得很。由不会到初会的乐趣，与完全纯熟时的乐趣完全不同。开始时常出事故。费了牛劲写了点东西，不懂应随时存盘，门外有人敲门，随手一关计算机，东西丢了，找不回来。电脑这东西，不讲人情，只讲规律。你服它，它服你，你不服它，要它服你，没门儿。我丢过很多次，得了教训，写一点马上存盘不让它跑掉。再则，不懂，不能乱按键。不知触犯了它哪根神经，不高兴，罢工，我一点辙没有，只有打电话求教，或找人来救急。这种情况，发生过多次。现在快二十年了，我仍然只能打打字，发发邮件，看个新闻，其他太复杂的活儿还是不会干，也不准备学。前些年流行博客，我的学生要我也开个博客。我问他，开博客干嘛，他说，有粉丝，我说我要粉丝干吗，能吃吗？粉丝越多越有名，我不需要这个名，我只需要安静，没有干扰。其他粉丝、粉条一概与我无关。

我很自豪的是从1995年以后的全部著作、文章，都是我一字一字亲自敲出来的。我没有走自己口授、别人打字的路。我感到文字不从自己手下流出来，就不是自己的风格。别人打，自己说，省点劲，但嚼不出味道来。与别人联系，也是通过邮件，电子邮件速度快，省邮票，省跑邮局。我吃了苦头，也尝到了甜头。

从1996年以后，我从“笔墨”生活中解放出来，但被绑在电脑的键盘上。眼睛累，而且手腕肌腱发炎，时时作痛。更大的缺点是从此没有真正意义的手稿，也不知道原来是如何考虑的，为什么会修改成最后定稿，无迹可查。只有打印的定稿，没有手写的草稿，没有几经修改的笔迹，总是一种缺憾。好在我不是名人，今生今世也不可能成为名人，不必为有无手稿操心。

没有办法，看起来凡事都有两面性。新科技的运用也是如此。电脑加快信息的搜集、交流、积累，有利于学术研究，但也可能带来学术质量的下降、学术垃圾的制造。写文章叫攒文章，把下载的各种文章拼凑在一起，这种文章和著作的质量可想而知。这当然不能怪电脑，而是学风问题。在坏的学风下，一种新技术手段的出现可能使学风更加恶化。可在好的学风下，一种新技术的应用可以如虎添翼，有利于学术的发展。

二、痴迷哲学随笔

我这一生在马克思主义研究领域中有两次变化。一次是从北大回到人大以后，由马克思主义基本原理的研究转向马克思主义发展史，特别是马克思早期思想的研究。当然对我来说，这两者的研究是结合的。我通过历史研究强化基本理论研究，使基本理论研究有历史基础，而对马哲史的研究以基本理论为主导，使文本学研究有助于理解基本理论。第二次转变是写作方式的转变，这就是从长文转向随笔。我到晚年逐步意识到，长文有长文的长处，可以展开论述，但也有缺点，就是长文章或书中所论述的问题来自书本，我并无真知灼见。我想，能不能有另外一种写法，写自己稍微熟悉的、在实际生活中摸得着的、有真情实感的东西？我想可以。于是我尝试写短的、自己有点真实感受的、小块的东西。虽然仍不时写点长文，但更痴迷于随笔。

我的第一本随笔是《漫步遐思》。1997 年 12 月由中国青年出版社出版。1998 年再次印刷。两次共一万本，作为哲学读物，看起来销路还可以。中国人民大学出版社出版我的六卷本文集时，收入其中，再度印刷。第三次收入北京师范大学出版社出版的四卷本随笔。这次又增加两本新随笔，重新装帧，收入六卷本随笔。

北师大版六卷本哲学随笔

《漫步遐思》出版后曾看到几篇评论：《广东社会科学》1988 年第 5 期载有《熔哲史文于一炉的佳作》的署名评论；《教学与研究》1998 年第 4 期发表署名评论《漫步遐思：哲学家随思录》；《高校理论战线》1988 年第 4 期载有署名评论《让哲学从哲学家的书斋里解放出来》等文章。我还收到一些读者来信给予鼓励。

这出乎我的意料。这是我继《漫步遐思》之后，在十五年的时间内，能陆续出版《静园夜语》、《哲学心语》、《回归生活》、《宜园杂论》、《史学拾零》的动力。读者的鼓励是对作者最大的奖赏。《静园夜语》出版后我曾收到一位不知名的读者来信，现把此信附于此。

尊敬的陈教授：

您好！

我怀着崇敬的心情很冒昧地给您写这封信。我既不是您的学生，也不是您所认识的人，我是您的忠实的读者。生活的困惑、社会中的问题、宇宙中一些未解事情使我对哲学很感兴趣，我一直想从哲学体系中探求生活的意义、人生的价值、社会自然等各方面的问题，但是现实的生活压力和中国教育体系的原因，阴差阳错地学习了别的专业，接触的也只有马克思主义哲学，其中我曾困顿于马克思主义哲学为什么没有对个体的论述，我认为对于每个人来讲，虽然应该关注客观世界，但更重要的是自己精神家园的营造，但在马克思哲学里我找不到答案。后来在忙忙碌碌的工作生活中，我只能在业余时间读点有关哲学的书籍，慰藉我困顿、疲惫的心灵。在一次偶尔的逛书店中，无意中看到了您的《静园夜语》这本哲学随想录，使我如获珍宝，我如痴如醉地阅读起来。书中对历史、宗教、宇宙、自然、社会等有关人类社会的各个方面进行了精辟的阐述，道出了其中的本质。我一直在懵懵懂懂地思考这些问题，但一直困惑于没有明确的认识、清晰的思路，这也许是由于自己的认知范围太窄。通过阅读这本书，我的思想有了一种豁然开朗的感觉，一些想不通的人生、社会、宗教等方面的问题，都在这本书里找到了答案。从书中我也阅读到了您知识的渊博、思想的深邃、认识的透彻，对您的崇敬油然而生。在阅读时，我感觉好像在聆听一位智者的谈话，从而产生了一种想和智者交流的愿望。我也从网上看到了您近期的一些文章，但只是寥寥几篇，热切盼望看到您更多的佳作。

谢谢！

一位忠实的读者

2007 年 1 月 17 日

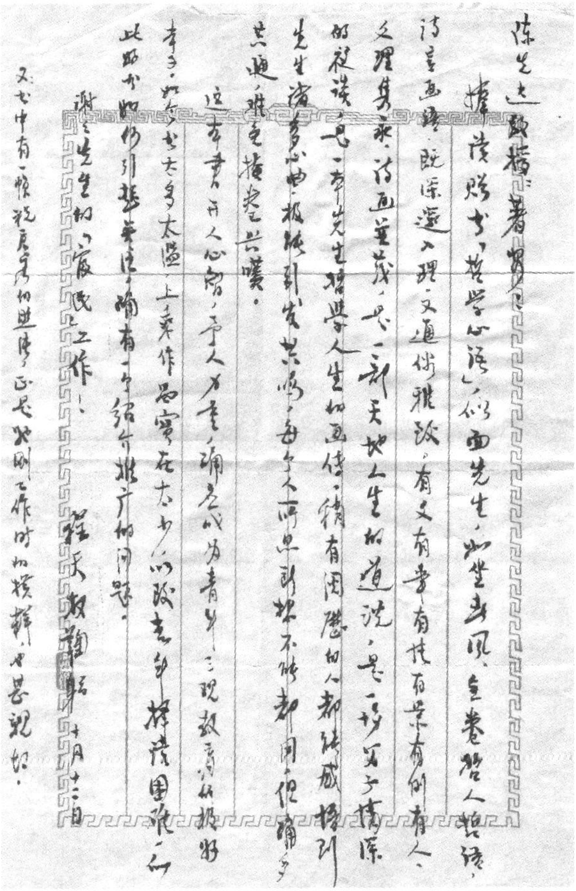

陈先达教授：
著安！
拜读赐书《哲学心语》，似面先生，如坐春风。全卷哲人妙语，
诗意画境，既深邃入理，又通俗雅致，有文有景，有情有景，有物有人，
文理集录，诗画并茂，是一部天地人生的道说，是一部[illegible]情际
的[illegible]。是一本先生[illegible]人生的画传，[illegible]有阅历的人都能感[illegible]到
先生[illegible]的心，[illegible]，每个人所思所想不能都同，但确多
共通，难怪读者赞叹。
这本书打人心窝，[illegible]，确可成为青年[illegible]教育的[illegible]。
本来如今出书太多太滥，上乘作品实在太少，而[illegible]
此书如何引起[illegible]，确有一个[illegible]推广的问题。
谢谢先生的『启民』工作！
程天权敬启 十月十二日
又书中有一幅[illegible]，正是我刚工作时的[illegible]，也甚亲切。

程天权信

《哲学心语》出版后，曾得到我们的党委书记程天权的亲笔表扬信。2013年六卷随笔出版后，天权同志又专门致信赞赏。我过去也写过一些长文和著作，但还没有一本书像这些原以为不起眼的东西一样，得到如此强烈的反响。我从中得出一点体会，文章不在长，更不是以势吓人，而在于真正与读者交心，让人读懂，读明白。能说他们心里有，想说又没有说出的东西。

我所有随笔中的每篇短文的主题和我的论文一样，都是着眼现实，不是纯概念式的文章，但写法不同，风格也不同。论文着重说理，随笔则往往是灵感式的，注重感悟。从我自己读过的书中的话，报纸上的新闻，日常生活中听到、见到的事中，悟出一点自己的哲学道理，或者说哲学智慧。这种文字往往是心得，对读者有点启发，在作者与读者之间能有一种心灵上的对话，而不是像论文那样自说自话，仿佛是硬塞给读者的。

我这一生可以说是以哲学为业，当然对哲学情有独钟。我喜爱哲学，也得益于哲学。在人民大学哲学系建系五十周年系庆会上我曾发表过一次演说。我说，我可以说是与哲学系血肉相连，是在哲学系的怀抱中生长的。哲学系建系是 1956 年，我是 1956 刚从哲学研究班毕业留系任助教的。当时我是年轻教员；哲学系是新建的系。我现在是老年，但哲学院仍然很年轻，朝气蓬勃，蒸蒸日上。因为哲学院不断有新鲜血液，每年有新学生、新教员，因而能永葆青春，而个人作为生物机体，只能日渐衰老。这是两种规律的作用，个人是自然规律越来越老；而哲学院的繁荣是社会规律。中国特色社会主义事业繁荣，我们哲学院也必然繁荣。

有些人不理解哲学，总认为哲学无用，哲学只是学，有学无术。其他学科则有学有术：医学可以治病，有医术；自然科学，都可以转化为技术；法学，可以当律师；商业可以有营销，有管理。唯独哲学，有学无术，什么用都没有。我不这样认为。我一直认为哲学有用，无用是因为你不用，不用之物就是无用。正如家中的东西，最好的东西，长年不用，当然是无用之物，要用，一把扫帚都有用。哲学，这个人类世世代代思想家和人类实践经验积累的智慧，竟会没有用？最近我遇到一件事，更坚定了我多年的信仰：哲学有用，有学有术。有个非常有成就的艺术家，画画非常好，可就是家庭关系不好，闹离婚，并非有外遇，就是思想方法问题。男的是艺术家，说在家里，妻子从来没有赞扬过他的艺术成就，而在社会上谁都赞扬他；女的信佛教，总是用佛教的仪轨要求男的，不准这不准那，一切按佛教规矩办。一个要对方赞扬自己的艺术成就，一个要对方符合佛法。在一起就吵。我对他们说，你们都弄错了自己的角色。在家里男的是丈夫、父亲，女的是妻子、母亲。你们在家里是夫妻关系，不是艺术家和佛教徒的关系。回到家，放下你的社会角色。如果一个部长回到家仍然端着架子，要老婆儿女把他当部长供着，还能有亲情吗？家里还有温暖吗？毛主席再伟大，在儿子女儿面前仍然是父亲，不是领袖，不是主席。我说你们思维方法有两个错误，一是不会转换角色，把社会角色变为家庭角色，把夫妻关系变为艺术家和佛教徒关系。二是不会换位思考，艺术家不能只站在艺术家位置思考，要求别人都能赞美你，否则就是俗人；佛教信仰者不能用佛法要求别人，否则其他不信佛的都是异教徒，都是罪人，都是凡人。这样永远处理不好人际关系，处理不好夫妻关系。我的劝解只有一次，就调整了双方的关系。

或许有人会说，这算什么哲学？当然，这很平凡很普通。但它说明一个道理，哲学要用，可大用，可小用。我上面说的是小用，大用则是处理更大的事，包括治国理政。哲学绝不应变为不能用的屠龙之术，而应该是庖丁解牛的解牛术。由术入道，由道变术。如果哲学就是抠概念，是不着边际的空谈，争论一些毫无意义的东西，即使很热闹，实际上是骗外行的。没有用。

哲学是有用的、能用的，我们教学生，一定要他们树立这个观念，哲学只有在用中才能显示它的作用。无论在什么岗位，哲学都是有用的。孔子说君子不器，不是像器具一样，一物一用；而哲学也是如此，它是万能钥匙，到处可用，但有一条，必须有锁，钥匙才有用，哲学要有用，也必须有锁被锁住了，这个锁，就是问题。大至国家大事，小至个人生活中的苦恼，都能用哲学这把钥匙开锁。我们就是解牛的庖丁，就是开锁的锁匠。一个不会解牛空有庖刀的庖夫；一个手中有钥匙不会开锁的锁匠，都是徒有其名，哲学家也是如此，不要做一个空头哲学家，必须善于开锁，即面对现实，分析问题，真正发挥哲学作为望远镜、显微镜的作用，既高瞻远瞩又能察于未萌。

我还要从相反的方面说，哲学有用，但学哲学要树立正确的哲学观。在我的随笔中有篇文章《学哲学要防止走火入魔》。自古以来，哲学都富于思辨的特点——谈玄论道，因此学哲学一定要防止“走火入魔”。人们都知道做气功不得法会走火入魔，疯疯癫癫，见神见鬼。可有人知道学哲学不得法也可走火入魔？我就没少收到此类走火入魔的信件或文章。那都是自称创造了某种体系或新发现的辉煌之作，画着各种符号，各种箭头，弯弯曲曲，不知所云。我自感惭愧，搞了一辈子哲学弄到看不懂哲学的地步。不过我总怀疑此公是不是有点走火入魔，否则何以像是星外来客呢？或许有人会反驳我，说这才叫哲学，哲学都能懂那算什么哲学。不过我还是要说，哲学思想的深刻和思辨性，不是胡诌八扯，从头脑中拍出来的水货，而是具有丰富内涵的天才思想。那些胡诌八扯的体系或创造只是一些不食人间烟火的疯话。

马克思生长在最具哲学思维的德国，但他知道这种哲学转变为疯话的危险性和可能性。他在《青年在选择职业时的考虑》中说，那些主要不是干预生活本身，而是从事抽象真理的研究的职业，对于没有坚定的原则和牢固不可动摇的信念的青年是最危险的。它必定使那些不经考虑、凭一时冲动就仓促从事的人毁灭。马克思不仅有这个认识，而且有这个亲身经历。他自己就走过一段小小的弯路。他到波恩大学以后不久，就一头扎入抽象的哲学思维，扎入终日从事创立体系的努力之中。他在写给他父亲的信中说：我写了一篇将近 24 印张的对话：《克莱安太斯，或论哲学的起点和必然的发展》。彼此完全分离的科学和艺术在这里在一定程度上结合起来了。我这个不知疲倦的旅行者着手通过概念本身、宗教、自然、历史这些神性的表现从哲学上辩证地揭示神性。当然这种虚构体系的做法以失败而告终，可马克思由于这种走火入魔几乎陷于不能自拔的地步，由于烦恼，有几天完全不能思考问题，马克思像狂人一样在“冲洗灵魂，冲淡茶水”的肮脏的施普雷河水边的花园里乱跑。当然，马克思在探索中摆脱了这种不着边际的创造抽象体系的狂想。他入柏林大学参与青年黑格尔运动以后，逐步摆脱思辨哲学的束缚，开始面对现实、面对人类社会的现实问题，把哲学研究与经济学研究以及现实社会问题的研究结合在一起，既创造了一个新的哲学体系又为无产阶级和人类解放找到了道路。全部哲学史都证明，任何有作为的哲学家、任何有创见的思想体系都不是面壁虚构的产物。如果说在马克思主义以前的哲学和当代非马克思主义哲学中，不少仍然以抽象思辨为特色的话，马克思主义哲学一直强调哲学要面对现实、联系实际，要关心人类的命运，而不能只缩在自己构筑的象牙之塔中织自己的思辨之网。马克思主义哲学家一定要有强烈的时代意识和使命感。马克思和恩格斯把自己的哲学称为新唯物主义。这个“新”，我看就新在重视实践，决不能陷入抽象思辨。

我的随笔最大的特点是立足现实，着眼于智慧的启迪。哲学最重要的是包含智慧。可智慧是无法买到的。世界上有种种商店、各种市场，就是没有智慧商店和市场。老黑格尔早就说过，智慧并不是从一般市场上能买到的。在市场上只要谁付出足够的钱，人们就把东西售给你，而智慧不可能用现金一手交钱一手交货。书中有智慧，那是别人的智慧，对你来说那是知识。知识不等于智慧。读书汗牛充栋但却胸无一策的书呆子多得是。因此，我写随笔注重体悟，以生活经验为底本，结合自己从书中得来的知识，使它变成自己的。《红楼梦》中贾宝玉在秦可卿房中看到的对联："世事洞明皆学问，人情练达即文章。"有点哲理。我常说，哲学应该是自己的。别人的哲学无论多高明，对你只是知识；学哲学应该学习哲学史，知道别人说过什么，但真正要成为哲学家必须知道自己在说什么。哲学成为自己的哲学，就不是简单记在心中，而是融化于血液中，真正变为自己的思维方式和人生态度。

我的随笔不少是源于自身的经验，源于读书的触发，源于新闻以及对社会事件的观察，总之，没有纯粹从自己头脑中挤出的水货。我的随笔中有三篇短文《论后悔》、《论命运》、《论失败》，看标题是纯哲学的，看内容与我无关，但实际上它包含着我自己人生经历的体悟。在《论后悔》中我说，在人一生中，没有任何后悔，也没有做过后悔的事的人，是极为罕见的。后悔并不是绝对不好的。后悔是多种多样的。因为做了不好的、对不起人的事，感到后悔的，是良心发现，表明没有丧失良知；因为思考不周，把事情办砸了，感到后悔的，是醒悟的表现，表明找到了能够成功的办法。这是错误的积极成果。没有新办法是不会后悔的。您没有见过下象棋的吗？凡是悔棋的，肯定是有了好招。没有发现自己的棋走臭了，没有好招是想不起悔棋的。悔，是错误被认识到的表现。孔夫子就主张少后悔，他说："多闻阙疑，慎言其余，则寡尤；多见阙殆，慎行其余，则寡悔。言寡尤，行寡悔，禄在其中矣。"在人类的实践和认识中，我以为后悔是不可避免的。事前诸葛亮是少而又少的，那是理想化神化了的人物。如果能做事后诸葛亮，对错误和挫折能进行总结，就能避免以后犯同样或类似的错误。世界上没有后悔药。凡是已成之事都是无可改变的。能改变的都是没有实现的事。有位哲学家说，人的生命如能有两次，肯定都是天才。人，当然只能活一次。任何后悔都不能改变已成的事实，人生不是棋局，不能悔棋，重走；但人生又如棋局，可以在多次输棋中积累经验。人生无悔棋，但可以从自己的错棋中得到进步。恩格斯说过，一个民族最好的学习是从自己的失败中学习，一个人也是如此。

人生不可避免有后悔之事，但要尽可能减少或不再重复。调入北大写作组是我最后悔之事，可历史难以更改。这段历史是我生命中最暗淡的一段，也可说是我人生中最受挫折的一段。我面对的是如何从中吸取教训，变挫折为教训。我在《论失败》中说，失败与成功不是固定不变的。失败中可以包含成功的因素，而胜利中也可能包含着失败的种子。有人说，成功是多次失败的回报，或者像中国老话说的失败是成功之母，讲的都是同一个意思。只有愿意走弯路的人才能攀登顶峰，的确如此。我回到人民大学后，以“十年贻误日兼程”的决心，弥补失去的十年，也把挫折化为动力。三十年来，我没有因挫折而气馁，终有小成。这就要涉及“命运”问题。因此我写了一篇《论命运》。我不是宿命论者，我不相信命，但我相信“运”，“运”与“时”不可分，即“时运”。如果我不是那个时候被分配到北大，又恰逢北大是“批儒评法”的基地，我就可以避开这次霉运。这个“运”是时势使然，非我命中注定。既非我命中注定，我完全可以改变。回到人民大学后在党的实事求是政策下，我终于时来运转。后三十多年，发展比较顺利，可以说是交好运。这个好“运”既是大好形势的赐予，也是个人没有自甘沉沦的回报。人，如何正确对待后悔之事，如何对待失败、对待命运，需要哲学智慧。而这个哲学智慧不仅来自书本，更来自生活。

我写过一篇《论围墙》的短文，来源于报纸刊载的一篇文章《美国的围墙》。文章说，美国没有有形的围墙，即人们在大街上几乎看不到围墙。无论是政府部门、高等学校、公司企业，还是居民庭院，都看不到高墙挡道，可是实际上美国社会人与人之间，有着无形的围墙。例如美国的民宅是私人领地，非请莫入。如果未经邀请，误入别人家院，可能带来不测之祸。有个日本学生就是因为误入他人住宅遭枪杀，主人被判无罪。至于隔邻而居，互不来往，十年不知尊姓大名，极为正常。人死屋中多日，邻居不知，这也是常事，甚至连自己的儿女也要很久才能发现。这样的社会，即使很富裕，也是冷酷的社会。这种社会并不适合具有情感需求的人类的生存。的确，我们的世界变得十分奇怪。地球越变越小了，称为地球村，天涯咫尺，可人与人的关系被一些有形无形的围墙隔开了，变成咫尺天涯。人与人的关系远了，与动物的关系反而近了。我们同样面临着这个问题。不要让工业化、城市化、市场化、高楼化，把人都变为陌路人。这种情况在我们中国已见端倪。如果这样，即使GDP再高，物质生活再丰富，也难使人愉快。还不如回到农村那种毗邻而居，能知别人锅里什么菜有意思。“隔篱呼取尽余杯”的浪漫主义，在当代已行不通。田园诗般的生活也只是一种假象。社会要发展，毗邻而居的四合院时代已经结束。可人与人的亲密关系不能结束，在没有利益冲突的社会主义社会更应该得到发展。和谐社会是一个有道德和法律规范的社会，但不应该是一个由无数围墙彼此隔绝的社会。社区和谐，邻里和睦，有益于整个社会的和谐。

与无数无形的围墙相连的，是人与人之间的冷漠。我在《论冷漠》这篇短文中提出了这个问题。我说的是人际关系的冷漠，而不是看似冷漠的职业需要的镇定。我们并不要求殡仪馆的人，对死者都一掬同情之泪；也不能要求急救室的医生都像家属那样心急火燎。殡仪馆的工作人员已经习惯死亡和亲人的泪水；而医生成天与各种病人打交道，见多了病人的痛苦和亲人的焦虑。殡仪馆人员的沉着，医生的镇静，是种职业习惯，或者说是种职业品德。这不是冷漠。我说的冷漠，指的是一种对人的非人态度。即使是殡仪馆，对待遗体也不能像对待干柴，而应该按殡仪馆有关规则处理。医生对待病人应有同情心，医者仁术，讲的就是对待病人的态度。如果只为钱而不管病人的死活，或者一问三不知爱理不理，在急救时不负责任，在治病时，对病人的主诉不关痛痒，这就是冷漠。因此冷漠本质上是个人内心世界的情感问题，起码是个职业道德问题。我们提倡学雷锋，就是改变人与人的关系中这种冷漠态度，使人感到温暖。特别是现在倡导构建和谐社会，消除人与人之间的冷漠，更是刻不容迟的。党与政府把实行多年的收留遣返改为救助，对一些无助无靠的人，多点同情，多点温暖。变冷漠为同情，确实体现了社会主义人道主义精神。一个冷漠的社会，即使大家生活富裕，也不是适合人类的社会。庄子说，相濡以沫，不如相忘于江湖，这只是道理的一面。我们还是要求既富裕又和谐，彼此既生活于江湖之中，必要时又能相濡以沫。这样，就会有利于减少冷漠，增加社会的温暖度。

在道德教育中，我感到我们没有着重于行而着重于说。因此我写了一篇《八十老儿行不得》的短文。据说，有个和尚法号鸟巢大师，住在树上，精通佛典，能为人指点迷津。苏轼闻大师之名，前去问做人之道。大师说："恶事不做，众善多行。"苏轼很是失望，说这个道理三岁小孩都知道。法师答道："三岁孩儿懂得，八十老儿行不得。"这句话，看似平淡，实在对得很。许多道理是平凡的，但能终生恪守始终不渝却是极难极难的。当年毛泽东说，一个人做点好事并不难，难在一辈子做好事不做坏事，这才是最难最难的，讲的也是同样的道理。天下道理，最难之处在于行。我们传统哲学中的知行学说反复说明的就是这个道理。《古文尚书·说命》中曾记载殷大臣傅说向高宗武丁进言治国方略，深得武丁赞赏，但傅说提醒武丁要做到并不容易，"非知之艰，行之惟艰"。懂道理并不困难，难在实行。战国末期著名思想家荀子就特别强调"知之不若行之"。他说，"口能言之，身能行之"是"国宝"；"口言善，身行恶"是"国妖"。"学至于行之而止矣"，这就是说，为学的最高境界是能说到做到。中国的道德学说特别强调"践履"，民间把那些口是心非，满嘴仁义道德满心男盗女娼的人称为"假道学"，实是一语中的。由此我想到我们的道德教育。其实不需要那么复杂，那么多条条，死背硬记，关键是"行"，是要我们的青年特别是学生，在道德实践上下工夫。在道德教育上切忌形式主义，重言不重行。如果这样，一点用处也没有，甚至适得其反。形式主义多，伪君子就会多，于世风民心都有害无益。

"八十老儿行不得"，对于马克思主义者来说同样有这个问题。的确有的人革命一辈子，然而连马克思主义最基本的一条——为人民服务就做不到或不打算做。为人民服务，道理深不深？好懂不好懂？在社会主义社会连小学生都知道。如能终生力行，我看就是一个实际的马克思主义者。在现实中我们能见到这种人，口不离马克思主义、毛泽东思想、邓小平理论，实际上是个幌子，或者说是用来应付上级蒙骗群众的"护身符"，不会照着做，也从来不打算照着做。因此有人革命一辈子还是一个"八十老儿行不得"的假马克思主义者。

在我的随笔中有一篇《君子远庖厨式的人道主义》也是有感而发的。据报纸报道，在西方某些国家，运输牲畜规定不能过挤，要为它们创造一定的“人道”条件，买鱼不能把活鱼拎走，要把它打死，以减少鱼离水后的痛苦。最近有报道说，素来喜欢吃匈牙利鹅肝的法国人，对匈牙利人喂养鹅的方式颇为不满，因为匈牙利人在最后几个月，采取类似中国人填鸭的方式拼命往鹅的胃里塞饲料，这种喂养方式是不人道的。鹅肝照吃不误，不满的是不人道的喂养方式。这是 20 世纪末的事，其实在 20 世纪 30 年代的上海租界也有类似的事。鲁迅先生在杂文《倒提》中就曾经说过，西洋的慈善家是怕看虐待动物的，倒提着鸡鸭走过租界是要办罪的。其实何止西方，这种“人道主义情感”，中国可以说是古已有之。我们的孟夫子不是说过“君子远庖厨”吗？有不忍之心的仁人，猪肉可以吃，但离厨房远点，以免听到杀猪的声音。当然，对动物，哪怕是即将变为餐桌上美味佳肴的动物，也用不着故意虐待，对其予以优待并无不可。何况，这对卫生免疫，对改变人的观感都有好处。可是用不着把这说成是高贵的“人道主义”情感，似乎只有如此才是以最人道的方式享受美味，才能心安理得。又要吃猪肉又要远离厨房式的人道主义，只能说是虚伪透顶。如果真要怜惜动物，我看倒不如佛教，不吃肉就不杀生，不搞遮遮掩掩的玩意儿。人道主义本质是关于人与人的关系的，而不是关于人之外的一切动物的。例如，一个热爱动物、喜欢养猫养狗、视猫狗为宠物的人，不能因此而称为人道主义者。他们可能热爱自己的宠物甚于爱邻人或他人，这种人决不是人道主义者，最多算个宠物爱好者。马克思主义是从维护生态平衡的角度出发反对滥捕滥杀，但如果发生禽流感仍会大量捕杀。对其他传染危害人类生存的流行病的动物也是如此。决不会来个假惺惺的人道主义。我们不要既要吃猪肉又不要听猪“临刑”前的号叫的人道主义，正如我们反对西方某些强国开发能大量毁灭人类的所谓“干净的”杀人武器，又自命为人道主义一样。

我还写过两三篇关于幸福的短文，《幸福与满足》和《幸福的阿 Q 和阿 Q 式的幸福》。我深感无论在理论联系实际上还是在初衷上，幸福都是个难题。我没有水平给幸福下一个人人满意的定义，但我觉有两种倾向应该防止。一种是把幸福视为对需要的无限满足。实际上吃饱了，任何好的美食也引不起兴趣；肚子饿，有个馒头也非常幸福。终年穿鞋的人从不觉得鞋子可贵，一辈子打光脚的人视鞋子如珍宝。人对幸福的理解和要求是各不相同的，取决于各自的地位和境况，很难相同。但从哲学上看有一点是共同的。这就是幸福不是对满足的再满足，而是对不满足的追求。因此它永远是一种对正在追求中的满足。什么都不需要追求就可以满足的人是不幸的。如果满足就是幸福，那在食槽边的猪是最幸福的。可人不是猪，因此锦衣玉食的贾宝玉会出家；多才多艺、无衣食之累的李叔同会遁入空门，过着晨钟暮鼓、青灯黄卷的生活。从常人看来，他们或者功成名就，或者是人尖上的人，再幸福不过，可他们仍然感到痛苦空虚。幸福决不能归为感官的满足。感官的满足可以快乐，但快乐不等于幸福。实际上过度的消费和肉体的满足，往往导致堕落甚至生活中的悲剧。连功利主义者密尔都说，做一个不满足的人要比做一头满足的猪好，做一个不满足的苏格拉底要比做一个满足的傻瓜好。这说明，人的确不同于动物。动物的生存是依靠自然的赐予，而人的生活是依靠自我的创造，因此动物的生活只是一种客观存在，而人的生活是包括人的目的和价值的过程。

凡事都有个度。过度满足物质欲望不等于幸福，但不能反过来说，饿着肚子比吃得饱饱的人可以更幸福，只要自己认为幸福就行。人应该安贫乐道，只要乐道就是幸福，贫穷可以忍受，这种哲学我以为是有害的。安贫，这对少数人可以，但不能作为人的幸福生活的普遍要求。人还是要有一定的必要的物质生活条件，使人能像人那样生活，随着社会的发展不断改善生活条件。因而从社会角度看，幸福不能仅仅归结为人对自身生活的主观感受，而首先是个客观状态，是人的生存境遇问题，或者说是人的生存方式问题，因而幸福问题是个社会问题，是一个社会制度的合理性问题，一个受剥削受压迫的奴隶，无论怎样“达观”仍然是不幸的。我不同意这种看法：没有不幸的环境只有不幸的感受，任何不幸的环境都不会使我们不幸，使我们不幸的是自己对环境的看法，即我们赋予环境以何种意义。结果幸福这个社会问题变为单纯的认识论问题、心理学问题。这种说法很符合统治者压迫者的心愿。世界上没有不幸福的人，只有自认为不幸福的人。只要转变观念，人人都可以认为自己是天下最幸福的人。这样倒是天下太平，不过除了肚子饱饱的所谓哲学家外，真正饥寒交迫的人是不会认为自己是天下最幸福的人的。一个马克思主义者在社会发展问题上决不赞美贫困，决不提倡安于贫困。革命就是要改变贫困生活，为争取更好的生存条件而斗争。至于个人那是另一回事。我们赞美为了大家不贫困而自己安于贫困的风格，这是革命者的风格。这种安贫与乐道——革命之道，是连在一起的。生活贫困而志存高远是值得赞扬的，如方志敏在《清贫》中所表达的就是这种风格。如果对不合理的现实不抗议，对剥削和压迫不反抗，对境遇的改变不努力，用精神胜利法来壮大自己短小的身躯，一味追求灵魂的平静和心理的满足，把被奴役当成幸福，这就是阿Q式的幸福观，只能做万劫不复的奴才。鲁迅先生对阿Q的批评，正是哀其不幸，怒其不争。我们不做幸福的阿Q，也不要阿Q式的幸福。

我还对区分不清全球性问题与全人类利益问题、倡导全人类利益高于一切的口号提出批评，在随笔中写有批评这个口号的短文。我们并不否认，由于当今世界的科技发展和经济联系的密切，使得许多以往局限于一个国家、一个地区或毗邻国家的问题，成为世界性问题，成为所谓全球性问题，如能源问题、人口问题、生态问题、核战争问题等。但这并不表明，在这些问题上存在“共同利益”。因为在如何对待这些问题上，一些发达国家特别是某个超级大国是把自己的国家利益摆在首位，而不惜侵犯和牺牲别国的利益。他们保护自己国家的生态环境，而把污染工业迁到发展中国家去，甚至把垃圾运到别的国家去。戈尔巴乔夫倡言“全人类利益高于一切”并没有感动西方，结果是北约东扩到卧榻之边。这是现实对空想的嘲笑。我们应该懂得当今所谓全球性问题的本质。核威胁主要是来自掌握大量核武器的核大国，能源危机来自发达国家特别是美国对能源的过度需求和无止境的消耗，生态环境破坏主要来自发达资本主义国家的工业发展和对自然的掠夺性开采。城门失火，殃及池鱼，使这些问题变成“全球性问题”。但全球性问题不等于全人类共同利益，因为当今世界仍然存在富国与穷国、发达国家与发展中国家的区分，发达国家特别是超级大国，在解决这些问题时，考虑的是自己国家、民族和阶级的利益，而不是“全人类利益”，更不用说视全人类利益高于一切。

在我的随笔中，最具现实性、理论性用力较多的是《史论拾零》，这既是我的专业兴趣，更是现实问题和理论问题的要求。我经常关注报纸杂志上发表的哲学文章，确实学到不少东西。可当我看到学术界为某个概念式的问题争得不可开交时，总是会涌起一种想法：何不求助于历史呢？历史自身会为概念注入具体内容。历史对脱离历史的抽象哲学概念具有天生的“敌对”性。任何没有可能得到历史证明的范畴和概念都是悬在思辨太空中的“死魂灵”。恩格斯赞扬黑格尔哲学的历史感，不是没有缘由的。历史是通过例证来传授的哲学，此说极为有理。

“经济决定论”的反对者，连经济在社会发展中的最终决定作用也反对掉了。我心想，何不求助于历史，特别是经济史呢？马克思说过，只有毫无历史知识的人才不知道，君主们在任何时候都不得不服从经济条件，并且从来不能向经济条件发号施令。全部人类历史都可以证明，一个政权、一个王朝最终往往因为国库空虚、经济凋敝而垮台。物质资料生产方式是社会存在和发展的基础，当生产方式发生根本变化时，社会也会发生变化。哪一个国家和社会的变化的历史不是这样呢?!

关于有没有普遍人性的争论由来已久，至今仍然争论不休。我想，何不求助于历史呢？难道历史没有证明，正是由于社会发生变化，人的社会特性才随之发生变化吗？人的善恶观念也发生变化吗？即使是“食色性也”的自然本性不也是变化的吗？吃什么和如何吃、两性关系的结合方式不是随着生产方式和生活方式的变化而变化吗？马克思说的“整个历史也无非是人类本性的不断改变而已”的论断，经不起历史的验证吗？

有的学者由于反对“以阶级斗争为纲”，连阶级和阶级斗争也不承认，对阶级分析方法也弃之如敝屣，对吗？难道历史没有证明，无论中外古今，都存在阶级的区分、阶级矛盾甚至激烈对抗吗？难道由于短时期“以阶级斗争为纲”的政策性错误要根本改变人类历史长期存在阶级和阶级斗争的事实吗？根本摒弃马克思主义关于阶级斗争的理论和阶级分析方法吗？

有些学者以各种理由否定历史规律。我想，何不求助于历史呢？难道历史不是证明，无论是大国还是王朝的兴衰，都绝非某一个人的得失，而总是与社会基本矛盾的积累、激化，最后无法解决相连吗？没有无疾而终的大国，也没有无疾而终的王朝。马克思说过，历史发展是铁面无情的。所谓“铁面无情”就是指规律的客观性。只要仔细研究历史，我们就可以从历史事实的非重复性中，发现重复性，发现规律。

学者们为自由、民主、平等的普世性问题争论不休。何不回归历史？

考察一下阶级社会的历史，考察一下资本主义产生和发展的历史，考察一下资本主义的殖民历史，考察一下当代西方的所谓价值外交的历史，考察一下某些西方国家以民主为旗帜支持一些国家反对派颠覆别国政权的历史，你还会认可西方鼓吹的自由、民主、平等、人权观念真具有超越历史、超越社会制度的普世性吗？

有些哲学家、伦理学家在寻找永恒的正义、永恒的公平。世界上真有这种永恒不变的正义和公平吗？难道历史不是证明，奴隶主与奴隶、领主与农奴、有产者和无产者之间没有共同的公平、正义标准吗？即使在所谓文明的当代，各国普遍认可的公平、正义的普遍标准在哪里？在奴隶社会，连亚里士多德这样伟大的思想家都认为使用奴隶是正义的。在他那著名的《尼各马可伦理学》中说，对自己的所有物，无所谓公正不公正。奴隶与尚不到年龄的孩子，正如自己身体的一部分，谁也不会有意来伤害自己，从而对他们是不存在不公正的。奴隶是物，是排除在公平、正义之外的。罗尔斯的正义理论不是也遭到印度学者阿玛蒂亚·森的质疑吗？哲学家、伦理学可以绞尽脑汁寻找一个普遍的、永恒的、抽象的正义、公平的定义，满足自己思辨的爱好，或者为社会立法，或表现自己品格的高尚。不过我要说，历史和现实会给予这种抽象的正义、平等观念以反驳，而把它们放在历史进程中来考察。

为人是“目的”还是“手段”争论不休的哲学家们，请问问历史吧。奴隶社会的奴隶比奴隶主多得多，希腊极少的奴隶主拥有几十万奴隶，奴隶主把奴隶当成目的还是当成工具？资本主义社会的资产者拥有的雇佣工人远远超过自己的数目，即使一家工厂拥有的工人也远远超过厂主，工人不是生产的手段而是资产者生产的目的吗？只有极为天真的人才会这样想。手段与目的的分离是一切阶级社会的特点。在阶级社会，劳动者永远是手段，统治者自身的利益才是目的。只有抽象的经院哲学才会在自己思辨王国构造“人是目的”而不是手段的高见。一跨出自己神圣的哲学殿堂，直面现实，就会碰壁。

任何概念、定义，如果抽去它的历史内容，就必然是僵死的、空洞的，仿佛普遍适用，实则一无所用。与其沉迷于抽象定义争论，玩弄概念，不如多读点历史。黑格尔是最喜欢并善于运用概念的哲学家，可他又最强调概念不是抽象的普遍，而是自身还包含着特殊东西的丰富性的普遍。黑格尔是概念哲学家，可又是最尊重历史的哲学家。

没有历史感，任何概念、思维抽象都是僵死的；没有历史佐证，任何概念和思维抽象、任何理论都是空洞的。庄子说："朝菌不知晦朔，蟪蛄不知春秋。"个人生命与历史相比，如朝菌之与晦朔。个人生命有限，只有历史才能使活着的人超越"当下"，把自己短短的一生与人类历史连接起来，把个人的眼界变为历史眼界，从无限的人类智慧中吸取个人智慧，用具体的历史知识充满概念抽象性的内囊。雅斯贝尔斯说得对：人为什么要学习古代历史呢？因为人生是有限的、不完全的，同时也是不可能完全的，所以他必须通过时代的变迁才能领悟到永恒，这也就是达到永恒的唯一途径。

当然，没有正确的哲学观点，也不能正确理解历史。中日钓鱼岛问题的恶化是日本购岛阴谋造成的。日本右翼对日本的侵略史坚持错误的史观。日本高官到欧洲寻求支持，遭到冷遇，这是必然的，因为欧洲对希特勒纳粹战争罪行的清算是彻底的，德国人对纳粹罪行的反省是真诚的。德国首脑不断反思二战纳粹的罪行。1970 年，时任联邦德国总理的勃兰特在访问波兰时，跪倒在华沙犹太人遇害纪念碑前，表示自己要替所有必须这样做而没有做的人下跪。1995 年，德国总理科尔在以色列犹太人殉难者纪念碑前双膝下跪，再次代表德国向受害者道歉。2004 年德国总理施罗德在华沙纪念碑前鞠躬时说，期待宽恕与和平，德国再也不会犯这样的错误。今年，即 2013 年 1 月 27 日，在纳粹八十年前大屠杀前夕，德国总理默克尔说，对于纳粹的罪行，对于第二次世界大战中的受害者，特别是受屠杀的受害者，德国应该承担起永恒的责任。这种反思要一代代保留下去。还说，面对历史，我们不会隐瞒，德国必须正视事实，确保未来能成为极佳和值得依赖的伙伴，就如我们现在这样。德、日作为二战中两个同盟国，对待历史有天壤之别。为什么同一个阵营的两个伙伴对二战历史的认识如此不同？德国波恩大学一位教授针对日本到欧洲游说企图拉帮结派提出批评，说他们对德国的游说是低估了德国人的哲学反思能力和对历史的敬畏。他说，德国和日本对战争的反省截然不同有很多原因，最重要的原因是日本是一个没有哲学传统的民族，没有哲学思想，就没有反思精神；没有反思精神，就不可能有一种内在的冲动去反思自己的过去。说得多好呀！没有历史感的哲学概念是空洞的；没有哲学反思的历史是扭曲的。历史和哲学确实可称为人类智慧的双眸。

在这本随笔中，我不自量力地试图对一些有关历史哲学和历史唯物主义的问题发表点看法。在《催生还是谋杀?》、《历史观与历史》、《历史观与历史研究》、《要加强历史认识论的研究》、《历史的重要性与价值评价》、《再说历史的价值评价》、《历史的道德评价》、《不肖而能于贤者为其权重位尊》、《载舟之水和覆舟之水》、《鱼失水则死，水失鱼犹为水也》等三十八个短篇中对历史理论中的一些重要问题发表了点看法；在有关历史唯物主义的随笔中，都是历史唯物主义领域中争论较大的问题，包括经济决定论、历史决定论、历史唯物主义的重建、历史认识论和方法论等等问题。在这些有关史论的短篇中，我都力求理论、历史、现实能够结合，有史有论。例如在《秦人不暇自哀而后人哀之》中，我讨论了人类究竟能否从历史中吸取教训的问题。杜牧在《阿房宫赋》中总结秦王朝经验时说："秦人不暇自哀而后人哀之；后人哀之而不鉴之，亦使后人而复哀后人也。"这是历史理论中的一个重大问题。人究竟能否从历史中吸取经验教训？中国传统重视历史经验，倡导以史为镜，中国惯例都是胜利者为前朝修史，目的也是论前朝之得失，以便借鉴。西方人也说，读史使人明智。可黑格尔不相信，他在《历史哲学讲演录》中说："经验和历史告诉我们的是这样：各个民族及政府从来都没有从历史中学到什么，也从来没有按照历史中所能吸取的那些教训进行活动。"中国人重视历史的传统，重视历史的教训。著有传世《史记》之作的太史公司马迁，特别重视历史经验，说"居今之世，志古之道，所以自镜也"。唐代史学家吴兢撰写的《贞观政要》是一部传世之作，是唐代贞观年间李世民与名臣魏徵等人关于如何治理国家的经验总结。包含君臣关系、君民关系以及轻徭薄赋、劝农课桑、廉洁奉公、任贤纳谏等一系列治国方略，有许多至理名言，如"理天下者，以人为本"、"凡事皆须务本，国以人为本"、"竭泽而渔，非不得鱼，明年无鱼；焚林而畋，非不得兽，明年无兽"、"君本舟也；人水也。水能载舟，亦能覆舟"、"鱼失水则死，水失鱼犹为水也"等，都足以传世。几乎历代王朝的储君从小就接受"水能载舟，亦能覆舟"等的教育，可是几乎每个王朝最后都是在农民被迫起义中灭亡。尽管都在研究历史，研究历史的经验，但都无法避免王朝的更替。因为历史有自身发展规律。从每个王朝创业之主的生气勃勃、勤政爱民到逐渐积弊难返、矛盾激化，载舟之水变为覆舟之水，最后是旧王朝覆灭，新王朝诞生。历史的进步就是这样在不断存亡兴废中，以新王朝的雄壮序幕开始，以末代皇帝仓皇辞庙的悲剧结束。每个王朝的创业者都是以长治久安、万世一系为目的总结历史经验。李世民与魏徵的一段对话就说明这一点。唐贞观六年，太宗谓侍臣曰："看古之帝王，有兴有衰，犹朝之有暮，皆为蔽其耳目，不知时政得失。忠正者不言，邪谄者日进，既不见过，所以至于灭亡。朕既在九重，不能尽见天下事，故布之卿等，以为朕之耳目。"魏徵回答说："自古失国之主，皆为居安忘危，处治忘乱，所以不能长久。今陛下富有四海，内外清晏。能留心治道，常临深履薄，国家历数，自然灵长。"李世民求治心切，魏徵的回答也很有理。唐王朝为中国历史增光添彩，贞观之治尤为唐之盛世，但"国家历数，自然灵长"之说，不可能实现。安史之乱后唐朝日渐衰落，至公元 907 年梁王朱全忠篡位灭亡，一个轰轰烈烈的唐王朝也只延续了 289 年。

黑格尔说人类不能从历史经验中学到什么的说法，有一定道理，历史经验对于统治者无用的最根本原因，在于他们企图找出一条使统治者的统治和剥削永存的经验。这当然不可能，因为历史绝没有这种统治者永远是统治者的经验。当人们总结历史经验的目的与历史规律相违背时，经验是无用的。历代帝王总结经验都是为了万世一系，子孙永继，这是任何人都无法达到的。即使英主如李世民，贤相如魏徵，也不可能达到。例如，"水能载舟，亦能覆舟"之理，历代皇帝都知道，"民为邦本，本固邦宁"之理也都知道。李世民说得非常恳切："为君之道，必须先存百姓。若损百姓以奉其身，犹割股以啖腹，腹饱而身毙。"可是，封建社会发展规律只能"割股以啖腹"，因为随着王朝腐败，赋税日重是规律性现象，"任是深山无人处，犹自无计避征徭"，说的就这种情况。

最著名的要算《资治通鉴》。司马光奉旨编纂这部长达 354 卷，历时 19 年而成的历史巨著，目的很明确，就是"鉴前世之兴衰，考当今之得失，嘉善矜恶，取是舍非，足以懋稽古之盛德，跻无前之至治，俾四海群生，咸蒙其福”。试图维持宋王朝的长治久安，可历史极具讽刺性，在成书后不到42年，金兵临开封，宋朝父子皇帝徽、钦二帝均成俘虏。康王南迁，偏安杭州，虽名临安，然最终连“临安”亦不可得，为元朝所取代。看起来，不管《资治通鉴》或者什么历史书，对统治者而言都只能是警钟，而无法根本解决封建王朝的长治久安问题，因为剥削阶级社会基本矛盾的逐渐激化，虽欲久安，绝无可能。

王朝兴亡是规律。与人民为敌，终究会灭亡。蒋介石是一个突出的例子，蒋在与共产党斗争时，非常重视借鉴王阳明和曾国藩的思想，王、曾既是理学家又是镇压农民革命的统帅，他们有攻心的策略，又有镇压农民起义的作战经验。可是不论蒋介石如何重视王阳明与曾国藩以儒家正统战胜“异端邪说”，重视破山中贼和心中贼，既搞军事“围剿”又搞文化“围剿”，还有什么“新生活运动”、“道德复兴运动”，终究没有挽救自己的失败的命运。王阳明和曾国藩对付的是缺乏理论和严密组织纪律的农民；而蒋对付的是由共产党领导的农民，对付的是马克思主义。这是有本质区别的。王阳明和曾国藩的经验救不了蒋介石，“新生活运动”也无济于国民党的长远统治。

中国共产党领导的无产阶级革命，不同于任何以往的革命；它建立的政权也不同历史上任何剥削阶级政权。中国共产党人吸取历史经验的立场和目的不是为了少数人的利益，而是为了中国人民的解放和全国人民的长远利益，决定了中国共产党人有可能从历史中吸取有利于革命和建设的经验和教训。

为什么同样是从历史中吸取经验，一则无效，一则有效呢？因为中国共产党是代表老百姓，而不是代表一小部分统治者为巩固自己的统治而吸取经验。在中国共产党的实践中，历史规律、历史经验、人民利益这三者是一致的。历史教训和历史经验对我们是有用的。这说明吸取历史经验有个立场问题，有个为什么人的问题。凡逆历史潮流而动的人，不可能从历史中真正吸取教训，因为他们总自以为自己的统治与前人不同。可时代在进步，历史在前进，天下之公器，不可能永远为一小撮统治者所独霸。凡是为了老百姓，真正代表老百姓利益，就可以从历史教训中吸取经验，因为它是顺应历史潮流，代表最大多数人民的利益。历史潮流是历史规律的外在表现，是民心向背的凝集："顺之者昌，逆之者亡。"我以历史与理论的分析说明，历史的价值与意义在于它的规律性。任何逆潮流而行动者最终都会为历史所埋葬。在《盖棺未必论定》这则短文中，我专门就历史人物的争论问题发表了一些看法。盖棺论定，是中国关于历史人物评价的一种说法。《晋书·刘毅传》中有"丈夫盖棺事方定"；陆游《病起书怀》一诗中有名句"位卑未敢忘忧国，事定犹须待阖棺"。这可以包括两层意思，一层，人已经死了，无论为恶为善，都不能再有所作为，可以为其做结论，这是以死为界；另一层，是逝者已矣，无论功过可以做个结论，以便了结。如果苛求不已，鞭尸扬灰，则有失厚道。可从历史评价角度看，盖棺未必论定。这与苛求不已、鞭尸扬灰是两回事。在中国历史或世界历史上，争论几百年甚至千年的事与人并不少见。人类历史上影响至深的莫非人和事。这两者当然不可分，事是人做的，而人是做事的。虽然论事时会涉及人，论人时会涉及事，可在历史研究中，这两者又可以分开。可以主要评价重大历史事件，也可以主要评价历史人物。无论是事还是人，盖棺不能论定的比比皆是。其中既有学术研究问题，也有不同的政治观点问题。

历史上除了重大历史事件，就是重大人物，包括正面人物，也包括反面人物。只要在历史上有过重大作用的人物都会有不同评价，不可能是盖棺论定。历史上的人物如秦始皇、曹操、隋炀帝、慈禧、曾国藩、李鸿章、孙中山、蒋介石等，我们不说。仅以社会主义运动中两个最重要人物斯大林和毛泽东为例，就可以看到盖棺未必论定这个历史现象。

斯大林逝世后，赫鲁晓夫在1956年苏共二十大的"秘密报告"中对斯大林采取控诉式的全盘否定的评价，无论对世界还是对苏联都是一次政治思想的大地震。如今，斯大林逝世近六十年，苏联解体已二十多年，对斯大林的评价的争论并没有结束。在他逝世五十周年之际，一份民意调查显示，俄罗斯人仍然对这位苏联领导人看法不一。仍有不少人认为斯大林继承了列宁的事业，完成了苏联的社会主义改造，对国际共产主义运动的发展有一定贡献；打败法西斯德国和日本关东军，对取得第二次世界大战的胜利做出了不可磨灭的贡献。二战之后，苏联在经济、军事和国际政治等方面都得到进一步的全面加强，最终成为与美国共同主导世界事务的超级大国，使苏联成为世界最强国之一。

毛泽东是具有世界影响的伟大历史人物。毛泽东在中国人民和世界人民心中，在有良知的中国知识分子以及国际友人和理论家心中具有崇高的地位。毛泽东一生确实有过错误，尤其是晚年的错误更为严重。但毛泽东仍然是中国人民的伟大领袖，是人民心中的大救星。中国共产党 1981 年《关于建国以来党的若干历史问题的决议》对应该如何评价毛泽东、毛泽东思想以及毛泽东晚年的错误有过明确的结论。可是近些年“非毛”思潮、重新评价毛泽东的言论不时出现于某些报刊。这只能是小部分所谓反毛精英们的意见，绝不能代表广大人民。我可以斩钉截铁地说，所谓重新评价毛泽东、彻底否定毛泽东，不可能得到全国人民的赞同。用否定一切的态度对待历史，用彻底否定的态度对待毛泽东这样的民族伟人，其后果是极端严重的。殷鉴不远，近在北邻，岂可忘哉！

当时毛泽东在讲到赫鲁晓夫否定斯大林时说过，一百年后还会有争论。我看关于毛泽东的评价，也会如此。争论会有，盖棺不会论定。但我相信在中国共产党的领导下，在中国人民的坚决反对下，像戈尔巴乔夫、叶利钦对待斯大林那样对待毛泽东，在中国绝不可能发生。即使在俄罗斯，关于斯大林的争论也没有结束。历史就是如此，而且历史越往后，历史的评价会越公正。

盖棺论定，难矣哉！因为历史的评价从来不可能一锤定音，时代的发展、政治时势的变化、阶级关系的大调整，甚至一种新历史观思潮的出现，都会对历史上的人和事引发不同的看法。树欲静而风不止，历史评价的反复也是如此。最近一例是英国前首相，人称“铁娘子”的撒切尔夫人。她是英国历史上第一位女首相，而且三次蝉联，长达十一年，不仅是英国政坛，而且是世界政坛上的传奇人物。她在八十七岁高龄，于伦敦丽兹酒店在孤独中中风逝世。人们对这样一位政治人物，褒贬不一。有人盛赞其为和平时期伟大首相，有人指责她憎恨劳动人民。英国为其举行军葬，仅次于国葬，政界要人云集，可同期伦敦广场有千人集会庆祝撒切尔夫人逝世。几十年后、几百年后，如何评价更不可知。历史无情。权势人物仅凭权势能成为历史记忆的人不多。伟大人物与权势人物不同。他影响历史，成为历史的记忆，从而也成为历史争论的对象。

人死为大。按道德人情，人死后不必争论，尤其是不为已甚。可历史不是道德，历史也不按道德要求行事，历史评价并不会因人死而停止。历史评价争的是一个伟大人物的历史定位，是其一生的是非对错。如果按人死为大的道德原则，就没有历史评价。没有历史评价，就没有历史学。

六本随笔以《史论拾零》殿后，终于回到我六十多年前复旦大学的本行。可惜只是史论而不是本义的历史学。我知道历史哲学不是历史，而是关于历史的哲学；正如哲学史不等于哲学而是哲学的历史一样。如果要真正在历史哲学研究方面有点成就，就既要从事哲学研究，又要真正地从事历史研究，否则，也是弯弓而不射的，只是徒赞好箭。可按我的年龄来说，此生难以了此愿望。

我的随笔不仅针对社会事件或问题，我也解剖我自己。我在《哲学心语》中就对自己年青时代的焦虑、失眠以及种种不正常的心理做过哲学分析。我也写过《我们自己的大便同样是臭的》的短文，提醒自己注意自己的缺点。因为我们总认为别人的大便是臭的，在闻到别人的大便臭味时会掩鼻而过，可对自己的大便同样是臭的，往往缺乏自觉。缺点也是一样。别人身上有缺点，罪不可赦，可对自己身上同样的缺点则不以为然。如果有人指出，不仅不接受反而暴跳如雷。这种情况非常常见，我自己也会有这情况。同样的错误或缺点发生在自己身上往往是强词夺理或轻描淡写。我想起我们的先哲老子说的“知人者智，自知者明”。在实际生活中，知人者容易发现，但自知者实为难能可贵。我忘不了蒙田说的“自己的大便也是臭的”这句名言。

我不是学者，我没有专门的学问。虽然不能称为“思考者”，但我是个愿意思考的人，也是乐于思考的人。罗丹的著名雕像《思想者》是哲人的形象。思考，这是哲学专业习惯，也是职业习惯。我们做不了思考者，但我们要做一个愿意思考的人。

三、老年梦

我已经到了真正的晚年，但我仍然关心国内大事、世界大事。每天起床后第一件事是看早间新闻、看中央台的中国新闻、关心对各种焦点事件的访谈。新中国成立六十多年来，中国已不再是旧中国，更不是甲午海战和八国联军时的清王朝时代，尤其是改革开放以来中国取得的举世瞩目的成就，更是令世界既羡慕又震惊。我们东海和南海浪高风急，在《日美安保条约》支持下的日本企图再来一次“甲午海战”，实现独霸亚洲乃至称霸世界的野心。

习近平总书记参观“复兴之路”展览时关于中国梦的谈话，使我心潮澎湃，激动不已，久久难以入睡。我想起了陆游的《示儿》：“死去元知万事空，但悲不见九州同。王师北定中原日，家祭无忘告乃翁。”中国知识分子具有爱国忧时的民族精神传统，老年知识分子更是如此。

中国梦、中华民族的复兴是近代以来全国人民的共同愿望，它承载着沉重的、痛苦的历史记忆，是无数仁人志士的奋斗目标。中国梦，既是民族梦，也是个人梦。但任何美好的个人梦，如果不以中华民族复兴之梦为依靠，就不可能实现。旧中国并不缺少个人梦，可在那国弱民穷的时代，个人有很大本事却抱恨终天的不在少数。

一部近代史是中国历史中光辉的一页，从中你可以读到呐喊、抗争和浴血奋斗。读读秋瑾的“浊酒难销忧国泪，救时应仗出群才。拼将十万头颅血，须把乾坤力挽回”，“力挽乾坤”就是民族复兴精神的体现。读读林觉民的充满家国情怀以我身入地狱精神投身革命的《与妻书》，读读方志敏在狱中写下的《可爱的中国》，他们都是为民族复兴而奋斗的先驱。尤其是中国共产党人，经过几十年的革命，揩干身上的血迹、掩埋同伴的尸体，继续战斗。中国共产党领导的新民主主义革命取得胜利，奠定了中华民族复兴的政治基础。六十多年的社会主义革命和建设，特别是三十多年的改革开放，开辟了民族复兴的新道路，多少代中国人的梦想正在逐步实现，怎不令人兴奋、心情激动呢！

我已八十有三，在旧社会生活了十九年。我最能体会中华民族复兴的意义。我读小学、初中时，正是日本侵华战争时期。我老家是鄱阳，由于鄱阳湖的屏障，日本人没有占领。但南昌已沦陷，不断地有飞机轰炸。虽然只是一架螺旋桨的飞机，但猖狂已极。低空飞行，连驾驶员都能看到。国民党无力防空，我们每天一早就吃饭，跟着大人到对河偏僻农村去躲飞机，晚上才回来。国弱民穷，老百姓只能受罪，虽有满腔怒愤，也无可奈何。

抗战胜利，日本投降，那种喜悦无法描述。万人空巷，提灯游行，庆祝胜利。那种全民狂欢的感情是杜甫的“剑外忽传收蓟北，初闻涕泪满衣裳。却看妻子愁何在，漫卷诗书喜欲狂”无法相比的，只有经过抗日战争的人才能体会。可接下来的是失望，官员腐败、军警横行、经济凋敝、百姓穷困。胜利后的中国仍然是极其落后的中国。我读小学时，用的豆油灯，的确是一灯如豆；高中用的是煤油灯，没有电灯。只有少数几户商家有电灯，也是灯色昏黄，有等于无。我读高中时，老百姓仍然将火柴称为“洋火”，煤油称“洋油”，肥皂称“洋皂”，卷烟称“洋烟”。总之稍微好点的东西都是舶来品，都加上“洋”字。这是我们当代青年无法理解的。这就是旧中国，我经历的旧中国。

虽然从鸦片战争以后无数志士仁人抛头颅洒热血，但中华民族复兴仍是个遗恨终天的梦想。中国共产党成立后，以马克思主义为指导，立足中国实际，找到了中国特色社会主义道路。只要看看新中国刚成立时，我们什么也不会造，不会造汽车，更不会造飞机。可是我们在百废待兴、国家仍然不富裕的时候造出了“两弹一星”，打破了少数国家的核垄断，而且在不少领域取得了重大成绩。改革开放以来三十多年，我们取得的成就更是举世瞩目。由一个贫穷落后的中国成为世界第二大经济实体，在经济、政治、文化、社会建设方面都取得了骄人的成绩。历史经验证明，中国特色社会主义道路是中华民族复兴之路。道路决定命运。坚持中国特色社会主义理论、道路、制度是中华民族复兴的根本保证。

中华民族复兴是一条充满坎坷的崎岖之路，一些国家并不乐意看到中华民族的复兴，更不乐意看到中国的崛起，即使是和平发展仍然视为对自己既得利益的威胁。中华民族复兴面临强敌环伺，以各种方式遏制民族复兴设置的障碍；在国内，我们取得伟大成绩，但同样存在各种隐患，包括严重威胁政权存在的贪污腐败；存在迅速发展的诸多并发症，包括贫富差距的扩大、生态环境的恶化，以及教育、医疗、住房改革中存在的种种问题。党中央一再教导全党应该有忧患意识。一个真正的爱国主义者应该同时是具有忧患意识的有识之士。民族复兴是全党的事业、全民的事业。需要全国各族人民、从事各种行业的人共同努力。

我虽然年老，但仍怀强烈的爱国之心。因为我经历过旧中国，有强烈的新旧对比。我不是着眼于我个人，而是着眼于我们的国家和民族。从个人生活来说，新中国成立后不如成立前。因为我生于衣食无忧的较为富裕的商人之家，住房也比现在宽敞。但我不后悔家庭的衰落，因为国家、民族远比一个家庭重要。家庭富裕只是一家之富，而民族复兴、国强民富，是全民之富，一个马克思主义者如果这个问题都分不清，只能是一个叶公好龙的假马克思主义者。

1997 年香港回归时，我内心激动不已。百年奇耻，终能一雪：

恨无良策系斜阳，银河光冷转玉盘。
瑟瑟秋风今又是，短发萧疏入暮年。
百载国耻洗刷尽，满城翁妪舞翩翩。
最喜孙孙可人意，也知摇旗倚膝前。

香港回归是个标志性事件。它表明中国人民确实站起来了，“铁娘子”再铁，也不可能阻挡香港的回归。香港回归时，我想起上世纪 90 年代初因为到台湾进行学术交流，经过香港曾停过几天，内心有种说不出的感觉。我因为路不熟，曾经向几位香港人问路，没有一个停下来搭理我的，仿佛我是要饭的乞丐，或是向他讨钱。也可能他们听不懂普通话，只懂广东话；也可能生活节奏快，没有时间停下来听你说什么。可也难免有人因当久了大英帝国女王下的治民，有种优越感，自以为高中国人一等。当时香港还未回归，内地就是中国。我如鲠在喉，真想骂人。我当然知道，在香港不是人人如此，这种人不能代表香港人。但有些人的那种高等华人的派头，确实令我久久不快。

中华民族复兴包括多方面的内容，其中中华民族的文化复兴是重要内容。文化的重要性是不言而喻的，但一个民族的盛衰兴亡并不单纯取决于文化，而同时决定于经济制度和政治制度。对中华民族文化复兴来说，应该注重文化复兴的指导思想。文化复兴绝不是文化复古，复我汉唐衣冠，恢复古礼儒教，而是要坚持以马克思主义为指导，对中国传统文化以及西方优秀文化采取“取其精华，去其糟粕”的方针，创造社会主义先进文化。

与朋友在香港

除了重视文化复兴的指导思想外，还要对文化的作用有恰如其分的评价。一个社会的盛衰强弱决定性的条件是经济发展、政治清明、军力强大，而不是单纯取决于文化这一个因素。在中国历史中，宋朝是中国文化发展较高的时期。明代宋濂在《太史苏平仲文集序》中说，“自秦以下，文莫盛于宋”。不仅宋词成就卓著，哲学、文学、绘画等各方面都大放光彩，连贵为君主的徽宗赵佶的艺术成就都名载史册。无怪陈寅恪先生说：“华夏民族之文化，历数千年之演进，而造极于赵宋之世。”可是与汉唐相比，宋代又是国势最弱、边患最重的王朝，受制于辽与西夏。虽然文化发达，但冗兵冗官，国势衰弱，最后北宋亡于金，徽、钦二帝成为俘虏；南宋被赶着到处跑，亡于元。这是一种奇怪的现象。文化水平高的民族敌不过具有朝气但文化水平不高的北方游牧民族。近代同样如此，有数千年文化传统的中华民族，甲午之战败于日本，订立丧权辱国的《马关条约》，成为中华民族永远的痛；更敌不过西方，尤其是没有多少文化底蕴的“暴发户”美国。这当然不能成为轻视文化的理由，但文化建设必须以马克思主义为指导，并与经济、政治、军事、社会建设相辅相成，文化复兴才能成为中华民族复兴的重要一环。

我自知看不到未来局势的发展，但忘战必亡，这个道理还是懂的。你看看日本四处游说，拉拢一些国家试图组织反华联盟，想来一个第二次八国联军。我很坦诚地说，我从来就没有相信过美国的所谓价值观外交，它本质上就是企图组织包围中国的反华同盟。六十多年前“六评”白皮书中的名篇《丢掉幻想，准备斗争》，至今我没忘记。只要世界仍然是当今世界，政治格局仍然是一霸独大的格局，就仍有时时温习的必要。我相信，只有民族复兴，国强军盛，才有可能受到尊重，才有可能形成双赢的格局。

两岸学术研讨会

我们这一代人都已经老了，我不是什么“愤老”，我只是经历了旧中国，内心怀有中华民族复兴的强烈愿望。我们应该有爱国心。一个中国人连自己的国家都不爱，算什么中国人呢！爱国也就是爱家。如果国家被人侵占、压迫，家能保住吗？除非心甘情愿当亡国奴。毛泽东说过，中华民族不是一群绵羊。现在的中国已经不是六十多年前的中国，更不是清王朝时代的中国。谁要企图用软实力、巧实力或硬实力改变中国的社会主义制度，谁要敢把战火烧向中国，必然遭到中国人的坚决抵抗。经过战火的中华民族一定会浴火重生。我这个年龄的中国人尚且如此爱国：

八十年华十八春，头白老儿顽童心。
屈指明知无多日，依旧血沸带月奔。

我说过，中国梦是民族梦，也是个人梦。没有中华民族的伟大复兴，再美的个人梦都不可能实现。我相信我们的儿孙们会把实现民族梦和个人梦很好地结合在一起。中华民族是爱和平的民族，也是从不屈服的民族。我们的人民中真正愿意当汉奸的人是绝少的。多难兴邦，如果真有外敌敢于入侵，往往会成为唤醒青年爱国热情的冲锋号角。

四、我与老伴

“执子之手，与子偕老”极富诗意和深情。这是中国传统夫妇关系最和谐美满的写照。我高兴的是我与老伴已过金婚，正在走向钻婚。我写过几首金婚纪念诗赠老伴：

一

一世夫妻百世缘，头白依依两相怜。
闲聊对坐话旧事，语淡情深每忘年。

二

已过金婚盼钻期，而今期颐不为奇。
虽少耳语缠绵话，两情恰似水入泥。

三

醇香不溢酒易藏，真情岂在话语间。

金婚纪念照

看似平淡五十载，风雨相依苦共尝。

四

屈指未伸五十年，人间可有再生缘？

休对菱镜悲白发，蔗近蔸根味犹甜。

“如水入泥”，这是白头相对、近六十年婚姻的体会。此处水与泥，非《红楼梦》中宝二爷说的女人是水做的，清纯、高洁；男人是泥做的，混浊、肮脏。我这里说的是老年情深，如水入泥，无法分开，泥中有水，水中有泥。到年老相依时才能体会“老伴”一词的含义，相伴相存，谁也离不了谁。

结婚留念

提起金婚，我想起在南昌结婚时的情景。我参加过我外甥即我三妹孩子的婚礼。那个排场，我是第一次见识。婚宴地点是北京有名的大酒店，有专门主持、大银幕、摄像，还专门有扮演领袖的特型演员助兴。时代真是不同。我是1958年春节在南昌结婚的。当时正是家里经济最拮据的时期，没有婚房，没有婚礼，没有娘家人，没有婆家人，只有从区政府领的结婚证和两斤水果糖。那时的水果糖现在肯定已绝迹，只是用粗纸包裹的一个个小小的糖粒子。没有新被子，我姐姐给的一床新棉絮，算是婚房中唯一的新东西。所谓婚房，就是我爱人在单位住的一间小房子，也就是一间斗室。这种“新房”可能是现在年轻一代根本无法接受的。从我与我外甥各自婚礼的变化，就可以看到中国的进步。我与老伴结婚是春节期间，南昌多雨雪，记得那晚飘雪了，南方无取暖设备，就是一个小火盆，婚房虽小，满室生春，至今未忘：

对镜凝视眼昏昏，依稀白发又新增。

犹记婚初大雪夜，炭盆红火满室春。

儿女不觉成父母，岁月如驰听有声。
浮名伤身催人老，淡定自然最宜生。

结婚照

我感谢我老伴，她为我做了最大的牺牲。她在南昌肯定比调来北京有发展前途。她当时在南昌担任过一个中心小学的副校长，手下管的人不少。后来调到一个小学当校长。我们结婚就是在她当小学校长期间。婚后一年，她调来人民大学，安排在人民大学报卡中心，现在改为书报资料中心。先在发行组，后在编辑组工作。由管几百人的领导变为一般工作人员，而且是一个当时人民大学不大起眼的单位。她毫无怨言，勤勤恳恳，任劳任怨，她的同事对她都很肯定。事情都是有得有失，如果她在南昌不在北京，“文化大革命”期间可能会难逃批斗，因为大小是个“头儿”。小学生，尤其是五六年级半大不大的孩子，嘛事不懂瞎起哄的年龄，那苦头就大了。我看见过我们人民大学附小的校长被小学生用图钉把大字报钉在背上，纯粹是胡闹。我说幸喜调来北京，一个小干部，平平安安。

我最感有愧的是，两个孩子出生时我都不在身边。男孩是在南昌出生的，出生后一个月随母亲调来北京。后来她告诉我，生男孩可受罪了，因为当时是校长，很忙，临产前仍在工作，等到上医院，羊水都快流完了，再不上医院，会胎死腹中，母子都危险，折腾了两天两夜，儿子终于来到这个世界。我儿子长大后可能从来没有听他妈妈说过，我也是后来才知道。女儿出生时，我正在湖南搞“四清”运动。我爱人一句话都没有告诉我，或要我回来一趟。女儿出生是我们教研室的同事刘炎大姐照顾，送医院，买坐月子的营养品，全是她帮忙。刘炎是著名史学家戴逸的夫人。我们住在城里同一栋楼的上下层，两家关系很好。刘炎大姐对我特别好。她重病时我去医院看她，她已入弥留之际，几天后去世了。我失去了一位可敬可亲的大姐。两个孩子出生时我都不在身边，现在的年轻人可能不太理解。在我们那个年代，这种事极为平常，工作始终是第一位的。

我与妻儿

我家的主事人就是我的老伴，从年轻到年老都是如此。我全部放权。我封她为总理，她说，我是你家的炊事员、采买、保姆、出纳、“不管部”部长（我不管的事老伴都管）。我笑称她可以登在《中国妇女》杂志的封面，作为中国妇女的模范。当然这一定会引起女权主义者的抗议，说你不是人，不是“主妇”，是“主奴”。不过你这个“主奴”是自愿的，为丈夫、为儿女，你感到快乐、幸福。是的，你得到回报，这种回报是极端的女权主义者永远无法得到的儿女的爱戴、老伴的尊重。我看在眼里，记在心里。

妻子与女儿

穷家难当。我们刚在北京安家时，工资不高，可负担不轻。我家中有母亲，有个妹妹上大学，我父亲无力负担，坚决不同意她上大学，我支持她读书。我要给母亲和妹妹寄点生活费，我爱人一点意见都没有，总是精打细算，把这个家维持下来。她过惯了苦日子，她在南昌，一人工作，赡养母亲，扶持两个弟弟，经常到月底就赊账，月初发工资再还钱。她对过苦日子很习惯，可过富日子，对她倒是个难题。吃水果先吃坏的，等好的变坏了又吃坏的，菜先吃剩菜后吃好菜，我笑她蠢，可她过惯了这种生活，思想方法改不过来。虽然自己节俭，可她对我的学生或亲戚，总是热情招待，从不怠慢：

相濡以沫五十秋，也有欢乐也有愁。
儿女成长赖母力，一日三餐卿为谋。
清贫持家劳心计，亲朋往来热心酬。
而今一切成旧事，衣食无忧双白头。

我们从来没有红过脸，更不用说大吵大闹。矛盾有没有？有，主要是抢地盘。我的书多，到处都堆着，她见缝插针，把粮食、油塞在我的书堆边。还有一条，她老要我下厨房学做饭，理由是“我不在了，你可以自己

在人大校园小憩

照顾自己”。说句实在的，我对做饭实在不感兴趣，何况一辈子没有下过厨房，不知如何下手。有次我老伴住院，我自己一人在家，煮面条还凑合，太复杂的就没辙。我也想下下厨，但总还离不开我的书和电脑。中国古人说，会之不如好之，好之不如乐之。我对厨房实在难做到好之、乐之。算了，一辈子就这样过来的，临到“总清算”时刻还要改变生活方式，很难。我曾嘲笑自己：

此生未为衣食愁，愧对老伴早白头。
也想厨下帮帮手，谁料豆油当酱油。

可她坚持要我学做饭，老说，我死了，你怎么办？我说，一道走。她说，蠢话，到女儿家去。年老了，她老想到这个问题，可以理解。我想起元稹悼亡诗“昔日戏言身后意，今朝都到眼前来”，总有一种凄凉之感。不想它啦，这个年纪，顺从自然而已。

工资改革前，我们生活都不宽裕。我们总觉得亏待了儿女。儿子1978年上大学，每月只给20元生活费。女儿上世纪80年代上大学涨了5元，变成25元。他们生活都很节省，与我们现在的孙女、外孙女简直两重天。我儿子结婚，只买了一个手提的双卡收音机，就是一大件啦！女儿结婚，什么陪嫁物件都没有。我们亏待了儿女，特别疼爱孙女、外孙女。孙女，从小是我老伴一手带大的。我特别疼爱。有一点小病，就着急得不得了。孙女从小不好好吃饭，我就天天给她喝娃哈哈。因为电视天天播广告，吃了娃哈哈，吃饭就是香，但好像也没有什么效果，照样挑食。有人问我你是怎样戒掉烟的？我说，为了爱，爱孙女。当时，我们住在静园，房子小，一家五口，我抽烟必然使小孙女吸二手烟，就下决心把烟戒掉了。抽烟的人都知道，戒烟可不容易。何况我是老烟枪，从小学开始抽烟，已经是四十年的老烟民。1958年在沙河劳动，没有烟抽，把茶叶卷在破报纸里过瘾。我曾经发誓戒烟，把半包烟揉烂以示决心，烟瘾发了，从烟缸里找烟头、半夜敲门找同事要烟，趣事或说丑事不少，这次可动真格的，因为有了孙女，第一次当爷爷，这个烟非戒不可，结果真戒成了，从1986年我孙女出生至今，我再也没有抽过一口烟。

孙女结婚，自立家门，我有很长一段时间不习惯，总觉得少点什么。每次只要孙女回来，老伴决不会让她空手走，总得塞点吃的、用的，不要

孙女外孙女祝寿

也得要。孙女小时我们嫌她吃少了，挑食；可外孙女我们又嫌她吃多了，发胖。老人真怪，对第三代特别疼爱。我嘲笑自己：“这个老头真正贱，爱孙更比爱儿强。爱儿尚可求回报，爱孙如同水投钱。”往水里投币图听个响声，爱孙辈图听个笑声。

我们不算空巢，但儿女们各自筑巢，见面总不如共巢方便。孙女懂事，每晚必来个电话。就是外孙女特忙，星期六、星期天，有各种各样的学习班。我开玩笑说，你什么时候能接见？见你要预约，好像见大人物。我明知这种教育制度剥夺了童年之乐，可也无法改变。我多次反对，女儿说：“爸，都这样！”我当然懂。要想改变这种状况，不转变社会风气不可能，任凭上级教育机关制定多少条法规都无用。要知道，这个班，那个班，有多少利益链条，有多少利益相关者在推动，而家长们彼此比着，相互盯着。各种力量的合力不可阻挡，仿佛泥石流，任何家长都无法抵挡，只能成为被泥石流冲走的小小沙石。

全家福

五、我与学生

我最亲近的人除自己的亲人外，当数学生。这是当教员的好处。在社会人际关系中，利益矛盾和冲突最少的是师生之间。不像上下级关系、正

参加哲学院博士学位论文答辩

副关系，或其他利益攸关者。除绝少数人外，没有一个当教员的不愿意看到自己的学生有出息，而是愿当漫画《武大郎开店》的掌柜武大郎，希望学生永远不要超过自己。

我 1956 年毕业后当过研究班的辅导员，也为本科 57 级讲过《唯物主义与经验批判主义》。有次批评马赫关于物是感觉的复合时，课间一位学生同我辩论起来。他问我：老师，这块黑板是黑色的吗？当然。你怎么知道它是黑色的？我通过视觉器官。那么，如果不通过视觉器官，它是什么颜色？在电灯下它是黑色，关掉灯它还是黑色吗？光线强它是黑色，光线弱，是什么颜色？一连串的问题弄得我哑口无言，无法回答。我刚毕业，哲学水平本来就浅，怎么能回答这样的问题？贝克莱的“存在是被感知”，我也说不清。到现在我也说不清，颜色是个大学问，感觉是认识的入门，也是哲学最大的难题。我现在明白，唯物主义与唯心主义区分绝不那么简单明了，一清二楚。如果这样，世界上就没有人相信唯心主义，也没有哲学家继续以各种方式坚持唯心主义。

57 级的学生和 56 级一样，特别优秀。他们是人民大学哲学系第二届自主招生的考生。当时能考入哲学系可不容易。哲学系当年的价码很高，不像现在这样“掉价”。那届学生中不少早已成名，像陈宴清、方克立、唐凯麟、陈瑛、余品华等，都是著名学者。还有很多我不知道或者忘记了名字的学生。我想起有个学生叫霍伟光，很有才华，原来在中国人民大学马克思主义发展史研究所工作，和我是同事。中国人民大学下放后，他到他爱人的单位工作，一路高升，仕途看好，当了一个大的国营电子厂厂长，后来当了一个市的副市长、政协主席，现已退休。我总是想：究竟是步入仕途，一呼百诺好，还是指挥书本，潜心学问好。如果霍不是步入仕途而是像方克立、唐凯麟他们一样从事教学，继续留在人民大学，虽然清苦点，可能贡献会更大点。这当然只是一个“如果”。

2007 年，57 届学生曾经回到母校集会，庆祝入校五十周年，来了不少当年的学生。当年的青春学子均已成白头翁媪。风风雨雨，际遇各不相同。我参加他们的座谈会，听他们各自出自肺腑的发言，怀旧中有着一丝伤感，回忆中又不时发出笑声。不少人都说，五十年重逢有隔世之感。我曾赠给他们一首诗，祝贺团聚：

别时容易见时难，五十寒暑路漫漫。
儿婚女嫁孙绕膝，执手问年发斑斑。
征途岂能无风雨，最喜神州展新颜。
今日不谈伤心事，共诉离情高举觞。

“文化大革命”前学生上课是大班，很多学生叫不上名字，也不认识。人民大学复校，我开始招博士研究生后，学生的情况就不同了，学生人少，经常见面，比较熟。学生经常到家里来，如同自己的家人一样。人民大学博士研究生名额少，每人至多两个。我最多是招两个，大多数年份是招一人。因此学生不算多，但感情都不错。每年教师节，尤其是我生日，他们都要为我设宴祝贺。我总是回绝，不愿学生花钱。但盛情难却，不能总是拒绝，显得不通情理。我曾写过《谢诸生》，并序其事：

教师足可自慰者有学生。我与学生关系亲密，如同家人。不少学生毕业多年，每逢生日仍然致信致电寄物以示师生之情。我写有多首诗以表师生情谊：

一

莫笑无花空剩枝，菊残犹有傲霜时。
庙堂留骨何足贵，泥涂曳尾我心知。
半世文章多废纸，毕生功名只书痴。
唯有一事最得意，弟子才高压倒师。

二

寒冬易冷老易悲，岁月如水去不回。
曹操横槊咏朝露，李白放歌莫空杯。
才高未尽嫌寿短，俗子无聊心早衰。
诸君年少正当时，青春纵马满载归。

三

又是一年庆生辰，手捧鲜花轻叩门。
满室青春映白发，恰似甘雨洒枯藤。
官高位退茶变冷，红颜易老星渐沉。
莫看讲台三尺小，天涯海角多亲人。

“唯有一事最得意，弟子才高压倒师。”我说的是真心话。我的学生中，现在有些是著名学者、长江学者，或是执掌几万人大学的校长。他们

我、老伴与学生

的成就是我的骄傲。我相信任何一位老师，都会为学生比老师强感到自豪而不会惭愧。

我最有体会的还有："莫看讲台三尺小，天涯海角多亲人。"因为我到外地，只要有学生的地方他们都是热情接待，不会因为老师无职无权而怠慢。这与官员不同。在位时随从如云，前呼后拥，可一旦离位，手中无权，就会有天壤之别。这是"官"与"学"的最大不同，也是不少教师能安心教师工作的"灵丹妙药"。

学生祝寿

我的学生为我八十岁生日忙碌多日。杨耕等人鼎力资助，沈江平、周秀菊、李云霞、周文莲和其他研究生们精心筹备，制作视频，在宴会厅放映，使宴会厅充满欢乐气氛；不少学生不辞千里，为我贺寿。原党委书记马绍孟来了。他在我眼中不是党委书记，算是学生，更是相交多年共事多年的老朋友。欧阳康、林剑从武汉来，王福民从泉州来，任平从徐州来，许俊达从安徽来，杨洁公务繁忙仍从郑州赶来。即使是本市的学生，胜三、建梓、爱兰、德中、任洁、童苹也都是放下手中工作赶来祝贺，还有不少来的学生忘记了名字。学生们纷纷发表热情洋溢的祝贺词，使我非常

学生祝寿合影

感动。这一刻我更体会到当教员的价值。

“老夫聊发少年狂”，我不自量力，在热闹的庆寿会上也朗读了我自己写的一首白话诗，表示我对学生们的感谢。我在中学时喜欢新诗，但从高中毕业后再也没有写过新诗。《白发颂》是激情之作，是六十多年沉睡诗魂的惊醒。它已没有多少诗味，但却是一个老年人出自心灵的呐喊：

白发颂

不要嫌弃，你头上的白发，
它是生命的年轮，岁月的步伐。
多少人羡慕的目光投向，
因为它是一生劳累长出的洁白之花！

不要嫌弃，你头上的白发，
它是历史隧道中行进的列车。
是祖国从屈辱到崛起的见证，
装载着亲人、友人、师生的深情无价。

不要嫌弃，你头上的白发，

丝丝白发仿佛根根琴弦。
它会哭、会唱、会诉说，
它是生命的精灵，是永不停息的纺车。

在漫长的人生旅途中，
白发是记录，是书写。
它会有跋涉的疲惫和风风雨雨，
也有人生的旭光与晚霞。

从幼年到老年，从青丝到白发，
是一个完美的圆圈。
读懂白发，才能读懂人生，
读懂人生，才能读懂白发。

白发呀，白发，我怎能嫌弃你，
你是冬日迷人的雪景，是深秋悦目的金黄，
你给友谊增加长度，给家庭增加温暖，
向你致敬，我的白发！

庆寿会上的朗诵

从教五十五周年研讨会

2010 年 10 月 14 日，哲学院又在中国人民大学世纪馆北厅举办了“走向历史的深处——暨陈先达教授从教五十五周年学术研讨会”。这是又一次的八十贱寿的祝贺会，不过方式不同，规格也不同。学生们为我祝贺是家宴，是为长者祝寿。这次不同，有点官方色彩，也可以说是有点学术色彩。我的学生，中国人民大学校长助理、哲学院院长郝立新教授主持会议。教育部部长袁贵仁发来贺电，前中国人民大学校长纪宝成、副校长杨慧林、国家行政学院原副院长周文彰也都赏脸光临。国内一些高校、科研机构和新闻媒体的百余位专家学者及部分学生出席。袁贵仁部长在贺信中，纪宝成校长在发言中，都对我这个老头子给予极大的鼓励。从全国高校来的著名学者，有年轻的，也有年老的，我的不太年轻的老友张奎良就从哈尔滨远道而来，孙正聿从长春来。主编陈建中、李景源、贺耀敏、孙麾、鉴传今、李亚彬等也都来捧场。他们的发言都给足了面子。按照中国的传统，祝贺生日的会是喜庆的会、友情的会。会场喜气洋洋，发言多溢美之词。我当然不会如饮醇醵，醉醺醺地以为自己真有什么了不起。但我仍然感谢他们对我这个八十岁老头子的鼓劲、加油、打气。否则，开了八十年的旧车会产生驾驶疲劳，或因零件高

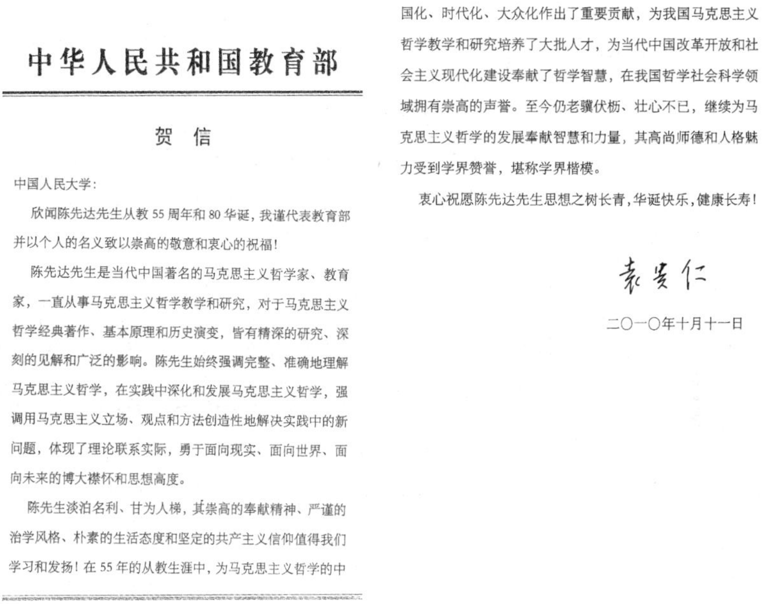

中华人民共和国教育部

贺　信

中国人民大学：

欣闻陈先达先生从教55周年和80华诞，我谨代表教育部并以个人的名义致以崇高的敬意和衷心的祝福！

陈先达先生是当代中国著名的马克思主义哲学家、教育家，一直从事马克思主义哲学教学和研究，对于马克思主义哲学经典著作、基本原理和历史演变，皆有精深的研究、深刻的见解和广泛的影响。陈先生始终强调完整、准确地理解马克思主义哲学，在实践中深化和发展马克思主义哲学，强调用马克思主义立场、观点和方法创造性地解决实践中的新问题，体现了理论联系实际，勇于面向现实、面向世界、面向未来的博大襟怀和思想高度。

陈先生淡泊名利、甘为人梯，其崇高的奉献精神、严谨的治学风格、朴素的生活态度和坚定的共产主义信仰值得我们学习和发扬！在55年的从教生涯中，为马克思主义哲学的中国化、时代化、大众化作出了重要贡献，为我国马克思主义哲学教学和研究培养了大批人才，为当代中国改革开放和社会主义现代化建设奉献了哲学智慧，在我国哲学社会科学领域拥有崇高的声誉。至今仍老骥伏枥、壮心不已，继续为马克思主义哲学的发展奉献智慧和力量，其高尚师德和人格魅力受到学界赞誉，堪称学界楷模。

衷心祝愿陈先达先生思想之树长青，华诞快乐，健康长寿！

袁贵仁

二〇一〇年十月十一日

教育部部长袁贵仁贺信

度磨损而抛锚。

我以诗作答，感谢领导和朋友的厚爱：

人生百味未尽尝，八十年华一瞬间。
老去岂敢忘忧国，头白仍以笔作枪。
爱读诗书不泥古，喜逐新潮耻媚尚。
不叹天晚嗟日暮，落晖尚可有余光。

在人生旅途中我走了八十年。夕阳西照，落日余晖，我还在缓步前行，这也算人生一大快事。

六、我的养生之道

总有人问我，你有什么养生之道？八十多岁，能敲电脑，能上网发邮件，还能开个会，不时从报上见到你的东西，有何妙法？我说，我也不知道“上帝”何以眷顾我。活到这个年龄，似乎还有点“余勇可贾”，经常忘记了自己的年龄，要不是老伴的絮絮叨叨，不断亮黄牌，我真不知道自己是老几。

我也试图总结点什么，但弄不出来，因为我实在没有什么养生之“道”。我记起《庄子·大宗师》中的一个故事，南伯子葵问一个叫女禹的人，你年龄老大，可“色若孺子，何也?”曰：“吾闻道矣。”又问：“道可得学邪?”曰：“恶可!”我养生无道，自然说不出个道道。但我生活有一套自定的不成文法。这个不成文法也是自己结合读书不断摸索出来的。

1. 动静结合

动是运动，运动是强身之路。当然，我这个运动不是竞技式的运动，而是不要让身体呆着不动。我认为，这就是保养。一部不动的机器会生锈。我年轻时也是夜猫子，晚上不睡早上不起，生活极无规律。我从北大回来以后，逐步改变了这个方式，坚持散步。每天差不多走一万步，不管天晴下雨，酷热严寒。只有下大雪后地面结冰，老伴怕我摔跤，禁止外出，才作罢。

开始是不自觉的，有一搭无一搭，时间长了，走出兴趣来了，也走出味道来了。我上世纪 90 年代初就被诊断为糖尿病，但血糖一直比较稳定，就是得力于散步。管住嘴，迈开腿。这两条，我第二条做得比较好，要是开会，也会在房里来回踱步。反正一条，多动。活动，活动，活着，就要动，动，才能活得健康。坚持了三十多年，有效果。当然，散步时也会思

雪中散步

考，偶有所得，回家赶紧记下来，日积月累就成了《漫步遐思》。我说，这本书是走出来的书，有些言过其实，但确实与走有关。边走边思考，有好处，无干扰；有危险性，车太多。解决矛盾的方法，是尽量找个安全的地方走，不在马路上大摇大摆。

如果说走是动的话，我每天都有个静静坐着的时候，仿佛无思无虑放下一切。不让自己的思想老像奔驰的马。再好的骏马也要歇歇脚，何况是我辈凡人。有人说这叫气功，我说我不会做气功，我是无师自通功，我是静心功。我不是学来的，是逼出来的。我从读大学时起就长期失眠，研究生时更重。心里烦躁、睡不着的滋味是无法言说的，只有失眠的人才能体会。我在研究班时，睡不着翻来覆去，头倒来倒去。越想睡着就越睡不着。生理失眠的并不多，大多是心理的，把睡觉视为生命头等大事，一到天黑，开始害怕，宁愿时时刻刻是白天。这种心理怎能不失眠呢？三年困难时期在北京市委党校编哲学教科书时，尝试静坐，开始难以静下来，不到十分钟就坐不住，脑子里如跑马。后来我摸出个道道，思想这个东西越不要它想它就越想，制止它想，就是在想“不要想”，等于是两次思想。我干脆放开，随便你东想西想，我不管，你爱想不想，任其自由，反而慢慢能静下来。现在坐半个小时，不成问题。这个方便，不管刮风下雨，不管在家还是外出，静坐，是最便宜的，无须一文；也是容易做到的，无须场地。有时，我写东西实在太累了，就在电脑桌边静静坐十分钟，精力立刻恢复了，可以继续工作。我坚持了四十多年，我自己觉得受益良多，睡觉好多了，遇到烦心事，就静静坐一会儿，有效。我越来越体会庄子说的“静然可以补病”、“宁可以止遽”。能够使自己处于心态安静平和的状态，对身体肯定有好处。

2. 忘死忘年

这是个哲学道理。忘死，老年人不易做到，因为死神在门口徘徊。可太看重生命、太注重身体的人，反而会身体不好。把生命放在生命之外的人，反而活得长。我认识一个人，与我一样有糖尿病，那个小心、注意就太过分了。吃东西，计算卡路里，有点糖的东西不敢吃，一天到晚，为吃惴惴不安。吃多了，怕超量；吃少了，怕营养不够。一天到晚处于一种为活命而不安的状态。我笑他。我说，你学点哲学，我送你一首诗吧：

病重不治无非死，难至极处冤老穷。
若是识得盈虚理，四时佳兴与人同。

你本来有糖尿病，一天到晚为它发愁，岂不加重病？人要想不死，不可能。要想快乐活着，有可能，只要转变观念。我也控制饮食，原则是不暴饮暴食，但不是面对喜欢吃的东西，老是处于又想吃又不敢吃的困境。我是南方人，一生习惯甜食，我有时也吃点巧克力，吃点甜点。不能因为想多活几天，就完全断绝自己的爱好。但我心里有数，这就是不过量，能使自己的爱好得到一点满足即可。我的哲学是口欲不可纵，但不可灭。如果非到弥留之际才又想起这最爱的一口，就是没有活明白。

生命是很脆弱的。到了老年，死亡时刻逼近。我有次住院，差点见马克思。不是因为病重，而是因为药物过敏。在住院检查心脏病期间，我有点发烧，医生开了中药点滴。刚点不了多久，我感到不对劲，全身发热，不舒服。我立刻告诉老伴找医生。护士来看了一眼，说没有关系，这是中药，不会过敏。他话音刚落，我对老伴说，不行，找医生。那天刚好是星期天，干部病房二层只有一个值班医生。等找到医生，我全身发抖，呼吸困难，几近窒息。医生马上进行抢救，折腾了半天才慢慢稳定。医生说，幸好，喉咙没有水肿，否则会有生命危险。从那次以后，我更坚定地相信，医生的话不能不听，不能全听。因为生病的是我，我的感受、我身体给予的信号，他并无感受。中药无不良反应，我不信。尤其是中药点滴，如果发生过敏，其危害程度绝不次于西药，因为它不经过皮试，没有心理准备。

这次与死亡擦肩而过，使我对死亡有点比书本上得到的更多的个人体悟。没有死亡，就没有宗教。宗教全部教义归结为一句话：从死亡恐惧中解脱；没有死亡，就没有对神的信仰和崇拜。没有死亡，也不存在人生观的问题。人生观就是人既然要死，活着有什么意义。雨果在《死囚》中有句死囚自我安慰的话，人人都是判处死刑缓期执行的死囚。人都是向死而生，因为有死，才产生生命的意义的问题。人若与天地同寿，何必讨论生死呢！出院后，我把自己对生死的体悟，写成诗，并序其因：

“生不可却，死不可止。”新世纪元年夏初因病住院月余。其中因药物过敏，面临死境，幸及时抢救，得以生还。

一　落花尚可香泥尘

智者何劳忧死生，世间无物可永存。
寿数岂独长为贵，体用不二最上乘。
王勃早逝名千古，庾信文章老更成。
休嗟枝头春色杳，落花尚可香泥尘。

二　闻道犹应以身求

少壮青丝暮白头，倚马才情空自踌。
晚年多病平常事，休寻旧梦莫回眸。
为文喜读风雷笔，处世最敬雨同舟。
书生老矣难荷戟，闻道犹应以身求。

我还体会到，人生在世，就是向死而生。人一生的时间说起来很短，就是死亡来临之前一小段时间。认真说，屈指可数。人生的意义，就在生死之间，何以自处。不要妄求不死，只求死之前能体会生的意义和价值：

世上多少长生论，车载斗量等沙尘。
始皇求仙后人笑，徐福过海了无痕。
自古无人能不死，妄求不老痴可嗔。
庄子鼓盆通大道，向死而生是本真。

对死的恐惧，对老的悲哀，几乎是老年人都会不同程度存在的问题。康德是最伟大的哲学家，应知此理，但同样会伤老。我读《康德书信选》时，发现他多次谈到自己老年精力衰退，深感痛苦。他在 1798 年 9 月 21 日给朋友的一封信中说："我的身体还算得上健康，但动起脑子来却像是一个残疾人。在一切涉及到哲学整体的事情上，我再也不能有所进展，永远看不到它们的完成了。"哲人尚且如此，何况我辈俗人：

康德智者名千古，人到老年也诉苦。
思绪万千脑不停，生命已入计时数。
非只恋生怨黄昏，更怜才思化为土。
生老病死谁能免？智者千虑不如愚。

人的出生，不是自愿的；死亡也不是自愿的。生与死是任何人的意志不可能左右的客观规律。人如果能在思想上超越生死，不知悦生，不知恶死，就是一个大智者。我根本做不到。但我有一点是明白的：我们每个人都是向死而生。不要老想到死，一个也不会少。应该想到的是未死之前，如何活得更有意义些。有这种“外生而生”的心态，就可以忘掉死的恐惧，享受人生。

天伦乐

到了老年，还有一个对养生极其重要的思想，就是忘年。忘年，不是做把头钻进沙堆的鸵鸟。忘年，同时必须知年。我知道我已八十有三，因此我做我力所能及的工作，敲字久了，太累，就停下来不勉强。但更重要的是忘年，不要老想到自己去日苦多。我就见过一位老朋友买件新衬衫也要感慨一番，还能穿破几件？如果这种情绪萦绕心头，能健康吗？我知道自己的年龄，但不老想到年龄。尽量保持一点“新”趣，关注世界上的新事、有趣的新书、有趣的新闻，结交新朋友，总之不要老气横秋，倚老卖老。人活个精气神儿。未老先衰，往往是先心衰，即精神先衰。其实我进入老年，各种各样的老年病接踵而来。糖尿病、冠心病、前列腺肥大、今年又加了一个胃炎。我是阿 Q，老年不生病，什么时候生病？老年有病才是常态。十全十美，每个零件都没有磨损的老年人，可能会有，但极少极少。带病生存，以病养老。就这样，该报到时去报到。未接到通知，能干啥干啥。认识到这个道理，高高兴兴过好每一天；愁眉苦脸，天天伤老，走得更快。

我这种忘死忘年的养生之道，曾在一本书中总结为八个字：顺其自然，为所当为。顺其自然，把死视为必然归宿；为所当为，做自己这个年龄能够做、可以做的事情。这个道理我在此不再重复。

3. 淡泊名利

这是我对自己养生的要求，并不是想把它推荐给别人。有人会说，这太不合时宜。现在搞市场经济，强调竞争，你这种思想怎能适应市场经济的要求。再则，为了鼓励哲学社会科学的创新，为了新人才脱颖而出，从中央到地方甚至各个高校自己都设有各种名目的“学者”称号。至于课题的竞争，更是激烈。都像你说的淡泊名利，岂不是暮气沉沉，万马齐喑，哲学社会科学领域中毫无生气吗？这是对淡泊名利真实含义的误读。

淡泊之乐

淡泊名利相对的是追名逐利。名是虚名，而非实至名归之名；利非正当之利，而是不当之利，是暴利、巧取豪夺之利。有一次和朋友交谈时谈到这个问题，他说，你还有什么争的，该有的你都有了，意思你这是高调。我说，确实，我得过各种奖，是博导、教授，还是一级教授，也有各种社会学术头衔。但是我对他说，你我同在一个系半个多世纪，我哪一次为自己的利益争过，伸手要过？没有。都是领导的信任，学术委员的评审。我从来没有为自己的事和同事闹矛盾，也没有向组织找麻烦。我的原则是，给我的我要，不给的，我不争。我的境界不高，只是安分守己而已。

我问过我自己，有没有名利思想？当然有。但我不贪虚名、假名。特别到老年，更爱惜自己的名声。我写过一首诗：

鸟爱羽毛我惜名，卖论何以对士林。
真话应从心底出，笔下最喜有雷鸣。

我注意学风，写文章，决不会偷别人的东西，也不会在学生的文章上连署。讲课，务求讲好，听到掌声，我照样很高兴。现在给点讲课费，我会收，但绝不会嫌少。我认为这是正当的。上世纪 80 年代发生过一件事。我发表了一篇关于历史主客体的文章，不久，有人给我打电话说，你的文章与某某刊物一年前发表的某某人的文章，完全一样。他的文章在前，你的文章在后，谁抄谁？我非常奇怪，我写文章从来没有当过“文抄公”。后来我写信给刊物主编查询，才知道是有位教员听过我在贵阳一个学习班的讲课，把我的讲稿稍作修改发表了。他来信表示歉意并要登门道歉，我对他说，不必，事情弄清就算了。我对主编说，不必追问，他年轻，我是老年，我没有职称问题，他是讲师，二十来岁，路还长得很。他的名声坏了，是一辈子的事。

我不是不关心自己的个人利益，不喜欢得到别人的赞扬。但我总觉得我这一生，对名与利没有孜孜以求过。读大学时，只知读书，从来没有想过成名成家的事。现在有句话，不想当元帅的士兵不是好士兵，可我们那个年代根本没有这种意识。到中国人民大学读研究班也是国家分配的，只知道学习，没有多少个人前途的考虑，因为当时的思想是一切都有组织考虑，根本用不着自己操心，反正毕业后工资一样多，地方也无可挑选，服从国家分配。教书，就是教书，当然也认真备课，谁也不愿意被轰下台，能得到学生的尊重当然高兴。这一切都与争名逐利思想无关，应该说，这是一个正常人的正常心理。

我到两校写作组写那些狗屁文章时，在我思想里也没有考虑过名利问题。在外人看来两校写作组的人是卖身投靠的一群。我不自辩，对知识分子来说，“卖身投靠”可比市井无赖更可耻可恶。错误，我从不否认，但参加两校写作组我并没有求名求利的目的。文章署名是“梁效”。尽管是头版头条，甚至全国转载，但谁写的没有人知道。只有专案组审查才弄清哪篇文章是谁执笔的。至于利，更谈不上，一文稿费也没有。当然，这绝不能成为写文章无罪的根据。不管主观意图如何，是“卖身投靠”还是误投黑店，反正文章的作用极坏，应该批判。不会因为没有个人署名，没有一文稿费而减轻作者的错误。

跪着听命，而不站着思考，这不符合哲学的本性。我的专业是哲学，是极具思考性的专业，应该懂这个道理，可当时做不到。在我为自己写这本传记性的小书时，我反复拷问自己：服从党组织的安排，对吗？如果我多点独立思考，少点“驯服工具”的思想，是不是就不会犯错误？共产党员应不应该服从党的决定，服从党组织的调派？虽然“凡事要问一个为什么”、“不唯上、不唯书、只唯实”的教导，我也听过，嘴上也会说，可在“左”的时代，有什么样的党内民主制度保障党员这个权利呢？

我的身份是双重的，既是共产党员，又是学术工作者。作为党员，我应该坚持党性，服从党组织的命令；作为学者，我应该坚持真理，不能唯命是从。我不能因为“一朝遭蛇咬，终生怕草绳”，从自己特定时代的特定错误得出一个普遍性结论：从此拒绝党组织委派的任何任务，当然不能。既然我加入了共产党，就要遵守党章党纲，应该服从。这是个很纠结的问题。解决这个两难的矛盾只有一个办法，发扬党内民主，逐步完善党内的民主制度。

上世纪60年代，我写过一篇文章《服从多数，尊重少数》。文章虽然说得有点道理，但我自己当时却宁愿随大流当多数，也不愿当光荣的少数。在复杂的局势下，我没有分辨是非的政治智慧，更惭愧的是我也没有那种“反潮流”的政治勇气。现在年轻一代的知识分子不会理解我们那代知识分子，正如我们不理解我们的老师们一样。随着改革的深入发展，我们经历过的这种非正常事件大概永远不会重演。

至于个人主义，与这里讲的问题不同。我们这些老人是在计划经济条件下成长起来的一代，一切服从安排。我们缺乏现在流行的各种各样的哲学，包括存在主义的自我选择论、个人主义动力论，等等。我们有我们的缺点，可现在一些年轻人也有他们的问题。一些人缺少理想和信仰。他们多了自由，少了约束，包括自我约束；多了个性，但少了集体观念。我发现，不少处在能充分发挥个人选择性、主动性的条件下的一些年轻人，却不断埋怨太累、太苦，太紧张；钱多了，但没有幸福感。

我们究竟需要一个什么样的人生境界，需要一个什么样的人生动力？是不是淡泊名利一定要当木头人、当木偶，而奉行丛林法则，千方百计不择手段追名逐利反而有利于个人成长呢？我不这样认为。个人主义动力论是否有理？淡泊名利能否作为人生哲学？不少人倒在名利场上，猝死在争名夺利之中，我认为是个值得注意的问题。

我总觉得，应该把国家设立的各种奖项、各种名称的学者称号，作为充分发挥调动知识分子的积极性和工作的条件，为中华民族的复兴贡献力量，而不是鼓励追名逐利。用个人主义动力论来诠释党的政策，诠释社会主义市场经济，认为只有释放个人主义才真正符合人的本性，才是真实的道德，我以为是不正确的。我亲眼目睹了实行市场经济对经济社会发展的推动作用，它是使中国成为世界第二大经济实体的正确方针，但我也看到它对官场腐败，对思想、道德带来的某些负面效应。原因是一些人过不了市场经济这个关，以个人主义动力理论来诠释党的改革开放路线和政策，认为改革开放就是把长期被集体主义束缚的个人主义动力释放出来，唤醒人的逐利本性，以推动社会经济发展。我以为这种理论是极其错误的。在实行市场经济的同时，应防止市场观念泛化，防止它侵入不应市场化的社会领域。我们应该把实践社会主义核心价值观，作为完善社会主义市场经济应有的内容之一。

社会主义六十年，前后两个三十年既有重大区别，又不能对立，它们是统一的社会主义六十年。我个人体会，前三十年，反对个人主义、宣传集体主义是对的，但把个人正当利益也当成个人主义来反对是错误的，它压抑个人的积极性和主动性；后三十年，承认并鼓励对个人正当利益的追求、发扬创造精神是对的，但有些人分不清个人主义和个人利益的界线，在个人利益的大旗帜下个人主义大膨胀。我为自己缺乏独立思考能力犯错误而后悔，但我不为自己缺少求名求利的个人主义驱动力而后悔。调入两校写作组确实无名无利。即使在现在，我依然认为我们不应该以个人主义为动力。

个人主义与个人利益是不同的。个人利益是任何人生存与发展所需的物质和文化条件，是社会主义国家应该尊重和通过发展来满足的。而个人主义则是一种对待任何个人利益的态度，它是排他的，为了满足个人的正当的或不正当的利益，可以不择手段地损害他人利益、集体利益和国家利益。个人主义对个人的发展来说，确实是动力，但它是一种自私的动力，对社会、国家、集体来说是一种破坏力。培根非常形象地把这种个人主义动力比喻为蚂蚁的精明。他说，蚂蚁这种小动物替自己打算是很精明的，但对于一座花果园，它却是一种很有害的动物。自私的人也如同蚂蚁，不过他们所危害的是社会。人不能像地球一样，把自己的利益定作旋转的中心。自私自利永远是一种坏品质。这种人把一切事物都按照一己私利的需要加以扭曲，其结果没有不危害社会的。个人主义真的对自己的发展有利吗？培根是否定的。他说，自私者的那种小聪明，应该说是一种卑鄙的聪明，最终是没好结局的。虽然他时时在谋算怎样为了自己而牺牲别人，而命运之神却常常使他们自己最终也成为牺牲品。

“冷眼官场憎墨吏，朝为骄子暮为囚。”改革开放以来三十多年，多少高官倒在名利场中。凡是追名逐利之徒，我可以说，没有任何真正的朋友，要有，也是酒肉朋友，为暂时利益而结合的狐群狗党，而且最易为利益而失和，变为仇敌。官场上的事，我不懂，但在日常生活中，因评职称、评奖，或某种鸡虫得失的事而闹矛盾，甚至因而致病的事我见过。我主张在涉及个人利益的事上糊涂点比聪明好，傻点比工于算计好。“机关算尽太聪明，反误了卿卿性命”，确系悟道之言：

年来频频吊唁多，生生息息可奈何。
莫为虚名伤身体，切忌争利失人和。

长生无药心有药，恬淡宁静少病魔。
年近八十方悟道，糊涂原是处世歌。

我说过，淡泊名利是我的养生之道，但我并不认为任何年龄都应该与我一样。人有各种年龄，正如日有早中晚，青年如日出，旭日东升；中年如日中天，光辉普照；老年人如黄昏夕阳，再美也是落日。年轻人、中年人，应该努力进取，不要追名逐利，但不要把淡泊名利奉为人生原则，而应该区分两种不同的名利境界。最高境界是“求名要求万世名，求利要求百姓利”。另一种是正当的个人利益，最起码的是在自己工作领域中，不能满足于名不出家门，利不足赡亲。只要是经过自己努力而非投机剽窃，确实既有利于国家，有利于自己所在的集体，也有利于自己的发展，就应该不甘人后，以跑百米的精神投向科学研究和自己的工作。至于到我这种年龄，与年轻人争课题，争评奖，十分可笑。老年人淡泊名利是可行的，也是必要的，从养生计也是应该的。到这个年龄还汲汲于名利，的确像蒙田讽刺的，火车快进站，还在拼命为卖火车票积钱一样愚蠢：

大梦未觉八十年，又似老牛又似仙。
恬淡不恋红尘乐，伏案每思深犁田。
重利仿佛蛾扑火，盛名亦为过眼烟。
最是平常心态好，古今多少梦黄粱。

每当我在学校百家园前面的场地里看见一群老太太红绸胭颊，锣鼓声喧，边跳边扭时，我就觉得她们的幸福指数肯定比那些钩心斗角、天天琢磨如何扳倒别人自己才能再上个台阶的人高：

白头老爹白发娘，不怨黄昏不自怜。
双颊胭脂红绸带，锣鼓咚咚乐晚年。
权重名高虽云贵，鸡虫得失夜难眠。
何如百姓平常心，舞罢归来水也甜。

既有平常人的心态，又有进取精神，两者取得合理平衡，无论对事业，对养生都是有利的。到我这个年龄，没有必须完成的硬任务，当属有闲。我有我的休闲方式。清人张潮在《幽梦影》中说，人莫乐于闲，非无所事事之谓也。闲则能读书，闲则能游名胜，闲则能交益友，闲则能著书，天下之乐孰大于是？还说“能闲世人之所忙者，方能忙世人之所闲”。也就是说世人忙于名利而我则闲于名利，相反他们闲于生活情趣，沉迷于终日宴饮应酬，我则忙于读书。闲不是懒，不是无所事事，终日闲坐，这种闲有百害而无一利。闲极则病。我可以毫不夸张地说，浮生难得半日闲。并非我无闲，而是我心甘情愿地利用有数的余生，做我乐意做的事。

我并非因为两校写作组的问题受挫折而开始看淡名利，我本来就不是追名逐利的人。我虽然也喜欢写文章，其中也会出点小名，得点小利，但决不是因此而写作。这是一种职业习惯，积习日久，此生难改。虽经折翅，仍不能忘情于飞翔。这是知识分子的命，西西弗斯推石上山的命。

4. 读书养生

读书人，爱书、喜欢读书，这是本分，无可夸口之处。我自己也是一样。我喜欢买书，书不多，因为改革开放前工资低。我的一些书都是马克思主义方面的书，也有一些小说。通知我们下干校前，当时红楼门口收购旧书的车前排了长队，都是准备下干校的教员，难以把书运到干校，而且当时不知道此生还能不能重操旧业，书成为累赘，不如卖了省事。时隔四十多年，当时的情景仍历历在目。八分钱一斤，硬皮还得撕掉以减轻分量。有些机灵的学生就等在排队教员的边上，看到自己喜欢的书就向教员要，没有问题，谁要谁拿，反正不值一文。我也卖了几车书。只剩下我最喜欢的鲁迅的书和《史记》等很少几本。复校以后，书又慢慢增加，以至和老伴抢地盘，她塞粮油我塞书。有次我手里拎了几本刚买的书，在电梯里碰见一位同楼的教员，他非常惊讶：“这个年龄还买书！”我无言以对，只是嘴角动了动，真是“此时无声胜有声”。他至少比我小十岁，七十来岁。我就不懂，为什么这个年龄就不能买书。读书人不读书，就不是读书人，正如不打家具的木匠就不再是木匠，解甲归田无一兵一卒的统帅就不再是统帅一样。过去做过的事表明你的过去，只有正在继续做的事才表明你现在是什么人。我仍然是读书人，因为我每天都在读书。我在不同时期写过几首关于读书的小诗。我把它录此存照：

一

老去凭谁说忧愁，斗室书海任遨游。

洗却尘心读《庄子》，悟到妙处搔白头。

这是我从北大回到人民大学后，思想处于自我突围寻找出路的困顿时，想通过读庄子自我安慰的情景。当发现我有可能掉入自我挖掘的哲学泥淖时，我及时止步。

二

少年子弟书房老，终年为文总是平。

幸喜世人怜白发，无须掩面背对人。

我这一生都在学校，是名副其实的“二门干部”。从家到学校，此后一生都在学校。如果没有“四清”、干校，以及“文化大革命”偶尔下乡劳动，几乎与社会隔绝。说句实在话，这对我们这些哲学社会科学工作者极为不利。我知道这个道理，事已至此，只能安于这种情况。

三

半床布被半床书，不是蜗居似蜗居。

屋比天大眠八尺，心中有书最宽余。

我的睡床，一半为书占领。中午休息我可以随时拿本书翻翻。我对生活没有过高的要求，能有床放平身体就行。我老伴嫌乱，经常为我收拾一下。我行我素，积习难改。

四

大红大紫非我有，满床满架复何求。

人生百样各有得，一世读书抵封侯。

“一世读书抵封侯”，在大富大贵者看来，纯属酸葡萄心理。不过你看看与“朝为骄子暮为囚”，欲以读书终老而不可得者相比，一个爱书之人终生有书可读，而且能自由阅读，难道不是一种幸福吗？人，各有所求。读书人，应该以读书为乐。只要不读成书呆子，像《聊斋志异·书痴》中的那位彭城郎君即可。我读书，当然是专业需要。哲学专业，是一个最需要广泛读书的专业，不仅读哲学书，凡是文史类的都应该读点。我的自然

书缘

科学水平太差，不能读点自然科学方面的书，深以为憾。

从读的角度说，书对我来无好坏，无鲜花毒草之分。坏书，我读后知道它坏在哪里，应该如何评价，能说出个一二三来，就算有收获。这种书对我并不算坏；反之，好书，我读后说不出好在哪里，没有体会，不能从中得到启发，则算是白读。我把读坏书比为吃砒霜，得其法能治病；读好书，如食人参、虫草，如不能吸收，等于白费。

我曾经写过一篇《读书两忌》的随笔，总结过我的读书方法，说读书有两忌：一忌读什么，信什么；另一忌是信什么，读什么。如果读什么信什么，就会变成书的奴隶，让自己的头脑变成跑马场，任别人践踏。相反，信什么读什么，就会把自己的头脑封闭起来，变成某个人或某种学说的私人领地，任何新思想都进不去。学业应专，读书可杂。读书，同样应该破除迷信，解放思想。古人说过，尽信书不如无书。不要认为凡是书上讲的都是对的，都是真的。读书，必须与思考结合，“学而不思则罔，思而不学则殆”，很有道理。我读书与思考几乎对半。思考的结果，就是我的随笔。它不少是读书后点滴的积累。

读书，除专业需要外，还对我养生有好处。培根有篇《论读书》说，

读书养生

“读书使人充实”，并列举读各种书的好处，如读史使人明智，读诗使人聪慧，演算使人精密，哲理使人深刻，道德使人高尚，逻辑修辞使人善辩。但我更认同培根说的，“知识能塑造人的性格”，“精神上的各种缺陷，都可以通过求知来改善——正如身体上的缺陷，可以通过适当的运动来改善一样”。读书不仅提高文化素质，在文化素质提高的同时，可以养性、可以移情，使人的精神世界得到充实。我有这个经验，有时心里不安，有点焦虑、急躁时，我就拿一本自己喜欢的书来读，开始读不下去，思想会跑马，慢慢心就安静下来了。回过来一看，原来那些焦虑急躁全是庸人自扰。当我有点生气，或为某事不愉快时，也是找本书来读，消消怒气，过一会儿就好了。制怒最好的方法就是先别发怒，暂停一分钟，一分钟过去，怒气已经消失了。这个一分钟制怒法最为有效。一个读书人手中有书，心情会平静。浮躁、坐不住的人，我总对他们说，你们读书吧，能把一本书从头到尾读下来，你就能静下来。与其来回踱步，团团转，终日内心如万马奔驰，不如安心读点书。一个把阅读当作生活方式，当作生命的一部分的人，能够长寿、健康。书是一味最好的保健药。

你们可以看看周围的情况，老年人中凡是喜欢读书、以读书为乐的，凡是勤于用脑的，都比终日无所事事的人活得健康，活得明白。而不用脑，不读书，一旦退休，就会迅速衰老。当然，可以搓麻、遛狗，但我认为总不如阅读。书与其能记而不能用，远不如能用而不能记，不记能用是了然于心，融入血液，此为读书之最高境界. 而不用只能记，最多是谈话时显得有点“学问”。如此而已，岂有他哉！

结　语

凝眺

在人民大学校园里，一位朋友为我拍了这张照片。时值 2013 年深秋，落叶满地，黄叶在风中摇曳。秋天最易伤感，何况已入暮年。我这位朋友摄影技术高超，照片毫无悲秋之气。为此我专门写了一首《自题像》小诗：

云淡风轻秋色浓，
黄叶树下白头翁。
双眸凝眺天际远，
碧霄诗情满苍穹。

活到八十多，不容易。人生无二次，时光不再来。如果有第二次，可能不会犯前次的错误，生命可能会有点亮点。这是痴人说梦。其实，即使有第二次生命，可能避免同一种错误，也难避免犯另一种错误。人生不易，总会有不同的坎坎坷坷。也许在坎坷中站起来继续前行的人，会比一帆风顺的人更有点色彩。

八十多年的岁月，仿佛如昨。旧事非已尘封，但逐渐被人淡忘，年轻人知道的不多，却总是我人生一笔账，应该结算结算。古人说南柯一梦，虽然有点消极，但细想想，人生苦短，古今同感。

这本书，算是结束了。我父亲生前总是对我说，英年早逝是不幸，长寿而不健康同样是痛苦。我活到八十三，能够思考，能够自己敲字，不必假手于人，也算有福。世界上从没有“永远健康”，更没有“万寿无疆”。这一点我心知肚明，决不会傻到学秦始皇、汉武帝去寻求不死之术。

身体，总有一天会变得衰老难行；大脑，总有一天会不听使唤。提笔忘字，熟人忘名的事迟早会到来。可既然现在仍然活着，就要当“活人”，不要当“活死人”。现在流行“出名要趁早”，我则说“著书莫嫌老”。只要身体能动，大脑不罢工，就继续思考，直到生命之火熄灭。我不期望这本书出版后，我仍然能保持现在这样旺盛的精力。我这三年，几乎完成了以前十年的工作量。当然，我已经被“豁免”登记工作量，但我自己有本账。“不用扬鞭自奋蹄”，我完全是自觉自愿的，以此为乐。人总是要死的，未死之前是活的。只要活着，就活出尊严。这就是我的哲学，也是我一生学习哲学的一点心得：

一

此人头白八十秋，少小冥顽老依旧。
日行万步唯嗜读，居家不识米和油。
食无精味求果腹，衣少华服只遮羞。
今日桃源无觅处，极目神州尽高楼。

二

庄生梦蝶幻似真，失蹄驽马愧望尘。
人寿苦短休弹铗，国强岂愁食无豚。
儒冠误我终不悔，书生老去志犹存。
东篱采菊何敢望，寸思尽付千字文。

敲吧，敲吧。如果键盘声与心脏的跳动同步停止，这是一种幸福。虽然它对家人是难以接受的。我羡慕马克思坐在书桌边圈手椅上辞世，留下的是伟大革命家和思想家的形象，而不是一个久病不治缠绵病床的老者！

附　录：陈先达主要著作

个人专著：

1.《走向历史的深处——马克思历史观研究》（北京出版社、中国人民大学出版社）

2.《马克思和马克思主义》（中国人民大学出版社）

3.《哲学与文化》（中国人民大学出版社）

4.《问题中的哲学》（北京师范大学出版社）

5.《陈先达自选集》（学习出版社）

6.《处在夹缝中的哲学——走向21世纪的马克思主义哲学》（北京师范大学出版社）

7.《漫步遐思》（中国青年出版社、北京师范大学出版社）

8.《静园夜语》（中国人民大学出版社、北京师范大学出版社）

9.《哲学心语》（北京师范大学出版社）

10.《回归生活》（北京师范大学出版社）

11.《宜园杂论》（北京师范大学出版社）

12.《史论拾零》（北京师范大学出版社）

13.《散步·路上——我与学生聊哲学》（中国人民大学出版社）

合著：

1.《马克思早期思想研究》（人民出版社、中国人民大学出版社）

2.《被肢解的马克思》（上海人民出版社）

3.《马克思恩格斯思想史》（上海人民出版社）

4.《马克思主义基本原理教程》（中国人民大学出版社）

5.《马克思恩格斯哲学思想研究总览》（天津教育出版社）

6.《中国特色社会主义文化研究》（山东人民出版社）

7.《马克思主义基础理论若干重大问题研究》（经济出版社）

8.《马克思主义哲学原理》（中国人民大学出版社）

后 记

人家问我年龄，我说三十五。这当然是玩笑话，不过自有道理。

对一个终生从事教学和研究的人来说，有两种年龄：生理年龄和学术年龄。从生理年龄说，今年即2015年，我已八十有五，耄耋之年。可我真正的学术年龄只有三十五，还很年轻。这里结集出版的全是1980年后的著作。此前，差不多有二十年，忙于各种运动，在学术上属于空白期。

我的第一本著作是与靳辉明合作的《马克思早期思想研究》，20世纪80年代初，由北京人民出版社出版；《被肢解的马克思》由我与我的几个博士生郝立新、刘怀玉、黄行、张康之、刘明如、刘建军合著，我提出大纲并撰写导论、第一章、第九章和结束语。我之所以把这两本收在文集中，是因为觉得自己算出了点力；在此说明合作者，是不敢掠人之美。其他十二本都是个人独著。

说句实在话，在此结集的书说不上有多少学术水平，但总算是我一生的劳作。我比较得意的是，我的专著中，除《走向历史的深处——马克思历史观研究》是爬格子，一笔一笔在纸上划出来的外，其他十一本都是65岁后在电脑键盘上敲出来的。我个人的感觉，敲不如爬：爬，有种做文章的味道，而敲，仿佛是做工。但敲有敲的方便，一改再改随便改，不用重抄，省掉抄的麻烦。当然，有得有失，手稿也就敲没了。反正我不是名人，我的手稿一文不值，有没有都无所谓。我不长于口述，只要体力够，我还是比较喜欢自己“敲”。

我已年老了，多次想封“笔”，但总难打住。算了，学人命该如此。耗尽最后一点点热吧，即使没有光，有点微热也好，免得暮年太寂寞。如果能敲，我还是会敲下去的。

我要感谢中国人民大学出版社，感谢北京师范大学出版社，感谢艳辉，感谢宗元，感谢所有为我编过书的先生和女士们。他们为此书尽心尽力。我长期与编辑打交道，我很敬仰和尊重他们。为人作嫁，编辑对作者的帮助太大。这种帮助从已成之书中很难看出，但作者自己心知肚明。化妆师并不登台，但为演员增光添彩。

陈先达

2015 年初秋于人民大学宜园

图书在版编目（CIP）数据

陈先达文集．第14卷，我的人生之路：陈先达自述/陈先达著．—北京：中国人民大学出版社，2015.9
ISBN 978-7-300-21842-7

Ⅰ.①陈… Ⅱ.①陈… Ⅲ.①陈先达-文集②哲学-随笔-文集 Ⅳ.①B-53

中国版本图书馆CIP数据核字（2015）第214477号

陈先达文集　第14卷
我的人生之路
——陈先达自述
Wo de Renshengzhilu

出版发行	中国人民大学出版社		
社　　址	北京中关村大街31号	**邮政编码**	100080
电　　话	010－62511242（总编室）		010－62511770（质管部）
	010－82501766（邮购部）		010－62514148（门市部）
	010－62515195（发行公司）		010－62515275（盗版举报）
网　　址	http://www.crup.com.cn		
	http://www.ttrnet.com（人大教研网）		
经　　销	新华书店		
印　　刷	涿州市星河印刷有限公司		
规　　格	160 mm×230 mm　16开本	**版　　次**	2015年11月第1版
印　　张	17.5 插页4	**印　　次**	2015年11月第1次印刷
字　　数	265 000	**定　　价**	1580.00元（全14册）